ch – İçerik ve Yapı Türkçe-Almanca

abenteuer *nt;* ...

Detail *nt;* ~**lara in-**
; ...

nt; ~ **sırasına göre**
phabetisch ordnen/

nt

(*ekstre, hulâsa*) Ex-
ern *m* **II.** *pron* (*ken-*
blich; ~ **oğlum** mein
; *arı*) rein

laşmak) sich begeg-
lirlenmiş bir yerde)

s s. **iklim** Klima *nt*

bedeckung *f* **2.** Über-

f, Karotte *f*
yatağı) Gebärmutter *f*

n
un

tamak berufen wer-

v zu **uçmak** ...

ostantiv zu **atamak**
ung *f* ...

nüllen (*-e* in); ...

ı) voll **2.** (*boş yeri ol-*
.

m **2.** (*fig: çeşitlilik*)
adj fächerartig

dkrabbe *f*
node *f*

eil *nt*
..
mutter *f*

Madde başında her söz mavi renkte kalın harflerle belirtilmiştir.

Deyim ve **kullanım örnekleri yarı kalın harflerle** belirtilmiştir.

Madde içindeki deyim ve örneklerde madde başı kelimeyi tekrarlamamak için onun yerine **„yine o" işareti** ~ kullanılmıştır.

Eş yazımlı olup anlamları farklı olan kelimeler **üste yazılmış Arap rakamlarıyla** birbirlerinden ayrılmıştır.

Romen rakamları, madde başı sözün **gramerdeki yerini** gösterir ve **fiilleri ayırmaya** *(vt, vi, vr, impers)* yarar.

Arap rakamları, madde başı sözün farklı anlamlarını gösterir.

Madde başı kelimenin **sesçil yazımı** vurgu işaretleriyle birlikte kelimeden sonra köşeli ayraçlar içinde [...] bulunur.

Almanca isimlerde kelimenin **hangi cinsten** olduğu gösterilmiştir.

İsim ve fiil çekimlerinde kelimenin aldığı değişik biçimler açılı ayraçlar içinde gösterilmiştir.

Çekim eki aldıklarında kökleri değişikliklere uğrayan isimler iyelik durumunda madde başında yer alıp yalın biçimlerine gönderme yapılmıştır.

Türkçe fiillerde, fiilin **ettirgen, edilgen ve dönüşlü durumda** olduğu veya **emir kipi** olduğu belirtilmiştir.

Fiilden türeme Türkçe **isimler**de fiilin -mak/-mek biçimi gösterilmiştir.

Her iki dil için de fiillerden sonra ayraçlar içinde ilgili **durumlar, yahut ilgeçler** gösterilmiştir.

Madde başı sözün cümle içinde kullanımı ve çevirileri pek çok bilgiyle açıklanmıştır; örneğin

- **ek açıklamalar,**
- **mecazî anl**
- **herhangi bi**
- standart dild

PONS

Kompaktwörterbuch

Türkisch – Deutsch
Deutsch – Türkisch

Ernst Klett Sprachen

Barcelona · Belgrad · Budapest
Ljubljana · London · Posen · Prag
Sofia · Stuttgart · Zagreb

PONS Kompaktwörterbuch Türkisch

von

O.N. KIYGI

Türkische Kurzgrammatik: GÜLSÜM YILMAZ

Warenzeichen
Wörter, die unseres Wissens eingetragene Warenzeichen darstellen, sind als solche gekennzeichnet. Es ist jedoch zu beachten, dass weder das Vorhandensein noch das Fehlen derartiger Kennzeichnungen die Rechtslage hinsichtlich eingetragener Warenzeichen berührt.

1. Auflage 2003 – Nachdruck 2005 (1,01)

Internet: www.pons.de
E-Mail: info@pons.de

Projektleitung: Andrea Ender

Sprachdatenverarbeitung: Andreas Lang, conTEXT AG für Informatik und Kommunikation, Zürich
Einbandgestaltung: deutschewerbeagentur, Stuttgart
Logoentwurf: Erwin Poell, Heidelberg
Logoüberarbeitung: Sabine Redlin, Ludwigsburgv
Satz: Dörr + Schiller GmbH, Stuttgart
Druck: Clausen und Bosse, Leck
Printed in Germany

ISBN 3-12-517147-4

Inhalt

İçindekiler

Vorwort	Ön Söz	V
Türkisch-Deutsch	**Türkçe-Almanca**	
Hinweise zur Benutzung	Kullanım Hakkında Bilgiler	VII
Aussprache und Betonung des Türkischen	Türkçede Telâffuz ve Vurgu	XI
Türkische Silbentrennung	Türkçede Heceleme	XIII
Im Text verwendete Abkürzungen	Sözlükte Kullanılan Kısaltmalar	XIII
Wörterbuchteil Türkisch-Deutsch	Türkçe-Almanca Sözlük Bölümü	1–370
Türkische Kurzgrammatik	Türkçe Dil Bilgisi	371
Zahlwörter	Sayı Sıfatları	397
Redewendungen für den Alltag	Gündelik Konuşmalar için Deyimler	400
Zeitangaben	Zaman Belirtmeler	414
Deutsch-Türkisch	**Almanca-Türkçe**	
Hinweise zur Benutzung	Kullanım Hakkında Bilgiler	III
Regelmäßige deutsche Substantivendungen	Amancada Kurallı İsim Ekleri	IX
Im Text verwendete Abkürzungen	Sözlükte Kullanılan Kısaltmalar	IX
Wörterbuchteil Deutsch-Türkisch	Almanca-Türkçe Sözlük Bölümü	1–774
Unregelmäßige deutsche Verben	Almancada Kurasız Eylemler	775

Vorwort

Das neue PONS Kompaktwörterbuch Türkisch mit rund 100.000 Stichwörtern und Wendungen bietet dem Benutzer, als ein praktisches Übersetzungswerkzeug, Hilfe bei der Bewältigung sprachlicher Probleme im Alltag.

Neben dem Wortschatz aus dem Alltag wurden Fachbegriffe aus den Bereichen Wirtschaft, Handel, Finanzwesen, Gastronomie, Informatik, Kunst, Fotografie, Politik, Recht, Geographie, Geologie, Meteorologie, Astronomie, Astrologie, Chemie, Physik, Medizin, Anatomie, Biologie, Botanik, Zoologie, Publizistik, Philosophie, Psychologie, Religion, Geschichte, Landwirtschaft, Architektur, Luftfahrt, Seefahrt, Linguistik und Sport aufgeführt.

Die türkische Rechtschreibung orientiert sich an der 9. Auflage des „Türkçe Sözlük" der Türk Dil Kurumu (Gesellschaft für türkische Sprache). Leider zeigt die Praxis im Alltag, dass sich nicht alle an die Regeln dieses Wörterbuchs halten. Beispielsweise wird der Zirkumflex im Alltag weggelassen und nur dann benutzt, wenn es unbedingt sein muss, wie bei „kar" (Schnee) und „kâr" (Gewinn, Profit). Ein anderes Beispiel ist der allgemeine Trend zur Zusammenschreibung bei Begriffen, die aus zwei Wörtern bestehen (Komposita). In diesem Wörterbuch sind Begriffe wie „büyük anne" (Großmutter) und „dil bilimci" (Sprachwissenschaftler) wie im „Türkçe Sözlük" im Gegensatz zu vielen anderen Wörterbüchern getrennt geschrieben, wobei keineswegs der Anspruch erhoben wird, dass die Schreibweisen „büyükanne" und „dilbilimci" falsch seien.

Die Entwicklung dieses Wörterbuches hat drei Jahre gedauert und ich hoffe damit einen kleinen Beitrag zur deutsch-türkischen Verständigung geleistet zu haben. An dieser Stelle möchte ich der Projektleiterin, Frau Andrea Ender, für ihre Geduld und ihre wertvollen Ratschläge herzlich danken.

Essen, im Frühjahr 2003 Osman Nazım Kıygı

ÖN SÖZ

Yeni PONS Türkçe Kompakt Sözlük, yaklaşık 100.000 madde başı söz, deyim ve kullanım örnekleriyle kullanıcıya dille ilgili günlük sorunların çözümünde pratik bir çeviri aygıtı olarak yardım sunmaktadır.

Günlük konuşma dilindeki söz varlığının yanı sıra, ekonomi, ticaret, maliye, gastronomi, bilişim, sanat, fotoğrafçılık, politika, hukuk, coğrafya, jeoloji, meteoroloji, astronomi, astroloji, kimya, fizik, tıp, anatomi, biyoloji, botanik, zooloji, gazetecilik, felsefe, psikoloji, din, tarih, tarım, mimarlık, havacılık, denizcilik, dil bilimi ve spor gibi bilim dal ve alanlarının terimleri de belirtilmiştir.

Türkçe yazım, Türk Dil Kurumu tarafından hazırlanmış Türkçe Sözlük'ün dokuzuncu baskısını esas almıştır. Maalesef gündelik hayatta herkes bu sözlüğün kurallarına uymamaktadır. Örneğin, düzeltme işareti „kar" ve „kâr" gibi durumlarda mutlaka kullanılması gerektiğinde kullanılıp genelde kullanılmamaktadır. Başka bir örnek, yeni bir kavram türetirken iki kelimeyi bitişik yazma eğilimidir. Bu sözlükte „büyük anne", „dil bilimci" gibi birleşik sözler, birçok sözlükte olduğu gibi bitişik yazılmamış olup Türkçe Sözlük'te olduğu gibi ayrı yazılmıştır; ama bunu yaparken „büyükanne" ve „dilbilimci" gibi bitişik yazılışların yanlış olduğu iddiasında bulunulmamaktadır.

Bu sözlüğün geliştirilip yazılması üç yıl sürdü. Umudum, bu sözlükle Alman ve Türklerin birbirleriyle anlaşmalarında küçük de olsa bir katkım olmasıdır. Proje yöneticisi Sayın Bayan Andrea Ender'e sabrı ve değerli öğütleri için candan teşekkür ederim.

Essen, 2003 yılı ilkbaharı Osman Nazım Kıygı

Hinweise zur Benutzung des Wörterbuchs

1. Schriftarten

blauer Fettdruck	für alle Stichwörter
Halbfettdruck	für die türkischen Beispielsätze und Wendungen, in denen das Stichwort vorkommt
Magerdruck	für die deutschen Übersetzungen
Kursivdruck	für Erklärungen und Definitionen, für Markierungen der Stilebene, für Synonyme und andere Zusätze sowie für grammatische Angaben
KAPITÄLCHEN	für Sachgebietsangaben

Beispiel:

Sözlüğün Kullanımı Hakkında Bilgiler

1. Yazı Türleri

mavi renkte kalın harfler	madde başındaki her kelime için
yarı kalın harfler	Madde başı kelimenin yer aldığı Türkçe örnek cümle ve deyimler için
ince harfler	Almanca çeviriler için
italik harfler	açıklama ve tanımlar için, üslûp düzeyini göstermek için, eş anlamlı kelimelerle diğer ekler ve gramer ile ilgili bilgiler için
BÜYÜK HARFLER	herhangi bir bilim dalı veya alanı hakkındaki bilgiler için

Örnek:

çap *s* **1.** (*a. fig: kutur*) Kaliber *nt* **2.** (*büyüklük*) Größe *f;* (*ölçü*) Maß *nt* **3.** (MATH: *dairenin ~ı*) Durchmesser *m;* **dış** ~ der äußere Durchmesser; (*kürenin ~ı*) Umfang *m;* **borunun ~ı bir metre** das Rohr hat einen Durchmesser von einem Meter, das Rohr misst einen Meter im Durchmesser **4. dünya/ülke ~ında** weltweit/landesweit

2. Stichwortanordnung

Alle Wörter sind **alphabetisch geordnet.**

Im türkisch-deutschen Teil des Wörterbuchs stehen in der alphabetischen Reihenfolge *o* vor *ö*, *u* vor *ü*, *ı* vor *i*, *c* vor *ç*, *s* vor *ş* und *g* vor *ğ*.

So findet man zum Beispiel **korugan** vor **kör**, **kupa** vor **küp**, **fıtık** vor **fidan**, **tufeyli** vor **tüfek**, **esnemek** vor **eşarp** und **magazin** vor **mağara.**

Stichwörter mit kleinen Anfangsbuchstaben stehen bei ansonsten gleicher Schreibung vor solchen mit großen Anfangsbuchstaben.

2. Madde Başı Sözlerde Sıralama

Bütün kelimeler **alfabetik olarak sıralanmıştır.**

Sözlüğün Türkçe-Almanca bölümünde *o* harfi *ö* harfinden önce, *u* harfi *ü* harfinden önce, *ı* harfi *i* harfinden önce, *c* harfi *ç* harfinden önce, *s* harfi *ş* harfinden önce ve *g* harfi *ğ* harfinden önce gelir.

Örneğin; **korugan** kelimesi **kör** kelimesinden önce, **kupa** kelimesi **küp** kelimesinden önce, **fıtık** kelimesi **fidan** kelimesinden önce, **tufeyli** kelimesi **tüfek** kelimesinden önce, **esnemek** kelimesi **eşarp** kelimesinden önce ve **magazin** kelimesi **mağara** kelimesinden önce gelir.

Baş harfi küçük yazılan madde başı sözler, yazımı aynı olup baş harfi büyük yazılanlardan önce yer alır.

arap I. *s* <-bı> **1.** (*fam: negatif fotoğraf*) Negativ *nt* **2.** (*fam: zenci*) Neger(in) *m(f)* **II.** *adj* schwarz
Arap I. *s* <-bı> Araber(in) *m(f)*; ~ **uyandı** (*fam fig*) endlich hat er es kapiert; **bu doğruysa ~ olayım** (*fam*) ich fresse einen Besen, wenn das stimmt **II.** *adj* arabisch; ~ **dünyası** die arabische Welt; **Birleşik ~ Emirlikleri** Vereinigte Arabische Emirate

Getrennt geschriebene Wortzusammensetzungen wie **kaya güvercini**, **kayak gözlüğü** und **çene kemiği** sind als Stichwörter alphabetisch angeordnet.

So findet man zum Beispiel **kaya güvercini** als Stichwort zwischen **kayaç** und **kayağan**, **kayak gözlüğü** zwischen **kaya keleri** und **kayalık**, **çene kemiği** zwischen **çenek** und **çengel işareti.**

Kaya güvercini, **kayak gözlüğü** ve **çene kemiği** gibi bitişik yazılmamış olan birleşik kelimeler alfabetik olarak sıralanmıştır.

Örneğin; madde başı olarak **kaya güvercini, kayaç** ile **kayağan** arasında, **kayak gözlüğü, kaya keleri** ile **kayalık** arasında, **çene kemiği**, **çenek** ile **çengel işareti** arasında bulunur.

3. Aufbau der Wörterbuchartikel

Römische Ziffern dienen zur Unterscheidung der verschiedenen Wortarten, denen ein Stichwort angehört, und zur Gliederung der Verben *(vt, vi, vr, impers)*.

Arabische Ziffern dienen zur Unterscheidung der verschiedenen Bedeutungen eines Stichworts.

Die **Beispielsätze** zu den verschiedenen Bedeutungen des Stichworts sind den jeweiligen Ziffern innerhalb des Artikels zugeordnet.

3. Sözlükte Madde Başı Yapısı

Romen rakamları, madde başı sözün gramerdeki yerini gösterir ve fiilleri ayırmaya *(vt, vi, vr, impers)* yarar.

Arap rakamları, madde başı sözün farklı anlamlarını göstermeye yarar.

Madde başı sözün farklı anlamlarını gösteren **örnek cümleler**, madde başı altında her bir rakamdan sonra gelir.

göstermek **I.** *vt* **1.** zeigen **2.** (*işaretle belirtmek*) zeigen (auf), deuten (auf), hinweisen (auf) **3.** demonstrieren; (*film*) vorführen; **bu resmin neyi gösterdiğini anlamıyorum** ich verstehe nicht, was dieses Bild darstellen soll **4.** (*dayanışma*) bekunden, demonstrieren **5. birini (bir şey için) aday** ~ jdn (für etw) als Kandidaten aufstellen; **birine kolaylık** ~ jdm Erleichterungen gewähren **6.** (*fiyat, sebep*) angeben **7.** (*öğretmek*) beibringen, anleiten; **birine bir şeyi** ~ jdm etw beibringen, jdn zu etw anleiten **8.** (*etmek*): **gayret** ~ sich anstrengen [*o* bemühen]; **ilâç etkisini gösterdi** das Medikament hat angeschlagen; **birine şaygı** ~ jdn achten [*o* respektieren] **II.** *vi* (*görünmek*) sich zeigen

4. Klammern

In runden Klammern stehen
Erklärungen und Definitionen,
Markierungen der Stilebene,
Synonyme und andere Zusätze
sowie grammatische Angaben.

Hilfen zur Deklination und Konjugation werden in Spitzklammern angegeben.

4. Ayraçlar

Açıklama ve tanımlar,
üslûp düzeyi,
eş anlamlı kelimelerle diğer ekler
ve gramer ile ilgili bilgiler
ayraçlar içinde bulunur.

İsim ve fiilin çekimde uğradığı değişiklikler açılı ayraçlar içinde gösterilmiştir.

küllük *s* <-ğü> Ascher *m*
ret *s* <-ddi> Ablehnung *f*
donmak <-ar> *vi* **1.** einfrieren, gefrieren; **birinin kanı** ~ (*fig*) jdm gefriert das Blut in den Adern; **su borusu dondu** das Wasserrohr ist eingefroren **2.** (*soğuktan ölmek*) erfrieren **3.** (*fam: çok üşümek*) frieren; **donuyorum** es friert mich; **ellerim donuyor** mich friert es an den Händen

Die **Lautschrift**, einschließlich der Wortakzente, steht in eckigen Klammern [...] hinter dem Stichwort.

Madde başı kelimenin **sesçil yazımı** vurgu işaretleriyle birlikte kelimeden sonra köşeli ayraçlar içinde [...] bulunur.

acube [adʒʊ:bɛ] *s* (*tuhaf kimse*) Sonderling *m,* komischer Kauz
asi [a:si:] **I.** *s* Rebell *m,* Aufständische(r) *mf* **II.** *adj* rebellisch, aufständisch; ~ **gençlik** die rebellische Jugend

5. Verweise

Bei **Substantiven, deren Stamm sich in der Deklination stark verändert,** ist die Possessivform als eigenes Stichwort mit einem Verweis auf die Grundform aufgenommen.

5. Göndermeler

Çekim eki aldıklarında kökleri değişiklikler uğrayan isimler iyelik durumunda madde başında yer alıp yalın biçimlerine gönderme yapılmıştır.

burnu *s poss von* **burun**
şehri *s poss von* **şehir**

Bei Stichwörtern ausländischer und osmanischer Herkunft wird auf das neue Wort verwiesen.

Kökeni yabancı ve Osmanlıca olan madde başı sözlerde yeni kelimeye gönderme yapılmıştır.

istiklâl *s ohne Pl* <-i> *s.* **bağımsızlık** Unabhängigkeit *f*
seyyare *s s.* **gezegen** Planet *m*

6. Tilde

Die **Tilde** ~ ersetzt in Beispielsätzen und Redewendungen das Stichwort.

6. „Yine o" İşareti

„Yine o" işareti ~ örnek cümlelerde ve deyimlerde madde başı sözün yerine geçer.

başka *adj* **1.** andere(r, s); ~ **bir arabaya çarpmak** auf einen anderen Wagen aufprallen; ~ **birisi** jemand anderes; ~ **bir arzunuz var mı?** haben Sie noch einen Wunsch?; ~ **fikirde olmak** anderer Meinung sein; **yapacak** ~ **bir şeyim kalmadı** es blieb mir nichts anderes übrig **2.** (*-den* ~): **benden/senden/bizden** ~ außer mir/dir/uns; **bu ...den** ~ **bir şey değil** das ist nichts anderes als ...; **bundan** ~ außerdem

Aussprache und Betonung des Türkischen

Die meisten Buchstaben des türkischen Alphabets werden wie im Deutschen ausgesprochen. Abweichend davon werden folgende Buchstaben ausgesprochen:

c stimmhaftes **dsch** wie in „Dschungel“

ç stimmloses **tsch** wie in „tschüss“, „Klatsch“

e meist sehr offen wie **ä**

ğ 1. kommt nie am Wortanfang vor.
2. wird am Wortende oder vor einem Konsonant nicht ausgesprochen. Statt dessen wird der vorangehende Vokal gedehnt: sağ („gesund“) wird ausgesprochen wie deutsches „sah“, dağlar („Berge“) wird ausgesprochen wie „dahlar“
3. wird zwischen zwei dumpfen Vokalen (a, ı, o, u) ebenfalls nicht ausgesprochen: Die beiden Vokale werden getrennt aber ohne Stimmabsatz dazwischen ausgesprochen: dağa („auf den Berg“) wie „daa“
4. wird zwischen zwei hellen Vokalen (e, i, ö, ü) wie deutsches j ausgesprochen: eğer („wenn“) wie „ejär“

h 1. am Silbenanfang wie deutsches **h**
2. am Silbenende wie ein schwaches deutsches **ch**

ı wird etwa so ausgesprochen wie das e in „lauf**e**n“

j **stimmhaftes sch** wie in französischen Fremdwörtern „Journalist“, „Gage“

r ein gerolltes Zungenspitzen-R; am Wortende ein stimmloses, „geriebenes“ Zungenspitzen-R

s immer **stimmloses s** wie in „Fass“

ş wie deutsches **sch** in „Schule“, „lasch“

v wie deutsches **w**

y wie deutsches **j**

z immer **stimmhaftes s** wie in deutschem „singen“, „Hase“

Weitere Besonderheiten der türkischen Aussprache:

- Doppelkonsonanten werden anders als im Deutschen aber ähnlich wie im Italienischen *gelängt* ausgesprochen: anne („Mutter“).
- Doppelvokale werden nicht als Langvokal ausgesprochen, sondern jeder Vokal wird für sich ausgesprochen, jedoch ohne Stimmabsatz dazwischen: saat („Stunde“). Dies gilt auch für zwei verschiedene aufeinander folgende Vokale: Jeder Vokal wird für sich ausgesprochen, ohne Stimmabsatz zwischen ihnen aber auch ohne dass die beiden Vokale zu einem Diphthong (wie im Deutschen: „ei“, „au“, „eu“) verschmelzen: daire („Kreis“).

Betonung:

Im Türkischen ist der Unterschied zwischen betonten und unbetonten Silben geringer als im Deutschen. Die Betonung ist eher durch eine höhere Tonlage als durch größere Schallfülle gekennzeichnet. Die Schallfülle verteilt sich fast gleichmäßig über alle Silben, während einzelne Silben durch eine höhere Tonlage betont sind.

Die meisten türkischen Wörter werden auf der letzten Silbe betont: (Der Apostroph steht vor der betonten Silbe): arka'daş („der Freund“). Tritt eine Endung an, so verschiebt sich die Betonung auf die Endung: arkadaş'lar („die Freunde“), arkadaşlar'da („bei den Freunden“).

Es gibt allerdings einer Reihe unbetonter Endungen, bei deren Antritt die Silbe vor der Endung betont wird; die wichtigsten sind:

- die Personalendungen bei Nominalsätzen (die Kopula „sein“) und die Endung -dir: ev'deyim („ich bin zu Hause“), has'tadır („er/sie ist krank“).
- die Negationsendung -me/-ma/-mi: 'gelmiyorum („ich komme nicht“), 'gelme! („komm nicht!“).
- die Personalendungen bei Gegenwart, Aorist, Futur, Vergangenheit: geli'yorum („ich komme“), ge'lirim („ich komme gewöhnlich“), gele'ceğim („ich werde kommen“), 'geldim („ich kam“), gel'mişim („ich soll gekommen sein“).
- Die Endung -le/-la („mit“): ara'bayla („mit dem Auto“).
- die Endung -ce/-ca: 'bence („meiner Meinung nach“)
- Die Gerundiumendung -ken/-kan: gel'irken („während ich/du/er/sie kam“)

Ausnahmen bilden auch folgende Wörter:

- viele Fremdwörter, die die urprüngliche Betonung beibehalten haben – 'radyo („Radio“), 'taksi („Taxi“).
- Ortsnamen, die auf der ersten oder vorletzten Silbe betont werden: 'Ankara, Al'manya. Bei diesen Wörtern bleibt die Betonung auch bei Antritt einer Endung erhalten: 'Ankarada („in Ankara“).
- viele Adverbien, die auf der ersten Silbe betont werden: 'ancak („nur“), 'şimdi („jetzt“), 'burada („hier“).

Neben der Wortbetonung gibt es auch eine Satzbetonung. Eine wichtige Erscheinung ist dabei, dass oft das Subjekt eines Satzes mit steigendem Ton akzentuiert wird.

Türkische Silbentrennung

Die Silbentrennung erfolgt im Türkischen nach Sprechsilben, z. B. *as-tar, ıs-pa-nak, prog-ram.*

Abkürzungen / Kısaltmalar

a.	auch	aynı zamanda
Abk.	Abkürzung	kısaltma
adj	Adjektiv	sıfat
ADMIN	Verwaltung	idare
adv	Adverb	zarf
AERO	Luftfahrt	havacılık
AGR	Landwirtschaft	tarım
akk	Akkusativ	yükleme durumu, -i hâli
ANAT	Anatomie	anatomi
ARCH	Architektur	mimarlık
ASTR	Astronomie, Astrologie	astronomi, astroloji
AUTO	Auto und Verkehr	otomobil ve trafik
BERGB	Bergbau	madencilik
bes.	besonders	özellikle
BIOL	Biologie	biyoloji
BOT	Botanik	botanik
CHEM	Chemie	kimya
COM	Handel	ticaret
dat	Dativ	yönelme durumu, -e hâli
EISENB	Eisenbahn	demir yolu
ELEK	Elektrizität	elektrik
etw	etwas	bir şey
EU	Europäische Union	Avrupa Birliği
f	Femininum – die	dişil
fam	umgangssprachlich	konuşma dili
fig	figurativ, bildlich	mecazî
FILM	Film, Kino	film, sinema
FIN	Finanzwesen	maliye
FOTO	Fotografie	fotoğrafçılık
GASTR	Gastronomie	gastronomi
GEO	Geologie, Geographie	jeoloji, coğrafya
gen	Genitiv	tamlayan durumu, -in hâli
HIST	Geschichte	tarih
inf	Infinitiv, Grundform	mastar
INFORM	Informatik	bilişim
interj	Interjektion, Ausruf	ünlem
inv	invariabel, unveränderlich	değişmez
iron	ironisch	alay yollu
irr	unregelmäßig	kural dışı
jd	jemand	biri, bir kimse
jdm	jemandem	birine, bir kimseye
jdn	jemanden	birini, bir kimseyi
jds	jemandes	birinin, bir kimsenin
JUR	Jura/Recht(swissenschaft)	hukuk
kompar	Komparativ	karşılaştırma derecesi
konj	Konjunktion	bağlaç

KUNST	Kunst	sanat
LING	Linguistik	dil bilimi
LIT	literarisch, Literatur	edebî, edebiyat
m	Maskulinum – der	eril
MARKT	Marketing	pazarlama
MATH	Mathematik	matematik
MED	Medizin	tıp
METEO	Meteorologie	meteoroloji
MIL	Militär	askerlik
MUS	Musik	müzik
NAUT	Nautik, Seefahrt	denizcilik
nordd	norddeutsch	Kuzey Almanya
nt	Neutrum – das	nötr, cinssiz
num	Zahlwort	sayı sıfatı
o	oder	veya
ÖKOL	Ökologie	ekoloji
ostd	ostddeutsch	Doğu Almanya
österr	österreichisch	Avusturya Almancası
pej	pejorativ, abwertend	pejoratif, aşağılayıcı
PHILOS	Philosophie	felsefe
PHYS	Physik	fizik
pl	Plural	çoğul, çokluk
poet	poetisch, Dichtung	şairane, şiir
POL	Politik	politika
poss	Possessivform	iyelik durumu
pp	Partizip Perfekt	belirli geçmiş zaman ortacı
ppr	Partizip Präsens	şimdiki zaman ortacı
präp	Präposition	ön ilgeç
pron	Pronomen, Fürwort	zamir
prov	Sprichwort	atasözü
PSYCH	Psychologie	psikoloji
PUBL	Publizistik, Presse	gazetecilik, basın
RADIO	Rundfunk	radyo
reg	regional	yöresel, halk ağzında
REL	Religion	din
RR	Rechtschreibreform, neue Schreibweise	yazım reformu, yeni yazılış
s	Substantiv, Hauptwort	isim
s.	siehe	bakınız
SCHULE	Schule	okul
SCHWEIZ	Schweiz	İsviçre
sing	Singular, Einzahl	tekil
sl	Slang	argo
SOZIOL	Soziologie	sosyoloji
SPORT	Sport	spor
südd	süddeutsch	Güney Almanya
superl	Superlativ	üstünlük derecesi
TECH	Technik	teknik, teknoloji
TEL	Telefon	telefon
THEAT	Theater	tiyatro
TV	Fernsehen	televizyon
TYPO	Typografie	tipografi
u.	und	ve
UNIV	Universität	üniversite
usw.	und so weiter	vesaire, ve benzerleri

v	Verb	fiil
vi	intransitives Verb	geçişsiz fiil
vr	reflexives Verb	dönüşlü fiil
vt	transitives Verb	geçişli fiil
vulg	vulgär	kaba
vunpers	unpersönliches Verb	kişisiz fiil
®	eingetragenes Warenzeichen	tescilli marka
WEND	Wendung	deyim
WIRTSCH	Wirtschaft	ekonomi
ZOOL	Zoologie	zooloji

A

a, A [aː] *s* **1.** (*harf*) a, A *nt, erster Buchstabe des türk. Alphabets;* ~**'dan z'ye kadar** (*fam*) von A bis Z **2.** (MUS: *lâ*) A *nt*

A *Abk. von* **amper** A, *Ampere*

a¹ [aː] *interj* oh; ~**, ne güzel!** oh, wie schön!

a² *interj* doch; **alsana/gelsene/olur** ~**!** nimm/komm/klar doch!; **ağaç değil** ~**, ot bile yok** es gibt nicht einmal einen Baum, geschweige denn Gras

ab [aːb] *s s.* **su** Wasser *nt*

AB *s Abk. von* **Avrupa Birliği** EU *f, Europäische Union;* ~ **Komisyonu** EU-Kommission *f;* ~ **Zirvesi** EU-Gipfel *m*

aba *s* **1.** (*kumaş*) Filz *m;* ~ **terlik** Filzpantoffel *m;* ~ **gibi** (*kaba ve kalın*) grob und dick **2.** (*giysi*) Aba *f;* **birine** ~**yı yakmak** (*fam*) sich in jdn verknallen **3.** (*fam: abla*) ältere Schwester **4.** (*fam: anne*) Mutter *f*

abacı *s* **1.** (*aba yapan*) Filzmacher *m;* (*aba satan*) Filzhändler *m* **2.** (*fam: asalak*) Schmarotzer *m*

abajur *s* Lampenschirm *m*

abaküs *s* **1.** (*sayı boncuğu*) Abakus *m* **2.** (*çörkü*) Rechenbrett *nt*

abalı *adj* Aba tragend; **vur** ~**ya** es trifft immer den Schwächsten

abandone I. *s ohne Pl* (SPORT) Kampfunfähigkeit *f;* ~ **olmak** (*dövüşemeyecek duruma gelmek*) nicht weiter kämpfen können **II.** *adj* kampfunfähig; **boksör rakibini** ~ **etti** der Boxer schlug seinen Gegner k.o.

abanma *s Verbalsubstantiv zu* **abanmak**

abanmak I. *vi* **1.** drängen (*-in üstüne* -); **lütfen abanmayın!** bitte nicht drängen! **2.** (*yaslanmak, dayanmak*): **bir şeye/kimseye** ~ sich an etw/jdn lehnen **3.** (*fam*): **birine** ~ jdm auf der Tasche liegen **II.** *vr* **1.** (*dayanmak*) sich stützen (*-e* auf); (*yaslanmak*) sich lehnen (*-e* an) **2.** (*çullanmak*) herfallen (*-e* über), sich stürzen (*-e* auf); **iki herif zavallıya abanıyorlar** zwei Kerle fallen über den Armen her

abanoz *s* Ebenholz *nt;* ~ **gibi** (*çok sert*) sehr hart; **abanozgiller** *s Pl* (BOT) Ebenholzgewächse *ntpl*

abanozlaşma *s Verbalsubstantiv zu* **abanozlaşmak**

abanozlaşmak *vi* **1.** (*ağaç*) dunkeln **2.** (*fig: insan*) braun werden

abartı *s* (*mübalâğa*) Übertreibung *f,* Überspitzheit *f*

abartıcı I. *s* (*mübalâğacı*) Aufschneider(in) *m(f)* **II.** *adj* aufschneiderisch

abartıcılık *s* (*mübalâğacılık*) Aufschneiderei *f*

abartılı *adj* (*mübalâğalı*) übertrieben, überspitzt

abartısız *adj* (*mübalâğasız*) nicht übertrieben; (*fam*) ungelogen

abartma *s* **1.** *Verbalsubstantiv zu* **abartmak** **2.** (*mübalâğa*) Übertreibung *f,* Überspitzung *f*

abartmacı I. *s* (*mübalâğacı*) Aufschneider(in) *m(f)* **II.** *adj* aufschneiderisch

abartmak *vt* übertreiben, überspitzen

abartmalı *adj* übertrieben, überspitzt

abartmasız *adj* (*mübalâğasız*) nicht übertrieben; (*fam*) ungelogen

aba terlik *s* <-ği> Filzpantoffel *m*

abazan *adj* (*sl*) **1.** (*karnı aç olan*) hungrig **2.** (*uzun süre cinsel ilişkide bulunmayan*) geil

A.B.C. Silâhları *s Pl* (MIL) ABC-Waffen *fpl*

ABD *s Abk. von* **Amerika Birleşik Devletleri** USA *f, die Vereinigten Staaten von Amerika*

abdal I. *s* der Heilige, *Ehrentitel für wandernde Derwische;* **dağ yürümezse,** ~ **yürür** (*prov*) wenn der Berg nicht zum Propheten kommen will, muss der Prophet zum Berge gehen **II.** *adj s.* **aptal** dumm

abdest *s* **1.** (REL) Waschung *f;* ~ **almak** Waschung vornehmen **2.** Stuhldrang *m,* Notdurft *f,* Geschäft *nt;* ~**i gelmek** [*o* **olmak**] austreten [*o* seine Notdurft verrichten] müssen; ~ **bozmak** sein Geschäft verrichten [*o* machen], austreten; **büyük** ~ Stuhl(gang) *m,* großes Geschäft; **küçük** ~ kleines Geschäft; **annesi küçüğü** ~**e tuttu** die Mutter hielt das Kleine ab

abdestbozan *s* (ZOOL: *tenya*) Bandwurm *m;* **abdestbozan otu** *s* (BOT) Wiesenknopf *m*

abdesthane *s* Waschraum *m;* (*tuvalet*) Toilette *f*

abdiâciz [abdiˈaːdʒiz] *s* (*fam*) meine Wenigkeit

abdülleziz *s* (BOT) Erdmandel *f*

abece *s* Abc *nt;* (*alfabe*) Alphabet *nt;* **abecesel** *adj* (*alfabetik*) alphabetisch

aberasyon *s* (ASTR) Aberration *f*

abes *adj* **1.** (*akla ve gerçeğe aykırı*) unsinnig

2. (*gereksiz*) unnötig, überflüssig; (*boş, yararsız*) nutzlos, unnütz; **~le uğraşmak** sich mit unnötigen Dingen beschäftigen **3.** (*yersiz*) unangebracht; (*uygunsuz*) unpassend; ~ **kaçmak** unangebracht [*o* unpassend] sein, fehl am Platz sein; **sözleri ~ kaçtı** seine [*o* ihre] Worte waren unangebracht

abıhayat *s* (*bengi su*) Lebenswasser *nt,* Lebenselixier *nt,* das Wasser des Jungbrunnens; ~ **içmiş** jung geblieben

abi *s* **1.** (*fam: ağabey*) älterer Bruder; **benim ~m** mein älterer Bruder **2.** *Anrede an eine männliche Person*

abide [a:bide] *s* (*anıt*) Denkmal *nt,* Monument *nt;* **abidevî** [a:bidevi:] *adj* monumental

abis *s* (GEO) Tiefseegraben *m*

abiye *s* Abendkleid *nt*

AB Komisyonu *s* EU-Kommission *f*

abla *s* **1.** ältere Schwester; **benim ~m** meine ältere Schwester **2.** *Anrede einer jüngeren Person an eine ältere Frau*

ablak I. *s* <-ğı> Pausback *m* **II.** *adj* pausbackig, pausbäckig

ablâtif *s* (LING: *çıkma durumu*) Ablativ *m*

abli *s:* **~yi kaçırmak** (*fig: ipin ucunu kaçırmak*) den Faden verlieren

abluka *s* Blockade *f;* ~ **etmek** blockieren; (*etrafını çevirmek*) umzingeln; (*ablukaya almak*) eine Blockade verhängen; **~yı kaldırmak/yarmak** die Blockade aufheben/brechen

abone [abo'ne] *s* **1.** Abonnement *nt;* ~ **etmek** abonnieren; **bir şeye ~ olmak** etw abonnieren **2.** Abonnent(in) *m(f);* (*gazete, dergi*) Abonnent(in) *m(f),* Bezieher(in) *m(f);* (*telefon*) Teilnehmer(in) *m(f);* ~ **etmek** abonnieren; ~ **olmak** abonnieren (*-e* -), beziehen (*-e* -) **3.** (*fig*) Stammgast *m;* **abone fiyatı** *s* Bezugspreis *m*

abonman *s* Abonnement *nt;* **~ı iptal etmek** das Abonnement abbestellen; **bir şey için ~ı olmak** ein Abonnement für etw haben; **abonman kartı** *s* Dauerkarte *f*

aborda *s* (NAUT): ~ **etmek** längsseits anlegen

Aborijin halkları *s Pl* Aborigines *pl*

abrakadabra *s* Abrakadabra *nt*

abrama *s Verbalsubstantiv zu* **abramak**

abramak *vt* (NAUT: *yönetmek*) steuern; **gemiyi ~** das Schiff steuern

abraş [abraʃ] *adj* **1.** scheckig; ~ **bir at** ein scheckiges Pferd **2.** (*bitki yaprağı*) weiß fleckig **3.** (*fam: çilli*) sommersprossig **4.** (*kaba*) grob; (*görgüsüz*) ungebildet **5.** (*çarpık*) schief

abril *s s.* **nisan** April *m*

abstre *adj* abstrakt; *s. a.* **soyut**

absürt *adj* absurd; *s. a.* **saçma**

abu [a'bu:] *interj* (*fam*): **~!** o weh!

abuhava ['a:buhava:] *s s.* **iklim** Klima *nt*

abuk sabuk *adj* (*fam: saçma sapan*) unsinnig; ~ **konuşmak** Unsinn reden, faseln; **abuk sabukluk** *s* <-ğu> Unsinn *m*

abuli *s* (MED) Abulie *f*

abullabut *adj* (*pej*) **1.** (*hantal, kaba ve anlayışsız*) rüpelhaft **2.** (*giyimine özen göstermeyen*) schlampig angezogen; **abullabutluk** *s* <-ğu> Rüpelei *f*

abur cubur I. *s ohne Pl* Junkfood *nt;* ~ **yemek** alles durcheinander essen **II.** *adj* (*işe yaramaz*) nutzlos; **zamanını ~ işlere harcamak** seine [*o* ihre] Zeit mit nutzlosen Dingen vergeuden

AB üyesi ülke *s* EU-Mitgliedsland *nt;* **AB Zirvesi** *s* EU-Gipfel *m*

acaba ['adʒaba:] *adv* **1.** denn; ~ **bu ne demek oluyor?** was mag das wohl heißen?; ~ **nerede kaldı?** wo ist er denn geblieben?, wo mag er (wohl) geblieben sein?; ~ **başına bir şey mi geldi?** ob ihm wohl etw zugestoßen ist?; **gelecek mi ~?** ob er wohl kommen wird? **2.** (*fam*) vielleicht, etwa; ~ **anahtarımı gördün mü?** hast du vielleicht meinen Schlüssel gesehen?; **ateşiniz var mı ~?** haben Sie vielleicht Feuer?

acar *adj* **1.** draufgängerisch, ungestüm **2.** tatkräftig, energisch **3.** (*yeni*) neu

acayip [a'dʒa:-] **I.** *adj* <-bi> (*garip, tuhaf*) seltsam, komisch, sonderbar; **bir şey birinin acayibine gitmek** etw jdm seltsam [*o* komisch] vorkommen **II.** *interj* komisch, merkwürdig

acayipleşme *s Verbalsubstantiv zu* **acayipleşmek**

acayipleşmek *vi* sonderbar werden

acayiplik *s* <-ği> **1.** (*acayip olma durumu*): **burada bir ~ var** hier ist etw komisch [*o* merkwürdig]; **işin acayipliği ...** das Komische an der Sache ist ... **2.** (*gariplik, tuhaflık*) Marotte *f;* **bazı ~leri var** er hat einige Marotten

acele I. *s ohne Pl* Eile *f,* Hast *f;* **~m var** ich bin in Eile, ich habe es eilig; **bunun ~si yok** das hat keine Eile, damit eilt es nicht, das hat noch Zeit; **~ye getirmek** den Trubel ausnutzen; **satıcı ~ye getirerek poşete iki çürük elma koydu** ehe man sichs versah, hat der Verkäufer zwei faule Äpfel in die Tüte gesteckt **II.** *adj* eilig; (*ivedi*) eilbedürftig, dringend; ~ **durumlarda** in dringenden Fällen; ~ **itiraz** (JUR) sofortige Beschwerde; ~ **işe şeytan karışır** (*prov*) Eile mit Weile **III.** *adv* rasch; ~ **bir karar vermek** sich rasch entscheiden; **~ et!** beeil dich!; ~ **etmek** (*ivmek*) sich beeilen; (*sabırsızlanmak*) hektisch werden; **o**

kadar ~ **etme!** nicht so hektisch [*o* hastig]!
acele acele *adv* in aller Eile
aceleci *adj* **1.** (*ivecen*) übereilt, überstürzt; (*tez iş gören*) hastig **2.** (*telâşlı*) hektisch
acelecilik *s ohne Pl* <-ği> **1.** Übereile *f,* Hast(igkeit) *f* **2.** (*telâş*) Hektik *f;* **aceleciliği hepimizi sinir ediyor** seine Hektik nervt uns alle
aceleleştirme *s* **1.** *Verbalsubstantiv zu* **aceleleştirmek** **2.** Beschleunigung *f*
aceleleştirmek *vt* beschleunigen
Acem **I.** *s* **1.** Perser; (*İranlı*) Iraner **2.** (*İran ülkesi*) Persien; (*İran*) Iran **II.** *adj* persisch, iranisch; ~ **kılıcı gibi** (*fig*) wie ein zweischneidiges Schwert
acemborusu *s* (BOT) Trompetenblume *f,* Bignonie *f*
Acemce *s* (*Farsça*) Persisch(e) *nt;* ~**'de** im Persischen
acemi *adj* **1.** ungeübt, unerfahren **2.** (*pej*) stümperhaft, dilettantisch **3.** (*yabancı*) fremd; **o daha İstanbul'un** ~**si** er ist noch fremd in Istanbul
acemice *adv* (*pej*) stümperhaft, dilettantisch; **bir çalgıyı** ~ **çalmak** ein Instrument stümperhaft spielen
acemi çaylak <-ğı> *s* **1.** (*fam pej: beceriksiz*) Stümper *m* **2.** Grünschnabel *m;* (*toy*) Dilettant(in) *m(f);* **acemi er** *s* (MIL) Rekrut *m*
acemilik *s ohne Pl* <-ği> Unerfahrenheit *f;* ~ **etmek** sich stümperhaft benehmen
Acem pilâvı *s* (GASTR) *Reisgericht mit Safran und Ingwer nach iranischer Art*
acente *s* (COM) **1.** (*kimse*) Agent(in) *m(f),* Vertreter(in) *m(f);* (JUR) Handelsvertreter(in) *m(f)* **2.** (*ticarethane*) Agentur *f,* Vertretung *f;* (*şube*) Filiale *f;* **acentelik** *s* <-ği> (*acente kuruluşu*) Agentur *f,* Vertretung *f;* (JUR) Handelsvertretung *f;* (*şube*) Filiale *f*
acep *adv* (*acaba*) denn, wohl; ~ **bu kimdi?** wer war denn das?; **çantasında** ~ **nesi var?** was hat er denn in seiner Tasche?
acı **I.** *s* **1.** (*ohne Pl*) Bitterkeit *f,* bitterer Geschmack; (*yemeklerde*) Schärfe; ~ **katmak** scharf würzen (*-e* -); ~**sını çıkarmak** den bitteren Geschmack beseitigen; (*yemeklerde*) die Schärfe beseitigen; ~ **patlıcanı kırağı çalmaz** (*prov*) Unkraut vergeht nicht **2.** (*ağrı, sancı*) Schmerz *m;* (*ıstırap*) Qual *f;* ~ **çekmek** Schmerzen erleiden **3.** (*keder, elem*) Leid *nt;* (*üzüntü*) Trauer *f;* ~ **duymak** (*üzülmek*) Trauer empfinden; **birine** ~ **vermek** jdm Leid antun, jdm wehtun; ~**sını çekmek** leiden; ~**sını çıkarmak** (*öç, intikam almak*) sich revanchieren (*için/-den* für/bei) **II.** *adj* **1.** (*tat*) bitter; (*acılı*) scharf; (*yağ*) ranzig; ~ **çikolata** bittere Schokolade; ~ **gerçek** die bittere Wahrheit **2.** (*koyu*) tief; ~ **bir yeşil** ein tiefes Grün **3.** (*fig: gerçek, soğuk*) bitter; (*kuvvet*) roh; (*olaylar*) tragisch; **sözleri çok** ~**ydı** seine Worte waren sehr bitter
acı acı *adv* bitterlich, voller Schmerz; ~ **ağlamak** bitterlich weinen, bittere Tränen weinen; ~ **bağırmak** (*laut schreien*) kreischen
acı ağaç *s* <-cı> (BOT) Bitterholzbaum *m;* (*kavasya*) Quassie *f;* **acı badem** *s* bittere Mandel; **acı badem yağı** *s* Bittermandelöl *nt;* **acı bakla** *s* (BOT) Lupine *f;* **acı balık** *s* <-ğı> (ZOOL: *gördek*) Bitterling *m*
acıca *adj* (*oldukça acı*) ziemlich bitter; (*yemek*) ziemlich scharf gewürzt
acı çiğdem *s* (BOT: *güz çiğdemi*) Herbstzeitlose *f;* **acı elma** *s s.* **ebucehil karpuzu** Koloquinte *f*
acı görmüş *adj* leidgeprüft
acı hıyar *s,* **acı karpuz** *s s.* **ebucehil karpuzu** Koloquinte *f;* **acı kavak** *s* <-ğı> (BOT) Espe *f;* (*titrek kavak*) Zitterpappel *f;* **acı kavun** *s s.* **eşek hıyarı** Spritzgurke *f*
acıkılma *s Verbalsubstantiv zu* **acıkılmak**
acıkılmak *vunpers:* **günün bu saatinde acıkılmaz** um diese Tageszeit hat man keinen Hunger
acıklı *adj* **1.** kläglich, beklagenswert, Mitleid erregend; (*dokunaklı*) rührselig **2.** (*acı görmüş*) leidgeprüft; (*kederli*) trübselig; **acıklı komedi** *s* (*trajikomedi*) Tragikomödie *f*
acıkma *s Verbalsubstantiv zu* **acıkmak**
acıkmak *vi* Hunger bekommen, Hunger haben; **yavaş yavaş acıkıyorum** allmählich [*o* langsam, aber sicher] bekomme ich Hunger; **acıktın mı?** hast du Hunger?; **acıkmış gibi bir hâlin var** du siehst aus, als ob du Hunger hättest
acıktırma *s Verbalsubstantiv zu* **acıktırmak**
acıktırmak *vt* hungrig machen; **bu hava insanı acıktırır** diese Luft macht hungrig
acılanma *s Verbalsubstantiv zu* **acılanmak**
acılanmak *vi* **1.** (*acılaşmak*) bitter werden **2.** (*üzülmek*) traurig werden
acılaşma *s Verbalsubstantiv zu* **acılaşmak**
acılaşmak *vi* **1.** (*tadı bozulmak*) bitter werden; (*yağ*) ranzig werden **2.** (*fig: konuşma*) bitter werden, verletzend werden
acılaştırma *s Verbalsubstantiv zu* **acılaştırmak**
acılaştırmak *vt* (GASTR: *yemek*) scharf würzen
acılı *adj* **1.** (*Speisen*) scharf gewürzt **2.** (*fig*) verbittert; ~ **bir kadın** eine verbitterte Frau
acılık *s ohne Pl* <-ğı> **1.** Bitterkeit *f,* Bitter-

A

nis *f* **2.** (*yemek*) Schärfe *f* **3.** (*fig*) Verbitterung *f*
acıma *s* **1.** *Verbalsubstantiv zu* **acımak** **2.** Mitleid *nt;* (*merhamet*) Erbarmen *nt;* **zerre kadar ~sı olmamak** kein bisschen Mitleid haben
acımak *vi* **1.** (*tadı acı duruma gelmek*) bitter werden; (*yağ*) ranzig werden **2.** (*acısına ortak olmak*) bemitleiden (*-e* -), Mitleid haben (*-e* mit); **birine ~** jdn bemitleiden, Mitleid mit jdm haben **3.** (*gittiğine üzülmek*) bereuen (*-e* -); (*kıyamamak*) nicht übers Herz bringen (*-e* -) **4.** (*ağrımak*) schmerzen, wehtun; **uf, acıdı!** au, das tat weh!
acı marul *s ohne Pl* (BOT) Zichorie *f,* Chicorée *m o f*
acımasız *adj* mitleid(s)los; (*merhametsiz*) erbarmungslos; (*katı yürekli*) hartherzig, unbarmherzig; **acımasızca** *adv* ohne Mitleid, ohne Erbarmen; (*zalimce*) auf grausame Weise; **acımasızlık** *s ohne Pl* <-ğı> Erbarmungslosigkeit *f,* Unbarmherzigkeit; (*zulüm*) Grausamkeit
acı meyan *s* (BOT: *dikenli meyan*) Schnürbaum *m*
acımık *s* <-ğı> (BOT: *belemir*) Schuppenkopf *m*
acımsı *adj,* **acımtırak** *adj* bitterlich, leicht bitter
acınacak *adj* bedauernswert, bemitleidenswert; **~ bir durumda bulunmak** sich in einem bedauernswerten Zustand befinden
acındırma *s Verbalsubstantiv zu* **acındırmak**
acındırmak *vt* Mitleid erregen; **beni kendisine acındırdı** er hat mein Mitleid erregt
acınılacak *adj s.* **acınacak** bedauernswert, bemitleidenswert; **~ bir kimse** ein bedauernswerter Mensch
acınma *s ohne Pl Verbalsubstantiv zu* **acınmak** Bedauern *nt*
acınmak *vi* **1. zavallının hâline acınır** der Zustand des Armen tut einem Leid **2.** (*esef etmek*) bedauern (*-e* -)
acı pelin *s ohne Pl* (BOT) Wermut *m*
acırak *adj* (*acımsı*) bitterlich, leicht bitter
acısız *adj* **1.** (*tadı acı olmayan*) nicht scharf gewürzt **2.** (*ağrı duyulmayan*) schmerzlos, schmerzfrei; **~ bir doğum** eine schmerzlose Geburt **3.** (*fig*) sorgenfrei; **~ bir yaşam** ein sorgenfreies Leben
acı söz *s* bittere Bemerkung; **acı su** *s* Bitterwasser *nt;* **acı tatlı** *adj* bittersüß
acıtma *s Verbalsubstantiv zu* **acıtmak**
acıtmak *vt* **1.** *Kausativ zu* **acımak** **2.** (*acılık vermek*) Schärfe geben **3.** schmerzen, wehtun; **birinin canını ~** jdm wehtun; **çizme ayaklarımı acıttı** der Stiefel tat meinen Füßen weh; **Hasan canımı acıttı** Hasan hat mir wehgetan
acı yonca *s* (BOT) Bitterklee *m,* Fieberklee *m*
acibe [adʒiːbɛ] *s* Kuriosum *nt,* Unikum *nt*
acil [aːdʒil] *adj* (*ivedi*) dringend, eilig; **~ zaruret** (JUR) dringende Notwendigkeit; **~ şifalar dilemek** rasche Genesung wünschen, gute Besserung wünschen; **acil durum** *s* Notfall *m*
acilen [aːdʒilɛn] *adv* (*hemen*) sofort; (*tez elden*) unverzüglich; (*hiç zaman yitirmeden*) ohne Zeit zu verlieren; (*ivedilikle*) in aller Eile
acil servis *s* (MED: *hastanelerde*) Notaufnahme *f;* **acil yardım** *s* Nothilfe *f*
aciyo *s s.* **acyo** Agio *nt,* Aufgeld *nt*
aciz [adʒiz] *s* <aczi> **1.** (*güçsüzlük*) Ohnmacht *f,* Machtlosigkeit *f;* **acz içinde olmak** machtlos sein; **acze düşmek** (*çaresiz kalmak*) in eine ausweglose Lage geraten; (*elinden bir şey gelmemek*) nichts machen können, hilflos sein **2.** Unfähigkeit *f;* (*beceriksizlik*) Ungeschicklichkeit *f;* **acz içinde olmak** unfähig sein **3.** (JUR) Insolvenz *f,* Zahlungsunfähigkeit *f*
âciz [aːdʒiz] *adj* **1.** (*güçsüz*) ohnmächtig, machtlos; **birinin karşısında ~ olmak** jdm gegenüber machtlos sein **2.** unfähig; (*beceriksiz*) ungeschickt **3.** (JUR) insolvent, zahlungsunfähig; **âcizlik** [aːdʒizlɪk] *s* <-ği> **1.** Unfähigkeit *f;* (*beceriksizlik*) Ungeschicklichkeit *f* **2.** (*güçsüzlük*) Ohnmacht *f,* Machtlosigkeit *f*
acube [adʒʊːbɛ] *s* (*tuhaf kimse*) Sonderling *m,* komischer Kauz
acul [adʒʊːl] *adj* **1.** ungestüm; (*tez canlı*) temperamentvoll **2.** (*hızlı*) schnell
acun *s* (*dünya*) Welt *f*
acuze [adʒʊːzɛ] *s* (*fam: cadı karı*) alte Hexe
acyo [adʒjo] *s* (FIN) Agio *nt,* Aufgeld *nt*
acyocu *s* (FIN) Agioteur *m,* Börsenspekulant(in) *m(f)*
aç [atʃ] **I.** *vt Imperativ von* **açmak**: **kulaklarını ~!** sperr deine Ohren auf! **II.** *s* (*pej*) Hungerleider *m* **III.** *adj* **1.** hungrig; **~ ~ına** auf nüchternen Magen; **~ ayı oynamaz** (*fam fig*) einem leeren Magen ist schlecht predigen; **~ bırakmak** aushungern, hungern lassen; **~ gezmektense tok ölmek yeğdir** besser satt sterben als hungrig herumlaufen; **~ kalmak** (*karnını doyuramamak*) hungrig bleiben; (*yoksulluğa düşmek*) in Not und Elend geraten; **~ karnına** mit leerem Magen; **~ susuz kalmak** in Not und Elend geraten; **açından ölmek** (*açlıktan ölmek*) an Hunger sterben, verhungern, aus Mangel an Nahrung sterben; (*çok acıkmak*) vor Hunger sterben, sehr

viel Hunger haben **2.** (*fam fig*) hungrig, gierig; **ne ~ adam!** was für ein gieriger Mensch!

açabilme *s Verbalsubstantiv zu* **açabilmek**

açabilmek *vt* aufbekommen, aufkriegen, aufschließen können, öffnen können; **şişeyi açamadı** er bekam die Flasche nicht auf, er konnte die Flasche nicht öffnen; **kapıyı açamıyorum** ich kann die Tür nicht aufschließen, ich krieg die Tür nicht auf

açacak [atʃadʒak] *s* <-ğı> **1.** Öffner *m* **2.** (*fam: anahtar*) Schlüssel *m*

açalya *s* (BOT) Azalee *f; s. a.* **açelya**

açan *s* (ANAT, MED: *büken karşıtı*) Strecker *m,* Streckmuskel *m*

açar *s* **1.** (*anahtar*) Schlüssel *m* **2.** (*aperitif*) Aperitif *m*

aç bîilaç *adj:* **~ kalmak** in Not und Elend geraten

açelya *s* (BOT) Azalee *f; s. a.* **açalya**

aç göz *s* (*fig*) Nimmersatt *m*

aç gözlü *adj* gierig; (*doymaz*) unersättlich; (*tamahkâr*) habgierig, habsüchtig

aç gözlülük *s ohne Pl* <-ğü> Gier *f;* (*doymazlık*) Unersättlichkeit *f;* (*tamah*) Habgier *f,* Habsucht *f;* **~ etme!** sei nicht gierig!

açı *s* **1.** (MATH) Winkel *m;* **doğru/dik/dar/geniş ~** ein gestreckter/rechter/spitzer/stumpfer Winkel **2.** (*fig*) Blickwinkel *m,* Sicht *f;* (*bakım*) Hinsicht *f;* (*noktainazar*) Gesichtspunkt *m,* Blickpunkt *m;* **bu/ekonomik ~dan** aus dieser/wirtschaftlicher Sicht; **bir şeye başka bir ~dan bakmak** etw aus einem anderen Blickwinkel betrachten; **hukukî/politik ~dan bakıldığında** vom juristischen/politischen Blickwinkel aus gesehen **3.** (MIL): **ölü ~** toter Raum

açıcı *adj* anregend; **iştah ~** appetitanregend

açığı *s poss von* **açık**

açık **I.** *s* <-ğı> **1.** (WIRTSCH, FIN) Defizit *nt,* Fehlbetrag *m;* **~ vermek** Defizit aufweisen, in roten Zahlen stehen; **kasa açığı** der Fehlbetrag in der Kasse; **ülkenin doktor açığı** der Ärztemangel des Landes **2.** Lücke *f* **3.** (*gemi*): **~larda** auf offenem Meer **4. açığa almak** aus dem Dienst entfernen; (*tren*) ausrangieren; **açığa çıkarmak** entlassen; **açığa vurmak** (*ortaya çıkarmak*) enthüllen, aufdecken; (*belli etmek*) verraten, offenbaren; **yüzündeki ifade sevincini açığa vuruyordu** der Ausdruck auf seinem Gesicht verriet seine Freude **II.** *adj* <-ğı> **1.** (*kapalı olmayan*) offen, geöffnet, auf; **~ bırakmak** offen lassen, auflassen; **~ kapı bırakmak** (*fig*) sich einen Ausweg offen halten; **~ pencere önünde** vor dem offenen Fenster; **~ şehir** (POL) offene Stadt; **gözünü ~ tutmak** die Augen offen halten **2.** (*yol*) frei; **yolu ~ olmak** freie Bahn haben **3.** (FIN) defizitär; (*çek*) ungedeckt; **çek ~tır** der Scheck ist nicht gedeckt **4.** (*örtüsüz*) unbedeckt; (*yara*) offen; (*çıplak*) bloß, frei; (*film, kitap*) freizügig; **çok ~ bir film** ein sehr freizügiger Film **5.** (*boş*) leer, frei; **kâğıtta ~ yer kalmadı** es war kein Platz mehr auf dem Blatt **6.** (*görevlisi olmayan*) unbesetzt; (*boş*) offen, frei **7.** (*vazıh*) offen; **~ konuşma zamanı artık gelmişti** die Zeit war nun gekommen offen zu reden **8.** aufgeschlossen; **her çeşit yeniliklere ~ olmak** aufgeschlossen sein gegenüber allerlei Neuigkeiten **9.** (*renk için*) hell; **~ bir renk** eine helle Farbe; **~ sarı saçlı bir kadın** eine Frau mit hellblondem Haar; **~ tenli** hellhäutig **10.** (*gökyüzü, hava*) heiter, klar; (*hava*) frei **11.** (*sarılmamış*) lose **12.** (*kamuya ~, halka ~, gizli olmayan*) öffentlich; **~ duruşma/oturum** öffentliche Verhandlung/Sitzung **13. ~ farkla önde olmak** mit großem Abstand führen **III.** *adv* **1.** (*açıkça*) offen; **~ söylemek** offen sagen; **~ söylemek gerekirse, …** offen gesagt [*o* gestanden], …; **~ vermek** (*fig*) sich verraten, sich etwas anmerken lassen; **hiç ~ vermedi** er ließ sich nichts anmerken; **birine ~ olmak** jdm offen sein; **kapım sana her zaman ~tır** meine Tür ist immer für dich offen **2.** (*dükkân*) offen, auf; **~ tutmak** (*kapıyı*) aufhalten; (*gözlerini*) aufbehalten, offen halten; **bu dükkân pazarları da ~tır** dieser Laden hat [*o* ist] auch sonntags offen; **dükkân ~ mı?** hat das Geschäft offen?; **gözlerini ~ tutmak** (*a. fig*) die Augen offen halten **3.** (*fam: radyo, ışıklar*) eingeschaltet, an; **ışığı ~ bırakma!** lass das Licht nicht an!; **radyo ~ mı?** ist das Radio an?

açık açık *adv* (*saklamaksızın*) offen, öffentlich, freimütig, in aller Offenheit; (*göstere göstere*) demonstrativ; **birine bir şeyi ~ söylemek** jdm etw in aller Klarheit sagen; **biriyle ~ konuşmak** offen mit jdm reden

açıkağız *s* (BOT) Nachtviole *f*

açık ağızlı **I.** *s* Depp *m* **II.** *adj* deppert; (*aptal*) dumm

açık artırma *s* (öffentliche) Versteigerung *f;* **açık bono** *s:* **birine ~ vermek** (*fig: sınırsız yetki tanımak*) jdm eine Blankovollmacht erteilen; **açık bölge** *s* (WIRTSCH: *serbest bölge*) Freihandelszone *f;* **açık celse** *s s.* **açık duruşma** (JUR) öffentliche Verhandlung

açıkça *adv* ausdrücklich, ganz offen; (*kolay anlaşılır bir biçimde*) begreiflicherweise; **~ söylemek gerekirse, …** ganz offen gesagt, …; **bir şeyi ~ söylemek** etw ganz offen sagen; **bir şeyden yana olduğunu ~ söylemek** sich zu etw bekennen

açıkçası **I.** *s:* ~ offen gestanden, offen gesagt; ~**nı söyleyeyim** lass mich Klartext reden [*o* sprechen] **II.** *adv* offensichtlich; ~ **Sevda Hasan'dan hoşlanmıyor** offensichtlich mag Sevda Hasan nicht

açık çek *s* (FIN) Blankoscheck *m*

açıkçı *s* (FIN) Baissier *m*

açık deniz *s* das offene Meer; ~**de** auf offener See; **açık duruşma** *s* (JUR) öffentliche Verhandlung; **açık eksiltme** *s* (JUR) öffentliche Ausschreibung; **açık elli** *adj* freigebig; (*cömert*) großzügig; **açık ellilik** *s ohne Pl* <-ği> Freigebigkeit *f;* (*cömertlik*) Großzügigkeit *f;* **açık fikirli** *adj* aufgeschlossen; **açık fikirlilik** *s ohne Pl* <-ği> Aufgeschlossenheit *f*

açıkgöz *adj* (*fig*) gerissen

açıkgözlük *s ohne Pl* <-ğü> (*fig*), **açıkgözlülük** *s ohne Pl* <-ğü> (*fig*) Gerissenheit *f*

açık hava *s* **1.** (*bulutsuz* ~) klarer Himmel **2.** ~**da** im Freien, unter freiem Himmel; **açık hava festivali** *s* **1.** Freilichtspiele *pl* **2.** (MUS) Open-Air-Festival *nt;* **açık hava müzesi** *s* Freilichtmuseum *nt;* **açık hava sineması** *s* Freilichtkino *nt;* **açık hava tiyatrosu** *s* Freilichttheater *nt,* Freilichtbühne *f;* **açık imza** *s* Blankounterschrift *f;* **açık işletme** *s ohne Pl* (BERGB) Tagebau *m;* **açık kahverengi** *adj* hellbraun; **açık kalp ameliyatı** *s* (MED) Operation am offenen Herzen; **açık kalpli** *adj s.* **açık yürekli** offenherzig; **açık kalplilik** *s* <-ği> *s.* **açık yüreklilik** Offenherzigkeit *f;* **açık kapı** *s* Ausweg *m;* ~ **bırakmak** sich einen Ausweg offen halten; **açık kredi** *s* (FIN) Blankokredit *m*

açıklama *s* **1.** *Verbalsubstantiv zu* **açıklamak** **2.** Erklärung *f,* Erläuterung *f,* Darlegung *f* **3.** Hinweis *m*

açıklamak *vt* **1.** (*izah etmek*) erklären, erläutern **2.** (*ifşa etmek*) enthüllen; (*plânını*) entfalten **3.** (*göstermek*) darlegen, ausführen

açıklayıcı **I.** *adj* erklärend, erläuternd **II.** *s* (LING) Apposition *f*

açıklık *s ohne Pl* <-ğı> **1.** (*vuzuh*) Klarheit *f;* **bir şeyi açıklığa kavuşturmak** (*aydınlatmak*) etw aufklären **2.** Offenheit *f* **3.** (*aleniyet*) Öffentlichkeit *f* **4.** Spalt *m,* Öffnung *f;* (MED) Foramen *nt* **5.** (*fig*) Übersichtlichkeit *f* **6.** (*renklerde*) Helligkeit *f*

açık liman *s* Freihafen *m;* **açık mavi** *adj* hellblau; **açık ordugâh** *s* (MIL) Feldlager *nt;* **açık öğretim** *s* Fernstudium *nt,* Telekolleg *nt;* **açık pazar** *s* (WIRTSCH) freier Markt

açık saçık **I.** *s* <-ğı> (*fam: giyim*) Freizügigkeit *f* **II.** *adj* (*fam: giyinme*) freizügig, leicht geschürzt; (*konuşma*) unanständig; ~ **fıkra** unanständiger Witz, Zote *f* **III.** *adv:* ~ **konuşmak** anstößig reden

açık sarı *adj* hellgelb; ~ **saçlı bir kadın** eine Frau mit hellblondem Haar; **açık seçik** *adj* klar und deutlich, klipp und klar; **bu iki örnek de ~ gösteriyor ki, ...** und diese beiden Beispiele zeigen klar und deutlich, dass ...; **açık sözlü** *adj* freimütig; **açık sözlülük** *s ohne Pl* <-ğü> Freimut *m;* **açık şehir** *s* <-hri> (POL) offene Stadt

açıktan açığa *adv* in aller Öffentlichkeit

açık tenli *adj* hellhäutig

açık tohumlular *s Pl* (BOT) Nacktsamer *mpl,* Gymnospermen *fpl;* **açık yara** *s* offene Wunde; **açık yeşil** *adj* hellgrün; **açık yürekli** *adj* offenherzig; **açık yüreklilik** *s* <-ği> Offenherzigkeit *f;* **açık yüzme havuzu** *s* Freibad *nt*

açılır kapanır *adj* zusammenklappbar; ~ **sandalye** Klappstuhl *m;* ~ **tavan** (AUTO) Schiebedach *nt*

açılış *s* **1.** Eröffnung *f* **2.** Einweihung *f*

açılış bilançosu *s* Eröffnungsbilanz *f*

açılış konuşması *s* Eröffnungsansprache *f,* Eröffnungsrede *f;* **açılış töreni** *s* Eröffnungsfeier *f;* (*açım töreni*) Einweihungsfeier *f*

açılma *s* **1.** *Verbalsubstantiv zu* **açılmak** **2.** Eröffnung *f,* Öffnung *f;* (JUR: *dava*) Erhebung *f;* **kamu davasının** ~**sı** Prozesseröffnung, Verfahrenseröffnung; **vasiyetnamenin** ~**sı** Testamentseröffnung *f* **3.** (*hava için*) Auflockerung *f*

açılmak *vi* **1.** *pass von* **açmak** **2.** aufgehen, sich öffnen; (*mağazalar*) aufmachen; **açıl susam, açıl!** Sesam, öffne dich!; **birdenbire kapı/pencere açıldı** plötzlich ging die Tür/das Fenster auf; **dışa/içe doğru** ~ sich nach außen/innen öffnen; **dükkânlar saat dokuzda açılır** die Geschäfte machen um neun Uhr auf; **şalter dokuz buçukta açıldı** der Schalter machte um halb zehn auf **3.** (*renk için*) hell(er) werden **4.** (*kendine gelmek*) zu sich kommen; (*ferahlamak*) aufatmen; (*biraz iyileşmek*) sich besser fühlen **5.** (*gemi*): **engin denizlere** ~ aufs offene Meer hinausfahren **6.** (*sıkılması, çekinmesi kalmamak*) sich aussprechen **7.** (*kuruluşlar için*) die Pforten (wieder) öffnen **8.** expandieren; **fazla açıldığı için battı** weil er zu sehr expandiert hat, hat er Konkurs gemacht **9.** (*genişlemek, bollaşmak*) sich weiten; **ayakkabısı açıldı** seine Schuhe haben sich geweitet **10.** (*delinmek*) Löcher bekommen; (*yırtılmak*) zerreißen **11.** (*sis, duman*) sich auflösen;

(*hava*) sich aufhellen, aufklaren **12.** (*araç için*) sich einlaufen **13. birine** ~ sich jdm anvertrauen [*o* offenbaren] **14.** (*pencere, oda*) hinausgehen (*-e* auf); (*yol*) frei werden **15.** (*fig: ayrıntıya girmek*) ins Detail gehen **16.** (*yüzerken*) hinausschwimmen, sich vom Ufer entfernen **17.** (*iştahı*) bekommen

açımlama *s* **1.** *Verbalsubstantiv zu* **açımlamak** **2.** Erläuterung *f*, Kommentar *m*

açımlamak *vt* erläutern, kommentieren

açınsama *s* **1.** *Verbalsubstantiv zu* **açınsamak** **2.** (GEO) Erforschung *f*

açınsamak *vt* (GEO) erforschen

açıortay *s* (MATH) Winkelhalbierende *f*; **açıölçer** *s* Winkelmesser *m*; **açıölçüm** *s* Winkelmessung *f*

açış *s* Eröffnung *f*; **açış konuşması** *s* Eröffnungsansprache *f*, Eröffnungsrede *f*

açlık *s ohne Pl* <-ğı> **1.** (*aç olma durumu*) Hunger *m*; ~ **çekmek** Hunger leiden; ~**tan ölmek** vor Hunger sterben; ~**tan imanı gevremek** (*fam fig*) am Hungertuch nagen; **açlığı öldürmek** den Hunger stillen; **açlığını gidermek** seinen Hunger stillen **2.** (*kıtlık*) Hungersnot *f* **3.** (*yoksulluk*) Armut *f*; ~ **çekmek** in Armut leben **4.** (*fig*) Hunger *m*, Begierde *f*; **açlık grevi** *s* Hungerstreik *m*; **açlık hissi** *s* Hungergefühl *nt*

açma *s* **1.** *Verbalsubstantiv zu* **açmak** **2.** (*hava için*) Aufhellung *f*

açmak **I.** *vt* **1.** öffnen, aufmachen; **birinin gözünü** ~ (*fig*) jdm die Augen öffnen **2.** (*ışık, radyo*) anschalten, einschalten; (*televizyonu*) anschalten, anstellen; (*fam*) anmachen **3.** (*musluk*) aufdrehen **4.** (*göz, kitap*) aufschlagen; **gözlerini açtı** er schlug seine Augen auf **5.** (*kapı, kilit*) aufschließen, aufsperren; **kapıyı açamıyorum** ich kann die Tür nicht aufschließen; (*fam*) ich krieg die Tür nicht auf; **kulaklarını aç!** sperr deine Ohren auf! **6.** (*perde*) aufziehen **7.** (*paket*) auspacken **8.** (*mağaza, oturum*) eröffnen; **ateş** ~ das Feuer eröffnen **9.** (*Neuland*) erschließen **10.** (*Körperteil*) frei machen, entblößen **11.** (*kuyu*) graben **12.** (*mantarlı şişe*) entkorken **13.** (*şemsiye*) aufspannen **14.** (*kalem*) (an)spitzen **15.** (JUR: *kamu davası*) erheben; (*soruşturma*) einleiten; (*dosya*) anlegen; (*hesap, vasiyetname*) eröffnen **16.** (*iştah*) anregen **17.** (*iskambil kâğıdı*) aufdecken **18.** (*bacak*) spreizen **19.** (BERGB: *galeri*) anlegen **20.** (GASTR: *hamur*) ausrollen **21. birine yol** ~ jdm den Weg frei machen **II.** *vi* **1.** (*çiçek*) blühen, aufgehen **2.** (*hava*) sich aufhellen, sich aufklaren

açmalık *s* <-ğı> Bleichmittel *nt*

açtırma *s* **1.** *Verbalsubstantiv zu* **açtırmak** **2. çarklara diş** ~ **çok para tuttu** die Verzahnung der Räder hat viel Geld gekostet

açtırmak *vt Kausativ zu* **açmak**: **çarklara diş** ~ die Räder verzahnen lassen

ad *s* Name *m*; ~**ı ne?** wie heißt er?; ~**ı tarihe geçmek** in die Geschichte eingehen; **birinin** ~**ını kirletmek** jds Namen beschmutzen; **Ulus** ~**ına** (JUR) im Namen des Volkes

ada *s* Insel *f*

adabımuaşeret *s ohne Pl* Anstandsregeln *fpl*

ada çayı *s ohne Pl* Salbei *m*

adak *s* <-ğı> **1.** (*adamak işi*) Opfergang *m*; ~ **adamak** (*kurban kesip yoksullara dağıtmak*) einen Opfergang antreten **2.** (*adanılan şey*) Opfergabe *f* **3.** (*kutsal bir güce niyette bulunma*) Gelübde *nt*; ~ **adamak** (*kutsal bir güce niyette bulunmak*) ein Gelübde ablegen; **adağını bozmak/yerine getirmek** sein Gelübde brechen/erfüllen

adaklanma *s Verbalsubstantiv zu* **adaklanmak**

adaklanmak *vi* (*nişanlanmak*) sich verloben (*ile* mit)

adale *s s.* **kas** Muskel *m*

adaleli *adj* muskulös

adalet *s ohne Pl* **1.** Gerechtigkeit *f* **2.** Justiz *f*; **adalet bakanı** *s* Justizminister(in) *m(f)*; **adalet bakanlığı** *s* Justizministerium *nt*; **adalet divanı** *s* Gerichtshof *m*

adaletli *adj* gerecht

adaletlilik <-ği> *s* Gerechtigkeit *f*

adaletsiz *adj* ungerecht

adaletsizlik *s* <-ği> **1.** Ungerechtigkeit *f* **2.** Härte *f*; **sosyal** ~**ler** soziale Härten

adalı *s* Insulaner(in) *m(f)*

adam *s* **1.** (*insan*) Mensch *m* **2.** (*erkek kişi*) Mann *m*; **genç bir** ~ ein junger Mann; **sokaktaki** ~ der Mann auf der Straße; **son** ~ (*futbolda*) letzter Mann, Ausputzer *m* **3.** (*kişi, kimse*) Person *f*; ~ **başına** pro Person **4.** (*fam: eş, koca*) Mann *m*; **adam adama savunma** *s* (SPORT) Manndeckung *f*

adamakıllı *adv* (*fam a. fig*) ordentlich; (*soğuk*) ganz schön; (*sarsılmak*) ziemlich heftig; (*gereğinden çok*) mehr als nötig [*o* erforderlich]; ~ **bir dayak yemek** eine ordentliche [*o* anständige] Tracht Prügel bekommen

adam azmanı *s* Hüne *m*; ~ **gibi** hünenhaft

adam boyu *adj* mannshoch

adamkökü *s* Alraunwurzel *f*; (*adamotu*) Alraune *f*; **adamotu** *s* (BOT: *kankurutan*) Alraune *f*

adam sarrafı *s* Menschenkenner(in) *m(f)*

adaptasyon *s* **1.** Adaptation *f*; (*uyarlama*)

Anpassung *f* **2.** (LIT) Adaptation *f* **3.** (BIOL: *uyma*) Adaptation *f*

adapte *adj* adaptiert; ~ **etmek** adaptieren; (*uyarlamak*) anpassen; ~ **olmak** sich anpassen

adaptör *s* Adapter *m*

adaş *s* Namensvetter *m*

ada tavşanı *s* Kaninchen *nt*

aday *s* **1.** Kandidat(in) *m(f)*, Anwärter(in) *m(f)* (*-e* auf); ~ **olmak** kandidieren; **birini (bir şey için) ~ göstermek** jdn (für etw) als Kandidaten aufstellen **2.** Bewerber(in) *m(f)*; ~ **olmak** sich bewerben

adaylık *s* <-ğı> Kandidatur *f*; **adaylığını koymak/geri çekmek** seine Kandidatur anmelden/zurückziehen; **adaylık statüsü** *s* (POL) Kandidatenstatus *m*

aday ülke *s* (EU) Beitrittskandidat *m*

adedi *s poss von* **adet**

adedî [adedi:] *adj* zahlenmäßig

Âdem *s* (REL) Adam *m*; ~ **ile Havva** Adam und Eva; **Âdem elması** *s* Adamsapfel *m*

ademotu *s s.* **adamotu** (BOT: *kankurutan*) Alraune *f*

adet [adet] *s* <-di> **1.** (*sayı*) Zahl *f* **2.** (*tane*) Stück *nt*

âdet [a:det] *s* **1.** (*alışkı*) Gewohnheit *f* **2.** (*töre*) Brauch *m*, Sitte *f*; **örf ve ~ler** Sitten und Gebräuche **3.** (*aybaşı*) Monatsblutung *f*, Menstruation *f*

âdeta *adv* quasi; (*hemen hemen*) fast, nahezu; (*sanki*) als ob; ~ **ölecekmiş gibi** als ob er sterben würde

adetçe *adv s.* **sayıca** zahlenmäßig

adetimürettep *s ohne Pl* <-bi> Vollzähligkeit *f*

adıl *s* (LING: *zamir*) Pronomen *nt*

adım *s* Schritt *m*; **bir şeye ~ uydurmak** (*fig*) mit etw Schritt halten; **~larını seyrekleştirmek/sıklaştırmak** seinen Schritt verlangsamen/beschleunigen; **adım adım** *adv* schrittweise, Schritt für Schritt; ~ **izlemek** auf Schritt und Tritt verfolgen

adımsayar *s* Schrittmesser *m*

adî [a:di:] *adj* **1.** (*sıradan*) gewöhnlich, ordinär; ~ **ortaklık** (JUR) Gesellschaft *f* bürgerlichen Rechts **2.** (*fam fig, pej: aşağılık*) gemein; (*bayağı*) ordinär

adil *adj* gerecht

adilâne *adv* gerecht

adîlik *s* <-ği> (*pej*) Gemeinheit *f*

adisyon *s* (*lokantada*) Rechnung *f*

adlandırma *s* **1.** *Verbalsubstantiv zu* **adlandırmak** **2.** Benennung *f*, Namensgebung *f*

adlandırmak *vt* benennen, bezeichnen; (*ad vermek*) einen Namen geben

adlî *adj* gerichtlich; ~ **tıp** forensische Medizin, Gerichtsmedizin *f*; **adlî hata** *s* Justizirrtum *m*; **adlî makam** *s* Justizbehörde *f*; **adlî tabip** *s* <-bi> Gerichtsmediziner *m*; **adlî tıp** *s ohne Pl* <-bbı> Gerichtsmedizin *f*

adliye *s* **1.** (*ohne Pl*) Justiz *f* **2.** (~ *binası*) Justizgebäude *nt*; **adliye binası** *s* Justizgebäude *nt*

adliyeci *s* Justizbeamte(r), -beamtin *m, f*

adliye vekâleti *s s.* **adalet bakanlığı** Justizministerium *nt*

adrenalin *s ohne Pl* (MED) Adrenalin *nt*

Adriyatik **I.** *s* Adria *f* **II.** *adj* adriatisch; ~ **denizi** das Adriatische Meer; ~ **denizinde bir gemi** ein Schiff auf dem Adriatischen Meer; ~ **denizinde bir saat yüzdük** wir schwammen drei Stunden im Adriatischen Meer

aerobik *s ohne Pl* <-ği> Aerobic *nt*

aerodinamik **I.** *s ohne Pl* <-ği> (PHYS) Aerodynamik *f* **II.** *adj* aerodynamisch

AET *s Abk. von* **Avrupa Ekonomik Topluluğu** (HIST) EWG *f*, *Europäische Wirtschaftsgemeinschaft*

afacan *s* Schlingel *m*

af *s* <-fı> **1.** (JUR, POL) Amnestie *f*, Begnadigung *f*; ~ **çıkar(ıl)mak** eine Amnestie erlassen; ~ **kapsamına alınmak** unter die Amnestie fallen; **~fa uğramak** begnadigt werden **2.** Verzeihung *f*; ~ **dilemek** um Verzeihung bitten

afet [a:fet] *s* Katastrophe *f*

affedilme *s* **1.** *Verbalsubstantiv zu* **affedilmek** **2.** (JUR, POL) Amnestierung *f*, Begnadigung *f*

affedilmek *vi pass von* **affetmek**

affetme *s* **1.** *Verbalsubstantiv zu* **affetmek** **2.** (JUR, POL) Amnestierung *f*, Begnadigung *f* **3.** Verzeihung *f*, Entschuldigung *f*

affetmek <-der> *vt* **1.** verzeihen; (*mazur görmek*) entschuldigen; **affedersiniz!** verzeihen Sie!, Verzeihung!; (*özür dilerim*) ich bitte um Entschuldigung!, entschuldigen Sie!, Entschuldigung! **2.** (JUR, POL) amnestieren; (*bağışlamak*) begnadigen **3.** entlassen (*-den* aus)

Afgan **I.** *s* Afghane, -in *m, f* **II.** *adj* afghanisch

Afganistan *s* Afghanistan *nt*; ~ **hükümeti** die afghanische Regierung

Afganlı *s* Afghane, -in *m, f*

Afgan tazısı *s* Afghane *m*

afiş *s* Plakat *nt*; (*Schweiz*) Affiche *f*

afişçi *s* Plakatmaler(in) *m(f)*

afişçilik *s ohne Pl* <-ği> Plakatmalerei *f*, Plakatkunst *f*

afişe *adj* bekannt; ~ **etmek** bekannt geben; (*açığa vurmak*) bekunden

afişleme *s Verbalsubstantiv zu* **afişlemek**

afişlemek *vt* **1.** plakatieren **2.** (*nitelemek*)

bezeichnen
afiyet *s:* ~ **olsun!** guten Appetit!
aforizm *s* Aphorismus *m*
aforoz *s ohne Pl* (REL) Kirchenbann *m*
Afrika **I.** *s* Afrika *nt* **II.** *adj* afrikanisch; ~ **ormanları** afrikanische Wälder
Afrikalı **I.** *s* Afrikaner(in) *m(f)* **II.** *adj* afrikanisch
Afroamerikan *adj* afroamerikanisch
afrodizyak *s* Aphrodisiakum *nt*
afyon *s ohne Pl* Opium *nt*
agnozi *s ohne Pl* <-ğı> (MED, PSYCH: *tanısızlık*) Agnosie *f*
agorafobi *s* (PSYCH) Agoraphobie *f*
ağ¹ [aː] *s* Netz *nt*
ağ² [aː] *s* (*apışlık*) Schritt *m;* **pantolonun** ~**ı** der Schritt einer Hose
ağa *s* **1.** (HIST) Aga *m* **2.** Großgrundbesitzer *m*
ağabey *s* **1.** älterer Bruder; **benim** ~**im** mein älterer Bruder **2.** *Anrede an eine männliche Person*
ağaç *s* <-cı> **1.** Baum *m;* ~**ta** auf dem Baum; **ağaca çıkmak/tırmanmak** auf einen Baum steigen/klettern **2.** (*tahta*) Holz *nt;* **bu kapı** ~**tan** diese Tür ist aus Holz **3.** (INFORM) Baum *m;* **ağaç arısı** *s* (ZOOL) Holzbiene *f;* **ağaç biti** *s* (ZOOL) Baumlaus *f*
ağaççılık *s ohne Pl* <-ğı> Baumzucht *f*
ağaç çileği *s* (*ahududu*) Himbeere *f;* **ağaç gövdesi** *s* Baumstamm *m;* **ağaç kabuğu** *s* Baumrinde *f*
ağaçkakan *s* (ZOOL) Specht *m*
ağaç kaplama *s* Täfelung *f;* **ağaç kışrı** *s s.* **ağaç kabuğu** Baumrinde *f;* **ağaç kurbağası** *s* (ZOOL) Laubfrosch *m;* **ağaç kurdu** *s* (ZOOL) Holzwurm *m;* **ağaç küpesi** *s* (BOT: *hatmi*) Eibisch *m*
ağaçlı *adj* mit Bäumen bewachsen; **etrafı** ~ von Bäumen gesäumt [*o* eingefasst]; **iki yanı** ~ **yol** Allee *f*
ağaçlık **I.** *s* <-ğı> Gehölz *nt,* Horst *m* **II.** *adj* mit Baumwuchs
ağaçlıklı *adj* mit Bäumen bewachsen; *s. a.* **ağaçlı**
ağaç mantarı *s* Baumschwamm *m;* **ağaç mevcudu** *s* Baumbestand *m;* **ağaç sakızı** *s* Baumharz *nt;* **ağaç sansarı** *s* (ZOOL) Baummarder *m;* (*zerdeva*) Edelmarder *m*
ağaçsız *adj* baumlos
ağaç yapısı *s* (INFORM) Baumstruktur *f*
ağarık *adj* <-ğı> **1.** (*aklaşmış*) ergraut; **şakakları** ~ **bir bey** ein Herr mit ergrauten Schläfen **2.** (*rengi solmuş*) verblichen
ağarma *s Verbalsubstantiv zu* **ağarmak**
ağarmak *vi* **1.** ergrauen; **saçı erken ağardı** sein Haar ist vorzeitig ergraut **2.** (*aydınlanmak*) grauen; **ortalık ağarıyor** es wird hell; (*gün*) der Morgen graut; (*tan, şafak*) es dämmert
ağdalı *adj* zähflüssig
ağdalık *s ohne Pl* <-ğı> Zähflüssigkeit *f*
ağı *s* Gift *nt;* **bir şeye** ~ **katmak** einer Sache Gift beimischen; **ağı ağacı** *s,* **ağı çiçeği** *s* (BOT: *zakkum*) Oleander *m*
ağıl *s* **1.** Pferch *m* **2.** (*hale*) Hof *m*
ağılama *s* **1.** *Verbalsubstantiv zu* **ağılamak** **2.** Vergiftung *f*
ağılamak *vt* vergiften
ağılanma *s* **1.** *Verbalsubstantiv zu* **ağılanmak** **2.** Vergiftung *f*
ağılanmak *vi* **1.** *pass von* **ağılamak** **2.** sich vergiften
ağılı *adj* (*zehirli*) giftig; **ağılı böcek** *s* <-ği> (ZOOL) Laufkäfer *m*
ağıllanma *s Verbalsubstantiv zu* **ağıllanmak**
ağıllanmak *vi* **1.** sich zusammenpferchen **2.** (*halelenmek*) einen Pferch bilden
ağım *s* Spann *m*
ağımsı *adj* netzartig
ağınma *s Verbalsubstantiv zu* **ağınmak**
ağınmak *vi* sich wälzen; **hayvanlar ağınıyor** die Tiere wälzen sich
ağı otu *s* (BOT: *baldıran*) Schierling *m*
ağır **I.** *adj* **1.** (*hafif karşıtı*) schwer; ~ **basmak** (*ağırlığı fazla gelmek*) Übergewicht haben; (*fig*) schwer wiegen, überwiegen, ins Gewicht fallen, zu Buche schlagen; ~ **bir hastalık** eine schwere Krankheit; ~ **çekmek** Gewicht haben; ~ **gelmek** (*gücüne gitmek*) kränken; (*yapılması güç gelmek*) schwer fallen; ~ **su** (CHEM) schweres Wasser **2.** (*fig: davranışları yavaş olan*) schwerfällig; ~ **aksak yürümek/gitmek** sich schleppen **3.** (*vahim*) schwer; (*şüphe*) dringend; ~ **hasta/yaralı olmak** schwer krank/verletzt sein **4.** (*bunaltıcı*) bedrückend **5.** (*yavaş*) langsam; ~ **ol!** langsam! **6.** (~ *başlı*) besonnen; (*ciddî*) ernst **7.** (*sindirimi güç*) schwer, schwer verdaulich **8.** (*uyku için*) tief **9.** (*kırıcı*) kränkend, verletzend; ~ **söylemek** verletzende Worte sagen; **birinin ağrına gitmek** jdn kränken; **bir şey ağrına gitmek** etwas schwer nehmen **10.** (*güç işiten*) schwerhörig; (*sağır*) taub; **bir kulağı** ~ an einem Ohr ist er taub **11.** (JUR: *ihmal*) grob **II.** *s* (SPORT: ~ *sıklet*) Schwergewicht *nt;* **ağır ağır** *adv* **1.** (*acele etmeden*) ohne Eile **2.** (*fazlasıyla*) mehr als; **ağır ayak** *adj* <-ğı> hochschwanger
ağırbaşlı *adj* besonnen; (*ciddî*) seriös
ağırbaşlılık *s ohne Pl* <-ğı> Besonnenheit *f;* (*ciddiyet*) Seriosität *f*
ağırca *adj* ziemlich schwer; ~ **bir şeyin düştüğünü duydum** ich hörte, wie etw ziemlich Schweres fiel
ağır canlı *adj* **1.** schwerfällig, lahm **2.** (*tem-*

bel) träge **3.** (*fam: gebe*) schwanger; **ağır canlılık** *s ohne Pl* <-ğı> Schwerfälligkeit *f;* (*tembelce davranış*) Trägheit *f;* **ağır iş** *s* Schwerarbeit *f*

ağırkanlı *adj* **1.** phlegmatisch **2.** *s.* **ağır canlı** schwerfällig

ağırkanlılık *s* <-ğı> Phlegma *nt*

ağır küre *s ohne Pl* (GEO: *barisfer*) Barysphäre *f*

ağırlama *s* **1.** *Verbalsubstantiv zu* **ağırlamak** **2.** Bewirtung *f,* Beköstigung *f*

ağırlamak *vt* bewirten, beköstigen

ağırlaşma *s* **1.** *Verbalsubstantiv zu* **ağırlaşmak** **2.** Gewichtszunahme *f*

ağırlaşmak *vi* schwerer werden, an Gewicht zunehmen

ağırlık *s* <-ğı> **1.** Gewicht *nt;* **özgül ~** (PHYS) spezifisches Gewicht **2.** (*yük*) Last *f;* **birine ~ olmak** jdm zur Last fallen; **ağırlık kaldırma** *s ohne Pl* (SPORT: *halter*) Gewichtheben *nt;* **ağırlık merkezi** *s* **1.** (PHYS) Schwerpunkt *m* **2.** (*fig*) Schwerpunkt *m*

ağır sanayi *s ohne Pl* <-i> Schwerindustrie *f;* **ağır sıklet** *s* (SPORT) Schwergewicht *nt;* **ağır suç** *s* (JUR) Kapitalverbrechen *nt*

ağırşak *s* <-ğı> **1.** Spinnwirtel *m* **2.** (*diz ağırşağı*) Scheibe *f;* (*emzik ağırşağı*) Ring *m*

ağır uyku *s* Tiefschlaf *m;* **ağır yağ** *s* Schweröl *nt*

ağıt *s* <-dı> **1.** (LIT) Totenklage *f* **2.** (*ağlama*) Klagelied *nt;* **~ söylemek** ein Klagelied singen

ağıtçı *s* Klageweib *nt; s. a.* **sağucu**

ağıtlama *s* Nachruf *m,* Nekrolog *m*

ağız *s* <-ğzı> **1.** Mund *m;* (*hayvan için*) Maul *nt;* **~dan ağza dolaşmak** [*o* **geçmek**] (*haber*) sich herumsprechen; (*söylenti*) kursieren; **ağzı kulaklarına varmak** (*fam*) über das ganze Gesicht strahlen; **ağzından baklayı çıkarmamak** (*fam fig*) mit etw hinterm Busch halten; **ağzından çıkmak** (*söz*) entfahren; **ağzından kaçırmak** ausplaudern; **ağzını tutmak** den Mund halten; (*sır vermemek*) dichthalten; **birinin ağzını aramak** [*o* **yoklamak**] jdn aushorchen; **birinin ağzını burnunu dağıtmak** jdm die Fresse polieren; **birinin ağzını sulandırmak** (*fam*) jdm den Mund wässrig machen; **birinin ağzını tıkamak** (*fam*) jdm das Maul stopfen; **~lara sakız oldu** sein Name war in aller Munde; **elden ağıza yaşamak** von der Hand in den Mund leben **2.** (*akarsu ağzı*) Mündung *f* **3.** (*kavşak*) Kreuzung *f* **4.** (*bıçak ağzı*) Klinge *f* **5.** (LING) Mundart *f;* (*taşra ağzı*) Platt *nt* **6.** (*kez*) Mal *nt;* **ilk ~da paranın yarısını ödedi** beim ersten Mal zahlte er die Hälfte des Geldes **7.** (*üslûp*) Stil *m* **8.** (*pek yakın yer*) Rand *m;* **~ ~a dolu olmak** bis zum Rande gefüllt sein; **uçurumun ağzında** am Rande des Abgrunds

ağızdan *adv* mündlich, verbal; **ağızdan ağıza** *adv:* **~ geçmek** von Mund zu Mund gehen; **ağızdan dolma** *s* Vorderlader *m*

ağız kokusu *s ohne Pl* Mundgeruch *m*

ağızlık *s* <-ğı> **1.** Mundstück *nt;* (*sigara içmek için*) Zigarettenspitze *f* **2.** (MUS: *nefesli çalgılarda*) Mundstück *nt* **3.** (*hayvanın ısırmasını engellemek için*) Maulkorb *m*

ağız propagandası *s* Mundpropaganda *f;* **ağız tüfeği** *s* Luftgewehr *nt;* **ağız tütünü** *s* Kautabak *m*

ağlama *s Verbalsubstantiv zu* **ağlamak**

ağlamak **I.** *vi* weinen **II.** *vt:* **yüreği/m kan ağlıyor** (*fig*) ihm/mir blutet das Herz

ağlamaklı *adj* weinerlich

ağma *s* **1.** *Verbalsubstantiv zu* **ağmak** **2.** (*akan yıldız*) Sternschnuppe *f*

ağmak *vi* **1.** (*sarkmak*) herunterhängen **2.** (*yükselmek*) emporsteigen

ağnama *s Verbalsubstantiv zu* **ağnamak**

ağnamak *vi* sich wälzen; **hayvanlar ağnıyor** die Tiere wälzen sich

ağrı *s* Schmerz *m,* Schmerzen *pl*

Ağrı Dağı *s* Ararat *m*

ağrı hapı *s* Schmerztablette *f*

ağrıkesen **I.** *s* (MED) Schmerzmittel *nt;* (*analjezik*) Analgetikum *nt* **II.** *adj* schmerzstillend; (*analjezik*) analgetisch

ağrı kesici *s* (MED) Schmerzmittel *nt;* (*analjezik*) Analgetikum *nt*

ağrı kesimi *s ohne Pl* (MED: *analjezi*) Analgesie *f,* Analgie *f*

ağrıma *s Verbalsubstantiv zu* **ağrımak**

ağrımak *vi* schmerzen, wehtun; **başı/dişi ~** Kopfschmerzen/Zahnschmerzen haben; **başım/boğazım/midem/sırtım ağrıyor** ich habe Kopf-/Hals-/Magen-/Rückenschmerzen, mir tut der Kopf/Hals/Magen/Rücken weh; **her tarafım ağrıyor** mir tut es überall weh, mir tut alles weh

ağrısız *adj* schmerzfrei; **~ doğum** schmerzfreie Geburt

ağ tabaka *s* (ANAT) Netzhaut *f;* **ağ tonos** *s* (ARCH) Netzgewölbe *nt*

ağu *s s.* **ağı** Gift *nt*

ağustos *s* August *m;* **ağustos böceği** *s* (ZOOL) Zikade *f*

ağ yatak *s* <-ğı> *s.* **hamak** Hängematte *f*

ağzı *s poss von* **ağız**; **ağzı kalabalık** *adj* schwatzhaft

ağzına kadar dolu *adj* randvoll; **bardak ~ idi** das Glas war randvoll [*o* bis zum Rand voll]

ah [ax] **I.** *s* Ach *nt;* **~ vah etmek** Ach und Weh schreien **II.** *interj:* **~!** ach!, autsch!; **~, ne güzel!** ach, wie schön!

aha *interj* (*fam*) da; **bizim ev ~ şuracıkta!** unser Haus ist da drüben!
ahali *s* Bevölkerung *f*
ahbap *s* <-bı> Freund *m;* **~ çavuşlar** (*fam*) unzertrennliche Freunde
ahbapça *adv* freundschaftlich
ahbaplık *s* <-ğı> Freundschaft *f;* **biriyle ~ etmek** mit jdm befreundet sein; (*arkadaşça konuşmak*) mit jdm gemütlich plaudern
ahcar *s Pl von* **hacer** (*taşlar*) Steine *pl,* Gestein *nt*
ahçı *s s.* **aşçı** Koch *m,* Köchin *f*
ahdetme *s Verbalsubstantiv zu* **ahdetmek**
ahdetmek *vi* **1.** geloben (*-e* -) **2.** (*yemin etmek*) schwören
ahdî *adj* vertraglich
Ahdiatik *s* (REL: *Eski Ahit*) Altes Testament
Ahdicedit *s* <-di> (REL: *Yeni Ahit*) Neues Testament
ahenk *s* <-gi> **1.** (*uyum*) Einklang *m* **2.** (*fig*) Einklang *m,* Eintracht *f,* Harmonie *f;* **ahengi bozmak** die Harmonie stören **3.** (*eğlence*) Vergnügen *nt*
ahenkli *adj* **1.** harmonisch **2.** (*eğlenceli*) unterhaltsam
ahenk tahtası *s* (MUS) Resonanzboden *m*
aheste *s* bedächtig; (*yavaş*) langsam
ahır *s* Stall *m*
Ahit *s* <-hdi> (REL) Testament *nt;* **Eski ~** Altes Testament; **Yeni ~** Neues Testament
ahlâk *s ohne Pl* **1.** Moral *f;* **~ın korunması** der Schutz der Moral **2.** Sitten *pl;* **~ın bozulması** der Verfall der Sitten **3.** (PHILOS) Moralphilosophie *f*
ahlâka aykırı *adj* sittenwidrig; **ahlâka aykırılık** *s* Sittenwidrigkeit *f*
ahlâk bilimi *s ohne Pl* Sittenlehre *f;* (*etik*) Ethik *f*
ahlâkçı *s* Moralist(in) *m(f)*
ahlâkçılık *s ohne Pl* <-ğı> (PHILOS: *moralizm*) Moralismus *m*
ahlâk dışı *adj* unmoralisch
ahlâk dışılık *s ohne Pl* <-ğı> (PHILOS) Amoralismus *m*
ahlâkıyat *s ohne Pl s.* **ahlâk bilimi** Sittenlehre *f;* (*etik*) Ethik *f*
ahlâkî *adj* moralisch, ethisch; **~ vazife** moralische Pflicht
ahlâksız *adj* sittenlos
ahlâksızlık *s* <-ğı> Sittenlosigkeit *f*
ahlâk yasası *s ohne Pl* Moralkodex *m;* **ahlâk zabıtası** *s* Sittenpolizei *f*
ahlama *s Verbalsubstantiv zu* **ahlamak**
ahlamak *vi* stöhnen (*-den* vor)
ahlat *s* **1.** (BOT: *yaban armudu*) Holzbirne *f,* Wilde Birne **2.** (*sl: kaba adam*) Grobian *m*
ahlât *s Pl* **1.** (*ögeler*) Substanzen *pl* **2.** (*fizyoloji*) Körperteile *pl*
ahmak *adj* <-ğı> (*aptal*) dumm; (*budala*) blöd; **birini ~ yerine koymak** jdn für dumm verkaufen
ahmakıslatan *s ohne Pl* Sprühregen *m;* (*çisenti*) Nieselregen *m*
ahmaklaşma *s* **1.** *Verbalsubstantiv zu* **ahmaklaşmak** **2.** Verblödung *f*
ahmaklaşmak *vi* **1.** verblöden; (*aptallaşmak*) verdummen **2.** (*fam fig*) dumm aus der Wäsche gucken
ahmaklaştırma *s* **1.** *Verbalsubstantiv zu* **ahmaklaştırmak** **2.** Verblödung *f*
ahmaklaştırmak *vt* verblöden; (*aptallaştırmak*) verdummen
ahmaklık *s* <-ğı> Dummheit *f;* (*budalalık*) Blödheit *f*
ahraz *s* (*reg: sağır ve dilsiz*) Taubstumme(r) *mf*
ahret *s ohne Pl* Jenseits *nt;* **birine ~ sualleri sormak** (*fam*) jdm Löcher in den Bauch fragen; **~i boylamak** (*fam*) sterben; **ahret adamı** *s* Eremit *m;* **ahret kardeşi** *s* Glaubensschwester *f*
ahretlik *s* <-ği> **1.** (*besleme kız*) Pflegetochter *f* **2.** Glaubensschwester *f*
ahret yolculuğu *s* die Reise ins Jenseits; (*ölüm*) Tod *m*
ahşa *s Pl* Eingeweide *pl*
ahşap *adj* <-bı> Holz-; **ahşap kiriş** *s* Holzbalken *m*
ahtapot *s* **1.** (ZOOL) Krake *m;* **~ gibi** (*sırnaşık*) aufdringlich; (*sömürmek amacıyla yayılan*) wie eine Plage **2.** (*reg: polip*) Polyp *m*
ahu *s* **1.** (*karaca*) Reh *nt;* (*ceylan*) Gazelle *f* **2.** (*fig: kadın*) bildschöne Frau; **~ gibi** bildschön
ahududu *s* Himbeere *f*
ahu gözlü *adj:* **~ bir kadın** eine Frau mit wunderschönen Augen
ahval *s* <-i> **1.** (*durumlar*) Zustände *pl* **2.** (*olaylar*) Ereignisse *pl*
ahzetme *s Verbalsubstantiv zu* **ahzetmek**
ahzetmek *vt* entgegennehmen, empfangen, in Empfang nehmen
ahzükabz *s* Inkasso *nt,* Einziehung *f*
aidat *s* Beitrag *m*
aidiyet *s ohne Pl* Zugehörigkeit *f*
aids [ɛɪts] *s ohne Pl* (MED) Aids *nt,* HIV *nt;* **aids bulaşması** *s* Aidsübertragung *f;* **aids hastası** *s* Aidskranke(r) *mf*
aidsli *adj* (MED) HIV-infiziert
aids testi *s* Aidstest *m;* **aids virüsü** *s* Aidsvirus *nt*
aile *s* **1.** Familie *f;* **~ kurmak** eine Familie gründen **2.** (*fam: eş, karı*) Ehefrau *f*
aile adı *s* (*soyadı*) Familienname *m*
ailece *adv* mit der ganzen Familie, samt Familie
ailecek *adv* (*fam*) *s.* **ailece**

aile dostu *s* Hausfreund *m;* **aile hayatı** *s* Familienleben *nt;* **aile hukuku** *s ohne Pl* (JUR) Familienrecht *nt;* **aile ocağı** *s* Elternhaus *nt;* **aile plânlaması** *s ohne Pl* Familienplanung *f;* **aile reisi** *s* Familienoberhaupt *nt;* **aile saadeti** *s ohne Pl* Familienglück *nt*
ailevî *adj* familiär
ajan *s* Agent(in) *m(f);* **kışkırtıcı** ~ Agent provocateur *m*
ajanda *s* Agenda *f*
ajans *s* Agentur *f*
ajur *s,* **ajur işi** *s* Durchbrucharbeit *f*
ajurlu çorap *s* <-bı> Netzstrümpfe *mpl*
akaç *s* <-cı> Ablauf *m*
akaçlama *s* **1.** *Verbalsubstantiv zu* **akaçlamak** **2.** Entwässerung *f,* Trockenlegung *f*
akaçlamak *vt* entwässern, trockenlegen; **bataklık** ~ einen Sumpf trockenlegen
akademi *s* **1.** Akademie *f;* (*yüksek okul*) Hochschule *f* **2.** (KUNST: *resim*) Aktzeichnung *f*
akademik *adj* akademisch
akademisyen *s* Akademiker(in) *m(f)*
akak *s* <-ğı> (*reg: akarsu yatağı*) Flussbett *nt*
akan yıldız *s* (ASTR) Sternschnuppe *f*
akarlar *s Pl* (ZOOL: *takım*) Milben *fpl*
akarsu *s* (GEO) Fluss *m;* **akarsu yatağı** *s* (GEO) Flussbett *nt*
akaryakıt *s* Treibstoff *m,* flüssige(r) Brennstoff; **akaryakıt istasyonu** *s* Tankstelle *f;* **akaryakıt pompası** *s* Treibstoffpumpe *f;* (AUTO) Benzinpumpe *f*
akasma *s* (BOT) Klematis *f*
akasya *s* (BOT) Akazie *f*
akbaba *s* (ZOOL) Geier *m*
akbalıkçıl *s* (ZOOL) Silberreiher *m*
ak basma *s* grauer Star
akciğer *s* (ANAT) Lunge *f;* **akciğer ambolisi** *s* (MED) Lungenembolie *f;* **akciğer enfarktüsü** *s* (MED) Lungeninfarkt *m;* **akciğer hastalığı** *s* (MED) Lungenkrankheit *f;* **akciğer hastası** *adj* (MED) lungenkrank; **akciğer kanseri** *s* (MED) Lungenkrebs *m;* **akciğer keseciği** *s* (MED) Lungenbläschen *nt;* **akciğer zarı** *s* (ANAT) Rippenfell *nt;* **akciğer zarı iltihabı** *s* (MED: *zatülcenp*) Rippenfellentzündung *f*
akça[1] *adj* weißlich; (*oldukça beyaz*) ziemlich weiß
akça[2] *s s.* **akçe**
akçaağaç *s* <-cı> (BOT) Ahorn *m*
akçakavak *s* <-ğı> (BOT) Silberpappel *f*
akça yel *s* Südostwind *m*
akçe *s* (*fig*) Geld *nt*
akdedilme *s* (*sözleşme*) Abschluss *m;* **bir sözleşmenin** ~**si** Abschluss eines Vertrages
Akdeniz *s* Mittelmeer *nt;* **Akdeniz havzası** *s* Mittelmeerraum *m*
akdetme *s Verbalsubstantiv zu* **akdetmek**
akdetmek *vt* (*sözleşme*) abschließen
akdi *s poss von* **akit**
akıcı *adj* **1.** fließend **2.** (LING) liquid; ~ **bir ünsüz** ein liquider Laut
akıcı ünsüz *s* (LING) Liquid *m,* Liquida *f*
akıl *s ohne Pl* <-klı> **1. aklı almamak** (*anlayamamak*) nicht verstehen können; (*olabileceğine inanmamak*) nicht fassen; **aklı başında olmamak** keinen klaren Gedanken fassen können; **aklı durmak** (*fam*) abschnallen; **aklın durur!** (*fam*) da schnallt man ab!; **aklına gelmek** draufkommen; **aklına estiği gibi konuşmak** (*fam*) frisch von der Leber weg reden; **aklından çıkmak** entfallen; **bunu aklından çıkar!** (*fig*) das kannst du dir abschminken!; **bir şeyi aklından çıkarmak** (*fig*) sich etw abschminken **2.** Verstand *m,* Geist *m;* (*us*) Vernunft *f;* **aklını kaçırmak/yitirmek** den Verstand verlieren; **birinin aklını başına getirmek** jdn zur Vernunft bringen; **aklını oynatmak** wahnsinnig werden; ~ **yaşta değil, baştadır** (*prov*) Alter schützt vor Torheit nicht **3.** (*hatır*) Erinnerung *f,* Gedächtnis *nt;* **bir şey aklına gelmek** sich an etw erinnern, draufkommen; **bırak düşüneyim, aklıma gelecek** lass mich nachdenken, dann komme ich drauf, lass mich nachdenken, dann fällt es mir (wieder) ein **4.** Rat *m;* **birine** ~ **vermek** jdm einen Rat geben; **akıl almaz** *adj* unfassbar; **akıl bozukluğu** *s* Geistesstörung *f*
akılcı **I.** *s* Rationalist(in) *m(f)* **II.** *adj* rationalistisch
akılcılık *s ohne Pl* <-ğı> Rationalismus *m*
akıl defteri *s* Notizbuch *nt;* **akıl dışı** *adj* irrational; **akıl dışıcılık** *s ohne Pl* (PHILOS) Irrationalismus *m;* **akıl dişi** *s* Weisheitszahn *m;* **akıl doktoru** *s* Psychiater(in) *m(f);* **akıl hastalığı** *s* Geisteskrankheit *f;* **akıl hastası** *s* Geisteskranke(r) *mf;* **akıl hocası** *s* **1.** Ratgeber(in) *m(f)* **2.** (*pej*) Besserwisser *m*
akıllandırmak *vt:* **birini** ~ jdn zur Vernunft bringen
akıllıca *adj* klug; (*makul*) vernünftig, einsichtig
akıl zayıflığı *s* Geistesschwäche *f*
akım *s ohne Pl* (ELEK) Strom *m*
akımölçer *s* (PHYS, ELEK) Strommesser *m;* (*amperölçer*) Amperemeter *nt*
akımtoplar *s* Akkumulator *m*
akın *s* (SPORT: *hücum*) Angriff *m*
akıncı *s* (SPORT) Stürmer(in) *m(f)*
akıntı *s* Strom *m,* Strömung *f;* ~**ya kürek çekmek** (*fig*) gegen den Strom schwim-

men
akış *s* **1.** Fluss *m,* Abfluss *m* **2.** Verlauf *m* **3.** (*akın*) Ansturm *m*
akıtma *s* **1.** *Verbalsubstantiv zu* **akıtmak** **2.** (*beyaz leke*) Blesse *f* **3.** (*fam: enli bilezik*) breiter Armreif
akıtmak *vt* **1.** *Kausativ zu* **akmak** **2. yaş ~** Tränen vergießen
akis *s* <-ksi> *s.* **yankı** Echo *nt*
akit *s* <-kdi> Vertrag *m; s. a.* **sözleşme**
akit vaadi *s* (JUR: *ön sözleşme*) Vorvertrag *m*
ak kan *s* (ANAT: *lenf*) Lymphe *f;* **ak kan yangısı** *s* (MED) Lymphknotenentzündung *f*
akkarınca *s* (ZOOL: *termit*) Termite *f*
akkavak *s* <-ğı> (BOT) Silberpappel *f*
akkor *s ohne Pl* Weißglut *f*
akla *s dat von* **akıl**
akla gelmez *adj* undenkbar
akla hayale gelmez *adj* unvorstellbar
aklama *s* **1.** *Verbalsubstantiv zu* **aklamak** **2.** Entlastung *f*
aklamak *vt* entlasten
aklan *s* (GEO) **1.** Abdachung *f* **2.** (*yamaç*) Abhang *m*
aklanma *s* **1.** *Verbalsubstantiv zu* **aklanmak** **2.** (JUR: *beraat*) Freispruch *m*
aklanmak *vi* **1.** *pass von* **aklamak** **2.** (JUR: *beraat etmek*) freigesprochen werden
akla yakın *adj* einleuchtend
akla zarar *adj,* **akla ziyan** *adj* erstaunlich
aklı *s poss von* **akıl**: **~ durmak** fassungslos sein; **bir şeyi ~ndan çıkarmak** (*fig*) sich etw abschminken; **bir şey birinin ~ndan çıkmak** etw entfällt einem; **bunu ~ndan çıkar!** (*fig*) das kannst du dir abschminken!
akliye[1] *s ohne Pl* **1.** (*hekimlik kolu*) Psychiatrie *f* **2.** (*rasyonalizm*) Rationalismus *m*
akliye[2] *s* (*hastane bölümü*) Psychiatrie *f*
akliyeci *s* Psychiater(in) *m(f)*
akma *s Verbalsubstantiv zu* **akmak**
akmak *vi* **1.** fließen; **akmasa da damlar** (*prov*) Kleinvieh macht auch Mist **2.** (*boya için*) verlaufen **3.** laufen; **burnum akıyor** mir läuft die Nase
akompanyatör *s* (MUS) Begleiter(in) *m(f)*
akonitin *s* Aconitin *nt*
akordeon *s* (MUS) Akkordeon *nt,* Ziehharmonika *f*
akordeoncu *s* (MUS) Akkordeonist(in) *m(f),* Akkordeonspieler(in) *m(f)*
akordiyon *s s.* **akordeon**
akordiyoncu *s s.* **akordeoncu**
akordu *s poss von* **akort**; **akordu bozuk** *adj* verstimmt
akort *s* <-du> (MUS) Akkord *m;* **~ etmek** einstimmen; **~ yapmak** einstimmen
akortçu *s* (MUS) Stimmer(in) *m(f)*
akortlu *adj* gestimmt
akortsuz *adj* **1.** verstimmt **2.** (*fig*) ungereimt
akortsuzluk *s* <-ğu> **1.** Verstimmtheit *f* **2.** (TECH) Abweichung *f*
akpelin *s ohne Pl* (BOT) Wermut *m*
akraba *s* Verwandte(r) *mf;* **yakın/uzak ~** ein naher/entfernter Verwandter
akran **I.** *s* Altersgenosse, -in *m, f* **II.** *adj* gleichaltrig
akreditif *s* (FIN) Akkreditiv *nt*
akrep *s* <-bi> **1.** (ZOOL) Skorpion *m* **2.** (*saatleri gösteren ibre*) Stundenzeiger *m*
Akrep *s* <-bi> (ASTR) Skorpion *m;* **~ burcu/dönencesi** das Sternbild/der Wendekreis des Skorpions
akrilik *s ohne Pl* (CHEM) Acryl *nt;* **akrilik asit** *s* <-di> (CHEM) Acrylsäure *f;* **akrilik boya** *s* Acrylfarbe *f;* **akrilik cam** *s* Acrylglas *nt*
akrobasi *s ohne Pl* Akrobatik *f*
akrobat *s* Akrobat(in) *m(f)*
akrobatik *adj* akrobatisch; **~ bir gösteri** eine akrobatische Darbietung
akrobatlık *s ohne Pl* <-ğı> Akrobatik *f*
aks *s* (*dingil*) Achse *f*
aksama *s* **1.** *Verbalsubstantiv zu* **aksamak** **2.** Verzögerung *f*
aksamak *vi* **1.** (*hafif topallamak*) hinken **2.** (*geri kalmak*) sich verzögern
aksan *s* **1.** Akzent *m;* **Alman/Türk ~ı ile konuşmak** mit deutschem/türkischem Akzent sprechen **2.** (LING: *vurgu*) Betonung *f*
aksansız *adj* akzentfrei
aksatma *s* **1.** *Verbalsubstantiv zu* **aksatmak** **2.** Verzögerung *f*
aksatmak *vt* verzögern
akse *s* (MED: *kalp ~ si*) Anfall *m*
aksesuar *s* **1.** Accessoire *nt,* Zubehör *nt* **2.** (THEAT) Requisit *nt*
aksesuarcı *s* (THEAT) Requisiteur(in) *m(f)*
aksırık *s* <-ğı> Niesen *nt; s. a.* **hapşırık**
aksırıklı tıksırıklı *adj* alt und gebrechlich
aksırma *s Verbalsubstantiv zu* **aksırmak**
aksırmak *vi* niesen; *s. a.* **hapşırmak**
aksi **I.** *s poss von* **akis** **II.** *adj* **1.** (*menfi*) abschlägig; **~ hâlde** [*o* **takdirde**] sonst, andernfalls; (*öyle olmazsa*) wenn nicht **2.** (*uygun olmayan*) unpassend; **~ gibi** ausgerechnet **3.** (*pej: inatçı*) störrisch; (*hırçın*) jähzornig; (*huysuz*) zickig
aksilik *s* <-ği>: **bugün bütün aksiliği üstünde** heute ist er übel gelaunt
aksine *adv* im Gegenteil; **tam ~** ganz im Gegenteil
aksiseda *s s.* **yankı** Echo *nt*
aksiyom *s* (*belit*) Axiom *nt*
aksu *s* grauer Star

aksülâmel *s s.* **tepki** Reaktion *f*
akşam **I.** *s* Abend *m;* ~ **oluyor** es wird Abend; ~**a doğru** gegen Abend; ~**dan** ~**a** Abend für Abend; **aynı günün** ~**ı** am selben Abend; **bir** ~ eines Abends; **bu/dün/yarın** ~ heute/gestern/morgen Abend; **o** ~ an dem [*o* jenem] Abend; **iyi** ~**lar!** guten Abend! **II.** *adj* abendlich; ~ **vakti** [*o* **saati**] zu abendlicher Stunde
akşamdan akşama *adv* allabends
akşam gazetesi *s* Abendzeitung *f;* **akşam gişesi** *s* Abendkasse *f;* **akşam güneşi** *s ohne Pl* **1.** Abendsonne *f* **2.** (*fig: yaşlılık dönemi*) Lebensabend *m;* **akşam karanlığı** *s* Abenddämmerung *f*
akşamki *adj:* **her** ~ allabendlich
akşam kursu *s* Abendkurs *m*
akşamlama *s Verbalsubstantiv zu* **akşamlamak**
akşamlamak *vi* den Abend verbringen
akşamları *adv* abends; ~ **saat sekizde** um acht Uhr abends; **pazartesi/salı/çarşamba/perşembe/cuma/cumartesi/pazar** ~ montagabends/dienstagabends/mittwochabends/donnerstagabends/freitagabends/samstagabends/sonntagabends
akşamleyin *adv* abends; ~ **geç saatlerde** spät abends
akşam saati **I.** *s* Abendstunde *f;* **akşam erken saatlerde** in den frühen Abendstunden **II.** *adv* (*akşamleyin*) abends, am Abend
akşamüstü *adv,* **akşamüzeri** *adv* gegen Abend
akşam yemeği *s* Abendessen *nt,* Abendbrot *nt;* ~ **yemek** Abendbrot essen, zu Abend essen
akşam yıldızı *s* Abendstern *m*
akşın *s* Albino *m*
aktarıcı *s* Dachdecker(in) *m(f)*
aktarım *s* **1.** (INFORM: *veri* ~*ı*) Übertragung *f* **2.** (MED: *kan* ~*ı*) Transfusion *f;* (*organ* ~*ı*) Transplantation *f;* **aktarım hızı** *s* (INFORM) Übertragungsgeschwindigkeit *f*
aktarma *s* **1.** *Verbalsubstantiv zu* **aktarmak** **2.** Umsteigen *nt;* ~ **yapmak** umsteigen **3.** (FIN: *virman*) Überweisung *f*
aktarmak *vt* übertragen, umsetzen; **bir şeyi harf harf** ~ etw buchstabengetreu umsetzen
aktarmasız *adj* durchgehend
aktavşan *s* (ZOOL) Springmaus *f*
aktif **I.** *s* (FIN, WIRTSCH) Aktiva *pl;* ~ **ve pasif** Aktiva und Passiva **II.** *adj* **1.** aktiv; ~ **rol oynamak** eine aktive Rolle spielen **2.** (LING: *etken*) aktiv, aktivisch
aktifleştirme *s* **1.** *Verbalsubstantiv zu* **aktifleştirmek** **2.** Aktivierung *f*
aktifleştirmek *vt* aktivieren
aktinit *s* (CHEM) Actinoide *nt*
aktinyum *s ohne Pl* (CHEM) Aktinium *nt*
aktivite *s* Aktivität *f*
aktivizm *s ohne Pl* Aktivismus *m*
aktör *s* (THEAT) Akteur *m,* Schauspieler *m*
aktörlük *s ohne Pl* <-ğü> Schauspielerei *f;* ~ **yapmak** schauspielern
aktris *s* (THEAT) Schauspielerin *f*
aktüalite *s ohne Pl* Aktualität *f;* ~**sini kaybetmek** nicht mehr aktuell sein
aktüel *adj* aktuell; (*güncel*) zeitgemäß
akustik *s ohne Pl* <-ği> Akustik *f;* **akustik eşleyici** *s* (INFORM) Akustikkoppler *m*
akuzatif *s* (LING: *belirtme durumu*) Akkusativ *m*
akü *s* Akku *m*
akümülâtör *s* Akkumulator *m*
aküpresür *s* (MED) Akupressur *f*
aküpunktür *s* (MED) Akupunktur *f;* ~ **yapmak** akupunktieren
akvamarin *s* Aquamarin *m*
akvarel *s* (KUNST) Aquarell *nt*
akvaryum *s* Aquarium *nt*
akvaryumcu *s* Aquarianer(in) *m(f)*
akvaryumculuk *s ohne Pl* <-ğu> Aquaristik *f*
ak yel *s* (*reg: lodos*) Südwind *m;* **ak yıldız** *s* (*fam: Çoban Yıldızı*) Morgenstern *m*
akyuvar *s* (ANAT, MED) weißes Blutkörperchen; (*lökosit*) Leukozyt *m*
al *vt Imperativ von* **almak**: ~**!** nimm!; ~ **benden de o kadar!** (*fam*) das kannst du aber laut sagen; (*ben de aynı düşüncedeyim*) ganz meine Meinung!, das meine ich auch!
ala **I.** *adj* **1.** (*alaca*) bunt **2.** (*reg: elâ*) gelblich braun **II.** *s* (*alabalık*) Forelle *f*
âlâ [a:lã:] *adj* vorzüglich; (*pek iyi*) sehr schön
alabalık *s* <-ğı> (ZOOL) Forelle *f*
alabanda *s* (NAUT): ~ **etmek** das Steuer herumwerfen; ~ **iskele/sancak etmek** das Steuer nach Backbord/Steuerbord herumwerfen; **alabanda ateş** *s* Breitseite *f;* ~ **etmek** eine Breitseite abfeuern
alabaş *s* Kohlrabi *m*
alabildiğine **I.** *adj* (*sınırsız*) unendlich **II.** *adv* **1.** (*fig: aşırı derecede*) übermäßig **2.** (*olanca hızı ile*) so schnell wie möglich; **göz** ~ so weit das Auge reicht
alabora *s* (NAUT): ~ **olmak** kentern
alabros tıraş *s* Bürstenschnitt *m,* Igelschnitt *m*
alaca *adj* bunt
alacak *s* <-ğı> Forderung *f;* **senetli/şüpheli** ~**lar** titulierte/zweifelhafte Forderungen
alaca karanlık *s* <-ğı> Dämmerung *f;* ~**ta** in der Dämmerung

alacakarga *s s.* **saksağan** Elster *f*
alacaklar *s Pl* Forderungen *pl;* (WIRTSCH, FIN) Außenstände *pl*
alacaklı *s* Gläubiger *m*
alagarson *s* Bubikopf *m*
alageyik *s* <-ği> (ZOOL) Damhirsch *m*
alâimisema *s s.* **gök kuşağı** Regenbogen *m*
alakarga *s* **1.** (ZOOL: *kestane kargası*) Eichelhäher *m* **2.** (*fam: saksağan*) Elster *f*
alâkok *adj* (*rafadan*) weich gekocht
alamamak *vi:* **bir şeyden başını ~** sich vor etw nicht retten können
alâminüt fotoğraf *s* Schnappschuss *m;* **alâminüt yemek** *s* <-ği> Fertiggericht *nt*
alan *s* **1.** Bereich *m,* Gebiet *nt;* **bu ~da çok deneyimi var** auf diesem Gebiet hat er viel Erfahrung **2.** (*yeşil ~*) Fläche *f* **3.** (ELEK, PHYS) Feld *nt;* **(elektro)manyetik bir ~** ein (elektro)magnetisches Feld **4.** (MATH) Grundfläche *f,* Flächeninhalt *m* **5.** (SPORT: *ceza ~ı*) Raum *m* **6.** (*yer*) Platz *m;* **alan korkusu** *s* Platzangst *f;* (*agorafobi*) Agoraphobie *f; s. a.* **kapalı yer korkusu**; **alan personeli** *s ohne Pl* (AERO) Bodenpersonal *nt;* **alan topu** *s s.* **tenis** Tennis *m*
alarga **I.** *s* (NAUT: *açık deniz*) das offene Meer, die offene See; **~ etmek** in See stechen **II.** *adv* (*fam: uzak*) fern; **bir kimseden/şeyden ~ durmak** sich fern halten von jdm/etw
alârm *s* Alarm *m;* **~a geçirmek** in den Alarmzustand versetzen; **~a geçmek** Alarm schlagen; **alârm sistemi** *s,* **alârm tesisatı** *s* Alarmanlage *f*
Alaska *s* Alaska *nt*
alaşım *s* (CHEM) Legierung *f*
alaşımlama *s Verbalsubstantiv zu* **alaşımlamak**
alaşımlamak *vt* **1.** (CHEM) legieren; **bakırı çinko ile ~** Kupfer mit Zink legieren **2.** (CHEM, TECH): **cıva ile ~** legieren; **potasyumu/çinkoyu/kalayı cıva ile ~** Kalium/Zink/Zinn legieren
alaturka tuvalet *s* Plumpsklo(sett) *nt*
alay[1] *s* (MIL) Regiment *nt*
alay[2] *s* Spott *m*
alay komutanı *s* (MIL) Regimentskommandeur *m*
albasma *s,* **albastı** *s ohne Pl* (MED: *loğusa humması*) Wochenbettfieber *nt*
albatr *s* Alabaster *m*
albatros *s* (ZOOL) Albatros *m*
albay *s* (MIL) Oberst *m*
albeni *s ohne Pl* Charme *m*
albüm *s* Album *nt*
albümin *s* (BIOL) Albumin *nt*
albüminli *adj* (BIOL) albuminös
alçak *adj* **1.** (*yüksek karşıtı*) niedrig; **~ sandalye** ein niedriger Stuhl; **~ tavan** eine niedrige Zimmerdecke; **~ tavanlı bir oda** ein niedriges Zimmer **2.** (*yüksek olmayan*) tief **3.** (*kısa*) kurz **4.** (*fig: aşağılık*) niederträchtig
alçak basınç *s* (METEO) Tiefdruck *m*
alçak gerilim *s* (ELEK) Niederspannung *f*
alçak gönüllü *adj* demütig, bescheiden; **alçak gönüllülük** *s ohne Pl* <-ğü> Demut *f,* Bescheidenheit *f*
alçaklık *s* <-ğı> Niedertracht *f*
alçı *s* Gips *m;* **~ döküm** Abguss in Gips; **bacağı/kolu ~ya almak** [*o* **koymak**] das Bein/den Arm in Gips legen; **sağ ayağı/kolu ~da olmak** den rechten Fuß/Arm in Gips haben
alçıcı *s* Gipser *m*
alçı kalıp *s* <-bı> Gipsabdruck *m*
alçılama *s Verbalsubstantiv zu* **alçılamak**
alçılamak *vt* gipsen
alçılı *adj* in Gips gelegt; **alçılı bacak** *s* <-ğı> Gipsbein *nt;* **alçılı kol** *s* Gipsarm *m*
alçı taşı *s* (GEO: *jips*) Gips *m*
aldangıç *s* <-cı> (*tuzak*) Falle *f*
aldatıcı *adj* trügerisch
aldatma *s Verbalsubstantiv zu* **aldatmak**
aldatmak *vt* betrügen; **karısını/kocasını ~** seine Frau/ihren Mann betrügen; **(kendi) kendini ~** sich selbst betrügen
aldırma *s Verbalsubstantiv zu* **aldırmak**
aldırmak **I.** *vt* **1.** *Kausativ zu* **almak** **2.** (MED: *operasyonla çıkartmak*) operativ entfernen, herausnehmen; **bademcik ~** die Mandeln herausnehmen; **çocuk ~** abtreiben **II.** *vi* (*değer vermek*) Wert legen (*-e* auf); (*önem vermek*) beachten (*-e* -)
aldırmaz *adj* unbekümmert
aldırtma *s Verbalsubstantiv zu* **aldırtmak**
aldırtmak *vt:* **apandisini ~** den Blinddarm herausnehmen lassen
alegori *s* (LIT) Allegorie *f*
alegorik *adj* (LIT) allegorisch; **~ anlatım** das allegorisierende Erzählen
alelâde [ale'la:de] *adj s.* **olağan** gewöhnlich
alelhesap ödeme *s* Vorauszahlung *f*
âlem *s* **1.** (*evren*) Weltall *nt,* Universum *nt,* Kosmos *m* **2.** (*dünya*) Welt *f;* **dünya ~** (*fam*) alle Welt **3.** Reich *nt;* **bitkiler/hayvanlar ~i** das Reich der Pflanzen/Tiere **4.** (*fam fig: eğlence*) Vergnügen *nt,* Spaß *m;* **~ yapmak** auf die Pauke hauen
âlemşümul *adj* <-ü> *s.* **evrensel** universal
alenen *adv* (*açık açık*) offen, öffentlich, freimütig, in aller Offenheit; (*göstere göstere*) demonstrativ
aleniyet *s ohne Pl* Öffentlichkeit *f*
alerji *s* Allergie *f;* **bir şeye karşı ~si olmak** eine Allergie gegen etw haben
alerjik *adj* allergisch

alerji testi *s* (MED) Allergietest *m*
alesta *adj* bereit; ~ **beklemek** sich bereithalten; ~ **tutmak** bereithalten
alet [aːlət] *s* Gerät *nt,* Werkzeug *nt;* (*müzik* ~ *i*) Instrument *nt*
aletli jimnastik *s ohne Pl* <-ği> (SPORT) Geräteturnen *nt*
alev *s* **1.** Flamme *f;* ~ **almak** sich entflammen; (*yanmaya başlamak*) in Flammen aufgehen **2.** (*ateş*) Feuer *nt* **3.** (*aşk ateşi*) Flamme *f*
alev alev *adv* flammend; ~ **gözler** (LIT) Flammenaugen *pl;* ~ **yanmak** flammen, in Flammen stehen
Alevî I. *s* Alevit(in) *m(f)* **II.** *adj* alevitisch
Alevîlik *s ohne Pl* <-ği> Alevitentum *nt*
alevlendirme *s Verbalsubstantiv zu* **alevlendirmek**
alevlendirmek *vt* entflammen, in Brand setzen; (*tutuşturmak*) anzünden; **ateşi** ~ das Feuer anfachen
alevlenme *s Verbalsubstantiv zu* **alevlenmek**
alevlenmek *vi* **1.** in Flammen geraten **2.** (*fig: parlamak*) aufflammen
alevli *adj* (*a. fig*) flammend
alev makinesi *s* (MIL) Flammenwerfer *m*
aleyhtarlık *s* <-ğı> *s.* **karşıtçılık** Gegnerschaft *f*
alfa *s* Alpha *nt*
alfabe I. *s* Alphabet *nt;* ~ **sırasına göre dizmek/dizilmiş** alphabetisch ordnen/geordnet; **Alman/Türk/Yunan** ~**si** das deutsche/türkische/griechische Alphabet **II.** *adj* alphabetisch; ~ **sırası** alphabetische Reihenfolge
alfabetik *adj* alphabetisch; ~ **sıralama** (*alfabe sırası*) alphabetische Reihenfolge
alfa ışınları *s Pl* (PHYS) Alphastrahlen *pl;*
alfa sayısal *adj* (INFORM) alphanumerisch
alg *s* (BOT: *su yosunu*) Alge *f*
algı *s* Wahrnehmung *f,* Sinneswahrnehmung *f*
algılama *s* **1.** *Verbalsubstantiv zu* **algılamak** **2.** Wahrnehmung *f*
algılamak *vt* wahrnehmen, erkennen; **kulakla** ~ mit dem Gehör wahrnehmen
algılanma *s* **1.** *Verbalsubstantiv zu* **algılanmak** **2.** Wahrnehmung *f*
algılanmak *vi pass von* **algılamak**
algı yetisi *s ohne Pl* Wahrnehmungsvermögen *nt*
algoritma *s* (MATH, INFORM) Algorithmus *m*
algoritmik *adj* (MATH, INFORM) algorithmisch
alıcı *s* **1.** Abnehmer(in) *m(f),* Käufer(in) *m(f),* Einkäufer(in) *m(f);* (*müşteri*) Kunde, -in *m, f;* ~ **bulmak** einen Abnehmer [*o* Käufer] finden **2.** (*gönderilen*) Empfänger(in) *m(f);* **bir mektubun/paketin** ~**sı** der Empfänger eines Briefes/Päckchens **3.** (RADIO, TV) Empfänger *m* **4.** (*ahize*) Hörer *m* **5.** (*fam: Azrail*) Todesengel *m* **6.** (FILM: *kamera*) Kamera *f*
alıcı kuş *s* (*fam: atmaca*) Habicht *m;* **alıcı yönetmeni** *s* (FILM: *kameraman*) Kameramann *m,* Kamerafrau *f*
alıç *s* <-cı> (BOT) **1.** (*Crataegus*) Weißdorn *m,* Hagedorn *m* **2.** (*Crataegus azarolus*) Azarole *f;* (*yemişi*) Azarolapfel *m*
alık *adj* <-ğı> (*pej*) dämlich; (*budala*) blöd; ~ **değilim ya** ich bin doch nicht dämlich [*o* blöd]; **alık alık** *adv* (*pej*) dämlich, blöd; ~ **bakmak** dämlich [*o* blöd] gucken, ein dämliches [*o* blödes] Gesicht machen
alıklık *s* <-ğı> (*pej*) Dämlichkeit *f*
alıkoyma *s Verbalsubstantiv zu* **alıkoymak**
alıkoymak *vt* **1.** (*engel olmak*) abhalten, hindern; **birini bir şey yapmaktan** ~ jdn davon abhalten, etw zu tun; **birini gitmekten/yazmaktan** ~ jdn am Gehen/Schreiben hindern **2.** (*ayırıp saklamak*) aufheben; einbehalten; **bu kitabı sizin için alıkoydum** ich habe dieses Buch für Sie zurückgelegt **3. birini yemeğe** ~ jdn zum Essen dabehalten
alım *s* **1.** Kauf *m,* Ankauf *m* **2.** *ohne Pl* (*fig*) Charme *m*
alımlı *adj* charmant; ~ **bir kız** ein bezauberndes Mädchen
alın *s* <-lnı> Stirn *f;* **alnı açık yüzü ak olmak** (*fam fig*) eine reine Weste haben; **birinin alnını karışlamak** (*fig*) jdm die Stirn bieten
alındı *s* (*makbuz*) Quittung *f*
alıngan *adj* empfindlich, reizbar; **o kadar** ~ **olma!** sei nicht so empfindlich!
alınganlık *s ohne Pl* <-ğı> Empfindlichkeit *f,* Reizbarkeit *f*
alınlık *s* <-ğı> **1.** Diadem *nt* **2.** (ARCH) Giebel *m*
alınma *s* **1.** *Verbalsubstantiv zu* **alınmak** **2.** Aufnahme *f;* **üye olarak** ~**sı** seine Aufnahme als Mitglied **3.** Wegnahme *f*
alınmak *vi* **1.** *Passiv zu* **almak** **2.** ankommen **3.** (*kabul edilmek*) aufgenommen werden; **okula alındı** er wurde in die Schule aufgenommen **4. dikkate** ~ Beachtung finden, berücksichtigt werden **5.** (*fig*): **birine bir şeyden** ~ jdm etw übel nehmen
alın teri *s:* ~**yle** im Schweiße seines Angesichts
alıntı *s* **1.** Zitat *nt* **2.** (LING) Lehnwort *nt*
alıntılama *s Verbalsubstantiv zu* **alıntılamak**
alıntılamak *vt* zitieren
alın yazısı *s* Schicksal *nt*
alır almaz *adv* umgehend

alırlık *s ohne Pl* <-ğı> Wahrnehmungsvermögen *nt,* Auffassungsgabe *f*

alış fiyatı *s* Kaufpreis *m,* Einkaufspreis *m*

alışık *adj* gewohnt; ~ **eda ile** in gewohnter Haltung

alışıklık *s* <-ğı> Gewohnheit *f*

alışılmamış *adj* außergewöhnlich, ungewöhnlich; (*nadir*) selten

alışkanlık *s* <-ğı> Gewohnheit *f;* **kötü bir ~** eine schlechte Gewohnheit

alışma *s* **1.** *Verbalsubstantiv zu* **alışmak** **2.** Gewöhnung *f;* **alkole/yeni çevreye ~** die Gewöhnung an Alkohol/an die neue Umgebung **3.** (*intibak etme*) Anpassung *f*

alışmak *vi* **1.** sich gewöhnen (*-e* an); **birbirine ~** sich aneinander gewöhnen **2.** (*intibak etmek*) sich anpassen (*-e* an)

alıştırma *s* **1.** *Verbalsubstantiv zu* **alıştırmak** **2.** Übung *f*

alıştırmak *vt* **1.** gewöhnen (*-e* an) **2.** (*anahtarı kilide*) anpassen (*-e* an)

alış veriş *s* **1.** Handel *m* **2.** Einkauf *m;* **~ yapmak** Einkäufe machen [*o* tätigen]; **~e gitmek** einkaufen gehen **3.** (*fam fig: ilişki*) Beziehung *f;* **biriyle ~i kesmek** mit jdm endgültig fertig sein, mit jdm Schluss machen **4.** (*bilgi ~i*) Austausch *m;* **alış veriş merkezi** *s* Einkaufszentrum *nt*

âli [a:li:] *adj* (*yüksek*) hoch; (*yüce*) erhaben

âlicenap [a:li:dʒena:p] *adj* **1.** edelmütig, großherzig **2.** (*cömert*) großmütig, großzügig

âlicenaplık *s ohne Pl* <-ğı> **1.** Edelmut *m,* Großherzigkeit *f* **2.** (*cömertlik*) Großmut *f,* Großzügigkeit *f*

alifatik *adj* (CHEM) aliphatisch

alim [ali:m] *adj* gebildet

âlim [a:lim] *s s.* **bilgin** Gelehrte(r) *mf*

alimallah *interj* (*fam*) bei Gott; (*Allah bilir*) weiß Gott

aliterasyon *s* Stabreim *m*

alize *s* (GEO) Passat *m*

alkali *s* (CHEM) Alkali *nt*

alkalik *adj* (CHEM) alkalisch, basisch; **~ eriyik** eine basische Lösung

alkali metal *s* <-i> (CHEM) Alkalimetall *nt*

alkaloit *s* (CHEM) Alkaloid *nt;* **zehirli bir ~** ein giftiges Alkaloid

al kan *s* (CHEM: *parafin*) Paraffin *nt*

alkım *s* (METEO: *gök kuşağı*) Regenbogen *m*

alkış *s* Applaus *m,* Beifall *m;* **~ toplamak** Beifall ernten; **birdenbire öyle bir ~ koptu ki, ...** plötzlich brach ein solcher Beifall aus, dass ...; **bitmek bilmeyen ~** nicht enden wollender Beifall

alkışlama *s* **1.** *Verbalsubstantiv zu* **alkışlamak** **2.** Applaus *m;* (*el çırpma*) Händeklatschen *nt*

alkışlamak *vi* applaudieren, Beifall klatschen, in die Hände klatschen

alkış tufanı *s* Beifallssturm *m*

alkol *s* <-ü> Alkohol *m;* **alkol etkisi** *s* Alkoholwirkung *f*

alkolik *s* <-ği> Alkoholiker(in) *m(f)*

alkolizm *s ohne Pl* Alkoholismus *m*

alkollü *adj* alkoholisch, alkoholhaltig; **~ içkiler** alkoholische Getränke

alkolsüz *adj* alkoholfrei; **~ içkiler** alkoholfreie Getränke

alkol testi *s* Alkoholtest *m;* **alkol zehirlenmesi** *s* (MED) Alkoholvergiftung *f*

Allah (REL) Allah, Gott *m;* **~ aşkına** um Gottes Willen; **~ bilir** weiß Gott; **~ kerim** Allah ist groß; **~ korusun!** Gott beschütze [*o* behüte]!; **~ saklasın!** Gott bewahre!; **~'ı(nı) seversen** um Gottes Willen

allem *s:* **~ etmek kallem etmek** alle Hebel in Bewegung setzen, alle Register ziehen

alligator *s* (ZOOL) Alligator *m;* **Güney Amerika ~u** Kaiman *m*

alma *s Verbalsubstantiv zu* **almak**

almak *vt* **1.** nehmen; **boşa ~** (AUTO) den Gang (he)rausnehmen; **bir şeyi hafife ~** etw auf die leichte Schulter nehmen; **hava ~** leer ausgehen; **al benden de o kadar!** (*fam: ben de aynı düşüncedeyim*) ganz meine Meinung!, das meine ich auch! **2.** erhalten, bekommen, kriegen; **haber ~** eine Nachricht erhalten **3.** holen; **(derin) soluk ~** (tief) Atem holen **4.** (*önlem*) ergreifen, treffen; (*karar, cesaret*) fassen; **önlem ~** Maßnahmen ergreifen [*o* treffen]; **bir şeyi ele ~** (*fig*) etw in die Hand nehmen, etw anpacken, etw ergreifen **5.** (FIN: *kredi*) aufnehmen **6.** (*kan*) abnehmen; (*fam*) abzapfen; **birinden kan ~** jdm Blut abnehmen [*o* abzapfen]; **bir bacağını aldılar** sie nahmen ihm ein Bein ab **7.** (SPORT) belegen; **birinciliği/ikinciliği/üçüncülüğü aldı** er belegte den ersten/zweiten/dritten Platz **8.** (NAUT): **demir ~** den Anker lichten **9.** (MATH: *karekök*) ziehen; **bir sayının karekökünü ~** die Wurzel aus einer Zahl ziehen, eine Zahl radizieren **10. ağır yara ~** schwere Verletzungen davontragen **11.** (*satın ~*) kaufen

almamazlık *s* <-ğı> Ablehnung *f;* **~ ederse ne yaparız?** was machen wir wenn er ablehnt?

Alman **I.** *s* Deutsche(r) *mf* **II.** *adj* deutsch; **~ Demokratik Cumhuriyeti** (HIST) die Deutsche Demokratische Republik; **~ hükûmeti** die deutsche Regierung; **~ usulü** getrennte Bezahlung der Rechnung

Almanca **I.** *s ohne Pl* Deutsch *nt;* **~ konuşmak/öğrenmek** Deutsch sprechen/lernen; **~da** auf Deutsch; **bir şeyi ~dan/**

~**ya çevirmek** etw aus dem Deutschen/ins Deutsche übersetzen **II.** *adj* deutsch; ~ **kitap** ein deutsches Buch, ein Buch in deutscher Sprache; **Almanca dersi** *s* Deutschunterricht *m;* (SCHULE) Deutschstunde *f*

Almancalaştırma *s ohne Pl* **1.** *Verbalsubstantiv zu* **Almancalaştırmak** **2.** Eindeutschung *f*

Almancalaştırmak *vt* eindeutschen

Almanca öğretmeni *s* Deutschlehrer(in) *m(f)*

Almancı *s* (*fam*) Deutschländer(in) *m(f),* Deutschlandtürke, -in *m, f, Bezeichnung für Türken, die in Deutschland leben*

Alman gümüşü *s ohne Pl* Neusilber *nt;* **Alman markı** *s* (HIST) Deutsche Mark *f*

Almanya *s* Deutschland *nt;* ~ **Demokratik Cumhuriyeti** (HIST) die Deutsche Demokratische Republik; ~ **Federal Cumhuriyeti** die Bundesrepublik Deutschland

almaşık *adj* **1.** abwechselnd; (*alternatif*) alternativ **2.** (BOT: *yaprak için*) wechselständig

alnı *s poss von* **alın**

alo *interj* (TEL) hallo

alonj *s* (WIRTSCH) Allonge *f*

alp *s s.* **kahraman** Held *m*

alpaka *s* Alpaka *nt*

alpinist *s* (SPORT) Alpinist(in) *m(f)*

alpinizm *s ohne Pl* (SPORT) Alpinismus *m*

Alpler *s Pl* (GEO) Alpen *pl*

Alsas *s s.* **Elsas** Elsass *nt*

Alsaslı **I.** *s* Elsässer(in) *m(f)* **II.** *adj* elsässisch

Alsas-Loren *s s.* **Elsas-Lotringen** Elsass-Lothringen *nt*

alşimi *s ohne Pl* Alchemie *f*

alşimist *s* Alchemist(in) *m(f)*

alt alta *adv* untereinander

Altayca *s* (LING) Altaisch *nt;* ~**da** im Altaischen

alt cins *s* (BIOL) Untergattung *f;* **alt çene** *s* (ANAT) Unterkiefer *m;* **alt deri** *s* (ANAT) Unterhaut *f;* **alt dizin** *s* (INFORM) Unterverzeichnis *nt;* **alt dudak** *s* <-ğı> (ANAT) Unterlippe *f*

alternatif **I.** *s* (*seçenek*) Alternative *f* **II.** *adj* **1.** alternativ **2.** (BOT: *almaşık*) wechselständig **3.** (ELEK: *akım*) Wechsel-

alternatif akım *s* (ELEK) Wechselstrom *m; s. a.* **dalgalı akım**; **alternatif enerji** *s* Alternativenergie *f*

altes *s* Königliche Hoheit *f*

alt familya *s* (ZOOL) Unterfamilie *f;* **alt geçit** *s* <-di> Unterführung *f,* Straßenunterführung *f;* **alt güverte** *s* Unterdeck *nt*

altı[1] *s poss von* **alt**

altı[2] **I.** *s* Sechs *f* **II.** *adj* sechs; (**saat**) ~**ya doğru gelir** er kommt gegen sechs (Uhr); **sekize** ~ (**dakika**) **kala** um sechs (Minuten) vor acht; **sekize** ~ (**dakika**) **var** es ist sechs (Minuten) vor acht; **sekizi** ~ (**dakika**) **geçe** um sechs (Minuten) nach acht; **sekizi** ~ (**dakika**) **geçiyor** es ist sechs (Minuten) nach acht

altı buçuk *adj* <-ğu> **1.** sechseinhalb; ~ **litre/kilometre** sechseinhalb Liter/Kilometer; ~ **saat önce/sonra** sechseinhalb Stunden vorher/nachher **2.** (*saati bildirirken*) halb sieben; ~**ta** um halb sieben; **saat** ~ es ist halb sieben; **altı buçuğa on** (**dakika**) **kala** um zehn (Minuten) vor halb sieben; **altı buçuğa on** (**dakika**) **var** es ist zehn (Minuten) vor halb sieben; **altı buçuğu on** (**dakika**) **geçe** um zehn (Minuten) nach halb sieben; **altı buçuğu on** (**dakika**) **geçiyor** es ist zehn (Minuten) nach halb sieben

altı çizili *adj* unterstrichen

altıgen **I.** *s* Sechseck *nt* **II.** *adj* sechseckig

Altı Kardeş *s ohne Pl* (ASTR) Kassiopeia *f*

altı köşeli *adj* sechseckig

altılı **I.** *s* **1.** (*iskambil kâğıdı*) Sechs *f* **2.** (LIT: *Divan edebiyatında*) Sechszeiler *m* **II.** *adj* sechsarmig; ~ **şamdan** sechsarmiger Kerzenleuchter

altılık *adj:* ~ **bir kutu** ein Sechserpack, eine Sechserpackung

altın **I.** *s ohne Pl* Gold *nt;* **söz gümüşse sükût** ~**dır** (*prov*) Reden ist Silber, Schweigen ist Gold **II.** *adj* golden; ~ **çağ** das goldene Zeitalter; ~ **yıl** goldene Hochzeit; ~ **kafes** (*fig*) goldener Käfig; **kolunda** ~ **bileziği var** (*prov*) Handwerk hat goldenen Boden; **altın ayarı** *s* Goldgehalt *m;* **altın bilezik** *s* <-ği> Goldreif *m*

altıncı *adj* sechste(r, s); ~ **duygu** der sechste Sinn; ~ **sırada** an sechster Stelle

altıncısı *adv* (*sayarken*) sechstens

altında *prep* unter; **sıfırın** ~ **yirmi derece**(**de**) (bei) zwanzig Grad unter Null; **yerin** ~ unter der Erde

altın damarı *s* Goldader *f;* **altın fiyatı** *s* Goldpreis *m;* (FIN: *borsada*) Goldkurs *m;* **altın kaplama** *s* Goldauflage *f;* **altın keseği** *s* Goldklumpen *m;* **altın külçesi** *s* Goldbarren *m;* **altın madalya** *s* (*a.* SPORT) Goldmedaille *f;* **altın madeni** *s* Goldmine *f;* (*a. fig*) Goldgrube *f;* **altın para standardı** *s ohne Pl* (WIRTSCH) Goldwährung *f;* **altın saat** *s* <-i> (TV) Hauptsendezeit *f;* **altın sarısı** *adj* goldgelb; **altın sikke** *s* Goldmünze *f*

altıntop *s* (BOT) Pampelmuse *f;* (*greyfurt*) Grapefruit *f*

altıpatlar *s* (*revolver*) Revolver *m*

altışar *adj* je sechs; ~ **tane aldılar** sie haben je sechs Stück bekommen; ~**dan** zu je sechs

altı yüzlü *s* (MATH) Würfel *m*, Sechsflächner *m*, Hexaeder *nt*

altız *s* Sechsling *m*; *s. a.* **ikiz**

altimetre *s* Altimeter *nt*; (*yükseklikölçer*) Höhenmesser *m*

alt kat *s* Untergeschoss *nt*; **alt kurul** *s* Unterausschuss *m*; **alt kültür** *s* Subkultur *f*

altlama *s* **1.** *Verbalsubstantiv zu* **altlamak** **2.** Subsumtion *f*

altlamak *vt* subsumieren

altlık *s* <-ğı> Untersetzer *m*

altmış **I.** *s* Sechzig *f* **II.** *adj* sechzig

altmışar *adj* je sechzig; *s. a.* **altışar**

altmış dörtlük *s* <-ğü> (MUS) Vierundsechzigstel *nt*

altmışıncı *adj* sechszigste(r, s); *s. a.* **altıncı**

altmışlı *adj*: ~ **yıllar** die sechziger Jahre

altmışlık *adj* **1.** (*içinde altmış tane bulunan*) sechziger **2.** (*altmış yaşında olan*) sechzigjährig

alto *s* (MUS) Bratsche *f*; (*viyola*) Viola *f*

alt sınıf *s* (*a.* BIOL) Unterklasse *f*; **alt tabaka** *s* Unterschicht *f*; **alt takım** *s* (BIOL) Unterordnung *f*; **alt tür** *s* (BIOL) Unterart *f*

altunî *adj* golden, goldfarben

alt üst *adj*: ~ **etmek** (*alt yüzünü üst yüzüne getirmek*) auf den Kopf stellen; (*çok karışık duruma getirmek*) durcheinander bringen; (*fam: plânlarını*) über den Haufen werfen; **sinirlerim** ~ **oldu!** (*fam*) ich bin total genervt!

alt yapı *s* **1.** (*ohne Pl*) Tiefbau *m* **2.** Unterbau *m*; (*enfrastrüktür*) Infrastruktur *f*

alt yazı *s* **1.** (PUBL) Bildunterschrift *f* **2.** (FILM) Untertitel *m*

alüminyum *s ohne Pl* (CHEM) Aluminium *nt*; (*a.* TECH) Alu *nt*

alüvyon *s* Alluvion *f*

alveol *s* <-lü> (BIOL) Alveole *f*

alyans *s* (*nişan yüzüğü*) Verlobungsring *m*

alyuvar *s* (ANAT) rotes Blutkörperchen

Alzheimer *s ohne Pl* (MED) Alzheimer *m*; **Alzheimer hastalığı** *s ohne Pl* (MED) Alzheimerkrankheit *f*

am *s* (*vulg*) Fotze *f*, Möse *f*

ama *konj* aber; ~**sı maması yok!** es gibt kein Wenn und (kein) Aber!

âmâ [aːmaː] **I.** *s* Blinde(r) *mf* **II.** *adj* blind; *s. a.* **kör**

amaç *s* <-cı> **1.** Zweck *m* **2.** (*hedef*) Ziel *nt*; ~ **gütmek** ein Ziel verfolgen; **amaç dışı** *adj* zweckentfremdet

amaçlama *s Verbalsubstantiv zu* **amaçlamak**

amaçlamak *vt* bezwecken, anstreben, abzielen (auf); **bununla neyi amaçlıyorsun?** was bezweckst du damit?, was willst du damit bezwecken?

amaçlı *adj* zielgerichtet

amaçsız *adj* ziellos

amaçsızlık *s ohne Pl* <-ğı> Ziellosigkeit *f*

amade [aːmaːde] *adj* bereit

amalgam *s* (*a.* CHEM) Amalgam *nt*

âmâlık *s ohne Pl* <-ğı> Blindheit *f*

aman *interj* **1.** (*yardım istendiğinde*): ~ **Allahım!** hilf mir Gott! **2.** (*suçun bağışlanması istendiğinde*): ~ **dilemek** um Gnade bitten **3.** (*rica anlatır*): ~ **öyle söylemeyin!** ach bitte, sagen Sie so (et)was nicht! **4.** (*usanç ve öfke anlatır*): ~ **bırak beni!** lass mich doch in Ruhe! **5.** (*dikkat uyandırmak için*) bloß, ja; ~**, çocuğa iyi bak!** pass bloß gut auf das Kind auf!; ~ **derim!** bloß nicht!; ~**, vaktinde gel!** komm ja pünktlich! **6.** (*şaşma anlatır*): ~ **Allah(ım)!** (mein) Gott! **7.** (*çok beğenmeyi anlatır*): ~ **ne güzel!** ach wie schön!

amansız *adj* gnadenlos; **amansız hastalık** *s* <-ğı> (*fam: kanser*) Krebs *m*

amatör *s* Amateur(in) *m(f)*, Laie, -in *m, f*

amatörler ligi *s* (SPORT) Amateurliga *f*

amatör oyun *s* (THEAT) Laienspiel *nt*; **amatör oyuncu** *s* (THEAT) Laiendarsteller(in) *m(f)*; **amatör sporcu** *s* Amateursportler(in) *m(f)*

amazon *s* Amazone *f*

Amazon Irmağı *s* Amazonas *m*, Amazonenstrom *m*

ambalâj *s* Verpackung *f*; **bir şeyi** ~ **yapmak** etw verpacken

ambalâjlama *s Verbalsubstantiv zu* **ambalâjlamak**

ambalâjlamak *vt* verpacken

ambale olmak *vi* (*fam*) abschnallen

ambar *s* Speicher *m*; **dipsiz kile, boş** ~ **(olmak)** (*fig*) ein Fass ohne Boden (sein)

ambargo *s* Embargo *nt*; ~ **koymak** ein Embargo verhängen; ~**yu kaldırmak** das Embargo aufheben

amblem *s* Emblem *nt*

amboli *s* (MED) Embolie *f*

ambülâns *s* (*cankurtaran*) Rettungswagen *m*; (*hasta arabası*) Krankenwagen *m*, Ambulanz *f*

amca *s* (*babanın erkek kardeşi*) Onkel *m*, *Bruder des Vaters*; **amca kızı** *s* Cousine *f*, *väterlicherseits*; **amca oğlu** *s* Cousin *m*, Vetter *m*, *väterlicherseits*

amcazade *s* **1.** (*amcanın oğlu*) Vetter *m*, Cousin *m* **2.** (*amcanın kızı*) Cousine *f*

amel *s* **1.** Tat *f* **2.** (MED: *ishal*) Durchfall *m*; ~ **olmak** Durchfall bekommen; ~**i olmak** Durchfall haben

ameliyat *s* (MED) Operation *f*; ~ **etmek** operieren; ~ **geçirmek** operiert werden; **açık kalp** ~**ı** Operation am offenen Herzen

ameliyathane *s* (MED) Operationssaal *m*
ameliyat masası *s* (MED) Operationstisch *m*
ameliye *s* (*iş*) Arbeit *f;* (*işlem*) Vorgang *m*
amenna *interj:* ~! (*doğru*) richtig!; (*öyledir*) (genau)so ist es!; **her şeye ~ demek** (*fam*) zu allem ja und Amen sagen
amentü *s* (REL) Glaubensbekenntnis *nt;* **Havarilerin A~sü** das Apostolische Glaubensbekenntnis
Amerika *s* Amerika *nt;* ~ **Birleşik Devletleri** die Vereinigten Staaten von Amerika
Amerikalı **I.** *s* Amerikaner(in) *m(f)* **II.** *adj* amerikanisch, ~ **bir Kadın** eine amerikanische Frau
Amerikalılaştırma *s* **1.** *Verbalsubstantiv zu* **Amerikalılaştırmak** **2.** Amerikanisierung *f*
Amerikalılaştırmak *vt* amerikanisieren
Amerikan *adj* amerikanisch; **Amerikan armudu** *s* (BOT: *avokado*) Avocado *f*
Amerikanvarî *adj* amerikanisch
ametal *s* <-i> (CHEM) Nichtmetall *nt*
ametist *s* (GEO) Amethyst *m*
amfetamin *s* (CHEM) Amphetamin *nt*
amfibi **I.** *s* (MIL: ~ *taşıt*) Amphibienfahrzeug *nt* **II.** *adj* **1.** (MIL: *yüzergezer*) amphibisch **2.** (ZOOL: *iki yaşayışlı*) amphibisch; **amfibi taşıt** *s* Amphibienfahrzeug *nt*
amfibyum *s* (ZOOL) Amphibie *f,* Lurch *m*
amfiteatr *s* Amphitheater *nt*
amfor *s,* **amfora** *s* Amphora *f*
amil *s* Faktor *m*
âmin *s* (REL) Amen *nt*
aminoasit *s* <-di> (CHEM) Aminosäure *f*
amip *s* <-bi> (ZOOL) Amöbe *f*
amir *s* **1.** Vorgesetzte(r) *mf* **2.** (FIN: *kredi sözleşmesinde*) Auftraggeber(in) *m(f)*
amiral *s* <-i> (MIL) Admiral(in) *m(f)*
amirallik *s* <-ği> (MIL) Admiralität *f*
amma *konj* aber; ~ **da şişman!** ist der aber dick!
amme **I.** *s ohne Pl* Öffentlichkeit *f,* Allgemeinheit *f* **II.** *adj* öffentlich; *s. a.* **kamu**
amnios *s* (ANAT: *döl kesesi*) Fruchtblase *f;* **amnios suyu** *s ohne Pl* (ANAT: *çağnak*) Fruchtwasser *nt*
amonyak *s ohne Pl* <-ğı> (CHEM) Ammoniak *nt*
amonyum *s ohne Pl* (CHEM) Ammonium *nt;* **amonyum karbonat** *s ohne Pl* (CHEM) Ammoniumcarbonat *nt*
amortisman *s* (WIRTSCH) Abschreibung *f;* **amortisman şirketi** *s* (WIRTSCH) Abschreibungsgesellschaft *f*
amortisör *s* (AUTO) Stoßdämpfer *m*
amper *s* (PHYS, ELEK) Ampere *nt*
ampermetre *s,* **amperölçer** *s* (PHYS, ELEK) Amperemeter *nt*
amper saat *s* <-i> (PHYS, ELEK) Amperestunde *f*
ampir *s ohne Pl* Empire *nt,* Empirestil *m*
ampirik *adj* empirisch
ampirist *s* (PHILOS) Empirist(in) *m(f)*
ampirizm *s ohne Pl* (PHILOS) Empirismus *m*
amplifikatör *s* (ELEK, PHYS) Verstärker *m*
ampul *s* <-ü> **1.** (ELEK) Glühbirne *f;* (*halojen* ~) Birne *f;* **mum** ~ elektrische Kerze **2.** (MED) Ampulle *f*
ampütasyon *s* (MED) Amputation *f*
amudî *adj s.* **dikey** senkrecht, vertikal
amudu *s poss von* **amut**
amut *s* <-du> (SPORT) Handstand *m;* **amuda kalkmak** einen Handstand machen
an *s* Moment *m,* Augenblick *m;* **her ~ gelebilir** er kann jeden Moment [*o* Augenblick] kommen; **ilk/son ~da** im ersten/letzten Moment [*o* Augenblick]; **şu ~da** momentan, im Moment, in diesem Augenblick, zurzeit; **şu ~da meşgulüm** im Moment bin ich beschäftigt
ana *s s.* **anne** Mutter *f;* **~sından doğduğuna pişman olmak** (*fig*) seines Lebens nicht mehr froh werden; **~sının gözü olmak** (*fam fig*) es faustdick hinter den Ohren haben
anabolik *s* <-ği> (MED, CHEM) Anabolikum *nt*
ana cadde *s* Haupt(verkehrs)straße *f;* **ana defter** *s* (COM: *defterikebir*) Hauptbuch *nt;* **ana deniz** *s* Weltmeer *nt; s.* **okyanus** Ozean *m;* **ana deniz bilimi** *s ohne Pl* Meereskunde *f;* (*oşinografi*) Ozeanographie *f;* **ana dil** *s* (LING) Ursprache *f;* **ana dili** *s* Muttersprache *f*
Anadolu **I.** *s* Anatolien *nt* **II.** *adj* anatolisch; ~ **iklimi** das anatolische Klima
Anadolulu **I.** *s* Anatolier(in) *m(f)* **II.** *adj* anatolisch; ~ **erkekler/kadınlar** anatolische Männer/Frauen
anaerki *s* Matriarchat *nt*
anaerkil *adj* matriarchalisch
ana fikir *s* Grundgedanke *m*
anafilaksik *adj* (MED) anaphylaktisch; ~ **şok** anaphylaktischer Schock
anafor *s* **1.** (*havada*) Wirbel *m;* (*suda*) Strudel *m* **2.** (*fig: karmakarışık durum*) Wirbel *m* **3.** (*sl*) Reibach *m*
ana hat *s* **1.** Grundzug *m* **2.** Hauptstrecke *f*
anahtar *s* Schlüssel *m;* **anahtar deliği** *s* Schlüsselloch *nt;* **anahtar kelime** *s* (LIT) Schlüsselwort *nt*
anahtarlık *s* <-ğı> Schlüsselanhänger *m,* Schlüsselbund *m o nt*
anahtar taşı *s* (ARCH) Schlussstein *m;* **anahtar teslimi** **I.** *s* Schlüsselübergabe *f* **II.** *adj* schlüsselfertig, bezugsfertig
ana kent *s* Großstadt *f*
ana kitap *s* <-bı> Standardwerk *nt*

anakonda *s* (ZOOL) Anakonda *f*
ana kraliçe *s* **1.** Königinmutter *f* **2.** (ZOOL: *arı beyi*) Bienenkönigin *f*
anakronik *adj* anachronistisch
anakronizm *s* Anachronismus *m*
ana kural *s* Grundregel *f*
analık *s* <-ğı> **1.** Mutterschaft *f* **2.** (*ana duygusu*) Mutterliebe *f* **3.** (*ana yerini tutan kadın*) Ersatzmutter *f*, Pflegemutter *f* **4.** (*reg: üvey ana*) Stiefmutter *f* **5.** (*anaca davranış*) Bemutterung *f*; **birine ~ etmek** jdn bemuttern; (*ana gibi yakınlık göstermek*) wie eine Mutter zu jdm sein
analist *s* Analyst(in) *m(f)*
analitik *adj* analytisch
analiz *s* Analyse *f*; **~ etmek** analysieren
analizci *s* Analytiker(in) *m(f)*
analjezi *s ohne Pl* (MED) Analgesie *f*, Analgie *f*
analjezik **I.** *s* <-ği> (MED) Analgetikum *nt* **II.** *adj* <-ği> (MED) analgetisch
analog *adj* (INFORM) analog
analoji *s* **1.** (*benzeşim*) Analogie *f* **2.** (LING: *örnekseme*) Analogiebildung *f*
analojik *adj* analog
anamal *s* Kapital *nt*; *s. a.* **kapital, sermaye**
anamalcı *s s.* **kapitalist** Kapitalist(in) *m(f)*
anamalcılık *s ohne Pl* <-ğı> *s.* **kapitalizm** Kapitalismus *m*
ana mektebi *s s.* **anaokulu**
ana motif *s* (*lâytmotif*) Leitmotiv *nt*
ananas *s* Ananas *f*
an'ane *s s.* **gelenek** Tradition *f*; **an'aneci** *adj s.* **gelenekçi** traditionalistisch; **an'anecilik** *s ohne Pl* <-ği> *s.* **gelenekçilik** Traditionalismus *m*
ananet *s ohne Pl s.* **puluçluk** Impotenz *f*
an'anevî *adj s.* **geleneksel** traditionell
anaokulu *s* Kindergarten *m*
ana ortaklık *s* (WIRTSCH: *holding*) Holding *f*, Holdinggesellschaft *f*; **ana öğrenim dalı** *s* (SCHULE, UNIV) Hauptfach *nt*; **ana rahmi** *s* Gebärmutter *f*; **~ne düşmek** (MED) sich einnisten
anarşi *s* Anarchie *f*
anarşik *adj* anarchistisch
anarşist **I.** *s* Anarchist(in) *m(f)* **II.** *adj* anarchistisch
anarşizm *s ohne Pl* Anarchismus *m*
anasız *adj* mutterlos; **anasızlık** *s ohne Pl* <-ğı> Mutterlosigkeit *f*
anason *s* Anis *m*
anasonlu ekmek *s* <-ği> Anisbrot *nt*; **anasonlu rakı** *s* Anisschnaps *m*
ana sorun *s* Grundproblem *nt*; **ana sözleşme** *s* Satzung *f*
anatomi *s* **1.** *ohne Pl* (MED) Anatomie *f* **2.** (*beden yapısı*) Körperbau *m* **3.** (*fig*) Struktur *f*; **toplumun ~si** Gesellschaftsstruktur *f*
anatomik *adj* anatomisch
anavaşya *s ohne Pl Wanderung der Fische vom Mittelmeer zum Schwarzen Meer*
ana vatan *s* **1.** (*ana yurt*) Mutterland *nt* **2.** (*fig*) Heimat *f*; **tiftik keçisinin ~ı** die Heimat der Angoraziege; **ana yarısı** *s* (*teyze*) Tante *f*
anayasa *s* (JUR) Verfassung *f*, Grundgesetz *nt*; **Türkiye Cumhuriyeti/Amerika Birleşik Devletleri A~sı** die Verfassung der Republik Türkei/der Vereinigten Staaten; **Federal Almanya Cumhuriyeti A~sı** das Grundgesetz der Bundesrepublik Deutschland
anayasacı *s* (JUR) Verfassungsrechtler(in) *m(f)*
anayasal *adj* verfassungsmäßig
anayasa mahkemesi *s* Verfassungsgericht *nt*
ana yol *s* Hauptstraße *f*; **ana yön** *s* (GEO) Himmelsrichtung *f*
anca **I.** *konj s.* **ancak** **II.** *adv s.* **ancak**: **~ beraber, kanca beraber** (*prov*) mitgegangen, mitgefangen [*o* mitgehangen]
ancak **I.** *konj* **1.** (*yalnız, sadece*) nur, bloß **2.** (*lâkin*) jedoch **II.** *adv* **1.** (*en erken*) frühestens; **~ yarın gelebilirim** ich kann frühestens morgen kommen; **oraya akşama doğru ~ varabildim** ich kam dort erst gegen abend an **2.** (*güçlükle*): **otobüse ~ yetiştim** ich habe den Bus gerade noch erwischt
ançüez *s* Anschovis *f*
andaç *s* <-cı> **1.** (*anı*) Andenken *nt* **2.** (*ajanda*) Agenda *f*
And Dağları *s Pl* Anden *pl*
andemi *s* Endemie *f*
andemik *adj* endemisch; **~ hastalıklar** endemische Krankheiten
andık *s* <-ğı> (*reg: sırtlan*) Hyäne *f*
andırış *s* **1.** (*analoji*) Analogie *f* **2.** (*benzerlik*) Ähnlichkeit *f*
andırma *s Verbalsubstantiv zu* **andırmak**
andırmak *vt* erinnern (*-i* an)
andız otu *s* (BOT) Alant *m*
andoskop *s* <-bu> *s.* **endoskop**; **andoskopi** *s s.* **endoskopi**
android *s* Androide *m*; **andropoz** *s* Wechseljahre *pl* (des Mannes)
anekdot *s* Anekdote *f*
anemi *s ohne Pl* (MED) Anämie *f*; (*kansızlık*) Blutarmut *f*
anemik *adj* (MED) anämisch; (*kansız*) blutarm
anemon *s* (BOT) Anemone *f*; (*dağ lâlesi*) Windröschen *nt*
aneroit *s* <-di> (METEO) Aneroidbarometer *nt*

anestezi *s* (MED) Anästhesie *f;* (*duyum yitimi*) Betäubung *f;* **lokal** ~ lokale Anästhesie, örtliche Betäubung
anestezik *s* <-ği> (MED) Betäubungsmittel *nt*
anestezist *s* (MED) Anästhesist(in) *m(f)*
angaje *adj* engagiert; ~ **etmek** engagieren; ~ **olmak** engagiert sein
angajman *s* Engagement *nt*
angarya *s ohne Pl* **1.** (*zorla yaptırılan iş*) Zwangsarbeit *f* **2.** (HIST) Fron(arbeit) *f* **3.** (*fam fig: zorla yapılan iş*) Plackerei *f*
Anglikan *adj* (REL) anglikanisch; ~ **kilisesi** anglikanische Kirche
Angola I. *s* Angola *nt* **II.** *adj* angolanisch; ~ **hükümeti** die angolanische Regierung; **Angolalı I.** *s* Angolaner(in) *m(f)* **II.** *adj* angolanisch; ~ **bir kadın** eine angolanische Frau
anı *s* **1.** Erinnerung *f* **2.** (LIT) Memoiren *pl*
anımsama *s Verbalsubstantiv zu* **anımsamak**
anımsamak *vt* sich erinnern (an)
anımsatma *s Verbalsubstantiv zu* **anımsatmak**
anımsatmak *vt* erinnern; **birine bir şeyi** ~ jdn an etw erinnern
anıt *s* Denkmal *nt,* Monument *nt*
anıtkabir *s* Mausoleum *nt*
anıtsal *adj* monumental
anız *s* (AGR) **1.** Stoppel *f* **2.** (*tarla*) Stoppelfeld *nt*
anızlık *s* <-ğı> (AGR) Stoppelfeld *nt*
anî *adj* plötzlich
anilin *s ohne Pl* (CHEM) Anilin *nt;* **anilin boya** *s* Anilinfarbe *f,* Teerfarbe *f*
animasyon *s* (*a.* INFORM) Animation *f*
animatör *s* Animateur(in) *m(f)*
anjin *s* (MED) Angina *f;* ~ **olmak** eine Angina haben
Anka *s* Phönix *m*
Ankara *s* **1.** Ankara *nt, Hauptstadt der Türkei* **2.** (HIST) Angora *nt;* **Ankara keçisi** *s* Angoraziege *f;* **Ankara kedisi** *s* Angorakatze *f*
ankastre *adj* eingebaut, Einbau-; **ankastre ocak** *s* Einbauherd *nt*
anket *s* (*sormaca*) Umfrage *f;* (*soruşturma*) Befragung *f*
anketör *s* Meinungsforscher(in) *m(f)*
anlam *s* **1.** Sinn *m;* **dar/geniş** ~**da** im engeren/weiteren Sinne; **hayatın** ~**ı** der Sinn des Lebens; **kelimenin tam** ~**ıyla** im wahrsten Sinne des Wortes **2.** Bedeutung *f;* ~**a gelmek** bedeuten
anlama *s Verbalsubstantiv zu* **anlamak**
anlamak *vt* verstehen; **anladın mı?** (hast du) verstanden?; **bir şeyi doğru/yanlış/hemen** ~ etw richtig/falsch/sofort verstehen
anlama ve kavrama yetisi *s ohne Pl* Auffassungsgabe *f,* Begriffsvermögen *nt*
anlam aykırılığı *s* Sinnwidrigkeit *f;* **anlam bilimi** *s ohne Pl* (LING) Bedeutungslehre *f;* (*semantik*) Semantik *f;* **anlam bilimsel** *adj* (LING) semantisch
anlamca *adv* sinngemäß
anlam daralması *s* (LING) Bedeutungsverengung *f*
anlamdaş *adj* (LING: *eş anlamlı*) sinnverwandt, synonym
anlam değişmesi *s* (LING) Bedeutungswandel *m;* **anlam farkı** *s* Bedeutungsunterschied *m;* **anlam genişlemesi** *s* (LING) Bedeutungserweiterung *f*
anlamlı *adj* bedeutend, sinnvoll; **anlamlı anlamlı** *adv* bedeutsam; **birine** ~ **bakmak** jdn bedeutsam anblicken; **birine** ~ **gülümsemek** jdm bedeutsam zulächeln
anlamsal *adj* (LING: *semantik*) semantisch
anlamsız *adj* bedeutungslos, sinnlos
anlaşılan *adv* offensichtlich
anlaşılma *s Verbalsubstantiv zu* **anlaşılmak**
anlaşılmak *vi* klar werden; **bir şey birinin yüzünden** ~ jdm etw anzusehen sein; **anlaşıldı Vehbi'nin kerrakesi!** (*fam fig*) jetzt ist die Katze aus dem Sack!
anlaşma *s* **1.** *Verbalsubstantiv zu* **anlaşmak** **2.** Verständigung *f* **3.** (*çerçeve, gizli* ~) Abkommen *nt*
anlaşmak *vi* sich verstehen; **el kol yordamıyla** ~ (*fam*) sich mit Händen und Füßen verständigen
anlaşmazlık *s* <-ğı> Meinungsverschiedenheiten *fpl,* Differenzen *fpl;* (*uyuşmazlık*) Unstimmigkeiten *fpl;* ~ **çıkmak** zu Differenzen kommen; **iki kız kardeş arasında** ~ **çıktı** zwischen den beiden Schwestern kam es zu Differenzen
anlatı *s* (LIT) Erzählung *f*
anlatıcı *s* Erzähler(in) *m(f)*
anlatım *s* **1.** Aussage *f* **2.** (LIT) Erzählen *nt;* **alegorik** ~ das allegorisierende Erzählen
anlatımcılık *s ohne Pl* <-ğı> *s.* **ekspresyonizm** Expressionismus *m*
anlatımlı *adj* aussagekräftig
anlatma *s Verbalsubstantiv zu* **anlatmak**
anlatmak *vt* **1.** erzählen; **birine bir şeyi** ~ jdm etw erzählen **2.** (*izah etmek*) erklären; **birine bir şeyi** ~ jdm etw erklären
anlattırma *s Verbalsubstantiv zu* **anlattırmak**
anlattırmak *vt* **1.** *Kausativ zu* **anlatmak** **2.** erzählen lassen; **birine bir şeyi** ~ jdm etw erzählen lassen **3.** erklären lassen; **birine bir şeyi** ~ jdm etw erklären lassen
anlayış *s ohne Pl* **1.** Verständnis *nt;* ~ **göstermek** Verständnis zeigen [*o* haben]; ~

göstermenizi rica ederiz wir bitten um Ihr Verständnis **2.** (*telakki*) Auffassung *f;* (*zihniyet*) Einstellung *f,* Gesinnung *f* **3.** (*anlama yeteneği*) Auffassungsgabe *f* **4.** (*hoş görme*) Nachsicht *f*

anlayışlı *adj* **1.** verständnisvoll **2.** (*hoşgörülü*) tolerant, duldsam, nachsichtig

anlayışsız *adj* **1.** verständnislos **2.** (*anlayışı kıt olan*) begriffsstutzig **3.** (*hoşgörüsüz*) intolerant

anlayışsızlık *s ohne Pl* <-ğı> **1.** Verständnislosigkeit *f* **2.** (*anlayış kıtlığı*) Begriffsstutzigkeit *f* **3.** (*hoşgörüsüzlük*) Intoleranz *f*

anlık I. *s ohne Pl* <-ğı> Intellekt *m* **II.** *adj* augenblicklich, momentan

anlıkçılık *s ohne Pl* <-ğı> (PHILOS: *entelektüalizm*) Intellektualismus *m*

anlık mesele *s* Augenblickssache *f*

anma *s* **1.** *Verbalsubstantiv zu* **anmak** **2.** (*sözünü etme*) Erwähnung *f* **3.** (*ölmüş birini ~*) Gedenken *nt;* (*~ töreni*) Gedenkfeier *f;* **anma günü** *s* Gedenktag *m,* Ehrentag *m*

anmak *vt* **1.** gedenken; (*hatırlamak*) sich erinnern (an); **ölüleri ~** der Toten gedenken; **dün akşam sizi andık** gestern abend haben wir an Sie gedacht **2.** erwähnen **3.** (*adlandırmak*) nennen, bezeichnen (*diye* als)

anmalık *s* <-ğı> (*yadigâr*) Andenken *nt;* (*hatıra*) Erinnerung *f*

anma töreni *s* Gedenkfeier *f*

anne *s* Mutter *f;* **~ olmak** Mutter werden

anneanne *s* Großmutter *f*

anodu *s poss von* **anot**

anomali *s* Anomalie *f*

anonim *adj* anonym; **~ eserler** anonyme Werke; **anonim ortaklık** *s* <-ğı>, **anonim şirket** *s* (FIN, WIRTSCH, JUR) Aktiengesellschaft *f*

anons *s* Ansage *f;* (*duyuru*) Durchsage *f;* **~ etmek** ansagen

anonsör *s s.* **sunucu** Ansager(in) *m(f)*

anorak *s* <-ğı> Anorak *m*

anorganik *adj* <-ği> *s.* **inorganik** anorganisch

a normal *s* (MUS) Kammerton *m*

anormal *adj* anormal, abartig, abnorm

anormallik *s* <-ği> Abnormität *f*

anot *s* <-du> (PHYS) Anode *f*

ansızın *adv* plötzlich

ansiklopedi *s* Enzyklopädie *f,* Lexikon *nt*

ansiklopedik *adj* enzyklopädisch, lexikalisch

ant *s* <-dı> **1.** Gelübde *nt;* **andını bozmak** sein Gelübde brechen; **bir şeyi ~ etmek** etw hoch und heilig versprechen **2.** (*ahit*) Gelöbnis *nt;* **~ içmek** ein Gelöbnis abgeben **3.** (*yemin*) Eid *m,* Schwur *m*

antarktik *adj* antarktisch

Antarktika *s* (GEO) Antarktis *f*

antarktik kara *s* (GEO) Antarktis *f*

anten *s* **1.** (TECH) Antenne *f* **2.** (ZOOL) Antenne *f;* (*duyarga*) Fühler *m;* **anten direnci** *s* (ELEK) Antennenwiderstand *m*

Antep fıstığı *s* **1.** (BOT: *ağacı*) Pistazie *f,* Pistazienbaum *m* **2.** (*kabuklu yemişi*) Pistazie *f,* Pistaziennuss *f; s. a.* **Şam fıstığı**

anterit *s* (MED: *ince bağırsak iltihabı*) Dünndarmentzündung *f*

antet *s* Aufdruck *m,* Briefkopf *m;* (*başlık*) Überschrift *f*

antibiyotik *s* <-ği> (MED) Antibiotikum *nt;* **antidemokratik** *adj* antidemokratisch; **antidot** *s s.* **panzehir** Gegengift *nt;* **antifaşist I.** *s* Antifaschist(in) *m(f)* **II.** *adj* antifaschistisch; **antifaşizm** *s ohne Pl* Antifaschismus *m*

antifriz *s* (AUTO) Frostschutzmittel *nt;* (TECH) Kühlflüssigkeit *f*

antihistamin *s,* **antihistaminik** *s* <-ği> (MED) Antihistamin *nt*

antijen *s* (MED, BIOL) Antigen *nt*

antik *adj* antik; (*eskimiş*) antiquiert

antika I. *s* **1.** Antiquität *f* **2.** (*sıçandişi*) Hohlsaum *m;* (*ajur*) Durchbrucharbeit *f* **II.** *adj* **1.** (*antik*) antik; **~ bir saat** eine antike Uhr **2.** (*fig*) schrullig; (*acayip*) merkwürdig; (*tuhaf*) sonderbar

antikacı *s* **1.** Antiquitätenhändler(in) *m(f)* **2.** (*dükkân*) Antiquitätengeschäft *nt*

antikacılık *s ohne Pl* <-ğı> Antiquitätenhandel *m*

antika değeri *s ohne Pl* Altertumswert *m*

antika kaçakçılığı *s* Antiquitätenschmuggel *m*

antikalık *s* <-ğı> **1.** Antiquiertheit *m* **2.** (*fig: tuhaflık*) Schrulle *f*

antik çağ *s ohne Pl* die Antike

antikite *s* Altertum *nt*

antikomünist *adj* antikommunistisch

antikor *s* (MED) Antikörper *m*

Antiller *s Pl* Antillen *pl*

antilop *s* <-bu> Antilope *f*

antimilitarist *adj* antimilitaristisch

antimon *s* (CHEM) Antimon *nt*

antipati *s* Antipathie *f,* Abneigung *f*

antipatik *adj* unsympathisch

antipropaganda *s* (*karşı propaganda*) Gegenpropaganda *f*

antisemit *adj* antisemitisch; **antisemitist** *s* Antisemit(in) *m(f);* **antisemitizm** *s ohne Pl* Antisemitismus *m*

antiseptik I. *s* (MED) Antiseptikum *nt* **II.** *adj* (MED) antiseptisch

antisiklon *s* (METEO) Hochdruck *m*

ant kardeşi *s* **1.** Eidgenosse, -in *m, f* **2.** (*kan kardeşi*) Blutsbruder *m*

antlaşma *s* (*pakt*) Pakt *m*

antoloji *s* Anthologie *f*
antrakt *s* (THEAT: *ara*) Pause *f*
antrasit *s* <-di> Anthrazit *m*
antreman *s* Training *nt;* ~ **yapmak/yaptırmak** trainieren/trainieren
antremanlı *adj* durchtrainiert
antrenör *s* Trainer(in) *m(f),* Couch *m*
antrkot *s* (GASTR) Entrecote *nt*
antropoit *s* <-di> (ZOOL) Anthropoide *m*
antropolog *s* Anthropologe, -in *m, f*
antropoloji *s* Anthropologie *f*
antropolojik *adj* anthropologisch
antroposof *s* Anthroposoph(in) *m(f)*
antroposofi *s ohne Pl* Anthroposophie *f*
antroposofik *adj* anthroposophisch
antrparantez *adv* beiläufig gesagt, nebenbei bemerkt
anüs *s* After *m,* Anus *m;* **anüs yüzgeci** *s* (ZOOL) Afterflosse *f*
aort *s* (ANAT) Aorta *f,* Hauptschlagader *f*
apandis *s* (ANAT) Wurmfortsatz *m,* Blinddarm *m;* ~**ini aldırtmak** den Blinddarm herausnehmen lassen
apandisit *s* (MED) Blinddarmentzündung *f;* **apandisit ameliyatı** *s* (MED) Blinddarmoperation *f*
aparkat *s* (SPORT: *boksta*) Aufwärtshaken *m*
aparthayt *s ohne Pl* Apartheid *f*
apartman *s* Appartementhaus *nt;* **apartman dairesi** *s* Etagenwohnung *f;* (*daha küçük*) Appartement *nt,* Apartment *nt*
apar topar *adv* Hals über Kopf
apart otel *s* Aparthotel *nt*
apayrı *adj* ganz andere(r, s); (*bambaşka*) grundverschieden, ganz verschieden; **bu** ~ **bir şey** das ist etwas ganz anderes
apaz **I.** *s* (*reg: avuç*) (hohle) Hand **II.** *adj* **1.** (*reg: avuç dolusu*): **bir** ~ **buğday** eine Hand voll Weizen **2.** (*çok az*) sehr wenig
apazlama *s Verbalsubstantiv zu* **apazlamak**
apazlamak *vt* in die Hand nehmen
aperitif *s* Aperitif *m*
apışak *adj* (*fam: ayrık bacaklı*) grätschbeinig, spreizbeinig
apış arası *s:* ~**na almak** zwischen die Beine nehmen; **kuyruğunu** ~**na almak** den Schwanz einziehen
apışık *adj* **1.** (*fam: yorgun*) müde; (*güçsüz*) kraftlos; (*şaşkın*) verdattert **2.** (*fam: hayvan*) mit eingezogenem Schwanz laufend
apışlık *s* <-ğı> Schritt *m*
apışma *s Verbalsubstantiv zu* **apışmak**
apışmak *vi* **1.** (*yorgunluktan çöküvermek*) vor Erschöpfung zusammenbrechen **2.** (*fam: bacakları ayırarak çömelmek*) in die Grätsche gehen **3.** (*fam fig: şaşırmak*) verdattert sein; **apışıp kalmak** dumm aus der Wäsche gucken
apıştırma *s Verbalsubstantiv zu* **apıştırmak**
apıştırmak *vt* **1.** (*hayvanı*) zuschanden reiten **2.** (NAUT: *gemiyi*) vermuren
aplik *s* <-ği> Wandleuchte *f*
apokaliptik *adj* apokalyptisch
apokrif **I.** *s* Apokryph *nt* **II.** *adj* apokryph
apolet *s* (MIL) Schulterklappe *f;* ~**leri sökülmek** degradiert werden
aport *interj:* ~**!** apport!
aposteriori *adv* a posteriori
apre *s* Appretur *f*
apreci *s* Appreteur(in) *m(f)*
apreleme *s Verbalsubstantiv zu* **aprelemek**
aprelemek *vt* appretieren
april *s s.* **nisan** April *m*
apriori *adv* a priori
apse *s* (MED) Abszess *m;* (*çıban*) Eiterbeule *f,* Furunkel *m o nt;* ~ **yapmak** ein Abszess bilden
apseleşme *s Verbalsubstantiv zu* **apseleşmek**
apseleşmek *vi* abszedieren
apsent *s* Absinth *m*
apsid *s* (ARCH) Apsis *f*
apsis *s* (MATH) Abszisse *f*
aptal **I.** *adj* dumm; **birini** ~ **yerine koymak** (*fam*) jdn für dumm verkaufen **II.** *s* Dummkopf *m*
aptal aptal *adv* (*fam pej*): ~ **bakmak** ein dummes Gesicht machen, ein dämliches Gesicht machen; ~ **konuşma!** red kein dummes Zeug!; ~ **konuşmak** dummes Zeug reden
aptalca *adj* dämlich, dümmlich
aptallaşma *s Verbalsubstantiv zu* **aptallaşmak**
aptallaşmak *vi* verdummen, dumm werden
aptallaştırma *s Verbalsubstantiv zu* **aptallaştırmak**
aptallaştırmak *vt* verdummen, dumm machen
aptallık *s* <-ğı> Dummheit *f,* Dämlichkeit *f;* ~ **etmek** eine Dummheit machen, Dummheiten machen; **aptallığa vurmak** sich dumm anstellen
apteriks *s* (ZOOL: *kivi*) Kiwi *m*
aptes *s s.* **abdest**; **aptesbozan** *s s.* **abdestbozan**; **aptesbozan otu** *s s.* **abdestbozan otu**; **apteshane** *s s.* **abdesthane**
apukurya *s* (REL: *et kesimi*) Karneval *m*
ar[1] *s* Ar *nt o m;* **bir** ~ **100 metrekaredir** ein Ar sind 100 Quadratmeter
ar[2] *s ohne Pl* (*utanma*) Scham *f;* ~ **etmek** sich schämen; ~**ına dokunmak** Scham empfinden
ara *s* **1.** (*aradaki uzaklık*) Abstand *m,* Zwischenraum *m;* **kaşla göz** ~**sında** (*fig*) im

Handumdrehen [*o* Nu] **2.** (*aradaki zaman*) Zwischenzeit *f;* ~**da bir** ab und zu **3.** (THEAT: *antrakt*) Pause *f* **4.** (SPORT: *haftaym*) Halbzeit *f,* Pause *f;* ~ **vermeden** pausenlos; ~ **vermek** eine Pause machen **5.** (SPORT: *basketbol ve voleybol için*) Auszeit *f* **6.** (*ilgi*): **lâf** ~**mızda kalsın, …** unter uns gesagt, …

araba *s* **1.** Wagen *m;* (*oto*) Auto *nt;* ~ **kullanmak/sürmek** einen Wagen fahren; **atları** ~**ya koşmak** die Pferde vor den Wagen spannen, die Pferde anspannen **2.** (*öküz* ~ *sı*) Karren *m* **3. bir** ~ eine Fuhre; (*fig: pek çok*) eine Menge

arabacı *s* **1.** (*arabayı süren*) Wagenlenker(in) *m(f)* **2.** (*araba yapan*) Stellmacher(in) *m(f)*

arabalık **I.** *s* <-ğı> Stellplatz *m;* (*garaj*) Garage *f* **II.** *adj:* **bir** ~ **kömür** eine Wagenladung Kohle

arabalı vapur *s* (NAUT) Autofähre *f*

araba mezarlığı *s* Autofriedhof *m*

ara başlık *s* <-ğı> Untertitel *m*

araba trafiği *s* Autoverkehr *m*

araba vapuru *s* (NAUT) Autofähre *f*

arabesk *s* **1.** (MUS) Arabeske *f* **2.** (ARCH, KUNST: *girişik bezeme*) Arabeske *f*

Arabî **I.** *s* (*Arapça*) Arabisch *nt* **II.** *adj* arabisch

arabirim *s* (INFORM) Interface *nt,* Schnittstelle *f*

Arabist *s* Arabist(in) *m(f)*

Arabistan *s* Arabien *nt*

Arabistik *s ohne Pl* Arabistik *f*

arabizasyon *s* Arabisierung *f*

ara bulma *s* Schlichtung *f*

aracı[1] *s* Mittelsmann *m,* Mittelsperson *f*

aracı[2] *s poss von* **araç**

aracılığıyla *adv* mittels

ara cümle *s* (LING) Zwischensatz *m*

araç *s* <-cı> **1.** Mittel *nt,* Instrument *nt* **2.** (*alet*) Gerät *nt,* Apparat *m* **3.** (*taşıt*) Fahrzeug *nt*

araççılık *s ohne Pl* <-ğı> Instrumentalismus *m*

araçlı *adj* mittelbar

araçlı jimnastik *s ohne Pl* <-ği> *s.* **aletli jimnastik** (SPORT) Geräteturnen *nt*

araçsız *adj* unmittelbar

ara dinlenmesi *s* Ruhepause *f*

Araf *s ohne Pl* (REL) Fegefeuer *nt,* Purgatorium *nt*

Aragon **I.** *s* Aragonien *nt* **II.** *adj* aragonesisch

Aragonlu *s* Aragonier(in) *m(f)*

ara kapı *s* Zwischentür *f;* **ara kararı** *s* (JUR) Zwischenurteil *nt*

ara konakçı *s* Zwischenwirt *m*

aralık **I.** *s* <-ğı> **1.** (*mesafe*) Abstand *m;* **belli** ~**larla** in bestimmten Abständen **2.** (*vakit*) Zeit *f;* **o** ~ **hastaydım** in der Zeit war ich krank **3.** (*fırsat*) Gelegenheit *f,* der richtige Moment **4.** (*geçenek*) Durchgang *m* **5.** (*yılın son ayı*) Dezember *m;* **dört** ~**ta** am vierten Dezember; **yarın aralığın dördü** morgen ist der vierte Dezember **6.** (*ayakyolu*) Klo *nt* **II.** *adv* (*tam kapanmamış*) einen Spalt offen

aralık oyunu *s* (THEAT) Intermezzo *nt*

aralıksız **I.** *adj* ohne Abstand, ohne Zwischenraum **II.** *adv* ununterbrochen, pausenlos, in einem fort

arama *s* **1.** *Verbalsubstantiv zu* **aramak** **2.** Durchsuchung *f;* **arama emri** *s* (JUR) Durchsuchungsbefehl *m*

aramak *vt* **1.** suchen; **iş/kalacak bir yer** ~ eine Arbeit/Bleibe suchen; **arayan derviş muradına ermiş** (*prov*) wer sucht, der findet **2.** nachsuchen, absuchen; **her tarafı aradım** ich habe alles abgesucht, ich habe überall nachgesehen **3.** (*ziyaret etmek*) aufsuchen **4.** (*özlemek*) vermissen **5. birinin ağzını** ~ jdn aushorchen

arama tarama *s* **1.** Razzia *f* **2.** (*mayın*) Minensuche *f*

aranjman [arɑ̃ʒman] *s* (MUS) Arrangement *nt*

aranjör *s* (MUS) Arrangeur(in) *m(f);* (*düzenleyici*) Veranstalter(in) *m(f)*

aranma *s Verbalsubstantiv zu* **aranmak**

aranmak *vi* **1.** *pass von* **aramak** gesucht werden; **acele eleman aranıyor** Mitarbeiter werden dringend gesucht **2.** (*istekli si bulunmak*) verlangt werden; **çok aranan bir kitap** ein stark nachgefragtes Buch **3.** (*ortalıkta*) herumsuchen **4.** (*şart koşulmak*) erforderlich sein

ara oyun *s* (THEAT) Einlage *f*

arap **I.** *s* <-bı> **1.** (*fam: negatif fotoğraf*) Negativ *nt* **2.** (*fam: zenci*) Neger(in) *m(f)* **II.** *adj* schwarz

Arap **I.** *s* <-bı> Araber(in) *m(f);* ~ **uyandı** (*fam fig*) endlich hat er es kapiert; **bu doğruysa** ~ **olayım** (*fam*) ich fresse einen Besen, wenn das stimmt **II.** *adj* arabisch; ~ **dünyası** die arabische Welt; **Birleşik** ~ **Emirlikleri** Vereinigte Arabische Emirate;

Arap atı *s* Araber *m*

Arapça *s ohne Pl* Arabisch *nt;* ~ **bilmek/konuşmak/öğrenmek** Arabisch können/sprechen/lernen; ~**da** im Arabischen; ~**dan Almancaya/Türkçeye** aus dem Arabischen ins Deutsche/Türkische

Araplaştırma *s* **1.** *Verbalsubstantiv zu* **Araplaştırmak** **2.** Arabisierung *f*

Araplaştırmak *vt* arabisieren

Arap sabunu *s* Schmierseife *f*

arap saçı *s* (*fam fig*) Verzwicktheit *f;* ~ **gibi**

verzwickt; **Arap zamkı** *s ohne Pl* Gummiarabikum *nt*
ara sınavı *s* (UNI, SCHULE) Zwischenprüfung *f*; **ara sıra** *adv* ab und zu, gelegentlich; (*zaman zaman*) von Zeit zu Zeit, hin und wieder; **ara sokak** *s* <-ğı> Gasse *f*; **ara söz** *s* Zwischenbemerkung *f*, Einwurf *m*
araştırma *s* **1.** *Verbalsubstantiv zu* **araştırmak** **2.** Forschung *f* **3.** (*taharri*) Fahndung *f*
araştırmacı *s* Forscher(in) *m(f)*
araştırmak *vt* **1.** (*gözden geçirmek*) untersuchen, prüfen **2.** (*sormak, soruşturmak*) ermitteln; (*taharri etmek*) fahnden **3.** (*yöntemli çalışma yapmak*) erforschen
araştırman *s* Forscher(in) *m(f)*
arayüz *s*, **ara yüzü** *s* (INFORM: *arabirim*) Interface *nt*, Schnittstelle *f*
araz *s* **1.** (*belirtiler*) Anzeichen *ntpl* **2.** (MED: *semptom*) Symptom *nt* **3.** (PHILOS: *ilinek*) Akzidens *nt*
arbalet *s* Armbrust *f*
ardı *s poss von* **art**
ardıç *s* (BOT) Wacholder *m*; **ardıç kuşu** *s* (ZOOL) Drossel *f*; **ardıç rakısı** *s* Wacholderschnaps *m*
ardıl *s* Nachfolger(in) *m(f)*; **ardıl görüntü** *s* Folgeerscheinung *f*
ardın ardın *adv* rückwärts
ardışık *adj* fortlaufend, aufeinander folgend; **ardışık görüntü** *s* Folgeerscheinung *f*; **ardışık olgular** *s Pl* (MED) Folgeerscheinungen *pl*; **ardışık sayılar** *s Pl* (MATH) fortlaufende Zahlen
arduaz *s* Schiefer *m*
arefe *s s.* **arife**; **arefe günü** *s s.* **arife günü**
arena *s* Arena *f*
argaç *s* <-cı> Schuss *m*, Schussfaden *m*, Durchschuss *m*
argali *s* (*muflon*) Mufflon *m*
argo *s* Slang *m*; (*jargon*) Jargon *m*
argon *s ohne Pl* (CHEM) Argon *nt*
arı¹ *adj* **1.** (*temiz*) rein **2.** (*katışıksız*) unverfälscht; (*dil*) von Fremdwörtern gereinigt **3.** (*günahsız*) unschuldig
arı² *s* Biene *f*; **arı beyi** *s* (ZOOL) Bienenkönigin *f*
arıcı *s* Bienenzüchter(in) *m(f)*, Imker(in) *m(f)*
arıcılık *s ohne Pl* <-ğı> Bienenzucht *f*
arı dalağı *s* Bienenwabe *f*; **arı kovanı** *s* Bienenstock *m*; **arı kuşu** *s* (ZOOL) Bienenfresser *m*
arındırma *s* **1.** *Verbalsubstantiv zu* **arındırmak** **2.** Läuterung *f*
arındırmak *vt* läutern
arınma *s* Läuterung *f*
arı oğlanı *s* (ZOOL) Bienenkönigin *f*; **arı oğlu** *s* (ZOOL) Bienenvolk *nt*, Bienenschwarm *m*
arış¹ *s* Unterarm *m*
arış² *s* (*çözgü*) Kette *f*
arış³ *s* (*araba oku*) Deichsel *f*
arıza *s* Störung *f*, Betriebsstörung *f*
arî *adj* **1.** (*çıplak*) nackt **2.** (*özgür*) frei
aria *s s.* **arya** (MUS) Arie *f*
arife *s* Vorabend *m*; (*ön gün*) Vortag *m*; **arife günü** *s* Vortag *m*
aristokrasi *s* Aristokratie *f*
aritmetik *s ohne Pl* <-ği> (MATH) Arithmetik *f*
aritmetiksel *adj* (MATH) arithmetisch
aritmi *s* (MED) Herzrhythmusstörungen *fpl*
ariyet *s* Leihe *f*
ariyeten *adv*: **bir şey ~ almak** etw entleihen
arjantin *s* (*fam*) Bierkrug *m*
Arjantin I. *s* Argentinien *nt* **II.** *adj* argentinisch; **~ hükümeti** die argentinische Regierung; **Arjantinli I.** *s* Argentinier(in) *m(f)* **II.** *adj* argentinisch; **~ bir kadın** eine argentinische Frau
ark *s* Rinne *f*
arka *s* **1.** Hinterseite *f*, Rückseite *f*; **~da müzik çalıyordu** im Hintergrund spielte die Musik; **~ya geçmek** (*kuyrukta*) sich hinten anstellen; **bir şeyi ~da bırakmak** etw hinter sich lassen; (*ölen kimseye göre*) etw hinterlassen; **evin ~sında bahçe var** hinter dem Haus ist ein Garten, auf der Rückseite des Hauses befindet sich ein Garten; **Muğla'nın üç kilometre ~sında** drei Kilometer hinter Muğla **2.** (*sırt*) Rücken *m*; **birine ~ çevirmek** jdm den Rücken zukehren; **birine ~ olmak** jdm den Rücken stärken; **birini ~dan vurmak** (*fig*) jdm in den Rücken fallen; **birinin ~sından** hinter jds Rücken **3.** (*geri kalan bölüm*) Rest *m*; **bir şeyin ~sını getirememek** etw nicht bis zu Ende führen können **4.** (*art, peş*): **~sından koşmak** hinterherlaufen; **bir işin ~sına düşmek** [*o* **takılmak**] eine Sache verfolgen, sich hinter eine Sache klemmen; **birinin ~sına düşmek** jdn verfolgen **5.** Rückenlehne *f* **6.** (*insan için*) Körper *m*; **~sındaki giysiler çok eskiydi** die Kleidung, die er (am Körper) trug, war sehr alt **7.** (*fig: koruyucu*) Rückendeckung *f*, Beschützer(in) *m(f)*; (*kayırıcı*) Gönner(in) *m(f)*; **~ bulmak** sich Rückendeckung verschaffen; **~sı ol(ma)mak** (keine) Rückendeckung haben; **birine ~ çıkmak** (*korumak*) jdn beschützen; (*kayırmak*) jdn begünstigen; **birine ~ olmak** jdm Rückendeckung geben; **arka arka** *adv* rückwärts; **arka arkaya** *adv* hintereinander; **~ dört hafta** vier Wochen hintereinander; **~ dizilmek** sich hintereinander aufstellen

arka ayak *s* <-ğı> Hinterbein *nt;* **arka cam** *s* (AUTO) Heckscheibe *f;* **arka dingil** *s* (AUTO) Hinterachse *f*

arkada kalanlar *s Pl* die Hinterbliebenen *pl*

arkadan arkaya *adv* hintenherum; (*gizlice*) heimlich

arkadaş *s* **1.** Kamerad(in) *m(f);* (*dost*) Freund(in) *m(f)* **2.** (*hayat ~ ı*) Gefährte, -in *m, f;* (*iş ~ ı*) Kollege, -in *m, f*

arkadaşça *adv* kameradschaftlich; (*dostça*) freundschaftlich

arkadaşlık *s* <-ğı> Kameradschaft *f;* (*dostluk*) Freundschaft *f;* **birine ~ etmek** jdn begleiten

arkaik *adj* archaisch

arkaizm *s* Archaismus *m*

arka kapı *s* Hintertür *f;* **~dan çıkmak** durch die Hintertür hinausgehen; (*fig*) von der Schule (ohne Abschluss) abgehen; **arka koltuk** *s* <-ğu> (AUTO) Hintersitz *m*

arkalama *s Verbalsubstantiv zu* **arkalamak**

arkalamak *vt* **1.** auf den Rücken nehmen **2.** (*fig: destek olmak*) unterstützen; (*korumak*) schützen

arkalık *s* <-ğı> Rückenlehne *f*

arka merdiven *s* Hintertreppe *f;* **arka oda** *s* Hinterzimmer *nt;* **arka plân** *s* **1.** Hintergrund *m;* **~da kalmak/bulunmak** (*fig*) im Hintergrund bleiben/stehen **2.** (*fam*) Hintertreffen *nt;* **~a düşmek** ins Hintertreffen geraten; **~da kalmak** sich im Hintertreffen befinden; **arka teker** *s* (AUTO) Hinterrad *nt;* **arka yüz** *s* Rückseite *f*

arkeolog *s* Archäologe, -in *m, f*

arkeoloji *s ohne Pl* Archäologie *f;* **arkeolojik** *adj* archäologisch

arktik *adj* arktisch

arlanma *s Verbalsubstantiv zu* **arlanmak**

arlanmak *vr* (*utanmak*) sich schämen

arma *s* **1.** (*ongun*) Wappen *nt* **2.** (NAUT: *yelkenlide*) Takelage *f;* **~ donatmak** auftakeln

armador *s* (NAUT) Takelmeister *m*

armağan *s* **1.** (*hediye*) Geschenk *nt* **2.** (*ödül*) Preis *m* **3.** (*bilim adamını anmak için hazırlanan bilimsel eser*) Festschrift *f*

armatör *s* Reeder *m*

armatür *s* **1.** Armaturen *fpl* **2.** (ELEK) Anker *m*

armoni *s* (MUS) Harmonie *f*

armonik I. *s* <-ği> (MUS: *armonika*) Harmonika *f* **II.** *adj* (MUS) harmonisch

armonika *s* (MUS) Harmonika *f;* (*mızıka*) Mundharmonika *f;* (*akordeon*) Ziehharmonika *f*

armoni orkestrası *s* (MUS) Philharmonie *f*

armonyum *s* (MUS) Harmonium *nt*

armudî *adj* birnenförmig

armudu *s poss von* **armut**

armut *s* <-du> Birne *f;* **armut ağacı** *s* Birnbaum *m;* **armut top** *s* (SPORT: *boksta*) Punchingball *m*

Arnavut I. *s* <-du> Albaner(in) *m(f)* **II.** *adj* albanisch; **~ dili** die albanische Sprache

Arnavut bacası *s* (*çatı penceresi*) Dachfenster *nt;* **Arnavut biberi** *s* (GASTR: *acı kırmızı biber*) scharfer Paprika

Arnavutça *s* (das) Albanisch(e)

Arnavutluk *s* <-ğu> Albanien *nt*

arnika *s ohne Pl* (BOT) Arnika *f*

aroma *s* Aroma *nt*

aromalı *adj,* **aromatik** *adj* aromatisch

aromatize *adj* aromatisisert; **~ etmek** aromatisiseren

arp *s* Harfe *f; s. a.* **harp**[2]

arpa *s* **1.** Gerste *f* **2.** (*tanesi*) Gerstenkorn *nt*

arpacık *s* <-ğı> **1.** (MED) Gerstenkorn *nt* **2.** (*silâhta*) Korn *nt;* **arpacık soğanı** *s* Saatzwiebel *f*

arpa güvesi *s* Kornmotte *f*

arpalık *s* <-ğı> **1.** (AGR: *arpa tarlası*) Gerstenfeld *nt* **2.** (REL: *ödenek*) Pfründe *f*

arpa suyu *s ohne Pl* Gerstensaft *m;* (*bira*) Bier *nt*

arpçı *s* Harfenist(in) *m(f)*

arsa *s* **1.** Baugrundstück *nt* **2.** (*ohne Pl*) Baugrund *m,* Bauland *nt,* Baugelände *nt*

arsenik *s ohne Pl* (CHEM) Arsen *nt*

arsıulusal *adj s.* **uluslar arası** international

arş[1] *s* (REL: *İslâm dininde*) der neunte Himmel

arş[2] *interj* (MIL): **~!** abmarsch!, marsch!

arşe *s* **1.** (MUS: *keman yayı*) Geigenbogen *m* **2.** (*troleybüste, tramvayda*) Bügel *m*

arşın *s* Elle *f*

arşınlık *adj* ellenlang

arşidük *s* (HIST) Erzherzog *m*

arşidüklük *s* <-ğü> Erzherzogtum *nt*

arşidüşes *s* (HIST) Erzherzogin *f*

arşitip *s* Archetyp *m,* Archetypus *m*

arşiv *s* Archiv *nt;* **arşivci** *s* Archivar(in) *m(f)*

arşivleme *s ohne Pl* **1.** *Verbalsubstantiv zu* **arşivlemek** **2.** Archivierung *f*

arşivlemek *vt* archivieren

art I. *s ohne Pl* <-dı>: **ardında bırakmak** hinterlassen **II.** *adj* hintere(r, s)

art arda *adv* hintereinander

art bölge *s ohne Pl* Hinterland *nt*

artçı *s* (MIL) Nachhut *f*

artçı deprem *s* Nachbeben *nt*

art damak *s* <-ğı> (ANAT, MED) Hintergaumen *m;* **art düşünce** *s* Hintergedanke *m*

arter *s* **1.** (ANAT, MED: *atardamar*) Arterie *f* **2.** (*fig: trafiği yoğun olan ana yol*) Verkehrsader *f*

arterit *s* (MED) Arteritis *f*

artezyen *adj* artesisch; ~ **kuyusu** artesischer Brunnen

artık **I.** *s* <-ğı> Rest *m* **II.** *adj* (*geriye kalan*) übriggeblieben; (*daha çok, fazla*) mehr; ~ **param kalmadı** ich habe kein Geld mehr, mehr Geld habe ich nicht **III.** *adv* **1.** mehr; ~ **çocuk değildir** er/sie ist kein Kind mehr; ~ **gelmez** er/sie kommt nicht mehr; ~ **param kalmadı** ich habe kein Geld mehr **2.** schon, bereits; ~ **yeter ama!** nun ist aber genug!; **gel ~!** komm schon!; **bu hikâyeyi ~ yüzüncü defa dinliyorum** diese Geschichte höre ich bereits [*o* schon] zum hundertsten Mal; **uyan ~ be!** (*fam*) wach doch endlich auf!

artık değer *s ohne Pl* (WIRTSCH) Mehrwert *m;* **artık emek** *s ohne Pl* <-ği> (WIRTSCH) Mehrwert *m;* **artık yıl** *s* Schaltjahr *nt*

artımlı *adj* (*pirinç*) gequollen

artırma *s* **1.** *Verbalsubstantiv zu* **artırmak** **2.** (*müzayede*) Versteigerung *f*

artırmak **I.** *vt* **1.** erhöhen; (*üretimi*) steigern; **hızı/fiyatları** ~ die Geschwindigkeit/Preise erhöhen; **birinin maaşını** ~ jds Gehalt erhöhen; **bir şeyin değerini/gücünü artırmak** etw aufwerten/verstärken; **sermayesini** ~ sein Kapital erhöhen [*o* aufstocken] **2.** (*müzayedede*) ersteigern **II.** *vi* (*tasarruf etmek*) (ab)sparen; **boğazından** ~ vom Munde absparen; **dişinden tırnağından** ~ (*fam fig*) an allen Ecken und Enden sparen

artış *s* (*fiyat* ~ *ı*) Steigerung *f;* (*çoğalış*) Vermehrung *f;* (*nüfus* ~ *ı*) Zuwachs *m*

artı uç *s* <-cu> Pluspol *m;* (*anot*) Anode *f*

artist *s* Artist(in) *m(f)*

artistik *adj* artistisch; **artistik patinaj** *s ohne Pl* (SPORT) Eiskunstlauf *m*

artistlik *s* <-ği> Artistik *f*

art niyet *s* Hintergedanke *m*

artrit *s* (MED) Arthritis *f*

art teker *s,* **art tekerlek** *s* <ği> Hinterrad *nt*

arya *s* (MUS) Arie *f*

arz¹ *s* **1.** (*sunma*) Vorlage *f,* Vorlegung *f;* ~ **etmek** vorlegen **2.** (WIRTSCH: *sunu*) Angebot *nt;* ~ **ve talep** Angebot und Nachfrage

arz² *s* (*en, genişlik*) Breite *f*

arz³ *s* (*yer*) Grund *m;* (*yer, yeryüzü*) Erde *f*

arz cazibesi *s ohne Pl s.* **yer çekimi** Erdanziehung *f;* **arz dairesi** *s s.* **enlem dairesi** (GEO) Breitenkreis *m;* **arz derecesi** *s s.* **enlem** (GEO) Breitengrad *m*

arziyat *s s.* **jeoloji** Geologie *f*

arz odası *s* Empfangszimmer *nt,* Empfangsraum *m*

arzuhâl *s* <-i> Bittgesuch *nt,* Bittschrift *f;* (*dilekçe*) Gesuch *nt,* Antrag *m*

as¹ *s* (ZOOL: *kakım*) Hermelin *m*

as² *s* **1.** (*iskambil kâğıdı*) Ass *nt* **2.** (*fig*) Ass *nt,* Spitzenreiter *m*

asa [asa:] *s* **1.** (*mareşallik* ~ *sı*) Stab *m;* (REL: *din adamlarının* ~ *sı*) Hirtenstab *m* **2.** (*uzun sopa*) Stab *m*

asabî *adj* nervös

asabiye *s ohne Pl* Neurologie *f*

asabiyet *s ohne Pl* Nervosität *f*

asabiyeci *s* Nervenarzt, -ärztin *m, f*

asalak **I.** *s* <-ğı> **1.** (BIOL: *parazit*) Parasit *m,* Schmarotzer *m* **2.** (*pej: parazit, ekti*) Schmarotzer(in) *m(f)* **II.** *adj* schmarotzerhaft; ~ **olarak yaşamak** schmarotzerhaft leben, schmarotzen

asalaklık *s ohne Pl* <-ğı> Schmarotzertum *nt*

asaleten *adv* in eigener Person

asal gaz *s* (CHEM) Edelgas *nt;* **asal sayı** *s* (MATH) Primzahl *f*

asansör *s* Aufzug *m,* Fahrstuhl *m;* ~**le çıkmak** mit dem Aufzug [*o* Fahrstuhl] hinauffahren; ~**le dördüncü kata çıkmak** mit dem Fahrstuhl in den vierten Stock hochfahren; **asansör boşluğu** *s* Fahrstuhlschacht *f*

asansörcü *s* **1.** Aufzugführer(in) *m(f),* Fahrstuhlführer(in) *m(f)* **2.** (*otellerde*) Liftboy *m*

asap [a:sa:b] <-bı> *s Pl s.* **sinirler** Nerven *pl*

asar [a:sa:r] *s Pl s.* **eserler** Werke *pl*

asarıatika [a:sa:'rıati:ka] *s Pl* Altertümer *pl*

asbaşkan *s* Vizepräsident(in) *m(f)*

asbest *s* Asbest *m*

asbestli *adj* asbesthaltig

asbest tozu *s ohne Pl* Asbeststaub *m*

aselbent *s* <-di> **1.** Benzoe *f* **2.** (BOT: ~ *ağacı*) Benzoebaum *m*

asenkron *adj* asynchron

asetik asit *s ohne Pl* <-di> (CHEM: *sirke ruhu*) Essigsäure *f*

asetilen *s ohne Pl* Azetylen *nt*

aseton *s ohne Pl* (CHEM) Azeton *nt,* Aceton *nt*

asfalt **I.** *s* Asphalt *m* **II.** *adj* (*asfaltlanmış*) asphaltiert

asfaltlama *s Verbalsubstantiv zu* **asfaltlamak**

asfaltlamak *vt* asphaltieren

asfaltlanma *s Verbalsubstantiv zu* **asfaltlanmak**

asfaltlanmak *vi pass von* **asfaltlamak**: **mahallemizdeki bütün yollar asfaltlandı** alle Straßen in unserem Viertel wurden asphaltiert

asfalt yol *s* Asphaltstraße *f*

asgarî ücret *s* Mindestlohn *m*

asılma *s Verbalsubstantiv zu* **asılmak**

asılmak **I.** *Passiv von* **asmak**: **resimler**

A

asıldı die Bilder wurden aufgehängt; **resimler duvara asıldı** die Bilder wurden an die Wand gehängt **II.** *vi* **1.** (*tutunup sarkmak*): **dala** ~ sich an einen Ast hängen **2.** (*tutup çekmek*): **çocuk annesinin eteğine asıldı** das Kind hängte sich an den Rock der Mutter **3. küreklere** ~ sich in die Riemen legen **4.** (*ısrar etmek*) drängen (-*e* -) **5.** anmachen (-*e* -); **bir kıza** ~ ein Mädchen anmachen

asıl sayı *s* (MATH) Kardinalzahl *f*

asır *s* <-srı> *s.* **yüzyıl** Jahrhundert *nt;* ~**lar önce/sonra** vor Jahrhunderten/Jahrhunderte später; **asrın başında/sonunda** am Anfang/Ende des Jahrhunderts

asi [aːsiː] **I.** *s* Rebell *m,* Aufständische(r) *mf* **II.** *adj* rebellisch, aufständisch; ~ **gençlik** die rebellische Jugend

asil *adj* **1.** adelig **2.** edel

asilzade *s* Adelige(r) *mf;* (HIST) Edelmann *m*

asimetri *s* (*a.* MATH: *bakışımsızlık*) Asymmetrie *f*

asimetrik *adj* (*a.* MATH: *bakışımsız*) asymmetrisch

asimilâsyon *s* **1.** (POL, BIOL) Assimilation *f;* (*özümleme*) Anpassung *f* **2.** (LING) Assimilation *f;* (*benzeşme*) Angleichung *f*

asimile etmek *vt* assimilieren

asimptot *s* (MATH: *sonuşmaz*) Asymptote *f*

asistan *s* Assistent(in) *m(f);* (*yardımcı*) Helfer *m*

asistanlık *s* <-ğı> Assistenz *f;* **birine ~ yapmak** jdm Assistenz leisten

asit *s* <-di> (CHEM) Säure *f;* **asit borik** *s* <-ği> *s.* **borik asit** Borsäure *f*

as kat *s* Unterteilung *f*

asker *s* **1.** Soldat(in) *m(f)* **2.** (*askerlik görevi*) Militärdienst *m*

askercilik *s* <-ği> Militarismus *m*

askerî *adj* militärisch; **askerî ataşe** *s* (POL) Militärattaché *m;* **askerî hükûmet** *s* Militärregierung *f;* **askerî zabıta** *s* Militärpolizei *f*

asker kaçağı *s* Fahnenflüchtiger *m,* Deserteur(in) *m(f)*

askerlik *s ohne Pl* <-ği>, **askerlik hizmeti** *s ohne Pl* Militärdienst *m;* (*Almanya'da*) Wehrdienst *m*

askı *s* **1.** (*giysi ~sı*) Bügel *m* **2.** (*pantolon ~sı*) Träger *m*

askılık *s* <-ğı> (*vestiyer*) Garderobe *f*

askorbik asit *s* <-di> (CHEM) Ascorbinsäure *f*

asla *adv* auf gar keinen Fall; (*hiçbir zaman*) niemals

aslan *s* (ZOOL) Löwe *m*

Aslan *s* (ASTR) Löwe *m;* ~ **burcu/dönencesi** das Sternbild/der Wendekreis des Löwen

aslanağzı *s* (BOT) Löwenmaul *nt*

aslanca *adv* wie ein Löwe

aslanlık *s ohne Pl* <-ğı> Löwenmut *m*

aslan payı *s* Löwenanteil *m*

aslanpençesi *s* **1.** (BOT) Edelweiß *nt* **2.** (MED: *şirpençe*) Karbunkel *m*

aslan sütü *s* Löwenmilch *f, scherzhaft für Raki;* **aslan yelesi** *s* Löwenmähne *f;* **aslan yürekli** *adj* heldenhaft; **A~ Rişar** (HIST) Richard Löwenherz

aslen *adv* im Grunde genommen

aslı astarı *s* (*esası*) das Wesentliche

aslık *adj* (*fam kısır*) unfruchtbar

aslında *adv* im Grunde (genommen), eigentlich

aslı nesli *s* (*soyu sopu*) die gesamte Verwandtschaft

aslî *adj s.* **ana** Grund-, Haupt-; **aslî düşünce** *s* (*ana fikir*) Grundgedanke *m;* **aslî maaş** *s* Grundgehalt *nt;* **aslî nüsha** *s* Original *nt,* Urschrift *f*

asliye mahkemesi *s* (JUR) Amtsgericht *nt*

asma[1] **I.** *s Verbalsubstantiv zu* **asmak II.** *adj* (*asılı*) hängend; (*asılmış*) aufgehängt

asma[2] *s* Rebe *f,* Weinrebe *f;* **asma biti** *s* Reblaus *f*

asmak *vt* **1.** aufhängen (-*e* in); (*afiş*) aufhängen, anbringen **2.** (*ip çekmek*) erhängen; **kendini** ~ sich erhängen **3.** (*bayrak*) hissen **4.** (SCHULE) schwänzen **5. surat** ~ ein langes Gesicht machen

asma kat *s* Hängeboden *m;* **asma kilit** *s* <-di> Vorhängeschloss *nt;* **asma köprü** *s* Hängebrücke *f;* **asma kütüğü** *s* Rebstock *m;* **asma merdiven** *s* Strickleiter *f*

asortik *adj* zusammenpassend, abgestimmt

asosyal *adj* asozial

as oyuncu *s* Spitzenspieler(in) *m(f)*

asparagas *s* (PUBL) Zeitungsente *f,* Ente *f*

aspiratör *s* (PHYS: *emmeç*) Aspirator *m*

aspirin® *s* Aspirin *nt*

asrı *s poss von* **asır**

asrî *adj* (*çağcıl*) zeitgenössisch; (*modern*) modern

asrîleştirme *s* **1.** *Verbalsubstantiv zu* **asrîleştirmek 2.** Modernisierung *f*

asrîleştirmek *vt* modernisieren

asrîlik *s ohne Pl* <-ği> Moderne *f*

astar *s* **1.** (*giyecekte*) Futter *nt;* **kutunun içine ~ geçirmek** die Schachtel von Innen auskleiden **2.** Grundierung *f;* ~ **sürmek/vurmak/çekmek** grundieren (-*e* -); **astar boyası** *s* Grundierfarbe *f*

astarlama *s ohne Pl* **1.** *Verbalsubstantiv zu* **astarlamak 2.** Fütterung *f* **3.** Grundierung *f*

astarlamak *vt* **1.** (*astar geçirmek*) füttern **2.** (*astar vurmak*) grundieren

astarlı *adj* gefüttert; **gri ~ bir zarf** ein Umschlag mit grauem Futter

astarya *s* (NAUT) Liegezeit *f*

astım *s ohne Pl* (MED) Asthma *nt*

astımlı **I.** *s* (MED) Asthmatiker(in) *m(f)* **II.** *adj* (MED) asthmatisch

astigmat *adj* (MED) astigmatisch

astigmatizm *s ohne Pl* (MED) Astigmatismus *m*

astragan *s* **1.** (*post*) Persianer *m* **2.** (*manto*) Persianer *m*

astrofizik *s ohne Pl* <-ği> Astrophysik *f;* **astrofizikçi** *s* Astrophysiker(in) *m(f);* **astrolog** *s* <-ğu> Astrologe, -in *m, f;* **astroloji** *s ohne Pl* Astrologie *f;* **astrolojik** *adj* astrologisch

astronom *s* Astronom(in) *m(f)*

astronomi *s ohne Pl* Astronomie *f*

astronomik *adj* **1.** astronomisch **2.** (*fam*) astronomisch; ~ **fiyatlar/rakamlar** astronomische Preise/Zahlen

astronot *s* Astronaut(in) *m(f)*

astropikal *adj* (GEO) subtropisch

astsubay *s* (MIL) Unteroffizier *m;* **denizci** ~ (MIL, NAUT) Bootsmann *m;* **astsubay başçavuş** *s* (MIL) Feldwebel *m*

asuman [a:suma:n] *s s.* **gök, gökyüzü** Himmel *m*

Asya *s* Asien *nt*

Asyalı **I.** *s* Asiat(in) *m(f)* **II.** *adj* asiatisch

aş *s* Essen *nt;* **el kazanıyla** ~ **kaynatmak** (*fig*) sich mit fremden Federn schmücken

A.Ş. *s Abk. von* **anonim şirket** (JUR) AG *f, Aktiengesellschaft*

aşağı **I.** *s* der untere Teil **II.** *adj* **1.** (*bayağı*) ordinär **2.** (*fig: mal*) minder, minderwertig; (*ucuz*) billig; ~ **kurtarmaz!** billiger geht's nicht! **3.** nieder; ~ **bitkiler** niedere Pflanzen **III.** *adv* (*yere doğru*) abwärts, hinunter, nach unten; ~ **atlamak** herunterspringen, hinunterspringen, nach unten springen; ~ **kaymak** abwärts rutschen; **bir** ~ **bir yukarı dolanmak/gezinmek/gitmek** auf und ab wandern/schlendern/gehen; **dağdan** ~ vom [*o* den] Berg hinunter; **üçüncü kattan** ~ **atlamak** vom dritten Stock hinunterspringen

aşağıdaki *adj* unten stehend, (nach)folgend

aşağılama *s ohne Pl* **1.** *Verbalsubstantiv zu* **aşağılamak** **2.** Verachtung *f*

aşağılamak *vt:* **bir şeyi/kimseyi** ~ etw/jdn verachten

aşağılık **I.** *s ohne Pl* <-ğı> Minderwertigkeit *f* **II.** *adj* minderwertig

aşağılık duygusu *s* (PSYCH) Minderwertigkeitsgefühl *nt;* **aşağılık kompleksi** *s* (PSYCH) Minderwertigkeitskomplex *m*

Aşağı Saksonya *s* Niedersachsen *nt*

aşağısama *s ohne Pl* **1.** *Verbalsubstantiv zu* **aşağısamak** **2.** Geringschätzung *f*

aşağısamak *vt:* **bir şeyi/kimseyi** ~ etw/jdn gering schätzen

aşağı yukarı *adv* circa, etwa, ungefähr; ~ **seksen yaşında** er ist etwa achtzig Jahre alt

aşama *s* **1.** (*rütbe*) Rang *m* **2.** (*evre*) Phase *f,* Stadium *nt;* **aşama sırası** *s* Rangordnung *f,* Rangfolge *f;* (*hiyerarşi*) Hierarchie *f*

aşçı *s* Koch *m,* Köchin *f*

aşçıbaşı *s* <-yı o -nı> Chefkoch, -köchin *m, f;* (*büyük mutfakta*) Küchenchef(in) *m(f)*

aş damı *s* (*mutfak*) Küche *f;* **aş evi** *s* (*lokanta*) Speiselokal *nt*

aşı *s* **1.** (MED: *uygulama*) Impfung *f;* ~ **olmak** geimpft werden **2.** (*madde*) Impfstoff *m,* Schutzimpfung *f* **3.** (*eklenen parça*) Pfropfreis *nt,* Pfröpfling *m;* (*kaynaştırma işi*) Pfropfung *f;* **aşı boyalı** *adj* ocker, ockerfarben, ockerfarbig; **aşı boyası** **I.** *s* Ocker *m o nt,* Ockerfarbe *f* **II.** *adj* ockerfarben, ockerfarbig; **aşı istasyonu** *s* Impfstelle *f*

aşık *s* <-ğı> (ANAT) Fußknöchel *m;* **biriyle** ~ **atmak** (*fig*) es mit jdm aufnehmen

âşık [a:ʃk] **I.** *s* <-ğı> **1.** Liebhaber(in) *m(f);* **âşığın gözü kördür** Liebe macht blind **2.** (*halk ozanı*) Volksdichter *m* **II.** *adj* verliebt; **bir kimseye/şeye** ~ **olmak** sich in jdn/etw verlieben

aşı kâğıdı *s* (MED) Impfpass *m*

aşık kemiği *s* (*fam: aşık*) Fußknöchel *m*

âşıklık [a:--] *s ohne Pl* <-ğı> Verliebtsein *nt*

âşıktaş *s* Verliebte(r) *mf;* ~**lar** die Verliebten

âşıktaşlık *s* <-ğı> (*fam*) Liebelei *f;* ~ **etmek** Liebe machen

aşılama *s Verbalsubstantiv zu* **aşılamak**

aşılamak *vt* **1.** (MED: *aşı yapmak*) impfen **2.** (MED: *başkasına hastalık geçirmek*) anstecken, infizieren **3.** (INFORM: *virüs*) infizieren **4.** (BOT) pfropfen **5.** (*fam fig*) einimpfen; (*telkin etmek*) suggerieren; **birine bir şeyi** ~ jdm etw einimpfen

aşılma *s Verbalsubstantiv zu* **aşılmak** Überwindung *f;* ~**sı imkânsız bir engel** ein unüberwindliches Hindernis

aşılmak *vi pass von* **aşmak** überwunden werden

aşım *s* (*çiftleşme*) Paarung *f*

aşındırma *s* **1.** *Verbalsubstantiv zu* **aşındırmak** **2.** Abnutzung *f*

aşındırmak *vt Kausativ zu* **aşınmak** abnutzen

aşınma *s* **1.** *Verbalsubstantiv zu* **aşınmak** **2.** Abnutzung *f*

aşınmak *vi* sich abnutzen

aşınmış *adj* abgenutzt

aşırı *adj* **1.** übertrieben **2.** extrem **3.** (POL)

extremistisch; **aşırı arz** *s* (WIRTSCH) Überangebot *nt*
aşırıcılık *s* <-ğı> (*a.* POL) Extremismus *m*
aşırı talep *s* <-bi> (WIRTSCH) Übernachfrage *f*; **aşırı yüklü** *adj* überladen
aşırma *s* **1.** *Verbalsubstantiv zu* **aşırmak** **2.** Plagiat *nt*
aşırmak *vt* **1.** hinüberbringen **2.** (*sl*) klauen **3.** (*tehlikede*) in Sicherheit bringen **4.** (LIT) plagiieren
aşırma kayış *s* (TECH) Treibriemen *m*
aşı şahadetnamesi *s* Impfbescheinigung *f*
aşikâr [aːʃikãr] *adj* offenbar
aşil kirişi *s* (ANAT) Achillessehne *f*
aşina [aːʃinaː] **I.** *s* (*bildik, tanıdık*) Bekannte(r) *mf*; (*dost, arkadaş*) Vertraute(r) *mf* **II.** *adj* bekannt, vertraut
aşiyan [aːʃijan] *s* **1.** (*kuş yuvası*) Vogelnest *nt* **2.** (*fig*) Nest *nt*, vertrautes Heim
aşk *s* **1.** Liebe *f*; **biriyle ~ yapmak** mit jdm Liebe machen; **~a düşmek** sich verlieben; **yasak ~** verbotene Liebe; **kumarda kaybeden ~ta kazanır** (*prov*) Pech im Spiel, Glück in der Liebe **2.** (*fam*): **~ etmek** (*hızla vurmak*) hauen; (*tokat*) scheuern; **ona** (**öyle**) **bir tokat ~ etti** (**ki ...**) er hat ihm (so) eine gescheuert, (dass ...) **3.** (*fam*): **~a gelmek** ins Schwärmen kommen; (*coşmak*) (ganz) aus dem Häuschen geraten **4.** **~ına** um ... Willen; **Tanrı** [*o* **Allah**] **~ına** um Gottes Willen; **aşk derdi** *s ohne Pl* Liebeskummer *m*; **aşk hayatı** *s ohne Pl* Liebesleben *nt*
aşkın [aʃkn] *adj* **1.** (*geçmiş*) über, mehr als; **yaşı elliyi ~dı** er war über fünfzig, er war mehr als fünfzig Jahre alt **2.** (*fazla*): **işi başından ~ olmak** (*fam fig*) bis über beide Ohren in Arbeit stecken
aşk macerası *s* Liebesabenteuer *nt*; **aşk mektubu** *s* Liebesbrief *m*; **aşk merdiveni** *s* (BOT) Farn *m*; **aşk tanrıçası** *s* Liebesgöttin *f*; **aşk yaşamı** *s ohne Pl* Liebesleben *nt*
aşma *s* **1.** *Verbalsubstantiv zu* **aşmak** **2.** Überwindung *f*; (*hız sınırlamasını*) Überschreitung *f*
aşmak <-ar> [aʃmak] *vt* **1.** (*engel*) überwinden; (*barajı ~*) nehmen **2.** (*ses duvarını*) durchbrechen **3.** (*hız sınırlamasını*) überschreiten; **kırk yaşını çoktan aşmıştı** er hatte die Vierzig längst überschritten
aşüfte *s* **1.** Kokotte *f* **2.** Kurtisane *f*; (*sevgili*) Geliebte *f*
at *s* **1.** Pferd *nt*; **~ları arabaya koşmak** die Pferde vor den Wagen spannen, die Pferde anspannen **2.** (*satrançta*) Springer *m*
AT *s Abk. von* **Avrupa Topluluğu** (HIST) EG *f*, *Europäische Gemeinschaft*
ata *s* Ahn *m*, Vorfahr *m*
atacılık *s* <-ğı> Atavismus *m*
ataerki *s* Patriarchat *nt*
ataerkil *adj* patriarchalisch
at ahırı *s* Pferdestall *m*
atalet *s ohne Pl* **1.** Trägheit *f* **2.** (*işsizlik*) Arbeitslosigkeit *f* **3.** (PHYS: *süredurum*) Trägheit *f*
atama *s* **1.** *Verbalsubstantiv zu* **atamak** **2.** Ernennung *f*, Berufung *f* **3.** (*mirasçı olarak*) Einsetzung *f*
atamak *vt* ernennen; (*mirasçı olarak*) einsetzen
atanma *s* **1.** *Verbalsubstantiv zu* **atanmak** **2.** Ernennung *f*, Berufung *f* **3.** (*mirasçı olarak*) Einsetzung *f*
atanmak *vi pass von* **atamak** berufen werden
at arabası *s* Pferdewagen *m*
ataraksiya *s ohne Pl* (PHILOS) Ataraxie *f*
atardamar *s* (ANAT, MED) Arterie *f*, Schlagader *f*; *s. a.* **toplardamar**
atasözü *s* Sprichwort *nt*
ataş *s* Heftklammer *f*, Büroklammer *f*
ataşe *s* (POL) Attaché *m*
Atatürkçü *s* Kemalist(in) *m(f)*
Atatürkçülük *s ohne Pl* <-ğü> Kemalismus *m*
atavik *adj* atavistisch
atavizm *s* Atavismus *m*
ate **I.** *s* Atheist(in) *m(f)* **II.** *adj* atheistisch
ateist *s* Atheist(in) *m(f)*
ateizm *s ohne Pl* Atheismus *m*
atelye *s s.* **atölye**
ateş *s ohne Pl* **1.** Feuer *nt*; **~ almak** Feuer fangen; **birine ~ vermek** jdm Feuer geben; **~iniz var mı?** haben Sie Feuer?; **~le oynamak** (*a. fig*) mit dem Feuer spielen; **Olimpiyat A~i** das olympische Feuer **2.** (*silâh atma*) Feuer *nt*; **~!** (MIL) Feuer!; **~ açmak/kesmek** das Feuer eröffnen/einstellen; **~ etmek** feuern, schießen; **bir el ~ etmek** einen Schuss abfeuern **3.** Flamme *f*; **~ olmayan yerden duman çıkmaz** (*prov*) kein Rauch ohne Flamme; **bir şeyi kısık ~te pişirmek** etw auf kleiner Flamme kochen **4.** Fieber *nt*, Temperatur *f*; **~i çıkmak** Fieber bekommen; (**hafif**) **~i olmak** leichtes Fieber haben; (**yüksek**) **~i olmak** (hohes) Fieber haben; **40 derece ~i olmak** 40 Grad Fieber haben; **çocuğun ~i var** das Kind hat Fieber; **dışarısı ~ gibi** (*fam*) draußen ist es glühend heiß
ateş balığı *s* (ZOOL: *sardalye*) Sardine *f*
ateşbaz *s* Feuerschlucker(in) *m(f)*
ateş böceği *s* (ZOOL) Leuchtkäfer *m*, Glühwürmchen *nt*
ateşçi *s* Heizer *m*
ateş çiçeği *s* (BOT) Prachtsalbei *m*
ateşe dayanıklı *adj* feuerfest, feuerbeständig

ateş etme komutu *s* (MIL) Feuerbefehl *m;* **ateş gecesi** *s* (REL) Johannisnacht *f*
ateşkes *s* Feuerpause *f,* Waffenruhe *f;* (*mütareke*) Waffenstillstand *m*
ateş kırmızısı *adj* feuerrot
ateşleme *s ohne Pl* **1.** *Verbalsubstantiv zu* **ateşlemek 2.** Feuerung *f;* **ateşleme ayarı** *s* (TECH, AUTO) Zündeinstellung *f*
ateşlemek *vt* **1.** (*ocağı*) anfeuern, anzünden **2.** feuern, einheizen **3.** (*fig: kışkırtmak*) anfeuern, anspornen; (*şiddetlendirmek*) anheizen
ateşlendirme *s Verbalsubstantiv zu* **ateşlendirmek**
ateşlendirmek *vt* (*fig: kışkırtmak*) anfeuern, anspornen; (*şiddetlendirmek*) anheizen
ateşlenme *s Verbalsubstantiv zu* **ateşlenmek**
ateşlenmek *vi* **1.** *pass zu* **ateşlemek 2.** Fieber bekommen **3.** (*fig*) Feuer fangen
ateşletme *s Verbalsubstantiv zu* **ateşletmek**
ateşletmek *vt Kausativ zu* **ateşlemek**
ateşli *adj* **1.** (*hasta*) fieb(e)rig, von Fieber befallen **2.** (*fig: coşkun*) feurig; ~ **bir tartışma** eine feurige Debatte **3.** (*fig: cinsel istekleri güçlü olan*) feurig, leidenschaftlich
ateşlık *s* <-ği> Feuerstelle *f*
ateşli silâh *s* Feuerwaffe *f,* Schusswaffe *f*
ateş pahası *adj* sündhaft teuer
atık *s* <-ğı> Abfall *m,* Müll *m;* **radyoaktif ~lar** radioaktive Abfälle; **atık değerlendirme** *s* Abfallverwertung *f;* **atık su** *s* Abwasser *nt*
atıl [aːtɪl] *adj* **1.** (*tembel*) träge **2.** (*işsiz*) arbeitslos **3.** (*işe yaramaz*) unbrauchbar **4.** (WIRTSCH: *para*) brachliegend
atılgan *adj* **1.** kühn, wagemutig **2.** (*girişken*) betriebsam, unternehmungslustig
atılganlık *s ohne Pl* <-ğı> **1.** Kühnheit *f,* Wagemut *f* **2.** (*girişkenlik*) Betriebsamkeit *f,* Unternehmungslust
atılma *s Verbalsubstantiv zu* **atılmak**
atılmak *vi* **1.** *pass von* **atmak 2. maceraya** ~ sich ins Abenteuer stürzen; **tehlikeye** ~ sich in Gefahr begeben; **işten atıldı** (*fam*) er ist (hinaus)geflogen
atış *s* **1.** (*silâhla*) Schuss *m* **2.** (SPORT: *serbest* ~) Wurf *m* **3.** (MED: *nabız ~ı*) Schlag *m*
atıştırmalık *s* <-ğı> Imbiss *m,* Häppchen *nt*
atıştırma yeri *s* Imbissstand *m,* Schnellimbiss *m*
ati *s ohne Pl s.* **gelecek** Zukunft *f*
Atina *s* Athen *nt*
Atinalı *s* Athener(in) *m(f)*
at kestanesi *s* Rosskastanie *f*
atkı *s* **1.** Schal *m,* Halstuch *nt* **2.** (*ayakkabıda*) Spange *f* **3.** (*argaç*) Schuss *m,* Schussfaden *m,* Durchschuss *m*
atkuyruğu *s* (BOT) Ackerschachtelhalm *m,* Zinnkraut *nt*
atlama *s* **1.** *Verbalsubstantiv zu* **atlamak 2.** Sprung *m;* (*paraşütle*) Absprung *m;* ~ **taşı yapmak** (*fig*) als Sprungbrett benutzen; **atlama beygiri** *s* (SPORT) Sprungpferd *nt*
atlamak I. *vi* **1.** springen; **aşağı(ya)** ~ heruntersspringen, hinunterspringen, nach unten springen; **dışarı(ya)** ~ herausspringen, hinausspringen, nach draußen springen; **pencereden** ~ aus dem Fenster springen; **pencereden dışarı(ya)** ~ aus dem Fenster herausspringen; **üçüncü kattan aşağı** ~ vom dritten Stock hinunterspringen **2.** (*yüksekten*) abspringen; **attan/paraşütle** ~ vom Pferd/mit dem Fallschirm abspringen **II.** *vt* **1.** auslassen; **haber/satır** ~ eine Nachricht/Zeile auslassen **2.** (*sınıf* ~) überspringen
atlama tahtası *s* Sprungbrett *nt*
atlanma *s Verbalsubstantiv zu* **atlanmak**
atlanmak *vi pass von* **atlamak: bu yazıda birkaç satır atlanmış** in diesem Schriftsatz wurden einige Zeilen ausgelassen
Atlantik Okyanusu *s* Atlantik *m,* der Atlantische Ozean
atlas[1] *s* (*ipekli kumaş*) Satin *m*
atlas[2] *s* (*haritalar derlemesi*) Atlas *m*
atlas çiçeği *s* (BOT) Kaktus *m;* **atlas kemiği** *s* (ANAT) Atlas *m*
Atlas Okyanusu *s* der Atlantische Ozean
atlatılma *s Verbalsubstantiv zu* **atlatılmak**
atlatılmak *vi pass von* **atlatmak**
atlatma *s Verbalsubstantiv zu* **atlatmak**
atlatmak *vt* **1.** *Kausativ zu* **atlamak 2.** überstehen; **ucuz** ~ billig davonkommen **3.** (*fam fig*) abspeisen; **birini boş vaatlerle** ~ jdn mit leeren Versprechungen abspeisen **4.** (*fam fig*) abwimmeln
atlayış *s* Sprung *m;* (*yüksekten*) Absprung *m*
atlet *s* (SPORT) Athlet(in) *m(f),* Leichtathlet(in) *m(f)*
atletik *adj* <-ği> (SPORT) athletisch
atletizm *s ohne Pl* (SPORT) Leichtathletik *f*
atlı I. *s* Reiter(in) *m(f)* **II.** *adj* beritten; ~ **polis** die berittene Polizei
atlıkarınca *s* Karussell *nt;* ~**ya binmek** Karussell fahren
atlı spor *s* Reitsport *m*
atma *s Verbalsubstantiv zu* **atmak**
atmaca *s* (ZOOL) Sperber *m*
atmak <-ar> *vt* **1.** werfen; **parasını sokağa** ~ (*fam fig*) das Geld zum Fenster rauswerfen **2.** (SPORT: *cirit*) werfen; (*gol*) schießen; (*gülle*) stoßen **3.** (*oynamak*) spielen

A

4. (MED: *yabancı organı*) abstoßen **5.** (NAUT: *balast*) abwerfen; **demir** ~ den Anker werfen **6.** (*göndermek, yollamak*) abschicken; (*mektup*) einwerfen **7.** (*çöpe*) wegwerfen; (*işten*) hinauswerfen **8. atma Recep, din kardeşiyiz** (*fam iron*) wer's glaubt, wird selig

atmasyon *s* (*fam*) Erfindung *f,* Lügengeschichte *f*

atmık *s* <-ğı> Samen *m,* Sperma *nt*

atmosfer *s* **1.** Atmosphäre *f* **2.** (*fam fig*) Atmosphäre *f,* Stimmung *f;* **barış** ~**i** eine Atmosphäre des Friedens; **atmosfer basıncı** *s ohne Pl* (METEO) Luftdruck *m*

atmosferik *adj* atmosphärisch

atol *s* <-ü> Atoll *nt*

atom *s* Atom *nt*

atom ağırlığı *s* Atomgewicht *nt;* **atom bombası** *s* Atombombe *f*

atomculuk *s ohne Pl* <-ğu> (PHILOS) Atomismus *m*

atom çağı *s ohne Pl* Atomzeitalter *nt;* **atom çekirdeği** *s* Atomkern *m;* **atom enerjisi** *s ohne Pl* Atomenergie *f,* Atomkraft *f;* **atom fiziği** *s ohne Pl* Atomphysik *f;* **atom grubu** *s* Atomgruppe *f*

atomik *adj* atomar

atom numarası *s* Ordnungszahl *f;* **atom reaktörü** *s* Atomreaktor *m,* Atommeiler *m;* **atom saati** *s* (TECH) Atomuhr *f;* **atom santrali** *s* Atomkraftwerk *nt;* **atom sayısı** *s* (CHEM) Ordnungszahl *f*

atölye *s* Atelier *nt*

at perçemi *s* Pferdemähne *f*

atraksiyon *s* Attraktion *f,* Glanznummer *f*

atrium *s* (ARCH) Atrium *nt*

atropin *s ohne Pl* (MED) Atropin *nt*

at yarışı *s* Pferderennen *nt*

aut *s ohne Pl* (SPORT) Aus *nt;* ~**a çıkmak** ins Aus gehen; **top** ~**a çıkmıştı** der Ball war im Aus

av *s* **1.** Jagd *f;* ~**a çıkmak** auf die Jagd gehen **2.** (*yakalanan hayvan*) Jagdbeute *f*

avadanlık *s* <-ğı> Handwerkszeug *nt;* **avadanlığını yanında taşır** er trägt sein Handwerkszeug bei sich

aval[1] *s* <-i> (FIN) Wechselbürgschaft *f*

aval[2] *adj* (*sl, pej*) dämlich

aval aval *adv* (*sl, pej*) dämlich; ~ **bakmak** dumm aus der Wäsche glotzen

avam *s* **1.** (*alt tabaka*) Unterschicht *f* **2.** (*halk*) Volk *nt*

Avam Kamarası *s* (POL) Unterhaus *nt*

avanak I. *s* <-ğı> (*fam pej*) Trottel *m,* Blödmann *m* **II.** *adj* leichtgläubig; (*bön*) blöd

avangart I. *s* <-dı> Avantgarde *f* **II.** *adj* avantgardistisch

avans *s* Vorschuss *m;* (*peşinat*) Anzahlung *f;* ~ **almak/vermek** Vorschuss nehmen/leisten

avantaj *s* Vorteil *m*

avantajlı *adj* vorteilhaft

avantür *s* Abenteuer *nt*

avara[1] *s ohne Pl* (NAUT) Auslaufen *nt;* ~ **etmek** abstoßen, auslaufen; (*yelkenli*) absegeln; **gemi** ~ **etti** das Schiff ist ausgelaufen

avara[2] *s* (TECH) Freilauf *m,* Leerlauf *m;* ~**ya almak** ausrücken

avare I. *s* Herumtreiber(in) *m(f)* **II.** *adj:* ~ **dolaşmak** sich herumtreiben; (*fam*) herumlungern

avarya *s* (NAUT) Havarie *f*

avaz avaz *adv:* ~ **bağırmak** (*fam*) sich die Lunge aus dem Hals schreien

av bıçağı *s* Jagdmesser *nt*

avcı *s* Jäger(in) *m(f);* **avcı eri** *s* (MIL) Schütze *m;* **avcı hattı** *s* (MIL) Schützenlinie *f;* **avcı kulübesi** *s* Jagdhütte *f*

avcılık *s* <-ğı> Jägerei *f;* ~ **etmek** jagen

avcı otu *s* (BOT) Adonisröschen *nt;* **avcı uçağı** *s* (MIL) Jagdflugzeug *nt,* Abfangjäger *m*

avdet *s ohne Pl s.* **dönüş** Rückkehr *f;* ~ **etmek** zurückkehren

av dönemi *s* Jagdzeit *f*

averaj *s* **1.** (*ortalama*) Durchschnitt *m,* Mittelwert *m* **2.** (*sayı farkı*): ~**la yenmek** nach Punkten siegen

avize *s* Kronleuchter *m,* Lüster *m;* (*österr*) Luster *m*

av köpeği *s* Jagdhund *m*

avlak *s* <-ğı> Jagdrevier *nt*

avlanma *s Verbalsubstantiv zu* **avlanmak**

avlanmak *vi* **1.** *pass von* **avlamak 2.** auf der Jagd sein

avlu *s* Innenhof *m*

avokado *s* (BOT) Avocado *f*

Avrasya I. *s* Eurasien *nt* **II.** *adj* eurasisch

Avrasyalı I. *s* Eurasier(in) *m(f)* **II.** *adj* eurasisch

avrat *s* <-dı> (*fam*) Weib *nt*

Avrupa *s* Europa *nt;* ~ **Adalet Divanı** der Europäische Gerichtshof; ~ **Birliği** die Europäische Union; ~ **Ekonomik Topluluğu** (HIST) die Europäische Wirtschaftsgemeinschaft; ~ **iç pazarı** Europäischer Binnenmarkt; ~ **Parlâmentosu** das Europäische Parlament; ~ **Topluluğu** (HIST) die Europäische Gemeinschaft; **Avrupa dışı** *adj* außereuropäisch; **Avrupa Konseyi** *s ohne Pl* Europarat *m;* **Avrupa kupası** *s ohne Pl* (SPORT) Europapokal *m*

Avrupalı I. *s* Europäer(in) *m(f)* **II.** *adj* europäisch

Avrupalılaşma *s* Europäisierung *f*

Avrupa Parlâmentosu *s ohne Pl* Europaparlament *nt;* **Avrupa Şampiyonası** *s* (SPORT) Europameisterschaft *f;* **Avrupa**

şampiyonu *s* (SPORT) Europameister(in) *m(f)*
avuç *s* <-vcu> (hohle) Hand; ~ **açmak** die Hand aufmachen; **bir şeyi avcunun içi gibi bilmek** (*fam*) etw wie seine Westentasche kennen; **birini avcunun içinde tutmak** jdn in der Hand haben; **avuç dolusu** *adj:* **bir** ~ eine Hand voll; **avuç içi** *s* Handfläche *f;* ~ **kadar** winzig klein
avuçlama *s Verbalsubstantiv zu* **avuçlamak**
avuçlamak *vt* in die Hand nehmen
avukat *s* **1.** (JUR) Rechtsanwalt, -anwältin *m, f,* Advokat(in) *m(f);* **kendine bir** ~ **tutmak** sich einen Rechtsanwalt nehmen **2.** (*fig*) Anwalt *m,* Anwältin *f,* Fürsprecher(in) *m(f)*
avukatlık *s ohne Pl* <-ğı> Advokatur *f;* **avukatlık bürosu** *s* Anwaltsbüro *nt,* Anwaltskanzlei *f*
avukat masraf(lar)ı *s* (*Pl*) Anwaltskosten *pl*
avunç *s ohne Pl* <-cu> Trost *m*
avundurma *s Verbalsubstantiv zu* **avundurmak**
avundurmak *vt* trösten
avunma *s Verbalsubstantiv zu* **avunmak**
avunmak *vi* **1.** sich trösten **2.** (*yetinmek*) sich begnügen (*-le* mit) **3.** (*reg: hayvanın gebe kalması*) trächtig werden
avuntu *s ohne Pl* Trost *m,* Trostpflaster *nt*
avurt *s* <-du> Backe *f;* ~ **şişirmek** die Backen aufblasen
avurtlak *s* (ZOOL) Goldhamster *m*
avutma *s Verbalsubstantiv zu* **avutmak**
avutmak *vt* trösten
Avustralya *s* Australien *nt*
Avustralyalı I. *s* Australier(in) *m(f)* **II.** *adj* australisch
Avusturya *s* Österreich *nt*
Avusturyalı I. *s* Österreicher(in) *m(f)* **II.** *adj* österreichisch
ay *s* **1.** Monat *m* **2.** Mond *m;* ~ **aydın, hesap belli** es ist doch sonnenklar; ~ **parçası (gibi)** bildhübsch
aya *s* (*el* ~ *sı*) Teller *m*
ayağı *s poss von* **ayak**
Ay'a iniş *s* Mondlandung *f;* ~ **yapmak** auf dem Mond landen
ayak *s* <-ğı> **1.** Fuß *m;* ~**lar altına almak** mit Füßen treten; ~**ları dolaşmak** über seine eigenen Füße stolpern; **ayağa kalkmak** aufstehen; **ayağı kaymak** ausrutschen; **ayağını vurmak** (*ayakkabı*) scheuern **2.** (*fam fig*) Bein *nt;* ~ ~ **üstüne atmak** die Beine übereinander schlagen; **birine** ~ **bağı olmak** jdm ein Klotz am Bein sein; **birine** ~ **uydurmak** mit jdm Schritt halten; **ayağını yorganına göre uzatmak** sich nach der Decke strecken; **ayağını yorganına göre uzatmamak** über seine Verhältnisse leben; **bir ayağı çukurda olmak** mit einem Bein im Grab stehen **3.** (*hayvanlarda*) Pfote *f* **4.** (*masa ayağı*) Bein *nt;* (*köprü ayağı*) Pfeiler *m;* **ayak bakımı** *s ohne Pl* Fußpflege *f;* **ayak bileği** *s* Fußgelenk *nt;* **ayak freni** *s* Fußbremse *f;* **ayak izi** *s* Fußspur *f*
ayakkabı *s* Schuh *m;* **ayakkabı bağı** *s* Schnürsenkel *m;* **ayakkabımın bağı koptu** mein Schnürsenkel ist abgerissen
ayakkabıcı *s* **1.** (*satıcı*) Schuhverkäufer(in) *m(f)* **2.** (*mağaza*) Schuhgeschäft *nt*
ayakkabı çekeceği *s* Schuhlöffel *m,* Schuhanzieher *m;* **ayakkabı dolabı** *s* Schuhschrank *m*
ayakkabılık I. *s* <-ğı> Schuhablage *f;* (*dolap*) Schuhschrank *m* **II.** *adj* Schuh-; **ayakkabılık deri** *s,* **ayakkabılık kösele** *s* Schuhleder *nt*
ayak kirası *s* Botenlohn *m*
ayaklanma *s* **1.** *Verbalsubstantiv zu* **ayaklanmak** **2.** Aufstand *m,* Rebellion *f;* ~**yı bastırmak** den Aufstand niederschlagen
ayaklanmak *vi* **1.** aufstehen; **birdenbire herkes ayaklandı** plötzlich sprangen alle auf **2.** (*fig: isyan etmek*) rebellieren **3.** (*fig: uyanıp kalkmak*) aufstehen; **köy ayaklandığı zaman …** wenn das Dorf aufsteht, …
ayaklı *adj:* ~ **kütüphane olmak** ein wandelndes Lexikon sein; **üç** ~ **bir masa** ein dreibeiniger Tisch
ayaklık *s* <-ğı> **1.** (*pedal*) Pedal *nt* **2.** (*taban*) Sockel *m,* Fuß *m*
ayaklı lâmba *s* Stehlampe *f*
ayak satıcısı *s* Hausierer *m*
ayakta *adv* **1.** stehend **2.** (MED) ambulant; ~ **tedavi** ambulante Behandlung; **birini** ~ **tedavi etmek** jdn ambulant behandeln
ayak takımı *s ohne Pl* (*pej*) Pöbel *m,* Gesindel *nt;* **ayak tedavisi** *s* **1.** Fußbehandlung *f* **2.** (*ayakta tedavi*) ambulante Behandlung; **ayak teri** *s ohne Pl* **1.** Fußschweiß *m* **2.** (*ayak kirası*) Botenlohn *m;* **ayak tırnağı** *s* Fußnagel *m;* **ayak topu** *s s.* **futbol** Fußball *m;* **ayak ucu** *s* **1.** Fußende *nt;* ~**nda** am Fußende **2.** (*a.* SPORT) Fußspitze *f*
ayaküstü I. *s* (*hazır yemek*) Fertiggericht *nt* **II.** *adv* zwischen Tür und Angel; (*acele olarak*) auf die Schnelle
ayaküzeri *adv s.* **ayaküstü**
ayakyolu *s* Abort *m;* (*tuvalet*) Toilette *f*
ayal *s* <-i> (*karı*) Frau *f;* (*eş*) Ehefrau *f*
ayar *s* **1.** Einstellung *f;* ~ **etmek** einstellen **2.** (*altın için*) Karat *nt* **3.** (AERO, NAUT: *rota* ~ *ı*) Korrektur *f*
ayarlama *s* **1.** *Verbalsubstantiv zu* **ayarlamak** **2.** Einstellung *f* **3.** (AERO, NAUT: *rotayı*) Korrektur *f*

ayarlamak *vt* **1.** (*makineyi*) einstellen; (*saati*) stellen; (*sesi*) regeln, einstellen **2.** (AERO, NAUT: *rotayı*) korrigieren **3.** (*fam fig*): **bir şeyi** ~ etw auf die Reihe kriegen **4.** (*fam: kandırmak*) (he)rumkriegen; **babamı ayarlayabilirsem sinemaya gideceğim** wenn ich meinen Vater herumkriegen kann, gehe ich ins Kino

ayarlanma *s Verbalsubstantiv zu* **ayarlanmak**

ayarlanmak *vi pass von* **ayarlamak**

ayar resmi *s* (TV) Testbild *nt*

ayartı *s* Verführung *f*

ayartıcı *adj* verführerisch

ayartıcılık *s* <-ğı> Verführung *f*

ayartılma *s Verbalsubstantiv zu* **ayartılmak**

ayartılmak *vi pass von* **ayartmak**

ayartma *s* **1.** *Verbalsubstantiv zu* **ayartmak** **2.** Verführung *f* **3.** Abwerbung *f*

ayartmak *vt* **1.** (*baştan çıkarmak*) verführen **2.** (*kandırmak*) überreden, (he)rumkriegen; **birinin kız arkadaşını** ~ jdm die Freundin ausspannen **3.** (*başkasının yanında çalışmaya kandırmak*) abwerben

Ayasofya *s* Hagia Sophia *f*

ayaz **I.** *s* trockene Kälte **II.** *adj* (*soğuk*); ~ **paşa kol geziyor** (*fig*) draußen ist es bitter kalt; ~**da kalmak** in der Kälte stecken bleiben; (*sl: boş yere beklemek*) vergeblich warten; (*eline bir şey geçmemek*) leer ausgehen, nichts erreichen

ay balığı *s* (ZOOL) Mondfisch *m*

aybaşı *s* **1.** Monatsanfang *m* **2.** (*âdet*) Monatsblutung *f*, Menstruation *f*

aybeay *adv* monatlich, monatsweise

ayça *s* (*hilâl*) Mondsichel *f*

ay çekirdeği *s* Sonnenblumenkern *m*

ayçiçeği *s* **1.** (BOT) Sonnenblume *f* **2.** (*tohumu*) Sonnenblumenkern *m*; **ayçiçeği yağı** *s* (GASTR) Sonnenblumenöl *nt*

ay çöreği *s* Hörnchen *nt*; (*kruasan*) Croissant *nt*; **ay dede** *s* (*çocuk dilinde*) Mond *m*; ~**ye misafir olmak** unter freiem Himmel übernachten

aydın **I.** *s* Intellektuelle(r) *mf* **II.** *adj* **1.** intellektuell **2.** hell; ~ **bir oda** ein helles Zimmer

aydınlatma *s* **1.** *Verbalsubstantiv zu* **aydınlatmak** **2.** Beleuchtung *f*

aydınlatmak *vt* **1.** beleuchten, leuchten; **odayı mumla aydınlatmıştı** er hatte das Zimmer mit Kerzen beleuchtet **2.** (*fig: bilgi vermek*) beleuchten, aufklären

aydınlık **I.** *s* <-ğı> **1.** Helligkeit *f*; (*ışık*) Licht *nt* **2.** (*yapının ışık alması için boşluk*) Lichthof *m* **II.** *adj* **1.** (*ışık alan*) hell; ~ **bir oda** ein helles Zimmer **2.** (*fig*) klar; ~ **bir söz** ein klares Wort

ay dönümü kanaması *s* Monatsblutung *f*

ayet *s* (REL) Koranvers *m*

ay evi *s s.* **ayla**; **ay evresi** *s* Mondphase *f*

aygır *s* Pferd *nt*

aygıt *s* Gerät *nt*

ayı *s* (ZOOL) Bär *m*; ~**nın kırk türküsü var, kırkı da ahlat üstüne** (*fam fig*) es ist immer die alte Leier; ~**yı vurmadan postunu satmak** (*fig*) das Fell des Bären verkaufen, ehe man ihn hat; **aç** ~ **oynamaz** (*fam fig*) einem leeren Magen ist schlecht predigen; **ayı balığı** *s* (ZOOL: *fok*) Seehund *m*

ayık *adj* <-ğı> nüchtern

ayıklama *s Verbalsubstantiv zu* **ayıklamak**

ayıklamak *vt* **1.** (*ot*) jäten **2.** **fasulyenin kılçıklarını** ~ die Fäden von den Bohnen abziehen; **pirincin taşını** ~ (**zorunda kalmak**) (*fam fig*) die Suppe auslöffeln (müssen) **3.** sortieren

ayıklanma *s* **1.** *Verbalsubstantiv zu* **ayıklanmak** **2.** Auslese *f*; **doğal** ~ natürliche Auslese

ayıklanmak *vi pass von* **ayıklamak**

ayıklık *s ohne Pl* <-ğı> Nüchternheit *f*

ayıkulağı *s* (BOT) Aurikel *f*

ayılma *s* Ernüchterung *f*

ayılmak *vi* zu sich kommen

ayıltma *s* **1.** *Verbalsubstantiv zu* **ayıltmak** **2.** Ernüchterung *f*

ayıltmak *vt* ernüchtern

ayıngacı *s* Tabakschmuggler(in) *m(f)*; **ayıngacılık** *s ohne Pl* <-ğı> Tabakschmuggel *m*

ayın on dördü *s* Vollmond *m*

ayı pençesi *s* (BOT) Bärenklau *f*

ayırma *s* **1.** *Verbalsubstantiv zu* **ayırmak** **2.** Trennung *f*

ayırmak *vt* **1.** trennen (*-den* von), abtrennen **2.** (*a.* CHEM) abspalten **3.** (*yer*) reservieren; (*ayırıp saklamak*) zurücklegen

ayırt edilmek *vi* sich unterscheiden (*-den* von); **ayırt etmek** *vt* unterscheiden (*-den* von)

ay ışığı *s* (*mehtap*) Mondschein *m*

ayıt *s* (BOT) Mönchspfeffer *m*

ayin *s* Ritual *nt*

ayla *s* **1.** (*hale*) Hof *m* **2.** (*azizlerin başında*) Heiligenschein *m*, Nimbus *m*

aylakçı *s* Gelegenheitsarbeiter(in) *m(f)*

aylakçılık *s* <-ğı> Gelegenheitsarbeit *f*

aylandız *s* (BOT) Götterbaum *m*

aylarca *adv* monatelang; **bu,** ~ **sürebilir** das kann monatelang dauern

aylık aidat *s* Monatsbeitrag *m*

ay modülü *s* Mondsonde *f*

ayna *s* **1.** Spiegel *m* **2.** (*doğramacılıkta*) Füllung *f*

Aynaroz Dağı *s* Athos *m*

aynasız **I.** *s* (*fam sl*) Bulle *m;* ~**lar geliyor** die Bullen kommen, die Polente kommt **II.** *adj* (*vulg*) abgefuckt; **amma da ~ bir yermiş burası** das ist aber ein abgefucktes Lokal

aynı *adj* **1.** selbe(r, s), derselbe, dieselbe, dasselbe; **~ adam/ev/kapı** derselbe Mann/dasselbe Haus/dieselbe Tür; **~ evde** im selben Haus; **biriyle ~ görüşte olmak** mit jdm derselben Ansicht sein; **~ günün akşamı** am selben Abend; **~ kapıya çıkmak** (*fig*) auf dasselbe hinauslaufen, aufs [*o* auf das] Gleiche hinauslaufen **2.** (*tıpkısı, benzeri*) der/die/das Gleiche; **bu kalem seninkinin ~dır** dieser Stift ist der Gleiche wie deiner **3.** gleich; **~ boyda/hızda** gleich groß/schnell; **~ düzeyde** auf gleicher Ebene; **biriyle ~ telden çalmak** (*fam fig*) ins gleiche Horn blasen; **benimle ~ boyda** er ist ebenso groß wie ich; **biz ~ yaştayız** wir sind gleich alt

aynısefa *s* (BOT) Ackerringelblume *f*

aynıyla *adv* genauso; (*hiçbir değişiklik olmadan*) unverändert, ohne jede Änderung

aynı zamanda *adv* gleichzeitig, zur gleichen Zeit; (*hem de*) und noch dazu; (*bununla birlikte*) dennoch

aynî *adj* (JUR) dinglich; **~ hak** dinglicher Anspruch; **aynî kuruluş** *s* (WIRTSCH) Sachgründung *f;* **aynî sermaye** *s* (WIRTSCH) Sachkapital *nt*

ay örümceği *s s.* **ay modülü** Mondsonde *f*

ayraç *s* <-cı> Klammer *f;* **kaş/köşeli/yay ~** geschweifte/eckige/runde Klammer

ayran *s* Ayran *m*

ayrıca *adv* außerdem

ayrı cinsten *adj* (CHEM: *heterojen*) heterogen

ayrıç *s* <-cı> Abzweigung *f*

ayrık bacaklı *adj* grätschbeinig, spreizbeinig

ayrıksı *adj* (*eksantrik*) exzentrisch

ayrılık *s* <-ğı> Trennung *f*

ayrılma *s* **1.** *Verbalsubstantiv zu* **ayrılmak** **2.** Trennung *f*

ayrılmak *vi* sich trennen

ayrıntı *s* Einzelheit *f,* Detail *nt;* **~lara inmek** ins Detail gehen; **bütün ~larıyla** in allen Einzelheiten; **bir şeyi çok ince ~ları ile anlatmak** etw sehr ausführlich erzählen

ayrıntılı *adj* detailliert, ausführlich

ayrışım *s* (CHEM) Zersetzung *f*

ayrışma *s* **1.** *Verbalsubstantiv zu* **ayrışmak** **2.** (*a.* CHEM) Zersetzung *f*

ayrışmak *vi* (*a.* CHEM) sich zersetzen

ayrıştırma *s* **1.** *Verbalsubstantiv zu* **ayrıştırmak** **2.** (CHEM) Zersetzung *f*

ayrıştırmak *vt* (*a.* CHEM) zersetzen

ayrıt *s* (MATH) Kante *f;* **bir küpün on iki ~ı vardır** ein Würfel hat zwölf Kanten

aysberg *s* (GEO: *buz dağı*) Eisberg *m*

aysar *adj* **1.** mondsüchtig **2.** (*değişik huylu*) launenhaft, launisch; (*kararsız*) unentschlossen

aysfild *s* (GEO) Eisfeld *nt;* (*buzla*) Eisbank *f*

Ay tutulması *s* (ASTR) Mondfinsternis *f*

ayyuk *s* (ASTR) Kapella *f;* **~a çıkan bir haksızlık** ein himmelschreiendes Unrecht; **~a çıkmak** zum Himmel schreien; (*dedikodu için*) Stadtgespräch sein

az **I.** *adj* wenig; **~ bir zararla** ohne größeren Schaden, glimpflich; **~ önce** vorhin; **~ zaman sonra** nach kurzer Zeit; **bugün işimiz ~** heute haben wir wenig Arbeit **II.** *adv:* **~ daha** fast, beinah(e)

azalma *s Verbalsubstantiv zu* **azalmak**

azalmak *vi* weniger werden

azar *s* Schelte *f;* (*paylama*) Tadel *m;* (*zılgıt*) Rüffel *m;* **~ işitmek** Schelte bekommen; **geç kalma, sonra ~ işitirsin!** sei pünktlich, sonst gibt es Schelte!; **azar azar** *adv* in kleinen Mengen

azarlama *s Verbalsubstantiv zu* **azarlamak**

azarlamak *vt* schelten; (*paylamak*) tadeln

azat **I.** *s ohne Pl* <-dı> **1.** (*serbest bırakma*) Freilassung *f;* **~ etmek** freilassen **2.** (HIST: *okul paydosu*) Schulschluss *m* **II.** *adj* freigelassen

azatlı **I.** *s* Freigelassene(r) *mf* **II.** *adj* freigelassen

azelya *s* (BOT) Azalee *f*

Azerbaycan **I.** *s* Aserbaidschan *nt* **II.** *adj* aserbaidschanisch; **~ hükûmeti** die aserbaidschanische Regierung

Azerbaycanlı **I.** *s* Aserbaidschaner(in) *m(f)* **II.** *adj* aserbaidschanisch; **~ erkekler/kadınlar** aserbaidschanische Männer/Frauen

Azerî **I.** *s* Aserbaidschaner(in) *m(f)* **II.** *adj* aserbaidschanisch

Azerîce *s* Aserbaidschanisch *nt;* **~de** im Aserbaidschanischen; **~den** aus dem Aserbaidschanischen; **~ye** ins Aserbaidschanische

azı dişi *s* Backenzahn *m*

azınlık *s* <-ğı> Minderheit *f,* Minorität *f;* **~ta olmak** in der Minderzahl sein

azim *s* <-zmi> Entschlossenheit *f*

azimli *adj* entschlossen, zielbewusst, resolut

aziz *s* Heilige(r) *mf;* **can cümleden ~** (*prov*) jeder ist sich selbst der Nächste

Azizler Yortusu *s ohne Pl* (REL) Allerheiligen *nt*

az kalsın *adv* beinahe; **~ düşecektim** ich wäre beinahe hingefallen

azmettirme *s* **1.** *Verbalsubstantiv zu* **az-**

mettirmek 2. Anstiftung *f*
azmettirmek *vt* anstiften; **birini bir şeye ~** jdn zu etw anstiften
azmi *s poss von* **azim**
Azor Adaları *s Pl* die Azoren
azot *s ohne Pl* (CHEM: *nitrojen*) Stickstoff *m*
azotlu *adj* stickstoffhaltig; **azotlu gübre** *s* (AGR) Stickstoffdünger *m*
Azrail *s* Todesengel *m*
Aztek *s* Azteke, -in *m, f*
azvay *s* (BOT: *sarısabır*) echte Aloe

B

b, B [be] *s* **1.** (*harf*) b, B *nt, zweiter Buchstabe des türk. Alphabets* **2.** (MUS: *si bemol*) b **3.** *ohne Pl* (MUS: *bemol*) b-Moll *nt*

baba *s* Vater *m;* **devlet** ~ Vater Staat; **baba evi** *s* Elternhaus *nt*

babafingo yelkeni *s* (NAUT) Bramsegel *nt*

babaköş *s* (ZOOL) Blindschleiche *f*

babasız *adj* vaterlos; **babasızlık** *s ohne Pl* <-ğı> Vaterlosigkeit *f*

Babil *s* (HIST) Babylonien *nt*

baca *s* **1.** Kamin *m,* Schornstein *m* **2.** (ARCH: *ışık ~sı*) Schacht *m;* (BERGB) Belüftungsschacht *m*

bacak[1] *s* <-ğı> Bein *nt;* **bacağını kırmak** sich das Bein brechen

bacak[2] *s* <-ğı> (*iskambilde*) Bauer *m,* Bube *m; s. a.* **vale, oğlan**; **bacak protezi** *s* (MED) Beinprothese *f*

bacaksız *s* (*fam: çocuk*) Krümel *m*

bacı *s* (*kız kardeş*) Schwester *f*

badem *s* Mandel *f;* **acı** ~ bittere Mandeln; **badem ağacı** *s* (BOT) Mandelbaum *m*

bademcik *s* <-ği> (ANAT) Mandel *f;* **bademcik ameliyatı** *s* (MED) Mandeloperation *f*

badem ezmesi *s* Marzipan *nt;* **badem gözlü** *adj* mandeläugig; **badem içi** *s* Mandelkern *m*

bademsi *adj* mandelförmig

badem parmak <-ğı> *s* **1.** (*elde*) Daumen *m* **2.** (*ayakta*) die große Zehe; **badem yağı** *s ohne Pl* Mandelöl *nt*

badıç *s* <-cı> (BOT) Schote *f,* Hülse *f*

badi *s* (*fam: ördek*) Ente *f;* ~ ~ **yürümek** [*o* **gitmek**] watscheln (wie eine Ente)

badminton *s ohne Pl* (SPORT) Badminton *nt*

bagaj *s* **1.** (*yolcu yükü*) Reisegepäck *nt,* Gepäck *nt;* **üç ~ım var** ich habe drei Gepäckstücke **2.** (AUTO) Kofferraum *m*

bagaj kapağı *s* (AUTO) Kofferraumhaube *f;* **bagaj kilidi** *s* (AUTO) Kofferraumschloss *nt;* **bagaj muayenesi** *s* Gepäckkontrolle *f,* Gepäckabfertigung *f*

baget *s* Baguette *nt*

bağ[1] *s* **1.** Band *nt;* **birine ayak ~ı olmak** (*fam fig*) jdm ein Klotz am Bein sein; **dizlerinin ~ı çözülmek** (*fam*) weiche Knie bekommen **2.** (*göbek bağı*) Schnur *f;* **~larını koparmak** sich abnabeln **3. ayakkabı ~ı** Schnürsenkel *m;* **ayakkabımın ~ı koptu** mein Schnürsenkel ist abgerissen

bağ[2] *s* **1.** (*üzüm kütükleri*) Weinberg *m;* ~ **bozmak** Wein lesen; (*üzümleri toplamak*) Trauben lesen **2.** (*meyve bahçesi*) Obstgarten *m*

bağa gözlük *s* <-ğü> Hornbrille *f*

bağ bozumu *s* Weinlese *f,* Weinernte *f*

bağcık *s* <-ğı> Schnürriemen *m,* Schnürsenkel *m*

bağcıklı ayakkabı *s* Schnürschuh *m*

bağcılık *s ohne Pl* <-ğı> Weinbau *m*

bağdadî duvar *s* (ARCH) Flechtwerk *nt*

bağdaş *s ohne Pl* Schneidersitz *m;* ~ **kurmak** im Schneidersitz sitzen

bağdaşık *adj* einheitlich; (*homojen*) homogen

bağdaşıklaştırma *s Verbalsubstantiv zu* **bağdaşıklaştırmak**

bağdaşıklaştırmak *vt* vereinheitlichen; (*homojenleştirmek*) homogenisieren

bağdaşıklık *s ohne Pl* <-ğı> Einheitlichkeit *f*

bağdaşmaz *adj* unvereinbar

Bağdat *s* Bagdad *nt*

bağ doku *s* Bindegewebe *nt*

bağfiil *s* (LING: *ulaç*) Gerundium *nt*

bağıldak *s* <-ğı> (*fam*) Monatsbinde *f*

bağıllık *s* <-ğı> (*rölâtivite*) Relativität *f*

bağıl nem *s* (METEO) relative Feuchtigkeit

bağımlı *adj* abhängig; ~ **sıralı cümle** (LING) abhängiger Satz

bağımlılık *s* <-ğı> Abhängigkeit *f;* **karşılıklı** ~ gegenseitige Abhängigkeit

bağımsız *adj* unabhängig

bağımsızlık *s ohne Pl* <-ğı> Unabhängigkeit *f*

bağıntı *s* (PHILOS: *rölâtivite*) Relativität *f*

bağıntıcı *s* (PHILOS: *rölâtivist*) Relativist(in) *m(f)*

bağıntıcılık *s ohne Pl* <-ğı> (PHILOS: *rölâtivizm*) Relativismus *m*

bağıntılı *adj* relativ

bağır *s* Eingeweide *nt*

bağırma *s Verbalsubstantiv zu* **bağırmak**

bağırmak *vi* anschreien (-*e* -); **bar bar** ~ brüllen

bağırsak *s* <-ğı> (ANAT) Darm *m;* **bağırsak iltihabı** *s* (MED) Darmentzündung *f,* Darminfektion *f;* **bağırsak ingini** *s* (MED) Darmgrippe *f*

bağırtlak *s* <-ğı> (ZOOL) Knäkente *f*

bağış *s* Spende *f*

bağışıklık *s* <-ğı> Immunität *f;* **bağışıklık bilimi** *s ohne Pl* (MED: *immünoloji*) Immunologie *f*

bağış *s* Spende *f*

bağışlama *s* **1.** *Verbalsubstantiv zu* **bağışlamak** **2.** (*affetme*) Vergebung *f* **3.** (JUR) Schenkung *f*

bağışlamak *vt* **1.** spenden, schenken **2.** (*affetmek*) vergeben

bağlaç *s* <-cı> (LING) Konjunktion *f*, Bindewort *nt*

bağlam *s* **1.** (*demet, deste*) Bündel *nt* **2.** Zusammenhang *m;* (*kontekst*) Kontext *m* **3.** (LIT: *bent*) (vier versige) Strophe

bağlama *s Verbalsubstantiv zu* **bağlamak**

bağlamak **I.** *vt* **1.** binden; **kravat** ~ eine Krawatte binden **2.** festbinden, fesseln; **birinin elini ayağını** ~ jdn an Händen und Füßen fesseln **II.** *vi:* **yağ** ~ (*fam*) Fett ansetzen

bağlanma *s Verbalsubstantiv zu* **bağlanmak**

bağlanmak *vi* **1.** *pass von* **bağlamak** **2.** (*fig*) sich binden (*-e* an)

bağlantı *s* Verbindung *f;* **bağlantı parçası** *s* Verbindungsstück *nt*

bağlaşık **I.** *s* (*müttefik*) Alliierte(r) *mf,* Verbündete(r) *mf* **II.** *adj* alliiert, verbündet

bağlaşım *s* Bund *m*

bağlaşma *s* **1.** *Verbalsubstantiv zu* **bağlaşmak** **2.** Bündnis *nt;* (*ittifak*) Allianz *f*

bağlaşmak *vi* sich verbinden (*-le* mit); (*ittifak etmek*) sich alliieren (*-le* mit)

bağlayıcı *adj* bindend

bağlı *adj* **1.** angebunden (*-e* an) **2.** (fest)gebunden, gefesselt; **eli ayağı yatağa** ~ **olmak** (*fam fig*) ans Bett gefesselt sein; **elim kolum** ~ (*fam fig*) mir sind die Hände gebunden **3.** abhängig (*-e* von); **bir şeye** ~ **olmak** von etw abhängen; **gidip gitmememiz havaya** ~ es hängt vom Wetter ab, ob wir gehen [*o* fahren] **4.** (*kapalı*) gesperrt **5.** (*sadık*) treu

bağlılaşım *s* (BIOL) Korrelation *f*

bağlılık *s* <-ğı> **1.** Bindung *f* **2.** Abhängigkeit *f* **3.** (*sadakat*) Treue *f* **4.** (BIOL: *bağlılaşım*) Korrelation *f*

bağnaz **I.** *s* Fanatiker(in) *m(f)* **II.** *adj* fanatisch

bağnazlık *s ohne Pl* <-ğı> Fanatismus *m*

bağrı *s poss von* **bağır**

bağrıkara *s* (ZOOL) Schwarzkehlchen *nt*

Bahama Adaları *s Pl* (GEO) die Bahamas

bahane *s* Ausrede *f*, Vorwand *m;* ~ **aramak/bulmak** eine Ausrede suchen/finden; **bir şeyi** ~ **etmek** etw als Vorwand benutzen, etw zum Vorwand nehmen

bahar[1] *s* Frühjahr *nt;* (*ilk*~) Frühling *m;* ~**ı başına vurmak** (*fam*) Frühlingsgefühle bekommen

bahar[2] *s* Gewürz *nt*

baharat *s Pl* Gewürze *pl;* **bir şeyi** ~ **olarak kullanmak** etw als Gewürz verwenden

baharatlandırma *s Verbalsubstantiv zu* **baharatlandırmak**

baharatlandırmak *vt* würzen

baharatlı *adj* gewürzt

baharatsız *adj* ungewürzt

bahar nezlesi *s s.* **saman nezlesi** Heuschnupfen *m*

bahçe *s* Garten *m;* **botanik/hayvanat** ~**si** botanischer/zoologischer Garten

bahçe bakımı *s ohne Pl* Gartenpflege *f;* **bahçe çiti** *s* Gartenzaun *m*

bahçecilik *s ohne Pl* <-ği> Gartenbau *m*

bahçe gazinosu *s* Gartenlokal *nt;* **bahçe kulübesi** *s* Gartenhaus *nt,* Gartenhäuschen *nt;* **bahçe mimarı** *s* Gartenarchitekt(in) *m(f);* **bahçe şemsiyesi** *s* Gartenschirm *m*

bahçıvan *s* Gärtner(in) *m(f)*

bahis *s* <-hsi> **1.** (*a.* JUR: *iddialı sözleşme*) Wette *f;* ~ **tutuşmak** eine Wette abschließen; **bahse girmek** eine Wette eingehen; **bahsi kaybetmek/kazanmak** die Wette verlieren/gewinnen; **seninle her bahse girerim ki …** ich gehe jede Wette mit dir ein, dass … **2.** (*konu*) Thema *nt;* (*konuşulan şey*) Rede *f*, Gespräch *nt;* ~ **mevzuu olmak** zum Gesprächsthema werden; **bahsi geçmek** Erwähnung finden, erwähnt werden; **bahsi kapamak** das Thema beenden **3.** (*bölüm*) Abschnitt *m,* Kapitel *nt;* **kitabın birinci/ikinci bahsi** das erste/zweite Kapitel des Buches

Bahreyn *s* Bahrain *nt*

Bahreynli **I.** *s* Bahrainer(in) *m(f)* **II.** *adj* bahrainisch

bahriye *s* Marine *f*

bahsi *s poss von* **bahis**

bahşiş *s* Trinkgeld *nt;* ~ **atın dişine bakılmaz** (*prov*) einem geschenkten Gaul schaut man nicht ins Maul

bahtı açık **I.** *s* <-ğı> Glückspilz *m;* ~ **olmak** ein Glückspilz sein **II.** *adj* (*talihli*) glücklich, vom Glück begünstigt

bahtı kara **I.** *s* Pechvogel *m;* ~ **olmak** ein Pechvogel sein **II.** *adj* glücklos; (*mutsuz*) unglücklich

baht işi *s ohne Pl* Glückssache *f*

bahtiyar *adj* glücklich

bahtiyarlık *s ohne Pl* <-ğı> Glück *nt*

bahtsız *adj* unglücklich

bak *Imperativ von* **bakmak**: ~ **bakalım, …** sieh mal nach, ob …; ~ **bir!** schau mal!; **hele** ~**!** schau doch!

bakaç *s* <-cı> *s.* **dürbün** Feldstecher *m*

bakan **I.** *part. präs. von* **bakmak** **II.** *s* Minister(in) *m(f)*

bakanlar kurulu *s* Ministerrat *m*

bakanlık *s* <-ğı> Ministerium *nt*
bakılma *s Verbalsubstantiv zu* **bakılmak**
bakılmak *vi* **1.** *pass von* **bakmak** **2. dıştan bakıldığında** äußerlich betrachtet; **hukukî/politik açıdan bakıldığında** aus juristischer/politischer Sicht betrachtet; **yakından bakıldığında** bei näherer Betrachtung
bakım *s ohne Pl* **1.** Pflege *f* **2. bir/bu/her ~dan** in gewisser/dieser/jeder Hinsicht [*o* Beziehung]
bakımından *adv* hinsichtlich, im Hinblick auf; **çalışma şartları ~** hinsichtlich der Arbeitsbedingungen; **sağlık ~** in gesundheitlicher Hinsicht
bakımlı *adj* gepflegt
bakımsız *adj* ungepflegt
bakımsızlık *s ohne Pl* <-ğı> Ungepflegtheit *f*
bakım yurdu *s* Pflegeheim *nt*
bakıncak *s* <-ğı> (*nişangâh*) Visier *nt*
bakınız siehe; **yukarıya ~** siehe oben
bakınma *s Verbalsubstantiv zu* **bakınmak**
bakınmak *vi* sich umschauen, sich umsehen
bakır **I.** *s ohne Pl* (CHEM) Kupfer *nt* **II.** *adj* kupfern; **bakır alaşımı** *s* (CHEM) Kupferlegierung *f*
bakırcı *s* Kupferschmied(in) *m(f)*
bakır çinko alaşımı *s* (CHEM) Kupfer-Zink-Legierung *f;* **bakır gravür** *s* Kupferstich *m*
bakırlı *adj* kupferhaltig
bakır ocağı *s* Kupferbergwerk *nt;* **bakır oksit** *s ohne Pl* <-di> (CHEM) Kupferoxid *nt;* **bakır pası** *s ohne Pl* Grünspan *m;* **bakır rengi** *adj* kupferfarben; **bakır sikke** *s* Kupfermünze *f;* **bakır sülfat** *s* (CHEM) Kupfersulfat *nt;* **bakır taşı** *s ohne Pl* (CHEM) Kupferspat *m;* (*malakit*) Malachit *m;* **bakır tel** *s* Kupferdraht *m*
bakış *s* **1.** Blick *m;* **delici ~** stechender [*o* durchbohrender] Blick; **~ atmak** einen Blick werfen **2.** Anblick *m;* **ilk ~ta** beim ersten Anblick; **bakış açısı** *s* Betrachtungswinkel *m;* (*görüş açısı*) Blickwinkel *m*
bakışım *s* (*a.* MATH) Ebenmaß *nt;* (*simetri*) Symmetrie *f*
bakışımlı *adj* (*a.* MATH) ebenmäßig; (*simetrik*) symmetrisch
bakışımsız *adj* (*a.* MATH: *asimetrik*) asymmetrisch
bakışımsızlık *s* <-ğı> (*a.* MATH: *asimetri*) Asymmetrie *f*
bakışma *s Verbalsubstantiv zu* **bakışmak**
bakışmak *vi* **1.** sich ansehen, sich anschauen **2.** Blicke tauschen
bakir *adj* (*a. fig*) jungfräulich
bakire *s* Jungfrau *f*
bakla *s* Saubohne *f,* dicke Bohnen *pl;* **ağzından ~yı çıkarmamak** (*fam fig*) mit etw hinterm Busch halten; **~yı ağzından çıkarmak** (*fam fig*) die Katze aus dem Sack lassen
bakma *s* **1.** *Verbalsubstantiv zu* **bakmak** **2.** Betrachtung *f*
bakmak *vi* **1.** beobachten (*-e* -), betrachten (*-e* -); **bir şeye başka bir açıdan ~** etw aus einem anderen Blickwinkel betrachten; **birine göz ucuyla ~** jdn aus den Augenwinkeln beobachten **2.** ansehen (*-e* -), anschauen (*-e* -); **birine anlamlı anlamlı ~** jdn bedeutsam anblicken; **bir şeye bitmiş gözüyle ~** etw als erledigt ansehen; **birine ters/yan ~** (*fam*) jdn schief/schräg ansehen **3.** sehen, schauen; **bakalım, olacak mı** mal sehen, ob es klappt; **pencereden dışarı ~** zum Fenster hinausschauen **4.** (*bilgi için*) nachsehen, nachschauen; **bak bakalım, ...** sieh mal nach, ob ...; **her tarafa baktım** ich habe überall nachgesehen **5.** Gesicht machen; **alık alık/aptal aptal ~** ein dämliches/dummes Gesicht machen **6.** (*beklemek*) erwarten; **bir şeye dört gözle ~** etw sehnsüchtig erwarten
bakraç *s* <-cı> Kupfernapf *m*
bakteri *s* (BIOL, MED) Bakterie *f*
bakterisit *adj* (MED) bakterizid
bakteriyel *adj* (BIOL, MED) bakteriell
bakteriyolog *s* Bakteriologe, -in *m, f*
bakteriyoloji *s ohne Pl* Bakteriologie *f*
bakteriyolojik *adj* bakteriologisch
Bakü *s* Baku *nt*
bal *s* Honig *m,* Bienenhonig *m*
balalayka *s* (MUS) Balalaika *f*
balaban kuşu *s* (ZOOL) Rohrdommel *f*
balans ayarı *s* (AUTO) Auswuchtung *f;* **~ yap(tır)mak** die Räder auswuchten (lassen)
bal arısı *s* Honigbiene *f*
balast *s* **1.** (EISENB: *taş kırıkları*) Schotter *m* **2.** (NAUT: *safra*) Ballast *m;* **~ atmak** Ballast abwerfen
balat *s* <-dı> Ballade *f*
balayı *s* Flitterwochen *fpl;* (*yolculuk*) Hochzeitsreise *f*
balçık *s* <-ğı> Lehm *m;* **pişmiş ~tan** aus gebranntem Lehm
balçıklı *adj* lehmig
baldır *s* Wade *f;* (*incik*) Unterschenkel *m*
baldıran *s* (BOT) Schierling *m*
baldır kemiği *s* (ANAT) Wadenbein *nt*
baldırsokan *s* (ZOOL) Wadenstecher *m*
baldız *s* Schwägerin *f, Schwester der Ehefrau*
bale *s* Ballett *nt*
Balear Adaları *s Pl* (GEO) die Balearen
balerin *s* Ballerina *f,* Balletttänzerin *f*

balet *s* Balletttänzer *m*
balgam *s* (MED) Auswurf *m*
balık *s* <-ğı> **1.** (ZOOL, GASTR) Fisch *m;* ~ **tutmak/üretmek** Fische fangen/züchten; **battı** ~ **yan gider** (*fam iron*) wird schon schief laufen!; **salamura** ~ marinierter Fisch; **balığa çıkmak** auf Fischfang gehen **2.** (*nisan balığı*) Scherz *m*
Balık *s* (ASTR) Fische *pl;* ~ **burcu/dönencesi** das Sternbild/der Wendekreis der Fische
balık adam *s* (*kurbağa adam*) Froschmann *m;* (*dalgıç*) Taucher(in) *m(f);* **balık ağı** *s* Fisch(er)netz *nt;* **balık ağzı** *s* Fischmaul *nt;* **balık avı** *s* Fischfang *m;* ~**na çıkmak** auf Fischfang gehen
balıkçı *s* **1.** Fischer(in) *m(f)* **2.** Fischhändler(in) *m(f);* **balıkçı kazağı** *s* Rollkragenpullover *m;* **balıkçı köyü** *s* Fischerdorf *nt*
balıkçıl *s* (ZOOL) Reiher *m*
balıkçılık *s ohne Pl* <-ğı> **1.** (*balık tutma*) Fischerei *f* **2.** (*balık üretme*) Fischzucht *f*
balıkçı limanı *s* Fischerhafen *m*
balıkçın *s* (ZOOL: *deniz kırlangıcı*) Seeschwalbe *f*
balıkçı teknesi *s* Fischerboot *nt;* (*daha büyük*) Fischkutter *m;* **balıkçı yaka** *s* Rollkragen *m*
balık çorbası *s* Fischsuppe *f*
balıkgözü *s* Öse *f;* **balıkgözü objektif** *s* (FOTO) Fischauge *nt*
balık istifi *s:* ~ **gibi** zusammengedrängt wie die Sardinen; **balık kartalı** *s* (ZOOL) Fischadler *m;* **balık kılçığı** *s* Fischgräte *f;* **balık konservesi** *s* Fischkonserve *f*
balıklava *s* Fischgründe *pl*
balık lokantası *s* Fischrestaurant *nt;* **balık pazarı** *s* Fischmarkt *m*
balıksırtı *s* (*desen*) Fischgrätenmuster *nt*
balık unu *s* Fischmehl *nt;* **balık yağı** *s ohne Pl* Lebertran *m;* **balık yemi** *s* Fischköder *m;* **balık yumurtası** *s* Fischei *nt*
balina *s* (ZOOL) Wal *m*
balistik I. *s ohne Pl* <-ği> Ballistik *f* **II.** *adj* ballistisch
Balkanlar *s Pl* (GEO) der Balkan; ~**da** auf dem Balkan
Balkan ülkeleri *s Pl* (GEO) Balkanländer *pl*
balkon *s* **1.** (ARCH) Balkon *m* **2.** (THEAT) Balkon *m;* **balkon kapısı** *s* Balkontür *f*
bal likörü *s* Bärenfang *m*
bal mumu *s ohne Pl* Bienenwachs *m*
balo *s* Ball *m*
balon *s* **1.** (*a.* AERO) Ballon *m* **2.** Luftballon *m*
balo salonu *s* Ballsaal *m*
balotaj *s* Stichwahl *f*
bal özü *s* (*nektar*) Nektar *m;* **bal peteği** *s* Honigwabe *f,* Bienenwabe *f*
balsam *s ohne Pl* Balsam *m*
balsamlı *adj* balsamisch; ~ **kokular** balsamische Dufte
balta *s* Axt *f,* Beil *nt;* ~**yı sallamak** die Axt schwingen
baltalama *s* **1.** *Verbalsubstantiv zu* **baltalamak** **2.** (*sabotaj*) Sabotage *f*
baltalamak *vt* (*sabote etmek*) sabotieren
balta sapı *s* Axthelm *m*
Baltık I. *s* Baltikum *nt* **II.** *adj* baltisch; ~ **denizi** das baltische Meer; ~ **ülkeleri** die baltischen Länder
bambaşka *adj* grundverschieden; (*büsbütün başka*) ganz anderes; (*apayrı*) ganz verschieden; **bu** ~ **bir şey** das ist etwas ganz anderes
bambu *s* (BOT) Bambus *m;* **bambu kamışı** *s* Bambusrohr *nt*
bam teli *s* (*fam fig*): ~**ine dokunmak** den Nerv treffen; **birinin** ~**ine basmak** jdm auf die Hühneraugen treten
bamya *s* (BOT, GASTR) Okra *f*
bana *pron* **1.** (*Dativ von ben*) mir; ~ **göre hava hoş** (*fam*) mir ist das egal; ~ **yardım etti** er hat mir geholfen **2.** mich; **dokunma** ~**!** fass mich nicht an!
banak *s* <-ğı> (*reg: ekmek parçası*) Stück Brot *nt*
banal *adj* banal
banallık *s* <-ğı> Banalität *f*
banço *s* (MUS) Banjo *nt*
bandaj *s* Bandage *f*
bandajlama *s* **1.** *Verbalsubstantiv zu* **bandajlamak** **2.** Bandagierung *f*
bandajlamak *vt* bandagieren
bandı *s poss von* **bant**
bando *s* (MUS) Kapelle *f,* Blaskapelle *f;* **bando şefi** *s* (MUS) Kapellmeister(in) *m(f)*
bandrol *s* <-lü> **1.** (*vergi etiketi*) Banderole *f* **2.** (*kumaş şerit*) Banderole *f*
banka *s* Bank *f;* ~**da hesabı olmak** ein Konto bei der Bank haben; **bir** ~**da hesap açmak** ein Konto bei einer Bank eröffnen
bankacı *s* **1.** Bankkaufmann *m;* (*kadın*) Bankkauffrau *f* **2.** (WIRTSCH) Banker *m*
bankacılık *s ohne Pl* <-ğı> (WIRTSCH) Bankwesen *nt*
banka havalesi *s* (FIN) Bankanweisung *f;* **banka hesabı** *s* (FIN) Bankkonto *nt;* **banka kredisi** *s* (FIN) Bankkredit *m*
bankalar konsorsiyumu *s* Bankenkonsortium *nt*
bankamatik *s* <-ği> Bankautomat *m*
banka memuru *s* Bankangestellte(r) *mf;* **banka müdürü** *s* Bankdirektor *m;* **banka soyguncusu** *s* Bankräuber(in) *m(f);* **banka soygunu** *s* Bankraub *m,* Banküberfall *m;* **banka şubesi** *s* Bankfiliale *f;* **banka transferi** *s* Banküberweisung *f*
banker *s* (FIN) Bankier *m*

banket *s* Bankette *f*
bankiz *s* (GEO: *buzla*) Eisbank *f*
banknot *s* Banknote *f*
banko *s* Bank *f*
banliyö *s* Vorort *m*
banliyö treni *s* Vorortzug *m*
banma *s Verbalsubstantiv zu* **banmak**
banmak <-ar> *vt* eintunken (*-e* in)
bant *s* <-dı> **1.** Band *nt* **2.** (SPORT: *bilârdo masasında*) Bande *f;* **bant sürücü** *s* (INFORM) Bandlaufwerk *nt*
banyo *s* **1.** Badezimmer *nt* **2.** (*yıkanma*) Bad *nt,* Baden *nt;* ~ **almak** ein Bad nehmen; ~ **yapmak** baden **3.** (~ *küveti*) Wanne *f;* ~**ya su doldurmak** sich ein Bad einlassen
banyo havlusu *s* Badetuch *nt*
banyo küveti *s* Badewanne *f*
banyolu *adj* **1.** mit Bad; ~ **bir oda** ein Zimmer mit Bad **2.** gebadet
banyo suyu *s ohne Pl* Badewasser *nt*
banyosuz *adj* **1.** ohne Bad **2.** ungebadet
banyo takımı *s* Badematte *f*
bar[1] *s* (*meyhane*) Bar *f*
bar[2] *s* (PHYS) Bar *nt*
bar[3] *s* (*halk oyunu*) Bar *m* (*Volkstanz in Ost- und Nordanatolien*)
baraj *s* **1.** Staudamm *m,* Talsperre *f* **2.** (*fig*) Hürde *f;* ~**ı aşmak** eine Hürde nehmen **3.** (SPORT: *futbol, hentbol*) Mauer *f*
baraj ateşi *s* (MIL) Sperrfeuer *nt*
baraka *s* Baracke *f*
baran *s s.* **yağmur** Regen *m*
barata *s* Barett *nt*
bar ateşi *s* (MIL) Sperrfeuer *nt*
barbakan *s* Schießscharte *f*
barbar I. *s* Barbar(in) *m(f)* **II.** *adj* barbarisch
bar bar *adv:* ~ **bağırmak** brüllen
barbarca *adj* barbarisch
barbarlık *s* <-ğı> Barbarismus *m*
barbata *s* (*kale korkuluğu*) Brustwehr *f*
barbitürat *s* (PHARM) Barbiturat *nt*
barbunya *s* **1.** (ZOOL, GASTR: *balık*) Meerbarbe *f,* Seebarbe *f* **2.** (GASTR: *fasulye*) gesprenkelte Bohnen *pl*
bardak *s* <-ğı> Glas *nt,* Trinkglas *nt;* ~**tan boşanırcasına yağmak** in Strömen gießen
bardakaltı *s* Untersatz *m*
barem basamağı *s* Gehaltsstufe *f*
baret *s* **1.** (*işçilerde*) Schutzhelm *m* **2.** (*papaz takkesi*) Barett *nt*
barfiks *s* (SPORT) Reck *nt*
barınak *s* <-ğı> Herberge *f,* Unterschlupf *m;* **birine ~ sağlamak** jdm Unterschlupf gewähren
barındırma *s* **1.** *Verbalsubstantiv zu* **barındırmak** **2.** Beherbergung *f*
barındırmak *vt* beherbergen
barış *s ohne Pl* **1.** (*barışmak işi*) Versöhnung *f;* ~ **görüş olmak** (*fam*) sich versöhnen **2.** (*sulh*) Frieden *m;* ~ **atmosferi** eine Atmosphäre des Friedens; ~ **yapmak** Frieden schließen; **barış antlaşması** *s* Friedensvertrag *m;* **barış çubuğu** *s* Friedenspfeife *f;* **barış hareketi** *s* Friedensbewegung *f*
barışık *adj* einträchtig
barışıklık *s ohne Pl* <-ğı> Eintracht *f*
barış konferansı *s* Friedenskonferenz *f*
barışma *s* **1.** *Verbalsubstantiv zu* **barışmak** **2.** Versöhnung *f,* Aussöhnung *f*
barışmak *vi* sich versöhnen (*-le* mit), sich aussöhnen (*-le* mit)
barış politikası *s* Friedenspolitik *f*
barışsever *adj* friedliebend
barıştırma *s* **1.** *Verbalsubstantiv zu* **barıştırmak** **2.** Versöhnung *f,* Aussöhnung *f*
barıştırmak *vt* versöhnen (*-le* mit), aussöhnen (*-le* mit)
barış zamanı *s* Friedenszeit *f;* ~**nda** in Friedenszeiten
bari I. *konj* (*hiç olmazsa*) wenigstens, zumindest; (*öyle ise*) wenn das so ist **II.** *adv* (*keşke*) wenn … wenigstens wäre; ~ **güzel olsa** wenn sie wenigstens schön wäre; **güleyim ~!** (*iron*) dass ich nicht lache!
barikat *s* Barrikade *f;* ~ **kurmak** Barrikaden bauen
barisfer *s ohne Pl* (GEO) Barysphäre *f*
barit *s* (CHEM) Baryt *m*
baritin *s* (CHEM: *baryum sülfat*) Bariumsulfat *nt*
bariton *s* (MUS) **1.** (*ses*) Bariton *m* **2.** (*çalgı*) Baryton *nt*
bariyer *s* **1.** Barriere *f;* (*kapamak için engel*) Sperre *f* **2.** (AUTO) Leitplanke *f* **3.** (AUTO, EISENB: *hemzemin geçitte*) Schranke *f;* (EISENB) Bahnschranke *f* **4.** (*engelli at yarışında*) Hindernis *nt;* **binici son ~e dörtnala girdi** der Reiter ging das letzte Hindernis im Galopp an; **bariyerli** *adj* (EISENB: *geçit*) beschrankt; **bariyersiz** *adj* (EISENB: *geçit*) unbeschrankt, schrankenlos
bariz *adj* ersichtlich; (*göze çarpan*) augenfällig, auffällig
barka *s* (NAUT) Barke *f;* (*daha büyük*) Barkasse *f*
barkarol *s* <-lü> Barkarole *f*
barkod *s* <-du> Strichkode *m;* **barkod okuyucu** *s* Strichkodeleser *m*
barkot *s* <-du> *s.* **barkod**
barmen *s* Barkeeper *m*
baro *s* (JUR) **1.** Anwaltskammer *f* **2.** Anwaltsschaft *f*
barograf *s* (AERO: *yükseklikölçer*) Höhenmesser *m*
barok I. *s ohne Pl* **1.** Barock *m o nt* **2.** (ARCH)

Barockstil *m* **II.** *adj* barock; **barok müzik** *s* <-ği> Barockmusik *f;* **barok uslûbu** *s ohne Pl* (ARCH) Barockstil *m*
barometre *s* Barometer *nt*
baron *s* Baron *m;* (*Almanya'da*) Freiherr *m*
barones *s* Baronin *f;* (*Almanya'da*) Freifrau *f*
baronluk *s* <-ğu> Baronat *nt*
barparalel *s* (SPORT) Barren *m*
barsak *s* <-ğı> *s.* **bağırsak** (ANAT) Darm *m*
barut *s* Schießpulver *nt;* **barut fıçısı** *s* Pulverfass *nt*
baryum *s ohne Pl* (CHEM) Barium *nt;* **baryum sülfat** *s* (CHEM: *baritin*) Bariumsulfat *nt*
bas *s* (MUS) **1.** (*erkek sesi*) Bass *m* **2.** (*sanatçı*) Bassist *m*
basa basa *adv:* ~ **eskitmek** austreten
basamak *s* <-ğı> **1.** Stufe *f* **2.** (*fig*) Sprungbrett *nt;* **bir şeyi** ~ **olarak kullanmak** etw als Sprungbrett benutzen
basen *s* Becken *nt*
basgitar *s* Bassgitarre *f*
bası *s* (TYPO) Abdruck *m*
basıcı *s* Drucker(in) *m(f);* (*kitap* ~ *sı*) Buchdrucker(in) *m(f)*
basıcılık *s ohne Pl* <-ğı> Buchdruckerei *f*
basık *adj* flach
basıla *s* (TYPO) Druckerlaubnis *f*
basım *s* (*edisyon*) Edition *f,* Herausgabe *f*
basımcılık *s ohne Pl* <-ğı> (TYPO) Druckwesen *nt;* (*kitap için*) Buchdruckerei *f*
basım evi *s* (TYPO) Druckerei *f;* (*kitap için*) Buchdruckerei *f*
basın *s ohne Pl* Presse *f;* **basın ataşesi** *s* (POL) Presseattaché *m*
basınç *s* <-cı> Druck *m;* **basınç dalgası** *s* (PHYS) Druckwelle *f*
basınçlı hava *s ohne Pl* (PHYS) Druckluft *f*
basınçölçer *s* (PHYS) Druckmesser *m;* (*barometre*) Barometer *nt*
basın kartı *s* Presseausweis *m;* **basın özgürlüğü** *s ohne Pl* Pressefreiheit *f;* **basın suçu** *s* Pressedelikt *nt;* **basın toplantısı** *s* Pressekonferenz *f*
basıölçer *s* (PHYS: *manometre*) Manometer *nt*
basil *s* Bazillus *m*
basit *adj* einfach
basitleştirme *s* **1.** *Verbalsubstantiv zu* **basitleştirmek** **2.** Vereinfachung *f*
basitleştirmek *vt* vereinfachen
Bask *s* Baske, -in *m, f*
Baskça *s* Baskisch *nt;* ~ **da** im Baskischen
basketbol *s ohne Pl* (SPORT) Basketball *m*
basketbolcu *s* Basketballspieler(in) *m(f)*
basketbol oyuncusu *s* Basketballspieler(in) *m(f);* **basketbol takımı** *s* Basketballmannschaft *f;* **basketbol topu** *s* Basketball *m*
basketçi *s* Basketballspieler(in) *m(f)*
baskı *s* Druck *m;* **birine** ~ **yapmak** auf jdn Druck ausüben, jdn unter Druck setzen; **baskı grubu** *s* Interessengruppe *f,* Pressuregroup *f;* **baskı hatası** *s* (TYPO) Druckfehler *m;* **baskı mürekkebi** *s ohne Pl* (TYPO) Druckerschwärze *f;* **baskı tekniği** *s* (TYPO) Drucktechnik *f;* **baskı yanlışlığı** *s* (TYPO) Druckfehler *m;* **baskı yöntemi** *s* (TYPO) Druckverfahren *nt*
basma *s Verbalsubstantiv zu* **basmak**
basmak **I.** *vi* **1.** (*ayakla*) treten (*-e* auf); **bastığın yere dikkat et!** gib Acht, wohin du trittst!; **frene** ~ auf die Bremse treten; **bir şeyin üzerine basarak söndürmek** etw austreten **2.** (*parmakla*) drücken (*-e* auf); **düğmeye** ~ auf den Knopf drücken **3.** (*Wend*): **ağır** ~ (*fig*) ins Gewicht fallen, zu Buche schlagen; **uyku** ~ vom Schlaf befallen werden **II.** *vt* drucken
basmakalıp *adj* <-bı> (*fam*) abgedroschen
Basra Körfezi *s* der Persische Golf
bastana salatası *s* (GASTR) *Salat aus Tomaten, Zwiebeln, grünem Paprika, Petersilie, Pfefferminze und Zitrone*
bastıbacak *s* <-ğı> (*fam*) Dreikäsehoch *m*
bastırma *s* **1.** *Verbalsubstantiv zu* **bastırmak** **2.** (*isyanı*) Niederschlagung *f*
bastırmak **I.** *vt* **1.** *Kausativ zu* **basmak** **2.** (*isyanı*) niederschlagen; **bir şeyi baş göstermeden** ~ etw im Keim ersticken; **sigarasını duvara bastırarak söndürdü** er drückte seine Zigarette an der Wand aus **3.** (*kumaşın kenarını kıvırıp dikmek*) säumen **4.** **birini faka** ~ (*fig*) jdn aufs Glatteis führen **II.** *vi* (*gece*) hereinbrechen; **uyku** ~ vom Schlaf befallen werden
bastiyon *s* Hochburg *f*
baston *s* Spazierstock *m;* **baston francala** *s* Baguette *nt*
basur *s* (MED: *hemoroit*) Hämorriden *pl;* **kanlı** ~ (MED) Ruhr *f;* **basur memesi** *s* Feigwarze *f;* **basur otu** *s* (BOT) Feigwurz *f,* Scharbockskraut *nt*
basübadelmevt *s* (REL) Auferstehung *f*
baş *s* **1.** (*kafa*) Kopf *m;* (*ser*) Haupt *m;* ~ **döndürücü** Schwindel erregend; **birini** ~ **göz etmek** (*fam*) jdn unter die Haube bringen; ~ **ım dönüyor** mir ist schwindelig; **bir şeyden** ~ **ını alamamak** sich vor etw nicht retten können; **birinin** ~ **ını bağlamak** (*fam*) jdn unter die Haube bringen; ~ **ını sokacak bir yeri olmak** (*fam fig*) ein Dach über dem Kopf haben; ~ **ını taştan taşa çarpmak** (*fig*) (etw) bitter bereuen; **işi** ~ **ından aşkın olmak** (*fam fig*) bis über beide Ohren in Arbeit stecken **2.** (*topluluğu yöneten kimse*) Oberhaupt

m; **bir devletin ~ı** der Oberhaupt eines Staates **3.** (*başlangıç*) Anfang *m,* Beginn *m;* **~ından beri/itibaren** von Anfang an; **~ından sonuna kadar** von Anfang bis Ende; **~tan** von Anfang an; **~tan ~a** von Anfang bis Ende; **gelecek haftanın ~ında** Anfang nächster Woche; **mayıs ~ında** Anfang Mai; **yılın ~ında** am Anfang des Jahres **4.** (ANAT: *meme ~ şı*) Warze *f* **5.** (NAUT) Bug *m;* **geminin ~ı bocaya/orsaya kaçıyor** der Bug des Schiffes dreht nach Lee/Luv **6.** (*~ bakan*) Präsident(in) *m(f);* (*~ hekim*) Chef *m;* (*~ makale*) Leit-; (*~ müfettiş*) Ober-; (*~ savcı*) Ober-, General-; (*~ rol*) Haupt- **7.** (*vunpers*): **bir şeye ~ almak** für etw Zeit finden; **~ üstüne!** zu Befehl!; **bir kimseyle/şeyle ~ edebilmek** (*fam*) mit jdm/etw fertig werden; **bir kimseyle/şeyle ~a çıkmak** mit jdm/etw fertig werden; **~ı belâya girmek** (*fam*) in Teufels Küche kommen; **~ın sağ olsun!** mein aufrichtiges Beileid!; **birinin ~ına binmek** [*o* **çıkmak**] (*fam fig*) jdm aufs Dach steigen; **birinin ~ına bir şey gelmek** jdm etw passieren; **birinin ~ını belâya sokmak** (*fam*) jdn in Teufels Küche bringen; **dün ~ıma bir şey geldi** gestern ist mir etw passiert

baş ağırlık *s* <-ğı> (SPORT: *ağır sıklet*) Schwergewicht *nt;* **baş ağrısı** *s* Kopfschmerz *m*

başak *s* <-ğı> (AGR) Ähre *f*

Başak *s* <-ğı> (ASTR) Jungfrau *f;* **~ burcu/dönencesi** das Sternbild/der Wendekreis der Jungfrau

başaklama *s* **1.** *Verbalsubstantiv zu* **başaklamak** **2.** (AGR) Ährenlese *f*

başaklamak *vi* (AGR) Ähren lesen

başaktör *s* (FILM, THEAT) Hauptdarsteller *m*

başaktris *s* (FILM, THEAT) Hauptdarstellerin *f*

başarı *s* Erfolg *m;* **~lar!** viel Erfolg!

başarılı *adj* erfolgreich

başarı notu *s* Bewertungsnote *f*

başarısız *adj* erfolglos

başarısızlık *s ohne Pl* Erfolglosigkeit *f*

başbakan *s* Ministerpräsident(in) *m(f)*

baş belâsı *s* Quälgeist *m;* **baş biti** *s* Kopflaus *f;* **baş çanağı** *s* Schädel *m*

başçavuş *s* (MIL) Feldwebel *m*

başçı *s* (*işçi başı*) Vorarbeiter(in) *m(f)*

baş derisi *s* Kopfhaut *f;* **baş dönmesi** *s* Schwindelgefühl *nt;* **baş döndürücü** *adj* schwindel erregend

başeser *s* Meisterwerk *nt*

baş harf *s* <-i> Anfangsbuchstabe *m;* **büyük ~lerle** mit großen Anfangsbuchstaben

başhekim *s* (MED) Chefarzt, -ärztin *m, f*

başına *prep* pro, per; **kilo ~** per Kilo; **parça ~** pro Stück; **tek ~** ganz allein; **başına buyruk** *adj* selbstherrlich

başka *adj* **1.** andere(r, s); **~ bir arabaya çarpmak** auf einen anderen Wagen aufprallen; **~ birisi** jemand anderes; **~ bir arzunuz var mı?** haben Sie noch einen Wunsch?; **~ fikirde olmak** anderer Meinung sein; **yapacak ~ bir şeyim kalmadı** es blieb mir nichts anderes übrig **2.** (*-den ~*): **benden/senden/bizden ~** außer mir/dir/uns; **bu ...den ~ bir şey değil** das ist nichts anderes als ...; **bundan ~** außerdem

başkahraman *s* (LIT: *başkişi*) Hauptfigur *f*

başkalaşım *s* (GEOL: *metamorfizm*) Metamorphose *f*

başkalaşma *s* (BIOL: *metamorfoz*) Metamorphose *f*

başkan *s* **1.** Vorsitzende(r) *mf* **2.** (POL: *devlet ~ı*) Oberhaupt *nt;* (*hükûmet ~ı*) Chef *m* **3.** (MIL: *genel kurmay ~ı*) Chef *m*

başkanlık *s* <-ğı> Vorsitz *m;* **birinin başkanlığı altında** unter dem Vorsitz von jdm

baş kasarası *s* (NAUT) Back *f*

başkent *s* Hauptstadt *f*

başkişi *s* (LIT: *başkahraman*) Hauptperson *f,* Hauptfigur *f;* **başkomiser** *s* Hauptkommissar(in) *m(f);* **başkomutan** *s* (MIL) Oberbefehlshaber(in) *m(f);* **başkomutanlık** *s ohne Pl* <-ğı> (MIL) Oberbefehl *m;* **başkonsolos** *s* (POL) Generalkonsul(in) *m(f);* **başkonsolosluk** *s* <-ğu> (POL) Generalkonsulat *nt;* **başköşe** *s* Ehrenplatz *m;* **başkumandan** *s* (MIL: *başkomutan*) Oberbefehlshaber(in) *m(f);* **başkumandanlık** *s ohne Pl* <-ğı> (MIL: *başkomutanlık*) Oberbefehl *m*

başlama *s Verbalsubstantiv zu* **başlamak**

başlamak *vi* beginnen, anfangen (*-e* mit); **film başladı** der Film hat angefangen; **beş yaşında okumaya başladı** mit fünf Jahren hat er angefangen zu lesen

başlama meridyeni *s ohne Pl* (GEO) Nullmeridian *m;* **başlama vuruşu** *s* (SPORT) Anstoß *m*

başlangıç *s* <-cı> **1.** Anfang *m,* Beginn *m;* **~ta** am Anfang, anfangs **2.** (*giriş*) Einleitung *f;* **başlangıç aşaması** *s* Anfangsstadium *nt;* **başlangıç sermayesi** *s* (FIN, WIRTSCH) Anfangskapital *nt*

başlatma *s Verbalsubstantiv zu* **başlatmak**

başlatmak *vt* **1.** *Kausativ zu* **başlamak** **2.** starten; **yardım kampanyası ~** eine Hilfsaktion starten **3. çocuğu okula ~** das Kind einschulen

başlayıcı *s* Anfänger(in) *m(f)*

başlayış *s* Anfang *m,* Beginn *m*

başlayıverme *s Verbalsubstantiv zu* **başlayıvermek**

başlayıvermek *vi* plötzlich anfangen (*-e* zu); **konuşmaya** ~ plötzlich anfangen zu reden

başlı *adj* -köpfig; **o zaman kırmızı** ~ **kibritler vardı** damals gab es rotköpfige Streichhölzer; **başlı başına** *adj:* **bu** ~ **bir mesele** das ist eine Sache für sich

başlık *s* <-ğı> **1.** Kopfbedeckung *f* **2.** Überschrift *f,* Titel *m* **3.** (ARCH: *sütun başlığı*) Kapitell *nt* **4.** (*tekerlekte*) Radnabe *f*

başlıksız *adj* titellos; ~ **bir makale** ein Artikel ohne Überschrift

başmak *s s.* **ayakkabı** Schuh *m*

başmakale *s* (PUBL) Leitartikel *m*

başmal *s* Kapital *nt*

başmelek *s* <-ği> Erzengel *m;* ~ **Cebrail** der Erzengel Gabriel

başmuallim *s s.* **başöğretmen** Rektor(in) *m(f)*

başmuharrir *s s.* **başyazar** Chefredakteur(in) *m(f)*

başmüfettiş *s* Oberinspektor(in) *m(f)*

başoyuncu *s* (THEAT, FILM) Hauptdarsteller(in) *m(f)*

başöğretmen *s* (SCHULE) Rektor(in) *m(f)*

başparmak <-ğı> *s* **1.** (*elde*) Daumen *m;* **başparmağını emmek** am Daumen lutschen **2.** (*ayakta*) die große Zehe

başpiskopos *s* Erzbischof *m*

başrol *s* <-ü> Hauptrolle *f*

baş sağlığı *s ohne Pl* Beileid *nt,* Kondolenz *f,* Anteilnahme *f;* **birine** ~ **dilemek** jdm sein Beileid aussprechen, jdm seine Anteilnahme aussprechen, jdm kondolieren; **başın(ız) sağ olsun!** mein aufrichtiges Beileid!

başsavcı *s* (JUR) Oberstaatsanwalt, -anwältin *m, f,* Generalstaatsanwalt, -anwältin *m, f*

başsavcılık *s* <-ğı> (JUR) Oberstaatsanwaltschaft *f,* Generalstaatsanwaltschaft *f*

baş sayfa *s* (PUBL) Titelblatt *nt,* Deckblatt *nt*

başsız *adj* **1.** kopflos, ohne Kopf **2.** (*fig*) führungslos

başsızlık *s ohne Pl* <-ğı> **1.** Kopflosigkeit *f* **2.** (*fig*) Führungslosigkeit *f*

başşehir *s* <-hri> *s.* **başkent** Hauptstadt *f*

baştan aşağı *adv* völlig, gänzlich, von Kopf bis Fuß; **baştan çıkarma** *s* Verführung *f*

baştankara *s* (ZOOL) Kohlmeise *f*

başucu *s* (ASTR) Zenit *m*

baş ucu *s* Kopfende *nt;* ~**nda** am Kopfende

başucu noktası *s* (ASTR) Zenit *m,* Scheitelpunkt *m;* **başucu uzaklığı** *s* (ASTR) Zenitdistanz *f*

başülke *s* (*sömürgelerin* ~*si*) Mutterland *nt*

başvurma *s Verbalsubstantiv zu* **başvurmak**

başvurmak *vi* konsultieren (*-e* -); **avukata/doktora/ekspere** ~ einen Anwalt/Arzt/Experten konsultieren

başyapıt *s* Meisterwerk *nt*

baş yastığı *s* Kopfkissen *nt*

başyazar *s* (PUBL) Chefredakteur(in) *m(f)*

başyazı *s* (PUBL: *başmakale*) Leitartikel *m*

batak *s* <-ğı> Sumpf *m;* **batak çulluğu** *s* (ZOOL) Sumpfschnepfe *f,* Bekassine *f*

batakhane *s* (*pej*) Spelunke *f*

bataklı *adj* sumpfig

bataklık *s* <-ğı> Morast *m,* Sumpf *m;* **bataklık ardıcı** *s* (ZOOL) Sumpfrohrsänger *m;* **bataklık baykuşu** *s* (ZOOL) Sumpfohreule *f;* **bataklık gazı** *s ohne Pl* (CHEM) Sumpfgas *nt;* (*metan*) Methan *nt;* **bataklık kırlangıcı** *s* (ZOOL) Brachschwalbe *f;* **bataklık kuşu** *s* (ZOOL) Sumpfvogel *m;* **bataklık nergisi** *s* (BOT) Sumpfdotterblume *f;* **bataklık yakamozu** *s* Irrlicht *nt*

batar *s* (*fam: zatürree*) Lungenentzündung *f*

bateri *s* (MUS: *orkestrada*) Schlagzeug *nt*

baterist *s* (MUS) Schlagzeuger(in) *m(f)*

batı **I.** *s ohne Pl* **1.** Westen *m;* ~**da** im Westen; ~**dan** von Westen; ~**ya** in den Westen; **rüzgâr** ~**dan geliyor** der Wind kommt von Westen; **Almanya'nın/Avusturya'nın/Türkiye'nin/İsviçre'nin** ~**sında** im Westen Deutschlands/Österreichs/der Türkei/der Schweiz **2.** (~ *ülkeleri*) Abendland *nt* **3.** (NAUT, METEO) West *m* **II.** *adj* **1.** westlich, West- **2.** abendländisch; ~ **kültürü** die abendländische Kultur

Batı Almanya *s ohne Pl* Westdeutschland *nt*

batıcı *adj* pro-westlich eingestellt

batıcılık *s* <-ğı> pro-westliche Einstellung

batık *adj* versunken

batıl [ba:-] *adj* nichtig

batılı **I.** *s* Westler *m* **II.** *adj* westlich

batılılaştırma *s Verbalsubstantiv zu* **batılılaştırmak**

batılılaştırmak *vt* verwestlichen

batıl inanç *s ohne Pl* <-cı>, **batıl itikat** *s ohne Pl* <-dı> Aberglaube(n) *m*

batım *s* (*gün* ~*ı*) Untergang *m*

batırma *s ohne Pl Verbalsubstantiv zu* **batırmak**

batırmak *vt* **1.** versenken **2.** (*iğne*) einstechen (*-e* in) **3.** (*sıvıya*) (ein)tauchen (*-e* in), eintunken (*-e* in) **4.** (*fig: mahvetmek*) ruinieren; (*sermayesini batırdı*) er hat sein Kapital verspielt **5.** (*çekiştirip kötülemek*): **birini** ~ jdn zur Sau machen **6.** (*kirletmek*) versauen

batı rüzgârı *s* Westwind *m*

batış *s* Untergang *m*

batik *s ohne Pl* <-ği> **1.** (*yöntem*) Batik *f* **2.** (*kumaş*) Batik *f*

batisfer *s* Bathysphäre *f*
batiskaf *s* Bathyskaph *m*
batkı *s* Bankrott *m,* Konkurs *m*
batkın **I.** *s* Bankrotteur *m,* Konkursschuldner(in) *m(f)* **II.** *adj* bankrott
batkınlık *s* <-ğı> Bankrott *m,* Konkurs *m*
batma *s ohne Pl* **1.** *Verbalsubstantiv zu* **batmak** **2.** Untergang *m*
batmak <-ar> *vi* **1.** (*gemi*) sinken; (*güneş*) untergehen **2.** stechen; **göze** ~ ins Auge stechen
batonsale *s* (*tuzlu çubuk*) Salzstange *f*
batöz *s* (AGR: *harman dövme makinesi*) Dreschmaschine *f*
battal *adj* **1.** (*işe yaramaz*) unbrauchbar **2.** sperrig
battaniye *s* Decke *f*
Bavyera **I.** *s* Bayern *nt;* ~ **eyaleti** das Land Bayern **II.** *adj* bay(e)risch; ~ **hükûmeti** die bay(e)rische Regierung
Bavyeralı **I.** *s* Bayer(in) *m(f)* **II.** *adj* bay(e)risch; ~ **erkekler/kadınlar** bay(e)rische Männer/Frauen
bay *s* Herr *m*
bayağı **I.** *adj* **1.** ordinär; (*basit*) einfach; (*sıradan*) gewöhnlich **2.** (*fam fig, pej*) ordinär **3.** (MATH) gemein; ~ **kesir** gemeiner Bruch **II.** *adv* (*epey*) ziemlich viel; (*fam*) ganz schön; **bu** ~ **hoşuma gitti** das gefällt mir ganz gut
bayan *s* **1.** Frau *f* **2.** Dame *f;* ~**lar, baylar!** meine Damen und Herren!; **bayan sekreter** *s* Sekretärin *f*
bayat *adj* **1.** (*ekmek*) altbacken; (*balık*) verdorben **2.** (*fig*) abgestanden; (*haber*) überholt
bayatlama *s ohne Pl Verbalsubstantiv zu* **bayatlamak**
bayatlamak *vi* verderben
baygın *adj* besinnungslos
baygınlık *s ohne Pl* <-ğı> Besinnungslosigkeit *f*
bayılma *s ohne Pl Verbalsubstantiv zu* **bayılmak**
bayılmak **I.** *vi* **1.** ohnmächtig werden, in Ohnmacht fallen **2.** schwärmen (*-e* für) **II.** *vt* (*fam: ödemek*) blechen, berappen
bayıltıcı *adj* (*koku*) betäubend; (*sıcak*) erstickend
bayıltma *s* **1.** *Verbalsubstantiv zu* **bayıltmak** **2.** Betäubung *f*
bayıltmak *vt* betäuben
baykuş *s* (ZOOL) Eule *f*
bayrak *s* <-ğı> Fahne *f,* Flagge *f;* ~ **açmak** zu den Fahnen rufen; ~ **çekmek** [*o* **asmak**] eine Fahne hissen; **bayrağı yarıya indirmek** die Fahne auf Halbmast setzen
bayrak direği *s* Fahnenmast *m*
bayraklı *adj* fahnengeschmückt
bayraklık *s* <-ğı> **1.** (*kumaş*) Fahnentuch *nt* **2.** (*direk*) Fahnenmast *m*
bayrak merasimi *s,* **bayrak töreni** *s* Fahnenappell *m;* **bayrak yarışı** *s* (SPORT) Staffellauf *m*
bayram *s* Fest *nt;* (*gün*) Festtag *m;* **Cumhuriyet** ~**ı** Tag der Republik; **bayram günü** *s* Festtag *m,* Feiertag *m;* **resmî** ~ gesetzlicher Feiertag; **bayram havası** *s* Festtagsstimmung *f;* **bayram yeri** *s* Festplatz *m*
bayrı *adj* uralt
bayt *s* (INFORM) Byte *nt*
baytar *s* Tierarzt, -ärztin *m, f;* (*veteriner*) Veterinär(in) *m(f)*
baytarlık *s ohne Pl* <-ğı> Tiermedizin *f,* Veterinärmedizin *f*
baz *s* **1.** (*temel, esas*) Basis *f* **2.** (CHEM) Base *f*
bazalt *s* Basalt *m*
bazen *adv* manchmal; (*ara sıra*) ab und zu
bazı **I.** *adj* **1.** manche(r, s); ~**sı** manch einer **2.** einige(r, s); ~ **işler bitmedi** einige Sachen sind nicht fertig geworden; **yapılaması gereken** ~ **işlerim daha var** ich habe noch einige Erledigungen zu machen; ~**ları sandılar ki …** einige glaubten, dass … **II.** *adv* (*ara sıra*) manchmal; (*arada bir*) ab und zu; (*kimi vakit*) so manches Mal
bazik *adj* (CHEM) basisch
bazilika *s* Basilika *f*
BDT *s Abk. von* **Bağımsız Devletler Topluluğu** GUS *f, Gemeinschaft Unabhängiger Staaten*
be *interj* (*fam*) eh; **bu ne** ~**?** eh, was soll das?; **uyan artık** ~**!** (*fam*) wach doch endlich auf!
bebek *s* <-ği> **1.** Baby *nt;* ~ **beklemek** ein Baby erwarten, in anderen Umständen sein **2.** Puppe *f;* ~ **gibi** wie eine Puppe **3.** (*göz bebeği*) Pupille *f;* **bebek ölümü** *s* (MED) (plötzlicher) Kindstod *m*
beceri *s* **1.** Geschicklichkeit *f,* Fähigkeit *f* **2.** Fertigkeit *f*
becerikli *adj* geschickt
beceriklilik *s ohne Pl* <-ği> Geschicklichkeit *f,* Fähigkeit *f*
beceriksiz *adj* ungeschickt
beceriksizlik *s ohne Pl* <-ği> Ungeschicklichkeit *f*
becerme *s Verbalsubstantiv zu* **becermek**
becermek *vt* **1.** schaffen, zustande bringen; (*üstesinden gelmek*) fertig bringen, bewältigen **2.** (*fam: bozmak*) kaputtmachen **3.** (*sl: öldürmek*) umbringen
becet *s* <-di> (ZOOL) Sperling *m*
Beç tavuğu *s* (ZOOL) Perlhuhn *nt*
bedava **I.** *adj* kostenlos **II.** *adv* kostenlos, umsonst, gratis
bedavadan *adv* umsonst, gratis

bedbin **I.** *s* (*karamsar*) Schwarzseher(in) *m(f)*; (*pesimist*) Pessimist(in) *m(f)* **II.** *adj* (*karamsar*) schwarzseherisch; (*pesimist*) pessimistisch
bedbinlik *s ohne Pl* <-ği> (*karamsarlık*) Schwarzseherei *f*; (*pesimizm*) Pessimismus *m*
beddua *s* Fluch *m*; ~ **etmek** einen Fluch ausstoßen
bedel *s* Gegenwert *m*; (*fiyat*) Preis *m*
beden *s* **1.** (*vücut*) Körper *m*, Leib *m* **2.** (*gövde*) Rumpf *m*; **beden cezası** *s* Körperstrafe *f*, Züchtigung *f*; **beden eğitimi** *s* Leibeserziehung *f*, Leibesübungen *fpl*; **beden hareketi** *s* Körperbewegung *f*
bedensel *adj* körperlich, leiblich
bedevî **I.** *s* Beduine, -in *m, f* **II.** *adj* beduinisch
bedir *s* <-dri> *s.* **dolunay** Vollmond *m*
bedri *s poss von* **bedir**
bedük *s* <-ğü> (*reg: reçine*) Harz *nt*; (*çam sakızı*) Tannenharz *nt*
begonya *s* (BOT) Begonie *f*
beğendi *s* (GASTR: *hünkârbeğendi*) *Auberginenpüree, mit Fleisch und Tomatenmark obendrauf*
bej *adj* beige
bek *s* **1.** (SPORT) Verteidiger(in) *m(f)* **2.** (TECH: *hava gazı ~ i*) Gasbrenner *m*
bekâr **I.** *s* Junggeselle *m*; **müzmin** ~ ein eingefleischter Junggeselle **II.** *adv*: ~ **yaşamak** als Junggeselle leben; (*evlenmeden*) ehelos leben
bekâret *s ohne Pl* Jungfräulichkeit *f*
bekas *s* (ZOOL: *çulluk*) Schnepfe *f*, Waldschnepfe *f*
bekçi *s* (*müze ~ si*) Aufseher(in) *m(f)*; (*gece ~ si*) Wächter *m*; (*hat ~ si*) Wärter(in) *m(f)*; **bekçi köpeği** *s* Wachhund *m*
bekerel *s* Becquerel *nt*
bekleme *s* **1.** *Verbalsubstantiv zu* **bekleme** **2.** Warterei *f*
beklemece hak *s* Anwartschaft *f*
beklemek **I.** *vi* warten; **tam bir saat** ~ eine ganze [*o* volle] Stunde warten; **bekle yârin köşesini!** da kannst du lange warten! **II.** *vt* **1.** warten (*-i* auf); **birini/otobüsü/treni** ~ auf jdn/den Bus/den Zug warten; **neyi bekliyorsun?** worauf wartest du? **2.** (*gözetmek*) bewachen; **köpek evi bekliyor** der Hund bewacht das Haus **3.** (*ummak*) erwarten; **bebek** ~ ein Baby erwarten; **benden ne bekliyorsun?** was erwartest du von mir?; **bir şeyi dört gözle** ~ etw sehnsüchtig erwarten; **bunu senden beklemiyordum** das habe ich von dir nicht erwartet **4.** abwarten; **bekle bakalım!** warte mal ab!
bekleme odası *s* Wartezimmer *nt*, Warteraum *m*; **bekleme salonu** *s* Wartesaal *m*
beklenmedik *adj* unerwartet
beklenme *s Verbalsubstantiv zu* **beklenmek**
beklenmek *vi pass von* **beklemek**: **böyle bir şey beklen(m)iyordu** so etw wurde (nicht) erwartet
beklenti *s* Erwartung *f*
bekler *adj* abwartend
bekletme *s Verbalsubstantiv zu* **bekletmek**
bekletmek *vt* **1.** *Kausativ zu* **beklemek** **2.** hinhalten, warten lassen; **beni üç saat bekletti** er hat mich drei Stunden warten lassen
bel[1] *s* Taille *f*; ~**ini doğrult(ama)mak** (*fam*) (nicht) die Kurve kriegen; **bir kimseye/şeye** ~ **bağlamak** (*güvenmek*) auf jdn/etw vertrauen
bel[2] *s* Sperma *nt*, Samen *m*; (*döl suyu*) Samenflüssigkeit *f*; ~**i gelmek** ejakulieren
belâ *s ohne Pl* **1.** Unheil *nt*; **güç** ~ mit Mühe und Not **2.** (*hak edilen ceza*) gerechte Strafe; ~**sını bulmak** seine gerechte Strafe bekommen **3.** (*fam fig*): **başı** ~**ya girmek** in Teufels Küche kommen; **birinin/kendi başına** ~ **açmak** jdm/sich eine schöne Suppe einbrocken; **birinin başını** ~**ya sokmak** jdn in Teufels Küche bringen
belâgat *s ohne Pl* Beredsamkeit *f*
belâgatli *adj* beredsam
Belçika *s* Belgien *nt*; ~ **halkı** das belgische Volk
Belçikalı **I.** *s* Belgier(in) *m(f)* **II.** *adj* belgisch
belediye *s* (ADMIN) Gemeinde *f*
belediye encümeni *s*, **belediye meclisi** *s* Gemeinderat *m*
belediye reisi *s* Bürgermeister(in) *m(f)*; **belediye sarayı** *s* Rathaus *nt*; **belediye suçları** *s Pl* Ordnungswidrigkeiten *fpl*
belek *s* <-ği> (*fam: çocuk bezi*) Windel *f*
belemir *s* (BOT: *mavikantaron*) Kornblume *f*
beleş *adj* (*sl*) gratis; ~ **atın dişine bakılmaz** (*prov*) einem geschenkten Gaul schaut man nicht ins Maul
bel fıtığı *s* (MED) Bandscheibenvorfall *m*
belge *s* **1.** Bescheinigung *f*; (*doküman*) Dokument *nt*, Urkunde *f* **2.** (*kimlik ~ si*) Ausweis *m*
belgegeçer *s* Fax *nt*, Faxgerät *nt*
belgegeçerleme *s Verbalsubstantiv zu* **belgegeçerlemek**
belgegeçerlemek *vt* faxen
belgeleme *s* **1.** *Verbalsubstantiv zu* **belgelemek** **2.** Dokumentation *f*
belgelemek *vt* dokumentieren, beurkunden; **bir şeyi fotoğraflarla** ~ etw mit Fotos dokumentieren

belgelik *s* <-ği> (*arşiv*) Archiv *nt*

belgesel *adj* dokumentarisch; **belgesel film** *s* Dokumentarfilm *m*

Belgrad *s* Belgrad *nt*

bel hizası *s ohne Pl* Gürtellinie *f*

belik *s* <-ği> Flechte *f,* Haarzopf *m*

belikleme *s Verbalsubstantiv zu* **beliklemek**

beliklemek *vt* flechten

belirleme *s* **1.** *Verbalsubstantiv zu* **belirlemek** **2.** Bestimmung *f*

belirlemek *vt* **1.** bestimmen; **hedefi** ~ das Ziel bestimmen; **bir şeyi önceden** ~ etw vorherbestimmen **2.** (*kimlik*) feststellen; **birinin kimliğini** ~ jds Personalien feststellen, jdn identifizieren

belirlenme *s* **1.** *Verbalsubstantiv zu* **belirlenmek** **2.** Bestimmung *f* **3.** (*kimliğin ~ si*) Feststellung *f*

belirlenmek *vi pass von* **belirlemek** sich bestimmen, festgestellt werden; **ölünün/uçağın kimliği belirlenemedi** der Tote/das Flugzeug konnte nicht identifiziert werden

belirleşme *s Verbalsubstantiv zu* **belirleşmek**

belirleşmek *vi* sich abzeichnen

belirli *adj* bestimmt; **belirli geçmiş** *s* (LING) Perfekt *nt*

belirsiz *adj* **1.** unbestimmt **2.** (*müphem*) unklar **3.** (*meçhul*) unbekannt; **belirsiz geçmiş** *s* (LING) Imperfekt *nt,* Präteritum *nt*

belirteç *s* <-ci> (LING: *zarf*) Adverb *nt*

belirten *s* (LING: *tamlayan*) Bestimmungswort *nt*

belirtge *s* Emblem *nt*

belirti *s* **1.** (*a.* MED) Anzeichen *nt;* **bir hastalığın ilk ~leri** die ersten Anzeichen einer Krankheit **2.** Erscheinung *f*

belirtik *adj* explizit

belirtilen *s* (LING: *tamlanan*) Grundwort *nt*

belirtili nesne *s* (LING) Akkusativobjekt *nt*

belirtke *s* (*amblem*) Emblem *nt*

belirtme *s* **1.** *Verbalsubstantiv zu* **belirtmek** **2.** Verdeutlichung *f;* **belirtme durumu** *s* (LING) Akkusativ *m*

belirtmek *vt* verdeutlichen, deutlich machen

belit *s* Axiom *nt*

belitleme *s Verbalsubstantiv zu* **belitlemek**

belitlemek *vt* **1.** dokumentieren **2.** (PHILOS) axiomatisieren

bel kemiği *s* **1.** (*omurga*) Rückgrat *nt* **2.** (*fig: omurga*) Rückgrat *nt;* (*esas, temel*) Grundlage *f*

bellek *s* <-ği> **1.** Gedächtnis *nt* **2.** (INFORM) Speicher *m;* **bir şeyi belleğe geçirmek** etw abspeichern; **bellek kapasitesi** *s* (INFORM) Speicherkapazität *f;* **bellek kaybı** *s,* **bellek yitimi** *s* (MED) **1.** Gedächtnisschwund *m,* Gedächtnisverlust *m* **2.** (*kısa bir süre için*) Blackout *nt o m,* Filmriss *m*

belleme *s* **1.** *Verbalsubstantiv zu* **bellemek** **2.** Satteldecke *f*

bellemek *vt:* **birini** ~ sich jdn merken, jdn auf dem Kieker haben

belli *adj* **1.** (*mâlum*) bekannt; **bu nasıl ~ oldu?** wie ist das bekannt geworden? **2.** (*gizli olmayan*) offenkundig; (*anlaşılan*) offenbar; (*aşikâr*) offensichtlich **3.** (*belirli, muayyen*) gewiss, bestimmt; ~ **aralıklarla** in bestimmten Abständen; ~ **bir dereceye kadar** bis zu einem gewissen Grad(e); ~ **ölçüde** in gewissem Maß(e) **4.** ~ **etmeden** unbemerkt; **kendini ~ etmek** sich bemerkbar machen

bellik *s* <-ği> (*işaret*) Zeichen *nt;* (*marka*) Marke *f*

bel omuru *s* (ANAT) Lendenwirbel *m;* **bel soğukluğu** *s* (MED) Tripper *m*

bembeyaz *adj* blütenweiß

bemol *s ohne Pl* (MUS) b-Moll *nt*

ben[1] [ben] *s* **1.** Muttermal *nt* **2.** Leberfleck *m*

ben[2] *s* Köder *m*

ben[3] [bɛn] **I.** *s* Ich *nt;* (*ego*) Ego *nt* **II.** *pron* ich; ~ **bu işte yokum!** ohne mich!; ~ **şahımı bu kadar severim** (*fig*) mehr kann ich nicht tun

bence *adv* meiner Ansicht nach, meiner Meinung nach, meines Erachtens; ~ **en iyisi, hemen benimle gelmen** ich halte es für das Beste, du kommst gleich mit

bencil *adj* selbstsüchtig, eigennützig; (*egoist*) egoistisch

bencillik *s ohne Pl* <-ği> (*a.* PHILOS) Egoismus *m*

benden *pron abl von* **ben**: ~ **ne bekliyorsun?** was erwartest du von mir?; ~ **söylemesi!** (*fam*) lass dir das gesagt sein!; **o ~ akıllı/hızlı/kuvvetli** er ist klüger/schneller/stärker als ich; **kardeşlerimin hepsi ~ büyük** alle meine Geschwister sind älter als ich

benek *s* <-ği> **1.** (*leke*) Fleck *m;* (*nokta*) Punkt *m* **2.** (*zar üstünde*) Auge *nt* **3.** (ASTR: *fakül*) Fleck *m*

Benelüks ülkeleri *s Pl* (POL) Beneluxländer *pl*

bengi *adj* (*sonu olmayan*) unendlich; (*ebedî*) ewig; (*ölümsüz*) unsterblich

beni *pron akk von* **ben** mich

beniçinci **I.** *s* Egozentriker(in) *m(f)* **II.** *adj* egozentrisch, ichbezogen

beniçincilik *s ohne Pl* <-ği> Egozentrik *f,* Ichbezogenheit *f*

benim **I.** *interj:* ~**!** ich bin es! **II.** *pron*

1. (*Genetiv von ben*): ~ **arkamda/önümde/altımda/üstümde** hinter/vor/unter/über mir; ~ **bir dostum/tanıdığım** ein Freund/Bekannter von mir; ~**le** mit mir **2.** (*adjektivisch*) mein(e); ~ **babam/odam/yatağım** mein Vater/Zimmer/Bett; ~ **annem/okulum** meine Mutter/Schule **3. o da** ~ **kadar uzun konuştu** sie sprach ebenso lang(e) wie ich; ~**le aynı boyda** er ist ebenso groß wie ich

beniz *s* <-nzi> (*yüz rengi*) Gesichtsfarbe *f*

benlikçi I. *s* Egotist(in) *m(f)* **II.** *adj* egotistisch

benlikçilik *s ohne Pl* <-ği> (*egotizm*) Egotismus *m*, Eigenliebe *f*

benlik davası *s ohne Pl* Dünkel *m*; **benlik ikileşmesi** *s* Persönlichkeitsspaltung *f*

benmerkezci I. *s* Egozentriker(in) *m(f)* **II.** *adj* egozentrisch, ichbezogen

benmerkezcilik *s ohne Pl* <-ği> Egozentrik *f*, Ichbezogenheit *f*

bent *s* <-di> **1.** Talsperre *f* **2.** (LIT: *bağlam*) (vier versige) Strophe

benzeme *s Verbalsubstantiv zu* **benzemek**

benzemek *vi* ähneln; **birine** ~ jdm ähneln, aussehen wie jd; **çocuk tıpkı babasına benziyor** das Kind sieht genauso aus wie sein Vater; **hiçbir şeye benzememek** nach nichts aussehen; **tıpkı tıpkısına birbirine** ~ sich gleichen wie ein Ei dem anderen

benzer *adj* ähnlich

benzerlik *s* <-ği> Ähnlichkeit *f*; **aralarında bir** ~ **görmüyorum** ich sehe keine Ähnlichkeit zwischen ihnen

benzeşmezlik *s* <-ği> (LING: *disimilâsyon*) Dissimilation *f*

benzetme *s Verbalsubstantiv zu* **benzetmek**

benzetmek *vt* angleichen; **birini başka birine** ~ jdn für einen anderen halten

benzi *s poss von* **beniz**

benzin *s* Benzin *nt*; **kurşunlu/kurşunsuz** ~ verbleites/bleifreies Benzin; **benzin bidonu** *s* Benzinkanister *m*

benzinci *s* **1.** (*satan kimse*) Tankwart(in) *m(f)* **2.** (*satan yer*) Tankstelle *f*

benzin deposu *s* (AUTO) Benzintank *m*; **benzin göstergesi** *s* Benzinuhr *f*; **benzin istasyonu** *s* Tankstelle *f*

benzinli çakmak *s* <-ğı> Benzinfeuerzeug *nt*

benzinlik *s* <-ği> Tankstelle *f*

benzin pompası *s* Tanksäule *f*, Zapfsäule *f*; **benzin sarfiyatı** *s ohne Pl*, **benzin tüketimi** *s ohne Pl* (AUTO) Benzinverbrauch *m*

benzol *s* (CHEM) Benzol *nt*

beraat *s* <-ti> (JUR) Freispruch *m*; ~ **etmek** freigesprochen werden

beraber *adv* (*birlikte*) gemeinsam (*-le* mit); **anca** ~, **kanca** ~ (*prov*) mitgegangen, mitgefangen [*o* mitgehangen]

berber *s* Barbier *m*, Friseur(in) *m(f)*

Berberî *s* Berber(in) *m(f)*; ~ **halısı** Berberteppich *m*

berduş *s* (*fam*) Berber *m*

bere[1] *s* Striemen *m*

bere[2] *s* Baskenmütze *f*

bereketli *adj* segensreich

Bergama *s* Bergama *nt*, *heutiger Name der antiken Stadt Pergamon*

bergamot *s* (BOT) Bergamotte *f*

bergüzar *s* Andenken *nt*

beri I. *s*: **biraz** ~ **geliniz!** kommen Sie ein bisschen näher! **II.** *part* **1.** seit; **çocukluğumdan** ~ seit meiner Kindheit; **kalubelâdan** ~ seit eh und je; **ne zamandan** ~**?** seit wann?; **çoktan/yıllardan** ~ seit langem/Jahren **2.** von … an; **başından** ~ von Anfang an; **çocukluktan** ~ von Kindesbeinen an **3. eskiden** ~ von alters her, von jeher

Bering Boğazı *s* Beringstraße *f*; **Bering Denizi** *s* Beringmeer *nt*

berlam *s* (ZOOL) Seehecht *m*

Berlin *s* Berlin *nt*

Berlinli *s* Berliner(in) *m(f)*

bermuda *s* (*pantolon*) Bermudas *pl*

Bermuda *s* (*takımada*) Bermudas *pl*

Bern *s* Bern *nt*

Bernli *s* Berner(in) *m(f)*

bertaraf *adv* **1.** (*bir yana*) beiseite; **şaka** ~**, …** Scherz beiseite, … **2.** ~ **etmek** beseitigen

berzah *s* (GEO: *kıstak*) Landzunge *f*, Isthmus *m*

besbedava *adj* spottbillig

besi *s* Mast *f*; ~**ye çekmek** mästen

besici *s* Mäster *m*

besicilik *s ohne Pl* <-ği> Mästerei *f*

besihane *s* Mästerei *f*

besin *s* Nahrung *f*; **besin değeri** *s* Nährwert *m*

besleme *s ohne Pl* **1.** *Verbalsubstantiv zu* **beslemek** **2.** Ernährung *f*

beslemek *vt* **1.** ernähren **2.** (*duymak*) hegen; **kuşku** ~ Zweifel hegen

beslenme *s ohne Pl* **1.** *Verbalsubstantiv zu* **beslenmek** **2.** Ernährung *f*; **sağlıklı** ~ gesunde Ernährung; **beslenme bozukluğu** *s* Ernährungsstörung *f*; **beslenme eğitimcisi** *s* Ernährungswissenschaftler(in) *m(f)*; **beslenme eğitimi** *s ohne Pl* Ernährungslehre *f*, Ernährungswissenschaft *f*

beslenmek *vi* sich ernähren (*-le* von); **sağlıklı/sağlıksız** ~ sich gesund/ungesund ernähren

besleyici *adj* nahrhaft

B

beste *s* (MUS) Komposition *f*
besteci *s* (MUS) Komponist(in) *m(f)*
besteleme *s* *Verbalsubstantiv zu* **bestelemek**
bestelemek *vt* komponieren
beş I. *s* Fünf *f; s. a.* **altı II.** *adj* fünf; **üçe ~ var** es ist fünf vor drei; *s. a.* **altı**
beş buçuk *adj* <-ğu> **1.** fünfeinhalb; **~ litre/kilometre** fünfeinhalb Liter/Kilometer; **~ saat önce/sonra** fünfeinhalb Stunden vorher/nachher **2.** (*saati bildirirken*) halb sechs; **~ta** um halb sechs; **saat ~** es ist halb sechs; **beş buçuğa on** (**dakika**) **kala** um zehn (Minuten) vor halb sechs; **beş buçuğa on** (**dakika**) **var** es ist zehn (Minuten) vor halb sechs; **beş buçuğu on** (**dakika**) **geçe** um zehn (Minuten) nach halb sechs; **beş buçuğu on** (**dakika**) **geçiyor** es ist zehn (Minuten) nach halb sechs
beşgen *s* (MATH) Fünfeck *nt,* Pentagon *nt*
beşik *s* <-ği> Wiege *f;* **~ten mezara kadar** (POET) von der Wiege bis zum Grabe; **beşik çatı** *s* (ARCH) Giebeldach *nt;* **beşik tonoz** *s* (ARCH) Tonnengewölbe *nt*
beşinci *adj* fünfte(r, s); *s. a.* **altmışıncı**
beşincisi *adv* (*sayarken*) fünftens; *s. a.* **altıncısı**
beşiz *s* Fünfling *m*
beş katlı *adj* fünfstöckig
beşleme *s* *Verbalsubstantiv zu* **beşlemek**
beşlemek *vt* **1.** verfünffachen **2.** (AUTO: *fam*) in den Fünften schalten
beşli I. *s* **1.** (MUS: *kentet*) Quintett *nt* **2.** (*iskambil kâğıdı*) Fünf *f* **II.** *adj* fünfteilig; (*priz*) fünffach; **beşli ölçü** *s* (LIT) Pentameter *m*
beş yıldızlı otel *s* Fünfsternehotel *nt;* **beş yüz I.** *s* Fünfhundert *f* **II.** *adj* fünfhundert; **beş yüzlü** *s* (MATH) Fünfflach *nt,* Pentaeder *nt*
beta engelleyici *s* (MED) Betablocker *m;* **beta ışınları** *s Pl* (PHYS) Betastrahlen *fpl*
betatron *s* (PHYS) Betatron *nt*
beter *adj* schlimmer; **~ etmek** verschlimmern; **~in ~i var** es gibt Schlimmeres
beterleşme *s* **1.** *Verbalsubstantiv zu* **beterleşmek** **2.** Verschlimmerung *f*
beterleşmek *vi* sich verschlimmern
betili *adj* (KUNST: *figüratif*) figurativ
betim *s* Beschreibung *f,* Schilderung *f,* Darstellung *f*
betimleme *s* **1.** *Verbalsubstantiv zu* **betimlemek** **2.** Beschreibung *f,* Schilderung *f,* Darstellung *f*
betimlemek *vt* beschreiben, schildern, darstellen
betimleyici *adj* darstellend; **~ sanat** die darstellende Kunst
betisiz *adj* (KUNST) abstrakt; (*nonfigüratif*) nonfigurativ
Betlehem *s s.* **Beytlehem** Bethlehem *nt*
beton *s* Beton *m;* **~ karmak** Beton mischen; **~dan** aus Beton
betoniyer *s,* **betonkarar** *s* (TECH) Betonmischer *m*
beton karma makinesi *s* (TECH) Betonmischmaschine *f*
betonlama *s* **1.** *Verbalsubstantiv zu* **betonlamak** **2.** Betonierung *f*
betonlamak *vt* betonieren
bevliye *s* (MED: *üroloji*) Urologie *f*
bevliyeci *s* (MED: *ürolog*) Urologe, -in *m, f*
bey *s* Herr *m;* **~ler!** meine Herren!; **orta yaşlı bir ~** ein Herr mittleren Alters
beyaban *s s.* **çöl** Wüste *f*
beyanname *s* Erklärung *f*
beyaz I. *s* **1.** Weiß *nt;* **bir şeyi ~a çekmek** etw ins Reine schreiben **2.** (*beyaz ırktan*) Weiße(r) *mf* **II.** *adj* weiß; **~ ırk** die weiße Rasse; **beyaz adam** *s* **1.** (*beyaz ırktan*) Weiße(r) *m* **2.** (*Avrupalı*) Europäer *m;* **beyaz baston** *s* Blindenstock *m;* **beyaz cam** *s* (*fam: televizyon ekranı*) Mattscheibe *f*
beyazımsı *adj,* **beyazımtırak** *adj* <-ğı> weißlich; **beyaz kitap** *s* <-bı> (POL) Weißbuch *nt*
beyaz oy *s* Jastimme *f; s. a.* **kırmızı oy;** **beyaz perde** *s* (FILM) Leinwand *f;* **beyaz peynir** *s* Schafskäse *m*
Beyaz Rusya *s* Weißrussland *nt*
beyaz şarap *s* <-bı> Weißwein *m;* **beyaz tuş** *s* (MUS: *piyanoda*) Untertaste *f*
beygir *s* **1.** (*at*) Pferd *nt* **2.** Gaul *m;* **beygir gücü** *s* Pferdestärke *f*
beyhude I. *adj* (*yararsız*) nutzlos; (*anlamsız*) sinnlos **II.** *adv* (*boşuna*) umsonst, vergebens
beyin *s* <-yni> **1.** (ANAT) Gehirn *nt,* Hirn *nt* **2.** (*fig*) Kopf *m* **3.** (*fam*): **bunu duyunca beyninden vurulmuşa döndü** er war (wie) erschlagen, als er das hörte; **beyin cerrahîsi** *s ohne Pl* (MED) Gehirnchirurgie *f*
beyincik *s* <-gi> (ANAT) Kleinhirn *nt*
beyin göçü *s ohne Pl* Braindrain *m;* **beyin sarsıntısı** *s* (MED) Gehirnerschütterung *f*
beyinsiz *adj* **1.** hirnlos **2.** (*fig*) hirnlos, hirnverbrannt
beyin tümörü *s* (MED) Gehirntumor *m;* **beyin yıkama** *s* Gehirnwäsche *f;* **beyin zarı** *s* Gehirnhaut *f,* Hirnhaut *f*
beyit *s* <-yti> Doppelvers *m,* Verspaar *nt*
beylerbeyi *s* (HIST) Beglerbeg *m*
beylik *adj* (*fam*) abgedroschen
beyni *s poss von* **beyin**
Beyrut *s* Beirut *nt*
beysbol *s ohne Pl* (SPORT) Baseball *m;* **~ oynamak** Baseball spielen

Be(y)tlehem *s* Bethlehem *nt*
Beytüllahim *s* Bethlehem *nt*
beyzade *s* **1.** (*bey oğlu*) junger Herr **2.** (*soylu kimse*) Adliger *m;* **beyzadelik** *s* <-ği> (*soyluluk*) Adelsstand *m*
beyzî *adj* oval
bez[1] *s* **1.** Tuch *nt* **2.** (*çadır ~ i*) Leinwand *f;* (*çocuk ~ i*) Windel *m;* (*âdet ~ i*) Binde *f* **3.** (*çaput*) Lappen *m,* Stofflappen *m*
bez[2] *s* (ANAT: *gudde*) Drüse *f*
bezci *s* Tuchmacher(in) *m(f)*
bezdirici *adj* verdrießlich
bezdirme *s* **1.** *Verbalsubstantiv zu* **bezdirmek** **2.** Verdrießung *f*
bezdirmek *vt* verdrießen
beze[1] *s* **1.** (MED: *şişkinlik*) Schwellung *f* **2.** (ANAT: *bez, gudde*) Drüse *f*
beze[2] *s* (GASTR) Baiser *nt*
beze[3] *s* (*hamur topağı*) Teigrolle *f;* (*pazı*) Teigrolle *f* (für ein Brot)
bezek *s* <-ği> (*süs*) Ornament *nt*
bezekçi *s* Dekorationsmaler(in) *m(f)*
bezekli *adj* ornamental
bezelye *s* Erbse *f*
bezeme *s* **1.** *Verbalsubstantiv zu* **bezemek** **2.** Verzierung *f,* Dekoration *f;* **nakışla ~** Verzierung mit Stickerei
bezemek *vt* dekorieren, schmücken, verzieren; **nakışla ~** mit Stickereien versehen
bezemeli *adj* dekoratif
bezgin *adj* missmutig, verdrießlich
bezginlik *s* <-ği> Missmut *m;* (*usanç*) Überdruss *m,* Verdrossenheit *f*
bezir *s* <-zri> **1.** (*keten tohumu*) Leinsamen *m* **2.** (*bezir yağı*) Leinöl *nt*
bezirgân *s* (*tüccar*) Kaufmann; **korkak ~ ne kâr eder ne zarar** (*prov*) wer nicht wagt, der nicht gewinnt
bezir yağı *s* Leinöl *nt*
bezri *s poss von* **bezir**
Bhagvan *s ohne Pl* Bhagvan *m,* Bhagwan *m*
bıcıl *s* Fessel *f*
bıçak *s* <-ğı> **1.** Messer *nt* **2.** Klinge *f;* **orağın/tırpanın bıçağı** die Klinge der Sichel/der Sense; **bıçak sapı** *s* Messergriff *m*
bıçkı *s* **1.** (*iki kişilik büyük testere*) Doppelgriffsäge *f* **2.** (*motorla çalışan testere*) Motorsäge *f*
bıçkı evi *s,* **bıçkıhane** *s* Sägewerk *nt*
bıçkın *s* (*pej: külhanbeyi*) Strolch *m;* (*kabadayı*) Raufbold *m,* Rowdy *m*
bıçkı tozu *s ohne Pl* Sägemehl *nt*
bıkma *s Verbalsubstantiv zu* **bıkmak**
bıkmak *vi* (*fam*): **bir şeyden ~** etw satt haben, von etw die Nase voll haben
bıldır *s* (*fam: geçen yıl*) Vorjahr *nt*
bıldırcın *s* (ZOOL) Wachtel *f*
bıllık bıllık *adj* mollig
bıngıldak *s* <-ğı> (ANAT) Fontanelle *f*

bırak *Imperativ von* **bırakmak**: **~ düşüneyim** lass mich nachdenken
bırakıt *s* (JUR: *tereke*) Nachlass *m*
bırakma *s Verbalsubstantiv zu* **bırakmak**
bırakmak *vt* **1.** lassen; **sakal ~** sich einen Bart wachsen lassen **2.** (*alışkanlıktan vazgeçmek*) abgewöhnen, aufhören (*-i* mit), aufgeben; **bir şeyi ~** etw aufgeben, sich etw abgewöhnen; **içkiyi/sigarayı bırakmam lâzım** ich muss das Trinken/Rauchen aufgeben, ich muss mir das Trinken/Rauchen abgewöhnen, ich muss mit dem Trinken/Rauchen aufhören **3.** (*unutmak*) liegen lassen **4.** (*terk etmek*) verlassen **5.** (SCHULE: *öğrenciyi*) nicht versetzen **6.** (*mesaj*) hinterlassen; (*öldükten sonra*) hinterlassen; **ardında üç yaşında bir oğul, beş yaşında bir kız bırakıyor** er hinterläßt einen dreijährigen Sohn und eine fünfjährige Tochter; **bana bir çiftlik ve epeyce de nakit bırakıp giden halam** meine Tante, die mir einen Bauerhof und zeimlich viel Geld hinterließ; **karısına bir yığın borç bıraktı** er hinterließ seiner Frau einen Haufen Schulden
bıraktırma *s Verbalsubstantiv zu* **bıraktırmak**
bıraktırmak *vt:* **birine bir şeyi ~** jdm etw abgewöhnen
bıyık *s* <-ğı> **1.** Schnurrbart *m;* **~ altından gülmek** (*fig*) sich ins Fäustchen lachen; **~ bırakmak** sich einen Schnurrbart wachsen lassen **2.** (ZOOL: *balıklarda*) Bartel *f;* (*kedide*) Bart *m* **3.** (BOT) Ranke *f*
bıyıklı balık *s* <-ğı> (ZOOL) Barbe *f*
bızbız *s* (MUS: *davul için*) Schlägel *m*
bızır *s* Kitzler *m;* (*klitoris*) Klitoris *f*
bîaman *adj* gnadenlos
biat *s* <-i> Huldigung *f;* **~ etmek** huldigen
biatlon *s* (SPORT) Biathlon *nt*
biber *s* **1.** Pfeffer *m* **2.** Paprika *m;* **Arnavut ~i** scharfer Paprika; **~ dolması** (GASTR) gefüllte Paprikaschoten
biberiye *s ohne Pl* Rosmarin *m*
biberli *adj* gepfeffert
bibi *s* (*reg: hala*) Tante *f,* Base *f, Schwester des Vaters*
bibliyofil **I.** *s* Bibliophile *mf* **II.** *adj* bibliophil
bibliyograf *s* Bibliograph(in) *m(f)*
bibliyografi *s* Bibliographie *f*
bibliyografik *adj* bibliographisch
bibliyografya *s* Bibliographie *f*
bibliyoman **I.** *s* Bibliomane *mf* **II.** *adj* bibliomanisch
bibliyomani *s ohne Pl* Bibliomanie *f*
bicik *s* (*reg: meme*) Brust *f;* (*meme başı*) Brustwarze *f*
bîçare *adj* hilflos

bîçarelik *s ohne Pl* <-ği> Hilflosigkeit *f*
biçerdöver *s* (AGR) Mähdrescher *m*
biçilme *s Verbalsubstantiv zu* **biçilmek**
biçilmek *vi* **1.** *pass von* **biçmek** zugeschnitten werden **2. bu iş senin için biçilmiş kaftan** (*fam fig*) diese Arbeit ist für dich wie gemacht; **bu rol onun için biçilmiş kaftan** (*fam fig*) diese Rolle ist ihr wie auf den Leib geschrieben
biçim *s* **1.** Form *f* **2.** (*tarz*) Art und Weise; (*yaşam ~ i*) Weise *f;* **biçim bilimi** *s ohne Pl* Morphologie *f;* **biçim birimi** *s* (LING: *morfem*) Morphem *nt*
biçimlendirme *s* **1.** *Verbalsubstantiv zu* **biçimlendirmek** **2.** Formung *f*
biçimlendirmek *vt* formen
biçimli *adj* wohlgeformt
biçimsel *adj* formal
biçme *s Verbalsubstantiv zu* **biçmek**
biçmek *vt* **1.** zuschneiden **2.** mähen; **orakla/tırpanla** ~ mit der Sichel/Sense mähen; **rüzgâr eken fırtına biçer** (*prov*) wer Wind sät, wird Sturm ernten
bide *s* Bidet *nt*
bidon *s* Kanister *m*
bienal *s* <-i> (KUNST, FILM) Biennale *f*
biftek *s* <-ği> (GASTR) Beefsteak *nt,* Steak *nt*
bigami *s* Bigamie *f*
bigudi *s* Lockenwickler *m*
bîgünah [biːgʏnaːh] *adj* unschuldig
bîhaber *adj* ahnungslos
bijon anahtarı *s* Kreuzschlüssel *m*
bîkes *adj* einsam
bîkeslik *s ohne Pl* <-ği> Einsamkeit *f,* Alleinsein *nt*
bikini *s* Bikini *m*
bikir *s ohne Pl* <-kri> *s.* **kızlık** Jungfräulichkeit *f*
bilâhare *adv* danach; (*sonra*) später
bilâkis *adv* im Gegenteil
bilânço *s* (*a.* WIRTSCH) Bilanz *f;* ~ **yapmak** Bilanz machen
bilânçolama *s* **1.** *Verbalsubstantiv zu* **bilânçolamak** **2.** (FIN) Bilanzierung *f*
bilânçolamak *vt* (FIN) bilanzieren
bilârdo *s ohne Pl* Billard *nt;* **bir parti ~ oynamak** eine Partie Billard spielen
bilârdocu *s* Billardspieler(in) *m(f)*
bilârdo masası *s* Billardtisch *m;* **bilârdo topu** *s* Billardkugel *f*
bilâvasıta *adj* unmittelbar
bildik *s* <-ği> Bekannte(r) *mf;* ~ **çıkmak** sich wieder erkennen
bildirişim *s ohne Pl s.* **iletişim** Kommunikation *f*
bildirişme *s Verbalsubstantiv zu* **bildirişmek**
bildirişmek *vi* kommunizieren (*-le* mit)
bildirme *s* **1.** *Verbalsubstantiv zu* **bildirmek** **2.** Mitteilung *f* **3.** Verkündung *f*
bildirmek *vt* **1.** mitteilen, wissen lassen; **bana geleceğini bildirmedi** er hat mir nicht mitgeteilt, dass er kommen wird **2.** verkünden; **namaz vakitlerini** ~ die Zeiten zum Gebet verkünden
bildirme kipi *s* (LING) Indikativ *m*
bile *konj* **1.** (*de, da*) auch, selbst; **gitse bile** selbst wenn er geht; **yağmur yağacak olsa** ~ auch wenn es regnen sollte **2.** (*dahi*) sogar; **Türkçe roman ~ okuyor** er liest sogar Romane auf Türkisch **3.** schon; **o gitti** ~ er ist schon gegangen **4.** (*üstelik*) obendrein; **birbirleriyle konuşmadılar** ~ sie haben nicht einmal miteinander gesprochen **5.** (noch) nicht einmal, kaum; **en küçük bir pişmanlık eseri** ~ nicht einmal das geringste Anzeichen von Reue; **üç saat bile sürmedi** es hat noch nicht einmal drei Stunden gedauert
bileği[1] *s poss von* **bilek**
bileği[2] *s* Schleifapparat *m;* **bileği çarkı** *s* Schleifrad *nt,* Schleifscheibe *f;* **bileği taşı** *s* Schleifstein *m,* Wetzstein *m*
bilek *s* <-ği> **1.** Gelenk *nt* **2.** (*atta*) Fessel *f;* **bilek damarı** *s* Pulsader *f;* **bilek damarlarını kesmek** sich die Pulsadern aufschneiden; **bilek gücü** *s ohne Pl,* **bilek kuvveti** *s ohne Pl* Muskelkraft *f;* **bilek saati** *s* Armbanduhr *f*
bileme *s Verbalsubstantiv zu* **bilemek**
bilemek *vt* schärfen, schleifen, wetzen
bileşen *s* Komponente *f*
bileşik faiz *s* Zinseszins *m*
bileşikgiller *s Pl* (BOT) Korbblütler *mpl*
bileşke *s* (PHYS) Resultante *f*
bileşme *s Verbalsubstantiv zu* **bileşmek**
bileşmek *vi* (CHEM) sich verbinden (*-le* mit)
bileştirme *s Verbalsubstantiv zu* **bileştirmek**
bileştirmek *vt* **1.** verbinden (*-le* mit), zusammensetzen **2.** (CHEM) binden **3.** (MATH, PHYS: *vektörleri*) addieren
bilet *s* **1.** (*giriş ~ i*) Karte *f;* (*ulaşım araçları için*) Fahrkarte *f* **2.** (*uçak ~ i*) Ticket *nt* **3.** (*piyango ~ i*) Los *nt*
bilezik *s* <-ği> Armreif *m;* **kolunda altın bileziği var** (*prov*) Handwerk hat goldenen Boden
bilge *s* Weise(r) *mf*
bilgelik *s* <-ği> Weisheit *f*
bilgi *s* Wissen *nt,* Kenntnisse *pl;* ~ **edinmek** Kenntnisse erwerben, sich Wissen aneignen
bilgi alış verişi *s* Informationsaustausch *m;* **bilgi çağı** *s* Informationszeitalter *nt;* **bilgi işlem** *s* Datenverarbeitung *f;* **elektronik** ~ elektronische Datenverarbeitung
bilgilik *s* <-ği> *s.* **ansiklopedi** Lexikon *nt*

bilgilendirme *s Verbalsubstantiv zu* **bilgilendirmek**
bilgilendirmek *vt* informieren
bilgin **I.** *s* Gelehrte(r) *mf* **II.** *adj* gelehrt
bilgisayar *s* Computer *m;* **bilgisayar destekli** *adj* computergestützt, computerunterstützt, EDV-gestützt; ~ **öğrenim** computergestütztes Lernen; ~ **tasarım** (INFORM) computerunterstütztes Design; **bilgisayar düzeni** *s* (INFORM) Computersystem *nt;* **bilgisayar korsanı** *s* (INFORM) Hacker(in) *m(f);* **bilgisayar kumandalı** *adj* computergesteuert; **bilgisayar oyunu** *s* Computerspiel *nt;* **bilgisayar programı** *s* Computerprogramm *nt;* **bilgisayar virüsü** *s* (INFORM) Computervirus *m*
bilgisiz *adj* **1.** unwissend **2.** (*bîhaber*) ahnungslos **3.** (*pej: cahil*) ignorant
bilgisizlik *s ohne Pl* <-ği> **1.** Unwissenheit *f* **2.** (*pej: cehalet*) Ignoranz *f*
bilgiyazar *s* (INFORM: *yazıcı*) Drucker *m*
bili *s* Information *f*
bili bili *interj* put, put; ~**!** put, put, put!
bilim *s* **1.** Wissenschaft *f* **2.** (*gelecek ~i*) Forschung *f;* **bilim adamı** *s* Wissenschaftler *m;* (*bilgin*) Gelehrte(r) *m*
bilimci *s* Gelehrte(r) *mf*
bilim dalı *s* Wissenschaftszweig *m;* **bilim dışı** *adj* unwissenschaftlich; **bilim kadını** *s* Wissenschaftlerin *f;* (*bilgin*) Gelehrte *f;* **bilim kuramı** *s ohne Pl* (PHILOS) Wissenschaftstheorie *f*
bilimkurgu *s ohne Pl* Sciencefiction *f*
bilimsel *adj* wissenschaftlich
bilinç *s ohne Pl* <-ci> **1.** (*a.* PSYCH: *şuur*) Bewusstsein *nt* **2.** (*dimağ*) Verstand *m;* **bilincini yitirmek** den Verstand verlieren
bilinçaltı *s ohne Pl* (PSYCH) Unterbewusstsein *nt*
bilinen *adj* bekannt
bilinme *s Verbalsubstantiv zu* **bilinmek**
bilinmedik **I.** *s* (MATH) unbekannte Größe **II.** *adj* unbekannt
bilinmek *vi* **1.** *pass von* **bilmek** **2. nerede olduğu bilinmiyor** man weiß nicht, wo er ist
bilinmeyen **I.** *s* (MATH) unbekannte Größe **II.** *adj* unbekannt
bilirkişi *s* Sachverständige(r) *mf*
bilişim *s ohne Pl* Informatik *f*
bilişimci *s* Informatiker(in) *m(f)*
billûr **I.** *s* (*kristal*) Kristall *nt;* ~ **gibi sesi var** er hat eine kristalklare Stimme **II.** *adj* kristallin; **billûr cisim** *s* <-smi> (ANAT, MED: *gözde*) Glaskörper *m*
billûrî *adj* kristallisch
billûriye *s* Kristallwaren *pl*
billûrlaşma *s* **1.** *Verbalsubstantiv zu* **billûrlaşmak** **2.** (*kristalleşme*) Kristalisierung *f*
billûrlaşmak *vi* (*kristalleşmek*) kristalisieren
bilme *s Verbalsubstantiv zu* **bilmek**
bilmek *vt* **1.** wissen; **bildim bileli** seit eh und je **2.** kennen; **bir şeyi avcunun içi gibi** ~ (*fam*) etw wie seine Westentasche kennen; **o** (**çok iyi**) **Almanca/Türkçe bilir** er kann (sehr gut) Deutsch/Türkisch
bilmeyen *adj:* **bitmek** ~ **alkış** nicht enden wollender Beifall
bilmezlik *s ohne Pl* <-ği> Unwissenheit *f;* (*pej: cehalet*) Ignoranz *f*
bilmukabele *adv* gleichfalls
bilumum [bil'umu:n] *adv* sämtlich(e)
bilvasıta *adv* mittelbar, indirekt
bilye *s* **1.** Kugel *f* **2.** (*misket*) Murmel *f*
bilyeli yatak *s* (TECH) Kugellager *nt*
bin **I.** *s* Tausend *nt* **II.** *adj* **1.** tausend, eintausend **2.** (*fig*): **bir şeye** ~ **pişman olmak** etw bitter bereuen
binaenaleyh *adv* (*bundan dolayı*) deswegen, deshalb; (*bunun üzerine*) infolgedessen, folglich, also
binbaşı *s* <-yı> (MIL) Major *m*
binde bir *s* Tausendstel *nt;* ~ **şansı var** seine Chancen stehen eins zu tausend
binek atı *s* Reitpferd *nt*
binici *s* Reiter(in) *m(f)*
binicilik okulu *s* Reitschule *f*
bininci *adj* tausendste(r, s); *s. a.* **altmışıncı**
binlik **I.** *s* <-ği> Tausender *m* **II.** *adj* **1.** (*içinde bin tane bulunan*) tausender **2.** (*bin yaşında olan*) tausendjährig
binme *s Verbalsubstantiv zu* **binmek**
binmek <-er> *vi* **1.** (*ata, bisiklete*) steigen (*-e* auf), aufsteigen; **bindiği dalı kesmek** (*fig*) den Ast absägen, auf dem man sitzt; **birinin başına** [*o* **tepesine**] ~ (*fam fig*) jdm aufs Dach steigen **2.** (*taşıta*) steigen (*-e* in), einsteigen; **otobüse** ~ in den Bus steigen **3.** (*ata*) reiten; **kısrağa** ~ auf einer Stute reiten **4.** (*bisiklete*) fahren (*-e* mit); **atlıkarıncaya/dönme dolaba** ~ (mit dem) Karussell/Riesenrad fahren
binyıl *s* Jahrtausend *nt*
biogaz *s* Biogas *nt;* **biokütle** *s* Biomasse *f;* **biomekanik** <-ği> *s* Biomechanik *f*
bir **I.** *s* **1.** Eins *f;* ~ **olmak** sich zusammentun, sich verbünden **2. iki/üç/dört günde** ~ jeden zweiten/dritten/vierten Tag **II.** *adj* **1.** ~ **araba** eine Fuhre; (*fig: pek çok*) eine Menge; ~ **ayağı çukurda olmak** (*fam fig*) mit einem Bein im Grab stehen; ~ **ayak üstünde kırk yalanın belini bükmek** (*fam*) lügen, dass sich die Balken biegen; ~ **çırpıda** (*fam*) auf einen Schlag, auf Anhieb, im Handumdrehen; ~ **el** ~ **eli yıkar, iki el** ~ **yüzü yıkar** (*prov*) eine Hand wäscht die andere; ~ **elmanın yarı-**

sı o, yarısı bu (*fam fig*) sich gleichen wie ein Ei dem anderen; ~ **gecelik** für eine Nacht; ~ **musibet bin nasihatten yeğdir** (*prov*) durch Schaden wird man klug; ~ **taşla iki kuş vurmak** (*fam fig*) zwei Fliegen mit einer Klappe schlagen; **o benim ~ tanem** sie [*o* er] ist mein Ein und Alles **2.** ~ **akşam/gün/sabah** eines Abends/Tages/Morgens; **günün ~inde** eines Tages; **saat ~** es ist ein Uhr **3.** ~ **yanda(n) ...**, ~ **yanda(n) ...** einerseits ..., andererseits ...; ~ **yanda(n) merak ediyorum,** ~ **yanda(n) korkuyorum** einerseits bin ich neugierig, andererseits habe ich Angst davor **III.** *adv* **1.** (*yalnız, ancak*) nur; ~ **deri bir kemik olmak** (*fam*) nur Haut und Knochen sein; **bunu ~ sen yapabilirsin** nur du kannst das tun **2.** (*fam*) mal; **kafanı ~ işletsene!** denk doch mal scharf nach! **3.** einmal; ~ **daha** (*bir kez daha*) noch einmal; (*olumsuz cümlede*) nicht mehr; ~ **yağmur yağdı,** ~ **güneş açtı** einmal regnete es, einmal schien die Sonne; **burada (sakın) ~ daha görünmeyin!** lassen Sie sich hier (bloß) nicht mehr blicken! **4.** (*Wend*): ~ **aşağı ~ yukarı gezinmek/gitmek** auf und ab schlendern/gehen; ~ **zamanlar** einstmals; **yerle ~ etmek** dem Erdboden gleichmachen

bira *s* Bier *nt;* **bira bardağı** *s* Bierglas *nt*

biracı *s* **1.** Brauer(in) *m(f),* Bierbrauer(in) *m(f)* **2.** (*çok bira içen*) Biertrinker(in) *m(f)*

birader *s* Bruder *m*

bira fabrikası *s* Bierbrauerei *f,* Brauerei *f,* Brauhaus *nt;* **bira fıçısı** *s* Bierfass *nt*

birahane *s* Bierkneipe *f,* Bierlokal *nt*

bira kasası *s* Bierkasten *m;* **bira köpüğü** *s ohne Pl* Bierschaum *m;* **bira kasası** *s* Bierkasten *m;* **bira maşrapası** *s* Bierkrug *m;* **bira mayası** *s ohne Pl* Bierhefe *f;* **bira şişesi** *s* Bierflasche *f*

bir an önce *adv* baldigst, so bald wie möglich; **bir ara** *adv:* ~**ya gelmek** zusammenkommen; (*buluşmak*) sich treffen; ~**ya getirmek** zusammenbringen

biraz *adv* bisschen; **bu ~ az** das ist ein bisschen wenig

birbiri *pron* **1.** einander **2.** ~ **için** füreinander; ~ **için yaratılmış olmak** wie geschaffen füreinander sein **3.** ~**ne** aneinander, aufeinander; ~**ne alışmak** sich aneinander gewöhnen; ~**ne benzemek** sich ähneln; ~**ne çarpmak** aneinander stoßen [*o* prallen], aufeinander stoßen [*o* prallen]; **biriyle ~ne girmek** mit jdm aneinander geraten **4.** ~**ni** aneinander, aufeinander; ~ **düşünmek** aneinander denken; ~ **izlemek** aufeinander folgen; ~ **izleyen** aufeinander folgend

bir buçuk *adj* <-ğu> **1.** eineinhalb, anderthalb; ~ **litre/kilometre** eineinhalb Liter/Kilometer; ~ **saat önce/sonra** eineinhalb Stunden vorher/nachher **2.** (*saati bildirirken*) halb zwei; ~**ta** um halb zwei; **saat ~** es ist halb zwei; **bir buçuğa on (dakika) kala** um zehn (Minuten) vor halb zwei; **bir buçuğa on (dakika) var** es ist zehn (Minuten) vor halb zwei; **bir buçuğu on (dakika) geçe** um zehn (Minuten) nach halb zwei; **bir buçuğu on (dakika) geçiyor** es ist zehn (Minuten) nach halb zwei

birçok *adj* mehrere; ~ **kez** mehrere Male, mehrmals

bir defalık *adv* einmalig

birdenbire *adv* plötzlich, mit einem Mal; ~ **kapı/pencere açıldı** plötzlich ging die Tür/das Fenster auf

birdirbir *s ohne Pl* Bockspringen *nt*

bir dirhem *adj:* ~ **aklı yok** er hat keinen Funken Verstand

bireşim *s* (*a.* CHEM, PHILOS: *sentez*) Synthese *f*

bireşimli *adj* (*sentetik*) synthetisch

birey *s* Individuum *nt*

bireyci **I.** *s* Individualist(in) *m(f)* **II.** *adj* individualistisch

bireycilik *s ohne Pl* <-ği> Individualismus *m*

bireyler arası *adj* (PSYCH) interindividuell

birey oluş *s ohne Pl* (BIOL: *ontogenez*) Ontogenese *f*

bireysel *adj* individuell

bireyselleştirme *s* **1.** *Verbalsubstantiv zu* **bireyselleştirmek** **2.** Individualisierung *f,* Individualisation *f*

bireyselleştirmek *vt* individualisieren

bireysellik *s* <-ği> Individualität *f*

bir gözeli *s* (BIOL) Einzeller *m;* **bir hayli** *adv* ziemlich viel

biri *pron* **1.** (*Poss. von bir*): **ikisinden ~** einer von beiden **2.** jemand; ~**ne benzemek** jemandem ähneln; ~**yle** mit jemandem

biricik *adj* <-ği> einzig

bir iki *adj* ein paar; ~ **demeden** [*o* **demeye kalmadan**] im Handumdrehen; ~ **kere oraya gittim** ich bin ein paar Mal dahin gegangen

birikim *s* **1.** Ansammlung *f;* (*toplanıp yığılma*) Anhäufung *f* **2.** (WIRTSCH) Akkumulation *f,* Anhäufung *f* **3.** (GEO) Akkumulation *f,* Aufschüttung *f*

birikinti *s* Ansammlung *f;* (*su ~ si*) Pfütze *f;* **birikinti konisi** *s* (GEO) Schwemmkegel *m*

birim *s* Einheit *f;* (*ölçü ~ i*) Maßeinheit *f;* **enerji ~i** Maßeinheit der Energie

birinci **I.** *s* (SPORT) Sieger(in) *m(f)* **II.** *adj* erste(r, s); *s. a.* **altıncı**

birincilik *s* <-ği> (SPORT) Sieg *m;* ~ **için çe-**

kişmek um den Sieg ringen
birinci mevki *s,* **birinci orun** *s* erste Klasse; **birinci sınıf I.** *s* (SCHULE) erste Klasse **II.** *adj* erstklassig
birincisi *adv* (*sayarken*) erstens; *s. a.* **altıncısı**
birisi *pron* jemand; **başka** ~ jemand anderes
birkaç *adj* **1.** einige, ein paar; ~ **gün/kere** einige Tage/Male, ein paar Tage/Mal; ~ **gün içinde** in einigen [*o* ein paar] Tagen; ~ **saat içinde** binnen einiger Stunden; **birine** ~ **satır yazmak** jdm ein paar Zeilen schreiben **2.** wenige; **henüz** ~ **günlüktü** er war erst wenige Tage alt
birler *s Pl* (MATH) Einer *mpl*
birleşik I. *s* <-ği> (CHEM) Verbindung *f;* **polimer** ~**ler** polymere Verbindungen **II.** *adj* vereinigt; **B**~ **Arap Emirlikleri** Vereinigte Arabische Emirate
birleşikgiller *s* (BOT) Korbblütler *mpl*
birleşik kelime *s* (LING) Kompositum *nt*
birleşim *s* **1.** (CHEM) Verbindung *f* **2.** (*sentez*) Synthese *f*
birleşimli *adj* (*sentetik*) synthetisch
birleşme *s* **1.** *Verbalsubstantiv zu* **birleşmek** **2.** (*füzyon*) Fusion *f*
birleşmek *vi* sich vereinen
birleşmiş *adj* vereint; **B**~ **Milletler** Vereinte Nationen
birleştirme *s Verbalsubstantiv zu* **birleştirmek**
birleştirmek *vt* vereinen
birli *s* (*iskambil kâğıdı*) Eins *f;* (*as*) Ass *nt; s. a.* **altılı I. 1.**
birlik I. *s* <-ği> **1.** Einheit *f;* (*Avrupa Birliği*) Union *f* **2.** Vereinigung *f;* (*öğretmenler birliği*) Verband *m;* (*sendikalar birliği*) Bund *m* **3.** (*evlilik birliği*) Gemeinschaft *f;* (*kader birliği*) Genossenschaft *f* **4.** (MIL) Verband *m,* Einheit *f* **5.** Einser *m* **6.** (MUS) ganze Note **II.** *adj* **1.** (*içinde bir tane bulunan*) einser **2.** (*bir yaşında olan*) einjährig
Birmanya *s* Birma *nt*
Birmanyalı *s* Birmane, -in *m, f*
bir perdelik oyun *s* (THEAT) Einakter *m*
birsam *s s.* **sanrı** Halluzination *f*
birtakım *adj* mancherlei
bir yana *adv* beiseite; **bir yıllık** *adj* einjährig; ~ **bitki** einjährige Pflanze; **bir zamanlar** *adv* (*vaktiyle*) seinerzeit, einst
bisiklet *s* Fahrrad *nt*
bisikletçi *s* (SPORT) Radfahrer(in) *m(f)*
bisikletli *s* Radfahrer(in) *m(f),* Fahrradfahrer(in) *m(f)*
bisiklet yolu *s* Fahrradweg *m,* Radweg *m;* **bisiklet zinciri** *s* Fahrradkette *f*
bisküvi *s* Biskuit *m o nt*
bit *s* **1.** (ZOOL) Laus *f* **2.** (INFORM) Bit *nt*
bitek *adj* fruchtbar; ~ **toprak** fruchtbare Erde
bitey *s* (BOT: *flora*) Flora *f*
bitik *adj* **1.** erschöpft; ~ **olmak** erschöpft sein **2.** (*fam*) erledigt, fix und fertig **3.** (*fam*): **onu yaparsa hâlimiz** ~**tir** wenn er das macht, dann sind wir erledigt
bitim *s* Ablauf *m*
bitirme *s ohne Pl* **1.** *Verbalsubstantiv zu* **bitirmek** **2.** Abschluss *m,* Beendigung *f* **3.** ~**m gereken bir şeyim daha var** ich habe noch etwas zu erledigen
bitirmek *vt* **1.** beenden, abschließen; **kursu bitirdikten sonra** nach Beendigung des Kursus **2.** (*tamamlamak*) erledigen; **birinin işini** ~ (*sl: öldürmek*) jdn erledigen **3. yemeğini bitirdin mi?** hast du aufgegessen?
bitirme sınavı *s* (SCHULE) Abschlussprüfung *f*
bitki *s* Pflanze *f;* **bir/çok yıllık** ~ einjährige/mehrjährige Pflanze; **bitki bilimci** *s* (*botanikçi*) Botaniker(in) *m(f);* **bitki bilimi** *s ohne Pl* (*botanik*) Botanik *f;* **bitki bilimsel** *adj* botanisch; **bitki familyası** *s* (BOT) Pflanzenfamilie *f*
bitkin *adj* (*fam: çok yorgun*) abgespannt, erschöpft, fix und fertig
bitkinlik *s ohne Pl* <-ği> Abgespanntheit *f,* Erschöpfung *f*
bitki örtüsü *s ohne Pl* (BOT) Pflanzendecke *f;* (*flora*) Flora *f*
bitkisel *adj* pflanzlich
bitleme *s Verbalsubstantiv zu* **bitlemek**
bitlemek *vt* lausen
bitlenme *s* **1.** *Verbalsubstantiv zu* **bitlenmek** **2.** Verlausung *f*
bitlenmek *vi* verlausen
bitli *adj* verlaust
bitme *s Verbalsubstantiv zu* **bitmek**
bitmek <-er> *vi* **1.** enden; ~ **bilmemek** nicht enden wollen; ~ **bilmeyen alkış** nicht enden wollender Beifall; ~ **tükenmek bilmemek** unerschöpflich sein; **film bitti** der Film ist zu Ende; **sonu iyi/kötü** ~ ein gutes/böses Ende nehmen **2.** (*süre*) ablaufen **3.** (LING: *harfi ile* ~) auslauten; **kelime e harfi ile biter** das Wort lautet auf e aus **4. mantar gibi yerden** ~ wie Pilze aus dem Boden schießen
bitmek bilmeyen *adj* nicht enden wollend
bitmez tükenmez *adj* unerschöpflich
bitmiş *adj* erledigt; **bir şeye** ~ **gözüyle bakmak** etw als erledigt ansehen
bitnik *s* <-ği> Beatnik *m*
bitpazarı *s* Flohmarkt *m*
bitter *s* **1.** (*içki*) Bittere *m* **2.** (*çikolata*) Bitterschokolade *f*
bitüm *s ohne Pl* Bitumen *nt*

biye *s* Saum *m*
biyel *s* (TECH, AUTO) Kolbenstange *f*
biyofizik *s ohne Pl* <-ği> Biophysik *f*
biyografi *s* Biografie *f*
biyografik *adj* biografisch
biyokimya *s ohne Pl* (CHEM) Biochemie *f*
biyokimyasal *adj* (CHEM) biochemisch
biyokütle *s s.* **biokütle**
biyolog *s* Biologe, -in *m, f*
biyoloji *s ohne Pl* Biologie *f;* **biyolojik** *adj* biologisch; **biyolojik gıda** *s* Biokost *f;* **biyolojik gıda pazarı** *s* (*fam*) Bioladen *m*
biyonik **I.** *s ohne Pl* <-ği> Bionik *f* **II.** *adj* bionisch
biyopsi *s* (MED) Biopsie *f;* ~ **yapmak** eine Biopsie durchführen; (*parça almak*) eine Gewebeprobe entnehmen
biyosfer *s ohne Pl* (GEO, BIOL) Biosphäre *f*
biyoteknoloji *s* Biotechnologie *f*
biyotop *s* (BIOL) Biotop *nt o m*
biz[1] *pron* wir
biz[2] *s* Ahle *f*
Bizans **I.** *s* (HIST) Byzanz *nt* **II.** *adj:* ~ **İmparatorluğu** das Byzantinische Reich
bizim *pron gen von Pl* **biz**[1] unser; ~ **okulumuz(da)** (in) unsere(r) Schule; ~ **evde** bei uns zu Hause; ~ **evimiz(de)** (in) unser(em) Haus, (in) unsere(r) Wohnung
bizon *s* (ZOOL) Bison *m*
bizzat *adj* höchstpersönlich
bkz. *interj Abk. von* **bakınız** s., *siehe*
blâstulâ *s* (BIOL) Blastula *f*
blok ders *s* (SCHULE) Blockstunde *f*
bloke *adj* **1.** blockiert; ~ **etmek** abblocken **2.** (*çek*) gesperrt; ~ **etmek** sperren
bloknot *s* Notizblock *m*
bloksuz *adj* (POL: *ülke*) blockfrei
blöf *s* Bluff *m;* ~ **yapmak** bluffen
blûcin *s* Jeans *f,* Blue Jeans *pl;* **blûcin ceket** *s* Jeansjacke *f;* **blûcin gömlek** *s* <-ği> Jeanshemd *nt;* **blûcin pantolon** *s* Jeanshose *f*
blûz *s* Bluse *f*
BM *s Abk. von* **Birleşmiş Milletler** UN, *Vereinte Nationen*
boa *s* (ZOOL) Boa *f*
bobin *s* (ELEK) Spule *f*
boca *s* (NAUT: *rüzgâr altı*) Lee *f;* ~ **etmek** abfallen; **geminin başı** ~**ya kaçıyor** der Bug des Schiffes dreht nach Lee
bocurgat *s* (TECH) Winde *f*
bodoslama *s* (NAUT) Steven *m*
bodrum *s* Keller *m;* **bodrum katı** *s* Kellergeschoss *nt*
bodur *adj* untersetzt, stämmig, gedrungen; **bodur ağaç** *s* <-cı> Bonsai *m;* **bodur çam** *s* (BOT) Latsche *f*
bodurluk *s ohne Pl* <-ğu> Untersetztheit *f,* Stämmigkeit *f,* Gedrungenheit *f*
boğa *s* Stier *m,* Bulle *m;* (*damızlık erkek sığır*) Zuchtbulle *m;* ~ **gibi** (*fam*) bullenstark
Boğa *s* (ASTR) Stier *m;* ~ **burcu/dönencesi** das Sternbild/der Wendekreis des Stiers
boğa güreşçisi *s* Stierkämpfer *m;* **boğa güreşi** *s* Stierkampf *m*
boğak *s* <-ğı> (*fam: anjin*) Angina *f*
boğan otu *s* (BOT) Eisenhut *m*
boğaz *s* **1.** Hals *m;* ~**ım ağrıyor** ich habe Halsschmerzen; ~**ına bir yumruk tıkanmak** [*o* **gelip oturmak**] (*fam*) einen Kloß im Hals haben; ~**ına kadar borç içinde olmak** bis zum Hals in Schulden stecken; ~**ından kesmek** sich abhungern **2.** (GEO) Meerenge *f;* (*darbent*) Pass *f;* **Cebelitarık B~ı** die Straße von Gibraltar **3.** (*fam fig: yeme içme*) Essen und Trinken; ~**ından artırmak** vom Munde absparen **4.** (*fam fig*): **bizim evde on** ~ **var** bei uns zu Hause gibt es zehn (hungrige) Mäuler zu stopfen
Boğaz *s s.* **Boğaziçi** Bosporus *m*
boğaz ağrısı *s* Halsschmerzen *pl*
Boğaziçi *s* Bosporus *m*
boğazlama *s Verbalsubstantiv zu* **boğazlamak**
boğazlamak *vt:* **birini** ~ jdm die Kehle durchschneiden
boğaz mukozası *s* (ANAT, MED) Rachenschleimhaut *f;* **boğaz tokluğu** *s ohne Pl:* ~**na çalışmak** für einen Hungerlohn arbeiten
boğmaca *s ohne Pl* (MED) Keuchhusten *m*
boğma *s ohne Pl* **1.** *Verbalsubstantiv zu* **boğmak** **2.** Erdross(e)lung *f*
boğmaca *s ohne Pl* (MED) Keuchhusten *m*
boğmak[1] <-ar> *vt* **1.** ersticken **2.** erdrosseln, erwürgen **3.** (*fig: bastırmak*) ersticken, unterdrücken **4.** (*fig*) überhäufen (*-e* mit); **birini hediyelere/öpücüklere** ~ jdn mit Geschenken/Küsschen überhäufen
boğmak[2] *s* <-ğı> Knoten *m*
boğucu *adj* erstickend; (*sıcak*) drückend
boğuk *adj* heiser
boğukluk *s ohne Pl* <-ğu> Heiserkeit *f*
boğulma *s Verbalsubstantiv zu* **boğulmak**
boğulmak *vi* **1.** (*suda*) ertrinken **2.** (*havasızlıktan ölmek*) ersticken
boğum *s* **1.** (*parmakta*) Glied *nt* **2.** (ANAT, MED: *lenf~u*) Knoten *m*
boğumlanma *s* (LING) Artikulation *f;* **boğumlanma noktası** *s,* **boğumlanma yeri** *s* (LING) Artikulationsstelle *f*
boğumlu *adj* knotig
bohem **I.** *s ohne Pl* Boheme *f* **II.** *adj* unbürgerlich; ~ **(hayatı) yaşamak** Boheme leben; **bohem hayatı** *s ohne Pl* Boheme *f*
Bohemya **I.** *s* Böhmen *nt* **II.** *adj* böhmisch

bok *s ohne Pl* (*vulg*) Scheiße *f,* Kacke *f,* Mist *m;* ~ **gibi soğuk** (es ist) arschkalt; **işi** ~ **ettin** da hast du Mist gebaut; **bütün** ~**u püsürü** die ganze Scheiße, der ganze Mist, das ganze Drumherum; **birinin ödü** ~**una karışmak** (*fam fig*) jdm geht der Arsch auf Grundeis; **bok böceği** *s* (ZOOL) Mistkäfer *m*

boks *s ohne Pl* (SPORT) Boxen *nt;* ~ **etmek** boxen; **boks eldiveni** *s* Boxhandschuh *m*

bokser *s* (*köpek cinsi*) Boxer *m*

boksit *s* Bauxit *m*

boks maçı *s* Boxkampf *m*

boksör *s* (SPORT) Boxer(in) *m(f)*

boks sporu *s ohne Pl* Boxsport *m;* **boks şampiyonası** *s* Boxmeisterschaft *f*

boktan *adj* (*fam*) beschissen; **durum çok** ~ die Lage ist sehr beschissen

boktanlık *s ohne Pl* <-ğı> (*vulg*) Kacke *f*

bol[1] *adj* **1.** (*dar karşıtı*) weit; **bu pantolon bana** ~ diese Hose ist mir weit **2.** (*kıt karşıtı*) reichlich

bol[2] *s* <-ü> (GASTR) Bowle *f*

bol bol *adv* ausgiebig, reichlich; ~ **yiyip içmek** ausgiebig essen und trinken

bolero *s* **1.** (*ceket*) Bolero *m* **2.** (*dans, müzik*) Bolero *m*

boliçe *s* Judin *f*

Bolivya **I.** *s* Bolivien *nt* **II.** *adj* bolivianisch; ~ **hükümeti** die bolivianische Regierung

Bolivyalı **I.** *s* Bolivianer(in) *m(f)* **II.** *adj* bolivianisch

bollaşma *s Verbalsubstantiv zu* **bollaşmak**

bollaşmak *vi* sich weiten

bollaştırma *s Verbalsubstantiv zu* **bollaştırmak**

bollaştırmak *vt* weiten; **ayakkabıları giye giye** ~ die Schuhe austreten

bolluk *s ohne Pl* <-ğu> Überfluss *m*

bolometre *s* (PHYS) Bolometer *nt*

Bolşevik **I.** *s* <-ği> Bolschewik *m* **II.** *adj* <-ği> bolschewistisch

Bolşeviklik *s ohne Pl* <-ği>, **Bolşevizm** *s ohne Pl* Bolschewismus *m*

bomba *s* **1.** Bombe *f* **2.** (*el* ~ *sı*) Granate *f* **3.** (*büyük fıçı*) Tonne *f* **4.** (*oksijen* ~ *sı*) Flasche *f* **5.** (*fam*): ~ **gibi** bombig; (*kondisyon*) topfit; ~ **gibi patlamak** wie eine Bombe einschlagen

bombacı *s* Bombenleger(in) *m(f)*

bombalama *s* **1.** *Verbalsubstantiv zu* **bombalamak** **2.** Bombardierung *f;* (MIL) Bombenangriff *m*

bombalamak *vt* **1.** bombardieren **2.** zerbomben

bombalanma *s Verbalsubstantiv zu* **bombalanmak**

bombalanmak *vi pass von* **bombalamak**

bombalı suikast *s* Bombenanschlag *m*

bombardıman *s* Bombardement *nt;* (*bombalama*) Bombardierung *f;* ~ **etmek** bombardieren; **bombardıman uçağı** *s* (MIL) Bomber *m*

bombardon *s* (MUS) Bombardon *nt*

bonbon *s* Bonbon *m o nt*

boncuk *s* <-ğu> Glasperle *f*

boncuklanma *s Verbalsubstantiv zu* **boncuklanmak**

boncuklanmak *vi* perlen, Perlen bilden

boncuk mavisi *adj* grünblau

bone *s* **1.** Badekappe *f* **2.** Haube *f*

bonfile *s* (GASTR) Filetsteak *nt*

bonservis *s* Arbeitszeugnis *nt*

boot [bu:t] *s* (INFORM): ~ **etmek** booten, hochfahren

bor *s ohne Pl* (CHEM) Bor *nt*

boraks *s ohne Pl* (CHEM) Borax *nt*

boran *s* (GEO) Gewitter *nt;* ~ **olmak** gewittern; ~ **yaklaşmakta** das Gewitter ist im Anzug; **dün** ~ **oldu** gestern war ein Gewitter; **yazın sık sık** ~ **olur** im Sommer gibt es öfters Gewitter; **boran bulutu** *s* Gewitterwolke *f*

boranlı *adj* gewitt(e)rig

boran yağmuru *s* Gewitterregen *m*

bor asidi *s ohne Pl* (CHEM) Borsäure *f*

borasit *s ohne Pl* Boracit *m,* Borazit *m*

borat *s* (CHEM) Borat *nt*

borazan *s* **1.** Trompete *f* **2.** (*perdesiz*) Fanfare *f;* **borazan kuşu** *s* (ZOOL) Trompetervogel *m*

borç *s* <-cu> **1.** Schuld *f;* **birine borcu olmak** bei jdm Schulden haben **2.** Anleihe *f;* ~ **almak** eine Anleihe aufnehmen; **birinden** ~ **almak** bei jdm eine Anleihe machen

borçlanma *s* **1.** *Verbalsubstantiv zu* **borçlanmak** **2.** Verschuldung *f*

borçlanmak *vi* sich verschulden

borçlu *s* Schuldner(in) *m(f)*

borda *s* (NAUT) Bord *m;* ~ **etmek** längsseits anlegen; **borda fenerleri** *s Pl* (NAUT) Positionslichter *ntpl*

bordo *adj* bordeaurot

bordür taşı *s* Bordstein *m*

borik asit *s* <-di> Borsäure *f*

borikli su *s* Borwasser *nt*

bornoz *s* Bademantel *m*

borsa *s* (FIN) Börse *f;* **borsa bülteni** *s* (FIN) Börsenbericht *m*

borsacı *s* Börsianer(in) *m(f)*

borsa değeri *s* Börsenkurs *m;* **borsa işlemi** *s* Börsengeschäft *nt;* **borsa simsarı** *s* Börsenmakler(in) *m(f)*

boru *s* **1.** (*su* ~ *su, gaz* ~ *su*) Rohr *nt* **2.** (*lâstikten*) Schlauch *m* **3.** (*soluk, yemek* ~ *su*) Röhre *f;* ~ **değil!** (*fam*) das ist kein Pappenstiel! **4.** Horn *m;* **birinin** ~**sunu çal-**

mak (*fam fig*) ins gleiche Horn blasen; **boru hattı** *s* Rohrleitung *f*
borumsu *adj* röhrenförmig
boru şebekesi *s* Rohrnetz *nt*
Bosna *s* Bosnien *nt*
Bosna-Hersek *s* Bosnien-Herzegowina *nt*
bostan *s* Nutzgarten *m*
boş *adj* **1.** leer; ~**a almak** (AUTO) den Gang (he)rausnehmen; (*rölântiye*) in den Leerlauf schalten **2.** (*fam*): **bugün** ~**um** heute bin ich frei
boşaltma *s Verbalsubstantiv zu* **boşaltmak**
boşaltmak *vt* ausleeren; (*barsakları*) leeren; (*kamyonu, gemiyi*) abladen; (*yükü*) ausladen, abladen; (*pili*) entladen; (*bavulu*) auspacken; (*dolabı*) ausräumen; (*içindeki sıvıyı dökerek* ~) ausgießen; (*dökmek*) ausschütten; (*kazan içindeki buharı* ~) ablassen; **çöplerini bahçemize boşalttı** er hat seinen Müll bei uns im Garten abgeladen; **masanın üstünü** ~ den Tisch freimachen; **tulumba ile** ~ auspumpen; **yemek artıklarını çöp tenekesine** ~ die Essensreste in den Mülleimer schütten
boşanma *s* (JUR) Ehescheidung *f*, Scheidung *f*; **boşanma dilekçesi** *s* Scheidungsantrag *m*; **boşanma davası** *s* Scheidungsprozess *m*; ~ **açmak** die Scheidung einreichen; **boşanma kararı** *s* Scheidungsurteil *nt*
boşboğaz *adj* schwatzhaft
boşluk *s* <-ğu> **1.** Leerraum *m*, Hohlraum *m*, Lücke *f* **2.** (ANAT: *göğüs, karın boşluğu*) Höhle *f* **3.** (*asansör boşluğu*) Schacht *f* **4.** (PHYS: *vakum*) Vakuum *nt* **5.** (AERO: *hava boşluğu*) Loch *nt*
Boşnak *s* Bosnier(in) *m(f)*
boşu boşuna *adv* für nichts und wieder nichts
boşuna *adv* umsonst, vergebens; (*gereksiz*) unnötig
boş zaman *s* Freizeit *f*
botanik I. *s ohne Pl* <-ği> Botanik *f* **II.** *adj* botanisch
botanik bahçesi *s* botanischer Garten
botanikçi *s* Botaniker(in) *m(f)*
boy *s* Größe *f*, Körpergröße *f*; (*dalga* ~*yu*) Länge *f*
boya *s* Farbe *f*, Lack *m*; **boya cevheri** *s* Farbstoff *m*
boyacı *s* Lackierer(in) *m(f)*
boyalı basın *s ohne Pl* Regenbogenpresse *f*, Boulevardpresse *f*
boyama *s Verbalsubstantiv zu* **boyamak**
boyamak *vt* **1.** färben **2.** lackieren; (*fırça ile*) streichen; **dolabı beyaza boyadı** er hat den Schrank weiß lackiert [*o* gestrichen]
boyanma *s* **1.** *Verbalsubstantiv zu* **boyanmak 2.** Lackierung *f*
boyanmak *vi* **1.** *pass von* **boyamak 2. duvarlar yeni boyandı** die Wände wurden frisch gestrichen
boyatma *s Verbalsubstantiv zu* **boyatmak**
boyatmak *vt Kausativ zu* **boyamak**
boykot *s* Boykott *m*; **bir şeyi** ~ **etmek** etw boykottieren
boylam *s* (GEO) Längengrad *m*
boylama *s Verbalsubstantiv zu* **boylamak**
boylamak *vt* **1.** (*fam*): **darağacını** ~ am Galgen enden; **hapsi** ~ im Gefängnis landen, ins Gefängnis wandern; **cehemnnemi** ~ in die Hölle kommen **2.** (*batmak*) sinken **3.** (*düşmek*) fallen; **yeri** ~ hinfallen; **ayağı kaydı, yeri boyladı** er rutschte aus und fiel hin
boylamasına *adv* längs, der Länge nach; **bir şeyi** ~ **katlamak/kesmek** etw der Länge nach falten/schneiden
boyler *s* Boiler *m*
boy menteşe *s* (TECH) Scharnierband *nt*, Gelenkband *nt*
boynu *s poss von* **boyun**; **boynu bükük** *adj* geknickt
boynuz *s* **1.** Horn *m*; **birine** ~ **takmak** (*fam fig*) jdm Hörner aufsetzen **2.** (*geyik* ~*u*) Geweih *nt*
boynuzlama *s Verbalsubstantiv zu* **boynuzlamak**
boynuzlamak *vt* **1.** mit den Hörnern stoßen **2.** (*fam fig*): **birini** ~ jdm Hörner aufsetzen
boynuzlu I. *adj* (*a. fig*) gehörnt **II.** *s* (*fam: troleybüs*) Trolleybus *m*, O(berleitungsomni)bus *m*
boy otu *s* (BOT) Bockshornklee *m*
boyun *s* <-ynu> **1.** Hals *m*; **boynunu vurmak** den Kopf abschlagen **2.** (GEO) Sattel *m*
boyuna *adv* **1.** (*uzunlamasına*) der Länge nach; (*boyunca*) entlang; **caddeyi** ~ **yürümek** die Straße entlang gehen; **enine** ~ kreuz und quer **2.** (*ara vermeden*) ununterbrochen, ständig, dauernd
boyun bağı *s* Schlips *m*; (*kravat*) Krawatte *f*
boyunca *adv* **1.** entlang **2.** (*süresince*) zeit; **bütün hayatı** ~ sein ganzes Leben lang; **ömrüm** ~ zeit meines Lebens
boyunduruk *s* <-ğu> **1.** (*lento*) Sturz *m* **2.** (*fig*) Joch *nt*; **birini boyunduruğa vurmak** jdn ins Joch spannen
boyun omuru *s* (ANAT) Halswirbel *m*
boyut *s* **1.** Ausmaß *nt* **2.** Dimension *f*, Ausdehnung *f*
boz *adj* **1.** (*renk*) bräunlich-grau **2.** (*toprak*) ungerodet
bozayı *s* (ZOOL) Braunbär *m*
bozbakkal *s* (ZOOL) Wacholderdrossel *f*
bozdoğan *s* (ZOOL) Merlin *m*
bozdurma *s Verbalsubstantiv zu* **bozdur-**

mak

bozdurmak *vt* **1.** *Kausativ zu* **bozmak** **2. para** ~ Geld wechseln lassen

bozgun *s* Niederlage *f*

bozkır *s* Steppe *f*

bozkurt *s* grauer Wolf

bozma *s Verbalsubstantiv zu* **bozmak**

bozmak *vt* **1.** verderben; **birinin iştahını** ~ jdm den Appetit verderben; (*fig*) jdm die Lust verderben; **midesini** ~ sich den Magen verderben **2.** (*para*) wechseln **3.** (*bağ*) lesen **4.** (*fam*) kaputtmachen

bozuk *adj* gestört; (*fam*) kaputt

bozukluk *s* <-ğu> **1.** Störung *f* **2.** (*para*) Wechselgeld *nt;* (*ufak para*) Kleingeld *nt*

bozuk para *s* Wechselgeld *nt;* (*ufak para*) Kleingeld *nt;* **kasada** ~ **kalmadı** in der Kasse ist kein Wechselgeld mehr

bozulma *s* **1.** *Verbalsubstantiv zu* **bozulmak** **2. ahlâkın** ~**sı** der Verfall der Sitten

bozulmak *vi* **1.** verderben, schlecht werden **2.** (*fam*) kaputt gehen

bozulmamış *adj* unverdorben

bozulmamışlık *s ohne Pl* <-ğı> Unverdorbenheit *f*

bozum *s* Blamage *f;* ~ **etmek** blamieren; ~ **olmak** sich blamieren

bozuntu *s* **1.** (*kalan bölümler*) Überreste *pl;* (*döküntü*) Schrott *m* **2.** Zerrbild *nt,* Abklatsch *m* **3.** (*şaşkınlığa düşme*) Fassungslosigkeit *f;* ~**ya vermemek** sich nichts anmerken lassen

bozuşma *s Verbalsubstantiv zu* **bozuşmak**

bozuşmak *vi* (*fam*) sich verkrachen; **Hasan ile Jale bozuştular** Hasan und Jale haben sich verkracht

boz yel *s* (*lodos*) Südwind *m*

böbrek *s* <-ği> (*a.* GASTR) Niere *f;* **sun'î** ~ künstliche Niere; **böbrek iltihabı** *s* (MED) Nierenentzündung *f;* **böbrek taşı** *s* (MED) Nierenstein *m;* ~ **düşürme** Abgang *m* von Nierensteinen

böbürlenme *s Verbalsubstantiv zu* **böbürlenmek**

böbürlenmek *vi* (*pej*) sich brüsten (*-le* mit)

böcek *s* <-ği> (ZOOL) **1.** Insekt *nt* **2.** (*patates böceği*) Käfer *m;* (*uyuz böceği*) Milbe *f;* (*hamam böceği*) Schabe *f;* (*ipek böceği*) Raupe *f;* (*sümüklü*~) Schnecke *f;* **böcek sokması** *s* Insektenstich *m*

böğürme *s Verbalsubstantiv zu* **böğürmek**

böğürmek *vi* (*sığır*) brüllen

böğürtlen *s* Brombeere *f;* **böğürtlen çalısı** *s* Brombeerstrauch *m*

böke *s* **1.** (*kahraman*) Held(in) *m(f)* **2.** (*şampiyon*) Meister(in) *m(f)*

bölen *s* (MATH) Divisor *m,* Teiler *m;* (*payda*) Nenner *m*

bölge *s* Gebiet *nt;* (*serbest* ~) Zone *f;* **ilhak/işgal edilmiş bir** ~ ein annektiertes/besetztes Gebiet

bölme *s* **1.** *Verbalsubstantiv zu* **bölmek** **2.** Teilung *f;* (MATH) Division *f* **3.** (*dolapta*) Fach *nt*

bölmek <-er> *vt* teilen; (MATH) dividieren (*-e* durch)

bölme işareti *s* (MATH) Bruchstrich *m*

bölü *s* (MATH: *taksim*) Teilung *f;* **a** ~ **b** a (geteilt) durch b

bölücü I. *s* **1.** Teiler *m* **2.** (POL) Separatist(in) *m(f)* **II.** *adj* (POL) separatistisch

bölücülük *s ohne Pl* <-ğü> Separatismus *m*

bölük *s* <-ğü> Kompanie *f*

bölüm *s* **1.** Abteilung *f* **2.** Abschnitt *m,* Kapitel *nt;* **kitabın birinci/ikinci bahsi** das erste/zweite Kapitel des Buches

bölümleme *s* **1.** *Verbalsubstantiv zu* **bölümlemek** **2.** Unterteilung *f* **3.** (*sınıflama*) Klassifizierung *f* **4.** (INFORM) Partitionierung

bölümlemek *vt* **1.** unterteilen **2.** (*sınıflamak*) klassifizieren **3.** (INFORM) partitionieren

bölünebilme *s ohne Pl* Teilbarkeit *f*

bölünen *s* (MATH) Dividend *m;* (*pay*) Zähler *m*

bölüngü *s* (POL: *fraksiyon*) Fraktion *f*

bölünme *s* **1.** *Verbalsubstantiv zu* **bölünmek** **2.** Teilung *f,* Spaltung *f*

bölünmek *vi* **1.** *pass von* **bölmek** **2.** sich (auf)spalten; **parti gruplara bölündü** die Partei hat sich in Gruppen aufgespalten

bölünmez *adj* unteilbar

bölünmezlik *s ohne Pl* <-ği> Unteilbarkeit *f*

bölüntü *s* **1.** Bruchstück *nt* **2.** (POL: *fraksiyon*) Fraktion *f*

bölüştürme *s* **1.** *Verbalsubstantiv zu* **bölüştürmek** **2.** Aufteilung *f*

bölüştürmek *vt* aufteilen (*aralarında* unter)

börkenek *s* <-ği> (ZOOL) Netzmagen *m*

böyle *adj* solche(r, s); ~ **bir insan/şüphe** ein solcher Mensch/Verdacht

böylece *adv* so, somit, auf diese Weise

böylelikle *adv* so, auf diese Weise

branş *s* Branche *f*

bravo *interj* (*aferin*) bravo

Bretanya *s* (GEO) Bretagne *f*

Bretanyalı I. *s* Bretone, -in *m, f* **II.** *adj* bretonisch

Brezilya I. *s* Brasilien *nt* **II.** *adj* brasilianisch; ~ **hükûmeti/millî takımı** die brasilianische Regierung/Nationalmannschaft

Brezilyalı I. *s* Brasilianer(in) *m(f)* **II.** *adj* brasilianisch; ~ **erkekler/kadınlar** brasilianische Männer/Frauen

briç *s ohne Pl* Bridge *nt;* **bir parti** ~ **çevirmek** [*o* **oynamak**] eine Partie Schach/Billard/Bridge spielen

briket *s* Brikett *nt*

Britanya *s* Britannien *nt*

Britanyalı **I.** *s* Brite, -in *m, f* **II.** *adj* britisch

briyantin *s* Brillantine *f*

brokar *s* Brokat *m*

brokkoli *s* Brokkoli *pl*

brom *s ohne Pl* (CHEM) Brom *nt*

bronş [brɔnʃ] *s* (ANAT) Bronchie *f*

bronşit *s* (MED) Bronchitis *f*, Bronchialkatarr(h) *m*

bronz *s* Bronze *f*; **bronz madalya** *s* (SPORT) Bronzemedaille *f*; **bronz rengi** *s* Bronzefarbe *f*

broş [brɔʃ] *s* Brosche *f*

broşür [brɔˈʃyr] *s* Broschüre *f*

Brüksel *s* Brüssel *nt*

Brüksel lâhanası *s* Rosenkohl *m*

brüt **I.** *adj* Brutto- **II.** *adv* brutto; **brüt ağırlık** *s* <-ğı> Bruttogewicht *nt*; **brüt ücret** *s* (WIRTSCH) Bruttolohn *m*

bu *pron* **1.** diese(r, s); ~ **ev/kapı/masa** dieses Haus/diese Tür/dieser Tisch **2.** das; ~ **nasıl buluyorsun?** wie findest du das?; ~ **ne(dir)?** was ist das? **3.** ~ **akşam/sabah** heute Abend/Morgen; **bu arada** *adv* zwischendurch, in der Zwischenzeit

buat *s* (ELEK) Verteilerkasten *m*

bucak *s* <-ğı> **1.** Winkel *m*; (*köşe*) Ecke *f*; **cehennemin bucağı** (*fam*) am Arsch der Welt **2.** (ADMIN) Unterbezirk *m*; **bucak bucak** *adv* überall; ~ **aramak** überall suchen

buçuk *adj* <-ğu> **1. bir/iki/altı** ~ eineinhalb [*o* anderthalb]/zweieinhalb/sechseinhalb **2.** (*saati bildirirken*): **bir/iki/altı** ~ halb zwei/drei/sieben

budala **I.** *s* (*pej*) Idiot *m* **II.** *adj* idiotisch

budalalık *s* <-ğı> (*pej*) Idiotie *f*

Budapeşte *s* Budapest *nt*

Buddhist **I.** *s* Buddhist(in) *m(f)* **II.** *adj* buddhistisch

Buddhizm *s ohne Pl* Buddhismus *m*

Budist *s s.* **Buddhist**

budumcuk *s* <-ğu> (*pej*) Emporkömmling *m*

budun *s* Volk *nt*; **budun betimci** *s* Ethnograph(in) *m(f)*, Ethnograf(in) *m(f)*; **budun betimi** *s ohne Pl* Ethnographie *f*, Ethnografie *f*; **budun bilimci** *s* Völkerkundler(in) *m(f)*; (*etnolog*) Ethnologe, -in *m, f*; **budun bilimi** *s ohne Pl* Völkerkunde *f*; (*etnoloji*) Ethnologie *f*; **budun bilimsel** *adj* völkerkundlich; (*etnolojik*) ethnologisch

budunsal *adj* ethnisch

bugün *adv* **1.** (*içinde bulunduğumuz gün*) heute; ~ **yarın** heute oder morgen; ~**den yarına** von heute auf morgen; ~**den tezi yok** lieber heute als morgen; ~**e** ~ (*unutma ki*) vergiss nicht, dass; (~*e değin*) bis heute **2.** (*içinde bulunduğumuz zaman*) heutzutage; **bu günlerde** in diesen Tagen

bugünkü *adj* heutig; ~ **gençlik** die heutige Jugend; ~ **günde** heutzutage; ~ **tavuk yarınki kazdan iyidir** (*prov*) besser einen Spatz in der Hand als eine Taube auf dem Dach

bugünlük *adv* für heute; ~ **yeter** das reicht für heute; ~ **yarınlık** demnächst

buğday *s* Weizen *m*

buğday pası *s ohne Pl* (BIOL) Brand *m*; **buğday unu** *s* Weizenmehl *nt*

buğu *s ohne Pl* **1.** Kondenswasser *nt* **2.** (*tabaka*) Beschlag *m*

buğulama *s Verbalsubstantiv zu* **buğulamak**

buğulamak *vt* (GASTR: *yemekleri*) dünsten, dämpfen

buğulanma *s Verbalsubstantiv zu* **buğulanmak**

buğulanmak *vi* (*camlar*) (sich) beschlagen; **nemli havada cam buğulanır** Glas beschlägt in feuchter Luft

buhar *s* Dampf *m*; ~ **olmak** (*fam*) verschwinden

buhar basıncı *s* Dampfdruck *m*; **buhar gücü** *s* Dampfkraft *f*; **buhar kazanı** *s* Dampfkessel *m*

buharlaşma *s* **1.** *Verbalsubstantiv zu* **buharlaşmak** **2.** *ohne Pl* Verdampfung *f*

buharlaşmak *vi* verdampfen

buharlı gemi *s* (NAUT) Dampfschiff *nt*; **buharlı ısıtma** *s* Dampfheizung *f*; **buharlı makine** *s* (TECH) Dampfmaschine *f*; **buharlı tren** *s* (EISENB) Dampflokomotive *f*; **buharlı ütü** *s* Dampfbügeleisen *nt*

buhar makinesi *s* (TECH) Dampfmaschine *f*; **buhar türbini** *s* (TECH) Dampfturbine *f*

buhran *s* (*kriz*) Krize *f*

buhur *s* Weihrauch *m*

buhurdan *s*, **buhurluk** *s* <-ğu> Weihrauchfass *nt*

buhurumeryem *s* (BOT: *tavşankulağı*) Alpenveilchen *nt*

buji *s* (AUTO, TECH) Zündkerze *f*; **buji anahtarı** *s* (AUTO, TECH) Kerzenschlüssel *m*

bukağı *s* Fußfesseln *fpl*

bukağılı *adj*: ~ **siyah bir at** ein schwarzes Pferd mit weißen Fesseln

bukalemun *s* (ZOOL: *a. fig*) Chamäleon *nt*

buke *s* Bukett *nt*, Blume *f*

buket *s* Bukett *nt*; (*çiçek demeti*) Blumenstrauß *m*

bul *Imperativ von* **bulmak**

bula *s* (*reg*) Tante *f*

bulak *s* <-ğı> (*fam: kaynak*) Quelle *f*

bulamaç *s* <-cı> Brei *m*

bulanık *adj* <-ğı> **1.** (*duru olmayan*) trüb **2.** (*görüntü*) verschwommen **3.** (*fig*) un-

B

durchsichtig, verworren
bulaşıcı *adj* ansteckend, Infektions-; **bulaşıcı hastalık** *s* <-ğı> (MED) Infektionskrankheit *f*, ansteckende Krankheit
bulaşık *s* <-ğı> (schmutziges) Geschirr *nt;* ~ **yıkamak** Geschirr spülen [*o* abwaschen]
bulaşıkçı *s* Tellerwäscher(in) *m(f)*
bulaşık deterjanı *s* Spülmittel *nt;* **bulaşık makinesi** *s* Spülmaschine *f*, Geschirrspülmaschine *f*, Geschirrspüler *m;* **bulaşık makinesi tuzu** *s* Spülmaschinensalz *nt;* **bulaşık suyu** *s* Spülwasser *nt*
bulaşkan *adj* **1.** (*yapışkan*) klebrig **2.** (*fig, pej*) streitsüchtig
bulaşma *s* (MED) Ansteckung *f;* **bulaşma tehlikesi** *s* (MED) Ansteckungsgefahr *f*
bulaştırma *s ohne Pl* **1.** *Verbalsubstantiv zu* **bulaştırmak 2.** (MED) Ansteckung *f*
bulaştırmak *vt* anstecken (*-i* mit), infizieren (*-i* mit); (*geçirmek*) übertragen; **birine hastalık** ~ jdn mit einer Krankheit anstecken
buldok *s* <-ğu> (ZOOL: *köpek*) Bulldogge *f*
buldozer *s* Bulldozer *m,* Planierraupe *f*
buldumcuk *s* <-ğu> (*pej*) Emporkömmling *m,* Parvenu *m,* Parvenü *nt*
buldurma *s ohne Pl Verbalsubstantiv zu* **buldurmak**
buldurmak *vt Kausativ zu* **bulmak**
Bulgar I. *s* Bulgare, -in *m, f* **II.** *adj* bulgarisch
Bulgarca *s* Bulgarisch(e) *nt;* ~ **biliyor/konuşuyor** er kann/spricht Bulgarisch; ~**da** im Bulgarischen
Bulgaristan *s* Bulgarien *nt*
Bulgaristanlı *s* Bulgare, -in *m, f*
bulgu *s* **1.** Entdeckung *f* **2.** (*netice*) Ergebnis *nt* **3.** (MED) Befund *m*
bulgulama *s ohne Pl* **1.** *Verbalsubstantiv zu* **bulgulamak 2.** (PHILOS) Heuristik *f*
bulgulamak *vt* entdecken; (*yeni bilgileri bulmak*) neue Erkenntnisse gewinnen
bulgur *s* (GASTR) Weizengrütze *f*
bulgusal *adj* heuristisch
bulma *s ohne Pl Verbalsubstantiv zu* **bulmak**
bulmaca *s* Rätsel *nt;* (*çapraz sözcük ~sı*) Kreuzworträtsel *nt*
bulmak <-ur> *vt* **1.** finden; (*kaybedilen bir şeyi*) wieder finden **2.** (*karşılaşmak*) antreffen **3.** (*keşfetmek*) entdecken; (*ortaya çıkarmak*) herausfinden **4.** (*icat etmek*) erfinden **5.** (*kavuşmak*) erreichen **6.** ulaşmak, erreichen, ankommen (bei); **arka** ~ sich Rückendeckung schaffen **7.** (*yargıya varmak*) finden, gelangen (zu); **ben bunu iyi bul(m)uyorum** ich finde das (nicht) gut; **bunu nasıl buluyorsun?** wie findest du das? **8.** (*sağlamak*) verschaffen **9. birine kabahat** ~ jdm die Schuld geben **10.** (*cezaya uğramak*) (seine gerechte) Strafe bekommen **11.** (*hatırlamak*) sich einfallen, sich erinnern (an); **sokağın adını bulamadım** mir fällt der Name der Straße nicht ein
bulucu *s* **1.** (*kâşif*) Entdecker(in) *m(f)* **2.** (*detektör*) Detektor *m;* (*mayın için*) Suchgerät *nt;* (*yangın için*) Melder *m*
bulûğ *s ohne Pl* **1.** Pubeszenz *f* **2.** (~ *çağı*) Pubertät *f;* **bulûğ çağı** *s ohne Pl* Pubertät *f*
bulundurma *s ohne Pl Verbalsubstantiv zu* **bulundurmak**
bulundurmak *vt* bereithalten; **yanında** ~ bei sich haben
bulunma *s ohne Pl* **1.** *Verbalsubstantiv zu* **bulunmak 2.** Anwesenheit *f;* **orada ~m isten(m)iyor** meine Anwesenheit ist dort (nicht) erwünscht
bulunmak *vi* **1.** *pass von* **bulmak: çantası dün bulundu** seine Tasche wurde gestern gefunden **2.** sich befinden, anwesend sein; **çaresiz bir durumda** ~ sich in einer ausweglosen Lage befinden **3. gözlemde** ~ Beobachtungen anstellen; **vaatte** ~ ein Versprechen geben
buluntu *s* **1.** Fund *m* **2.** (*sokakta bulunup alınan çocuk*) Findelkind *nt*
buluş *s* **1.** (*icat*) Erfindung *f* **2.** Einfall *m;* **buluş hakkı** *s ohne Pl* Erfindungsschutz *m*
buluşma *s ohne Pl Verbalsubstantiv zu* **buluşmak**
buluşmak *vi* **1.** (*karşılaşmak*) sich begegnen **2.** (*önceden belirlenmiş bir yerde*) sich treffen
buluşma yeri *s* **1.** Treffpunkt *m;* ~ **kararlaştırmak** einen Treffpunkt vereinbaren [*o* abmachen] **2.** Begegnungsstätte *f*
buluşturma *s ohne Pl Verbalsubstantiv zu* **buluşturmak**
buluşturmak *vt* **1.** *Kausativ zu* **buluşmak 2.** (*bir araya getirmek*) zusammenbringen
bulut *s* Wolke *f;* ~ **gibi** (*fam: çok sarhoş*) sternhagelvoll
bulutlanma *s ohne Pl* **1.** *Verbalsubstantiv zu* **bulutlanmak 2.** Bewölkung *f*
bulutlanmak *vi* sich bewölken
bulutlu *adj* bewölkt, wölkig
bulutsuz *adj* wolkenlos
bulvar *s* Boulevard *m*
bumerang *s* Bumerang *m*
buna *pron dat von* **bu**
bunda *pron lok von* **bu**
bundan *pron* **1.** *Ablativ von* **bu 2.** hieraus, hiervon, daraus, davon; ~ **başka** außerdem; ~ **böyle** von jetzt an; ~ **dolayı** deshalb, deswegen; (*binaenaleyh*) infolgedessen; ~ **sonra** von jetzt an; ~ **sonrası** alles Weitere

bungalov *s* Bungalow *m*

bunun *pron* **1.** *gen von* **bu** **2.** ~ **için** dafür; ~ **neresi güzel?** was ist daran schön?; ~ **üzerine** daraufhin, infolgedessen

bununla birlikte *adv* dennoch

buracıkta *adv* gleich hier

burada *adv* hier

buradaki *adj* hiesig

buraya *adv* hierher, herüber, hierhin; ~ **kadar** bis hierher, bis hierhin; **gel ~!** komm her!, hierher!

burcu *s* **1.** *poss von* **burç** **2.** Duft *m;* (*ıtır*) Aroma *nt*

burcuma *s Verbalsubstantiv zu* **burcumak**

burcumak *vi* (*reg*) duften

burç *s* <-cu> **1.** (ASTR) Horoskop *nt,* Tierkreiszeichen *nt,* Sternbild *nt;* **Yengeç burcu** das Sternbild des Krebses **2.** (HIST: *kale çıkıntısı*) Bastei *f,* Bastion *f*

burçlar kuşağı *s ohne Pl* (ASTR) Tierkreis *m*

burgaç *s* <-cı> **1.** (*suda*) Strudel *m* **2.** (*havada*) Wirbel *m; s. a.* **anafor, girdap**

Burgonya *s* Burgund *m;* **Burgonya şarabı** *s* Burgunder *m*

burgu *s* Bohrer *m*

burgulama *s* **1.** *Verbalsubstantiv zu* **burgulamak** **2.** Bohrung *f*

burgulamak *vt* bohren

burjuva **I.** *s* **1.** Bürgerliche *mf* **2.** Bourgeois *m* **II.** *adj* bourgeois; (*kent soylu*) bürgerlich

burjuvazi *s ohne Pl* Bourgeoisie *f;* (*kent soyluluk*) Bürgertum *nt*

burlesk **I.** *s* Burleske *f,* Schwank *m,* Posse *f* **II.** *adj* burlesk, possenhaft

burnu *s poss von* **burun**

burs *s* Stipendium *nt*

bursiyer *s* Stipendiat(in) *m(f)*

burun *s* <-rnu> Nase *f;* ~ **bükmek** [*o* **kıvırmak**] die Nase rümpfen; **burnum akıyor** mir läuft die Nase; **birini burnundan yakalamak** (*fam fig*) jdn festnageln; **burnunu karıştırmak** in der Nase bohren; **burnunu silmek** sich die Nase putzen; **her şeye burnunu sokar** (*fam*) er steckt seine Nase in alles; **burnunun ucundan ötesini** [*o* **ilerisini**] **görmemek** (*fam*) nicht weiter sehen, als seine Nase reicht, nicht weiter sehen, als die Nasenspitze reicht

burun boşluğu *s* (ANAT) Nebenhöhle *f;* **burun damlası** *s* Nasentropfen *mpl;* **burun deliği** *s* Nasenloch *nt;* **burun kanadı** *s* Nasenflügel *m;* **burun kanaması** *s ohne Pl* Nasenbluten *nt;* **burun mukozası** *s* (ANAT, MED) Nasenschleimhaut *f;* **burun otu** *s* (*enfiye*) Schnupftabak *m;* **burun perdesi** *s* (ANAT) Nasenscheidewand *f*

buruşma *s Verbalsubstantiv zu* **buruşmak**

buruşmak *vi* (*kumaş*) knittern

buruşturma *s Verbalsubstantiv zu* **buruşturmak**

buruşturmak *vt* zerknittern

buse *s* Kuss *m*

bu seferki *adj* diesmalig

busines klas *s* (*işlik orun*) Business Class *f*

but *s* <-du> **1.** (*kalça ile diz arasındaki bölüm*) Oberschenkel *m* **2.** (*hayvanlarda*) Keule *f*

butafor *s* (THEAT) Requisiten *ntpl*

butaforcu *s* (THEAT) Requisiteur(in) *m(f)*

butik *s* <-ği> Boutique *f*

buton *s* (*zil* ~ *u*) Knopf *m*

buyurma *s Verbalsubstantiv zu* **buyurmak**

buyurmak *vt* **1.** (*emretmek*) befehlen **2.** (*geh: söylemek*) sagen **3.** (*geh*): **kerem buyurun** wenn ich mir die Bemerkung erlauben darf; **sofraya buyurmaz mısınız?** darf ich Sie zum Tisch bitten? **4.** (*fam*): **buyur?** (*anlamadım*) wie bitte?; (*söyleyiniz*) bitte?; **buyurun cenaze namazına!** da haben wir die Bescherung!

buz *s* Eis *nt;* ~ **gibi** eiskalt; ~**lar çözüldü** das Eis bricht; (*fig*) das Eis ist gebrochen

buzağı *s* Milchkalb *nt*

buzağılama *s* **1.** *Verbalsubstantiv zu* **buzağılamak** **2.** Kalberei *f*

buzağılamak *vi* (*inek*) kalben

buzçözer *s* Entfroster *m;* (*defroster*) Defroster *m*

buz dağı *s* (GEO: *aysberg*) Eisberg *m*

buzdolabı *s* Eisschrank *m,* Kühlschrank *m*

buzhane *s* **1.** Eisfabrik *f* **2.** (*soğuk hava deposu*) Kühlhaus *nt*

buz hokeyi *s ohne Pl* Eishockey *nt*

buzkıran *s* Eisbrecher *m*

buz kütlesi *s* Eismasse *f*

buzla *s* (GEO: *bankiz*) Eisbank *f*

buzlu *adj* **1.** (*buz tutmuş*) vereist **2.** (*buzla soğutulmuş*) eisgekühlt; **buzlu cam** *s* **1.** Mattscheibe *f* **2.** (*fam: televizyon ekranı*) Mattscheibe *f*

buzluk *s* <-ğu> Eisfach *nt,* Gefrierfach *nt*

buz torbası *s* Eisbeutel *m*

buzul *s* Gletscher *m*

buzul çağı *s* Eiszeit *f,* Eiszeitalter *nt;* **buzul dönemi** *s* Gletscherperiode *f;* **buzul kar** *s ohne Pl* Firn *m;* **buzul seli** *s* Gletscherbach *m;* **buzul taş** *s* (GEO: *moren*) Moräne *f*

buz yalağı *s* (GEO) Kar *nt*

büfe *s* **1.** Bufett *nt,* Anrichte *f;* **soğuk** ~ kaltes Büfett **2.** Erfrischungsstand *m*

büken *s* (ANAT, MED: *açan karşıtı*) Beuger *m,* Beugemuskel *m*

bükme *s Verbalsubstantiv zu* **bükmek**

bükmek <-er> *vt* **1.** biegen; **bir ayak üstünde kırk yalanın belini** ~ (*fam*) lü-

gen, dass sich die Balken biegen **2.** (*kıvırmak*) (ab)knicken **3.** (*eğmek*) beugen; **başını** ~ den Kopf beugen; (*olur der gibi*) nicken **4.** (*burarak sarmak*) drehen **5. burun** ~ die Nase rümpfen **6.** umknicken
Bükreş *s* Bukarest *nt*
bükülgen *adj* **1.** beugbar, biegsam **2.** (LING: *bükünlü*) flektierbar, beugbar
bükülgenlik *s ohne Pl* <-ği> Biegsamkeit *f*
büküm *s* Knick *m*
büküm noktası *s* (MATH) Wendepunkt *m*
bükün *s* (LING) Flexion *f*, Beugung *f*
bükünleme *s Verbalsubstantiv zu* **bükünlemek**
bükünlemek *vt* (LING) flektieren, beugen
bükünlü *adj* (LING) flektierbar, beugbar; ~ **dil** eine flektierende Sprache
büküntü *s* **1.** Knick *m* **2.** (*dönemeç*) Biegung *f*
bülbül *s* (ZOOL) Nachtigall *f*
bülten *s* Bulletin *nt*
bünye *s* (MED) Konstitution *f*; (*vücut yapısı*) Körperbau *m*
bünyece *adv* konstitutionell
büro *s* Büro *nt*; (*avukatlık ~su*) Büro *nt*, Kanzlei *f*
bürokrasi *s ohne Pl* **1.** Bürokratie *f* **2.** (*pej: kırtasiyecilik*) Amtsschimmel *m*, Bürokratismus *m*; ~ **yapmak** den Amtsschimmel reiten
bürokrat *s* Bürokrat(in) *m(f)*
bürokratik *adj* <-ği> bürokratisch
bürünme *s Verbalsubstantiv zu* **bürünmek**
bürünmek *vi* sich einhüllen (*-e* in); **dağlar sise bürünmüş** die Berge sind in Nebel gehüllt
büsbütün *adv* (*tamamıyla*) vollkommen, völlig, ganz
bütan *s* Butan *nt*; **bütan gazı** *s ohne Pl* Butangas *nt*
bütçe *s* **1.** (POL, COM) Haushalt *nt*, Budget *nt*, Etat *m*; ~**de kesinti yapmak** Kürzungen im Etat vornehmen **2.** (POL) Haushalt *nt*, Haushaltsplan *m*; **bütçe açığı** *s* (WIRTSCH) Haushaltsdefizit *nt*; **bütçe kesintisi** *s* Etatkürzung *f*
bütçeleme *s* **1.** *Verbalsubstantiv zu* **bütçelemek** **2.** (POL, WIRTSCH) Budgetierung *f*
bütçelemek *vt, vi* (POL, WIRTSCH) budgetieren
bütçe yılı *s* (POL) Haushaltsjahr *nt*
bütün *adj* **1.** ganz; ~ **boku püsürü** (*fam*) das ganze Drumherum; ~ **dünya** die ganze Welt; ~ **gece gözüme uyku girmedi** (*fig*) ich habe die ganze Nacht kein Auge zugetan; ~ **gücüyle** mit ganzer Kraft; ~ **hayatı boyunca** sein ganzes Leben lang **2.** alle, sämtlich(e); ~ **ayrıntılarıyla** in allen Einzelheiten; ~ **gazetelere ilân verdi** er hat in allen Zeitungen inseriert **3.** all; ~ **bu olanlardan sonra** nach all dem Geschehenen; ~ **çabalar boşa gitti** all die Mühe war umsonst [*o* vergebens]
bütüncül *adj* (*totaliter*) totalitär
bütünleme *s* **1.** *Verbalsubstantiv zu* **bütünlemek** **2.** Ergänzung *f*
bütünlemek *vt* ergänzen
bütünleşme *s* **1.** *Verbalsubstantiv zu* **bütünleşmek** **2.** (*entegrasyon*) Integration *f*
bütünlük *s* <-ğü> Ganzheit *f*
bütünsel *adj* ganzheitlich; (*total*) total
bütünsellik *s* <-ği> Ganzheit *f*
büve *s*, **büvelek** *s* <-ği> (ZOOL) Bremse *f*
büyü *s ohne Pl* **1.** (*sihir*) Zauber *m* **2.** (*fig: karşı durulmaz etki*) Faszination *f*
büyük *adj* **1.** groß, Groß-; ~ **bir olasılıkla** mit hoher Wahrscheinlichkeit; **B~ İskender** (HIST) Alexander der Große; ~ **ölçüde** in hohem Maße **2.** (*fam: yaşça*): **kardeşlerimin hepsi benden** ~ alle meine Geschwister sind älter als ich; **büyük aile** *s* Großfamilie *f*; **büyük ana** *s*, **büyük anne** *s* Großmutter *f*; **büyük arazi sahibi** *s* Großgrundbesitzer(in) *m(f)*
Büyükayı *s* (ASTR) der Große Bär
büyük baba *s* Großvater *m*; **büyük boy** **I.** *s* Übergröße *f* **II.** *adj* übergroß
Büyük Britanya *s* Großbritannien *nt*
büyük burjuva *adj* großbürgerlich; **büyük burjuvazi** *s* Großbürgertum *nt*
büyükçe *adj* ziemlich groß
büyük dalga *s* (RADIO, PHYS: *uzun dalga*) Langwelle *f*; **büyük ekran** *s* (TV, INFORM) Großbildschirm *m*; **büyük elçi** *s* Botschafter(in) *m(f)*; **büyük elçilik** *s* <-ği> Botschaft *f*; **büyük harf** *s* Großbuchstabe *m*, Kapitalbuchstabe *m*; ~**lerle** in Großbuchstaben; **bir şeyi** ~**lerle yazmak** etw großschreiben
büyüklük *s* <-ğü> Größe *f*; ~ **göstermek** Größe zeigen; ~ **taslamak** sich großtun, prahlen; **büyüklük hastalığı** *s* (*pej*) Größenwahn *m*; **büyüklük taslama** *s ohne Pl* Großtuerei *f*, Prahlerei *f*
Büyük Okyanus *s* der Pazifische Ozean
büyük ölçekli işletme *s* (WIRTSCH) Großbetrieb *m*, Großunternehmen *nt*; **büyük para** *s*: **bu** ~**ya mal olacak** das wird einen schönen Batzen Geld kosten; **büyük peder** *s* Großvater *m*; **büyük şehir** *s* <-hri> *s.* **ana kent** Großstadt *f*; **büyük şirket** *s* (WIRTSCH) Großunternehmen *nt*
büyüleme *s* **1.** *Verbalsubstantiv zu* **büyülemek** **2.** Verzauberung *f*
büyülemek *vt* **1.** verzaubern **2.** faszinieren
büyüleyici *adj* faszinierend
büyültme *s* **1.** *Verbalsubstantiv zu* **büyültmek** **2.** Vergrößerung *f* **3.** (*fig*) abartma,

B

Übertreibung *f*
büyültmek *vt* **1.** vergrößern **2.** (*fig*) abartmak, übertreiben
büyülü *adj* verzaubert
büyülü söz *s* Zauberspruch *m*, Zauberwort *nt*
büyüme *s* **1.** *Verbalsubstantiv zu* **büyümek** **2.** Wachstum *nt* **3.** Vergrößerung *f*; **kalkan bezinin ~si** (MED) Vergrößerung der Schilddrüse
büyümek *vi* **1.** (auf)wachsen; **iki dilli ~** zweisprachig aufwachsen **2.** sich vergrößern **3.** (*çığ gibi ~*) anschwellen
büyümüş de küçülmüş *adj* (*çocuk için*) altklug
büyüteç *s* <-ci> Lupe *f*
büyütme *s* **1.** *Verbalsubstantiv zu* **büyütmek** **2.** Vergrößerung *f* **3.** Aufzucht *f*
büyütmek *vt* **1.** vergrößern; (*genişletmek*) ausbauen **2.** (*yetiştirmek*) großziehen, aufziehen **3.** (*fig*) abartmak, übertreiben
büzgen *s* (ANAT) Schließmuskel *m*

C

c, C [dʒe] *s* **1.** c, C *nt, 3. Buchstabe des türk. Alphabets* **2.** (MUS: *do sesi*) C *nt*
caba **I.** *s* Geschenk *nt* **II.** *adv* (*üstelik*) noch dazu
cabadan *adv* umsonst; (*karşılıksız*) unentgeltlich; (*fazladan*) obendrein
cacık *s* <-ğı> (GASTR) Zaziki *m*
cadde *s* Straße *f*
cafcaflı *adj* (*fam fig*) aufgedonnert
caiz *adj* zulässig
cam [dʒam] *s* **1.** Glas *nt;* ~**dan** aus Glas **2.** Scheibe *f* **3.** (*fam: pencere*) Fenster *nt*
cambaz *s* Akrobat(in) *m(f)*
cambazlık *s ohne Pl* <-ğı> **1.** Balanceakt *m* **2.** *ohne Pl* (*akrobasi*) Akrobatik *f*
camcı *s* Glaser(in) *m(f);* **camcı elması** *s* Glaserdiamant *m;* **camcı macunu** *s* Glaserkitt *m,* Fensterkitt *m*
cam göz *s* Glasauge *nt*
cami *s* Moschee *f*
cam kırığı *s* Glasscherbe *f;* **cam lifi** *s* Glasfaser *f;* **cam macunu** *s* Fensterkitt *m,* Glaserkitt *m;* **cam resim** *s ohne Pl* Glasmalerei *f;* **cam yünü** *s ohne Pl* Glaswolle *f*
can [dʒan] *s* **1.** (*hayat*) Leben *nt;* ~ **başına sıçramıştı** (*fig*) die Angst saß ihm im Nacken; ~ **vermek** ums Leben kommen; **çalışmaktan** ~**ı çıkmak** (*fam fig*) sich totarbeiten **2.** (*insanın kendisi*): ~ **cümleden aziz** (*prov*) jeder ist sich selbst der Nächste; **Hasan** ~**ımı acıttı** Hasan hat mir wehgetan **3.** (*Wend*): ~ **çekişmek** mit dem Tod ringen
can arkadaşı *s* Busenfreund(in) *m(f),* Intimus *m*
canavar **I.** *s* **1.** (*yırtıcı hayvan*) Bestie *f* **2.** (*pej: zalim kimse*) Bestie *f;* ~ **gibi** wie eine Bestie; ~ **kesilmek** zur Bestie werden **3.** (*masallarda*) Monster *nt,* Ungeheuer *nt;* ~ **gibi** (*iri yarı*) monströs; (*çok fazla*) ungeheuerlich **4.** (*fig: haşarı çocuk*) Monster *nt* **5.** (*köpek balığı*) Hai *m* **II.** *adj* (*pej*) bestialisch; (*zalim*) grausam
canavarca *adv* (*canavar gibi*) ungeheuerlich; (*canavara yakışır biçimde*) bestialisch
canavar düdüğü *s* Sirene *f*
canavarlık *s* <-ğı> Bestialität *f*
can çekişme *s* Agonie *f,* Todeskampf *m;* ~**k** mit dem Tod ringen; **can damarı** *s* Lebensnerv *m;* **can dostu** *s* Busenfreund(in) *m(f),* Intimus *m;* **can düşmanı** *s* Erzfeind *m,* Intimfeind *m,* Todfeind *m*
cangıl ['dʒaŋəl] *s* (*a. fig*) Dschungel *m; s. a.* **cengel**; **cangıl cungul** **I.** *s ohne Pl* Gebimmel *nt* **II.** *adv* bimmelnd
can gözdesi *s* (*fig: sevgili*) Geliebte(r) *mf*
can havli *s* Todesangst *f*
canhıraş *adj* (*yürek paralayıcı*) herzzerreißend; (*kulak tırmalayıcı*) ohrenbetäubend; (*tüyler ürpertici*) haarsträubend
canı pek *adj* zäh
cani [dʒa:ni:] *s* Verbrecher *m*
canice *adj* verbrecherisch
can korkusu *s* Todesangst *f*
cankurtaran *s* **1.** Rettungswagen *m;* (*ambülâns*) Krankenwagen *m,* Ambulanz *f* **2.** (*plâjda*) Rettungsschwimmer *m;* **cankurtaran filikası** *s* Rettungsboot *nt*
cankurtaran kulübesi *s* Berghütte *f;* **cankurtaran sandalı** *s* Rettungsboot *nt;* **cankurtaran simidi** *s* Rettungsring *m;* **cankurtaran yeleği** *s* Schwimmweste *f*
canla başla *adv* mit Leib und Seele
canlandırıcı *adj* belebend
canlandırma *s* **1.** *Verbalsubstantiv zu* **canlandırmak** **2.** Belebung *f;* (*ekonomiyi*) Ankurbelung *f*
canlandırmak *vt* beleben; (*ekonomiyi*) ankurbeln
canlanma *s* **1.** *Verbalsubstantiv zu* **canlanmak** **2.** Belebung *f*
canlanmak *vi* sich beleben
canlı **I.** *s* Lebewesen *nt* **II.** *adj* **1.** (*diri*) lebend, lebendig **2.** (*hareketli*) lebendig, lebhaft, belebt; **canlı canlı** *adv* bei lebendigem Leibe; **canlı varlık** *s* <-ğı> Lebewesen *nt;* **canlı yayın** *s* (RADIO, TV) Direktsendung *f,* Livesendung *f,* Direktübertragung *f*
cansız *adj* **1.** leblos **2.** (*durgun*) flau
can tahtası *s* (*fam: göğüs kemiği*) Brustbein *nt;* **can yeleği** *s s.* **cankurtaran yeleği** Schwimmweste *f*
capcanlı *adj* quicklebendig
cari [dʒa:ri:] *adj* laufend; (*yürürlükte olan*) gültig; **cari hesap** *s* <-bı> (FIN) Kontokorrent *nt;* **cari varlıklar** *s* (WIRTSCH) Umlaufvermögen *nt,* Betriebskapital *nt*
cariye *s* Sklavin *f*
carta *s* (*vulg, fam*) Furz *m;* ~**yı çekmek** abkratzen
Cava *s* Java *nt*
cavlak *adj* <-ğı> (*çıplak*) nackt; **cavlağı çekmek** (*sl*) krepieren
caydırma *s ohne Pl Verbalsubstantiv zu*

caydırmak

caydırmak *vt* abbringen (*-den* von); **birini niyetinden** ~ jdn von seinem Vorsatz abbringen

caydırtma *s ohne Pl Verbalsubstantiv zu* **caydırtmak**

caydırtmak *vt:* **fikrimden caydırtmam kendimi** ich lasse mich von meiner Meinung nicht abbringen

caz *s ohne Pl* (MUS) Jazz *m;* ~ **çalmak** Jazz spielen; **cazbant** *s* Jazzband *f*

cazcı *s* Jazzer *m,* Jazzmusiker(in) *m(f)*

cazır cazır *adv:* ~ **kızar(t)mak** brutzeln

cazibe *s* Anziehung *f;* **bir kadının cinsel ~si** die sexuelle Anziehungskraft einer Frau

cazibeli *adj* anziehend, attraktiv

cazlı jimnastik *s* <-ği> Jazzgymnastik *f*

caz müziği *s ohne Pl* Jazzmusik *f*

CD [sidi] *s Abk. von* **kompakt disk** CD *f, Compact Disk*

CD-ROM *s* (INFORM) CD-ROM *f;* **CD-ROM sürücü** *s* (INFORM) CD-ROM-Laufwerk *nt*

Cebelitarık *s* Gibraltar *nt;* ~ **Boğazı** die Straße von Gibraltar

Cebelitarıklı *s* Gibraltarer(in) *m(f)*

ceberut *s ohne Pl* **1.** (REL) Allmacht *f,* Allgewalt *f* **2.** (*fig: merhametsizlik*) Unbarmherzigkeit *f;* (*zorbalık*) Gewalttätigkeit *f*

cebir[1] *s ohne Pl* <-bri> (*zor*) Zwang *m,* Gewalt *f;* ~ **kullanmak** Zwang ausüben, Gewalt anwenden

cebir[2] *s ohne Pl* <-bri> (MATH) Algebra *f*

cebire *s* (MED) Schiene *f*

cebirsel *adj* algebraisch

Cebrail *s* (REL) (Erzengel) Gabriel *m*

cebri *s poss von* **cebir**

cebrinefs *s* Selbstbeherrschung *f*

cebrî yürüyüş *s* Gewaltmarsch *m*

cebriye *s ohne Pl* (PHILOS: *fatalizm*) Fatalismus *m*

ceddi *s poss von* **cet**

Cedî *s s.* **Oğlak**[2] (ASTR) Steinbock *m*

cedit *adj* <-di> *s.* **yeni** neu

cedre *s* (MED: *guatr*) Kropf *m*

cefa *s* Leiden *nt;* (*eziyet*) Qual *f;* ~ **çekmek** [*o* **görmek**] Qualen (er)leiden; ~ **etmek** quälen

cefakeş *adj* leidgeprüft; **cefalı** *adj* leidvoll; ~ **bir hayat** ein leidvolles Leben

ceffelkalem *adv* (*hiç düşünüp taşınmadan*) ohne nachzudenken; (*bir çırpıda*) auf einen Hieb, auf Anhieb

cehalet *s ohne Pl* (*pej*) Ignoranz *f*

cehennem *s ohne Pl* Hölle *f,* Inferno *nt;* ~ **ol!** zur Hölle mit dir!; **~i boylamak** in die Hölle kommen; **~in bucağı/dibi** (*fam*) am Arsch der Welt; **canın ~e!** zur Hölle mit dir!; **cehennem azabı** *s* (*fam fig*) Höllenqual *f;* ~ **çekmek** Höllenqualen ausstehen; **cehennem taşı** *s* (CHEM) Höllenstein *m;* **cehennem zebanisi** *s* Höllenhund *m*

celbi *s poss von* **celp**

cellât *s* <-dı> Henker *m*

celp *s* <-bi> **1.** (JUR) Ladung *f* **2.** (MIL) Einberufung *f*

celse *s s.* **duruşma** Verhandlung *f,* Hauptverhandlung *f;* **açık/gizli** ~ öffentliche/nicht öffentliche Verhandlung

cemaat *s* Glaubensgemeinschaft *f*

cenaze *s:* ~ **gibi** leichenblass; **cenaze alayı** *s* Leichenzug *m;* **cenaze arabası** *s* Leichenwagen *m*

cendere *s* Mangel *f;* **birini ~ye sokmak** (*fam fig*) jdn in die Mangel nehmen

Cenevizli **I.** *s* (HIST) Genuese, -in *m, f* **II.** *adj* (HIST) genuesisch

Cenevre *s* Genf *nt*

cengâver **I.** *s* (*savaşçı*) Krieger(in) *m(f)* **II.** *adj* kriegerisch; ~ **bir ulus** ein kriegerisches Volk

cengâverce *adv* kriegerisch

cengel [dʒengel] *s* Dschungel *nt*

Cengiz Han *s* (HIST) Dschingis-Khan *m*

cenin [dʒeni:n] *s* (MED: *dölüt*) Fetus *m*

ceninisakıt *s* (*düşük*) Fehlgeburt *f*

cennet *s ohne Pl* (*a.* REL) Paradies *nt,* Himmel *m,* Himmelreich *m;* ~ **gibi** paradiesisch, himmlisch; **~te** im Himmel; **cennet balığı** *s* Paradiesfisch *m;* **cennet kapısı** *s ohne Pl* (REL) Himmelstür *f,* Himmelstor *nt,* Himmelspforte *f;* **cennet kuşu** *s* Paradiesvogel *m*

Cenova *s* Genua *nt*

Cenovalı **I.** *s* Genuese, -in *m, f* **II.** *adj* genuesisch

centilmenlik antlaşması *s* Gentleman's Agreement *nt,* Gentlemen's Agreement *nt*

cenubî [dʒenu:bi:] *adj* südlich

cenubu *s poss von* **cenup**

cenup [dʒenup] *s ohne Pl* <-bu> *s.* **güney** Süden *m*

cenuplu *s s.* **güneyli** Südländer(in) *m(f)*

cep *s* <-bi> **1.** Tasche *f;* **~ten vermek, bir şeyi cebine indirmek** [*o* **atmak**] (*fam*) in die eigene Tasche stecken; **cebini doldurmak** (*fam*) in die eigene Tasche wirtschaften **2.** (*fam:* ~ *telefonu*) Handy *nt;* **birini ~ten aramak** jdn übers Handy anrufen; **cep bilgisayarı** *s* Taschencomputer *m*

cepçi *s* (*fam: yankesici*) Taschendieb(in) *m(f)*

cepçilik *s* <-ği> (*fam: yankesicilik*) Taschendiebstahl *m*

cep feneri *s* Taschenlampe *f*

cephane *s* Munition *f*

cephanelik *s* <-ği> Munitionsdepot *nt*

cep harçlığı *s* Taschengeld *nt;* **~nı çıkar-**

mak sein Taschengeld verdienen

cephe *s* **1.** (ARCH: *yüz, alnaç*) Front *f;* **evin ön/arka ~si** die vordere/hintere Front des Hauses **2.** (MIL) Front *f;* **birine ~ almak** gegen jdn Front machen; **~den** frontal; **~den hücuma geçmek** einen frontalen Angriff starten; (*a. fig*) zum Frontalangriff übergehen, frontal angreifen **3.** (*fig: yan, taraf*) Seite *f;* **cephe gerisi** *s* (MIL) Etappe *f*

cephelenme *s Verbalsubstantiv zu* **cephelenmek**

cephelenmek *vi:* **bir şeye karşı ~** gegen etw Front machen

cepheleşme *s Verbalsubstantiv zu* **cepheleşmek**

cepheleşmek *vi* klare Fronten bilden

cep kitabı *s* Taschenbuch *nt;* **cep numarası** *s* (*fam*) Handynummer *f;* **cep saati** *s* Taschenuhr *f;* **cep sözlüğü** *s* Taschenwörterbuch *nt;* **cep takvimi** *s* Taschenkalender *m;* **cep telefonu** *s* Handy *nt*

cerahat *s ohne Pl* <-i> *s.* **irin** Eiter *m;* **~ toplamak** Eiter bilden

cerahatlenme *s* **1.** *Verbalsubstantiv zu* **cerahatlenmek** **2.** Eiterung *f*

cerahatlenmek *vi s.* **irinlenmek** eitern

cerahatli *adj* (*irinli*) eit(e)rig

cereyan *s* **1.** (ELEK) Strom *m;* **~ kesildi** der Strom ist ausgefallen **2.** (*kurander*) Luftzug *m;* **cereyan kesilmesi** *s* (ELEK) Stromausfall *m*

Cermen **I.** *s* (HIST) Germane, -in *m, f* **II.** *adj* (HIST, LING) germanisch

cerrah *s* Chirurg(in) *m(f)*

cerrahî **I.** *s ohne Pl* Chirurgie *f;* **plâstik ~** plastische Chirurgie **II.** *adj* chirurgisch, operativ; **~ müdahale** ein chirurgischer [*o* operativer] Eingriff

cerrahiye *s* Chirurgie *f*

cesaret *s ohne Pl* Mut *m;* **birine ~ vermek** jdm Mut machen; **~ini kaybetmek** den Mut verlieren

cesaretlendirme *s* **1.** *Verbalsubstantiv zu* **cesaretlendirmek** **2.** Ermutigung *f*

cesaretlendirmek *vt* ermutigen

ceset *s* <-di> Leiche *f;* (*naaş*) Leichnam *nt*

cet *s* <-ddi> Vorfahr *m*

cetvel *s* **1.** Lineal *nt* **2.** Tabelle *f;* (*hareket ~i*) Tafel *f*

cevabı *s poss von* **cevap**

cevap *s* <-bı> **1.** (*yanıt*) Antwort *f;* **~ vermek** antworten **2.** (*ihtiyacı karşılamak*): **~ vermek** den Bedarf decken **3.** (MED): **~ vermek** anschlagen; **ilâç ~ vermedi** das Mittel schlägt nicht an; **cevap kâğıdı** *s* Fragebogen *m*

cevaplama *s* **1.** *Verbalsubstantiv zu* **cevaplamak** **2.** Beantwortung *f*

cevaplamak *vt* beantworten

cevaplandırma *s* **1.** *Verbalsubstantiv zu* **cevaplandırmak** **2.** Beantwortung *f,* Erwiderung *f*

cevaplandırmak *vt* beantworten; (*karşılığını vermek*) antworten (auf), erwidern, entgegnen

cevaplanma *s* **1.** *Verbalsubstantiv zu* **cevaplanmak** **2.** Beantwortung *f*

cevaplanmak *vi pass von* **cevaplamak**

cevapsız *adj* unbeantwortet

cevher *s* Stoff *m,* Substanz *f*

ceviz *s* **1.** (BOT: *ağacı*) Walnussbaum *m* **2.** (*yemişi*) Walnuss *f* **3.** (*kerestesi*) Nussbaum *m* **4.** (*Hindistan ~i*) Nuss *f;* **biri için çetin ~ olmak** (*fam fig*) für jemanden eine harte Nuss sein

cevvî *adj s.* **atmosferik** atmosphärisch

ceylân *s* (ZOOL) Gazelle *f*

ceza *s* Strafe *f;* **biri ~ almak** jd bekommt [*o* kriegt] eine Strafe; **birinden ~ almak** jdn mit einer Geldstrafe belegen; **~ çekmek** eine Strafe verbüßen; **birine ~ kesmek** jdn mit einer Geldstrafe belegen; **biri ~ vermek** jd zahlt eine Geldstrafe; **birine ~ vermek** jdn bestrafen; **birine ~ yazmak** (*fam*) jdn aufschreiben, jdn mit einer Geldstrafe belegen; **~ yemek** (*fam*) eine Strafe bekommen [*o* kriegen]; **~sını bulmak** seine verdiente Strafe finden; **~sını çekmek** seine Strafe absitzen [*o* abbüßen]; **bir şeyin ~sını çekmek** für etw büßen müssen; **birini ~ya çarptırmak** (*fam*) jdm eine Strafe aufbrummen, jdn bestrafen; **bu ~yı hak etti** er hat diese Strafe verdient; **ceza alanı** *s* (SPORT) Strafraum *m;* **ceza atışı** *s* (SPORT: *ceza vuruşu*) Strafstoß *m;* **ceza evi** *s* Strafanstalt *f,* Strafvollzugsanstalt *f,* Justizvollzugsanstalt *f;* (*hapishane*) Gefängnis *nt;* **ceza hukuku** *s ohne Pl* Strafrecht *nt*

cezaî *adj* strafrechtlich; **cezaî şart** *s* (JUR) Konventionalstrafe *f*

cezalandırılma *s* **1.** *Verbalsubstantiv zu* **cezalandırılmak** **2.** Bestrafung *f*

cezalandırılmak *vi pass von* **cezalandırmak** bestraft werden

cezalandırma *s* **1.** *Verbalsubstantiv zu* **cezalandırmak** **2.** Bestrafung *f*

cezalandırmak *vt* bestrafen

cezalı *adj* bestraft

ceza sahası *s s.* **ceza alanı** (SPORT) Strafraum *m*

cezasız *adj* straflos

ceza vuruşu *s* (SPORT) Strafstoß *m*

Cezayir *s* Algerien *nt*

Cezayirli **I.** *s* Algerier(in) *m(f)* **II.** *adj* algerisch

cezire *s s.* **ada** Insel *f*

cgr *Abk. von* **santigram** cg, *Zentigramm*

C

chat [ʧɛt] *s* (INFORM, TEL: *internette*) Chat *m;* ~ **yapmak** chatten
cıbıl *adj* (*fam*) **1.** (*çıplak*) nackt **2.** (*yoksul*) arm; (*parasız*) mittellos
cıdak *s* <-ğı> *s.* **mızrak** Speer *m*
cıgara *s* (*reg: sigara*) Zigarette *f*
cımbız *s* Pinzette *f*
cıncık <-ğı> *s* **1.** (*camdan yapılan şeyler*) Glaswaren *pl* **2.** (*porselenden yapılan şeyler*) Porzellanwaren *fpl;* **cıncık boncuk** *s ohne Pl* <-ğu> Modeschmuck *m*
cırcır böceği *s* (ZOOL) Grille *f;* **cırcır delgi** *s* (TECH) Drillbohrer *m*
cırıldama *s Verbalsubstantiv zu* **cırıldamak**
cırıldamak *vi* zirpen
cırlayık *s* <-ğı> **1.** (ZOOL: *örümcek kuşu*) Würger *m* **2.** (*fam: cırcır böceği*) Grille *f*
cıva *s ohne Pl* (CHEM) Quecksilber *nt;* ~ **gibi** quecksilbrig; **bir şeyi** ~ **ile alaşımlamak** etw amalgamieren
cıvadra *s* (NAUT) Bugspriet *m*
cıvalı *adj* quecksilberhaltig; **cıvalı derece** *s* Quecksilberthermometer *nt*
cıva sütunu *s* Quecksilbersäule *f*
cıvata *s* Bolzen *m*
cıvma *s* **1.** *Verbalsubstantiv zu* **cıvmak** **2.** Abprall *m*
cıvmak *vi* abprallen; **kurşun taştan cıvdı** die Kugel prallte am Stein ab
cıyaklamak *vi* kreischen
cızbız *adj* (GASTR) gegrillt
cızık *s* <-ğı> (*fam*) **1.** (*çizgi*) Strich *m* **2.** (*iz*) Spur *f*
cız sineği *s* Stechfliege *f*
cibinlik *s* <-ği> Moskitonetz *nt*
cici *adj* niedlich; (*sevimli*) nett, lieb; ~**m!** meine Liebe!, mein Lieber!; **cici anne** *s* (*fam*) **1.** Omi *f* **2.** (*üvey ana*) Stiefmutter *f*
cidalci *s s.* **savaşçı** Krieger(in) *m(f)*
cidden *adv* im Ernst, allen Ernstes; (*gerçekten*) ernstlich, wirklich; (*şakasız olarak*) ohne Spass; **birine** ~ **kızgın olmak** jdm ernstlich böse sein
ciddî *adj* **1.** (*şaka olmayan*) ernsthaft; (*tehlike*) ernstlich; **bir şeyi** ~ **demek** etw ernst meinen; **bir kimseyi/şeyi** ~**ye almak** jdn/etw ernst nehmen; **çok** ~**yim** (*fam*) das ist mein voller Ernst **2.** (*ağırbaşlı*) ernst, seriös **3.** (*hastalık*) ernst; **ciddî ciddî** *adv* ernstlich
ciddîleşme *s Verbalsubstantiv zu* **ciddîleşmek**
ciddîleşmek *vi* ernst werden
ciddîlik *s ohne Pl* <-ği> **1.** Ernsthaftigkeit *f;* **durumun ciddîliği** der Ernst der Lage **2.** (*ciddî durum*) Ernstfall *m*
ciddiyet *s ohne Pl* **1.** (*ciddîlik*) Ernsthaftigkeit *f* **2.** (*ağırbaşlılık*) Seriosität *f*
ciddiyetsiz *adj* unseriös
cife I. *s* **1.** (*leş*) Aas *nt* **2.** (*fig*) Aas *nt* **II.** *adj* widerlich
cigara *s s.* **sigara** Zigarette *f*
ciğer *s* **1.** (*ak~*) Lunge *f;* ~**lerine çekmek** inhalieren, einen Lungenzug machen **2.** (*kara~*) Leber *f;* **kediye** ~ **ısmarlamak** (*fam*) den Bock zum Gärtner machen **3.** (*fig: yürek*) Herz *nt;* (*iç*) Seele *f;* **onun** ~**i beş para etmez** er ist ein Taugenichts; ~**imin köşesi** (*çok sevdiğim*) mein Liebes; (*çok sevgili evlâdım*) mein liebes Kind; **birinin** ~**ini delmek** jdn ins Herz treffen; **birinin** ~**ini okumak** jds Gedanken lesen; **birinin** ~**ini sökmek** jdm das Herz aus dem Leibe reißen; **birinin** ~**ine işlemek** jdm sehr nahe gehen
ciğerpare *s* Herzblatt *nt*
cihan *s s.* **dünya** Welt *f*
cihar *s* (*tavlada dört*) Vier *f, Augen des Würfels beim Backgammon;* ~**ıdü** die Vier und die Zwei; ~**ıse** die Vier und die Drei; ~**ıyek** die Vier und die Eins
cihat *s* <-dı> Dschihad *m;* ~ **açmak** zum Dschihad ausrufen
cihaz *s* Apparat *m,* Gerät *nt;* **optik bir** ~ ein optisches Gerät
cihet *s* (*yön*) Richtung *f;* (*yan*) Seite *f*
cihetiyle *prep* (*-den dolayı*) wegen; (*sebebiyle*) auf Grund von
cilâ *s* **1.** Politur *f* **2.** (*tırnak* ~*sı*) Lack *m* **3.** (*yer* ~*sı*) Wachs *nt*
cilâlama *s Verbalsubstantiv zu* **cilâlamak**
cilâlamak *vt* **1.** polieren; (*mobilyaları*) aufpolieren **2.** (*yerleri*) bohnern
Cilâlı Taş Devri *s ohne Pl* (HIST, ARCH) Jungsteinzeit *f*
cilbent *s* <-di> *s.* **klâsör** Ordner *m,* Aktenordner *m*
cildi *s poss von* **cilt**
cildiye *s* (MED: *deri hastalıkları*) Hautkrankheiten *pl;* (*dermatoloji*) Dermatologie *f*
cildiyeci *s* Hautarzt, -ärztin *m, f;* (*dermatolog*) Dermatologe, -in *m, f*
cilt *s* <-di> **1.** (*deri*) Haut *f* **2.** (*kitap*) Band *m*
ciltçi *s* **1.** (*mücellit*) Buchbinder(in) *m(f)* **2.** (*cilt evi*) Buchbinderei *f*
cilt evi *s* Buchbinderei *f;* **cilt kremi** *s* Hautcreme *f*
ciltleme *s Verbalsubstantiv zu* **ciltlemek**
ciltlemek *vt* (*kitap*) (ein)binden
ciltli *adj* (*kitap*) gebunden, kartoniert
ciltsiz *adj* broschiert
cilve *s* Ziererei *f;* ~ **etmek** [*o* **yapmak**] sich zieren
cilvekâr *adj* kokett
cilvelenme *s* **1.** *Verbalsubstantiv zu* **cilvelenmek** **2.** Ziererei *f*
cilvelenmek *vi* sich zieren

cilveleşme *s* **1.** *Verbalsubstantiv zu* **cilveleşmek** **2.** Koketterie *f*

cilveleşmek *vi* (*fam*) kokettieren (*-le* mit)

cilveli *adj* kokett

cima *s* <-ı> *s.* **cinsel ilişki** Geschlechtsverkehr *m*

cimnastik *s ohne Pl* <-ği> *s.* **jimnastik** Gymnastik *f,* Turnen *nt;* **cimnastikçi** *s s.* **jimnastikçi** Turner(in) *m(f)*

cimri *adj* geizig, knauserig

cimrilik *s ohne Pl* <-ği> Geiz *m;* ~ **etmek** geizen

cin[1] *s* Kobold *m*

cin[2] *s* Gin *m;* (*ardıç rakısı*) Wacholderbranntwein *m*

cinaî *adj* Kriminal-; **cinaî roman** *s* Kriminalroman *m*

cinas *s* **1.** Zweideutigkeit *f* **2.** Anzüglichkeit *f;* ~ **dolu olmak** voller Anzüglichkeiten sein

cinaslı *adj* zweideutig, anzüglich

cinayet *s* **1.** (*adam öldürme*) Mord *m;* ~ **işlemek** einen Mord begehen **2.** (*fig: ağır suç*) Verbrechen *nt*

cinnet *s ohne Pl* Wahnsinn *m;* ~ **geçirmek** (*delirmek*) wahnsinnig werden; (*aklını kaçırmak*) den Verstand verlieren

cins **I.** *s* **1.** (*tür*) Art *f* **2.** (*çeşit*) Sorte *f* **3.** (*fam: garip*) komisch **4.** (BIOL) Gattung *f* **5.** (*soy*) Geschlecht *nt;* (*kök, asıl*) Abstammung **6.** (LING) Genus *nt* **II.** *adj* reinrassig

cinsel *adj* geschlechtlich, sexuell; **cinsel cazibe** *s ohne Pl* Sexappeal *m;* **cinsel (iç) güdü** *s* Geschlechtstrieb *m;* **cinsel ilişki** *s* Geschlechtsverkehr *m,* Intimverkehr *m;* **biriyle** ~**de bulunmak** mit jdm Geschlechtsverkehr haben

cinsellik *s ohne Pl* <-ği> **1.** Geschlechtlichkeit *f,* Sexualität *f* **2.** (*seks*) Sex *m;* **cinsellik bilimi** *s ohne Pl* (*seksoloji*) Sexologie *f*

cinsî *adj* geschlechtlich; (*seksüel*) sexuell; ~ **coşku/doygunluk** sexuelle Erregung/Befriedigung

cinsilâtif *s* das schöne Geschlecht

cinsiyet *s* Geschlecht *nt*

cinsiyet bezi *s* Geschlechtsdrüse *f;* **cinsiyet hormonu** *s* Geschlechtshormon *nt*

cins köpek *s* <-ği> Rassehund *m*

cip *s* Jeep® *m*

cips *s* Chips *pl*

ciranta *s* (FIN) Indossant(in) *m(f),* Girant(in) *m(f)*

cirit *s* (*a.* SPORT) Speer *m;* **cirit atma** *s ohne Pl* (SPORT) Speerwerfen *nt*

ciro *s* (FIN) Indossament *nt;* ~ **etmek** indossieren

cisim *s* <-smi> **1.** Körper *m;* **katı bir** ~ ein fester Körper **2.** Objekt *nt,* Gegenstand *m;* **uzaktaki** ~**lerin fotoğrafını çekmek** weit entfernte Objekte fotografieren

cismi *s poss von* **cisim**

civanperçemi *s* (BOT) Schafgarbe *f*

civar *s* Gegend *f;* **bu** ~**da görülecek çok şey var** hier in der Gegend gibt es viel zu sehen; **Bursa** ~**ında** in der Gegend von Bursa

civciv *s* Küken *nt;* ~**ler yumurtadan çıktı** die Küken sind ausgeschlüpft

cizvit *s* (REL) Jesuit *m*

cizvitlik *s ohne Pl* <-ği> (REL) Jesuitentum *m*

cizvit tarikatı *s ohne Pl* (REL) Jesuitenorden *m*

cl *Abk. von* **santilitre** cl, *Zentiliter*

cm *Abk. von* **santimetre** cm, *Zentimeter*

coğrafî *adj* geographisch

coğrafya *s ohne Pl* Geographie *f,* Erdkunde *f*

coğrafyacı *s* **1.** Geograph(in) *m(f)* **2.** (SCHULE: *fam: öğretmen*) Geographielehrer(in) *m(f)*

cokey *s* (SPORT) Jockey *m,* Jockei *m*

conta *s* Dichtung *f*

cop *s* Knüppel *m,* Schlagstock *m*

coşku *s* **1.** (*geçici hayranlık*) Begeisterung *f* **2.** Euphorie *f* **3.** (*cinsî*) Erregung *f*

cömert *adj* großzügig

cömertlik *s ohne Pl* <-ği> Großzügigkeit *f*

cuma *s* Freitag *m;* ~**dan pazara kadar** von Freitag bis Sonntag

cumaları *adv* freitags

cumartesi *s* Samstag *m,* Sonnabend *m; s. a.* **cuma**

cumartesileri *adv* samstags

cumba *s* Erker *m*

cumbadak *adv:* ~ **düşmek** plumpsen

cumburtu *s* Plumps *m*

cumhurbaşkanı *s* Staatspräsident(in) *m(f)*

cumhuriyet *s* Republik *f;* **C**~ **bayramı** Tag der Republik

cumhuriyetçi **I.** *s* Republikaner(in) *m(f)* **II.** *adj* republikanisch

cumhuriyetçilik *s* <-ği> (POL) Republikanismus *m*

cumudiye *s s.* **buzul** Gletscher *m*

curcuna *s ohne Pl* (*fam*) Gaudi *f*

cüce **I.** *s* Zwerg *m* **II.** *adj* kleinwüchsig

cümle *s* Satz *m*

cümle bilgisi *s ohne Pl* (LING) Satzlehre *f;* (*sentaks*) Syntax *f*

cümlesi *pron* (*hepsi*) alle(r, s)

cümleten *adv* allesamt, alle zusammen

cümle yapısı *s* (LING) Satzbau *m*

cüruf *s* Schlacke *f*

cüz *s* <-z'ü> **1.** Teil *m* **2.** (*Kur'an* ~*ü*) Abschnitt *m*

cüzam *s ohne Pl* (MED) Aussatz *m,* Lepra *f*

cüzamlı **I.** *s* (MED) Aussätzige(r) *mf* **II.** *adj*

(MED) aussätzig, leprakrank, lepros, leprös

cüzdan *s* **1.** (*para* ~ *ı*) Brieftasche *f* **2.** (*nüfus* ~ *ı*) Ausweis *m;* (*evlenme, tasarruf* ~ *ı*) Buch *nt*

Ç

çaba *s* Mühe *f;* **bütün ~lar boşa gitti** all die Mühe war umsonst [*o* vergebens]; **nafile bir ~** eine vergebliche Mühe
çabuk *adv* schnell; **~ ol!** beeil dich!; **bir şeyde elini ~ tutmak** (*fam*) mit etw schnell bei der Hand sein
çabukça *adv* schnell
çabuklaşma *s* **1.** *Verbalsubstantiv zu* **çabuklaşmak** **2.** Beschleunigung *f*
çabuklaşmak *vi* schneller werden, sich beeilen
çabuklaştırma *s* **1.** *Verbalsubstantiv zu* **çabuklaştırmak** **2.** Beschleunigung *f*
çabuklaştırmak *vt* beschleunigen
çabukluk *s ohne Pl* <-ğu> Schnelligkeit *f;* (*el çabukluğu*) Fertigkeit *f*
çaça *s* (*sl: mama*) Puffmutter *f;* **çaça balığı** *s* (ZOOL) Sprotte *f,* Breitling *m*
çaçaça *s* Cha-Cha-Cha *m*
çaçaron *s* Schwätzer(in) *m(f)*
çaçaronca *adj* schwatzhaft
çaçaronluk *s ohne Pl* <-ğu> Schwatzhaftigkeit *f;* **onun çaçaronluğu çekilmez** seine Schwatzhaftigkeit ist unerträglich
çadır *s* Zelt *nt;* **~ kurmak/yıkmak** seine Zelte aufschlagen/abbrechen; **~larını tarlanın ortasına kurdular** sie schlugen ihr Zelt mitten auf dem Feld auf; **çadır bezi** *s ohne Pl* Zeltleinwand *f;* **çadır çatı** *s* Zeltdach *nt;* **çadır çiçeği** *s* (BOT) Stachelseerose *f;* **çadır direği** *s* Zeltmast *m,* Zeltstange *f*
çağ *s* **1.** Zeitalter *nt;* **altın ~** das goldene Zeitalter **2.** (*yaş*) Alter *nt;* **evlenecek ~da olmak** im heiratsfähigen Alter sein **3.** (*vakit*) Zeit *f*
çağa *s* (*reg: çocuk*) Kind *nt;* (*bebek*) Baby *nt*
çağanoz *s* (ZOOL) Strandkrabbe *f*
çağcıl *adj* zeitgenössisch; (*modern*) modern
çağcıllaştırma *s* **1.** *Verbalsubstantiv zu* **çağcıllaştırmak** **2.** Modernisierung *f*
çağcıllaştırmak *vt* modernisieren
çağcıllık *s ohne Pl* <-ğı> Moderne *f*
çağdaş *adj* zeitgenössisch
çağ dışı *adj* unzeitgemäß
çağıl çağıl *adv* rauschend
çağıldama *s Verbalsubstantiv zu* **çağıldamak** Rauschen *nt*
çağıldamak *vi* rauschen
çağıltı *s* Rauschen *nt;* **derenin ~sını duyuyor musun?** hörst du das Rauschen des Baches?
çağıltılı *adj* rauschend
çağırı *s:* **~ listesi** die Liste der eingeladenen Gäste
çağırma *s* **1.** *Verbalsubstantiv zu* **çağırmak** **2.** (*ruh ~*) Beschwörung *f*
çağırmak *vt* **1.** rufen **2.** (*davet etmek*) einladen; **bizi düğüne/nişana çağırdılar** sie haben uns zur Hochzeit/Verlobung eingeladen **3.** (*ruh*) beschwören **4.** (*reg*) singen
çağırtı *s* Ruf *m*
çağırtkan *s* Lockvogel *m*
çağırtmaç *s* <-cı> Ausrufer(in) *m(f)*
çağlayan *s* Wasserfall *m*
çağnak *s ohne Pl* <-ğı> (ANAT: *amnios suyu*) Fruchtwasser *nt*
çağrı *s* **1.** (*davet*) Einladung *f* **2.** (*~ cihazı*) Piepser *m;* **çağrı cihazı** *s* Piepser *m;* **çağrı kâğıdı** *s* Einladung *f*
çağrılık *s* <-ğı> Einladung *f*
çağrılma *s Verbalsubstantiv zu* **çağrılmak**
çağrılmak *vi* **1.** *pass von* **çağırmak** **2.** **düğüne biz de çağrıldık** auch wir wurden zur Hochzeit eingeladen
çağrım *s ohne Pl* Rufweite *f*
çağrışım *s* Assoziation *f;* **~ yapmak** Assoziationen erwecken
çağrışımlı *adj* assoziativ
çağrıştırma *s* **1.** *Verbalsubstantiv zu* **çağrıştırmak** **2.** **Wagner'i/romantizmi ~** Anklänge an Wagner/an die Romantik
çağrıştırmak *vt* **1.** assoziieren, Assoziationen erwecken **2.** (*hatırlatmak*) in Erinnerung rufen
çakal *s* **1.** (ZOOL) Schakal *m* **2.** (*sl: kurnaz, düzenci kimse*) Spitzbube *m;* (*aşağılık kimse*) Schuft *m,* Schurke *m*
çakal armudu *s* Holzbirne *f,* Wilde Birne; **çakal eriği** *s* (BOT) Schlehe *f*
çakar *s* Leuchtfeuer *nt*
çakaralmaz **I.** *adj* **1.** (*basit*) einfach; (*ilkel*) primitiv **2.** (*fam: bozuk*) kaputt **II.** *s* (*fam: tabanca*) Pistole *f*
çakı *s* Taschenmesser *nt*
çakıl *s* Kiesel *m;* (*taşı*) Kieselstein *m*
çakıldak *s* <-ğı> (TECH) Sperrklinke *f*
çakılı *adj* **1.** angenagelt **2.** (*sabit*) fest **3.** (*fig*): **~ kalmak** haften bleiben; **sözleri ~ kaldı bende** seine Worte blieben bei mir haften
çakıllı *adj* kiesig
çakılma *s Verbalsubstantiv zu* **çakılmak**
çakılmak *vi* **1.** *pass von* **çakmak**[2] **2.** (*fam*)

bemerkt werden **3. uçak yere çakıldı** das Flugzeug stürzte ab; **çakılıp kalmak** festsitzen; **çakılıp kaldım** ich war wie angewurzelt

çakıl taşı *s* Kieselstein *m*

çakıl yığını *s* Kieshaufen *m;* **çakıl yol** *s* Kiesweg *m*

çakıntı *s* **1.** (*şimşek ~ sı*) Blitz *m* **2.** (*fig: anî düşünce*) Geistesblitz *m*

çakır *adj* blaugrau

çakırdoğan *s* (ZOOL: *toğrul*) Habicht *m*

çakırkanat *s* (ZOOL) Krickente *f*

çakırkeyf *adj* angeheitert

çakır pençe *adj* (*becerikli*) geschickt

çakır pençelik *s ohne Pl* <-ği> Geschicklichkeit *f*

çakma *s Verbalsubstantiv zu* **çakmak[2]**

çakmak[1] *s* <-ğı> Feuerzeug *nt*

çakmak[2] **I.** *vt* **1.** (*çivi*) klopfen (*-e* in), (ein)schlagen (*-e* in); **duvara çivi ~** einen Nagel in die Wand klopfen [*o* (ein)schlagen] **2.** (*şahmerdanla*) rammen (*-e* in) **3.** (*fam: anlamak*) kapieren, raffen; **en sonunda işi çaktı** endlich hat er es gerafft **4.** (*sürtmek*) reiben; (*vurmak*) schlagen, hauen; **birinin suratına tokadı ~** (*fam fig*) jdm eine kleben **5. selâm ~** salutieren **II.** *vi* **1.** (*sl: bilmek*) Ahnung haben (*-den* von), können (*-den* -) **2.** (*parıldamak*) aufblitzen, aufleuchten; **şimşek ~** blitzen **3.** (*fam: kalmak*) durchfallen; **sınıfta ~** sitzenbleiben

çakma kapı *s* Brettertür *f*

çakmak taşı *s* Feuerstein *m*

çaktırma *s Verbalsubstantiv zu* **çaktırmak**

çaktırmadan *adv* (*belli etmeden*) unbemerkt; (*gizlice*) verstohlen

çaktırmak *vt* **1.** *Kausativ zu* **çakmak** **2.** (*fam*) merken lassen, durchblicken lassen

Çalap *s ohne Pl* <-bı> *s.* **Tanrı** Gott *m*

çalar *s s.* **nüans** Nuance *f*

çalar saat *s* <-i> Wecker *m*

çalçene *s* Schwätzer(in) *m(f)*, Plappermaul *nt*

çalgı *s* (MUS) **1.** (*~ aleti*) Instrument *nt;* **~ çalmak** ein Instrument spielen **2.** (*müzik*) Musik *f* **3.** (*müzik topluluğu*) Kapelle *f;* **çalgı aleti** *s* Instrument *nt*

çalgıcı *s* Musiker(in) *m(f)*

çalgıç *s* <-cı> (MUS) Plektron *nt*

çalı *s* Strauch *m,* Staude *f,* Busch *m*

çalı fasulyesi *s* (BOT) Buschbohne *f;* **çalı horozu** *s* (ZOOL) Auerhahn *m;* **çalı kuşu** *s* (ZOOL) Zaunkönig *m*

çalılık *s* <-ğı> Dickicht *nt,* Gebüsch *nt,* Gestrüpp *nt*

çalınma *s Verbalsubstantiv zu* **çalınmak**

çalınmak *vi Passiv zu* **çalmak**: **dün bisikletim çalındı** gestern wurde mein Fahrrad gestohlen

çalışma *s* **1.** *Verbalsubstantiv zu* **çalışmak**: **bugün ~m gerekmiyor** ich brauche heute nicht zu arbeiten **2.** Arbeit *f;* **bilimsel bir ~** eine wissenschaftliche Arbeit **3.** (*faaliyet*) Betriebsamkeit *f;* **hummalı ~** (*fig*) fieberhafte Betriebsamkeit; **çalışma bakanı** *s* Arbeitsminister(in) *m(f);* **çalışma bakanlığı** *s* Arbeitsministerium *nt;* **çalışma barışı** *s* Arbeitsfrieden *m*

çalışmak *vi* **1.** arbeiten; **~tan ölmek** [*o* **canı çıkmak**] sich totarbeiten; **bir meslekte ~** einen Beruf ausüben **2.** (*faal olmak*) tätig sein **3.** (*motor*) laufen; **motor çalışmıyor** der Motor läuft nicht **4.** funktionieren; **bu radyo pille çalışır** dieses Radio funktioniert mit Batterien

çalışma koşulları *s Pl* Arbeitsbedingungen *fpl;* **çalışma odası** *s* Arbeitszimmer *nt;* **çalışma saatleri** *s Pl* (*iş zamanı*) Arbeitszeit *f;* **çalışma şartları** *s Pl* Arbeitsbedingungen *fpl;* **çalışma ücreti** *s* Arbeitslohn *m*

çalıştıran *s* (*işveren*) Arbeitgeber(in) *m(f)*

çalkalama *s Verbalsubstantiv zu* **çalkalamak**

çalkalamak *vt* **1.** schütteln **2.** (*bardakları*) ausspülen

çalkama *s Verbalsubstantiv zu* **çalkamak**

çalkamak *vt* (AGR: *tahıl*) worfeln

çalkanma *s Verbalsubstantiv zu* **çalkanmak**

çalkanmak *vi* (*deniz için*) tosen

çalma **I.** *s* **1.** *Verbalsubstantiv zu* **çalmak** **2.** (*hırsızlık*) Diebstahl *m* **3.** Turban *m* **4.** (*fam: kibrit*) Streichholz *nt* **II.** *adj* **1.** (*çalınmış*) gestohlen; **~ mal** gestohlene Ware **2.** (*kalemle işlenmiş*) ziseliert

çalmak <-ar> **I.** *vt* **1.** stehlen, entwenden **2.** (*çalgı*) spielen; (*çan*) läuten; **bir çalgıyı acemice ~** auf einem Instrument stümperhaft spielen **3.** (*WEND*): **ıslık ~** pfeifen **II.** *vi* (*çan*) läuten

çalpara *s* **1.** (MUS) Kastagnette *f* **2.** (ZOOL) Samtkrabbe *f*

çalyaka *adv:* **birini ~ etmek** jdm beim Schlafittchen packen

çam *s* **1.** (BOT) Kiefer *f;* **fıstık ~ı** Pinie *f* **2.** (*fam*) Tanne *f;* **~ devirmek** (*fig*) einen Bock schießen

çamaşır *s* Wäsche *f;* **~ yıkamak** Wäsche waschen; **kirli ~** (*a. fig*) schmutzige Wäsche

çamaşır dolabı *s* Wäscheschrank *m*

çamaşırhane *s* Wäscherei *f*

çamaşır ipi *s* Wäscheleine *f;* **çamaşır kurutucusu** *s* Wäschetrockner *m;* **çamaşır leğeni** *s* Waschschüssel *f;* **çamaşır makinesi** *s* Waschmaschine *f;* **çamaşır mandalı** *s* Wäscheklammer *f;* **çamaşır odası** *s*

Waschraum *m;* **çamaşır sepeti** *s* Wäschekorb *m;* **çamaşır suyu** *s* Flüssigwaschmittel *nt*
çamaşır tozu *s* Waschpulver *nt*
çamça *s* (ZOOL) Plötze *f,* Rotauge *nt*
çamçak *s* <-ğı> Zuber *m*
çam fıstığı *s* Pinienkern *m;* **çam kozalağı** *s* **1.** (BOT) Kiefernzapfen *m;* (*fıstık çamında*) Pinienzapfen *m* **2.** (*fam*) Tannenzapfen *m*
çam sakızı *s* Tannenharz *nt*
çamur *s* Schlamm *m;* **birine ~ atmak** jdn in [*o* durch] den Schmutz ziehen; **birini ~dan çekip çıkarmak** jdn aus der Patsche helfen
çamur banyosu *s* Schlammbad *nt*
çamurluk *s* <-ğu> **1.** (AUTO) Kotflügel *m;* **lâstik çamurluğa sürtünüyor** der Reifen schleift am Radkasten **2.** (*bisiklet için*) Schutzblech *nt;* **bisiklet zinciri çamurluğa sürtünüyor** die Fahrradkette schleift am Schutzblech
çan *s* Glocke *f;* **birinin ~ına ot tıkmak** [*o* **tıkamak**] jdn mundtot machen
çanak *s* <-ğı> **1.** Schüssel *f* **2.** (BOT) Blütenkelch *m;* **çanak anten** *s* (RADIO, TV: *fam*) Satellitenschüssel *f;* **çanak çömlek** *s ohne Pl* <-ği> Steingut *nt*
Çanakkale Boğazı *s* (GEO) Dardanellen *pl;* (HIST) Hellespont *m*
çanaklık *s* <-ğı> (NAUT) Ausguck *m,* Mastkorb *m*
çanak yalayıcı *s* (*pej*) Speichellecker(in) *m(f);* **çanak yalayıcılık** *s* <-ğı> (*pej*) Speichelleckerei *f*
çancı *s* **1.** (*çan yapan*) Glockengießer(in) *m(f)* **2.** (*çan çalan*) Glöckner *m*
çan çiçeği *s* (BOT) Glockenblume *f*
çandır I. *s* (*reg: melez*) Mischling *m* **II.** *adj* (*yaban*) wild
çanıltı *s* Glockenläuten *nt*
çan kulesi *s* Glockenturm *m*
çap *s* **1.** (*a. fig: kutur*) Kaliber *nt* **2.** (*büyüklük*) Größe *f;* (*ölçü*) Maß *nt* **3.** (MATH: *dairenin ~ı*) Durchmesser *m;* **dış ~** der äußere Durchmesser; (*kürenin ~ı*) Umfang *m;* **borunun ~ı bir metre** das Rohr hat einen Durchmesser von einem Meter, das Rohr misst einen Meter im Durchmesser **4. dünya/ülke ~ında** weltweit/landesweit
çapa *s* **1.** (*kazı aracı*) Hacke *f* **2.** (NAUT: *çipo*) Dragge *f,* kleiner Anker
çapaçul *adj* (*pasaklı*) schlampig
çapaçulluk *s ohne Pl* <-ğu> Schlampigkeit *f*
çapak[1] *s* <-ğı> **1.** Augenbutter *f* **2.** Grat *m*
çapak[2] *s* <-ğı> (ZOOL: *balık*) Blei *m,* Brachse *f,* Brachsen *m*
çapanoğlu *s* (*fam fig*) das dicke Ende; **bunun altından ~ çıkar** das dicke Ende kommt noch
çapçak *s* <-ğı> Zuber *m*
çapkın *s* Schürzenjäger *m*
çapraz tonoz *s* (ARCH) Kreuzgewölbe *nt*
çaput *s* **1.** (*paçavra*) Fetzen *m* **2.** (*fam: bez*) Lappen *m*
çar *s* Zar *m*
çardak *s* <-ğı> Laube *f,* Gartenlaube *f*
çare *s* **1.** (*çıkar yol*) Ausweg *m;* **bir şeyin ~sine bakmak** für etw einen Ausweg finden; **son ~** der letzte Ausweg **2.** (*ohne Pl*) Abhilfe *f;* **~ bulmak** für Abhilfe sorgen; **bir duruma ~ bulmak** einer Situation Abhilfe schaffen; **ona ~ bulmak kolay** (**değil**) dem ist (nicht) leicht abzuhelfen **3.** (*deva*) Heilmittel *nt*
çaresiz *adj* **1.** ausweglos; **~ bir durumda bulunmak** sich in einer ausweglosen Lage befinden **2.** hilflos, ratlos
çaresizlik *s ohne Pl* <-ği> **1.** Ausweglosigkeit *f* **2.** Hilflosigkeit *f,* Ratlosigkeit *f*
çarık *s* <-ğı> **1.** Lederschuh *m* **2.** (AUTO) Bremsschuh *m* **3.** (*sl*) Geldbörse *f,* Brieftasche *f*
çarıklı erkânıharp *s ohne Pl* <-bi> (*pej*) Bauernschläue *f;* **~ gibi** bauernschlau
çariçe *s* Zarin *f*
çark *s* **1.** Rad *nt;* (*bileği ~ı, dişli ~*) Rad *nt;* **~lara diş aç(tır)mak** die Räder verzahnen (lassen) **2.** Scheibe *f* **3.** (MIL) Schwenkung *f* **4.** (*Wend*): **~ çevirmek** Runden drehen; **~ etmek** (*yön değiştirmek*) schwenken; (*geri dönmek*) kehrtmachen, umkehren
çarkıfelek *s* <-ği> **1.** (BOT: *fırıldak çiçeği*) Passionsblume *f* **2.** (*fig*) Schicksal *nt*
çarklı *adj* Rad-; **çarklı vapur** *s* Raddampfer *m*
çarlık *s* <-ğı> Zarentum *nt*
çarmıh *s* Kreuz *nt;* **~a germek** kreuzigen
çarpan *s* (MATH) Multiplikator *m*
çarpan balığı *s* (ZOOL: *trakunya*) Petermännchen *nt*
çarpı I. *s* **1.** (*sıva*) Kalkbewurf *m* **2.** (MATH) Malzeichen *nt* **II.** *adv* mal; **iki ~ iki dört eder** zwei mal zwei ist vier
çarpıcı *adj* ergreifend; (*etkili*) wirkungsvoll
çarpık *adj* **1.** krumm; **bacakları ~** seine Beine sind krumm **2.** schief; **duvardaki resim ~** das Bild an der Wand hängt schief
çarpık bacaklı *adj* (*paytak*) krummbeinig
çarpılan *s* (MATH) Multiplikant *m*
çarpım cetveli *s ohne Pl,* **çarpım tablosu** *s ohne Pl* (MATH) Einmaleins *nt*
çarpıntı *s ohne Pl* Herzklopfen *nt;* **~sı tutmak** Herzklopfen bekommen
çarpışma *s Verbalsubstantiv zu* **çarpışmak**
çarpışmak *vi* aufeinander stoßen [*o* prallen]
çarpma *s* **1.** *Verbalsubstantiv zu* **çarpmak**

2. Aufprall *m* (*-e* auf); **çarpma hızı** *s* Aufprallgeschwindigkeit *f*

çarpmak *vi* **1.** stoßen (*-e/-e* an/gegen), prallen (*-e/-e* an/gegen); **birbirine** ~ aneinander stoßen, aufeinander stoßen [*o* prallen] **2.** aufprallen (*-e* auf); **başka bir arabaya** ~ auf einen anderen Wagen aufprallen **3.** **bir şey göze** ~ etw fällt auf

çarpma kapı *s* Schwingtür *f*

çarşaf *s* **1.** Bettlaken *m* **2.** Tschador *m*

çarşaf çarşaf *adv* (*olabildiğince uzun*) möglichst lang, so lang wie möglich

çarşamba *s* Mittwoch *m;* **çıkmaz ayın son ~sı** (*fam*) (am) Sankt-Nimmerleins-Tag *m; s. a.* **cuma**

çarşambaları *adv* mittwochs

çarşı *s* Einkaufszentrum *nt*

çarter *s* (*a.* WIRTSCH) Charter *m;* **çarter uçağı** *s* (AERO) Charterflugzeug *nt*

çartır *s s.* **çarter**

çat[1] *s* Knacks *m;* ~ **etmek** knacken

çat[2] *s* (*fam: kavşak*) Kreuzung *f*

çatal **I.** *s* **1.** (GASTR) Gabel *f* **2.** (*değnek*) Astgabel *f* **3.** (*yolda*) Gabelung *f,* Abzweigung *f* **4.** (AGR: *dirgen*) Gabel *f,* Heugabel *f* **II.** *adj* **1.** gabelig, gegabelt; ~ **dallar** gabelige Äste **2.** (*iki anlamlı*) zweideutig **3.** (*net olmayan*) unklar; ~ **görmek** unklar sehen; (*iki görmek*) doppelt sehen; **çatal ağız** *s* <-ğzı> (GEO: *delta*) Delta *nt;* **çatal anahtar** *s* Gabelschlüssel *m;* **çatal bıçak takımı** *s* Essbesteck *nt;* **çatal kuyruklu martı** *s* (ZOOL) Gabelschwanzmöwe *f*

çatallanma *s* **1.** *Verbalsubstantiv zu* **çatallanmak** **2.** Gabelung *f*

çatallanmak *vi* sich gabeln

çatı *s* **1.** Dach *nt;* ~ **altında oturmak** unterm Dach wohnen; **biriyle aynı ~ altında oturmak** (*fam fig*) mit jdm unter einem Dach wohnen **2.** (INFORM) Frame *m;* **çatı arası** *s* Dachboden *m;* (*oda*) Dachkammer *f;* (*tavan arası*) Dachboden *m;* **çatı eteği** *s* Dachgesims *nt;* **çatı kaplayıcı** *s* Dachdecker(in) *m(f);* **çatı katı** *s* Dachgeschoss *nt,* Dachwohnung *f,* Mansarde *f;* **çatı kirişi** *s* Dachbalken *m;* **çatı makası** *s* Dachstuhl *m;* **çatı oluğu** *s* Dachrinne *f;* **çatı penceresi** *s* Dachfenster *nt*

çatışma *s* **1.** Konflikt *m,* Auseinandersetzung *f;* **silâhlı** ~ bewaffneter Konflikt, bewaffnete Auseinandersetzung **2.** (MIL) Gefecht *nt*

çatlak **I.** *s* <-ğı> **1.** Ritze *f* **2.** (*camda*) Sprung *m,* Riss *m* **3.** (*kasık çatlağı*) Bruch *m* **II.** *adj* <-ğı> **1.** (auf)gesprungen, aufgeplatzt; ~ **dudaklar** aufgeplatzte [*o* (auf)gesprungene] Lippen **2.** (*ses*) brüchig **3.** (*fig: deli*): **kafadan ~ olmak** einen Sprung in der Schüssel haben, nicht ganz dicht sein

çatlama *s Verbalsubstantiv zu* **çatlamak**

çatlamak *vi* **1.** platzen, bersten; **meraktan/sabırsızlıktan** ~ vor Neugier/Ungeduld platzen [*o* bersten] **2.** (*dudakları*) platzen, bersten, (auf)springen; (*cam*) zerspringen **3.** (*tomurcuklar, cilt*) aufbrechen, aufspringen

çatlatma *s Verbalsubstantiv zu* **çatlatmak**

çatlatmak *vt* **1.** *Kausativ zu* **çatlamak** **2.** **kasığını** ~ sich einen Bruch heben **3.** (*fig*): **birini meraktan** ~ jdn auf die Folter spannen

çavdar *s* Roggen *m;* **çavdar ekmeği** *s* Roggenbrot *nt;* **çavdar unu** *s* Roggenmehl *nt*

çavlan *s* Wasserfall *m*

çavuş kuşu *s* <-ğu> (ZOOL) Wiedehopf *m*

çay[1] *s* Tee *m*

çay[2] *s* Bach *m*

çay bardağı *s* Teeglas *nt*

çaydanlık *s* <-ğı> Teekanne *f*

çay fincanı *s* Teetasse *f*

çayhane *s* Teestube *f*

çayır *s* Wiese *f;* **çayır kuşu** *s* (ZOOL: *toygar*) Feldlerche *f*

çayırsedefi *s* (BOT) Wiesenraute *f*

çayır teresi *s* (BOT) Wiesenschaumkraut *nt*

çay kaşığı *s* Teelöffel *m*

çaylak *s* <-ğı> (ZOOL) Milan *m*

çay takımı *s* Teeservice *nt*

çeç *s* (*tahıl elenen kalbur*) Getreidesieb *nt*

çeçe *s* Tsetsefliege *f*

Çeçen **I.** *s* Tschetschenier(in) *m(f)* **II.** *adj* tschetschenisch

çehre *s* Gesicht *nt;* **kentin ~si değişmiş** das Gesicht der Stadt hat sich verändert; **çehre züğürdü** *s* (*fam pej*) Fratze *f*

çek[1] *vt Imperativ von* **çekmek**: ~ **arabanı!** (*fam fig, pej*) zieh Leine!, hau ab!; ~ **elini/parmağını!** Hände/Finger weg!

çek[2] *s* (FIN) Scheck *m;* ~ **keşide etmek** einen Scheck ausstellen

Çek **I.** *s* Tscheche, -in *m, f* **II.** *adj* tschechisch; ~ **Cumhuriyeti** die Tschechische Republik

çekap *s* (MED) Vorsorgeuntersuchung *f;* (*tam bakım*) Generaluntersuchung *f*

çekici *adj* anziehend, attraktiv

çekicilik *s* <-ği> Anziehung *f;* **bir kadının cinsel çekiciliği** die sexuelle Anziehungskraft einer Frau

çekiç *s* <-ci> (*a.* SPORT) Hammer *m;* **çekiç atma** *s ohne Pl* (SPORT) Hammerwerfen *nt*

çekiçhane *s* Schmiede *f*

çekiç kemiği *s* (ANAT) Hammer *m;* ~, **üç işitme kemikçiğinden biridir** der Hammer ist eines der drei Gehörknöchelchen

çekiçleme *s Verbalsubstantiv zu* **çekiçlemek**

çekiçlemek *vt* hämmern

çekik gözlü *adj* schlitzäugig
çekiliş *s* Ziehung *f,* Verlosung *f*
çekilme *s Verbalsubstantiv zu* **çekilmek**
çekilmek *vi* **1.** *pass von* **çekmek** **2.** weichen; **geri** ~ zurück weichen; **bir karış (bile) geri çekilmedi** er wich keinen Fußbreit zurück
çekilmez *adj* unerträglich; **devamlı olarak bu** ~ auf die Dauer ist das unerträglich
çekim *s* **1.** (PHYS) Anziehung *f,* Gravitation *f;* (*çekme gücü*) Anziehungskraft *f* **2.** (FOTO, FILM) Aufnahme *f;* (*fotoğraflama*) Fotografie *f* **3.** (LING: *isim* ~*i*) Deklination *f;* (*fiil* ~*i*) Konjugation *f*
çekimci *s* (FILM) **1.** (*yapımcı*) Produzent(in) *m(f)* **2.** (*kameraman*) Kameramann *m*
çekim eki *s* (LING: *isimde*) Deklinationsendung *f;* (*fiilde*) Konjugationsendung *f*
çekim kuvveti *s* Anziehungskraft *f*
çekimleme *s* **1.** *Verbalsubstantiv zu* **çekimlemek** **2.** (PHYS) Anziehung *f*
çekimlemek *vt* (PHYS) anziehen
çekimli *adj* **1.** anziehend **2.** (LING: *isim*) deklinierbar, deklinabel; (*fiil*) konjugierbar
çekimser *adj:* ~ **kalmak** sich (der Stimme) enthalten; ~ **kaldı** er enthielt sich (der Stimme)
çekimserlik *s* <-ği> Enthaltung *f,* Stimmenthaltung *f*
çekimsiz *adj* (LING) undeklinierbar, indeklinabel
çekim yeri *s* (FILM) Drehort *m*
çekingen *adj* **1.** zurückhaltend **2.** (*ürkek*) scheu
çekingenlik *s ohne Pl* <-ği> **1.** Zurückhaltung *f* **2.** Scheu *f*
çekinik *adj* (BIOL: *resesif*) rezessiv; ~ **karakterler** rezessive Merkmale
çekinme *s ohne Pl* **1.** *Verbalsubstantiv zu* **çekinmek** **2.** Bange *f;* **bir şeyden/kimseden** ~ Bange vor etw/jdm
çekinmek *vi* (*utanarak*) sich genieren (*-den* vor); (*korkarak*) bange sein (*-den* vor)
çekirdek *s* <-ği> Kern *m;* **çekirdek aile** *s* Kernfamilie *f;* **çekirdek bölünmesi** *s* (PHYS) Kernspaltung *f,* Atomspaltung *f;* **çekirdek kahve** *s ohne Pl* Bohnenkaffee *m;* **çekirdek parçalanması** *s* (PHYS) Kernzerfall *m*
çekirge *s* (ZOOL) Heuschrecke *f;* (*fam*) Grashüpfer *m;* **çekirge kuşu** *s* <-ğı> (ZOOL: *sığırcık*) Star *m*
çekişme *s Verbalsubstantiv zu* **çekişmek**
çekişmek **I.** *vt:* **bir şey** ~ an etw hin und her ziehen **II.** *vi* **1.** (*bıçak, tabanca*) gegenseitig ziehen **2.** (*ağız kavgası etmek*) streiten (*-le* mit), hadern (*-le* mit) **3.** (*gayret harcamak*) ringen; **birincilik için** ~ um den Sieg ringen; **can** ~ mit dem Tod ringen
çekişmeli *adj* (SPORT: *maç*) turbulent; (*sert*) hart
çekiştirme *s Verbalsubstantiv zu* **çekiştirmek**
çekiştirmek *vt* **1.** *Kausativ zu* **çekişmek** **2.** herumzerren; **saçının örgülerini** ~ an den Zöpfen ihres Haares herumzupfen **3.** (*fig*): **birini** ~ über jdn herziehen
çek keşidecisi *s* Scheckaussteller(in) *m(f)*
çekme *s* **1.** *Verbalsubstantiv zu* **çekmek** **2.** Ziehung *f*
çekmece *s* Schublade *f,* Schubfach *nt*
çekme çubuğu *s* Abschleppstange *f;* **çekme gücü** *s* (PHYS) Anziehungskraft *f;* **çekme halatı** *s* Abschleppseil *nt*
çekmek **I.** *vt* **1.** ziehen **2.** (AUTO) abschleppen **3.** (LING: *fiil*) konjugieren; (*isim*) deklinieren **4.** (*içine almak*) in sich aufnehmen, sich saugen; **sünger bütün sütü çekti** der Schwamm hat sich mit Milch voll gesaugt **5.** (*nutuk*) halten **6.** (*sorguya*) unterziehen **7.** (*açlık, sıkıntı*) leiden; (*ceza*) verbüßen; **güçlük** ~ Schwierigkeiten haben **8. fotoğraf** ~ fotografieren **9.** (AUTO) abschleppen **10.** (FIN: *para*) abheben **11.** ertragen **II.** *vi* **1.** (*daralıp kısalmak*) einlaufen **2.** (AUTO) anziehen; **araba iyi çekiyor** der Wagen zieht gut an **3. birine** ~ nach jdm geraten
çektirme *s Verbalsubstantiv zu* **çektirmek**; **çektirme ağı** *s* Schleppnetz *nt*
çektirmek *vt* **1.** *Kausativ zu* **çekmek: arabayı (tamirhaneye) çektirdik** wir haben den Wagen (in die Werkstatt) abschleppen lassen; **resmimizi çektirdik** wir haben uns fotografieren lassen **2. birine azap** ~ jdn martern [*o* quälen]
çekül *s* (PHYS) Lot *nt,* Senkblei *nt*
çek valf *s,* **çek vana** *s* Sicherheitsventil *nt*
çekyat *s* Bettcouch *f,* Schlafcouch *f,* Bettsofa *nt*
çelenç *s* (SPORT) **1.** Herausforderung *f* **2.** (*elden ele geçen kupa*) Wanderpokal *m*
çelenk *s* <-gi> Kranz *m;* ~ **koymak** einen Kranz niederlegen
çelik **I.** *s* <-ği> Stahl *m* **II.** *adj* stählern, Stahl-; ~ **yelek** kugelsichere Weste; **çelik başlık** *s* <-ğı> Stahlhelm *m;* **çelik bilye** *s* Stahlkugel *f;* **çelik boru** *s* Stahlrohr *nt;* **çelik halat** *s* Stahlseil *nt*
çelikhane *s* Stahlwerk *nt*
çelik kasa *s* Stahlschrank *m;* **çelik kalemi** *s* Stahlfeder *f;* **çelik pamuğu** *s* Stahlwolle *f;* **çelik sac** *s* Stahlblech *nt;* **çelik sanayii** *s* Stahlindustrie *f;* **çelik tel** *s* Stahldraht *m;* **çelik üretimi** *s ohne Pl* Stahlerzeugung *f*
çelim *s ohne Pl* (*reg: kuvvet*) Kraft *f*
çelimli *adj* (*reg: kuvvetli*) kräftig
çelimsiz *adj* (*güçsüz*) kraftlos; (*zayıf*) schwach

çelimsizlik *s ohne Pl* <-ği> Kraftlosigkeit *f*
çelişik *adj* widersprüchlich
çelişiklik *s* <-ği> Widersprüchlichkeit *f*
çelişken *adj* widersprüchlich
çelişki *s* Widerspruch *m*
çelişkili *adj* widersprüchlich
çelişkisiz *adj* widerspruchsfrei
çelişme *s* **1.** *Verbalsubstantiv zu* **çelişmek** **2.** Widerspruch *m*
çelişmek *vi* in Widerspruch stehen (*-le* zu)
çelişmeli *adj* widersprüchlich
çelişmesiz *adj* widerspruchsfrei
çellist *s* (MUS) Cellist(in) *m(f)*
çello *s* (MUS) Cello *nt*
çelme *s* **1.** *Verbalsubstantiv zu* **çelmek** **2. birine ~ atmak** [*o* **takmak**] jdm ein Bein stellen
çelmek <-er> *vt* **1.** (*düşürmek*) zu Fall bringen **2.** (*engel olmak*) verhindern; (*penaltı*) abwehren **3.** (*fig: ters düşmek*) widersprechen
çeltik *s ohne Pl* <-ği> Reis *m*; **çeltik tarlası** *s* Reisfeld *nt*
çembalo *s* (MUS) Cembalo *nt*
çember *s* Kreis *m*; **~ içine almak** einkreisen; **~e almak** einkreisen; **çember biçiminde** *adj* kreisförmig
çemen *s* (BOT) Kreuzkümmel *m*
çene *s* **1.** (ANAT) Kiefer *m* **2.** (TECH: *mengene*) Backe *f*
çenek *s* <-ği> (BOT) Keimblatt *nt*
çene kemiği *s* (ANAT) Kieferknochen *m*
çengel işareti *s* Paragraphenzeichen *nt*
çengelli iğne *s* Sicherheitsnadel *f*
çentik I. *s* <-ği> Scharte *f*; **bıçağın ağzında ~ var** die Klinge des Messers hat eine Scharte **II.** *adj* schartig
çep(e)çevre *adv* ringsherum
çepel *s ohne Pl* **1.** (*kir*) Schmutz *m*; (*pislik*) Dreck *m* **2.** (*fam: bozuk, kapalı, yağmurlu hava*) Hundewetter *nt*
çeper *s* **1.** (*reg: çit*) Zaun *m*; **~ çekmek** umzäunen **2.** (*sebze bahçesi*) Gemüsegarten *m* **3.** (BIOL: *zar*) Membran(e) *f*
çerçeve *s* **1.** (*resim, fotoğraf için*) Rahmen *m* **2.** (*gözlük için*) Fassung *f*, Gestell *nt*; **çerçeve anlaşma** *s* Rahmenabkommen *nt*
çerçeveleme *s* **1.** *Verbalsubstantiv zu* **çerçevelemek** **2.** Einrahmung *f*
çerçevelemek *vt* einrahmen
çeri *s s.* **asker** Soldat *m*
Çerkez I. *s* Tscherkesse, -in *m, f* **II.** *adj* tscherkessisch
Çerkezce *s ohne Pl* Tscherkessisch *nt*; **~de** im Tscherkessischen; **~den Türkçeye** aus dem Tscherkessischen ins Türkische
Çerkez tavuğu *s* (GASTR) *Hühnerfleisch zerstoßen mit Walnüssen, Olivenöl und Zutaten*

çeşit *s* <-di> **1.** Sorte *f*; (*tür*) Art *f* **2.** (*Pl*, WIRTSCH) Sortiment *nt*
çeşitleme *s* **1.** *Verbalsubstantiv zu* **çeşitlemek** **2.** Diversifizierung *f* **3.** (MUS: *varyasyon*) Variation *f*
çeşitlemek *vt* diversifizieren
çeşitli *adj* vielfältig, divers, mannigfaltig
çeşitlilik *s ohne Pl* <-ği> Vielfalt *f*, Mannigfaltigkeit *f*
çeşni *s* **1.** (*tat*) Geschmack *m*; (*tadımlık*) Kostprobe *f*; (*tadımlık lokma*) Appetithappen *m*; **yemeğin/içeceğin ~sine bakmak** eine Speise/ein Getränk kosten [*o* probieren] **2.** (*fig*) Einschlag *m*, Beigabe *f*
çeşnileme *s* *Verbalsubstantiv zu* **çeşnilemek**
çeşnilemek *vt* (GASTR) würzen
çeşnilık *s* <-ği> (GASTR) Gewürz *nt*, Würze *f*
çete *s* Bande *f*, Gang *f*
çetele *s* **1.** (*kertik*) Kerbe *f* **2.** (HIST) Kerbholz *nt*
çetrefil dil *s ohne Pl* Kauderwelsch *nt*
çevirgeç *s* <-ci> (TECH: *şalter*) Schalter *m*
çevirim *s* **1.** Drehen *nt* **2.** (FILM) Dreharbeiten *fpl*; **çevirim senaryosu** *s* Drehbuch *nt*
çevirme I. *s* **1.** *Verbalsubstantiv zu* **çevirmek** **2.** (GASTR) Spießbraten *m*; **kuzu ~** Lammbraten am Spieß **3.** (MIL) Einkesselung *f* **II.** *adj* übersetzt
çevirmek *vt* **1.** (*dolap, entrika*) spinnen, einfädeln **2.** (*oynamak*) spielen; **bir parti satranç/bilârdo/briç ~** eine Partie Schach/Billard/Bridge spielen **3.** (*paraya*) verwerten; **bir şeyi paraya ~** etw verwerten, etw zu Geld machen **4.** (*sayfayı*) wenden **5.** (*geri göndermek*) zurückschicken **6.** (*tercüme etmek*) übersetzen **7.** (*dönüştürmek*) umwandeln
çevirmen *s* **1.** (*yazıyı çeviren*) Übersetzer(in) *m(f)* **2.** (*konuşmayı çeviren*) Dolmetscher(in) *m(f)*
çevir sesi *s*, **çevir sinyali** *s* (TEL: *sinyal*) Freizeichen *nt*
çevre *s* **1.** Kreis *m* **2.** Umgebung *f*; **~ye alışmak** sich an die Umgebung gewöhnen **3.** (*ohne Pl*) Umwelt *f*; **çevre bakanı** *s* Umweltminister(in) *m(f)*; **çevre bakanlığı** *s* Umweltministerium *nt*; **çevre bilimci** *s* Ökologe, -in *m, f*; **çevre bilimi** *s ohne Pl* Ökologie *f*; **çevre bilimsel** *adj* ökologisch; **çevre bilinci** *s ohne Pl* Umweltbewußtsein *nt*; **çevre birimi** *s* (INFORM) Peripheriegerät *nt*
çevreci *s* Umweltschützer(in) *m(f)*
çevrecilik *s ohne Pl* <-ği> Umweltschutz *m*
çevre düzeni *s* Raumordnung *f*; **çevre kirliliği** *s ohne Pl* Umweltverschmutzung *f*

çevreleme *s Verbalsubstantiv zu* **çevrelemek**

çevrelemek *vt* umgeben; (*içine almak*) einschließen; (*kuşatmak*) umzingeln, einkreisen

çevren *s* Horizont *m*

çevre sağlığı *s ohne Pl* Umweltschutz *m*

çevresel *adj* Umwelt-

çevre yolu *s* Umgehungsstraße *f*

çevri *s* (*havada*) Wirbel *m;* (*suda*) Strudel *m*

çevrili *adj* umgeben; (*kuşatılmış*) umlagert, umzingelt

çevrilme *s Verbalsubstantiv zu* **çevrilmek**

çevrilmek *vi pass von* **çevirmek**

çevrim *s* **1.** Zyklus *m* **2.** (PHYS, ELEK: *devre*) Schaltkreis *m*

çevrimsel *adj* zyklisch

çevriyazı *s* Transkription *f*

çeyiz *s* Aussteuer *f*

çeyrek **I.** *s* <-ği> **1.** Viertel *nt;* **üçe ~ kala geldi/gitti** er kam/ging um Viertel vor drei; **üçe ~ var** es ist Viertel vor drei; **üçü ~ geçe geldi/gitti** er kam/ging um Viertel nach drei; **üçü ~ geçiyor** es ist Viertel nach drei **2.** (*sl*) Deutsche Mark **II.** *adj* viertel; **çeyrek final** *s* <-i> (SPORT) Viertelfinale *nt;* **çeyrek saat** *s* Viertelstunde *f*

çıban *s* Furunkel *m o nt,* Eiterbeule *f;* **şark ~ı** (MED) Aleppobeule *f;* **~ın başını koparmak** (*fig*) in ein Wespennest stechen; **çıban ağırşağı** *s* **1.** Eiterblase *f* **2.** (*fig, pej: durum*) heikle Sache; (*sorun*) heikle Frage

çıbanbaşı *s* (*fig, pej: durum*) heikle Sache; (*sorun*) heikle Frage

çıdam *s s.* **sabır** Geduld *f*

çıdama *s Verbalsubstantiv zu* **çıdamak**

çıdamak *vi s.* **sabretmek** sich gedulden

çıfıt *s* **1.** (*pej: Yahudi*) Itzig *m* **2.** (*düzenbaz*) Schwindler(in) *m(f);* **çıfıt çarşısı** *s* Tohuwabohu *nt*

çığ *s* **1.** Lawine *f;* **~ düşüyor** eine Lawine geht nieder; **~ gibi büyümek** lawinenartig anschwellen; **olayların ~ gibi büyümesi** (*fig*) eine rollende Lawine von Ereignissen **2.** (*paravana*) spanische Wand

çığa *s* (ZOOL) Sterlet *m*

çığalanma *s Verbalsubstantiv zu* **çığalanmak**

çığalanmak *vi* (*atın kuyruğu*) sich aufrichten

çığır *s* **1.** Lawinenbahn *f* **2.** (*patika*) Pfad *m* **3.** (*iz*) Spur *f* **4.** Weg *m;* **~ından çıkmak** aus der Bahn geraten, aus den Fugen geraten; **iş ~ından çıktı** die Sache ist aus den Fugen geraten **5.** (*sanat, edebiyat ~ı*) Epoche *f*

çığırtkan *s* **1.** Lockvogel *m* **2.** Ausrufer(in) *m(f)* **3.** Anreißer(in) *m(f)*

çığlık *s* <-ğı> Schrei *m;* (*feryat*) Aufschrei *m*

çık *vi* **1.** *Imperativ von* **çıkmak** **2.** heraus; **~ paraları!** heraus mit dem Geld!; **~ın gidin!** heraus mit euch!; **~ dışarı!** hinaus mit dir! **3.** ab; **sağa/sola ~!** ab nach rechts/links!

çıkagelme *s Verbalsubstantiv zu* **çıkagelmek**

çıkagelmek *vi* auftauchen; (*fam*) aufkreuzen

çıkak *s* <-ğı> **1.** (*reg*) Ausgang *m* **2.** (LING: *boğumlanma yeri*) Artikulationsstelle *f*

çıkan *s* (MATH) Subtrahend *m*

çıkar **I.** *vt Imperativ von* **çıkarmak**: **~ baklayı ağzından!** heraus mit der Sprache! **II.** *s* Vorteil *m;* **~ına bakmak** auf den eigenen Vorteil bedacht sein

çıkarcı *adj* (*pej*) eigennützig, berechnend, selbstsüchtig

çıkarcılık *s ohne Pl* <-ğı> (*pej*) Eigennützigkeit *f,* Berechnung *f,* Selbstsucht *f*

çıkarılma *s* **1.** *Verbalsubstantiv zu* **çıkarılmak** **2.** Ausschluss *m* (*-den* aus)

çıkarılmak *vi pass von* **çıkarmak**: **araba garajdan çıkarıldı** der Wagen ist aus der Garage herausgefahren worden; **üye çıkarıldı** das Mitglied ist ausgeschlossen worden

çıkarma *s* **1.** *Verbalsubstantiv zu* **çıkarmak** **2.** Herausnahme *f* **3.** (MATH) Subtraktion *f* **4.** (MIL) Landung *f* **5.** Ausschluss *m* (*-den* aus); **ortaklıktan/partiden ~** Ausschluss aus der Gesellschaft/Partei; **çıkarma gemisi** *s* (MIL) Landungsboot *nt,* Landungsfahrzeug *nt;* **çıkarma işareti** *s* (MATH) Minuszeichen *nt*

çıkarmak *vt* **1.** herausnehmen (*-den* aus); **cebinden bir mendil çıkardı** er nahm aus der Tasche ein Taschentuch heraus **2.** (*anlamak*) herausbekommen, herauskriegen **3.** (*diş*) bekommen **4.** (*yasa*) erlassen **5.** (*artırmak*) erhöhen; **bir şeyi yüz katına ~** etw um das Hundertfache erhöhen **6.** (*ortaklıktan*) ausschließen (*-den* aus) **7.** (*fam: gazete, kitap*) herausbringen **8.** (MATH) subtrahieren (*-den* von) **9.** (*sindirim yolundan dışarı atmak*) ausscheiden **10.** (*giysi*) ausziehen; **ayakkabılarını çıkardı** er zog seine Schuhe aus **11.** (*gidermek*) abmachen, entfernen **12.** (*sonunu getirmek*) abschließen, zu Ende führen **13.** (SPORT: *boksta*): **sağ/sol ~** seine Rechte/Linke einsetzen **14.** (*kavga, yangın*) entfachen

çıkartı *s* Ausscheidung *f,* Exkrement *nt*

çıkartma *s* **1.** *Verbalsubstantiv zu* **çıkartmak** **2.** Aufkleber *m,* Abziehbild *nt*

çıkartmak *vt Kausativ zu* **çıkarmak**

çıkar yol *s* Ausweg *m;* **~ aramak/bilmek/**

bulmak einen Ausweg suchen/wissen/finden

çıkı *s* Bündel *nt*

çıkık **I.** *s* <-ğı> Verrenkung *f* **II.** *adj* <-ğı> **1.** verrenkt **2.** (*alın*) hervorstehend

çıkılama *s Verbalsubstantiv zu* **çıkılamak**

çıkılamak *vt* bündeln

çıkılma *s Verbalsubstantiv zu* **çıkılmak**

çıkılmak *vi* **1.** *pass von* **çıkmak** **2.** **dışarıya nereden çıkılıyor?** wo geht es hinaus?; **içinden çıkılmaz bir durum** eine ausweglose Lage

çıkın *s* Bündel *nt*

çıkınlama *s Verbalsubstantiv zu* **çıkınlamak**

çıkınlamak *vt* bündeln

çıkıntı *s* **1.** Vorsprung *m* **2.** (*çıkma*) Randbemerkung *f* **3.** (*fam: kambur*) Buckel *m* **4.** (ANAT: *dikensi* ~) Fortsatz *m*

çıkış *s* **1.** Austritt *m;* (*taşıtlar için*) Ausfahrt *f* **2.** (SCHULE, THEAT) Abgang *m* **3.** (SPORT) Start *m* **4.** (*yurt dışına*) Ausreise *f;* **çıkış belgesi** *s* (SCHULE) Abgangszeugnis *nt;* **çıkış çizgisi** *s* (SPORT) Startlinie *f;* **çıkış hakemi** *s* (SPORT) Starter *m*

çıkışma *s Verbalsubstantiv zu* **çıkışmak**

çıkışmak *vi* anfahren (*-e* -); **birine** ~ jdn anfahren

çıkış takozu *s* (SPORT) Startblock *m;* **çıkış vizesi** *s* Ausreisevisum *nt*

çıkma *s Verbalsubstantiv zu* **çıkmak**; **çıkma durumu** *s* (LING: *ablâtif*) Ablativ *m*

çıkmak <-ar> **I.** *vi* **1.** gehen; **karaya** ~ an Land gehen **2.** besteigen (*-e* -); **tahta** ~ den Thron besteigen **3.** (*binmek*) steigen (*-e* auf); **ağaca** ~ auf einen Baum steigen; **birinin tepesine** ~ (*fam fig*) jdm aufs Dach steigen **4.** **dışarı** ~ ausgehen; **aynı kapıya** ~ (*fig*) auf dasselbe hinauslaufen, aufs [*o* auf das] Gleiche hinauslaufen; **evden/odadan** ~ aus dem Haus/Zimmer gehen; **odaya** ~ ins Zimmer hinauf gehen **5.** (*karışmak*) sich mischen (*içine* unter); **insan içine** ~ sich unter Menschen mischen **6.** (*kitap, gazete*) erscheinen; (*ilân*) erscheinen; **ortaya** ~ (*fam*) auf der Bildfläche erscheinen **7.** aufkommen; **hafif bir rüzgâr çıktı** ein schwacher Wind ist aufgekommen **8.** **yumurtadan** ~ ausschlüpfen **9.** (*boyası*) abgehen **10.** **kontrolden** ~ aus der Kontrolle geraten **11.** **masraflar çıktıktan sonra** abzüglich der Kosten, nach Abzug der Kosten **12.** entfallen; **bir şey birinin aklından** ~ etw entfällt einem; **on üç numaralı piyango biletine bir milyon çıktı** auf die Losnummer dreizehn entfällt eine Million **13.** (*asansörle*) hinauffahren, hochfahren **II.** *vt* (*iskambilde*) ausspielen; **dörtlüyü** ~ die Vier ausspielen

çıkmaz **I.** *s* Sackgasse *f;* ~**a girmek** in eine Sackgasse geraten, sich festfahren **II.** *adj:* ~ **ayın son çarşambası** (*fam*) (am) Nimmerleinstag *m,* (am) Sankt-Nimmerleins-Tag *m*

çıkmaz sokak *s* <-ğı> Sackgasse *f*

çıkrık *s* <-ğı> **1.** Winde *f* **2.** Haspel *f* **3.** Spinnrad *nt*

çıldırma *s Verbalsubstantiv zu* **çıldırmak**

çıldırmak *vi* wahnsinnig werden; **kitaplarım olmasa çıldıracağım** wenn meine Bücher nicht wären, würde ich wahnsinnig werden; **seninle tanışmak için çıldırıyor** er möchte dich wahnsinnig gern kennen lernen; **sevinçten** ~ sich wahnsinnig freuen

çıldırtma *s Verbalsubstantiv zu* **çıldırtmak**

çıldırtmak *vt* wahnsinnig machen

çılgın *adj* wahnsinnig; ~ **gibi** wie wahnsinnig; **bu** ~ **bir aşk** das ist eine wahnsinnige Liebe; ~**a dönmek/döndürmek** wahnsinnig werden/machen

çılgınca *adj* wahnsinnig; ~ **bir âşk** eine wahnsinnige Liebe; **birine** ~ **âşık olmak** in jdn wahnsinnig verliebt sein

çılgıncasına *adv* wie wahnsinnig, wie ein Wahnsinniger

çılgınlaşma *s Verbalsubstantiv zu* **çılgınlaşmak**

çılgınlaşmak *vi* wahnsinnig werden

çılgınlık *s* <-ğı> Wahnsinn *m*

çınar *s* (BOT) Platane *f*

çıngar *s* (*fam*) Krakeel *m;* (*kavga*) Streit *m;* ~ **çıkarmak** krakeelen, Streit anfangen; **büyük** ~ **koptu** es kam zum großen Knall

çıngırak *s* <-ğı> **1.** (*küçük çan*) Glöckchen *nt* **2.** Klingel *m;* (*fam*) Bimmel *f;* **çıngırağı çekmek** (*sl fig*) abkratzen

çıngıraklı *adj* (*kahkaha*) schallend; **çıngıraklı yılan** *s* Klapperschlange *f*

çıngırdak *s* <-ğı> **1.** (*çocuk oyuncağı*) Rassel *f* **2.** (*çıngırak*) Bimmel *m,* kleine Glocke

çıngırdama *s Verbalsubstantiv zu* **çıngırdamak**

çıngırdamak *vi* bimmeln, läuten

çınlama *s Verbalsubstantiv zu* **çınlamak**

çınlamak *vi* **1.** erklingen **2.** gellen

çıpır *s* Span *m*

çıplak **I.** *s* <-ğı> (*nü*) Akt *m* **II.** *adj* **1.** nackt **2.** kahl **3.** ~ **gözle** mit bloßem Auge **4.** (*fig: süssüz*) ungeschminkt

çıplak fotoğraf *s* Aktfoto *nt*

çıplaklar kampı *s* Nacktbadestrand *m,* FKK-Strand *m*

çıplaklık *s ohne Pl* <-ğı> Nacktheit *f;* (**bütün**) **çıplaklığıyla** (*fam fig*) unverblümt

çıplak model *s* (KUNST) Aktmodell *nt;* **çıplak resim** *s* <-smi> (KUNST) Aktmalerei *f*

çıra *s* Kienspan *m,* Anbrennholz *nt*

çırak *s* <-ğı> Auszubildende(r) *mf*

çırçıplak *adj* <-ğı> splitternackt

çırçır[1] *s* (AGR) Egreniermaschine *f*

çırçır[2] *s* (ZOOL: *cırcır böceği*) Grille *f*

çırılçıplak *adj* <-ğı> splitternackt

çırpı *s* **1.** (*dal, budak kırpıntısı*) Schnitzel *nt* von Ästen und Zweigen *pl* **2.** (*fam*): **bir ~da** auf einen Schlag, auf Anhieb, in einem Aufwasch; **bu iş bir ~da biter** das geht in einem Aufwasch **3.** Linierung *f* mittels einer Schlagschnur; **çırpı ipi** *s* Schlagschnur *f*

çırpınma *s Verbalsubstantiv zu* **çırpınmak**

çırpınmak *vi* **1.** zappeln; **oltada bir balık gibi ~** wie ein Fisch an der Angel ~ **2.** (*kaslar*) zucken **3.** (*bayrak*) flattern **4.** (*fig: aşırı derecede çaba harcamak*) sich abrackern

çırpışma *s Verbalsubstantiv zu* **çırpışmak**

çırpışmak *vi* (*kuşlar*) mit den Flügen schlagen

çırpma *s Verbalsubstantiv zu* **çırpmak**

çırpmak <-ar> *vi* **1.** (*kanat*) schlagen; **kanat ~** mit den Flügen schlagen **2. el ~** in die Hände klatschen **3.** (GASTR) schlagen; **yumurtanın akını ~** das Eiweiß schlagen **4.** (*fig: çalmak*) stehlen, klauen

çıta *s* Latte *f;* (*ince*) Leiste *f*

çıtçıt *s* Druckknopf *m*

çıtkırıldım *adj* zerbrechlich, zart

çiçeği *s poss von* **çiçek**

çiçek[1] *s* <-ği> **1.** (BOT: *bitkinin renkli bölümü*) Blüte *f* **2.** (*bitki*) Blume *f;* **~ dikmek/ekmek/koparmak** Blumen pflanzen/säen/pflücken; **çiçeği burnunda** (*taze*) frisch; (*fam fig*) frisch gebacken

çiçek[2] *s* <-ği> (MED) Pocken *fpl*

çiçek aşısı *s* (MED) Pocken(schutz)impfung *f;* **çiçek bahçesi** *s* Blumengarten *m;* **çiçek bozuğu** *adj* pockennarbig; **~ yüz** ein pockennarbiges Gesicht

çiçekçi *s* **1.** (*yetiştiren*) Blumenzüchter(in) *m(f)* **2.** (*satıcı*) Blumenhändler(in) *m(f),* Florist(in) *m(f)* **3.** (*satılan yer*) Blumengeschäft *nt,* Blumenladen *m*

çiçekçik *s* <-ği> Blümchen *nt*

çiçek demeti *s* Blumenstrauß *m;* **çiçek durumu** *s* (BOT) Blütenstand *m;* **çiçek dürbünü** *s s.* **kaleydoskop** Kaleidoskop *nt*

çiçekleme *s Verbalsubstantiv zu* **çiçeklemek**

çiçeklemek *vt* **1.** mit Blumen bepflanzen; **yeni çiçeklenmiş bir tarh** ein frisch mit Blumen bepflanztes Beet **2.** (*çiçekle donatmak*) mit Blumen schmücken

çiçeklenme *s Verbalsubstantiv zu* **çiçeklenmek**

çiçeklenmek *vi* **1.** *pass von* **çiçeklemek** **2.** blühen; **ağaçlar çiçekleniyor** die Bäume blühen

çiçekli *adj* blumig; **~ bir emprime** ein mit Blumen bedruckter Stoff; **çiçekli bitki** *s* (BOT) Blütenpflanze *f;* **çiçekli desen** *s* Blumenmuster *m*

çiçeklik *s* <-ği> Blumenkasten *m*

çiçek sapı *s* Blütenzweig *m*

çiçeksiz *adj* blütenlos

çiçek soğanı *s* Blumenzwiebel *f;* **çiçek tacı** *s* (BOT) Korolla *f;* **çiçek tozu** *s* (BOT) Blütenstaub *m,* Pollen *m;* **çiçek vazosu** *s* Blumenvase *f;* **çiçek virüsü** *s* (MED) Pockenvirus *nt;* **çiçek yağı** *s s.* **ayçiçeği yağı** Sonnenblumenöl *nt;* **çiçek yaprağı** *s* (BOT) Blütenblatt *nt*

çift I. *s* **1.** (*nesneler için*) Paar *nt;* **bir ~ çorap/ayakkabı** ein Paar Socken/Schuhe **2.** (*bir erkek ve bir dişiden oluşan*) Paar *nt,* Ehepaar *nt* **II.** *adj* **1.** doppelt; **~ görmek** doppelt sehen **2.** (MATH: *sayı*) gerade; **~ sayılar** die geraden Zahlen **3.** (SPORT): **~ vuruş** indirekter Freistoß

çift cinsel *adj* bisexuell; **çift cinsellik** *s ohne Pl* <-ği> Bisexualität *f;* **çift çenekli** *adj* (BOT) zweikeimblättrig

çiftçi *s* Farmer(in) *m(f)*

çift dikiş *s* **1.** Doppelnaht *f* **2.** (SCHULE: *sl*) Wiederholung *f* der Schulklasse; **~ gitmek** eine Ehrenrunde drehen

çifte I. *s* **1. ~ atmak** ausschlagen **2.** Doppelflinte *f* **II.** *adj* **1.** doppelt; **~ vatandaşlık** doppelte Staatsangehörigkeit **2.** (*Wend*): **~ kumrular** (*fig*) die reinsten Turteltauben; **çifte cinayet** *s* Doppelmord *m*

çifter çifter *adv* paarweise

çifte standart *s ohne Pl* <-dı> Doppelmoral *f;* **~ kullanmak** mit zweierlei Maß messen

çift kapı *s* Doppeltür *f*

çiftleşme *s* **1.** *Verbalsubstantiv zu* **çiftleşmek** **2.** Paarung *f* **3.** (BIOL) Kopulation *f*

çiftleşmek *vi* (ZOOL) sich paaren, sich begatten; (BIOL) kopulieren

çiftleştirme *s* **1.** *Verbalsubstantiv zu* **çiftleştirmek** **2.** Paarung *f*

çiftleştirmek *vt* paaren

çiftlik *s* <-ği> **1.** Farm *f,* Gehöft *nt* **2.** Bauernhof *m;* **çiftlik kâhyası** *s* Gutsverwalter(in) *m(f)*

çift parmaklı *adj* (ZOOL) paarhufig; **çift parmaklılar** *s Pl* (ZOOL) Paarhufer *mpl;* **çift pencere** *s* Doppelfenster *nt*

çiftteker *s s.* **bisiklet** Fahrrad *nt;* **çifttekerci** *s s.* **bisikletçi** Radfahrer(in) *m(f)*

çift vuruş *s* (SPORT) indirekter Freistoß; **çift yıldız** *s* (ASTR) Doppelstern *m*

Çigan *s s.* **Çingene** Zigeuner(in) *m(f);* **Çigan müziği** *s* Zigeunermusik *f*

çiğ *adj* **1.** roh; (*pişmemiş*) ungekocht; **~ et** rohes Fleisch **2.** (*fig*) flapsig; **~ bir cevap** eine flapsige Antwort **3.** unreif **4.** (*renk,*

ışık için) grell; **çiğ adam** *s* Flaps *m*
çiğdem *s* (BOT) Herbstzeitlose *f*
çiğin *s* (*reg: omuz*) Schulter *f*
çiğneme *s Verbalsubstantiv zu* **çiğnemek**
çiğnemek *vt* **1.** (*ağzına alıp*) kauen **2.** (*tekerlek altına alıp*) überfahren; (*ayakla*) zertreten **3.** (*fig: ayaklar altına almak*) mit Füßen treten
çiğnenme *s Verbalsubstantiv zu* **çiğnenmek**
çiğnenmek *vi pass von* **çiğnemek**
çiklet *s* Kaugummi *m o nt;* ~ **çığnemek** Kaugummi kauen
çikolata *s* Schokolade *f;* **acı** ~ bittere Schokolade
çil[1] *s* (ZOOL) Haselhuhn *nt*
çil[2] *s* **1.** (*yüzde benek*) Sommersprosse *f* **2.** (*aynada leke*) blinde Stelle **3.** (*hayvan için*) gesprenkelt
çile[1] *s ohne Pl* **1.** *Bußübung der Derwische, die 40 Tage anhält;* ~ **doldurmak** Buße tun **2.** (*fam fig: zahmet*) Mühe *f;* (*sıkıntı*) Not *f;* ~ **çekmek** Not leiden; **birini** ~**den çıkarmak** jdn auf 180 bringen, jdn aus dem Häuschen bringen; ~ **den çıkmak** außer sich geraten
çile[2] *s* **1.** (*iplik kangalı*) Docke *f* **2.** (*yay kirişi*) Bogensehne *f*
çilecilik *s ohne Pl* <-ği> Askese *f*
çilek *s* <-ği> Erdbeere *f;* **çilekli dondurma** *s* Erdbeereis *nt*
çileme *s Verbalsubstantiv zu* **çilemek**
çilemek *vi* **1.** (*yağmur*) nieseln **2.** (*fam: nemlenmek*) feucht werden; (*ıslanmak*) nass werden **3.** (*fam: şakımak*) schluchzen
çilenti *s* Nieselregen *m*
çilingir *s* Schlosser(in) *m(f)*, Bauschlosser(in) *m(f)*
çilli *adj* sommersprossig
çim *s* **1.** (BOT: *karaçayır*) Lolch *m* **2.** (*Pl*) Rasen *m;* ~**leri kesmek/sulamak** den Rasen mähen/berieseln
çimdik *s* <-ği> **1.** Kneifen *nt* **2.** Prise *f* **3.** (*fig*) Stichelei *f*
çimen *s* Gras *nt*
çimlendirme *s* **1.** *Verbalsubstantiv zu* **çimlendirmek** **2.** Begrünung *f*
çimlendirmek *vt* begrünen
Çin **I.** *s* China *nt;* ~ **Halk Cumhuriyeti** Volksrepublik China **II.** *adj* chinesisch; ~ **Seddi** die Chinesische Mauer
Çingene *s* Zigeuner(in) *m(f);* **Çingene hayatı** *s ohne Pl* (*fam fig*) Zigeunerleben *nt*
çini *s* Kachel *f;* **çini mürekkebi** *s* Tusche *f;* **çini soba** *s* Kachelofen *m*
çinko *s ohne Pl* (CHEM) Zink *nt*
Çin lâhanası *s* Chinakohl *m*
Çinli *s* Chinese, -in *m, f*
çip *s* (INFORM) Chip *m;* **çip kartı** *s* (INFORM) Chipkarte *f*
çipo *s* (NAUT) Dragge *f*, kleiner Anker
çirkef *s* (*fam pej*) Luder *nt*
çirkin *adj* hässlich
çirkince *adv* hässlich
çirkinleşme *s Verbalsubstantiv zu* **çirkinleşmek**
çirkinleşmek *vi* hässlich werden
çirkinleştirme *s* **1.** *Verbalsubstantiv zu* **çirkinleştirmek** **2.** Verschand(e)lung *f*, Verunstaltung *f*
çirkinleştirmek *vt Kausativ zu* **çirkinleşmek** verschandeln, verunstalten, hässlich machen
çirkinlik *s* <-ği> Hässlichkeit *f*
çirkinseme *s Verbalsubstantiv zu* **çirkinsemek**
çirkinsemek *vt:* **bir şeyi** ~ etw hässlich finden
çiroz *s* **1.** gedörrte Makrele **2.** (*fig: zayıf kimse*) Hering *m*
çis *s* Manna *nt*
çiseleme *s Verbalsubstantiv zu* **çiselemek**
çiselemek *vi* (*yağmur*) nießeln
çisenti *s* Nießelregen *m;* (*ahmakıslatan*) Sprühregen *m*
çiş *s* (*çocuk dilinde*) Pipi *nt;* ~ **etmek** Pipi machen; ~**i gelmek** Pipi machen müssen
çit *s* Hecke *f*
çita *s* (ZOOL) Gepard *m*
çitlembik *s* <-ği> (BOT) Zürgelbaum *m*
çitleme *s* **1.** *Verbalsubstantiv zu* **çitlemek** **2.** Einzäunung *f*
çitlemek *vt* einzäunen
çitmik *s* <-ği> (*fam*) **1.** Traubenbüschel *m* **2.** (*çimdik*) Prise *f;* **bir** ~ **biber** eine Prise Pfeffer
çivi *s* Nagel *m*
çivileme *s Verbalsubstantiv zu* **çivilemek**
çivilemek *vt* festnageln (*-e* an)
çivit *s* <-di> Indigo *nt*
çivit mavisi *s* Indigoblau *nt*
çivit otu *s* Indigopflanze *f*
çivi yazısı *s* (HIST) Keilschrift *f*
çiy *s* Tau *m*
çizelge *s* Tabelle *f;* **uçuş** ~**si** Flugschreiber *m*
çizgi *s* **1.** Strich *m;* ~ **çekmek** (*fig*) einen Schlussstrich ziehen **2.** (MATH) Linie *f;* ~ **çekmek** eine Linie ziehen; **çizgi film** *s* Zeichentrickfilm *m*
çizgili *adj* liniert; (*şeritli*) gestreift
çizgi roman *s* Comicheft *nt*
çizik *s* <-ği> Kratzer *m*
çizili *adj:* **altı** ~ unterstrichen; **üstü** ~ durchgestrichen
çizim *s* Zeichnung *f*
çizme[1] *s Verbalsubstantiv zu* **çizmek**

çizme[2] *s* Stiefel *m*

çizmek *vt* **1.** streichen; **bir şeyin altını/üstünü ~** etw unterstreichen/durchstreichen **2.** (*resmetmek*) zeichnen **3.** (*plân, desen*) aufzeichnen **4.** (MATH: *çember*) beschreiben; **pergelle bir yay ~** mit dem Zirkel einen Bogen beschreiben **5.** (*berelemek*) zerkratzen

çoban *s* **1.** Hirte *m;* (*koyun için*) Schäfer *m;* **~ koyunları otlatıyor** der Hirte [*o* Schäfer] weidet die Schafe; **~ kulübesinde padişah rüyası görmek** (*fig*) Luftschlösser bauen **2.** (ASTR: *çulpan*) Morgenstern *m;* (*Venüs*) Venus *f*

çobanaldatan *s* (ZOOL) Nachtschwalbe *f;* (*keçisağan*) Ziegenmelker *m*

çoban değneği *s* (BOT) Vogelknöterich *m*

çoban köpeği *s* Schäferhund *m*

çobanlama *s* (LIT) Hirtendichtung *f*

çoban püskülü *s* (BOT) Stechpalme *f*

çobansüzgeci *s* (BOT: *yoğurt otu*) Labkraut *nt*

çocuğumsu *adj* (*çocuksu*) kindlich; (*çocuk gibi*) kindisch

çocuk *s* <-ğu> Kind *nt;* **~ aldırmak** (MED) abtreiben; **~ düşürmek** (*düşük yapmak*) eine Fehlgeburt haben; **~ gibi** wie ein Kind; (*kolay kanar*) kindlich; **~ gibi sevinmek** sich freuen wie ein Kind; **~ dünyaya getirmek** ein Kind zur Welt bringen; **~ peydahlamak** (*gebe kalmak*) schwanger werden; **~ yetiştirmek** Kinder großziehen; **çocuğu olmak** ein Kind bekommen

çocuk arabası *s* Kinderwagen *m;* **çocuk bahçesi** *s* Kinderspielplatz *m;* **çocuk bakıcı** *s,* **çocuk bakıcısı** *s* Kinderpflegerin *f;* **çocuk bezi** *s* Windel *f*

çocukcağız *s* Kindchen *nt,* das arme Kind

çocukça *adj* kindisch; **~ davranışlarda bulunmak** sich kindisch benehmen

çocukçu *s* Kinderarzt, -ärztin *m, f*

çocuk dili *s* Kindersprache *f;* **çocuk felci** *s* Kinderlähmung *f;* **çocuk indirimi** *s* Kinderermäßigung *f;* **çocuk işi** *s* (*fig: kolay iş*) Kinderspiel *nt;* **çocuk kaçırma** *s* Kindesentführung *f*

çocuklaşma *s Verbalsubstantiv zu* **çocuklaşmak**

çocuklaşmak *vi* sich kindisch benehmen

çocukluk *s* <-ğu> **1.** Kindheit *f;* **~tan beri** von Kindesbeinen an; **çocukluğumdan beri** seit meiner Kindheit; **çocukluğunda** in seiner Kindheit **2.** (*bebeklikle ergenlik arasındaki dönem*) Kindesalter *nt* **3.** (*çocukça davranış*) Kinderei *f;* **~ etmek** (*çocukça davranışlarda bulunmak*) sich kindisch benehmen; (*düşünmeden davranmak*) unüberlegt handeln; **çocukluk anısı** *s* Kindheitserinnerung *f*

çocuk maması *s* Babynahrung *f*

çocuk oyuncağı *s* **1.** Kinderspielzeug **2.** (*fig: kolay iş*) Kinderspiel *nt;* **bir şeyi ~ hâline getirmek** etw zur Farce machen

çocuk oyunu *s* **1.** (*çocukların oynadığı oyun*) Kinderspiel *nt* **2.** (*fig*) Kinderspiel *nt*

çocuksu *adj* kindlich; **çocuksuluk** *s* <-ğu> Kindlichkeit *f*

çocuksuz *adj* kinderlos

çocuksuzluk *s ohne Pl* <-ğu> Kinderlosigkeit *f*

çocuk yuvası *s* Kindertagesstätte *f*

çoğalma *s* **1.** *Verbalsubstantiv zu* **çoğalmak** **2.** Vermehrung *f,* Zunahme *f*

çoğalmak *vi* sich vermehren, zunehmen

çoğaltma *s* **1.** *Verbalsubstantiv zu* **çoğaltmak** **2.** Vermehrung *f* **3.** Vervielfältigung *f;* **çoğaltma hakları** *s* Vervielfältigungsrechte *pl*

çoğaltmak *vt* **1.** vermehren **2.** vervielfältigen

çoğu **I.** *adv* (*çok defa*) mehrmals **II.** *pron* **1.** (*büyük bölümü*): **oyuncuların ~** das Gros der Spieler **2.** **çocukların ~ hastalandı** viele der Kinder wurden krank

çoğu kez *adv* meistens

çoğul *s* (LING: *çokluk*) Plural *m*

çoğulcu *adj* pluralistisch

çoğulculuk *s ohne Pl* <-ğu> Pluralismus *m*

çoğunluk *s* <-ğu> Mehrheit *f,* Majorität *f;* **ezici/salt ~** überwältigende/absolute Mehrheit; **çoğunluk kararı** *s* Mehrheitsbeschluss *m*

çoğunlukla *adv* **1.** mehrheitlich; **karar ~ alındı** der Beschluss wurde mehrheitlich gefasst; **önerge ~ kabul edildi** der Antrag wurde mehrheitlich angenommen **2.** (*çoğu zaman*) meistens

çoğurcuk *s* <-ğu> (ZOOL: *sığırcık*) Star *m*

çoğu zaman *adv* meistens

çok **I.** *adj* <-ğu> **1.** viel(e); **~ parası var** er hat viel Geld **2.** (*-den ~*) mehr; **gereğinden ~** mehr als nötig [*o* erforderlich] **II.** *adv* **1.** viel; **bu, nispeten ~** das ist vergleichsweise viel; **o, benden ~ daha iyi** er ist viel besser als ich **2.** sehr; **bu ~ güzel** das ist sehr schön; **yeni işinde ~ güçlük çekiyor** er hat große Schwierigkeiten bei seiner neuen Arbeit **3.** groß; **bir şeye ~ değer vermek** großen Wert auf etw legen; **~ moda olmak** groß in Mode sein **4.** **~ yaşa!** Gesundheit!; **çok anlamlı** *adj* mehrdeutig; **çok anlamlılık** *s ohne Pl* <-ğı> Mehrdeutigkeit *f;* **çok çok** *adv* höchstens; **bu iş ~ iki saat sürer** diese Sache dauert höchstens zwei Stunden

çokçu **I.** *s* (PHILOS) Pluralist(in) *m(f)* **II.** *adj* (PHILOS) pluralistisch

çokçuluk *s ohne Pl* <-ğu> (PHILOS) Pluralismus *m*

çok eşli *adj* polygam; **çok eşlilik** *s ohne Pl* <-ği> Polygamie *f*

çok fazlı akım *s* (ELEK) Mehrphasenstrom *m*

çokgen *s* (MATH) Vieleck *nt*

çok gözeli *adj*, **çok hücreli** *adj* (BIOL) mehrzellig; **çok karılılık** *s ohne Pl* <-ğı> Vielweiberei *f;* **çok katlı** *adj* mehrstöckig; **çok katlı otopark** *s* Parkhaus *nt;* **çok kısa dalga** *s* (RADIO, PHYS) Ultrakurzwelle *f;* ~**da** auf Ultrakurzwelle

çokluk *s* <-ğu> **1.** Mehrheit *f* **2.** (LING) Plural *m;* **birinci** ~ **kişi** erste Person Plural

çok partili sistem *s* (POL) Mehrparteiensystem *nt*

çoktan *adv* längst; ~ **beri** seit langem

çoktandır *adv* lange

çok tanrıcılık *s ohne Pl* <-ğı> (REL: *politeizm*) Polytheismus *m;* **çok uluslu** *adj* (WIRTSCH, POL) multinational; **çok yıllık** *adj* mehrjährig; ~ **bitki** mehrjährige Pflanze; **çok yönlü** *adj* vielseitig

çopur *adj* pockennarbig; ~ **yüz** ein pockennarbiges Gesicht

çorabı *s poss von* **çorap**

çoraklaşma *s Verbalsubstantiv zu* **çoraklaşmak**

çoraklaşmak *vi* ausdorren, ausdörren

çoraklaştırma *s Verbalsubstantiv zu* **çoraklaştırmak**

çoraklaştırmak *vt* ausdörren

çorap *s* <-bı> Strumpf *m;* **çorap söküğü** *s* Laufmasche *f;* ~ **gibi gitmek** (*fig*) wie am Schnürchen laufen, reibungslos laufen

çorba *s* Suppe *f;* ~ **içmek** Suppe essen; ~ **içmeye çağırmak** zum Essen einladen; ~**nı içtin mi?** hast du deine Suppe gegessen?; **çorba kaşığı** *s* Suppenlöffel *m*

çorbalık sebze *s ohne Pl* (GASTR) Suppengrün *nt;* **çorbalık tavuk** *s* <-ğu> Suppenhuhn *nt*

çorba tabağı *s* Suppenteller *m*

çorlu *adj* (*reg: hastalıklı*) kränklich; (*dertli*) leidend

çotanak *s* <-ğı> (*reg*) Haselnusszweig *m*

çotuk *s* <-ğu> **1.** Baumstumpf *m* **2.** (*asma kütüğü*) Rebstock *m*

çöğüncek *s* <-ği> (*reg: tahterevalli*) Wippe *f*

çöğünme *s Verbalsubstantiv zu* **çöğünmek**

çöğünmek *vi* wippen

çökelek *s* <-ği> **1.** Quark *m* **2.** (*tortu*) Ablagerung *f*

çökelge *s* (*reg: bataklık*) Morast *m*, Sumpf *m*

çökelme *s* **1.** *Verbalsubstantiv zu* **çökelmek** **2.** (CHEM) Präzipitation *f*

çökelmek *vt* (CHEM) sich absetzen, sich niederschlagen

çökelti *s* (CHEM) Präzipitat *nt*

çökeltme *s Verbalsubstantiv zu* **çökeltmek**

çökeltmek *vt* (CHEM) präzipitieren, ausfällen

çökertme *s Verbalsubstantiv zu* **çökertmek**

çökertmek *vt* **1.** niederknien lassen **2.** (*yıkmak*) niederreißen **3.** (*fam fig*) niederschmettern **4.** (INFORM: *sistem*) abstürzen lassen; **sistemi** ~ das System abstürzen lassen

çökme *s* **1.** *Verbalsubstantiv zu* **çökmek** **2.** (INFORM) Absturz *m*

çökmek *vi* **1.** (*toprak*) sich senken, absacken **2.** (*duvar, tavan*) einstürzen **3.** (*çömelmek*) sich (hin)hocken; **diz** ~ niederknien **4.** (*oturmak*) sich hinsetzen **5.** (*karanlık*) anbrechen; **karanlık çökerken** bei Anbruch der Dunkelheit **6.** (*yanak*) einfallen **7.** (INFORM: *sistem*) abstürzen

çöküntü *s* **1.** (PSYCH: *depresyon*) Niedergeschlagenheit *f*, Depression *f* **2.** (GEO) Depression *f* **3.** (WIRTSCH) Depression *f*

çöl *s* Wüste *f;* ~**e dönmek** zur Wüste werden, sich in eine Wüste verwandeln

çölleşme *s Verbalsubstantiv zu* **çölleşmek**

çölleşmek *vi* zur Wüste werden; (*çöle dönmek*) sich in eine Wüste verwandeln

çölleştirme *s Verbalsubstantiv zu* **çölleştirmek**

çölleştirmek *vt Kausativ zu* **çölleşmek** zur Wüste machen

çöllük *adj* wüstenhaft

çömelme *s Verbalsubstantiv zu* **çömelmek**

çömelmek *vi* in die Hocke gehen

çömlekçi *s* Töpfer(in) *m(f);* **çömlekçi tornası** *s* Töpferscheibe *f*

çömlek hesabı *s* (*fam fig*) Milchmädchenrechnung *f*

çöp *s* Müll *m*, Abfall *m;* **bir şeyi** ~**e atmak** etw in den Müll werfen

çöpleme *s* (BOT) Nieswurz *f*

çöplük *s* <-ğü> Mülldeponie *f*

çöp tenekesi *s* Mülleimer *m*, Abfalleimer *m;* **yemek artıklarını** ~**ne boşaltmak** die Essensreste in den Mülleimer leeren; **çöp yığını** *s* Abfallhaufen *m*

çörek *s* <-ği> Gebäck *nt*

çörek otu *s* **1.** (BOT) Braut in Haaren **2.** (GASTR) Schwarzkümmel *m*

çörel *s* (ZOOL) Molch *m*

çöre otu *s s.* **çörek otu**

çörkü *s* (*sayı boncuğu*) Rechenbrett *nt;* (*abaküs*) Abakus *m*

çörten *s* Wasserspeier *m*

çöven *s* (BOT: *sabun otu*) Seifenkraut *nt*

çözelti *s* (CHEM) Lösung *f*

çözme *s Verbalsubstantiv zu* **çözmek**

çözmek *vt* **1.** lösen, losmachen; **ipi** ~ das Seil lösen [*o* losmachen] **2.** (*bulmaca, so-*

run) lösen **3.** (*kemerini, tokasını*) sich abschnallen **4.** (MATH: *halletmek*) lösen **5.** (CHEM: *çözündürmek*) auflösen

çözücü *s* (CHEM) Lösungsmittel *nt,* Lösemittel *nt;* **bir maddeyi bir ~de çözündürmek** einen Stoff in einem Lösungsmittel auflösen

çözülme *s* **1.** *Verbalsubstantiv zu* **çözülmek** **2.** Lösung *f*

çözülmek *vi* **1.** *pass von* **çözmek** gelöst werden; **problem çözülemedi** das Problem konnte nicht gelöst werden **2.** sich lösen; (*erimeye başlamak*) auftauen **3.** (*fig: dağılmak*) sich auflösen **4.** (*fig*): **bu haberi duyunca eli ayağı çözülmüştü** sie war wegen dieser Nachricht ganz aufgelöst

çözülür *adj* **1.** lösbar **2.** abbaubar

çözülüş *s ohne Pl* **1.** Lösung *f* **2.** (*yıkılış*) Verfall *m;* **Osmanlı/Roma İmparatorluğu'nun ~ü** der Verfall des Osmanischen/Römischen Reiches

çözüm *s* **1.** (*a.* MATH) Lösung *f;* **bir problemin ~ü** die Lösung eines Problems **2.** (*bilmecenin ~ ü*) Auflösung *f*

çözümleme *s* **1.** *Verbalsubstantiv zu* **çözümlemek** **2.** (*analiz*) Analyse *f* **3.** (MATH) Analysis *f*

çözümlemek *vt* analysieren

çözümlemeli *adj* (*analitik*) analytisch

çözümlenme *s Verbalsubstantiv zu* **çözümlenmek**

çözümlenmek *vi pass von* **çözümlemek**

çözümleyici *s* Analytiker(in) *m(f)*

çözümsel *adj* analytisch

çözüm yolu *s* Lösungsweg *m,* Lösungsmöglichkeit *f*

çözündürme *s ohne Pl* **1.** *Verbalsubstantiv zu* **çözündürmek** **2.** (CHEM) Abbau *m;* (*sıvıda*) Auflösung *f*

çözündürmek *vt* (CHEM) abbauen; (*sıvıda*) auflösen; **bir maddeyi bir çözücüde ~** einen Stoff in einem Lösungsmittel auflösen

çözünme *s ohne Pl* **1.** *Verbalsubstantiv zu* **çözünmek** **2.** (CHEM) Abbau *m;* (*sıvıda*) Auflösung *f*

çözünmek *vt* (CHEM) sich abbauen; (*sıvıda*) sich (auf)lösen; **suda çözünmeyen bir madde** ein in Wasser unlöslicher Stoff

çözünürlük *s* <-ğü> (INFORM, TV: *ekranda*) Auflösung *f,* Bildauflösung *f*

çözüşebilir *adj* abbaubar

çözüşme *s ohne Pl* **1.** *Verbalsubstantiv zu* **çözüşmek** **2.** (*a.* MED) Abbau *m,* Verfall *m*

çözüşmek *vi* sich abbauen

çubuk *s* <-ğu> **1.** Stab *m* **2.** (*demir~*) Stange *f* **3.** (*kumaşta*) Streifen *m* **4.** (NAUT) Stenge *f* **5.** (*körpe dal*) frischer Zweig **6.** (*tütün içmek için*) Tschibuk *m, Tabakspfeife mit kleinem Kopf*

çuha çiçeği *s* Primel *f*

çukur *s* Grube *f;* **bir ayağı ~da olmak** (*fam fig*) mit einem Bein im Grab stehen; **el için ~ kazan, kendisi içine düşer** (*prov*) wer andern eine Grube gräbt, fällt selbst hinein

çulluk *s* <-ğu> (ZOOL) Waldschnepfe *f;* (*batak, kıyı çulluğu*) Schnepfe *f*

Culpan *s* (ASTR) Morgenstern *m;* (*Venüs*) Venus *f*

çük *s* (*sl*) Pimmel *m*

çünkü *konj* weil, denn, da

çürük **I.** *s* <-ğü> **1.** Prellung *f;* (*mor leke*) blauer Fleck **2.** (MED: *ohne Pl, dişte*) Karies *f* **3.** **çürüğe çıkarmak** ausmustern, ausrangieren; **çürüğe çıkmak** ausrangiert werden; (*a.* MIL) ausgemustert werden **II.** *adj* **1.** (*a. fig*) faul; **~ iş** eine faule Sache **2.** (MED: *diş*) kariös

çürükçül **I.** *s* (BOT: *saprofit*) Saprophyt *m* **II.** *adj* (BOT) saprophil

çürük gaz *s* (AUTO) Abgas *nt*

çürüme *s* **1.** *Verbalsubstantiv zu* **çürümek**: **elmaların ~den yenilmesi lâzım** die Äpfel müssen gegessen werden bevor sie verfaulen **2.** Verfaulung *f*

çürümek *vi* verfaulen

çürütme *s* **1.** *Verbalsubstantiv zu* **çürütmek** **2.** Widerlegung *f*

çürütmek *vt* **1.** *Kausativ zu* **çürümek** verfaulen lassen **2.** (GASTR: *eti*) abhängen lassen **3.** (*fig: iddia*) widerlegen; **dirsek ~** die Schulbank drücken

çürütülme *s* **1.** *Verbalsubstantiv zu* **çürütülmek** **2.** Widerlegung *f*

çürütülmek *vi pass von* **çürütmek**: **iddia çürütüldü** die Behauptung wurde widerlegt

D

d, D [de] *s* d, D *nt, 5. Buchstabe des türk. Alphabets*

D. *Abk. von* **daire** App., *Appartement*

da (**de**) *konj* **1.** auch, ebenfalls, gleichfalls; **ben/sen de** ich/du auch; **ne kadar bekledimse de …** solange ich auch wartete … **2.** damit; **onu bana ver de işimi göreyim** gib es her damit ich meine Arbeit machen kann **3.** denn; **bu ~ ne demek oluyor?** was soll das denn heißen?; **Hasan ~ kim oluyormuş?** wer ist denn eigentlich Hasan? **4.** (*bile, dahi*) auch wenn, selbst wenn; **yağmur yağacak olsa ~** auch wenn es regnen sollte **5.** noch; **bugün daha ~ iyiyim** heute geht es mir noch besser **6.** (*ama, fakat*) aber, jedoch **7.** und; **çalıştı ~ başardı** er hat gearbeitet und hat es geschafft; **sen otur ~ ben gideyim** bleib du mal sitzen und lass mich gehen **8.** sondern; **Hasan gitmedi de Zeynep gitti** nicht Hasan sondern Zeynep ging **9.** (*hem … hem*) sowohl … als auch; **kadınlar ~ erkekler de** sowohl die Frauen als auch die Männer **10.** ebenso; **matematiğe olduğu kadar dillere de istidadı olmak** ebenso sehr für Sprachen wie für Mathematik begabt sein; **o ~ benim kadar hızlı(dır)/iyi(dir)** er ist ebenso schnell/gut wie ich; **o ~ benim kadar uzun konuştu** sie sprach ebenso lang(e) wie ich

Dadaizm *s ohne Pl* (KUNST) Dadaismus *m*

dadanma *s* **1.** *Verbalsubstantiv zu* **dadanmak** **2.** Heimsuchung *f*

dadanmak *vi* heimsuchen (*-e*-)

dadı *s* Kinderfrau *f*, Amme *f*

dag *Abk. von* **dekagram** Dg, *Dekagramm*

dağ *s* **1.** Berg *m*; **~ [o ~ları] devirmek** (*fig*) Berge versetzen; **~ yürümezse, abdal yürür** (*prov*) wenn der Berg nicht zum Propheten kommen will, muss der Prophet zum Berge gehen **2.** Brandmal *nt*; **dağ başı** *s* (*fam pej*) Kaff *nt*; **dağ bisikleti** *s* Mountainbike *nt*

dağcı *s* (SPORT) Bergsteiger(in) *m(f)*; (*alpinist*) Alpinist(in) *m(f)*

dağcılık *s ohne Pl* <-ğı> (SPORT) Bergsteigen *nt*; (*alpinizm*) Alpinismus *m*

dağcılık kulübü *s* Alpenverein *m*

dağ evi *s* Berghütte *f*; **dağ gelinciği** *s* (ZOOL) Frettchen *nt*

dağılım *s* Verteilung *f*

dağılma *s* **1.** *Verbalsubstantiv zu* **dağılmak** **2.** Verteilung *f*

dağılmak *vi* sich verteilen

dağıtıcı *s* (WIRTSCH) Verteiler *m*

dağıtılma *s Verbalsubstantiv zu* **dağıtılmak**

dağıtılmak *vi pass von* **dağıtmak** verteilt werden

dağıtım *s* **1.** (*su, gaz*) Versorgung *f* **2.** Austeilung *f* **3.** (FIN, WIRTSCH: *temettü*) Ausschüttung *f*; **dağıtım hattı** *s* Versorgungsleitung *f*

dağıtma *s* **1.** *Verbalsubstantiv zu* **dağıtmak** **2.** Verteilung *f*

dağıtmak *vt* **1.** verteilen, austeilen (*-e* an, *-in arasında* unter) **2.** (FIN, WIRTSCH: *temettü*) ausschütten

dağ keçisi *s* (ZOOL: *elik*) Gämse *f*; **dağ kolu** *s* (GEO) Bergausläufer *m*; **dağ köyü** *s* Bergdorf *nt*

dağlağı *s* Brandeisen *nt*

dağ lâlesi *s* (BOT) Windröschen *nt*

dağlama *s Verbalsubstantiv zu* **dağlamak**

dağlamak *vt* **1.** brandmarken; **bir hayvanı ~** einem Tier ein Zeichen aufbrennen **2.** (MED) ätzen

dağlama resim *s* <-smi> Brandmalerei *f*

dağlanma *s Verbalsubstantiv zu* **dağlanmak**

dağlanmak *vi pass von* **dağlamak**

dağlatma *s Verbalsubstantiv zu* **dağlatmak**

dağlatmak *vt Kausativ zu* **dağlamak**

dağlı *s* **1.** Bergbewohner(in) *m(f)* **2.** (*fig, pej*) Bauer *m*

dağlık *adj* bergig, gebirgig

dağ merası *s* Alm *f*; **dağ otlağı** *s* Alm *f*; **dağ sıçanı** *s* (ZOOL) Murmeltier *nt*; **dağ sırtı** *s* (GEO) Bergrücken *m*; **dağ silsilesi** *s* Gebirgskette *f*; **dağ turu** *s* Bergtour *f*, Bergwanderung *f*; **dağ vaazı** *s* (REL) Bergpredigt *f*; **dağ yamacı** *s* Berghang *m*

daha *adv* **1.** noch; (*şimdiye kadar*) bis jetzt; **~ erken** es ist noch früh; **~ neler var?** was gibt es noch?; **~ sürecek mi?** dauert es noch lange?; **bir hafta/saat ~** noch eine Woche/Stunde **2.** **~ az** weniger; **~ çok** mehr; **~ fazla** noch mehr; **~ doğrusu** richtiger ist, genauer gesagt, beziehungsweise; **~ erken/geç** früher/später; **~ erken olmaz** früher geht's nicht; **~ güzel** schöner; **~ iyi** besser; **bugün ~ (da) iyiyim** heute geht es mir (noch) besser **3.** erst; **~ dün kendisiyle konuştum** erst gestern sprach ich mit ihm **4.** (*bundan başka*) außerdem; (*bunun dışında*) darüber hinaus **5. sekiz bir ~ dokuz eder** acht und eins macht neun

dahdah *s* (*çocuk dilinde*) Hottepferd *nt*

dâhi *s* Genie *nt*

dâhice *adj* genial; **~ bir buluş** eine geniale Erfindung

dâhil **I.** *s:* **imkân ~inde olmak** im Bereich des Möglichen liegen **II.** *adv* einschließlich; **~ etmek** einschließen; **babası/annesi ~** einschließlich seines Vaters/seiner Mutter; **bir şeye ~ olmak** (*katılmak*) an etw teilnehmen; (*içinde olmak*) an etw beteiligt sein

dâhilen *adv* innerlich

dâhilî *adj* **1.** intern **2.** innere(r, s)

dâhilî deniz *s s.* **iç deniz** Binnenmeer *nt;* **dâhilî harp** *s* <-bi> *s.* **iç savaş** Bürgerkrieg *m*

dâhilik *s ohne Pl* <-ği> Genialität *f*

dâhiliye *s* (MED) interne Medizin; **~de yatmak** auf der internen Station liegen

dâhiliyeci *s* (MED: *iç hastalıkları uzmanı*) Internist(in) *m(f)*

dâhiyane *adj* genial

dair [daːir] *adj* über; **kazanacağına ~ her bahse girerim** ich gehe jede Wette ein, dass er gewinnt; **sanata ~ konuşma** eine Rede über Kunst

daire *s* **1.** (*a.* MATH) Kreis *m* **2.** (*makine ~si*) Raum *m* **3.** (ADMIN) Abteilung *f;* (*tapu ~si*) Amt *nt* **4.** (*apartmanda*) Etagenwohnung *f;* (*küçük*) Appartement *nt,* Apartment *nt*

dakika *s* Minute *f;* **~sı ~sına** auf die Minute genau; **üçe beş ~ kala** fünf Minuten vor drei; **üçü beş ~ geçe** fünf Minuten nach drei

dakikalarca *adv* minutenlang

daktilo *s* **1.** (*yazı makinesi*) Schreibmaschine *f* **2.** (*~graf*) Schreibkraft *f*

daktilograf *s* Schreibkraft *f*

daktilo kâğıdı *s* Schreibmaschinenpapier *nt;* **daktilo makinesi** *s* Schreibmaschine *f;* **daktilo şeridi** *s* Farbband *nt;* **daktilo yazısı** *s* Schreibmaschinenschrift *f*

dal[1] *s* **1.** Ast *m;* (*zeytin ~ı*) Zweig *m;* **~ budak salmak** ins Kraut schießen; **bindiği ~ı kesmek** (*fig*) den Ast absägen, auf dem man sitzt **2.** Zweig *m;* (*öğrenim ~ı*) Fach *nt*

dal[2] *s* (*dekalitre*) dal, Dl, dkl, *Dekaliter*

dalak *s* <-ğı> **1.** (ANAT) Milz *f* **2.** (*reg: bal peteği*) Honigwabe *f,* Bienenwabe *f;* **dalak otu** *s* (BOT) Gamander *m*

dalap olmak *vi* (*fam: kısrak için*) rossen, rossig sein

dalaş *s* **1.** Balgerei *f* **2.** (*söz ~ı*) Gefecht *nt*

dalaşma *s Verbalsubstantiv zu* **dalaşmak**

dalaşmak *vi* sich balgen; **köpekler dalaştı** die Hunde balgten sich

Dalay Lama *s* Dalai-Lama *m*

daldırma *s* **1.** *Verbalsubstantiv zu* **daldırmak** **2.** (BOT) Ableger *m*

daldırmak *vt* eintauchen (*-e* in); **kaynar suya ~** ins kochende Wasser eintauchen

dalga *s* (*a.* PHYS, RADIO) Welle *f;* **biriyle ~ geçmek** (*fig*) jdn auf den Arm nehmen

dalga boyu *s* (PHYS) Wellenlänge *f*

dalgakıran *s* Wellenbrecher *m*

dalgalı akım *s* (ELEK) Wechselstrom *m*

dalgıç *s* <-cı> **1.** Taucher(in) *m(f)* **2.** (*sl*) Gauner *m;* **dalgıç elbisesi** *s* Taucheranzug *m;* **dalgıç gözlüğü** *s* Taucherbrille *f*

dalgın *adj* zerstreut, geistesabwesend

dalgınlık *s ohne Pl* <-ğı> Zerstreutheit *f*

dalkavuk *s* <-ğu> (*pej*) Speichellecker(in) *m(f)*

dalkavukça *adj* speichelleckerisch

dalkavukluk *s* <-ğu> (*pej*) Speichelleckerei *f*

dallı budaklı *adj* (*ağaç*) knorrig

Dalmaçya *s* Dalmatien *nt;* **Dalmaçya köpeği** *s* Dalmatiner *m;* **Dalmaçyalı** *s* Dalmatiner(in) *m(f)*

dalma *s Verbalsubstantiv zu* **dalmak**

dalmak *vi* tauchen (*-e* in)

dalya *s* (BOT) Dahlie *f*

dam[1] *s* **1.** Dach *nt;* **~ üstünde saksağan, vur beline kazmayı!** papperlapapp! **2.** (*köy evi*) Bauernhaus *nt;* (*küçük ev*) Hütte *f* **3.** (*fam: ahır*) Stall *m* **4.** (*sl: tutuk evi*) Knast *m,* Kittchen *nt*

dam[2] *s* **1.** (*dansta kavalyenin eşi*) Tanzpartnerin *f* **2.** (*iskambil kâğıdı*) Dame *f*

dam[3] *s* (*dekametre*) dam, *Dekameter*

dama *s ohne Pl* (*oyun*) Dame *f;* **~ demek** Dame sagen; (*fam fig*) schlappmachen; (*motor*) streiken

damacana *s* Korbflasche *f*

damak *s* <-ğı> (ANAT, MED) Gaumen *m;* **damak eteği** *s* (ANAT) Gaumensegel *nt*

damaksıl ses *s* (LING) Gaumenlaut *m*

damak tadı *s* Gaumenfreude *f*

damalı *adj* kariert

dam altı *s* Unterschlupf *m*

damar *s* **1.** (ANAT) Ader *f,* Blutgefäß *nt* **2.** (*tahtada, taşta*) Ader *f* **3.** (*fig: altın ~ı*) Ader *f* **4.** (*fig*): **şairlik ~ı olmak** eine dichterische Ader haben **5.** (BOT, ZOOL) Ader *f;* **damar tabaka** *s* (ANAT) Aderhaut *f*

damasko *s* Damast *m*

damat *s* <-dı> Schwiegersohn *m*

dama tahtası *s* Damebrett *nt;* **dama taşı** *s* Damestein *m*

damdazlak **I.** *s* <-ğı> Kahlkopf *m* **II.** *adj* kahlköpfig

damga *s* Stempel *m*

D

damıtıcı *s* (CHEM: *imbik*) Destillierkolben *m*

damıtık *adj* (CHEM) destilliert; ~ **madde** Destillat *nt*

damıtma *s* **1.** *Verbalsubstantiv zu* **damıtmak** **2.** (CHEM) Destillation *f* **3.** (*kömür*) Verschwelung *f*

damıtmak *vt* **1.** (CHEM) destillieren **2.** (*kömür*) verschwelen

damızlık **I.** *s ohne Pl* <-ğı> (*reg: maya*) Hefe *f* **II.** *adj* Zucht-, zur Zucht verwendet; **damızlık boğa** *s* Zuchtbulle *m;* **damızlık hayvan** *s* Zuchttier *nt*

dam koruğu *s* (BOT) Fetthenne *f*

damla *s* Tropfen *m;* **son ~sına kadar** bis auf den letzten Tropfen

damlacık *s* <-ğı> Tröpfchen *nt*

damla damla *adv* tropfenweise; ~ **akmak** abtropfen; **damla hastalığı** *s* (MED: *gut*) Gicht *f;* (BOT) Radekrankheit *f,* Gicht *f*

damlama *s Verbalsubstantiv zu* **damlamak**

damlamak *vi* tropfen; **akmasa da damlar** (*prov*) Kleinvieh macht auch Mist

damlataş *s* Tropfstein *m;* **damlataş mağarası** *s* Tropfsteinhöhle *f*

damper *s* Kipper *m,* Kippvorrichtung *f*

damperli kamyon *s* Kipper *m,* Kipplader *m*

damping *s* Dumping *nt*

dan *interj* peng; **birini ~ diye vurup öldürmek** (*fam sl*) jdn abknallen

dana *s* Kalb *nt;* **~nın kuyruğu koptu!** (*fam fig*) der Bart ist ab!

danaayağı *s ohne Pl* (BOT) Aronstab *m*

dana derisi *s ohne Pl* Kalbsleder *nt;* **dana eti** *s* Kalbfleisch *nt*

danakıran otu *s ohne Pl* (BOT) Sumpfwurz *f*

dana pirzolası *s* (GASTR) Kalbskotelett *nt;* **dana rostosu** *s* (GASTR) Kalbsbraten *m*

dane *s* (*kuş yemi*) Vogelfutter *nt*

dangalak *adj* <-ğı> (*fam pej*) behämmert, bekloppt

danış *s* Beratung *f*

danışıklı *adj* abgekartet; ~ **dövüş** abgekartete Sache

danışma *s* **1.** Beratung *f* **2.** (*müracaat, enformasyon*) Auskunft *f;* **danışma bürosu** *s* Beratungsstelle *f*

danışmak *vi* **1.** (*bir mesele*) besprechen, erörtern **2.** konsultieren, zu Rate ziehen (*-e* -); **hekime/avukata/ekspere ~** einen Arzt/Anwalt/Experten konsultieren [*o* zu Rate ziehen] **3.** (*bilgi sormak*) sich erkundigen

danışman *s* Berater(in) *m(f)*

danışmanlık *s* <-ğı> Beratung *f;* **danışmanlık sözleşmesi** *s* (WIRTSCH) Beratungsvertrag *m*

Danıştay *s* Staatsrat *m*

Danimarka **I.** *s* Dänemark *nt* **II.** *adj* dänisch; ~ **millî takımı** die dänische Nationalmannschaft

Danimarkalı **I.** *s* Däne, -in *m, f* **II.** *adj* dänisch; ~ **erkekler/kadınlar** dänische Männer/Frauen

daniska *s* (*fam*) Gipfel *m,* i-Tüpfelchen *nt,* Krönung *f;* **saygısızlığın/zevksizliğin ~sı bu!** das ist der Gipfel [*o* die Krönung] der Respektlosigkeit/Geschmacklosigkeit!

dank *adv* (*fam*): **şimdi kafana ~ etti mi?** hat es bei dir jetzt endlich geklingelt?

dans *s* Tanz *m;* **~a etmek** tanzen; **~a gitmek** tanzen gehen

dansçı *s* Tänzer(in) *m(f)*

dans figürü *s* Tanzfigur *f*

dansing *s* Tanzlokal *nt*

dansör *s* Tänzer *m*

dansöz *s* Tänzerin *f*

dantel *s,* **dantelâ** *s* Spitze *f;* ~ **örmek** Spitzen knüpfen

dantelâlı *adj,* **dantelli** *adj* mit Spitzen besetzt

dapdar *adj,* **dapdaracık** *adj* sehr eng; ~ **bir pantolon** eine hautenge Hose

dar *adj* eng; ~ **anlamda** im engeren Sinne; **ufku ~ olmak** (*fig*) einen engen [*o* beschränkten] Horizont haben

darağacı *s* Galgen *m;* **~nı boylamak** am Galgen enden

daralma *s* **1.** *Verbalsubstantiv zu* **daralmak** **2.** Verengung *f*

daralmak *vi* sich verengen

daraltma *s Verbalsubstantiv zu* **daraltmak**

daraltmak *vt* enger machen; (*dikerek*) abnähen

darbe *s* **1.** Putsch *m* **2.** (*yumruk ~si*) Schlag *m;* **bu onun için ağır bir ~ oldu** das war ein schwerer [*o* harter] Schlag für ihn

darbeci *s* Putschist(in) *m(f)*

darbımesel *s s.* **atasözü** Sprichwort *nt*

dar boğaz *s* **1.** (GEO) Engpass *m;* (*kısık*) Schlucht *f* **2.** (*fig*) Engpass *m;* **dar gelirli** *adj* einkommensschwach; **dar görüşlü** *adj:* ~ **olmak** keinen Weitblick haben, Scheuklappen haben *fig;* **dar hat** *s* <-tı> (EISENB) Schmalspur *f*

darı *s* Hirse *f*

darıdünya *s* (*dünya*) Welt *f;* (*yeryüzü*) Erde *f*

darılma *s Verbalsubstantiv zu* **darılmak**

darılmaca *s* (*fam*): ~ **yok!** nichts für ungut!

darılmak *vi* böse sein (*-e* auf)

dar kafalı *adj* (*pej*) engstirnig, borniert

darlık *s* <-ğı> **1.** Enge *f* **2.** (*fig: göğüs, nefes darlığı*) Beklemmung *f,* Not *f*

darp *s* <-bı> **1.** (MATH: *çarpma*) Multiplikation *f* **2.** (MUS) Schlag *m;* ~ **etmek** (*vurmak*) schlagen; (*para için*) münzen

darphane *s* Münzstätte *f*

darülfünun [daːˈylfynuːn] *s s.* **üniversite** Universität *f*
Darvincilik *s ohne Pl* <-ğı> (PHILOS, BIOL) Darwinismus *m*
dasdaracık *adj* (*çok dar*) sehr eng; ~ **bir pantolon** eine hautenge Hose
datif *s* (LING: *yönelme durumu*) Dativ *m*
dava [daːvaː] *s* **1.** (JUR) Klage *f,* Rechtsstreit *m;* **bir şeyi ~ etmek** etw einklagen; **kamu ~sı** öffentliche Klage **2.** Anliegen *nt,* Sache *f* **3.** (*fig: sorun*) Frage *f* **4.** (*fig: ülkü*) Ideal *nt* **5.** (*fam: sevgili*) Geliebte(r) *mf*
davacı *s* (JUR) Kläger(in) *m(f)*
davalı I. *s* (JUR) Beklagte(r) *mf* **II.** *adj* (JUR) streitig
davet [daːvet] *s* Einladung *f;* **birini ~ etmek** jdn einladen; **birini düelloya ~ etmek** jdn zum Duell fordern
davetiye *s* Einladung *f*
Davis Kupası *s ohne Pl* (SPORT) Daviscup *m*
davlumbaz *s* Rauchabzug *m;* **davlumbaz etekliği** *s* Abzugshaube *f,* Dunsthaube *f*
davranış *s* Verhalten *nt,* Benehmen *nt*
davranma *s Verbalsubstantiv zu* **davranmak**
davranmak *vi* **1.** sich benehmen, sich verhalten; (*muamele etmek*) behandeln (*-e* -); **birine iyi/kötü ~** sich jdm gegenüber gut/schlecht benehmen, jdn gut/schlecht behandeln; **yakışıksız ~** sich danebenbenehmen **2.** handeln; **bir şeye aykırı ~** gegen etw handeln; **duygusal/düşünerek ~** im Affekt/bedacht handeln **3.** (*muamele etmek*) behandeln (*-e* -); **birine iyi/kötü ~** jdn gut/schlecht behandeln **4.** greifen (*-e* zu); **silâh(lar)a ~** zu der/(den) Waffe(n) greifen; **tabancaya ~** zur Pistole greifen
davul *s* (MUS: *bateri*) Schlagzeug *nt*
davulcu *s* (MUS: *baterist*) Schlagzeuger(in) *m(f)*
dayak *s* <-ğı> Prügel *pl;* ~ **yemek** Prügel bekommen [*o* beziehen]; **yediği dayağın haddi hesabı yok** er hat unzählige (Male) Prügel bekommen [*o* bezogen]
dayama *s ohne Pl Verbalsubstantiv zu* **dayamak**
dayamak *vt* **1.** aufstützen (*-e* auf) **2.** (*merdiveni*) anlegen, anlehnen
dayanıklı *adj* **1.** strapazierfähig, haltbar **2.** widerstandsfähig **3.** (*sağlam*) fest
dayanıklılık *s ohne Pl* <-ğı> **1.** Strapazierfähigkeit *f,* Haltbarkeit *f* **2.** Widerstandsfähigkeit *f*
dayanıksız *adj* **1.** nicht strapazierfähig **2.** nicht widerstandsfähig
dayanılma *s ohne Pl Verbalsubstantiv zu* **dayanılmak**
dayanılmak *vi pass von* **dayanmak**
dayanılmaz *adj* **1.** unwiderstehlich **2.** (*tahammül edilemez*) unerträglich
dayanım ömrü *s* (*reg: dayanma ömrü*) Lebensdauer *f*
dayanırlık *s ohne Pl* <-ğı> Ausdauer *f;* (*direnç*) Widerstand *m*
dayanışık *adj* solidarisch
dayanışma *s ohne Pl* **1.** *Verbalsubstantiv zu* **dayanışmak** **2.** Solidarisierung *f* **3.** Solidarität *f*
dayanışmacılık *s ohne Pl* <-ğı> (PHILOS) Solidarismus *m*
dayanışmak *vi* sich solidarisieren (*-le* mit)
dayanışmalı *adj* solidarisch
dayama *s Verbalsubstantiv zu* **dayamak**
dayamak *vt* lehnen (*-e* an); **duvara bir merdiven ~** eine Leiter anlegen an die Wand; **ellisine merdiven dayadı** (*fam fig*) er ist Ende vierzig
dayanma *s Verbalsubstantiv zu* **dayanmak**
dayanmak *vi* **1.** sich stützen (*-e* auf); (*yaslanmak*) sich lehnen (*-e* an) **2.** (*dayanıklı olmak*) strapazierfähig sein **3.** (*varlığını korumak*) standhalten **4.** (*istinat etmek*) sich stützen (*-e* auf), basieren (*-e* auf), beruhen (*-e* auf) **5.** (*tutunmak*) sich halten (*-e* gegen); (*karşı koymak*) widerstehen; (*mukavemet etmek*) Widerstand leisten **6.** aushalten (*-e* -), ertragen (*-e* -); **burada fazla dayanamayacağım** hier werde ich es nicht lange aushalten können **7.** (*varmak, ulaşmak*) ankommen (*-e* in) **8.** (*bitmeyen iş*): **bir şey birine ~** etw bei jdm landen **9.** (*fam: hız vermek*) beschleunigen **10.** (*yetişmek*) ausreichen, reichen
dayanma ömrü *s* Lebensdauer *f*
dayatma *s Verbalsubstantiv zu* **dayatmak**
dayatmak I. *vt* **1.** *Kausativ zu* **dayanmak** **2.** (*empoze etmek*) aufzwingen **II.** *vi* beharren; **gitmem diye dayattı** "ich gehe nicht", beharrte er
dayattırma *s Verbalsubstantiv zu* **dayattırmak**
dayattırmak *vt Kausativ zu* **dayatmak**
daye *s s.* **dadı** Kinderfrau *f*
dayı I. *s* **1.** (*annenin erkek kardeşi*) Onkel *m, Bruder der Mutter* **2.** (*fig*) Pate *m* **II.** *adj* (*reg: cesur*) mutig
dayıkızı *s* Cousine *f, mütterlicherseits*
dayıoğlu *s* Vetter *m,* Cousin *m, mütterlicherseits*
dayızade *s* **1.** (*dayının oğlu*) Vetter *m,* Cousin *m* **2.** (*dayının kızı*) Cousine *f*
daylak *s* <-ğı> (*reg: dişi deve*) Kamelstute *f*
daz *adj* (*reg*) kahl; ~ **toprak** ein kahler Boden
dazlak I. *adj* <-ğı> **1.** (*baş*) kahl; ~ **bir kafa** ein kahler Kopf **2.** (*kimse*) kahlköpfig, glatzköpfig **II.** *s* <-ğı> (*fam*) Skinhead *m,* Kahlkopf *m,* Glatzkopf *m*

D

dazlaklaşma *s Verbalsubstantiv zu* **dazlaklaşmak**

dazlaklaşmak *vi* **1.** (*saçları dökülmek*) eine Glatze bekommen **2.** (*saçlarını kazıtmak*) sich kahl scheren lassen

dazlaklık *s ohne Pl* <-ğı> Kahlköpfigkeit *f*

de *konj s.* **da**

debagat *s ohne Pl* Gerberei *f*

debbağ *s s.* **sepici** Gerber(in) *m(f)*

debriyaj *s* (AUTO) Kupplung *f;* **~a basmak** die Kupplung treten; **debriyaj pedalı** *s* (AUTO) Kupplungspedal *nt*

dede *s* Großvater *m*

dedüksiyon *s* (PHILOS: *tümden gelim*) Deduktion *f; s. a.* **endüksiyon**

defa *s* Mal *nt;* **bir ~** einmal; **birkaç ~** einige Male; **bu ~** diesmal; **ilk** (**ve son**) **~** zum ersten (und zum letzten) Mal

defalarca *adv* **1.** mehrmals **2.** zigmal

defans *s* (SPORT) Abwehr *f;* (*savunma*) Defensive *f,* Verteidigung *f;* **~ta oynamak** in der Abwehr spielen; **defans oyuncusu** *s* (SPORT) Abwehrspieler(in) *m(f)*

defetme *s Verbalsubstantiv zu* **defetmek**

defetmek <-er> *vt* **1.** vertreiben, verjagen **2.** abwehren

defile *s* Modenschau *f*

defin *s* Bestattung *f,* Beisetzung *f;* (*ölüyü gömme*) Leichenbegräbnis *nt*

define *s* Schatz *m*

defineci *s* Schatzsucher(in) *m(f)*

definecilik *s ohne Pl* <-ği> Schatzsuche *f*

defin masrafları *s Pl* Bestattungskosten *pl*

deflâsyon *s* (WIRTSCH) Deflation *f*

defne *s* (BOT) Lorbeer *m*

defnedilme *s* **1.** *Verbalsubstantiv zu* **defnedilmek** **2.** Bestattung *f,* Beisetzung *f,* Beerdigung *f*

defnedilmek *vi pass von* **defnetmek** beerdigt werden

defnegiller *s Pl* (BOT) Lorbeergewächse *ntpl*

defnetme *s* **1.** *Verbalsubstantiv zu* **defnetmek** **2.** Bestattung *f,* Beisetzung *f,* Beerdigung *f*

defnetmek <-er> *vt* bestatten, beisetzen; (*toprağa vermek*) beerdigen (*-e* in)

defne yaprağı *s* (GASTR) Lorbeerblatt *nt*

defnolunma *s* **1.** *Verbalsubstantiv zu* **defnolunmak** **2.** Bestattung *f,* Beisetzung *f,* Beerdigung *f*

defnolunmak *vi pass von* **defnetmek** beerdigt werden

defolma *s Verbalsubstantiv zu* **defolmak**

defolmak *vi* (*fam pej*) abhauen; **defol!** hau ab!

deformasyon *s* Deformation *f,* Missbildung *f;* (BIOL) Fehlbildung *f*

deforme *adj* deformiert, entstellt

defroster *s* Defroster *m;* (*buzçözer*) Entfroster *m*

defter *s* **1.** Heft *nt;* **birini ~den silmek** (*fig*) jdn abschreiben **2.** (COM: *ana ~, günlük ~*) Buch *nt*

defterikebir *s* (COM: *ana defter*) Hauptbuch *nt*

defter tutma *s* (COM) Buchhaltung *f*

degajman *s* (SPORT) Weitschuss *m*

değer *s* Wert *m;* **bir şeye ~ vermek** auf etw Wert legen; **değer artırma** *s* Aufwertung *f;* (*fiyat artırma*) Preissteigerung *f;* **değer düşürümü** *s* Entwertung *f,* Wertminderung *f;* **değer kuramı** *s* Werttheorie *f*

değerlendirme *s* **1.** *Verbalsubstantiv zu* **değerlendirmek** **2.** Aufwertung *f;* (*atık ~*) Verwertung *f*

değerlendirmek *vt* aufwerten; (*atık*) verwerten

değerli *adj* wertvoll; **değerli kâğıt** *s* <-dı> (FIN) Wertpapier *nt;* **değerli maden** *s* Edelmetall *nt;* **değerli taş** *s* Edelstein *m*

değersiz *adj* wertlos

değer yargısı *s* Werturteil *nt*

değil *adv* **1.** nicht; **bu, ben ~im** das bin ich nicht; **bir şey ~!** nichts zu danken!; **sorun ~!** kein Problem!; **ağaç ~ a, ot bile yok** es gibt nicht einmal einen Baum, geschweige denn Gras **2.** (*-inde ~*) **ben parasında ~im** mir liegt nichts an dem Geld

değin *s* (*fam: sincap*) Eichhörnchen *nt*

değinti *s* Berührung *f*

değirmen *s* Mühle *f;* **~in suyu nereden geliyor?** (*fig*) wer soll das bezahlen?

değirmenci *s* Müller(in) *m(f)*

değirmen taşı *s* Mühlstein *m*

değirmi *adj* rund

değişebilir *adj* änderbar

değişebilirlik *s ohne Pl* <-ği> Änderbarkeit *f*

değişen *adj* veränderlich; **~ yıldızlar** (ASTR): veränderliche Sterne

değişerek *adv* abwechselnd

değişici *adj* wandelbar; (*değişken*) variabel, veränderlich

değişik **I.** *adj* <-ği> **1.** (*farklı*) unterschiedlich **2.** (JUR: *kanun maddesi*) abgeändert **3.** (*alışılmışın dışında*) ungewöhnlich **II.** *s* <-ği> (*reg*): **hiç değişiğim kalmadı** ich habe keine saubere Wäsche mehr

değişiklik *s* <-ği> Änderung *f;* (*tadil*) Abänderung *f;* **hiçbir ~ olmadan** ohne jede Änderung; **değişiklik önergesi** *s,* **değişiklik teklifi** *s* (PARL, POL) Abänderungsantrag *m,* Abänderungsvorschlag *m*

değişim *s ohne Pl* **1.** Veränderung(en) *f(pl)* **2.** (BIOL: *varyasyon*) Variation *f* **3.** (WIRTSCH) Umschlag *m;* (*mal ~ i*) Austausch *m;* **para ~i** Wechsel *m* **4.** Umschwung *m*

değişinim *s* (BIOL: *mutasyon*) Mutation *f*

değişke *s* (BIOL: *modifikasyon*) Modifikation *f*
değişken **I.** *s* (MATH) Variable *f* **II.** *adj* **1.** variabel, veränderbar **2.** veranderlich; ~ **nicelik** veranderliche Größe
değişkenlik *s* <-ği> Variabilität *f*
değişme *s* **1.** *Verbalsubstantiv zu* **değişmek** **2.** Änderung *f*, Veränderung *f*, Wandel *m*
değişmek **I.** *vi* sich (ver)ändern; **burada her/hiçbir şey değişmemiş** hier hat sich alles/nichts geändert **II.** *vt* **1.** (*değiştirmek*) tauschen; **onu dünyada hiçbir şeye değişmem** ich würde es gegen nichts auf der Welt eintauschen; **onunla saatlerimizi değiştik** wir haben unsere Uhren getauscht **2.** **üsütmü değiştim** ich habe mich umgezogen
değişmez *adj* unveränderlich; (*aynen kalan*) konstant
değiştirge *s* Abänderungsvorschlag *m*
değiştirgeç *s* <-ci> **1.** (ELEK: *röle*) Relais *nt* **2.** (PHYS: *konvertisör*) Konverter *m*
değiştirme *s* **1.** *Verbalsubstantiv zu* **değiştirmek** **2.** Veränderung *f* **3.** Abänderung *f* **4.** (*yön* ~) Wechsel *m*, Änderung *f*
değiştirmek *vt* **1.** verändern; (*fikir, yön*) ändern; (*tadil etmek*) abändern; **yasa** ~ ein Gesetz abändern **2.** (*para, şerit*) wechseln **3.** tauschen; (*geri verip yerine başkasını almak*) umtauschen
değme *s* **1.** *Verbalsubstantiv zu* **değmek** **2.** Berührung *f*
değmek[1] <-er> *vi* **1.** (*dokunmak*) berühren (*-e*) **2.** (*erişmek*) erreichen (*-e*); (*ulaşmak*) ankommen; **mektup elime değmedi** der Brief hat mich nicht erreicht, der Brief ist bei mir nicht angekommen **3.** (*isabet etmek*) treffen (*-e*)
değmek[2] <-er> *vi* **1.** (*değerinde olmak*) wert sein **2.** (*karşılık olmak*) sich lohnen (*-e*); **zahmetine değ(me)di** die Mühe hat sich (nicht) gelohnt **3.** (*zevk veren şeyler için*): **buraya gelmeye değdi doğrusu** es hat sich wirklich gelohnt, hierher zu kommen; **müze görülmeye değer** das Museum ist sehenswert, das Museum lohnt einen Besuch
değnek [dɛːnek] *s* <-ği> Stock *m*
deh *interj*: ~**!** hü!
deha[1] *s ohne Pl* (*dâhilik*) Genialität *f*
deha[2] *s* (*dâhi*) Genie *nt*
-de hâli *s* (LING) Lokativ *m*
dehdeh *s s.* **dahdah** (*çocuk dilinde*) Hottepferd *nt*
dehşet *s* **1.** Schrecken *m* **2.** (*ohne Pl*) Entsetzen *nt*; ~**le** mit Entsetzen
dehşetli *adj* schrecklich, entsetzlich; **dışarısı** ~ **soğuktu** draußen war es entsetzlich kalt
dejenere *adj* **1.** (*soysuz*) degeneriert, entartet; **çocuklar** ~ **oluyor** die Kinder arten aus **2.** (*yoz*) dekadent
dejenereleşme *s* **1.** *Verbalsubstantiv zu* **dejenereleşmek** **2.** Degeneration *f*; (*soysuzlaşma*) Entartung *f*
dejenereleşmek *vi* degenerieren; (*soysuzlaşmak*) entarten; (*yozlaşmak*) dekadent werden
dejenerelik *s ohne Pl* <-ği> Dekadenz *f*
dek *part* bis; **şimdiye** ~ bis jetzt, bisher, bislang; *s. a.* **kadar**
dekadanlık *s ohne Pl* <-ğı> (LIT) Dekadenz *f*
dekagram *s* Dekagramm *nt*; **dekalitre** *s* Dekaliter *m*; **dekameter** *s* Dekameter *m o nt*
dekan *s* (UNIV) Dekan *m*
dekanlık *s* <-ğı> (UNIV) Dekanat *nt*
dekar *s* Dekar *nt*
dekatlon *s* (SPORT) Zehnkampf *m*; **dekatloncu** *s* (SPORT) Zehnkämpfer *m*
deklânşör *s* (TECH, FOTO) Auslöser *m*
deklare etmek *vt* deklarieren
dekoder *s* (INFORM, TV) Decoder *m*
dekolte *s* Dekolletee *nt*, Ausschnitt *m*; ~**si açık olmak** einen tiefen Ausschnitt haben
dekont *s* Kontoauszug *m*
dekor *s* **1.** Dekor *m o nt* **2.** (THEAT) Dekor *nt*; (*sahne* ~*u*) Bühnenbild *nt* **3.** (*fig: görünüş, manzara*) Anblick *m*
dekorasyon *s* Dekoration *f*
dekoratif *adj* dekorativ
dekoratör *s* **1.** Dekorateur(in) *m(f)*; (THEAT) Bühnenbildner(in) *m(f)* **2.** (*iç mimar*) Innenarchitekt(in) *m(f)*
dekore etmek *vt* dekorieren
dekovil *s* Schmalspurbahn *f*; (*küçük demiryolu*) Kleinbahn *f*
dekstrin *s* (CHEM) Dextrin *nt*
dekstroz *s ohne Pl* Dextrose *f*
deldirme *s Verbalsubstantiv zu* **deldirmek**
deldirmek *vt* **1.** *Kausativ zu* **delmek**: **kulaklarını deldirdi** er [*o* sie] ließ sich die Ohren durchstechen **2.** (*fig*) entwerten
delecek *s* <-ği> (*reg: delgeç*) Locher *m*
delegasyon *s* Delegation *f*, Abordnung *f*
delege *s* (POL) Delegierte(r) *mf*, Deputierte(r) *mf*
delgeç *s* <-ci> (*zımba*) Locher *m*
deli **I.** *s* Irre(r) *mf* **II.** *adj* verrückt, wahnsinnig, irre; **birini** ~ **etmek** (*fam*) jdn verrückt [*o* irre] machen; (*çılgına çevirmek*) jdn wahnsinnig machen; ~ **gibi** (*fam*) wie verrückt, wie ein Irrer; **bir şeye** ~ **olmak** nach etw verrückt sein; ~ **olmak işten değil!** (*fam*) es ist zum verrückt werden!, ich werde noch wahnsinnig!; **deliye dönmek** (*fam*) verrückt werden

D

delibaş *s* Rinderwahnsinn *m*

delice **I.** *s* **1.** (BOT) Taumellolch *m* **2.** (*fam: atmaca*) Habicht *m;* (*şahin*) Mäusebussard *m* **II.** *adj* verrückt, irrsinnig, wahnsinnig **III.** *adv* (*delicesine*) wie verrückt, wie wahnsinnig

delici *adj* durchbohrend, stechend; ~ **bakış** (*fig*) stechender [*o* durchbohrender] Blick

deli dana hastalığı *s* Rinderwahnsinn *m;* **deli divane** **I.** *s* Wahnsinnige(r) *mf* **II.** *adj* wahnsinnig; ~ **âşık olmak** sich wahnsinnig verlieben; **deli fişek** *adj* <-ği> draufgängerisch; **deli fişeklik** *s ohne Pl* <-ği> Draufgängertum *nt;* **deli gömleği** *s* Zwangsjacke *f*

delik *s* <-ği> **1.** Loch *nt* **2.** (*fam: hapis*) Loch *nt;* **birini deliğe tıkmak** jdn ins Loch stecken, jdn einlochen [*o* einbuchten]; **delik deşik** *adj* <-ği> (völlig) durchlöchert; ~ **etmek** durchlöchern

deliksiz **I.** *adj:* ~ **uyku** fester Schlaf **II.** *adv:* ~ **uyumak** fest schlafen

delilik *s* <-ği> **1.** Verrücktheit *f* **2.** (*ohne Pl*) Irrsinn *m,* Wahnsinn *m*

delinme *s Verbalsubstantiv zu* **delinmek**

delinmek *vi* **1.** *pass von* **delmek** **2. sol ayakkabımın tabanı delindi** (*fam*) die Sohle meines linken Schuhs ist durchgelaufen

delirme *s Verbalsubstantiv zu* **delirmek**

delirmek *vi* wahnsinnig werden; (*aklını kaçırmak*) den Verstand verlieren

delme *s Verbalsubstantiv zu* **delmek**

delmek *vt* lochen, durchstechen

delta *s* **1.** (*Yunan harfi*) Delta *nt* **2.** (GEO: *çatal ağız*) Delta *nt;* **delta kası** *s* (ANAT) Deltamuskel *m*

dem[1] *s* **1.** (*soluk*) Atemzug *m* **2.** (*zaman*) Zeit *f* **3.** (*fam: içki*) (alkoholisches) Getränk *nt;* ~ **çekmek** einen heben, zechen **4.** (*fam*): ~ **çekmek** (*kuşlar*) singen; **bülbül ~ çekiyor** die Nachtigall schlägt **5.** (*eşlik etmek*): **bir şeye ~ tutmak** etw begleiten **6. bir şeyden ~ vurmak** über etw plaudern **7. çayın ~i iyi** der Tee hat gut gezogen

dem[2] *s* **1.** (*kan*) Blut *nt* **2.** Blutung *f,* Menstruation *f;* ~ **dökmek** die Menstruation haben

demagog *s* Demagoge, -in *m, f;* (*pej: halk avcısı*) Volksverführer, -in *m, f*

demagoji *s* Demagogie *f*

demagojik *adj* (*pej*) demagogisch

deme *s* **1.** *Verbalsubstantiv zu* **demek**: **kimin kime ne ~ye hakkı var?** wer hat das Recht wem etw zu sagen? **2.** (*anlam*) Sinn *m,* Bedeutung *f;* **bu söz ne ~ye gelir?** was soll diese Bemerkung bedeuten? **3.** (*fam: şiir*) Gedicht *nt* **4.** (*fam: atasözü*) Sprichwort *nt* **5.** (*fam: ağıt*) Wehklage *f*

demeç *s* <-ci> (POL) Erklärung *f,* Verlautbarung *f;* ~ **vermek** eine Erklärung abgeben

demek **I.** *vt* **1.** sagen; **deme!** (*fam*) sag bloß!; **demeyin!** was Sie nicht sagen!; **ben bir şey demedim** ich habe nichts gesagt; **ne dediniz?** was haben Sie gesagt?; **ne derse desin** ganz gleich was er sagt; **onun dediği doğru/yanlış** was er gesagt hat, ist richtig/falsch, das, was er sagt, ist richtig/falsch; **sen bu işe ne dersin?** (*fam*) was sagst [*o* meinst] du dazu? **2.** (*ad vermek*) nennen; **buna/böyle şeye ne derler?** wie nennt man das/so etw? **II.** *vi* **1.** heißen; **bu ne ~?** was heißt das?; **bu da ne ~ oluyor?** was soll das denn heißen?; **„guten Tag“ Türkçede „iyi günler“ ~tir** „guten Tag“ heißt auf Türkisch „iyi günler“ **2.** ~ **ki** das heißt, also; (*öyle ise*) wenn das so ist; **razısın ~, öyle mi?** du bist also einverstanden, ja? **3.** (*Wend*): **saat yedi dedi mi uyanırım** um Punkt sieben werde ich wach

demet *s* **1.** Bündel *m* **2.** Bund *m;* **bir ~ havuç** ein Bund Karotten **3.** (*çiçek ~i*) Strauß *m* **4.** (AGR: *mısır için*) Garbe *f;* ~ **yapmak** Garben bilden

demin *adv* vorhin

demir **I.** *s* **1.** Eisen *nt;* ~ **tavında dövülür** (*prov*) man muss das Eisen schmieden, solange es heiß ist; **birini ~e vurmak** jdn in Ketten legen **2.** (NAUT) Anker *m;* ~ **almak/atmak** den Anker lichten/auswerfen **II.** *adj* eisern, Eisen-; ~ **perde** (THEAT) der eiserne Vorhang; **demir ağacı** *s* (BOT) Kasuarine *f*

demirbaş *s* Inventar *nt,* eiserner Bestand; **bu masa ~tır** dieser Tisch gehört zum Inventar

demir boku *s* Eisenschlacke *f*

demirci *s* **1.** (*satıcı*) Eisenhändler(in) *m(f)* **2.** (*onaran kimse*) Schmied(in) *m(f)*

demircilik *s ohne Pl* <-ği> (*demircinin zanaatı*) Schmiedehandwerk *nt*

demir çubuk *s* <-ğu> Eisenstange *f;* **demir hat** *s* <-ttı> *s.* **demir yolu** Eisenbahn *f*

demirhindi *s* (BOT) **1.** (*ağacı*) Tamarindenbaum *m* **2.** (*meyvesi*) Tamarinde *f* **3.** (*ezmesi*) Tamarindenmus *nt* **4.** (*sl: hasis*) Geizhals *m,* Geizkragen *m*

demirkapan *s* (*mıknatıs*) Magnet *m*

Demirkazık *s ohne Pl* <-ğı> *s.* **Kutup Yıldızı** Polarstern *m*

demir kuş *s* (*reg: uçak*) Flugzeug *nt*

demirleblebi *s* (ein) harter Brocken

demirleme *s Verbalsubstantiv zu* **demirlemek**

demirlemek *vi* (NAUT) ankern, vor Anker gehen

demirli *adj* eisenhaltig

demir oksit *s ohne Pl* <-di> (CHEM) Eisenoxid *nt*
Demirperde *s ohne Pl* (HIST, POL) Eiserne(r) Vorhang; ~ **gerisinde** hinter dem Eisernen Vorhang
demirsizlik *s* <-ği> (MED) Eisenmangel *m*
demir sülfat *s ohne Pl* <-dı> (CHEM) Eisensulfat *nt;* **demir yeri** *s* (NAUT) Ankerplatz *m;* **demir yolcu** *s* Eisenbahner(in) *m(f);* **demir yolu I.** *s* Eisenbahn *f* **II.** *adj* Eisenbahn-, Bahn-, Schienen-; **demir yolu alt geçidi** *s* Bahnunterführung *f;* **demir yolu geçidi** *s* Bahnübergang *m;* **demir yolu hattı** *s* Bahnlinie *f;* **demir yolu köprüsü** *s* Eisenbahnbrücke *f;* **demir yolu rayı** *s* Eisenbahnschiene *f;* **demir yolu taşıtı** *s* Schienenfahrzeug *nt;* **demir zinciri** *s* (NAUT) Ankerkette *f*
demleme *s Verbalsubstantiv zu* **demlemek**
demlemek *vt* (*çay*) ziehen lassen; **çayı iki üç dakika** ~ den Tee zwei bis drei Minuten ziehen lassen
demlendirme *s Verbalsubstantiv zu* **demlendirmek**
demlendirmek *vt* (*çay*) ziehen lassen; **çayı iki üç dakika** ~ den Tee zwei bis drei Minuten ziehen lassen
demlenme *s Verbalsubstantiv zu* **demlenmek**
demlenmek *vi* **1.** (*çay*) ziehen **2.** (*fam: içki içmek*) zechen
demode *adj* altmodisch, unmodern; ~ **olmak** aus der Mode kommen
demograf *s* Demograph(in) *m(f)*
demografi *s* Demographie *f*
demografik *adj* demographisch
demokrasi *s* Demokratie *f*
demokrat I. *s* Demokrat(in) *m(f)* **II.** *adj* demokratisch
demokratik *adj* demokratisch
demokratikleşme *s* **1.** *Verbalsubstantiv zu* **demokratikleşmek** **2.** Demokratisierung *f*
demokratikleşmek *vi* demokratisch werden
demokratikleştirme *s* **1.** *Verbalsubstantiv zu* **demokratikleştirmek** **2.** Demokratisierung *f*
demokratikleştirmek *vt* demokratisieren
demokratlık *s* <-ğı> *s.* **demokrasi** Demokratie *f*
demo *s* (INFORM) Demo *f*
demonstrasyon *s s.* **gösteri** Demonstration *f,* Demo *f*
denaet *s s.* **alçaklık** Niedertracht *f*
denden *s,* **denden işareti** *s* Gänsefüßchen *nt*
denek taşı *s* Prüfstein *m*
deneme *s* **1.** *Verbalsubstantiv zu* **denemek** **2.** Versuch *m,* Probe *f,* Test *m* **3.** (LIT) Essay *m o nt*
denemeci *s* (LIT) Essayist(in) *m(f)*
deneme çekimi *s* Probeaufnahme *f;* **deneme hayvanı** *s* Versuchstier *nt*
denemek *vt* probieren, testen, versuchen; **şansını** ~ sein Glück versuchen
deneme tahtası *s* (*fam pej*) Versuchskaninchen *nt;* **deneme yazarı** *s* (LIT) Essayist(in) *m(f)*
denenme *s Verbalsubstantiv zu* **denenmek**
denenmek *vi pass von* **denemek**
denetçi *s* Prüfer(in) *m(f)*
denetim *s* **1.** Ausicht *f;* **devletin ~i altında** unter der Aufsicht des Staates **2.** (*kontrol*) Kontrolle *f*
denetim kurulu *s,* **denetleme kurulu** *s* Aufsichtsrat *m;* **denetim kurulu başkanı** *s* Aufsichtsratsvorsitzende(r) *mf*
deney *s* Experiment *nt,* Versuch *m;* ~ **yapmak** Experimente machen, Versuche machen; **bilimsel/tıbbî ~ler** wissenschaftliche/medizinische Experimente; **deney aşaması** *s* Experimentierstadium *nt,* Versuchsstadium *nt*
deneyci I. *s* (PHILOS) Empirist(in) *m(f)* **II.** *adj* (PHILOS) empiristisch
deneycilik *s ohne Pl* <-ği> (PHILOS: *ampirizm*) Empirismus *m*
deney hayvanı *s* Versuchstier *nt*
deneyim *s* Erfahrung *f*
deneyimci *adj* experimentierfreudig
deneyimcilik *s ohne Pl* <-ği> Experimentierfreudigkeit *f*
deneyimli *adj* erfahren
deneyimsiz *adj* unerfahren
deneyimsizlik *s ohne Pl* <-ği> Unerfahrenheit *f*
deneysel *adj* experimentell
deneyselcilik *s ohne Pl* <-ği> experimentelles Vorgehen
deney tüpü *s* (CHEM) Reagenzglas *nt*
denge *s ohne Pl* **1.** (*muvazene*) Gleichgewicht *nt,* Balance *f;* ~**de olmak** im Gleichgewicht sein; **bir şeyi ~de tutmak** etw balancieren, etw im Gleichgewicht halten; **bir şeye ~sini kaybettirmek** etw aus dem Gleichgewicht bringen; **~yi bozmak** das Gleichgewicht stören; **~yi kaybetmek** das Gleichgewicht verlieren, die Balance verlieren, aus dem Gleichgewicht kommen; **siyasî** ~ das politische Gleichgewicht **2.** Ausgleich *m* **3.** (*istikrar*) Stabilität *f;* **ruhsal** ~ seelische Ausgeglichenheit; **denge bozukluğu** *s* (MED) Gleichgewichtsstörung *f;* **denge kalası** *s* (SPORT) Schwebebalken *m*
dengeleme *s* **1.** *Verbalsubstantiv zu* **dengelemek** **2.** Ausgleich *m*

D

dengelemek *vt* ausgleichen, ausbalancieren, ins Gleichgewicht bringen

dengelenme *s Verbalsubstantiv zu* **dengelenmek**

dengelenmek *vi pass von* **dengelemek**

dengeleyici I. *s* **1.** (AUTO: *stabilizatör*) Stabilisator *m* **2.** (CHEM) Stabilisator *m* **II.** *adj* ausgleichend

dengeli *adj* ausgeglichen, ausgewogen

dengesiz *adj* **1.** unausgeglichen, unausgewogen **2.** (*fig: istikrarsız*) labil

dengesizlik *s* <-ği> **1.** Ungleichgewicht *nt* **2.** Labilität *f*

denî *adj* characterlos

denilme *s Verbalsubstantiv zu* **denilmek**

denilmek *vi pass von* **demek: bana denildi ki ...** es wurde mir gesagt, dass ..., man hat mir gesagt, dass ...; **hastaymış deniliyor** es heißt, er sei sehr krank

deniz *s* Meer *nt*, See *f*; ~ **tutmak** seekrank werden; ~ **tutmamak** seefest sein; ~**de kum, onda para** (*fam*) er hat Geld wie Sand am Meer; ~**e çıkmak** ins Meer stechen; ~**e girmek** im Meer baden; ~**e indirmek** vom Stapel lassen

deniz akıntısı *s* Meeresströmung *f*; **deniz algı** *s* Meeresalge *f*

denizaltı *s* <-yı> U-Boot *nt*, Unterseeboot *nt*

deniz altı *adj* (GEO) unterseeisch

denizanası *s* (ZOOL) Qualle *f*; **denizaslanı** *s* (ZOOL) Seelöwe *m*; **denizaşırı** *adj* überseeisch

deniz ataşesi *s* Marineattaché *m*

denizatı *s* (ZOOL) Seepferdchen *nt*; **denizayısı** *s* (ZOOL) Seebär *m*

deniz balığı *s* Meeresfisch *m*

deniz bilimi *s ohne Pl* Meereskunde *f*

denizci *s* **1.** Seemann *m* **2.** (*deniz askeri*) Marinesoldat *m*

denizci astsubay *s* (MIL, NAUT) Bootsmann *m*

denizçakısı *s* (ZOOL: *süline*) Scheidenmuschel *f*; **deniz depremi** *s* (GEO) Seebeben *nt*; **deniz dibi** *s* Meeresgrund *m*; **deniz feneri** *s* Leuchtturm *m*

denizgergedanı *s* (ZOOL) Narwal *m*

denizgülü *s* (ZOOL) Seerose *f*, Aktinie *f*

deniz hamamı *s* Seebad *nt*; (*plâj*) Badestrand *m*, Strandbad *nt*; **deniz haritası** *s* (GEO) Seekarte *f*; **deniz havası** *s ohne Pl* Seeluft *f*; **deniz hukuku** *s ohne Pl* Seerecht *nt*; **deniz iklimi** *s* Seeklima *nt*

deniz kaplumbağası *s* (ZOOL) Meeresschildkröte *f*

denizkestanesi *s* (ZOOL) Seeigel *m*

deniz kırlangıcı *s* (ZOOL: *balıkçın*) Seeschwalbe *f*

deniz kızı *s* (MYTH) Meerjungfrau *f*, Nixe *f*

denizköpüğü *s s.* **lüle taşı** Meerschaum *m*

deniz kulağı *s* (GEO: *lâgün*) Lagune *f*

denizkurdu *s* (*fam fig: usta denizci*) Seebär *m*

deniz kuşu *s* Seevogel *m*; **deniz kuvvetleri** *s Pl* Seestreitkräfte *pl*, Marine *f*

denizlik *s* <-ği> (ARCH) Fensterbank *f*, Fensterbrett *nt*

deniz mavisi *adj* marineblau; **deniz mili** *s* Seemeile *f*; **deniz seviyesi/yüzeyi** *s* Meeresspiegel *m*

deniz tabanı *s ohne Pl* Meeresgrund *m*, Meeresboden *m*; **deniz tutması** *s ohne Pl* Seekrankheit *f*

deniz yeli *s* (*imbat*) Seewind *m*; **deniz yolu** *s* Seeweg *m*; ~ **ile taşımak** auf dem Seeweg befördern; **deniz yosunu** *s* Seetang *m*; **deniz yüzeyi** *s* Meeresspiegel *m*

denk *s* Ballen *m*; ~ **yapılmış mal** (COM) in Ballen verpackte Ware

denklem *s* Gleichung *f*

denkleşme *s* **1.** *Verbalsubstantiv zu* **denkleşmek** **2.** Ausgleich *m*

denkleşmek *vi* sich ausgleichen

denkleştirici *adj* ausgleichend; ~ **adalet** ausgleichende Gerechtigkeit

denkleştirme *s* **1.** *Verbalsubstantiv zu* **denkleştirmek** **2.** Ausgleich *m*

denkleştirmek *vt* ausgleichen

denklik *s ohne Pl* <-ği> Ausgleich *m*

deodoran *s* Deo *nt*, Deodorant *nt*; **deodoran spreyi** *s* Deospray *m*

depar *s* (SPORT) Spurt *m*; ~**a kalkmak** zum Spurt ansetzen

departman *s* (ADMIN) Departement *nt*

deplâsman *s* (SPORT) Auswärtsspiel *nt*; ~**a çıkıp oynamak** auswärts spielen

depo *s* **1.** Depot *nt*, Speicher *m*, Lager *nt* **2.** (AUTO) Tank *m*; ~**yu doldurmak** den Tank vollmachen, volltanken

depolama *s Verbalsubstantiv zu* **depolamak**

depolamak *vt* (*a.* INFORM) speichern

deprem *s* Erdbeben *nt*

deprem bilimi *s ohne Pl s.* **sismoloji** Seismologie *f*; **deprem bölgesi** *s* Erdbebengebiet *nt*; **deprem merkezi** *s* Erdbebenherd *m*

depremyazar *s* Seismometer *m*; (*sismograf*) Seismograf *m*, Seismograph *m*

depremzede *s* Erdbebenopfer *nt*

depresyon *s* (PSYCH) Depression *f*

derdi *s poss von* **dert**

dere *s* Bach *m*

derebeyi *s* (HIST) Feudalherr *m*

derebeylik *s ohne Pl* <-ği> Feudalherrschaft *f*

derece *s* **1.** Grad *m*; **belli bir ~ye kadar** bis zu einem gewissen Grad(e); **ne ~ye**

kadar inwiefern, inwieweit; **sıfırın altında yirmi** ~(**de**) (bei) zwanzig Grad unter Null; **son** ~ **sinirliydi** er war im höchsten Grad nervös **2.** Thermometer *nt*
dereotu *s* (BOT, GASTR) Dill *m*
dergi *s* Zeitschrift *f*
derleyici *s* (INFORM) Compiler *m*
deri *s* **1.** Haut *f;* **bir** ~ **bir kemik olmak** (*fam*) nur Haut und Knochen sein **2.** Leder *nt*
deri hastalığı *s* (MED) Hautkrankheit *f;* **deri hastalıkları** *s Pl* (MED) Hautkrankheiten *pl;* ~ **uzmanı** Facharzt für Hautkrankheiten; **deri kanseri** *s ohne Pl* Hautkrebs *m*
derin *adj* tief; ~ **bir nefes almak** einmal tief atmen, aufatmen; (**çok**) ~ **uyumak** (sehr) tief schlafen; **derin derin** *adv:* ~ **düşünmek** tief nachdenken, tief in Gedanken versunken sein; **derin dondurucu** *s* Tiefkühlfach *nt;* (*dolap*) Kühltruhe *f*
derinleştirme *s* **1.** *Verbalsubstantiv zu* **derinleştirmek** **2.** Vertiefung *f*
derinleştirmek *vt* vertiefen
derinlik kayaçları *s Pl* (GEO) Tiefengesteine *ntpl*
derin soğutma *s* Tiefkühlung *f;* **derin soğutucu** *s* Tiefkühltruhe *f*
derinti *s* (*fam*) **1.** (*toplantı*) Versammlung *f* **2.** (*gelişigüzel toplanmış eşya*) Sammelsurium *nt* **3.** (*insan kalabalığı*) Menschenmenge *f*
derin uyku *s* Tiefschlaf *m*
derişik *adj* (CHEM: *seyreltik karşıtı*) konzentriert
derişiklik *s* <-ği> Konzentration *f*
derişme *s* **1.** *Verbalsubstantiv zu* **derişmek** **2.** Konzentration *f*
derişmek *vi* (*a.* CHEM) sich konzentrieren
derlem *s* Sammlung *f*
derlemci *s* Sammler(in) *m(f)*
derleme *s* **1.** *Verbalsubstantiv zu* **derlemek** **2.** Zusammenfassung *f*
derlemek *vt* zusammenfassen
derman *s* **1.** (*güç*) Kraft *f;* ~**ı**/~**dan kesilmek** abbauen, Kräfte einbüßen **2.** (*ilâç*) Mittel *nt* **3.** (*fig: çare*) Mittel *nt;* (*çıkar yol*) Ausweg *m*
dermansız *adj* **1.** kraftlos **2.** (*bitkin*) erschöpft, abgespannt
dermansızlaşma *s Verbalsubstantiv zu* **dermansızlaşmak**
dermansızlaşmak *vi* abbauen
dermansızlık *s ohne Pl* <-ğı> **1.** (*güçsüzlük*) Kraftlosigkeit *f* **2.** (*bitkinlik*) Erschöpfung *f,* Abgespanntheit *f*
dermatolog *s* Dermatologe, -in *m, f*
dermatoloji *s ohne Pl* Dermatologie *f*
dernek *s* <-ği> Verein *m;* **dernek lokali** *s* Vereinslokal *nt*
derrace *s s.* **bisiklet** Fahrrad *nt*
ders *s* **1.** Unterricht *m;* ~ **vermek** unterrichten; ~**i dinlemiyor** er passt im Unterricht nicht auf **2.** (UNI, SCHULE) Unterrichtsfach *nt;* (*seçmeli* ~) Fach *nt* **3.** Lektion *f;* **birinin** ~**ini vermek** (*fam fig*) jdm eine Lektion erteilen, jdm einen Denkzettel verpassen
dershane *s* **1.** Klassenraum *m* **2.** Unterrichtsanstalt *f,* private Lehranstalt
ders programı *s s.* **öğretim programı** Lehrplan *m*
dert *s* <-di> **1.** Sorge *f,* Kummer *m* **2.** Ärger *m;* **başımı derde sokma** erspar mir den Ärger; **dert ortağı** *s* Leidensgenosse, -in *m, f*
dertsiz *adj* sorglos
dertsizlik *s ohne Pl* <-ği> Sorglosigkeit *f*
derviş *s* Derwisch *m;* **arayan** ~ **muradına ermiş** (*prov*) wer sucht, der findet
derz *s* Fuge *f*
desen *s* Muster *m*
desenli *adj* gemustert; **desenli kaplama** *s* Furnier *nt*
desigram *s* Dezigramm *nt*
desilitre *s* Deziliter *m o nt*
desimetre *s* Dezimeter *m o nt;* **desimetre kare** *s* Quadratdezimeter *m*
desinatör *s* Designer(in) *m(f)*
deskriptif *adj* deskriptiv, beschreibend
despot *s* Despot(in) *m(f)*
despotça *adv* despotisch
despotik *adj* despotisch
destan *s* (LIT) Epos *nt*
destekleme *s* **1.** *Verbalsubstantiv zu* **desteklemek** **2.** Unterstützung *f,* Stützung *f*
destekleme alımı *s* (FIN, WIRTSCH) Stützungskauf *m*
desteklemek *vt* unterstützen
destroyer *s* (MIL: *muhrip*) Zerstörer *m*
deşarj *s* Entladung *f;* ~ **olmak** (*akü, pil için*) sich entladen; (*fig*) sich abreagieren
deşifre *adj* entschlüsselt; ~ **etmek** dechiffrieren, entschlüsseln, entziffern
deşme *s Verbalsubstantiv zu* **deşmek**
deşmek *vt* **1.** durchbohren **2.** aufstechen
detant *s* (POL: *yumuşama*) Entspannung *f*
detay *s* Detail *nt;* (*ayrıntı*) Einzelheit *f*
detaylı *adj* detailliert
detektif *s* Detektiv(in) *m(f);* **detektif bürosu** *s* Detektei *f*
detektör *s* Detektor *m*
deterjan *s* **1.** (*bulaşık için*) Spülmittel *nt* **2.** (*çamaşır için*) Waschmittel *nt*
dev *s* Riese *m,* Gigant *m*
devalüasyon *s* (FIN) Abwertung *f*
devam *s* **1.** Fortsetzung *f;* ~ **etmek** sich fortsetzen, fortbestehen; ~**ı var** Fortsetzung folgt **2.** ~ **etmek** weitergehen; (*taşıtla*) weiterfahren; **depoyu doldurduktan**

sonra yolumuza ~ ettik nachdem wir vollgetankt hatten, fuhren wir weiter; **lütfen ~ ediniz!** bitte gehen Sie weiter!; (*taşıtla*) bitte fahren Sie weiter! **3.** (*ohne Pl*) Dauer *f*

devamlı *adj* ständig; ~ **esnemesi sinirime dokunuyor** sein ständiges Gähnen geht mir auf die Nerven; ~ **olarak bu çekilmez** auf die Dauer ist das unerträglich

devasa *adj* riesig, gigantisch

deve *s* (ZOOL) Kamel *nt;* **tek hörgüçlü ~** einhöckeriges Kamel; **pireyi ~ yapmak** (*fam fig*) aus einer Mücke einen Elefanten machen

deveci *s* Kameltreiber *m*

deve dişi *adj* (*iri taneli*) grobkörnig; **deve kuşu** *s* (ZOOL) Strauß *m;* ~ **gibi başını kuma sokmak** den Kopf in den Sand stecken; **deve kuşu tüyü** *s* Straußenfeder *f;* **deve kuşu yumurtası** *s* Straußenei *nt;* **deve tüyü** *s ohne Pl* Kamelhaar *nt*

developman *s* (FOTO) Entwickler *m*

deveranıdem *s s.* **kan dolaşımı** Blutkreislauf *m*

deve tüyü *s* Kamelhaar *nt*

devim bilimi *s ohne Pl* (PHYS: *dinamik*) Dynamik *f*

devimli *adj* (PHYS) dynamisch

devindirici mil *s* (TECH) Antriebswelle *f*

devindirme *s* **1.** *Verbalsubstantiv zu* **devindirmek 2.** Bewegung *f*

devindirmek *vt* bewegen

devingen *adj* beweglich

devingenlik *s ohne Pl* <-ği> Beweglichkeit *f*

devinim *s* Bewegung *f*

devinme *s* **1.** *Verbalsubstantiv zu* **devinmek 2.** (*a.* PHYS) Bewegung *f*

devinmek *vi* (*a.* PHYS) sich bewegen

devir *s* <-vri> **1.** Umdrehung *f* **2.** (*Taş Devri*) Zeit *f;* **Atatürk/Napolyon devrinde** zur Zeit Atatürks/Napoleons

devirme *s Verbalsubstantiv zu* **devirmek**

devirmek *vt* **1.** umstürzen, umkippen **2.** (*fig: hükûmeti*) stürzen

devlet *s* Staat *m*

devlet adamı *s* Staatsmann *m;* **devlet baba** *s* (*fam*) Vater Staat *m;* **devlet bakanı** *s* Staatsminister(in) *m(f);* **devlet bankası** *s* Staatsbank *f;* **devlet başkanı** *s* Staatsoberhaupt *nt;* **devlet borcu** *s* Staatsschuld *f*

devletçi I. *s* Etatist(in) *m(f)* **II.** *adj* etatistisch

devletçilik *s ohne Pl* <-ği> Etatismus *m*

Devlet Güvenlik Mahkemesi *s* Staatssicherheitsgericht *nt*

devletler arası *adj* zwischenstaatlich

devletler hukuku *s ohne Pl* Völkerrecht *nt*

devletleştirme *s* **1.** *Verbalsubstantiv zu* **devletleştirmek 2.** Verstaatlichung *f*

devletleştirmek *vt* verstaatlichen

devlet memuru *s* Staatsbeamte(r) *mf;* **devlet organı** *s* Staatsorgan *m*

Devlet Şurası *s s.* **Danıştay** Staatsrat *m*

devlet tahvili *s* (WIRTSCH) Staatsanleihe *f;* **devlet tiyatrosu** *s* Staatstheater *nt*

devralma *s* **1.** *Verbalsubstantiv zu* **devralmak 2.** Übernahme *f*

devralmak *vt* übernehmen

devre *s* (ELEK) Schaltkreis *m*

devredilebilir *adj* übertragbar

devredilebilirlik *s ohne Pl* <-ği> Übertragbarkeit *f*

devredilme *s Verbalsubstantiv zu* **devredilmek**

devredilmek *vi pass von* **devretmek**

devretme *s* **1.** *Verbalsubstantiv zu* **devretmek 2.** Übergabe *f;* (*mülkiyeti*) Übertragung *f*

devretmek *vt* übergeben; (*mülkiyeti*) übertragen

devri *s poss von* **devir**

devridaim *s* Kreislauf *m*

devrik *adj* **1.** (*yaka*) umgeschlagen **2.** (*yıkılmış*) umgestürzt, umgekippt **3.** (*fam fig* POL) gestürzt; ~ **başbakan** der gestürzte Ministerpräsident; **devrik cümle** *s* (LING) Inversion *f*

devrilme *s* **1.** *Verbalsubstantiv zu* **devrilmek 2.** Sturz *m*

devrilmek *vi* **1.** *pass von* **devirmek 2.** umkippen, umfallen **3.** (*fig: hükûmet*) stürzen

devrim *s* **1.** Revolution *f* **2.** (*dil ~ i*) Reform *f*

devrimci I. *s* Revolutionär(in) *m(f)* **II.** *adj* revolutionär

devriye *s* Patrouille *f,* Streife *f;* ~ **gezmek** partrouillieren, auf Streife gehen

devrolunma *s Verbalsubstantiv zu* **devrolunmak**

devrolunmak *vi pass von* **devretmek**

devşirme *s* **1.** *Verbalsubstantiv zu* **devşirmek 2.** (HIST: *toplama işi*) *Aushebung der Janitscharenrekruten* **3.** (HIST: *kimse*) Janitscharenrekrut *m*

devşirmek *vt* pflücken

dezavantaj *s* Nachteil *m*

dezenfektan *s* Desinfektionsmittel *nt*

dezenfektasyon *s* Desinfektion *f*

dezenfekte *adj* desinfiziert; ~ **etmek** desinfizieren

dg *Abk. von* **desigram** dg, *Dezigramm*

DGM *s Abk. von* **Devlet Güvenlik Mahkemesi** Staatssicherheitsgericht *nt*

dılak *s* <-ğı> (*fam: klitoris*) Klitoris *f*

dırlaşmak *vi* (*pej*) stänkern

dış I. *s ohne Pl* Äußere(s) *nt;* ~**a doğru**

aç(ıl)mak (sich) nach außen öffnen; ~**ı kalaylı, içi alaylı** (*fam*) oben hui, unten pfui **II.** *adj* **1.** auswärtig; ~ **ilişkiler/işleri** auswärtige Beziehungen/Angelegenheiten **2.** äußere(r, s); ~ **çap** der äußere Durchmesser; ~ **kulak** das äußere Ohr

dış açı *s* (MATH) Außenwinkel *m*

dışa dönük *adj* <-ğü> extrovertiert

dış âlem *s* Außenwelt *f;* **dış alım** *s* (*ithalât*) Einfuhr *f*, Import *m;* **dış alımcı** *s* (*ithalâtçı*) Importeur *m;* **dış anten** *s* Außenantenne *f*

dışarı **I.** *s* **1.** ~**da kar/yağmur yağıyor** draußen schneit/regnet es; ~**dan** von draußen **2.** (*yurt dışı*) Ausland *nt;* ~**da yemek yemek** auswärts essen; ~**dan gelmek** von auswärts kommen **II.** *adv* (~*ya*) hinaus, nach draußen; ~ **atmak** hinauswerfen (*-e/-den* zu/aus); ~ **çıkmak** hinausgehen; ~ **koşmak** hinauslaufen; **çık** ~**!** hinaus mit dir!; **kapıdan** ~ zur Tür hinaus; **pencereden** ~ **bakmak** zum Fenster hinausschauen

dışarıdan evlenme *s s.* **dış evlilik** Exogamie *f*

dışarılı *adj* (*taşralı*) provinziell

dışarısı *s:* ~ **ateş gibi** (*fam*) draußen ist es glühend heiß; ~ (**çok**) **sıcak/soğuk** draußen ist es (sehr) heiß/kalt

dışarıya *adv dat von* **dışarı** hinaus; ~ **atmak** hinauswerfen (*-e/-den* zu/aus); ~ **bir göz atmak** einen Blick hinauswerfen; **pencereden** ~ aus dem Fenster hinaus, zum Fenster hinaus

dışarlık *s* <-ğı> (*taşra*) Provinz *f*

dışarlıklı *adj* (*taşralı*) provinziell

dışa vurum *s* (PHILOS) Expression *f*, Ausdruck *m;* **dışa vurumcu** **I.** *s* Expressionist(in) *m(f)* **II.** *adj* expressionistisch; **dışa vurumculuk** *s ohne Pl* <-ğu> Expressionismus *m*

dış ayna *s* Außenspiegel *m;* **dış borçlanma** *s* (FIN) Auslandsverschuldung *f;* **dış borçlar** *s Pl* (FIN) Auslandsschulden *pl*

dışbükey *adj* konvex; **dışbükey ayna** *s* Konvexspiegel *m*

dışbükeylik *s ohne Pl* <-ği> Konvexität *f*

dışbükey mercek *s* <-ği> Konvexlinse *f*

dış duvar *s* Außenwand *f*, Außenmauer *f*

dış dünya *s ohne Pl* Außenwelt *f;* **dış ekonomi** *s ohne Pl* (WIRTSCH) Außenwirtschaft *f;* **dış evlilik** *s* <-ği> Exogamie *f;* **dış gebelik** *s* <-ği> (MED) Bauchhöhlenschwangerschaft *f;* **dış gezi** *s* Auslandsreise *f;* **dış haberler** *s* Auslandsnachrichten *pl;* **dış hizmet** *s ohne Pl* Außendienst *m*

dışık *s* <-ğı> (*cüruf*) Schlacke *f*

dışında *prep* **1.** außerhalb; **evin** ~ außerhalb des Hauses **2.** abgesehen von; **birkaç çizik** ~ **...** abgesehen von ein paar Kratzern

dış ilişkiler *s Pl* Auslandsbeziehungen *pl*

dış işleri *s* (POL) **1.** Außenministerium *nt*, Auswärtiges Amt, das Auswärtige Amt **2.** auswärtige Angelegenheiten; **dış işleri bakanı** *s* (POL) Außenminister(in) *m(f);* **dış işleri bakanlığı** *s* (POL) Außenministerium *nt;* (*Almanya'da*) Auswärtiges Amt, das Auswärtige Amt

dış kapı *s* Außentür *f*

dışkı *s* Kot *m*, Exkrement(e) *nt(pl)*

dışkılama *s* (MED) Ausscheidung *f*

dışkılık *s* <-ğı> (ZOOL) Kloake *f*

dışlama *s* **1.** *Verbalsubstantiv zu* **dışlamak** **2.** Ausgrenzung *f*

dışlamak *vt:* **birini** ~ jdn ausgrenzen

dış lâstik *s* <-ği> (AUTO) Mantel *m;* **dış merdiven** *s* (ARCH) Freitreppe *f;* **dış muhabir** *s* Auslandskorrespondent(in) *m(f);* **dış pazar** *s* (WIRTSCH) Auslandsmarkt *m;* **dış politika** *s* (POL) Außenpolitik *f;* **dış satım** *s* (*ihracat*) Ausfuhr *f*, Export *m;* **dış satımcı** *s* (*ihracatçı*) Exporteur *m*

dıştan *adj* äußerlich; ~ **bakıldığında** äußerlich betrachtet

dış ticaret *s ohne Pl* Außenhandel *m;* **dış vurum** *s s.* **dışa vurum**; **dış vurumcu** *s s.* **dışa vurumcu**

diaspora *s ohne Pl* Diaspora *f*

dibek kafalı *s* (*fam*) Dummkopf *m*

dibi *s poss von* **dip**

Dicle *s* Tigris *m*

didaktik **I.** *s ohne Pl* <-ği> Didaktik *f* **II.** *adj* didaktisch; (*öğretici*) lehrhaft

didar *s* Gesicht *nt*

dide *s s.* **göz** Auge *nt*

didikleme *s Verbalsubstantiv zu* **didiklemek**

didiklemek *vt* (*karıştırarak aramak*) durchwühlen

didinme *s Verbalsubstantiv zu* **didinmek**

didinmek *vi* sich abrackern

didon sakal *s* Spitzbart *m;* **didon sakallı** *adj* spitzbärtig

diesel *s s.* **dizel**

difenbahya *s* (*süs bitkisi*) Dieffenbachie *f*

diferansiyel *s* **1.** (TECH) Differenzial *nt*, Differenzialgetriebe *nt* **2.** (MATH) Differenzial *nt;* **diferansiyel denklem** *s* (MATH) Differenzialgleichung *f;* **diferansiyel hesap** *s* <-bı> (MATH) Differenzialrechnung *f*

difteri *s* (MED) Diphtherie *f*

diftong *s* (LING) Diphthong *m;* (*ikili ünlü*) Doppelvokal *m*

diğer taraftan *adv* (*öte yandan*) andererseits

dijital *adj* (*sayısal*) digital; **dijital çekim** *s* Digitalaufnahme *f*

dijitalize *adj:* ~ **etmek** (*sayısallaştırmak*)

D

digitalisieren

dik *adj* **1.** aufrecht, gerade; ~ **durmak** aufrecht [*o* gerade] stehen; ~ **otur!** setz dich gerade hin!; **kendini** ~ **tutmak** sich aufrecht halten **2.** steil; ~ **bir pasla** (SPORT) mit einem steilen Pass **3.** (MATH) rechte(r, s); ~ **açı** ein rechter Winkel; **dik âlâsı** *s* (*fam*) Gipfel *m*

dik başlı **I.** *s* Querkopf *m* **II.** *adj* (*inatçı*) stur

dikdörtgen *s* (MATH) Rechteck *nt*

dikdörtgensel *adj* rechteckig

dikelme *s Verbalsubstantiv zu* **dikelmek**

dikelmek *vi* **1.** sich aufrichten **2.** (*ayakta durmak*) stehen **3.** (*fig*) sich aufrichten (*-e* gegen)

diken *s* **1.** (*bitki*) Distel *f* **2.** (*ucu sivri ve batıcı çıkıntı*) Stachel *m;* (*gülde*) Dorn *m;* (*kirpide*) Stachel *m;* ~ **üstünde oturmak** (*fig fam*) (wie) auf glühenden Kohlen sitzen; **gülü seven** ~**ine katlanır** (*prov*) keine Rose ohne Dornen; **diken diken** *adv:* **tüyleri** ~ **oldu** (*fam fig*) ihm standen die Haare zu Berge; **diken dutu** *s* (*böğürtlen*) Brombeere *f*

dikenli *adj* **1.** dornig **2.** stachelig, Stachel-; **dikenli çalı** *s* Dornbusch *m;* **dikenli meyan** *s* (BOT: *acı meyan*) Schnürbaum *m;* **dikenli tel** *s* Stacheldraht *m*

dikensi çıkıntı *s* (ANAT) Dornfortsatz *m*

dikensiz *adj* **1.** dornlos; ~ **gül olmaz** (*prov*) keine Rose ohne Dornen **2.** (*fig: sıkıntısız*) unbeschwert

dikey *adj* senkrecht, vertikal; **dikey çizgi** *s* (MATH) Vertikale *f*

dikili taş *s* (*obelisk*) Obelisk *m*

dikilme *s Verbalsubstantiv zu* **dikilmek**

dikilmek *vi* **1.** *Passiv zu* **dikmek** **2.** sich aufstellen; **birinin önüne** ~ (*fam*) sich vor jdm aufpflanzen

dikine *adv* **1.** (*dikey olarak*) senkrecht **2.** (*fam fig: inadına*) aus Trotz

dikiş *s* Naht *f*

dikiş ipliği *s* Nähgarn *nt;* **dikiş makinesi** *s* Nähmaschine *f;* **dikiş payı** *s* Nahtzugabe *f*

dikişsiz *adj* nahtlos

dikiş yeri *s* Nahtstelle *f*

dikit *s* (GEOL: *stalagmit*) Stalagmit *m*

dikiz aynası *s* (AUTO) Rückspiegel *m*

dikizci *s* (*sl: gözcü*) Späher(in) *m(f);* (*erketeci*) Schmiere *f*

dikizleme *s Verbalsubstantiv zu* **dikizlemek**

dikizlemek *vt* heimlich beobachten; (*gözetlemek*) spähen (*-i* nach); **bir kimseyi/şeyi** ~ nach jdm/etw spähen

dikizlik *s* <-ği> Guckloch *nt*

dik kafalı **I.** *s* Querkopf *m* **II.** *adj* (*inatçı*) stur

dikkat *s ohne Pl* <-i> **1.** Aufmerksamkeit *f,* Achtsamkeit *f;* **bir şeye** ~ **çekmek** auf etw aufmerksam machen; ~**i üzerine çekmek** die Aufmerksamkeit auf sich ziehen; (*göze çarpmak*) auffallen **2.** Achtung *f;* ~**, basamak var!** Achtung, Stufe!; ~ **et!** Achtung!, pass auf!, gib Acht!; **bir şeye** ~ **etmek** auf etw achten, auf etw Acht geben, etw beachten; **bir şeye** (**hiç**) ~ **etmemek** etw außer (aller) Acht lassen, etw (überhaupt) nicht beachten, auf etw (überhaupt) nicht aufpassen; **bastığın yere** ~ **et!** gib Acht, wohin du trittst!; **kendine/sağlığına** ~ **et!** pass auf dich/deine Gesundheit auf!, gib auf dich/deine Gesundheit Acht! **3.** (*fig: özen*) Vorsicht *f;* (*ilgi*) Beachtung *f,* Rücksicht *f;* ~ **ediniz!** Vorsicht!, seien Sie vorsichtig!; ~**e alın(ma)mak** (keine) Beachtung finden, (nicht) berücksichtigt werden; **bir şeyi** ~**e al(ma)mak** etw (nicht) beachten, etw (nicht) berücksichtigen; **birini** ~**e al(ma)mak** jdm (keine) Beachtung schenken, jdn (nicht) berücksichtigen

dikkate değer *adj* beachtenswert

dikkatle *adv* **1.** (*dinlemek*) aufmerksam **2.** vorsichtig

dikkatli *adj* **1.** achtsam, aufmerksam **2.** vorsichtig

dikkatsiz *adj* unachtsam, unaufmerksam

dikkatsizlik *s ohne Pl* <-ği> Unachtsamkeit *f*

dikkat toplaşımı *s* (PSYCH) Konzentration *f*

diklemesine *adv* **1.** hochkant; **bir şeyi** ~ **koymak** etw hochkant (hin)stellen **2.** steil, senkrecht; ~ **inmek** steil abfallen

diklenme *s Verbalsubstantiv zu* **diklenmek**

diklenmek *vi* sich aufbäumen (*-e* gegen)

dikme *s* **1.** *Verbalsubstantiv zu* **dikmek** **2.** (MATH) Lot *nt;* **bir doğruya** ~ **indirmek** auf eine Gerade das Lot fällen

dikmek[1] <-er> *vt* **1.** (*çiçek*) pflanzen **2.** aufrichten, aufpflanzen **3.** (*anıt*) errichten **4.** **gözlerini bir şeye/kimseye** ~ sein Augenmerk auf etw/jdn richten

dikmek[2] *vt* nähen

dikmelik *s* <-ği> Baumschule *f*

dik rüzgâr *s* (NAUT) Gegenwind *m*

diksiyon *s ohne Pl* **1.** Diktion *f* **2.** (*söyleme biçimi*) Diktion *f,* Ausdrucksweise *f*

dikta *s* Diktat *nt*

diktacı *adj* diktatorisch

diktafon *s* Diktaphon *nt,* Diktiergerät *nt*

diktatör *s* Diktator(in) *m(f)*

diktatörce *adv* diktatorisch

diktatörlük *s* <-ğü> Diktatur *f*

dikte *s* Diktat *nt;* **birine bir şey** ~ **etmek** (*yazdırmak için söylemek*) jdm etw diktieren; (*fig: zorla kabul ettirmek*) jdm etw

diktieren [*o* aufzwingen]
diktirme *s Verbalsubstantiv zu* **diktirmek**
diktirmek *vt Kausativ zu* **dikmek**
dik yaka *s* Stehkragen *m*
dil *s* **1.** (ANAT) Zunge *f* **2.** Sprache *f;* **bir şeyi ~e getirmek** etw zur Sprache bringen; **~e kolay** leichter gesagt als getan; **söyleye söyleye ~inde tüy bitmek** (*fam*) sich den Mund fuss(e)lig reden **3.** (GEO: *kıstak*) Landzunge *f* **4.** (*toka ~ i*) Dorn *m;* **dil ailesi** *s* Sprachfamilie *f;* **dil atlası** *s* Sprachatlas *m;* **dil balığı** *s* (ZOOL) Seezunge *f*
dilbasan *s* Spatel *m*
dil bilen *adj* sprachkundig
dil bilgisi *s* Grammatik *f;* **dil bilimci** *s* Sprachwissenschaftler(in) *m(f);* **dil bilimi** *s* Sprachwissenschaft *f;* **eş zamanlı ~** synchronische Sprachwissenschaft; **dil bilimsel** *adj* sprachwissenschaftlich
dilci *s* **1.** (*dil bilimci*) Sprachwissenschaftler(in) *m(f)* **2.** (*araştırmacı*) Sprachforscher(in) *m(f)*
dilcilik *s ohne Pl* <-ği> Sprachforschung *f*
dil coğrafyası *s ohne Pl* Sprachgeographie *f;* **dil devrimi** *s* (HIST) Sprachreform *f*
dilek *s* <-ği> **1.** (*istek*) Wunsch *m;* **başka bir dileğiniz var mı?** haben Sie noch einen Wunsch? **2.** (*rica*) Bitte *f*
dilekçe *s* Antrag *m;* **dilekçe hakkı** *s* Petitionsrecht *nt;* **dilekçe sahibi** *s* Antragsteller(in) *m(f)*
dilek kipi *s* (LING) Optativ *m*
dileme *s Verbalsubstantiv zu* **dilemek**
dilemek *vt* **1.** (*arzu etmek*) wünschen; **dilediğiniz gibi** wie Sie wünschen; (*baş sağlığı*) aussprechen; **birine şans ~** jdm Glück wünschen **2.** (*rica etmek*) bitten; **birinden bir şey için özür ~** sich bei jdm für etw entschuldigen; **özür diledi** er bat um Entschuldigung **3.** (*fig: canı istemek*) sich wünschen
dilemma *s s.* **ikilem** Dilemma *nt*
dilenci *s* Bettler(in) *m(f)*
dilencilik *s* <-ği> (*pej*) Bettelei *f;* **dilenciliği bırak artık!** hör endlich auf mit der ~!
dilenme *s* **1.** *Verbalsubstantiv zu* **dilenmek** **2.** Bettelei *f*
dilenmek *vi* betteln; **birinden bir şey ~** bei jdm um etw betteln
dil inkilâbı *s* (HIST: *dil devrimi*) Sprachreform *f;* **dil lâboratuvarı** *s* Sprachlabor *nt*
dilleşme *s Verbalsubstantiv zu* **dilleşmek**
dilleşmek *vi* **1.** plaudern **2.** (*fam pej: dırlaşmak*) stänkern
dilmaç *s* <-cı> Sprachmittler(in) *m(f);* (*tercüman*) Dolmetscher(in) *m(f)*
dil öbeği *s* (LING) Sprachfamilie *f,* Sprachgruppe *f;* **dil öğrenimi** *s ohne Pl* Sprach(en)studium *nt*
dilsel *adj* sprachlich
dimağçe *s* (ANAT: *beyincik*) Kleinhirn *nt*
dimmer *s* (*reosta*) Dimmer *m*
din *s* Religion *f;* **din adamı** *s* Geistlicher *m*
dinamik **I.** *s ohne Pl* Dynamik *f;* (PHYS: *devim bilimi*) Dynamik *f* **II.** *adj* dynamisch; (PHYS: *devimli*) dynamisch
dinamit *s ohne Pl* Dynamit *nt;* **dinamit lokumu** *s* Dynamitpatrone *f*
dinamo *s* Dynamo *m*
dinar *s* Dinar *m*
dinasor *s* Dinosaurier *m*
dindar *adj* religiös
dindarlık *s ohne Pl* <-ğı> Religiösität *f*
din dersi *s* Religionsunterricht *m*
dindirme *s* **1.** *Verbalsubstantiv zu* **dindirmek** **2.** Linderung *f*
dindirmek *vt* lindern
din felsefesi *s* Religionsphilosophie *f*
dingi *s* (NAUT) Dingi *nt*
dingil *s* Achse *f*
dingin *adj* ruhig
dingincilik *s ohne Pl* <-ği> (PHILOS) Quietismus *m*
dinginlik *s ohne Pl* <-ği> Ruhe *f*
dinî *adj* religiös
dini bütün *adj* glaubenfest
din kardeşi *s* Glaubensbruder *m;* **atma Recep, ~yiz** (*fam iron*) wer's glaubt, wird selig
dinleme *s Verbalsubstantiv zu* **dinlemek**
dinlemek *vt* **1.** hören; **akşamları bir saat klâsik müzik dinler** abends hört er eine Stunde klassische Musik **2.** zuhören; **birini dikkatle/gizlice ~** jdm aufmerksam/heimlich zuhören **3.** (MED: *stetoskop ile*) abhorchen, abhören **4.** (*telesekreteri*) abhören **5.** (JUR: *tanık*) anhören **6.** **kafa ~** abschalten, sich entspannen
dinleme salonu *s* Hörsaal *m;* (*oditoryum*) Auditorium *nt*
dinlence *s* Ferien *pl*
dinlendirici *adj* erholsam
dinlendirme *s Verbalsubstantiv zu* **dinlendirmek**
dinlendirmek *vt* **1.** (*vücudunu*) entspannen **2.** (*şarabı*) ablagern lassen **3.** (AGR: *nadasa bırakmak*) brachlegen **4.** (*reg: söndürmek*) ausmachen
dinlenemez *adj* abhörsicher
dinlenme *s* **1.** *Verbalsubstantiv zu* **dinlenmek** **2.** (JUR) Anhörung *f;* **tarafların ~si** Anhörung der Parteien **3.** Erholung *f*
dinlenmek *vi* **1.** *pass von* **dinlemek: taraflar dinlendikten sonra** nachdem die Parteien angehört wurden **2.** sich erholen
dinleti *s s.* **konser** Konzert *nt*
dinme *s Verbalsubstantiv zu* **dinmek**
dinmek *vi* (*yağmur*) nachlassen

D

dinozor *s* **1.** Dinosaurier *m* **2.** (*fig*) Ewiggestrige(r) *mf*
din özgürlüğü *s ohne Pl* Religionsfreiheit *f*
dinsel *adj* religiös
dinsiz **I.** *s* Ungläubige(r) *mf;* ~**in hakkından imansız gelir** (*fig*) den Teufel mit dem Beelzebub austreiben **II.** *adj* ungläubig, religionslos
dinsizlik *s ohne Pl* <-ği> Religionslosigkeit *f*
dip *s* <-bi> Boden *m;* (*deniz dibi*) Grund *m;* **cehennemin dibi** (*fam*) am Arsch der Welt; **yerin dibine geçmek** (*fig*) in den Erdboden versinken, sich in Grund und Boden schämen
dipçik *s* <-ği> Gewehrkolben *m*
dip koçanı *s* Kontrollabschnitt *m*
diploma *s* Diplom *nt;* (SCHULE) Abschlusszeugnis *nt*
diplomasi *s ohne Pl* Diplomatie *f*
diplomat *s* Diplomat(in) *m(f)*
diplomatik *adj* diplomatisch; ~ **ilişkiler** diplomatische Beziehungen; ~ **nota** diplomatische Note
dipnot *s* Fußnote *f*
dipsiz *adj* bodenlos; ~ **kile, boş ambar** (**olmak**) (*fig*) ein Fass ohne Boden (sein)
direk *s* <-ği> **1.** Mast *m* **2.** (SPORT) Pfosten *m*
direksiyon *s* Lenkrad *nt*
direktör *s* Direktor(in) *m(f)*
direktörlük *s* <-ğü> Direktorium *nt*
diren *s* (AGR: *dirgen*) Heugabel *f*
direnç *s* <-ci> **1.** (*karşı koyma gücü*) Widerstandskraft *f* **2.** (PHYS: *rezistans*) Widerstand *m*
direnim *s* Verzug *m*
direşken *adj* ausdauernd, beharrlich, konsequent
direşme *s ohne Pl* **1.** *Verbalsubstantiv zu* **direşmek** **2.** Ausdauer *f,* Beharrlichkeit *f*
direşmek *vi* ausdauern; (*kararından dönmemek*) konsequent sein
direy *s* (ZOOL: *fauna*) Fauna *f;* **Afrika'nın/Anadolu'nun** ~**i** die Fauna Afrikas/Anatoliens
dirgen *s* (AGR) Heugabel *f*
diri *adj* **1.** (*canlı*) lebendig; (*yaşayan*) lebend **2.** (*zinde*) lebendig, lebhaft, vital; **diri diri** *adv* lebendig; ~ **göm(ül)mek** lebendig begraben (werden)
dirilme *s Verbalsubstantiv zu* **dirilmek**
dirilmek *vi* (*ölümden sonra*) auferstehen
dirim *s* (*reg*) **1.** (*yaşam*) Leben *nt* **2.** (*yaşama gücü*) Lebenskraft *f*
dirimbilim *s,* **dirim bilimi** *s ohne Pl* Biologie *f*
dirimbilimsel *adj* biologisch
dirim kurgu *s ohne Pl* Bionik *f*
dirim kurgusal *adj* bionisch
dirsek *s* <-ği> **1.** Ellbogen *m;* ~ **çürütmek** (*fam fig*) die Schulbank drücken; ~**lerini dayamak** die Ellbogen aufstützen **2.** (*borularda*) Knie *nt* **3.** (NAUT) Ausleger *m;* **dirsek kemiği** *s* (ANAT) Elle *f;* ~ **ve ön kol kemiği** Elle und Speiche
dirsekleme *s Verbalsubstantiv zu* **dirseklemek**
dirseklemek *vt:* **bir kimseyi/şeyi** ~ jdn/etw mit dem Ellbogen stoßen
dirseklik *s* <-ği> Armlehne *f*
disimilâsyon *s* (LING) Dissimilation *f*
disiplin *s* **1.** Disziplin *f* **2.** (*bilim dalı*) Disziplin *f,* Wissenschaftszweig *m;* **disiplin cezası** *s* Disziplinarstrafe *f*
disiplinli *adj* diszipliniert
disiplinsiz *adj* disziplinlos
disiplinsizlik *s ohne Pl* <-ği> Disziplinlosigkeit *f*
disk *s* **1.** (SPORT) Diskus *m* **2.** (MUS: *gramafon plâğı*) Platte *f* **3.** (ANAT) Bandscheibe *f* **4.** (TECH) Scheibe *f* **5.** (INFORM: *disket*) Diskette *f*
diskalifiye *adj* (*a.* SPORT) disqualifiziert; ~ **etmek** disqualifizieren; ~ **olmak** disqualifiziert werden; **doping yüzünden** ~ **oldu** wegen Dopings wurde er disqualifiziert
disk atma *s ohne Pl* (SPORT) Diskuswerfen *nt*
diskçi *s* (SPORT) Diskuswerfer(in) *m(f)*
disket *s* (INFORM) Diskette *f;* **disket sürücü** *s* (INFORM) Diskettenlaufwerk *nt*
diskjokey *s* Diskjockey *m*
disko *s* Disko *f,* Disco *f*
diskotek *s* <-ği> **1.** (*klüp*) Diskothek *f* **2.** (*plâk koleksiyonu*) Plattensammlung *f*
disk-player *s* CD-Player *m*
disk sürücü *s* (INFORM) Diskettenlaufwerk *nt*
diskur *s* (*söylev*) Rede *f;* ~ **geçmek** [*o* **çekmek**] (*fam*) dozieren
disk zımpara *s* (TECH) Trennscheibe *f*
dispersiyon eriyik *s* <-ği> (CHEM, PHYS) Dispersion *f*
distribütör *s* (AUTO) Verteiler *m;* (WIRTSCH: *dağıtıcı*) Verteiler *m;* **distribütör kafası** *s* (AUTO) Verteilerkappe *f*
diş *s* **1.** Zahn *m;* **bir şey** ~ **açmak** etw verzahnen; ~ **çıkarmak** Zähne bekommen; **birine** ~ **göstermek** (*fam*) jdm die Zähne zeigen; ~**im ağrıyor** ich habe Zahnschmerzen; ~**inden tırnağından artırmak** (*fam fig*) an allen Ecken und Enden sparen; **göze göz,** ~**e** ~ Auge um Auge, Zahn um Zahn **2.** (*sarımsak* ~*i*) Zehe *f*
diş ağrısı *s* Zahnschmerz *m*
dişbudak **I.** *s* <-ğı> (BOT) Esche *f* **II.** *adj* eschen

dişçi *s* Zahnarzt, -ärztin *m, f*
diş eti *s* Zahnfleisch *nt;* **diş fırçası** *s* Zahnbürste *f;* **diş hekimi** *s* Zahnarzt, -ärztin *m, f*
dişi I. *s* Weibchen *nt* **II.** *adj* weiblich
dişilik *s ohne Pl* <-ği> Weiblichkeit *f*
dişli *s* (TECH) Zahnrad *nt*
diş macunu *s* Zahnpaste *f;* **diş pası** *s* (MED: *pesek*) Zahnbelag *m*
dişsiz *adj* zahnlos
dişsizlik *s ohne Pl* <-ği> Zahnlosigkeit *f*
diş tabibi *s s.* **diş hekimi** Zahnarzt, -ärztin *m, f*
divan *s* Diwan *m*
divik *s* <-ği> (ZOOL: *akkarınca*) Termite *f*
diyabet *s ohne Pl* (MED: *şeker hastalığı*) Diabetes *m*
diyafram *s* **1.** (ANAT) Zwerchfell *nt* **2.** (FOTO) Blende *f;* ~**ı büyütmek/küçültmek** aufblenden/abblenden
diyagonal I. *s* Diagonale *f* **II.** *adj* diagonal
diyagram *s* Diagramm *nt,* Schaubild *nt*
diyakoz *s* **1.** (*Katolik, Ortodoks, Anglikan kilisesinde*) Diakon *m* **2.** (*Protestan kilisesinde*) Diakon(in) *m(f)*
diyakozluk *s ohne Pl* <-ğu> (REL) Diakonie *f*
diyalekt *s* (LING: *lehçe*) Dialekt *m*
diyalektik <-ği> *s* (PHILOS) Dialektik *f*
diyaliz *s* Dialyse *f*
diyalog *s* Dialog *m*
diyapazon *s* (MUS) Stimmgabel *f*
diyapozitif *s* (*slâyt*) Dia *nt*
diyar *s* **1.** (*ülke*) Land *nt* **2.** (*fig: dünya*) Welt *f*
diye I. *adv* **1.** sagend; **"acaba bugün yağmur yağar mı?" ~ düşünmeye başladı** nachdenklich fragte er sich: "ob es wohl heute regnen wird?" **2.** (*adlı*) namens **II.** *konj* **1.** damit; **nezaketsizlik olmasın ~ ...** damit es nicht unhöflich ist, ...; **unutmayasın ~** damit du es nicht vergisst **2.** dass; **Orhan geldi ~ çok sevindi** er freute sich riesig, dass Orhan erschienen war **3.** (*sanarak*) in der Annahme, dass; **misafirler gelir ~ ortalığı topladı** in der Annahme, dass Gäste kommen würden, räumte er auf **4.** um; (**içeri**) **hava/ışık girsin ~ pencereyi açtı** er öffnete das Fenster, um Luft/Licht einzulassen
diyet[1] *s* (REL) Sühnegeld *nt*
diyet[2] *s* (*perhiz, rejim*) Diät *f;* ~ **yapmak** eine Diät machen
diyez *s* (MUS) Kreuz *nt*
diyoptri *s* (*optik*) Dioptrie *f*
diyot *s* (*elek*) Diode *f*
diz *s* Knie *nt;* ~ **çökmek** niederknien, sich hinknien (*-e* auf); ~**lerinin bağı çözülmek** (*fam*) weiche Knie bekommen; **birini ~e getirmek** (*fig*) jdn in die Knie zwingen
dizanteri *s* (MED) Ruhr *f;* **dizanterili** *adj* (MED) ruhrkrank
dizayn *s* Design *nt*
dizaynci *s* Designer(in) *m(f)*
diz bağı *s* Strumpfband *nt;* **diz boyu** *adj* kniehoch; ~ **kar** kniehoher Schnee
dize *s* Vers *m,* Gedichtzeile *f*
dizel *s* (*Motor, Auto*) Diesel *m,* Dieselmotor *m*
dizem *s* (MUS: *ritm*) Rhythmus *m*
dizemli *adj* (MUS: *ritmik*) rhythmisch
dizge *s* System *nt*
dizgi *s* (TYP) Satz *m*
dizgici *s* (TYPO: *dizici*) Setzer(in) *m(f),* Schriftsetzer(in) *m(f)*
dizgi makinesi *s* (TYPO) Setzmaschine *f*
dizgin *s* Zügel *m;* ~ **vurmak** [*o* **takmak**] die Zügel anziehen; ~**leri çekmek** (*fig*) die Zügel anziehen; ~**leri elinde tutmak** (*fig*) die Zügel fest in der Hand halten; ~**leri gevşetmek/salıvermek** die Zügel lockern/loslassen; ~**leri ele almak/vermek** die Zügel in die Hand nehmen/aus der Hand geben
dizginleme *s Verbalsubstantiv zu* **dizginlemek**
dizginlemek *vt* zügeln
dizginsiz *adj* zügellos
dizgi yeri *s* (TYPO) Setzerei *f*
dizi *s* **1.** (*sıra*) Reihe *f* **2.** (*seri*) Serie *f;* (*kitaplar ~si*) Reihe *f* **3.** (TV) Serie *f* **4.** (MATH) Reihe *f* **5.** (LING: *paradigma*) Paradigma *nt*
dizici *s* (TYPO: *dizgici*) Setzer(in) *m(f)*
dizi film *s* (TV) Serie *f*
dizileme *s Verbalsubstantiv zu* **dizilemek**
dizilemek *vt* aufreihen
dizili *adj* **1.** (*sıralanmış*) aufgereiht **2.** (TYP) gesetzt
dizilme *s Verbalsubstantiv zu* **dizilmek**
dizilmek *vi* (*sıraya girmek*) sich aufreihen; **gelişigüzel dizilerek** in beliebiger Reihenfolge
dizim *s* **1.** (TYPO) Setzen *nt* **2.** (LING: *sentagma*) Syntagma *nt*
dizin *s* **1.** Verzeichnis *nt* **2.** Abfolge *f;* **zaman ~i** zeitliche Abfolge; (*kronoloji*) Chronologie *f*
dizinsel *adj* geordnet; **zaman ~** zeitlich geordnet; (*kronolojik*) chronologisch
dizi roman *s* Fortsetzungsroman *m*
diz kapağı *s* Knie *nt*
diz kapağı kemiği *s* Kniescheibe *f*
dizlik *s* <-ği> **1.** Knieschützer *m* **2.** (*çorap*) Kniestrumpf *m* **3.** (*fam: iç donu*) Unterhose *f*
dizme *s Verbalsubstantiv zu* **dizmek**

D

dizmek *vt* **1.** aufreihen, (der Reihe nach) aufstellen **2.** (TYPO) setzen
dizmen *s* (TYPO: *dizgici*) Setzer(in) *m(f)*
dizüstü bilgisayar *s* Laptop *m*
dl *Abk. von* **desilitre** dl, *Deziliter*
dm *Abk. von* **desimetre** dm, *Dezimeter*
do *s* (MUS) C *nt;* **do anahtarı** *s* (MUS) C-Schlüssel *m;* **do bemol** *s* (MUS) Ces *nt*
dobra dobra *adv* geradeheraus; ~ **konuşmak** kein Blatt vor den Mund nehmen
doçent *s* Dozent(in) *m(f)*
dogma *s* Dogma *nt*
dogmacı **I.** *s* Dogmatiker(in) *m(f)* **II.** *adj* dogmatisch
dogmacılık *s ohne Pl* <-ğı> Dogmatismus *m*
dogmalaştırma *s Verbalsubstantiv zu* **dogmalaştırmak**
dogmalaştırmak *vt* dogmatisieren
dogmatik **I.** *s* Dogmatik *f* **II.** *adj* dogmatisch
dogmatizm *s ohne Pl* Dogmatismus *m*
doğa *s* (*tabiat*) Natur *f*
doğa bilgisi *s ohne Pl* (*tabiat bilgisi*) Naturkunde *f*
doğa bilimci *s* Naturwissenschaftler(in) *m(f);* **doğa bilimleri** *s Pl* Naturwissenschaften *pl*
doğacak *adj* (*gelecek*) kommend; ~ **ayda** im kommenden Monat
doğacı *s* Naturist(in) *m(f),* Anhänger(in) der Freikörperkultur
doğacılık *s* <-ğı> Freikörperkultur *f*
doğaç *s* <-cı> Stegreifrede *f;* ~**tan olan bir müzik parçası** ein frei gestaltetes Musikstück
doğaçlama **I.** *s* **1.** *Verbalsubstantiv zu* **doğaçlamak** **2.** Improvisation *f* **II.** *adv* aus dem Stegreif
doğaçlamak *vt* improvisieren, frei gestalten
doğaçlama tiyatro *s* Stegreifspiel *nt*
doğaçtan *adv* aus dem Stegreif
doğal *adj* natürlich
doğal gaz *s* Erdgas *nt*
doğallık *s ohne Pl* <-ğı> Natürlichkeit *f*
doğan *s* Falke *m*
doğa ötesi **I.** *s* (*metafizik*) Metaphysik *f* **II.** *adj* metaphysisch
doğaüstü *adj* übernatürlich; ~ **güçler** übernatürliche Kräfte
doğa yasası *s* Naturgesetz *nt*
doğma *s* **1.** *Verbalsubstantiv zu* **doğmak** **2.** Entstehung *f*
doğmaca *adv* (*doğaçlama*) aus dem Stegreif
doğmak *vi* **1.** entstehen; **gün doğmadan neler doğar** es ist noch nicht aller Tage Abend **2.** (*güneş*) aufgehen **3. ben 1949'da doğdum** ich wurde 1949 geboren; **nerede doğdunuz?** wo sind Sie geboren?; **sağır doğmuş olmak** taub geboren sein
doğrama *s* **1.** *Verbalsubstantiv zu* **doğramak** **2.** Zerstückelung *f*
doğramak *vt* zerstückeln
doğru **I.** *s* **1.** (*gerçek*) Wahrheit *f;* **niye** ~**sunu söylemiyorsun?** warum sagst du nicht die Wahrheit? **2.** (MATH) Gerade *f;* **sabit bir** ~ eine exakte Gerade **II.** *adj* **1.** gerade **2.** richtig; (*gerçek*) wahr; ~ **çıkmak** sich bewahrheiten; **bu cümle** ~ **mu yanlış mı?** ist dieser Satz richtig oder falsch? **3.** (*dürüst*) geradsinnig; (*namuslu*) aufrichtig **4.** (MATH: *açı*) gestreckt **III.** *adv* **1.** richtig; **çocuk** ~ **okudu** das Kind hat richtig gelesen; **dedikleri** ~ (**değil**) was er sagt, ist (nicht) richtig, es stimmt (nicht), was er sagt; **saat** ~ **gidiyor/gitmiyor** die Uhr geht richtig/nicht richtig **2.** gegen; **akşama** ~ gegen Abend; (**saat**) **altıya** ~ **gelir** er kommt gegen sechs (Uhr) **3.** nach; **dışa/içe** ~ **aç(ıl)mak** (sich) nach außen/innen öffnen; **doğru açı** *s* (MATH) gestreckter Winkel; **doğru akım** *s ohne Pl* (ELEK) Gleichstrom *m*
doğrudan *adj* direkt, unmittelbar; **doğrudan doğruya** *adv* direkt; ~ **müdüre çıkmak** (*fam fig*) sich in die Höhle des Löwen begeben
doğrulama *s* **1.** *Verbalsubstantiv zu* **doğrulamak** **2.** Bestätigung *f*
doğrulamak *vt* bestätigen
doğrulanma *s* **1.** *Verbalsubstantiv zu* **doğrulanmak** **2.** Bestätigung *f*
doğrulanmak *vi pass von* **doğrulamak**
doğrultman *s* (MATH) Leitlinie *f*
doğruluk *s ohne Pl* <-ğu> **1.** Richtigkeit *f* **2.** Geradheit *f;* (*dürüstlük*) Geradsinnigkeit *f,* Aufrichtigkeit *f*
doğrusu *adv* **1.** (*gerçeği söylemek gerekirse*) um die Wahrheit zu sagen; (*gerçek şu ki*) die Wahrheit ist **2.** wirklich; **buraya gelmeye değdi** ~ es hat sich wirklich gelohnt, hierher zu kommen
doğu **I.** *s ohne Pl* **1.** Osten *m;* ~**da** im Osten; ~**dan** von Osten; ~**ya** in den Osten; **rüzgâr** ~**dan geliyor** der Wind kommt von Osten; **Almanya'nın/Avusturya'nın/Türkiye'nin/İsviçre'nin** ~**sunda** im Osten Deutschlands/Österreichs/der Türkei/der Schweiz **2.** (NAUT, METEO) Ost *m* **II.** *adj* östlich
Doğu Almanya *s ohne Pl* Ostdeutschland *nt;* **doğu bilimci** *s* Orientalist(in) *m(f);* **doğu bilimi** *s ohne Pl* Orientalistik *f*
Doğu Bloku *s ohne Pl* (HIST, POL) Ostblock *m*
doğulu *s* Orientale, -in *m, f*
doğum *s* **1.** Geburt *f* **2.** (MED) Geburt *f,* Nie-

derkunft *f;* ~ **yapmak** entbinden; **ağrısız** ~ schmerzfreie Geburt; **doğum evi** *s* Entbindungsanstalt *f,* Entbindungsheim *nt;* **doğum günü** *s* Geburtstag *m,* Tag der Geburt

doğumhane *s* Entbindungsanstalt *f,* Entbindungsheim *nt*

doğum ilmühaberi *s* Geburtsurkunde *f;* **doğum kontrol hapı** *s* Antibabypille *f;* **doğum kontrolü** *s ohne Pl* Geburtenkontrolle *f*

doğumlu *adj* gebürtig

doğum odası *s* Entbindungszimmer *nt,* Kreißsaal *m;* **doğum oranı** *s* Geburtenziffer *f*

doğumsal *adj* angeboren; ~ **miyopluk/hipermetropluk** angeborene Kurzsichtigkeit/Weitsichtigkeit

doğum sancısı *s* Geburtswehen *pl;* **doğum tarihi** *s* Geburtsdatum *nt;* **doğum yeri** *s* Geburtsort *m;* **doğum yılı** *s* Geburtsjahr *nt*

doğuran *adj* (ZOOL) lebend gebärend

doğurgan *adj* **1.** gebärfreudig **2.** (*fig*) fruchtbar

doğurganlık *s ohne Pl* <-ğı> **1.** Gebärfreudigkeit *f* **2.** (*fig*) Fruchtbarkeit *f*

doğurgu *s* Konsequenz *f*

doğurma *s* **1.** *Verbalsubstantiv zu* **doğurmak** **2.** Entbindung *f*

doğurmak **I.** *vt* **1.** gebären **2.** (*fig*) verursachen **II.** *vi* niederkommen

doğurtma *s* **1.** *Verbalsubstantiv zu* **doğurtmak** **2.** Entbindung *f* **3.** Geburtshilfe *f*

doğurtmak *vt* **1.** *Kausativ zu* **doğurmak** **2.** entbinden **3.** (*doğurmasına yardım etmek*) Geburtshilfe leisten

doğu rüzgârı *s* Ostwind *m*

doğuş *s* **1.** Geburt *f,* Entstehung *f* **2.** (*güneşin ~ u*) Aufgang *m*

doğuştan **I.** *adj* angeboren **II.** *adv* von Geburt an

doğuştancılık *s ohne Pl* <-ğı> (PSYCH) Nativismus *m*

dok *s* (NAUT) Dock *nt*

doksan *adj* neunzig; *s. a.* **altmış**

doksanar *adj* je neunzig; **size** ~ **tane veririm** ich gebe euch je neunzig Stück; *s. a.* **altmışar**

doksanıncı *adj* neunzigste(r, s); *s. a.* **altmışıncı**

doksanlı *adj:* ~ **yıllar** die neunziger Jahre; ~ **yıllarda** in den neunziger Jahren

doksanlık *adj* **1.** (*içinde doksan tane bulunan*) neunziger **2.** (*doksan yaşında olan*) neunzigjährig; *s. a.* **altmışlık**

doktor *s* **1.** (*hekim*) Arzt *m,* Ärztin *f* **2.** Doktor *m;* **felsefe/fizik** ~**u** Doktor der Philosophie/Physik

doktora *s* **1.** (*sınav*) Rigorosum *nt* **2.** (*basamak*) Promotion *f;* ~ **yapmak** promovieren, den Doktor machen

doktoralı *adj* promoviert

doktora tezi *s* Doktorarbeit *f,* Dissertation *f;* ~ **yazmak** dissertieren

doktor unvanı *s* Doktortitel *f*

doktrin *s* Doktrin *f*

doktrinci *adj* doktrinär

doku *s* (*a.* MED, BIOL) Gewebe *nt;* (*sümük* ~) Haut *f*

dokuma **I.** *s* **1.** *Verbalsubstantiv zu* **dokumak** **2.** ~**lar** Webwaren *pl* **3.** (*tekstil*) Textil *nt* **4.** (*fig*) Gewebe *nt;* (*yapı*) Struktur *f;* (*oluşum*) Zusammensetzung *f* **II.** *adj* gewebt, Web-

dokumacı *s* Weber(in) *m(f)*

dokumacılık *s* <-ğı> **1.** (*işi*) Weberei *f* **2.** (*ticareti*) Textilhandel *m* **3.** (*tekstil*) Textilien *pl* **4.** (*sanayi*) Textilindustrie *f*

dokumahane *s* Weberei *f*

dokumak *vt* weben; (*halı*) knüpfen; (*kilim*) weben

dokuma sanayii *s* Textilindustrie *f;* **dokuma tezgâhı** *s* Webstuhl *m*

dokunaç *s* <-cı> (ZOOL) Fühler *m*

dokunaklı *adj* rührend

dokunmabana *s s.* **kanser** Krebs *m*

dokunma *s* **1.** *Verbalsubstantiv zu* **dokunmak** **2.** Berührung *f*

dokunmabana *s ohne Pl s.* **kanser** Krebs *m*

dokunma duyusu *s ohne Pl* Tastsinn *m*

dokunmak *vi* **1.** berühren (*-e* -), anfassen (*-e* -); **dokunma bana!** fass mich nicht an! **2.** (*incitmek*) verletzen, treffen; **birinin onuruna** ~ jds Ehrgefühl verletzen; **bu bana çok dokundu** das hat mich sehr getroffen **3.** (*Wend*): (**devamlı**) **esnemesi sinirime dokunuyor** sein (ständiges) Gähnen geht mir auf die Nerven

dokunmatik ekran *s* Touchscreen *m*

dokunulmazlık *s* <-ğı> Immunität *f;* **yasama dokunulmazlığı** parlamentarische Immunität

dokurcun *s* (*fam*) **1.** (*ot, ekin yığını*) Feim *m,* Feime *f,* Feimen *m* **2.** *ohne Pl* (*dokuztaş*) Mühle *f;* ~ **oynamak** Mühle spielen

dokuz **I.** *s* Neun *f; s. a.* **altı** **II.** *adj* neun; (**saat**) **dokuzda** um neun (Uhr); **sekiz bir daha** ~ **eder** acht und eins macht neun; *s. a.* **altı**

dokuz buçuk *adj* <-ğu> **1.** neuneinhalb; ~ **litre/kilometre** neuneinhalb Liter/Kilometer; ~ **saat önce/sonra** neuneinhalb Stunden vorher/nachher **2.** (*saati bildirirken*) halb zehn; ~**ta** um halb zehn; **saat** ~ es ist halb zehn; **dokuz buçuğa on** (**dakika**) **kala** um zehn (Minuten) vor halb

D

zehn; **dokuz buçuğa on** (**dakika**) **var** es ist zehn (Minuten) vor halb zehn; **dokuz buçuğu on** (**dakika**) **geçe** um zehn (Minuten) nach halb zehn; **dokuz buçuğu on** (**dakika**) **geçiyor** es ist zehn (Minuten) nach halb zehn

dokuzgen *s* (MATH) Neuneck *nt,* Nonagon *nt*

dokuzlu **I.** *s* (*iskambil kâğıdı*) Neun *f* **II.** *adj* neunteilig

dokuztaş *s ohne Pl* Mühle *f;* ~ **oynamak** Mühle spielen

dokuzuncu *adj* neunte(r, s); *s. a.* **altıncı**

dokuzuncusu *adv* (*sayarken*) neuntens; *s. a.* **altıncısı**

doküman *s* Dokument *nt*

dokümantasyon *s* Dokumentation *f*

dokümanter *adj* dokumentarisch; **dokümanter film** *s* Dokumentarfilm *m*

dolama *s* **1.** *Verbalsubstantiv zu* **dolamak** **2.** (MED) Nagelgeschwür *nt*

dolamak *vt* wickeln (*-e* um)

dolamık *s* <-ğı> Schlinge *f*

dolan *s* (*fam*) Schwindel *m;* **birinden bir şeyi** ~**la elde etmek** jdm etw abschwindeln

dolandırıcı *s* Betrüger(in) *m(f),* Schwindler(in) *m(f);* **bir** ~**nın kucağına düşmek** einem Betrüger aufsitzen

dolandırıcılık *s ohne Pl* <-ğı> Betrug *m*

dolandırma *s* **1.** *Verbalsubstantiv zu* **dolandırmak** **2.** Betrug *m*

dolandırmak *vt* **1.** betrügen, anschwindeln **2.** (*dolaştırmak*) herumführen

dolanım *s* (WIRTSCH: *tedavül*) Umlauf *m*

dolanlı *adj* betrügerisch; ~ **iflâs** betrügerischer Bankrott

dolanma *s Verbalsubstantiv zu* **dolanmak**

dolanmak *vi* **1.** sich wickeln (*-e* um) **2.** wandern; **evin etrafında** ~ um das Haus streifen; **odada bir aşağı bir yukarı** ~ (ruhelos) im Zimmer auf und ab wandern

dolap *s* <-bı> Schrank *m*

dolar *s* Dollar *m*

dolaşık yol *s* Umweg *m;* ~**lardan** auf Umwegen

dolaşım *s* **1.** Kreislauf *m* **2.** Durchblutung *f;* ~**ı iyi olmak** gut durchgeblutet werden; **dolaşım bozukluğu** *s* Durchblutungsstörung *f*

dolaşma *s Verbalsubstantiv zu* **dolaşmak**

dolaşmak *vi* **1.** spazieren gehen; (*arabayla*) spazieren fahren **2.** herumlaufen; **her tarafta köpekler ve tavuklar dolaşıyor** überall laufen Hunde und Hühner herum **3.** **ayakları** ~ über seine eigenen Füße stolpern

dolaştırma *s Verbalsubstantiv zu* **dolaştırmak**

dolaştırmak *vt* **1.** *Kausativ zu* **dolaşmak** **2.** herumführen; **bebeği arabayla** ~ das Baby spazieren fahren

dolayı **I.** *s* Umgebung *f* **II.** *part* (*-den* ~) wegen; **bundan** ~ deswegen, deshalb; **parasızlıktan** ~ wegen Geldmangels

dolayısıyla *adv* anlässlich

dolaylı *adj* indirekt, mittelbar; ~ **tümleç** (LING) das indirekte Objekt; ~ **vergiler** indirekte Steuern

dolaysız *adj* direkt, unmittelbar

doldurma *s* **1.** *Verbalsubstantiv zu* **doldurmak: depoyu** ~ **beş dakika sürdü** das Tanken dauerte fünf Minuten **2.** Füllung *f* **3.** (LIT: *gereksiz sözler*) Füllsel *nt;* (*benzetmelerle dolu anlatım*) Pleonasmus *m*

doldurmak *vt* **1.** füllen, vollmachen; **ağzına kadar** ~ auffüllen; (*bardağı, fincanı*) bis zum Rand füllen; **şarabı şişelere** ~ Wein in Flaschen abfüllen **2.** (*silâhı*) laden **3.** (*aküyü*) (auf)laden **4.** (*piposunu*) stopfen **5.** (*boşluk*) ausfüllen; (*form*) ausfüllen **6.** (NAUT: *suyla*): **loku/tankları** ~ die Schleuse/Tanks fluten **7.** (*yaşını*) vollenden **8.** (*diş*) füllen **9.** (*kaset*) bespielen **10.** (*fig*) aufhetzen

dolgu *s* Füllung *f;* (*diş* ~*su*) Plombe *f;* ~ **yapmak** plombieren

dolgun *adj* füllig; (*göğüs*) prall

dolma kalem *s* Füller *m,* Füllfederhalter *m*

dolmalık biber *s* Paprikaschote *f*

dolmuş uçak *s* <-ğı> Charterflugzeug *nt*

Dolomitler *s Pl* die Dolomiten

dolu[1] *s* Hagel *m;* ~ **yağmak** hageln; ~ **yağıyor** es hagelt

dolu[2] *adj* **1.** (*boş karşıtı*) voll **2.** (*boş yeri olmayan*) ausgebucht **3.** (*meşgul*) beschäftigt **4.** (*tabanca*) geladen

dolunay *s* Vollmond *m*

dolu tanesi *s* Hagelkorn *m*

do majör *s ohne Pl* (MUS) C-Dur *nt*

domalan *s* (BOT) Trüffel *m*

domalma *s Verbalsubstantiv zu* **domalmak**

domalmak *vi* sich bücken

domates *s* Tomate *f*

domates salçası *s ohne Pl* Tomatenmark *nt;* **domates suyu** *s* Tomatensaft *m*

Dominik Cumhuriyeti *s* Dominikanische Republik *f*

domino *s* Domino *nt;* **domino taşı** *s* Dominostein *m*

do minör *s ohne Pl* (MUS) C-Moll *nt*

domuz *s* Schwein *nt*

domuz vebası *s ohne Pl* Schweinepest *f*

don[1] *s* **1.** Frost *m* **2.** (*at* ~ *u*) Fell *nt*

don[2] *s* (*külot*) Unterhose *f*

donakalma *s Verbalsubstantiv zu* **donakalmak**

donakalmak *vi* erstarren
donanım *s* **1.** Ausstattung *f* **2.** (INFORM: *yazılım karşıtı*) Hardware *f*
donanma *s* Flotte *f;* **donanma üssü** *s* (MIL) Flottenstützpunkt *m*
donatımcı *s* (THEAT) Bühnenbildner(in) *m(f)*
donatma *s* **1.** *Verbalsubstantiv zu* **donatmak** **2.** (TECH, NAUT) Ausrüstung *f*
donatmak *vt* **1.** (*süslemek*) schmücken, dekorieren; **çiçekle** ~ mit Blumen schmücken **2.** (TECH, NAUT) ausrüsten
dondurma *s* **1.** *Verbalsubstantiv zu* **dondurmak** **2.** Eis *nt,* Speiseeis *nt,* Eiscreme *f*
dondurmacı *s* **1.** (*dondurma yapan kimse*) Eiskonditor(in) *m(f)* **2.** (*dondurma satan kimse*) Eisverkäufer(in) *m(f)* **3.** (*dondurma satılan yer*) Eiscafé *nt,* Eisdiele *f*
dondurmak *vt* **1.** *Kausativ zu* **donmak** **2.** einfrieren; **maaşları** ~ die Gehälter einfrieren
donma *s* *Verbalsubstantiv zu* **donmak**
donmak <-ar> *vi* **1.** einfrieren, gefrieren; **birinin kanı** ~ (*fig*) jdm gefriert das Blut in den Adern; **su borusu dondu** das Wasserrohr ist eingefroren **2.** (*soğuktan ölmek*) erfrieren **3.** (*fam: çok üşümek*) frieren; **donuyorum** es friert mich; **ellerim donuyor** mich friert es an den Händen
donma noktası *s* (CHEM, PHYS) Gefrierpunkt *m*
donmuş sebze *s* Tiefkühlgemüse *nt*
donuklaştırma *s* *Verbalsubstantiv zu* **donuklaştırmak**
donuklaştırmak *vt* (FOTO) abschwächen
doping *s* (SPORT) Doping *nt;* ~ **yapmak** dopen; (*fig*) aufputschen; ~ **yüzünden diskalifiye oldu** wegen Dopings wurde er disqualifiziert
dopingleme *s* *Verbalsubstantiv zu* **dopinglemek**
dopinglemek *vt* (SPORT) dopen
doruk *s* <-ğu> Höhepunkt *m,* Gipfel *m; s. a.* **zirve**; **doruk çizgisi** *s* (GEO) Höhenlinie *f;* **doruk konferansı** *s* (POL) Gipfelkonferenz *f;* **doruk toplantısı** *s* (POL) Gipfeltreffen *nt*
dosdoğru *adv* (immer) geradeaus
dost *s* **1.** Freund(in) *m(f);* ~ **düşman** Freund und Feind; **benim iyi bir** ~ **um** ein guter Freund von mir **2.** Geliebte(r) *mf,* Liebhaber *m;* ~ **tutmak** (*fam: erkek için*) sich eine Geliebte zulegen; (*kadın için*) sich einen Liebhaber zulegen
dostane *adv* freundlich; ~ **kabul edildik** wir wurden freundlich empfangen
dostça *adv* freundschaftlich
dostluk *s* <-ğu> Freundschaft *f;* **dostluk maçı** *s* (SPORT) Freundschaftsspiel *nt*
dosya *s* **1.** Dossier *nt;* (ADMIN, JUR) Akte *f,* Akten *pl* **2.** (INFORM: *veri* ~ *sı*) Datei *f;* **dosya adı** *s* (INFORM) Dateiname *m;* **dosya gömleği** *s* Aktendeckel *m*
dosyalama *s* *Verbalsubstantiv zu* **dosyalamak**
dosyalamak *vt* abheften
dosyalanma *s* *Verbalsubstantiv zu* **dosyalanmak**
dosyalanmak *vi pass von* **dosyalamak**
dosya numarası *s* Aktenzeichen *nt*
doya doya *adv:* **bir şeyi** ~ **yemek** sich an etw ~ essen; **bir şeyin** ~ **tadını çıkarmak** etw in vollen Zügen genießen
doygu *s* Grundnahrungsmittel *nt*
doygunluk *s* <-ğu> Befriedigung *f;* **cinsî** ~ sexuelle Befriedigung
doyma *s* **1.** *Verbalsubstantiv zu* **doymak** **2.** Sättigung *f*
doymak <-ar> *vi* **1.** satt werden; **doydum** ich bin satt; **bir şeye gözü doyamamak** sich an etw nicht satt sehen können **2.** (*fig: yeter bulmak*) genug haben; (*tatmin olmak*) befriedigt sein
doymaz *adj* unersättlich; (*aç gözlü*) gierig
doymazlık *s ohne Pl* <-ğı> Unersättlichkeit *f;* (*aç gözlülük*) Gier *f*
doyurma *s* **1.** *Verbalsubstantiv zu* **doyurmak** **2.** Sättigung *f*
doyurmak *vt* **1.** *Kausativ zu* **doymak** **2.** sättigen
doyurucu *adj* **1.** sättigend **2.** (*fig*) überzeugend
doz *s* Dosis *f,* Dosierung *f*
dozaj *s* Dosierung *f*
dozer *s* Raupe *f;* (*bul*~) Planierraupe *f*
dökme *s* *Verbalsubstantiv zu* **dökmek**
dökme demir *s ohne Pl* Gusseisen *nt*
dökmek *vt* **1.** gießen; **kurşun** ~ Blei gießen **2.** (*yaş*) vergießen **3.** ausschütten; **içini** ~ sein Herz ausschütten **4.** hinunterspülen; **bir şeyi eviyeye** ~ etw den Ausguss hinunterspülen **5.** (*Wend*): **bir şeyi kâğıda** ~ etw zu Papier bringen
dökülme *s ohne Pl* **1.** *Verbalsubstantiv zu* **dökülmek** **2.** (*saç* ~ *si*) Ausfall *m*
dökülmek *vi* **1.** (*yapraklar*) abfallen; (*saçları, dişleri*) ausfallen, herausfallen **2.** (*insanlar*) strömen (*-e* zu/nach) **3.** (*çok eskimiş olmak*) verfallen **4.** (*akarsular için*) münden (*-e* in), sich ergießen (*-e* in) **5.** (*düşmek*) fallen **6.** (*sıva*) abbröckeln; **duvarların sıvası dökülüyor** der Putz an den Wänden bröckelt ab
döküm *s* **1.** Abguss *m;* **alçı/tunç** ~ Abguss in Gips/Bronze **2.** Aufstellung *f*
dökümhane *s* Gießerei *f*
döküntü *s ohne Pl* **1.** (*yapı* ~ *sü*) Schutt *m* **2.** (MED) Hautausschlag *m,* Eruption *f*
döküntülü *adj* (MED) eruptiv

D

döl *s ohne Pl* **1.** (*zürriyet*) Nachkommenschaft *f* **2.** (*nesil*) Generation *f* **3.** Nachkomme *m;* (*çocuk*) Kind *nt;* (*yavru*) Junge(s); **kırık ~ü** uneheliche(s) Kind; **erken kalkan yol alır, er evlenen ~ alır** (*prov*) Morgenstund hat Gold im Mund; **döl eşi** *s* **1.** (ANAT, MED: *etene*) Mutterkuchen *m* **2.** (BOT: *etene*) Plazenta *f;* **döl kesesi** *s* (ANAT: *amnios*) Fruchtblase *f*
dölleme *s* **1.** *Verbalsubstantiv zu* **döllemek** **2.** Befruchtung *f,* Besamung *f;* **yapay ~** künstliche Befruchtung
döllemek *vt* befruchten, besamen; **yapay olarak ~** künstlich befruchten
döllenme *s* **1.** *Verbalsubstantiv zu* **döllenmek** **2.** Befruchtung *f,* Besamung *f;* **yapay ~** künstliche Befruchtung
döllenmek *vi pass von* **döllemek**
döllenmesiz çoğalma *s,* **döllenmesiz üreme** *s* (BIOL) Jungfernzeugung *f;* (*partenojenez*) Parthenogenese *f*
dölüt *s* (MED) Fetus *m*
döl yatağı *s* Gebärmutter *f;* **~nı kazımak** die Gebärmutter ausschaben; **döl yolu** *s* Scheide *f*
dömifinal *s* <-i> (SPORT: *yarı final*) Halbfinale *nt*
dömisek *adj* (*şarapta*) halbtrocken
döneç *s* <-ci> (TECH, ELEK: *rotor*) Läufer *m*
dönem *s* (*yasama ~ i*) Periode *f;* (*yaz ~ i, kış ~ i*) Zeit *f*
dönemeç *s* <-ci> Biegung *f;* (*viraj*) Kurve *f*
dönemeçli *adj* kurvig, kurvenreich
döner *s* (GASTR) Döner *m*
döner kapı *s* Drehtür *f;* **döner kavşak** *s* <-ğı> Kreisel *m,* Kreisverkehr *m;* **döner kebap** *s* <-bı> (GASTR) Dönerkebab *m;* **döner sahne** *s* (THEAT) Drehbühne *f*
döngel *s* (*fam: muşmula*) Mispel *f*
dönme *s Verbalsubstantiv zu* **dönmek**
dönme dolap *s* <-bı> Riesenrad *m;* **dönme dolaba binmek** (mit dem) Riesenrad fahren; **dönme ekseni** *s* Drehachse *f*
dönmek <-er> *vi* **1.** zurückkehren; **normale ~** zur Normalität zurückkehren **2.** sich drehen, rotieren; **başım dönüyor** mir dreht sich alles im Kopf, mir ist schwindelig **3.** abbiegen; **sağa/sola ~** (nach) rechts/links abbiegen; **sola ~ yasaktır!** links abbiegen verboten! **4.** sich wenden; **şansı döndü** (*fig*) für ihn hat sich das Blatt gewendet **5.** werden (*-e* zu), sich verwandeln (*-e* in)
dönme şeridi *s* (AUTO) Abbiegespur *f*
dönüm noktası *s* Wendepunkt *m*
dönüşlü *adj* (LING) reflexiv, rückbezüglich; **dönüşlü fiil** *s* (LING) Reflexivverb *nt;* **dönüşlü zamir** *s* (LING) Reflexivpronomen *nt*
dönüşme *s Verbalsubstantiv zu* **dönüşmek**
dönüşmek *vi* sich verwandeln
dönüştürme *s Verbalsubstantiv zu* **dönüştürmek**
dönüştürmek *vt* umwandeln
dönüştürücü *s* (PHYS: *transformatör*) Transformator *m,* Trafo *m*
dönüşümlü *adv* (*değişerek*) abwechselnd; (*sıra ile*) der Reihe nach
döpiyes *s* Deuxpièces *nt*
dörder *adj* je vier
dördül *s* **1.** (*kare*) Quadrat *nt* **2.** (LIT: *rubaî*) Vierzeiler *m*
dördün *s* (ASTR): **ilk/son ~** zunehmender/abnehmender Mond
dördüncü *adj* vierte(r, s); *s. a.* **altmışıncı**
dördüncüsü *adv* (*sayarken*) viertens; *s. a.* **altıncısı**
dördüz *s* Vierlinge *mpl*
dört **I.** *s* <-dü> Vier *f* **II.** *adj* vier; **~ gözle beklemek** [*o* **bakmak**] sehnsüchtig erwarten; **iki, iki daha ~ eder** zwei und zwei ist vier **III.** *adv* (*fig*): **gözlerini ~ açmak** die Augen aufreißen; **dört ayak** **I.** *s* <-ğı> Vierbeiner *m* **II.** *adv* auf allen vieren; **dört bucak** *s* <-ğı>: **~tan** überallher; **dünyanın dört bucağından** aus aller Herren Länder; **dört buçuk** *adj* <-ğu> **1.** viereinhalb; **~ litre/kilometre** viereinhalb Liter/Kilometer; **~ saat önce/sonra** viereinhalb Stunden vorher/nachher **2.** (*saati bildirirken*) halb fünf; **~ta** um halb fünf; **saat ~** es ist halb fünf; **dört buçuğa on** (**dakika**) **kala** um zehn (Minuten) vor halb fünf; **dört buçuğa on** (**dakika**) **var** es ist zehn (Minuten) vor halb fünf; **dört buçuğu on** (**dakika**) **geçe** um zehn (Minuten) nach halb fünf; **dört buçuğu on** (**dakika**) **geçiyor** es ist zehn (Minuten) nach halb fünf
dörtcihar *s* Vierer Pasch *m*
dört çifte *s* (SPORT: *kürekte*) Doppelvierer *m*
dörtgen *s* (MATH) Viereck *nt*
dört katlı *adj* vierstöckig
dörtleme *s Verbalsubstantiv zu* **dörtlemek**
dörtlemek *vt* **1.** vervierfachen **2.** (AUTO: *fam*) in den Vierten schalten
dörtlü **I.** *s* **1.** (*iskambil kâğıdı*) Vier *f;* (*zarda*) Vierer *m;* **~ atmak** einen Vierer werfen; **~yü çıkmak** die Vier ausspielen **2.** (MUS: *kuartet*) Quartett *nt* **II.** *adj* (*dört parçalı*) vierteilig; (*priz*) vierfach
dört nal *s* Galopp *m;* **~ koşmak** galoppieren
dört nala *adv* im Galopp; **~ kalkmak** galoppieren; **binici son engele ~ girdi** der Reiter ging das letzte Hindernis im Galopp an
dört şeritli *adj* vierspurig
dörtte üç oy çokluğu *s* Dreiviertelmehr-

heit *f*
dört yapraklı *adj* vierblättrig; ~ **yonca** ein vierblättriges Kleeblatt; **dört yıldızlı otel** *s* Viersternehotel *nt*
döşek *s* <-ği> Bett *nt;* **yorgan ~ yatmak** (*fam: hasta olmak*) flachliegen, das Bett hüten müssen
döşem *s s.* **tesisat** Installation *f*
döşemci *s s.* **tesisatçı** Installateur(in) *m(f)*
döşeme *s* **1.** *Verbalsubstantiv zu* **döşemek** **2.** (*mefruşat*) Einrichtung *f* **3.** Polster *nt* **4.** (*mozaik ~, parke ~*) Fußboden *m*
döşemek *vt* **1.** einrichten **2.** (*halı*) auslegen (*-e -*, mit); **odaya halı ~** einen Raum mit einem Teppich auslegen **3. çatıya kiremit ~** das Dach mit Ziegeln decken
döşemeli *adj* eingerichtet
döşeyici *s s.* **tesisatçı** Installateur(in) *m(f)*
döşovo *s* (AUTO: *fam*) Ente *f*
döteryum *s ohne Pl* (CHEM) Deuterium *nt*
döviz *s* **1.** (*ödeme aracı*) Devisen *pl* **2.** (*yabancı ülke parası*) (ausländische) Währung *f* **3.** Spruchband *nt;* **döviz kıtlığı** *s ohne Pl* Devisenknappheit *f;* **döviz kuru** *s* Devisenkurs *m;* **döviz piyasası** *s* Devisenmarkt *m*
dövme **I.** *s* **1.** *Verbalsubstantiv zu* **dövmek** **2.** Tätowierung *f;* ~ **yapmak** tätowieren; ~ **yaptırmak** sich tätowieren lassen **II.** *adj* **1.** (*dövülerek yapılan*) geschlagen **2.** (*demir*) geschmiedet
dövmeci *s* **1.** Schmied *m* **2.** (*vücuda dövme yapan*) Tätowierer *m*
dövmek <-er> *vt* **1.** schlagen, prügeln, verprügeln **2.** (*halı*) klopfen **3.** (*çırpmak*) schlagen; **yumurtanın akını ~** das Eiweiß schlagen **4.** (*madene vurarak biçim vermek*) schmieden; **demir tavında dövülür** (*prov*) man muss das Eisen schmieden, solange es heiß ist
dövülgen *adj* schmiedbar
dövülgenlik *s ohne Pl* <-ği> Schmiedbarkeit *f*
dövülme *s Verbalsubstantiv zu* **dövülmek**
dövülmek *vi pass von* **dövmek**
dövüş *s* Schlägerei *f,* Kampf *m*
dövüşçü *s* Schläger *m,* Raufbold *m;* **dövüşçü horoz** *s* Kampfhahn *m*
dövüşme *s* **1.** *Verbalsubstantiv zu* **dövüşmek** **2.** Schlägerei *f*
dövüşmek *vi* sich schlagen, sich prügeln; **teke tek ~** Mann gegen Mann kämpfen
dövüş sporu *s* Kampfsport *m*
Dr. *s Abk. von* **doktor** Dr., *Doktor*
dragoman *s* Dolmetscher *m*
dragon *s* **1.** (*ejderha*) Drache *m* **2.** (HIST) Dragoner *m*
drahmi *s* (FIN) Drachme *f*
draje *s* **1.** Dragee *nt,* Dragée *nt* **2.** Drops *m*
dram *s* Drama *nt*
dramatik *adj* dramatisch
dramatize etmek *vt* (*a. fig*) dramatisieren
dramaturg *s* (*a.* THEAT) Dramaturg(in) *m(f)*
drenaj *s* **1.** (*akaçlama*) Entwässerung *f,* Trockenlegung *f* **2.** (MED) Entwässerung *f*
dua *s* Gebet *nt;* ~ **etmek** beten (*-e* zu, *için* für, *için* um); **duası tuttu** sein Gebet wurde erhört; **dua kitabı** *s* Gebetbuch *nt*
duba *s* (NAUT) Boje *f*
dubara *s* (*tavlada*) Zweier Pasch *m*
dublaj *s* (FILM) Synchronisierung *f*
dublajcı *s* (FILM) Synchronsprecher(in) *m(f)*
dubleks *adj* (*çift katlı*) zweistöckig
dublör *s* (FILM) Double *nt;* ~ **olmak** doubeln
dudak *s* <-ğı> Lippe *f;* ~ **sarkıtmak** einen Schmollmund machen [*o* ziehen]
dudak boyası *s* Lippenstift *m*
dudak kalemi *s* Lippenkonturenstift *m;* **dudak yarığı** *s s.* **tavşan dudağı** Hasenscharte *f*
duhuliye *s s.* **giriş** Eintritt *m*
dulaptal otu *s* (BOT) Seidelbast *m;* **dulaptal otugiller** *s Pl* (BOT) Seidelbastgewächse *ntpl*
dulavrat otu *s* (BOT) Klette *f*
duman *s* Rauch *m;* **ateş olmayan yerden ~ çıkmaz** (*prov*) kein Rauch ohne Flamme
dumanlanma *s Verbalsubstantiv zu* **dumanlanmak**
dumanlanmak *vi* rauchen; **öğrenmekten kafam dumanlandı** (*fam fig*) mir raucht der Kopf vom vielen Lernen
dumanlı *adj* rauchig; **kafası ~** (*fam*) benebelt
dumur *s* Verkümmerung *f;* **~a uğramak** verkümmern
duo *s* (MUS: *ikili*) Duo *nt*
dupduru *adj* glasklar
duraç *s* <-cı> Sockel *m*
durağan yıldız *s* (ASTR) Fixstern *m*
durak *s* <-ğı> Haltestelle *f*
duraklama *s Verbalsubstantiv zu* **duraklamak**
duraklamak *vi* anhalten
duraksama *s Verbalsubstantiv zu* **duraksamak**
duraksamak *vi* zögern, schwanken
durdurma *s Verbalsubstantiv zu* **durdurmak**
durdurmak *vt* anhalten
durdurulma *s Verbalsubstantiv zu* **durdurulmak**
durdurulmak *vi pass von* **durdurmak: iki oto polis tarafından durduruldu** zwei Autos wurden von der Polizei angehalten
durendiş *adj s.* **öngörülü** weitblickend
durgu *s* **1.** (*reg: sekte*) Stillstand *m* **2.** (MUS)

Pause *f*

durgun *adj* **1.** (*sakin*) still, ruhig **2.** (WIRTSCH) stagnierend; (*piyasa*) flau

durgunlaşma *s* **1.** *Verbalsubstantiv zu* **durgunlaşmak** **2.** Stagnierung *f*

durgunlaşmak *vi* stagnieren

durgunluk *s* <-ğu> **1.** Stille *f* **2.** (WIRTSCH) Stagnation *f,* Stillstand *m;* (*piyasada*) Flaute *f*

durgun şişkinlik *s* <-ği> (WIRTSCH: *stagflâsyon*) Stagflation *f*

durma *s* **1.** *Verbalsubstantiv zu* **durmak** **2.** (*kalbin ~sı*) Stillstand *m*

durma çizgisi *s* (AUTO) Haltelinie *f*

durmak *vi* stehen, sich halten; **dik** ~ gerade stehen, sich gerade halten

durma yasağı *s* (AUTO) Halteverbot *nt*

duromer plâstik *s* <-ği> Duroplast *nt*

durulma *s* *Verbalsubstantiv zu* **durulmak**

durulmak *vi* sich abklären

durultma *s* **1.** *Verbalsubstantiv zu* **durultmak** **2.** Abklärung *f*

durultmak *vt* abklären

durum *s* **1.** Situation *f;* (*hava ~u*) Lage *f;* **içinden çıkılmaz bir** ~ eine ausweglose Lage **2.** (*sağlık ~u*) Zustand *m;* **~u düzeldi** sein Zustand hat sich gebessert; **acınacak ~da bulunmak** sich in einem bedauernswerten Zustand befinden **3.** Fall *m;* **bu ~da** in diesem Fall

duruş *s* Haltung *f*

duruşma *s* (JUR) Verhandlung *f,* Hauptverhandlung *f;* **açık/gizli** ~ öffentliche/nicht öffentliche Verhandlung

duş *s* Dusche *f,* Brause *f;* (*el ~u*) Brause *f;* **~ yapmak** duschen, eine Dusche nehmen; **~un altına girmek** unter die Dusche gehen; **duş kabini** *s* Duschkabine *f*

duvak *s* <-ğı> Brautschleier *m*

duvar *s* Wand *f;* (*kale ~ı*) Mauer *f*

duvarcı *s* Maurer(in) *m(f)*

duvar haritası *s* Wandkarte *f;* **duvar kâğıdı** *s* Tapete *f;* **duvar kaplaması** *s* Wandverkleidung *f;* **duvar resmi** *s* Wandgemälde *nt;* **duvar saati** *s* Wanduhr *f;* **duvar sarmaşığı** *s* (BOT) Efeu *m;* **duvar sedefi** *s* (BOT: *dalak otu*) Gamander *m;* **duvar takvimi** *s* Wandkalender *m;* **duvar taşı** *s* Mauerstein *m*

duyarga *s* (ZOOL) Fühler *m*

duyarlı *adj* **1.** einfühlsam **2.** empfindlich

duyarlık *s ohne Pl* <-ğı> Einfühlungsvermögen *nt*

duyarlıklı *adj* **1.** einfühlsam **2.** empfindlich

duygu *s* Gefühl *nt,* Sinn *m;* **altıncı** ~ der sechste Sinn

duygudaş **I.** *s* (*sempatizan*) Sympathisant(in) *m(f)* **II.** *adj* **1.** (*aynı duyguları paylaşan*) mitfühlend **2.** (*bir görüşü, akımı tutan*) gleichgesinnt

duygudaşlık *s ohne Pl* <-ğı> **1.** (*aynı duyguları paylaşma*) Mitgefühl *nt* **2.** (PSYCH: *sempati*) Sympathie *f*

duygulanım *s* Affekt *m*

duygulu *adj* feinfühlig; (*içli*) gefühlvoll, rührselig

duygululuk *s ohne Pl* <-ğu> **1.** Feingefühl *nt,* Feinfühligkeit *f* **2.** Rührseligkeit *f*

duygusal *adj* emotional; ~ **davranmak** im Affekt handeln; **duygusal davranma** *s* Affekthandlung *f*

duygu yanılması *s* Sinnestäuschung *f*

duyma *s* *Verbalsubstantiv zu* **duymak**

duymak *vt* **1.** (*işitmek*) hören; **ne dediğinizi duyamadım** ich habe Sie akustisch nicht verstanden **2.** (*haber almak*) hören, erfahren **3.** (*fig: sezmek*) merken, spüren **4.** (*keder, utanç*) empfinden; (*güvensizlik*) hegen; **ferahlık** ~ Erleichterung empfinden

duyu *s* Sinn *m*

duyulma *s* *Verbalsubstantiv zu* **duyulmak**

duyulmamış *adj* unerhört; ~ **bir küstahlık** (*fam*) eine bodenlose Frechheit

duyulmak *vi pass von* **duymak**

duyulur *adj* hörbar, wahrnehmbar; ~ **duyulmaz** (*ancak işitilebilen*) kaum hörbar; (*öğrenilir öğrenilmez*) kaum erfahren

duyumculuk *s ohne Pl* <-ğu> (PSYCH: *sansüalizm*) Sensualismus *m*

duyum eşiği *s* (PSYCH) Reizschwelle *f;* **duyum ikiliği** *s* (PSYCH: *sinestezi*) Synästhesie *f*

duyumsamaz *adj* apathisch

duyumsamazlık *s ohne Pl* <-ğı> Apathie *f*

duyum yitimi *s* (MED: *anestezi*) Anästhesie *f*

Dübbüasgar *s s.* **Küçükayı** (ASTR) der Kleine Bär

Dübbüekber *s s.* **Büyükayı** (ASTR) der Große Bär

dübel *s* Dübel *m*

dübeş *s* Fünfer Pasch *m*

düdük *s* <-ğü> **1.** Pfeife *f* **2.** (AUTO: *korna*) Hupe *f* **3.** (*fam pej*) Pfeife *f*

düdüklü tencere *s* Dampfkochtopf *m*

düello *s* Duell *nt,* Zweikampf *m;* ~ **etmek** sich duellieren; **birini ~ya davet etmek** jdn zum Duell fordern

düet *s* (MUS) Duett *nt*

düğme *s* **1.** Knopf *m;* **bir şeyin ~sini açmak** [*o* **çözmek**] etw abknöpfen [*o* aufknöpfen]; **~ye basmak** auf den Knopf drücken **2.** Druckknopf *m*

düğmeleme *s* *Verbalsubstantiv zu* **düğmelemek**

düğmelemek *vt* **1.** knöpfen; **muflonu pardösüye** ~ das Futter in den Mantel knöpfen **2.** (*ceketini*) zuknöpfen

düğmeli *adj* zugeknöpft; **düğmeli yaka** *s* Button-down-Kragen *m*
düğüm *s* Knoten *m;* **düğüm noktası** *s* Knotenpunkt *m*
düğün *s* Hochzeit *f;* ~ **bayram etmek** frohlocken, jubeln; **düğün alayı** *s* Hochzeitszug *m;* **düğün çiçeği** *s* (BOT) Butterblume *f,* Hahnenfuß *m;* **düğün çiçeğigiller** *s Pl* (BOT: *familya*) Hahnenfußgewächse *ntpl;* **düğün çorbası** *s* Hochzeitssuppe *f;* **düğün dernek** *s* <-ği> Hochzeitsfeier *f;* **düğün gecesi** *s* Hochzeitsnacht *f;* **düğün salonu** *s* Hochzeitssaal *m*
dük *s* Herzog *m*
dükkân *s* Laden *m,* Geschäft *nt;* ~ **açık mı?** hat das Geschäft offen?; ~**lar saat dokuzda açılır** die Geschäfte machen um neun Uhr auf
düklük *s* <-ğü> Herzogtum *nt*
dülger *s* Zimmermann *m;* **dülger balığı** *s* (ZOOL) Heringskönig *m,* Martinsfisch *m*
dümdüz *adj* **1.** ganz gerade **2.** geradeaus
dümen *s* **1.** (NAUT, AERO) Ruder *nt,* Steuerruder *nt* **2.** (*dalavere*) Schwindel *m;* ~**ine bakmak** auf seinen Vorteil bedacht sein **3.** (*fig: yönetim*) Ruder *nt*
dümen bedeni *s* (NAUT) Ruderschaft *f*
dümen boğazı *s* (NAUT) Ruderhals *m*
dümenci *s* **1.** (NAUT) Steuermann *m* **2.** (*pej: dalavereci*) Schwindler *m*
dümen suyu *s* Kielwasser *nt;* **birinin** ~**ndan gitmek** in jds Kielwasser schwimmen; **dümen yelpazesi** *s* (NAUT) Ruderblatt *nt*
dün *s* gestern; ~ **akşam/sabah** gestern Abend/Morgen
dünkü *adj* gestrig
dünya *s* Welt *f;* ~ **âlem** (*fam*) alle Welt; ~ **başına yıkıldı** (*fam*) eine Welt brach für ihn zusammen; ~**dan elini eteğini çekmek** (*fig*) sich von der Welt zurückziehen [*o* abkehren]; **bütün** ~ (*fam*) die ganze Welt; **dünya barışı** *s ohne Pl* Weltfrieden *m;* **dünya çapında** *adv* weltweit; **dünya çapındaki** *adj* weltweit
dünyada *adv* um nichts in der Welt; (*hiçbir zaman*) niemals
dünya düzeni *s* Weltordnung *f;* **yeni** ~ die neue Weltordnung; **dünya fuarı** *s* Weltausstellung *f;* **dünya görüşü** *s* Weltanschauung *f;* **dünya haritası** *s* Weltkarte *f*
dünyalı *s* Erdbewohner(in) *m(f)*
dünyevî *adj* weltlich; ~ **ve uhrevî prensler** (HIST) weltliche und geistliche Fürsten
düpedüz *adv* glatt, regelrecht; **bu** ~ **imkânsız** das ist einfach unmöglich; **bu** ~ **yalandır** das ist eine glatte Lüge, das ist glatt gelogen
dürbün *s* Fernglas *nt*
dürme *s Verbalsubstantiv zu* **dürmek**
dürmek *vt* zusammenrollen; **kâğıdı/halıyı** ~ das Papier/den Teppich zusammenrollen
dürtü *s* (PSYCH) Trieb *m*
dürtücü kılıç *s* <-cı> (SPORT) Stoßdegen *m*
dürtüşleme *s Verbalsubstantiv zu* **dürtüşlemek**
dürtüşlemek *vt* rütteln; **birini dürtüşleyerek uyandırmak** jdn wachrütteln
dürüst *adj* aufrichtig; (*namuslu*) anständig
dürüstlük *s ohne Pl* <-ğü> Aufrichtigkeit *f;* (*namusluluk*) Anständigkeit *f*
dürüst oyun *s* (SPORT) Fairplay *nt*
düse *s* (*tavlada*) Dreier-Pasch *m*
düşes *s* Herzogin *f*
düşeş *s* **1.** (*tavlada*) Sechser-Pasch *m* **2.** (*fam fig*) Glückstreffer *m*
düşey *adj* senkrecht, vertikal
düş gücü *s ohne Pl* (*hayal gücü*) Einbildungskraft *f,* Vorstellungskraft *f,* Vorstellungsvermögen *nt;* **düş kırıklığı** *s* (*hayal kırıklığı*) Enttäuschung *f;* ~**na uğramak** eine Enttäuschung erleben
düşkünler evi *s,* **düşkünler yurdu** *s* Obdachlosenheim *nt*
düşkünleşme *s* **1.** *Verbalsubstantiv zu* **düşkünleşmek** **2.** Verelendung *f*
düşkünleşmek *vi* verelenden
düşman **I.** *s* Feind(in) *m(f);* **birini kendine** ~ **etmek** sich jdn zum Feind machen, jdn anfeinden **II.** *adj* feindlich
düşmanca *adv* feindlich, feindselig; ~ **bakışlar** feindselige Blicke
düşman eli *s ohne Pl* Feindeshand *f*
düşmanlık *s* <-ğı> **1.** Feindlichkeit *f,* Feindseligkeit *f* **2.** (*ohne Pl*) Feindschaft *f,* Feindseligkeit *f;* **aralarında** ~ **var** zwischen ihnen herrscht Feindschaft
düşme *s* **1.** *Verbalsubstantiv zu* **düşmek** **2.** Fall *m;* (*uçak*) Absturz *m* **3.** (JUR: *sukut*) Einstellung *f;* **davanın** ~**si** Einstellung des Verfahrens **4.** (LING) Ausfall *m,* Wegfall *m;* **ses** ~**si** (LING) Ausfall eines Lautes; (*ön ses* ~*si*) Schwund *m* **5.** Abfall *m;* **basıncın** ~**si** Abfall des Druck(e)s
düşme hızı *s* (PHYS) Fallgeschwindigkeit *f*
düşmek **I.** *vi* **1.** fallen; (*yere*) hinfallen; **bir şeyin içine** ~ in etw hineinfallen; **ayağı takılıp düştü** er ist gestolpert und hingefallen; **el için çukur** [*o* **kuyu**] **kazan, kendisi içine düşer** (*prov*) wer andern eine Grube gräbt, fällt selbst hinein **2.** (*tansiyon*) sinken; (*fam*) absacken; (*basınç*) abfallen **3.** (*yanılgıya*) erliegen **4.** (JUR: *haklar*) erlöschen **5.** (*acze*) geraten (*-e* in); **fakir** ~ in Armut verfallen; **birinin pençesine** ~ (*fam*) in jds Fänge geraten **6.** (LING) ausfallen, wegfallen **7.** zufallen; **bu görev/ödev bana düştü** diese Pflicht/Aufgabe ist

D

mir zugefallen **8.** (*uçak*) abstürzen; **uçak denize düştü** das Flugzeug stürzte ins Meer **II.** *vt* (*vergiden*) absetzen

düşük I. *s* (*ceninisakıt*) Fehlgeburt *f;* ~ **yapmak** eine Fehlgeburt haben **II.** *adj* **1.** (*aşağı sarkmış*) nach unten hängend **2.** (*faiz, fiyat, tansiyon*) niedrig **3.** (*iktidardan düşürülmüş*) gestürzt; (*iktidardan düşmüş*) ehemalig **4.** (LING: *cümle*) regelwidrig; **düşük omuz** *s* <-mzu> Hängeschulter *f*

düşün *s* Einfall *m;* (*ide*) Idee *f*

düşünce *s* **1.** Gedanke *m;* **birinin ~sini okumak** jds Gedanken lesen; **bu ~ benim uykumu kaçırdı** dieser Gedanke raubte mir den Schlaf **2.** (*görüş*) Meinung *f;* **bilimsel** ~ eine wissenschaftliche Meinung

düşünce alış verişi *s* (*fikir teatisi*) Gedankenaustausch *m,* Meinungsaustausch *m*

düşünceli *adj* **1. özgür** ~ freidenkerisch, freigeistig **2.** (*fig: tasalı, kaygılı*) besorgt, bekümmert **3.** (*anlayışlı*) verständnisvoll

düşünce özgürlüğü *s ohne Pl* Gedankenfreiheit *f,* Meinungsfreiheit *f*

düşüncesiz *adj* **1.** gedankenlos **2.** (*fig: tasasız, kaygısız*) sorglos, unbekümmert **3.** (*anlayışsız*) verständnislos

düşündürme *s Verbalsubstantiv zu* **düşündürmek**

düşündürmek *vt* birini ~, jdn bedenklich stimmen

düşündürücü *adj* bedenklich

düşünme *s ohne Pl Verbalsubstantiv zu* **düşünmek** Denken *nt;* **mantıkî/olumlu** ~ logisches/positives Denken

düşünmeden *adv* ohne nachzudenken, unüberlegt

düşünmek *vt* (nach)denken, überlegen; **bir şeyi** ~ an etw denken; **bunu düşünmem gerekiyor** ich muss darüber nachdenken; **şu anda ne düşünüyorsun?** was denkst du gerade?; **bir kimse/şey için düşünülmüş olmak** für jdn/etw gedacht sein; **düşünüp taşınmak** durchdenken, reiflich überlegen

düşünsel *adj* gedanklich

düşünür *s* Denker(in) *m(f)*

düşürme *s* **1.** *Verbalsubstantiv zu* **düşürmek** **2.** (MED) Abgang *m;* **böbrek taşı** ~ Abgang von Nierensteinen

düşürmek *vt* **1.** *Kausativ zu* **düşmek** fallen lassen (*-den* aus); **çocuk** ~ eine Fehlgeburt haben **2.** (*değer*) mindern **3.** (*ateş, tansiyon*) senken

düşüş *s* Fall *m,* Absturz *m*

düvel *s Pl s.* **devletler** Staaten *pl*

düyun *s Pl s.* **borçlar** Schulden *pl*

düz *adj* **1.** flach; ~ **bir arazi** ein flaches Gelände **2.** (*doğru*) gerade; ~ **bir çizgi** eine gerade Linie

düz baskı *s ohne Pl* (TYPO) Flachdruck *m,* Offsetdruck *m*

düzce *adj* ziemlich eben

düze *s* (CHEM: *doz*) Dosis *f*

düzeç *s* <-ci> **1.** (*tesviye aleti*) Nivelliergerät *nt,* Nivellierinstrument *nt* **2.** (*kabarcıklı* ~) Libelle *f*

düzeçleme *s* Nivellement *nt*

düzelme *s Verbalsubstantiv zu* **düzelmek**

düzelmek *vi* **1.** sich glätten **2.** sich verbessern; **durum düzeldi** die Lage hat sich verbessert **3.** (*hasta için*) sich erholen **4.** (*hava için*) sich bessern

düzelti *s* **1.** Korrektur *f,* Berichtigung *f* **2.** (TYPO) Korrigieren *nt,* Korrekturlesen *nt*

düzeltici *s* (TYPO) Korrektor(in) *m(f);* **düzeltici jimnastik** *s ohne Pl* <-ği> Krankengymnastik *f,* Heilgymnastik *f*

düzeltme *s* **1.** *Verbalsubstantiv zu* **düzeltmek** **2.** Korrektur *f,* Berichtigung *f*

düzeltme işareti *s* (LING) Zirkumflex *m*

düzeltmek *vt* berichtigen, korrigieren

düzeltmen *s* (TYPO) Korrektor(in) *m(f)*

düzeltme tuşu *s* Korrekturtaste *f*

düzem *s* (CHEM: *dozaj*) Dosierung *f*

düzen *s* **1.** Ordnung *f,* System *nt;* **kamu ~i** die öffentliche Ordnung; **kurulu** ~ die etablierte Ordnung **2.** (ARCH) Säulenordnung *f;* **Dor/İyon/Korent ~i** dorische/ionische/korinthische Säulenordnung **3.** Vorrichtung *f,* Einrichtung *f,* Anlage *f*

düzenbaz *s* Gauner *m*

düzenbazlık *s* <-ğı> Gaunerei *f*

düzenleme *s* **1.** *Verbalsubstantiv zu* **düzenlemek** **2.** Regelung *f* **3.** (MUS: *aranjman*) Arrangement *nt*

düzenlemek *vt* **1.** regeln **2.** veranstalten **3. trafiği** ~ den Verkehr regulieren

düzenleyici *s* Veranstalter(in) *m(f)*

düzensiz *adj* unregelmäßig

düzey *s* **1.** (*su ~i*) Stand *m* **2.** Ebene *f;* **aynı ~de** auf gleicher Ebene **3.** (*fig*) Niveau *nt*

düzgün *adj* regelmäßig

düzgünlük *s ohne Pl* <-ğü> Regelmäßigkeit *f;* **yüz hatlarının düzgünlüğü** die Regelmäßigkeit seiner [*o* ihrer] Gesichtszüge

düzgüsel *adj* normativ

düzine *s* Dutzend *nt;* **yarım** ~ ein halbes Dutzend

düzinelerce *adv* dutzendweise; ~ **kitap** dutzende von Büchern

düz kanatlılar *s Pl* (ZOOL) Geradflügler *mpl*

düzlem *s* (*a.* MATH) Ebene *f*

düzleme *s Verbalsubstantiv zu* **düzlemek**

düzlemek *vt* **1.** abgleichen **2.** glätten, (ein)ebnen, nivellieren

düzlem geometri *s ohne Pl* (MATH) Planimetrie *f*

düzleştirme *s* **1.** *Verbalsubstantiv zu* **düz-**

leştirmek 2. Glättung *f*
düzleştirmek *vt* glätten, abplatten

düztaban *s* (MED, ANAT) Plattfuß *m*
düz yazı *s ohne Pl* (LIT: *nesir*) Prosa *f*

D

E

e, E [e] *s* e, E *nt, 6. Buchstabe des türk. Alphabets*

e *interj* na; ~, **başla bakalım** na, leg schon mal los

ebat <-dı> *s Pl* (*boyutlar*) Maße *pl*

ebe *s* Hebamme *f*

ebebulguru *s* Graupelschauer *m*

ebedî *adj* ewig

ebediyet *s* Ewigkeit *f*

ebegümeci *s* Malve *f*; **ebegümecigiller** *s Pl* (BOT) Malvengewächse *ntpl*

ebru *s* Marmorierung *f*

ebrulama *s Verbalsubstantiv zu* **ebrulamak**

ebrulamak *vt* (KUNST) marmorieren

ebrulu *adj* (KUNST) marmoriert

ecnebi *s* Ausländer(in) *m(f)*

ecir *s* <-cri> **1.** (*sevap*) gutes Werk; ~ **sabır dilemek** sein Beileid aussprechen **2.** (*ücret*) Lohn *m* **3.** (*kimse*) Lohnarbeiter(in) *m(f)* **4.** (*işçi*) Arbeiter(in) *m(f)*

ecri *s poss von* **ecir**

eczacı *s* Apotheker(in) *m(f)*

eczahane *s* Apotheke *f*

eczane *s s.* **eczahane**

edat *s* (LING: *ilgeç*) Partikel *f*

edebi *s poss von* **edep**

edebî *adj* literarisch

edebiyat *s* **1.** (*yazın*) Literatur *f* **2.** (*fig: boş sözler*) Phrasen; ~ **yapmak** Phrasen dreschen; **edebiyat bilimi** *s* Literaturwissenschaft *f*

edebiyatçı *s* **1.** Literat(in) *m(f)* **2.** (SCHULE) Literaturlehrer(in) *m(f)*

edebiyat dergisi *s* Literaturzeitschrift *f*; **edebiyat çığırı** *s* Literaturepoche *f*; **edebiyat tarihi** *s ohne Pl* Literaturgeschichte *f*; **edebiyat türü** *s* Literaturgattung *f*

edep *s ohne Pl* <-bi> Anstand *m*

edepli *adj* anständig

edeplilik *s ohne Pl* <-ği> Anständigkeit *f*

edepsiz *adj* unanständig

edepsizlik *s ohne Pl* <-ği> Unanständigkeit *f*

edep yeri *s* Schamgegend *f*

edilgen *adj* (LING) passivisch

edilgenleştirme *s Verbalsubstantiv zu* **edilgenleştirmek**

edilgenleştirmek *vt* (LING) passivisch konstruieren

edilgenlik *s* <-ği> (LING) Passiv *m*, Passivform *f*

edilgin *adj* passiv

edilginlik *s ohne Pl* <-ği> Passivität *f*

edilmek *vi pass von* **etmek**: **ona yardım edildi** ihm ist geholfen worden; **onlarla münakaşa edildi** mit ihnen ist diskutiert worden

edim *s* **1.** Leistung *f* **2.** Tat *f* **3.** Entgelt *nt*

edinim *s* Erwerb *m*

edinme *s* **1.** *Verbalsubstantiv zu* **edinmek** **2.** Erwerb *m*

edinmek *vt* **1.** (*iktisap etmek*) erwerben, sich aneignen; **bilgi** ~ Kenntnisse erwerben, sich Wissen aneignen; **kötü alışkanlıklar** ~ sich schlechte Gewohnheiten aneignen **2.** (*kazanmak*) gewinnen; **dost** ~ Freunde gewinnen

edinti *s* Erwerbung *f*

edip *s* <-bi> Literat(in) *m(f)*; (*yazar*) Autor(in) *m(f)*

edisyon *s* Edition *f*

edit etmek *vt* (INFORM) editieren

editör *s* **1.** (PUBL) Editor(in) *m(f)* **2.** (INFORM) Editor *m*

efekt *s* (TV, FILM, INFORM) Effekt *m*

efemine *adj* weiblich; (*fam*) tuntig

efendi **I.** *s* **1.** Herr *m* **2.** **bey**~ gnädiger Herr; **hanım**~ gnädige Frau **II.** *interj* mein Herr

efendim *interj* **1.** (*buradayım*): ~**!** hier (bin ich)! **2.** ~**?** (wie) bitte? **3.** (*nezaketen*): **haklısınız,** ~ Sie haben Recht, mein Herr; (*bayana*) Sie haben Recht, meine Dame

Efes *s* Ephesus *nt*

Efesli *s* (HIST) Epheser(in) *m(f)*

efkâr[1] *s Pl s.* **fikirler** Meinungen *fpl*

efkâr[2] *s* **1.** (*fam*) Kummer *m* **2.** (*kamuoyu*) öffentliche Meinung

efkârıumumiye *s s.* **kamuoyu** öffentliche Meinung

efor *s* Anstrengung *f*

efsane *s* Legende *f*, Sage *f*

efsanevî *adj* legendär, sagenhaft

Ege **I.** *s* Ägäis *f* **II.** *adj* ägäisch; ~ **Denizi** das Ägäische Meer

egemenlik *s* <-ği> Herrschaft *f*, Souveränität *f*; **egemenlik hakkı** *s* Hoheitsrecht *nt*

egoist **I.** *s* Egoist(in) *m(f)* **II.** *adj* egoistisch

egoistlik *s ohne Pl* <-ği> Egoismus *m*

egoizm *s ohne Pl* (PHILOS) Egoismus *m*

egotizm *s ohne Pl* Egotismus *m*

egzersiz *s* Übung *f*, Training *nt*; ~ **yapmak** trainieren

egzistansiyalist *s* (PHILOS: *varoluşçu*) Exis-

tenzialist(in) *m(f)*
egzistansiyalizm *s ohne Pl* <-ğu> (PHILOS: *varoluşçuluk*) Existenzialismus *m*
egzogami *s s.* **dış evlilik** Exogamie *f*
egzotik *adj* exotisch; (*yabancıl*) fremdländisch
egzoz *s* (AUTO) Auspuff *m*
egzoz borusu *s* (AUTO) Auspuffrohr *nt;* **egzoz gazı** *s* (AUTO) Abgas *nt;* **egzoz gazları** *s Pl* (AUTO) Auspuffgase *pl,* Autoabgase *pl;* **egzoz katalizatörü** *s* (AUTO) Abgaskatalysator *m*
eğe *s* Feile *f*
eğeleme *s Verbalsubstantiv zu* **eğelemek**
eğelemek *vt* feilen
eğik *adj* **1.** schief **2.** (TYPO: *italik*) kursiv; **eğik yazı** *s* (TYPO: *italik yazı*) Kursivschrift *f*
eğilim *s* Neigung *f,* Tendenz *f,* Hang *m;* **bir şeye ~i olmak** einen Hang zu etw haben
eğimölçer *s* Gefällemesser *m;* (*klinometre*) Klinometer *nt*
eğinti *s* (TECH) Feilspäne *pl*
eğitim *s* Erziehung *f;* (*meslek ~i*) Ausbildung *f;* (*personel ~i*) Schulung *f;* **okul öncesi ~** vorschulische Erziehung
eğitme *s Verbalsubstantiv zu* **eğitmek**
eğitmek *vt* **1.** (*insan*) erziehen; (*çırak*) ausbilden; (*elemanlar*) schulen **2.** (*hayvan*) dressieren
eğitmen *s* Ausbilder(in) *m(f)*
eğlence *s* Vergnügen *nt*
eğlenceli *adj* unterhaltsam, lustig
eğlence parkı *s* Vergnügenspark *m;* **eğlence semti** *s* Vergnügensviertel *nt*
eğlendirme *s Verbalsubstantiv zu* **eğlendirmek**
eğlendirmek *vt* belustigen
eğlenme *s* **1.** *Verbalsubstantiv zu* **eğlenmek** **2.** Vergnügen *nt,* Belustigung *f;* **~m için** zu meiner Belustigung
eğlenmek *vi* sich amüsieren, sich vergnügen
eğme *s Verbalsubstantiv zu* **eğmek**
eğmek *vt* beugen; **başını ~** den Kopf beugen
eğrelti *s,* **eğrelti otu** *s* (BOT) Wurmfarn *m*
eğri **I.** *s* (*a.* MATH: *uzay ~si*) Kurve *f* **II.** *adj* (*a.* MATH) krumm
eğri bacaklı *adj* (*paytak*) krummbeinig
eğrice *s* (*reg: sığır sineği*) Bremse *f*
eğri kılıç *s* <-cı> Krummschwert *nt*
eğrilik *s* <-ği> (*a.* MATH) Krümmung *f;* **eğrilik çemberi** *s* (MATH) Krümmungskreis *m;* **eğrilik yarıçapı** *s* (MATH) Krümmungsradius *m*
e hâli *s* (LING: *yönelme durumu*) Dativ *m,* Wemfall *m*
ehemmiyet *s ohne Pl s.* **önem** Relevanz *f,* Wichtigkeit *f,* Belang *m,* Erheblichkeit *f*
ehlî *adj* zahm
ehlihibre *s s.* **bilirkişi** Sachverständige(r) *mf*
ehlîleşme *s Verbalsubstantiv zu* **ehlîleşmek**
ehlîleşmek *vi* zahm werden
ehlîleştirilme *s* **1.** *Verbalsubstantiv zu* **ehlîleştirilmek** **2.** Zähmung *f*
ehlîleştirilmek *vi pass von* **ehlîleştirmek**
ehlîleştirme *s* **1.** *Verbalsubstantiv zu* **ehlîleştirmek** **2.** Zähmung *f*
ehlîleştirmek *vt s.* **evcilleştirmek** zähmen
ehlisalip <-bi> *s* (HIST: *Haçlılar*) Kreuzfahrer *mpl*
ehlivukuf *s s.* **bilirkişi** Sachverständige(r) *mf*
ehliyet *s* (*sürücü belgesi*) Führerschein *m;* **~ yapmak** den Führerschein machen; **ehliyet sahibi** *s* Führerscheininhaber(in) *m(f)*
ehram *s* (*a.* MATH: *piramit*) Pyramide *f*
ehvenişer *s* das kleinere Übel
ejderha *s* Drache *m;* **~ ateş püskürdü/püskürüyor** der Drache spie/speit Feuer
ek *s* **1.** (*mektupta*) Anlage *f* **2.** (PUBL: *gazete, dergi ~i*) Beilage *f* **3.** (LING) Affix *nt;* **ön ~** Präfix *nt;* **son ~** Suffix *nt;* **ek bileziği** *s* (TECH: *manşon*) Muffe *f;* **ek bütçe** *s* (WIRTSCH) Nachtragshaushalt *m*
ekim[1] *s* Oktober *m*
ekim[2] *s ohne Pl* (AGR) Anbau *m;* **ekim alanı** *s* (AGR) Anbaufläche *f*
Ekim İhtilâli *s ohne Pl* (HIST, POL) Oktoberrevolution *f*
ekin *s* (AGR) Saat *f,* Saatgut *nt*
ekinci *s* (*reg: çiftçi*) Bauer *m*
ekincilik *s ohne Pl* <-ği> Getreidebau *m;* (*tarım*) Landwirtschaft *f*
ekin kargası *s* (ZOOL) Saatkrähe *f*
ekinlik *s* <-ği> (AGR) Anbaufläche *f*
ekip *s* <-bi> Mannschaft *f,* Truppe *f*
ekipman *s* Apparatur *f,* Equipment *nt*
eklem *s* Gelenk *nt;* **eklem bacaklılar** *s* (ZOOL) Gliederfüßer *mpl*
ekleme *s Verbalsubstantiv zu* **eklemek**
eklemek *vt* hinzufügen
eklem romatizması *s ohne Pl* Gelenkrheumatismus *m*
ekler *s* (GASTR) Eclair *nt*
ekme *s Verbalsubstantiv zu* **ekmek**[1]
ekmek[1] *vt* **1.** säen; **rüzgâr eken fırtına biçer** (*prov*) wer Wind sät, wird Sturm ernten **2.** (*sebze ~*) anbauen
ekmek[2] *s* <-ği> **1.** Brot *nt;* **bir somun ~** ein Laib Brot; **birinin ekmeğine yağ sürmek** (*fam*) Wasser auf jds Mühle gießen **2.** (*iş, kazanç*) Existenz *f;* (*geçim*) Lebensunterhalt *m;* **ekmeğini kazanmak** sich

E

sein Brot verdienen, sich seinen Lebensunterhalt verdienen **3.** (*fam: yemek*) Brot *nt;* **ekmek bıçağı** *s* Brotmesser *nt;* **ekmek kırığı** *s* Brotkrume *f;* **ekmek kırıntısı/ufağı** *s* Brotkrümel *m*
eko *s* (*yankı*) Echo *nt*
ekol *s* <-ü> (*okul*) Schule *f*
ekoloji *s ohne Pl* Ökologie *f*
ekolojik *adj* ökologisch
ekolojist *s* Ökologe, -in *m, f*
ekonomik *adj* wirtschaftlich
ekonomik ambargo *s* Wirtschaftsembargo *nt;* **ekonomik indeks** *s* (WIRTSCH) Konjunkturindex *m*
ekonomiklik *s ohne Pl* <-ği> Wirtschaftlichkeit *f*
ekonomik mevki *s* Economyklasse *f;* **ekonomik sistem** *s* (WIRTSCH) Wirtschaftssystem *nt*
ekonomi politik *s ohne Pl* <-ği> Volkswirtschaftslehre *f;* **ekonomi siyaseti** *s* Wirtschaftspolitik *f*
ekran *s* (TV, INFORM) Bildschirm *m;* **ekran koruyucu** *s* (INFORM) Bildschirmschoner *m;* **ekran metni** *s* (TV, TEL, INFORM) Bildschirmtext *m*
eksantrik mili *s* (TECH) Nockenwelle *f*
eksen *s* Achse *f;* **kendi ~i etrafında dönmek** sich um die eigene Achse drehen
ekseriyet *s s.* **çoğunluk, çokluk** Mehrheit *f*
eksik *adj:* **bir bu ~ti!** auch das noch!; **burada bir şey ~** hier fehlt etw
eksiklik *s* <-ği> Mangel *m*
eksilti *s* (LING) Ellipse *f*
eksiltili *adj* (LING) elliptisch
ekskavatör *s* (TECH) Bagger *m*
eksper *s* Experte, -in *m, f*
ekspertiz *s* Begutachtung *f;* **ekspertiz raporu** *s* Expertise *f,* Expertengutachten *nt*
ekspoze *s* Exposé *nt,* Exposee *nt*
ekspozisyon *s* (*sergi*) Ausstellung *f*
ekspres **I.** *s* **1.** (*ohne Pl*) Express *m;* **~ ile** per Express **2.** (*tren*) Eilzug *m,* Schnellzug *m* **II.** *adj* schnell, eilig; **ekspres mektup** *s* <-bu> Eilbrief *m;* **ekspres temizleme** *s* Expressreinigung *f;* **ekspres yol** *s* Schnellstraße *f;* (*Schweiz*) Expressstraße *f*
ekspresyonist **I.** *s* Expressionist(in) *m(f)* **II.** *adj* expressionistisch
ekspresyonizm *s ohne Pl* <-ğu> Expressionismus *m*
ekstasi *s* Ecstasy *f*
ekstra *adj* extra
ekstre *s* **1.** (FIN: *hesap özeti*) Kontoauszug *m* **2.** (*öz, hulâsa*) Extrakt *m*
ekşi *adj* sauer
ekşikulak *s* <-ğı> (*reg: kuzukulağı*) Sauerampfer *m*
ekşi kiraz *s s.* **vişne** Sauerkirsche *f*
ekşime *s Verbalsubstantiv zu* **ekşimek**
ekşimek *vi* sauer werden
ekşimik *s* <-ği> (*reg: çökelek*) Quark *m*
ekşimsi *adj* säuerlich
ekşimtırak *adj* säuerlich; (*az ekşi*) leicht sauer
ekşitme *s Verbalsubstantiv zu* **ekşitmek**
ekşitmek *vt:* **suratını ~** eine saure Miene machen [*o* ziehen]
ekşi yonca *s ohne Pl* (BOT) Sauerklee *m;* **ekşi yoncagiller** *s Pl* (BOT) Sauerkleegewächse *pl*
ekü *s* (FIN) *s.* **European Currency Unit** (**Avrupa Para Birimi**) Ecu *m, European Currency Unit* (*europäische Währungseinheit*)
Ekvador **I.** *s* Ecuador *nt* **II.** *adj* ecuadorianisch; **~ hükûmeti** die ecuadorianische Regierung
Ekvadorlu **I.** *s* Ecuadorianer(in) *m(f)* **II.** *adj* ecuadorianisch; **~ erkekler/kadınlar** ecuadorianische Männer/Frauen
ekvator *s ohne Pl* (GEO) Äquator *m*
ekvatoral *adj* (GEO) äquatorial
ekzotermik *adj* (PHYS, CHEM: *endotermik karşıtı*) exotherm; **~ tepkimeler** exotherme Reaktionen
el[1] *s* **1.** Hand *f;* **~ ~e** Hand in Hand; **~ çırpmak** in die Hände klatschen; **bir şeyi ~ altından satmak** etw unter der Hand verkaufen; **~den ağıza yaşamak** von der Hand in den Mund leben; **~den çıkmak** abhanden kommen; **bir şeyi ~e almak** (*fig*) etw in die Hand nehmen, etw anpacken, etw ergreifen; **~i ayağı yatağa bağlı olmak** (*fam fig*) ans Bett gefesselt sein; **~im kolum bağlı** (*fam fig*) mir sind die Hände gebunden; **bir şeyi ~ine almak** etw in [*o* auf] die Hand nehmen; **birinin ~ine su dökemez olmak** (*fig*) jdm nicht das Wasser reichen können; **bir şeyde ~ini çabuk tutmak** (*fam*) mit etw schnell bei der Hand sein; **~ini kolunu sallaya sallaya** mit leeren Händen; **birinin ~ini sıkmak** jdm die Hand schütteln; **bir şeyden ~ini ayağını çekmek** sich zurückziehen von etw; **birine ~ini uzatmak** jdm die Hand reichen; **bir ~ bir ~i yıkar, iki ~ bir yüzü yıkar** (*prov*) eine Hand wäscht die andere; **birinci/ikinci ~den** aus erster/zweiter Hand; **çek ~ini!** Hände weg!; **sol/sağ ~(de)** linke(r)/rechte(r) Hand **2.** (*güç*) Macht *f;* **~inden geleni yapmak** alles tun, was in seiner Macht steht, sein Bestes geben; **~inden gelmek** können; **~inden gelmemek** nicht anders können **3.** (*iskambilde*): **iyi bir ~i olmak** ein gutes Blatt (auf der Hand) haben

el² *s* **1.** (*yabancı*) Fremde(r) *mf;* ~ **için çukur** [*o* **kuyu**] **kazan, kendisi içine düşer** (*prov*) wer andern eine Grube gräbt, fällt selbst hinein; ~ **kazanıyla aş kaynatmak** (*fig*) sich mit fremden Federn schmücken **2.** (*ülke*) Land *nt;* (*yurt*) Heimat *f* **3.** (*halk*) Volk *nt* **4.** (*reg: aşiret*) Volksstamm *m*

elâ *adj* gelblich braun

el açıklığı *s ohne Pl* (*cömertlik*) Großzügigkeit *f;* **el aleti** *s* Handwerkzeug *nt;* **el arabası** *s* Schubkarren *m*

elâstik *adj,* **elâstikî** *adj* elastisch

elâstikiyet *s* <-ği> Elastizität *f*

el ayası *s* Handteller *m;* **el bezi** *s* Handtuch *nt*

elbise *s* Anzug *m*

el bombası *s* Handgranate *f;* **el çabukluğu** *s ohne Pl* Fingerfertigkeit *f;* **el çantası** *s* Handtasche *f*

elçi *s* **1.** (SEFIR) Botschafter(in) *m(f)* **2.** (*devleti temsil eden*) Gesandte(r) *mf* **3.** (*iş bitirmek için gönderilen*) Abgesandte(r) *mf* **4.** (*peygamber*) Prophet *m*

elçilik *s* <-ği> Gesandtschaft *f*

eldeci *s* Besitzer(in) *m(f)*

el değmemiş *adj* unberührt; **el değmemişlik** *s ohne Pl* <-ği> Unberührtheit *f*

eldiven *s* Handschuh *m*

el duşu *s* Handbrause *f*

eleğimsağma *s s.* **gök kuşağı** Regenbogen *m*

eleji *s* (LIT) Elegie *f*

elek *s* <-ği> Sieb *nt;* **büyük/küçük delikli** ~ ein grobes/feines Sieb; **bir şeyi** ~**ten geçirmek** etw aussieben, etw durch das Sieb gießen

elektör prens *s* (HIST) Kurfürst *m*

elektrik I. *s* <-ği> **1.** (PHYS: *enerji türü*) Elektrizität *f;* ~ **vermek** mit Elektrizität versorgen **2.** Elektrik *f* **3.** (*aydınlanma*) Strom *m;* ~ **kesildi** der Strom ist ausgefallen; ~ **vermek** mit Strom versorgen **II.** *adj* elektrisch; ~ **akımı** elektrischer Strom; ~ **enerjisi** elektrische Energie; ~ **yüklü** elektrisch geladen

elektrik çarpması *s* Stromstoß *m*

elektrikçi *s* Elektriker(in) *m(f)*

elektrik dağıtımı *s ohne Pl* Stromversorgung *f;* **elektrik devresi** *s* Stromkreis *m;* **elektrik fabrikası** *s* Elektrizitätswerk *nt;* **elektrik faturası** *s* Stromrechnung *f;* **elektrik fırını** *s* Elektroherd *m;* **elektrik kablosu** *s* Stromkabel *nt*

elektriklendirme *s Verbalsubstantiv zu* **elektriklendirmek**

elektriklendirmek *vt* **1.** mit Strom versorgen **2.** (*a. fig*) elektrifizieren

elektrikli *adj* elektrisch; ~ **sandalye** elektrischer Stuhl

elektrikli ısıtıcı *s* Heizstrahler *m*

elektrik mühendisi *s* Elektroingenieur(in) *m(f);* **elektrik ocağı** *s* Elektroherd *m;* **elektrik santrali** *s* Elektrizitätswerk *nt;* **elektrik sarfiyatı** *s ohne Pl* Stromverbrauch *m;* **elektrik süpürgesi** *s* Staubsauger *m;* **elektrik şebekesi** *s* Stromnetz *nt;* **elektrik tüketimi** *s ohne Pl* Stromverbrauch *m*

elektrolit *s* (PHYS, CHEM) Elektrolyt *m*

elektroliz *s* (PHYS, CHEM) Elektrolyse *f*

elektromobil *s* Elektroauto *nt*

elektron *s* (PHYS) Elektron *nt*

elektronik I. *s ohne Pl* <-ği> Elektronik *f* **II.** *adj* elektronisch; ~ **bilgi işlem** elektronische Datenverarbeitung; ~ **müzik** elektronische Musik; **elektronik beyin** *s s.* **bilgisayar** Computer *m*

elektron mikroskobu *s* (TECH) Elektronenmikroskop *nt*

elektroşok *s* (MED) Elektroschock *m*

eleman *s* **1.** (*öge, unsur*) Komponente *f;* (*yapı* ~*ı*) Element *nt* **2.** (*çalışanların her biri*) Mitarbeiter(in) *m(f)* **3.** (MATH) Element *nt;* **bir kümenin** ~**ları** die Elemente einer Menge

eleme *s* **1.** *Verbalsubstantiv zu* **elemek** **2.** (SPORT) Ausscheidung *f*

elemek *vt* eliminieren

eleme karşılaşması *s* (SPORT) Ausscheidungskampf *m*

element *s* (CHEM) Element *nt,* Grundstoff *m;* **radyoaktif** ~ radioaktives Element

elenme *s Verbalsubstantiv zu* **elenmek**

elenmek *vi* **1.** *pass von* **elemek** **2.** (SPORT) ausscheiden

eleştiri *s* Kritik *f;* **sert/yapıcı** ~ eine scharfe/konstruktive Kritik

eleştirme *s* **1.** *Verbalsubstantiv zu* **eleştirmek** **2.** Kritik *f*

eleştirmek *vt* kritisieren

elezer I. *s* Sadist(in) *m(f)* **II.** *adj* sadistisch

elezerlik *s ohne Pl* <-ği> Sadismus *m*

el falı *s ohne Pl:* **birinin** ~**na bakmak** jdm aus der Hand lesen; **el freni** *s* Handbremse *f;* ~**ni çekmek** die Handbremse ziehen; **el havlusu** *s* Handtuch *nt*

eli açık *adj* gebefreudig; (*cömert*) großzügig; **eli çabuk** *adj* fingerfertig, flink

elifba *s s.* **alfabe** Alphabet *nt*

elik *s* <-ği> (ZOOL: *dağ keçisi*) Gämse *f*

elîm *adj* (*acınacak*) bedauernswert; (*acıklı*) tragisch; **bu** ~ **kazadan sonra** nach diesem tragischen Unfall

eli maşalı *adj* zänkisch

elips *s* (MATH) Ellipse *f*

eliptik *adj* <-ği> (MATH) elliptisch

el işareti *s* Handzeichen *nt*

elit I. *s* Elite *f* **II.** *adj* elitär

eli yüzü düzgün *adj* ansehenlich

el kitabı *s* Handbuch *nt;* **el kremi** *s* Handcreme *f*

ellili *adj:* ~ **yıllar** die fünfziger Jahre; ~ **yıllarda** in den fünfziger Jahren

ellilik *adj* **1.** (*içinde elli tane bulunan*) fünfziger **2.** (*elli yaşında olan*) fünfzigjährig; *s. a.* **altmışlık**

ellinci *adj* fünfzigste(r, s)

ellişer *adj* je fünfzig; *s. a.* **altmışar**

elma *s* (BOT) Apfel *m;* **kepekli bir** ~ ein mehliger Apfel; **bir/yarım** ~**nın yarısı o, yarısı bu** (*fam fig*) sich gleichen wie ein Ei dem anderen; **elma ağacı** *s* Apfelbaum *m*

elmacık kemiği *s* (ANAT) Jochbein *nt,* Backenknocken *m*

elma ezmesi *s ohne Pl* Apfelmus *nt*

elmalı pasta *s* Apfelkuchen *m*

elmas *s* Diamant *m*

elma suyu *s* Apfelsaft *m*

elmas yüzük *s* <-ğü> Diamantring *m*

elma şarabı *s* Apfelwein *m;* **elma şırası** *s* Apfelmost *m*

El Salvador *s* El Salvador *nt*

el sanatları *s Pl* Kunstgewerbe *nt,* Kunsthandwerk *nt*

Elsas **I.** *s* Elsass *nt* **II.** *adj* elsässisch

Elsaslı **I.** *s* Elsässer(in) *m(f)* **II.** *adj* elsässisch

Elsas-Lotringen *s* Elsass-Lothringen *nt*

el yazısı *s* Handschrift *f;* **el yazması** *adj* handgeschrieben

elzem *adj* unumgänglich

emanet *s* **1. birine bir şeyi** ~ **vermek** jdm etw zu treuen Händen übergeben **2.** Gepäckaufbewahrung *f*

emare *s* Anzeichen *nt,* Ansatz *m;* (*iz*) Spur *f*

emarecik *s* <-ği> Anflug *m,* Hauch *m;* (*küçük iz*) winzige Spur, leise Spur

emay *s* Email *nt*

emaye *s* Emaille *f*

emaylama *s Verbalsubstantiv zu* **emaylamak**

emaylamak *vt* emaillieren

embriyon *s* (MED, BIOL) Embryo *m*

emdirme *s Verbalsubstantiv zu* **emdirmek**

emdirmek *vt* stillen

emekleme *s Verbalsubstantiv zu* **emeklemek**

emeklemek *vi* krabbeln

emekleme yaşı *s* Krabbelalter *nt*

emekli *s* Rentner(in) *m(f)*

emeklilik yaşı *s* Rentenalter *nt*

emik[1] *s* <-ği> **1.** (*fam*) Knutschfleck *m* **2.** (*reg: beyin*) Hirn *nt*

emik[2] *s* <-ği> (*reg*) *s.* **imik** Hals *m;* (*gırtlak*) Kehle *f*

emin *adj* **1.** (*inanılır*) vertrauenswürdig; (*güvenilir*) zuverlässig **2.** (*emniyetli*) sicher

emir *s* <-mri> Befehl *m*

emircik *s* <-ği> (ZOOL: *yalıçapkını*) Eisvogel *m*

emir cümlesi *s* (LING) Befehlssatz *m,* Imperativsatz *m*

emir kipi *s* (LING) Imperativ *m,* Befehlsform *f*

emirlik *s* <-ği> Emirat *nt;* **Birleşik Arap E~leri** Vereinigte Arabische Emirate

emisyon *s* (FIN, PHYS) Emission *f*

emişme *s* (*fam*) **1.** *Verbalsubstantiv zu* **emişmek** **2.** Knutscherei *f*

emişmek *vi* (*fam*) knutschen

emlâk *s* <-ki> Grundbesitz *m;* **emlâk alım vergisi** *s* (FIN) Grunderwerb(s)steuer *f*

emlâkçi *s* Grundstücksmakler(in) *m(f)*

emlâk sahibi *s* Grundbesitzer(in) *m(f)*

emlâk vergisi *s* (FIN) Grundsteuer *f*

emme *s* **1.** *Verbalsubstantiv zu* **emmek** **2.** (*soğurma*) Absorption *f* **3.** (*çekiş*) Sog *m;* **emme borusu** *s* Ansaugrohr *nt*

emmeç *s* <-ci> (PHYS: *aspiratör*) Aspirator *m*

emme filtresi *s* Ansaugfilter *m*

emmek <-er> *vt* **1.** saugen, ansaugen **2.** lutschen; **başparmağını** ~ am Daumen lutschen **3.** (*soğurmak*) aufsaugen, absorbieren

emmi oğlu *s* **1.** (*amca oğlu*) Vetter *m,* Cousin *m, väterlicherseits* **2.** (*teklifsiz dost*) Duzfreund *m*

emniyet *s* Sicherheit *f;* **emniyet kemeri** *s* (AUTO, AERO) Sicherheitsgurt *m;* **emniyet kilidi** *s* Sicherheitsschloss *nt;* **emniyet supabı** *s s.* **güvenlik vanası** (TECH) Sicherheitsventil *nt*

emperyalist **I.** *s* Imperialist(in) *m(f)* **II.** *adj* imperialistisch

emperyalizm *s ohne Pl* Imperialismus *m*

empresyonist **I.** *s* Impressionist(in) *m(f)* **II.** *adj* impressionistisch

empresyonizm *s ohne Pl* Impressionismus *m*

emprezaryo *s* (THEAT) Impresario *m*

emprime **I.** *s* bedruckter Stoff; **çiçekli bir** ~ ein mit Blumen bedruckter Stoff **II.** *adj* bedruckt; ~ **ipekli** bedruckter Seidenstoff

emretme *s Verbalsubstantiv zu* **emretmek**

emretmek *vi* befehlen; **emredersin(iz)**! zu Befehl!

emri *s poss von* **emir**

emrihak *s ohne Pl* <-kkı> (*ölüm*) Tod *m;* ~ **vaki olmak** abgerufen werden; (*ölmek*) sterben

emsalsiz *adj* einzigartig, einmalig

emsalsizlik *s ohne Pl* <-ği> Einzigartigkeit *f*

emtia *s Pl s.* **mallar** Waren *fpl*

emu *s* (ZOOL) Emu *m*

emval <-li> *s Pl s.* **mallar** Güter *ntpl*

emzik *s* <-ği> Schnuller *m;* **emzik ağırşa-**

ğı *s* Schnullerring *m*

en¹ *s* Breite *f;* ~**inde sonunda** (*ne zaman olsa*) über kurz oder lang; (*en sonda*) schließlich

en² *adv* **1.** am; ~ **az/çok/fenası/hızlı** am wenigsten/meisten/schlimmsten/schnellsten; ~ **iyisi/kötüsü/sık** am besten/schlimmsten/häufigsten; ~ **azından dört kere telefon ettim** ich habe wenigstens viermal angerufen; **bence** ~ **iyisi, hemen benimle gelmen** ich halte es für das Beste, du kommst gleich mit **2.** ganz; ~ **arkada/önde** ganz hinten/vorn

enayi *adj* (*fam pej*) einfältig; **enayi dümbeleği** *s* (*fam pej*) Einfaltspinsel *m*

enayilik *s ohne Pl* <-ği> Einfalt *f*

en azından *adv* wenigstens, mindestens; (*hiç olmazsa*) wenigstens, zumindest; ~ **dört kere telefon ettim** ich habe mindestens vier Mal angerufen

endaze *s* Elle *f*

endeks *s* (*a. indeks*) Index *m*

endeksleme *s* **1.** *Verbalsubstantiv zu* **endekslemek** **2.** Indexierung *f*

endekslemek *vt* **1.** indexieren **2.** (*fig*) knüpfen (*-e* an); **beklentileri bir şeye** ~ Erwartungen an etw knüpfen

endeksli *adj* Index-, indexiert; **bir şeye** ~ **olmak** (*fig*) sich richten nach etw

endeksli para *s* (WIRTSCH) Indexwährung *f*

endişe *s* Besorgnis *f;* **endişe verici** *adj* besorgniserregend

endoskop *s* <-bu> (MED) Endoskop *nt;* **endoskopi** *s* (MED) Endoskopie *f*

endotermik *adj* (PHYS, CHEM: *ekzotermik karşıtı*) endotherm; ~ **tepkimeler** endotherme Reaktionen

endüksiyon *s* (PHILOS: *tüme varım*) Induktion *f; s. a.* **dedüksiyon**

Endülüs **I.** *s* Andalusien *nt* **II.** *adj* andalusisch

Endülüslü **I.** *s* Andalusier(in) *m(f)* **II.** *adj* andalusisch

endüstri *s* Industrie *f; s. a.* **sanayi**

endüstrileşme *s* Industrialisierung *f*

endüstriyalizm *s ohne Pl* Industrialismus *m*

endüstriyel *adj* industriell

enek *adj* <-ği> (*reg*) kastriert

eneme *s* **1.** *Verbalsubstantiv zu* **enemek** **2.** Kastrierung *f,* Kastration *f*

enemek *vt* kastrieren, kappen

enerji *s* **1.** Energie *f;* ~**den tasarruf etmek** an Energie sparen; **kinetik** ~ kinetische Energie, Bewegungsenergie *f* **2.** (*fam fig*) Kraft *f;* **enerji ihtiyacı** *s ohne Pl* Energiebedarf *m*

enerjik *adj* <-ği> **1.** energisch **2.** (*güçlü ve hareketli*) vital; ~ **bir insan** ein vitaler Mensch

enerji kaynağı *s* Energiequelle *f;* **enerji kazanma** *s* Energiegewinnung *f*

enerjiklik *s ohne Pl* <-ği> Vitalität *f*

enerji krizi *s* (WIRTSCH) Energiekrise *f;* **enerji tasarrufu** *s ohne Pl* Energiesparen *nt;* **enerji tüketimi** *s ohne Pl* Energieverbrauch *m*

en erken *adv* frühestens, allerfrühestens

enfarktüs *s* (MED) Infarkt *m*

enfeksiyon *s* (MED) Infektion *f,* Ansteckung *f*

enfiye *s* (*burun otu*) Schnupftabak *m;* ~ **çekmek** schnupfen; **enfiye kutusu** *s* Schnupftabak(s)dose *f*

enflâsyon *s* (WIRTSCH) Inflation *f;* **enflâsyon oranı** *s* (WIRTSCH) Inflationsrate *f*

enflüanza *s* Influenza *f*

engebe *s* (GEO) Unebenheit *f;* **arazinin** ~**leri** die Unebenheiten des Geländes

engebeli *adj* uneben, holperig

engebelik <-ği> *s* (GEO) Unebenheit *f*

en geç *adv* spätestens, allerspätestens; ~ **iki hafta içinde** spätestens in zwei Wochen

engel *s* (*a.* SPORT) Hindernis *nt,* Hürde *f;* **bir** ~**i aşmak** ein Hindernis überwinden

engelleme *s* **1.** *Verbalsubstantiv zu* **engellemek** **2.** Behinderung *f*

engellemek *vt* (be)hindern

engelleyici neden *s* Hinderungsgrund *m*

engelli *s* Behinderte(r) *mf;* **engelli at yarışı** *s* Hindernisrennen *nt;* **engelli koşu** *s* (SPORT) Hindernislauf *m;* (*110 m* ~) Hürdenlauf *m;* **engelli sporu** *s ohne Pl* Behindertensport *m*

engerek *s* <-ği> Kreuzotter *f*

enginar *s* (BOT, GASTR) Artischocke *f*

engizisyon *s* (HIST) Inquisition *f*

enikleme *s Verbalsubstantiv zu* **eniklemek**

eniklemek *vt* (*fam: kedi, köpek için*) werfen, gebären

enine boyuna *adv* groß und breit; **bana onu** ~ **anlattı** (*fam*) er hat es mir lang und breit erzählt; **enine kiriş** *s* (ARCH) Querbalken *m*

enişte *s* **1.** (*kız kardeşin kocası*) Schwager *m* **2.** (*teyzenin kocası*) Onkel *m*

enjeksiyon *s* Injektion *f*

enjektör *s* Injektor *m;* (*iğne*) Spritze *f*

enkaz *s* (*bina için*) Trümmer *pl;* (*yıkıntı*) Ruine *f;* (*döküntü*) Schutt *m;* (*gemi için*) Wrack *nt*

enlem *s* (GEO: *arz derecesi*) Breitengrad *m*

enlem dairesi *s* (GEO: *arz dairesi*) Breitenkreis *m*

enli *adj* (*geniş*) breit

ense *s* Nacken *m;* ~ **yapmak** (*fam*) faulenzen; **birinin** ~**sine binmek** jdm im Nacken sitzen; **birinin** ~**sinde boza pişir-**

mek (*fig*) mit jdm Schindluder betreiben

enseleme *s Verbalsubstantiv zu* **enselemek**

enselemek *vt* (*fam: yakalamak*) schnappen, erwischen; **polis hırsızı enseledi** die Polizei hat den Dieb geschnappt

ensesi kalın **I.** *s:* ~ **olmak** einen unbeugsamen Nacken haben, einen unbeugsamer Mensch sein **II.** *adj* (*sözü geçer*) einflussreich; (*güçlü*) machtvoll, mächtig

ensiz *adj* (*dar*) eng

en sonunda *adv* endlich

enstantane **I.** *s* **1.** Momentaufnahme *f* **2.** (~ *fotoğraf*) Schnappschuss *m* **II.** *adj* (*bir anda olan*) momentan; **enstantane fotoğraf** *s* Schnappschuss *m*

enstitü *s* Institut *nt*

enstrüman *s* (MUS: *çalgı*) Instrument *nt*

enstrümantal *adj* (*mus*) instrumental

enstrümantalizm *s ohne Pl* <-ğı> Instrumentalismus *m*

enstrümantal müzik *s ohne Pl* <-ği> (*mus*) Instrumentalmusik *f*

ensülin *s ohne Pl* (MED) Insulin *nt*

entari *s* Gewand *nt*

entegrasyon *s* Integration *f*

entegre *adj* integriert; ~ **etmek** integrieren

entel *s* (*pej*) Intelligenzler(in) *m(f)*

entelekt *s ohne Pl* Intellekt *m*

entelektüalizm *s ohne Pl* (PHILOS) Intellektualismus *m*

entelektüel **I.** *s* Intellektuelle(r) *mf* **II.** *adj* intellektuell

entel kadın *s* (*pej*) Blaustrumpf *m*

enteresan *adj* interessant

enteresanlık *s ohne Pl* <-ğı> Interessantheit *f*

enternasyonal *adj* (*uluslar arası*) international

enternasyonalizm *s ohne Pl* Internationalismus *m*

enter tuşu *s* (INFORM) Enter-Taste *f*

entrika *s* Intrige *f;* ~ **çevirmek** Intrigen spinnen [*o* einfädeln], intrigieren; ~**ya kurban gitmek** einer Intrige zum Opfer fallen

entrikacı **I.** *s* Intrigant(in) *m(f)* **II.** *adj* intrigant

envaiçeşit *s* <-di> Mannigfaltigkeit *f*

envaiçeşitli *adj,* **envaitürlü** *adj* mannigfaltig

envestisman *s* Investment *nt;* (*yatırım*) Investition *f*

enzim *s* Enzym *nt*

eosen *s ohne Pl* (GEO) Eozän *nt*

epe *s* Degen *m*

epey *adv* ziemlich viel; (*fam*) ganz schön; ~ **yürüdük** wir sind ziemlich viel gelaufen

epeyce *adv* (*oldukça*) ziemlich; (*bir hayli*) ziemlich viel; (*fam*) ganz schön; ~ **erken/geç** ziemlich früh/spät; **o benden** ~ **yaşlıdır** er ist um etliches [*o* einiges] älter als ich

epeyi *adv s.* **epey**

epidemi *s* (MED) Epidemie *f*

epiderm *s* (ANAT) Epidermis *f;* (*üst deri*) Oberhaut *f*

epifit *s* (BOT: *üst bitken*) Epiphyt *m*

epigrafi *s ohne Pl* Epigraphik *f*

epigram *s* (LIT) Epigramm *nt*

epik **I.** *s* <-ği> Epik *f* **II.** *adj* episch; ~ **tiyatro** episches Theater

epilog *s* <-ğu> Epilog *m*

epitel *s,* **epitelyum** *s* (BIOL) Epithel *nt,* Epithelium *nt*

epizot *s* <-du> Episode *f*

epope *s* (LIT: *destan*) Epos *nt*

e-posta *s* (INFORM) E-Mail *f*

e-posta adresi *s* (INFORM) E-Mail-Adresse *f*

er[1] *s* **1.** (*erkek*) Mann *m* **2.** (*asker*) Soldat *m* **3.** (*reg: koca*) Mann *m;* ~**e gitmek** [*o* **varmak**] heiraten; **kızı** ~**e vermek** die Tochter verheiraten

er[2] *adv* (*reg: erken*) früh; ~ **geç** früher oder später; ~ **sabah kalkmak** morgens früh aufstehen; **erken kalkan yol alır,** ~ **evlenen döl alır** (*prov*) Morgenstund hat Gold im Mund

eradikasyon *s* Ausrottung *f*

erat *s Pl s.* **erler** Soldaten *pl*

er bezi *s* (ANAT) Hoden *m*

erdem *s* (*fazilet*) Tugend *f*

erdemli *adj* tugendhaft

erdemlilik *s ohne Pl* <-ği> Tugendhaftigkeit *f*

erdemsiz *adj* tugendlos

erden *adj* jungfräulich

erdenlik *s ohne Pl* <-ği> Jungfräulichkeit *f*

er dişi **I.** *s* (BIOL, MED) Zwitter *m,* Hermaphrodit *m* **II.** *adj* (BIOL, MED) zwittrig, hermaphroditisch

er dişilık *s ohne Pl* <-ği> (BIOL, MED) Zwittrigkeit *f,* Hermaphroditismus *m*

erek *s* <-ği> Zweck *m;* (*hedef*) Ziel *nt;* **erek bilimi** *s ohne Pl* (PHILOS: *teleoloji*) Teleologie *f*

erekçilik *s ohne Pl* <-ği> (PHILOS: *finalizm*) Finalismus *m*

ereklilik *s* <-ği> (PHILOS) Zweckbestimmtheit *m*

Erendiz *s s.* **Jüpiter** (ASTR) Jupiter *m*

erganun *s* (MUS: *org*) Orgel *f*

er geç *adv* früher oder später

ergen *adv* **1.** pubertär **2.** (*bekâr*) ledig, unverheiratet; ~**e karı boşamak kolay** (*fam*) du hast gut reden

ergenleşmek *vi* pubertieren

ergenlik *s ohne Pl* <-ği> **1.** Pubertät *f* **2.** Pubeszenz *f*

ergime *s ohne Pl* **1.** *Verbalsubstantiv zu* **ergimek** **2.** (PHYS) Schmelzung *f*
ergime ısısı *s ohne Pl* (PHYS) Schmelzwärme *f*
ergimek *vi* (PHYS) schmelzen
ergime noktası *s* (PHYS) Schmelzpunkt *m*
ergimiş *adj* (TECH) geschmolzen; ~ **cisim** Schmelze *f;* **ergimiş maden** *s* (GEOL) Schmelze *f*
ergin *adj* **1.** reif **2.** (JUR: *reşit*) volljährig, mündig
erginleme *s ohne Pl* **1.** *Verbalsubstantiv zu* **erginlemek** **2.** Aufklärung *f*
erginlemek *vt* aufklären
erginlenme *s ohne Pl* **1.** *Verbalsubstantiv zu* **erginlenmek** **2.** Aufklärung *f*
erginlenmek *vi pass von* **erginlemek** aufgeklärt werden
erginleşme *s ohne Pl* **1.** *Verbalsubstantiv zu* **erginleşmek** **2.** Volljährigkeit *f*
erginleşmek *vi* volljährig werden
erginlik *s ohne Pl* <-ği> **1.** Reife *f;* (*ekinde*) Vollreife *f* **2.** (JUR: *rüşt*) Volljährigkeit *f,* Mündigkeit *f*
ergitme *s* **1.** *Verbalsubstantiv zu* **ergitmek** **2.** (PHYS) Schmelzung *f*
ergitmek *vt* (PHYS) schmelzen
ergonomi *s ohne Pl* Ergonomie *f,* Ergonomik *f*
ergonomik *adj* ergonomisch
erguvan *s* (BOT: *ağaç*) Judasbaum *m,* Judenbaum *m*
erguvanî **I.** *s ohne Pl* Purpur *m* **II.** *adj* purpurfarben
Eriha *s* Jericho *nt*
erik *s* <-ği> (BOT) **1.** (*ağacı*) Pflaumenbaum *m* **2.** (*yemişi*) Pflaume *f*
erika *s* (BOT) Erika *f*
erik ezmesi *s* Pflaumenmus *nt;* **erik marmelâdı** *s* Pflaumenmarmelade *f;* **erik rakısı** *s* Pflaumenschnaps *m;* **erik reçeli** *s* Pflaumenkonfitüre *f*
eril *adj* (LING) maskulin
erillik *s* <-ği> (LING) Maskulinum *nt*
erim *s* **1.** Reichweite *f;* (*kurşun* ~ *i*) Weite *f* **2.** Aktionsradius *m*
erime *s* **1.** *Verbalsubstantiv zu* **erimek** **2.** (MED: *kemik* ~ *si*) Schwund *m*
erimek *vi* **1.** schmelzen **2.** (*sıvı içinde*) sich auflösen
erime ısısı *s ohne Pl* Schmelzwärme *f*
erimiş **I.** *pp von* **erimek** **II.** *adj* geschmolzen; ~ **kurşunu soğuk suya dökmek** geschmolzenes Blei in kaltes Wasser gießen
erişilmez *adj* unerreichbar
erişim *s* (INFORM) Zugriff *m;* (*internet* ~) Zugang *m;* **erişim hızı** *s* (INFORM) Zugriffsgeschwindigkeit *f;* **erişim zamanı** *s* (INFORM) Zugriffszeit *f;* **ortalama** ~ durchschnittliche Zugriffszeit
erişme *s Verbalsubstantiv zu* **erişmek**
erişmek *vi* erreichen (*-e* -)
eritme *s Verbalsubstantiv zu* **eritmek**
eritmek *vt* **1.** schmelzen; **birinin kalbini** ~ jds Herz erweichen **2.** (*güneş buzları*) auftauen **3.** (GASTR: *tereyağını ısıtarak*) auslassen
eritme peynir *s* (GASTR) Schmelzkäse *m*
Erivan *s* Jerewan *nt*
eriyik *s* <-ği> (CHEM) Lösung *f;* **alkalik** ~ eine basische Lösung
erkânıharbiyeiumumiye *s s.* **genel kurmay** Generalstab *m*
erkânıharp *s* <-bi> (MIL: *kurmay*) Stabsoffizier *m;* **çarıklı** ~ (*pej*) Bauernschläue *f*
erkeç *s* <-ci> Ziegenbock *m*
erkek *s* <-ği> Mann *m;* ~ **erkeğe** von Mann zu Mann; **erkek ayşe** *s* (*pej*) Mannweib *nt*
erkekçil *adj* mannstoll
erkek çocuk *s* <-ğu> Junge *m;* **erkek fatma** *s* (*pej*) Mannweib *nt;* **erkek giyimi** *s* Herrenbekleidung *f;* **erkek işi** *s* Männersache *f;* **erkek kardeş** *s* Bruder *m;* **erkek konfeksiyonu** *s* Herrenkonfektion *f*
erkeklik *s* <-ği> Männlichkeit *f*
erkek mayosu *s* Badehose *f*
erkeksi *adj* männlich
erkeksilik *s* <-ği> Männlichkeit *f*
erkeksiz *adj* männerlos
erkek takım giysisi *s* Herrenanzug *m;* **erkek terzisi** *s* Herrenschneider *m*
erken *adj* **1.** früh; ~ **kalkan yol alır, er evlenen döl alır** (*prov*) Morgenstund hat Gold im Mund; **akşamın** ~ **saatlerinde** am frühen Abend; **daha** ~ es ist noch früh; **daha** ~ **olmaz** früher geht's nicht; **mümkün olduğu kadar** ~ so früh wie möglich **2.** eher; **ne kadar** ~ **gelirsen ...** je eher du kommst, ...; **ne kadar** ~ **olursa o kadar iyi olur** je eher desto besser
erkenci **I.** *s* Frühaufsteher(in) *m(f)* **II.** *adj* (AGR: *erken olgunlaşan*) frühreif; **erkenci meyve** *s ohne Pl* (AGR) Frühobst *nt;* **erkenci patates** *s* (AGR) Frühkartoffel *f;* **erkenci sebze** *s ohne Pl* (AGR) Frühgemüse *nt*
erken çıkış *s* (SPORT) Frühstart *m*
erkenden *adv* früh, in aller Frühe; **bugün** ~ heute früh; **sabah** ~ früh am Morgen; **sabahları** ~ frühmorgens
erken doğum *s* Frühgeburt *f;* **erken teşhis** *s* (MED) Frühdiagnose *f*
erkinci **I.** *s* Liberale(r) *mf* **II.** *adj* liberal
erkincilik *s ohne Pl* <-ği> (WIRTSCH, PHILOS: *liberalizm*) Liberalismus *m*
erme *s Verbalsubstantiv zu* **ermek**
ermek *vi:* **sona** ~ zu Ende gehen; (*bitmek*)

E

enden

ermelin *s* (ZOOL: *kakım*) Hermelin *m*

Ermeni **I.** *s* Armenier(in) *m(f)* **II.** *adj* armenisch

Ermenice *s* Armenisch *nt;* ~ **'de** im Armenischen

Ermenistan *s* Armenien *nt*

eroin *s ohne Pl* Heroin *nt*

eroinman *adj* heroinsüchtig

erotik *adj* erotisch

erotizm *s ohne Pl* Erotik *f*

erozyon *s* (GEO) Erosion *f*

erselik **I.** *s* <-ği> (BIOL, MED: *er dişi*) Zwitter *m,* Hermaphrodit *m* **II.** *adj* (BIOL, MED: *er dişi*) zwittrig, hermaphroditisch

erseliklik *s ohne Pl* <-ği> (BIOL, MED: *er dişilik*) Zwittrigkeit *f,* Hermaphroditismus *m*

erteleme *s* **1.** *Verbalsubstantiv zu* **ertelemek** **2.** Verschiebung *f;* (*gün*) Vertagung *f* **3.** (*borç*) Aufschub *m*

ertelemek *vt* **1.** verschieben; (*gününü*) vertagen **2.** aufschieben

ertelenme *s* **1.** *Verbalsubstantiv zu* **ertelenmek** **2.** Verschiebung *f;* (*günün ~si*) Vertagung *f* **3.** (*borcun ~si*) Aufschub *m*

ertelenmek *vi* **1.** *Passiv zu* **ertelemek**: **oturum yarına ertelendi** die Sitzung wurde auf morgen verschoben **2.** sich verschieben; **hareketimiz iki gün ertelendi** unsere Abreise hat sich um zwei Tage verschoben, unsere Abreise verschiebt sich um zwei Tage

ertesi *adj* nächste(r, s); ~ **akşam/gün/sabah** am nächsten Abend/Tag/Morgen, am darauf folgenden Abend/Tag/Morgen; ~ **günün akşamı** am nächsten Abend

esans *s* Essenz *f*

esaret *s ohne Pl* **1.** (*tutsaklık*) Gefangenschaft *f* **2.** (*kölelik*) Sklaverei *f*

esas **I.** *s* **1.** Grundlage *f,* Basis *f* **2.** Wesen *nt* **II.** *adj* wesentlich, Grund-, Haupt-

esasen *adv* im Grunde (genommen); ~ **bu doğru/önemli değildir** genau genommen ist das nicht richtig/wichtig

esas perde *s* (MUS) Grundton *m;* **esas sermaye** *s* Aktienkapital *nt;* **esas vaziyet** *s* (*hazır ol duruşu,* MIL) militärische Haltung; (SPORT) Stillstehen *nt;* ~**e geçmek** Haltung einnehmen

esatir *s* (*mitoloji*) Mythologie *f*

esbabımucibe *s s.* **gerekçe** Begründung *f*

esef *s* Bedauern *nt;* ~ **etmek** bedauern, bemitleiden

esefle *adv* bedauerlicherweise; (*maalesef*) leider; ~ **bildiririz** bedauerlicherweise teilen wir mit

eselemek beselemek *vi* alle Hebel in Bewegung setzen, alle Register ziehen

esenleme *s* **1.** *Verbalsubstantiv zu* **esenlemek** **2.** (*selâm*) Gruß *m*

esenlemek *vt* grüßen

esenleme sözü *s* Grußwort *nt*

esenlik *s ohne Pl* <-ği> Wohl *nt,* Wohlergehen *nt*

eser *s* **1.** Werk *nt* **2.** Anzeichen *nt;* **en küçük bir pişmanlık ~i bile** nicht einmal das geringste Anzeichen von Reue

esin *s* Eingebung *f,* Inspiration *f,* Anregung *f*

esindirici *adj* **1.** inspirierend **2.** anregend

esindirme *s Verbalsubstantiv zu* **esindirmek**

esindirmek *vt* **1.** inspirieren **2.** anregen **3.** beseelen

esinti *s* Brise *f*

esir *s* **1.** (*tutsak*) Gefangene(r) *mf;* **birini ~ almak** jdn gefangen nehmen; ~ **düşmek** in Gefangenschaft geraten; ~ **etmek** gefangen halten; ~ **olmak** in Gefangenschaft geraten **2.** (*a. fig: köle*) Sklave, -in *m, f;* **birini ~ etmek** jdn zum Sklaven machen

esirci *s* Sklavenhändler *m*

esircilik *s* <-ği> Sklavenhandel *m*

esire *s* **1.** (*dişi tutsak*) Gefangene *f* **2.** (*cariye*) Sklavin *f*

esirgemek *vt* **1.** (*korumak*) schützen (*-den* vor) **2.** (*olumsuz biçimde*): **canını esirgememek** sein Leben nicht schonen; **sözünü esirgememek** (*fam fig*) kein Blatt vor den Mund nehmen

esirgemezlik *s* <-ği> Opferbereitschaft *f*

esirgeyici **I.** *s* Schützer *m* **II.** *adj* schützend, Schutz-

esirifiraş *s:* ~ **olmak** das Bett hüten müssen, ans Bett gefesselt sein

esirlik *s ohne Pl* <-ği> **1.** (*tutsaklık*) Gefangenschaft *f* **2.** (*kölelik*) Sklaverei *f*

eski *adj* **1.** alt; ~ **hayratı da berbat etmek** verschlimmbessern; ~ **kurt** (*fig*) ein alter Hase **2.** (*başbakan*) alt, ehemalig

eskiden *adv* ehemals, früher; ~ **beri** von alters her, von jeher

eskime *s Verbalsubstantiv zu* **eskimek**

eskimek *vi* **1.** alt werden, veralten **2.** (*yaşlanmak*) altern, alt werden **3.** (*yıpranmak*) sich abnutzen

eskimiş *adj* veraltet

Eskimo **I.** *s* Eskimo *m* **II.** *adj* eskimoisch

Eskimoca *s ohne Pl* Eskimosprache *f*

eski püskü *s* Gerümpel *nt;* **eski şampiyon** *s* (SPORT) Altmeister(in) *m(f);* **eski şansölye** *s* Altkanzler *m*

Eskişehir taşı *s ohne Pl* Meerschaum *m; s. a.* **lüle taşı**

eskiz *s s.* **taslak** Entwurf *m*

eskort *s* Eskorte *f*

eskrim *s ohne Pl* (SPORT: *kılıç oyunu*) Degenfechten *nt;* (*sporu*) Fechtsport *m;* **flöre ile**

~ **yapmak** Florett fechten

eskrimci *s* (SPORT) Fechter(in) *m(f)*

eskrim şampiyonu *s* (SPORT) Fechtmeister(in) *m(f)*

esme *s Verbalsubstantiv zu* **esmek**

esmek <-er> *vi* **1.** (*rüzgâr için*) wehen **2.** (*fig*): **birine bir şey** ~ jdm etw in den Sinn kommen

esmer *adj* dunkel; **esmer renkli** *adj* dunkelfarben, dunkelfarbig; **esmer saçlı** *adj* dunkelhaarig; **esmer şeker** *s* Kandiszucker *m;* **esmer tenli** *adj* dunkelhäutig

esna *s:* **bir konuşma ~sında** im Lauf eines Gesprächs

esnaf *s* **1.** Gewerbetreibende(r) *mf;* (*küçük sermaye sahibi*) Kleinhändler *m* **2.** (*küçük sanat sahibi*) Handwerker *m*

esnaflık *s* <-ğı> Gewerbe *nt;* ~ **yapmak** ein Gewerbe (be)treiben

esnaf loncası *s* Handwerkerinnung *f;* **esnaf odası** *s* Handwerkskammer *f*

esnek *adj* <-ği> **1.** flexibel **2.** dehnbar; (*elâstikî*) elastisch; **esnek disket** *s* (INFORM) Floppydisk *f*

esneklik *s ohne Pl* <-ği> Flexibilität *f*

esneme *s Verbalsubstantiv zu* **esnemek: devamlı ~si sinirime dokunuyor** sein ständiges Gähnen geht mir auf die Nerven

esnemek *vi* gähnen

esnetme *s Verbalsubstantiv zu* **esnetmek**

esnetmek *vt* **1.** *Kausativ zu* **esnemek** **2.** dehnen, recken

esneye esneye *adv* gähnend

esneyiş *s* Gähnen *nt*

Esperanto *s ohne Pl* Esperanto *nt*

espresso *s* Espresso *m*

espri *s* **1.** Witz *m;* **işin ~si ...** (*fam*) der Witz bei der Sache ist ...; **işin bütün ~si bu** (*fam*) das ist der ganze Witz **2.** (*ohne Pl*) Esprit *m*

esprili *adj* witzig

espritüel *adj* witzig

esrar[1] *s Pl* (*gizler, sırlar*) Geheimnisse *pl*

esrar[2] *s ohne Pl* Haschisch *m o nt;* ~ **çekmek** Haschisch rauchen, kiffen

esrarengiz *adj* geheimnisvoll, mysteriös

esrarkeş *s* (*fam*) Junkie *m*

esrar otu *s* (BOT: *Hint keneviri*) Cannabis *nt*

esrime *s* Ekstase *f*

ester *s* (CHEM) Ester *m;* **fosforik asidin ~i** Ester der Phosphorsäure

estet *s* Ästhet(in) *m(f)*

estetik **I.** *s ohne Pl* <-ği> Ästhetik *f* **II.** *adj* ästhetisch

Estonya **I.** *s* Estland *nt* **II.** *adj* estnisch; ~ **sınırı** die estnische Grenze

Estonyalı **I.** *s* Este, -in *m, f* **II.** *adj* estnisch; ~ **kadınlar/erkekler** estnische Frauen/Männer

eş *s* **1.** Ehegatte, -in *m, f* **2.** Partner(in) *m(f)* **3.** (*fam: etene*) Mutterkuchen *m*

eş adlı **I.** *s* (LING) Homonym *nt* **II.** *adj* (*sestaş*) gleich lautend (*ile* mit); (LING: *homonim*) homonym; **eş adlılık** *s ohne Pl* <-ğı> (LING) Homonomie *f;* **eş anlamlı** *adj* gleichbedeutend (*ile* mit); (*anlamdaş,* LING) sinnverwandt, synonym

eşarp *s* <-bı> Schal *m,* Halstuch *nt;* (*baş örtüsü*) Kopftuch *nt*

eş ayaklılar *s Pl,* **eş bacaklılar** *s Pl* (ZOOL: *takım*) Asseln *fpl;* **eş basınç** *s* <-cı> (GEO: *izobar eğrisi*) Isobare *f;* **eş basınçlı** *adj* (PHYS) isobar; **eş biçim** *s ohne Pl* (CHEM) Isomorphie *f;* **eş biçimlilik** *s ohne Pl* <-ği> **1.** (CHEM) Isomorphie *f* **2.** (MATH) Isomorphismus *m;* **eş cinsel** *adj* gleichgeschlechtlich; (*homoseksüel*) homosexuell; **eş cinsellik** *s ohne Pl* <-ği> Gleichgeschlechtlichkeit *f;* (*homoseksüellik*) Homosexualität *f*

eşçekim *s* (*fotokopi*) Fotokopie *f*

eş değerli *adj* äquivalent, gleichwertig; **eş değerlik** *s ohne Pl* <-ği> Äquivalenz *f,* Gleichwertigkeit *f*

eşek *s* <-ği> Esel(in) *m(f);* ~ **hoşaftan ne anlar?** (*fig*) Perlen vor die Säue werfen; ~ **şakası** ein grober Scherz; **eşeğe binmek** auf einem Esel reiten; **eşek arısı** *s* (ZOOL) Hornisse *f;* **eşek cenneti** *s ohne Pl* (*sl: öbür dünya*) Jenseits *nt;* **~ni boylamak** krepieren; **eşek şakası** *s* Possen *m;* **birine ~ yapmak** jdm eine Posse spielen

eşeyli *adj* (BIOL) geschlechtlich; ~ **üreme** geschlechtliche Fortpflanzung

eşeylik organı *s* Geschlechtsorgan *m;* **eşeylik hücresi** *s* Geschlechtszelle *f*

eşeysiz *adj* (BIOL) ungeschlechtlich; ~ **çoğalma** ungeschlechtliche Fortpflanzung

eş güdüm *s* Koordination *f*

eşik *s* <-ği> Schwelle *f;* **eşik ülke** *s* Schwellenland *nt*

eşit *adj* **1.** (*a.* MATH) gleich **2.** (*aynı haklardan yararlanan*) gleichberechtigt; **eşit işareti** *s* Gleichheitszeichen *nt*

eşitleme *s Verbalsubstantiv zu* **eşitlemek**

eşitlemek *vt* ausgleichen

eşitlik <-ği> *s* **1.** Gleichheit *f* **2.** (*insanlar arasında ayrım bulunmama*) Gleichberechtigung *f*

eşkenar *adj* (MATH) gleichseitig; ~ **üçgen** ein gleichseitiges Dreieck; **eşkenar dörtgen** *s* (MATH) Raute *f,* Rhombus *m*

eşlek <-ği> *s* (GEO: *ekvator*) Äquator *m*

eşleksel *adj* (GEO: *ekvatoral*) äquatorial

eşleme *s* **1.** *Verbalsubstantiv zu* **eşlemek** **2.** (FILM: *senkronizasyon*) Synchronisation *f*

eşlemek *vt* **1.** paaren, paarweise zusamm-

menstellen **2.** (FILM) synchronisieren
eşlemeli *adj* (FILM) synchron
eşlemesiz *adj* (FILM) asynchron
eşlenik *adj* <-ği> (MATH) deckungsgleich, kongruent; ~ **sayılar** kongruente Zahlen
eşleşim *s ohne Pl* (MATH) Kongruenz *f*
eşleşme *s* **1.** *Verbalsubstantiv zu* **eşleşmek** **2.** (*çiftleşme*) Paarung *f*
eşleşmek *vi* **1.** ein Paar bilden, sich paarweise zusammmenstellen **2.** (*çiftleşmek*) sich paaren
eşleyici *s* (INFORM: *akustik* ~) Koppler *m*
eşlik *s* <-ği> Begleitung *f;* ~ **etmek** begleiten
eşofman *s* Trainingsanzug *m*
eşölçüm *s ohne Pl* Isometrie *f*
eşraf *s Pl* Honoratioren *pl*
eş sesli **I.** *s* (LING) Homonym *nt* **II.** *adj* gleich lautend (*ile* mit); (*sestaş,* LING) homonym; **eş seslilik** *s ohne Pl* <-ği> (LING) Homonomie *f;* **eş sıcak** *adj* (GEO: *izoterm*) isotherm; **eş sıcak eğrisi** *adj* (GEO) Isotherme *f*
eşsiz *adj* **1.** (*eşi benzeri olmayan*) einzigartig **2.** (*eşi olmayan*) ohne Partner
eşsizlik *s ohne Pl* <-ği> Einzigartigkeit *f*
eşya *s Pl von* **şey** Sachen *pl,* Gegenstände *pl;* (*lüks* ~) Artikel *mpl*
eşyalı *adj* (*ev*) möbliert
eş yapım *s* Koproduktion *f,* Gemeinschaftsproduktion *f;* **film Türk-Alman** ~**ıdır** der Film ist eine deutsch-türkische Gemeinschaftsproduktion
eş yükselti *adj* (GEO) auf gleicher Meereshöhe liegend
eş zaman *adj* (*senkron*) synchron
eş zamanlı *adj* (*senkronik*) synchronisch; ~ **dil bilimi** synchronische Sprachwissenschaft
eş zamanlılık *s* <-ğı> (LING: *senkroni*) Synchronie *f*
et *s* Fleisch *nt;* **çiğ** ~ rohes Fleisch
etajer *s* Kommode *f*
etanol *s ohne Pl* <-ü> (CHEM) Äthanol *nt*
etap *s* <-bı> (SPORT) Etappe *f*
etçi *s* (*reg*) Fleischer *m;* (*kasap*) Metzger *m*
etçil **I.** *s* Fleischfresser *m* **II.** *adj* fleisch fressend
eteği düşük **I.** *s* <-ğü> (*fam pej*) Schlampe *f* **II.** *adj* (*fam pej: kadın*) schlampig
etek *s* <-ği> **1.** (*kadın giysisi*) Rock *m* **2.** (*giysinin alt kenarı*) Saum *m* **3.** (*dağ, tepe, yamaç için*) Fuß *m;* **dağın eteğinde** am Fuß des Berges **4.** (*sl: edep yeri*) Schamgegend *f;* **etek bezi** *s* Windel *m*
etekleme *s* **1.** *Verbalsubstantiv zu* **eteklemek** **2.** Katzbuckelei *f,* Liebedienerei *f*
eteklemek *vt* **1. birini** ~ jdm den Saum des Gewandes küssen **2.** (*fig, pej*): **birini** ~ vor jdm katzbuckeln, jdm liebedienern
eteklik *s* <-ği> **1.** (*etek*) Rock *m* **2.** (*davlumbaz eteklği*) Haube *f*
etelemek betelemek *vt* (*reg*) schlecht behandeln
etene *s* **1.** (ANAT, MED) Mutterkuchen *m* **2.** (BOT) Plazenta *f*
eter *s ohne Pl* (CHEM) Äther *m*
eterleme *s Verbalsubstantiv zu* **eterlemek**
eterlemek *vt* (MED) ätherisieren
etıbba *s Pl* **1.** Ärzte *pl,* Mediziner *pl* **2.** Ärzteschaft *f*
Eti *s* (HIST: *Hitit*) Hethiter *m*
etik **I.** *s ohne Pl* Ethik *f* **II.** *adj* ethisch
etiket *s* **1.** Etikett *nt* **2.** (*fig: teşrifat*) Etikette *f*
etiketleme *s* **1.** *Verbalsubstantiv zu* **etiketlemek** **2.** Etikettierung *f*
etiketlemek *vt* etikettieren
etil *s ohne Pl* (CHEM) Äthyl *nt*
etilalkol *s ohne Pl* <-ü> (CHEM) Äthylalkohol *nt,* Ethylalkohol *nt;* (*etanol*) Äthanol *nt*
etilen *s ohne Pl* (CHEM) Äthylen *nt,* Ethylen *nt*
etilklorür *s* (CHEM) Ethylchlorid *nt*
etimolog *s* Etymologe, -in *m, f;* **etimoloji** *s* Etymologie *f;* **etimolojik** *adj* etymologisch
Etiyopya *s* Äthiopien *nt*
Etiyopyalı *s* Äthiopier(in) *m(f)*
etken **I.** *s* Faktor *m* **II.** *adj* (LING) aktiv
et kesimi *s,* **et kırımı** *s* (REL) Karneval *m*
etki *s* **1.** (*tesir*) Wirkung *f;* **ilâç** ~**sini yitirdi** das Medikament hat seine Wirkung verloren **2.** (*fig: izlenim*) Eindruck *m*
etkileme *s* **1.** *Verbalsubstantiv zu* **etkilemek** **2.** Beeinflussung *f*
etkilemek *vt* **1.** beeinflussen **2.** beeindrucken, wirken (auf)
etkileşim *s* Interaktion *f,* Wechselwirkung *f*
etkileşimli *adj* (*a.* INFORM) interaktiv
etkileşme *s Verbalsubstantiv zu* **etkileşmek**
etkileşmek *vi* interagieren
etkileyici *adj* effektvoll, eindrucksvoll
etkili *adj* **1.** wirkungsvoll, effizient **2.** wirksam, effektiv
etkin *adj* wirksam; (*aktif*) aktiv
etkinci **I.** *s* Aktivist(in) *m(f)* **II.** *adj* aktivistisch
etkincilik *s ohne Pl* <-ği> Aktivismus *m*
etkinleştirme *s* **1.** *Verbalsubstantiv zu* **etkinleştirmek** **2.** Aktivierung *f*
etkinleştirmek *vt* aktivieren
etkinlik *s* <-ği> **1.** (*ohne Pl*) Wirksamkeit *f* **2.** (*aktiflik*) Aktivität *f*
etkisiz *adj* wirkungslos
etlenme *s Verbalsubstantiv zu* **etlenmek**
etlenmek *vi* (*şişmanlamak*) zunehmen, dick werden; (*semirmek*) fett werden

etli *adj* fleischig
etmek <-der> *vt* 1. machen, tun; **bu ne kadar ediyor?** wie viel macht das?; **sekiz bir daha dokuz eder** acht und eins macht neun 2. antun; **birine kötülük** ~ jdm Böses antun 3. (*intihar* ~) begehen, verüben
etmen *s* Faktor *m*
Etna *s* Ätna *m*
etnik *adj* ethnisch; ~ **azınlıklar** ethnische Minderheiten
etnograf *s* Ethnograph(in) *m(f)*, Ethnograf(in) *m(f)*
etnografya *s ohne Pl* Ethnographie *f*, Ethnografie *f*
etnolog *s* Ethnologe, -in *m, f*; (*budun bilimci*) Völkerkundler(in) *m(f)*
etnoloji *s ohne Pl* Ethnologie *f*; (*budun bilimi*) Völkerkunde *f*
etnolojik *adj* ethnologisch; (*budun bilimsel*) völkerkundlich
et obur I. *s* Fleischfresser *m* II. *adj* fleisch fressend
etol *s* Stola *f*
etraf *s* Umgebung *f*; **bir şeyin ~ını almak** (*toplanmak*) sich um etw versammeln; (*kuşatmak*) etw belagern; (*ortaya almak*) etw umzingeln; **çocukları ~ına toplamak** die Kinder um sich versammeln
et sineği *s* Fleischfliege *f*
etsiz *adj* fleischlos
et tavuğu *s* Masthuhn *nt*
ettirgen I. *s* (LING) Kausativ *nt*; (*faktitif*) Faktitivum *nt* II. *adj* (LING) kausativ; (*faktitif*) faktitiv
euro [ʒuro] *s* Euro *m*
euroçek *s* Eurocheque *m*
ev *s* 1. Haus *nt*; ~ **geçindirmek** haushalten 2. (*ceza* ~ *i*, *radyo* ~ *i*) Anstalt *f* 3. (*göz* ~ *i*) Höhle *f*
ev adamı *s* Hausmann *m*; **ev aleti** *s* Haushaltsgerät *nt*
evcik *s* <-ği> Häuschen *nt*
evcil *adj* zahm
evcilleşme *s Verbalsubstantiv zu* **evcilleşmek**
evcilleşmek *vi* zahm werden
evcilleştirilme *s* 1. *Verbalsubstantiv zu* **evcilleştirilmek** 2. Zähmung *f*
evcilleştirilmek *vi pass von* **evcilleştirmek** gezähmt werden
evcilleştirme *s* 1. *Verbalsubstantiv zu* **evcilleştirmek** 2. Zähmung *f*
evcilleştirmek *vt* zähmen
evcimen *adj* häuslich
evç *s ohne Pl* <-ci> (ASTR) 1. (*günöte*) Sonnenferne *f*, Aphelium *nt* 2. (*yeröte*) Erdferne *f*, Apögäum *nt*
evdemonizm *s ohne Pl* (PHILOS: *mutçuluk*) Eudämonismus *m*
evdeş *s* (*reg*) Hausgenosse, -in *m, f*
eveğen *adj* galoppierend
ev ekonomisi *s ohne Pl* Hauswirtschaft *f*
everme *s* 1. *Verbalsubstantiv zu* **evermek** 2. (*reg: evlendirme*) Verheiratung *f*
evermek *vt* (*reg: evlendirmek*) verheiraten
ev eşyası *s ohne Pl* Hausrat *m*
evet I. *s* Ja *nt* II. *interj*: ~! ja!; **evet efendimci** *s* Ja-Sager *m*, Jasager *m*
evetleme *s* 1. *Verbalsubstantiv zu* **evetlemek** 2. Bejahung *f*
evetlemek *vt* bejahen
ev halkı *s* Haushalt *m*, Hausbewohner *pl*
evire çevire *adv* ordentlich, tüchtig; **birini ~ dövmek** jdn nach Strich und Faden verprügeln
evirme *s* 1. *Verbalsubstantiv zu* **evirmek** 2. Umkehrung *f*
evirmek *vt* (*umkehren*),
eviye *s* 1. Spüle *f* 2. Ausguss *m*; **bir şeyi ~ye dökmek** etw den Ausguss hinunterspülen
ev kadını *s* Hausfrau *f*
evlât *s* <-dı> Kind *nt*
evlek *s* <-ği> (AGR) Furche *f*, Ackerfurche *f*
evlekleme *s Verbalsubstantiv zu* **evleklemek**
evleklemek *vt* (AGR) furchen
evlendirme *s* 1. *Verbalsubstantiv zu* **evlendirmek** 2. Verheiratung *f*
evlendirmek *vt* verheiraten
evlenecek *adj* heiratsfähig; ~ **yaşta olmak** im heiratsfähigen Alter sein
evlenme *s* 1. *Verbalsubstantiv zu* **evlenmek** 2. Heirat *f*, Eheschließung *f*; **evlenme cüzdanı** *s* Heiratsbuch *nt*; **evlenme ilânı** *s* Heiratsanzeige *f*
evlenmek *vi* heiraten (*-le* -); **biriyle** ~ mit jdm die Ehe schließen
evlenme kâğıdı *s* Heiratsurkunde *f*; **evlenme teklifi** *s* Heiratsantrag *m*; **evlenme vaadi** *s* Eheversprechen *nt*
evleviyet *s ohne Pl s.* **öncelik** Vorrang *m*
evli *adj* verheiratet; **yirmi ~ bir köy** ein Dorf mit zwanzig Häusern
evlilik *s* <-ği> Ehe *f*; **birinci evliliğimden olan çocuklarım** meine Kinder aus erster Ehe; **evlilik dışı** *adj* 1. (*çocuk*) unehelich 2. (*ilişki*) außerehelich; **evlilik hayatı** *s ohne Pl* Eheleben *nt*; **evlilik yaşamı** *s ohne Pl* Eheleben *nt*
ev ödevi *s* (SCHULE) Hausaufgabe *f*
evrak *s Pl* Akten *fpl*
evrak çantası *s* Aktentasche *f*; **evrak dolabı** *s* Aktenschrank *m*
evre *s* Phase *f*, Stadium *nt*
evren *s ohne Pl* All *nt*, Weltall *nt*, Kosmos *m*, Universum *nt*
evren bilimi *s ohne Pl* (*kozmoloji*) Kosmo-

E

logie *f;* **evren bilimsel** *adj* kosmologisch
evren pulu *s* (*mika*) Glimmer *m*
evrensel *adj* universal
evrenselcilik *s ohne Pl* <-ği> (*üniversalizm*) Universalismus *m*
evrensellik *s ohne Pl* <-ği> Universalität *f*
evrik *adj* <-ği> umgekehrt
evrilir *adj* umkehrbar; **bu önerme** ~ diese Behauptung ist umkehrbar; **evrilir film** *s* (FOTO, FILM) Umkehrfilm *m*
evrim *s* Evolution *f*
evrişik *s* <-ği> Umkehrung *f*
ev sahibesi *s* Hausherrin *f;* (*davette*) Gastgeberin *f;* **ev sahibi** *s* **1.** Hausherr *m;* (*davette*) Gastgeber *m* **2.** Hausbesitzer(in) *m(f);* **ev sakini** *s* Hausbewohner(in) *m(f)*
evsel atık *s* <-ğı> Hausmüll *m,* Haushaltsabfall *m*
evvel zaman *adv:* ~ **içinde** in grauer Vorzeit
ey *interj* (*fam*) eh; ~**, siz!** eh, Sie!
eyerleme *s* **1.** *Verbalsubstantiv zu* **eyerlemek** **2.** Satt(e)lung *f*
eyerlemek *vt* satteln
Eyfel Kulesi *s* Eiffelturm *m*
eylem *s* **1.** Aktion *f;* ~**e geçmek** in Aktion treten **2.** (*terör* ~ *i*) Akt *m,* Anschlag *m;* **rehine** ~**i** Geiselnahme *f*
eylemci *s* Aktivist(in) *m(f)*
eylemlik *s* <-ği> (LING: *mastar*) Infinitiv *m*
eylül *s* September *m*
eytişim *s ohne Pl* (PHILOS: *diyalektik*) Dialektik *f*
eytişimsel *adj* dialektisch
ezan *s* (REL: *Müslümanlıkta*) Gebetsruf *m;* ~ **okumak** zum Gebet rufen
ezancı *s* (REL: *müezzin*) Müezzin *m*
ezbere *adv* auswendig; **bir şeyi** ~ **bilmek** etw auswendig können; (*fam*) etw aus dem Effeff können
ezberleme *s Verbalsubstantiv zu* **ezberlemek**
ezberlemek *vt* auswendig lernen
ezgi *s* Melodie *f*
ezgili *adj* melodisch
ezici *adj* (*çoğunluk*) überwältigend
ezik *s* <-ği> Druckstelle *f*
ezilmişlik *s* <-ği> Unterdrückung *f*
ezme *s* **1.** *Verbalsubstantiv zu* **ezmek** **2.** (*erik* ~*si*) Mus *nt;* (*balık, zeytin* ~*si*) Paste *f;* (*badem* ~ *si*) Marzipan *nt*
ezmek *vt* **1.** zerquetschen **2.** (*üzerinden geçmek*) überfahren; **tren iki ineği ezdi** der Zug hat die beiden Kühe überfahren **3.** (*boya, şeker*) in Wasser auflösen **4.** (*fig: baskı altında tutmak*) unterdrücken **5.** (*fig: düşmanı*) zerschlagen; (*yenmek*) besiegen **6.** (*sl: paraları*) verjubeln; (*harcamak*) ausgeben

F

f, F *s* **1.** f, F *nt, siebter Buchstabe des türk. Alphabets* **2.** (MUS) f, F

fa *s* (MUS) **1.** fa **2.** F *nt*

faaliyet *s* Tätigkeit *f*

fa anahtarı *s* (MUS) F-Schlüssel *m*, Bassschlüssel *m;* **fa bemol** *s* <-ü> (MUS) Fes *nt*

fabl *s* (LIT: *öykünce*) Fabel *f*

fabrika *s* **1.** Fabrik *f* **2.** (*elektrik, hadde* ~ *sı*) Werk *nt*

fabrikacı *s* Fabrikant(in) *m(f)*

fabrika işçisi *s* Fabrikarbeiter(in) *m(f)*

fabrikasyon *s* (WIRTSCH) Fabrikation *f*

fabrikatör *s* Fabrikant(in) *m(f)*

facia *s* **1.** (*afet*) Katastrophe *f* **2.** (LIT: *trajedi*) Tragödie *f*

facialı *adj* katastrophal

façeta *s* Facette *f*

fa diyez *s* (MUS) Fis *nt;* **fa diyez majör** *s ohne Pl* (MUS) Fis-Dur *nt;* **fa diyez minör** *s ohne Pl* (MUS) Fis-Moll *nt*

fagot *s* (MUS: *üflemeli çalgı*) Fagott *nt*

fahiş *adj* übermäßig; (*fiyat, kira*) überhöht

fahişe *s* Prostituierte *f*, Dirne *f*

fahrenhayt (PHYS) Fahrenheit

fahrî *adj* ehrenamtlich; ~ **doktora** Ehrendoktor *m;* ~ **görev** Ehrenamt *nt*

fail *s* **1.** (*a.* JUR) Täter(in) *m(f)* **2.** (LING: *özne*) Subjekt *nt*

fair-play *s* (SPORT: *dürüst oyun*) Fairplay *nt*

faiz *s* (FIN) Zins *m*

faizli *s* (FIN) verzinslich

faiz politikası *s* Zinspolitik *f*

faizsiz *adj* (FIN) zinslos

fak *s* Falle *f;* ~**a basmak** (*fig*) in eine Falle tappen; **birini** ~**a bastırmak** (*fig*) jdn aufs Glatteis führen; (*aldatmak*) jdn hineinlegen; (*tuzağa düşürmek*) jdn in eine Falle tappen lassen

fakır *s ohne Pl* <-krı> (*yoksulluk*) Armut *f*

fakir I. *s* Fakir *m* **II.** *adj* arm; ~ **düşmek** in Armut verfallen

fakirane *adj* ärmlich

fakirleşme *s* **1.** *Verbalsubstantiv zu* **fakirleşmek** **2.** Verarmung *f*

fakirleşmek *vi* (*yoksullaşmak*) verarmen

fakirleştirme *s Verbalsubstantiv zu* **fakirleştirmek**

fakirleştirmek *vt Kausativ zu* **fakirleşmek**

fakirlik *s ohne Pl* <-ği> (*yoksulluk*) Armut *f;* ~ **içinde ölmek/yaşamak** in Armut sterben/leben; **fakirlik belgesi** *s* Armutszeugnis *nt*

fakr *s s.* **fakır**

fakrı *s poss von* **fakır**

faks *s* (TEL) Fax *nt*, Telefax *nt*

faksimile *s* Faksimile *nt*

fakslama *s Verbalsubstantiv zu* **fakslamak**

fakslamak *vt* faxen

faks modemi *s* (TEL) Faxmodem *nt*

faktitif I. *s* (LING) Faktitivum *nt* **II.** *adj* (LING) faktitiv; ~ **fiiller** faktitive Verben

faktör *s* Faktor *m*

fakül *s* (ASTR: *benek*) Fleck *m*

fakülte *s* (UNI) Fakultät *f*

fakülteli *s* Student(in) *m(f)*

fal *s* **1.** Wahrsagen *nt;* **birinin el** ~**ına bakmak** jdm aus der Hand lesen; **kahve** ~**ına bakmak** aus dem Kaffeesatz lesen **2.** (*yıldız* ~ *ı*) Horoskop *nt*

falaka *s* Bastonade *f*

falcı *s* Wahrsager(in) *m(f);* **yıldız** ~**sı** Astrologe, -in *m, f*

fallus *s* Phallus *m*

falso *s* **1.** (MUS) Dissonanz *f*, Missklang *m* **2.** (SPORT): **topa** ~ **vermek** den Ball anschneiden

fa majör *s ohne Pl* (MUS) F-Dur *nt*

familya *s* (*a.* BIOL) Familie *f*

fa minör *s ohne Pl* (MUS) f-Moll *nt*

fan [fɛn] *s s.* **vantilâtör** Ventilator *m*

fanatik I. *s* <-ği> Fanatiker(in) *m(f)* **II.** *adj* fanatisch

fanatizm *s ohne Pl* Fanatismus *m*

fanfar *s* (MUS) **1.** Fanfare *f* **2.** (*ohne Pl*) Blasmusik *f*

fâni [faːniː] *adj* (*ölümlü*) sterblich; (*gelip geçici*) vergänglich; (*kalımsız*) unbeständig; **fâni dünya** *s ohne Pl* Diesseits *nt*

fanilâ *s* Unterhemd *nt*

fânilik *s ohne Pl* <-ği> Vergänglichkeit *f*

fantom *s* (*hayalet*) Phantom *nt*

fanus *s* Glasglocke *f*

far¹ *s* (AUTO) Scheinwerfer *m;* (*kısa* ~, *uzun* ~) Licht *nt*

far² *s* Lidschatten *m*

faraş *s* Kehrblech *nt*

farazî *adj s.* **varsayımsal** hypothetisch

faraziye *s s.* **varsayım** Hypothese *f*

fare *s* (*sıçan*) Maus *f;* (*büyük* ~) Ratte *f;* **fare kapanı** *s* Mäusefalle *f*

farekulağı *s* (BOT: *yabanî mercanköşk*) Oregano *m*

fare kuyruğu *s* **1.** Rattenschwanz *m* **2.** (*dar testere*) Lochsäge *f*, Stichsäge *f*

fark *s* **1.** Unterschied *m;* (*potansiyel ~ı*) Differenz *f,* Gefälle *nt* **2.** Abstand *m;* **açık ~la önde olmak** mit großem Abstand führen **3. bir şeyi ~ etmek** etw bemerken; **benim için** (**hiç**) **~ etmez** (*fam*) mir ist das (ganz) egal

farklı *adj* unterschiedlich; **bir şeyden ~ olmak** sich von etw unterscheiden, von etw abweichen

farmakolog *s* Pharmakologe, -in *m, f*

farmakoloji *s ohne Pl* Pharmakologie *f*

farmason *s* Freimaurer *m*

farmasonluk *s ohne Pl* <-ğu> Freimaurerei *f*

fars *s* (THEAT) Farce *f*

farz *s* **1.** (REL) Pflicht *f,* Gebot *nt* **2. ~ etmek** annehmen

farzımuhal <-li> *adv* in der Annahme, dass; (*sayalım ki*) nehmen wir an, dass

Fas I. *s* Marokko *nt* **II.** *adj* marokkanisch

faseta *s* Facette *f*

fasıl *s* <-slı> (JUR) Abschnitt *m*

fasıla *s* Intervall *nt;* (*kesinti*) Unterbrechung *f*

fasılasız *adj* ununterbrochen

fasile *s* (BIOL: *familya*) Familie *f*

fasit daire *s s.* **kısır döngü** Teufelskreis *m*

faslı *s poss von* **fasıl**

Faslı I. *s* Marokkaner(in) *m(f)* **II.** *adj* marokkanisch

fason *s* Fasson *f;* (*kesim*) Zuschnitt *m*

fast food *s* (*festfut*) Fastfood *nt*

fasulye *s* Bohne *f;* **kuru/taze ~** weiße/grüne Bohnen; **kendini ~ gibi nimetten saymak** (*fam fig*) das Gras wachsen hören, die Flöhe husten hören; **fasulye sırığı** *s* Bohnenstange *f*

faşing *s* Fasching *m*

faşist I. *s* Faschist(in) *m(f)* **II.** *adj* faschistisch

faşistlik *s ohne Pl* <-ği> Faschismus *m*

faşizan *adj* faschistoid

faşizm *s ohne Pl* (POL) Faschismus *m*

fatalist I. *s* Fatalist(in) *m(f)* **II.** *adj* fatalistisch

fatalite *s ohne Pl* **1.** Fatalität *f* **2.** (*uğursuzluk*) Fatalität *f,* Verhängnis *nt*

fatalizm *s ohne Pl* Fatalismus *m*

fatih *s* Eroberer(in) *m(f);* **F~ Sultan Mehmet** (HIST) Mehmet der Eroberer

fatura *s* Rechnung *f;* **~ kesmek** eine Rechnung ausstellen

faul *s* <-lü> (SPORT) Foul *nt;* **birine ~ yapmak** jdn faulen

fauna *s* (ZOOL: *direy*) Fauna *f*

favori I. *s* **1.** Favorit(in) *m(f)* **2.** (*sakal demeti*): **~ler** Koteletten *pl* **II.** *adj* (*en çok beğenilen*) Lieblings-; **favori sakal** *s* Backenbart *m*

fay *s* (GEO) Verwerfung *f*

fayans *s* **1.** Fliese *f;* **~ döşemek** Fliesen verlegen **2.** Kachel *m;* **~ döşemek** kacheln

fayansçı *s* Fliesenleger(in) *m(f)*

fayda *s* Nutzen *m;* **~ etmemek** nichts nützen [*o* nutzen]

faydalı *adj* nützlich; **~ olmak** nützlich sein

fayton *s* **1.** Kutsche *f;* (*bir veya iki atlı*) Droschke *f* **2.** (ZOOL: *tropik kuşu*) Tropikvogel *m*

faytoncu *s* Kutscher *m,* Droschkenkutscher *m*

faz *s* Phase *f*

fazıl *adj* tugendhaft

fazilet *s* (*erdem*) Tugend *f*

faziletli *adj* tugendhaft

faziletsiz *adj* tugendlos

fazla I. *s* Überschuss *m;* **her şeyin ~sı sağlığa zararlıdır** allzu viel ist ungesund **II.** *adj* **1.** (*daha çok*) mehr (*-den* als); **elli yıldan ~** (seit) mehr als fünfzig Jahren; **yeterinden ~** mehr als genug **2.** (*artmış olan*) übrig, überflüssig; **~ ekmeğiniz var mı?** haben Sie noch Brot übrig? **III.** *adv* **1.** allzu, zu; **~ sürdü** es dauerte allzu lange; **~ sürmedi** es dauerte nicht allzu lange; **~ uzaklaşmış olamaz** er kann sich nicht allzu weit entfernt haben; **böyle bir şeyi yapmak için ~ dürüsttür** er ist zu aufrichtig, als dass er so etwas tun könnte **2. ~ olmak** zu weit gehen; **artık sen ~ oldun** nun bist du zu weit gegangen; **fazla ağırlık** *s* <-ğı> Übergewicht *nt;* **fazla bagaj** *s* Übergepäck *nt*

fazladan *adv* obendrein

fecî *adj* fürchterlich

fecir *s* <-cri> **1.** (*tan vakti*) Morgendämmerung *f* **2.** (*tan kızıllığı*) Morgenrot *nt,* Morgenröte *f*

feda *s* Opfer *nt;* **kendini ~ etmek** sich (auf)opfern

fedakâr *adj s.* **özverili** hingebungsvoll, selbstlos

fedakârlık *s ohne Pl* <-ğı> *s.* **özveri** Hingabe *f,* Selbstaufopferung *f,* Selbstlosigkeit *f*

federal *adj* föderal; **~ cumhuriyet** (ADMIN) Bundesrepublik *f;* **Almanya F~ Cumhuriyeti** die Bundesrepublik Deutschland; **Federal Anayasa Mahkemesi** *s* Bundesverfassungsgericht *nt;* **federal devlet** *s* (ADMIN) Bundesstaat *m;* **federal hükümet** *s* (ADMIN) Bundesregierung *f*

federalist I. *s* (POL) Föderalist(in) *m(f)* **II.** *adj* (POL) föderalistisch

federalizm *s ohne Pl* (POL) Föderalismus *m*

Federal Konsey *s ohne Pl* (ADMIN) Bundesrat *m*

federal mahkeme *s* (ADMIN, JUR) Bundesgericht *nt*

federal yasa *s* Bundesgesetz *nt*
federasyon *s* **1.** (POL) Föderation *f*, Bund *m* **2.** (*futbol ~u*) Verband *m;* (*öğrenci ~u*) Bund *m*
federatif *adj* (POL) föderativ
federe *adj* (POL) föderiert
feding *s* (RADIO) Fading *nt*
felâket *s* Katastrophe *f*, Desaster *nt*
felci *s poss von* **felç**
felç *s* <-ci> **1.** (MED) Lähmung *f;* (*paralizi*) Paralyse *f* **2.** (*fig*): **felce uğramak** zum Erliegen kommen, zum Stillstand kommen, zusammenbrechen; **felce uğratmak** zum Erliegen bringen, zum Stillstand bringen; **trafiği felce uğratmak** den Verkehr lahm legen; **trafik felce uğradı** der Verkehr ist zusammengebrochen, der Verkehr steht still
feding *s* (RADIO) Fading *nt*
feldmareşal *s* (MIL) Feldmarschall *m*
feleğin sillesi *s* Schicksalsschlag *m;* **~ne uğramak** [*o* **~ni yemek**] von Schicksalsschlägen getroffen werden
felek *s* <-ği> **1.** (*gökyüzü*) Himmel *m* **2.** (*dünya*) Welt *f;* **feleğini şaşırmak** die Welt nicht mehr verstehen **3.** (*talih*) Glück *nt;* **~ yâr olursa** wenn das Glück mitspielt, wenn alles gut geht
felekiyat *s ohne Pl s.* **astronomi** Astronomie *f*
fellâh *s* Fellache, -in *m, f*
felsefe *s* Philosophie *f;* **~ yapmak** philosophieren
felsefeci *s* **1.** (*filozof*) Philosoph(in) *m(f)* **2.** (SCHULE) Philosophielehrer(in) *m(f)*
felsefî *adj* philosophisch
feminist **I.** *s* Feminist(in) *m(f)* **II.** *adj* feministisch
feminizm *s ohne Pl* Feminismus *m*
fen *s* <-nni> **1.** Naturwissenschaft(en) *f(pl)* **2.** (*teknik*) Technik *f* **3.** (*bilim*) Wissenschaft *f*
fena *adj* **1.** (*kötü*) übel, schlecht; **~ değil/sayılmaz** nicht übel [*o* schlecht]; **~ oldum/oluyorum** mir ist/wird übel **2.** (*üzücü*) schlimm; **~ hâlde soğuk aldım** ich habe mich ganz schlimm erkältet
fenalık *s* <-ğı> Bosheit *f*, Boshaftigkeit *f;* **birine ~ etmek** jdm übel mitspielen
fener *s* **1.** Leuchte *f;* (*cep ~i*) Lampe *f;* (*karpuz ~*) Lampion *m* **2.** (*deniz ~i*) Leuchtturm *m* **3.** (*kahveci tepsisi*) Kaffeetablett *nt;* **fener alayı** *s* Fackelzug *m;* **fener balığı** *s* (ZOOL) Seeteufel *m;* **fener kulesi** *s* Leuchtturm *m*
fenik *s* <-ği> (HIST) Pfennig *m*
Fenike *s* Phönizien *nt*
Fenikeli **I.** *s* Phönizier *m* **II.** *adj* phönizisch
fenlenmiş *adj* (*çocuk*) frühreif, aufgeklärt
fenomen *s* Phänomen *nt;* (*görüngü*) Erscheinung *f*
fenomenal *adj* phänomenal
fenomenizm *s ohne Pl* (PHILOS) Phänomenalismus *m*
fenomenoloji *s ohne Pl* (PHILOS) Phänomenologie *f*
feodal *adj* <-i> feudal
feodalite *s ohne Pl* Feudalität *f*
feodalizm *s ohne Pl* Feudalismus *m*, Feudalherrschaft *f; s. a.* **derebeylik**
fer *s ohne Pl* Glanz *m*
feragat *s* Verzicht *m;* **tahttan ~ etmek** auf den Thron verzichten, abdanken
ferah *adj* geräumig
ferahlama *s Verbalsubstantiv zu* **ferahlamak**
ferahlamak *vi* erleichtert sein, aufatmen
ferahlatma *s Verbalsubstantiv zu* **ferahlatmak**
ferahlatmak *vt* erleichtern
ferahlık *s ohne Pl* <-ğı> Erleichterung *f;* **~ duymak** Erleichterung empfinden
ferci *s poss von* **ferç**
ferç *s* <-ci> Muttermund *m*
ferdi *s poss von* **fert**
ferdî *adj s.* **bireysel** individuell
ferdiyet *s s.* **bireysellik** Individualität *f*
ferdiyetçi *adj s.* **bireyci** individualistisch
ferdiyetçilik *s ohne Pl* <-ği> *s.* **bireycilik** Individualismus *m*
feribot *s* Fähre *f*
ferişte *s s.* **melek** Engel *m*
ferman *s* **1.** (HIST: *yarlık*) Ferman *m* **2.** (*emir, buyruk*) Befehl *m;* **~ sizin** zu Befehl, wie Sie wünschen
fermejüp *s s.* **çıtçıt** Druckknopf *m*
ferment *s* (BIOL) Ferment *nt*
fermuar *s* Reißverschluss *m*
fert *s* <-di> *s.* **birey** Individuum *nt*
feryat *s* <-dı> Aufschrei *m;* (*çığlık*) Schrei *m;* **~ koparmak** aufschreien; **feryadı basmak** losschreien; **hemen feryadı basmana gerek yok** du brauchst nicht gleich zu schreien; **feryat figan** *s ohne Pl* Geschrei *nt*
fes *s* Fes *m*
fesadı *s poss von* **fesat**
fesat *s* <-dı> Unruhe *f;* (*mide fesadı*) Verstimmung *f;* **~ çıkarmak** Unruhe stiften
fesat kumkuması *s* (*pej*) Unruhestifter(in) *m(f)*
feshetme *s* **1.** *Verbalsubstantiv zu* **feshetmek** **2.** Auflösung *f*
feshetmek *vt* auflösen
feshi *s poss von* **fesih**
fesih *s* <-shi> Auflösung *f;* **parlâmentonun feshi** Auflösung des Parlaments
fesleğen *s ohne Pl* (BOT) Basilie *f*, Basilien-

F

kraut *nt;* (GASTR) Basilikum *nt*

festfut *s* <-du> Fastfood *nt*

festival *s* <-i> Festival *nt,* Festspiele *ntpl*

fethetme *s* **1.** *Verbalsubstantiv zu* **fethetmek** **2.** Eroberung *f*

fethetmek *vt* erobern

fethi *s poss von* **fetih**

fetih *s* <-thi> Eroberung *f*

fetiş *s* **1.** (*tapıncak*) Fetisch *m;* (*put*) Götzenbild *nt* **2.** (*fig*) Fetisch *m* **3.** (*uğurlu sayılan şey*) Glücksbringer *m*

fetişist **I.** *s* Fetischist(in) *m(f)* **II.** *adj* fetischistisch

fetişizm *s ohne Pl* Fetischismus *m*

fetival *s* <-li> Festival *nt,* Festspiele *ntpl*

fetüs *s* Fetus *m*

fevkalâde *adv* außergewöhnlich, außerordentlich, ausnehmend; **şapka sana ~ yakıştı** der Hut steht dir ausnehmend gut

fevkalbeşer *adj s.* **insanüstü** übermenschlich

fevrî *adj* voreilig, vorschnell; (*birdenbire*) plötzlich

fevrîlik *s ohne Pl* <-ği> Voreiligkeit *f*

feylesof *s s.* **filozof** Philosoph, -in *m, f*

feza *s s.* **uzay** Raum *m,* Weltraum *m*

fıçı *s* Fass *nt;* **iki ~ bira/şarap** zwei Fässer Bier/Wein; **fıçı birası** *s* Fassbier *nt*

fıkra *s* **1.** (*nükteli hikâye*) Witz *m;* (*anekdot*) Anekdote *f* **2.** (PUBL: *köşe yazısı*) Feuilleton *nt* **3.** (JUR: *maddenin alt bölümü*) Absatz *m* **4.** (*paragraf*) Absatz *m* **5.** (ANAT: *omur*) Wirbel *m;* **fıkra yazarı** *s* (PUBL) Feuilletonist(in) *m(f)*

fındık *s* <-ğı> (BOT) **1.** (*ağaççık*) Haselnussstrauch *m* **2.** (*ürünü*) Haselnuss *f* **3.** (*sl: hileli zar*) präparierter Würfel; **fındık biti** *s* (ZOOL) Haselnussbohrer *m;* **fındık faresi** *s* (ZOOL) Haselmaus *f*

fındıkî *adj* nussbraun

fındıkkıran *s* Nussknacker *m*

Fırat *s ohne Pl* Euphrat *m*

fırça *s* **1.** (*boya, tıraş ~sı*) Pinsel *m* **2.** (*diş, saç ~sı*) Bürste *f*

fırdolayı *adv* ringsherum

fırıldak *s* <-ğı> **1.** (*çocuk oyuncağı*) Windrädchen *nt* **2.** (*havalandırma aracı*) Ventilator *m* **3.** (*fig*) Schwindel *m*

fırıldakçı *s* **1.** Windrädchenverkäufer *m* **2.** (*fig*) Schwindler(in) *m(f)*

fırıldak çiçeği *s* (BOT: *çarkıfelek*) Passionsblume *f*

fırın *s* **1.** Backofen *m* **2.** Bäckerei *f*

fırıncı *s* Bäcker(in) *m(f)*

fırlatma *s Verbalsubstantiv zu* **fırlatmak**

fırlatmak *vt* **1.** schleudern **2.** (*füze, roket*) abfeuern

fırsat *s* Gelegenheit *f,* Chance *f;* **~ı ganimet bilmek** die Gelegenheit beim Schopfe fassen [*o* ergreifen]; **~ı kullanmak** die Gelegenheit benutzen; **~tan istifade etmek** die Gelegenheit nutzen, eine Chance wahrnehmen; **ilk ~ta** bei der ersten Gelegenheit; **fırsat eşitliği** *s ohne Pl* Chancengleichheit *f*

fırt *s* (*fam*) **1.** (*sigara için*) Zug *m;* **bir ~ çekmek** einen Zug nehmen **2.** (*içki için*) Schluck *m;* **bir ~ çekmek** einen Schluck nehmen

fırt fırt *adv* ständig; **çocukların ~ girip çıkmaları** das ständige Rein- und Rausgehen der Kinder

fırtına *s* Sturm *m;* **~ kopmak** [*o* **patlamak**] (*fig*) Donnerwetter geben; **~dan önce(ki) sessizlik** die Ruhe vor dem Sturm; **rüzgâr eken ~ biçer** (*prov*) wer Wind sät, wird Sturm ernten

fırtına kuşu *s* (ZOOL) Sturmvogel *m*

fırtınalı *adj* (*a. fig*) stürmisch

fırttırma *s Verbalsubstantiv zu* **fırttırmak**

fırttırmak *vi* (*fam*) durchdrehen, überschnappen; (*aklını kaçırmak*) den Verstand verlieren; **Hasan şimdi tamamen fırttırdı** Hasan ist nun völlig übergeschnappt

fısfıs *s* Sprühdose *f*

fıs fıs *adv* (*pej*) tuschelnd; **~ konuşmak** tuscheln

fısfıslama *s Verbalsubstantiv zu* **fısfıslamak**

fısfıslamak *vt* sprühen

fısıldama *s Verbalsubstantiv zu* **fısıldamak**

fısıldamak *vt* flüstern; (*fıslamak*) tuscheln; **birinin kulağına bir şey ~** jdm etw ins Ohr flüstern [*o* tuscheln]

fısıldaşma *s Verbalsubstantiv zu* **fısıldaşmak**

fısıldaşmak *vi* tuscheln

fısıl fısıl *adv:* **~ konuşmak** im Flüsterton reden

fısıltı *s* **1.** Flüsterlaut *m;* **odadan ~lar geliyordu** Flüsterlaute kamen aus dem Zimmer **2.** (*ohne Pl*) Flüsterton *m;* **~ ile konuşmak** im Flüsterton reden; **fısıltı gazetesi** *s ohne Pl* Flüsterpropaganda *f*

fısırtı *s s.* **fısıltı**

fıskiye *s* **1.** Fontäne *f* **2.** Springbrunnen *m*

fıslamak *vt* zuflüstern; **birine bir şey ~** jdm etw zuflüstern

fıstık *s* <-ğı> (*yer fıstığı*) Erdnuss *f;* (*Antep fıstığı*) Pistazie *f;* (*çam fıstığı*) Pinienkern *m;* **~ gibi** (*fig*) knackig; **fıstık çamı** *s* (BOT) Pinie *f*

fışırdama *s ohne Pl* **1.** *Verbalsubstantiv zu* **fısırdamak** **2.** (*su için*) Geplätscher *nt*

fışırdamak *vi* (*ipek kumaş*) knistern; (*su*) plätschern

fışır fışır *adv:* **~ akmak** plätschern; **~ etmek** knistern

fıtık *s* <-ğı> (MED) Bruch *m;* (*kasık fıtığı*) Leistenbruch *m*
fıtrî *adj* (*doğuştan*) angeboren
fıtriye *s ohne Pl* (PSYCH: *doğuştancılık*) Nativismus *m*
fıttırmak *vi s.* **fırttırmak**
fi (*edat*): ~ **tarihinde(n)** (von) anno dazumal
fibrin *s ohne Pl* (BIOL) Fibrin *nt*
fibrinojen *s ohne Pl* (BIOL) Fibrinogen *nt*
fidan *s* Steckling *m;* (*dikme*) Setzling *m*
fidan biti *s* (ZOOL: *yaprak biti*) Blattlaus *f;* **fidan boylu** *adj* rank und schlank
fidanlık *s* <-ğı> Baumschule *f*
fide *s* Setzling *m*
fideizm *s ohne Pl* (PHILOS: *inancılık*) Fideismus *m*
fidye *s,* **fidyeinecat** *s* Lösegeld *nt*
figan *s* (*acı ile bağırma*) Schmerzensschrei *m;* (*inleme*) Stöhnen *nt*
figür *s* **1.** Figur *f;* (*biçim*) Gestalt *f* **2.** (*a.* SPORT) Figur *f;* **mecburî ~ler** Pflicht *f;* **serbest ~ler** Kür *f;* **yeni bir ~ öğrenmek** eine neue Figur lernen **3.** (MUS) Figur *f;* **dansın tek bir ~ünü öğrenmeye çalışmak** eine einzelne Figur des Tanzes üben
figüran *s* **1.** (THEAT, FILM) Statist(in) *m(f);* (FILM) Komparse, -in *m, f* **2.** (*fig: sönük, etkisiz kimse*) Statist(in) *m(f),* Randfigur *f*
figüratif *adj* (KUNST) figurativ
fiğ *s* (BOT) Wicke *f*
fiil *s* **1.** (*a.* JUR) Tat *f* **2.** (LING) Verb *nt;* **geçişli/geçişsiz ~ler** transitive/intransitive Verben
Fiji Adaları *s Pl* Fidschiinseln *fpl*
fikir *s* <-kri> **1.** (*düşünce*) Gedanke *m* **2.** Meinung *f;* **başka ~de olmak** anderer Meinung sein; **fikrini değiştirmek** seine Meinung ändern **3.** (*düşün, ide*) Idee *f;* **benim bir fikrim var** ich habe eine Idee
fikir adamı *s* Denker *m;* **fikir hürriyeti** *s ohne Pl s.* **düşünce özgürlüğü** Gedankenfreiheit *f,* Meinungsfreiheit *f;* **fikir işçisi** *s* Kopfarbeiter(in) *m(f);* **fikir teatisi** *s* (*düşünce alış verişi*) Gedankenaustausch *m*
fikri *s poss von* **fikir**
fikrî *adj:* ~ **mülkiyet** (JUR) geistiges Eigentum
fikrisabit *s* (PSYCH: *saplantı*) Zwangsvorstellung *f;* (*idefiks*) fixe Idee
fikriyat *s s.* **düşünceler** Gedanken *pl,* Ideen *pl*
fiks mönü *s* Menü *nt*
fikstür *s* (SPORT) Spielplan *m*
fiktif *adj* fiktiv
fil *s* **1.** (ZOOL) Elefant *m* **2.** (*satrançta*) Läufer *m*
filâriz *s* Flachsbreche *f*
fildişi *s ohne Pl* Elfenbein *nt;* ~ **gibi** wie Elfenbein
fildişi rengi *adj* elfenbeinfarben
file *s* Netz *nt*
fileli bagaj rafı *s* Gepäcknetz *nt*
filigran *s* Wasserzeichen *nt*
filika *s* (NAUT) **1.** Beiboot *nt* **2.** Kutter *m*
Filipinli *s* Philippiner(in) *m(f)*
Filistin **I.** *s* Palästina *nt* **II.** *adj* palästinensisch; ~ **Kurtuluş Örgütü** Palästinensische Befreiungsorganisation
Filistinli **I.** *s* Palästinenser(in) *m(f)* **II.** *adj* palästinensisch
filiz *s* (BOT) Keim *m;* ~ **vermek** keimen
filizcik *s* <-ği> (BOT) Keimling *m*
filizlenme *s* **1.** *Verbalsubstantiv zu* **filizlenmek** **2.** Keimung *f*
filizlenmek *vi* **1.** (BOT) keimen **2.** (*fig: gelişmeye başlamak*) keimen
film *s* Film *m*
filmci *s* Filmemacher(in) *m(f)*
film festivali *s* Filmfestspiele *ntpl*
filmleştirme *s* **1.** *Verbalsubstantiv zu* **filmleştirmek** **2.** Verfilmung *f*
filmleştirmek *vt* verfilmen
film müziği *s* Filmmusik *f;* **film yıldızı** *s* Filmstar *m*
filo *s* Flotte *f*
filolog *s* Philologe, -in *m, f*
filoloji *s* Philologie *f*
filolojik *adj* philologisch
filozof *s* Philosoph, -in *m, f*
filozofça *adj* philosophisch
filozofik *adj* philosophisch
filtre *s* Filter *m;* **filtre kâğıdı** *s* Filterpapier *nt*
filtreli sigara *s* Filterzigarette *f*
filtresiz *adj* filterlos
filum *s* (BIOL) Stamm *m*
Fin **I.** *s* Finne, -in *m, f* **II.** *adj* finnisch
final [finɑ̃l] **I.** *s* <-i> **1.** (SPORT) Finale *nt,* Endkampf *m,* Endspiel *nt* **2.** (MUS) Finale *nt* **II.** *adj* final
finalist *s* (SPORT) Finalist(in) *m(f)*
finalizm *s ohne Pl* (PHILOS: *erekçilik*) Finalismus *m*
finanse etmek *vt* (WIRTSCH, FIN) finanzieren
finansman *s* (WIRTSCH, FIN) Finanzierung *f*
finansör *s* (FIN) Finanzier *m,* Geldgeber(in) *m(f)*
Fince *s* Finnisch *nt;* ~**den Türkçeye çevirmek** aus dem Finnischen ins Türkische übersetzen
fingirdek *adj* kokett
fingirdeme *s Verbalsubstantiv zu* **fingirdemek**
fingirdemek *vi* kokettieren
Fin hamamı *s s.* **sauna** Sauna *f*
finiş *s* (SPORT: *koşuda*) Einlauf *m*
fink *s:* ~ **atmak** sich herumtreiben

Finlandiya *s* Finnland *nt*

Finli *s* Finne, -in *m, f*

fino *s* **1.** (*köpek*) Schoßhund *m* **2.** (*sl: esrar*) Stoff *m*

Fin Ugor *adj* (LING) finnisch-ugrisch

firar *s* Flucht *f;* ~**a kadem basmak** fliehen, abhauen

firavun *s* Pharao *m*

firavun faresi *s* (ZOOL) Ichneumon *m o nt*

firkat *s* <-ti> *s.* **ayrılık** Trennung *f*

firkateyn *s* (NAUT, MIL) Fregatte *f*

firkete *s* Haarnadel *f*

firma *s* (WIRTSCH) Firma *f*

firuze *s* Türkis *m*

fiş *s* **1.** (ELEK) Stecker *m,* Netzstecker *m* **2.** Karteikarte *f* **3.** (*kumarda*) Chip *m,* Spielmarke *f* **4.** (*kasa* ~ *i*) Bon *m;* (*makbuz*) Quittung *f*

fişek *s* <-ği> **1.** Patrone *f* **2.** Rakete *f;* **havaî** ~ Feuerwerkskörper *m;* **kestane fişeği** Knallkörper *m,* Böller *m*

fişeklik *s* <-ği> Patronengurt *m*

fitil *s* **1.** Docht *m* **2.** (*ilâç*) Zäpfchen *nt* **3.** (HIST) Lunte *f*

fitnes *s ohne Pl* Fitness *f;* **fitnes kulübü** *s* (SPORT) Fitnesscenter *nt*

fiyasko *s* (*fam*) Fiasko *nt,* Reinfall *m,* Flop *m;* **bu tam bir** ~**ydu** das war ein glatter Reinfall

fiyat *s* **1.** Preis *m;* **yarı** ~**ına** zum halben Preis **2.** (FIN: *hisse senedi* ~ *ı*) Kurs *m;* **fiyat dalgalanması** *s* Preisschwankung *f;* (*borsada*) Kursschwankung *f;* **fiyat indeksi** *s* Preisindex *m*

fiyonk *s* <-gu> Schleife *f*

fiyort *s* <-du> (GEO) Fjord *m*

fizibilite *s ohne Pl* (WIRTSCH: *yapılabilirlik*) Machbarkeit *f,* Durchführbarkeit *f*

fizik *s ohne Pl* <-ği> Physik *f*

fizikçi *s* Physiker(in) *m(f)*

fizikî *adj* physisch

fizik ötesi I. *s* (*metafizik*) Metaphysik *f* **II.** *adj* metaphysisch

fizik tedavisi *s ohne Pl* Physiotherapie *f;* **fizik yapısı** *s ohne Pl* Körperbau *m*

fizyokrat I. *s* Physiokrat *m* **II.** *adj* physiokratisch

fizyokratlık *s ohne Pl* <-ğı> Physiokratie *f*

fizyolog *s* Physiologe, -in *m, f*

fizyoloji *s ohne Pl* Physiologie *f*

fizyolojik *adj* physiologisch

fizyolojist *s* Physiologe, -in *m, f*

fizyonomi *s* Physiognomie *f*

fizyoterapi *s ohne Pl s.* **fizik tedavisi** Physiotherapie *f*

fizyoterapist *s* Physiotherapeut(in) *m(f)*

FKÖ *s Abk. von* **Filistin Kurtuluş Örgütü** PLO *f, Palästinensische Befreiungsorganisation*

flâma *s* **1.** (*küçük bayrak*) Fähnchen *nt* **2.** (*işaret olarak kullanılan küçük bayrak*) Winkerflagge *f* **3.** (*üç köşeli küçük bayrak*) Wimpel *m*

Flâman I. *s* Flame *m,* Flämin *f* **II.** *adj* flämisch

Flâmanca *s ohne Pl* Flämisch(e) *nt;* ~**da** im Flämischen; ~**dan** aus dem Flämischen; ~**ya** ins Flämische

flâmingo *s* (ZOOL) Flamingo *m*

Flândra *s* Flandern *nt*

flânel *s* Flanell *m*

flanş *s* (TECH) Flansch *m*

flâş *s* **1.** (FOTO) Blitz *m,* Blitzlicht *nt* **2.** (FOTO) Blitzgerät *nt* **3.** (*fig*) Sondermeldung *f*

flâşör *s* (AUTO) Warnblinkanlage *f*

flâvta *s s.* **flüt** Flöte *f*

flebit *s* (MED) Phlebitis *f*

flegmon *s* (MED) Phlegmone *f*

flit *s* **1.** (*ilâç*) Insektenvernichtungsmittel *nt,* Insektizid *nt* **2.** (*araç*) Zerstäuber *m*

flok *s* (NAUT) Klüver *m*

flor *s ohne Pl* (CHEM) Fluor *nt; s. a.* **flüor**

flora *s* Flora *f*

Floransa *s* Florenz *nt*

floresan *adj s.* **flüoresan** fluoreszierend

floresans *s ohne Pl s.* **flüoresans** Fluoreszenz *f*

florin *s* (HIST) Florin *m;* (*gulden*) Gulden *m*

florya *s s.* **flûrya**

floş *s* (*pokerde*) Flush *m*

flöre *s* (SPORT: *eskrimde*) Florett *nt;* ~ **ile eskrim yapmak** Florett fechten

flört *s* Flirt *m;* ~ **etmek** flirten

flûrya *s* (ZOOL: *yelve*) Grünfink *m*

flüor *s ohne Pl* (CHEM) Fluor *nt*

flüoresan *adj* fluoreszierend

flüoresans *s ohne Pl* Fluoreszenz *f*

flüorışıl *adj* (CHEM) fluoreszierend

flüorit *s* Fluorid *nt*

flüt *s* (MUS) Flöte *f;* ~ **çalmak** Flöte spielen, flöten

flütçü *s* (MUS) Flötist(in) *m(f),* Flötenspieler(in) *m(f)*

fob *s* (*free on board*) fob; **üzümün kilosu** ~ **İzmir … eurodur** der Preis für ein Kilo Weintrauben fob İzmir ist … Euro

fobi *s* (MED, PSYCH) Phobie *f*

fodul *adj* arrogant

fodulluk *s ohne Pl* <-ğu> Arroganz *f*

fok *s* (ZOOL: *ayı balığı*) Seehund *m*

fokstrot *s* Foxtrott *m*

fokurdama *s Verbalsubstantiv zu* **fokurdamak**

fokurdamak *vi* (*su*) brodeln

fokur fokur *adv:* **su** ~ **kaynıyor** das Wasser brodelt

folklor *s ohne Pl* Folklore *f*

folklorcu *s* Folklorist(in) *m(f)*

folklorculuk *s ohne Pl* <-ğu> Folkloristik *f*
folklorik *adj* folkloristisch
folklorist *s s.* **folklorcu**
folyo kâğıdı *s* Folie *f*
fonda *s* (NAUT: *demir yeri*) Ankerplatz *m;* ~ **etmek** vor Anker gehen
fondan *s* Praline *f*
fondöten *s* Antifaltencreme *f*
fonem *s* (LING: *ses birimi*) Phonem *nt*
fonetik **I.** *s ohne Pl* <-ği> (LING: *ses bilgisi*) Phonetik *f* **II.** *adj* (LING: *sesçil*) phonetisch
fonoloji *s ohne Pl* (LING: *ses bilimi*) Phonologie *f*
forklift *s* Gabelstapler *m*
form[1] *s ohne Pl* Form *f;* ~**a girmek** in Form kommen; ~**da** in Form
form[2] *s* Formular *nt*
formaldehit *s ohne Pl* (CHEM) Formaldehyd *m*
formalist *s* Formalist(in) *m(f)*
formalite *s* **1.** (ADMIN) Formalität *f* **2.** Formalie *f;* **gerekli** ~**leri tamamlamak** die notwendigen Formalien erledigen **3.** (*fig*) Form *f,* Formsache *f;* ~ **gereği** der Form halber
formaliteci *s* Formalist(in) *m(f)*
formalite sorusu *s* Formfrage *f*
formalizm *s* Formalismus *m*
format *s* Format *nt*
formatlama *s* **1.** *Verbalsubstantiv zu* **formatlamak** **2.** (INFORM) Formatierung *f*
formatlamak *vt* (INFORM) formatieren
formatlı *adj* (INFORM: *disket*) formatiert
formel *adj* formal, formell
formik asit *s ohne Pl* <-di> (CHEM) Ameisensäure *f*
formül *s* Formel *f*
formüle *s:* ~ **etmek** formulieren
fors *s* Einfluss *m*
forsa *s* (HIST) Galeerensträfling *m*
forseps *s* (MED) Geburtszange *f*
forslu *adj* einflussreich
forte *adv* (MUS) forte
forum *s* Forum *nt*
forvet *s* (SPORT) Stürmer(in) *m(f)*
fosfat *s* (CHEM) Phosphat *nt*
fosfatlamak *vt* (TECH) phosphatieren
fosfatlı *adj* phosphathaltig
fosfor *s ohne Pl* (CHEM) Phosphor *m*
fosforışı *s* (PHYS) Phosphoreszenz *f*
fosforışıl *adj* (PHYS) phosphoreszierend
fosforik *adj* (CHEM) phosphorig; **fosforik asit** *s* <-di> (CHEM) Phosphorsäure *f*
fosforlu *adj* **1.** phosphorhaltig **2.** (*fig*) leuchtend
fosil **I.** *s* **1.** (GEO) Fossil *nt* **2.** (*fam fig*) altes Fossil **II.** *adj* fossil
foslama *s Verbalsubstantiv zu* **foslamak**
foslamak *vi* (*sl*) sich blamieren
foslatma *s Verbalsubstantiv zu* **foslatmak**
foslatmak *vt* (*sl*): **birini** ~ jdn blamieren
fotofiniş *s* (SPORT) Fotofinish *nt*
fotoğraf *s* Foto *nt;* ~ **çekmek** fotografieren; **bir şeyin** ~**ını çekmek** etw fotografieren; **fotoğraf albümü** *s* Fotoalbum *nt*
fotoğrafçı *s* Fotograf(in) *m(f);* **fotoğrafçılık** *s* <-ğı> Fotografie *f*
fotoğraf makinesi *s* Fotoapparat *m*
fotojen *adj,* **fotojenik** *adj* fotogen
fotokimya *s* (CHEM) Photochemie *f*
fotokopi *s* Fotokopie *f,* Ablichtung *f;* ~ **çekmek** fotokopieren; **bir şeyin** ~**sini çekmek** etw fotokopieren [*o* ablichten]; **fotokopi makinesi** *s* Fotokopierer *m*
fotomekanik *adj* (TYPO) photomechanisch; ~ **bir yöntem** ein photomechanisches Verfahren
fotometre *s* **1.** (PHYS) Photometer *m* **2.** (FOTO) Belichtungsmesser *m;* **fotometri** *s* (PHYS) Photometrie *f*
fotomodel *s* Fotomodell *nt*
fotomontaj *s* Fotomontage *f*
foto muhabiri *s* Pressefotograf(in) *m(f)*
fotosentez *s ohne Pl* (BIOL) Photosynthese *f*
fotosfer *s ohne Pl* (ASTR) Photosphäre *f*
fotoşimi *s s.* **fotokimya** (CHEM) Photochemie *f*
fototaksi *s,* **fototaktizm** *s* (BIOL) Phototaxis *f*
fototek *s* <-ği> Fotothek *f*
fototerapi *s* (MED) Phototherapie *f*
fototropizm *s* (BIOL) Phototropismus *m*
fötr *s* Filz *m;* **fötr şapka** *s* Filzhut *m*
frak *s* Frack *m*
fraksiyon *s* (POL) **1.** (*bölüngü, bölüntü*) Fraktion *f* **2.** (*parti içi grup*) Splittergruppe *f;* **fraksiyon başkanı** *s* Fraktionsvorsitzende(r) *mf*
frank *s* <-gı> Franc *m;* (*İsviçre* ~*ı*) Franken *m*
Franken *s,* **Frankonya** *s* Franken *nt*
Fransa *s* Frankreich *nt*
Fransız **I.** *s* Franzose, -zösin *m, f* **II.** *adj* französisch
Fransızca *s ohne Pl* Französisch *nt;* ~ **konuşmak/öğrenmek** Französisch sprechen/lernen; ~**da** auf Französisch; **bir şeyi** ~**ya**/~**dan çevirmek** etw ins Französische/aus dem Französischen übersetzen
frapan *adj* knallig; (*göz alıcı*) auffällig
fregat kuşu *s* (ZOOL) Fregattvogel *m*
frekans *s* (PHYS) Frequenz *f*
fren *s* Bremse *f;* ~**e basmak** auf die Bremse treten
frengi *s ohne Pl* (MED) Syphilis *f*
fren izi *s* Bremsspur *f*
Frenk **I.** *s* <-gi> Franke *m,* Fränkin *f* **II.** *adj*

fränkisch
Frenk lâhanası *s* Rosenkohl *m;* **Frenk üzümü** *s* Johannisbeere *f*
frenleme *s Verbalsubstantiv zu* **frenlemek**
frenlemek *vt* abbremsen
fren mesafesi *s* (AUTO) Bremsweg *m;* **fren pedalı** *s* (AUTO) Bremspedal *nt*
fresk *s* (KUNST) Fresko *nt*
freze *s* **1.** Fräse *f* **2.** Fräsmaschine *f*
frezeci *s* Fräser(in) *m(f)*
frezeleme *s Verbalsubstantiv zu* **frezelemek**
frezelemek *vt* fräsen
frigofrik vagon *s* (EISENB) Kühlwagen *m*
Frigya *s* (HIST) Phrygien *nt*
Frigyalı **I.** *s* (HIST) Phrygier(in) *m(f)* **II.** *adj* phrygisch
frijid *adj* frigid(e)
frijider® *s* (*buz dolabı*) Eisschrank *m*
frikik *s* <-ği> (SPORT: *serbest vuruş*) Freistoß *m*
friksiyon *s* Friktion *f;* (*ovma*) Reibung *f*
fritöz *s* (GASTR) Friteuse *f*
Frizya *s* Friesland *nt*
früktoz *s ohne Pl* Fruktose *f;* (*meyve şekeri*) Fruchtzucker *m*
fuar *s* Messe *f*
fuaye *s* (THEAT) Foyer *nt*
fuel oil *s ohne Pl* Heizöl *nt*
fuhşu *s poss von* **fuhuş**
fuhuş *s ohne Pl* <-hşu> Prostitution *f*
fujer *s* Farn *m*
fular *s* **1.** (*kumaş*) Foulard *m* **2.** (*eşarp*) Seidenschal *m*
fulya *s* (BOT) Jonquille *f;* **fulya balığı** *s* (ZOOL) Adlerrochen *m,* Meerdrachen *m*
funda *s* (BOT: *süpürge otu*) Heidekraut *nt*
fundalık *s* <-ğı> Heide *f*
funya *s* Zünder *m*
furgon *s* (EISENB) Gepäckwagen *m*
futbol *s ohne Pl* (SPORT) Fußball *m;* ~ **oynamak** Fußball spielen
futbolcu *s* Fußballer(in) *m(f)*
futbol federasyonu *s* Fußballverband *m;* **futbol kulübü** *s* Fußballklub *m,* Fußballverein *m;* **futbol maçı** *s* Fußballspiel *nt,* Fußballmatch *nt;* **futbol oyuncusu** *s* Fußballspieler(in) *m(f);* **futbol sahası** *s* Fußballplatz *m;* **futbol stadı** *s* Fußballstadion *nt;* **futbol takımı** *s* Fußballmannschaft *f;* **futbol topu** *s* Fußball *m*
fuzulî *adj* überflüssig
füg *s* (MUS) Fuge *f*
füme *adj* **1.** (*duman rengi*) rauchfarben **2.** (*balık*) geräuchert; ~ **ringa** geräucherter Hering; **füme balık** *s* <-ğı> Räucherfisch *m,* geräucherter Fisch; **füme et** *s* Räucherfleisch *nt,* geräuchertes Fleisch
fütürist *s* Futurist(in) *m(f)*
fütürizm *s ohne Pl* (LIT, KUNST, POL) Futurismus *m*
fütüroloji *s ohne Pl* Futurologie *f*
füze *s* Rakete *f;* ~ **gibi** wie eine Rakete
füzeatar *s* (MIL) Raketenwerfer *m*
füzen *s* **1.** (*kömür kalem*) Kohlestiff *m* **2.** (*resim*) Kohlezeichnung *f*
füzesavar *s* (MIL) Raketenabwehr *f*
füzyon *s* Fusion *f*

G

g, G [ge] *s* g, G *nt, 8. Buchstabe des türk. Alphabets*
gabardin *s* **1.** (*kumaş*) Gabardine *m* **2.** (*reglân pardösü*) Regenmantel *m*
gabari *s* Ladehöhe *f*
gaf *s* Fauxpas *m,* Ausrutscher *m*
gafil *adj* (*dalgın*) zerstreut, geistesabwesend; **birini ~ avlamak** (*fam*) jdn kalt erwischen; **sorusuyla beni ~ avladı** (*fam*) mit der Frage hat er mich kalt erwischt
gaga *s* Schnabel *m*
gagaburun *s* (NAUT) Schnabelschiff *nt*
gaga burun *s* <-rnu> (*fig*) Hakennase *f,* Adlernase *f*
gagalaşma *s* **1.** *Verbalsubstantiv zu* **gagalaşmak** **2.** Schnäbelei *f*
gagalaşmak *vi* schnäbeln
gagalı memeli *s* (ZOOL) Schnabeltier *nt*
gaip **I.** *s ohne Pl* <-bi> **1.** Jenseits *nt;* **~ten sesler (duymak)** Stimmen aus dem Jenseits (hören) **2.** (LING: *üçüncü kişi*) dritte Person **II.** *adj* (JUR) verschwollen
gaklama *s Verbalsubstantiv zu* **gaklamak**
gaklamak *vi* (*karga*) krächzen
gala *s* **1.** (*şölen*) Galaabend *m,* Galaempfang *m* **2.** (THEAT) Galaaufführung *f*
galaksi *s* (ASTR: *gök adası*) Galaxie *f*
galatıhis *s* <-si> *s.* **yanılsama** Sinnestäuschung *f*
galebe *s* **1.** (*yenme, yengi*) Sieg *m* **2.** *ohne Pl* (*üstünlük*) Überlegenheit *f*
galeri *s* **1.** Galerie *f* **2.** (*herhangi bir malın sergilendiği yer*) Ausstellungsraum *m* **3.** (BERGB) Stollen *m;* **~ açmak** einen Stollen anlegen **4.** (*kilisede*) Empore *f*
galerici *s* Galerist(in) *m(f)*
galeta *s* Zwieback *m*
galeyan *s:* **~ etmek** aufbrausen; **~a gelmek** aufbrausen, auffahren, hochfahren
galiba *adv* (*görünüşe göre*) anscheinend, dem Anschein nach; (*sanılır ki*) vermutlich
galibiyet *s* Sieg *m*
Galiçe *s* Galicien *nt;* **Galiçeli** **I.** *s* Galicier(in) *m(f)* **II.** *adj* galicisch; **~ bir asker** ein galicischer Soldat
Galile *s* (HIST) Galiläa *nt*
galip **I.** *s* <-bi> Sieger(in) *m(f)* **II.** *adj* (*sonunda yenen*) siegreich; (*başarı kazanan*) erfolgreich; **~ gelmek** siegen
galon *s* Gallone *f*
galsame *s* (ZOOL: *solungaç*) Kieme *f*
galvanize *adj* galvanisch
galvanizleme *s* **1.** *Verbalsubstantiv zu* **galvanizlemek** **2.** Galvanisierung *f*
galvanizlemek *vt* galvanisieren
Galya **I.** *s* (HIST) Gallien *nt* **II.** *adj* (HIST) gallisch; **~ kültürü/tarihi** die gallische Kultur/Geschichte
Galyalı **I.** *s* (HIST) Gallier(in) *m(f)* **II.** *adj* (HIST) gallisch; **~ bir kadın** eine gallische Frau
gam *s* (MUS) Tonleiter *f*
gama *s* Gamma *nt;* **gama ışınları** *s Pl* (PHYS) Gammastrahlen *pl*
gamalı haç *s* Hakenkreuz *nt*
gambot *s* (MIL, NAUT) Kanonenboot *nt*
gam dizisi *s* (MUS) Tonleiter *f*
gameboy® ['gɛɪmbɔɪ] *s* Gameboy *m*
gamet *s* (BIOL) Gamet *m,* Keimzelle *f*
gametli bitki *s* Gametophyt *m*
gammaz *s* (*pej*) Denunziant(in) *m(f)*
gammazlama *s* **1.** *Verbalsubstantiv zu* **gammazlamak** **2.** Denunzierung *f*
gammazlamak *vt* (*pej*) denunzieren
gammazlık *s ohne Pl* <-ğı> (*pej*) Denunziantentum *nt*
gamsız *adj* unbekümmert
gamze *s* Grübchen *nt*
Gana **I.** *s* Ghana *nt* **II.** *adj* ghanaisch; **~ millî takımı** die ghanaische Nationalmannschaft
Ganalı **I.** *s* Ghanaer(in) *m(f)* **II.** *adj* ghanaisch; **~ bir kadın** eine ghanaische Frau
gangster *s* Gangster *m*
gani gönüllü *adj* großzügig
ganimet *s* Beute *f;* (*düşmandan ele geçirilen mal*) Kriegsbeute *f*
gar *s* **1.** (EISENB) Hauptbahnhof *m* **2.** (*otobüs ~ı*) Bahnhof *m*
garaj *s* **1.** Garage *f* **2.** (*otogar*) Busbahnhof *m*
garanti *s* Garantie *f;* **bir şeyi ~ etmek** etw garantieren; **~ vermek** eine Garantie geben (*-de* auf); **~li** mit Garantie; **~siz** ohne Garantie; **inanıyor musun geleceğine? – ~ gelecek!** glaubst du er kommt? – garantiert!; **garanti belgesi** *s* Garantieschein *m*
garantileme *s Verbalsubstantiv zu* **garantilemek**
garantilemek *vt* garantieren
garantör *s* Garant(in) *m(f)*
garaz *s ohne Pl* Groll *m*
garbı *s poss von* **garp**
gardenparti *s* Gartenfest *nt*

gardenya *s* (BOT) Gardenie *f*
gardırop *s* <-bu> Garderobe *f*
gardiyan *s* **1.** Aufseher(in) *m(f)*, Gefängniswärter(in) *m(f)* **2.** Wächter(in) *m(f)*
garez *s ohne Pl s.* **garaz** Groll *m*
gargara *s* **1.** Gurgeln *nt;* ~ **yapmak** gurgeln **2.** (*sıvı*) Mundwasser *nt*
gariban *s* Sonderling *m*, Eigenbrötler *m*
gark *s* Versenkung *f*
garnitür *s* Garnitur *f;* (GASTR) Beilage *f*
garnizon *s* (MIL) Garnison *f*
garp **I.** *s ohne Pl* <-bı> *s.* **batı** Westen *m* **II.** *adj s.* **batı** westlich, West-
garplı **I.** *s s.* **batılı** Westler *m* **II.** *adj s.* **batılı** westlich
garplılaştırma *s Verbalsubstantiv zu* **garplılaştırmak**
garplılaştırmak *vt s.* **batılılaştırmak** verwestlichen
gasbı *s poss von* **gasp**
gasp *s* <-bı> Anmaßung *f*, eigenmächtige Entziehung
gaspetme *s* **1.** *Verbalsubstantiv zu* **gaspetme** **2.** Anmaßung *f*
gaspetmek *vt* sich anmaßen; **bir şeyi** ~ sich etw anmaßen
gastrit *s* (MED) Gastritis *f*
gastronom *s* Gastronom *m*, Feinschmecker *m*
gastronomi *s ohne Pl* Gastronomie *f*
gayda *s* (MUS) Dudelsack *m;* ~ **çalmak** dudeln
gaye *s* Zielsetzung *f*
gayesiz *adj* ziellos
gayesizlik *s ohne Pl* <-ği> Ziellosigkeit *f*
gayriilmî *adj s.* **bilim dışı** unwissenschaftlich
gayrikabili rücu *adj* (JUR, FIN: *akreditif*) unwiderruflich; **gayrikabilitelâfi** *adj* (*yerine konulamaz*) unersetzlich; (*onarılamaz*) irreparabel
gayrikanunî *adj* (*yasa dışı*) ungesetzlich
gayrimeşru *adj* **1.** illegitim **2.** (*evlilik dışı*) außerehelich, unehelich, illegitim
gayrimümkün *adj* unmöglich
gayrisafi *adj* Brutto-; **gayrisafi hâsılat** *s* (WIRTSCH) Bruttogewinn *m;* (*gelir*) Bruttoeinkommen *m;* **gayrisafi millî hâsıla** *s ohne Pl* (WIRTSCH) Bruttosozialprodukt *nt;* **gayrisafi yurtiçî hâsıla** *s ohne Pl* (WIRTSCH) Bruttoinlandsprodukt *nt*
gayrişahsî *adj s.* **kişilik dışı** unpersönlich
gayzer *s* (GEO: *kaynaç*) Geysir *m*, Geiser *m*
gaz *s* **1.** Gas *nt* **2.** (*midedeki, bağırsaklardaki*) Blähung *f;* ~ **yapmak** blähen **3.** *ohne Pl* (AUTO): ~ **vermek** Gas geben
gaza *s* (REL: *kutsal savaş*) der heilige Krieg
gazal [gazāl] *s* <-i> *s.* **ceylân** Gazelle *f*
gaz bezi *s* Mull *m;* **gaz bombası** *s* Gasbombe *f;* **gaz borusu** *s* Gasrohr *nt*, Gasleitung *f;* **gaz dağıtımı** *s ohne Pl* Gasversorgung *f;* **gaz detektörü** *s* Gasspürgerät *nt*
gazel *s* (LIT) Gasel *nt*, Gasele *f;* **gazel damarı** *s* Halsschlagader *f*
gazete *s* Zeitung *f*, Blatt *nt;* **gazete abonesi** *s* Zeitungsabonnent(in) *m(f)*
gazeteci *s* Journalist(in) *m(f)*
gazetecilik *s ohne Pl* <-ği> Journalismus *m*
gazete ilânı *s* Zeitungsanzeige *f*, Zeitungsannonce *f;* **gazete kupürü** *s* Zeitungsausschnitt *m;* **gazete makalesi** *s* Zeitungsartikel *m*
gazhane *s* Gaswerk *nt*
gaz hattı *s* Gasleitung *f;* **gaz ibiği** *s* Gashahn *m*
gazino *s* Lokal *nt*
gaz kokusu *s* Gasgeruch *m*
gazlama *s Verbalsubstantiv zu* **gazlamak**
gazlamak *vi* (AUTO) Gas geben
gaz lâmbası *s* Gaslampe *f*
gazlı bez *s* Mullbinde *f;* **gazlı çakmak** *s* <-ğı> Gasfeuerzeug *nt*
gaz maskesi *s* Gasmaske *f;* **gaz ocağı** *s* Gasherd *m*
gazometre *s* **1.** Gasometer *m* **2.** (PHYS: *gazölçer*) Gasmesser *m*
gaz pedalı *s* (AUTO) Gaspedal *nt;* **gaz sayacı** *s* Gaszähler *m;* **gaz sobası** *s* Gasofen *m;* **gaz tabancası** *s* Gaspistole *f;* **gaz tüpü** *s* Gasflasche *f;* **gaz türbini** *s* (TECH) Gasturbine *f*
gazup *adj s.* **öfkeli** wütend, zornig
gazve *s* **1.** (*Arap aşiretleri arasında yapılan savaş*) Stammesfehde bei Arabern **2.** (*din uğruna yapılan savaş*) Religionskrieg *m*
gaz yuvarı *s* Gashülle *f*
Gazze Şeridi *s ohne Pl* (POL) Gazastreifen *m*
gebe *adj* **1.** (*insan için*) schwanger; ~ **bırakmak** schwängern; ~ **kalmak** schwanger werden **2.** (*hayvan için*) trächtig; ~ **kalmak** trächtig werden
gebelik *s* <-ği> **1.** (*insan için*) Schwangerschaft *f* **2.** (*hayvan için*) Trächtigkeit *f;* **gebelik testi** *s* Schwangerschaftstest *m*
geberme *s Verbalsubstantiv zu* **gebermek**
gebermek *vi* (*fam*) krepieren, verrecken
gebertme *s Verbalsubstantiv zu* **gebertmek**
gebertmek *vt* (*fam*) abmurksen; (*sl*) kaltmachen
gebre *s* (GASTR) Kaper *f;* **gebre otu** *s* (BOT: *kebere*) Kapernstrauch *m*
gece *s* **1.** (*tün*) Nacht *f;* ~ **geç saatlere kadar** bis spät in die Nacht; ~**yi geçirmek** die Nacht verbringen; ~**yi gündüze katmak** die Nacht zum Tage machen; **salıyı çarşambaya bağlayan** ~ in der Nacht von

Dienstag auf Mittwoch **2.** Abend *m;* **gece bekçisi** *s* Nachtwächter *m;* **gece gündüz** *adv* Tag und Nacht; **gece hayatı** *adv* Nachtleben *nt;* **gece işçiliği** *s* (*sl*) nächtlicher Diebstahl; **gece kıyafeti** *s* Abendkleid *nt;* **gece kulübü** *s* Nachtklub *m,* Nachtlokal *nt;* **gece kuşu** *s* **1.** (*fig*) Nachtschwärmer(in) *m(f),* Nachtfalter *m* **2.** (*fam: yarasa*) Fledermaus *f*

geceleme *s* **1.** *Verbalsubstantiv zu* **gecelemek** **2.** Übernachtung *f*

gecelemek *vi* nächtigen, übernachten

geceleri *adv* **1.** (*gece vakti*) nachts **2.** (*her gece*) nachts, jede Nacht

geceleyin *adv* nachts

geceli gündüzlü *adv* Tag und Nacht; ~ **çalıştık** wir haben Tag und Nacht gearbeitet

gecelik **I.** *s* <-ği> **1.** Nachthemd *nt* **2.** Preis pro Nacht; **bir geceliğine 100 euro ödedik** für eine Übernachtung haben wir 100 Euro bezahlt **II.** *adj* Nacht-, Abend-

gece lokali *s* Nachtlokal *nt*

gecesefası *s* (BOT) Wunderblume *f,* Vieruhrblume *f*

gece uçuşu *s* Nachtflug *m;* **gece yanığı** *s ohne Pl* (*fam: zona*) Gürtelrose *f;* **gece yarısı** *s* Mitternacht *f;* **gece yatısı** *s* Übernachtung *f*

gecikiş *s* Verspätung *f*

gecikme *s* **1.** *Verbalsubstantiv zu* **gecikmek** **2.** Verspätung *f* **3.** Verzug *m*

gecikmek *vr* sich verspäten; **gecikme, sonra azar işitirsin!** sei pünktlich, sonst gibt es Schelte!

gecikmeli *adj* verspätet

geciktirme *s Verbalsubstantiv zu* **geciktirmek**

geciktirmek *vt* verzögern

geç **I.** *adj* spät **II.** *adv* spät; ~ **kalmak** sich verspäten; ~ **kalma, sonra azar işitirsin!** sei pünktlich, sonst gibt es Schelte!

geççe *adv* spät; **akşamları evine biraz ~ gelir** abends kommt er etwas spät nach Hause

geçe[1] *adv* nach; **dokuzu beş** (**dakika**) ~ um fünf (Minuten) nach neun

geçe[2] *s* (*reg: yaka*) Seite *f*

geçen *adj* vergangen; (*bir önceki*) vorige(r, s)

geçenlerde *adv* kürzlich

geçgeçleme *s Verbalsubstantiv zu* **geçgeçlemek**

geçgeçlemek *vt* (TV: *fam*) zappen (durch); **televizyon kanallarını** ~ durch die Fernsehkanäle zappen

geçici **I.** *adj* **1.** vorübergehend, Übergangs- **2.** (*muvakkat*) vorläufig, einstweilig, provisorisch; (*palyatif*) behelfsmäßig; ~ **bir karar/önlem** eine vorläufige Entscheidung/Maßnahme **3.** (*bulaşan, bulaşıcı*) ansteckend **II.** *s* (*yaya*) Passant(in) *m(f);* **geçici olarak** *adv* **1.** vorübergehend **2.** vorläufig, einstweilen, provisorisch; **bunu ~ böyle bırakabiliriz/yapabiliriz** das können wir vorläufig so lassen/machen

geçidi *s poss von* **geçit**

geçimsizlik *s* <-ği> Streit *m*

geçinme *s Verbalsubstantiv zu* **geçinmek**

geçinmek *vi* **1.** auskommen, sich vertragen; **biz iyi geçiniyoruz** wir kommen miteinander gut aus **2.** (*parayla*) auskommen

geçirgen *adj* durchlässig, permeabel

geçirgenlik *s ohne Pl* <-ği> Durchlässigkeit *f,* Permeabilität *f*

geçirir *adj* durchlässig

geçirme *s Verbalsubstantiv zu* **geçirmek**

geçirmek *vt* **1.** vorbeilassen; (*gaz, sıvı*) durchlassen; (*öğrenciyi*) versetzen **2.** (*götürmek*) bringen **3.** (*kaydetmek*) eintragen (*-e* in) **4.** verbringen (*-le* mit); **geceyi beş yıldızlı bir otelde geçirdi** er verbrachte die Nacht in einem Fünfsternehotel; **gününü okumakla** ~ den Tag mit Lesen verbringen **5.** (*takmak*) anlegen; **ata koşum** ~ dem Pferd das Geschirr anlegen; **üçüncü vitese** ~ in den dritten Gang schalten; (*takmak*) den dritten Gang einlegen **6.** versetzen; **alârma** ~ in den Alarmzustand versetzen **7.** (*yaşamak*) erleben; (*kriz*) erleiden; **güzel bir gün geçirdik** wir haben einen schönen Tag erlebt **8.** (*bulaştırmak*) anstecken (*-i* mit), übertragen **9.** (*uğraşmak*) beschäftigen (*-le* mit) **10.** (*giymek*) überziehen; (*giyinmek*) anziehen

geçirmez *adj* undurchlässig

geçirmezlik *s ohne Pl* <-ği> Undurchlässigkeit *f*

geçiş *s* **1. buradan öteye ~ yok!** bis hierher und nicht weiter! **2.** Übergang *m* **3.** (*akış*) Verlauf *m;* **geçiş dönemi** *s* Übergangszeit *f*

geçişli *adj* (LING: *fiil*) transitiv

geçişme *s* **1.** *Verbalsubstantiv zu* **geçişmek** **2.** (PHYS: *ozmos*) Osmose *f*

geçişmek *vi* sich vermischen (*-le* mit)

geçişsiz *adj* (LING: *fiil*) intransitiv

geçiştirici *adj* (MED) schmerzlindernd

geçiştirme *s Verbalsubstantiv zu* **geçiştirmek**

geçiştirmek *vt* **1.** abtun; **bir şeyi önemsiz diye** ~ etw als belanglos abtun **2.** (*az bir zararla atlatmak*) glimpflich davonkommen

geçiş üstünlüğü *s* Vorfahrtrecht *nt*

geçit *s* <-di> Pass *m;* (*alt/üst* ~) Führung *f;* (*tren yolu geçidi*) Übergang *m;* **geçit hakkı** *s* (JUR) Durchfahrtsrecht *nt;* **geçit resmi** *s,* **geçit töreni** *s* Parade *f,* Festzug *m*

geçkin *adj* **1.** (*ihtiyarlamaya yüz tutmuş*) ältlich **2.** (*geçmiş*) über; **otuzunu ~ bir kadın** eine Frau über 30 **3.** (*gereğinden çok olgun*) überreif

geçmek I. *vi* **1.** treten (*-e* in), schreiten (*-e* zu); **eyleme ~** in Aktion treten, zur Tat schreiten; **ilişkiye ~** in Verbindung treten; **oylamaya ~** zur Abstimmung schreiten **2.** (*intikal etmek*) übergehen; **devlet eline ~** in die Hände des Staates übergehen **3.** (*saldırıya*) übergehen (*-e* zu); (*inişe*) ansetzen (*-e* zu); **düşman hücuma geçiyor** der Feind geht zum Angriff über; **uçak inişe geçti** die Maschine setzt zur Landung an **4.** (*sözü edilmek*) erwähnt werden, fallen; **adı geçti/geçmedi, adın listede geçmiyor** dein Name ist in der Liste nicht aufgeführt, sein Name wurde erwähnt/nicht erwähnt, sein Name ist gefallen/nicht gefallen **5.** (*bir yere gidip oturmak*) einnehmen (*-e* -); **yerlerinize geçiniz!** nehmt eure Plätze ein! **6.** (*tarihe*) eingehen (*-e* in); **adı tarihe ~** in die Geschichte eingehen **7.** (*geçerli olmak*) gültig sein; **bu para artık geçmiyor** diese Währung ist nicht mehr gültig; **modası ~** aus der Mode kommen **8.** (*fam*): **kendinden ~** (*bayılmak*) in Ohnmacht fallen; (*coşkuya kapılmak*) außer sich geraten, (ganz) aus dem Häuschen geraten; (*uyuya kalmak*) einnicken **9.** (*fam*) vorbei sein **10. başından ~** erleben **II.** *vt* **1.** überholen **2.** (*sınavı*) bestehen; **sınavı 'orta' ile ~** die Prüfung mit 'befriedigend' bestehen; **geçti** (SCHULE, UNI) bestanden

geçmiş I. *s* Vergangenheit *f;* (**yakın**) **~te** in der (jüngsten) Vergangenheit **II.** *adj* vergangen; **~ olsun!** gute Besserung!

geçmiş zaman *s* (LING) Vergangenheit *f*

gedik *s* <-ği> **1.** (*rahne*) Bresche *f;* **~ açmak** eine Bresche schlagen **2.** (*dağ geçidi*) Gebirgspass *m* **3.** (*fig: boşluk*) Lücke *f;* (*eksiklik*) Mangel *m;* **~ kapamak** eine Lücke füllen **4.** (*fig: güçlük*) Schwierigkeit *f;* **~leri tıkamak** Schwierigkeiten ausräumen **5.** (MIL) Durchbruch *m;* **~ açmak** durchbrechen; **Tunus gediği** einträgliches Geschäft

gedikli *s* **1.** Stammgast *m* **2.** (MIL: *astsubay*) Unteroffizier *m*

geğirme *s Verbalsubstantiv zu* **geğirmek**

geğirmek *vi* aufstoßen, rülpsen

geğirti *s* Rülpser *m*

geğrek batması *s ohne Pl* Seitenstechen *nt*

geleceğe yönelik *adj* zukunftsorientiert

gelecek I. *s ohne Pl* <-ği> Zukunft *f* **II.** *adj* kommend; **~ baharda** im kommenden Frühjahr; **~ haftanın başında** Anfang nächster Woche; **gelecek bilimi** *s ohne Pl* Zukunftsforschung *f;* (*fütüroloji*) Futurologie *f*

gelecekçi *s* Futurist(in) *m(f)*

gelecekçilik *s ohne Pl* <-ği> (LIT, KUNST, POL: *fütürizm*) Futurismus *m*

gelecek zaman *s* (LING) Futur *nt,* Futurum *nt*

geleğen I. *s* (GEO) Zufluss *m* **II.** *adj* hinzufließend

gelen *adj* **1.** kommend, eintreffend; **dün ~ konuklar** die gestern erschienenen Gäste **2.** (PHYS) einfallend

gelenek *s* <-ği> Tradition *f*

gelenekçi I. *s* Traditionalist(in) *m(f)* **II.** *adj* traditionalistisch

gelenekçilik *s ohne Pl* <-ği> Traditionalismus *m*

geleneksel *adj* traditionell

gelen geçen *s,* **gelen giden** *s* (*gelip geçenler*) Passanten *mpl;* (*ziyaret edenler*) Gäste *mpl;* **bugün ~ olmadı** heute kam niemand vorbei

geleni *s* (*reg: büyük fare*) Ratte *f*

gelgeç *adj* **1.** (*geçici*) zeitweilig **2.** (*sebatsız*) unbeständig, inkonsequent

gelgeççi *s* (*fam*) Flattergeist *m;* **gelgeççi müşteriler** *s Pl* Laufkundschaft *f*

gelgit *s* Gezeiten *fpl;* **gelgit olayı** *s* Gezeitenwechsel *m*

gelin *s* **1.** Braut *f;* **~ ile güvey** die Braut und der Bräutigam, die Brautleute, das Brautpaar **2.** Schwiegertochter *f;* **gelin böceği** *s* (ZOOL) Marienkäfer *m*

gelincik *s* <-ği> **1.** (BOT) Klatschmohn *m* **2.** (ZOOL) Wiesel *nt*

gelin çiçeği *s* (BOT) Kaiserkrone *f;* **gelin kadın** *s* (ZOOL: *gelincik*) Wiesel *nt;* **gelin kuşağı** *s* (*fam: gök kuşağı*) Regenbogen *m*

gelinlik I. *s* <-ği> Brautkleid *nt,* Hochzeitskleid *nt* **II.** *adj* heiratsfähig; **~ çağına gelmek** ins heiratsfähige Alter kommen; **~ çağında olmak** im heiratsfähigen Alter sein

gelin otu *s* (BOT: *güveyfeneri*) Judenkirsche *f,* Blasenkirsche *f;* **gelin yatağı** *s* Ehebett *nt*

gelip geçici *adj* kurzlebig; (*fâni*) vergänglich

gelir *s* Einkommen *nt;* **gelir dağılımı** *s* Einkommensverteilung *f;* **gelir kaynağı** *s* Einkommensquelle *f;* **gelir vergisi** *s* Einkommen(s)steuer *f*

geliş *s* Ankunft *f*

gelişigüzel I. *adj* beliebig; (*herhangi bir*) irgendeine(r, s) **II.** *adv* beliebig; **~ dizilerek** in beliebiger Reihenfolge

gelişim *s* **1.** Entwicklung *f* **2.** (*istidadın ~i*) Entfaltung *f*

gelişme *s* **1.** *Verbalsubstantiv zu* **gelişmek**

2. Entwicklung *f* 3. (*istidadın* ~ *si*) Entfaltung *f*
gelişmek *vi* 1. sich entwickeln 2. (*istidadı*) sich entfalten
geliş saati *s* Ankunftszeit *f*
geliştirme *s* 1. *Verbalsubstantiv zu* **geliştirmek** 2. Entwicklung *f* 3. (*istidadını* ~) Entfaltung *f;* **kişiliğini serbestçe** ~ die freie Entfaltung seiner Persönlichkeit
geliştirmek *vt* 1. entwickeln 2. (*istidadını*) entfalten
gelme *s ohne Pl Verbalsubstantiv zu* **gelmek**: ~**si çok sürdü** es dauerte lange bis er kam
gelmek *vi* 1. kommen, erscheinen 2. mitkommen; **o da** (**bizimle**) **geldi** auch er kam (mit uns) mit; **gelmezseniz biz de gitmeyiz** wenn Sie nicht mitkommen, gehen wir auch nicht; (*ikinci kişi çoğul*) wenn ihr nicht mitkommt, gehen wir auch nicht 3. **birine bir şey ağır/kolay/zor** ~ jdm etw schwer/leicht/schwer fallen 4. (*Wend*): **aklıma gelmiyor!** ich komme nicht drauf!, es fällt mir nicht ein!; **kulağa hoş** ~ sich gut anhören, angenehm klingen
gelmiş geçmiş *adj* bisherig; **bu, şimdiye kadar** ~ **her şeyi gölgede bırakır** das stellt alles da Gewesene in den Schatten
gem *s* Zaum *m,* Kandare *f;* **ata** ~ **vurmak** das Pferd aufzäumen, dem Pferd die Kandare anlegen; **birine** ~ **vurmak** (*fig*) jdn an die Kandare nehmen; ~**i azıya almak** (*at için*) durchgehen; (*fig: söz dinlemez olmak*) aufbrausen, nicht mehr zuhören; **birinin** ~**ini kısmak** (*fig*) jdn an die Kandare nehmen
gemi *s* Schiff *nt;* ~**si şapa oturmak** (*fig*) Schiffbruch erleiden
gen *s* (BIOL) Gen *nt;* **gen araştırmacı** *s* Genforscher(in) *m(f);* **gen araştırması** *s ohne Pl* Genforschung *f*
genç *adj* jung
gençlik *s ohne Pl* <-ği> 1. Jugend *f;* **asi** ~ die rebellische Jugend 2. (~ *zamanı*) Jugend(zeit) *f;* **gençliğimde** in meiner Jugend; (**ilk**) **gençliğinde at delisiydi** in seiner (frühen) Jugend war er ein Pferdenarr; **gençlik aşkı** *s* Jugendliebe *f*
Gençlik ve Spor Bayramı *s* Jugend- und Sportfest *nt*
gene *adv* 1. (*yine*) wieder; (*yeniden*) erneut 2. (*öyle de olsa*) trotzdem 3. ~ **de** (**güzel görünüyor**) und dennoch (sieht es schön aus)
genel *adj* 1. allgemein, generell; ~ **olarak** im Allgemeinen, generell 2. gesamt 3. öffentlich
genel af *s* <-ffı> (JUR, POL) Amnestie *f,* Generalamnestie *f;* **genel bütçe** *s* Gesamthaushalt *m*
geneleme *s* Pleonasmus *m*
genel ev *s* Bordell *nt*
genelge *s* Rundschreiben *nt*
genel grev *s* Geberalstreik *m;* **genel izlenim** *s* Gesamteindruck *m;* **genel kadın** *s* Prostituierte *f;* **genel kurmay** *s* (MIL) Generalstab *m;* **genel kurmay başkanı** *s* (MIL) Generalstabschef *m;* **genel kurul** *s* 1. Generalversammlung *f* 2. Hauptversammlung *f,* Vollversammlung *f;* **genel kültür** *s* Allgemeinwissen *nt*
genelleme *s* 1. *Verbalsubstantiv zu* **genellemek** 2. Verallgemeinerung *f,* Generalisierung *f*
genellemek *vt* verallgemeinern, generalisieren
genelleştirme *s* 1. *Verbalsubstantiv zu* **genelleştirmek** 2. Verallgemeinerung *f,* Generalisierung *f*
genelleştirmek *vt* verallgemeinern, generalisieren
genellikle *adv* im Allgemeinen
genel müdür *s* Generaldirektor *m;* **genel prova** *s* (THEAT) Generalprobe *f;* **genel sekreter** *s* (POL) Generalsekretär *m;* **genel tıp** *s ohne Pl* <-bbı> Allgemeinmedizin *f*
general [generāl] *s* <-i> General(in) *m(f)*
genetif *s* (LING: *tamlayan durumu*) Genetiv *m*
genetik I. *s ohne Pl* <-ği> (BIOL) Genetik *f* II. *adj* (BIOL) genetisch; **genetik mühendislik** *s ohne Pl* <-ği> (BIOL) Gentechnologie *f*
geniş *adj* 1. breit; ~ **kapı/yol** eine breite Tür/Straße 2. weit; ~ **anlamda** im weiteren Sinne 3. (*ev*) geräumig 4. (MATH: *açı*) stumpf
geniş açı *s* (FOTO) Weitwinkel *m*
genişleme *s* 1. *Verbalsubstantiv zu* **genişlemek** 2. Erweiterung *f*
genişlemek *vt* sich erweitern, sich ausdehnen
genişler *adj* dehnbar
genişletme *s* 1. *Verbalsubstantiv zu* **genişletmek** 2. Erweiterung *f*
genişletmek *vt* 1. *Kausativ zu* **genişlemek** 2. erweitern, ausdehnen; (*odayı*) ausbauen
geniş omuzlu *adj* breitschult(e)rig; **geniş zaman** *s* (LING) Aorist *m*
geniz *s* <-nzi>: ~**den çıkarmak** durch die Nase sprechen, nasalieren; ~**den konuşmak** durch die Nase sprechen, näseln
genizsi *adj* (LING) nasal
geniz ünlüsü *s* (LING) Nasalvokal *m;* **geniz ünsüzü** *s* (LING) Nasal *m,* Nasallaut *m*
genleşme *s* 1. *Verbalsubstantiv zu* **genleşmek** 2. (PHYS) Ausdehnung *f*
genleşmek *vi* (PHYS) sich ausdehnen; **ısıt-**

ma yoluyla metal genleşir Metall dehnt sich durch Erwärmung aus

genleşme kat sayısı *s* (PHYS) Ausdehnungskoeffizient *m*

genleştirme *s* **1.** *Verbalsubstantiv zu* **genleştirmek** **2.** (PHYS) Ausdehnung *f*

genleştirmek *vt* **1.** *Kausativ zu* **genleşmek** **2.** (PHYS) ausdehnen

gen manipülâsyonu *s* (BIOL) Genmanipulation *f*

genom *s* (BIOL) Genom *nt*

genosit *s s.* **jenosit** Genozid *m o nt*

gensoru *s* (POL) Interpellation *f*

gen teknolojisi *s ohne Pl* (BIOL) Gentechnologie *f*

genzel *adj* (MED, LING) nasal

geometri *s ohne Pl* Geometrie *f*

geometrik *adj* geometrisch

gep(e)genç *adj* <-ci>, **gepegencecik** *adj* <-ği> blutjung

gerçek **I.** *s* <-ği> **1.** Wirklichkeit *f;* (*realite*) Realität *f* **2.** (*gerçek olan şey*) Tatsache *f;* (*hakikat*) Wahrheit *f;* **acı ~ budur** das ist die bittere Wahrheit **II.** *adj* <-ği> **1.** wirklich, real; **~ değerler/dünya** reale Werte/Welt **2.** wahr; **~ hikâye** eine wahre Geschichte; **~ yüzünü göstermek** sein wahres Gesicht zeigen

gerçekçi **I.** *s* Realist(in) *m(f)* **II.** *adj* realistisch

gerçekçilik *s ohne Pl* <-ği> (PHILOS, LIT, KUNST: *realizm*) Realismus *m*

gerçekleşme *s* **1.** *Verbalsubstantiv zu* **gerçekleşmek** **2.** Verwirklichung *f,* Realisierung *f*

gerçekleşmek *vi* sich verwirklichen, sich realisieren

gerçekleştirilme *s* **1.** *Verbalsubstantiv zu* **gerçekleştirilmek** **2.** Verwicklichung *f,* Realisierung *f*

gerçekleştirilmek *vi pass von* **gerçekleştirmek**: **plânımız gerçekleştiril(eme)di** unser Plan konnte (nicht) realisiert werden

gerçekleştirme *s* **1.** *Verbalsubstantiv zu* **gerçekleştirmek** **2.** Verwirklichung *f,* Realisierung *f*

gerçekleştirmek *vt* verwirklichen, realisieren

gerçeklik *s* <-ği> **1.** Realität *f,* Wirklichkeit *f;* **sanal ~** virtuelle Realität **2.** (*ohne Pl*) Authentizität *f*

gerçekten *adv* wirklich, tatsächlich; **~ mi?** wirklich?, tatsächlich?

gerçek zaman *s* (INFORM) Echtzeit *f*

gerçi *adv* zwar

gerdan *s* Doppelkinn *nt*

gerdanlık *s* <-ğı> Halskette *f*

gereğince *adv* gemäß

gerek *s* <-ği> Notwendigkeit *f;* **gereğinden çok** mehr als nötig [*o* erforderlich]; **hemen feryadı basmana ~ yok** du brauchst nicht gleich zu schreien

gerekçe *s* Begründung *f*

gerekçeli *adj* begründet

gerekli *adj* nötig, notwendig, erforderlich; **bir şeyi ~ gör(me)mek** etw für (nicht) notwendig erachten; **~ kılmak** erfordern, notwendig machen

gereksiz *adj* unnötig, überflüssig

gereksizlik *s* <-ği> Überflüssigkeit *f*

gereksiz yere *adv* unnötigerweise, überflüssigweise

gerektirme *s* *Verbalsubstantiv zu* **gerektirmek**

gerektirmek *vt* erfordern, bedürfen

gergin *adj* **1.** straff **2.** gespannt; **~ bir hava** eine gespannte Atmosphäre [*o* Stimmung]

gerginlik *s ohne Pl* <-ği> Straffheit *f,* Spannung *f*

geri **I.** *s* **1.** (*sona kalan bölüm*) Rest *m* **2.** (*geçmiş*) Vergangenheit *f* **II.** *adv* **1.** zurück; **~ almak** zurückholen, zurücknehmen; **~ çekilmek** zurück weichen; **~ gelmek** zurückkommen; (*dönmek*) zurückkehren; **~ gitmek** zurückgehen **2.** rückwärts; **ileri ~** vorwärts und rückwärts; **geri bildirim** *s* Feed-back *nt*

gerici **I.** *s* **1.** (POL: *pej: mürteci*) Reaktionär *m* **2.** (ANAT: *kas*) Tensor *m* **II.** *adj* (POL: *pej: irticaî*) reaktionär

gericilik *s* <-ği> (POL: *pej: irtica*) Reaktion *f*

geri geri *adv* rückwärts; **geri kalmış** *adj* rückständig; **geri kalmışlık** *s ohne Pl* <-ğı> Rückständigkeit *f*

gerilek *adv* regressiv

gerileme *s* **1.** *Verbalsubstantiv zu* **gerilemek** **2.** Rückgang *m* **3.** (PSYCH, BIOL) Regression *f* **4.** (*geri çekilme*) Rückzug *m*

gerilemek *vi* zurückgehen

gerilim *s* **1.** (PHYS: *tevettür*) Spannung *f* **2.** (ELEK: *voltaj*) Spannung *f;* **alçak/yüksek bir ~** eine niedrige/hohe Spannung **3.** (PSYCH) Spannung *f* **4.** (*fam fig: gerginlik*) Spannung *f* **5.** (FILM) Spannung *f*

gerilla *s* Guerilla *f*

gerillacı *s* Guerillakämpfer(in) *m(f)*

gerinme *s* *Verbalsubstantiv zu* **gerinmek**

gerinmek *vi* sich recken

geri ödeme *s* Rückzahlung *f;* **geri tepme** *s* Rückprall *m,* Rückschlag *m;* (*silâhın ~si*) Rückstoß *m;* **geri vites** *s* (AUTO, TECH) Rückwärtsgang *m;* **geri zekâlı** *adj* geistig zurückgeblieben

Germanist *s* Germanist(in) *m(f)*

Germanistik *s ohne Pl* <-ği> Germanistik *f*

germanyum *s ohne Pl* (CHEM) Germanium *nt*

germe *s ohne Pl* *Verbalsubstantiv zu* **ger-**

mek

germek <-er> *vt* 1. spannen 2. (*uzatmak*) ausstrecken; **bacaklarını/kollarını** ~ seine Beine/Arme ausstrecken 3. (*sinir*) anspannen

gerundium *s* (LING: *zarf-fiil*) Gerundium *nt*

gerzek *adj* (*sl*) geistig unterbelichtet; (*geri zekâlı*) geistig zurückgeblieben

getiri *s* Eintrag *m*

getirim *s* Einträglichkeit *f*

getirimli *adj* einträglich

getirme *s Verbalsubstantiv zu* **getirmek**

getirmek *vt* 1. bringen 2. (*yanında*) mitbringen; **sana bir şey getirdim** ich habe dir etw mitgebracht

getirtme *s Verbalsubstantiv zu* **getirtmek**

getirtmek *vt Kausativ zu* **getirmek**

getto *s* Getto *nt*

geven *s* (BOT) Tragant *m*

geveze I. *s* (*pej*) Schwätzer(in) *m(f)* II. *adj* (*pej*) geschwätzig, schwatzhaft

gevezelik *s ohne Pl* <-ği> (*pej*) 1. Schwatzhaftigkeit *f*, Geschwätzigkeit *f* 2. Geschwätz *nt*

gevrek *adj* <-ği> knusp(e)rig

gevşek *adj* <-ği> locker; (*ip*) schlaff

gevşeme *s* 1. *Verbalsubstantiv zu* **gevşemek** 2. Lockerung *f*

gevşemek *vi* sich lockern; **vida gevşedi** die Schraube hat sich gelockert

gevşetme *s* 1. *Verbalsubstantiv zu* **gevşetmek** 2. Lockerung *f*

gevşetmek *vt* lockern

geyik *s* <-ği> (ZOOL) Hirsch *m*; **geyik boynuzu** *s* Hirschgeweih *nt*; **geyik böceği** *s* (ZOOL) Hirschkäfer *m*

gez *s* Kimme *f*; ~ **ile arpacık üzerinden nişan almak** über Kimme und Korn zielen

gezegen *s* (ASTR) Planet *m*

gezegenler arası *adj* interplanetar, interplanetarisch

gezgin *s* Reisende(r) *mf*

gezgincilik *s ohne Pl* <-ği> Reisegewerbe *nt*

gezgin hastane *s* (MIL) Feldlazarett *nt*; **gezgin satıcı** *s* Hausierer *m*

gezi *s* 1. (*yolculuk*) Reise *f* 2. Ausflug *m*

gezinme *s Verbalsubstantiv zu* **gezinmek**

gezinmek *vi* schlendern; **bir aşağı bir yukarı** ~ auf und ab schlendern; **parkta** ~ durch den Park schlendern

gezinti *s* 1. Ausflug *m*; ~ **yapmak** einen Ausflug machen 2. (*kale kuleleri arasında dar yol*) Wehrgang *m* 3. (*reg: koridor*) Flur *m*; (*sofa*) Diele *f* 4. (*reg: balkon*) Balkon *m*; **gezinti yeri** *s* Ausflugsort *m*

gezme *s Verbalsubstantiv zu* **gezmek**

gezmek *vt* bereisen; **Almanya'yı/Türkiye'yi** ~ Deutschland/die Türkei bereisen

gıcık I. *s ohne Pl* <-ğı> 1. Hustenreiz *m* 2. (*fam*) Anstoß *m*; ~ **etmek** reizen, fuchsen; (*kızdırmak*) ärgern; (*sinirlendirmek*) nerven; **bir şeyden** ~ **almak** [*o* **kapmak**] an etw Anstoß nehmen, sich über etw fuchsen; **sözleri beni çok** ~ **etti** seine Bemerkungen haben mich sehr gefuchst II. *adj* (*fam: kimse*) nervig

gıcırdama *s Verbalsubstantiv zu* **gıcırdamak**

gıcırdamak *vi* quietschen; **kapının menteşeleri gıcırdıyor** die Tür quietscht in den Angeln

gıcır gıcır *adj* (*fam*) funkelnagelneu

gıda *s* Lebensmittel *nt*

gıdaklama *s Verbalsubstantiv zu* **gıdaklamak**

gıdaklamak *vi* (*tavuk*) gackern

gıda pazarı *s* Lebensmittelmarkt *m*

gıdıklama *s Verbalsubstantiv zu* **gıdıklamak**

gıdıklamak *vt* kitzeln

gık *s* Mucks *m*; ~ **demeden** ohne einen Mucks; ~ **dememek** keinen Mucks sagen

gına *s ohne Pl* Überdruss *m*; ~ **gelinceye kadar** bis zum Überdruss; **bir şeyden/kimseden** ~ **gelmek** etw/jds überdrüssig werden

gıpta *s ohne Pl* Neid *m*

gır *s* (*fam pej*) Quatschen *nt*; ~ **atmak** quatschen; **birini** ~ ~**a almak** jdn auf den Arm nehmen, jdn durch den Kakao ziehen

gırgır I. *s* Teppichkehrer *m* II. *adj* lustig

gırtlak *s* <-ğı> (ANAT) Kehlkopf *m*; **birinin gırtlağını sıkmak** jdm die Kehle zudrücken

gırtlak iltihabı *s* (MED) Kehlkopfentzündung *f*; **gırtlak kanseri** *s* (MED) Kehlkopfkrebs *m*

gırtlaklama *s Verbalsubstantiv zu* **gırtlaklamak**

gırtlaklamak *vt*: **birini** ~ jdn abwürgen, jdm die Kehle zudrücken

gırtlaksı *adj* (LING) velar

gıygıy *s* Fiedel *f*; ~ **etmek** fiedeln

gıygıycı *s* Fiedler(in) *m(f)*

gibi I. *part*: **hiçbir şey olmamış** ~ als ob nichts geschehen wäre; **yağmur yağacak** ~ **görünüyor** es sieht so aus, als würde es regnen II. *adv* wie

giderme *s* 1. *Verbalsubstantiv zu* **gidermek** 2. Beseitigung *f*

gidermek *vt* 1. beseitigen 2. (*açlık, susuzluk*) stillen; (*merak*) stillen; **merakını** ~ seine Neugier(de) stillen; **açlığını/susuzluğunu** ~ seinen Hunger/Durst stillen

gider vergisi *s* Aufwandsteuer *f*

gidiş *s* 1. (*taşıtla*) Hinfahrt *f* 2. **bu** ~**le**

sonu ne olacak? wie wird das mit ihm enden?; **gidiş dönüş** *s:* ~ **için bir bilet** eine Fahrkarte hin und zurück

gidon *s* Lenker *m;* ~ **tutmadan bisiklete binmek** freihändig Fahrrad fahren

gigabayt *s* (INFORM) Gigabyte *nt*

gilaburu *s* (BOT) Schneeball *m*

gine *adv* (*reg: yine*) wieder

Gine *s* Guinea *nt*

Gineli I. *s* Guineer(in) *m(f)* **II.** *adj* guineisch

ginseng *s* (BOT) Ginseng *m*

girdap *s* <-bı> **1.** (*suda, a. fig*) Strudel *m;* **olayların girdabında** im Strudel der Ereignisse **2.** (*havada*) Wirbel *m*

girdi *s* **1.** Eingang *m* **2.** (INFORM) Eingabe *f,* Input *m o nt;* **girdi tuşu** *s* (INFORM) Eingabetaste *f;* **girdi verileri** *s Pl* (INFORM) Eingabedaten *pl*

girgin *adj* kontaktfreudig

girginlik *s ohne Pl* <-ği> Kontaktfreudigkeit *f*

girift tezyinat *s s.* **girişik bezeme** (ARCH) Arabeske *f*

girilme *s Verbalsubstantiv zu* **girilmek**

girilmek *vunpers:* **günün bu saatinde denize girilmez** um diese Tageszeit geht man nicht baden

giriş *s* **1.** Eintritt *m;* (*taşıtlar için*) Einfahrt *f* **2.** (*antre*) Eingang *m* **3.** (LIT: *methal*) Einleitung *f* **4.** (*girizgâh*) Einführung *f* **5.** (~ *ücreti*) Eintritt *m* **6.** (*yurda*) Einreise *f*

girisik bezeme *s* (ARCH) Arabeske *f*

girişim *s* **1.** (*teşebbüs*) Unternehmen *nt* **2.** (PHYS) Interferenz *f*

girişimci *s* Unternehmer(in) *m(f)*

girişimcilik *s* <-ği> Unternehmertum *nt*

girişimölçer *s* (PHYS: *interferometre*) Interferometer *nt*

girişim ölçme *s ohne Pl* (PHYS: *interferometri*) Interferometrie *f*

giriş kapısı *s* Eingangstür *f;* **giriş kartı** *s* Eintrittskarte *f;* **giriş katı** *s* Erdgeschoss *nt*

girişken *adj* betriebsam, unternehmend

girişkenlik *s ohne Pl* <-ği> Betriebsamkeit *f,* Unternehmungsgeist *m*

giriş ücreti *s* Eintrittsgebühr *f*

Girit I. *s* Kreta *nt* **II.** *adj* kretisch; **Giritli I.** *s* Kreter(in) *m(f)* **II.** *adj* kretisch

girizgâh *s s.* **giriş** Einführung *f,* Einleitung *f*

girme *s Verbalsubstantiv zu* **girmek**

girmek *vi* **1.** gehen (*-e* in); **duşun altına** ~ unter die Dusche gehen **2.** (*içeri* ~) hineingehen (*-e* in), eintreten (*-e* in); (*zorla* ~) eindringen (*-e* in); **hırsız pencereden eve girdi** der Dieb drang durch das Fenster in das Haus ein; **odaya/suya** ~ ins Zimmer/Wasser gehen **3.** (*içine* ~, *sığmak*) hineingehen (*-e* in) **4.** (*katılmak*) beitreten; **coğrafyadan sınava** ~ in Geographie die Prüfung ablegen; **derneğe/partiye** ~ einem Verein/einer Partei beitreten **5.** (*bahse*) abschließen (*-e* -); (*riske*) eingehen (*-e* -); **bahse** ~ eine Wette eingehen **6. biriyle birbirine** ~ mit jdm aneinander geraten **7. kuyruğa** ~ sich anstellen; **sıraya** ~ sich einreihen

Girne *s* Kyrenia *nt*

gişe *s* Kasse *f;* (*istasyonda*) Schalter *m*

gişe başarısı *s* Kassenschlager *m*

git *Imperativ von* **gitmek**: ~**!** geh!

gitar *s* Gitarre *f*

gitarcı *s* Gitarrist(in) *m(f)*

gitarist *s s.* **gitarcı** Gitarrist(in) *m(f)*

gitgide *adv* zunehmend, immer mehr

gitme *s Verbalsubstantiv zu* **gitmek**

gitmek *vi* **1.** gehen; **her şey yolunda giderse ...** wenn alles gut geht ... **2.** weggehen; **peynir ekmek gibi** ~ (*fam fig*) weggehen wie warme Semmeln **3.** (*arabayla, trenle*) fahren; **ikinci viteste** ~ im zweiten Gang fahren **4.** (*işlemek, çalışmak*) laufen **5.** (hin)führen; **bu yol nereye gider?** wohin führt dieser Weg?, wo führt dieser Weg hin? **6. bir entrikaya kurban** ~ einer Intrige zum Opfer fallen **7.** (SCHULE, UNIV: *dershaneye*) besuchen; **kursa** ~ einen Kurs besuchen

gittikçe *adv* zunehmend, immer mehr; **hava** ~ **kararıyor** es wird immer dunkler; **ilişkileri** ~ **soğuyor** ihre Beziehung wird zunehmend kühler

giy *vt Imperativ von* **giymek**: **üstüne bir şey** ~**!** zieh dir etwas an!

giydirme *s* **1.** *Verbalsubstantiv zu* **giydirmek** **2. çocuğu** ~**si tam bir saat sürdü** es dauerte genau eine Stunde, bis er das Kind angezogen hatte

giydirmek *vt* anziehen, ankleiden, einkleiden

giyim *s* Kleidung *f;* **giyim evi** *s s.* **konfeksiyon mağazası** Konfektionsgeschäft *nt;* **giyim sanayii** *s* Bekleidungsindustrie *f*

giyinme *s Verbalsubstantiv zu* **giyinmek**

giyinmek *vr* sich anziehen, sich ankleiden; **kalın** ~ sich warm anziehen; **paltoyu giyiniyorum** ich ziehe mir den Mantel an

giyinme odası *s* Ankleideraum *m,* Ankleidezimmer *nt*

giyme *s Verbalsubstantiv zu* **giymek**

giymek *vt* **1.** anziehen; (*taç, şapka*) aufsetzen **2.** (*hapis*) erhalten

giyotin *s* Guillotine *f,* Fallbeil *nt*

giysi *s* Bekleidung *f;* (*elbise*) Kleid *nt;* **giysi askısı** *s* Kleiderbügel *m;* **giysi dolabı** *s* Kleiderschrank *m*

giz[1] *s* (*sır*) Geheimnis *nt*

giz[2] *s* (NAUT: *bayrak sereni*) Flaggenstock *m*

gizem *s* (*sır*) Geheimnis *nt,* Mysterium *nt*

gizemci I. *s* Mystiker(in) *m(f)* II. *adj* mystisch
gizemcilik *s ohne Pl* <-ği> Mystizismus *m*
gizemli *adj* geheimnisvoll, mysteriös
gizemsel *adj* mystisch
gizil *adj* potenziell; **gizil güç** *s* <-cü> (*a.* PHYS: *potansiyel*) Potenzial *nt*
gizleme *s* 1. *Verbalsubstantiv zu* **gizlemek** 2. Verheimlichung *f*
gizlemek *vt* 1. verheimlichen 2. (*saklamak*) verstecken
gizlenilme *s* 1. *Verbalsubstantiv zu* **gizlenilmek** 2. Verheimlichung *f*
gizlenilmek *vi* 1. *pass von* **gizlenmek** 2. **burada gizlenilmez** hier kann man sich nicht verstecken
gizlenme *s* 1. *Verbalsubstantiv zu* **gizlenmek** 2. Verheimlichung *f*
gizlenmek *vi* 1. *pass von* **gizlemek** 2. (*saklanmak*) sich verstecken
gizli I. *adj* 1. geheim 2. vertraulich 3. (*duruşma, oturum*) nicht öffentlich II. *adv* 1. heimlich, geheim; **bir şeyi ~ tutmak** etw geheim halten; **bir şeyi ~ yapmak** etw heimlich machen 2. (JUR: *duruşma, yargılama*) unter Ausschluss der Öffentlichkeit; ~ **yapılmak** unter Ausschluss der Öffentlichkeit stattfinden; **gizli anlaşma** *s* Geheimabkommen *nt*
gizlice *adv* heimlich, insgeheim; ~ **dinlemek** heimlich zuhören, belauschen
gizli cemiyet *s* Geheimbund *m*
gizlicilik <-ği> *s* Okkultismus *m*
gizli çekmece *s* Geheimfach *nt;* **gizli dil** *s* Geheimsprache *f;* **gizli din** *s* Geheimlehre *f;* **gizli gizli** *adv* heimlich, insgeheim; **gizli hesap** *s* <-bı> (*şifreli hesap*) Nummernkonto *nt;* **gizli kapı** *s* Geheimtür *f*
gizlilik *s ohne Pl* <-ği> Heimlichkeit *f*
gizli polis *s* 1. Geheimpolizei *f* 2. (*sivil güvenlik görevlisi*) Zivilfahnder *m;* **gizli servis** *s* Geheimdienst *m*
glâse eldiven *s* Glaceehandschuh *m*
glasnost *s ohne Pl* (POL) Glasnost *f*
glayöl *s* (BOT) Gladiole *f*
global *adj* global
glikoz *s ohne Pl* (CHEM) Glucose *f,* Glukose *f*
gliserin *s ohne Pl* (CHEM) Glyzerin *nt*
gnu *s* (ZOOL) Gnu *nt*
goblen *s* (KUNST) Gobelin *m*
gol *s* <-ü> (SPORT) Tor *nt,* Goal *nt;* ~ **atmak** ein Tor schießen; **takım ilk yarıda üç ~ attı** die Mannschaft hat in der ersten Halbzeit drei Tore geschossen
golcü *s* (SPORT: *fam*) Kanonier *m*
golfstrim *s ohne Pl* (GEO) Golfstrom *m*
gonca *s* (BOT: *tomurcuk*) Knospe *f;* **gonca yaprağı** *s* (BOT) Deckblatt *nt*
gondol *s* <-ü> Gondel *f*
gondolcü *s* Gondoliere *m*
gongu *s poss von* **gonk**
gonk *s* <-gu> 1. (MUS) Gong *m* 2. (SPORT: *boksta*) Gong *m*
gonokok *s* Gonokokkus *m*
Gotik I. *s ohne Pl* Gotik *f* II. *adj* gotisch
göbeği açık *adj* bauchfrei
göbek *s* <-ği> 1. Nabel *m,* Bauchnabel *m;* **göbeği beraber kesilmiş** unzertrennlich; **göbeğini kesmek** (*yeni doğan çocuğun*) abnabeln 2. Bauch *m,* Fettbauch *m* 3. (*kuşak*) Generation *f* 4. (AUTO: *çember biçiminde ada*) Kreisel *m* 5. (TECH) Nabe *f*
göbek bağı *s* Nabelschnur *f;* **göbek dansı** *s* Bauchtanz *m;* **göbek dansözü** *s* Bauchtänzerin *f*
göbeklenme *s Verbalsubstantiv zu* **göbeklenmek**
göbeklenmek *vi* einen Bauch bekommen
göbekli *adj* dickbäuchig, fettbäuchig
göbelek *s* <-ği> (*fam: kuzugöbeği*) Morchel *f*
göbelez *s* (*fam: köpek yavrusu*) Welpe *m*
göç *s* (GEO, BIOL, SOZIOL) Migration *f*
göçebe *s* Nomade, -in *m, f*
göçebe hayatı *s ohne Pl* Nomadenleben *nt,* Nomadendasein *nt*
göçebe kuş *s* (ZOOL) Zugvogel *m*
göçebelik *s ohne Pl* <-ği> Nomadentum *nt*
göçer *adj,* **göçer konar** *adj* nomadisierend; ~ **aşiretler** nomadisierende Stämme
göçerme *s ohne Pl* 1. *Verbalsubstantiv zu* **göçermek** 2. Übergabe *f* 3. Umpflanzung *f*
göçermek *vt* 1. übergeben; **birine bir şeyi ~** jdm etw übergeben 2. (*bitki*) umpflanzen
göç ettirme *s* 1. *Verbalsubstantiv zu* **göç ettirmek** 2. (*tehcir*) Aussiedlung *f*
göç ettirmek *vt* aussiedeln
göçü *s* (*fam: toprak kayması*) Erdrutsch *m*
göçüm *s* (BIOL: *taksi*) Taxie *f,* Taxis *f*
göçürme *s Verbalsubstantiv zu* **göçürmek**
göçürmek *vt* 1. treiben 2. (*çökertmek*) zum Einsturz bringen 3. (*fam: yiyip bitirmek*) verputzen 4. (*fam: göçermek*) umpflanzen
göçüşme *s* (LING) Buchstabenversetzung *f*
göden bağırsağı *s* (ANAT) Mastdarm *m*
göğüs *s* <-ğsü> 1. Brust *f* 2. Busen *m;* **göğüs boşluğu** *s,* **göğüs çukuru** *s* (ANAT) Brusthöhle *f;* **göğüs darlığı** *s ohne Pl* (MED) Brustenge *f,* Brustbeklemmung *f,* Angina pectoris *f;* **göğüs eti** *s* (GASTR) Brustfleisch *nt,* Bruststück *nt;* **göğüs kafesi** *s* (ANAT) Brustkorb *m,* Brustkasten *m;* **göğüs kanseri** *s* (MED) Brustkrebs *m;* **göğüs kası** *s* (ANAT) Brustmuskel *m;* **göğüs kemiği** *s* (ANAT) Brustbein *nt;* **göğüs kovuğu** *s* (ANAT) Brusthöhle *f;* **göğüs tahtası** *s* (ANAT)

Brustbein *nt;* **göğüs zarı** *s* (ANAT) Brustfell *nt*

gök *s* <-ğü> Himmel *m;* **bir kimseyi/şeyi ~lere çıkarmak** (*fig*) jdn/etw in den Himmel heben, jdn/etw in den höchsten Tönen loben

gök ada *s,* **gök adası** *s* (ASTR: *galaksi*) Galaxie *f;* **gök atlası** *s* (ASTR) Himmelskarte *f,* Sternkarte *f;* **gök balina** *s* (ZOOL) Blauwal *m;* **gök baştankara** *s* (ZOOL) Blaumeise *f;* **gök bilimci** *s* (ASTR: *astronom*) Astronom(in) *m(f)*

gökbilim *s ohne Pl,* **gök bilimi** *s ohne Pl* (ASTR: *astronomi*) Astronomie *f;* **gök bilimsel** *adj* astronomisch

gök cismi *s* (ASTR) Himmelskörper *m*

gökçe *adj* **1.** (*mavi*) blau **2.** (*güzel*) schön; (*yazın*) belletristisch

gökçe yazın *s ohne Pl* Belletristik *f,* belletristische Literatur

gökdelen *s* Wolkenkratzer *m*

gök ekseni *s ohne Pl* (ASTR) Himmelsachse *f;* **gök ekvatoru** *s ohne Pl,* **gök eşleği** *s ohne Pl* (ASTR) Himmelsäquator *m;* **gök evi** *s* (ASTR: *plânetaryum*) Planetarium *nt;* **gök fiziği** *s ohne Pl* (ASTR: *astrofizik*) Astrophysik *f*

gök gürlemesi *s,* **gök gürültüsü** *s* Donner *m*

gökkandil *adj* sternhagelvoll

gök kuşağı *s* Regenbogen *m;* **gök kutbu** *s* (ASTR) Himmelspol *m*

gökkuzgun *s* (ZOOL) Blauracke *f;* **gök küre** *s* Himmelskugel *f,* Himmelsgewölbe *nt;* **gök küresi** *s ohne Pl* (ASTR) Himmelsglobus *m,* Sternglobus *m*

gökmen *adj* (*fam: mavi gözlü*) blauäugig

gök taşı *s* (ASTR: *meteorit*) Meteorit *m*

göktırmalayan *s,* **göktırmalayıcı** *s s.* **gökdelen** Wolkenkratzer *m*

gök yakut *s* (*safir*) Saphir *m*

gökyolu *s s.* **samanyolu** Milchstraße *f*

gökyüzü *s* Himmel *m;* **gökyüzü mavisi** *s* Himmelsblau *nt*

gölek *s* <-ği> Baggersee *m*

gölge *s* Schatten *m;* **~de 35 derece** 35 Grad im Schatten; **~de kalmak** im Schatten bleiben; (*fig*) ein Schattendasein führen; **bir kimseyi/şeyi ~de bırakmak** (*fig*) jdn/etw in den Schatten stellen

gölge balığı *s* (ZOOL) Äsche *f*

gölgecil *adj* (BOT) Schatten-; **gölgecil bitki** *s* (BOT) Schattenpflanze *f,* Schattenblüher *m*

gölge kabine *s* (POL) Schattenkabinett *nt*

gölgeleme *s* **1.** *Verbalsubstantiv zu* **gölgelemek** **2.** Schattierung *f*

gölgelemek *vt* schattieren

gölge olay *s* Begleiterscheinung *f;* **gölge oyunu** *s* Schattenspiel *nt*

gömlek *s* <-ği> **1.** Hemd *nt* **2.** (*dosya gömleği*) Deckel *m;* (*yılan gömleği*) Haut *f*

gömlekliler *s Pl* (ZOOL) Manteltiere *ntpl*

gömme *s* **1.** *Verbalsubstantiv zu* **gömmek** **2.** (*ölüyü* ~) Begräbnis *nt;* **gömme dolap** *s* <-bı> Einbauschrank *m*

gömmek <-er> *vt* **1.** begraben; **diri diri** ~ lebendig begraben **2.** eingraben (*-e* in) **3.** (*defnetmek*) bestatten

gömü *s* Schatz *m*

gömülme *s Verbalsubstantiv zu* **gömülmek**

gömülmek *vi* **1.** *pass von* **gömmek**: **diri diri** ~ lebendig begraben werden **2. sessizliğe** ~ sich in Schweigen hüllen

gömütlük *s* <-ğü> Friedhof *m*

gönç *adj* (*fam: zengin*) reich; (*varlıklı*) vermögend, wohlhabend

gönder **I.** *Imperativ von* **göndermek** **II.** *s* **1.** (*bayrak direği*) Fahnenmast *m,* Fahnenstange *f* **2.** (*reg*) Steuerruder *nt*

gönderi *s* Sendung *f*

gönderici *s* Absender(in) *m(f)*

gönderilme *s Verbalsubstantiv zu* **gönderilmek**

gönderilmek *vi Passiv zu* **göndermek**

gönderme *s* **1.** *Verbalsubstantiv zu* **göndermek** **2.** Verschickung *f,* Versendung *f;* (*mal*) Versand *m* **3.** (*sözlükçülükte*) Verweis *m*

göndermek *vt* **1.** senden, schicken; **bir mektubu taahhütlü** ~ einen Brief als Einschreiben schicken **2.** (*mal*) verschicken, versenden **3.** einschicken (*-e* an), einsenden (*-e* an) **4.** entsenden

göndertme *s Verbalsubstantiv zu* **göndertmek**

göndertmek *vt Kausativ zu* **göndermek**

gönen **I.** *s ohne Pl* (*reg*) **1.** Bewässerung *f* **2.** (*nem*) Feuchtigkeit *f* **II.** *adj* (*reg: nemli*) feucht

gönenç *s ohne Pl* <-ci> Wohlstand *m*

gönençli *adj* im Wohlstand lebend

gönendirilme *s Verbalsubstantiv zu* **gönendirilmek**

gönendirilmek *vi Passiv zu* **gönendirmek**

gönendirme *s Verbalsubstantiv zu* **gönendirmek**

gönendirmek *vt* **1.** zum Wohlstand führen **2.** (*sevindirmek*) erfreuen

gönendirtme *s Verbalsubstantiv zu* **gönendirtmek**

gönendirtmek *vt Kausativ zu* **gönendirmek**

gönenme *s Verbalsubstantiv zu* **gönenmek**

gönenmek *vi* **1.** blühen, gedeihen, florieren **2.** (*mutlu olmak*) glücklich sein **3.** (*sevinç* *duymak*) Freuden empfinden; (*sevinmek*) sich freuen

gönlü *s poss von* **gönül**; **gönlü bol** *adj*, **gönlü gani** *adj* großzügig; **gönlü kara** *adj* boshaft

gönlünce *adv* nach Herzenslust

gönlü tok *adj* genügsam; **gönlü zengin** *adj* großzügig

gönül *s* <-nlü> **1.** (*fig*) Herz *nt;* ~ **açmak** das Herz erfrischen; **bir şeye** ~ **indirmek**, ~ **vermek** sein Herz schenken, sich herablassen zu etw; **birinin gönlü bulanmak** jdm dreht sich das Herz im Leib(e) herum; **birinin bir şeyde gönlü olmak** jds Herz hängt an etw; **birinin gönlünü çelmek** jds Herz erweichen; **birine gönlünü kaptırmak** sein Herz an jdn verlieren; **birinin gönlünü kırmak** jdm das Herz brechen; **birinin gönlünü okşamak** jdm schmeicheln; **birinin gönlünü yıkmak** jdm das Herz brechen **2.** (*fig*) Herzenslust *f;* **canı** ~**den** aus ganzem Herzen, von Herzen gern; **gönlüne göre** nach Herzenslust

gönül avcısı *s* Herzensbrecher *m;* (*çapkın*) Schürzenjäger *m;* **gönül borcu** *s ohne Pl* (*şükran*) Dank *m;* (*minnettarlık*) Dankbarkeit *f;* **birine** ~ **olmak** jdm Dank schulden, jdm zu Dank verpflichtet sein, in jds Schuld stehen; **gönül darlığı** *s ohne Pl* Beklommenheit *f*

gönüldaş *s* Herzensfreund(in) *m(f)*

gönül eğlencesi *s* (*pej*) Liebelei *f;* **gönül ferahlığı** *s ohne Pl* (*iç rahatlığı*) Seelenruhe *f;* (*dertsizlik*) Sorglosigkeit *f;* **bir şeyi** ~**yla yapmak** etw leichten Herzens tun

gönüllü *adj* freiwillig; **gönüllü gönülsüz** *adv* halbherzig; ~ **yapılan işler** Sachen, die man halbherzig macht

gönüllülük *s ohne Pl* <-ğü> Freiwilligkeit *f*

gönül meselesi *s* Herzensangelegenheit *f*, Herzenssache *f;* **gönül okşayıcı** *adj* schmeichelhaft; **gönül rahatlığı** *s ohne Pl* Seelenruhe *f*

gönülsüz *adj* unfreiwillig, halbherzig; ~ **yapılan işler** Sachen, die man unfreiwillig macht

gönülsüzce *adv* unfreiwillig, halbherzig

gönülsüzlük *s* <-ğü> (*istemeyerek yapma*) Halbherzigkeit *f;* (*isteksizlik*) Lustlosigkeit *f*

gör *Imperativ von* **görmek**

gördek *s* <-ği> (ZOOL: *acı balık*) Bitterling *m*

göre *part* **1.** nach; **görünüşe** ~ dem Anschein nach **2.** entsprechend; **yaşına** ~ **giyinmiş** er ist seinem Alter entsprechend angezogen **3.** (*soruya karşılık*): **bana** ~ meiner Meinung nach

görecilik *s ohne Pl* <-ği> (PHILOS: *rölâtivizm*) Relativismus *m*

göreli *adj* relativ

görelilik *s* <-ği> (PHILOS: *rölâtivite*) Relativität *f*

görev *s* **1.** Amt *nt;* **hakemin/yargıcın** ~**i** das Amt des Schiedsrichters/Richters **2.** (*fonksiyon*) Funktion *f* **3.** Aufgabe *f*, Pflicht *f*

görevlendirme *s* **1.** *Verbalsubstantiv zu* **görevlendirmek** **2.** Beauftragung *f*

görevlendirmek *vt* beauftragen; **birini bir şeyle** ~ jdn mit etw beauftragen

görevli **I.** *s* **1.** Beauftragte(r) *mf* **2.** (*memur*) Beamter, -in *m, f* **II.** *adj* beauftragt

görev süresi *s* Amtszeit *f*

görgü *s ohne Pl* Anstand *m;* ~**sü olmamak** keinen Anstand haben; **görgü fukarası** *s* (*pej*) Kulturbanause, -in *m, f;* **görgü kuralları** *s Pl* Anstandsregeln *fpl*

görgülü *adj* anständig

görgü tanığı *s* (JUR) Augenzeuge, -in *m, f*

görkem *s ohne Pl* Pracht *f*

görkemli *adj* prächtig, prunkvoll, glanzvoll, grandios

görme *s* **1.** *Verbalsubstantiv zu* **görmek** **2.** Sicht *f;* **birini** ~**sine engel olmak** jdm die Sicht versperren

görmek <-ür> *vt* **1.** sehen; **görmezden gelmek** beide Augen zudrücken **2.** erachten, halten; **bir şeyi reva** ~ etw für angebracht halten, etw als angemessen erachten **3.** **tıbbî tedavi** ~ in medizinischer Behandlung sein **4.** (*başına gelmek*) erfahren; **iyilik/kötülük** ~ Gutes/Böses erfahren

görme yeteneği *s* Sehfähigkeit *f;* **görme yetisi** *s ohne Pl* Sehvermögen *nt*

görmez **I.** *s* Blinde(r) *mf* **II.** *adj* blind

görsel *adj* visuell; **görsel işitsel** *adj* audiovisuell; ~ **eğitim** audiovisueller Unterricht

görülme *s Verbalsubstantiv zu* **görülmek**

görülmek *vi pass von* **görmek**: **hesap göründü** die Rechnung wurde bezahlt; **kuleden ırmak görülüyordu** vom Turm aus konnte man den Fluss sehen

görümsetme *s* (FILM, TV) **1.** (*kesilmiş bölüm*) Ausschnitt *m* **2.** (*klip*) Clip *m*

görüngü *s* Erscheinung *f;* (PHILOS: *fenomen*) Phänomen *nt;* **görüngü bilimi** *s ohne Pl* (PHILOS: *fenomenoloji*) Phänomenologie *f*

görüngücülük *s ohne Pl* <-ğü> (PHILOS: *fenomenizm*) Phänomenalismus *m*

görünme *s Verbalsubstantiv zu* **görünmek**

görünmek *vi* **1.** aussehen; **iyi/kötü** ~ gut/schlecht aussehen; **geleceği (pek) parlak görünmüyor** seine Zukunft sieht nicht (sehr) rosig aus; **kara göründü!** Land in Sicht!; **öyle görünüyor ki ...** es sieht so aus, als ob ...; **yağmur yağacakmış gibi**

görünüyor es sieht nach Regen aus, es sieht so aus, als würde es regnen **2.** sich sehen [*o* blicken] lassen; **buralarda bir daha görünme** lass dich nicht mehr hier sehen **3. sonu** ~ seinem Ende zugehen; **sonu görünmemek** kein Ende absehen

görüntü *s* **1.** Erscheinung *f* **2.** (INFORM) Bild *nt;* **görüntü işleme** *s* (INFORM) Bildverarbeitung *f*

görüntüleme *s Verbalsubstantiv zu* **görüntülemek**

görüntülemek *vt* (INFORM: *ekranda*) anzeigen

görüntülük *s* <-ğü> (FILM, TV: *ekran*) Bildschirm *m*

görüntü netliği *s ohne Pl* (TV) Bildschärfe *f*

görünür *adj* ersichtlich

görünüş *s* **1.** Ansicht *f;* **önden** ~ die vordere Ansicht **2.** Anschein *m;* **~e göre** dem Anschein nach

görüş *s* **1.** Ansicht *f,* Meinung *f;* (*dünya ~ ü*) Anschauung *f;* **biriyle aynı ~te olmak** mit jdm derselben Ansicht sein **2.** (*ceza evi, hastane için*) Besuch *m;* **görüş açısı** *s* **1.** Blickfeld *nt* **2.** (*bakış açısı*) Blickwinkel *m,* Gesichtspunkt *m;* **görüş ayrılığı** *s* Meinungsverschiedenheit *f*

görüşme *s* **1.** *Verbalsubstantiv zu* **görüşmek** **2.** Besprechung *f,* Unterredung *f*

görüşmek **I.** *vt* besprechen **II.** *vi* sich besprechen (*-le* mit)

görüşme odası *s* Besprechungszimmer *nt,* Besuchszimmer *nt;* **görüşme saatleri** *s Pl* Besuchszeit *f*

görüş meselesi *s* Ansichtssache *f*

göster *Imperativ von* **göstermek**: ~ (**kendini**)! zeig (dich)!

göstere göstere *adv* demonstrativ

gösterge *s* **1.** Anzeige *f;* (*benzin ~ si*) Uhr *f* **2.** Indikator *m;* **parasal** ~ (WIRTSCH) geldpolitischer Indikator

gösteri *s* **1.** Darbietung *f;* (*şov*) Show *f;* **akrobatik bir** ~ eine akrobatische Darbietung **2.** (POL: *nümayiş*) Demo *f,* Demonstration *f,* Kundgebung *f;* **bir şey için ~ yapmak** für etw demonstrieren; **bir şeye karşı ~ yapmak** gegen etw demonstrieren **3.** (*film ~ si*) Vorführung *f;* (*ilk ~*) Aufführung *f*

gösterici **I.** *s* **1.** Demonstrant(in) *m(f)* **2.** (*projektör*) Projektor *m* **II.** *adj* demonstrativ

gösterilme *s Verbalsubstantiv zu* **gösterilmek**

gösterilmek *vi pass von* **göstermek**

gösteriş *s* Angeberei *f;* ~ **yapmak** angeben, prahlen

gösterişçi *s* Angeber(in) *m(f)*

gösterişli *adj* **1.** auffällig, auffallend **2.** (*görkemli*) prachtvoll; (*saltanatlı*) prunkvoll

gösterişsiz *adj* **1.** unauffällig **2.** (*mütevazı*) bescheiden, schlicht, einfach

gösterişsizlik *s ohne Pl* <-ği> Schlichtheit *f*

gösteri yürüyüşü *s* Demo *f,* Demonstration *f,* Kundgebung *f;* **bir şey için** ~ eine Demo(nstration) für etw; **bir şeye karşı** ~ eine Demo(nstration) gegen etw

gösterme *s Verbalsubstantiv zu* **göstermek**

göstermeci *s* (PSYCH) Exhibitionist *m*

göstermecilik *s ohne Pl* <-ği> (PSYCH) Exhibitionismus *m*

göstermek **I.** *vt* **1.** zeigen **2.** (*işaretle belirtmek*) zeigen (auf), deuten (auf), hinweisen (auf) **3.** demonstrieren; (*film*) vorführen; **bu resmin neyi gösterdiğini anlamıyorum** ich verstehe nicht, was dieses Bild darstellen soll **4.** (*dayanışma*) bekunden, demonstrieren **5. birini** (**bir şey için**) **aday** ~ jdn (für etw) als Kandidaten aufstellen; **birine kolaylık** ~ jdm Erleichterungen gewähren **6.** (*fiyat, sebep*) angeben **7.** (*öğretmek*) beibringen, anleiten; **birine bir şeyi** ~ jdm etw beibringen, jdn zu etw anleiten **8.** (*etmek*): **gayret** ~ sich anstrengen [*o* bemühen]; **ilâç etkisini gösterdi** das Medikament hat angeschlagen; **birine saygı** ~ jdn achten [*o* respektieren] **II.** *vi* (*görünmek*) sich zeigen

gösterme parmağı *s* Zeigefinger *m;* **gösterme zamiri** *s* (LING) Demonstativpronomen *nt*

göstertme *s Verbalsubstantiv zu* **göstertmek**

göstertmek *vt Kausativ zu* **göstermek**

göt *s* (*vulg*) Arsch *m;* **~ümü yala!** leck mich am Arsch!; **göt deliği** *s* (*vulg*) Arschloch *nt*

götürme *s Verbalsubstantiv zu* **götürmek**

götürmek *vt* bringen (*-e/-e* in/nach), hinbringen; **çocukları eve/okula götürdüm** ich habe die Kinder nach Hause/in die Schule gebracht; **onları nereye götürüyorsun?** wo bringst du sie hin?

götürü *adj* pauschal; **götürü tur** *s* Pauschalreise *f*

gövde *s* **1.** Rumpf *m;* (*ağaç ~ si*) Stamm *m* **2.** (LING) Stamm *m*

gövdeli *adj* korpulent

göveri *s s.* **sebze** Gemüse *nt*

göz *s* **1.** Auge *nt;* ~ **alabildiğine** so weit das Auge reicht; ~ **almak** blenden; **biriyle ~ ~e** Auge in Auge mit jdm; ~ **göre göre** vor aller Augen; ~ **kırpmak** mit den Augen zwinkern; **bir kimseye/şeye ~ kulak olmak** auf jdn/etw aufpassen, auf jdn/etw achten; **bir şeyi ~ önüne almak**

(*fig*) etw ins Auge fassen, berücksichtigen; ~ **yummak** (*fam*) ein Auge zudrücken; **~den geçirmek** durchsehen; **birini ~den gönülden çıkarmak** (*fig*) jdn abschreiben; **~den ırak olan gönülden de ırak olur** (*prov*) aus den Augen, aus dem Sinn; **birini ~den kaybetmek** jdn aus den Augen verlieren; **~e ~, dişe diş** Auge um Auge, Zahn um Zahn; **~e almak** wagen, riskieren; **~e batmak** ins Auge stechen; **~leri iyi görmek/görmemek** gute/schlechte Augen haben; **~lerim karardı** mir wurde schwarz vor Augen; **~lerine inanamadı** er traute seinen Augen nicht; **~lerini bir şeye/kimseye dikmek** sein Augenmerk auf etw/jdn richten; **birini ~ü çok tutmak/hiç tutmamak** viel/nichts von jdm halten; **~ü morarmış olmak** ein blaues Auge haben; **bir şeyde ~ü olmak** (*fig*) etw im Auge haben; **~ü sönmek** das Augenlicht verlieren; **bir işi ~ü ye(me)mek** sich etw (nicht) trauen; **~ü yükseklerde olmak** (*fig*) hoch hinauswollen; **~ümden kaçmadı** es ist mir nicht entgangen; **birini ~ünden kaçırmamak** jdn nicht aus den Augen verlieren; **bir şey ~üne kaçmış olmak** etw im Auge haben; **~üne uyku girmemek** (*fig*) kein Auge zutun; **~ünü açık tutmak** die Augen offen halten; **birinin ~ünü açmak** (*fig*) jdm die Augen öffnen; **~ünü kırpmadan** (*fig*) ohne mit der Wimper zu zucken; **bir şeyi ~ünün önünden geçirmek** (*fig*) etw Revue passieren lassen, etw durchspielen; **bir şeyi ~ünün önüne getirmek** (*fig*) sich etw vor Augen führen; **bütün gece ~üme uyku girmedi** (*fig*) ich habe die ganze Nacht kein Auge zugetan; **çıplak ~le** mit bloßem Auge; **herkesin ~ü önünde** vor aller Augen; **onu ~üm ısırıyor** (*fam fig*) er kommt mir bekannt vor; **onu kendi ~ümle gördüm** ich habe es mit eigenen Augen gesehen **2.** Blick *m;* ~ **atmak** einen Blick werfen; **geçerken içeriye bir ~ attı** beim Vorbeigehen warf er einen Blick hinein; **kem ~** der böse Blick **3.** (*torpido ~ü*) Fach *nt;* **göz akı** *s* (ANAT) Sklera *f;* **göz alıcı** *adj* augenfällig

gözaltı *s ohne Pl* Gewahrsam *m;* **birini ~na almak** jdn in Gewahrsam nehmen

göz bağcı I. *s* Illusionist(in) *m(f)* **II.** *adj* illusionistisch; **göz bağcılık** *s ohne Pl* <-ğı> Illusionismus *m;* **göz bankası** *s* Augenbank *f;* **göz banyosu** *s* Augenbad *nt;* **göz bebeği** *s* **1.** (ANAT) Pupille *f* **2.** (*fig*) Liebling *m;* **göz boyama** *s* Augenwischerei *f*

gözcü *s* Beobachter *m;* (*grev ~sü*) Posten *m*

gözdağı *s* **1.** (*tehdit*) Drohung *f,* Bedrohung *f;* ~ **vermek** bedrohen **2.** (*yıldırma*) Einschüchterung *f;* ~ **vermek** einschüchtern

göz damlası *s* (MED) Augentropfen *m*

gözde *adj* beliebt

göz dikeği *s* Steckenpferd *nt;* **göz dişi** *s* Eckzahn *m*

göze *s* **1.** (BIOL: *hücre*) Zelle *f* **2.** (*reg: su kaynağı*) Wasserquelle *f;* **göze bilimi** *s ohne Pl* (BIOL: *sitoloji*) Zytologie *f*

gözeler arası *adj* interzellular, interzellulär; **gözeler arası boşluk** *s* <-ğu> (BIOL) Interzellularraum *m,* Zwischenzellraum *m*

gözeme *s Verbalsubstantiv zu* **gözemek**

gözemek *vt* (*fam: örerek kapamak*) stopfen

gözenek *s* <-ği> **1.** (*a.* ANAT) Pore *f* **2.** (ASTR: *güneş yüzeyinde*) Sonnenfleck *m* **3.** (*fam: pencere*) Fenster *nt* **4.** (*fam*) Masche *f*

gözenekli *adj* **1.** porös **2.** Maschen-

gözenekli tel *s* Maschendraht *m*

göz erimi *s* (ASTR: *ufuk*) Horizont *m*

gözetilme *s Verbalsubstantiv zu* **gözetilmek**

gözetilmek *vi pass von* **gözetmek**

gözetim *s* **1.** Aufsicht *f* **2.** Überwachung *f*

gözetleme *s* **1.** *Verbalsubstantiv zu* **gözetlemek** **2.** Beobachtung *f,* Observation *f* **3.** Überwachung *f;* **gözetleme deliği** *s* Guckloch *nt;* (*kapıda*) Türspion *m*

gözetlemek *vt* **1.** beobachten; (*gizlice bakmak*) observieren **2.** überwachen

gözetlenme *s Verbalsubstantiv zu* **gözetlenmek**

gözetlenmek *vi Passiv zu* **gözetlemek**

gözetleyici *s* Observierer(in) *m(f)*

gözetme *s Verbalsubstantiv zu* **gözetmek**

gözetmek *vt* **1.** achten (auf), aufpassen (auf); (*korumak*) beschützen **2.** (*önem vermek*) achten; (*göz önünde bulundurmak*) berücksichtigen; (*menfaat*) wahrnehmen; (*fırsat*) abwarten **3.** (*dikkat etmek*) beachten

göz evi *s* (ANAT) Augenhöhle *f*

gözgü *s* (*reg: ayna*) Spiegel *m*

göz hapsi *s* (MIL) Stubenarrest *m*

göz hekimi *s* Augenarzt, -ärztin *m, f*

göz hekimliği *s ohne Pl* (MED) Augenheilkunde *f;* **göz hizası** *s ohne Pl* Augenhöhe *f;* **~nda** in Augenhöhe; **göz kapağı** *s* Augenlid *nt;* **göz kararı** *s ohne Pl* Augenmaß *nt;* **~yla** nach Augenmaß; **göz kesesi** *s* Lidsack *m*

gözlem *s* **1.** Beobachtung *f,* Observation *f;* **~de bulunmak** Beobachtungen anstellen **2.** (PHILOS) Betrachtung *f;* **felsefi ~ler yapmak** philosophische Betrachtungen anstellen

gözlemci *s* Beobachter(in) *m(f),* Betrachter(in) *m(f)*

G

gözlem evi *s* Sternwarte *f;* (*observatuvar*) Observatorium *nt*
gözlemleme *s* **1.** *Verbalsubstantiv zu* **gözlemlemek** **2.** Observation *f,* Observierung *f,* Beobachtung *f*
gözlemlemek *vt* observieren, beobachten
gözlem noktası *s* Beobachtungspunkt *m*
gözlere ziyafet *s ohne Pl* Augenweide *f*
gözlük *s* <-ğü> Brille *f;* **gözlük camı** *s* Brillenglas *nt;* **gözlük çerçevesi** *s* Brillenfassung *f,* Brillengestell *nt*
gözlüklü *s* Brillenträger(in) *m(f);* **gözlüklü yılan** *s* (ZOOL) Brillenschlange *f;* (*kobra*) Kobra *f*
göz nuru *s ohne Pl* Augenlicht *nt;* ~ **dökmek** (*fig*) sich sehr viel Mühe geben; **göz rengi** *s* Augenfarbe *f;* **göz ucu** *s* Augenwinkel *m;* **birine ~yla bakmak** jdn aus den Augenwinkeln beobachten
gözükme *s Verbalsubstantiv zu* **gözükmek**
gözükmek *vi* sich zeigen
göz yaşı *s* Träne *f;* **birini gözünün yaşına bakmadan öldürmek** (*fig*) jdn kaltblütig ermorden; **göz yuvarı** *s* (ANAT) Augapfel *m;* **göz yuvası** *s* (ANAT) Augenhöhle *f*
gr *s* g; *Abk. von* **Gramm**
grafit *s* Graphit *m*
grafoloji *s ohne Pl* Graphologie *f*
gram *s* Gramm *nt*
gramatikal *adj* (LING) grammatisch, grammatikalisch
gramer *s* (LING) Grammatik *f*
gramofon® *s* Grammofon *nt,* Grammophon® *nt*
grandi *s* (NAUT) Großbaum *m*
grandük *s* Großherzog *m*
grandüklük *s* <-ğü> Großherzogtum *nt*
granit *s* Granit *m;* ~ **gibi** (hart) wie Granit
granül *s* Granulat *nt*
granülit *s* Granulit *m*
gravür *s* **1.** Gravur *f* **2.** (KUNST: *kazıma resim*) Radierung *f;* (*bakır* ~) Stich *m*
gravürcü *s* **1.** Graveur(in) *m(f)* **2.** (KUNST) Radierer(in) *m(f)*
gravyer peyniri *s* (GASTR) Greyezer Käse *m*
Gregoryen *adj* (MUS) gregorianisch; ~ **ilâhîleri** gregorianische Gesänge
Grek *adj* altgriechisch
Grekçe *s* Altgriechisch *nt;* **~de** im Altgriechischen
grena *s* (GEO) Granat *m*
gres yağı *s* Schmieröl *nt*
grev *s* Streik *m*
grevci *s* Streikende(r) *mf*
grev gözcüsü *s* Streikposten *m;* **grev kırıcı** *s* Streikbrecher(in) *m(f)*
greyder *s* Planierraupe *f*
greyfurt *s* (BOT) Grapefruit *f*
gri **I.** *s* Grau *nt;* **açık/koyu bir** ~ ein helles/dunkles Grau **II.** *adj* grau; ~ **astarlı bir zarf** ein Umschlag mit grauem Futter; ~ **bir renk** eine graue Farbe
gril *s* Grill *m*
grip *s* Grippe *f;* ~ **olmak** (die) Grippe haben; **grip aşısı** *s* Grippeimpfung *f*
grizu *s* (BERGB) Schlagwetter *pl;* **grizu patlaması** *s* (BERGB) Schlagwetterexplosion *f*
Grönland **I.** *s* Grönland *nt* **II.** *adj* grönländisch; ~ **iklimi** das grönlandische Klima
Grönlandlı **I.** *s* Grönlander(in) *m(f)* **II.** *adj* grönländisch; ~ **erkekler/kadınlar** grönländische Männer/Frauen
grosa *s* Gros *nt*
groston *s* (NAUT) Bruttoregistertonne *f*
grotesk *adj* grotesk
grubu *s poss von* **grup**
grup *s* <-bu> **1.** Gruppe *f* **2.** (*arkadaş grubu*) Clique *f*
grup grup *adv* gruppenweise
gruplandırma *s Verbalsubstantiv zu* **gruplandırmak**
gruplandırmak *vt* gruppieren
gruplaşma *s* **1.** *Verbalsubstantiv zu* **gruplaşmak** **2.** Gruppierung *f*
gruplaşmak *vi* sich gruppieren
grup terapisi *s* (PSYCH, MED) Gruppentherapie *f*
GSMH *s ohne Pl* (WIRTSCH) *Abk. von* **gayrisafi millî hâsıla** BSP *nt, Bruttosozialprodukt*
guano *s ohne Pl* Guano *m*
guarani *s* Guarani *m*
Guatemala **I.** *s* Guatemala *nt* **II.** *adj* guatemaltekisch; ~ **hükûmeti** die guatemaltekische Regierung
Guatemalalı **I.** *s* Guatemalteke, -in *m, f* **II.** *adj* guatemaltekisch; ~ **erkekler/kadınlar** guatemaltekische Männer/Frauen
guatr *s* (MED) Kropf *m*
gudde *s* (ANAT) Drüse *f*
guguk **I.** *s* <-ğu> (ZOOL) Kuckuck *m* **II.** *interj* kuckuck
guguklu saat *s* <-i> Kuckucksuhr *f*
gulaş *s* (GASTR) Gulasch *m o nt*
gulden *s* (HIST) Gulden *m*
gurbet *s ohne Pl* Fremde *f;* **~te** in der Fremde
gurk *s* **1.** (*kuluçka*) Glucke *f,* Bruthenne *f;* **~a yatmak** brüten **2.** (*erkek hindi*) Truthahn *m,* Puter *m*
gurklama *s Verbalsubstantiv zu* **gurklamak**
gurklamak *vi* **1.** brüten **2.** (*erkek hindi*) sich aufplustern
gurlama *s Verbalsubstantiv zu* **gurlamak**
gurlamak *vi* knurren
gurme *s* Feinschmecker(in) *m(f)*
guruldama *s Verbalsubstantiv zu* **gurulda-**

mak
guruldamak *vi* knurren; **midem gurulduyor** mir knurrt der Magen
gurup *s* <-bu> (*batış*) Untergang *m;* (*güneş için*) Sonnenuntergang *m;* ~ **etmek** untergehen; ~ **eden güneş** die untergehende Sonne
gurup rengi *s ohne Pl* Abendrot *nt,* Abendröte *f*
gurur *s ohne Pl* Stolz *m;* **birinin ~unu incitmek** jds Stolz verletzen
gururlu *adj* stolz
guşa *s* (MED: *guatr*) Kropf *m*
gut *s ohne Pl* (MED) Gicht *f*
gübre *s* Dung *m,* Dünger *m*
gübreleme *s Verbalsubstantiv zu* **gübrelemek**
gübrelemek *vt* düngen
gübreli *adj* gedüngt
gübrelik *s* <-ği> Misthaufen *m*
gücü *s poss von* **güç**[2]
güç[1] **I.** *adj* schwierig; ~ **mevkide kalmak** sich in einer schwierigen Lage befinden **II.** *adv* (*zorlukla*) mit Mühe
güç[2] *s* <-cü> **1.** Kraft *f,* Stärke *f;* **gücünü yitirmek** Kräfte einbüßen; **birinin karakter gücü** jds charakterliche Stärke; **doğaüstü ~ler** übernatürliche Kräfte; **var/son gücüyle** mit aller/letzter Kraft **2.** Macht *f;* **siyasî** ~ politische Macht; **paranın gücü** die Macht des Geldes; **Tanrı'nın gücü** die Macht Gottes
güç belâ *adv* mit Mühe und Not
güç denemesi *s* Kraftprobe *f,* Machtprobe *f*
güçlendirme *s Verbalsubstantiv zu* **güçlendirmek**
güçlendirmek *vt* stärken
güçler dengesi *s* (POL) Kräftegleichgewicht *nt*
güçlü *adj* kräftig, stark
güçlük *s* <-ğü> Schwierigkeit *f;* ~ **çekmek** Schwierigkeiten haben; **~lerle karşılaşmak** Schwierigkeiten begegnen; **bütün ~leri yenmek** alle Schwierigkeiten bewältigen [*o* überwinden]
güç sahibi *s* Machtinhaber(in) *m(f)*
güçsüz *adj* kraftlos
güçsüzlük *s ohne Pl* <-ğü> Kraftlosigkeit *f*
güderi *s* Leder *nt*
güdü *s* Trieb *m;* (*saik*) Beweggrund *m*
güdüm bilimi *s ohne Pl* Kybernetik *f*
güdümleme *s Verbalsubstantiv zu* **güdümlemek**
güdümlemek *vt* lenken, steuern, manövrieren
güdümlü *adj* **1.** ferngelenkt, lenkbar **2.** (*fig: bir eğilimi yansıtan*) tendenziös; ~ **bir Roman** ein Roman mit Tendenz; **güdümlü ekonomi** *s ohne Pl* Planwirtschaft *f*
güğüm *s* Kanne *f*
güherçile *s ohne Pl* (CHEM) Kalisalpeter *m;* (*potasyum nitrat*) Kaliumnitrat *nt*
gül *s* Rose *f;* ~ **üretmek** Rosen züchten; **dikensiz ~ olmaz** (*prov*) keine Rose ohne Dornen
güldeste *s* Blütenlese *f;* (*antoloji*) Anthologie *f*
güldürme *s Verbalsubstantiv zu* **güldürmek**
güldürmek *vt* **1.** *Kausativ zu* **gülmek** **2. birini** ~ jdn zum Lachen bringen, jdn belustigen
güldürü *s* (THEAT) Lustspiel *nt*
gülgiller *s Pl* (BOT) Rosengewächse *ntpl*
gülhatmi *s* (BOT) Stockrose *f,* Roter Eibisch
gülkurusu I. *s* Rosé *nt* **II.** *adj* rosé
gülle *s* Kugel *f;* **gülle atma** *s ohne Pl* (SPORT) Kugelstoßen *nt*
gülme *s Verbalsubstantiv zu* **gülmek** Lachen *nt*
gülmek <-er> *vi* lachen; **~ten kırılmak/katılmak** (*fam*) sich biegen vor Lachen, sich einen Ast ablachen, sich kaputtlachen; **gülerim!** (*iron*) dass ich nicht lache!; **bıyık altından** ~ (*fig*) sich ins Fäustchen lachen; **son gülen iyi güler** (*prov*) wer zuletzt lacht, lacht am besten
gül suyu *s* Rosenwasser *nt*
gülücük *s ohne Pl* <-ğü> Lächeln *nt*
gülük *s* <-ğü> (*reg*) **1.** (*hindi*) Pute *f* **2.** (*sebze için*) Gemüsebeet *nt*
gülümseme *s ohne Pl Verbalsubstantiv zu* **gülümsemek** Lächeln *nt*
gülümsemek *vi* lächeln; **birine** ~ jdn anlächeln; **birine anlamlı anlamlı** ~ jdm bedeutsam zulächeln
gülümseyiş *s ohne Pl* Lächeln *nt*
gülünç *adj* <-cü> **1.** lächerlich; **bir şeyi ~ bulmak** etw lächerlich finden; **bütün bunların en gülüncü** das lächerlichste von allem **2.** (*komik*) komisch; (*tuhaf*) merkwürdig, seltsam; **dün ofiste çok ~ bir olay oldu** gestern ist im Büro etw sehr komisches passiert
gülüt *s* (FILM, THEAT) Gag *m*
gülütçü *s* (FILM, THEAT) Gagman *m*
gül yağcılık *s ohne Pl* <-ğı> Rosenölgewerbe *nt;* **gül yağı** *s* Rosenöl *nt*
güm *interj:* **~!** bum!, bums!; **kapı ~ diye kapandı** die Tür knallte zu; **~e gitmek** (*boşa gitmek*) verpuffen; (*insan için*) draufgehen
güme *s* (*fam: avcı kulübesi*) Jagdhütte *f*
gümeç *s* <-ci> Wabenzelle *f*
gümeç balı *s* Wabenhonig *m*
gümleme *s ohne Pl Verbalsubstantiv zu* **gümlemek**
gümlemek *vi* **1.** knallen **2.** (*fam: sınıfta kal-*

mak) sitzenbleiben
gümrük *s* <-ğü> Zoll *m*
gümrükleme *s* **1.** *Verbalsubstantiv zu* **gümrüklemek 2.** Verzollung *f*
gümrüklemek *vt* verzollen
gümrüklenme *s* **1.** *Verbalsubstantiv zu* **gümrüklenmek 2.** Verzollung *f*
gümrüklenmek *vi pass von* **gümrüklemek**: **mallar gümrüklendi** die Waren wurden verzollt
gümrükten mal kaçırma *s* (JUR) Bannbruch *m*
gümüş I. *s* (CHEM) Silber *nt;* **söz ~se sükût altındır** (*prov*) Reden ist Silber, Schweigen ist Gold **II.** *adj* silbern, aus Silber
gümüşçün *s* (ZOOL) Silberfischchen *nt,* Zuckergast *m*
gümüş grisi *adj* silbergrau
gümüşî *adj* silbern
gümüşleme *s Verbalsubstantiv zu* **gümüşlemek**
gümüşlemek *vt* versilbern
gümüş madalya *s* (*a.* SPORT) Silbermedaille *f;* **gümüş madeni** *s* Silbermine *f;* **gümüş para standardı** *s ohne Pl* (WIRTSCH) Silberwährung *f;* **gümüş rengi** *adj* silbern; **gümüş sikke** *s* Silbermünze *f*
gün *s* Tag *m;* **~ doğmadan neler doğar** es ist noch nicht aller Tage Abend; **~leri sayılı** seine Tage sind gezählt; **~ün birinde** eines Tages
günah *s* (REL) Sünde *f;* **~ çıkarmak** beichten; **~ işlemek** sündigen; **~a girmek** eine Sünde begehen
günahkâr *adj* sündig; **günah keçisi** *s* (*fig*) Sündenbock *m;* **birini ~ yapmak** jdn zum Sündenbock machen
günahsız *adj* unschuldig
günâşık *s* <-ğı> (*reg: ayçiçeği*) Sonnenblume *f*
günaşırı *adv* (*iki günde bir*) jeden zweiten Tag
günaydın *interj:* **~!** guten Morgen!
gün batımı *s* Sonnenuntergang *m;* **gün batısı** *s ohne Pl* Westen *m*
günberi *s* (ASTR) Sonnennähe *f,* Perihel(ium) *nt*
güncek *adj* <-ği> (*fam: şemsiye*) Regenschirm *m*
güncel *adj* zeitgemäß; (*aktüel*) aktuell
güncelleme *s* **1.** *Verbalsubstantiv zu* **güncellemek 2.** Aktualisierung *f*
güncellemek *vt* aktualisieren
güncelleştirme *s* **1.** *Verbalsubstantiv zu* **güncelleştirmek 2.** Aktualisierung *f*
güncelleştirmek *vt* aktualisieren
güncellik *s ohne Pl* <-ği> Aktualität *f;* **güncelliğini yitirmek** nicht mehr aktuell sein
gün çiçeği *s s.* **ayçiçeği** Sonnenblume *f*
gündelik I. *adj* <-ği> täglich; (*her günkü*) alltäglich **II.** *s* <-ği> Tageslohn *m*
gündelikçi *s* Tagelöhner(in) *m(f);* **gündelikçi kadın** *s* Putzfrau *f*
gündelikçilik *s ohne Pl* <-ği>: **~ yapmak** als Tagelöhner arbeiten
gündelik gazete *s* Tageszeitung *f;* **gündelik yaşantı** *s ohne Pl* Alltag *m,* Tagesablauf *m*
gündem *s* Tagesordnung *f;* **~de olmak** an der Tagesordnung sein; (*fam*) anstehen, anliegen; **~e almak** auf die Tagesordnung setzen; **bugün ~de ne var?** (*fam*) was liegt heute an?
günden güne *adv* von Tag zu Tag
gün dikilmesi *s* (*reg*) Mittagszeit *f;* **gün doğusu** *s ohne Pl* **1.** (*doğu*) Osten *m* **2.** (*rüzgâr*) Ostwind *m*
gündöndü *s s.* **ayçiçeği** Sonnenblume *f*
gün dönümü *s* Sonnenwende *f*
gündüz I. *s* Tag *m* **II.** *adv* tagsüber, am Tage
gündüzsefası *s* (BOT) Winde *f*
gündüzün *adv* am Tag, tagsüber; **~ daha iyi görünüyor** bei Tag sieht es besser aus
günebakan *s s.* **ayçiçeği** Sonnenblume *f*
güneğik *s* <-ği> Endivie *f*
güneş *s* Sonne *f;* **~in alnında** in der prallen Sonne; **~in altında** unter der Sonne; **güneş banyosu** *s* Sonnenbad *nt;* **~ yapmak** ein Sonnenbad nehmen; **güneş batışı** *s* Sonnenuntergang *m;* **güneş çarpması** *s* Hitzschlag *m;* **güneş enerjisi** *s* Sonnenenergie *f;* **güneş gözlüğü** *s* Sonnenbrille *f;* **güneş günü** *s* (ASTR) Sonnentag *m;* **güneş hayvancıkları** *s Pl* (ZOOL: *günsüler*) Sonnentierchen *ntpl;* **güneş ışığı** *s ohne Pl* Sonnenlicht *nt,* Sonnenschein *m;* **güneş ışın(lar)ı** *s* (*Pl*) Sonnenstrahl(en) *m(pl);* **güneş kremi** *s* Sonnen(schutz)creme *f;* **güneş lekeleri** *s Pl* (ASTR) Sonnenflecken *mpl*
güneşleme *s Verbalsubstantiv zu* **güneşlemek**
güneşlemek *vt* sonnen
güneşlenme *s Verbalsubstantiv zu* **güneşlenmek**
güneşlenmek *vi* sich sonnen
güneşletme *s Verbalsubstantiv zu* **güneşletmek**
güneşletmek *vt:* **bir şeyi ~** etw sonnen, etw der Sonnenbestrahlung aussetzen
güneşli *adj* sonnig
güneşlik I. *s* <-ği> **1.** Sonnenschutz *m,* Sonnendach *nt* **2.** (FOTO, FILM) Sonnenblende *f* **II.** *adj* sonnig; **kendine ~ bir yer aradı** er suchte sich ein sonniges Plätzchen
güneş saati *s* Sonnenuhr *f*
güneş sistemi *s* (ASTR) Sonnensystem *nt*
güneşsiz *adj* **1.** schattig **2.** (*kapalı*) bedeckt;

bugün hava ~ heute ist es bedeckt
güneş sütü *s* Sonnenmilch *f*
Güneş tutulması *s* (ASTR) Sonnenfinsternis *f*
güneş yağı *s* Sonnen(schutz)öl *nt;* **güneş yanığı** *s ohne Pl* Sonnenbräune *f*
Güneş yılı *s* Sonnenjahr *nt*
güney **I.** *s ohne Pl* **1.** Süden *m;* ~**de** im Süden; ~**den** von Süden; ~**e** in den Süden; **rüzgâr** ~**den geliyor** der Wind kommt von Süden; **Almanya'nın/Avusturya'nın/Türkiye'nin/İsviçre'nin** ~**inde** im Süden Deutschlands/Österreichs/der Türkei/der Schweiz **2.** (NAUT, METEO) Süd *m* **II.** *adj* südlich
Güney Afrika **I.** *s* Südafrika *nt* **II.** *adj* südafrikanisch; ~ **halkı/iklimi** das südafrikanische Volk/Klima
Güney Amerika **I.** *s* Südamerika *nt* **II.** *adj* südamerikanisch; **Güney Amerika alligatoru** *s* (ZOOL) Kaiman *m*
güneybatı *s ohne Pl* Südwesten *m*
güneydoğu *s ohne Pl* Südosten *m*
Güney Kutbu *s ohne Pl* Südpol *m*
güneyli **I.** *s* Südländer(in) *m(f)* **II.** *adj* südländisch
güney rüzgârı *s* Südwind *m*
gün ışığı *s ohne Pl* Tageslicht *nt*
günlerce *adv* tagelang; **bu,** ~ **sürebilir** das kann tagelang dauern
günlük **I.** *s* <-ğü> Tagebuch *nt* **II.** *adj* **1.** Tages- **2. henüz birkaç** ~ er war erst wenige Tage alt; **sekiz** ~ achttägig
günlük gezinti *s* Tagesausflug *m;* **günlük güneşlik** *adj* sonnenhell
günlük hayat *s ohne Pl* Alltag *m;* **günlük yaşam** *s ohne Pl* Alltag *m*
günöte *s ohne Pl* (ASTR) Sonnenferne *f,* Aphel(ium) *nt*
günsüler *s Pl* (ZOOL: *güneş hayvancıkları*) Sonnentierchen *ntpl*
gün tutulması *s s.* **Güneş tutulması** Sonnenfinsternis *nt*
gün-tün eşitliği *s* Tagundnachtgleiche *f*
gün yağmuru *s* Sonnenregen *m;* **gün yeli** *s* (REG: *doğu rüzgârı*) Ostwind *m*
güpegündüz *adv* am helllichten Tag
güpgüncel *adj* brandaktuell, hochaktuell
güpgüzel *adj* wunderschön, sehr schön
gürbüz *adj* drall
Gürcistan **I.** *s* Georgien *nt* **II.** *adj* georgisch; ~ **hükûmeti** die georgische Hauptstadt, die Hauptstadt Georgiens
Gürcü **I.** *s* Georgier(in) *m(f)* **II.** *adj* georgisch
güreş *s* (SPORT) Ringkampf *m;* (*boğa* ~*i*) Kampf *m*
güreşçi *s* (SPORT) Ringer(in) *m(f),* Ringkämpfer(in) *m(f);* (*boğa* ~ *si*) Kämpfer *m*
güreşçilik *s ohne Pl* <-ği> (SPORT) Ringen *nt*
güreşme *s Verbalsubstantiv zu* **güreşmek**
güreşmek *vi* (SPORT) ringen
gürgen *s* (BOT) Hainbuche *f*
güruh *s ohne Pl* (*pej*) Gesindel *nt*
gürüldeme *s Verbalsubstantiv zu* **gürüldemek**
gürüldemek *vi* grollen
gürültü *s ohne Pl* Lärm *m;* **kuru** ~ viel Lärm um nichts; **gürültü patırtı** *s ohne Pl* **1.** Gepolter *nt* **2.** Krawall *m*
gütme *s* **1.** *Verbalsubstantiv zu* **gütmek** **2.** Verfolgung *f*
gütmek *vt* (*izlemek*) verfolgen; **yeni bir politika** ~ eine neue Politik verfolgen
güve *s* Motte *f*
güven *s ohne Pl* Vertrauen *nt;* **karşılıklı** ~ gegenseitiges Vertrauen; **birine** ~**i ol(ma)mak** (kein) Vertrauen zu jdm haben
güven ışığı *s* Dunkelkammerlampe *f*
güvenilir *adj* **1.** zuverlässig; ~ **kaynaktan** aus zuverlässiger Quelle **2.** (*adam*) vertrauenswürdig
güvenilirlik *s ohne Pl* <-ği> **1.** (*kaynak*) Zuverlässigkeit *f* **2.** (*adam*) Vertrauenswürdigkeit *f*
güvenlik *s ohne Pl* <-ği> Sicherheit *f;* **kamu güvenliği** die öffentliche Sicherheit; **güvenlik güçleri** *s Pl* Sicherheitskräfte *pl*
Güvenlik Konseyi *s ohne Pl* Sicherheitsrat *m;* **Millî** ~ Nationaler Sicherheitsrat; **Birleşmiş Milletler** ~ Sicherheitsrat der Vereinten Nationen; **güvenlik vanası** *s* (TECH) Sicherheitsventil *nt*
güvenme *s ohne Pl* **1.** *Verbalsubstantiv zu* **güvenmek** **2.** Vertrauen *nt*
güvenmek *vi* vertrauen; **birine** ~ jdm vertrauen
güven mektubu *s* (POL) Begleitschreiben *nt*
güvenoyu *s* (POL) Vertrauensvotum *nt*
güvensiz *adj* misstrauisch
güvensizlik *s ohne Pl* <-ği> Misstrauen *nt;* **bir kimseye/şeye** ~ **duymak** gegen jdn/etw Misstrauen hegen
güvensizlik oyu *s* (POL) Misstrauensvotum *nt;* **güvensizlik önergesi** *s* (POL) Misstrauensantrag *m*
güvercin *s* (ZOOL) Taube *f*
güverte *s* (NAUT) Deck *nt;* **güverte döşemesi** *s* (NAUT) Deckplanke *f*
güvey *s* **1.** Bräutigam *m;* **gelin ile** ~ die Braut und der Bräutigam, die Brautleute, das Brautpaar **2.** (*damat*) Schwiegersohn *m;* ~ **girmek** einheiraten (*-e* in)
güveyfeneri *s* (BOT: *gelin otu*) Judenkirsche *f,* Blasenkirsche *f*
güya ['gy:ja] *adv* (*sözde*) angeblich; (*sanki*) als ob
güz *s* Herbst *m*

G

güzaf **I.** *s* Geschwätz *nt,* Gewäsch *nt* **II.** *adj* (*boş*) leer; (*anlamsız*) sinnlos
güz ayı *s* Herbstmonat *m;* **güz çiğdemi** *s* (BOT: *acı çiğdem*) Herbstzeitlose *f;* **güz dönemi** *s* **1.** Herbstzeit *f* **2.** (SCHULE, UNI) Wintersemester *nt*
güzel **I.** *s* Schönheit *f;* (*güzellik kraliçesi*) Schönheitskönigin *f;* **Almanya/Türkiye ~i** Miss Deutschland/Türkei **II.** *adj* schön, hübsch; **ah, ne ~!** ach, wie schön!
güzelavrat otu *s* (BOT) Tollkirsche *f*
güzelce **I.** *adj* recht hübsch **II.** *adv* ganz schön; (*adamakıllı*) ordentlich
güzel duyu *s ohne Pl* (*estetik*) Ästhetik *f;* **güzel duyusal** *adj* (*estetik*) ästhetisch; **güzel güzel** *adv* schön brav
güzelhatun çiçeği *s* (BOT: *nergis zambağı*) Amaryllis *f*
güzelleşme *s Verbalsubstantiv zu* **güzelleşmek**
güzelleşmek *vi* sich verschönern, schöner werden; **hava** (**gittikçe**) **güzelleşiyor** es wird (zunehmend) schöner
güzelleştirilme *s* **1.** *Verbalsubstantiv zu* **güzelleştirilmek** **2.** Verschönerung *f*
güzelleştirilmek *vi pass von* **güzelleştirmek**
güzelleştirme *s* **1.** *Verbalsubstantiv zu* **güzelleştirmek** **2.** Verschönerung *f*
güzelleştirmek *vt* verschönern, schöner machen
güzellik *s* <-ği> Schönheit *f;* **güzellik enstitüsü** *s* Schönheitsinstitut *nt;* **güzellik kraliçesi** *s* Schönheitskönigin *f;* **güzellik müstahzarları** *s Pl* Schönheitspflegemittel *ntpl,* Kosmetika *pl;* **güzellik yarışması** *s* Schönheitswettbewerb *m*
Güzelyurt *s* Morphu *nt*
güzide *adj* erlesen, erlaucht
güzlek *s* <-ği> (*reg*) **1.** (*güz yağmuru*) Herbstregen *m* **2.** (*mera*) Herbstweide *f*
güzleme *s Verbalsubstantiv zu* **güzlemek**
güzlemek *vi* den Herbst verbringen
güzlük *adj* herbstlich
güz modası *s* Herbstmode *f;* **güz noktası** *s* (ASTR) Herbstpunkt *m;* **güz tatili** *s* Herbstferien *pl;* **güz yağmuru** *s* Herbstregen *m*

H

h, H [he] *s* h, H *nt, zehnter Buchstabe des türk. Alphabets*

ha *Abk. von* **hektar** ha, *Hektar*

haber *s* **1.** Ahnung *f;* **çırağın bir şeyden ~i yok** der Lehrling hat keine Ahnung; **sanattan ~i yok** er hat keine Ahnung von Kunst **2.** Nachricht *f,* Botschaft *f;* **~ almak** eine Nachricht erhalten; **dün akşam/sabah geldiğinizi ~ aldık** wir haben erfahren, dass Sie gestern Abend/Morgen gekommen sind; **~ vermek** benachrichtigen; (*bildirmek*) mitteilen; (*belirtisi olmak*) ein Anzeichen sein; **birine ~ vermek** jdn benachrichtigen; **iştahsızlığı ve yorgunluğu yakında hasta olacağını ~ veriyordu** seine Appetitlosigkeit und seine Müdigkeit waren Anzeichen dafür, dass er bald krank würde **3.** (PUBL) Nachricht *f;* **~ atlamak** eine Nachricht zurückhalten **4.** Bescheid *m;* **birine bir şeyi ~ vermek** jdm über etw Bescheid geben; **bana yarın ~ verebilir misin?** kannst du mir morgen Bescheid geben?; **bir şeyden ~i olmak** über etw Bescheid wissen; **~in olsun!** damit du Bescheid weißt!; **bundan ~in var mı?** weißt du darüber Bescheid? **5.** (LING: *yüklem*) Prädikat *nt;* **haber ajansı** *s* Nachrichtenagentur *f;* **haber (alma) bürosu** *s* Nachrichtenbüro *nt*

haberci *s* Bote, -in *m, f*

haberdar *adj* informiert; **birini bir şeyden ~ etmek** jdn über etw informieren

haber kaynağı *s* Informationsquelle *f*

haberler servisi *s* Nachrichtendienst *m*

habersiz *adj* ahnungslos

Habeş **I.** *s* (HIST) Abessinier(in) *m(f)* **II.** *adj* abessinisch

Habeşî *s* (HIST) Abessinier(in) *m(f)*

Habeşistan *s* (HIST) Abessinien *nt*

Habeşistanlı *s* (HIST) Abessinier(in) *m(f)*

Habil [ha:bil] *s* (REL) Abel *m;* **~ ile Kabil** Abel und Kain

habis *adj* **1.** bösartig; (*kötü*) böse(r, s) **2.** (MED: *kötücül*) bösartig

habislik *s ohne Pl* <-ği> Bösartigkeit *f*

hac *s ohne Pl* <-cı> (REL: *Mekke'ye*) Hadsch *m;* (*kutsal bir yere*) Wallfahrt *f,* Pilgerfahrt *f;* **~ca gitmek** (*Hristiyanlar*) eine Wallfahrt machen; (*Müslümanlar*) einen Hadsch unternehmen, die Wallfahrt nach Mekka machen

hacamat *s* Aderlass *m*

hacamatlama *s* **1.** *Verbalsubstantiv zu* **hacamatlamak** **2.** Schröpfung *f*

hacamatlamak *vt* (MED) schröpfen

hacer *s s.* **taş** Stein *m*

hacı *s* (REL: *Mekke'ye giden*) Hadschi *m;* (*kutsal bir yere giden*) Pilger(in) *m(f);* **~sı hocası** (*fam pej*) Hinz und Kunz; **~sından tut hocasına kadar** von Hinz zu Kunz; **hacı devesi** *s* Dromedar *nt;* **~nin tek hörgücü vardır** das Dromedar hat einen Höcker

hacılar kuşağı *s s.* **gök kuşağı** Regenbogen *m*

hacılaryolu *s ohne Pl s.* **Samanyolu** Milchstraße *f*

hacıyatmaz *s* (*a. fig*) Stehaufmännchen *nt*

hacim *s* <-cmi> Volumen *nt,* Rauminhalt *m*

hacim ölçüsü *s* Raummaß *nt*

hacir *s* <-cri> *s.* **kısıt** Entmündigung *f;* **~ altına almak** entmündigen

haciz *s* <-czi> Beschlagnahme *f*

hacizli *adj* beschlagnahmt

hacri *s poss von* **hacir**

haczetme *s* **1.** *Verbalsubstantiv zu* **haczetmek** **2.** Beschlagnahmung *f*

haczetmek *vt* beschlagnahmen

haczi *s poss von* **haciz**

haç *s* Kreuz *nt*

Haçlılar *s Pl* (HIST) Kreuzfahrer *mpl*

haçlı seferi *s* (HIST) Kreuzzug *m*

had *s* <-ddi> **1.** (*sınır*) Grenze *f,* Schranke *f;* **birine ~dini bildirmek** (*fam*) jdn in seine Schranken weisen; **~dini bilmek** seine Grenzen wissen **2.** (*uç*) Ende *nt* **3.** (*ölçü*) Maß *nt;* **~di hesabı olmamak** unendlich viel sein, unzählig sein; **birine ~dini bildirmek** (*fam*) jdn Maß nehmen, jdn zurechtweisen; **yediği dayağın ~di hesabı yok** er hat unzählige (Male) Prügel bekommen [*o* bezogen]

hadde *s* Drahtziehmaschine *f;* **bir şeyi ~den geçirmek** (*fig*) etw auswalzen; **hadde fabrikası** *s* Walzwerk *nt*

haddeleme *s Verbalsubstantiv zu* **haddelemek**

haddelemek *vt* walzen

haddi *s poss von* **had**

haddizatında *adv s.* **aslında** im Grunde (genommen), eigentlich

hadım *s* Kastrat *m,* Eunuch *m;* **~ etmek** kastrieren, entmannen; **hadım ağası** *s*

(HIST: *harem ağası*) Eunuch *m*
hadımlaştırma *s* **1.** *Verbalsubstantiv zu* **hadımlaştırmak 2.** Kastrierung *f,* Kastration *f,* Entmannung *f*
hadımlaştırmak *vt* kastrieren, entmannen
hadisat [ha:disa:t] *s s.* **hadiseler** Ereignisse *pl*
hadise [ha:dise] *s s.* **olay** Ereignis *nt;* ~ **çıkarmak** einen Zwischenfall verursachen
hadiseli *adj* ereignisreich
hadisesiz *adj* ereignislos; ~ **geçmek** ereignislos verlaufen; (*yolculuk*) ohne Zwischenfall verlaufen
hadsiz hesapsız *adj* schrankenlos; (*sayılamayacak derecede çok*) unzählig viel
hafazanallah *interj:* ~**!** Gott hüte uns!
hafıza *s* **1.** Gedächtnis *nt* **2.** (INFORM: *bellek*) Speicher *m*
hafıza kaybı *s* Gedächtnisschwund *m,* Gedächtnisverlust *m*
hafızlama *s Verbalsubstantiv zu* **hafızlamak**
hafızlamak *vi, vt* (*fam*) pauken; (*ineklemek*) büffeln
hafif *adj* **1.** leicht; **bir şeyi** ~**e almak** etw auf die leichte Schulter nehmen **2.** (*kolay*) leicht; ~ **bir iş** eine leichte Arbeit **3.** (*yiyecek için*) leicht; ~ **tuzlu** leicht gesalzen **4.** (*içki için*) mild **5.** (*ceza*) mild **6.** schwach; ~ **bir rüzgâr çıktı** ein schwacher Wind ist aufgekommen
hafifleme *s Verbalsubstantiv zu* **hafiflemek**
hafiflemek *vi* **1.** leichter werden **2.** (*hastalık*) abklingen; (*fırtına*) nachlassen; (*gücü azalmak*) sich abschwächen **3.** (*rahatlamak*) erleichtert sein
hafifleşme *s Verbalsubstantiv zu* **hafifleşmek**
hafifleşmek *vi* **1.** leichter werden **2.** (*fig*) leichtsinnig werden
hafifletici *adj* **1.** erleichternd **2.** (JUR) strafmildernd; ~ **sebepler** strafmildernde Gründe
hafifletme *s Verbalsubstantiv zu* **hafifletmek**
hafifletmek *vt* **1.** erleichtern **2.** abschwächen
hafiflik *s ohne Pl* <-ği> **1.** Leichtigkeit *f* **2.** (*rahatlık*) Erleichterung *f*
hafifmeşrep *adj* <-bi> **1.** leichtlebig **2.** leichtfertig
hafifmeşreplik *s ohne Pl* <-ği> Leichtfertigkeit *f*
hafif metal *s* <-i> Leichtmetall *nt*
hafif sanayi *s* Leichtindustrie *f;* (*tüketim malları üreten sanayi*) Konsumgüterindustrie *f;* **hafif sıklet** *s* (SPORT) Leichtgewicht *nt*
hafta *s* Woche *f;* ~**ya bugün** heute in acht Tagen
hafta sonu *s* Wochenende *nt*
haftayım *s* (SPORT) Halbzeit *f*
haham *s* (REL: *Yahudi din adamı*) Rabbiner *m*
hahamlık *s* <-ğı> Rabbinat *nt*
hahha [hah'ha] *interj* (*gülme*) haha
hain *s* **1.** Verräter(in) *m(f)* **2.** (*pej*) Schuft *m*
hainlik *s ohne Pl* <-ği> Verrat *m*
Haiti *s* Haiti *nt*
Haitili I. *s* Haitianer(in) *m(f)* **II.** *adj* haitianisch
haiz *adj:* ~ **olmak** besitzen; **ehemmiyeti** ~ **bir mesele** eine Sache von Wichtigkeit
haje *s* (ZOOL) Uräusschlange *f*
hak[1] *s* <-kkı> Anspruch *m,* Recht *nt,* Berechtigung *f;* **birine** ~ **vermek** jdm Recht geben; **bu cezayı/muameleyi** ~ **(etmedi) etti** diese Strafe/Behandlung hat er (nicht) verdient
hak[2] *s* <-kki> Gravierung *f*
Hak *s ohne Pl* <-kkı> Gott *m*
hakan *s* Chan *m*
hakaret *s* Beleidigung *f;* **birine** ~ **etmek** jdn beleidigen
Hak dini *s ohne Pl* Islam *m*
hakem *s* Schiedsrichter(in) *m(f);* **hakem heyeti** *s* **1.** (*juri*) Jury *f,* die Geschworenen **2.** Jury *f,* Preisrichtergremium *nt;* **hakem kararı** *s* **1.** (JUR) Schiedsspruch *m* **2.** (SPORT) Schiedsrichterentscheidung *f*
hakeza [ha:'keza:] *konj* ebenfalls, auch (nicht); **bugün gelemeyeceğim, yarın da** ~ heute kann ich nicht kommen, morgen auch nicht
hâkî [ha:ki:] **I.** *s* Khaki *nt* **II.** *adj* khakifarben, khakifarbig
hakikat [haki:kat] **I.** *s* <-i> **1.** Wahrheit *f* **2.** Tatsache *f,* Wirklichkeit *f* **II.** *adv* wirklich, tatsächlich
hakikaten *adv* wirklich, tatsächlich
hakikatli *adj* treu
hakikatsiz *adj* treulos
hakikatsizlik *s ohne Pl* <-ği> Treulosigkeit *f*
hakikî *adj* **1.** wirklich **2.** echt; ~ **elmaslar** echte Diamanten
hakim *s* **1.** (*bilge*) Weise(r) *mf* **2.** (*tanrı*) Gott *m*
hâkim I. *s* **1.** Herrscher *m;* **duruma** ~ **değildi** er war nicht Herr der Lage; **kendine** ~ **olmak** sich beherrschen **2.** (*yargıç*) Richter *m* **II.** *adj* **1.** beherrschend **2.** (*a.* BIOL) dominant; ~ **olmak** dominieren (*-e*)
hâkimiyet *s ohne Pl s.* **egemenlik** Herrschaft *f,* Souveränität *f*
hakkâk [hakkã:k] *s* <-ki> Graveur *m*
hakkaniyet *s ohne Pl* Billigkeit *f;* **hukuka**

ve ~e göre nach Recht und Billigkeit
hakketme *s Verbalsubstantiv zu* **hakketmek**
hakketmek *vt* (ein)gravieren (*-e* in)
hakkısükût *s* (*susmalık*) Schweigegeld *nt*
haklaşmak *vi:* **biriyle** ~ mit jdm abrechnen, mit jdm quitt werden
haklı *adj:* ~ **olarak** zu Recht, berechtigterweise; ~ **olmak** Recht haben, im Recht sein
haksız *adj* ungerechtfertigt
haksızlık *s ohne Pl* <-ğı> Unrecht *nt;* **birine ~ etmek** jdm Unrecht tun
haksız yere *adv* ungerechterweise, zu Unrecht
hakşinas *adj s.* **haktanır**
hakşinaslık *s ohne Pl* <-ğı> *s.* **haktanırlık**
haktanır *adj* rechtschaffen
haktanırlık *s ohne Pl* <-ğı> Rechtschaffenheit *f*
hakuran *s s.* **kumru** Turteltaube *f*
hal[1] *s* <-lli> Lösung *f*
hal[2] *s* <-li> Markthalle *f;* (*toptancı ~i*) Großmarkt *m*
hal[3] *s* <-l'i> Entthronung *f*
hâl [hãl] *s* <-li> **1.** Zustand *m,* Situation *f;* ~**e yola koymak** in Ordnung bringen; ~**i vakti yerinde olmak** gut situiert sein; **bu ~in ne böyle?** (*fam*) wie siehst du denn aus? **2.** (*davranış, tavır*) Benehmen *nt* **3.** (*ohne Pl, şimdiki zaman*) Gegenwart *f* **4.** (*güç, kuvvet*) Kraft *f;* ~**im kalmadı** (*fam*) ich kann nicht mehr **5.** Fall *m;* **o ~de** in dem Fall, dann
hala *s* (*babanın kız kardeşi*) Tante *f,* Base *f, Schwester des Vaters*
hâlâ [hã:lã:] *adv* immer noch, noch (immer); ~ **evlenmedi** er ist (immer) noch nicht verheiratet; ~ **o masal** (*fam*) es ist immer dieselbe [*o* die alte] Leier
halakızı *s* Cousine *f, väterlicherseits;* **halaoğlu** *s* Cousin *m,* Vetter *m, väterlicherseits*
halâs [halã:s] *s* Befreiung *f,* Rettung *f;* ~ **etmek** befreit werden
halat *s* **1.** (*a.* NAUT) Tau *m* **2.** (*kenevirden yapılmış*) Hanfseil *nt;* (*çelik ~*) Seil *nt;* **halat çekme** *s* Tauziehen *nt;* **halat ilmiği** *s* (NAUT) Tauschlinge *f*
halayık *s* <-ğı> Leibeigene *f,* Sklavin *f*
halayıklık *s ohne Pl* <-ğı> Leibeigenschaft *f*
halazade *s* **1.** (*halakızı*) Cousine *f, väterlicherseits* **2.** (*halaoğlu*) Cousin *m, väterlicherseits*
hâlbuki *konj* dabei, obgleich, obwohl, indessen, jedoch
hale *s* **1.** (*ayla*) Hof *m* **2.** (*azizlerin başında*) Heiligenschein *m,* Nimbus *m*
halef *s* Nachfolger(in) *m(f)*
hâlen *adv* noch; (*şu anda*) in diesem Augenblick, momentan; (*bugünkü günde*) heutzutage
Halep *s* Aleppo *nt;* **Halep çıbanı** *s* (MED) Aleppobeule *f*
halet [ha:let] *s s.* **durum** Zustand *m*
haletiruhiye *s* Geisteszustand *m*
hal'etme *s* **1.** *Verbalsubstantiv zu* **hal'etmek** **2.** Entthronung *f*
hal'etmek *vt* entthronen
halı *s* Teppich *m*
halıcı *s* **1.** (*halı dokuyan*) Teppichknüpfer(in) *m(f)* **2.** (*halı satan*) Teppichverkäufer(in) *m(f),* Teppichhändler(in) *m(f)*
halife *s* (REL) Kalif *m;* **halifelik** *s* <-ği> Kalifat *nt*
halis *adj* (*saf*) rein; (*katışıksız*) unvermischt
halk *s* Volk *nt,* Bevölkerung *f*
halka *s* Ring *m;* **bir şeyin etrafında ~ olmak** um etw einen Ring bilden
halk ağzı *s ohne Pl* Volksmund *m*
halka dönük *adj* volksnah
halk avcılığı *s* (*pej*) Volksverführung *f;* **halk avcısı** *s* (*pej*) Volksverführer(in) *m(f);* **halk bilimci** *s* Volkskundler(in) *m(f);* **halk bilimi** *s ohne Pl* Volkskunde *f;* **halk bilimsel** *adj* volkskundlich
halk cumhuriyeti *s* Volksrepublik *f;* **Çin H~** Volksrepublik China
halkçılık *s ohne Pl* <-ğı> (POL) Populismus *m*
halk dalkavuğu *s* (*pej*) Volksverführer(in) *m(f);* **halk dili** *s* Volkssprache *f;* **halk hekimliği** *s ohne Pl* Volksmedizin *f*
halkiyat *s ohne Pl s.* **folklor** Folklore *f*
halk kitlesi *s* Volksmasse *f*
halkla ilişkiler *s Pl* Public Relations *pl*
halk müziği *s* Volksmusik *f;* **halk oylaması** *s* (POL) Volksabstimmung *f*
halkoyu *s* (POL) Volksentscheid *m*
halk ozanı *s* Volksdichter *m;* **halk partisi** *s* Volkspartei *f;* **halk yardakçılığı** *s* Agitation *f;* (*halkı kışkırtma*) Volksverhetzung *f;* **halk yardakçısı** *s* Agitator *m*
halletme *s ohne Pl Verbalsubstantiv zu* **halletmek**
halletmek *vt* **1.** lösen; (*sonuca bağlamak*) erledigen **2.** (MATH: *çözmek*) lösen
hallolma *s ohne Pl Verbalsubstantiv zu* **hallolmak**
hallolmak *vi* **1.** sich klären, sich bereinigen; (*sonuçlanmak*) sich erledigen **2.** sich auflösen
hallolunma *s ohne Pl Verbalsubstantiv zu* **hallolunmak**
hallolunmak *vi* **1.** *pass von* **halletmek** gelöst werden, erledigt werden; **mesele hallolundu** die Sache wurde erledigt **2.** sich

H

finden; **bütün bunlar hallolunacaktır** das wird sich alles finden

halojen *s ohne Pl* (CHEM) Halogen *nt;* **halojen ampul** *s* Halogenbirne *f*

hâlsiz *adj* schlapp; **kendimi çok ~ hissediyorum** ich fühle mich sehr schlapp

hâlsizlik *s ohne Pl* <-ği> Schlappheit *f*

halt *s* **1.** (*fam: şey*) Zeug *nt;* **~ etmek** dummes Zeug reden **2.** (*fam: uygunsuz iş*) Mist *m;* **~ etmek** sich danebenbenehmen; **~ karıştırmak/yemek** Mist machen; **yine ne ~ yedin?** was hat du wieder ausgefressen?

halter *s* **1.** Hantel *f* **2.** (*ohne Pl,* SPORT: *ağırlık kaldırma*) Gewichtheben *nt;* **~de şampiyonluğu aldı** im Gewichtheben hat er die Meisterschaft gewonnen; **halterci** *s* (SPORT) Gewichtheber(in) *m(f)*

hâl ulacı *s* (LING: *zarf-fiil, bağfiil*) Gerundium *nt*

halüsinasyon *s* (*sanrı, birsam*) Halluzination *f*

ham *adj* **1.** roh **2.** unreif

hamak *s* <-ğı> Hängematte *f*

hamal *s* Gepäckträger *m,* Kuli *m*

hamaliye *s* Trägerlohn *m*

hamam *s* **1.** Bad *nt;* **~ suyu gibi** (*sl*) pisswarm; **yedi kubbeli ~ kurmak** (*fig*) Luftschlösser bauen **2.** (*Fin ~ ı*) Sauna *f;* **burası ~ gibi** das ist hier wie in der Sauna; **hamam böceği** *s* (ZOOL) Küchenschabe *f,* Kakerlak *m;* **hamam havlusu** *s* Badetuch *nt*

hamburger *s* (GASTR) Hamburger *m*

ham elmas *s* Rohdiamant *m;* **ham ervah** *s* Flaps *m*

hamhalat *adj* (*fam*) flapsig

ham hum şaralop *s ohne Pl* <-bu> Hokuspokus *m*

hamız *s s.* **asit** (CHEM) Säure *f*

hami [ha:mi] *s* Protektor *m,* Schutzherr *m,* Schirmherr *m;* **hami devlet** *s* Schutzstaat *m*

hamil *s* Inhaber(in) *m(f);* (*üzerinde taşıyan*) Träger(in) *m(f);* **~ olduğu mektup** der Brief, den er bei sich trug

hamile *adj* schwanger; **~ bırakmak** schwängern

hamilelik *s* <-ği> (*gebelik*) Schwangerschaft *f*

hamile yazılı çek *s* Inhaberscheck *m*

hamiş *s* (*not*) Notiz *f,* Vermerk *m;* (*post scriptum*) Postskriptum *nt*

hamiyet *s ohne Pl* Patriotismus *m*

hamiyetli *adj* patriotisch

hamiyetperver *s* Patriot(in) *m(f)*

hamiyetperverlik <-ği> *s* Patriotismus *m*

hamla *s* Ruderschlag *m*

hamlama *s ohne Pl* **1.** *Verbalsubstantiv zu* **hamlamak** **2.** Erschlaffung *f*

hamlamak *vi* erschlaffen

hamle *s* **1.** Ruck *m,* Satz *m;* **bir ~de** bir einem Ruck **2.** Zug *m;* **iki ~de işini bitiriverdi** er hat ihn in zwei Zügen erledigt

ham madde *s* Rohstoff *m*

hamster *s* (ZOOL) Hamster *m*

hamule *s* Fracht *f*

hamur *s* Teig *m;* **~ açmak** Teig ausrollen; **~ gibi** wie Teig, teigig; (*fam: yorgunluktan*) ausgepowert; **~u açmak/yoğurmak** den Teig ausrollen/kneten; **hamur işi** *s* Teigwaren *pl*

hamursu *adj* teigig; (*hamur gibi*) wie Teig

hamursuz *s* (*Yahudilerin bayram ekmeği*) Matzen *m*

Hamursuz Bayramı *s* (REL: *Yahudilerde*) Ostern *nt*

hamur topağı *s* Teigrolle *f*

hamurumsu *adj* teigig

han[1] *s* (HIST) Khan *m,* Chan *m*

han[2] *s* **1.** Gasthof *m,* Gasthaus *nt* **2.** (*iş ~ ı*) Geschäftshaus *nt*

hancı *s* Gastwirt *m*

hançer *s* Dolch *m*

hançerleme *s Verbalsubstantiv zu* **hançerlemek**

hançerlemek *vt* erdolchen

handikap *s* Handikap *nt*

hane *s* **1.** Haus *nt;* (*hasta~*) Haus *nt* **2.** Haushalt *m;* **beş kişilik bir ~** ein Haushalt mit fünf Personen **3.** Spalte *f* **4.** (*ders~*) Anstalt *f;* (*gaz~*) Werk *nt;* (*posta~*) Amt *nt* **5.** Stelle *f* **6.** (*yatak~, yemek~*) Saal *m* **7.** Feld *nt*

hanedan *s* Dynastie *f*

hane halkı *s* Hausgemeinschaft *f,* Haushalt *m*

haneli *adj:* **beş ~ bir sayı** eine fünfstellige Zahl

hangi *adj* welche(r, s)

hangisi *adv* welche(r, s); **~ daha güzel?** welche(r, s) ist schöner?

hanım **I.** *s* **1.** (*bayan*) Frau *f;* (*kızlar için*) Fräulein *nt* **2.** (*karı, eş*) Frau *f,* Ehefrau *f,* Gattin *f;* **bizim ~ hasta** meine Frau ist krank **3.** (*hizmetinde bulunulan ~*) die Dame des Hauses **II.** *adj* damenhaft

hanımanne *s s.* **kayın valide** Schwiegermutter *f*

hanım böceği *s* (ZOOL) Marienkäfer *m*

hanımefendi *s* gnädige Frau

hanımeli *s* (BOT) Jelängerjelieber *m o nt,* Geißblatt *nt*

hanım evlâdı *s* **1.** Muttersöhnchen *nt* **2.** (*sl: piç*) Bastard *m*

hani[1] *adv* **1.** wo ist denn …; **~ kahve?** wo ist denn der Kaffee?; **~ ya kahve nerede kaldı?** wo bleibt denn der Kaffee? **2.** weißt du noch, … **3.** doch; **~ bana kitap getire-**

cektin? du wolltest mir doch Bücher mitbringen **4.** ~ **benim kim olduğumu bilmese** wenn er nicht wüsste, wer ich ich bin **5.** (*kaldı ki, üstelik*) obendrein noch **6.** ~ **dir** seit langem, schon lange

hani² *s* (ZOOL) Zackenbarsch *m*

hanlık *s* <-ğı> Khanat *nt*

hantal *adj* **1.** klobig; (*kocaman*) riesig; (*kaba*) plump **2.** (*kaba ve yavaş*) klobig

hantallık *s ohne Pl* <-ğı> Plumpheit *f*

hap *s* Pille *f;* (*uyku* ~ *ı*) Tablette *f*

hapaz *s s.* **avuç** (hohle) Hand

hapazlama *s Verbalsubstantiv zu* **hapazlamak**

hapazlamak *vt s.* **avuçlamak** in die Hand nehmen

hapçılık *s ohne Pl* <-ğı> Tablettensucht *f*

hapis *s* <-psi> **1.** Gefängnis *nt,* Haft *f;* **bir yıl** ~ **yedi** er bekam ein Jahr Gefängnis **2.** (*göz, oda hapsi*) Arrest *m*

hapishane *s* Gefängnis *nt*

haploit *adj* haploid

haploloji *s* (LING) Haplologie *f*

hapsedilme *s Verbalsubstantiv zu* **hapsedilmek**

hapsedilmek *vi Passiv zu* **hapsetmek**

hapsetme *s Verbalsubstantiv zu* **hapsetmek**

hapsetmek *vt* einsperren

hapsettirme *s Verbalsubstantiv zu* **hapsettirmek**

hapsettirmek *vt Kausativ zu* **hapsetmek** einsperren lassen

hapsi *s poss von* **hapis**

hapşırık *s* <-ğı> Niesen *nt; s. a.* **aksırık**

hapşırma *s Verbalsubstantiv zu* **hapşırmak**

hapşırmak *vi* niesen; *s. a.* **aksırmak**

hapşu *interj* hatschi

har¹: (**bütün**) **parasını** ~ **vurup harman savurmak** (*fam*) sein (ganzes) Geld auf den Kopf hauen

har² *s* Hitze *f;* ~ **başına vurmak** (*fig*) in Hitze geraten

hara *s* Gestüt *nt*

harabe *s* Ruine *f*

harakiri *s* Harakiri *nt;* ~ **yapmak** Harakiri machen

harap *adj* heruntergekommen

hararet kesici *adj* durstlöschend, erfrischend

harbi¹ *s poss von* **harp**

harbi² *s* Putzstock *m*

harbi³ *adj* (*fig: doğru*) aufrichtig, ehrlich; ~ **konuş!** sag ehrlich [*o* die Wahrheit]!; ~ **konuşmak** die Wahrheit sagen

harbiye *s* (*savaş işleri*) Kriegsangelegenheiten *pl*

Harbiye *s* Kriegsakademie *f,* Militärakademie *f*

harcama *s* **1.** *Verbalsubstantiv zu* **harcamak** **2.** Ausgabe *f*

harcamak *vt* **1.** (*sarf etmek*) ausgeben (*-e* für); **bu kadar parayı neye harcadın?** wofür hast du so viel Geld ausgegeben? **2.** (*tüketmek*) verbrauchen **3.** (*fig: feda etmek*) opfern; (*emek, zaman*) investieren (*-e* in)

harcanma *s Verbalsubstantiv zu* **harcanmak**

harcanmak *vi* draufgehen

harcırah *s* Reisespesen *pl*

harç *s* <-cı> **1.** (*masraf*) Kosten *pl* **2.** (ADMIN: *vezneye ödenen para*) Gebühr *f* **3.** Mörtel *m* **4.** (GASTR) Geschmacksstoffe *pl,* Zutaten *pl*

hare *s ohne Pl* **1.** (*meneviş*) Schiller *m* **2.** (*kumaş için*) Moiré *nt*

hareke *s* (LING: *kısa ünlü işareti*) Kurzvokalzeichen *nt*

hareket *s* **1.** Bewegung *f,* Fortbewegung *f;* ~ **etmek** sich bewegen, sich fortbewegen; **bir şeyi** ~ **ettirmek** etw bewegen, etw fortbewegen; **bir şeyi** ~**e geçirmek** [*o* **getirmek**] (*kımıldatmak*) etw in Bewegung [*o* Gang] setzen; (*canlandırmak*) etw in Schwung bringen; ~**e geçmek** sich in Bewegung setzen **2.** (*davranış*) Benehmen *nt,* Verhalten *nt;* ~ **etmek** handeln **3.** (*yola çıkma*) Abreise *f,* Abfahrt *f;* ~ **etmek** abfahren; ~**imiz iki gün ertelendi** unsere Abreise hat sich um zwei Tage verschoben, unsere Abreise verschiebt sich um zwei Tage **4.** (EISENB) Abfahrt *f* **5.** (POL) Bewegung *f;* (*akım*) Strömung *f* **6.** (*deprem*) Beben *nt* **7.** (PHYS: *devinim*) Bewegung *f;* **hareket cetveli** *s* (EISENB) Abfahrtstafel *f;* **hareket dairesi** *s* (EISENB) Fahrdienstleitung *f*

hareketlendirme *s Verbalsubstantiv zu* **hareketlendirmek**

hareketlendirmek *vt* in Schwung bringen

hareketlenme *s Verbalsubstantiv zu* **hareketlenmek**

hareketlenmek *vi* in Schwung kommen; (*harekete geçmek*) sich in Bewegung setzen

hareketli *adj* **1.** beweglich **2.** (*canlı*) lebhaft; **çok** ~ **bir çocuk** ein sehr lebhaftes Kind

hareketlilik *s ohne Pl* <-ği> Beweglichkeit *f*

hareket noktası *s* Ausgangspunkt *m;* **hareket saati** *s* Abfahrtszeit *f*

hareketsiz *adj* bewegungslos

hareketsizlik *s ohne Pl* <-ği> Bewegungslosigkeit *f*

harelenme *s Verbalsubstantiv zu* **harelenmek**

harelenmek *vi* schillern

H

hareli *adj* schillernd
harem *s* Harem *m;* **harem ağası** *s* (HIST) Eunuch *m*
harf *s* <-i> Buchstabe *m*
harf çevirisi *s* (LING: *transliterasyon*) Transliteration *f;* ~ **yapmak** transliterieren; **harf devrimi** *s* (HIST) Schriftreform *f;* **harf harf** *adv* buchstabengetreu; **bir şeyi** ~ **aktarmak** etw buchstabengetreu umsetzen; **harf inkilâbı** *s* (HIST: *harf devrimi*) Schriftreform *f*
hariciye *s* (POL: *dış işleri*) auswärtige Angelegenheiten
harita *s* Landkarte *f;* (*yol* ~ *sı*) Karte *f,* Atlas *m;* **siyasî** ~ politische Karte
harman dövme makinesi *s,* **harman makinesi** *s* (AGR: *batöz*) Dreschmaschine *f*
harmoni *s* (MUS: *armoni*) Harmonie *f*
harmonyum *s* (MUS) Harmonium *nt*
harnup *s* <-bu> **1.** (BOT: *ağaç*) Johannisbrotbaum *m* **2.** (*ohne Pl, yemiş*) Johannisbrot *nt; s. a.* **keçiboynuzu**
harp[1] *s* <-bi> *s.* **savaş** Krieg *m*
harp[2] *s* (MUS: *arp*) Harfe *f*
harp akademisi *s* Kriegsakademie *f,* Militärakademie *f*
harpçı *s* (MUS) Harfenist(in) *m(f)*
harp malûlü *s* Kriegsbeschädigte(r) *m,* Kriegsversehrte *mf;* **harp zengini** *s* Kriegsgewinnler(in) *m(f)*
harrup *s ohne Pl s.* **harnup**
hartuç *s* <-cu> Kartusche *f*
hasar *s* Schaden *m;* ~ **yapmak** Schaden anrichten; ~**a uğramak** Schaden erleiden; ~**a yol açmak** Schaden anrichten
hasat *s* Ernte *f;* **hasat bayramı** *s* Erntedankfest *nt*
hasbelkader *adv s.* **tesadüfen** zufällig, zufälligerweise
hasbıhâl *s* <-li> *s.* **sohbet** Unterhaltung *f,* Plauderei *f;* ~ **etmek** sich unterhalten, plaudern
hasım **I.** *s* <-smı> **1.** (*düşman*) Feind(in) *m(f)* **2.** (*a.* JUR) Gegner(in) *m(f)* **II.** *adj* **1.** feindlich **2.** (*a.* JUR) gegnerisch; ~ **taraflar** die gegnerischen Parteien
hasır şapka *s* Strohhut *m*
hasis *adj* (*pej*) knauserig, geizig; (*fam pej*) knick(e)rig
hasislik *s ohne Pl* <-ği> (*pej*) Knauserigkeit *f,* Geiz *m;* ~ **etmek** geizen
hasmı *s poss von* **hasım**
hasret *s* (*özlem*) Sehnsucht *f;* **bir şeyin/kimsenin** ~**ini çekmek** sich nach etw/jdm sehnen
hasretli *adj* sehnsüchtig, sehnsuchtsvoll
hasretlik *s* <-ği> (*ayrılık*) Trennung *f*
hasretmek *vt* widmen; **yaşamını bilime hasretti** er widmete sein Leben der Wissenschaft
hassa *s* (*özgülük*) Eigentümlichkeit *f;* (*özelllik*) Besonderheit *f*
hassa askeri *s* (HIST) Leibgarde *f*
hassas *adj* **1.** fein **2.** (*alıngan*) empfindlich, sensibel; (*duyarlı*) empfindsam **3.** (*çabuk etkilenen*) empfindlich
hassaslık *s ohne Pl* <-ğı> Empfindsamkeit *f*
hassaten *adv* (*ayrıca*) außerdem; (*özellikle*) insbesondere; (*bilhassa*) speziell
hasse *s* (*patiska*) Batist *m*
hasta **I.** *s* Kranke(r) *mf* **II.** *adj* krank; ~ **etmek** krank machen; ~ **olmak** krank werden; **hasta bakıcı** *s* Krankenpfleger(in) *m(f);* **hasta bakıcılık** *s* <-ğı> Krankenpflege *f*
hastahane *s* Krankenhaus *nt;* ~**ye yatırmak** [*o* **kaldırmak**] ins Krankenhaus einweisen
hastahanelik *adj* krankenhausreif; **birini** ~ **etmek** jdn krankenhausreif schlagen
hastalandırma *s Verbalsubstantiv zu* **hastalandırmak**
hastalandırmak *vt Kausativ zu* **hastalanmak** krank machen
hastalanma *s* **1.** *Verbalsubstantiv zu* **hastalanmak** **2.** Erkrankung *f*
hastalanmak *vi* erkranken; (*hasta olmak*) krank werden
hastalık[1] *s* <-ğı> Krankheit *f;* **ağır/bulaşıcı bir** ~ eine schwere/ansteckende Krankheit
hastalık[2] *s ohne Pl* <-ğı> (*pej: tutku*) Fimmel *m*
hastalıklı *adj* kränklich; (*çabuk hastalanan*) krankheitsanfällig
hastalık tablosu *s* Krankheitsbild *nt*
hastanelik *adj* <-ği>: **birini** ~ **etmek** jdn krankenhausreif schlagen
haşarat *s* **1.** Ungeziefer *nt;* (*böcekler*) Insekten *pl* **2.** (*fig*) Gesindel *nt*
haşhaş *s* Mohn *m,* Schafmohn *m*
haşhaş sütü *s* Mohnsaft *f;* **haşhaş yağı** *s* Mohnöl *nt*
haşıl *s* (*dokumacılıkta*) Schlichte *f*
haşir neşir *s ohne Pl* Beisammensein *nt;* **biriyle** ~ **olmak** sich mit jdm abgeben [*o* einlassen]
haşiş *s ohne Pl* Haschisch *m o nt*
haşiye *s s.* **dipnot** Fußnote *f*
haşlak *adj* kochend
haşlama **I.** *s Verbalsubstantiv zu* **haşlamak** **II.** *adj* gekocht
haşlamak *vt* **1.** (GASTR: *üstüne kaynar su dökmek*) brühen; (*suda kaynatmak*) kochen; **sabahları kendime iki yumurta haşlarım** morgens koche ich mir zwei Eier **2.** (*yakmak*) verbrühen **3.** (*fig*) ausschimpfen

haşlanma *s Verbalsubstantiv zu* **haşlanmak**
haşlanmak *vi pass von* **haşlamak**
haşmetli *adj* majestätisch
hat [xat] *s* <-tı> **1.** (*boru, telefon ~ tı*) Leitung *f;* **~lar meşgul** (TEL) die Leitungen sind besetzt **2.** (*demir yolu ~ tı*) Strecke *f,* Linie *f;* (*tramvay ~ tı*) Linie *f* **3. kaba ~larıyla** in groben Zügen
hata [xata:] *s* **1.** Fehler *m* **2.** (*yanılgı*) Irrtum *nt;* **~ya düşmek** einem Irrtum erliegen; (*yanılmak*) sich irren **3.** (*kusur*) Fehler *m;* (*suç*) Schuld *f;* **bu benim ~m değildi** das war nicht mein Fehler
hatalı *adj* fehlerhaft
hatasız *adj* fehlerlos, fehlerfrei; **~ kul olmaz** (*prov*) Irren ist menschlich
hat bekçisi *s* (EISENB) Streckenwärter(in) *m(f),* Bahnwärter(in) *m(f)*
hatır *s ohne Pl* **1.** Gedächtnis *nt;* **~ ve hayale gelmemek** nicht vorstellbar sein **2.** (*gönül*) Gefälligkeit *f;* **bir şeyi sırf ~ için yapmak** etw aus reiner Gefälligkeit tun **3.** (*sevgi*) Liebe *f;* **bir kimsenin/şeyin ~ı için** jdm/etw zuliebe **4.** (*keyif*) Befinden *nt;* (*durum, hâl*) Zustand *m;* **birinin ~ını sormak** nach jds Befinden fragen
hatıra [ha:--] *s* **1.** (*anı*) Erinnerung *f;* **ilk aşkın ~sı** die Erinnerung an die erste Liebe **2.** (*anmalık*) Andenken *nt*
hatırlama *s Verbalsubstantiv zu* **hatırlamak**
hatırlamak *vt* sich erinnern (an); **hatırlayabildiğim kadarıyla** soweit ich mich erinnern kann
hatırlatma *s Verbalsubstantiv zu* **hatırlatmak**
hatırlatmak *vt* erinnern; **birine bir şeyi ~** jdn an etw erinnern
hatır senedi *s* (FIN) Gefälligkeitswechsel *m*
hatip *s* <-bi> **1.** (*konuşmacı*) Redner(in) *m(f)* **2.** (REL) Prediger *m*
hatiplik *s ohne Pl* <-ği> Redekunst *f*
hatmi *s* (BOT, MED) Eibisch *m*
hatta *konj* sogar; (*ayrıca*) außerdem
hav *s* Fluse *f*
hava [xava] *s* **1.** (*gaz karışımı*) Luft *f;* **~ almak** (*açık ~da gezmek*) frische Luft schnappen; (*umduğunu bulamamak*) leer ausgehen; (*içine ~ almak*) Luft durchlassen; **lâstiğe ~ basmak** einen Reifen aufblasen **2.** (*meteorolojik olayların bütünü*) Wetter *nt;* **~nın gözü yaşlı** es sieht nach Regen aus; **bugün ~ güzel** es ist heute schönes Wetter **3.** Klima *nt;* **buranın ~sı sert** das Klima hier ist rau **4.** (*gökyüzü*) Himmel *m;* **açık ~da** unter freiem Himmel **5.** (*esinti*) Brise *f* **6.** (*dans ~sı*) Melodie *f* **7.** (*ses perdesi*) Tonlage *f* **8.** (*keyif*) Laune *f* **9.** (*görünüş, davranış, söz için*) Flair *nt o m;* **~ basmak** (*fam fig*) sich aufblasen, sich wichtig tun; **~larda uçmak** abheben; **~sı olmak** Flair haben; **kadın güzel değil, ama ~sı var** die Frau ist nicht schön, aber sie hat Flair; **odanın öyle lüks bir ~sı var(dır) ki, ...** das Zimmer hat ein solches Flair von Luxus, dass ... **10.** (*tarz, üslûp*) Stil *m* **11.** (*ortam, atmosfer*) Stimmung *f,* Atmosphäre *f;* **~yı bozmak** die Stimmung verderben, in Stimmung kommen; **~sını bulmak** in Stimmung kommen **12. bu sözlerin sonu ~!** das ist nur leeres Gerede!; **hava akımı** *s* Luftstrom *m;* **hava basıncı** *s ohne Pl* (PHYS) Luftdruck *m;* **hava boşluğu** *s* (AERO: *uçakla uçarken*) Luftloch *nt*
havacılık *s ohne Pl* <-ğı> **1.** Luftfahrt *f,* Aeronautik *f* **2.** (*havada uçma tekniği*) Flugwesen *nt,* Aviatik *f*
hava çevrisi *s* Luftwirbel *m*
havadar *adj* luftig
hava değişimi *s* **1.** Luftveränderung *f* **2.** (METEO) Wetterumschwung *m;* **hava deliği** *s* (TECH) Luftloch *nt;* **hava direnci** *s* Luftwiderstand *m*
havadis *s* (*haber*) Nachricht *f*
hava durumu *s* (METEO) Wetterlage *f;* **hava gazı beki** *s* Gasbrenner *m;* **hava gazı saati** *s* Gaszähler *m;* **hava geçirmez** *adj* luftdicht; **hava gemisi** *s* Luftschiff *nt;* **hava haritası** *s* (METEO) Wetterkarte *f;* **hava hukuku** *s ohne Pl* (JUR) Luftrecht *nt*
havaî fişek *s* <-ği> Feuerwerkskörper *m;* **havaî mavi I.** *s* Himmelsblau *nt* **II.** *adj* himmelblau
hava indirme *s* (MIL) Luftlandung *f;* **hava kabarcığı** *s* Luftblase *f;* **hava kapağı** *s* Luftklappe *f;* **hava korsanı** *s* Luftpirat(in) *m(f),* Flugzeugentführer(in) *m(f);* **hava köprüsü** *s* Luftbrücke *f;* **hava kuvvetleri** *s* (MIL) Luftwaffe *f;* **Alman/Türk ~** die deutsche/türkische Luftwaffe
havalandırıcı *s* Belüftung *f*
havalandırma *s* **1.** *Verbalsubstantiv zu* **havalandırmak** **2.** Belüftung *f*
havalandırmak *vt* lüften, belüften
havalanma *s Verbalsubstantiv zu* **havalanmak**
havalanmak *vi* abheben
havale *s* Anweisung *f*
havalı direksiyon *s* (TECH, AUTO) Servolenkung *f;* **havalı fren** *s* (TECH, AUTO) Servobremse *f*
hava limanı *s,* **hava meydanı** *s* Flughafen *m;* **hava musluğu** *s* (TECH) Entlüftungsventil *nt*
havan *s* Mörser *m*
havaneli *s* Stößel *m*

havan topu *s* (MIL, HIST) Mörser *m*
hava personeli *s* (AERO) Bordpersonal *nt;* **hava raporu** *s* (METEO) Wetterbericht *m*
havarî *s* **1.** Jünger(in) *m(f)* **2.** (REL) Apostel *m;* **H~lerin Amentüsü** das Apostolische Glaubensbekenntnis
havarîlik *s* <-ği> Jungerschaft *f*
hava sahası *s* (JUR) Luftraum *m*
havasız *adj* stickig
hava süzgeci *s* (TECH, AUTO) Luftfilter *m o nt;* **hava tahmini** *s* (METEO) Wettervorhersage *f;* **hava tebdili** *s s.* **hava değişimi;** **hava ulaşımı** *s ohne Pl* Luftverkehr *m,* Flugverkehr *m;* **hava üssü** *s* (MIL) Luftstützpunkt *m,* Fliegerhorst *m;* **hava yastığı** *s* (AUTO) Airbag *m;* **hava yolu ulaşımı** *s ohne Pl* Luftverkehr *m,* Flugverkehr *m*
havhav *s* (*çocuk dilinde*) Wauwau *m*
havlama *s Verbalsubstantiv zu* **havlamak**
havlamak *vi* bellen, anbellen (*-e* -); **köpek yoldan her geçene havlıyor** der Hund bellt jeden Passanten an
havlı *adj* flauschig; **havlı çuha** *s* Flausch *m*
havlu *s* Tuch *nt,* Handtuch *nt;* ~ **atmak** (*oyunda*) das Tuch [*o* Handtuch] werfen
havra *s s.* **sinagog** Synagoge *f*
havsala *s* **1.** (*kuş kursağı*) Kropf *m* **2.** (ANAT: *leğen*) Becken *nt* **3.** (*fam fig: anlama ve kavrama yetisi*) Begriffsvermögen *nt,* Auffassungsgabe *f,* Köpfchen *nt;* **bir şey birinin ~sına sığmamak** (*kavrayamamak*) etw ist für jdn unbegreiflich; (*kabul edememek*) jd will etw nicht einsehen; **bunu ~m almıyor** das will mir nicht in den Kopf, das kann ich nicht begreifen
havuç *s* <-cu> Möhre *f,* Karotte *f;* **havuç suyu** *s* Möhrensaft *m,* Karottensaft *m*
havuz *s* Becken *nt*
Havva *s* (REL) Eva *f;* **Âdem ile ~** Adam und Eva
havya *s* (TECH) Lötkolben *m*
havza *s* **1.** Raum *m* **2.** (*kömür bölgesi*) Revier *nt*
hayal *s* <-i> **1.** (*düş*) Traum *m* **2.** (*imge*) Trugbild *nt* **3.** (PHYS: *görüntü*) Erscheinung *f;* (*aynada*) Spiegelbild *nt* **4.** Illusion *f;* **~e kapılmak** sich Illusionen machen **5.** Fantasie *f;* **bu, senin ~inin bir mahsulü** das ist ein Produkt deiner Fantasie
hayal meyal *adj* vage, blass; **bir şeyi ~ hatırlamak** sich vage an etw erinnern, eine blasse Erinnerung an etw haben
haysiyet *s ohne Pl* Würde *f*
haysiyetsiz *adj* würdelos
havza *s* **1.** (GEO) Gebiet *nt* **2.** (BERGB: *maden bolgesi*) Revier *nt* **3.** (GEO: *tekne*) Becken *nt*
hay *interj* ach; ~ **Allah!** oh Gott!, ach, du lieber Himmel!; **~dan gelen huya gider** (*prov*) wie gewonnen, so zerronnen
haya *s s.* **er bezi** Hoden *m*
hayâ [haja:] *s ohne Pl* (*utanma*) Scham *f;* (*utanma duygusu*) Schamgefühl *nt;* ~ **perdesi yırtılmak** das Schamgefühl verlieren
hayalci *s* Träumer(in) *m(f)*
hayalcilik *s* <-ği> Träumerei *f*
hayalet *s* Gespenst *m;* (*fantom*) Phantom *m*
hayal gücü *s ohne Pl* Einbildungskraft *f,* Vorstellungskraft *f,* Vorstellungsvermögen *nt;* **hayal kırıklığı** *s* (*düş kırıklığı*) Enttäuschung *f;* **~na uğramak** eine Enttäuschung erleben
hayat *s* Leben *nt;* **bir şeye ~ vermek** Leben in etw bringen; **~ın tadını çıkarmak** sich ausleben; **~ından memnun olmak** (*fam*) mit sich und der Welt zufrieden sein; **~ta kalmak/olmak** am Leben bleiben/sein
hayat ağacı *s* **1.** (*soy ağacı*) Stammbaum *m* **2.** (ANAT) Lebensbaum *m*
hayat arkadaşı *s* Lebensgefährte, -in *m, f*
hayatın sonu *s* Lebensende *nt;* **hayatının sonuna kadar** bis an sein Lebensende
hayat kavgası *s s.* **hayat mücadelesi;** **hayat memat meselesi** *s* eine Frage auf Leben und Tod; **hayat mücadelesi** *s* Lebenskampf *m,* Daseinskampf *m;* **hayat sigortası** *s* Lebensversicherung *f;* **hayat şartları** *s Pl* Lebensbedingungen *fpl*
hayat tarzı *s s.* **yaşam biçimi** Lebensweise *f*
haydarî yaka *s* V-Ausschnitt *m*
haydi I. *interj:* **~!** los!; ~ **çocuklar!** kommt Kinder!; ~ **yatağa!** ab ins Bett! **II.** *part* nun; **ben eve gideyim mi? – ~ git!** soll ich nach Hause gehen? – nun geh schon!; ~ **canım sen de!** das gibt's doch gar nicht!
haydi haydi *adv* **1.** (*kolay kolay*) mit Leichtigkeit **2.** (*olsa olsa*) wenn es hoch kommt
haydin *interj* (*fam*): **~!** los!; ~ **çocuklar, gidelim artık!** los Kinder, lasst uns nun gehen!
haydisene *interj* (*fam*): **~!** nun mach schon!
hayhay *adv* gern(e); **~!** in Ordnung!, natürlich!
hayır I. *s* Nein *nt* **II.** *interj:* **~!** nein!
hayırsever I. *s* Wohltäter(in) *m(f)* **II.** *adj* wohltätig
hayırseverlik *s ohne Pl* <-ği> **1.** Wohltätigkeit *f* **2.** Hilfsbereitschaft *f*
hayıt *s s.* **ayıt** (BOT) Mönchspfeffer *m*
hayran *s* Bewunderer, -in *m, f;* **bir kimseye/şeye ~ olmak** jdn/etw bewundern
hayranlık *s ohne Pl* <-ğı> Bewunderung *f*
haysiyet *s ohne Pl* **1.** Ehre *f* **2.** (*öz saygı*) Selbstachtung *f,* Ehrgefühl *nt;* **birinin ~ini**

incitmek jds Ehrgefühl verletzen; **haysiyet divanı** *s s.* **onur kurulu** Ehrengericht *nt;* **haysiyet meselesi** *s* Ehrensache *f*

hayvan *s* **1.** Tier *nt* **2.** Vieh *nt* **3.** (*pej*) Biest *nt*

hayvanat bahçesi *s* Zoo *m,* zoologischer Garten

hayvancık *s* <-ğı> Tierchen *nt*

hayvan yemi *s* Viehfutter *nt*

haz *s* **1.** Befriedigung *f* **2.** Genugtuung *f;* ~ **duymak** Genugtuung empfinden

Hazar Denizi *s* Kaspisches Meer *nt*

hazcı **I.** *s* (PHILOS: *hedonist*) Hedonist(in) *m(f)* **II.** *adj* (PHILOS: *hedonist*) hedonistisch

hazcılık *s ohne Pl* <-ğı> (PHILOS: *hedonizm*) Hedonismus *m*

hazım *s ohne Pl* <-zmı> Verdauung *f*

hazımsızlık *s ohne Pl* <-ğı> Verdauungsstörungen *fpl*

hazır *adj* **1.** bereit; ~ **bulundurmak** bereitstellen, zur Verfügung stellen; ~ **bulunmak** bereitstehen; ~ **etmek** bereitstellen, vorbereiten; ~ **olmak** bereit sein; **bir şeyi yapmaya** ~ **olmak** bereit sein etw zu tun **2.** fertig; ~**a konmak** (*fig*) sich ins gemachte Bett legen; **vaktinde** ~ **olacak mısın?** wirst du rechtzeitig fertig?; **yemek** ~ das Essen ist fertig **3.** ~**da** verfügbar; (*el altında*) griffbereit **4.** (*Wend*): **siz** ~ **gelmişken ...** wo Sie gerade da sind ...

hazırcevap *adj* schlagfertig

hazırcevaplık *s ohne Pl* <-ğı> Schlagfertigkeit *f*

hazır giyim *s* Fertigkleidung *f;* (*konfeksiyon*) Konfektion *f;* **hazır kahve** *s* Instantkaffee *m*

hazırlama *s ohne Pl* **1.** *Verbalsubstantiv zu* **hazırlamak** **2.** Vorbereitung *f*

hazırlamak *vt* **1.** vorbereiten, bereitmachen **2.** (*önceden* ~) vorbereiten, präparieren **3.** (*komplo*) schmieden

hazırlanma *s* **1.** *Verbalsubstantiv zu* **hazırlanmak** **2.** Vorbereitung *f*

hazırlanmak *vi* **1.** *pass von* **hazırlamak**: **yemekler hazırlanıyor** die Gerichte werden vorbereitet **2.** sich vorbereiten (*için* für), sich bereitmachen (*için* für); (*fam*) sich fertig machen

hazırlık *s* <-ğı> Vorbereitung *f;* **hazırlık sınıfı** *s* Vorbereitungsklasse *f;* **hazırlık soruşturması** *s* (JUR) Ermittlungsverfahren *nt*

hazır ol *interj* (MIL, SPORT): ~**!** stillgestanden!; **hazır ol duruşu** *s* (MIL) militärische Haltung; (SPORT) Stillstehen *nt;* **hazır yemek** *s* <-ği> Fertiggericht *nt*

hazine *s* **1.** Schatz *m* **2.** (*ohne Pl*) Fiskus *m*

haziran *s* Juni *m*

hazmetme *s* **1.** *Verbalsubstantiv zu* **hazmetmek** **2.** Verdauung *f*

hazmetmek *vt* verdauen

heccav *s s.* **yergici** Satiriker(in) *m(f)*

hece *s* Silbe *f;* **vurgulu** ~ betonte Silbe, Hebung *f*

hecelik *adj* <-ği>: **iki** ~ zweisilbig; **üç** ~ **bir kelime** ein dreisilbiges Wort

hece ölçüsü *s* (LIT: *hece vezni*) Silbenversmaß *nt;* **hece taşı** *s* (*reg: mezar taşı*) Grabstein *m;* **hece vezni** *s* (LIT: *hece ölçüsü*) Silbenversmaß *nt*

hedef *s* Ziel *nt;* **bir şeyi/kimseyi** ~ **almak** (*fam*) etw/jdn aufs Korn nehmen; ~**e ulaşmak** das Ziel erreichen

hediye *s* (*armağan*) Geschenk *nt*

hedonist **I.** *s* Hedonist(in) *m(f)* **II.** *adj* hedonistisch

hedonizm *s ohne Pl* Hedonismus *m*

hegemonya *s* Hegemonie *f*

hekim *s* Arzt *m,* Ärztin *f,* Mediziner(in) *m(f)*

hekimlik *s ohne Pl* <-ği> Medizin *f*

hektar *s* Hektar *m o nt*

hektogram *s* Hektogramm *nt;* **hektolitre** *s* Hektoliter *m o nt;* **hektometre** *s* Hektometer *m o nt*

helâl [helâ:l] **I.** *adj* <-li> (*rel*) erlaubt **II.** *adv:* ~ **kazanılmış para** ehrlich verdientes Geld; ~ **olsun!** bravo!, mein Kompliment! **III.** *s* <-li> (*fig: nikâhlı eş*) angetraute(r) Mann, angetraute Frau; **helâl süt emmiş** *adj* ehrlich, aufrichtig

hele *konj* **1.** doch; ~ **bak!** schau doch!; ~ **bir dinle!** hör doch mal! **2.** wehe; ~ **çalışmasın, ...** wehe, wenn er nicht arbeitet, ... **3.** ~ **şimdı hiç olmaz!** nun erst recht nicht!

helecan *s ohne Pl* Aufregung; (*yürek çarpıntısı*) Herzklopfen *nt*

helecanlanma *s Verbalsubstantiv zu* **helecanlanmak**

helecanlanmak *vi* sich aufregen; (*çarpıntısı tutmak*) Herzklopfen bekommen

hele hele *interj:* ~**, söyle daha neler olmuş!** sag doch mal, was noch passiert ist!

Helen *s* Helene *m*

Helenist *s* Helenist *m*

Helenistik *s ohne Pl* <-ği> Helenistik *f*

Helenizm *s ohne Pl* Helenismus *m*

helezon *s* Spirale *f*

helezonî *adj* spiralförmig

helezonlaşma *s Verbalsubstantiv zu* **helezonlaşmak**

helezonlaşmak *vi* sich schlängeln, sich winden; **bir yılan gibi** ~ sich schlängeln wie eine Schlange

helezonlu *adj* spiralförmig

helikopter *s* Hubschrauber *m*

helis *s* Spirale *f;* **helisel** *adj* spiralförmig

helva *s* Halva *nt,* türkischer Honig

H

helvacı kökü *s* (BOT: *sabun otu*) Seifenkraut *nt*
helyodor *s* Heliodor *m*
helyograf *s* (ASTR, METEO) Heliograph *m*
helyoterapi *s* (MED) Heliotherapie *f*
helyum *s ohne Pl* (CHEM) Helium *nt*
hem *adv* **1.** (*zaten*) übrigens; (*bir de*) noch dazu; ~ **de** und noch dazu; ~ **de nasıl** und wie; ~ **...** ~ **de ...** sowohl ... als auch ...; ~ **yalnız bu değil** und nicht nur das **2.** und zwar; **güzel,** ~ **pek güzel!** schön, und zwar sehr schön!
hematom *s* (MED) Bluterguss *m*
hemcins *adj* gleichartig
hemen *adv* sofort, umgehend; (*şimdi*) gleich; ~ **geliyorum** ich komme sofort [*o* gleich]; **ondan** ~ **sonra** unmittelbar [*o* gleich] danach; ~ **köşe başında oturuyor** er wohnt gleich um die Ecke; **evin** ~ **önünde** direkt vor dem Haus
hemencecik *adv* sofort, auf Anhieb
hemofil *s* (MED) Bluter(in) *m(f)*
hemofili *s ohne Pl* (MED) Hämophilie *f,* Bluterkrankheit *f*
hemoglobin *s ohne Pl* (BIOL) Hämoglobin *nt,* Blutfarbstoff *m*
hemoroit *s* <-di> (MED: *basur*) Hämorriden *pl*
hempa *s* (*pej*) Handlanger *m*
hemşehri *s* Landsmann, -männin *m, f*
hemşire *s* **1.** Krankenschwester *f* **2.** (*kız kardeş*) Schwester *f*
hemşirezade *s* Neffe *m, Sohn der Schwester*
hemzemin geçit *s* <-di> (EISENB) Bahnübergang *m;* **bariyerli/bariyersiz** ~ beschrankter/unbeschrankter Bahnübergang; **hemzemin geçit bariyeri** *s* (EISENB) Bahnschranke *f*
hendek *s* <-ği> Graben *m*
hendese *s* (*geometri*) Geometrie *f*
hendesî *adj* (*geometrik*) geometrisch
hengâm *s ohne Pl,* **hengâme** *s ohne Pl* Getümmel *nt;* (*gürültü*) Lärm *m*
hentbol *s ohne Pl* (SPORT) Handball *m*
hentbolcu *s* (SPORT) Handballer *m*
henüz *adv* **1.** (*olumlu cümlede*) gerade, eben; (*az önce*) vorhin; ~ **geldim** ich bin gerade [*o* eben] gekommen; ~ **birkaç günlüktü** er war erst wenige Tage alt **2.** (*olumsuz cümlede*) noch; ~ **başlamadı** es hat noch nicht angefangen
hep *adv* **1.** alle; ~ **beraber/birden** alle zusammen/auf einmal **2.** allesamt; ~**imiz ayağa kalktık** wir standen allesamt auf **3.** (*her zaman*) immer; ~ **aynı nakarat** (*fam fig*) es ist immer dieselbe Leier; ~ **seni düşünüyorum** ich denke immer an dich **4. ya** ~ **ya hiç** entweder ganz oder gar nicht
hepatit *s* (MED) Hepatitis *f*
hepatoloji *s ohne Pl* (MED) Hepatologie *f*
hep birden *adv* allesamt, alle zusammen
hepçil I. *s* (ZOOL) Allesfresser *m* **II.** *adj* (ZOOL) allesfressend
hepimiz *s.* **hep** wir alle
hepiniz *s.* **hep** ihr alle, Sie alle; ~ **iyi akşamlar!** guten Abend allerseits!
hepsi <-ni> *pron* **1.** alle(r, s); ~ **bu kadar mı?** ist das alles?; **kardeşlerimin** ~ **benden büyük** alle meine Geschwister sind älter als ich **2.** (*-in* ~) sämtlich; **üyelerin** ~ **gelmişti** die Mitglieder waren sämtlich erschienen; **hepsi hepsi** *adv* alles in allem
hepten *adv* (*reg: tamamıyla, büsbütün*) völlig
hepyek *s* (*tavlada*) Einser Pasch *m*
her *adj* **1.** jede(r, s); ~ **bakımdan** in jeder Hinsicht [*o* Beziehung]; ~ **insan** jeder Mensch; ~ **an gelebilir** er kann jeden Moment kommen; ~ **bahse girerim** ich gehe jede Wette ein; ~ **ne pahasına olursa olsun** koste es, was es wolle, um jeden Preis **2.** ~ **tarafta/yanda** überall; ~ **taraftan/yandan** von allen Seiten, allseitig; ~ **yerde** überall; ~ **yerden** überallher; ~ **yere** überallhin **3.** ~ **ihtimale karşı** für alle Fälle; **her akşamki** *adj* allabendlich; **her biri** *pron* ~ **bir milyon liradan 10 tane** 10 Stück à [*o* zu je] eine Million Lira
hercaî *adj* (*pej*) **1.** wankelmütig; (*gelgeç*) unbeständig **2.** (*vefasız*) untreu
hercaîlik *s ohne Pl* <-ği> Wankelmut *m,* Wankelmütigkeit *f*
hercaî menekşe *s* (BOT) Stiefmütterchen *nt*
her daim *adv* immer
herek *s* <-ği> Spalier *nt*
her günkü *adj* alltäglich; **her hâlde** *adv* **1.** (*büyük bir ihtimalle*) höchstwahrscheinlich **2.** (*her durumda*) auf jeden Fall; (*mutlaka*) unbedingt; ~ **gelmelisiniz** Sie müssen unbedingt kommen
herhangi *adj* irgend; **herhangi bir** *adj* irgendeine(r, s), irgendwelche; ~ **sorunun olursa ...** solltest du irgendwelche Probleme haben ...; **herhangi biri** *pron* irgendeine(r, s), irgendjemand, irgendwer; ~ **gelsin** irgendeiner soll kommen
herkes *s* jeder; ~**in gözü önünde** vor aller Augen
herif *s* **1.** (*fig, pej*) Kerl *m* **2.** (*fam: adam*) Mensch *m*
herifçioğlu *s* (*pej*) Lümmel *m,* Kerl *m*
hertz *s* (PHYS) Hertz *nt*
her yerdelik *s ohne Pl* <-ği> Allgegenwart *f;* **her zaman** *adv* immer
hesabı *s poss von* **hesap**
hesap *s* <-bı> **1.** Konto *nt;* ~ **açmak** ein

Konto eröffnen; **bankada hesabı olmak** ein Konto bei der Bank haben **2.** Kalkulation *f;* **hesaba katmak** einkalkulieren; **benim hesabıma göre** nach meiner Kalkulation **3.** Rechnung *f;* **hesabı görmek/temizlemek** die Rechnung bezahlen/begleichen **4.** Rechenschaft *f;* **birinden bir şeyin hesabını sormak** jdn für etw zur Rechenschaft ziehen; **bir şeyin hesabını vermek** über etw Rechenschaft ablegen **5.** Berechnung *f;* **benim hesabıma göre** nach meiner Berechnung; **hesap cetveli** *s* (MATH) Rechenschieber *m;* **hesap cüzdanı** *s* (FIN) Sparkassenbuch *nt;* **hesap dökümü** *s s.* **hesap özeti** Kontoauszug *m;* **hesap durumu** *s* Kontostand *m*

hesaplama *s* **1.** *Verbalsubstantiv zu* **hesaplamak** **2.** Berechnung *f*

hesaplamak *vt* **1.** ausrechnen, berechnen **2.** (*fig*) rechnen, kalkulieren; **bunu hesaplamamıştım** damit hatte ich nicht gerechnet

hesaplı orun *s* Economyklasse *f*

hesap numarası *s* (FIN) Kontonummer *f;* **hesap özeti** *s* (FIN) Kontoauszug *m;* **hesap sahibi** *s* (FIN) Kontoinhaber(in) *m(f)*

heterojen *adj* heterogen

heybe *s* Satteltasche *f*

heyecanlı *adj* spannend

heyelân *s* Bergrutsch *m;* (*toprak kayması*) Erdrutsch *m*

heyet *s* Rat *m*

heyhat *interj* leider Gottes

heyhey *s* Koller *m;* **~leri tutmak** einen Koller kriegen

heykel *s* Statue *f*

heykeltıraş *s* Bildhauer(in) *m(f)*

heykeltıraşlık *s ohne Pl* <-ğı> Bildhauerei *f*

hezaren[1] *s* (BOT) Rittersporn *m*

hezaren[2] *s s.* **bambu** Bambus *m*

hezaren örgü *s ohne Pl* Rattan *nt,* Peddigrohr *nt*

hezeyan *s s.* **sabuklanma** Delirium *nt*

hezimet *s* Schlappe *f;* (*yenilgi*) Niederlage *f;* (*büyük bir yenilgi*) eine empfindliche Schlappe; **seçimlerde ~e uğramak** bei den Wahlen eine empfindliche Schlappe einstecken

hıçkırık *s* <-ğı> **1.** Schluckauf *m;* **~ tutmak** einen Schluckauf bekommen **2.** (*ağlarken*) Schluchzer *m*

hıçkırma *s* **1.** *Verbalsubstantiv zu* **hıçkırmak** **2.** Schluchzer *m*

hıçkırmak *vi* **1.** schlucksen **2.** (*ağlamak*) schluchzen

hık *s:* **~ demiş birinin burnundan düşmüş olmak** (*fig*) jdm wie aus dem Gesicht geschnitten sein; **~ tutmak** hicksen; (*hıçkırık tutmak*) einen Schluckauf bekommen

hım *interj* hm

hımbıl *adj* träge, schwerfällig; **aklı ~ olmak** schwerfälligen Geistes sein

hımbıllık *s ohne Pl* <-ğı> Trägheit *f,* Schwerfälligkeit *f*

hır *s ohne Pl* (*fam pej*) Stunk *m;* **~ çıkarmak** Stunk machen

hırdavat *s Pl* Eisenwaren *pl*

hırdavatçı *s* Eisenwarenhändler(in) *m(f)*

hırka *s* **1.** Strickjacke *f* **2.** Joppe *f, Gewand der Derwische*

hırlama *s Verbalsubstantiv zu* **hırlamak**

hırlamak *vi* knurren; **birine ~** jdn anknurren

hırpanî *adj* zerlumpt

hırs *s* Ehrgeiz *m*

hırsız *s* Dieb(in) *m(f);* **hırsız anahtarı** *s s.* **maymuncuk** Dietrich *m*

hırsızlık *s* <-ğı> Diebstahl *m*

hırslı *adj* ehrgeizig

Hırvat **I.** *s* Kroate, -in *m, f* **II.** *adj* kroatisch; **~ dili** die kroatische Sprache

Hırvatça *s* (das) Kroatisch(e)

Hırvatistan *s* Kroatien *nt*

hısımlık *s* <-ğı> Verwandschaft *f*

hıyaban *s* Allee *f*

hıyar *s* Gurke *f*

hıyarcıklı veba *s ohne Pl* (MED) Beulenpest *f*

hıyar salatası *s* (GASTR) Gurkensalat *m*

hız *s* Geschwindigkeit *f*

hızır *s* (*fam*): **~ gibi yetişmek** herbeieilen, als rettender Engel kommen

hızlandırma *s* **1.** *Verbalsubstantiv zu* **hızlandırmak** **2.** Beschleunigung *f*

hızlandırmak *vt* beschleunigen

hızlanma *s* **1.** *Verbalsubstantiv zu* **hızlanmak** **2.** Beschleunigung *f*

hızlanmak *vi* (sich) beschleunigen

hızlı *adj* schnell

hibe *s* Spende *f;* **~ etmek** spenden

hicap *s* <-bı> Scham *f;* **~ duymak** Scham empfinden; **~ etmek** sich schämen

hiciv *s* <-cvi> *s.* **yergi** Satire *f*

hicret *s* **1.** (*göç*) Auswanderung *f;* **~ etmek** auswandern **2.** (*ohne Pl,* REL, HIST) Hedschra *f*

hicvi *s poss von* **hiciv**

hicviye *s s.* **yergi** Satire *f*

hiç *adv* **1.** **~ tereddüt etmeden** ohne zu zögern; **~ yoktan** ohne jeden Grund **2.** **~ sözünü etmemek** kein Wort darüber verlieren; (**bu**) **~ yoktan iyi**(**dir**) (das ist) besser als gar nichts **3.** überhaupt; **bugün ~ vaktim yok** heute habe ich überhaupt keine Zeit; **çocuk tıpkı babasına benziyor – ~** (**de**) **değil!** das Kind sieht genauso aus wie sein Vater – überhaupt nicht!; **ya hep**

ya ~ entweder ganz oder gar nicht **4.** (*soruda*) jemals; ~ **böyle bir şey görülmüş müdür?** hat man jemals so etwas gesehen?; ~ **orada bulundunuz mu?** waren Sie jemals dort? **5.** nichts; **ne gördün? – ~** was hast du gesehen – nichts **6.** (~ *de*) durchaus; ~ **de değil** durchaus nicht; **bu ~ de fena değil** das ist gar nicht schlecht; **bu ~ de öyle kolay değil** das ist durchaus [*o* gar] nicht leicht **7. benim için ~ fark etmez** (*fam*) mir ist das ganz egal

hiçbir *adj:* ~ **sebep yokken** ohne jeden Grund; ~ **şey** gar nichts, überhaupt nichts; ~ **şey söylemeden** ohne etwas zu sagen; ~ **şeyden haberi yok** er hat von nichts eine Ahnung; ~ **şeye benzememek** nach nichts aussehen; **hiçbir zaman** *adv* nie, niemals, zu keiner Zeit; **ben ~ kahveme şeker almam** ich nehme nie Zucker in den Kaffee

hiççi I. *s* (PHILOS: *nihilist*) Nihilist(in) *m(f)* **II.** *adj* nihilistisch

hiççilik *s ohne Pl* <-ği> (PHILOS: *nihilizm*) Nihilismus *m*

hiç kimse *adv* niemand, gar keiner

hiçlik *s* <-ği> (*a.* PHILOS: *yokluk*) Nichts *nt*

hidra *s* Hydra *f*

hidrat *s* (CHEM) Hydrat *nt*

hidrodinamik I. *s* <-ği> (PHYS) Hydrodynamik *f* **II.** *adj* (PHYS) hydrodynamisch

hidroelektrik *adj* (PHYS, TECH) hydroelektrisch

hidroelektrik santral *s* <-i> hydroelektrisches Kraftwerk, Wasserwerk *nt*

hidrofil *adj* (BIOL) hydrophil

hidrojen *s ohne Pl* (CHEM) Wasserstoff *m*

hidrojen bombası *s* Wasserstoffbombe *f*, H-Bombe *f*

hidrojeoloji *s ohne Pl* Hydrogeologie *f*, Grundwasserkunde *f*

hidrokarbon *s* (CHEM) Kohlenwasserstoff *m*

hidroklorik asit *s ohne Pl* <-di> (CHEM) Salzsäure *f*

hidrolik I. *s* <-ği> (TECH) Hydraulik *f* **II.** *adj* (TECH) hydraulisch

hidrosiyanik asit *s ohne Pl* <-di> (CHEM) Blausäure *f*

higroskop *s* (METEO) Hygroskop *nt*

higroskopik *adj* (CHEM) hygroskopisch

higrostat *s* (PHYS) Hygrostat *m*

hijyen *s ohne Pl* Hygiene *f*

hikâye *s* Geschichte *f*; **hikâye birleşik zamanı** *s* (LING) Plusquamperfekt *nt*

hilâf *s* **1.** Gegenteil *nt* **2.** (*reg: yalan*) Lüge *f*; ~ **olmasın, …** wenn ich mich nicht irre

hilâfsız *adv* (*yalansız*) ungelogen; (*inanılmaz ama gerçek*) unglaublich aber wahr

hilâl *s* (*ayça*) Mondsichel *f*

hindi *s* (*dişi*) Pute *f*, Truthenne *f*; (*erkek*) Truthahn *m*, Puter *m*

hindiba *s* Endivie *f*

Hindistan *s* Indien *nt*

Hindistan cevizi *s* **1.** (BOT) Kokospalme *f* **2.** Kokosnuss *f*

Hindolog *s* <-ğu> Indologe, -in *m, f*

Hindoloji *s ohne Pl* Indologie *f*

Hindu I. *s* Hindu *m* **II.** *adj* hinduistisch

Hinduizm *s ohne Pl* Hinduismus *m*

Hindukuş Dağları *s Pl* Hindukusch *m*

hinoğluhin *s* (*fam pej*) Schlawiner *m*

Hint-Avrupa *adj* indoeuropäisch; ~ **dilleri** indoeuropäische Sprachen

Hint biberi *s* Cayennepfeffer *m*; **Hint domuzu** *s* (ZOOL: *kobay*) Meerschweinchen *nt*

hinterlant *s ohne Pl* <-dı> (GEO) Hinterland *nt*

Hint kamışı *s* (BOT: *bambu*) Bambus *m*

Hint keneviri *s ohne Pl* (BOT) Cannabis *nt*; **Hint kertenkelesi** *s* (ZOOL: *iguana*) Iguana *f*; **Hint kestanesi** *s s.* **at kestanesi** Rosskastanie *f*

Hint kirazı *s* (BOT: *mango*) Mango *f*

Hintli *s* Inder(in) *m(f)*

Hint Okyanusu *s* der Indische Ozean; **Hint safranı** *s* (BOT: *zerdeçal*) Kurkuma *f*, Gelbwurz *f*

Hint yağı *s* Rizinusöl *nt*; **Hint yağı ağacı** *s* (BOT) Wunderbaum *m*

hiperbol *s* <-ü> (MATH) Hyperbel *f*

hipermetrop *adj* <-bu> (MED) weitsichtig

hipermetropluk *s ohne Pl* <-ğu> (MED) Weitsichtigkeit *f*

hipertansiyon *s ohne Pl* (MED) Bluthochdruck *m*; ~**u olmak** Bluthochdruck haben, hohen Blutdruck haben

hiphop *s ohne Pl* (MUS) Hip-Hop *m*

hipoderm *s ohne Pl* (ANAT) Hypoderm *nt*; (*alt deri*) Unterhaut *f*

hipopotam *s* (ZOOL: *su aygırı*) Nilpferd *nt*

hipotetik *adj* <-ği> hypothetisch

hipotez *s* Hypothese *f*; *s. a.* **varsayım**

hippi *s* Hippie *m*

hisar *s* Burg *f*, Festung *f*

hisse *s* Anteil *m*; ~**sini almak** seinen Anteil bekommen; **kıssadan** ~ die Moral von der Geschichte

hissedar *s* (FIN) Aktionär(in) *m(f)*

hisse senedi *s* (FIN) Aktie *f*

histamin *s* (MED) Histamin *nt*

hit *s* Hit *m*; **şarkısı** ~ **oldu** sein Schlager wurde zum Hit

Hitit *s* (HIST) Hethiter *m*

hit listesi *s* Hitliste *f*, Hitparade *f*

hiyerarşi *s* Hierarchie *f*

hiyerarşik *adj* hierarchisch

hiza *s* (*göz ~ sı*) Höhe *f*; (*bel ~ sı*) Linie *f*

hizbi *s poss von* **hizip**

hizip *s* <-zbi> (*pej*) Klüngel *m;* (*klik*) Clique *f*
hizipçilik *s* <-ği> (*pej*) Klüngelei *f*
hizipleşme *s* **1.** *Verbalsubstantiv zu* **hizipleşmek** **2.** (*pej*) Klüngelei *f;* (*klikleşme*) Cliquenbildung *f*
hizipleşmek *vi* (*pej*) klüngeln; (*klikleşmek*) Cliquen bilden
hizmet *s* Dienst *m;* **bir kimseye/şeye ~ etmek** jdm/etw dienen; **kamu ~i** öffentlicher Dienst
hizmet akdi *s* (JUR) Dienstvertrag *m*
hizmetli *s* Diener(in) *m(f)*
hizmet süresi *s* Dienstzeit *f*
hobi *s* Hobby *nt*
hoca *s* **1.** (REL) Hodscha *m* **2.** (*öğretmen*) Lehrer *m* **3.** (*akıl ~ sı*) Ratgeber(in) *m(f)*
hodbehot *adv* eigenmächtig
hohlama *s Verbalsubstantiv zu* **hohlamak**
hohlamak *vi* hauchen
hokey *s ohne Pl* Hockey *nt*
hokka *s* (*mürekkep ~ sı*) Fass *nt;* (*tükürük ~ sı*) Napf *m;* **~ gibi oturmak** (*giysi için*) wie angegossen sitzen
hol *s* <-ü> Diele *f,* Vorraum *m*
holding *s* (WIRTSCH) Holding *f,* Holdinggesellschaft *f*
holigan *s* Hooligan *m*
Hollanda **I.** *s* Holland *nt,* Niederlande *f* **II.** *adj* holländisch; **~ hükûmeti** die holländische Regierung; **Hollanda kavağı** *s* (BOT: *akkavak*) Silberpappel *f*
Hollandalı **I.** *s* Holländer(in) *m(f);* **Uçan ~** (*opera*) der Fliegende Holländer **II.** *adj* holländisch; **~ turistler** holländische Touristen
homeopat *s* Homöopath(in) *m(f)*
homeopati *s ohne Pl* Homöopathie *f*
homeopatik *adj* homöopathisch
homojen *adj* homogen
homojenleştirme *s Verbalsubstantiv zu* **homojenleştirmek**
homojenleştirmek *vt* homogenisieren
homojenlik *s ohne Pl* <-ği> Homogenität *f*
homonim **I.** *s* (LING) Homonym *nt* **II.** *adj* (LING) homonym
homoseksüalite *s ohne Pl s.* **homoseksüellik**
homoseksüel **I.** *s* Homosexuelle(r) *mf* **II.** *adj* homosexuell; (*eş cinsel*) gleichgeschlechtlich
homoseksüellik *s ohne Pl* <-ği> Homosexualität *f;* (*eş cinsellik*) Gleichgeschlechtlichkeit *f*
homurdanma *s Verbalsubstantiv zu* **homurdanmak**
homurdanmak *vi* **1.** brummen **2.** grunzen
Honduras **I.** *s* Honduras *nt* **II.** *adj* honduranisch; **~ hükûmeti** die honduranische Regierung
Honduraslı **I.** *s* Honduraner(in) *m(f)* **II.** *adj* honduranisch; **~ erkekler/kadınlar** honduranische Männer/Frauen
hop *interj* hopp
hoparlör *s* Lautsprecher *m*
hoplama *s Verbalsubstantiv zu* **hoplamak**
hoplamak *vi* hüpfen
hopurdatma *s Verbalsubstantiv zu* **hopurdatmak**
hopurdatmak *vt* schlürfen
horlama *s Verbalsubstantiv zu* **horlamak**
horlamak *vi* schnarchen
hormon *s* Hormon *nt;* **hormon tedavisi** *s* (MED) Hormonbehandlung *f*
horoz *s* **1.** Hahn *m;* **~u çok olan köyde sabah geç olur** (*prov*) viele Köche verderben den Brei **2.** (*ateşli silâhlarda*) Hahn *m;* **~u çekmek** den Hahn spannen; **horoz ağırlık** *s ohne Pl* <-ğı> (SPORT) Bantamgewicht *nt*
horozbina *s* (ZOOL) Schleimfisch *m*
horoz dövüşü *s* Hahnenkampf *m*
horoz ibiği *s* Hahnenkamm *m*
horozibiği *s* (BOT) Hahnenkamm *m*
horozibiğigiller *s Pl* (BOT) Fuchsschwanzgewächse *ntpl*
horoz mantarı *s* (BOT, GASTR) Pfifferling *m;* **horoz sıklet** *s ohne Pl* (SPORT) Bantamgewicht *nt;* **horoz vakti** *s* Herrgottsfrühe *f*
horst *s* (GEO) Horst *m*
hortlak *s* <-ğı> Gespenst *m,* Spuk *m,* Spukgeist *m*
hortum *s* **1.** (ZOOL: *filde, böcekte*) Rüssel *m* **2.** (TECH: *boru*) Schlauch *m* **3.** (METEO: *siklon*) Windhose *f*
hortumcu *s* (*basın dilinde*) Abzocker(in) *m(f)*
hostel *s* Jugendherberge *f*
hostes *s* Hostess *f*
hoş *adj* angenehm; **~ geldin(iz)!** willkommen!
hoşaf *s* (GASTR) Kaltschale *f;* (*komposto*) Kompott *nt;* **~ gibi(yim)** (*fig*) (ich bin) fix und fertig, (ich bin) ausgepowert; **~ının yağı kesilmek** (*fig*) mit seinem Latein am Ende sein, am Ende seines Lateins sein; **eşek ~tan ne anlar?** (*fig*) Perlen vor die Säue werfen
hoşbeş *s* Begrüßung *f;* **konaktaki ~ merasimi** die Begrüßungzeremonie im Schlösschen; **~ etmek** plaudern
hoşgörü *s ohne Pl* Toleranz *f,* Duldsamkeit *f*
hoşgörülü *adj* tolerant, duldsam
hoşgörüsüz *adj* intolerant
hoşgörüsüzlük *s ohne Pl* <-ğü> Intoleranz *f*
hoşhoş *s* (*çocuk dilinde*) Wauwau *m*

H

hoşnutsuz *adj* unzufrieden (*-den* mit)

hoşnutsuzluk *s* <-ğu> Unzufriedenheit *f* (*-den* mit), Missmut *m*, Missstimmung *f*; ~ **getirmek** eine Missstimmung aufkommen lassen

hoşsohbet *adj* gesellig

hovarda *s* **1.** (*zevki için para harcayan*) Prasser *m* **2.** (*çapkın*) Schürzenjäger *m* **3.** (*fam*) Freier *m*

hovardaca *adv* verschwenderisch

hovardalık *s* <-ğı> Prasserei *f*; ~ **etmek** prassen, verschwenderisch leben

hoverkraft® *s* Luftkissenboot *nt*

hozan *s* (*reg*) Brache *f*, Brachfeld *nt*

höl *s* (FAM) **1.** (*yaşlık*) Nässe *f* **2.** (*nem*) Feuchtigkeit *f*

höpürdetme *s Verbalsubstantiv zu* **höpürdetmek**

höpürdetmek *vt* schlürfen

hörgüç *s* <-cü> Höcker *m*

Hristiyan I. *s* Christ(in) *m(f)* **II.** *adj* christlich; ~ **âlemi** die christliche Welt; (**Almanya**) ~ **Demokrat Partisi** (POL) Christlich Demokratische Union (Deutschlands), CDU *f*; (**Almanya**) ~ **Sosyal Birliği** (POL) Christlich Soziale Union (Deutschlands), CSU *f*

Hristiyanlaştırma *s* **1.** *Verbalsubstantiv zu* **hristiyanlaştırmak** **2.** Christianisierung *f*

Hristiyanlaştırmak *vt* christianisieren

Hristiyanlık *s ohne Pl* <-ğı> Christentum *nt*

hristo teyeli *s* Kreuznaht *f*

hu *interj* heda

hububat *s* Getreide *nt*

hudut *s* <-du> *s.* **sınır** Grenze *f*

huğ *s* Schilfhütte *f*

hukuk I. *s ohne Pl* **1.** (JUR: *tüze*) Recht *nt*; ~**a ve hakkaniyete göre** nach Recht und Billigkeit **2.** (JUR: *bilim*) Jura; **Hasan ~ okuyor** Hasan studiert Jura **3.** (JUR: ~ *davası*, ~ *mahkemesi*) Zivil- **4.** (*haklar*) Rechte *pl*; ~**umdam vazgeçmem** ich verzichte nicht auf meine Rechte **5.** (*fig: dostluk*) Freundschaft *f* **II.** *adj* juristisch; ~ **fakültesi** die juristische Fakultät; **hukuk bilimi** *s ohne Pl* Rechtswissenschaft *f*, Jurisprudenz *f*

hukukçu *s* Jurist(in) *m(f)*

hukukçuluk *s ohne Pl* <-ğu> (*iron*) Juristerei *f*

hukuk devleti *s* Rechtsstaat *m*

hukukî *adj* juristisch, Rechts-

hukukî ilişki *s* Rechtsverhältnis *nt*; **hukukî statü** *s* Rechtsstellung *f*

hukuk mahkemesi *s* Zivilgericht *nt*

hulâsa I. *s* **1.** (*özet*) Zusammenfassung *f*, Resümee *nt*; ~ **etmek** zusammenfassen **2.** (CHEM: *öz*) Extrakt *m o nt* **II.** *adv* zusammenfassend

huligan *s s.* **holigan** Hooligan *m*

humar *s ohne Pl* (*içki sersemliği*) Trunkenheit *f*; (*uyku sersemliği*) Schlaftrunkenheit *f*

humbara *s* (MIL) Granate *f*; **humbara ateşi** *s ohne Pl* (MIL) Granatfeuer *nt*

humma *s ohne Pl* (MED) **1.** (*lekeli ~, sarı ~*) Fieber *nt* **2.** (*sıtma*) Sumpffieber *nt*

hummalı *adj* fieberkrank; (*a. fig*) fieb(e)rig, fieberhaft; ~ **çalışma** fieberhafte Betriebsamkeit

humus *s ohne Pl* Humus *m*

hun *s s.* **kan** Blut *nt*

hunhar *adj* (*kana susamış*) blutdürstig; (*kan dökücü*) blutrünstig

hunharlık *s* <-ğı> Blutdurst *m*

huni *s* **1.** Trichter *m* **2.** (*fam: ağızlık*) Mundstück *nt*, Spitze *f*

hunimsi *adj* trichterförmig

hunnak *s* (MED: *anjin*) Angina *f*

hura *interj* hurra

hurafe *s* (REL) Irrglaube(n) *m*

hurç *s* <-cu> (große) Satteltasche *f*

hurda I. *s ohne Pl* Schrott *m* **II.** *adj* schrottreif

hurdacı *s* Schrotthändler(in) *m(f)*

hurda demir *s ohne Pl* Alteisen *nt*

hurdalık *s* <-ğı> (*yer*) Schrottplatz *m*; (*yığın*) Schrotthaufen *m*

hurda yığını *s* Schrotthaufen *m*

hurma *s* (BOT, GASTR) Dattel *f*; **hurma ağacı** *s* (BOT) Dattelpalme *f*

hurra *interj s.* **hurra**

husuf *s* (ASTR: *Ay tutulması*) Mondfinsternis *f*

husul *s* <-lü> Entstehung *f*; ~ **bulmak** entstehen

husumet *s* **1.** (*a.* JUR) Gegnerschaft *f* **2.** (*düşmanlık*) Feindschaft *f*, Feindseligkeit *f*

husus *s* **1.** Sache *f* **2.** (*özellik*) Besonderheit *f*, Eigenschaft *f*

hususî *adj* (*özel*) privat

hususiyet *s* (*özellik*) Besonderheit *f*, Eigenschaft *f*

husye *s* (ANAT: *er bezi*) Hoden *m*

huş *s* (BOT) Birke *f*

huşu *s* Andacht *f*; ~ **içinde dinlemek** mit Andacht zuhören; ~ **içinde diz çökmek** in Andacht niederknien

hutbe *s* (REL) Predigt *f*; (*cuma günleri*) Freitagspredigt *f*

hutut *s Pl s.* **çizgiler** Linien *fpl*

huy *s* **1.** Natur *f* **2.** (*alışkanlık*) Angewohnheit *f*; **bir şeyi ~ edinmek** sich etw angewöhnen; **haydan gelen ~a gider** (*prov*) wie gewonnen, so zerronnen

huysuz *adj* zickig

huzme *s* (*demet*) Bündel *m;* (*ışın demeti*) Strahlenbündel *m*
huzmeli *adj* (AUTO): **kısa ~ far** Abblendlicht *nt;* **kısa huzmeli ~ları yakmak** abblenden
huzur *s ohne Pl* **1.** Ruhe *f;* **~ vermek** beruhigen; **birinin ~unu kaçırmak** jdm die Ruhe rauben, jdn beunruhigen; **iç ~u** die innere Ruhe **2.** (*bulunma*) Anwesenheit *f,* Gegenwart *f;* **noter ~unda** in Gegenwart eines Notars **3.** (*ön*): **herkesin ~unda** vor allen Leuten; **huzur evi** *s* Alten(wohn)heim *nt*
huzurlu *adj* ruhig
huzursuz *adj* ruhelos, unruhig
huzursuzluk *s* <-ğu> Unruhe *f,* Ruhelosigkeit *f*
hücre *s* Zelle *f*
hücre bilimi *s ohne Pl* (MED) Zell(en)lehre *f;* (*sitoloji*) Zytologie *f*
hücre bölünmesi *s* (BIOL) Zellteilung *f;* **hücre hapsi** *s ohne Pl* Einzelhaft *f,* Isolationshaft *f;* **~ giymiş olmak** in Isolationshaft sein; **hücre katmanı** *s* (BIOL) Zellschicht *f;* **hücre sitoplazması** *s* (BIOL) Zellplasma *nt*
hücum *s* Angriff *m;* **~ etmek** angreifen; **~a geçmek** zum Angriff übergehen; **hücum oyuncusu** *s* (SPORT) Angriffsspieler(in) *m(f)*
hükmü *s poss von* **hüküm**
hükûmet *s* (POL) Regierung *f;* **~i kurmak** die Regierung bilden; **hükûmet başkanı** *s* (POL) Regierungschef(in) *m(f)*
hüküm *s* <-kmü> **1.** Urteil *nt;* **birine ~ giydirmek** jdn aburteilen **2.** (*yasa hükmü*) Vorschrift *f,* Bestimmung *f;* **uygulanabilir bir ~** eine anwendbare Vorschrift
hükümdar *s* Herrscher(in) *m(f),* Regent(in) *m(f)*
hükümdarlık *s* <-ğı> Herrschaft *f,* Regentschaft *f*
hükümet *s s.* **hükûmet**
hülâsa *s s.* **hulâsa**
hüner *s* **1.** Kunststück *nt* **2.** (*ohne Pl*) Kunstfertigkeit *f*
hünerli *adj* kunstfertig
hüngür hüngür *adv:* **~ ağlamak** bitterlich weinen
hünkârbeğendi *s* (GASTR) *Auberginenpüree, mit Fleisch und Tomatenmark obendrauf*
hünsa *s* (BIOL, MED: *er dişi*) Zwitter *m,* Hermaphrodit *m*
hür *adj s.* **özgür** frei
hürlük *s* <-ğü> Freiheit *f*
hürmet *s ohne Pl s.* **saygı** Respekt *m* (*-e* vor), Achtung *f* (*-e* vor)
hürmetsiz *adj s.* **saygısız** respektlos
hürmetsizlik *s* <-ği> *s.* **saygısızlık** Respektlosigkeit *f*
hürriyet *s s.* **özgürlük** Freiheit *f*
hür teşebbüs *s* (WIRTSCH: *özel girişim*) Privatunternehmen *nt*
hürya *adv* alle auf einmal; **~ dışarı çıkmak** sich hinausstürzen; **~ içeri girmek** sich hineinstürzen
hüsnühâl kâğıdı *s s.* **iyi hâl belgesi** Führungszeugnis *nt*
hüsnüyusuf *s* (BOT) Bartnelke *f*
hüthüt *s* (ZOOL: *çavuş kuşu*) Wiedehopf *m*
hüviyet *s* **1.** (*kimlik*) Identität *f* **2.** (*fam: belge*) Ausweis *m,* Personalausweis *m;* **~ini göstermek** den Ausweis zeigen, sich ausweisen; **hüviyet cüzdanı** *s s.* **kimlik belgesi** Personalausweis *m*

H

I

ı, I *s 11. Buchstabe des türk. Alphabets*

ıhlamur *s* **1.** (BOT) Linde *f* **2.** (~ *çayı*) Lindenblütentee *m*

ıkınma *s Verbalsubstantiv zu* **ıkınmak**

ıkınmak *vi* (*doğumda*) pressen

ılgım *s* Fata Morgana *f*

ılgın *s* (BOT) Tamariske *f*

ılgıncar *s* (BOT: *kuş kirazı*) Vogelkirsche *f*

ılıca *s* Kurort *m;* (*hamam*) Thermalbad *nt,* heiße Quelle; **kükürtlü** ~ schwefelhaltige Heilquelle

ılıcalar *s Pl* heiße Quellen

ılıca oteli *s* Kurhaus *nt*

ılık *adj* lau

ılımlı *adj* gemäßigt

ımızganma *s Verbalsubstantiv zu* **ımızganmak**

ımızganmak *vi* (*reg*) **1.** (*uyuklamak*) eindösen, eindämmern **2.** (*kararıp söner gibi olmak*) eindämmern

ıra *s* Charakter *m*

ırak *adj s.* **uzak** fern; **gözden ~ olan gönülden de ~ olur** (*prov*) aus den Augen, aus dem Sinn

Irak **I.** *s* Irak *m* **II.** *adj* irakisch; ~ **hükûmeti** die irakische Regierung

ırakgörür *s* **1.** (*dürbün*) Fernglas *nt* **2.** (*teleskop*) Teleskop *nt*

ıraklaşma *s Verbalsubstantiv zu* **ıraklaşmak**

ıraklaşmak *vi* sich entfernen (*-den* von)

Iraklı **I.** *s* Iraker(in) *m(f)* **II.** *adj* irakisch; ~ **bir kadın** eine irakische Frau

ıraklık *s* <-ğı> Entfernung *f,* Weite *f*

ıraksak *adj* (PHYS) divergent; **ıraksak mercek** *s* (PHYS) Zerstreuungslinse *f*

ıraksama *s* **1.** *Verbalsubstantiv zu* **ıraksamak** **2.** (PHYS) Divergenz *f,* Zerstreuung *f*

ıraksamak *vt:* **bir şeyi** ~ etw für unwahrscheinlich halten

ıralama *s* **1.** *Verbalsubstantiv zu* **ıralamak** **2.** Charakterisierung *f*

ıralamak *vt* kennzeichnen; (*karakterize etmek*) charakterisieren

ırama *s Verbalsubstantiv zu* **ıramak**

ıramak *vi* (*reg: uzaklaşmak*) sich entfernen (*-den* von)

ırgalama *s Verbalsubstantiv zu* **ırgalamak**

ırgalamak *vt* **1.** (*sarsmak*) erschüttern **2.** (*fam: ilgilendirmek*) interessieren, angehen; **bu beni ırgalamaz** das interessiert mich nicht, das geht mich nichts an

ırgat *s* (*yapı işçisi*) Bauarbeiter(in) *m(f)*

ırgatbaşı *s* Vorarbeiter *m;* (*südd: fam*) Kapo *m*

ırk *s* **1.** Rasse *f;* **beyaz/sarı/siyah** ~ die weiße/gelbe/schwarze Rasse **2.** (BIOL) Rasse *f;* (*alt tür*) Unterart *f*

ırk ayrımı *s* Rassendiskriminierung *f*

ırkçı **I.** *s* Rassist(in) *m(f)* **II.** *adj* rassistisch

ırkçılık *s ohne Pl* <-ğı> Rassismus *m*

ırk düşmanlığı *s ohne Pl* Rassenhass *m*

ırkiyat *s ohne Pl* (*budun bilimi*) Völkerkunde *f;* (*etnoloji*) Ethnologie *f*

ırkî *adj* rassisch

ırksal *adj* (*ırkî*) rassisch

ırmak *s* <-ğı> Fluss *m;* **ırmak ağzı** *s* Flussmündung *f*

ısı *s ohne Pl* **1.** (*a.* PHYS) Wärme *f* **2.** Temperatur *f*

ısıalan *adj* (PHYS, CHEM: *ısıveren karşıtı*) Wärme aufnehmend; (*endotermik*) endotherm; ~ **tepkimeler** endotherme Reaktionen

ısı birimi *s* Wärmeeinheit *f*

ısıdenetir *s* (*termostat*) Thermostat *m*

ısı kaynağı *s* Wärmequelle *f*

ısıl genleşme *s* (PHYS) Wärmeausdehnung *f*

ısınma *s* **1.** *Verbalsubstantiv zu* **ısınmak** **2.** Erwärmung *f;* **ısınma giderleri** *s Pl* Heizkosten *pl;* **ısınma koşusu** *s* (SPORT) Warmlaufen *nt*

ısınmak *vi* **1.** warm werden, sich erwärmen; **hava ısınıyor** es wird warm **2.** (*fig*) sich erwärmen (*-e* für) **3.** (SPORT) sich aufwärmen

ısırgan **I.** *s* (BOT) Brennnessel *f* **II.** *adj* bissig

ısırıcı *adj* **1.** bissig **2.** beißend

ısırık *s* <-ğı> Biss *m,* Bisswunde *f*

ısırımlık *s* <-ğı> Bissen *m*

ısırma *s* **1.** *Verbalsubstantiv zu* **ısırmak** **2.** Biss *m*

ısırmak *vt* **1.** beißen; **ürüyen köpek ısırmaz** (*prov*) Hunde, die bellen, beißen nicht **2.** abbeißen

ısırtma *s Verbalsubstantiv zu* **ısırtmak**

ısırtmak *vt Kausativ zu* **ısırmak**

ısıtma *s ohne Pl* **1.** *Verbalsubstantiv zu* **ısıtmak** **2.** Heizung *f* **3.** Erwärmung *f;* ~ **yoluyla metal genleşir** Metall dehnt sich durch Erwärmung aus

ısıtmak **I.** *vt* **1.** beheizen; **odayı** ~ das Zimmer heizen **2.** erwärmen **3.** (*a.* GASTR) aufwärmen; **temcit pilâvı gibi ısıtıp ısıtıp**

öne sürmek (*fig*) alte Geschichten immer wieder aufwärmen **II.** *vi* heizen; **gazla** ~ mit Gas heizen

ısıveren *adj* (PHYS, CHEM: *ısıalan karşıtı*) Wärme abgebend; (*ekzotermik*) exotherm; ~ **tepkimeler** exotherme Reaktionen

ısı yalıtımı *s* Wärmeisolierung *f*

ısıyayar *s* (PHYS: *konvektör*) Konvektor *m*

ısı yayımı *s* (PHYS: *konveksiyon*) Konvektion *f*

ıska *s* Fehlschlag *m;* ~ **geçmek** verfehlen, nicht treffen können; (*fig*) darauf pfeifen; (*atlamak*) überspringen, auslassen

ıskala *s* (*a.* MUS) Skala *f*

ıskalama *s ohne Pl Verbalsubstantiv zu* **ıskalamak**

ıskalamak *vt* verfehlen, nicht treffen können

ıskarta *s* Ausschuss *m;* **ıskarta mal** *s* Ausschussware *f*

ıskuna *s* (NAUT) Schoner *m*

ıslak *adj* <-ğı> nass

ıslaklık *s* <-ğı> Nässe *f*

ıslatma *s Verbalsubstantiv zu* **ıslatmak**

ıslatmak *vi* nässen

ıslık *s* <-ğı> Pfiff *m;* ~ **çalmak** pfeifen

ıslıklama *s Verbalsubstantiv zu* **ıslıklamak**

ıslıklamak *vt* auspfeifen

ıslıklanmak *vi pass von* **ıslıklamak**: **ilk konserinde ıslıklandı** auf seinem ersten Konzert wurde er ausgepfiffen

ıslıklı ünsüz *s* (LING) Zischlaut *m*

ısmarlama *s* **1.** *Verbalsubstantiv zu* **ısmarlamak** **2.** Bestellung *f*

ısmarlamak *vt* bestellen

ısmarlanma *s* **1.** *Verbalsubstantiv zu* **ısmarlanmak** **2.** Bestellung *f*

ısmarlanmak *vi pass von* **ısmarlamak**

ısrar *s ohne Pl* Beharrlichkeit *f*, Insistenz *f;* ~ **etmek** insistieren (*-de* auf), beharren (*-de* auf), bestehen (*-de* auf)

ışığa duyarlı/karşı duyarlıklı *adj* (FOTO) lichtempfindlich

ışık *s* <-ğı> Licht *nt;* **bir şeye** ~ **tutmak** (*a.* FIG: *aydınlatmak*) etw beleuchten; **ışığı açmak** das Licht anmachen [*o* anschalten]; **ışık bacası** *s* (ARCH) Lichtschacht *m;* **ışık demeti** *s* (PHYS) Lichtbündel *nt;* **ışık geçirir** *adj* lichtdurchlässig; **ışık geçirmez** *adj* lichtundurchlässig; **ışık hızı** *s* (PHYS, ASTR) Lichtgeschwindigkeit *f;* **ışık ışını** *s* (PHYS) Lichtstrahl *m;* **ışık kaynağı** *s* Lichtquelle *f;* **ışık küre** *s s.* **ışık yuvarı**

ışıklama *s* (FOTO, FILM) **1.** *Verbalsubstantiv zu* **ışıklamak** **2.** (FOTO, FILM) Belichtung *f*

ışıklamak *vt* (FOTO, FILM) belichten

ışıklama süresi *s* (FOTO) Belichtungszeit *f*

ışıklandırma *s* **1.** *Verbalsubstantiv zu* **ışıklandırmak** **2.** Beleuchtung *f;* **ışıklandırma düzeni** *s* Beleuchtungsanlage *f*, Lichtanlage *f*

ışıklandırmak *vt* ausleuchten; (*aydınlatmak*) beleuchten, illuminieren

ışıkölçer *s* **1.** (PHYS: *fotometre*) Photometer *m* **2.** (FOTO: *fotometre*) Belichtungsmesser *m*

ışık ölçümü *s* (PHYS) Lichtmessung *f*

ışıksız *adj* lichtlos

ışık yuvarı *s* (ASTR) Photosphäre *f*

ışıldama *s Verbalsubstantiv zu* **ışıldamak**

ışıldamak *vi* leuchten

ışın *s* Strahl *m*

ışın bilimci *s* (MED: *radyolog*) Radiologe, -in *m, f;* **ışın bilimi** *s ohne Pl* (MED: *radyoloji*) Radiologie *f;* **ışın demeti** *s* Strahlenbündel *m;* **ışın etkin** *adj* (PHYS: *radyoaktif*) radioaktiv; **ışın etkinliği** *s ohne Pl* (PHYS: *radyoaktivite*) Radioaktivität *f*

ışınımölçer *s* (PHYS: *bolometre*) Bolometer *nt*

ıtır çiçeği *s* (BOT) Geranie *f*, Pelargonie *f*

ıtırlı *adj* (*güzel kokulu*) wohlriechend, aromatisch riechend

ıtrî *adj* (*güzel kokulu*) wohlriechend, aromatisch riechend

ıvır zıvır *s* (*fam pej*) Krempel *m*, Kleinkram *m*

ızgara *s* Bratrost *m;* (*gril*) Grill *m*

İ

i, İ [iː] *s* i, I *nt, 12. Buchstabe des türk. Alphabets*
iade *s* **1.** Rückgabe *f;* (*vergi ~ si*) Rückerstattung *f* **2.** (JUR) Auslieferung *f*
iane *s* Kollekte *f*
ibadet *s* Andacht *f,* Gottesdienst *m*
ibare *s* Formulierung *f;* **bazı ~ler değiştirildi** einige Formulierungen wurden geändert
ibibik *s* <-ği> (ZOOL: *çavuş kuşu*) Wiedehopf *m*
ibik *s* <-ği> (*gaz ibiği*) Hahn *m*
ibis *s* (ZOOL) Ibis *m*
iblis *s* Beelzebub *m;* (*şeytan*) Teufel *m,* Satan *m,* Luzifer *m*
iblisçilik *s ohne Pl* <-ği> Satanismus *m*
ibra *s s.* **aklama** Entlastung *f;* ~ **etmek** entlasten; **yönetim kurulunun ~sı** Entlastung des Vorstands
İbranca *s s.* **İbranîce**
İbranî *s* Hebräer(in) *m(f)*
İbranîce *s* Hebräisch(e) *nt;* **o, ~ biliyor** er kann Hebräisch
ibre *s* Zeiger *m;* (*pusula ~ si*) Nadel *f*
ibret **I.** *s* (*ders*) Lehre *f,* (Lehr)Beispiel *nt,* Exempel *nt;* **bir şeyden ~ almak** etw als Beispiel nehmen **II.** *adj* (*reg: çirkin*) hässlich; **~in kudreti** abscheulich; **ibret almaz** *adj* unbelehrbar
ibretlik *adj* exemplarisch, beispielhaft
ibrik *s* <-ği> Kanne *f*
ibrişim *s* Nähseide *f;* **ibrişim kurdu** *s s.* **ipek böceği** Seidenraupe *f*
icabet *s* Erhörung *f;* ~ **etmek** erhören
icabı *s poss von* **icap**
icabında *adv* nötigenfalls, im Bedarfsfall
icadı *s poss von* **icat**
icap *s* <-bı> **1.** (*gerek*) Erfordernis *nt;* (*gereklik*) Notwendigkeit *f;* ~ **ettirmek** erfordern, notwendig machen; **meslek icabı** von Berufs wegen **2.** (*WEND*): **birinin icabına bakmak** (*sl: öldürmek*) jdn erledigen
icar [iːdʒaːr] *s* Pacht *f;* (*kira*) Miete *f;* **~a vermek** verpachten, vermieten
icat [iːdʒaːt] *s* <-dı> Erfindung *f;* **bir şey ~ etmek** etw erfinden, eine Erfindung machen
icatçı *adj* erfinderisch
icaz *s ohne Pl* (*anlatımda*) Kürze *f*
icazet *s* **1.** (*izin*) Genehmigung *f;* (*onay*) Zustimmung *f* **2.** (*diploma*) Diplom *nt*
icra *s* **1.** Vollstreckung *f,* Exekution *f* **2.** (JUR) Zwangsvollstreckung *f* **3.** (*ohne Pl, mesleğin ~ sı*) Ausübung *f*
iç [itʃ] **I.** *s ohne Pl* **1.** Innere(s) *nt;* (*badem ~ i*) Kern *m;* ~ **etmek** einheimsen, stibitzen; **~e doğru aç(ıl)mak** (sich) nach innen öffnen; **~im bulanıyor** mir ist übel; **~inden çıkılmaz** ausweglos; **~inden konuşmak** [*o* **demek**] laut denken; **~ine çekmek** einziehen; (*emerek*) einsaugen; (*solukla*) einatmen; **~ine doğmak** ahnen; **bir kimsenin/şeyin ~ini dışını bilmek** (*fam*) jdn/etw in- und auswendig kennen; **meyvenin ~i çürüktü** die Frucht war inwendig faul **2.** Herz *nt;* **~ini dökmek** sein Herz ausschütten **II.** *adj* **1.** innere(r, s); ~ **rahatlığı** [*o* **huzuru**] die innere Ruhe **2.** inwendig; ~ **cep** eine inwendige Tasche; **iç açıcı** *adj* herzerfrischend, herzerquickend; **iç bellek** *s* <-ği> (INFORM) Festplatte *f;* **iç bölge** *s ohne Pl* (GEO) Hinterland *nt;* **iç bulantısı** *s* (*mide bulantısı*) Übelkeit *f*
içbükey *adj* konkav; **içbükey ayna** *s* Hohlspiegel *m*
iç cep *s* <-bi> Brusttasche *f;* **iç çamaşırı** *s* Unterwäsche *f;* **iç denge** *s* (PSYCH) Gleichgewicht *nt,* innere Harmonie, seelische Ruhe; **iç deniz** *s* Binnenmeer *nt;* **iç donu** *s* Unterhose *f;* **iç dünya** *s* Innenwelt *f*
içecek **I.** *s* <-ği> Getränk *nt* **II.** *adj* trinkbar; (*tütün*) rauchbar; **yanında ~ bir sigarası bile yok** er hat nicht einmal eine Zigarette zum Rauchen bei sich
içe dönük *adj* introvertiert; **içe dönüklük** *s ohne Pl* <-ğü> Introvertiertheit *f*
iç ek *s* (LING) Infix *nt*
içeri *s:* **~den** von innen
içerik *s* <-ği> Inhalt *m*
içerisi *s:* ~ (**çok**) **sıcak/soğuk** innen ist es (sehr) heiß/kalt
içeriye *adv dat von* **içeri** hinein; ~ **bir göz atmak** einen Blick hineinwerfen
içerme *s* **1.** *Verbalsubstantiv zu* **içermek** **2.** Implikation *f*
içermek *vt* beinhalten, implizieren
içe yöneliklik *s ohne Pl* <-ği> (PSYCH: *otizm*) Authismus *m*
içgüdü *s* Instinkt *m,* Trieb *m*
içgüdülü *adj,* **içgüdüsel** *adj* instinktiv
iç harp *s* <-bi> *s.* **iç savaş** Bürgerkrieg *m;* **iç hastalıkları uzmanı** *s* (MED: *dâhiliyeci*) Internist(in) *m(f);* **iç huzuru** *s ohne Pl* Seelenruhe *f;* **iç ısıtıcı** *adj* herzerfreuend

içi astarlı *adj* gefüttert
içim *s* **1.** Trinken *nt* **2.** (*bir yudumda içilen miktar*) Schluck *m* **3.** (*tat*) Geschmack *m*
için *part* **1.** um; **vakit kazanmak** ~ um Zeit zu gewinnen; **niçin? – ~ için!** warum? – darum! **2.** (*-den dolayı*) weil; **hasta olduğu ~ işe gitmedi** weil er krank war, ging er nicht zur Arbeit; **onun ~** (*bundan dolayı*) deshalb, deswegen **3.** für; **benim/senin ~** für mich/dich, meinetwegen/deinetwegen **4.** (*oranla*): **bu şapka senin ~ büyük** dieser Hut ist dir zu groß **5.** (*karşılık olarak*) für; **bir şişe bira ~** für eine Flasche Bier **6.** (*süre*) für; **birkaç gün ~ geldim** ich bin für einige Tage gekommen
içinde *adv* **1.** in, binnen, innerhalb; ~ **iki yavru olan bir yuva** ein Nest mit zwei Jungen darin; **bir hafta ~** binnen [*o* innerhalb] einer Woche; **birkaç gün ~** in einigen Tagen; **birkaç saat ~** binnen einiger Stunden; **İstanbul ~** innerhalb von Istanbul **2. bu şartlar ~** unter diesen Bedingungen **3. heyecan/sevinç ~ olmak** voller Aufregung/Freude sein; **yüzü kırışık ~** sein Gesicht ist voller Falten
içinden *adv* hindurch; **ormanın ~** durch den Wald hindurch
içine *adv* hinein; ~ **düşmek** hineinfallen
için için *adv* vor sich hin, in sich hinein; ~ **gülmek** [*o* **gülümsemek**] schmunzeln
içirme *s Verbalsubstantiv zu* **içirmek**
içirmek *vt* **1.** *Kausativ zu* **içmek** **2.** (*ilâç*) einflößen
iç işleri bakanı *s* (POL) Innenminister(in) *m(f)*; **iç işleri bakanlığı** *s* (POL) Innenministerium *nt*
içitim *s* (MED) Einspritzung *f*; (*enjeksiyon*) Injektion *f*
içitmek *vt* (MED) injizieren, einspritzen
iç kapı *s* Innentür *f*
içki *s* **1.** (alkoholisches) Getränk, Alkohol *m*; ~ **içmek** Alkohol trinken **2.** Trinken *nt*; **~yi bırakmak** mit dem Trinken aufhören
içkici *s* Trinker(in) *m(f)*
içkicilik *s ohne Pl* <-ği> **1.** (*içki satma*) Ausschank *m* **2.** (*içkiye düşkünlük*) Trinkerei *f*, Trinksucht *f*
içkili *adj* **1.** ~ **olmak** unter Alkoholeinfluss stehen **2.** ~ **lokanta** Gaststätte mit Ausschank
içkin *adj* (*a.* PHILOS) immanent
içkinlik *s ohne Pl* <-ği> (*a.* PHILOS) Immanenz *f*
içki sersemliği *s ohne Pl* Trunkenheit *f*; **içki yasağı** *s* Alkoholverbot *f*
iç lâstik *s* <-ği> (AUTO: *şambrel*) Schlauch *m*, Reifenschlauch *m*
içli *adj* rührselig
içlilik *s ohne Pl* <-ği> Rührseligkeit *f*
iç liman *s* Binnenhafen *m*
içme *s Verbalsubstantiv zu* **içmek**
içmek <-er> *vt* **1.** trinken; **bir şeyi bir yudumda ~** etw in einem Zug austrinken **2.** (*çorba*) essen; **çorbanı içtin mi?** hast du deine Suppe gegessen? **3.** (*tütün*) rauchen; **pipo/sigara ~** Pfeife/Zigaretten rauchen **4.** (*ilâç*) einnehmen
içme suyu *s* Trinkwasser *nt*
iç mimar *s* Innenarchitekt(in) *m(f)*; **iç mimarî** *s* Innenarchitektur *f*; **iç oğlanı** *s* (HIST) Edeljunge *m*, Knappe *m*; **iç pazar** *s* (WIRTSCH) Inlandsmarkt *m*, Binnenmarkt *m*; **iç piyasa** *s* Binnenmarkt *m*; **iç plâzma** *s ohne Pl* (BIOL) Endoplasma *nt*; **iç politika** *s* (POL) Innenpolitik *f*; **iç rahatlığı** *s ohne Pl* Seelenruhe *f*
içrek *adj* <-ği> esoterisch; ~ **edebiyat** esoterische Literatur
içrekçilik *s ohne Pl* <-ği> Esoterik *f*
iç savaş *s* Bürgerkrieg *m*; **iç ses** *s* (LING) Inlaut *m*
içsiz *adj* **1.** (*kuru yemişler için*) entkernt **2.** inhaltlos; (*kuru*) trocken; (*anlamsız*) sinnlos **3.** (*lâstik*) schlauchlos
iç sular *s Pl* Binnengewässer *nt*
içten **I.** *adj* (*yürekten*) herzlich **II.** *adv* innerlich; **bir kimseyi/şeyi ~ yıkmak** jdn/etw innerlich zerstören
içtenlik *s ohne Pl* <-ği> **1.** Herzlichkeit *f* **2.** Innerlichkeit *f*
iç ticaret *s ohne Pl* Binnenhandel *m*
içtima *s* **1.** (MIL) Appell *m*; ~ **etmek** zum Appell antreten; **sabah ~sı** der morgendliche Appell **2.** (ASTR: *kavuşum*) Konjunktion *f*
içtimaiyat *s ohne Pl s.* **sosyoloji** Soziologie *f*
içtimaiyatçı *s s.* **sosyolog** Soziologe, -in *m, f*
iç tüzük *s* <-ğü> Geschäftsordnung *f*
iç yüzey *s* Innenfläche *f*
idam *s* Hinrichtung *f*; **birini ~ etmek** jdn hinrichten; **idam cezası** *s* Todesstrafe *f*; **idam sehpası** *s* Schafott *nt*
idare hukuku *s ohne Pl* Verwaltungsrecht *nt*
iddia *s* **1.** Behauptung *f* **2.** (*bahis*) Wette *f*; **iddia makamı** *s* (JUR) Anklagebehörde *f*
iddianame *s* (JUR) Anklageschrift *f*
iddiasız *adj* anspruchslos; ~ **bir hayat sürmek** ein anspruchsloses Leben führen
iddiasızlık *s* <-ğı> Anspruchslosigkeit *f*
ideal **I.** *s* <-i> Ideal *nt* **II.** *adj* ideal
idealist **I.** *s* Idealist(in) *m(f)* **II.** *adj* idealistisch
idealistlik *s ohne Pl* <-ği> Idealismus *m*
idealize *s* (*ideal durum*) Idealfall *m*; ~ **etmek** idealisieren

İ

idealizm *s ohne Pl* Idealismus *m*
idealleştirme *s* Idealisierung *f*
idealleştirmek *vt* idealisieren
idefiks *s* **1.** idée fixe *f;* (*sabit fikir*) fixe Idee **2.** (PSYCH: *saplantı*) Zwangsvorstellung *f*
identik *adj* (MATH: *özdeş*) identisch
ideolog *s* <-ğu> Ideologe, -in *m, f*
ideoloji *s* Ideologie *f*
ideolojik *adj* ideologisch
idmanlı *adj* (*antremanlı*) durchtrainiert
idrak *s s.* **algı** Wahrnehmung *f;* ~ **etmek** wahrnehmen; **idrak kabiliyeti** *s ohne Pl* Wahrnehmungsvermögen *nt,* Auffassungsgabe *f*
idrar *s* <-ği> Harn *m,* Urin *m; s. a.* **sidik**; **idrar söktürücü** *adj* harntreibend; **idrar yolu** *s* (ANAT) Harnwege *pl;* **idrar zoru** *s ohne Pl* (MED) Harnzwang *m*
ifa *s* Erfüllung *f*
ifade *s* **1.** Ausdruck *m;* **bir şeyi** (**sözle**) ~ **etmek** etw (mit Worten) ausdrücken **2.** Aussage *f;* ~**si poliste zapt edildi** seine Aussage wurde bei der Polizei protokolliert; **ifade vermeme hakkı** *s* Aussageverweigerungsrecht *nt*
ifa yeri *s* (JUR) Erfüllungsort *m*
iffet *s ohne Pl* Keuschheit *f*
iffetli *adj* keusch; ~ **bir yaşam sürmek** ein keusches Leben führen
iflâs *s* Konkurs *m,* Bankrott *m;* ~ **etmek** Bankrott machen; **dolanlı** ~ betrügerischer Bankrott; **iflâs masası** *s* Konkursmasse *f*
ifrat *s* **1.** Extrem *nt;* ~ **tefrit** die äußersten Extreme; **bir şeyi** ~**a vardırmak** etw ins Extrem treiben **2.** Exzess *m;* **bir şeyi** ~**a vardırmak** etw bis zum Exzess treiben
ifşaat *s Pl* Enthüllungen *pl*
iguana *s* (ZOOL: *Hint kertenkelesi*) Iguana *f*
iğ *s* **1.** Spindel *f* **2.** (*fam*) Achse *f*
iğde *s* (BOT) Ölweide *f*
iğdegiller *s Pl* (BOT) Ölweidengewächse *ntpl*
iğdiş *adj* kastriert; ~ **etmek** kastrieren
iğdiş at *s* Wallach *m*
iğne *s* **1.** Nadel *f* **2.** (MED: *şırınga*) Spritze *f* **3.** (ZOOL) Stachel *m* **4.** (BOT: *çam* ~*si*) Nadel *f* **5.** (TECH) Nadel *f* **6.** (*broş*) Brosche *f* **7.** (*olta* ~*si*) Haken *m;* **iğne deliği** *s* Nadelöhr *nt*
iğnedenlik *s* <-ği> (*iğnelik*) Nadelkissen *nt*
iğne gözü *s s.* **iğne deliği** Nadelöhr *nt*
iğneleme *s* **1.** *Verbalsubstantiv zu* **iğnelemek** **2.** (*fig*) Stichelei *f*
iğnelemek *vt* **1.** mit einer Nadel befestigen **2.** (*fig*) sticheln
iğnelenme *s Verbalsubstantiv zu* **iğnelenmek**
iğnelenmek *vi* **1.** *pass von* **iğnelemek** **2.** (*iğne batar gibi acı duymak*) einen stechenden Schmerz fühlen [*o* verspüren]
iğneleyici *adj* (*fig*) stichelnd
iğneli *adj* **1.** mit einer Nadel befestigt **2.** (*fig*) stichelnd; ~ **lâflar** stichelnde Bemerkungen
iğnelik *s* <-ği> (*iğnedenlik*) Nadelkissen *nt*
iğne yaprak *s* <-ği> (BOT) Nadel *f;* **iğne yapraklılar** *s* (BOT) Nadelhölzer *ntpl;* (*kozalaklılar*) Koniferen *fpl;* **iğne yastığı** *s s.* **iğnelik** Nadelkissen *nt;* **iğne yurdu** *s* (*reg: iğne deliği*) Nadelöhr *nt*
iğrenç *adj* <-ci> (*pej*) ekelhaft, widerwärtig, abscheulich
iğrendirme *s Verbalsubstantiv zu* **iğrendirmek**
iğrendirmek *vt* anekeln
iğrenme *s Verbalsubstantiv zu* **iğrenmek**
iğrenmek *vi* sich ekeln (*-den* vor)
ihale *s* Ausschreibung *f;* ~**ye katılmak** an der Ausschreibung teilnehmen
i hâli *s* (LING: *belirtme durumu*) Wenfall *m,* Akkusativ *m*
ihanet *s* **1.** (*hıyanet*) Verrat *m;* ~ **etmek** verraten **2.** (*sadakatsizlik*) Untreue *f,* Treulosigkeit *f;* ~ **etmek** betrügen
ihbar *s* **1.** (*bildirim*) Kündigung *f,* Mitteilung *f;* (*haber verme*) Benachrichtigung *f* **2.** (JUR: *polise*) Anzeige *f;* **birini** ~ **etmek** jdn anzeigen
ihbarcı *s* **1.** Anzeigeerstatter(in) *m(f)* **2.** (*muhbir*) Spitzel *m*
ihbarname *s* Kündigungsschreiben *nt,* (schriftliche) Benachrichtigung
ihmal *s* <-li> **1.** Nachlässigkeit *f* **2.** (*savsaklama*) Vernachlässigung *f;* ~ **etmek** vernachlässigen **3.** (JUR) Fahrlässigkeit *f;* **ağır** ~ grobe Fahrlässigkeit
ihmalci *adj* nachlässig
ihmalcilik *s* <-ği> Nachlässigkeit *f*
ihmalkâr *adj* nachlässig
ihmalkârlık *s* <-ğı> Nachlässigkeit *f*
ihracat *s* Ausfuhr *f,* Export *m*
ihracatçı *s* Exporteur(in) *m(f)*
ihracat firması *s* Exportfirma *f;* **ihracat resmi** *s* Ausfuhrzoll *m*
ihraz *s* (JUR) Aneignung *f;* ~ **etmek** sich aneignen
ihtida *s* Übertritt *m* zum Islam
ihtifal [içtifãl] *s* <-i> *s.* **anma töreni** Gedenkfeier *f*
ihtilâl [içtilãl] *s* <-i> Revolution *f*
ihtimal [içtimãl] *s* <-i> Wahrscheinlichkeit *f;* **her** ~**e karşı** für alle Fälle
ihtimaliyet hesabı *s,* **ihtimaller hesabı** *s s.* **olasılıklar hesabı** (MATH) Wahrscheinlichkeitsrechnung *f*
ihtiram birliği *s* Ehrenformation *f,* Ehren-

kompanie *f*
ihtiras *s s.* **tutku** Leidenschaft *f*
ihtisas *s* Fachausbildung *f*
ihtiva etmek *vt s.* **içermek** beinhalten
ihtiyaç *s* <-cı> Bedürfnis *nt,* Bedarf *m;* **ihtiyacı karşılamak** den Bedarf decken; **yardıma ihtiyacın var mı?** brauchst du Hilfe?
ihtiyar *adj* alt; **ihtiyar heyeti** *s* Ältestenrat *m*
ihtiyarlama *s ohne Pl Verbalsubstantiv zu* **ihtiyarlamak**
ihtiyarlamak *vi* (*yaşlanmak*) altern, alt werden, älter werden
ihtiyarlık *s ohne Pl* <-ğı> Alter *nt*
ihtiyat *s ohne Pl* **1.** Vorsicht *f;* ~ **kaydı ile** unter Vorbehalt **2.** (*yedek*) Reserve *f* **3.** (MIL) Reservetruppe *f,* Ersatztruppe *f;* **ihtiyat akçesi** *s s.* **yedek akçe** (WIRTSCH) Rücklage *f*
ihtiyaten *adv* vorsorglich
ihtiyatî *adj* vorsorglich; **ihtiyatî tedbir** *s* **1.** Vorsichtsmaßnahme *f* **2.** (JUR) einstweilige Verfügung
ihvan *s* (REL) Bruderschaft *f*
ikbal [ikbãl] *s* <-i> **1.** (*geh*) Glück *nt,* Glücksstern *m;* **birinin ~i sönmek** jds Stern sinkt **2.** (*istek*) Wunsch *m;* (*arzu*) Verlangen *nt* **3.** (HIST: *gözde cariye*) *Konkubine oder Odaliske, die Favoritin des Sultans oder dessen Sohnes ist*
iken *adv:* **bei burada ~ ...** als ich hier war, ...
iki I. *s* Zwei *f; s. a.* **altı II.** *adj* zwei; *s. a.* **altı; iki ailelik ev** *s* Zweifamilienhaus *nt;* **iki anlamlı** *adj* zweideutig
iki buçuk *adj* <-ğu> **1.** zweieinhalb; ~ **litre/kilometre** zweieinhalb Liter/Kilometer; ~ **saat önce/sonra** zweieinhalb Stunden vorher/nachher **2.** (*saati bildirirken*) halb drei; ~**ta** um halb drei; **saat ~** es ist halb drei; **iki buçuğa on (dakika) kala** um zehn (Minuten) vor halb drei; **iki buçuğa on (dakika) var** es ist zehn (Minuten) vor halb drei; **iki buçuğu on (dakika) geçe** um zehn (Minuten) nach halb drei; **iki buçuğu on (dakika) geçiyor** es ist zehn (Minuten) nach halb drei
iki buçukluk *s* <-ğu> **1.** (*para*) Viertellira *f* **2.** (*fam: top toplayıcı*) Balljunge *m*
iki dilli *adj* zweisprachig, bilingual; ~ **büyümek** zweisprachig aufwachsen; **iki dillilik** *s ohne Pl* <-ği> Zweisprachigkeit *f,* Bilingualismus *m;* **iki katlı** *adj* zweistöckig
ikilem *s* Dilemma *nt*
ikili I. *s* **1.** (SPORT) Doppel *nt;* ~ **oynamak** (*fig*) ein doppeltes Spiel treiben; **karışık ~** gemischtes Doppel **2.** (MUS) Duo *nt* **3.** (*iskambil kâğıdı*) Zwei *f* **II.** *adj* **1.** zweifach; ~ **priz** Doppelstecker *m;* (*şamdan*) zweiarmig **2.** (*anlaşma*) bilateral **3.** (MATH, INFORM) binär
ikilik I. *s* <-ği> **1.** Zwietracht *f* **2.** (MUS) halbe Note **3.** (*akçe*) Zweier *m* **II.** *adj* für Zwei
ikili ünlü *s* (LING) Doppellaut *m;* (*diftong*) Diphthong *m;* **ikili yatak** *s* <-ğı> Doppelbett *nt*
iki namlulu *adj* doppelläufig
ikinci *adj* zweite(r, s); *s. a.* **altmışıncı**
ikincil *adv* sekundär
ikincisi *adv* (*sayarken*) zweitens; *s. a.* **altıncısı**
ikindi *s* Nachmittag *m;* **ikindi namazı** *s* (REL) Nachmittagsgebet *nt*
iki parçalı *adj* zweiteilig; ~ **kadın giysisi** zweiteiliges Damenkleid
ikircil *adj* doppeldeutig
ikişer *adj* je zwei
iki yaşayışlı *adj* (ZOOL: *amfibi*) amphibisch
ikiz I. *s* Zwilling *m;* **tek/iki yumurta ~leri** eineiige/zweieiige Zwillinge; **yapışık ~ler** siamesische Zwillinge **II.** *adj* doppel, Doppel-
ikiz anlam *s ohne Pl* Doppelsinn *m;* **ikiz anlamlı** *adj* doppelsinnig
ikizkenar *adj* (MATH) gleichschenk(e)lig; ~ **üçgen** ein gleichschenk(e)liges Dreieck
İkizler *s Pl* (ASTR) Zwillinge *pl;* ~ **burcu/dönencesi** das Sternbild/der Wendekreis der Zwillinge
ikiz ünlü *s* (LING) Doppelvokal *m;* **ikiz ünsüz** *s* (LING) Doppelkonsonant *m*
iklim *s* Klima *nt;* **iklim araştırmacısı** *s* Klimaforscher(in) *m(f);* **iklim bilimi** *s ohne Pl* Klimatologie *f*
iklimleme cihazı *s* (*klima*) Klimaanlage *f*
iklimsel *adj* klimatisch
ikon *s* **1.** Ikone *f* **2.** (INFORM) Icon *nt*
ikram *s* Bewirtung *f;* **birine bir şey ~ etmek** jdm etw anbieten
ikramiye *s* **1.** Gratifikation *f,* Sonderzulage *f* **2.** Bonus *m* **3.** (*çekilişte*) (Lotterie)Gewinn *m*
ikrar *s* **1.** Geständnis *nt* **2.** (*borç ~ı*) Anerkenntnis *nt*
iksir *s* Elixier *nt*
iktibas *s s.* **alıntı** Zitat *nt;* ~ **etmek** zitieren
iktidar *s ohne Pl* Macht *f;* **iktidar sahibi** *s* (POL) Machthaber(in) *m(f)*
iktidarsız *adj* **1.** (*gücü olmayan*) machtlos; (*beceriksiz*) unfähig **2.** (*cinsî gücü olmayan*) impotent
iktidarsızlık *s ohne Pl* <-ğı> **1.** (*güçsüzlük*) Machtlosigkeit *f;* (*beceriksizlik*) Unfähigkeit *f* **2.** (*erkek için*) Impotenz *f*
iktisaden *adv* wirtschaftlich, ökonomisch
iktisadı *s poss von* **iktisat**

iktisadî *adj* wirtschaftlich, ökonomisch

iktisap *s* <-bı> Erwerb *m;* **bir şeyi ~ etmek** etw erwerben

iktisat *s* <-dı> (*ekonomi*) Wirtschaft *f,* Ökonomie *f;* **~ etmek/yapmak** sparen

iktisatçı *s* Ökonom *m*

iktisatlı *adj* (*şey*) wirtschaflich; (*kimse*) sparsam

il *s* (ADMIN) Provinz *f*

ilâç [ilãtʃ] **I.** *s* <-cı> **1.** Medikament *nt,* Medizin *f* **2.** (*fig: çare, önlem*) Medizin *f,* Arznei *f,* Arzneimittel *m,* Heilmittel *m* **II.** *adj* medikamentös; **~ tedavisi** medikamentöse Behandlung; **ilâç formülü** *s* Arzneiformel *f;* **ilâç sanayii** *s* Pharmaindustrie *f;* **ilâç şişesi** *s* Arzneiflasche *f*

ilâh *s* **1.** (*tanrı*) Gott *m;* **~ gibi** wie ein junger Gott **2.** (*fam fig*) Idol *nt;* **gençliğin ~ı** das Idol der Jugend

ilâhe *s* (*tanrıça*) Göttin *f*

ilahi *interj:* **~!** ach, du meine Güte!

ilâhî **I.** *s* (REL) Lobgesang *m,* Hymne *f* **II.** *adj* (*a. fig*) göttlich

ilâhiyat *s ohne Pl* (*teoloji*) Theologie *f;* **ilâhiyatçı** *s* (*teolog*) Theologe, -in *m, f*

ilâhlaştırma *s ohne Pl* **1.** *Verbalsubstantiv zu* **ilâhlaştırmak** **2.** Vergottung *f*

ilâhlaştırmak *vt* **1.** vergotten **2.** (*fam fig*) idolisieren

ilân *s* **1.** (PUBL) Anzeige *f,* Inserat *nt,* Annonce *f;* **~ vermek** inserieren, eine Anzeige aufgeben; **bütün gazetelere ~ vermek** in allen Zeitungen inserieren **2.** (*açıkça duyurma*) Ausruf *m;* **~ etmek** ausrufen; **cumhuriyet ~ edildi** die Republik wurde ausgerufen; **ilân gazetesi** *s* Anzeigenblatt *nt*

ilânıaşk *s* Liebeserklärung *f;* **birine ~ etmek** jdm eine Liebeserklärung machen

ilân kampanyası *s* Anzeigenkampagne *f*

ilânlar bölümü *s* (PUBL) Anzeigenteil *m*

ilân tahtası *s* Anschlagbrett *nt*

ilâve *s* **1.** (*ek*) Zusatz *m;* (*ulama*) Hinzufügung *f;* **bir şeyi (başka) bir şeye ~ etmek** eine Sache einer (anderen) Sache hinzufügen **2.** (PUBL: *ek*) Beilage *f;* **~ etmek** beilegen

ilâveten *adv* zusätzlich

ilbay *s* (ADMIN) Gouverneur *m,* Provinzgouverneur *m*

ilçe *s* (ADMIN) Provinzbezirk *m*

ile **I.** *konj* und; **annesi ~ babası** seine Mutter und sein Vater **II.** *prep* (*-yle, -yla*) **1.** mit; **annesi/arabası ~ geldi** er kam mit seiner Mutter/seinem Wagen **2.** nach; **sıra ~** der Reihe nach **3.** unter; **ihtiyat kaydı ~** unter Vorbehalt

ilelebet *adv* (*sürgit*) auf ewig, für immer und ewig; (*sonsuzluğa değin*) bis in alle Ewigkeit

ilenç *s* <-ci> Fluch *m*

ilenme *s* **1.** *Verbalsubstantiv zu* **ilenmek** **2.** Verfluchung *f*

ilenmek *vi:* **birine ~** jdn verfluchen

ilerde *adv* **1.** künftig, in der Zukunft **2.** (*ötede*) vorn(e); *s. a.* **ileride**

ileri **I.** *s* <-si> **1.** (*geri karşıtı*): **~mizde ağaçları gördük** wir sahen die Bäume vor uns **2. daha ~ gidelim mi?** sollen wir noch weiter gehen? **3.** (*gelecek*) Zukunft *f* **II.** *adj* **1.** (*önde bulunan*) vordere(r, s) **2.** (*saat*): **saat beş dakika ~dir** die Uhr geht fünf Minuten vor **3.** (*önceki*) vorherige(r, s) **4.** (*fig*) fortschrittlich, progressiv **5.** (*yaş*) hoch; **~ yaş** hohes Alter; **~ yaşta (olmak)** in hohem Alter (sein) **III.** *adv* vorwärts; **bir şeyden ~ gelmek**, **~ geri** vorwärts und rückwärts, von etw herrühren; **~ gitmek** vorwärts gehen; (*saat*) vorgehen; (*fig*) zu weit gehen **IV.** *interj:* **~!** vorwärts!

ilerici **I.** *s* Fortschrittler *m* **II.** *adj* fortschrittlich, progressiv

ilericilik *s ohne Pl* <-ği> Fortschrittlichkeit *f*

ileride *adv* **1.** künftig, in der Zukunft **2.** (*ötede*) vorn(e)

ileri görüş *s ohne Pl* Vorausschau *f;* **ileri görüşlü** *adj* vorausschauend

ilerisi *s* Zukunft *f;* **~ni düşünmek** an die Zukunft denken

ileri vites *s* (TECH) Vorwärtsgang *m*

ilerleme *s ohne Pl* **1.** *Verbalsubstantiv zu* **ilerlemek** **2.** Fortschritt *m* **3.** (*meslekte*) Fortkommen *nt*

ilerlemek *vi* **1.** (*ileriye gitmek*) fortkommen, seinen Weg fortsetzen; **vapur siste ilerliyordu** der Dampfer setzte im Nebel seine Fahrt fort **2.** fortschreiten, sich weiterentwickeln; **hastalık ilerliyor** die Krankheit schreitet fort **3.** (*meslekte*) fortkommen

ilerlemiş *adj* fortgeschritten; **~ yaşta spor yapmak** im fortgeschrittenen Alter Sport treiben; **yaşı ~ olmak** im fortgeschrittenen Alter sein

ilerletme *s ohne Pl* **1.** *Verbalsubstantiv zu* **ilerletmek** **2.** Fortentwicklung *f*

ilerletmek *vt* **1.** *Kausativ zu* **ilerlemek** **2.** weiterentwickeln, fortentwickeln

ilerleyici *adj* (*a.* LING) progressiv

ileti *s* Mitteilung *f;* (*mesaj*) Nachricht *f*

iletişim *s ohne Pl* Kommunikation *f*

iletişim akışı *s* Kommunikationsfluss *m;* **iletişim araçları** *s Pl* Kommunikationsmittel *ntpl;* **iletişim merkezi** *s* Kommunikationszentrum *nt*

iletişme *s ohne Pl* **1.** *Verbalsubstantiv zu* **iletişmek** **2.** Kommunikation *f*

iletişmek *vi* kommunizieren

iletken **I.** *s* (ELEK, PHYS, TECH) Leiter *m* **II.** *adj* (ELEK, PHYS, TECH) leitfähig; **iletken damarlar** *s Pl* (BOT) Leitgewebe *nt*

iletkenlik *s ohne Pl* <-ği> (PHYS) Leitfähigkeit *f*

iletki *s* (MATH) Winkelmesser *m*

ilga *s ohne Pl* Abschaffung *f;* **bir şeyi ~ etmek** etw abschaffen

ilgeç *s* <-ci> (LING: *edat*) Partikel *f*

ilgi *s* **1.** Interesse *nt;* **bir şeye ~ duymak** sich für etw interessieren; **~ uyandırmak** das Interesse wecken **2.** (*nazarıdikkat*) Aufmerksamkeit *f;* **birinin ~sini çekmek** jds Aufmerksamkeit auf sich ziehen; **ilgi çekici** *adj* interessant

ilgilendirme *s Verbalsubstantiv zu* **ilgilendirmek**

ilgilendirmek *vt* **1.** betreffen, angehen; **bu beni ilgilendirmez** das betrifft mich nicht, das geht mich nichts an **2.** interessieren; **bu beni ilgilendirmez** das interessiert mich nicht

ilgili *adj* **1.** betreffend **2.** zuständig

ilginç *adj* interessant

ilginçleşme *s Verbalsubstantiv zu* **ilginçleşmek**

ilginçleşmek *vi* interessant werden

ilginçlik *s ohne Pl* <-ği> Interessantheit *f*

ilgisiz *adj* gleichgültig, interesselos, desinteressiert

ilgisizlik *s ohne Pl* <-ği> **1.** (*aldırmazlık*) Gleichgültigkeit *f;* (*kayıtsızlık*) Indifferenz *f,* Uninteressiertheit *f* **2.** (*ilgi göstermeme*) Interesselosigkeit *f,* Desinteresse *nt*

ilhak *s* **1.** (*ekleme*) Zufügung *f;* **~ etmek** zufügen **2.** (POL) Annexion *f;* **~ etmek** annektieren

ilham *s s.* **esin** Eingebung *f,* Inspiration *f;* **~ vermek** inspirieren (*-e*)

ilik[1] *s* <-ği> Knopfloch *nt*

ilik[2] *s* <-ği> (ANAT) Mark *nt;* (*kemik iliği*) Knochenmark *nt;* **iliğime kadar ıslandım** ich bin durch und durch nass

ilikleme *s Verbalsubstantiv zu* **iliklemek**

iliklemek *vt* zuknöpfen

ilim *s* <-lmi> *s.* **bilim** Wissenschaft *f;* **ilim adamı** *s s.* **bilim adamı** Wissenschaftler *m;* (*bilgin*) Gelehrte(r) *m;* **ilim kadını** *s s.* **bilim kadını** Wissenschaftlerin *f;* (*bilgin*) Gelehrte *f*

ilinek *s* <-ği> (PHILOS) Akzidens *nt*

ilişiği *s poss von* **ilişik**

ilişik *s* <-ği>: **biriyle ilişiğini kesmek** mit jdm abschließen; **dış dünya ile ilişiği kesilmiş olmak** von der Außenwelt abgeschnitten sein

ilişki *s* **1.** Beziehung *f* **2.** Verbindung *f;* **~ye geçmek** in Verbindung treten **3.** (*cinsel*) Verkehr *m*

ilişkinlik *s ohne Pl* <-ği> Zugehörigkeit *f*

ilk *adj* **1.** erste(r, s); **~ yarı** die erste Halbzeit **2.** früh; **~ gençliğinde at delisiydi** in seiner frühen Jugend war er ein Pferdenarr

ilkah *s* Besamung *f,* Befruchtung *f*

ilkbahar *s* Frühling *m*

İlk Cağ *s ohne Pl* Altertum *nt*

ilk dördün *s* (ASTR) zunehmender Mond

ilke *s* Prinzip *nt*

ilkel *adj* **1.** primitiv **2.** (BOT): **~ bitkiler** niedere Pflanzen

ilkelce *adv* primitiv

ilkelcilik *s ohne Pl* <-ği> (KUNST: *primitivizm*) Primitivismus *m*

ilkellik *s ohne Pl* <-ği> Primitivität *f*

ilk gösteri *s* Erstaufführung *f;* (*prömiyer*) Premiere *f*

ilkgüz *s s.* **eylül** September *m*

ilkin *adv* anfangs, zuerst; **ilkin sığır** *s* Auerochse *m*

ilk kânun *s s.* **aralık** Dezember *m*

ilkokul *s* Grundschule *f;* **ilkokul öğretmeni** *s* Grundschullehrer(in) *m(f)*

ilk önce *adv* zuerst; **ilk teşrin** *s s.* **ekim** Oktober *m;* **ilk ve son** *adj* (*fam fig*) einzig und allein; (*tek*) einzig; **ilk yardım kutusu** *s* Erste-Hilfe-Kasten *m*

ilkyaz *s* Frühling *m*

illâ *adv s.* **ille**

illâki *adv s.* **ille**

illâllah *konj:* **~!** Herrgott!, mein Gott!; **~, yeter artık!** mein Gott, jetzt ist aber genug!

ille *adv* **1.** (*her hâlde*) auf jeden Fall, unbedingt **2.** (*özellikle*) insbesondere **3.** (*yoksa, olmazsa*) sonst, andernfalls; **sen de gelirsin, ~ gitmem** du kommst mit, sonst gehe ich nicht

illegal *adj* illegal; **~ örgüt** illegale Organisation

illet *s* **1.** (*hastalık*) Krankheit *f* **2.** (*fam*) Plagegeist *m* **3.** (PHILOS: *sebep*) Ursache *f*

ille velâkin *konj* (*reg: bununla birlikte*) dennoch

illî *adj s.* **nedensel** kausal, ursächlich

illiyet *s s.* **nedensellik** Kausalität *f,* Ursächlichkeit *f*

illüstrasyon *s* **1.** (*resimlerle süsleme*) Illustration *f,* Illustrierung *f* **2.** (*resim*) Abbildung *f*

illüzyon *s* Illusion *f*

illüzyonist **I.** *s* Illusionist(in) *m(f)* **II.** *adj* illusionistisch

illüzyonizm *s ohne Pl* Illusionismus *m*

ilmî *adj s.* **bilimsel** wissenschaftlich

ilmik *s* <-ği> Schlinge *f*

ilmühaber *s* (ADMIN) Schein *m;* (*doğum ~ i*) Urkunde *f*

iltibas *s* Verwechs(e)lung *f*
iltica *s* (JUR, POL: *sığınma*) Asyl *nt;* **iltica hakkı** *s* (JUR, POL: *sığınma hakkı*) Asylrecht *nt*
iltifat *s* Kompliment *nt*
iltihabı *s poss von* **iltihap**
iltihap *s* <-bı> Entzündung *f*
iltihaplanma *s* **1.** *Verbalsubstantiv zu* **iltihaplanmak** **2.** Entzündung *f*
iltihaplanmak *vi* sich entzünden
iltihaplı *adj* entzündet
iltimasçılık *s ohne Pl* <-ğı> *s.* **kayırıcılık** Günstlingswirtschaft *f,* Vetternwirtschaft *f*
im *s* **1.** (*işaret*) Zeichen *nt* **2.** (*alâmet*) Anzeichen *nt*
imaj *s* Image *nt*
imal *s* <-i> Fertigung *f;* ~ **etmek** fertigen
imalât *s* Produktion *f,* Anfertigung *f*
imam *s* (REL) Imam *m*
imambayıldı *s* (GASTR) der Imam fiel in Ohnmacht, *kalte Speise mit gefüllten Auberginen in Olivenöl*
imam evi *s* (*reg*) Frauengefängnis *nt;* **imam kayığı** *s* (*sl: tabut*) Sarg *m;* **imam nikâhı** *s* Trauung *f* vor dem Imam; **imam suyu** *s* (*sl: rakı*) Raki *m,* Schnaps *m*
iman [iːmaːn] *s ohne Pl* Glaube *m;* **açlıktan ~ı gevremek** (*fam fig*) am Hungertuch nagen
imaniye *s ohne Pl* (PHILOS) *s.* **inancılık** Fideismus *m*
imanlı *adj* **1.** gläubig **2.** (*fam fig: insaflı*) gnädig, gütig
iman sahibi *s* Gläubige(r) *mf*
imansız **I.** *s* Ungläubige(r) *mf;* **dinsizin hakkından ~ gelir** (*fig*) den Teufel mit dem Beelzebub austreiben **II.** *adj* **1.** ungläubig; ~ **gitmek** ungläubig sterben **2.** (*fam fig: insafsız*) gnadenlos; (*acımasız*) mitleid(s)los **3.** (*reg*) fettarm, mager; ~ **peynir** fettarmer Käse
imansızlık *s ohne Pl* <-ğı> Ungläubigkeit *f*
iman tahtası *s* (*reg: göğüs kemiği*) Brustbein *nt*
imar *s* Bebauung *f;* **imar dairesi** *s* Bauamt *nt;* **imar plânı** *s* Bebauungsplan *m*
imarethane *s* (HIST) Armenküche *f*
imbat *s* (*deniz yeli*) Seewind *m*
imbik *s* <-ği> (CHEM: *damıtıcı*) Destillierkolben *m;* **~ten çekmek** destillieren
imge *s* **1.** (*düş*) Traum *m;* (*hayal*) Vorstellung *f* **2.** (*imaj*) Image *nt*
imgelem *s ohne Pl* **1.** Einbildungskraft *f* **2.** Vorstellungsvermögen *nt*
imha *s* Vernichtung *f;* **bir şeyi ~ etmek** etw vernichten
imik *s* <-ği> (*reg: boğaz*) Hals *m;* (*gırtlak*) Kehle *f*
imitasyon *s* **1.** (*taklit*) Imitat *nt* **2.** (*taklit etme*) Imitation *f,* Nachahmung *f*
imkân *s* Möglichkeit *f;* ~ **dâhilinde olmak** im Bereich des Möglichen liegen; **~ı yok!** (das ist) unmöglich!; **ev bu durumdayken ~ı yok rahat edemem** wenn das Haus in diesem Zustand ist, kann ich mich unmöglich wohl fühlen
imkânsız *adj* unmöglich; ~ **bir şey** ein Ding der Unmöglichkeit
imkânsızlaşma *s Verbalsubstantiv zu* **imkânsızlaşmak**
imkânsızlaşmak *vi* unmöglich werden
imkânsızlık *s ohne Pl* <-ğı> Unmöglichkeit *f*
imlâ *s s.* **yazım** Rechtschreibung *f;* ~ **etmek** (*söyleyip yazdırmak*) diktieren; (*doldurmak*) ausfüllen; **imlâ yanlışı** *s* Rechtschreibfehler *m*
imleç *s* <-ci> (INFORM) Cursor *m*
immoralizm *s ohne Pl* (PHILOS) Immoralismus *m*
immünoloji *s ohne Pl* (MED) Immunologie *f*
imparator *s* Kaiser *m,* Imperator *m;* **imparatoriçe** *s* Kaiserin *f;* **imparatorluk** *s* <-ğu> Kaiserreich *nt,* Imperium *nt,* Reich *nt;* **Osmanlı/Roma İmparatorluğu** (HIST) das Osmanische/Römische Reich
imren *s ohne Pl* Neid *m*
imrenilecek *adj* beneidenswert
imrenme *s ohne Pl* **1.** *Verbalsubstantiv zu* **imrenmek** **2.** Neid *m*
imrenmek *vi* beneiden; **bir kimseye/şeye ~** jdn/etw beneiden, auf jdn/etw neidisch sein; **birinin bir şeyine ~** jdn um etw beneiden
imtihan *s s.* **sınav** Prüfung *f*
inak *s* <-ğı> (PHILOS: *dogma*) Dogma *nt*
inakçı *s* (PHILOS: *dogmacı*) Dogmatiker(in) *m(f)*
inakçılık *s ohne Pl* <-ğı> (PHILOS: *dogmatizm*) Dogmatismus *m*
inaksal *adj* (PHILOS: *dogmatik*) dogmatisch
inan *s ohne Pl* Glaube *m;* ~ **olsun, ...** glaub' mir, ...
inancılık *s ohne Pl* <-ğı> (PHILOS: *fideizm*) Fideismus *m*
inanç *s ohne Pl* <-cı> Glaube(n) *m*
inançlı *adj* gläubig
inançlılık *s ohne Pl* <-ğı> Gläubigkeit *f*
inanç özgürlüğü *s ohne Pl* Glaubensfreiheit *f*
inançsız *adj* ungläubig
inançsızlık *s ohne Pl* <-ğı> Ungläubigkeit *f*
inandırıcı *adj* glaubhaft, überzeugend
inanılmaz *adj* unglaublich; ~ **ama gerçek** unglaublich aber wahr
inanırlık *s ohne Pl* <-ğı> Glaubhaftigkeit *f*
inanış *s ohne Pl* Glaube *m;* **Hristiyan/Yahudi ~ı** der christliche/judische Glaube

inanma *s Verbalsubstantiv zu* **inanmak**
inanmak *vi* **1.** glauben (*-e* -); **inanılacak şey değil!** es ist nicht zu glauben!; **buna inan(m)ıyor musun?** glaubst du das (nicht)?; **ister inan ister inanma, ...** ob du es glaubst oder nicht, ...; **sana inanıyorum** ich glaube dir; **sen de buna inanmıyorsun ki!** das glaubst du doch selber nicht! **2.** (*a.* REL) glauben (*-e* an); **Allah'a inanıyorum** ich glaube an Gott; **Tanrı'ya** ~ an Gott glauben **3.** trauen; **gözlerine inanamadı** er traute seinen Augen nicht; **kulağına inanmamak** (*fam*) seinen Ohren nicht trauen
ince *adj* **1.** (*kalın karşıtı*) dünn **2.** (*ses, ünlü*) hell **3.** fein; ~ **kum** feiner Sand; **ince bağırsak** *s* <-ğı> (ANAT) Dünndarm *m;* **ince bağırsak iltihabı** *s* (MED: *anterit*) Dünndarmentzündung *f*
inceleme *s* **1.** *Verbalsubstantiv zu* **incelemek** **2.** Untersuchung *f*, Prüfung *f;* (*dosya*) Einsichtnahme *f;* (*gözden geçirme*) Durchsicht *f*
incelemek *vt* untersuchen, prüfen; (*gözden geçirmek*) durchsehen; **dosyayı** ~ Einsicht in die Akten nehmen
incelik *s* <-ği> Feinheit *f*
inceltme *s Verbalsubstantiv zu* **inceltmek**
inceltmek *vt* **1.** verdünnen **2.** erhöhen; **bir sesi yarım ton** ~ einen Ton um einen halben Ton erhöhen
ince taneli *adj* feinkörnig
inci *s* Perle *f;* **inci balığı** *s* (ZOOL) Laube *m,* Ukelei *m;* **inci çiçeği** *s* (BOT) Maiglöckchen *nt*
incik *s* <-ği> (ANAT: *baldır*) Unterschenkel *m;* **incik boncuk** *s ohne Pl* <-ği> (*pej*) Tand *m,* Flitter *m*
İncil *s* Bibel *f*
incir *s* Feige *f;* **incir ağacı** *s* (BOT) Feigenbaum *m;* **incir güvesi** *s* (ZOOL) Feigenmotte *f;* **incir yaprağı** *s* Feigenblatt *nt*
incitici *adj* (*fig*) verletzend, kränkend
incitme *s* **1.** *Verbalsubstantiv zu* **incitmek** **2.** Verletzung *f*, Kränkung *f*
incitmebeni *s* (*fam: kanser*) Krebs *m*
incitmek *vt* **1.** verletzen; **sol ayağımı incittim** ich habe mir den linken Fuß verstaucht **2.** (*fam fig: üzmek*) verletzen, kränken; **birinin gururunu** ~ jds Stolz verletzen
inç *s* Inch *m*
indeks *s* Index *m*
indifa *s* <-ı> **1.** (GEO: *yanardağlarda*) Eruption *f*, Ausbruch *m;* ~ **etmek** eruptieren, ausbrechen **2.** (MED: *döküntü*) Eruption *f*, Hautausschlag *m* **3.** (*ayaklanma*) Aufstand *m*
indifaî *adj* **1.** (GEO: *püskürten*) eruptiv **2.** (MED: *döküntülü*) eruptiv
indirgeme *s* **1.** *Verbalsubstantiv zu* **indirgemek** **2.** (CHEM, MATH) Reduktion *f*, Reduzierung *f*
indirgemek *vt* (CHEM, MATH) reduzieren; **karbondioksidi karbonmonokside** ~ Kohlendioxid zu Konlenmonoxid reduzieren
indirgen *adj* (CHEM) Reduktions-; **indirgen madde** *s* (CHEM) Reduktionsmittel *nt*
indirgeyici *adj* (CHEM) Reduktions-; **indirgeyici madde** *s* (CHEM) Reduktionsmittel *nt*
indirim *s* Ermäßigung *f*, Preisnachlass *m;* **fiyatlarda yüzde 10** ~ **yapmak** die Preise um 10% ermäßigen
indirimli *adj* ermäßigt; **indirimli satışlar** *s Pl* Schlussverkauf *m*
indirme *s* **1.** *Verbalsubstantiv zu* **indirmek** **2.** Ermäßigung *f*
indirmek *vt* **1.** *Kausativ zu* **inmek** **2.** (*fiyat*) herabsetzen, ermäßigen; **bir şeye gönül** ~ sich herablassen zu etw **3.** absetzen (*-den* von); **birini tahttan** ~ jdn vom Thron absetzen **4.** fällen; **bir doğruya dikme** ~ auf eine Gerade das Lot fällen
indis *s* (MATH, LING) Index *m*
individüalist I. *s* (PHILOS: *bireyci*) Individualist(in) *m(f)* **II.** *adj* (PHILOS: *bireyci*) individualistisch
individüalizm *s ohne Pl* <-ği> (PHILOS: *bireycilik*) Individualismus *m*
indiyum *s ohne Pl* (CHEM) Indium *nt*
indükleç *s* <-ci> (PHYS) Induktor *m*
indükleme *s* **1.** *Verbalsubstantiv zu* **indüklemek** **2.** (PHYS) Induktion *f* **3.** (PHILOS: *tüme varım*) Induktion *f;* **indükleme akımı** *s* (PHYS) Induktionsstrom *m;* **indükleme akışı** *s* (PHYS) Induktionsfluss *m;* **indükleme fırını** *s* (PHYS, TECH) Induktionsofen *m*
indüklemek *vt* (PHYS) induzieren
indükleme makinesi *s* (PHYS) Induktionsmaschine *f*
indüksiyon *s s.* **indükleme**
ineç *s* <-ci> (GEO) Mulde *f;* (*tekne*) Becken *nt*
inek I. *s* <-ği> **1.** Kuh *f* **2.** (*sl: öğrenci*) Streber(in) *m(f)* **3.** (*sl: ibne*) Schwule(r) *m* **II.** *adj* (*fig, pej: aptal*) dumm; (*bön*) blöd; **inek ahırı** *s* Kuhstall *m*
inekleme *s ohne Pl* **1.** *Verbalsubstantiv zu* **ineklemek** **2.** (*fam*) Büffelei *f*
ineklemek *vi, vt* (*fam*) büffeln; (*hafızlamak*) pauken
inek sütü *s ohne Pl* Kuhmilch *f*
infirat *s* <-dı> Isolierung *f*, Isolation *f*
infiratçı I. *s* Isolationist(in) *m(f)* **II.** *adj* isolationistisch; *s. a.* **yalnızcı**

infiratçılık *s ohne Pl* <-ğı> *s.* **yalnızcılık** Isolationismus *m*
informatik *s ohne Pl* <-ği> *s.* **bilişim** Informatik *f*
İngiliz I. *s* Engländer(in) *m(f)* **II.** *adj* englisch; **İngiliz anahtarı** *s* (TECH) Engländer *m*
İngilizce *s* Englisch *nt;* ~**de** im Englischen; ~**den Almancaya/Türkçeye** aus dem Englisches ins Deutsche/Türkische; **Almancadan/Türkçeden** ~**ye** aus dem Deutschen/Türkischen ins Englische
İngiltere *s* England *nt*
ingin *adj* **1.** tief gelegen **2.** (MED: *bağırsak* ~*i*) Grippe *f;* (*nezle*) Schnupfen *m*
-in hâli *s* (LING: *tamlayan durumu*) Genitiv *m*
ini *s* (*fam: kayın birader*) Schwager *m, Bruder des Ehemannes/der Ehefrau*
inikâs *s* **1.** (*ışık için*) Reflexion *f* **2.** (*ses için*) Echo *nt*
inik deniz *s ohne Pl* (GEO: *gelgit olayında*) Ebbe *f; s. a.* **kabarık deniz**
inisiyatif *s* Initiative *f;* ~**i ele almak** die Initiative ergreifen
inisyal *s* Initiale *f*
iniş *s* Landung *f;* ~ **yapmak** landen; ~**e geçmek** zur Landung ansetzen; **yumuşak** ~ eine weiche Landung
inkılâp *s* <-bı> Reform *f*
inkılâpçı I. *s* <-ğı> (POL) Reformist(in) *m(f)* **II.** *adj* reformistisch
inkılâpçılık *s* <-ğı> (POL) Reformismus *m*
inkişaf *s* **1.** (*gelişim*) Entwicklung *f* **2.** (*istidadın* ~*ı*) Entfaltung *f;* ~ **etmek** sich entfalten; ~ **ettirmek** entfalten **3.** (*açığa çıkma*) Aufklärung *f*
inme *s* **1.** *Verbalsubstantiv zu* **inmek** **2.** Schlaganfall *m*
inmek <-er> *vi* **1.** (*yukarıdan aşağıya doğru gelmek*) herunterkommen **2.** aussteigen (*-den* aus); **inerken dikkat ediniz!** vorsicht beim Aussteigen! **3.** (*gitmek*) gehen (*-e* in, *-e* nach); **ayrıntılara** ~ ins Detail gehen **4.** (*eski durumuna dönmek*) zurückgehen; **şiş indi** die Schwellung ist zurückgegangen
inorganik *adj* <-ği> anorganisch
insan I. *s* Mensch *m;* ~ **içine çıkmak** sich unter Menschen mischen **II.** *adj* menschlich **III.** *pron* man; ~ **böyle şey der mi?** sagt man so etwas?
insan bilimci *s* (*antropolog*) Anthropologe, -in *m, f;* **insan bilimi** *s* (*antropoloji*) Anthropologie *f;* **insan bilimsel** *adj* (*antropolojik*) anthropologisch
insanca *adv* menschlich; **birine** ~ **davranmak** jdn menschlich behandeln
insancıl *adj* menschlich; **birinin** ~ **bir yanını keşfetmek** eine menschliche Seite an jdm entdecken
insan hakları *s Pl* Menschenrechte *ntpl;* **insan haysiyeti** *s ohne Pl* Menschenwürde *f*
insanımsılar *s Pl* (ZOOL) Menschenaffen *pl*
insan ırkı *s* Menschenrasse *f*
insanî *adj* menschlich
insaniyet *s ohne Pl* Menschlichkeit *f*
insan kuyruğu *s* Menschenschlange *f*
insanlık *s ohne Pl* <-ğı> **1.** Menschheit *f* **2.** (*insancıl olma*) Menschlichkeit *f;* ~ **etmek** Menschlichkeit zeigen **3.** (*insan sevgisi*) Menschenliebe *f*
insanlık tarihi *s ohne Pl* Menschheitsgeschichte *f*
insanoğlu *s ohne Pl* Menschenkind *nt;* (*insan*) Mensch *m*
insan sarrafı *s* Menschenkenner(in) *m(f);* **insan sevgisi** *s* Menschenliebe *f*
insansı *adj* menschenähnlich
insansılar *s Pl* (ZOOL) Menschenaffen *pl*
insanüstü *adj* übermenschlich
insiraf *adj s.* **bükün** (LING) Flexion *f,* Beugung *f*
insirafî *adj s.* **bükünlü** (LING) flektierbar; (*dil*) flektierend
insiyak *s s.* **içgüdü** Instinkt *m*
insiyakî *adj s.* **içgüdülü** instinktiv
inşaat *s* (*yapı*) Bau *m;* (*yapı işleri*) Bauwesen *nt;* **inşaat mühendisi** *s* Bauingenieur(in) *m(f);* **inşaat mühendisliği** *s ohne Pl* Hochbau *m,* Bauwesen *nt;* **inşaat projesi** *s* Bauvorhaben *nt;* **inşaat yeri** *s* Bauplatz *m;* **inşaat yönetmeliği** *s* (ADMIN) Bauordnung *f*
inşat *s* <-dı> (LIT) **1.** (*şiir söyleme*) Deklamation *f;* ~ **etmek** deklamieren **2.** (*şiir okuma*) Rezitation *f;* ~ **etmek** rezitieren
integral [integrāl] *s* <-li> (MATH) Integral *nt;* **integral denklemi** *s* (MATH) Integralgleichung *f;* **integral hesapları** *s Pl* (MATH) Integralrechnung *f*
integrasyon *s* (MATH) Integration *f*
integre *adj* integriert
intelekt *s ohne Pl s.* **entelekt** Intellekt *m*
intelektüalizm *s ohne Pl s.* **entelektüalizm** Intellektualismus *m*
interferometre *s* (PHYS) Interferometer *nt*
interferometri *s ohne Pl* (PHYS) Interferometrie *f*
interferon *s* Interferon *nt*
intermezzo *s* (MUS) Intermezzo *nt*
internet *s* (INFORM) Internet *nt;* **bir şeyi** ~**ten yüklemek** etw downloaden; **internet adresi** *s* (INFORM) Internet-Adresse *f;* **internet bağımlısı** *adj* internetsüchtig; **internet bankacılığı** *s* (INFORM) Internet-Banking *nt;* **internet erişimi** *s* (INFORM) Internet-Zugang *m;* **internet kullanıcısı** *s*

(INFORM) Internet-Benutzer(in) *m(f)*; **internet sörfçüsü** *s* (INFORM) Internet-Surfer(in) *m(f)*
internetten yükleme *s* (INFORM) Download *nt*
İnterpol *s* <-ü> Interpol *f*
intiba *s* <-ı> *s.* **izlenim** Eindruck *m*
intibak *s* Anpassung *f*; ~ **etmek** sich anpassen (*-e* an)
intifa hakkı *s* (JUR) Nießbrauch *m*
intihabat *s Pl s.* **seçimler** Wahlen *fpl*
intihal [intihāl] *s* <-i> *s.* **aşırma** Plagiat *nt*
intihap *s* <-bı> *s.* **seçim** Wahl *f*
intihar *s* Selbstmord *m*, Freitod *m*; ~ **etmek** Selbstmord begehen [*o* verüben]; (*kendini öldürmek*) sich umbringen
intikam *s* (*öç*) Rache *f*; **birinden** ~ **almak** an jdm Rache nehmen
intranet *s* (INFORM) Intranet *nt*
inziva *s ohne Pl* Abgeschiedenheit *f*
İ.Ö. *Abk. von* **İsa'dan Önce** v. Chr., *vor Christus*
ip *s* **1.** Seil *nt*; (~ *merdiven*) Strick *m* **2.** (*reg: iplik*) Faden *m*; ~**in ucunu kaçırmak** (*fam fig*) den Faden verlieren **3.** Strang *m*; **birini** ~**e çekmek** jdn erhängen **4.** (*çamaşır* ~*i*) Leine *f* **5.** (*çırpı* ~*i*) Schnur *f*; **ip cambazı** *s* Seilakrobat(in) *m(f)*, Seiltänzer(in) *m(f)*
ipek I. *s* <-ği> Seide *f*; ~ **gibi** seidig, wie Seide **II.** *adj* seiden, Seiden-; **ipek blûz** *s* Seidenbluse *f*; **ipek böceği** *s* (ZOOL) Seidenraupe *f*; ~ **yetiştirmek** Seidenraupen züchten; **ipek böceği kelebeği** *s* (ZOOL) Seidenspinner *m*; **ipek böcekçiliği** *s ohne Pl* Seidenraupenzucht *f*
ipekçilik *s ohne Pl* <-ği> Seidenbau *m*
ipek çorap *s* <-bi> Seidenstrumpf *m*; **ipek eşarp** *s* <-bı> Seidenschal *m*; **ipek gömlek** *s* <-ği> Seidenhemd *nt*
ipekhane *s* Seidenspinnerei *f*
ipek kumaş *s* Seidenstoff *m*
ipekli I. *s* (*kumaş*) Seidenstoff *m*; **emprime** ~ bedruckter Seidenstoff **II.** *adj* seiden, Seiden-
ipek matı I. *s* Seidenmatt *nt* **II.** *adj* seidenmatt
ipince *adj* hauchdünn
iplik *s* <-ği> Faden *m*; (*dikiş, nakış için*) Garn *nt*
iplikhane *s* Spinnerei *f*
iplik makarası *s* Garnspule *f*
ip merdiven *s* Strickleiter *f*
iptal *s* <-i> **1.** Abbestellung *f*, Storno *m o nt*; ~ **etmek** abbestellen, stornieren; ~ **ettirmek** abmelden; **abonmanı** ~ **etmek** das Abonnement abbestellen **2.** (INFORM) Abbruch *m*; ~ **etmek** abbrechen
iptida *s* Anfang *m*, Beginn *m*
iptidaî *adj s.* **ilkel** primitiv
iptidaîlik *s ohne Pl* <-ği> *s.* **ilkellik** Primitivität *f*
irade *s* **1.** Wille *m* **2.** (HIST) Erlass *m*
iradeci *adj* (PHILOS: *istenççi*) voluntaristisch
iradecilik *s ohne Pl* <-ği> (PHILOS: *volontarizm*) Voluntarismus *m*; *s. a.* **istenççilik**
irade dışı *adj* willenlos; **irade gücü** *s ohne Pl* Willenskraft *f*; **irade kaybı** *s s.* **irade yitimi**
iradeli *adj* gewillt
iradesiz *adj* willenlos
iradesizlik *s ohne Pl* <-ği> Willenlosigkeit *f*
irade yitimi *s* (MED: *abuli*) Abulie *f*; **irade zayıflığı** *s ohne Pl* Willensschwäche *f*
iradî *adj* gewillt
iradiye *s ohne Pl* (PHILOS: *volontarizm*) Voluntarismus *m*; *s. a.* **istençcilik**
İran I. *s* Iran *m* **II.** *adj* iranisch; ~ **hükûmeti/sınırı** die iranische Regierung/Grenze
İranlı I. *s* Iraner(in) *m(f)* **II.** *adj* iranisch; ~ **erkekler/kadınlar** iranische Männer/Frauen
irat *s* <-dı> **1.** Ertrag *m* **2.** (*söyleme*) Vorbringen *nt*
irdeleme *s* **1.** *Verbalsubstantiv zu* **irdelemek** **2.** Begutachtung *f*
irdelemek *vt* begutachten
iri *adj* groß
iribaş *s* (ZOOL) Kaulquappe *f*
iridyum *s ohne Pl* (CHEM) Iridium *nt*
irin *s ohne Pl* (*cerahat*) Eiter *m*; ~ **toplamak** Eiter bilden, eitern; **irin birikimi** *s* Eiteransammlung *f*
irinlenme *s* **1.** *Verbalsubstantiv zu* **irinlenmek** **2.** Eiterung *f*
irinlenmek *vi* eitern
irinli *adj* (*cerahatli*) eit(e)rig; ~ **bir yara** eine eitrige Wunde
iris *s* **1.** (ANAT) Iris *f*, Regenbogenhaut *f* **2.** (BOT: *süsen*) Iris *f*, Schwertlilie *f*
iri taneli *adj* grobkörnig
İrlanda *s* Irland *nt*
irmik *s* <-ği> Grieß *m*; **irmik bulamacı** *s* Grießbrei *m*
irrasyonalizm *s ohne Pl* (PHILOS) Irrationalismus *m*
irrasyonel *adj* irrational
irtibat *s* Verbindung *f*; **irtibat subayı** *s* (MIL) Verbindungsoffizier *m*
irtica *s* <-ı> (POL: *pej: gericilik*) Reaktion *f*
irticaî *adj* (POL: *pej: gerici*) reaktionär
irtical *s* <-li> Improvisation *f*; (*doğaç*) Stegreifrede *f*
irticalen *adv* (*doğaçtan*) aus dem Stegreif
irtifa *s* <-ı> Höhe *f*
irtifak hakkı *s* (JUR) Dienstbarkeit *f*
is *s* Ruß *m*
İ.S. *Abk. von* **İsa'dan Sonra** n. Chr., *nach*

İ

Christus
İsa *s* Christus *m;* ~**'dan önce/sonra** vor/nach Christus
ise **I.** *konj* während, wohingegen; **Hasan sarı saçlı. Kız kardeşi** ~ **esmer saçlı** Hasan hat blondes Haar, wohingegen seine Schwester dunkelhaarig ist **II.: şimdi** ~ und nun; **öyle** ~ wenn das so ist
İsevî **I.** *s* Christ(in) *m(f)* **II.** *adj* christlich
İsevîlik *s ohne Pl* <-ği> (*Hristiyanlık*) Christentum *nt*
isfendan *s* (BOT) Ahorn *m*
ishal *s ohne Pl* <-i> (MED) Durchfall *m;* ~ **olmak** Durchfall bekommen; ~**i olmak** Durchfall haben
isilik *s* <-ği> (MED) Hitzebläschen *nt*
isim *s* <-smi> **1.** (*ad*) Name *m* **2.** (LING) Hauptwort *nt,* Substantiv *nt*
isimlendirme *s* **1.** *Verbalsubstantiv zu* **isimlendirmek** **2.** Benennung *f,* Namensgebung *f*
isimlendirmek *vt* benennen, bezeichnen; (*ad vermek*) einen Namen geben
iskambil oyunu *s* Kartenspiel *nt*
iskân *s ohne Pl* **1.** Besiedelung *f;* ~ **etmek** besiedeln **2.** (*yurtlandırma*) Ansied(e)lung *f*
iskandil *s* (NAUT) Lot *nt;* ~ **etmek** loten
İskandinav **I.** *s* Skandinavier(in) *m(f)* **II.** *adj* skandinavisch; ~ **dilleri** skandinavische Sprachen
İskandinavya *s* Skandinavien *nt*
İskandinavyalı **I.** *s* Skandinavier(in) *m(f)* **II.** *adj* skandinavisch
iskarpin *s* Halbschuh *m*
iskele *s* **1.** Landesteg *m,* Anlegesteg *m* **2.** *ohne Pl* (NAUT: *sancak karşıtı*) Backbord *nt* **3.** (NAUT: *eğreti köprü*) Anlegebrücke *f;* (*merdiven*) Gangway *f;* ~ **almak** ablegen **4.** (*yapılarda kurulan çatkı*) Baugerüst *nt;* **iskele kuşu** *s* (ZOOL: *yalıçapkını*) Eisvogel *m*
iskelet **I.** *s* **1.** (*kemik çatısı*) Knochengerüst *nt,* Skelett *nt* **2.** (*kemiklerin bütünü*) Gerippe *nt,* Skelett *nt;* ~**i çıkmak** zum Gerippe abmagern **3.** (*fam fig*) Gerippe *nt,* Gerüst *nt;* **geminin/uçağın/binanın** ~**i** das Gerippe eines Schiffes/Flugzeugs/Gebäudes **4.** (*fig: genel plân*) Gerippe *nt* **II.** *adj* (*fam fig: kuru, çıplak*) kahl
iskemle *s* **1.** (*arkalıksız sandalye*) Hocker *m* **2.** (*küçük masa*) Beistelltisch *m* **3.** (*sandalye*) Stuhl *m*
İskender *s:* **Büyük** ~ Alexander der Große
İskenderiye *s* Alexandria *nt,* Alexandrien *nt*
İskender kebabı *s* (GASTR) *Döner mit Fladenbrot und Joghurtsoße*
İskit *s* (HIST) Skythe, -in *m, f*
İskoç **I.** *s* Schotte, -in *m, f* **II.** *adj* schottisch
İskoçya *s* Schottland *nt*
İskoçyalı **I.** *s* Schotte, -in *m, f* **II.** *adj* schottisch
İslâm **I.** *s ohne Pl* Islam *m* **II.** *adj* islamisch; ~ **hukuku** islamisches Recht
İslâmcı **I.** *s* Islamist(in) *m(f)* **II.** *adj* islamistisch
İslâmcılık *s ohne Pl* <-ğı> Islamismus *m*
İslâmî *adj* islamisch
İslâmiyet *s ohne Pl* Islam *m*
İslâmlaştırma *s* **1.** *Verbalsubstantiv zu* **İslâmlaştırmak** **2.** Islamisierung *f*
İslâmlaştırmak *vt* islamisieren
isleme *s Verbalsubstantiv zu* **islemek**
islemek *vt* rußen
islenme *s Verbalsubstantiv zu* **islenmek**
islenmek *vi* rußen
isli *adj* rußig
ismen *adv* namentlich; **birini** ~ **tanımak** jdn namentlich kennen
ismi *s poss von* **isim**
ispalya *s* Spalier *nt*
İspanya **I.** *s* Spanien *nt* **II.** *adj* spanisch; ~ **hükümeti** die spanische Regierung
ispari *s* (ZOOL) Ringelbrassen *m*
ispati *s* (*iskambil kâğıdı*) Eichel *f;* (*sinek*) Kreuz *nt*
ispermeçet balinası *s* (ZOOL) Pottwal *m*
ispinoz *s* (ZOOL) Fink *m,* Buchfink *m*
ispinozgiller *s* (ZOOL: *familya*) Finkenvögel *pl*
ispirto *s ohne Pl* **1.** (*etil alkol*) Spiritus *m* **2.** (*içki*) Weingeist *m*
ispirtolu *adj* spirituos; **ispirtolu içkiler** *s Pl* Spirituosen *pl*
ispirtoluk *s* <-ğu>, **ispirto ocağı** *s* Spirituskocher *m*
ispit *s s.* **jant** Felge *f*
ispiyon *s* Spitzel *m*
ispiyonlama *s* **1.** *Verbalsubstantiv zu* **ispiyonlamak** **2.** Bespitzelung *f*
ispiyonlamak *vt* bespitzeln
ispritizma *s ohne Pl* Spiritismus *m*
ispritizmacı *s* Spiritist(in) *m(f)*
İsrael **I.** *s* Israel *nt* **II.** *adj* israelisch; ~ **hükûmeti** die israelische Regierung
İsraelli **I.** *s* Israeli *mf* **II.** *adj* israelisch; ~ **bir kadın** eine israelische Frau
İsrailoğlu *s* Israelit(in) *m(f)*
istalagmit *s s.* **stalagmit**
istalagtit *s s.* **stalagtit**
istasyon *s* **1.** (EISENB: *tren* ~*u*) Bahnhof *m;* ~ **yapmak** einen Zwischenaufenthalt einlegen; (*duraklamak*) anhalten **2.** (TV, RADIO: *verici* ~*u*) Sender *m,* Station *f* **3.** (*benzin* ~*u*) Stelle *f;* **istasyon lokantası** *s* (EISENB) Bahnhofsgaststätte *f;* **istasyon şefi** *s* (EISENB) Bahnhofsvorsteher(in) *m(f)*
istatistik *s* <-ği> Statistik *f*

istatistikçi *s* Statistiker(in) *m(f)*
istavrit *s* (ZOOL) Bastardmakrele *f*
istavroz *s* (REL: *haç*) Kreuz *nt*
istek *s* <-ği> Wunsch *m,* Verlangen *nt;* **başka bir isteğiniz var mı?** haben Sie noch einen Wunsch?
isteka *s* Queue *m o nt,* Billardstock *m*
istem *s* **1.** Wunsch *m,* Verlangen *nt* **2.** (WIRTSCH: *talep*) Nachfrage *f;* **sunu ve ~** Angebot und Nachfrage
istemci *s* (INFORM) Client *m*
isteme *s Verbalsubstantiv zu* **istemek**
istemek *vt* **1.** wollen, möchten; **ne istediğini bilmiyor** er weiß nicht, was er will; **sinemaya gitmek istiyor** er will [*o* möchte] ins Kino gehen; **istersen** wenn du willst **2.** (*talep etmek*) verlangen; **manevî tazminat ~** Schmerzensgeld verlangen **3.** (*arzu etmek*) wünschen **4.** (*ister ... ister*): **ister inan ister inanma, ...** ob du es glaubst oder nicht, ... **5.** (*rica etmek*) bitten; **birinden izin ~** jdn um Erlaubnis bitten
isteme kipi *s* (LING) Konjunktiv *m*
istenç *s* <-ci> **1.** (*istek*) Wunsch *m* **2.** (PSYCH: *irade*) Wille *m*
istenççi *adj* (PHILOS) voluntaristisch
istençcilik *s ohne Pl* <-ği> (PHILOS: *volontarizm*) Voluntarismus *m*
istençli *adj* gewillt
istençsiz *adj* willenlos
istençsizlik *s ohne Pl* <-ği> Willenlosigkeit *f*
istenme *s Verbalsubstantiv zu* **istenmek**
istenmek *vi pass von* **istemek**: **orada bulunmam isten(m)iyor** meine Anwesenheit ist dort (nicht) erwünscht
istenmeyen *adj* unerwünscht; **istenmeyen kişi** *s* (POL) Persona non grata *f*
istiare *s* (LING, LIT: *metafor*) Metapher *f*
istibat *s:* **~ etmek** für unwahrscheinlich halten
istidat *s* <-dı> Begabung *f;* **bir şeye istidadı olmak** für etw begabt sein; **çok yönlü/sanata istidadı olmak** vielseitig/künstlerisch begabt sein
istidatlı *adj* begabt
istifade *s* Nutzen *m;* **fırsattan ~ etmek** die Gelegenheit nutzen, eine Chance wahrnehmen
istiflemek *vt* **1.** (*üst üste yığmak*) aufstapeln **2.** (*stok etmek*) lagern
istifrağ *s s.* **kusma** Erbrechen *nt;* **~ etmek** erbrechen, sich übergeben
istiğna *s* **1.** (*nazlanma*) Ziererei *f* **2.** (*gönül tokluğu*) Genügsamkeit *f;* (*doygunluk*) Anspruchslosigkeit *f*
istiğrak [isti:ra:k] *s ohne Pl* Andacht *f;* (*içine gömülme*) Versenkung *f*
istihbarat bürosu *s* Auskunftei *f*
istihdam *s ohne Pl* (WIRTSCH) Beschäftigung *f;* **istihdam durumu** *s* (WIRTSCH) Beschäftigungslage *f;* **istihdam politikası** *s* Beschäftigungspolitik *f*
istihkâm *s* (MIL) Befestigung *f;* **istihkâm eri** *s* (MIL) Pionier *m;* **istihkâm sınıfı** *s* (MIL) Pioniertruppe *f*
istihkar *s ohne Pl* (*hor görme*) Verachtung *f;* (*aşağılama*) Geringschätzung *f;* **bir şeyi/kimseyi ~ etmek** (*hor görmek*) etw/jdn verachten; (*aşağılamak*) etw/jdn gering schätzen
istihlâk *s ohne Pl s.* **tüketim** Verbrauch *m,* Konsum *m*
istihsal *s* <-i> **1.** (*çıkarma*) Abbau *m;* (*elde etme*) Ausbeute *f;* **~ etmek** ausbeuten; **maden cevheri ~i** die Ausbeute an Erzen **2.** (*üretme*) Erzeugung *f;* **~ etmek** erzeugen
istikbal *s* <-i> **1.** karşılama, Empfang *m,* Begrüßung *f* **2.** *ohne Pl* (*gelecek*) Zukunft *f*
istiklâl *s ohne Pl* <-i> *s.* **bağımsızlık** Unabhängigkeit *f*
İstiklâl Marşı *s ohne Pl* Unabhängigkeitshymne *f, Nationalhymne der Republik Türkei;* **İstiklâl Savaşı** *s ohne Pl* (HIST) Unabhängigkeitskrieg *m, Unabhängigkeitskrieg unter Atatürk, 1919-1922*
istikra *s* (PHILOS: *tüme varım*) Induktion *f; s. a.* **talil**
istikrar *s* Stabilität *f*
istikrarlı *adj* stabil
istikrar politikası *s* Stabilitätspolitik *f*
istikrarsız *adj* instabil
istikraz *s* (*ödünç alma*) Darlehensaufnahme *f;* (*borç alma*) Anleihe *f;* **~ etmek** ein Darlehen aufnehmen; (*borç almak*) eine Anleihe aufnehmen
istikşaf *s s.* **açınsama** (GEO) Erforschung *f;* **~ etmek** erforschen
istilâ *s* Invasion *f*
istim *s* Dampf *m;* **~ üstünde kalkmak** (EISENB) dampfend abfahren, abdampfen
istimlâk *s* <-i> *s.* **kamulaştırma 2.** Enteignung *f;* **~ etmek** enteignen
istimli silindir *s* Dampfwalze *f*
istinaf *s* (JUR) Berufung *f;* (*Schweiz*) Appellation *f;* **istinaf davası** *s* (JUR) Berufungsklage *f;* **istinaf mahkemesi** *s* (JUR) Berufungsgericht *nt;* **istinaf mercii** *s* (JUR) Berufungsinstanz *f*
istinga *s* (NAUT) Gei *f;* **~ etmek** geien
istintaç *s* Schlussfolgerung *f;* **~ etmek** schlussfolgern
istiridye *s* Auster *f;* **~ yemek** Austern essen
istisna *s* Ausnahme *f*
istisnasız *adj* ausnahmslos

İ

istiva hattı *s ohne Pl* (GEO: *ekvator*) Äquator *m*
istop *interj* stopp; ~ **etmek** (*fam*) ausgehen
İsveç **I.** *s* Schweden *nt* **II.** *adj* schwedisch; **İsveçli** *s* Schwede, -in *m, f*
İsviçre *s* Schweiz *f*
İsviçre Konfederasyonu *s* Schweizerische Eidgenossenschaft, Confoederatio Helvetica
isyan *s* Aufstand *m,* Rebellion *f*
isyancı *adj* rebellisch
isyankâr *adj* rebellisch
iş [iʃ] *s* **1.** Geschäft *nt;* ~**ler nasıl gidiyor?** wie gehen die Geschäfte? **2.** (*çalışma*) Arbeit *f;* ~**ten atılmak** (*fam*) hinausfliegen **3.** Sache *f,* Angelegenheit *f;* ~**in en korkunç tarafı** das Schlimmste an der Sache; **bu iyi/kötü bir** ~ das ist eine gute/schlechte Sache; **o, bu** ~**te önemli bir rol oynuyor** er spielt bei dieser Sache eine wichtige Rolle **4.** (INFORM) Job *m* **5.** (*WEND*): **birinin** ~**ini bitirmek** (*sl*) jdm den Garaus machen; (*öldürmek*) jdn erledigen
iş adamı *s* Geschäftsmann *m;* **iş akdi** *s* Arbeitsvertrag *m*
işaret *s* Zeichen *nt;* **bir şeye** ~ **etmek** auf etw zeigen; **bir şeyi** ~ **etmek** etw zeigen
işaret parmağı *s* Zeigefinger *m;* **işaret zamiri** *s* (LING) Demonstrativpronomen *nt*
iş arkadaşı *s* Arbeitskollege, -in *m, f;* **iş birliği** *s ohne Pl* Kooperation *f,* Zusammenarbeit *f;* ~ **yapmak** kooperieren; **iş birlikli** *adj* kooperativ
işçi *s* Arbeiter(in) *m(f)*
işçilik *s* <-ği> (*ücret maliyeti*) Lohnkosten *pl*
işe yaramaz *adj* unbrauchbar
işe yarar *adj* brauchbar
işgal [iʃɡa̋l] *s* <-i> **1.** Besetzung *f* **2.** (*uğraştırma*) Beschäftigung *f;* ~ **etmek** besetzen; (*uğraştırmak*) beschäftigen; **bir ülkeyi** ~ **altında tutmak** ein Land besetzt halten; **işgal bölgesi** *s* (MIL) Besatzungsgebiet *nt,* Besatzungszone *f*
işgalci güç *s* <-cü> Besatzungsmacht *f*
işgal kuvvetleri *s Pl* Besatzungsstreitkräfte *pl*
işgüder *s* Geschäftsträger(in) *m(f)*
işitme *s ohne Pl* **1.** *Verbalsubstantiv zu* **işitmek** **2.** Gehör *nt*
işitmek *vt* hören; **kulakları iyi işitmiyor** er hört nicht gut
işitme kemikçiği *s* (ANAT, MED) Gehörknöchelchen *nt;* **çekiç kemiği, örs kemiği ve üzengi kemiği birer** ~**dir** der Hammer, der Amboss und der Steigbügel sind Gehörknöchelchen
iş kadını *s* Geschäftsfrau *f;* **iş kazası** *s* Arbeitsunfall *f*
işkembe *s* **1.** Pansen *m* **2.** (GASTR) Kutteln *pl,* Kaldaunen *fpl;* **işkembe çorbası** *s* (GASTR) Kuttelsuppe *f*
işkence *s* Folter *f,* Folterung *f;* ~ **etmek** foltern; **işkence aleti** *s* Foltergerät *nt,* Folterinstrument *nt,* Folterwerkzeug *nt*
işkenceci *s* Folterer *m*
işkence odası *s* Folterkammer *f;* **işkence sehpası** *s* Folterbank *f*
işkil *s ohne Pl* **1.** Argwohn *m* **2.** Zweifel *m*
işkilli *adj* argwöhnisch
işlek *adj* <-ği> belebt; ~ **bir cadde** eine belebte Straße
işlem *s* **1.** Verarbeitung *f* **2.** (ADMIN) Bearbeitung *f,* Vorgang *m* **3.** (*borsa* ~*i*) Geschäft *nt*
işlemci *s* (INFORM) Prozessor *m*
işleme *s* **1.** *Verbalsubstantiv zu* **işlemek** **2.** Verarbeitung *f* **3.** (*bir konuyu*) Behandlung *f*
işlemek **I.** *vt* **1.** verarbeiten **2.** (*günah, suç*) begehen **3. bir konuyu** ~ ein Thema behandeln [*o* abhandeln] **II.** *vi* funktionieren; (*motor*) laufen
işlem harcı *s* (ADMIN) Bearbeitungsgebühr *f*
işlenme *s* **1.** *Verbalsubstantiv zu* **işlenmek** **2.** Verarbeitung *f* **3.** (*bir konunun* ~*si*) Behandlung *f*
işlenmek *vi pass von* **işlemek**
işler *adj* funktionsfähig
işlerlik *s* <-ği> Funktionsfähigkeit *f*
işletici *s* Betreiber(in) *m(f)*
işletilme *s ohne Pl* **1.** *Verbalsubstantiv zu* **işletilmek** **2.** (WIRTSCH) Bewirtschaftung *f* **3.** (TECH) Bedienung *f* **4.** (BERGB: *maden*) Abbau *m*
işletilmek *vi pass von* **işletmek**
işletim *s* (INFORM) Betrieb *m;* **işletim sistemi** *s* (INFORM) Betriebssystem *nt*
işletme *s* **1.** *Verbalsubstantiv zu* **işletmek** **2.** (WIRTSCH) Bewirtschaftung *f* **3.** Betrieb *m,* Unternehmen *nt* **4.** (TECH) Bedienung *f* **5.** (BERGB: *maden*) Abbau *m*
işletmeci *s* **1.** Betriebswirt(in) *m(f)* **2.** (*yöneten kimse*) Betriebsleiter(in) *m(f)* **3.** (FILM) Filmverleiher *m*
işletmecilik *s ohne Pl* <-ği> Betriebswirtschaft *f;* **işletmecilik bilimi** *s ohne Pl* Betriebswirtschaftslehre *f*
işletme ekonomisi *s ohne Pl* Betriebswirtschaft *f*
işletmek *vt* **1.** (*bir yeri*) betreiben; (*çiftlik*) bewirtschaften; (*otel*) führen **2.** (TECH: *makineyi*) bedienen, in Gang setzen **3.** (BERGB) abbauen **4.** (*fam*): **birini** ~ jdn an der Nase herumführen
işletme maliyeti *s* (WIRTSCH) Betriebskosten *pl;* **işletme talimatı** *s* Betriebsanleitung *f*

işlev *s* Funktion *f;* **işlev bozukluğu** *s* Funktionsstörung *f*
işlevsiz *adj* funktionslos
işlevsizlik *s ohne Pl* <-ği> Funktionslosigkeit *f*
işlik orun *s* (*busines klas*) Business Class *f*
iş ortağı *s* Geschäftspartner(in) *m(f);* **iş piyasası** *s* Arbeitsmarkt *m*
işportacı *s* fliegender Händler
işsiz *adj* arbeitslos
işsizlik *s ohne Pl* <-ği> Arbeitslosigkeit *f;* **işsizlik sigortası** *s* Arbeitslosenversicherung *f*
iş sözleşmesi *s* Arbeitsvertrag *m*
iştah *s ohne Pl* **1.** Appetit *m* (*-e* auf); **~ açmak** den Appetit anregen; **~ı açılmak** Appetit bekommen; **~ı ol(ma)mak** (keinen) Appetit haben; **~ım kapandı** mir ist der Appetit vergangen; **birinin ~ını açmak** jds Appetit anregen; **birinin ~ını bozmak** [*o* **kaçırmak**] jdm den Appetit verderben **2.** (*fig: istek, arzu*) Lust *f,* Verlangen *nt;* **~a gelmek** Appetit bekommen; **~ı kabarmak** (*heveslenmek*) Lust bekommen; **birinin ~ını bozmak** [*o* **kaçırmak**] jdm die Lust verderben; **iştah açıcı** *adj* appetitanregend
iştahlanmak *vi* Appetit bekommen
iştahsız *adj* appetitlos
iştahsızlık *s ohne Pl* <-ğı> Appetitlosigkeit *f*
işte *adv* **1.** da; **~ geliyor** da kommt er; **hani kitap? – ~!** wo ist das Buch? – da! **2.** nun **3.** eben, nun mal; **~ bu nedenle** ebendarum; **bu böyledir ~** das ist eben so, das ist nun mal so; **bunun için ~!** eben deshalb!, eben darum!
iştigal *s* Beschäftigung *f;* **bir şeyle ~ etmek** sich mit etw beschäftigen
işveren *s* Arbeitgeber(in) *m(f)*
iş zamanı *s* Arbeitszeit *f*
itaat *s ohne Pl* <-i> Gehorsam *m*
itaatkâr *adj* gehorsam
itaatsizlik *s* <-ği> (MIL) Befehlsverweigerung *f*
italik *adj* (TYPO) kursiv; **italik yazı** *s* (TYPO) Kursivschrift *f*
İtalya *s* Italien *nt*
İtalyan **I.** *s* Italiener(in) *m(f)* **II.** *adj* italienisch
itboğan *s* (BOT: *kaplanboğan*) Bergeisenhut *m*
it dirseği *s* (*arpacık*) Gerstenkorn *nt*
itenek *s* <-ği> *s.* **piston** Kolben *m*
itfaiye *s* Feuerwehr *f;* **itfaiye aracı** *s* Löschfahrzeug *nt*
itfaiyeci *s* Feuerwehrmann *m;* (*kadın*) Feuerwehrfrau *f*
itfaiyecilik *s ohne Pl* <-ği> Brandbekämpfung *f*
itfaiye merdiveni *s* Feuerwehrleiter *f*
ithalât *s* (WIRTSCH) Einfuhr *f,* Import *m*
ithalâtçı *s* Importeur *m*
ithalât resmi *s* (COM) Einfuhrzoll *m;* **ithalât yasağı** *s* (WIRTSCH) Einfuhrverbot *nt*
itibar *s* **1.** (*saygınlık*) Ansehen *nt* **2.** (*kredi*) Kredit *m;* **~dan düşmek** in Misskredit geraten
itibaren *adv* ab; **başından ~** von Anfang an; **bugünden/yarından ~** ab heute/morgen; **ne zamandan ~?** ab wann?; **28 Kasım'dan ~** ab dem 28. November
itibarıyla *adv:* **netice ~** im Endeffekt, letzten Endes, letztlich
itibarî *adj* fiktiv; **itibarî değer** *s* (FIN) Nennwert *m;* **itibarî hizmet zammı** *s* Gefahrenzulage *f*
itibarlı *adj* **1.** (*saygın*) angesehen **2.** (FIN: *kredisi olan*) kreditwürdig
itibar mektubu *s* (FIN) Kreditbrief *m*
itici *adj* **1.** Schub- **2.** (*fig*) abstoßend
itidal *s ohne Pl* <-li> Haltung *f,* Fassung *f;* (*ılımlılık*) Gelassenheit *f;* **~ini kaybetmek** die Haltung [*o* Fassung] verlieren; **~ini muhafaza etmek** Haltung bewahren, die Fassung bewahren
itidalli *adj* gelassen, gefasst
itikâl *s* <-li> (GEO: *erozyon*) Erosion *f*
itikat *s ohne Pl* <-dı> *s.* **inanç** Glaube *m*
itikatlı *adj* gläubig
itikatsız *adj* ungläubig
itikatsızlık *s ohne Pl* <-ğı> Ungläubigkeit *f*
itimat *s ohne Pl s.* **güven** Vertrauen *nt;* **itimat mektubu** *s* (POL) Begleitschreiben *nt*
itimatsız *adj s.* **güvensiz** misstrauisch
itimatsızlık *s ohne Pl* <-ği> *s.* **güvensizlik** Misstrauen *nt*
itiraz *s* **1.** Einspruch *m* **2.** Beschwerde *f;* **acele ~** (JUR) sofortige Beschwerde
itiş kakış *s* Drängelei *f*
itme gücü *s* (PHYS, TECH) Schubkraft *f;* (AUTO) Antriebskraft *f*
ittifak *s* **1.** Allianz *f;* (*bağlaşma*) Bündnis *nt;* **~ etmek** eine Allianz schließen **2.** (*ohne Pl, oy birliği*) Einstimmigkeit *f*
ittifakla *adv* einstimmig
ivedi *adj* dringlich
ivedilik *s* <-ği> Dringlichkeit *f*
ivme *s* (PHYS) Beschleunigung *f*
iye *s* Eigentümer(in) *m(f)*
iyelik *s ohne Pl* <-ği> Eigentum *nt;* **iyelik zamiri** *s* (LING) Possessivpronomen *nt*
iyi *adj* **1.** gut; **~ akşamlar/günler!** guten Abend/Tag! **2. kendini ~ hissetmek** sich wohl fühlen **3. ~si** am besten; **bundan ~si olmaz** besser geht es nicht; **daha da ~si, …** noch besser ist, …; **bence en ~si, hemen benimle gelmen** ich halte es für

das Beste, du kommst gleich mit; **böyle olması şüphesiz/kuşkusuz en ~sidir** so ist es fraglos/zweifellos am besten; **en ~si** am (aller)besten; **en ~si bu olacak** das dürfte wohl das Beste sein

iyice *adv* **1.** ausgiebig, ~ uyumak, ausgiebig schlafen **2.** gründlich; ~ **temizlemek** gründlich putzen

iyicil *adj* (MED) gutartig; ~ **urlar** gutartige Geschwülste

iyi hâl belgesi *s*, **iyi hâl şahadetnamesi** *s* Führungszeugnis *nt;* **iyi huylu** *adj* gutartig; **iyi kalpli** *adj* gutherzig; **iyi kalplilik** *s ohne Pl* <-ği> Gutherzigkeit *f*

iyileşme *s ohne Pl* **1.** *Verbalsubstantiv zu* **iyileşmek 2.** Ausheilung *f* **3.** (*durum için*) Besserung *f* **4.** (*sağlık için*) Genesung *f*, Aufkommen *nt*

iyileşmek *vi* **1.** ausheilen **2.** (*durum*) sich bessern **3.** (*sağlığı yerine gelmek*) gesund werden, gesunden, genesen

iyilik *s ohne Pl* <-ği> Gute(s) *nt;* ~ **etmek/görmek** Gutes tun/erfahren; **bunun iyiliği** das Gute daran

iyimser I. *s* Optimist(in) *m(f)* **II.** *adj* optimistisch

iyimserlik *s ohne Pl* <-ği> Optimismus *m;* **iyi yürekli** *adj* gutherzig

iyi yüreklilik *s ohne Pl* <-ği> Gutherzigkeit *f*

iyon *s* (PHYS, CHEM) Ion *nt*

iyonik *adj* (PHYS, CHEM) ionisch

iyonlanma *s* **1.** *Verbalsubstantiv zu* **iyonlanmak 2.** (PHYS, CHEM) Ionisation *f*

iyonlanmak *vi* (PHYS, CHEM) ionisieren

iyonlaşma *s* **1.** *Verbalsubstantiv zu* **iyonlaşmak 2.** (PHYS, CHEM) Ionisierung *f*

iyonlaşmak *vi* (PHYS, CHEM) ionisieren

iyonlaştırma *s* **1.** *Verbalsubstantiv zu* **iyonlaştırmak 2.** (PHYS, CHEM) Ionisierung *f*

iyonlaştırmak *vt* (PHYS, CHEM) ionisieren

iyon yuvarı *s ohne Pl* (ASTR) Ionosphäre *f*

iyot *s ohne Pl* <-du> (CHEM) Jod *nt*

iyotlu *adj* jodhaltig; **iyotlu tuz** *s ohne Pl* Jodsalz *nt*

iyot tentürü *s ohne Pl* (CHEM, MED: *tentürdiyot*) Jodtinktur *f*

iz *s* **1.** Spur *f;* **birinin ~inden yürümek** in jds Fußstapfen treten; **bir şeyin/kimsenin ~ini bulmak** etw/jdn aufspüren **2.** (*yara ~i*) Narbe *f;* (*parmak ~i*) Abdruck *m*

izafiye *s ohne Pl* (PHILOS: *rölâtivizm*) Relativismus *m*

izafiyet *s* (PHILOS: *rölâtivite*) Relativität *f*

iz'ansız *adj* (*anlayışsız*) verständnislos; (*düşüncesiz*) gedankenlos, unüberlegt

iz'ansızlık *s ohne Pl* <-ğı> Unverständnis *nt*, Verständnislosigkeit *f*

izci *s* Pfadfinder *m*

izdiham *s* Andrang *m*, Massenandrang *m*

izdivaç *s* <-cı> *s.* **evlenme** Heirat *f;* ~ **etmek** heiraten

iz düşümü *s* Projektion *f;* **iz düşümü düzlemi** *s* (MATH) Projektionsebene *f*

izin *s* Erlaubnis *f*, Genehmigung *f;* **birinden ~ istemek** jdn um Erlaubnis bitten; **birine ~ vermek** jdn erlauben; (**bana**) ~ **verirseniz** wenn Sie (mir) erlauben

İzlanda I. *s* Island *nt* **II.** *adj* isländisch; ~ **hükûmeti** die isländische Regierung

İzlandalı I. *s* Isländer(in) *m(f)* **II.** *adj* isländisch; ~ **bir kadın** eine isländische Frau

izleme *s* **1.** *Verbalsubstantiv zu* **izlemek 2.** Verfolgung *f*

izlemek *vt* **1.** (*takip etmek*) verfolgen **2.** (*arkasından gelmek*) folgen; **birbirini** ~ aufeinander folgen **3.** (*görmek, seyretmek*) sehen; **televizyonu izliyor musun?** siehst du fern?

izlence *s* (*program*) Programm *nt*

izlenim *s* Eindruck *m;* ~ **bırakmak/uyandırmak/vermek** Eindruck hinterlassen/erwecken/machen

izlenimci I. *s* Impressionist(in) *m(f)* **II.** *adj* impressionistisch

izlenimcilik *s ohne Pl* <-ği> Impressionismus *m*

izleyici *s* Zuschauer(in) *m(f)*

izmarit *s* Stummel *m*, Zigarettenstummel *m*

izni *s poss von* **izin**

izobar eğrisi *s* (GEO) Isobare *f*

izolâsyon *s* Isolation *f*

izole *adj* isoliert; ~ **etmek** isolieren; **izole bant** *s* <-dı> Isolierband *nt*

izomer I. *s* (CHEM) Isomer *nt* **II.** *adj* (CHEM) isomer

izomeri *s ohne Pl* (CHEM) Isomerie *f*

izomerik *adj* (CHEM) isomer

izomerleşme *s* (CHEM) Isomerisierung *f*

izometri *s ohne Pl* Isometrie *f*

izomorf *adj*, **izomorfik** *adj* <-ği> isomorph; (*eş biçimli*) gleichgestaltig

izomorfizm *s ohne Pl* Isomorphismus *m*

izoterm *adj* (GEO) isotherm; **izoterm eğrisi** *adj* (GEO) Isotherme *f*

izotop *s* (PHYS) Isotop *nt*

izzetinefis *s ohne Pl* <-fsi> **1.** (*öz saygı*) Selbstachtung *f* **2.** (*onur*) Stolz *m*

J

j, J [ʒe] *s* j, J *nt*
jaguar *s* (ZOOL) Jaguar *m*
jakoben *s* Jakobiner *m*
jakuzi *s* Whirl-pool *m*
jalûzi *s* Jalousie *f*
jandarma *s* Gendarmerie *f*; **jandarma eri** *s* Gendarm *m*
janr [ʒãr] *s* Genre *nt*
jant [ʒant] *s* Felge *f*; **jant kapağı** *s* (AUTO) Radkappe *f*
Japon **I.** *s* Japaner(in) *m(f)* **II.** *adj* japanisch; **Japon balığı** *s* Goldfisch *m*
Japonya *s* Japan *nt*
jargon *s* Jargon *m*
jarse [ʒarsɛ] *s* (*kumaş*) Jersey *m*
jelâtinsi *adj* gallertartig
jeneratör *s* Generator *m*
jenosit *s* Genozid *m o nt*
jeofizik *s ohne Pl* <-ği> (PHYS) Geophysik *f*
jeolog *s* Geologe, -in *m, f*
jeoloji *s ohne Pl* Geologie *f*
jeolojik *adj* geologisch
jeosantrik *adj* (ASTR) geozentrisch
jeotermi *s ohne Pl* (GEO) Geothermik *f*
jest *s* Geste *f*
jet *s* Jet *m*, Düsenflugzeug *nt*; **jet motoru** *s* Düsentriebwerk *nt*
jeton *s* Marke *f*, Spielmarke *f*; (**en sonunda**) ~ **düştü mü?** (*fam*) ist der Groschen (endlich) gefallen?
jet sosyete *s* Jetset *m*
jigolo *s* Gigolo *m*
jikle *s* (AUTO) Choke *m*; ~**yi çekmek** den Choke ziehen
jiklet *s s.* **çiklet** Kaugummi *m o nt*; ~ **çığnemek** Kaugummi kauen
jilet *s* Rasierklinge *f*
jimnastik *s ohne Pl* <-ği> Gymnastik *f*; (SPORT) Turnen *nt*; ~ **yapmak** turnen
jimnastik alıştırması *s* Turnübung *f*; **jimnastik aracı** *s* Turngerät *nt*; **jimnastik ayakkabısı** *s* Turnschuh *m*
jimnastikçi *s* (SPORT) Turner(in) *m(f)*
jimnastik dersi *s* Turnunterricht *m*; **jimnastik salonu** *s* Turnhalle *f*
jin *s s.* **cin** Gin *m*
jinekolog *s* (MED) Gynäkologe, -in *m, f*
jinekoloji *s ohne Pl* (MED) Gynäkologie *f*
jip [ʒip] *s s.* **cip** Jeep® *m*
jips [ʒips] *s* (GEO: *alçı taşı*) Gips *m*
jiujitsu *s ohne Pl* (SPORT) Jiu-Jitsu *nt*
jogging *s ohne Pl* Jogging *nt*, Joggen *nt*
jokey *s s.* **cokey** (SPORT) Jockey *m*
jöle *s* **1.** Gel *nt* **2.** Sülze *f*
judo [ʒʊdo] *s ohne Pl* (SPORT) Judo *nt*; **judocu** *s* Judoka *m*
jul *s* (PHYS) Joule *nt*
Jura *s ohne Pl* (GEO) Jura *m*
Jüpiter *s* (*a.* ASTR) Jupiter *m*
jüre *s* Juror(in) *m(f)*
jüri *s* Jury *f*
jüt *s ohne Pl* Jute *f*

J

K

k, K [ke] *s* k, K *nt*

kaba **I.** *adj* **1.** grob; ~ **hatlarıyla** in groben Zügen **2.** derb, vulgär **3.** roh; ~ **kuvvet** rohe Gewalt **II.** *s* Gesäß *nt*

kabadayı *s* Kraftmeier *m*

kabadayılık *s* <-ğı> Kraftmeierei *f*

kaba et *s* Gesäß *nt*

kabahat *s* <-i> **1.** Schuld *f;* ~ **kimde?** wer hat Schuld?; **bu benim** ~**im değil** das ist nicht meine Schuld **2.** (JUR) Übertretung *f*

kabahatli *adj* schuldig

kabahatsiz *adj* unschuldig

kabak **I.** *s* <-ğı> Kürbis *m;* ~ **başın(d)a patlamak** (*fam fig*) es ausbaden müssen, daran glauben müssen; ~ **tadı vermek** (*fam fig*) anöden; **bu sefer** ~ **onun başın(d)a patladı** (*fam fig*) diesmal musste er daran glauben **II.** *adj* **1.** (*dazlak*) kahl **2.** (AUTO: *lâstik*) abgefahren; **kabak çekirdeği** *s* Kürbiskern *m;* **kabak kafalı** **I.** *s* **1.** (*dazlak*) Glatzkopf *m,* Kahlkopf *m* **2.** (*fam fig, pej*) Döskopf *m,* Dummkopf *m* **II.** *adj* glatzköpfig, kahlköpfig

kabaklama *s Verbalsubstantiv zu* **kabaklamak**

kabaklamak *vt* abästen

kabakulak *s ohne Pl* <-ğı> (MED) Mumps *m,* Ziegenpeter *m;* **kabakulak otu** *s* (BOT: *zeravent*) Biberwurz *f,* Osterluzei *f*

kabala[1] *s ohne Pl* Kabbala *f*

kabala[2] *adj* pauschal

kabalık *s ohne Pl* <-ğı> Grobheit *f;* **kabalığı ile tanınmıştır** er ist bekannt für seine Grobheit

kabarcık *s* <-ğı> Bläschen *nt,* Blase *f*

kabarcıklı düzeç *s* <-ci> Libelle *f*

kabare *s* Kabarett *nt;* **kabare oyuncusu** *s* Kabarettist(in) *m(f)*

kabarık *adj* <-ğı> **1.** geschwellt **2.** gewölbt; **kabarık deniz** *s ohne Pl* (GEO: *gelgit olayında*) Flut *f; s. a.* **inik deniz**

kabarıklık *s* <-ğı> Schwellung *f*

kabarma *s* **1.** *Verbalsubstantiv zu* **kabarmak** **2.** (GEO: *met*) Flut *f* **3.** (*fig: ohne Pl, büyüklük taslama*) Großtuerei *f,* Prahlerei *f*

kabarmak *vi* (*şişmek*) (an)schwellen; (**gururdan**) **göğsü kabarmış olarak** mit (vor Stolz) geschwellter Brust

kabartma *s* **1.** *Verbalsubstantiv zu* **kabartmak** **2.** (*toprağı*) Auflockerung *f* **3.** (KUNST: *rölyef*) Relief *nt;* **kabartma harita** *s* Reliefkarte *f*

kabartmak *vt* **1.** *Imperativ von* **kabarmak** **2.** (*tüylerini*) aufplustern **3.** (*toprağı*) auflockern **4.** **kulak** ~ aufhorchen, die Ohren spitzen

kabartma tozu *s ohne Pl* (GASTR) Backpulver *nt*

kaba sıva *s ohne Pl* Rohputz *m;* **kaba şiş** *s ohne Pl s.* **kabakulak** Mumps *m;* (*fam*) Ziegenpeter *m;* **kaba yapı** *s* Rohbau *m;* **kaba yel** *s* (*reg: lodos*) Südwind *m*

kabız *s* <-bzı> **1.** Griff *m* **2.** (*peklik*) Verstopfung *f*

kabı *s poss von* **kap**

kâbı *s poss von* **kâp**

kabil[1] *adj* möglich

kabil[2] *adj* (*benzer*) ähnlich; **bu** ~ **şeyler** solche Dinge

Kabil [ka:bil] *s* (REL) Kain *m;* **Habil ile** ~ Abel und Kain

Kâbil [kâ:bil] *s* Kabul *nt*

kabile *s* Stamm *m*

kabilinden *adv* (*gibi*) wie; **mucize** ~ wie durch ein Wunder

kabiliyet *s* Fähigkeit *f*

kabiliyetli *adj* fähig

kabin *s* Kabine *f;* (*pilot* ~*ı*) Kanzel *f*

kabine *s* (POL) Kabinett *nt*

kablo *s* Kabel *nt*

kablolu televizyon *s ohne Pl* Kabelfernsehen *nt*

kabotaj *s* Küstenschifffahrt *f*

kabuk *s* <-ğu> **1.** (*ağaç kabuğu*) Rinde *f,* Borke *f* **2.** (GEO: *yer kabuğu*) Kruste *f* **3.** (*yemiş*) Schale *f* **4.** (MED: *yarada*) Kruste *f* **5.** (*salyangoz kabuğu*) Gehäuse *nt;* **kabuğuna çekilmek** (*fig*) sich abkapseln; **kabuk böceği** *s* (ZOOL) Borkenkäfer *m*

kabuklu bit *s* Schildlaus *f*

kabuklular *s Pl* (ZOOL) Krustentiere *ntpl*

kabul *s* <-ü> Empfang *m;* **dostane** ~ **edildik** wir wurden freundlich empfangen; **kendini** ~ **ettirmek** sich durchsetzen

kabullenme *s* **1.** *Verbalsubstantiv zu* **kabullenmek** **2.** Akzeptanz *f*

kabullenmek *vt* akzeptieren; **yenilişi kabullenmişti** er hatte die Niederlage akzeptiert, er hatte sich mit der Niederlage abgefunden

kâbus [kâ:bus] *s* (*karabasan*) Albtraum *m;* ~ **gibi** wie ein Albtraum

kabza *s* Knauf *m;* (*sap*) Griff *m*

kabzı *s poss von* **kabız**

kaç *adj* wie viel; ~ **para eder?** was soll das?; ~ **yaşındasın?** wie alt bist du?; ~ **zamandır** seit geräumer Zeit; (*çoktan beri*) seit langem; ~**ın kur'ası** (*fam fig*) alter Hase
kaçakçı *s* Schmuggler(in) *m(f)*
kaçakçılık *s ohne Pl* <-ğı> Schmuggel *m*
kaçamak *adj* ausweichend; ~ **bir cevap vermek** eine ausweichende Antwort geben
kaçıncı *adj* wievielte(r, s)
kaçıngan *adj* zurückhaltend, reserviert, scheu
kaçınganlık *s ohne Pl* <-ğı> Zurückhaltung *f*, Reserviertheit *f*
kaçınılmaz *adj* unvermeidbar
kaçınma *s* **1.** *Verbalsubstantiv zu* **kaçınmak** **2.** Umgehung *f* **3.** Vermeidung *f*
kaçınmak *vi* vermeiden (*-den* -)
kaçırılma *s* **1.** *Verbalsubstantiv zu* **kaçırılmak** **2.** Entführung *f*
kaçırılmak *vi pass von* **kaçırmak**
kaçırma *s* **1.** *Verbalsubstantiv zu* **kaçırmak** **2.** Entführung *f*
kaçırmak *vt* **1.** (*treni*) verpassen; (*fırsatı*) verpassen, versäumen; (*vergi*) hinterziehen; **böyle bir fırsatı kaçırmam** eine solche Gelegenheit lasse ich mir nicht entgehen **2.** (*çocuk*) entführen **3.** (*fam fig*) verlieren; **aklını** ~ den Verstand verlieren; **birini gözünden kaçırmamak** jdn nicht aus den Augen verlieren; **ipin ucunu** ~ den Faden verlieren; **ölçüyü** ~ das rechte Maß verlieren; (*fam*) den Bogen überspannen **4.** rauben; **birinin huzurunu/uykusunu** ~ jdm die Ruhe/den Schlaf rauben; **bu düşünce benim uykumu kaçırdı** dieser Gedanke raubte mir den Schlaf **5.** (*bozmak*) verderben; **birinin iştahını/keyfini** ~ jdm den Appetit/die Laune verderben **6.** (*eşya*) (durch)schmuggeln (*-den* durch) **7.** (SPORT: *penaltı*) verschießen **8.** (*Wend*): **aklını kaçırmış olmak** (*fam*) nicht alle beisammen haben; **keçileri kaçırmış** (*fam fig*) er hat nicht alle Tassen im Schrank; **ölçüyü** ~ (*fam*) den Bogen überspannen
kaçış *s* Flucht *f*
kaçma *s ohne Pl* **1.** *Verbalsubstantiv zu* **kaçmak**: ~**yı denedi** er versuchte zu fliehen **2.** Flucht *f*
kaçmak *vi* **1.** weglaufen, flüchten, fliehen (*-den* aus); ~ **için fırsatı kullandı** er benutzte die Gelegenheit um zu fliehen **2.** vergehen; **iştahım kaçtı** mir ist der Appetit vergangen **3.** (*gözden*) entgehen; **gözümden kaçmadı** es ist mir nicht entgangen **4.** (*gaz*) entweichen (*-den* aus)
kaçma tehlikesi *s ohne Pl* Fluchtgefahr *f*
kadana *s* (*at*) Kaltblut *nt*
kadar *part* **1.** bis; **oraya** ~ bis dahin; **saat üçe** ~ **bekledim** bis drei Uhr habe ich gewartet; **saat 9'dan 11'e** ~ von 9 bis 11 Uhr; **son damlasına** ~ bis auf den letzten Tropfen; **şimdiye** ~ bis jetzt, bisher, bislang **2.** wie; **matematiğe olduğu** ~ **dillere de istidadı olmak** ebenso sehr für Sprachen wie für Mathematik begabt sein; **mümkün olduğu** ~ **çabuk/erken** so schnell/früh wie möglich; **ne dereceye** ~ inwiefern, inwieweit; **o da benim** ~ **uzun konuştu** sie sprach ebenso lang(e) wie ich **3. ne** ~ **erken gelirsen ...** je eher du kommst, ...; **ne** ~ **erken olursa o** ~ **iyi olur** je eher desto besser
kadavra *s* Kadaver *m*
kader *s* Schicksal *nt;* **kader birliği** *s* Schicksalsgenossenschaft *f*
kaderci **I.** *s* Schicksalsgläubiger(in) *m(f);* (*fatalist*) Fatalist(in) *m(f)* **II.** *adj* schicksalsgläubig; (*fatalist*) fatalistisch
kadercilik *s ohne Pl* <-ği> Schicksalsglaube *m;* (*fatalizm*) Fatalismus *m*
kadın *s* **1.** Frau *f* **2.** Dame *f;* **kadın avcısı** *s* Schürzenjäger *m;* **kadın bisikleti** *s* Damenfahrrad *nt;* **kadın evi** *s* Frauenhaus *nt;* **kadın hareketi** *s* (POL) Frauenbewegung *f;* **kadın hastalıkları** *s Pl* (MED: *jinekoloji*) Gynäkologie *f;* **kadın konfeksiyonu** *s* Damenkonfektion *f;* **kadın mayosu** *s* Badeanzug *m;* **kadın sesi** *s* Frauenstimme *f*
kadınsı *adj* fraulich, weiblich, feminin; ~ **bir erkek** ein femininer Mann
kadın terzisi *s* Damenschneider *m*
kadırga *s* Galeere *f*
kadife **I.** *s* Samt *m* **II.** *adj* samtig; **kadife çiçeği** *s* (BOT) Samtblume *f*, Studentenblume *f*, Tagetes *f*
kadim *adj* (*eski*) alt; (*ezelî*) ewig; ~ **bir dost** ein alter Freund
kadir[1] *s* <-dri> **1.** (*değer*) Wert *m;* **bir şeyin kadrini bilmek** etw zu schätzen wissen **2.** (ASTR) Größenklasse *f*
kadir[2] *adj* **1.** (*güçlü*) mächtig; **senin nelere** ~ **olduğunu ben bilirim** ich weiß, wozu du fähig bist **2.** (*her şeye gücü yeter*) allmächtig
kadmiyum *s ohne Pl* (CHEM) Kadmium *nt*
kadmiyumlu *adj* (CHEM) kadmiumhaltig
kadran *s* Zifferblatt *nt*
kadrat *s* (TYPO) Quadrat *m*
kadri *s poss von* **kadir**[1]
kadril *s* (HIST) Quadrille *f*
kadro *s* **1.** Stab *m;* **işletmenin teknik** ~**su** der technische Stab eines Betriebs **2.** (POL, SPORT) Kader *m* **3.** (*bisiklet* ~ *su*) Rahmen *m*
kadük *adj* kaduk, hinfällig, gegenstandslos; ~ **olmak** gegenstandslos werden

K

kafa *s* **1.** Kopf *m;* (*ser*) Haupt *m;* ~ **dinlemek** abschalten, sich entspannen; **birini ~ kola almak** (*fig*) jdn auf den Arm nehmen; ~ **yormak** (*fam*) sich den Kopf zerbrechen; ~**dan atmak** (*fam*) erfinden; ~**dan kontak olmak** (*fam*) einen Dachschaden haben; ~**nı bir işletsene!** denk doch mal scharf nach!; ~**sı dumanlı** (*fam*) benebelt; ~**sı durmak** nicht mehr denken können; ~**sını taştan taşa çarpmak** (*fig*) (etw) bitter bereuen; **birinin ~sını uçurmak** jdm den Kopf abschlagen; **bir şeyi ~ya koymak** sich etw in den Kopf setzen; ~**yı çalıştırmak** scharf nachdenken; ~**yı çekmek** (*sl*) sich besaufen; ~**yı işletmek** scharf nachdenken **2.** (*fam fig: zihniyet*) Gesinnung *f* **3.** (*bellek*) Gedächtnis *nt* **4.** (TECH) Kopf *m;* (*distribütör ~sı*) Kappe *f*

kafa çıkışı *s* (SPORT) Kopfball *m*

kafadan bacaklılar *s Pl* (ZOOL) Kopffüßer *mpl*

kafadar *s* Gesinnungsgenosse, -in *m, f*

kafa dengi *adj* gleich gesinnt; **kafa içi** *s s.* **kafatası** Schädel *m;* **kafa işçisi** *s* Kopfarbeiter(in) *m(f);* **kafa işi** *s ohne Pl* Kopfarbeit *f;* **kafa kâğıdı** *s* (*fam: nüfus cüzdanı*) Personalausweis *m*

kafası çatlak **I.** *s* <-ğı> (*fam fig*) Bekloppte(r) *mf* **II.** *adj* <-ğı> (*fam fig*) bekloppt, beknackt; ~ **olmak** einen Sprung in der Schüssel haben

kafası dumanlı *adj* benebelt

kafasız *adj* **1.** kopflos **2.** (*fam fig: kavrayışsız*) begriffsstutzig

kafasızlık *s ohne Pl* <-ğı> **1.** Kopflosigkeit *f* **2.** (*fam fig: kavrayışsızlık*) Begriffsstutzigkeit *f*

kafatası *s* (ANAT) Schädel *m*

kafein *s ohne Pl* Koffein *nt*

kafeinsiz *adj* koffeinfrei

kafes *s* **1.** Käfig *m;* **altın ~** (*fig*) goldener Käfig **2.** (*göğüs ~i*) Korb *m*

kafesli pencere *s* Gitterfenster *nt*

kafes teli *s* Maschendraht *m*

kafeterya *s* Cafeteria *f*

kâfi *adj* genügend, ausreichend, hinreichend

kâfir [kã:fir] **I.** *s* **1.** Gottlose *mf* **2.** (*fam: müslüman olmayan*) Kafir *m* **II.** *adj* gottlos; **seni ~ seni!** (*fam fig*) du freches Ding du!

kafiye *s s.* **uyak** Reim *m*

kafiyesiz *adj s.* **uyaksız** reimlos

Kafkasya *s* Kaukasien *nt;* **Kafkasya Dağları** *s Pl* Kaukasus *m*

Kafkasyalı **I.** *s* Kaukasier(in) *m(f)* **II.** *adj* kaukasisch

kaftan *s* Kaftan *m;* **bu iş senin için biçilmiş ~** (*fam fig*) diese Arbeit ist für dich wie gemacht [*o* geschaffen]; **bu rol onun için biçilmiş ~** (*fam fig*) diese Rolle ist ihr wie auf den Leib geschrieben

kâfur [kã:fu:r] *s ohne Pl* Kampfer *m;* **kâfur ağacı** *s* (BOT) Kampferbaum *m*

kâgir [kã:gir] *adj* Backstein-; (*tuğladan yapılmış olan*) aus Backstein; **kâgir ev** *s* Backsteinhaus *nt*

kâğıt *s* <-dı> **1.** Papier *nt;* **bir şeyi kâğıda dökmek** etw zu Papier bringen **2.** (*belge*) Schein *m;* (*nüfus kâğıdı*) Ausweis *m;* (*temiz iş kâğıdı*) Zeugnis *nt* **3.** (*duvar için*) Tapete *f* **4.** (*iskambil kâğıdı*) Karte *f,* Spielkarte *f;* **kâğıt fabrikası** *s* Papierfabrik *f*

kâğıtlama *s Verbalsubstantiv zu* **kâğıtlamak**

kâğıtlamak *vt* (*kâğıt yapıştırmak*) mit Papier bekleben; (*duvarları*) tapezieren

kâğıt makası *s* Papierschere *f;* **kâğıt mendil** *s* Papiertaschentuch *nt;* **kâğıt oyunu** *s* Kartenspiel *nt;* **kâğıt para** *s* Papiergeld *nt,* Geldschein *m*

kâhin [kã:hin] *s* Hellseher(in) *m(f)*

kahir *adj* (*ekseriyet*) überwältigend

Kahire *s* Kairo *nt*

kahkaha *s* Gelächter *nt;* ~**yı basmak** loslachen; **kahkaha çiçeği** *s* (BOT) Winde *f*

kahraman *s* Held(in) *m(f)*

kahramanlık *s* <-ğı> Heldentat *f*

kahvaltı *s* Frühstück *nt;* ~ **etmek** frühstücken

kahve *s* **1.** Kaffee *m;* ~ **falına bakmak** aus dem Kaffeesatz lesen; **ben hiçbir zaman ~me şeker almam** ich nehme nie Zucker in den Kaffee; **sütlü/şekersiz ~** Kaffee mit Milch/ohne Zucker **2.** Café *nt;* **kahve çekirdeği** *s* Kaffeebohne *f;* **kahve değirmeni** *s* Kaffeemühle *f;* **kahve falı** *s:* ~**na bakmak** aus dem Kaffeesatz lesen; **kahve filtresi** *s* Kaffeefilter *m*

kahvehane *s* Kaffeehaus *nt*

kahvehaneci *s* Kaffeehausbesitzer(in) *m(f);* (*österr*) Kaffeesieder *m*

kahve kaşığı *s* Kaffeelöffel *m;* **kahve makinesi** *s* Kaffeemaschine *f*

kahverengi **I.** *s* Braun *nt;* **açık/koyu bir ~** ein helles/dunkles Braun **II.** *adj* braun, kaffeebraun; ~ **bir renk** eine braune Farbe

kahve takımı *s* Kaffeeservice *nt;* **kahve telvesi** *s ohne Pl* Kaffeesatz *m*

kâhya *s* Verwalter(in) *m(f);* (*çiftlik ~sı*) Gutsverwalter(in) *m(f)*

kaide *s* Sockel *m,* Fuß *m;* **bir sütunun ~si** der Fuß einer Säule

Kafkasya *s* Kaukasien *nt*

kaime *s* **1.** (*buyruk*) Befehl *m;* (*resmî kâğıt*) Bescheinigung *f* **2.** (*kâğıt para*) Geldschein *m*

kaimelik *s* <-ği> (*kâğıt para cüzdanı*)

Brieftasche *f*
kaka *s* (*çocuk dilinde*) AA *nt;* ~ **yapmak** AA machen
kakalama *s Verbalsubstantiv zu* **kakalamak**
kakalamak *vt* (*fig*) andrehen; **birine bir şeyi** ~ jdm etw andrehen
kakao *s* **1.** (*Hint bademi*) Kakao *m* **2.** (*içecek*) Kakao *m;* **kakao çekirdeği** *s* Kakaobohne *f*
kakım *s* (ZOOL) Hermelin *m*
kakırca *s* (ZOOL) **1.** Bilch *m* **2.** (*fındık faresi*) Haselmaus *f*
kakışma *s* Missklang *m*
kakmalı *adj:* **sedef** ~ mit Perlmutt eingelegt
kakofoni *s* Kakophonie *f*
kaktüs *s* Kaktus *m*
kakule *s* (BOT) Kardamom *m*
kâkül *s* Pony *m*
Kal *Abk. von* **kalori** cal, *Kalorie*
kalabalık *s* <-ğı> Menschenmenge *f*
kalafatçı tokmağı *s* (NAUT) Kalfathammer *m*
kalafatlama *s Verbalsubstantiv zu* **kalafatlamak**
kalafatlamak *vt* (NAUT) kalfatern
kalamar *s* (ZOOL) Kalmar *m*
kalas *s* Balken *m*
kalaşnikof *s* Kalaschnikow *f*
kalay *s ohne Pl* (CHEM) Zinn *m;* **dışı** ~**lı, içi alaylı** (*fam*) oben hui, unten pfui; **kalay balık** *s* <-ğı> Angelblei *nt*
kalbi *s poss von* **kalp**
kalbur *s* Sieb *nt,* Getreidesieb *nt;* ~ **gibi** wie ein Sieb; ~**a çevirmek** in ein Sieb verwandeln; ~**dan geçirmek** sieben
kalburüstü *adj* **1.** (*seçkin*) prominent **2.** (*başarılı*) erfolgreich
kalça *s* Hüfte *f;* **kalça kemiği** *s* (ANAT) Beckenknochen *m,* Hüftbein *nt*
kaldı ki *konj* **1.** (*bundan başka*) außerdem **2.** (*bununla birlikte*) dennoch
kaldırım *s* Bürgersteig *m*
kaldırım süpürgesi *s* (*fam fig, pej*) Schlampe *f;* **kaldırım taşı** *s* Pflasterstein *m;* **kaldırım yosması** *s* (*pej*) Schlampe *f*
kaldırma *s Verbalsubstantiv zu* **kaldırmak**
kaldırma gücü *s ohne Pl* (PHYS) Auftrieb *m*
kaldırmak *vt* **1.** heben; (*yerden*) aufheben; **ablukayı** ~ die Blockade aufheben **2.** (*toplamak*) abräumen; **sofrayı** ~ den Tisch abräumen **3. ortadan** ~ beseitigen, abschaffen; (*gümrükleri*) abbauen **4.** (*yükseltmek*) erhöhen (um); **duvarı bir metre** ~ die Mauer um ein(en) Meter erhöhen **5.** (*hastaneye*) einweisen **6.** (*fam fig*) einstecken, hinnehmen **7.** (*feshetmek*) aufheben
kale *s* **1.** Festung *f,* Burg *f* **2.** Bollwerk *nt;*
kale duvarı *s* Festungsmauer *f;* **kale harabesi** *s* Burgruine *f;* **kale korkuluğu** *s* Brustwehr *f*
kalem *s* **1.** Stift *m;* (*çelik* ~*i*) Feder *f;* (*tükenmez* ~) Schreiber *m;* ~ **açmak** einen Stift (an)spitzen; **bir şeye** ~ **çekmek** etw durchstreichen **2.** (*resmî kuruluşlarda*) Geschäftsstelle *f* **3.** (*çeşit*) Sorte *f* **4.** (*fig: yazar*) Verfasser(in) *m(f),* Autor(in) *m(f)* **5.** (*fig: yazı*) Schrift *f;* **bir şeyi** ~**e almak** etw abfassen [*o* verfassen]; **kalem açacağı** *s* Anspitzer *m*
kalemtıraş *s* Anspitzer *m*
kalevî *adj* (CHEM: *alkalik*) alkalisch, basisch
kaleydoskop *s* <-bu> Kaleidoskop *nt*
kalfa *s* Geselle, -in *m, f*
kalıcı *adj* bleibend, Dauer-; **kalıcı etki** *s* Dauerwirkung *f;* **kalıcı hasar** *s* Dauerschaden *m*
kalımlı *adj* beständig
kalımsız *adj* unbeständig
kalın *adj* **1.** (*ince karşıtı*) dick; ~ **duvar** eine dicke Mauer; ~ **kitap** ein dickes Buch; ~ **kumaş** ein dicker Stoff; ~ **giyinmek** sich warm anziehen **2.** (*yoğun*) dicht **3.** (*ses, ünlü*) dunkel; **kalın bağırsak** *s* <-ğı> (ANAT) Dickdarm *m;* **kalın bağırsak iltihabı** *s* (MED) Dickdarmentzündung *f;* **kalın kafalı** *adj* begriffsstutzig; **kalın kafalılık** *s ohne Pl* <-ğı> Begriffsstutzigkeit *f*
kalıntı *s* **1.** (*bakiye*) Rest *m;* (*kireç* ~*sı*) Ablagerung *f* **2.** (*harabe, yıkıntı*) Ruine *f,* Überrest *m;* **Efes'in/Bergama'nın** ~**ları** die Ruinen [*o* Überreste] von Ephesus/Pergamon **3.** (*iz*) Spur *f* **4.** (*fig: artakalan şey*) Relikt *nt*
kalın yağ *s s.* **ağır yağ** Schweröl *nt*
kalıp *s* <-bı> Form *f;* (*alçı* ~) Abdruck *m;* ~ **gibi oturmak** (*giysi için*) wie angegossen sitzen
kalıt *s* Erbe *nt; s. a.* **miras**
kalıtçı *s* Erbe, -in *m, f; s. a.* **mirasçı**
kalıtım *s* Vererbung *f;* **kalıtım bilimi** *s ohne Pl* (BIOL) Vererbungslehre *f;* (*genetik*) Genetik *f*
kalıtımsal *adj* (BIOL) genetisch
kalibre *s* Kaliber *m*
kalifiye *adj* qualifiziert; **kalifiye işçi** *s* Facharbeiter(in) *m(f)*
kalite *s* Qualität *f,* Güte *f*
kaliteli mal *s* Qualitätsware *f*
kalkan[1] *s* Schild *m*
kalkan[2] *s* (ZOOL: *balık*) Steinbutt *m*
kalkan bezi *s* (ANAT, MED: *tiroit*) Schilddrüse *f*
kalker *s* (GEO: *kireç taşı*) Kalkstein *m*
kalker kayası *s* Kreidefelsen *m*
kalkerli *adj* kalkhaltig
kalker tortu *s* Kalkablagerung *f*

K

kalkınma *s* **1.** *Verbalsubstantiv zu* **kalkınmak** **2.** (WIRTSCH) Entwicklung *f*

kalkınmak *vi* sich entwickeln

kalkınma politikası *s* Entwicklungspolitik *f;* **kalkınma yardımı** *s ohne Pl* Entwicklungshilfe *f*

kalkma *s Verbalsubstantiv zu* **kalkmak**

kalkmak *vi* **1.** aufstehen; **bu sabah erken/geç kalktım** heute Morgen bin ich früh/spät aufgestanden; **gitmek üzere kalktı** er stand auf, um zu gehen; **ters** [*o* **sol**] **tarafından** ~ (*fam*) mit dem linken Bein zuerst aufstehen **2.** (*tren, otobüs*) abfahren; **istim üstünde** ~ (EISENB) dampfend abfahren **3. depara** ~ zum Spurt ansetzen

kalkma limanı *s* (NAUT) Abgangshafen *m*

kalma *s Verbalsubstantiv zu* **kalmak** Bleiben *nt*

kalmak *vi* **1.** bleiben **2.** übrig bleiben; **yapacak başka bir şeyim kalmadı** es blieb mir nichts anderes übrig; **takatim kalmadı** ich habe keine Kraft mehr **3.** (*konaklamak*) bleiben, sich aufhalten **4.** (SCHULE: *sınıfta*) sitzen bleiben **5.** (*işlemez duruma gelmek*) stehen bleiben; **araba yarı yolda kaldı** der Wagen ist auf dem halben Weg stehen geblieben **6.** (*ertelenmek*): **gitmemiz cumaya kaldı** unsere Abreise ist auf den Freitag verschoben **7. bana kalsa, ...** wenn es nach mir ginge, ...; **bana kalırsa siz yanılıyorsunuz** meiner Meinung nach täuschen [*o* irren] Sie sich **8.** verbleiben; **üç gün(ümüz) daha kaldı** es verbleiben (uns) noch drei Tage **9. yola çıkmamıza üç gün kaldı** es sind noch drei Tage bis zu unserer Abreise

kalori *s* Kalorie *f*

kalorifer *s* **1.** Heizung *f* **2.** (*reg: radyatör*) Heizkörper *m;* **kalorifer borusu** *s* Heizungsrohr *nt;* **kalorifer kazanı** *s* Heizkessel *m*

kalorili *adj* kalorienhaltig

kalori niceliği *s* Kaloriengehalt *m*

kalorisi az *adj* kalorienarm; **kalorisi zengin** *adj* kalorienreich

kalp[1] *s* <-bi> (ANAT: *yürek*) Herz *nt;* **birinin kalbini eritmek** jds Herz erweichen; **birinin kalbini kırmak** jdm das Herz brechen

kalp[2] *adj* **1.** (*sahte*) falsch, Falsch- **2.** (*fig, pej: yalancı*) verlogen

kalp acısı *s ohne Pl* Herzeleid *nt;* **kalp ağrısı** *s ohne Pl* (*aşktan doğan üzüntü*) Herzensqual *f,* Liebeskummer *m*

kalpak *s* <-ğı> Kalpak *m*

kalp akçe *s* Falschgeld *nt;* (*fam: sahte kâğıt para*) Blüte *f*

kalp aksesi *s* (MED) Herzanfall *m,* Herzversagen *nt;* **kalp enfarktüsü** *s* (MED) Herzinfarkt *m;* **kalp hareket(ler)i** *s* (*Pl*) (MED) Herzbewegung(en) *f(pl);* **kalp karıncığı** *s* (ANAT) Herzkammer *f;* **kalp kası** *s* (ANAT, MED) Herzmuskel *m;* **kalp krizi** *s* (MED) Herzanfall *m;* **kalp pili** *s* (MED) Herzschrittmacher *m;* **kalp sektesi** *s* (MED) Herzstillstand *m*

kalpsiz *adj* herzlos

kalsiyum *s ohne Pl* (CHEM) Calcium *nt,* Kalzium *nt;* **kalsiyum eksikliği** *s* (MED) Kalkmangel *m*

kalubelâ *s:* ~**dan beri** seit eh und je, seit Menschengedenken

Kalvenci **I.** *s* Kalvinist(in) *m(f)* **II.** *adj* kalvinisch, kalvinistisch

Kalvencilik *s ohne Pl* <-ği>, **Kalvenizm** *s ohne Pl* Kalvinismus *m*

kam *s s.* **şaman** Schamane *m*

kamara *s* **1.** (NAUT) Kajüte *f;* (*kabin*) Kabine *f* **2.** (POL) **Avam K~sı** Unterhaus *nt,* **Lordlar K~sı** Oberhaus *nt*

kamarillâ *s* (POL) Kamarilla *f*

kamarot *s* (NAUT) Steward *m*

kambiyo *s* (FIN) **1.** (*para değiştirme*) Geldumtausch *m,* Geldwechsel *m* **2.** (*işlemler*) Devisenhandel *m,* Devisenverkehr *m*

kambiyum *s* (BOT) Kambium *nt*

Kamboçya *s* Kambodscha *nt*

Kamboçyalı **I.** *s* Kambodschaner(in) *m(f)* **II.** *adj* kambodschanisch

kambriyen *s ohne Pl* (GEO) Kambrium *nt*

kambur **I.** *s* **1.** (ANAT) Buckel *m;* ~**u çıkmak/olmak** einen Buckel bekommen/haben; ~**unu çıkarmak** (*kedi*) buckeln, einen Buckel machen **2.** (*insan*) Buckelige(r) *mf* **II.** *adj* buck(e)lig

kamçı *s* **1.** Geißel *f;* (*kırbaç*) Peitsche *f* **2.** (BIOL) Geißel *f,* Flagelle *f,* Flagellum *nt*

kamçılama *s* **1.** *Verbalsubstantiv zu* **kamçılamak** **2.** Geißelung *f*

kamçılamak *vt* **1.** geißeln; **yağmur camları kamçılıyordu** der Regen peitschte an [*o* gegen] die Scheiben **2.** (*fig*) anstacheln, anspornen, anfeuern

kamçılanma *s* **1.** *Verbalsubstantiv zu* **kamçılanmak** **2.** Geißelung *f*

kamçılanmak *vi pass von* **kamçılamak**

kamçılatma *s* **1.** *Verbalsubstantiv zu* **kamçılatmak** **2.** Geißelung *f*

kamçılatmak *vt Kausativ zu* **kamçılatmak**

kamçılılar *s Pl* (BIOL) Geißeltierchen *ntpl,* Flagellaten *mpl*

kamçı travması *s* Schleudertrauma *nt*

kamelya *s* (BOT) Kamelie *f*

Kamember peyniri *s* (GASTR) Camembert *m*

kamer *s s.* **ay** Mond *m*

kamera *s* (FILM, TV) Kamera *f*

kameraman *s* (FILM) Kameramann *m*

Kamerun *s* Kamerun *nt*

Kamerunlu **I.** *s* Kameruner(in) *m(f)* **II.** *adj* kamerunisch
kamış *s* **1.** (BOT) Schilf *nt,* Schilfrohr *nt;* (*bambu, şeker ~ı*) Rohr *nt* **2.** (*olta ~ı*) Rute *f;* **kamış antilopu** *s* (ZOOL) Riedbock *m;* **kamış dam** *s* Schilfdach *nt;* **kamış kemik** *s* <-ği> (ANAT) Schienbein *nt*
kamikaze *s* Kamikaze *m*
kamineto *s* Spirituskocher *m*
kamp *s* Zeltlager *nt,* Camp *nt;* ~ **yapmak** campen
kampana fren *s* (AUTO) Trommelbremse *f*
kampanya *s* Kampagne *f;* (*yardım ~sı*) Aktion *f*
kampçılık <-ğı> *s* Camping *nt*
kamping *s* Campingplatz *m*
kampus *s* Campus *m*
kamu **I.** *s* Öffentlichkeit *f,* Allgemeinheit *f;* ~ **yararına** im Interesse der Allgemeinheit **II.** *adj* öffentlich; ~ **davası/düzeni/güvenliği** öffentliche Klage/Ordnung/Sicherheit; ~ **hizmeti** öffentlicher Dienst; **kamu davası** *s* (JUR) Anklage *f,* öffentliche Klage; **biri aleyhinde** ~ **açmak** Anklage gegen jdn erheben; **hakkında** ~ **açılmış olmak** unter Anklage stehen; **kamu esenliği** *s* Allgemeinwohl *nt*
kamuflaj *s* Tarnung *f*
kamufle *adj* getarnt; **bir şeyi** ~ **etmek** etw tarnen
kamulaştırma *s* **1.** *Verbalsubstantiv zu* **kamulaştırmak** **2.** (*istimlâk*) Enteignung *f* **3.** (*devletleştirme*) Verstaatlichung *f*
kamulaştırmak *vt* **1.** (*istimlâk etmek*) enteignen **2.** (*devletleştirmek*) verstaatlichen
kamu malı *s* Gemeingut *nt*
kamuoyu *s* öffentliche Meinung
kamu tanrıcı **I.** *s* Pantheist(in) *m(f)* **II.** *adj* pantheistisch; **kamu tanrıcılık** *s ohne Pl* <-ğı> Pantheismus *m*
kamyon *s* Last(kraft)wagen *m,* LKW *m;* (*Schweiz*) Camion *m*
kamyonet *s* Lieferwagen *m*
kan *s ohne Pl* Blut *nt;* ~ **dökmek** Blut vergießen; ~ **revan içinde** blutüberströmt; ~ **ter içinde (kalmak)** völlig durchgeschwitzt (sein); ~ **vermek** Blut spenden; **birinin ~ı donmak** (*fig*) jdm gefriert das Blut in den Adern; **~ını içine akıtmak** ruhig Blut bewahren; **yüreği/m** ~ **ağlıyor** (*fig*) mir/ihm blutet das Herz
kanaatkâr *adj* genügsam, anspruchslos, bescheiden
kanaatkârlık *s ohne Pl* <-ğı> Genügsamkeit *f,* Anspruchslosigkeit *f,* Bescheidenheit *f*
Kanada **I.** *s* Kanada *nt* **II.** *adj* kanadisch; ~ **hükûmeti** die kanadische Regierung; **Kanada köknarı** *s* (BOT) Balsamtanne *f*
Kanadalı **I.** *s* Kanadier(in) *m(f)* **II.** *adj* kanadisch; ~ **erkekler/kadınlar** kanadische Männer/Frauen
kan akçesi *s* (HIST, JUR) Sühnegeld *nt;* **kan aktarımı** *s* (MED) Bluttransfusion *f*
kanal *s* **1.** Kanal *m* **2.** (RADIO, TV) Kanal *m*
kanalizasyon *s* Kanalisation *f,* Abwasserkanal *m;* **kanalizasyon kapağı** *s* Kanaldeckel *m*
kanalize *adj* kanalisiert; ~ **etmek** kanalisieren
kanama *s* **1.** *Verbalsubstantiv zu* **kanamak** **2.** Blutung *f*
kanamak *vi* bluten; **burnu** ~ Nasenbluten haben
kanape *s* Sofa *nt,* Couch *f*
kanara *s* Schlachthof *m*
kanarya *s* (ZOOL) Kanarienvogel *m*
Kanarya Adaları *s Pl* die Kanaren, die Kanarischen Inseln
kana susamış *adj* blutdürstig, mordgierig
kanat *s* <-dı> **1.** Flügel *m;* ~ **çırpmak** mit den Flügen schlagen **2.** Fittich *m;* **birini kanadı altına almak** jdn unter seine Fittiche nehmen
kanatlandırma *s ohne Pl Verbalsubstantiv zu* **kanatlandırmak**
kanatlandırmak *vt* (*fig*) beflügeln; **bir şey birini** ~ etw beflügelt jdm, etw verleiht jdm Flügel; **yürürken korkudan/sevinçten kanatlanmış gibiydi** (LIT) die Angst/Freude beflügelte seine Schritte
kanava *s,* **kanaviçe** *s* **1.** (*keten bezi*) Leinwand *f* **2.** (*işleme*) Kreuzstich *m* **3.** (*çuval için*) Sackleinen *nt,* Sackleinwand *f*
kan bağı *s* Blutsverwandtschaft *f;* **kan bağışı** *s* (MED) Blutspende *f;* **kan bankası** *s* (MED) Blutbank *f;* **kan basıncı** *s ohne Pl* (*tansiyon*) Blutdruck *m;* **kan birliği** *s* Blutsverwandtschaft *f*
kanca *s* Haken *m;* **birine ~yı takmak/atmak** es auf jdn abgesehen haben
kancalı iğne *s s.* **çengelli iğne** Sicherheitsnadel *f;* **kancalı kurt** *s* Hakenwurm *m,* Grubenwurm *m*
kan çanağı *s:* **gözleri ~na dönmüştü** seine Augen waren blutunterlaufen
kan damlası *s* Blutstropfen *m*
kandaş *adj* blutsverwandt
kandaşlık *s* <-ğı> Blutsverwandtschaft *f*
kan davası *s* Blutrache *f*
kandırıcı *adj* **1.** (*inandırıcı*) glaubhaft, überzeugend **2.** (*aldatıcı*) trügerisch **3.** (*susuzluk giderici*) durstlöschend, durststillend
kandırmak *vt* **1.** (*ikna etmek*) überzeugen **2.** (*aldatmak*) täuschen, betrügen
kandil çiçeği *s* (BOT) Schafgarbe *f*
kan diyalizi *s* (MED) Blutwäsche *f;* **kan dolaşımı** *s* (MED) Blutkreislauf *m;* **büyük/kü-**

K

çük ~ großer/kleiner Kreislauf
kan dökme *s ohne Pl* Blutvergießen *nt;* **kan dökücü** *adj* blutrünstig
kanepe *s* Couch *f*
kaneviçe *s* **1.** (*el işleri için keten bezi*) Kanevas *m* **2.** (*işleme*) Kreuzstich *m* **3.** Sackleinen *nt*
kangren *s ohne Pl* (MED) Gangrän *nt,* Brand *m*
kan grubu *s* (MED) Blutgruppe *f*
kanguru *s* (ZOOL) Känguru *nt;* **kan hısımlığı** *s ohne Pl* Blutsverwandtschaft *f*
kanık *adj* <-ğı> genügsam, anspruchslos, bescheiden
kanıklık *s ohne Pl* <-ğı> Genügsamkeit *f,* Anspruchslosigkeit *f,* Bescheidenheit *f*
kaniş *s* Pudel *m*
kan izi *s* Blutspur *f*
kanizler *s* Bluthund *m*
kan kanseri *s ohne Pl* (MED) Blutkrebs *m;* **kan kardeşi** *s* Blutsbruder *m;* **kan kaybı** *s ohne Pl* (MED) Blutverlust *m;* **kan kesici** *adj* blutstillend; **kan kırmızı** *adj* blutrot; **kan konservesi** *s* (MED) Blutkonserve *f*
kankurutan *s* (BOT: *adamotu*) Alraune *f*
kan küreciği *s* (MED) Blutkörperchen *nt;* **kan lekesi** *s* Blutfleck *m*
kanlı *adj* blutig; **kanlı basur** *s* (MED: *dizanteri*) Ruhr *f*
kan muayenesi *s* (MED) Blutuntersuchung *f;* **kan nakli** *s s.* **kan aktarımı** (MED) Bluttransfusion *f*
kano *s* (SPORT) **1.** Kanu *nt* **2.** Kajak *m o nt*
kanon *s* (*a.* MUS) Kanon *m*
kan pıhtılaşması *s ohne Pl* (MED) Blutgerinnung *f;* **kan pıhtısı** *s* (MED) Blutgerinnsel *nt;* **kan plâzması** *s* (MED) Blutplasma *nt;* **kan portakalı** *s* Blutorange *f;* **kan sayımı** *s* (MED) Blutbild *nt*
kanser *s* (MED) Krebs *m;* **kanser ameliyatı** *s* (MED) Krebsoperation *f;* **kanser hastası** *s* Krebskranke(r) *mf;* **kanser hücresi** *s* (MED) Krebszelle *f*
kanserli *adj* krebskrank
kanserli ur *s* (MED) Krebsgeschwür *nt*
kanserojen *s* (MED) Krebserreger *m*
kansız *adj* (MED) blutarm; (*anemik*) anämisch
kansızlık *s ohne Pl* <-ğı> (MED) Blutarmut *f;* (*anemi*) Anämie *f*
kantar *s* Waage *f;* ~**ın topunu kaçırmak** (*fam fig*) mit Kanonen auf Spatzen schießen
Kantçı *s* Kantianer(in) *m(f)*
kantin *s* Kantine *f*
kantinci *s* Kantinenwirt(in) *m(f)*
kanton *s* Kanton *m*
kanun [ka:---] *s s.* **yasa** Gesetz *nt*
kanuna aykırı *adj* gesetzwidrig
kanunî *adj s.* **yasal** gesetzlich, gesetzmäßig
kanunîlik *s ohne Pl* <-ği> (JUR) Gesetzmäßigkeit *f*
kanun koyucu *s* Gesetzgeber *m;* **kanun metni** *s* Gesetzestext *m*
kanunsuz *adj* gesetzlos
kanunsuzluk *s* <-ğu> Gesetzlosigkeit *f*
kanunuesasî *s s.* **anayasa** Grundgesetz *nt,* Verfassung *f*
kânunusani *s s.* **ocak** Januar *m*
kanül *s* (MED) Kanüle *f*
kan verici *s* (MED) Blutspender(in) *m(f)*
kanyak *s* <-ğı> Branntwein *m*
kan zehirlenmesi *s* (MED) Blutvergiftung *f*
kaos *s ohne Pl* Chaos *nt*
kap[1] *s* <-bı> **1.** Behälter *m,* Gefäß *nt;* **kabına sığmamak** (*fig*) außer sich sein **2.** (*kap kacak*) Geschirr *nt* **3.** (*kapak*) Deckel *m*
kap[2] *s* **1.** Cape *nt* **2.** (*kolsuz üstlük*) Umhang *m*
kâp [kã:p] *s* <-bı> *s.* **aşık kemiği** Fußknöchel *m;* **birinin kâbına varamamak** (*fig*) jdm nicht das Wasser reichen können
kapa *vt Imperativ von* **kapamak: ışığı ~!** schalt [*o* **mach**] das Licht aus!; **kapıyı ~!** mach die Tür zu!
kapağı *s poss von* **kapak**
kapak *s* <-ğı> **1.** Deckel *m* **2.** (AUTO: *bagaj kapağı*) Haube *f* **3.** (*göz kapağı*) Lid *nt*
kapakçık *s* <-ğı> (ANAT) Klappe *f*
kapak kızı *s* Titelblattmädchen *nt*
kapalı *adj* **1.** geschlossen, zu **2.** (*hava*) bedeckt **3.** (*ışık*) aus(geschaltet); **kapalı kutu I.** *s* (*fig*): ~ **olmak** ein Buch mit sieben Siegeln sein; **bütün şiirleri benim için birer** ~ alle seine Gedichte sind für mich ein Rätsel **II.** *adj* (*fig*) **1.** (*kişi*) verschlossen, zugeknöpft; (*içindekini belli etmeyen*) undurchsichtig **2.** (*şey*) rätselhaft; **kapalı tohumlular** *s Pl* (BOT) Bedecktsamer *mpl;* **kapalı yer korkusu** *s* (PSYCH) Platzangst *f;* (*klostrofobi*) Klaustrophobie *f; s. a.* **alan korkusu**; **kapalı yüzme havuzu** *s* Hallenbad *nt*
kapama *s Verbalsubstantiv zu* **kapamak**
kapamak *vt* **1.** schließen, zumachen **2.** (FIN: *defterleri, hesabı*) abschließen **3.** (*musluğu*) abdrehen; (*aleti, ışığı*) abschalten, ausschalten; (*fam*) ausmachen **4.** (*yolu*) (ab)sperren **5.** (*deliği*) zustopfen; (*gedik*) füllen **6.** (*gazı, suyu*) abstellen **7.** (*konuyu*) abschließen; (*bitirmek*) beenden **8.** (*telefonu*) auflegen **9.** (*iştah*): **bu mesele iştahımı kapadı** diese Sache hat mir den Appetit verdorben
kapan *s* Falle *f*
kapanış *s* **1.** Abschluss *m* **2.** Schließung *f;* **kapanış hesabı** *s* (COM: *son hesap*) Abschlussrechnung *f*

kapanıverme *s Verbalsubstantiv zu* **kapanıvermek**
kapanıvermek *vi* (*kapı*) einschnappen
kapanma *s* **1.** *Verbalsubstantiv zu* **kapanmak** **2.** Schließung *f*
kapanmak *vi* **1.** (*kilit*) schließen **2.** (*yara*) abheilen **3.** (*odaya*) sich einschließen
kaparo *s* Anzahlung *f;* **... için ~ vermek** eine Anzahlung leisten auf ...
kapasite *s ohne Pl* **1.** (*kapsama gücü*) Kapazität *f,* Fassungsvermögen *nt* **2.** (PHYS: *sığa*) Kapazität *f* **3.** (*fig: kavrama yeteneği*) Auffassungsgabe *f*
kapatma *s* **1.** *Verbalsubstantiv zu* **kapatmak** **2.** Konkubine *f;* (*metres*) Mätresse *f*
kapatmak *vt* **1.** (*kapamak*) schließen; (*kontak*) ausschalten **2.** einschließen (*-e* in), einsperren (*-e* in); **kızını eve/odaya kapattı** er hat seine Tochter ins Haus/Zimmer eingesperrt **3.** (*fam*) ergattern; **en son konser biletlerini ~** die letzten Konzertkarten ergattern **4.** (*fam: metres*) sich halten **5.** (*bir yeri*) anmieten **6.** (*bitirmek*) abschließen, beenden
kapattırma *s Verbalsubstantiv zu* **kapattırmak**
kapattırmak *vt* **1.** *Kausativ zu* **kapatmak** **2. telefonu ~** das Telefon abmelden
kapçık *s* <-ğı> **1.** (*küçük kap*) kleiner Behälter, kleines Gefäß **2.** (*kovan*) Hülse *f;* **kapçık meyve** *s* (BOT) Schließfrucht *f*
kapelâ *s* Kappe *f,* Mütze *f*
kapı *s* Tür *f;* **birini ~ dışarı etmek** (*fam*) jdn hinauswerfen; **açık ~ bırakmak** sich einen Ausweg offen halten; **aynı ~ya çıkmak** (*fig*) auf dasselbe hinauslaufen, aufs [*o* auf das] Gleiche hinauslaufen; **kapı eşiği** *s* Türschwelle *f;* **kapı kapmaca** *adv* allesamt, alle miteinander, alle zusammen; **kapı kasası** *s* (ARCH) Türzarge *f;* **kapı kolu** *s* Türgriff *m,* Türklinke *f;* **kapı lentosu** *s* (ARCH) Türsturz *m*
kapılgan *adj* beeinflussbar
kapılma *s ohne Pl Verbalsubstantiv zu* **kapılmak**
kapılmak *vi* geraten (*-e* in); **paniğe ~** in Panik geraten
kapı menteşesi *s* Türscharnier *nt,* Türangel *f;* **kapı zili** *s* Türklingel *f*
kapital *s* <-i> (WIRTSCH) Kapital *nt*
kapitalist **I.** *s* (WIRTSCH) Kapitalist(in) *m(f)* **II.** *adj* kapitalistisch
kapitalizasyon *s* (WIRTSCH) Kapitalisierung *f*
kapitalizm *s ohne Pl* (WIRTSCH) Kapitalismus *m*
kapitone *s* Plüsch *m*
kapkaranlık *adj* stockfinster
kaplama *s* **1.** *Verbalsubstantiv zu* **kaplamak** **2.** Verkleidung *f;* (*ağaç ~*) Täfelung *f* **3.** (TECH) Beschichtung *f,* Belag *m;* (*altın ~*) Auflage *f* **4.** (*desenli ~*) Furnier *nt*
kaplamak *vt* **1.** (*kumaş ile*) überziehen (*-le* mit), beziehen (*-le* mit), verkleiden (*-le* mit); (*ağaç ile*) täfeln (*-le* mit); (*bakır ile*) beschichten (*-le* mit); **bir odayı halı ile ~** einen Raum mit Teppich auslegen **2.** (*yer*) einnehmen; **fazla yer ~** zu viel Platz einnehmen
kaplamalı *adj* beschichtet
kaplan *s* (ZOOL) Tiger *m*
kaplan atlaması *s* (SPORT) Hechtsprung *m*
kaplanboğan *s* (BOT) Bergeisenhut *m*
kaplumbağa *s* **1.** (ZOOL) Schildkröte *f* **2.** (AUTO) Käfer *m*
kapma *s Verbalsubstantiv zu* **kapmak**
kapmak <-ar> *vt* **1.** schnappen; **birinden bir şeyi ~** jdm etw wegschnappen; **çantasını kaptığı gibi gitti** er schnappte seine Tasche und war weg **2.** (*ısırıp parçalamak*) zerfleischen **3.** (*koparmak, kıstırmak*) abquetschen; **makine parmağını kapmış** die Maschine hat seinen Finger abgequetscht **4.** (*bellemek*) begreifen **5.** (*yer için*) reservieren; (*tutmak*) freihalten **6.** (*hastalık*) sich anstecken (mit), sich infizieren (mit), sich etw zuziehen; (*fam*) sich etw holen
kaporta *s* (AUTO) **1.** Karosserie *f* **2.** (*kaput*) Motorhaube *f;* **kaportacı** *s* (AUTO) Karosseriebauer(in) *m(f);* **kaportacılık** *s ohne Pl* <-ğı> (AUTO) Karosseriebau *m*
kapris *s* Kapriole *f*
kaprisli *adj* kapriziös
kapsam *s* Umfang *m;* **zararın ~ı** der Umfang des Schadens
kapsama *s Verbalsubstantiv zu* **kapsamak**; **kapsama gücü** *s ohne Pl* Fassungsvermögen *nt*
kapsamak <-ar> *vt* einschließen, umfassen
kapsamlı *adj* umfangreich
kapsül *s* **1.** (*kap*) Kapsel *f* **2.** (BOT, MED) Kapsel *f* **3.** (*uzay ~ ü*) Kapsel *f* **4.** (*şişe kapağı*) Kron(en)korken *m*
kaptan *s* **1.** (NAUT, SPORT) Kapitän *m* **2.** (AERO: *~ pilot*) Kapitän *m;* **kaptan köprüsü** *s,* **kaptan köşkü** *s* (NAUT) Kommandobrücke *f;* **kaptan pilot** *s* (AERO) Flugkapitän *m*
kaptırma *s Verbalsubstantiv zu* **kaptırmak**
kaptırmak *vt* **1.** *Kausativ zu* **kapmak** **2. birine gönlünü ~** sein Herz an jdn verlieren
kapuçin[1] *s* (BOT: *Lâtin çiçeği*) Kapuzinerkresse *f*
kapuçin[2] *s* (REL) Kapuziner *m;* **kapuçin maymunu** *s* (ZOOL) Kapuzineraffe *m;* **kapuçin tarikatı** *s ohne Pl* (REL) Kapuzinerorden *m*
kaput *s* **1.** (MIL: *palto*) Mantel *m,* Kaput *m*

K

2. (AUTO) Kühlerhaube *f*, Motorhaube *f* 3. (*fam*) Gummi *m o nt;* (*kondom*) Kondom *nt;* (*prezervatif*) Präservativ *nt*
kapuz *s* Dickicht *nt*
kapüşon *s* Kapuze *f*
kar [kar] *s* Schnee *m;* ~ **yağıyor** es schneit; ~ **yağmak** schneien; **dün** ~ **yağdı** gestern hat es geschneit
kâr [kār] *s* Gewinn *m;* **umulan** ~ imaginärer Gewinn; **kokusu yanına** ~ **kalmak** mit dem Schrecken davonkommen
kara I. *s ohne Pl* Land *nt,* Festland *nt;* ~ **göründü!** Land in Sicht!; ~**ya çıkmak** an Land gehen; ~**ya oturmak** (NAUT) auflaufen II. *adj* (*siyah*) schwarz; ~ **mizah** schwarzer Humor
karaağaç *s* <-cı> 1. (BOT) Ulme *f* 2. (*kerestesi*) Rüster *f*
kara asma *s* (BOT: *zeravent*) Biberwurz *f,* Osterluzei *f;* **kara baht** *s ohne Pl* Unglück *nt,* Pech *nt;* **kara balık** *s* <-ğı> (ZOOL: *yeşilsazan*) Schleie *f*
karabasan *s* (*kâbus*) Albtraum *m*
karabaş *s* 1. (*keşiş*) Mönch *m;* (*rahip*) Priester *m* 2. (*fig*) eingefleischte(r) Junggeselle; **arkadaşımız** ~**tır** unser Freund ist (ein) eingefleischter Junggeselle 3. (*reg: çoban köpeği*) Hirtenhund *m,* Schäferhund *m* 4. (BOT) Schopflavendel *m*
karabatak *s* <-ğı> (ZOOL) Kormoran *m*
karabina *s* Karabiner *m*
karabinyer *s* Carabiniere *m*
karaborsa *s* Schwarzhandel *m;* (*kara pazar*) Schwarzmarkt *m,* der schwarze Markt
karaboya *s ohne Pl* (CHEM: *sülfürik asit*) Schwefelsäure *f*
karabuğday *s ohne Pl* (AGR) Buchweizen *m*
kara bulut *s* (METEO) Nimbostratus *m*
karaca[1] *adj* (*esmer*) dunkel
karaca[2] *s* (ZOOL) Reh *nt*
karaca[3] *s* (ANAT: *üst kol*) Oberarm *m*
karaca ot *s* 1. (BOT) Christrose *f* 2. (*fam: çörek otu*) Schwarzkümmel *m*
karaciğer *s* Leber *f;* **karaciğer kanseri** *s* (MED) Leberkrebs *m*
karaçam *s* (BOT) Lärche *f*
karaçayır *s* (BOT) Lolch *m*
karadan karaya füze *s* (MIL) Boden-Boden-Rakete *f*
Karadeniz *s* das Schwarze Meer
Karagöz *s* Karagös *m*
kara gün *s* Not *f;* ~ **dostu** ein Freund in der Not
kara haber *s* Hiobsbotschaft *f*
karahindiba *s ohne Pl* (BOT) Löwenzahn *m*
kara humma *s ohne Pl* (MED: *tifo*) Typhus *m;* **kara iklimi** *s* Kontinentalklima *nt*
karakabarcık *s ohne Pl* <-ğı> (MED: *karayanık, şarbon*) Milzbrand *m,* Anthrax *m*
karakaçan *s* (*reg: eşek*) Esel *m*
kara kalem *s* 1. (*kalem*) Kohlestift *m* 2. (*resim*) Kohlezeichnung *f*
Karakalpak *s* Karakalpake, -in *m, f*
karakarga *s* (ZOOL: *kuzgun*) Kolkrabe *m*
karakavak *s* <-ğı> (BOT) Schwarzpappel *f*
karakavuk *s* <-ğu> (*reg: hindiba*) Endivie *f*
kara kehribar *s* Gagat *m,* Jett *m o nt;* **kara kimyon** *s s.* **kişniş** Koriander *m*
karakol *s* 1. Wache *f,* Revier *nt;* **birini** ~**a götürmek** jdn auf die Wache bringen 2. (*devriye*) Patrouille *f,* Streife *f;* ~ **gezmek** partrouillieren, auf Streife gehen
karakter *s* 1. Charakter *m;* **tamamıyla zıt** ~**lerdir** sie sind ganz gegensätzliche Charaktere 2. (*özellik*) Charaktereigenschaft *f* 3. (BIOL) Merkmal *nt;* **çekinik** ~**ler** rezessive Merkmale 4. (TYPO) Type *f;* **karakter gücü** *s* Charakterstärke *f*
karakteristik I. *s* <-ği> 1. Charakteristik *f,* Charaktereigenschaft *f;* (*ayırıcı nitelik*) Charakteristikum *nt;* **bir çığırın karakteristiği** der Charakterzug einer Epoche 2. (MATH) Kennziffer *f* II. *adj* charakteristisch (*için* für)
karakterize *adj* charakteristisch; ~ **etmek** charakterisieren; **bu film 18. Yüzyılı** ~ **eder** dieser Film charakterisiert das 18. Jahrhundert; **stres ve gürültü kent yaşamını** ~ **eder** Stress und Lärm charakterisieren das Stadtleben
karakterli *adj* charakterfest
karaktersiz *adj* charakterlos
karaktersizlik *s* <-ği> Charakterlosigkeit *f*
karakul *s* (ZOOL) Karakulschaf *nt*
karakulak *s* <-ğı> (ZOOL) Karakal *m,* Wüstenluchs *m*
kara kurbağa *s* (ZOOL: *otlu bağa*) Kröte *f*
Karakurum Dağları *s* Karakorum *m*
karakuşî *adj* willkürlich; ~ **bir karar** eine willkürliche Entscheidung
kara kutu *s* (AERO: *uçakta*) Blackbox *nt,* Flugdatenschreiber *m;* **kara kuvvetleri** *s Pl* (MIL) Bodenstreitkräfte *pl*
karalama *s Verbalsubstantiv zu* **karalamak**
karalamak *vt* 1. (*taslak olarak yazmak*) entwerfen 2. **yüzünü** ~ sich vermummen
karambol *s* <-ü> Karambolage *f*
karamelâ *s ohne Pl* Karamell *m*
karamsar I. *s* Schwarzseher(in) *m(f);* (*pesimist*) Pessimist(in) *m(f)* II. *adj* schwarzseherisch; (*pesimist*) pessimistisch
karamsarlık *s ohne Pl* <-ğı> Schwarzseherei *f;* (*kötümserlik*) Pessimismus *m*
karanlık I. *s* <-ğı> Dunkelheit *f,* Finsternis *f* II. *adj* dunkel, finster; **karanlık oda** *s* (FOTO) Dunkelkammer *f*

karantina *s* **1.** (*önlem*) Quarantäne *f* **2.** (*yer*) Quarantänestation *f*
kara para *s* Schwarzgeld *nt;* **kara pazar** *s* Schwarzmarkt *m*
karar *s* **1.** Entscheidung *f,* Entschluss *m;* **~ almak** einen Entschluss fassen; **bir şeye ~ vermek** sich zu etw entschließen; **kesin ~ vermiş olmak** fest entschlossen sein **2.** (*a.* JUR) Beschluss *m;* (*boşanma ~ı*) Urteil *nt*
kararlaştırma *s* **1.** *Verbalsubstantiv zu* **kararlaştırmak** **2.** Vereinbarung *f*
kararlaştırmak *vt* vereinbaren, ausmachen, abmachen
kararlı *adj* **1.** entschlossen **2.** (*ölçülü*) maßvoll
kararlılık *s ohne Pl* <-ğı> Entschlossenheit *f*
kararma *s Verbalsubstantiv zu* **kararmak**
kararmak *vi* **1.** dunkel werden; **hava kararıyor** es wird dunkel **2. gözlerim karardı** mir wurde schwarz vor Augen
kararname *s* (JUR) Verordnung *f,* Rechtsverordnung *f;* **kanun hükmünde ~** Verordnung [*o* Rechtsverordnung] mit Gesetzeskraft
kararsız *adj* **1.** unentschlossen **2.** (*hava*) unbeständig
kararsızlık *s ohne Pl* <-ğı> Unentschlossenheit *f*
karartma *s Verbalsubstantiv zu* **karartmak**
karartmak *vt* **1.** abdunkeln **2.** schwärzen; **ise tutup ~** mit Ruß schwärzen
karasal iklim *s s.* **kara iklimi**
kara sevda *s ohne Pl* (*melânkoli*) Melancholie *f;* **kara sevdalı** *adj* melancholisch
karasu *s* (MED) grüner Star
kara suları *s Pl* (JUR) Hoheitsgewässer *ntpl;* **kara tahta** *s* (SCHULE) Wandtafel *f*
karatavuk *s* <-ğu> (ZOOL) Amsel *f,* Schwarzdrossel *f*
karate *s ohne Pl* Karate *nt*
karateci *s* Karatekämpfer(in) *m(f)*
karavan *s* Wohnwagen *m,* Caravan *m*
karayanık *s ohne Pl* <-ğı> (MED: *şarbon*) Milzbrand *m,* Anthrax *m*
kara yazı *s ohne Pl* Unglück *nt,* Pech *nt*
kara yeli *s* Landwind *m*
Karayip *adj* karibisch
Karayipler *s Pl* Karibik *f*
kara yolu *s* Landweg *m;* **~ ile taşımak** auf dem Landweg befördern
kar baykuşu *s* (ZOOL) Schneeeule *f*
kâr bilançosu *s* (WIRTSCH) Erfolgsbilanz *f*
karbonado *s* Karbonado *m*
karbonat *s ohne Pl* (CHEM) **1.** Karbonat *nt* **2.** Kohlensäure *f*
karbonatlı *adj* kohlensäurehaltig
karbondioksit *s ohne Pl* <-di> (CHEM) Kohlendioxid *nt*
karbon dönemi *s ohne Pl* (GEO) Steinkohlenzeit *f;* (*karbonifer*) Karbon *nt*
karbonhidrat *s* (CHEM) Kohlehydrat *nt*
karbonifer *s ohne Pl* (GEO) Karbon *nt,* Steinkohlenzeit *f*
karbon kâğıdı *s* Kohlepapier *nt;* (*österr*) Karbonpapier *nt*
karbonlu *adj* kohlenstoffhaltig
karbonmonoksit *s ohne Pl* <-di> (CHEM) Kohlenmonoxid *nt,* Kohlenmonoxyd *nt*
karbüratör *s* (AUTO) Vergaser *m*
kar çiçeği *s* (BOT) März(en)becher *m,* Märzglöckchen *nt*
kardan adam *s* Schneemann *m*
kardelen *s* (BOT) Schneeglöckchen *nt*
kardeş *s* **1.** (*erkek ~*) Bruder *m;* (*kız ~*) Schwester *f* **2. ~ler** Geschwister *pl;* **~lerimin hepsi benden büyük** alle meine Geschwister sind älter als ich; **üç ~im var** ich habe drei Geschwister
kardesçe *adv* brüderlich
kardeşlik *s* <-ği> **1.** Bruderschaft *f* **2.** Brüderlichkeit *f*
kardeş parti *s* (POL) Schwesterpartei *f*
kardinal *s* <-i> (REL) Kardinal *m;* **kardinal kuşu** *s* (ZOOL) Kardinal(svogel) *m*
kardiyak *adj* kardial
kardiyogram *s* (MED) Kardiogramm *nt*
kardiyolog *s* <-ğu> (MED) Kardiologe, -in *m, f*
kardiyoloji *s ohne Pl* (MED) Kardiologie *f*
kardiyopati *s* (MED) Kardiopathie *f*
kare **I.** *s* **1.** (*a.* MATH) Quadrat *nt;* **beşin ~si** fünf zum Quadrat **2.** (*satranç tahtasında*) Feld *nt* **II.** *adj* quadratisch
kare kare *adj* kariert
karekök *s* (MATH) Quadratwurzel *f;* **bir sayının ~ünü almak** eine Zahl radizieren, die Wurzel aus einer Zahl ziehen
kareli *adj* kariert
kar fırtınası *s* (*tipi*) Schneesturm *m*
karga *s* Krähe *f*
kargaşa *s ohne Pl* Chaos *nt*
kargılık *s* <-ğı> Patronengurt *m*
karı *s* **1.** Weib *nt* **2.** (*fam*) ~m, meine Frau; **karı koca** *s* Ehepaar *nt*
karın *s* <karnı> Bauch *m;* (*fam: mide*) Magen *m;* **karnım ağrıyor** mir tut der Bauch weh, ich habe Bauchschmerzen; **aç karnına** mit leerem Magen
karın ağrısı *s* Bauchweh *nt,* Bauchschmerzen *mpl;* **karın boşluğu** *s* (ANAT) Bauchhöhle *f*
karınca *s* (ZOOL) Ameise *f*
karıncayiyen *s* (ZOOL) Ameisenbär *m*
karınca yuvası *s* Ameisenhaufen *m*
karıncık *s* <-ğı> (ANAT: *kalpte*) Herzkammer *f;* **sağ/sol ~** die rechte/linke Herz-

K

kammer

karından ayaklılar *s Pl*, **karından bacaklılar** *s Pl* (ZOOL) Bauchfüß(l)er *mpl*

karınlama *s Verbalsubstantiv zu* **karınlamak**

karınlamak *vi* (NAUT) längsseits anlegen

karınlı *adj* bauchig; ~ **şişe** bauchige Flasche

karınsa *s ohne Pl* (*reg*) Mauser *f*

karın yüzgeci *s* (ZOOL) Bauchflosse *f;* **karın zarı** *s* (ANAT) Bauchfell *m;* **karın zarı iltihabı** *s,* **karın zarı yangısı** *s* (MED) Bauchfellentzündung *f*

karış *s* **1.** (Hand)Spanne *f* **2.** (*ohne Pl*) Fußbreit *m;* **bir** ~ (**bile**) **geri çekilmedi** er wich keinen Fußbreit zurück; **her** (**bir**) ~ **toprak için savaşmak** um jeden Fußbreit Boden kämpfen

karışık *adj* <-ğı> **1.** gemischt; ~ **ikili** (SPORT) gemischtes Doppel **2.** konfus

karışıklık *s* <-ğı> Konfusion *f*

karışım *s* Mischung *f,* Gemisch *nt*

karışlama *s Verbalsubstantiv zu* **karışlamak**

karışlamak *vt* mit der Handspanne messen; **birini alnını** ~ (*fig*) jdm die Stirn bieten

karışma *s Verbalsubstantiv zu* **karışmak**

karışmak *vi* sich einmischen (*-e* in), einschreiten; **karışanı görüşeni olmamak** sein eigener Herr sein

karıştırma *s Verbalsubstantiv zu* **karıştırmak**

karıştırmak *vt* **1.** mischen **2.** (*elle yoklamak*) durchwühlen; **burnunu** ~ in der Nase bohren **3.** (*yemeği*) umrühren **4.** (*ayırt edememek*) verwechseln

karides *s* Garnele *f*

karikatür *s* Karikatur *f,* Spottbild *nt*

karikatürcü *s,* **karikatürist** *s* Karikaturist(in) *m(f)*

karikatürize *adj* karikaturistisch; ~ **etmek** karikieren

karikatürleştirme *s Verbalsubstantiv zu* **karikatürleştirmek**

karikatürleştirmek *vt* karikieren

kariyer *s* Karriere *f;* ~ **yapmak** Karriere machen

karizma *s* Charisma *nt*

kar kuşu *s* (ZOOL) Schneeammer *f*

kârlı *adj* gewinnbringend, lukrativ, rentabel

kârlılık *s ohne Pl* <-ğı> Rentabilität *f;* **kârlılık oranı** *s* (FIN, WIRTSCH) Rentabilitätsrate *f*

karma *s Verbalsubstantiv zu* **karmak**

karma eğitim *s ohne Pl* (SCHULE) Koedukation *f,* Gemeinschaftserziehung *f*

karmak *vt* mischen

karmakarışık *adj* wirr; ~ **etmek** durcheinander bringen

karmanyola *s* Raubüberfall *m,* Straßenraub *m;* **karmanyolacı** *s* Straßenräuber(in) *m(f)*

kâr marjı *s* (WIRTSCH) Gewinnmarge *f*

karmaşık **I.** *s* (CHEM) Komplexverbindung *f* **II.** *adj* (*a.* MATH) komplex; ~ **sayı** eine komplexe Zahl

karnabahar *s ohne Pl* (GASTR) Blumenkohl *m;* (*österr*) Karfiol *m*

karnaval *s* **1.** (*eğlence*) Karneval *m;* (*faşing*) Fasching *m* **2.** (*dönem*) Karnevalszeit *f*

karnı *s poss von* **karın**

karnı aç *adj* hungrig; **karnı burnunda** *adj* hochschwanger

karni *s* Retorte *f*

karo *s* Karo *nt*

karo altılısı *s* Karosechs *f*

Karolenjli *s* (HIST) Karolinger *m*

karo sekizlisi *s* Karoacht *f*

karoser *s* Karosserie *f;* (*fam*) Karosse *f*

kâr paylaşımı *s* Gewinnverteilung *f*

karpit *s* (CHEM) Karbid *nt;* **karpit lâmbası** *s* Karbidlampe *f*

karpuz *s* Wassermelone *f;* **karpuz çekirdeği** *s* Wassermelonenkern *m;* **karpuz fener** *s* Lampion *m*

karsak *s* <-ğı> (ZOOL) Steppenfuchs *m*

kar sapanı *s* (SPORT: *kayakta*) Schneepflug *m*

karsız *adj* schneefrei

karst *s* (GEO) Karst *m*

karşı **I.** *s* Gegenüber *nt* **II.** *adj* **1.** gegnerisch; ~ **takım** die gegnerische Mannschaft; ~ **takımın bir oyuncusu** ein Spieler der gegnerischen Mannschaft **2.** gegen; **bir şeye** ~ **olmak** gegen etw sein; **her ihtimale** ~ für alle Fälle; **ben buna** ~**yım** ich bin dagegen

karşı akın *s* (SPORT) Gegenangriff *m;* (*kontratak*) Konter *m;* **karşı devrim** *s* Konterrevolution *f;* **karşı etki** *s* Gegenwirkung *f;* **karşı karşıya** *adv:* ~ **oturmak** sich [*o* einander] gegenüber sitzen

karşılama *s* **1.** *Verbalsubstantiv zu* **karşılamak** **2.** Empfang *m,* Begrüßung *f*

karşılamak *vt* **1.** empfangen, begrüßen; **bir kararı memnuniyetle** ~ eine Entscheidung begrüßen **2.** (*ihtiyacı, talebi*) decken; **masrafları** ~ die Kosten decken; **bir şeyde talebi** ~ den Bedarf an etw decken

karşılanma *s Verbalsubstantiv zu* **karşılanmak**

karşılanmak *vi* **1.** *pass von* **karşılamak** **2. o, saygıyla karşılandı** man begegnete ihm mit Achtung

karşılaşma *s* **1.** *Verbalsubstantiv zu* **karşılaşmak** **2.** Begegnung *f* **3.** (SPORT) Begegnung *f,* Kampf *m,* Austragung *f*

karşılaşmak *vi* einander begegnen, sich begegnen; **biriyle/güçlüklerle** ~ jdm/Schwierigkeiten begegnen; **şimdiye ka-**

dar böyle bir şey ile hiç karşılaşmadım! so etwas ist mir ja noch nie begegnet!

karşılaşma yeri *s* (SPORT) Austragungsort *m*

karşılaştırma *s* **1.** *Verbalsubstantiv zu* **karşılaştırmak** **2.** Vergleich *m*, Gegenüberstellung *f*; **karşılaştırma derecesi** *s* (LING) Komparativ *m*

karşılaştırmak *vt* vergleichen (*-le* mit), gegenüberstellen (*-le* -)

karşılaştırmalı *adj* (*mukayeseli*) vergleichend, kontrastiv

karşılık *s* <-ğı> **1.** Erwiderung *f*; ~ **vermek** erwidern **2.** Entsprechung *f*; **Almanca/Türkçe karşılığı** die deutsche/türkische Entsprechung

karşılıklı *adj* **1.** gegenseitig **2.** gegenüberliegend; ~ **kenarlar** gegenüberliegende Seiten

karşılıklılık *s ohne Pl* <-ğı> Gegenseitigkeit *f*

karşı oy *s* Gegenstimme *f*; **karşı parti** *s* Gegenpartei *f*; **karşı propaganda** *s* Gegenpropaganda *f*

karşısı *s* Gegenüber *nt*; **birinin ~nda** jds Gegenüber

karşıt **I.** *s* **1.** Gegensatz *m* **2.** (*kimse*) Gegner(in) *m(f)* **II.** *adj* gegensätzlich

karşı takım *s* (SPORT) Gegenmannschaft *f*

karşıt anlamlı kelime *s* (LING) Gegensatzwort *nt*, Antonym *nt*

karşıtçılık *s* <-ğı> Gegnerschaft *f*

karşıtlık *s ohne Pl* <-ğı> Gegensätzlichkeit *f*

kart[1] *adj* alt

kart[2] *s* **1.** Karte *f* **2.** (POST) Postkarte *f* **3.** (*kartvizit*) Visitenkarte *f* **4.** (*kartpostal*) Ansichtskarte *f* **5.** (*basın ~ı*) Ausweis *m* **6.** (*oyun kâğıdı*) Karte *f* **7.** (*puantör ~ı*) Stechkarte *f*; ~ **basmak** stechen

kartal *s* (ZOOL) Adler *m*

kartel *s* (WIRTSCH) Kartell *nt*

karton *s* **1.** Karton *m* **2.** (*sigara için*) Stange *f*

kartotek *s* <-ği> **1.** Kartei *f* **2.** Karteikasten *m*

kartpostal *s* Ansichtskarte *f*

kartuş *s* Kartusche *f*

kartvizit *s* Visitenkarte *f*

karye *s s.* **köy** Dorf *nt*

kar yığını *s* Schneehaufen *m*

karyokinez *s* (BIOL: *mitoz*) Mitose *f*

karyola *s* Bettgestell *nt*; **karyola sayvanı** *s* Betthimmel *m*, Baldachin *m*

kas *s* (ANAT) Muskel *m*

kasa *s* **1.** (*çelik dolap*) Tresor *m*; (*kiralık ~*) Schließfach *nt* **2.** (*para alınıp verilen yer*) Kasse *f* **3.** (*oyunda*) Kasse *f*, Bank *f*; ~ **kim?** wer führt die Kasse [*o* Bank]? **4.** (TECH: *şasiye bağlı üst bölüm*) Aufbau *m* **5.** Kasten *m*; (*sandık*) Kiste *f*; **bir ~ bira** ein Kasten Bier **6.** (ARCH: *kapı, pencere ~sı*) Zarge *f* **7.** (SPORT) Kasten *m*

kasaba *s* Kleinstadt *f*

kasa dairesi *s* Tresorraum *m*

kasadar *s* Kassierer(in) *m(f)*

kasa defteri *s* Kassenbuch *nt*; **kasa fişi** *s* Kassenbon *m*; **kasa mevcudu** *s* Kassenbestand *m*

kasap *s* <-bı> **1.** Metzger(in) *m(f)*, Fleischer(in) *m(f)* **2.** (*dükkân*) Metzgerei *f*, Fleischerei *f*

kasaphane *s* Schlachthof *m*

kasaplık hayvan *s* Schlachtvieh *nt*

kasara *s* (NAUT): **baş ~sı** Back *f*; **kıç ~sı** Achterdeck *nt*

kasatura *s* Bajonett *nt*

kas dokusu *s* (ANAT) Muskelgewebe *nt*

kâse [kãːse] *s* Schale *f*

kaset *s* Kassette *f*

kasetli teyp *s* Kassettenrekorder *m*

kas gücü *s ohne Pl* Muskelkraft *f*

kasık *s* <-ğı> Leiste *f*; **kasığını çatlatmak** sich einen Bruch heben; **kasık bağı** *s* Leistenband *nt*; **kasık biti** *s* Filzlaus *f*; **kasık çatlağı** *s* (MED) Leistenbruch *m*

kasılma *s* **1.** *Verbalsubstantiv zu* **kasılmak** **2.** (GEO, MED, PHYS, LING) Kontraktion *f*

kasılmak *vi* **1.** *pass von* **kasmak** **2.** sich verkrampfen **3.** (*fam fig*) sich aufblasen, sich wichtig tun

kasım *s* November *m*; **1 K~'da** am 1. November; **28 K~'dan itibaren** ab dem 28. November

kasımpatı *s* (BOT) Chrysantheme *f*

kasınç *s* <-cı> Krampf *m*

kasınma *s Verbalsubstantiv zu* **kasınmak**

kasınmak *vi* **1.** sich krampfen **2.** (*fam fig*) sich aufblasen, sich wichtig tun

kasıntı **I.** *s* (*fam fig, pej*) Muskelprotz *m* **II.** *adj* (*fam fig, pej*) aufgeblasen

kasıntılı *adj* (*fam fig, pej*) aufgeblasen

kasır *s* <-srı> Schlösschen *nt*

kasırga *s* Orkan *m*

kasırgamsı *adj* orkanartig

kasıt *s* <-stı> Vorsatz *m*

kasıtlı *adj* vorsätzlich

kaside *s* (LIT) Lobgedicht *nt*

kasiyer *s* Kassierer(in) *m(f)*

kask *s* Schutzhelm *m*

kaskatı **I.** *adj* **1.** starr **2.** (*fig*) starr **II.** *adv*: ~ **kesilmek** erstarren; **korkudan/soğuktan ~ kesilmek** vor Schreck/Kälte erstarren

kasket *s* **1.** Schirmmütze *f* **2.** Käppi *nt*

kasko *s* (AUTO) Kasko *f*, Kaskoversicherung *f*

kaslı *adj* muskulös

kasma *s Verbalsubstantiv zu* **kasmak**

kasmak <-ar> *vt* **1.** (*kısaltmak*) verkürzen,

kürzer machen **2.** (*daraltmak*) enger machen **3.** (*fig*) unterdrücken

kasnak *s* <-ğı> **1.** Reifen *m* **2.** (*tahtadan çember*) Holzrahmen *m;* (*nakış için*) Stickrahmen *m* **3.** (TECH) Riemenscheibe *f* **4.** (SPORT) Reifen *m;* (*güreşte*) Hohlbund *m*

kasrı *s poss von* **kasır**

kast[1] *s s.* **kasıt**

kast[2] *s* Kaste *f*

kastanyet *s* (MUS) Kastagnette *f*

kastanyola *s* (NAUT) Klampe *f*

kasten *adv* absichtlich; **bunu ~ yaptın** das hast du absichtlich getan

kastetmek **I.** *vt* (*amaçlamak*) bezwecken; (*amaç olarak almak*) hinzielen (auf); (*demek istemek*) meinen, sagen wollen **II.** *vi:* **birinin canına ~** jdm nach dem Leben trachten

kastı *s poss von* **kasıt**

kastî *adj* absichtlich

Kastilya *s* Kastilien *nt*

Kastilyalı **I.** *s* Kastilier(in) *m(f)* **II.** *adj* kastilisch

kas tutukluğu *s* Muskelkater *m*

kas uru *s* (MED) Muskelgeschwulst *f;* (*miyom*) Myom *nt*

kasvet *s ohne Pl* **1.** Bedrücktheit *f,* Niedergeschlagenheit *f* **2.** Trostlosigkeit *f;* **~ basmak** sich trostlos fühlen

kasvetli *adj* trostlos

kaş *s* **1.** Augenbraue *f;* **~la göz arasında** (*fig*) im Handumdrehen [*o* Nu]; **orman gibi ~lar** buschige Augenbrauen **2.** (*yüzükte*) Fassung *f* **3.** **~ ayraç** [*o* **parantez**] geschweifte Klammer

kaşağı *s* Striegel *m;* **kavga ~** Streithammel *m*

kaşağılama *s Verbalsubstantiv zu* **kaşağılamak**

kaşağılamak *vt* striegeln

kaşağılanma *s Verbalsubstantiv zu* **kaşağılanmak**

kaşağılanmak *vi pass von* **kaşağılamak**

kaşağılatma *s Verbalsubstantiv zu* **kaşağılatmak**

kaşağılatmak *vt Kausativ zu* **kaşağılamak**

kaşalot *s* **1.** (ZOOL: *ispermeçet balinası*) Pottwal *m* **2.** (*fam pej*) Dummkopf *m,* Idiot *m*

kaşar *s* **1.** *eine Art gelber Fettkäse aus Schafsmilch* **2.** (*fig*) gewiefter Spieler

kaşarlanma *s Verbalsubstantiv zu* **kaşarlanmak**

kaşarlanmak *vi* **1.** Erfahrung sammeln **2.** (*fig*) abstumpfen

kaşarlanmış *adj* (*fig*) abgehärtet, abgestumpft

kaşarlı *adj* **1.** mit Kaşar-Käse **2.** (*fig*) abgehärtet, abgestumpft

kaşık *s* <-ğı> **1.** (GASTR) Löffel *m* **2.** (*olta*) Blinker *m*

kaşıkçı kuşu *s* (ZOOL: *pelikan*) Pelikan *m*

kaşık kaşık *adv* löffelweise

kaşınma *s Verbalsubstantiv zu* **kaşınmak**

kaşınmak *vi* **1.** jucken; **sırtım/burnum/başım kaşınıyor** es juckt mich am Rücken/in der Nase/am Kopf, mir juckt der Rücken/die Nase/der Kopf **2.** sich kratzen; **kedi/köpek kaşınıyor** die Katze/der Hund kratzt sich **3.** (*fam fig*): **sen kaşınıyorsun galiba?** dich juckt wohl das Fell?

kaşıntı *s* Juckreiz *m;* **~ yapmak** Juckreiz verursachen

kâşif [kaːʃif] *s* Entdecker(in) *m(f)*

kaşlama *s Verbalsubstantiv zu* **kaşlamak**

kaşlamak *vt* (*yüzüğün taşını*) einfassen

Kaşmir *s* Kaschmir *m*

kat *s* **1.** Stockwerk *nt,* Stock *m,* Etage *f,* Geschoss *nt;* **aynı katta oturuyoruz** wir wohnen auf derselben Etage; **birinci/ikinci/üçüncü ~ta** auf der ersten/zweiten/dritten Etage, im ersten/zweiten/dritten Stock **2.** (*tabaka*) Schicht *f* **3.** (*çok ~lı otoparkta*) Deck *nt*

katabolit *s* (CHEM, BIOL) Abbauprodukt *nt*

katabolizma *s ohne Pl* (MED, BIOL) Katabolie *f,* Katabolismus *m*

katafalk *s* Katafalk *m,* Bahre *f;* **~a ölü koymak** einen Toten aufbahren

katakomp *s* Katakomben *pl*

Katalan **I.** *s* Katalane, -in *m, f* **II.** *adj* katalanisch

Katalanca *s* Katalanisch *nt;* **~dan** aus dem Katalanischen; **~ya** ins Katalanische

Katalanya *s* Katalonien *nt*

kataliz *s* (CHEM) Katalyse *f*

katalizör *s* (CHEM) Katalysator *m*

katalog *s* <-ğu> Katalog *m*

kataloglama *s* **1.** *Verbalsubstantiv zu* **kataloglamak** **2.** Katalogisierung *f*

kataloglamak *vt* katalogisieren

katar *s* **1.** (*tren*) Zug *m* **2.** (*otomobil ~ı*) Kolonne *f*

katarakt *s* (MED) Katarr *m*

katavaşya *s ohne Pl Wanderung der Fische vom Schwarzen Meer zum Mittelmeer*

katedral *s* <-i> Kathedrale *f,* Dom *m*

kategori *s* **1.** Kategorie *f* **2.** (SPORT: *ağırlık ~si*) Klasse *f*

kategorik *adj* kategorisch

katgüt *s ohne Pl* (MED) Katgut *nt*

katı *adj* **1.** hart **2.** (PHYS: *cisim*) fest; **katı cisim** *s* <-smi> (PHYS) Festkörper *m;* **katı kalpli** *adj* hartherzig

katıksız *adj* unverfälscht

katılaşma *s Verbalsubstantiv zu* **katılaşmak**

katılaşmak *vi* **1.** (*sertleşmek*) härten

2. (*lava*) erstarren
katılaştırma *s Verbalsubstantiv zu* **katılaştırmak**
katılaştırmak *vt* härten
katılık *s* <-ğı> **1.** Härte *f* **2.** Festigkeit *f* **3.** (*ölü katılığı*) Starre *f*
katılım *s* Teilnahme *f*
katılma *s* **1.** *Verbalsubstantiv zu* **katılmak** **2.** Teilnahme *f*, Beteiligung *f*
katılmak *vi* teilnehmen (*-e* an), sich beteiligen (*-e* an)
katır *s* Maulesel *m*, Maultier *nt*, Muli *nt*
katırtırnağı *s* (BOT) Ginster *m*
katışmaç *s* <-cı> Aggregat *nt*
katı yürekli *adj* hartherzig; **katı yüreklilik** *s ohne Pl* <-ğı> Hartherzigkeit *f*
katil *s* (*fam*) Killer *m*; (*a.* JUR) Mörder(in) *m(f)*; ~ **zanlısı** der mutmaßliche Mörder; **kiralık** ~ gedungener Mörder, Auftragskiller *m*
kâtip *s* <-bi> **1.** (*sekreter*) Sekretär(in) *m(f)* **2.** (*yazman*) Protokollführer(in) *m(f)*
kat'iyen *adv* **1.** (*hiçbir zaman*) niemals **2.** (*kesinlikle*) sicherlich; **bu** ~ **olamaz** das ist absolut unmöglich
kat kaloriferi *s* Etagenheizung *f*
katkı *s* **1.** Beitrag *m*, Anteil *m*, Mitwirkung *f* **2.** (CHEM) Additiv *nt*; **kurşunlu** ~**lar** bleihaltige Additive
katlama *s Verbalsubstantiv zu* **katlama**
katlamak *vt* falten
katlanır *adj* faltbar
katletme *s Verbalsubstantiv zu* **katletmek**
katletmek *vt* massakrieren
katliam *s* **1.** Massaker *nt*, Gemetzel *nt* **2.** Massenmord *m*
katma *s* **1.** *Verbalsubstantiv zu* **katmak** **2.** Beimischung *f* **3.** Zufügung *f*
katma değer vergisi *s* (WIRTSCH) Mehrwertsteuer *f*, Umsatzsteuer *f*
katmak *vt* **1.** zufügen **2.** (*zehir*) beimischen
katman *s* Schicht *f*
Katolik **I.** *s* Katholik(in) *m(f)* **II.** *adj* katholisch
Katoliklik *s ohne Pl* <-ği> Katholizismus *m*
katot *s* <-du> (PHYS) Kathode *f*
katran *s* Teer *m*
katranlama *s Verbalsubstantiv zu* **katranlamak**
katranlamak *vt* teeren
katre *s s.* **damla** Tropfen *m*; **katre katre** *adv* tropfenweise
katrilyon *s* Quadrillion *f*, Billiarde *f*
kat sayı *s* Koeffizient *m*
kavak *s* <-ğı> (BOT) Pappel *f*
kaval *s* Hirtenflöte *f*; **kaval kemiği** *s* (ANAT) Schienbein *nt*
kavanoz *s* Einmachglas *nt*
kavasya *s* (BOT) Quassie *f*; (*acı ağaç*) Bitterholzbaum *m*
kavat *s s.* **pezevenk** Zuhälter *m*
kavga *s* Streit *m*; ~ **çıkarmak** einen Streit entfachen
kavgacı *adj* streitsüchtig
kavga kaşağısı *s* Streithammel *m*
kavgasız *adj* friedlich, ohne Streit; ~ **yaşıyorlar** sie leben friedlich miteinander, sie praktizieren ein friedliches Miteinander
kavis *s* <-vsi> Bogen *m*; ~ **çizmek** (*fam*) einen Bogen machen
kavlağan *s* (*reg: çınar*) Platane *f*
kav mantarı *s* (BOT) Zunderpilz *m*, Zunderschwamm *m*, Feuerschwamm *m*
kavmî *adj s.* **etnik** ethnisch
kavmiyat *s ohne Pl s.* **etnografya** Ethnographie *f*, Ethnografie *f*
kavram *s* Begriff *m*
kavrama *s* **1.** *Verbalsubstantiv zu* **kavramak** **2.** (AUTO: *debriyaj*) Kupplung *f*
kavramak *vt* **1.** fassen, ergreifen **2.** (*a.* TECH) greifen; **birbirini** ~ ineinander greifen **3.** (*fig: anlamak*) begreifen, auffassen; **bir şeyi çabuk/yavaş** ~ etw schnell/langsam auffassen; **hâlâ kavrayamadı** er hat es noch immer nicht begriffen
kavrama yeteneği *s ohne Pl* Auffassungsgabe *f*
kavramsal *adj* begrifflich
kavranılma *s Verbalsubstantiv zu* **kavranılmak**
kavranılmak *vi pass von* **kavramak**
kavranılmaz *adj* unbegreiflich
kavratma *s Verbalsubstantiv zu* **kavratmak**
kavratmak *vt* **1.** *Kausativ zu* **kavramak** **2. birine bir şeyi** ~ jdm etw begreiflich machen
kavrayışsız *adj* begriffsstutzig
kavrayışsızlık *s ohne Pl* <-ğı> Begriffsstutzigkeit *f*
kavrulma *s Verbalsubstantiv zu* **kavrulmak**
kavrulmak *vi* **1.** schmoren; **kendi yağıyla** ~ (*fam fig*) im eigenen Saft schmoren; (*kimseye ihtiyacı olmamak*) auf eigenen Füßen stehen **2.** ausdörren
kavsi *s poss von* **kavis**
kavşak *s* <-ğı> **1.** (*yolların kesiştiği yer*) Kreuzung *f* **2.** (*ayrıç*) Abzweigung *f* **3.** (*akarsuların birleştiği yer*) Einmündung *f*
kavuk *s* <-ğu> **1.** Turban *m* **2.** (ANAT: *mesane*) Harnblase *f*
kavun *s* Honigmelone *f*
kavurma *s Verbalsubstantiv zu* **kavurmak**
kavurmak *vt* ausdörren
kavuşma *s Verbalsubstantiv zu* **kavuşmak**
kavuşmak *vi* **1.** (*yeniden görmek*) wieder-

sehen (-*e*-) **2.** (*elde etmek*) erlangen (-*e*-), bekommen (-*e*-); **özgürlüğe** ~ die Freiheit erlangen **3.** (*katılmak*) müden (-*e* in), einmüden; **bu yol şoseye kavuşur** dieser Weg mündet in die Chaussee **4.** (*güneş için*) untergehen **5.** (*varmak*) ankommen; (*ulaşmak*) erreichen

kavuştak *s* <-ğı> Kehrreim *m*, Refrain *m*

kavuşum *s* (ASTR) Konjunktion *f*

kavuşur su yosunları *s Pl* (BOT) Jochalgen *fpl*

kaya *s* **1.** Felsen *m* **2.** Gestein *nt*; **volkanik** ~ ein vulkanisches Gestein; **kaya balığı** *s* (ZOOL) Grundel *f*, Gründel *f*

kayaç *s* <-cı> (GEO) Gestein *nt*

kaya güvercini *s* (ZOOL) Felsentaube *f*

kayağan *adj* rutschig; **kayağan taş** *s* (GEO) Schiefer *m*

kaya horozu *s* (ZOOL) Felsenhahn *m*

kayak[1] *s ohne Pl* <-ğı> (SPORT) Skilaufen *nt*; ~ **yapmak** Ski laufen [*o* fahren]

kayak[2] *s* <-ğı> (SPORT: *ski*) Ski *m*

kayakçı *s* (SPORT) Skifahrer(in) *m(f)*, Skiläufer(in) *m(f)*

kaya keleri *s* (REG: *bukalemun*) Chamäleon *nt*

kayak gözlüğü *s* Skibrille *f*

kayalık **I.** *s* <-ğı> Felsen *m* **II.** *adj* <-ğı> felsig

kaya lifi *s* (*asbest*) Asbest *m*; **kaya sansarı** *s* (ZOOL) Steinmarder *m*; **kaya tuzu** *s* (BERGB) Steinsalz *nt*

kaybetme *s* **1.** *Verbalsubstantiv zu* **kaybetmek** **2.** Verlust *m*

kaybetmek *vt* verlieren; **birini gözden** ~ jdn aus den Augen verlieren

kaybı *s poss von* **kayıp**

kaybol *Imperativ von* **kaybolmak**: (**gözümden**) ~! (*fam*) verschwinde (aus meinen Augen)!

kaybolma *s* **1.** *Verbalsubstantiv zu* **kaybolmak** **2.** Verlust *m*

kaybolmak *vi* **1.** (*yitmek*) verloren gehen, verschwinden; **disketteki veriler kayboldu** (INFORM) die Daten auf der Diskette sind verloren gegangen **2.** (*görünmez olmak*) verschwinden; **ortadan** ~ von der Bildfläche verschwinden

kayda değer *adj* bemerkenswert

kaydetme *s* **1.** *Verbalsubstantiv zu* **kaydetmek** **2.** Eintragung *f*

kaydetmek *vt* **1.** eintragen (-*e* in), registrieren; **çocuğu okula** ~ das Kind zur Schule anmelden, das Kind einschulen **2.** (*sesi, resmi*) aufnehmen, aufzeichnen **3.** (*not etmek*) notieren **4.** (*belirtmek*) bemerken; **şunu kaydedeyim ki ...** ich darf bemerken, dass ... **5.** (*başarı*) verzeichnen; **gol** ~ Tore erzielen **6. hesaba borç** ~ das Konto belasten

kaydı *s poss von* **kayıt**

kaydıhayat *s ohne Pl* Lebenszeit *f*; ~**la** auf Lebenszeit

kaydıihtiyat *s* <-dı> Vorbehalt *m*

kaydırak *s* <-ğı> Rutsche *f*

kaydiye *s* Anmeldegebühr *f*

kaydolma *s Verbalsubstantiv zu* **kaydolmak**

kaydolmak *vi* **1.** *pass von* **kaydetmek** **2.** (SCHULE, UNI) sich einschreiben (-*e* für)

kaygan *adj* rutschig, glatt

kayganlık *s ohne Pl* <-ğı> Glätte *f*

kaygı *s* Sorge *f*

kaygısız *adj* unbesorgt

kayık *s* <-ğı> Boot *nt*

kayıkçı *s* Bootsbauer *m*

kayıkhane *s* Bootshaus *nt*

kayın[1] *s* (BOT) Buche *f*; (*tahtası*) Buchenholz *nt*

kayın[2] *s* <-ynı> (~ *birader*) Schwager *m*, *Bruder des Ehemannes/der Ehefrau*; **kayın baba** *s* (*kaynata*) Schwiegervater *m*; **kayın birader** *s*, **kayınço** *s* Schwager *m*, *Bruder des Ehemannes/der Ehefrau*; **kayın fıstığı** *s* (BOT) Buchecker *f*

kayıngiller *s Pl* (BOT) Buchengewächse *pl*

kayın hısımlığı *s ohne Pl* Schwägerschaft *f*

kayın ormanı *s* Buchenwald *m*; **kayın peder** *s* (*kaynata*) Schwiegervater *m*; **kayın tavuğu** *s* (ZOOL) Birkhuhn *nt*; **kayın valide** *s* Schwiegermutter *f*

kayırıcılık *s ohne Pl* <-ğı> Günstlingswirtschaft *f*, Vetternwirtschaft *f*

kayırma *s* **1.** *Verbalsubstantiv zu* **kayırmak** **2.** Begünstigung *f*

kayırmak *vt* begünstigen

kayısı *s* Aprikose *f*; **kayısı çekirdeği** *s* Aprikosenkern *m*; **kayısı hoşafı** *s*, **kayısı kompostosu** *s* Aprikosenkompott *nt*

kayış *s* Riemen *m*; (*saat* ~*ı*) Armband *nt*; **kayış balığı** *s* (ZOOL) Riemenfisch *m*

kayıt *s* <-ydı> **1.** Eintragung *f* **2.** Anmeldung *f* **3.** (*ses kaydı*) Aufnahme *f*

kayıtım *s* (PHILOS) Regress *m*

kayıt ücreti *s* Anmeldegebühr *f*

kaykay *s* Skateboard *nt*

kayma *s* **1.** *Verbalsubstantiv zu* **kaymak** **2.** Rutsch *m*

kaymak **I.** *s ohne Pl* <-ğı> Sahne *f*; **sütün kaymağını almak** die Milch entrahmen **II.** *vi* **1.** rutschen; (*ayağı*) ausrutschen **2.** (*kayak*) fahren; (*patenle*) laufen

kaymaklı *adj* sahnig

kaymak tabakaşı *s ohne Pl*, **kaymak takımı** *s ohne Pl* (*fam fig*) Crème de la Crème *f*; **kaymak taşı** *s* (GEO: *albatr*) Alabaster *m*

kaymaz *adj* rutschfest

kayme *s* (*reg: kâğıt para*) Papiergeld *m*,

Geldschein *m*

kaynaç *s* <-cı> (GEO: *gayzer*) Geysir *m*, Geiser *m*

kaynak *s* <-ğı> **1.** Quelle *f* **2.** (TECH) Schweißen *nt*

kaynakça *s* Bibliographie *f*

kaynakçı *s* Schweißer(in) *m(f)*

kaynak makinesi *s* Schweißgerät *nt;* **kaynak suyu** *s* Quellwasser *nt*

kaynama *s* *Verbalsubstantiv zu* **kaynamak**

kaynamak *vi* kochen

kaynana *s* Schwiegermutter *f;* **kaynana zırıltısı** *s* (*çocuk oyuncağı*) Knarre *f*

kaynar *adj* kochend; ~ **su** kochendes Wasser; ~ **suya daldırmak** ins kochende Wasser eintauchen

kaynaşma *s* **1.** *Verbalsubstantiv zu* **kaynaşmak** **2.** Verschmelzung *f;* (*füzyon*) Fusion *f*

kaynaşmak *vi* (*birleşmek*) sich vereinen; (*şirketler*) fusionieren; (*kemik*) zusammenwachsen

kaynata *s* Schwiegervater *m*

kaynatma *s* *Verbalsubstantiv zu* **kaynatmak**

kaynatmak *vt* **1.** (auf)kochen; **su** ~ Wasser kochen; **el kazanıyla aş** ~ (*fig*) sich mit fremden Federn schmücken **2.** (*kaynak yapmak*) schweißen **3.** (*fig*) vertuschen

kaynı *s poss von* **kayın[2]**

kayşa *s* Erdrutsch *m*, Bergrutsch *m*

kaz *s* Gans *f;* (*erkeği*) Gänserich *m;* ~ **kafalı!** blöde Gans!

kaza *s* Unfall *m;* ~ **geçirmek** verunglücken, einen Unfall haben

kaza dairesi *s s.* **yargı çevresi** Gerichtsbezirk *m*

kazak *s* <-ğı> Pullover *m*

Kazakistan *s* Kasachstan *nt*

kaza kurşunu *s* **1.** Querschläger *m* **2.** Irrläufer *m*

kazamat *s* Schützengraben *m*

kazan *s* Kessel *m*

kazancı *s* Kesselschmied *m*

kazan dairesi *s* Kesselraum *m*

kazanma *s* **1.** *Verbalsubstantiv zu* **kazanmak** **2.** Gewinnung *f*

kazanmak *vt* **1.** gewinnen **2.** verdienen; **ayda iki bin euro kazanıyor** er verdient zweitausend Euro im Monat

kazan taşı *s ohne Pl* Kesselstein *m*

kazaratar *s* Bagger *m*

kazayağı *s* (BOT) Gänsefuß *m*

kazazede *s* Unfallopfer *nt*

kazdırma *s* *Verbalsubstantiv zu* **kazdırmak**

kazdırmak *vt* *Kausativ zu* **kazmak**

kazein *s ohne Pl* Kasein *nt*

kazı *s* **1.** Grabung *f* **2.** (ARCH) Ausgrabung *f* **3.** (*hak*) Gravierung *f;* **kazı bilimci** *s* Archäologe, -in *m, f;* **kazı bilimi** *s ohne Pl* Archäologie *f;* **kazı bilimsel** *adj* archäologisch

kazıcı *s* Graveur *m*

kazık **I.** *s* <-ğı> **1.** Pfahl *m;* **birini kazığa vurmak** jdn pfählen **2.** (*fam fig, pej*) Nepp *m*, Wucher *m;* ~ **atmak** Wucher treiben; **birine** ~ **atmak** jdn neppen, jdn übers Ohr hauen, jdn über den Tisch ziehen **II.** *adj* <-ğı> wucherisch; ~ **fiyatlar** wucherische Preise

kazıkazan *s* Rubbellos *m*

kazıkçı **I.** *s* Wucherer, -in *m, f;* (*fam*) Halsabschneider(in) *m(f)* **II.** *adj* wucherisch

kazık kök *s* (BOT) Pfahlwurzel *f*

kazıklama *s* *Verbalsubstantiv zu* **kazıklamak**

kazıklamak *vt* **1.** pfählen **2.** (*sınır belirtmek*) abstecken **3.** (*fam fig: aldatmak*) hereinlegen; **birini** ~ jdn hereinlegen, jdn übers Ohr hauen, jdn über den Tisch ziehen

kazıklanma *s* *Verbalsubstantiv zu* **kazıklanmak**

kazıklanmak *vi pass von* **kazıklamak**

kazıklı humma *s ohne Pl* (MED) Wundstarrkrampf *m;* (*tetanos*) Tetanus *m*

kazık marka *adj* (*pej*) überteuert; ~ **mal satmak** überteuerte Waren verkaufen, Wucherpreise verlangen

kazıma *s* **1.** *Verbalsubstantiv zu* **kazımak** **2.** (MED: *kürtaj*) Ausschabung *f*

kazımak *vt* **1.** schaben; **tahtanın boyasını** ~ den Lack vom Brett schaben **2.** (MED) ausschaben; **döl yatağını** ~ die Gebärmutter ausschaben **3.** (KUNST: *nakşetmek*) radieren **4.** (*tıraş etmek*) schaben, rasieren

kazıma resim *s* <-smi> (KUNST) **1.** (*tekniği*) Radierkunst *f* **2.** (*yapılmış resim*) Radierung *f*

kazımık *s* <-ğı> Schabsel *nt*

kazınma *s* *Verbalsubstantiv zu* **kazınmak**

kazınmak *vi pass von* **kazımak**

kazıntı *s* **1.** Schabsel *nt* **2.** (*kâğıtta kazıma izi*) Rasur *f*

kazıtma *s* *Verbalsubstantiv zu* **kazıtmak**

kazıtmak *vt* **1.** *Kausativ zu* **kazımak** **2.** **saçlarını** ~ sich kahl scheren lassen

kazma *s* Hacke *f;* (*südd, österr, Schweiz*) Haue *f*

kazmacı *s* (BERGB) Hauer *m*

kazmaç *s* Bagger *m*

kazma diş *s* Hauer *m*

kazmak *vt* (ab)graben, schaufeln; **birinin kuyusunu** ~ jdm das Wasser abgraben; **kazma elin kuyusunu, kazarlar kuyunu** (*prov*) wer andern eine Grube gräbt, fällt selbst hinein; **kendi kuyusunu kendi** ~ (*fig*) sich sein eigenes Grab schaufeln

kazurat *s s.* **dışkı** Kot *m,* Exkrement(e) *nt(pl)*
KDV *s Abk. von* **katma değer vergisi** (WIRTSCH) MwSt *f, Mehrwertsteuer*
kebap I. *s* <-bı> Kebab *m* **II.** *adj* **1.** gebraten **2.** (*kestane*) geröstet
kebapçı *s* Grillrestaurant *nt*
kebap şişi *s* Bratspieß *m*
kebere *s* (BOT: *gebre otu*) Kapernstrauch *m*
kebir *adj* **1.** (*büyük*) groß **2.** (*yaşlı*) alt
kebze *s* (*reg: kürek kemiği*) Schulterblatt *nt*
keçe I. *s* **1.** Filz *m;* **birini ~ külâh etmek** (*fam fig*) jdn übers Ohr hauen **2.** (*halı*) Filzteppich *m* **II.** *adj* filzen
keçeleme *s Verbalsubstantiv zu* **keçelemek**
keçelemek *vt* **1.** (*keçe geçirmek*) mit Filz überziehen **2.** (*keçeyle parlatmak*) mit Filz polieren
keçelenme *s Verbalsubstantiv zu* **keçelenmek**
keçelenmek *vi s.* **keçeleşmek**
keçeleşme *s Verbalsubstantiv zu* **keçeleşmek**
keçeleşmek *vi* **1.** (ver)filzen **2.** (*deri*) rau werden **3.** (*fig*) taub werden
keçi I. *s* (ZOOL) Ziege *f;* **~leri kaçırmış** (*fam fig*) er hat nicht alle Tassen im Schrank **II.** *adj* (*fig*) bockig; (*inatçı*) stur
keçiboynuzu *s* **1.** (BOT: *ağaç*) Johannisbrotbaum *m* **2.** (*ohne Pl, yemiş*) Johannisbrot *nt; s. a.* **harnup**
keçi derisi *s* Ziegenleder *nt;* **keçi kılı** *s* Ziegenhaar *nt*
keçilik *s* <-ği> (*fig*) Bockigkeit *f;* (*inatçılık*) Sturheit *f;* **~ etmek** stur sein
keçi postu *s* Ziegenfell *nt*
keçisağan *s* (ZOOL: *çobanaldatan*) Ziegenmelker *m*
keçi sakal I. *s* Ziegenbart *m,* Spitzbart *m* **II.** *adj* spitzbärtig; **keçi söğüdü** *s* (BOT) Salweide *f*
keçi yemişi *s* (BOT: *yaban mersini*) Heidelbeere *f*
kedi *s* Katze *f;* (*erkek ~*) Kater *m;* **~ ile köpek gibi** (*fam*) wie Hund und Katze; **~ ona tısladı** die Katze fauchte ihn an; **~ye ciğer ısmarlamak** (*fam fig*) den Bock zum Gärtner machen; **kedi balığı** *s* (ZOOL) Katzenhai *m*
kedidili *s* Löffelbiskuit *m o nt*
kedigözü *s* (AUTO) Rückstrahler *m*
kedi otu *s ohne Pl* (BOT) Baldrian *m*
kefal [kefâl] *s* <-i> (ZOOL) Meeräsche *f*
kefalet [kefa:let] *s* Bürgschaft *f*
kefaret *s* **1.** Buße *f;* **bir şeyin ~ini ödemek** für etw büßen **2.** (*ohne Pl*) Sühne *f*
kefe *s* Waagschale *f*
kefeki *s* Kalkablagerung *f*
kefen *s* Leichentuch *nt*
kefil *s* Bürge, -in *m, f;* **birine ~ olmak** für jdn bürgen
kefillik *s* <-ği> Bürgschaft *f*
kefir *s ohne Pl* Kefir *m*
kehanet *s* Weissagung *f,* Prophezeiung *f*
Kehkeşan *s s.* **Samanyolu** (ASTR) Milchstraße *f*
kehribar *s* Bernstein *m*
kekeleme *s* **1.** *Verbalsubstantiv zu* **kekelemek** **2.** (*sürekli*) Gestotter *nt*
kekelemek *vi* stottern
kekeme *s* Stotterer, -in *m, f*
kekik *s* <-ği> (BOT) Thymian *m;* **kekik yağı** *s* Thymol *nt*
keklik *s* <-ği> (ZOOL) Rebhuhn *nt;* **kınalı ~** Berghuhn *nt,* Steinhuhn *nt*
kekre *adj* säuerlich
kekremsi *adj* leicht säuerlich
kel I. *s* (MED) Grind *m* **II.** *adj* **1.** grindig **2.** (*saçları dökülmüş olan*) kahlköpfig, glatzköpfig **3.** (*fig*) kahl; **~ başa şimşir tarak** das passt wie die Faust aufs Auge; **~ bir ağaç** ein kahler Baum
kelâm *s* **1.** (*söz*) Wort *nt* **2.** (*bilim*) Islamwissenschaft *f*
Kelâmıkadim *s* (REL) Koran *m*
kelaynak *s* <-ğı> (ZOOL) Waldrapp *m*
kelebek *s* <-ği> **1.** Schmetterling *f* **2. ipek böceği kelebeği** Seidenspinner *m;* **kelebek camı** *s* (AUTO) Ausstellfenster *nt;* **kelebek gözlük** *s* <-ğü> Kneifer *m*
kelepçe *s* Handschellen *fpl;* **birine ~ takmak** jdm Handschellen anlegen
keler *s* (ZOOL) Echse *f*
kelime *s* Wort *nt;* **~nin tam anlamıyla** im wahrsten Sinne des Wortes
kelimeişahadet *s* (REL: *İslam dininde*) Glaubensbekenntnis *nt*
kelime oyunu *s* Wortspiel *nt*
kelle *s* Haupt *m;* **birinin ~sini uçurmak** jdn enthaupten
kelli felli *adj* gestanden; **~ bir adam** ein gestandener Mann
kellik *s* <-ği> **1.** Glatze *f* **2.** (*bitkisiz yer*) kahle Gegend
Kelt *s* (HIST) Kelte, -in *m, f*
Keltçe *s* Keltisch *nt;* **~den** aus dem Keltischen
Kemalist *s* Kemalist(in) *m(f); s. a.* **Atatürkçü**
Kemalizm *s ohne Pl* Kemalismus *m; s. a.* **Atatürkçülük**
keman *s* **1.** (*yay*) Bogen *m* **2.** Geige *f;* **~ çalmak** geigen, (auf der) Geige spielen
kemancı *s* **1.** (*keman çalan*) Geiger(in) *m(f)* **2.** (*keman yapan*) Geigenbauer(in) *m(f)*
keman dersi *s* Geigenunterricht *m,* Gei-

genstunde *f*
kemankeş *s* (*okçu*) Bogenschützer(in) *m(f)*
keman konçertosu *s* (MUS) Geigenkonzert *nt;* **keman yayı** *s* (MUS: *arşe*) Geigenbogen *m*
keme *s* (BOT) Trüffel *m*
kement *s* Lasso *nt*
kemer *s* **1.** Gürtel *m;* **~ini sıkmak** (*fig*) den Gürtel enger schnallen **2.** (ARCH) Bogen *m;* **kemer altı** *s* (ARCH) Bogengang *m*
kemerli *adj* (ARCH) bogenförmig; **kemerli hayvan** *s* (ZOOL) Gürteltier *nt*
kemer tonoz *s* (ARCH) Arkade *f*
kemik *s* <-ği> Knochen *m;* **~lerine kadar** bis auf die Knochen; **birinin ~lerini kırmak** (*fam*) jdm die Knochen kaputtschlagen [*o* zusammenschlagen]; **bir deri bir ~ olmak** (*fam*) nur Haut und Knochen sein; **birinin önüne ~ atmak** (*fam fig*) jdm etw in den Rachen werfen
kemikçik *s* <-ği> (ANAT, MED) Knöchelchen *nt*
kemik doku *s* (ANAT, MED) Knochengewebe *nt;* **kemik erimesi** *s* Knochenschwund *m;* **kemik iliği** *s ohne Pl* Knochenmark *nt*
kemikleşme *s* **1.** *Verbalsubstantiv zu* **kemikleşmek** **2.** Verknöcherung *f*
kemikleşmek *vi* (*a. fig*) verknöchern
kemikli *adj* knochig; **~ yüz** ein knochiges Gesicht; **kemikli balıklar** *s Pl* (ZOOL) Knochenfische *mpl*
kemiksi *adj* knochenartig
kemik tüberkülozu *s* (MED) Knochentuberkulose *f;* **kemik yalayıcı** *s* (*pej*) Speichellecker *m;* **kemik zarı** *s* (ANAT, MED) Knochenhaut *f*
kemircik *s* <-ği> Knorpel *m*
kemirgen **I.** *s* (ZOOL) Nager *m,* Nagetier *nt* **II.** *adj* nagend, Nage-
kemirici *adj s.* **kemirgen**
kemirilme *s Verbalsubstantiv zu* **kemirilmek**
kemirilmek *vi pass von* **kemirmek**
kemirme *s Verbalsubstantiv zu* **kemirmek**
kemirmek *vt* **1. bir şeyi ~** etw abnagen, an etw nagen; **kemiği ~** einen Knochen abnagen **2.** anknabbern **3.** (YEMEK) zerfressen; **pas demiri kemirir** Rost zerfrisst das Eisen
kemiyet *s s.* **nicelik** Quantität *f*
kem küm *adv:* **~ etmek** drucksen
kemoterapi *s* (MED) Chemotherapie *f*
kemreleme *s Verbalsubstantiv zu* **kemrelemek**
kemrelemek *vt* (*fam: gübrelemek*) düngen
kemrelik *s* <-ği> (*fam: gübrelik*) Misthaufen *m*
kenar **I.** *s* **1.** Rand *m* **2.** (*a.* MATH) Seite *f* **3.** (*kumaş ~ı*) Saum *m* **II.** *adj* abgelegen
kenar mahalle *s* Armenviertel *nt*
kenarortay *s* (MATH) Seitenhalbierende *f*
kenarsız *adj* randlos
kendi **I.** *adj* eigen; **~ evim** mein eigenes Haus; **~ kuyusunu ~ kazmak** (*fam fig*) sich sein eigenes Grab schaufeln; **~ yağıyla kavrulmak** (*fam fig*) im eigenen Saft schmoren; (*kimseye ihtiyacı olmamak*) auf eigenen Füßen stehen; **onu ~ gözümle gördüm** ich habe es mit eigenen Augen gesehen **II.** *pron* sich; (**kendi**) **~ni aldatmak** sich (selbst) betrügen; **~nden geçmek** (*fam: bayılmak*) in Ohnmacht fallen; (*fam: coşkuya kapılmak*) außer sich geraten, (ganz) aus dem Häuschen geraten; (*fam: uyuya kalmak*) einnicken; **~ni asmak** sich erhängen; **~ birisinin yerine koymak** sich in jdn hineinversetzen; **~ benim yerime bir koysana!** versetz dich doch mal in meine Lage! **III.** *pron* selbst; **bunu ~si yapsın** er soll das selbst machen; **el için çukur** [*o* **kuyu**] **kazan, ~si içine düşer** (*prov*) wer andern eine Grube gräbt, fällt selbst hinein; **kendi beslek** *adj* (BIOL: *ototrof*) autotroph
kendiliğinden *adv* von selbst; (*spontane*) spontan
kendiliğindencilik *s ohne Pl* <-ği> (*spontaneizm*) Spontaneität *f*
kendir **I.** *s ohne Pl* (*kenevir*) Hanf *m* **II.** *adj* hanfen; **kendirgiller** *s Pl* (BOT) Hanfgewächse *ntpl*
kene *s* (ZOOL: *sakırga*) Zecke *f;* **birine ~ gibi yapışmak** (*fam fig*) an jdm wie eine Klette hängen
kenevir *s ohne Pl* (*kendir*) Hanf *m;* **kenevir yağı** *s ohne Pl* Hanföl *nt*
kengel *s s.* **kenger**
kenger *s* (BOT) Kardone *f*
kent *s* Stadt *f*
kentet *s* (MUS: *beşli*) Quintett *nt*
kent sakini *s* Stadtbewohner(in) *m(f);* **kent soylu** **I.** *s* Bürgerliche *mf;* (*burjuva*) Bourgeois *m* **II.** *adj* bürgerlich; (*burjuva*) bourgeois; **kent soyluluk** *s* <-ğu> Bürgertum *nt;* (*burjuvazi*) Bourgeoisie *f*
Kenya *s* Kenia *nt*
Kenyalı **I.** *s* Kenianer(in) *m(f)* **II.** *adj* kenianisch
kep *s* **1.** Kappe *f* **2.** Käppi *nt*
kepçe *s* **1.** Schöpflöffel *m* **2.** Kelle *f* **3.** (ANAT: *kulak ~si*) Muschel *f*
kepçeli ekskavatör *s* (TECH) Löffelbagger *m*
kepek *s* <-gi> **1.** (AGR, GASTR) Kleie *f* **2.** (*başta*) Schuppe *f*
kepeklenme *s Verbalsubstantiv zu* **kepeklenmek**
kepeklenmek *vi* **1.** sich schuppen **2.** (*elma*) mehlig werden

K

kepekli *adj* **1.** (*un, ekmek*) kleiehaltig **2.** (*saçlar*) schuppig **3.** (*un gibi*) mehlig; ~ **elmalar** mehlige Äpfel
kepenk *s* <-gi> Rollladen *m*
kerata *s* **1.** (*pej*) Hahnrei *m* **2.** (*sitem sözü*) Schlingel *m* **3.** (*ayakkabı çekeceği*) Schuhlöffel *m*, Schuhanzieher *m*
keratin *s* (BIOL, CHEM) Keratin *nt*
kere **I.** *s* Mal *nt;* **birkaç** ~ einige Male **II.** *adv* **1.** mal; **bir** ~ einmal **2.** (*çarpı*): **iki** ~ **iki dört eder** zwei mal zwei ist vier
kerem *s ohne Pl* **1.** (*büyüklük*) Größe *f;* (*yüceluk*) Erhabenheit *f* **2.** (*iyilik*) Gute(s) *nt;* ~ **etmek** Gutes tun **3.** ~ **buyurun** wenn ich mir die Bemerkung erlauben darf; **birini** ~ **gibi sevmek** jdn heiß und innig lieben, jdn leidenschaftlich lieben
kerempe *s* Felsvorsprung *m*
kerevet *s* Pritsche *f*
kerevides *s*, **kerevit** *s* (ZOOL: *tatlı su ıstakozu*) Flusskrebs *m*
kereviz *s* Sellerie *f*
kerhane *s* (*fam*) Puff *m;* (*genel ev*) Bordell *nt*
kerhaneci *s* Bordellbesitzer(in) *m(f)*
kerim *adj* **1.** (*asil*) adlig **2.** (*cömert*) großzügig **3.** **Allah** ~ Allah ist groß
kerime *s* (*geh: kız evlât*) Tochter *f;* ~**niz hanım** Ihre Frau Tochter
kerizci *s* (*sl*) **1.** (*çalgıcı*) Musikant(in) *m(f)* **2.** (*hile yapan oyuncu*) Falschspieler(in) *m(f)*
kerkenez *s* (ZOOL) Turmfalke *m*
kerkes *s s.* **akbaba** Geier *m*
kerki *s* (*fam: keser*) Beil *nt*
kerosen *s ohne Pl* Kerosin *nt*
kerpeten *s* Kneifzange *f*
kerrat cetveli *s ohne Pl* (MATH: *çarpım tablosu*) Einmaleins *nt;* ~**ini ezberlemek** das Einmaleins auswendig lernen
kerte[1] *s* Kerbe *f*
kerte[2] *s* **1.** Stufe *f;* (*derece*) Grad *m;* **iş bu** ~**ye geldikten sonra ...** nachdem die Angelegenheit dieses Stadium erreicht hat ... **2.** (*pusula* ~*si*) Strich *m;* **kerte kerte** *adv* nach und nach; (*yavaş yavaş*) allmählich; (*tedrici*) stufenweise
kertenkele *s* (ZOOL) Eidechse *f*
kerteriz *s* Peilung *f;* **bir şeyi** ~ **etmek** [*o* **almak**] etw anpeilen; **kerteriz noktası** *s* Orientierungspunkt *m*
kertik *s* <-ği> Kerbe *f*
kertikleme *s Verbalsubstantiv zu* **kertiklemek**
kertiklemek *vt* kerben
kervan *s* Karawane *f*
kervansaray *s* Karawanserei *f*
kesafet *s s.* **yoğunluk** Dichte *f*
kese *s* **1.** Beutel *m*, Säckel *m;* ~**nin ağzını açmak** tief in den Beutel [*o* Säckel] greifen; ~**sini doldurmak** (*fig*) seinen Beutel füllen **2.** (*spor* ~*si*) Behälter *m*, Träger *m* **3.** (ANAT: *döl, öd, safra* ~*si*) Blase *f*
kesecik *s* <-ği> (MED: *akciğer keseciği*) Bläschen *nt*
kese çiçeği *s* (BOT) Säckelblume *f*
kesek *s* <-ği> Klumpen *m*
kese kâğıdı *s* Papiertüte *f*
keseleme *s Verbalsubstantiv zu* **keselemek**
keselemek *vt* frottieren
keseli ayı *s* (ZOOL: *koala*) Koalabär *m*
keseliler *s Pl* (ZOOL) Beuteltiere *ntpl*
keseli sansar *s* (ZOOL) Beutelmarder *m*
keser *s* Beil *nt*
kesik **I.** *s* <-ği> (*reg: çökelek*) Quark *m* **II.** *adj* geschnitten
kesik kelime *s* (LING) Kurzform *f*
kesilme *s* **1.** *Verbalsubstantiv zu* **kesilmek** **2.** (*cereyan* ~*si*) Ausfall *m* **3.** **sütün** ~**si** die Gerinnung der Milch **4.** (*vergi*) Abzug *m*
kesilmek *vi* **1.** *pass von* **kesmek** **2.** (*cereyan*) ausfallen; (*ses, gürültü*) aufhören **3.** (*süt*) gerinnen **4.** werden; **buz** ~ zu Eis werden **5.** **vergi kesildikten sonra** nach Abzug der Steuern
kesim *s* Schnitt *m;* (*fason*) Zuschnitt *m*
kesim evi *s* Schlachthof *m*
kesin *adj* **1.** sicher **2.** (*cevap*) definitiv, endgültig; **senden** ~ **bir cevap bekliyorum** ich erwarte eine endgültige Antwort von dir **3.** (*fiyat*) fest, endgültig; ~ **karar vermiş olmak** fest entschlossen sein; **kesin fiyat** *s* Festpreis *m*
kesinlikle *adv* bestimmt, gewiss, sicher; ~ **gel(m)iyoruz** wir kommen bestimmt (nicht); (*her hâlde, mutlaka*) auf alle Fälle, auf jeden Fall
kesinti *s* **1.** Kürzung(en) *f(pl);* **bütçede** ~ **yapmak** Kürzungen im Etat vornehmen **2.** (*vergi* ~ *si*) Abzug *m* **3.** Unterbrechung *f*
kesintisiz *adj* **1.** (FIN) abzugsfrei **2.** Brutto-; **kesintisiz maaş** *s* (WIRTSCH) Bruttogehalt *nt;* **kesintisiz ücret** *s* (WIRTSCH) Bruttolohn *nt*
kesir *s* <-sri> (MATH) Bruch *m;* **bayaği** ~ gemeiner Bruch; **kesir hesabı** *s ohne Pl* (MATH) Bruchrechnen *nt*
kesirli sayı *s* (MATH) Bruchzahl *f*
kesişme *s Verbalsubstantiv zu* **kesişmek**
kesişmek <-ir> *vi* sich kreuzen, sich (über)schneiden
kesişme noktası *s* (*a.* MATH) Schnittpunkt *m*
keskin *adj* **1.** scharf; ~ **bir zekâ** ein scharfer Verstand; **ustura gibi** ~ scharf wie ein Rasiermesser **2.** (*koku*) aufdringlich, pene-

trant

keskinlik *s ohne Pl* <-ği> **1.** Schärfe *f* **2.** (*koku için*) Aufdringlichkeit *f*, Penetranz *f*

kesme *s* **1.** *Verbalsubstantiv zu* **kesmek** **2.** (*makas*) Blechschere *f*; **kesme imi** *s*, **kesme işareti** *s* (LING) Apostroph *m*

kesmek **I.** *vt* **1.** schneiden; (*testereyle*) absägen; **bindiği dalı** ~ (*fig*) den Ast absägen, auf dem man sitzt **2. bilek damarlarını** ~ sich die Pulsadern aufschneiden **3.** (*söz*) abschneiden; **birinin sözünü** ~ jdm das Wort abschneiden **4.** (MED: *ameliyatla almak*) abschneiden, amputieren; **bacağını** ~ **zorunda kaldılar** sie mussten sein Bein amputieren **5.** (*kristal*) abschleifen **6.** (*hararet*) stillen **7.** (*ateş*) einstellen **8.** (*fatura*) ausstellen **9. birinin sözünü** ~ jdn unterbrechen **10.** (*iskambilde desteyi*) abheben **11.** (*vergi*) abziehen **II.** *vi* (*fam*) Lügengeschichten erzählen; **kesme (be)!** erzähl (doch) keine Lügengeschichten!

kesri *s poss von* **kesir**

kestane *s* **1.** (BOT: *ağacı*) Kastanie *f*, Kastanienbaum *m* **2.** (*meyvesi*) Kastanie *f*; ~ **şekeri** kandierte Kastanien

kestaneci *s* Maronibrater *m*

kestanecik *s* <-ği> **1.** (ANAT, MED) Vorsteherdrüse *f*; (*prostat*) Prostata *f* **2.** (*atlarda*) Kastanie *f*

kestane fişeği *s* Böller *m*; **kestane kargası** *s* (ZOOL: *alakarga*) Eichelhäher *m*; **kestane rengi** *adj* kastanienbraun; **kestane suyu** *s* (*pej: kahve için*) Brühe *f*

kestere *s* Tragant *m*; *s. a.* **kitre**

kestirilme *s Verbalsubstantiv zu* **kestirilmek**

kestirilmek *vi pass von* **kestirmek**: **bunun nereye gideceği kestirilemez** es ist nicht vorhersehbar wohin das führen wird

kestirme *s* **1.** *Verbalsubstantiv zu* **kestirmek** **2.** (*kısa yol*) Abkürzung *f*; ~**den gitmek** die Abkürzung nehmen

kestirmek **I.** *vt* **1.** *Kausativ zu* **kesmek**: **saçlarını** ~ sich die Haare schneiden lassen **2.** (*tahmin etmek*) abschätzen, vorhersehen **3.** (*karar vermek*) entscheiden; **nasıl başlayacağımı kestiremiyorum** ich kann nicht entscheiden, wie ich anfangen soll **4.** (*anlamak*) verstehen **5.** (*sütü*) ansäuern **II.** *vi* dösen, ein Schläfchen machen

keş **I.** *s* (*reg*) **1.** (*peynir*) fettarme(r) Käse **2.** (*yoğurt*) fettarme(r) Jogurt **II.** *adj* (*sl pej: aptal*) dumm

Keşan *s* Keschan *nt*

keşfedilme *s* **1.** *Verbalsubstantiv zu* **keşfedilmek** **2.** Entdeckung *f*

keşfedilmek *vi pass von* **keşfetmek** entdeckt werden; **Amerika 1492 yılında keşfedildi** Amerika wurde im Jahre 1492 entdeckt

keşfetme *s* **1.** *Verbalsubstantiv zu* **keşfetmek** **2.** Entdeckung *f*

keşfetmek *vt* **1.** entdecken **2.** (*ortaya çıkarmak*) entdecken, herausfinden

keşfi *s poss von* **keşif**

keşide *s* **1.** (*çekiliş*) Ziehung *f* **2.** (FIN: *çek, poliçe* ~*si*) Ausstellung *f*; **çek/poliçe** ~ **etmek** einen Scheck/Wechsel ausstellen

keşideci *s* Aussteller(in) *m(f)*

keşif *s* <-fi> **1.** Entdeckung *f*; **Amerika'nın keşfi** die Entdeckung Amerikas **2.** Erkundung *f*; (*ortaya çıkarma*) Aufdeckung *f*, Aufklärung *f* **3.** (JUR) Augenschein *m*; (*yerinde inceleme yapma*) Ortsbesichtigung *f*; ~ **yoluyla ispat etmek** durch Augenschein beweisen; **keşif kolu** *s* (MIL) Spähtrupp *m*, Spähpatrouille *f*; **keşif uçağı** *s* (MIL) Aufklärungsflugzeug *nt*; **keşif uydusu** *s* (MIL) Beobachtungssatellit *m*

keşiş *s* (REL) Mönch *m*

keşişleme *s* Südostwind *m*

Keşmir *s* Kaschmir *nt*

ketçap *s* Ketschup *m o nt*

keten **I.** *s ohne Pl* **1.** (BOT) Flachs *m* **2.** (*kumaş*) Leinen *nt* **II.** *adj* leinen

ketencik *s* <-ği> (BOT) Leindotter *nt*

ketengiller *s Pl* (BOT) Leingewächse *ntpl*

keten helva *s* Zuckerwatte *f*; **keten helvacı** *s* Zuckerwattenverkäufer(in) *m(f)*; **keten helvası** *s s.* **keten helva**; **keten kuşu** *s* (ZOOL) Hänfling *m*; **keten tohumu** *s* Leinsamen *m*

ketum *adj* diskret

ketumiyet *s ohne Pl* Diskretion *f*

keven *s* (BOT: *geven*) Tragant *m*

kevgir *s* **1.** (*delikli kepçe*) Schaumlöffel *m* **2.** (*süzgeç*) Sieb *nt*

keyfetme *s Verbalsubstantiv zu* **keyfetmek**

keyfetmek *vi* sich amüsieren

keyfi *s poss von* **keyif**

keyif *s ohne Pl* <-yfi> **1.** Laune *f*, Stimmung *f*; **keyfi yerinde olmak/olmamak** gute/schlechte Laune haben, gut/schlecht gelaunt sein, gut/schlecht drauf [*o* aufgelegt] sein; **birinin keyfini bozmak** jdm die Laune verderben; **birinin keyfini yapmak** jdn bei Laune halten; **bugün keyfi yok** er ist heute nicht bei Laune **2.** Vergnügen *nt*, Spaß *m* **3.** (*sl: esrar*) Kif(f) *m*, Dope *nt*

keyifli *adj* genussvoll; ~ **saatler geçirmek** genussvolle Stunden verbringen

keyifli keyifli *adv* genüsslich

keyif verici madde *s* Genussmittel *nt*

kez *s* Mal *nt*; **bir** ~ einmal; **birkaç** ~ einige Male

kezzap *s ohne Pl* <-bı> (*fam: nitrik asit*) Salpetersäure *f*
kg *Abk. von* **kilogram** kg, *Kilogramm*
kıble *s ohne Pl* **1.** (REL: *namazda yönelinen yön*) Kibla *f, Richtung nach Mekka beim Gebet* **2.** (*güneyden esen yel*) Südwind *m*
Kıbrıs *s* Zypern *nt;* ~**'ta** auf Zypern; **Kıbrıslı I.** *s* Zypriot(in) *m(f),* Zypr(i)er(in) *m(f)* **II.** *adj* zypriotisch, zyprisch
kıç [kɪtʃ] *s ohne Pl* **1.** Hintern *m* **2.** (NAUT) Heck *nt;* (*pupa*) Achterschiff *nt;* **kıç kasarası** *s* (NAUT) Achterdeck *nt*
kıdem *s ohne Pl* Dienstalter *nt*
kıh (*çocuk dilinde*) baba, bäbä
kıkırdak *s* <-ğı> Knorpel *m*
kıkırdaklı *adj* knorp(e)lig
kıkırdama *s* **1.** *Verbalsubstantiv zu* **kıkırdamak 2.** Gekicher *nt*
kıkırdamak *vi* kichern
kıkır kıkır *adv:* ~ **gülmek** kichern
kıl *s* Haar *nt;* ~**ı kırk yarmak** (*fam pej*) Haarspalterei betreiben; **birinin** ~**ına dokunmamak** (*fam*) jdm kein Haar krümmen
kılavuz *s* **1.** Führer *m* **2.** (NAUT) Lotse, -in *m, f;* **kılavuz köpek** *s* <-ği> Blindenhund *m*
kılcal *adj* (ANAT, MED, BIOL, PHYS) kapillar; **kılcal boru** *s* (PHYS) Kapillare *f,* Haarröhrchen *nt;* **kılcal damar** *s* (ANAT, MED, BIOL) Kapillare *f,* Kapillargefäß *nt*
kılcallık *s ohne Pl* <-ğı> (PHYS) Kapillarität *f*
kılçık *s* <-ğı> **1.** (ZOOL, GASTR: *balıkta*) Gräte *f* **2.** (BOT, GASTR: *fasulyede*) Faden *m;* **fasulyenin** ~**larını ayıklamak** die Fäden von den Bohnen abziehen
kılçıksız *adj* grätenlos
kılgı *s ohne Pl* (*pratik*) Praxis *f;* (*uygulama*) Anwendung *f*
kılgılı *adj* **1.** (*pratik*) praktisch **2.** (*maksada uygun*) zweckmäßig; (*kullanışlı*) praktikabel, brauchbar
kılıbık *s* <-ğı> (*fam pej*) Pantoffelheld *m*
kılıç *s* <-cı> **1.** Schwert *nt;* **Acem kılıcı gibi** (*fig*) wie ein zweischneidiges Schwert **2.** (SPORT: *eskrimde*) Degen *m;* **kılıç balığı** *s* (ZOOL) Schwertfisch *m;* **kılıç oyunu** *s ohne Pl* (SPORT: *eskrim*) Degenfechten *nt*
kılıf *s* **1.** Futteral *nt,* Hülle *f* **2.** Etui *nt* **3.** (*yastık* ~*ı*) Bezug *m*
kıllı *adj* behaart
kıl testere *s* Laubsäge *f*
kımıldama *s* Bewegung *f;* ~**!** keine Bewegung!
kımıldamak *vi* sich bewegen, sich rühren; **yerinden kımıldamamak** sich nicht von der Stelle rühren
kın *s* **1.** (*kılıç için*) Scheide *f* **2.** (BOT) Blattscheide *f,* Spatha *f*
kına *s* Henna *f;* ~**(lar) yakmak** (*fig*) Schadenfreude empfinden; **kına ağacı** *s* (BOT) Hennastrauch *m*
kınacık *s ohne Pl* <-ğı> (BOT) Rost *m*
kına çiçeği *s* (BOT) Gartenbalsamine *f*
kınakına *s* (BOT) Chinarinde *f,* Chinarindenbaum *m*
kınalı keklik *s* (ZOOL) Berghuhn *nt,* Steinhuhn *nt*
kın kanat *s* (ZOOL) Deckflügel *m*
kınnap *s* <-bı> *s.* **sicim** Bindfaden *m*
kıpkırmızı *adj* knallrot; ~ **kesilmek** [*o* **olmak**] knallrot werden
Kıptî I. *s* Kopte, -in *m, f* **II.** *adj* koptisch
kıraathane *s* Kaffeehaus *nt*
kıraç *adj* <-cı> unfruchtbar
kıraçlaşma *s Verbalsubstantiv zu* **kıraçlaşmak**
kıraçlaşmak *vi* unfruchtbar werden
kırağı *s ohne Pl* Reif *m;* ~ **düştü** [*o* **yağdı**] es hat sich Reif gebildet; **bu bitkiyi** ~ **çalmış** [*o* **vurmuş**] diese Pflanze hat Frost abbekommen; **acı patlıcanı** ~ **çalmaz** (*prov*) Unkraut vergeht nicht
kırat *s* Karat *nt*
kırbaç *s* <-cı> Peitsche *f;* **kırbacı şaklatmak** mit der Peitsche knallen; **kırbaç kurdu** *s* (ZOOL) Peitschenwurm *m*
kırbaçlama *s Verbalsubstantiv zu* **kırbaçlamak**
kırbaçlamak *vt* (aus)peitschen; **atları** ~ die Pferde peitschen
kırbaçlanma *s Verbalsubstantiv zu* **kırbaçlanmak**
kırbaçlanmak *vi pass von* **kırbaçlamak**
kırca *adj* gräulich
kırcı *s* **1.** Graupel *f* **2.** (*fam: dolu*) Hagel *m*
kır evi *s* Landhaus *nt*
kırık[1] <-ğı> **I.** *s* **1.** Bruch *m* **2.** (MED: *kemiğin kırılması*) Fraktur *f* **3.** (*cam kırığı*) Scherbe *f;* (*ekmek kırığı*) Krume *f* **II.** *adj* **1.** gebrochen **2.** (*pencere*) zerbrochen; (*fam*) kaputt **3.** (SCHULE: *not*) schlecht **4.** ~ **dölü** uneheliche(s) Kind
kırık[2] *s* <-ğı> (*reg*) Geliebte(r) *mf,* Liebhaber *m*
kırık[3] *s* <-ğı> (GEO) Bruch *m;* (*fay*) Verwerfung *f*
kırılgan *adj* **1.** zerbrechlich, bruchempfindlich **2.** (*fig*) empfindlich, verletzbar
kırılım *s* (PHYS) Brechung *f*
kırılma *s* **1.** *Verbalsubstantiv zu* **kırılmak 2.** (PHYS: *kırılım*) Brechung *f*
kırılmak *vi* **1.** *pass von* **kırmak 2.** brechen; **su testisi su yolunda kırılır** (*prov*) der Krug geht so lange zum Brunnen, bis er bricht
kırılmaz *adj* bruchfest, bruchsicher
kırınım *s* (PHYS: *ışık*) Beugung *f*
kırıntı *s* Krümel *m;* ~ **yapmak** krümeln

kırıntılı *adj* krümelig
kırışık **I.** *s* <-ğı> Falte *f* **II.** *adj* faltig, runzelig
kırk *adj* vierzig; **ayının ~ türküsü var, ~ı da ahlat üstüne** (*fam fig*) es ist immer die alte Leier; **kılı ~ yarmak** (*fam pej*) Haarspalterei betreiben
kırkıncı *adj* vierzigste(r, s); *s. a.* **altıncı**
kırklık **I.** *s* <-ğı> Babyausstattung *f* **II.** *adj* **1.** (*içinde kırk tane bulunan*) vierziger **2.** (*kırk yaşında olan*) vierzigjährig; *s. a.* **altılık**
kırkma *s Verbalsubstantiv zu* **kırkmak**
kırkmak *vt* (ab)scheren; **koyun ~** Schafe scheren; **yün ~** Wolle abscheren
kırlangıç *s* <-cı> (ZOOL: *kuş*) Schwalbe *f;* **kırlangıç balığı** *s* (ZOOL: *balık*) Knurrhahn *m*
kırlent *s* Girlande *f*
kırma *s* **1.** *Verbalsubstantiv zu* **kırmak** **2.** (*pli*) Plissee *nt*
kırmak *vt* brechen; **bacağını/kolunu ~** sich das Bein/den Arm brechen; **birinin kalbini ~** jdm das Herz brechen; **kırıp geçirmek** dezimieren, große Verluste zufügen; (*hayran etmek*) begeistern
kırmız böceği *s* Lack-Schildlaus *f*
kırmızı **I.** *s* Rot *nt;* **açık/koyu bir ~** ein helles/dunkles Rot; **alev ~sı** ein flammendes Rot **II.** *adj* rot; **~ bir renk** eine rote Farbe
kırmızı başlı *adj* rotköpfig; **kırmızı biber** *s* Cayennepfeffer *m*
kırmızı lâhana *s* Rotkohl *m*
kırmızımsı *adj,* **kırmızımtırak** *adj* <-ğı> rötlich
kırmızı oy *s* Neinstimme *f; s. a.* **beyaz oy;** **kırmızı şarap** *s* <-bı> Rotwein *m*
kırmızıturp *s* (BOT) Radieschen *nt*
kırnav *s* (*fam*) rollige Katze
kırpma *s Verbalsubstantiv zu* **kırpmak**
kırpmak *vt* stutzen; **göz ~** mit den Augen zwinkern; **gözünü kırpmadan** (*fig*) ohne mit der Wimper zu zucken
kırsal *adj* ländlich, Land-; **kırsal nüfus** *s ohne Pl* Landbevölkerung *f*
kırtasiye *s* Bürobedarf *m*
kırtasiyecilik *s ohne Pl* <-ği> **1.** Schreibwarenhandel *m* **2.** (*fig, pej: bürokrasi*) Amtsschimmel *m,* Bürokratismus *m*
kısa *adj* kurz; **uzun lâfın** [*o* **sözün**] **~sı** der langen Rede kurzer Sinn, um es kurz zu sagen
kısaca **I.** *adj* kurz **II.** *adv* kurz; **~ düşündükten sonra** nach kurzem Bedenken, nach kurzer Überlegung
kısacası *adv* kurzum
kısa çizgi *s* (LING: *tire*) Trennungsstrich *m;* **kısa dalga** *s* (PHYS, RADIO) Kurzwelle *f;* **~da** auf Kurzwelle; **kısa devre** *s* (ELEK) Kurzschluss *m;* **kısa far** *s* (AUTO) Abblendlicht *nt;* **kısa haberler** *s* Kurznachrichten *fpl;* **kısa hikâye** *s* (LIT: *kısa öykü*) Kurzgeschichte *f;* **kısa huzmeli far** *s* (AUTO) Abblendlicht *nt;* **~ları yakmak** abblenden; **kısa kollu** *adj* kurzärm(e)lig
kısalık *s ohne Pl* <-ğı> **1.** Kürze *f* **2.** Knappheit *f*
kısalma *s Verbalsubstantiv zu* **kısalmak**
kısalmak *vi* kürzer werden; **günler kısalıyor** die Tage werden kürzer
kısaltma *s* **1.** *Verbalsubstantiv zu* **kısaltmak** **2.** Kürzung *f;* **metinde ~lar yapmak** Kürzungen im Text vornehmen **3.** Abkürzung *f*
kısaltmak *vt* **1.** kürzen, kürzer machen **2.** (*yolu*) abkürzen; **buradan gidersek yolu kısaltırız** wir kürzen ab, wenn wir hier gehen **3.** (*keserek*) abschneiden
kısaltmalı kelime *s* (LING) Akronym *nt,* Initialwort *nt,* Buchstabenwort *nt*
kısa mesafe *s* Kurzstrecke *f;* **kısa mesai** *s ohne Pl* Kurzarbeit *f;* **kısa metrajlı film** *s* Kurzfilm *m;* **kısa ömürlü** *adj* kurzlebig; **kısa öykü** *s* (LIT) Kurzgeschichte *f*
kısas[1] *s* (HIST, JUR) Talion *f*
kısas[2] *s s.* **öyküler** Geschichten *fpl*
kısa saçlı *adj* kurzhaarig; **kısa süreli** *adj* kurzfristig; **kısa tüylü** *adj* kurzhaarig; **~ bir köpek** ein kurzhaariger Hund; **kısa vadeli** *adj* kurzfristig; **kısa yenli** *adj* kurzärm(e)lig
kısık **I.** *s* <-ğı> (GEO) Schlucht *f;* (*klüz*) Klause *f;* (*dar boğaz*) Engpass *m* **II.** *adj* <-ğı> **1.** (*ses için*) heiser **2.** **bir şeyi ~ ateşte pişirmek** etw auf kleiner Flamme kochen
kısıklık *s ohne Pl* <-ğı> Heiserkeit *f*
kısım *s* <-smı> **1.** Teil *m* **2.** (*bölüm*) Abteilung *f,* Sektion *f;* (*dal*) Zweig *m*
kısır *adj* **1.** (BIOL, MED) steril, unfruchtbar **2.** (*toprak için*) karg; **~ toprak** karge Erde **3.** (*fig*) steril, unfruchtbar; **~ çalışma/tartışma** eine unfruchtbare Arbeit/Diskussion
kısır döngü *s* Teufelskreis *m*
kısırlaştırma *s* **1.** *Verbalsubstantiv zu* **kısırlaştırmak** **2.** Sterilisation *f*
kısırlaştırmak *vt* sterilisieren
kısırlık *s ohne Pl* <-ğı> **1.** Sterilität *f,* Zeugungsunfähigkeit *f,* Unfruchtbarkeit *f* **2.** (*fig: verimsizlik*) Sterilität *f,* Unproduktivität *f*
kısıt *s* (JUR: *hacir*) Entmündigung *f;* **~ altına almak** entmündigen
kısıtlama *s* **1.** *Verbalsubstantiv zu* **kısıtlamak** **2.** (JUR: *hacir*) Entmündigung *f*
kısıtlamak *vt* **1.** beschränken, einschränken **2.** (JUR: *hacir altına almak*) entmündigen
kıskaç *s* <-cı> Klammer *f*

kıskanç *adj* eifersüchtig
kıskançlık *s ohne Pl* <-ğı> Eifersucht *f;* ~**tan** aus Eifersucht
kıskandırma *s Verbalsubstantiv zu* **kıskandırmak**
kıskandırmak *vt:* **birini** ~ jdn eifersüchtig machen
kıskanma *s Verbalsubstantiv zu* **kıskanmak**
kıskanmak *vt:* **birini** ~ auf jdn eifersüchtig sein
kısma *s Verbalsubstantiv zu* **kısmak**
kısmak *vt* (TECH) abdrosseln
kısmen *adv* teilweise
kısmet *s* Los *nt;* **kısmet ağacı** *s* (BOT) Losstrauch *m*
kısmı *s poss von* **kısım**
kısmî ödeme *s* Teilzahlung *f*
kısrak *s* <-ğı> Stute *f;* **kısrağa binmek** auf einer Stute reiten
kıssa *s* (*hikâye*) Geschichte *f;* ~ **hisse** die Moral von der Geschichte
kıstak *s* <-ğı> (GEO) Landzunge *f,* Isthmus *m*
kıstas *s* Maßstab *m,* Kriterium *nt;* **bir şeyi** ~ **tutmak** etw zum Maßstab nehmen; *s. a.* **ölçüt**
kış *s* Winter *m;* **kış dönemi** *s ohne Pl* Winterzeit *f;* **kış gün durumu** *s* (ASTR) Wintersonnenwende *f*
kışır *s* <-şrı> *s.* **kabuk** Rinde *f*
kışkırtıcı **I.** *s* **1.** Agitator(in) *m(f)* **2.** Provokateur(in) *m(f);* ~ **ajan** Agent provocateur *m* **II.** *adj* **1.** agitativ **2.** provokativ, aufhetzerisch, aufwieglerisch
kışkırtma *s* **1.** *Verbalsubstantiv zu* **kışkırtmak** **2.** Agitation *f* **3.** Provokation *f,* Auwiegelung *f*
kışkırtmak *vt* **1.** aufscheuchen **2.** (*tahrik etmek*) aufhetzen; (*provoke etmek*) provozieren
kışla *s* (MIL) Kaserne *f*
kışlama *s* **1.** *Verbalsubstantiv zu* **kışlamak** **2.** Überwinterung *f*
kışlamak *vi* **1.** (*kışı geçirmek*) überwintern (*-de* in), den Winter verbringen (*-de* in) **2.** (*fam: kış olmak*) wintern, Winter werden
kışrı *s poss von* **kışır**
kış sebzesi *s* Wintergemüse *nt*
kıt *adj* knapp
kıt'a *s* **1.** (*ana kara*) Kontinent *m,* Erdteil *m* **2.** (MIL) Abteilung *f*
kıt'alar arası *adj* interkontinental
kıt'a sahanlığı *s* (GEO, POL) Festland(s)sockel *m,* Kontinentalschelf *m o nt,* Kontinentalsockel *m*
kıtık *s* <-ğı> Polster *nt,* Polsterfüllung *f*
kıtır *s* (*fam: patlamış mısır*) Popcorn *nt*
kıtır kıtır *adj* knusp(e)rig
kıtlık *s ohne Pl* <-ğı> Knappheit *f;* **döviz/ham madde kıtlığı** Knappheit an Devisen/Rohstoffen
kıvam *s ohne Pl* Konsistenz *f*
kıvırma *s Verbalsubstantiv zu* **kıvırmak**
kıvırmak *vt* **1.** abknicken, umknicken **2.** (*saç*) kräuseln; (*parmak*) krümmen; **burun** ~ die Nase rümpfen
kıvrılma *s Verbalsubstantiv zu* **kıvrılmak**
kıvrılmak *vi* abknicken
kıvrımlı *adj* kurvig
kıyafet *s* Kostüm *nt,* Verkleidung *f*
kıyafet balosu *s* Kostümball *m*
kıyamet *s* **1.** (REL) Auferstehung *f* **2.** (*fam fig*) Höllenlärm *m,* Tohuwabohu *nt;* **kıyamet günü** *s ohne Pl* (REL) der Jüngste Tag; (*mahşer günü*) das Jüngste Gericht
kıyasımukassim *s s.* **ikilem** Dilemma *nt*
kıyaslama *s* **1.** *Verbalsubstantiv zu* **kıyaslamak** **2.** Vergleich *m*
kıyaslamak *vt* vergleichen
kıyaslanma *s* **1.** *Verbalsubstantiv zu* **kıyaslanmak** **2.** Vergleich *m*
kıyaslanmak *vi pass von* **kıyaslamak** verglichen werden
kıyı *s* **1.** Küste *f;* ~**dan gitmek** (*gemi*) an der Küste entlangfahren **2.** Ufer *nt;* ~**ya çıkmak** an Land gehen
kıyı çulluğu *s* (ZOOL) Uferschnepfe *f;* **kıyı şeridi** *s* Küstenstreifen *m*
kıyma *s ohne Pl* **1.** *Verbalsubstantiv zu* **kıymak** **2.** Hackfleisch *nt,* Gehackte(s) *nt*
kıymak *vt* **1.** hacken, zerhacken **2.** (*fig: feda etmek*) opfern (*-e*); **son kuruşuna** ~ seinen letzten Pfennig opfern **3.** (*fig: acımadan öldürmek*) gnadenlos töten
kıyma makinesi *s* Fleischwolf *m*
kıymet *s s.* **değer** Wert *m*
kıymetlendirme *s* **1.** *Verbalsubstantiv zu* **kıymetlendirmek** **2.** Aufwertung *f*
kıymetlendirmek *vt* aufwerten
kıymetli *adj s.* **değerli** wertvoll; **kıymetli eşya** *s* Wertsachen *pl*
kıymetsiz *adj s.* **değersiz** wertlos
kıymettar *adj s.* **değerli** wertvoll
kıymık *s* <-ğı> Splitter *m*
kız **I.** *vt Imperativ von* **kızmak**: ~**ma bana!** sei nicht böse auf mich! **II.** *s* **1.** Mädchen *nt;* ~ **kurusu** alte Jungfer; **genç/güzel bir** ~ ein junges/schönes Mädchen **2.** Tochter *f;* ~**ı on sekiz oldu** seine Tochter ist achtzehn geworden **3.** (*iskambilde*) Dame *f*
kızak *s* <-ğı> **1.** Schlitten *m* **2.** (NAUT) Stapel *m;* **gemiyi kızağa çekmek** das Schiff auf Stapel legen
kızamık *s ohne Pl* <-ğı> (MED) Masern *pl*
kızamıkçık *s* <-ğı> (MED) Röteln *pl*
kızan[1] *s* (*fam*) **1.** (*erkek çocuk*) Junge *m*

2. (*delikanlı*) Bursche *m*
kızan[2] *s* (*reg*) **1.** (*dişi köpekte*) Läufigkeit *f;* ~ **gelmek** läufig sein **2.** (*dişi kedi ve köpekte*) Läufigkeit *f,* Hitze *f;* (*dişi kedide*) Rolligkeit *f;* ~ **gelmek** läufig sein, hitzig sein; (*kedide*) rollig sein; **dişi kedi/köpek ~a gelmişti** die Katze/Hündin war heiß
kızarık *s* <-ğı> Rötung *f*
kızarma *s Verbalsubstantiv zu* **kızarmak**
kızarmak *vi* **1.** rot anlaufen **2.** (*gastr*) knusprig braun werden
kızartma *s Verbalsubstantiv zu* **kızartmak**
kızartmak *vt* braten
kız böceği *s* (ZOOL) Libelle *f;* **kız çocuk** *s* <-ğu> Mädchen *nt*
kızdırma *s Verbalsubstantiv zu* **kızdırmak**
kızdırmak *vt* ärgern, aufregen, empören; **kızdırma beni!** ärgere mich nicht!
kızgın *adj* **1.** (*güneş*) prall **2.** (*öfkeli*) verärgert (*-e* über), böse (*-e* auf/mit)
kızıl[1] **I.** *s* **1.** Rot *nt* **2.** (*fam: altın*) Gold *nt* **II.** *adj* **1.** rot; **K~ Ordu** die Rote Armee **2.** (*fig: kavga*) hitzig
kızıl[2] *s ohne Pl* (MED) Scharlach *m*
kızılağaç *s* <-cı> (BOT) Erle *f*
Kızılay *s* Roter Halbmond, der Rote Halbmond
kızılca kıyamet *s:* **dün akşam Alilerde ~ koptu** gestern abend war bei Alis die Hölle los
kızılcık *s* <-ğı> (BOT) Kornelkirsche *f;* **kızılcık reçeli** *s* Kornelkirschenkonfitüre *f;* **kızılcık şerbeti** *s* Kornelkirschensorbet(t) *m o nt;* **kızılcık şurubu** *s* Kornelkirschensirup *m*
kızılçam *s* (BOT) Rottanne *f,* Fichte *f;* **Kızıldeniz** *s* das Rote Meer; **Kızılderili I.** *s* Indianer(in) *m(f);* (*fam*) Rothaut *f* **II.** *adj* indianisch; **Kızılhaç** *s* Rotes Kreuz, das Rote Kreuz
kızıl ısı *s* Hundstage *mpl*
kızılkanat *s* (ZOOL: *balık*) Rotfeder *f*
kızılkantaron *s* (BOT) Enzian *m*
kızıllaşma *s Verbalsubstantiv zu* **kızıllaşmak**
kızıllaşmak *vi* sich röten
kızıl saçlı *adj* rothaarig
kızıl sırtlı örümcek kuşu *s* (ZOOL) Rotrückenwürger *m,* Neuntöter *m;* **kızıl su yosunları** *s Pl* (BOT) Rotalgen *fpl*
kızılyaprak *s* <-ğı> (BOT) Odermennig *m*
kızıl yara *s* (*reg: şirpençe*) Karbunkel *m;* **kızıl yel** *s* (*reg*) Südwind *m*
kızıştırma *s Verbalsubstantiv zu* **kızıştırmak**
kızıştırmak *vt* anheizen
kızkalbi *s* (BOT) Herzblume *f*
kız kardeş *s* Schwester *f*
kız kuşu *s* (ZOOL) Kiebitz *m*
kızlık I. *s ohne Pl* <-ğı> **1.** Jungfräulichkeit *f* **2.** (*reg: üvey kız*) Stieftochter *f* **II.** *adj* jungfräulich, Mädchen-
kızlık zarı *s* (*a.* ANAT) Jungfernhäutchen *nt*
kızma *s Verbalsubstantiv zu* **kızmak**
kızmabirader *s* Mensch-ärgere-dich-nicht *nt*
kızmak <-ar> *vi* **1.** sich erhitzen **2.** sich ärgern (*-e* über); (*sinirlenmek*) sich aufregen (*-e* über), böse sein (*-e* auf); **bana kızma(yın) ama …** sei(en Sie) mir nicht böse, aber … **3.** (*kösnümek*) brunsten, in der Brunst sein; (*dişi kuşlar için*) brütig sein
ki *konj* denn; **bu nasıl oldu ~?** wie ist denn das passiert?; **buna ne dersin ~?** was meinst du denn dazu?; **demek ~** das heißt, also; **ne oldu ~?** was ist denn passiert?; **neden/nerede ~?** warum/wo denn?; **öyle görünüyor ~ …** es sieht so aus, als ob …
kibarlar âlemi *s ohne Pl* (*yüksek sosyete*) Highsociety *f*
kibir *s ohne Pl* (*pej*) Arroganz *f,* Überheblichkeit *f,* Hochmut *m*
kibirli *adj* (*pej*) arrogant, überheblich, eingebildet, hochmütig
kibrit *s* Steichholz *nt;* **kibrit kutusu** *s* Steichholzschachtel *f*
kile *s* Scheffel *m;* **dipsiz ~, boş ambar (olmak)** (*fig*) ein Fass ohne Boden (sein)
kiler *s* Speisekammer *f,* Vorratskammer *f*
kilit *s* <-di> Schloss *nt*
kilitleme *s* **1.** *Verbalsubstantiv zu* **kilitlemek** **2. kapıyı ~si on dakika sürdü** es dauerte zehn Minuten, bis er die Tür abgeschlossen hatte
kilitlemek *vt* abschließen
kilitli *adj* abgeschlossen
kilit mevkii *s,* **kilit noktası** *s* Schlüsselposition *f,* Schlüsselstellung *f;* **kilit taşı** *s* (ARCH: *anahtar taşı*) Schlussstein *m*
kiliz balığı *s* (ZOOL) Schleie *f*
kilo *s* (*fam*) Kilo *nt;* ~ **almak/vermek** zunehmen/abnehmen; **bir haftada üç ~ aldı/verdi** in einer Woche hat er drei Kilo zugenommen/abgenommen
kilogram *s* Kilogramm *nt;* **kilometre** *s* Kilometer *m;* **kilometre kare** *s* Quadratkilometer *m*
kim *pron* wer; ~ **olursa olsun** egal wer
kimin *pron gen von* **kim** wessen
kimi zaman *adv* **1.** (*bazen*) manchmal, gelegentlich **2.** (*ara sıra*) ab und zu
kimlik *s* <-ği> **1.** Identität *f;* **birinin kimliğini belirlemek** jdn identifizieren; **ölünün/uçağın kimliği belirlenemedi** der Tote/das Flugzeug konnte nicht identifiziert werden **2.** (*fam: belge*) Ausweis *m,*

Personalausweis *m;* **kimliğini göstermek** den Ausweis zeigen, sich ausweisen **3.** Personalien *pl;* **birinin kimliğini belirlemek** jds Personalien feststellen; **kimlik belgesi** *s,* **kimlik kartı** *s* Personalausweis *m;* **kimlik kontrolü** *s* Ausweiskontrolle *f*

kimono *s* Kimono *m*

kimse *pron* **1.** man; (*bir* ~) jemand; **orada ~ var mı?** ist da jemand?; (*fam*) ist da wer? **2.** (*olumsuz cümlede*) niemand, keiner; **bunu ~ istemez** niemand will das; **hiç ~** niemand, gar keiner

kimsecik <-ği> *pron* niemand

kimsesiz *adj* einsam

kimsesizlik *s ohne Pl* <-ği> Einsamkeit *f*

kimya *s ohne Pl* Chemie *f;* **organik ~** organische Chemie

kimyager *s* Chemiker(in) *m(f)*

kimyasal *adj* chemisch

kimyevî *adj* chemisch

kimyon *s* Kümmel *m;* **kara ~** *s.* **kişniş** Koriander *m*

kinetik *adj* kinetisch

kinik I. *s* <-ği> Zyniker(in) *m(f)* **II.** *adj* zynisch

kinin *s ohne Pl* Chinin *nt*

kiniş *s* Falz *m*

kinizm *s ohne Pl* Zynismus *m;* **kendine özgü bir ~le** mit dem ihm eigenen Zynismus

kip *s* (LING) Modus *m,* Form *f;* **emir ~i** Befehlsform *f*

kiplik *s* <-ği> (LING) Modalität *f*

kir *s* Schmutz *m*

kira *s* Miete *f;* **~da oturmak** zur Miete wohnen

kira arabası *s* Mietwagen *m*

kiracı *s* Mieter(in) *m(f),* Pächter(in) *m(f)*

kira kontratı *s* Mietvertrag *m*

kiralama *s Verbalsubstantiv zu* **kiralamak**

kiralamak *vt* **1.** (*kira ile vermek*) vermieten; (*iş yerini*) verpachten **2.** (*kira ile tutmak*) mieten; (*iş yerini*) pachten; (*uçak*) chartern

kiralayıcı *s* Vermieter(in) *m(f)*

kiralık araba *s s.* **kira arabası**; **kiralık ev** *s* Mietwohnung *f;* **kiralık kasa** *s* Bankschließfach *nt;* **kiralık katil** *s* (*fam*) Auftragskiller *m;* (JUR) gedungener Mörder

kireç *s* <-ci> Kalk *m;* **~ gibi ağarmak/olmak** kalkweiß werden/sein; **~ söndürmek/tutmak** Kalk löschen/ansetzen; **kireç kalıntısı** *s* Kalkablagerung *f;* **kireç kuyusu** *s* Kalkgrube *f*

kireçleme *s Verbalsubstantiv zu* **kireçlemek**

kireçlemek *vt* kalken

kireçli *adj* kalkhaltig; **~ su** kalkhaltiges Wasser; **~ toprak** kalkhaltiger Boden, Kalkboden *m*

kireç ocağı *s* Kalkofen *m*

kireçsizleştirme *s* **1.** *Verbalsubstantiv zu* **kireçsizleştirmek** **2.** Entkalkung *f*

kireçsizleştirmek *vt* entkalken

kireç suyu *s ohne Pl* Kalkwasser *nt;* **kireç tabakası** *s* Kalkschicht *f;* **kireç taşı** *s* (GEO: *kalker*) Kalkstein *m;* **kireç tozu** *s ohne Pl* Kalkstaub *m*

kiremit *s* <-di> Ziegel *m,* Dachziegel *m;* **çatıya ~ döşemek** das Dach mit Ziegeln decken

kiremitçi *s* **1.** (*kiremit yapan*) Ziegelstreicher(in) *m(f)* **2.** (*kiremit döşeyen*) Dachdecker(in) *m(f)*

kiremit fabrikası *s* Ziegelei *f*

kiremithane *s* Ziegelbrennerei *f*

kiremit rengi *adj* ziegelrot; **~ bir halı** ein ziegelroter Teppich

kiriş *s* **1.** Balken *m* **2.** (MUS: *hayvan bağırsaklarından tel*) Saite *f* **3.** (ANAT) Sehne *f;* (*ses ~i*) band *nt* **4.** (*ok atılan yayda esnek bağ*) Sehne *f* **5.** (*fam fig*): **~i kırmak** die Kurve kratzen

kirizma *s* Umgrabung *f*

kirizmalama *s* **1.** *Verbalsubstantiv zu* **kirizmalamak** **2.** Umgrabung *f*

kirizmalamak *vt* umgraben

kirlenme *s Verbalsubstantiv zu* **kirlenmek**

kirlenmek *vi* verschmutzt werden

kirletme *s Verbalsubstantiv zu* **kirletmek**

kirletmek *vt* **1.** beschmutzen; **birinin adını ~** jds Namen beschmutzen **2.** (*fig: lekelemek*) beflecken; **böyle bir şüphe onu kirletir** ein solcher Verdacht bringt ihn in Verruf

kirli *adj* schmutzig; **~ çamaşır** (*a. fig*) schmutzige Wäsche; **kirli kan** *s ohne Pl* (ANAT) Venenblut *nt*

kirlilik *s* <-ği> Verschmutzung *f*

kirpi *s* (ZOOL) Igel *m;* **oklu ~** Stachelschwein *nt*

kirpik *s* <-ği> Wimper *f;* **~ kirpiğine değmemek** (*fig*) kein Auge zumachen

kirpikli I. *s* (BOT, ZOOL) Wimpertierchen *nt,* Ziliat *nt* **II.** *adj* bewimpert, Wimper-

kirpiksi *adj* ziliar; **kirpiksi cisim** *s* <-smi> (ANAT) Ziliarkörper *m*

kirş *s* Kirschwasser *nt*

kist *s* (MED, ZOOL) Zyste *f*

kisve *s* **1.** (*kılık*) Gewand *nt,* Kleidung *f;* (*hacıların giydiği üstlük*) Pilgergewand *nt* **2.** Deckmantel *m;* **demokrasi/din ~si altında** unter dem Deckmantel der Demokratie/Religion

kişi *s* **1.** (*şahıs*) Person *f;* (*insan*) Mensch *m* **2.** (*fam: koca*) Mann *m,* Ehemann *m* **3.** (*erkek*) Mann *m* **4.** (LIT) Person *f*

kişiler arası *adj* zwischenmenschlich; ~

ilişkiler zwischenmenschliche Beziehungen

kişilik *s ohne Pl* <-ği> Persönlichkeit *f;* **kişilik dışı** *adj* unpersönlich

kişilikli *adj* charakterstark

kişiliksiz *adj* charakterlos

kişioğlu *s ohne Pl* (*insanoğlu*) Menschenkind *nt;* (*insan*) Mensch *m*

kişisel *adj* persönlich; **kişisel durum** *s ohne Pl* Personenstand *m*

kişiye özel *adj* persönlich

kişi zamiri *s* (LING) Personalpronomen *nt*

kişnemek *vi* (*at için*) wiehern

kişniş *s* (BOT) Koriander *m*

kit *s s.* **macun** Kitt *m*

kitabe *s s.* **yazıt** Inschrift *f*

kitap *s* <-bı> Buch *nt*

kitapçı *s* Buchhändler(in) *m(f);* **kitapçı dükkânı** *s* Buchhandlung *f*

kitapçılık *s ohne Pl* <-ğı> Buchhandel *m*

kitap dolabı *s* Bücherschrank *m;* **kitap evi** *s* Buchhandlung *f;* **kitap fuarı** *s* Buchmesse *f;* **kitap kapağı** *s* Buchdeckel *m;* **kitap kurdu** *s* (*fam fig*) Bücherwurm *m*

kitaplık *s* <-ğı> **1.** (*kütüphane*) Bücherei *f,* Bibliothek *f* **2.** (*raflardan oluşan mobilya*) Bücherregal *nt;* (*duvardan duvara*) Bücherwand *f;* **kitaplık bilimci** *s* Bibliothekar(in) *m(f);* **kitaplık bilimi** *s ohne Pl* Bibliothekswissenschaft *f*

kitapsever *s* Bücherliebhaber(in) *m(f),* Bücherfreund *m;* (*bibliyofil*) Bibliophile *mf*

kitapseverlik *s ohne Pl* <-ği> Bücherliebhaberei *f,* Bibliophilie *f*

kitara *s s.* **gitar** Gitarre *f*

kitin *s ohne Pl* (ZOOL) Chitin *nt*

kitle *s* Masse *f;* **kitle iletişim araçları** *s Pl* Massenkommunikationsmittel *pl,* Massenmedien *pl*

kitleme *s Verbalsubstantiv zu* **kitlemek**

kitlemek *vt* (*reg: kilitlemek*) abschließen

kitli *adj* (*reg: kilitli*) abgeschlossen

kitre *s* Tragant *m; s. a.* **kestere**

kivi[1] *s* (ZOOL: *apteriks*) Kiwi *m*

kivi[2] *s* (BOT) Kiwi *f*

klâkson *s* Hupe *f;* ~ **çalmak** hupen

klân *s* Clan *m,* Klan *m*

klâpa *s* Revers *nt o m*

klâpe *s* (TECH, MUS) Klappe *f*

klârnet *s* (MUS) Klarinette *f*

klârnetçi *s* (MUS) Klarinettist(in) *m(f)*

klâs I. *s* (*sınıf*) Klasse *f* **II.** *adj* (*fig*) klasse; ~ **bir oyuncu** ein klasse Spieler; **klâs farkı** *s* (SPORT) Klassenunterschied *m*

klâsik I. *s* <-ği> **1.** (*eser*) Klassiker *m* **2.** (*ohne Pl, çağ*) Klassik *f* **II.** *adj* <-ği> **1.** klassisch **2.** (*geleneksel*) traditionell, klassisch; ~ **bir yöntem** eine klassische Methode

klâsikleşme *s Verbalsubstantiv zu* **klâsikleşmek**

klâsikleşmek *vi* **1.** klassisch werden **2.** zum Klassiker werden

klâsisizm *s ohne Pl* Klassizismus *m*

klâsör *s* Ordner *m,* Aktenordner *m*

klâvsen *s* (MUS) Cembalo *nt*

klâvye *s* Tastatur *f;* (MUS) Klaviatur *f*

kleptoman *s* (PSYCH) Kleptomane, -in *m, f*

kleptomani *s ohne Pl* (PSYCH) Kleptomanie *f*

klerikalizm *s ohne Pl* (REL: *Katoliklerde*) Klerikalismus *m*

klibi *s poss von* **klip**

klik *s* <-ği> (*pej*) Clique *f;* (*hizip*) Klüngel *m*

klikleşme *s* **1.** *Verbalsubstantiv zu* **klikleşmek** **2.** (*pej*) Cliquenbildung *f;* (*hizipleşme*) Klüngelei *f*

klikleşmek *vi* (*pej*) Cliquen bilden; (*hizipleşmek*) klüngeln

klima *s* (*iklimleme cihazı*) Klimaanlage *f*

klimatoloji *s ohne Pl* Klimatologie *f*

klinik I. *s* <-ği> (MED) Klinik *f* **II.** *adj* (MED) klinisch

klinker *s* Klinkerstein *m*

klinometre *s* Klinometer *nt;* (*eğimölçer*) Gefällemesser *m*

klip *s* <-bi> (TV, INFORM) Clip *m*

klips *s* Clip *m*

klişe I. *s* **1.** (TYPO) Klischee *nt,* Druckstock *m* **2.** (*fam fig*) Klischee *nt,* Abklatsch *m* **II.** *adj* (*fam fig: basma kalıp*) klischeehaft

klitoris *s* Klitoris *f*

klor *s ohne Pl* (CHEM) Chlor *nt*

klorhidrat *s* (CHEM) Chlorid *nt*

klorhidrik asit *s ohne Pl* <-di> (CHEM) Chlorwasserstoff *m*

klorik asit *s ohne Pl* <-di> (CHEM) Chlorsäure *f*

klorlama *s* **1.** *Verbalsubstantiv zu* **klorlamak** **2.** Chlorung *f*

klorlamak *vt* chloren

klorofil *s ohne Pl* (BOT) Chlorophyll *nt,* Blattgrün *nt*

kloroform *s ohne Pl* (CHEM) Chloroform *nt*

klorür *s* (CHEM) Chlorid *nt*

klostrofobi *s* (PSYCH) Klaustrophobie *f*

kloş etek *s* <-ği> Glockenrock *m*

klüz *s* (GEO) Klause *f;* (*kısık*) Schlucht *f*

know-how *s ohne Pl* Know-how *nt*

koala *s* (ZOOL) Koalabär *m*

koalisyon *s* (POL) Koalition *f;* ~ **kurmak** eine Koalition bilden; ~ **oluşturmak** koalieren; **büyük/küçük** ~ die kleine/große Koalition; **koalisyon görüşmeleri** *s Pl* (POL) Koalitionsverhandlungen *pl;* **koalisyon hükûmeti** *s* (POL) Koalitionsregierung *f;* **koalisyon ortağı** *s* (POL) Koalitionspartner *m*

koaptör *s* (MED) Schiene *f*
kobalt *s ohne Pl* (CHEM) Kobalt *nt;* **kobalt bombası** *s* Kobaltbombe *f*
kobay *s* **1.** (ZOOL: *Hint domuzu*) Meerschweinchen *nt* **2.** (*fam fig: deneme konusu*) Versuchsobjekt *nt;* (*hayvan*) Versuchstier *nt*
kobra *s* (ZOOL) Kobra *f;* (*gözlüklü yılan*) Brillenschlange *f*
koca **I.** *s* Ehemann *m* **II.** *adj* riesig; **bu ~ ev** dieses riesige Haus
kocakarı *s* **1.** (*vulg: yaşlı kadın*) altes Weib **2.** (*sl: anne*) Alte *f;* **kocakarı ilâcı** *s* Hausmittel *nt;* **kocakarı masalı** *s* Ammenmärchen *nt;* **kocakarı soğuğu** *s* die (drei) Eisheiligen
kocama *s* **1.** *Verbalsubstantiv zu* **kocamak** **2.** Alterung *f*
kocamak *vi* altern, alt werden, älter werden
kocaoğlan *s* (*fam: ayı*) Bär *m*
koç¹ *s* Widder *m,* Schafbock *m*
koç² *s* (SPORT) Coach *m*
Koç *s* (ASTR) Widder *m;* **~ burcu/dönencesi** das Sternbild/der Wendekreis des Widders
koçak **I.** *s* <-ğı> (*yiğit*) Held *m* **II.** *adj* <-ğı> (*yürekli*) beherzt
koçaklama *s ohne Pl* (LIT: *yiğitleme*) Heldendichtung *f*
koçan *s* (*mısır ~ ı*) Kolben *m*
koçbaşı *s* Ramme *f,* Rammbock *m*
kodaman *s* (*pej*) Bonze *m*
kodeks *s* Arzneibuch *nt*
kodes *s* (*fam*) Knast *m;* **~te yatmak** im Knast sitzen
kofeinsiz *adj* entkoffeiniert
kohezyon *s* (PHYS) Kohäsion *f*
kok *s ohne Pl* Koks *m*
koka *s* (BOT) Koka *f*
kokain *s ohne Pl* Kokain *nt;* **burnuna ~ çekmek** Kokain schnupfen
kokainman *s* Kokser(in) *m(f)*
kokainomani *s ohne Pl* Kokainismus *m,* Kokainsucht *f*
kokar ağaç *s* (BOT: *aylandız*) Götterbaum *m*
kokarca *s* (ZOOL) Iltis *m*
kokart *s* <-dı> Kokarde *f*
koket **I.** *s* Kokette *f* **II.** *adj* kokett
koketlik *s* <-ği> Koketterie *f*
kok kömürü *s ohne Pl* Koks *m*
kokma *s Verbalsubstantiv zu* **kokmak**
kokmak *vi* **1.** riechen **2.** duften
kokmuş *adj* **1.** verdorben **2.** (*fam fig: miskin*) stinkfaul **3.** (*fam fig*) abgeleiert
kokot *s* Kokotte *f*
kokpit *s* (AERO) Cockpit *nt*
kokteyl *s* (*içki*) Cocktail *m;* (*içkili toplantı*) Cocktail *m;* **kokteyl bar** *s* Cocktailbar *f*
koku *s* **1.** Geruch *m* **2.** Duft *m;* **balsamlı ~lar** balsamische Dufte; **hoş bir ~** ein angenehmer Duft; **koku alma duyusu** *s* Geruchssinn *m*
kokusuz *adj* geruchlos
kol *s* **1.** (*a.* ANAT) Arm *m;* **birini kafa ~a almak** (*fig*) jdn auf den Arm nehmen; **birine ~ kanat olmak** jdm unter die Arme greifen; **birinin sağ ~u olmak** (*fig*) jds rechte Hand sein; **~unda altın bileziği var** (*prov*) Handwerk hat goldenen Boden **2.** (*kapı ~u*) Griff *m,* Klinke *f;* (*kumanda ~u*) Knüppel *m;* (*vinç~ u*) Ausleger *m;* (*vites ~u*) Hebel *m* **3.** (*giyside*) Ärmel *m;* **~ları sıvamak** (*a. fig*) die Ärmel hochkrempeln; **~larını sıvamak** sich die Ärmel aufkrempeln **4.** (*dil bilgisi ~u*) Teilgebiet *nt;* (*iş ~u*) Branche *f* **5.** (GEO: *dağ ~u*) Bergausläufer *m*
kola¹ *s* **1.** (*çamaşır için*) Stärke *f,* Wäschestärke *f* **2.** (*kâğıt yapıştırmak için*) Kleister *m*
kola² *s* **1.** (BOT) Kolabaum *m* **2.** (*fam: içecek*) Cola *f o nt;* **kola cevizi** *s* Kolanuss *m*
kolağzı *s* Ärmelaufschlag *m*
kolaj *s* Collage *f*
kolay *adj* leicht, einfach; **~ bir soru** eine leichte Frage; **bundan ~ ne var ki!** nichts leichter als das!; **dile ~** leichter gesagt als getan; **işin ~ına kaçıyorsun** du machst es dir zu einfach; **söylemesi ~** leicht zu sagen; **kolay kolay** *adv* leicht; **beni öyle ~ yakalayamazsınız** so leicht kriegt ihr mich nicht
kolaylaştırma *s Verbalsubstantiv zu* **kolaylaştırmak**
kolaylaştırmak *vt* erleichtern; **bu işimi kolaylaştırdı** das hat meine Arbeit erleichtert
kolaylık *s* <-ğı> Erleichterung *f;* **birine ~ göstermek** jdm Erleichterungen gewähren
kolçak *s* <-ğı> **1.** (*eldiven*) Fausthandschuh *m* **2.** (*iskemlede*) Armlehne *f* **3.** (*pazubent*) Armbinde *f;* **kolçaklı sandalye** *s* Armstuhl *m*
kolej *s* (SCHULE) College *nt*
koleksiyon *s* Sammlung *f*
koleksiyoncu *s* Sammler(in) *m(f)*
kolektif mülkiyet *s* (POL, WIRTSCH) Gemeineigentum *nt*
kolektör *s* (ELEK: *toplaç*) Kollektor *m*
kolera *s ohne Pl* (MED) Cholera *f*
kolesterin *s ohne Pl,* **kolesterol** *s ohne Pl* <-ü> (MED) Cholesterin *nt*
kolhoz *s* Kolchose *f*
koli *s* (POST) Päckchen *nt*
kolibasil *s* (BIOL) Kolibakterium *nt*
kolibri *s* (ZOOL) Kolibri *m*

kolik *s* <-ği> (MED) Kolik *f*
kolit *s* (MED) Kolitis *f*
kol kapağı *s* Ärmelaufschlag *m*
kol kola *adv* Arm in Arm; ~ **gitmek** Arm in Arm gehen
kol kuvveti *s ohne Pl* Muskelkraft *f*
kollu sandalye *s* Armstuhl *m*
kolon *s* **1.** (*sütun*) Säule *f*, Kolonne *f* **2.** (*düşey boru*) Fallrohr *nt* **3.** (ANAT) Kolon *nt* **4.** Lautsprecherbox *f*
koloni *s* (*a.* ZOOL) Kolonie *f*
kolonya *s* Kölnisch Wasser, Eau de Cologne *nt o f*
kolonyalist *adj* kolonial
kolordu *s* (MIL) Korps *nt*
kol saati *s* Armbanduhr *f*
kolsu ayaklılar *s* (ZOOL) Armfüßer *pl*, Armfüßler *pl*
kolsuz *adj* **1.** ohne Arm **2.** (*giysi*) ärmellos
koltuk *s* <-ğu> (Arm)Sessel *m*, Sitz *m*
koltuk altı *s* Achselhöhle *f*; **koltuk başı** *s* (AUTO) Kopfstütze *f*, Nackenstütze *f*; **koltuk değneği** *s* Krückstock *m*, Krücke *f*
kolye *s* Kollier *nt*
kolyoz *s* (ZOOL) Mittelmeermakrele *f*
koma *s* (MED) Koma *nt*
komak *vt s.* **koymak**
komandite *s* (WIRTSCH) Komplementär *m*
komanditer *s* (WIRTSCH) Kommanditist(in) *m(f)*
komandit ortaklık *s* <-ğı>, **komandit şirket** *s* Kommanditgesellschaft *f*
kombina *s* Kombinat *nt*
komedi *s* Komödie *f*
komedi yazarı *s* Komödienschreiber(in) *m(f)*, Komödiendichter(in) *m(f)*
komedya *s* Komödie *f*
komedyen *s* Komiker(in) *m(f)*, Komödiant(in) *m(f)*
komik **I.** *s* <-ği> Komiker(in) *m(f)* **II.** *adj* komisch
komiklik *s* <-ği> Komik *f*
komiser *s* **1.** (*polis memuru*) Kommissar(in) *m(f)* **2.** (*hükümet adına denetçi*) Kommissar(in) *m(f)*, Regierungskommissar(in) *m(f)*
komiserlik *s* <-ği> Kommissariat *nt*
komisyon *s* **1.** (*kurul*) Ausschuss *m* **2.** (*simsariye*) Provision *f*
komite *s* Komitee *nt*
komodin *s* Kommode *f*
komodor *s* (NAUT) Kommodore *m*, Geschwaderführer *m*
komot *s s.* **komodin**
kompakt disk *s* Compact Disc *f*
kompartıman *s* (EISENB) Zugabteil *nt*
kompetan *adj* kompetent
kompilâsyon *s* Kompilation *f*
komple *adj* komplett
kompleks *s* (*a.* PSYCH) Komplex *m*; ~**leri olmak** Komplexe haben
kompleksli *adj* komplexbeladen
komplikasyon *s* **1.** (*a.* MED) Komplikation *f*; ~**lara yol açmak** zu Komplikationen führen **2.** (*karışıklık*) Kompliziertheit *f*
komplike *adj* kompliziert
kompliman *s* Kompliment *nt*; **birine ~ yapmak** jdm Komplimente machen
komplo *s* Komplott *nt*, Verschwörung *f*; ~ **hazırlamak** ein Komplott schmieden; ~ **kurmak** sich verschwören (*-e karşı* gegen); **komplocu** *s* Verschwörer(in) *m(f)*
komposto *s* **1.** (*hoşaf*) Kompott *nt* **2.** (*gübre*) Kompost *m*
kompostalama *s* **1.** *Verbalsubstantiv zu* **kompostalamak** **2.** Kompostierung *f*
kompostolamak *vt* kompostieren
komposto yığını *s* Komposthaufen *m*
kompozisyon *s* **1.** Komposition *f*, Zusammenstellung *f*, Zusammensetzung *f*; **renklerin ~u** die Zusammenstellung der Farben **2.** (SCHULE) Aufsatz *m*; **kompozisyon teması** *s* Aufsatzthema *nt*
kompozitör *s* (MUS) Kompositeur(in) *m(f)*; (*besteci*) Komponist(in) *m(f)*
kompres *s* (MED) Kompresse *f*
kompresör *s* (TECH) Kompressor *m*
komprime *s* **1.** (MED: *hap*) Tablette *f* **2.** (*fig: derinliği olmayan bilgi*) komprimierte Wiedergabe
kompüter *s s.* **bilgisayar** Computer *m*
komşu *s* Nachbar(in) *m(f)*; **komşu açı** *s* (MATH) Nebenwinkel *m*
komut *s* (*a.* INFORM) Befehl *m*
komuta *s ohne Pl* (MIL) Kommando *nt*, Befehlsgewalt *f*; ~ **etmek** kommandieren
komutan *s* (MIL) Kommandant *m*, Kommandeur *m*, Befehlshaber *m*
komut dili *s* (INFORM) Befehlssprache *f*; **komut kodu** *s* (INFORM) Befehlskode *m*; **komut satırı** *s* (INFORM) Befehlszeile *f*; **komut sırası** *s* (INFORM) Befehlsfolge *f*
komünist *s* Kommunist(in) *m(f)*
komünistlik *s ohne Pl* <-ği>, **komünizm** *s ohne Pl* Kommunismus *m*
konakçı *s* **1.** (HIST) Quartiermacher *m* **2.** (HIST, MIL: *subay*) Quartiermeister *m* **3.** (ZOOL: *konak*) Wirt *m*
konç *s* <-cu> (*çizmede*) Schaft *f*; (*çorapta*) Länge *f*
konçerto *s* (MUS) Konzert *nt*
konçlu çizme *s* Schaftstiefel *m*
kondansatör *s* (PHYS, ELEK) Kondensator *m*
kondisyon *s* **1.** (*şart*) Kondition *f*, Bedingung *f* **2.** (SPORT) Kondition *f*
kondom *s* Kondom *m o nt*
kondor *s* (ZOOL) Kondor *m*
kondüktör *s* (EISENB) Schaffner(in) *m(f)*

konfederasyon *s* **1.** (*devletler birliği*) Konföderation *f*, Staatenbund *m*; **İsviçre K~u** Schweizerische Eidgenossenschaft **2.** Dachverband *m* **3.** (ADMIN) Bundesstaat *m*

konfeksiyon *s* Konfektion *f*; **konfeksiyon mağazası** *s* Konfektionsgeschäft *nt*

konferans *s* **1.** (*konuşma*) Referat *nt*, Vortrag *m*; ~ **vermek** ein Referat halten, einen Vortrag halten **2.** (*toplantı*) Konferenz *f*

konferansçı *s* Redner(in) *m(f)*

konfeti *s ohne Pl* Konfetti *nt*

konfigüre *adj* (INFORM) konfiguriert; ~ **etmek** konfigurieren

konfigürasyon *s* (INFORM) Konfiguration *f*

konfor *s ohne Pl* Komfort *m*

konforlu *adj* komfortabel

konformizm *s ohne Pl* Komformismus *m*

konglomera *s* Konglomerat *nt*

Kongo I. *s* Kongo *m* **II.** *adj* kongolesisch; ~ **hükûmeti** die kongolesische Regierung

Kongolu I. *s* Kongolese, -in *m, f* **II.** *adj* kongolesisch; ~ **erkekler/kadınlar** kongolesische Männer/Frauen

kongre *s* Kongress *m*; **kongre salonu** *s* Kongresshalle *f*

koni I. *s* Konus *m*, Kegel *m* **II.** *adj* konisch, kegelförmig

konik *adj* konisch, kegelförmig

konişmento *s s.* **konşimento**

konjonktif tabaka *s* (MED) Bindehaut *f*

konjonktivit *s* (MED) Bindehautentzündung *f*

konjonktür *s* (WIRTSCH) Konjunktur *f*

konkav *adj* (*içbükey*) konkav

konkordato *s* Konkordat *nt*

konkre *adj*, **konkret** *adj s.* **somut** konkret

konmak *vi:* **hazıra** ~ (*fig*) sich ins gemachte Bett legen

konsantrasyon *s* **1.** Konzentration *f* **2.** (PSYCH: *dikkat toplaşımı*) Konzentration *f*

konsantre *adj* **1.** konzentriert; ~ **ol(ama)mak** sich (nicht) konzentrieren (können) **2.** (CHEM) konzentriert; ~ **etmek** konzentrieren; ~ **nitrik asit** konzentrierte Salpetersäure

konsensüs *s s.* **uzlaşma** Konsens *m*

konser *s* Konzert *nt*; **konser bileti** *s* Konzertkarte *f*; **konser salonu** *s* Konzertsaal *m*

konservatuvar *s* Konservatorium *nt*

konserve *s* Konserve *f*; **konserve açacağı** *s* Büchsenöffner *m*, Dosenöffner *m*; **konserve kutusu** *s* Konservendose *f*, Konservenbüchse *f*

konsey *s* Rat *m*

konsol *s* **1.** (*mobilya*) Konsole *f* **2.** (ARCH) Konsole *f* **3.** (INFORM) Konsole *f*

konsolidasyon *s ohne Pl* (WIRTSCH, FIN) Konsolidation *f*, Konsolidierung *f*

konsolide *adj* (WIRTSCH, FIN) konsolidiert; ~ **borç** konsolidierte Schuld; ~ **etmek** konsolidieren

konsolos *s* Konsul(in) *m(f)*

konsoloshane *s* Konsulatsgebäude *nt*

konsolosluk *s* <-ğu> Konsulat *nt*

konsomatris *s* Animierdame *f*, Bardame *f*

konson *s*, **konsonant** *s* (LING: *ünsüz*) Konsonant *m*

konsorsiyum *s* (WIRTSCH) Konsortium *nt*

Konstanz Gölü *s* Bodensee *m*

konstrüksiyon *s* Konstruktion *f*; **konstrüksiyon hatası** *s* Konstruktionsfehler *m*

konstrüktivizm *s ohne Pl* **1.** (PHILOS) Konstruktivismus *m* **2.** (KUNST: *kurmacılık*) Konstruktivismus *m*

konşimento *s* (NAUT) Konnossement *nt*

kont *s* Graf *m*; ~ **gibi yaşamak** (*fam*) leben wie Gott in Frankreich

kontak I. *s* <-ğı> **1.** (*a.* ELEK) Kontakt *m*; ~ **attı** es gab einen Kurzschluss **2.** (*fig*) Kontakt *m*; (*bağlantı*) Verbindung *f*, Anschluss *m*; **biriyle** ~ **kurmak** Kontakt mit jdm aufnehmen; (*fam*) sich mit jdm kurzschließen **3.** (AUTO) Zündung *f*; ~ **kapatmak** die Zündung ausschalten **II.** *adj* (*sl*) bekloppt; **kafadan** ~ **olmak** einen Dachschaden haben; **kontak anahtarı** *s* (AUTO) Zündschlüssel *m*; **kontak lens** *s* Kontaktlinse *f*

kontekst *s* Kontext *m*

kontenjan *s* Kontingent *nt*

kontes *s* Gräfin *f*, Comtesse *f*

konteyner *s* Container *m*; **konteyner gemisi** *s* Containerschiff *nt*

kontluk *s* <-ğu> Grafschaft *f*

kontra *s* Kontra *nt*; **birine** ~ **gitmek** (*fam*) jdm Kontra geben

kontrast *s* Kontrast *m*

kontrat *s* Vertrag *m*; ~ **yapmak** einen Vertrag abschließen

kontratak *s* <-ğı> (SPORT) Konter *m*; (*karşı akın*) Gegenangriff *m*

kontrbas *s* (MUS) Kontrabass *m*, Bassgeige *f*

kontrbasçı *s* Kontrabassist(in) *m(f)*

kontrfile *s* Filetstück *nt*

kontrol *s* <-ü> Kontrolle *f*; ~ **etmek** kontrollieren; ~**den çıkmak** aus der Kontrolle geraten

kontrol kulesi *s* (AERO) Kontrollturm *m*, Tower *m*

kontrplâk *s* <-ğı> Sperrholz *nt*

kontrpuan *s* (MUS) Kontrapunkt *m*

kontur *s* Kontur *f*, Umriss *m*

kontuvar *s* (COM) Kontor *m*

konu *s* **1.** Gegenstand *m* **2.** Thema *nt*; ~ **dışına çıkmak** sich vom Thema entfernen

konuk *s* <-ğu> Gast *m;* **konuk evi** *s* (*misafirhane*) Gästehaus *nt;* **konuk işçi** *s* Gastarbeiter(in) *m(f)*

konuklama *s Verbalsubstantiv zu* **konuklamak**

konuklamak *vi* gastieren

konu komşu *s* Nachbarschaft *f*

konuksever *adj* gastfreundlich

konukseverlik *s ohne Pl* <-ği> Gastfreundschaft *f*

konuk ülke *s* Gastland *nt*

konum *s* Lage *f*

konuşkan *adj* gesprächig

konuşlanma *s* Stationierung *f*

konuşma *s* **1.** *Verbalsubstantiv zu* **konuşmak** **2.** Gespräch *nt,* Rede *f;* (*telefon ~sı*) Gespräch *nt;* **konuşma bozukluğu** *s* Sprachstörung *f*

konuşmacı *s* Redner(in) *m(f)*

konuşma dili *s* Umgangssprache *f;* **konuşma güçlüğü** *s* Sprachschwierigkeit *f*

konuşmak **I.** *vi* **1.** sprechen; **içinden** ~ laut denken **2.** reden; **aklına estiği gibi** ~ (*fam*) frisch von der Leber weg reden; **onunla nasıl konuşuyorsun?** wie redest du mit ihm? **II.** *vt* besprechen

konuşmama hakkı *s* (JUR: *ifade vermeme hakkı*) Aussageverweigerungsrecht *nt*

konuşma merkezi *s ohne Pl* (ANAT) Sprachzentrum *nt*

konuşma sanatı *s ohne Pl* Redekunst *f;* **konuşma tarzı** *s* Sprechweise *f*

konuşulma *s Verbalsubstantiv zu* **konuşulmak**

konuşulmak *vi pass von* **konuşmak** gesprochen werden; **Türkiye'de Türkçe konuşulur** in der Türkei spricht man Türkisch

konut *s* Wohnung *f,* Haus *nt;* **konut dokunulmazlığını bozma** *s* (JUR) Hausfriedensbruch *m*

Konvansiyon *s* Konvention *f*

konvansiyonel *adj* konventional

konveks *adj s.* **dışbükey** konvex

konveksiyon *s* (PHYS) Konvektion *f*

konvektör *s* (PHYS) Konvektor *m*

konvensiyonel *adj* konventionell; ~ **silâhlar** konventionelle Waffen

konvertibilite *s* (WIRTSCH: *para için*) Konvertierbarkeit *f*

konvertibl *adj* (WIRTSCH: *para için*) konvertierbar

konvertisör *s* Konverter *m*

konveyör *s* (TECH) Förderband *nt*

konvoy *s* Konvoi *m,* Fahrzeugkolonne *f;* ~ **hâlinde** (**taşıtla**) **gitmek** im Konvoi fahren

konyak® *s* <-ğı> Cognac® *m,* Kognak *m*

kooperatif *s* Genossenschaft *f*

koordinat *s* (MATH) Koordinate *f*

koordine *adj* koordiniert; ~ **etmek** koordinieren

koparma *s Verbalsubstantiv zu* **koparmak**

koparmak *vt* **1.** (*çiçek*) pflücken; (*sayfa*) herausreißen (*-den* aus); **tuttuğunu koparabilmek** (*fam fig*) Bäume ausreißen können **2.** (*fam: para*) abknöpfen; **birinden para** ~ (*fam*) jdm Geld abknöpfen **3.** (*fam*): **bağlarını** ~ sich abnabeln

Kopenhag *s* Kopenhagen *nt*

kopma *s Verbalsubstantiv zu* **kopmak**

kopmak *vi* **1.** (ab)reißen; **ayakkabımın bağı koptu** mein Schnürsenkel ist abgerissen **2.** (*düğme*) abgehen; **düğmem koptu** mir ist ein Knopf abgegangen; **pat diye** ~ abplatzen **3.** (*alkış*) losbrechen

kopya *s* Kopie *f,* Abschrift *f;* **birinden** ~ **çekmek** (*okulda*) von jdm abschreiben; (*sl*) bei jdm abgucken; ~ **etmek** kopieren; **kopya kâğıdı** *s* Durchschlagpapier *nt*

kopyalama *s Verbalsubstantiv zu* **kopyalamak**

kopyalamak *vt* **1.** kopieren **2.** (BIOL, MED) klonen

kopyalanamaz *adj* (INFORM) kopiergeschützt

kopyalanma *s Verbalsubstantiv zu* **kopyalanmak**

kopyalanmak *vi pass von* **kopyalamak**

kor[1] *s* Glut *f;* ~ **gibi** glutrot; ~ **hâline gelmek** (*korlaşmak*) verglühen

kor[2] *s* (MIL: *kolordu*) Korps *nt*

koral [korāl] *s* <-i> (MUS) Choral *m*

kordiplomatik *s* <-ği> das diplomatische Korps

kordon *s* (*polis ~u*) Absperrkette *f,* Absperrung *f;* **kordon boyu** *s* Uferstraße *f*

Kore **I.** *s* Korea *nt* **II.** *adj* koreanisch; ~ **hükûmeti** die koreanische Regierung

Korece *s ohne Pl* Koreanisch *nt*

koregraf *s* Choreograf(in) *m(f)*

koregrafi **I.** *s* Choreografie *f* **II.** *adj* choreografisch

koregrafik *adj* choreografisch

korekt *adj* (*doğru*) richtig

Koreli **I.** *s* Koreaner(in) *m(f)* **II.** *adj* koreanisch; ~ **erkekler/kadınlar** koreanische Männer/Frauen

koreograf *s s.* **koregraf**

koreografi *s s.* **koregrafi**

koreografik *adj s.* **koregrafik**

korido *s* (*boğa güreşi*) Stierkampf *m*

koridor *s* Korridor *m,* Flur *m*

korindon *s* (GEO) Korund *m;* (*boksit*) Bauxit *m*

korkak **I.** *s* <-ğı> Hasenfuß *m* **II.** *adj* ängstlich; ~ **bezirgân ne kâr eder ne zarar** [*o* **ziyan**] (*prov*) wer nicht wagt, der nicht ge-

K

winnt

korkma *s Verbalsubstantiv zu* **korkmak**

korkmak *vi* **1.** fürchten (*-den* -), Angst haben; **bir şeyden/kimseden** ~ etw/jdn fürchten, vor etw/jdm Angst haben; **ölümden** ~ den Tod fürchten; **korkarım gelmeyecek** ich fürchte, er wird nicht kommen **2.** befürchten; **bunda korkulacak bir şey yok** da ist nichts zu befürchten **3.** sich fürchten; **karanlık yerde** ~ sich im Dunkeln fürchten; **korktuğu başına geldi** seine Befürchtungen haben sich bewahrheitet

korku *s* **1.** Angst *f*, Schrecken *m*; ~**dan** aus Angst; ~**su yanına kâr kalmak** mit dem Schrecken davonkommen **2.** Schreck *m*; ~**dan kaskatı kesilmek** vor Schreck erstarren

korkuluk *s* <-ğu> **1.** Vogelscheuche *f* **2.** Geländer *nt*, Brüstung *f*

korkunç *adj* <-cu> **1.** furchtbar, schrecklich; ~ **acıktım/susadım** (*fam*) ich habe furchtbaren Hunger/Durst **2.** schlimm; **işin en** ~ **tarafı** das Schlimmste an der Sache

korkusuz *adj* unerschrocken

korkusuzluk *s ohne Pl* <-ğu> Unerschrockenheit *f*

korkutma *s Verbalsubstantiv zu* **korkutmak**

korkutmak *vt* beängstigen, erschrecken

korkutucu *adj* beängstigend, erschreckend

korlaşma *s Verbalsubstantiv zu* **korlaşmak**

korlaşmak *vi* verglühen

korna *s* Hupe *f*; ~ **çalmak** hupen

kornea *s* (ANAT) Cornea *f*

korner *s* (SPORT: *futbolda*) Ecke *f*; **korner atışı** *s* (SPORT: *futbolda*) Eckball *m*, Eckstoß *m*; ~ **yapmak** einen Eckball treten; **korner direği** *s* (SPORT: *futbolda*) Eckfahne *f*

kornişon *s* (GASTR) Cornichon *nt*

korno *s* (MUS) Horn *m*

koro *s* (MUS) Chor *m*; ~ **hâlinde söz/şarkı söylemek** im Chor sprechen/singen

koroner *adj* (MED) koronar; **koroner damar** *s* (MED) Koronargefäß *nt*; **koroner yetersizliği** *s* (MED) Koronarinsuffizienz *f*

korozyon *s* Korrosion *f*; **bir şeyi** ~**a karşı korumak** etw gegen Korrosion schützen

korsan *s* Pirat *m*; **korsan gemisi** *s* Piratenschiff *nt*

korsanlık *s* <-ğı> Piraterie *f*

korse *s* Korsett *nt*, Hüfthalter *m*

Korsika *s* Korsika *nt*

Korsikalı I. *s* Korse, -in *m, f* **II.** *adj* korsisch

kort *s* (SPORT: *tenis* ~*u*) Platz *m*

kortizon *s ohne Pl* (MED) Cortison *nt*

korugan *s* (MIL) Bunker *m*

koruma *s* **1.** *Verbalsubstantiv zu* **korumak** **2.** Leibwächter *m*, Bodyguard *m*

korumak *vt* **1.** schützen (*-den/-e karşı* vor/gegen) **2.** beschützen, bewahren, behüten; **Allah korusun!** Gott beschütze [*o* behüte]! **3.** (*savunmak*) verteidigen **4.** (*fig: gelenekleri*) schützen, erhalten **5.** (*fig: karşılamak*): **masrafları** ~ die Kosten decken

korunma *s* **1.** *Verbalsubstantiv zu* **korunmak** **2.** Schutz *m*

korunmak *vr* sich schützen (*-den/-e karşı* vor/gegen); **hastalıklardan** ~ sich vor Krankheiten schützen

koruyuculuk *s ohne Pl* <-ğu> Obhut *f*; **bir ailenin koruyuculuğuna almak/vermek** in die Obhut einer Familie nehmen/geben

koruyucu tabaka *s* Schutzschicht *f*

korvet *s* (MIL) Korvette *f*

kosinüs *s* (MATH) Kosinus *m*

kosmos *s s.* **kozmos**,

Kosta Rika I. *s* Costa Rica *nt* **II.** *adj* costaricanisch; ~ **iklimi** das costaricanische Klima

Kosta Rikalı I. *s* Costaricaner(in) *m(f)* **II.** *adj* costaricanisch; ~ **erkekler/kadınlar** costaricanische Männer/Frauen

koster *s* (NAUT) Küstendampfer *m*

kostik *adj* (CHEM) kaustisch

koşar adım I. *s* Laufschritt *m* **II.** *adv* (*hızlı adımlarla*) im Laufschritt

koşma *s Verbalsubstantiv zu* **koşmak**

koşmak¹ *vi* laufen, rennen

koşmak² *vt* spannen; **atları/öküzleri arabaya** ~ die Pferde/Ochsen vor den Wagen spannen, die Pferde/Ochsen anspannen

koşnil *s* (ZOOL) Koschenille(schild)laus *f*

koşturma *s Verbalsubstantiv zu* **koşturmak**

koşturmak *vt* **1.** *Kausativ zu* **koşmak** **2.** abhetzen

koşu *s* Lauf *m*; **koşu atı** *s* Rennpferd *nt*

koşucu *s* Läufer(in) *m(f)*

koşul *s* Bedingung *f*, Kondition *f*

koşullu *adj* bedingt; **koşullu tepke** *s* (PSYCH) bedingter Reflex; **koşullu yan cümle** *s* (LING) Konditionalsatz *m*

koşulsuz *adj* unbedingt; **koşulsuz tepke** *s* (PSYCH) unbedingter Reflex

koşum *s* Geschirr *nt*, Pferdegeschirr *nt*; **ata** ~ **geçirmek** dem Pferd das Geschirr anlegen

koşum atı *s* Zugpferd *nt*

koşum hayvanı *s* Zugtier *nt*

koşuşturma *s Verbalsubstantiv zu* **koşuşturmak**

koşuşturmak *vi* sich abhetzen

koşut *adj* (*a.* MATH: *paralel*) parallel (*-e* zu)

koşutçuluk *s* <-ğu> (PHILOS: *paralelizm*) Parallelismus *m*

koşutlaştırma *s Verbalsubstantiv zu* **koşutlaştırmak**
koşutlaştırmak *vt* parallelisieren
koşutluk *s* <-ğu> Parallelität *f*
koşu yolu *s* Wanderweg *m*
kot *s* Cord *m,* Kord *m;* **kot pantolon** *s* Kordhose *f*
kotra *s* Kutter *m*
kova *s* **1.** Eimer *m* **2.** Gießkanne *f*
Kova *s* (ASTR) Wassermann *m;* ~ **burcu/dönencesi** das Sternbild/der Wendekreis des Wassermanns
kova kova *adv* eimerweise
kovalamaca *s* Haschen *nt;* ~ **oynamak** Haschen spielen
kovalamak *vt* haschen
kovan *s* **1.** (*mermi* ~ *ı*) Hülse *f* **2. arı** ~**ı** Bienenstock *m*
kovboy *s* Cowboy *m;* **kovboy filmi** *s* Western *m*
kovma *s* **1.** *Verbalsubstantiv zu* **kovmak** **2.** Vertreibung *f,* Verjagung *f* **3.** (*şeytan*) Austreibung *f*
kovmak *vt* **1.** vertreiben, verjagen **2.** (*şeytan*) austreiben
kovuk *s* <-ğu> Höhle *f*
kovulma *s Verbalsubstantiv zu* **kovulmak**
kovulmak *vi pass von* **kovmak**
koy *s* Bucht *f*
koyak *s* <-ğı> Tal *nt*
koyar *s* Zusammenfluss *m*
koydurtma *s Verbalsubstantiv zu* **koydurtmak**
koydurtmak *vt* **1.** *Kausativ zu* **koymak** **2. spiral** ~ sich eine Spirale einsetzen lassen
koyma *s* **1.** *Verbalsubstantiv zu* **koymak** **2.** (*yasa*) Erlass *m*
koymak *vt* **1.** stellen, hinstellen (*-e* auf); (*çelenk*) niederlegen; (*fam*) hintun; **kitabı nereye koyayım?** wo soll ich das Buch hintun? **2.** (*ambargo*) verhängen **3.** (*yasa*) erlassen **4.** einsetzen **5. kendini birisinin yerine** ~ sich in jdn hineinversetzen; **kendini benim yerime bir koysana!** versetz dich doch mal in meine Lage!
koynu *s poss von* **koyun**[2]
koyu *adj* **1.** (*açık karşıtı*) dunkel; ~ **bir gri/kırmızı** ein dunkles Grau/Rot **2.** (*sıvı için*) dickflüssig **3.** (*fig: aşırı*) fanatisch, ausgemacht; **koyu kırmızı** *adj* dunkelrot
koyulaştırma *s Verbalsubstantiv zu* **koyulaştırmak**
koyulaştırmak *vt* **1.** abdunkeln **2.** (GASTR) verdicken, eindicken, abbinden
koyulma *s Verbalsubstantiv zu* **koyulmak**
koyulmak *vi* **1.** *pass von* **koymak** **2. yola** ~ sich auf den Weg machen, losgehen
koyu mavi *adj* dunkelblau
koyun[1] *s* Hammel *m,* Schaf *nt;* **her koyun kendi bacağından asılır** (*prov*) jeder ist seines Glückes Schmied
koyun[2] *s* <-ynu> Brust *f*
koyunculuk *s ohne Pl* <-ğu> Schafzucht *f*
koyun dede *s* (*fig: aptal*) Hammel *m,* Schaf *nt,* Dummkopf *m;* **koyun eti** *s* Hammelfleisch *m*
koyungözü *s* (BOT) Mutterkraut *nt*
koyun koyuna *adv* eng umschlungen; ~ **yatmak** kuscheln; **koyun postu** *s* Schaffell *nt;* **koyun sürüsü** *s* Schafherde *f*
koyu sarı *adj* dunkelgelb
koyuverme *s Verbalsubstantiv zu* **koyuvermek**
koyuvermek *vt* **1.** (*serbest bırakmak*) freilassen, loslassen **2.** (*oluruna bırakmak*) sein lassen
koyu yeşil *adj* dunkelgrün
koyverme *s Verbalsubstantiv zu* **koyvermek**
koyvermek *vt s.* **koyuvermek**
koz *s* **1.** (*ceviz*) Walnuss *f* **2.** (*iskambil oyununda*) Trumpf *m;* ~**la kırmak** stechen; **son** ~**unu oynamak** (*fig*) seinen letzten Trumpf ausspielen
koza *s* Kokon *m;* (*pamuk* ~ *sı*) Kapsel *m*
kozalak *s* <-ğı> Tannenzapfen *m*
kozalaklılar *s* (BOT) Koniferen *fpl;* (*iğne yapraklılar*) Nadelhölzer *ntpl*
kozlama *s Verbalsubstantiv zu* **kozlamak**
kozlamak *vt* übertrumpfen
kozmik *adj* (ASTR) kosmisch; ~ **ışınlar** kosmische Strahlen
kozmogoni *s ohne Pl* (ASTR) Kosmogonie *f*
kozmogonik *adj* kosmogonisch
kozmoloji *s ohne Pl* Kosmologie *f*
kozmolojik *adj* kosmologisch
kozmonot *s* Kosmonaut(in) *m(f)*
kozmopolit **I.** *s* Kosmopolit(in) *m(f),* Weltbürger(in) *m(f)* **II.** *adj* kosmopolitisch, weltbürgerlich
kozmos *s ohne Pl* Kosmos *m*
kök *s* **1.** Wurzel *f;* ~ **salmak** Wurzeln schlagen **2.** (LING) Stamm *m*
kök bacaklılar *s Pl* (ZOOL) Wurzelfüßer *mpl;* **kök bilgisi** *s s.* **köken bilimi;** **kök boyası** *s ohne Pl* Färberröte *f;* **kök boyasıgiller** *s Pl* (BOT) Rötegewächse *ntpl*
köken *s* **1.** Herkunft *f,* Ursprung *m;* **bir kelimenin** ~**i** die Herkunft eines Wortes **2.** (*soy*) Abstammung *f;* **köken belgesi** *s* (COM) Ursprungszeugnis *nt;* **köken bilimci** *s* (*etimolog*) Etymologe, -in *m, f;* **köken bilimi** *s* (*etimoloji*) Etymologie *f;* **köken bilimsel** *adj* (*etimolojik*) etymologisch
kök işareti *s* (MATH) Wurzelzeichen *nt*
kök mantar *s ohne Pl* (BOT) Wurzelfäule *f*
köknar *s* (BOT) Tanne *f*

K

köksüz *adj* wurzellos

kökten *adj* radikal; **bir şeyi ~ değiştirmek** etw radikal ändern

köktencilik *s* <-ği> Radikalismus *m*

köle *s* Sklave, -in *m, f*

köleleştirme *s* **1.** *Verbalsubstantiv zu* **köleleştirmek** **2.** Versklavung *f*

köleleştirmek *vt* versklaven

kölelik *s ohne Pl* <-ği> Sklaverei *f;* **kölelik düzeni** *s ohne Pl* <-ği> (SOZIO) Sklaverei *f*

kömür *s* Kohle *f;* **kömür kalem** *s* Kohlestift *m;* **kömür sobası** *s* Kohleofen *m*

köpek *s* <-ği> Hund *m;* **birine ~ gibi davranmak** jdn wie einen Hund behandeln; **dişi ~** Hündin *f;* **köpek dişi** *s* Eckzahn *m;* **köpek ırkı** *s* Hunderasse *f;* **köpek kulübesi** *s* Hundehütte *f*

köpekleme *s Verbalsubstantiv zu* **köpeklemek**

köpeklemek *vi* (*reg*) **1.** (*çok yorulmak*) schlapp machen **2.** (*düşkünleşmek*) verelenden, vor die Hunde gehen

köpekleniş *s* (*pej*) Katzbuckelei *f*

köpeklenme *s* **1.** *Verbalsubstantiv zu* **köpeklenmek** **2.** (*pej*) Katzbuckelei *f*

köpeklenmek *vi* (*pej*) katzbuckeln

köpekoğlu *s* (*vulg*) Hundesohn *m,* Schweinehund *m*

köpek tasması *s* Hundehalsband *nt*

köpoğlu köpek *s* <-ği> (*pej*) Hundesohn *m*

köprü *s* **1.** (ARCH) Brücke *f;* **~ kurmak** eine Brücke bauen; **~leri atmak** (*fig*) alle Brücken hinter sich abbrechen **2.** (NAUT: *kumanda ~sü*) Brücke *f* **3.** (MED) Brücke *f,* Zahnbrücke *f* **4.** (SPORT) Brücke *f* **5.** (*halı*) Brücke *f*

köprü ayağı *s* Brückenpfeiler *m;* **köprü başı** *s* (MIL) Brückenkopf *m*

köprücük kemiği *s* Schlüsselbein *nt*

köprü yapımı *s ohne Pl* Brückenbau *m;* **köprü yol** *s* Talbrücke *f;* (*viyadük*) Viadukt *m o nt*

köpük *s* <-ğü> Schaum *m*

köpüklü *adj* schäumig; **köpüklü şarap** *s* <-bı> Schaumwein *m,* Sekt *m*

köpük önleyici *s* (CHEM: *motor yağı için*) Antischäummittel *nt*

köpürme *s Verbalsubstantiv zu* **köpürmek**

köpürmek *vi* schäumen

kör I. *s* Blinde(r) *mf* **II.** *adj* **1.** blind; **~ olmak** blind werden **2.** (*Wend*): **sabahın ~ünde kalkmak** beim Morgengrauen aufstehen; **kör alan** *s* (AUTO) toter Winkel; **kör bağırsak** *s* <-ğı> (ANAT) Blinddarm *m*

körcesine I. *adj* blind **II.** *adv* blind, blindlings; **birine ~ güvenmek** jdm blind vertrauen

kördüğüm *s:* **~ü çözmek** (*fig*) den gordischen Knoten durchhauen

körebe *s ohne Pl* Blindekuh *f;* **~ oynamak** Blindekuh spielen

körelme *s* **1.** *Verbalsubstantiv zu* **körelmek** **2.** Verkümmerung *f*

körelmek *vi* **1.** (*bıçak*) stumpf werden, abstumpfen **2.** (*suyu çekilmek*) austrocknen, versiegen **3.** (*soyu tükenmek*) aussterben **4.** (BIOL: *dumura uğramak*) verkümmern **5.** (*fig*) verkümmern

köreltme *s Verbalsubstantiv zu* **köreltmek**

köreltmek *vt Kausativ zu* **körelmek**

körfez *s* Meerbusen *m,* Golf *m;* **Basra K~i** der Persische Golf

Körfez Savaşı *s* (HIST) Golfkrieg *m*

körkütük *adj* <-ğü> (*sarhoş*) sternhagelvoll; (*âşık*) bis über beide Ohren

körlük *s ohne Pl* <-ğü> Blindheit *f*

kör sıçan *s* (*fam: köstebek*) Maulwurf *m;* **kör uçuş** *s* Blindflug *m*

körük *s* <-ğü> **1.** Blasebalg *m;* **yangına ~le gitmek** (*fig*) Öl ins Feuer gießen **2.** (MUS) Balg *m;* **akordeon körüğü** der Balg eines Akkordeons **3.** (FOTO) Balgen *m*

körükleme *s Verbalsubstantiv zu* **körüklemek**

körüklemek *vt* **1.** schüren; **yangını ~** das Feuer schüren **2.** (*fig*): **enflâsyonu ~** die Inflation anheizen; **yangını ~** Öl ins Feuer gießen

körüklenme *s Verbalsubstantiv zu* **körüklenmek**

körüklenmek *vi pass von* **körüklemek**

körüklü fotoğraf makinesi *s* (FOTO) Balgenkamera *f*

körü körüne *adv* blindlings

kös *s* Kesselpauke *f*

köse *adj* bartlos

kösele *s* Leder *nt;* **yüzü rüzgâr ve güneşten ~ gibi olmuştu** (*fig*) sein Gesicht war von Wind und Sonne gegerbt

köselik *s ohne Pl* <-ği> Bartlosigkeit *f*

kösemen *s* Leithammel *m*

kösnük *adj* (*fam*) brunstig

kösnüme *s Verbalsubstantiv zu* **kösnümek**

kösnümek *vi* brunsten, in der Brunst sein

köstebek *s* <-ği> (ZOOL) Maulwurf *m;* **köstebek yuvası** *s* Maulwurfshaufen *m*

köşe *s* **1.** Ecke *f* **2.** (SPORT) Ecke *f;* **köşe atışı** *s* (SPORT) Eckwurf *m;* (*futbolda*) Eckstoß *m,* Eckball *m;* **köşe başı** *s* Ecke *f,* Straßenecke *f;* **hemen ~nda oturuyor** er wohnt gleich um die Ecke

köşebent *s* Winkeleisen *nt*

köşegen I. *s* (MATH) Diagonale *f* **II.** *adj* diagonal

köşeli *adj* eckig; **~ ayraç** [*o* **parantez**] eckige Klammer

köşe penceresi *s* Eckfenster *nt;* **köşe rafı** *s*

Eckbrett *nt*
köşesiz *adj* eckenlos
köşe taşı *s* Eckstein *m;* **köşe vuruşu** *s s.* **köşe atışı**; **köşe yazarı** *s* (PUBL: *fıkra yazarı*) Feuilletonist(in) *m(f);* **köşe yazısı** *s* (PUBL: *fıkra*) Feuilleton *nt*
köşk *s* **1.** Villa *f* **2.** (*kasır*) Schlösschen *nt* **3.** (*pilot ~ ü*) Kanzel *f*
kötü *adj* **1.** schlecht; **bu (çok) ~ bir alışkanlık** das ist eine (sehr) schlechte Gewohnheit **2.** böse(r, s); **~ görünmek** böse aussehen; **birine ~ bir oyun oynamak** jdm einen bösen Streich spielen; **bunun sonu ~ olacak** das wird böse Folgen haben, es wird böse enden
kötücül *adj* (MED) bösartig; **~ urlar** bösartige Geschwülste
kötü huylu *adj* bösartig
kötüleşme *s* **1.** *Verbalsubstantiv zu* **kötüleşmek** **2.** Verschlechterung *f*
kötüleşmek *vi* sich verschlechtern; **durumu kötüleşiyor** sein Zustand verschlechtert sich
kötülük *s* <-ğü> Boshaftigkeit *f;* **~ görmek** Böses erfahren; **bir şeyi sırf ~ etmek için yapmak** etw aus lauter Bosheit tun
kötümser **I.** *s* (*karamsar*) Schwarzseher(in) *m(f);* (*pesimist*) Pessimist(in) *m(f)* **II.** *adj* (*karamsar*) schwarzseherisch; (*pesimist*) pessimistisch
kötümserlik *s ohne Pl* <-ği> (*karamsarlık*) Schwarzseherei *f;* (*pesimizm*) Pessimismus *m*
kötü niyet *s* Böswilligkeit *f;* **bunu ~le söylemedi** er meinte es nicht böse; **kötü niyetli** *adj* böswillig; **kötü talih** *s ohne Pl* Unglück *nt,* Pech *nt*
köy *s* Dorf *nt;* **köy evi** *s* Bauernhaus *nt;* **köy güzeli** *s* Dorfschönheit *f;* **köy kooperatifi** *s* Dorfgenossenschaft *f;* (*İsviçre'de*) Dorfsame *f*
köylü **I.** *s* **1.** Dörfler *m,* Dorfbewohner(in) *m(f)* **2.** (*pej*) Bauer *m* **II.** *adj* (*pej*) dörfisch, bäurisch; **köylü kafası** *s* (*pej*) Bauernverstand *m*
köy muhtarı *s* Dorfschulze *m,* Gemeindevorsteher(in) *m(f);* **köy okulu** *s* Dorfschule *f*
kral **I.** *s* König *m;* **~ gibi** wie ein König, königlich **II.** *adj* königlich; **~ ailesi** die königliche Familie
kralcı **I.** *s* Royalist(in) *m(f)* **II.** *adj* royalistisch, königstreu
kralın soytarısı *s* (HIST) Hofnarr *m*
kraliçe *s* Königin *f*
krallık *s* <-ğı> Königreich *nt*
kramp *s* Krampf *m*
krank *s* (TECH) Kurbel *f;* **krank mili** *s* (TECH) Kurbelwelle *f;* **krank yatağı** *s* (TECH) Kurbellager *nt*
krater *s* Krater *m*
kravat *s* Krawatte *f;* **~ bağlamak** eine Krawatte binden
kravat iğnesi *s* Krawattennadel *f*
kravl *s* (SPORT) Kraul *nt;* **~ yüzmek** kraulen
kreasyon *s* **1.** (*yaratı*) Schöpfung *f* **2.** (*modada*) Kreation *f,* Modeschöpfung *f*
kredi *s* Kredit *m;* **~ almak** einen Kredit aufnehmen; **kredi kartı** *s* (FIN) Kreditkarte *f*
kredileme *s Verbalsubstantiv zu* **kredilemek**
kredilemek *vt* (WIRTSCH) kreditieren
kredi mektubu *s* (FIN) Kreditbrief *m;* **kredi sözleşmesi** *s* (FIN) Kreditvertrag *m*
krem *s* Creme *f,* Krem *f*
krema *s* (GASTR) Creme *f*
kremalı *adj* (GASTR) cremig; **kremalı pasta** *s* (GASTR) Cremetorte *f*
krematoryum *s* Krematorium *nt*
kremleme *s Verbalsubstantiv zu* **kremlemek**
kremlemek *vt* eincremen
kremlenme *s Verbalsubstantiv zu* **kremlenmek**
kremlenmek *vi* sich eincremen
kremli *adj* kremig
Kremlin *s* Kreml *m*
krem rengi *adj* cremefarben
krep *s* **1.** (*kumaş*) Crêpe *m* **2.** (GASTR) Krepp *f*
krepdöşin *s* (*kumaş*) Crêpe de Chine *m*
krepon *s* Krepp *m;* **krepon kâğıdı** *s* Krepppapier *nt*
kretase *s ohne Pl* (GEO) Kreidezeit *f*
kriket *s ohne Pl* (SPORT) Kricket *nt*
kriko *s* (AUTO) Wagenheber *m*
kristal *s* <-i> Kristall *nt*
kriter *s* Kriterium *nt; s. a.* **ölçüt, kıstas**
kriz *s* **1.** Krise *f* **2.** (MED: *akse*) Anfall *m*
krizantem *s* (BOT: *kasımpatı*) Chrysantheme *f*
kriz masası *s* Krisenstab *m*
kriz yönetimi *s* Krisenmanagement *nt*
krom *s ohne Pl* (CHEM) Chrom *nt*
kromatik *adj* <-ği> (PHYS, MUS) chromatisch
kromatofor *s* (BIOL) Chromatophor *nt*
krome *adj* verchromt
kromosfer *s* (ASTR) Chromosphäre *f*
kromozom *s* (BIOL) Chromosom *nt;* **kromozom takımı** *s* Chromosomensatz *m*
kronik **I.** *s* <-ği> Chronik *f* **II.** *adj* **1.** (*süreğen*) chronisch; **~ bir hastalık** eine chronische Krankheit **2.** (*fig* WIRTSCH): **~ işsizlik** chronische Arbeitslosigkeit
kronikçi *s* Chronist(in) *m(f)*
kronik yazarı *s* Chronist(in) *m(f)*
kronoloji *s* Chronologie *f*

kronolojik *s* chronologisch

kronometre *s* (TECH) Chronometer *m*

kros *s* (SPORT) Geländelauf *m*, Querfeldeinrennen *nt*

kroşe *s* (SPORT: *boksta*) Haken *m*

kruasan *s* Croissant *nt*

krupiye *s* Croupier *m*

kruvaze *adj* zweireihig; **kruvaze elbise** *s* Zweireiher *m*

kruvazör *s* (MIL, NAUT) Kreuzer *m*

ksenon *s ohne Pl* (CHEM) Xenon *nt*

ksilofon *s* (MUS) Xylofon *nt*

kuaför *s* Coiffeur *m*, Friseur *m*

kuartet *s* (MUS: *dörtlü*) Quartett *nt*

kubbe *s* Kuppel *f*

kubur *s* **1.** Abfluss *m*; (*boru*) Abflussrohr *nt* **2.** (*boru biçiminde kap*) Köcher *m*

kucak **I.** *s* <-ğı> Schoß *m* **II.** *adj* Arm voll; **kucak çocuğu** *s* Schoßkind *nt*

kucaklama *s* **1.** *Verbalsubstantiv zu* **kucaklamak** **2.** Umarmung *f*

kucaklamak *vt* **1.** umarmen **2.** in die Arme nehmen **3.** (*çepe çevre sarmak*) umgeben

kucaklanma *s* **1.** *Verbalsubstantiv zu* **kucaklanmak** **2.** Umarmung *f*

kucaklanmak *vi Passiv zu* **kucaklamak** umarmt werden

kucaklaşma *s* **1.** *Verbalsubstantiv zu* **kucaklaşmak** **2.** Umarmung *f*

kucaklaşmak *vi* sich umarmen

kuçukuçu *s* (*çocuk dilinde*) Wauwau *m*

kudas *s ohne Pl* (REL) Abendmahl *nt*; **kudas ayini** *s ohne Pl* (REL: *Katoliklerde*) Hochamt *nt*

kudema *s s.* **eskiler** die Alten

kudret *s ohne Pl* **1.** (*güç*) Kraft *f*, Macht *f*; (*erk*) Gewalt *f* **2.** (*yetenek*) Fähigkeit *f* **3.** (*maddî güç*) Vermögen *nt* **4.** (*Tanrı'nın ezelî gücü*) Allmacht *f*, Allgewalt *f*

kudret hamamı *s s.* **ılıca** Thermalbad *nt*, heiße Quelle; **kudret helvası** *s* Manna *nt*; **kudret narı** *s* (BOT) Balsamapfel *m*

kudurma *s Verbalsubstantiv zu* **kudurmak**

kudurmak *vi* **1.** tollwütig werden **2.** (*fig: çok kızmak*) rasend werden **3.** (*fig: azmak*) wild werden, toben; **çocuklar yine kudurdu** die Kinder sind wieder außer Rand und Band geraten

kudurtma *s Verbalsubstantiv zu* **kudurtmak**

kudurtmak *vt:* **birini** ~ jdn rasend [*o* wild] machen

kuduruk *adj* <-ğu> **1.** tollwütig **2.** (*fig*) rasend; (*çok yaramaz*) wild

Kudüs *s* Jerusalem *nt*

kuduz **I.** *s ohne Pl* (MED) Tollwut *f* **II.** *adj* tollwütig; ~ **köpek gibi** wie ein tollwütiger Hund

Kudüs *s* Jerusalem *nt*

kuğu *s* Schwan *m*

kuğurma *s Verbalsubstantiv zu* **kuğurmak**

kuğurmak *vi* (*reg: güvercin ötmek*) gurren

kuintet *s* (MUS: *beşli*) Quintett *nt*

kukla *s* **1.** (*a. fig*) Marionette *f*; ~ **gibi** wie eine Marionette **2.** Handpuppe *f*

kuklacı *s* Marionettenspieler(in) *m(f)*

kukla hükûmet *s* (POL) Marionettenregierung *f*; **kukla oyunu** *s* Marionettenspiel *nt*; **kukla tiyatrosu** *s* Marionettentheater *nt*

kuklavari *adv* marionettenhaft; (*kukla gibi*) wie eine Marionette

kukuleta *s* Kapuze *f*

kukumav *s* (ZOOL) Steinkauz *m*

kulacık *s* <-ğı> (ANAT: *kulakçık*) Vorhof *m*

kulağakaçan *s* (ZOOL) Ohrwurm *m*

kulak *s* <-ğı> **1.** Ohr *nt*; ~ **kabartmak** aufhorchen, die Ohren spitzen; ~ **kesilmek** ganz Ohr sein; ~ **vermek** lange Ohren machen; **birine** ~ **vermek** jdm sein Ohr leihen; **kulağına inanmamak** (*fam*) seinen Ohren nicht trauen; **kulağı duvar olmak** (*fam fig*) taub werden; **birinin kulağını çekmek** (*fam fig*) jdm die Ohren lang ziehen; ~**larını tıkamak** sich die Ohren zuhalten; **ağzı** ~**larına varmak** (*fam*) über das ganze Gesicht strahlen; **bu sözümü kulağına küpe et!** (*fam*) schreib dir das hinter die Ohren!; **bir kulağından girip öbür kulağından çıkmak** (*fam fig*) zum einen Ohr herein-, zum anderen wieder hinausgehen; **bir kimseye/şeye göz** ~ **olmak** auf jdn/etw aufpassen, auf jdn/etw achten **2.** (MUS) Wirbel *m* **3.** (*fig*) Gehör *nt*; ~ **asmak** hinhören; ~**la algılamak** mit dem Gehör wahrnehmen; **kulağa hoş/komik gelmek** angenehm/komisch klingen; **bir şey kulağına çalınmak** von etw läuten hören

kulak ağrısı *s* Ohrenschmerz *m*; **kulak altı bezi** *s* (ANAT) Ohrspeicheldrüse *f*

kulakçı *s* (*fam*) Ohrenarzt, -ärztin *m, f*

kulakçık *s* <-ğı> (ANAT) Vorhof *m*

kulak damlası *s* Ohrentropfen *m*; **kulak davulu** *s* (ANAT) Trommelfell *nt*; **kulak dolgunluğu** *s* Hörensagen *nt*; **kulak erimi** *s* Hörweite *f*; ~ **içinde/dışında bulunmak** sich in/außer Hörweite befinden; **kulak kepçesi** *s* (ANAT) Ohrmuschel *f*

kulaklı somun *s* Flügelmutter *f*

kulaklık *s* <-ğı> **1.** Ohrenschützer *mpl* **2.** (RADIO, TEL) Kopfhörer *m* **3.** (*pilli araç*) Hörgerät *nt*

kulaklı somun *s* (TECH) Flügelmutter *f*

kulak memesi *s* (ANAT) Ohrläppchen *nt*; **kulak misafiri** *s* Ohrenzeuge, -in *m, f*; **bir konuşmaya** ~ **olmak** bei einem Gespräch Ohrenzeuge sein; **kulak tıkacı** *s* Oropax®

nt; **kulak tırmalayıcı** *adj* ohrenbetäubend; **kulak uğultusu** *s ohne Pl* Ohrensausen *nt;* **kulak yolu** *s* (ANAT, MED) Gehörgang *m;* **kulak zarı** *s* (ANAT) Trommelfell *nt*
kulampara *s* Päderast *m*
kulamparalık *s ohne Pl* <-ğı> Päderastie *f*
kulbu *s poss von* **kulp**
kule *s* Turm *m;* ~ **olmak** sich aufturmen; ~ **yapmak** aufturmen
kulis *s* Kulisse *f;* ~**lere bir göz atmak** einen Blick hinter die Kulissen werfen
kullanıcı *s* (*a.* INFORM) Anwender(in) *m(f),* Benutzer(in) *m(f);* **kullanıcı adı** *s* (INFORM) Benutzername *m;* **kullanıcı hesabı** *s* (INFORM) Benutzerkonto *nt;* **kullanıcı programı** *s* (INFORM) Anwenderprogramm *nt;* **kullanıcı yazılımı** *s* (INFORM) Anwendersoftware *f;* **kullanıcı yüzeyi** *s* (INFORM) Benutzeroberfläche *f*
kullanılma *s Verbalsubstantiv zu* **kullanılmak**
kullanılmak *vi* **1.** *pass von* **kullanmak** **2.** Verwendung finden
kullanılmamış *adj* unbenutzt
kullanılmış *adj* gebraucht; **kullanılmış araba** *s* Gebrauchtwagen *m*
kullanım *s* Anwendung *f,* Benutzung *f;* **kullanım alanı** *s* Anwendungsbereich *m*
kullanışlı *adj* benutzerfreundlich; (*pratik*) praktisch; (INFORM) bedienerfreundlich
kullanma *s Verbalsubstantiv zu* **kullanmak**
kullanmak *vt* **1.** benutzen, gebrauchen, verwenden; **fırsatı** ~ die Gelegenheit nutzen **2. zor** ~ Zwang ausüben, Gewalt anwenden **3.** (AUTO) fahren **4.** (*içmek*) trinken; (*sigara*) rauchen
kulp *s* <-bu> Henkel *m*
kulplu beygir *s* (SPORT) Pauschenpferd *nt*
kuluçka *s* **1.** Bruthenne *f,* Glucke *f;* ~**ya oturmak** [*o* **yatmak**] brüten **2.** (MED) Inkubation *f;* **kuluçka dönemi** *s* **1.** (ZOOL, AGR) Brutzeit *f* **2.** (MED) Inkubationszeit *f;* **kuluçka makinesi** *s* (AGR) Brutapparat *m;* **kuluçka reaktör** *s* (TECH) Brutreaktor *m,* schneller Brüter
kulun *s* (*at, eşek yavrusu*) Fohlen *nt;* ~ **atmak** abfohlen
kulunlama *s Verbalsubstantiv zu* **kulunlamak**
kulunlamak *vi* fohlen
kulübe *s* Häuschen *nt,* Hütte *f*
kulübü *s poss von* **kulüp**
kulüp *s* <-bü> **1.** Club *m,* Klub *m* **2.** (*gece kulübü*) Lokal *nt* **3.** (*futbol kulübü*) Klub *m,* Verein *m;* **kulüp üyeliği** *s* Klubmitgliedschaft *f;* **kulüp üyesi** *s* Klubmitglied *nt*
kum *s ohne Pl* Sand *m;* **denizde ~, onda para** (*fam*) er hat Geld wie Sand am Meer
kumanda *s* Kommando *nt;* **kumanda kolu** *s* Steuerknüppel *m;* **kumanda köprüsü** *s* (NAUT) Kommandobrücke *f*
kumar *s* Glücksspiel *nt;* ~**da kaybeden aşkta kazanır** (*prov*) Unglück im Spiel, Glück in der Liebe
kumarhane *s* Spielcasino *nt*
kumar makinesi *s* Geldspielautomat *m*
kumaş *s* Stoff *m;* **ince/kalın/kaba/yumuşak** ~ dünner/dicker/grober/weicher Stoff; **kumaş topu** *s* Stoffballen *m*
kum çölü *s* Sandwüste *f;* **kum fırtınası** *s* Sandsturm *m*
kumkazan *s* (ZOOL) Sandgräber *m,* Maulwurfsratte *f*
kumral *adj* brünett
kumru *s* (ZOOL) Turteltaube *f;* **çifte** ~**lar** (*fig*) die reinsten Turteltauben
kum saati *s* Sanduhr *f;* **kum tanesi** *s* Sandkorn *nt;* **kum torbası** *s* Sandsack *m*
kumul *s* Düne *f*
kundak *s* Brandsatz *m*
kundakçı *s* Brandstifter(in) *m(f)*
kundakçılık *s* <-ğı> Brandstiftung *f*
kundaklama *s* Brandanschlag *m,* Brandstiftung *f*
kundura *s* Schuh *m;* **kunduracı** *s* Schuster *m;* **kunduracı bizi** *s* Schusterahle *f;* **kunduracılık** *s* <-ğı> Schusterhandwerk *nt*
kunduz *s* **1.** (ZOOL) Biber *m* **2.** (*kürk*) Biber *m*
kungfu *s ohne Pl* (SPORT) Kung-Fu *nt*
kupa[1] *s* **1.** Pokal *m* **2.** (*bardak*) Becher *m* **3.** (SPORT) Pokal *m,* Cup *m*
kupa[2] *s* (*iskambilde*) Herz *nt; s. a.* **karo, kupa, maça;** **kupa bacağı** *s* (*iskambilde*) Herzbube *m;* **kupa birlisi** *s* (*iskambilde*) Herzass *nt;* **kupa kızı** *s* (*iskambilde*) Herzdame *f;* **kupa maçı** *s* (SPORT) Pokalspiel *nt;* **kupa oğlanı** *s* (*iskambilde*) Herzbube *m;* **kupa papazı** *s* (*iskambilde*) Herzkönig *m;* **kupa şampiyonu** *s* (SPORT) Pokalsieger *m;* **kupa yarışması** *s* (SPORT) Pokalwettbewerb *m*
kupon *s* **1.** (FIN) Coupon *m,* Kupon *m* **2.** (*kumaş parçası*) Coupon *m*
kupür *s* (PUBL: *gazete ~ü*) Zeitungsausschnitt *m*
kur *s* (FIN: *döviz ~u*) Kurs *m;* **resmî** ~ der amtliche Kurs
kur'a *s* Auslosung *f;* **kaçın** ~**sı** (*fam fig*) alter Hase
kurabiye *s* Makrone *f*
kurak *adj* <-ğı> trocken
kuraklık *s* <-ğı> Dürre *f*
kural *s* Vorschrift *f;* ~**lara saygı göstermek** die Vorschriften beachten
kuram *s* Theorie *f*
kuramcı *s* Theoretiker(in) *m(f)*

kuramsal *adj* theoretisch

Kur'an *s ohne Pl* Koran *m*

kurander *s* Luftzug *m*

Kur'an dersi *s* Koranunterricht *m*

Kur'anıkerim *s ohne Pl* Koran *m*

Kur'an kursu *s* Koranschule *f*

kurbağa *s* (ZOOL) Frosch *m,* Kröte *f;* **kurbağa adam** *s* (*balık adam*) Froschmann *m;* **kurbağa bacağı** *s* (GASTR) Froschschenkel *m;* **kurbağa balığı** *s* (ZOOL) Himmelsgucker *m,* Sterngucker *m*

kurbağalama yüzme *s ohne Pl* (SPORT) Brustschwimmen *nt*

kurbağa testi *s* (MED) Froschtest *m,* Krötentest *m;* **kurbağa zehiri** *s ohne Pl* (BOT) Froschbiss *m*

kurban *s* Opfer *nt;* ~ **etmek** opfern; **bir şeye ~ gitmek** etw zum Opfer fallen; **suikasta ~ gitmek** einem Anschlag zum Opfer fallen

Kurban Bayramı *s* (REL) Opferfest *nt*

kurcalama *s Verbalsubstantiv zu* **kurcalamak**

kurcalamak *vt* **1.** (*ellemek*) herumfingern (an); (*karıştırmak*) herumspielen (an), herumfummeln (an); **radyoyu kurcalayıp durma!** spiel nicht an dem Radio herum! **2.** (*sivri bir şey sokup*) herumstochern (in) **3.** (*fig: meşgul ve rahatsız etmek*) beschäftigen; **bu benim çoktandır zihnimi kurcalıyor** das geht mir schon lange im Kopf herum **4.** (*üstünde durmak*) bohren

kur dalgalanması *s* (WIRTSCH) Kursschwankung *f*

kurdu I. *s poss von* **kurt II.** *3. imp von* **kurmak**

kurgu *s* Fiktion *f*

kurgucu *s* Cutter(in) *m(f)*

kurma *s* **1.** *Verbalsubstantiv zu* **kurmak** **2.** Gründung *f,* Begründung *f,* Bildung *f*

kurmacılık *s ohne Pl* <-ğı> (KUNST: *konstrüktivizm*) Konstruktivismus *m*

kurmak *vt* **1.** gründen, begründen, konstituieren; (*aile*) gründen **2.** (*cümle*) bilden, konstruieren **3.** (*hükûmeti*) bilden; (*koalisyon*) bilden **4.** (*çadır*) aufschlagen; (*köprü*) bauen; (*saati*) aufziehen; (*sofrayı*) decken **5.** (*tuzak*) aufstellen; **birine tuzak ~** jdm eine Falle stellen

kurmay *s* (MIL) Stab *m*

kurna *s* Becken *nt*

kurnaz *adj* schlau; **tilki gibi ~ olmak** schlau wie ein Fuchs sein

kurnazlık *s* <-ğı> Schlauheit *f*

kuron *s* Krone *f,* Zahnkrone *f*

kurs *s* Kurs(us) *m*

kursiyer *s* Kursteilnehmer(in) *m(f)*

kurs öğrencisi *s* Kursteilnehmer(in) *m(f)*

kurşun I. *s* **1.** *ohne Pl* (CHEM) Blei *nt;* ~ **dökmek** Blei gießen; ~ **gibi** wie Blei, bleischwer; ~ **gibi içime çöktü** (*fig*) es liegt mir wie Blei im Magen **2.** (*mermi*) Kugel *f;* ~ **atmak** schießen; **birinin/kendi kafasına bir ~ sıkmak** jdm/sich eine Kugel in den Kopf jagen **II.** *adj* bleiern, aus Blei

kurşun döküm *s* Bleiguss *m;* **kurşun erimi** *s ohne Pl* Schussweite *f*

kurşungeçirmez *adj* kugelsicher; ~ **yelek** kugelsichere Weste

kurşun grisi *adj* bleigrau

kurşunî *adj* bleifarben

kurşun kalem *s* Bleistift *m*

kurşunlama *s* **1.** *Verbalsubstantiv zu* **kurşunlamak** **2.** Plombierung *f* **3.** Erschießung *f*

kurşunlamak *vt* **1.** (*kurşunla mühürlemek*) mit Blei versiegeln, plombieren **2.** (*vurmak*) erschießen

kurşunlu *adj* **1.** (*içinde kurşun olan*) bleihaltig; ~ **katkılar** bleihaltige Additive **2.** (*kurşunlanmış*) verbleit; ~ **benzin** verbleites Benzin; **kurşunlu kristal** *s ohne Pl* <-i> Bleikristall *nt*

kurşun rengi *adj* bleifarben

kurşunsuz *adj* unverbleit, bleifrei; ~ **benzin** bleifreies Benzin; ~ **süper** Super bleifrei

kurşun yağmuru *s* Kugelhagel *m*

kurt[1] *s* <-du> **1.** (ZOOL) Wolf *m* **2.** (*fig fam: iyi bilen*) Kenner(in) *m(f);* **eski ~** (*fig*) ein alter Hase **3.** (*fig fam: kurnaz*) Fuchs *m;* ~ **gibi** schlau wie ein Fuchs; **eski ~** (*fig*) ein alter Hase

kurt[2] *s* <-du> Wurm *m,* Made *f*

kurtadam *s* Werwolf *m*

kurtarıcı I. *s* **1.** Retter(in) *m(f)* **2.** Befreier(in) *m(f)* **II.** *adj* rettend

kurtarılma *s* **1.** *Verbalsubstantiv zu* **kurtarılmak** **2.** Rettung *f,* Bergung *f*

kurtarılmak *vi pass von* **kurtarmak**

kurtarma *s* **1.** *Verbalsubstantiv zu* **kurtarmak** **2.** Rettung *f,* Bergung *f;* **kurtarma ekibi** *s* Bergungsmannschaft *f*

kurtarmak *vt* **1.** retten, bergen **2.** befreien (*-den* aus)

kurtboğan otu *s* (BOT) Eisenhut *m*

kurtlu *adj* wurmstichig, madig

kurtluca *s* (BOT: *zeravent*) Biberwurz *f,* Osterluzei *f*

kurt masalı *s* (*fam fig*) Ammenmärchen *nt*

kurtulma *s Verbalsubstantiv zu* **kurtulmak**

kurtulmak *vi* **1.** sich retten (*-den* vor) **2.** davonkommen; **ucuz ~** (*fam*) billig davonkommen **3.** (*doğurmak*) niederkommen **4.** sich befreien **5. vida kurtulmuş** die Schraube hat sich gelöst

kurtuluş *s* Befreiung *f;* **kurtuluş hareketi** *s* Befreiungsbewegung *m;* **kurtuluş mü-**

cadelesi *s* Befreiungskampf *m;* **kurtuluş örgütü** *s* Befreiungsorganisation *f;* **kurtuluş savaşı** *s* Befreiungskrieg *m*

kurt yeniği *s ohne Pl* Wurmfraß *m*

kuru *adj* trocken; ~ **bir öksürük** ein trockener Husten; ~ **bir soğuk** eine trockene Kälte; ~ **gürültü** viel Lärm um nichts

kurucu **I.** *s* Gründer(in) *m(f),* Begründer(in) *m(f)* **II.** *adj:* ~ **meclis** (POL) die konstituierende Versammlung

kuru erik *s* <-ği> Backpflaume *f;* **kuru kafa** *s* **1.** Totenkopf *m* **2.** (*fig, pej*) Schwachkopf *m* **3.** (ZOOL: *kelebek*) Totenkopf *m,* Totenkopfschwärmer *m*

kurul *s* Ausschuss *m*

kurulama *s Verbalsubstantiv zu* **kurulamak**

kurulama bezi *s* Abtrockentuch *nt*

kurulamak *vt* abtrocknen

kurulma *s* **1.** *Verbalsubstantiv zu* **kurulmak** **2.** Bildung *f;* **koalisyon ~sı ön görülüyor** die Bildung einer Koalition ist vorgesehen **3.** (*ortaklık*) Gründung *f,* Begründung *f*

kurulmak *vi pass von* **kurmak: koalisyon kurulamadı** eine Koalition konnte nicht gebildet werden

kurultay *s* **1.** Nationalversammlung *f* **2.** (*kongre*) Kongress *m*

kurulu *adj* etabliert; ~ **düzen** die etablierte Ordnung

kurulum *s* (INFORM) Installation *f*

kuruluş *s* **1.** Gründung *f* **2.** Einrichtung *f;* **kuruluş sermayesi** *s* (WIRTSCH) Gründungskapital *nt*

kurum *s* Institution *f*

kuruma *s Verbalsubstantiv zu* **kurumak**

kurumak *vi* abtrocknen, vertrocknen

kuru meyve *s* (GASTR) Dörrobst *nt*

kurumlar vergisi *s* Körperschaftssteuer *f*

kurumlaşma *s* **1.** *Verbalsubstantiv zu* **kurumlaşmak** **2.** Institutionalisierung *f*

kurumlaşmak *vi* sich institutionalisieren

kurumlaştırma *s* **1.** *Verbalsubstantiv zu* **kurumlaştırmak** **2.** Institutionalisierung *f*

kurumlaştırmak *vt* institutionalisieren

kurumsal *adj* institutionell

kurumuş *adj* vertrocknet

kuruntu *s* **1.** (*yanlış ve yersiz düşünce*) Irrglaube(n) *m,* Illusion *f,* Hirngespinst *nt* **2.** Grübelei *f;* **yersiz ~lar** unnütze Grübeleien; **~ya kapılmak** in Grübeleien verfallen **3.** (*ohne Pl, işkil*) Argwohn *m,* Misstrauen *nt*

kuru pil *s* Trockenbatterie *f;* **kuru sebze** *s* Trockengemüse *nt;* **kuru sıkı** *s* **1.** Schreckschuss *m* **2.** (*blöf*) Bluff *m;* **kuru temizleme** *s* chemische Reinigung

kurutma *s* **1.** *Verbalsubstantiv zu* **kurutmak** **2.** Trocknung *f*

kurutmak *vt* trocknen

kurutma kâğıdı *s* Löschpapier *nt,* Löschblatt *nt;* **kurutma makinesi** *s* Wäschetrockner *m*

kurutucu *s* Trockner *m*

kuru yem *s* Trockenfutter *nt;* **kuru yemiş** *s* Trockenobst *nt,* Dörrobst *nt*

kurvaziyer *s* (NAUT) Kreuzfahrt *f*

kurye *s* Kurier *m*

kuryelik *s* <-ği> Kurierdienst *m*

kusma *s Verbalsubstantiv zu* **kusmak**

kusmak **I.** *vi* erbrechen, sich übergeben **II.** *vt:* **kan** ~ Blut brechen

kusmuk *s ohne Pl* <-ğu> Kotze *f*

kusturucu *s* Brechmittel *nt*

kusur *s:* **bir şeye ~ bulmak** etw bemängeln

kuş *s* Vogel *m;* **bir taşla iki ~ vurmak** (*fam fig*) zwei Fliegen mit einer Klappe schlagen

kuşak *s* <-ğı> **1.** Gürtel *m* **2.** (*nesil*) Generation *f* **3.** (GEO) Gürtel *m,* Zone *f* **4.** (*gök kuşağı*) Bogen *m* **5.** (SPORT: *judo, karate*) Gürtel *m*

kuşatma *s* **1.** *Verbalsubstantiv zu* **kuşatmak** **2.** Belagerung *f*

kuşatmak *vt* belagern

kuşburnu *s* (BOT) Hagebutte *f*

kuş kafesi *s* Vogelkäfig *m;* **kuş kirazı** *s* (BOT: *ılgıncar*) Vogelkirsche *f*

kuşkonmaz *s* Spargel *m*

kuşku[1] *s* (*şüphe*) Zweifel *m;* ~ **beslemek** [*o* **duymak**] Zweifel hegen

kuşku[2] *s ohne Pl* (PSYCH) Skepsis *f*

kuşkucu *adj* skeptisch

kuşkuculuk *s ohne Pl* <-ğu> Skeptizismus *m*

kuşkulu *adj* zweifelhaft

kuşkusuz **I.** *adj* zweifellos **II.** *adv* zweifellos, ohne Zweifel

kuşluk *s* <-ğu> Vormittag *m;* **kuşluk yemeği** *s* Brunch *m*

kuşpalazı *s ohne Pl* (MED) Rachenbräune *f;* (*difteri*) Diphtherie *f*

kuş tüyü *s* Daune *f;* **kuş tüyü yastık** *s* <-ğı> Daunenkissen *nt,* Federkissen *nt;* **kuş tüyü yorgan** *s* Daunendecke *f,* Federbett *nt;* **kuş üzümü** *s* (GASTR) Korinthe *f;* **kuş yemi** *s ohne Pl* Vogelfutter *nt;* **kuş yuvası** *s* Vogelnest *nt*

kutan *s s.* **saka kuşu** Stieglitz *m*

kutbu *s poss von* **kutup**

kutlama *s* **1.** *Verbalsubstantiv zu* **kutlamak** **2.** (*tören*) Feier *f* **3.** (*tebrik*) Gratulation *f*

kutlamak *vt* **1.** feiern **2.** (*tebrik etmek*) gratulieren, beglückwünschen

kutlanma *s Verbalsubstantiv zu* **kutlanmak**

kutlanmak *vi pass von* **kutlamak**: **yaş günü dün kutlandı** sein Geburtag wurde gestern gefeiert

kutru *s poss von* **kutur**

kutsal *adj* heilig

kutsama *s* **1.** *Verbalsubstantiv zu* **kutsamak** **2.** Segnung *f*

kutsamak *vt* segnen

kutsî *adj* heilig

kutu *s* **1.** Kiste *f;* (*mektup için*) Kasten *m;* (*kibrit ~ su*) Schachtel *f* **2.** (*teneke ~*) Dose *f*

kutup *s* <-tbu> Pol *m;* **kutup bozkırı** *s* (GEO) Kältesteppe *f;* **kutup engel** *s* (PHYS) Depolarisator *m*

kutuplanma *s* **1.** *Verbalsubstantiv zu* **kutuplanmak** **2.** (PHYS) Polarisierung *f;* (*polarizasyon*) Polarisation *f*

kutuplanmak *vi* (PHYS) polarisieren

kutuplaşma *s* **1.** *Verbalsubstantiv zu* **kutuplaşmak** **2.** (*a.* POL) Polarisierung *f*

kutuplaşmak *vi* (*a.* POL) sich polarisieren

kutup tilkisi *s* (ZOOL) Blaufuchs *m*

Kutup Yıldızı *s ohne Pl* (ASTR) Polarstern *m*

kutur *s* <-tru> **1.** (MATH: *dairenin çapı*) Durchmesser *m;* (*kürenin çapı*) Umfang *m;* **nısıf ~** (*yarıçap*) Radius *m* **2.** (MATH: *köşegen*) Diagonale *f*

kuvars *s* (GEO) Quarz *m*

kuvarsit *s* (GEO) Quarzit *m*

kuvöz *s* (MED) Brutapparat *m,* Brutkasten *m*

kuvvet *s* **1.** Kraft *f,* Stärke *f* **2.** (MATH) Potenz *f;* **bir ~in üssü** der Exponent einer Potenz **3.** (*güç*) Gewalt *f;* **teşriî ~** gesetzgebende Gewalt

kuvvetli *adj* stark; (*şamar*) deftig

kuyruk *s* <-ğu> **1.** Schwanz *m* **2.** (*fig: insan kuyruğu*) Schlange *f;* **~ olmak** eine Schlange bilden; **~ta beklemek** Schlange stehen, in der Schlange warten; **kuyruğa girmek** sich anstellen

kuyruklu **I.** *adj* **1.** (*kuyruğu olan*) mit Schwanz, Schwanz- **2.** (*fam*): **~ bir yalan** eine faustdicke Lüge **II.** *s* (*fam: akrep*) Skorpion *m;* **kuyruklu piyano** *s* (MUS) Konzertflügel *m;* **kuyruklu yıldız** *s* (ASTR) Komet *m*

kuyruksallayan *s* (ZOOL) Stelze *f,* Bachstelze *f*

kuyruk sokumu *s* Steiß *m;* **kuyruk sokumu kemiği** *s* Steißbein *nt*

kuyu *s* **1.** Brunnen *m;* **artezyen ~su** artesischer Brunnen **2.** (*kireç ~ su*) Grube *f;* **birinin ~sunu kazmak** jdm das Wasser abgraben; **kendi ~sunu kendi kazmak** (*fig*) sich sein eigenes Grab schaufeln

kuyumcu *s* **1.** Juwelier(in) *m(f)* **2.** Goldschmied(in) *m(f)* **3.** (*~ dükkânı*) Juwelier *m*

kuyumculuk *s ohne Pl* <-ğu> Goldschmiedekunst *f*

kuzen *s* Cousin *m*

kuzey **I.** *s ohne Pl* **1.** Norden *m;* **~de** im Norden; **~den** von Norden; **~e** in den Norden; **rüzgâr ~den geliyor** der Wind kommt von Norden; **Almanya'nın/Avusturya'nın/Türkiye'nin/İsviçre'nin ~inde** im Norden Deutschlands/Österreichs/der Türkei/der Schweiz **2.** (NAUT, METEO) Nord *m* **II.** *adj* nördlich

Kuzey Afrika **I.** *s* Nordafrika *nt* **II.** *adj* nordafrikanisch; **~ devletleri/ülkeleri** die nordafrikanischen Staaten/Länder; **Kuzey Amerika** **I.** *s* Nordamerika *nt* **II.** *adj* nordamerikanisch

kuzeybatı **I.** *s ohne Pl* Nordwesten *m* **II.** *adj* nordwestlich

kuzeybatı rüzgârı *s* Nordwestwind *m*

Kuzey Buz Denizi *s* Nordpolarmeer *nt*

kuzeydoğu **I.** *s* Nordosten *m* **II.** *adj* nordöstlich

Kuzey İrlanda *s* Nordirland *nt*

Kuzey Kore *s* Nordkorea *nt*

Kuzey Kutbu *s ohne Pl* (GEO) Nordpol *m;* **Kuzey Ren-Vestfalya** *s* Nordrhein-Westfalen *nt*

kuzey rüzgârı *s* Nordwind *m*

Kuzey Yıldızı *s ohne Pl* (ASTR: *Kutup Yıldızı*) Polarstern *m*

kuzgun *s* (ZOOL: *karakarga*) Kolkrabe *m*

kuzguncuk *s* <-ğu> Gitterfenster *nt*

kuzgunî *adj* rabenschwarz; **kuzgunî siyah** *adj* kohlrabenschwarz; **~ saçlar** kohlrabenschwarze Haare

kuzin *s* Cousine *f,* Kusine *f,* Base *f*

kuzine *s* (NAUT) Kombüse *f*

kuzu dişi *s* (*süt dişi*) Milchzahn *m;* **kuzu eti** *s ohne Pl* Lammfleisch *nt*

kuzugöbeği *s* (BOT) Morchel *f*

kuzu kartalı *s* (ZOOL) Lämmergeier *m*

kuzukulağı *s* (BOT) Sauerampfer *m;* **kuzukulağı asidi** *s ohne Pl* (CHEM: *oksalik asit*) Oxalsäure *f*

kuzu pirzolası *s* (GASTR) Lammkotelett *nt;* **kuzu postu** *s* Lammfell *nt*

Küba **I.** *s* Kuba *nt* **II.** *adj* kubanisch; **~ hükûmeti** die kubanische Regierung

Kübalı **I.** *s* Kubaner(in) *m(f)* **II.** *adj* kubanisch; **~ erkekler/kadınlar** kubanische Männer/Frauen

kübizm *s ohne Pl* (KUNST) Kubismus *m*

küçücük *adj* winzig

küçük **I.** *s* <-ğü> Kind *nt;* **annesi küçüğü aptese tuttu** die Mutter hielt das Kleine ab **II.** *adj* <-ğü> klein; **~ düşürmek** demütigen, erniedrigen; **küçük ad** *s* Vorname *m*

Küçük Asya *s ohne Pl* Kleinasien *nt*

Küçükayı *s* (ASTR) der Kleine Bär

küçükbaş *s* Kleinvieh *nt*
küçük burjuva *adj* kleinbürgerlich; **küçük burjuvazi** *s* Kleinbürgertum *nt;* **küçük çocuk** *s* Kleinkind *nt;* **küçük dil** *s* (ANAT) Gaumenzäpfchen *nt;* **küçük harf** *s* Kleinbuchstabe *m;* **küçük hanım** *s* Fräulein *nt*
küçük Hindistan cevizi *s* **1.** (BOT) Muskatnussbaum *m* **2.** (*yemişi*) Muskatnuss *f*
küçüklük *s* <-ğü> (*a. fig*) Kleinlichkeit *f*
küçük ölçekli işletme *s* (WIRTSCH) Kleinbetrieb *m;* **küçük perhiz** *s* (REL: *Hristiyanlıkta*) Advent *m*
küçülme *s* **1.** *Verbalsubstantiv zu* **küçülmek** **2.** (*Ay'ın ~si*) Abnahme *f*
küçülmek *vi* **1.** sich verkleinern; (*yıkanınca*) einlaufen **2.** (*Ay*) abnehmen
küçültme *s* **1.** *Verbalsubstantiv zu* **küçültmek** **2.** (*a.* LING) Verkleinerung *f;* **küçültme eki** *s* (LING) Verkleinerungssuffix *nt*
küçültmek *vt* verkleinern
küçümseme *s* **1.** *Verbalsubstantiv zu* **küçümsemek** **2.** Bagatellisierung *f*
küçümsemek *vt* unterschätzen, bagatellisieren
küçümsenme *s Verbalsubstantiv zu* **küçümsenmek**
küçümsenmek *vi pass von* **küçümsemek**: **bu eylemin önemi küçümsendi** die Bedeutung dieser Tat wurde unterschätzt
küf *s ohne Pl* **1.** Schimmel *m;* ~ **kokmak** muffig riechen **2.** (*fam: pas*) Rost *m;* **küf kokusu** *s* Modergeruch *m*
küflenme *s* **1.** *Verbalsubstantiv zu* **küflenmek** **2.** Schimmelbildung *f*
küflenmek *vi* schimmeln
küflü *adj* schimmelig
küfretme *s Verbalsubstantiv zu* **küfretmek**
küfretmek *vi* fluchen
küfrü *s poss von* **küfür**
küfür *s* <-frü> Fluch *m,* Schimpfwort *nt*
kükreme *s* **1.** *Verbalsubstantiv zu* **kükremek** **2.** Gebrüll *nt*
kükremek *vi* **1.** (*aslan*) brüllen **2.** (*fig*) brüllen; (*coşmak*) toben **3.** (*deniz*) toben **4.** (*bağırmak*) brüllen, anbrüllen (*-e* -) **5.** (*gür bir biçimde yetişmek*) wuchern
kükürt *s ohne Pl* (CHEM) Schwefel *nt;* **kükürt banyosu** *s* Schwefelbad *nt;* **kükürt buharı** *s* Schwefeldampf *m;* **kükürt çiçeği** *s* Schwefelblume *f,* Schwefelblüte *f*
kükürtleme *s* **1.** *Verbalsubstantiv zu* **kükürtlemek** **2.** Schwefelung *f*
kükürtlemek *vt* schwefeln
kükürtlenme *s* **1.** *Verbalsubstantiv zu* **kükürtlenmek** **2.** Schwefelung *f*
kükürtlenmek *vi pass von* **kükürtlemek**
kükürtlü *adj* schwefelhaltig; **kükürtlü ılıca** *s* Schwefelquelle *f*
kül *s* Asche *f;* ~ **gibi** aschfahl; ~ **olmak** zu ~ werden
külâh *s* (*dondurma için*) Hörnchen *nt*
külçe *s* Barren *m*
külkedisi *s* Aschenbrödel *nt,* Aschenputtel *nt*
küllük *s* <-ğü> Ascher *m*
külot *s* **1.** (*don*) Unterhose *f,* Höschen *nt* **2.** (*binicilerin giydikleri pantolon*) Reiterhose *f*
külotlu çorap *s* <-bı> Strumpfhose *f*
kült *s* Kult *m*
kül tablası *s* Aschenbecher *m*
kült filmi *s* Kultfilm *m*
kültür *s* Kultur *f;* **kültür ataşesi** *s* Kulturattaché *m;* **kültür bakanı** *s* Kultusminister(in) *m(f);* **kültür bakanlığı** *s* Kultusministerium *nt;* **kültür bitkisi** *s* Kulturpflanze *f;* **kültür derneği** *s* Kulturverein *m*
kültürel *adj* kulturell, Kultur-; **kültürel antropoloji** *s ohne Pl* Kulturanthropologie *f*
kültürler arası *adj* interkulturell
kültürlü *adj* kultiviert, gebildet
kültür merkezi *s* Kulturzentrum *nt;* **kültür politikası** *s* Kulturpolitik *f;* **kültür şoku** *s* Kulturschock *m;* **kültür tarihi** *s ohne Pl* Kulturgeschichte *f*
kült yeri *s* Kultstätte *f*
külünk *s* <-gü> Spitzhacke *f*
küme *s* **1.** Haufen *m;* (*kar ~si*) Masse *f* **2.** (*grup*) Gruppe *f* **3.** (MATH) Menge *f;* **bir ~nin elemanları** die Elemente einer Menge **4.** (SPORT: *lig*) Liga *f;* (*yarışçı grubu*) Gruppe *f*
küme bulut *s* (METEO) Haufenwolke *f;* (*kümülüs*) Kumulus *m;* **küme çalışması** *s ohne Pl* (SCHULE) Gruppenarbeit *f*
kümeden düşme *s* (SPORT) Abstieg *m*
küme küme *adv* haufenweise, scharenweise
kümeleme *s Verbalsubstantiv zu* **kümelemek**
kümelemek *vt* häufen
kümelenme *s Verbalsubstantiv zu* **kümelenmek**
kümelenmek *vi* sich häufen
kümeler kuramı *s ohne Pl* (MATH) Mengenlehre *f*
kümes *s* (*tavuk ~i*) Stall *m;* **kümes hayvanları** *s Pl* Geflügel *nt*
kümülüs *s* (METEO) Kumulus *m*
künye *s* **1.** (*kimlik bilgileri*) Personalien *pl* **2.** (*bilezik, kolye*) Erkennungsmarke *f*
küp[1] *s* **1.** (*toprak kap*) Tonkrug *m* **2.** (*fam fig: sinir ~ü*) Bündel *nt;* ~**lere binmek** an die Decke gehen
küp[2] *s* Kubus *m,* Würfel *m*
küpe *s* Ohrring *m;* **bu sözümü kulağına ~ et!** (*fam*) schreib dir das hinter die Ohren!
küpe çiçeği *s* (BOT) Fuchsie *f*

küpeşte *s* (NAUT) Reling *f*
küp şeker *s* Würfelzucker *m*
küraso *s* (GASTR) Curaçao *m*
Küraso *s* (GEO) Curaçao *nt*
kürdan *s* Zahnstocher *m*
küre *s* Kugel *f,* Sphäre *f;* (*gök ~ si*) Globus *m*
kürecik *s* <-ği> (MED: *kan küreciği*) Körperchen *nt*
kürek *s* <-ği> **1.** Schaufel *f* **2.** Ruder *nt;* ~ **çekmek** rudern; ~**lere asılmak** sich in die Riemen legen; **akıntıya ~ çekmek** (*fig*) gegen den Strom schwimmen; **kürek cezası** *s* (HIST) Galeerenstrafe *f*
kürekçi *s* Ruderer, -in *m, f*
kürek kemiği *s* (ANAT) Schulterblatt *nt*
kürekli tekne *s* Ruderboot *nt*
kürek sporu *s ohne Pl* Rudersport *m*
küreleme *s Verbalsubstantiv zu* **kürelemek**
kürelemek *vt* wegschaufeln; (*ahırı*) ausmisten
küreme *s Verbalsubstantiv zu* **küremek**
küremek *vt* wegschaufeln; (*ahırı*) ausmisten
küresel *adj* **1.** global **2.** sphärisch, kugelförmig; ~ **üçgen** (MATH) sphärisches Dreieck, Kugeldreieck *nt*
küreselleşme *s* Globalisierung *f*
küresel üçgen *s* (MATH) Kugeldreieck *nt,* sphärisches Dreieck
kürevî *adj* sphärisch, kugelförmig
küreyve *s* (ANAT: *yuvar*) Blutkörperchen *nt*
küriyum *s ohne Pl* (CHEM) Curium *nt*
kürk I. *s* Pelz *m;* **ye ~ üm ye!** (*prov*) Kleider machen Leute **II.** *adj* Pelz-; **kürk böceği** *s* (ZOOL) Pelzkäfer *m*
kürkçü *s* Pelzhändler(in) *m(f)*
kürkçülük *s ohne Pl* <-ğü> Pelzhandel *m*
kürk manto *s* Pelzmantel *m;* **kürk yaka** *s* Pelzkragen *m*
kürsü *s* **1.** Pult *nt,* Lesepult *nt* **2.** (REL) Kanzel *f* **3.** (UNI) Lehrstuhl *m;* **kürsü başkanı** *s* (UNI) Lehrstuhlinhaber(in) *m(f)*
Kürt I. *s* Kurde, -in *m, f* **II.** *adj* kurdisch
kürtaj *s* (MED) **1.** (*kazıma*) Ausschabung *f;* ~ **yapmak** eine Ausschabung vornehmen **2.** (*döl yatağını kazıma*) Kürettage *f;* ~ **yapmak** eine Kürettage vornehmen
Kürtçe *s* Kurdisch *nt*
küs *adj* eingeschnappt; (*dargın*) böse (*-e* auf); **bana ~ müsün?** bist du böse auf mich?
küseğen *s* **1.** (*fam: kimse*) Mimose *f* **2.** (BOT: *küstüm otu*) Mimose *f*
küskün *adj* eingeschnappt; (*gücenik*) beleidigt
küskünlük *s ohne Pl* <-ğü> Bitterkeit *f,* Verbitterung *f*
küsme *s Verbalsubstantiv zu* **küsmek**
küsmek <-er> *vi* **1.** (*darılmak*) böse sein (*-e* auf); **hiç yoktan ~** (*fam*) die beleidigte Leberwurst spielen **2. bahtına ~** mit seinem Schicksal hadern **3.** (*fig*) streiken
küstah *adj* frech, unverschämt
küstahlaşmak *vi* frech werden, unverschämt werden, ausfallend werden
küstahlık *s* <-ğı> Frechheit *f,* Unverschämtheit *f,* Anmaßung *f;* ~ **etmek** sich frech benehmen; **bu küstahlığın daniskasıdır** das ist der Gipfel der Frechheit; **bir şeyi yapma küstahlığında bulunmak** die Frechheit besitzen, etw zu tun
küstere *s* **1.** (*uzun rende*) Langhobel *m* **2.** (*bileği taşı*) Schleifstein *m,* Wetzstein *m* **3.** (*değirmen taşı*) Mühlstein *m*
küstüm otu *s* (BOT) Mimose *f*
küsuf *s* (ASTR: *Güneş tutulması*) Sonnenfinsternis *f*
küsürat *s Pl* **1.** Überschuss *m* **2.** (*fig*) und ein paar Zerquetschte
küt *adj* stumpf
kütikül *s* (BIOL) Kutikula *f*
kütle *s* Masse *f*
kütleşme *s* **1.** *Verbalsubstantiv zu* **kütleşmek** **2.** Abstumpfung *f*
kütleşmek *vi* abstumpfen
kütleşmiş *adj* abgestumpft
kütleştirme *s* **1.** *Verbalsubstantiv zu* **kütleştirmek** **2.** Abstumpfung *f*
kütleştirmek *vt* abstumpfen
kütlük *s ohne Pl* <-ğü> Stumpfheit *f*
kütük <-ğü> *s* **1.** (*ağaç gövdesi*) Baumstamm *m* **2.** (*kesilmiş ağaç gövdesi*) Baumklotz *m* **3.** (*kesimden sonra toprakta kalan bölüm*) Baumstumpf *m* **4.** (*resmî kayıt defteri*) Register *nt* **5.** ~ **gibi** (*çok sarhoş*) stockbesoffen
kütüphane *s* Bibliothek *f;* **ayaklı ~ olmak** ein wandelndes Lexikon sein
kütüphaneci *s* Bibliothekar(in) *m(f)*
küvet *s* Wanne *f*
Küveyt *s* Kuwait *nt*
Küveytli I. *s* Kuwaiter(in) *m(f)* **II.** *adj* kuwaitisch

L

I, L [le] *s* l, L *nt, 15. Buchstabe des türk. Alphabets*
lâakal [lã:akal] *adv* (*en azından*) wenigstens; (*hiç olmazsa*) zumindest
lâbada *s* (BOT) Gartenampfer *m*
labirent *s* Labyrinth *nt*, Irrgarten *m*
lâborant *s* Laborant(in) *m(f)*
lâboratuvar *s* Labor *nt*, Laboratorium *nt*
lâcivert taşı *s* Lapislazuli *m*
lâdin *s* (BOT) Fichte *f*
lâf [lãf] *s* Wort *nt*, Ausdruck *m*; ~ **aramızda kalsın, ...** unter uns gesagt, ...; ~**a dalmak** (*fam*) sich verplaudern; **büyük ~ etmek** große Töne spucken; **uzun ~ın kısası** der langen Rede kurzer Sinn
lâfız *s* <-fzı> **1.** (*kelime*) Wort *nt* **2.** (JUR) Wortlaut
lâgar [lã:gar] *adj* klapp(e)rig; ~ **beygir** ein klapp(e)riger Gaul
lâgün [lãgyn] *s* Lagune *f*
lağım *s* Gully *m o nt*
lâhana *s* Kohl *m*
La Haye [lãhɛɪ] *s*, **Lâhey** [lãhɛɪ] *s* Den Haag *nt*
lâhutî *adj* göttlich
lâhza *s s.* **an** Moment *m*
lâkırdı *s* **1.** Wort *nt* **2.** Worte *pl*, Rede *f*; ~**sı mı olur?** was soll's?, das ist nicht der Rede wert
lâkırdısı az *adj* wortkarg, einsilbig
lâklâk *s* <-ğı> **1.** (*leylek*) Klappern *nt* **2.** (*fig*) Geschnatter *nt*; ~ **etmek** plaudern
lâkonik *adj* lakonisch
lâktaz *s* (CHEM) Laktase *f*
lâktik asit *s ohne Pl* <-di> Milchsäure *f*
lâktoz *s* (CHEM) Laktose *f*
lâl *adj* karminrot
lala *s* (HIST) Erzieher(in) *m(f)*
lâle [lã:le] *s* Tulpe *f*; **lâle ağacı** *s* (BOT) Tulpenbaum *m*; **lâle soğanı** *s* Tulpenzwiebel *f*
lâm [lãm] *s* **1.** (*mikroskopta*) Objektträger *m* **2.** (TECH: *metal parça*) Lamelle *f*
lâma[1] [lãma] *s* (ZOOL) Lama *nt*
lâma[2] [lãma] *s* (REL) Lama *m*
lâ majör *s ohne Pl* (MUS) A-Dur *nt*
lâmba *s* Lampe *f*, Leuchte *f*; **lâmba şapkası** *s* Lampenschirm *m*
lâmbri *s* Wandverkleidung *f*; **ahşap/mermer ~** Wandverkleidung aus Holz/Marmor
lâmel [lãmel] *s* **1.** (*mikroskopta*) Deckglas *nt* **2.** (BOT) Lamelle *f*
lâminarya *s* (BOT) Braunalge *f*
lâ minör *s ohne Pl* (MUS) A-Moll *nt*
lâmise *s* (ZOOL: *duyarga*) Fühler *m*
lânet *s* Fluch *m*; ~ **olsun!** verflucht noch mal!
lânetleme *s* **1.** *Verbalsubstantiv zu* **lânetlemek** **2.** Verfluchung *f*
lânetlemek *vt* verfluchen
lânetli *adj* verflucht
lângust *s* (ZOOL) Languste *f*
lânse etmek *vt* lancieren; (*tanıtmak*) bekannt machen
lâpa *s* Brei *m*
lâpacı I. *s* (*fam fig, pej*) Schlappschwanz *m*; ~**nın biridir** (*pej*) er ist ein Schlappschwanz **II.** *adj* (*fam fig: yorgun*) schlapp; ~ **olmak** schlapp machen
lâpa lâpa *adv*: ~ **kar yağdı** der Schnee fiel in dicken Flocken
lâpçın *s* Lederpantoffel *m*
lâpilli *s* (GEO) Lapillus *m*
Lâpon I. *s* Lappe, -in *m, f* **II.** *adj* lappisch
Lâponya *s* Lappland *nt*
Lâponyalı *s s.* **Lâpon**
lârenjit *s* (MED) Laryngitis *f*, Kehlkopfentzündung *f*
lâstik [lãstik] **I.** *s* <-ği> **1.** Gummi *m o nt* **2.** (*kauçuktan pabuç*) Gummischuh *m*, Überschuh aus Gummi **3.** (*silgi*) Gummi *m*, Radiergummi *m* **4.** (AUTO) Reifen *m*; **arabanın ~leri** die Bereifung des Wagens **5.** (*şerit*) Gummi *nt*, Gummiband *nt* **II.** *adj* Gummi-, aus Gummi; ~ **gibi** wie aus Gummi; (*et için*) zäh; **lâstik ağacı** *s* (BOT) Gummibaum *m*; **lâstik bağ** *s* Gummiband *nt*; **lâstik boru** *s* Gummischlauch *m*
lâstikçi *s* (AUTO) Reifenhändler(in) *m(f)*
lâstik çizme *s* Gummistiefel *m*
lâstikli *adj* **1.** Gummi-, aus Gummi **2.** (*fig*) dehnbar; **lâstikli söz** *s* Gummibegriff *m*, dehnbarer Begriff; **lâstikli şerit** *s* Gummizug *m*, Gummiband *nt*
lâstik tırtılı *s* (AUTO) Reifenprofil *nt*
lâta *s* Latte *f*
lâteks *s* Latex *m*
lâterna *s* Drehorgel *f*; (*fam*) Leierkasten *m*
lâtifundia *s* Latifundium *nt*
lâtifundiacılık *s ohne Pl* <-ğı> Latifundienwirtschaft *f*
Lâtin *adj* lateinisch; **Lâtin Amerika** *s* La-

teinamerika *nt;* **Lâtin Amerikalı I.** *s* Lateinamerikaner(in) *m(f)* **II.** *adj* lateinamerikanisch
Lâtince *s ohne Pl* Latein *nt*
Lâtin çiçeği *s* (BOT) Kapuzinerkresse *f*
lâubali *adj* lässig
lâubalîlik *s* <-ği> Lässigkeit *f*
lâv [lãv] *s* (GEO) Lava *f;* **yanardağ ~ püskürüyor** der Vulkan speit Lava
lâva *s* **1.** (NAUT): **~ etmek** hissen **2.** (*fig*): **birini ~ etmek** (*über jdn her ziehen*),
lâvabo [lãvabo] *s* **1.** Waschbecken *nt* **2.** Waschraum *m* **3.** (*helâ*) Klo *nt;* (*tuvalet*) Toilette *f*
lâvanta *s* Lavendelöl *nt;* **lâvanta çiçeği** *s* (BOT) Lavendel *nt*
lâvdanom *s ohne Pl* Laudanum *nt;* (*afyon*) Opium *nt*
lâvman [lãvman] *s* (MED) Einlauf *m,* Darmspülung *f*
lâvta¹ *s* (MUS) Laute *f*
lâvta² *s* **1.** (*ebe*) Hebamme *f* **2.** Geburtszange *f*
lâvtacı *s* (MUS) Lautenspieler(in) *m(f)*
lâyemut *adj s.* **ölmez, ölümsüz** unsterblich
lâyiha [lã:jiha] *s* Schriftsatz *m*
lâytmotif *s* Leitmotiv *nt*
lâzanya *s* (GASTR) Lasagne *pl*
lâzımlık [lã:--] *s* <-ğı> Nachttopf *m; s. a.* **oturak**
leblebi *s geröstete Kichererbsen*
Lefkoşa *s* Nikosia *nt*
legal [legãl] *adj* <-i> legal
leğen *s* **1.** Schüssel *f* **2.** (ANAT: *havsala*) Becken *m*
lehçe *s* **1.** (*diyalekt*) Dialekt *m,* Mundart *f* **2.** (*konuşma tarzı*) Sprechweise *f*
lehçel *adj* (LING) dialektal
lehdar *s* Befürworter(in) *m(f)*
lehim *s* (TECH) **1.** (*alaşım*) Lötmetall *nt* **2.** (*işlem*) Lötung *f*
lehimleme *s* **1.** *Verbalsubstantiv zu* **lehimlemek 2.** (TECH) Lötung *f*
lehimlemek *vt* (TECH) löten
lehim yeri *s* (TECH) Lötstelle *f*
lejant *s* <-dı> Legende *f*
lejyon *s* Legion *f*
lejyoner *s* Legionär *m*
leke *s* Fleck *m;* **leke giderici madde** *s* Fleckenentferner *m,* Fleckenentfernungsmittel *nt*
lekeleme *s* **1.** *Verbalsubstantiv zu* **lekelemek 2.** Befleckung *f*
lekelemek *vt* beflecken; **birinin adını ~** jds Namen beschmutzen
lekeli *adj* fleckig; **lekeli humma** *s* (MED: *tifüs*) Fleckfieber *nt,* Flecktyphus *m*
leksikolog *s* Lexikologe, -in *m, f*
leksikoloji *s ohne Pl* Lexikologie *f*
lektör *s* **1.** (*yayın evinde*) Lektor(in) *m(f)* **2.** (SCH, UNIV: *okutman*) Lektor(in) *m(f),* Lehrbeauftragte *mf*
lenduha I. *s* Klotz *m;* **~ gibi bir dolap** ein klotziger Schrank **II.** *adj* klotzig, klobig
lenf *s,* **lenfa** *s* (ANAT, MED) Lymphe *f*
lenfatik *adj* (MED) lymphatisch
lenf boğumu *s,* **lenf düğümü** *s* (ANAT) Lymphknoten *m*
lenfosit *s* (MED, BIOL) Lymphozyt *m*
lengüistik *s ohne Pl* <-ği> Linguistik *f*
lens *s* **1.** (*mercek*) Linse *f* **2.** (*fam: kontak lens*) Kontaktlinse *f,* Haftschale *f*
lento¹ *s* (ARCH: *boyunduruk*) Sturz *m;* **kapının/pencerenin ~su** der Sturz der Tür/des Fensters
lento² **I.** *s* (MUS) Lento *nt* **II.** *adv* (MUS) lento
leopar *s* (ZOOL) Leopard *m*
lepalep *adj* randvoll
lepra *s ohne Pl* (MED: *cüzam*) Lepra *f*
lesepase *s* Passierschein *m*
leş *s* Aas *nt,* Kadaver *m*
leşçil I. *s* Aasfresser *m* **II.** *adj* aasfressend; **leşçil akbaba** *s* Aasgeier *m*
leş kargası *s* Aaskrähe *f*
leşker *s* **1.** (*asker*) Soldat *m* **2.** (*ordu*) Heer *nt*
letarji *s* (MED) Lethargie *f*
Letçe *s* Lettisch *nt;* **~den Türkçeye/Almancaya** aus dem Lettischen ins Türkische/Deutsche
Leton I. *s* Lette, -in *m, f* **II.** *adj* lettisch
Letonya *s* Lettland *nt*
leva *s* Lew *m*
Levanten I. *s* Levantiner *m* **II.** *adj* levantinisch
levha *s* Platte *f*
levhacık *s* <-ğı> Plättchen *nt*
levrek *s* <-ği> (ZOOL, GASTR) Barsch *m*
levüloz *s* Fruchtzucker *m*
leylâk *s* (BOT) Flieder *m*
leylâkî *adj* fliederfarben
leylek *s* <-ği> Storch *m*
leziz *adj* kulinarisch; **~ yemekler** kulinarische Speisen
lezyon *s* (MED) Läsion *f*
lezzet *s* Geschmack *m*
lezzetli *adj* lecker
lığ *s* Anlandung *f*
liberal [liberãl] **I.** *s* Liberale(r) *mf* **II.** *adj* <-i> liberal
liberalizm *s ohne Pl* Liberalismus *m*
liberalleşme *s* **1.** *Verbalsubstantiv zu* **liberalleşmek 2.** Liberalisierung *f*
liberalleşmek *vi* sich liberalisieren
liberalleştirme *s* **1.** *Verbalsubstantiv zu* **liberalleştirmek 2.** Liberalisierung *f*
liberalleştirmek *vt* liberalisieren

liberasyon *s* (WIRTSCH) Liberalisierung *f, Beseitigung der Einfuhrbeschränkungen*

Liberya **I.** *s* Liberia *nt* **II.** *adj* liberianisch; ~ **hükümeti/para birimi** die liberianische Regierung/Währungseinheit; **Liberyalı** **I.** *s* Liberianer(in) *m(f)* **II.** *adj* liberianisch; ~ **bir kadın** eine liberianische Frau

libido *s ohne Pl* (PSYCH) Libido *f*

Libya **I.** *s* Libyen *nt* **II.** *adj* libysch; **Libyalı** **I.** *s* Libyer(in) *m(f)* **II.** *adj* libysch

lif *s* Faser *f*

lifli *adj* faserig

lig *s* (SPORT) Liga *f*

lignin *s* (CHEM) Lignin *nt*

liken *s* **1.** (BOT) Flechte *f* **2.** (MED) Flechte *f*

likidasyon *s* (WIRTSCH) Liquidation *f;* (*tasfiye*) Abwicklung *f*

likide *s* (WIRTSCH): ~ **etmek** liquidieren

likidite *s ohne Pl* (WIRTSCH) Liquidität *f*

likit *adj* <-di> **1.** (*sıvı, akışkan*) flüssig **2.** (WIRTSCH) liquid(e); (*kullanılması hemen mümkün olan*) verfügbar; **likit gaz** *s* Flüssiggas *nt*

likör *s* Likör *m;* **likör bardağı** *s* Likörglas *nt;* **likör esansı** *s* Liköressenz *f;* **likör şişesi** *s* Likörflasche *f*

liman *s* Hafen *m;* ~**a girmek** in den Hafen einlaufen; ~**dan çıkmak** aus dem Hafen auslaufen; **gemi** ~**da yatıyor** das Schiff liegt im Hafen

liman işçisi *s* Hafenarbeiter *m;* **liman reisi** *s* (*büyük limanda*) Hafenkapitän *m;* (*küçük limanda*) Hafenmeister *m*

limitet ortaklık *s* <-ğı>, **limitet şirket** *s* (JUR) Gesellschaft *f* mit beschränkter Haftung

limon *s* Zitrone *f;* **limon asidi** *s ohne Pl* (CHEM: *sitrik asit*) Zitronensäure *f*

limonata *s* Limonade *f*

limon kabuğu *s* Zitronenschale *f;* **limon suyu** *s* Zitronensaft *m*

limon tozu *s,*

limon tuzu *s* (*fam: sitrik asit*) Zitronensäure *f*

linç *s* Lynchjustiz *f;* **birini** ~ **etmek** jdn lynchen

linyit kömürü *s ohne Pl* Braunkohle *f*

lir *s* (MUS) **1.** Lyra *f* **2.** Leier *f*

lira *s* **1.** Lira *f;* **Türk** ~**sı** die türkische Lira **2.** Pfund *nt;* **Mısır/Suriye** ~**sı** das ägyptische/syrische Pfund

liret *s* Lira *f;* **İtalyan** ~**sı** die italienische Lira

lirik **I.** *s* <-ği> Lyrik *f* **II.** *adj* lyrisch; **lirik şair** *s* Lyriker(in) *m(f)*

lisan *s s.* **dil** Sprache *f;* ~**a gelmek** zur Sprache kommen

lisanî *adj* sprachlich

lisaniyat *s s.* **dil bilimi** Sprachwissenschaft *f; s.* **filoloji** Philologie *f*

lisansiyer *s* Student(in) *m(f)*

lisansüstü eğitim *s* Aufbaustudium *nt*

lise *s* Lyceum *nt,* Lyzeum *nt,* Gymnasium *nt;* **lise diploması** *s* Abiturzeugnis *nt;* **lise öğrencisi** *s* Gymnasiast(in) *m(f);* **lise öğretmeni** *s* Gymnasiallehrer(in) *m(f)*

liste *s* Liste *f*

listeleme *s* **1.** *Verbalsubstantiv zu* **listelemek** **2.** Auflistung *f*

listelemek *vt* auflisten

literatür *s* Literatur *f; s. a.* **edebiyat, yazın**

litografi *s s.* **litografya**

litografya **I.** *s* Lithographie *f* **II.** *adj* lithographisch

litografyacı *s* Lithograph(in) *m(f)*

litoloji *s ohne Pl* Lithologie *f*

litosfer *s ohne Pl* Lithosphäre *f*

litre *s* Liter *m o nt*

liturya *s ohne Pl* (REL) Liturgie *f;* (*kudas*) Abendmahl *nt*

Litvanya **I.** *s* Litauen *nt* **II.** *adj* litauisch; ~ **hükümeti/para birimi** die litauische Regierung/Währungseinheit

Litvanyaca *s* Litauisch *nt;* ~ **bilmek/konuşmak** Litauisch können/sprechen; ~**dan Türkçeye** aus dem Litauischen ins Türkische

Litvanyalı **I.** *s* Litauer(in) *m(f)* **II.** *adj* litauisch; ~ **erkekler/kadınlar** litauische Männer/Frauen

lityum *s ohne Pl* (CHEM) Lithium *nt*

liva *s* **1.** (HIST: *sancak*) Sandscak *m* **2.** (HIST, MIL: *tugay*) Brigade *f* **3.** (HIST, MIL) Brigadier *m;* (*tuğgeneral*) Brigadegeneral *m*

liyakat *s* <-ti> **1.** Würdigkeit *f* **2.** (*yeterlilik*) Zulänglichkeit *f;* (*kifayet*) Fähigkeit *f;* ~ **göstermek** sich bewähren, sich verdient machen; **her birimiz kendi** ~**imize göre, üzerimize bir vazife almalıyız** jeder von uns sollte eine Aufgabe nach seiner Fähigkeit übernehmen

liyakatli *adj* (*yetenekli*) fähig; (*başarılı*) erfolgreich

Liyej *s* Lüttich *nt*

Lizbon *s* Lissabon *nt*

lobelya *s* (BOT) Lobelie *f*

lobi *s* Lobby *f*

lobici *s* Lobbyist(in) *m(f)*

lobicilik *s ohne Pl* <-ği> Lobbyismus *m*

lobut *s* **1.** (*kalın, kısa ve düzgün sopa*) Keule *f* **2.** (SPORT: *jimnastik aracı*) Keule *f*

loca *s* **1.** (THEAT) Loge *f* **2.** (*masonların toplantı yeri*) Loge *f*

lodos *s* Südwind *m*

logaritma *s* (MATH) Logarithmus *m*

logo *s* Logo *m o nt*

loğusa *s* (MED) Wochenbett *nt;* **loğusa humması** *s ohne Pl* (MED: *albastı*) Wochenbettfieber *nt;* **loğusa otu** *s* (BOT: *zeravent*) Osterluzei *f,* Biberwurz *f*

lojik *s ohne Pl s.* **mantık** Logik *f*

lojistik **I.** *s ohne Pl* <-ği> (*a.* MIL) Logistik *f* **II.** *adj* logistisch

lojman *s* Werkswohnung *f,* Dienstwohnung *f*

lok *s* (NAUT) Schleuse *f;* ~**u doldurmak** die Schleuse fluten

lokal **I.** *s* <-i> (*dernek, gece ~i*) Lokal *nt* **II.** *adj* lokal; (*yerel*) örtlich; **lokal anestezi** *s* (MED) Lokalanästhesie *f*

lokanta *s* Speiselokal *nt,* Gaststätte *f;* (*restoran*) Restaurant *nt*

lokantacı *s* Gastronom(in) *m(f),* Gastwirt(in) *m(f)*

lokantacılık *s* <-ğı> Gastronomie *f*

lokantalı wagon *s* (EISENB) Speisewagen *m*

lokma *s* **1.** Bissen *m,* Happen *m* **2.** (TECH) Nuss *f;* **lokma anahtar** *s* (TECH) Steckschlüssel *m;* **lokma gözlü** *s* Glupschauge *nt*

lokman ruhu *s* (*reg: eter*) Äther *m*

lokomotif *s* Lokomotive *f*

lolipop *s* Lolli *m,* Lutscher *m*

lombar *s* (NAUT) Ladeluke *f*

lomboz *s* (NAUT) Bullauge *nt*

lonca *s* Innung *f*

Londra *s* London *nt*

Londralı *s* Londoner(in) *m(f)*

longpley *s* Langspielplatte *f*

lop *adj:* ~ **yumurta** ein hartes Ei; **lop et** *s* (GASTR) Nuss *f*

lord *s* Lord *m*

Lordlar Kamarası *s* (POL) Oberhaus *nt*

lordluk *s* <-ğu> Lordschaft *f*

lostromo *s* (NAUT) Bootsmann *m*

losyon *s* Lotion *f*

loş *adj* halbdunkel

loşluk *s ohne Pl* <-ğu> Halbdunkel *nt*

lotto *s* Lotto *nt;* ~**da kazandım!** ich habe im Lotto gewonnen!

lotus *s* (BOT) Lotus *m*

lökosit *s* (MED) Leukozyt *m*

lös *s* (GEO) Löss *m*

lösemi *s* (MED) Leukämie *f*

lumbago *s ohne Pl* (MED) Lumbago *f,* Hexenstich *m,* Hexenschuss *m*

Lübnan **I.** *s* Libanon *nt* **II.** *adj* libanesisch; **Lübnanlı** *s* Libanese, -in *m, f*

lügat *s* <-ı> *s.* **sözlük** Wörterbuch *nt*

lüks[1] **I.** *s ohne Pl* Luxus *m;* ~ **içinde yaşamak** im Luxus leben **II.** *adj* luxuriös

lüks[2] *s* (PHYS) Lux *nt*

lüks baskı *s* Luxusausgabe *f*

Lüksemburg **I.** *s* Luxemburg *nt* **II.** *adj* luxemburgisch; ~ **hükûmeti** die luxemburgische Regierung

Lüksemburglu **I.** *s* Luxemburger(in) *m(f)* **II.** *adj* luxemburgisch; ~ **erkekler/kadınlar** luxemburgische Männer/Frauen

lüks eşya *s* Luxusartikel *fpl*

lüks mevki *s* Luxusklasse *f;* **lüks model** *s* Luxusausführung *f;* **lüks otel** *s* Luxushotel *nt*

lüle taşı *s ohne Pl* Meerschaum *m*

Lüsern *s* Luzern *nt*

lütfetmek *vi* sich bequemen (*-e* zu)

lüzum *s* Notwendigkeit *f;* **bir şeye** ~ **gör(me)mek** etw für (nicht) notwendig erachten; ~ **var/yok** es ist nötig/nicht nötig; ~**umundan fazla** mehr als nötig

lüzumlu *adj* nötig, erforderlich

lüzumsuz *adj s.* **gereksiz** unnötig, überflüssig

lüzumsuzluk *s* <-ğu> Überflüssigkeit *f*

M

m, M [me] *s* m, M *nt, 16. Buchstabe des türk. Alphabets*
m *Abk. von* **metre** m, *Meter*
maaile [maːˈaːile] *adv:* ~ **geldi** er ist samt Familie gekommen [*o* erschienen]
maalesef *adv* leider, bedauerlicherweise; ~ **gelemeyeceğim** leider kann ich nicht kommen; ~ **gitmek zorundayım** leider muss ich gehen
maalmemnuniye *adv* (*seve seve*) gern(e); (*memnuniyetle*) mit Vergnügen
maaş *s* Gehalt *nt*
maaşlı *s* Gehaltsempfänger(in) *m(f)*
maatteessüf *adv* bedauerlicherweise
mabet [maːbet] *s* <-di> **1.** (*tapınak*) Tempel *m;* (*ibadet yeri*) Gebetsstätte *f* **2.** (*fig*) Tempel *m,* Kultstätte *f*
mabude [maːbuːde] *s* **1.** (*tanrıça*) Göttin *f* **2.** (*fig: tapınırcasına sevilen kadın*) Angebetete *f*
mabut [maːbuːt] *s* <-du> (*tanrı*) Gott *m;* (*ilâh*) Abgott *m*
Macar I. *s* Ungar(in) *m(f)* **II.** *adj* ungarisch; ~ **salamı** ungarische Salami
Macarca *s* Ungarisch *nt;* ~**da** im Ungarischen; ~**dan** aus dem Ungarischen; ~**ya** ins Ungarische
Macaristan *s* Ungarn *nt*
macera *s* Abenteuer *f;* ~ **aramak** Abenteuer suchen; ~**ya atılmak** sich ins Abenteuer stürzen
maceracı I. *s* Abenteurer(in) *m(f)* **II.** *adj* abenteuerlustig
maceracılık *s ohne Pl* <-ğı> Abenteuerlust *f*
maceralı *adj* abenteuerlich; **maceralı tatil** *s* Abenteuerferien *pl*
maceraperest *adj* abenteuerlustig
macera romanı *s* Abenteuerroman *m*
macun *s* **1.** (*boyacılıkta*) Spachtel *m,* Spachtelmasse *f;* (*cam* ~*u*) Kitt *m;* **masaya/kapıya** ~ **çekmek** den Tisch/die Tür spachteln **2.** (*diş* ~*u*) Paste *f;* **macun küreği** *s* Spachtel *m*
macunlama *s Verbalsubstantiv zu* **macunlamak**
macunlamak *vt* spachteln; (*camı*) verkitten
maç *s* (SPORT) Spiel *nt;* (*boks* ~*ı*) Kampf *m*
maça [matʃa] *s* Pik *nt;* **maça yedilisi** *s* Piksieben *f*
Madagaskar I. *s* Madagaskar *nt* **II.** *adj* madagassisch
Madagaskarlı *s* Madagasse, -in *m, f*
madalya *s* Medaille *f;* ~**nın tersi** [*o* **ters tarafı**] die Kehrseite der Medaille
madalyon *s* Medaillon *nt;* ~**nun tersi** [*o* **ters tarafı**] die Kehrseite der Medaille
madara *adj* (*fam pej*) mies; **birini** ~ **etmek** jdn mies machen
madde *s* **1.** Materie *f* **2.** (JUR) Artikel *m* **3.** Substanz *f,* Stoff *m;* **(in)organik/mineral** ~**ler** (an)organische/mineralische Substanzen **4.** (*uyuşturucu* ~) Mittel *nt* **5.** (*sözlükte*) Stichwort *nt* **6.** Sache *f;* (*sorun*) Frage *f;* **madde başı kelime** *s* Stichwort *nt*
maddeci I. *s* Materialist(in) *m(f)* **II.** *adj* materialistisch
maddecilik *s ohne Pl* <-ği> Materialismus *m*
maddî *adj* materiell, Sach-
maddîleşme *s Verbalsubstantiv zu* **maddîleşmek**
maddîleşmek *vi* materialistisch werden
madem [maːdem] *konj,* **mademki** *konj:* ~ ... in Anbetracht dessen, dass ...
maden [maːden] *s* **1.** (*mineral*) Mineral *nt* **2.** (*metal*) Metall *nt* **3.** Bergbau *m;* (*maden ocağı*) Bergwerk *nt* **4.** (*altın* ~*i*) Grube *f,* Mine *f;* (*fig*) Goldgrube *f* **5.** (*sl: uyuşturucu*) Stoff *m;* (*esrar*) Haschisch *m o nt;* (*eroin*) Heroin *nt*
maden bilimci *s* (*mineralog*) Mineraloge, -in *m, f;* **maden bilimi** *s ohne Pl* (*mineraloji*) Mineralogie *f;* **maden cevheri** *s* Erz *nt*
madenci *s* Bergmann *m;* ~**ler** Bergleute *pl*
madencilik *s ohne Pl* <-ği> Bergbau *m*
madenî *adj* metallisch; **madenî para** *s* Metallgeld *nt*
maden işçisi *s* Bergarbeiter *m*
madenî yağ *s* Mineralöl *nt;* **madenî yün** *s ohne Pl* Metallwolle *f*
maden kömürü *s* (BERGB: *taş kömürü*) Steinkohle *f;* **maden ocağı** *s* (BERGB) Bergwerk *nt*
madensel *adj* metallisch
madensi *s* (CHEM: *metalsi*) Nichtmetall *nt*
maden sodası *s* Sprudel *m;* **maden suyu** *s* Mineralwasser *nt;* **maden yünü** *s ohne Pl* Metallwolle *f*
maderşahî *adj* (*anaerkil*) matriarchalisch
maderşahîlik *s* <-ği> (*anaerki*) Matriarchat *nt*
maestro *s* (MUS) **1.** (*besteci*) Komponist(in)

m(f) **2.** (*orkestra şefi*) Dirigent(in) *m(f)*
mafevk **I.** *s* (*üst*) Vorgesetzte(r) *mf* **II.** *adj* übergeordnet
mafiş **I.** *adj inv* (*fam: kalmadı*) alle; (*yok*) futsch; **bende para** ~ mein Geld ist alle [*o* futsch] **II.** *s* (GASTR) Eiergebäck *nt*
mafsal (*eklem*) *s* Gelenk *nt*
mafya *s* Mafia *f*
magazin *s* **1.** (*bol resimli yayın*) Illustrierte *f* **2.** (TECH: *depo*) Magazin *nt*
magma *s* (GEO) Magma *nt*
magmasal *adj,* **magmatik** *adj* (GEO) magmatisch
magnezyum *s ohne Pl* (CHEM) Magnesium *nt;* **magnezyum klorür** *s ohne Pl* (CHEM) Magnesiumchlorid *nt*
magnezyumlu *adj* (CHEM) magnesiumhaltig
magnezyum oksit *s ohne Pl* (CHEM) Magnesiumoxyd *nt;* **magnezyum sülfat** *s ohne Pl* (CHEM) Magnesiumsulfat *nt*
Magosa *s* Famagusta *nt*
mağara *s* Höhle *f;* **mağara adamı** *s* (HIST) Höhlenmensch *m;* **mağara bilimci** *s* Höhlenforscher(in) *m(f),* Speläologe, -in *m, f;* **mağara bilimi** *s ohne Pl* Höhlenkunde *f,* Speläologie *f;* **mağara insanı** *s* (HIST) Höhlenmensch *m;* **mağara resmi** *s* Höhlenmalerei *f*
mağaza *s* Geschäft *nt*
mağlûbiyet *s s.* **yenilgi** Niederlage *f*
Mağribî *adj* maghrebinisch
Mağrip *s ohne Pl* <-bi> Maghreb *m*
mahalle *s* Stadtviertel *nt,* Wohnviertel *nt*
maharet *s* Geschicklichkeit *f*
maharetli *adj s.* **becerikli** geschickt
mahbes *s s.* **hapishane** Gefängnis *nt*
mahbube *s* Geliebte *f*
mahbup *s* <-bu> Geliebte(r) *m*
mahfaza *s* Kassette *f*
mahir *adj s.* **becerikli** geschickt
mahitap *s s.* **mehtap**
mahkeme *s* **1.** Gericht *nt* **2.** (*dava, duruşma*) Prozess *m;* ~ **tam yedi yıl sürdü** der Prozess dauerte genau sieben Jahre
mahkeme dosyası *s* Gerichtsakte *f;* **mahkeme kararı** *s* Gerichtsbeschluss *m*
mahkemelik *adj* gerichtlich; **biriyle** ~ **olmak** jdn gerichtlich verfolgen
mahkeme masrafı *s* Gerichtskosten *pl*
mahkûm *adj* verurteilt; **birini para cezasına** ~ **etmek** jdn zu einer Geldstrafe verurteilen
mahlâs *s* Künstlername *m,* Pseudonym *nt*
mahlep *s* <-bi> (BOT) Weichsel *f,* Weichselkirsche *f*
mahlûk *s s.* **yaratık** Geschöpf *nt,* Kreatur *f*
mahmur *adj* benommen
mahmurluk *s ohne Pl* <-ğu> Benommenheit *f*
mahrut *s* (MATH: *koni*) Kegel *m*
mahrutî *adj* (MATH: *konik*) kegelförmig
mahsul *s* <-ü> **1.** (*ürün*) Produkt *nt,* Erzeugnis *nt* **2.** (*fig*) Produkt *nt;* **bu, senin hayalinin bir** ~**ü** das ist ein Produkt deiner Fantasie
mahşer *s* **1.** (REL) Ort des Jüngsten Gerichts **2.** (*fig*): **yangın yeri bir** ~ der Ort des Brandes ist die Hölle; **mahşer günü** *s ohne Pl* (REL) das Jüngste Gericht; (*kıyamet günü*) der Jüngste Tag
mahunya *s* (BOT) Mahonie *f*
mahvetme *s Verbalsubstantiv zu* **mahvetmek**
mahvetmek *vt* ruinieren, vernichten, zerstören
mahya *s* **1.** (ARCH: *çatıda*) First *m,* Dachfirst *m* **2.** (*ramazanda*) *Leuchtgirlanden mit Aufschriften und Bildern zwischen zwei Minaretten während des Ramadans*
maillemek *vt* (TELE) mailen
main *s s.* **eşkenar dörtgen** (MATH) Raute *f,* Rhombus *m*
maiyet *s* Gefolge *nt,* Gefolgschaft *nt*
majeste *s* Majestät *f*
majör *s ohne Pl* (MUS) Dur *nt;* **majör gam** *s* (MUS) Durtonleiter *f*
majüskül **I.** *s* Großbuchstabe *m,* Kapitalbuchstabe *m;* (TYPO) Majuskel *f* **II.** *adj* Groß-, Majuskel-
makabline şamil *adj* rückwirkend
makadam *s* Makadam *m o nt*
makadamlama *s Verbalsubstantiv zu* **makadamlamak**
makadamlamak *vt* makadamisieren
makak *s* <-ğı> (ZOOL) Makak *m*
makale *s* (PUBL) Artikel *m*
makam *s* **1.** (*resmî* ~) Behörde *f* **2.** (*mevki*) Stellung *f;* (*yer*) Stelle *f* **3.** (*yer*) Platz *m*
makara *s* **1.** Spule *f;* **ipliği** ~**ya sarmak** das Garn auf die Spule aufwickeln, das Garn aufspulen; **birini** ~**ya almak** (*fam fig*) jdn aufziehen **2.** (*yükü yukarı kaldırmak için*) Flaschenzug *m* **3.** Rolle *f;* **metalden/plâstikten yapılmış** ~**(lar)** Rolle(n) aus Metall/Kunststoff
makarna *s* Nudel *f*
makas *s* **1.** Schere *f* **2.** (EISENB) Weiche *f* **3.** (AUTO) Blattfeder *f*
makat *s* **1.** (*kıç*) Hintern *nt* **2.** (*şerç*) After *m;* (*anüs*) Anus *m*
Makedonya *s* Makedonien *nt,* Mazedonien *nt*
maket *s* Modell *nt*
makine *s* **1.** Maschine *f* **2.** (*fotoğraf, tıraş* ~*si*) Apparat *m;* **makine dairesi** *s* Maschinenraum *m*
makineli tabanca *s* Maschinenpistole *f;*

makineli tüfek *s* <-ği> Maschinengewehr *nt*
makine odası *s* Maschinenraum *m;* **makine yağı** *s* Maschinenöl *nt*
makinist *s* **1.** (*a.* EISENB, NAUT) Maschinist(in) *m(f),* Lok(omotiv)führer(in) *m(f)* **2.** (*makineci*) Maschinenschlosser(in) *m(f)*
makro *s* (INFORM) Makro *nt*
makrobiyotik *adj* makrobiotisch
makro çekim *s* (FOTO) Makroaufnahme *f,* Makrofotografie *f*
makromolekül *s* (CHEM) Makromolekül *nt*
makro virüsü *s* (INFORM) Makrovirus *m*
maksi etek *s* <-ği> Maxirock *m*
maksimal *adj* maximal
maksimum I. *s* Maximum *nt* **II.** *adj* (*maksimal*) maximal, Höchst-
maksimum hız *s* Höchstgeschwindigkeit *f*
maktel *s* Tatort *m*
maktu *adj* gebunden, Fest-; **maktu fiyat** *s* Festpreis *m*
mal *s* Gut *nt,* Ware *f*
mala *s* (*duvarcı aracı*) Maurerkelle *f;* (*harç için*) Mörtelkelle *f*
malakit *s* (CHEM) Malachit *m*
malarya *s ohne Pl* (MED) Malaria *f;* (*sıtma*) Sumpffieber *nt*
Malay *adj* malaysisch
mal ayrılığı *s* (JUR) Gütertrennung *f*
Malezya *s* Malaysia *nt*
Malezyalı I. *s* Malaysier(in) *m(f)* **II.** *adj* malaysisch
malgama *s* (*a.* CHEM) Amalgam *nt*
malî *adj* finanziell; ~ **durum** finanzielle Lage [*o* Situation]; **malî danışman** *s* Finanzberater(in) *m(f);* **malî durum** *s* **1.** Finanzlage *f* **2.** Finanzen *pl*
malik *s* Eigentümer(in) *m(f)*
malikâne *s* Anwesen *nt*
malî politika *s* (*a.* WIRTSCH) Finanzpolitik *f*
malî yardım *s* Finanzhilfe *f*
maliye *s* **1.** Finanzen *pl* **2.** Finanzamt *nt;* **maliye bakanı** *s* Finanzminister(in) *m(f);* **maliye bakanlığı** *s* Finanzministerium *nt;* **maliye memuru** *s* Finanzbeamte(r) *mf,* Finanzbeamte(r), -in *m, f*
maliyet *s* Kosten *pl;* **maliyet fiyatı** *s* (WIRTSCH) Gestehungskosten *pl*
mal ortaklığı *s* (JUR) Gütergemeinschaft *f*
malt *s ohne Pl* Malz *nt*
Malta *s* Malta *nt;* **Malta humması** *s ohne Pl* (MED) Maltafieber *nt*
Maltalı *s* Malteser(in) *m(f)*
maltız *s* Grill *m*
Maltız *s* Malteser(in) *m(f)*
maltoz *s ohne Pl* (CHEM) Maltose *f*
malûl I. *s* <-lü> Invalide(r) *mf* **II.** *adj* <-lü> invalid(e)
malûliyet *s ohne Pl* Invalidität *f*
malûllük *s ohne Pl* <-ğü> Invalidität *f*
malzeme *s* (*yapı ~sı*) Material *nt;* (*yemek ~sı*) Zutaten *fpl*
mama *s* **1.** Babynahrung *f* **2.** (*fam: kedi, köpek ~sı*) Nahrung *f,* Futter *nt* **3.** (*sl: çaça*) Puffmutter *f*
mamelek *s* Besitztum *nt*
mamul *s* (WIRTSCH) Fertigprodukt *nt*
mamut *s* Mammut *nt*
mana [maːnaː] *s* **1.** (*anlam*) Sinn *m* **2.** Bedeutung *f;* ~**ya gelmek** bedeuten
manda *s* Büffel *m*
mandolin *s* (MUS) Mandoline *f*
manej *s* **1.** Manege *f* **2.** Dressur *f,* Pferdedressur *f*
manevî *adj* immateriell, ideell; (*tinsel*) geistig; ~ **zarar** immaterieller Schaden; **manevî evlât** *s* <-dı> Adoptivkind *nt*
maneviyat *s ohne Pl* (*fig: moral*) Moral *f;* (**bugün**) ~**ım** (**çok**) **bozuk** ich bin (heute sehr) deprimiert
manevî tazminat *s* (JUR) Schmerzensgeld *nt;* (*Schweiz*) Genugtuung *f;* ~ **istemek/vermek** Schmerzensgeld verlangen/zahlen; (*Schweiz*) Genugtuung verlangen/geben
manevra *s* **1.** (*a.* MIL) Manöver *nt;* ~ **yapmak** manövrieren **2.** (EISENB) Rangieren *nt* **3.** (*fig*): **en zor durumlarda** (**bile**) ~**sını yaptı** er lavierte sich (sogar) aus den schwierigsten Lagen heraus
manevra fişeği *s* Übungsmunition *f,* Platzpatrone *f*
mangal kömürü *s ohne Pl* Holzkohle *f*
mangan *s ohne Pl,* **manganez** *s ohne Pl* (CHEM) Mangan *nt*
mangır *s,* **mangiz** *s* (*fam fig*) Moos *nt,* Moneten *pl*
mango *s* (BOT) Mango *f*
mâni [maːniː] *s* <-i o yi> Hindernis *nt;* **bir şeye** ~ **olmak** etw verhindern; **birinin bir şey**(**i**) **yapmasına** ~ **olmak** jdn daran hindern, etw zu tun, jdn davon abhalten, etw zu tun
mânia *s s.* **engel** Hindernis *nt,* Hürde *f*
Manicilik *s ohne Pl* <-ği> (REL, PHILOS: *Maniheizm*) Manichäismus *m*
manifesto *s* Manifest *nt*
manifolt *s* (AUTO) Krümmer *m*
Maniheizm *s ohne Pl* (REL, PHILOS) Manichäismus *m*
manikür *s ohne Pl* Maniküre *f,* Handpflege *f*
manikürcü *s* Maniküre *f*
manipülâsyon *s* Manipulation *f*
manita *s* (*sl*) Macker *m*
manivelâ *s* Kurbel *f*
mankafa *s* (*fam fig*) Holzkopf *m*
manken *s* Mannequin *nt*
manolya *s* (BOT) Magnolie *f;* **manolyagil-**

ler *s Pl* (BOT) Magnoliengewächse *pl*
manometre *s* (PHYS) Manometer *nt*
mansap *s* <-bı> (GEO: *ırmak ağzı*) Flussmündung *f*
Manş Denizi *s* der Ärmelkanal; **Manş Denizi Adaları** *s Pl* (GEO) Kanalinseln *fpl*
manşon *s* **1.** (*el kürkü*) Muff *m* **2.** (TECH: *ek bileziği*) Muffe *f*
mantar[1] *s* **1.** Pils *m*, Champignon *m*; (*ağaç ~ı*) Schwamm *m*; ~ **gibi yerden bitmek** wie Pilze aus dem Boden schießen; **yenen/zehirli ~lar** essbare/giftige Pilze **2.** Kork *m* **3.** (*şişe tapası*) Korken *m*
mantar[2] *s ohne Pl* (BOT: *kök ~*) Schimmel *m*, Fäule *f*
mantar bilimi *s ohne Pl* Pilzkunde *f*
mantar meşesi *s* (BOT) Korkeiche *f*; **mantar taban** *s* (*ayakkabıda*) Einlage *f*
mantığa uymaz *adj* unlogisch; **mantığa uymazlık** *s* <-ğı> (PHILOS: *mantıkta*) Fehlschluss *m*; (*paralojizm*) Paralogismus *m*
mantık *s ohne Pl* <-ğı> Logik *f*; **mantık hatası** *s* Denkfehler *m*
mantıkî **I.** *adj* logisch; ~ **düşünme** logisches Denken **II.** *adv* logisch; ~ **düşünmek** logisch denken
mantıksal *adj* logisch
mantis *s* (MATH) Mantisse *f*
manto *s* Mantel *m*
manüel *s s.* **el kitabı** Handbuch *nt*
manyak *adj* <-ğı> **1.** manisch **2.** (*fig*) bescheuert; ~**sın!** du bist bescheuert!
manyetik **I.** *s* <-ği> (INFORM) Magnetplatte *f* **II.** *adj* magnetisch; **manyetik alan** *s* (PHYS) Magnetfeld *nt*; ~**ın yeğinliği** Stärke eines Magnetfeldes; **manyetik şerit** *s* <-di> Magnetstreifen *m*
manyeto *s* (HIST, TELE) Kurbelinduktor *m*
manyetometre *s* (PHYS) Magnetometer *nt*
manyezi *s ohne Pl* (CHEM, MED) Magnesia *f*
manyezit *s* (CHEM) Magnesit *m*
manyok *s* (BOT) Maniok *m*
manzara *s* Anblick *m*
marabut *s* Marabut *m*
maral *s* Hirschkuh *f*
marangoz *s* Tischler(in) *m(f)*, Schreiner(in) *m(f)*
marangozhane *s* Tischlerei *f*, Schreinerei *f*
marangozluk *s ohne Pl* <-ğu> Tischlerei *f*, Schreinerei *f*; ~ **öğrenmek** die Tischlerei erlernen
maraton *s* (SPORT) Maratonlauf *m*; **maratoncu** *s* Maratonläufer(in) *m(f)*
marazî *adj* krankhaft; ~ **kıskançlık** krankhafte Eifersucht
marazlanma *s Verbalsubstantiv zu* **marazlanmak**
marazlanmak *vi* (*fam: hastalanmak*) krank werden
mareşal *s* <-i> (MIL) Marschall *m*
mareşallik asası *s* Marschallstab *m*
margarin *s* Margarine *f*
marihuana *s ohne Pl* Marihuana *nt*
marina *s* Marina *f*
mariz *adj* (*hastalıklı*) kränklich
marj *s* **1.** (WIRTSCH) Marge *f* **2.** (*kâğıt kenarı*) Rand *m*
marjinal *adj* marginal
mark *s* Mark *f*; **Alman ~ı** die deutsche Mark
marka *s* Marke *f*, Warenzeichen *nt*, Gütezeichen *nt*; **tescilli ~** eingetragenes Warenzeichen
markaj *s* (SPORT) Deckung *f*
markalama *s Verbalsubstantiv zu* **markalamak**
markalamak *vt* markieren
marke *adj* markiert; ~ **etmek** (SPORT) decken
markka *s* Markka *f*
markör *s* Marker *m*
Marmara Denizi *s* Marmarameer *nt*
marmelât *s* <-dı> Marmelade *f*
marn *s* (GEO) Mergel *m*
marnlama *s Verbalsubstantiv zu* **marnlamak**
marnlamak *vt* mergeln
maroken *s* Maroquin *m o nt*; **maroken koltuk** *s* <-ğu> Clubsessel *m*
Mars *s* (ASTR) Mars *m*
marş **I.** *interj* (MIL): ~**!** marsch! **II.** *s* **1.** (MUS) Marsch *m* **2.** (*millî ~*) Hymne *f* **3.** (AUTO) Anlasser *m*; **marş anahtarı** *s* (AUTO) Zündschlüssel *m*
marşandiz *s* (EISENB: *yük katarı*) Güterzug *m*
marş marş *interj* (MIL): ~**!** im Laufschritt marsch!
marş müziği *s* Marschmusik *f*
mart *s* März *m*
martaval *s* Lügengeschichte *f*
martı *s* (ZOOL) Möwe *f*
martini *s* Martini *nt*
Marunî **I.** *s* Maronit(in) *m(f)* **II.** *adj* maronitisch
maruz *adj*: **bir şeyi/kimseyi tehlikeye ~ bırakmak** etw/jdn der Gefahr aussetzen
masa *s* **1.** Tisch *m* **2.** (*aynı ~da oturanların tümü*) Tischgesellschaft *f* **3.** (ADMIN: *dairelerde, kurumlarda*) Dezernat *nt* **4.** (*iflâs ~sı*) Masse *f* **5.** (SPORT) Kasten *m* **6.** (*kriz ~sı*) Stab *m*
masa başı çalışması *s* Büroarbeit *f*
masaj *s* Massage *f*
masajcı *s* Masseur *m*
masajlama *s Verbalsubstantiv zu* **masajlamak**
masajlamak *vt* massieren

masal *s* (*a. fig*) Märchen *nt;* ~ **gibi** wie ein Märchen; **bana** ~ **okuma** [*o* **anlatma**]! erzähl mir nur keine Märchen!; **hâlâ o** ~ (*fam*) es ist immer dieselbe [*o* die alte] Leier; **masal âlemi** *s* Märchenland *nt*
masa lâmbası *s* Tischlampe *f*
masalcı *s* Märchenerzähler(in) *m(f)*
masalımsı *adj* märchenhaft
masa örtüsü *s* Tischdecke *f*
masara *s* (*fam pej*) Kasten *m*
masarif *s Pl s.* **masraflar** Kosten *pl*
masa tenisi *s,* **masa topu** *s* (SPORT) Tischtennis *nt*
masa üstü yayıncılık *s* <-ğı> Desktoppublishing *nt*
masif *adj* massiv
mask *s* Totenmaske *f*
maskara *s* **1.** (*ohne Pl*) Gespött *nt;* **birini** ~ **etmek** jdn zum Gespött machen; **insanların** ~**sı olmak** zum Gespött der Leute werden **2.** (*karnaval* ~ *sı*) Narr *m,* Närrin *f* **3.** (*kirpik boyası*) Mascara *f*
maskarata *s* Kappe *f*
maske *s* **1.** (*a. fig*) Maske *f;* ~**si düşmek** demaskiert werden; ~**sini atmak** die Maske von sich werfen, die Maske fallen lassen, sich demaskieren; **bir şeyin maskesini düşürmek** [*o* **sıyırmak**] etw entlarven; **birinin maskesini kaldırmak** jdn demaskieren, jdm die Maske vom Gesicht reißen **2.** (*fig*) Deckmantel *m;* **hayırseverlik** ~**si altında** unter dem Deckmantel der Hilfsbereitschaft
maskeleme *s* **1.** *Verbalsubstantiv zu* **maskelemek 2.** Maskierung *f*
maskelemek *vt* maskieren
maskeli *adj* maskiert; **gangsterler** ~**ydi** die Gangster waren maskiert; **maskeli balo** *s* Maskenball *m*
maskesiz *adj* unverhüllt; **biriyle** ~**, açık konuşmak** (*fig fam*) mit jdm Klartext reden/sprechen
maskot *s* Maskottchen *nt*
maslahatgüzar *s s.* **işgüder** Geschäftsträger(in) *m(f)*
masmavi *adj* (*gökyüzü*) blitzblau
mason *s* Freimaurer *m;* **mason locası** *s* Freimaurerloge *f*
masonluk *s ohne Pl* <-ğu> Freimaurerei *f*
masör *s* Masseur *m*
masöz *s* Masseuse *f*
masraf *s* **1.** Aufwand *m,* Kosten *pl;* ~ **kapısı açmak** Kosten verursachen; ~**lar çıktıktan sonra** abzüglich der Kosten, nach Abzug der Kosten; ~**ları karşılamak** die Kosten decken; **bir şey için** ~**a girmek** viel Aufwand mit etw treiben **2.** ~**lar** Auslagen *fpl*
masraflı *adj* kostspielig, aufwändig
masrafsız *adj* kostengünstig
massetme *s* **1.** *Verbalsubstantiv zu* **massetmek 2.** (*soğurma*) Absorption *f*
massetmek *vt s.* **soğurmak** absorbieren, aufsaugen
mastar[1] *s* (LING: *fiilin*) Infinitiv *m,* Grundform *f*
mastar[2] *s* (ARCH) Richtscheit *nt*
mastara *s* (MATH: *iletki*) Winkelmesser *m*
master *s* (UNIV) Magister *m*
mastı *s* (*köpek cinsi*) Mastiff *m;* **mastı çiçeği** *s* (BOT: *arnika*) Arnika *f*
mastika *s* **1.** Mastix *m* **2.** (*sakız rakısı*) Mastix-Schnaps *m*
mastor *adj,* **mastur** *adj* (*sl: çok sarhoş*) stockbesoffen
mastürbasyon *s* Selbstbefriedigung *f*
masum *adj* unschuldig
masuniyet *s s.* **dokunulmazlık** Immunität *f;* **teşriî** ~ parlamentarische Immunität
maşa *s* **1.** Feuerzange *f* **2.** (*saçları kıvırmak için*) Brennschere *f* **3.** (*bisiklette*) Gabel *f* **4.** (*fig: alet*) Werkzeug *nt*
maşrapa *s* Krug *m*
maşrık *s s.* **doğu** Osten *m*
matafyon *s* (NAUT: *yelkende*) Öse *f*
matara *s* Feldflasche *f*
matematik *s ohne Pl* <-ği> Mathematik *f;* **uygulamalı** ~ angewandte Mathematik
matematikçi *s* Mathematiker(in) *m(f)*
matematiksel *adj* mathematisch
matem havası *s* Trauerstimmung *f*
matine *s* **1.** Matinee *f* **2.** (FILM, THEAT) Nachmittagsvorstellung *f* **3.** (*bir eserin okunması*) Lesung *f*
matrah *s* Bemessungsgrundlage *f*
matrak I. *s* <-ğı> **1.** (*değnek*) Stock *m* **2.** (*sl*): **birini matrağa almak** (*fig*) jdn auf den Arm nehmen **II.** *adj* (*sl: eğlenceli*) lustig; **biriyle** ~ **geçmek** (*sl fig*) jdn auf den Arm nehmen
matriarkal *adj* (*anaerkil*) matriarchalisch
maun *s ohne Pl* Mahagoni *nt*
mavi I. *s* Blaue *nt;* **açık/koyu bir** ~ ein helles/dunkles Blau **II.** *adj* blau; ~ **bir renk** eine blaue Farbe; **mavi baştankara** *s* (ZOOL) Blaumeise *f;* **mavi gözlü** *adj* blauäugig
mavikantaron *s* (BOT) Kornblume *f*
mavi küf *s ohne Pl* Blauschimmel *m;* **mavi levrek** *s* <-ği> Blaubarsch *m*
mavilik *s* <-ği> Bläue *f*
mavimsi *adj,* **mavimtırak** *adj* <-ğı> bläulich
mavna *s* Kahn *m*
mavuna *s s.* **mavna**
maya[1] *s ohne Pl* Hefe *f*
maya[2] *s* (*fam*) **1.** (*damızlık dişi hayvan*) weibliches Zuchttier **2.** (*dişi deve*) Kamel-

M

stute *f*
maya ağacı *s* (BOT) Ölpalme *f*
mayalama *s* **1.** *Verbalsubstantiv zu* **mayalamak** **2.** Gärung *f*
mayalamak *vt* gären
mayalandırma *s* **1.** *Verbalsubstantiv zu* **mayalandırmak** **2.** Gärung *f*
mayalandırmak *vt* gären
mayalanma *s* **1.** Gärung *f* **2.** (*fermantasyon*) Fermentation *f*
mayalanmak *vi* gären
mayalı hamur *s* Hefeteig *m*
mayasıl *s* (MED) **1.** (*egzama*) Ekzem *nt* **2.** (*basur*) Hämorrhoiden *pl;* **mayasıl otu** *s* (BOT) Günsel *m*
maydanoz *s* (BOT) Petersilie *f*
mayhoş *adj* **1.** süßsauer **2.** (*fig: dostluk ilişkisi için*) abgekühlt
mayın *s* (MIL) Mine *f;* **mayın detektörü** *s* Minensuchgerät *nt*
mayınlama *s* (MIL) Verminung *f*
mayınlamak *vt* (MIL) verminen
mayın tarlası *s* (MIL) Minenfeld *nt*
mayıs[1] *s* Mai *m*
mayıs[2] *s* (*reg: taze sığır gübresi*) Kuhfladen *m*
mayıs böceği *s* (ZOOL) Maikäfer *m*
mayi **I.** *s* <-i> Flüssigkeit *f* **II.** *adj* flüssig; *s. a.* **sıvı**
mayistra *s* (NAUT) **1.** Großsegel *nt* **2.** (*kuzeybatı rüzgârı*) Nordwestwind *m*
maymun *s* (ZOOL) Affe *m*
maymuncuk *s* <-ğu> **1.** (*küçük maymun*) Äffchen *nt* **2.** (*kilit açmak için*) Dietrich *m*
mayna *s* (NAUT) **1.** (*yelken indirme*) Fieren *nt;* **yelkenleri ~ etmek** die Segel fieren **2.** (*fırtına için*): **~ etmek** sich legen
mayo *s* (*erkek için*) Badehose *f;* (*kadın için*) Badeanzug *m*
mayonez *s* Majonäse *f,* Mayonnaise *f*
mayşor *s ohne Pl* Neusilber *nt*
mazbata *s s.* **tutanak** Protokoll *nt;* **mazbata muharriri** *s* Protokollführer(in) *m(f)*
mazeret *s* Entschuldigung *f;* **mazeret kâğıdı** *s* (SCHULE: *tezkere*) Entschuldigung *f*
mazgal *s* Schießsparte *f*
mazı *s* (BOT) Lebensbaum *m,* Zypressenfichte *f*
mazi [ma:zi:] *s* **1.** (*geçmiş*) Vergangenheit *f;* **~ye karışmak** veralten; (*işlerlikten çıkmak*) außer Gebrauch kommen **2.** (LING: *geçmiş zaman*) Vergangenheit *f*
mazlum *adj* **1.** unterdrückt **2.** (*fig*) sanft
mazlumluk *s* <-ğu> **1.** (*ezilmişlik*) Unterdrückung *f* **2.** (*fig* UYSALLIK) Sanftheit *f*
mazmun *s* **1.** (*anlam*) Sinn *m* **2.** (LIT) Bonmot *nt*
maznun *s* (JUR: *sanık*) Angeklagte(r) *mf*
mazoşist **I.** *s* Masochist(in) *m(f)* **II.** *adj* masochistisch
mazoşizm *s ohne Pl* Masochismus *m*
mazot *s ohne Pl* (AUTO) Dieselkraftstoff *m;* (*fam*) Diesel *m*
md. (JUR) *Abk. von* **madde** Art., *Artikel*
mebiz *s* (ANAT: *yumurtalık*) Eierstock *m*
mebus *s* (*milletvekili*) Abgeordnete(r) *mf*
meblağ *s* (*para miktarı*) Geldmenge *f*
mebus *s s.* **milletvekili** Abgeordnete(r) *mf*
mecazî *adj* übertragen, figurativ; **~ anlamda** in übertragener Bedeutung, im übertragenen Sinn
mecburî figürler *s Pl* (SPORT) Pflicht *f;* **mecburî iniş** *s* Notlandung *f;* **~ yapmak** notlanden
mecal *s* <-i> Kraft *f;* **~i kalmamak** keine Kraft mehr haben
meclis *s* (*a.* POL) Versammlung *f;* **kurucu ~** die konstituierende Versammlung; **yasama ~i** die gesetzgebende Versammlung
mecmua *s s.* **dergi** Zeitschrift *f*
meçhul *adj* unbekannt
medalyon *s s.* **madalyon**
-meden/-madan ohne zu; **okumadan/sormadan/bilmeden/öğrenmeden** ohne zu lesen/fragen/wissen/lernen
medenî *adj* **1.** (*uygar*) zivilisiert **2.** (JUR) bürgerlich; **~ haklar** bürgerliche Rechte; **~ kanun** Bürgerliches Gesetzbuch
medenî hakları kullanma yeteneği *s ohne Pl* (JUR) Handlungsfähigkeit *f;* **~nde bulunan** handlungsfähig
medeniyet *s s.* **uygarlık** Zivilisation *f*
Medine *s* Medina *nt*
medrese *s* Medrese *f*
medüz *s* Meduse *f;* (*denizanası*) Qualle *f*
medya *s ohne Pl* **1.** Medien *pl* **2.** (*iletişim ortamı*) Medienlandschaft *f;* **medya imparatoru** *s* Medienmogul *m,* Medienzar *m*
medyum *s* Medium *nt*
medyun *s s.* **borçlu** Schuldner(in) *m(f)*
mefhum *s s.* **kavram** Begriff *m*
megabayt *s* (INFORM) Megabyte *nt*
megafon *s* Megafon[RR] *nt,* Megaphon *nt*
megahertz *s* (PHYS) Megahertz *nt*
megaloman *adj* (*pej*) größenwahnsinnig
megalomani *s ohne Pl* (*pej*) Größenwahn *m*
megavat *s* (PHYS) Megawatt *nt*
meğer *konj* jedoch, wohl; **~ ben çok safmışım** ich war wohl sehr naiv
meğerki *konj* es sei denn; **bu iş bitmeyecek, ~, siz de yardım edesiniz** diese Arbeit wird nicht fertig, es sei denn, Sie helfen mit
mehaz *s s.* **kaynak** Quelle *f*
mehil *s* <-hli> Frist *f*
mehli *s poss von* **mehil**

Mehmetçik *s* <-ği> (*fam*) *umgangssprachliche Bezeichnung des einfachen türkischen Soldaten*
mehr *s s.* **mihr** Morgengabe *f*
mehtap *s* <-bı> (*ay ışığı*) Mondschein *m;* **mehtaba çıkmak** im Mondschein spazieren gehen
mehtaplı *adj* mondhell; ~ **bir gecede** in einer mondhellen Nacht
mekân *s* **1.** (*yer*) Ort *m,* Platz *m,* Lokal *nt;* ~ **tutmak** sich niederlassen **2.** (*ev*) Wohnung *f* **3.** (*uzay*) Raum *m;* **mekân akustiği** *s ohne Pl* Raumakustik *f*
mekanik **I.** *s ohne Pl* <-ği> Mechanik *f* **II.** *adj* mechanisch
mekanikçi **I.** *s* Mechanist(in) *m(f)* **II.** *adj* mechanistisch
mekanikçilik *s ohne Pl* <-ği> (PHILOS: *mekanizm*) Mechanismus *m*
mekanizasyon *s* Mechanisierung *f*
mekanize *adj* mechanisiert
mekanizm *s s.* **mekanikçilik**
mekanizma *s* Mechanismus *m*
mekik *s* <-ği> Weberschiffchen *nt;* ~ **dokumak** (*fam fig*) hin- und herpendeln
Mekke *s* Mekka *nt*
meksefe *s* (PHYS, ELEK: *kondensatör*) Kondensator *m*
Meksika **I.** *s* Mexiko *nt* **II.** *adj* mexikanisch; ~ **hükûmeti** die mexikanische Regierung
Meksikalı **I.** *s* Mexikaner(in) *m(f)* **II.** *adj* mexikanisch; ~ **erkekler/kadınlar** mexikanische Männer/Frauen
mektup *s* <-bu> Brief *m;* **mektup zarfı** *s* Briefumschlag *m*
melânkoli *s ohne Pl* Melancholie *f*
melânkolik *adj* melancholisch
melâs *s* Melasse *f*
melek *s* <-ği> Engel *m;* **melek otu** *s* (BOT) Engelwurz *m,* Angelika *f*
meleme *s* **1.** *Verbalsubstantiv zu* **melemek** **2.** (*keçi*) Meckern *nt;* (*sürekli*) Gemecker *nt* **3.** (*koyun*) Blöken *nt;* (*sürekli*) Geblöke *nt*
melemek *vi* **1.** (*keçi*) meckern **2.** (*koyun*) blöken
melengiç *s* <-ci> (BOT: *çitlembik*) Zürgelbaum *m*
melez *s* **1.** Mischling *m* **2.** (BIOL) Bastard *m,* Kreuzung *f*
melezleme *s* **1.** *Verbalsubstantiv zu* **melezlemek** **2.** Kreuzung *f*
melezlemek *vt* kreuzen
melezleştirme *s* **1.** *Verbalsubstantiv zu* **melezleştirmek** **2.** Bastardierung *f*
melezleştirmek *vt* bastardieren
melisa *s* (BOT) Melisse *f;* **melisa ruhu** *s ohne Pl* Melissengeist *m*
melodi *s* Melodie *f*
melodik *adj* melodisch
melodram *s* (THEAT, LIT) Melodram(a) *nt*
melodramatik *adj* (THEAT, LIT) melodramatisch
melon *s* Bowler *m,* Melone *f*
memalik <-ği> *s Pl s.* **memleketler** Länder *ntpl*
memba *s* <-ı> Quelle *f;* **memba suyu** *s* Quellwasser *nt*
meme *s* **1.** Brust *f* **2.** (*inekte*) Euter *nt* **3.** (TECH) Düse *f* **4.** (*kulak ~si*) Läppchen *nt;* **meme başı** *s* (ANAT) Brustwarze *f,* Zitze *f;* **meme bezi** *s* (ANAT) Brustdrüse *f*
memeli **I.** *s* (ZOOL) Säuger *m* **II.** *adj* Säuge-; **memeli hayvan** *s* (ZOOL) Säugetier *nt*
meme süngeri *s* (ANAT) Brustwarzenring *m*
memleha *s s.* **tuzla** Saline *f*
memleket *s* Land *nt*
memleketli *s* Landsmann, -männin *m, f; s. a.* **hemşehri**
memlûk *s* <-ü> *s.* **köle** Sklave, -in *m, f,* Mamelu(c)k *m*
Memlûk *s* <-ü> (HIST) Mamelu(c)k *m*
memnu *adj* <-u> verboten; **memnu mıntıka** *s s.* **yasak bölge** Sperrgebiet *nt*
memnun *adj* **1.** (*mutlu*) froh; (**çok**) ~ **oldum!** ich freue mich (sehr)!, sehr erfreut! **2.** (*hoşnut*) zufrieden; **hayatından** ~ **olmak** (*fam*) mit sich und der Welt zufrieden sein
memnuniyet *s ohne Pl* Freude *f,* Vergnügen *nt,* Zufriedenheit *f*
memnuniyetle *adv* mit Vergnügen; (*seve seve*) (sehr) gern; **bir kararı** ~ **karşılamak** eine Entscheidung begrüßen [*o* freudig zur Kenntnis nehmen]
memnuniyet verici *adj* (*haber*) erfreulich; (*karar*) begrüßungswert
memorandum *s* Memorandum *nt*
memur *s* Beamte(r) *mf;* **memur adayı** *s* Beamtenanwärter(in) *m(f)*
memura hakaret *s* Beamtenbeleidigung *f*
memure *s* Beamte *f,* Beamtin *f*
memurluk *s* <-ğu> **1.** (*resmî daire*) Amt *nt* **2.** (ADMIN) Beamtenlaufbahn *f;* **memurluğa girmek** die Beamtenlaufbahn einschlagen **3.** (*ohne Pl*) Beamtentum *nt*
memur maaşı *s* Beamtengehalt *nt*
menajer *s* Manager(in) *m(f)*
Menderes *s* (GEO) Mäander *m*
mendil *s* Taschentuch *nt;* ~ **sallamak** mit einem Taschentuch winken
menecer *s* Manager(in) *m(f)*
menejer *s* (*reg*) *s.* **menecer**
menekşe *s* (BOT) Veilchen *nt*
menenjit *s* (MED) Meningitis *f,* Hirnhautentzündung *f*
menetme *s* **1.** *Verbalsubstantiv zu* **menet-**

M

mek **2.** Untersagung *f*

menetmek *vt* untersagen, verbieten

meneviş *s ohne Pl* **1.** Schiller *m* **2.** Anlauffarbe *f*

menevişlenme *s Verbalsubstantiv zu* **menevişlenmek**

menevişlenmek *vi* **1.** schillern **2.** anlaufen

menevişli *adj* schillernd

menfa *s s.* **sürgün yeri** Verbannungsort *m,* Exil *nt*

menfaat *s* <-i> **1.** Vorteil *m;* ~ **gütmek** auf seinen eigenen Vorteil bedacht sein; **birinin ~ine** zum jds Vorteil **2.** Interesse *nt*

menfaatçi *adj* eigennützig, selbstsüchtig

menfaatperest *adj* eigennützig, selbstsüchtig

menfaatperestlik *s ohne Pl* <-ği> Eigennützigkeit *f,* Selbstsucht *f*

menfur *adj* scheußlich; (*iğrenç*) ekelhaft; (*tiksindirici*) abstoßend

menisk *s* (ANAT, FOTO) Meniskus *m;* **menisküs** *s* (MED) Meniskusschaden *m*

menkul kıymetler *s Pl* (FIN) Effekten *pl*

menopoz *s* Menopause *f*

mensubiyet *s* Zugehörigkeit *f*

mensucat *s* Textilien *pl*

mensur *adj* (LIT) prosaisch, Prosa-; **mensur şiir** *s* (LIT: *şiirce*) Prosadichtung *f*

menşe *s* <-i> *s.* **köken** Ursprung *m,* Herkunft *f;* **menşe şahadetnamesi** *s s.* **köken belgesi** Ursprungszeugnis *nt*

menteşe *s* Scharnier *nt,* Angel *f;* **kapının ~leri gıcırdıyor** die Tür quietscht in den Angeln

mentol *s* <-ü> (CHEM) Menthol *nt*

mera *s* Weide *f*

merak *s* **1.** (*anlamak, öğrenmek isteği*) Neugier(de) *f;* ~ **etmek** neugierig sein; ~**tan** aus Neugier(de) **2.** (*yapmak, uğraşmak isteği*) Interesse *nt* **3.** (*heves, düşkünlük*) Interesse *nt,* Vorliebe *f* **4.** (*kaygı, tasa*) Sorge *f;* ~ **etme!** keine Sorge!

meraklı *adj* neugierig

meraksız *adj* desinteressiert (*-e/-e* für/an)

meraksızlık *s ohne Pl* <-ğı> Desinteresse *nt* (*-e/-e* für/an)

meral [merāl] *s* <-i> Hirschkuh *f*

merasim [mera:sim] *s s.* **tören** Feier *f;* **merasim salonu** *s s.* **tören salonu** Festsaal *m*

mercan **I.** *s* **1.** (*kalker iskeletli hayvan*) Koralle *f,* Korallentier *nt* **2.** (*süs taşı*) Koralle *f* **3.** (~ *balığı*) Rotbrasse *f* **II.** *adj* korallen, aus Korallen bestehend

mercan adası *s* Koralleninsel *f;* (*atol*) Atoll *nt;* **mercan ağacı** *s* (BOT) Korallenbaum *m;* **mercan balığı** *s* Rotbrasse *f*

mercanköşk *s* Majoran *m;* **yabanî** ~ Oregano *m*

mercanlı *adj* korallen

mercan resifi *s* Korallenriff *nt;* **mercan yılanı** *s* Korallenschlange *f*

mercek *s* <-ği> Linse *f*

merci *s* <-i> Instanz *f*

mercimek *s* <-ği> (BOT, GASTR) Linse *f;* **mercimek çorbası** *s* (GASTR) Linsensuppe *f*

merdiven *s* **1.** Treppe *f* **2.** Leiter *f;* **duvara bir ~ dayamak** eine Leiter anlegen an die Wand; **ellisine ~ dayadı** (*fam fig*) er ist Ende vierzig

merdiven evi *s* Treppenhaus *nt;* **merdiven korkuluğu** *s* Treppengeländer *nt;* **merdiven sahanlığı** *s* Treppenabsatz *m;* **merdivenin orta sahanlığı** mittlerer Treppenabsatz

merdümgiriz *adj* menschenscheu

merhametsiz *adj* unbarmherzig

merhametsizlik *s ohne Pl* <-ği> Unbarmherzigkeit *f*

merhem *s* Salbe *f;* **yaraya ~ sürmek** eine Wunde mit Salbe einreiben

merhemleme *s* **1.** *Verbalsubstantiv zu* **merhemlemek** **2.** Salbung *f*

merhemlemek *vt* salben

merhum *adj* verstorben, abgeschieden

meridyen *s* (GEO, ASTR) Meridian *m;* **meridyen dairesi** *s* (ASTR) Meridiankreis *m*

Merih *s* (ASTR: *Mars*) Mars *m*

merinos *s* **1.** (~ *koyunu*) Merino *m,* Merinoschaf *nt* **2.** (*yünü*) Merino *m,* Merinowolle *f;* **merinos koyunu** *s* Merinoschaf *nt*

meristem *s* (BIOL) Meristem *nt*

merkantilist *s* (WIRTSCH) Merkantilist(in) *m(f)*

merkantilizm *s ohne Pl* (WIRTSCH) Merkantilismus *m*

merkez *s* **1.** Zentrum *nt* **2.** (*hükümet ~i*) Sitz *m;* **merkez açı** *s* (MATH) Zentriwinkel *m;* **merkez bankası** *s* Zentralbank *f*

merkezci *adj s.* **merkeziyetçi** zentralistisch; **merkezcilik** *s ohne Pl* <-ği> *s.* **merkeziyetçilik** Zentralismus *m*

merkezî *adj* zentral; **merkezî ısıtma** *s* Zentralheizung *f*

merkezîleştirme *s* **1.** *Verbalsubstantiv zu* **merkezîleştirmek** **2.** Zentralisierung *f*

merkezîleştirmek *vt* zentralisieren

merkeziyetçi *adj* zentralistisch

merkeziyetçilik *s ohne Pl* <-ği> Zentralismus *m*

merkezkaç *adj* zentrifugal; **merkezkaç kuvvet** *s ohne Pl* (PHYS) Zentrifugalkraft *f,* Fliehkraft *f*

merkezkaçlama *s* **1.** *Verbalsubstantiv zu* **merkezkaçlamak** **2.** Zentrifugierung *f*

merkezkaçlamak *vt* (CHEM) zentrifugieren

merkezleme *s* **1.** *Verbalsubstantiv zu* **mer-**

kezlemek 2. Zentrierung *f*
merkezlemek *vt* zentrieren
merkez postahanesi *s* Hauptpost *f;* **merkez üssü** *s* (GEO) Epizentrum *nt*
Merkür *s ohne Pl* (ASTR) Merkur *m*
mermer I. *s* Marmor *m;* ~ **gibi** wie (aus) Marmor **II.** *adj* marmorn; **mermer tomruğu** *s* Marmorblock *m*
mermi *s* Geschoss *nt;* (*kurşun*) Kugel *f;* **mermi kovanı** *s* Geschosshülse *f*
mersi *interj:* ~**!** merci!
mersin *s* (BOT) Myrte *f*
mersin balığı *s* (ZOOL) Stör *m*
mersiye *s* (LIT: *ağıt*) Totenklage *f*
mertek *s* <-ği> Balken *m*
Meryem Ana *s* (REL) Maria, Mutter Jesu Christi
meryemana asması *s* (BOT: *akasma*) Klematis *f;* **meryemana eldiveni** *s* (BOT) Marienglockenblume *f;* **meryemana kuşağı** *s s.* **gök kuşağı** Regenbogen *m*
merzengûş *s s.* **mercanköşk** Majoran *m*
mesai *s* Arbeit *f;* ~ **yapmak** Überstunden machen; **mesai saati** *s* Arbeitszeit *f*
mesaj *s* Botschaft *f,* Nachricht *f;* ~ **bırakmak** eine Nachricht hinterlassen
mesamat *s Pl* (ANAT: *gözenekler*) Poren *pl*
mesame *s* (ANAT: *gözenek*) Pore *f*
mesane *s* (ANAT: *sidik torbası*) Harnblase *f*
mescit *s* <-di> (REL) **1.** (*cami*) Moschee *f* **2.** (*küçük cami*) kleine Moschee
mesel *s* **1.** (*örnek*) Beispiel *nt* **2.** (*atasözü*) Sprichwort *nt;* ~ **olmak** zum Sprichwort werden **3.** (*masal*) Fabel *f*
meselâ [me'selaː] *adv* zum Beispiel, beispielsweise
mesele *s* **1.** Sache *f,* Angelegenheit *f* **2.** (*sorun*) Problem *nt;* (*vicdan* ~*si*) Frage *f;* ~ **çıkarmak** Probleme machen; **bir şeyi** ~ **yapmak** etw zum Problem machen; ~ **yok!** kein Problem!
mesen *s* Mäzen *m,* Förderer *m;* **bir sanatçının** ~**i** der Mäzen eines Künstlers
meserret *s s.* **sevinç** Freude *f*
Mesih *s* (REL: *İsa Peygamber*) Messias *m*
mesire *s s.* **gezinti yeri** Ausflugsort *m*
meskûn mahal *s s.* **yerleşim merkezi** Ortschaft *f*
meslek *s* <-ği> Beruf *m;* ~ **icabı** von Berufs wegen; **bir** ~**te çalışmak** einen Beruf ausüben; **meslek danışmanı** *s* (WIRTSCH) Berufsberater(in) *m(f);* **meslek danışmanlığı** *s* Berufsberatung *f;* **meslek değiştirme** *s* Berufswechsel *m;* **meslek deneyimi** *s* Berufserfahrung *f;* **meslek eğitimi** *s* Berufsausbildung *f;* **meslek grubu** *s* Berufsgruppe *f;* **meslek hastalığı** *s* Berufskrankheit *f;* **meslek hayatı** *s ohne Pl* Berufsleben *nt*
meslekî *adj* beruflich
meslek içi eğitim *s* Fortbildung *f;* (*kurs*) Fortbildungskurs *m;* **meslek okulu** *s* Berufsschule *f;* **meslek okulu öğretmeni** *s* Berufsschullehrer(in) *m(f);* **meslek sahibi** *s* Berufstätige(r) *mf;* ~ **olmak** berufstätig sein; **meslek seçimi** *s ohne Pl* Berufswahl *f;* **meslek yaşamı** *s ohne Pl* Berufsleben *nt*
meşale [meʃale] *s* Fackel *f*
meşe *s* (BOT) Eiche *f*
meşelik *s* <-ği> (*meşe korusu*) Eichenschälwald *m;* (*meşe ormanı*) Eichenwald *m*
meşgul *adj* **1.** beschäftigt **2.** (TEL: *hat*) besetzt; **hatlar** ~ (TEL) die Leitungen sind besetzt; **meşgul sesi** *s* (TEL) Besetztzeichen *nt*
meşhur *adj* berühmt
meşime *s* (ANAT, MED) **1.** (*döl yatağı*) Gebärmutter *f* **2.** (*etene*) Mutterkuchen *m;* (*plâsenta*) Plazenta *f*
meşin yuvarlak *s* <-ğı> (*fam: futbolda top*) Leder *nt*
meşruiyet *s* Rechtmäßigkeit *f*
meşru müdafaa *s* (JUR) Notwehr *f;* ~ **hâlinde** in [*o* aus] Notwehr
meşrutî *adj* (POL) konstitutionell
meşrutiyet *s* (POL) konstitutionelle Monarchie
meş'um [meʃuːm] *adj* makaber; ~ **şeyler söylemek** makab(e)re Sachen sagen, makab(e)re Reden führen
meta *s* <-ı> **1.** (*mal*) Ware *f;* (*ticaret malı*) Handelsware *f* **2.** (*sermaye*) Kapital *nt*
metabolizma *s* Stoffwechsel *m*
metadon *s* Methadon *nt*
metafizik I. *s* <-ği> Metaphysik *f* **II.** *adj* metaphysisch
metafor *s* (LING, LIT: *istiare*) Metapher *f*
metal *s* <-i> Metall *nt;* **metal makara** *s* Metallrolle *f*
metaloit *s* <-di>, **metalsi** *s* (CHEM) Nichtmetall *nt*
metamorfizm *s* (GEOL: *başkalaşım*) Metamorphose *f*
metamorfoz *s* (BOT, ZOOL: *başkalaşma*) Metamorphose *f*
metan *s ohne Pl* (CHEM) Methan *nt*
metastaz *s* (MED) Metastase *f*
metazori *adv* (*zorla*) mit Gewalt, gewaltsam
metelik *s* <-ği> **1.** (HIST: *on para değerindeki sikke*) 10-Para-Münze *f* **2.** (*fig*): **bu** ~ **etmez** das ist keinen Pfennig [*o* Pfifferling] wert; **meteliğe kurşun atmak** blank sein
meteliksiz *adj* (*fam*) abgebrannt, pleite
meteor *s* (ASTR) Meteor *m*
meteorit *s* (ASTR) Meteorit *m*
meteorolog *s* Meteorologe, -in *m, f*

meteoroloji *s* Meteorologie *f*
meteoroloji istasyonu *s* Wetterstation *f*
meteorolojik *adj* meteorologisch
meteor taşı *s* (ASTR: *meteorit*) Meteorit *m*
metfen *s s.* **mezar** Grab *nt*
metfun *adj* (*gömülü*) begraben
methetme *s Verbalsubstantiv zu* **methetmek**
methetmek *vt s.* **övmek** loben
metin *s* <-tni> Text *m*
metni *s poss von* **metin**
metot *s* <-du> *s.* **yöntem** Methode *f*
metotlu *adj s.* **yöntemli** methodisch
metre *s* Meter *m o nt;* **bir ~ kumaşın fiyatı** der Preis für einen Meter Stoff; **on ~ uzunluğunda/yüksekliğinde bir duvar** eine Wand von zehn Metern Länge/Höhe; **metre kare** *s* Quadratmeter *m o nt;* **metre küp** *s* Kubikmeter *m o nt;* **metrelerce** *adv* meterweise
metres *s* Mätresse *f*
metro *s* U-Bahn *f*
metronom *s* (MUS) Metronom *nt*
metropol *s* <-ü> Metropole *f*
mevcudiyet *s ohne Pl* Existenz *f,* Vorhandensein *nt*
mevcut I. *s* <-du> Bestand *m* **II.** *adj* vorhanden
mevduat *s* (FIN) Einlage *f*
mevki *s* <-i> **1.** (*orun*) Klasse *f;* **birinci/ikinci ~** erste/zweite Klasse **2.** Position *f* **3.** Stellung *f,* Stelle *f,* Posten *m*
mevkuf *adj* **1.** (*tutuklu*) verhaftet, inhaftiert **2.** (*vakfedilmiş*) gestiftet
mevkut *adj s.* **süreli** periodisch
mevkute *s s.* **süreli yayın** Periodikum *nt*
mevlût *s* <-du> **1.** (*doğum*) Geburt *f* **2.** (*yeni doğmuş çocuk*) Neugeborene(s) *nt,* neugeborenes Kind
mevzun *adj s.* **biçimli** wohlgeformt
meyan balı *s* Lakritz *m,* Lakritze *f;* **meyan kökü** *s ohne Pl* (BOT) Süßholz *nt*
meydan *s* **1.** Platz *m* **2.** (*muharebe ~ı*) Feld *nt;* **siyaset ~ı** die politische Bühne **3. bir şeye ~ açmak** etw verursachen, zu etw führen; **~ bırakmamak** keine Gelegenheit geben; **~ bulamamak** keine Gelegenheit finden; **birine ~ okumak** jdn herausfordern; **bir şeye ~ vermemek** etw keine Möglichkeit geben; **~a atılmak** sich in den Vordergrund stellen; **bir şeyi ~a çıkarmak** (*açıklığa kavuşturmak*) etw aufklären; (*bularak ortaya çıkarmak*) etw ans Tageslicht bringen; **~a çıkmak** klar werden **4.** (*fam*) Bildfläche *f;* **~dan kaybolmak** von der Bildfläche verschwinden; **~na çıkmak** auf der Bildfläche erscheinen
meyhane *s* Kneipe *f;* (*österr*) Beisel *nt*
meyve *s* **1.** Frucht *f* **2.** *ohne Pl* Obst *nt;* **meyve ağacı** *s* Obstbaum *m;* **meyve bahçesi** *s* Obstgarten *m*
meyveli *adj* fruchttragend; **~ ağaç** ein fruchttragender Baum; **meyveli pasta** *s* Obstkuchen *m*
meyve suyu *s* Fruchtsaft *m,* Obstsaft *m;* **meyve şekeri** *s* Fruchtzucker *m*
mezar *s* Grab *nt;* **beşikten ~a kadar** (POET) von der Wiege bis zum Grabe; **mezar kaçkını** *s* (*fam fig*): **~na benzemek** wie eine Leiche auf Urlaub aussehen
mezarlık *s* <-ğı> Friedhof *m*
mezar taşı *s* Grabstein *m*
mezat *s* Auktion *f;* **~a çıkarmak/koymak** zur Auktion bringen
mezatçı *s* Auktionator *m*
mezbaha *s* Schlachthof *m*
mezhep *s* <-bi> (REL) Konfession *f,* Bekenntnis *nt*
mezhepsiz *adj* konfessionslos
mezhepsizlik *s* <-ği> Konfessionslosigkeit *f*
mezosfer *s ohne Pl* (ASTR) Mesosphäre *f*
mezun I. *s* (SCHULE, UNI) Absolvent(in) *m(f);* **okuldan ~ olmak** die Schule absolvieren [*o* durchlaufen] **II.** *adj* **1.** (*izinli*) beurlaubt **2.** (*yetkili*) befugt, ermächtigt; **birisini ~ kılmak** jdn ermächtigen; **bunu yapmaya ~ değilim** ich bin nicht befugt, das zu machen
mezuniyet *s* **1.** Beurlaubung *f* **2.** (SCHULE, UNI) Abschluss *m* **3.** (*yetki*) Befugnis *f,* Ermächtigung *f;* **mezuniyet balosu** *s* (SCHULE, UNI) Abschlussball *m;* **mezuniyet sınavı** *s* (SCHULE, UNI) Abschlussprüfung *f*
mezura *s* Maßband *nt*
MGK *s Abk. von* **Millî Güvenlik Kurulu** *Nationaler Sicherheitsrat*
mıknatıs *s* Magnet *m*
mıknatıslama *s Verbalsubstantiv zu* **mıknatıslamak**
mıknatışlamak *vt* magnetisieren
mıknatıslı iğne *s* Magnetnadel *f*
mırıldama *s ohne Pl* **1.** *Verbalsubstantiv zu* **mırıldamak** **2.** Gemurmel *nt*
mırıldamak *vt* murmeln
mırıldanma *s ohne Pl* **1.** *Verbalsubstantiv zu* **mırıldanmak** **2.** Gemurmel *nt*
mırıldanmak *vi* **1.** vor sich hin murmeln **2.** vor sich hin summen; **kendi kendine (sessizce) bir şeyler mırıldanıyordu** er summte (leise) vor sich hin
mırın kırın *s:* **~ etmek** herumdrucksen
mırlama *s Verbalsubstantiv zu* **mırlamak**
mırlamak *vi* (*kedi*) schnurren
mırnav *s:* **~!** miau!
mısdak *s* <-ğı> Kriterium *nt; s. a.* **ölçüt, kıstas**
mısır *s* Mais *m*
Mısır I. *s* Ägypten *nt* **II.** *adj* ägyptisch; **~ pi-**

ramitleri die ägyptischen Pyramiden
mısır ekmeği *s* Maisbrot *nt;* **mısır gevreği** *s* Cornflakes *pl;* **mısır koçanı** *s* Maiskolben *m*
Mısırlı **I.** *s* Ägypter(in) *m(f)* **II.** *adj* ägyptisch; ~ **erkekler/kadınlar** ägyptische Männer/Frauen
mısır nişastası *s ohne Pl* (GASTR) Maisstärke *f;* **mısır püskülü** *s* Maisstroh *nt;* **Mısır turnası** *s* (ZOOL: *ibis*) Ibis *m;* **mısır unu** *s* Maismehl *nt*
mıstara *s* (MATH: *iletki*) Winkelmesser *m*
mızıka *s* (MUS) Mundharmonika *f*
mızıkacı *s* Musikant *m*
mızıkçı *s* Spielverderber(in) *m(f)*
mızmız *adj* (*fam*) quengelig
mızmızlanma *s* **1.** *Verbalsubstantiv zu* **mızmızlanmak** **2.** Quengelei *f*
mızmızlanmak *vi* quengeln
mızmız tavşan *s* (*fam*) Heulsuse *f*
mızrak *s* <-ğı> **1.** Speer *m* **2.** (SPORT: *cirit*) Speer *m;* **mızrak ucu** *s* Speerspitze *f*
mızrap *s* <-bı> (MUS: *pena, çalgıç*) Plektron *nt*
mi *s* (MUS) e; ~ **majör** e-Dur *nt;* ~ **minör** e-Moll *nt*
miat *s* <-dı> (*süre*) Frist *f;* **miadı dolmak** (*eskimek*) veralten, ausdienen; (*kullanım süresi*) verfallen; **bir işin miadı gelmişti** die Zeit dafür war gekommen
miço *s* Schiffsjunge *m*
mide *s* Magen *m;* ~ **bulandırmak** (*kusacak duruma getirmek*) Brechreiz verursachen; (*fig*) beunruhigen; ~**si bulanmak** (*kusacak gibi olmak*) Brechreiz verspüren; (*fig: rahatı kaçmak*) sich beunruhigen; ~**si ekşimek** [*o* **yanmak**] Sodbrennen haben; ~**sini bozmak** (*sich den Magen verderben*),
mide ağrısı *s* Magenschmerzen *pl;* **mide bulantısı** *s* Brechreiz *m,* Übelkeit *f;* **mide fesadı** *s* Magenverstimmung *f;* **mide koliği** *s* Magenkolik *f;* **mide krampı** *s* Magenkrampf *m;* **mide öz suyu** *s* Magensaft *m*
mide ülseri *s* (MED) Magengeschwür *nt*
midilli *s* Pony *nt*
Midilli *s* Lesbos *nt*
Midye *s* Muschel, Miesmuschel *f*
miftah *s s.* **anahtar** Schlüssel *m*
migren *s ohne Pl* (MED) Migräne *f*
miğfer *s* Helm *m*
mihengi *s poss von* **mihenk**
mihenk *s* <-gi> **1.** (*denek taşı*) Prüfstein *m* **2.** (*fig*) Waagschale *f;* **mihenge vurmak** auf die Waagschale legen
mihr *s* Morgengabe *f*
mihrace *s* Maharadscha *m*
mihrap *s* <-bı> (REL) Mihrab *m,* Gebetsnische *f*
mika *s* Glimmer *m*
mikos *s* (MED) Mykose *f*
mikrobiyoloji *s* Mikrobiologie *f*
mikrodalga *s* (ELEK) Mikrowelle *f*
mikrofilm *s* (FOTO) Mikrofilm *m*
mikrofon *s* (ELEK) Mikrofon *nt*
mikrokozmos *s* (BIOL, PHILOS, PHYS) Mikrokosmos *m*
mikroorganizma *s* (BIOL) Mikroorganismus *m*
mikrop *s* <-bu> **1.** (BIOL) Mikrobe *f* **2.** (MED) Keim *m,* Krankheitserreger *m*
mikroplu *adj* infektiös, krankheitserregend
mikropsuz *adj* keimlos
mikrop yuvası *s* Krankheitsherd *m*
mikroskobik *adj* mikroskopisch
mikroskop *s* <-bu> Mikroskop *nt*
miktar *s* Menge *f,* Anzahl *f;* (*şeker* ~ *ı*) Gehalt *m;* **büyük/küçük** eine große/kleine Menge
mil *s* **1.** (TECH) Welle *f* **2.** (*ölçü birimi*) Meile *f*
Milano *s* Mailand *nt*
Milanolu *s* Mailänder(in) *m(f)*
milât *s* <-dı> Christi Geburt; ~**tan önce** vor Christi Geburt; ~**tan sonra** nach Christi Geburt
mildiyu *s* (BOT) Mehltau *m*
miligram *s* Milligramm *nt*
mililitre *s* Milliliter *m o nt*
milimetre *s* Millimeter *m o nt;* **milimetre kare** *s* Quadratmillimeter *m o nt*
milimi milimine *adj* millimetergenau, auf den Millimeter genau
milletler arası *adj s.* **uluslar arası** international
milletvekili *s* Abgeordnete(r) *mf*
millî gelir *s ohne Pl* (WIRTSCH) Volkseinkommen *nt;* **millî ekonomi** *s* Volkswirtschaft *f;* **millî irade** *s* Volkswille(n) *m;* **millî maç** *s* (SPORT) Länderspiel *nt;* **millî takım** *s* (SPORT) Nationalmannschaft *f*
milliyetçi **I.** *s* (POL) Nationalist(in) *m(f)* **II.** *adj* (POL) nationalistisch
milliyetçilik *s* <-ği> (POL) Nationalismus *m*
mi majör *s ohne Pl* (MUS) E-Dur *nt*
mimar [mi:ma:r] *s* Architekt(in) *m(f),* Baumeister(in) *m(f)*
mimarî [mi:ma:ri:] **I.** *s ohne Pl* (*mimarlık*) Architektur *f* **II.** *adj* architektonisch
mimarlık *s ohne Pl* <-ğı> Architektur *f;* **mimarlık üslûbu** *s* Baustil *m*
mi mimör *s ohne Pl* (MUS) e-Moll *nt*
mimleme *s Verbalsubstantiv zu* **mimlemek**
mimlemek *vt:* **birini** ~ sich jdn merken, jdn auf dem Kieker haben
mimoza *s* (BOT) Mimose *f*
minare [mina:re] *s* Minarett *nt*

minareci *s* Minarettenbauer(in) *m(f)*
minarecik *s* <-ği> Minarettchen *nt*
minarecilik *s ohne Pl* <-ği> Minarettenbau *m*
minber *s* (REL: *camide*) Kanzel *f*
minder *s* **1.** Sitzkissen *nt* **2.** (SPORT) Matte *f*
mine *s* **1.** (*saat kadranı*) Zifferblatt *nt* **2.** (MED) Zahnschmelz *m*
mineral [minerāl] **I.** *s* <-i> Mineral *nt* **II.** *adj* mineralisch; ~ **maddeler** mineralische Substanzen
mineral bilimci *s* (*mineralog*) Mineraloge, -in *m, f;* **mineral bilimi** *s ohne Pl* (*mineraloji*) Mineralogie *f*
mineralleştirmek *vt* mineralisieren
mineralog *s* <-ğu> Mineraloge, -in *m, f*
mineraloji *s ohne Pl* Mineralogie *f*
minibüs *s* Kleinbus *m*
mini etek *s* <-ği> Minirock *m*
minkale *s s.* **iletki** (MATH) Winkelmesser *m*
minnacık *adj* <-ğı> winzig
minnettar *adj* dankbar, verbunden; **size ~ım** ich bin Ihnen dankbar, ich bin Ihnen zu Dank verpflichtet; **size çok ~ım** ich bin Ihnen sehr dankbar [*o* verbunden]; **birine ~ kalmak** jdm Dank schulden
minnettarlık *s ohne Pl* <-ğı> Dankbarkeit *f*
minör *s* (MUS) Moll *nt;* **minör gam** *s* (MUS) Molltonleiter *f*
minüskül *s* (*küçük harf*) Kleinbuchstabe *m*
mira *s* Messlatte *f*
miralay *s* (MIL: *albay*) Oberst *m*
miras *s ohne Pl* (JUR) Erbe *nt;* **~a konmak** das Erbe antreten; **birinden bir şey ~ kalmak** von jdm etw erben
miras bırakan *s* (JUR) Erblasser(in) *m(f)*
mirasçı *s* (JUR) Erbe, -in *m, f;* **birini ~ olarak atamak** jdn als Erben einsetzen
mirat [mɪrʼat] *s s.* **ayna** Spiegel *m*
mirî *adj* fiskalisch
misafir *s* (*konuk*) Gast *m;* **birine ~ olmak** bei jdm zu Gast sein
misafirhane *s* **1.** (*konuk evi*) Gästehaus *nt* **2.** (*kervansaray*) Gasthaus *nt*
misafir odası *s* Gästezimmer *nt*
misafirperver *adj* gastfreundlich
misafirperverlik *s ohne Pl* <-ği> Gastfreundschaft *f*
misk *s ohne Pl* Moschus *m*
misket[1] *s ohne Pl* Muskateller *m,* Muskatellerwein *m*
misket[2] *s* **1.** (MIL: *kurşun tanesi*) Bleikugel *f* **2.** (*bilye*) Murmel *f;* **~ oynamak** Murmeln spielen; **misket üzümü** *s ohne Pl* Muskateller *m*
misk sıçanı *s* (ZOOL) Bisamratte *f*
mistik **I.** *s* <-ği> (*gizemci*) Mystiker(in) *m(f)* **II.** *adj* <-ği> (*gizemsel*) mystisch; **mistisizm** *s ohne Pl* **1.** (*gizemcilik*) Mystizismus *m* **2.** Mystik *f*
misyon[1] *s* Mission *f;* **diplomatik/gizli ~** diplomatische/geheime Mission
misyon[2] *s ohne Pl* (REL) Mission *f*
misyoner *s* Missionar(in) *m(f)*
misyon şefi *s* Missionschef(in) *m(f)*
mit *s* (*mitos*) Mythos *m*
miting *s* Kundgebung *f*
mitleştirme *s Verbalsubstantiv zu* **mitleştirmek**
mitleştirmek *vt* mythologisieren
mitokondri *s* (BIOL) Mitochondrium *nt*
mitoloji *s* Mythologie *f;* **Yunan ~si** die griechische Mythologie
mitolojik *adj* mythologisch
mitos *s s.* **mit**
mitoz *s* (BIOL: *karyokinez*) Mitose *f*
mitral kapakçığı *s* (MED) Mitralklappe *f*
mitralyöz *s* Maschinenpistole *f*
miyavlama *s Verbalsubstantiv zu* **miyavlamak**
miyavlamak *vi* (*kedi*) miauen
miyokart *s* (ANAT) Myokard *nt*
miyom *s* (MED) Myom *nt*
miyop **I.** *s* <-bu> Myope *mf* **II.** *adj* kurzsichtig
miyopluk *s ohne Pl* <-ğu> (MED) Kurzsichtigkeit *f*
miyosen **I.** *s* (GEO) Miozän *nt* **II.** *adj* (GEO) miozän
miza *s* Mise *f,* Spieleinsatz *m*
mizaç *s* <-cı> Temperament *nt*
mizah *s ohne Pl* Humor *m;* **kara ~** schwarzer Humor
mizanpaj *s* (*gazete, dergi*) Layout *nt*
mizantrop *s* Misanthrop(in) *m(f)*
ml *Abk. von* **mililitre** ml, *Milliliter*
mm *Abk. von* **milimetre** mm, *Millimeter*
mobilya *s* Möbel *nt*
moda *s* Mode *f;* **~sı geçmek** aus der Mode kommen
moda dergisi *s* Modezeitschrift *f,* Modeheft *nt,* Modejournal *nt;* **moda evi** *s* Modehaus *nt,* Modegeschäft *nt*
modalist *s* Modedesigner(in) *m(f),* Modeschöpfer(in) *m(f)*
model *s* **1.** Modell *nt;* **~ olarak çalışmak** als Modell arbeiten **2.** (AUTO) Baujahr *nt;* (*tip*) Modell *nt,* Ausführung *f;* **bu otomobil kaç ~?** welches Baujahr ist das Auto?
modelaj *s* Modellierung *f*
modelci *s* **1.** Modellbauer(in) *m(f)* **2.** (*sanatçı*) Modelleur(in) *m(f),* Modellierer(in) *m(f)*
modelcilik *s ohne Pl* <-ği> **1.** Modellbau *m* **2.** (*sanatı*) Modellierung *f*
modem *s* (INFORM, TEL) Modem *nt;* **dış/iç ~** externes/internes Modem
modern *adj* modern; **~ olmak** modern sein

modernizasyon *s* Modernisierung *f*
modernleştirme *s* **1.** *Verbalsubstantiv zu* **modernleştirmek** **2.** Modernisierung *f*
modernleştirmek *vt* modernisieren
modernlik *s ohne Pl* <-ği> Moderne *f*
modifikasyon *s* Modifikation *f*
modistra *s* Schneiderin *f*
modül *s* **1.** (*katsayı*) Modul *m* **2.** (INFORM, ELEK) Modul *nt* **3.** (*Ay ~ ü*) Sonde *f*
modülâsyon *s* (MUS) Modulation *f*
modüler *adj* modular; **modüler sistem** *s* Baukastensystem *nt*
modüllü *adj* modular
Moğol I. *s* Mongole, -in *m, f* **II.** *adj* mongolisch
Moğolistan *s* Mongolei *f*
mohs ölçeği *s ohne pl* Mohshärte *f*
moka *s* Mokka *m*
mokasen *s* Mokassin *m*
mola *s* **1.** Rast *f;* ~ **vermek** Rast machen **2.** (SPORT: *voleybol ve basketbolda*) Auszeit *f,* Time-out *nt;* ~ **vermek** Auszeit nehmen
molekül *s* (CHEM) Molekül *nt*
molla *s* Mullah *m*
Molotof kokteyli *s* Molotowcocktail *m*
moloz *s ohne Pl* **1.** (*yapı döküntüsü*) Bauschutt *m* **2.** (*fig: işe yaramaz şey*) Schund *m;* (*işe yaramaz kimse*) Nichtsnutz *m,* Taugenichts *m*
molozluk *s* <-ğu> Schutthalde *f*
moment *s* (PHYS) Moment *nt;* **manyetik** ~ magnetisches Moment
momentum *s* **1.** (PHYS) Impuls *m* **2.** (*hızlılık*) Schwung *m*
monadizm *s ohne pl* (PHILOS: *monatçılık*) Monadenlehre *f*
Monako *s* Monaco *nt*
Monakolu *s* Monegasse, -in *m, f*
monarşi *s* Monarchie *f*
monarşist *s* Monarchist(in) *m(f)*
monarşizm *s ohne pl* Monarchismus *m*
monat *s ohne pl* <-dı> (PHILOS) Monade *f*
monatçılık *s ohne pl* <-ğı> (PHILOS) Monadenlehre *f*
mongolistik *s ohne pl* <-ği> (LING) Mongolistik *f*
mongolizm *s ohne pl* (MED) Mongolismus *m*
monitör *s* **1.** (*yetiştirici*) Ausbilder(in) *m(f)* **2.** (ALET) Monitor *m*
monizm *s ohne Pl* (PHILOS) Monismus *m*
monogam *adj* monogam
monogami *s* Monogamie *f;* **monografi** *s* Monografie *f;* **monokl** *s* Monokel *nt;* **monolog** *s* <-ğu> Monolog *m;* **monopol** *s* <-ü> (WIRTSCH) Monopol *nt;* **monoteizm** *s ohne Pl* Monotheismus *m*
montaj *s* Montage *f;* **montaj hattı** *s* Fließband *nt*
mor *adj* violett
Mora *s* Peloponnes *m*
moral *s ohne Pl* <-i> Moral *f;* ~**i bozuk olmak** deprimiert sein, niedergeschlagen sein; **birinin** ~**ini bozmak** jdn demoralisieren; (**bugün**) ~**ım** (**çok**) **bozuk** ich bin (heute sehr) deprimiert
moralizm *s ohne Pl* (PHILOS) Moralismus *m*
morarma *s Verbalsubstantiv zu* **morarmak**
morarmak *vi* **1.** violett werden **2.** blau anlaufen; **gözü morarmış olmak** ein blaues Auge haben
moren *s* (GEO) Moräne *f*
morfem *s* (LING) Morphem *nt*
morfin *s ohne Pl* Morphium *nt*
morfoloji *s ohne Pl* Morphologie *f*
morfolojik *adj* morphologisch
morg *s* Leichenschauhaus *nt,* Leichenhalle *f*
morina *s* (ZOOL) Kabeljau *m;* (*küçüğü*) Dorsch *m*
Moritanya *s* Mauretanien *nt*
Moritanyalı I. *s* Mauretanier(in) *m(f)* **II.** *adj* mauretanisch
mors *s* **1.** (*işaret*) Morsezeichen *nt* **2.** (*alet*) Morseapparat *m;* **mors alfabesi** *s* Morsealphabet *nt*
mortadella *s* Mortadella *f*
mortlama *s Verbalsubstantiv zu* **mortlamak**
mortlamak *vi* (*sl*) abkratzen
Moskova *s* Moskau *nt*
Moskovalı *s* Moskauer(in) *m(f)*
motif *s* Motiv *nt*
motor *s* **1.** Motor *m* **2.** (*a.* AERO) Triebwerk *nt* **3.** (*deniz aracı*) Motorboot *nt* **4.** (*motosiklet*) Motorrad *nt*
motorbot *s* Motorboot *nt*
motorize *adj* motorisiert
motorkros *s* Motocross *nt*
motorlu *adj:* **tek** ~ einmotorig; **motorlu araç** *s* <-cı>, **motorlu taşıt** *s* Kraftfahrzeug *nt;* **motorlu tren** *s s.* **mototren** Schienenbus *m*
motor yağı *s* (AUTO) Motoröl *nt*
motosiklet *s* Motorrad *nt*
mototren *s* Schienenbus *m*
mozaik *s* <-ği> **1.** Mosaik *nt* **2.** (*işi*) Mosaikarbeit *f;* **mozaik döşeme** *s* Mosaikfußboden *m*
mozak *s* <-ğı> (*reg: domuz yavrusu*) Ferkel *nt*
mozole *s* Mausoleum *nt*
M.Ö. *Abk. von* **milâttan önce** v. Chr.G., *vor Christi Geburt*
M.S. *Abk. von* **milâttan sonra** n. Chr.G., *nach Christi Geburt*
muallim *s s.* **öğretmen** Lehrer(in) *m(f)*
muamele *s* Behandlung *f;* ~ **etmek** (*davranmak*) behandeln (-*e*-); **birine iyi/kötü**

M

~ **etmek** jdn gut/schlecht behandeln; **bu ~yi hak (etmedi) etti** diese Behandlung hat er (nicht) verdient

muattar *adj* (*güzel kokulu*) wohlriechend, aromatisch riechend

muayene *s* Untersuchung *f*

muayenehane *s* Arztpraxis *f*, Praxis *f*

mubayaa *s* Kauf *m*; ~ **etmek** kaufen

mubayaacı *s* Käufer(in) *m(f)*

mucibince *adv s.* **uyarınca** gemäß; **kanunun 5. maddesi** ~ gemäß Artikel 5 des Gesetzes

mucit *s* <-di> Erfinder(in) *m(f)*

mucize *s* Wunder *nt*; ~ **kabilinden** wie durch ein Wunder

muço *s* Schiffsjunge *m*

mufla *s* (TECH) **1.** (*toprak kap*) Muffel *f* **2.** (*fırın*) Emaillierofen *m*

muflon *s* **1.** (*argali*) Mufflon *m* **2.** (*astar*) Mantelfutter *nt*; **~u pardösüye düğmelemek** das Futter in den Mantel knöpfen

mugalâta *s* (*pej*) Wortklauberei *f*, Rabulistik *f*

mugalâtacı *s* (*pej*) Rabulist(in) *m(f)*

muganni *s* Barde *m*; *s.* **şarkıcı** Sänger *m*

muganniye *s* Sängerin *f*

muhabbet çiçeği *s* (BOT) Reseda *f*; **muhabbet kuşu** *s* (ZOOL) Wellensittich *m*; **muhabbet tellâlı** *s* Kuppler(in) *m(f)*; (*pezevenk*) Zuhälter *m*; **muhabbet tellâllığı** *s* Kuppelei *f*

muhabere *s* Korrespondenz *f*

muhabir *s* Korrespondent(in) *m(f)*

muhaddep *adj s.* **dışbükey** konvex

muhafaza *s* **1.** Aufbewahrung *f* **2.** Bewahrung *f*; **itidalini** ~ **etmek** Haltung bewahren, die Fassung bewahren

muhafazakâr **I.** *s* Konservative *mf* **II.** *adj s.* **tutucu** konservativ

muhafazakârlık *s ohne Pl* <-ğı> *s.* **tutuculuk** Konservatismus *m*

muhafız alayı *s* Garde *f*

muhakemat dairesi *s* (JUR) Rechtsabteilung *f*

muhalefet *s* Opposition *f*; ~ **etmek** opponieren; (*karşı çıkmak*) sich widersetzen; **muhalefet partisi** *s* Oppositionspartei *f*

muhalif *adj* oppositionell; ~ **parti** oppositionelle Partei

muhallebi *s* (GASTR) Reismehlpudding *m*; **muhallebi çocuğu** *s* (*fam fig*) Muttersöhnchen *nt*

muharebe *s* Schlacht *f*; (*savaş*) Kampf *m*, Krieg *m*; **muharebe meydanı** *s* Schlachtfeld *nt*

muharip *s* <-bi> Kämpfer(in) *m(f)*, Krieger(in) *m(f)*

muharrer *adj* (*yazılmış*) geschrieben; **nama** ~ (FIN) auf den Namen lautend

muharrir *s s.* **yazar** Verfasser(in) *m(f)*, Schriftsteller(in) *m(f)*

muharrirlik *s ohne Pl* <-ği> *s.* **yazarlık** Schriftstellerei *f*

muhasara *s s.* **kuşatma** Belagerung *f*; ~ **etmek** belagern, umzingeln

muhasebe *s* **1.** Buchhaltung *f* **2.** Buchführung *f*; **çift girişli** ~ doppelte Buchführung

muhassala *s* **1.** (*elde edilen sonuç*) Resultat *nt* **2.** (PHYS: *bileşke*) Resultante *f*

muhatap *s* <-bı> Gesprächspartner(in) *m(f)*

muhavvile *s s.* **transformatör** Transformator *m*, Trafo *m*

muhrip *s* <-bi> (MIL) Zerstörer *m*

muhtaç *adj* <-cı> bedürftig

muhtaçlık *s ohne Pl* <-ğı> Bedürftigkeit *f*

muhtar **I.** *adj s.* **özerk** autonom **II.** *s* Vorsteher *m*; **köy ~ı** Dorfvorsteher *m*

muhtariyet *s s.* **özerklik** Autonomie *f*

muhteşem *adj* prächtig

muhteva *s* Inhalt *m*

muhtevi *adj* beinhaltend

muhteviyat *s s.* **içindekiler** Inhalt *m*

muhtıra *s* **1.** (*memorandum*) Memorandum *nt* **2.** (*nota*) Note *f*; (*diplomatik nota*) diplomatische Note **3.** (*andaç*) Agenda *f*; (*günlük*) Tagebuch *nt*

mukaar *adj s.* **içbükey** konkav

mukaddem *s s.* **öncül** Prämisse *f*

mukavemet koşusu *s* (SPORT) Dauerlauf *m*

mukavva *s* Pappe *f*; **mukavva kutu** *s* Karton *m*

mukoza *s* (ANAT, MED: *sümük doku*) Schleimhaut *f*

mulaj *s* Abdruck *m*

mum *s* **1.** Kerze *f*; ~ **ampul** elektrische Kerze **2.** (*bal ~u*) Wachs *m*; **mum aydınlatma** *s* Kerzenbeleuchtung *f*; **mum boya** *s*, **mum boyası** *s* Wachsfarbe *f*

mumcu *s* Kerzengießer(in) *m(f)*

mum direk *adj* **1.** (*dimdik*) kerzengerade **2.** (*çok uslu*) sehr artig, sehr brav; **mum duruşu** *s* (SPORT) Kerze *f*; **~na geçmek** eine Kerze machen; **mum ışığı** *s ohne Pl* Kerzenlicht *nt*; **~nda** bei Kerzenlicht

mumlu *adj* Wachs-; **mumlu kâğıt** *s* Wachspapier *nt*

mumya *s* Mumie *f*

mumyalama *s* **1.** *Verbalsubstantiv zu* **mumyalamak** **2.** Einbalsamierung *f*

mumyalamak *vt* einbalsamieren

munsap *s* <-bı> Mündung *f*

murabut *s* Marabut *m*; **murabut kuşu** *s* (ZOOL) Marabu *m*

murç *s* <-cu> (TECH) Betonbohrer *m*

murdar ilik <-ği> *s* (ANAT: *omurilik*) Rückenmark *nt*

muris *s s.* **miras bırakan** (JUR) Erblasser(in)

m(f)
Musa *s* (REL) Moses *m*
musahhih *s s.* **düzeltici** Korrektor(in) *m(f)*
musakka *s* (GASTR) Moussaka *nt*
musanna *adj* **1.** (*uydurma*) ausgedacht, erfunden **2.** (*sanatlı*) kunstvoll; (*usta elinden çıkmış*) meisterhaft
musannif *s s.* **klâsör** Ordner *m,* Aktenordner *m*
musibet *s* Verhängnis *nt;* **bir ~ bin nasihatten yeğdir** (*prov*) durch Schaden wird man klug
muska *s* Amulett *nt*
musluk *s* <-ğu> Wasserhahn *m;* (*gaz musluğu*) Hahn *m*
muslukçu *s* **1.** Klempner(in) *m(f)* **2.** (*sl*) Taschendieb *m*
musluk tamircisi *s* Klempner(in) *m(f)*
muson *s* (METEO) Monsun *m*
mustatil *s s.* **dikdörtgen** Rechteck *nt*
muşamba *s* (*yağmurluk*) Gummimantel *m,* Öljacke *f*
muşmula *s* Mispel *f*
muşta *s* Schlagring *m*
muştalama *s Verbalsubstantiv zu* **muştalamak**
muştalamak *s* mit einem Schlagring zuschlagen
mutaassıp **I.** *s* <-bı> *s.* **bağnaz** Fanatiker(in) *m(f)* **II.** *adj* <-bı> *s.* **bağnaz** fanatisch
mutabakat *s s.* **uzlaşma** Konsens *m,* Übereinstimmung *f,* Einigung *f*
mutariza *s* (*parantez*) Klammer *f;* (*yay ayraç*) runde Klammer
mutasavvıf *s* Sufi *m*
mutasyon *s* Mutation *f*
mutatabbip *s* <-bi> (*pej*) Quacksalber *m*
mutavaat fiili *s* (LING: *dönüşlü fiil*) Reflexivverb *nt*
mutazarrır *adj* geschädigt
mutçuluk *s ohne Pl* <-ğu> (PHILOS: *evdemonizm*) Eudämonismus *m*
muteber *adj* **1.** gültig **2.** kreditwürdig
mutfak *s* <-ğı> Küche *f;* **mutfak dolabı** *s* Küchenschrank *m*
mutlak *adj* absolut; **~ çoğunluk** absolute Mehrheit; **~ sıcaklık** (PHYS) absolute Temperatur; **~ sıfır** (PHYS) absoluter Nullpunkt; *s. a.* **salt**
mutlaka *adv* unbedingt
mutlakiyet *s ohne Pl* Absolutismus *m*
mutlakiyetçi **I.** *s* Absolutist(in) *m(f)* **II.** *adj* absolutistisch
mutlandırma *s* **1.** *Verbalsubstantiv zu* **mutlandırmak** **2.** Beglückung *f*
mutlandırmak *vt* beglücken
mutlu *adj* **1.** froh **2.** glückselig, glücklich; **çok ~yum** ich bin sehr glücklich
mutluluk *s ohne Pl* <-ğu> Glück *nt,* Glückseligkeit *f*
muttali *adj* informiert; **~ olmak** informiert sein
muvacehe *s* Konfrontation *f;* (*yüzleştirme*) Gegenüberstellung *f*
muvaffak *adj s.* **başarılı** erfolgreich; **~ olmak** erfolgreich sein, Erfolg haben
muvaffakiyet *s s.* **başarı** Erfolg *m*
muvaffakiyetli *adj s.* **başarılı** erfolgreich
muvakkat *adj* vorläufig
muvakkaten *adv* vorläufig
muvazaalı *adj s.* **danışıklı** abgekartet
muvazat *s s.* **paralellik** Parallelität *f*
muvazene *s ohne Pl s.* **denge** Gleichgewicht *nt,* Balance *f*
muvazi *adj s.* **paralel, koşut** parallel (*-e* zu)
muvazzaf *s* (MIL) Berufssoldat *m;* **muvazzaf hizmet** *s* Militärdienst *m,* Wehrdienst *m;* **muvazzaf subay** *s* Berufsoffizier *m*
muz *s* Banane *f*
muzaffer *adj* siegreich
muzafferiyet *s* Sieg *m*
muzaheret *s s.* **destekleme** Unterstützung *f*
muz kabuğu *s* Bananenschale *f*
mübadele *s* Tausch *m,* Austausch *m*
mübalâğa *s* Übertreibung *f,* Überspitzheit *f;* **~ etmek** übertreiben
mübalâğalı *adj s.* **abartılı** übertrieben, überspitzt
mübalâğasız *adj s.* **abartısız** nicht übertrieben; (*fam*) ungelogen
mübarek *adj* <-ği> **1.** (*bereketli*) segensreich **2.** (*kutsal*) gesegnet, heilig
mübaşir *s* Gerichtsdiener(in) *m(f)*
mücadele *s* Kampf *m,* Bekämpfung *f* (*-le* von); **bir şeyle ~ etmek** etw bekämpfen; **ölüm kalım ~si** ein Kampf auf Leben und Tod; **mücadele ruhu** *s ohne Pl* Kampfgeist *m*
mücellit *s s.* **ciltçi** Buchbinder(in) *m(f)*
mücerret **I.** *s s.* **yalın durum** (LING) Nominativ *m* **II.** *adj* **1.** *s.* **soyut** abstrakt **2.** *s.* **bekâr** ledig **III.** *adv* (*fam: yalnız*) nur, bloß
mücevher *s* Juwel *m o nt*
mücver *s* (GASTR) *Frikadellengericht aus geriebenem Kürbis vorbereitet mit Mehl, Eiern, Käse, Dill, Salz, Pfeffer und Zwiebeln;* **patates ~i** Kartoffelpuffer *m*
müdafaa *s s.* **savunma** Verteidigung *f;* **~ etmek** verteidigen
müdahale *s* **1.** Einmischung *f,* Einschreitung *f,* Intervention *f;* **~ etmek** sich einmischen, einschreiten, intervenieren **2.** (MED) Eingriff *m;* **cerrahî ~** ein chirurgischer Eingriff
müdahil *s* (JUR) Nebenkläger(in) *m(f)*
müddeiumumî *s* (JUR: *savcı*) Staatsanwalt,

M

-anwältin *m, f*

müddeiumumîlik *s* <-ği> (JUR: *savcılık*) Staatsanwaltschaft *f*

müdire *s* Direktorin *f*

müdür *s* Direktor *m;* **doğrudan doğruya ~e çıkmak** (*fam fig*) sich in die Höhle des Löwen begeben

müessese *s s.* **kurum** Institution *f*

müesseseleşme *s* **1.** *Verbalsubstantiv zu* **müesseseleşmek 2.** Institutionalisierung *f*

müesseseleşmek *vi s.* **kurumlaşmak** sich institutionalisieren

müessir *adj s.* **etkili** wirkungsvoll

müezzin *s* (REL: *Müslümanlıkta*) Müezzin *m*

müfettiş *s* Inspektor(in) *m(f)*

müflis I. *s* Bankrotteur *m,* Konkursschuldner(in) *m(f)* **II.** *adj* bankrott

müfredat *s s.* **öğretim programı** Lehrplan *m*

müftü *s* (REL) Müfti *m*

müge *s* (BOT: *inci çiçeği*) Maiglöckchen *nt*

mühendis *s* Ingenieur(in) *m(f)*

mühendislik *s ohne Pl* <-ği> Ingenieurwesen *nt;* **mühendislik bürosu** *s* Ingenieurbüro *nt*

mühim *adj s.* **önemli** wichtig, relevant, belangvoll

mühimmat deposu *s* (MIL) Arsenal *nt*

mühür *s* <-hrü> Siegel *m*

mühürleme *s* **1.** *Verbalsubstantiv zu* **mühürlemek 2.** Versiegelung *f*

mühürlemek *vt* versiegeln

mükâfat *s* Belohnung *f*

mükâfatlandırma *s* **1.** *Verbalsubstantiv zu* **mükâfatlandırmak 2.** Belohnung *f*

mükâfatlandırmak *vt* belohnen

mükemmel *adj* exzellent, perfekt, vollkommen; **~ Almanca konuşur** er spricht perfekt Deutsch

müktesep *adv* erworben; **~ haklar** wohlerworbene Rechte

mülâkat *s* **1.** (PUBL) Interview *nt;* **~ vermek** ein Interview geben; (*demeç vermek*) eine Erklärung abgeben; **biriyle ~ yapmak** mit jdm ein Interview machen **2.** Vorstellungsgespräch *nt*

mülkiyet *s ohne Pl* Eigentum *nt;* **fikrî ~** (JUR) geistiges Eigentum

mülteci *s* (JUR, POL: *sığınmacı*) Asylant(in) *m(f),* Asylbewerber(in) *m(f)*

mümas *s* (MATH: *teğet*) Tangente *f*

mümbit *adj* fruchtbar

mümessil *s s.* **temsilci** Vertreter(in) *m(f),* Stellvertreter(in) *m(f);* (*sınıf ~i*) Sprecher(in) *m(f)*

mümessillik *s* <-ği> *s.* **temsilcilik** Vertretung *f,* Stellvertretung *f*

mümkün *adj* möglich; **~ olduğu kadar çabuk/erken** so schnell/früh wie möglich; **mümkün mertebe** *adv* möglichst, tunlichst

münakaşa *s s.* **tartışma** Diskussion *f;* **~ etmek** diskutieren; **~ götürmemek** indiskutabel sein

münasebat *s Pl s.* **ilişkiler** Beziehungen *pl*

münasebet *s* **1.** (*ilişki*) Beziehung *f,* Verhältnis *nt;* **~e girmek** Beziehungen aufnehmen; (*cinsel*) ein Verhältnis anfangen **2.** (*iki şey arasındaki uygunluk*) Beziehung *f,* Verhältnis *nt;* **iki şey arasında ~ kurmak** zwei Dinge zueinander in Beziehung setzen

münasip *adj* (*uygun*) passend; (*yerinde*) angebracht

müneccim *s* **1.** (*astrolog*) Astrologe, -in *m, f* **2.** (*astronom*) Astronom(in) *m(f)*

müneccimlik *s ohne Pl* <-ği> (*astroloji*) Astrologie *f*

münevver I. *s* Intellektuelle(r) *mf* **II.** *adj* intellektuell

Münih *s* München *nt;* **Münihli** *s* Münch(e)ner(in) *m(f)*

müntahabat *s Pl s.* **seçmeler** Auswahl *f*

müntahip *s* <-bi> *s.* **seçmen** Wähler(in) *m(f)*

mürebbiye *s* Gouvernante *f*

mürekkep *s* <-bi> Tinte *f;* (TYPO: *baskı mürekkebi*) Schwärze *f*

mürekkep balığı *s* (ZOOL) Tintenfisch *m;* **mürekkep faiz** *s s.* **bileşik faiz** Zinseszins *m;* **mürekkep hokkası** *s* Tintenfass *nt;* **mürekkep lekesi** *s* Tintenfleck *m;* **mürekkep püskürtmeli yazıcı** *s* (INFORM) Tintenstrahldrucker *m*

mürettebat *s* Besatzung *f;* (NAUT, AERO) Crew *f*

mürettip *s* <-bi> (TYPO: *dizgici*) Setzer(in) *m(f)*

mürettiphane *s* (TYPO: *dizgi yeri*) Setzerei *f*

mürşit *s* <-di> (*a.* REL) Guru *m*

mürteci I. *s* (POL: *pej: gerici*) Reaktionär(in) *m(f)* **II.** *adj* (POL: *pej: gerici*) reaktionär

mürtesem *s s.* **iz düşümü** Projektion *f*

müruruzaman *s s.* **zaman aşımı** Verjährung *f*

mürver *s* Holunder *m,* schwarzer Holunder

müsaade *s s.* **izin** Erlaubnis *f,* Genehmigung *f;* **~ ederseniz** wenn Sie erlauben; **~nizle** mit Ihrer Erlaubnis

müsabaka *s* (*yarışma*) Wettbewerb *m;* (*karşılaşma*) Begegnung *f*

müsamaha *s ohne Pl* **1.** *s.* **hoşgörü** Toleranz *f,* Duldsamkeit *f* **2.** Duldung *f;* **zımnî ~** (JUR) stillschweigende Duldung

müsamahakâr *adj* (*hoşgörülü*) duldsam; (*toleranslı*) tolerant

müsamahakârlık *s ohne Pl* <-ğı> *s.* **hoş-**

görülük Duldsamkeit *f*, Toleranz *f*
müsamahalı *adj* (*hoşgörülü*) duldsam; (*toleranslı*) tolerant
müsamahasız *adj s.* **hoşgörüsüz** intolerant
müsamahasızlık *s ohne Pl* <-ğı> *s.* **hoşgörüsüzlük** Intoleranz *f*
müseddes *s s.* **altıgen**
müsekkin *s* (MED) Beruhigungsmittel *nt*
müselles *s* (MATH: *üçgen*) Dreieck *nt*
müsellesat *s ohne Pl* (MATH: *trigonometri*) Trigonometrie *f*
müshil *s* (MED) Abführmittel *nt*
müskirat *s Pl* (*alkollü içkiler*) alkoholische Getränke
Müslim *s* Muslim(in) *m(f)*
Müslüman **I.** *s* Muslim(in) *m(f)* **II.** *adj* (*reg: dindar*) religiös
Müslümanlaştırma *s* **1.** *Verbalsubstantiv zu* **Müslümanlaştırmak** **2.** Islamisierung *f*
Müslümanlaştırmak *vt* islamisieren
Müslümanlık *s ohne Pl* <-ğı> Islam *m*
müspet *adj s.* **olumlu** positiv
müsrif *adj s.* **savurgan** verschwenderisch
müstacel *adj s.* **ivedi** dringlich
müstaceliyet *s s.* **ivedilik** Dringlichkeit *f*
müstahkem *adj* befestigt, Befestigungs-; **müstahkem mevki** *s* <-i> (MIL) Befestigungsanlage *f*, Befestigungswerk *nt*
müstahzar **I.** *s* (BIOL, MED) Präparat *nt* **II.** *adj* präpariert; (*hazırlanmış*) vorbereitet
müstakbel *adj* künftig
müstakil *adj* **1.** selbstständig **2.** (*ev*) freistehend **3.** (*oda*) getrennt, Einzel-
müstantik *s* (JUR: *sorgu yargıcı*) Vernehmungsrichter(in) *m(f)*
müstear ad *s s.* **takma ad** Deckname *m*
müsteşrik *s* <-ği> *s.* **doğu bilimci** Orientalist(in) *m(f)*
müsvedde *s* **1.** Konzept *nt;* (*yazı taslağı*) Manuskript *nt;* (*karalama*) Kladde *f* **2.** (*pej*) Abklatsch *m*
müsveddelik defteri *s* Kladde *f*; **müsveddelik kâğıt** *s* <-dı> Konzeptpapier *nt*
müşahhas *adj s.* **somut** konkret
müşavir *s s.* **danışman** Berater(in) *m(f)*
müşerref *adj:* ~ **oldum** ich fühle mich sehr geehrt
müşteri *s* Kunde, -in *m, f*; **müşteri kartı** *s* (WIRTSCH) Kundenkarte *f*
müşteriler *s Pl* Kunden *mpl,* Kundschaft *f*
müşteri numarası *s* (WIRTSCH) Kundennummer *f*
müşteşrik *s* <-ği> *s.* **doğu bilimci** Orientalist(in) *m(f)*
müt'a nikâhı *s* Scheinehe *f*
mütareke *s s.* **ateşkes** Waffenstillstand *m*
müteahhit *s* <-di> (*üstenci*) Unternehmer(in) *m(f)*
mütearife *s s.* **belit** Axiom *nt*
mütecanis *adj s.* **türdeş** artgleich, gleichartig
mütecaviz *adj* **1.** (*saldırgan*) angriffslustig, aggressiv **2.** (*-den çok*): **bir seneyi ~ bir zamandan beri ...** seit mehr als einem Jahr ...
mütenazır *adj s.* **simetrik** symmetrisch
müteradif *adj s.* **eş anlamlı** (LING) sinnverwandt, synonym
mütesanit *adj* <-di> *s.* **dayanışık** solidarisch
müteşebbis *s s.* **girişimci** Unternehmer(in) *m(f)*
müteşekkir *adj* dankbar
müthiş *adj* **1.** (*korkunç*) furchtbar; (*dehşetli*) schrecklich; ~ **bir sıcak** eine furchtbare Hitze **2.** ungeheuerlich
müttefik **I.** *s* Alliierte(r) *mf,* Verbündete(r) *mf* **II.** *adj* alliiert
müvekkil *s* Mandant(in) *m(f),* Auftraggeber(in) *m(f),* Klient(in) *m(f)*
müvellidülhumuza *s ohne Pl s.* **oksijen** Sauerstoff *m*
müvellidülma *s ohne Pl s.* **hidrojen** Wasserstoff *m*
müvezzi *s* <-i> Austräger(in) *m(f);* **posta ~i** Postbote, -in *m, f*
müze *s* Museum *nt;* **müze bekçisi** *s* Museumsaufseher(in) *m(f),* Museumswärter(in) *m(f)*
müzekker *adj s.* **eril** (LING) maskulin
müzik [mʏzik] *s* <-ği> Musik *f;* ~ **yapmak** Musik machen; **elektronik** ~ elektronische Musik; **müzik akademisi** *s* Musikakademie *f*
müzikal [mʏzikãl] **I.** *s* <-i> Musical *nt* **II.** *adj* musikalisch
müzik aleti *s* Musikinstrument *nt*
müzikalite *s ohne Pl* Musikalität *f*
müzik bilimi *s* Musikwissenschaft *f*
müzikçi *s* Musiker(in) *m(f)*
müzik kaseti *s* Musikkassette *f*
müzikoloji *s* Musikwissenschaft *f*
müzik parçası *s* Musikstück *nt;* **müzik salonu** *s* Musiksaal *m*
müzisyen *s* Musikant(in) *m(f);* (*müzikçi*) Musiker(in) *m(f)*
müzmin *adj:* ~ **bekâr** ein eingefleischter Junggeselle

M

N

n, N [ne] *s* n, N *nt, 17. Buchstabe des türk. Alphabets*

naaş *s* Leichnam *nt;* **ölünün ~ ve kemikleri** die sterblichen Überreste

nabız *s* <-bzı> Puls *m;* **birinin nabzını yoklamak** (*fam*) jdm auf den Zahn fühlen

naçiz *adj s.* **değersiz** wertlos

nadas *s* (AGR) Brache *f;* **tarlayı ~a bırakmak** [*o* **yatırmak**] das Feld brachlegen

nadaslı *adj,* **nadaslık** *adj* (AGR) brachliegend; **~ bir tarla** ein brachliegendes Feld, ein bracher Acker; **nadaslık tarla** *s* (AGR) Brachfeld *nt*

nadim [na:dim] *adj s.* **pişman** reuig

nadir *adj* selten, rar

nadirat *s* (*şey*) Rarität *f;* (*durum*) Seltenheit *f*

nadiren *adv* selten

nafaka *s* Unterhalt *m,* Alimente *pl*

nafile **I.** *adj* vergeblich; (*yararsız*) nutzlos; **~ bir çaba** eine vergebliche Mühe **II.** *adv* vergebens; **nafile yere** *adv* vergebens

naftalin *s ohne Pl* (CHEM) Naphthalin *nt*

nahiv *s* <-hvi> (LING) *s.* **sentaks** Syntax *f*

nahvi *s poss von* **nahiv**

nail *adj* erreicht; **bir şeye ~ olmak** etw erreichen

nakarat *s* **1.** (MUS) Kehrreim *m,* Refrain *m* **2.** (*fam fig*): **eski ~** (*fam fig*) die alte Leier; **hep aynı ~** es ist immer dieselbe Leier

nakavt *s* (SPORT: *boksta*) Knockout *m;* **~ olmak** k.o. gehen, knock-out gehen; **~ saymak** auszählen

nakden ödeme *s* Barzahlung *f*

nakdi *s poss von* **nakit**

nakdî ceza *s s.* **para cezası** Geldbuße *f,* Geldstrafe *f*

nakış *s* <-kşı> Stickerei *f,* Stickarbeit *f;* **~ işlemek** sticken; **~la bezemek** mit Stickereien versehen

nakışçı *s* Sticker(in) *m(f)*

nakış iğnesi *s* Sticknadel *f;* **nakış ipliği** *s* Stickgarn *nt*

nakışlama *s ohne Pl* **1.** *Verbalsubstantiv zu* **nakışlamak** **2.** Stickerei *f,* Bestickung *f*

nakışlamak *vt* (be)sticken; **tavan ~** eine Decke (be)sticken

nakış makinesi *s* Stickmaschine *f*

nakil *s* <-kli> **1.** (*aktarım*) Übertragung *f* **2.** Beförderung *f,* Transport *m* **3.** (MED: *transplântasyon*) Verpflanzung *f,* Transplantation *f;* **nakil vasıtası** *s* Beförderungsmittel *nt*

nakit *s* <-kdi> Geld *nt;* **vakit ~tir** (*prov*) Zeit ist Geld; **nakit mevcudu** *s* (FIN) Barbestand *m;* **nakit para** *s* Bargeld *nt*

nakkaş *s* Dekorationsmaler(in) *m(f)*

nakledilme *s* **1.** *Verbalsubstantiv zu* **nakledilmek** **2.** Übertragung *f* **3.** Beförderung *f* **4.** (MED) Verpflanzung *f,* Transplantation *f*

nakledilmek *vi pass von* **nakletmek**

naklen yayın *s* (RADIO, TV: *canlı yayın*) Direktsendung *f,* Livesendung *f*

nakletme *s* **1.** *Verbalsubstantiv zu* **nakletmek** **2.** Übertragung *f* **3.** Beförderung *f* **4.** (MED) Verpflanzung *f,* Transplantation *f*

nakletmek *vt* **1.** übertragen **2.** befördern, transportieren **3.** (MED: *organ*) verpflanzen, transplantieren

nakli *s poss von* **nakil**

nakliyat *s* Transport *m*

nakşetme *s Verbalsubstantiv zu* **nakşetmek**

nakşetmek *vt* **1.** (*süslemek*) dekorieren **2.** (*fig*) prägen (*-e* in)

nakşı *s poss von* **nakış**

nakşolma *s Verbalsubstantiv zu* **nakşolmak**

nakşolmak *vi:* **bir şey zihnine ~** (*fig*) etw gräbt sich ins Gedächtnis ein

nal *s* Hufeisen *nt*

nalbur *s* **1.** Hufschmied *m* **2.** (*hırdavatçı*) Eisenwarenhändler(in) *m(f)*

nallama *s Verbalsubstantiv zu* **nallamak**

nallamak *vt* **1.** (*hayvan*) beschlagen **2.** (*sl: öldürmek*) umbringen

nam *s* **1.** (*ad*) Name *m;* **~a muharrer** (FIN) auf den Namen lautend; **~ına** im Namen von **2.** (*ün*) Ruf *m*

nama muharrer senet *s* <-di> (FIN) Namenspapier *nt*

namazlık *s* Gebetsteppich *m*

Namibya *s* Namibia *nt*

Namibyalı **I.** *s* Namibier(in) *m(f)* **II.** *adj* namibisch

namlu *s* Lauf *m;* (*top ~su*) Rohr *nt*

namus *s ohne Pl* Ehre *f;* **namus davası** *s* (*onur meselesi*) Ehrensache *f;* **bir şeyi ~ yapmak** etw zur Ehrensache machen

namuslu *adj* ehrlich

namusluluk *s ohne Pl* <-ğu> Ehrlichkeit *f*

namus sözü *s* (*şeref sözü*) Ehrenwort *nt;* **~ vermek** sein Ehrenwort geben

namussuz *adj* ehrlos

namussuzluk *s ohne Pl* <-ğu> Ehrlosigkeit *f*
nanay *adj inv* (*fam*) futsch, futschikato; **bende para** ~ mein Geld ist futsch; **paralar** ~ das ganze Geld ist futsch [*o* futschikato]
napalm® *s ohne Pl* (CHEM) Napalm *nt;* **napalm bombası** *s* Napalmbombe *f*
Napoli *s* Neapel *nt*
nar *s* (BOT) Granatapfel *m;* **nar ağacı** *s* (BOT) Granatapfelbaum *m*
nargile *s* Wasserpfeife *f*
nârıbeyza [naː'--zaː] *s ohne Pl s.* **akkor** Weißglut *f*
narin [naːrin] *adj* **1.** (*ince yapılı*) zierlich, fein **2.** (*ince*) schlank
narkoz *s* (MED) Narkose *f;* ~ **vermek** eine Narkose geben
narkozcu *s,* **narkozitör** *s* (MED) Narkosearzt, -ärztin *m, f;* (*anestezist*) Anästhesist(in) *m(f)*
narsis *adj* narzisstisch
narsisizm *s ohne Pl* Narzissmus *m*
narval *s* <-i> (ZOOL) Narwal *m*
nas *s s.* **dogma** Dogma *nt*
nasbetme *s* **1.** *Verbalsubstantiv zu* **nasbetmek** **2.** Ernennung *f,* Berufung *f*
nasbetmek *vt s.* **atamak** ernennen
nası ızrar *s* (JUR) Sachbeschädigung *f*
nasıl **I.** *adj:* ~ **bir kâğıt istiyorsunuz?** was für eine Karte möchten Sie?; ~ **kızdır? – melek gibi** was ist das für ein Mädchen? – ein Engel **II.** *adv* **1.** wie; ~ **geldiniz?** wie sind Sie gekommen?; ~ **olur?** wie kann das sein?; ~ **olursa olsun** (*fam*) egal wie; ~**sın?** wie geht's?, wie geht es dir?; ~**sınız?** wie geht es Ihnen?; **bunu** ~ **becerdiğimi bir ben bilirim** nur ich weiß wie ich das hinbekommen [*o* geschafft] habe **2.** (*gördün mü*): ~**, yaptım işte!** siehst du, ich habe es doch gemacht! **3.** ~ **olmuşsa** wie dem auch sei **III.** *interj* **1.** (*ne dediniz*): ~**?** wie (bitte)? **2.** (*iyi mi*) nun; ~**, iyi oldu mu?** nun, ist das so gut (geworden)?
nasılsa *adv* **1.** (*herhangi bir sebeple*) aus irgendeinem Grund, irgendwie **2.** (*kuşkusuz*) zweifelsohne; (*elbette*) sicherlich; (*er geç*) früher oder später, sowieso
nasır *s* **1.** Hornhaut *f* **2.** Hühnerauge *nt*
Nasıra *s* Nazareth *nt*
nasırlı *adj* hornig
nasibi *s poss von* **nasip**
nasihat *s* <-i> Rat *m;* **bir musibet bin** ~**ten yeğdir** (*prov*) durch Schaden wird man klug
nasip *s* <-bi> **1.** Anteil *m* **2.** Los *nt,* Schicksal *nt*
nasir *s* (LIT: *nesir ustası*) Prosaist(in) *m(f)*
Nasranî *s* Nazarener *m*
Nasranîlik *s ohne Pl* <-ği> (*Hristiyanlık*) Christentum *nt*
nasyonalist **I.** *s* Nationalist(in) *m(f)* **II.** *adj* nationalistisch
nasyonalizm *s ohne Pl* Nationalismus *m*
nasyonal sosyalist **I.** *s* Nationalsozialist(in) *m(f)* **II.** *adj* nationalsozialistisch; **nasyonal sosyalizm** *s ohne Pl* Nationalsozialismus *m*
nativizm *s ohne Pl* (PSYCH: *doğuştancılık*) Nativismus *m*
natron *s ohne Pl* (CHEM) Natron *nt*
natura *s* Konstitution *f;* **hastanın** ~**sı** die Konstitution des Patienten
natür *s* Natur *f; s. a.* **doğa, tabiat**
natüralist **I.** *s* Naturalist(in) *m(f)* **II.** *adj* naturalistisch
natüralizm *s ohne Pl* Naturalismus *m*
natürist **I.** *s* (*doğacı*) Naturist(in) *m(f),* Anhänger(in) der Freikörperkultur **II.** *adj* naturistisch
natürizm *s* (*doğacılık*) Freikörperkultur *f*
natürmort *s* (KUNST) Stillleben *nt*
navlun *s* (NAUT) Fracht *f*
naylon **I.** *s* Nylon *nt* **II.** *adj* (*fig*) fingiert, Schein-
naz *s* Ziererei *f;* ~**a çekmek** sich zieren
nazarıdikkat *s* <-ti> Aufmerksamkeit *f;* **birinin** ~**ini çekmek** jds Aufmerksamkeit auf sich ziehen
nazarıitibar *s* Rücksicht *f;* **bir şeyi** ~**a almak** auf etw Rücksicht nehmen, etw berücksichtigen
nazarî *adj s.* **kuramsal** theoretisch
nazariyat *s Pl s.* **kuramlar** Theorien *fpl*
nazariyatçı *s s.* **kuramcı** Theoretiker(in) *m(f)*
nazariye *s s.* **kuram** Theorie *f*
nazariyeci *s s.* **kuramcı** Theoretiker(in) *m(f)*
Nazi *s* Nazi *m*
nazik [naːzık] *adj* **1.** höflich **2.** (*ince yapılı*) zierlich; (*narin*) fein **3.** (*kırılabilen*) zerbrechlich **4.** (*kritik*) delikat, heikel; **bu** ~ **bir iş** das ist eine delikate Angelegenheit
nazlanma *s* **1.** *Verbalsubstantiv zu* **nazlanmak** **2.** Ziererei *f*
nazlanmak *vi* sich zieren
ne *pron* **1.** was; ~ **de olsa** immerhin; ~ **derece** wie; ~ **derse desin** ganz gleich was er sagt; ~ **oldu** (**ki**)? was ist (denn) passiert?; ~ **olursa olsun** (*fam*) egal was; ~ **pahasına olursa olsun** koste es, was es wolle, um jeden Preis; **bundan bana** ~**?** was geht mich das an?; **sana** ~**!** was geht dich das an! **2.** was für; ~ **komik/paskal adam!** was für ein komischer/ulkiger Mensch! **3.** wie; ~ **dereceye kadar** inwiefern, inwieweit; **adı** ~ **olursa olsun** wie er

N

auch heißen mag; **bu Almancada/Türkçede ~ demek?** wie heißt das auf Deutsch/Türkisch? **4. ~ … ~** weder … noch; **~ biri ~ öteki** weder der eine noch der andere **5.** (*Wend*): **~ kadar erken gelirsen …** je eher du kommst, …; **~ kadar erken olursa o kadar iyi olur** je eher desto besser; **~ olur(sun), bunu yapma!** ich flehe dich an, tu [*o* mach] das nicht!; **~ olursunuz, bunu yapmayın!** ich flehe Sie an, tun [*o* machen] Sie das nicht!

nebat *s s.* **bitki** Pflanze *f*

nebatat *s ohne Pl s.* **botanik** Botanik *f*

nebatî *adj s.* **bitkisel** pflanzlich

nebze *s* Hauch *m,* Anflug *m*

Necef taşı *s* (MIN) Bergkristall *m*

nedamet *s ohne Pl s.* **pişmanlık** Reue *f*

nedbe <yara izi> *s* Narbe *f*

neden I. *s* **1.** (*sebep*) Grund *m* **2.** (*a.* PHILOS: *sebep, illet*) Ursache *f;* **bir şeye ~ olmak** etw verursachen **II.** *adv* (*niçin*) warum; **~ ki/olmasın?** warum denn/nicht?

nedenli nedensiz *adv* ohne Grund

nedense *adv* irgendwie

nedensel *adj* (PHILOS) ursächlich, kausal

nedensellik *s* <-ği> (PHILOS) Kausalität *f,* Ursächlichkeit *f*

nedensiz *adj* grundlos

nef *s* (ARCH: *kilisede*) Schiff *nt*

nefes *s* **1.** (*soluk*) Atem *m;* **~ almak** (*soluk almak*) einatmen, Atem holen; (*dinlenmek*) eine Ruhepause einlegen; (*ferahlamak*) durchatmen; **~ vermek** ausatmen; **~ini tutmak** den Atem anhalten; **derin bir ~ almak** einmal tief (ein)atmen, aufatmen **2.** Atemzug *m;* **bir ~te** in einem Atemzug; **son ~ine kadar** bis zum letzten Atemzug; **son ~ini vermek** den letzten Atemzug tun **3.** (*sigarada*) Zug *m*

nefes borusu *s s.* **soluk borusu** (ANAT) Luftröhre *f;* **nefes darlığı** *s ohne Pl* (MED) Atembeklemmung *f,* Atemnot *f*

nefes kesici *adj* atemberaubend

nefesli çalgı *s s.* **üflemeli çalgı** (MUS) Blasinstrument *nt*

nefes nefese *adv* atemlos, außer Atem; **~ kalmak/olmak** außer Atem kommen/sein

nefis[1] *s* <-fsi> Selbst *nt;* **nefsine düşkün** selbstsüchtig; **yalnız nefsini düşünmek** nur an sich selbst denken; **nefsini körletmek/yatıştırmak** (*fig fam*) sich die Hörner abstoßen

nefis[2] *adj* **1.** herrlich; **~ bir vuruş** (SPORT) ein herrlicher Schuss **2.** (*yemek*) köstlich; **yemek ~ti** das Essen war köstlich

nefis mücadelesi *s* Selbsterhaltungstrieb *m;* **nefis müdafaası** *s s.* **nefsi müdafaa**

nefret *s ohne Pl* Hass *m;* **birinden ~ etmek** Hass auf jdn haben, jdn hassen; **~ uyandırmak** einen Hass entfachen

nefrit *s* (MED) Nephritis *f*

nefsi *s poss von* **nefis**[1]

nefsi müdafaa *s* Selbstverteidigung *f*

nefyetme *s Verbalsubstantiv zu* **nefyetmek**

nefyetmek *vt* deportieren

nekahet *s ohne Pl* (MED) Rekonvaleszenz *f*

nektar *s* Nektar *m*

nem *s ohne Pl* Feuchtigkeit *f;* **bağıl ~** relative Feuchtigkeit

nemalanma *s Verbalsubstantiv zu* **nemalanmak**

nemalanmak *vi* anwachsen, zunehmen

nemcil *adj* (BIOL: *hidrofil*) hydrophil

Nemçe *s* (HIST) **1.** (*Avusturya*) Österreich *nt* **2.** (*Avusturyalı*) Österreicher(in) *m(f)*

nemçeker I. *s* (METEO: *higroskop*) Hygroskop *nt* **II.** *adj* (CHEM: *higroskopik*) hygroskopisch

nemdenetir *s* (PHYS: *higrostat*) Hygrostat *m*

nem derecesi *s* Feuchtigkeitsgrad *m,* Feuchtigkeitsgehalt *m*

neme lâzımcı *adj* gleichgültig

neme lâzımcılık *s ohne Pl* <-ğı> Gleichgültigkeit *f;* **neme yönelim** *s ohne Pl* (BIOL) Hygrotropismus *m*

nemf *s* (ZOOL) Puppe *f*

nemlendirici I. *s* Luftbefeuchter *m* **II.** *adj* befeuchtend, Feuchtigkeits-; **nemlendirici krem** *s* Feuchtigkeitscreme *f;* **nemlendirici losyon** *s* Feuchtigkeitslotion *f*

nemlendirme *s* **1.** *Verbalsubstantiv zu* **nemlendirmek 2.** Befeuchtung *f*

nemlendirmek *vt* befeuchten

nemlenme *s Verbalsubstantiv zu* **nemlenmek**

nemlenmek *vi* feucht werden

nemli *adj* feucht; **gözleri ~ydi** ihre Augen waren feucht

nemlilik *s ohne Pl* <-ği> Feuchtigkeit *f;* **nemlilik derecesi** *s ohne Pl* Feuchtigkeitsgrad *m,* Feuchtigkeitsgehalt *m*

nemölçer *s* Feuchtigkeitsmesser *m*

nene *s* (*reg*) **1.** (*anne*) Mutter *f* **2.** (*büyük anne*) Großmutter *f;* (*nine*) Oma *f*

neodim *s ohne Pl* (CHEM) Neodym *nt*

neofaşizm *s ohne Pl* Neofaschismus *m*

neojen *s ohne Pl* (GEO) Neogen *nt*

neolitik *adj* (GEO) neolithisch

neolojizm *s* (LING) Neologismus *m*

neon *s ohne Pl* (CHEM) Neon *nt*

neonazi *s* Neonazi *m*

neon lâmbası *s* Neonlampe *f;* **neon tüpü** *s* Neonröhre *f*

neoplâzma *s* (MED) Neoplasma *nt*

neozoik *adj* (GEO) neozoisch

Nepal *s* <-li> Nepal *nt*

Nepalli I. *s* Nepalese, -in *m, f* **II.** *adj* nepalesisch
nepotizm *s ohne Pl* Nepotismus *m,* Vetternwirtschaft *f*
Neptün *s ohne Pl* (ASTR) Neptun *m*
Neptünyum *s ohne Pl* (CHEM) Neptunium *nt*
nerden *adv s.* **nereden** woher
nerdeyse *adv s.* **neredeyse** beinahe; (*hemen hemen*) nahezu, fast
nerede *adv* wo; ~ **olursa olsun** wo auch immer
nereden *adv* woher
neredeyse *adv* **1.** gleich; ~ **burada olur** er wird gleich hier sein; ~ **saat sekiz** es ist gleich ~ (Uhr) **2.** beinahe, fast; ~ **treni kaçıracaktı** er hätte beinahe den Zug verpasst
neresi I. *pron:* **bunun ~ güzel?** was ist daran schön? **II.** *adv* wo; **ilkokul ~?** wo ist die Grundschule?
nereye *adv* wohin; ~ **bakarsan bak/gidersen git** wohin man auch sieht/geht
nergis *s* (BOT) Narzisse *f*
nergisgiller *s Pl* (BOT) Narzissengewächse *ntpl*
nergis zambağı *s* (BOT) Amaryllis *f*
nesci *s poss von* **nesiç**
nesebi gayrisahih *adj* (JUR: *çocuk*) nicht ehelich; **nesebi sahih** *adj* (JUR: *çocuk*) ehelich
nesiç *s* <-sci> *s.* **doku** Gewebe *nt*
nesil *s* <-sli> **1.** (*kuşak*) Generation *f* **2.** (*döl*) Geschlecht *nt;* **nesli tükenmek** aussterben; **nesli tükenmeye yüz tutmuş bir tür** eine vom Aussterben bedrohte Art
nesim *s s.* **esinti** Brise *f*
nesir *s ohne Pl* <-sri> (LIT: *düz yazı*) Prosa *f;* **nesir ustası** *s* (LIT) Prosaist(in) *m(f)*
neskafe® *s* Nescafé® *m;* (*hazır kahve*) Instantkaffee *m*
nesli *s poss von* **nesil**
nesne *s* **1.** (*şey*) Sache; (*obje*) Objekt *nt,* Gegenstand *m* **2.** (LING) Objekt *nt*
nesnelci I. *s* (PHILOS) Objektivist(in) *m(f)* **II.** *adj* (PHILOS) objektivistisch
nesnelcilik *s ohne Pl* <-ği> (PHILOS: *objektivizm*) Objektivismus *m*
nesri *s poss von* **nesir**
Nesturî *s* (REL) Nestorianer(in) *m(f)*
neşe *s ohne Pl* Fröhlichkeit *f*
neşeli *adj* fröhlich
neşter *s* (MED) Lanzette *f;* **neşter balığı** *s* (ZOOL) Lanzettfisch *m*
net *adj* **1.** klar; **bir şeyi ~ görememek** etw nicht klar sehen können **2.** (*safi*) Netto-
netameli *adj* **1.** ominös, unheilvoll **2.** vom Pech verfolgt; ~ **çocuktur** er ist ein Pechvogel
netice *s s.* **sonuç** Ergebnis *nt;* ~ **itibarıyla** im Endeffekt, letzten Endes, letztlich
neticesiz *adj* ergebnislos
neticeten *adv* (*sonuç olarak*) im Endeffekt, letzten Endes, letztlich
netlik *s ohne Pl* <-ği> **1.** Klarheit *f* **2.** Schärfe *f*
net ücret *s* Nettolohn *m*
nevroloji *s ohne Pl* (MED) Neurologie *f*
nevropat *s* (*sinir hastası*) Nervenkranke(r) *mf*
Nevruz Bayramı *s* Frühlingsfest *nt, am 21. März*
nevruz otu *s* (BOT) Leinkraut *nt,* Flachskraut *nt*
nevton *s* (PHYS) Newton *nt*
nevzat *s* Neugeborene(s) *nt*
neyse *konj* **1.** (*önemi yok*) macht nichts **2.** (*çok şükür*) erfreulicherweise, glücklicherweise
nezaket [neza:ket] *s* **1.** Höflichkeit *f;* **birine** (**aşırı**) ~ **göstermek** jdn mit (übertriebener) Höflichkeit behandeln **2.** (*fig*): ~ **kesp etmek** heikel [*o* delikat] werden [*o* knifflig]
nezaketen *adv* höflichkeitshalber, aus Höflichkeit
nezaketsiz *adj* unhöflich
nezaketsizlik *s* <-ği> Unhöflichkeit *f;* ~ **olmasın diye ...** damit es nicht unhöflich ist, ...
ne zaman *adv* wann; ~ **istersen** wann du willst; ~ **olursa olsun** wann (auch) immer; ~**a kadar?** bis wann?; ~**dan** ~**a?** von wann bis wann?; ~**dan beri?** seit wann?; ~**dan itibaren?** ab wann?
nezaret[1] *s ohne Pl s.* **gözaltı** Gewahrsam *m*
nezaret[2] *s s.* **bakanlık** Ministerium *nt*
nez'etme *s* **1.** *Verbalsubstantiv zu* **nez'etmek** **2.** Wegnahme *f*
nez'etmek *vt* wegnehmen
nez hâli *s s.* **ölüm hâli** Todesfall *m*
nezle *s* Schnupfen *m;* ~ **kapmak** Schnupfen bekommen; ~**si olmak** Schnupfen haben
nezleli *adj* verschnupft
nıkris *s* (MED: *gut*) Gicht *f*
nısıf *s* <-sfı> *s.* **yarı, yarım** halb
nısıf kutur *s* <-tru> *s.* **yarıçap** Radius *m*
nışadır *s ohne Pl* Salmiak *m;* **nışadır kaymağı** *s ohne Pl* (CHEM: *amonyum karbonat*) Ammoniumcarbonat *nt;* **nışadır ruhu** *s ohne Pl* Salmiakgeist *m*
nice *adv* **1.** (*kaç*) wie viele; (*ne kadar*) wie lange **2.** (*oldukça çok*) ziemlich viele **3.** (*nasıl*) wie **4.** (*uzun zamandan beri*) seit langem
nicel *adj* quantitativ

N

nicelik *s* <-ği> **1.** Quantität *f,* Gehalt *m* **2.** (PHYS, MATH) Größe *f;* **değişken** ~ veränderliche Größe; **vektör niceliği** vektorielle Größe

niçin *adv* warum, weshalb, wieso; ~ (**olmasın**) **ki?** wieso denn (nicht)?

nihaî ürün *s* Endprodukt *nt*

nihayet **I.** *s* (*son*) Ende *nt,* Schluss *nt;* **bir şeye** ~ **vermek** (*bitirmek*) etw beenden; (*vaz geçmek*) mit etw aufhören **II.** *adv* **1.** (*sonunda*) am Ende, endlich, schließlich; **en** ~ letztendlich, letzten Endes **2.** bloß; (*-den başka bir şey değil*) nichts ander(e)s als; **ama bu,** ~ **bir nüktedir** aber das ist bloß ein Witz

nihayetinde *adv* am Ende, endlich, schließlich

nihayetlenme *s Verbalsubstantiv zu* **nihayetlenmek**

nihayetlenmek *vi* enden

nihayetsiz *adj* endlos, unendlich

nihilist **I.** *s* (PHILOS: *hiççi*) Nihilist(in) *m(f)* **II.** *adj* nihilistisch

nihilizm *s ohne Pl* <-ği> (PHILOS: *hiççilik*) Nihilismus *m*

Nijerya **I.** *s* Nigeria *nt* **II.** *adj* nigerianisch; ~ **millî takımı** die nigerianische Nationalmannschaft; ~ **topraklarında** auf nigerianischem Boden

Nijeryalı **I.** *s* Nigerianer(in) *m(f)* **II.** *adj* nigerianisch; ~ **bir kadın** eine nigerianische Frau

nikâh *s* Trauung *f,* Eheschließung *f;* **imam** ~**ı** Trauung vor dem Imam

nikâhlama *s* **1.** *Verbalsubstantiv zu* **nikâhlamak** **2.** Trauung *f,* Eheschließung *f*

nikâhlamak *vt* trauen

nikâhlanma *s* **1.** *Verbalsubstantiv zu* **nikâhlanmak** **2.** Trauung *f*

nikâhlanmak *vi pass von* **nikâhlamak** getraut werden

nikâh memuru *s* Standesbeamte(r) *mf*

nikâhsız *adj:* **biriyle** ~ **yaşamak** mit jdm in wilder Ehe leben

nikâh yüzüğü *s* Trauring *m,* Ehering *m*

nikap [nɪka:p] *s* <-bı> *s.* **peçe** Schleier *m*

Nikaragua **I.** *s* Nicaragua *nt* **II.** *adj* nicaraguanisch

Nikaraguali **I.** *s* Nicaraguaner(in) *m(f)* **II.** *adj* nicaraguanisch

nikbin **I.** *s* Optimist(in) *m(f)* **II.** *adj s.* **iyimser** optimistisch

nikbinlik *s ohne Pl* <-ği> *s.* **iyimserlik** Optimismus *m*

nikel *s ohne Pl* (CHEM) Nickel *nt*

nikelleme *s* **1.** *Verbalsubstantiv zu* **nikellemek** **2.** Vernick(e)lung *f*

nikellemek *vt* vernickeln

nikelli *adj* **1.** nickelhaltig **2.** (*nikelle kaplanmış*) vernickelt

nikotin *s ohne Pl* Nikotin *nt*

nikotinsiz *adj* nikotinfrei

nikotin zehirlenmesi *s* Nikotinvergiftung *f*

nilüfer *s* (BOT) Teichrose *f,* Wasserrose *f*

nimet [ni:mət] *s ohne Pl* **1.** Segen *m;* (*iyilik*) Wohltat *f* **2.** (*yiyecek içecek, özellikle ekmek*) das tägliche Brot; **kendini fasulye gibi** ~**ten saymak** (*fam fig*) das Gras wachsen hören **3.** (*fig*) Glück *nt*

nine *s* Oma *f;* (*büyük anne*) Großmutter *f*

ninni *s* Schlaflied *nt,* Wiegenlied *nt*

nipel *s* (TECH) Nippel *m*

nirengi *s* Triangulation *f;* **bir şeyi** ~ **yoluyla çıkarmak** etw triangulieren; **nirengi noktası** *s* Triangulationspunkt *m*

Nis *s* Nizza *nt*

nisabı *s poss von* **nisap**

nisaî *adj* gynäkologisch

nisaiye *s ohne Pl s.* **jinekoloji** (MED) Gynäkologie *f*

nisaiyeci **I.** *s s.* **jinekolog** (MED) Gynäkologe, -in *m, f* **II.** *adj* gynäkologisch

nisan *s* April *m;* ~ **bir!** April, April!; *s. a.* **ağustos**; **nisan balığı** *s* Aprilscherz *m;* **birine** ~ **yapmak** jdn in den April schicken; **nisan havası** *s* Aprilwetter *nt;* **nisan yağmuru** *s* Aprilschauer *m*

nisap *s* <-bı> *s.* **yeter sayı** Beschlussfähigkeit *f*

nispet **I.** *s* **1.** (*oran*) Verhältnis *nt,* Proportion *f* **2.** (*bağıntı*) Beziehung *f* **3.** (*fam*) Trotz *m* **II.** *adv:* **bunu bana** ~ **yapıyor** das macht er mir zum Trotz

nispetçi *adj* trotzig

nispet eki *s* (LING) Relationssuffix *nt*

nispeten *adv* **1.** (*oranla*) verhältnismäßig, relativ; (*kıyaslayarak*) vergleichsweise; **bu,** ~ **az/çok** das ist vergleichsweise wenig/viel; **bu, ötekine** ~ **çok iyi** verglichen mit dem anderen ist das hier sehr schön **2.** (*oldukça*) ziemlich

nispetli *adj s.* **oranlı** proportional

nispetsizlik *s* <-ği> *s.* **oransızlık** Missverhältnis *nt*

niş *s* (ARCH) Nische *f;* (*duvarda*) Wandnische *f*

nişan *s* **1.** (*işaret*) Zeichen *nt;* (MIL) Abzeichen *nt;* (*belirti*) Anzeichen *nt* **2.** Auszeichnung *f,* Orden *m* **3.** (*nişanlanma*) Verlobung *f;* (*töreni*) Verlobung(sfeier) *f;* **bizi** ~**a çağırdılar** sie haben uns zur Verlobung eingeladen **4.** Ziel *nt*

nişancı *s* Schütze, -in *m, f*

nişangâh *s* **1.** Visier *nt,* Visiereinrichtung *f* **2.** (*hedef*) Ziel *nt*

nişan halkası *s* Verlobungsring *m*

nişanlanma *s* **1.** *Verbalsubstantiv zu* **nişanlanmak** **2.** Verlobung *f*

nişanlanmak *vi* sich verloben (*-le* mit)
nişanlı **I.** *s* Verlobte(r) *mf* **II.** *adj* verlobt
nişanlılık *s* <-ğı> Verlobung *f;* **~ları iki ay sürdü** ihre Verlobung hielt zwei Monate
nişan yüzüğü *s* Verlobungsring *m*
nişasta *s ohne Pl* Stärke *f;* (GASTR) Stärkemehl *nt*
nitel *adj* quantitativ
nitelendirme *s* **1.** *Verbalsubstantiv zu* **nitelendirmek** **2.** Bezeichnung *f*
nitelendirmek *vt* bezeichnen, kennzeichnen
nitelikli işçi *s* Facharbeiter(in) *m(f)*
nitrat *s* (CHEM) Nitrat *nt*
nitrik asit *s ohne Pl* <-di> (CHEM) Salpetersäure *f*
nitrogliserin *s ohne Pl* (CHEM) Nitroglyzerin *nt,* Nitroglycerin *nt*
nitrojen *s ohne Pl* (CHEM: *azot*) Stickstoff *m*
niyaz *s* Flehen *nt*
niye *adv* warum; **~ doğrusunu söylemiyorsun?** warum sagst du nicht die Wahrheit?
niyet *s* **1.** Absicht *f,* Vorhaben *nt,* Vorsatz *m;* **bir şeye ~i olmak** etw vorhaben; **~in nedir?** was hat du vor? **2.** (*düşünce*) Gedanke *m*
niyetli *adj* **1.** (*iyi, kötü ~*) willig; **bir şey yapmaya ~ olmak** gewillt sein, etw zu tun **2.** (REL: *oruçlu*) fastend, das Fastengebot befolgend; **bugün ~yim** heute faste ich
niza *s* Streit *m*
Nobel armağanı *s* Nobelpreis *m*
Noel *s* Weihnachten *nt;* **Noel ağacı** *s* Weihnachtsbaum *m,* Christbaum *m;* **Noel baba** *s* Weihnachtsmann *m,* (Sankt) Nikolaus *m*
nohut *s* <-du> (GASTR) Kichererbse *f*
nokta *s* Punkt *m*
noktainazar *s* Gesichtspunkt *m,* Blickpunkt *m;* (*görüş*) Sicht *f;* (*görüş açısı*) Blickwinkel *m*
noktalama *s ohne Pl* **1.** *Verbalsubstantiv zu* **noktalamak** **2.** Interpunktion *f,* Zeichensetzung *f;* **~sını (iyi) bilmiyor** er kann nicht (gut) interpunktieren; **noktalama işareti** *s* (LING) Satzzeichen *nt,* Interpunktionszeichen *nt*
noktalamak *vt* **1.** (*nokta koymak*) einen Punkt setzen, punktieren, mit Punkten versehen **2.** (*metni*) interpunktieren **3.** (*fig: sona erdirmek*): **bir şeyi ~** einen Schlusspunkt unter [*o* hinter] etw setzen
noktalanma *s ohne Pl* **1.** *Verbalsubstantiv zu* **noktalanmak** **2.** Interpunktion *f*
noktalanmak *vi pass von* **noktalamak**
noktalı *adj* gepunktet; **noktalı virgül** *s* Strichpunkt *m,* Semikolon *nt*
nominal [nominãl] *adj* <-i> nominal; **nominal değer** *s* Nominalwert *m,* Nennwert *m*
nominatif *s* (LING) Nominativ *m;* (*yalın durum*) Werfall *m*
nonfigüratif *adj* (KUNST: *betisiz*) nonfigurativ, abstrakt
nonoş **I.** *s* **1.** (*fam*): **~um** meine Süße **2.** (*sl*) Tunte *f* **II.** *adj* **1.** (*fam*): **ne ~ bir bebek/çocuk!** was für ein süßes Baby/Kind! **2.** (*sl*) tuntig
normal **I.** *s ohne Pl* <-i> **1.** Normalität *f;* **~e dönmek** zur Normalität zurückkehren **2.** (MATH) Normale *f* **II.** *adj* <-i> normal
normalleşme *s* **1.** *Verbalsubstantiv zu* **normalleşmek** **2.** Normalisierung *f*
normalleşmek *vi* sich normalisieren
normalleştirme *s* **1.** *Verbalsubstantiv zu* **normalleştirmek** **2.** Normalisierung *f*
normalleştirmek *vt* normalisieren
normallik *s ohne Pl* <-ği> Normalität *f*
normalüstü *adj* außergewöhnlich
normatif *adj* normativ
Norveç **I.** *s* Norwegen *nt* **II.** *adj* norwegisch; **~ dili/hükûmeti** die norwegische Sprache/Regierung
Norveççe *s* Norwegisch *nt;* **~den Almancaya/Türkçeye** aus dem Norwegischen ins Deutsche/Türkische; **Hasan ~ bilir/konuşur** Hasan kann/spricht Norwegisch
Norveçli **I.** *s* Norweger(in) *m(f)* **II.** *adj* norwegisch; **~ erkekler/kadınlar** norwegische Männer/Frauen
nostalji *s ohne Pl* Nostalgie *f*
nostaljik *adj* nostalgisch
not *s* **1.** Notiz *f;* **~ almak** Notizen machen; **~ etmek** notieren; **~ tutmak** mitschreiben **2.** (SCHULE) Note *f,* Zensur *f;* **birine iyi/kötü ~ vermek** jdn gut/schlecht benoten **3.** Anmerkung *f;* **~ düşmek** anmerken
nota *s* Note *f;* **diplomatik ~** diplomatische Note
noter *s* Notar(in) *m(f)*
noterlik *s* <-ği> Notariat *nt*
nova *s* (ASTR) Nova *f*
nöbet *s* **1.** (*sıra*) Reihe *f;* **bu akşam ~ sizde** heute Abend sind Sie an der Reihe **2.** Bereitschaftsdienst *m;* (*sıra ile yapılan görev*) Wache *f;* **~ beklemek** [*o* **tutmak**] (auf) Wache stehen; **~ değiştirmek** sich ablösen; **~i olmak** Bereitschaftsdienst haben **3.** (*hastalık nedeniyle titreme*) Schüttelfrost *m;* (*yüksek ateş*) Fieber *nt,* Fieberanfall *m* **4.** (MED) Anfall *m;* **öksürük ~i** Hustenanfall *m;* **sara ~i tutmak** einen epileptischen Anfall bekommen **5.** (*kez, defa*) Mal *nt*
nöbetçi *adj* diensthabend; **nöbetçi hekim** *s* Bereitschaftsarzt, -ärztin *m, f*

N

nöbetleşe *adv* abwechselnd; **çocuklara ~ göz kulak oldular** sie passten abwechselnd auf die Kinder auf
nöbetleşme *s Verbalsubstantiv zu* **nöbetleşmek**
nöbetleşmek *vi* sich abwechseln
nörolog *s* (MED) Neurologe, -in *m, f*
nöroloji *s ohne Pl* (MED) Neurologie *f*
nöron *s* (MED, ANAT) Neuron *nt*
nörotik **I.** *s* <-ği> (MED, PSYCH) Neurotiker(in) *m(f)* **II.** *adj* (MED, PSYCH) neurotisch
nötr *adj* **1.** (CHEM, PHYS: *yansız*) neutral **2.** (LING) sächlich
nötrleme *s* **1.** *Verbalsubstantiv zu* **nötrlemek** **2.** (*a.* CHEM) Neutralisierung *f,* Neutralisation *f*
nötrlemek *vt* (CHEM) neutralisieren
nötrlük *s ohne Pl* <-ğü> (CHEM, PHYS) Neuralität *f*
nötron *s* (PHYS) Neutron *nt*
Nuh Noah; **~'un gemisi** die Arche Noah
nukut *s Pl s.* **paralar** Gelder *pl*
numara *s* **1.** Nummer *f* **2.** (*ölçü*) Größe *f;* **bu ayakkabılar kırk ~** diese Schuhe sind Größe vierzig **3.** (SCHULE: *not*) Note *f* **4.** (*sirk ~ sı*) Nummer *f*
numaralama *s* **1.** *Verbalsubstantiv zu* **numaralamak** **2.** Numerierung *f*
numaralamak *vt* numerieren
numaralı *adj* numeriert; **on üç ~ piyango biletine bir milyon çıktı** auf die Losnummer dreizehn entfällt eine Million
nutku *s poss von* **nutuk**
nutuk *s* <-tku> *s.* **söylev** Rede *f*
nüans *s* Nuance *f*
nüfus *s* **1.** Einwohner(in) *m(f);* (*kişi*) Person *f* **2.** (*sayı*) Einwohnerzahl *f* **3.** Bevölkerung *f;* **kırsal/yerli ~** die ländliche/einheimische Bevölkerung **4.** (*fam*) Personalausweis *m;* **nüfus artışı** *s ohne Pl* Bevölkerungszuwachs *m;* **nüfus bilimci** *s s.* **demograf** Demograph(in) *m(f);* **nüfus bilimi** *s* Bevölkerungslehre *f,* Bevölkerungswissenschaft *f;* (*demografi*) Demographie *f;* **nüfus bilimsel** *adj s.* **demografik** demographisch
nüfus cüzdanı *s,* **nüfus kâğıdı** *s* Personalausweis *m;* **nüfus çoğalması** *s ohne Pl* Bevölkerungszunahme *f*
nüfusçu *s* Standesbeamte(r) *mf*
nüfus kâğıdı *s s.* **nüfus cüzdanı**; **nüfus kesafeti** *s ohne Pl s.* **nüfus yoğunluğu**
nüfus kalemi *s s.* **nüfus memurluğu**; **nüfus kesafeti** *s s.* **nüfus yoğunluğu**; **nüfus kütüğü** *s* Personenstandsregister *nt;* **nüfus memurluğu** *s* (ADMIN) Bürgeramt *nt,* Einwohnermeldeamt *nt,* Standesamt *nt;* **nüfus memuru** *s* Standesbeamte(r) *mf;* **nüfus patlaması** *s* Bevölkerungsexplosion *f;* **nüfus sayımı** *s* Volkszählung *f;* **nüfus sayısı** *s* Bevölkerungszahl *f;* **nüfus tezkeresi** *s s.* **nüfus cüzdanı**; **nüfus yoğunluğu** *s ohne Pl* Bevölkerungsdichte *f*
nükleer *adj* nuklear, Kern-, Atom-; **nükleer araştırma merkezi** *s* (PHYS) Atomforschungszentrum *nt;* **nükleer denizaltı** *s* Atom-U-Boot *nt;* **nükleer enerji** *s ohne Pl* Kernenergie *f,* Kernkraft *f;* **nükleer füze** *s* Atomrakete *f;* **nükleer güç** *s* <-cü> Atommacht *f;* **nükleer patlama** *s* Kernexplosion *f;* **nükleer saat** *s* <-i> (TECH) Atomuhr *f;* **nükleer saldırı** *s* Atomangriff *m;* **nükleer santral** *s* <-i> Kernkraftwerk *nt;* **nükleer silâh** *s* Nuklearwaffe *f,* Atomwaffe *f*

O

o, O *s* o, O *nt, 18. Buchstabe des türk. Alphabets*
o *pron* er, sie, es
obelisk *s* Obelisk *m*
objektif *s* (FOTO) Objektiv *nt*
objektiflik *s ohne Pl* <-ği> Objektivität *f*
objektivist **I.** *s* Objektivist(in) *m(f)* **II.** *adj* objektivistisch
objektivite *s ohne Pl* Objektivität *f*
objektivizm *s ohne Pl* (PHILOS) Objektivismus *m*
obruk *adj* <-ğu> *s.* **içbükey** konkav
observatuvar *s* Observatorium *nt;* (*gözlem evi*) Sternwarte *f*
obua *s* (MUS) Oboe *f;* **obuacı** *s* (MUS) Oboist(in) *m(f)*
obur *adj* (*pej*) gefräßig, gierig
oburca *adv* (*pej*) gierig; ~ **yemek** gierig fressen
obüs *s* Haubitze *f*
ocak *s* <-ğı> **1.** Herd *m* **2.** (*şömine*) Kamin *nt* **3.** Ofen *m;* (*kireç ocağı*) Ofen *m* **4.** (*ispirto ocağı*) Kocher *m* **5.** (*birinci ay*) Januar *m* **6.** (*maden ocağı*) Bergwerk *nt*
oda *s* **1.** Zimmer *nt* **2.** (*sanayi ~ sı, karanlık ~*) Kammer *f*
odak *s* <-ğı> Fokus *m;* (*a. fig*) Brennpunkt *m*
odaklama *s Verbalsubstantiv zu* **odaklamak**
odaklamak *vt* scharf einstellen, fokussieren
odak noktası *s* (PHYS, FOTO) Brennpunkt *m*
odak uzaklığı *s* (PHYS, FOTO) Brennweite *f*
odalık *s* <-ğı> **1.** Nebenfrau *f* **2.** (HIST) Odaliske *f*
oda müziği *s* Kammermusik *f;* **oda sıcaklığı** *s* Zimmertemperatur *f*
oditoryum *s* Auditorium *nt;* (*dinleme salonu*) Hörsaal *m*
odun *s* Holz *nt*
oduncu *s* **1.** Holzfäller(in) *m(f)* **2.** (*kesen kimse*) Holzschneider *m,* Xylograph *m* **3.** (*satan kimse*) Holzhändler(in) *m(f)*
odun kömürü *s ohne Pl* Holzkohle *f*
odunsu *adj* holzig
odyovizüel *adj s.* **görsel işitsel** audiovisuell
oftalmoloji *s ohne Pl* (MED) Ophthalmologie *f*
oğlak *s* <-ğı> Zicklein *nt*
Oğlak *s* (ASTR) Steinbock *m;* ~ **burcu/dönencesi** das Sternbild/der Wendekreis des Steinbocks
oğlan *s* **1.** (*erkek çocuk*) Knabe *m* **2.** (*yetişkin erkek*) Junge *m* **3.** (*iskambil kâğıdı*) Junge *m,* Bube *m* **4.** Strichjunge *m*
oğlancı *s* Päderast *m*
oğlancılık *s ohne Pl* <-ğı> Päderastie *f*
oğul *s* <-ğlu> **1.** Sohn *m;* **iki oğlu var** er hat zwei Söhne **2.** (*arı topluluğu*) Schwarm *m*
oğulcuk *s* <-ğu> **1.** Söhnchen *nt,* Söhnlein *nt* **2.** (BIOL: *embriyon*) Embryo *m* **3.** (MED) Keimling *m*
oğul otu *s* (BOT) Zitronenkraut *nt;* (*melisa*) Melisse *f*
ohm *s* (PHYS: *om*) Ohm *nt*
oje *s* (*tırnak cilâsı*) Nagellack *m*
ok *s* **1.** Pfeil *m;* ~ **ve yay** Pfeil und Bogen **2.** (*oklu kirpide*) Stachel *m*
o kadar *adv* so; ~ **güzel/hızlı ki, …** es ist so schön/schnell, dass …
okaliptüs *s* (BOT) Eukalyptus *m*
okçu *s* (SPORT) Bogenschütze, -in *m, f*
okçuluk *s ohne Pl* <-ğu> (SPORT) Bogenschießen *nt*
ok kuburu *s* Pfeilköcher *m*
oklava *s* Nudelholz *nt,* Rollholz *nt*
okluk *s* <-ğu> Pfeilköcher *m*
oklu kirpi *s* (ZOOL) Stachelschwein *nt*
oksalat *s* (CHEM) Oxalat *nt,* Oxalsalz *nt*
oksalik asit *s ohne Pl* <-di> (CHEM) Oxalsäure *f*
oksidi *s poss von* **oksit**
oksidiyon taşı *s* Gagat *m,* Jett *m o nt*
oksijen *s ohne Pl* (CHEM) Sauerstoff *m;* **oksijen aleti** *s* Sauerstoffgerät *nt,* Atemgerät *nt;* **oksijen bombası** *s* Sauerstoffflasche *f;* **oksijen çadırı** *s* Sauerstoffzelt *nt;* **oksijen maskesi** *s* Sauerstoffmaske *f;* **oksijen tüpü** *s* Sauerstoffflasche *f*
oksit *s* <-di> (CHEM) Oxid *nt*
oksitleme *s* (CHEM) **1.** *Verbalsubstantiv zu* **oksitlemek** **2.** Oxidierung *f*
oksitlemek *vt* (CHEM) oxidieren
oksitlenme *s* (CHEM) **1.** *Verbalsubstantiv zu* **oksitlenmek** **2.** Oxidierung *f*
oksitlenmek *vi* (CHEM) oxidieren
okşama *s Verbalsubstantiv zu* **okşamak**
okşamak *vt* **1.** streicheln **2.** liebkosen, hätscheln
oktan *s* Oktan *nt*
oktant *s* (ASTR) Oktant *m*
oktav *s* (MUS) Oktave *f*

O

okul *s* Schule *f;* **~dan ayrılmak** von der Schule abgehen; **okul arkadaşı** *s* Schulfreund(in) *m(f);* **okul çocuğu** *s* Schulkind *nt*

okuldaş *s* Mitschüler(in) *m(f)*

okul gezisi *s* Schülerfahrt *f;* **okul kaçağı** *s* Schulschwänzer(in) *m(f)*

okullu *s* Schüler(in) *m(f)*

okul öncesi I. *s* Vorschule *f* **II.** *adj* vorschulisch; ~ **eğitim** vorschulische Erziehung; **okul tatili** *s* Schulferien *pl*

okuma *s ohne Pl Verbalsubstantiv zu* **okumak**

okumak <-ur> **I.** *vt* **1.** (*kitap*) lesen; **birine bir şey** ~ jdm etw vorlesen; **gazeteyi/makaleyi okurken** beim Lesen der Zeitung/des Artikels **2.** (*sayacı*) ablesen; **birinin gözlerinden** ~ von jds Augen ablesen **3.** (*şiir*) vortragen, rezitieren **4.** (*şarkı, türkü*) singen **5.** (*reg: çağırmak*) rufen (*-e* zu); (*davet etmek*) einladen (*-e* zu); **ezan** ~ zum Gebet aufrufen **II.** *vi* **1.** (*üniversitede*) studieren **2.** (*sl: sövmek, küfretmek*) fluchen, schimpfen

okuma kitabı *s* Lesebuch *nt;* **okuma saati** *s* Lesestunde *f;* **okuma yazma** *s ohne Pl* Lesen und Schreiben *nt;* **birine** ~ **öğretmek** jdm das Lesen und Schreiben beibringen; **okuma yazma kursu** *s* Alphabetisierungskurs *m*

okumuş *adj* belesen; (*öğrenim görmüş*) gebildet

okumuşluk *s ohne Pl* <-ğu> Belesenheit *f*

okunabilen *adj* (*a.* INFORM) lesbar

okunaklı *adj* (gut) leserlich; ~ **bir yazısı var** er hat eine (gut) leserliche Schrift

okunaksız *adj* unleserlich

okunma *s Verbalsubstantiv zu* **okunmak**

okunmak <-ur> *vi* **1.** *pass von* **okumak** gelesen werden **2.** (*fig*) ablesen (können) (*-den* von); **yüzünden** ~ vom Gesicht ablesen (können)

okunulma *s Verbalsubstantiv zu* **okunulmak**

okunulmak <-ur> *vi pass von* **okumak**: **karanlıkta okunulmaz** im Dunkeln liest man nicht

okur *s* Leser(in) *m(f)*

okuryazar *s:* **nüfusun yüzde sekseni ~dır** achtzig Prozent der Bevölkerung können lesen und schreiben, achtzig Prozent der Bevölkerung sind des Lesens und Schreibens kundig

okus pokus *s ohne Pl* Hokuspokus *m*

okutma *s Verbalsubstantiv zu* **okutmak**

okutmak *vt* **1.** *Kausativ zu* **okumak** **2.** (*ders vermek*) unterrichten **3.** (*fam*) verscherbeln; **birine bir şeyi** ~ jdm etw aufschwatzen

okutman *s* Unterrichtsbeauftragte(r) *mf;* (*lektör*) Lektor(in) *m(f)*

okutturma *s Verbalsubstantiv zu* **okutturmak**

okutturmak *vt Kausativ zu* **okutmak**

okuyucu *s* Leser(in) *m(f)*

okültizm *s ohne Pl* Okkultismus *m*

okyanus *s* Ozean *m;* **Atlantik/Hint O~u** der Atlantische/Indische Ozean

olabildiğince *adv* möglichst, tunlichst; ~ **kısa/uzun** möglichst kurz/lang, so kurz/lang wie möglich

olagelme *s Verbalsubstantiv zu* **olagelmek**

olagelmek *vi* andauern; (*devam etmek*) weitergehen

olağan [ola:n] *adj* **1.** gewöhnlich **2.** (*alışılmış olan*) gewohnt, gewöhnlich **3.** (*normal*) normal; (*tabiî*) natürlich; **olağan dışı** *adj* außergewöhnlich; (*gayri tabiî*) unnatürlich

olağanlık *s* <-ğı> Gewöhnlichkeit *f*

olağanüstü *adj* **1.** außerordentlich **2.** außergewöhnlich **3.** Ausnahme-; **olağanüstü hâl** *s* <-i> Ausnahmezustand *m*

olamaz *adj* unmöglich; ~**!** unmöglich!, das kann nicht sein!; ~ **şeyler** unmögliche Dinge

olanak *s* <-ğı> Möglichkeit *f;* **teknik ~lar** technische Möglichkeiten

olanaklı *adj* möglich

olanaksız *adj* unmöglich

olanaksızlaşma *s Verbalsubstantiv zu* **olanaksızlaşmak**

olanaksızlaşmak *vi* unmöglich werden

olanaksızlık *s* <-ğı> Unmöglichkeit *f*

olanca gücüyle *adv* mit aller Kraft

olarak *konj* als; **bize dost** ~ **geldi** er kam als Freund zu uns

olasılıklar hesabı *s* (MATH) Wahrscheinlichkeitsrechnung *f*

olay *s* **1.** Ereignis *nt;* ~ **çıkarmak** einen Zwischenfall verursachen; **sevindirici bir** ~ ein freudiges Ereignis; **günün ~ları** die Ereignisse des Tages **2.** Fall *m*

olaylı *adj* ereignisreich

olaysız *adj* ereignislos; ~ **geçmek** ereignislos verlaufen; (*yolculuk*) ohne Zwischenfall verlaufen

oldubitti *s* vollendete Tatsache; **birini ~ye getirmek** jdn vor vollendete Tatsachen stellen

oldukça *adv* ziemlich, recht

oldurgan *adj* (LING: *fiil*) kausativ

olgu *s* **1.** Tatsache *f* **2.** (*fenomen*) Phänomen *nt;* (*görüngü*) Erscheinung *f*

olgucu I. *s* (PHILOS) Positivist(in) *m(f)* **II.** *adj* (PHILOS) positivistisch

olguculuk *s ohne Pl* <-ğu> (PHILOS: *pozitivizm*) Positivismus *m*

olgun *adj* reif
olgunlaşma *s ohne Pl* **1.** *Verbalsubstantiv zu* **olgunlaşmak** **2.** Reifung *f*
olgunlaşmak *vi* reifen
olgunluk *s ohne Pl* <-ğu> Reife *f;* **olgunluk sınavı** *s* Reifeprüfung *f,* Abitur *nt*
oligarşi *s* Oligarchie *f*
oligopol *s* <-ü> (WIRTSCH) Oligopol *nt*
oligosen *s ohne Pl* (GEO) Oligozän *nt*
olimpik *adj* olympisch
olimpiyat *s* <-dı> Olympiade *f;* **O~ Ateşi** das olympische Feuer; ~ **oyunları** die Olympischen Spiele; **kış ~ları** die olympischen Winterspiele
olivin *s* (GEO) Olivin *nt*
olma *s ohne Pl* **1.** *Verbalsubstantiv zu* **olmak** **2.** Sein *nt*
olmak <-ur> *vi* **1.** sein; **olamaz!** das kann nicht sein!; **annesi olamaz** sie kann nicht seine Mutter sein; **annesi oluyor** sie ist seine Mutter; **annesi oluyormuş** sie soll seine Mutter sein; **insan sabırlı olmalı** der Mensch sollte geduldig sein; **neredeyse burada olur** er wird gleich hier sein; **öğleden sonra orada olmalıyım** ich muss nachmittags dort sein **2.** geschehen, sich ereignen; (*fam*) passieren; **hiçbir şey olmamış gibi** als ob nichts geschehen wäre; **olan oldu** es kam, wie es kommen musste; **olan olmuş** was geschehen ist, ist geschehen; **ne oldu ki?** was ist denn passiert? **3.** werden; **bu nasıl belli oldu?** wie ist das bekannt geworden?; **iki yıl oldu** es sind zwei Jahre geworden **4.** gehen; **olmaz!** das geht nicht!; **böyle olmaz** so geht es nicht; **daha erken olmaz** früher geht's nicht **5.** (*olgunlaşmak*) reifen, reif werden; **üzümler daha olmadı** die Trauben sind noch nicht reif **6.** (*hazır duruma gelmek*): **çay/kahve oldu** der Tee/Kaffee ist fertig; **pilâv oldu mu?** ist der Reis fertig? **7.** (*bir şeyi* ~) haben; **parmağı tetikte** ~ den Finger am Abzug haben; **iştahı/parası** ~ Appetit/Geld haben; **randevusu** ~ eine Verabredung haben **8.** (*bulunmak*) sein, sich befinden; **imkân dâhilinde** ~ im Bereich des Möglichen liegen **9.** (*çocuğu*) bekommen
olmamış *adj* (*meyve*) unreif
olta *s* Angel *f;* **~ya vurmak** anbeißen
oltacı *s* **1.** (*satıcı*) Händler für Anglerbedarf **2.** Angler(in) *m(f)*
olta iğnesi *s* Angelhaken *m*
oltu taşı *s* Gagat *m,* Jett *m o nt*
oluk *s* <-ğu> **1.** Rinne *f* **2.** (*damların kenarında*) Dachrinne *f* **3.** (TECH: *yüzeyde oyulmuş yol*) Rille *f*
oluklu *adj* gewellt
oluklu mukavva *s* Wellpappe *f;* **oluklu sac** *s* Wellblech *nt*
olumlu *adj* positiv
olumsuz *adj* **1.** (*negatif*) negativ **2.** (*ret özelliği taşıyan*) abschlägig, verneinend; ~ **bir cevap** eine abschlägige Antwort **3.** (LING: *cümle*) verneinend, negativ
olumsuzluk *s* <-ğu> Verneinung *f,* Negation *f;* **olumsuzluk kelimesi** *s* (LING) Verneinungswort *nt,* Negationswort *nt*
oluş *s* Entstehung *f*
oluşma *s* **1.** *Verbalsubstantiv zu* **oluşmak** **2.** Entstehung *f* **3.** Bildung *f*
oluşmak *vi* **1.** entstehen **2.** sich bilden
oluşturma *s* **1.** *Verbalsubstantiv zu* **oluşturmak** **2.** Bildung *f* **3.** Bildung *f*
oluşturmak *vt* **1.** *Kausativ zu* **oluşmak** **2.** bilden
oluşum *s* Entstehung *f*
om *s* (PHYS) Ohm *nt*
omlet *s* (GASTR) Omelett *nt*
omur *s* (ANAT) Wirbel *m*
omurga *s* **1.** (*bel kemiği*) Rückgrat *nt* **2.** (*fig: bel kemiği*) Rückgrat *nt;* (*esas, temel*) Grundlage *f*
omurilik <-ği> *s* (ANAT) Rückenmark *nt*
omuz *s* <-mzu> Schulter *f;* **birine ~ kaldırmak** jdm die kalte Schulter zeigen; ~ **silkmek** mit den Schultern [*o* Achseln] zucken
omuzdaşlık *s ohne Pl* <-ğı> Schulterschluss *m;* (*dayanışma*) Solidarität *f*
omuz eklemi *s* (ANAT) Schultergelenk *nt*
omuzlama *s Verbalsubstantiv zu* **omuzlamak**
omuzlamak *vt* **1.** schultern, auf die Schulter(n) nehmen **2. bir şeyi ~** etw auf seine Schultern nehmen
omuzluk *s* <-ğu> Schulterklappe *f*
omuz omza *adv* **1.** Schulter an Schulter **2.** (*fig*) Schulter an Schulter; (*birlikte*) gemeinsam; (*dayanışarak*) solidarisch
omuz yüksekliği *s* Schulterhöhe *f*
omzu *s poss von* **omuz**
on **I.** *s* Zehn *f; s. a.* **altı** **II.** *adj* zehn; **sekize ~ (dakika) kala** um zehn (Minuten) vor acht; **sekize ~ (dakika) var** es ist zehn (Minuten) vor acht; **sekizi ~ (dakika) geçe** um zehn (Minuten) nach acht; **sekizi ~ (dakika) geçiyor** es ist zehn (Minuten) nach acht; *s. a.* **altı**
onama *s* **1.** *Verbalsubstantiv zu* **onamak** **2.** Billigung *f*
onamak *vt* billigen, gutheißen
onarılamaz *adj* irreparabel
onarım *s* (*tamir*) Reparatur *f*
onarma *s Verbalsubstantiv zu* **onarmak**
onarmak *vt* reparieren
onay *s* Zustimmung *f*
onbaşı *s* (MIL) Gefreite(r) *m*

on bir I. *s* Elf *f* II. *adj* elf; **on birinci** *adj* elfte(r, s); *s. a.* **altmışıncı**; **on buçuk** *adj* <-ğu> 1. zehneinhalb; ~ **litre/kilometre** zehneinhalb Liter/Kilometer; ~ **saat önce/sonra** zehneinhalb Stunden vorher/nachher 2. (*saati bildirirken*) halb elf; ~**ta** um halb elf; **saat** ~ es ist halb elf; **on buçuğa on** (**dakika**) **kala** um zehn (Minuten) vor halb elf; **on buçuğa on** (**dakika**) **var** es ist zehn (Minuten) vor halb elf; **on buçuğu on** (**dakika**) **geçe** um zehn (Minuten) nach halb elf; **on buçuğu on** (**dakika**) **geçiyor** es ist zehn (Minuten) nach halb elf

ondalık I. *s* <-ğı> 1. Zehntel *nt* 2. (HIST: *öşür*) Zehnte(r) *m* II. *adj* (MATH) dezimal; **ondalık kesir** *s* <-sri> (MATH) Dezimalbruch *m*, Zehnerbruch *m*; **ondalık sayı** *s* (MATH) Dezimalzahl *f*, Dezimale *f*, Dezimalstelle *f*; **ondalık sayı sistemi** *s ohne Pl* (MATH) Dezimalsystem *nt*

ongun *s* (*arma*) Wappen *nt*

on iki I. *s* Zwölf *f* II. *adj* zwölf; **on ikinci** *adj* zwölfte(r, s)

onikiparmak bağırsağı *s* (ANAT) Zwölffingerdarm *m*

onlar *pron* sie

onların *pron gen von Pl* **onlar**: ~ **yüzünden** derentwegen

onlu I. *s* (*iskambil kâğıdı*) Zehn *f* II. *adj* zehnteilig

onluk *adj* 1. (*içinde on tane bulunan*) zehner 2. (*on yaşında olan*) zehnjährig; *s. a.* **altmışlık**

onma *s ohne Pl* 1. *Verbalsubstantiv zu* **onmak** 2. Genesung *f*, Erholung *f*

onmak <-ar> *vi* 1. besser werden 2. genesen, gesund werden, sich erholen (*-den* von)

onmaz *adj* unheilbar

onomastik *s ohne Pl* <-ği> Onomastik *f*, Namenskunde *f*

onomatope *s* (LING) Onomatopoese *f*; (*ses yansıma*) Lautmalerei *f*

onomatopeik *adj* (LING) onomatopoetisch; (*ses yansımalı*) lautmalend

ons *s* Unze *f*

ontik *adj* (PHILOS) ontisch

ontojenez *s ohne Pl* (BIOL) Ontogenese *f*

ontoloji *s ohne Pl* (PHILOS: *varlık bilimi*) Ontologie *f*

ontolojik *adj* ontologisch

onu *pron akk von* **o** ihn, sie, es

onulmaz *adj* unheilbar

onun I. *pron gen von* **o** sein, ihr II. *pron* davon; ~ **yarısı** die Hälfte davon

onuncu *adj* zehnte(r, s); *s. a.* **altıncı**

onuncusu *adv* (*sayarken*) zehntens; *s. a.* **altıncısı**

onur *s ohne Pl* 1. Ehre *f*; **birinin** ~**una ziyafet vermek** jdm zu Ehren ein Fest veranstalten 2. (*öz saygı*) Selbstachtung *f*, Ehrgefühl *nt*; **birinin** ~**una dokunmak** jds Ehrgefühl verletzen 3. (*gurur*) Stolz *m*; **onur kurulu** *s* Ehrengericht *nt*

onurlandırma *s Verbalsubstantiv zu* **onurlandırmak**

onurlandırmak *vt* 1. beehren; **birini ziyareti ile** ~ jdn mit einem Besuch beehren 2. **birini** ~ jdn ehren, jdm die Ehre erweisen

onurlu *adj* ehrbar, ehrenhaft

onur meselesi *s* Ehrensache *f*; **bir şeyi** ~ **yapmak** etw zur Ehrensache machen

onursal *adj* ehrenamtlich, Ehren-; **onursal başkan** *s* Ehrenpräsident(in) *m(f)*; **onursal üye** *s* Ehrenmitglied *nt*

onursuz *adj* ehrlos

onursuzluk *s ohne Pl* <-ğu> Ehrlosigkeit *f*

onur üyesi *s* Ehrenmitglied *nt*

on üçüncü *adj* dreizehnte(r, s); *s. a.* **altmışıncı**

oosit *s* (BIOL) Oozyt *m*, Oozyte *f*

opal [opāl] *s* <-i> 1. (*mineral*) Opal *m* 2. (*kumaş*) Opal *m*

opalin *s ohne Pl* Opalglas *nt*

opalleşme *s ohne Pl* Opaleszenz *f*

oparlör *s s.* **hoparlör** Lautsprecher *m*

opera *s* 1. Oper *f* 2. (*binası*) Oper *f*, Opernhaus *nt*; **opera binası** *s* Opernhaus *nt*

operacı *s* Opernsänger(in) *m(f)*

operasyon *s* Operation *f*

operatör *s* 1. (MED: *cerrah*) Chirurg *m* 2. (*tur*~*ü*) Veranstalter(in) *m(f)* 3. (INFORM) Datentypist(in) *m(f)*; (*işletmen*) Operator(in) *m(f)* 4. (TYPO) Schriftsetzer *m*

operatris *s* Chirurgin *f*

operet *s* Operette *f*

operetçi *s* Operettensänger(in) *m(f)*

oportünist *adj* opportunistisch

oportünizm *s ohne Pl* Opportunismus *m*

opsiyon *s* Option *f*

optik I. *s ohne Pl* <-ği> (PHYS) Optik *f* II. *adj* optisch

optikçi *s* Optiker(in) *m(f)*

optimal *adj* optimal

optimist I. *s* Optimist(in) *m(f)* II. *adj* optimistisch

optimizm *s ohne Pl* (*a.* PHILOS) Optimismus *m*

optimum I. *s* Optimum *nt* II. *adj* optimal

optimumlaştırma *s* Optimierung *f*

optimumlaştırmak *vt* optimieren

opus *s* Opus *nt*

ora *s*: ~**lar çok güzel** die Gegend dort ist sehr schön

oracıkta *adj* gleich dort

orada *adv* da, dort; ~ **burada** überall; ~

kimse yok dort ist niemand

oradaki *adj* dortige(r, s)

orak *s* <-ğı> **1.** Sichel *f* **2.** (AGR: *ekin biçme zamanı*) Erntezeit *f*; **orak ayı** *s* (*reg: temmuz*) Juli *m*; **orak böceği** *s* (ZOOL: *ağustos böceği*) Zikade *f*

orakçı *s* (AGR) Schnitter(in) *m(f)*

oralı *adj* dortig; ~ **(bile) olmamak** (völlig) desinteressiert sein; **siz de ~ mısınız?** sind Sie auch von dort?

oramiral *s* <-li> (MIL) Großadmiral *m*

oran *s* Verhältnis *nt*; (*doğum ~ı*) Ziffer *f*, Rate *f*

orangutan *s* (ZOOL) Orang-Utan *m*

oransızlık *s* <-ğı> Missverhältnis *nt*

orantı *s* **1.** Relation *f*, Verhältnis *nt* **2.** (MATH) Dreisatz *m*

orantılama *s* **1.** *Verbalsubstantiv zu* **orantılamak** **2.** Relativierung *f*

orantılamak *vt* relativieren

orası *s* <-nı> **1.** (*ora*): ~ **çok güzel** dort ist es sehr schön; ~ **neresi?** (TEL) wer spricht dort?; ~**nı Allah bilir** das weiß Gott allein **2.** (*o yönü*): **işin ~ pek/o kadar önemli değil** diese Seite der Angelegenheit ist sehr/nicht so wichtig

oratoryo *s* (MUS) Oratorium *nt*

oraya *adv* dahin, dorthin; ~ **kadar** bis dahin; ~ **oldukça sık giderim** ich gehe ziemlich oft dahin

ordinaryüs *s* (HIST, UNI) Ordinarius *m*

ordinat *s* (MATH) Ordinate *f*

ordövr *s* (GASTR) Vorspeise *f*; **ordövr arabası** *s* Servierwagen *m*; **ordövr tabağı** *s* (GASTR) Vorspeisenteller *m*

ordu *s* Armee *f*; **Kızıl O~** die Rote Armee

ordubozan *s* **1.** Spielverderber(in) *m(f)*; (*fesat çıkaran*) Unruhestifter(in) *m(f)* **2.** (*reg: varis*) Krampfader *f*

org *s* (MUS) Orgel *f*

organ *s* Organ *m*; **erkeklik ~ı** das männliche Glied

organ aktarımı *s s.* **organ nakli** (MED) Organtransplantation *f*

organik *adj* organisch; ~ **kimya** organische Chemie; **organik yakıt** *s* Biobrennstoff *m*

organizasyon *s* Organisation *f*

organizatör *s* Organisator(in) *m(f)*, Veranstalter(in) *m(f)*

organize *adj* organisiert; ~ **etmek** organisieren; ~ **suç** das organisierte Verbrechen

organizma *s* Organismus *m*

organ nakli *s* (MED) Organtransplantation *f*; **organ verici** *s* (MED) Organspender(in) *m(f)*

orgazm *s* Orgasmus *m*

orgcu *s* (MUS) Organist(in) *m(f)*

orijinallik *s ohne Pl* <-ği> Originalität *f*

orkestra *s* (MUS) Orchester *nt*; (*caz, pop için*) Band *f*; **orkestra şefi** *s* (MUS: *maestro*) Dirigent(in) *m(f)*

orkide *s* (BOT) Orchidee *f*

orkinos *s* (ZOOL: *ton balığı*) Thunfisch *m*

orkit *s* (MED) Orchitis *f*, Hodenentzündung *f*

orman *s* Wald *m*, Forst *m*; ~ **gibi kaşlar/saçlar** buschige Augenbrauen/Haare

ormancılık *s ohne Pl* <-ğı> (AGR) Forstwirtschaft *f*

ormanlaştırma *s* **1.** *Verbalsubstantiv zu* **ormanlaştırmak** **2.** Aufforstung *f*

ormanlaştırmak *vt* aufforsten

ormanlık *adj* <-ğı> bewaldet

ornatma *s* **1.** *Verbalsubstantiv zu* **ornatmak** **2.** Ersetzung *f*, Ersatz *m*, Austausch *m*, Substitution *f*, Substituierung *f*

ornatmak *vt* ersetzen, austauschen, substituieren

ornitolog *s* Ornithologe, -in *m, f*

orospu *s* (*vulg*) Hure *f*; **orospu çocuğu** *s* (*vulg*) Hurensohn *m*

orsa *s* (NAUT: *rüzgâr üstü*) Luv *f*; **geminin başı ~ya kaçıyor** der Bug des Schiffes dreht nach Luv

orsalama *s* *Verbalsubstantiv zu* **orsalamak**

orsalamak *vi* (NAUT) (an)luven

orta **I.** *s* **1.** Mitte *f*; **bir şeyi ~dan kaldırmak** etw beseitigen **2.** (*fam*) Bildfläche *f*; **~dan kaybolmak** von der Bildfläche verschwinden; **~ya çıkmak** auf der Bildfläche erscheinen, auftreten **II.** *adj* mittel, mittlere(r, s); ~ **yaşlı bir bey** ein Herr mittleren Alters; **orta ağırlık** *s ohne Pl* <-ğı> (SPORT) Mittelgewicht *f*; **orta alan** *s s.* **orta saha** Mittelfeld *nt*; **orta boy** *adj*, **orta boylu** *adj* mittelgroß

ortaç *s* <-cı> (LING: *partisip*) Partizip *nt*

Orta Çağ *s ohne Pl* Mittelalter *nt*

orta çizgi *s* Mittellinie *f*; **orta dalga** *s* (RADIO, PHYS) Mittelwelle *f*; **~da** auf Mittelwelle; **orta hece yutumu** *s* (LING: *haploloji*) Haplologie *f*; **orta hizmetçisi** *s* Putzfrau *f*

ortak **I.** *s* <-ğı> **1.** (*iş ortağı*) Partner(in) *m(f)*; (*şirket ortağı*) Gesellschafter(in) *m(f)* **2.** **suç ortağı** Komplize, -in *m, f*, Mittäter(in) *m(f)* **II.** *adj* gemeinsam; **ortak dil** *s* Mittlersprache *f*

ortaklık *s* <-ğı> (*şirket*) Gesellschaft *f*; **~tan çıkarma** Ausschluss aus der Gesellschaft; **adî ~** (JUR) Gesellschaft *f* bürgerlichen Rechts; **limitet ~** Gesellschaft *f* mit beschränkter Haftung

Ortak Pazar *s* (EU, HIST) der Gemeinsame Markt

orta kulak *s* <-ğı> (ANAT) Mittelohr *nt*; **orta kulak iltihabı** *s* (MED) Mittelohrentzündung *f*

ortak yapım *s* (FILM) Koproduktion *f*; **ortak yaşama** *s* (BIOL) Symbiose *f*

O

ortakyaşar *s* (BIOL) Symbiont *m*
ortakyaşarlık *s* <-ğı> (BIOL) Symbiose *f*
ortak yönetim *s* (POL: *koalisyon*) Koalition *f*
ortalama **I.** *s* Durchschnitt *m* **II.** *adj* **1.** durchschnittlich **2.** (*fig*): ~ **çözüm yolu bulmak** eine Kompromisslösung finden **III.** *adv* mittig
ortalama hız *s* Durchschnittsgeschwindigkeit *f*
ortalık *s* <-ğı>: ~ **kararıyor** es wird dunkel; ~ **yatıştı** die Lage hat sich beruhigt; ~**ta kimse kalmadı** (*fam*) es ist keiner mehr da, alle sind weg; ~**tan kaybolmak** verschwinden; **ortalık hizmetçisi** *s* Hausmädchen *nt*
ortam *s ohne Pl* Umfeld *nt;* **sosyal** ~ das soziale Umfeld
ortanca *s* (BOT) Hortensie *f*
orta nef *s* (ARCH: *kilisede*) Mittelschiff *nt;* **orta oyunu** *s* (THEAT) *türkisches Volkstheater ohne Bühne, Bühnenbild, Vorhang und Einsager;* **orta parmak** *s* <-ğı> Mittelfinger *m;* **orta saha** *s* (SPORT) Mittelfeld *nt;* **orta saha oyuncusu** *s* (SPORT) Mittelfeldspieler(in) *m(f);* **orta sahın** *s* (ARCH: *camide*) Mittelschiff *nt;* **orta sıklet** *s ohne Pl* (SPORT) Mittelgewicht *nt*
orta sınıf *s* Mittelklasse *f;* **orta şekerli** *adj* **1.** mittelsüß **2.** (*şöyle böyle*) mittelmäßig, mittelprächtig; **orta yaşlı** *adj* mittelalt, von mittlerem Alter; ~ **bir adam/bey/hanım** ein Mann/Herr/eine Dame mittleren Alters; **orta yol** *s* (*fig*) Mittelweg *m;* ~**dan gitmek** einen Mittelweg gehen; ~**u seçmek** einen Mittelweg einschlagen; **orta yuvar** *s ohne Pl* (ASTR: *mezosfer*) Mesosphäre *f*
orta yuvarlak *s* <-ğı> (SPORT) Mittelkreis *m*
ortodonti *s ohne Pl* Kieferchirurgie *f*
ortoklâz *s* (GEO) Orthoklas *m*
ortopedi **I.** *s ohne Pl* (MED) Orthopädie *f* **II.** *adj* orthopädisch; ~ **aletleri/cihazları** orthopädische Geräte/Apparate
ortopedik *adj* orthopädisch
ortopedist *s* **1.** (MED: *ortopedi uzmanı*) Orthopäde, -in *m, f* **2.** (*ortopedi protezleri yapan*) Orthopädiemechaniker(in) *m(f)* **3.** (*ortopedi aletleri yapan*) Orthopädist(in) *m(f)*
ortoz *s* (GEO: *ortoklâz*) Orthoklas *m*
oruç *s ohne Pl* <-cu> **1.** (REL) Fasten *nt;* ~ **açmak** den Fastentag beenden; (*iftar etmek*) zu Abend essen; ~ **bozmak** (*kesmek*) das Fasten brechen; (*sona erdirmek*) das Fasten beenden, mit dem Fasten aufhören; ~ **tutmak** fasten, das Fastengebot befolgen [*o* einhalten]; ~ **yemek** nicht fasten, das Fastengebot nicht befolgen [*o* einhalten] **2.** (*fig*) Enthaltsamkeit *f,* Verzicht *m*
oruçlu *adj* fastend
oruçsuz *adj* nicht fastend, das Fastengebot nicht befolgend
orun *s* (*mevki*) Klasse *f;* **birinci/ikinci** ~ erste/zweite Klasse; **işlik** ~ Business Class *f*
orya *s* Karo *nt*
oryantal *adj* <-i> oriental, orientalisch
oryantalist *s* (*doğu bilimci*) Orientalist(in) *m(f)*
oryantalizm *s ohne Pl s.* **doğu bilimi** Orientalistik *f*
o saat *adv* (*hemen*) sofort, umgehend
Osmanî [osma:ni:] *adj* (HIST) osmanisch
Osmanlı **I.** *s* (HIST) Osmane, -in *m, f* **II.** *adj* (HIST) osmanisch; ~ **İmparatorluğu/Türkçesi** das Osmanische Reich/Türkisch
Osmanlıca *s* Osmanisch *nt;* ~**da** im Osmanischen
osmiyum *s ohne Pl* (CHEM) Osmium *nt*
osteoloji *s ohne Pl* (ANAT) Osteologie *f*
osurma *s Verbalsubstantiv zu* **osurmak**
osurmak <-ur> *vi* (*vulg*) furzen; (*fam: yellenmek*) pupsen
osuruk *s* <-ğu> (*vulg*) Furz *m;* (*fam: yellenme*) Pups *m*
oşinografi *s ohne Pl* Ozeanographie *f;* (*ana deniz bilimi*) Meereskunde *f*
ot *s* **1.** Gras *nt,* Unkraut *nt;* ~ **yolmak** Unkraut jäten; **ağaç değil a,** ~ **bile yok** es gibt nicht einmal einen Baum, geschweige denn Gras **2.** (*zehir*) Gift *nt* **3.** (*ilâç*) Heilkraut *nt,* Medikament *nt* **4.** (*sl: esrar*) Kif(f) *m*
otacı *s* (*reg: hekim*) Arzt *m,* Ärztin *f*
otama *s ohne Pl* **1.** *Verbalsubstantiv zu* **otamak** **2.** (*reg*) Verarztung *f;* (*tedavi*) Behandlung *f*
otamak *vt* (*reg*) verarzten; (*tedavi etmek*) behandeln
otantik *adj* authentisch
otarsi *s* Autarkie *f*
otarşik *adj* autark
otçu *s* (*fam*) Landarzt, -ärztin *m, f*
otçul *s* (ZOOL) Pflanzenfresser *m*
otel *s* Hotel *nt*
otelci *s* Hotelier *nt*
otelcilik *s* <-ği> Hotelgewerbe *nt;* **otelcilik okulu** *s* Hotelfachschule *f*
otel odası *s* Hotelzimmer *nt*
otist *adj* (MED, PSYCH) autistisch
otizm *s ohne Pl* (MED, PSYCH) Authismus *m*
otlama *s Verbalsubstantiv zu* **otlamak**
otlamak *vi* grasen, weiden, äsen
otlu bağa *s* (ZOOL: *kara kurbağa*) Kröte *f*
oto *s* Auto *nt*
otoban *s* Autobahn *f*
otobiyografi *s* Autobiografie *f*

otobiyografik *adj* autobiografisch
otobüs *s* Omnibus *m,* Autobus *m,* Bus *m*
otobüs durağı *s* Bushaltestelle *f;* **otobüs şoförü** *s* Busfahrer(in) *m(f);* **otobüs terminali** *s* Busbahnhof *m*
otodidakt *adj* autodidaktisch
otoerotizm *s ohne Pl* (PSYCH) Autoerotik *f*
otogar *s* Omnibusbahnhof *m,* Busbahnhof *m*
otograf *s* Autogramm *nt;* **otograf avcısı** *s* Autogrammjäger(in) *m(f)*
otokar *s* Autocar *m,* Ausflugsomnibus *m*
otokontrol *s* <-ü> (*öz denetim*) Selbstkontrolle *f*
otokrasi *s* Autokratie *f*
otokrat *s* Autokrat(in) *m(f)*
otomasyon *s* Automation *f,* Automatisierung *f*
otomat *s* Automat *m*
otomatik *adj* automatisch; **otomatik kemer** *s* (AUTO) Automatikgurt *m*
otomatikleşme *s* Automatisierung *f*
otomatikman *adv* automatisch
otomatik şanjman *s* (AUTO) Automatikgetriebe *nt;* **otomatik vites** *s* (AUTO) Automatikschaltung *nt;* **otomatik vitesli araba** *s* (AUTO) Automatikwagen *m*
otomatizm *s* Automatismus *m*
otomobil *s* Automobil *nt;* **otomobil aksesuarı** *s* Autozubehör *nt;* **otomobil fuarı** *s* Automobilausstellung *f;* **otomobil katarı** *s* Autokolonne *f;* **otomobil kazası** *s* Autounfall *m;* **otomobil kuyruğu** *s* Autoschlange *f;* **otomobil lâstiği** *s* Autoreifen *m;* **otomobil markası** *s* Automarke *f;* **otomobil radyosu** *s* Autoradio *nt;* **otomobil sporu** *s* Autosport *m;* **otomobil tamircisi** *s* Autoschlosser *m;* **otomobil telefonu** *s* Autotelefon *nt;* **otomobil yarışı** *s* Autorennen *nt*
otomotiv *s* Automobilindustrie *f;* (*endüstri kolu*) Automobilbranche *f*
otonazi *s ohne Pl* Euthanasie *f*
otonom *adj* autonom
otonomi *s* Autonomie *f;* **otonomi görüşmeleri** *s pl* (POL) Autonomieverhandlungen *pl*
otopsi *s* (MED) Autopsie *f*
otorite *s ohne Pl* Autorität *f*
otoriter *s* autoritär
otoriterli *s* autoritär
otostop *s ohne Pl* Autostopp *m;* ~ **yapmak** per Anhalter fahren
otostopçu *s* Anhalter(in) *m(f)*
oto tamirhanesi *s* Autoreparaturwerkstatt *f*
ototrof *adj* (BIOL) autotroph
ototrofi *s ohne Pl* (BIOL) Autotrophie *f*
otoyol *s* Autobahn *f*
ot sapı *s* Grashalm *m*
otur *Imperativ von* **oturmak**: (**dik**) ~**!** setz dich (gerade) hin!
oturacak yer *s* Sitzplatz *m*
oturak *s* <-ğı> **1.** Sitz *m* **2.** (*lâzımlık*) Nachttopf *m*
oturma *s Verbalsubstantiv zu* **oturmak**; **oturma belgesi** *s* Aufenthaltsbescheinigung *f;* **oturma grevi** *s* Sitzstreik *m;* **oturma grubu** *s* Sitzgruppe *f;* **oturma izni** *s* Aufenthaltserlaubnis *f,* Aufenthaltsgenehmigung *f*
oturmak *vi* **1.** sitzen **2.** wohnen; **kirada** ~ zur Miete wohnen **3.** sich hinsetzen **4.** (*üstüne olmak*) sitzen, anliegen
oturma mobilyası *s* Sitzmöbel *nt;* **oturma odası** *s* Wohnzimmer *nt;* **oturma yeri** *s* Wohnort *m*
oturmuş *adj* (*fig: yerleşik*) etabliert
oturtma *s Verbalsubstantiv zu* **oturtmak**
oturtmak *vt* **1.** *Kausativ zu* **oturmak** **2.** setzen (*-e* auf); (*çocuğu*) hinsetzen
oturulma *s Verbalsubstantiv zu* **oturulmak**
oturulmak *vi:* **burada iyi oturuluyor** hier sitzt es sich gut
oturum *s* Sitzung *f;* **açık/gizli** ~ öffentliche/nicht öffentliche Sitzung
otuz **I.** *s* Dreißig *f* **II.** *adj* dreißig; *s. a.* **altmış**
otuzluk *adj* **1.** (*içinde otuz tane bulunan*) dreißiger **2.** (*otuz yaşında olan*) dreißigjährig; *s. a.* **altmışlık**
otuzuncu *adj* dreißigste(r, s); *s. a.* **altmışıncı**
ova *s ohne Pl* Flachland *nt*
ovalama *s Verbalsubstantiv zu* **ovalamak**
ovalamak *vt* rubbeln; **vücudunu bir havlu ile** ~ sich den Körper mit einem Handtuch rubbeln
ovalatma *s Verbalsubstantiv zu* **ovalatmak**
ovalatmak *vt Kausativ zu* **ovalamak**
ovdurma *s Verbalsubstantiv zu* **ovdurmak**
ovdurmak *vt* sich massieren lassen; **ayaklarını** ~ sich die Füße massieren lassen
ovma *s* **1.** *Verbalsubstantiv zu* **ovmak** **2.** Massage *f*
ovmak *vt* **1.** massieren **2.** (*tencereyi*) putzen; (*tahtaları*) blank reiben
ovogon *s* (BIOL) Oogonium *nt*
ovolit *s* (GEO) Oolith *m*
ovuştura ovuştura *adj:* ~ **yara etmek** wundreiben
ovuşturma *s Verbalsubstantiv zu* **ovuşturmak**
ovuşturmak *vt* reiben; **ellerini** ~ sich die Hände reiben
oy *s* **1.** (*rey*) Stimme *f,* Votum *nt;* ~ **vermek** abstimmen (*-e* für); ~**a koymak** zur Ab-

stimmung bringen; **~ları saymak** (PARL) die Stimmen auszählen; **~unu kullanmak** seine Stimme abgeben; **kaç ~ aldın?** wie viele Stimmen hast du bekommen? **2.** (*görüş*) Meinung *f;* **~unu kullanmak** seine Meinung äußern

oya *s* gehäkelte Spitze; **oya gibi** (*fig: ince*) sehr fein; (*zarif*) elegant; (*güzel*) spitze

oyalama *s Verbalsubstantiv zu* **oyalamak**

oyalamak *vt* hinhalten; **takviye gelinceye kadar düşmanı ~** den Feind hinhalten bis Verstärkung kommt

oyalanma *s Verbalsubstantiv zu* **oyalanmak**

oyalanmak *vi* trödeln

oyalantı *s* Freizeitbeschäftigung *f;* (*hobi*) Hobby *nt*

oyalı *s* mit gehäkelten Spitzen besetzt

oy birliği *s ohne Pl* Einstimmigkeit *f;* **~ ile** einstimmig

oydaş *adj* gleich gesinnt; **biriyle ~ olmak** mit jdm einer Meinung sein

oylama *s* **1.** *Verbalsubstantiv zu* **oylamak** **2.** Abstimmung *f;* **~ya geçmek** zur Abstimmung schreiten

oylamak *vt* abstimmen (über)

oyluk *s* <-ğu> *s.* **uyluk** Oberschenkel *m*

oyuk *adj* <-ğu> hohl; **oyuk cisim** *s* <-smi> Hohlkörper *m*

oy verme *s* Stimmabgabe *f*

oylum **I.** *s* **1.** (*fam: hacim*) Volumen *nt;* (*cirim*) Umfang *m* **2.** (*derinlik etkisi*) Tiefenwirkung *f* **II.** *adj* hohl

oylumlama *s* **1.** *Verbalsubstantiv zu* **oylumlamak** **2.** (*modelâj*) Modellierung *f*

oylumlamak *vt* modellieren

oyma *s* **1.** *Verbalsubstantiv zu* **oymak** **2.** Schitzerei *f*

oymacı *s* Schnitzer *m*

oymak *vt* **1.** (*ağaç*) schnitzen **2.** (*kumaş*) schnippeln

oynama *s Verbalsubstantiv zu* **oynamak**

oynamak **I.** *vt* **1.** spielen; **futbol/tenis ~** Fußball/Tennis spielen **2.** ausspielen; **yediliyi ~** die Sieben ausspielen; **son kozunu ~** (*fig*) seinen letzten Trumpf ausspielen **II.** *vi* **1.** spielen; **ateşle ~** (*a. fig*) mit dem Feuer spielen; **büyük ~** um hohe Summen spielen; **parasına ~** um Geld spielen **2.** herumspielen (*ile* mit)

oynatma *s Verbalsubstantiv zu* **oynatmak**

oynatmak **I.** *vt* **1.** tanzen lassen, spielen lassen **2.** (*kımıldatmak*) bewegen **3.** (*fig*): **birinin yüreğini ~** jdn erschrecken **4.** (*fig: oyalamak*) hinhalten **5.** (THEAT: *sahneye koymak*) inszenieren **II.** *vi* (*aklını yitirmek*) den Verstand verlieren

oy pusulası *s* Stimmzettel *m;* **oy sandığı** *s* Wahlurne *f*

oyun *s* **1.** Spiel *nt* **2.** (THEAT, FILM) Darstellung *f* **3.** Streich *m;* **birine kötü bir ~ oynamak** jdm einen bösen Streich spielen

oyuncu *s* **1.** Spieler(in) *m(f)* **2.** (THEAT, FILM) Darsteller(in) *m(f)*

oyun kuralı *s* Spielregel *f;* **oyun sahası** *s* (SPORT) Spielfeld *nt*

ozan *s* Barde *m*

ozon *s ohne Pl* Ozon *m o nt*

ozon deliği *s ohne Pl* Ozonloch *nt*

Ö

Ö, ö *s 19. Buchstabe des türk. Alphabets*
öbür *pron* andere(r, s); **öbür dünya** *s ohne Pl* Jenseits *nt;* **birini ~ya postalamak** (*fam*) jdn ins Jenseits befördern
öd *s* (ANAT) Galle *f;* **birinin ~ü bokuna karışmak** (*fam fig*) jdm geht der Arsch auf Grundeis; **birinin ~ünü koparmak** (*fam fig*) jdn zu Tode erschrecken
ödem *s* (MED) Ödem *nt*
ödeme *s* **1.** *Verbalsubstantiv zu* **ödemek** **2.** Zahlung *f;* **ödeme aracı** *s* Zahlungsmittel *nt;* **ödeme emri** *s* Zahlungsbefehl *m*
ödemek *vt* (*borç*) zahlen, bezahlen, abgelten; **çalışarak ~** abarbeiten
ödemeli *adj* **1.** (*paket*) per Nachnahme **2.** (TEL): **~ konuşma** R-Gespräch *nt*
ödemli *adj* (MED) ödematisch, ödematös
ödenti *s* Beitrag *m*
ödev *s* Aufgabe *f;* **~ verilmek** aufbekommen; **bugün kimyada bize çok ~ verildi** wir haben heute in Chemie sehr viel aufbekommen
öd kesesi *s* (ANAT: *safra kesesi*) Gallenblase *f*
ödül *s* Preis *m,* Belohnung *f*
ödüllendirme *s* **1.** *Verbalsubstantiv zu* **ödüllendirmek** **2.** Belohnung *f*
ödüllendirmek *vt* belohnen
ödün *s* Zugeständnis *nt;* **birine ~ vermek** jdm ein Zugeständnis machen
ödünç para *s* Darlehen *nt;* **~ almak/vermek** ein Darlehen aufnehmen/gewähren
öfke *s ohne Pl* Wut *f;* **~ topuklarına çıkmak** (*fam*) sich schwarz ärgern
öfkelenme *s Verbalsubstantiv zu* **öfkelenmek**
öfkelenmek *vi* wütend werden, sich ärgern
öfkeli *adj* wütend, zornig
öge *s* Element *nt*
öğle *s* Mittag *m*
öğlende *adv* mittags
öğle paydosu *s,* **öğle tatili** *s* Mittagspause *f;* **öğle uykusu** *s* Mittagsschlaf *m;* **~su çekmek** einen ausgiebigen Mittagsschlaf halten; **öğle vakti** *s* Mittagszeit *f;* **öğle yemeği** *s* Mittagessen *nt;* **~ yemek** zu Mittag essen
öğrenci *s* **1.** (SCHULE: *okul ~si*) Schüler(in) *m(f)* **2.** (UNI: *yüksek okul ~si*) Student(in) *m(f)*
öğrenci yurdu *s* Studentenwohnheim *nt*
öğrenim *s ohne Pl* **1.** (*öğrenme*) Lernen *nt* **2.** (*yüksek ~*) Studium *nt;* **hukuk ~i yapmak** Jura studieren; **öğrenim dalı** *s* (UNI) Studiumfach *nt*
öğrenmek *vt* **1.** lernen, erlernen; **marangozluk ~** die Tischlerei erlernen **2.** (*haber almak*) erfahren, in Erfahrung bringen
öğreti *s* Lehre *f,* Lehrsatz *m*
öğretici *adj* belehrend, lehrhaft
öğretilme *s Verbalsubstantiv zu* **öğretilmek**
öğretilmek *vi pass von* **öğretmek: bana böyle şeyler öğretilmedi** mir wurden solche Sachen nicht beigebracht
öğretim görevlisi *s* (UNI) Lehrbeauftragte(r) *mf;* **öğretim programı** *s* Lehrplan *m;* **öğretim üyesi** *s* (UNI) Hochschullehrer(in) *m(f)*
öğretme *s Verbalsubstantiv zu* **öğretmek**
öğretmek *vt* lehren, beibringen; **birine bir şey ~** jdm etw lehren [*o* beibringen]
öğretmen *s* Lehrer(in) *m(f)*
öğretmenler toplantısı *s* (SCHULE) Lehrerkonferenz *f*
öğüdü *s poss von* **öğüt**
öğün *s:* **günde üç ~ yemek** drei Mahlzeiten am Tag
öğürmek *vi* **1.** würgen; **öğüreceği gelmek** zum Kotzen finden **2.** (*fam: sığır*) brüllen
öğüt *s* <-dü> Rat *m,* Ratschlag *m;* **öğüdü üzerine** auf seinen Rat (hin); **öğüt kitabı** *s* Ratgeber *m*
öğütme *s Verbalsubstantiv zu* **öğütmek**
öğütmek *vt* mahlen, zermahlen
öğütücü diş *s s.* **azı dişi** Backenzahn *m*
ökçe *s* **1.** Hacke *f,* Ferse *f* **2.** Absatz *m,* Stöckelabsatz *m*
ökse *s* Vogelleim *m*
ökse kuşu *s* (ZOOL: *saka kuşu*) Stieglitz *m*
ökselemek *vt* mit Vogelleim fangen
ökse otu *s* (BOT) Mistel *f;* **ökse otugiller** *s Pl* (BOT) Mistelgewächse *ntpl*
öksürme *s Verbalsubstantiv zu* **öksürmek**
öksürmek *vi* husten
öksürük *s* <-ğü> Husten *m;* **kuru bir ~** ein trockener Husten
öksürüklü tıksırıklı *adj* gebrechlich
öksürük nöbeti *s* Hustenanfall *m*
öksüz **I.** *s* Waise *f;* (*anası ölmüş*) Halbwaise *f;* (*anası ve babası ölmüş*) Vollwaise *f;* **~ olmak/kalmak** Waise sein/werden **II.** *adj* **1.** verwaist; **~ kalmak** verwaisen **2.** (*fig: kimsesiz*) verwaist, alleinstehend; **bura-**

larda ~ kaldım hier fühle ich mich verwaist, hier komme ich mir verwaist vor

öküz *s* **1.** Ochse *m;* **~le çift sürmek** mit Ochsen pflügen **2.** (*fam fig, pej*): **~!** du (blöder) Ochse!; **~ gibi** wie ein Ochse; **~ gibi bakmak** beglotzen; **~ trene baktığı gibi bakmak** dastehen wie der Ochse vorm Berg **3.** (*fig*) präparierter Würfel

öküz arabası *s* Ochsenkarren *m*

öküzgözü *s* (BOT: *arnika*) Arnika *f*

ölçek *s* <-ği> **1.** Maßstab *m;* **yirmi binde bir ölçeğinde bir harita** eine Karte im Maßstab 1 : 20.000 **2.** Skala *f*

ölçekli *adj* maßstabsgerecht

ölçer *s* (*fam*) Schürhaken *m*

ölçme *s* **1.** *Verbalsubstantiv zu* **ölçmek** **2.** Messung *f*

ölçmek *vt* (aus)messen

ölçü *s* **1.** Maß *nt;* **birinin ~sünü almak** das Maß bei jdm nehmen; **~yü kaçırmak** das rechte Maß verlieren; (*fam*) den Bogen überspannen; **büyük ~de** in hohem Maße **2.** (LIT: *vezin*) Versmaß *nt*

ölçü bilimi *s ohne Pl* Messwesen *nt;* **ölçü birimi** *s* Maßeinheit *f*

ölçülebilir *adj* meßbar

ölçülen *s* Messgröße *f*

ölçülme *s* **1.** *Verbalsubstantiv zu* **ölçülmek** **2.** Messung *f*

ölçülmek *vi pass von* **ölçmek** gemessen werden

ölçülü *adj* maßvoll; **bir şeyde ~ olmak** bei [*o* in] etw Maß halten

ölçüm *s* Messung *f*

ölçüt *s* **1.** (*kıstas*) Maßstab *m* **2.** (*kriter*) Kriterium *nt*

öldürme *s* **1.** *Verbalsubstantiv zu* **öldürmek** **2.** Tötung *f*

öldürmek *vt* **1.** töten, umbringen; **kendini ~** sich umbringen **2.** ermorden; **birini gözünün yaşına bakmadan ~** (*fig*) jdn kaltblütig ermorden **3.** (*açlığı*) stillen

öldürücü *adj* **1.** tödlich; **~ bir hastalık** eine tödliche Krankheit **2.** (*fig: sıcaklar*) mörderisch

öldürülme *s* **1.** *Verbalsubstantiv zu* **öldürülmek** **2.** Tötung *f*

öldürülmek *vi pass von* **öldürmek**: **getötet werden,**

ölme *s ohne Pl* **1.** *Verbalsubstantiv zu* **ölmek** **2.** Ableben *nt*

ölmek *vi* sterben, umkommen; **çalışmaktan ~** (*fig*) sich totarbeiten

ölmez *adj* unsterblich

ölmez çiçek *s* <-ği> (BOT: *yayla gülü*) Immortelle *f,* Strohblume *f*

ölmezoğlu *adj* (*fam*) unverwüstlich; **bu kumaş ~** dieser Stoff ist unverwüstlich

ölü **I.** *s* **1.** Tote(r) *mf;* **~nün naaş ve kemikleri** die leiblichen Reste des Toten **2.** (*ceset*) Leiche *f* **II.** *adj* tot; **~ açı** (MIL) toter Raum

Ölü Deniz *s* das Tote Meer

ölü doğum *s* (MED) Totgeburt *f;* **ölü katılığı** *s* Leichenstarre *f*

ölüm *s* Tod *m;* **ölüm cezası** *s* Todesstrafe *f; s. a.* **idam cezası**

ölümcül *adj* tödlich; **~ bir hastalık** eine tödlich verlaufende Krankheit

ölüm dirim *adj* lebenswichtig; **ölüm döşeği** *s* Sterbebett *nt;* **~ne düşmek** im Sterben liegen; **ölüm hâli** *s* Todesfall *m;* **ölüm kâğıdı** *s* Totenschein *m;* **ölüm kalım meselesi** *s* eine Frage auf Leben und Tod; **ölüm kalım mücadelesi** *s* Überlebenskampf *m,* ein Kampf auf Leben und Tod; **ölüm korkusu** *s* Todesangst *f*

ölümlü *adj* sterblich; (*gelip geçici*) vergänglich

ölümlülük *s ohne Pl* <-ğü> Sterblichkeit *f*

ölüm oranı *s* Sterblichkeitsziffer *f;* **ölüm orucu** *s ohne Pl* Todesfasten *nt*

ölüm sessizliği *s ohne Pl,* **ölüm sükûtu** *s ohne Pl* Totenstille *f*

ölümsüz *adj* unsterblich

ölümsüzlük *s ohne Pl* <-ğü> Unsterblichkeit *f,* Immortalität *f*

ölüyü gömme *s* Leichenbegräbnis *nt*

ön **I.** *s:* **babasının ~ünde sigara içmez** vor seinem Vater raucht er nicht, in Anwesenheit seines Vaters raucht er nicht; **herkesin gözü ~** vor aller Augen; **kapının/pencerenin ~ünde durmak** vor der Tür/dem Fenster stehen **II.** *adj* vordere(r, s); **~ tampon** (AUTO) die vordere Stoßstange

ön ad *s* **1.** Vorname *m* **2.** (LING: *sıfat*) Adjektiv *nt;* **ön alım hakkı** *s* (JUR) Vorkaufsrecht *nt*

Ön Asya *s* Vorderasien *nt*

ön belirti *s* Vorzeichen *nt;* **ön bilgi** *s* Vorwissen *nt,* Vorkenntnisse *fpl;* **ön bilim** *s ohne Pl* (REL, PHILOS) Allwissenheit *f;* **ön cam** *s* (AUTO) Frontscheibe *f,* Windschutzscheibe *f*

önce **I.** *s* (*geçmiş zaman*) Vergangenheit *f* **II.** *adv* **1.** vor; **az ~** vorhin; **on yedi yıl ~** vor siebzehn Jahren **2.** (*ilk olarak*) zuerst **3.** vorher; **haftalar ~** Wochen vorher

önceden *adv* vorher; (*başlangıçta*) anfangs; **bir şeyi ~ belirlemek** etw vorherbestimmen

öncel *s* Vorgänger(in) *m(f)*

öncelik *s ohne Pl* <-ği> Vorrang *m*

öncelikle *adv* vorrangig

öncelikli *adj* vorrangig

ön cephe *s* Vorderfront *f*

öncü **I.** *s* **1.** (*haberci*) Vorbote *m* **2.** (*avan-*

gart) Vorkämpfer *m,* Avantgardist *m* **3.** (*fam: önder*) Führer *m;* **bir şeyde ~ olmak** federführend in etw sein **4.** (MIL: *pişdar*) Vortrupp *m* **II.** *adj* avantgardistisch, vorkämpferisch

öncül *s* **1.** Prämisse *f* **2.** (*fam: kılavuz*) Führer *m*

ön çalışma *s* Vorarbeit *f*

ön damak *s* <-ğı> (ANAT, MED) Vordergaumen *m*

önde gelen *adj* führend

önden görünüş *s* Vorderansicht *f*

ön diş *s* Frontzahn *m*

öndüçleme *s* (LING, LIT: *metafor*) Metapher *f*

öne *s dat von* **ön** nach vorn

ön ek *s* (LING) Präfix *nt*

önel *s* **1.** (*mehil*) Nachfrist *f* **2.** (JUR: *işten çıkarmak için*) Kündigungsfrist *f*

önem *s ohne Pl* **1.** Relevanz *f,* Wichtigkeit *f,* Belang *m,* Erheblichkeit *f* **2.** Bedeutung *f;* **~ kazanmak** an Bedeutung gewinnen; **bir işe ~ vermek** einer Sache Bedeutung beimessen; **bunun ~i var/yok** das hat eine/keine Bedeutung; **bir işin/eylemin ~ini küçümsemek** die Bedeutung einer Sache/Tat unterschätzen

önemli *adj* wichtig, relevant, belangvoll; **bir şeyi ~ bul(ma)mak** etw (nicht) wichtig finden; **bir şey bir kimse/şey için ~dir** etw ist wichtig [*o* von Belang] für jdn/etw

önemseme *s Verbalsubstantiv zu* **önemsemek**

önemsemek *vt* wichtig nehmen, für wichtig halten

önemsenme *s Verbalsubstantiv zu* **önemsenmek**

önemsenmek *vi pass von* **önemsemek**

önemsiz *adj* unwichtig, belanglos, bedeutungslos, irrelevant

önemsizlik *s* <-ği> Unwichtigkeit *f,* Belanglosigkeit *f,* Bedetungslosigkeit *f*

önerge *s* (POL, PARL) Antrag *m;* **~ vermek** einen Antrag stellen

öneri *s* Vorschlag *m;* **~de bulunmak** einen Vorschlag machen; **~si geniş yankı uyandırdı** sein Vorschlag fand ein breites Echo

önerme *s* **1.** *Verbalsubstantiv zu* **önermek** **2.** (PHILOS: *mantık*) Aussage *f,* Behauptung *f;* **evrişik ~** umkehrbare Behauptung

önermek *vt* vorschlagen

öngörmek *vt* vorsehen

öngörü *s ohne Pl* Weitblick *m*

öngörülü *adj* weitblickend

ön gün *s* Vortag *m*

ön kol *s* (ANAT) Unterarm *m;* **ön kol kemiği** *s* (ANAT) Speiche *f;* **dirsek kemiği ve ~** Elle und Speiche; **ön koşul** *s* Vorbedingung *f*

önlem *s* (*tedbir*) Maßnahme *f;* **~ almak** Maßnahmen ergreifen

önleme *s Verbalsubstantiv zu* **önlemek**

önlemek *vt* **1.** verhindern, unterbinden **2.** (*önüne geçmek*) verhüten; (*durdurmak*) eindämmen

önlenme *s Verbalsubstantiv zu* **önlenmek**

önlenmek *vi pass von* **önlemek**

ön lisans *s* (UNI) Vorstudium *nt*

önlük *s* <-ğü> Schürze *f*

ön plân *s* Vordergrund *m;* **~da** im Vordergrund

önsel *adv* (PHILOS: *apriori*) a priori; *s. a.* **sonsal**

ön ses *s* (LING) Anlaut *m;* **ön ses düşmesi** *s ohne Pl* (LING) Anlautschwund *m;* **ön söz** *s* Vorwort *nt*

ön sözleşme *s* (JUR) Vorvertrag *m*

ön şart *s* Vorbedingung *f*

ön teker *s* (AUTO) Vorderrad *nt;* **ön tekerlek** *s* <-ği> Vorderrad *nt;* **ön türeme** *s* (LING: *protez*) Prothese *f;* **ön yargı** *s* Vorurteil *nt;* **ön yargılı** *adj* voreingenommen

öpme *s* **1.** *Verbalsubstantiv zu* **öpmek** **2.** Kuss *m*

öpmek *vt* küssen (*-den* auf); **birini alnından/yanağından ~** jdn auf die Stirn/Wange küssen

öpücük *s* <-ğü> Küsschen *nt;* (*buse*) Kuss *m*

öpüş *s* Kuss *m*

öpüşme *s Verbalsubstantiv zu* **öpüşmek**

öpüşmek *vi* sich küssen

ördek *s* <-ği> Ente *f*

ören *s* Ruine *f*

örf *s* Brauch *m,* Sitte *f;* **~ ve âdetler** Sitten und Gebräuche; **örf ve âdet hukuku** *s ohne Pl* (JUR) Gewohnheitsrecht *nt*

örgü *s* **1.** (*saç ~sü*) Zopf *m* **2.** **~ örmek** stricken

örgü ipliği *s* Strickgarn *nt;* **örgü şişi** *s* Stricknadel *f*

örme *s Verbalsubstantiv zu* **örmek**; **örme işleri** *s Pl s.* **trikotaj** Strickwaren *pl*

örmek <-er> *vt* **1.** (*kazak*) stricken; **örgü ~** stricken; **teyzem sabahtan akşama kadar örgü örer** meine Tante strickt von morgens bis abends **2.** (*dantel, halı*) knüpfen; (*örümcek ağı*) spinnen; (*sepet*) flechten

örneğin *adv* (wie) zum Beispiel, beispielsweise

örnek **I.** *s* <-ği> **1.** Muster *nt* **2.** (*misal*) Beispiel *nt;* **onu kendine ~ alabilirsin** an ihm kannst du dir ein Beispiel nehmen **II.** *adj* beispielhaft, mustergültig, musterhaft

örneksel *adj* (INFORM) analog; **örneksel he-**

Ö

sap makinesi *s* Analogrechner *m;* **örneksel sayısal çevirici** *s* (INFORM) Analog-Digital-Wandler *m*
örnekseme *s* (LING) Analogiebildung *f*
örovizyon *s ohne Pl* Eurovision *f*
örs *s* (TECH) Amboss *m;* **örs kemiği** *s* (ANAT, MED) Amboss *m;* ~**, çekiç kemiği ile üzengi kemiği arasında bulunur** der Amboss befindet sich zwischen Hammer und Steigbügel; ~**, üç işitme kemikçiğinden biridir** der Amboss ist eines der Gehörknöchelchen
örtbas *s:* ~ **etmek** vertuschen, kaschieren
örtme *s Verbalsubstantiv zu* **örtmek**
örtmek *vt* bedecken, verhüllen
örtü *s* Decke *f*
örtüşme *s* **1.** *Verbalsubstantiv zu* **örtüşmek** **2.** Übereinstimmung *f*
örtüşmek *vi* sich decken, übereinstimmen
örümce *s* (*fam: örümcek*) Spinne *f*
örümceğimsiler *s* (ZOOL: *sınıf*) Spinnentiere *ntpl*
örümcek *s* <-ği> **1.** Spinne *f* **2.** (~ *ağı*) Spinngewebe *nt* **3.** (*yürüteç*) Laufgitter *nt,* Laufstall *m*
örümcek ağı *s* Spinnwebe *f,* Spinnennetz *nt;* **örümcek kuşu** *s* (ZOOL) Würger *m*
östaki *s,* **östaki borusu** *s* (ANAT) Eustachische Röhre *f,* Ohrtrompete *f*
ötanazi *s ohne Pl* Euthanasie *f*
öteki *adj* andere(r, s); **şehrin** ~ **ucunda** am anderen Ende der Stadt
öter ardıç *s* <-cı> (ZOOL) Singdrossel *f*
öte yandan *adv* (*diğer taraftan*) andererseits
ötleğen *s* (ZOOL) Grasmücke *f*
ötme *s Verbalsubstantiv zu* **ötmek**
ötmek *vi* **1.** (*kuş*) singen **2.** (*horoz*) krähen
ötümlü *adj* (LING) stimmhaft
ötümlülük *s ohne Pl* <-ğü> Stimmhaftigkeit *f*
ötümsüz *adj* (LING) stimmlos
ötümsüzlük *s ohne Pl* <-ğü> Stimmlosigkeit *f*
ötürme *s Verbalsubstantiv zu* **ötürmek**
ötürmek *vi* (*reg: ishal olmak*) Durchfall bekommen; (*ishali olmak*) Durchfall haben
ötürü *part* (*-den* ~) wegen
ötürük *s* <-ğü> (*reg: ishal*) Durchfall *m;* ~ **olmak** Durchfall bekommen; **ötürüğü olmak** Durchfall haben
ötüş *s* Gesang *m*
övgü *s* Lob *m;* (*söylenen söz*) Lobspruch *m*
övgücü **I.** *s* **1.** Lobredner(in) *m(f)* **2.** (*pej*) Lobhud(e)ler(in) *m(f)* **II.** *adj* lobrednerisch
övgücülük *s* <-ğü> (*pej*) Lobhudelei *f*
övme *s* **1.** *Verbalsubstantiv zu* **övmek** **2.** Lob *m*
övmek *vt* loben, rühmen
övünme *s Verbalsubstantiv zu* **övünmek**
övünmek *vt* sich loben, sich rühmen; ~ **gibi olmasın, ...** ohne mich rühmen zu wollen, ...
öykü *s* Erzählung *f;* (*hikâye*) Geschichte *f*
öykünce *s* (LIT: *fabl*) Fabel *f*
öykünme *s* **1.** *Verbalsubstantiv zu* **öykünmek** **2.** Nacheiferung *f*
öykünmek *vi* (*fam*) nacheifern (*-e*-); (*taklit etmek*) nachahmen
öyle **I.** *adj* solche(r, s) **II.** *adv* **1.** so; ~ **ise** wenn das so ist; ~ **veya böyle** so oder so; **birine** ~ **gelmek** jdm so vorkommen; **köpeği** ~ **sık havlayan komşu** der Nachbar, dessen Hund so oft bellt **2.** ~ **mi?** so?, ja?; **razısın demek,** ~ **mi?** du bist also einverstanden, ja?
öylesine *adv* derart; ~ **güldüm ki, ...** ich habe derart gelacht, dass ...
öz **I.** *s* **1.** Selbst *nt* **2.** (*ekstre, hulâsa*) Extrakt *m o nt* **3.** (*fig*) Kern *m* **II.** *pron* (*kendi*) selbst **III.** *adj* **1.** leiblich; ~ **oğlum** mein leiblicher Sohn **2.** (*saf, arı*) rein; **öz bağışıklık** *s* <-ğı> (MED) Abwehrkräfte *pl*
Özbek **I.** *s* Usbeke, -in *m, f* **II.** *adj* usbekisch
Özbekçe *s* Usbekisch *nt;* ~**de** im Usbekischen
Özbekistan *s* Usbekistan *nt*
özbeöz *s* Inbegriff *m;* **o,** ~ **bilim adamıdır** er ist der Inbegriff eines Gelehrten
öz beslenen *adj* (BIOL: *ototrof*) autotroph; **öz beslenme** *s ohne Pl* (BIOL: *ototrofi*) Autotrophie *f;* **öz denetim** *s* Selbstkontrolle *f*
özdeş *adj* identisch
özdeşleşme *s* **1.** *Verbalsubstantiv zu* **özdeşleşmek** **2.** Identifizierung *f*
özdeşleşmek *vi* sich identifizieren (*ile* mit)
özdeşleştirme *s* **1.** *Verbalsubstantiv zu* **özdeşleştirmek** **2.** Identifikation *f*
özdeşleştirmek *vt* identifizieren (*-le* mit)
özdeşlik *s* <-ği> Identität *f*
özdeyiş *s* Sinnspruch *m;* (*aforizm*) Aphorismus *m*
özek *s* <-ği> Zentrum *nt*
özel *adj* **1.** privat **2.** speziell, Spezial-, Sonder-; ~ **bir isteğim var** ich habe einen speziellen Wunsch
özel ad *s* Eigenname *m;* **özel baskı** *s* Sonderdruck *m;* **özel çekim hakkı** *s* (WIRTSCH) Sonderziehungsrecht *nt;* **özel girişim** *s* (WIRTSCH) Privatunternehmen *nt;* **özel hayat** *s ohne Pl* Privatleben *nt;* **özel isim** *s* <-smi> *s.* **özel ad** Eigenname *m*
özelleştirme *s* **1.** *Verbalsubstantiv zu* **özelleştirmek** **2.** (WIRTSCH) Privatisierung *f*
özelleştirmek *vt* (WIRTSCH) privatisieren
özellik *s* <-ği> Besonderheit *f,* Eigenschaft *f*
özellikle *adv* insbesondere

özel mülkiyet *s* Privateigentum *nt;* **özel okul** *s* Privatschule *f;* **özel radyo** *s* Privatsender *m;* **özel sayı** *s* Sondernummer *f,* Sonderausgabe *f;* **özel televizyon** *s* Privatfernsehen *nt;* **özel tim** *s* Sondereinheit *f,* Spezialeinheit *f*

özel yaşam *s ohne Pl* Privatleben *nt*

özen *s ohne Pl* Sorgfalt *f*

özendirme *s* **1.** *Verbalsubstantiv zu* **özendirmek** **2.** Förderung *f*

özendirmek *vt* fördern

özenli *adj* sorgfältig

özerk *adj* autonom

özerklik *s* <-ği> Autonomie *f*

özet *s* **1.** Zusammenfassung *f,* Kurzfassung *f* **2.** (*hesap ~ i*) Auszug *m*

özetleme *s* **1.** *Verbalsubstantiv zu* **özetlemek** **2.** Zusammenfassung *f*

özetlemek *vt* zusammenfassen

özezer **I.** *s* (*mazoşist*) Masochist(in) *m(f)* **II.** *adj* masochistisch

özezerlik *s ohne Pl* <-ği> Masochismus *m*

özgü *adj* eigentümlich

özgül *adj* spezifisch; ~ **ağırlık** (PHYS) spezifisches Gewicht

özgülük *s ohne Pl* <-ğü> Eigentümlichkeit *f,* Eigenart *f*

özgün **I.** *s* Original *nt* **II.** *adj* **1.** original **2.** originell

özgünlük *s ohne Pl* <-ğü> Originalität *f*

özgür *adj* frei

özgürlük *s* <-ğü> Freiheit *f*

özgürlükçü *adj* freiheitlich

özgürlük mücadelesi *s* Freiheitskampf *m*

öz güven *s ohne Pl* Selbstvertrauen *nt;* **öz indükleme** *s ohne Pl* (PHYS) Selbstinduktion *f*

özlem *s* Sehnsucht *f*

özleme *s Verbalsubstantiv zu* **özlemek**

özlemek *vt* vermissen, ersehnen

özlemli *adj* sehnsüchtig, sehnsuchtsvoll

özlenme *s Verbalsubstantiv zu* **özlenmek**

özlenmek *vi pass von* **özlemek**

özlenti *s* Sehnsucht *f*

özlentili *adj* sehnsüchtig, sehnsuchtsvoll

özleyiş *s* Sehnsucht *f*

özne *s* (*a.* LING) Subjekt *nt*

öznel *adj* subjektiv

öznelci **I.** *s* Subjektivist(in) *m(f)* **II.** *adj* subjektivistisch

öznelcilik *s ohne Pl* <-ği> (PHILOS: *sübjektivizm*) Subjektivismus *m*

öz öğrenimli *adj* (*otodidakt*) autodidaktisch; **öz saygı** *s ohne Pl* Selbstachtung *f*

özsermaye *s* (FIN) Eigenkapital *nt*

özseverlik *s ohne Pl* <-ği> Selbstliebe *f;* (*narsisizm*) Narzissmus *m*

öz su *s* <-yu> **1.** (BIOL) Honigtau *m* **2.** (*mide ~ yu*) Saft *m*

özür *s* Entschuldigung *f;* ~ **diledi** er bat um Entschuldigung; (**çok**) ~ **dilerim!** ich bitte (vielmals) um Entschuldigung!, entschuldigen Sie (vielmals)!; **birinden bir şey için ~ dilemek** jdn für etw um Entschuldigung bitten, sich bei jdm für etw entschuldigen

özveri *s ohne Pl* Hingabe *f,* Selbstaufopferung *f,* Selbstlosigkeit *f*

özverili *adj* hingebungsvoll, selbstlos

öz yaşam öyküsü *s* (*otobiyografi*) Autobiografie *f*

P

p, P [pe] *s* p, P *nt, zwanzigster Buchstabe des türk. Alphabets*
pabuç *s* <-cu> Schuh *m;* **bir şey için ~ eskitmek** [*o* **paralamak**] die Sohlen nach etw ablaufen; **pabucu dama atılmak** (*fig*) weg vom Fenster sein
pabuçsuz *adj* barfuß
paçavra *s* Fetzen *m,* Stofffetzen *m,* Lumpen *m*
paçavracı *s* (*toplayan*) Lumpensammler(in) *m(f);* (*toplayıp satan*) Lumpenhändler(in) *m(f)*
paçavra hastalığı *s* (*reg: nezle*) Schnupfen *m;* (*grip*) Grippe *f*
paçoz *s* **1.** (ZOOL) Großkopf *m,* Gestreifte Meeräsche **2.** (*sl*) Schlampe *f*
padişah *s* (HIST) Sultan *m*
pafta *s* **1.** Flurkarte *f* **2.** (TECH: *yivaçar*) Gewindeschneider *m* **3.** (*süs için çivi*) Ziernagel *m* **4.** (*leke*) Fleck *m*
paganizm *s ohne Pl* Paganismus *m*
pagoda *s* Pagode *f*
paha *s* (*fiyat*) Preis *m;* **~ biçmek** schätzen (-*e* -); **~ya çıkmak** sich verteuern, teurer werden, sich verteuern; **ateş ~sı** sündhaft teuer; **ne ~sına olursa olsun** koste es, was es wolle, um jeden Preis; **treni kaçırmak ~sına onu bekledim** selbst auf die Gefahr, den Zug zu verpassen, habe ich auf ihn gewartet
paha biçilmez *adj* unschätzbar
pahacı *s* Halsabschneider(in) *m(f)*
pahalanma *s Verbalsubstantiv zu* **pahalanmak**
pahalanmak *vi* teurer werden, sich verteuern
pahalı *adj* teuer; **bir şey birine ~ya oturmak/mal olmak** etw kommt jdn ~ zu stehen
pahalılaşma *s Verbalsubstantiv zu* **pahalılaşmak**
pahalılaşmak *vi* teurer werden, sich verteuern
pak *adj* rein; **vicdanı ~ olmak** ein reines Gewissen haben
paket *s* **1.** Paket *nt* **2.** Packung *f;* **bir ~ çikolata** eine Tafel Schokolade
paketleme *s Verbalsubstantiv zu* **paketlemek**
paketlemek *vt* abpacken
paket program *s* (RADIO, TV) Aufzeichnung *f,* Liveaufzeichnung *f;* **paket tur** *s* Packagetour *f*
Pakistan **I.** *s* Pakistan *nt* **II.** *adj* pakistanisch; **~ hükümeti** die pakistanische Regierung
Pakistanlı **I.** *s* Pakistani *mf* **II.** *adj* pakistanisch; **~ bir kadın** eine pakistanische Frau
pakt *s* Pakt *m*
pala *s* **1.** Pallasch *m* **2.** Säbel *m*
paladyum *s ohne Pl* (CHEM) Paladium *nt*
palamar *s* (NAUT) Fangleine *f*
palamut[1] *s* <-du> (BOT: *pelit*) Eichel *f*
palamut[2] *s* <-du> (ZOOL) Bonito *m*
palamut maddesi *s* (*sepicilikte*) Beize *f*
palanga *s* Flaschenzug *m*
palas **I.** *s* Palast *m* **II.** *adj* (*sl*) **1.** (*kolay*) leicht **2.** (*hoşa giden*) geil
palas pandıras *adv* (*fam*) Hals über Kopf
Palatina *s* Pfalz *m*
palaz *s* (*kaz, ördek, güvercin yavrusu*) Junge(s) *nt*
palazlama *s Verbalsubstantiv zu* **palazlamak**
palazlamak *vi* **1.** (*büyümek*) wachsen, groß werden **2.** (*fig: gelişmek*) sich entwickeln **3.** (*fig: zenginleşmek*) reich werden
palazlanma *s Verbalsubstantiv zu* **palazlanmak**
palazlanmak *vi* **1.** (*büyümek*) wachsen, groß werden **2.** (*fig: zenginleşmek*) reich werden
paleontoloji *s ohne Pl* Paläontologie *f*
paleozoik **I.** *s ohne Pl* Paläozoikum *nt* **II.** *adj* paläozoisch
palet *s* **1.** (*a.* TECH) Palette *f* **2.** (*yüzmek için*) Schwimmflosse *f* **3.** (*tırtıl*) Raupe *f;* (*metal şerit*) Raupenkette *f*
paletli taşıt *s* Raupenfahrzeug *nt,* Gleiskettenfahrzeug *nt*
palisat dokusu *s* (BOT) Palisadengewebe *nt*
palmitik asit *s ohne Pl* <-di> (CHEM) Palmitinsäure *nt*
palmitin *s ohne Pl* (CHEM) Palmitin *nt*
palmiye *s* (BOT) Palme *f*
palto *s* Mantel *m*
palyaço *s* Clown *m;* **palyaço balığı** *s* Prachtschmerle *f*
palyaçoluk *s* <-ğu> Clownerie *f;* **~ yapmak** (*fam*) den Clown spielen
palyatif *adj* palliativ
pampa *s* Pampa *f*
pamuk *s ohne Pl* <-ğu> Baumwolle *f*
pamuklu *adj* baumwollen

Pamuk Prenses *s* Schneewittchen *nt*
panama *s* **1.** (*kumaş*) Panama *m* **2.** (*şapka*) Panama *m*, Panamahut *m*
Panama *s* Panama *nt*; **Panama Kanalı** *s* *ohne Pl* Panamakanal *m*
Panamalı **I.** *s* Panamaer(in) *m(f)* **II.** *adj* panamaisch
panayır *s* Jahrmarkt *m*
pancar *s* **1.** Rote Bete *f* **2.** (*şeker ~ ı*) Rübe *f*
pancur *s* (*reg: panjur*) Fensterladen *m*
panda *s* (ZOOL) Panda *m*
pandispanya *s* Sandkuchen *m*; **pandispanya gazetesi** *s* (*fam*) Zeitungsente *f*
pandül *s* *s.* **sarkaç** Pendel *nt*
panik *s* <-ği> Panik *f*; ~ **oldu** eine Panik brach aus; **paniğe kapılmak** in Panik geraten
panikleme *s* *Verbalsubstantiv zu* **paniklemek**
paniklemek *vi* in Panik geraten
Panislâmcı *s* Panislamist(in) *m(f)*
Panislâmcılık *s* *ohne Pl* <-ğı>, **Panislâmizm** *s* *ohne Pl* Panislamismus *m*
panjur *s* Fensterladen *m*
pankart *s* Spruchband *nt*, Transparent *nt*
pankreas *s*, **pankreas bezi** *s* (ANAT) Pankreas *nt*, Bauchspeicheldrüse *f*
pano *s* **1.** Anschlagbrett *nt* **2.** Armaturenbrett *nt* **3.** Täfelung *f*
panorama *s* Panorama *nt*
pansiyon *s* Pension *f*; **yarım**/**tam** ~ halbe/volle Pension
pansiyoner *s* Pensionsgast *m*
Panslavizm *s* *ohne Pl* Panslavismus *m*, Panslawismus *m*
panteist **I.** *s* (REL, PHILOS) Pantheist(in) *m(f)* **II.** *adj* pantheistisch
panteizm *s* *ohne Pl* (REL, PHILOS) Pantheismus *m*
panteon *s* Pantheon *nt*
panter *s* (ZOOL: *pars*) Panter *m*
pantograf *s* Storchschnabel *m*
pantol *s* (*reg: pantolon*) Hose *f*
pantolon *s* Hose *f*; **pantolon askısı** *s* Hosenträger *mpl*; **pantolon cebi** *s* Hosentasche *f*; **pantolon zıhı** *s* Hosenborte *f*
pantomim *s* (THEAT) Pantomime *f*, Mienenspiel *nt*
pantufla *s* (*aba terlik*) Filzpantoffel *m*
panzehir *s* <-hri> Gegengift *nt*
panzer *s* Panzerwagen *m*
papa *s* Papst *m*
papağan *s* Papagei *m*; ~ **gibi her şeyi tekrarlamak** alles nachplappern wie ein Papagei
papalık *s* <-ğı> Papsttum *nt*
papara *s* (*fam*) Abreibung *f*; ~ **yemek** eine Abreibung kriegen
paparazzi *s* Paparazzo *m*
papatya *s* (BOT) Kamille *f*; (*sarı~*) Gänseblümchen *nt*
papaya *s* (BOT, GASTR) Papaya *f*
papaz *s* (REL) Pfarrer *m*, Pastor *m*
papazlık *s* <-ğı> (REL) Pfarramt *nt*
papikçi *s* (*fam: sokak satıcısı*) Straßenhändler(in) *m(f)*
papirus *s* Papyrus *m*
paprika *s* Paprika *m*
papyon *s*, **papyon kravat** *s* Fliege *f*
para *s* Geld *nt*, Währung *f*; ~ **harcamak** Geld ausgeben; ~ **içinde yüzmek** (*fam fig*) in Geld schwimmen; **birinden ~ koparmak** (*fam*) jdm Geld abknöpfen; ~ **yıkamak** (*fig*) Geld waschen; ~**sına oynamak** um Geld spielen; ~**sını sokağa atmak** (*fam fig*) das Geld zum Fenster rauswerfen; **bir şeyi ~ya çevirmek** etw zu Geld machen; ~**yı sokağa atmak** (*fam fig*) Geld zum Fenster hinauswerfen; **denizde kum, onda ~** (*fam fig*) er hat Geld wie Heu; **sağlam ~** (WIRTSCH) harte Währung; **para alım satımı** *s* Geldwechsel *m*; **para birimi** *s* Währungseinheit *f*
parabol *s* <-ü> (MATH) Parabel *f*
parabolik *adj* <-ği> (MATH) parabolisch
paraboloit *s* <-di> (MATH) Paraboloid *nt*
para canlısı *adj* (*pej*) geldgierig; **para cezası** *s* Geldbuße *f*, Geldstrafe *f*; **para cüzdanı** *s* Geldbörse *f*, Brieftasche *f*; **para çantası** *s* Geldtasche *f*; **para darlığı** *s* (WIRTSCH: *deflâsyon*) Deflation *f*; **para değişimi** *s* (FIN) Geldwechsel *m*
paradigma *s* (LING) Paradigma *nt*
paradoks *s* Paradox *nt*, Paradoxon *nt*
paradoksal *adj* paradox
paraf *s* Paraphe *f*
parafazi *s* *ohne Pl* (MED) Paraphasie *f*
parafe *adj* paraphiert; ~ **etmek** paraphieren
parafeleme *s* **1.** *Verbalsubstantiv zu* **parafelemek** **2.** Paraphierung *f*
parafelemek *vt* paraphieren
parafin *s* (CHEM) Paraffin *nt*
paraflama *s* **1.** *Verbalsubstantiv zu* **paraflamak** **2.** Paraphierung *f*
paraflamak *vt* paraphieren
para fonu *s* Währungsfonds *m*
paragöz *adj* (*pej*) geldgierig
paragraf *s* **1.** Absatz *m* **2.** (*kanun maddesi*) Paragraph *m*
Paraguay **I.** *s* Paraguay *nt*; ~ **para birimi** die Währungseinheit Paraguays **II.** *adj* paraguayisch; ~ **hükûmeti** die paraguayische Regierung
Paraguaylı **I.** *s* Paraguayer(in) *m(f)* **II.** *adj* paraguayisch
para havalesi *s* Geldanweisung *f*; **para kesesi** *s* Geldbeutel *m*

paralâks *s* (ASTR) Parallaxe *f*
paralama *s Verbalsubstantiv zu* **paralamak**
paralamak *vt* **1.** zerreißen, zerfetzen **2.** (*yırtıcı hayvanlar için*) zerfleischen
paralayıcı *adj* zerreißend; *s. a.* **yürek paralayıcı**
paralel I. *s* **1.** (MATH) Paralele *f* **2.** (GEO, ASTR) Breitenkreis *m* **II.** *adj* (*a.* MATH: *koşut*) parallel (*-e* zu)
paralelizm *s* (PHILOS: *koşutçuluk*) Parallelismus *m*
paralelkenar *s* (MATH) Parallelogramm *nt*
paralelleştirme *s Verbalsubstantiv zu* **paralelleştirmek**
paralelleştirmek *vt* parallelisieren
paralellik *s ohne Pl* <-ği> Parallelität *f*
paralel yüz *s* (MATH) Parallelflach *nt,* Parallelepiped *nt*
paralı *adj* **1.** (*zengin*) reich **2.** (*bedava olmayan*) kostenpflichtig
paralizi *s* (MED) Paralyse *f;* (*felç*) Lähmung *f*
paralojizm *s* (PHILOS: *mantıkta*) Paralogismus *m*
paramatik *s* <-ği> Geldautomat *m*
para meselesi *s* Geldangelegenheit *f*
parametre *s* (MATH, MUS, INFORM) Parameter *m*
para miktarı *s* Geldmenge *f*
parankima *s* (MED, BIOL) Parenchym *nt*
paranoya *s ohne Pl* (MED) Paranoia *f*
paranoyak I. *s* <-ğı> (MED) Paranoiker(in) *m(f)* **II.** *adj* (MED) paranoid, paranoisch
parantez *s* Klammer *f;* **bir şeyi ~ içine almak** etw einklammern; **kaş/köşeli/yay ~** geschweifte/eckige/runde Klammer; *s. a.* **ayraç**
parapet *s* (ARCH: *pencere önlerinde*) Fensterbrüstung *f*
para piyasası *s* (FIN, WIRTSCH) Geldmarkt *m;* **para politikası** *s* Geldpolitik *f*
parasal *adj* monetär
parasempatik *adj* (ANAT) parasympathisch; **~ sinir sistemi** das parasympathische Nervensystem, Parasympathikus *m*
parasız *adj* mittellos
parasızlık *s ohne Pl* <-ğı> Geldmangel *m,* Mittellosigkeit *f*
para şişkinliği *s* (WIRTSCH: *enflâsyon*) Inflation *f*
paraşüt *s* Fallschirm *m;* **~le atlamak** mit dem Fallschirm abspringen; **paraşüt birlikleri** *s Pl* (MIL) Fallschirmeinheiten *fpl;* **paraşütçü** *s* **1.** Fallschirmspringer(in) *m(f)* **2.** (MIL) Fallschirmjäger(in) *m(f);* **paraşütçülük** *s ohne Pl* <-ğü>, **paraşüt ile atlama** *s* Fallschirmspringen *nt*
paratoner *s s.* **yıldırımsavar** Blitzableiter *m*
paravan *s* **1.** Paravent *m o nt,* spanische Wand **2.** (*fig*): **birini ~ yapmak** jdn vorschieben
paravana *s* Paravent *m o nt,* spanische Wand
paravan şirket *s* Scheingesellschaft *f*
parazit I. *s* **1.** (BIOL) Parasit *m;* (*asalak*) Schmarotzer *m* **2.** (RADIO, FILM, TV) Tonstörung *f* **3.** (*pej: asalak, ekti*) Schmarotzer(in) *m(f)* **II.** *adj* parasitär, schmarotzerhaft
parazitlik *s ohne Pl* <-ği> Parasitismus *m;* (*asalaklık*) Schmarotzertum *nt*
parazitoloji *s ohne Pl* (BIOL) Parasitologie *f*
parça *s* **1.** Stück *nt;* **~ başına** pro Stück **2.** Brocken *m* **3.** (*ekmek ~sı*) Krume *f;* **bir ~ ekmek** eine Krume Brot
parçacık *s* <-ğı> **1.** Teilchen *nt* **2.** (PHYS: *partikül*) Partikel *nt*
parçalama *s Verbalsubstantiv zu* **parçalamak**
parçalamak *vt* kâğıdı, zerreißen
parçalanma *s* **1.** *Verbalsubstantiv zu* **parçalanmak 2.** (PHYS: *atom çekirdeği*) Zerfall *m*
parçalanmak *vi* zerfallen
pardösü *s* Mantel *m*
park *s* Park *m;* **~ etmek** parken, einparken
parke *s* **1.** Parkett *nt* **2.** (*kaldırım*) Kopfsteinpflaster *nt;* **parke döşeme** *s* Parkettfußboden *m;* **parke taşı** *s* Pflasterstein *m*
Parkinson hastalığı *s ohne Pl* (MED) Parkinsonkrankheit *f*
park lâmbası *s* (AUTO) Standlicht *nt*
parkur *s* (SPORT) **1.** (*bisiklet için*) Rennbahn *f* **2.** (*binicilikte*) Parcours *m* **3.** (*atletizmde*) Piste *f*
parlak *adj* <-ğı> **1.** leuchtend; **~ bir kırmızı** ein leuchtendes Rot **2.** glänzend; **geleceği (pek) ~ görünmüyor** seine Zukunft sieht nicht (sehr) rosig aus
parlaklık *s ohne Pl* <-ğı> Glanz *m*
parlama *s Verbalsubstantiv zu* **parlamak**
parlamak *vi* glänzen
parlâmenter *s* Parlamentarier(in) *m(f),* Abgeordnete(r) *mf*
parlâmento *s* Parlament *nt,* Abgeordnetenhaus *nt*
parlatıcı *s* Politur *f*
parlatma *s Verbalsubstantiv zu* **parlatmak**
parlatmak *vt* polieren
parmak *s* <-ğı> **1.** (*elde*) Finger *m;* **~larını (birlikte) yemek** (*fam*) sich die Finger nach etw lecken; **parmağı ~te olmak** den Finger am Abzug haben; **bir işte parmağı olmak** die Hand im Spiel haben; **onun her yerde parmağı var** er hat überall die Finger drin; **birini parmağında oynatmak** (*fam*) jdn um den Finger wickeln;

parmağını bile kıpırdatmamak [*o* **oynatmamak**] (*fam*) keinen Finger rühren [*o* krumm machen] **2.** (*ayakta*) Zehe *f* **3.** (*tekerlekte çubuk*) Speiche *f* **4.** (*inç*) Inch *m* **5.** (HIST: *arşının yirmi dörtte biri*) *Längenmaß von ca. 3 cm*

parmak izi *s* Fingerabdruck *m*

parmaklık *s* <-ğı> **1.** Gatter *nt,* (Latten)zaun *m;* (*demirden*) Gitter *nt* **2.** (*parmağı korumak için*) Fingerling *m*

parmak ucu *s* **1.** (*el için*) Fingerkuppe *f* **2.** (*ayak için*) Zehspitze *f*

parmıcan *s* (GASTR) Parmesan *m*

parodi *s* Parodie *f*

parola *s* Devise *f,* Wahlspruch *m*

pars *s* (ZOOL) **1.** (*panter*) Panther *m* **2.** (*leopar*) Leopard *m*

parşömen *s* Pergament *nt;* **parşömen kâğıdı** *s* Pergamentpapier *nt*

partal *adj* abgetragen

partenojenez *s* (BIOL) Parthenogenese *f;* (*döllenmesiz üreme*) Jungfernzeugung *f*

parter *s* (THEAT, FILM) Parterre *nt*

parti[1] *s* (*fırka*) Partei *f;* **siyasî** ~ politische Partei

parti[2] *s* **1.** (*kısım*) Partie *f* **2.** (*oyunda*) Partie *f;* **bir ~ satranç/bilârdo/briç çevirmek** eine Partie Schach/Billard/Bridge spielen **3.** (*eğlence*) Party *f;* ~ **vermek** eine Party geben **4.** (*fig: kelepir*) Schnäppchen *nt* **5.** (*fig: kazanç*) Gewinn *m* **6.** (MUS) Part *m*

partici *s* **1.** (*parti üyesi*) Parteimitglied *nt* **2.** Parteianhänger(in) *m(f)*

partikül *s* (PHYS: *parçacık*) Partikel *nt*

partisip *s* (LING: *ortaç*) Partizip *nt*

partisyon *s* (MUS) Partitur *f*

partizan *s* Partisan(in) *m(f)*

partner *s* **1.** (*eş*) Partner(in) *m(f)* **2.** (*iş arkadaşı*) Geschäftsfreund *m*

partöner *s* **1.** (THEAT, FILM: *rol arkadaşı*) Partner *m* **2.** (*kâğıt oyununda*) Partner *m* **3.** (*dansta*) Tanzpartner(in) *m(f)*

parttaym *s* Teilzeitarbeit *f;* (*yarı gün*) Halbstagsarbeit *f;* ~ **çalışmak** halbtags arbeiten [*o* berufstätig sein]

parya *s* (*a. fig*) Paria *m*

pas[1] *s ohne Pl* **1.** Rost *m;* ~ **açmak** den Rost entfernen; ~ **tutmak** Rost ansetzen **2.** (MED: *dildeki*) Belag *m,* Zungenbelag *m* **3.** (*bakır ~ı*) Span *m*

pas[2] *s* (SPORT) Pass *m,* Zuspiel *nt,* Anspiel *nt;* ~ **vermek** einen Pass spielen; **birine ~ vermek** jdn anspielen, jdm den Ball zuspielen; (*fig*) jdm ermunternd zuzwinkern; **sol açığa ~ vermek** den Linksaußen anspielen

pas[3] *interj:* ~**!** (ich) passe!; ~ **geçmek** (*a. fig*) passen

pasak *s* <-ğı> (*fam: kir*) Schmutz *m*

pasaklı *adj* schlampig

pasaklılık *s ohne Pl* <-ğı> Schlampigkeit *f*

pasif I. *s* (FIN, WIRTSCH) Passiva *pl;* **aktif ve ~** Aktiva und Passiva **II.** *adj* passiv; ~ **rol oynamak** eine passive Rolle spielen

pasiyans *s* Patience *f;* ~ **açmak** Patiencen legen

paskal *adj* ulkig, spaßig; **ne ~ adam!** was für ein ulkiger Mensch!

paskallık *s* <-ğı> (*söz*) Ulk *m;* (*davranış*) Ulkerei *f*

paskalya *s* Ostern *nt;* **paskalya çöreği** *s* Zopf *m;* **paskalya yortusu** *s* Osterfest *nt;* **paskalya yumurtası** *s* Osterei *nt*

paslanma *s Verbalsubstantiv zu* **paslanmak**

paslanmak *vi* rosten; **işleyen demir paslanmaz** (*prov*) wer rastet, der rostet

paslanmaz *adj* rostfrei, nicht rostend

paslaşma *s* **1.** *Verbalsubstantiv zu* **paslaşmak** **2.** (SPORT) Ballwechsel *m*

paslaşmak *vi* **1.** (SPORT) sich gegenseitig den Ball zuspielen **2.** (*sl fig*) sich zuzwinkern

paslı *adj* rostig

pas mantarı *s* (BOT) Rostpilz *m*

paso *s* Ermäßigungsausweis *m;* (*öğrenci ~su*) Ausweis *m*

paspas *s* **1.** Fußmatte *f* **2.** Mopp *m*

paspaslama *s Verbalsubstantiv zu* **paspaslamak**

paspaslamak *vt* moppen

pasta[1] *s* Kuchen *m*

pasta[2] *s* Rüsche *m*

pastacı *s* Konditor(in) *m(f)*

pasta hamuru *s* Kuchenteig *m*

pastahane *s* Konditorei *f*

pastahaneci *s* Konditor(in) *m(f)*

pasta kalıbı *s* Kuchenform *f*

pastırma *s gewürztes Pökelfleisch*

pastırma yazı *s* Altweibersommer *m*

pastil *s* Pastille *f*

pastiş *s* Pasticcio *nt*

pastoral *adj* <-i> (LIT, MUS) pastoral; **pastoral manzume** *s* (LIT) Pastorelle *f;* **pastoral oyun** *s* (LIT, THEAT) Pastorale *nt,* Schäferspiel *nt*

pastörizasyon *s* Pasteurisation *f,* Pasteurisierung *f*

pastörize *adj* pasteurisiert; ~ **süt** pasteurisierte Milch; ~ **etmek** pasteurisieren

paşa *s* Pascha *m*

paşmak *s s.* **ayakkabı** Schuh *m*

paspartu *s* Passepartout *nt*

pat[1] *adj* platt

pat[2] *s* Patsch *m;* ~ **diye kopmak** (*düğme*) abplatzen

pata krem *s* Antifaltencreme *f*

patates *s* (BOT, AGR) Kartoffel *f;* (*österr*) Erdapfel *m;* **patates böceği** *s* (ZOOL) Kartoffelkäfer *m;* **patates cips** *s* Kartoffelchips *pl;* **patates çorbası** *s* Kartoffelsuppe *f;* **patates ezmesi** *s ohne Pl* (GASTR) Kartoffelbrei *m;* **patates kızartması** *s* (GASTR) **1.** Bratkartoffeln *fpl* **2.** Pommes frites *pl;* **patates mücveri** *s* (GASTR) Kartoffelpuffer *m;* **patates nişastası** *s ohne Pl* Kartoffelstärke *f;* **patates püresi** *s ohne Pl* (GASTR) Kartoffelpüree *nt;* **patates salatası** *s* (GASTR) Kartoffelsalat *m;* **patates sufle** *s* (GASTR) Kartoffelauflauf *m*

patavatsız *adj* taktlos

patavatsızlık *s* <-ğı> Taktlosigkeit *f*

paten *s* **1.** Rollschuh *m;* **~le kaymak** Rollschuh laufen **2.** (*buz için*) Schlittschuh *m;* **~le kaymak** Eis laufen, Schlittschuh laufen

patenci *s* **1.** Rollschuhläufer(in) *m(f)* **2.** (*buzda*) Eisläufer(in) *m(f),* Schlittschuhläufer(in) *m(f)*

pati *s* **1.** (*kedi, köpek için*) Vorderpfote *f* **2.** (*fam*) Füßchen *nt*

patik *s* <-ği> Babyschuh *m*

patika *s* Pfad *m,* Feldweg *m*

patinaj zinciri *s* Schneeketten *fpl*

patiska *s* Batist *m*

patlak *adj* <-ğı> geplatzt; **~ vermek** ausbrechen; **patlak göz** *s* Glupschauge *nt*

patlama *s* **1.** *Verbalsubstantiv zu* **patlamak** **2.** Explosion *f,* Detonation *f* **3.** (*yanardağ*) Ausbruch *m*

patlamak *vi* explodieren, detonieren; (*balon*) platzen, bersten

patlamalı motor *s* Verbrennungsmotor *m*

patlama tehlikesi *s* Explosionsgefahr *f*

patlamış mısır *s* Popcorn *nt*

patlayıcı *adj* explosiv, Spreng-; **patlayıcı madde** *s* Sprengstoff *m*

patlıcan *s* (BOT, GASTR) Aubergine *f;* **acı ~ı kırağı çalmaz** (*prov*) Unkraut vergeht nicht; **patlıcan salatası** *s* (GASTR) Auberginensalat *m*

patojen *adj* (MED) pathogen

patolog *s* (MED) Pathologe, -in *m, f*

patoloji *s ohne Pl* (MED) Pathologie *f*

patolojik *adj* <-ği> (MED) pathologisch

patriarkal *adj s.* **ataerkil** patriarchalisch

patron *s* **1.** Arbeitgeber(in) *m(f)* **2.** (*fam*) Boss *m,* Chef *m;* **burada ~ odur** hier ist er der Boss

pavkırma *s Verbalsubstantiv zu* **pavkırmak**

pavkırmak *vi* (*çakal, tilki*) heulen; *s. a.* **ulumak**

pay *s* **1.** Anteil *m* **2.** (MATH) Zähler *m*

payanda *s* Stützbalken *m*

payandalama *s Verbalsubstantiv zu* **payandalamak**

payandalamak *vt* abstützen

payda *s* (MATH) Nenner *m*

paydos *s* Feierabend *m;* **~ etmek** Feierabend machen

payet *s* Paillette *f,* Flitter *m*

paylaşım *s* (*kâr ~ı*) Verteilung *f*

paytak **I.** *s* <-ğı> (*satranç oyununda*) Bauer *m,* Bäuerin *f* **II.** *adj* (*çarpık, eğri bacaklı*) krummbeinig

paytak adım *s* Watschelgang *m;* **~larla yürümek** watscheln

paytakça *adj* watschelnd

paytak paytak *adv* watschelnd

pazar *s* **1.** Markt *m;* **~a gitmek** auf den Markt gehen; **açık ~** der freie Markt **2.** Sonntag *m*

pazar analizi *s* (WIRTSCH) Marktanalyse *f;* **pazar araştırması** *s* (WIRTSCH) Marktforschung *f*

pazarlaşma *s Verbalsubstantiv zu* **pazarlaşmak**

pazarlaşmak *vi* verhandeln (*ile* mit)

pazarlık *s* <-ğı> **1.** (*alış verişte*) Handel *m,* Feilschen *nt;* **biriyle bir şey için ~ etmek** mit jdm um etw handeln [*o* feilschen] **2.** (*giysi*) Sonntagskleid *nt* **3.** (*fig: görüşme*) Verhandlung *f;* **biriyle ~ etmek** mit jdm verhandeln, mit jdm Verhandlungen durchführen

pazar payı *s* (WIRTSCH) Marktanteil *m*

pazartesi *s* Montag *m; s. a.* **cuma**

pazartesileri *adv* montags

pazar yeri *s* Marktplatz *m*

pazı[1] *s* (BOT) Mangold *m*

pazı[2] *s* Bizeps *m*

pazı[3] *s* (*bir ekmeklik hamur topağı*) Teigrolle *f* (für ein Brot)

pazıbent *s* <-di> Armbinde *f*

peçe *s* (*a. fig*) Schleier *m;* **bir şeyin ~sini kaldırmak** (*fig*) den Schleier von etw lüften

peçeleme *s* **1.** *Verbalsubstantiv zu* **peçelemek** **2.** Verschleierung *f*

peçelemek *vt* verschleiern

peçelenme *s* **1.** *Verbalsubstantiv zu* **peçelenmek** **2.** Verschleierung *f*

peçelenmek *vi* sich verschleiern

peçeli baykuş *s* Schleiereule *f*

peçete *s* Serviette *f*

ped *s* Slipeinlage *f*

pedal *s* Pedal *nt*

pedavra *s* Schindel *f*

peder *s* Vater *m*

pederane [pedera:ne] *adv* väterlich

pederşahî *adj s.* **ataerkil** patriarchalisch

pederşahîlik *s* <-ği> *s.* **ataerki** Patriarchat *nt*

pehlivan *s* Ringer *m,* Ringkämpfer *m*

pejmürde *adj* zerlumpt

pek *adv* **1.** ganz; ~ **çok/küçük** ganz viel/klein; **bunu ~ anlamıyorum** das verstehe ich nicht ganz **2.** sehr; ~ **iyi** sehr gut; **geleceği ~ parlak görünmüyor** seine Zukunft sieht nicht sehr rosig aus **3.** allzu; ~ **sık** allzu oft [*o* häufig]; **bunu ~ sever** das mag er allzu gern; **bunu ~ sevmez** das mag er nicht allzu gern

pekâlâ [pek'a:lã:] **I.** *adj* sehr schön **II.** *adv* **1.** schon gut, in Ordnung **2.** sehr wohl, na klar; ~ **gideceğim** ich werde sehr wohl (dahin)gehen, na klar werde ich (dahin)gehen **3.** (*çok iyi*) sehr gut, sehr wohl

pek başlı *adj* dickköpfig; **pek canlı** *adj* widerstandsfähig; **pek çok** *adj* sehr viel(e)

pek doku *s* (BOT) Kollenchym *nt*

Pekin *s* Peking *nt*

pekişme *s* **1.** *Verbalsubstantiv zu* **pekişmek** **2.** Verstärkung *f*

pekişmek *vi* **1.** sich verstärken **2.** sich festigen

pekiştirme *s* **1.** *Verbalsubstantiv zu* **pekiştirmek** **2.** Verstärkung *f* **3.** Festigung *f*

pekiştirmek *vt* **1.** *Kausativ zu* **pekişmek** **2.** verstärken **3.** festigen

peklik *s* <-ği> Verstopfung *f*

pekmez toprağı *s* (GEO: *marn*) Mergel *m*

peksimet *s* Zwieback *m*

pelesenk ağacı *s* (BOT) Balsambaum *m*

pelikan *s* (ZOOL) Pelikan *m*

pelin *s ohne Pl*, **pelin otu** *s ohne Pl* (BOT) Wermut *m*

pelit *s* <-di> Eichel *f*

pelte *s* Gelee *m o nt*

pelür *s* Durchschlagpapier *nt*

pelüş *s* Plüsch *m*

pembe **I.** *s* Rosa *nt;* **açık/koyu bir ~** ein helles/dunkles Rosa **II.** *adj* rosa; **pembe şarap** *s* <-bı> Roséwein *m;* (*roze*) Rosé *m*

pena *s* (MUS) Plektron *nt*

penaltı *s* (SPORT: *futbol*) Elfmeter *m;* ~ **kaçırmak** einen Elfmeter verschießen; **penaltı atışı** *s* Elfmeterschuss *m;* **penaltı noktası** *s* Elfmeterpunkt *m*

pencere *s* **1.** Fenster *nt;* ~**den dışarı bakmak** zum Fenster hinausschauen **2.** (INFORM) Fenster *nt;* **pencere camı** *s* **1.** Fensterscheibe *f* **2.** (*ohne Pl*) Fensterglas *nt;* **pencere çerçevesi** *s* Fensterrahmen *m;* **pencere kanadı** *s* Fensterflügel *m;* **pencere kasası** *s* Fensterzarge *f;* **pencere lentosu** *s* (ARCH) Fenstersturz *m*

pencereli zarf *s* Fensterbriefumschlag *m*

pençe *s* **1.** Pranke *f,* Tatze *f;* ~ **vurmak** mit der Pranke zuschlagen **2.** (*kuş* ~*si*) Kralle *f* **3.** (*fig*) Fänge *pl;* **birinin ~sine düşmek** (*fam*) in jds Fänge geraten **4.** (*ayakkabı köselesi*) Sohle *f;* **ayakkabılara ~ vurmak** die Schuhe besohlen

pençeleme *s Verbalsubstantiv zu* **pençelemek**

pençelemek *vt* **1.** packen, fassen **2.** (*ayakkabı*) besohlen

pendname *s s.* **öğüt kitabı** Ratgeber *m*

penguen *s* (ZOOL) Pinguin *m*

peni *s* Penny *m*

penis *s* Penis *m*

penisilin *s* (MED) Penizillin *nt;* **penisilin iğnesi** *s* (MED) Penizillinspritze *f*

pens *s* Clip *m*

pense *s* **1.** Zange *f* **2.** Abnäher *m*

pentan *s ohne Pl* (CHEM) Pentan *nt*

pentatlon *s ohne Pl* **1.** (SPORT) Fünfkampf *m* **2.** (SPORT, HIST) Pentathlon *nt*

pepe *adj* stotternd

pepeleme *s Verbalsubstantiv zu* **pepelemek**

pepelemek *vi* stottern

pepsin *s* (BIOL) Pepsin *nt*

pepton *s* (BIOL) Pepton *nt*

perakende *s ohne Pl* Einzelhandel *m;* **perakende malı** *s* Einzelhandelsware *f*

perakendeci *s* Einzelhändler(in) *m(f)*

perçem *s* **1.** (*saç tutamı*) Haarbüschel *m,* Haarschopf *m* **2.** (*yele*) Mähne *f* **3.** (*kâkul*) Pony *m*

perçin *s* (TECH) Niete *f*

perçinleme *s Verbalsubstantiv zu* **perçinlemek**

perçinlemek *vt* **1.** nieten **2.** (*fig*) festigen; (*güçlendirmek*) verstärken

perçinlenme *s Verbalsubstantiv zu* **perçinlenmek**

perçinlenmek *vi pass von* **perçinlemek**

perçinleşme *s Verbalsubstantiv zu* **perçinleşmek**

perçinleşmek *vi* (*fig*) sich befestigen; (*pekişmek*) sich verstärken

perçinli *adj* genietet, vernietet

perde *s* **1.** Vorhang *m;* (*tül* ~) Gardine *f;* **demir ~** (THEAT) der eiserne Vorhang; **Demir P~** (HIST, POL) Eiserne(r) Vorhang **2.** (MED) grauer Star **3.** Scheidewand *f* **4.** (*ses ~si*) Kulisse *f;* (*sis ~si*) Wand *f;* (*tahta* ~) Zaun *m* **5.** (FILM: *beyaz* ~) Leinwand *f* **6.** (MUS: *esas* ~) Ton *m;* (*kavalda*) Tonloch *nt;* (*metal* ~) Ventil *nt* **7.** (THEAT) Akt *m,* Aufzug *m;* **üçüncü ~de** im dritten Akt; **perde ayaklılar** *s* (ZOOL) Ruderfüßer *mpl*

perdeli *adj:* ~ **okumak** (MUS) intonieren

perdesiz *adj* **1.** vorhanglos **2.** (MUS: *çalgı*) ventillos

perende *s* Salto *m;* (*fam*) Purzelbaum *m;* ~ **atmak** einen Purzelbaum schlagen

perese *s* **1.** (ARCH: *şakul ipi*) Richtschnur *f* **2.** (*fig*): **iş bu ~ye geldikten sonra ...** nachdem die Angelegenheit dieses Stadium erreicht hat ...; **bir şeyi ~ye almak**

P

etw in Erwägung ziehen; (*göz önüne almak*) etw ins Auge fassen, etw anvisieren
perestiş *s ohne Pl* (*tapınma*) Anbetung *f;* (*taparcasına sevme*) Vergötterung *f;* **birini ~ etmek** jdn anbeten [*o* vergöttern], jdn abgöttisch lieben; (*tapınmak*) jdn anbeten
performans *s* Leistung *f*
pergel *s* Zirkel *m;* **~le bir yay çizmek** mit dem Zirkel einen Bogen beschreiben
perhiz *s* **1.** (*diyet, rejim*) Diät *f,* Abmagerungskur *f;* **~ yapmak** eine Diät [*o* Abmagerungskur] machen; **sıkı ~ yapmak** streng Diät leben **2.** (*riyazet*) Enthaltsamkeit *f;* **uçkur ~i** sexuelle Enthaltsamkeit **3.** (REL: *Hristiyanlıkta*): **~ yapmak** fasten; **büyük ~** Fastenzeit *f;* **küçük ~** Advent *m;* **perhiz çarşambası** *s* (REL: *Hristiyanlıkta*) Aschermittwoch *m;* **perhiz gecesi** *s ohne Pl* (REL: *Hristiyanlıkta*) Fastnacht *f*
perhizkâr *adj* enthaltsam; **~ yaşamak** enthaltsam leben
perhizkârlık *s ohne Pl* <-ğı> Enthaltsamkeit *f*
peri *s* Fee *f;* **iyilik ~si** eine gute Fee
perine *s* (ANAT) Damm *m*
periskop *s* <-bu> Periskop *nt*
periyodik **I.** *s* <-ği> (*süreli yayın*) Periodikum *nt* **II.** *adj* (*süreli*) periodisch
periyot *s* <-du> Periode *f*
perma *s* Dauerwelle *f*
peron *s* (EISENB) Bahnsteig *m*
personel *s ohne Pl* Personal *nt*
perşembe *s* Donnerstag *m; s. a.* **cuma**; **perşembe akşamları** *adv* donnerstagabends
perşembeleri *adv* donnerstags
pertavsız *s s.* **büyüteç** Lupe *f*
pervasız *adj* verwegen
pes *interj:* **~!** es reicht!; (*yeter*) genug!; **~ demek/etmek** kapitulieren, aufgeben, sich geschlagen geben, das Handtuch werfen
pesek *s* <-ği> (MED: *diş pası*) Zahnbelag *m*
peseta *s* (HIST) Peseta *f*
pesimist **I.** *s* Pessimist(in) *m(f);* (*karamsar*) Schwarzseher(in) *m(f)* **II.** *adj* pessimistisch; (*karamsar*) schwarzseherisch
pesimizm *s ohne Pl* Pessimismus *m;* (*karamsarlık*) Schwarzseherei *f*
peso *s* Peso *m*
pestil *s:* **birinin ~ini çıkarmak** (*çok yormak*) jdn schlauchen; (*çok dövmek*) jdn windelweich schlagen
peşinat *s* Anzahlung *f;* (*avans*) Vorschuss *m*
peşin hüküm *s s.* **ön yargı** Vorurteil *nt;* **bir şeye ~ vermek** etw in Bausch und Bogen verurteilen
peşin yargı *s s.* **ön yargı** Vorurteil *nt*
peş peşe *adv* hintereinander
petek *s* <-ği> **1.** (*bal mumu yuvacıklar topluluğu*) Gewirk(e) *nt,* Waben *pl* **2.** (*kalorifer peteği*) Rippe *f;* **petek göz** *s* (ZOOL) Facettenauge *nt;* **petek güvesi** *s* (ZOOL) Wachsmotte *f*
petrifikasyon *s* Versteinerung *f*
petrokimya *s ohne Pl* (CHEM) Petrochemie *f*
petrol *s ohne Pl* <-ü> **1.** (*a.* WIRTSCH) Erdöl *nt* **2.** Petroleum *nt;* **petrol krizi** *s* (WIRTSCH) Ölkrise *f;* **petrol lâmbası** *s* Petroleumlampe *f*
petunya *s* (BOT) Petunie *f*
peygamber *s* Prophet *m;* **peygamber çiçeği** *s* (BOT: *mavikantaron*) Kornblume *f;* **peygamber devesi** *s* (ZOOL) Gottesanbeterin *f*
peygambervarî *adj* prophetisch
peyk *s* Satellit *m;* **peyk devlet** *s* (POL) Satellitenstaat *m*
peynir *s* Käse *m;* **~ ekmek gibi gitmek** (*fam fig*) weggehen wie warme Semmeln; **kediye ~ ısmarlamak** (*fam*) den Bock zum Gärtner machen
peyzaj *s* (KUNST) Landschaft *f*
peyzajcı *s* (KUNST) Landschaftsmaler(in) *m(f)*
pezevenk *s* <-gi> Zuhälter *m*
pıhtı *s* Gerinnsel *nt*
pıhtılaşma *s* **1.** *Verbalsubstantiv zu* **pıhtılaşmak** **2.** Gerinnung *f;* **kanın ~sı** Gerinnung des Blutes
pıhtılaşmak *vi* gerinnen
pılı pırtı *s* **1.** (*pej: eski eşya*) Gerümpel *nt* **2.** (*fam*) Siebensachen *fpl;* **bütün ~yla** mit Sack und Pack; **pılıyı pırtıyı toplamak** seine sieben Sachen packen
pınar *s* Quelle *f*
pırasa *s* Porree *m,* Lauch *m*
pırıl pırıl *adj* blitzblank; **bir şeyi ~ parlatmak** etw auf Hochglanz bringen
pırlama *s Verbalsubstantiv zu* **pırlamak**
pırlamak *vi* abschwirren
pırlangıç *s* <-cı> Brummkreisel *m*
pırlanta *s* Brillant *m*
pısırık *adj* <-ğı> (*girgin karşıtı*) kontaktarm; (*tutuk*) gehemmt, verklemmt
pısırıklık *s ohne Pl* <-ğı> Kontaktarmut *f;* (*tutukluk*) Verklemmtheit *f*
pıtır pıtır *adv* (*fam*): **~ düşmek** herunterpurzeln
piç *s* Bastard *m;* **piç kurusu** *s* (*fam*) Lausebengel *m*
pide *s* Fladenbrot *nt*
pigme *s* Pygmäe, -in *m, f*
pigment *s* Pigment *nt*
pijama *s* Pyjama *m*
pik[1] *s ohne Pl* Gusseisen *nt*
pik[2] *s s.* **maça** Pik *nt*
pikap *s* <-bı> **1.** Plattenspieler *m* **2.** (*ka-*

myonet) Lieferwagen *m;* **pikap kolu** *s* Tonarm *m*

pike *s* Sturzflug *m*

piknik *s* <-ği> Picknick *nt*

piksel *s* (INFORM) Pixel *m*

pil *s* Batterie *f*

pilâv *s* (GASTR) Reis *m;* ~ **oldu mu?** ist der Reis fertig?

piliç *s* <-ci> Hähnchen *nt;* **piliç kızartması** *s* Brathähnchen *nt*

piling [pi:ling] *s* Peeling *nt*

pilot *s* Pilot(in) *m(f)*

pilotaj *s* (AERO) Steuerung *f,* Navigation *f;* **pilotaj hatası** *s* (AERO) Navigationsfehler *m*

pilot ehliyeti *s* Flugschein *m;* **pilot kabini** *s,* **pilot köşkü** *s* (AERO) Pilotenkanzel *f;* (*kokpit*) Cockpit *nt*

pilotluk *s ohne Pl* <-ğu> Fliegerei *f;* **pilotluğu bırakmak** die Fliegerei aufgeben

pin *s* Splint *m*

pinekleme *s Verbalsubstantiv zu* **pineklemek**

pineklemek *vi* (*fam pej*) herumhocken, herumsitzen

pingpong *s ohne Pl* Pingpong *nt;* (*masa tenisi*) Tischtennis *nt;* **pingpong maçı** *s* Tischtennisspiel *nt;* **pingpong masası** *s* Tischtennisplatte *f;* **pingpong raketi** *s* Tischtennisschläger *m*

pinti *adj* (*fam pej*) kleinlich, kleinkariert, knick(e)rig; (*cimri*) knauserig, geizig

pintilik *s ohne Pl* <-ği> (*pej*) Knauserigkeit *f,* Geiz *m;* ~ **etmek** geizen

pipet *s* Pipette *f*

pipi *s* (*çocuk dilinde*) Piephahn *m*

pipo *s* Pfeife *f,* Tabakspfeife *f;* ~ **içmek** Pfeife rauchen; ~**sunu yakmak** sich eine Pfeife anzünden; **pipo çakmağı** *s* Pfeifenfeuerzeug *nt;* **pipo tütünü** *s* Pfeifentabak *m*

piramit *s* <-di> (*a.* MATH) Pyramide *f*

piramitsi *adj* pyramidenförmig

pire *s* (ZOOL) Floh *m;* ~ **için yorgan yakmak** (*fig*) das Kind mit dem Bade ausschütten; ~**yi deve yapmak** (*fam fig*) aus einer Mücke einen Elefanten machen

pirelendirmek *vt:* **birini** ~ (*fam fig*) jdm einen Floh ins Ohr setzen

Pireneler *s Pl* Pirenäen *pl*

pirinç[1] *s* <-ci> Reis *m;* **pirincin taşını ayıklamak** (**zorunda kalmak**) (*fam fig*) die Suppe auslöffeln (müssen)

pirinç[2] *s ohne Pl* <-ci> Messing *nt;* **pirinç lâpası** *s ohne Pl* Reisbrei *m;* **pirinç nişastası** *s ohne Pl* Reisstärke *f;* **pirinç tanesi** *s* Reiskorn *nt;* **pirinç tarlası** *s* Reisfeld *nt;* **pirinç unu** *s* Reismehl *nt*

pirüet *s* Pirouette *f*

pirzola *s* (GASTR) Kotelett *nt*

pis *s* (*fam pej*) dreckig, schmutzig; **pis bıyık** *s* <-ğı> (*fam pej*) Ferkel *nt;* **pis herif** *s* (*fam pej*) Dreckskerl *m*

piskopos *s* Bischof *m*

piskoposhane *s* Bischofssitz *m*

piskoposluk *s* <-ğu> (REL) **1.** (*bölge*) Bistum *nt* **2.** (*görev*) Bischofsamt *nt* **3.** (*bina*) Bischofssitz *m*

pislik *s* <-ği> **1.** Schmutz *m* **2.** (*fam pej*) Ferkelei *f*

piston *s* Kolben *m*

pisuvar *s* Pissoir *nt*

pişdar *s* (MIL: *öncü*) Vortrupp *m*

pişi *s* Eierkuchen *m,* Pfannkuchen *m*

pişik *s ohne Pl* <-ği> (MED) Hautwolf *m,* Intertrigo *f*

pişirme *s Verbalsubstantiv zu* **pişirme**

pişirmek *vt* **1.** (*yemek*) kochen, garen **2.** (*tuğla*) brennen **3.** (*fam fig*) erlernen **4.** (*fam fig: olgunlaştırmak*) reif werden lassen; **pişirip kotarmak** (*sonuçlandırmak*) zum Abschluss bringen

pişman *adj* reuig; ~ **olmak** bereuen (*-e* -); **anasından doğduğuna** ~ **olmak** (*fig*) seines Lebens nicht mehr froh werden; **bir şeye bin** ~ **olmak** etw bitter bereuen; **buna** (**daha sonra**) ~ **olacaksın!** das wirst du (noch) bereuen!

pişmanlık *s ohne Pl* <-ğı> Reue *f;* ~ **duy**(**ma**)**mak** (keine) Reue fühlen [*o* empfinden]

pişme *s Verbalsubstantiv zu* **pişmek**

pişmek *vi* **1.** kochen, garen **2.** (*meyve için*) reifen

pişmemiş *adj* ungekocht

pişmiş *adj* **1.** (*yemek*) gekocht, gar **2.** (*balçık*) gebrannt; ~ **balçıktan** aus gebranntem Lehm

piştov *s* Pistole *f*

Pitagor *s* Phytagoras *m*

piton *s* (ZOOL) Python *m*

pitoresk *adj* pittoresk, malerisch

piyade *s* (MIL) Infanterie *f;* **piyade eri** *s* (MIL) Infanterist *m*

piyango *s* Lotterie *f;* ~ **vurmak** (*a. fig*) das große Los ziehen; **piyango bileti** *s* Lotterielos *nt;* **on üç numaralı** ~**ne bir milyon çıktı** auf die Losnummer dreizehn entfällt eine Million

piyanist *s* Klavierspieler(in) *m(f),* Pianist(in) *m(f)*

piyano *s* Klavier *nt,* Piano *nt*

piyanocu *s* Klavierstimmer(in) *m(f)*

piyano konçertosu *s* (MUS) Klavierkonzert *nt;* **piyano menteşe** *s* (TECH) Scharnierband *nt,* Gelenkband *nt;* **piyano öğretmeni** *s* Klavierlehrer(in) *m(f)*

piyasa *s* Markt *m;* **durgun** ~ flauer Markt; **piyasa ekonomisi** *s* (WIRTSCH) Marktwirtschaft *f;* **serbest** ~ freie Marktwirtschaft; **sosyal** ~ soziale Marktwirtschaft; **piyasa fiyatı** *s* (*rayiç fiyat*) Marktpreis *m*

piyata *adj* (*yassı*) flach; **piyata eğe** *s* Flachfeile *f*

piyaz *s* **1.** (*salata*) Bohnensalat *m* **2.** (GASTR) Zwiebelbeilage *f* **3.** (*fam pej*) Schmeichelei *f;* **benim bu ~lara karnım tok** ich habe diese Schmeicheleien satt

piyon *s* (*satrançta*) Bauer *m*

plâj *s* Badestrand *m,* Strandbad *nt*

plâket *s* Plakette *f*

plân [plãn] *s* Plan *m*

plâncı *s* Planer(in) *m(f)*

plânet *s* (ASTR: *gezegen*) Planet *m*

plânetaryum *s* Planetarium *nt*

plânkton *s ohne Pl* (BIOL) Plankton *nt*

plânlama *s* Planung *f*

plânlamak *vt* planen

plânlamacı *s* Planer(in) *m(f)*

plânlı *adj* planmäßig

plânlı ekonomi *s* (WIRTSCH) Planwirtschaft *f*

plânör [plãnœr] *s* Segelflugzeug *nt*

plânörcü *s* Segelflieger(in) *m(f)*

plânörcülük *s ohne Pl* <-ğü> Segelfliegerei *f*

plânsız *adj* planlos

plânsızlık *s ohne Pl* <-ğı> Planlosigkeit *f*

plântasyon *s* Plantage *f*

plânya *s* Hobel *m*

plânyalama *s Verbalsubstantiv zu* **plânyalamak**

plânyalamak *vt* (ab)hobeln

plânya tezgâhı *s* Hobelbank *f*

plâse *s* (*at yarışlarında bahis*) Platzwette *f*

plâselemek *vt* (SPORT) plazieren; **topu** ~ den Ball plazieren

plâsenta *s* **1.** (ANAT, MED) Plazenta *f;* (*etene*) Mutterkuchen *m* **2.** (BOT) Plazenta *f*

plâsman *s* (WIRTSCH: *yatırım*) Anlage *f*

plâster *s* Pflaster *nt,* Heftpflaster *nt*

plâstik **I.** *s ohne Pl* <-ği> **1.** Plastik *f* **2.** (~ *madde*) Kunststoff *m* **II.** *adj* <-ği> plastisch; ~ **ameliyat/cerrahî** plastische Operation/Chirurgie

plâstik cam *s ohne Pl* Plexiglas® *nt;* **plâstik madde** *s* Kunststoff *m;* **plâstik makara** *s* Kunststoffrolle *f;* **plâstik sanatlar** *s Pl* Plastik *f*

plâstron *s* **1.** (*giyimde*) Plastron *m o nt* **2.** (SPORT: *eskrimde*) Plastron *m o nt*

plâtform *s* Plattform *f*

plâtin *s ohne Pl* (CHEM) Platin *nt*

plâto *s* (GEO) Plateau *nt;* (*yayla*) Hochebene *f*

Plâtonculuk *s ohne Pl* <-ğu> (PHILOS) Platonismus *m*

plâtonik *adj* <-ği> platonisch

Plâtonizm *s ohne Pl* (PHILOS: *Plâtonculuk*) Platonismus *m*

play-back *s s.* **pleybek**

plâzma *s* (BIOL, MED, PHYS) Plasma *nt;* **plâzma fiziği** *s ohne Pl* Plasmaphysik *f;* **plâzma kimyası** *s ohne Pl* Plasmachemie *f*

pleistosen *s ohne Pl* (GEO) Pleistozän *nt*

pleybek *s* Play-back *nt*

pli *s* Plissee *nt*

pli etek *s* <-ği> Plisseerock *m,* Faltenrock *m*

plili *adj* plissiert, gefältelt

pliyosen *s ohne Pl* (GEO) Pliozän *nt*

plüralist **I.** *s* Pluralist(in) *m(f)* **II.** *adj* **1.** (*çoğulcu*) pluralistisch **2.** (PHILOS: *çokçu*) pluralistisch

plüralizm *s ohne Pl* **1.** (*çoğulculuk*) Pluralismus *m* **2.** (PHILOS: *çokçuluk*) Pluralismus *m;* **plutokrasi** *s* (SOZIOL) Plutokratie *f*

plütonyum *s ohne Pl* (CHEM) Plutonium *nt*

plüviyometre *s* Niederschlagsmesser *m*

pnömatik *adj* pneumatisch

podosüet *s* Veloursleder *nt,* Samtleder *nt*

pogrom *s* Pogrom *m o nt*

polargı *s,* **polarıcı** *s* (PHYS) Polarisator *m*

polarılma *s Verbalsubstantiv zu* **polarılmak**

polarılmak *vi* polarisiert werden; **polarılmış ışık** polarisiertes Licht

polariskop *s* <-bu> (PHYS) Polarisationsmikroskop *nt*

polarite *s* (*a.* CHEM, PHYS) Polarität *f*

polarizasyon *s* (*a.* CHEM, PHYS) Polarisation *f*

polarma *s* **1.** *Verbalsubstantiv zu* **polarmak** **2.** (PHYS) Polarisation *f;* **polarma düzlemi** *s* (PHYS) Polarisationsebene *f*

polarmak *vt* (PHYS, CHEM) polarisieren

polaroit® *s* <-di> (FOTO) **1.** Polarisationsfilter *m* **2.** (*fotoğraf makinesi*) Polaroidkamera *f*

polemik *s* <-ği> Polemik *f;* **polemiğe girmek** [*o* **girişmek**] polemisieren (*aleyhine* gegen)

poliçe *s* Wechsel *m;* **poliçe keşidecisi** *s* Wechselaussteller(in) *m(f)*

polifon *adj* (MUS) polyphon

Polifoni *s ohne Pl* (MUS) Polyphonie *f*

poligam *adj* polygam

Poligamie *s ohne Pl* Polygamie *f*

poligon *s* (MATH) Polygon *nt;* (*çokgen*) Vieleck *nt*

polijini *s ohne Pl* Polygynie *f;* (*çok karılılık*) Vielweiberei *f*

poliklinik *s* <-ği> (MED) Poliklinik *f*

polimer **I.** *s* (CHEM) Polymer(e) *nt* **II.** *adj* (CHEM) polymer; ~ **birleşikler** polymere Verbindungen

polimeri *s* (CHEM) Polymerie *f*

polimerleşme *s* **1.** *Verbalsubstantiv zu* **polimerleşmek** **2.** (CHEM) Polymerisierung *f*

polimerleşmek *vi* (CHEM) polymerisieren
polimerleştirme *s* **1.** *Verbalsubstantiv zu* **polimerleştirmek** **2.** (CHEM) Polymerisierung *f*
polimerleştirmek *vt* (CHEM) polymerisieren
polimerlik *s* <-ği> (CHEM) Polymerie *f*
Polinezya *s* Polynesien *nt*
polip *s* (MED, ZOOL) Polyp *m*
polis *s* Polizei *f*
polis arabası *s* Streifenwagen *m;* **polis denetimi** *s* Polizeikontrolle *f*
polisiye roman *s* (LIT) Kriminalroman *m,* Krimi *m,* Detektivroman *m*
polis karakolu *s* Polizeiwache *f,* Polizeirevier *nt;* **polis memuru** *s* Polizeibeamte(r), -in *m, f;* **polis noktası** *s* Polizeidienststelle *f;* **polis radyosu** *s* Polizeifunk *m*
politeizm *s ohne Pl* (REL) Polytheismus *m*
politika *s* Politik *f;* **iç/dış/uluslar arası ~** die innere/auswärtige/internationale Politik; **yeni bir ~ gütmek** eine neue Politik verfolgen
politikacı *s* Politiker(in) *m(f)*
poliüretan *s* Polyurethan *nt*
polka *s* (MUS) Polka *f*
polo *s ohne Pl* (SPORT) Polo *nt*
polonez *s* (MUS) Polonaise *f,* Polonäse *f;* **Chopin'in bir ~i** eine Polonaise von Chopin
Polonez *s* (*Polonyalı*) Pole, -in *m, f*
Polonya *s* Polen *nt*
Polonyalı *s* Pole, -in *m, f*
polonyum *s ohne Pl* (CHEM) Polonium *nt*
polyester *s* (CHEM, TECH) Polyester *m*
pomat *s* <-dı> Pomade *f*
pompa *s* Pumpe *f*
pompalı tüfek *s* <-ği> Luftgewehr *nt*
ponza *s* Bimsstein *m*
ponzalama *s Verbalsubstantiv zu* **ponzalamak**
ponzalamak *vt* poncieren
ponza taşı *s* Bimsstein *m*
poplin *s* Popelin *m*
pop müzik *s ohne Pl* <-ği> Popmusik *f*
popo *s* (*fam*) Po *m,* Popo *m*
popülarite *s ohne Pl* Popularität *f;* **~ kazanmak** an Popularität gewinnen
popüler *adj* populär, beliebt
popülerlik *s ohne Pl* <-ği> Popularität *f,* Beliebtheit *f*
popülizm *s ohne Pl s.* **halkçılık** (POL) Populismus *m*
porselen *s* Porzellan *nt*
porsiyon *s* Portion *f;* **yarım ~** eine halbe Portion
porsuk *s* <-ğu> (ZOOL) Dachs *m;* **porsuk ağacı** *s* (BOT) Eibe *f;* **porsuk zağarı** *s* (*köpek*) Dachshund *m,* Dackel *m*
portakal *s* Apfelsine *f,* Orange *f;* **portakal kabuğu** *s* Orangenschale *f;* **portakal rengi** *adj* orange, orange(n)farben, orange(n)farbig; **portakal suyu** *s* Orangensaft *m*
portatif *adj* tragbar
portbagaj *s* **1.** (AUTO) Dachgepäckträger *m* **2.** (*bisiklette*) Gepäckträger *m*
portbebe *s* Babytragetasche *f*
porte *s* **1.** Tragweite *f;* (*etki alanı*) Einflussbereich *m* **2.** (*para tutarı*) Aufwand *m* **3.** (MUS) Notenlinien *pl,* Liniensystem *nt* **4.** (*değer, önem*) Wert *m*
Portekiz **I.** *s* Portugal *nt* **II.** *adj* portugiesisch; **Portekizce** *s* (das) Portugiesisch(e); **Portekizli** **I.** *s* Portugiese, -in *m, f* **II.** *adj* portugiesisch
portföy *s* **1.** (*para cüzdanı*) Geldbörse *f,* Portmonee *nt* **2.** (FIN, WIRTSCH) Portefeuille *nt,* Depot *nt*
portmanto *s* Garderobenständer *m*
portmone *s* Portmonee *nt,* Portemonnaie *nt*
porto *s* Portwein *m*
portre *s* Porträt *nt,* Bildnis *nt*
post *s* Fell *nt;* **~ sepilemek** Felle gerben; **~u sermek** (*pej*) sich einnisten; **ayıyı vurmadan ~unu satmak** (*fig*) das Fell des Bären verkaufen, ehe man ihn hat
posta güvercini *s* Brieftaube *f;* **posta havalesi** *s* Postanweisung *f*
postahane *s* Postamt *nt*
posta kartı *s* Postkarte *f;* **posta kutusu** *s* Briefkasten *m;* (*postahanelerde*) Postfach *nt*
postal *s* **1.** Stiefel *m* **2.** (*fig*) Nutte *f*
postalama *s Verbalsubstantiv zu* **postalamak**
postalamak *vt* **1.** (*postaya vermek*) aufgeben, auf die Post bringen; (*postayla göndermek*) mit der Post verschicken **2.** (*fam*) fortschicken, befördern; **birini öbür dünyaya ~** jdn ins Jenseits befördern
postalanma *s Verbalsubstantiv zu* **postalanmak**
postalanmak *vi pass von* **postalamak**
posta müvezzii *s* Postbote, -in *m, f;* **posta paketi** *s* Päckchen *nt;* **posta pulu** *s* Briefmarke *f,* Postwertzeichen *nt;* **posta treni** *s* Postzug *m*
poster *s* Poster *nt*
post kavgası *s* Machtkampf *m*
postrestant *adj* postlagernd
poşetlemek *vt* einschweißen
pot *s* **1.** (*kumaşta*) Falte *f* **2.** (*iskambilde*) Jackpot *m* **3.** (*fig*) Fauxpas *m,* Ausrutscher *m;* **~ kırmak** einen Bock schießen
potansiyel **I.** *s* (PHYS: *gizil güç*) Potenzial *nt* **II.** *adj* **1.** (*gizil*) potenziell **2.** (JUR: *suçlu olduğu varsayılan*) mutmaßlich; **potansiyel**

farkı *s* (PHYS) Potenzialdifferenz *f*, Potenzialgefälle *nt*
potas *s* (CHEM) Kali *nt*, Kalisalz *nt*
potasyum *s ohne Pl* (CHEM) Kalium *nt*; ~**u cıva ile alaşımlamak** Kalium amalgamieren; **potasyum hidroksit** *s ohne Pl* <-di> (CHEM) Kaliumhydroxid *nt*; **potasyum klorür** *s ohne Pl* (CHEM) Kaliumchlorid *nt*; **potasyum nitrat** *s ohne Pl* (CHEM) Kaliumnitrat *nt*; (*gülherçile*) Kalisalpeter *m*; **potasyum sülfat** *s ohne Pl* (CHEM) Kaliumsulfat *nt*
potin *s* Schnürstiefel *m*
potkal *s* Flaschenpost *f*
potpuri *s* (MUS) Potpourri *nt*
pound *s* Pfund *nt*
poyra *s* (TECH: *bisiklet ~sı*) Nabe *f*
poz *s* **1.** Pose *f*; ~ **vermek** posieren; ~**lara girmek** sich in Pose werfen **2.** (FOTO) Belichtungszeit *f*
pozisyon *s* **1.** (*konum*) Lage *f*, Stellung *f* **2.** (*fig*) Stellung *f*, Position *f*
pozitif *adj* positiv; ~ **hukuk** (JUR) positives Recht; ~ **sayı** (MATH) eine positive Zahl; **pozitif film** *s* (FOTO) Positiv *nt*; **pozitif kutup** *s* <-tbu> (PHYS, ELEK) Pluspol *m*
pozitivist **I.** *s* (PHILOS) Positivist(in) *m(f)* **II.** *adj* (PHILOS) positivistisch
pozitivizm *s ohne Pl* (PHILOS) Positivismus *m*
pozitron *s* (PHYS) Positron *nt*
pöç *s* <-cü> (*reg: kuyruk sokumu kemiği*) Steißbein *nt*
pöçük *s* <-ğü> (*reg: kuyruk sokumu*) Steiß *m*; (*kuyruk*) Schwanz *m*
pöf *interj* igitt
pörsük *adj* schlaff
pörsüme *s ohne Pl* **1.** *Verbalsubstantiv zu* **pörsümek** **2.** Erschlaffung *f*
pörsümek *vi* erschlaffen
pösteki *s* Balg *m*
pötikare *adj* (*kumaş*) klein kariert
pragmacı **I.** *s* Pragmatist(in) *m(f)* **II.** *adj* pragmatisch
pragmacılık *s ohne Pl* <-ğı> (PHILOS: *pragmatizm*) Pragmatismus *m*
pragmatist **I.** *s* Pragmatist(in) *m(f)* **II.** *adj* pragmatisch
pragmatizm *s ohne Pl* <-ğı> (PHILOS: *pragmacılık*) Pragmatismus *m*
praseodim *s ohne Pl* (CHEM) Praseodym *nt*
pratik **I.** *s ohne Pl* <-ği> **1.** Praxis *f* **2.** (*uygulama*) Anwendung *f* **II.** *adj* <-ği> praktisch
pratisyen hekim *s* praktizierender Arzt
prefabrikasyon *s ohne Pl* Fertigbau *m*, Fertigbauweise *f*
prefabrike *adj* vorgefertigt, Fertig-; **prefabrike konut** *s* Fertighaus *nt*
prehistorik *adj* prähistorisch
prehistorya *s ohne Pl* Prähistorie *f*; (*tarih öncesi*) Vorgeschichte *f*
prekambriyen *s ohne Pl* (GEO) Präkambrium *nt*
prelüt *s* <-dü> (MUS) Präludium *nt*
prematüre *adj* (*vaktinden önce*) vorzeitig; **prematüre bebek** *s* <-ği> Frühgeburt *f*
prens *s* Prinz *m*, Fürst *m*
prenses *s* Prinzessin *f*
prensip *s* <-bi> Prinzip *nt*; (*ilke*) Grundsatz *m*; **prensip kararı** *s* Grundsatzentscheidung *f*
prenslik *s* <-ği> Fürstentum *nt*
preparat *s* (BIOL, MED) Präparat *nt*
presleme *s Verbalsubstantiv zu* **preslemek**
preslemek *vt* pressen
preslenme *s Verbalsubstantiv zu* **preslenmek**
preslenmek *vi Passiv zu* **preslemek**
prestij *s ohne Pl* Prestige *nt*
prezantasyon *s* Präsentation *f*
prezante etmek *vt* präsentieren
prezervatif *s* Präservativ *nt*
prim *s* Prämie *f*, Beitrag *m*
primadonna *s* (*operada*) Primadonna *f*
primat *s* (ZOOL) Primat *m*
prim iadesi *s* Beitragsrückerstattung *f*
primitif **I.** *s* (*pej*) Primitivling *m* **II.** *adj* primitiv; *s. a.* **ilkel**
primitivizm *s ohne Pl* (KUNST: *ilkelcilik*) Primitivismus *m*
printer *s* (INFORM: *yazıcı*) Drucker *m*
priz *s* (ELEK) Steckdose *f*
prizma *s* (MATH, PHYS) Prisma *nt*
problem **I.** *s* **1.** (MATH: *çözülmesi istenen soru*) Aufgabe *f*, Rechenaufgabe *f* **2.** (*sorun*) Problem *nt* **II.** *adj* problematisch; (*çocuk*) schwer erziehbar; **problem çocuk** *s* <-ğu> Sorgenkind *nt*
problematik **I.** *s ohne Pl* <-ği> Problematik *f* **II.** *adj* problematisch
problemli *adj* problematisch
problemsiz *adj* problemlos
prodüktivite *s ohne Pl* Produktivität *f*
profesör *s* Professor(in) *m(f)*
profesörlük *s* <-ğü> Professur *f*
profesyonel *adj* **1.** professionell, Berufs- **2.** berufsmäßig, erwerbsmäßig
profesyonelleşme *s ohne Pl* Professionalisierung *f*
profesyonellik *s ohne Pl* <-ği> Professionalität *f*
profesyonel oyuncu *s* Berufsspieler(in) *m(f)*; **profesyonel sporcu** *s* Berufssportler(in) *m(f)*
profil *s* Profil *nt*
proforma fatura *s* (WIRTSCH) Proformarechnung *f*

program *s* **1.** Programm *nt* **2.** (SCHULE: *öğretim* ~ *ı*) Plan *m*
programlama *s* **1.** *Verbalsubstantiv zu* **programlamak** **2.** (INFORM) Programmierung *f*
programlama dili *s* (INFORM) Programmiersprache *f*
programlamak *vt* programmieren
programlı *adj* programmgemäß
proje *s* Projekt *nt*, Vorhaben *nt*
projeksiyon *s* Projektion *f*
projektör *s* **1.** (*ışıldak*) Scheinwerfer *m*, Strahler *m* **2.** (*gösterici*) Projektor *m*; **projektör ışığı** *s* Scheinwerferlicht *nt*; ~**nda olmak** im Rampenlicht stehen
proje plânlama *s* Bauplanung *f*
proletarya *s* Proletariat *nt*
proleter *s* Proletarier(in) *m(f)*
promosyon *s* (WIRTSCH) Promotion *f*, Absatzförderung *f*
promönat *s* Promenade *f*
propaganda *s* Propaganda *f*
prosedür *s* Prozedur *f*
prospektüs *s* (*tanıtmalık*) Prospekt *m*; (*tarife*) Beipackzettel *m*
prostat *s* (ANAT) Prostata *f*; **prostat kanseri** *s* (MED) Prostatakrebs *m*
prostelâ *s* Schürze *f*
protein *s* (CHEM) Protein *nt*, Eiweiß *nt*
proteinli *adj* eiweißhaltig; ~ **besin** eiweißhaltige Nahrung
protein maddesi *s* Eiweißstoff *m*
proteinsiz *adj* eiweißarm
Protestan **I.** *s* Protestant(in) *m(f)* **II.** *adj* protestantisch
Protestanlık *s ohne Pl* <-ğı> Protestantismus *m*
protesto *s* Protest *m*
protez *s* (MED) Prothese *f*
proton *s* (PHYS) Proton *nt*
protoplâzma *s ohne Pl* (BIOL) Protoplasma *nt*
prototip *s* (*a.* TECH) Prototyp *m*
prova *s* **1.** Probe *f* **2.** (*giyside*) Anprobe *f* **3.** (TYPO) Korrekturfahne *f*; (*basılı metin*) Abzug *m*
provizyon *s* (FIN) Deckung *f*
provizyonsuz *adj* (FIN: *çek*) ungedeckt
provokasyon *s* Provokation *f*
provokatör **I.** *s* Provokateur *m* **II.** *adj* provokativ
provoke *adj*: ~ **etmek** provozieren
prömiyer *s* Premiere *f*
Prusya **I.** *s* (HIST) Preußen *nt* **II.** *adj* preußisch
Prusyalı **I.** *s* Preuße, -in *m, f* **II.** *adj* preußisch
pruva *s* (NAUT) Bug *m*
psikanaliz *s ohne Pl* (PSYCH) Psychoanalyse *f*; **psikanalizci** *s* (PSYCH) Psychoanalytiker(in) *m(f)*
psikiyatr *s*, **psikiyatrist** *s* Psychiater, -in *m, f*
psikiyatri *s ohne Pl* Psychiatrie *f*
psikolog *s* Psychologe, -in *m, f*
psikoloji *s ohne Pl* Psychologie *f*
psikolojik *adj* psychologisch; ~ **savaş** psychologische Kriegführung
psikopat *s* Psychopath(in) *m(f)*
psikoterapi *s* (PSYCH, MED) Psychotherapie *f*
psikoterapist *s* Psychotherapeut(in) *m(f)*
psişik *adj* psychisch
puanter *s* Pointer *m*
puantör *s* Stechuhr *f*; **puantör kartı** *s* Stechkarte *f*
puding *s* Pudding *m*
pudra *s* Puder *m*
pudralamak *vt* pudern
pudralık *s* <-ğı> Puderdose *f*
pudra şeker *s* Puderzucker *m*
pudriyer *s* Puderdose *f*
puf *s* Puff *m*
pufla *s* (ZOOL) Eider *f*; **pufla ördeği** *s* Eiderente *f*; **pufla tüyü** *s* Eiderdaune *f*
pug *s* Mops *m*
puhu *s* (ZOOL) Uhu *m*
pul *s* **1.** (*posta* ~ *u*, *damga* ~ *u*) Marke *f*; (*posta* ~ *u*) Briefmarke *f* **2.** (*metal levhacık*) Plättchen *nt* **3.** (*tavla oyununda*) Stein *m* **4.** (TECH) Unterlegring *m*, Unterlegscheibe *f* **5.** (ZOOL) Schuppe *f*
pulcu *s* Philatelist(in) *m(f)*
pulculuk *s ohne Pl* <-ğu> Philatelie *f*
pul koleksiyoncusu *s* Briefmarkensammler(in) *m(f)*
pullama *s* Frankierung *f*
pullamak *vt* frankieren
pullanma *s* **1.** Frankierung *f*; **zarfların** ~**sı gerekir** die Umschäge müssen frankiert werden **2.** (*dış deride*) Schuppung *f*
pullu *adj* **1.** (*zarf*) frankiert **2.** (*balık*) schuppig
pulluk *s* <-ğu> (AGR) Pflug *m*
pulman *s* (*yatar koltuk*) Liegesitz *m*
pulsuz *adj* unfrankiert
puluç *adj* <-cu> impotent
puluçluk *s ohne Pl* <-ğu> Impotenz *f*
puma *s* (ZOOL) Puma *m*
punç *s ohne Pl* <-cu> Punsch *m*
pundu *s poss von* **punt**
punt *s* <-du>: **punduna geitrmek** den richtigen Augenblick abpassen; **pundunu bulmak** den richtigen Augenblick abpassen
pupa **I.** *s* (NAUT) Achterschiff *nt*; (*kıç*) Heck *nt* **II.** *adv* (NAUT) achtern
puro *s* Zigarre *f*
pus *s ohne Pl* Dunst *m*

pusarık *s* <-ğı> Fata Morgana *f*
puslu *adj* dunstig
pusluk *adj* diesig
pusu *s* Hinterhalt *m;* ~**da yatmak** (*fam*) auf der Lauer liegen; **birini** ~**ya düşürmek** jdn in einen Hinterhalt locken
pusula *s* Kompass *m;* **pusula gülü** *s* Kompassrose *f;* **pusula iğnesi** *s* Kompassnadel *f*
put *s* Götze *m,* Abgott *m,* Götzenbild *nt;* ~ **gibi** wie ein Ölgötze
putperest *s* Götzendiener(in) *m(f)*
putperestlik *s ohne Pl* <-ği> Götzendienst *m,* Abgötterei *f,* Idolatrie *f*
püflemek *vt, vi* pusten
püf noktası *s* Clou *m,* der springende Punkt; **işin** ~ der Clou des [*o* vom] Ganzen
pürçüklü *s* (*reg: havuç*) Möhre *f*
püre *s* (GASTR) Püree *nt;* (*patates* ~ *si*) Püree *nt,* Brei *m*
püriten **I.** *s* Puritaner(in) *m(f)* **II.** *adj* puritanisch
püritenlik *s ohne Pl* <-ği> (REL) Puritanismus *m*
pürizm *s ohne Pl* (LIT) Purismus *m*
pürneşe *adj* quietschvergnügt; (*neşeli*) fröhlich
pürüzlenme *s Verbalsubstantiv zu* **pürüzlenmek**
pürüzlenmek *vi* **1.** rau werden **2.** (*ses*) rau werden **3.** (*fam fig*) kniff(e)lig werden
pürüzlü *adj* **1.** rau **2.** (*ses*) rau **3.** (*fam fig*) kniff(e)lig; **mesele** ~**dür** die Sache ist kniff(e)lig
pürüzsüz *adj* glatt; ~ **bir cilt** eine glatte Haut
pürüzsüzlük *s ohne Pl* <-ğü> Glätte *f*
püskül *s* **1.** Quaste *f* **2.** Franse *f* **3.** (*mısır* ~ *ü*) Stroh *nt*
püskürme *s* **1.** *Verbalsubstantiv zu* **püskürmek** **2.** (GEO: *indifa*) Eruption *f,* Ausbruch *m*
püskürmek **I.** *vt* **1.** speien; **ejderha ateş püskürdü** der Drache spie Feuer **2.** (GEO) speien; **yanardağ lâv püskürüyor** der Vulkan speit Lava **II.** *vi* (GEO: *indifa etmek*) eruptieren
püskürtme *s Verbalsubstantiv zu* **püskürtmek**
püskürtmek *vt* verspritzen
püskürtme tabancası *s* Spritzpistole *f*
püsür **I.** *s* **1.** (*kimse*) Quälgeist *m* **2.** (*bok* ~): **bütün boku** ~**ü** die ganze Scheiße, der ganze Mist, das ganze Drumherum **II.** *adj* (*reg*) **1.** (*tembel*) faul **2.** (*karışık*) vertrackt

R

r, R [re] *s* r, R *nt, 21. Buchstabe des türk. Alphabets*
radansa *s* (NAUT) **1.** (*yelkende*) Legel *m o nt* **2.** (*halat ilmiğinde*) Kausch(e) *f*
radikal [radikāl] **I.** *s* <-i> (*köktenci*) Radikale(r) *mf* **II.** *adj* radikal
radikalizm *s* Radikalismus *m*
radon *s ohne Pl* (CHEM) Radon *nt*
radyan *s* (MATH) Radiant *m*
radyatör *s* **1.** (*ısıtma aracı*) Radiator *m*, Heizkörper *m* **2.** (AUTO: *soğutucu*) Kühler *m*; **radyatör suyu** *s ohne Pl* (AUTO) Kühlwasser *nt*
radyo *s* **1.** Rundfunk *m*; (*polis* ~*su*) Funk *m* **2.** Radio *nt*
radyoaktif *adj* (PHYS) radioaktiv; ~ **element** radioaktives Element; **radyoaktiflik** *s ohne Pl* <-ği> Radioaktivität *f*; **radyoaktivite** *s ohne Pl* (PHYS) Radioaktivität *f*; **radyobiyoloji** *s ohne Pl* Radiobiologie *f*, Strahlenbiologie *f*
radyo dalgaları *s Pl* Funkwellen *fpl*
radyo etkinliği *s ohne Pl* (PHYS: *radyoaktivite*) Radioaktivität *f*; **radyo evi** *s* Rundfunkanstalt *f*
radyofonik oyun *s* Hörspiel *nt*
radyografi *s* (PHYS, MED) **1.** *ohne Pl* (*yöntem*) Radiographie *f* **2.** (*fotoğraf*) Radiogramm *nt*
radyogram *s* Funktelegramm *nt*; **radyokimya** *s ohne Pl* (PHYS, CHEM) Radiochemie *f*
radyolog *s* (MED) Radiologe, -in *m, f*; **radyoloji** *s ohne Pl* (MED) Radiologie *f*
radyo taksi *s* Funktaxi *nt*
radyotelefon *s s.* **telsiz telefon** Funktelefon *nt*
radyoterapi *s* (MED) Radiotherapie *f*
radyum *s ohne Pl* (CHEM) Radium *nt*
raf *s* Brett *nt*, Bord *nt*; **bir şeyi ~a kaldırmak** (*fig*) etw zu den Akten legen
rafya *s* Bast *m*
rağmen (*Partikel*) trotz; **her şeye** ~ trotz allem
rahat **I.** *s ohne Pl* Ruhe *f*; **~ına bak!** mach's dir gemütlich!; **~ına bakmak** es sich bequem machen **II.** *adj* **1.** ruhig **2.** bequem; (*oda*) gemütlich; ~ **etmek** sich wohl fühlen **3.** (*aldırmaz*) unbekümmert; ~ **adam** ein unbekümmerter Mensch **III.** *interj*: **~!** (MIL) rührt euch!; **rahat adam** *s* (*fam*) Gemütsmensch *m*; **amma ~sın!** du bist ein Gemütsmensch!
rahatça *adv* gemütlich
rahatlık *s* <-ğı> Gemütlichkeit *f*, Bequemlichkeit *f*
rahat rahat *adv* in aller Gemütlichkeit
rahatsız *adj* unbequem; ~ **etmek** stören; ~ **edilmeyi hiç sevmez** er hat es überhaupt nicht gern, wenn man ihn stört; **bu koltuk çok** ~ dieser Sessel ist sehr unbequem
rahibe *s* Priesterin *f*
rahim *s* <-hmi> (*döl yatağı*) Gebärmutter *f*
rahip *s* <-bi> Priester *m*
rahmet *s* **1. zahmetsiz ~ olmaz** (*prov*) ohne Fleiß kein Preis **2.** (*reg: yağmur*) Regen *m*
rahmetli *adj* verstorben, abgeschieden
rakam *s* Ziffer *f*, Zahl *f*; **astronomik** ~ eine astronomische Zahl
raket *s* (SPORT) Schläger *m*
rakı *s* Raki *m*
rakip *s* <-bi> **1.** Konkurrent(in) *m(f)* **2.** Gegner(in) *m(f)*; **rakip oyuncu** *s* Gegenspieler(in) *m(f)*
rakipsiz *adj* konkurrenzlos
rakkas *s s.* **sarkaç** Pendel *nt*
ralli *s* Rallye *f*
rallici *s* Rallyeteilnehmer(in) *m(f)*, Rallyefahrer(in) *m(f)*
ram *adj* gebändigt; **bir kimseyi/şeyi ~ etmek** jdn/etw bändigen; (*boyun eğdirmek*) jdn/etw unterwerfen; **birini** (**kendine**) ~ **etmek** sich jds bemächtigen
Ramazan *s* (REL) Ramadan *m*; (*oruç tutulan ay*) Fastenmonat *m*; **Ramazan Bayramı** *s* (REL) Ramadanfest *nt*
ramp *s* (THEAT) Rampe *f*
rampa *s* Rampe *f*; ~ **etmek** (NAUT) anlegen
ramp ışığı *s* (THEAT) Rampenlicht *nt*
randevu *s* **1.** Rendezvous *nt*, Verabredung *f*, Date *nt*; **~su olmak** eine Verabredung haben; **acaba kiminle ~su var?** mit wem mag sie eine Verabredung haben? **2.** (*doktorda*) Termin *m*
randevulaşma *s Verbalsubstantiv zu* **randevulaşmak**
randevulaşmak *vi* sich verabreden, ein Treffen ausmachen
rant *s* Rente *f*
rantabilite *s ohne Pl* Rentabilität *f*
rantabl *adj* rentabel; (*kâr sağlayan*) gewinnbringend
rantiye *s* Privatier *m*

rapor *s* **1.** Bericht *m;* **birine bir şey hakkında ~ vermek** jdm über etw Bericht erstatten **2.** Attest *nt;* **tıbbî ~** ärztliches Attest
raportör *s* Berichterstatter(in) *m(f)*
rapsodi *s* **1.** (LIT) Rhapsode *m* **2.** (MUS) Rhapsodie *f*
raptiye *s* Reißzwecke *f*
rasat *s* <-dı> *s.* **gözlem** Beobachtung *f*
rasathane *s s.* **gözlem evi** Sternwarte *f;* (*observatuvar*) Observatorium *nt*
raspa *s* (TECH) Raspel *f*
raspalama *s Verbalsubstantiv zu* **raspalamak**
raspalamak *vt* raspeln
rast I. *s* **1.** (*tesadüf*) Zufall *m;* **~ gelmek** (zufällig) treffen **2.** (*hedefi vurma*) Treffen *nt;* **~ gelmek** treffen; **hedefe ~ getir(eme)mek** das Ziel (nicht) treffen (können) **II.** *adj* (*doğru*) richtig; **işi ~ gidiyor** seine Geschäfte laufen gut; **işiniz ~ gitsin!** alles Gute!
rastgele I. *adj* x-beliebig; (*herhangi bir*) irgendeine(r) **II.** *interj:* **~!** (*işiniz rast gitsin*) alles Gute!
rastgele biri *pron* irgendjemand
rastık *s* <-ğı> **1.** (*kaş boyamak için*) Augenbrauenstift *m* **2.** (*saç boyamak için*) Haarlack *m*
rastlama *s Verbalsubstantiv zu* **rastlamak**
rastlamak *vi* **1.** treffen (*-e* auf) **2.** (*hedefi bulmak*) treffen (*-e* -); **taş cama rastladı** der Stein hat die Scheibe getroffen
rastlantı *s* Zufall *m*
rastlaşmak *vi* **1.** (*birbiriyle karşılaşmak*) zusammentreffen **2.** (*üst üste gelmek*) zusammentreffen
rasyon *s* Ration *f*
rasyonalist I. *s* Rationalist(in) *m(f)* **II.** *adj* rationalistisch
rasyonalite *s ohne Pl* Rationalität *f*
rasyonalizm *s ohne Pl* Rationalismus *m*
rasyonel *adj* **1.** (*ussal*) rational **2.** (*hesaplı, ölçülü*) rationell; **~ çalışmak** rationell arbeiten **3.** (MATH) rational; **~ sayılar** rationale Zahlen
rasyonelleştirme *s ohne Pl* **1.** *Verbalsubstantiv zu* **rasyonelleştirmek** **2.** Rationalisierung *f*
rasyonelleştirmek *vt* rationalisieren
raşitik *adj* <-ği> (MED) rachitisch
raşitizm *s ohne Pl* (MED) Rachitis *f*
rate *s* (ZOOL) Ratte *f*
ratıp *adj* <-bı> (*yaş*) nass; (*nemli*) feucht
raunt *s* <-du> Runde *f*
ravent *s ohne Pl* (BOT) Rhabarber *m*
ray [raɪ] *s* **1.** Gleis *nt;* **~dan çıkmak** (*fig*) aus dem Gleis geraten; **iş yine ~ına giriyor** (*fig*) die Sache kommt wieder ins rechte Gleis **2.** Schiene *f*
rayiç *s* <-ci> (WIRTSCH) Marktwert *m;* **rayiç fiyat** *s* (WIRTSCH) Marktpreis *m*
rayiha *s* **1.** (*güzel koku*) Duft *m* **2.** (*buke*) Bukett *nt,* Blume *f*
razı *adj* einverstanden; **bir şeye ~ olmak** mit etw einverstanden sein; **birini bir şeye ~ etmek** jdn zu etw überreden; **~ mısın?** bist du einverstanden?; **~sın demek, öyle mi?** du bist also einverstanden, ja?
re *s* (MUS) D *nt*
reaksiyon *s* **1.** (*tepki*) Reaktion *f* **2.** (CHEM: *tepkime*) Reaktion *f*
reaktör *s* Reaktor *m,* Meiler *m*
realist I. *s* Realist(in) *m(f)* **II.** *adj* realistisch
realizm *s ohne Pl* (PHILOS, LIT, KUNST: *gerçekçilik*) Realismus *m*
re bemol *s ohne Pl* (MUS) Des *nt*
recim *s* <-cmi> (HIST) Steinigung *f*
recmetme *s* (HIST) **1.** *Verbalsubstantiv zu* **recmetmek** **2.** Steinigung *f*
recmetmek *vt* (HIST) steinigen
recmi *s poss von* **recim**
reçel *s* Konfitüre *f*
reçete *s* Rezept *nt*
reçeteli *adj* rezeptpflichtig
reçetesiz *adj* rezeptfrei
reçine *s* Harz *nt*
reçineli *adj* harzig
reçine yağı *s ohne Pl* Harzöl *nt*
redaksiyon *s* Redaktion *f*
redaktör *s* Redakteur(in) *m(f)*
reddedilme *s ohne Pl* **1.** *Verbalsubstantiv zu* **reddedilmek** **2.** Ablehnung *f*
reddedilmek *vi pass von* **reddetmek** abgelehnt werden
reddetme *s ohne Pl* **1.** *Verbalsubstantiv zu* **reddetmek** **2.** Ablehnung *f*
reddetmek *vt* ablehnen; **bize yardım etmeyi reddetti** er lehnte es ab, uns zu helfen
reddi *s poss von* **ret**
redevans *s* Lizenzgebühr *f*
redif *s* **1.** (MIL) Reservist *m* **2.** (LIT: *yedek*) Refrainwort *nt*
reenkarnasyon *s* Reinkarnation *f*
refah *s ohne Pl* Wohlstand *m*
referans *s* Referenzen *pl;* (*tavsiye mektubu*) Empfehlungsschreiben *nt*
referendum *s* Referendum *nt*
refleks *s* (*tepke*) Reflex *m*
reflektör *s* (*yansıtaç*) Reflektor *m;* (AUTO) Rückstrahler *m;* **arabanın ~leri çamurlanmış** die Rückstrahler des Autos sind verschmutzt
regresyon *s* Regression *f*
regülâtör *s* Regulator *m*
rehabilitasyon *s* Rehabilitation *f*

rehber *s* **1.** (*turist, turizm* ~*i*) Führer *m* **2.** (*telefon* ~*i*) Verzeichnis *nt*
rehber öğretmen *s* (SCHULE) Vertrauenslehrer(in) *m(f)*
rehin *s* Pfand *nt;* **bir şeyi** ~ **etmek** etw verpfänden; **bir şeyi** ~**e koymak** etw verpfänden
rehine *s* Geisel *f;* **rehine eylemi** *s* Geiselnahme *f*
reis *s* Oberhaupt *nt,* Präsident(in) *m(f)*
reisicumhur *s s.* **cumhurbaşkanı** Staatspräsident(in) *m(f)*
reji *s* Regie *f*
rejim *s* **1.** (POL) Regime *nt* **2.** (*perhiz*) Abmagerungskur *f,* Schlankheitskur *f*
rejisör *s* Regisseur(in) *m(f)*
rejisörlük *s* <-ğü> Regie *f;* ~ **yapmak** Regie führen
rekabet *s* **1.** Wettbewerb *m* **2.** (*ohne Pl*) Konkurrenz *f*
rekabetçi *s* Konkurrent(in) *m(f)*
reklâm *s* Reklame *f,* Werbung *f;* **reklâm afişi** *s* Werbeplakat *nt;* **reklâm ajansı** *s* Werbeagentur *f*
reklâmcılık *s* <-ğı> Werbung *f,* Werbebranche *f*
reklâm ışıntısı *s* Werbespot *m*
rekolte *s* (AGR) Jahresernte *f;* **bu yılın buğday** ~**si** die diesjährige Weizenernte
rekor *s* (SPORT) Rekord *m;* ~ **kırmak** einen Rekord brechen
rekortmen *s* Rekordinhaber(in) *m(f)*
rekreasyon alanı *s* Erholungsgebiet *nt*
rektör *s* Rektor(in) *m(f)*
rektörlük *s* <-ğü> Rektorat *nt*
re majör *s ohne Pl* (MUS) D-Dur *nt;* **re minör** *s ohne Pl* (MUS) d-Moll *nt*
remiz *s* <-mzi> Symbol *nt*
remzi *s poss von* **remiz**
Ren *s* Rhein *m*
rencide *adj* gekränkt; ~ **etmek** kränken; ~ **olmak** gekränkt sein
rençper *s* **1.** Landarbeiter(in) *m(f)* **2.** (*çiftçi*) Farmer(in) *m(f),* Bauer *m,* Bäuerin *f*
rençperlik *s* <-ği> Landarbeit *f*
rende *s* **1.** (*tahta için*) Hobel *m* **2.** (GASTR: *mutfakta*) Reibe *f,* Hobel *m*
rendeleme *s Verbalsubstantiv zu* **rendelemek**
rendelemek *vt* **1.** (*tahtayı*) hobeln **2.** (GASTR) hobeln; (*peynir*) (zer)reiben
rendeli *adj* gehobelt; (*peynir*) gerieben
rendesiz *adj* ungehobelt
rengârenk *adj* kunterbunt
Ren geyiği *s* (ZOOL) Ren *nt,* Rentier *nt*
rengi *s poss von* **renk**
renk *s* <-gi> Farbe *f;* **renk bilimi** *s ohne Pl* Farbenlehre *f;* **renk cümbüşü** *s* Farbenspiel *nt*
renkgideren *s* Entfärbungsmittel *nt*
renk kompozisyonu *s* Farbzukomposition *f,* Farbzukombination *f,* Farbzusammenstellung *f;* **renk körlüğü** *s ohne Pl* Farbenblindheit *f;* **renk körü** *adj* farbenblind
renkleme *s Verbalsubstantiv zu* **renklemek**
renklemek *vt* färben
renklendirme *s Verbalsubstantiv zu* **renklendirmek**
renklendirmek *vt* **1.** färben **2.** (*fig: neşelendirmek*) beleben
renklenme *s Verbalsubstantiv zu* **renklenmek**
renklenmek *vi* **1.** sich färben **2.** (*fig: neşelenmek*) sich beleben
renkli *adj* **1.** farbig, bunt **2.** (*fig*) bunt; ~ **bir gece** ein bunter Abend; **renkli ekran** *s* Farbbildschirm *m;* **renkli film** *s* (FILM, FOTO) Farbfilm *m;* **renkli fotoğraf** *s* (FOTO) Farbfoto *nt*
renklilik *s ohne Pl* <-ği> Farbigkeit *f,* Buntheit *f*
renkli televizyon *s* Farbfernsehen *nt*
renksiz *adj* (*a. fig*) farblos
renksizlik *s ohne Pl* <-ğı> (*a. fig*) Farblosigkeit *f*
renktaş *adj* gleichfarbig
renk tonu *s* Farbton *m;* **renk yuvarı** *s* (ASTR: *kromosfer*) Chromosphäre *f*
Renli *s* Rheinländer(in) *m(f)*
Ren-Palatina *s* Rheinland-Pfalz *nt*
reosta *s* (*dimmer*) Dimmer *m*
repertuar *s* (THEAT) Repertoire *nt*
replik *s* <-ği> **1.** (THEAT) Stichwort *nt* **2.** (*karşılık verme*) Erwiderung *f* **3.** (JUR) Replik *f*
reprodüksiyon *s* Reproduktion *f*
resen *adv* von Amts wegen
resepsiyon *s* **1.** (*kabul*) Empfang *m* **2.** (*ziyafet*) Empfang *m* **3.** Anmeldung *f*
resesif *adj* (BIOL: *çekinik*) rezessiv
resesyon *s* (WIRTSCH) Rezession *f*
resif *s* Riff *nt*
resim *s* <-smi> **1.** Bild *nt;* (*boyalı*) Gemälde *nt;* ~ **gibi** bildschön, bildhübsch **2.** (*sanatı*) Malerei *f,* Zeichenkunst *f* **3.** (*fotoğraf*) Foto *nt;* ~ **çekmek** fotografieren **4.** (JUR) Abgabe *f;* (*damga resmi*) Steuer *f*
resimci *s* **1.** (*fotoğrafçı*) Fotograf(in) *m(f)* **2.** (*resim öğretmeni*) Zeichenlehrer(in) *m(f)* **3.** (*nakkaş*) Dekorationsmaler(in) *m(f)*
resim çerçevesi *s* Bilderrahmen *m;* **resim dersi** *s* (SCHULE) Zeichenunterricht *m;* **resim galerisi** *s* Gemäldegalerie *f,* Bildergalerie *f*
resimleme *s* **1.** *Verbalsubstantiv zu* **resimlemek** **2.** Bebilderung *f,* Illustrierung *f*
resimlemek *vt* bebildern, illustrieren; **ya-**

R

zar kitabını resimledi der Autor hat sein Buch illustriert
resimlendirme *s* **1.** *Verbalsubstantiv zu* **resimlendirmek** **2.** Bebilderung *f,* Illustrierung *f*
resimlendirmek *vt* bebildern, illustrieren
resimli *adj* bebildert, illustriert; ~ **dergiler/gazeteler** illustrierte Zeitschriften/Zeitungen; **resimli bulmaca** *s* Bilderrätsel *nt;* **resimli hikâye** *s* Bildergeschichte *f*
resimlik *s* <-ği> **1.** (*çerçeve*) Bilderrahmen *m* **2.** (*albüm*) Fotoalbum *nt*
resimli kartpostal *s* Ansichtskarte *f;* **resimli öykü** *s* Bildergeschichte *f;* **resimli röportaj** *s* Bildreportage *f*
resim öğretmeni *s* Zeichenlehrer(in) *m(f)*
resim yazı *s* Bilderschrift *f*
resmi *s poss von* **resim**
resmî *adj* amtlich, offiziell; (*bayram günü*) gesetzlich; **bir ülkenin** ~ **dili** die offizielle Sprache eines Landes
Resmî Gazete *s* Amtsblatt *nt*
resmigeçit *s* <-di> Parade *f,* Defilee *nt;* ~ **yapmak** defilieren
resul *s* <-ü> (REL) Apostel *m*
reşit *adj* (JUR: *ergin*) volljährig, mündig; ~ **olmak** volljährig werden
ret *s* <-ddi> Ablehnung *f*
retina *s* (ANAT) Retina *f;* (*ağ tabaka*) Netzhaut *f*
retorik *s* <-ği> Rhetorik *f*
reva *adj* angebracht; (*uygun*) angemessen; **bir şeyi** ~ **görmek** etw für angebracht halten, etw als angemessen erachten
revaç *s* <-cı> Absatz *m;* ~**ta olmak** hoch im Kurs stehen
reverans *s* Verbeugung *f*
revizyonculuk *s ohne Pl* <-ğu> Revisionismus *m*
revizyonizm *s ohne Pl* Revisionismus *m*
revolver *s* (*altıpatlar*) Revolver *m*
revü *s* (THEAT) Revue *f*
reyhan *s* (BOT: *fesleğen*) Basilienkraut *nt,* Basilikum *nt*
reyting *s* Hochrechnung *f*
rezalet *s* (*pej*) Schweinerei *f*
reze *s* Angel *f,* Scharnier *nt*
rezene *s* Fenchel *m*
rezervasyon *s* Reservierung *f,* Buchung *f*
rezervuar *s* Wasserkasten *m*
rezistans *s* (PHYS: *direnç*) Widerstand *m*
rezonans *s* (PHYS) Resonanz *f*
rıhtım *s* Kai *m*
rıza *s* Einverständnis *nt*
rica *s* Bitte *f;* ~ **ederim!** ich bitte Sie!; ~ **etmek** bitten
rical <-i> *s* **1.** (*erkekler*) Männer *pl* **2.** (*devlet adamları*) Staatsmänner *pl*
ric'at *s* **1.** (*vazgeçme*) Verzicht *m* **2.** (MIL) Rückzug *m;* ~ **etmek** den Rückzug antreten
rina *s* (ZOOL: *tırpana*) Glattrochen *m*
ring *s* (SPORT) Ring *m,* Boxring *m*
ringa *s* (ZOOL) Hering *m;* **füme** ~ geräucherter Hering; **ringa kızartması** *s* (GASTR) Brathering *m*
risale *s s.* **broşür** Broschüre *f*
risk *s* Risiko *nt;* ~**e gir(me)mek** (k)ein Risiko eingehen
risk grubu *s* (MED) Risikogruppe *f*
riskli *adj* riskant
risling *s* Riesling *m*
ritm *s* Rhythmus *m*
ritmik *adj* <-ği>, **ritmli** *adj* rhythmisch
rituel *s* Ritual *nt*
rivayet *s s.* **söylenti** Gerücht *nt*
riyal *s* Rial *m*
riyaset *s s.* **başkanlık** Vorsitz *m*
riyaziye *s ohne Pl s.* **matematik** Mathematik *f*
riyaziyeci *s s.* **matematikçi** Mathematiker(in) *m(f)*
riziko *s* Risiko *nt*
robot *s* Roboter *m;* **robot resim** *s* Phantombild *nt*
rodaj *s* (TECH) Einfahren *nt*
rodeo *s* Rodeo *m o nt*
Rodezya *s* Rhodesien *nt*
rodyum *s ohne Pl* (CHEM) Rhodium *nt*
roket *s* Rakete *f*
rol *s* <-ü> Rolle *f;* **önemli bir** ~ **oynamak** eine wichtige Rolle spielen; **rol çatışması** *s* (PSYCH) Rollenkonflikt *m*
rom *s* Rum *m*
Roma *s* Rom *nt;* ~ **İmparatorluğu** (HIST) das Römische Reich
Romalı *s* Römer(in) *m(f)*
roman *s* (LIT) Roman *m*
Roman **I.** *s* (*çingene*) Roma *m* **II.** *adj* romanisch; ~ **dilleri** romanische Sprachen
romancı *s* Romancier *m,* Romanschriftsteller(in) *m(f)*
romanesk *adj* romanhaft
romanist *s* Romanist(in) *m(f)*
Romanoloji *s ohne Pl* Romanistik *f*
romans *s* Romanze *f*
romantik **I.** *s* <-ği> Romantiker(in) *m(f)* **II.** *adj* romantisch
romantiklik *s ohne Pl* <-ği> Romantik *f*
romantizm *s ohne Pl* (LIT, KUNST) Romantik *f*
roman yazarı *s* Romanschreiber(in) *m(f),* Romanschriftsteller(in) *m(f)*
romatizma *s* (MED) Rheumatismus *m;* (*fam*) Rheuma *nt*
Romen *adj* römisch; ~ **rakamları** römische Ziffern
rosto *s* (GASTR) Braten *m*
rot *s* (AUTO, TECH) Spurstange *f*

rota *s* (AERO, NAUT) Kurs *m;* ~**da kalmak** auf Kurs bleiben; ~**yı ayarlamak** den Kurs korrigieren; ~**yı değiştirmek** den Kurs ändern [*o* wechseln]
rotasyon *s* Rotation *f*
rotatif *s* (TYPO) Rotationsmaschine *f*
rotor *s* <-ci> (TECH, ELEK: *döneç*) Läufer *m*
rozbif *s* (GASTR) Roastbeef *nt*
roze *s* (*pembe şarap*) Rosé *m,* Roséwein *m*
rozet *s* **1.** Anstecknadel *f,* Abzeichen *nt,* Button *m* **2.** (ARCH) Rosette *f*
rölânti *s* (AUTO) Leerlauf *m;* ~**ye almak** in den Leerlauf schalten
rölâtif *adj* relativ
rölâtivist *s* (PHILOS) Relativist(in) *m(f)*
rölâtivite *s* (PHILOS: *bağıntı*) Relativität *f*
rölâtivizm *s ohne Pl* (PHILOS: *bağıntıcılık*) Relativismus *m*
röle *s* (ELEK) Relais *nt*
rölyef *s* (KUNST) Relief *nt*
römork *s* Anhänger *m*
Rönesans *s ohne Pl* (HIST, KUNST) Renaissance *f*
röntgen *s* **1.** (PHYS) Röntgen *nt* **2.** (MED) Röntgenbild *nt,* Röntgenaufnahme *f;* **kazadan sonra** ~**i çekildi** er wurde nach dem Unfall geröntgt
röntgenci *s* **1.** (MED) Röntgenarzt, -ärztin *m, f* **2.** (*fam*) Spanner *m,* Voyeur *m*
röportaj *s* Reportage *f* (*hakkında* über), Berichterstattung *f,* Bericht *m,* Tatsachenbericht *m;* **bir şey hakkında** ~ **yazmak** einen Bericht über etw abfassen
röportajcı *s* Reporter(in) *m(f)*
rötar *s* Verspätung *f*
ruam *s ohne Pl s.* **sakağı** Rotz *m*
rubaî *s* (LIT: *dördül*) Vierzeiler *m*
ruble *s* Rubel *m*
ruh *s* Geist *m,* Seele *f;* ~ **çağırmak** Geister beschwören; ~**unu teslim etmek** den Geist aufgeben
ruhanî *adj* geistlich, klerikal; **ruhanî meclis** *s* (REL) Synode *f*
ruhban *s* (REL: *rahipler*) Klerus *m,* Priesterschaft *f*
ruh bilimci *s* (*psikolog*) Psychologe, -in *m, f;* **ruh bilimi** *s* (*psikoloji*) Psychologie *f;* **ruh bilimsel** *s* (*psikolojik*) psychologisch; **ruh çağırma** *s ohne Pl* Geisterbeschwörung *f;* (*ispritizma*) Spiritismus *m;* **ruh çöküntüsü** *s* (PSYCH: *depresyon*) Depression *f;* **ruh dinginliği** *s ohne Pl* Seelenruhe *f;* **ruh doktoru** *s s.* **ruh hekimi**; **ruh durumu** *s* (*haletiruhiye*) Geisteszustand *m*
ruhen *adv* seelisch
ruh göçü *s* Seelenwanderung *f;* (*reenkarnasyon*) Reinkarnation *f;* **ruh haleti** *s* Geisteszustand *m;* **ruh hastası** *s* (*psikopat*) Psychopath(in) *m(f);* **ruh hekimi** *s* Neurologe, -in *m, f*
ruhî *adj* **1.** (*psişik*) psychisch **2.** (*psikolojik*) psychologisch; **ruhî çöküntü** *s* (PSYCH: *depresyon*) Depression *f;* **ruhî çözümleme** *s ohne Pl* (PSYCH: *psikanaliz*) Psychoanalyse *f*
ruhiyat *s* (*psikoloji*) Psychologie *f*
ruhiyatçı *s* (*psikolog*) Psychologe, -in *m, f*
ruhsal *adj* **1.** (*psişik*) psychisch; ~ **bozukluklar** psychische Störungen **2.** (*psikolojik*) psychologisch
ruj *s* (*dudak boyası*) Lippenstift *m*
rulet *s* Roulette *nt;* **Rus** ~**i oynamak** russisches Roulette spielen
rulman *s* (TECH) Kugellager *nt*
Rum *s* **1.** Grieche, -in *m, f* **2.** (HIST: *Anadolu*) Anatolien *nt*
Rus **I.** *s* Russe, -in *m, f* **II.** *adj* russisch; ~ **ruleti oynamak** russisches Roulette spielen
Rusya *s* Russland *nt*
rutin **I.** *s ohne Pl* Routine *f* **II.** *adj* routiniert
rutin iş *s* Routinearbeit *f*
rutubet *s ohne Pl* (*nem*) Feuchtigkeit *f;* (*yaşlık*) Nässe *f*
rutubetlendirme *s* **1.** *Verbalsubstantiv zu* **rutubetlendirmek** **2.** Befeuchtung *f*
rutubetlendirmek *vt* befeuchten
rutubetlenme *s Verbalsubstantiv zu* **rutubetlenmek**
rutubetlenmek *vi* feucht werden
ruzname *s s.* **gündem** Tagesordnung *f*
ruzuşeb **I.** *adv* (*gece gündüz*) Tag und Nacht **II.** *adj* (*sürekli*) dauernd
rüçhan hakkı *s* (JUR) Vorzugsrecht *nt*
rün *s* Rune *f*
rünik *adj* runisch
rün yazısı *s* Runenschrift *f*
rüstik *adj* rustikal
rüsumat *s Pl* Abgaben *pl*
rüşdü *s poss von* **rüşt**
rüşeym *s s.* **oğulcuk** (BIOL) Embryo *m*
rüşt *s ohne Pl* <-dü> **1.** Reife *f* **2.** (JUR: *erginlik*) Volljährigkeit *f,* Mündigkeit *f;* **rüşdünü isbat etmek** die Volljährigkeit erreichen
rüşvet *s* Bestechung *f;* ~ **almak** sich bestechen lassen; **birine** ~ **vermek** jdn bestechen
rüşvetçi *adj* bestechlich
rüşvetçilik *s ohne Pl* <-ği> Bestechlichkeit *f*
rüşvet parası *s* Bestechungsgeld *nt*
rütbe *s* Rang *m;* **birinin** ~**sini indirmek** (*a.* MIL) jdn degradieren
rüzgâr *s* Wind *m;* ~ **eken fırtına biçer** (*prov*) wer Wind sät, wird Sturm ernten
rüzgâr gücü *s* Windkraft *f;* **rüzgâr gülü** *s* Windrose *f*
rüzgârlı *adj* windig
rüzgâr üstü *s* (NAUT: *orsa*) Luv *f*

S

s, S [se] *s* s, S *nt*
saadet *s ohne Pl* Glück *nt*
saat *s* <-i> **1.** Uhr *f;* ~ **9'dan 11'e kadar** von 9 bis 11 Uhr; **akşamları/sabahları ~ sekizde** um acht Uhr abends/morgens **2.** Stunde *f;* **dün altı ~ çalıştı** gestern hat er sechs Stunden gearbeitet **3.** (*uyku, yaz ~ i*) Zeit *f*
saat farkı *s* Zeitunterschied *m;* **saat ibresi** *s* Uhrzeiger *m;* **saat kayışı** *s* Uhrarmband *nt*
saatlerce *adv* stundenlang
saatli kule *s* Turmuhr *f*
sabah I. *s* Morgen *m* **II.** *adj* morgendlich; ~ **içtiması** (MIL) der morgendliche Appell
sabahın alaca karanlığı *s* Morgendämmerung *f;* ~**nda** in der Morgendämmerung; **sabahın körü** *s* Morgengrauen *nt;* ~**nde kalkmak** beim Morgengrauen aufstehen
sabah içtiması *s* (MIL) der morgendliche Appell; **sabah kahvaltısı** *s* Frühstück *nt*
sabahları *adv* morgens; ~ **erken/geç kalkar** er steht morgens früh/spät auf; ~ **erkenden** frühmorgens
sabahlık *s* <-ğı> Morgenmantel *m*
sabah sporu *s ohne Pl* Frühsport *m;* **sabah vardiyası** *s* Frühschicht *f*
sabık *adj* ehemalige(r, s)
sabıka *s* Vorstrafe *f*
sabıkalı *adj* vorbestraft
sabır *s ohne Pl* <-brı> Geduld *f*
sabırla *adv* geduldig
sabırlı *adj* geduldig
sabırsız *adj* ungeduldig
sabırsızlanmak *vi* ungeduldig werden
sabırsızlık *s ohne Pl* <-ğı> Ungeduld *f;* ~**tan çatlamak** vor Ungeduld bersten [*o* platzen]
sabırsızlıkla *adv* ungeduldig
sabit *adj* **1.** konstant **2.** fest; ~ **bir doğru** eine feste Gerade **3.** fix; ~ **bir fikir** eine fixe Idee; **sabit disk** *s* (INFORM) Festplatte *f*
sabite *s* **1.** (MATH) Konstante *f* **2.** (ASTR: *durağan yıldız*) Fixstern *m*
sabit faiz *s* (FIN) Festzins *m;* **sabit faizli** *s* (FIN) festverzinslich; **sabit fikir** *s* <-kri> (PSYCH: *idefiks*) fixe Idee; (*saplantı*) Zwangsvorstellung *f,* Fixierung *f*
sabitleme *s Verbalsubstantiv zu* **sabitlemek**
sabitlemek *vt* befestigen
sabitleştirme *s Verbalsubstantiv zu* **sabitleştirmek**
sabitleştirmek *vt* fixieren, festigen
sabit maliyet *s* Fixkosten *pl;* **sabit nokta** *s* Fixpunkt *m;* **sabit ücret** *s* Fixum *nt*
sabotaj *s* Sabotage *f*
sabotajcı *s* Saboteur(in) *m(f)*
sabote *s* Sabotage *f;* ~ **etmek** sabotieren
sabretme *s Verbalsubstantiv zu* **sabretmek**
sabretmek *vi* sich gedulden
sabrı *s poss von* **sabır**
sabuklanma *s* Delirium *nt*
sabun *s* Seife *f*
sabunlama *s* **1.** *Verbalsubstantiv zu* **sabunlamak 2.** Einseifung *f*
sabunlamak *vt* einseifen
sabun otu *s* (BOT: *çöven*) Seifenkraut *nt*
sac *s* Blech *nt*
saç[1] *s* Haar *nt;* ~ ~**a baş başa olmak** (*fam*) sich in den Haaren liegen; ~**ını başını yolmak** (*fam fig*) sich die Haare raufen; ~**larını kestirmek** sich die Haare schneiden lassen; **ıslak/kuzgunî siyah** ~ nasses/kohlrabenschwarzes Haar
saç[2] *s* (ASTR: *kuyruklu yıldızı saran*) Schweif *m*
saçak *s* <-ğı> **1.** Franse *f* **2.** (ARCH) Vordach *nt*
saçaklık *s* <-ğı> (ARCH) Balkenwerk *nt,* Gebälk *nt*
saç bakımı *s ohne Pl* Haarpflege *f;* **saç dökülmesi** *s ohne Pl* Haarausfall *m;* ~**ne karşı bir ilâç** ein Mittel gegen Haarausfall; **saç fırçası** *s* Haarbürste *f;* **saç filesi** *s* Haarnetz *nt;* **saç jölesi** *s* Haargel *nt*
saçkıran *s* (MED) Bartflechte *f*
saç kurutucusu *s* Haartrockner *m,* Föhn *m,* Fön® *m*
saçlı *adj* haarig
saçma *adj* absurd; ~ **tiyatro** absurdes Theater
saç örgüsü *s* Haarzopf *m;* **saç rengi** *s* Haarfarbe *f;* **saç saça** *adv* (*fam*): ~ **baş başa dövüşmek/gelmek/girmek** sich in die Haare fahren/geraten/kriegen; ~ **baş başa olmak** sich in den Haaren liegen; **saç spreyi** *s* Haarspray *m o nt;* **saç teli** *s* Haarsträhne *f;* **saç tıraşı** *s* Haarschnitt *m;* **saç tokası** *s* Haarspange *f*
sadak [sadak] *s* <-ğı> Köcher *m;* (*ok için*) Pfeilköcher *m*
sadaka *s* Almosen *nt,* milde Gabe
sadakat [sada:kāt] *s ohne Pl* <-i> Treue *f,*

Loyalität *f;* **sadakatli** *adj* treu, loyal; **sadakatsiz** *adj* treulos

sadakatsizlik *s* <-ği> Treulosigkeit *f*

sadakor **I.** *s* Rohseide *f* **II.** *adj* rohseiden

sadaret *s* (HIST) Großwesirat *m*

sade **I.** *adj* **1.** schlicht, einfach; ~ **yaşantı sürmek** ein einfaches Leben führen **2.** (*kahve için*) schwarz; **ben kahvemi ~ içerim** ich trinke meinen Kaffee schwarz **II.** *adv* (*yalnızca*) eigens; (*yalnız*) nur; (*sadece*) lediglich

sadece *adv* nur, lediglich; **o ~ kendini düşünür** er denkt nur an sich

sade suya *adj* (GASTR): ~ **çorba** klare Suppe, Brühe *f*

sadık *adj* treu; **birine ~ kalmak** jdm treu bleiben, jdm die Treue halten

sadik *adj* sadistisch

sadist **I.** *s* Sadist(in) *m(f)* **II.** *adj* sadistisch

sadizm *s ohne Pl* Sadismus *m*

sadrazam *s* (HIST) Großwesir *m*

saf[1] *s* (*dizi, sıra*) Reihe *f;* ~ **bağlamak** sich in Reih und Glied aufstellen

saf[2] *adj* **1.** (*arı*) rein; (*katıksız*) unverfälscht **2.** (*fig: safdil*) naiv **3.** (*fig: iyi niyetli*) gutgläubig; (*art niyetsiz*) arglos

safari *s* Safari *f*

safderun *adj* (*saf*) naiv

safdil *adj* leichtgläubig; (*saf*) naiv

saffet *s* **1.** (*arılık*) Reinheit *f* **2.** (*temizlik*) Reinheit *f,* Sauberkeit *f*

safha *s* **1.** (*evre*) Phase *f* **2.** (PHYS: *faz*) Phase *f*

safir *s* Saphir *m*

safiyet *s* **1.** (*saflık*) Reinheit *f,* Unverfälschtheit *f* **2.** (*temizlik*) Reinheit *f,* Sauberkeit *f*

saf kan *adj:* ~ **at** Vollblüter *m*

saflık *s* <-ğı> **1.** (*arılık*) Reinheit *f,* Unverfälschtheit *f* **2.** (*temizlik*) Reinheit *f,* Sauberkeit *f* **3.** (*fig*) Naivität *f*

safra *s* **1.** (NAUT) Ballast *m;* ~ **atmak** Ballast abwerfen **2.** (MED) Galle *f;* **safra kesesi** *s* (ANAT: *öd kesesi*) Gallenblase *f*

safran *s* Safran *m;* **Hint ~ı** (*zerdeçal*) Kurkuma *f,* Gelbwurz *f*

safra taşı *s* (MED) Gallenstein *m;* **safra taşı koliği** *s* (MED) Gallensteinkolik *f*

sağ[1] **I.** *s* **1.** Rechte *f;* **~a dönmek** rechts abbiegen; **~ında** zu seiner Rechten **2.** (POL) Rechte *f* **3.** (SPORT: *boksta*): ~ **çıkarmak** seine Rechte einsetzen **II.** *adj* (*a.* POL) rechte(r, s); ~ **el/omuz** die rechte Hand/Schulter; **birinin ~ kolu olmak** (*fig*) jds rechte Hand sein

sağ[2] *adj* **1.** (*sağlam*) gesund, heil **2.** (*katkısız*) rein **3.** (*yaşamakta olan*) lebend, lebendig, am Leben; ~ **kalmak/olmak** am Leben bleiben/sein; **başın(ız) ~ olsun!** mein aufrichtiges Beileid!; **sağ açık** *s* <-ğı> (SPORT: *futbolda*) Rechtsaußen *m;* **sağ açığa pas vermek** den Rechtsaußen anspielen

sağaltım *s* **1.** (*tedavi*) Behandlung *f* **2.** (*terapi*) Therapie *f*

sağaltma *s* **1.** *Verbalsubstantiv zu* **sağaltmak** **2.** Behandlung *f*

sağaltmak *vt* behandeln

sağanak *s* <-ğı> Platzregen *m*

sağdıç *s* <-cı> Brautführer *m*

sağduyu *s ohne Pl* der gesunde Menschenverstand

sağgörü *s ohne Pl* Scharfblick *m*

sağım makinesi *s* (AGR) Melkmaschine *f*

sağın *adj* exakt, präzise; ~ **bilimler** exakte Wissenschaften

sağır *adj* **1.** (*işitmeyen*) taub, gehörlos; ~ **doğmuş olmak** taub geboren sein **2.** (*ses geçirmez*) schalldicht; (*yankı yapmayan*) schallschluckend

sağırlık *s ohne Pl* <-ğı> Taubheit *f,* Gehörlosigkeit *f*

sağır ve dilsiz *adj* taubstumm

sağ iç *s* (SPORT: *futbolda*) Halbrechte *mf*

sağlam *adj* **1.** (*sağlıklı*) gesund **2.** (WIRTSCH: *para*) hart; ~ **para** harte Währung **3.** fest

sağlama *s Verbalsubstantiv zu* **sağlamak**

sağlamak *vt* verschaffen; (*kâr*) bringen

sağlamlaştırma *s* **1.** *Verbalsubstantiv zu* **sağlamlaştırmak** **2.** Befestigung *f*

sağlamlaştırmak *vt* befestigen

sağlayıcı *s* (INFORM: *servis ~*) Provider *m*

sağlığa zararlı *adj* gesundheitsschädlich

sağlık *s ohne Pl* <-ğı> Gesundheit *f;* **sağlığı yerinde olmak** bei guter Gesundheit sein; **sağlık bakanı** *s* Gesundheitsminister(in) *m(f);* **sağlık bakanlığı** *s* Gesundheitsministerium *m;* **sağlık bilgisi** *s ohne Pl* Gesundheitslehre *f;* (*hijyen*) Hygiene *f;* **sağlık durumu** *s* Gesundheitszustand *m*

sağlıklı *adj* gesund; ~ **beslenme** gesunde Ernährung; ~ **bir yaşam** ein gesundes Leben

sağlık politikası *s* Gesundheitspolitik *f*

sağlıksız *adj* ungesund

sağlık sigortası *s* Krankenversicherung *f*

sağmal **I.** *s* Milchkuh *f* **II.** *adj* (*süt veren*) Milch gebend

sağnak *s* <-ğı> Regenschauer *m*

sağrı kemiği *s* (ANAT) Kreuzbein *nt*

sağ salim *adv* heil und gesund, unversehrt; **sağ şerit** *s* rechte Spur

sağu *s* (LIT: *ağıt*) Totenklage *f*

sağucu *s* Klageweib *nt; s. a.* **ağıtçı**

saha *s* **1.** Feld *nt* **2.** (JUR: *hava ~sı*) Raum *m;* (SPORT: *ceza ~sı*) Raum *m;* (*oyun ~sı*) Feld *nt;* (*spor ~sı*) Platz *m; s. a.* **alan**; **saha avantajı** *s* (SPORT) Heimvorteil *m*

sahaf *s* Antiquar *m*

sahaflık *s* <-ğı> Antiquariat *nt*
sahan *s* Pfanne *f*
sahanda yumurta *s* (GASTR) Spiegelei *nt*
sahanlık *s* <-ğı> Sockel *m;* (*merdiven sahanlığı*) Absatz *m*
sahın *s* (ARCH: *camide*) Schiff *nt*
sahi [saːhi] *adv* echt; (*gerçekten*) wirklich, tatsächlich; ~ **mi?** echt?, wirklich?, tatsächlich?
sahibe *s* Herrin *f*
sahibi *s poss von* **sahip**
sahici *adj* (*sahte olmayan*) echt; (*gerçek*) wirklich; ~ **bir elmas** ein echter Diamant
sahiden [saːhidɛn] *adv* echt; (*gerçekten*) wirklich, tatsächlich; ~ **yorgundu** er war tatsächlich müde
sahife *s s.* **sayfa** Seite *f*
sahil [saːhil] *s* Küste *f;* ~**den gitmek** an der Küste entlanggehen; (*arabayla*) an der Küste entlangfahren
sahileşme *s* **1.** *Verbalsubstantiv zu* **sahileşmek** **2.** Verwirklichung *f,* Realisierung *f*
sahileşmek *vi s.* **gerçekleşmek** sich verwirklichen, sich realisieren
sahileştirme *s* **1.** *Verbalsubstantiv zu* **sahileştirmek** **2.** Verwicklichung *f,* Realisierung *f*
sahileştirmek *vt s.* **gerçekleştirmek** verwirklichen, realisieren
sahil halkı *s* Küstenbewohner *mpl;* **sahil koruma** *s* Küstenschutz *m;* **sahil şeridi** *s* Küstenstreifen *m*
sahip [saːhip] *s* <-bi> **1.** Inhaber(in) *m(f)* **2.** (*ev sahibi*) Herr *m*
sahne *s* **1.** Bühne *f;* ~**ye çıkmak** auftreten **2.** Szene *f* **3.** Schauplatz *m;* **olaylara** ~ **olmak** zum Schauplatz der Ereignisse werden; **sahne dekoratörü** *s* (THEAT) Bühnenbildner(in) *m(f);* **sahne dekoru** *s* (THEAT) Bühnenbild *nt*
sahneleme *s* (THEAT) **1.** *Verbalsubstantiv zu* **sahnelemek** **2.** Inszenierung *f*
sahnelemek *vt* (THEAT) inszenieren
Sahra *s ohne Pl* Sahara *f*
sahra postası *s* (MIL) Feldpost *f*
sahte *adj* gefälscht; **sahte para** *s* Falschgeld *nt;* (*fam: kâğıt para*) Blüte *f;* ~ **basmak** Blüten drucken
saik *s* Beweggrund *m*
saka[1] *s* Wasserträger(in) *m(f)*
saka[2] *s* (ZOOL) Stieglitz *m*
sakağı *s ohne Pl* Rotz *m*
saka kuşu *s* (ZOOL: *saka*) Stieglitz *m*
sakal *s* Bart *m;* ~ **bırakmak/uzatmak** sich einen Bart wachsen lassen; **birinin** ~**ına göre tarak vurmak** (*fig*) jdn um den Bart gehen
sakallı *adj* **1.** (*sakalı olan*) bärtig **2.** (*tıraşsız*) unrasiert, stopp(e)lig; **sakallı kartal** *s* (ZOOL) Bartgeier *m;* **sakallı liken** *s* (BOT) Bartflechte *f*
sakalsız *s* bartlos
sakar **I.** *s* **1.** (*hayvanda beyaz leke*) Blesse *f* **2.** Tollplatsch *m* **II.** *adj* tollpatschig, ungeschickt
sakarimetre *s* (CHEM) Saccharimeter *nt*
sakarimetri *s ohne Pl* (CHEM) Saccharimetrie *f*
sakarin *s ohne Pl* **1.** (CHEM) Saccharin *nt* **2.** (*fam*) Süßstoff *m*
sakaroz *s ohne Pl* (CHEM) Saccharose *f,* Sukrose *f*
sakarlık *s* <-ğı> Tollpatschigkeit *f*
sakar meke *s* (ZOOL: *yaban kazı*) Wildgans *f*
sakat **I.** *s* **1.** Krüppel *m* **2.** Behinderte(r) *mf* **II.** *adj* **1.** verkrüppelt, (körperlich) behindert **2.** (*fig: bozuk*) kaputt; (*anlatım*) entstellt; (*iş*) Pfusch-
sakatat *s* Innereien *pl*
sakat iş *s* Pfuscharbeit *f*
sakatlık *s* <-ğı> **1.** Behinderung *f;* (*malûliyet*) Invalidität *f* **2.** (*kaza, terslik*) Missgeschick *nt* **3.** (*fig: yanlış, hata*) Fehler *m*
sakın *interj:* ~**!** bloß nicht!; ~ **dışarı çıkma!** geh bloß nicht hinaus!; ~ **ha!** weh!; ~ **onu çalmış olmasın?** er wird es doch nicht gestohlen haben?; **buralarda** ~ **bir daha görünme** lass dich bloß [*o* ja] nicht mehr hier sehen
sakınca *s* Bedenken *nt*
sakıncalı *adj* bedenklich
sakıncasız *adj* unbedenklich, bedenkenlos
sakıngan *adj* behutsam
sakınganlık *s ohne Pl* <-ğı> Behutsamkeit *f*
sakınma *s ohne Pl Verbalsubstantiv zu* **sakınmak**
sakınmak *vi* **1.** sich enthalten (*-den* -) **2.** sich hüten (*-den* vor) **3.** (*korumak*) behüten (*-den* vor), beschützen (*-den* vor)
sakırga *s* (ZOOL: *kene*) Zecke *f*
sakır sakır *adv* (*reg*): ~ **titremek** wie Espenlaub zittern
sakıt *adj* **1.** weggefallen **2.** hinfällig; ~ **olmak** hinfällig werden
Sakıt *s* (ASTR: *Mars*) Mars *m*
sakız *s* **1.** Harz *nt* **2.** Mastix *m;* **ağızlara** ~ **oldu** (*fig*) sein Name war in aller Munde **3.** (*fam fig*): ~ **gibi** (*çok beyaz*) blütenweiß; (*çok temiz*) blitzsauber; (*yapışkan*) wie eine Klette; **ona** ~ **gibi yapışıyor** er hängt an ihr wie eine Klette; **sakız ağacı** *s* (BOT) Mastixstrauch *m;* **sakız rakısı** *s* (*mastika*) Mastixschnaps *m*
sakin **I.** *s* Bewohner(in) *m(f)* **II.** *adj* ruhig
sakinleşme *s ohne Pl Verbalsubstantiv zu* **sakinleşmek**
sakinleşmek *vi* sich beruhigen, sich abre-

gen
saklama *s Verbalsubstantiv zu* **saklamak**
saklamak *vt* **1.** behalten **2.** aufbewahren; **paralarını kasada saklıyor** er bewahrt sein Geld im Safe auf **3.** (*görünmesine engel olmak*) verstecken **4.** (*gizli tutmak*) geheim halten (*-den* vor), verbergen (*-den* vor), verstecken (*-den* vor); **bir şeyi birinden** ~ etw vor jdm geheim halten **5.** (*fig: korumak*) bewahren; **Allah ~!** Gott bewahre!
saklambaç *s* <-cı> Versteckspiel *nt;* ~ **oynamak** Versteck spielen
saklanma *s Verbalsubstantiv zu* **saklanmak**
saklanmak *vi* sich verstecken (*-den* vor)
saksağan *s* (ZOOL) Elster *f;* **dam üstünde ~, vur beline kazmayı!** papperlapapp!
saksı *s* **1.** Blumentopf *m* **2.** (*fam fig: baş, kafa*) Kopf *m*
saksı çiçeği *s* Topfblume *f*
saksılık <-ğı> *s* Übertopf *m*
saksı toprağı *s* Blumenerde *f*
saksofon *s* Saxophon *nt;* **saksofoncu** *s* Saxophonist(in) *m(f)*
Saksonya *s* **1.** Sachsen *nt;* **Aşağı ~** Niedersachsen *nt* **2.** (*porselen*) Meißener Porzellan
Saksonyalı *s* Sachse *m,* Sächsin *f*
sal *s* Floß *nt*
salâh *s* Besserung *f;* ~ **bulmak** sich bessern
salâhiyet *s s.* **yetki** Befugnis *f,* Zuständigkeit *f,* Vollmacht *f,* Kompetenz *f*
salâhiyetlendirme *s* **1.** *Verbalsubstantiv zu* **salâhiyetlendirmek** **2.** Ermächtigung *f*
salâhiyetlendirmek *vt s.* **yetkilendirmek** autorisieren (*-e* zu), ermächtigen (*-e* zu), bevollmächtigen
salâhiyetli <yetkili> *adj* befugt, zuständig, bevollmächtigt, kompetent; ~ **bir mahkeme** ein zuständiges Gericht
salak *s* <-ğı> (*fam pej*) Armleuchter *m,* Trottel *m*
salam *s* Salami *f;* ~ **salamı** ungarische Salami
salamanje *s* (*yemek odası*) Esszimmer *nt*
salamura **I.** *s* Marinade *f* **II.** *adj* mariniert; ~ **balık** marinierter Fisch
salata *s* Salat *m*
salatalık *s* <-ğı> Gurke *f*
salâvat parmağı *s s.* **işaret parmağı** Zeigefinger *m*
salça *s ohne Pl* Mark *nt*
saldırgan **I.** *s* (*devlet*) Aggressor *m* **II.** *adj* angriffslustig, aggressiv
saldırı *s* Angriff *m;* (*soygun ~sı*) Überfall *m*
saldırma *s Verbalsubstantiv zu* **saldırmak**
saldırmak *vi* angreifen, überfallen
saldırmazlık antlaşması *s,* **saldırmazlık paktı** *s* Nichtangriffspakt *m*
salep [sa:lep] *s ohne Pl* <-bi> **1.** (BOT) Knabenkraut *nt* **2.** (*içecek*) *heißes Mixgetränk aus Milch, Zucker und den pulverisierten Wurzeln des Knabenkrauts*
salgı *s* (MED, BIOL) Sekret *nt,* Absonderung *f,* Ausscheidung *f*
salgılama *s* (BIOL, MED) **1.** *Verbalsubstantiv zu* **salgılamak** **2.** Absonderung *f,* Ausscheidung *f*
salgılamak *vt* (BIOL, MED) absondern, ausscheiden
salı *s* Dienstag *m;* ~ **akşamları** dienstags abends; *s. a.* **cuma**
salıları *adv* dienstags
salınım *s* (PHYS) Schwingung *f;* **sarkaç ~ yapıyor** das Pendel schwingt; **salınım sönümü** *s* (PHYS) Schwingungsdämpfung *f*
salıverilme *s ohne Pl* **1.** *Verbalsubstantiv zu* **salıverilmek** **2.** Freilassung *f*
salıverilmek *vi Passiv zu* **salıvermek** freigelassen werden
salıverme *s ohne Pl* **1.** *Verbalsubstantiv zu* **salıvermek** **2.** Freilassung *f*
salıvermek *vt* freilassen
salip [sali:p] *s* <-bi> *s.* **haç** Kreuz *nt*
salkım *s* **1.** Traube *f* **2.** (BOT) Glyzinie *f;* **salkım söğüt** *s* <-dü> (BOT) Trauerweide *f*
sallama *s Verbalsubstantiv zu* **sallamak**
sallamak *vt* **1.** schütteln **2.** (*sopa, bayrak*) schwingen **3. kuyruğunu ~** mit dem Schwanz wedeln **4.** winken (mit); **mendil ~** mit einem Taschentuch winken
sallanan koltuk *s* <-ğı> Schaukelstuhl *m*
sallanma *s Verbalsubstantiv zu* **sallanmak**
sallanmak *vi* **1.** (*diş, masa*) wackeln **2.** (*salıncak, hamak*) schaukeln **3.** (*oyalanmak*) trödeln **4.** (*fig*) wackeln
salmak **I.** *vt* **1.** (*bırakmak*) lassen, loslassen; (*serbest kılmak*) freilassen; **kök ~** Wurzeln schlagen **2.** (*ağ, demir*) ausbringen **II.** *vi* (*saldırmak*) angreifen (*-e*)
salname *s s.* **yıllık** Jahrbuch *nt*
salon *s* (*toplantı ~u*) Saal *m;* (*spor ~u*) Halle *f;* **salon adamı** *s* Partylöwe *m*
salt *adj* absolut; ~ **çoğunluk** absolute Mehrheit; ~ **sıcaklık** (PHYS) absolute Temperatur; ~ **sıfır** (PHYS) absoluter Nullpunkt; *s. a.* **mutlak**
salta *s* (*köpek için*) Männchen *nt;* **köpek ~ duruyor** der Hund macht Männchen
saltanat *s* Herrschaft *f;* **~ı terk etmek** abdanken
saltçı *adj* absolutistisch
saltçılık *s ohne Pl* <-ğı> Absolutismus *m*
salya *s* Speichel *m;* **~sı akmak** sabbern
salyangoz *s* (ZOOL) Schnecke *f;* **salyangoz kabuğu** *s* Schneckengehäuse *nt*
sam *s* Samum *m;* (~ *yeli*) Wüstenwind *m*

S

saman *s ohne Pl* **1.** (*agr*) Heu *nt* **2.** Stroh *nt;* ~ **gibi** fad(e); **saman alevi** *s* Strohfeuer *nt;* ~ **gibi** wie ein Strohfeuer

samankapan *s* (*kehribar*) Bernstein *m*

samanlık *s* <-ğı> **1.** Heuboden *m* **2.** Heuspeicher *m*

saman nezlesi *s* Heuschnupfen *m*

saman rengi *adj* strohblond

Samanuğrusu *s ohne Pl s.* **Samanyolu**

saman yığını *s* (AGR) Heuhaufen *m*

Samanyolu *s ohne Pl* (ASTR) Milchstraße *f*

samsun *s* Kampfhund *m*

samur *s* (ZOOL): **su ~u** Fischotter *m*

sam yeli *s* Wüstenwind *m*

san *s* Titel *m*

sana *pron dat von* **sen** dir; ~ **bir şey getirdim** ich habe dir etw mitgebracht; ~ **ne!** was geht dich das an!

sanal *adj* **1.** (MATH) imaginär **2.** (INFORM) virtuell; ~ **gerçeklik** virtuelle Realität

sanat *s* Kunst *f;* **~a istidadı olmak** künstlerisch begabt sein; **betimleyici** ~ die darstellende Kunst; **sanat akademisi** *s* Kunstakademie *f,* Kunsthochschule *f*

sanatçı *s* Künstler(in) *m(f)*

sanat eseri *s* Kunstwerk *nt;* **sanat galerisi** *s* Kunstgalerie *f*

sanatkâr *s* Künstler(in) *m(f)*

sanatlı *adj* kunstvoll

sanatsal *adj* künstlerisch

sanatsever *s* Kunstliebhaber(in) *m(f)*

sanat tarihçisi *s* Kunsthistoriker(in) *m(f);* **sanat tarihi** *s ohne Pl* Kunstgeschichte *f;* **sanat üslûbu** *s* Kunststil *m*

sanayi *s* <-i> Industrie *f; s. a.* **endüstri**

sanayicilik *s ohne Pl* <-ği> Industrialismus *m*

sanayi dalı *s* (WIRTSCH) Industriezweig *m*

sanayileşme *s* Industrialisierung *f*

sanayileştirmek *vt* industrialisieren

sanayi ülkesi *s* Industrieland *nt*

sancak *s* <-ğı> **1.** (*liva*) Banner *m;* (*bayrak*) Fahne *f* **2.** (HIST) Sandschak *m* **3.** *ohne Pl* (NAUT: *iskele karşıtı*) Steuerbord *nt*

sandal[1] *s* (BOT) Sandelbaum *m*

sandal[2] *s* (*kürekli tekne*) Ruderboot *nt*

sandal[3] *s* (*açık ayakkabı*) Sandale *f*

sandalet *s* Sandalette *f*

sandalye *s* Stuhl *m;* **elektrikli** ~ elektrischer Stuhl

sandık *s* <-ğı> **1.** Truhe *f,* Kiste *f* **2.** (*oy sandığı*) Urne *f;* (*tasarruf sandığı*) Kasse *f*

sandık odası *s* Abstellraum *m*

sanduka *s* Schrein *m*

sandviç *s* Sandwich *nt,* belegtes Brot

sanı *s* Vermutung *f*

sanık *s* <-ğı> (JUR) Angeklagte(r) *mf*

saniye *s* Sekunde *f;* **~si ~sine** auf die Sekunde genau; **bir ~ lütfen!** (*fam*) eine Sekunde bitte!

saniyelerce *adv* sekundenlang

saniyelik *adj* sekundenlang

sanki *adv* **1.** als ob; ~ **gece olmuş gibi** als ob es (schon) Nacht wäre; ~ **haberi yokmuş** als ob er keine Ahnung hätte; ~ **kabahat benimmiş!** als ob es meine Schuld wäre! **2.** (*soruda*) denn; ~ **bu da güzel mi?** soll das denn auch schön sein?; **ne olur ~?** was ist denn dabei? **3.** (*sözde*) angeblich; ~ **haberi yokmuş** angeblich soll er es nicht gewußt haben

sanma *s* **1.** *Verbalsubstantiv zu* **sanmak** **2.** Vermutung *f*

sanmak *vt* **1.** vermuten **2.** (*inanmak*) glauben; (*düşünmek*) denken; **bazıları sandılar ki ...** einige glaubten [*o* dachten], dass ...; **geleceğini sanmıyorum** ich glaube nicht, dass er kommt

sanrı *s* Halluzination *f*

sanrılama *s Verbalsubstantiv zu* **sanrılamak**

sanrılamak *vi* halluzinieren

sanrısal *adj* halluzinativ

sansar *s* (ZOOL) Marder *m*

sansasyon *s* Sensation *f,* Aufsehen *nt;* ~ **yaratmak** Aufsehen erregen

sansasyonel *adj* sensationell

Sanskeritçe *s ohne Pl* Sanskrit *nt*

Sanskrit I. *s ohne Pl* Sanskritistik *f* **II.** *adj* sanskritisch

sansüalizm *s ohne Pl* (PSYCH) Sensualismus *m*

sansür *s* Zensur *f*

sansürcü *s* Zensor(in) *m(f)*

sansürleme *s* **1.** *Verbalsubstantiv zu* **sansürlemek** **2.** Zensierung *f*

sansürlemek *vt* zensieren

sansürlenme *s* **1.** *Verbalsubstantiv zu* **sansürlenmek** **2.** Zensierung *f*

sansürlenmek *vi pass von* **sansürlemek**

sansürlü *adj* zensiert

santigram *s* (MATH) Zentigramm *nt*

santigrat *s* (PHYS) Celsius; **30 derece ~** 30 Grad Celsius

santilitre *s* (MATH) Zentiliter *m o nt*

santim *s* **1.** Zentimeter *m o nt* **2.** (*yüzde biri*) Hundertstel *nt;* ~ **kaçırmamak** (*fig*) peinlich genau sein

santimantal *adj* <-li> sentimental; **santimantalite** *s ohne Pl* Sentimentalität *f*

santimetre *s* (MATH) Zentimeter *m o nt;* **santimetre kare** *s* (MATH) Quadratzentimeter *m o nt*

santra *s* (SPORT: *orta*) Mitte *f;* (*orta alan*) Mittelfeld *nt;* **~da oynamak** im Mittelfeld spielen; **santra çizgisi** *s* (SPORT: *orta çizgi*) Mittellinie *f*

santral *s* <-i> **1.** Kraftwerk *nt;* **hidroelek-**

trik ~ hydroelektrisches Kraftwerk, Wasserwerk *nt* **2.** (TEL) Zentrale *f,* Vermittlung *f,* Fernmeldeamt *nt*
santra yuvarlağı *s* (SPORT) Mittelkreis *m*
santrfor *s* (SPORT: *futbolda*) Mittelstürmer(in) *m(f),* Halbstürmer(in) *m(f);* (*ortada oynayan oyuncu*) Mittelfeldspieler(in) *m(f)*
santrhaf *s* (SPORT) Mittelläufer(in) *m(f)*
santrifüj **I.** *s* (*santrifüjör*) Zentrifuge *f* **II.** *adj* (*merkezkaç*) zentrifugal
santrifüjör *s* (TECH) Zentrifuge *f*
santrozom *s* (BIOL) Zentrosom *nt,* Zentralkörperchen *nt*
sap *s* **1.** (*bitki* ~ *ı*) Stängel *m,* Stiel *m;* (*ot* ~ *ı*) Halm *m;* **~ına kadar** (*fig*) durch und durch **2.** (*bıçak* ~ *ı*) Griff *m;* (*tava* ~ *ı*) Stiel *m;* **bu valizin ~ı yok** dieser Koffer hat keinen Handgriff, an diesem Koffer fehlt der Griff; **valizin ~ı** der Griff des Koffers **3.** (*gözlük* ~ *ı*) Bügel *m* **4.** (*balta* ~ *ı*) Helm *m* **5.** (MUS: *bir çalgının* ~ *ı*) Hals *m*
sapa *adj* abgelegen
sapak **I.** *s* <-ğı> Abzweig *m,* Abzweigung *f* **II.** *adj* <-ğı> abnorm
sapaklık *s* <-ğı> Abnormität *f;* (*anomali*) Anomalie *f*
sapan *s* Schleuder *m,* Steinschleuder *m*
saparna *s* (BOT) Stechwinde *f*
sapasağlam *adj* kerngesund
sapık *adj* <-ğı> pervers, abartig
sapıklık *s* <-ğı> Perversität *f*
sapınç *s* <-cı> **1.** Abweichung *f,* Abirrung *f;* (*aberasyon*) Aberration *f* **2.** (ASTR: *aberasyon*) Aberration *f*
saplama *s* *Verbalsubstantiv zu* **saplamak**
saplamak *vt* stoßen (*-e* in); **birinin bacağına bıçağı** ~ jdm das Messer ins Bein stoßen
saplanma *s* *Verbalsubstantiv zu* **saplanmak**
saplanmak *vi* **1.** dringen (*-e* in) **2.** (*batıp kalmak*) stecken bleiben, sich festfahren; **otomobille kuma/kara saplandılar** sie blieben mit dem Auto im Sand/Schnee stecken, sie fuhren sich mit dem Auto im Sand/Schnee fest **3.** (*fig: takılıp kalmak*) sich festbeißen
saplantı *s* (PSYCH) Zwangsvorstellung *f,* Fixierung *f*
sapma *s* **1.** *Verbalsubstantiv zu* **sapmak** **2.** Abweichung *f*
sapmak <-ar> *vi* **1.** (*yön değiştirmek*) abbiegen (*-e* nach), einbiegen (*-e* in); **yan sokağa saptı** er bog in die Seitenstraße ein **2.** abweichen (*-den* von), abkommen (*-den* von); **yanlış yola saptık** wir kamen vom Weg ab **3.** (*fig*): **kötü yola** ~ auf Abwege geraten
saprofit **I.** *s* (BOT) Saprophyt *m* **II.** *adj* (BOT) saprophil
saptama *s* **1.** *Verbalsubstantiv zu* **saptamak** **2.** Feststellung *f* **3.** Fixierung *f*
saptamak *vt* feststellen
saptanma *s* **1.** *Verbalsubstantiv zu* **saptanmak** **2.** Feststellung *f*
saptanmak *vi pass von* **saptamak**
saptayıcı *s* Fixativ *nt*
saptırma *s* *Verbalsubstantiv zu* **saptırmak**
saptırmak *vt* (PHYS: *ışınları*) ablenken
sara [saːrˈa] *s* (MED) Epilepsie *f;* ~ **nöbeti tutmak** einen epileptischen Anfall bekommen
saraç *s* <-cı> Sattler(in) *m(f)*
saraçlık *s ohne Pl* <-ğı> Sattlerhandwerk *nt*
saralı **I.** *s* Epileptiker(in) *m(f)* **II.** *adj* epileptisch
sardalye *s* Sardine *f*
sarf *s* Ausgabe *f;* (*tüketme*) Verbrauch *m;* (*kullanma*) Gebrauch *m,* Verwendung *f,* Benutzung *f;* ~ **etmek** (*harcamak*) ausgeben; (*tüketmek*) verbrauchen; (*kullanmak*) verwenden, benutzen
sarfiyat *s* **1.** (*harcamalar*) Ausgaben *pl* **2.** (*tüketim*) Verbrauch *m*
sargı *s* Binde *f,* Verband *m*
sarhoş **I.** *adj* betrunken, berauscht; ~ **etmek** berauschen; ~ **olmak** sich berauschen **II.** *s* Betrunkene(r) *mf*
sarhoşluk *s* <-ğu> Rausch *m*
sarı **I.** *s* Gelb *nt;* **açık/koyu bir** ~ ein helles/dunkles Gelb **II.** *adj* gelb; ~ **bir renk** eine gelbe Farbe
sarıasma *s* (ZOOL) Pirol *m*
sarı boya *s* (BOT: *zerdeçal*) Kurkuma *f,* Gelbwurz *f*
sarıcık *s* <-ğı> (ZOOL: *sarıasma*) Pirol *m*
sarıerik *s* <-ği> (*fam: kayısı*) Aprikose *f*
sarı humma *s ohne Pl* (MED) Gelbfieber *nt*
sarıkız *s* **1.** (*sl: esrar*) Haschisch *m o nt* **2.** (*fam: inek*) Kuh *f*
sarılık *s ohne Pl* <-ğı> (MED) Gelbsucht *f*
sarılma *s* *Verbalsubstantiv zu* **sarılmak**
sarılmak *vi* **1.** *pass von* **sarmak** **2.** umarmen (*-e* -); **birine** (**sımsıkı**) ~ jdn (ganz fest) umarmen; **bir şeye sımsıkı** ~ sich an etw festklammern **3.** greifen (*-e* zu)
sarımsak *s* <-ğı> Knoblauch *m;* **sarımsak dişi** *s* Knoblauchzehe *f*
sarımsı *adj,* **sarımtırak** *adj* <-ğı> gelblich
sarıpapatya *s* (BOT) Gänseblümchen *nt*
sarısabır *s* (BOT) echte Aloe
sarısalkım *s* (BOT) Goldregen *m*
sarih meful *s s.* **belirtili nesne** (LING) Akkusativobjekt *nt*
sarkaç *s* <-cı> (PHYS) Pendel *nt;* ~ **salınım yapıyor** das Pendel schwingt

S

sarkıt *s* (GEOL: *stalagtit*) Stalagtit *m*
sarkma *s Verbalsubstantiv zu* **sarkmak**
sarkmak *vi* herunterhängen; **pencereden dışarı** ~ sich aus dem Fenster hinauslehnen
sarma *s Verbalsubstantiv zu* **sarmak**
sarmak <-ar> *vt* **1.** umkreisen **2.** (*kuşatmak*) umzingeln, einkreisen **3.** (*iplik*) aufwickeln **4.** (*örtmek*) hüllen (*-e* in) **5.** (*sigara*) drehen **6.** (*fig: hoşuna gitmek*) gefallen; **bu film/roman beni sarmadı** dieser Film/Roman hat mir nicht gefallen
sarmal *adj* (PHYS) spiralförmig
sarmaşık *s* <-ğı> (BOT) Efeu *m*
sarnıç *s* Kessel *m;* **sarnıç vagonu** *s* (EISENB) Kesselwagen *m*
sarp *adj* steil
sarplık *s ohne Pl* <-ğı> Steilheit *f,* Steile *f*
sarsak *adj* <-ğı> klapp(e)rig
sarsıcı *adj* erschütternd
sarsılma *s* **1.** *Verbalsubstantiv zu* **sarsılmak** **2.** Beben *nt*
sarsılmak *vi* schüttern; (*yer*) beben; **yer sarsıldı** die Erde bebte
sarsıntı *s* Erschütterung *f*
sarsma *s* **1.** *Verbalsubstantiv zu* **sarsmak** **2.** Erschütterung *f*
sarsmak *vt* erschüttern
sathî *adj* **1.** (*yüzeysel*) oberflächlich **2.** (*üstünkörü*) oberflächlich, flüchtig
sathîlik *s ohne Pl* <-ği> Oberflächlichkeit *f*
satıcı *s* Verkäufer(in) *m(f);* (*sokak ~sı*) Händler(in) *m(f)*
satın alma gücü *s ohne Pl* Kaufkraft *f*
satır[1] *s* Zeile *f;* ~ **başı** neue Zeile, neuer Absatz
satır[2] *s* Hackmesser *nt;* **satır satır** *adv* zeilenweise, Zeile für Zeile
satış *s* Verkauf *m;* **bir şeyi ~a sunmak** etw zum Verkauf anbieten; **satış bedeli** *s* **1.** Kaufpreis *m* **2.** Erlös *m;* **satış furyası** *s* Kaufrausch *m*
satlıcan *s* (*reg: zatülcenp*) Brustfellentzündung *f;* (*akciğer zarı iltihabı*) Rippenfellentzündung *f*
satma *s Verbalsubstantiv zu* **satmak**
satmak <-ar> *vt* verkaufen
satranç *s ohne Pl* <-cı> Schach *nt;* **bir parti ~ oynamak** eine Partie Schach spielen
satrançcı *s* Schachspieler(in) *m(f)*
satrançlı *adj* schachbrettartig; (*kareli*) kariert
satranç tahtası *s* Schachbrett *nt;* **satranç takımı** *s* Schachspiel *nt;* **satranç taşı** *s* Schachfigur *f*
Satürn *s* (ASTR) Saturn *m*
sauna *s* Sauna *f*
savana *s* Savanne *f*
savaş *s* Krieg *m;* **psikolojik** ~ psychologische Kriegführung; **yıldız ~ı** Krieg *m* der Sterne; **savaş baltası** *s* Kriegsbeil *nt,* Streitaxt *f*
savaşçı *s* Krieger(in) *m(f),* Kämpfer(in) *m(f)*
savaş gemisi *s* Kriegsschiff *nt;* **savaş hazırlığı** *s* Kriegsvorbereitung *f*
savaşkan *adj* kriegerisch
savaş tutsağı *s* Kriegsgefangene(r) *mf;* **savaş uçağı** *s* (MIL) Kampfflugzeug *nt*
savca *s* (JUR: *iddianame*) Anklageschrift *f*
savcı *s* (JUR) **1.** Staatsanwalt, -anwältin *m, f* **2.** Ankläger(in) *m(f)*
savcılık *s* <-ğı> (JUR) Staatsanwaltschaft *f*
savlet *s s.* **hamle** Zug *m*
savruk *adj* <-ğu> liederlich; ~ **bir çalışma** eine liederliche Arbeit
savrukluk *s ohne Pl* <-ğu> Liederlichkeit *f*
savsak *adj* <-ğı> nachlässig
savsaklama *s ohne Pl* **1.** *Verbalsubstantiv zu* **savsaklamak** **2.** Vernachlässigung *f;* (*ihmalkârlık*) Nachlässigkeit *f*
savsaklamak *vt* (*geciktirmek*) verzögern; (*ihmal etmek*) vernachlässigen
savsama *s ohne Pl Verbalsubstantiv zu* **savsamak**
savsamak *vt s.* **savsaklamak**
savulma *s ohne Pl Verbalsubstantiv zu* **savulmak**
savulmak *vi* weggehen; **savul(un)!** weg da!
savunma *s* **1.** *Verbalsubstantiv zu* **savunmak** **2.** Verteidigung *f,* Defensive *f;* **~ya geçmek** in die Defensive gehen **3.** (SPORT: *defans*) Abwehr *f*
savunmak *vt* **1.** verteidigen **2.** verfechten
savunma oyuncusu *s* (SPORT) Abwehrspieler(in) *m(f)*
savunucu *s* Verteidiger(in) *m(f)*
savurgan *adj* verschwenderisch
sayaç *s* <-cı> Zähler *m;* **sayacı okumak** den Zähler ablesen
saydam *adj* durchsichtig, transparent
saydamlık *s ohne Pl* <-ğı> Durchsichtigkeit *f,* Transparenz *f*
saydam tabaka *s* (ANAT) Hornhaut *f*
saydırma *s Verbalsubstantiv zu* **saydırmak**
saydırmak *vt* **1.** *Kausativ zu* **saymak**: **birine bir şeyi** ~ jemand etw zählen lassen **2. kendini** ~ sich Respekt verschaffen
saye[1] *s* (*gölge*) Schatten *m*
saye[2] *s ohne Pl* (*fig*) **1.** (*koruma*) Schutz *m* **2.** (*yardım*) Hilfe *f*
sayesinde *adv* dank; (*sebebiyle*) wegen, auf Grund (*-in* von); (*yardımıyla*) mit Hilfe (*-in* von); **sayenizde buraya kadar gelebildim** mit Ihrer Hilfe konnte ich es bis hierher [*o* hierhin] schaffen
sayfa *s* Seite *f;* (*baş ~*) Blatt *nt;* **~yı çevirin!** bitte wenden!; **~yı çevirmek** umblättern

sayfalama *s* **1.** *Verbalsubstantiv zu* **sayfalamak** **2.** (INFORM) Paginierung *f*

sayfalamak *vt* (INFORM) paginieren

sayfalandırma *s* **1.** *Verbalsubstantiv zu* **sayfalandırmak** **2.** (TYPO) Umbruch *m*

sayfalandırmak *vt* (TYPO) umbrechen

sayfalık *adj* <-ğı> -seitig; **yüz ~ bir kitap** ein hundertseitiges Buch

sayfiye *s* Sommerhaus *nt*

saygı *s* Achtung *f,* Respekt *m;* **saygı duruşu** *s* Schweigeminute *f*

saygın *adj* angesehen

saygınlık *s* <-ğı> (*itibar*) Ansehen *nt;* **saygınlığını yitirmek** an Ansehen verlieren

saygısız *adj* respektlos

saygısızca *adv* respektlos

saygısızlık *s* <-ğı> Respektlosigkeit *f;* **~ etmek** sich respektlos verhalten

sayı *s* **1.** Zahl *f;* **çift/soyut ~lar** gerade/abstrakte Zahlen; **bir ~nın karekökünü almak** eine Zahl radizieren, die Wurzel aus einer Zahl ziehen **2.** Anzahl *f;* **~sını Allah bilir** weiß Gott wie viel; **bahçedeki ağaçların ~sı** die Anzahl der Bäume im Garten, der Baumbestand des Gartens **3.** (*gazete, dergi*) Ausgabe *f;* (*özel ~*) Nummer *f* **4.** (SPORT) Punkt *m*

sayı boncuğu *s* Rechenbrett *nt;* (*abaküs*) Abakus *m*

sayıca *adv* zahlenmäßig

sayı farkı *s* (SPORT) Punktzahl *f;* **sayı göstergesi** *s* Anzeigetafel *f*

sayıklama *s* *Verbalsubstantiv zu* **sayıklamak**

sayıklamak *vi* **1.** (*uykuda*) im Schlaf reden **2.** (*hastalıkta*) fantasieren

sayı levhası *s* Anzeigetafel *f*

sayılı *adj* **1. on ~ bir kâğıt** eine Karte mit der Nummer Zehn **2.** abgezählt; **tabaklar ~dır** die Teller sind abgezählt **3.** (*mahdut*) begrenzt; **günleri ~** seine Tage sind gezählt **4.** (*fam fig*) selten; **böyle günler ~dır** solche Tage sind selten

sayılma *s* *Verbalsubstantiv zu* **sayılmak**

sayılmak *vi* **1.** *pass von* **saymak** **2. bu sayılmaz!** (*fam*) das zählt nicht!; **bu iş benim için bitti sayılır** die Sache ist für mich erledigt

sayım *s* Zählung *f*

sayımlama *s* Statistik *f*

sayımlamacı *s* Statistiker(in) *m(f)*

sayımsal *adj* statistisch

sayısal *adj* numerisch; (*dijital*) digital; **sayısal çekim** *s* Digitalaufnahme *f;* **sayısal gösterge** *s* Digitalanzeige *f*

sayısallaştırma *s* **1.** *Verbalsubstantiv zu* **sayısallaştırmak** **2.** (INFORM) Digitalisierung *f*

sayısallaştırmak *vt* (INFORM) digitalisieren

sayısal lotto *s* Zahlenlotto *nt*

sayısız *adj* unzählig

sayısızlık *s ohne Pl* <-ğı> Unzahl *f*

Sayıştay *s* Rechnungshof *m*

sayma *s* *Verbalsubstantiv zu* **saymak**

saymaca değer *s* (FIN) Nennwert *m*

saymak **I.** *vi* zählen; **ona kadar ~** bis zehn zählen **II.** *vt* **1.** auszählen; **oyları ~** (PARL) die Stimmen auszählen **2.** achten, respektieren

sayrı **I.** *s s.* **hasta** Kranke(r) *mf* **II.** *adj s.* **hasta** krank

sayrılar evi *s s.* **hastane** Krankenhaus *nt*

sayrılık *s* <-ğı> Krankheit *f*

sayrımsama *s* *Verbalsubstantiv zu* **sayrımsamak**

sayrımsamak *vi* (*temaruz etmek*) simulieren

sayvan *s* **1.** Baldachin *m;* **karyola ~ı** Himmel *m,* Betthimmel *m* **2.** (ANAT: *kulak kepçesi*) Ohrmuschel *f*

sazan *s* (ZOOL) Karpfen *m*

seans *s* **1.** Sitzung *f;* **iki ~ sonra portresi bitmişti** zwei Sitzungen später war sein Porträt fertig **2.** (FILM, THEAT) Vorstellung *f;* **sinemalarda günde üç ~ var** die Kinos haben täglich drei Vorstellungen **3.** (*aralıksız bir iş için harcanan süre*) Arbeitsgang *m*

sebat [seba:t] *s ohne Pl* **1.** Ausdauer *f,* Beständigkeit *f,* Standhaftigkeit *f;* **~ göstermek** Ausdauer zeigen **2.** (*karardan dönmeme*) Beharrlichkeit *f,* Konsequenz *f;* **~ etmek** konsequent sein

sebatkâr *adj,* **sebatlı** *adj* **1.** (*işinde*) ausdauernd, zäh, beständig, standhaft **2.** (*kararında*) beharrlich, konsequent

sebep *s* <-bi> Grund *m,* Ursache *f;* **bir şeye ~ olmak** etw verursachen; **hafifletici ~ler** (JUR) strafmildernde Gründe

sebepli sebepsiz *adv* ohne Grund

sebepsiz *adj* grundlos

sebze *s* Gemüse *nt;* **taze ~** frisches Gemüse; **sebze bahçesi** *s* Gemüsegarten *m*

sebzeci *s* Gemüsehändler(in) *m(f)*

sebze çorbası *s* Gemüsesuppe *f;* **sebze ekimi** *s ohne Pl* Gemüseanbau *m*

sebzelik *s* <-ği> **1.** (*bahçe*) Gemüsegarten *m* **2.** (*buzdolabında*) Gemüsefach *nt*

seccade *s* Gebetsteppich *m*

seciye *s* Charakter *m*

seçal *s ohne Pl* (*selfservis*) Selbstbedienung *f*

seçenek *s* <-ği> Wahl *f,* Alternative *f;* **başka bir seçeneğim yok** ich habe keine andere Wahl

seçici *adj* wählerisch

seçilme *s* *Verbalsubstantiv zu* **seçilmek**

seçilmek *vi* **1.** *pass von* **seçmek** **2. yılın**

sporcusu ~ zum Sportler des Jahres gekürt werden
seçim *s* Wahl *f*
seçim çevresi *s* (*formal*) Wahlkreis *m;* **seçim dönemi** *s* Wahlperiode *f*
seçimlik ders *s* Wahlfach *nt*
seçki *s* (*güldeste*) Blütenlese *f;* (*antoloji*) Anthologie *f*
seçkin *adj* (*güzide*) erlesen, auserlesen; (*elit*) elitär
seçkincilik *s ohne Pl* <-ği> elitäres Benehmen
seçkinler *s Pl* Elite *f*
seçkinlik *s ohne Pl* <-ği> Erlesenheit *f*
seçme **I.** *s* **1.** *Verbalsubstantiv zu* **seçmek** **2.** Auswahl *f* **II.** *adj* ausgesucht
seçmek *vt* **1.** auswählen (*-den* aus), aussuchen, auserlesen; **seçeceğini** ~ seine Auswahl treffen **2.** küren (zu); **birini yılın sporcusu** ~ jdn zum Sportler des Jahres küren **3.** (*oy vererek göreve getirmek*) wählen **4.** (*yeğlemek*) bevorzugen, vorziehen **5.** (*fark etmek*) erkennen, ausmachen
seçmeler *s Pl* Auswahl *f;* **Schiller'in eserlerinden** ~ eine Auswahl aus Schillers Werken
seçmeli ders *s* (SCHULE) Wahlfach *nt*
seçmen *s* Wähler(in) *m(f)*
seçme takım *s* (SPORT) Auswahlmannschaft *f*
sedef **I.** *s ohne Pl* **1.** Perlmutt *nt,* Perlmutter *f o nt* **2.** (MED: ~ *hastalığı*) Schuppenflechte *f* **II.** *adj* perlmuttern
sedef düğme *s* Perlmuttknopf *m;* **sedef hastalığı** *s* (MED) Schuppenflechte *f;* **sedef otu** *s* (BOT) Raute *f*
sedimantasyon *s* **1.** (GEO) Sedimentation *f* **2.** (MED) Blutsenkung *f*
sedir[1] *s* (*divan*) Diwan *m*
sedir[2] *s* (BOT) Zeder *f*
sedye *s* Trage *f*
sefalet *s ohne Pl* Misere *f,* Elend *nt;* ~ **çekmek** in Elend leben
sefaret *s,* **sefarethane** *s* Botschaft *f*
sefer *s* **1.** Fahrt *f;* (*yolculuk*) Reise *f* **2.** (MIL) Feldzug *m* **3.** (*kez, defa*) Mal *nt;* **birkaç** ~ einige Male; **bu** ~ diesmal
seferberlik *s* <-ği> **1.** (*savaşa hazırlanma*) Mobilmachung *f;* ~ **ilân etmek** die Mobilmachung anordnen **2.** Kriegszustand *m*
seferî *adj* mobil; ~ **durum** [*o* **hâl**] mobiler Zustand
sefer tası *s* Henkelmann *m;* ~ **gibi ev** (*fam fig*) ein Haus wie ein Hühnerstall
sefillik *s ohne Pl* <-ği> Misere *f,* Elend *nt*
sefine *s s.* **gemi** Schiff *nt*
sefir *s* (*elçi*) Gesandte(r) *m;* (*büyük elçi*) Botschafter *m*
sefire *s* (*bayan elçi*) Gesandte *f;* (*bayan büyük elçi*) Botschafterin *f*
sefirlik *s* <-ği> *s.* **elçilik** Gesandtschaft *f*
seğirme *s* **1.** *Verbalsubstantiv zu* **seğirmek** **2.** Zuckung *f*
seğirmek *vi* zucken
sehpa *s* **1.** Beistelltisch *m* **2.** (*işkence* ~*sı*) Bank *f*
sehven *adv s.* **yanlışlıkla** irrtümlich
sek *adj* pur; ~ **viski** Whisky pur; **viskiyi** ~ **içmek** den Whisky pur trinken
sekant *s* (MATH) Sekante *f*
Sekendiz *s* (ASTR: *Satürn*) Saturn *m*
seki *s* Terrasse *f*
sekincilik *s ohne Pl* <-ği> (PHILOS: *dinginci-lik*) Quietismus *m*
sekiz **I.** *s* Acht *f;* ~ **bir daha dokuz eder** acht und eins macht neun; **bugün aralığın** ~**i** heute ist der achte Dezember **II.** *adj* **1.** acht; ~ **aralıkta** am achten Dezember **2.** (*saati bildirirken*): ~**e on** (**dakika**) **kala** um zehn (Minuten) vor acht; ~**e on** (**dakika**) **var** es ist zehn (Minuten) vor acht; ~**i on** (**dakika**) **geçe** um zehn (Minuten) nach acht; ~**i on** (**dakika**) **geçiyor** es ist zehn (Minuten) nach acht; *s. a.* **altı**; **sekiz buçuk** *adj* <-ğu> **1.** achteinhalb; ~ **litre/kilometre** achteinhalb Liter/Kilometer; ~ **saat önce/sonra** achteinhalb Stunden vorher/nachher **2.** (*saati bildirirken*) halb neun; ~**ta** um halb neun; **saat** ~ es ist halb neun; **sekiz buçuğa on** (**dakika**) **kala** um zehn (Minuten) vor halb neun; **sekiz buçuğa on** (**dakika**) **var** es ist zehn (Minuten) vor halb neun; **sekiz buçuğu on** (**dakika**) **geçe** um zehn (Minuten) nach halb neun; **sekiz buçuğu on** (**dakika**) **geçiyor** es ist zehn (Minuten) nach halb neun
sekizer *adj* je acht; ~**den** zu je acht; *s. a.* **altışar**
sekizgen *s* (MATH) Achteck *nt*
sekizinci *adj* achte(r, s); ~ **katta** im achten Stock; *s. a.* **altıncı**
sekizincisi *adv* (*sayarken*) achtens; *s. a.* **altıncısı**
sekiz köşeli *adj* achteckig
sekizli **I.** *s* (*iskambil kâğıdı*) Acht *f* **II.** *adj* achtteilig
sekizlik nota *s* (MUS) Achtelnote *f*
sekiz tek *s* (SPORT: *kürekte*) Achter *m;* **sekiz yüzlü** *s* (MATH) Achtflach *nt,* Achtflächner *m,* Oktaeder *nt; s. a.* **altı yüzlü**
sekme *s* **1.** *Verbalsubstantiv zu* **sekmek** **2.** Abprall *m*
sekmek *vi* (*mermi, top*) abprallen
sekreter *s* Sekretär(in) *m(f)*
seks *s ohne Pl* Sex *m*
seksapel *s* Sexappeal *m*
seksek *s* <-ği> (*çocuk oyunu*) Himmel und Hölle

seksen **I.** *s* Achtzig *f* **II.** *adj* achtzig; ~ **yaşında öldü** er starb mit achtzig Jahren; ~**in altında/üstünde** unter/über achtzig; **aşağı yukarı** ~ **yaşında** er ist etwa achtzig Jahre alt; **saatte** ~ **kilometre hızla araba sürmek** mit achtzig Stundenkilometern fahren

seksener *adj* je achtzig

sekseninci *adj* achtzigste(r, s); **bugün onun** ~ **yaş günü** heute ist sein achtzigster Geburtstag; *s. a.* **altmışıncı**

seksenli *adj:* ~ **yıllar** die achtziger Jahre

seksenlik *adj* <-ği> **1.** (*içinde seksen tane bulunan*) achtziger **2.** (*seksen yaşında olan*) achtzigjährig; *s. a.* **altmışlık**

seks hayatı *s* **1.** Sexualleben *nt* **2.** Intimleben *nt*

seksi *adj* (*fam*) sexy

seksiyon *s* Sektion *f;* (*bölüm*) Abteilung *f*

seks manyağı *s* (*fam*) Lustmolch *m*

seksoloji *s ohne Pl* Sexologie *f*

sekstant *s* (NAUT) Sextant *m*

seksüel *adj* sexuell; (*cinsî*) geschlechtlich

sekte *s* **1.** (*durma*) Stillstand *m;* ~**ye uğratmak** zum Stillstand bringen **2.** (*bozukluk*) Störung *f* **3.** (*felç*) Lähmung *f;* (*inme*) Schlaganfall *m*

sekteikalp *s* <-bi> (MED) Herzstillstand *m*

sekter **I.** *s* Sektierer(in) *m(f)* **II.** *adj* **1.** sektiererisch **2.** (*hoşgörüsüz*) intolerant

sektör *s* Sektor *m*

sel *s* Flut *f,* Überschwemmung *f*

selâm *s* Gruß *m;* ~**!** grüß dich!; **birine** ~ **durmak** vor jdm strammstehen; **birine** ~ **yollamak** jdm Grüße bestellen; **biriyle** ~**ı sabahı kesmek** mit jdm endgültig fertig sein, mit jdm Schluss machen; **annene babana çok** ~(**lar**)! viele Grüße an deine Eltern!; **babana bizden** ~ **söyle** grüß deinen Vater von uns

selâmet *s ohne Pl* **1.** (*esenlik*) Wohl *nt,* Wohlergehen *nt* **2.** (*güvenlik*) Sicherheit *f;* ~**e çıkmak** sich in Sicherheit bringen

selâmlama *s Verbalsubstantiv zu* **selâmlamak**

selâmlamak *vt* grüßen

selâm otu *s* (BOT) Liebstöckel *m o nt*

selâmsız sabahsız *adv* ohne zu grüßen

Selânik *s* Thessaloniki *nt*

sele *s* (*bisiklet* ~*si*) Sattel *m*

selef *s* Vorgänger(in) *m(f)*

selek *adj* (*fam: cömert*) großzügig

selentere *s* (ZOOL) Nesseltier *nt*

selfdeterminasyon *s ohne Pl* Selbstbestimmung *f*

sel felâketi *s* Flutkatastrophe *f*

selfservis *s ohne Pl* (*seçal*) Selbstbedienung *f*

selofan® *s ohne Pl* **1.** Cellophan® *nt* **2.** (*fam*) Klarsichtfolie *f*

seloteyp *s ohne Pl* <-bi> Tesafilm® *m*

selüloit *s ohne Pl* <-di> (*a.* CHEM) Zelluloid *nt*

selülöz *s* Zellulose *f*

selvi *s* (BOT) *s.* **servi** Zypresse *f*

sema *s s.* **gök, gökyüzü** Himmel *m*

semantik **I.** *s ohne Pl* <-ği> (LING: *anlam bilimi*) Semantik *f* **II.** *adj* semantisch

semaver [sema:vɛr] *s* Samowar *m*

sembol *s* <-ü> Symbol *nt*

sembolik *adj* <-ği> symbolisch

sembolist **I.** *s* Symbolist(in) *m(f)* **II.** *adj* symbolistisch

sembolizm *s ohne Pl* (*a.* KUNST) Symbolismus *m*

semender *s* Salamander *m*

semih *adj s.* **cömert** großzügig

seminer *s* Seminar *nt;* **bir** ~ **yapmak** ein Seminar abhalten

semirtme *s* **1.** *Verbalsubstantiv zu* **semirtmek** **2.** Mast *f*

semirtmek *vt* mästen

semiyoloji *s ohne Pl* (MED) Semiologie *f,* Symptomatologie *f*

semiyotik **I.** *s ohne Pl* <-ği> Semiotik *f* **II.** *adj* semiotisch

semiz otu *s* Portulak *m,* Burzelkraut *nt*

sempati *s* Sympathie *f;* **birine** ~ **duymak** Sympathie für jdn empfinden

sempatik *adj* sympathisch

sempatizan *s* Sympathisant(in) *m(f)*

sempozyum *s* Symposium *nt*

semptom *s* (*a.* MED) Symptom *nt*

semptomatik *adj* symptomatisch

semt *s* Stadtviertel *nt*

sen *pron* du; ~ **misin?** bist du es?

senarist *s* Drehbuchautor(in) *m(f)*

senaryo *s* (THEAT, FILM, TV) Szenarium *nt,* Drehbuch *nt*

senaryocu *s* Drehbuchautor(in) *m(f)*

senato *s* **1.** (HIST, POL) Senat *m* **2.** (UNI) Senat *m*

senatör *s* Senator(in) *m(f)*

Sen Bernar köpeği *s* Bernardiner *m*

sendeleme *s Verbalsubstantiv zu* **sendelemek**

sendelemek *vi* taumeln

senden *pron abl von* **sen** von dir

sendika *s* Gewerkschaft *f*

sendikacı *s* Gewerkschaft(l)er(in) *m(f)*

sendikal *adj* gewerkschaftlich

sendikalar birliği *s* Gewerkschaftsbund *m*

sendika üyesi *s* Gewerkschaftsmitglied *nt*

sendrom *s* (MED) Syndrom *nt*

sene *s s.* **yıl** Jahr *nt*

senedi *s poss von* **senet**

Senegal **I.** *s* Senegal *nt* **II.** *adj* senegalesisch; ~ **hükûmeti** die senegalesische Regierung

Senegalli I. *s* Senegalese, -in *m, f* II. *adj* senegalesisch; ~ **erkekler/kadınlar** senegalesische Männer/Frauen

seneidevriye *s s.* **yıl dönümü** Jahrestag *m*

seneikebire *s s.* **artık yıl** Schaltjahr *nt*

senet *s* <-di> (FIN, WIRTSCH, JUR: *hatır senedi*) Wechsel *m*

senetli *adj* (FIN, WIRTSCH, JUR) tituliert; ~ **alacaklar** titulierte Forderungen

senevî *adj s.* **yıllık** jährlich

senfoni *s* (MUS) Sinfonie *f*

senfonik *adj* <-ği> (MUS) sinfonisch

senfoni orkestrası *s* Sinfonieorchester *nt*

senin *pron* 1. (*Genetiv von sen*): ~ **arkanda/önünde/altında/üstünde** hinter/vor/unter/über dir; ~ **bir dostun** ein Freund von dir; ~ **yüzünden** deinetwegen; **bu ~, bu da benim** das gehört dir und das mir 2. (*adjektivisch*) dein(e); ~ **araban/dostun/evin** dein Wagen/Freund/Haus; ~ **yerinde olsam** wenn ich an deiner Stelle wäre, wenn ich du wäre

seninki *pron* deine(r, s), deinige; ~**ler** die deinigen

senkron *adj* (*eş zaman*) synchron

senkroni *s* Synchronie *f*

senkronik *adj* (*eş zamanlı*) synchronisch

senkronizasyon *s* (FILM: *eşleme*) Synchronisation *f*

senkronize *adj* synchronisiert; ~ **etmek** synchronisieren

senli benli *adv* per du; **biriyle ~ konuşmak** jdn duzen; **biriyle ~ olmak** mit jdm per du sein

sentagma *s* (LING) Syntagma *nt*

sentaks *s ohne Pl* (LING) Syntax *f*

sentaktik *adj* (LING) syntaktisch

sentetik I. *s ohne Pl* <-ği> Synthetik *nt* II. *adj* <-ği> (*bireşimli*) synthetisch

sentez *s* (*a.* PHILOS, CHEM: *bireşim*) Synthese *f*

sepet *s* 1. Korb *m*; **birine ~ havası çalmak** (*sl*) jdm einen Korb geben 2. (*balonda*) Gondel *f*; (*motosiklette*) Beiwagen *m*

sepetçi *s* 1. (*sepet yapan*) Korbmacher(in) *m(f)*, Korbflechter(in) *m(f)*; (*Schweiz*) Korber(in) *m(f)* 2. (*sepet satan*) Korbverkäufer(in) *m(f)* 3. (*reg: çingene*) Zigeuner(in) *m(f)*; **sepetçi söğüdü** *s* (BOT) Korbweide *f*

sepetkulpu *s* (ARCH) Flachbogen *m*

sepetleme *s Verbalsubstantiv zu* **sepetlemek**

sepetlemek *vt* 1. (*meyve, sebze*) in Körbe packen 2. (*fam*): **birini ~** jdm einen Korb geben, jdm den Laufpass geben

sepet topu *s ohne Pl* (SPORT) 1. Korbball *m* 2. (*basketbol*) Basketball *m*

sepi *s ohne Pl* Gerberei *f*

sepici *s* Gerber(in) *m(f)*

sepicilik *s ohne Pl* <-ği> Gerberei *f*

sepileme *s ohne Pl Verbalsubstantiv zu* **sepilemek**

sepilemek *vt* gerben; **deri/post ~** Häute/Felle gerben

sepilenme *s ohne Pl Verbalsubstantiv zu* **sepilenmek**

sepilenmek *vi pass von* **sepilemek** gegerbt werden

sepili *adj* gegerbt; ~ **deriler/postlar** gegerbte Häute/Felle

septik *adj* <-ği> (PHILOS: *kuşkucu*) skeptisch

septisizm *s ohne Pl* (PHILOS: *kuşkuculuk*) Skeptizismus *m*

ser *s* (*kafa*) Kopf *m*, Haupt *m*; (*baş*) Chef(in) *m(f)*

sera *s* Treibhaus *nt*, Gewächshaus *nt*; **sera etkisi** *s ohne Pl* Treibhauseffekt *m*

seramik *s* <-ği> Keramik *f*

serap *s* <-bı> Fata Morgana *f*

serasker *s* (HIST) Kriegsminister *m*

serbest *adj* frei; **birini ~ bırakmak** jdn freilassen; **bir şey yapmakta ~ olmak** freie Hand zu etw haben; **serbest atış** *s* (SPORT) Freiwurf *m*; **serbest bölge** *s* (WIRTSCH) Freihandelszone *f*; **serbest figürler** *s Pl* (SPORT) Kür *f*

serbesti *s* Freiheit *f*

serbest kart *s* Freikarte *f*

serbestlik *s* <-ği> Freiheit *f*

serbest meslek sahibi *s* Freiberufler *m*; **serbest mıntıka** *s s.* **serbest bölge** (WIRTSCH) Freihandelszone *f*; **serbest ticaret** *s* (WIRTSCH) Freihandel *m*; **serbest ticaret bölgesi** *s* (WIRTSCH: *serbest bölge*) Freihandelszone *f*; **serbest vuruş** *s* (SPORT: *frikik*) Freistoß *m*

serçe *s* (ZOOL) Spatz *m*, Sperling *m*

serenat *s* <-dı> 1. (MUS) Serenade *f* 2. (*sevgi duyulan biri için*) Abendständchen *nt*

sergi *s* Ausstellung *f*

sergici *s* Aussteller(in) *m(f)*

sergileme *s* 1. *Verbalsubstantiv zu* **sergilemek** 2. Ausstellung *f*

sergilemek *vt* ausstellen

sergi salonu *s* Ausstellungshalle *f*

sergüzeşt *s s.* **macera** Abenteuer *f*; **sergüzeştçi** *s* Abenteurer(in) *m(f)*

seri[1] *s* Serie *f*

seri[2] *adj* (*hızlı*) schnell

serian *adv* (*çabuk*) schnell

seri imalât *s* Serienanfertigung *f*, Serienproduktion *f*

serin kanlı *adj* kaltblütig; **serin kanlılık** *s ohne Pl* <-ğı> Kaltblütigkeit *f*

serinleme *s* **1.** *Verbalsubstantiv zu* **serinlemek** **2.** Abkühlung *f*

serinlemek *vi* sich abkühlen

serinlenme *s Verbalsubstantiv zu* **serinlenmek**

serinlenmek *vi* sich erfrischen; ~ **için bir şey içmek** etw trinken, um sich zu erfrischen

serinletici *adj* erfrischend

serinletme *s* **1.** *Verbalsubstantiv zu* **serinletmek** **2.** Erfrischung *f*

serinletmek *vt* erfrischen

serlevha *s s.* **başlık** Überschrift *f,* Titel *m*

sermaye *s* Kapital *nt;* **ölü** ~ (*fig*) totes Kapital; **sermaye piyasası** *s* (FIN) Kapitalmarkt *m;* **sermaye şirketi** *s* (FIN) Kapitalgesellschaft *f*

serme *s Verbalsubstantiv zu* **sermek**

sermek *vt* ausbreiten

sermuharrir *s s.* **başyazar** Chefredakteur(in) *m(f)*

serpantin *s* **1.** Papierschlange *f,* Luftschlange *f* **2.** (GEOL: *yılan taşı*) Serpentin *m*

serpiştirme *s Verbalsubstantiv zu* **serpiştirmek**

serpiştirmek **I.** *vi* (*kar*) rieseln **II.** *vt* verstreuen

sersem *adj* **1.** benommen; ~ **gibiyim** ich bin noch wie im Taumel, ich bin noch ganz benommen **2.** (*fam pej: düşünmeden hareket eden*) schusselig, fahrig

sersemle(ş)me *s ohne Pl* **1.** *Verbalsubstantiv zu* **sersemle(ş)mek** **2.** Benommenheit *f*

sersemle(ş)mek *vi* benommen sein; **üç darbeden sonra büsbütün sersemledi** nach drei Schlägen war er ganz benommen

sersemletme *s ohne Pl Verbalsubstantiv zu* **sersemletmek**

sersemletmek *vt* benommen machen

sersemlik *s ohne Pl* <-ği> **1.** Benommenheit *f* **2.** (*fam pej: sersemce iş*) Schusseligkeit *f;* **sersemliği yüzünden bütün işler ters gitti** wegen seiner Schusseligkeit lief alles schief

serseri *s* (*pej*) Penner *m,* Stadtstreicher *m;* (*kabadayı*) Strolch *m*

sert *adj* **1.** (*katı*) hart; **birine ~ davranmak** jdn hart anfassen; ~ **ünsüz** (LING) ein harter Konsonant **2.** (*sıkı*) streng; ~ **bir öğretmen** ein strenger Lehrer **3.** (*eleştiri*) scharf

sertabip *s* <-bi> (MED) *s.* **başhekim** Chefarzt, -ärztin *m, f*

sert buğday *s* (AGR) Hartweizen *m*

sertleşme *s Verbalsubstantiv zu* **sertleşmek**

sertleşmek *vi* härten

sertleştirme *s Verbalsubstantiv zu* **sertleştirmek**

sertleştirmek *vt* härten

sertleştirici *s* Härtemittel *nt*

sertlik *s* <-ği> **1.** Härte *f* **2.** Strenge *f;* **sertlik derecesi** *s* Härtegrad *m*

sert tahta *s* Hartholz *nt*

serum *s* (MED) Serum *nt*

serüven *s s.* **macera** Abenteuer *f*

serüvenci *s* Abenteurer(in) *m(f)*

serüvencilik *s ohne Pl* <-ği> Abenteuerlust *f*

server *s* (INFORM) Server *m*

servi *s* (BOT) Zypresse *f*

servis [sɛrvis] *s* **1.** Service *m,* Bedienung *f* **2.** (*gizli ~, haberler ~ i*) Dienst *m* **3.** (SPORT) Angabe *f;* (*teniste*) Aufschlag *m;* ~ **atmak** angeben; (*teniste*) aufschlagen; ~ **kimde?** wer hat Angabe?; (*teniste*) wer hat Aufschlag?; **servis sağlayıcı** *s* (INFORM) Provider *m*

ses *s* **1.** Stimme *f;* **hoş bir ~i var** er hat eine angenehme Stimme **2.** Laut *m;* ~ **düşmesi** (LING) Ausfall *m* eines Lautes **3.** (~ *bandı, stüdyosu*) Ton *m* **4.** Lautstärke *f,* Ton *m;* **~i ayarlamak** die Lautstärke regeln, den Ton einstellen; **~ini açmak/kısmak** lauter/leiser stellen **5.** (PHYS) Schall *m* **6.** Geräusch *nt;* **bir ~ duydum** ich habe ein Geräusch gehört; **ses bandı** *s* Tonband *nt;* **ses bilgisi** *s ohne Pl* (LING) Lautlehre *f;* (*fonetik*) Phonetik *f;* **ses bilimi** *s ohne Pl* (LING: *fonoloji*) Phonologie *f;* **ses birimi** *s* (LING: *fonem*) Phonem *nt*

sesçil *adj* lautlich; **sesçil yazım** *s* Lautschrift *f*

ses dalgası *s* (PHYS) Schallwelle *f;* **ses duvarı** *s ohne Pl* (PHYS) Schallmauer *f;* **~nı aşmak** die Schallmauer durchbrechen

seselim *s* (PHYS: *rezonans*) Resonanz *f*

ses geçirmez *adj* schalldicht

ses hızı *s ohne Pl* Schallgeschwindigkeit *f;* **ses kartı** *s* (INFORM) Soundkarte *f;* **ses kaseti** *s* Audiokasette *f;* **ses kaydı** *s* Tonaufnahme *f;* **ses kirişi** *s* (ANAT) Stimmband *nt;* **ses kirişleri** *s Pl* (ANAT) Stimmbänder *ntpl*

seslem *s s.* **hece** Silbe *f*

seslendirme *s* **1.** *Verbalsubstantiv zu* **seslendirmek** **2.** (MUS: *perdeli okuma*) Intonation *f*

seslendirmek *vt* **1.** vertonen **2.** (MUS: *perdeli okumak*) intonieren

seslenme *s* **1.** *Verbalsubstantiv zu* **seslenmek** **2.** Anrede *f*

seslenmek *vi* **1.** rufen (-*e* -); **birine ~** jdm zurufen **2.** (*fig: hitap etmek*): **birine ~** jdn anreden

sesli *adj* laut, geräuschvoll

sesli film *s* Tonfilm *m;* **sesli harf** *s s.* **ünlü** Vokal *m;* **sesli uyumu** *s* (LING) Vokalharmonie *f;* **büyük/küçük ~** große/kleine Vokalharmonie

ses perdesi *s* Geräuschkulisse *f*
sessiz *adj* lautlos, geräuschlos
sessizce *adv* lautlos
sessiz film *s* Stummfilm *m;* **sessiz harf** *s s.* **ünsüz** Konsonant *m*
sessizlik *s ohne Pl* <-ği> Stille *f,* Ruhe *f;* **fırtınadan önce(ki)** ~ die Ruhe vor dem Sturm
sessiz yürüyüş *s* Schweigemarsch *m*
ses stüdyosu *s* Tonstudio *nt*
sestaş **I.** *s* (LING) Homonym *nt* **II.** *adj* gleich lautend (*ile* mit); (LING) homonym
ses telleri *s Pl* Stimmbänder *pl*
sesteş *s s.* **sestaş**
ses yalıtımı *s ohne Pl* Schallisolierung *f;* **ses yansıma** *s* (LING) Lautmalerei *f;* **ses yansımalı** *adj* (LING) lautmalend; ~ **kelimeler** lautmalende Wörter
set[1] *s* <-ddi> **1.** (*duvar*) Mauer *f;* **Çin Seddi** die Chinesische Mauer **2.** Damm *m,* Deich *m;* ~ **çekmek** eindämmen **3.** (*seki*) Terrasse *f*
set[2] *s* (SPORT) Satz *m*
seter *s* (*köpek*) Setter *m*
seve seve *adv* (sehr) gern; (*memnuniyetle*) mit Vergnügen
sevgili **I.** *s* Geliebte(r) *mf;* ~**m** mein Liebes **II.** *adj* lieb; ~ **Fatma(cığım)** meine liebe Fatma; ~ **Orhan** lieber Orhan
sevilme *s ohne Pl* **1.** *Verbalsubstantiv zu* **sevilmek** **2.** Beliebtheit *f*
sevilmek *vi* **1.** *pass von* **sevmek** **2.** **bir kimse/şey çok** ~ jd/etw erfreut sich großer Beliebtheit
sevinç *s* <-ci> Freude *f;* **sevinç çığlığı** *s* Freudenschrei *m*
sevinçsiz *adj* freudlos
sevinçsizlik *s ohne Pl* <-ği> Freudlosigkeit *f*
sevindirici *adj* erfreulich, freudig; ~ **bir haber** eine erfreuliche Nachricht; ~ **bir olay** eine freudiges Ereignis
sevindirme *s Verbalsubstantiv zu* **sevindirmek**
sevindirmek *vt* erfreuen
sevinme *s Verbalsubstantiv zu* **sevinmek**
sevinmek *vi* sich freuen (*-e* über)
seviye *s* **1.** Niveau *nt;* **kültür** ~**si** das kulturelle Niveau **2.** (*deniz* ~ *si*) Spiegel *m*
seviyesiz *adj* niveaulos
sevkitabii *s s.* **içgüdü** Instinkt *m*
sevkitabiî *adj s.* **içgüdülü** instinktiv
sevme *s Verbalsubstantiv zu* **sevmek**
sevmek <-er> *vt* **1.** lieben; **seni seviyorum!** ich liebe dich!; **Allah'ı(nı) seversen** um Gottes Willen **2.** (*hoşlanmak*) mögen, gern haben; **bunu pek sever** das mag er allzu gern; **bunu pek sevmez** das mag er nicht allzu gern; **rahatsız edilmeyi hiç sevmez** er hat es überhaupt nicht gern, wenn man ihn stört
seyir *s* <-yri> Verlauf *m;* **seyir defteri** *s* (NAUT) Logbuch *nt*
Seylan *s* (HIST) Ceylon *nt*
seyreltik *adj* (*derişik karşıtı*) verdünnt
seyreltme *s Verbalsubstantiv zu* **seyreltmek**
seyreltmek *vt* verdünnen, strecken
seyri *s poss von* **seyir**
seyyar *adj* (*portatif*) tragbar
seyyare *s s.* **gezegen** Planet *m*
seyyar hastane *s* (MIL) Feldlazarett *nt;* **seyyar satıcı** *s* Hausierer *m*
sezeryan *s* (MED) Kaiserschnitt *m*
sezgi *s* Intuition *f*
sezgisel *adj* intuitiv
sezyum *s ohne Pl* (CHEM) Cäsium *nt*
sfenks *s* Sphinx *f*
sıcağı sıcağına *adv* (*fam*) brühwarm; **birine bir haberi** ~ **anlatmak** jdm eine Nachricht brühwarm weitererzählen
sıcak **I.** *s* <-ğı> Hitze *f* **II.** *adj* <-ğı> **1.** (*a. fig*) warm **2.** (*çok ısınmış*) heiß; ~ **su** heißes Wasser; **sıcak dalgası** *s* (METEO) Hitzewelle *f;* **sıcak hava** *s ohne Pl* Heißluft *f*
sıcaklık *s* <-ğı> **1.** (*oda sıcaklığı*) Temperatur *f;* **salt** ~ (PHYS) absolute Temperatur **2.** (*ısı derecesi*) Hitzegrad *m*
sıçan *s* **1.** (*büyük fare*) Ratte *f* **2.** (*fare*) Maus *f*
sıçandişi *s* (*antika*) Hohlsaum *m*
sıçan otu *s ohne Pl s.* **arsenik** Arsen *nt*
sıfat *s* **1.** Eigenschaft *f;* **başkan sıfatıyla** in seiner Eigenschaft als Vorsitzender **2.** (LING) Adjektiv *nt,* Eigenschaftswort *nt;* **sıfat-fiil** *s* (LING: *ortaç*) Partizip *nt*
sıfır *s* Null *f;* ~**ın altında yirmi derece(de)** (bei) zwanzig Grad unter Null; **salt** ~ (PHYS) absoluter Nullpunkt; **sıfır büyüme** *s ohne Pl* (WIRTSCH) Nullwachstum *nt;* **sıfır noktası** *s* Nullpunkt *m*
sığın *s* (ZOOL) **1.** Elch *m* **2.** (*alageyik*) Damhirsch *m*
sığınak *s* <-ğı> (MIL) Luftschutzbunker *m*
sığınma *s* **1.** *Verbalsubstantiv zu* **sığınmak** **2.** (JUR, POL) Asyl *nt*
sığınmacı *s* (JUR, POL) **1.** Asylant(in) *m(f),* Asylbewerber(in) *m(f)* **2.** Flüchtling *m;* **sığınmacı kampı** *s* Flüchtlingslager *nt*
sığınma hakkı *s* (JUR, POL) Asylrecht *nt*
sığınmak *vi* **1.** Zuflucht suchen (*-e* in/bei) **2.** (JUR, POL: *iltica etmek*) Asyl suchen (*-e* in/bei) **3.** (*fig: yardım istemek*) Hilfe suchen (*-e* in/bei); (*yardım ummak*) auf Hilfe hoffen; (*güvenmek*) vertrauen (*-e* auf), sich verlassen (*-e* auf)
sığır *s* **1.** Rind *nt* **2.** (*fam pej*) Rindvieh *nt*
sığırcık *s* <-ğı> (ZOOL: *çekirge kuşu*) Star *m*

sığır eti *s* Rindfleisch *nt;* **sığır gözü** *s* (BOT: *arnika*) Arnika *f;* **sığır sineği** *s* (ZOOL) Rinderbremse *f;* **sığır şeridi** *s,* **sığır tenyası** *s* (ZOOL, MED) Rinderbandwurm *m*

sığırtmaç *s* <-cı> Rinderhirt *m*

sığır vebası *s ohne Pl* Rinderpest *f*

sığla *s* (BOT) Amberbaum *m*

sığma *s Verbalsubstantiv zu* **sığmak**

sığmak <-ar> *vi* **1.** (hinein)passen (*-e* in) **2.** (*fig: uymak*) passen

sıhhat *s* <-i> **1.** (*sağlık*) Gesundheit *f;* **~i yerinde olmak** bei guter Gesundheit sein **2.** (*esenlik*) Wohl *nt,* Wohlergehen *nt;* **~ler olsun!** wohl bekomm's! **3.** (*doğruluk*) Richtigkeit *f*

sıhhatli *adj* gesund

sıhhî *adj* sanitär

sıhhî tesisat *s Pl* Sanitäranlagen *pl;* **sıhhî tesisatçı** *s* Klempner(in) *m(f)*

sıhhiye *s ohne Pl* Sanitärwesen *nt;* (*sağlık işleri*) Gesundheitswesen *nt*

sıhhiyeci *s* (*a.* MIL) Sanitäter *m*

sıhrî *adj* verschwägert

sıhriyet *s ohne Pl* Schwägerschaft *f;* **~ peyda etmek** sich verschwägern

sık **I.** *adj* dicht; **~ saç** dichtes Haar **II.** *adv* häufig, oft; **köpeği öyle ~ havlayan komşu** der Nachbar, dessen Hund so oft bellt; **oraya oldukça ~ giderim** ich gehe ziemlich oft dahin

sıkça *adv* häufiger, öfters; (*oldukça sık*) zeimlich häufig [*o* oft]

sıkı *adj* **1.** fest **2.** streng; **~ bir perhiz** eine strenge Diät

sıkıca *adv* fest; **kapıyı ~ kapamak** die Tür fest schließen

sıkı denetim *s s.* **sansür** Zensur *f;* **sıkı düzen** *s s.* **disiplin** Disziplin *f;* **sıkı fıkı** *adj* intim; **biriyle ~ olmak** mit jdm intim werden

sıkılgan *adj* verlegen

sıkılganlık *s ohne Pl* <-ğı> Verlegenheit *f*

sıkılma *s ohne Pl Verbalsubstantiv zu* **sıkılmak**

sıkılmak *vi* **1.** *pass von* **sıkmak** **2.** (*canı ~*) sich langweilen **3.** (*utanıp çekinmek*) sich genieren; **sıkılmayın!** genieren Sie sich nicht! **4.** (*sıkıntıya düşmek*) in Not geraten

sıkılmaz *adj* ungeniert

sıkım *s* (*ateşli silâhlarda*) Schuss *m*

sıkınma *s* **1.** *Verbalsubstantiv zu* **sıkınmak** **2.** Selbstzwang *m*

sıkınmak *vi* sich anstrengen; (*kendini zorlamak*) sich zwingen

sıkıntı *s* **1.** Not *f;* **~ çekmek** Not leiden; **~ya düşmek** in Not geraten **2.** (*parasızlık*) Geldnot *f* **3.** (*fig: problem*) Problem *nt;* **~da olmak** Schwierigkeiten haben **4.** (*darlık*) Knappheit *f;* (*yokluk*) Mangel *m*

sıkışma *s ohne Pl Verbalsubstantiv zu* **sıkışmak**

sıkışmak *vi* in Bedrängnis geraten

sıkıştırma *s ohne Pl Verbalsubstantiv zu* **sıkıştırmak**

sıkıştırmak *vt* **1.** (*tıkmak*) stopfen (*-e* in); **çamaşırları bavula ~** die Wäsche in den Koffer stopfen **2.** (*kıstırmak*) einklemmen; **parmağını kapıya ~** sich den Finger in der Tür einklemmen; **bir şeyi kolunun altına ~** etw unter den Arm klemmen **3. birini ~** jdn in die Enge treiben **4.** (*fig: zorlamak*): **birini ~** jdn bedrängen, jdn in die Zange nehmen **5. birinin eline bir şey ~** jdm etw in die Hand drücken

sıklaşma *s ohne Pl Verbalsubstantiv zu* **sıklaşmak**

sıklaşmak *vi* sich häufen

sıklet *s* (SPORT: *ağırlık*) Gewicht *nt*

sıklık *s* <-ğı> Häufigkeit *f*

sıkma *s Verbalsubstantiv zu* **sıkmak**

sıkmak <-ar> *vt* **1. birinin elini ~** jdm die Hand drücken [*o* schütteln]; **birinin gırtlağını ~** jdm die Kehle zudrücken; **birinin/kendi kafasına bir kurşun ~** jdm/sich eine Kugel in den Kopf jagen; **kemerini ~** (*fig*) den Gürtel enger schnallen **2.** (*meyve*) pressen **3.** (*yumruğunu*) ballen **4.** (*püskürtmek*) spritzen **5.** (*vida*) anziehen; **bir şeyin vidasını ~** etw fester schrauben

sık sık *adv* häufig, oft; **oraya ~ gideriz** wir gehen häufig dahin

sılacı *s* Heimkehrer(in) *m(f)*

sıla özlemi *s ohne Pl* Heimweh *nt;* **~ çekmek** an [*o* unter] Heimweh leiden; **sıla sıygası** *s s.* **zarf-fiil** (LING) Gerundium *nt*

sımsıkı *adv* ganz fest; **birine ~ sarılmak** jdn ganz fest umarmen; **bir şeye ~ sarılmak** sich an etw festklammern

sınaî *adj* industriell

sınama *s Verbalsubstantiv zu* **sınamak**

sınamak *vt* **1.** prüfen; (*denemek*) probieren **2.** (*imtihan etmek*) prüfen

sınav *s* Prüfung *f;* **~ vermek** die Prüfung bestehen; **~a çekilmek** geprüft werden; **~a girmek** an einer Prüfung teilnehmen; **yazılı/sözlü ~** schriftliche/mündliche Prüfung

sıncan *s* (BOT) Tragant *m*

sınıf *s* **1.** (*a.* BIOL) Klasse *f* **2.** (*toplumsal ~*) Klasse *f,* Schicht *f*

sınıf arkadaşı *s* (SCHULE) Klassenkamerad(in) *m(f);* **sınıf bilinci** *s* (POL) Klassenbewusstsein *nt;* **sınıf birincisi** *s* (SCHULE) Klassenbeste(r) *mf,* Klassenerste(r) *mf*

sınıflandırmak *vt* klassifizieren (*-e göre* nach, *olarak* als)

sınıf mümessili *s* (SCHULE) Klassensprecher(in) *m(f);* **sınıf öğretmeni** *s* (SCHULE)

Klassenlehrer(in) *m(f)*
sınıfsız *adj* klassenlos
sınır *s* Grenze *f;* **sınır aşırı** *adj* grenzüberschreitend; **sınır kapısı** *s* Grenzübergang *m;* **sınır kontrolü** *s* Grenzkontrolle *f*
sınırlama *s* **1.** *Verbalsubstantiv zu* **sınırlamak** **2.** Begrenzung *f,* Beschränkung *f*
sınırlamak *vt* begrenzen, beschränken
sınırlı *adj* **1.** begrenzt **2.** beschränkt; ~ **sorumluluk** (JUR) beschränkte Haftung
sınır taşı *s* Grenzstein *m*
sıpa *s* Eselsfüllen *nt*
sıra *s* **1.** Reihe *f;* ~ **bende** ich bin an der Reihe, ich bin dran; ~ **ile** der Reihe nach; ~ **kimde?** wer ist an der Reihe?; **birinci/ikinci/üçüncü** ~**da** an erster/zweiter/dritter Stelle; **şimdi** ~ **onda** jetzt ist er dran; ~**ya girmek** sich einreihen **2.** Reihenfolge *f;* **alfabe** ~**sı** alphabetische Reihenfolge **3.** Abfolge *f;* **olayların kronolojik** ~**sı** die chronologische Abfolge der Ereignisse
sıraca *s ohne Pl* (MED) Skrofulose *f*
sıracagiller *s Pl* (BOT: *familya*) Rachenblütler *mpl*
sıraca otu *s* (BOT) Braunwurz *f*
sıradağ *s* Kettengebirge *nt;* (*dağlar dizisi*) Bergkette *f*
sıradan *adj* gewöhnlich; (*bayağı*) ordinär
sıra dışı *adj* (*olağan dışı*) außergewöhnlich; **sıra kemer** *s* (ARCH) Arkade *f*
sıralaç *s* <-cı> Ordner *m,* Aktenordner *m*
sıralama *s Verbalsubstantiv zu* **sıralamak**
sıralamak *vt* **1.** ordnen **2.** der Reihe nach aufstellen, in einer Reihe aufstellen **3.** (*küçük çocuk*) Gehversuche machen
sıralanma *s Verbalsubstantiv zu* **sıralanmak**
sıralanmak *vi* **1.** *pass von* **sıralamak** **2.** sich in einer Reihe aufstellen
Sırbistan *s* Serbien *nt*
sırça *s s.* **cam** Glas *nt;* ~ **köşkte oturan komşusuna taş atmamalı** (*prov*) wer im Glashaus sitzt, soll nicht mit Steinen werfen; ~**dan** aus Glas
sırdaş *s* **1.** Eingeweihte(r) *mf* **2.** Vertraute(r) *mf,* Intimus *m*
sırf *adv* bloß; ~ **meraktan** aus bloßer Neugier
sırık *s* <-ğı> Stab *m;* (*fasulye sırığı*) Stange *f*
sırıkçı *s* (SPORT) Stabhochspringer(in) *m(f)*
sırıkla yüksek atlama *s ohne Pl* (SPORT) Stabhochsprung *m*
sırıtma *s Verbalsubstantiv zu* **sırıtmak**
sırıtmak *vi* grinsen
sırkat *s* (MED) Karbunkel *m*
sırma *s* Borte *f*
sırnaşık *adj* <-ğı> aufdringlich
sırnaşıklık *s* <-ğı> Aufdringlichkeit *f*
Sırp **I.** *s* Serbe, -in *m, f* **II.** *adj* serbisch
Sırpça *s* Serbisch *nt;* ~**da bu ne demek?** wie heißt das im Serbischen?; ~**dan Türkçeye** aus dem Serbischen ins Türkische; ~**ya** ins Serbische
sırrı *s poss von* **sır**
sırt *s* Rücken *m;* **birine** ~ **çevirmek** jdm den Rücken zukehren; **bir şeye** ~ **çevirmek** sich von etw abkehren [*o* abwenden]; **sırt ağrısı** *s* Rückenschmerzen *mpl*
sırtlan *s* (ZOOL) Hyäne *f*
sırt yüzgeci *s* Rückenflosse *f*
sıtma *s ohne Pl* Sumpffieber *nt;* (*malarya*) Malaria *f*
sıva *s ohne Pl* **1.** Putz *m,* Verputz *m;* ~ **vurmak** verputzen (*-e*) **2.** (*kireçli harç*) Tünche *f*
sıvacı *s* Verputzer(in) *m(f),* Anstreicher(in) *m(f);* **sıvacı kuşu** *s* (ZOOL) Kleiber *m*
sıvalı[1] *adj* verputzt
sıvalı[2] *adj* aufgekrempelt, hochgekrempelt; **dirseklere kadar kolları** ~ **idi** seine Ärmel waren bis zu den Ellbogen hochgekrempelt
sıvama **I.** *s Verbalsubstantiv zu* **sıvamak** **II.** *adj* randvoll **III.** *adv:* **bardağı** ~ **doldurdu** er füllte das Glas bis zum Rand
sıvamak[1] *vt* **1.** verputzen; **duvarı** ~ die Wand verputzen **2.** (*kireçli harç ile*) tünchen, anstreichen **3.** (*fig: okşamak*) streicheln
sıvamak[2] *vt* aufkrempeln, hochkrempeln; **kolları** ~ (*a. fig*) die Ärmel hochkrempeln; **kollarını** ~ sich die Ärmel aufkrempeln; **suyu görmeden paçaları sıvama** (*prov*) man soll den Tag nicht vor dem Abend loben
sıvı **I.** *s* Flüssigkeit *f* **II.** *adj* flüssig; **sıvı gaz** *s* Flüssiggas *nt;* **sıvı kristal ekranı** *s* Flüssigkristallbildschirm *m*
sıvışma *s Verbalsubstantiv zu* **sıvışmak**
sıvışmak *vi* (*fam*) sich davonmachen, sich fortstehlen
sıyga *s s.* **kip** (LING) Modus *m*
sıyırma *s* **1.** *Verbalsubstantiv zu* **sıyırmak** **2.** Abschürfung *f*
sıyırmak *vt* abschürfen
sıyrık *s* <-ğı> Abschürfung *f,* Schürfwunde *f,* Schramme *f*
sızıcı ünsüz *s* (LING) Reibelaut *m,* Spirans *f,* Spirant *m*
sızma *s Verbalsubstantiv zu* **sızmak**
sızmak *vi* **1.** dringen (*-den* aus) **2.** (*haber*) durchsickern **3.** einnicken
siber uzay *s ohne Pl* (INFORM) Cyberspace *m*
Sibirya *s* Sibirien *nt*
Sibiryalı **I.** *s* Sibirer(in) *m(f)* **II.** *adj* sibirisch
Sicilya *s* Sizilien *nt*
Sicilyalı **I.** *s* Sizilianer(in) *m(f)* **II.** *adj* sizilia-

nisch
sicim *s* **1.** Kordel *f* **2.** Bindfaden *m;* ~ **gibi yağmur yağıyor** (*fig*) es regnet Bindfäden
sidik *s* <-ği> (*idrar*) Harn *m,* Urin *m;* **sidik borusu** *s* (ANAT) Harnleiter *m;* **sidik kavuğu** *s s.* **sidik torbası**
sidikli *adj* inkontinent
sidik torbası *s* (ANAT: *mesane*) Harnblase *f,* Blase *f;* **sidik torbası iltihabı** *s* (MED: *sistit*) Blasenentzündung *f;* **sidik yolu** *s* (ANAT) Harnwege *pl;* **sidik zoru** *s ohne Pl* (MED) Harnzwang *m*
si diyez *s* (MUS) His *nt*
sigar *s* Zigarre *f*
sigara *s* Zigarette *f;* ~ **içmek** rauchen; „~ **içmek yasaktır**" „Rauchen verboten"
sigara ağızlığı *s* Zigarettenspitze *f;* **sigara dumanı** *s ohne Pl* Zigarettenrauch *m;* **sigara içme yasağı** *s* Rauchverbot *nt;* **sigara kâğıdı** *s* Zigarettenpapier *nt,* Blättchen *nt;* **sigara tablası** *s* Aschenbecher *m;* **sigara tütünü** *s* Zigarettentabak *m*
sigorta *s* **1.** Versicherung *f;* ~ **etmek** versichern **2.** (ELEK) Sicherung *f;* **sigorta primi** *s* Versicherungsbeitrag *m,* Versicherungsprämie *f*
siğil *s* Warze *f,* Hautwarze *f*
sikke *s* Münze *f*
siklâmen *s* (BOT: *tavşankulağı*) Alpenveilchen *nt*
sikişme *s* **1.** *Verbalsubstantiv zu* **sikişmek** **2.** (*vulg*) Fick *m*
sikişmek *vi* (*vulg*) ficken
sikme *s* **1.** *Verbalsubstantiv zu* **sikmek** **2.** (*vulg*) Fick *m*
sikmek *vt* (*vulg*) ficken
siktirici *adj* (*vulg*) abgefuckt
silâh [silāh] *s* Waffe *f;* ~ **taşımak** eine Waffe tragen; ~(**lar**)**a davranmak** zu der/(den) Waffe(n) greifen; **kimyasal/konvensiyonel/nükleer** ~**lar** chemische/konventionelle/nukleare Waffen
silâhaltı *s* (*askerlik görevi*) Militärdienst *m;* ~**na almak** zu den Waffen rufen, zum Militärdienst einziehen; ~**nda bulunmak** unter (den) Waffen sein [*o* stehen]
silâh ambargosu *s* Waffenembargo *nt*
silâhhane *s* Waffenlager *nt*
silâhlama *s* **1.** *Verbalsubstantiv zu* **silâhlamak** **2.** Bewaffnung *f*
silâhlamak *vt* bewaffnen
silâhlandırma *s* **1.** *Verbalsubstantiv zu* **silâhlandırmak** **2.** Bewaffnung *f*
silâhlandırmak *vt* bewaffnen
silâhlanma *s* **1.** *Verbalsubstantiv zu* **silâhlanmak** **2.** Bewaffnung *f;* (MIL) Aufrüstung *f*
silâhlanmak *vt* sich bewaffnen; (MIL) aufrüsten
silâhlı *adj* bewaffnet; **silâhlı çatışma** *s* (MIL) Feuergefecht *nt;* **silâhlı kuvvetler** *s Pl* Streitkräfte *pl;* **Alman/Türk S~i** deutsche/türkische Streitkräfte
silâhsız *adj* unbewaffnet
silâhsızlandırma *s ohne Pl* **1.** *Verbalsubstantiv zu* **silâhsızlandırmak** **2.** Entwaffnung *f* **3.** (POL) Abrüstung *f*
silâhsızlandırmak *vt* **1.** entwaffnen **2.** (POL) abrüsten
silâhsızlanma *s ohne Pl* **1.** *Verbalsubstantiv zu* **silâhsızlanmak** **2.** (POL) Abrüstung *f*
silâhsızlanmak *vi* (POL) abrüsten
silâhsızlanma görüşmeleri *s Pl* (POL) Abrüstungsverhandlungen *fpl;* **silâhsızlanma konferansı** *s* (POL) Abrüstungskonferenz *f*
silâhşör *s* **1.** Revolverheld *m* **2.** (*savaşçı*) Krieger(in) *m(f)*
silâj *s ohne Pl* (AGR) Ensilage *f*
silecek *s* <-ği> **1.** (*hamam havlusu*) Badetuch *nt* **2.** (AUTO) Scheibenwischer *m* **3.** (*paspas*) Fußmatte *f*
silikat *s* (CHEM) Silikat *nt*
silikon *s* (CHEM) Silikon *nt*
Silikon Vadisi *s* (INFORM) Silicon Valley *nt*
silikoz *s* (MED) Silikose *f*
silindir *s* **1.** Zylinder *m* **2.** (*istimli* ~) Walze *f;* **silindir hacmi** *s* (AUTO) Hubraum *m*
silis *s ohne Pl* (CHEM) Kieselerde *f*
silisik asit *s ohne Pl* <-di> (CHEM) Kieselsäure *f*
silisyum *s ohne Pl* (CHEM) Silicium *nt,* Silizium *nt*
silkme *s Verbalsubstantiv zu* **silkmek**
silkmek *vt:* **omuz** ~ mit den Schultern [*o* Achseln] zucken
silme **I.** *s* **1.** *Verbalsubstantiv zu* **silmek** **2.** (ARCH) Stuck *m,* Gesims *nt* **II.** *adj* **1.** (*ağzına kadar dolu*) randvoll **2.** (*tam*) völlig **III.** *adv* vollkommen
silmece *adv* bis zum Rand
silmeci *s* Stuckateur(in) *m(f)*
silmek *vt* **1.** (*yeri*) wischen **2.** abwischen; (*yaşlarını*) wegwischen **3.** (ab)putzen; **burnunu** ~ sich die Nase putzen; **ellerini** ~ sich die Hände abputzen **4.** ausradieren, löschen; **silme tuşu** *s* (INFORM) Löschtaste *f*
silo *s* (AGR) Silo *m o nt;* (*tahıl için*) Getreidesilo *m o nt*
silolama *s Verbalsubstantiv zu* **silolamak**
silolamak *vt* (AGR) in ein Silo einbringen
silsile *s* **1.** (*sıra*) Reihe *f;* (*dağ* ~*si*) Kette *f* **2.** (*aile sırası*) Ahnenreihe *f*
silsilename *s* Ahnentafel *f*
siluet *s* Silhouette *f;* (*gölge*) Schattenriss *m*
silüryen **I.** *s ohne Pl* (GEO) Silur *nt* **II.** *adj* (GEO) silurisch
sim **I.** *s* **1.** (*ohne Pl, gümüş*) Silber *nt*

S

2. (*iplik*) Silberfaden 3. (*reg: işaret*) Zeichen *nt* **II.** *adj* (*gümüş gibi parlayan*) silberglänzend

sima [si:ma:] *s* 1. (*yüz, çehre*) Gesicht *nt* 2. (*kimse, insan*): **eski tanıdık ~lar** altbekannte Gesichter

si majör *s ohne Pl* (MUS) B-Dur *nt*

simetri *s* (*a.* MATH: *bakışım*) Symmetrie *f;* **simetri ekseni** *s* Symmetrieachse *f*

simetrik *adj* <-ği>, **simetrili** *adj* symmetrisch

simetrisiz *adj* (*a.* MATH) asymmetrisch

simetrisizlik *s* <-ği> (*a.* MATH) Asymmetrie *f*

simge *s* Symbol *nt*

simgeci **I.** *s* Symbolist(in) *m(f)* **II.** *adj* symbolistisch

simgecilik *s ohne Pl* <-ği> (*a.* KUNST: *sembolizm*) Symbolismus *m*

simgeleme *s* 1. *Verbalsubstantiv zu* **simgelemek** 2. Symbolisierung *f*

simgelemek *vt* symbolisieren

simgesel *adj* symbolisch

si minör *s ohne Pl* (MUS) h-Moll *nt*

simit *s* <-di> 1. (*halka biçiminde çörek*) Kringel *m;* (*susamlı*) Sesamkringel *m* 2. (*cankurtaran simidi*) Rettungsring *m*

simitçi *s* Kringelverkäufer(in) *m(f)*

simpozyum *s s.* **sempozyum**

simsar *s* Makler(in) *m(f)*

simsariye *s* Maklerprovision *f*

simsiyah *adj* pechschwarz

simültane *adj* simultan

simya *s ohne Pl* (*alşimi*) Alchemie *f*

simyacı *s* (*alşimist*) Alchemist(in) *m(f)*

sinagog *s* Synagoge *f*

sinarit *s* (ZOOL, GASTR) Zahnbrasse *f*

sincap *s* <-bı> (ZOOL) Eichhörnchen *nt*

sindirim *s ohne Pl* Verdauung *f;* **~ kolay/güç** leicht/schwer verdaulich; **sindirim organları** *s Pl* Verdauungsorgane *mpl;* **sindirim sistemi** *s* (MED) Verdauungsapparat *m*

sindirme *s* 1. *Verbalsubstantiv zu* **sindirmek** 2. Verdauung *f*

sindirmek *vt* verdauen

sine *s* 1. (*göğüs*) Busen *m* 2. (*fig: yürek*) Herz *nt;* **~ye çekmek** wegstecken, hinnehmen

sinek[1] *s* <-ği> Fliege *f;* **~ ufak, ama mide bulandırır** (*prov*) Kleinvieh macht auch Mist; **~ten yağ çıkarmak** (*fig*) aus der Not eine Tugend machen

sinek[2] *s* <-ği> (*iskambilde*) Kreuz *nt; s. a.* **karo, kupa, maça**

sinek ağırlık *s* <-ğı> (SPORT) Fliegengewicht *nt;* **sinek bar** *s* Snackbar *f,* Imbissstand *m,* Imbissstube *f,* Schnellimbiss *m;* **sinek birlisi** *s* (*iskambilde*) Kreuzass *nt*

sinekkapan *s* 1. (ZOOL: *ötücü kuş*) Fliegenfänger *m,* Fliegenschnäpper *m* 2. (BOT) Fliegenfalle *f,* Venusfliegenfalle *f*

sinekkaydı *adj:* **~ tıraş olmak** sich glatt rasieren

sinek mantarı *s* (BOT) Fliegenpilz *m;* **sinek oğlanı** *s* (*iskambilde*) Kreuzbube *m;* **sinek papazı** *s* (*iskambilde*) Kreuzkönig *m;* **sinek sıklet** *s* (SPORT) Fliegengewicht *nt*

sinema *s* Kino *nt*

sinemacı *s* 1. (*filmci*) Filmemacher(in) *m(f)* 2. (*sinema işleten*) Kinobesitzer(in) *m(f)*

sinemasever *s* Cineast(in) *m(f)*

sinematek *s* Kinemathek *f*

sinema tekniği *s ohne Pl* Kinotechnik *f*

sinematograf *s* Kinematograph *m*

sinema yıldızı *s* Kinostar *m*

sinestezi *s* (PSYCH) Synästhesie *f*

sinik **I.** *s* <-ği> Zyniker(in) *m(f)* **II.** *adj* zynisch

sinir *s* 1. Nerv *m;* **~ diye bir şey kalmamak** (*fam*) mit den Nerven fertig sein; **birinin ~ine dokunmak** (*fam*) jdm auf die Nerven gehen; **~lerim alt üst oldu!** (*fam*) ich bin total genervt!; **~lerine hâkim olmak** die Nerven behalten 2. (*fam*) Sehne *f;* **sinir ağrısı** *s* Nervenschmerz *m;* **sinir bozucu** *adj* nervenaufreibend; **sinir buhranı** *s* Nervenzusammenbruch *m;* (*sinir krizi*) Nervenkrise *f;* **sinir demeti** *s* (ANAT) Nervenbündel *nt;* **sinir gazı** *s* (MIL) Nervengas *nt;* **sinir gözesi** *s* (ANAT) Nervenzelle *f;* **sinir harbi** *s* Nervenkrieg *m;* **sinir hastalığı** *s* Nervenkrankheit *f;* **sinir hastalıkları uzmanı** *s* Neurologe, -in *m, f;* **sinir hastası** *s* Nervenkranke(r) *mf;* **sinir hücresi** *s* (ANAT) Nervenzelle *f;* **sinir ilâcı** *s* Beruhigungsmittel *nt;* **sinir kanatlılar** *s Pl* (ZOOL) Netzflügler *mpl;* **sinir küpü** *s* (*fam*) Nervenbündel *nt*

sinirlendirme *s Verbalsubstantiv zu* **sinirlendirmek**

sinirlendirmek *vt* 1. *Kausativ zu* **sinirlenmek** 2. nerven 3. aufregen, ärgern

sinirlenme *s Verbalsubstantiv zu* **sinirlenmek**

sinirlenmek *vi* sich aufregen (*-e* über); (*öfkelenmek*) sich ärgern (*-e* über), sich empören (*-e* über)

sinirleri kuvvetli *adj* nervenstark; **sinirleri zayıf** *adj* nervenschwach

sinirli *adj* 1. (*et*) sehnig, faserig 2. (*asabî*) nervös

sinir merkezi *s* Nervenzentrum *nt;* **sinir minir** *s* (*fam*): **~ kalmamak** nervlich am Ende sein; **sinir savaşı** *s* Nervenkrieg *m;* **sinir sistemi** *s* (ANAT) Nervensystem *nt;* **parasempatik/yaşatkan ~** das parasympathische/vegetative Nervensystem; **sinir**

törpüsü *s* (*fam*) Nervensäge *f*
sinizm *s ohne Pl* Zynismus *m*
sinonim **I.** *s* (LING) Synonym *nt* **II.** *adj* synonym
sinot *s* (REL) Synode *f*
sinsi *adj* hinterhältig
sinsilik *s ohne Pl* <-ği> Hinterhältigkeit *f*
sintesayzer *s* (MUS) Synthesizer *m*
sinyal [sinjāl] *s* <-i> **1.** Signal *nt* **2.** (TEL) Freizeichen *nt*
sinyal lâmbası *s* (AUTO) Blinker *m*
sipariş *s* **1.** (*ısmarlama*) Bestellung *f;* ~ **etmek** bestellen **2.** (COM) Auftrag *m;* **birine bir şeyi** ~ **vermek** etw bei jdm in Auftrag geben; **sipariş defteri** *s* (COM) Auftragsbuch *nt*
siper **I.** *s* **1.** Schutz *m* **2.** (*şapkada*) Krempe *f;* (*kaskette*) Schirm *m* **3.** (MIL: *hendek*) Schützengraben *m* **II.** *adj* geschützt
siperisaika *s s.* **yıldırımsavar** Blitzableiter *m*
siperlik *s* <-ği> Schirm *m*
siren *s* Sirene *f*
sirer *s* (MYTH: *deniz kızı*) Meerjungfrau *f,* Nixe *f*
sirk *s* Zirkus *m*
sirkat *s s.* **hırsızlık** Diebstahl *m*
sirke[1] *s* Nisse *f*
sirke[2] *s* Essig *m;* **sirke ruhu** *s ohne Pl* (CHEM: *asetik asit*) Essigsäure *f;* **sirke sineği** *s* (ZOOL) Essigfliege *f*
sirk numarası *s* Zirkusnummer *f*
sirküler *s s.* **genelge** Rundschreiben *nt*
siroko *s* Schirokko *m*
siroz *s* (MED) Zirrhose *f*
sirrus *s* (METEO, GEO) Zirrus *m*
sirtaki *s* Sirtaki *m*
sis *s* Nebel *m;* ~**te** bei Nebel; **dağlar** ~**e bürünmüş** die Berge sind in Nebel gehüllt; **sis bombası** *s* Nebelbombe *f;* **sis farı** *s* (AUTO) Nebelscheinwerfer *m;* **sis lâmbası** *s* (AUTO) Nebelleuchte *f*
sislendirme *s* **1.** *Verbalsubstantiv zu* **sislendirmek** **2.** Vernebelung *f*
sislendirmek *vt* vernebeln
sislenme *s* **1.** *Verbalsubstantiv zu* **sislenmek** **2.** Nebelbildung *f*
sislenmek *vi* nebeln; **göl sisleniyor** der See nebelt
sisli *adj* neb(e)lig
sismik *adj* seismisch, seismologisch
sismograf *s* (*a. fig*) Seismograf *m,* Seismograph *m*
sismolog *s* Seismologe, -in *m, f*
sismoloji *s ohne Pl* Seismologie *f*
sis perdesi *s* Nebelwand *f*
sistem *s* **1.** System *nt* **2.** (*yol, yöntem*) Verfahren *nt*
sistematik *adj* systematisch
sistem geliştirici *s* (INFORM) Systementwickler(in) *m(f)*
sistemik *adj* systemisch
sistemleştirme *s* **1.** *Verbalsubstantiv zu* **sistemleştirmek** **2.** Systematisierung *f*
sistemleştirmek *vt* systematisieren
sistemli *adj* systematisch
sistemsiz *adj* systemlos
sistemsizlik *s* <-ği> Systemlosigkeit *f*
sistem yazılımı *s* (INFORM) Systemsoftware *f*
sistit *s* (MED: *sidik torbası iltihabı*) Blasenentzündung *f*
site *s* **1.** (INFORM) Homepage *nt* **2.** Dorf *nt;* **olimpiyat** ~**si** das olympische Dorf
sitil *s* (REG: *su kovası*) Wassereimer *m*
sitoloji *s ohne Pl* (BIOL, MED) Zytologie *f;* (*hücre bilimi*) Zell(en)lehre *f*
sitoplazma *s* (BIOL) Zytoplasma *nt*
sitrik asit *s ohne Pl* <-di> (CHEM) Zitronensäure *f*
sivilce *s* Pickel *m;* **sivilceli** *adj* pickelig
sivri *adj* spitz
sivri fare *s* Spitzmaus *f*
sivrileştirme *s Verbalsubstantiv zu* **sivrileştirmek**
sivrileştirmek *vt* spitzen
sivrilme *s Verbalsubstantiv zu* **sivrilmek**
sivriltmek *vt* spitzen
sivrisinek *s* <-ği> Mücke *f*
sivritme *s* **1.** *Verbalsubstantiv zu* **sivritmek** **2.** Anspitzung *f*
sivritmek *vt* anspitzen
siyah *adj* **1.** schwarz **2.** (TYPO) fett
siyah beyaz *adj* schwarz-weiß; **siyah ekmek** *s* <-ği> Schwarzbrot *nt;* **siyah gözlü** *adj* schwarzäugig
siyahımsı *adj,* **siyahımtırak** *adj* <-ğı> schwärzlich
siyahlatma *s* **1.** *Verbalsubstantiv zu* **siyahlatmak** **2.** Schwärzung *f*
siyahlatmak *vt* schwärzen
siyahlık *s* <-ğı> Schwarzfärbung *f,* Schwärze *f*
siyah linyit *s* Gagat *m,* Jett *m o nt;* **siyah saçlı** *adj* schwarzhaarig
Siyam *s* (HIST) Siam *nt*
Siyamlı **I.** *s* Siamese, -in *m, f* **II.** *adj* siamesisch; ~ **ikizler** siamesische Zwillinge
siyanür *s* (CHEM) Zyanid *nt*
siyasa *s* Politik *f*
siyasal *adj* politisch
siyaset *s* Politik *f;* **siyaset bilimi** *s* Politikwissenschaft *f,* Politologie *f*
siyasetçi *s* Politiker(in) *m(f)*
siyaset meydanı *s* **1.** (HIST) Richtplatz *m* **2.** die politische Bühne
siyasî *adj* politisch; ~ **harita/parti** politische Karte/Partei
siyatik *s ohne Pl* <-ği> (MED) Ischias *m o nt*

S

siyek *s* <-ği> (ANAT) Harnröhre *f*

siyonizm *s ohne Pl* Zionismus *m*

skeç *s* Sketch *m*

ski *s s.* **kayak** (SPORT) Ski *m*

skif *s* (SPORT: *yarış kayığı*) Skiff *m*, Einer *m*

Skoç *s s.* **İskoç**

skorbort *s* (SPORT) Anzeigetafel *f*

slâlom *s* (SPORT) Slalom *m*

slâlomcu *s* (SPORT) Slalomläufer(in) *m(f)*

Slav **I.** *s* Slawe, -in *m, f* **II.** *adj* slawisch

slâyt *s* <-dı> (FOTO) Dia *nt;* **slâyt projektörü** *s* Diaprojektor *m*

slip *s* Slip *m*

Slovak **I.** *s* Slowake, -in *m, f* **II.** *adj* slowenisch

Slovakya *s* Slowakei *f;* ~ **Cumhuriyeti** die Slowakische Republik

Sloven **I.** *s* Slowene, -in *m, f* **II.** *adj* slowenisch

Slovenya *s* Slowenien *nt*

smaç *s* (SPORT: *voleybolda*) Schmetterschlag *m*

smokin *s* Smoking *m*

snack-bar *s s.* **sinek bar**

snobizm *s ohne Pl* Snobismus *m*

snop **I.** *s* <-bu> Snop *m* **II.** *adj* snobistisch

snopluk *s ohne Pl* <-ğu> Snobismus *m*

soba *s* Ofen *m*

sodomi *s ohne Pl* Sodomie *f*

sodyum *s ohne Pl* (CHEM) Natrium *nt;* **sodyum bikarbonat** *s ohne Pl* (CHEM) Natriumbicarbonat *nt;* **sodyum nitrat** *s* (CHEM) Natriumnitrat *nt;* **sodyum sülfat** *s ohne Pl* (CHEM) Natriumsulfat *nt*

sofa *s* Diele *f*, Vorraum *m*

sofi *s* Sufi *m*

sofra *s* Tisch *m;* (*yemek* ~*sı*) Esstisch *m;* ~**yı kurmak** den Tisch decken; **sofra duası** *s* Tischgebet *nt;* **sofra örtüsü** *s* Tischdecke *f*

sofu *adj* fromm

sofuluk *s ohne Pl* <-ğu> Frömmigkeit *f;* ~ **taslamak** (*pej*) frömmeln

soğan *s* Zwiebel *f*

soğancık *s* <-ğı> **1.** (BOT) Schnittlauch *m* **2.** (*sarımsak dişi*) Knoblauchzehe *f* **3.** (ANAT) Myelenzephalon *nt*, Nachhirn *nt*, verlängertes Mark

soğanlı bitki *s* (BOT) Zweibelgewächs *nt*

soğrumsama *s s.* **yüze soğurma** (CHEM, PHYS) Adsorption *f*

soğuk **I.** *s* <-ğu> Kälte *f;* ~ **almak** eine Erkältung bekommen; (*üşütmek*) sich erkälten, sich eine Erkältung holen; **bu** ~**ta** bei dieser Kälte; **kuru bir** ~ eine trockene Kälte **II.** *adj* **1.** kalt **2.** (*fig*): ~ **bir cevap** eine kaltschnäuzige Antwort **3.** (*fig: içten olmayan*) kaltherzig; **soğuk açış** *s* (INFORM) Kaltstart *m;* **soğuk algınlığı** *s* Erkältung *f;* **soğuk büfe** *s* (GASTR) kaltes Bufett; **soğuk dalgası** *s* (METEO) Kältewelle *f;* **soğuk hava** *s ohne Pl* (METEO) Kaltluft *f;* **soğuk hava cephesi** *s* (METEO) Kaltfront *f;* **soğuk hava deposu** *s* Kühlhaus *nt;* **soğuk ısırması** *s* Frostbeule *f;* **soğuk kanlı** *adj* kaltblütig; **soğuk kanlılık** *s ohne Pl* <-ğı> Kaltblütigkeit *f*

soğuklama *s* (*reg*) **1.** *Verbalsubstantiv zu* **soğuklamak** **2.** (*soğuk algınlığı*) Erkältung *f*

soğuklamak *vi* (*reg*) sich erkälten

soğukluk *s* <-ğu> **1.** Nachspeise *f*, Dessert *nt* **2.** (*ohne Pl, davranış*) Kälte *f*, Kühle *f;* **soğukluk derecesi** *s* Kältegrad *m*

soğuma *s* **1.** *Verbalsubstantiv zu* **soğumak** **2.** Abkühlung *f;* **ekonomik** ~ konjunkturelle Abkühlung

soğumak *vi* **1.** kalt werden, sich abkühlen; **hava soğuyor** es wird kalt; **çay/yemek soğuyor** der Tee/das Essen wird kalt **2.** (*fig*): **bir şeyden** ~ die Lust an etw verlieren

soğurgan *adj* absorptiv

soğurma *s* **1.** *Verbalsubstantiv zu* **soğurmak** **2.** Absorption *f*

soğurmak *vt* absorbieren, aufsaugen; **yüze** ~ adsorbieren

soğurucu *s* (PHYS) Absorbens *nt*

soğutma *s* **1.** *Verbalsubstantiv zu* **soğutmak** **2.** Kühlung *f;* **soğutma düzeni** *s* Kühlanlage *f*

soğutmak *vt* (ab)kühlen

soğutucu *s* Kühler *m*

sohbet *s* **1.** Unterhaltung *f*, Konversation *f*, Plauderei *f;* ~ **etmek** sich unterhalten, Konversation machen, plaudern **2.** (INFORM: *internette*) Chat *m;* ~ **etmek** chatten

sokağa çıkma yasağı *s* Ausgangssperre *f*, Ausgehverbot *nt*

sokağı *s poss von* **sokak**

sokak *s* <-ğı> Straße *f;* (*çıkmaz* ~) Gasse *f;* ~**taki adam** der Mann auf der Straße; **sokak satıcısı** *s* Straßenhändler(in) *m(f)*

sokma *s* **1.** *Verbalsubstantiv zu* **sokmak** **2.** (*böcek* ~*sı*) Stich *m;* (*yılan* ~*sı*) Biss *m*

sokmak *vt* **1.** (hinein)stecken (-*e* in) **2.** (*böcek*) stechen; (*yılan*) beißen

sokra *s* (NAUT) Fuge *f*

sokulgan *adj* anschmiegsam; (*hayvan*) zutraulich

sokulganlık *s* <-ğı> Anschmiegsamkeit *f;* (*hayvan için*) Zutraulichkeit *f*

sokulma *s* **1.** *Verbalsubstantiv zu* **sokulmak** **2.** Annäherung *f*

sokulmak *vi* **1.** *pass von* **sokmak** **2.** (*yaklaşmak*) sich annähern

sokuşturma *s* **1.** *Verbalsubstantiv zu* **sokuşturmak** **2.** (*fig*) Stichelei *f*

sokuşturmak *vt* **1.** (*dar bir yere*) pferchen **2.** (*fig*): **manav çürük elmaları sokuşturup çocuğa verdi** der Obsthändler hat dem Kind die faulen Äpfel angedreht **3.** (*fig: dokunaklı, acı söz söylemek*) sticheln

sol[1] **I.** *s* **1.** Linke *f*; **~a dönmek** links abbiegen; **~unda** zu seiner Linken **2.** (SPORT: *boksta*) Linke *f*; **~ çıkarmak** seine Linke einsetzen **3.** (POL) Linke *f*; **aşırı ~** die extreme Linke **II.** *adj* (*a.* POL) linke(r, s); **~ el/omuz** die linke Hand/Schulter

sol[2] *s* (MUS) G *nt*; **sol açık** *s* <-ğı> (SPORT: *futbolda*) Linksaußen *m*; **sol açığa pas vermek** den Linksaußen anspielen

solak **I.** *s* <-ğı> Linkshänder(in) *m(f)* **II.** *adj* linkshändig; **~ insanlar** linkshändige Menschen

sol anahtarı *s* (MUS) G-Schlüssel *m*, Violinschlüssel *m*

solaryum *s* Solarium *nt*

sol diyez *s* (MUS) Gis *nt*

solgun *adj* bleich

sol iç *s* (SPORT: *futbolda*) Halblinke *mf*

solist *s* Solist(in) *m(f)*

sollama *s Verbalsubstantiv zu* **sollamak**

sollamak *vt* (AUTO) (links) überholen

solma *s Verbalsubstantiv zu* **solmak**

sol majör *s ohne Pl* (MUS) G-Dur *nt*

solmak *vi* verwelken, verblassen

sol minör *s ohne Pl* (MUS) G-Moll *nt*

solo *s* Solo *nt*

solocu *s* (*solist*) Solist(in) *m(f)*

soluk[1] *s ohne Pl* <-ğu> **1.** (*nefes*) Atem *m*; **~ almadan dinlemek** atemlos lauschen; **~ almak** einatmen, Atem holen; **~ vermek** ausatmen; **soluğunu tutmak** den Atem anhalten **2.** Atemzug *m*; **bir ~ta** in einem Atemzug

soluk[2] *adj* **1.** (*cilt için*) blass **2.** (*ışık için*) schwach **3.** (*kumaş*) verblichen

soluk borusu *s* (ANAT) Luftröhre *f*; **soluk darlığı** *s ohne Pl* (MED) Atembeklemmung *f*, Atemnot *f*; **soluk kesici** *adj* atemberaubend

soluklaşma *s Verbalsubstantiv zu* **soluklaşmak**

soluklaşmak *vi* verblassen

soluk soluğa *adv* atemlos, außer Atem; **~ kalmak/olmak** außer Atem kommen/sein

soluma *s Verbalsubstantiv zu* **solumak**

solumak *vi* **1.** (*soluk alıp vermek*) atmen **2.** (*sık ve kesik soluklar alıp vermek*) keuchen, schnaufen **3.** (*fig*) keuchen; **otomobil soluyarak yokuşu tırmanıyordu** keuchend fuhr das Auto den Berg auf

solungaç *s* <-cı> (ZOOL) Kieme *f*

solunma *s Verbalsubstantiv zu* **solunmak**

solunmak *vi* atmen

solunum *s ohne Pl* **1.** Atmung *f* **2.** Beatmung *f*; **sun'î ~** künstliche Beatmung; **solunum aleti** *s* Beatmungsgerät *nt*; **solunum yolları** *s Pl* Atemwege *pl*

som *adj* massiv

Somali **I.** *s* Somalia *nt* **II.** *adj* somalisch; **Somalili** *s* Somalier(in) *m(f)*

somun[1] *s* Laib *m*; **bir ~ ekmek** ein Laib Brot

somun[2] *s* (TECH) Mutter *f*

somurma *s Verbalsubstantiv zu* **somurmak**

somurmak *vt* saugen

somut *adj* konkret; **somut isim** *s* (LING) Konkretum *nt*

somutlaştırma *s* **1.** *Verbalsubstantiv zu* **somutlaştırmak** **2.** Konkretisierung *f*

somutlaştırmak *vt* konkretisieren

somutluk *s* <-ğu> Konkretheit *f*

somya *s* Sprungfederrahmen *m*

son **I.** *s* **1.** Ende *nt*, Abschluss *m*; **~ bulmak** ein Ende finden; **bir şeye ~ vermek** etw ein Ende machen; **~a ermek** zu Ende gehen; (*bitmek*) enden; **~u gelmemek/görünmemek** kein Ende finden/absehen; **~u görünmek** seinem Ende zugehen; **~u iyi/kötü bitmek** ein gutes/böses Ende nehmen; **~una gelmek** zum Ende [*o* Abschluss] kommen; **~unu getirmek** zu Ende [*o* Abschluss] bringen; **~unu getirememek** nicht zu Ende [*o* Abschluss] bringen können; **~ safhasına gelmek** kurz vor dem Ende [*o* Abschluss] stehen; **~a kalan dona kalır** (*prov*) die Letzten beißen die Hunde; **dünyanın ~una kadar** bis ans Ende der Welt; **şubat/mayıs ~u** Ende Februar/Mai; **yılın ~u** das Ende des Jahres; **yılın ~unda** Ende des Jahres **2.** (ANAT, MED: *döl eşi*) Mutterkuchen *m*; (*plâsenta*) Plazenta *f* **3.** (SPORT: *final*) Finale *nt* **II.** *adj* abschließend, letzte(r, s); **~ adam** (*futbolda*) letzter Mann, Ausputzer *m*; **~ çare** der letzte Ausweg; **~ damlasına kadar** bis auf den letzten Tropfen; **~ gülen iyi güler** (*prov*) wer zuletzt lacht, lacht am besten; **~ zamanda** in letzter Zeit; **son adam** *s* (SPORT: *futbolda*) Ausputzer *m*; **son durak** *s* <-ğı> Endstation *f*; (*tramvay, otobüs*) Endhaltestelle *f*

sona erme *s ohne Pl* Beendigung *f*

sonar *s* **1.** *ohne Pl* (TECH: *sistem*) Sonar *nt* **2.** (*aygıt*) Sonar *nt*, Sonargerät *nt*, Echolot *nt*

son aşama *s* Endphase *f*, Endstadium *nt*

sonat *s* (MUS) Sonate *f*

sonbahar *s* (*güz*) Herbst *m*; **sonbahar modası** *s* Herbstmode *f*

sonda *s* **1.** Sonde *f* **2.** (MED) Katheter *m*

son deyiş *s* Epilog *m;* **son dördün** *s* (ASTR) abnehmender Mond; **son durak** *s* <-ğı> Endhaltestelle *f,* Endstation *f*

sone *s* (LIT) Sonett *nt*

son hesap *s* (FIN) Endabrechnung *f;* (*kapanış hesabı*) Abschlussrechnung *f,* Schlussabrechnung *f*

son kânun *s s.* **ocak** Januar *m*

sonlama *s* **1.** *Verbalsubstantiv zu* **sonlamak** **2.** Beendigung *f*

sonlamak *vt* beenden, abschließen

sonlu *adj* (MATH) endlich; ~ **bir büyüklük/sayı** ein endliche Größe/Zahl

son nefes *s* **1.** ~**ine kadar** bis zum letzten Atemzug **2.** (*fig: hayatın sonu*) Lebensende *nt*

sonra *adv* **1.** später; (*müteakiben*) nach; **ben ~ gelirim** ich komme später [*o* nach] **2.** nach; **az zaman** ~ nach kurzer Zeit; **bundan** ~ von nun [*o* jetzt] an [*o* ab]; **ondan** ~ danach; **yoldan ~ orman başlar** nach dem Weg fängt der Wald an **3.** (*-dikten* ~) nachdem; **depoyu doldurduktan ~ yolumuza ~ ettik** nachdem wir vollgetankt hatten, fuhren wir weiter **4.** (*yoksa*) sonst, andernfalls; **geç kalma, ~ azar işitirsin!** sei pünktlich, sonst gibt es Schelte!

sonradan *adv* nachher, hinterher; ~ **gelmek** nachkommen; **sonradan görme** *s,* **sonradan görmüş** *s* (*pej*) Neureiche(r) *mf*

son rakam *s* Endziffer *f*

sonraki *adj* später

sonraları *adv* später

sonrasız *adj s.* **sonsuz** unendlich

sonrasızlık *s* <-ğı> *s.* **sonsuzluk** Unendlichkeit *f*

sonsal *adj* (PHILOS: *aposteriori*) a posteriori; *s. a.* **önsel**

son ses *s* (LING) Auslaut *m;* **son soruşturma** *s* (JUR) Hauptverfahren *nt*

sonsuz *adj* unendlich, endlos; (*ebedî*) ewig

sonsuzluk *s ohne Pl* <-ğu> **1.** Unendlichkeit *f,* Endlosigkeit *f* **2.** (*ebediyet*) Ewigkeit *f*

sonteşrin *s s.* **kasım** November *m*

sonuç *s* <-cu> **1.** Ergebnis *nt,* Fazit *nt;* **bir şeyden ~ çıkarmak** das Fazit aus etw ziehen; **iyi/kötü ~ almak** gut/schlecht abschneiden, ein gutes/schlechtes Ergebnis erzielen **2.** (*Pl*): **hukukî ~lar** rechtliche Folgen

sonuçlandırma *s Verbalsubstantiv zu* **sonuçlandırmak**

sonuçlandırmak *vt* zum Abschluss bringen; (*bitirmek*) abschließen, beenden

sonuçlanma *s Verbalsubstantiv zu* **sonuçlanmak**

sonuçlanmak *vi* (*bitmek*) enden

sonuç yarışması *s* (SPORT) Entscheidungskampf *m*

sonunda *adv* letzlich, schließlich; **eninde** ~ (*ne zaman olsa*) über kurz oder lang; (*en sonda*) schließlich

sonuşmaz *s* (MATH: *asimptot*) Asymptote *f*

soprano *s* (MUS) **1.** (*ses*) Sopran *m* **2.** (*sanatçı*) Sopranistin *f*

sora sora *adv:* ~ **yolunu bulmak** sich durchfragen

sorgu *s* Verhör *nt,* Vernehmung *f;* **birini ~ya çekmek** jdn einem Verhör unterziehen, jdn vernehmen

sorguç *s* <-cu> (ZOOL: *kuşlarda*) Haube *f*

sorgu hakimi *s* Vernehmungsrichter(in) *m(f)*

sorgulama *s* **1.** *Verbalsubstantiv zu* **sorgulamak** **2.** Vernehmung *f* **3.** (INFORM) Abfrage *f*

sorgulamak *vt* **1.** vernehmen **2.** (INFORM) abfragen

sorgulama ortamı *s* (INFORM) Abfragemedium *nt*

sorgu sual *s* <-i> Fragerei *f*

sorgusuz sualsiz *adv* ohne zu fragen

sorgu yargıcı *s* Vernehmungsrichter(in) *m(f)*

sorma *s Verbalsubstantiv zu* **sormak**

sormaca *s* Umfrage *f,* Befragung *f*

sormak *vt* fragen; **birine ahret sualleri** ~ (*fam*) jdm Löcher in den Bauch fragen

soru cümlesi *s* (LING) Fragesatz *m;* **soru işareti** *s* Fragezeichen *nt*

sorumluluk *s* <-ğu> **1.** Verantwortung *f;* **bir kimse/şey için ~ taşımak** die Verantwortung für jdn/etw tragen **2.** (JUR) Haftung *f;* **sınırlı** ~ (JUR) beschränkte Haftung

sorumluluk duygusu *s ohne Pl* Verantwortungsgefühl *nt*

sorumsuz *adj* verantwortungslos

sorun *s* Problem *nt;* ~ **çıkmadı** es gab keine Probleme; ~**larımızın çözümü** die Lösung unserer Probleme

sorunlu *adj* problematisch

sorunsuz *adj* problemlos

soruşturma *s* **1.** *Verbalsubstantiv zu* **soruşturmak** **2.** Befragung *f;* (*anket*) Umfrage *f* **3.** (*tahkikat*) Untersuchungen *fpl,* Ermittlungen *fpl;* ~ **açmak** Ermittlungen einleiten

soruşturma komisyonu/kurulu *s* Untersuchungsausschuss *m*

soru zamiri *s* (LING) Fragewort *nt,* Fragepronomen *nt,* Interrogativpronomen *nt*

sosyal demokrat *s* Sozialdemokrat(in) *m(f)*

sosyal devlet *s* Sozialstaat *m*

sosyalist **I.** *s* Sozialist(in) *m(f)* **II.** *adj* sosyalistisch

sosyalistik *adj* sosyalistisch
sosyalizasyon *s* Sozialisierung *f; s. a.* **toplumsallaştırma**
sosyalizm *s ohne Pl* Sozialismus *m*
sosyal yapı *s* Sozialstruktur *f*
sosyete *s ohne Pl* Schickeria *f*
sosyolog *s* Soziologe, -in *m, f*
sosyoloji *s ohne Pl* Soziologie *f*
sosyolojik *adj* soziologisch
Sovyet **I.** *s* Sowjet *m* **II.** *adj* sowjetisch, Sowjet-
Sovyetler Birliği *s* (HIST) Sowjetunion *f*
Sovyet vatandaşı *s* (HIST) Sowjetbürger *m*
soy **I.** *s* **1.** (*sülâle*) Geschlecht *nt,* Familie *f,* Sippe *f;* (*atalar*) Ahnen *pl* **2.** (*cins*) Geschlecht *nt;* (*tür*) Art *f;* (*at, köpek* ~ *u*) Rasse *f;* ~ **u tükenmek** aussterben **II.** *adj* reinrassig
soya *s* Soja *f*
soya çekim *s* Vererbung *f*
soyadı *s* Familienname *m,* Zuname *m;* ~ **nız ne?** wie heißen Sie mit Familiennamen?; **adınızı ve** ~ **nızı yazınız!** schreiben Sie Vor- und Zuname!
soya fasulyesi *s* Sojabohne *f*
soy ağacı *s* Stammbaum *m,* Ahnentafel *f*
soya unu *s* Sojamehl *nt;* **soya yağı** *s* Sojaöl *nt*
soy bilimi *s ohne Pl* Ahnenforschung *f*
soydaş **I.** *s* Artgenosse, -in *m, f* **II.** *adj* artgleich
soy gaz *s s.* **asal gaz** Edelgas *nt*
soygun *s* **1.** Raub *m,* Überfall *m* **2.** (*vurgun*) Fischzug *m*
soyguncu **I.** *s* Räuber(in) *m(f)* **II.** *adj* räuberisch
soygunculuk *s* <-ğu> Raub *m,* Räuberei *f*
soy kırımı *s* Völkermord *m;* (*jenosit*) Genozid *m*
soy kütüğü *s* Stammbaum *m*
soylu **I.** *s* Adelige(r) *mf* **II.** *adj* **1.** (*asil*) adelig **2.** edel; **soylu erki** *s* (*aristokrasi*) Aristokratie *f;* **soylu kadın** *s* (HIST) Edelfrau *f*
soyluluk *s* <-ğu> Adel *m,* Adelsstand *m;* **soyluluk unvanı** *s* Adelstitel *m*
soyma *s Verbalsubstantiv zu* **soymak**
soymak <-ar> *vt* **1.** (*patates*) schälen; (*kabuğunu*) (ab)pellen **2.** (*banka*) ausrauben
soysuzlaşma *s* **1.** *Verbalsubstantiv zu* **soysuzlaşmak** **2.** Entartung *f;* (*dejenereleşme*) Degeneration *f*
soysuzlaşmak *vi* sich entarten; (*dejenereleşmek*) degenerieren
soytarı *s* **1.** Narr *m* **2.** Harlekin *m*
soyulma *s ohne Pl Verbalsubstantiv zu* **soyulmak**
soyulmak *vi pass von* **soymak: sokağın ortasında soyuldu** er wurde mitten auf der Straße ausgeraubt
soyunma *s Verbalsubstantiv zu* **soyunmak**
soyunmak *vi* sich ausziehen
soyutlama *s Verbalsubstantiv zu* **soyutlamak**
soyutlamak *vt* abstrahieren (*-den* von)
soyu tükenmiş *adj* ausgestorben
söğüt *s* <-dü> (BOT) Weide *f*
söğütgiller *s Pl* (BOT) Weidegewächse *ntpl*
sökme *s ohne Pl* **1.** *Verbalsubstantiv zu* **sökmek** **2.** Demontage *f,* Abbau *m*
sökmek **I.** *vt* demontieren, abmontieren, abbauen **II.** *vi* (*tan, şafak*) dämmern; **şafak söküyor** der Morgen dämmert
sökülme *s ohne Pl* **1.** *Verbalsubstantiv zu* **sökülmek** **2.** Demontage *f,* Abbau *m;* **iskelenin** ~ **si bir hafta sürdü** der Abbau des Gerüsts hat eine Woche gedauert
sökülmek **I.** *vi pass von* **sökmek** **II.** *vt* (*sl: paraları*) (he)rausrücken
sömestr *s* Semester *nt;* **birinci/ikinci** ~ erstes/zweites Semester
sömürge *s* Kolonie *f*
sömürgecilik *s ohne Pl* <-ği> Kolonialismus *m*
sömürgeleştirme *s* **1.** *Verbalsubstantiv zu* **sömürgeleştirmek** **2.** Kolonialisierung *f*
sömürgeleştirmek *vt* kolonialisieren
sömürme *s ohne Pl* **1.** *Verbalsubstantiv zu* **sömürmek** **2.** Ausbeutung *f*
sömürmek *vt* ausbeuten
sömürü *s ohne Pl* Ausbeutung *f*
sömürücü *s* (*pej*) Ausbeuter(in) *m(f)*
söndürme *s* **1.** *Verbalsubstantiv zu* **söndürmek** **2.** Löschung *f*
söndürmek *vt* **1.** (*yangın*) löschen; **kireç** ~ Kalk löschen **2.** (*ışığı*) ausmachen **3. bir şeyin üzerine basarak** ~ etw austreten
söndürücü *s* (*yangın* ~) Löscher *m*
sönme *s Verbalsubstantiv zu* **sönmek**
sönmek *vi* ausgehen
sönüm *s* **1.** (WIRTSCH: *itfa*) Amortisation *f,* Tilgung *f* **2.** (PHYS) Dämpfung *f*
sörfçü *s* Surfer(in) *m(f)*
sövme *s* **1.** *Verbalsubstantiv zu* **sövmek** **2.** Beschimpfung *f*
sövmek *vi* schimpfen, fluchen
söyleme *s* **1.** *Verbalsubstantiv zu* **söylemek** **2.** ~ **si kolay** leicht zu sagen; **benden** ~ **si!** (*fam*) lass dir das gesagt sein!
söylemek *vt* sagen
söylenme *s Verbalsubstantiv zu* **söylenmek**
söylenmek *vi* **1.** *pass von* **söylemek** **2. hasta olduğu söyleniyor** es heißt, er sei sehr krank
söylenti *s* Gerücht *nt*
söylev *s* Rede *f*
söyleye söyleye *adv:* ~ **dilinde tüy bitmek** (*fam*) sich den Mund fuss(e)lig reden

söz *s* Wort *nt;* ~ **gümüşse sükût altındır** (*prov*) Reden ist Silber, Schweigen ist Gold; **birine bir şey** ~ **vermek** jdm etw versprechen; ~**e karışmak** dazwischenreden; ~**ü geçmek** das Sagen haben, den Ton angeben; **birinin** ~**ünü kesmek** jdn unterbrechen, jdm ins Wort fallen; **hiç** ~**ünü etmemek** kein Wort darüber verlieren; **uzun** ~**ün kısası** der langen Rede kurzer Sinn; **söz dalaşı** *s* Wortgefecht *nt*
sözde I. *adj* angeblich II. *adv* angeblich
söz dizimi *s ohne Pl* (LING: *sentaks*) Syntax *f;* **söz dizimsel** *s* (LING: *sentaktik*) syntaktisch; **söz gelimi** *adv,* **söz gelişi** *adv* beispielsweise; **söz karışıklığı** *s ohne Pl* (MED: *parafazi*) Paraphasie *f;* **söz konusu** *s* Gesprächsthema *nt*
sözleşme *s* Vertrag *m*
sözlük *s* <-ğü> Wörterbuch *nt;* **iki dilli** ~ zweisprachiges Wörterbuch
sözlük bilimci *s* Lexikologe, -in *m, f;* **sözlük bilimi** *s ohne Pl* Lexikologie *f*
sözsüz oyun *s* (THEAT) Mienenspiel *nt;* (*pantomim*) Pantomime *f*
spaghetti *s* (GASTR) Spagetti *pl*
spazm *s* (MED) Spasmus *m*
spesifik *adj* spezifisch
spesiyal *adj* <-i> speziell
spesiyalist *s* Spezialist(in) *m(f)*
spesiyalite *s* Spezialität *f*
spiker *s* (RADIO, TV) Ansager(in) *m(f)*
spiral I. *s* (MED) Spirale *f;* ~ **koydurtmak** sich eine Spirale einsetzen lassen II. *adj* spiralig
spiril *s* (MED, BIOL) Spirille *f*
spiritüalizm *s ohne Pl* (PSYCH: *tinselcilik*) Spiritualismus *m*
sponsor *s* Sponsor(in) *m(f)*
sponsorluk *s* <-ğu> 1. Sponsorschaft *f* 2. Sponsoring *nt;* **birine** ~ **etmek** jdn sponsern
spontane *adj* 1. spontan 2. (*çeviri*) simultan
spontaneizm *s ohne Pl* Spontaneität *f*
spor[1] I. *s ohne Pl* Sport *m;* ~ **yapmak** Sport treiben II. *adj* sportlich, Sport-
spor[2] *s* (BIOL, ZOOL, MED) Spore *f;* **spor araba** *s* Sportwagen *m;* **spor ayakkabı** *s* Sportschuh *m*
sporcu *s* Sportler(in) *m(f);* **yılın** ~**su seçilmek** zum Sportler des Jahres gekürt werden
spor federasyonu *s* Sportverband *m;* **spor kesesi** *s* (BOT) Sporenbehälter *m,* Sporenträger *m;* **spor kulübü** *s* Sportklub *m*
sporlanma *s Verbalsubstantiv zu* **sporlanmak**
sporlanmak *vi* (BIOL) Sporen bilden
sporlular *s Pl* (ZOOL) Sporentierchen *ntpl*
spor sahası *s* Sportplatz *m*
sportif *adj* sportlich
sportmen I. *s* Sportler(in) *m(f)* II. *adj* sportlich
sportmenlik *s ohne Pl* <-ği> Sportlichkeit *f*
sportoto *s ohne Pl* Sporttoto *nt,* Fußballtoto *nt*
spor türü *s* Sportart *f*
spot *s* 1. (TV, FILM) Spot *m,* Werbespot *m* 2. (FILM) Scheinwerferlicht *nt* 3. (WIRTSCH) Spotgeschäft *nt;* **spot lâmbası** *s* (THEAT) Spotlight *nt*
sprey *s* Spray *m o nt*
stabilizatör *s* (AUTO) Stabilisator *m*
stadı *s poss von* **stat**
stadyum *s* Stadion *nt*
stagflâsyon *s* (WIRTSCH) Stagflation *f*
staj *s* Praktikum *nt*
stajyer *s* Praktikant(in) *m(f)*
stalagmit *s* (GEOL: *dikit*) Stalagmit *m*
stalagtit *s* (GEOL: *sarkıt*) Stalagtit *m*
stat *s* <-dı> *s.* **stadyum** Stadion *nt*
statik I. *s* <-ği> 1. (PHYS) Statik *f* 2. (PHYS: *statör*) Stator *m* II. *adj* 1. (*duruk*) statisch 2. (*fig*) statisch
statör *s* (PHYS) Stator *m*
statü *s* Status *m,* Stellung *f*
statüko *s* Status quo *m*
statükoculuk *s* <-ğu> Besitzstandsdenken *nt*
stenografi *s ohne Pl* Kurzschrift *f*
step *s* Steppe *f; s. a.* **bozkır**
ster *s* Raummeter *m o nt*
steradyan *s* (MATH) Steradiant *m*
stereo *s ohne Pl* Stereo *nt;* **stereofoni** *s ohne Pl* Stereophonie *f;* **stereofonik** *adj* stereophon, stereofon, stereophonisch, stereofonisch; **stereoskop** *s* Stereoskop *nt*
stereotipi *s* (TYPO) Stereotypie *f*
sterilize *adj* steril
sterin *s ohne Pl,* **sterol** *s ohne Pl* <-ü> (MED) Sterin *nt*
stetoskop *s* (MED) Stethoskop *nt*
steyşın *s* Kombiwagen *m*
stil mobilya *s* Stilmöbel *nt*
stoklamak *vt* bevorraten
stop lâmbası *s* (AUTO) Bremslicht *nt*
stratej *s* Stratege, -in *m, f*
strateji *s* Strategie *f*
stratejik *adj* strategisch
stres *s* Stress *m;* **birini** ~**e sokmak** jdn stressen
stresli *adj* gestresst
striknin *s* (CHEM: *ohne Pl*) Strychnin *nt*
striptiz *s* Strip *m,* Striptease *m o nt;* ~ **yapmak** strippen, einen Striptease hinlegen
striptizci *s* Stripper(in) *m(f),* Stripteasetänzer(in) *m(f)*
strüktür *s s.* **yapı** Struktur *f*

stüdyo *s* Studio *nt*
su *s* <-yu> **1.** Wasser *nt;* ~ **gibi** fließend; **ağır** ~ (CHEM) schweres Wasser; **birinin eline ~ dökemez olmak** (*fig*) jdm nicht das Wasser reichen können; **sıcak/soğuk** ~ heißes/kaltes Wasser **2.** (*domates* ~*yu*) Saft *m;* ~**yu görmeden paçaları sıvama** (*prov*) man soll den Tag nicht vor dem Abend loben
sual [suãl] *s* <-i> *s.* **soru** Frage *f;* **birine ahret ~leri sormak** (*fam*) jdm Löcher in den Bauch fragen
suare *s* (THEAT, FILM) Abendvorstellung *f*
su aygırı *s* (ZOOL) Flusspferd *nt;* (*hipopotam*) Nilpferd *nt;* **su bardağı** *s* Wasserglas *nt*
subay *s* (MIL) Offizier *m*
su birikintisi *s* Pfütze *f;* **su bitkisi** *s* Wasserpflanze *f;* **su borusu** *s* Wasserrohr *nt;* **su buharı** *s* Wasserdampf *m*
suç *s* **1.** Straftat *f;* (*basın* ~*u*) Delikt *nt;* ~ **işlemek** eine Straftat begehen **2.** (*cürüm*) Verbrechen *nt;* **organize** ~ das organisierte Verbrechen; **suç faili** *s* Straftäter(in) *m(f)*
suçlama *s* **1.** *Verbalsubstantiv zu* **suçlamak** **2.** Beschuldigung *f*
suçlamak *vt* beschuldigen
suçluluk duygusu *s* Schuldgefühl *nt*
suç ortağı *s* Komplize, -in *m, f,* Mittäter(in) *m(f)*
suçsuz *adj* unschuldig
suçüstü *adv* auf frischer Tat, in flagranti; **birini** ~ **yakalamak** jdn auf frischer Tat ertappen
suda çözünen *adj* wasserlöslich; **suda çözünmeyen** *adj* wasserfest
su dağıtımı *s ohne Pl* Wasserversorgung *f;* **su dalgası** *s* Wasserwelle *f;* **su damarı** *s* Wasserader *f;* **su damlası** *s* Wassertropfen *m;* **su değirmeni** *s* Wassermühle *f;* **su deposu** *s* Wasserspeicher *m;* **su dolabı** *s* Wasserrad *nt;* **su düzeyi** *s* Pegelstand *m,* Wasserstand *m,* Wasserspiegel *m*
sufle *s* (GASTR) Auflauf *m*
su geçirir *adj* wasserdurchlässig; **su geçirmeyen** *adj,* **su geçirmez** *adj* wasserundurchlässig; ~ **kumaş** wasserundurchlässiger Stoff; **su götürmez** *adj* wasserdicht
suikast *s* **1.** (*önemli kişileri plân kurarak öldürme*) Attentat *nt;* **birine ~ yapmak** ein Attentat auf jdn verüben **2.** (*gizlice cana kıymaya kalkışma*) Anschlag *m,* Mordanschlag *m;* **birine ~ yapmak** einen Anschlag auf jdn verüben; ~**a kurban gitmek** einem Anschlag zum Opfer fallen; **suikastçı** *s* Attentäter(in) *m(f)*
su kabağı *s* Flaschenkürbis *m;* **su kayağı** *s* Wasserski *nt;* **su kaynağı** *s* Wasserquelle *f;* **su kazanı** *s* Wasserkessel *m;* **su kemeri** *s* Aquädukt *m o nt;* **su kovası** *s* Wassereimer *m*
sukut *s* (JUR) **1.** Einstellung *f;* ~ **etmek** eingestellt werden; **davanın** ~**u** Einstellung des Verfahrens **2.** Erlöschen *nt;* **hakların** ~**u** das Erlöschen der Ansprüche
sukutuhayal *s s.* **düş kırıklığı** Enttäuschung *f*
sulama *s* **1.** *Verbalsubstantiv zu* **sulamak** **2.** Bewäss(e)rung *f* **3.** (*çimleri*) Berieselung *f*
sulamak *vt* **1.** bewässern **2.** (*çimleri*) berieseln
sulama kovası *s* Gießkanne *f*
sulandırma *s* **1.** *Verbalsubstantiv zu* **sulandırmak** **2.** Verdünnung *f*
sulandırmak *vt* verdünnen; **birinin ağzını** ~ (*fam*) jdm den Mund wässrig machen
sulta *s ohne Pl* (*otorite*) Autorität *f*
sulu *adj* **1.** (*içinde su bulunan*) wässerig **2.** (*limon, elma*) saftig; **sulu boya** *s* Wasserfarbe *f;* **sulu göz(lü)** *s* (*fam*) Heulsuse *f*
sumen *s* Schreibunterlage *f*
su mermeri *s* (*albatr*) Alabaster *m*
suna *s* (ZOOL) Enterich *m,* Erpel *m*
sunak *s* <-ğı> Altar *m;* **sunak bezi** *s* Altartuch *nt;* **sunak örtüsü** *s* Altardecke *f*
sun'î *adj* **1.** künstlich, Kunst-; ~ **böbrek/solunum** künstliche Niere/Beatmung; *s. a.* **yapay** **2.** (*fig: yapmacık*) gekünstelt; **sun'î deri** *s* Kunstleder *nt;* **sun'î gübre** *s* Kunstdünger *m;* **sun'î ipek** *s* <-ği> Kunstseide *f;* **sun'î kalp** *s* <-bi> Kunstherz *nt;* **sun'î lif** *s* Kunstfaser *f,* Chemiefaser *f*
sun'îlik *s* <-ği> Künstlichkeit *f*
sunma *s* **1.** *Verbalsubstantiv zu* **sunmak** **2.** Präsentation *f,* Darbietung *f* **3.** Übersendung *f*
sunmak <-ar> *vt* **1.** präsentieren, darbieten **2.** anbieten; **birine bir şeyi** ~ jdm etw anbieten; **satışa** ~ zum Verkauf anbieten **3.** (*göndermek*) übersenden
sunu *s* (WIRTSCH: *arz*) Angebot *nt;* ~ **ve istem** Angebot und Nachfrage
sunucu *s* **1.** (RADIO, TV) Moderator(in) *m(f)* **2.** (INFORM: *server*) Server *m*
sunuculuk *s* <-ğu> (RADIO, TV) Moderation *f*
supap *s* <-bı> (TECH: *vana*) Ventil *nt;* **supap ayarı** *s* (AUTO) Ventileinstellung *f*
su piresi *s* (ZOOL) Wasserfloh *m*
supya *s* (ZOOL: *mürekkep balığı*) Tintenfisch *m*
surat *s* **1.** Gesicht *nt;* ~ **asmak** ein langes Gesicht machen; ~**ını ekşitmek** eine sauere Miene machen [*o* ziehen]; **birinin** ~**ına tokadı çakmak** (*fam fig*) jdm eine kleben **2.** (*fam pej*) Visage *f;* **surat düşkü-**

nü *s* (*fam pej*) Fratze *f*
suratlı *adj* (*somurtkan*) mürrisch
suratsız *adj* **1.** brummig; (*somurtkan*) mürrisch **2.** (*çirkin*) hässlich
surdin *s* (MUS) Dämpfer *m*
surdinleme *s Verbalsubstantiv zu* **surdinlemek**
surdinlemek *vt:* **birini** ~ jdn mundtot machen; (*sessiz hâle getirmek*) jdn zum Schweigen bringen
sure [suːre] *s* (REL) Sure *f*
Suriye *s* Syrien *nt*
Suriyeli **I.** *s* Syrer(in) *m(f)* **II.** *adj* syrisch
susam *s* (BOT) Sesam *m;* **açıl** ~**, açıl!** Sesam, öffne dich!
susama *s ohne Pl Verbalsubstantiv zu* **susamak**
susamak *vi* **1.** Durst haben, dursten, dürsten; **susadım** mich dürstet, ich habe Durst **2.** (*fig: çok istemek*) dürsten (*-e* nach), Durst haben (*-e* nach)
susamış *adj* (*a. fig*) durstig (*-e* nach); ~ **olmak** durstig sein; **kana** ~ **olmak** blutdurstig sein
susam yağı *s* Sesamöl *nt*
su samuru *s* (ZOOL) Fischotter *m*
susam yağı *s* Sesamöl *nt*
su sayacı *s* Wasserzähler *m*
susma *s ohne Pl Verbalsubstantiv zu* **susmak**
susma hakkı *s* (JUR) Schweigerecht *nt*
susmak *vi* schweigen
susmalık *s* <-ğı> Schweigegeld *nt*
sus payı *s* Schweigegeld *nt*
su sporu *s* Wassersport *m*
susturma *s Verbalsubstantiv zu* **susturmak**
susturmak *vt* **1.** *Kausativ zu* **susmak** **2.** zum Schweigen bringen
susturucu *s* Schalldämpfer *m*
susuş *s ohne Pl* Schweigen *nt*
susuzluk *s ohne Pl* <-ğu> **1.** Wassermangel *m;* (*kuraklık*) Trockenheit *f,* Dürre *f* **2.** Durst *m;* ~ **çekmek** Durst leiden, dursten; **susuzluğunu gidermek** seinen Durst löschen [*o* stillen]
su tabancası *s* Wasserpistole *f;* **su taşkını** *s s.* **sel** Überschwemmung *f;* **su terazisi** *s* (TECH) Wasserwaage *f;* **su teresi** *s* (BOT) Brunnenkresse *f;* **su testisi** *s* Wasserkrug *m;* ~ **su yolunda kırılır** (*prov*) der Krug geht so lange zum Brunnen, bis er bricht
su topu *s ohne Pl* (SPORT) Wasserball *m;* **su tüketimi** *s ohne Pl* Wasserverbrauch *m;* **su türbini** *s* (TECH) Wasserturbine *f*
sutyen *s* BH *m,* Büstenhalter *m*
suvare *s s.* **suare** (THEAT, FILM) Abendvorstellung *f*
suvarma *s Verbalsubstantiv zu* **suvarmak**
suvarmak *vt* tränken; **hayvanları** ~ die Tiere tränken
suvat *s* Tränke *f*
su yatağı *s* **1.** Wasserbett *nt* **2.** (*su kaynağı*) Wasserquelle *f;* **su yılanı** *s* (ZOOL) Ringelnatter *f;* **su yosunu** *s* (BOT: *alg*) Alge *f*
suyuk *s* <-ğu> Körperflüssigkeit *f*
su yüzeyi *s* Wasserspiegel *m,* Wasseroberfläche *f*
sübap *s* <-bı> *s.* **supap** (TECH) Ventil *nt*
sübjektif *adj* subjektiv
sübjektivist **I.** *s* Subjektivist(in) *m(f)* **II.** *adj* subjektivistisch
sübjektivizm *s ohne Pl* (PHILOS: *öznelcilik*) Subjektivismus *m*
sübye *s* **1.** (ZOOL: *mürekkep balığı*) Tintenfisch *m* **2.** Mandelmilch *f*
süet *s* Wildleder *nt;* (*podo*~) Veloursleder *nt*
süje *s* Sujet *nt;* **enteresan bir** ~ ein interessantes Sujet
sükûnet *s ohne Pl s.* **dinginlik** Ruhe *f*
sükût *s ohne Pl* Schweigen *nt;* **söz gümüşse** ~ **altındır** (*prov*) Reden ist Silber, Schweigen ist Gold
sülfat *s* (CHEM) Sulfat *nt*
sülfürik asit *s ohne Pl* <-di> (CHEM) Schwefelsäure *f*
süline *s* (ZOOL: *deniz çakısı*) Scheidenmuschel *f*
sülüğen *s ohne Pl* Mennige *f*
sülük *s* <-ğü> Blutegel *m*
sülün *s* (ZOOL) Fasan *m;* **sülüngiller** *s Pl* (ZOOL: *familyası*) Fasanenvögel *pl*
sümbül *s* (BOT) Hyazinthe *f*
sümkürme *s Verbalsubstantiv zu* **sümkürmek**
sümkürmek *vi* sich schnäuzen; **mendile** ~ sich in ein Taschentuch schnäuzen
sümük *s* <-ğü> Schleim *m;* (*pej*) Rotz *m*
sümük doku *s* (ANAT, MED: *mukoza*) Schleimhaut *f*
sümüksü zar *s* (ANAT, MED) Nasenschleimhaut *f*
sünger *s* Schwamm *m*
sünger taşı *s* Bimsstein *m*
süngü *s* Bajonett *nt;* ~ **takmak** das Bajonett aufpflanzen
sünnet *s* (MED, REL) Beschneidung *f;* ~ **etmek** beschneiden
sünnetçi *s* (REL) Beschneider *m*
sünnet çocuğu *s* Beschneidungskind *nt;* **sünnet derisi** *s* (ANAT) Vorhaut *f*
sünnetsiz *adj* unbeschnitten
Sünnî **I.** *s* Sunnit(in) *m(f)* **II.** *adj* sunnitisch
süper *adj* super; **süper benzin** *s ohne Pl* Superbenzin *nt;* **süper çelik** *s* <-ği> Edelstahl *m;* **süper çip** *s* (INFORM) Superchip *m;* **süper fosfat** *s ohne Pl* Superphosphat *nt;* **süper güç** *s* <-cü> (*fam*) Supermacht *f*

süpermarket *s* Supermarkt *m*
süpermen *s* (*fam*) Supermann *m*
süper star *s* Superstar *m*
süpürge *s* Besen *m*, Kehrbesen *m*, Ausfeger *m*
süpürgelik *s* <-ği> Fußleiste *f*
süpürge otu *s* (BOT) Heidekraut *nt*; **süpürge sapı** *s* Besenstiel *m*
sürpürme *s* *Verbalsubstantiv zu* **sürpürmek**
süpürmek *vt* auskehren, fegen
sürahi *s* Karaffe *f*
sür'at *s* <-ti> *s.* **hız** Geschwindigkeit *f*
sür'atlendirme *s* **1.** *Verbalsubstantiv zu* **sür'atlendirmek** **2.** Beschleunigung *f*
sür'atlendirmek *vt s.* **hızlandırmak** beschleunigen
sür'atlenme *s* **1.** *Verbalsubstantiv zu* **sür'atlenmek** **2.** Beschleunigung *f*
sür'atlenmek *vi s.* **hızlanmak** (sich) beschleunigen
sür'atli *adj s.* **hızlı** schnell
sürdürme *s* *Verbalsubstantiv zu* **sürdürmek**
sürdürmek *vt* **1.** *Kausativ zu* **sürmek** **2.** fortsetzen, weiterführen
süre *s* **1.** (*zaman*) Zeit *f* **2.** (*üç yıllık* ~) Frist *f* **3.** Dauer *f*; **bir anlık/yıllık ~ için** für die Dauer eines Augenblicks/Jahres; **süre aşımı** *s* Verjährung *f*
süreç *s* <-ci> Prozess *m*
süreduran *adj* (PHYS) träge
süredurum *s ohne Pl* (PHYS) Trägheit *f*
süregelen *adj* gleich bleibend
süregelme *s* *Verbalsubstantiv zu* **süregelmek**
süregelmek *vi* andauern; (*devam etmek*) weitergehen
süreğen *adj* (*kronik*) chronisch
sürek avı *s* Kesseltreiben *nt*; (*sürgün avı*) Treibjagd *f*
sürekli **I.** *adj* (*kesintisiz*) stetig, andauernd, kontinuierlich; (*devamlı*) ständig, dauernd **II.** *adv* (*daima*) dauernd, immer
süreklilik *s ohne Pl* <-ği> Stetigkeit *f*; (*devamlılık*) Kontinuität *f*
süreli *adj* periodisch; **süreli yayın** *s* Periodikum *nt*
süre ölçen *s* (SPORT) Zeitnehmer *m*
süreölçer *s* (TECH) Zeitmesser *m*; (*kronometre*) Chronometer *m*
süre ölçümü *s* Zeitmessung *f*
sürerlik *s* <-ği> Dauerhaftigkeit *f*; **~ fiili** (LING) duratives Verb
süre uzatımı *s* Fristverlängerung *f*
sürgen doku *s* (BIOL) Meristem *nt*
sürgit *adv* auf ewig, für immer und ewig
sürgü *s* Riegel *m*
sürgüleme *s ohne Pl* **1.** *Verbalsubstantiv zu* **sürgülemek** **2.** Verrieg(e)lung *f*, Abriegelung *f*
sürgülemek *vt* verriegeln; (*kapıyı*) abriegeln
sürgün *s* **1.** Verbannte(r) *mf* **2.** (*nefiy*) Verbannung *f* **3.** (~ *yeri*) Verbannung *f*, Verbannungsort *m*, Exil *nt*; **birini ~e göndermek** jdn in die Verbannung schicken **4.** (BOT: *filiz*) Trieb *m*, Schössling *m* **5.** (*ishal*) Durchfall *m*; **~ olmak** Durchfall bekommen; **~ü olmak** Durchfall haben; **sürgün avı** *s s.* **sürek avı** Treibjagd *f*; **sürgün yeri** *s* Verbannungsort *m*
sürme *s ohne Pl* **1.** *Verbalsubstantiv zu* **sürmek** **2.** (*top* ~) Führung *f*
sürmek **I.** *vt* **1.** (*araba*) fahren **2.** (*hayat, top*) führen **3.** **bir şeye yağ ~** etw mit Fett einschmieren; **yaraya merhem ~** eine Wunde mit Salbe einreiben **4.** (*piyasaya*) in Umlauf bringen; **piyasaya sahte para ~** Falschgeld in Umlauf bringen **II.** *vi* dauern; **uzun ~** lange dauern; **bu, aylarca/günlerce/yıllarca sürebilir** das kann monatelang/tagelang/jahrelang dauern; **daha sürecek mi?** dauert es noch lange?; **daha ne kadar sürecek?** wie lange dauert es noch?; **fazla sürmedi** es dauerte nicht lange; **gelmesi çok sürdü** es dauerte lange bis er kam
sürpriz *s* Überraschung *f*; **~ yapmak** überraschen (-*e* -); **bu ne ~!** das ist aber eine Überraschung!
sürtme telli çalgı *s* (MUS) Streichinstrument *nt*
sürtük *s* <-ğü> (*fam pej*) Schlampe *f*, Flittchen *nt*
sürtünme *s* *Verbalsubstantiv zu* **sürtünmek**
sürtünmek *vi* schleifen (-*e* an); **lâstik çamurluğa sürtünüyor** der Reifen schleift am Radkasten
sürü *s* (*balık* ~*sü*) Schwarm *m*; (*koyun* ~*sü*) Herde *f*; (*kurt* ~*sü*) Rudel *nt*
sürücü *s* **1.** (*şoför*) Fahrer(in) *m(f)*, Führer(in) *m(f)* **2.** (INFORM) Laufwerk *nt*
sürücü belgesi *s* Führerschein *m*
sürüklenme *s* *Verbalsubstantiv zu* **sürüklenmek**
sürüklenmek *vi* **1.** sich dahinschleppen **2.** sich dahinschleppen, sich hinziehen; **bu dava iki yıl sürüklendi** dieser Prozess schleppte sich über zwei Jahre dahin, dieser Prozess zog sich über zwei Jahre hin
sürüm *s* Absatz *m*
sürüme *s* *Verbalsubstantiv zu* **sürümek**
sürümek *vt* schleppen
sürüngen *s* Kriechtier *nt*
sürünme *s* *Verbalsubstantiv zu* **sürünmek**
sürünmek *vi* **1.** sich einreiben; (*fam*) sich

S

einschmieren; **krem** ~ sich mit Creme einreiben **2.** (*yerde*) kriechen

sürüş *s* Fahrweise *f;* **sürüş keyfi** *s ohne Pl* (AUTO) Fahrvergnügen *nt*, Fahrspaß *m*

sürütme *s* **1.** *Verbalsubstantiv zu* **sürütmek** **2.** (*ağ*) Schleppnetz *nt*

sürütmek *vt* schleppen lassen

süs *s* Verzierung *f;* **kendine ... süsü vermek** sich den Anschein geben, als ...

süs ağacı *s* Zierbaum *m;* **süs bitkisi** *s* Zierpflanze *f*

süsen *s* (BOT) Schwertlilie *f*, Iris *f*

süsengiller *s Pl* (BOT) Schwertliliengewächse *pl*

süsleme *s Verbalsubstantiv zu* **süslemek**

süslemek *vt* **1.** schmücken **2.** (GASTR) garnieren

süsleme sanatı *s ohne Pl* Kunstgewerbe *nt*

süslü dikengöz *s* (ZOOL) Prachtschmerle *f;* **süslü püslü** *adj* (*fam*) aufgetakelt

süsme *s Verbalsubstantiv zu* **süsmek**

süsmek *vt* mit den Hörnern stoßen

süspansiyon *s* (AUTO) Federung *f*

süs taşı *s* Schmuckstein *m*

süt *s* Milch *f;* ~**ten kesmek** (AGR) abbinden; ~**ten ağzı yanan yoğurdu üfleyerek yer** (*prov*) gebranntes Kind scheut das Feuer

sütana *s* Amme *f*

süt asidi *s ohne Pl* Milchsäure *f;* **süt beyaz** *adj* schneeweiß; **süt çocuğu** *s* Säugling *m*

süt dişi *s* Milchzahn *m*

sütlâç *s* <-cı> (GASTR) Milchreis *m*

sütleğen *s ohne Pl* (BOT) Wolfsmilch *f*

sütleğengiller *s Pl* (BOT) Wolfsmilchgewächse *ntpl*

sütlü *adj* milchig; ~ **kahve** Kaffee mit Milch; **sütlü cam** *s* Milchglas *nt;* **sütlü inek** *s* <-ği> Milchkuh *f*

sütlük *s* <-ğü> Milchkanne *f*

sütre *s* (MIL) Deckung *f*

süt şekeri *s ohne Pl* Milchzucker *m;* (*lâktoz*) Laktose *f*

süt tozu *s ohne Pl* Milchpulver *nt*

sütun *s* **1.** (ARCH) Säule *f*, Kolonne *f* **2.** (*cıva* ~*u*) Säule *f* **3.** (PUBL) Kolumne *f*, Spalte *f*, Druckspalte *f*

sütun düzeni *s* (ARCH) Säulenordnung *f*

sütyen *s s.* **sutyen** BH *m*, Büstenhalter *m*

süvari **I.** *s* **1.** Reiter *m* **2.** (NAUT) Schiffer *m* **II.** *adj:* ~ **polisi** die berittene Polizei

Süveyş Kanalı *s ohne Pl* Sueskanal *m*

süyek *s* <-ği> (MED) Schiene *f*

süzgeç *s* <-ci> Sieb *nt;* **bir şeyi** ~**ten geçirmek** etw durch ein Sieb gießen

süzme *s Verbalsubstantiv zu* **süzmek**

süzmek *vt* **1.** filtrieren, (durch)sieben **2.** (*gözle*) mustern

süzülme *s Verbalsubstantiv zu* **süzülmek**

süzülmek *vi* **1.** *pass von* **süzmek** **2.** (*kuş için*) schweben **3.** gleiten

svetşört *s* Sweatshirt *nt*

Ş

ş, Ş [ʃe] *s 23. Buchstabe des türk. Alphabets*
şa *interj:* **ya ya ya ~ ~ ~!** hipp, hipp, hurra!
şaban *s* **1.** *der 8. Monat des Mondjahres* **2.** (*sl: budala*) blöd; (*aptal*) dumm
şabanlık *s* <-ğı> (*sl*) Blödheit *f;* (*aptallık*) Dummheit *f*
şablon *s* **1.** Schablone *f* **2.** (*fig, pej*) Schablone *f*
şabloncu *adj* schablonenhaft, schablonenmäßig
şadırvan *s* Springbrunnen *m*
şafak *s* <-ğı> Morgendämmerung *f;* **~ söküyor** der Morgen dämmert; **birinde ~ atmak** (*fig*) jdm geht ein Licht auf, jdm dämmert es
Şafiî **I.** *s* (REL) Schafiit *m* **II.** *adj* schafiitisch
Şafiîlik *s ohne Pl* <-ği> (REL) Schafiitismus *m*
şaft *s* (TECH) Welle *f;* (AUTO) Antriebswelle *f*
şah[1] *s* **1.** Schah *m* **2.** (*satrançta*) König *m;* **~ demek** Schach sagen
şah[2] *s:* **~a kalkmak** sich aufbäumen
şahadet *s* **1.** (JUR: *tanıklık*) Zeugnis *nt,* Zeugenaussage *f;* **~ etmek** Zeugnis ablegen, eine Zeugenaussage machen **2.** (*şehitlik*) Heldentod *m,* Märtyrertod *m*
şahadetname *s* **1.** Zeugnis *nt* **2.** (*belge*) Bescheinigung *f*
şahadet parmağı *s* Zeigefinger *m*
şahane *adj* **1.** herrschaftlich **2.** (*fig*) herrlich; (*çok güzel*) wunderschön
şahap *s* <-bı> (ASTR: *akan yıldız*) Sternschnuppe *f*
şah damarı *s* Halsschlagader *f*
şaheser **I.** *s* Meisterwerk *nt;* **~ yaratmak** ein Meisterwerk schaffen **II.** *adj* herrlich
şahıs *s* <-hsı> Person *f; s. a.* **kişi**
şahin [ʃa:hɪn] *s* **1.** (ZOOL) Mäusebussard *m* **2.** (POL: *fig*) Falke *m,* Hardliner *m*
şahlanma *s Verbalsubstantiv zu* **şahlanmak**
şahlanmak *vi* sich aufbäumen
şahmerdan *s* **1.** (*makine*) Ramme *f,* Rammmaschine *f* **2.** (*araç*) Rammklotz *m,* Bär *m* **3.** (*çekiç*) Rammhammer *m*
şahsı *s poss von* **şahıs**
şahsî *adj s.* **kişisel** persönlich
şahsiyet *s* Persönlichkeit *f*
şahsiyetli *adj* charakterstark
şahsiyetsiz *adj* charakterlos
şair *s* Dichter(in) *m(f)*
şairane *adj* dichterisch
şaka *s* **1.** Scherz *m;* **~ bir yana, ...** Scherz beiseite, ...; **eşek ~sı** ein grober Scherz **2.** Spaß *m;* **~ yapmak** Spaß machen; **~dan anla(ma)mak** (keinen) Spaß verstehen; **bu iş ~ götürmez** mit dieser Sache ist nicht zu spaßen; **o ~ götürmez** er lässt nicht mit sich spaßen
şakacı **I.** *s* Spaßmacher(in) *m(f)* **II.** *adj* **1.** spaßig **2.** scherzhaft
şakak *s* <-ğı> Schläfe *f*
şakasız *adv* ohne Spaß
şakayık *s* (BOT) Pfingstrose *f*
şaka yollu *adj* scherzhaft
şakıma *s Verbalsubstantiv zu* **şakımak**
şakımak *vi* (*bülbül*) schluchzen
şakır şakır *adv* fließend; **~ Almanca/Türkçe konuşuyor** er spricht fließend Deutsch/Türkisch
şaklama *s* **1.** *Verbalsubstantiv zu* **şaklamak** **2.** Knall *m*
şaklamak *vi* (*kırbaç*) knallen
şaklatma *s Verbalsubstantiv zu* **şaklatmak**
şaklatmak *vt:* **kırbacı ~** mit der Peitsche knallen
şakrak kuşu *s* (ZOOL) Dompfaff *m,* Gimpel *m*
şakul *s* <-ü> *s.* **çekül** Lot *nt,* Senkblei *nt*
şakulî *adj s.* **düşey** senkrecht, vertikal
şalgam *s* Kohlrübe *f,* Steckrübe *f*
şalter *s* **1.** (TECH, ELEK: *çevirgeç*) Schalter *m* **2.** (*gişe*) Schalter *m*
şalupa *s* (NAUT) Schaluppe *f*
Şam *s* Damaskus *nt*
şaman *s* Schamane *m*
şamandıra *s* Schwimmer *m*
şamanizm *s ohne Pl,* **şamanlık** *s ohne Pl* <-ğı> Schamanismus *m*
şamar *s* Ohrfeige *f*
şamarlama *s Verbalsubstantiv zu* **şamarlamak**
şamarlamak *vt* ohrfeigen
şamar oğlanı *s* Prügelknabe *m*
şambrel *s* (AUTO) Schlauch *m,* Reifenschlauch *m*
şamdan *s* Kerzenständer *m;* (*birden fazla mum için*) Kerzenleuchter *m;* **kollu ~** Armleuchter *m*
Şam fıstığı *s* **1.** (BOT: *ağacı*) Pistazie *f,* Pistazienbaum *m* **2.** (*kabuklu yemişi*) Pistazie *f,* Pistaziennuss *f; s. a.* **Antep fıstığı**
şampanya *s* Champagner *m;* **şampanya bardağı** *s* Sektglas *nt,* Flöte *f*

şampiyon *s* (SPORT) Meister(in) *m(f)*, Champion *m*
şampiyona *s* (SPORT) Meisterschaft *f*
Şampiyonlar Ligi *s* (SPORT) Champions League *f*
şampiyonluk *s* <-ğu> (SPORT) Meisterschaft *f*; ~ **için oynamak** um die Meisterschaft spielen
şampuan *s* Shampoo *nt*
şampuanlama *s* **1.** *Verbalsubstantiv zu* **şampuanlamak** **2.** Shampoonierung *f*, Schamponierung *f*
şampuanlamak *vt* shampoonieren, schamponieren
şan *s* Glorie *f*, Ruhm *m*
şangırdama *s* *Verbalsubstantiv zu* **şangırdamak**
şangırdamak *vi* klirren
şangır şungur *adv:* **bardaklar ~ yere düştü** die Glser fielen klirrend zu Boden
şanjman *s* (AUTO) Getriebe *nt*
şanlı *adj* glorreich
şans *s ohne Pl* **1.** Glück *nt;* ~ **benden/bizden yana** das Glück ist auf meiner/unserer Seite; **birine ~ dilemek** jdm Glück wünschen; ~ **getirmek** Glück bringen; ~**ı döndü** (*fig*) für ihn hat sich das Blatt gewendet; ~**ı ol(ma)mak** (kein) Glück haben; ~**ı yaver gitmek/gitmemek** eine Glückssträhne/Pechsträhne haben; ~**ına bir şey olmadı** zum Glück ist nichts passiert; ~**ına imreniyorum** ich beneide dich um dein Glück; ~**ını denemek** sein Glück versuchen; **bol ~lar!** viel Glück! **2.** (*fırsat, imkân*) Chance *f*, Gelegenheit *f;* **sana son bir ~ (daha) tanıyorum** ich gebe dir (noch) eine letzte Chance
şanson *s* (MUS) Chanson *nt*
şansonet *s* (MUS) Chansonnette *f*
şansölye *s* (POL) Kanzler(in) *m(f);* **şansölye adayı** *s* Kanzlerkandidat(in) *m(f)*
şansölyelik *s ohne Pl* <-ği> Kanzleramt *nt*
şanssız *s:* ~ **olmak** Pech haben, kein Glück haben
şanssızlık *s ohne Pl* <-ğı> Unglück *nt*, Pech *nt*
şantaj *s* Erpressung *f;* **birine ~ yapmak** jdn erpressen
şantajcı *s* Erpresser(in) *m(f)*
şantiye *s* **1.** Baustelle *f* **2.** (NAUT) Werft *f;* **şantiye şefi** *s* Bauleiter(in) *m(f);* **şantiye şefliği** *s* Bauleitung *m*
şanzıman *s s.* **şanjman** (AUTO) Getriebe *nt*
şap¹ *s* **1. birine ~ diye öpmek** jdm einen Schmatz geben **2.** (*yere düşmede çıkan ses*) Klacks *m;* ~ **diye yere düşmek** mit einem Klacks zu Boden fallen
şap² *interj* platsch
şap³ *s* (CHEM) Alaun *m;* ~**a oturmak** (*fam fig*) in der Patsche sitzen
şaperon *s* Anstandsdame *f*
şap hastalığı *s* Maul- und Klauenseuche *f*
şapırdama *s* *Verbalsubstantiv zu* **şapırdamak**
şapırdamak *vi* schmatzen
şapırtı *s* Schmatz *m*
şapka *s* **1.** Hut *m;* ~ **çıkarmak** den Hut ziehen **2.** (*lâmba ~sı*) Schirm *m* **3.** (BOT: *mantarlarda*) Schirm *m* **4.** (LING) Zirkumflex *m*
şapkacı *s* Hutmacher(in) *m(f)*
şapka işareti *s* (LING: *şapka*) Zirkumflex *m*
şapşal *adj* **1.** (*fam pej: alık*) dämlich, blöd **2.** (*fam pej*) schlampig; (*giyecek için*) schlampig
şap taşı *s* Alaunstein *m*
şapur şupur *adv* (*fam*): **birini ~ öpmek** jdn abknutschen; ~ **öpüşmek** sich abknutschen
şarabı *s poss von* **şarap**
şarampol *s* <-ü> Straßengraben *m*
şarap *s* <-bı> Wein *m;* **şarap bardağı** *s* Weinglas *nt*
şarapçı *s* **1.** (*şarap yapan*) Winzer(in) *m(f)* **2.** (*satan*) Weinhändler(in) *m(f)* **3.** (*içen*) Weintrinker(in) *m(f)*
şarap fıçısı *s* Weinfass *nt*
şaraphane *s* Weinkellerei *f;* (*satış yeri*) Weinhandlung *f;* (*içilen yer*) Weinhaus *nt*, Weinlokal *nt*
şarapnel *s* (MIL) Schrapnell *nt*
şarbon *s ohne Pl* (MED) Milzbrand *m*, Anthrax *m*
şarj *s* **1.** ~ **etmek** (*yüklemek*) aufladen; ~ **olmak** sich aufladen **2.** (*sl*): ~ **etmek** kapieren
şarjör *s* Magazin *nt*
şark *s ohne Pl s.* **doğu** Osten *m*
şark çıbanı *s* (MED) Aleppobeule *f*
şarkıcı *s* Sänger(in) *m(f);* **şarkıcı ardıç** *s* <-cı> (ZOOL) Singdrossel *f*
şarkiyat *s ohne Pl s.* **doğu bilimi** Orientalistik *f*
şarkiyatçı *s s.* **doğu bilimci** Orientalist(in) *m(f)*
şarklı **I.** *s* (*doğulu*) Orientale, -in *m, f* **II.** *adj* orientalisch
şarküteri *s* Feinkostgeschäft *nt*
şarlatan *s* Charlatan *m*, Kurpfuscher(in) *m(f)*
Şarlman *s* (HIST) Karl der Große
şart *s* Bedingung *f*, Kondition *f;* **uygun ~larla** zu günstigen Bedingungen [*o* Konditionen]; **şart kipi** *s* (LING) Bedingungsform *f*
şartlandırma *s* **1.** *Verbalsubstantiv zu* **şartlandırmak** **2.** Konditionierung *f*
şartlandırmak *vt* konditionieren
şartlı *adj* **1.** bedingt, konditioniert **2.** (LING)

konditional; **şartlı birleşik cümle** *s* (LING) Bedingungssatz *m,* Konditionalsatz *m;* **şartlı birleşik zaman** *s* (LING) Konditionalis *m;* **şartlı refleks** *s* (PSYCH: *koşullu tepke*) bedingter Reflex, konditionierter Reflex; **şartlı yan cümle** *s s.* **şartlı birleşik cümle**
şartname *s* Ausschreibung *f*
şartsız *adj* unbedingt; **şartsız refleks** *s* (PSYCH: *koşulsuz tepke*) unbedingter Reflex; **şartsız şurtsuz** *adv* bedingungslos
şaryo *s* **1.** (TECH: *hareketli parça*) Schlitten *m* **2.** (*daktiloda*) Schlitten *m* **3.** (MIL, TECH, AERO: *fırlatma düzeni*) Katapult *m o nt*
şasi *s* (AUTO) Fahrgestell *nt*
şaşaa [ʃa:ʃaa] *s ohne Pl* **1.** Pracht *f* **2.** (*parlaklık*) Glanz *m*
şaşılası *adj* erstaunlich
şaşırma *s Verbalsubstantiv zu* **şaşırmak**
şaşırmak **I.** *vi* (*hayret etmek*) sich wundern (*-e* über), (er)staunen (*-e* über) **II.** *vt:* **sağını solunu** ~ nicht mehr wissen, wo rechts und links ist; **söyleyeceğini** ~ nicht mehr wissen, was man sagen soll
şaşırtıcı *adj* erstaunlich
şaşkın *adj* verwirrt
şaşkınlık *s* <-ğı> Verwirrung *f,* Fassungslosigkeit *f*
şaşmak *vi* staunen (*-e* über), sich wundern (*-e* über); **bildiğinden şaşma!** lass dich nicht beirren!
şaşmaz *adj* unbeirrbar, unbeirrt
şatafat *s ohne Pl* Pomp *m*
şatafatlı *adj* pompös
şebeke *s* **1.** Netz *nt* **2.** (UNI) Studentenausweis *m*
şebnem *s s.* **çiy** Tau *m*
şecere *s* Stammbaum *m;* (*soy ağacı*) Ahnentafel *f*
şef *s* Chef(in) *m(f);* (*bando ~ i*) Meister(in) *m(f);* (*istasyon ~ i*) Vorsteher(in) *m(f)*
şefaat *s* <-i> Fürbitte *f;* ~ **etmek** fürbitten; **birisi için ~te bulunmak** für jdn Fürbitte einlegen
şefaatçi *s* Fürbitter(in) *m(f)*
şeffaf *adj* transparent, durchsichtig
şeftali *s* Pfirsich *m;* **şeftali ağacı** *s* Pfirsichbaum *m*
şehbender *s s.* **konsolos** Konsul(in) *m(f)*
şehir *s* <-hri> Stadt *f; s. a.* **kent**
şehir tiyatrosu *s* Stadttheater *nt*
şehit *s* <-di> Märtyrer(in) *m(f)*
şehri *s poss von* **şehir**
şeker[1] *s* **1.** Zucker *m;* **ben hiçbir zaman kahveme ~ almam** ich nehme nie Zucker in den Kaffee **2.** Süßigkeit *f*
şeker[2] *s ohne Pl* (*fam: ~ hastalığı*) Zucker *m;* **~i olmak** Zucker haben
Şeker Bayramı *s* Zuckerfest *nt*
şeker hastalığı *s ohne Pl* (MED: *diyabet*) Diabetes *m;* **şeker hastası** *s* Zuckerkranke(r) *mf,* Diabetiker(in) *m(f);* **şeker kamışı** *s ohne Pl* Zuckerrohr *nt*
şekerleme *s* **1.** *Verbalsubstantiv zu* **şekerlemek** **2.** Süßigkeit *f*
şekerlemek *vt* süßen
şekerli *adj* gezuckert
şekerlik *s* <-ği> Zuckerdose *f*
şeker miktarı *s ohne Pl* Zuckergehalt *m;* **şeker pancarı** *s* (AGR) Zuckerrübe *f*
şekersiz *adj* ungezuckert; ~ **kahve** Kaffee ohne Zucker
şekil *s* <-kli> **1.** (*biçim*) Form *f,* Gestalt *f;* ~ **almak** Gestalt [*o* Formen] annehmen; (*biçimlenmek*) sich formen; **sualin şeklini değiştirmek** die Frage umformulieren **2.** (*resim*) Abbildung *f;* **bu kitapta çok ~ var** in diesem Buch sind viele Abbildungen **3.** (*tarz*) Weise *f;* (*davranış biçimi*) Art *f;* **bu ~de** auf diese (Art und) Weise **4.** (MATH) Form *f*
şekillendirme *s* **1.** *Verbalsubstantiv zu* **şekillendirmek** **2.** Formung *f*
şekillendirmek *vt* formen
şekillenme *s* **1.** *Verbalsubstantiv zu* **şekillenmek** **2.** Formung *f*
şekillenmek *vi* sich formen
şekil ve şemail *s s.* **görünüş** Aussehen *nt*
şekli *s poss von* **şekil**
şelâle *s* Wasserfall *m*
şema *s* Schema *nt*
şemalaştırma *s* **1.** *Verbalsubstantiv zu* **şemalaştırmak** **2.** Schematisierung *f*
şemalaştırmak *vt* schematisieren
şematik *adj* schematisch
şempanze *s* (ZOOL) Schimpanse *m*
şemsiye *s* **1.** Regenschirm *m* **2.** (*plâj, bahçe ~si*) Schirm *m* **3.** (BOT) Dolde *f*
şemsiyelik *s* <-ği> Schirmständer *m*
şendere *s* (*fıçı kaburgası*) Daube *f*
şenlik *s* <-ği> Festlichkeit *f*
şen şakrak *adj* **1.** gut gelaunt und lebhaft; (*fam*) aufgekratzt **2.** (*fam*) aufgedreht
şer *s* Übel *nt;* **ehveni~** das kleinere Übel
şerbet *s* Sorbet(t) *m o nt*
şerbetçi otu *s* Hopfen *m*
şerç *s* <-ci> After *m;* (*anüs*) Anus *m*
şeref *s* (*onur*) Ehre *f;* **birine ~ vermek** jdm die Ehre geben; **bu ne ~!** was für eine Ehre!; **~ine!** auf dein Wohl!; **senin ~ine** dir zu Ehren
şerefe *s* Umgang *m, eines Minaretts*
şerefiye *s* Wertzuwachssteuer *f*
şeref kıt'ası *s* (MIL) Ehrenformation *f,* Ehrenkompanie *f;* **şeref konuğu** *s* Ehrengast *m*
şereflendirme *s Verbalsubstantiv zu* **şereflendirmek**

Ş

şereflendirmek *vt* beehren
şerefli *adj* ehrenhaft, ehrbar
şereflilik *s ohne Pl* <-ği> Ehrenhaftigkeit *f*
şeref misafiri *s s.* **şeref konuğu**
şerefsiz *adj* ehrlos
şerefsizlik *s ohne Pl* <-ği> Ehrlosigkeit *f*
şeref sözü *s* (*namus sözü*) Ehrenwort *nt;* **şeref tribünü** *s* Ehrentribüne *f;* **şeref üyesi** *s s.* **onur üyesi** Ehrenmitglied *nt;* **şeref yeri** *s* Ehrenplatz *m*
şeri *s* Sherry *m*
şeriat *s ohne Pl* (REL) Scharia *f*
şeridi *s poss von* **şerit**
şerif *s* Sheriff *m*
şerik *s s.* **ortak** Gesellschafter(in) *m(f)*
şerit *s* <-di> **1.** Band *nt* **2.** (AUTO) Streifen *m,* Fahrspur *f;* ~ **değiştirmek** die Fahrspur wechseln; **sağ/sol** ~ die rechte/linke Spur **3.** (ZOOL, MED: *tenya*) Bandwurm *m;* **şerit makarna** *s* Bandnudel *f;* **şerit metre** *s* Bandmaß *nt*
şev *s* Böschung *f*
şey *s* Ding *nt;* **bir** ~ ein Ding, etwas; **genç/güzel bir** ~ ein junges/schönes Ding; **imkânsız bir** ~ ein Ding der Unmöglichkeit
şeytan *s* Teufel *m,* Satan *m,* Dämon *m;* ~**a uymak** in Versuchung kommen; **acele işe** ~ **karışır** (*prov*) Eile mit Weile; **hay aksi** ~**!** (*fam*) Teufel noch mal!; **yüzünü** ~ **görsün!** scher dich zum Teufel!, fahr zur Hölle!
şeytanca *adv* teuflisch, dämonisch, satanisch, diabolisch
şeytan çekici *s* (*fam fig*) Satansbraten *m,* Teufelsbraten *m*
şeytanî *adj* dämonisch, teuflisch, satanisch, diabolisch
şeytaniğnesi *s* (ZOOL) Teufelsnadel *f*
şeytan tırnağı *s* Niednagel *m*
şeytantırnağı *s* (BOT) Teufelskralle *f*
şık[1] *adj* **1.** chick, schick, elegant **2.** (*fig: cevap*) treffend
şık[2] *s* <-kkı> (*alternatif*) Alternative *f;* **iki** ~**tan birini seçmek zorunda olmak** vor die Alternative gestellt sein
şıklaşma *s Verbalsubstantiv zu* **şıklaşmak**
şıklaşmak *vi* sich schick machen; **niçin bu kadar şıklaştın?** warum hast du dich so schick gemacht?
şıklık *s ohne Pl* <-ğı> Schick *m,* Eleganz *f*
şımarık *adj* <-ğı> verwöhnt, verzogen; ~ **bir çocuk** ein verwohntes [*o* verzogenes] Kind
şımarıklık *s* <-ğı> Verwöhntheit *f*
şımarma *s Verbalsubstantiv zu* **şımarmak**
şımarmak *vt* sich gehen lassen
şımartılma *s* **1.** *Verbalsubstantiv zu* **şımartılmak** **2.** Verwöhnung *f*
şımartılmak *vi pass von* **şımartmak**: **çok şımartılmış bir kadın** eine sehr verwöhnte Frau
şımartma *s* **1.** *Verbalsubstantiv zu* **şımartmak** **2.** Verwöhnung *f*
şımartmak *vt* verwöhnen, verziehen
şıngırdama *s Verbalsubstantiv zu* **şıngırdamak**
şıngırdamak *vi* klirren
şıpın işi *s* (*fam*) Klacks *m;* **böyle şey bizim için** ~ für uns ist so was ein Klacks
şıra *s* Most *m;* (*üzümden*) Traubenmost *m*
şıracı *s* **1.** (*satan kimse*) Mostverkäufer(in) *m(f)* **2.** (*satılan yer*) Mostladen *m*
şıralık üzüm *s* Mosttraube *f*
şırınga *s* Injektionsspritze *f;* **bir şeyi** ~ **etmek** etw einspritzen
şırlağan *s* (*reg: susam yağı*) Sesamöl *nt*
şiddet *s* Heftigkeit *f*
şiddetli *adj* **1.** heftig; ~ **ağrısı olmak** starke Schmerzen haben **2.** ~ **üşümek** bitterlich frieren
şifa *s* Genesung *f;* ~ **bulmak** genesen, gesund werden; ~ **vermek** heilen, gesund machen; ~**yı bulmak** [*o* **kapmak**] (*fam: hastalanmak*) krank werden; (*hastalığı artmak*) richtig krank werden; **acil** ~**lar dilemek** rasche Genesung wünschen, gute Besserung wünschen
şifahane *s s.* **hastane** Krankenhaus *nt*
şifahen *adv* mündlich
şifahî *adj s.* **sözlü** mündlich; ~ **sınav** eine mündliche Prüfung
şifalı *adj* heilkräftig; **şifalı bitki** *s* Heilpflanze *f;* **şifalı ot** *s* Heilkraut *nt;* (*şifalı bitki*) Heilpflanze *f*
şifasız *adj* unheilbar
şifleme *s Verbalsubstantiv zu* **şiflemek**
şiflemek *vt* **1.** (*reg:* AGR: *pamuk*) egrenieren **2.** (*mısır*) entkörnen
şifon *s* Chiffon *m*
şifre *s* Chiffre *f,* Code *m*
şifreleme *s* **1.** *Verbalsubstantiv zu* **şifrelemek** **2.** Chiffrierung *f*
şifrelemek *vt* chiffrieren
şifreli hesap *s* <-bı> Nummernkonto *nt*
şifreli kilit *s* <-di> Zahlenschloss *nt*
Şiî [ʃi'iː] **I.** *s* (REL) Schiit(in) *m(f)* **II.** *adj* schiitisch
Şiîlik [ʃi'iːlik] *s ohne Pl* <-ği> (REL) Schiismus *m*
şiir[1] [ʃi'ir] *s ohne Pl* (LIT) Dichtung *f,* Poesie *f*
şiir[2] *s* Gedicht *nt;* ~ **gibi** (*fam fig*) wie ein Gedicht
şiirce *s* (LIT: *mensur şiir*) Prosadichtung *f*
şiir defteri *s* Poesiealbum *nt*
şikâr [ʃikãr] *s ohne Pl* **1.** (*av*) Beute *f,* Jagdbeute *f,* Raub *m* **2.** (*ganimet*) Beute *f,* Kriegsbeute *f,* Raub *m*
şikâyet [ʃikãjet] *s* Beschwerde *f;* ~ **etmek**

sich beschweren; **~te bulunmak** Beschwerde anbringen; **birine bir şeyi ~ etmek** sich bei jdm über etw beschweren
şike *s* abgekartetes Spiel; **~ yapmak** ein abgekartetes Spiel treiben
şikeli *adj* abgekartet
şile *s* (BOT: *mercanköşk*) Majoran *m*
Şile *s Kleinstadt am Schwarzen Meer*
şilep *s* <-bi> Frachter *m*
Şili **I.** *s* Chile *nt* **II.** *adj* chilenisch; **~ hükümeti/para birimi** die chilenische Regierung/Währungseinheit
Şilili **I.** *s* Chilene, -in *m, f* **II.** *adj* chilenisch; **~ erkekler/kadınlar** chilenische Männer/Frauen
şilin *s* Schilling *m*
şilte *s* Matratze *f*
şimal [ʃimɑ̃l] *s ohne Pl* <-li> *s.* **kuzey** Norden *m*
şimdi *adv* **1.** jetzt, nun; (*şu anda*) derzeit; **~ ise** und nun; **~ sıra onda** jetzt ist er dran; **~den sonra** von jetzt [*o* nun] an; **~ye kadar/dek** bisher, bislang, bis jetzt; **~ye kadarki** bisherige(r, s); **~ye kadarki davranışı** sein bisheriges Verhalten; **~ye kadar böyle bir şey ile hiç karşılaşmadım!** so etwas ist mir ja noch nie begegnet! **2.** (*az sonra*) gleich **3.** (*az önce*) eben; (*demin*) vorhin **4.** (*artık*) nun, nunmehr
şimdiki *adj* jetzige(r, s); (*bu zamandaki*) derzeitige(r, s)
şimdiki zaman *s ohne Pl* **1.** Jetztzeit *f* **2.** (LING) Präsens *nt*
şimendifer *s* **1.** (*demir yolu*) Eisenbahn *f* **2.** (*tren*) Zug *m*
şimşek *s* <-ği> Blitz *m;* **~ çakmak** blitzen; **~ gibi** (*fam fig*) wie ein geölter Blitz, blitzartig; **~ hızıyla** blitzschnell; **beyninde ~ler çakmak** (*fam fig*) wie vom Blitz getroffen sein
şimşeksavar *s* Blitzableiter *m*
şimşir *s* (BOT) Buchsbaum *m;* **kel başa ~ tarak** (*fig*) das passt wie die Faust aufs Auge
şintoizm *s ohne Pl* (REL) Schintoismus *m*
şiraze *s* (TYPO) Kapitalband *nt;* **~sinden çıkmak** aus den Fugen geraten; **iş ~sinden çıktı** die Sache ist aus den Fugen geraten
şirket *s* (*ortaklık*) Gesellschaft *f;* **adî ~** (JUR) Gesellschaft *f* bürgerlichen Rechts; **limitet ~** Gesellschaft *f* mit beschränkter Haftung
şirpençe *s* (MED) Karbunkel *m*
şiryan *s s.* **atardamar** Arterie *f,* Schlagader *f*
şiş[1] **I.** *s* Schwellung *f,* Beule *f;* **~ indi** die Schwellung ist zurückgegangen **II.** *adj* geschwollen
şiş[2] *s* **1.** Spieß *m* **2. örgü ~i** Stricknadel *f* **3.** (GASTR) Spieß *m,* Bratspieß *m*
şişe *s* Flasche *f*
şişeleme *s Verbalsubstantiv zu* **şişelemek**
şişelemek *vt:* **bira/şarap ~** Bier/Wein in Flaschen abfüllen
şişelenme *s Verbalsubstantiv zu* **şişelenmek**
şişelenmek *vi pass von* **şişelemek**
şişe tapası *s* Flaschenverschluss *m*
şişinme *s Verbalsubstantiv zu* **şişinmek**
şişinmek *vi* (*reg: kabarmak*) sich aufblasen
şişirilme *s Verbalsubstantiv zu* **şişirilmek**
şişirilmek *vi pass von* **şişirmek**
şişirme **I.** *s Verbalsubstantiv zu* **şişirmek** **II.** *adj* (*fig*): **~ iş** Pfuscharbeit *f*
şişirmek *vt* (*balon*) aufblasen; **avurt ~** die Backen aufblasen; **rüzgâr yelkenleri şişirdi** der Wind bauschte die Segel
şişkinlik *s* <-ği> Schwellung *f*
şişko *s* (*fam pej*) Fettwanst *m*
şişleme *s Verbalsubstantiv zu* **şişlemek**
şişlemek *vt* aufspießen
şişman *adj* dick
şişmanlama *s Verbalsubstantiv zu* **şişmanlamak**
şişmanlamak *vi* zunehmen, dick werden
şişmanlatma *s Verbalsubstantiv zu* **şişmanlatmak**
şişmanlatmak *vt Kausativ zu* **şişlamak** dick machen
şişmanlık *s ohne Pl* <-ğı> **1.** Dicksein *nt* **2.** (MED) Fettsucht *f*
şişme *s* **1.** *Verbalsubstantiv zu* **şişmek** **2.** Schwellung *f*
şişmek *vi* schwellen
şnitzel *s* (GASTR) Schnitzel *nt*
şnorkel *s* Schnorchel *m*
şofben *s* Durchlauferhitzer *m*
şoför *s* Fahrer(in) *m(f),* Chauffeur(in) *m(f)*
şoför koltuğu *s* Fahrersitz *m*
şoförlük sınavı *s* Fahrprüfung *f*
şoför okulu *s* Fahrschule *f*
şok *s* Schock *m;* **anafilaksik ~** (MED) anaphylaktischer Schock
şokola *s* heiße Schokolade; **~ içmek** heiße Schokolade trinken
şok tedavisi *s* Schockbehandlung *f,* Schocktherapie *f*
şort *s* **1.** Shorts *pl,* Boxershorts *pl,* Boxer-Shorts *pl* **2.** (*yüzme ~u*) Hose *f*
şose *s* Chaussee *f*
şov *s* Schau *f;* **~ yapmak** (*fam*) eine Schau abziehen
şovculuk *s* <-ğu> Showgeschäft *nt*
şoven **I.** *s* Chauvinist *m;* (*fam*) Chauvi *m* **II.** *adj* chauvinistisch
şovenizm *s ohne Pl* Chauvinismus *m*
şovenlik *s ohne Pl* <-ği> (*pej*) Chauvinismus *m*
şöhret *s ohne Pl* Ruhm *m*
şölen *s* Festessen *nt,* Festmahl *nt*

şömine *s* Kamin *m o nt*
şöyle *adv* folgendermaßen
şöyle böyle *adv* einigermaßen
şteyşın *s* (AUTO: *fam*) Kombi *m,* Caravan *m*
şu *pron* **1.** (*adjektivisch*) diese(r, s), jene(r, s); ~ **ana kadar** bisher, bislang; ~ **anda** in diesem Augenblick, momentan, im Moment, zur Zeit; ~ **anda meşgulüm** im Moment bin ich beschäftigt **2.** (*substantivisch*) der, die, das da
şubat *s* Februar *m*
şube *s* Filiale *f;* **şube müdürü** *s* Filialleiter(in) *m(f)*
şufa hakkı *s* (JUR, ADMIN: *ön alım hakkı*) Vorkaufsrecht *nt*
şunu bunu *pron* (*substantivisch*) dies und jenes; **biz ~ almakla meşgulken ...** während wir damit beschäftigt waren, dies und jenes zu kaufen, ...; ~ **bilmemek** (*itiraz dinlememek*) keine Widerrede dulden
şuracıkta *adv* gleich dort
şurtsuz *adv:* **şartsız** ~ bedingungslos
şurup *s* <-bu> Sirup *m*
şuur *s s.* **bilinç** Bewußtsein *nt*
şuuraltı *s ohne Pl s.* **bilinçaltı** Unterbewußtsein *nt*
şükran *s* (*minnettarlık*) Dankbarkeit *f*
şükretme *s* **1.** *Verbalsubstantiv zu* **şükretmek** **2.** Danksagung *f*
şükretmek *vi,* **şükreylemek** *vi* **1.** (*Tanrı'ya*) danksagen **2.** (*minnet duymak*): **birine** ~ jdm Dank schulden
şükür *s* <-krü> Dank *m;* **Tanrı'ya ~!** Gott sei Dank!
şümul *s* <-ü> *s.* **kapsam** Umfang *m*
şüphe *s* **1.** Verdacht *m* **2.** (*kuşku*) Zweifel *m;* ~ **beslemek** [*o* **duymak**] Zweifel hegen
şüpheci *adj* skeptisch
şüphecilik *s ohne Pl* <-ği> Skeptizismus *m*
şüpheli *adj* **1.** verdächtig, suspekt; **bundan ~yim** das ist mir suspekt **2.** zweifelhaft; ~ **alacaklar** zweifelhafte Forderungen
şüphesiz *adv* zweifellos, ohne Zweifel

T

t, T [te] *s* t, T *nt, 24. Buchstabe des türk. Alphabets*
ta¹ [ta:] *adv:* ~ **aşağılara kadar** bis ganz nach unten hin; **...,** ~ **ki herkes anlasın** ..., damit jeder es versteht
ta² [ta] *adv:* ~ **kendisi** wie er [*o* sie] leibt und lebt
taahhütlü *adj* (*mektup*) eingeschrieben; **bir mektubu** ~ **göndermek** einen Brief als Einschreiben schicken; **taahhütlü mektup** *s* <-bu> Einschreibebrief *m,* Einschreiben *nt*
taarruz *s s.* **saldırı** Angriff *m;* ~ **etmek** angreifen
taassup *s ohne Pl* <-bu> *s.* **bağnazlık** Fanatismus *m*
tabaat *s ohne Pl* (TYPO: *basımcılık*) Druckwesen *nt*
tababet [taba:bet] *s ohne Pl s.* **hekimlik** Medizin *f*
tabak¹ *s* <-ğı> Teller *m;* **düz bir** ~ ein flacher Teller
tabak² *s* (*sepici*) Gerber(in) *m(f)*
tabaka *s* **1.** Schicht *f* **2.** (*ağ, saydam* ~) Haut *f*
tabakçı *s* **1.** (*satan kimse*) Tellerverkäufer(in) *m(f)* **2.** (*yıkayan kimse*) Tellerwäscher(in) *m(f)*
tabakhane *s* Gerberei *f*
tabaklama *s ohne Pl Verbalsubstantiv zu* **tabaklamak**
tabaklamak *vt* gerben; **deri/post** ~ Häute/Felle gerben; **tabaklanmış deri** gegerbtes Leder
tabaklık *s ohne Pl* <-ğı> Gerberei *f;* (*tabaklama*) Gerben *nt*
taban *s* **1.** (*ayağın alt yüzü*) Fußsohle *f* **2.** (*tavan karşıtı*) Boden *m,* Fußboden *m* **3.** (*ayakkabının altı*) Schuhsohle *f;* **sol ayakkabımın** ~**ı delindi** (*fam*) die Sohle meines linken Schuhs ist durch **4.** (*duraç*) Sockel *m;* (*ayaklık*) Fuß *m* **5.** (MATH: *kaide*) Grundseite *f,* Basis *f* **6.** (INFORM: *veri* ~ *ı*) Basis *f*
tabanca *s* Pistole *f;* ~**ya davranmak** zur Pistole greifen
taban fiyatı *s* Mindestpreis *m*
tabansız I. *s* Feigling *m* **II.** *adj* (*pej*) feig(e)
taban ücret *s* Grundlohn *m*
tabanvay *s:* ~ **gitmek** zu Fuß gehen
tâbi *s* (TYPO: *basıcı*) Drucker(in) *m(f)*
tabiat *s s.* **doğa** Natur *f;* **tabiat bilgisi** *s ohne Pl s.* **doğa bilgisi** Naturkunde *f*
tabiatıyla *adv* naturgemäß
tabiatüstü *adj s.* **doğaüstü** übernatürlich
tabiî I. *adj* **1.** (*tabiatta bulunan*) natürlich **2.** (*olağan, beklenildiği gibi*) natürlich, selbstverständlich **3.** (*yapmacık olmayan*) natürlich, unbefangen **II.** *adv* natürlich, selbstverständlich; ~ **siz de geleceksiniz** selbstverständlich werden Sie auch kommen
tabiî âfetler *s Pl* Naturgewalten *fpl*
tabiîlik *s ohne Pl* <-ği> Unbefangenheit *f,* Selbstverständlichkeit *f;* (*doğallık*) Natürlichkeit *f;* **davranışındaki** ~ die Unbefangenheit seines Verhaltens
tabip *s* <-bi> *s.* **hekim** Arzt *m,* Ärztin *f;* (*adlî* ~) Mediziner *m*
tabipler odası *s* Ärztekammer *f*
tabla *s* Tablett *nt;* (*kül* ~ *sı*) Becher *m*
tabldot *s* (GASTR) **1.** (*seçmesiz yemek*) Menü *nt* **2.** (*ortaklık*) *Gemeinschaft von Leuten, die Lebensmittel besorgen und für sich kochen lassen*
tablet *s* **1.** (*ilâç* ~ *i*) Tablette *f* **2.** (*kilden yapılmış üstü yazılı belge*) Tontafel *f*
tablo *s* **1.** Gemälde *nt* **2.** (*a.* THEAT) Szenerie *f*
tabu I. *s* Tabu *nt* **II.** *adj* tabu
tabur *s* (MIL) Bataillon *nt*
taburcu *s* (MED: *hastaneden*): ~ **etmek** entlassen
tabure *s* Hocker *m*
tabut *s* **1.** Sarg *m* **2.** (*reg*) Eierkiste *f*
tabya *s* Fort *nt*
tacı *s poss von* **taç**
Tacik *s* Tadschike, -in *m, f*
Tacikçe *s* (das) Tadschikisch(e)
Tacikistan *s* Tadschikistan *nt*
tacir *s* Kaufmann *m*
taciz *s* Störung *f,* Belästigung *f;* **taciz ateşi** *s* (MIL) Störfeuer *nt*
taç¹ *s* <-cı> **1.** Krone *f;* ~ **giymek** sich die Krone aufsetzen, gekrönt werden; **birine** ~ **giydirmek** jdm die Krone aufsetzen, jdn krönen **2.** (*gelin başlığı*) Brautkranz *m* **3.** (BOT: *çiçek tacı*) Korolla *f*
taç² *s* (SPORT) Seitenaus *nt;* ~**a çıkmak** ins Seitenaus gehen; **taç atışı** *s* (SPORT) Einwurf *m*
taçkapı *s* Portal *nt*
tadat *s* <-dı> *s.* **sayım** Zählung *f*
tadı *s poss von* **tat**

T

tadımlık *s* <-ğı> Kostprobe *f;* **tadımlık lokma** *s* Appetithappen *m*
tadil *s* Abänderung *f;* ~ **etmek** abändern
tadilât *s* Veränderungen; **yapıda ~ yapmak** bauliche Veränderungen vornehmen
tadil teklifi *s s.* **değiştirge** Abänderungsvorschlag *m*
tafsilât *s Pl s.* **ayrıntılar** Einzelheiten *pl,* Details *pl*
tafta *s* Taft *m*
tahammül *s* Ausdauer *f;* **bir kimseye/şey ~ etmek** jdn/etw ertragen
tahıl *s* (AGR) Getreide *nt;* **tahıl tanesi** *s* Getreidekorn *m*
tahin *s* Sesamöl *nt*
tahkikat *s* Ermittlung(en) *f(pl);* **tahkikat evrakı** *s* Ermittlungsakte *f;* **tahkikat komisyonu** *s s.* **soruşturma kurulu** Untersuchungsausschuss *m*
tahkim *s* (WIRTSCH: *konsolidasyon*) Konsolidation *f,* Konsolidierung *f*
tahlil *s* (*analiz*) Analyse *f;* ~ **etmek** analysieren
tahlilî *adj s.* **çözümsel** analytisch
tahliye *s* **1.** (*boşaltma*) Räumung *f;* ~ **etmek** räumen **2.** (*tutuklu için*) Entlassung *f,* Freilassung *f;* ~ **etmek** freilassen
tahmin *s* (*hava ~ i*) Vorhersage *f*
tahminen *adv* schätzungsweise
Tahran *s* Teheran *nt*
tahrif *s* Entstellung *f;* ~ **etmek** entstellen
tahrip *s* <-bi> Zerstörung *f;* **bir şeyi ~ etmek** etw zerstören
tahripkâr *adj* destruktiv
taht *s* Thron *m;* ~**a çıkmak** den Thron besteigen; ~**tan feragat etmek** auf den Thron verzichten, abdanken; **birini ~tan indirmek** jdn vom Thron absetzen; (*hal'etmek*) jdn entthronen
tahta *s* **1.** Holz *nt* **2.** (*ütü, satranç ~ sı*) Brett *nt* **3.** (SCHULE: *kara tahta*) Tafel *f;* **tahta bacak** *s* <-ğı> Holzbein *nt*
tahtaboş *s* (*taraça*) Terrasse *f*
tahtadan üflemeli çalgı *s* (MUS) Holzblasinstrument *nt*
tahta köprü *s* Holzbrücke *f;* **tahta kurdu** *s* (ZOOL) Totenuhr *f*
tahtakurusu *s* (ZOOL) Wanze *f*
tahtalıköy *s:* ~**ü boylamak** (*fam fig*) ins Gras beißen
tahta perde *s* Bretterzaun *m,* Bauzaun *m*
tahtelbahir *s* <-hri> *s.* **denizaltı** U-Boot *nt*
tahterevalli *s* Wippe *f*
tahteşşuur *s ohne Pl s.* **bilinçaltı** Unterbewußtsein *nt*
tahtırevan *s* Sänfte *f*
tahvil *s* (WIRTSCH, FIN) Anleihe *f,* Schuldverschreibung *f*
taife *s s.* **tayfa**
takaddüm *s ohne Pl* **1.** (*öncelik*) Vorrang *m;* **bir şeye ~ etmek** etw vorausgehen [*o* vorangehen]; **kavgaya ~ eden olayda ...** bei dem Vorfall, der dem Streit vorausgegangen war, ... **2.** (*önce davranma*) Zuvorkommenheit *f*
takanak *s* <-ğı> (*reg*) **1.** (*alacak*) Forderung *f;* (*borç*) Schuld *f* **2.** (*ilişki*) Beziehung *f,* Verhältnis *nt*
takas *s* **1.** Aufrechnung *f;* ~ **etmek** aufrechnen **2.** (*kliring*) Verrechnung *f;* ~ **etmek** verrechnen
takat *s ohne Pl* <-i> Kraft *f;* ~**i kalmamak** keine Kraft mehr haben; **bir şeye birinin ~i yetmemek** für etw reicht jds Kraft nicht aus; ~**im kalmadı** ich habe keine Kraft mehr
takatli *adj* (*güçlü*) kraftig, stark; (*dayanıklı*) ausdauernd
takatsiz *adj* kraftlos; (*yorgun*) müde; (*takati kalmamış*) erschöpft
takatsızlik *s ohne Pl* <-ği> (*güçsüzlük*) Kraftlosigkeit *f*
takatuka *s* **1.** *ohne Pl* (*gürültü patırtı*) Gepolter *nt* **2.** (TYPO) Klopfholz *nt*
takdim *s* **1.** Überreichung *f;* (*sunma*) Anbieten *nt;* ~ **etmek** überreichen; (*sunmak*) anbieten, präsentieren **2.** (*tanıtma, tanıştırma*) Vorstellung *f;* ~ **edilmek** vorgestellt werden, vorstellen; ~ **etmek** vorstellen; **onu öğretmenine ~ etti** er stellte ihn seinem Lehrer vor **3.** (*öne, önceye alma*) Vorverlegung *f;* ~ **etmek** vorverlegen
takdim tehir *s* Umkehrung *f;* (LING) Inversion *f*
takdir *s ohne Pl* **1.** Ermessen *nt* **2.** Anerkennung *f,* Würdigung *f;* **bir şeyi ~ etmek** etw würdigen, etw (lobend) anerkennen; ~ **olunmak** Anerkennung finden, gewürdigt werden; **takdir hakkı** *s ohne Pl* Ermessensfreiheit *f*
takı *s* **1.** Gehänge *nt* **2.** (LING) Endung *f,* Suffix *nt*
takılma *s Verbalsubstantiv zu* **takılmak**
takılmak *vi* **1.** *pass von* **takmak** **2. birine** ~ jdn necken **3. bir şeye** ~ an etw hängenbleiben
takım *s* **1.** Mannschaft *f* **2.** (*kahve, çay ~ ı*) Service *nt;* (*yemek odası ~ ı*) Einrichtung *f,* Garnitur *f;* (*satranç ~ ı*) Spiel *nt* **3.** (BIOL) Ordnung *f* **4.** (*kromozom ~ ı*) Satz *m*
takımada *s* (GEO) Archipel *m*
takım erki *s* (*oligarşi*) Oligarchie *f;* **takım giysi** *s* Anzug *m;* **takım kaptanı** *s* (SPORT) Mannschaftskapitän *m;* **takım oyunu** *s* (SPORT) Mannschaftsspiel *nt*
takınak *s* <-ğı> (PSYCH) Obsession *f,* Zwangsvorstellung *f*

takınaklı *adj* (PSYCH) obsessiv; **takınaklı davranış** *s* (PSYCH) Zwangshandlung *f*
takınma *s Verbalsubstantiv zu* **takınmak**
takınmak *vt* (*tavır*) einnehmen
takırdama *s Verbalsubstantiv zu* **takırdamak**
takırdamak *vi* klappern
takırtı *s* Geklapper *nt*
takışma *s Verbalsubstantiv zu* **takışmak**
takışmak *vi* (*fam*) anbändeln (*-le* mit)
takip *s* <-bi> Verfolgung *f*
takke *s* (*a.* ARCH) Kappe *f*
takla *s* Purzelbaum *m;* ~ **atmak** einen Purzelbaum schlagen; (*oto*) sich überschlagen
taklit *s* <-di> Imitation *f,* Nachahmung *f;* ~ **etmek** imitieren, nachahmen
taklitçi I. *s* Imitator(in) *m(f)* **II.** *adj* imitatorisch, nachahmend
takma *s Verbalsubstantiv zu* **takmak**; **takma ad** *s* Deckname *m,* Spitzname *m;* **takma bacak** *s* <-ğı> (*fam*) Beinprothese *f;* **takma diş** *s* Zahnprothese *f*
takmak I. *vi* **1.** einlegen (*-e* -); **üçüncü vitese** ~ den dritten Gang einlegen **2.** einsetzen (*-e* in); **camı çerçeveye** ~ die Scheibe in den Rahmen einsetzen **3.** (*Wend*): **bir şeye dişini tırnağını** ~ (*fam*) sich die Zähne an etw ausbeißen **II.** *vt* **1.** (*yüzük*) anstecken **2.** (*süngü*) aufpflanzen **3.** aufsetzen; **birine boynuz** ~ (*fam fig*) jdm Hörner aufsetzen
takma kol *s* (*fam*) Armprothese *f;* **takma saç** *s* Perücke *f*
takoğraf *s* (AUTO) Fahrtenschreiber *m*
taksa *s* (POST) Nachgebühr *f*
taksi[1] *s* Taxi *nt*
taksi[2] *s* (BIOL: *göçüm*) Taxie *f,* Taxis *f*
taksici *s* Taxifahrer(in) *m(f)*
taksi durağı *s* Taxistand *m*
taksimetre *s* Taxameter *m o nt*
taksi şoförü *s* Taxifahrer(in) *m(f)*
taksit *s* Rate *f*
taksitle ödeme *s* Ratenzahlung *f*
takvim *s* Kalender *m;* **takvim yılı** *s* Kalenderjahr *nt*
takvin *s ohne Pl* (REL: *yaratılış*) Schöpfung *f*
takviye *s* Verstärkung *f;* ~ **etmek** verstärken; ~ **gelinceye kadar düşmanı oyalamak** den Feind hinhalten bis Verstärkung kommt
talaş *s* Sägemehl *nt,* Sägespäne *mpl*
talep *s* <-bi> **1.** Forderung *f* **2.** (WIRTSCH: *istem*) Nachfrage *f;* **arz ve** ~ Angebot und Nachfrage
talih *s* Glück *nt;* **talih kuşu** *s ohne Pl* (*fig*) Fortuna *f;* ~ **yüzüne güldü** Fortuna war ihm hold
talih oyunu *s* Glücksspiel *nt*
talil [taːlɪl] *s* (PHILOS: *tümden gelim*) Deduktion *f; s. a.* **istikra**
talim [taːlɪm] *s* **1.** Übung *f* **2.** *ohne Pl* (MIL) Drill *m;* **askerlere** ~ **yaptırmak** die Soldaten drillen
talimat *s* Weisung *f*
talip *s* <-bi> Interessent(in) *m(f)* (*-e/için* an/für), Bewerber(in) *m(f)*
talk *s* Talk *m;* **talk pudrası** *s* Talkpuder *m,* Talkum *nt*
taltif *s* **1.** (*gönül alma*) Versöhnung *f;* **birini** ~ **etmek** jdn schmeicheln **2.** (*nişan, madalya*) Verleihung *f;* ~ **etmek** verleihen
tam I. *adj* **1.** voll, ganz; ~ **aksine** ganz im Gegenteil **2.** gänzlich **3.** genau; **bir şeyi** ~ **olarak bilmek** etw genau wissen; ~ **tersi** genau das Gegenteil; **kelimenin** ~ **anlamıyla** im wahrsten Sinn des Wortes; **saat** ~ **5** es ist genau 5 Uhr **II.** *adv* gerade; ~ **gidecektim, ...** ich wollte gerade gehen, ...
tamam *interj:* ~**!** abgemacht!, alles klar!; (*bitti*) fertig!
tamamen *adv* gänzlich, vollkommen, völlig, total
tamamıyla *adv* vollkommen, völlig, total, ganz
tamamlama *s* **1.** *Verbalsubstantiv zu* **tamamlamak** **2.** Fertigstellung *f*
tamamlamak *vt* fertig stellen, erledigen
tamamlanma *s* **1.** *Verbalsubstantiv zu* **tamamlanmak** **2.** Fertigstellung *f*
tamamlanmak *vi pass von* **tamamlamak**
tam bakım *s* (MED) Generaluntersuchung *f*
tambur *s* (MUS) Trommel *f*
tam gaz *adv* mit Vollgas; ~ **vermek** Vollgas geben
tamik *s s.* **derinleştirme** Vertiefung *f*
tamim *s* **1.** (*genelge*) Rundschreiben *nt* **2.** (*genelle(ştir)me*) Verallgemeinerung *f,* Generalisierung *f;* ~ **etmek** verallgemeinern, generalisieren
tamir *s* Reparatur *f;* ~ **etmek** reparieren; **bir şeyi** ~**e vermek** etw in Reparatur geben
tamirat *s* Reparatur(en) *f(pl);* ~ **yapmak** Reparaturen vornehmen
tamirhane *s* Reparaturwerkstatt *f*
tam istihdam *s ohne Pl* (WIRTSCH) Vollbeschäftigung *f*
tamlama *s* (LING) Zusammensetzung *f*
tamlanan *s* (LING: *belirtilen*) Grundwort *nt*
tamlayan *s* (LING: *belirten*) Bestimmungswort *nt;* **tamlayan durumu** *s* (LING) Genitiv *m*
tamlık *s* <-ğı> Ganzheit *f*
tam mesai *s* Ganztagsbeschäftigung *f*
tampon *s* **1.** Tampon *m* **2.** Puffer *m* **3.** (AUTO) Stoßstange *f* **4.** (TECH) Stoßfänger *m;* **tampon bellek** *s* <-ği> (INFORM) Pufferspeicher *m;* **tampon bölge** *s* (POL) Puf-

ferzone *f;* **tampon devlet** *s* (POL) Pufferstaat *m*
tamponlama *s Verbalsubstantiv zu* **tamponlamak**
tamponlamak *vt* tamponieren, mit Tampons ausstopfen
tamtam *s* (MUS) Tamtam *nt*
tan *s* Morgendämmerung *f;* ~ **ağarmak** der Morgen dämmert
tandem *s* Tandem *nt*
tane *s* **1.** Stück *nt* **2.** (*kum ~ si, pirinç ~ si*) Korn *m;* (*dolu ~ si*) Korn *m* **3.** (*Wend*): **o benim bir ~m** sie [*o* er] ist mein Ein und Alles
tanen *s* Gerbstoff *m*
tango *s* Tango *m*
tanıdık I. *s* <-ğı> Bekannte(r) *mf;* **benim iyi bir tanıdığım** ein guter Bekannter von mir **II.** *adj* bekannt; **tanıdık çevresi** *s* Bekanntenkreis *m*
tanık *s* <-ğı> (JUR) Zeuge, -in *m, f*
tanıklıktan çekinme hakkı *s* (JUR) Zeugnisverweigerungsrecht *nt*
tanım *s* Definition *f;* (*açıklayan anlam*) Begriff *m*
tanıma *s* **1.** *Verbalsubstantiv zu* **tanımak** **2.** Anerkennung *f*
tanımak *vt* **1.** kennen; **onu tanı(mı)yorum** ich kenne ihn (nicht) **2.** (*görünce*) wieder erkennen (*-den* an); **birini bir şeyinden ~** jdn an etw wieder erkennen **3.** (*şans, fırsat*) geben
tanımlama *s* **1.** *Verbalsubstantiv zu* **tanımlamak** **2.** Definition *f,* Begriffsbestimmung *f*
tanımlamak *vt* definieren
tanımlık *s* <-ğı> (LING) Artikel *m*
tanınma *s Verbalsubstantiv zu* **tanınmak**
tanınmak *vi* **1.** *pass von* **tanımak** **2.** bekannt sein (*-le* für); **kabalığı ile tanınmıştır** er ist bekannt für seine Grobheit
tanınmış *adj* **1.** bekannt **2.** (*ünlü*) berühmt
tanısızlık *s ohne Pl* <-ğı> (MED, PSYCH: *agnozi*) Agnosie *f*
tanışık *s* <-ğı> Bekannte(r) *mf*
tanışıklık *s* <-ğı> Bekanntschaft *f*
tanışma *s Verbalsubstantiv zu* **tanışmak**
tanışmak *vi* sich kennen, sich kennen lernen (*-le* -); **biriyle ~** jds Bekanntschaft machen; **biz tanışıyoruz** wir kennen uns, wir sind miteinander bekannt; **çoktan/yıllardan beri tanışıyorlar** sie kennen sich seit langem/Jahren
tanıştırma *s* **1.** *Verbalsubstantiv zu* **tanıştırmak** **2.** Bekanntmachung *f*
tanıştırmak *vt* bekannt machen (*-le* mit); **sizi bayan X ile tanıştırabilir miyim?** darf ich Sie mit Frau X bekannt machen?
tank *s* **1.** (MIL) Panzer *m* **2.** Tank *m*
tanker *s* Tanker *m*
tan kızıllığı *s* Morgenrot *nt,* Morgenröte *f*
tanksavar *s* Panzerabwehrkanone *f*
tannanlık *s* <-ğı> (PHYS: *rezonans*) Resonanz *f*
tanrı *s* (*ilâh*) Gott *m*
Tanrı *s* (*Allah*) Gott *m;* ~ **aşkına** um Gottes Willen; ~ **korusun!** Gott beschütze [*o* behüte]!; ~ **'ya şükür!** Gott sei Dank!
tanrı bilimci *s* (*teolog*) Theologe, -in *m, f;* **tanrı bilimi** *s ohne Pl* (*teoloji*) Theologie *f*
tanrıça *s* Göttin *f*
tanrılaştırma *s* **1.** *Verbalsubstantiv zu* **tanrılaştırmak** **2.** *ohne Pl* Vergottung *f*
tanrılaştırmak *vt* vergotten, zum Gott machen
tanrıtanımaz I. *s* Atheist(in) *m(f)* **II.** *adj* atheistisch
tanrıtanımazlık *s ohne Pl* <-ğı> (*ateizm*) Atheismus *m*
tansiyon *s ohne Pl* (MED: *kan basıncı*) Blutdruck *m;* **~u (çok) düşük/yüksek olmak** (sehr) niedrigen/hohen Blutdruck haben; **~u ölçmek** den Blutdruck messen; **tansiyon aleti** *s* (MED) Blutdruckmessgerät *nt;* **tansiyon düşürücü** *adj* blutdrucksenkend
tan vakti *s* Morgendämmerung *f*
tapa *s* Verschluss *m*
taparcasına *adv* abgöttisch; **birini ~ sevmek** jdn abgöttisch lieben
tapınak *s* <-ğı> Tempel *m*
tapıncak *s* <-ğı> *s.* **fetiş** Fetisch *m*
tapıncakçılık *s ohne Pl* <-ğı> *s.* **fetişizm** Fetischismus *m*
tapınırcasına *adv* abgöttisch; **birini ~ sevmek** jdn abgöttisch lieben
tapınma *s ohne Pl* **1.** *Verbalsubstantiv zu* **tapınmak** **2.** Anbetung *f*
tapınmak *vi:* **bir kimseye ~** jdn/etw anbeten
tapir *s* (ZOOL) Tapir *m*
tapon *adj* (*niteliği düşük*) minderwertig, billig; **tapon mal** *s* Billigware *f*
tapu *s* (ADMIN, JUR) **1.** (*belge*) Grundbucheintragung *f* **2.** (*~ dairesi*) Grundbuchamt *nt;* **tapu dairesi** *s* (ADMIN, JUR) Grundbuchamt *nt;* **tapu kütüğü** *s* (ADMIN, JUR) Grundbuch *nt*
tapulama *s Verbalsubstantiv zu* **tapulamak**
tapulamak *vt* (ADMIN, JUR) in das Grundbuch eintragen
tapu sicili *s* (ADMIN, JUR) Grundbuch *nt*
taraf *s* **1.** (*yan*) Seite *f;* **her ~ta** überall; **her ~tan** von allen Seiten, allseitig; **sağ/sol ~ta** auf der rechten/linken Seite **2.** Partei *f;* **hasım ~lar** (JUR) die gegnerischen Parteien

tarafgir *adj* befangen
tarafgirlik *s ohne Pl* <-ği> Befangenheit *f*
tarafsız bölge *s* Niemandsland *nt*
taraftar *s* Befürworter(in) *m(f)*
tarak *s* <-ğı> **1.** Kamm *m;* ~**ta bezi olmamak** (*fig*) mit der Sache nichts zu tun haben; (*bilgisi bulunmammak*) keine Ahnung haben; **kel başa şimşir** ~ (*fig*) das passt wie die Faust aufs Auge **2.** (*bahçıvanlıkta*) Rechen *m* **3.** (*dokumacılıkta*) Weberkamm *m* **4.** (ZOOL: *bazı kuşlarda tepelik*) Kamm *m* **5.** (*ayağın üst bölümü*) Mittelfuß *m* **6.** (ZOOL: *solungaç*) Kieme *f* **7.** (ZOOL) Kammmuschel *f*
tarakçı *s* Kammmacher(in) *m(f)*
tarak otu *s* (BOT) Karde *f,* Kardendistel *f;* **tarak otugiller** *s Pl* (BOT: *familya*) Kardengewächse *ntpl*
tarama *s Verbalsubstantiv zu* **taramak**
taramak *vt* **1.** (*saç*) kämmen **2.** (*arazi*) durchkämmen **3.** (*fam*) abgrasen **4.** (INFORM) scannen
taranma *s Verbalsubstantiv zu* **taranmak**
taranmak *vi* **1.** *pass von* **taramak** gekämmt werden **2.** sich kämmen
tarayıcı *s* (INFORM) Scanner *m;* **tarayıcı elektron mikroskobu** *s* (TECH) Elektronenrastermikroskop *nt*
taraz *s* Fussel *m o f*
tarazlanma *s Verbalsubstantiv zu* **tarazlanmak**
tarazlanmak *vi* **1.** ausfasern **2.** fusseln
taraz taraz *adj* fuss(e)lig, ausgefranst
tarçın *s* Zimt *m*
tarh *s* **1.** Auferlegung *f;* **vergi** ~**ı** Auferlegung von Steuern **2.** (*çiçek için*) Blumenbeet *nt*
tarhun *s ohne Pl* Estragon *m*
tarım *s ohne Pl* Landwirtschaft *f;* **tarım bakanı** *s* Landwirtschaftsminister(in) *m(f);* **tarım bakanlığı** *s* Landwirtschaftsministerium *nt*
tarımcı *s* Landwirt(in) *m(f)*
tarım ekonomisi *s ohne Pl* Agrarwirtschaft *f;* **tarım işletmesi** *s* Landwirtschaftsbetrieb *m;* **tarım mühendisi** *s* Agraringenieur(in) *m(f);* **tarım politikası** *s* Agrarpolitik *f;* **tarım reformu** *s* Agrarreform *f*
tarımsal *adj* landwirtschaftlich, Agrar-; **tarımsal nüfus** *s* Agrarbevölkerung *f*
tarım ülkesi *s* Agrarland *nt,* Agrarstaat *m*
tarif *s* Beschreibung *f;* ~ **etmek** beschreiben
tarife *s* Beschreibung *f,* Gebrauchsanweisung *f*
tarifname *s* Beschreibung *f,* Gebrauchsanweisung *f*
tarih¹ *s* Datum *nt;* **bir şeye** ~ **atmak** [*o* **koymak**] etw datieren; **posta damgasının** ~**i** das Datum des Poststempels
tarih² *s ohne Pl* Geschichte *f;* ~**e karışmak** aussterben; **adı** ~**e geçmek** in die Geschichte eingehen; **fi** ~**inde(n)** (von) anno dazumal
tarihçi *s* **1.** Historiker(in) *m(f)* **2.** (SCHULE) Geschichtslehrer(in) *m(f)*
tarih dersi *s* Geschichtsunterricht *m*
tarihî *adj* historisch, geschichtlich
tarih kitabı *s* Geschichtsbuch *nt*
tarihli *adj:* **10 Ekim** ~ **bir mektup** ein Brief mit Datum vom 10. Oktober
tarih öğretmeni *s* Geschichtslehrer(in) *m(f);* **tarih öncesi I.** *s ohne Pl* Vorgeschichte *f;* (*prehistorya*) Prähistorie *f* **II.** *adj* vorgeschichtlich; (*prehistorik*) prähistorisch
tarihsel *adj* historisch, geschichtlich
tarikat *s* (REL) Orden *m*
tarla *s* (AGR) Feld *nt,* Acker *m;* **nadaslı(k) bir** ~ ein brachliegendes Feld, ein bracher Acker
tarla böceği *s* (ZOOL) Schnellkäfer *m;* **tarla faresi** *s* (ZOOL) Feldmaus *f;* **tarla kuşu** *s* (ZOOL: *toygar*) Feldlerche *f;* **tarla sıçanı** *s* (ZOOL) Feldmaus *f*
tartaklama *s Verbalsubstantiv zu* **tartaklamak**
tartaklamak *vt* (*fam*) vermöbeln
tartım *s* (*ritm*) Rhythmus *m*
tartımlı *adj* (*ritmik*) rhythmisch
tartışma *s* **1.** *Verbalsubstantiv zu* **tartışmak** **2.** Diskussion *f*
tartışmak *vt* diskutieren
tartışmalı *adj* strittig, umstritten, kontrovers; ~ **bir sorun** eine kontroverse Frage
tartma *s Verbalsubstantiv zu* **tartmak**
tartmak *vt* (ab)wiegen
tarz *s* Weise *f*
tarziye *s* **1.** Genugtuung *f,* Wiedergutmachung *f;* ~ **istemek/vermek** Genugtuung verlangen/geben **2.** (*özür dileme*) Abbitte *f;* **birine** ~ **vermek** jdm Abbitte leisten
tas *s* **1.** Napf *m* **2.** (*hamam* ~*ı*) Schale *f* **3.** (*başlık*) Helm *m*
tasarı *s* Entwurf *m*
tasarım *s* (*dizayn*) Design *nt;* **bilgisayar destekli** ~ (INFORM) computerunterstütztes Design
tasarlama *s Verbalsubstantiv zu* **tasarlamak**
tasarlamak *vt* entwerfen
tasarruf *s* Ersparnis *f;* (*enerji* ~*u*) Sparen *nt;* **bir şeyden** ~ **etmek** an etw sparen; **enerjiden** ~ **etmek** an Energie sparen; **tasarruf cüzdanı** *s* Sparbuch *nt;* **tasarruf sandığı** *s* Sparkasse *f*
tasasız *adj* unbesorgt
tasavvuf *s ohne Pl* Sufismus *m*

T

tasfiye *s* Abwicklung *f,* Liquidation *f;* **tasfiye satışı** *s* Ausverkauf *m*

taslak *s* <-ğı> Entwurf *m*

tasma *s* Halsband *nt*

tasvip *s:* ~ **etmek** (*onamak*) billigen, gutheißen

tasvir *s* Beschreibung *f,* Schilderung *f;* ~ **etmek** beschreiben, schildern

tasvirî *adj* deskriptiv, beschreibend

taş *s* **1.** Stein *m;* ~ **gibi** steinhart; **sırça köşkte oturan komşusuna ~ atmamalı** (*prov*) wer im Glashaus sitzt, soll nicht mit Steinen werfen; **bir ~la iki kuş vurmak** (*fam fig*) zwei Fliegen mit einer Klappe schlagen **2.** (*satranç ~ı*) Figur *f*

taşak *s* <-ğı> (*vulg*) Sack *m,* Hodensack *m*

taş bilimi *s ohne Pl* Gesteinskunde *f;* (*litoloji*) Lithologie *f;* **taş döşeme** *s* Steinboden *m*

taşeron *s* Subunternehmer(in) *m(f)*

taşıma *s Verbalsubstantiv zu* **taşımak**; **taşıma aracı** *s* Beförderungsmittel *nt*

taşımacılık *s* <-ğı> Transport *m*

taşımak *vt* **1.** tragen **2.** befördern, transportieren; **deniz/kara yolu ile ~** auf dem See-/Landweg befördern

taşımlık *adv:* **sütü bir ~ kaynatmak** die Milch einmal aufkochen

taşınabilir **I.** *s* Fahrnis *f* **II.** *adj* beweglich, mobil, tragbar

taşınır **I.** *s* (*a.* JUR) Fahrnis *f* **II.** *adj* (*a.* JUR) beweglich, mobil, tragbar; ~ **eşya** bewegliche Sachen

taşınma *s* **1.** *Verbalsubstantiv zu* **taşınmak** **2.** Umzug *m* **3.** Auszug *m* (*-den* aus), Einzug *m* (*-e* in/nach)

taşınmak *vi* **1.** *Passiv zu* **taşımak** **2.** umziehen **3.** ausziehen (*-den* aus), einziehen (*-e* in/nach)

taşıt *s* Fahrzeug *nt;* (*taşıma aracı*) Beförderungsmittel *nt*

taşıyıcı sinyal *s* (INFORM) Trägersignal *nt*

taşkırangiller *s Pl* (BOT) Steinbrechgewächse *pl*

taş kömürü *s* (BERGB: *maden kömürü*) Steinkohle *f*

taşlama *s* **1.** *Verbalsubstantiv zu* **taşlamak** **2.** Steinigung *f* **3.** (TECH: *madenleri ~*) Schleifen *nt* **4.** (LIT: *yergi*) Satire *f* **5.** (*pej*) Stichelei *f*

taşlamacı *s* **1.** Schleifer(in) *m(f)* **2.** (*yergici*) Satiriker(in) *m(f)*

taşlamak *vt* **1.** steinigen **2.** (TECH: *maden*) schleifen **3.** (*pej: iğneleyici söz söylemek*) sticheln (gegen)

taşlaşma *s* **1.** *Verbalsubstantiv zu* **taşlaşmak** **2.** Versteinerung *f*

taşlaşmak *vi* **1.** versteinern **2.** (*fig: donakalmak*) versteinern

taşlı *adj* steinig

taşma *s Verbalsubstantiv zu* **taşmak**

taşmak *vi* überlaufen

taş ocağı *s* Steinbruch *m;* **taş pamuğu** *s* (*asbest*) Asbest *m*

taşra *s* Provinz *f*

taşra ağzı *s* Platt *nt;* ~**yla** auf Platt; ~**yla konuşmak** Platt sprechen

taşralı *adj* provinziell

taş yuvarı *s ohne Pl s.* **litosfer** Lithosphäre *f*

tat *s* <-dı> Geschmack *m;* **bir şeyin tadına bakmak** etw abschmecken [*o* kosten]; **bir şeyin tadına varmak** einer Sache Geschmack abgewinnen; **bir şeyin tadını çıkarmak** etw genießen; **hayatın tadını çıkarmak** sich ausleben; **tat alma duyusu** *s ohne Pl* Geschmack(s)sinn *m*

Tatar *s* Tatar(in) *m(f)*

tatbik *s* (*uygulama*) Anwendung *f;* (*pratik*) Praxis *f;* ~ **etmek** anwenden

tatbikat *s* **1.** (*uygulama*) Anwendung *f* **2.** (MIL: *manevra*) Manöver *nt*

tat duyusu *s ohne Pl s.* **tat alma duyusu** Geschmack(s)sinn *m*

tatil *s* Ferien *pl;* ~ **yapmak** Ferien machen; ~**de** in den Ferien; ~**e girmek** Ferien haben; ~**e gitmek** in die Ferien fahren; **tatil evi** *s* Ferienhaus *nt;* **tatil kampı** *s* Ferienlager *nt;* **tatil köyü** *s* Feriendorf *nt;* **tatil kursu** *s* Ferienkurs *m;* **tatil yeri** *s* Ferienort *m;* **tatil zamanı** *s ohne Pl* Ferienzeit *f*

tatlı **I.** *s* Süßspeise *f* **II.** *adj* süß

tatlıcı *s* **1.** (*tatlı yapan*) Süßspeisenhersteller *m;* (*tatlı satan*) Süßspeisenverkäufer *m* **2.** (*satış yeri*) Süßspeisenlokal *nt, türkische Konditorei für Süßspeisen* **3.** (*fam: tatlıyı seven kimse*) Schleckermaul *nt*

tatlılaştırma *s Verbalsubstantiv zu* **tatlılaştırmak**

tatlılaştırmak *vi* süßen

tatlımsı *adj* süßlich

tatlı su *s* Süßwasser *nt;* **tatlı su levreği** *s* (ZOOL) Flussbarsch *m;* **tatlı su kayası** *s* (ZOOL: *yeşilsazan*) Schleie *f*

tatmin *s* Befriedigung *f;* **birini ~ etmek** jdn befriedigen [*o* zufrieden stellen]

tatminkâr *adj* befriedigend, zufrieden stellend

tatsız *adj* geschmacklos

tatsızlık *s ohne Pl* <-ğı> Geschmacklosigkeit *f*

tava *s* (GASTR) Pfanne *f,* Bratpfanne *f;* **bir şeyi ~da kızartmak** etw in der Pfanne braten

tavan *s* **1.** (*odanın*) Decke *f;* (*yapının*) Dach *nt;* **birinin başına ~ çökmek** [*o* **yıkılmak**] (*fam fig*) jdm fällt die Decke auf den Kopf **2.** (*fig: en üst sınır*) Höchstgren-

ze *f;* (*en yüksek seviye*) Höchststand *m* **3.** (WIRTSCH) Plafond *m;* **tavan aralığı** *s,* **tavan arası** *s* Dachboden *m;* **tavan penceresi** *s* Dachfenster *nt*
tava sapı *s* Pfannenstiel *m*
tavır *s* <-vrı> **1.** (*davranış*) Verhalten *nt,* Benehmen *nt;* (*durum*) Zustand *m* **2.** *ohne Pl* (*yapma davranış*) Gehabe *nt*
taviz [ta:viz] *s s.* **ödün** Zugeständnis *nt;* **birine ~ vermek** jdm ein Zugeständnis machen
tavla[1] *s* (*at ahırı*) Pferdestall *m*
tavla[2] *s* Backgammon *nt;* **~ atmak** Backgammon spielen
tavlama *s Verbalsubstantiv zu* **tavlamak**
tavlamak *vt* (*fam*) abschleppen
tavsiye *s* Empfehlung *f*
tavsiye mektubu *s* Empfehlungsschreiben *nt*
tavşan *s* Hase *m;* **ada ~ı** Kaninchen *nt;* **tavşan anahtarı** *s s.* **maymuncuk** Dietrich *m;* **tavşan dudağı** *s* (MED) Hasenscharte *f*
tavşankulağı *s* (BOT: *siklâmen*) Alpenveilchen *nt*
tavşan yürekli *adj* hasenherzig, hasenfüßig
tavuk *s* <-ğu> Huhn *nt;* **tavuk budu** *s* Hühnerschlegel *m,* Hühnerbein *nt;* **tavuk çiftliği** *s* Hühnerfarm *f*
tavukçuluk *s ohne Pl* <-ğu> Hühnerzucht *f*
tavuk eti *s ohne Pl* Hühnerfleisch *nt*
tavukgötü *s* (*vulg: siğil*) Warze *f,* Hautwarze *f*
tavuk kümesi *s* Hühnerstall *m;* **tavuk suyu** *s* Hühnerbrühe *f;* **tavuk yumurtası** *s* Hühnerei *nt*
tavus *s,* **tavus kuşu** *s* (ZOOL) Pfau *m*
tay *s* **1.** Fohlen *nt* **2.** Pony *nt*
tayfa *s* Matrose *m*
tayın bedeli *s* (MIL) Sold *m*
taylama *s Verbalsubstantiv zu* **taylamak**
taylamak *vi* fohlen
tayming *s* Timing *nt; s. a.* **zamanlama**
Tayvan I. *s* Taiwan *nt* **II.** *adj* taiwanisch; **~ hükûmeti** die taiwanische Regierung
Tayvanlı I. *s* Taiwaner(in) *m(f)* **II.** *adj* taiwanisch; **~ erkekler/kadınlar** taiwanische Männer/Frauen
tayyare *s s.* **uçak** Flugzeug *nt*
tazammun *s s.* **içerme** Implikation *f*
taze *adj* frisch
tazeleme *s Verbalsubstantiv zu* **tazelemek**
tazelemek *vt* auffrischen
tazelenme *s Verbalsubstantiv zu* **tazelenmek**
tazelenmek <-ir> *vi pass von* **tazelemek**
tazı *s* Windhund *m*
tazıcı *s* Windhundzüchter(in) *m(f)*
tazminat *s* **1.** Abfindung *f,* Entschädigung *f* **2.** (JUR: *maddî*) Schadenersatz *m;* **manevî ~** Schmerzensgeld *nt;* (*Schweiz*) Genugtuung *f*
TBMM *s ohne Pl Abk. von* **Türkiye Büyük Millet Meclisi** *Große Nationalversammlung der Türkei*
TC *s ohne Pl Abk. von* **Türkiye Cumhuriyeti** TR, *Republik Türkei*
TDK *s ohne Pl Abk. von* **Türk Dil Kurumu** *Türkischer Sprachverein, Gesellschaft für türkische Sprache*
teamül hukuku *s ohne Pl* (JUR) Gewohnheitsrecht *nt*
teati *s* Austausch *m;* **~ etmek** austauschen
teavün *s s.* **yardımlaşma** gegenseitige Hilfeleistung
tebdil *s s.* **değiştirme** Veränderung *f*
tebdilihava *s s.* **hava değişimi** Luftveränderung *f*
tebessüm *s ohne Pl s.* **gülümseme** Lächeln *nt*
tebeşir *s* Kreide *f*
tebrik *s* <-ği> Glückwunsch *m,* Gratulation *f;* **~ etmek** gratulieren, beglückwünschen; **~ler!** gratuliere!
Tebriz *s* Täbris *nt*
tecrübe *s* **1.** (*deneyim*) Erfahrung *f* **2.** (*deney*) Experiment *nt,* Versuch *m*
tecrübeli *adj s.* **deneyimli** erfahren
tecrübesiz *adj s.* **deneyimsiz** unerfahren
tecrübesizlik *s ohne Pl* <-ği> *s.* **deneyimsizlik** Unerfahrenheit *f*
tecrübî *adj s.* **deneysel** experimentell, experimental
tedavi *s* (MED) **1.** Behandlung *f;* **birini ~ etmek** jdn behandeln; **ayakta/tıbbî/yatakta ~** ambulante/medizinische/stationäre Behandlung; **kendini ~ ettirmek** sich (ärztlich) behandeln lassen; **tıbbî ~ görmek** in medizinischer Behandlung sein **2.** (*terapi*) Therapie *f;* **tedavi masrafları** *s* (MED) Behandlungskosten *pl;* **tedavi yöntemi** *s* (MED) Behandlungsmethode *f*
tedavül *s ohne Pl* (WIRTSCH: *dolanım*) Umlauf *m;* **~de olmak** im Umlauf sein, sich im Umlauf befinden; **~e çıkarmak** in Umlauf bringen
tedbir *s s.* **önlem** Maßnahme *f;* **ihtiyatî ~** einstweilige Verfügung
tedirgin *adj* beunruhigt; **~ etmek** beunruhigen; **bir şeyden ~ olmak** über etw beunruhigt sein
tedirginlik *s* <-ği> **1.** Beunruhigung *f* **2.** (ASTR) Perturbation *f*
tediye *s s.* **ödeme** Zahlung *f;* **~ etmek** zahlen
tedricî *adj* sukzessiv; **~ olarak** stufenweise
tedvin *s* Zusammenfassung *f;* **~ etmek** zu-

sammenfassen
teehhür *s s.* **gecikme** Verspätung *f,* Verzug *m*
teemmül *s s.* **düşünüp taşınma** reifliche Überlegung
tefeci *s* (*pej*) Wucherer *m*
teflon® *s ohne Pl* Teflon *nt;* **teflon tava** *s* Teflonpfanne *f*
tefrika roman *s* Fortsetzungsroman *m*
teğet *s* (MATH) Tangente *f*
teğmen *s* (MIL) Leutnant *m*
tehcir *s* Aussiedlung *f;* ~ **etmek** aussiedeln
tehdit *s* <-di> Drohung *f;* **tehdit mektubu** *s* Drohbrief *m*
tehlike *s* Gefahr *f;* ~**ye atılmak** sich in Gefahr begeben; **tehlike çanları** *s Pl* Alarmglocken *fpl*
tehlikeli *adj* gefährlich
tek I. *s* **1. atların ~i** eins der Pferde **2.** (*kadeh içki*): **iki ~ içmek** einen Doppelten trinken **II.** *adj* **1.** (*yegâne*) einzig; ~ **bir kez** ein einziges Mal **2.** (*yalnız*) nur; ~ **başına** ganz allein **3.** (*bir*) ein; ~ **elden** unter einer Leitung; ~ **sözle** mit einem Wort **4.** (*ünik, eşi olmayan*) einzigartig, einmalig **5.** (MATH) ungerade; ~ **sayılar** ungerade Zahlen **III.** *adv* **1.** bloß; ~ **çalışsın da/yesin de ...** er soll bloß arbeiten/essen, (sonst) ... **2.** (*fig: hiç, hiçbir*): ~ **kelime konuşmamak** kein einziges Wort reden; **sokaklarda ~ kişi yok** auf den Straßen ist keine Menschenseele; **tek adam gösterisi** *s* Einmann-Show *f;* **tek anlamlı** *adj* (PHILOS) eindeutig; ~ **bir kavram** ein eindeutiger Begriff; **tek anlamlılık** *s ohne Pl* <-ğı> (PHILOS) Eindeutigkeit *f;* **tek boyutlu** *adj* eindimensional
tekçilik *s ohne Pl* <-ği> (PHILOS: *monizm*) Monismus *m*
tek delikliler *s Pl* (ZOOL) Kloakentiere *pl*
tekdüze *adj* (*yeknesak*) eintönig; (*monoton*) monoton
tekdüzelik *s* <-ği> (*yeknesaklık*) Eintönigkeit *f;* (*monotonluk*) Monotonie *f*
teke *s* **1.** Ziegenbock *m* **2.** (*karides*) kleine Garnele
tekel *s* (WIRTSCH) Monopol *nt*
tek elli *adj* einhändig
teker *s* (AUTO) Rad *nt*
tekerçalar *s s.* **disk-player** CD-Player *m*
tekerçalarcı *s s.* **diskjokey** Diskjockey *m*
tek erkçi *s* (*monarşist*) Monarchist(in) *m(f);* **tek erkçilik** *s ohne Pl* <-ği> (*monarşizm*) Monarchismus *m;* **tek erklik** *s* <-ği> (*monarşi*) Monarchie *f*
tekerlek *s* <-ği> Rad *nt;* **tekerlek kilitleyici pençe** *s* (AUTO) Parkkralle *f*
tekerlekli koltuk *s,* **tekerlekli sandalye** *s* Rollstuhl *m*
tekerrür *s* Wiederholung *f;* ~ **etmek** sich wiederholen
teker teker *adv* einzeln
tek eşli *adj* monogam; **tek eşlilik** *s* <-ği> Einehe *f;* (*monogami*) Monogamie *f*
teke tek *adv:* ~ **dövüşmek** Mann gegen Mann kämpfen
tek evli *adj s.* **tek eşli**; **tek evlilik** *s* <-ği> *s.* **tek eşlilik**; **tek fazlı** *adj* (ELEK) einphasig; **tek gözeli** *s* (BIOL) Einzeller *m;* **tek gözlü** *adj* einäugig; **tek heceli** *adj* (LING) einsilbig; **tek hörgüçlü** *adj* einhöckerig
tekil *s* (LING) Singular *m,* Einzahl *f;* **birinci/ikinci/üçüncü ~ kişi** erste/zweite/dritte Person Singular
tekir *adj* (*kedi*) getigert
tek kişilik oda *s* Einzelzimmer *nt;* **tek kollu** *adj* einarmig
tekleme *s* **1.** *Verbalsubstantiv zu* **teklemek** **2.** (TECH) Fehlzündung *f*
teklemek *vi* (*motor*) bocken
teklif *s* **1.** Angebot *nt,* Anerbieten *nt;* (*evlenme ~i*) Antrag *m;* **birine bir şey için para ~ etmek** jdn für etw Geld anbieten **2.** (*öneri*) Vorschlag *m* **3.** (*resmî davranış*) Förmlichkeit *f*
teklifsiz *adj* familiär, ungezwungen; **teklifsiz arkadaş** *s* Duzfreund *m;* **teklifsiz arkadaşlık** *s* <-ğı> Duzfreundschaft *f;* **teklifsiz dost** *s* Duzfreund *m;* **teklifsiz dostluk** *s* <-ğu> Duzfreundschaft *f*
teklifsizce *adv* ungezwungen; **biriyle ~ konuşmak** jdn duzen
teklik[1] *s ohne Pl* <-ği> Einmaligkeit *f,* Einzigartigkeit *f*
teklik[2] *s* <-ği> **1.** (LING) Singular *m* **2.** (*fam*) Ein-Lira-Stück *nt*
tekme *s* Fußtritt *m;* **birine ~ atmak** jdm einen Fußtritt versetzen
tekmeleme *s Verbalsubstantiv zu* **tekmelemek**
tekmelemek *vt* treten
tek motorlu *adj* (AERO) einmotorig
tekne *s* **1.** Bottich *m,* Trog *m;* **ağaçtan/taştan bir ~** ein Trog aus Holz/Stein **2.** Boot *nt;* (*balıkçı ~si*) Kutter *m* **3.** (NAUT) Schiffsrumpf *m* **4.** (GEO) Becken *nt*
teknik I. *s* <-ği> Technik *f* **II.** *adj* **1.** technisch; ~ **eğitim** technische Ausbildung, die Berufsausbildung in einem technischen Zweig; ~ **öğretim** technisches Studium; ~ **üniversite** technische Universität **2.** (*terim*) fachspezifisch, Fach-
teknikçi *s,* **tekniker** *s* Techniker(in) *m(f)*
teknik dil *s* Fachsprache *f;* **teknik okul** *s* Technikum *nt;* **teknik terim** *s* Fachausdruck *m,* Terminus technicus *m*
teknisyen *s* Techniker(in) *m(f)*
tek partili sistem *s* (POL) Einparteiensystem

nt

tekrar *adv* wieder; **bir şeyi ~ etmek** etw wiederholen

tekrarlama *s* **1.** *Verbalsubstantiv zu* **tekrarlamak 2.** Wiederholung *f*

tekrarlamak *vt* wiederholen

tekrarlanma *s* **1.** *Verbalsubstantiv zu* **tekrarlanmak 2.** Wiederholung *f*

tekrarlanmak *vi* sich wiederholen

tekrarlatma *s Verbalsubstantiv zu* **tekrarlatmak**

tekrarlatmak *vt:* **bir şeyi ~** etw wiederholen lassen

tekrar tekrar *adv* wiederholt, immer wieder, aber und abermals

tek renkli *adj* einfarbig, monochrom

tekstil *s* Textilien *pl;* **tekstil endüstrisi** *s* Textilindustrie *f*

tek tanrıcı I. *s* Monotheist(in) *m(f)* **II.** *adj* monotheistisch; **tek tanrıcılık** *s ohne Pl* <-ğı> Monotheismus *m*

tek taraflı *adj* einseitig

tektonik I. *s ohne Pl* <-ği> (GEO) Tektonik *f* **II.** *adj* (GEO) tektonisch

tek toynaklı *adj* (ZOOL) einhufig; **tek tük** *adj* vereinzelt

tekvando *s* (SPORT) Taekwondo *nt*

tek yanlı *adj* einseitig; **tek yataklı** *adj* einbettig; **tek yataklı oda** *s* Einbettzimmer *nt;* **tek yönlü yol** *s* Einbahnstraße *f;* **tek yumurta ikizleri** *s Pl* eineiige Zwillinge *pl*

tekzip *s* <-bi> *s.* **yalanlama** Dementi *nt;* **~ etmek** dementieren

tel *s* **1.** Draht *m* **2.** (*saç ~ i*) Strähne *f*

telâffuz *s* **1.** (*söyleyiş, söyleniş*) Aussprache *f;* **~ etmek** aussprechen **2.** (LING: *boğumlanma*) Artikulation *f;* **~ etmek** artikulieren

telâkki *s ohne Pl* (*anlayış*) Auffassung *f;* (*görüş*) Ansicht *f*

tel cambazı *s* Seiltänzer(in) *m(f)*, Drahtseilkünstler(in) *m(f)*

tel çivi *s* Drahtnagel *m*, Drahtstift *m*

telef *s* Vernichtung *f;* **~ etmek** vernichten; **~ olmak** sterben

telefaks *s* Telefax *nt*

telefat *s Pl* Verluste *pl*

teleferik *s* <-ği> Seilbahn *f*, Drahtseilbahn *f*

telefon *s* **1.** Telefon *nt*, Fernsprecher *m;* **~ etmek** telefonieren **2.** Anruf *m;* **~ etmek** anrufen; **birine ~ açmak** jdn anrufen; **telefon bağlantısı** *s* Telefonverbindung *f;* **telefon hattı** *s* Telefonleitung *f;* **telefon kabini** *s* Telefonzelle *f;* (*kulübe*) Telefonhäuschen *nt;* **telefon kartı** *s* Telefonkarte *f;* **telefon konuşması** *s* Telefongespräch *nt*, Telefonat *nt;* **telefon kulübesi** *s* Telefonhäuschen *nt*

telefonlaşma *s Verbalsubstantiv zu* **telefonlaşmak**

telefonlaşmak *vi* telefonieren (*-le* mit); **biriyle saatlerce ~** mit jdm stundenlang telefonieren

telefon numarası *s* Telefonnummer *f*, Rufnummer *f*

telefonometre *s* Anrufzähler *m*

telefon rehberi *s* Telefonbuch *nt;* **telefon santrali** *s* Telefonzentrale *f*

telefotografi *s ohne Pl* Telefotografie *f*

telek *s* <-ği> (ZOOL) Gefieder *nt*

telekart *s* Telefonkarte *f*

teleke *s* (ZOOL) Schwungfeder *f*

telekız *s* Callgirl *nt;* **telekinezi** *s ohne Pl* Telekinese *f;* **telekomünikasyon** *s ohne Pl* (*uz iletişim*) Telekommunikation *f;* **telekonferans** *s* Telekonferenz *f;* **teleks** *s* **1.** Telex *nt;* (*uzyazım*) Fernschreiben *nt* **2.** (*fam: telem*) Telex *nt;* (*uzyazar*) Fernschreiber *m*

telekulak *s* <-ğı> (*basın dilinde*) Lauschangriff *m*

telem *s* Telex *nt;* (*uzyazar*) Fernschreiber *m*

telemetre *s* Entfernungsmesser *m*

teleobjektif *s* (FOTO) Teleobjektiv *nt*

teleoğlan *s* Callboy *m*

teleoloji *s ohne Pl* (PHILOS: *erek bilimi*) Teleologie *f*

telepati *s ohne Pl* Telepathie *f*, Gedankenübertragung *f*

telepatik *adj* <-ği> telepathisch

telesekreter *s* (TEL) Anrufbeantworter *m;* **~i dinlemek** den Anrufbeantworter abhören

teleseks *s* Telefonsex *m*

telesime *s Verbalsubstantiv zu* **telesimek**

telesimek *vi* **1.** (*yorulmak*) ermüden **2.** (*zayıflamak*) abnehmen

telesiyej *s* Sessellift *m*

teleskop *s* Teleskop *nt*

teletekst *s* Bildschirmtext *m*

televizyon *s* **1.** (*ohne Pl*) Fernsehen *nt;* **~ seyretmek** fernsehen; (*fam*) ferngucken **2.** (*alıcı*) Fernseher *m*, Fernsehgerät *nt;* **televizyon alıcısı** *s* Fernsehempfänger *m*, Fernsehgerät *nt*, Fernsehapparat *m;* **televizyon anteni** *s* Fernsehantenne *f;* **televizyon cihazı** *s* Fernsehapparat *m*, Fernsehgerät *nt;* **televizyon ekranı** *s* Fernsehschirm *m;* **televizyon filmi** *s* Fernsehfilm *m;* **televizyon kamerası** *s* Fernsehkamera *f;* **televizyon kanalı** *s* Fernsehkanal *m;* **televizyon kulesi** *s* Fernsehturm *m;* **televizyon oyunu** *s* Fernsehspiel *nt;* **televizyon programı** *s* Fernsehprogramm *nt;* **televizyon verici istasyonu** *s*, **televizyon vericisi** *s* Fernsehsender *m;* **televizyon yayını** *s* Fernsehsendung *f*, Fernsehüber-

T

tragung *f*

tel fırça *s* Drahtbürste *f*

telgraf çiçeği *s* (BOT) Tradeskantie *f;* **telgraf üslûbu** *s ohne Pl* Telegrammstil *m*

tel halat *s* Drahtseil *nt*

telif hakkı *s* Urheberrecht *nt,* Copyright *nt*

tel'in mitingi *s* Protestkundgebung *f*

tel kafes *s* **1.** Drahtkäfig *m* **2.** Drahtgitter *nt*

telkâri **I.** *s* Filigran *nt* **II.** *adj* filigran; ~ **iş** eine filigrane Arbeit

telkin *s* **1.** (*aşılama*) Suggestion *f;* ~ **etmek** suggerieren **2.** (REL: *mezar başında*) Grabrede *f*

tel kurdu *s* (ZOOL) Drahtwurm *m*

tellâl *s* <-i> **1.** Ausrufer(in) *m(f);* (*pazarlarda*) Marktschreier(in) *m(f)* **2.** Makler(in) *m(f)*

tellâliye *s* Maklergebühr *f*

tellemek[1] *vt* verdrahten

tellemek[2] *vt* (POST) telegrafieren

telli çalgı *s* (MUS) Saiteninstrument *nt;* **sürtme** ~ Streichinstrument *nt;* **telli pullu** *adj* kitschig; **telli turna** *s* (ZOOL) Jungfernkranich *m*

tellür *s ohne Pl* (CHEM) Tellur *nt*

telmih *s* Anspielung *f,* Andeutung *f;* **bir şeyi** ~ **etmek** etw andeuten, auf etw anspielen

telmihen *adv* andeutungsweise

tel örgü *s* Maschendrahtzaun *m*

telsiz **I.** *s ohne Pl* Funk *m* **II.** *adj* drahtlos; (*telefon*) schnurlos; ~ **telgraf çekmek** drahtlos telegrafieren

telsiz telefon *s* schnurloses Telefon, Funktelefon *nt*

tel şehriye *s* Fadennudel *f*

telve *s ohne Pl* (*kahve ~si*) Kaffeesatz *m*

telyazı *s* (*telgraf*) Telegramm *nt*

tema *s* **1.** (*konu*) Thema *nt* **2.** (LIT) Aussage *f;* **romanın ~sı** die Aussage des Romans

temaruz *s:* ~ **etmek** simulieren

temas *s* **1.** (*değme, dokunma*) Berührung *f,* Kontakt *m;* **bir şeye** ~ **etmek** (*dokunmak*) etw berühren, mit etw in Berührung kommen; (*sözünü etmek*) etw erwähnen **2.** (*ilişki, bağlantı*) Verbindung *f,* Kontakt *m;* **biriyle ~a geçmek** Kontakt mit jdm aufnehmen, sich mit jdm in Verbindung setzen; **biriyle ~ta bulunmak, mit jdm in Kontakt** [*o* Verbindung] **stehen** (*cinsel ilişkide bulunmak*) mit jdm sexuelle Kontakte haben

temaşa *s* **1.** (*bakma*) Betrachtung *f;* ~ **etmek** betrachten **2.** (*oyun*) Schauspiel *nt*

temaşa sanatı *s* Schauspielkunst *f*

tematik *adj* thematisch

tembellik *s* <-ği> (*ohne Pl*) Faulheit *f*

temcit pilâvı *s:* ~ **gibi ısıtıp ısıtıp öne sürmek** (*fig*) alte Geschichten immer wieder aufwärmen

temel **I.** *s* **1.** Fundament *nt* **2.** Basis *f* **II.** *adj* **1.** fundamental **2.** elementar, grundlegend **3.** Grund-, Haupt-, Basis-; **temel bilgiler** *s* Grundkenntnisse *fpl,* Grundwissen *nt,* Basiswissen *nt;* **temel cümle** *s* (LING) Hauptsatz *m;* **temel direği** *s* (ARCH: *a. fig*) Grundsäule *f;* **temel duruş** *s* (SPORT) Grundstellung *f;* **temel duvarı** *s* Grundmauer *f;* **temel düşünce** *s* Grundgedanke *m;* **temel eğitim** *s* Grundausbildung *f;* **temel haklar** *s Pl* Grundrechte *ntpl;* **temel kavram** *s* Grundbegriff *m;* **temel parçacık** *s* <-ğı> Elemantarteilchen *nt*

temelsiz *adj* grundlos

temel sorun *s* **1.** Grundfrage *f* **2.** Hauptproblem *nt;* **temel taşı** *s* **1.** Grundstein *m* **2.** (*fig: dayanak*) Grundsäule *f;* **temel tümce** *s* (LING) Hauptsatz *m*

temerküz *s* Konzentration *f;* **temerküz kampı** *s* (HIST) Konzentrationslager *nt*

temerrüt *s* <-dü> *s.* **direnim** Verzug *m;* **temerrüt faizi** *s* Verzugszinsen *mpl*

temettü *s* <-ü> (FIN, WIRTSCH) Dividende *f;* ~ **dağıtmak** Dividende ausschütten

temiz *adj* sauber, rein; ~ **bir iş** eine saubere Arbeit; **bir şeyi ~e çekmek** etw ins Reine schreiben; **birini ~e çıkarmak** jdn entlasten; **kendini ~e çıkarmak** sich entlasten; **temiz iş kâğıdı** *s* Arbeitszeugnis *nt;* **temiz kan** **I.** *s* (MED) Vollblut *nt* **II.** *adj* reinrassig, vollblütig, Vollblut-; ~ **at** reinrassiges Pferd, Vollblut *nt,* Vollblüter *m*

temizleme *s* **1.** *Verbalsubstantiv zu* **temizlemek** **2.** Reinigung *f;* **kuru** ~ chemische Reinigung

temizlemek *vt* **1.** reinigen, säubern, sauber machen, putzen **2.** (*sakıncalı bir işi*) bereinigen **3.** (MED: *yarayı*) reinigen **4.** (*fig*) wegputzen; (*bitirmek*) erledigen; **hesabı** ~ die Rechnung begleichen **5.** (*sl*) wegputzen, beseitigen; (*yok etmek*) vernichten; (*öldürmek*) erledigen **6.** (*kumarda*) ausnehmen

temizlenme *s* **1.** *Verbalsubstantiv zu* **temizlenmek** **2.** Reinigung *f*

temizlenmek *vi* **1.** *pass von* **temizlemek** **2.** **iş temizlendi** die Angelegenheit wurde bereinigt

temizletme *s* **1.** *Verbalsubstantiv zu* **temizletmek** **2.** Reinigung *f*

temizletmek *vt Kausativ zu* **temizlemek** reinigen lassen

temizleyici **I.** *s* **1.** Reiniger *m* **2.** (*yer*) Reinigung *f* **II.** *adj* Reinigungs-; **temizleyici krem** *s* Reinigungscreme *f*

temizlik *s* <-ği> **1.** Sauberkeit *f* **2.** (*saffet*) Reinheit *f* **3.** (*temizleme işi*) Reinemachen *nt* **4.** (*fig*) Bereinigung *f,* Säuberung *f;* (*yok etme*) Beseitigung *f*

temizlikçi *s* Putzer(in) *m(f)*
temizlikçi kadın *s* Putzfrau *f*, Reinemachefrau *f*
temizlik hastalığı *s ohne Pl* (*pej*) Sauberkeitsfimmel *m;* **temizlik işleri** *s Pl* Aufräumarbeiten *pl;* **temizlik malzemesi** *s* Putzmaterial *nt*
temiz para *s* Reinertrag *m*, Reinerlös *m;* **temiz raporu** *s* Gesundheitszeugnis *nt*
temkin *s ohne Pl* Besonnenheit *f*
temkinli *adj* besonnen
temkinsiz *adj* unbesonnen
temkinsizlik *s ohne Pl* <-ği> Unbesonnenheit *f*
temlik *s* <-ği> Abtretung *f;* ~ **etmek** abtreten
temmuz *s* Juli *m*
temsil *s* **1.** Vertretung *f*, Repräsentation *f* **2.** (THEAT) Aufführung *f*
temsilci *s* Repräsentant(in) *m(f)*, Vertreter(in) *m(f)*, Stellvertreter(in) *m(f)*
temsilcilik *s* <-ği> Repräsentation *f*, Vertretung *f*, Stellvertretung *f*
temsilî *adj* repräsentativ
temsil yetkisi *s* Vertretungsbefugnis *f*
temyiz *s* (JUR) Revision *f;* ~ **etmek** revidieren; **temyiz mahkemesi** *s* Revisionsgericht *f*
ten *s* **1.** Haut *f* **2.** (*vücut*) Körper *m*
tenasüh *s* (*ruh göçü*) Seelenwanderung *f;* (*reenkarnasyon*) Reinkarnation *f*
tenazur *s s.* **bakışım** Ebenmaß *nt;* (*simetri*) Symmetrie *f*
tencere *s* Kochtopf *m;* ~ **yuvarlanmış, kapağını bulmuş** (*prov*) Gleich und Gleich gesellt sich gern
tender *s* (EISENB) Tender *m*
teneffüs *s* **1.** Atempause *f;* (SCHULE) Pause *f* **2.** (*solunum*) Beatmung *f;* **sun'î** ~ künstliche Beatmung
teneke **I.** *s* Blech *nt;* (*çöp ~si*) Eimer *m* **II.** *adj* blechern, Blech-; **teneke kutu** *s* Blechdose *f;* **teneke trampet** *s* Blechtrommel *f*
tenezzül *s ohne Pl:* **bir şeye** ~ **etmek** sich zu etw bequemen
tenis *s ohne Pl* Tennis *nt;* **tenis ayakkabısı** *s* Tennisschuh *m;* **tenis kortu** *s* Tennisplatz *m;* **tenis maçı** *s* Tennisspiel *nt;* **tenis raketi** *s* Tennisschläger *m;* **tenis takımı** *s* Tennismannschaft *f;* **tenis topu** *s* Tennisball *m;* **tenis turnuvası** *s* Tennisturnier *nt*
tenor *s* (MUS) Tenor *m*
ten rengi *s* Hautfarbe *f*
tente *s* Plane *f*
tenteli araba *s* Planwagen *m*
tentür *s* (CHEM) Tinktur *f*
tentürdiyot *s ohne Pl* <-du> (CHEM, MED: *iyot tentürü*) Jodtinktur *f*
tenya *s* (*şerit*) Bandwurm *m*
tenzil *s* Ermäßigung *f;* ~ **etmek** ermäßigen
tenzilât *s* Ermäßigung *f*, Preisnachlass *m*
teolog *s* <-ğu> Theologe, -in *m, f*
teoloji *s ohne Pl* Theologie *f*
teolojik *adj* theologisch
teori *s* Theorie *f*
teorik *adj* theoretisch
teorisyen *s* Theoretiker(in) *m(f)*
tepe *s* Hügel *m;* **birinin ~sine binmek/çıkmak** (*fam fig*) jdm aufs Dach steigen
tepe camı *s* Dachluke *f*
tepecik *s* <-ği> Anhöhe *f*
tepegöz *s* Tageslichtprojektor *m*
tepeli akbaba *s* (ZOOL: *kondor*) Kondor *m*
tepelik **I.** *s* <-ği> (ZOOL) Haube *f*, Federhaube *f* **II.** *adj* hüg(e)lig
tepeli tavuk *s* <-ğu> (ZOOL) Schopfhuhn *nt*
tepetakla *adv* kopfüber
tepke *s* Reflex *m;* **koşullu/koşulsuz** ~ (PSYCH) bedingter/unbedingter Reflex
tepki *s* Reaktion *f;* ~ **göstermek** reagieren (*-e karşı* auf)
tepkili motor *s* Reaktionsmotor *m*, Reaktionstriebwerk *nt;* (*jet motoru*) Düsentriebwerk *nt*
tepkili uçak *s* (*jet*) Düsenflugzeug *nt*
tepkime *s* **1.** *Verbalsubstantiv zu* **tepkimek** **2.** (CHEM) Reaktion *f*
tepkimek *vi* (CHEM) reagieren
tepme *s* **1.** *Verbalsubstantiv zu* **tepmek** **2.** Stoß *m*
tepmek *vt* treten, ausschlagen
tepsi *s* **1.** (*taşımak için*) Tablett *nt* **2.** (*pişirmek için*) Backblech *nt*, Küchenblech *nt*
ter *s ohne Pl* Schweiß *m;* ~ **dökmek** ins Schwitzen kommen; **alın ~iyle** im Schweiße seines Angesichts; **kan ~ içinde (kalmak)** völlig durchgeschwitzt (sein)
terakki *s ohne Pl* **1.** (*ilerleme*) Fortschritt *m;* ~ **göstermek** Fortschritte machen **2.** (*gelişme*) Entwicklung *f* **3.** (*yükselme*) Aufstieg *m*
terakkiperver *adj s.* **ilerici** fortschrittlich
terapi *s* (MED, PSYCH) Therapie *f*
terapist *s* (MED, PSYCH) Therapeut(in) *m(f)*
terazi *s* **1.** Waage *f;* **bir şeyi ~ye vurmak** (*fam*) etw auf die Goldwaage legen **2.** (*dengeyi sağlamak için sırık*) Balancierstange *f* **3.** (SPORT) Waage *f*
Terazi *s* (ASTR) Waage *f;* ~ **burcu/dönencesi** das Sternbild/der Wendekreis der Waage
terbiye *s* **1.** Erziehung *f* **2.** (GASTR) Einlauf *m;* ~ **etmek** abbinden
terbiyeleme *s Verbalsubstantiv zu* **terbiyelemek**
terbiyelemek *vt* (GASTR) abschmecken, würzen; **tuz ve biberle** ~ mit Salz und

T

Pfeffer abschmecken [*o* würzen]

terbiyeli *adj* **1.** gut erzogen **2.** (GASTR: *çorba*) legiert

tercih *s* Bevorzugung *f;* ~ **etmek** bevorzugen; **otobüsle gitmektense yayan gitmeyi ~ ederim** ich würde lieber zu Fuß gehen als den Bus zu nehmen

tercüme bürosu *s* Übersetzungsbüro *nt*

tere *s* (BOT) Kresse *f;* **tereciye ~ satmak** (*fig*) Eulen nach Athen tragen

terebentin *s ohne Pl* Terpentin *nt*

tereddüt *s* <-dü> Zögern *nt,* Schwanken *nt;* ~ **etmek** zögern, schwanken; **hiç ~ etmeden** ohne zu zögern

tereddütlü *adj* zögernd, schwankend

tereke *s* (JUR) Nachlass *m,* Hinterlassenschaft *f*

teres *s* (*vulg: pezevenk*) Zuhälter *m*

tereyağı *s* Butter *f;* ~ **gibi** butterweich

terfi *s* Beförderung *f;* **reyon şefliğine ~ edildi** er wurde zum Abteilungsleiter befördert

terhin *s* Verpfändung *f;* ~ **etmek** verpfänden

terhis *s* (MIL) Entlassung *f;* ~ **etmek** entlassen

terim *s* Ausdruck *m,* Terminus *m*

terkip *s* <-bi> **1.** (*birleşim*) Zusammensetzung *f* **2.** (LING: *tamlama*) Zusammensetzung *f*

terleme *s Verbalsubstantiv zu* **terlemek**

terlemek *vi* schwitzen; (*ter dökmek*) ins Schwitzen kommen

terletici *adj* schweißtreibend

terli *adj* schweißnass

terlik *s* <-ği> Pantoffel *m*

terliksi *s* (ZOOL) Pantoffeltierchen *nt*

termik santral *s* <-i> Wärmekraftwerk *nt*

terminal [terminā̂l] *s* <-i> **1.** (AERO) Terminal *m o nt;* (*otobüs ~i*) Bahnhof *m* **2.** (INFORM) Terminal *nt*

termit *s* (ZOOL: *akkarınca*) Termite *f*

termofor *s* Wärmflasche *f*

termos *s* Isolierkanne *f*

termosifon *s* Heißwasserspeicher *m*

terorist *s* Terrorist(in) *m(f)*

terorizm *s ohne Pl* Terrorismus *m*

terör *s ohne Pl* Terror *m*

terörcü *s* Terrorist(in) *m(f)*

terör eylemi *s* Terrorakt *m,* Terroranschlag *m*

ters I. *s* **1.** (*bıçağın, elin ~i*) Rücken *m;* **elinin ~iyle bana vurdu** er schlug mich mit der Außenseite der Hand **2.** (*fam fig: karşıt*) Gegenteil *nt;* **bir şeyin ~ini ispatlamak** das Gegenteil von etw beweisen; **tam ~i** genau das Gegenteil **3.** (~ *taraf*) Kehrseite *f;* **madalyanın** [*o* **madalyonun**] **~si** die Kehrseite der Medaille **II.** *adj* **1.** (*yön*) verkehrt, entgegengesetzt; ~ **yönde** in entgegengesetzter Richtung **2.** (*sol*) linke(r, s); ~ [*o* **sol**] **tarafından kalkmak** mit dem linken Bein zuerst aufstehen; **kumaşın ~ yüzü** die linke Seite eines Stoffes **III.** *adv:* ~ **gitmek** (*fam*) schief gehen; **birine ~ bakmak** (*fam*) jdn schief ansehen

ters akıntı *s* Gegenstrom *m,* Gegenströmung *f*

tersane *s* Werft *f*

tersine *adv* im Gegenteil; **tam ~** ganz im Gegenteil

tertemiz *adj* blitzsauber

terzi *s* Schneider(in) *m(f)*

terzihane *s* Schneiderei *f*

terzilik *s ohne Pl* <-ği> Schneiderhandwerk *nt*

tesadüf *s* Zufall *m;* **ne ~!** so ein Zufall!; **tuhaf bir ~** ein merkwürdiger Zufall

tesadüfen *adv* zufällig, zufälligerweise

tesadüfî *adj* zufällig

tesanüt *s ohne Pl s.* **dayanışma** Solidarität *f*

tescilli *adj* eingetragen; ~ **marka** eingetragenes Warenzeichen

teselli *s* **1.** (*avunç*) Trost *m;* ~ **bulmak** sich trösten; ~ **etmek** trösten **2.** (*avuntu*) Trostpflaster *nt;* **teselli mükâfatı** *s* Trostpreis *m*

tesir *s s.* **etki** Wirkung *f*

tesirli *adj s.* **etkili** wirkungsvoll

tesis *s* **1.** (*kurma*) Gründung *f* **2.** (*kuruluş*) Anlage *f,* Einrichtung *f*

tesisat *s* Anlage *f*

teslim *s* **1.** Ablieferung *f;* ~ **etmek** abliefern; **malların ~inde** bei Ablieferung der Waren **2.** Aufgabe *f;* **ruhunu ~ etmek** den Geist aufgeben **3.** ~ **olmak** sich ergeben

tespih *s* Rosenkranz *m;* **tespih böceği** *s* (ZOOL) Kellerassel *f*

tespit *s* Feststellung *f;* ~ **etmek** feststellen

test *s* Test *m*

testere *s* Säge *f;* ~ **ile kesmek** sägen, absägen; **testere balığı** *s* (ZOOL) Sägefisch *m*

testereleme *s Verbalsubstantiv zu* **testerelemek**

testerelemek *vt* sägen, absägen

testereli bıçak *s* <-ğı> Sägemesser *nt*

testi *s* Tonkrug *m;* (*su ~si*) Krug *m;* **testi kabağı** *s* Flaschenkürbis *m*

testis *s s.* **er bezi** Hoden *m*

testosteron *s* Testosteron *nt*

tesviye *s* **1.** (*düzleme*) Nivellierung *f;* (*düzeçleme*) Nivellement *nt;* ~ **etmek** einebnen, nivellieren **2.** (*ödeme*) Begleichung *f,* Tilgung *f;* ~ **etmek** begleichen, tilgen

tesviye aleti *s s.* **düzeç** Nivelliergerät *nt,* Nivellierinstrument *nt*

tesviye ruhu *s s.* **kabarcıklı düzeç** Libelle *f*

teşci *s* <-i> **1.** (*cesaretlendirme*) Ermutigung *f;* ~ **etmek** ermutigen **2.** (*yüreklendirme*) Ermunterung *f;* ~ **etmek** ermuntern
teşebbüs *s* **1.** Unternehmen *nt* **2.** Initiative *f;* ~**ü ele almak** die Initiative ergreifen
teşekkür *s* Dank *m,* Danksagung *f;* ~ **ederim!** danke!, ich bedanke mich!; ~ **etmek** sich bedanken; **birine bir şey için** ~ **etmek** sich bei jdm für etw bedanken; **teşekkür mektubu** *s* Dankschreiben *nt*
teşhirci *s* (*göstermeci*) Exhibitionist *m*
teşhircilik *s ohne Pl* <-ği> (*göstermecilik*) Exhibitionismus *m*
teşhis *s* (MED) Diagnose *f;* ~ **etmek** diagnostizieren; ~ **koymak** eine Diagnose stellen
teşkilâtıesasiye kanunu *s s.* **anayasa** Grundgesetz *nt,* Verfassung *f*
teşri *s* <-i> *s.* **yasama** Gesetzgebung *f,* Legislatur *f*
teşrifat *s* (*etiket*) Etikette *f*
teşriî *adj* gesetzgebend, legislativ; ~ **kuvvet** gesetzgebende Gewalt; ~ **masuniyet** parlamentarische Immunität
teşrikimesai *s ohne Pl s.* **iş birliği** Zusammenarbeit *f,* Kooperation *f*
teşri kuvveti *s s.* **yasama gücü** Legislative *f*
teşrinievvel *s s.* **ekim** Oktober *m;* **teşrinisani** *s s.* **kasım** November *m*
teşt *s* (*reg: çamaşır leğeni*) Waschschüssel *f*
tetanos *s ohne Pl* (MED) Tetanus *m;* (*kazıklı humma*) Wundstarrkrampf *m;* **tetanos aşısı** *s* (MED) Tetanusimpfung *f;* **tetanos serumu** *s* (MED) Tetanusserum *nt*
tetik *s* <-ği> Abzug *m;* **parmağı** ~**te olmak** den Finger am Abzug haben; **tetiği çekmek** auf den Abzug drücken, abdrücken
tevazu *s ohne Pl* <-u> **1.** (*alçak gönüllülük*) Bescheidenheit *f* **2.** (*gösterişsizlik*) Schlichtheit *f*
tevazulu *adj s.* **alçak gönüllü** bescheiden
tevekkül *s* Fügung *f*
tevil *s* Entstellung *f;* ~ **etmek** entstellen
tevkif *s s.* **tutuklama** Verhaftung *f;* ~ **etmek** verhaften
tevkifhane *s s.* **tutuk evi** Haftanstalt *f*
teyp *s* <-bi> Tonbandgerät *nt*
teyze *s* (*annenin kız kardeşi*) Tante *f, Schwester der Mutter;* **teyze kızı** *s* Cousine *f, mütterlicherseits;* **teyze oğlu** *s* Cousin *m,* Vetter *m, mütterlicherseits*
tez *adj* rasch
tezek *s* <-ği> Fladen *m*
tez elden *adv* kurzerhand; (*çabucak*) rasch
tezene *s* (MUS) Plektron *nt*
tezgâh *s* **1.** (*dükkânda*) Theke *f,* Ladentisch *m* **2.** (*kahvede, meyhanede*) Theke *f* **3. dokuma** ~**ı** Webstuhl *m;* **torna** ~**ı** Drehbank *f* **4.** (NAUT: *tersane*) Werft *f*
tezgâhtar *s* Verkäufer(in) *m(f)*
tezkere *s* (SCHULE: *mazeret kâğıdı*) Entschuldigung *f*
tezyinî sanat *s ohne Pl s.* **süsleme sanatı** Kunstgewerbe *nt*
tıbbı *s poss von* **tıp**
tıbbî *adj* **1.** ärztlich; ~ **rapor** ärztliches Attest **2.** medizinisch; ~ **tedavi görmek** in medizinischer Behandlung sein
tığ *s* **1.** Ahle *f* **2.** Häkelnadel *f;* **bir şeyi** ~ **ile örmek** etw häkeln
tık *s:* **„~" yapmak** „klick" machen
tıka basa *adv:* ~ **doldurmak** hineinstopfen; ~ **yemek** in sich hineinstopfen; (*fam*) sich voll fressen; **salon** ~ **doluydu** der Saal war gepfropft [*o* gerammelt] voll
tıkaç *s* <-cı> Pfropfen *m*
tıkaçlama *s Verbalsubstantiv zu* **tıkaçlamak**
tıkaçlamak *vt* pfropfen
tıkama *s Verbalsubstantiv zu* **tıkamak**
tıkamak *vt* verstopfen; **birinin ağzını** ~ (*fam*) jdm das Maul stopfen
tıkanık *adj* verstopft
tıkanma *s* **1.** *Verbalsubstantiv zu* **tıkanmak** **2.** Verstopfung *f;* **atardamarın** ~**sı** die Verstopfung der Schlagader
tıkanmak *vi* verstopfen
tıkınma *s* **1.** *Verbalsubstantiv zu* **tıkınmak** **2.** (*fam pej*) Fresserei *f*
tıkınmak *vi* (*fam pej*) fressen, mampfen, in sich hineinstopfen
tıkırdatma *s Verbalsubstantiv zu* **tıkırdatmak**
tıkırdatmak *vt:* **çorbayı** ~ die Suppe nur einmal aufwallen lassen
tıkıştırma *s Verbalsubstantiv zu* **tıkıştırmak**
tıkıştırmak *vt* hineinstopfen; **bavula her şeyi tıkıştırdım** ich habe alles in den Koffer hineingestopft
tıklama *s Verbalsubstantiv zu* **tıklamak**
tıklamak *vt* (INFORM) anklicken
tıkma *s Verbalsubstantiv zu* **tıkmak**
tıkmak *vt* **1.** stopfen (*-e* in); **bavula her şeyi tıktım** ich habe alles in den Koffer gestopft **2.** (*fam*) stecken (*-e* in); **birini deliğe** ~ jdn ins Loch stecken, jdn einlochen [*o* einbuchten]
tıknaz *adj* gedrungen, kompakt
tıknefes *adj* kurzatmig
tıknefeslik *s ohne Pl* <-ği> Kurzatmigkeit *f*
tımar[1] *s* **1.** (*bakım*) Pflege *f* **2.** (*yara bakımı*) Wundbehandlung *f* **3.** (*binek hayvanlarını*) Striegeln *nt* **4.** (*ağaç bakımı*) Okulierung *f;* ~ **etmek** (*yaraları*) behandeln; (*binek hayvanlarını*) striegeln

T

tımar² *s* (HIST) Lehen *nt*
tımarhane *s* Irrenhaus *nt,* Irrenanstalt *f*
tımarhanelik *adj* irrenhausreif
tıp *s ohne Pl* <-bbı> Medizin *f;* **adlî** ~ forensische Medizin
tıpa *s* Korken *m*
tıpatıp *adv* genau; ~ **aynı** genau dasselbe
tıpkı **I.** *s* Ebenbild *nt;* **bu masanın ~sı bizde de var** den gleichen Tisch haben wir auch **II.** *adv* genauso; ~ **~sına birbirine benzemek** sich gleichen wie ein Ei dem anderen; **çocuk ~ babasına benziyor** das Kind sieht genauso aus wie sein Vater
tıpkıçekim *s* (*fotokopi*) Fotokopie *f*
tırabzan *s* Treppengeländer *nt*
tıraş *s* **1.** (*saç ~ı*) Haarschnitt *m;* ~ **olmak** sich die Haare schneiden lassen **2.** (*sakal ~ı*) Rasur *f;* **birini ~ etmek** jdn rasieren; ~ **olmak** sich rasieren; **tıraş bıçağı** *s* **1.** (*ustura*) Rasiermesser *nt* **2.** (*jilet*) Rasierklinge *f*
tıraşlama *s Verbalsubstantiv zu* **tıraşlamak**
tıraşlamak **I.** *vt* **1.** abschleifen, abhobeln **2.** rasieren **II.** *vi* (*fam*) aufschneiden
tıraşlı *adj* **1.** rasiert **2.** (*yontulmuş*) abgeschliffen, abgehobelt
tıraş losyonu *s* Aftershavelotion *f,* After-Shave-Lotion *f,* Rasierwasser *nt;* **tıraş makinesi** *s* Rasierapparat *m;* **tıraş sabunu** *s* Rasierseife *f*
tıraşsız *adj* **1.** unrasiert **2.** ungeschliffen
tırhallı *adj* (*fig*): ~, **hep bir hâlli olmak** alle in einem Boot sitzen
tırmanıcı bitki *s* (BOT) Kletterpflanze *f*
tırmanış *s* (*dağa*) Aufstieg *m*
tırmanma *s Verbalsubstantiv zu* **tırmanmak**
tırmanmak *vi* klettern; **ağaçlara** ~ auf Bäume klettern
tırmanma şeridi *s* (AUTO) Kriechspur *f*
tırmık *s* <-ğı> **1.** (*tırnak beresi*) Kratzer *m* **2.** (*tarak biçiminde araç*) Egge *f,* Harke *f*
tırmıklama *s Verbalsubstantiv zu* **tırmıklamak**
tırmıklamak *vt* **1.** (*tırmalamak*) zerkratzen **2.** (*tırmıkla toprağı işlemek*) eggen, harken
tırnak *s* <-ğı> Nagel *f;* **tırnak cilâsı** *s* (*oje*) Nagellack *m*
tırnak işareti *s* Anführungszeichen *nt;* (*fam*) Gänsefüßchen *nt;* **bir kelimeyi ~ içine almak** ein Wort in Anführungszeichen [*o* Gänsefüßchen] setzen
tırnak makası *s* Nagelschere *f;* **tırnak törpüsü** *s* Nagelfeile *f*
tırpan *s* (AGR) Sense *f*
tırpana *s* (ZOOL: *rina*) Glattrochen *m*
tırtıl *s* **1.** (ZOOL) Raupe *f* **2.** (AUTO: *lâstik ~ı*) Profil *nt*
tırtılımsı *adj* raupenartig, raupenähnlich
tıs *s* (*kaz, yılan için*) Zischen *nt;* ~ **yok** es ist mucksmäuschenstill
tıslama *s Verbalsubstantiv zu* **tıslamak**
tıslamak *vi* **1.** (*kaz, yılan için*) zischen **2.** (*kedi için*) fauchen; **birine** ~ jdn anfauchen **3.** (*fam*) schweigen, den Mund halten
Tibet *s* Tibet *nt*
ticaret [tidʒa:ret] *s ohne Pl* **1.** Handel *m* **2.** Kommerz *m;* **ticaret ataşesi** *s* (POL) Handelsattaché *m;* **ticaret bankası** *s* (WIRTSCH) Handelsbank *f;* **ticaret borsası** *s* Handelsbörse *f;* **ticaret filosu** *s* Handelsflotte *f*
ticaretgâh *s* Handelsplatz *m*
ticaret gemisi *s* Handelsschiff *nt;* **Ticaret Hukuku** *s ohne Pl* Handelsrecht *nt;* **Ticaret Kanunu** *s* Handelsgesetzbuch *nt;* **ticaret limanı** *s* Handelshafen *m;* **ticaret mahkemesi** *s* Handelsgericht *nt;* **ticaret malı** *s* Handelsware *f;* **ticaret odası** *s* Handelskammer *f;* **ticaret sicili** *s* Handelsregister *nt*
ticarî *adj* kommerziell, Handels-; **ticarî ataşe** *s s.* **ticaret ataşesi**; **ticarî unvan** *s* Handelsname *m;* **ticarî vekil** *s* Handlungsbevollmächtigte(r) *mf*
tifdruk *s ohne Pl* <-ğu> (TYPO) Tiefdruck *m*
tifo *s ohne Pl* (MED) Typhus *m*
tiftik *s* <-ği> Angorawolle *f;* **tiftik keçisi** *s* Angoraziege *f*
tiftiklenme *s Verbalsubstantiv zu* **tiftiklenmek**
tiftiklenmek *vi* (sich) ausfransen
tiftik tiftik *adv* ausgefranst; ~ **olmak** ausgefranst sein
tifüs *s ohne Pl* (MED) Flecktyphus *m;* (*lekeli humma*) Fleckfieber *nt*
tik *s* **1.** Tick *m* **2.** Angewohnheit *f,* Eigenart *f*
tikel önerme *s* (PHILOS: *mantık*) Partikularaussage *f*
tiksinme *s Verbalsubstantiv zu* **tiksinmek**
tiksinmek *vi* sich ekeln (*-den* vor)
tilki *s* **1.** (ZOOL) Fuchs *m;* ~ **gibi kurnaz olmak** schlau wie ein Fuchs sein **2.** (*bu hayvanın postu*) Fuchs *m* **3.** (*fig: insan*) Fuchs *m;* **onun ne ~ olduğunu bilmezsiniz** Sie wissen nicht, was für ein Fuchs er ist
tilt *s* (*fam*) Flipper *m;* ~ **oynamak** flippern
tim *s* Einheit *f*
timsah *s* (ZOOL) Krokodil *nt*
timsal *s* <-i> Symbol *nt*
tin *s ohne Pl* Geist *m*
tiner *s* Verdünner *m*
tinsel *adj* spirituell
tinselcilik *s ohne Pl* <-ği> (PSYCH: *spiritüalizm*) Spiritualismus *m*
tip *s* (*fam*) Type *f*

tipi *s* Schneesturm *m,* Blizzard *m*

tipik *adj* <-ği> typisch (*için* für)

tipleme *s* **1.** *Verbalsubstantiv zu* **tiplemek** **2.** (FILM) Darstellung *f*

tiplemek *vt* (FILM) darstellen

tipo baskı *s ohne Pl* (TYPO) Hochdruck *m*

tipografi *s* Typografie *f*

tipografik *adj* typografisch

tipoloji *s* Typologie *f*

tipolojik *adj* typologisch

tiraj *s* Auflagenhöhe *f*

tirbuşon *s* Korkenzieher *m*

tire *s* (LING: *kısa çizge*) Trennungsstrich *m*

tirendaz *s* **1.** (HIST: *okçu*) Bogenschütze *m* **2.** (*fig: becerikli*) tüchtig **3.** (*fig: giyimde*) adrett

tirit **I.** *s* <-di> **1.** (GASTR) Brotsuppe *f, Fleischbrühe mit geröstetem Brot* **2.** (*fam*): ~ **gibi** alt und klapprig; ~**i çıkmak** alt und klapprig werden **II.** *adj* (*fam: yaşlı ve zayıf*) alt und klapprig

tiritlenme *s Verbalsubstantiv zu* **tiritlenmek**

tiritlenmek *vi* (*fam: tiritleşmek*) alt und klapprig werden

tiritleşme *s Verbalsubstantiv zu* **tiritleşmek**

tiritleşmek *vi* (*fam*) alt und klapprig werden

tiriz *s* **1.** (*giyside*) Borte *f,* Besatz *m* **2.** (*ensiz tahta*) Leiste *f*

tirle *s* Milchpumpe *f*

tirlin *s* Reißfeder *f*

tiroit *s* (ANAT, MED: *kalkan bezi*) Schilddrüse *f*

tirpidin *s* Hacke *f, kleine Gartenhacke*

tirsi *s,* **tirsi balığı** *s* (ZOOL) Maifisch *m*

tirşe **I.** *s s.* **parşömen** Pergament *nt* **II.** *adj* grünblau; ~ **gözlü kız** ein Mädchen mit grünblauen Augen

tir tir *adv:* ~ **titremek** erschaudern

tişört *s* T-Shirt *nt*

titr *s* Bezeichnung *f;* (*unvan*) Titel *m;* (*etiket*) Etikette *f*

titrek *adj* <-ği> zitt(e)rig; **titrek kavak** *s* <-ğı> (BOT) Zitterpappel *f*

titreme *s Verbalsubstantiv zu* **titremek**

titremek *vi* zittern; **birinin üzerine** ~ (*fig fam*) jdn wie ein rohes Ei behandeln

titremleme *s* **1.** *Verbalsubstantiv zu* **titremlemek** **2.** (LING) Intonation *f*

titremlemek *vt* (LING) intonieren

titreşim *s* (*a.* PHYS) Schwingung *f,* Vibration *f*

titreşimli *adj* **1.** (PHYS) Schwingungs- **2.** (LING: *ötümlü*) stimmhaft

titreştirme *s Verbalsubstantiv zu* **titreştirmek**

titreştirmek *vt:* **bir şeyi** ~ etw in Schwingung versetzen

tiyatro *s* **1.** Theater *nt;* **epik/saçma** ~ episches/absurdes Theater **2.** Bühne *f*

tiz *adj* schrill

toğrul *s* (ZOOL: *çakırdoğan*) Habicht *m*

tohum *s* Samen *m*

tohumlama *s* (BIOL, BOT) **1.** *Verbalsubstantiv zu* **tohumlamak** **2.** Befruchtung *f*

tohumlamak *vt* (BIOL, BOT) befruchten

tohumlu bitki *s* (BOT) Samenpflanze *f*

tok *adj* satt; ~**um** ich bin satt; **aç gezmektense** ~ **ölmek yeğdir** besser satt sterben als hungrig herumlaufen

toka[1] *s* **1.** (*kemer* ~*sı*) Schnalle *f* **2.** (*saç* ~*sı*) Spange *f*

toka[2] *s* **1.** (*el sıkışma*) Handschlag *m,* Händedruck *m* **2.** (*kadeh tokuşturma*) Anstoßen *nt;* ~ **etmek** anstoßen

tokaç *s* <-cı> Wäscheschlägel *m*

tokaçlama *s Verbalsubstantiv zu* **tokaçlamak**

tokaçlamak *vt:* **çamaşırı** ~ die Wäsche schlägeln

toka dili *s* Schnallendorn *m*

tokat *s* <-dı> Ohrfeige *f;* ~ **atmak** ohrfeigen (*-e* -); **bir** ~ **yemek** eine Ohrfeige bekommen; **birinin suratına tokadı çakmak** (*fam fig*) jdm eine kleben

tokatlama *s Verbalsubstantiv zu* **tokatlamak**

tokatlamak *vt* ohrfeigen

tok gözlü *adj* genügsam; **tok gözlülük** *s ohne Pl* <-ğü> Genügsamkeit *f*

tokmak *s* <-ğı> **1.** Holzhammer *m* **2.** (*kapı tokmağı*) Knauf *m*

tokmakçı *s* (*reg: jigolo*) Gigolo *m*

toksikolog *s* <-ğu> Toxikologe, -in *m, f*

toksikoloji *s ohne Pl* (MED) Toxikologie *f*

toksikolojik *adj* toxikologisch

toksikoman *s* Rauschgiftsüchtige(r) *mf*

toksikomani *s ohne Pl* Rauschgiftsucht *f*

toksin *s* (MED, BIOL) Toxin *nt*

tokuşturma *s Verbalsubstantiv zu* **tokuşturmak**

tokuşturmak *vt* gegeneinander stoßen; **kadehleri** ~ anstoßen

tokyo *s* Badeschuh *m;* ~**ların yanında mı?** hast du deine Badeschuhe mit?

Tokyo *s* Tokio *nt*

tolerans *s* **1.** (*ohne Pl, hoşgörü*) Toleranz *f,* Duldsamkeit *f* **2.** (TECH: *özür payı*) Toleranz *f,* Spielraum *m*

toleranslı *adj* tolerant

toleransız *adj* intolerant

toleranssızlık *s ohne Pl* <-ğı> Intoleranz *f*

tolkşov *s* (TV) Talkshow *f*

tomahavk *s* Tomahawk *m*

tombak *s* <-ğı> Tombak *m*

tombala *s* Tombola *f*

tombaz *s* (NAUT) Ponton *m;* **tombaz köprüsü** *s* Pontonbrücke *f*
tombik *s* Dickerchen *nt*
tomografi *s* (MED) Tomographie *f*
tomurcuk *s* <-ğu> (BOT) Knospe *f;* ~**lar çatlıyor** die Knospen brechen auf
tomurcuklanma *s Verbalsubstantiv zu* **tomurcuklanmak**
tomurcuklanmak *vi* (BOT) knospen, Knospen treiben
ton[1] *s* Tonne *f*
ton[2] *s* Ton *m*
tonla *adv* tonnenweise; **bizde ondan ~ var** davon haben wir tonnenweise
tonlarca *adv* tonnenweise
tonoz *s* (ARCH) Gewölbe *nt*
tonozlu *adj* gewölbt
ton stüdyosu *s* Tonstudio *nt*
top I. *s* **1.** (*futbol* ~ *u*) Ball *m;* ~**u sürmek** den Ball führen **2.** (*bilârdo* ~ *u*) Kugel *f* **3.** (*kumaş* ~ *u*) Ballen *m* **4.** (MIL) Kanone *f;* ~**u atmak** (*iflâs etmek*) Pleite gehen; (*sınıfta kalmak*) sitzen bleiben; **haber ~ gibi patladı** die Nachricht schlug ein wie eine Bombe **5.** (*hepsi*): **gayretlerin** ~**u** all die Mühe **6.** (*sl*) Schwule(r) *m* **II.** *adj* (*toparlak*) rund; ~ **gibi** kugelrund
topaç *s* <-cı> Kreisel *m*
topak *s* <-ğı> **1.** Bausch *m* **2.** (*hamurdan*) Rolle *f*
topal *adj* hinkend
topallama *s Verbalsubstantiv zu* **topallamak**
topallamak *vi* hinken
toparlak I. *s* <-ğı> (*küre*) Kugel *f* **II.** *adj* <-ğı> kugelförmig; (*yuvarlak*) rund
toparlama *s Verbalsubstantiv zu* **toparlamak**
toparlamak *vt* **1.** einsammeln, zusammentragen **2.** (*düşünce için*) sammeln **3.** (*çeki düzen vermek*) aufräumen; **odayı toparladı** er hat das Zimmer aufgeräumt **4. kendini** ~ sich fangen
topçeker *s* (MIL: *gambot*) Kanonenboot *nt*
topçu *s* **1.** (MIL) Artillerist *m,* Kanonier *m* **2.** (*futbolcu*) Fußballer *m* **3.** (*fam pej*) Sitzenbleiber *m*
topçuluk *s* <-ğu> (MIL: *topçu sınıfı*) Artillerie *f*
topik *s* <-ği> (GASTR) *Vorspeise aus Sesamöl, Kichererbsen, Kartoffeln und Zwiebeln*
toplaç *s* <-cı> (ELEK: *kolektör*) Kollektor *m*
toplam *s* Summe *f,* Gesamtbetrag *m*
toplama *s* **1.** *Verbalsubstantiv zu* **toplamak** **2.** (MATH) Addition *f* **3.** (INFORM: *veri*) Erfassung *f;* **toplama işareti** *s* (MATH) Pluszeichen *nt*
toplamak I. *vt* **1.** sammeln, versammeln; (*bir araya getirmek*) zusammentragen; **çocukları etrafına** ~ die Kinder um sich versammeln **2.** (*devşirmek*) einsammeln, ernten; (*çiçek*) pflücken; **alkış** ~ Beifall ernten **3.** (*devşirip kaldırmak*) abräumen; **sofrayı** ~ den Tisch abräumen **4.** (*dağınıklıktan kurtarmak*) aufräumen; **yatakları** ~ die Betten machen **5.** (*irin*) bilden **6.** (*biriktirmek*) zusammensparen; **servet** ~ Reichtümer ansammeln **7.** (MATH) addieren, zusammenzählen, summieren **8.** (*hizmete çağırmak*) einberufen; **asker** ~ Soldaten einberufen **9.** (*bağış*) sammeln; (*vergi*) eintreiben **10.** (INFORM: *veri*) erfassen **II.** *vi* **1.** (*şişmanlamak*) zunehmen **2.** (*irinlenmek*) eitern
toplam maliyet *s* Gesamtkosten *pl;* **toplam tutar** *s* Gesamtbetrag *m,* Gesamtsumme *f*
toplanık *adj* versammelt
toplanılma *s* Erhebung *f;* **delillerin** ~**sı** (JUR) Beweiserhebung *f*
toplanma *s* **1.** *Verbalsubstantiv zu* **toplanmak** **2.** Versammlung *f*
toplanmak *vi* **1.** *pass von* **toplamak** **2.** sich versammeln **3.** sich summieren
toplanma özgürlüğü *s* Versammlungsfreiheit *f*
toplantı *s* **1.** Versammlung *f* **2.** (*kurul* ~ *sı, meclis* ~ *sı*) Sitzung *f* **3.** (*basın* ~ *sı*) Konferenz *f*
toplantı salonu *s* **1.** Sitzungssaal *m* **2.** Konferenzsaal *m*
toplardamar *s* (ANAT, MED) Vene *f; s. a.* **atardamar**; **toplardamar iltihabı** *s* (MED) Venenentzündung *f*
toplu *adj* **1.** (*bir arada*) zusammen **2.** (*düzene konmuş*) ordentlich, aufgeräumt; ~ **bir oda** ein aufgeräumtes [*o* ordentliches] Zimmer; **toplu çalışma** *s* Arbeitsgemeinschaft *f;* (*seminer*) Seminar *nt*
toplu iğne *s* Stecknadel *f*
topluluk *s* <-ğu> **1.** Gemeinschaft *f;* **Avrupa Topluluğu** (HIST) die Europäische Gemeinschaft; **Bağımsız Devletler Topluluğu** Gemeinschaft Unabhängiger Staaten **2.** (*kalabalık*) Ansammlung *f* **3.** (MUS) Gruppe *f* **4.** (*ansambl*) Ensemble *nt*
topluluk adı *s,* **topluluk ismi** *s* (LING) Sammelname *m,* Sammelbegriff *m,* Kollektivum *nt*
toplum *s ohne Pl* Gesellschaft *f;* **toplum bilimi** *s ohne Pl* (*sosyoloji*) Soziologie *f;* **toplum bilimsel** *adj* soziologisch
toplumcu I. *s* Sozialist(in) *m(f)* **II.** *adj* sosyalistisch
toplumculuk *s ohne Pl* <-ğu> (*sosyalizm*) Sozialismus *m*
toplumlaştırma *s* **1.** *Verbalsubstantiv zu* **toplumlaştırmak** **2.** Vergesellschaftung *f*

toplumlaştırmak *vt* vergesellschaften
toplumsal *adj* gesellschaftlich; (*sosyal*) sozial; ~ **davranış** soziales Verhalten; **toplumsal bilim** *s* Sozialwissenschaft *f*
toplumsallaştırma *s* **1.** *Verbalsubstantiv zu* **toplumsallaştırmak** **2.** (*sosyalizasyon*) Sozialisierung *f*
toplumsallaştırmak *vt* sozialisieren
toplumsal sınıf *s* Gesellschaftsschicht *f*; **toplumsal yapı** *s s.* **sosyal yapı** Sozialstruktur *f*; **toplumsal yardım** *s* Sozialhilfe *f*
toplu sözleşme *s* Tarifvertrag *m*; **toplu tabanca** *s* Trommelrevolver *m*; **toplu yaşama** *s ohne Pl* Zusammenleben *nt*
top mermisi *s* Kanonenkugel *f*; **top namlusu** *s* Kanonenrohr *nt*; **top oyunu** *s* Ballspiel *nt*
toprak *s* <-ğı> **1.** Erde *f*; **birini toprağa vermek** (*fam*) jdn unter die Erde bringen; **kısır** ~ karge Erde **2.** (ELEK) Erde *f* **3.** Boden *m*; **kireçli** ~ kalkhaltiger Boden **4.** (*kara*) Land *nt*; (*ülke*) Land *nt*; **toprak altı servetleri** *s Pl*, **toprak altı zenginlikleri** *s Pl* Bodenschätze *mpl*; **toprak erozyonu** *s* Bodenerosion *f*; **toprak kayması** *s* Erdrutsch *m*
topraklama *s* (ELEK) **1.** *Verbalsubstantiv zu* **topraklamak** **2.** Erdung *f*
topraklamak *vt* (ELEK) erden
toprak reformu *s* (JUR) Bodenreform *f*; **toprak rengi** *adj* erdfarben
top sürme *s* (SPORT) Ballführung *f*
toptan **I.** *adj* pauschal **II.** *adv* in Bausch und Bogen; **toptan alış veriş** *s* Großeinkauf *m*
toptancı *s* Großhändler(in) *m(f)*; **toptancı hali** *s* Großmarkt *m*
toptancılık *s ohne Pl* <-ğı> Großhandel *m*
top toplayıcı *s* (SPORT) Balljunge *m*
topuk *s* <-ğu> **1.** (ANAT) Ferse *f*; **öfke** ~**larına çıkmak** (*fam*) sich schwarz ärgern **2.** (*ökçe*) Absatz *m*, Stöckelabsatz *m*; **topuk kemiği** *s* (ANAT) Fersenbein *nt*
topuklu *adj* hochhackig
topu topu *adv* im Großen und Ganzen
topuz *s* **1.** Knauf *m* **2.** (*saçta*) Knoten *m*
torak *s* <-ğı> Kohlenmeiler *m*
torba *s* **1.** Sack *m*; (*buz* ~*sı*) Beutel *m* **2.** (ANAT: *sidik* ~*sı*) Blase *f*
tork *s* (TECH) Drehmoment *nt*
tornacı *s* **1.** (*ağaç için*) Drechsler(in) *m(f)* **2.** (*metal için*) Dreher(in) *m(f)*
torpido *s*, **torpidobot** *s* Torpedoboot *nt*; **torpido gözü** *s* (AUTO) Handschuhfach *nt*
tortu *s* Ablagerung *f*
tortul kayaç *s* <-cı> (GEO) Sedimentgestein *nt*
torun *s* Enkel(in) *m(f)*; **torun kızı** *s* Großenkelin *f*; **torun oğlu** *s* Großenkel *m*
total *adj* total
totaliter *adj* totalitär
toy *s* (*pej*) Dilettant(in) *m(f)*
toyca *adv* dilettantisch
toygar *s* (ZOOL) Lerche *f*, Feldlerche *f*
toynak *s* <-ğı> (ZOOL) Huf *m*
toynaklı *adj* (ZOOL) -hufig; **tek** ~ einhufig
toynaklılar *s Pl* (ZOOL) Unpaarhufer *mpl*
toz *s* **1.** Staub *m*; ~ **olmak** (*fam fig*) sich aus dem Staub machen; ~ **silmek** Staub wischen; ~**u dumana katmak** (*fam fig*) (viel) Staub aufwirbeln; **kitaplar** ~ **içinde yüzüyor** die Bücher sind ganz verstaubt **2.** Pulver *nt*
tozlanma *s Verbalsubstantiv zu* **tozlanmak**
tozlanmak *vi* verstauben
tozlu *adj* staubig
tozpembe *adj*: **ortalığı** ~ **görmek** (*fig*) die Welt durch eine rosarote Brille sehen
tökezleme *s Verbalsubstantiv zu* **tökezlemek**
tökezlemek *vi* stolpern
töre bilimi *s ohne Pl* Ethik *f*
tören *s* Feier *f*, Fest *nt*; **tören salonu** *s* Festsaal *m*
töretanımazlık *s ohne Pl* <-ğı> (PHILOS: *immoralizm*) Immoralismus *m*
törpü *s* Feile *f*; **sinir** ~**sü** (*fam*) Nervensäge *f*
törpüleme *s Verbalsubstantiv zu* **törpülemek**
törpülemek *vt* **1.** feilen **2.** (*fig: inceltmek*) verfeinern
tövbe *s*: **bir şey yapmamak için** ~ **etmek** hoch und heilig versprechen, etw nie wieder zu tun; ~**ler olsun**/~**si!** nie wieder!; **alkole** ~ **etmek** dem Alkohol abschwören; **tövbe günü** *s* (REL) Bußtag *m*
tövbekâr *adj* bußfertig
Trablusgarp *s* Tripolis *nt*
Trabzon *s* Trabzon *nt*; (HIST) Trapezunt *nt*
trafik *s ohne Pl* <-ği> Verkehr *m*, Straßenverkehr *m*
trafik denetimi *s* Verkehrskontrolle *f*
trajik *adj* <-ği> tragisch
trajikomedi *s* (LIT, THEAT) Tragikomödie *f*; **trajikomik** *adj* <-ği> (LIT, THEAT) tragikomisch
trake *s* **1.** (ZOOL) Trachee *f* **2.** (*soluk borusu*) Luftröhre *f*
traksiyon *s* (MED) Trakt *m*; (*çekim*) Strang *m*
traktör *s* Traktor *m*; **traktörcü** *s* Traktorfahrer(in) *m(f)*
trakunya *s* (ZOOL: *çarpan balığı*) Petermännchen *nt*
Trakya *s* Thrakien *nt*
trampet *s* Trommel *f*; ~ **çalmak** trommeln

trampetçi *s* Trommler(in) *m(f)*
trampete *s s.* **trampet**
tramplen *s* **1.** (SPORT: *yüzme havuzunda*) Sprungbrett *nt* **2.** (*kayakta*) Sprungschanze *f* **3.** (*fig*) Sprungbrett *nt*
tramvay *s* Straßenbahn *f;* **tramvay durağı** *s* Straßenbahnhaltestelle *f*
trans *s* Trance *f;* ~ **hâline girmek** in Trance fallen
transatlantik **I.** *s* <-ği> (NAUT) Ozeandampfer *m* **II.** *adj* transatlantisch
transept *s* (ARCH) Querschiff *nt*
transfer *s* **1.** (*a.* SPORT) Transfer *m* **2.** Überweisung *f;* **transfer parası** *s* (SPORT) Ablösesumme *f*
transformatör *s* (PHYS) Transformator *m,* Trafo *m*
transfüzyon *s* (MED) Transfusion *f*
transistör *s* Transistor *m*
transistörlü radyo *s* Transistorenradio *nt*
transit *s* Transit *m,* Durchfuhr *f*
transit izni *s* (WIRTSCH) Durchfuhrerlaubnis *f;* **transit yasağı** *s* (WIRTSCH) Durchfuhrverbot *nt*
transkripsiyon *s* Transkription *f*
transliterasyon *s* (LING) Transliteration *f*
transmisyon *s* (LING) Transmission *f*
transplântasyon *s* (MED) Transplantation *f*
transport *s* Transport *m*
trapez *s* Trapez *nt*
trapezci *s* Trapezkünstler(in) *m(f)*
tras *s* (GEO) Trass *m*
travers *s* (EISENB) Schwelle *f,* Bahnschwelle *f*
traverten *s* Travertin *m*
travma *s* (MED, PSYCH) Trauma *nt*
travmatoloji *s ohne Pl* (MED) Traumatologie *f*
tren *s* **1.** Zug *m* **2.** Bahn *f;* (*demir yolu*) Eisenbahn *f;* ~**le gitmek** mit der Bahn fahren; **tren bileti** *s* Eisenbahnfahrkarte *f*
trençkot *s* Trenchcoat *m*
tren istasyonu *s* Eisenbahnstation *f,* Bahnhof *m;* **tren yolu geçidi** *s* Bahnübergang *m*
triatlon *s* (SPORT) Dreikampf *m*
triatloncu *s* (SPORT) Dreikämpfer(in) *m(f)*
tribün *s* Tribüne *f*
trigonometri *s ohne Pl* Trigonometrie *f*
trikotaj *s* Strickwaren *pl*
trilyon *s* Billion *f*
trio *s* (MUS: *üçlü*) Trio *nt*
triportör *s* Dreirad *nt*
trol *s* <-ü> (NAUT: *balıkçılık*) Trawl *nt,* Grundschleppnetz *nt*
troleybüs *s* Trolleybus *m,* O(berleitungsomni)bus *m*
trombon *s* (MUS) Posaune *f*
tromboncu *s* (MUS) Posaunist(in) *m(f)*
tropikal *adj* (GEO) tropisch
tropik kuşu *s* (ZOOL) Tropikvogel *m*
trotinet *s* Tretroller *m*
trotuvar *s* Bürgersteig *m*
TRT *s ohne Pl Abk. von* **Türkiye Radyo ve Televizyon Kurumu** *Rundfunk- und Fersehanstalt der Türkei*
tu [tu:] *interj* pfui
tual *s* <-i> (*resim için*) Leinwand *f*
tuba *s* (MUS) Tuba *f*
tufan *s* **1.** Sintflut *f* **2.** (*şiddetli yağmur*) sintflutartige Regenfälle **3.** (*fig: alkış ~ı*) Sturm *m*
tufeylî *s s.* **asalak** Schmarotzer *m*
tufeylîlik *s ohne Pl* <-ği> Schmarotzertum *nt*
tugay *s* (MIL) Brigade *f*
tuğgeneral *s* <-i> (MIL) Brigadegeneral *m*
tuğla *s* Backstein *m,* Ziegelstein *m;* **tuğla fabrikası** *s* Ziegelei *f*
tuğra *s* **1.** (HIST) Tugra *f* **2.** (*metal parada*) Kopf *m;* ~ **mı yazı mı?** Kopf oder Zahl?
tuh *interj* pfui
tuhaf *adj* merkwürdig; ~ **bir tesadüf** ein merkwürdiger Zufall
tuhafiye *s* Kurzwaren *pl;* **tuhafiye dükkânı** *s* Kurzwarengeschäft *nt*
tulûat *s* (THEAT) Happening *nt;* ~ **yapmak** ein Happening veranstalten
tulûatçı *s* (THEAT) Happenist *m*
tulum *s* **1.** Hemdhose *f* **2.** (*uyku ~u*) Sack *m*
tulumba *s* Pumpe *f;* ~ **ile boşaltmak** auspumpen
Tuna *s* Donau *f*
tunç **I.** *s* <-cu> Bronze *f* **II.** *adj* bronzen; ~ **döküm** Abguss *m* in Bronze
Tunç Devri *s ohne Pl* Bronzezeit *f*
tunç rengi *s* Bronzefarbe *f*
tundra *s* (GEO) Tundra *f*
Tunguz *s* Tunguse, -in *m, f*
tun tun *adv* (*gizlice*) heimlich
Tunus **I.** *s* Tunesien *nt* **II.** *adj* tunesisch; ~ **hükûmeti** die tunesische Regierung; **Tunuslu** **I.** *s* Tunesier(in) *m(f)* **II.** *adj* tunesisch; ~ **erkekler/kadınlar** tunesische Männer/Frauen
tur *s* **1.** Reise *f,* Tour *f* **2.** Ausflug *m;* (*yürüyerek*) Wanderung *f*
tura *s* (*metal parada*) Kopf *m;* ~ **mı yazı mı?** Kopf oder Zahl?; *s. a.* **tuğra**
turfanda *adj* (AGR) frühreif
turfandalık *s* <-ğı> (AGR) Frühbeet *nt*
turfanda meyve *s ohne Pl* (AGR) Frühobst *nt;* **turfanda sebze** *s ohne Pl* (AGR) Frühgemüse *nt*
turist *s* Tourist(in) *m(f)*
turistik *adj* <-ği> touristisch
turizm *s ohne Pl* Tourismus *m*
turkuaz *s s.* **türkuaz**

turna *s* (ZOOL) Kranich *m*
turnike *s* Drehkreuz *nt*
turnusol *s ohne Pl* <-ü> (CHEM) Lackmus *m o nt;* **turnusol kâğıdı** *s* (CHEM) Lackmuspapier *nt*
turnuva *s* Turnier *nt*
tur operatörü *s* Reiseveranstalter(in) *m(f)*
turşu *s:* **meyve/sebze ~su kurmak** [*o* **yapmak**] Obst/Gemüse einmachen
turşuluk hıyar *s* Gewürzgurke *f*
tuş *s* **1.** Taste *f;* **~a basmak** eine Taste drücken **2.** (KUNST) Pinselstrich *m* **3.** (SPORT: *güreşte*) Schulterniederlage *f;* **~a getirmek** auf die Schultern legen [*o* zwingen] **4.** (SPORT: *eskrimde*) Treffer *m*
tuşe *s* Berührung *f;* **~ etmek** berühren, touchieren
tut *Imperativ von* **tutmak**: **~!** fang!
tutacak *s* <-ğı> **1.** (GASTR: *bez*) Topflappen *m* **2.** (*ataş*) Heftklammer *f,* Büroklammer *f*
tutaç *s* <-cı> (*maşa*) Pinzette *f*
tutam *s* Büschel *m*
tutam tutam *adv* büschelweise
tutanak *s* <-ğı> Protokoll *nt;* **~ düzenlemek** Protokoll führen
tutarak *s* <-ğı> (MED: *sara*) Epilepsie *f*
tutarga *s* (MED: *sara*) Epilepsie *f*
tutkal *s* Leim *m*
tutkallama *s* **1.** *Verbalsubstantiv zu* **tutkallamak** **2.** Verleimung *f*
tutkallamak *vt* verleimen
tutku *s* Leidenschaft *f*
tutkulu *adj* leidenschaftlich
tutma *s Verbalsubstantiv zu* **tutmak**
tutmak <-ar> **I.** *vt* **1.** (*yakalamak*) fangen; (*topu*) (ab)fangen; **tut!** fang! **2.** (*elinde*) halten; (*sözünü, vaadini*) (ein)halten; **gözlerini açık ~** (*a. fig*) die Augen offen halten **3.** (*soluk*) anhalten; (*zabıt*) führen **4.** abhalten; **annesi küçüğü aptese tuttu** die Mutter hielt das Kleine ab; **birini taşa ~** jdn mit Steinen bewerfen **II.** *vi* **1.** ansetzen; **kireç/pas ~** Kalk/Rost ansetzen **2. çarpıntısı/hıçkırık ~** Herzklopfen/Schluckauf bekommen **3.** (*para toplamı*) kosten; **hepsi ne kadar tuttu?** wie viel kostet alles? **4. duası tuttu** sein Gebet wurde erhört
tutsak *s* <-ğı> Gefangene(r) *mf*
tutsaklar kampı *s* Gefangenenlager *nt*
tutsaklık *s ohne Pl* <-ğı> Gefangenschaft *f*
tutturma *s Verbalsubstantiv zu* **tutturmak**
tutturmak *vt* **1.** befestigen (*-e* an); **bir şeyi vidalarla ~** etw mit Schrauben befestigen **2.** (*hedefi*) treffen; (*piyangoda*) Treffer landen; **lottoda üç tutturdu** er hat im Lotto drei Treffer gelandet
tutu *s* (*rehin*) Pfand *nt;* **~ya koymak** (*terhin etmek*) verpfänden; (*rehin olarak vermek*) als Pfand geben
tutucu **I.** *s* Konservative *mf* **II.** *adj* konservativ
tutuculuk *s ohne Pl* <-ğu> Konservatismus *m*
tutuk **I.** *s* <-ğu> Häftling *m* **II.** *adj* <-ğu> **1.** (*kesik*) abgehackt; **~ konuşmak** abgehackt sprechen **2.** (*çekingen, sıkılgan*) gehemmt, verklemmt
tutuk evi *s* Haftanstalt *f*
tutuklama *s* **1.** *Verbalsubstantiv zu* **tutuklamak** **2.** Verhaftung *f*
tutuklamak *vt* verhaften
tutuklu **I.** *s* Häftling *m* **II.** *adj* verhaftet
tutukluk *s ohne Pl* <-ğu> **1.** Gehemmtheit *f,* Verklemmtheit *f* **2. motor ~ yapıyor** der Motor setzt aus
tutukluluk *s* <-ğu> U-Haft *f,* Untersuchungshaft *f*
tutulma *s* **1.** *Verbalsubstantiv zu* **tutulmak** **2.** (ASTR) Eklipse *f;* **Ay ~sı** Mondfinsternis *f;* **Güneş ~sı** Sonnenfinsternis *f*
tutulmak *vi* **1.** *pass von* **tutmak** **2.** sich verlieben (*-e* in); **birine ~** sich in jdn verlieben **3.** (*rağbet görmek*) ankommen, Anklang finden; **biri tarafından ~** bei jdm ankommen
tutulmaz *adj* unhaltbar
tutum *s ohne Pl* Haltung *f,* Einstellung *f*
tutumsuz *adj* (*savurgan*) verschwenderisch
tutun *Imperativ von* **tutunmak**: **~!** halt dich fest!
tutunma *s Verbalsubstantiv zu* **tutunmak**
tutunmak *vi* sich festhalten (*-e* an)
tutuşma *s Verbalsubstantiv zu* **tutuşmak**
tutuşmak **I.** *vi* Feuer fangen, sich anzünden; (*barut*) sich entzünden **II.** *vt* (*bahis*) abschließen
tutuşturma *s Verbalsubstantiv zu* **tutuşturmak**
tutuşturmak *vt* anbrennen, anzünden, entzünden
tuval *s* <-i> (*resim için*) Leinwand *f*
tuvalet *s* **1.** (*yıkanma, süslenme, taranma işi*) Toilette *f;* **sabah ~ini yapmak** die morgendliche Toilette machen **2.** (*kadınlar için gösterişli giysi*) Toilette *f;* **hanımlar gran~ geldiler** die Damen erschienen in großer Toilette **3.** (*ayak yolu*) Toilette *f*
tuvalet kâğıdı *s* Toilettenpapier *nt;* **tuvalet malzemesi** *s* Toilettenartikel *m;* **tuvalet masası** *s* Schminktisch *m;* **tuvalet takımı** *s* Kulturbeutel *m*
tuz *s* Salz *nt*
tuzak *s* <-ğı> (*a. fig*) Falle *f;* **~ kurmak** eine Falle aufstellen; **birine ~ kurmak** jdm eine Falle stellen; **tuzağa düşmek** in die Falle gehen, in eine Falle tappen; **birini**

tuzağa düşürmek jdn in eine Falle tappen lassen
tuzakçı *s* Fallensteller(in) *m(f)*
tuzcul bitki *s* (BOT) Salzpflanze *f*
tuzla *s* Saline *f*
tuzlama *s Verbalsubstantiv zu* **tuzlamak**
tuzlamak *vt* salzen
tuzlu *adj* **1.** (*tuzu olan*) salzig **2.** (*fam fig: fiyat*) saftig, gepfeffert
tuzlu çubuk *s* <-ğu> (*batonsale*) Salzstange *f*
tuzluk *s* <-ğu> Salzstreuer *m*
tuzlu su *s* Salzwasser *nt*
tuzsuz *adj* salzlos
tü *interj* pfui
tüberkülin *s ohne Pl* (MED) Tuberkulin *nt*
tüberküloz *s* (MED) Tuberkulose *f*
TÜBITAK *s ohne Pl Abk. von* **Türkiye Bilimsel ve Teknik Araştırma Kurumu** *Institut für wissenschaftliche und technische Forschung der Türkei*
tüfek *s* <-ği> Gewehr *nt;* **tüfek namlusu** *s* Gewehrlauf *m*
tükenme *s Verbalsubstantiv zu* **tükenmek**
tükenmek *vi* **1.** sich erschöpfen; (*nesli* ~) aussterben; **sabrım tükendi** meine Geduld ist erschöpft **2.** (*fam fig*) abbauen; **çok çabuk tükendi** er hat sehr schnell abgebaut
tükenmez **I.** *adj* **1.** unerschöpflich **2.** (*fig: sonsuz*) unendlich **II.** *s* **1.** (*fam: ~ kalem*) Kuli *m,* Kugelschreiber *m* **2.** (*fam*) Käsesuppe *f;* **tükenmez kalem** *s* Kugelschreiber *m*
tükenmezlik *s ohne Pl* <-ği> Unerschöpflichkeit *f*
tüketici *s* Verbraucher(in) *m(f),* Konsument(in) *m(f)*
tüketiciyi koruma *s* Verbraucherschutz *m*
tüketim *s ohne Pl* Verbrauch *m,* Konsum *m;* **tüketim malları** *s Pl* Konsumgüter *ntpl;* ~ **üretmek** Konsumgüter produzieren
tüketme *s Verbalsubstantiv zu* **tüketmek**
tüketmek *vt* **1.** verbrauchen, konsumieren **2.** aufbrauchen **3.** (*bezdirmek*) erschöpfen
tükürme *s Verbalsubstantiv zu* **tükürmek**
tükürmek **I.** *vi* **1.** spucken; **yere** ~ auf den Boden ~; **birinin yüzüne** ~ jdm ins Gesicht spucken **2.** (*fam fig*): **ağzına/içine** ~ auf etw/jdn spucken; **tükürdüğünü yalamak** einen Rückzieher machen **II.** *vt* **1.** spucken; **kan** ~ Blut spucken; **kiraz çekirdeklerini yere** ~ die Kirschkerne auf den Boden spucken **2.** (*ağzından dışarı vermek*) ausspucken
tükürük *s* <-ğü> Spucke *f;* **tükürük bezi** *s* (ANAT) Speicheldrüse *f;* **tükürük hokkası** *s* Spucknapf *m*
tül perde *s* Gardine *f*
tüm[1] *s ohne Pl* Ganze(s) *nt;* **parasının ~ünü kaybetti** er hat sein ganzes Geld verloren
tüm[2] *s* (MIL: *tümen*) *Division*
tüm[3] *s* (*reg*) **1.** (*tümsek*) Anhöhe *f,* Erhebung *f* **2.** (*tepe*) Hügel *m*
tümbek *s* (*fam*) **1.** (*tümsek*) Anhöhe *f,* Erhebung *f* **2.** (*tepe*) Hügel *m*
tümce *s s.* **cümle** Satz *m*
tümden gelim *s* (PHILOS: *dedüksiyon*) Deduktion *f; s. a.* **tüme varım**
tümen *s* (MIL) Division *f*
tüme varım *s* (PHILOS: *endüksiyon*) Induktion *f; s. a.* **tümden gelim**
tümleç *s* <-ci> **1.** Ergänzung *f* **2.** (LING) Objekt *nt;* **dolaylı** ~ das indirekte Objekt
tümleme *s* **1.** *Verbalsubstantiv zu* **tümlemek** **2.** Ergänzung *f*
tümlemek *vt* ergänzen, komplementieren, vervollständigen
tümlenme *s* **1.** *Verbalsubstantiv zu* **tümlenmek** **2.** Ergänzung *f*
tümlenmek *vi pass von* **tümlemek**
tümler açı *s* (MATH) Komplementwinkel *m,* Ergänzungswinkel *m*
tümör *s* (MED) Tumor *m*
tümsek *s* <-ği> Anhöhe *f,* Erhebung *f*
tüm tanrıcı **I.** *s* Pantheist(in) *m(f)* **II.** *adj* pantheistisch
tüm tanrıcılık *s ohne Pl* <-ğı> Pantheismus *m*
tümür *s* (ANAT) Darmzotte *f*
tün *s* (*gece*) Nacht *f*
tünaydın *interj:* ~**!** guten Abend!
tünek *s* <-ği> Hühnerstange *f*
tünel *s* Tunnel *m*
tünme *s Verbalsubstantiv zu* **tünmek**
tünmek *vi* (*fam: hava kararmak*) dunkel werden; (*gece olmak*) Nacht werden
tüp *s* Tube *f;* (*gaz ~ ü*) Flasche *f;* (*neon ~ ü*) Röhre *f;* **tüp bebek** *s* <-ği> (*fam*) Retortenbaby *nt*
tüpgaz ocağı *s* Gaskocher *m*
tür *s* **1.** (BIOL) Art *f;* **nesli tükenmeye yüz tutmuş bir** ~ eine vom Aussterben bedrohte Art **2.** (*edebiyat ~ ü*) Gattung *f*
türban *s* Kopftuch *nt*
türbe *s* Grabmal *nt*
türbin *s* (PHYS, TECH) Turbine *f*
türdeş *adj* artgleich, gleichartig
türdeşlik *s* <-ği> Gleichartigkeit *f*
türedi *s* (*pej*) Emporkömmling *nt,* Parvenü *nt*
türeme *s Verbalsubstantiv zu* **türemek**
türemek *vi* sich ableiten (*-den* von)
türetme *s Verbalsubstantiv zu* **türetmek**
türetmek *vt* **1.** ableiten (*-den* von), herleiten (*-den* von) **2.** (INFORM) generieren

türev *s* (MATH, LING) Ableitung *f*
Türk **I.** *s* Türke, -in *m, f* **II.** *adj* türkisch
Türkçe *s ohne Pl* Türkisch *nt;* ~ **konuşmak/öğrenmek** Türkisch sprechen/lernen; **bir şeyi** ~**ye**/~**den çevirmek** etw ins Türkische/aus dem Türkischen übersetzen; **bu** ~**de ne demek?** wie heißt das auf Türkisch?
Türkçeci *s* (*fam: öğretmen*) Türkischlehrer(in) *m(f)*
Türkçeleştirme *s* **1.** *Verbalsubstantiv zu* **Türkçeleştirmek** **2.** Turkisierung *f*
Türkçeleştirmek *vt* turkisieren
Türkçesi *adv* (*fig*) auf gut Türkisch; (*açıkçası*) offen gestanden
Türk Dil Kurumu *s ohne Pl* Türkischer Sprachverein, Gesellschaft für türkische Sprache, *gegründet am 12.7.1932 mit Sitz in Ankara um die Sprachreform zu beschleunigen*
Türkî **I.** *s s.* **Türkçe** Türkisch *nt* **II.** *adj* türkisch
Türkiyat *s s.* **Türkoloji** Turkologie *f*
Türkiye *s* Türkei *f;* ~**'nin batısında/doğusunda/güneyinde/kuzeyinde** im Westen/Osten/Süden/Norden der Türkei; **Türkiye Büyük Millet Meclisi** *s* die Große Nationalversammlung der Türkei; **Türkiye Cumhuriyeti** *s ohne Pl* Republik Türkei
Türkleştirme *s* **1.** *Verbalsubstantiv zu* **Türkleştirmek** **2.** Turkisierung *f*
Türkleştirmek *vt* turkisieren
Türklük bilgisi *s s.* **Türkoloji** Turkologie *f*
Türkmen **I.** *s* Turkmene, -in *m, f* **II.** *adj* turkmenisch
Türkmence *s ohne Pl* Turkmenisch(e) *nt*
Türkmenistan *s* Turkmenistan *nt*
Türkolog *s* <-ğu> Turkologe, -in *m, f*
Türkoloji *s* Turkologie *f*
türkuaz **I.** *s* **1.** (*mineral*) Türkis *m* **2.** (*renk*) Türkis *nt* **II.** *adj* türkis; **türkuaz yeşili** *s* Türkis *nt*
türüm *s* (PHILOS) Emanation *f*
tütme *s Verbalsubstantiv zu* **tütmek**
tütmek *vi* (*duman çıkarmak*) rauchen; (*buhar çıkarmak*) dampfen
tütsü *s* Weihrauch *m*
tütsüleme *s* **1.** *Verbalsubstantiv zu* **tütsülemek** **2.** Beweihräucherung *f* **3.** (*et ve balıkları*) Räucherung *f*
tütsülemek *vt* **1.** beweihräuchern **2.** (*et ve balıkları*) räuchern **3.** (*sl*) sich besaufen
tütsülenme *s* **1.** *Verbalsubstantiv zu* **tütsülenmek** **2.** Beweihräucherung *f*
tütsülenmek *vi* **1.** beweihräuchert werden **2.** (*et ve balıklar*) geräuchert werden
tütsülük *s* <-ğü> Räuchergefäß *nt,* Räucherfass *nt;* (*buhurdan*) Weihrauchfass *nt*
tütün *s* Tabak *m;* ~ **içmek/yetiştirmek** Tabak rauchen/anbauen; **tütün balığı** *s* **1.** (*tütsü ile kurutulmuş balık*) Räucherfisch *m* **2.** (*tütsü ile kurutulmuş ringa*) Bückling *m*
tütüncü *s* **1.** (*yetiştirici*) Tabakpflanzer(in) *m(f)* **2.** (*satıcı*) Tabakverkäufer(in) *m(f)*
tütüncülük *s* <-ğü> Tabakbau *m*
tütün tekeli *s* (WIRTSCH) Tabakmonopol *nt*
tütün yetiştiricisi *s* Tabakpflanzer(in) *m(f)*
tüvit *s* <-di> Tweed *m*
tüy *s* **1.** Haar *nt;* ~ **atmak** (*hayvan*) sich haaren; ~**leri diken diken oldu** (*fam fig*) ihm standen die Haare zu Berg; **birinin** ~**üne dokunmamak** jdm kein Haar krümmen; **söyleye söyleye dilinde** ~ **bitmek** (*fam*) sich den Mund fuss(e)lig reden **2.** (*kuş* ~*ü*) Feder *f;* ~ **atmak** (*kuş*) sich mausern; **tüy ağırlık** *s ohne Pl* <-ğı> *s.* **tüy sıklet**; **tüy dökücü krem** *s* Enthaarungscreme *f;* **tüy gibi** *adj* federleicht
tüylenme *s Verbalsubstantiv zu* **tüylenmek**
tüylenmek *vi* **1.** sich behaaren, Haare bekommen **2.** (*fam fig: para sahibi olmak*) zu Geld kommen
tüyler ürpertici *adj* haarsträubend
tüylü *adj* **1.** behaart; **sık** ~ dicht beharrt **2.** gefiedert, Feder-; **tüylü top** *s* (SPORT) Federball *m*
tüyme *s Verbalsubstantiv zu* **tüymek**
tüymek *vi* (*fam*) die Fliege machen; (*kaçmak*) abhauen
tüy sıklet *s ohne Pl* (SPORT) Federgewicht *nt*
tüze *s ohne Pl* Recht *nt*
tüzel *adj* (JUR) juristisch; ~ **kişi** juristische Person
tüzük *s* <-ğü> Rechtsverordnung *f*
tv [tivi] *s* (*televizyon*) Fernsehen *nt;* **tv sunucusu** *s* Fernsehmoderator(in) *m(f)*

U

u, U *s* u, U *nt, 25. Buchstabe des türk. Alphabets*

ucu *s poss von* **uç**

ucube *s* (*fam*) Freak *m*

ucu ucuna *adv* gerade, knapp; ~ **geldi** er kam gerade noch rechtzeitig

ucuz *adj* billig, preiswert, günstig; ~ **atlatmak/kurtulmak** (*fam*) billig davonkommen, Glück im Unglück haben; **bir şeyi ~a vermek** etw billig abgeben

ucuzluk *s* <-ğu> Ausverkauf *m*, Sonderangebote *pl;* **bu ayakkabıları ~ta kaptım** diese Schuhe habe ich im Ausverkauf ergattert

uç *s* <-cu> **1.** Spitze *f;* (*kalemin ucu*) Spitze *f;* **bir şeyin ucunu açmak** etw anspitzen **2.** (*ayak, baş ucu*) Ende *nt;* **şehrin öteki ucunda** am anderen Ende der Stadt

uçak *s* <-ğı> **1.** Flugzeug *nt* **2.** Maschine *f;* ~ **inişe geçti** die Maschine setzt zur Landung an; **uçak bileti** *s* Flugticket *nt;* **uçak gemisi** *s* (MIL) Flugzeugträger *m*

uçaksavar *s ohne Pl* (MIL) Luftabwehr *f*, Flugabwehr *f*

uçak şirketi *s* Fluggesellschaft *f;* **uçak yolculuğu** *s* Flugreise *f;* **uçak yolcusu** *s* Fluggast *m*

uçan *adj* fliegend; ~ **daire** fliegende Untertasse; **U~ Hollandalı** (*opera*) der Fliegende Holländer

uçkur *s* Schnur *f*, Gürtelschnur *f;* ~ **perhizi** (*fig*) sexuelle Enthaltsamkeit

uçma *s Verbalsubstantiv zu* **uçmak**

uçmak <-ar> *vi* fliegen; **havalarda** ~ (*fam fig*) abheben; **havaya** ~ in die Luft fliegen

uçma korkusu *s* Flugangst *f*

uçucu *adj* **1.** fliegend **2.** (CHEM) flüchtig; ~ **yağlar** ätherische Öle

uçuculuk *s ohne Pl* <-ğu> (CHEM) Flüchtigkeit *f*

uçuç böceği *s* (ZOOL) Marienkäfer *m*

uçuk *s* <-ğu> (MED) Herpes *m*

uçulma *s Verbalsubstantiv zu* **uçulmak**

uçulmak *vi:* **Viyana'dan Antalya'ya kaç saatte uçuluyor?** wie lange fliegt man von Wien nach Antalya?

uçurma *s Verbalsubstantiv zu* **uçurmak**

uçurmak *vt* **1.** *Kausativ zu* **uçmak** **2.** (*yolcu*) fliegen; (*uçurtma*) fliegen lassen **3.** (*kafa, kelle*) abschlagen; **birinin kellesini** ~ jdn enthaupten

uçurum *s* Abgrund *m*

uçuş *s* Flug *m;* **uçuş çizelgesi** *s* Flugschreiber *m;* **uçuş güvenliği** *s ohne Pl* Flugsicherheit *f;* **uçuş hızı** *s* Fluggeschwindigkeit *f;* **uçuş yasağı** *s* Flugverbot *nt;* **uçuş yüksekliği** *s* Flughöhe *f*

U dönüşü *s* (AUTO) Wenden *nt;* ~ **yapmak** wenden

uf *interj:* ~**!** au!, aua!; ~**, acıdı!** au, das tat weh!

ufacık *adj* <-ğı> winzig

ufak *adj* <-ğı> klein

ufacık *adj* <-ğı> winzig

ufaklık *s* <-ğı> **1.** Kleinsein *nt* **2.** Kleingeld *nt* **3.** (*şaka olarak*) Laus *f* **4.** Kleine *nt*

ufak para *s* Kleingeld *nt*

ufak ufak *adv* **1.** (*azar azar*) in kleinen Mengen **2.** (*yavaş yavaş*) allmählich

ufalama *s* **1.** *Verbalsubstantiv zu* **ufalamak** **2.** Zerkleinerung *f;* (*kırarak*) Zerbröck(e)lung *f*

ufalamak *vt* zerkleinern; (*kırarak*) zerbröckeln

ufalanma *s Verbalsubstantiv zu* **ufalanmak**

ufalanmak *vi pass von* **ufalamak**

ufalayıcı **I.** *s* Zerkleinerungsmaschine *f* **II.** *adj* zerkleinernd

ufalma *s Verbalsubstantiv zu* **ufalmak**

ufalmak *vi* sich verkleinern

ufaltma *s* **1.** *Verbalsubstantiv zu* **ufaltmak** **2.** Verkleinerung *f*

ufaltmak *vt* verkleinern

ufkî *adj s.* **yatay** waagerecht, horizontal

ufku *s poss von* **ufuk**; **ufku dar** *adj* beschränkt; ~ **olmak** einen engen [*o* beschränkten] Horizont haben; **ufku geniş** *adj* weitblickend

uflama *s Verbalsubstantiv zu* **uflamak**

uflamak *vi* ächzen; **uflayıp puflamak** ächzen und stöhnen

ufuk *s* <-fku> (*a. fig*) Horizont *m;* ~**ta** am Horizont; **ufku dar olmak** (*fig*) einen engen [*o* beschränkten] Horizont haben; **ufkunu genişletmek** seinen Horizont erweitern

ufunet *s ohne Pl* **1.** (*pis koku*) Gestank *m* **2.** (*irin*) Eiter *m*

ufunetlenme *s* **1.** *Verbalsubstantiv zu* **ufunetlenmek** **2.** *s.* **irinlenme** Eiterung *f*

ufunetlenmek *vi s.* **irinlenmek** eitern

ufunetli *adj s.* **irinli** eit(e)rig

Uganda *s* Uganda *nt*

Ugandalı *s* Ugander(in) *m(f)*

uğrak *s* <-ğı> **1.** (*çok uğranılan yer*) Anlaufstelle *f;* **fırtına uğrağı** stürmische Gegend **2.** (*yolculukta*) Station *f,* Zwischenstation *f*

uğrama *s Verbalsubstantiv zu* **uğramak**

uğramak *vi* **1.** vorbeischauen (*-e* bei); **birine** ~ bei jdm vorbeischauen, jdm einen Besuch abstatten **2.** (*hezimete, yenilgiye* ~) erleiden, einstecken; **paniğe** ~ in Panik geraten **3.** (NAUT): **limana** ~ einen Hafen anlaufen

uğraşma *s Verbalsubstantiv zu* **uğraşmak**

uğraşmak *vi* sich beschäftigen (*-le* mit)

uğraştırma *s Verbalsubstantiv zu* **uğraştırmak**

uğraştırmak *vt Kausativ zu* **uğraşmak** beschäftigen

uğrun *adv s.* **gizlice** heimlich

uğuldama *s Verbalsubstantiv zu* **uğuldamak**

uğuldamak *vi* **1.** dröhnen; **kulaklarım uğulduyor** mir dröhnen die Ohren, ich habe Ohrensausen **2.** heulen

uğultu *s* Dröhnen *nt,* Sausen *nt*

uğur[1] *s ohne Pl* **1.** (*talih*) Glück *nt;* ~ **getirmek** Glück bringen; **birine ~lar dilemek** jdm Glück wünschen; **~lar olsun!** viel Glück! **2.** (*meymenet*) Segen *nt*

uğur[2] *s ohne Pl* <-ğru>: **bu ~da** dafür; **vatan uğrunda** für das Vaterland; **uğur böceği** *s* (ZOOL) Marienkäfer *m*

uğurluk *s* <-ğu> (*reg*) Glücksbringer *m;* (*maskot*) Maskottchen *nt*

uhde *s* **1.** (*görev*) Aufgabe *f;* **~sine almak** übernehmen **2.** (*sorumluluk*) Verantwortung *f;* **bir şey birinin ~sinde olmak** jdm obliegt etw

uhrevî *adj* geistlich; **dünyevî ve ~ prensler** (HIST) weltliche und geistliche Fürsten

uhuvvet *s* Bruderschaft *f*

ukalâ *s* (*pej*) Besserwisser(in) *m(f)*

ukalâca *adj* besserwisserisch

ukalâ dümbeleği *s* (*fam pej*) Klugscheißer *m*

ukalâlık *s* <-ğı> (*pej*) Besserwisserei *f*

Ukrayna *s* Ukraine *f*

Ukraynalı *s* Ukrainer(in) *m(f)*

ulaç *s* <-cı> (LING: *zarf-fiil, bağfiil*) Gerundium *nt*

ulak *s* <-ğı> Bote, -in *m, f;* ~ **çıkarmak** einen Boten schicken

ulam *s* Kategorie *f*

ulama *s* **1.** *Verbalsubstantiv zu* **ulamak** **2.** Hinzufügung *f*

ulamak *vt* hinzufügen; **bir şeyi (başka) bir şeye** ~ eine Sache einer (anderen) Sache hinzufügen

ulantı *s* (TECH) Ansatz *m,* Ansatzstück *nt,* Verlängerungsstück *nt*

ulaşım aracı *s* Verkehrsmittel *nt*

ulaşma *s Verbalsubstantiv zu* **ulaşmak**

ulaşmak *vi* **1.** reichen (*-e* bis) **2.** (*erişmek, yetişmek*) erreichen (*-e* -); **hedefe** ~ das Ziel erreichen

ulaştırma *s* Verkehrswesen *nt*

Ulaştırma Bakanlığı *s* Verkehrsministerium *nt*

ulu *adj* erhaben

ululuk *s ohne Pl* <-ğu> Erhabenheit *f*

uluma *s Verbalsubstantiv zu* **ulumak**

ulumak *vi* heulen

ulus *s* Volk *nt;* **U~ adına** (JUR) im Namen des Volkes

ulusal bilinç *s* <-ci> Nationalbewusstsein *nt*

ulusçuluk *s ohne Pl* <-ğu> Nationalismus *m*

uluslar arası *adj* international

Uluslararası Af Örgütü *s ohne Pl* Amnesty International *nt*

uluslar arasıcılık *s ohne Pl* <-ğı> Internationalismus *m*

ulviyet *s ohne Pl* Erhabenheit *f*

umma *s Verbalsubstantiv zu* **ummak**

ummak *vt* **1.** (*beklemek*) erwarten **2.** (*sanmak*) vermuten; **ummadığın taş baş yarar** (*prov*) kleine Ursache, große Wirkung **3.** (*umut etmek*) hoffen

umudu *s poss von* **umut**

umulan *adj* **1.** erwartet **2.** (FIN, COM: *kâr*) imaginär

umut *s* <-du> Hoffnung *f;* ~ **beslemek** sich Hoffnungen machen; **birine ~ vermek** jdm Hoffnungen machen; **bir tek ~** die einzige Hoffnung

umut ışığı *s* Hoffnungsschimmer *m*

umutsuz *adj* hoffnungslos

umutsuzluk *s ohne Pl* <-ğu> Hoffnungslosigkeit *f*

un *s* Mehl *nt*

un güvesi *s* (ZOOL) Mehlmotte *f*

unlu *adj* mehlig

unut *vt Imperativ von* **unutmak**: **sen bunu ~!** vergiss es!

unutkan *adj* vergesslich

unutkanlık *s ohne Pl* <-ğı> Vergesslichkeit *f*

unutma *s ohne Pl Verbalsubstantiv zu* **unutmak**

unutmabeni *s* (BOT) Vergissmeinnicht *nt*

unutmak *vt* vergessen; **Almancamı unuttum** ich habe mein Deutsch verlernt

unutulma *s ohne Pl* **1.** *Verbalsubstantiv zu* **unutulmak** **2.** Vergessenheit *f*

unutulmak *vi* **1.** *pass von* **unutmak**: **bizler unutulduk** wir wurden vergessen, uns hat man vergessen **2.** in Vergessenheit geraten

unutulmaz *adj* unvergesslich

unutulmazlık *s ohne Pl* <-ğı> Unvergesslichkeit *f*

unvan *s* **1.** (*ticarî* ~) Name *m* **2.** (*soyluluk* ~*ı*) Titel *m*

ur *s* (MED) Geschwulst *f;* **iyicil/kötücül** ~**lar** gutartige/bösartige Geschwülste

urağan *s* (METEO) Hurrikan *m*

Uranüs *s* (ASTR) Uranus *m*

uranyum *s ohne Pl* (CHEM) Uran *nt*

urba *s* (*reg: giysi*) Kleidung *f*

Urduca *s* Urdu *nt;* **Pakistan'da** ~ **konuşulur** in Pakistan wird Urdu gesprochen

Uruguay *s* Uruguay *nt*

Uruguaylı **I.** *s* Uruguayer(in) *m(f)* **II.** *adj* uruguayisch

Urus *s* (*reg: Rus*) Russe, -in *m, f*

usanma *s Verbalsubstantiv zu* **usanmak**

usanmak *vi* (*fam*): **bir şeyden** ~ etw satt haben, von etw die Nase voll haben

usçu **I.** *s* Rationalist(in) *m(f)* **II.** *adj* rationalistisch

usçuluk *s ohne Pl* <-ğu> Rationalismus *m*

us dışı *adj* irrational

us dışıcılık *s ohne Pl* <-ğı> (PHILOS) Irrationalismus *m*

uskumru *s* (ZOOL) Makrele *f*

uskur *s* Schiffsschraube *f*

uslu *adj* artig, brav

ussal *adj* rational, vernünftig

ussallaştırma *s ohne Pl* **1.** *Verbalsubstantiv zu* **ussallaştırmak** **2.** Rationalisierung *f*

ussallaştırmak *vt* rationalisieren

ussallık *s ohne Pl* <-ğı> Rationalität *f*

usta işçi *s* Facharbeiter(in) *m(f)*

ustunç *s* <-cu> (MED) Besteck *nt*

ustura *s* Rasiermesser *nt;* ~ **gibi keskin** scharf wie ein Rasiermesser

uşak *s* <-ğı> **1.** Diener *m* **2.** (HIST) Kammerdiener *m*

ut[1] *s* (*utanma duygusu*) Schamgefühl *nt*

ut[2] *s* <-du> (MUS) Laute *f, türkische Laute mit krummen Hals*

ut açıcı *s* (PSYCH) Exhibitionist *m;* **ut açıcılık** *s ohne Pl* <-ğı> (PSYCH) Exhibitionismus *m*

utanç <-cı> *s* (*ohne Pl*) Scham *f;* ~ **duymak** Scham empfinden; **utancından yerin dibine geçmek** in den Erdboden versinken vor Scham

utanç duygusu *s ohne Pl* Schamgefühl *nt*

utandırıcı *adj* beschämend, schändlich

utandırma *s ohne Pl Verbalsubstantiv zu* **utandırmak**

utandırmak *vt* beschämen

utangaç *adj* schüchtern

utangaçlık *s ohne Pl* <-ğı> Schüchternheit *f*

utanma *s ohne Pl* **1.** *Verbalsubstantiv zu* **utanmak** **2.** Scham *f;* **bir şeyi** ~**dan yapmak/söylemek** etw ohne Scham tun/sagen; **utanma duygusu** *s ohne Pl* Schamgefühl *nt;* **onda hiç** ~ **yok** er hat überhaupt kein Schamgefühl

utanmak *vi* sich schämen

utanmaz *adj* unverschämt

Utarit *s ohne Pl* (ASTR: *Merkür*) Merkur *m*

utkulu *adj* siegreich

uvertür *s* (MUS) Ouvertüre *f*

uyak *s* <-ğı> Reim *m; s. a.* **kafiye**

uyaksız *adj* reimlos

uyandırma *s Verbalsubstantiv zu* **uyandırmak**

uyandırmak *vt* **1.** (auf)wecken; **dışarıdaki gürültü onu uyandırdı** der Lärm draußen hat ihn geweckt **2.** (*izlenim*) erwecken; **ilgi** ~ das Interesse erwecken; **önerisi geniş yankı uyandırdı** sein Vorschlag fand ein breites Echo **3.** (*derin acı*) verursachen; (*nefret*) entfachen

uyanma *s Verbalsubstantiv zu* **uyanmak**

uyanmak *vi* (*a. fig*) aufwachen, erwachen, wach werden; **saat yedide uyanırım** um sieben Uhr werde ich wach

uyaran *adj* anregend; **kahve** ~ **bir maddedir** Kaffee ist ein anregender Stoff; **uyaran madde** *s* Anregungsmittel *nt*

uyarı *s* **1.** Abmahnung *f;* (*ikaz*) Warnung *f* **2.** (BIOL) Reiz *m*

uyarıcı *adj* (*a.* MED) anregend; ~ **bir öğüt** ein anregender Rat; **uyarıcı ilâç** *s* <-cı>, **uyarıcı madde** *s* Anregungsmittel *nt;* (*doping*) Aufputschmittel *nt*

uyarınca *adv* gemäß; **kanunun 5. maddesi** ~ gemäß Artikel 5 des Gesetzes

uyarlaç *s* <-cı> Adapter *m*

uyarlama *s* **1.** *Verbalsubstantiv zu* **uyarlamak** **2.** Anpassung *f;* (LIT: *adaptasyon*) Adaptation *f*

uyarlamak *vt* **1.** anpassen (-*e* an), angleichen; **bir şeyi diğer bir şeye** ~ etw einer Sache anpassen **2.** (*edebî eseri*) adaptieren, umarbeiten

uyarma *s* **1.** *Verbalsubstantiv zu* **uyarmak** **2.** Warnung *f* **3.** Anregung *f,* Stimulierung *f*

uyarmak *vt* **1.** abmahnen; (*ikaz etmek*) warnen **2.** (*reg*) alarmieren **3.** stimulieren, anregen, anreizen

uydu *s* (*a.* ASTR) Satellit *m*

uydu kent *s* Satellitenstadt *f*

uydurma *s Verbalsubstantiv zu* **uydurmak**

uydurmak *vt* **1.** *Kausativ zu* **uymak** passend machen **2.** anpassen (-*e* an) **3.** abstimmen **4.** erdichten, ausdenken, erfinden

uygar *adj* zivilisiert

uygarlık *s* <-ğı> Zivilisation *f*

uygulama *s* **1.** *Verbalsubstantiv zu* **uygulamak** **2.** Anwendung *f;* **uygulama alanı**

s Anwendungsbereich *m*
uygulamak *vt* anwenden
uygulamalı *adj* angewandt; ~ **matematik** angewandte Mathematik
uygulama yazılımı *s* (INFORM) Anwendersoftware *f*
uygulanabilir *adj* anwendbar; ~ **bir hüküm** (JUR) eine anwendbare Vorschrift
uygulanabilirlik *s ohne Pl* <-ği> Anwendbarkeit *f*
uygun *adj* **1.** günstig; ~ **şartlarla** zu günstigen Bedingungen **2.** adäquat
uygun adım *s* Gleichschritt *m;* ~ **yürümek** im Gleichschritt marschieren; **uygun katmanlaşma** *s* (GEO) Konkordanz *f*
uygunluk *s* <-ğu> **1.** Übereinstimmung *f* **2.** (LING) Kongruenz *f*
uyku *s ohne Pl* Schlaf *m;* ~ **bas(tır)mak** vom Schlaf befallen werden; ~ **çekmek** ausgiebig schlafen; ~ **tutmamak** nicht einschlafen können; ~**sunu almak** (sich) ausschlafen; ~**ya dalmak** einschlafen, in Schlaf fallen; **bu düşünce benim** ~**mu kaçırdı** dieser Gedanke raubte mir den Schlaf; **bütün gece gözüme** ~ **girmedi** (*fig*) ich habe die ganze Nacht kein Auge zugetan; **derin bir** ~**ya dalmak** in tiefen Schlaf fallen; **gözüne** ~ **girmemek** kein Auge zutun; **uyku hapı** *s* Schlaftablette *f;* **uyku hastalığı** *s* Schlafkrankheit *f;* **uyku ilâcı** *s* Schlafmittel *nt;* **uyku saati** *s* Schlafenszeit *f;* **uyku sersemliği** *s ohne Pl* Schlaftrunkenheit *f;* **uyku tulumu** *s* Schlafsack *m*
uyluk *s* <-ğu> Oberschenkel *m;* **uyluk kemiği** *s* (ANAT) Oberschenkelknochen *m*
uyma *s* **1.** *Verbalsubstantiv zu* **uymak** **2.** Anpassung *f* **3.** (BIOL: *adaptasyon*) Adaptation *f*
uymacılık *s ohne Pl* <-ğı> (*konformizm*) Komformismus *m*
uymak <-ar> *vi* **1.** passen **2.** sich anpassen (*-e* an)
uysal *adj* friedfertig
uysallık *s ohne Pl* <-ğı> Friedfertigkeit *f*
uyuklama *s Verbalsubstantiv zu* **uyuklamak**
uyuklamak *vi* eindösen, eindämmern
uyum *s* Harmonie *f*
uyuma *s Verbalsubstantiv zu* **uyumak**
uyumak *vi* schlafen; **bütün gece uyuyamadım** ich habe die ganze Nacht nicht schlafen können
uyumlu *adj* harmonisch
uyurgezer *s* Schlafwandler(in) *m(f)*
uyuşkan *adj* anpassungsfähig
uyuşma *s ohne Pl* Einklang *m;* **bir şey ile** ~ **içinde olmak** in Einklang mit etw stehen
uyuşmazlık *s* <-ğı> Streitigkeit *f*
uyuşturma *s* **1.** *Verbalsubstantiv zu* **uyuşturmak** **2.** Betäubung *f*
uyuşturmak *vt* betäuben
uyuşturucu I. *s* Betäubungsmittel *nt* **II.** *adj* betäubend, Betäubungs-; **uyuşturucu madde** *s* Betäubungsmittel *nt*
uyutma *s ohne Pl* **1.** *Verbalsubstantiv zu* **uyutmak** **2.** Einschläferung *f*
uyutmak *vt* **1.** einschläfern, zum Schlafen bringen **2.** (*fig: hafifletmek*) lindern **3.** (*fig: aldatmak*) reinlegen
uyutucu *adj* einschläfernd
uyuyakalma *s Verbalsubstantiv zu* **uyuyakalmak**
uyuyakalmak *vi* verschlafen
Uyuyan Güzel *s* (LIT: *masal*) Dornröschen *nt*
uyuz *s ohne Pl* (MED) Krätze *f;* ~ **olmak** die Krätze haben; (*fam fig*) sich die Krätze an den Hals ärgern; **uyuz böceği** *s* (ZOOL) Krätzmilbe *f*
uyuzlu *adj* krätzig
uza devim *s* (PSYCH: *telekinezi*) Telekinese *f;* **uza duyum** *s* (PSYCH: *telepati*) Telepathie *f*
uzak I. *s* <-ğı> Ferne *f;* ~**ta** in der Ferne; ~**tan** aus der Ferne; **buradan 300 metre** ~**ta** 300 Meter von hier entfernt **II.** *adj* <-ğı> fern, entfernt, weit; ~ **akrabalar** entfernte Verwandte; ~ **durmak** sich fern halten; ~ **tutmak** fern halten
Uzak Doğu *s* Fernost *m;* ~ **ülkeleri** die fernöstlichen Länder; *s. a.* **Yakın Doğu**
uzak görüş *s ohne Pl* Weitblick *m,* Fernblick *m;* **uzak görüşlü** *adj* weit blickend, weit schauend; **uzak görüşlülük** *s ohne Pl* <-ğü> Weitblick *m*
uzaklaşma *s* **1.** *Verbalsubstantiv zu* **uzaklaşmak** **2.** (*yabancılaşma*) Entfremdung *f*
uzaklaşmak *vi* **1.** sich entfernen (*-den* von) **2.** (*yabancılaşmak*) sich entfremden
uzaklaştırma *s* **1.** *Verbalsubstantiv zu* **uzaklaştırmak** **2.** Entfernung *f*
uzaklaştırmak *vt* **1.** entfernen **2.** (*okuldan*) weisen (*-den* von) **3.** (*yabancılaştırmak*) entfremden
uzaklık *s* <-ğı> **1.** (*ıraklık*) Entfernung *f,* Weite *f* **2.** (*mesafe*) Abstand *m;* **açısal** ~ (ASTR) in Grad gemessener Abstand
uzaktaki *adj* weit entfernt
uzaktan kumandalı *adj* ferngesteuert
uzaktan uzağa *adj* **1.** entfernt **2.** weitläufig
uzam *s* Ausdehnung *f*
uzama *s Verbalsubstantiv zu* **uzamak**
uzamak *vi* **1.** länger werden; **günler uzuyor** die Tage werden länger **2.** sich in die Länge ziehen, sich hinauszögern **3.** sich erstrecken
uzanma *s Verbalsubstantiv zu* **uzanmak**

uzanmak *vi* **1.** (*yatmak*) sich hinlegen **2.** (*gitmek*) gehen **3.** sich erstrecken **4.** (*ulaşmak*) langen (*-e* nach)
uzantı *s* **1.** Verlängerung *f* **2.** Fortsatz *m;* **protoplâzmanın ince ~sı** feiner Fortsatz des Protoplasmas **3.** (INFORM) Endung *f*
uzatılma *s Verbalsubstantiv zu* **uzatılmak**
uzatılmak *vi pass von* **uzatmak** verlängert werden; **süre uzatılmadı** die Frist wurde nicht verlängert
uzatım *s* (*süre ~ı*) Verlängerung *f*
uzatma *s Verbalsubstantiv zu* **uzatmak**; **uzatma işareti** *s* (LING: *düzeltme işareti*) Zirkumflex *m*
uzatmak *vt* **1.** *Kausativ zu* **uzamak** **2.** (*temdit etmek*) verlängern **3.** (*görüşmeleri*) in die Länge ziehen, hinauszögern; **uzatmayalım, ...** kurzum ... **4.** (*bacaklarını*) ausstrecken; **ayağını yorganına göre ~** (*fig*) sich nach der Decke strecken **5. saç/sakal ~** sich die Haare/einen Bart wachsen lassen **6.** (*germek*) spannen **7.** (*vermek*): **birine bir şeyi ~** jdm etw überreichen; **birine elini ~** jdm die Hand reichen [*o* entgegenstrecken]
uzay *s* **1.** (MATH) Raum *m* **2.** (ASTR) Raum *m,* Weltraum *m,* Weltall *nt* **3.** (INFORM): **siber ~** Cyberspace *m;* **uzay açı** *s* (MATH) Raumwinkel *m;* **uzay adamı** *s* Raumfahrer *m;* **uzay araştırmaları** *s* Weltraumforschung *f*
uzaycılık *s* <-ğı> Raumfahrt *f*
uzay çağı *s* Raumzeitalter *nt;* **uzay eğrisi** *s* (MATH) Raumkurve *f;* **uzay gemisi** *s* Raumschiff *nt,* Raumfähre *f;* **uzay istasyonu** *s* Raumstation *f;* **uzay kapsülü** *s* Raumkapsel *f*
uzaylı **I.** *s* Außerirdische *mf,* Alien *m* **II.** *adj* außerirdisch; **~ bir yaratık** ein außerirdisches Wesen, eine außerirdische Kreatur
Uzay Mekiği *s* Spaceshuttle *f*
uzay modülü *s* Raumsonde *f;* **uzay taşı** *s* Meteorit *m;* **uzay yolculuğu** *s* Raumfahrt *f*
uz iletişim *s* Telekommunikation *f*
uzlaşma *s* **1.** *Verbalsubstantiv zu* **uzlaşmak** **2.** Konsens *m,* Übereinstimmung *f,* Einigung *f;* **~ya varmak** einen Konsens erzielen, einen Einigung erzielen, Übereinstimmung erzielen **3.** Kompromiss *m;* **biriyle ~ya varmak** mit jdm einen Kompromiss schließen
uzlaşmacı *adj* kompromissbereit
uzlaşmacılık *s ohne Pl* <-ğı> Kompromissbereitschaft *f*
uzlaşmak *vi* sich einigen
uzlaşmaz *adj* kompromisslos
uzlaştırma *s* **1.** *Verbalsubstantiv zu* **uzlaştırmak** **2.** Schlichtung *f*
uzlaştırmak *vt* schlichten
uzlet *s ohne Pl* Eremitendasein *nt,* Eremitenleben *nt*
uzman *s* **1.** Fachmann *m,* Spezialist(in) *m(f)* **2.** (MED) Facharzt, -ärztin *m, f;* **deri hastalıkları ~ı** Facharzt für Hautkrankheiten
uzun **I.** *adj* **1.** lang; **~ lâfın** [*o* **sözün**] **kısası** der langen Rede kurzer Sinn, um es kurz zu sagen **2.** weit, fern **II.** *adv* lang(e); **~ sürmek** lange dauern; **o da benim kadar ~ konuştu** sie sprach ebenso lang(e) wie ich; **uzun atlama** *s* (SPORT) Weitsprung *m*
uzunçalar *s* Langspielplatte *f*
uzun dalga *s* (PHYS, RADIO) Langwelle *f;* **~da** auf Langwelle; **uzun far** *s* (AUTO) Fernlicht *nt*
uzun kollu *adj* langärm(e)lig
uzunlamasına *adv* längs
uzunluk *s* <-ğu> Länge *f;* **on metre uzunluğunda bir duvar** eine Wand von zehn Metern Länge; **uzunluk ölçü birimi** *s* Längeneinheit *f*
uzun mesafe *s* Langstrecke *f;* **uzun mesafeli uçuş** *s* (AERO) Fernflug *m;* **uzun ömürlü** *adj* langlebig; **uzun saçlı** *adj* langhaarig; **uzun süreli** *adj* langfristig; **uzun tüylü** *adj* langhaarig; **~ bir köpek** ein langhaariger Hund; **uzun vadeli** *adj* langfristig; **uzun vadeli hedef** *s* (*fam fig*) Fernziel *nt;* **uzun yol sürücüsü** *s,* **uzun yol şoförü** *s* Fernfahrer(in) *m(f)*
uzviyet *s s.* **organizma** Organismus *m*
uzyazar *s* Fernschreiber *m*
uzyazım *s* Fernschreiben *nt;* (*teleks*) Telex *nt*

Ü

ü, Ü *s* ü, Ü *nt, 26. Buchstabe des türk. Alphabets*
ücra *adj* abgelegen
ücret *s* **1.** Lohn *m* **2.** Gebühr *f* **3.** Gage *f*
ücret-fiyat helezonu *s* (WIRTSCH) Lohn-Preis-Spirale *f*
ücretli *s* Lohnempfänger(in) *m(f)*
ücret politikası *s* Lohnpolitik *f*
üç **I.** *s* Drei *f* **II.** *adj* drei; ~ **aşağı beş yukarı** mehr oder weniger; ~**e beş var** es ist fünf vor drei; *s. a.* **altı**
üç adım *s* (SPORT) Dreisprung *m*
üçayak *s* <-ğı> Dreifuß *m,* Dreibein *nt*
üç aylar *s* (REL) die heiligen drei Monate; **üç bin** *adj* dreitausend; *s. a.* **altı bin**
üç boyutlu *adj* dreidimensional
üç boyutlu film *s* 3-D-Film *m,* dreidimensionaler Film
üç buçuk *adj* <-ğu> **1.** dreieinhalb; ~ **litre/kilometre** dreieinhalb Liter/Kilometer; ~ **saat önce/sonra** dreieinhalb Stunden vorher/nachher **2.** (*saati bildirirken*) halb vier; ~**ta** um halb vier; **saat** ~ es ist halb vier; **üç buçuğa on** (**dakika**) **kala** um zehn (Minuten) vor halb vier; **üç buçuğa on** (**dakika**) **var** es ist zehn (Minuten) vor halb vier; **üç buçuğu on** (**dakika**) **geçe** um zehn (Minuten) nach halb vier; **üç buçuğu on** (**dakika**) **geçiyor** es ist zehn (Minuten) nach halb vier
üç buutlu *adj s.* **üç boyutlu**
üç çatal *s* Dreizack *m*
üç dört *adj* (*birkaç*) einige, ein paar
üçgen **I.** *s* (MATH) Dreieck *nt;* **eşkenar/ikizkenar/küresel** ~ ein gleichseitiges/gleichschenk(e)liges/sphärisches Dreieck **II.** *adj* dreieckig
üç haneli *adj* dreistellig
üçkâğıt *s* <-dı>: **birini üçkâğıda getirmek** (*fam fig*) jdn austricksen, jdn hereinlegen
üçkâğıtçı *s* Falschspieler(in) *m(f),* Mogler *m*
üç katlı *adj* dreistöckig
üçleme *s Verbalsubstantiv zu* **üçlemek**
üçlemek *vt* **1.** verdreifachen **2.** (AUTO: *fam*) in den Dritten schalten
üçlü **I.** *s* **1.** (MUS: *trio*) Trio *nt* **2.** (*iskambil kâğıdı*) Drei *f* **II.** *adj* dreiteilig; (*priz*) dreifach; (*şamdan*) dreiarmig
üç nokta *s* (LING) Auslassungspunkte *pl*
üç sesli *adj* (MUS) dreistimmig
üç şeritli *adj* dreispurig
üçte iki oy çokluğu *s* Zweidrittelmehrheit *f*
üçteker *s* **1.** (*çocuklar için*) Dreirad *nt* **2.** (*triportör*) Dreirad *nt*
üç telli *adj* (MUS) dreisaitig
üçüncü *adj* dritte(r, s); ~ **vitese geçirmek** in den dritten Gang schalten; ~ **vitese takmak** den dritten Gang einlegen; *s. a.* **altıncı**
üçüncü çağ *s ohne Pl* (GEO) Tertiär *nt;* **üçüncü dünya ülkeleri** *s Pl* die Dritte Welt; **üçüncü sınıf** *adj* (*pej*) drittklassig; ~ **öğrencisi** ein Schüler der dritten Klasse
üçüncüsü *adv* (*sayarken*) drittens; *s. a.* **altıncısı**
üçüncü zaman *s ohne Pl* (GEO) Tertiär *nt*
üçüz *s* Drilling *m*
üç yıldızlı otel *s* Dreisternehotel *nt*
üç yıllık süre *s* Dreijahresfrist *f*
üfleme *s Verbalsubstantiv zu* **üflemek**
üflemek **I.** *vt* **1.** (*yanmakta olan şeyi canlandırmak için*) anblasen; **mumu üfleyerek söndürdü** er hat die Kerze ausgepustet **2.** (MUS: *çalmak*) blasen **II.** *vi* blasen, pusten
üflemeli çalgı *s* (MUS) Blasinstrument *nt*
üfunet *s* **1.** (*irin*) Eiter *m* **2.** (*pis koku*) Gestank *m*
üleştirme sıfatı *s* (LING) Distributivum *nt,* Distributivzahl *f*
ülger *s* Flaum *m*
ülke *s* **1.** Land *nt;* ~ **açmak** ein Land erobern **2.** (*devlet*) Staat *m*
ülke çapında *adv* landesweit
ülser *s* (MED) Geschwür *nt*
ümidi *s poss von* **ümit**
ümit *s* <-di> Hoffnung *f*
Ümit Burnu *s* das Kap der Guten Hoffnung
ümitsiz *adj* hoffnungslos
ümitsizlik *s ohne Pl* <-ği> Hoffnungslosigkeit *f*
ümük *s* <-ğü> (*reg*) *s.* **imik** Hals *m;* (*gırtlak*) Kehle *f*
ün *s ohne Pl* Ruhm *m*
üniforma *s* Uniform *f*
üniformalı **I.** *s* Uniformträger(in) *m(f)* **II.** *adj* uniformiert
ünik *adj* <-ği> einzigartig, einmalig
ünite *s* (*a.* INFORM) Einheit *f*
üniversal *adj* <-i> universal
üniversalizm *s ohne Pl* Universalismus *m*
üniversel *adj s.* **üniversal**

üniversite *s* Universität *f;* **teknik ~** technische Universität
üniversiteli *s* Student(in) *m(f)*
ünlem *s* (LING) Interjektion *f;* **ünlem işareti** *s* (LING) Ausruf(e)zeichen *nt*
ünlü[1] *s* (LING) Vokal *m; s. a.* **ünsüz**
ünlü[2] *adj* berühmt
ünlü uyumu *s* (LING) Vokalharmonie *f;* **büyük/küçük ~** große/kleine Vokalharmonie
ünsüz *s* (LING) Konsonant *m;* **ötümsüz/sert ~** ein stimmloser/harter Konsonant; *s. a.* **ünlü**
ünvan *s s.* **unvan**
ürat *s* (CHEM) Urat *nt*
Ürdün I. *s* Jordanien *nt* **II.** *adj* jordanisch; **~ hükûmeti** die jordanische Regierung
Ürdünlü I. *s* Jordanier(in) *m(f)* **II.** *adj* jordanisch; **~ erkekler/kadınlar** jordanische Männer/Frauen
üreme *s ohne Pl* **1.** *Verbalsubstantiv zu* **üremek** **2.** Fortpflanzung *f;* **döllenmesiz ~** Jungfernzeugung *f;* **eşeyli ~** geschlechtliche Fortpflanzung; **üreme hücresi** *s* Fortpflanzungszelle *f;* **dişi/erkek ~** weibliche/männliche Fortpflanzungszelle
üremek *vi* sich fortpflanzen
üreme organ(lar)ı *s (Pl)* **1.** Fortpflanzungsorgan(e) *m(pl)* **2.** (MED) Genitalie(n) *ntpl*
üremi *s* (MED) Harnvergiftung *f*
üremsel *adj* (MED) genital
üretici I. *s* Erzeuger(in) *m(f)*, Hersteller(in) *m(f)*, Produzent(in) *m(f);* **~den tüketiciye** vom Erzeuger zum Verbraucher **II.** *adj* produktiv; **üretici fiyatı** *s* Erzeugerpreis *m*
üretim *s* Produktion *f*, Erzeugung *f;* **üretim araçları** *s Pl* Produktionsmittel *ntpl;* **üretim evi** *s* Produktionsstätte *f;* **üretim ilişkileri** *s Pl* Produktionsverhältnisse *pl*
üretimlik *s* <-ği> Produktionsstätte *f*
üretkenlik *s ohne Pl* <-ği> Produktivität *f*
üretme *s ohne Pl* **1.** *Verbalsubstantiv zu* **üretmek** **2.** Fortpflanzung *f* **3.** Erzeugung *f* **4.** (*balık*) Zucht *f*
üretmek *vt* **1.** fortpflanzen **2.** herstellen, erzeugen, produzieren; **çelik ~** Stahl erzeugen; **tüketim malları ~** Konsumgüter produzieren **3.** (*balık, bitki*) züchten; **gül ~** Rosen züchten
ürolog *s* (MED) Urologe, -in *m, f*
üroloji *s* (MED) Urologie *f*
ürüme *s Verbalsubstantiv zu* **ürümek**
ürümek *vi* bellen; **ürüyen köpek ısırmaz** (*prov*) Hunde, die bellen, beißen nicht
ürün *s* Erzeugnis *nt*
ürün yelpazesi *s* Produktpalette *f*
üs *s* <-ssü> **1.** (*a.* MIL) Basis *f*, Stützpunkt *m* **2.** (MATH) Exponent *m*, Hochzahl *f;* **bir kuvvetin ~sü** der Exponent einer Potenz
Üsküdar *s* Üsküdar *nt;* (HIST) Skutari *nt*
Üsküp *s* Skopje *nt*
üslûbu *s poss von* **üslûp**
üslûp *s* <-bu> Stil *m*
üssü *s poss von* **üs**
üst I. *s* **1. ~e vermek** draufzahlen; **masanın ~ünde** auf dem Tisch **2.** (*giysi*): **~ünü değiştirmek** sich umziehen **3.** (*geriye kalan bölüm*) Rest *m* **II.** *adj* Ober-; **~ katta** im Obergeschoss; **köyün ~ tarafında** oberhalb des Dorfes
üstat *s* <-dı> Meister *m*
üst baş *s* (*giysiler*) Klamotten *pl;* **üst bitken** *s* (BOT: *epifit*) Epiphyt *m*
üst çene *s* (ANAT) Oberkiefer *m;* **üst deri** *s* (ANAT) Oberhaut *f;* (*epiderm*) Epidermis *f;* **üst dudak** *s* <-ğı> (ANAT) Oberlippe *f*
üstel *adj* (MATH) exponentiell
üstelik I. *s* <-ği> Zugabe *f* **II.** *adv* obendrein; (*ayrıca*) noch dazu; (*bundan başka*) außerdem
üstenci *s* (*müteahhit*) Unternehmer(in) *m(f)*
üst giysisi *s* Oberbekleidung *f*
üst güverte *s* (NAUT) Oberdeck *nt;* **üst insan** *s* Übermensch *m;* **üst kat** *s* Obergeschoss *nt;* **üst küme** *s* (SPORT) Oberliga *f*
üstlenme *s Verbalsubstantiv zu* **üstlenmek**
üstlenmek *vt* übernehmen, auf sich nehmen
üst sınıf *s* Oberklasse *f;* **üst tabaka** *s* Oberschicht *f;* **üst tarafı** *adv* (*netice itibarıyla*) im Endeffekt, letzten Endes, letztlich
üstten görünüş *s* Draufsicht *f*
üstübeç *s* <-ci> Bleiweiß *m*
üstü çizili *adj* durchgestrichen
üstün *adj* überlegen (*-de* in); **Hasan matematikte benden ~** Hasan ist mir in Mathe überlegen
üstüne *adv* **1.** (*üzerine*) über; **bir şey ~ konuşmak** über etw sprechen **2.** auf, drauf; **~ koymak** drauflegen, zuzahlen; **şarabın ~ bira içilmez** Bier auf Wein trinkt man nicht **3.** (*hesabına*) auf die Rechnung (*-in* von); **içkiler benim üstüme!** die Getränke gehen auf mich! **4. ayak ayak ~ atmak** die Beine übereinander schlagen **5. baş ~!** zu Befehl!
üstünkörü *adj* flüchtig; (*yüzeysel*) oberflächlich
üstünlük *s ohne Pl* <-ğü> Überlegenheit *f* (*-de* in); **üstünlük derecesi** *s* (LING) Superlativ *m*
üşniye *s Pl* (BOT: *su yosunları*) Algen *pl*
üşüme *s Verbalsubstantiv zu* **üşümek**
üşümek *vi* frieren; **şiddetli ~** bitterlich frieren; **üşüyorsan (o zaman) üstüne bir şey giy!** wenn dir kalt ist, (dann) zieh dir

etwas an!; **üşüyorum ama donmuyorum** mir ist kalt aber ich friere nicht

üşüme nöbeti *s ohne Pl* Schüttelfrost *m*

üşüntü *s* Auflauf *m;* (*toplanma*) Ansammlung *f*

üşürme *s Verbalsubstantiv zu* **üşürmek**

üşürmek *vt* hetzen; **köpekleri birinin üstüne** ~ die Hunde auf jdn hetzen

üşütme *s Verbalsubstantiv zu* **üşütmek**

üşütmek *vi* **1.** sich erkälten **2.** (*fam*) spinnen

üşütük **I.** *s* (*fam*) Spinner(in) *m(f)* **II.** *adj* <-ğü> (*fam*) übergeschnappt, bescheuert

ütopi *s* Utopie *f*

ütopist *s* Utopist(in) *m(f)*

ütopik *adj* <-ği> utopisch

ütopya *s* Utopie *f*

ütopyacı *s* Utopist(in) *m(f)*

ütü *s* Bügeleisen *nt*

ütüleme *s Verbalsubstantiv zu* **ütülemek**

ütülemek *vt* bügeln

ütülenme *s Verbalsubstantiv zu* **ütülenmek**

ütülenmek *vi pass von* **ütülemek**

ütülü *adj* gebügelt

ütü makinesi *s* Bügelmaschine *f;* **ütü masası** *s* Bügeltisch *m*

ütüsüz *adj* ungebügelt

ütü tahtası *s* Bügelbrett *nt*

üvey *adj* Stief-; **üvey ana** *s,* **üvey anne** *s* Stiefmutter *f;* **üvey baba** *s* Stiefvater *m;* **üvey evlât** *s* <-dı>, **üvey çocuk** *s* <-ğu> Stiefkind *nt*

üveyik *s* <-ği> (ZOOL) Turteltaube *f*

üvey kız *s* Stieftochter *f*

üveyme *s Verbalsubstantiv zu* **üveymek**

üveymek *vi* (*güvercin*) gurren

üvey oğul *s* <-ğlu> Stiefsohn *m*

üvez *s* (BOT) Spierling *m*

üye *s* Mitglied *nt;* **üye aidatı** *s* Mitgliedsbeitrag *m;* **üye devlet** *s* Mitgliedsstaat *m*

üyelik *s* <-ği> Mitgliedschaft *f;* **üyelik aidatı** *s* Mitgliedsbeitrag *m*

üye tam sayısı *s* Vollzähligkeit *f*

üzengi *s* Steigbügel *m;* **üzengi kemiği** *s* (ANAT) Steigbügel *m;* ~**, üç işitme kemikçiğinden biridir** der Steigbügel ist eines der Gehörknöchelchen

üzengileme *s Verbalsubstantiv zu* **üzengilemek**

üzengilemek *vt* spornen; **atı(nı)** ~ (s)ein Pferd spornen, (s)einem Pferd die Sporen geben

üzere *part* **1.** um … zu; **gitmek** ~ **kalktı** er stand auf, um zu gehen **2. bir şeyi yapmak** ~ **olmak** dabei sein etw zu tun; **konuklar gitmek** ~ die Gäste sind im Aufbruch begriffen **3.** (*gibi*) wie

üzeri *s* Oberseite *f;* **masanın** ~**nde** auf dem Tisch; **odada bir masa duruyordu,** ~**nde kitaplar vardı** im Zimmer stand ein Tisch, darauf lagen Bücher

üzerine *part* **1.** (*üstüne*) auf; **bir şeyin** ~ **basarak söndürmek** etw austreten; **dikkati** ~ **çekmek** die Aufmerksamkeit auf sich ziehen; **öğüdü** ~ auf seine Rat (hin) **2.** (*dair*) über; **yazı dili** ~ **bir makale** ein Artikel über die Schriftsprache

üzerlik *s* <-ği> (BOT) Steppenraute *f*

üzgün *adj* traurig, unglücklich; **(çok)** ~**üm, ama …** ich bedauere (sehr), aber …, es tut mir (sehr) Leid, aber …; **üzgün balığı** *s* (ZOOL) Leierfisch *m*

üzgünlük *s ohne Pl* <-ğü> Traurigkeit *f*

üzme *s Verbalsubstantiv zu* **üzmek**

üzmek <-er> *vt:* **birini** ~ jdn bekümmern, jdn traurig machen, jdm Kummer [*o* Sorge] bereiten

üzülme *s Verbalsubstantiv zu* **üzülmek**

üzülmek *vi* **1.** *pass von* **üzmek** **2.** traurig sein **3. bir şeye** ~ etw bedauern

üzüm *s* Traube *f,* Weintraube *f;* **üzüm çekirdeği** *s* Traubenkern *m;* **üzüm sirkesi** *s ohne Pl* Weinessig *m;* **üzüm suyu** *s* Traubensaft *m;* **üzüm şekeri** *s ohne Pl* Traubenzucker *m;* (*glikoz*) Glukose *f;* **üzüm şırası** *s* Traubenmost *m*

üzüntü *s ohne Pl* Trauer *f,* Betrübnis *f,* Kummer *f;* ~ **vermek** Trauer hervorrufen [*o* verursachen]

üzüntülü *adj* **1.** (*üzüntüsü olan*) traurig, betrübt; **bir kimseye/şeye** ~ **bir göz atmak** jdn/etw mit traurigen Augen anblicken **2.** (*üzüntü veren*) traurig

üzüntüsüz *adj* sorg(en)los, sorgenfrei

Ü

V

v, V [ve] *s* v, V *nt, siebenundzwanzigster Buchstabe des türk. Alphabets*

V *Abk. von* **volt** V, *Volt*

vaat [va'at] *s* <-di> Versprechung *f;* (*verilen söz*) Versprechen *nt;* **~te bulunmak** ein Versprechen geben; **vaadini tutmak** sein Versprechen (ein)halten; **vaadinde durmak** ein Versprechen einlösen [*o* erfüllen]; **boş ~ler** leere Versprechungen

vaaz *s* (REL) Predigt *f;* **~ etmek** predigen; **~ vermek** eine Predigt halten

vacip *adj* <-bi> **1.** (*gerekli*) notwendig; **birine bir şey ~ olmak** jdm etw obliegen [*o* als Aufgabe zufallen] **2.** (REL) rituell vorgeschrieben

vade [va:de] *s* **1.** Frist *f,* Fälligkeit *f* **2.** (FIN: *poliçede*) Verfall *m;* (*süre*) Verfallzeit *f;* **vade bitimi** *s* Fristablauf *m;* **vade günü** *s* (FIN) Verfalltag *m*

vadeli *adj* befristet; **vadeli hesap** *s* (FIN) Festgeldkonto *nt;* **vadeli mevduat** *s* (FIN) Termineinlage *f*

vadetme *s* **1.** *Verbalsubstantiv zu* **vadetmek** **2.** Versprechung *f*

vadetmek <-der> *vt* versprechen

vadi [va:di:] *s* Tal *nt*

vaftiz *s* (REL: *Hristiyan dininde*) Taufe *f;* **birini ~ etmek** jdn taufen; **vaftiz adı** *s* Taufname *m;* **vaftiz anası** *s* Taufpatin *f;* **vaftiz babası** *s* Taufpate *m;* **vaftiz evlâdı** *s* Patenkind *nt*

vagina *s* (ANAT) Vagina *f*

vagon *s* (EISENB) Waggon *m,* Eisenbahnwagen *m*

vagonluk *s* <-ğu> Waggonladung *f;* **bir ~ kömür** eine Waggonladung Kohle

vagon restoran *s* (EISENB) Speisewagen *m*

vaha *s* Oase *f*

vahim *adj* (*ağır*) schwer; (*tehlikeli*) gefährlich; **durum çok ~** die Lage ist sehr ernst

vahiy *s* <-hyi> (REL) Offenbarung *f*

vahşî *adj* **1.** (*yabanî*) wild; **~ bir hayvan** ein wildes Tier **2.** (*kaba*) brutal, grausam

vahşîleşme *s* **1.** *Verbalsubstantiv zu* **vahşîleşmek** **2.** Verwilderung *f*

vahşîleşmek *vi* verwildern

vahşîlık *s* <-ği> **1.** Wildheit *f* **2.** Grausamkeit *f,* Brutalität *f*

vahşî orman *s* Urwald *m*

vahyi *s poss von* **vahiy**

vajina *s* (ANAT) Vagina *f*

vajinal *adj* vaginal

vakfı *s poss von* **vakıf**

vakıa *s s.* **olgu** Tatsache *f*

vakıf *s* <-kfı> Stiftung *f*

vaki *adj* <-i> geschehen

vakit *s* <-kti> Zeit *f;* **~ kazanmak** Zeit gewinnen; **~ nakittir** (*prov*) Zeit ist Geld; **bugün (hiç) vaktim yok** heute habe ich (überhaupt) keine Zeit; **vakit geçirme** *s* Zeitvertreib *m;* **vakit vakit** *adv* von Zeit zu Zeit

vakti *s poss von* **vakit**

vaktinde *adv* **1.** rechtzeitig; **~ hazır olacak mısın?** wirst du rechtzeitig fertig? **2.** pünktlich; **aman, ~ gel!** komm ja pünktlich!

vaktiyle *adv* seinerzeit, einst

vakum *s* (PHYS) Vakuum *nt*

vakumlama *s* Vakuumdestillation *f*

vakvak *s* (*çocuk dilinde*) Ente *f;* **V~ Amca** Onkel Dagobert

vak vak: **~!** quak!; **~ etmek** quaken

vakvaklama *s Verbalsubstantiv zu* **vakvaklamak**

vakvaklamak *vi* (*ördek*) quaken

vale *s* **1.** (*iskambil kâğıdı*) Bauer *m;* (*oğlan*) Bube *m* **2.** (*otelde*) Page *m,* Hotelpage *m*

valf *s* (TECH) Ventil *nt*

vali [va:li:] *s* (ADMIN: *ilbay*) Governeur *m,* Provinzgouverneur(in) *m(f)*

valide *s* Mutter *f*

valiz *s* **1.** Koffer *m,* Reisekoffer *m* **2.** (*bagaj*) Gepäckstück *nt;* **valiz sapı** *s* Koffergriff *m*

vallahi *s:* **~!** bei Gott!; (*Tanrı'yı tanık tutarım*) Gott ist mein Zeuge!; **~ billâhi!** (ich schwöre) bei Gott!

vals *s* (MUS) Walzer *m;* **~ yapmak/etmek** einen Walzer tanzen

vana *s* (TECH) Ventil *nt*

vandalizm *s ohne Pl,* **vandallık** *s ohne Pl* <-ğı> Wandalismus *m*

vanilya *s ohne Pl* (*a.* BOT) Vanille *f*

vantilâtör *s* Ventilator *m,* Gebläse *nt*

vantrilok *s* <-ğu> Ventriloquist *m,* Bauchredner(in) *m(f)*

vapur *s* **1.** Dampfer *m* **2.** (*arabalı ~*) Fähre *f*

var I. *s:* **işim ~** ich habe zu tun **II.** *adj:* **~ gücüyle** mit aller Kraft; **bugün balık ~** es gibt heute Fisch; **devamı ~** Fortsetzung folgt

varak *s* <-ğı> Blatt *nt*

varan *adj:* **~ bir** erstens

vardiya *s* Schicht *f,* Schichtarbeit *f;* **var-**

diyacı *s* Schichtarbeiter(in) *m(f)*
vargel tezgâhı *s* (*metal için*) Hobelbank *f*
vargı *s* Schluss *m,* Schlussfolgerung *f*
varış *s ohne Pl* **1.** Ankunft *f* **2.** (SPORT: *finiş*) Einlauf *m;* **varış saati** *s* Ankunftszeit *f*
varil *s* **1.** Fass *nt,* Tonne *f* **2.** (*petrol ölçü birimi*) Barrel *nt*
varis *s* (MED) Varize *f,* Krampfader *f*
vâris [va:ris] *s* Erbe, -in *m, f; s. a.* **mirasçı, kalıtçı**
vârissiz *adj* erbenlos
varit *adj* <-di> denkbar; ~ **ol(ma)mak** (un)denkbar sein, (nicht) in Frage kommen
variyet *s* (*reg: varlık*) Vermögen *nt;* (*zenginlik*) Reichtum *nt*
variyetli *adj* wohlhabend, vermögend; (*zengin*) reich
var kuvvetiyle *adv* mit aller Kraft
varlık *s* <-ğı> **1.** (*mevcudiyet*) Existenz *f,* Dasein *nt* **2.** (*var olan şey*) Wesen *nt;* (*canlı* ~) Wesen *nt* **3.** (*zenginlik*) Vermögen *nt;* ~ **içinde yaşamak** im Wohlstand leben; ~**ta darlık çekmek** seine Möglichkeiten nicht einsetzen können **4.** (*ömür*) Dasein *nt*
varlık bilimci *s* Ontologe, -in *m, f;* **varlık bilimi** *s ohne Pl* (PHILOS: *ontoloji*) Ontologie *f*
varlıklı *adj* wohlhabend, vermögend
varlıklılık *s ohne Pl* <-ğı> Wohlhabenheit *f*
varlıksal *adj* (PHILOS: *ontik*) ontisch
varma *s* **1.** *Verbalsubstantiv zu* **varmak** **2.** Ankunft *f*
varmak <-ır> *vi* **1.** ankommen (*-e* in); **bir şeyin tadına** ~ einer Sache Geschmack abgewinnen **2.** (*ulaşmak*) erreichen (*-e* -); **birinin kâbına varamamak** (*fig*) jdm nicht das Wasser reichen können **3.** (*görüşe*) gelangen (*-e* zu); (*uzlaşmaya*) erzielen **4.** (*evlenmek*): **en sonunda bir kocaya vardı** endlich hat sie geheiratet **5.** (*fam*): **diş fırçasına varıncaya kadar dükkânda ne varsa aldı** bis zur Zahnbürste hat er alles im Geschäft gekauft
varma limanı *s* (NAUT, JUR) Bestimmungshafen *m*
varoluş *s* (PHILOS) Existenz *f*
varoluşçu *s* (PHILOS) Existenzialist(in) *m(f)*
varoluşçuluk *s ohne Pl* <-ğu> (PHILOS) Existenzialismus *m*
varoş *s* Vorstadt *f*
varsayım *s* Hypothese *f*
varsayımlı *adj,* **varsayımsal** *adj* hypothetisch
varsıl *adj* vermögend; (*zengin*) reich; **varsıl erki** *s* (SOZIOL: *plutokrasi*) Plutokratie *f*
varsıllaşma *s Verbalsubstantiv zu* **varsıllaşmak**
varsıllaşmak *vi* reich werden
varsıllık *s* <-ğı> Reichtum *nt*
varta *s* Gefahr *f;* ~**dan atlamak** eine Gefahr überstehen; ~**yı atlatmak** die Gefahr überstehen
varyant *s* **1.** Umleitung *f* **2.** (LIT) Variante *f*
varyasyon *s* **1.** (MUS: *çeşitleme*) Variation *f* **2.** (BIOL: *değişim*) Variation *f,* Abart *f* **3.** (*değişiklik*) Veränderung *f*
varyemez *s* (*pej*) Geizhals *m,* Knauser(in) *m(f)*
varyete *s* Varietee *nt,* Varieté *nt*
vasat *s* **1.** (*orta*) Mitte *f* **2.** (*ortam*) Umwelt *f*
vasatî *adj* (*ortalama*) Durchschnitts-; **vasatî sür'at** *s s.* **ortalama hız** Durchschnittsgeschwindigkeit *f*
vasıflı *adj* qualifiziert, Fach-; **vasıflı işçi** *s* Facharbeiter(in) *m(f)*
vasıta *s* **1.** (*araç*) Mittel *nt* **2.** (*aracı*) Vermittler *m*
vasıtalı *adj* **1.** mittelbar **2.** (*dolaylı*) indirekt; ~ **vergi** indirekte Steuer
vasıtasıyla *adv* mittels; **Hasan'ın** ~ **Can ile tanıştım** durch Hasan habe ich Can kennengelernt
vasıtasız *adj* **1.** unmittelbar **2.** (*dolaysız*) direkt; ~ **vergi** direkte Steuer
vasilik *s* <-ği> Vormundschaft *f*
vasiyetname *s* Testament *nt*
vaşak *s* <-ğı> (ZOOL) Luchs *m*
vat *s* (PHYS) Watt *nt*
vatan *s* Vaterland *nt;* (*yurt*) Heimat *f*
vatandaş *s* **1.** Staatsangehörige(r) *mf* **2.** Mitbürger(in) *m(f)*
vatandaşlık *s* <-ğı> Staatsangehörigkeit *f;* **çifte** ~ doppelte Staatsangehörigkeit
vatan haini *s* Vaterlandsverräter(in) *m(f);* **vatan hainliği** *s ohne Pl* Hochverrat *m*
vatanî *adj* vaterländisch; **vatanî görev** *s ohne Pl,* **vatanî vazife** *s ohne Pl s.* **askerlik hizmeti** Militärdienst *m*
vatanperver *adj* patriotisch
vatanperverlik *s ohne Pl* <-ği> Patriotismus *m*
vatansever **I.** *s* Patriot(in) *m(f)* **II.** *adj* patriotisch
vatanseverlik *s ohne Pl* <-ği> Vaterlandsliebe *f,* Patriotismus *m*
vatansız *adj* heimatlos
vatansızlık *s ohne Pl* <-ğı> Heimatlosigkeit *f*
vatka *s* Schulterpolster *nt*
vatman *s* Straßenbahnfahrer(in) *m(f)*
vay *interj:* ~ **canına!** alle Achtung!
vazgeçilmez *adj* unverzichtbar
vazgeçirme *s Verbalsubstantiv zu* **vazgeçirmek**
vazgeçirmek *vt* **1.** *Kausativ zu* **vazgeçmek** **2.** abbringen (*-den* von); **birini sigara**

V

içmekten ~ jdn vom Rauchen abbringen
vazgeçme *s* **1.** *Verbalsubstantiv zu* **vazgeçmek** **2.** Verzicht *m*
vazgeçmek *vi* verzichten (*-den* auf)
vazgeçilmez *adj* unverzichtbar
vazııkanun [vaːzəˈəkaːnuːn] *s s.* **yasa koyucu** Gesetzgeber *m*
vazife *s* **1.** Amt *nt;* **hakemin/yargıcın ~i** das Amt des Schiedsrichters/Richters **2.** (*fonksiyon*) Funktion *f* **3.** Aufgabe *f,* Pflicht *f;* **ahlakî bir** ~ eine moralische Pflicht
vazifelendirme *s* **1.** *Verbalsubstantiv zu* **vazifelendirmek** **2.** Beauftragung *f*
vazifelendirmek *vt* beauftragen
vazo *s* Vase *f*
vb. *Abk. von* **ve benzerleri** usw., *und so weiter*
ve[1] *Name des siebenundzwanzigsten Buchstaben des türk. Alphabets*
ve[2] *konj* und; ~ **benzerleri** und so weiter
veba *s ohne Pl* Pest *f*
vebal *s* <-i> *s.* **günah** Sünde *f*
ve benzerleri *s Pl* und so weiter
veca *s* <-ı> *s.* **ağrı** Schmerz *m*
vecdi *s poss von* **vecit**
vecibe *s* (*ödev*) Aufgabe *f;* (*boyun borcu*) Pflicht *f*
vecit *s* <-cdi> *s.* **esrime** Ekstase *f;* **vecde kapılmak** in Ekstase geraten
veciz *adj* prägnant
vecize *s s.* **özdeyiş** Aphorismus *m*
veçhe *s s.* **yön** Richtung *f*
vefa *s ohne Pl* Treue *f*
vefalı *adj* treu
vefasız *adj* treulos
vefasızlık *s ohne Pl* <-ğı> Treulosigkeit *f*
vefat *s s.* **ölüm** Tod *m;* ~ **etmek** sterben; **vefat ilmühaberi** *s s.* **ölüm kâğıdı** Totenschein *m*
vekâlet *s* **1.** Auftrag *m,* Mandat *nt* **2.** *s.* **bakanlık** Ministerium *nt*
vekayiname *s s.* **kronik** Chronik *f*
vekil *s* **1.** Beauftragte(r) *mf* **2.** Stellvertreter(in) *m(f)* **3.** (HIST: *bakan*) Minister(in) *m(f)*
vektör **I.** *s* (MATH, PHYS) Vektor *m* **II.** *adj* (MATH, PHYS) vektoriell; ~ **niceliği** vektorielle Größe
velâdet *s s.* **doğum** Geburt *f*
velâyet *s ohne Pl* **1.** (JUR: *velilik*) elterliche Sorge *f* **2.** (*otorite*) Autorität *f*
veledizina *s* (*sl: piç*) Bastard *m*
velespit *s* (*fam*) Drahtesel *m*
veliaht *s* Kronprinz *m*
veliler toplantısı *s* (SCHULE) Elternabend *m,* Elternsprechtag *m*
velvele *s ohne Pl* Gebrüll *nt*
Venedik *s* Venedik *nt*
Venedikli **I.** *s* Venezianer(in) *m(f)* **II.** *adj* venezianisch
Venezuelâ **I.** *s* Venezuela *nt* **II.** *adj* venezolanisch; ~ **hükûmeti** die venezolanische Regierung
Venezuelâlı **I.** *s* Venezolaner(in) *m(f)* **II.** *adj* venezolanisch; ~ **erkekler/kadınlar** venezolanische Männer/Frauen
Venüs *s* (ASTR) Venus *f*
veraset vergisi *s* Erbschaftsteuer *f*
verem *s* Schwindsucht *f*
veremli *adj* schwindsüchtig
vergi *s* Steuer *f;* ~ **kaçırmak** Steuern hinterziehen; **dolaylı/dolaysız** ~ indirekte/direkte Steuer; **vergi beyannamesi** *s* Steuererklärung *f;* **vergi kaçakçılığı** *s* Steuerhinterziehung *f;* **vergi kesintisi** *s* Steuerabzug *m*
vergisiz *adj* steuerfrei
vergi yükümlüsü *s* Steuerpflichtige(r) *mf*
veri *s* (*a.* INFORM) Daten *pl;* **istatistik ~ler** statistische Daten; **veri aktarımı** *s* (INFORM) Datenübertragung *f;* **veri bankası** *s* (INFORM) Datenbank *f*
verici *s* **1.** (TECH) Sender *m* **2.** (MED) Spender(in) *m(f);* **verici istasyonu** *s* (TV, RADIO) Sender *m*
veri dosyası *s* (INFORM) Datei *f;* **veri işlem** *s s.* **bilgi işlem** Datenverarbeitung *f*
verimli *adj* **1.** produktiv **2.** (*bitek, mümbit*) fruchtbar
verimlilik *s ohne Pl* <-ği> **1.** Produktivität *f* **2.** Fruchtbarkeit *f*
verimsiz *adj* unproduktiv
veri tabanı *s* (INFORM) Datenbasis *f,* Datenpool *m;* **veri toplama** *s* (INFORM) Datenerfassung *f;* **veri transferi** *s* (INFORM) Datentransfer *m*
verme *s ohne Pl* **1.** *Verbalsubstantiv zu* **vermek** **2.** (*oy* ~) Abgabe *f;* **set** ~ die Abgabe eines Satzes **3.** (*ilân*) Aufgabe *f* **4.** (*kredi*) Gewährung *f*
vermek *vt* **1.** geben **2.** (*kredi*) gewähren; (*rapor*) erstatten **3.** (*söz*) erteilen; (*fam*) verpassen; **birinin dersini** ~ (*fam fig*) jdm eine Lektion erteilen, jdm einen Denkzettel verpassen **4.** (*avans, kaparo*) leisten **5.** (*oy*) abgeben; (*gazeteye ilân*) aufgeben; **bana yarısını verdi** er hat mir die Hälfte abgegeben **6.** (*dilekçe*) einreichen **7.** (SPORT): **seti** ~ den Satz abgeben **8.** (*unvan*) verleihen **9.** (*hesap*) ablegen **10.** (*önem*) beimessen **11.** (*kan*) spenden
vermut *s ohne Pl* Wermut *m*
vernik *s* <-ği> **1.** Lack *m* **2.** Firnis *m*
vernikleme *s* **1.** *Verbalsubstantiv zu* **verniklemek** **2.** Lackierung *f*
verniklemek *vt* lackieren
veronika *s* (BOT: *yavşan otu*) Männertreu *f,*

Ehrenpreis *m*
versiyon *s* Version *f*
vesaik *s Pl* Dokumente *pl*
vesaire *s* und so weiter
vesayet *s* Vormundschaft *f;* **birini ~ altına almak** jdn unter Vormundschaft stellen
vesika fotoğrafı *s* Passfoto *nt*
vesikalık fotoğraf *s* Passfoto *nt;* **vesikalık resim** *s* <-smi> Passbild *nt*
vesile *s* Anlass *m* (*için* zu); **~ aramak** einen Anlass suchen; **bu ~yle** aus diesem Anlass
vestiyer *s* Garderobe *f*
veteriner *s* Veterinär(in) *m(f);* (*hayvan hastalıkları hekimi*) Tierarzt, -ärztin *m, f*
veto *s* Veto *nt;* **bir şeyi ~ etmek** sein Veto gegen etw einlegen; **veto hakkı** *s* Vetorecht *nt*
veya *konj,* **veyahut** *konj* oder
vezin *s* <-zni> (LIT) Versmaß *nt*
vezir *s* **1.** (HIST) Wesir *m* **2.** (*satrançta*) Dame *f*
vezni *s poss von* **vezin**
Vezüv *s* Vesuv *m*
vınlama *s Verbalsubstantiv zu* **vınlamak**
vınlamak *vi* sausen; **kulağı vınlıyor** es saust in seinem Ohr
vız *s:* **bu bana ~ gelir** (*fam*) das ist mir schnuppe
vızıldama *s Verbalsubstantiv zu* **vızıldamak**
vızıldamak *vi* **1.** summen **2.** brummen **3.** surren
vibrasyon *s* (*titreşim*) Vibration *f*
vibratör *s* Vibrator *m*
vicdan *s* Gewissen *nt;* **~ı pak olmak** ein reines Gewissen haben; **vicdan azabı** *s* Gewissensbisse *pl;* **~ azabı çekmek/duymak** Gewissensbisse haben/spüren
vicdanen *adv:* **~ rahat/rahatsız olmak** ein gutes/schlechtes Gewissen haben
vicdanî *adj* gewissenhaft
vicdanlı *adj* gewissenhaft; (*hak gözetir*) gerecht
vicdan meselesi *s* Gewissensfrage *f;* **vicdan özgürlüğü** *s ohne Pl* Gewissensfreiheit *f*
vicdansız *adj* gewissenlos; **vicdansızca** *adv* gewissenlos; **~ davranmak** gewissenlos handeln
vicdansızlık *s ohne Pl* <-ğı> Gewissenlosigkeit *f*
vida *s* Schraube *f;* **~yı gevşetmek/sık(ıştır)mak** die Schraube lockern/anziehen; **bir şeyi ~larla tutturmak** etw mit Schrauben befestigen
video kaseti *s* Videokassette *f*
vinç *s* Kran *m;* **vinç operatörü** *s* Kranführer(in) *m(f)*
viraj *s* Kurve *f;* (*dönemeç*) Biegung *f*
virajlı *adj* kurvig, kurvenreich
viranlık *s* <-ğı> (*fam pej*) Bruchbude *f*
virgül *s* (LING) Komma *nt;* (*österr*) Beistrich *m;* **buraya bir ~ koyun!** setzen Sie ein Komma hierhin!; **noktalı ~** Strichpunkt *m,* Semikolon *nt*
virtüoz I. *s* Virtuose, -in *m, f* **II.** *adj* virtuos
virtüozluk *s* <-ğu> Virtuosität *f*
virüs *s* (MED, INFORM) Virus *nt o m*
virüs programı *s* (INFORM) Antivirenprogramm *nt*
viski *s* Whisky *m;* **~yi sek içmek** den Whisky pur trinken; **sek ~** Whisky pur
viskoz *s ohne Pl* Viskose *f*
viskozite *s ohne Pl* Viskosität *f*
vişnap *s* <-bı> Sauerkirschsirup *m*
vişne *s* (BOT) Sauerkirsche *f,* Schattenmorelle *f;* **vişne reçeli** *s* Sauerkirschkonfitüre *f;* **vişne suyu** *s* Sauerkirschsaft *m;* **vişne şurubu** *s* Sauerkirschsirup *m*
vitamin *s* Vitamin *nt;* **vitamin eksikliği** *s ohne Pl* Vitaminmangel *m*
vitaminli *adj* vitaminreich
vitaminsiz *adj* vitaminarm
vitaminsizlik *s ohne Pl* <-ği> Vitaminmangel *m*
vites *s* (AUTO, TECH) Gang *m,* Schaltung *f,* Gangschaltung *f;* **~ değiştirmek** schalten; **bisikletin ~i var** das Fahrrad hat eine Gangschaltung; **bisikletin üç ~i var** das Fahrrad hat drei Gänge; **üçüncü ~e geçirmek** in den dritten Gang schalten; **üçüncü ~e takmak** den dritten Gang einlegen
vites kolu *s* Schalthebel *m;* (*yerden viteste*) Schaltknüppel *m;* **vites kutusu** *s* (AUTO, TECH) Getriebe *nt*
vitrin *s* **1.** (*sergen*) Schaufenster *nt* **2.** (*camlı dolap*) Schaukasten *m,* Vitrine *f*
viyadük *s* Viadukt *m o nt*
viyaklama *s Verbalsubstantiv zu* **viyaklamak**
viyaklamak *vi* plärren
Viyana *s* Wien *nt*
Viyanalı *s* Wiener(in) *m(f)*
viyola *s* (MUS) Viola *f;* (*alto*) Bratsche *f*
viyolacı *s* (MUS) Bratschist(in) *m(f)*
viyolonsel *s* (MUS) Violoncello *nt*
viyolonselist *s* (MUS) Violoncellist(in) *m(f)*
vize *s* **1.** Visum *nt* **2.** (*"görülmuştür" işareti*) Sichtvermerk *m* **3.** (UNI) Klausur(arbeit) *f;* **vize sınavı** *s* (UNI: *ara sınavı*) Zwischenprüfung *f*
vizon *s* (ZOOL) Nerz *m;* **vizon etol** *s* Nerzstola *f;* **vizon kürk** *s* Nerz *m;* **üstünde ~ var** sie trägt einen Nerz; **vizon manto** *s* Nerzmantel *m;* **vizon yaka** *s* Nerzkragen *m*
vizyon *s* Vision *f*
vizyon sahibi *s* Visionär *m*

vodvil *s* Vaudeville *nt*
vokal *s* <-i> **1.** (LING: *ünlü*) Vokal *m* **2.** (MUS) vokaler Klang
vokalist *s* (MUS) Vokalist(in) *m(f)*
vokal müzik *s ohne Pl* <-ği> Vokalmusik *f;* **vokal uyumu** *s* (LING: *ünlü uyumu*) Vokalharmonie *f*
volân *s* (TECH) Schwungrad *nt*
vole *s* (SPORT) Volley *m*
voleybol *s ohne Pl* (SPORT) Volleyball *m*
voleybolcu *s* Volleyballer *m*
voleybol takımı *s* Volleyballmannschaft *f;* **voleybol topu** *s* Volleyball *m*
voli *s* **1.** Fischzug *m, das Ausbringen eines Zugnetzes* **2.** (*fam: vurgun*) Fischzug *m;* ~ **vurmak** einen Fischzug machen, Beute machen; **voli ağı** *s* Zugnetz *nt*
volkan *s s.* **yanardağ** Vulkan *m*
volkanik *adj* <-ği> vulkanisch; ~ **kaya** ein vulkanisches Gestein
volontarizm *s ohne Pl* (PHILOS: *istençcilik*) Voluntarismus *m*
volt *s* (PHYS, ELEK) Volt *nt*
voltaj *s* (ELEK: *gerilim*) Spannung *f*
voltametre *s* (PHYS) Voltameter *nt*
voltamper *s* (PHYS, ELEK) Voltampere *nt*
voltmetre *s* (PHYS) Voltmeter *nt*
vombat *s* (ZOOL) Wombat *m*
vs. *Abk. von* **vesaire** usw., *und so weiter*
vulva *s* (MED) Vulva *f*
vurdulu kırdılı *adj:* ~ **film** Actionfilm *m*
vurdurma *s Verbalsubstantiv zu* **vurdurmak**
vurdurmak *vt Kausativ zu* **vurmak**
vurgu *s* Betonung *f,* Akzent *m*
vurgulama *s* **1.** *Verbalsubstantiv zu* **vurgulamak** **2.** Betonung *f,* Akzentuierung *f* **3.** Akzentsetzung *f*
vurgulamak *vt* **1.** (*vurgu ile söylemek*) betonen, akzentuieren **2.** (*önemle belirtmek*) betonen, hervorheben; (*altını çizmek*) unterstreichen **3. bir şeyi** ~ auf etw einen besonderen Akzent setzen; (*damgasını vurmak*) einer Sache seinen Stempel aufdrücken
vurgulu *adj* betont; **vurgulu hece** *s* (LING) betonte Silbe, Hebung *f*
vurgun **I.** *s* **1.** spekülasyon kârı, Spekulationsgewinn *m;* (*fam: voli*) Fischzug *m,* Beute *f;* (**büyük**) ~ **vurmak** einen (großen) Fischzug machen, (reiche) Beute machen **2.** (*dalgıçlarda*) Druckluftkrankheit *f,* Taucherkrankheit *f* **II.** *adj* **1.** (*yaralanmış olan*) angeschossen **2.** (*fam: âşık*) verknallt; **birine** ~ **olmak** in jdn verknallt sein
vurguncu *s* (WIRTSCH: *spekülâtör*) Spekulant(in) *m(f)*
vurgunculuk *s* <-ğu> Spekulation *f*
vurgusuz *adj* unbetont
vurma *s Verbalsubstantiv zu* **vurmak**
vurma çalgı *s* Schlaginstrument *nt*
vurmak **I.** *vt* **1.** erschießen **2.** schlagen; (*boynunu*) abschlagen; **bir taşla iki kuş** ~ (*fam*) zwei Fliegen mit einer Klappe schlagen **3.** spannen; **birini boyunduruğa** ~ jdn ins Joch spannen **4.** (*ayağını*) scheuern; **yeni ayakkabılar ayağımı vuruyor** die neuen Schuhe scheuern **II.** *vi* schlagen (*-e* -), zuschlagen (*-le* mit); **muşta ile** ~ mit einem Schlagring zuschlagen
vuruş *s* Schlag *m,* Stoß *m;* **çift** ~ (SPORT) indirekter Freistoß
vuruşma duruşu *s* (SPORT: *eskrimde*) Auslage *f*
vücut *s* <-du> Körper *m;* **vücut boşluğu** *s* Körperhöhle *f;* **vücut hareketi** *s* Körperbewegung *f;* **vücut ısısı** *s ohne Pl* Körpertemperatur *f,* Körperwärme *f;* **vücut ölçüsü** *s* Körpermaß *nt;* **vücut yapısı** *s ohne Pl* Körperbau *m;* **vücut yapma** *s ohne Pl* Bodybuilding *nt*

Y

y, Y [je] *s* y, Y *nt, 28. Buchstabe des türk. Alphabets*

ya [ja] **I.** *interj* **1.** (*evet*) ja; **onun için soruyorum** ~ deshalb frage ich ja **2.** ~ **Rabbi!** allmächtiger Gott!; (*Tanrı'm*) mein Gott! **II.** *konj* **1.** und; ~ **bu adam kim?** und wer ist dieser Mann?; ~ **gelmezse?** und wenn er nicht kommt? **2.** ~ **da** oder; ~ **...** ~ (**da**) entweder ... oder; ~ **hep** ~ **hiç** entweder ganz oder gar nicht **III.** *adv* **1.** doch, gewiss; **gelin** ~ kommt doch **2.** (*özellikle*) ganz besonders, und erst

yaban **I.** *s* **1.** Wildnis *f* **2.** (*yabancı*) Fremde(r) *mf* **II.** Wild-, Fremd-; **yaban arısı** *s* (ZOOL) Wespe *f*; **yaban armudu** *s* (BOT) Holzbirne *f*, Wilde Birne; **yaban asması** *s* (BOT: *akasma*) Klematis *f*

yabancı **I.** *s* Ausländer(in) *m(f)*, Fremde(r) *mf* **II.** *adj* ausländisch, fremd; **bu bana** ~ **gelmiyor** das kommt mir bekannt vor; **yabancı cisim** *s* <-smi> (MED, BIOL) Fremdkörper *m*; **yabancı dil** *s* Fremdsprache *f*; ~ **bilen eleman aranıyor** Mitarbeiter mit Fremdsprachenkenntnissen werden gesucht; **yabancı dil dersi** *s* Fremdsprachenunterricht *m*; **yabancı düşmanlığı** *s ohne Pl* Ausländerfeindlichkeit *f*, Fremdenfeindlichkeit *f*; **yabancı kelime** *s* Fremdwort *nt*

yabancıl *adj* fremdländisch; (*egzotik*) exotisch

yabancılaşma *s* **1.** *Verbalsubstantiv zu* **yabancılaşmak** **2.** Entfremdung *f*

yabancılaşmak *vi* sich entfremden

yabancılaştırma *s* **1.** *Verbalsubstantiv zu* **yabancılaştırmak** **2.** Entfremdung *f*

yabancılaştırmak *vt* entfremden

yabancılık *s ohne Pl* <-ğı> Fremdheit *f*; **birine** ~ **duymak** Fremdheit gegenüber jdm empfinden

yabancı madde *s* Fremdstoff *m*; **yabancı sermaye** *s* (WIRTSCH) Fremdkapital *nt*

yaban gülü *s* Heckenrose *f*

yabanıllaşma *s* **1.** *Verbalsubstantiv zu* **yabanıllaşmak** **2.** Verwilderung *f*

yabanıllaşmak *vi* verwildern

yabanî *adj* wild

yabanîleşme *s* **1.** *Verbalsubstantiv zu* **yabanîleşmek** **2.** Verwilderung *f*

yabanîleşmek *vi* verwildern

yabanî koyun *s* Wildschaf *nt*; **yabanî mercanköşk** *s* Oregano *m*

yaban kazı *s* (ZOOL) Wildgans *f*

yaban kedisi *s* (ZOOL) Wildkatze *f*

yaban mersini *s* (BOT: *keçi yemişi*) Heidelbeere *f*

yabansı *adj* fremdartig

yabansılık *s ohne Pl* <-ğı> Fremdartigkeit *f*

yad el *s* (*gurbet*) Fremde *f*; **yad eller** *s Pl* **1.** (*gurbet*) Fremde *f* **2.** (*yabancılar*) Fremde *pl*

yadımlama *s* **1.** *Verbalsubstantiv zu* **yadımlamak** **2.** (BIOL) Dissimilation *f*

yadımlamak *vt* (BIOL) dissimilieren

yadırganma *s ohne Pl Verbalsubstantiv zu* **yadırganmak** Befremden *nt*

yadırganmak *vi Passiv zu* **yadırgatmak**

yadırgatıcı *adj* befremdend, befremdlich

yadırgatma *s ohne Pl Verbalsubstantiv zu* **yadırgatmak** Befremden *nt*

yadırgatmak *vt* befremden; **bu beni yadırgatıyor** das befremdet mich

yadigâr [ya:digã:r] *s* Andenken *nt*

yafta *s* Aufschrift *f*, Beschriftung *f*

yaftalama *s* **1.** *Verbalsubstantiv zu* **yaftalamak** **2.** Beschriftung *f*

yaftalamak *vt* beschriften

yağ *s* **1.** Fett *nt*; ~ **bağlamak** (*fam*) Fett ansetzen; ~ **çekmek/yapmak** (*fam pej*) schleimen **2.** (*motor, zeytin* ~*ı*) Öl *nt*; ~ **gibi işlemek** (*fam fig*) laufen wie geschmiert

yağar *s* (*reg*) **1.** (*yağmur*) Regen *m* **2.** (*yağış*) Niederschlag *m*

yağ asidi *s* (CHEM) Fettsäure *f*; **yağ bezi** *s* (ANAT) Talgdrüse *f*

yağcı *s* (*pej*) Schleimer(in) *m(f)*

yağ çubuğu *s* (AUTO) Ölmessstab *m*

yağdanlık *s* <-ğı> **1.** Ölkanne *f* **2.** (*fam pej*) Schmierenkomödiant *m*

yağ doku *s* (ANAT, MED) Fettgewebe *nt*; **yağ hücresi** *s* (ANAT) Fettzelle *f*

yağı *s* (*reg*) **1.** (*düşman*) Feind(in) *m(f)* **2.** (*hasım*) Gegner(in) *m(f)*

yağılaşma *s Verbalsubstantiv zu* **yağılaşmak**

yağılaşmak *vi* sich verfeinden (*-le* mit)

yağır *s* **1.** (*atın omuzları arasındaki yer*) Rist *m*, Widerrist *m* **2.** (*eyerin açtığı yara*) Satteldruck *m*

yağış *s* **1.** (METEO) Niederschlag *m* **2.** (*fam: yağmur*) Regen *m*

yağış göstergesi *s* Niederschlagsmesser *m*, Regenmesser *m*

yağışlı *adj* niederschlagsreich

Y

yağışölçer *s* Niederschlagsmesser *m*
yağışsız *adj* niederschlagsfrei
yağ kutusu *s* (TECH, AUTO) Ölwanne *f;* **yağ lekesi** *s* Fettfleck *m,* Ölfleck *m*
yağlı *adj* **1.** ölig **2.** (*bitki*) ölhaltig **3.** (*besili*) fett, fetthaltig **4.** (*saçlar*) fettig; (*vücut*) fettleibig **5.** (*fam fig: iş*) lukrativ, einträglich; (*müşteri*) betucht, potent; **yağlı boya** *s* Ölfarbe *f;* **yağlı boya resim** *s* Ölbild *nt*
yağlılık *s ohne Pl* <-ğı> Fettleibigkeit *f*
yağma *s* **1.** *Verbalsubstantiv zu* **yağmak** **2.** Plünderung *f;* ~ **etmek** plündern
yağmak *vi* fallen; **dolu yağıyor** es hagelt; **kar yağıyor** es schneit; **yağmur yağıyor** es regnet
yağmalama *s Verbalsubstantiv zu* **yağmalamak**
yağmalamak *vt* plündern
yağmur *s* **1.** Regen *m,* Schauer *m;* ~ **yağıyor** es regnet; ~ **yağmak** regnen; ~**dan kaçarken doluya tutulmak** (*fam*) vom Regen in die Traufe kommen **2.** (*fig: kurşun ~u*) Hagel *m;* **yağmur bulutu** *s* Regenwolke *f*
yağmurca *s* (*reg: alageyik*) Damhirsch *m*
yağmurcun *s* (ZOOL) Regenpfeifer *m*
yağmur damlası *s* Regentropfen *m*
yağmur kuşağı *s s.* **gök kuşağı** Regenbogen *m*
yağmurlu *adj* regnerisch; **yağmurlu hava** *s ohne Pl* Regenwetter *nt*
yağmurluk *s* <-ğu> Regenmantel *m*
yağmurölçer *s* Niederschlagsmesser *m*
yağmur suyu *s* Regenwasser *nt*
yağmursuz *adj* regenfrei; ~ **bir gün** ein regenfreier Tag
yağrın *s* (*fam: kürek kemiği*) Schulterblatt *nt*
yağ tabakası *s* (ANAT) Fettschicht *f;* **yağ tulumu** *s* (*fam*) Dickerchen *nt;* **yağ yakıt** *s ohne Pl* Heizöl *nt*
Yahudi **I.** *s* Jude *m,* Jüdin *f* **II.** *adj* jüdisch; ~ **inanışı** der jüdische Glaube; **Yahudi baklası** *s* (BOT: *acı bakla*) Lupine *f*
Yahudilik *s ohne Pl* <-ği> Judentum *nt*
yahut *konj* oder
Yahya yortusu *s* (REL) Johannistag *m*
yak *s* (ZOOL) Yak *m*
yaka *s* **1.** (*giysilerde*) Kragen *m;* **birini** ~ **paça dışarı atmak** (*fam*) jdn in hohem Bogen hinauswerfen **2.** (*kıyı, kenar*) Seite *f*
yakacak *s* <-ğı> Brennmaterial *nt*
yakalama *s* **1.** *Verbalsubstantiv zu* **yakalamak** **2.** Festnahme *f*
yakalamak *vt* **1.** fangen, erwischen, ertappen; **birini burnundan** ~ (*fam fig*) jdn festnageln; **birini suçüstü** ~ jdn auf frischer Tat ertappen; **beni öyle kolay kolay yakalayamazsınız** so leicht kriegt ihr mich nicht **2.** festnehmen
yakalanma *s* **1.** *Verbalsubstantiv zu* **yakalanmak** **2.** Festnahme *f*
yakalanmak *vi pass von* **yakalamak,**
yakamoz *s ohne Pl* Meeresleuchten *nt;* **bataklık** ~**u** Irrlicht *nt*
yakasız *adj* kragenlos
yakın **I.** *s ohne Pl* Nähe *f;* ~**da** in der Nähe; ~**ımızda oturuyorlar** sie wohnen bei uns in der Nähe **II.** *adj* **1.** nah(e); ~ **akrabalar** nahe Verwandte; ~ **gelecekte** in naher Zukunft **2.** knapp; **bir saate** ~ eine knappe Stunde **3.** ~ **geçmişte** in der jüngsten Vergangenheit
yakında **I.:** ~ **mı oturuyorsunuz?** wohnen Sie in der Nähe? **II.** *adv* **1.** demnächst, in Kürze, bald; ~ **gelecek** er wird bald kommen **2.** (*son günlerde*) in letzter Zeit
yakından von nahem, aus nächster Nähe; ~ **bakıldığında** bei näherer Betrachtung; ~ **ve uzaktan** von nah und fern; **biriyle** ~ **akraba olmak** mit jdm nahe verwandt sein; **yakından çekim** *s* (FILM) Großaufnahme *f*
Yakın Doğu *s* der Nahe Osten; *s. a.* **Uzak Doğu**
yakınsak *adj* (MATH, PHYS) konvergent
yakınsaklık *s* <-ğı> (MATH, PHYS) Konvergenz *f*
yakışıklı *adj* gut aussehend
yakışma *s Verbalsubstantiv zu* **yakışmak**
yakışmak *vi:* **ceket sana yakışmıyor** die Jacke steht dir nicht; **bu kumaş böyle bir koltuğa yakışmaz** dieser Stoff passt zu einem solchen Sessel nicht
yakıt *s* Brennstoff *m;* **yakıt parası** *s* Heizkostenpauschale *f*
yaklaşık *adj* annähernd
yaklaşım *s* **1.** Annäherung *f* **2.** (*sorunu ele alış*) Ansatz *m;* (*bakış biçimi*) Betrachtungsweise *f;* **her şeyi devletten/hükümetten bekleyen** ~ die Einstellung, alles vom Staat/von der Regierung zu erwarten
yaklaşma *s ohne Pl* **1.** *Verbalsubstantiv zu* **yaklaşmak** **2.** Annäherung *f* **3.** (*kışın ~sı*) Anrücken *nt,* Anzug *m*
yaklaşmak *vi* sich nähern, anrücken; (*sokulmak*) sich annähern (*-e* an); ~**ta olmak** im Anzug sein; **boran** ~**ta** das Gewitter ist im Anzug
yaklaştırmak *vt* **1.** *Kausativ zu* **yaklaşmak** **2.** annähern (*-e* an), anrücken
yakma *s* **1.** *Verbalsubstantiv zu* **yakmak** **2.** Verbrennung *f*
yakmak *vt* **1.** verbrennen; **elimi yaktım** ich habe mir die Hand verbrannt **2.** (*sigara, pipo*) anzünden; (*fam*) anmachen **3.** (*ışık*) anmachen
yakut *s* Rubin *m*

Yakut **I.** *s* Jakute, -in *m, f* **II.** *adj* jakutisch
Yakutça *s ohne Pl* Jakutisch *nt;* ~**da** im Jakutischen; ~**dan** aus dem Jakutischen; ~**ya** ins Jakutische
yalak *s* <-ğı> Trog *m*
yalama **I.** *s Verbalsubstantiv zu* **yalamak** **II.** *adj* ausgeleiert; ~ **olmak** ausleiern
yalamak *vt* lecken, ablecken
yalan *s* Lüge *f;* ~ **söylemek** lügen; **birine ~ söylemek** jdn belügen [*o* anlügen]; **bir ayak üstünde kırk ~ın belini bükmek** (*fam*) lügen, dass sich die Balken biegen
yalancı **I.** *s* Lügner(in) *m(f);* ~**nın mumu yatsıya kadar yanar** (*prov*) Lügen haben kurze Beine **II.** *adj* (*pej*) lügnerisch
yalan dolan *s* (*pej*) Humbug *m;* **yalan haber** *s* Falschmeldung *f*
yalanlama *s* **1.** *Verbalsubstantiv zu* **yalanlamak** **2.** Dementi *nt*
yalanlamak *vt* dementieren
yalan makinesi *s* Lügendetektor *m*
yaldızlama *s* **1.** *Verbalsubstantiv zu* **yaldızlamak** **2.** Beschönigung *f*
yaldızlamak *vt* beschönigen, schönfärben
yalgın *s* Fata Morgana *f*
yalıçapkını *s* (ZOOL) Eisvogel *m*
yalım *s* **1.** (*alev*) Flamme *f;* ~ **gibi kızarmış demiri örsün üstüne koymak** das glühende Eisen auf den Amboss legen **2.** (*kesici araçların keskin yüzü*) Schneide *f*
yalın ayak *adv* barfuß
yalın durum *s* (LING) Werfall *m,* Nominativ *m*
yalıtım *s* Isolierung *f;* (*izolâsyon*) Isolation *f*
yalıtma *s* **1.** *Verbalsubstantiv zu* **yalıtmak** **2.** Isolierung *f*
yalıtmak *vt* isolieren, abdichten
yalman **I.** *s* (*reg*) Schneide *f* **II.** *adj* (*reg: sarp, dik*) steil
yalnız **I.** *adj* allein; (*ev*) allein stehend, einsam **II.** *adv* **1.** allein **2.** (*sadece*) nur, lediglich; **hem ~ bu değil** und nicht nur das **III.** *konj* nur; (*ama*) aber, jedoch; **güzel, ~ biraz pahalı** es ist schön, nur [*o* jedoch] ein bisschen teuer
yalnızcı **I.** *s* Isolationist(in) *m(f)* **II.** *adj* isolationistisch
yalnızcılık *s ohne Pl* <-ğı> Isolationismus *m*
yalnızlık *s ohne Pl* <-ğı> Einsamkeit *f*
yalpa *s* Schlingern *nt;* ~ **vurmak** schlingern
yalpalama *s Verbalsubstantiv zu* **yalpalanmak**
yalpalamak *vi* eiern
yalpalanma *s Verbalsubstantiv zu* **yalpalanmak**
yalpalanmak *vi* schlingern
yaltak *s* <-ğı>, **yaltakçı** *s* (*vulg pej*) Arschkriecher *m*
yaltaklanma *s Verbalsubstantiv zu* **yaltaklanmak**
yaltaklanmak *vi* einschmeicheln (-*e* bei), sich anbiedern (-*e* bei); (*fam*) Süßholz raspeln
yalvarma *s Verbalsubstantiv zu* **yalvarmak**
yalvarmak *vi* flehen (-*e* zu); **birine bir şey için ~** jdn um etw anflehen; **birine yalvarıp yakarmak** jdn anflehen
yama *s* **1.** Flicken *m* **2.** (*leke*) Fleck *m*
yamacı *s* Flickschuster *m*
yamaç *s* <-cı> Hang *m,* Abhang *m,* Berghang *m*
yamak *s* <-ğı> Gehilfe *m*
yamaklık *s* <-ğı> Aushilfe *f;* ~ **etmek** als Aushilfe arbeiten
yamalama *s Verbalsubstantiv zu* **yamamak**
yamalamak *vt* flicken; (*onarmak*) ausbessern
yamalanma *s Verbalsubstantiv zu* **yamalanmak**
yamalanmak *vi pass von* **yamalamak**
yamalı *adj* geflickt
yamama *s Verbalsubstantiv zu* **yamamak**
yamamak *vt* **1.** (*yamalamak*) flicken; (*onarmak*) ausbessern **2.** (*fam fig*) andrehen; **birine bir şeyi ~** jdm etw andrehen
yamanma *s Verbalsubstantiv zu* **yamanmak**
yamanmak *vi pass von* **yamamak**
yama takımı *s* Flickzeug *nt*
yamatma *s Verbalsubstantiv zu* **yamatmak**
yamatmak *vt Kausativ zu* **yamamak**
yamyam *s* Kannibale, -in *m, f*
yamyamcılık *s ohne Pl* <-ğı> Kannibalismus *m*
yan *s* Seite *f;* **birine ~ bakmak** (*fam*) jdn schräg ansehen; **benim ~ımda** neben mir; **biri/şans ondan ~a olmak** jdn/das Glück auf seiner Seite haben; **birinden ~a çıkmak** sich auf jds Seite stellen; **birinden ~a olmak** jdm zur Seite stehen; **ben senden ~a olurum** ich bin [*o* stehe] auf deiner Seite; **bir şeyden ~a olduğunu açıkça söylemek** sich zu etw bekennen; **ben ondan ~ayım** ich bin dafür; **her ~da** überall; **her ~dan** von allen Seiten, allseitig; **sağ/sol ~da** auf der rechten/linken Seite; **şans benden/bizden ~a** das Glück ist auf meiner/unserer Seite
yanak *s* <-ğı> Backe *f,* Wange *f;* ~ **yanağa** Wange an Wange
yanal yüzey *s* (MATH) Seitenfläche *f*
yanar *adj* brennbar
yanarca *s* Fackel *f*
yanardağ *s* Vulkan *m;* ~ **lâv püskürüyor**

der Vulkan speit Lava; **yanardağ ağzı** *s* (GEO: *krater*) Krater *m;* **yanardağ patlaması** *s* Vulkanausbruch *m*

yanaşma *s* **1.** *Verbalsubstantiv zu* **yanaşmak** **2.** Gehilfe *m*

yanaşmak *vi* **1.** sich nähern, anrücken **2.** (NAUT) anlegen (*-e* an) **3.** (*fam*) sich einlassen (*-e* auf); **ben böyle şeye (hiç) yanaşmam** auf so was lasse ich mich (überhaupt) nicht ein

yanaştırma *s* *Verbalsubstantiv zu* **yanaştırmak**

yanaştırmak *vt* **1.** *Kausativ zu* **yanaşmak** **2.** anrücken

yan bakış *s* Seitenblick *m;* **yan cümle** *s* (LING) Nebensatz *m;* **yan çizgisi** *s* (SPORT) Seitenlinie *f*

yandan görünüş *s* Seitenansicht *f*

yandaş *s* Befürworter(in) *m(f)*

yan etki *s* Nebenwirkung *f*

yangı *s* (MED) Entzündung *f*

yangılanma *s* **1.** *Verbalsubstantiv zu* **yangılanmak** **2.** (MED) Entzündung *f*

yangılanmak *vi* (MED) sich entzünden

yangılı *adj* entzündet

yangın *s* Brand *m,* Feuer *nt;* ~ **çıkarmak** ein Feuer entfachen; ~**a körükle gitmek** (*fig*) Öl ins Feuer gießen; ~**ı körüklemek** das Feuer schüren; (*fig*) Öl ins Feuer gießen; **yangın bombası** *s* Brandbombe *f*

yangıncı *s* Feuerwehrmann *m*

yangın merdiveni *s* Feuerleiter *f;* **yangın musluğu** *s* Hydrant *m*

yangın sigortası *s* Feuerversicherung *f;* **yangın söndürücü** *s* Feuerlöscher *m;* **yangın tehlikesi** *s* Feuergefahr *f,* Brandgefahr *f*

yan hakem *s* (SPORT) Linienrichter(in) *m(f)*

yanık **I.** *s* <-ğı> Verbrennung *f;* (*yara*) Brandwunde *f;* (*yanmış yer*) Brandstelle *f;* (*kalan iz*) Brandmal *nt* **II.** *adj* <-ğı> **1.** verbrannt, angebrannt; ~ **kokmak** verbrannt [*o* angebrannt] riechen **2.** (*fig*) feurig, leidenschaftlich

yanıkara *s ohne Pl* (*reg: şarbon*) Milzbrand *m,* Anthrax *m*

yanık kabarcığı *s* Brandblase *f;* **yanık kokusu** *s* Brandgeruch *m;* **yanık merhemi** *s* Brandsalbe *f*

yanılgı *s* Irrtum *nt,* Fehlschluss *m;* ~**ya düşmek** einem Irrtum erliegen

yanılma *s* **1.** *Verbalsubstantiv zu* **yanılmak** **2.** Täuschung *f*

yanılmak *vi* sich irren, sich täuschen; **yanılmıyorsam** wenn ich mich nicht irre

yanılsama *s* Sinnestäuschung *f;* (*illüzyon*) Illusion *f*

yanıltıcı *adj* irreführend

yanıltma *s* **1.** *Verbalsubstantiv zu* **yanıltmak** **2.** Täuschung *f,* Irreführung *f*

yanıltmak *vt* **1.** *Kausativ zu* **yanılmak** **2.** täuschen, irreführen

yanında **1.** bei; ~ **durmak** dabeistehen; **ailesinin/babasının** ~ bei seiner Familie/seinem Vater; **annemin** ~**ydım** ich war bei meiner Mutter; **onun** ~ **oturdum** ich saß bei ihm; **onun sağ/sol** ~ rechts/links daneben **2.** (*beraberinde olma*) bei sich, mit; **bir şey** ~ **olmak** etw mithaben; ~ **oturduğu adam** der Mann, bei dem er wohnt; ~ **taşımak** bei sich tragen; **yanımda (hiç) para(m) yok** ich habe (überhaupt) kein Geld dabei [*o* bei mir]

yanıt *s* Antwort *f*

yanıtlama *s* **1.** *Verbalsubstantiv zu* **yanıtlamak** **2.** Beantwortung *f*

yanıtlamak *vt* beantworten

yanıtlandırma *s* **1.** *Verbalsubstantiv zu* **yanıtlandırmak** **2.** Beantwortung *f,* Erwiderung *f*

yanıtlandırmak *vt* beantworten; (*karşılığını vermek*) antworten (auf), erwidern, entgegnen

yanıtlanma *s* **1.** *Verbalsubstantiv zu* **yanıtlanmak** **2.** Beantwortung *f*

yanıtlanmak *vi pass von* **yanıtlamak**

yanıtsız *adj* unbeantwortet

yani [ja:ni] *konj* also; (*demek*) das heißt

yankesici *s* Taschendieb(in) *m(f)*

yankesicilik *s* <-ği> Taschendiebstahl *m*

yankı *s* Echo *nt;* **önerisi geniş** ~ **uyandırdı** sein Vorschlag fand ein breites Echo

yankılanım *s ohne Pl* Akustik *f;* **iyi/kötü bir** ~ eine gute/schlechte Akustik

yankılanma *s* *Verbalsubstantiv zu* **yankılanmak**

yankılanmak *vi* hallen

yanlış **I.** *s* Fehler *m* **II.** *adj* falsch; **bir şeyi** ~ **anlamak** etw falsch verstehen, etw missverstehen

yanlışlıkla *adv* irrtümlich

yanma *s* *Verbalsubstantiv zu* **yanmak**: ~**ya başlamak** zu brennen beginnen

yanmak <-ar> *vi* brennen; **çocuk yanıyor** (*fam*) das Kind ist ganz heiß

yan oda *s* Nebenzimmer *nt;* **yan sanayi** *s* Zulieferindustrie *f*

yansıma *s* **1.** *Verbalsubstantiv zu* **yansımak** **2.** Reflexion *f* **3.** (LING: *ses* ~) Lautmalerei *f;* **yansıma açısı** *s* phys, Reflexionswinkel *m,* Ausfallwinkel *m*

yansımak *vi* reflektieren

yansımalı *adj* (LING) lautmalend; ~ **kelimeler** lautmalende Wörter

yansıtaç *s* <-cı> (*reflektör*) Reflektor *m*

yansıtma *s* *Verbalsubstantiv zu* **yansıtmak**

yansıtmak *vt* **1.** projizieren **2.** reflektieren

yan tesir *s s.* **yan etki** Nebenwirkung *f;*

yan tümce *s s.* **yan cümle** Nebensatz *m;* **yan ürün** *s* Nebenprodukt *nt*

yan yana *adv* nebeneinander

yan yargıcı *s s.* **yan hakem** (SPORT) Linienrichter(in) *m(f)*

yapay *adj* künstlich; ~ **böbrek** künstliche Niere; ~ **dölleme** künstliche Befruchtung; ~ **olarak döllemek** (BIOL) künstlich befruchten; ~ **zekâ** (INFORM) künstliche Intelligenz; *s. a.* **sun'î**

yapayalnız *adj* mutterseelenallein

yapay dil *s* Kunstsprache *f;* **yapay gübre** *s* Kunstdünger *m*

yapaylık *s* <-ğı> Künstlichkeit *f*

yapı *s* **1.** Bau *m;* (*strüktür*) Struktur *f* **2.** (*bina*) Gebäude *nt,* Bau *m*

yapıcı **I.** *s* **1.** Konstrukteur(in) *m(f),* Erbauer(in) *m(f)* **2.** (*yapı ustası*) Baumeister(in) *m(f)* **3.** Macher(in) *m(f)* **II.** *adj* konstruktiv; ~ **eleştiri** eine konstruktive Kritik

yapı döküntüsü *s ohne Pl* Bauschutt *m;* **yapı elemanı** *s* Bauelement *nt;* **yapı iskelesi** *s* Baugerüst *nt;* **yapı işçisi** *s* (*ırgat*) Bauarbeiter(in) *m(f);* **yapı kooperatifi** *s* Baugenossenschaft *f*

yapılabilir *adj* machbar, durchführbar

yapılabilirlik *s ohne Pl* <-ği> (WIRTSCH) Machbarkeit *f,* Durchführbarkeit *f;* (*uygulanabilirlik*) Anwendbarkeit *f*

yapılış *s* Machart *f*

yapılma *s* **1.** *Verbalsubstantiv zu* **yapılmak** **2.** (*akdedilme*) Abschluss *m;* **bir sözleşmenin** ~**sı** Abschluss eines Vertrages

yapılmak *vi* **1.** *pass von* **yapmak** **2.** stattfinden

yapım *s* **1.** Bau *m;* (*ortak* ~) Produktion *f* **2.** (*konstrüksiyon*) Konstruktion *f*

yapı malzemesi *s* Baumaterial *nt*

yapımcı *s* Produzent(in) *m(f)*

yapı ögesi *s* Bauelement *nt;* **yapı projesi** *s* Bauvorhaben *nt*

yapışık *adj:* ~ **ikizler** siamesische Zwillinge; ~ **ikiz(ler) gibi birbirlerinden ayrılmazlar** sie halten zusammen wie die ~n

yapışkan *s* Kleber *m;* **yapışkan otu** *s* (BOT) Glaskraut *nt*

yapışma *s Verbalsubstantiv zu* **yapışmak**

yapışmak *vi* kleben

yapıştırıcı *s* Kleber *m;* (*madde*) Klebestoff *m*

yapıştırma *s ohne Pl Verbalsubstantiv zu* **yapıştırmak**

yapıştırmak *vt* kleben; (*üzerine*) ankleben (*-e* an); (*içine*) einkleben (*-e* in)

yapı ustası *s* Baumeister(in) *m(f);* **yapı üslûbu** *s* (ARCH) Baustil *m;* **yapı tarzı** *s* Bauweise *f;* **yapı tasarruf sandığı** *s* Bausparkasse *f*

yapma *adj* künstlich; (*doğal olmayan*) unnatürlich

yapmacık *adj* <-ğı> gekünstelt

yapmak *vt* **1.** machen, tun; **elinden geleni** ~ alles tun, was in seiner Macht steht **2.** vornehmen; **bütçede kesinti** ~ Kürzungen im Etat vornehmen **3.** (*spor*) treiben **4.** (*suikast*) verüben

yaprak *s* <-ğı> Blatt *nt;* **yaprak biti** *s* (ZOOL) Blattlaus *f*

yapraklı ağaç *s* <-cı> (BOT) Laubbaum *m;* **yapraklı bitki** *s* (BOT) Blattpflanze *f;* **yapraklı takvim** *s* Abreißkalender *m*

yaprak sapı *s* (BOT) Blattstiel *m*

yaptırım *s* Sanktion *f*

yaptırtma *s Verbalsubstantiv zu* **yaptırtmak**

yaptırtmak *vt* machen lassen; **birine bir şey** ~ jdm etw machen lassen; **niçin bunu kendine yaptırtıyorsun?** warum lässt du das mit dir machen?

yar *s* Abgrund *m;* **birini** ~**dan atmak** (*fig*) jdn ins Verderben stürzen

yâr [jaːr] *s* <-i> **1.** (*sevgili*) Geliebte(r) *mf* **2.** (*dost*) Freund(in) *m(f);* (*tanıdık*) Bekannte(r) *mf* **3.** (*yardımcı*) Helfer *m*

yara *s* **1.** Wunde *f;* **açık bir** ~ eine offene Wunde **2.** Verletzung *f;* **ağır** ~ **almak** schwere Verletzungen davontragen

yarabbi *interj:* ~**!** mein Gott!

Yaradan *s* Schöpfer *m*

yaradılıştan *adj* (*doğuştan*) angeboren

yara izi *s* Wundnarbe *f*

yaralanma *s Verbalsubstantiv zu* **yaralanmak**

yaralanmak *vi* sich verletzen

yaramazlık *s* <-ğı> Unfug *m;* ~ **etme!** mach keinen Unfug!

yarar *s* (*menfaat*) Interesse *nt;* **kamu** ~**ına** im Interesse der Allgemeinheit

yararlanma *s* **1.** *Verbalsubstantiv zu* **yararlanmak** **2.** Genuss *m*

yararlanmak *vi* profitieren (*-den* von)

yararlı *adj* nützlich

yararlılık *s ohne Pl* <-ğı> Nützlichkeit *f*

yararsız *adj* nutzlos

yararsızlık *s ohne Pl* <-ğı> Nutzlosigkeit *f*

yarasa *s* (ZOOL) Fledermaus *f*

yaratı *s* Schöpfung *f,* Kreation *f*

yaratıcı *adj* schöpferisch, kreativ

yaratıcılık *s ohne Pl* <-ğı> Kreativität *f*

yaratık *s* <-ğı> Geschöpf *nt,* Kreatur *f,* Wesen *nt*

yaratılış *s ohne Pl* (REL: *takvin*) Schöpfung *f*

yaratım *s* Schöpfung *f;* (*kreasyon*) Kreation *f*

yaratma *s ohne Pl* **1.** *Verbalsubstantiv zu* **yaratmak** **2.** Erschaffung *f*

yaratmak *vt* **1.** schaffen, erschaffen, kreieren; **birbiri için yaratılmış olmak** wie ge-

schaffen füreinander sein **2.** (*fig*) auslösen; (*sebep olmak*) verursachen; (*sansasyon*) erregen
yarbay *s* (MIL) Oberstleutnant *m*
yardakçı *s* Komplize, -in *m, f,* Mittäter(in) *m(f)*
yardakçılık *s ohne Pl* <-ğı> Mittäterschaft *f*
yardım *s* Hilfe *f*
yardıma muhtaç *adj* hilfsbedürtig
yardımcı *s* Helfer(in) *m(f);* **yardımcı araç** *s* <-cı> Hilfsmittel *nt;* **yardımcı eleman** *s* Hilfskraft *f;* **yardımcı eylem** *s,* **yardımcı fiil** *s* (LING) Hilfsverb *nt*
yardımcılık *s ohne Pl* <-ğı> Beihilfe *f*
yardımcı oyuncu *s* (SPORT: *yedek oyuncu*) Ersatzspieler(in) *m(f),* Reservespieler(in) *m(f)*
yardım kampanyası *s* Hilfsaktion *f*
yardımlaşma *s* **1.** *Verbalsubstantiv zu* **yardımlaşmak** **2.** gegenseitige Hilfeleistung
yardımlaşmak *vi* sich gegenseitig helfen
yardımsever *adj* hilfsbereit
yardımseverlik *s ohne Pl* <-ği> Hilfsbereitschaft *f*
yargı *s* **1.** (JUR) Gerichtsbarkeit *f;* **adlî** ~ ordentliche Gerichtsbarkeit **2.** (JUR) Rechtsprechung *f;* ~ **yetkisi** die rechtsprechende Gewalt **3.** (*değer* ~ *sı*) Urteil *nt*
yargı çevresi *s* Gerichtsbezirk *m;* **yargı erki** *s* (JUR) Judikative *f,* richterliche Gewalt *f;* **yargı evi** *s s.* **mahkeme** Gericht *nt*
yargı gücü *s* (JUR, POL) Judikative *f; s. a.* **yasama gücü, yürütme gücü**
yargı kararı *s* Rechtsprechung *f*
yargılama *s* Gerichtsverhandlung *f*
yargısal *adj* richterlich
Yargıtay *s* Kassationshof *m*
yargı yeri *s* (JUR) Gerichtsstand *m;* **yargı yolu** *s* (JUR) Rechtsweg *m*
yarı **I.** *s* **1.** Hälfte *f;* **onun** ~**sı** die Hälfte davon; **yarım elmanın** ~**sı o,** ~**sı bu** (*fam fig*) sich gleichen wie ein Ei dem anderen; **yolun** ~**sında** auf der Hälfte des Weges **2.** (SPORT) Halbzeit *f;* **ilk/ikinci** ~ die erste/zweite Halbzeit **II.** *adj* halb; ~ **fiyatına** zum halben Preis **III.** *adv* halbwegs; **yarı ağır sıklet** *s ohne Pl* (SPORT) Halbschwergewicht *nt*
yarıçap *s* (MATH) Radius *m*
yarı final *s* <-i> (SPORT) Halbfinale *nt;* **yarı gece** *s ohne Pl* Mitternacht *f;* **yarı geçirgen** *adj* (BIOL, PHYS) semipermeabel, halbdurchlässig; ~ **zarlar** semipermeable Membran; **yarı geçirgenlik** *s ohne Pl* <-ği> (BIOL, PHYS) Semipermeabilität *f,* Halbdurchlässigkeit *f;* **yarı gölge** *s* (PHYS, ASTR) Halbschatten *m;* **yarı iletken** *s* (ELEK, PHYS, INFORM) Halbleiter *m*
yarık **I.** *s* <-ğı> **1.** Spalte *f;* (*dudak yarığı*) Scharte *f* **2.** (*yara*) Riss *m* **3.** (*fig: bölünme*) Spaltung *f* **II.** *adj* gespalten
yarı karanlık *s ohne Pl* <-ğı> Dämmerlicht *nt*
yarı küre *s* (GEO) Halbkugel *f,* Hemisphäre *f;* **kuzey/güney** ~**si** die nördliche/südliche Halbkugel [*o* Hemisphäre]
yarılama *s Verbalsubstantiv zu* **yarılamak**
yarılamak *vt* halbieren
yarılma *s Verbalsubstantiv zu* **yarılmak**
yarılmak *vi* **1.** *pass von* **yarmak** **2.** sich spalten
yarım **I.** *s* **1.** Hälfte *f* **2.** (*saat için*) halb eins; **saat** ~ es ist halb eins **II.** *adj* halb; ~ **elmanın yarısı o, yarısı bu** (*fam fig*) sich gleichen wie ein Ei dem anderen; ~ **porsiyon** eine halbe Portion
yarımada *s* Halbinsel *f*
yarım ay *s* (ASTR) Halbmond *m;* **yarım baş ağrısı** *s* (MED: *migren*) Migräne *f*
yarımca *s* (*reg: migren*) Migräne *f*
yarım çember *s* Halbkreis *m;* **yarım çember biçiminde** *adj* halbkreisförmig; **yarım daire** *s* (MATH) Halbkreis *m;* **yarım kubbe** *s* (ARCH) Halbkuppel *f;* **yarım küre** *s* **1.** (MATH) Halbkugel *f* **2.** (GEO: *yarı küre*) Halbkugel *f,* Hemisphäre *f*
yarımlama *s* **1.** *Verbalsubstantiv zu* **yarımlamak** **2.** Halbierung *f*
yarımlamak *vt* halbieren
yarım ton *s* (MUS) Halbton *m*
yarın *s:* ~ **akşam/sabah** morgen Abend/früh
yarınki *adj* morgige(r, s)
yarı otomatik **I.** *s* <-ği> Halbautomatik *f* **II.** *adj* <-ği> halbautomatisch; **yarı ömür** *s* <-mrü> (PHYS) Halbwertzeit *f;* **yarı son** *s* (SPORT: *yarı final*) Halbfinale *f*
yarış *s* **1.** (SPORT) Rennen *nt* **2.** (*yarışma*) Wettbewerb *m;* **yarış arabası** *s* Rennwagen *m;* **yarış atı** *s* Rennpferd *nt;* **yarış bisikleti** *s* Rennrad *nt*
yarışçı *s* **1.** Wettkämpfer(in) *m(f)* **2.** Wettbewerber(in) *m(f)*
yarışım *s* Wettbewerb *m*
yarışımcı *s* Wettbewerber(in) *m(f)*
yarış kayığı *s* Rennboot *nt*
yarışma *s* **1.** Wettkampf *m* **2.** (*güzellik* ~ *sı*) Wettbewerb *m* **3.** (*rekabet*) Wettbewerb *m*
yarış otomobili *s* Rennauto *nt;* (*yarış arabası*) Rennwagen *m;* **yarış tabancası** *s* (SPORT) Startpistole *f;* **yarış teknesi** *s* Rennboot *nt*
yarı ünlü *s* (LING) Halbvokal *m*
yarı yarıya *adv* **1.** um die Hälfte; (*yarıya kadar*) bis zur Hälfte **2.** **biriyle** ~ **bölüşmek** mit jdm halbe-halbe machen
yarıyıl *s* (SCHULE) Halbjahr *nt;* **ilk** ~ das erste Halbjahr

yarma *s Verbalsubstantiv zu* **yarmak**

yarmak *vt* **1.** spalten; **kılı kırk** ~ (*fam pej*) Haarspalterei betreiben **2.** (*abluka*) brechen

yarpuz *s* (BOT) Polei *m*

yas *s ohne Pl* Trauer *f*

yasa *s* **1.** Gesetz *nt;* ~ **çıkarmak/koymak** Gesetze erlassen **2.** Gesetzbuch *nt;* **Yurttaşlar Y~sı** Bürgerliches Gesetzbuch; *s. a.* **kanun**; **yasa dışı** *adj* ungesetzlich

yasak **I.** *s* <-ğı> Verbot *nt;* (*sokağa çıkma yasağı*) Sperre *f;* ~ **etmek** verbieten **II.** *adj* verboten; ~ **aşk** verbotene Liebe; ~ **olmak** verboten sein; **sola dönmek ~tır!** links abbiegen verboten!; **yasak bölge** *s* Sperrgebiet *nt*

yasaklama *s ohne Pl* **1.** *Verbalsubstantiv zu* **yasaklamak** **2.** Untersagung *f*

yasaklamak *vt* verbieten, untersagen

yasa koyucu *s* Gesetzgeber *m*

yasal *adj* gesetzlich, gesetzmäßig

yasalaştırma *s* **1.** *Verbalsubstantiv zu* **yasalaştırmak** **2.** Legalisierung *f*

yasalaştırmak *vt* legalisieren

yasallık *s ohne Pl* <-ğı> (JUR) Gesetzmäßigkeit *f*

yasama **I.** *s ohne Pl* Gesetzgebung *f,* Legislatur *f;* ~ **dokunulmazlığı** parlamentarische Immunität **II.** *adj* gesetzgebend; ~ **meclisi** die gesetzgebende Versammlung

yasama dönemi *s* (POL) Legislaturperiode *f;* **yasama erki** *s,* **yasama gücü** *s* (JUR, POL) Legislative *f; s. a.* **yargı gücü, yürütme gücü**; **yasama meclisi** *s* gesetzgebende Versammlung; **yasama yetkisi** *s* Gesetzgebungskompetenz *f*

yasa önerisi *s* (PARL, JUR) Gesetzesvorlage *f*

yasasız *adj* gesetzlos

yasasızlık *s* <-ğı> Gesetzlosigkeit *f*

yasemin *s* (BOT) Jasmin *m*

yaslama *s Verbalsubstantiv zu* **yaslamak**

yaslamak *vt* lehnen (*-e* an)

yaslanma *s Verbalsubstantiv zu* **yaslanmak**

yaslanmak *vi* **1.** sich lehnen (*-e* an); **duvara** ~ sich an die Wand lehnen **2.** (*yas içinde olmak*) Trauer tragen

yasmık *s* <-ğı> (*reg: mercimek*) Linse *f*

yassı *adj* flach, platt

yassıca *adj* abgeflacht

yassı ekran *s* (INFORM, TV) Flachbildschirm *m;* **yassı solucan(lar)** *s* (*Pl*) (ZOOL) Plattwurm *m,* (Plattwürmer) *(pl);* **yassı solungaçlı(lar)** *s* (*Pl*) (ZOOL) Plattkiemer *m(pl)*

yastık *s* <-ğı> **1.** Kissen *nt* **2.** (*fide için*) Beet *nt* **3.** (AUTO): **hava yastığı** Airbag *m* **4.** Sockel *m;* **yastık kılıfı** *s* Kissenbezug *m*

yaş[1] *s* Alter *nt;* **~ı ilerlemiş olmak** im fortgeschrittenen Alter sein; **~ını (başını) almak** bejahrt sein; **~ını (başını) almış bir adam** ein bejahrter Mann; **biz aynı ~tayız** wir sind gleich alt; **ileri** ~ hohes Alter; **kaç ~ındasın?** wie alt bist du?; **o senin ~ındadır** er ist in deinem Alter; **üç ~ında** im Alter von drei Jahren

yaş[2] *s* Träne *f;* ~ **akıtmak/dökmek** Tränen vergießen; **~ını içine akıtmak** innerlich weinen; **~lara boğulmak** in Tränen aufgelöst sein

yaş[3] *adj* **1.** (*ıslak*) nass; (*nemli*) feucht **2.** (*sl: kötü*) schlecht

yaşa *vi* **1.** *Imperativ von* **yaşamak** **2. çok ~!** Gesundheit *f*

yaşam *s* Leben *nt*

yaşama *s Verbalsubstantiv zu* **yaşamak**

yaşamaca *adv* auf Lebenszeit

yaşama çabası *s* Lebenskampf *m,* Daseinskampf *m;* **yaşama gücü** *s* Lebenskraft *f;* **yaşama işlevi** *s* Lebensfunktion *f*

yaşamak *vi* **1.** leben; (*sağ olmak*) am Leben sein; **elden ağıza** ~ von der Hand in den Mund leben **2.** (*görüp geçirmek*) erleben; **onu hiç böyle yaşamadım** ich habe ihn noch nie so erlebt

yaşama sevinci *s* Lebensfreude *f,* Daseinsfreude *f*

yaşama uğraşısı *s s.* **yaşama çabası**

yaşam biçimi *s* Lebensweise *f;* **yaşam öyküsü** *s* Lebensgeschichte *f;* **yaşam şekli** *s* Lebensweise *f*

yaşantı *s* **1.** Erlebnis *nt* **2.** (*hayatın bir bölümü*) Lebensabschnitt *m* **3.** (*hayat*) Leben *nt*

yaşatkan *adj* (MED, BIOL) vegetativ; ~ **sinir sistemi** das vegetative Nervensystem

yaşatma *s Verbalsubstantiv zu* **yaşatmak**

yaşatmak *vt* **1.** *Kausativ zu* **yaşamak** **2.** am Leben halten

yaş başkanı *s* Alterspräsident *m;* **yaş çamaşır** *s ohne Pl* Nasswäsche *f;* **yaş dönümü** *s* Wechseljahre *pl;* **yaş farkı** *s* Altersunterschied *m;* **yaş grubu** *s* Altersgruppe *f;* **oğlunuz hangi ~nda?** in welcher Altersgruppe ist Ihr Sohn?; **yaş günü** *s* Geburtstag *m;* **yaş haddi** *s* Altersgrenze *f,* Höchstalter *nt*

yaşıt **I.** *s* Altersgenosse, -in *m, f* **II.** *adj* gleichaltrig

yaşlanma *s ohne Pl* **1.** *Verbalsubstantiv zu* **yaşlanmak** **2.** Alterung *f;* **nüfusun ~sı** Alterung der Bevölkerung

yaşlanmak *vi* (*ihtiyarlamak*) altern, alt werden, älter werden

yaşlanma süreci *s* Alterungsprozess *m*

yaşlı *adj* alt; **orta ~ bir bey** ein Herr mittleren Alters

yaşlık *s* <-ğı> Nässe *f*

yaşlılar yurdu *s* Altenheim *nt,* Altenwohn-

heim *nt*
yaşlılık *s ohne Pl* <-ğı> Alter *nt;* ~**ta** im Alter; **yaşlılık belirtisi** *s* Alterserscheinung *f*
yaş piramidi *s* Alterspyramide *f*
yat[1] *Imperativ von* **yatmak**
yat[2] *s* Yacht *f*
yatak *s* <-ğı> **1.** Bett *nt;* ~ **yapmak** das Bett machen; ~**lara düşmek** das Bett hüten müssen; ~**ta sabah kahvaltısı** Frühstück im Bett; ~**ta yatmak** im Bett liegen; **yatağa düşmek** das Bett hüten müssen; **yatağa girmek** ins [*o* zu] Bett gehen; **birinin yatağına girmek** (*fam*) mit jdm schlafen [*o* ins Bett gehen]; **eli ayağı yatağa bağlı olmak** (*fam fig*) ans Bett gefesselt sein **2.** (TECH: *bilyeli* ~, *krank yatağı*) Lager *nt*
yatakhane *s* Schlafsaal *m*
yatak odası *s* Schlafzimmer *nt*
yatalak *adj* <-ğı> bettlägerig
yatar koltuk *s* <-ğu> Liegesitz *m*
yatay *adj* waagerecht, horizontal; **yatay çizgi** *s* (MATH) Horizontale *f*
yatılı okul *s* Internat *nt,* Internatsschule *f;* **yatılı öğrenci** *s* Internatsschüler(in) *m(f)*
yatırım *s* (FIN) Anlage *f,* Investition *f,* Investment *nt*
yatırımcı *s* (FIN) Anleger(in) *m(f);* (WIRTSCH) Investor(in) *m(f)*
yatırım danışmanlığı *s* (FIN) Anlageberatung *f;* **yatırım fonu** *s* (FIN) Anlagefonds *m,* Investmentfonds *m;* **yatırım malları** *s Pl* (WIRTSCH) Investitionsgüter *ntpl;* **yatırım projesi** *s* (WIRTSCH) Investitionsvorhaben *nt*
yatırma *s Verbalsubstantiv zu* **yatırmak**
yatırmak *vt* **1.** einbetten (*-e* in) **2.** (*hesaba para*) einzahlen **3.** investieren (*-e* in), anlegen (*-e* in); **sermayesini bir projeye** ~ sein Kapital in ein Projekt investieren
yatışma *s* **1.** *Verbalsubstantiv zu* **yatışmak** **2.** Beruhigung *f*
yatışmak *vi* sich beruhigen
yatıştırıcı *s* Beruhigungsmittel *nt*
yatıştırma *s* **1.** *Verbalsubstantiv zu* **yatıştırmak** **2.** Beruhigung *f*
yatıştırmak *vt* **1.** (*ayaklanmayı*) niederschlagen **2.** (*yumuşatmak*) entschärfen; (*razı etmek*) besänftigen **3.** (*sakinleştirmek*) beruhigen
yat kulübü *s* Jachtklub *m*
yat limanı *s* Jachthafen *m*
yatma *s Verbalsubstantiv zu* **yatmak**
yatmak <-ar> *vi* **1.** sich hinlegen **2.** (*yatağa girmek*) ins [*o* zu] Bett gehen **3.** liegen; **arkaüstü/yatakta** ~ auf dem Rücken/im Bett liegen; **hangi hastahanede yatıyor?** in welchem Krankenhaus liegt er?; **gemi limanda yatıyor** das Schiff liegt im Hafen; **yatıp kalkmak** (*gecelerini geçirmek*) seine Nächte verbringen; **biriyle yatıp kalkmak** mit jdm verkehren, mit jdm Geschlechtsverkehr haben **4.** (*gecelemek*) übernachten **5.** (*fam*) platzen, scheitern **6.** ins Bett gehen (*-le* mit), schlafen (*-le* mit) **7.** **yatıp kalkmak** die Nächte verbringen; **biriyle yatıp kalkmak** mit jdm schlafen **8.** (*fam*): **kodeste** ~ im Knast sitzen
yavan *adj* fad
yavanlık *s ohne Pl* <-ğı> Fadheit *f*
yavaş *adj* **1.** langsam **2.** (*tütün*) mild
yavaşlama *s* **1.** *Verbalsubstantiv zu* **yavaşlamak** **2.** Verlangsamung *f*
yavaşlamak *vi* sich verlangsamen
yavaşlatılma *s* **1.** *Verbalsubstantiv zu* **yavaşlatılmak** **2.** Verlangsamung *f*
yavaşlatılmak *vi pass von* **yavaşlatmak** verlangsamt werden
yavaşlatılmış *adj* verlangsamt; **yavaşlatılmış hareket** *s* (FILM) Zeitlupe *f*
yavaşlatma *s* **1.** *Verbalsubstantiv zu* **yavaşlatmak** **2.** Verlangsamung *f*
yavaşlatmak *vt* verlangsamen
yavaşlık *s ohne Pl* <-ğı> Langsamkeit *f*
yavaş yavaş *adv* allmählich, langsam aber sicher; ~ **acıkıyorum** allmählich [*o* langsam, aber sicher] bekomme ich Hunger
yaver *s* **1.** (*yardımcı*) Helfer(in) *m(f),* Gehilfe, -in *m, f* **2.** (MIL: *emir subayı*) Adjutant *m* **3.** **şansı** ~ **gitmek/gitmemek** eine Glückssträhne/Pechsträhne haben
yaverlik *s* <-ği> Adjutantur *f*
yavru *s* Junge(s) *nt;* **içinde iki** ~ **olan bir yuva** ein Nest mit zwei Jungen darin
yavrulama *s Verbalsubstantiv zu* **yavrulamak**
yavrulamak *vt* gebären
yavşan otu *s* (BOT) Männertreu *f,* Ehrenpreis *m*
yay *s* **1.** (TECH) Feder *f* **2.** (*ok atmak için*) Bogen *m;* ~**ı germek** den Bogen spannen; **ok ve** ~ Pfeil und Bogen **3.** (MATH) Bogen *m,* Kreisbogen *m;* **pergelle bir** ~ **çizmek** mit dem Zirkel einen Bogen beschreiben **4.** (MUS) Bogen *m* **5.** ~ **ayraç** [*o* **parantez**] runde Klammer
Yay *s* (ASTR) Schütze *m;* ~ **burcu/dönencesi** das Sternbild/der Wendekreis des Schützen
yaya *s* Fußgänger(in) *m(f);* **yaya geçidi** *s* Fußgängerüberweg *m;* **yaya kaldırımı** *s* Bürgersteig *m*
yayan *adv* zu Fuß; ~ **gitmek** zu Fuß gehen
yaygın *adj* verbreitet
yayık ayranı *s* Buttermilch *f*
yayılma *s* **1.** *Verbalsubstantiv zu* **yayılmak** **2.** Ausbreitung *f*
yayılmacılık *s ohne Pl* <-ğı> *s.* **emperyalizm** Imperialismus *m*

yayılmak *vi* sich ausbreiten
yayımcı *s* Herausgeber(in) *m(f)*
yayın *s* (TV, RADIO) Sendung *f*, Übertragung *f*; **yayın evi** *s* Verlag *m*
yay kirişi *s* Bogensehne *f*
yayla *s* Hochebene *f*; **yayla gülü** *s* (BOT: *ölmez çiçek*) Immortelle *f*, Strohblume *f*
yaylana yaylana *adj* federnd
yaylandırma *s Verbalsubstantiv zu* **yaylandırmak**
yaylandırmak *vt* abfedern
yaylanma *s Verbalsubstantiv zu* **yaylanmak**
yaylanmak *vi* federn
yaylı çalgı *s* Streichinstrument *nt*
yayma *s* **1.** *Verbalsubstantiv zu* **yaymak** **2.** Ausbreitung *f*
yaymak *vt* **1.** ausbreiten **2.** verbreiten
yayvan *adj* (*kepçe, kâse*) flach
yaz *s* Sommer *m*
yazar *s* Schriftsteller(in) *m(f)*, Autor(in) *m(f)*
yazar kasa *s* Registrierkasse *f*
yazarlık *s ohne Pl* <-ğı> Schriftstellerei *f*
yazdırma *s* **1.** *Verbalsubstantiv zu* **yazdırmak** **2.** (*dikte*) Diktat *nt*
yazdırmak *vt* **1.** *Kausativ zu* **yazmak** **2.** (*dikte etmek*) diktieren; **birine bir şey** ~ jdm etw diktieren
yaz dönemi *s ohne Pl* Sommerzeit *f*; **yaz gün durumu** *s* (ASTR) Sommersonnenwende *f*
yazgı *s* Schicksal *nt*
yazgıcı **I.** *s* Schicksalsgläubiger(in) *m(f)*; (*fatalist*) Fatalist(in) *m(f)* **II.** *adj* schicksalsgläubig; (*fatalist*) fatalistisch
yazgıcılık *s ohne Pl* <-ğı> Schicksalsglaube *m*; (*fatalizm*) Fatalismus *m*
yazgısal *adj* schicksalhaft
yazı *s* **1.** Schrift *f*; **okunaklı/okunaksız** ~ eine leserliche/unleserliche Schrift **2.** Schreiben *nt* **3.** (*metal parada*) Zahl *f*; **tu(ğ)ra mı ~ mı?** Kopf oder Zahl?
yazıcı *s* **1.** (MIL) Schreiber *m* **2.** (INFORM) Drucker *m*
yazı çevrimi *s* Transkription *f*; **yazı dili** *s* Schriftsprache *f*; **yazı dizisi** *s* Schriftenreihe *f*; **yazı işleri müdürü** *s* Chefredakteur(in) *m(f)*; **yazı kâğıdı** *s* Schreibpapier *nt*
yazılım *s* (INFORM: *donanım karşıtı*) Software *f*
yazılış *s* Schreibweise *f*
yazım *s* (*imlâ*) Rechtschreibung *f*
yazı masası *s* Schreibtisch *m*
yazım yanlışı *s* Rechtschreibfehler *m*
yazın[1] *s* (*edebiyat*) Literatur *f*
yazın[2] *adv* im Sommer
yazışma *s* Schriftwechsel *m*; **yazışma adresi** *s* Kontaktadresse *f*
yazıt *s* (*kitabe*) Inschrift *f*; **yazıt bilimi** *s ohne Pl* Inschriftenkunde *f*; (*epigrafi*) Epigraphik *f*
yazı türü *s* Schriftart *f*
yazlama *s Verbalsubstantiv zu* **yazlamak**
yazlamak *vi* **1.** (*yazı geçirmek*) den Sommer verbringen (*-de* in) **2.** (*fam: bahar gelmek*) Frühling werden
yazma *s Verbalsubstantiv zu* **yazmak**
yazmak *vt* schreiben
yazman *s* Protokollführer(in) *m(f)*
yaz mevsimi *s ohne Pl* Sommerzeit *f*; **yaz saati** *s* Sommerzeit *f*; **yaz sömestri** *s* Sommersemester *nt*; **yaz tatili** *s* Sommerferien *pl*; **yaz yağmuru** *s* Sommerregen *m*
ye *vt Imperativ von* **yemek**: ~ **kürküm ~!** (*prov*) Kleider machen Leute
yedek *s* <-ği> Ersatz *m*, Reserve *f*; **yedeğinde götürmek** abschleppen
yedek akçe *s* (WIRTSCH) Rücklage *f*
yedek çubuğu *s* (AUTO) Abschleppstange *f*; **yedek lâstik** *s* <-ği> Ersatzreifen *m*, Reservereifen *m*; **yedek oyuncu** *s* (SPORT) Ersatzspieler(in) *m(f)*, Reservespieler(in) *m(f)*, Auswechselspieler(in) *m(f)*; **yedek parça** *s* Ersatzteil *nt*; **yedek subay** *s* Reserveoffizier *m*; **yedek teker** *s* Ersatzrad *nt*, Reserverad *nt*
yedi **I.** *s* Sieben *f*; *s. a.* **altı** **II.** *adj* sieben; **üçe ~ var** es ist sieben vor drei; ~ **kubbeli hamam kurmak** (*fig*) Luftschlösser bauen; *s. a.* **altı**
yedi buçuk *adj* <-ğu> **1.** siebeneinhalb; ~ **litre/kilometre** siebeneinhalb Liter/Kilometer; ~ **saat önce/sonra** siebeneinhalb Stunden vorher/nachher **2.** (*saati bildirirken*) halb acht; ~**ta** um halb acht; **saat ~** es ist halb acht; **yedi buçuğa on (dakika) kala** um zehn (Minuten) vor halb acht; **yedi buçuğa on (dakika) var** es ist zehn (Minuten) vor halb acht; **yedi buçuğu on (dakika) geçe** um zehn (Minuten) nach halb acht; **yedi buçuğu on (dakika) geçiyor** es ist zehn (Minuten) nach halb acht
yedi göbek *s* <-ği> Stammvater *m*
yedili **I.** *s* (*iskambil kâğıdı*) Sieben *f* **II.** *adj* siebenteilig
Yedigir *s s.* **Büyükayı** (ASTR) der Große Bär
yedinci *adj* siebte(r, s); *s. a.* **altıncı**
yedincisi *adv* (*sayarken*) siebtens; *s. a.* **altıncısı**
yediz *s* Siebenling *m*
yedme *s Verbalsubstantiv zu* **yedmek**
yedmek *vt* (*fam*) **1.** (*yedeğinde götürmek*) abschleppen **2.** (*fig*): **birini** ~ jdn ins Schlepptau nehmen
yegâne *adj* einzig
yeğ *adj* (*daha iyi*) besser; **bir şeyi/kimseyi**

~ **tutmak** etw/jdn bevorzugen [*o* vorziehen]; **aç gezmektense tok ölmek** ~**dir** besser satt sterben als hungrig herumlaufen
yeğen *s* **1.** (*kız*) Nichte *f* **2.** (*erkek*) Neffe *m*
yeğinlik *s* <-ği> Intensität *f;* **manyetik alanın yeğinliği** Stärke eines Magnetfeldes
yeğleme *s* **1.** *Verbalsubstantiv zu* **yeğlemek** **2.** Bevorzugung *f*
yeğlemek *vt* bevorzugen, vorziehen
yeğlenme *s* **1.** *Verbalsubstantiv zu* **yeğlenmek** **2.** Bevorzugung *f*
yeğlenmek *vi pass von* **yeğlemek**
yeknesak *adj* (*tekdüze*) eintönig; (*monoton*) monoton
yeknesaklık *s* <-ğı> (*tekdüzelik*) Eintönigkeit *f;* (*monotonluk*) Monotonie *f*
yel *s* **1.** (*rüzgâr*) Wind *m* **2.** (*fam: bağırsaklardaki gaz*) Blähung *f*
yel değirmeni *s* Windmühle *f*
yele *s* **1.** Mähne *f* **2.** (*sırt yüzgeci*) Rückenflosse *f*
yeleç *adj* (*fam: havadar*) luftig
yelek *s* <-ği> **1.** Weste *f;* **kurşungeçirmez** ~ kugelsichere Weste **2.** (*fam: telek*) Schwungfeder *f* **3.** (*okta*) Befiederung *f*
yelekleme *s Verbalsubstantiv zu* **yeleklemek**
yeleklemek *vt* befiedern; **oku** ~ den Pfeil befiedern
yelelenme *s Verbalsubstantiv zu* **yelelenmek**
yelelenmek *vi* (*saç için*) sich wellen
yeleli kurt *s* (*reg: sırtlan*) Hyäne *f*
yelken *s* Segel *nt;* ~ **açmak** die Segel setzen; ~ **basmak** unter Segel gehen; ~ **dikmek** die Segel aufziehen; ~**leri suya indirmek** (*fig*) die Segel streichen, die Flinte ins Korn werfen, klein beigeben
yelken bezi *s* Segeltuch *nt*
yelkenci *s* Segler(in) *m(f)*
yelken gemisi *s* Segelschiff *nt;* **yelken kulübü** *s* Segelklub *m*
yelkenleme *s Verbalsubstantiv zu* **yelkenlemek**
yelkenlemek *vi* unter Segel gehen
yelkenli gemi *s* Segelschiff *nt*
yelken yarışı *s* Segelregatta *f*
yelkovan *s* **1.** (*dakikaları gösteren ibre*) Minutenzeiger *m* **2.** (*yelin yönünü gösteren levha*) Windfahne *f,* Wetterfahne *f* **3.** (ZOOL) Sturmtaucher *m*
yelpaze **I.** *s* **1.** Fächer *m* **2.** (*fig: çeşitlilik*) Palette *f,* Vielfalt *f* **II.** *adj* fächerartig
yelpazeleme *s Verbalsubstantiv zu* **yelpazelemek**
yelpazelemek *vt* fächeln; **birini** ~ jdn fächeln, jdm Luft zufächeln
yelpazelenme *s Verbalsubstantiv zu* **yelpazelenmek**
yelpazelenmek *vi* sich fächeln
yeltek *adj* wankelmütig, unbeständig
yeltenme *s* **1.** *Verbalsubstantiv zu* **yeltenmek** **2.** Anmaßung *f*
yeltenmek *vi* sich anmaßen
yelve *s* (ZOOL: *flûrya*) Grünfink *m*
yem *s ohne Pl* **1.** Futter *nt* **2.** (*balık* ~ *i*) Köder *m;* **yem bitkisi** *s* Futterpflanze *f*
yeme *s Verbalsubstantiv zu* **yemek**
yemek[1] *s* <-ği> **1.** Essen *nt;* ~ **hazır** das Essen ist fertig; ~ **pişirmek** kochen **2.** (*hazır* ~) Gericht *nt,* Speise *f;* **Macar yemeği** ungarisches Gericht
yemek[2] **I.** *vt* **1.** (*insan*) essen; (*hayvan*) fressen **2.** (*tırnaklarını*) abkauen **II.** *vi* **1.** (*insan*) essen; (*hayvan*) fressen **2.** (*fam: dayak*) bekommen, kriegen, beziehen; **bir tane** ~ eins draufkriegen; **bir tokat** ~ eine Ohrfeige bekommen; **üç yıl hapis/kodes yedi** er hat drei Jahre Gefängnis/Knast bekommen
yemek artıkları *s Pl* Essensreste *pl;* ~**nı çöp tenekesine boşaltmak** die Essensreste in den Mülleimer werfen; **yemek borusu** *s* (ANAT) Speiseröhre *f;* **yemek duası** *s s.* **sofra duası** Tischgebet *nt*
yemekhane *s* Speisesaal *m*
yemek kaşığı *s* Esslöffel *m;* **yemek kitabı** *s* Kochbuch *nt*
yemeklik yağ *s* Speiseöl *nt*
yemek listesi *s* Speisekarte *f*
yemekli vagon *s* (EISENB) Speisewagen *m*
yemek odası *s* Esszimmer *nt;* **yemek vakti** *s* Essenszeit *f;* **yemek yağı** *s* Speiseöl *nt*
Yemen *s ohne Pl* Jemen *nt*
Yemenli *s* Jemenit *m*
yemin *s* Eid *m;* **yemin billâh** *adv* hoch und heilig; **bir şeye** ~ **ederek söz vermek** (*fam*) etw hoch und heilig versprechen
yen[1] *s* Ärmel *m*
yen[2] *s* Yen *m*
yenge *s* **1.** Tante *f* **2.** Schwägerin *f*
yengeç *s* <-ci> (ZOOL) Krebs *m*
Yengeç *s* (ASTR) Krebs *m;* ~ **burcu/dönencesi** das Sternbild/der Wendekreis des Krebses
yeni *adj* **1.** neu **2.** frisch; ~ **çiçeklenmiş bir tarh** ein frisch mit Blumen bepflanztes Beet; **duvarlar** ~ **boyandı** die Wände wurden frisch gestrichen
yeniçeri(ler) *s* (*Pl*) (HIST) Janitschar(en) *m(pl);* **yeniçeri ocağı** *s* (HIST) Janitscharenkorps *nt*
yeniden *adv* erneut; **yeniden işleme** *s ohne Pl* Recycling *nt*
yeni doğan/doğmuş *adj* neugeboren
Yeni Dünya aslanı *s* (ZOOL: *puma*) Puma *m;* **Yeni Gine** *s* Neuguinea *nt*

yeni gümüş *s ohne Pl* Neusilber *nt*
yenileme *s* **1.** *Verbalsubstantiv zu* **yenilemek** **2.** Erneuerung *f*
yenilemek *vt* erneuern
yenilenebilir *adj* erneuerbar
yenilenme *s* **1.** *Verbalsubstantiv zu* **yenilenmek** **2.** Erneuerung *f*
yenilenmek *vi pass von* **yenilemek** erneuert werden; **bütün mutfak yenilendi** die ganze Küche wurde erneuert
yenilgi *s* Niederlage *f;* **~ye uğramak** eine Niederlage erleiden
yenilik *s* <-ği> **1.** Neuigkeit *f* **2.** Innovation *f*
yenilikçi *adj* innovativ
yenilir *adj* essbar; **balık ~ yutulur gibi değil** der Fisch ist ungenießbar
yenilme[1] *s Verbalsubstantiv zu* **yenilmek**[1]: **elmaların çürümeden ~si lâzım** die Äpfel müssen gegessen werden bevor sie verfaulen
yenilme[2] *s* **1.** *Verbalsubstantiv zu* **yenilmek**[2] **2.** Niederlage *f*
yenilmek[1] *vi pass von* **yemek**[2] gegessen werden; **balık yenilir yutulur gibi değil** der Fisch ist ungenießbar
yenilmek[2] *vi pass von* **yenmek**[1] besiegt werden, unterliegen; (*kaybetmek*) verlieren (*-e* gegen); **yenilen takım** die unterlegene Mannschaft
yenilmezlik *s ohne Pl* <-ği> Unbesiegbarkeit *f*
yenir *adj* essbar; **bu, ~ yutulur gibi değil!** (*yiyecek*) das ist ungenießbar!; (*fig*) das ist unannehmbar [*o* inakzeptabel]!
yenirce *s ohne Pl* (MED) **1.** Knochenfraß *m* **2.** (*frengi*) Syphilis *f*
yeni sene *s ohne Pl s.* **yeni yıl** Neujahr *nt*
yeni yetme *s* Halbwüchsige(r) *mf;* **yeni yetmelik** *s ohne Pl* <-ği> Pubertät *f;* **yeni yıl** *s ohne Pl* Neujahr *nt;* **~da en iyi dileklerimizle!** mit unseren besten Wüschen im Neuen Jahr!
yenme[1] *s ohne Pl Verbalsubstantiv zu* **yenmek**[1]
yenme[2] *s ohne Pl Verbalsubstantiv zu* **yenmek**[2]
yenmek[1] <-er> *vt* **1.** besiegen **2.** (*güçlükleri*) bewältigen, überwinden
yenmek[2] <-ir> *vi pass von* **yemek**[2] gegessen werden
yepyeni *adj* brandneu
yer *s* **1.** Raum *m,* Platz *m;* (*oturma ~i*) Ort *m;* **~ etmek** (*iz bırakmak*) Spuren hinterlassen; (*iyice yerleşmek*) sich eingraben; **~imiz yok** wir haben keinen Platz; (*otelde*) wir sind ausgebucht; **~ini almak** seinen [*o* ihren] Platz einnehmen; **fazla ~ kaplamak** zu viel Raum [*o* Platz] einnehmen **2.** Lage *f;* **kendini birisinin ~ine koymak** sich in jdn hineinversetzen; **kendini benim ~ime bir koysana!** versetz dich doch mal in meine Lage hinein! **3.** (*ohne Pl*) Boden *m,* Erdboden *m,* Erde *f;* **~ yarılıp içine girmek** wie vom Erdboden verschluckt; **~e düşmek** auf den Boden fallen, auf die Erde fallen, zu Boden fallen; **~e tükürmek** auf den Boden spucken; **~i boylamak** hinfallen; **~in dibine geçmek** in den Erdboden versinken, sich in Grund und Boden schämen; **~le bir etmek** dem Erdboden gleichmachen; **mantar gibi ~den bitmek** wie Pilze aus dem Boden schießen **4.** wohin; **bastığın ~e dikkat et!** gib Acht, wohin du trittst!; **yarın gideceğim ~ ...** dort, wohin ich morgen gehe, ...
yer alıştırmaları *s Pl* (SPORT) Bodenturnen *nt*
yer altı dünyası *s* Unterwelt *f;* **yer altı suları** *s Pl* Grundwasser *nt;* **yer altı treni** *s* (*metro*) Untergrundbahn *f,* U-Bahn *f*
yer bilimci *s* (*jeolog*) Geologe, -in *m, f;* **yer bilimi** *s* (*jeoloji*) Geologie *f;* **yer bilimsel** *adj* (*jeolojik*) geologisch; **yer cilâsı** *s* Bohnerwachs *nt;* **yer çekimi** *s ohne Pl* Erdanziehung *f*
yerdegezen *s* (*fam: yılan*) Schlange *f*
yerden vites *s* (AUTO) Knüppelschaltung *f*
yeregeçen *s* (*reg: havuç*) Möhre *f*
yer ekseni *s ohne Pl* (ASTR) Erdachse *f*
yerel *adj* örtlich, lokal; **yerel anestezi** *s* (MED) Lokalanästhesie *f,* örtliche Betäubung
yer fıstığı *s* Erdnuss *f*
yergi *s* Satire *f*
yergici **I.** *s* Satiriker(in) *m(f)* **II.** *adj* satirisch
yerinde **I.** *adj* angebracht **II.** *adv:* **sağlığı ~ olmak** bei guter Gesundheit sein
yerine *adv* **1.** statt; **onun ~** stattdessen **2.** anstelle, anstatt; **onun ~ arkadaşı geldi** anstatt seiner kam sein Freund; **öğretmenin/paranın ~** anstelle des Lehrers/Geldes
yer istasyonu *s* (TEL) Bodenstation *f;* **yer kabuğu** *s ohne Pl* (GEO) Erdkruste *f,* Erdrinde *f;* **yer katı** *s* **1.** (GEO: *yer katmanı*) Erdschicht *f* **2.** (*zemin katı*) Erdgeschoss *nt;* **yer katmanı** *s* (GEO) Erdschicht *f*
yerküre *s ohne Pl* Erdkugel *f,* Erdball *m*
yerleşik *adj* ansässig; **Almanya'da ~ bir Türk ailesi** eine in Deutschland ansässige türkische Familie
yerleşim alanı *s* Siedlungsraum *m;* **yerleşim merkezi** *s* Ortschaft *f*
yerleşke *s* Campus *m*
yerleşme *s Verbalsubstantiv zu* **yerleşmek**
yerleşmek *vi* sich niederlassen (*-e* in)

Y

yerli **I.** *s* **1.** Einheimische(r) *mf* **2.** Eingeborene(r) *mf* **II.** *adj* **1.** einheimisch **2.** eingeboren; **yerli dolap** *s* <-bı> *s.* **gömme dolap** Einbauschrank *m*
yer mantarı *s* (BOT: *domalan*) Trüffel *m*
yermeli *adj* abwertend; (*pejoratif*) pejorativ; ~ **söz** pejoratives Wort; **yermeli kelime** *s* (LING) Pejorativum *nt*
yeröte *s ohne Pl* (ASTR) Erdferne *f,* Apögäum *nt*
yer özekçil *adj* (ASTR: *jeosantrik*) geozentrisch; **yer personeli** *s ohne Pl* (AERO: *alan personeli*) Bodenpersonal *nt;* **yer sakızı** *s ohne Pl s.* **bitüm** Bitumen *nt;* **yer sarsıntısı** *s* Erdstoß *m;* (*deprem*) Erdbeben *nt;* **yer sıçanı** *s* (ZOOL: *köstebek*) Maulwurf *m*
yersiz *adj* unangebracht
yersizlik *s ohne Pl* <-ği> Platzmangel *m*
yer yağı *s s.* **petrol** Erdöl *nt*
yer yuvarı *s ohne Pl,* **yer yuvarlağı** *s ohne Pl* (ASTR, GEO: *yerküre*) Erdkugel *f,* Erdball *m*
yeryüzü *s ohne Pl* **1.** Erdoberfläche *f* **2.** (*dünya*) Erde *f;* **yeryüzü atmosferi** *s ohne Pl* Erdatmosphäre *f*
yesyeni *adj* (*reg: yepyeni*) brandneu
yeşerme *s Verbalsubstantiv zu* **yeşermek**
yeşermek *vi* grünen
yeşertme *s* **1.** *Verbalsubstantiv zu* **yeşertmek** **2.** Begrünung *f*
yeşertmek *vt* begrünen
yeşil **I.** *s* Grün *nt;* **açık/koyu bir** ~ ein helles/dunkles Grün **II.** *adj* grün; ~ **bir renk** eine grüne Farbe; **yeşil alan** *s* Grünfläche *f;* **yeşil gözlü** *adj* grünäugig; **yeşil ışık** *s* <-ğı>: **bir şey için** ~ **yakmak** (*fig*) für etw freie Fahrt geben
yeşilimsi *adj,* **yeşilimtırak** *adj* grünlich
yeşil kuşak *s* <-ğı> Grüngürtel *m;* **yeşil lâhana** *s* (GASTR) Grünkohl *m*
yeşillenme *s Verbalsubstantiv zu* **yeşillenmek**
yeşillenmek *vi* grünen
Yeşiller *s Pl* (POL) die Grünen
yeşil saat *s* Sprechstunde *f;* **yeşil salata** *s* (GASTR) Blattsalat *m,* Kopfsalat *m*
yeşilsazan *s* (ZOOL) Schleie *f*
yeşim *s* Jade *m o f*
yetenek *s* <-ği> Fähigkeit *f*
yeter *adj* genug; ~**!** genug!, es reicht!; ~**inden fazla** mehr als genug
yeterli *adj* genügend, ausreichend
yeterlik *s ohne Pl* <-ği> Eignung *f;* **yeterlik sınavı** *s* Eignungsprüfung *f*
yeter sayı *s* (POL: *nisap*) Beschlussfähigkeit *f*
yetersizlik *s* <-ği> (MED) Insuffizienz *f,* Mangel *m*
yeti *s ohne Pl* Vermögen *nt*
yetingen *adj* genügsam, anspruchslos, bescheiden
yetingenlik *s ohne Pl* <-ği> Genügsamkeit *f,* Anspruchslosigkeit *f,* Bescheidenheit *f*
yetinme *s Verbalsubstantiv zu* **yetinmek**
yetinmek *vi* sich begnügen (*-le* mit)
yetişkin **I.** *s* Erwachsene(r) *mf* **II.** *adj* erwachsen; **yetişkin eğitimi** *s ohne Pl* Erwachsenenbildung *f*
yetişme *s Verbalsubstantiv zu* **yetişmek**
yetişmek *vi* **1.** erreichen (*-e* -); **otobüse yetiştim** ich habe den Bus noch erreicht **2.** (*bitki*) wachsen; **yabanî olarak** ~ wild wachsen **3.** (*kâfi gelmek*) reichen (*-e* für)
yetiştirici *s* **1.** Züchter(in) *m(f)* **2.** (*tütün* ~*si*) Pflanzer(in) *m(f)*
yetiştirme *s ohne Pl* **1.** *Verbalsubstantiv zu* **yetiştirmek** **2.** (*hayvan, bitki*) Aufzucht *f* **3.** (*tütün*) Anbau *m*
yetiştirmek *vt* **1.** (*götürmek*) (hin)bringen (*-e* zu); **hastayı doktora** ~ den Kranken zum Arzt bringen **2.** fertigstellen; (*bitirmek*) erledigen **3.** aufziehen; (*büyütmek*) großziehen **4.** (*üretmek*) züchten **5.** (*tütün*) anbauen **6.** (*geliştirmek*) ausbilden
yetke *s ohne Pl* (*otorite*) Autorität *f*
yetkeli *adj* (*otoriter*) autoritär
yetketanımaz *adj* antiautoritär
yetki *s* Befugnis *f,* Zuständigkeit *f,* Vollmacht *f,* Kompetenz *f;* **bir şeye** ~**si olmamak** keine Befugnis zu etw haben
yetkilendirme *s* **1.** *Verbalsubstantiv zu* **yetkilendirmek** **2.** Ermächtigung *f*
yetkilendirmek *vt* autorisieren (*-e* zu), ermächtigen (*-e* zu), bevollmächtigen
yetkili *adj* befugt, zuständig, autorisiert, ermächtigt; **bir şeye** ~ **ol(ma)mak** zu etw (nicht) befugt sein; **bir şeyi yapmaya** ~ **olmak** befugt sein etw zu tun
yetme *s Verbalsubstantiv zu* **yetmek**
yetmek <-er> *vi* genügen (*-e* zu), (aus)reichen; **gücü yetmedi** seine Kraft reichte nicht
yetmiş *adj* siebzig; *s. a.* **altmış**
yetmişinci *adj* siebzigste(r, s); *s. a.* **altmışıncı**
yetmişli *adj:* ~ **yıllar** die siebziger Jahre; ~ **yıllarda** in den siebziger Jahren
yetmişlik *adj* **1.** (*içinde yetmiş tane bulunan*) siebziger **2.** (*yetmiş yaşında olan*) siebzigjährig; *s. a.* **altmışlık**
yevmiye *s* Tageslohn *m*
yevmiye numarası *s* (ADMIN) Journalnummer *f*
yığın *s* Haufen *m;* **bir** ~ **iş** ein Haufen Arbeit
yığınla **I.** *adj* massenhaft **II.** *adv* massenweise, haufenweise, massig
yığışım *s* (*konglomera*) Konglomerat *nt*

yıkama *s* **1.** *Verbalsubstantiv zu* **yıkamak** **2.** (*para* ~) Wäsche *f*

yıkamak *vt* **1.** waschen; **ellerini/saçını** ~ sich die Hände/Haare waschen; **para** ~ (*fig*) Geld waschen **2.** (*bulaşık*) spülen, abwaschen

yıkanma *s Verbalsubstantiv zu* **yıkanmak**

yıkanmak *vr* sich waschen; **sıcak/soğuk suyla** ~ sich warm/kalt waschen

yıkıcı *adj* destruktiv, ruinös, zerstörerisch

yıkılma *s* **1.** *Verbalsubstantiv zu* **yıkılmak** **2.** Einsturz *m*, Zusammenbruch *m*

yıkılmak *vi* **1.** *pass von* **yıkmak** **2.** einstürzen **3.** zusammenbrechen; **dünya başına yıkıldı** (*fam*) eine Welt brach für ihn zusammen

yıkılma tehlikesi *s ohne Pl* Einsturzgefahr *f*

yıkım *s ohne Pl* **1.** Abbruch *m* **2.** Ruin *m*; **bu masraf onun için ~dır** diese Kosten sind sein Ruin

yıkımcı *s* Abbruchunternehmer(in) *m(f)*

yıkma *s* **1.** *Verbalsubstantiv zu* **yıkmak** **2.** Zerstörung *f*

yıkmak *vt* zerstören

yılan *s* (ZOOL) Schlange *f*; (*su* ~*ı*) Natter *f*; **yılan balığı** *s* (ZOOL) Aal *m*; **yılan gömleği** *s* Schlangenhaut *f*; **yılan sokması** *s* Schlangenbiss *m*; **yılan taşı** *s* (GEOL) Serpentin *m*; **yılan zehiri** *s* Schlangengift *nt*

yıl başı *s* Jahresanfang *m*, Jahresbeginn *m*

yılbaşı *s* Silvester *m o nt*; **yılbaşı akşamı** *s* Silvesterabend *m*; **yılbaşı balosu** *s* Silvesterball *m*; **yılbaşı eğlencesi** *s* Silvesterfeier *f*; **yılbaşı gecesi** *s* **1.** Silvesternacht *f* **2.** Silvesterabend *m*; (*eğlence*) Silvesterfeier *f*

yıldırım *s* (PHYS, METEO) Blitz *m*; ~ **gibi** (*fam fig*) blitzartig, wie ein geölter Blitz; ~ **hızıyla** blitzschnell; **~la vurulmuşa dönmek** (*fam fig*) wie vom Blitz getroffen sein

yıldırımkıran *s s.* **yıldırımsavar** Blitzableiter *m*

yıldırımlık *s* <-ğı> *s.* **yıldırımsavar** Blitzableiter *m*

yıldırımsavar *s* Blitzableiter *m*

yıldırma *s Verbalsubstantiv zu* **yıldırmak**

yıldırmak *vt* entmutigen, einschüchtern

yıldız *s* **1.** Stern *m*; ~ **savaşı** Krieg der Sterne **2.** (*film* ~*ı*) Star *m*; **yıldız başlı vida** *s* Kreuzschlitzschraube *f*; **yıldız çiçeği** *s* (BOT) **1.** Sternblume *f*, Aster *f* **2.** (*dalya*) Dahlie *f*; **yıldız evi** *s* (*plânetaryum*) Planetarium *nt*; **yıldız falcısı** *s* (*astrolog*) Astrologe, -in *m, f*; **yıldız falcılığı** *s ohne Pl* (*astroloji*) Astrologie *f*; **yıldız falı** *s* Horoskop *nt*

yıldızlar arası *adj* interstellar

yıldızlı *adj*: **beş ~ otel** ein Fünf-Sterne-Hotel; **yıldızlı gökyüzü** *s ohne Pl* Stern(en)himmel *m*

yıldızlık *s* <-ğı> (*plânetaryum*) Planetarium *nt*

yıldız saati *s ohne Pl* (ASTR) Sternzeit *f*

yıldızsız *adj* sternenlos

yıldız yılı *s* (ASTR) Sternjahr *nt*; **yıldız zamanı** *s ohne Pl* Sternzeit *f*

yıl dönümü *s* Jahrestag *m*

yılgı *s* (MED, PSYCH: *fobi*) Phobie *f*; (*dehşet*) Schrecken *m*

yılgın *adj* **1.** eingeschüchtert **2.** (*bıkmış, usanmış*) überdrüssig **3.** (*morali bozulmuş*) niedergeschlagen, geknickt

yıl halkası *s* (*ağaçta*) Jahresring *m*

yıllarca *adv* jahrelang; **bu,** ~ **sürebilir** das kann jahrelang dauern

yıllık **I.** *s* <-ğı> Jahrbuch *nt* **II.** *adj* jährlich, Jahres-; **bir** ~ einjährig; **yıllık aidat** *s* Jahresbeitrag *m*; **yıllık bütçe** *s* Jahreshaushalt *m*

yıllık rapor *s* Jahresbericht *m*

yılma *s Verbalsubstantiv zu* **yılmak**

yılmak *vi* zurückschrecken (*-den* vor); **o hiçbir şeyden yılmaz** er schreckt vor nichts zurück

yılmaz *adj* unerschrocken

yılmazlık *s ohne Pl* <-ğı> Unerschrockenheit *f*

yıprak *adj* abgenutzt

yıpranma *s* **1.** *Verbalsubstantiv zu* **yıpranmak** **2.** Abnutzung *f* **3.** (MED: *lezyon*) Läsion *f*

yıpranmak *vi* **1.** (*aşınmak*) sich abnutzen **2.** (*çalışarak*) sich abarbeiten

yıpratma *s* **1.** *Verbalsubstantiv zu* **yıpratmak** **2.** Abnutzung *f*

yıpratmak *vt* **1.** abnutzen **2.** (*fig*) zermürben

yırtıcı *adj* Raub-; **yırtıcı hayvan** *s* Raubtier *nt*; **yırtıcı kuş** *s* Raubvogel *m*

yırtık **I.** *s* <-ğı> Riss *m* **II.** *adj* **1.** zerrissen **2.** (*fig: çekinmesi olmayan*) dreist; (*utanması olmayan*) unverschämt

yırtıklık *s* <-ğı> **1.** Zerrissenheit *f* **2.** (*fig*) Dreistigkeit *f*; (*utanmazlık*) Unverschämtheit *f*

yırtık pırtık *adj* zerlumpt

yırtılma *s Verbalsubstantiv zu* **yırtılmak**

yırtılmak *vi* zerreißen

yırtma *s Verbalsubstantiv zu* **yırtmak**

yırtmaç *s* <-cı> Schlitz *m*

yırtmak *vt* zerreißen

yiğit *s* Held *m*

yiğitçe *adv* heldenhaft, heldenmütig

yiğitleme *s ohne Pl* (LIT) Heldendichtung *f*

yiğitlik *s ohne Pl* <-ği> **1.** Heldenmut *m* **2.** Heldentat *f* **3.** Heldentum *nt*

yilbik *s* (*reg: sara*) Epilepsie *f*

yine *adv* wieder

Y

yineleme *s* **1.** *Verbalsubstantiv zu* **yinelemek** **2.** Wiederholung *f* **3.** (LING) Iteration *f*
yinelemek *vt* wiederholen
yinelemeli *adj* **1.** wiederholt **2.** (LING) wiederholend, iterativ
yinelenme *s* **1.** *Verbalsubstantiv zu* **yinelenmek** **2.** Wiederholung *f*
yinelenmek *vi* sich wiederholen
yineletme *s Verbalsubstantiv zu* **yineletmek**
yineletmek *vt:* **bir şeyi** ~ etw wiederholen lassen
yineleyiş *s* Wiederholung *f*
yirik *adj* <-ği> (*reg*) **1.** (*yarık*) gespalten; (*yırtık*) zerrissen **2.** (*üst dudağı yarık olan*) hasenschartig
yirmi **I.** *s* Zwanzig *f*; *s. a.* **altı** **II.** *adj* zwanzig; **sıfırın altında** ~ **derece**(**de**) (bei) zwanzig Grad unter Null; *s. a.* **altı**; **yirmi bir** **I.** *s* **1.** Einundzwanzig *f* **2.** (*iskambil oyunu*) Siebzehnundvier *nt* **II.** *adj* einundzwanzig
yirmili *adj:* ~ **yıllar** die zwanziger Jahre; ~ **yıllarda** in den zwanziger Jahren
yirmilik **I.** *s* <-ği> (*fam: kâğıt para*) Zwanziger *m* **II.** *adj* **1.** (*içinde yirmi tane bulunan*) zwanziger **2.** (*yirmi yaşında olan*) zwanzigjährig; *s. a.* **altmışlık**
yirminci *adj* zwanzigste(r, s); *s. a.* **altmışıncı**
yirmi yaş dişi *s* (*akıl dişi*) Weisheitszahn *m*
yitim *s* Verlust *m*, Schwund *m*
yitirme *s Verbalsubstantiv zu* **yitirmek**
yitirmek *vt* **1.** verlieren, einbüßen; **aklını/yaşamını** ~ den Verstand/das Leben verlieren; **gücünü** ~ Kräfte einbüßen; **saygınlığını** ~ an Ansehen verlieren, sein Ansehen einbüßen **2.** **ormanda yolunu** ~ sich im Wald verlaufen
yitme *s Verbalsubstantiv zu* **yitmek**
yitmek *vi* verloren gehen
yivaçar *s* (TECH) Gewindeschneider *m*
yiyici *adj* bestechlich
yiyicilik *s ohne Pl* <-ği> Bestechlichkeit *f*
yoga *s ohne Pl* Yoga *m o nt*
yogi *s* Yogi *m*
yoğaltım *s ohne Pl s.* **tüketim** Verbrauch *m*, Konsum *m*
yoğaltma *s ohne Pl Verbalsubstantiv zu* **yoğaltmak**
yoğaltmak *vt s.* **tüketmek** verbrauchen, konsumieren
yoğun *s* **1.** (*a.* PHYS) dicht; ~ **sis** dichter Nebel **2.** intensiv; ~ **koku** ein intensiver Geruch **3.** (*fig*) dicht; ~ **nüfuslu** dicht bevölkert **4.** (*fig: sıkı*) intensiv; ~ **bir çalışma** eine intensive Arbeit **5.** (*fam fig: şişman*) dick; ~ **kadınlar** dicke Frauen **6.** (*fam: kaba*) grob; (*kalın*) dick
yoğunlaç *s* <-cı> (PHYS, ELEK: *kondansatör*) Kondensator *m*
yoğunlaşma *s ohne Pl* **1.** *Verbalsubstantiv zu* **yoğunlaşmak** **2.** Intensivierung *f* **3.** (*a.* PHYS) Kondensation *f*
yoğunlaşmak *vi* **1.** sich intensivieren, sich verdichten **2.** (*a.* PHYS) kondensieren
yoğunlaştırma *s ohne Pl* **1.** *Verbalsubstantiv zu* **yoğunlaştırmak** **2.** Intensivierung *f* **3.** (*a.* PHYS) Kondensation *f*
yoğunlaştırmak *vt* **1.** intensivieren **2.** (*a.* PHYS) kondensieren
yoğunluk *s* <-ğu> **1.** Intensität *f* **2.** (*a.* PHYS) Dichte *f*
yoğun teker *s* (*kompakt disk*) Compact Disc *f*
yoğurma *s Verbalsubstantiv zu* **yoğurmak**
yoğurmak *vt* (*hamur*) kneten
yoğurt *s* <-du> Jogurt *m o nt;* **sütten ağzı yanan yoğurdu üfleyerek yer** (*prov*) gebranntes Kind scheut das Feuer
yoğurt otu *s* (BOT) Labkraut *nt*
yok **I.** *s ohne Pl* <-u, -ğu> **1.** Nichts *nt;* **bir kimseyi/şeyi** ~ **etmek** jdn/etw vernichten; ~ **olmak** fehlen; (*kaybolmak*) verschwinden; (*varlığı sona ermek*) nicht mehr existieren; ~ **pahasına** (**almak/satmak**) für Nichts (kaufen/verkaufen); ~**tan var etmek/olmak** aus dem Nichts erschaffen/entstehen; **bu bıçağın sapı** ~ dieses Messer hat keinen Griff, an diesem Messer fehlt der Griff; **bugün okulda** ~**tu** heute war er nicht in der Schule, heute hat er in der Schule gefehlt; **burada kimse** ~ hier ist niemand; **hiç** ~**tan** ohne jeden Grund; **üstünde av bıçağından başka silâhı** ~**tu** außer einem Jagdmesser hatte er keine Waffe bei sich **2.** (*yasaklanmış şey*): **sigara** ~ Rauchen ist verboten **II.** *adv:* ~ **canım!** (*hayır*) nichts da!; (*sahi mi*) ach was!; ~ **oğlu** ~ überhaupt nichts; **darılmaca** ~**!** nichts für ungut!; **ya hep ya** ~ alles oder nichts **III.** (*hayır*) nein; **geldiler mi? –** ~**, daha gelmediler** sind sie gekommen? – nein, noch nicht
yokçu **I.** *s* (PHILOS) Nihilist(in) *m(f)* **II.** *adj* (PHILOS) nihilistisch
yokçuluk *s ohne Pl* <-ğu> (PHILOS: *nihilizm*) Nihilismus *m*
yoklama *s* **1.** *Verbalsubstantiv zu* **yoklamak** **2.** Prüfung *f*
yoklamak *vt* **1.** (*elle*) betasten **2.** (*kontrol etmek*) prüfen **3.** (*aramak*) suchen; (*araştırmak*) untersuchen **4.** **birinin ağzını** ~ jdn aushorchen; **birinin nabzını** ~ (*fam*) jdm auf den Zahn fühlen
yoklama listesi *s* Anwesenheitsliste *f*
yoklanma *s Verbalsubstantiv zu* **yoklanmak**

yoklanmak *vi pass von* **yoklamak**
yoksa *konj* sonst, andernfalls
yoksul *adj* arm
yoksullaşma *s* **1.** *Verbalsubstantiv zu* **yoksullaşmak** **2.** Verarmung *f*
yoksullaşmak *vi* (*fakirleşmek*) verarmen
yoksullaştırma *s Verbalsubstantiv zu* **yoksullaştırmak**
yoksullaştırmak *vt Kausativ zu* **yoksullaşmak**
yoksulluk *s ohne Pl* <-ğu> Armut *f;* ~ **içinde ölmek/yaşamak** in Armut sterben/leben
yokuş *s* Berg *m;* ~ **çıkmak** bergauf gehen; ~ **inmek** bergab gehen; **yokuş aşağı** *adv* bergab; ~ **gitmek** bergab gehen; **yokuş yukarı** *adv* bergauf
yol *s* **1.** Weg *m;* ~ **açmak** einen Weg anlegen [*o* bahnen]; **birine** ~ **açmak** jdm den Weg freimachen; **bir şeye** ~ **açmak** (*fig*) zu etw führen, den Weg ebnen für etw, etw auslösen; ~**a çıkmak** sich auf den Weg machen, abreisen, abfahren; ~**a çıkmamıza üç gün kaldı** es sind noch drei Tage bis zu unserer Abreise; ~**a koyulmak** sich auf den Weg machen, losgehen; **her şey** ~**unda giderse …** wenn alles gut geht … **2.** (*izlenen* ~) Route *f*
yolcu *s* **1.** Passagier *m,* Fahrgast *m* **2.** (AUTO: *sürücünün yanındaki*) Beifahrer(in) *m(f)* **3.** (*fam fig*): **babası** ~ sein Vater ist unheilbar krank; **yolcu gemisi** *s* Passagierschiff *nt;* **yolcu hava yastığı** *s* (AUTO) Beifahrerairbag *m*
yolculuk *s* <-ğu> Fahrt *f,* Reise *f*
yoldüzler *s* Planierraupe *f*
yol haritası *s* Straßenkarte *f,* Autoatlas *m*
yollama *s Verbalsubstantiv zu* **yollamak**
yollamak *vt* losschicken
yolluk *s* <-ğu> **1.** Proviant *m* **2.** (*yol masrafı*) Reisespesen *pl;* (*parlamento üyeleri için*) Reisediäten *pl* **3.** (*halı*) Läufer *m*
yolma *s Verbalsubstantiv zu* **yolmak**
yolmak <-ar> *vt* **1.** rupfen; (*saçını*) ausreißen; (*tavuğun tüylerini*) rupfen; **saçını başını** ~ (*fam fig*) sich die Haare raufen; **saçlarını** ~ sich die Haare ausreißen **2.** (*ot*) jäten, rupfen **3.** (*fam fig, pej*): **birini** ~ jdn ausnehmen; **adamcağızı iyice yoldular** sie haben den armen Mann ganz schön ausgenommen
yol tutuş *s* (AUTO) Straßenlage *f;* **otomobilin** ~**u** die Straßenlage des Autos
yoluyla *adv* mithilfe, durch; **elektroliz** ~ mithilfe der Elektrolyse
yol yapımı *s ohne Pl* Straßenbau *m;* **yol yapımı projesi** *s* Straßenbauprojekt *nt;* **yol yapım makinesi** *s* Straßenbaumaschine *f*
yonca *s ohne Pl* (BOT) Klee *m;* **dört yapraklı** ~ ein vierblättriges Kleeblatt; **yonca yaprağı** *s* Kleeblatt *nt*
yonga *s* Span *m*
yontma *s Verbalsubstantiv zu* **yontmak**
yontmak *vt* abschleifen
Yontma Taş Devri *s ohne Pl* Mittelsteinzeit *f*
yontulma *s Verbalsubstantiv zu* **yontulmak**
yontulmak *vr* sich abschleifen
yordam *s ohne Pl* **1.** (*çeviklik*) Gewandtheit *f;* (*çabukluk*) Fertigkeit *f* **2.** (*yatkınlık*) Behändigkeit *f;* **el kol** ~**ıyla anlaşmak** (*fam*) sich mit Händen und Füßen verständigen **3.** (INFORM) Routine *f*
yorgan *s* Decke *f,* Steppdecke *f;* ~ **döşek yatmak** (*fam: hasta olmak*) flachliegen, das Bett hüten müssen; **ayağını** ~**ına göre uzatmak** (*fig*) sich nach der Decke strecken; **ayağını** ~**ına göre uzatmamak** über seine Verhältnisse leben; **pire için** ~ **yakmak** (*fig*) das Kind mit dem Bad ausschütten
yorgun *adj* müde; ~**um** ich bin müde
yorgunluk *s ohne Pl* <-ğu> Müdigkeit *f*
yorma *s Verbalsubstantiv zu* **yormak**
yormak[1] *vt* ermüden
yormak[2] *vt* auslegen, deuten; **bir şeyi kendi üstüne** ~ etw auf sich beziehen
yortu *s* Fest *nt*
yorucu *adj* ermüdend, anstrengend
yorulma *s* **1.** *Verbalsubstantiv zu* **yorulmak** **2.** Ermüdung *f*
yorulmak *vi* ermüden, müde werden
yorum *s* Interpretation *f,* Auslegung *f,* Deutung *f*
yorumcu *s* Interpret(in) *m(f)*
yorumlama *s* **1.** *Verbalsubstantiv zu* **yorumlamak** **2.** Auslegung *f*
yorumlamak *vt* auslegen, interpretieren; **bir şeyi yanlış** ~ etw falsch auslegen
yorumlayıcı *adj* interpretatorisch
yosun *s* **1.** Moos *nt* **2.** (*deniz* ~*u*) Tang *m*
yosunlu *adj* bemoost
yoyo *s* Jo-jo *nt*
yön *s* Richtung *f;* ~ **değiştirmek** die Richtung ändern; **yön değiştirme** *s* Richtungsänderung *f,* Richtungswechsel *m*
yönelme durumu *s,* **yönelme hâli** *s* (LING) Dativ *m*
yönetim *s* Verwaltung *f,* Führung *f;* (*kriz* ~*i*) Management *nt;* **yönetim düzeyi** *s* Führungsebene *f*
yönetime katılma *s ohne Pl* Mitbestimmung *f*
yönetim kurulu *s* Vorstand *m,* Verwaltungsrat *m;* **yönetim kurulu başkanı** *s* Vorstandsvorsitzende *mf;* **yönetim kurulu toplantısı** *s* Vorstandssitzung *f;* **yönetim**

kurulu üyesi *s* Vorstandsmitglied *nt*
yönetmelik *s* <-ği> (ADMIN) Verordnung *f;* **inşaat yönetmeliği** Bauordnung *f*
yöntem *s* Verfahren *nt;* (*metot*) Methode *f;* **yöntem bilgisi** *s ohne Pl* Know-how *nt*
yöntemli *adj* (*metotlu*) methodisch
yöresel *adj* regional
yörünge *s* (ASTR) Umlaufbahn *f,* Kreisbahn *f,* Bahn *f;* **Ay'ın ~si** Mondbahn *f*
yudum *s* Schluck *m;* **bir ~ almak** einen Schluck nehmen; **bir şeyi bir ~da içmek** etw in einem Schluck austrinken
yudum yudum *adv* schluckweise
yufka *s* Blätterteig *m*
Yugoslav **I.** *s* Jugoslawe, -in *m, f* **II.** *adj* jugoslawisch
Yugoslavya *s* Jugoslawien *nt*
yuh *interj* buh; **~ çekmek** buhen
yuhalama *s Verbalsubstantiv zu* **yuhalamak**
yuhalamak *vt* ausbuhen
yukarı **I.** *s* der obere Teil; **~dan aşağıya** von oben nach unten **II.** *adj* obere(r, s) **III.** *adv* aufwärts, hinauf, nach oben; **~ çıkmak** hinaufgehen; (*asansörle*) hinauffahren, hochfahren; **bir aşağı bir ~ gezinmek/gitmek** auf und ab schlendern/gehen; **eller ~!** Hände hoch!
yulaf *s* **1.** (BOT, GASTR) Hafer *m* **2.** (*tanesi*) Hafer *m,* Haferkorn *nt;* **yulaf unu** *s* (GASTR) Hafermehl *nt*
yular *s* Halfter *m o nt*
yumak *s* <-ğı> Knäuel *m o nt*
yumma *s Verbalsubstantiv zu* **yummak**
yummak *vt* zudrücken; **göz ~** (*fam*) ein Auge zudrücken
yumru *s* **1.** (BOT) Knolle *f* **2.** Beule *f;* **alnında bir ~ var** er hat eine Beule an der Stirn
yumruk *s* <-ğu> Faust *f;* **boğazına bir ~ tıkanmak** [*o* **gelip oturmak**] (*fam*) einen Kloß im Hals haben; **yumruğunu sıkmak** die Faust ballen; **yumruk darbesi** *s* Faustschlag *m*
yumruklama *s Verbalsubstantiv zu* **yumruklamak**
yumruklamak *vt* boxen
yumruklaşma *s Verbalsubstantiv zu* **yumruklaşmak**
yumruklaşmak *vi* sich gegenseitig boxen
yumruk oyuncusu *s* (SPORT: *boksör*) Boxer(in) *m(f);* **yumruk oyunu** *s ohne Pl* (SPORT: *boks*) Boxen *nt*
yumru kök *s* (BOT) Knollenfrucht *f*
yumruk topu *s* (SPORT) Faustball *m;* (*boksta, armut top*) Punchingball *m*
yumrulu bitki *s* (BOT) Knollenpflanze *f*
yumurta *s* Ei *nt;* **~dan çıkmak** ausschlüpfen; **çiğ/katı ~** ein rohes/hartes Ei; **lop/rafada ~** ein hart/weich gekochtes Ei; **yumurta akı** *s* Eiweiß *nt;* **~nı sarısından ayırmak** das Eiweiß vom Dotter trennen; **yumurtanın akını dövmek** das Eiweiß schlagen; **yumurta geçidi** *s* (ANAT) Eileiter *f;* **yumurta hücresi** *s* Eizelle *f;* **yumurta kabuğu** *s* Eierschale *f*
yumurtalık *s* <-ğı> **1.** (ANAT) Eierstock *m* **2.** Eierbecher *m*
yumurta likörü *s* Eierlikör *m;* **yumurta sarısı** *s* Eigelb *nt,* Dotter *m o nt,* Eidotter *m o nt*
yumuşacık *adj* kuschelweich
yumuşak *adj* <-ğı> weich; **~ iniş** eine weiche Landung
yumuşakçalar *s Pl* (ZOOL) Weichtiere *pl*
yumuşak yüzlü *adj* nachgiebig; **yumuşak yüzlülük** *s ohne Pl* <-ğü> Nachgiebigkeit *f*
yumuşama *s* **1.** *Verbalsubstantiv zu* **yumuşamak** **2.** (POL: *detant*) Entspannung *f*
yumuşamak *vi* weich werden, aufweichen
yumuşatma *s* **1.** *Verbalsubstantiv zu* **yumuşatmak** **2.** (SPORT) Entspannungsübung *f*
yumuşatmak *vt* **1.** *Kausativ zu* **yumuşamak** aufweichen **2.** (*suyun sertliğini gidermek*) enthärten **3.** (*sarsıntıyı*) abschwächen; (*yaylarla*) abfedern
yumuşatmalık *s* <-ğı> (TECH: *amortisör*) Stoßdämpfer *m*
yuna *s* (*fam: belleme*) Satteldecke *f*
Yunan **I.** *s* Grieche, -in *m, f* **II.** *adj* griechisch; **~ alfabesi** das griechische Alphabet; **~ mitolojisi/müziği** griechische Mythologie/Musik
Yunanistan *s* Griechenland *nt*
Yunanlı **I.** *s* Grieche, -in *m, f* **II.** *adj* (*fam: Yunan*) griechisch
yunus balığı *s* (ZOOL) Delfin *m,* Delphin *m*
yurt *s* <-du> **1.** (*memleket*) Land *nt* **2.** (*vatan*) Vaterland *nt* **3.** (*insanın doğup büyüdüğü yer*) Heimat *f* **4.** (*yaşlılar yurdu*) Heim *nt;* (*öğrenci yurdu*) Wohnheim *nt* **5.** (*çadır*) Jurte *f*
yurt bilgisi *s* Landeskunde *f*
yurt dışı *s ohne Pl* Ausland *nt;* **~a** ins Ausland; **~nda** im Ausland; **~ndan** aus dem Ausland
yurtlandırma *s* **1.** *Verbalsubstantiv zu* **yurtlandırmak** **2.** Ansied(e)lung *f*
yurtlandırmak *vt* ansiedeln
yurt özlemi *s ohne Pl* Heimweh *nt*
yurtsama *s ohne Pl* Heimweh *nt*
Yusuf suresi *s* (REL) Josephssure *f*
yusyuvarlak *adj* <-ğı> kugelrund
yutak *s* <-ğı> Schlund *m;* **yutak iltihabı** *s* Halsentzündung *f*
yuva *s* **1.** (*kuş ~sı*) Nest *nt;* (*kartal ~sı*) Horst *m;* (*karınca, köstebek ~sı*) Haufen

m **2.** (*göz ~ sı*) Höhle *f* **3.** (INFORM) Port *nt*
yuvar *s* **1.** Sphäre *f* **2.** (ANAT) Blutkörperchen *nt;* **ak~/al~** weißes/rotes Blutkörperchen
yuvarlak I. *s* <-ğı> **1.** Kreis *m* **2.** (*küre*) Kugel *f* **II.** *adj* rund
yuvarlanma *s Verbalsubstantiv zu* **yuvarlanmak**
yuvarlanmak *vi* **1.** rollen; **yuvarlanıp gitmek** (*fam*) eine ruhige Kugel schieben **2.** sich wälzen; **çocuklar karda yuvarlanıyor** die Kinder wälzen sich im Schnee
yük *s* **1.** Last *f;* **birine ~ olmak** jdm zur Last fallen **2.** (*hamule*) Fracht *f;* **yük asansörü** *s* Lastenaufzug *m;* **yük hayvanı** *s* Lasttier *nt;* **yük katarı** *s* (EISENB) Güterzug *m; s. a.* **marşandiz**
yüklem *s* **1.** (LING) Prädikat *nt* **2.** (PHILOS: *Logik*) Prädikat *nt*
yükleme *s Verbalsubstantiv zu* **yüklemek;** **yükleme durumu** *s* (LING: *belirtme durumu*) Akkusativ *m*
yüklemek *vt* **1.** aufladen, beladen (mit) **2. birine bir şey ~** jdm etw aufbürden; (*isnat etmek*) jdm etw anlasten **3.** (*fam*): **birine bir şeyin masraflarını ~** jdm die Kosten für etw abbrummen **4.** (*işi*) abwälzen (*-e* auf); **sorumluluğu başkasına ~** die Verantwortung auf einen anderen abwälzen **5.** (*suç*) belasten, zur Last legen **6.** (INFORM) abspeichern; **bir şeyi internetten ~** etw downloaden
yükleme terminali *s* Ladeterminal *m*
yüklü *adj* geladen; **elekrik ~** elektrisch geladen
yüksek *adj* hoch, hohe(r, s); **~ bir bina** ein hohes Gebäude; **gözü ~lerde olmak** (*fig*) hoch hinauswollen; **yüksek atlama** *s ohne Pl* (SPORT) Hochsprung *m;* **yüksek faizli** *adj* (FIN) hochverzinslich; **yüksek faiz politikası** *s* (WIRTSCH) Hochzinspolitik *f;* **yüksek fırın** *s* (TECH) Hochofen *m;* **yüksek gerilim** *s* (ELEK) Hochspannung *f*
yükseklik *s* <-ği> Höhe *f;* **bunun yüksekliği üç metredir** das ist drei Meter hoch; **on metre yüksekliğinde bir duvar** eine Wand von zehn Metern Höhe; **yükseklik farkı** *s* Höhenunterschied *m;* **yükseklik korkusu** *s* Höhenangst *f*
yükseklikölçer *s* Höhenmesser *m*
yüksek mühendis *s* Diplomingenieur(in) *m(f);* **yüksek okul** *s* Hochschule *f;* **yüksek okul mezunu** *s* Hochschulabsolvent(in) *m(f);* **yüksek öğrenim** *s ohne Pl* Hochschulstudium *nt;* **yüksek ökçeli** *adj* hochhackig; **yüksek rütbeli** *adj* hochrangig; **yüksek tahsil** *s ohne Pl* Hochschulstudium *nt;* **yüksek teknoloji** *s* Hochtechnologie *f*
yükselme *s* **1.** *Verbalsubstantiv zu* **yükselmek** **2.** Anstieg *m;* **basıncın ~si** Anstieg des Druck(e)s
yükselmek *vi* **1.** steigen; (*basınç*) ansteigen **2.** (*hayatta*) aufsteigen, es weit bringen
yükselme *s* **1.** *Verbalsubstantiv zu* **yükselmek** **2.** Erhöhung *f*
yükselteç *s* <-ci> (ELEK, PHYS: *amplifikatör*) Verstärker *m*
yükseltgeme *s* (CHEM) **1.** *Verbalsubstantiv zu* **yükseltgemek** **2.** Oxidierung *f*
yükseltgemek *vt* (CHEM: *oksitlemek*) oxidieren
yükseltgenme *s* (CHEM) **1.** *Verbalsubstantiv zu* **yükseltgenmek** **2.** Oxidierung *f*
yükseltgenmek *vi* (CHEM: *oksitlenmek*) oxidieren
yükselti *s* Höhe *f;* **Ankara'nın ~si 850 metredir** Ankara liegt 850 Meter über dem Meeresspiegel
yükseltme *s* **1.** *Verbalsubstantiv zu* **yükseltmek** **2.** Erhöhung *f*
yükseltmek *vt* erhöhen
yüksük *s* <-ğü> (*dikiş dikerken*) Fingerhut *m;* **yüksük otu** *s* (BOT) Fingerhut *m*
yük treni *s* Güterzug *m; s. a.* **marşandiz**
yükün *s* (PHYS, CHEM: *iyon*) Ion *nt*
yük vagonu *s* (EISENB) Güterwagen *m*
yün I. *s* Wolle *f* **II.** *adj* Woll-; **yün çorap** *s* <-bı> Wollsocke *f*
yün kumaş *s* Wollstoff *m*
yünlü I. *s* **1.** Wollstoff *m* **2.** (*Pl*): **~ler** Wollsachen *pl* **II.** *adj* wollen, Woll-; **yünlü battaniye** *s* Wolldecke *f*
yün yumağı *s* Wollknäuel *m o nt*
yürek *s* <-ği> Herz *nt;* **yüreği/m kan ağlıyor** (*fig*) mir/ihm blutet das Herz; **yürek çarpıntısı** *s ohne Pl* Herzklopfen *nt*
yüreklendirme *s* **1.** *Verbalsubstantiv zu* **yüreklendirmek** **2.** Ermunterung *f*
yüreklendirmek *vt* ermuntern
yürekli *adj* beherzt
yüreklilik *s ohne Pl* <-ği> Beherztheit *f*
yürek paralayıcı *adj* herzzerreißend
yürümek *vi* marschieren; **uygun adım ~** im Gleichschritt marschieren
yürürlük *s ohne Pl* <-ğü> Geltung *f*
yürürlük alanı *s* Geltungsbereich *m*
yürüteç *s* <-ci> **1.** (*örümcek*) Laufgitter *nt,* Laufstall *m* **2.** Gehhilfe *f*
yürütme erki *s,* **yürütme gücü** *s* (JUR, POL) Exekutive *f,* ausführende Gewalt; *s. a.* **yargı gücü, yasama gücü**
yürüyen merdiven *s* Rolltreppe *f*
yürüyüş *s* Marsch *m;* **~e geçmek** abmarschieren
yüz[1] **I.** *s* Hundert *f* **II.** *adj* einhundert; (*iki/üç ~*) hundert
yüz[2] *s* **1.** Gesicht *nt;* **birine ~ vermek**

(*pej*) jdn hätscheln; **birinin ~üne karşı bir şey söylemek** jdm etw ins Gesicht sagen; **bir şey birinin ~ünden anlaşılmak** jdm etw ansehen; **~ünü karalamak** sich vermummen **2.** (*yan, taraf*) Seite *f*

yüz[3] *vt Imperativ von* **yüzmek**

yüz akı *s* Ehre *f*

yüzbaşı *s* (MIL) Hauptmann *m;* **yüzbaşılık** *s* <-ğı> (MIL: *rütbe*) Hauptmannsrang *m*

yüz bin *adj* hunderttausend; **yüz binlerce** *adj* hunderttausend(e), abertausend(e); **~ çiçek** abertausend Blumen; **~ insan** abertausende von Menschen; **yüz binlik** *s* <-ği> Hunderttausender *m*

yüzde I. *s* Prozent *nt;* **~ beş/yirmi/elli/yüz** fünf/zwanzig/hundert Prozent; **o ~sini aldı bile** er hat schon seine Prozente bekommen **II.** *adj:* **~ elli(lik bir) şansı olmak** eine fünfprozentige Chance haben; **oyunu kazanma şansı ~ seksendir** er hat eine achtzigprozentige Chance das Spiel zu gewinnen

yüzdelik *s* <-ği> *s.* **yüzde**

yüzdürme *s ohne Pl Verbalsubstantiv zu* **yüzdürmek**

yüzdürmek *vt* **1.** *Kausativ zu* **yüzmek** **2.** (*gemiyi*) flottmachen

yüze gülücü *adj* scheinheilig

yüzen ev *s* Hausboot *nt*

yüzergezer I. *s* (*taşıt*) Amphibienfahrzeug *nt* **II.** *adj* amphibisch

yüzer havuz *s* Schwimmdock *nt*

yüze soğurma *s* (CHEM, PHYS) Adsorption *f*

yüzey *s* Fläche *f,* Oberfläche *f;* **bir kürenin ~i** die Oberfläche einer Kugel; **yüzey ölçü birimi** *s* Flächenmaß *nt*

yüzeysel *adj* oberflächlich

yüzeysellik *s ohne Pl* <-ği> Oberflächlichkeit *f*

yüzgeç *s* <-ci> Flosse *f*

yüz hatları *s Pl* Gesichtszüge *mpl;* **~nın düzgünlüğü** die Regelmäßigkeit seiner [*o* ihrer] Gesichtszüge; **yüz ifadesi** *s* Gesichtsausdruck *m;* **yüz karası** *s ohne Pl* (*fig, pej*): **insanlığın ~** der Abschaum der Menschheit; **yüz kat I.** *s* Hundertfache *nt;* **bir şeyin ~ı** das Hundertfache von etw; **bir şeyi ~ına çıkarmak** etw um das Hundertfache erhöhen **II.** *adj* hundertfach; **~ daha iyi** hundertfach besser; **yüz kızartıcı suç** *s* Schandtat *f*

yüzlerce *adj* aberhundert

yüzleştirme *s* (*a.* JUR) Gegenüberstellung *f*

yüzlük I. *s* <-ğü> **1.** (*fam: kâğıt para*) Hunderter *m* **2.** (MATH) Hunderter *m* **II.** *adj* **1.** (*içinde yüz tane bulunan*) hunderter **2.** (*yüz yaşında olan*) hundertjährig; *s. a.* **altmışlık**

yüzme *s ohne Pl* **1.** *Verbalsubstantiv zu* **yüzmek** Schwimmen *nt,* Baden *nt* **2. ~ye gitmek** schwimmen [*o* baden] gehen; **~yi bil(me)mek** (nicht) schwimmen können

yüzme havuzu *s* Schwimmbecken *nt,* Swimmingpool *m*

yüzmek[1] <-er> *vi* **1.** schwimmen, baden; **çocuklar ~ye gittiler** die Kinder sind schwimmen [*o* baden] gegangen; **para içinde ~** (*fam fig*) in Geld schwimmen **2.** (*bir şeye bulanmak*): **ev pislik içinde yüzüyor** die Wohnung ist völlig versifft; **kitaplar toz içinde yüzüyor** die Bücher sind ganz verstaubt

yüzmek[2] <-er> *vt* häuten

yüzme şortu *s* Badehose *f;* **yüzme tekniği** *s* Schwimmtechnik *f*

yüz numara *s* WC *nt*

yüz rengi *s* Gesichtsfarbe *f*

yüzü ak *adj:* **~ olmak** (*fam fig*) eine reine Weste haben

yüzük *s* <-ğü> Ring *m*

yüzüncü *adj* hundertste(r, s); *s. a.* **altmışıncı**

yüzünden *adv* **1.** (*sebebiyle*) wegen; **senin ~** deinetwegen **2.** (*olumsuzluk bildiren davranışta*) wegen; **ehemmiyetlice bir kasa açığı ~ mahkûm oldu** wegen eines erheblichen Fehlbetrags in der Kasse wurde er verurteilt

yüzüstü *adv:* **bir iş ~ kalmak** etw bleibt liegen; **bir işi ~ bırakmak** etw liegen lassen; **birini ~ bırakmak** jdn im Stich lassen

yüzyıl *s* Jahrhundert *nt;* **~lar önce/sonra** vor/nach Jahrhunderten; **~lardan beri** seit Jahrhunderten; **~lardır** seit Jahrhunderten; **19.~ın başında/sonunda** (am) Anfang/Ende des 19. Jahrhunderts

yüzyıllık *adj* <-ğı> **1.** (*yüz yaşındaki*) hundertjährig **2.** (*yüz yıl süren*) hundertjährig, jahrhundertelang; **~ bir gelenek** eine hundertjährige Tradition

yy. *Abk. von* **yüzyıl** Jh., *Jahrhundert*

Z

z, Z [ze] *s* z, Z *nt, 29. Buchstabe des türk. Alphabets*
zabıt *s* <-ptı> **1.** (*zapt*) Beschlagnahme *f* **2.** (*tutanak*) Protokoll *nt,* Niederschrift *f;* ~ **tutmak** Protokoll führen
zabıta *s* Polizei *f*
zabit [za:bit] *s* (*subay*) Offizier *m*
zabitan [za:bita:n] *s Pl s.* **subaylar** Offiziere *pl*
zaç yağı *s ohne Pl* (CHEM: *sülfürik asit*) Schwefelsäure *f*
zafer takı *s* Triumphbogen *m*
zağar *s* Spürhund *m*
zahire ambarı *s* (AGR) Getreidespeicher *m,* Kornspeicher *m*
zahmet *s* Mühe *f;* ~**e değdi** die Mühe hat sich gelohnt; **birini** ~**e sokmak** jdm Mühe machen; ~**ine değmek** sich lohnen; ~**siz rahmet olmaz** (*prov*) ohne Fleiß kein Preis
zakkum *s* (BOT) Oleander *m*
zakkumgiller *s Pl* (BOT) Hundsgiftgewächse *pl*
zam *s* **1.** Zulage *f* **2.** (WIRTSCH: *fiyatta*) Preisaufschlag *m*
zaman *s* **1.** Zeit *f;* **az** ~ **sonra** nach kurzer Zeit; **hiçbir** ~ zu keiner Zeit, nie, niemals **2. köy ayaklandığı** ~ **...** wenn das Dorf aufsteht, ...; **oraya gittiğim** ~ **onu bulamazsam, ...** falls ich ihn nicht finde, wenn ich da hingehe, ...; **zaman aşımı** *s* Verjährung *f;* **zaman bilimi** *s ohne Pl* Zeitkunde *f;* (*kronoloji*) Chronologie *f*
zamandaş *adj* zeitgleich
zaman dilimi *s* Chronologie *f;* **zaman dizini** *s* (*kronoloji*) Chronologie *f;* **zaman dizinsel** *adj* chronologisch
zamanında *adv* früher
zaman kuşağı *s* Zeitzone *f*
zamanlama *s* Timing *nt*
zaman yarışı *s* (SPORT: *bisikletle*) Zeitrennen *nt*
zaman zaman *adv* von Zeit zu Zeit, dann und wann, hin und wieder, gelegentlich
zambak *s* <-ğı> (BOT) Lilie *f*
zambakgiller *s Pl* (BOT) Liliengewächse *ntpl*
zamir *s* (LING) Pronomen *nt,* Fürwort *nt;* **iyelik** ~**i** besitzanzeigendes Fürwort, Possessivpronomen *nt*
zamk *s* **1.** *ohne Pl* Gummiharz *nt* **2.** Klebstoff *m*
zamkıarabî *s ohne Pl s.* **Arap zamkı** Gummiarabikum *nt*
zamkinos *s* (*fam*) **1.** Dingsbums *mfnt* **2.** (*dost*) Freundin *f;* (*metres*) Geliebte *f* **3.** (*kaçma*): ~ **etmek** abhauen, sich aus dem Staub machen
zan *s s.* **sanı** Vermutung *f*
zanaat *s ohne Pl* Handwerk *nt*
zangır zangır *adv:* **bütün vücudu** ~ **titriyordu** er schlotterte am ganzen Leib; **dizleri** ~ **titriyordu** die Knie schlotterten ihm
zangoç *s* <-cu> (REL: *kilise hizmetlisi*) Küster(in) *m(f)*
zanlı *s* Verdächtige(r) *mf*
zannetme *s* **1.** *Verbalsubstantiv zu* **zannetmek** **2.** Vermutung *f*
zannetmek *vt s.* **sanmak** vermuten
zapt *s* **1.** Beschlagnahme *f;* **bir şeyi** ~ **etmek** etw beschlagnahmen **2.** (*hâkim olma*) Beherrschung *f;* **kendini** ~ **edememek** sich nicht beherrschen können, die Beherrschung verlieren **3.** (*yazıya geçirme*) Protokollierung *f;* **ifadesi poliste** ~ **edildi** seine Aussage wurde bei der Polizei protokolliert **4.** ~ **etmek** (*anlamak*) verstehen; (*kavramak*) begreifen; **bütün ayrıntılarıyla bu sorunu** ~ **etmişti** er hatte dieses Problem in allen Einzelheiten begriffen
zar *s* **1.** Membran *f;* **yarı geçirgen** ~ (BIOL) semipermeable Membran **2.** (ANAT: *akciğer, göğüs* ~ *ı*) Fell *nt*
zarafet *s ohne Pl* Eleganz *f*
zarar *s* Schaden *m;* **az bir** ~**la** ohne größeren Schaden, glimpflich; **manevî** ~ immaterieller Schaden
zararlı *adj* schädlich
zararsız *adj* harmlos
zarf *s* **1.** Umschlag *m;* **gri astarlı bir** ~ ein Umschlag mit grauem Futter **2.** (LING: *belirteç*) Adverb *nt*
zarf-fiil *s* (LING: *ulaç*) Gerundium *nt*
zarfında *adv s.* **içinde** in, binnen, innerhalb
zarif *adj* elegant
zariflik *s ohne Pl* <-ği> Eleganz *f*
zaten *adv* ohnehin, sowieso, eh
zat *s s.* **kişi** Person *f*
zatî *adj s.* **kişisel** persönlich
zatülcenp *s* <-bi> (MED: *akciğer zarı iltihabı*) Rippenfellentzündung *f,* Brustfellentzündung *f*
zatürree *s* (MED) Lungenentzündung *f*
zayıflama *s* **1.** *Verbalsubstantiv zu* **zayıflamak** **2.** Abmagerung *f,* Abnahme *f*

zayıflamak *vi* abmagern, abnehmen
zayıflatma *s* **1.** *Verbalsubstantiv zu* **zayıflatmak** **2.** Abmagerung *f*
zayıflatmak *vt* **1.** *Kausativ zu* **zayıflamak** **2.** abmagern
zayıflık *s* <-ğı> Schwäche *f*
zayıflık *s* <-ğı> Schwäche *f*
zatürree *s* (MED) Lungenentzündung *f*
zeban *s s.* **dil** Sprache *f*
zebani *s* **1.** (*cehennem bekçisi*) Zerberus *m* **2.** (*fam: zebellâ*) Monster *nt*
zebellâ *s* (*reg*) Monster *nt*
zecrî tedbir *s s.* **zorlayıcı önlem** Zwangsmaßnahme *f*
zehap *s* <-bı> *s.* **sanı** Vermutung *f*
zehir *s* Gift *nt;* ~ **gibi** (*çok acı*) sehr bitter; (*çok soğuk*) eiskalt; (*usta*) meisterhaft; (*çok üstün*) sehr scharf; ~ **saçmak** (*fam*) sein Gift verspritzen
zehirleme *s* **1.** *Verbalsubstantiv zu* **zehirlemek** **2.** Vergiftung *f*
zehirlemek *vt* vergiften
zehirlenme *s* **1.** *Verbalsubstantiv zu* **zehirlenmek** **2.** Vergiftung *f*
zehirlenmek *vi* sich vergiften
zehirli *adj* giftig; **zehirli gaz** *s* Giftgas *nt;* **zehirli madde** *s* Giftstoff *m;* **zehirli mantar** *s* (BOT) Giftpilz *m;* **zehirli yılan** *s* Giftschlange *f*
zehirsiz *adj* ungiftig; (*toksik olmayan*) atoxisch
zekâ *s* **1.** Intelligenz *f;* **yapay** ~ (INFORM) künstliche Intelligenz **2.** Verstand *m*
zekât *s* (REL) Almosen *nt*
zekâ testi *s* Intelligenztest *m;* **zekâ yaşı** *s* Intelligenzalter *nt*
zeki *adj* intelligent
zemberek *s* <-ği> (TECH) **1.** (*saatte*) Unruh *f* **2.** Sprungfeder *f*
zemberekotu *s* (BOT: *atkuyruğu*) Ackerschachtelhalm *m,* Zinnkraut *nt*
zembil otu *s* (BOT) Zittergras *nt*
zemin *s* **1.** Boden *m* **2.** Grundton *m;* **halının açık/koyu/yeşilimsi** ~**i** der helle/dunkle/grünliche Grundton des Teppichs
zemin katı *s* Erdgeschoss *nt*
zencefil *s ohne Pl* (BOT) Ingwer *m*
zencefilgiller *s Pl* (BOT) Ingwergewächse *pl*
zengin *adj* **1.** (*varlıklı*) reich **2.** gehaltvoll; ~ **bir kitap** ein gehaltvolles Buch; **zengin erki** *s* (SOZIOL: *plutokrasi*) Plutokratie *f*
zenginleşme *s* **1.** *Verbalsubstantiv zu* **zenginleşmek** **2.** Bereicherung *f*
zenginleşmek *vi* sich bereichern
zenginleştirme *s* **1.** *Verbalsubstantiv zu* **zenginleştirmek** **2.** Bereicherung *f*
zenginleştirmek *vt* bereichern
zenginlik *s* <-ği> Reichtum *nt*
zeplin *s* Zeppelin *m*
zeravent *s* <-di> (BOT) Biberwurz *f,* Osterluzei *f*
zerde *s ohne Pl* (GASTR) Kurkumin *nt*
zerdeçal *s* (BOT) Kurkuma *f,* Gelbwurz *f*
zerdeva *s* (ZOOL) Edelmarder *m;* (*ağaç sansarı*) Baummarder *m*
zerk *s* (MED: *içitim*) Injektion *f,* Einspritzung *f;* **zerk etmek** *vt* (MED: *içitmek*) injizieren, einspritzen
zerzevat *s* Gemüse *nt*
zerzevatçı *s* Gemüsehändler(in) *m(f)*
zeveban *s s.* **ergime** Schmelzen *nt;* (PHYS) Schmelzung *f;* ~ **etmek** schmelzen
zevk *s* Geschmack *nt*
zevkli *adj* geschmackvoll
zevksiz *adj* geschmacklos, abgeschmackt
zevksizlık *s* <-ği> Geschmacklosigkeit *f*
zevzek *s* <-ği> (*fam pej*) Quatschkopf *m*
zeytin *s* **1.** (BOT: *ağacı*) Ölbaum *m,* Olivenbaum *m* **2.** (*meyvesi*) Olive *f;* **zeytin çekirdiği** *s* Olivenkern *m;* **zeytin dalı** *s* Ölzweig *m;* **zeytin ezmesi** *s* Olivenpaste *f*
zeytingiller *s Pl* (BOT) Ölbaumgewächse *pl*
zeytin rengi *adj* olivgrün
zeytinsi meyve *s* (BOT) Steinobst *nt*
zeytinyağı *s* Olivenöl *nt*
zeytunî *adj* olivgrün
zıh *s* **1.** (*giyside*) Paspel *f;* (*pantolon* ~*ı*) Borte *f* **2.** (*kenar pervazı*) Bördüre *f,* Einfassung *f*
zıhlama *s Verbalsubstantiv zu* **zıhlamak**
zıhlamak *vt* **1.** einfassen **2.** paspeln, paspelieren, mit Borten besetzen
zıhlanma *s Verbalsubstantiv zu* **zıhlanmak**
zıhlanmak *vi pass von* **zıhlamak**
zıkkım *s* **1.** (*zehir*) Gift *nt* **2.** (*fig*) Gift *nt*
zıkkımlanma *s Verbalsubstantiv zu* **zıkkımlanmak**
zıkkımlanmak *vi* (*fam pej*) fressen, sich den Wanst voll schlagen
zılgıt *s* (*fam*) Rüffel *m;* ~ **yemek** einen Rüffel bekommen [*o* einstecken]
zılgıtlanma *s Verbalsubstantiv zu* **zılgıtlanmak**
zılgıtlanmak *vi* einen Rüffel bekommen [*o* einstecken]
zımba *s* **1.** (*delgeç*) Locher *m* **2.** (*açılan delik*) Lochung *f*
zımbalama *s* **1.** *Verbalsubstantiv zu* **zımbalamak** **2.** Lochung *f;* (*bilet*) Entwertung *f*
zımbalamak *vt* **1.** (*delik açmak*) lochen **2.** (*bilet*) entwerten **3.** (*sl: bıçaklamak*) erstechen
zımbalanma *s* **1.** *Verbalsubstantiv zu* **zımbalanmak** **2.** Lochung *f;* (*bilet*) Entwertung *f*
zımbalanmak *vi pass von* **zımbalamak**
zımbalatma *s Verbalsubstantiv zu* **zımba-**

latmak
zımbalatmak *vt Kausativ zu* **zımbalamak**
zımbalı *adj* gelocht
zımbırdatma *s Verbalsubstantiv zu* **zımbırdatmak**
zımbırdatmak *vt* gitarı ~, auf der Gitarre klimpern
zımbırtı *s ohne Pl* (*pej*) Geklimper *nt,* Klimperei *f*
zımnen *adv* stillschweigend
zımnî *adj* stillschweigend
zındık **I.** *s* <-ğı> Ketzer(in) *m(f)* **II.** *adj* ketzerisch
zındıklık *s* <-ğı> Ketzerei *f*
zıpçıktı **I.** *s* (*pej*) Emporkömmling *m,* Parvenu *m* **II.** *adj* (*pej*) emporgekommen, arriviert
zıpkın *s* Harpune *f*
zıpkınlama *s Verbalsubstantiv zu* **zıpkınlamak**
zıpkınlamak *vt* harpunieren
zıplama *s Verbalsubstantiv zu* **zıplamak**
zıplamak *vi* hüpfen
zıpzıp *s* Murmel *f*
zırh *s* **1.** (HIST) Rüstung *f* **2.** (*çelik levha*) Panzer *m,* Panzerung *f*
zırhlandırma *s* **1.** *Verbalsubstantiv zu* **zırhlandırmak** **2.** Panzerung *f*
zırhlandırmak *vt* panzern
zırhlı **I.** *s* (MIL) Panzerschiff *nt;* (*kruvazör*) Panzerkreuzer *m* **II.** *adj* gepanzert; **zırhlı balık** *s* <-ğı> (ZOOL) Panzerfisch *m;* **zırhlı birlik** *s* <-ği> (MIL) Panzerverband *m*
zırlama *s* **1.** *Verbalsubstantiv zu* **zırlamak** **2.** (*fam pej*) Flennerei *f;* **bırak** (**şu**) **~yı!** hör auf zu flennen!
zırlamak *vi* (*fam pej*) flennen
zırnık *s ohne Pl s.* **arsenik** Arsen *nt*
zıt **I.** *s* <-ddı> Gegensatz *m;* **birinin zıddına gitmek** jdm auf die Nerven gehen; (*sinirlendirmek*) jdn nerven **II.** *adj* <-ddı> gegensätzlich; **tamamıyla ~ karakterlerdir** sie sind ganz gegensätzliche Charaktere
zıt kutup *s* <-tbu> Gegenpol *m*
zıvana *s* (TECH) Hülse *f;* **~dan çıkmak** (*fam*) fuchsteufelswild werden
zihin *s ohne Pl* <-hni> **1.** Geist *m* **2.** (*bellek, hafıza*) Gedächtnis *nt;* **bir şey zihnine nakşolmak** (*fig*) etw gräbt sich ins Gedächtnis ein **3.** (*anlayış, kavrayış*) Auffassungsgabe *f* **4.** (*bilinç, dimağ*) Verstand *m;* **zihin gücü** *s* Geisteskraft *f,* die Kraft des Geistes; **zihin hesabı** *s ohne Pl* Kopfrechnen *nt*
zihni *s poss von* **zihin**
zihniye *s ohne Pl s.* **entelektüalizm** Intellektualismus *m*
zihniyet *s* Gesinnung *f*
zil *s* Klingel *f;* **zil butonu** *s* Klingelknopf *m*
zilyet *s* <-di> (JUR) Besitzer(in) *m(f);* **bir şeye ~ olmak** etw besitzen
zilyetlik *s ohne Pl* <-ği> (JUR) Besitz *m*
zilzurna *adj* sternhagelvoll
zina *s* Ehebruch *m;* **~ işlemek** Ehebruch begehen, die Ehe brechen
zincir *s* Kette *f*
zindan *s* Kerker *m*
zinde *adj* fit, rüstig
zindeleştirme *s Verbalsubstantiv zu* **zindeleştirmek**
zindeleştirmek *vt* fit machen; **jogging insanı zindeleştirir** Joggen macht fit
zindelik *s* <-ği> Rüstigkeit *f*
ziraat *s ohne Pl s.* **tarım** Landwirtschaft *f*
ziraatçı *s* Landwirt(in) *m(f)*
ziraî *adj s.* **tarımsal** landwirtschaftlich, Agrar-
zirve *s* Höhepunkt *m,* Gipfel *m; s. a.* **doruk**; **zirve konferansı** *s* (POL) Gipfelkonferenz *f;* **zirve toplantısı** *s* (POL) Gipfeltreffen *nt*
zirzop *adj* (*fam*) flippig
ziyafet *s* Festessen *nt*
ziyaret *s* Besuch *m;* **birini ~ etmek** jdn besuchen
ziyaretçi *s* Besucher(in) *m(f)*
ziyaret saatleri *s Pl* Besuchszeit *f;* **ziyaret zamanı** *s* Besuchszeit *f*
zona *s ohne Pl* (MED) Gürtelrose *f*
zonklama *s Verbalsubstantiv zu* **zonklamak**
zonklamak *vi* dröhnen; **başım zonkluyor** mir dröhnt der Kopf
zor **I.** *s ohne Pl* Zwang *m;* **~ kullanmak** Zwang ausüben **II.** *adj* schwer; **birine bir şey ~ gelmek** jdm etw schwer fallen
zoraki *adj* (*gülüş*) gequält
zorba *adj* gewalttätig
zorbalık *s* <-ğı> Gewalttätigkeit *f*
zorla *adv* (*metazori*) mit Gewalt, gewaltsam; **birine isteklerini ~ kabul ettirmek** jdm seine Wünsche aufzwingen
zorlama *s Verbalsubstantiv zu* **zorlamak**
zorlamak *vt* zwingen (*-e* zu); **bir şey yapmaya kendini ~** sich zwingen etw zu tun
zorlayıcı önlem *s* Zwangsmaßnahme *f*
zorunluluk *s* <-ğu> Zwang *m;* **toplumsal ~** gesellschaftlicher Zwang
zorunlu öğrenim *s ohne Pl* Schulpflicht *f;* **~ çağındaki çocuklar** Kinder im schulpflichtigen Alter
zorunlu sigorta *s* Pflichtversicherung *f*
zulmetme *s Verbalsubstantiv zu* **zulmetmek**
zulmetmek *vi* quälen (*-e*)
zulmü *s poss von* **zulüm**
zulüm *s* <-lmü> Grausamkeit *f*

zum [zum] *s* (FILM, FOTO) Zoom *nt*
zumlama *s Verbalsubstantiv zu* **zumlamak**
zumlamak *vt* (FILM, FOTO) zoomen
zücaciye *s ohne Pl* **1.** (*camdan yapılan şeyler*) Glaswaren *fpl* **2.** (*porselenden yapılan şeyler*) Porzellanwaren *fpl*
züğürt *adj* (*fam*) pleite, abgebrannt
Zühal [zyhāl] *s* <-i> (ASTR: *Satürn*) Saturn *m*
Zümrüdüanka *s* Phönix *m*
zümrüt *s* Smaragd *m*
zürafa *s* (ZOOL) Giraffe *f*
zürriyet *s ohne Pl* Nachkommenschaft *f*

Türkische Kurzgrammatik

Das türkische Alphabet basiert seit 1928 auf lateinischen Buchstaben. Es besteht aus 8 Vokalen und 21 Konsonanten: A B C Ç D E F G Ğ H I İ J K L M N O Ö P R S Ş T U Ü V Y Z

Vokalharmonie und Konsonantenwandel

Vokale und Konsonanten unterliegen bestimmten Regeln, die ein Schlüssel zum Verständnis der türkischen Grammatik sind. Es handelt sich dabei um die Vokalharmonie und den Konsonantenwandel. Diese sind insbesondere bei der Bildung von grammatischen Endungen sehr wichtig, die wiederum eine der wesentlichen Besonderheiten der türkischen Sprache darstellen.

Die Vokalharmonie

Zunächst unterscheidet man zwischen hellen und dumpfen Vokalen:

helle Vokale	e, i, ö, ü
dumpfe Vokale	a, ı, o, u

Alle türkischen Wörter und Endungen unterliegen der Vokalharmonie. Diese besagt, dass in einem Wort entweder **helle** oder **dumpfe** Vokale vorhanden sind und die Vokale der Endungen mit dem letzten Vokal des Wortstammes harmonieren müssen. Man unterscheidet zwischen kleiner und großer Vokalharmonie.

<table>
<tr><th colspan="9">Vokalharmonie</th></tr>
<tr><td rowspan="2">Kl. Vokalharm.</td><td colspan="2">Vokal in der Endsilbe des Wortstammes</td><td colspan="2">Vokal der Endung</td><td colspan="2">Vokal in der Endsilbe des Wortstammes</td><td colspan="2">Vokal der Endung</td></tr>
<tr><td colspan="2">a
ı
o
u</td><td colspan="2">a</td><td colspan="2">e
i
ö
ü</td><td colspan="2">e</td></tr>
<tr><td rowspan="2">Gr. Vokalharm.</td><td>Vokal in der Endsilbe des Wortstammes</td><td>Vokal der Endung</td><td>Vokal in der Endsilbe des Wortstammes</td><td>Vokal der Endung</td><td>Vokal in der Endsilbe des Wortstammes</td><td>Vokal der Endung</td><td>Vokal in der Endsilbe des Wortstammes</td><td>Vokal der Endung</td></tr>
<tr><td>a
ı</td><td>ı</td><td>e
i</td><td>i</td><td>o
u</td><td>u</td><td>ö
ü</td><td>ü</td></tr>
</table>

Ausnahmen sind Fremd- bzw. Lehnwörter (z.B. *kalem*, *otel*), Wortzusammensetzungen (z.B. *yayınevi*) sowie türkische Wörter, deren Aussprache sich mit der Zeit gewandelt hat (z.B. *alma* – *elma*). Ferner gibt es im Türkischen starre Endungen, die durch die Vokalharmonie nicht geändert werden (z.B. *-yor* = Präsensendung).

Der Konsonantenwandel

Die Konsonanten teilen sich in **harte** (stimmlose) (ç, f, h, k, p, s, ş, t) und in **weiche** (stimmhafte) Konsonanten (b, c, d, g, ğ, j, l, m, n, r, v, y, z). Einem Harmoniegesetz zufolge werden harte Konsonanten in entsprechende weiche umgewandelt, wenn sie durch eine Endung zwischen zwei Vokale geraten:

harte Konsonanten			**weiche Konsonanten**		
ç	ağa**ç**	(der Baum)	**c**	ağa**c**ın	(des Baumes)
k	çocu**k**	(das Kind)	**ğ**	çocu**ğ**a	(dem Kind)
p	çora**p**	(der Strumpf)	**b**	çora**b**ı	(den Strumpf)
t	kana**t**	(der Flügel)	**d**	kana**d**ı	(den Flügel)

Ausnahmen von dieser Regel bilden viele einsilbige Wörter: z.B. a**t** (das Pferd) – a**t**ım (mein Pferd). Es gibt aber auch Ausnahmen bei mehrsilbigen Wörtern, gerade bei solchen, die auf *t* auslauten. Das auslautende *t* wird seltener erweicht als die anderen harten Konsonanten:

hürriye**t** (die Freiheit) – hürriye**t**e (der Freiheit)

Wenn ein Wort mit einem harten Konsonant auslautet, muss der eigentlich weiche Konsonant der angefügten Endung, (z.B. Lokativendung -de/-da) zu einem harten Konsonanten umgewandelt werden (-te/-ta):

ağaç (der Baum) – ağaç-**ta** (auf dem Baum)

Wegfall des zweiten Vokals

Bei manchen zweisilbigen Substantiven fällt der Vokal der zweiten Silbe beim Antritt von vokalisch anlautenden Endungen (Endungen, die mit einem Vokal beginnen, nämlich die Possessivendungen und die Dativ-, Akkusativ- und Genitivendungen) weg.

şehir (die Stadt)	şehr**e** **(in die** Stadt)
burun (die Nase)	burn**um** **(meine** Nase)

Das Substantiv (Hauptwort)

Mit Ausnahme von Eigennamen werden alle Substantive klein geschrieben. Das Türkische kennt **keine bestimmten Artikel** (Geschlechtswörter) sondern nur den **unbestimmten Artikel** *bir* (z.B. ein Kind – bir çocuk). *Bir* dient auch als Zahlwort (eins). Es wird nicht dekliniert und hat keine Verneinungsform. Zur **Pluralbildung** dient die Endung *-ler/-lar.* Sie richtet sich nach der kleinen Vokalharmonie und wird an das Substantiv angefügt:

Singular		**Plural (-lar/-ler)**	
baba	(der Vater)	babalar	(die Väter)
anne	(die Mutter)	anneler	(die Mütter)
çocuk	(das Kind)	çocuklar	(die Kinder)

Nach Zahlwörtern wird immer der Singular des Substantivs gebraucht:

üç kişi	iki ekmek	on bir oyuncu
drei Personen	zwei Brote	elf Spieler

Ebenso steht nach dem Adjektiv *çok* (viel) der Singular:

çok çocuk	çok insan	çok araba
viele Kinder	viele Menschen	viele Autos

Die Fallendungen im Plural sind vollkommen identisch mit denen im Singular. Sie treten an die Pluralform. Auch hier gilt wieder die Vokalharmonie:

Nominativ (Wer? Was?)	Ekmekler taze. (Die Brote sind frisch)
Akkusativ (Wen, Was?)	Bugün sarayları gezeceğiz. (Heute werden wir die Paläste besichtigen.)
Dativ (Wem, Wohin?)	Bu akşam arkadaşlar**a** gideceğiz. (Heute abend werden wir zu Freunden gehen.)
Genitiv (Wessen?)	Bu arkadaşlar**ın** oteli nerede? (Wo ist das Hotel dieser Freunde?)

Die Deklination des Substantivs

Es gibt im Türkischen fünf Deklinationsformen und einen Attributsfall, der dem Genitiv im Deutschen entspricht. Die Deklinationsendungen werden an das Substantiv angehängt und richten sich nach der Vokalharmonie (im Akk. und Gen. die große, ansonsten die kleine). Bei vokalisch auslautenden Substantiven kommt zwischen Wortstamm und Deklinationsendung ein Fugenkonsonant (bei Akk. und Dat. *-y-*, bei Gen. *-n-*). Bei hartem konsonantischem Auslaut muss der nötige Konsonantenwandel (s.o.) berücksichtigt werden.

Fall	**Deklinationsendungen**	**Substantiv endet mit Vokal**	**Substantiv endet mit weichem Konsonant**	**Substantiv endet mit hartem Konsonant**	**Pluralbildung**
Nominativ Wer? Was?	–	araba (der Wagen)	ev (das Haus)	çocuk (das Kind)	arabalar (die Wagen) evler (die Häuser) çocuklar (die Kinder)
Akkusativ Wen? Was?	-ı, -i, -u, -ü	araba-y-ı (den Wagen)	ev-i (das Haus)	çocuğ-u (das Kind)	arabalar-ı (die Wagen) evler-i (die Häuser) çocuklar-ı (die Kinder)
Dativ Wem? Wohin?	-e, -a	araba-y-a (dem Wagen)	ev-e (dem Haus/ ins Haus)	çocuğ-a (dem Kind)	arabalar-a (den Wagen) evler-e (den Häusern) çocuklar-a (den Kindern)
Lokativ Wo? Wann?	-de, -da	araba-da (im Wagen)	ev-de (im Haus)	çocuk-ta (beim Kind)	arabalar-da (in den Wagen) evler-de (in den Häusern) çocuklar-da (bei den Kindern)

Ablativ Woher? Von wem?	-den, -dan	araba-dan (aus dem / vom Wagen)	ev-den (aus dem / vom Haus)	çocuk-tan (vom Kind)	arabalar-dan (von / aus den Wagen) evler-den (von / aus den Häusern) çocuklar-dan (von den Kindern)
Genitiv Wessen?	-ın, -in, -un, -ün	araba-n-ın (des Wagens)	ev-in (des Hauses)	çocuğ-un (des Kindes)	arabalar-ın (der Wagen) evler-in (der Häuser) çocuklar-ın (der Kinder)

Bei Eigennamen wird die Endung mit einem Apostroph abgetrennt (z.B. İstanbul'da).

Die Genitivkonstruktion

Bei der Genitivkonstruktion werden zwei Substantive miteinander verbunden.

a) Die bestimmte Genitivkonstruktion: Das erste Substantiv ist das Bestimmungswort und bekommt die Genitivendung (-ın/-in/-un/-ün). Das zweite Wort ist das Grundwort und bekommt die Possessivendung der 3. Pers. Sing. oder Pl. (s. auch Kap. zu Possessiv):

ev-in anahtar-ı	der Schlüssel des Hauses
evler-in anahtar-ları	die Schlüssel der Häuser

b) Die unbestimmte Genitivkonstruktion bezeichnet einen Gattungsbegriff oder dient der Wortzusammensetzung. Hier bekommt das Bestimmungswort keine Genitivendung, aber das Grundwort behält die Possessivendung bei:

ev anahtar-ı	der Hausschlüssel
ev anahtar-ları	die Hausschlüssel

Das Adjektiv (Eigenschaftswort)

Im Türkischen wird das Adjektiv nicht dekliniert, außer wenn es substantivisch gebraucht wird.

- **Das adverbiale Adjektiv:** Das Adjektiv steht vor einem Verb und charakterisiert dieses näher:
  Kadın **güzel** konuşuyor. (Die Frau spricht schön.)
- **Das attributive Adjektiv:**
  Das Adjektiv steht, wie im Deutschen, immer vor dem Substantiv:
  güzel kadın (die schöne Frau), **güzel** kadınlar (schöne Frauen)
  Der unbestimmte Artikel kann vor dem Adjektiv oder zwischen Adjektiv und Substantiv stehen:
  bir **güzel** kadın / **güzel** bir kadın (eine schöne Frau)
- **Das prädikative Adjektiv:** Bei prädikativem Gebrauch steht das Adjektiv am Satzende und erhält eine Personalendung, die der deutschen Kopula „sein" entspricht:
  Bu kadın **güzel**. (Diese Frau ist schön.) (vgl. Absatz über die Kopula „sein").
- **Das substantivierte Adjektiv** wird dekliniert:
  Nom.: **güzel** (die Schöne)   Gen.: **güzel**in gözleri (die Augen der Schönen)

Steigerung und Vergleich

Das Adjektiv wird mit den Wörtern *daha* und *en* gesteigert.

güzel (schön)	daha güzel (schöner)	en güzel (am schönsten)

Bei einem Vergleich erhält das Substantiv, mit dem verglichen wird, die Ablativendung *-den/-dan* und steht vor dem Adjektiv. *Daha* ist dann nicht mehr notwendig und hat, wenn es doch gebraucht wird, die Bedeutung „noch".

Positiv	İzmir **büyük** bir şehirdir. (Izmir ist eine große Stadt.)
Komparativ	İstanbul İzmir'**den (daha) büyük**tür. (Istanbul ist (noch) größer als İzmir.)
Superlativ	İstanbul Türkiye'nin **en büyük** şehridir. (Istanbul ist die größte Stadt der Türkei.)

Für Vergleichssätze werden kadar (so ... wie), gibi (wie bzw. so ... wie) oder kere/defa (-mal so ... wie) benutzt:

İngilizce **kadar** iyi Almanca bilmiyorum.	Ich kann nicht so gut Deutsch wie Englisch.
İngilizce Almanca **gibi** zor değil.	Englisch ist nicht so schwer wie Deutsch.
Türkiye, Almanya'**dan** üç **kere** daha büyük.	Die Türkei ist dreimal so groß wie Deutschland.

Die Pronomen (Fürwörter)

Im Türkischen gibt es Personal-, Possessiv-, Demonstrativ-, Reflexiv- und Fragepronomen. Mit dem Deutschen vergleichbare Relativpronomen gibt es nicht.

Personalpronomen (Persönliche Fürwörter)

Nominativ (Wer?)	**Akkusativ** (Wen?)	**Dativ** (Wem? Wohin?)	**Lokativ** (Wo? Bei wem?)	**Ablativ** (Woher? Von wem?)
ben (ich)	ben**i** (mich)	ban**a** (mir, zu mir)	ben**de** (bei mir)	ben**den** (von mir)
sen (du)	sen**i** (dich)	san**a** (dir, zu dir)	sen**de** (bei dir)	sen**den** (von dir)
o (er, sie, es)	on**u** (ihn, sie, es)	on**a** (ihm, ihr, ihm; zu ihm/ihr)	on**da** (bei ihm, ihr, ihm)	on**dan** (von ihm, ihr, ihm)
biz (wir)	biz**i** (uns)	biz**e** (uns, zu uns)	biz**de** (bei uns)	biz**den** (von uns)
siz (ihr / Sie)	siz**i** (euch / Sie)	siz**e** (euch/Ihnen, zu euch/Ihnen)	siz**de** (bei euch / Ihnen)	siz**den** (von euch / Ihnen)
onlar (sie)	onlar**ı** (sie)	onlar**a** (sie, zu ihnen)	onlar**da** (bei ihnen)	onlar**dan** (von ihnen)

Da das Prädikat Personalendungen enthält, wird das Personalpronomen im Nominativ als Subjekt häufig weggelassen. Es wird in der Regel nur zur besonderen Hervorhebung gebraucht.

Geliyorum. **Ben** geliyorum.	Ich komme.

Das Possessivpronomen ist mit dem Genitiv des Personalpronomens identisch (s.u.).

Possessivpronomen (Besitzanzeigende Fürwörter) und Possessivendungen

Possessivpronomen stehen vor ihrem Bezugswort, einem Substantiv, das eine entsprechende Possessivendung erhält. Da die Possessivendung am Substantiv dasselbe leistet wie das Possessivpronomen, wird dieses häufig weggelassen (**benim** ev**im** – **mein** Haus; oder auch nur: ev**im** – **mein** Haus) In der folgenden Tabelle sind die Possessivpronomen aufgelistet:

benim:	mein	**bizim:**	unser
senin:	dein	**sizin:**	euer / Ihr (Sing.u.Pl.)
onun:	sein/ihr/sein	**onların:**	ihr

Die Vokale der **Possessivendungen** verändern sich nach der großen Vokalharmonie:

Poss.pr.	**Substantiv + Possessivendung**		
	Endung nach vokalischem Auslaut	Endung nach weichem konsonantischem Auslaut	Endung nach hartem konsonantischem Auslaut
benim (mein)	baba**m** (mein Vater)	arkadaş**ım** (mein/e Freund/in)	çocuğ**um** (mein Kind)
senin (dein)	baba**n** (dein Vater)	arkadaş**ın** (dein/e Freund/in)	çocuğ**un** (dein Kind)
onun (sein, ihr, sein)	baba**sı** (sein, ihr, sein Vater)	arkadaş**ı** (sein/e, ihr/e, sein/e Freund/in)	çocuğ**u** (sein, ihr, sein Kind)
bizim (unser)	baba**mız** (unser Vater)	arkadaş**ımız** (unser/e Freund/in)	çocuğ**umuz** (unser Kind)
sizin (euer/Ihr)	baba**nız** (euer / Ihr Vater)	arkadaş**ınız** (euer/e / Ihr/e Freund/in)	çocuğ**unuz** (euer / Ihr Kind)
onların (ihr)	baba**ları** (ihreVäter) baba**sı** (ihr Vater)	arkadaş**ları** (ihre Freunde/Freundinnen) arkadaş**ı** (ihr/e Freund/in)	çocuk**ları** (ihre Kinder) çocuğ**u** (ihr Kind)

Die **Deklinationsendungen** werden an die Possessivendungen angefügt.

Bildung: Substantiv + Possessivendung + Deklinationsendung

z.B. Lokativ: Bizim arkadaş-ımız-**da** (bei unserem Freund)

Nach den Possessivendungen in der 3. Pers. Sing. und Pl. steht immer ein *-n-* vor der folgenden Deklinationsendung: araba-sı-**n**-ı (Akk.), araba-sı-**n**-a (Dat.), araba-sı-**n**-da (Lok.), araba-sı-**n**-dan (Abl.), araba-ları-**n**-ın (Pl. Gen.)

Demonstrativpronomen (hinweisende Fürwörter)

Singular	Plural
bu (der/die/das hier) / şu (der/die/das da) / o (jene/r/s)	bunlar (diese hier) / şunlar (diese da) / onlar (jene)
Bu güzel bir otel. (Das hier ist ein schönes Hotel.)	**Bunlar** bizim çocuklarımız değil. (Das hier sind nicht unsere Kinder.)
Şu eski bir ev. (Das da ist ein altes Haus.)	**Şunlar** elma ağacı. (Das da sind Apfelbäume.)
O iyi bir kitap. (Jenes ist ein gutes Buch.)	**Onlar** da iyi. (Jene sind auch gut.)

Reflexivpronomen (rückbezügliches Fürwort)

Das türkische Reflexivpronomen ist mit dem deutschen nicht zu vergleichen. Es kann adjektivisch oder substantivisch benutzt werden. Es gibt nur das Reflexivpronomen *kendi.* In substantivischem Gebrauch nimmt es Possessivendungen an und bedeutet „ich selbst", „du selbst" usw; in adjektivischem Gebrauch steht es unverändert vor dem Bezugswort, das eine Possessivendung annimmt, und bedeutet „mein eigener", „dein eigener" usw.

Substantivisch		Adjektivisch
kendi**m**	(ich selbst)	kendi araba**m** (mein eigener Wagen) kendi ev**im** (mein eigenes Haus)
kendi**n**	(du selbst)	kendi araba**n** (dein eigener Wagen) kendi ev**in** (dein eigenes Haus)
kendi**si**	(er, sie, es selbst)	kendi araba**sı** (sein, ihr eigener Wagen) kendi ev**i** (sein, ihr eigenes Haus)
kendi**miz**	(wir selbst)	kendi araba**mız** (unser eigener Wagen) kendi ev**imiz** (unser eigenes Haus)
kendi**niz**	(ihr selbst / Sie selbst)	kendi araba**nız** (euer / Ihr eigener Wagen) kendi ev**iniz** (euer / Ihr eigenes Haus)
kendi**leri**	(sie selbst)	kendi araba**ları** (ihre eigenen Wagen) kendi ev**leri** (ihre eigenen Häuser) kendi araba**sı** (ihr eigener Wagen) kendi ev**i** (ihr eigenes Haus)

Deklination

Nom.	kendim (ich selbst)	kendi arabam (mein eigener Wagen)
Akk.	kendim**i** (mich selbst)	kendi arabam**ı** (meinen eigenen Wagen)
Dat.	kendim**e** (mir selbst)	kendi arabam**a** (meinem eigenen Wagen)
Lok.	kendim**de** (bei mir selbst)	kendi arabam**da** (in meinem eigenen Wagen)
Abl.	kendim**den** (von mir selbst)	kendi arabam**dan** (von meinem eigenen Wagen)
Gen.	kendim**in** (meiner selbst)	kendi arabam**ın** (meines eigenen Wagens)

Fragepronomen und Fragewörter

Kim? (Wer?)	**Kim** çay istiyor? **Kimi** arıyorsunuz? **Kime** sordunuz? **Kimin** arkadaşısınız? **Kimde** kalıyorsunuz? Bunu **kimden** aldınız?	Wer möchte Tee? Wen suchen Sie? Wem stellten Sie die Frage? Wessen Freund sind Sie? Bei wem wohnen Sie? Von wem haben Sie das bekommen?
Ne? (Was?)	**Ne** istiyorsunuz? **Ne** arıyorsunuz?	Was möchten Sie? Was suchen Sie?
Ne zaman? (Wann?)	Uçak **ne zaman** kalkıyor? Bize **ne zaman** geleceksin?	Wann startet das Flugzeug? Wann kommst du zu uns?
Kaç ....? (Wie viel?)	**Kaç** kişisiniz? Şeftali **kaç** lira? Kilosu **kaça**? **Kaç gün** kalacaksınız? Bir gecesi **kaç para**? **Kaç tane?**	Wie viele Personen sind Sie? Wie viel Lira kosten die Pfirsiche? Was kostet das Kilo? Wie viel Tage werden Sie bleiben? Was kostet eine Nacht? Wie viel Stück?
Saat kaç? (Wie spät ist es?)	Affedersiniz, **saat kaç**?	Entschuldigen Sie, wie spät ist es?
Saat kaçta? (Um wie viel Uhr?/ Wann?)	Tren **saat kaçta** kalkıyor? **Saat kaçta** buluşalım?	Wann fährt der Zug ab? Um wie viel Uhr sollen wir uns treffen?
Hangi? (welche/r/s?)	**Hangi** oteli tavsiye edersiniz?	Welches Hotel würden Sie empfehlen?

Das Verb (Zeitwort)

Infinitiv

Die Infinitivendung, die an den Wortstamm angehängt wird, lautet im Türkischen *-mek* oder *-mak*. Sie richtet sich nach der kleinen Vokalharmonie: gel-mek (kommen); sor-mak (fragen).

Die Kopula „sein", die Personalendung

Die Kopula „sein" in Sätzen wie „ich bin Arzt" oder „er ist krank" gibt es in türkischen Hauptsätzen (außer im Futur) nicht als eigenes Wort, sondern in Form von **Personalendungen**, die am Ende des Satzes an ein Substantiv, Adjektiv oder Pronomen antritt. (z. B. in der 1. Person Singular: Ben doktor-**um**. – Ich **bin** Arzt.) Diese Personalendungen werden auch bei der Konjugation der Verben gebraucht.

Personal-pronomen	**Nach konsonant. Auslaut:** Wortstamm + Personalend.	**nach vokalischem Auslaut:** Wortstamm (+ -y) + Personalend.
ben	-ım/-im/-um/-üm	-y-ım/-y-im/-y-um/-y-üm
sen	-sın/-sin/-sun/-sün	-sın/-sin/-sun/-sün
o	*keine Endung*	*keine Endung*
biz	-ız/-iz/-uz/-üz	-y-ız/-y-iz/-y-uz/-y-üz
siz	-sınız/-siniz/-sunuz/-sünüz	-sınız/-siniz/-sunuz/-sünüz
onlar	(-lar)/(-ler)	(-lar)/(-ler)

- Die Personalendung für die 3. Person Singular (das deutsche „ist") ist eine Nullendung, d. h. es tritt keine Endung an. (z.B. Babam hasta. – Mein Vater ist krank.). Es kann allerdings auch die Endung *-dır/-dir/-dur/-dür* (nach harten Konsonanten *-tır/-tir/-tur/-tür*) antreten, wenn der Sprecher seiner Aussage eine gewisse Nachdrücklichkeit beilegt; *-dir* wird dabei meist nicht extra übersetzt (Babam hasta-dır. – Mein Vater ist krank.).
- Die oben aufgelisteten Personalendungen werden nur in der Gegenwart und unbestimmten Vergangenheit verwendet. Für die bestimmte Vergangenheit (Perfekt) gelten andere Endungen (siehe Tabellen unten).
- Im Futur erscheint die Kopula „sein" nicht als bloße Personalendung sondern als Hilfsverb *olmak* („sein") mit Futurendung (s. Tempusbildung bei Verben):
  Doktor ol-acağ-ım. – Ich werde Arzt.
- Bei verneinten Sätzen tritt die Personalendung an das Adverb *değil* („nicht"):
  Doktor değil-im. – Ich bin kein Arzt.
- Bei Fragesätzen tritt die Personalendung an das Fragepartikel *-mı/-mi/-mu/-mü:* Doktor mu-y-um? – Bin ich ein Arzt?
- Bei vokalischem Auslaut kommt zwischen Wortstamm und Personalendung ein Fugen-*y*, wenn die Personalendung mit einem Vokal beginnt: Ben hasta-y-ım. – Ich bin krank.

Gegenwart

Personalpronomen	**Positive Aussage**	**Negative Aussage**	**Positive Frage**	**Negative Frage**
ben	doktor**um** (ich bin Arzt.) hastay**ım** (ich bin krank)	doktor değil**im** (ich bin kein Arzt) hasta değil**im** (ich bin nicht krank)	doktor muy**um**? (bin ich ein Arzt?) hasta mıy**ım**? (bin ich krank?)	doktor değil mi**yim?** (bin ich kein Arzt?) hasta değil mi**yim**? (bin ich nicht krank?)
sen	doktor**sun** hasta**sın**	doktor değil**sin** hasta değil**sin**	doktor mu**sun**? hasta mı**sın**?	doktor değil mi**sin**? hasta değil mi**sin**?
o	doktor**(dur)** hasta**(dır)**	doktor değil**(dir)** hasta değil**(dir)**	doktor mu(**dur**)? hasta mı(**dır**)?	doktor değil mi**(dir)?** hasta değil mi**(dir)?**
biz	doktor**uz** hastay**ız**	doktor değil**iz** hasta değil**iz**	doktor muy**uz**? hasta mıy**ız**?	doktor değil miy**iz**? hasta değil miy**iz**?
siz	doktor**sunuz** hasta**sınız**	doktor değil**siniz** hasta değil**siniz**	doktor mu**sunuz**? hasta mı**sınız**?	doktor değil mi**siniz?** hasta değil mi**siniz**?
onlar	doktor**(dur)lar** hasta**(dır)lar**	doktor değil**(dir)ler** hasta değil**(dir)ler**	doktor mu(**dur**)**lar**? hasta mı(**dır**)**lar**?	doktor değil(**dir)ler** mi? hasta değil(**dir)ler** mi?

Bestimmte Vergangenheit (erlebte Vergangenheit): -(y)dı/-(y)di/-(y)du/-(y)dü

Personal-pronomen	Positive Aussage	Negative Aussage	Positive Frage	Negative Frage
ben	doktor**dum** (ich war Arzt) hastay**dım** (ich war krank)	doktor değil**dim** (ich war kein Arzt) hasta değil**dim** (ich war nicht krank)	doktor muy**dum**? (war ich ein Arzt?) hasta mıy**dım**? (war ich krank?)	doktor değil miy**dim**? (war ich kein Arzt?) hasta değil miy**dim**? (war ich nicht krank?)
sen	doktor**dun** hastay**dın**	doktor değil**din** hasta değil**din**	doktor muy**dun**? hasta mıy**dın**?	doktor değil miy**din**? hasta değil miy**din**?
o	doktor**du** hastay**dı**	doktor değil**di** hasta değil**di**	doktor muy**du**? hasta mıy**dı**?	doktor değil miy**di**? hasta değil miy**di**?
biz	doktor**duk** hastay**dık**	doktor değil**dik** hasta değil**dik**	doktor muy**duk**? hasta mıy**dık**?	doktor değil miy**dik**? hasta değil miy**dik**?
siz	doktor**dunuz** hastay**dınız**	doktor değil**diniz** hasta değil**diniz**	doktor muy**dunuz**? hasta mıy**dınız**?	doktor değil miy**diniz**? hasta değil miy**diniz**?
onlar	doktor**dular** hastay**dılar**	doktor değil**diler** hasta değil**diler**	doktor muy**dular**? hasta mıy**dılar**?	doktor değil miy**diler**? hasta değil miy**diler**?

Unbestimmte Vergangenheit (erfahrene Vergangenheit):
-(y)mış/-(y)miş/-(y)muş/-(y)müş

Personal-pronomen	Positive Aussage	Negative Aussage	Positive Frage	Negative Frage
ben	doktor**muşum** (ich soll Arzt sein) hastay**mışım** (ich soll krank sein)	doktor değil**mişim** (ich soll kein Arzt sein) hasta değil**mişim** (ich soll nicht krank sein)	doktor muy**muşum**? (soll ich Arzt sein?) hasta mıy**mışım**? (soll ich krank sein?)	doktor değil miy**mişim**? (soll ich kein Arzt sein?) hasta değil miy**mişim**? (soll ich nicht krank sein?)
sen	doktor**muşsun** hastay**mışsın**	doktor değil**mişsin** hasta değil**mişsin**	doktor muy**muşsun**? hasta mıy**mışsın**?	doktor değil miy**mişsin**? hasta değil miy**mişsin**?
o	doktor**muş** hastay**mış**	doktor değil**miş** hasta değil**miş**	doktor muy**muş**? hasta mıy**mış**?	doktor değil miy**miş**? hasta değil miy**miş**?
biz	doktor**muşuz** hastay**mışız**	doktor değil**mişiz** hasta değil**mişiz**	doktor muy**muşuz**? hasta mıy**mışız**?	doktor değil miy**mişiz**? hasta değil miy**mişiz**?

siz	doktor**muşsu-nuz** hastay**mışsınız**	doktor değil**miş-siniz** hasta değil**miş-siniz**	doktor muy-**muşsunuz**? hasta mıy**mışsı-nız**?	doktor değil miy-**mişsiniz**? hasta değil miy**miş-siniz**?
onlar	doktor**muşlar** hastay**mışlar**	doktor değil**miş-ler** hasta değil**miş-ler**	doktor muy-**muşlar**? hasta mıy**mış-lar**?	doktor değil miy-**mişler**? hasta değil miy**miş-ler**?

Sätze mit var und yok

Die Wörter *var* und *yok* sind formal gesehen Adjektive. Stehen sie am Ende eines Satzes, dann bilden sie ein Prädikat und drücken das Vorhandensein (var – „ist vorhanden") bzw. das Nichtvorhandensein (yok – „ist nicht vorhanden") des Subjektes aus. Sätze mit *var/yok* werden im Deutschen verschieden wiedergegeben. Wenn das Subjekt eine Possessivendung hat, wird *var/yok* im Deutschen mit „haben/nicht haben" übersetzt. Wenn das Subjekt keine Possessivendung hat, wird *var/yok* mit „es gibt/es gibt nicht" übersetzt.

(Benim) param var.	Ich habe Geld. (Wörtlich: Mein Geld gibt es.)
(Benim) param yok.	Ich habe kein Geld. (Wörtlich: Mein Geld gibt es nicht.)
Bakkalda ekmek var.	Im Laden gibt es Brot.
İstanbul'a ne zaman tren var?	Wann gibt es einen Zug nach Istanbul?
Bugün İstanbul'a tren yok.	Heute gibt es keinen Zug nach Istanbul.

Außerdem gibt es feststehende Wendungen mit var / yok:

Ne var ne yok?	Wie geht es? (Wörtlich: Was gibt es, was gibt es nicht?)
Acelesi yok.	Es eilt nicht.
Bunda iş yok!	Das taugt nichts!
Var mısın?	Machst du mit? Bist Du dabei?

Verneinte Verben

Im Türkischen werden Verben nicht wie im Deutschen mit einem Wort wie „nicht" verneint, sondern dadurch, dass an den Stamm des Verbes eine **Negationsendung** (*-me/-ma*) tritt. Das Verb „kommen" lautet im Türkischen *gelmek*. *-mek* (oder *-mak*) ist die Infinitivendung und *gel-* ist der Verbstamm. Durch Anhängen der Negativendung *-me* an den Verbstamm entsteht der verneinte Verbstamm *gelme-*. Fügt man daran wieder die Infinitivendung *-mek* an, erhält man *gelmemek* („nicht kommen"). Bei verneinten Verbalsätzen werden immer die um die Negativendung *-me/-ma* erweiterten negativen Verbstämme verwendet.

Tempusbildung bei Verben

Es gibt zwei Tempusformen, die einfache und die zusammengesetzte Zeit.

a) Die einfache Tempusbildung

Bestimmte Gegenwart (Präsens)

Gebrauch: Das Präsens wird für Handlungen und Ereignisse gebraucht, die sich gerade bzw. im Augenblick vollziehen und abspielen.

Endung: -yor (-ıyor/-iyor/-uyor/-üyor)

Bildung: Verbstamm + Präsensendung + Personalendung

Bei vokalisch auslautenden Stämmen (außer *-e* oder *-a*) wird die Präsensendung *-yor* an den Verbstamm angefügt; *-e* oder *-a* im Auslaut des Stamms werden dagegen nach der großen Vokalharmonie zu *-ı, -i, -u* oder *-ü*, je nachdem, welcher Vokal im Verbstamm davor steht (z.B.: söyl**e**mek – söyl**ü**yor). Nach konsonantischem Auslaut steht *-ıyor/-iyor/-uyor/-üyor.*

Personalpronomen	Positive Aussage	Negative Aussage	Positive Frage	Negative Frage
ben	gel**iyor**um (ich komme)	gelm**iyor**um (ich komme nicht)	gel**iyor** muyum? (komme ich?)	gelmi**yor** muyum? (komme ich nicht?)
sen	gel**iyor**sun	gelm**iyor**sun	gel**iyor** musun?	gelmi**yor** musun?
o	gel**iyor**	gelm**iyor**	gel**iyor** mu?	gelmi**yor** mu?
biz	gel**iyor**uz	gelm**iyor**uz	gel**iyor** muyuz?	gelmi**yor** muyuz?
siz	gel**iyor**sunuz	gelm**iyor**sunuz	gel**iyor** musunuz?	gelmi**yor** musunuz?
onlar	gel**iyor**lar	gelm**iyor**lar	gel**iyor**lar mı?	gelmi**yor**lar mı?

Bestimmte Vergangenheit (Perfekt)

Gebrauch: Die best. Vergangenheit wird für Ereignisse verwendet, die der Sprechende in der Vergangenheit selbst gesehen oder erlebt hat oder von denen er weiß, dass sie sich tatsächlich ereignet haben.

Endung: -dı/-di/-du/-dü (-tı/-ti/-tu/-tü)

Bildung: Verbstamm + Vergangenheitsendung + Personalendung (Yaz-dı-m. – Ich habe geschrieben.)

Nach hartem konsonantischem Auslaut wird *-dı* zu *-tı* (Koş-**tu**-m – Ich bin gelaufen).

Personalpronomen	Positive Aussage	Negative Aussage	Positive Frage	Negative Frage
ben	gel**dim** (ich bin gekommen)	gelme**dim** (ich bin nicht gekommen.)	gel**dim** mi? (bin ich gekommen?)	gelme**dim** mi? (bin ich nicht gekommen?)
sen	gel**din**	gelme**din**	gel**din** mi?	gelme**din** mi?
o	gel**di**	gelme**di**	gel**di** mi?	gelme**di** mi?
biz	gel**dik**	gelme**dik**	gel**dik** mi?	gelme**dik** mi?
siz	gel**diniz**	gelme**diniz**	gel**diniz** mi?	gelme**diniz** mi?
onlar	gel**diler**	gelme**diler**	gel**diler** mi?	gelme**diler** mi?

Unbestimmte Vergangenheit

Gebrauch: Mit der unbestimmten Vergangenheit gibt der Sprechende etwas wieder, wovon er nur vom Hörensagen weiß, bzw. wovon er nicht mit Sicherheit weiß, ob es sich tatsächlich so ereignet hat.

Endung: -mış/-miş/-muş/-müş

Bildung: Verbstamm + unbest. Vergangenheitsendung + Personalendung

Personal-prono-men	Positive Aussage	Negative Aussage	Positive Frage	Negative Frage
ben	gel**miş**im (ich soll gekommen sein)	gelme**miş**im (ich soll nicht gekommen sein)	gel**miş** miyim? (soll ich gekommen sein?)	gelme**miş** miyim? (soll ich nicht gekommen sein?)
sen	gel**miş**sin	gelme**miş**sin	gel**miş** misin?	gelme**miş** misin?
o	gel**miş**	gelme**miş**	gel**miş** mi?	gelme**miş** mi?
biz	gel**miş**iz	gelme**miş**iz	gel**miş** miyiz?	gelme**miş** miyiz?
siz	gel**miş**siniz	gelme**miş**siniz	gel**miş** misiniz?	gelme**miş** misiniz?
onlar	gel**miş**ler	gelme**miş**ler	gel**miş**ler mi?	gelme**miş**ler mi?

Aorist

Gebrauch: Der Aorist drückt eine Handlung aus, die jederzeit bzw. zeitlich unabhängig geschieht. Er wird auch gebraucht, wenn eine gewohnheitsmäßige Handlung oder die Fähigkeit zu bestimmten Handlungen ausgedrückt wird.

Endung und Bildung:

1) -r:	nach vokalischem Auslaut
2) -er/-ar:	nach einsilbigem Stamm mit konsonantischem Auslaut
3) -ır/-ir/-ur/-ür:	nach zwei- oder mehrsilbigem Stamm mit konsonantischem Auslaut sowie nach einigen einsilbigen Verbalstämmen, die meist auf -l oder -r enden.

Personal-prono-men	Positive Aussage	Negative Aussage	Positive Frage	Negative Frage
ben	gel**ir**im (ich pflege zu kommen)	gel**me**m (ich pflege nicht zu kommen)	gel**ir** miyim? (pflege ich zu kommen?)	gel**mez** miyim? (pflege ich nicht zu kommen?)
sen	gel**ir**sin	gel**mez**sin	gel**ir** misin?	gel**mez** misin?
o	gel**ir**	gel**mez**	gel**ir** mi?	gel**mez** mi?
biz	gel**ir**iz	gel**me**yiz	gel**ir** miyiz?	gel**mez** miyiz?
siz	gel**ir**siniz	gel**mez**siniz	gel**ir** misiniz?	gel**mez** misiniz?
onlar	gel**ir**ler	gel**mez**ler	gel**ir**ler mi?	gel**mez**ler mi?

Futur

Gebrauch: Drückt etwas Zukünftiges, ein geplantes Ereignis oder eine feste Absicht aus.

Endung: Nach konsonantischem Auslaut -ecek/-acak, nach vokalischem Auslaut -yecek/-yacak

Bildung: Verbstamm + Futurendung + Personalendung

Personalpronomen	Positive Aussage	Negative Aussage	Positive Frage	Negative Frage
ben	gel**eceğ**im (ich werde kommen)	gelme**yeceğ**im (ich werde nicht kommen)	gel**ecek** miyim? (werde ich kommen?)	gelme**yecek** miyim? (werde ich nicht kommen?)
sen	gel**ecek**sin	gelme**yecek**sin	gel**ecek** misin?	gelme**yecek** misin?
o	gel**ecek**	gelme**yecek**	gel**ecek** mi?	gelme**yecek** mi?
biz	gel**eceğ**iz	gelme**yeceğ**iz	gel**ecek** miyiz?	gelme**yecek** miyiz?
siz	gel**ecek**siniz	gelme**yecek**siniz	gel**ecek** misiniz?	gelme**yecek** misiniz?
onlar	gel**ecek**ler	gelme**yecek**ler	gel**ecek**ler mi?	gelme**yecek**ler mi?

b) Die zusammengesetzte Tempusbildung

Zusammengesetzte Zeiten werden entweder mit der bestimmten oder mit der unbestimmten Vergangenheit gebildet.

1. Mit der bestimmten Vergangenheit

Bestimmte Vergangenheit des Präsens (Imperfekt)

gel**iyordu** (er kam)	gelmi**yordu** (er kam nicht)	gel**iyor** muy**du?** (kam er?)	gelmi**yor** muy**du**? (kam er nicht?)

Bestimmte Vergangenheit des Aorist

gel**irdi** (er kam immer)	gel**mezdi** (er kam nie)	gel**ir** miy**di**? (kam er immer?)	gel**mez** miy**di**? (kam er nie?)

Bestimmte Vergangenheit des Futurs

gel**ecekti** (er wollte kommen)	gelme**yecekti** (er wollte nicht kommen)	gel**ecek** miy**di**? (wollte er kommen?)	gelme**yecek** miy**di**? (wollte er nicht kommen?)

Plusquamperfekt

gel**mişti** (er war gekommen)	gelme**mişti** (er war nicht gekommen)	gel**miş** miy**di**? (war er gekommen?)	gelme**miş** miy**di**? (war er nicht gekommen?)

2. Mit der unbestimmten Vergangenheit

Unbestimmte Vergangenheit des Präsens

gel**iyormuş** (er kommt wohl gerade)	gelmi**yormuş** (er kommt wohl nicht)	gel**iyor** muy**muş**? (kommt er wohl?)	gelmi**yor** muy**muş**? (kommt er wohl nicht?)

Unbestimmte Vergangenheit des Aorists

gel**irmiş** (er pflegt/e zu kommen)	gel**mezmiş** (er pflegt/e nicht zu kommen)	gel**ir** miy**miş**? (pflegt/e er zu kommen?)	gel**mez** miy**miş**? (pflegt/e er nicht zu kommen?)

Unbestimmte Vergangenheit des Futurs

gel**ecekmiş** (er würde/soll wohl kommen)	gelmey**ecekmiş** (er würde/soll nicht kommen)	gel**ecek** miy**miş**? (würde/soll er kommen?)	gelmey**ecek** miy**miş**? (würde/soll er nicht kommen?)

Der Imperativ (Befehlsform)

Im Unterschied zum Deutschen gibt es im Türkischen nicht nur die 2., sondern auch die 3. Pers. Sing. und Pl. des Imperativs. Der Imperativ in der 2. Pers. Sing. ist der bloße Verbstamm ohne Endung. Ansonsten gelten folgende Endungen:

Personalpronomen	Der positive Imperativ	der negative Imperativ
sen / siz	Bak! / Bak**ınız**! (Schau!/ Schauen Sie!)	Bak**ma**! / Bak**mayınız**! (Schau nicht!/ Schauen Sie nicht!)
o	Bak**sın**! (Er soll schauen.)	Bak**masın**! (Er soll nicht schauen.)
siz	Bak**ın** ! / Bak**ınız**! (Schaut!/ Schauen Sie!)	Bak**mayın**! / Bak**mayınız**! (Schaut nicht!/ Schauen Sie nicht!)
onlar	Bak**sınlar**! (Sie sollen schauen.)	Bak**masınlar**! (Sie sollen nicht schauen.)

Die Postpositionen (Verhältniswörter)

Im Unterschied zum Deutschen gibt es im Türkischen keine Präpositionen, sondern Postpositionen. Sie werden den Bezugswörtern **nachgestellt** und verlangen verschiedene Deklinationsendungen.

Postpositionen mit dem Nominativ bzw. Genitiv

Bei diesen Postpositionen steht das Bezugswort, wenn es ein Subjekt ist, im Nominativ (hat also keine Endung), wenn es dagegen ein Pronomen ist, steht es im Genitiv (außer bei den Pluralformen *onlar* „sie" und *kimler* „wer alles").

ile: mit

Araba ile geldi. (Er kam mit dem Auto.) – Onun ile çalıştım. (Ich arbeitete mit ihr.)

Die Postposition *ile* kommt meistens als reine Endung vor: *-le/-la* nach konsonantischem und *-yle/-yla* nach vokalischem Auslaut.

Arabayla geldi. – Onunla çalıştım.

için: für

Çocuk için / Senin için bir kitap aldı. (Er hat für das Kind / für dich ein Buch gekauft.)

gibi: wie

Babası gibi çalışıyor. (Er arbeitet wie sein Vater.)

kadar: so ... wie, so viel wie, so groß wie.

Babası kadar çalışıyor. (Er arbeitet so viel wie sein Vater.)

Postpositionen mit dem Dativ

karşı: gegenüber (örtlich) / gegen (etwas sein) / gegen (zeitlich)
Denize karşı oturuyorum. (Ich wohne gegenüber dem Meer.)
doğru: auf … zu (in Richtung auf), gegen (zeitlich)
Eve doğru gidiyorum. (Ich gehe auf das Haus zu.)
değin / dek / kadar: bis (zeitlich, örtlich)
Sabaha kadar dans ettiler. (Sie tanzten bis zum Morgen.)

Postpositionen mit dem Ablativ

önce / evvel: vor
Saat ikiden önce gelmez. (Vor zwei Uhr wird er nicht kommen.)
sonra: nach
Yemekten sonra sinemaya gidecek. (Nach dem Essen wird er ins Kino gehen.)
beri: seit
Bir saatten beri seni arıyorum. (Seit einer Stunde suche ich dich.)
itibaren: ab / von … ab (zeitlich, örtlich)
Bugünden itibaren sigara içmeyecek. (Ab heute wird er nicht rauchen.)
başka: außer
Bunu benden başka kimse yapamaz. (Das kann niemand außer mir.)
dolayı / ötürü: wegen / infolge
Yağmurdan dolayı evdeyiz. (Wegen des Regens sind wir zu Hause.)

Substantive mit lokaler Bedeutung

Eine Reihe Substantive mit lokaler Bedeutung wie *iç* „das Innere“, *alt* „Unterseite“, *üst* „Oberseite“, *arka* „Hinterseite“, *ön* „Vorderseite“, *dış* „das Äußere“, *yan* „Seite“, *ara* „Zwischenraum und *karşı* „gegenüberliegende Seite“ werden wie Postpositionen gebraucht. Sie stehen dann nach dem Bezugswort, mit dem sie eine Genitivkonstruktion bilden (ev**in** iç**i** – das Innere des Hauses) und eine Fallendung annehmen, vor allem Lokativ oder Dativ (Lokativ: evin içi-n**de** – im Haus, Dativ: evin içi-n**e** – ins Haus). Mit dem Lokativ wird die Frage Wo?, mit dem Dativ die Frage Wohin? beantwortet. Die wichtigsten dieser substantivischen Postpositionen sind:

	Ort (Wo?)	**Richtung (Wohin?)**
in	içinde	içine
unter	altında	altına
auf	üstünde	üstüne
hinter	arkasında	arkasına
vor	önünde	önüne
neben	yanında	yanına
zwischen	arasında	arasına
gegenüber	karşısında	karşısına
außerhalb	dışında	
aus … hinaus		dışına

Postpositionale Ausdrücke mit dem Nominativ

Weitere Substantive, die als postpositionale Ausdrücke benutzt werden, verlangen meist den Nominativ (adam yüzünden – wegen des Mannes), Pronomen aber stehen im Genitiv (**onun yüzünden** – seinetwegen). Einige davon sind: **sırasında/esnasında** (während), **sayesinde** (dank), **boyunca** (entlang, während) **süresince** (während), **gereğince** (gemäß, aufgrund), **dolayısıyla** (aufgrund von), **münasebetiyle** (anlässlich), **yönden/bakımdan** (hinsichtlich), **hakkında/üzerinde** (betreffs, über), **tarafından** (von).

Die Partizipien (Mittelwörter)

Die Partizipien im Türkischen gleichen denen im Deutschen. Sie können mit dem Partizip I, Partizip II und häufig mit einem Relativsatz (Relativpron. im Nom.) übersetzt werden. Die Partizipien werden mit Endungen gebildet, die an den Verbstamm angehängt werden. Sie können sowohl substantivisch als auch adjektivisch gebraucht werden. Bei substantivischem Gebrauch werden sie dekliniert, bei adjektivischem Gebrauch steht das Partizip wie ein Adjektiv unverändert vor dem Substantiv. Man kann es verneinen, ins Passiv setzen und die Zeitform variieren:

gör-en adam (adjektivisch)	der sehende Mann / der Mann, der sieht
gör-me-yen adam (adjektivisch verneint)	der nichtsehende Mann / der Mann, der nicht sieht
gör-en (substantivisch, Nom.)	der Sehende / derjenige, der sieht
gör-en-**e** (substantivisch, Dat.)	dem Sehenden / demjenigen, der sieht
gör-**ül**-en adam (adjektivisch, Passiv)	der Mann, der gesehen wird / wurde

Im Türkischen gibt es die **bestimmte** und die **unbestimmte Partizipform**:

a) Das bestimmte Partizip

Das bestimmte Partizip der Gegenwart

Das bestimmte Partizip der Gegenwart wird mit der Endung *-(y)en/-(y)an* gebildet. Die Verneinung lautet *-meyen/-mayan*: şarkı söyle**yen** adam – der singende Mann / der Mann, der singt

Das Partizip der Gegenwart kann eine Handlung in der bestimmten Gegenwart oder in der bestimmten Vergangenheit ausdrücken. Das hängt von der Handlung im Hauptsatz ab:

Düş**en** çocuk ağlıyor.	Das Kind, das fiel, weint.
Koş**an** çocuk benim oğlumdur.	Das Kind, das läuft, ist mein Sohn.
Koş**an** çocuk düştü.	Das Kind, das lief, ist gefallen.

Das bestimmte Partizip der Vergangenheit

Das bestimmte Partizip der Vergangenheit wird mit der Endung *-mış/-miş/-muş/-müş olan* (Verneinung: *-memiş/-mamış olan*) gebildet: bize gel**miş olan** misafir – der Gast, der zu uns gekommen ist.

Das bestimmte Partizip der Zukunft

Das bestimmte Partizip der Zukunft wird mit der Endung *-(y)ecek/-(y)acak olan* gebildet (Verneinung: *-meyecek/-mayacak olan*: bugün İstanbul'a uç**acak olan** uçak – das Flugzeug, das heute nach Istanbul fliegen wird.

b) Das unbestimmte Partizip

Das unbestimmte Partizip der Gegenwart

Das unbestimmte Partizip der Gegenwart wird mit der Aorist-Endung *-r (-er/-ar/-ır/-ir/-ur/-ür)* gebildet und drückt eine Fähigkeit oder Eigenschaft aus. Die verneinte Partizipform lautet *-mez/-maz* und drückt eine Unmöglichkeit aus. Diese Partizipform wird meist in festen Verbindungen oder als (versteinertes) Wort mit einer bestimmten Bedeutung gebraucht:

ak**ar**	fließend;	ak**ar** su	Fluss (fließendes Wasser)
çık**maz**	nicht hinauskommend	çık**maz** sokak	Sackgasse (Straße, die nicht wieder hinauskommt)

Das unbestimmte Partizip der Vergangenheit

Das unbestimmte Partizip der Vergangenheit wird mit der Endung *-mış/-miş/-muş/-müş* gebildet. Die Verneinung lautet *-memiş/-mamış*:

Söylen**memiş** söz – das nicht gesprochene Wort

Das unbestimmte Partizip der Zukunft

Das unbestimmte Partizip der Zukunft drückt eine Absicht, ein Erfordernis oder eine Erwartung aus und wird mit der Endung *-(y)ecek/-(y)acak* gebildet. Die Verneinung lautet *-meyecek/-mayacak*:

yardım ed**ecek** bir insan	ein Mensch, der helfen wird

Das Possessivpartizip

Die Endungen der Possessivpartizipien lauten *-dık/-dik/-duk/-dük* bzw. *-(y)ecek/-(y)acak* (mit Konsonantenerweichung *k* zu *ğ*, wenn vokalisch anlautende Endung antritt). Sie werden im Deutschen mit Relativsätzen oder dass-Sätzen wiedergegeben.

Das Possessivpartizip bildet zusammen mit seinem Bezugswort (dem Subjekt der Handlung, die das Possessivpartizip ausdrückt) eine Genitivkonstruktion: Das Bezugswort erhält eine Genitivendung und das Possessivpartizip eine Possessivendung. Ist das Bezugswort ein Pronomen (immer in Form des Possessivpronomens), so kann dieses auch wegfallen.

kadın**ın** gördüğ**ü** *(substantivisch)*	derjenige, den die Frau sieht/gesehen hat
kadın**ın** gördüğ**ü** adam *(adjektivisch)*	der Mann, den die Frau sieht/gesehen hat
(Sen**in**) geleceğ**ini** yazıyor.	Er schreibt, dass du kommen wirst.

Die **Zeitstufe**, die *-dık* ausdrückt, ist unbestimmt. Ob sie Vergangenheit oder Präsens ist, entscheidet das Hauptverb des Satzes bzw. der Sinnzusammenhang. Das Partizip *-mış olduk* entspricht dem Plusquamperfekt und *-ecek* dem Futur. Für letzteres wird wahlweise auch *-ecek olduk* verwendet.

Zeit	Bildung	Beispiel
Gegenwart	Verbstamm + -dık + Possessivendung	(benim) gör**düğ**üm adam (der Mann, den ich sehe)
Vergangenheit	Verbstamm + -dık + Possessivendung	dün gör**düğ**üm adam (der Mann, den ich gestern sah)
Plusquamperfekt	Verbstamm + -mış-Partizip olduk + Possessivendung	dün gör**müş olduğ**um adam (der Mann, den ich gestern gesehen hatte)

Futur	Verbstamm + -(y)ecek + Possessivendung	gör**eceğ**im adam (der Mann, den ich sehen werde)
	Verbstamm + -(y)ecek-Partizip olduk- + Possessivendung	gör**ecek olduğ**um adam (der Mann, den ich sehen werde)

Substantivischer Gebrauch des Possessivpartizips

Poss.pr.	**Possessivpartizip -dık**		**Possessivpartizip –ecek**	
	positiver Ausdruck	negativer Ausdruck	positiver Ausdruck	negativer Ausdruck
benim	söyle**diğ**im (das, was ich sage/sagte)	söyleme**diğ**im (das, was ich nicht sage/sagte)	söyle**yeceğ**im (das, was ich sagen werde)	söyleme**yeceğ**im (das, was ich nicht sagen werde)
senin	söyle**diğ**in	söyleme**diğ**in	söyle**yeceğ**in	söyleme**yeceğ**in
onun	söyle**diğ**i	söyleme**diğ**i	söyle**yeceğ**i	söyleme**yeceğ**i
bizim	söyle**diğ**imiz	söyleme**diğ**imiz	söyle**yeceğ**imiz	söyleme**yeceğ**i-miz
sizin	söyle**diğ**iniz	söyleme**diğ**iniz	söyle**yeceğ**iniz	söyleme**yeceğ**i-niz
onların	söyle**dik**leri	söyleme**dik**leri	söyle**yecek**leri	söyleme**yecek**le-ri

An **Substantivische Possessivpartizipien** können **Fallendungen** antreten:

Akk.:	Söylediğim**i** al!	Kaufe das, was ich sage/gesagt habe!
Dat.:	Söylediğim**e** aldırmıyor.	Er schenkt dem, was ich sage/gesagt habe, keine Beachtung.
Lok.:	Söylediğim**de** neredeydin?	Wo warst du, als ich es sagte?
Abl.:	Söylediğim**den** hiçbir şey anlamıyor.	Von dem, was ich sage, versteht er überhaupt nichts.
Gen.:	Söylediğim**in** adı neydi?	Wie heißt das, was ich dir gesagt habe?

Adjektivischer Gebrauch der Possessivpartizipien (Entsprechung des deutschen Relativsatzes)

Das Possessivpartizip steht adjektivisch vor einem Substantiv und kann auch Verbaladjektiv genannt werden. Das Substantiv, vor dem es adjektivisch steht, kann Fallendungen annehmen:

Kiraladığım ev pahalı. *(Nom.)*	**Das Haus, das** ich gemietet habe, ist teuer.
Kiraladığım eve gelin! *(Dat.)*	Kommt **in das Haus, das** ich gemietet habe!

Der Optativ

Die als Optativ bezeichnete Wunschform drückt eine Absicht, ein Bereitsein oder eine Aufforderung aus. Der Optativ wird durch Anfügung von *-(y)e* und *-(y)a* an den Verbalstamm gebildet; daran treten die üblichen Personalendungen, mit Ausnahme der 1. Pers. Pl., die *-lım/-lim/-lum/-lüm* lautet. Ins Deutsche können sie je nach Zusammenhang unterschiedlich übersetzt werden.

Aussagesatz:		**Fragesatz:**	
Eve gidelim!	Gehen wir nach Hause! Wir wollen nach Hause gehen! Lasst uns nach Hause gehen!	Eve gidelim mi?	Wollen wir nach Hause gehen? Sollen wir nach Hause gehen?

Der Optativ in der Gegenwart

Personalpronomen	positive Aussage	negative Aussage	positive Frage	negative Frage
ben	gid**eyim**	gitme**ye**yim	gid**eyim** mi?	gitme**ye**yim mi?
sen	gid**esin**	gitme**ye**sin	gid**esin** mi?	gitme**ye**sin mi?
o	gid**e**	gitme**ye**	gid**e** mi?	gitme**ye** mi?
biz	gid**elim**	gitme**ye**lim	gid**elim** mi?	gitme**ye**lim mi?
siz	gid**esiniz**	gitme**ye**siniz	gid**esiniz** mi	gitme**ye**siniz mi?
onlar	gid**eler**	gitme**ye**ler	gid**eler** mi?	gitme**ye**ler mi?

Heute werden die 2. bzw. 3. Pers. Sing. und Pl. seltener gebraucht. Sie werden zumeist durch den Imperativ ersetzt: *gitsin* statt *gide:* Er/sie soll gehen; *git* statt *gidesin:* Geh!

Der Optativ in der Vergangenheit

Diese Form des Optativs drückt einen irrealen Wunsch aus, der sich auf die Vergangenheit bezieht (wie der Konjunktiv II im Deutschen). Deshalb kann man sie (z.B. für die 3. Pers. Sing.) mit „hätte .... sollen", „wäre/hätte ... doch ..." oder „ich wünschte ... wäre/hätte" übersetzen (keşke gid**eydi** – wäre er doch gegangen). Die positive und negative Frageform des Optativs in der Vergangenheit wird nur sehr selten gebraucht.

Personalpronomen	positive Aussage	negative Aussage	positive Frage	negative Frage
ben	gid**e**ydim	gitme**ye**ydim	gid**e**ydim mi?	gitme**ye**ydim mi?
sen	gid**e**ydin	gitme**ye**ydin	gid**e**ydin mi?	gitme**ye**ydin mi?
o	gid**e**ydi	gitme**ye**ydi	gid**e**ydi mi?	gitme**ye**ydi mi?
biz	gid**e**ydik	gitme**ye**ydik	gid**e**ydik mi?	gitme**ye**ydik mi?
siz	gid**e**ydiniz	gitme**ye**ydiniz	gid**e**ydiniz mi?	gitme**ye**ydiniz mi?
onlar	gid**e**ydiler	gitme**ye**ydiler	gid**e**ydiler mi?	gitme**ye**ydiler mi?

Möglichkeits- und Unmöglichkeitsform (können / nicht können)

Möglichkeitsform

Die Möglichkeitsform eines Verbs entsteht, wenn der Verbstamm durch die Wunschendung *-(y)e/-(y)a* erweitert und mit dem Verb *bilmek* verbunden wird. Das angehängte *bilmek* kann dann in allen bejahenden Zeitformen konjugiert werden.

Bildung: Verbstamm + -(y)e/-(y)a + Hilfsverbstamm „bil" + Tempusendung + Personalendung.

Gebrauch: Die Formen auf „bilmek" haben wie das deutsche Modalverb „können" oft die Bedeutung von „dürfen": Gör**ebil**ir miyiz? – Dürfen wir sehen?/ Otur**abil**ir miyiz? – Dürfen wir uns setzen?

Unmöglichkeitsform

Die Unmöglichkeitsform, d.h. die Ausdrucksweise des Nichtkönnens, wird nicht mit „bilmek" gebildet, sondern durch Anhängen von *–(y)eme, -(y)ama* an den Verbstamm ausgedrückt.

Bildung: Verbstamm + -(y)e/-(y)a + Verneinungspartikel (richtet sich nach dem Tempus) + Tempusendung + Personalendung.

Personalpronomen	**positive Aussage**	**negative Aussage**	**positive Frage**	**negative Frage**
ben	gör**ebil**iyorum (ich kann sehen)	gör**emi**yorum (ich kann nicht sehen)	gör**ebil**iyor muyum? (kann ich sehen?)	gör**emi**yor muyum? (kann ich nicht sehen?)
sen	gör**ebil**iyorsun	gör**emi**yorsun	gör**ebil**iyor musun?	gör**emi**yor musun?
o	gör**ebil**iyor	gör**emi**yor	gör**ebil**iyor mu?	gör**emi**yor mu?
biz	gör**ebil**iyoruz	gör**emi**yoruz	gör**ebil**iyor muyuz?	gör**emi**yor muyuz?
siz	gör**ebil**iyorsunuz	gör**emi**yorsunuz	gör**ebil**iyor musunuz?	gör**emi**yor musunuz?
onlar	gör**ebil**iyorlar	gör**emi**yorlar	gör**ebil**iyorlar mı?	gör**emi**yorlar mı?

Die Bildung der verschiedenen Zeiten der Möglichkeits- und Unmöglichkeitsform

Ben gör**ebil**iyorum (gör**emi**yorum).	Ich kann *jetzt* (nicht) sehen.
Ben gör**ebil**irim (gör**eme**m).	Ich kann/darf (nicht) sehen.
Ben gör**ebil**dim (gör**eme**dim).	Ich habe (nicht) sehen können.
Ben gör**ebilm**işim (gör**eme**mişim).	Man sagt, dass ich (nicht) habe sehen können.
Ben gör**ebil**eceğim (gör**eme**yeceğim).	Ich werde (nicht) sehen können.
Ben gör**ebil**iyordum (gör**emi**yordum).	Ich konnte (nicht) sehen
Ben gör**ebil**irdim (gör**emez**dim).	ich hätte (nicht) sehen können.
Ben gör**ebilm**iştim (gör**eme**miştim).	Ich hatte (nicht) sehen können.
Ben gör**ebil**ecektim (gör**eme**yecektim).	Es gab (nicht) die Möglichkeit, dass ich sehe; Ich durfte (nicht) sehen.
Ben gör**ebil**diydim (gör**eme**diydim).	Ich hatte (nicht) sehen können.
Ben gör**ebil**iyormuşum (gör**emi**yormuşum).	Man sagt, ich kann (nicht) sehen.
Ben gör**ebil**irmişim (gör**emez**mişim).	Man sagt, ich dürfe (nicht) sehen.
Ben gör**ebil**ecekmişim (gör**eme**yecekmişim).	Ich werde (nicht) sehen dürfen.

Bedingungsform

Die reale Bedingungsform

Alle Konditionalsätze bestehen aus einem Bedingungs- und einem Folgesatz. Im wirklichen Bedingungssatz sieht der Sprechende eine reale/potentielle Möglichkeit, dass die Bedingung erfüllt wird und somit die Folge eintritt. Die Bedingungsform der Verben wird durch Verbstamm + Tempusendung + -(y)se/-(y)sa + Personalendung gebildet. Einleitend kann zur Betonung die Konjunktion *eğer* oder *şayet* (wenn) stehen:

Nebensatz (Bedingung)		**Hauptsatz** (Folge)
(Eğer) yemek yapar**sa**m,	(Wenn ich koche,)	gelir. (kommt sie.)
Yemek yapar**sa**n,	(Wenn du kochst,)	
Yemek yapar**sa,**	(Wenn er kocht,)	
Yemek yapar**sa**k,	(Wenn wir kochen,)	
Yemek yapar**sa**nız,	(Wenn ihr kocht,)	
Yemek yaparlar**sa**,	(Wenn sie kochen,)	

Bedingungssätze in verschiedenen Zeitformen

Gegenwart	ben	gel**iyorsa**m	wenn ich (jetzt) komme, dann ...
	ben	gel**irse**m	wenn ich komme, dann ...
Vergangenheit	ben	gel**diyse**m	wenn ich gekommen bin, dann ...
	ben	gel**mişse**m	wenn ich gekommen bin, dann ...
	ben	gel**miş olursa**m	wenn ich gekommen sein sollte, dann ...
Zukunft	ben	gel**eceksе**m	wenn ich kommen soll, dann ...
	ben	gel**ecek olursa**m	wenn ich kommen sollte, dann ...

Reale Bedingungssätze ohne Verb

Die Endung *-(y)se/-(y)sa* kann auch an ein Substantiv oder Adjektiv treten und bedeutet dann „wenn ich … bin", „wenn du … bist" usw.

Pers.pr.	**nach konsonantischem Auslaut**		**nach vokalischem Auslaut**	
	positiv	negativ	positiv	negativ
ben	doktor**sa**m (wenn ich Arzt bin)	doktor değil**se**m (wenn ich kein Arzt bin)	hasta**ysa**m (wenn ich krank bin)	hasta değil**se**m (wenn ich nicht krank bin)
sen	doktor**sa**n	doktor değil**se**n	hasta**ysa**n	hasta değil**se**n
o	doktor**sa**	doktor değil**se**	hasta**ysa**	hasta değil**se**
biz	doktor**sa**k	doktor değil**se**k	hasta**ysa**k	hasta değil**se**k
siz	doktor**sa**nız	doktor değil**se**niz	hasta**ysa**nız	hasta değil**se**niz
onlar	doktor**sa**lar	doktor değil**se**ler	hasta**ysa**lar	hasta değil**se**ler

Die Vergangenheitsformen lauten:

-diysem, -diysen, … / değildiysem, değildiysen, …; -mişsem, -mişsen, … / değilmişsem, değilmişsen, … usw.

Die irreale Bedingungsform

Im Unterschied zur realen Bedingungsform steht die Bedingungsendung *-se/-sa* direkt hinter dem Verbstamm.

Gel**se**ydiniz, sinemaya giderdik. – Wenn sie gekommen wären, wären wir ins Kino gegangen.

Zeit	**Bildung**	**Beispiel**
Gegenwart:	Verbstamm + -se/-sa + Personalendung	gel**se**m (wenn ich käme)
bestimmte Vergangenheit	Verbstamm + -se/-sa + -y- + best. Vergangenheitsendung + Personalendung	gel**se**ydin (wenn du gekommen wärst)

unbestimmte Vergangenheit	**a)** Verbstamm + -se/-sa + -y- + unbest. Vergangenheitsendung + Personalendung	gel**se**ymiş (wenn sie gekommen wäre)
	b) Verbstamm + Partizipendung der unbest. Vergangenheit, Verbstamm von olmak + -sa + Personalendung	gel**miş olsa**k (wenn wir gekommen wären)

Mit der irrealen Bedingungsform können auch Wunschsätze gebildet werden, deren Erfüllung im Bereich des Möglichen (Gegenwart: gel-se – wenn er doch käme) bzw. Unmöglichen (Vergangenheit: gel-se-y-di – wenn er doch gekommen wäre) liegt.

Die Notwendigkeitsform

Die Notwendigkeitsform („sollen" oder „müssen") wird mit der Endung *-meli/-malı* gebildet:

Gegenwart: Verbstamm + -meli/-malı (+ -y) + Personalendung

Personalpronomen	**positive Aussage**	**negative Aussage**	**positive Frage**	**negative Frage**
ben	çalış**malı**yım (ich muss arbeiten)	çalışma**malı**yım (ich muss nicht arbeiten)	çalış**malı** mıyım? (muss ich arbeiten?)	çalışma**malı** mıyım? (muss ich nicht arbeiten?)
sen	çalış**malı**sın	çalışma**malı**sın	çalış**malı** mısın?	çalışma**malı** mısın?
o	çalış**malı**	çalışma**malı**	çalış**malı** mı?	çalışma**malı** mı?
biz	çalış**malı**yız	çalışma**malı**yız	çalış**malı** mıyız?	çalışma**malı** mıyız?
siz	çalış**malı**sınız	çalışma**malı**sınız	çalış**malı** mısınız	çalışma**malı** mısınız?
onlar	çalış**malı**lar	çalışma**malı**lar	çalış**malı**lar mı?	çalışma**malı**lar mı?

Bestimmte Vergangenheit: Verbstamm + -meli/-malı + -y + -di + Personalendung

Personalpronomen	**positive Aussage**	**negative Aussage**	**positive Frage**	**negative Frage**
ben	çalış**malı**ydım (ich musste arbeiten)	çalışma**malı**ydım (ich musste nicht arbeiten)	çalış**malı** mıydım? (musste ich arbeiten?)	çalışma**malı** mıydım? (musste ich nicht arbeiten?)
sen	çalış**malı**ydın	çalışma**malı**ydın	çalış**malı** mıydın?	çalışma**malı** mıydın?
o	çalış**malı**ydı	çalışma**malı**ydı	çalış**malı** mıydı?	çalışma**malı** mıydı?
biz	çalış**malı**ydık	çalışma**malı**ydık	çalış**malı** mıydık?	çalışma**malı** mıydık?

siz	çalış**malı**ydınız	çalışma**malı**ydınız?	çalış**malı** mıydınız?	çalışma**malı** mıydınız?
onlar	çalış**malı**ydılar	çalışma**malı**ydılar	çalış**malı** mıydılar?	çalışma**malı** mıydılar?

Unbestimmte Vergangenheit: Verbstamm + -meli/-malı + -y + -miş + Personalendung

Personalpronomen	**positive Aussage**	**negative Aussage**	**positive Frage**	**negative Frage**
ben	çalış**malı**ymışım (ich soll wohl arbeiten)	çalışma**malı**ymışım (ich soll wohl nicht arbeiten)	çalış**malı** mıymışım? (soll ich wohl arbeiten?)	çalışma**malı** mıymışım? (soll ich wohl nicht arbeiten?)
sen	çalış**malı**ymışsın	çalışma**malı**ymışsın	çalış**malı** mıymışsın?	çalışma**malı** mıymışsın?
o	çalış**malı**ymış	çalışma**malı**ymış	çalış**malı** mıymış?	çalışma**malı** mıymış?
biz	çalış**malı**ymışız	çalışma**malı**ymışız	çalış**malı** mıymışız?	çalışma**malı** mıymışız?
siz	çalış**malı**ymışsınız	çalışma**malı**ymışsınız	çalış**malı** mıymışsınız?	çalışma**malı** mıymışsınız?
onlar	çalış**malı**ymışlar	çalışma**malı**ymışlar	çalış**malı** mıymışlar?	çalışma**malı** mıymışlar?

Neben den Verbformen auf *-meli/-malı* gibt es noch andere Konstruktionen, um Notwendigkeit auszudrücken:

Die Prüfung **muss** zwei Stunden dauern.	Sınavın iki saat sürmesi **gereki**r. Sınav iki saat sürmek **zorunda**. Sınavın iki saat sürmesi **zorunlu**.
Ich **muss** warten.	Beklemek **zorunda**yım
Ich habe warten **müssen**.	Beklemek **zorunda**ydım
Ich werde warten **müssen**.	Beklemek **zorunda** olacağım

Erweiterte Verbalstämme

Durch verschiedene Endungen können die Verbalstämme zur Bildung von **reflexiven**, **reziproken**, **passiven** und **kausativen** Verben erweitert werden:

1. Reflexive Verben:

a) Nach vokalischem Auslaut: *-n-*
yıkamak (waschen) yıka**n**mak (sich waschen)

b) Nach konsonantischem Auslaut: -ın-/-in-/-un-/-ün-
bakmak (schauen) bak**ın**mak (sich umschauen)

2. Reziproke Verben:

a) Nach vokalischem Auslaut: -ş-
anlamak (verstehen) anla**ş**mak (sich verstehen)

b) Nach konsonantischem Auslaut: -ış-/-iş-/-uş-/-üş-

bakmak (schauen) bak**ış**mak (einander anschauen)

3. Passive Verben:

a) Nach konsonantischem Auslaut (außer -l): *-ıl-/-il-/-ul-/-ül-*

görmek (sehen) gör**ül**mek (gesehen werden)

b) Nach vokalischem Auslaut: *-n-*

söylemek (sagen) söle**n**mek (gesagt werden)

c) Nach Verbstammendung auf -l: *-ın-/-in-/-un-/-ün-*

almak (nehmen) al**ın**mak (genommen werden)

4. Kausative Verben:

a) Nach mehrsilbigen Verbstämmen (außer wenn sie mit -l oder -r enden) und einsilbigen Stämmen, die auf einen Konsonanten enden: *-dır-/-dir-/-dur-/-dür-*

yazmak (schreiben) yaz**dır**mak (schreiben lassen)

b) Nach zweisilbigen Stämmen, die auf einen Vokal, auf -l oder -r enden: -t-

yürümek (gehen) yürü**t**mek (gehen lassen)

a) Bei einigen einsilbigen Stämmen: -ar-/-ır-/-ir-/-ur-/-ür-

kaçmak (fliehen) kaç**ır**mak (entführen)

Die Wortstellung

Der Fixpunkt im türkischen Satz ist das Prädikat (das konjugierte Verb oder ein Subjekt oder Adjektiv mit Personalendung). Es steht in der Regel am Ende eines Satzes. Sofern der Satz ein Subjekt enthält, steht dieses wie im deutschen Satz in der Regel am Anfang. Die Stellung der anderen Wortarten im einfachen Hauptsatz entspricht mehr oder weniger der Wortstellung im deutschen Satz. Die Wortstellung ist ebenfalls wie im Deutschen flexibel, wobei allerdings im Türkischen derjenige Satzteil am meisten betont ist, der direkt vor dem Prädikat steht.

Zahlwörter
Sayı Sıfatları

1. Grundzahlen
Asıl Sayılar

0	null *sıfır*
1	eins *bir*
2	zwei *iki*
3	drei *üç*
4	vier *dört*
5	fünf *beş*
6	sechs *altı*
7	sieben *yedi*
8	acht *sekiz*
9	neun *dokuz*
10	zehn *on*
11	elf *on bir*
12	zwölf *on iki*
13	dreizehn *on üç*
14	vierzehn *on dört*
15	fünfzehn *on beş*
16	sechzehn *on altı*
17	siebzehn *on yedi*
18	achtzehn *on sekiz*
19	neunzehn *on dokuz*
20	zwanzig *yirmi*
21	einundzwanzig *yirmi bir*
22	zweiundzwanzig *yirmi iki*
23	dreiundzwanzig *yirmi üç*
30	dreißig *otuz*
31	einunddreißig *otuz bir*
32	zweiunddreißig *otuz iki*
33	dreiunddreißig *otuz üç*

40	vierzig *kırk*
41	einundvierzig *kırk bir*
50	fünfzig *elli*
51	einundfünfzig *elli bir*
60	sechzig *altmış*
61	einundsechzig *altmış bir*
70	siebzig *yetmiş*
71	einundsiebzig *yetmiş bir*
80	achtzig *seksen*
81	einundachtzig *seksen bir*
90	neunzig *doksan*
91	einundneunzig *doksan bir*
100	hundert *yüz*
101	hundert(und)eins *yüz bir*
102	hundert(und)zwei *yüz iki*
110	hundert(und)zehn *yüz on*
200	zweihundert *iki yüz*
300	dreihundert *üç yüz*
451	vierhundert(und)einundfünfzig *dört yüz elli bir*
1000	tausend *bin*
2000	zweitausend *iki bin*
10 000	zehntausend *on bin*
1 000 000	eine Million *bir milyon*
2 000 000	zwei Millionen *iki milyon*
1 000 000 000 eine Milliarde *bir milyar*	
1 000 000 000 000 eine Billion *bir trilyon*	

2. Ordnungszahlen
Sıra Sayıları

1.	erste *birinci, ilk*
2.	zweite *ikinci*
3.	dritte *üçüncü*
4.	vierte *dördüncü*
5.	fünfte *beşinci*
6.	sechste *altıncı*
7.	sieb(en)te *yedinci*
8.	achte *sekizinci*
9.	neunte *dokuzuncu*
10.	zehnte *onuncu*
11.	elfte *on birinci*
12.	zwölfte *on ikinci*
13.	dreizehnte *on üçüncü*
14.	vierzehnte *on dördüncü*
15.	fünfzehnte *on beşinci*
16.	sechzehnte *on altıncı*
17.	siebzehnte *on yedinci*
18.	achtzehnte *on sekizinci*
19.	neunzehnte *on dokuzuncu*
20.	zwanzigste *yirminci*
21.	einundzwanzigste *on birinci*
22.	zweiundzwanzigste *on ikinci*
23.	dreiundzwanzigste *on üçüncü*
30.	dreißigste *otuzuncu*
31.	einunddreißigste *otuz birinci*
40.	vierzigste *kırkıncı*
41.	einundvierzigste *kırk birinci*
50.	fünfzigste *ellinci*

51.	einundfünfzigste *elli birinci*
60.	sechzigste *altmışıncı*
61.	einundsechzigste *altmış birinci*
70.	siebzigste *yetmişinci*
71.	einundsiebzigste *yetmiş birinci*
80.	achtzigste *sekseninci*
81.	einundachtzigste *seksen birinci*
90.	neunzigste *doksanıncı*
100.	hundertste *yüzüncü*
101.	hundertunderste *yüz birinci*
200.	zweihundertste *iki yüzüncü*
300.	dreihundertste *üç yüzüncü*
451.	vierhundert(und)einund-fünfzigste *dört yüz elli birinci*
1000.	tausendste *bininci*
1100.	tausend(und)einhundertste *bin yüzüncü*
2000.	zweitausendste *iki bininci*
100 000	einhunderttausendste *yüz bininci*
1 000 000.	millionste *milyonuncu*
10 000 000.	zehnmillionste *on milyonuncu*

3. Bruchzahlen
Kesirli Sayılar

$^{1}/_{2}$	ein(e) halbe(r, s) *yarım*
$^{1}/_{3}$	ein Drittel *üçte bir*
$^{2}/_{3}$	zwei Drittel *üçte iki*
$^{1}/_{4}$	ein Viertel *dörtte bir/bir çeyrek*
$^{3}/_{4}$	drei Viertel *dörtte üç*
$^{1}/_{5}$	ein Fünftel *beşte bir*
$^{2}/_{5}$	zwei Fünftel *beşte iki*
$^{1}/_{10}$	ein Zehntel *onda bir*
$^{3}/_{10}$	drei Zehntel *onda üç*
$^{1}/_{20}$	ein Zwanzigstel *yirmide bir*
$1^{1}/_{2}$	anderthalb *bir buçuk*
$2^{1}/_{2}$	zwei(und)einhalb *iki buçuk*
$2^{1}/_{3}$	zwei ein drittel *iki tam üçte bir*
$5^{3}/_{8}$	fünf drei achtel *beş tam üç bölü sekiz*
$^{1}/_{100}$	ein Hundertstel *yüzde bir*
$^{1}/_{1000}$	ein Tausendstel *binde bir*
$^{1}/_{1\,000\,000}$	ein Millionstel *(bir) milyonda bir*
0,4	null Komma vier *sıfır virgül dört*

1,1	eins Komma eins *bir virgül bir*
7,8	sieben Komma acht *yedi virgül sekiz*
2,35	zwei Komma fünfunddreißig *iki virgül otuz beş*
3,003	drei Komma null null drei *üç virgül sıfır sıfır üç*
1 %	ein Prozent *yüzde bir (%1)*
3,5 %	drei Komma fünf Prozent *yüzde üç bucuk (%3,5)*
15 %	fünfzehn Prozent *yüsde on beş (%15)*
100 %	hundert Prozent *yüzde yüz (%100)*
1 ‰	eine Promille *binde bir (‰1)*
27 °C	siebenundzwanzig Grad (Celsius) *yirmi yedi derece*
–5 °C	minus 5 Grad (Celsius) *eksi beş derece*

4. Vervielfältigungszahlen
Çoğaltma Sıfatları

einfach *tek*
zweifach *iki misli, iki kat(ı)*
dreifach *üç misli, üç kat(ı)*

vierfach *dört misli, dört kat(ı)*
fünffach *beş misli, beş kat(ı)*
hundertfach *yüz misli, yüz kat(ı)*

Redewendungen für den Alltag

Kennenlernen

Begrüßung

Guten Morgen!	Günaydın!
Guten Tag!	İyi günler!/Merhaba!
Guten Abend!	İyi akşamlar!
Gute Nacht!	İyi geceler!
Hallo!/Grüß dich!	Merhaba!/Selâm!
Wie ist Ihr Name, bitte?	İsminiz nedir?/Adınız nedir?
Wie heißt du?	Adın ne?
Mein Name ist …/Ich heiße …	İsmim …/Adım …
Herzlich willkommen!	Hoş geldiniz!
Kann ich mit Herrn/Frau/Fräulein X sprechen?	X beyle/X hanımla konuşabilir miyim?
Kommen Sie/Komm herein.	İçeriye buyurun/buyur.
Nehmen Sie/Nimm bitte Platz.	Buyurun oturun lütfen./Buyur otur lütfen.
Möchten Sie etwas trinken?	Bir şey içer misiniz?
Auf Ihr/dein Wohl!	Sağlığınıza/Sağlığına!
Können Sie/Kannst du nicht zum Mittagessen/Abendessen bleiben?	Öğlen yemeğine/Akşam yemeğine kalamaz mısınız/kalamaz mısın?
Vielen Dank. Ich bleibe gern, wenn ich nicht störe.	Teşekkür ederim. Rahatsız etmezsem, memnuniyetle kalırım.

Vorstellung

Darf ich bekannt machen? Das ist …	Tanıştırabilir miyim? Bu …
Frau X.	X hanım.
Fräulein X.	X hanım.
Herr X.	X bey.
mein Mann.	eşim/kocam.
meine Frau.	eşim/karım.
mein Sohn.	oğlum.
meine Tochter.	kızım.
mein Bruder.	(erkek) kardeşim.
meine Schwester.	(kız) kardeşim.
meine Mutter/mein Vater.	annem/babam
mein Opa.	dedem/büyük babam
meine Oma	ninem/büyük annem
mein(e) Freund(in)	(kız) arkadaşım.
mein Kollege/meine Kollegin.	iş arkadaşım.
Wie geht es Ihnen/dir?	Nasılsınız?/Nasılsın?
Wie geht's?	Nasılsın?/Ne var ne yok?
Danke, mir gehts gut. Und Ihnen/dir?	Teşekkür ederim. İyiyim. Siz nasılsınız?/ Sen nasılsın?

Woher kommen Sie/kommst du?	Nereden geliyorsunuz/geliyorsun?
Ich bin aus Berlin/Köln	Berlin'den/Köln'den geliyorum./ Ben Berlinliyim/Kölnlüyüm.
Wo wohnen Sie/wohnst du?	Nerede oturuyorsunuz/oturuyorsun?
Ich wohne in	... –de/–da oturuyorum.
Sind Sie/Bist du schon lange hier?	Uzun zamandan beri mi buradasınız/ buradasın?
Ich bin seit ... hier.	Ben ... -dan/–den beri buradayım.
Wie lange bleiben Sie/bleibst du?	Ne kadar kalacaksınız/kalacaksın?
Sind Sie/Bist du zum ersten Mal hier?	İlk defa mı buradasınız/buradasın?

Bitte

Ja, bitte.	Evet, lütfen.
Nein, danke.	Hayır, teşekkür ederim.
Gestatten Sie?	Müsaade eder misiniz?/İzninizle?
Können Sie mir bitte helfen?	Lütfen bana yardım eder misiniz?

Dank

Danke.	Teşekkür ederim./Sağ olun.
Vielen Dank.	Teşekkür ederim.
Danke, sehr gern.	Teşekkür ederim, memnuniyetle.
Danke, gleichfalls!	Sağ ol, sen de!/Teşekkür ederim, siz de!
Das ist nett, danke.	Çok nazik, teşekkür ederim.
Vielen Dank für Ihre Hilfe/Mühe.	Yardımınıza/Zahmetinize çok teşekkür ederim.
Nichts zu danken.	Bir şey değil.
Gern geschehen.	Rica ederim.

Entschuldigung

Entschuldigung!	Affedersiniz!/Özür dilerim.
Ich muss mich entschuldigen.	Özür dilemem lâzım.
Das tut mir Leid.	Buna üzgünüm.
Es war nicht so gemeint.	Öyle demek istemedim.
Schade!	Yazık!
Es ist leider nicht möglich.	Ne yazık ki olanaksız./Maalesef mümkün değil.
Vielleicht ein andermal.	Belki başka bir zaman.

Verabredung

Ich hoffe Sie/dich bald wieder zu sehen.	Yakında tekrar görüşmek umuduyla.
Vielen Dank für den netten Abend.	Bu güzel akşam için teşekkür ederim.
Was machen Sie/machst du morgen?	Yarın ne yapıyorsunuz/yapıyorsun?
Treffen wir uns morgen/heute Abend?	Yarın/Bu akşam buluşalım mı?

Ja, gerne.	Sevinirim./Memnuniyetle.
Es geht leider nicht. Ich habe zu tun.	Olmaz maalesef. İşim var.
Lassen Sie mich bitte in Ruhe!	Lütfen beni rahat bırakın!
Jetzt reicht's!	Artık yeter!
Verschwinde!	Defol!

Verständigung

Wie bitte?	Efendim?/Nasıl?
Ich verstehe Sie/dich nicht. Können Sie/Kannst du das bitte noch einmal wiederholen?	Sizi/Seni anlayamadım. Lütfen tekrarlar mısınız/mısın?
Bitte sprechen Sie/sprich etwas langsamer/lauter.	Lütfen daha yavaş/yüksek sesle konuşunuz/konuş.
Ich verstehe/habe verstanden.	Anlıyorum./Anladım.
Sprechen Sie/Sprichst du …	… konuşuyor musunuz/musun?
Deutsch?	Almanca
Englisch?	İngilizce
Französisch?	Fransızca
Ich spreche nur wenig …	Biraz … konuşuyorum.
Was heißt … auf Türkisch?	… Türkçe nasıl söylenir?/… Türkçede ne demek?
Was bedeutet das?	Bu ne demek?
Wie spricht man dieses Wort aus?	Bu kelime nasıl telâffuz edilir/söylenir?

Abschied

Auf Wiedersehen!	Allahaısmarladık!
Bis bald!	Yakında görüşmek üzere!
Bis später!	Görüşmek üzere!
Bis morgen!	Yarın görüşmek üzere!
Gute Nacht!	İyi geceler!
Tschüss!	Eyvallah!/Hoşça kal!
Alles Gute!	Hoşça kal!/Hoşça kalın!
Viel Vergnügen!	İyi eğlenceler!
Gute Reise!	İyi yolculuklar!
Es tut mir Leid, aber ich muss jetzt gehen.	Ne yazık ki gitmem lâzım.
Ich lasse von mir hören.	Size haber vereceğim.
Grüßen Sie/Grüß … von mir.	… –a/–e benden selâm söyleyin.

Arzt

Arzt	doktor
Augenarzt	göz doktoru
Frauenarzt	kadın doktoru
Hautarzt	cilt doktoru
Kinderarzt	çocuk doktoru

Urologe	ürolog
Zahnarzt	diş doktoru
Ich fühle mich nicht wohl.	Kendimi iyi hissetmiyorum.
Ich habe Fieber.	Ateşim var.
Ich kann nicht schlafen.	Uyuyamıyorum.
Mir ist oft schlecht/schwindelig.	Sık sık kötü oluyorum/başım dönüyor.
Ich bin ohnmächtig geworden.	Bayıldım.
Ich bin stark erkältet.	Kuvvetli üşüttüm.
Ich habe Kopfschmerzen.	Başım ağrıyor.
Ich habe Halsschmerzen.	Boğazım ağrıyor.
Ich habe Husten.	Öksürüğüm var.
Ich bin gestochen/gebissen worden.	Beni bir şey soktu/ısırdı.
Ich habe mir den Magen verdorben.	Midem bozuldu.
Ich habe Durchfall/Verstopfung.	İshal/Kabız oldum.
Wo tut es weh?	Neresi acıyor?
Ich habe hier Schmerzen.	Buram ağrıyor.
Tut es hier weh?	Burası acıyor mu?
Ich habe einen hohen/niedrigen Blutdruck.	Tansiyonum yüksek/düşük.
Ich bin Diabetiker.	Şeker hastalığım var./Şekerim var.
Ich bin schwanger.	Bir bebek bekliyorum./Hamileyim.
Ich habe keinen Appetit.	Hiç iştahım yok.
Es ist nichts Ernstes.	Ciddî bir şey değil.
Können Sie mir bitte etwas gegen … geben/verschreiben?	Bana …–e/–a karşı bir ilâç verir misiniz/ yazar mısınız, lütfen?
Normalerweise nehme ich …	Normal olarak … alıyorum.
Hier ist mein internationaler Krankenschein.	Internasyonal bakım kâğıdım burada.
Können Sie mir bitte ein ärztliches Attest ausstellen?	Bana bir rapor yazar mısınız, lütfen?
Ich habe Schmerzen./Ich kann nicht einschlafen.	Ağrım var./Uyuyamıyorum.
Könnten Sie mir bitte eine Schmerztablette/Schlaftablette geben?	Ağrı hapı/Uyku hapı verir misiniz?

Zahnarzt

Ich habe (starke) Zahnschmerzen.	Dişim (şiddetli) ağrıyor.
Dieser Zahn tut weh.	Bu diş ağrıyor.
Ich habe eine Füllung verloren.	Bir dolgum düştü.
Mir ist ein Zahn abgebrochen.	Bir dişim kırıldı.
Geben Sie mir bitte eine/keine Spritze.	Bana iğne yapın/yapmayın, lütfen.

Apotheke

Wo ist die nächste Apotheke (mit Nachtdienst)?	(Gece nöbeti olan) en yakın eczane nerede?
Geben Sie mir bitte etwas gegen …	… –e/–a karşı bir şey verin, lütfen.

Auto/Motorrad/Fahrrad

Auskunft

Entschuldigung, wie komme ich bitte nach …?	Affedersiniz, … –e/–a nasıl gideceğim?
Können Sie mir die Strecke/das auf der Karte zeigen?	Lütfen, yolu/bunu bana haritada gösterir misiniz?
Bitte, ist das die Straße nach …?	Affedersiniz, … –e/–a giden yol bu mu?
Immer geradeaus bis … Dann …	… –e/–a kadar hep doğru. Sonra …
bei der Ampel	lâmbadan
an der nächsten Ecke	ilk köşeden
links/rechts abbiegen.	sola/sağa dönülecek.

Panne

Ich habe eine Panne/einen Platten.	Bir arıza/patlak lâstik var.
Würden Sie bitte den Pannendienst anrufen?	Lütfen, arıza/tamir servisini çağırır mısınız?
Würden Sie mir bitte einen Mechaniker/einen Abschleppwagen schicken?	Lütfen, bana bir tamirci/bir çekme arabası gönderir misiniz?
Würden Sie mich bis zur nächsten Werkstatt/Tankstelle abschleppen/mitnehmen?	İlk tamirhaneye/benzinciye kadar arabamı çeker misiniz/beni götürür müsünüz?

Parken

Kann ich den Wagen hier abstellen?	Arabayı buraya bırakabilir miyim?
Ist der Parkplatz bewacht?	Park yeri bekçili mi?
Wie lange kann ich hier parken?	Ne zamana kadar burada park edebilirim?

Tankstelle

Wo ist bitte die nächste Tankstelle?	En yakın benzinci nerede acaba?
Ich möchte 20 Liter	Yirmi litre … istiyorum.
Normalbenzin.	normal benzin
Super.	süper
Diesel.	motorin/mazot
… bleifrei/verbleit/mit … Oktan	kurşunsuz/kurşunlu/… oktanlı …
Voll tanken, bitte.	Doldurun/Ful, lütfen.
Prüfen Sie bitte …	Lütfen … kontrol eder misiniz?
den Ölstand.	yağını
den Reifendruck.	lâstiklerin havasını

Sehen Sie bitte auch das Kühlwasser nach.	Lütfen, radyatör suyuna da bakınız.
Könnten Sie mir einen Ölwechsel machen?	Yağını değiştirir misiniz?
Ich möchte eine Straßenkarte dieser Gegend, bitte.	Bu yörenin bir yol haritasını istiyorum, lütfen.
Wo sind bitte die Toiletten?	Tuvalet nerede?

Unfall

Es ist ein Unfall passiert.	Bir kaza oldu.
Rufen Sie bitte schnell …	Acele … çağırın, lütfen.
einen Krankenwagen.	bir ambulans
die Polizei.	polisi
die Feuerwehr.	itfaiyeyi
Haben Sie Verbandszeug?	Sargı malzemeniz var mı?
Sollen wir die Polizei holen, oder können wir uns so einigen?	Polisi mi çağıralım, yoksa aramızda mı anlaşalım?
Ich möchte den Schaden durch meine Versicherung regeln lassen.	Hasarı sigortam aracılığıyla düzelttirmek istiyorum.
Ich gebe Ihnen meine Anschrift und Versicherungsnummer.	Size adresimi ve sigorta numaramı veriyorum.
Geben Sie mir bitte Ihren Namen und Ihre Anschrift.	Lütfen bana isim ve adresinizi.
Können Sie für mich Zeuge sein?	Benim için tanıklık/şahitlik yapar mısınız?
Vielen Dank für Ihre Hilfe.	Yardımınıza çok teşekkür ederim.

Werkstatt

Wo ist hier in der Nähe eine Werkstatt?	Yakında nerede bir tamirhane var?
Mein Wagen springt nicht an.	Motor hareket etmiyor./Arabam çalışmıyor.
Können Sie mit mir kommen/mich abschleppen?	Benimle gelir misiniz?/Arabamı çeker misiniz?
Mit dem Motor stimmt was nicht.	Motorda bir bozukluk var.
Die Bremsen funktionieren nicht.	Frenler tutmuyor.
… ist/sind defekt.	… bozuk.
Können Sie mal nachsehen?	Bir kontrol eder misiniz?/Bir bakar mısınız?
Machen Sie bitte nur die nötigsten Reparaturen.	Yalnız en gerekli tamirleri yapınız lütfen.
Wann ist der Wagen/das Motorrad fertig?	Araba/Motor ne zamana biter?

Bank

Wo ist hier bitte eine Bank?	Nerede banka var?
Ich möchte … Euro/Schweizer Franken in türkische Lira umwechseln.	… euro/İsviçre frankı karşılığında Türk lirası istiyorum.
Ich möchte diesen Reisescheck/diese Postanweisung einlösen.	Bu seyahat çekini/posta havalesini almak istiyorum.

Auf welchen Betrag kann ich den Scheck maximal ausstellen?	En çok ne kadar yazabilirim?
Ihre Scheckkarte, bitte.	Çek kartınız, lütfen.
Darf ich bitte Ihren Pass/Ausweis sehen?	Pasaportunuzu/Kimliğinizi görebilir miyim?
Würden Sie bitte hier unterschreiben?	Şurayı imzalar mısınız, lütfen?
Ich möchte … Euro von meinem Konto/Postsparbuch abheben.	Hesabımdan/Posta hesabımdan … euro çekmek istiyorum.
Gehen Sie bitte zur Kasse.	Kasaya gidiniz, lütfen.
Wie wollen Sie das Geld haben?	Parayı nasıl istiyorsunuz?
Bitte nur Scheine.	Yalnız kâğıt para/banknot, lütfen.
Auch etwas Kleingeld.	Biraz da bozuk para.

Museum

Gibt es auch eine Führung in Deutsch?	Almanca rehber de var mı?
Darf man hier fotografieren?	Burada resim çekilir mi?
Ist das …?	Bu … mi?
Gibt es einen Katalog zur Ausstellung?	Serginin bir kataloğu var mı?

Einkaufen

Wo finde ich … ?	Nerede … bulabilirim?
Ich möchte …	… istiyorum.
Haben Sie …?	Sizde … var mı?
Zeigen Sie mir bitte …	Bana … gösterir misiniz, lütfen.
ein Paar ….	bir çift …
ein Stück ….	bir tane …
Das gefällt mir nicht so gut.	Bu pek hoşuma gitmedi./Bunu pek beğenmedim.
Können Sie mir bitte ein anderes/eine(n) andere(n) … zeigen?	Bana başka bir … gösterir misiniz?
Das gefällt mir. – Ich nehme es.	Bu hoşuma gidiyor. – Alayım.
Wie viel kostet es?	Bu kaça?
Ist die Mehrwertsteuer im Preis drin?	KDV dahil mi?
Hätten Sie nicht etwas Billigeres?	Daha ucuz olanı var mı/yok mu?
Sie geben es mir doch ein bisschen billiger, oder?	Bana biraz indirim yaparsınız, değil mi?
Was ist Ihr letztes Angebot?	En son fiyatız ne olur?
Ich möchte in Lira bezahlen.	Lira ile ödeyim.
Ich muss mir das noch überlegen.	Düşünmem lâzım.
Bitte geben Sie mir …	Lütfen bana … veriniz.
eine Flasche …	bir şişe …
eine Dose ….	bir kutu ….
eine Packung …	bir paket ….
ein Kilo ….	bir kilo …

einen Meter	bir metre .....
ein Stück	bir tane
ein Glas ...	bir bardak ...
Nehmen Sie ...	... alıyor musunuz?
Euro?	Euro
Schweizer Franken?	İsviçre frankı
Kreditkarten?	Kredi kartı
Reiseschecks?	Seyahat çeki
Bitte geben Sie mir eine Quittung.	Lütfen fatura yazar mısınız.
Können Sie es mir einpacken?	Paketler misiniz?
Haben Sie eine Tragetasche?	Poşetiniz var mı?

Eisenbahn

Auf dem Bahnhof

Eine einfache Fahrt 2. Klasse/1. Klasse nach ..., bitte.	... –e/–a 2. (ikinci) mevki/1. (birinci) mevki yalnız gidiş bir bilet, lütfen.
Zweimal ... hin und zurück, bitte.	... –e/–a gidiş–dönüş iki bilet, lütfen.
Wo muss ich umsteigen?	Nerede aktarma yapmam lâzım?
Achtung, Reisende nach ...! Bitte einsteigen und die Türen schließen.	Dikkat, ... yolcuları! Lütfen trene binip kapıları kapayınız.

Im Zug

Verzeihung, ist dieser Platz noch frei?	Affedersiniz, bu yer boş mu?
Können Sie mir bitte helfen?	Lütfen bana yardım eder misiniz?
Darf ich das Fenster öffnen/schließen?	Pencereyi açabilir miyim/kapatabilir miyim?
Wo sind wir jetzt?	Şimdi neredeyiz?

Öffentliche Verkehrsmittel

Welcher Bus/Welche Straßenbahn/ Welche U–Bahnlinie fährt nach ...?	... –e/–a hangi otobüs/tramvay/metro gidiyor?
Bus	otobüs
Straßenbahn	tramvay
U–Bahn	metro
Sammeltaxi	dolmuş
Welche Linie fährt nach ...?	... –e/–a hangi numara gidiyor?
Ist dies der richtige Bus nach ...?	... –e/–a giden otobüs bu mu?
In welche Richtung muss ich fahren?	Hangi yöne/istikamete gitmem lâzım?
Wie viele Haltestellen sind es?	Kaç durak var?
Wo muss ich aussteigen/umsteigen?	Nerede inmem/aktarma yapmam lâzım?
Sagen Sie mir bitte Bescheid, wann ich aussteigen muss?	Oraya gelince, söyler misiniz lütfen?
Bitte, einen Fahrschein nach ...	... –e/–a bir bilet lütfen.

Taxi

Wo ist der nächste Taxistand?	En yakın taksi durağı nerede?
Würden Sie bitte für mich ein Taxi bestellen?	Lütfen bana bir taksi çağırır mısınız?
Zum Bahnhof.	İstasyona.
Zum … Hotel.	… oteline.
Zum Flughafen	Hava alanına./Hava limanına.
Halten Sie bitte hier.	Burada durun, lüften.
Warten Sie bitte. – Ich bin in 5 Minuten zurück.	Lütfen bekleyin. – Beş dakika sonra döneceğim.
Das ist für Sie.	Bu size.

Polizei

Wo ist die nächste Polizeiwache?	En yakın polis karakolu nerede?
Ich möchte eine Anzeige machen.	Bildirmek istiyorum./Şikâyetim var.
Mir ist …gestohlen worden.	Benim … çalındı.
die Handtasche	el çantam
die Brieftasche	cüzdanım
mein Fotoapparat	fotoğraf makinam
mein Auto	arabam
mein Fahrrad	bisikletim
Mein Auto ist aufgebrochen worden.	Arabam açılmış.
Aus meinem Auto ist … gestohlen worden.	Arabamdan … çalındı.
Ich habe … verloren.	Ben … kaybettim.
Mein Sohn/Meine Tochter ist seit … verschwunden.	Oğlum/Kızım … –dan/–den beri kayıp.
Können Sie mir bitte helfen?	Lütfen bana yardım eder misiniz?
Ich will einen Anwalt./Ich möchte meinen Anwalt sprechen.	Bir avukat istiyorum./Avukatımla konuşmak istiyorum.
Ihren Namen und Ihre Anschrift, bitte.	İsim ve adresiniz, lütfen.
Wenden Sie sich bitte an das deutsche/österreichische/Schweizer Konsulat.	Alman/Avusturya/İsviçre konsolosluğuna baş vurun, lütfen.

Restaurant

Bestellung

Herr Ober, die Speisekarte/die Getränkekarte, bitte!	Garson, yemek listesi/içki listesi, lüften!
Was können Sie mir empfehlen?	Bana ne tavsiye edersiniz?
Ich möchte nur eine Kleinigkeit essen.	Hafif şeyler yemek istiyorum.
Ich möchte nur etwas trinken.	Yalnız bir şey içmek istiyorum.
Gibt es auch Kinderportionen?	Çocuklara yarım porsiyon veriyor musunuz?

Haben Sie schon gewählt?	Seçtiniz mi?
Ich nehme …	Ben … alacağım.
Ich vertrage kein(e) …, könnten Sie das Gericht ohne … zubereiten?	Bana … dokunuyor, yemeğe koymadan da olur mu?
Wie möchten Sie Ihr Steak haben?	Kızartmanızı (stekinizi) nasıl istersiniz?
gut durch	tam pişmiş
halb durch	az pişmiş
englisch	çok az pişmiş
Was wollen Sie trinken?	Ne içmek istiyorsunuz?
Bitte ein Glas …	Lütfen, bir bardak …
Bitte eine (halbe) Flasche …	(Yarım) şişe …, lütfen.
Mit Eis, bitte.	Buzlu, lütfen.
Guten Appetit!	Afiyet olsun!
Bitte bringen Sie uns …	Lütfen, bize … getiriniz.
Könnten wir noch etwas Brot/Wasser/Wein bekommen?	Biraz daha ekmek/su/şarap getirebilir misiniz?

Rechnung

Bezahlen, bitte.	Hesabı lütfen.
Die Rechnung, bitte. – Wir haben es eilig.	Hesabı, lütfen. – Acelemiz var.
Bitte alles zusammen.	Hepsi beraber lütfen.
Getrennte Rechnungen, bitte.	Hesaplar ayrı ayrı, lütfen.
Ist die Bedienung inklusive?	Garson yüzdesi (bahşiş) içinde mi?
Das habe ich nicht gehabt. – Ich hatte …	Bunu almadım. – Ben … almıştım.
Hat es geschmeckt?	Hoşunuza gitti mi?
Das Essen war ausgezeichnet.	Yemek çok güzeldi.
Das ist für Sie.	Bu size.
Es stimmt so.	Bu tamam.

Reklamation

Hier fehlt ein(e) ….	Burada … eksik.
Das habe ich nicht bestellt.	Ben bunu ısmarlamadım.
Das Essen ist kalt/versalzen.	Yemek soğuk/çok tuzlu.
Das Fleisch ist zäh/zu fett.	Et çok sert/çok yağlı.
Der Fisch ist nicht frisch.	Balık taze değil.
Nehmen Sie es bitte zurück.	Bunu lütfen geri götürün.

Strand

Gibt es hier in der Gegend einen Badestrand?	Bu çevrede bir plâj var mı?
Wie komme ich zum Strand/Badestrand?	Sahile/Plâja nasıl gidilir?
Gibt es hier Seeigel/Quallen?	Deniz kestanesi/Denizanası var mı?
Wie weit darf man hinausschwimmen?	Nereye kadar açılınabilir?

Wie ist das Wasser?	Su nasıl?
Das Wasser ist….	Su ….
kalt/warm/schmutzig/sauber/tief.	soğuk/sıcak/kirli/temiz/derin.
Ist die Strömung stark?	Akıntı çok mu?
Ist es für Kinder gefährlich?	Çocuklar için tehlikeli mi?
Wann ist Flut/Ebbe?	Met/Cezir ne zaman?
Ich möchte … mieten.	Bir … kiralamak istiyorum.
einen Liegestuhl/einen Sonnenschirm	şezlong/güneş şemsiyesi
ein Boot	kayık
ein Paar Wasserski	çift su kayağı
Was kostet es pro Stunde/Tag?	Saati/Günlüğü kaça?

Telefon

Dürfte ich wohl Ihr Telefon benutzen?	Telefonunuzu kullanabilir miyim?
Wo ist die nächste Telefonzelle?	En yakın telefon kulübesi nerede?
Können Sie mir bitte eine Telefonmünze/ Telefonkarte geben?	Lütfen, bana bir jeton/telefon kartı verir misiniz?
Haben Sie ein Telefonbuch von …?	Sizde … telefon rehberi var mı?
Ich möchte ein R–Gespräch anmelden.	Ödemeli bir konuşma yazdırmak istiyorum.
Können Sie mich bitte mit … verbinden?	Bana … –i/–ı bağlar mısınız?
Es meldet sich niemand.	Kimse çıkmıyor.
Bleiben Sie bitte am Apparat.	Telefonu lütfen kapatmayınız.
Hier spricht …	Burada …
Hallo, mit wem spreche ich?	Alo, kiminle konuşuyorum?
Kann ich bitte Herrn/Frau … sprechen?	… beyle/hanımla konuşabilir miyim?
Am Apparat.	Benim.
Ich verbinde.	Bağlıyorum.
Tut mir Leid, er/sie ist nicht da.	Maalesef burada/evde değil.
Kann er/sie Sie zurückrufen?	O sizi arayabilir mi?
Ja, meine Nummer ist …	Evet, benim numaram …
Möchten Sie eine Nachricht hinterlassen?	Bir haber bırakmak ister misiniz?
Würden Sie ihm/ihr bitte sagen, ich hätte angerufen?	Telefon ettiğimi ona söyler misiniz?
Ich rufe später nochmal an.	Sonra tekrar ararım.

Camping

Haben Sie noch Platz für einen Wohnwagen/ein Zelt?	Yataklı araba/çadır için daha bir yeriniz var mı?
Wie hoch ist die Gebühr pro Tag und Person?	Günlüğü kişi başına ne kadar?
Wie hoch ist die Gebühr für …	… ücreti ne kadar?
das Auto?	Araba
den Wohnwagen/das Wohnmobil?	Yataklı araba

das Zelt?	Çadır
Wo kann ich meinen Wohnwagen aufstellen/mein Zelt aufschlagen?	Yataklı arabamı nereye yerleştirebilirim?/ Çadırımı nereye kurabilirim?
Wir bleiben … Tage/Wochen.	… gün/hafta kalacağız.
Gibt es hier ein Lebensmittelgeschäft?	Burada bir bakkal var mı?
Wo sind die …	… nerede?
Toiletten?	Tuvalet
Waschräume?	Yıkanma odaları
Duschen?	Duş
Gibt es hier Stromanschluss?	Burada cereyan var mı?
Haben Sie 220 oder 110 Volt?	220 (iki yüz yirmi) mi yoksa 110 (yüz on) volt mu?
Wo kann ich die Gasflaschen umtauschen?	Gaz tüplerini nerede değiştirebilirim?
Ist der Campingplatz bei Nacht bewacht?	Kamping yerinin gece bekçisi var mı?
Gibt es hier einen Kinderspielplatz?	Burada bir çocuk bahçesi var mı?
Können Sie mir bitte … leihen?	Bana … ödünç verebilir misiniz, lütfen?

Hotel

Anreise

Ich habe bei Ihnen ein Zimmer reserviert. – Mein Name ist …	Ben bir oda ayırttım. – Adım …
Haben Sie noch Zimmer frei?	Boş odanız var mı?
… für eine Nacht.	Bir gecelik …
… für zwei Tage.	İki günlük …
… für eine Woche.	Bir haftalık …
Nein, wir sind leider vollständig belegt.	Hayır, maalesef tamamen doluyuz.
Ja, was für ein Zimmer wünschen Sie?	Peki, nasıl bir oda istiyorsunuz?
ein Einzelzimmer	tek kişilik bir oda
ein Zweibettzimmer	çift yataklı bir oda
ein Zweibettzimmer, aber bitte nicht mit einem französischen Bett.	çift yataklı bir oda, ama fransız yatağı olmasın lütfen.
ein ruhiges Zimmer	sakin bir oda
ein sonniges Zimmer	güneşli bir oda
ein Zimmer mit fließend Kalt- und Warmwasser	soğuk ve sıcak sulu bir oda
ein Zimmer mit Dusche	duşlu bir oda
ein Zimmer mit Bad	banyolu bir oda
ein Zimmer mit Balkon/Terrasse	balkonlu/teraslı bir oda
ein Zimmer mit Blick aufs Meer	denize bakan/deniz manzaralı bir oda
ein straßenseitig gelegenes Zimmer	cadde tarafındaki bir oda
ein hofseitig gelegenes Zimmer	avlu/bahçe tarafındaki bir oda
Kann ich das Zimmer ansehen?	Odayı görebilir miyim?
Dieses Zimmer gefällt mir nicht. – Zeigen Sie mir bitte ein anderes.	Bu oda hoşuma gitmedi. – Bir başkasını gösterin.

Dieses Zimmer ist sehr hübsch. – Ich nehme es.	Bu oda çok güzel. – Bunu alıyorum.
Können Sie noch ein drittes Bett/Kinderbett dazustellen?	Üçüncü bir yatak/çocuk yatağı koyabilir misiniz?
Was kostet das Zimmer mit …	Bu oda … kaça?
Frühstück?	kahvaltıyla
Halbpension?	yarım pansiyon ile
Vollpension?	tam pansiyon ile
Wollen Sie bitte den Anmeldeschein ausfüllen?	Kayıt formülünü doldurur musunuz?
Darf ich Ihren Reisepass/Personalausweis sehen?	Pasaportunuzu/Hüviyetinizi görebilir miyim?
Wo kann ich den Wagen abstellen?	Arabayı nereye koyabilirim?
In unserer Garage/Auf unserem Parkplatz.	Garajımıza/Park yerimize.
Hat das Hotel ein Schwimmbad/einen eigenen Strand?	Otelin yüzme havuzu/plâjı var mı?

Reklamation

Das Zimmer ist nicht gereinigt worden.	Oda temizlenmemiş.
Die Dusche …	Duş …
Die Spülung …	Sifon …
Die Heizung …	Kalorifer …
Das Licht …	Işık …
Das Radio …	Radyo …
Der Fernseher …	Televizyon …
funktioniert nicht.	bozuk.
Der Wasserhahn tropft.	Musluk damlıyor.
Es kommt kein (warmes) Wasser.	(Sıcak) su gelmiyor.
Die Toilette/Das Waschbecken ist verstopft.	Tuvalet/Lavabo tıkalı.
Das Fenster schließt nicht/geht nicht auf.	Pencere kapanmıyor/açılmıyor.
Der Schlüssel passt nicht.	Anahtar uymuyor.

Bar/Diskothek/Nachtclub

Gibt es hier eine gemütliche Kneipe?	Burada rahat bir meyhane var mı?
Gibt es hier eine Diskothek?	Burada bir diskotek var mı?
Wo werden Bauchtänze aufgeführt?	Nerede göbek dansı gösteriliyor?
Ein Bier, bitte.	Bir bira, lütfen.
Das gleiche noch einmal.	Aynısından bir daha.
Diese Runde übernehme ich.	Bu içkiler benden.

Verkehrsbüro

Ich möchte einen Stadtplan von … haben.	… '(n)in bir şehir plânını istiyorum.
Haben Sie Prospekte von …?	… brojürü var mı?
Haben Sie einen Veranstaltungskalender für diese Woche?	Sizde bu haftanın etkinlikler programı var mı?
Gibt es Stadtrundfahrten?	Şehir turları var mı?

Wetter

Es bleibt schön/schlecht.	Hava güzel/kötü kalacak.
Es wird wärmer/kälter.	Hava daha ısınacak/soğuyacak.
Es soll regnen/schneien.	Yağmur/Kar yağacak.
Es ist kalt/heiß/schwül.	Hava soğuk/pek sıcak/bunaltıcı.
Es zieht ein Gewitter auf.	Fırtına geliyor.
Wir bekommen Sturm.	Bora çıkacak.
Es ist neblig/windig.	Hava sisli/rüzgârlı.
Die Sonne scheint.	Güneş var./Güneş açıyor.
Der Himmel ist wolkenlos/bedeckt.	Gökyüzü bulutsuz/kapalı.

Zollkontrolle

Haben Sie etwas zu verzollen?	Gümrüklü eşyanız var mı?
Nein, ich habe nur ein paar Geschenke.	Hayır, yalnızca birkaç hediyelik eşyam var.
Fahren Sie bitte rechts/links heran.	Arabayı sağa/sola çekin, lütfen.
Öffnen Sie bitte den Kofferraum/diesen Koffer.	Bagajı/Bu bavulu açın, lütfen.
Muss ich das verzollen?	Buna gümrük ödemem lâzım mı?

Zeitangaben

Wie spät ist es?	Saat kaç?
Es ist	Saat
3 Uhr.	üç.
3 Uhr 10.	üçü on geçiyor.
Viertel nach 3.	üçü çeyrek geçiyor.
halb 4.	üç buçuk.
Viertel vor 4.	dörde çeyrek var.
5 vor 4.	dörde beş var.
1 Uhr.	bir.
12 Uhr Mittag/Mitternacht.	öğlen/gece on iki.
Geht diese Uhr richtig?	Bu saat doğru mu?/doğru gidiyor mu?
Sie geht vor/nach.	İleri gidiyor /Geri kalıyor.
Es ist spät/zu früh.	Geç oldu/Çok erken.
Um wie viel Uhr?/Wann?	Saat kaçta?/Ne zaman?
Um 2 Uhr.	Saat ikide.
Um 1 Uhr.	Saat birde.
Um 10 nach 5.	Beşi on geçe.
Um Viertel nach 5.	Beşi çeyrek geçe.
Um halb 6.	Beş buçukta.
Um Viertel vor 6.	Altıya çeyrek kala.
Um 5 vor 6.	Altıya beş kala.
In einer Stunde.	Bir saat sonra/içinde.
In zwei Stunden.	İki saat sonra/içinde.
Nicht vor 9 Uhr morgens.	Sabahları dokuzdan önce değil.
Nach 8 Uhr abends.	Akşamları sekizden sonra.
Zwischen 3 und 4.	Üçle dört arası.
Gcgcn 4 Uhr.	Saat dörde dogru.
In 14 Tagen.	On dört gün sonra/içinde.
Vor einer Woche.	Bir hafta önce.
Den Wievielten haben wir heute?	Bugün ayın kaçı?
Heute ist der dritte.	Bügün ayın üçü.
Am 5. April	Nisanın beşinde.
Am 12. Mai 2004	On iki Mayıs iki bin dörtte.
Wie lange?	Ne kadar zaman?/Ne süre?
Zwei Stunden (lang).	İki saat (süreyle).
Von 10 bis 11.	Ondan on bire kadar.
Bis zum Wochenende.	Hafta sonuna kadar.
Seit wann?	Ne zamandan beri?
Seit 8 Uhr morgens.	Sabah sekizden beri.
Seit einer halben Stunde.	Yarım saatten beri.
Seit acht Tagen.	Sekiz günden beri.

PONS

Kompaktwörterbuch

Deutsch – Türkisch

Ernst Klett Sprachen

Barcelona · Belgrad · Budapest
Ljubljana · London · Posen · Prag
Sofia · Stuttgart · Zagreb

PONS Kompaktwörterbuch Deutsch-Türkisch

Hinweise zur Benutzung des Wörterbuchs

1. Schriftarten

blauer Fettdruck	für die Stichwörter
Halbfettdruck	für die deutschen Beispielsätze und Redewendungen, in denen das Stichwort vorkommt
Magerdruck	für die türkischen Übersetzungen
Kursivdruck	für Erklärungen und Definitionen, für Markierungen der Stilebene, für Synonyme und andere Zusätze sowie für grammatische Angaben
KAPITÄLCHEN	für Sachgebietsangaben

Sözlüğün Kullanımı Hakkında Bilgiler

1. Yazı Türleri

mavi renkte kalın harfler	madde başındaki her kelime için
yarı kalın harfler	madde başı kelimenin yer aldığı Almanca örnek cümle ve deyimler için
ince harfler	Türkçe çeviriler için
italik harfler	açıklama ve tanımlar için, üslûp düzeyini göstermek için, eş anlamlı kelimelerle diğer ekler ve gramer ile ilgili bilgiler için
BÜYÜK HARFLER	herhangi bir bilim dalı veya alanı hakkındaki bilgiler için

Beispiel: *Örnek:*

an|fassen **I.** *vi* (*mithelfen*) yardım etmek **II.** *vt* **1.** (*berühren*) dokunmak (-e); (*greifen*) ele almak; (*stärker*) tutmak **2.** (*fig: behandeln*) davranmak (-e), muamele etmek (-e); (*Problem*) ele almak; **jdn hart ~** bir kimseye sert davranmak [*o* muamele etmek]; **eine Sache falsch ~** bir işi yanlış ele almak **III.** *vr:* **sich ~ 1.** (*bei der Hand nehmen*) el ele tutuşmak **2.** (*sich anfühlen*): **der Stoff fasst sich wie Seide an** kumaş, ipek olduğu hissini veriyor

2. Stichwortanordnung

Alle Wörter sind **alphabetisch geordnet.** Die Umlaute ä, ö, ü sind den Vokalen a, o, u gleichgestellt.

2. Madde Başı Sözlerde Sıralama

Bütün kelimeler **alfabetik olarak sıralanmıştır.** Ünlü değişimine uğramış ä, ö, ü ünlüleri, a, o, u ünlülerine eşittir.

Barhocker *m* <-s, -> tabure
Bärin *f* dişi ayı
Bariton ['ba:ritɔn, *Pl:* 'ba:rito:nə] *m* <-s, -e> (MUS) bariton

Hochgestellte arabische Ziffern unterscheiden Homographe.

Yapı bakımından birbirine benzeyen ve eş sesler bulunduran kelimeler **üste yazılmış Arap rakamlarıyla** birbirinden ayrılmıştır.

Bär(in)[1] [bɛːɐ] *m(f)* <-en, -en; -nen> ayı; **der Große/Kleine** ~ (ASTR) Büyükayı/Küçükayı; **jdm einen ~en aufbinden** (*fig fam*) birini kafa kola almak, birine numara yapmak; **das Fell des ~en verkaufen, ehe man ihn hat** (*fig*) ayıyı vurmadan postunu satmak
Bär[2] [bɛːɐ] *m* <-s, -en> (TECH: *Rammhammer*) şahmerdan
Erbe, -in[1] ['ɛrbə] *m, f* <-n, -n; -nen> mirasçı; **jdn als ~n einsetzen** birini mirasçı olarak atamak
Erbe[2] *nt ohne Pl* <-s> miras; **das ~ antreten** mirasa konmak

Für die Rechtschreibung der deutschen Wörter sowie die alphabetische Anordnung diente als Grundlage *Duden, Die deutsche Rechtschreibung*, 22., völlig neu bearbeitete und erweiterte Auflage, Mannheim 2000.

Yazım ile alfabetik sıralama için *Duden, Die deutsche Rechtschreibung*, tamamen yeniden işlenmiş ve genişletilmiş 22. baskı, Mannheim 2000, esas alınmıştır.

3. Reformierte Rechtschreibung

3. Yeni Yazım

a) Deutsche Stichwörter, deren Schreibung sich durch die Rechtschreibreform geändert hat, sind mit einem hochgestellten RR gekennzeichnet.

a) Yazım reformu ile değişikliğe uğramış Almanca madde başı sözler üste yazılmış RR harfleriyle gösterilmiştir.

Biss[RR] [bɪs] *m* <-es, -e> **1.** (*das Zubeißen*) ısırma; (*von Insekten, Schlange*) sokma **2.** (*Bisswunde*) ısırık
Fass[RR] [fas, *Pl:* 'fɛsɐ] *nt* <-es, Fässer>
Stängel[RR] ['ʃtɛŋəl] *m* <-s, -> (BOT) sap, sapçık

b) Deutsche Wörter in alter Rechtschreibung sind als Stichworte aufgenommen. Sie erscheinen farblich unterlegt und sind mit einem Verweis auf die neue Schreibung versehen.

b) Eski yazımdaki Almanca kelimeler madde başına alınmış olup fonları renklendirilmiş ve yeni yazılışına gönderme yapılmıştır.

biß *s.* **biss**
Faß *nt* <-sses, Fässer> fıçı; (*größer*) varil; (*kleiner*) kap; (*für Chemikalien*) kap; **Bier vom ~** fıçıdan bira, fıçı birası; **ein ~ ohne Boden (sein)** (*fig*) dipsiz kile, boş ambar (olmak); **voll wie ein ~ sein** (*fam fig*) dut gibi olmak; **das schlägt dem ~ den Boden aus** artık bu kadarı yeter
Stengel ['ʃtɛŋəl] *m* <-s, -> *s.* **Stängel**

4. Aufbau der Wörterbuchartikel

Römische Ziffern dienen zur Unterscheidung der verschiedenen Wortarten, denen ein Stichwort angehört, und zur Gliederung der Verben *(vt, vi, vr, impers)*.

beginnen <beginnt, begann, begonnen> **I.** *vi* başlamak; **es beginnt zu regnen** yağmur yağmaya başlıyor **II.** *vt* başlamak (-e)

Arabische Ziffern dienen zur Unterscheidung der verschiedenen Bedeutungen eines Stichworts.

biegen ['bi:gən] <biegt, bog, gebogen> **I.** *vi sein* (*Kurve machen*) kıvrılmak, bükülmek; (*mit dem Auto*) dönmek; **um die Ecke ~** köşeyi dönmek; **auf B~ und Brechen** (*fam*) ne yapıp edip **II.** *vt* **1.** (*Zweige, Glieder*) bükmek, kıvırmak **2.** (*österr: flektieren*) bükünlemek; (*deklinieren, konjugieren*) çekmek **III.** *vr:* **sich ~** (*krumm werden*) bükülmek; **sie bog sich vor Lachen** (*fam*) gülmekten katıldı

Die **Beispielsätze** zu den verschiedenen Bedeutungen des Stichworts sind den jeweiligen Ziffern innerhalb des Artikels zugeordnet.

eben ['e:bən] **I.** *adj* **1.** (*flach*) düz, yassı; (*a.* MATH) düzlem(sel) **2.** (*glatt*) dümdüz **II.** *adv* **1.** (*in diesem Augenblick*) şimdi, şu anda; **ich wollte dich ~ anrufen** şimdi [*o* şu anda] sana telefon edecektim **2.** (*gerade vorhin*) demin; **sie sind ~ angekommen** demin geldiler **3.** (*kurz*) bir; **hilfst du mir ~ mal?** bana bir yardım eder misin? **4.** (*knapp*) ancak; **mit seinem Lohn kommt er so ~ aus** ücretiyle ancak geçinebiliyor **5.** (*nun mal*): **~!** işte!; **das ist ~ so** bu böyledir işte; **er ist ~ ein Idiot** aptalın teki işte; **gut, dann ~ nicht** iyi, o zaman olmasın işte

4. Sözlükte Madde Başı Yapısı

Romen rakamları, madde başı sözün gramerdeki yerini gösterir ve fiilleri ayırmaya *(vt, vi, vr, impers)* yarar.

Arap rakamları, madde başı sözün farklı anlamlarını göstermeye yarar.

Madde başı sözün farklı anlamlarını gösteren **örnek cümleler**, madde başı altında her bir rakamdan sonra gelir.

5. Klammern

In Klammern stehen
Erklärungen und Definitionen,
Markierungen der Stilebene,
Synonyme und andere Zusätze
sowie grammatische Angaben

Bei den Verben sind die Präpositionen bzw. Fallendungen in beiden Sprachen nach der Übersetzung in Klammern angegeben.

5. Ayraçlar

Açıklama ve tanımlar,
üslûp düzeyi,
eş anlamlı kelimelerle diğer ekler ve gramer ile ilgili bilgiler
ayraçlar içinde bulunur.

Fiillerle ilgili ilgeçler ve çekim ekleri her iki dilde çeviriden sonra ayraçlar içinde gösterilmiştir.

ein|greifen *irr vi* **1.** (*Einfluss nehmen*) el atmak (*in* -e) **2.** (TECH) geçmek (*in* -e)
ein|heiraten *vi* güvey girmek (*in* -e)
stützen ['ʃtʏtsən] **I.** *vt* **1.** desteklemek, destek olmak (-e) **2.** dayamak (*auf*-e); **die Ellbogen auf den Tisch ~** dirseklerini masaya dayamak **II.** *vr:* **sich ~ 1.** (*sich auf~*) dayanmak (*auf*-e) **2.** (*beruhen*) dayanmak (*auf*-e)

Die Stammformen der starken Verben, unregelmäßige Steigerungsformen der Adjektive sowie Besonderheiten der Pluralbildung sind in Spitzklamern angegeben.

Kural dışı fiillerin çekimde uğradığı değişiklikler, sıfatların üstünlük derecelerinde aldığı biçimler ve çokluk oluşturmadaki özellikler açılı ayraçlar içinde gösterilmiştir.

biegen ['bi:gən] <biegt, bog, gebogen> **I.** *vi sein* (*Kurve machen*) kıvrılmak, bükülmek; (*mit dem Auto*) dönmek; **um die Ecke ~** köşeyi dönmek; **auf B~ und Brechen** (*fam*) ne yapıp edip **II.** *vt* **1.** (*Zweige, Glieder*) bükmek, kıvırmak **2.** (*österr: flektieren*) bükünlemek; (*deklinieren, konjugieren*) çekmek **III.** *vr:* **sich ~** (*krumm werden*) bükülmek; **sie bog sich vor Lachen** (*fam*) gülmekten katıldı
warm [varm] *adj* <wärmer, am wärmsten> **1.** (*allgemein*) sıcak; (*Farbe, Ton, Klima, Wetter*) sıcak; (*lau~*) ılık; **etw ~ machen** bir şeyi ısıtmak; **es ist (sehr) ~** (çok) sıcak; **sich ~ anziehen** kalın giyinmek; **~ duschen** sıcak duş yapmak; **sich ~ laufen** ısınma koşusu yapmak; **das Zimmer kostet 300 Euro ~** (*fam*) odanın fiyatı ısıtma dahil 300 eurodur; **sich ~ laufen** (SPORT) ısınmak için koşmak **2.** (*~herzig*) sıcak; **mit jdm/etw** *dat* **~ werden** (*fam*) bir kimseye/şeye ısınmak

Band¹ [bɛnt] *f* <-s> (*Musikgruppe*) orkestra; (*in Kennerkreisen*) grup; (*für Jazz*) cazbant
Band² [bant, *Pl:* 'bɛndə] *m* <-(e)s, Bände> (*Buch*) cilt; **dein Gesicht spricht Bände** (*fam*) durum yüzünden okunuyor
Band³ [bant, *Pl:* 'bɛndɐ] *nt* <-(e)s, Bänder> **1.** (*Stoff~*) şerit, kurdele; (*Auszeichnung*) kordon **2.** (*Fließ~*) bant, montaj hattı; **am ~ arbeiten** bantta çalışmak; **am laufenden ~** (*fam: ohne Unterbrechung*) aralıksız, ara vermeden **3.** (TECH: *Ton~*) bant; (*Farb~*) şerit; (*Maß~*) mezura, şerit metre; (*Klebe~*) teyp; (*Magnet~*) bant, şerit; **etw auf ~ aufnehmen** bir şeyi banda almak; **etw auf ~ sprechen** bir şeyi konuşarak banda almak **4.** (MED: *am Gelenk*) bağ; (ANAT: *Stimm~*) kiriş, tel **5.** (*Frequenzbereich*) dalga kuşağı
Bildnis ['bɪltnɪs] *nt* <-ses, -se> (*geh*) portre; (*Foto*) portre

Die **Lautschrift**, einschließlich der Wortakzente, steht in eckigen Klammern [...] hinter dem Stichwort.

Madde başı kelimenin **sesçil yazımı** vurgu işaretleriyle birlikte kelimeden sonra köşeli ayraçlar içinde [...] bulunur.

anderthalb ['andɐt'halp] *adj inv* bir buçuk
Bimmel ['bɪməl] *f* <-n> (*fam*) çıngırak
Bistum ['bɪstu:m, *Pl:* 'bɪsty:mɐ] *nt* <-s, Bistümer> piskoposluk
Pointe ['po̯ɛ̃:tə] *f* <-n> nükte; (*beim Witz*) espri

6. Verweise

Bei starken Verben ist die veränderte Form als eigenes Stichwort mit einem Verweis auf die Grundform aufgenommen.

6. Göndermeler

Kural dışı fiillerde, fiilin çekimden sonra uğradığı değişik biçimi madde başında yer alıp yalın biçimine gönderme yapılmıştır.

aß [a:s] *3. imp von* **essen**
birst [bɪrst] *3. präs von* **bersten**
blieb [bli:p] *3. imp von* **bleiben**
schob [ʃo:p] *3. imp von* **schieben**

7. Tilde

Die **Tilde** ~ ersetzt in Beispielsätzen und Redewendungen das Stichwort.

7. „Yine o" İşareti

„Yine o" işareti ~ örnek cümlelerde ve deyimlerde madde başı sözün yerine geçer.

Befürchtung *f* <-en>: **die schlimmsten ~en haben** en kötü şeyleri aklından geçirmek; **ihre ~en haben sich bewahrheitet** korktuğu başına geldi
fällen ['fɛlən] *vt* **1.** (*Baum, Holz*) kesmek **2.** (*Entscheidung*) vermek; **ein Urteil über jdn ~** biri hakkında hüküm vermek **3.** (MATH: *Lot*) indirmek; **das Lot auf einer Geraden ~** bir doğruya dikme indirmek
fliegend *adj* uçan; **in ~er Eile** alelacele; **~e Händler** işportacı; **~e Untertasse** (*tellerförmiges Ufo*) uçan daire; **der F~e Holländer** (*Sage, Oper*) Uçan Hollandalı

Regelmäßige deutsche Substantivendungen

Nominativ		Genitiv	Plural
-ade	*f*	-ade	-aden
-ant	*m*	-anten	-anten
-anz	*f*	-anz	-anzen
-ar	*m*	-ars	-are
-är	*m*	-ärs	-äre
-at	*nt*	-at[e]s	-ate
-atte	*f*	-atte	-atten
-chen	*nt*	-chens	-chen
-ei	*f*	-ei	-eien
-elle	*f*	-elle	-ellen
-ent	*m*	-enten	-enten
-enz	*f*	-enz	-enzen
-ette	*f*	-ette	-etten
-eur	*m*	-eurs	-eure
-eurin	*f*	-eurin	-eurinnen
-euse	*f*	-euse	-eusen
-heit	*f*	-heit	-heiten
-ie	*f*	-ie	-ien
-ik	*f*	-ik	-iken
-in	*f*	-in	-innen
-ine	*f*	-ine	-inen

Nominativ		Genitiv	Plural
-ion	*f*	-ion	-ionen
-ist	*m*	-isten	-isten
-ium	*nt*	-iums	-ien
-ius	*m*	-ius	-iusse
-ive	*f*	-ive	-iven
-keit	*f*	-keit	-keiten
-lein	*nt*	-leins	-lein
-ling	*m*	-lings	-linge
-ment	*nt*	-ments	-mente
-mus	*m*	-mus	-men
-nis	*f*	-nis	-nisse
-nis	*nt*	-nisses	-nisse
-nom	*m*	-nomen	-nomen
-rich	*m*	-richs	-riche
-schaft	*f*	-schaft	-schaften
-sel	*nt*	-sels	-sel
-tät	*f*	-tät	-täten
-tiv	*nt/m*	-tivs	-tive
-tor	*m*	-tors	-toren
-ung	*f*	-ung	-ungen
-ur	*f*	-ur	-uren

Abkürzungen / Kısaltmalar

3. imp	3. Person Singular Imperfekt	birinci geçmiş zamanın üçüncü kişisi
3. präs	3. Person Singular Präsens	şimdiki zamanın üçüncü kişisi
a.	auch	aynı zamanda
Abk.	Abkürzung	kısaltma
adj	Adjektiv	sıfat
ADMIN	Verwaltung	idare
adv	Adverb	zarf
AERO	Luftfahrt	havacılık
AGR	Landwirtschaft	tarım
akk	Akkusativ	yükleme durumu, -i hâli
ANAT	Anatomie	anatomi
ARCH	Architektur	mimarlık
ASTR	Astronomie, Astrologie	astronomi, astroloji
AUTO	Auto und Verkehr	otomobil ve trafik
BERGB	Bergbau	madencilik
bes.	besonders	özellikle
BIOL	Biologie	biyoloji
BOT	Botanik	botanik
CHEM	Chemie	kimya

COM	Handel	ticaret
dat	Dativ	yönelme durumu, -e hâli
EISENB	Eisenbahn	demir yolu
ELEK	Elektrizität	elektrik
etw	etwas	bir şey
EU	Europäische Union	Avrupa Birliği
f	Femininum – die	dişil
fam	umgangssprachlich	konuşma dili
fig	figurativ, bildlich	mecazî
FILM	Film, Kino	film, sinema
FIN	Finanzwesen	maliye
FOTO	Fotografie	fotoğrafçılık
GASTR	Gastronomie	gastronomi
GEO	Geologie, Geographie	jeoloji, coğrafya
gen	Genitiv	tamlayan durumu, -in hâli
HIST	Geschichte	tarih
imp	Imperfekt	birinci geçmiş zaman
inf	Infinitiv, Grundform	mastar
INFORM	Informatik	bilişim
interj	Interjektion, Ausruf	ünlem
inv	invariabel, unveränderlich	değişmez
iron	ironisch	alay yollu
irr	unregelmäßig	kural dışı
jd	jemand	biri, bir kimse
jdm	jemandem	birine, bir kimseye
jdn	jemanden	birini, bir kimseyi
jds	jemandes	birinin, bir kimsenin
JUR	Jura/Recht(swissenschaft)	hukuk
kompar	Komparativ	karşılaştırma derecesi
konj	Konjunktion	bağlaç
KUNST	Kunst	sanat
LING	Linguistik	dil bilimi
LIT	literarisch, Literatur	edebî, edebiyat
m	Maskulinum – der	eril
MARKT	Marketing	pazarlama
MATH	Mathematik	matematik
MED	Medizin	tıp
METEO	Meteorologie	meteoroloji
MIL	Militär	askerlik
MUS	Musik	müzik
NAUT	Nautik, Seefahrt	denizcilik
nordd	norddeutsch	Kuzey Almanya
nt	Neutrum – das	nötr, cinssiz
num	Zahlwort	sayı sıfatı
o	oder	veya
ÖKOL	Ökologie	ekoloji
ostd	ostddeutsch	Doğu Almanya
österr	österreichisch	Avusturya Almancası
pej	pejorativ, abwertend	pejoratif, aşağılayıcı
PHILOS	Philosophie	felsefe
PHYS	Physik	fizik
pl	Plural	çoğul, çokluk
poet	poetisch, Dichtung	şairane, şiir
POL	Politik	politika
pp	Partizip Perfekt	belirli geçmiş zaman ortacı

ppr	Partizip Präsens	şimdiki zaman ortacı
präp	Präposition	ön ilgeç
präs	Präsens	şimdiki zaman
pron	Pronomen, Fürwort	zamir
prov	Sprichwort	atasözü
PSYCH	Psychologie	psikoloji
PUBL	Publizistik, Presse	gazetecilik, basın
RADIO	Rundfunk	radyo
reg	regional	yöresel, halk ağzında
REL	Religion	din
RR	Rechtschreibreform, neue Schreibweise	yazım reformu, yeni yazılış
s	Substantiv, Hauptwort	isim
s.	siehe	bakınız
SCHULE	Schule	okul
SCHWEIZ	Schweiz	İsviçre
sing	Singular, Einzahl	tekil
sl	Slang	argo
SOZIOL	Soziologie	sosyoloji
SPORT	Sport	spor
südd	süddeutsch	Güney Almanya
superl	Superlativ	üstünlük derecesi
TECH	Technik	teknik, teknoloji
TEL	Telefon	telefon
THEAT	Theater	tiyatro
TV	Fernsehen	televizyon
TYPO	Typografie	tipografi
u.	und	ve
UNIV	Universität	üniversite
usw.	und so weiter	vesaire, ve benzerleri
v	Verb	fiil
vi	intransitives Verb	geçişsiz fiil
vr	reflexives Verb	dönüşlü fiil
vt	transitives Verb	geçişli fiil
vulg	vulgär	kaba
vunpers	unpersönliches Verb	kişisiz fiil
®	eingetragenes Warenzeichen	tescilli marka
WEND	Wendung	deyim
WIRTSCH	Wirtschaft	ekonomi
ZOOL	Zoologie	zooloji

A

A, a [aː] *nt* <-, -> **1.** (*Buchstabe*) A, a; **~ wie Anton** Ankara'nın a'sı; **das ~ und O einer Sache** (*fam*) bir işin esası; **von ~ bis Z** (*fam*) a'dan z'ye kadar, baştan aşağı; **wer ~ sagt, muss auch B sagen** gülü seven dikenine katlanır, başladığın işin sonunu getir **2.** (MUS) la

a *Abk. von* **Ar** *yüz metre karelik alan ölçüsü*

A **1.** *Abk. von* **Ampere** A, *amper* **2.** *Abk. von* **Autobahn** otoban

à [aː] *präp* her biri; **10 Stück ~ drei Mark** her biri üç marktan 10 tane

AA *nt Abk. von* **Auswärtiges Amt** dış işleri (bakanlığı)

Aachen [ˈaːxən] *nt* <-s> Aachen

Aal [aːl] *m* <-(e)s, -e> yılan balığı; **sich winden wie ein ~** kıvranıp durmak

aalen *vr:* **sich ~** (*fam: sich behaglich ausgestreckt ausruhen*) rahatça uzanarak dinlenmek; **sich in der Sonne ~** güneş banyosu yapmak

aalglatt *adj* (*pej*) kaypak

a.a.O *Abk. von* **am angegebenen Ort, am aufgeführten Ort** sözü edilen yerde

Aargau [ˈaːɐgaʊ] *m* <-s> (*Kanton der Schweiz*) Aargau

Aas [aːs] *nt* <-es, -e/Äser> **1.** (*Tierleiche*) leş **2.** (*fam*) cife; (*Luder*) çirkef

aasfressend *adj* leşçil

Aasfresser *m* leşçil; **Aasgeier** *m* leşçil akbaba; (*fig, pej*) leş kargası; **Aaskrähe** *f* leş kargası

ab [ap] **I.** *präp* **1.** (*räumlich*): **~ Hamburg** Hamburg'da(n); **~ Werk** (COM) fabrika teslimi, fabrikada teslim **2.** (*zeitlich*) -den itibaren; **~ dem 28. November** 28 Kasım'dan itibaren; **~ wann?** ne zamandan itibaren?; **~ sofort** hemen; **von heute ~** bugünden itibaren; **von nun/jetzt ~** bundan sonra **3.** (*ebenso viel und mehr*): **Kinder ~ 12 Jahren** 12 yaşından büyük çocuklar **II.** *adv* **1.** (*räumlich*): **die dritte Straße rechts ~** üçüncü sokaktan sağa; **Stuttgart ~ 8.30 Uhr** (*Bus-, Bahnabfahrtszeit*) Stuttgart'tan hareket saat 8.30'da; **~!** çık!; **~ nach links!** sola çık!; **~ ins Bett!** haydi yatağa!; **auf und ~ gehen** bir yukarı bir aşağı gitmek **2.** (*zeitlich*): **~ und zu** (*gelegentlich*) ara sıra, arada sırada; (*manchmal*) bazen **3.** (*Wend*): **~ sein** (*fam: abgelöst*) bitmiş olmak; (*erschöpft*) bitik olmak

ab|ändern *vt* değiştirmek, tadil etmek; **ein Gesetz ~** bir yasayı değiştirmek

Abänderung *f* <-en> değişiklik, tadil; **Abänderungsantrag** *m* (PARL, POL) değişiklik önergesi; **abänderungsfähig** *adj* değişiklik yapılabilir; **Abänderungsklage** *f* (JUR) değişiklik davası

ab|arbeiten **I.** *vt* (*Pensum*) çalışarak bitirmek; **eine Schuld ~** bir borcu çalışarak ödemek **II.** *vr:* **sich ~** **1.** (*Material*) çalışmaktan yıpranmak **2.** (*Person*) çalışmaktan canı çıkmak

Abart *f* çeşit, değişik tür; (*Variation*) varyasyon, değişim

abartig *adj* **1.** (*anormal*) anormal; (*pervers*) sapık **2.** (*fam: verrückt*) sapık

Abb. *Abk. von* **Abbildung** illüstrasyon, şekil, resim

Abbau *m ohne Pl* <-(e)s> **1.** (BERGB) işlet(il)me **2.** (COM: *Preis~*) indir(il)me; (*Personal~*) azalt(ıl)ma, işten çıkar(ıl)ma; (*Zölle*) ortadan kaldır(ıl)ma **3.** (CHEM) çözünme **4.** (*Auseinandernehmen*) sökme; (*Demontage*) sökülme **5.** (MED: *Verfall*) çözüşme; (*Knochen*) eriyip yok olma

abbaubar *adj* (CHEM) çözülür, bileşimi bozulur; **biologisch ~** çözüşebilir, çözüşüp çevrede kaybolan

ab|bauen **I.** *vt* **1.** (BERGB) işletmek **2.** (COM: *Preis*) indirmek; (*Personal*) azaltmak, işten çıkarmak; (*Zölle*) ortadan kaldırmak **3.** (CHEM) çözmek, çözündürmek **4.** (*demontieren*) sökmek **5.** (*Ängste*) yenmek **II.** *vi* (*erlahmen*) dermanı kesilmek; (*Kräfte einbüßen*) gücünü yitirmek; (*fig*) tükenmek

Abbauprodukt *nt* (CHEM, BIOL) katabolit

ab|beißen *irr* **I.** *vi* ısırmak; **beiß mal ab!** bir ısırsana! **II.** *vt* ısırıp koparmak; **ich beiße mir lieber die Zunge ab, als ...** ...ceğime dilimi yutarım

ab|beizen *vt* ilâçla boyasını kazımak (-in); **Abbeizmittel** *nt* boya kazıma maddesi

ab|bekommen* *irr vt* **1.** (*Schaden*) hasar görmek; (*Teil*) payını almak, yemek; (*verletzt werden*) zarar görmek; **das Auto hat ganz schön was ~** oto(mobil) bayağı [*o* epey] hasar gördü **2.** (*entfernen können*) çıkarabilmek

ab|bestellen* *vt* iptal etmek; (*Telefon*) kapattırmak; **eine Zeitung ~** bir gazete abonmanını iptal etmek

Abbestellung *f* <-en> iptal

ab|bezahlen* *vt* **1.** (**in Raten**) ~ (taksitle) ödemek **2.** (*völlig bezahlen*) tamamen ödemek

ab|biegen *irr* **I.** *vi sein* (*Richtung ändern*) yön değiştirmek; (*beim Fahren*) dönmek, sapmak; **nach rechts/links** ~ sağa/sola dönmek; **links** ~ **verboten!** sola dönmek yasaktır! **II.** *vt haben* **1.** (*krümmen*) bükmek **2.** (*fam: verhindern*) önlemek; (*sich einer Aufgabe entziehen*) savuşturmak

Abbiegespur *f* (AUTO) dönme şeridi

Abbild *nt* <-(e)s, -er> **1.** (*Kopie*) kopya **2.** suret; (*fam*) resim

ab|bilden *vt* resmini yapmak; (*darstellen*) göstermek; (MATH) (şeklini) çizmek; **er ist in der Zeitschrift abgebildet** dergide resmi var; **auf Seite 15 ist ein Schloss abgebildet** 15nci sayfada bir kale gösterilmiştir, 15nci sayfada bir kalenin resmi var

Abbildung *f* <-en> **1.** (*das Abbilden*) illüstrasyon, resimlerle süsleme **2.** (*Bild*) illüstrasyon, resim, şekil; **mit ~en versehen** resimlerle süslemek; **in diesem Buch sind viele ~en** bu kitapta çok şekil var **3.** (MATH) şekil

ab|binden *irr* **I.** *vi* (ARCH) kasnak geçirmek **II.** *vt* **1.** (*losbinden*) çözmek; (*abnehmen*) çıkarmak **2.** (MED: *Arterie*) damar sıkacı koymak; (*Bein*) sıkıca sarmak **3.** (GASTR: *Soße*) terbiye etmek; (*verdicken*) koyulaştırmak **4.** (AGR: *Kalb*) sütten kesmek

Abbitte *f* özür dileme, tarziye; **jdm** ~ **leisten** birinden özür dilemek, birine tarziye vermek

ab|bitten *irr vt haben:* **jdm etw** ~ birinden bir şey için özür dilemek, birine bir şey için tarziye vermek

ab|blasen *irr vt* **1.** (*wegblasen*) üfleyerek uzaklaştırmak **2.** (*fam: absagen*) iptal etmek **3.** (TECH) salıvermek

ab|blättern *vi sein* (*Farbe*) pul pul olmak; (*Putz*) dökülmek

ab|blenden *vi* **1.** (FOTO) diyaframı küçültmek **2.** (AUTO) kısa far kullanmak **3.** (*Lampe*) göz almasını önlemek

Abblendlicht *nt ohne Pl* <-(e)s> (AUTO) kısa (huzmeli) far

ab|blitzen *vi sein* (*fam*): **jdn** ~ **lassen** birini ekmek [*o* atlatmak]

ab|blocken *vt* bloke etmek

ab|brausen **I.** *vt haben* (*Körperteil*) duşun altında yıkamak **II.** *vi sein* (*fam: sich eilig entfernen*) savuşmak, basıp gitmek **III.** *vr haben* duş yapmak

ab|brechen *irr* **I.** *vi sein* **1.** (*Stück*) kopmak **2.** (*unvermittelt aufhören*) kesilmek **II.** *vt haben* **1.** (*Zweig*) koparmak; (*durch Brechen abtrennen*) kırarak koparmak **2.** (*Gebäude*) yıkmak **3.** (*Gespräch, Beziehung*) kesmek **4.** (*Zelt*) toplamak, kaldırmak **5.** (*Reise*) yarıda bırakmak, devam etmemek **6.** (INFORM: *Programm*) iptal etmek **7. brich dir** (**mal**) **keinen ab!** (*fam*) tantana yapma!; **sich einen** ~ (*sl: Umstände machen*) zahmet etmek, zahmete girmek [*o* katlanmak]

ab|bremsen **I.** *vi* fren yaparak yavaşlamak **II.** *vt* frenlemek, fren yaparak yavaşlatmak

ab|brennen *irr* **I.** *vi sein* yanmak **II.** *vt haben* yakmak

ab|bringen *irr vt* **1.** (*vom Weg*) saptırmak (*von* -den); **jdn vom rechten Weg** ~ birini doğru yoldan saptırmak, birini kötü yola saptırmak **2.** (*fig: vom Thema*) çıkarmak (*von* -den) **3.** (*vom Vorhaben*) vazgeçirmek (*von* -den), caydırmak (*von* -den); **jdn vom Rauchen** ~ birini sigara içmekten vazgeçirmek; **jdn von seinem Vorsatz** ~ birini niyetinden vazgeçirmek [*o* caydırmak]; **ich lasse mich von meiner Meinung nicht** ~ fikrimden caydırtmam kendimi

ab|bröckeln *vi sein* (*Mauer*) parça parça yıkılmak; (*Verputz*) dökülmek; (*fig*) yavaş yavaş düşmek

Abbruch[1] *m ohne Pl* <-(e)s> (*zerlegen*) sök(ül)me; (*Lager*) toplama; (*Haus*) yık(ıl)ma; (*~arbeit*) yıkım; **das tut der Sache keinen** ~ (*fam*) bu işe zarar vermez

Abbruch[2] *m* <-(e)s, -brüche> **1.** (*von Beziehungen*) kes(il)me **2.** (*Wettkampf, Spiel*) durdurulma, devam etmeme **3.** (INFORM: *Programm*) iptal

abbruchreif *adj* yıkılacak

ab|brühen *vt* haşlamak

ab|brummen **I.** *vt haben* (*fam: verbüßen*) çekmek; **eine Strafe** ~ ceza çekmek **II.** *vi sein* (*fam: weggehen*) çekip gitmek, basıp gitmek

ab|buchen *vt* (FIN) gider olarak kaydetmek

Abbuchung *f* <-en> (FIN) gider olarak kaydetme

ab|bürsten *vt* (*Kleider*) fırça ile temizlemek; **jdn** ~ (*fam*) birini fırçalamak, birine fırça çekmek

ab|büßen *vt* **1.** (*Strafe*) çekmek **2.** (REL) çekmek

Abc [a:beˠtse:] <-, -> *nt* abece

ab|checken *vt* (*kontrollieren*) kontrol etmek, denetlemek

Abc-Schütze *m* <-n, -n> (*fam*) birinci sınıf öğrencisi, *ilkokula yeni başlayan öğrenci*

ABC-Waffen *fPl* (MIL) A.B.C. Silâhları *pl*

ab|danken *vi* **1.** (POL: *Minister*) istifa etmek, görevden çekilmek [*o* ayrılmak] **2.** (*von einem Herrscheramt zurücktreten*) saltanatı terk etmek; (*auf den Thron verzichten*) tahttan feragat etmek

Abdankung *f* <-en> (*König*) tahttan feragat; (*Minister*) istifa

ab|decken *vt* **1.** (*wegnehmen*) almak **2.** (*freimachen*) boşaltmak; (*Tisch*) kaldırmak, toplamak; (*Dach*) kiremitlerini kaldırmak (-in) **3.** (*bedecken*) kaplamak, örtmek **4.** (FIN: *Schulden*) kapamak; (*Risiko*) karşılamak

Abdeckmittel *nt* astar boyası

Abdeckung *f* <-en> örtü

ab|dichten *vt* (*eine Dichtung anbringen*) contalamak, conta koymak [*o* yerleştirmek]; (*Spalt*) tıkamak; **gegen Lärm** ~ ses geçirmez duruma getirmek; **gegen Wasser** ~ su geçirmez duruma getirmek

Abdichtung *f* <-en> (*Isolierung*) conta(lama); (*gegen Lärm*) ses geçirmez duruma getirme; (*gegen Feuchtigkeit*) su geçirmez duruma getirme

abdingbar *adj* (JUR) emredici olmayan, ihtiyarî; **diese Bestimmungen sind** ~ bu hükümler emredici değildir, bu hükümler ihtiyarîdir

ab|drängen *vt* uzaklaştırmak

ab|drehen **I.** *vt* **1.** (*Hahn*) kapamak **2.** (*Licht*) söndürmek **3.** (*Gesicht*) çevirmek **II.** *vi* (AERO: *den Kurs wechseln*) rotayı değiştirmek (*nach* -e doğru); (*eine andere Richtung einschlagen*) yön değiştirmek (*nach* -e doğru) **III.** *vr:* **sich** ~ dönmek; **er/sie drehte sich ab** döndü

ab|driften *vi sein* rotadan ayrılmak; (NAUT) rüzgâr altına düşmek; (*abtreiben*) sürüklenmek; **nach rechts** ~ sağa sürüklenmek; **in den Suff** ~ (*fam*) kendini içkiye vermek

ab|drosseln *vt* (TECH) kısmak

Abdruck[1] *m* <-(e)s, -e> (TYPO: *a. Vorgang*) bası; (*Kopie*) baskı

Abdruck[2] *m* <-(e)s, -drücke> bası; (*in etwas Weichem*) mulaj; (*Spur*) iz; (*Abguss*) kalıp

ab|drucken *vt* basmak; (*veröffentlichen*) yayımlamak

ab|drücken **I.** *vi* (*schießen*) tetiği çekmek **II.** *vt* **1.** (*nachbilden*) basarak kalıbını çıkarmak (-e) **2.** (MED: *Arterie*) bastırarak kan akışını önlemek **3.** (*fam*): **Geld** ~ para basmak **III.** *vr:* **sich** ~ belirmek

ab|dunkeln *vt* karartmak; (*Farbe*) koyulaştırmak

ab|duschen *vt haben* duşun altında yıkamak

ab|ebben *vi sein* **1.** (*Meer*) çekilmek **2.** (*Wut*) sakinleşmek; (*Erregung*) yatışmak; (*Lärm*) azalmak

Abel *m* (REL) Habil; ~ **und Kain** Habil ile Kabil

abend *adv s.* **Abend 1.**

Abend ['a:bən] *m* <-s, -e> **1.** akşam; **Heiliger** ~ Noel arifesi; **am** ~ akşamleyin; **am nächsten** ~ ertesi günün akşamı; **am frühen** ~ akşamın erken saatlerinde; **am selben** ~ aynı günün akşamı; **am** ~ **des 23. März** 23 Mart akşamı; **gegen** ~ akşama doğru, akşamüstü [*o* akşamüzeri]; ~ **für** ~ akşamdan akşama; **eines** ~**s** bir akşam; **heute/gestern/morgen** ~ bu/dün/yarın akşam; **es wird** ~ akşam oluyor; **zu** ~ **essen** akşam yemeği yemek; **guten** ~**!** iyi akşamlar!; **es ist noch nicht aller Tage** ~ gün doğmadan neler doğar; **man soll den Tag nicht vor dem** ~ **loben** (*prov*) suyu görmeden paçaları sıvama **2.** (*Veranstaltung*) gece; **ein bunter** ~ renkli bir gece; **Abendandacht** *f* <-en> akşam ibadeti; **Abendanzug** *m* gece kıyafeti; **Abendbrot** *nt* akşam yemeği; ~ **essen** akşam yemeği yemek; **Abenddämmerung** *f* akşam(ın alaca) karanlığı; **Abendessen** *nt* <-s, -> akşam yemeği; **abendfüllend** *adj* bütün akşam boyunca süren; **Abendkasse** *f* akşam gişesi; **Abendkleid** *nt* abiye, tuvalet, gece kıyafeti; **Abendkurs** *m* akşam kursu

Abendland *nt* <-(e)s> Batı (ülkeleri); **abendländisch** *adj* Batı (ülkeleri ile ilgili); **die** ~**e Kultur** Batı kültürü

abendlich *adj* akşam; **zu** ~**er Stunde** akşam saati [*o* vakti]

Abendmahl *nt ohne Pl* <-(e)s> **1.** (REL: *Sakrament*) Aşâi Rabbanî sofrası **2.** (REL: *Empfang des Sakraments*) kudas, liturya; **Abendrot** *nt ohne Pl* <-(e)s> gurup rengi; **Abendröte** *f s.* **Abendrot**

abends ['a:bənts] *adv* (*bis gegen 20 oder 21 Uhr*) akşamları, akşamleyin; (*ab etwa 20 oder 21 Uhr*) akşamları saat 20 veya 21'den itibaren; **um acht Uhr** ~ akşamları saat sekizde; **spät** ~ akşamleyin geç saatlerde; **dienstags** ~ salı akşamları

Abendschule *f* <-n> akşam okulu; **Abendsonne** *f ohne Pl* akşam güneşi; **Abendständchen** *nt* serenat; **Abendstern** *m* akşam yıldızı; **Abendstunde** *f* akşam saati; **in den frühen** ~**n** akşam erken saatlerde; **Abendvorstellung** *f* (THEAT, FILM) suare; **Abendzeitung** *f* akşam gazetesi

Abenteuer ['a:bəntɔɪɐ] *nt* <-s, -> **1.** (*Wagnis*) macera, serüven, sergüzeşt, avantür; ~ **suchen** macera aramak; **sich ins** ~ **stürzen** maceraya atılmak **2.** (*Liebesaffäre*) aşk macerası; **ein** ~ **mit jdm haben** (*kurzes Verhältnis*) biriyle aşk macerası olmak, biriyle kısa süre düşüp kalkmak; **Abenteuerferien** *Pl* maceralı tatil; **Abenteuerfilm** *m* macera filmi

abenteuerlich *adj* **1.** (*abenteuerlustig*) maceracı **2.** (*unwahrscheinlich*) maceralı **3.** (*riskant*) maceracı

Abenteuerlust *f ohne Pl* maceracılık, serüvencilik; **abenteuerlustig** *adj* maceracı, maceraperest; **Abenteuerroman** *m* macera romanı; **Abenteuerspielplatz** *m* maceralı çocuk bahçesi

Abenteurer(in) ['a:bəntɔɪrɐ] *m(f)* <-s, -; -nen> maceracı, serüvenci, sergüzeştçi

aber ['a:bɐ] **I.** *konj* ama, fakat **II.** (*Verstärkungspartikel*): **~, ~, meine Herren!** beyler, yapmayın ama!; **~ so setzen Sie sich doch!** ama oturun bir hele!; **~ ja!** elbette!; **~ natürlich!** bittabi!; **~ sicher!** hay hay!, elbette!; **ist sie ~ dick!** amma da şişman! **III.** *adv:* **~ und abermals** tekrar tekrar

Aber *nt* <-s, - *fam:* -s> ama; **kein ~!** aması maması yok!; **da gibt es kein Wenn und (kein) ~** bunun aması maması yok; **ohne Wenn und ~** amasız mamasız, lâmi cimi olmadan

Aberglaube(n) *m ohne Pl* <-(n)s> batıl inanç

abergläubisch *adj* batıl inançları olan

aberhundert *adj* yüzlerce

ab|erkennen* *irr vt* (JUR): **jdm Rechte ~** bir kimsenin haklarını kaldırmak [*o* elinden almak]

abermals ['a:bɐma:ls] *adv* tekrar

ab|ernten *vt* (ekin) biçmek, (ürün) kaldırmak

abertausend *adj* binlerce; **tausend und ~** yüz binlerce

aberwitzig *adj* (*Mensch*) çılgın; (*Vorhaben*) abuk sabuk, saçma sapan

Abf. *Abk. von* **Abfahrt** hareket

abfahrbereit *adj s.* **abfahrtbereit**

ab|fahren *irr* **I.** *vi sein* (*wegfahren*) hareket etmek, yola çıkmak; **auf den Typ fahre ich ab** o tipe bitiyorum; **sie ließ ihn ~** gitsin diye bıraktı **II.** *vt haben o sein* (*Strecke*) gitmek

Abfahrt *f* <-en> **1.** (*Zug*) hareket **2.** (*Abreise*) hareket, yola çıkma **3.** (SPORT: *beim Skifahren*) iniş **4.** (*Autobahn~*) çıkış; **abfahrtbereit** *adj* harekete hazır; **Abfahrtslauf** *m* <-(e)s, -läufe> (SPORT: *Ski*) iniş, kayak iniş yarışı; **Abfahrtstafel** *f* (EISENB) hareket cetveli; **Abfahrt(s)zeit** *f* hareket saati [*o* zamanı], kalkış saati

Abfall[1] *m ohne Pl* <-(e)s> **1.** (*Lossagung*) ayrılma **2.** (*Abnahme*) azalma, düşme

Abfall[2] *m* <-(e)s, -fälle> (*Müll*) çöp, atık; **radioaktiver ~** radyoaktif atık; **Abfallbeseitigung** *f ohne Pl* atıkların imhası; **Abfalleimer** *m* <-s, -> çöp tenekesi

ab|fallen *irr vi sein* **1.** (*herunterfallen*) düşmek, dökülmek; **alle Furcht fiel von ihm ab** bütün korkusunu üstünden attı **2.** (*Gelände*) inmek **3.** (*fam: übrig bleiben*) düşmek; **wie viel fällt für mich ab?** bana ne kadar düşüyor? **4.** (*von einer Partei*) çıkmak (*von* -den) **5.** (*von seinem Glauben*) dönmek (*von* -den) **6.** (SPORT) küme düşmek **7.** (NAUT) boca etmek

abfallend *adj* inişli

Abfallhaufen *m* <-s, -> çöp yığını

abfällig *adj* küçük düşürücü, hor görücü; **von jdm ~ sprechen** birinin hakkında küçük düşürücü biçimde konuşmak

Abfallprodukt *nt* yan ürün; **Abfallsortierung** *f* <-en> atıkların ayıklanması; **Abfallstoffe** *mPl* atık ürünler *pl,* atıklar *pl;* **Abfallvermeidung** *f* <-en> atıktan kaçınma; **Abfallverwertung** *f* atık değerlendirme

ab|fangen *irr vt* **1.** (*Brief*) zapt etmek **2.** (ARCH: *Bauwerk*) payandalamak, payanda vurmak (-e) **3.** (*unter Kontrolle bringen*) tutmak **4.** (SPORT: *Gegner*) yakalamak; (*Ball*) tutmak; **Abfangjäger** *m* (MIL) avcı uçağı

ab|färben *vi* (*Wäschestück*) boyası çıkmak; **auf jdn ~** (*fig*) birine sinmek, birini etkilemek

ab|fassen *vt* (*verfassen*) yazmak, kaleme almak

ab|faulen *vi sein* çürüyüp düşmek

ab|federn *vt* **1.** (TECH) yaylandırmak **2.** (*Stoß*) yumuşatmak

ab|fertigen *vt* **1.** işlemini yapmak (-in) **2.** (*versandfertig machen*) hazır etmek, gönderme işlemini yapmak (-in) **3.** (*Kundschaft*) hizmet etmek (-e), bakmak (-e); **jdn kurz ~** birine gereken ilgiyi göstermemek

ab|feuern *vt* (*Rakete*) fırlatmak; (*Schuss*) ateş etmek; **einen Schuss ~** bir el ateş etmek

ab|finden **I.** *vt* tazmin etmek; **mit leeren Versprechungen ~** boş sözlerle atlatmak **II.** *vr* kabul etmek, razı olmak; (*sich zufrieden geben*) yetinmek; **sich mit jdm ~** bir kimseyi istemeyerek de olsa kabul etmek; **sich mit etw schwer ~** bir şeyi zar zor kabul etmek, bir şeye zar zor razı olmak, bir şeyle yetinmek

Abfindung *f* <-en> (*Entschädigung*) tazminat

ab|flachen **I.** *vi sein* **1.** (*flacher werden*) düzleşmek, yassılaşmak **2.** (*Unterhaltung*) basitleşmek **3.** (*an Qualität abnehmen*) kalitesi düşmek **II.** *vt* düzletmek **III.** *vr:* **sich ~** yassılaşmak

ab|flauen ['apflaʊən] *vi sein* **1.** (*Wind*) dinmek, durulmak **2.** (*Konjunktur*) durgunlaşmak **3.** (*fig: geringer werden*) azalmak; (*nachlassen*) tavsamak, yavaşlamak; (*sin-

ken) düşmek, inmek

ab|fliegen *irr* **I.** *vi sein* (AERO: *starten*) kalkmak; (*anfangen zu fliegen*) uçmaya başlamak **II.** *vt haben* (MIL: *Gebiet*) uçarak taramak

ab|fließen *irr vi sein* (*Wasser, Geld*) akmak

Abflug *m* <-(e)s, -flüge> (AERO) kalkış, gidiş; **abflugbereit** *adj* (AERO) kalkışa hazır; **Abflughalle** *f* (AERO) gidiş yolcu salonu; **Abflugzeit** *f* (AERO) kalkış saati, gidiş saati

Abfluss[RR] *m* <-es, -flüsse>, **Abfluß** *m* <-sses, -flüsse> **1.** (*Rohr*) akaç; (*Toilette*) taharet borusu; (*Plumpsklo*) kubur; (*Küche*) eviye sifonu **2.** (*das Abfließen*) akış; **den reibungslosen ~ des Verkehrs behindern** trafiğin akışını engellemek; **abflusslos**[RR] *adj* akışsız; **~e Gebiete** (GEO) akışsız bölgeler; **Abflussrohr**[RR] *nt* <-(e)s, -e> akaç; (*Toilette*) taharet borusu; (*Plumpsklo*) kubur; **Abflussrinne**[RR] *f* (*Haus*) akaç; (*Straße*) akaç

Abfolge *f* <-n> sıra; **die chronologische ~ der Ereignisse** olayların kronolojik sırası

ab|fordern *vt:* **jdm etw ~** birinden bir şey istemek

Abfrage *f* <-n> (INFORM: *von Daten*) sorgulama; **Abfragemedium** *nt* (INFORM) sorgulama ortamı

ab|fragen *vt* **1.** (*prüfen*) sınamak, imtihan etmek **2.** (INFORM: *Daten*) sorgulamak

Abfuhr ['apfu:ɐ] *f* <-en> **1.** (*Abtransport*) götürme, sevk; (*von Müll*) sevk **2.** (*Zurückweisung*) reddedilme; **jdm eine ~ erteilen** birini savmak, birinin isteğini reddetmek; **sich eine ~ holen** savılmak, reddedilmek **3.** (SPORT: *Niederlage*) yenilgi

ab|führen I. *vi* (MED: *den Darm leeren*) barsakları boşaltmak; **etw zum A~ verschreiben** barşakları boşaltacak bir şey için reçete yazmak **II.** *vt* **1.** (*Verbrecher*) götürmek, sevk etmek **2.** (FIN: *Geld, Steuern*) ödemek (*an* -e) **3.** (SPORT: *Fechten*) yenilmiş saymak **4.** (*a. fig: ableiten*) türetmek (*von* -den), çıkarmak (*von* -den)

Abführmittel *nt* (MED) müshil

ab|füllen *vt* **1.** doldurmak (*in* -e); **Wein in Flaschen ~** şişelere şarap doldurmak **2.** (*fam: betrunken machen*) sarhoş etmek

Abgabe[1] *f ohne Pl* (*Einreichung, Stimm~*) ver(il)me

Abgabe[2] *f* <-n> **1.** (FIN) resim; **öffentliche ~n** vergi ve resimler; **steuerähnliche ~n** vergi benzeri resimler *pl,* parafiskal resimler *pl* **2.** (SPORT: *Ball~*) pas verme; **die ~ eines Satzes** bir seti verme

abgabenfrei *adj* (FIN) vergi ve resimlerden bağışık; **abgabenpflichtig** *adj* (FIN) (vergi ödemekle) yükümlü

Abgang *m ohne Pl* <-(e)s> **1.** (*Verlassen einer Tätigkeit*) ayrılma **2.** (*Fortgehen*) ayrılma; (THEAT) çıkış, sahneden ayrılma; (NAUT: *Schiff*) kalkma **3.** (*Absendung*) gönder(il)me, yollanma **4.** (MED: *Absonderung*) düşürme; (*Fehlgeburt*) düşürme; **~ der Leibesfrucht** çocuk düşürme; **~ von Nierensteinen** böbrek taşı düşürme **5.** (COM: *Absatz*) satışlar *pl;* **guten ~ haben** (COM: *Waren*) iyi satılmak **6.** (SPORT) iniş; **Abgangshafen** *m* (NAUT) kalkma limanı; **Abgangsprüfung** *f* bitirme sınavı

Abgangszeugnis *nt* (SCHULE) çıkış belgesi

Abgas *nt* <-es, -e> (AUTO) çürük gaz, egzoz gazı; **abgasarm** *adj* (AUTO) egzoz emisyonu az olan; **Abgaskatalysator** *m* (AUTO) egzoz katalizatörü; **Abgas(sonder)untersuchung** *f* (AUTO) egzoz emisyon ölçümü

ab|geben *irr* **I.** *vt* **1.** (*zur Aufbewahrung*) vermek, bırakmak **2.** (COM: *verkaufen*) satmak **3.** (*Schuss*) etmek **4.** (*Meinung*) söylemek; (*Erklärung*) vermek; (*Urteil, Stimme*) vermek **5.** (*Wärme*) vermek **6.** (*teilen*): **er hat mir die Hälfte abgegeben** bana yarısını verdi **7.** (*überlassen*) bırakmak **8.** (SPORT: *Punkte*) vermek; (*Ball*) pas vermek **9.** (*fam: Rolle spielen*) oynamak; (*etw sein*) olmak; **er gibt einen guten Familienvater ab** iyi bir aile babasıdır **II.** *vr:* **sich ~** (*pej: sich befassen*) ilgilenmek; (*sich beschäftigen*) uğraşmak; (*sich einlassen*) haşır neşir olmak; **mit diesen Leuten geben wir uns nicht ab** biz bu insanlarla haşır neşir olmayız

abgebrannt I. *pp von* **abbrennen II.** *adj* (*fam: pleite*) meteliksiz, züğürt

abgebrüht *adj* (*fig*) pişkin

abgedroschen *adj* (*fam*) basmakalıp, beylik

abgefeimt *adj* hin, anasının gözü, çok açıkgöz; **~er Bösewicht** hinoğluhin

abgefuckt ['apgəfakt] *adj* (*vulg*) siktirici, aynasız; **das ist aber ein ~es Lokal** amma da aynasız bir yermiş burası

abgehackt *adj* **1.** (*fig: Stil*) akıcı olmayan **2.** (*Sprache*) tutuk

abgehangen *pp von* **abhängen**

abgehärtet *adj* **1.** (*körperlich*) dayanıklı **2.** (*unempfindlich geworden*) kaşarlanmış

ab|gehen *irr* **I.** *vi sein* **1.** (*sich entfernen*) ayrılmak, gitmek; (*Zug, Schiff*) kalkmak; (THEAT) çıkmak, sahneden ayrılmak; **von der Schule ~** okuldan ayrılmak; **nach links ~** sola gitmek [*o* çıkmak] **2.** (*Farbe*) çıkmak, atmak; (*Knopf*) kopmak **3.** (*fehlen*) eksiği olmak; **sich** *dat* **nichts ~ lassen** hiçbir eksiği olmamak; **es geht ihm nichts ab** (*fam*) hiçbir eksiği yok, her şeyi var **4.** (*abweichen*): **nicht von seinen**

Grundsätzen ~ prensiplerinden ayrılmamak; **von einer Meinung** ~ fikrini değiştirmek **5.** (*verlaufen*): **alles ging gut ab** her şey iyi [*o* yolunda] gitti **6.** (*fam: nicht verstehen*) anlamamak; **das geht ihm ab** (*fam*) anlamıyor **7.** (*Sendung*) gönderilmek **8.** (*Waren*) satılmak **9.** (*sl: los sein*): **hier geht es ab!** burada curcuna var! **10.** (*vulg*): **ihm ging einer ab** boşaldı **II.** *vt* (*Grundstück*) dolaşmak

abgehoben *pp von* **abheben**

abgekämpft *adj* bitkin

abgekartet *adj* (*fam*) danışıklı, şikeli; **~es Spiel** danışıklı dövüş, şike, danışık(lı) spor karşılaşması; **ein ~es Spiel treiben** şike yapmak

abgeklärt ['pgəkle:ɐt] *adj* akıllanmış; (*ausgeglichen*) dengeli

abgelagert *adj* (*Wein*) depo edilmiş, eski, yıllanmış; (*Holz*) kuru, kurumuş

abgelaufen *adj* sona ermiş, bitmiş; (*Zeit*) süresi sona ermiş, süresi bitmiş

abgelegen *adj* (*entfernt*) uzak, ücra; (*schwer zugänglich*) sapa; (*einsam*) ıssız, tenha, kuytu

ab|gelten *vt* (*Schuld*) ödemek

abgemacht *interj* tamam!, anlaştık!, oldu!; **eine ~e Sache** kararlaştırılmış bir şey

abgeneigt *adj* karşı; (*keine Lust habend*) hevessiz, isteksiz; **etw/jdm ~ sein** bir şeye/kimseye karşı olmak; **(nicht) ~ sein etw zu tun** bir şeyi yapmaya karşı [*o* isteksiz] ol(ma)mak

abgenutzt *adj* aşınmış

Abgeordnete(r) *mf* <-n, -n; -n> (*im Parlament*) parlâmenter, parlâmento üyesi; (*TR*) milletvekili; (*Delegierter*) delege; **Abgeordnetenhaus** *nt* parlâmento

abgereichert *adj* (*Uran*) fakirleştirilmiş

abgerissen **I.** *pp von* **abreißen** **II.** *adj* **1.** (*zerlumpt*) yırtık pırtık **2.** (*unzusammenhängend*) konu dışı

abgerundet *adj* yuvarlak, bütüne tamamlanmış

Abgesandte(r) *mf* <-n, -n; -n> elçi

abgeschabt *adj* pejmürde

abgeschieden ['apgəʃi:dən] **I.** *pp von* **abscheiden** **II.** *adj* (*geh*) **1.** (*entlegen*) kuytu, ücra; (*einsam*) tenha, ıssız **2.** (*verstorben*) merhum, rahmetli **3.** (*zurückgezogen*) inzivaya çekilmiş

Abgeschiedenheit *f ohne Pl* inziva

abgeschlafft *adj* (*fam*) haşat, bitik [*o* bitkin]

abgeschlagen **I.** *pp von* **abschlagen** **II.** *adj* **1.** (SPORT) yenik; (*Partei*) hezimete uğrayan, büyük bir yenilgiye uğrayan **2.** (*reg: erschöpft*) bitkin, bitik **3.** (*Geschirr*) kırık

abgeschlossen **I.** *pp von* **abschließen** **II.** *adj* **1.** (*verschlossen*) kilitli **2.** (*isoliert*) dünyadan elini eteğini çekmiş; **ein ~es Leben führen** dünyadan elini eteğini çekmiş bir yaşam sürmek **3.** (*Wohnung*) müstakil; **eine ~e Wohnung** müstakil bir daire **4.** (*vollendet*) tamam, tamamlanmış, bitmiş

abgeschmackt ['apgəʃmakt] *adj* zevksiz; (*dem Empfinden zuwider*) iğrenç; (*taktlos*) patavatsız; **ein ~es Grinsen** iğrenç bir sırıtış; **seine Worte waren äußerst ~** sözleri son derece patavatsızdı

abgeschnitten *pp von* **abschneiden**

abgesehen **I.** *pp von* **absehen** **II.** *adj:* **~ von** -den başka, bir yana; **es auf jdn ~ haben** (*an jdn Interesse haben*) bir kimseye göz koymak; (*sich jdn merken*) birine kancayı takmak [*o* atmak]; **es auf etw ~ haben** bir şeye göz dikmek [*o* koymak], bir şeyde gözü olmak

abgespannt *adj* (*erschöpft*) bitkin; (*müde*) yorgun; **er sieht ~ aus** bitkin [*o* yorgun] görünüyor

abgestanden ['apgəʃtandən] **I.** *pp von* **abstehen** **II.** *adj* **1.** (*Flüssigkeit*) bozulmuş; (*Brot*) bayatlamış; (*Luft*) havasız **2.** (*fig: Redensart*) beylik, basmakalıp

abgestorben ['apgəʃtɔrbən] *pp von* **absterben**

abgetragen *pp von* **abtragen**

abgetreten *pp von* **abtreten**

abgestumpft *adj* **1.** (*stumpft geworden*) kütleşmiş **2.** (*teilnahmslos*) vurdumduymaz

abgetrieben *adj* sürüklenen

abgewetzt *adj* (*Stoff*) aşınmış

ab|gewinnen* *irr vt* **1.** (*Geld*) kazanmak **2.** (*finden*) bulmak **3.** (*Gefallen finden*): **ich kann dieser Sache nichts ~** bu işte hoşuma gider hiçbir şey yok; **einer Sache Geschmack ~** bir şeyin zevkine varmak

abgewogen *pp von* **abwägen**, **abwiegen**

ab|gewöhnen* *vt* vazgeçirmek (-den), bıraktırmak; **jdm etw ~** birini bir şeyden vazgeçirmek, birine bir şeyi bıraktırmak; **sich** *dat* **etw ~** bir şeyden vazgeçmek, bir şeyi bırakmak; **ich muss mir das Rauchen ~** sigarayı bırakmam lâzım

abgezehrt *adj* (*Gesicht, Körper*) çökkün

Abglanz *m ohne Pl* <-es> yansı; (*a. fig*) yansıma

Abgleich *m* karşılaştırılma

ab|gleichen *vt* **1.** (*Bau*) düzlemek **2.** (ELEK) ayarlamak **3.** (*fig*) koordine etmek

ab|gleiten *irr vi* **1.** (*abrutschen*) kaymak **2.** (*fig: absinken*) düşmek; **alle Ermahnungen gleiten an ihm ab** bütün uyarılar onu etkilemiyor

Abgott *m* <-(e)s, -götter> put; **jds ~**

sein birinin ilâhı olmak, biri tarafından perestiş edilmek, biri tarafından taparcasına sevilmek

Abgötterei *f ohne Pl* putperestlik

abgöttisch ['apgœtɪʃ] **I.** *adj* perestişkâr **II.** *adv* taparcasına; **jdn ~ lieben** birini perestiş etmek, birini taparcasına sevmek

ab|graben *vt:* **jdm das Wasser ~** birinin kuyusunu kazmak

ab|grasen *vt* **1.** (*Weide*) otlamak (-de); **das Thema ist abgegrast** (*fam*) konu hakkında söylenecek bir şey kalmadı **2.** (*fam: systematisch absuchen*) taramak, teker teker dolaşmak

ab|grenzen **I.** *vt* (*begrenzen*) sınırlamak, tahdit etmek (*gegen/von* -e karşı/-den); (*abtrennen*) ayırmak (*gegen/von* -e karşı/-den) **II.** *vr:* **sich ~** uzak durmak (*von* -den); (*sich distanzieren*) mesafe bırakmak [*o* koymak]

Abgrenzung *f* <-en> sınırlama, tahdit; (*eines Feldes*) çevreleme, tahdit

Abgrund *m* <-(e)s, -gründe> uçurum; (*a. fig*) sonsuz derinlik

abgrundhässlich[RR] *adj* (*fam*) son derece çirkin

abgründig *adj* (*fig*) çok derin, sonsuz

abgrundtief *adj* çok derin

ab|gucken **I.** *vi* (*sl*) kopya çekmek; **bei jdm ~** birinden kopya çekmek **II.** *vt* (*fam*): **etw bei jdm ~** bir şeyi birinden bakarak öğrenmek

Abguss[RR] *m* <-es, -güsse>, **Abguß** *m* <-sses, -güsse> **1.** (KUNST: *abgegossenes Bild*) döküm; **~ in Bronze** tunç döküm; **~ in Gips** alçı döküm **2.** (*Gussstück*) döküm

ab|hacken *vt* kesmek, kesip atmak

ab|haken *vt* **1.** (*loshaken*) çözmek, çıkarmak **2.** (*markieren*) işaretlemek; (*in einer Liste*) işaret koymak; (*fig: als erledigt ansehen*) bitmiş gözüyle bakmak

ab|halten *irr vt* **1.** (*fernhalten*) uzak tutmak **2.** (*hindern*) alıkoymak, engel olmak (-e); **jdn davon ~, etw zu tun** birini bir şey yapmaktan alıkoymak, birinin bir şey yapmasına engel olmak; **lass dich nicht ~!** (*fam: beirren*) bildiğinden şaşma! **3.** (*Sitzung*) yapmak; **ein Seminar ~** bir seminer yapmak **4.** (*Unterricht*) yapmak **5.** (NAUT: *wegsteuern*) rota değiştirerek uzaklaşmak; (*abfallen*) boca etmek **6. die Mutter hielt das Kleine ab** annesi küçüğü aptese tuttu

ab|handeln *vt* **1.** (*durch Herunterhandeln erhalten*) pazarlıkla almak **2.** (*Thema*) işlemek; (*erörtern*) görüşmek

abhanden [ap'handən] *adv:* **~ kommen** elden çıkmak; (*fam*) kaybolmak; **gestohlen, verlorengegangen oder sonst ~ gekommene Sachen** çalınan, kaybolan veya diğer bir şekilde elden çıkan şeyler

Abhandlung *f* <-en> (*Aufsatz*) kompozisyon; (*wiss. Arbeit*) tez; (*Essay*) deneme (*über* üzerine)

Abhang *m* <-(e)s, -hänge> yamaç, bayır

ab|hängen[1] *irr vi* **1.** (*angewiesen sein*) bağlı olmak (*von* -e); **es hängt vom Wetter ab, ob wir fahren** gidip gitmememiz havaya bağlı **2.** (GASTR: *Fleisch*) bayatlamak

ab|hängen[2] *vt* **1.** (*Bild*) asılı olduğu yerden almak; (*Decke*) kaldırmak **2.** (*abkoppeln*) ayırmak **3.** (*fig fam: abschütteln*): **jdn ~** birini atlatmak

abhängig *adj* bağlı; (*unselbstständig*) bağımlı; **~e Gesellschaft** (COM) bağlı şirket; **~er Satz** (LING) bağımlı sıralı cümle

Abhängige(r) *mf* <-n, -n; -n> bağımlı (olan kimse) (*von* -)

Abhängigkeit *f* <-en> (*Bedingtheit*) bağlılık (*von* -e); (*Sucht*) bağımlılık (*von* -); **gegenseitige ~** karşılıklı bağımlılık; **Abhängigkeitsverhältnis** *nt* bağımlılık ilişkisi

ab|härten **I.** *vi* alışmak (*gegen* -e) **II.** *vt* (*Körper*) dayanıklılık kazandırmak (-e), alıştırmak (*gegen* -e), direncini artırmak (*gegen* -e karşı) **III.** *vr:* **sich ~** (*fig*) kaşarlanmak; (*Körper*) vücudunu alıştırmak (*gegen* -e)

Abhärtung *f* <-en> **1.** alışma (*gegen* -e); (*fig*) kaşarlanma **2.** (*des Körpers*) dinçleşme, alışma (*gegen* -e), dayanıklılık kazanma (*gegen* -e karşı)

ab|hauen[1] <haut ab, haute ab, abgehauen> *vi sein* (*fam: verschwinden*) tüymek, kirişi kırmak, defolmak; **hau ab!** defol, git!

ab|hauen[2] *irr vt haben* (*abschlagen*) keserek koparmak; (*Baum*) kesmek; (*Putz*) vurarak indirmek (-e)

ab|häuten *vt* derisini yüzmek

ab|heben *irr* **I.** *vi* **1.** (AERO) havalanmak, (yerden) kalkmak **2.** (*fig: realitätsfremd werden*) havalarda uçmak **3.** (*hinweisen*) işaret etmek (*auf* -e) **II.** *vt* **1.** (*herunternehmen*) indirmek; (*Deckel*) kaldırmak; (*Telefonhörer*) eline almak; (*Karten*) kesmek; (*Masche*) çıkarmak **2.** (FIN: *Geld*) çekmek **III.** *vr:* **sich ~** **1.** (*sich ablösen*) kalkmak **2.** (*optisch hervortreten*) daha belirgin olmak (*von/gegen* -den/-e göre) **3.** (*unterscheiden*) farklı olmak (*von* -den), ayırt edilmek (*von* -den)

ab|heften *vt* (*Schriftstücke*) dosyalamak, dosyaya koymak

ab|heilen *vi* iyileşmek; (*Wunde*) kapanmak

ab|helfen *irr vi* çare bulmak (-e); **dem ist leicht abzuhelfen** ona çare bulmak kolay

ab|hetzen **I.** *vt* yoruncaya kadar kovalamak **II.** *vr* koşuşturmak

Abhilfe *f ohne Pl* çare; **einer Situation ~ schaffen** bir duruma çare bulmak; **für ~ sorgen** çare bulmak

ab|hobeln *vt* rendelemek, plânyalamak

ab|holen *vt* **1.** (*Gegenstand*) gidip almak; **etw ~ lassen** bir şeyi aldırtmak **2.** (*Person*) karşılamak; **jdn am Bahnhof ~** birini istasyonda karşılamak **3.** (*fam fig: verhaften*) alıp götürmek

ab|holzen *vt* **1.** (*Bäume*) (ağaç) kesmek **2.** (*Gebiet*) (orman) açmak

Abholzung *f* <-en> **1.** (*Bäume*) ağaç kesme **2.** (*Waldgebiet*) orman açma

Abhöraktion *f* gizli dinleme operasyonu;

Abhöranlage *f* gizli dinleme düzeni

ab|horchen *vt* (MED) stetoskop ile dinlemek

ab|hören *vt* **1.** (*allg*) dinlemek **2.** (*Schule*) sözlüye kaldırmak; (*hersagen lassen*) anlattırmak **3.** (MED) stetoskop ile dinlemek **4.** (*Anrufbeantworter*) dinlemek **5.** (*Telefonleitung*) dinlemek; (*heimlich mit anhören*) gizlice dinlemek

Abhörgerät *nt* gizli dinleme aygıtı [*o* aleti]

abhörsicher *adj* dinlenemez

ab|hungern **I.** *vt* aç kalarak (kilo) vermek **II.** *vr:* **sich ~** **1.** açlık çekmek **2.** (*absparen*) boğazından kesmek

Abi ['abi:] *nt* <-s, -s> (*fam: Reifeprüfung*) olgunluk sınavı

Abitur [abi'tu:ɐ] *nt* <-s, -e> (*Reifeprüfung*) olgunluk sınavı

Abiturient(in) [abituri'ɛnt] *m(f)* <-en, -en; -nen> lise mezunu, *Alman olgunluk sınavını başarmış kimse*

Abiturzeugnis *nt* (Alman) lise diploması

ab|jagen **I.** *vt:* **jdm etw ~** birinin elinden güç belâ bir şey almak **II.** *vr* (*sich abhetzen*) koşuşturmak

Abk. *Abk. von* **Abkürzung** kısaltma

ab|kapseln **I.** *vt* kapsül içine almak **II.** *vr:* **sich ~** kapsül içine çekilmek; (*fig*) kabuğuna çekilmek, dünyadan elini ayağını çekmek

ab|kassieren* *vt* (*fam*): **die Getränke/den Gast ~** içkilerin/müşterinin hesabını almak; **er hat beim Poker richtig abkassiert** pokerde iyicene para yaptı

ab|kauen *vt* (*Fingernägel*) yemek; (*Bleistift*) çiğnemek

ab|kaufen *vt* **1.** (*Ware*): **jdm etw ~** birinden bir şeyi satın almak **2.** (*fam: glauben*) inanmak; **das kaufe ich dir nicht ab!** külâhıma anlat!, beni kandıramazsın!, söylediklerine hiç inanmıyorum!

Abkehr ['apke:ɐ] *f ohne Pl* yüz çevirme (*von* -den), sırt çevirme (*von* -e)

ab|kehren **I.** *vt* **1.** (*abwenden*) çevirmek **2.** (*abfegen*) süpürmek **II.** *vr:* **sich ~** (*sich abwenden*): **sich ~ von** -e sırt çevirmek, -den yüz çevirmek; **sich von der Welt ~** (*fig*) dünyadan elini ayağını çekmek

ab|kippen **I.** *vi* devrilmek, dökülmek **II.** *vt* **1.** (*kippend fallen lassen*) devirmek **2.** (*abladen*) boşaltmak, dökmek; (*Müll*) dökmek

ab|klappern *vt* (*fam*) teker teker dolaşmak

ab|klären **I.** *vt* (*Flüssigkeiten*) durultmak, duru duruma getirmek **II.** *vr* **1.** (*Flüssigkeiten*) durulmak, duru duruma gelmek **2.** (*fig: Ansichten*) akıllanmak

Abklatsch *m* <-(e)s, -e> (KUNST) klişe; (*fig, pej*) basma kalıp, bozuntu, müsvedde

ab|klauben *vt* teker teker toplamak

ab|klemmen *vt* **1.** (TECH) çözmek **2.** (MED: *Ader*) ayırmak

ab|klingen *irr vi sein* **1.** (*Krankheit*) hafiflemek; (*Fieber*) düşmek **2.** (*Wirkung*) giderek azalmak, yavaş yavaş kaybolmak

ab|klopfen *vt* **1.** (*säubern*) vurarak temizlemek **2.** (MED) vurarak muayene etmek **3.** (*fam: aufsuchen*) uğramak (-e)

ab|knallen *vt* (*fam sl*): **jdn ~** birini dan diye vurup öldürmek

ab|knapsen *vt:* **jdm etw ~** birini bir şeyden yoksun bırakmak [*o* etmek]

ab|knicken **I.** *vi sein* **1.** (*Zweig*) bükülmek, eğrilmek **2.** (*Straße*) kıvrılmak **II.** *vt* **1.** (*abbrechen*) bükerek kırmak **2.** (*umknicken*) bükmek, kıvırmak

ab|knöpfen *vt* **1.** (*Angeknöpftes*) düğmesini açmak (-in) **2.** (*fam: Geld*) koparmak; **jdm Geld ~** birinden para koparmak

ab|knutschen **I.** *vt* (*fam pej*) şapur şupur öpmek **II.** *vr:* **sich ~** (*fam pej*) şapur şupur öpüşmek

ab|kochen *vt* **1.** (*kochen*) kaynatmak **2.** (*keimfrei machen*) sterilize etmek

ab|kommandieren* *vt* (MIL) özel göreve atamak, özel görevle göndermek

Abkommen *nt* <-s, -> anlaşma, antlaşma; (*Vertrag*) sözleşme; **ein ~ treffen mit** ile bir anlaşma yapmak

ab|kommen *irr vi sein* **1.** (*abweichen*) sapmak; **wir kamen vom Weg ab** yolumuzu şaşırdık, yanlış yola saptık; **vom Thema ~** konudan ayrılmak, konu dışına çıkmak **2.** (*aufgeben*) vazgeçmek (*von* -den), caymak (*von* -den); (*sich entfernen*) uzaklaşmak (*von* -den); **von seiner Meinung ~** fikrinden caymak **3.** (*aus der Mode kommen*) geçmek

abkömmlich ['apkœmlɪç] *adj* boş [*o* vakti] olan; **nicht ~ sein** boş [*o* vakti] olmamak

Abkömmling ['apkœmlɪŋ] *m* <-s, -e> **1.** (*a.* JUR: *Nachkomme*) altsoy **2.** (*iron fam: Sprössling*) evlât, çocuk

ab|können *irr vt* (*nordd: mögen*) sevmek; (*vertragen*) geçinmek (ile)

ab|koppeln I. *vt* (*Fahrzeug*) ayırmak; (*Raumfähre*) çözmek II. *vr:* **sich ~** (*fam: Organisation*) ayrılmak

ab|kratzen I. *vi sein* (*fam: sterben*) gebermek, zıbarmak II. *vt* (*entfernen*) kazımak, kazıyarak çıkarmak

ab|kriegen *vt* (*fam*) 1. (*erhalten*) (payını) almak (-den); (*fig*) yemek 2. (*beschädigt werden*) hasar görmek; (*verletzt werden*) zarar görmek; **er hat ganz schön was abgekriegt** epey bir zarar gördü 3. (*entfernen können*) çıkarabilmek

ab|kühlen I. *vr:* **sich ~** (*kühler werden*) soğumak; (*Wetter*) soğumak, serinlemek; (*Beziehungen*) soğumak, soğuklaşmak, bozulmaya yüz tutmak; (*Leidenschaft*) soğumak; (*fig*) yatışmak II. *vt* (*Speisen*) soğutmak

Abkühlung *f* <-en> soğuma; (TECH) soğutma; (*Wetter*) soğuma, serinleme; **konjunkturelle ~** (COM) ekonomik soğuma

Abkunft ['apkʊnft] *f ohne Pl* (*geh: Herkunft*) köken; (*Abstammung*) soy; **er ist slawischer ~** o, Slâv kökenlidir

ab|kürzen *vt* kısaltmak; (*Weg*) kısaltmak; (*Besuch, Verfahren*) kısaltmak; **„Jahrhundert" wird durch „Jh." abgekürzt, „yüzyıl" kelimesi „yy." olarak kısaltılır**

Abkürzung *f* <-en> 1. (*Weg*) kestirme, kısa yol; **eine ~ nehmen** kestirmeden gitmek 2. (*von Verfahren*) kısaltma 3. (LING) kısaltma; **Abkürzungsverzeichnis** *nt* kısaltmalar listesi

ab|lachen *vt:* **sich einen Ast ~** gülmekten kırılmak [*o* katılmak]

ab|laden *irr vt* 1. (*Fahrzeug, Schiff*) boşaltmak; (*Fracht*) boşaltmak; (*Müll*) boşaltmak, dökmek; (*Kisten*) çıkarmak (*von* -den); (*fig: Ärger*) çıkarmak 2. (*Arbeit, Schuld*) atmak (*auf* üstüne)

Ablage *f* <-n> 1. (*Archiv*) arşiv; (*Vorrichtung*) göz, (eşya konulacak) yer 2. (*Kleider~*) gardırop, vestiyer 3. (*Akten~*) dosyalara geçirilen veya geçirilecek olan evrak

ab|lagern I. *vt* (*deponieren*) depolamak; (*anhäufen*) yığmak II. *vi* (*Wein*): **~ lassen** dinlenmeye bırakmak, mahzende [*o* fıçıda] bekletmek; (*Holz*) depo etmek; (*Tabak*) kurutmak III. *vr* (*niedersinken und liegenbleiben*) çökelmek, tortulaşmak; (GEO: *Sedimente bilden*) tortullaşmak

Ablagerung *f* <-en> 1. (*Vorgang*) çökelme, tortu oluşması; (*das Abgelagerte*) çökelek, tortu; (*Kalk~*) kalıntılar *pl* 2. (GEO: *Vorgang*) tortullaşma; (*das Abgelagerte*) tortu, tortul kitle 3. (GASTR: *Wein*) tortu

ablandig *adj* (NAUT) karadan (denize doğru) esen

AblassRR *m* <-es, -lässe> (REL) günah çıkarmaya bağlı af

ab|lassen *irr* I. *vi* (*nicht weiterverfolgen*) vazgeçmek (*von* -den), peşini bırakmak (*von* -in); **er lässt nicht von seinem Vorhaben ab** plânından vazgeçmiyor II. *vt* 1. (*Flüssigkeit*) akıtmak; (*Dampf*) boşaltmak; (*Wasser*) işemek; (*Behälter*) boşaltmak 2. (*fam: nicht aufsetzen/anlegen*) üstelememek 3. (*ermäßigen*): **jdm etwas vom Preis ~** birine fiyatta indirim yapmak

Ablativ *m* (LING) ablâtif, çıkma durumu

Ablauf *m* <-(e)s, -läufe> 1. (*Verlauf*) akış, seyir; (*von Ereignissen*) gidiş, seyir 2. (*einer Frist, Gültigkeit*) bitim, son; **nach ~ von zwei Stunden** iki saat sonunda 3. (*Abflussrohr*) akaç 4. (GEO: *See*) akaç

ab|laufen I. *irr vi sein* 1. (*Flüssigkeit*) akmak 2. (*Frist*) bitmek, sona ermek; **die Frist ist abgelaufen** süre bitmiştir; **wie ist es abgelaufen?** nasıl geçti? II. *vt haben* (*Schuhe*) yürüye yürüye eskitmek; (*Geschäfte*) dolaşmak; **die Sohlen nach etw ~** bir şey için pabuç eskitmek [*o* paralamak]; **jdm den Rang ~** (*fig*) birinin pabucunu dama atmak

Ablaut *m* (LING) değişkin ünlü

Ableben *nt* (*Tod*) ölüm, vefat

ab|lecken *vt* yalamak, yalaya yalaya temizlemek

ab|legen I. *vt* 1. (*ausziehen*) çıkarmak 2. (*Gewohnheiten*) bırakmak, vazgeçmek (-den) 3. (*hinlegen*) koymak; (*Karten*) açmak 4. **Eid ~** yemin etmek, ant içmek; **Geständnis ~** itiraf etmek; **über etw Rechenschaft ~** bir şeyin hesabını vermek; **Prüfung ~** sınav vermek (*in* -de), sınava girmek (*in* -den) II. *vi* (NAUT: *Schiff*) demir almak, iskele almak

Ableger *m* <-s, -> 1. (BOT) daldırma 2. (WIRTSCH) şube

ab|lehnen *vt* 1. (*zurückweisen*) reddetmek; **er lehnte es ab, uns zu helfen** bize yardım etmeyi reddetti 2. (JUR: *Gesuch*) reddetmek; (*Zeugen*) reddetmek

ablehnend *adj* olumsuz, menfi; **etw** *dat* **eher ~ gegenüberstehen** bir şeye karşı daha ziyade olumsuz tavır almak [*o* takınmak]

Ablehnung *f* <-en> ret, reddetme [*o* reddedilme]; **auf ~ stoßen** kabul edilmemek; **Ablehnungsgesuch** *nt* (JUR) ret isteği

ab|leisten *vt:* **seinen Wehrdienst ~** askerlik hizmetini yapmak

ab|leiten I. *vt* 1. (*umlenken*) saptırmak; (*Gewässer*) yatağını değiştirmek 2. (*a.* MATH: *herleiten*) türetmek (*aus* -den) II. *vr:* **sich ~** (LING) türemek (*aus/von* -den)

Ableitung *f* <-en> (MATH) türev; (LING) türev

ab|lenken I. *vi:* **vom Thema ~** konuyu değiştirmek, asıl konu dışına çıkmak, konuyla ilgisiz sözler söylemek II. *vt* 1. (PHYS: *Strahlen*) saptırmak 2. (*auf andere Gedanken bringen*) oyalamak, avutmak 3. (*irreführen*) şaşırtmak
Ablenkung *f* <-en> 1. (*Richtungsänderung*) sapma 2. (*Zerstreuung*) avunma, oyalanma; **sich** *dat* **~ verschaffen** avunmak, oyalanmak; **Ablenkungsmanöver** *nt* oyalama hareketi, şaşırtma manevrası; **~ betreiben** oyalamak, şaşırtmak
ab|lesen *irr* I. *vt* (*vorlesen*) okumak; **den Zähler ~** sayacı okumak II. *vi* 1. (*lesen*): **vom Blatt ~** gazeteden [*o* yapraktan] okumak 2. (*erkennen*) okunmak (*von* -den), anlaşılmak (*von* -den); **das konnte man ihr vom Gesicht ~** bu, onun yüzünden okunuyordu [*o* anlaşılıyordu]
ab|leugnen *vt* inkâr etmek
ab|lichten *vt* (*fotokopieren*) fotokopisini çekmek (-in); (*fotografieren*) fotoğrafını çekmek (-in)
Ablichtung *f* fotokopi
ab|liefern *vt* teslim etmek
Ablieferung *f* teslim; **bei ~** tesliminde
ab|lösen I. *vt* 1. (*abmachen*) çıkarmak, sökmek; (*Aufgeklebtes*) çözmek 2. (*Wachposten*) devralmak, yerine geçmek (-in); (*bei der Arbeit*) yerine geçmek (-in) 3. (JUR: *Grundlast*) iştira etmek; (FIN: *Schulden*) ödemek II. *vr:* **sich ~** 1. (*abgehen*) çıkmak, sökülmek; (*Haut*) soyulmak 2. (*sich abwechseln*) nöbet değiştirmek, nöbetleşmek
Ablösesumme *f* (SPORT: *für einen Spieler*) transfer parası
Ablösung *f* 1. (MIL) nöbet devri 2. (FIN: *Schulden*) ödeme 3. (JUR: *Grundlast*) iştira; **Ablösungssumme** *f s.* **Ablösesumme**
ab|luchsen ['aplʊksən] *vt* (*fam*): **jdm etw ~** birini üçkâğıda getirip elinden bir şey almak
Abluft *f* (TECH) çıkan hava
ABM [a:be:'ʔɛm] *f* <-(s)> (WIRTSCH) *Abk. von* **Arbeitsbeschaffungsmaßnahme** *iş yaratma programı, iş sağlama önlemi*
ab|machen *vt* 1. (*fam: entfernen*) çıkarmak; (*Aufgeklebtes*) çözmek 2. (*vereinbaren*) kararlaştırmak; (*Termin, Preis*) kararlaştırmak; **abgemacht!** anlaştık!, tamam!
Abmachung *f* <-en> kararlaştır(ıl)ma; (*a.* POL, WIRTSCH) anlaşma; **mit jdm eine ~ treffen** biriyle bir anlaşmaya varmak
ab|magern I. *vi sein* zayıflamak; **bis auf die Knochen abgemagert sein** bir deri bir kemik kalmak II. *vt haben* zayıflatmak
Abmagerung *f* zayıflama
Abmagerungskur *f* perhiz, rejim; **eine ~ machen** perhiz yapmak, rejim yapmak
ab|mahlen *vt* resmini yapmak (-in); (*fig: nachahmen*) taklit etmek
ab|mahnen *vt* uyarmak, protesto çekmek (-e); **Abmahnung** *f* uyarı, protesto çekme
ab|malen *vt* (*abzeichnen*) çizmek, resmini yapmak (-in); (*porträtieren*) portresini yapmak (-in); (*kopieren*) kopya etmek
Abmarsch *m* <-(e)s, -märsche> (MIL) yürüyüşe başlama, yürüyüşe geçme; **~!** arş!, marş!; **abmarschbereit** *adj* yürüyüşe başlamaya hazır olan
ab|marschieren *vi sein* yürüyüşe başlamak [*o* geçmek]
ab|mehren *vi* (*Schweiz: abstimmen*) oy kullanmak [*o* vermek]
ab|melden I. *vt* kaydı silmek (*bei* -de); (*Zeitung*) abonesini sildirmek [*o* iptal ettirmek]; **das Telefon ~** telefonu kapattırmak II. *vr:* **sich bei jdm ~** birine ayrılacağını [*o* ayrıldığını] bildirmek; **sich polizeilich ~** poliste kaydını sildirmek
Abmeldung *f* <-en> kaydı sildirme; (*einer Zeitung*) abonenin iptali; (*von der Schule*) kaydını sildirme; (*beim Einwohnermeldeamt*) ayrıldığını bildirme
ab|messen *irr vt* 1. (*ausmessen*) ölçmek 2. (*fig: abschätzen*) tartmak; **seine Worte genau ~** sözlerinin anlamını tam olarak tartmak
Abmessung *f* <-en> boyut, ebat *pl*
ABM-Kraft *f* (WIRTSCH) *iş yaratma programından yararlanan eleman*
ab|montieren* *vt* sökmek
ABM-Stelle *f* (WIRTSCH) *iş yaratma programı çerçevesi içinde oluşturulmuş iş yeri*
ab|mühen *vr:* **sich ~** zahmet etmek, çaba harcamak
ab|murksen *vt* (*fam*) gebertmek
ab|mustern I. *vt* (NAUT) terhis etmek II. *vi* (NAUT) terhis edilmek
ab|nabeln I. *vt* (*Neugeborenes*) göbeğini kesmek (-in) II. *vr:* **sich ~** (*fam: sich lösen*) ilişiğini kesmek; (*sich unabhängig machen*) bağlarını koparmak
ab|nagen *vt* kemirmek; **einen Knochen ~** bir kemiği kemirmek
ab|nähen *vt* (*Kleid*) daraltmak
Abnäher *m* <-s, -> (*am Kleid*) pens [*o* pense]
Abnahme[1] *f* <-n> 1. (*das Abnehmen*) al(ın)ma, çıkar(ıl)ma; (MED: *Amputation*) kesip alınma 2. (*Entgegennahme*) teslim alma [*o* alınma] 3. (*Anerkennung*) kabul; **~ der Güter** (COM) malların teslim alınması; **~ des Werkes** (JUR: *Werkvertrag*) işin kabulü 4. (*Kauf*) alım; **bei ~ von 100 Stück** 100 tane alındığında; **~ finden** (WIRTSCH) alıcı bulmak

A

Abnahme[2] *f* **1.**(*Verringerung*) eksilme, azalma **2.**(*TÜV*) muayene **3.**(*des Mondes*) küçülme

ab|nehmen *irr* **I.** *vi* **1.**(*Macht, Kräfte*) azalmak; (*Interesse*) azalmak; (*Geschwindigkeit*) azalmak; (*Mond*) küçülmek; (*Fieber*) düşmek; (*Tage*) kısalmak; (*an Zahl*) eksilmek, azalmak **2.**(*Gewicht verlieren*) kilo vermek, zayıflamak **3.**(TEL) cevap vermek; **es nimmt keiner ab** kimse cevap vermiyor **II.** *vt* **1.**(*Hut*) çıkarmak; (*Bart*) traş etmek; (MED) almak; (*Blut*) almak; (*abkaufen*) satın almak; (*wegnehmen*) elinden almak; (*im Spiel*) almak; (*abverlangen*) istemek; (*Maschen*) almak; **den Hörer** ~ ahizeyi eline almak **2.**(*übernehmen*) devralmak; **jdm eine Arbeit** ~ birinden bir işi devralmak **3.**(*entgegennehmen,* COM: *Waren*) teslim almak; (*Eid*) verdirmek; (*Beichte*) dinlemek; **jdm das Versprechen** ~**, zu …** … için birinden söz almak **4.**(*Gebäude, Fahrzeug*) muayene etmek; (*ein Werk*) kabul etmek; (*Prüfung*) yapmak, çekmek (-e) **5.**(*fam: glauben*) inanmak (-e); **das nehme ich dir nicht ab!** (*fam*) bu söylediğine inanmıyorum!

abnehmend *adj* eksilen, azalan; (*Mond*) küçülen

Abnehmer(in) *m(f)* <-s, -; -nen> (COM) alıcı; ~ **finden** alıcı bulmak

Abneigung *f* <-en> antipati, soğukluk, isteksizlik, gönülsüzlük, hoşlanmama

abnorm *adj* **1.**(*abweichend*) sapak **2.**(*ungewöhnlich*) anormal

abnormal ['---] *adj* anormal

Abnormität *f* **1.**sapaklık **2.**(*Wesen*) hilkat garibesi

ab|nötigen *vt* (*geh*) gerektirmek; **er nötigt mir Respekt ab** o, saygımı gerektirdi

ab|nutzen **I.** *vt* aşındırmak; (*strapazieren*) yıpratmak **II.** *vr:* **sich** ~ aşınmak, yıpranmak

Abnutzung *f* <-en> aşınma, yıpranma

Abo ['abo] *nt* <-s, -s> (*fam*) abone, abonman

Abonnement [abɔn(ə)'mɑ̃:] *nt* <-s, -s> (*Zeitung*) abone; (*Konzertkarten*) abonman; **ein** ~ **für etw haben** bir şey için abonmanı olmak; **ein** ~ **abbestellen** abonmanı iptal etmek

Abonnent(in) [abɔ'nɛnt] *m(f)* <-en, -en; -nen> abone

abonnieren* [abɔ'ni:rən] *vt* abone etmek, abone olmak (-e)

ab|ordnen *vt* atamak, delege olarak atamak

Abordnung *f* <-en> delegasyon

Aborigines *Pl* Aborijin halkları *pl*

Abort [a'bɔrt] *m* <-(e)s, -e> **1.**(MED: *Fehlgeburt*) düşürülen çocuk **2.**(*Toilette*) helâ, ayakyolu

ab|packen *vt* paketlemek

ab|passen *vt* bulmak; **den richtigen Augenblick** ~ pundunu bulmak; **jdn** ~ birini bulmak [*o* yakalamak]

ab|pausen *vt* saman kâğıdı ile aktarmak

ab|pfeifen *irr vt* (SPORT): **das Spiel** ~ oyunu düdük çalarak durdurmak [*o* bitirmek]

Abpfiff *m* <-(e)s, -e> (SPORT) bitiş düdüğü

ab|pflücken *vt* koparmak, koparıp almak

ab|plagen *vr:* **sich** ~ didişip durmak (*mit* ile), uğraşıp durmak (*mit* ile)

ab|platten *vt haben* düzleştirmek

ab|platzen *vi sein* pat diye kopmak

Abprall *m* <-(e)s, -e> sekme

ab|prallen *vi sein* (*Ball, Geschoss*) sekmek; **das prallt an ihm ab** (*fig*) bu onu ırgalamıyor

ab|pumpen *vt* **1.**(*Öl, Wasser*) tulumba ile boşaltmak **2.**(*fam: pumpen*) pompalamak

ab|putzen *vt* **1.**(*Schmutz*) temizlemek; (*gründlich putzen*) tertemiz etmek; **sich die Hände** ~ ellerini silmek **2.**(*mit Putz versehen*) sıvamak; **die Wand** ~ duvarı sıvamak

ab|quälen *vr:* **sich** ~ eziyet çekmek; **sich** *dat* **ein Lächeln** ~ zorla gülümsemek, kendini gülümsemeye zorlamak

ab|qualifizieren* **I.** *vt* diskalifiye etmek **II.** *vr:* **sich** ~ diskalifiye olmak (*mit/durch* ile/yoluyla)

ab|rackern *vr:* **sich** ~ (*fam*) didinmek

ab|rahmen *vt* kaymağını almak

ab|rasieren* *vt* traş etmek; (*fam: zerstören*) mahvetmek

ab|raten *irr vi:* **jdm von etw** ~ birine bir şeyi yapmamasını tavsiye etmek; **der Arzt riet ihm ab, zuviel Sport zu treiben** doktor ona fazla spor yapmamasını tavsiye etti

Abraum *m* <-(e)s, -räume> (BERGB) madenin üzerindeki toprak tabakası; (*fig: Schutt*) döküntü, moloz

ab|räumen *vt* toplamak; (*Teller*) kaldırmak; (SPORT: *Kegel*) temizlemek; **den Tisch** ~ sofrayı kaldırmak [*o* toplamak]

ab|reagieren* **I.** *vt* (*Ärger*) (öfkesini) çıkarmak (*an* -den), (hıncını) çıkarmak (*an* -den) **II.** *vr:* **sich** ~ deşarj olmak

ab|rechnen **I.** *vi* **1.**((*Schluss*)*rechnung*) hesaplaşmak **2.**(*zur Rechenschaft ziehen*) hesap sormak; **mit ihm werde ich noch** ~**!** ondan ben hesap soracağım! **II.** *vt* (*abziehen*) hesaptan düşmek

Abrechnung *f* <-en> **1.**(COM: *an der Kasse*) hesabı ödeme **2.**(*Aufstellung*) bordro **3.**(*Rechnung*) hesap; (COM) fatura **4.**(*Abzug*): **in** ~ **bringen** hesaptan düşmek **5.**(*Rache*) hesaplaşma

Abrechnungszeitraum *m* hesap(laşma) dönemi

Abrede *f ohne Pl* (*Vereinbarung*) anlaşma, sözleşme; **gegen eine ~ handeln** bir sözleşmeye [*o* anlaşmaya] aykırı davranmak [*o* harekette bulunmak]; **nach ~** anlaşmaya göre, sözleşmeye göre; **etw in ~ stellen** bir şeyi yadsımak [*o* inkâr etmek]

ab|regen *vr* (*fam*): **sich ~** sakinleşmek

ab|reiben *irr vt* **1.** (*Schmutz*) ovmak; (*Schuhe, Hände*) silmek **2.** (*trockenreiben*) kuruyuncaya kadar ovmak **3.** (*mit dem Reibeisen*) rendelemek

Abreibung *f* <-en> **1.** (*das Abreiben*) ovma; (*Frottieren*) keseleme **2.** (*fam: Prügel*) dayak; **eine ~ kriegen/verpassen** dayak yemek/atmak; (*scharfe Zurechtweisung*) papara; **eine ~ kriegen** (*fam*) papara yemek

Abreise *f* <-n> yola çıkma; **die ~ erfolgte wie vorgesehen** öngörüldüğü gibi yola çıkıldı

ab|reisen *vi sein* yola çıkmak (*nach* -e), yolculuğa çıkmak (*nach* -e)

ab|reißen *irr* **I.** *vi sein* **1.** (*sich lösen*) kopmak; (*abspringen*) yırtılmak; **mein Schnürsenkel ist abgerissen** ayakkabımın bağı koptu **2.** (*unterbrochen werden*) kesilmek; **es riss nicht ab** (*fig: es nahm kein Ende*) kesilmedi **II.** *vt haben* **1.** (*Papier, Heftpflaster*) koparmak; **ich habe mir einen Knopf abgerissen** bir düğmemi kopardım **2.** (*Gebäude*) yıkmak **3.** (*fam: abnutzen*) yıpratmak

Abreißkalender *m* yapraklı takvim

ab|richten *vt* (*Tiere*) eğitmek

ab|riegeln *vt* **1.** (*Tür*) sürgülemek **2.** (MIL: *Gebiet*) sürgülemek; (*durch die Polizei*) kordon altına almak; (*Straße*) kapamak

Abrieg(e)lung *f* <-en> (*Riegel*) sürgüleme; (MIL) sürgüleme; (*von Straßen*) kapatılma; (*durch die Polizei*) kordon altına alınma

ab|ringen *irr vt* (*Zugeständnis*) zar zor almak; **sich** *dat* **ein Lächeln ~** kendini gülümsemeye zorlamak

AbrissRR1 *m ohne Pl* <-es> (*Abbruch*) yıkma

AbrissRR2 *m* <-es, -e> **1.** (*von Eintrittskarten*) yırtma **2.** (*Übersicht*) özet; (*kurze Darstellung*) kroki

Abriß *m s.* **Abriss**

ab|rollen **I.** *vt haben* **1.** (*Spule*) açmak, çözmek; **das Knäuel ~** yumağı açmak **2.** (*Waren*) (arabayla) taşımak **II.** *vi sein* **1.** (SPORT) takla atmak **2.** (*sich ereignen*) cereyan etmek, olmak

ab|rücken **I.** *vi sein* **1.** (MIL) harekete geçmek; (*abmarschieren*) yürüyüşe geçmek; (*abziehen*) geri çekilmek **2.** (*fig*) uzaklaşmak (*von* -den); **von einer Meinung ~** bir fikirden caymak **II.** *vt haben* (*Gegenstand*) iterek uzaklaştırmak [*o* ayırmak]

Abruf *m ohne Pl* <-(e)s> **1. auf ~** (COM) talep [*o* istek] üzerine; **auf ~ zur Verfügung stehen** istek üzerine hazır bulunmak [*o* olmak] **2.** (INFORM: *Daten*) erişme; **abrufbereit** *adj* **1.** (*Menschen*) emre amade, yapmaya hazır **2.** (INFORM) erişilir

ab|rufen *irr vt* **1.** (COM: *Waren*) istetmek, (-in) gönderilmesini emretmek **2.** (*Geld vom Konto*) çekmek **3.** (INFORM: *Daten*) erişmek (-e) **4.** (*Zug*) hareket edeceğini duyurmak [*o* anons etmek] **5. abgerufen werden** (*poet: sterben*) emrihak vaki olmak

ab|runden *vt* **1.** (*rund machen*) yuvarlaklaştırmak **2.** (FIN, MATH: *eine Summe*) aşağı doğru yuvarlak hesap yapmak, virgülün sağındaki rakamı sıfırlamak; (*eine Zahl*) bir alttaki bütüne tamamlamak

abrupt [ap'rʊpt] *adj* anî; (*unerwartet*) beklenmedik; (*plötzlich*) apansız

ab|rüsten **I.** *vt* **1.** (POL) silâhsızlandırmak **2.** (ARCH: *Gerüst wegnehmen*) iskeleyi kaldırmak **II.** *vi* (POL) silâhsızlanmak

Abrüstung *f ohne Pl* (POL) silâhsızlanma; **Abrüstungskonferenz** *f* (POL) silâhsızlanma konferansı; **Abrüstungsverhandlungen** *fPl* (POL) silâhsızlanma görüşmeleri *pl*

ab|rutschen *vi sein* **1.** (*abwärts rutschen*) aşağıya kaymak; (*seitwärts rutschen*) yana kaymak **2.** (*fig*) düşmek (*in* -e)

Abs. **1.** *Abk. von* **Absender** gönderici **2.** *Abk. von* **Absatz** fıkra

ABS *nt Abk. von* **Antiblockiersystem** (AUTO) kilitlenmeyi önleyici fren sistemi

ab|sacken *vi sein* (*fam*) **1.** (*sinken*) batmak; (*Boden*) çökmek; (*Blutdruck*) düşmek; (*Flugzeug*) hava boşluğuna girmek; (FIN) düşmek; (*schlechter werden*) kötüleşmek (*in* -de) **2.** (*fig: herunterkommen*) batmak, çökmek, düşmek

Absage ['apza:gə] *f* <-n> ret, olumsuz yanıt; **jdm eine ~ erteilen** birine olumsuz yanıt vermek

ab|sagen **I.** *vi* gelmeyeceğini bildirmek; **jdm ~** birine gelmeyeceğini bildirmek **II.** *vt* (*Treffen*) iptal etmek; (*Vorstellung*) olmayacağını bildirmek; (*Einladung*) gelmeyeceğini bildirmek, reddetmek, geri çevirmek, kabul etmemek

ab|sägen *vt* **1.** (*Ast*) testere ile kesmek; **den Ast ~, auf dem man sitzt** (*fig*) bindiği dalı kesmek **2. jdn ~** (*fig fam: kündigen*) birini işten atmak

ab|sahnen **I.** *vi* (*fig*) kaymağını almak **II.** *vt* (*Milch*) sütün kaymağını almak; (*fam: Pro-*

fit) konmak (-e)
ab|satteln *vi, vt* eyeri çıkarmak
Absatz *m* <-(e)s, -sätze> **1.** (*am Schuh*) ökçe, topuk; **auf dem ~ kehrtmachen** (*fig*) gerisingeri dönmek **2.** (*Abschnitt eines Textes*) paragraf; (*Zeileneinrückung*) satır başı; (**neuer**) ~ (*beim Diktieren*) satır başı; **kein** ~ (*beim Diktieren*) satır başı yapmayın **3.** (JUR: *Teil eines Paragraphen*) fıkra **4.** (*Treppe*) sahanlık **5.** (COM: *Verkauf*) satış, sürüm; **großen ~ finden** çok satılmak **6.** (GEO: *Ablagerung*) çökel; **Absatzflaute** *f* (WIRTSCH) piyasa durgunluğu; **Absatzförderung** *f* (WIRTSCH) promosyon; **Absatzgebiet** *nt* (COM) satış bölgesi; **Absatzgestein** *nt* (GEO: *Sediment*) tortul; **Absatzmarkt** *m* (WIRTSCH) pazar; **Absatzvolumen** *nt* (COM) satış hacmi
ab|saufen *irr vi* (*fam*) **1.** (*sinken*) batmak **2.** (*ertrinken*) boğulmak **3.** (AUTO): **den Motor ~ lassen** motoru ambale etmek
ab|saugen *vt* emerek almak; **Fett** ~ emerek yağ almak
ab|schaben *vt* kazıyarak çıkarmak
ab|schaffen *vt* **1.** (*aufheben*) kaldırmak; (*Gesetz*) ortadan kaldırmak, ilga etmek **2.** (*fortgeben*) elden çıkarmak
Abschaffung *f* <-en> kaldır(ıl)ma; (JUR) kaldır(ıl)ma, ilga
ab|schalten **I.** *vi* (*fam*) **1.** (*unaufmerksam werden*) dinlememek, dikkati dağılmak **2.** (*sich entspannen*) kafa dinlemek **II.** *vt* (ELEK: *ausmachen*) kapatmak
ab|schatten *vt* gölgelemek
ab|schätzen *vt* **1.** (*taxieren*) kestirmek, tahmin etmek; (COM) değer biçmek **2.** (*beurteilen*) karar vermek
abschätzig ['apʃɛtsɪç] *adj* küçümseyici, aşağılayıcı; **eine ~e Bemerkung** küçümseyici bir söz
ab|schauen **I.** *vi* (*fam*): **bei jdm** ~ birinden kopya çekmek **II.** *vt* (*fam*): **etw von jdm** ~ bir şeyi birinden bakarak öğrenmek
Abschaum *m ohne Pl* <-(e)s> (*fig, pej*): **der ~ der Menschheit/Gesellschaft** insanlığın/toplumun yüz karası
ab|schäumen *vt* köpüğünü almak
ab|schelfern *vi s.* **abschilfern**
ab|scheren *irr vt* makasla kesmek; (*abrasieren*) traş etmek; (*scheren*) kırkmak; **Schafe** ~ koyun kırkmak; **Wolle** ~ yün kırkmak
Abscheu *m o f ohne Pl* <-(e)s> (*Widerwille*) tiksinti; (*Ekel*) iğrenme; **vor jdm/etw ~ haben** bir kimseye/şeye (karşı) tiksinti duymak, bir kimseden/şeyden tiksinmek [*o* iğrenmek]; **jds ~ erregen** birini tiksindirmek
abscheulich [ap'ʃɔɪlɪç] *adj* **1.** (*ekelhaft*) iğrenç **2.** (*fam: unangenehm viel*) korkunç
ab|schicken *vt* göndermek, yollamak
Abschiebehaft *f s.* **Abschiebungshaft**
ab|schieben *irr* **I.** *vi sein* (*fam: weggehen*) çekip gitmek **II.** *vt* **1.** (*abrücken*) iterek uzaklaştırmak (*von* -den); (*Schuld*) atmak (*auf* -e); **die Verantwortung** ~ sorumluluğu üzerinden atmak **2.** ülkeden sürmek; (*ausweisen*) sınır dışı etmek; **jdn über die Grenze** ~ birini sınır dışı etmek; **unerwünschte Personen** ~ istenmeyen kişileri sınır dışı etmek, istenmeyen kişileri ülkeden sürmek **3.** (*loswerden*) başından atmak
Abschiebestopp[RR] *m* (POL) ülkeden sürmeyi durdurma
Abschiebung *f* <-en> (POL, JUR) ülkeden sürme [*o* sürülme]; **Abschiebungshaft** *f* (JUR) ülkeden sürme amaçlı tutukluluk
Abschied ['apʃiːt] *m* <-(e)s, -e> **1.** (*Trennung*) ayrılma; **von jdm ~ nehmen** birine veda etmek, biriyle vedalaşmak [*o* esenleşmek] **2.** (*aus dem Amt*) ayrılma, istifa; (*Abdankung*) tahttan feragat; **Abschiedsbesuch** *m* vedalaşma ziyareti; **Abschiedsbrief** *m* (*fam*) veda mektubu; **Abschiedsfeier** *f* vedalaşma partisi; **Abschiedsgesuch** *m* istifa dilekçesi; **Abschiedsgruß** *m* veda; **Abschiedsszene** *f* (*iron*) vedalaşma sahnesi
ab|schießen *irr vt* **1.** (*Geschoss*) ateş etmek; (*Rakete*) fırlatmak, atmak; (*Pfeil*) atmak **2.** (*Wild*) vurmak; (*Mensch*) vurmak; (*erschießen*) vurup öldürmek **3.** (*Flugzeug*) vurarak düşürmek; (*Panzer*) vurmak **4.** (*fam: entlassen*) atmak; (*durch Intrigen aus einer Stellung entfernen*) ayağını kaydırmak (-in)
ab|schilfern *vi* (*reg*) kepek kepek çözülmek
ab|schinden *vr:* **sich** ~ (*fam*) angarya çekmek
ab|schirmen *vt* (*schützen*) korumak (*gegen* -e karşı); (*vor Strahlen*) ekranla korumak (*gegen* -e karşı)
Abschirmung *f* <-en> (*das Abschirmen*) ekranla koruma; (*Gerät*) koruyucu ekran
ab|schlachten *vt* **1.** (*Tiere*) kesmek **2.** (*fig: grausam töten*) canına kıymak; (*viele Menschen*) katletmek
ab|schlaffen **I.** *vi sein* (*fam*) gevşemek **II.** *vt* gevşetmek
Abschlag *m* <-(e)s, -schläge> **1.** (*Abholzung*) orman açma **2.** (SPORT: *Bully*) kale vuruşu **3.** (COM: *Preisnachlass*) indirim **4.** (FIN: *Abschlagsgeld*) disacyo **5.** (*Teilzahlung*) kısmî ödeme; (*Rate*) taksit; (*Vorschuss*) avans; **auf** ~ taksitle
ab|schlagen *irr vt* **1.** (SPORT) kaleden vurmak **2.** (*Baum*) (vurup) kesmek; (*Kopf*) uçurmak **3.** (MIL: *Angriff*) püskürtmek, de-

fetmek **4.** (*ablehnen*) reddetmek, kabul etmemek; **jdm eine Bitte ~** birinin ricasını reddetmek [*o* kabul etmemek]

abschlägig ['apʃlɛːgɪç] *adj* (*formal*) olumsuz, menfi; **jdm eine ~e Antwort geben** birine olumsuz yanıt vermek, birine menfi cevap vermek; **seine Bewerbung wurde ~ beschieden** başvurusu reddedildi

Abschlagszahlung *f* **1.** (*Ratenzahlung*) taksitle ödeme **2.** (*Vorauszahlung*) hesaba sayarak ödeme, alelhesap ödeme; (*Vorschuss*) avans

ab|schlecken *vt* yalamak, yalaya yalaya temizlemek

ab|schleifen *irr* **I.** *vt* yontmak; (*entfernen*) silmek; (*Edelsteine*) yontmak; (*Kristall*) kesmek **II.** *vr:* **sich ~** (*a. fig*) yontulmak

Abschleppdienst *m* (AUTO) (oto) kurtarma servisi

ab|schleppen *vt* **1.** (*Auto*) çekmek, çekerek [*o* yedeğinde] götürmek **2.** (*fam: Person*) tavlamak

Abschleppseil *nt* çekme halatı; **Abschleppstange** *f* çekme [*o* yedek] çubuğu; **Abschleppwagen** *m* (AUTO) çekici, kurtarma aracı

ab|schließen *irr* **I.** *vt* **1.** (*mit Schlüssel*) kilitlemek **2.** (*beenden*) bitirmek; (*Studium*) bitirmek **3.** (*Vertrag*) yapmak, akdetmek; **einen Vertrag ~** bir sözleşme yapmak **4.** (FIN: *Bücher*) kapamak; (*Konto*) kapamak; (*Rechnung*) kapamak **5.** (COM: *Geschäftsjahr*) kapamak **6.** (*Wette*) girmek (-e), tutuşmak (-e); **Wette ~** bahse girmek, bahis tutuşmak, iddiaya girmek [*o* tutuşmak] **II.** *vi:* **mit etw ~** bir şeyle bağlantısını kesmek; **mit jdm ~** biriyle ilişiğini kesmek **III.** *vr:* **sich ~** (*sich isolieren*) elini ayağını çekmek (*von* -den)

abschließend ['apʃliːsənt] **I.** *adj* son; **eine ~e Bemerkung** son bir söz **II.** *adv* son olarak; **~ möchte ich Folgendes sagen** son olarak şunu söylemek isterim

AbschlussRR *m* <-es, -schlüsse>, **Abschluß** *m* <-sses, -schlüsse> **1.** (*Ende*) son; (*Beendigung*) bitirme; (SCHULE) bitirme, mezuniyet; **zum ~ kommen** sonuna gelmek; **etw zum ~ bringen** bir şeyi bitirmek [*o* sonuna getirmek], bir şeyi sonuçlandırmak; **kurz vor dem ~ stehen** son safhasına gelmek **2.** (*Vereinbarung*) anlaşma, kararlaştırma; (*Vertrags~*) akdedilme, yapılma; **mit jdm zum ~ kommen** biriyle anlaşmak [*o* kararlaştırmak]; **~ eines Vertrages** bir sözleşmenin yapılması [*o* akdedilmesi] **3.** (COM: *Schlussabrechnung*) son hesap, kapanış hesabı **4.** (*Verschluss*) kapak, tıkaç

AbschlussballRR *m* (SCHULE) mezuniyet balosu

AbschlussprüfungRR *f* (SCHULE) bitirme sınavı, mezuniyet sınavı; **Abschlusszeugnis**RR *nt* (SCHULE) diploma

ab|schmecken *vt* **1.** (*kosten*) tadına bakmak **2.** (GASTR: *würzen*) terbiyelemek; **mit Salz und Pfeffer ~** tuz ve biberle terbiyelemek

ab|schmieren *vt* (AUTO) yağlamak

ab|schminken **I.** *vt* makyajı silmek [*o* çıkarmak]; **das kannst du dir ~!** (*fig*) bunu aklından çıkar! **II.** *vr:* **sich ~** makyajı silmek [*o* çıkarmak]; **sich etw ~** (*fig*) bir şeyi aklından çıkarmak

ab|schnallen **I.** *vi* (*fam*) **1.** (*abschalten*) aklı dağılmak; (*müde werden*) ambale olmak **2.** (*fassungslos sein*) aklı durmak; **da schnallste ab!** (*fam*) aklın durur! **II.** *vt* (*abnehmen*) çıkarmak; (*losschnallen*) (tokasını) açmak [*o* çözmek] **III.** *vr:* **sich ~** (*Gurt lösen*) kemerini çözmek

ab|schneiden *irr* **I.** *vi* **1.** (*Weg*) yolu kısaltmak; **wir schneiden ab, wenn wir hier gehen** buradan gidersek yolu kısaltırız **2.** (*Ergebnis erzielen*): **gut/schlecht ~** iyi/kötü sonuç almak; **bei einer Prüfung gut/schlecht ~** bir sınavda iyi/kötü sonuç almak **II.** *vt* **1.** (*abtrennen*) kesmek; (MED) kesmek, ameliyatla almak **2.** (*absperren*) kesmek **3.** (*abkürzen*) kesmek; **jdm das Wort ~** birinin sözünü kesmek **4.** (*isolieren*) ilişiğini kesmek (-in, *von* ile); **von der Außenwelt abgeschnitten sein** dış dünya ile ilişiği kesilmiş olmak

Abschnitt *m* <-(e)s, -e> **1.** (*Sektion*) kesim **2.** (*im Buch*) bölüm; (*im Koran*) cüz **3.** (JUR: *im Gesetzbuch*) fasıl **4.** (*Stück vom Ganzen*) cüz, parça; (*Teil*) cüz **5.** (*Zeit~*) dilim, dönem

ab|schöpfen *vt* **1.** (*obere Schicht*) (kepçe ile) almak; **Schaum ~** köpüğünü almak **2.** (*fig: Gewinn*) almak

ab|schotten ['apʃɔtən] **I.** *vt* **1.** (NAUT) su geçmez bölmelerle donatmak **2.** (*fig: isolieren*): **ein Land gegen Einflüsse von außen ~** bir ülkeye dıştan etkilere karşı kapamak **II.** *vr:* **sich ~** (*fig*) elini ayağını çekmek (*von* -den)

ab|schrauben *vt* vidasını sökmek (-in); (*Deckel*) (çevirerek) açmak

ab|schrecken *vt* **1.** korkutmak; (*einschüchtern*) yıldırmak, gözdağı vermek **2.** (*Eier, Nudeln*) soğuk suya tutmak **3.** (TECH, CHEM: *plötzlich abkühlen*) ivmeli soğutmak

abschreckend *adj* korkutucu; (*warnend*) uyarıcı; **ein ~es Beispiel** uyarıcı bir örnek

Abschreckung *f* <-en> korkutma, yıldırma; **nukleare ~** nükleer yıldırma; **Strafe zur ~** korkutma amacıyla verilen ceza

Abschreckungsmittel *nt* korkutma [*o* yıldırma] aracı

ab|schreiben *irr* **I.** *vt* **1.** (*sauber schreiben*) temize çekmek; (*kopieren*) kopya etmek **2.** (WIRTSCH) aşınma payı olarak ayırmak [*o* hesaptan düşmek], amorti etmek **3.** (*Auftrag*) iptal etmek; (*streichen*) silmek **4. jdn ~** (*fig*) birini defterden silmek, birini gözden gönülden çıkarmak; **das können wir ~!** (*fam*) bunu aklımızdan çıkarabiliriz!; **sich die Finger ~** (*fig*) yazmaktan parmakları kopmak, yaza yaza bir hâl olmak **II.** *vi* (*in der Schule*) kopya çekmek (*von* -den)

Abschreibung *f* <-en> (WIRTSCH) **1.** (*steuerliche Absetzung*) amortisman **2.** (*Wertverminderung*) aşınma payı ayırma; **Abschreibungsgesellschaft** *f* (COM) amortisman şirketi

Abschrift *f* <-en> suret, kopya [*o* örnek]; **beglaubigte ~** onaylı suret

ab|schuppen *vr:* **sich ~** pullarını dökmek

ab|schürfen *vt* sıyırmak

Abschürfung *f* <-en> (MED) sıyrık

Abschuss[RR] *m* <-es, -schüsse>, **Abschuß** *m* <-sses, -schüsse> **1.** (*einer Waffe*) atış **2.** (*einer Rakete*) fırlatma, atış **3.** (*eines Flugzeugs*) vurup düşür(ül)me **4.** (*Treffer*) isabet, (hedefi) vurma **5.** (*bei der Jagd*) avlanma; **Tiere zum ~ freigeben** hayvanların avlanmasını serbest bırakmak

abschüssig ['apʃʏsɪç] *adj* (*Gelände*) meyilli; (*Küste*) sarp

Abschussliste[RR] *f* (*fig*) kara liste; **auf der ~ stehen** kara listede adı olmak; **Abschussrampe**[RR] *f* atış rampası

ab|schütteln *vt* **1.** (*entfernen*) silkmek (*von* -den), silkip atmak **2.** (*Person*) başından savmak **3.** (*sich von etw frei machen*) silkinmek (-den), silkinip sıyrılmak (-den); **die Müdigkeit ~** yorgunluktan silkinmek [*o* silkinip sıyrılmak]

ab|schwächen **I.** *vt* **1.** (*Wirkung*) hafifletmek **2.** (*Eindruck, Formulierung*) yumuşatmak **3.** (*Stoß*) yumuşatmak, şiddetini [*o* etkisini] azaltmak **4.** (FOTO: *die Dichte vermindern*) donuklaştırmak **II.** *vr:* **sich ~** yumuşamak, hafiflemek

ab|schwatzen *vt* (*fam*) kandırarak almak [*o* elde etmek]; (*Geld*) sızdırmak

ab|schweifen ['apʃvaɪfən] *vi sein* (*vom Weg*) ayrılmak (*von* -den); **vom Thema ~** konudan ayrılmak, konu dışına çıkmak

ab|schwellen *irr vi sein* **1.** (*Geschwulst*) küçülmek; **der Finger ist abgeschwollen** parmağın şişliği indi **2.** (*Lärm*) hafiflemek

ab|schwindeln *vt:* **jdm etw ~** birinden bir şeyi dolanla elde etmek

ab|schwirren *vi* (*Vögel*) pır diye uçmak; (*fig*) pırlamak

ab|schwören *irr vi* **1. seinem Glauben ~** dinden imandan olmak, dini inancını yitirmek **2.** (*dem Alkohol*) tövbe etmek (-e)

ab|segnen *vt* (*fam*) onaylamak

absehbar *adj* görülebilen, bilinebilen; **nicht ~** kestirilemez, bilinemez; **in ~er Zeit** yakın zamanda

ab|sehen *irr* **I.** *vi* (*nicht berücksichtigen*) hesaba katmamak (*von* -), saymamak (*von* -); (*verzichten*) vazgeçmek (*von* -den); (*nicht berücksichtigen*) hesaba katmamak (*von* -); **von einer Strafe ~** ceza vermemek; **ich will (mal) davon ~** (bu sefer) bunu hesaba katmayacağım; **abgesehen von …** …in dışında; **abgesehen davon** bunun dışında; **abgesehen davon, dass …** …ği sayılmazsa **II.** *vt* **1.** (*lernen*) bakarak öğrenmek; **jdm etw ~** bir şeyi birine bakarak öğrenmek **2.** (*voraussehen*) görmek; **es ist abzusehen, dass …** görülüyor ki, …; **ein Ende ist noch nicht abzusehen** henüz sonu görünmüyor **3. es auf jdn abgesehen haben** (*gern haben wollen*) birine göz koymak; (*schikanieren*) birine kancayı takmak

ab|seifen *vt* sabunlamak

ab|seigern *vt* (MIN) düşey açmak

ab|seihen *vt* süzmek, süzgeçten geçirmek

ab|seilen *vr:* **sich ~** **1.** (SPORT) iple inmek **2.** (*fam: verschwinden*) tüymek

ab|sein *irr vi s.* **ab II.3.**

abseits ['apzaɪts] **I.** *präp* uzağında; **~ der Straße** yolun uzağında **II.** *adv* **1.** (*fern*) uzakta; (*außerhalb*) dışında **2.** (SPORT) ofsayt

Abseits *nt ohne Pl* <-> (SPORT) ofsayt; **ins ~ geraten** (*fig*) gözden düşmek, pabucu dama atılmak

Abseitsfalle *f* (SPORT) ofsayt tuzağı; **Abseitsregel** *f* (SPORT) ofsayt kuralı; **Abseitstor** *nt* (SPORT) ofsayttan atılan gol

ab|senden *irr vt* (*Paket, Telegramm*) göndermek; (*Waren*) göndermek, irsal etmek

Absender(in) *m(f)* <-s, -; -nen> gönderici; (*~adresse*) gönderen; (COM) gönderen

ab|servieren* *vt* **1.** (*Geschirr*) kaldırmak; (*Tisch*) toplamak **2.** (*fam: kaltstellen*) açığa almak; (*entlassen*) açığa çıkarmak **3.** (*fam: ermorden*) işini bitirmek (-in)

absetzbar *adj* **1.** (*Person*) işten çıkarılabilir **2.** (COM) satılabilir **3.** (FIN: *Betrag*) indirilebilir [*o* düşülebilir]

ab|setzen **I.** *vt* **1.** (*Gegenstand*) indirmek, yere koymak; (*hinstellen*) koymak (*auf* -e); (*Hut, Brille*) çıkarmak **2.** (COM: *verkaufen*) satmak **3.** (*entlassen*) işten çıkarmak, görevden almak; (*Herrscher*) tahttan indirmek **4.** (*aussteigen lassen*) indirmek (*an/*

in -de) **5.** (*den Reiter abwerfen*) üstünden atmak **6.** (THEAT: *Stück*) sahneden almak **7.** (FIN: *Betrag*) indirmek, düşmek; **von der Steuer** ~ vergiden düşmek [*o* indirmek] **8.** (TYPO: *setzen*) dizmek; (*Zeile*) satırbaşı yapmak **9.** (*Säugetiere*) memeden kesmek **10.** (*absondern*) salgılamak **11.** (MED: *Behandlung*) son vermek (-e); (*Medikament*) bırakmak, kesmek **II.** *vr:* **sich** ~ **1.** (CHEM) çökelmek **2.** (*fam: verschwinden*) savuşmak **3.** (*sich abheben*) belirginleşmek **4.** (MIL) geri çekilmek **III.** *vi* (*unterbrechen*) ara vermek

ab|sichern I. *vt* (*Unfallstelle*) emniyet altına almak **II.** *vr:* **sich** ~ (*sich schützen*) kendini korumak

Absicht *f* <-en> niyet, maksat; (*Vorsatz*) kasıt; **gute/böse ~en haben** niyeti iyi/kötü olmak; **etw mit/ohne ~ tun** bir şeyi kasten yapmak/yapmamak; **es war ~** kasıtlıydı; **das war nicht meine ~** bu, benim niyetim değildi; **er hat die ~ zu verreisen** seyahat etmeye niyeti var; **in der ~ etw zu tun** bir şeyi yapmak niyetiyle; **die ~ haben, etw zu tun** bir şeyi yapmaya niyeti olmak

absichtlich I. *adj* kastî **II.** *adv* kasten; **das hast du ~ getan** bunu kasten yaptın

ab|sinken *irr vi sein* (*Niveau*) düşmek; (*Schiff*) batmak

Absinth *m* apsent

ab|sitzen *irr* **I.** *vi sein* (*vom Pferd*) inmek **II.** *vt* (*fam: Strafe*) çekmek; (*Dienstzeit*) geçirmek; **täglich 8 Stunden im Büro ~ müssen** günde 8 saat büroda geçirmek zorunda olmak

absolut [apzo'lu:t] **I.** *adj* salt, mutlak; **~e Mehrheit** salt çoğunluk **II.** *adv* mutlaka, kesinlikle; (*in negativen Sätzen*) kat'iyen, kesinlikle; **das ist ~ richtig** bu yüzde yüz doğru; **das ist ~ unmöglich** bu kat'iyen olamaz; **~ nichts** hiçbir şey

Absolution [apzolu'tsjo:n] *f* <-en> (REL) günahların affı; **die ~ erteilen** günahları affetmek

Absolutismus [apzolu'tɪsmʊs] *m ohne Pl* <-> saltçılık

absolutistisch [apzolu'tɪstɪʃ] *adj* saltçı

Absolvent(in) [apzɔl'vɛnt] *m(f)* <-en, -en; -nen> mezun

absolvieren* [apzɔl'vi:rən] *vt* **1.** (*Schule, Studium*) bitirmek, mezun olmak (-den); (*Prüfung*) vermek; (*ableisten*) yapmak **2.** (REL) bağışlamak, affetmek

absonderlich [ap'zɔndɐlɪç] *adj* tuhaf, garip; **ein ~es Benehmen** tuhaf bir davranış; **ein ~er Mensch** tuhaf bir insan

Absonderlichkeit *f* <-en> tuhaflık, gariplik

ab|sondern I. *vt* **1.** (*Kranke, Häftlinge*) tecrit etmek, ayırmak **2.** (*ausscheiden*) düşürmek; (*Sekret*) salgılamak **II.** *vr:* **sich** ~ elini ayağını çekmek (*von* -den)

Absonderung ['apzɔndərʊŋ] *f* <-en> **1.** (*Isolierung*) tecrit **2.** (BIOL, MED: *Vorgang*) salgılama; (*Sekret*) salgı

absorbieren* [apzɔr'bi:rən] *vt* (*a. fig*) soğurmak, emmek

Absorption *f* soğurma

absorptiv *adj* soğurgan

ab|spalten I. *vt* ayırmak; (CHEM) ayırmak **II.** *vr:* **sich** ~ ayrılmak (*von* -den)

ab|sparen *vt:* **sich etw vom Munde ~** boğazından artırmak

ab|speichern *vt* (INFORM) yüklemek, belleğe geçirmek; **etw auf etw ~** bir şeyi bir şeye yüklemek

ab|speisen *vt* (*fam*) atlatmak; **jdn mit leeren Versprechungen ~** birini boş vaatlerle atlatmak

abspenstig ['apʃpɛnstɪç] *adj:* **jdm etw ~ machen** birini bir şeyden soğutmak; **Kunden ~ machen** müşterileri kaçırtmak

ab|sperren *vt* **1.** (*Gebiet*) kamuya yasaklamak; (*Straße*) kapamak, barikat [*o* bariyer] koymak (-e) **2.** (*österr, südd: abschließen*) kilitlemek **3.** (TECH) kesmek

Absperrkette *f* kordon

ab|spielen I. *vt* **1.** (*Tonmedien*) çalmak; (*nach Noten spielen*) notadan çalmak **2.** (SPORT: *Ball*) pas vermek; (*Billardkugel*) oynamak **II.** *vr:* **sich** ~ olmak, cereyan etmek

Absprache *f* <-n> anlaşma; **nach vorherige/ohne vorherige ~** anlaşma yaparak/yapmaksızın; **eine ~ treffen** bir anlaşmaya varmak

ab|sprechen *irr* **I.** *vt* **1.** (*Termin*) kararlaştırmak **2.** (*aberkennen*) yoksun etmek (-den); **jdm etw ~** birini bir şeyden yoksun etmek [*o* kılmak] **II.** *vr:* **sich mit jdm ~** birisiyle anlaşmak

ab|springen *irr vi sein* **1.** (*herunterspringen*) aşağı atlamak (*von* -den), atlamak (*von* -den); (SPORT) atlamak; **mit dem Fallschirm ~** paraşütle atlamak; **vom Pferd ~** attan atlamak **2.** (*Fahrradkette*) çıkmak; (*Lack*) çıkmak **3.** (*fam: zurückziehen*) geri çekilmek (*von* -den), ayrılmak (*von* -den); (*Teilnehmer*) caymak (*von* -den); (*Vertragspartner*) caymak

ab|spritzen *vt* püskürtmek, fışkırtmak; (*mit Wasserstrahl*) su sıkmak, su sıkarak yıkamak

Absprung *m* <-(e)s, -sprünge> atlayış; (*Fallschirmspringen*) atlama; (*vom Turngerät*) atlayış, yüksekten atlama; **den ~ schaffen** (*fam fig*) başarmak

ab|spülen I. *vt* çalkalamak II. *vi* (*Geschirr*) yıkamak

ab|stammen *vi* soyundan olmak [*o* gelmek] (*von* -)

Abstammung *f ohne Pl* 1. (*Herkunft*) köken, menşe 2. (*Geschlecht*) soy 3. (*Stammbaum*) soy ağacı

Abstand *m* <-(e)s, -stände> 1. (*räumlich*) ara, aralık, mesafe 2. (*zeitlich*) ara, aralık, fasıla; **in regelmäßigen Abständen** muntazam ara(lık)larla 3. (*Distanz*) mesafe; ~ **halten** mesafe bırakmak [*o* koymak], yanaşmamak; **davon** ~ **nehmen, etw zu tun** (*geh*) bir şeyi yapmaktan caymak [*o* vazgeçmek], bir şeye yanaşmamak 4. (*Unterschied*) fark; (*im Sport*) fark; **mit großem** ~ **führen** açık farkla önde olmak 5. (*fam: Abstandssumme*) hava parası

ab|statten ['apʃtatən] *vt* (*geh*): **jdm einen Besuch** ~ birine uğramak, birini ziyaret etmek

ab|stauben ['apʃtaʊbən] *vt* 1. (*putzen*) tozunu almak (-in) 2. (*fam: mitgehen lassen*) yürütmek; (*nicht verdienen*) (beleşe) konmak; (*schnorren*) otlanmak

ab|stechen *irr* I. *vi* 1. (*sich abheben*) daha belirgin olmak (*von* -den); (*Kontrast bilden*) aykırı düşmek (*von* -e) 2. (NAUT): **vom Lande** ~ denize açılmak II. *vt* 1. (*Tier*) kesmek; (*sl: Menschen*) deşmek 2. (SPORT: *Fechten*) yenmek 3. (*Torf, Rasen*) deşmek

Abstecher *m* <-s, -> *yolculuk sırasında yapılan kısa gezinti*

ab|stecken *vt* 1. (*mit Pfählen*) dikmek (-e); (*Grenze*) belirlemek 2. (*Saum*) iğnelerle işaretlemek 3. (*Ziel*) belirlemek

ab|stehen *irr vi* (*Getränke*) dura dura ısınmak; (*einige Zeit stehen*) bir süre durmak; (*entfernt sein*) uzak olmak; (*verzichten*) caymak, vazgeçmek; ~**de Ohren** kepçe kulak

Absteige ['apʃtaɪgə] *f* <-n> (*fam pej*) baş sokacak yer

ab|steigen *irr vi sein* 1. (*abwärts gehen*) inmek; **auf dem** ~ **den Ast sein** (*fam*) zevale yüz tutmak, işleri kötüye gitmek; (*fig: an Ansehen verlieren*) ikbali sönmek, itibardan düşmek, saygınlığını yitirmek 2. (*vom Pferd, Fahrrad*) inmek (*von* -den) 3. (*übernachten*): **in einer Pension** ~ konaklamak 4. (SPORT) küme düşmek; ~**de Linie** altsoy, füru

ab|stellen *vt* 1. (*hinstellen*) koymak, yere koymak 2. (TECH: *Maschine*) durdurmak; (*ausmachen*) kapamak; (*Wasser*) kesmek; (*Strom*) kesmek 3. (*Auto*) park etmek 4. (*Missstände*) son vermek 5. (*abkommandieren*) özel göreve atamak, özel görevle göndermek (*für* için)

Abstellgleis *nt* (EISENB) şube hattı, manevra için kullanılan yan hat; **Abstellraum** *m* <-(e)s, -räume> sandık odası

ab|stempeln *vt* 1. (*Briefe, Urkunden*) damgalamak; (*Briefmarken*) damgalamak 2. (*fig: bezeichnen*) damgalamak (*als* olarak), damgasını vurmak (-e, *zu* -); **jdn als Dieb/Geisteskranken** ~ birini hırsız/akıl hastası olarak damgalamak; **jdn zum Geisteskranken** ~ birine hırsız/akıl hastası damgasını vurmak

ab|sterben *irr vi sein* ölmek

Abstieg ['apʃtiːk] *m* <-(e)s, -e> 1. iniş 2. (*Niedergang*) çöküş; (*sozialer Auf- und* ~) ikbal düşkünlüğü 3. (SPORT) kümeden düşme; **abstiegsgefährdet** *adj* (SPORT) kümeden düşme tehlikesi olan

ab|stillen *vi, vt* memeden kesmek

ab|stimmen I. *vi* (*Stimme abgeben*) oy vermek, oylamak (*über* -); **über etw** ~ **lassen** bir şeyi oya [*o* oylamaya] koymak, bir şeyi oya [*o* oylamaya] sunmak II. *vt* 1. (*Musikinstrument*) akort etmek; (*Radio*) ayarlamak 2. (*in Einklang bringen*) uymasını sağlamak (-in); (*passend machen*) uydurmak 3. (*angleichen*) eşitlemek; (*koordinieren*) koordine etmek III. *vr*: **sich mit jdm** ~ biriyle uzlaşmak

Abstimmung *f* <-en> 1. (*Wahl*) oylama; **geheime** ~ gizli oylama; **zur** ~ **bringen** oylamaya koymak, oya sunmak 2. (*Stimmabgabe*) oy verme 3. (*Musikinstrument*) akort; (*Einstellung*) ayarlama [*o* ayarlanma] 4. (*Anpassung*) uyum sağlama [*o* sağlanma] 5. (*Angleichung*) eş güdüm; (*Koordinierung*) koordinasyon

abstinent [apsti'nɛnt] *adj* 1. (*enthaltsam*) perhizkâr, imsak yapan 2. (*alkohol meidend*) alkolden kaçınan, içki içmez 3. (*auf Geschlechtsverkehr verzichtend*) uçkur perhizi yapan

Abstinenz [apsti'nɛnts] *f ohne Pl* imsak, perhiz

Abstinenzler(in) *m(f)* <-s, -; -nen> 1. (*Abstinent*) perhizli 2. içki içmez kimse; (*Antialkoholiker*) yeşilaycı

Abstoß *m* (SPORT: *beim Fußball*) kale vuruşu, orta

ab|stoßen *irr* I. *vt* 1. (*Boot*) itmek, iterek uzaklaştırmak [*o* ayırmak] (*von* -den) 2. (MED: *Organ*) atmak, kabul etmemek 3. (*verkaufen*) elden çıkarmak 4. (*beschädigen*) aşındırmak 5. (*fig: anekeln*) tiksindirmek, iğrendirmek; **sich** *dat* **die Hörner** ~ (*fig fam*) nefsini körletmek [*o* yatıştırmak] II. *vi* (*Schiffe*) avara etmek, kıyıdan açılmak

abstoßend *adj* (*ekelig*) iğrenç

ab|stottern *vt* (*fam*) taksitle ödemek

abstrahieren* [apstra'hi:rən] **I.** *vi* (*geh*) soyutlamak (*von* -den) **II.** *vt* soyutlamak (*aus* -den)

ab|strahlen *vt* **1.** (*Licht*) saçmak; (*Wärme*) yaymak **2.** (TECH) püskürtme yoluyla temizlemek

abstrakt [ap'strakt] *adj* soyut

Abstraktion *f* <-en> soyutlama

ab|streifen *vt* **1.** (*entfernen*) çıkarmak **2.** (*Schmutz*) silmek **3.** (*ablegen*) vazgeçmek (-den), bırakmak **4.** (*absuchen*) taramak

ab|streiten *irr vt* (*leugnen*) yadsımak, inkâr etmek

Abstrich *m* <-(e)s, -e> **1.** (*Kürzung*) kesinti; (*Preise*) indirme; **wir müssen ~e machen** kesinti yapmamız gerekiyor **2.** (MED) (tahlil için alınan) örnek, *incelemek üzere alınan doku parçası*

ab|stufen *vt* **1.** (*stufenförmig gliedern*) kademelemek **2.** (*Farben*) nüanslamak **3.** (*Haare*) kat kat kesmek **4.** (COM, FIN) derecelemek **5.** (*Gelände*) sekilemek, teraslamak

ab|stumpfen ['apʃtʊmpfən] **I.** *vi sein* **1.** (*stumpf werden*) körelmek **2.** (*fig: gleichgültig werden*) vurdumduymaz olmak, umursamaz [*o* aldırmaz] olmak **II.** *vt haben* (*stumpf machen*) köreltmek

Absturz *m* <-(e)s, -stürze> **1.** (*Fall*) düşme, düşüş; **der ~ des Flugzeuges** uçağın düşmesi **2.** (INFORM: *System*) çökme

ab|stürzen *vi sein* **1.** düşmek; **das Flugzeug stürzte ins Meer ab** uçak denize düştü **2.** (INFORM: *System*) çökmek; **das System ~ lassen** sistemi çökertmek **3.** (*steil abfallen*) diklemesine inmek; **der Hang stürzt fast senkrecht zum Meer ab** yamaç denize neredeyse tam diklemesine iniyor

ab|stützen **I.** *vt* payandalamak **II.** *vr:* **sich ~** dayanmak

ab|suchen *vt* **1.** (*Gelände*) iyice aramak **2.** (MIL: *mit Scheinwerfern*) taramak

absurd [ap'zʊrt] *adj* saçma

Absurdität [apzʊrdi'tɛ:t] *f* <-en> (*Unsinn*) saçmalık

Abszess[RR] [aps'tsɛs] *m* <-es, -e>, **Abszeß** *m* <-sses, -sse> (MED) apse

Abt [apt] *m*, **Äbtissin** *f* <-(e)s, Äbte; -nen> (ECCL) manastırın baş rahibi

ab|tasten *vt* **1.** (*befühlen*) yoklamak **2.** (*auf Waffen*) üstünü aramak **3.** (ELEK) taramak

ab|tauen **I.** *vt* **1.** (*Kühlschrank*) buzunu çözmek (-in) **2.** (*Eis*) eritmek **II.** *vi* erimek, buzu çözülmek

Abtauvorrichtung *f* (*Kühlschrank*) buzçözer, defroster

Äbte *Pl von* **Abt**

Abtei [ap'taɪ] *f* <-en> (ECCL) manastır

Abteil [ap'taɪl] *nt* <-(e)s, -e> (EISENB) kompartıman

abteilen *vt* bölmek

Abteilung [-'--] *f* <-en> **1.** (*Abtrennung*) bölüm **2.** (*im Betrieb*) departman, bölüm; (*im Kaufhaus*) reyon; (*im Museum*) bölüm; (*im Krankenhaus*) bölüm **3.** (MIL) kıt'a; **Abteilungsleiter(in)** *m(f)* <-s, -; -nen> bölüm şefi; (*im Kaufhaus*) reyon şefi

Äbtissin [ɛp'tɪsɪn] *f* <-nen> manastırın baş rahibesi

ab|töten *vt* öldürmek

ab|tragen *irr vt* **1.** (*Gebäude, Mauer*) yıkmak **2.** (*Speisen, Teller*) kaldırmak **3.** (*Schuld*) (taksitle) ödemek **4.** (*Kleidung*) eskitmek

abträglich ['aptrɛ:glɪç] *adj* (*geh*) zararlı

ab|transportieren* *vt* **1.** (*Güter*) taşımak **2.** (*Person*) taşımak, alıp götürmek

ab|treiben *irr* **I.** *vi* **1.** *sein* (AERO, MAR: *vom Kurs abkommen*) rotadan ayrılmak; (*Boot*) sürüklenmek **2.** (*Schwangerschaft abbrechen*) çocuk aldırmak **II.** *vt* **1.** (*weglenken*) sürüklemek **2.** *haben* (MED): **ein Kind ~** bir çocuk aldırmak

Abtreibung *f* <-en> (MED) çocuk aldırma; **eine ~ vornehmen (lassen)** çocuk aldırmak; **Abtreibungspille** *f* çocuk düşürme hapı

ab|trennen *vt* **1.** (*Angenähtes*) kesip çıkarmak **2.** (*abteilen*) ayırmak

ab|treten *irr* **I.** *vt haben* **1.** (*abnutzen*) (basa basa) eskitmek **2.** (JUR: *Ansprüche*) temlik etmek, devretmek **3.** (*säubern*): **sich die Schuhe ~** ayakkabıları paspasta temizlemek **II.** *vi sein* **1.** (*vom Amt*) istifa etmek, çekilmek **2.** (THEAT) çıkmak (*von* -den)

Abtreter *m* <-s, -> (*fam*) paspas

Abtretung *f* <-en> temlik

Abtrockentuch *nt* kurulama bezi

ab|trocknen **I.** *vt haben* kurulamak **II.** *vi sein* kurumak

ab|tropfen *vi sein* damla damla akmak

abtrünnig ['aptrʏnɪç] *adj* **1.** (REL) dönek, inancından [*o* dininden] dönen; **dem Glauben ~ werden** inancından [*o* dininden] dönmek **2.** (POL) sırt çeviren, ordubozan, dönek; (*rebellisch*) baş kaldıran; **er ist der Partei ~ geworden** partiye sırt çevirdi

Abtrünnige(r) *mf* <-n, -n; -n> **1.** (REL) mürtet **2.** (POL) dönek, ordubozan

ab|tun *irr vt* **1.** (*fam: Kleidung, Brille*) çıkarmak **2.** geçiştirmek; (*von sich schieben*) savsaklamak; **etw als belanglos ~** bir şeyi önemsiz diye geçiştirmek; **etw mit einem Achselzucken ~** bir şeyi omuz silkerek geçiştirmek; **das ist damit nicht abgetan** bu böyle bitmez

ab|tupfen *vt* **1.** (*Wunde*) tamponlamak, pansuman yapmak (-e) **2.** (*Stirn, Tränen*) hafifçe dokundurarak silmek

ab|urteilen *vt:* **jdn ~** birisine hüküm giydirmek, birisini mahkûm etmek

Abverkauf *m* (*österr: Ausverkauf*) satışlar

ab|verlangen* *vt* istemek; **jdm etw ~** birinden bir şey istemek

ab|wägen ['apvɛːgən] *irr vt* (*fig: gegeneinander ~*) iyi ve kötü yönlerini karşılaştırmak; (*Worte*) tartmak

ab|wählen *vt* **1.** oylama ile görevden almak [*o* çıkarmak] **2.** (SCHULE: *Fach*) seçmemek

ab|wälzen *vt* (*Arbeit*) yüklemek (*auf* -e); (*Schuld*) üstüne atmak (*auf* -in); (FIN: *Kosten*) yansıtmak (*auf* -e); **die Verantwortung auf einen anderen ~** sorumluluğu başkasına yüklemek

ab|wandeln *vt* **1.** (*variieren*) değiştirmek **2.** (MUS) adapte etmek

ab|wandern *vi sein* göç etmek; **sie wanderten in die Stadt ab** kente [*o* şehre] göç ettiler; **Abwanderung** *f* göç

Abwärme *f* (TECH) artık ısı

Abwart(in) *m(f)* <-s, -e> (*Schweiz: Hausmeister*) kapıcı

ab|warten **I.** *vt* beklemek; **die Ergebnisse ~** sonuçları beklemek **II.** *vi* beklemek; **warte nur ab!** bekle bakalım!; **~ und Tee trinken** (*fam*) gün doğmadan neler doğar!, bekle bakalım, ne olacak!

abwartend *adj* bekler; **eine ~e Haltung einnehmen** bekler bir tavır takınmak

abwärts ['apvɛrts] *adv* aşağı(ya); **es geht mit ihm ~** işleri kötüye gidiyor

Abwärtstrend *m* <-(e)s, -s> düşüş trendi [*o* eğilimi]

Abwasch[1] ['apvaʃ] *m ohne Pl* <-(e)s> (*fam*) **1.** (*das Abwaschen*) bulaşık yıkama; **den ~ machen** bulaşığı yıkamak; **alles in einem ~ erledigen** (*fam*) hepsini bir defada bitirmek **2.** (*Geschirr*) bulaşık

Abwasch[2] *f* **1.** (AGR: *Becken für den Abwasch*) yıkama havuzu **2.** (*österr: Spülbecken*) eviye

abwaschbar *adj* yıkanır, yıkanabilir

ab|waschen *irr* **I.** *vt* yıkamak **II.** *vi* bulaşık yıkamak

Abwaschmaschine *f* (*Geschirrspüler*) bulaşık makinesi

Abwaschung *f* yıkama; (REL) abdest; (*fig: Abreibung*) abdestini verme, azarlama

Abwaschwasser *nt* bulaşık suyu

Abwasser *nt* <-s, -wässer> lağım suyu; (TECH) atık su; **Abwasseraufbereitung** *f* pis su temizleme; **Abwasserkanal** *m* kanalizasyon

ab|wechseln *vi, vr:* **sich ~** değişmek; (*Personen*) nöbetleşmek

abwechselnd *adv* nöbetleşe, sıra ile, değişerek, dönüşümlü; **sie passten ~ auf die Kinder auf** çocuklara nöbetleşe göz kulak oldular

Abwechs(e)lung *f* <-en> değişiklik; **zur ~** değişiklik olarak [*o* olsun diye]; **der ~ wegen** değişiklik olsun diye; **hier gibt es wenig ~** burada pek bir değişiklik olmuyor, burada pek eğlence yok; **abwechslungsreich** *adj* çok değişik; (*ereignisreich*) olaylarla dolu, eğlenceli

Abwege ['apveːgə] *mPl:* **auf ~ geraten** kötü yola sapmak; **jdn auf ~ führen** birini kötü yola sürüklemek [*o* saptırmak]

abwegig ['apveːgɪç] *adj* saçma

Abwehr ['pveːɐ] *f ohne Pl* **1.** (*Verteidigung*) savunma; (*Schutz*) koruma [*o* korunma] **2.** (MIL: *Widerstand*) savunma, karşı koyma; (*Abwehrdienst*) pasif karşı casusluk; **Flug~** uçaksavar **3.** (*ablehnende Haltung*) soğukluk, ilgisizlik; (*Zurückweisung*) savma, savuşturma, geri çevirme; **auf ~ stoßen** soğuklukla karşılanmak **4.** (SPORT) defans, savunma

ab|wehren **I.** *vi* savunma yapmak **II.** *vt* **1.** (*Angriff*) savmak, defetmek, tart eylemek; **einen Angriff ~** bir saldırıyı defetmek **2.** (SPORT) önlemek; (*Elfmeter ~*) çelmek **3.** (*erfolgreich abwenden*) önlemek; (*vereiteln*) savuşturmak, geçiştirmek, atlatmak; (*zurückweisen*) savmak, geri çevirmek; **eine Gefahr ~** bir tehlikeyi önlemek **4.** (*nicht zulassen*) kabul etmemek; (*verscheuchen*) defetmek; (*fern halten*) uzak tutmak

Abwehrkräfte *fPl* (MED) öz bağışıklık *pl*

Abwehrspieler *m* (SPORT: *Verteidiger*) bek, savunucu, savunma oyuncusu, defans oyuncusu; **Abwehrstoff** *m* (MED: *Antikörper*) antikor

ab|weichen *irr vi sein* **1.** (*vom Kurs*) sapmak (*von* -den); (*vom Thema*) ayrılmak (*von* -den), dışına çıkmak (*von* -in) **2.** (*sich unterscheiden*) farklı olmak (*von* -den); (*Meinung*) değişik olmak, farklı olmak

abweichend *adj* sapan, farklı

Abweichung *f* <-en> **1.** (*das Abweichen*) sapma, ayrılma **2.** (TECH) sapınç, akortsuzluk **3.** (*Differenz*) fark, farklılık

ab|weisen *irr vt* **1.** (*Antrag*) reddetmek; (*Klage*) reddetmek **2.** (*wegschicken*) başından savmak

abweisend *adj* (*ablehnend*) reddedici; (*Antwort*) ters; (*Haltung*) soğuk

ab|wenden *irr* **I.** *vt* **1.** (*Blick*) ayırmak (*von* -den), çevirmek **2.** (*Gefahr*) önlemek **II.** *vr:* **sich ~** (*sich wegdrehen*) sırt çevirmek

(*von* -den), yüz çevirmek
ab|werben *irr vt* (WIRTSCH) ayartmak; **der Konkurrenz Mitarbeiter ~** rekabetin elemanlarını ayartmak
ab|werfen *irr* **I.** *vt* **1.** (*Reiter*) üzerinden atmak; (*Geweih*) düşürmek; (*Blätter*) dökmek; (*Bomben*) atmak **2.** (*Gewinn*) bırakmak **3.** (*Karten*) oynamak **II.** *vi* (SPORT: *vom Tor*) kale vuruşu yapmak
ab|werten *vt* **1.** (FIN) değerini düşürmek, devalüe etmek **2.** (*fig*) yermek
abwertend *adj* (*Wort*) yermeli, pejoratif; (*Kritik*) yerici
Abwertung *f* <-en> (FIN) devalüasyon, değer düşürümü
abwesend ['apve:zənt] *adj* **1.** (*nicht zugegen*) hazır bulunmayan, gaip **2.** (*fig: geistig*) aklı başka yerde olan; (*zerstreut*) (kafası) dağınık; **Abwesende(r)** *mf* <-n, -n; -n> hazır bulunmayan kimse, gaip olan kimse
Abwesenheit *f* <-en> **1.** (*körperlich*) bulunmama, yokluk, gıyap; **in ~ des Angeklagten** (JUR) sanığın yokluğunda **2.** (*fig: geistig*) aklının başka yerde olması
ab|wickeln *vt* **1.** (*Knäuel*) açmak; (*Garn*) çözmek **2.** (COM: *Geschäft*) tasfiye etmek; **Abwicklung** *f* **1.** (COM: *eines Geschäftes*) tasfiye **2.** (*einer Kontrolle*) işlem, muamele
ab|wiegen *irr vt* tartmak
ab|wimmeln *vt* (*fam: Arbeit*) baştan savma yapmak; (*Besucher*) başından savmak, sepetlemek
ab|winken *irr* **I.** *vi* olmaz demek **II.** *vt* işaretle bitirmek [*o* durdurmak]
ab|wischen *vt* **1.** (*Staub, Schmutz*) silmek; **wisch dir den Mund mit der Serviette gut ab!** ağzını peçeteyle iyice sil! **2.** (*abtrocknen*) kurulamak, silmek
Abwurf *m* <-(e)s, -würfe> **1.** (*von Bomben*) at(ıl)ma **2.** (SPORT) atış
ab|würgen *vt* (*Person*) gırtlaklamak; (*fam: Motor*) boğmak, ambale etmek
ab|zahlen *vt* ödemek; (*in Raten*) taksitle ödemek
ab|zählen *vt* saymak
Abzahlung *f* <-en> **1.** (*Ratenzahlung*) taksitle ödeme; **etw auf ~ kaufen** bir şeyi taksitle (ödeme yoluyla) satın almak **2.** (*Rückzahlung*) geri ödeme; **Abzahlungskredit** *m* taksitle geri ödeme şartlı kredi
ab|zapfen *vt* çekmek, almak; **jdm Blut ~** (*fam*) birinden kan almak; **jdm Geld ~** (*fig*) birinden para sızdırmak [*o* koparmak]
Abzeichen *nt* <-s, -> **1.** (MIL) nişan **2.** (*Anstecknadel*) rozet
ab|zeichnen **I.** *vt* **1.** (*kopieren*) çizmek, resmini yapmak (-in) **2.** (*signieren*) parafe etmek **II.** *vr:* **sich ~ 1.** (*sich abheben*) kendini göstermek (*auf* -de), belirmek (*auf* -de) **2.** (*deutlich werden*) belirleşmek
Abziehbild *nt* çıkartma
ab|ziehen *irr* **I.** *vt haben* **1.** (*wegnehmen*) çekip almak (*von* -den); (*entfernen*) çıkarmak (*von* -den); **das Bett ~** yatağın çarşaflarını çıkarmak **2.** (*Haut*) yüzmek **3.** (*Pfirsiche*) soymak; (*Bohnen*) ayıklamak; **die Fäden von den Bohnen ~** fasulyenin kılçıklarını ayıklamak **4.** (FOTO, TYPO: *Bild*) basmak; (*vervielfältigen*) çoğaltmak **5.** (MATH: *Zahl*) çıkarmak **6.** (COM: *vom Preis*) ıskonto etmek, indirmek (*von* -den); (*vom Lohn*) kesmek (*von* -den) **7.** (*den Abzug einer Waffe*) tetiğini çekmek (-in) **8.** (*schärfen*) bilemek **9.** (*glätten*) düzlemek **10.** (*Suppe*) terbiye katmak (-e) **11.** (*abfüllen*) doldurmak **12.** (MIL: *Truppen*) geri çekmek **13. Schau ~** (*fam*) şov yapmak **14.** (*Schweiz: ausziehen*) soymak **II.** *vi sein* **1.** (*Rauch, Nebel*) çekilmek, dağılmak; (*Gewitterfront*) geçmek **2.** (MIL: *abrücken*) geri çekilmek; (*abmarschieren*) yürüyüşe geçmek **3.** (*fam: weggehen*) çekip gitmek **4.** (*Ballspiele*) şut çekmek **III.** *vr:* **sich ~** (*Schweiz: sich ausziehen*) soyunmak
ab|zielen *vi* **1.** (*anstreben*) amaçlamak (*auf* -); **~ auf etw** bir şeyi amaçlamak **2.** (*fig: Bemerkung*) kastetmek (*auf* -), amaçlamak (*auf* -); **~ auf etw** bir şeyi kastetmek
ab|zocken *vt* (*sl, fam: beim Glücksspiel*) temizlemek
Abzug *m* <-(e)s, -züge> **1.** (MIL) harekete geçme; (*Abmarsch*) yürüyüşe geçme; (*Abrücken*) geri çekilme **2.** (COM) ıskonto, indirim; (*vom Lohn*) kesinti; (*für Sozialabgaben*) kesenek; (*Steuer~*) kes(il)me, kesinti; **nach ~ der Kosten** masraflar çıktıktan sonra; **nach ~ der Steuern** vergi kesildikten sonra **3.** (TYPO) prova **4.** (FOTO) poz, pozitif, baskı **5.** (*Gewehr~*) tetik; **den Finger am ~ haben** parmağı tetikte olmak **6.** (*Luft*) aspiratör; (*Kamin*) davlumbaz
abzüglich ['aptsy:klıç] *präp* çıktıktan sonra; **~ der Kosten** masraflar çıktıktan sonra
abzugsfrei *adj* (FIN) kesintisiz
Abzugshaube *f* (*Dunst~*) davlumbaz eteklıği; (*mit Saugvorrichtung in Küchen*) aspiratörlü mutfak bacası
ab|zweigen **I.** *vi sein* (*Weg*) ayrılmak **II.** *vt haben* (*Geld*) ayırmak
Abzweigung *f* **1.** ayrıç, kavşak **2.** (EISENB) şube hattı
Accessoire [aksɛso'a:ɐ] *nt* <-s, -s> aksesuar
Aceton [atse'to:n] *nt ohne Pl* <-s> (CHEM) aseton
ach [ax] **I.** *interj* ah, aman; **~ Gott!** aman Al-

A

lah!; ~, **du lieber Himmel!** hay Allah!; ~, **so ist das!** vay, demek ki öyle! **II.** *part:* ~ **nee!** yok canım!, yok yahu!; ~ **so!** demek öyle!; ~, **wie schade/schön!** ah [*o* aman], ne yazık/güzel!; ~ **was!** (*fam*) haydi (canım) sen de!; ~ **wo!** (*fam*) ne gezer!

Ach *nt* <-s, -(s)> (*fam*): ~ **und Weh schreien** ah vah etmek, ahlamak; **mit ~ und Krach** zar zor, ıkına sıkına, güç belâ

Achillesferse *f* püf noktası; (*verwundbare Stelle*) can damarı

Achillessehne *f* (ANAT) aşil kirişi

Achse ['aksə] *f* <-n> **1.** (TECH, AUTO) dingil, aks **2.** (POL, MATH) eksen; **sich um die eigene ~ drehen** kendi ekseni etrafında dönmek; **immer** [*o* **ständig**] **auf ~ sein** (*fam*) devamlı yolda olmak

Achsel ['aksəl] *f* <-n> **1.** (~*höhle*) koltuk altı **2.** (*Schulter*) omuz; **mit den ~n zucken** omuz silkmek; **Achselhöhle** *f* (ANAT) koltuk altı; **Achselzucken** *nt ohne Pl* <-s> omuz silkme; **etw mit einem ~ abtun** bir şeyi omuz silkerek geçiştirmek

Achsenbruch *m* (TECH) dingil [*o* aks] kırılması

acht[1] [axt] *adj inv* sekiz; **es ist gleich ~ (Uhr)** neredeyse saat sekiz; **alle ~ Tage** (her) sekiz günde bir, haftada bir; ~ **und eins ist/macht/gibt neun** sekiz bir daha dokuz eder; **um ~ (Uhr)** (saat) sekizde; **gegen ~ (Uhr)** (saat) sekize doğru; **er kommt gegen ~** sekize doğru gelir; ~ **Jahre alt** sekiz yaşında; **mit ~ (Jahren)** sekiz yaşındayken; **zu je ~** sekizerden; **zu ~** sekizi (birden); **wir sind zu ~** sekiziz, sekiz kişiyiz; **vor ~ Tagen** sekiz gün önce, bir hafta önce, heute in ~ Tagen, sekiz gün sonra bugün, bir hafta sonra bugün

acht[2] *s.* **Acht**[2] **1.**

Acht[1] [axt] *f* <-en> **1.** (*Zahl*) sekiz **2.** (*Spielkarte*) sekizli

Acht[2] *f ohne Pl* **1.** (*Aufmerksamkeit*) dikkat; ~ **geben** dikkat etmek (*auf*-e); (*auf Personen/die Gesundheit*) dikkat etmek (*auf* -e); **etw außer aller ~ lassen** bir şeye hiç dikkat etmemek, bir şeye uymamak [*o* riayet etmemek]; **sich (vor jdm) in ~ nehmen** (birinden) sakınmak; **gib ~!** dikkat et!; **gib ~, wohin du trittst!** bastığın yere dikkat et!; **gib auf dich ~!** kendine dikkat et! **2.** (HIST): **jdn in ~ und Bann tun** birini lânetlemek

achtbar *adj* saygıdeğer

achte(r, s) *adj* sekizinci; **der ~ Dezember** aralığın sekizi; **am ~n Dezember** sekiz aralıkta; **wir treffen uns Sonntag, den ~n Dezember** aralığın sekizinde pazar günü buluşuyoruz; **im ~n Stock** sekizinci katta; **das ~ Mal** sekizinci defa; **Heinrich der A~** VIII. Henry; **jeden ~n Tag** her sekiz günde bir

Achteck *nt* sekizgen, sekiz kenarlı çokgen

achteckig *adj* sekiz kenarlı, sekiz köşeli, sekizgen

achteinhalb [axtʔaɪn'halp] *adj inv* sekiz buçuk

achtel *adj inv* sekizde; **ein/drei ~ Liter** sekizde bir/üç litre

Achtel *nt* sekizde bir; **Achtelnote** *f* <-n> (MUS) sekizlik nota

achten ['axtən] **I.** *vi* **1.** (*beachten*) dikkat etmek (*auf* -e), saygı göstermek (*auf* -e); (*auf den Weg*) dikkat etmek (*auf* -e) **2.** (*beaufsichtigen*) göz kulak olmak (*auf* -e), bakmak (*auf* -e) **II.** *vt* **1.** (*schätzen*) saymak, gözetmek; (*Ansichten*) dikkate almak **2.** (*befolgen*) uymak (-e), riayet etmek (-e)

ächten ['ɛçtən] *vt* (HIST) kanun dışı kılmak; (*verbannen*) sürmek; (*fig: ausstoßen*) lânetlemek

achtens ['axtəns] *adv* sekizinci olarak; (*bei einer Aufzählung*) sekizincisi

Achter *m* **1.** (SPORT: *Rudern*) sekiz tek **2.** (SPORT: *Figur*) sekiz figürü; **Achterbahn** *f* (lunaparkta) eğlence treni; **Achterdeck** *nt* (NAUT) kıç kasarası

achterlei *adj inv* sekiz çeşit, sekiz türlü; **es standen ~ Sorten Käse auf dem Tisch** masada sekiz çeşit peynir duruyordu; **auf ~ Weise** sekiz türlü biçimde

achtern *adv* (NAUT) kıçtan, pupa

achtfach **I.** *adj* sekiz (kat); **die ~e Menge** sekiz misli; **der Antrag muss in ~er Ausfertigung zugesandt werden** dilekçenin sekiz nüsha olarak gönderilmesi gerekmektedir **II.** *adv* sekiz kere

Achtflach *nt* <-s, ->, **Achtflächner** *m* <-s, -> (MATH: *Oktaeder*) sekiz yüzlü

acht|geben *irr vi s.* **Acht**[2] **1.**

achthundert ['-'--] *adj inv* sekiz yüz; **dieser Baum ist mehr als ~ Jahre alt** bu ağacın yaşı sekiz yüz yılı aşkın

achtjährig *adj* sekiz yaşındaki [*o* yaşında olan]

achtjährlich *adj* sekiz yılda bir

achtkantig *adj* sekiz kenarlı; **jdn ~ hinauswerfen** (*fam*) birini yaka paça kapı dışarı etmek

achtlos *adj* **1.** (*unachtsam*) dikkatsiz **2.** (*gleichgültig*) kayıtsız **3.** (*rücksichtslos*) saygısız **4.** (*unbesonnen*) düşüncesiz

Achtlosigkeit *f ohne Pl* dikkatsizlik, kayıtsızlık; (*Unbesonnenheit*) düşüncesizlik

achtmal *adv* sekiz kez [*o* kere] [*o* defa]; ~ **so viel(e)** sekiz katı [*o* misli]; ~ **täglich** günde sekiz kere [*o* defa]; **ich war schon ~ in Antalya** şimdiye kadar sekiz kere Antalya'daydım; **achtmalig** *adj* sekiz kerelik

[*o* defalık]

achtsam *adj* (*geh*) **1.** (*aufmerksam*) dikkatli **2.** (*sorgfältig*) özenli

Achtsamkeit *f ohne Pl* dikkat, özen, saygı

Achtstundentag ['-'---] *m* <-(e)s, -e> sekiz saatlik çalışma günü

achttägig *adj* sekiz günlük, sekiz gün süren

achttausend ['-'--] *adj inv* sekiz bin; **dieser Stein ist ~ Jahre alt** bu taş sekiz bin yaşındadır

Achtundsechziger(in) ['--'---] *m(f)* <-s, -; -nen> altmış sekizli, altmış sekiz yılı çıkışlısı, altmış sekiz yılı neşetlisi

Achtung ['axtʊŋ] *f ohne Pl* **1.** (*Aufmerksamkeit*) dikkat; **~ Stufe!** dikkat, basamak var! **2.** (*Wertschätzung*) saygı (*vor* -e); **sich** *dat* **~ verschaffen** kendini saydırmak; **alle ~!** vay canına!; **er ist in meiner ~ tief gesunken** gözümden çok düştü

Ächtung ['ɛçtʊŋ] *f* <-en> (HIST) kanun dışı kılma; (*Verbannung*) sürme; (*fig: Verdammung*) lânetleme

achtzehn *adj inv* on sekiz; **wann wirst du ~?** ne zaman on sekiz olacaksın?; **der Film ist erst ab ~ (freigegeben)** film on sekiz yaşından büyüklere serbesttir, filme on sekiz yaşından aşağı olanlar giremez; *s. a.* **acht**[1]; **achtzehnte** *adj* on sekizinci

achtzig ['axtsɪç] *adj inv* seksen; **mit ~ Stundenkilometern fahren** saatte seksen kilometre hızla gitmek [*o* araba sürmek]; **etwa ~ (Jahre alt)** aşağı yukarı seksen yaşında; **mit ~ (Jahren)** seksen yaşında; **über/unter ~** seksenin üstünde/altında; **jdn auf ~ bringen** (*fam*) birini çileden çıkarmak; **die ~er Jahre** seksenli yıllar

Achtzig *f* seksen

achtzigjährig *adj* seksenlik, seksen yaşındaki, seksen yaşında olan

achtzigste(r, s) *adj* sekseninci; **heute ist ihr ~r Geburtstag** bugün onun sekseninci yaş günü

ächzen ['ɛçtsən] *vi* uflamak, oflamak (*vor* -den)

Acker ['akɐ] *m* <-s, Äcker> tarla; **den ~ bestellen** tarlayı ekmek; **Ackerbau** *m ohne Pl* <-s> çiftçilik; **Ackerland** *nt ohne Pl* <-(e)s> tarıma elverişli arazi, tarıma elverişli topraklar *pl*

ackern *vi* **1.** (AGR) çift sürmek **2.** (*fam: arbeiten*) didinmek, eşek gibi çalışmak

Ackerschachtelhalm *m* (BOT) atkuyruğu, zemberekotu

Acryl [a'kry:l] *nt ohne Pl* <-s> (CHEM: *in Zusammensetzungen*) akrilik; **Acrylfarbe** *f* akrilik boya; **Acrylglas** *nt* akrilik cam; **Acrylsäure** *f* akrilik asit

Actionfilm *m* <-(e)s, -e> vurdulu kırdılı film

ADAC [a:de:ʔa:'tse:] *m* <-> *Abk. von* **Allgemeiner Deutscher Automobil-Club** *Genel Alman Otomobil Kulübü*

ad acta [at 'akta]: **etw ~ legen** bir şeyi dosyasına koymak

Adamsapfel ['a:damsapfəl] *m* Âdem elması; **Adamskostüm** *nt* (*fam*): **im ~** anadan doğma, çırılçıplak

Adaptation *f* **1.** (*a.* LIT) adaptasyon, uyarlama **2.** (BIOL) adaptasyon, uyma

Adapter <-s, -> *m* adaptör, uyarlaç; **adaptieren** *vt* adapte etmek, uyarlamak; (*österr: herrichten*) döşemek

adäquat [adɛ'kva:t] *adj* uygun

addieren* [a'di:rən] **I.** *vt* (MATH: *zusammenzählen*) toplamak; (PHYS: *Vektoren*) birleştirmek **II.** *vr:* **sich ~** (*summieren*) tutmak

Addition [adi'tsjo:n] *f* <-en> toplama (*zu* -e)

Additiv [adi'ti:f] *nt* <-s, -e> (CHEM) katkı; **bleihaltige ~e** kurşunlu katkılar

ade [a'de:] *interj* (*reg*) hoşça kal; (*Lebewohl*) elveda; **jdm ~ sagen** birine hoşça kal demek, birine elveda demek

Adel ['a:dəl] *m ohne Pl* <-s> **1.** (*Gesamtheit der Familien*) soylular; (*Klasse*) aristokrasi; **niedriger ~** alt sıradaki soylular; **von ~ sein** soylu [*o* soylulardan] olmak **2.** (*Adelsstand*) soyluluk

adelig ['a:dəlɪç] *adj* soylu [*o* asil]

Adelige(r) ['a:dəlɪgɐ] *mf* <-n, -n; -n> soylu, asilzade

adeln ['a:dəln] *vt* **1.** soyluluk unvanı vermek (-e) **2.** (*fig*) yüceltmek

Adelstitel *m* <-s, -> soyluluk unvanı

Ader ['a:dɐ] *f* <-n> **1.** (*Blutgefäß*) damar **2.** (*Anlage*) istidat; **eine musikalische/künstlerische ~ haben** müzikte/sanatta istidadı olmak **3.** (*von Gestein, Holz*) damar; (*Blatt*) damar

Aderlass[RR] *m* <-es, -lässe>, **Aderlaß** *m* <-sses, -lässe> hacamat

ADFC [a:de:ʔɛf'tse:] *m* <-> *Abk. von* **Allgemeiner Deutscher Fahrrad-Club** *Genel Alman Bisiklet Kulübü*

adieu [a'djø:] *interj* (*reg*) hoşça kal, elveda; **jdm ~ sagen** birine hoşça kal demek, birine elveda demek

Adieu [a'djø:] *nt* <-s, -s> hoşça kal (deme); (*Lebewohl*) elveda (deme); **jdm ~ sagen** birine hoşça kal demek, birine elveda demek

Adjektiv ['atjɛkti:f] *nt* <-s, -e> (LING) sıfat

Adjutant *m* <-en, -en> (MIL) yaver, emir subayı; **Adjutantur** *f* yaverlik

Adler ['a:dlɐ] *m* <-s, -> kartal; **Adlerblick** *m* (*fig: eines Menschen*) şahin [*o* balaban] bakış; **Adlernase** *f* <-n> (*fig: eines Men-*

schen) gaga burun; **Adlerrochen** *m* (ZOOL) fulya balığı

adlig ['a:dlɪç] *adj s.* **adelig**

Adlige(r) ['a:dlɪgə] *mf* <-n, -n; -n> *s.* **Adelige(r)**

Administration [atmɪnɪstra'tsjo:n] *f* <-en> **1.** (*Verwaltung*) idare **2.** (*Schweiz: einer Firma*) yönetim

administrativ [atmɪnɪstra'ti:f] *adj* idarî, yönetimsel

Admiral(in) [atmi'ra:l] *m(f)* <-s, -e *o* -äle; -nen> (MIL) amiral; **Admiralität** *f* amirallik

Adonisröschen *nt* (BOT) avcı otu

adoptieren* [adɔp'ti:rən] *vt* evlât edinmek

Adoption [adɔp'tsjo:n] *f* <-en> evlât edinme

Adoptiveltern *Pl* evlât edinen ana baba; **Adoptivkind** *nt* <-(e)s, -er> evlâtlık, manevî evlât

Adr. *Abk. von* **Adresse** adres

Adrenalin [adrena'li:n] *nt ohne Pl* <-s> (MED) adrenalin; **Adrenalinspiegel** *m* adrenalin düzeyi

Adressat(in) [adrɛ'sa:t] *m(f)* <-en, -en; -nen> alıcı, adres sahibi

Adressatengruppe *f* (*fig*) hedef kitle

Adressatenkreis *m s.* **Adressatengruppe**

Adressbuch[RR] *nt*, **Adreßbuch** *nt* adres kitabı

Adresse [a'drɛsə] *f* <-n> adres

Adressenverzeichnis *nt* adres defteri [*o* rehberi]

adressieren* *vt* **1.** (*Postsendung*) adres yazmak (-e) **2.** (*richten*) adresine yazmak (*an* -in); **einen Brief an jemanden ~** mektubu birinin adresine yazmak

Adressiermaschine *f* adres makinesi

Adria ['a:dria] *f* Adriyatik (denizi)

adriatisch *adj* Adriyatik; **A~es Meer** Adriyatik Denizi

Adsorbens *nt* <-, -benzien> (CHEM, PHYS) yüzde soğurucu madde

Adsorption *f* <-en> (CHEM, PHYS) yüze soğurma

A-Dur *nt ohne Pl* <-> (MUS) lâ majör

Advent [at'vɛnt] *m* <-(e)s, -e> (ECCL) küçük perhiz; (*Adventssonntag*) küçük perhizde pazar günü, Noel'den önceki pazar günü *fam;* **im ~** küçük perhizde; **erster ~** küçük perhizde birinci pazar günü *fam,* Noel'den önceki birinci pazar günü; **Adventskalender** *m* küçük perhiz takvimi, *küçük perhizde çocuklar için hazırlanan 24 günlük resimli ve pencereli ve her penceresinin arkasında küçük bir armağan saklı olup çocukların her gün bir pencere açtıkları takvim;* **Adventskranz** *m* küçük perhiz çelenki, *üstünde 4 mum olup küçük perhizde her pazar günü bir mumun yakıldığı çelenk;* **Adventszeit** *f* küçük perhiz zamanı, Noel'den önceki dört haftalık süre *fam*

Adverb [at'vɛrp] *nt* <-s, -verbien> (LING) belirteç, zarf

adverbial [atvɛr'bja:l] *adj* (LING): **~e Ergänzung** ilgeçli tümleç

Advokat(in) [atvo'ka:t] *m(f)* <-en, -en; -nen> (*reg: Anwalt*) avukat

Advokatur *f ohne Pl* (*Schweiz*) **1.** (*Büro*) avukatlık bürosu **2.** (*Amt*) avukatlık

Aerobic [ɛə'rɔbɪk] *nt ohne Pl* <-s> aerobik

Aerodynamik [aerody'na:mɪk] *f ohne Pl* (PHYS) aerodinamik

aerodynamisch *adj* aerodinamik

Aeronautik *f ohne Pl* (AERO: *Luftfahrt*) havacılık

Affäre [a'fɛ:rə] *f* <-n> **1.** (*unangenehme Angelegenheit*) tatsız mesele [*o* iş]; (*skandalöser Vorfall*) (skandallı) olay; **sich mit etw aus der ~ ziehen** bir şey ile olaydan yakayı sıyırmak; **in eine ~ verwickelt sein** bir işe adı karışmak; **das ist doch keine ~** bu bir mesele değil ki; **in dunkle ~n verwickelt sein** karanlık işlere bulaşmış olmak **2.** (*Liebesabenteuer*) aşk macerası

Affe ['afə] *m,* **Äffin** *f* <-n, -n; -nen> maymun; **mich laust der ~** (*fam*) vay canına, çok şaşırdım; **einen ~n (sitzen) haben** (*fig*) sarhoş olmak

affengeil *adj* (*sl*) son derece çılgın

Affekt [a'fɛkt] *m* <-(e)s, -e> duygulanım; **im ~ handeln** (JUR, PSYCH) duygusal davranmak, hislerine kapılarak hareket etmek; **Affekthandlung** *f* (JUR, PSYCH) duygusal davranma

affektiert [afɛk'ti:ɐt] *adj* (*pej*) yapmacık, nazlı

affenartig *adj* (*fam: affenähnlich*) maymunsu; **mit ~er Geschwindigkeit fahren** (*fam*) yıldırım hızıyla araba sürmek

Affenhitze *f* (*fam*) boğucu sıcak, cehennem sıcağı; **Affentempo** *nt ohne Pl* <-s> (*fam*) yıldırım hızı; **in einem ~** yıldırım gibi

Affiche [a'fɪʃə] *f* <-n> (*Schweiz: Plakat*) afiş

affig *adj* (*fam*) maymun gibi; (*pej*) züppece, yapmacık

Äffin *f s.* **Affe**

Afghane[1], **-in** [af'ga:nə] *m, f* <-n, -n; -nen> (*Person*) Afgan(lı)

Afghane[2] [af'ga:nə] *m* <-n, -n> (*Hund*) Afgan tazısı

afghanisch *adj* Afgan

Afghanistan [af'ga:nɪsta:n] *nt* <-s> Afga-

nistan
Afrika ['a(:)frika] *nt* <-s> Afrika
Afrikaner(in) [afri'ka:nɐ] *m(f)* <-s, -; -nen> Afrikalı; **afrikanisch** *adj* Afrikalı, Afrika (ile ilgili); **~e Länder/Regierungen** Afrika ülkeleri/hükümetleri
afroamerikanisch *adj* Afroamerikan
Afrolook *m ohne Pl* <-s> Afro saç
After ['aftɐ] *m* <-s, -> (ANAT) makat; (*Anus*) anüs; **Afterflosse** *f* (ZOOL) anüs yüzgeci
Aftershave [a:ftɐ'ʃɛɪf] *nt* <-(s), -s> tıraş losyonu
AG [a:'ge:] *f* <(-s)> **1.** *Abk. von* **Aktiengesellschaft** anonim şirket **2.** *Abk. von* **Arbeitsgruppe** çalışma grubu **3.** *Abk. von* **Arbeitsgemeinschaft** araştırma grubu, çalışma grubu; (*Schule*) küme
Ägäis [ɛ'gɛ:ɪs] *f* Ege (denizi)
Agent(in) [a'gɛnt] *m(f)* <-en, -en; -nen> **1.** (COM: *Handelsvertreter*) ajan, acente **2.** (*Spion*) ajan, casus
Agentur *f* <-en> acente; (*Presse~*) ajans
Agglomeration [aglomera'tsjo:n] *f* <-en> **1.** (*geh: Anhäufung*) yığışım; (*Zusammenballung*) kümeleşim **2.** (*Schweiz: Ballungsraum*) göç yerleşim merkezi, kentleşmiş bölge
Aggregat [agre'ga:t] *nt* <-(e)s, -e> **1.** (TECH) takım, batarya **2.** (*mehrgliedriges Ganzes*) katışmaç **3.** (GEO) topaklaşma; **Aggregatzustand** *m* (CHEM) cismin durumu; **fester ~** cismin katı durumu; **flüssiger ~** cismin sıvı durumu
Aggression [agrɛ'sjo:n] *f* <-en> **1.** (*Angriff*) saldırı **2.** (*Angriffslust*) saldırganlık
aggressiv *adj* saldırgan
Aggressivität *f* <-en> saldırganlık
agieren* [a'gi:rən] *vi* (*handeln*) hareket etmek (*als* olarak), harekette bulunmak; (*tätig sein*) faaliyet göstermek (*als* olarak), faaliyette bulunmak
agil [a'gi:l] *adj* atik; (*geschickt*) becerikli
Agitation [agita'tsjo:n] *f* <-en> (POL: *Hetze*) kışkırtma; (*Propaganda*) (kışkırtıcı) propaganda; **~ treiben** (kışkırtıcı) propaganda yapmak
Agitator(in) [agi'ta:to:ɐ] *m(f)* <-s, -en; -nen> (POL) kışkırtıcı, propagandacı
agitatorisch [agita'to:rɪʃ] *adj* (POL) kışkırtıcı; **~e Tätigkeit** propaganda faaliyeti; **eine ~e Rede** kışkırtıcı bir konuşma, propaganda konuşması
agitieren *vi* kışkırtmak, propaganda yapmak; **für Streik ~** grev için propaganda yapmak
Agonie [ago'ni:] *f* <-n> (*geh a.* MED) can çekişme
Agrarbevölkerung *f* tarımsal nüfus
Agrarfläche *f* tarımsal alan; **Agrarmarkt** *m* tarım piyasası; **Agrarpolitik** *f* tarım politikası; **Gemeinsame ~** (EU) ortak tarım politikası; **Agrarreform** *f* tarım reformu; **Agrarstaat** *m* tarım ülkesi; **Agrarwirtschaft** *f ohne Pl* tarım ekonomisi
Ägypten [ɛ'gʏptən] *nt* <-s> Mısır
Ägypter(in) *m(f)* <-s, -; -nen> Mısırlı; **ägyptisch** *adj* Mısırlı, Mısır (ile ilgili); **eine ~e Frau** Mısırlı bir kadın; **die ~e Regierung** Mısır hükümeti
ah *interj* vay, bak hele
Ah *Abk. von* **Amperestunde** amper saat
aha [a'ha(:)] *interj:* **~!** demekki öyle!; (*jetzt verstehe ich*) şimdi anladım!; **Aha-Erlebnis** *nt* birdenbire kavrayıverme, kafasına dank etme [*o* deme] *fam*
Ahle <-, -n> *f* tığ; (*Schuster~*) biz
Ahn <-en, -en> *m* ata
ahnden ['a:ndən] *vt* cezalandırmak
ähneln ['ɛ:nəln] *vi:* **jdm ~** birine benzemek
ahnen ['a:nən] *vt* (*schwach erkennen*) sezmek, fark etmek, farkında olmak, içine doğmak; (*vermuten*) önceden kestirmek, tahmin etmek; **ich ahne nichts Gutes** içimde kötü bir his var; **das konnte ich doch nicht ~!** bunun farkında değildim ki!, bunun böyle olacağını bilemezdim ki!; **so etwas habe ich doch geahnt** böyle bir şeyi tahmin etmiştim zaten, böyle bir şey içime doğmuştu zaten; **sie lachten nichts ~d** hiçbir şeyden habersiz güldüler
Ahnen *mPl* soy, atalar *pl;* **Ahnenforschung** *f ohne Pl* soy bilimi, soyun incelenmesi
Ahnentafel *f* soy ağacı, şecere
ähnlich ['ɛ:nlɪç] *adj* benzer; **bei ~er Gelegenheit** benzer bir fırsatta; **das sieht ihm ~** (*fam*) bu, onun için tipiktir
Ähnlichkeit *f* <-en> benzerlik; **mit jdm/etw große ~ haben** bir kimse/şey ile benzerlik olmak
Ahnung *f* <-en> **1.** (*Vorgefühl*) sezi; **ich habe so eine ~, als ob es heute passiert** sanki bugün olacakmış gibi içimde bir his var **2.** (*fam: Wissen*) (olduğunu veya olacağını) bilme, haberi olma; **keine ~ von etw haben** bir şeyi bilmemek, bir şeyden haberi olmamak; **keine ~!** bilmem!, haberim yok!; **ahnungslos I.** *adj* **1.** (*nichts ahnend*) farkında olmayan; **ich war völlig ~** hiç (bir şeyin) farkında değildim **2.** (*unwissend*) bîhaber, habersiz, bilgisiz; **ich war völlig ~** hiç (bir şeyden) haberim yoktu **II.** *adv* (*nichts ahnend*) farkında olmadan
Ahorn ['a:hɔrn] *m* <-s, -e> (BOT: *Baum, Holz*) akçaağaç
Ähre ['ɛ:rə] *f* <-n> (AGR) başak; **~n lesen** başaklamak; **Ährenlese** *f* (AGR) başaklama

Aids [ɛɪts] *nt ohne Pl* <-> (MED) aids; **Aidshilfe** *f* (MED) aids yardımı; **Aidskranke(r)** *mf* aids hastası; **Aidstest** *m* <-s, -s> aids testi; **Aidsübertragung** *f* aids bulaşması; **Aidsvirus** *nt* <-, -viren> aids virüsü

Airbag ['ɛɐbɛːk] *m* <-s, -s> (AUTO) hava yastığı

Airbus *m* <-ses, -se> (AERO) Airbus

Akademie [akade'miː] *f* <-n> akademi

Akademiker(in) [aka'deːmikɐ] *m(f)* <-s, -; -nen> **1.** (*Mitglied einer Akademie*) akademisyen **2.** (*Hochschulabsolvent*) yüksek okul mezunu

akademisch *adj* akademik

Akazie [a'kaːtsiə] *f* <-n> (BOT) akasya

akklimatisieren* [aklimati'ziːrən] **I.** *vt* ortama alıştırmak **II.** *vr:* **sich ~** ortama alışmak

Akklimatisierung *f ohne Pl* ortama alışma

Akkord [a'kɔrt] *m* <-(e)s, -e> **1.** (WIRTSCH: *Stücklohn*) parça başına ücret; **im ~ arbeiten** parça başına ücretle çalışmak **2.** (MUS) akort; **Akkordarbeit** *f* <-en> (WIRTSCH) parça başına ücretle çalışma

Akkordeon [a'kɔrdeɔn] *nt* <-s, -s> (MUS) akordeon

akkreditieren *vt* (POL) güven mektubu vermek, itimatname vermek

Akkreditiv *nt* **1.** (POL) güven mektubu, itimatname **2.** (FIN) akreditif; (*Kreditbrief*) kredi mektubu

Akku(mulator) *m* (ELEK) akü(mülatör)

akkurat [aku'raːt] *adj* (*sorgfältig*) titiz; (*genau*) tam

Akkusativ ['akuzatiːf] *m* <-s, -e> (LING) belirtme durumu, i hâli; **Akkusativobjekt** *nt* (LING) belirtili nesne

Akne ['aːknə] *f* <-n> (MED) ergenlik sivilcesi, sivilce

Akontozahlung *f* (FIN: *Abschlagszahlung*) hesaba sayarak ödeme, alelhesap ödeme

akribisch [a'kriːbɪʃ] *adj* (*geh*) titiz

Akrobat(in) [akro'baːt] *m(f)* <-en, -en; -nen> akrobat, cambaz

Akrobatik *f ohne Pl* akrobasi, cambazlık

akrobatisch *adj* akrobatik

Akronym [akro'nyːm] *nt* <-s, -e> (LING) kısaltmalı kelime

Akt[1] [akt] *m* <-(e)s, -e> **1.** (*Handlung*) aksiyon, hareket, iş; (*Terror~*) eylem; **das ist doch kein ~** (*fam*) bu, (o kadar zor) bir iş değil ki **2.** (THEAT) perde **3.** (*Darbietung*) gösteri; **ein akrobatischer ~** akrobatik bir gösteri **4.** (KUNST: *Malerei*) nü, çıplak (vücut resmi); **einen ~ zeichnen** çıplak (vücut resmi) çizmek **5.** (JUR: *Vorgang*) işlem, muamele **6.** (*Geschlechts~*) ilişki **7.** (*Zeremonie*) tören, merasim

Akt[2] *m* <-(e)s, -en> (*österr*) *s.* **Akte**

Akte ['aktə] *f* <-n> (*Dokumentation*) evrak; (*in der Verwaltung*) dosya; **etw zu den ~n legen** (*fig*) bir şeyi dosyaya koymak, bir şeyi rafa kaldırmak; **Aktendeckel** *m* dosya gömleği; **Aktenkoffer** *m* evrak çantası; **aktenkundig** *adj* dosyada mevcut [*o* bulunan]; **Aktennotiz** *f* dosyaya eklenen not; **Aktenordner** *m* <-s, -> klâsör, cilbent; **Aktenschrank** *m* evrak dolabı; **Aktentasche** *f* evrak çantası; **Aktenvernichtung** *f* evrakın imhası [*o* yok edilmesi]; **Aktenzeichen** *nt* işlem sayısı, dosya numarası

Akteur *m* aktör

Aktfoto *nt* <-s, -s> çıplak fotoğraf

Aktie ['aktsjə] *f* <-n> (FIN) hisse senedi; **in ~n anlegen** hisse senedine yatırmak; **wie stehen die ~n?** (*fig*) işler nasıl gidiyor?; **Aktienfonds** *m* (FIN) hisse senetleri fonu; **Aktiengesellschaft** *f* <-en> (FIN) anonim şirket, anonim ortaklık; **Aktienindex** *m* (FIN) hisse senetleri endeksi; **Aktieninhaber** *m* hisse senedi sahibi; **Aktienkapital** *nt* esas sermaye; **Aktienkurs** *m* (FIN) hisse senedi fiyatı; **Aktienmarkt** *m* (FIN) hisse senetleri piyasası; **Aktienmarktindex** *m* (FIN) hisse senetleri piyasası endeksi

Aktinium *nt ohne Pl* <-s> (CHEM) aktinyum

Aktion [ak'tsjoːn] *f* <-en> **1.** (*Handlung*) eylem; (*Unternehmung*) girişim; (*Einsatz*) operasyon; **in ~ treten** eyleme geçmek **2.** (*das Tätigsein*) faaliyet; (*das Handeln*) hareket; **in ~ treten** faaliyete [*o* harekete] geçmek; **etw in ~ zeigen** bir şeyi hareket halinde göstermek **3.** (*Kampagne*) kampanya; (COM: *Sonderangebot*) özel indirim; (*Werbekampagne*) promosyon

Aktionär(in) *m(f)* <-s, -e; -nen> hissedar

Aktionspreis *m* (COM) aksiyon [*o* kampanya] fiyatı, özel indirimli fiyat

Aktionsradius *m* erim

aktiv [ak'tiːf] *adj* **1.** faal, aktif, etkin; **sich ~ an etw beteiligen** bir şeye aktif olarak katılmak, bir işte aktif rol oynamak **2.** (LING: *aktivisch*) aktif, etken

Aktiva [ak'tiːva] *Pl* (FIN, WIRTSCH) aktif(ler); **~ und Passiva** aktif ve pasif(ler)

aktivieren [akti'viːrən] *vt* **1.** (FIN) aktifleştirmek **2.** (*in Bewegung setzen*) etkinleştirmek, harekete geçirmek

Aktivierung *f* <-en> aktifleştirme, etkinleştirme, harekete geçirme

Aktivismus *m* **1.** (*aktives Handeln*) aktivizm, etkincilik **2.** (*zielstrebiges Handeln*) aktivizm, eylemcilik

Aktivist(in) *m(f)* <-en, -en; -nen> eylemci

Aktivität *f* <-en> aktivite, etkinlik

Aktmalerei *f* (KUNST) nü, çıplak resim

Aktmodell *nt* (KUNST) çıplak model
aktualisieren* [aktuali'zi:rən] *vt* güncellemek, güncelleştirmek
Aktualisierung *f* <-en> güncelleme, güncelleştirme
Aktualität [aktuali'tɛ:t] *f ohne Pl* aktüalite, güncellik
Aktuar(in) *m(f)* <-s, -e> (*Schweiz: Schriftführer*) yazman
aktuell [aktu'ɛl] *adj* aktüel, güncel; **~e Mode** güncel moda; **das ist nicht mehr ~** artık bu güncel değildir, bu, güncelliğini yitirmiştir; **eine ~e Sendung** (RADIO TV) güncel [*o* aktüel] bir yayın
Aktzeichnung *f* (KUNST) akademi, *çıplak modelden yapılmış insan resmi*
Akupressur [akuprɛ'su:ɐ] *f* <-en> (MED) aküpresür
akupunktieren* [akupʊŋk'ti:rən] *vi, vt* aküpunktür yapmak (-e)
Akupunktur [akupʊŋk'tu:ɐ] *f* <-en> (MED) aküpunktür
Akustik [a'kʊstɪk] *f ohne Pl* **1.** (PHYS) akustik, yankı bilimi **2.** (*Klang*) akustik, yankılanım; **Akustikkoppler** *m* <-s, -> (INFORM) akustik eşleyici
akustisch *adj* akustik (ile ilgili); (*den Schall betreffend*) ses ile ilgili; (*das Gehör betreffend*) işitme ile ilgili; (*mit dem Gehör wahrnehmbar*) kulakla algılanabilir; **ich habe Sie ~ nicht verstanden** ne dediğinizi duyamadım [*o* işitmedim]
akut [a'ku:t] *adj* **1.** (MED) akut, iveğen **2.** (*vordringlich*) acil, ivedili; (*hochaktuell*) gündemdeki
AKW [a:ka:'ve:] *nt* <-s, -s> *Abk. von* **Atomkraftwerk** atom santrali
Akzent [ak'tsɛnt] *m* <-(e)s, -e> **1.** (LING) aksan, vurgu (*auf* -); **den ~ auf etw legen** bir şeyi vurgulamak; **mit deutschem/türkischem ~ sprechen** Alman/Türk aksanı ile konuşmak **2.** (*fig*) vurgu; **~e setzen** (*fig*) vurgulamak, damgasını vurmak; **akzentfrei** *adj* aksansız
akzentuieren* *vt* (*geh*) vurgulamak
akzeptabel [aktsɛp'ta:bəl] *adj* kabul edilebilir
Akzeptanz *f* kabul
akzeptieren* *vt* kabul etmek
Akzidens *nt* <-, -denzien> (PHILOS) ilinek, araz
Alabaster [ala'bastɐ] *m* <-s, -> albatr, kaymak taşı, su mermeri
Alant *m* <-(e)s, -e> (BOT) andız otu
Alarm [a'larm] *m* <-(e)s, -e> alârm; **falscher ~** yanlış alârm; **~ auslösen** alârm vermek; **~ schlagen** alârma geçmek; (*fig*) ortalığı telaşa vermek; **Alarmanlage** *f* alârm sistemi, alârm tesisatı; **Alarmbereitschaft** *f ohne Pl* alârma geçmiş olma; **in ~ sein** alârma geçmiş olmak; **Alarmglocke** *f* tehlike çanı
alarmieren* *vt* alârm vermek (-e), uyarmak
Alarmsignal *nt* alârm işareti; **Alarmstufe** *f*: **es ist ~ Rot** tehlike çanları çalıyor; **Alarmzustand** *m*: **in den ~ versetzen** alârma geçirmek
Alaska [a'laska] *nt* <-s> Alaska
Alaun *m* <-s, -e> (CHEM) şap; **Alaunstein** *m* şap taşı
Albaner(in) [al'ba:nɐ] *m(f)* <-s, -; -nen> Arnavut
Albanien [al'ba:niən] *nt* <-s> Arnavutluk
albanisch *adj* Arnavut; **das A~e** Arnavutça
Albatros ['albatrɔs] *m* <-, -se> albatros
Alben *Pl von* **Album**
albern[1] ['albɐn] *adj* (*pej: kindisch*) çocuksu, çocukça, çocuk gibi; **sich ~ benehmen** çocuk gibi davranışlarda bulunmak
albern[2] *vi* (*pej*) çocuklaşmak, çocukluk etmek, çocukluğu tutmak
Albernheit *f* <-en> (*pej*) **1.** (*alberne Art*) çocukluk; (*kindisches Benehmen*) çocukça davranış **2.** (*alberner Streich*) çocukluk
Albino [al'bi:no] *m* <-s, -s> akşın
Albtraum[RR] *m*, **Alptraum** *m* kâbus, karabasan
Album ['albʊm, *Pl:* 'albən] *nt* <-s, Alben> albüm
Albumin *nt* <-s, -e> (BIOL) albümin
albuminös *adj* (BIOL) albüminli
Alchemie [alçe'mi:] *f ohne Pl* alşimi, simya
Alchemist(in) *m(f)* alşimist, simyacı
Aleppo *nt* Halep
Alexander *m* (HIST): **~ der Große** Büyük İskender
Alexandria *nt* İskenderiye
Alge ['algə] *f* <-n> alg, su yosunu
Algebra ['algebra] *f ohne Pl* (MATH) cebir
algebraisch *adj* cebirsel
Algenentwicklung *f* alg gelişmesi [*o* çoğalması]
Algerien [al'ge:riən] *nt* <-s> Cezayir
Algerier(in) *m(f)* <-s, -; -nen> Cezayirli
algerisch *adj* Cezayirli, Cezayir (ile ilgili); **eine ~e Frau** Cezayirli bir kadın; **die ~e Regierung** Cezayir hükümeti
algorithmisch *adj* (MATH, INFORM) algoritmik
Algorithmus [algo'rɪtmʊs] *m* <-, Algorithmen> (MATH, INFORM) algoritma
alias ['a:lias] *adv* namıdiğer; **der Beschuldigte Müller ~ Meier ~ Möller** diğer [*o* başka bir] adı Meier veya Möller olan sanık Müller
Alibi ['a:libi] *nt* <-s, -s> gaybubet, bulunmayış; **Alibifunktion** *f*: **~ haben** bulunmayışı için bahane olmak
Alien ['ɛɪliən] *m* <-, -s> uzaylı

Alimente [ali'mɛntə] *Pl* nafaka *sing*
Alkali *nt* <-s, -en> (CHEM) alkali
Alkalimetall *nt* <-(e)s, -e> (CHEM) alkali metal
alkalisch *adj* (CHEM) alkalik
Alkaloid *nt* <-(e)s, -e> (CHEM) alkaloit
Alkohol ['alkoho:l] *m* <-s, -e> alkol, ispirto; **alkoholarm** *adj* alkolü az; **Alkoholeinfluss**[RR] *m ohne Pl* <-es> alkol etkisi; **unter ~ stehen** alkol etkisi altında olmak, içkili olmak; **Alkoholfahne** *f* <-n> (*fam*) alkollü ağız kokusu; **alkoholfrei** *adj* alkolsüz; **~e Getränke** meşrubat; **Alkoholgehalt** *m* <-(e)s, -e> alkol miktarı, alkol oranı; **alkoholhaltig** *adj* alkollü
Alkoholiker(in) [alko'ho:likɐ] *m(f)* <-s, -; -nen> alkolik
alkoholisch [--'--] *adj* alkollü; **~e Getränke** alkollü içkiler, müskirat
Alkoholismus *m ohne Pl* <-> alkolizm
Alkoholmissbrauch[RR] *m ohne Pl* <-es> alkolü kötüye kullanma; **Alkoholspiegel** *m* (kandaki) alkol seviyesi; **Alkoholtest** *m* alkol testi; **Alkoholverbot** *nt* alkol [*o* içki] yasağı; **Alkoholvergiftung** *f* (MED) alkol zehirlenmesi; **Alkoholwirkung** *f* alkol etkisi
all [al] *pron* bütün; **~ die Mühe** bütün çabalar; **nach ~ dem Geschehenen** bütün bu olanlardan sonra; *s. a.* **alle(r, s)**
All [al] *nt ohne Pl* <-s> uzay; (PHILOS) evren
allabendlich [al'a:bəntlɪç] *adj* her akşamki
allabends *adv* akşamdan akşama
alle ['alə] *adv* (*zu Ende*) bitti, tükendi, kalmadı; **~ sein** bitmiş [*o* tükenmiş] olmak, kalmamak; **~ werden** (*nahezu verbraucht sein*) bitmek [*o* tükenmek] üzere olmak; (*zur Neige gehen*) bitmeye [*o* tükenmeye] yüz tutmak; **es ist ~** bitti, kalmadı; **ich bin total ~** (*fam*) tamamen bittim
alle(r, s) *pron* hepsi, cümlesi, bütün; **~s in ~m** (*insgesamt*) hepsi hepsi, tam tamına; (*im Großen und Ganzen*) topu topu; (*im Allgemeinen*) genel olarak; (*kurzum*) kısacası; **~ auf einmal** hep birden, herkes birden; **~ beide/drei** her ikisi/üçü; **~, die dort sind** orada bulunan herkes; **~ zehn Minuten** (her) on dakikada bir; **~ zwei Tage** (her) iki günde bir; **auf ~ Fälle** kesinlikle, mutlaka; (*so oder so*) öyle veya böyle; **ein für ~mal** ilk ve son defa olmak üzere; **dies ~s** bütün bunlar, bunların hepsi; **~s auf einmal** hepsini birden; **~s, was du willst** her istediğini, ne istersen; **~s, was Sie wollen** her istediğinizi, ne isterseniz; **~ zu seiner Zeit!** her şeyin zamanı var!; **vor ~m** her şeyden önce; **für ~ Zeiten** ebediyen; **wer war ~s da?** kimler oradaydı?; **es waren ~ da** herkes oradaydı; **ist das ~s?** hepsi bu kadar mı?; **was soll das ~s?** bütün bunlar ne demek oluyor?; **in ~r Frühe** erkenden; **die schönste ~r Mädchen/Tage** kızların/günlerin en güzeli; **es ist noch nicht ~r Tage Abend** gün doğmadan neler doğar
Allee [a'le:, *Pl:* a'le:ən] *f* <-n> hıyaban, *iki yanı ağaçlı yol veya bulvar*
allein [a'laɪn] **I.** *adj* **1.** (*getrennt, für sich*) yalnız; **~ stehend** (*unverheiratet*) bekâr; (*ohne Verwandte*) kimsesiz; (*freistehend*) müstakil, tek (başına); **kann ich dich einen Augenblick ~ sprechen?** bir saniye seninle yalnız konuşabilir miyim? **2.** (*ohne Hilfe*) tek başına; **er macht das ganz ~** o, bunu tek başına yapar; **eine ~ erziehende Mutter** bekâr bir anne, *tek başına velâyet hakkına sahip olan anne* **3.** (*einsam*) yapayalnız; **ich bin so oft ~** ben çoğu zaman yapayalnızım **II.** *adv* (*nur*) yalnızca, sadece; **du ~ bist schuld daran** bütün kabahat sende; **nicht ~ ..., sondern auch ...** sadece ... değil, o da ...; **einzig und ~** sadece; **~ schon die Vorstellung macht mir Angst** sadece düşüncesi bile bana korku veriyor; **von ~** kendi kendine, kendiliğinden; **das weiß ich von ~!** bunu kendim de biliyorum! **III.** *konj* (*geh*) ancak
alleine [a'laɪnə] *adj, adv* (*fam*) *s.* **allein**
Alleinerbe, -in *m, f* <-n, -n; -nen> tek mirasçı; **alleinerziehend** *adj s.* **allein**; **Alleinerziehende(r)** *mf* <-n, -n; -n> (*Vater*) bekâr baba, *tek başına velâyet hakkına sahip olan baba;* (*Mutter*) bekâr anne, *tek başına velâyet hakkına sahip olan anne;* **Alleingang** *m:* **im ~** tek başına; **Alleinherrschaft** *f* (POL) otokrasi; **Alleinherrscher(in)** *m(f)* (POL) otokrat
alleinig *adj* (*einzig*) tek, biricik
Alleinlebende(r) <-n, -n> *mf* tek başına yaşayan kimse
Alleinsein *nt ohne Pl* <-s> yalnızlık, kimsesizlik; **alleinstehend** *adj s.* **allein I.1.**; **Alleinvertretung** *f* **1.** (COM) genel acentelik **2.** (POL) tek başına temsil
allemal ['alə'ma:l] *adv:* **~!** kesinlikle!; **ein für ~** ilk ve son defa olmak üzere
allenfalls ['alən'fals] *adv* gerekirse, olmazsa; (*höchstens*) olsa olsa, haydi haydi
allenthalben *adv* her yerde
allerbeste(r, s) ['alɐ'bɛstə, -tɐ, -təs] *adj* en iyi; **meine ~ Freundin** en iyi dostum; **es wäre am ~n, wenn du nicht kommst** gelmemen en iyisi olacak
allerdings ['alɐ'dɪŋs] **I.** *adv* **1.** (*in der Tat*) gerçekten, hakikaten **2.** (*zögernd zugestehend*) gerçi, her ne kadar ... ise de **3.** (*einschränkend*) ancak, bununla birlikte, mamafih **II.** *interj* (*bekräftigend*): **~!** elbette!;

bist du selbst da gewesen? – ~! kendin mi oradaydın? – elbette!
allererste(r, s) ['--'--] *adj* en baştaki [*o* önceki]; **zu allererst** en [*o* ilk] önce
allerfrühestens *adv* en erken
Allergie [alɛr'gi:] *f* <-n> (MED) alerji (*gegen* karşı); **Allergietest** *m* <-(e)s, -s> alerji testi
Allergiker(in) [a'lɛrgikɐ] *m(f)* <-s, -; -nen> (MED) alerjik [*o* alerjisi] olan (kimse)
allergisch *adj* alerjik (*gegen* karşı)
Allergologe *m* (MED) alerji uzmanı
allerhand ['--'-] *adj inv* (*fam*) **1.** (*ziemlich viel*) oldukça çok, çokça, epey; **das ist ~ Geld** bu epey bir paradır **2.** (*allerlei*) her çeşitten; **dort gab es ~ Leute** orada her çeşitten insan vardı; **das ist ja ~!** bu olacak iş değil!
Allerheiligen [--'---] *nt ohne Pl* <-> (REL, ECCL) Azizler Yortusu
allerlei ['alɐ'laɪ] *adj inv* her türlü, her çeşit; (*divers*) çeşitli; **~ Tiere** her türden hayvan; **er hat ~ Unsinn im Kopf** aklında her türlü yaramazlık var; **es wird ~ geredet** ortalıkta çeşitli söylentiler var
allerletzte(r, s) ['--'--] *adj* en son(uncu); **das ist das A~!** bu, rezaletin dik âlâsı!; **allerliebste(r, s)** ['--'--] *adj* en sevdiği [*o* candan]; **das wäre mir am A~n** bence en iyisi böyle olur; **allermeiste(r, s)** ['--'--] *adj*: **die ~n Menschen** insanların çoğu; **am ~n** her şeyden çok; **die A~n** çoğu, çok kimse; **allernächste** *adj* pek yakın; **in ~r Zeit** pek yakın zamanda; **allerneuste(r, s)** ['--'--] *adj* en yeni; **die ~n Nachrichten** en yeni haberler; **auf dem ~n Stand sein** en yeni gelişmeleri göz önüne almak
Allerseelen [--'--] *nt ohne Pl* <-> (ECCL) Ölüler Günü
allerseits ['alɐ'zaɪts] *adv* **1.** (*alle zusammen*) hepsi; **guten Abend ~!** hepinize iyi akşamlar! **2.** (*allseits*) her tarafta
allerspätestens ['--'---] *adv* en geç
Allerweltsgesicht *nt* sıradan yüz; **Allerweltskerl** *m* yaman herif; **Allerweltswort** *nt* sıradan söz
allerwenigste(r, s) ['--'---] *adj* pek az(ı); **die ~n Menschen** pek az insan, insanların pek azı; **das wissen die A~n** bunu pek az kimse bilir; **das ist doch das A~, was ich für dich tun kann** senin için en azından bunu yapabilirim; **allerwenigstens** *adv* en azından, hiç olmazsa
allesamt ['--'-] *adv* (*fam: alle miteinander*) hep (beraber); (*alle zusammen*) hep birden, cümleten; **wir standen ~ auf** hepimiz ayağa kalktık
Allesfresser ['----] *m* <-s, -> (ZOOL) hepçil
allfällig *adv* (*Schweiz: eventuell*) olası
allg. *Abk. von* **allgemein** genel
Allgegenwart *f ohne Pl* her yerdelik
allgegenwärtig ['-----] *adj* her yerdeki
allgemein ['algə'maɪn] **I.** *adj* **1.** (*Kenntnisse*) genel **2.** (*alle betreffend*) genel; (*allen gemeinsam*) herkesin; **im A~en** genellikle, genel olarak **II.** *adv* genellikle, genel olarak; **~ bildend**[RR] genel eğitim veren; **~ gültig** her yerde geçerli; **~ üblich/verbreitet** yaygın; **~ verständlich** anlaşılması kolay; **es ist ~ bekannt, dass ...** ... olduğu genellikle [*o* herkesçe] biliniyor; **Allgemeinbefinden** [--'----] *nt* (MED) genel sağlık durumu; **allgemeinbildend** [--'----] *adj s.* **allgemein II.**; **Allgemeinbildung** [--'---] *f* genel kültür; **allgemeingültig** [--'---] *adj s.* **allgemein II.**
Allgemeinheit [--'--] *f ohne Pl* kamu, amme; **im Interesse der ~** kamu yararına
Allgemeinmedizin [--'----] *f ohne Pl* genel tıp; **allgemeinverständlich** [--'----] *adj s.* **allgemein II.**; **Allgemeinwissen** *nt* genel kültür; **Allgemeinwohl** [--'--] *nt* kamu esenliği
Allheilmittel [al'haɪl-] *nt* her derde deva
Allianz [ali'an(t)s] *f* <-en> ittifak, bağlaşım [*o* bağlaşma]; **strategische ~** (COM) stratejik bağlaşım
Alligator [ali'ga:to:ɐ] *m* <-s, -en> alligator
alliiert [ali'i:ɐt] *adj* müttefik, bağlaşık
Alliierte(r) *mf* <-n, -n; -n> müttefik, bağlaşık; **die ~n** müttefikler
alljährlich [-'--] **I.** *adj* her yılki **II.** *adv* yıldan yıla, her yıl
Allmacht *f ohne Pl* kudret; **die ~ Gottes** ceberut, Tanrı'nın ezelî gücü
allmächtig [-'--] *adj* kadir, *her şeye gücü yeter;* **~er Gott!** (*fam*) yarabbi!
allmählich [al'mɛ:lɪç] **I.** *adj* yavaş yavaş olan; (*schrittweise*) adım adım yapılan **II.** *adv* yavaşça, yavaş yavaş; (*nach und nach*) gittikçe; **wir sollten ~ gehen** yavaş yavaş gitsek iyi olur
Allonge *f* (COM) alonj
Allradantrieb *m* (AUTO) dört çeker
allseitig ['alzaɪtɪç] *adj* etraflı; (*von allen Seiten*) her yandan [*o* taraftan]; (*in jeder Beziehung*) her bakımdan; **~ interessiert sein** her bakımdan meraklı olmak
allseits *adv* (*überall*) her tarafta [*o* yanda]; (*von allen Seiten*) her taraftan [*o* yandan]
allstündlich *adj* saatte bir
Alltag ['alta:k] *m ohne Pl* <-(e)s> **1.** (*Tagesablauf*) günlük yaşam [*o* hayat], gündelik hayat, hafta arası [*o* içi] **2.** (*tägliches Einerlei*) gündelik hayat, günlük işler; (*Routine*) rutin
alltäglich [-'--] *adj* **1.** (*jeden Tag*) her günkü, gündelik **2.** (*fig: gewöhnlich*) sıradan

alltäglich *adj* **1.** gündelik, her günkü **2.** (*fig: durchschnittlich*) sıradan
alltags ['--] *adv* hafta arasında [*o* içinde]
Allüren *Pl* dengesizlikler, kaprisler; **merkwürdige** ~ acayip tutum ve davranışlar
allwissend ['-'--] *adj* her şeyi bilen
Allwissenheit ['-'---] *f ohne Pl* (REL, PHILOS) ön bilim
allzu ['--] *adv* pek, fazla(sıyla); ~ **häufig**^{RR} pek sık; ~ **oft**^{RR} pek sık; ~ **sehr**^{RR} pek çok; ~ **viel**^{RR} gereğinden [*o* yeterinden] fazla; (*übertrieben*) aşırı; ~ **viel**^{RR} **ist ungesund** her şeyin fazlası [*o* aşırısı] zararlıdır; **das mag er** ~ **gern** bunu pek sever; **das mag sie nicht** ~ **gern** bunu pek sevmez; **allzuhäufig** *adv s.* **allzu**
allzuoft *adv s.* **allzu**; **allzusehr** ['--'-] *adv s.* **allzu**; **allzuviel** ['--'-] *adv s.* **allzu**
Allzweckhalle *f* her işe elverişli salon; **Allzweckreiniger** *m* her işte kullanılabilir arıtıcı
Alm [alm] *f* <-en> dağ merası, dağ otlağı
Almosen ['almoːzən] *nt* <-s, -> sadaka
Aloe *f* (BOT): **echte** ~ sarısabır, azvay
Alpaka [al'paka] *nt* <-s, -s> alpaka
Alpen ['alpən] *Pl* (GEO) Alpler *pl;* **Alpenflora** *f ohne Pl* (BOT) Alplerin bitki örtüsü; **Alpenveilchen** *nt* (BOT) tavşankulağı, siklâmen; **Alpenverein** *m* dağcılık kulübü; **Alpenvorland** *nt* Alplerin eteği
Alphabet [alfa'beːt] *nt* <-(e)s, -e> alfabe
alphabetisch *adj* alfabetik; ~**e Reihenfolge** alfabe sırası; ~ **ordnen** alfabe sırasına göre dizmek; ~ **geordnet** alfabe sırasına göre dizilmiş
alphabetisieren* *vt* **1.** (*lesen lehren*) okuma yazma öğretmek (-e) **2.** (*alphabetisch ordnen*) alfabe sırasına göre dizmek
alphanumerisch [alfanu'meːrɪʃ] *adj* (INFORM) alfa sayısal
Alphastrahlen *mPl* (PHYS) alfa ışınları *pl*
Alpinismus [alpi'nɪsmʊs] *m ohne Pl* <-> (SPORT) dağcılık; **Alpinist** *m* alpinist, dağcı
Alptraum *m s.* **Albtraum**
Alraune *f* (BOT) adamotu, kankurutan; (*Alraunwurzel*) adamkökü
als [als] *konj* **1.** (*temporal*) iken, esnasında, -diği zaman, -diğinde; ~ **der Krieg ausbrach, ...** savaş başladığında [*o* başlarken] ...; ~ **ich nach Hause kam** eve geldiğimde; **gerade** ~ **wir losgehen wollten, begann es zu regnen** tam (biz) yola koyulurken yağmur yağmaya başladı **2.** (*vorzeitig, nachzeitig*): **es sieht so aus,** ~ **würde es regnen** yağmur yağacak gibi görünüyor **3.** (~ *ob*) sanki; ~ **ob es meine Schuld wäre!** benim suçum, sanki!, sanki kabahat benimmiş!; **es sieht nicht so aus,** ~ **würden wir das Spiel verlieren** oyunu kaybedeceğimize benzemiyor; **er sprach so klug,** ~ **ob er das studiert hätte** sanki öğrenimi yapmış gibi akıllı konuştu; **er ist zu anständig,** ~ **dass er so etwas tun könnte** böyle bir şeyi yapmak için fazla dürüsttür; **tu nicht so,** ~ **ob dir das nicht gefiele!** bu hoşuna gitmiyormuş gibi yapma! **4.** (*bei Vergleichen*) -den (daha); **meine Schwester ist größer** ~ **ich** kız kardeşim benden (daha) büyük; **ich bin klüger** ~ **vorher** ben eskisinden daha akıllıyım **5.** (*in der Eigenschaft*) olarak, diye; **er kam** ~ **Freund zu uns** bize dost olarak geldi
alsbald [-'-] *adv* (*sogleich*) hemen; (*kurz danach*) hemen sonra
alsbaldig [als'baldɪç] *adj* (*formal: sofortig*) acele; **zum** ~**en Gebrauch** hemen kullanılmak üzere
alsdann *adv* (*danach*) ondan sonra; (*dann*) o zaman; ~**!** haydi! [*o* hadi!]
also ['alzo] **I.** *adv* **1.** (*folglich*) binaenleyh, bunun üzerine, bundan dolayı; (*als Füllwort*) işte; **hier bist du** ~**!** demek ki geldin! **2.** (*das heißt*) yani, demek (ki), şu [*o* o] hâlde; **das heißt** ~**, dass ...** yani, bu demek oluyor ki, ... **II.** (*Partikel*): ~**, so was!** olacak şey değil!; ~ **doch!** işte bak!; **na** ~**!** hah şöyle!, gördün mü işte!
Alsterwasser ['alste-] *nt* (GASTR) limonatalı bira, *limonata ile birayı karıştırarak elde edilen içki*
alt [alt] *adj* <älter, am ältesten> **1.** (*auf das Alter bezogen*) yaşındaki; (*bejahrt*) yaşlı, ihtiyar; **A~ und Jung** yaşlı ve genç; **wie** ~ **bist du?** kaç yaşındasın?; **ich bin 17 Jahre** ~ 17 yaşındayım; **er war erst wenige Tage** ~ henüz birkaç günlüktü; **sie ist doppelt so** ~ **wie ich** o, benden yaşça iki misli büyüktür; **wir sind gleich** ~ biz aynı yaştayız; ~ **werden** yaşlanmak, ihtiyarlamak; (*Sachen*) eskimek; **hier siehst du aber** ~ **aus** (*fam fig*) ayıkla şimdi bakalım pirincin taşını **2.** (*gebraucht*) eski, emektar; **zum** ~**en Eisen gehören** emektar olmak **3.** (*lange bestehend*) eski; **ein** ~**er Freund von mir** benim eski bir arkadaşım; **das A~e Testament** Ahdiatik; **die A~e Welt** Eski Dünya; **es bleibt alles beim A~en** her şey eskisi [*o* olduğu] gibi kalıyor; **alles beim A~en lassen** her şeyi eskisi [*o* olduğu] gibi bırakmak; **das Buch befindet sich am** ~**en Platz** kitap eski yerindedir **4.** (*klassisch*) eski **5.** (*ehemalig*) eski; **seine** ~**en Schüler** eski öğrencileri
Alt^{1} *m ohne Pl* <-s> (MUS: *Altistin*) alto; (*Altstimme*) kontralto
Alt^{2} *nt* <-s, -> (*Altbier*) *üst mayalanma ürünü olan koyu Alman birası*

Altar [al'ta:ɐ, *Pl:* al'tɛ:rə] *m* <-s, Altäre> (ECCL) sunak; **Altardecke** *f* sunak örtüsü; **Altartuch** *nt* sunak bezi

altbacken ['---] *adj* **1.** (*Brot*) bayat **2.** (*pej: altmodisch*) modası geçmiş

Altbau *m* <-(e)s, -ten> eski yapı [*o* bina]; **Altbaumodernisierung** *f* eski yapıların [*o* binaların] modernize edilmesi; **Altbausanierung** *f* eski yapıların [*o* binaların] onarımı

altbekannt ['--'-] *adj* eski tanıdık; **~e Gesichter** eski tanıdık simalar; **das ist doch ~** bu zaten bilinen bir şey; **altbewährt** ['--'-] *adj* uzun süreden beri sınanmış

Altbier *nt üst mayalanma ürünü olan koyu Alman birası*

Altbundeskanzler *m* Almanya'nın eski şansölyesi

altdeutsch *adj* (*Möbel, Stil*) eski Alman, *15.-16. yüzyılları örnek alan*

Alte(r) *mf* <-n, -n; -n> **1.** (*alter Mensch*) ihtiyar; (*pej*) moruk **2. mein ~r** (*fam*) bizim ihtiyar; (*Vater*) bizim peder; (*Mutter*) bizim valide **3.** (*fam pej: Ehemann*) bizim moruk; (*Ehefrau*) bizim karı **4.** (*fam: Vorgesetzter*) patron

alteingesessen ['-'----] *adj* yerli

Alteisen *nt ohne Pl* <-s> hurda demir

Altenheim *nt* <-(e)s, -e> yaşlılar yurdu, huzur evi; **Altenhilfe** *f* yaşlılar için sosyal yardım hizmetleri; **Altenpflege** *f* yaşlıların bakımı; **Altenpflegeheim** *nt* yaşlılar için bakım yurdu; **Altenpfleger(in)** *m(f)* yaşlı bakıcısı; **Altenwohnheim** *nt* yaşlılar yurdu, huzur evi

Alter ['altɐ] *nt ohne Pl* <-s> **1.** (*Lebensabschnitt*) yaşlılık; (*Zeit~*) çağ; **im ~** yaşlılıkta **2.** (*Anzahl der Jahre*) yaş; **hohes ~** ileri yaş; **im ~ von drei Jahren** üç yaşında; **ein Herr mittleren ~s** orta yaşlı bir bey; **er ist in deinem ~** o, senin yaşındadır; **~ schützt vor Torheit nicht** (*prov*) akıl yaşta değil, baştadır

älter ['ɛltɐ] *adj kompar von* **alt**

altern ['altɐn] *vi sein* yaşlanmak, ihtiyarlamak, kocamak

alternativ *adj* alternatif, almaşık

Alternative *f* <-n> alternatif, seçenek, şık; **vor die ~ gestellt sein** iki şıktan birini seçmek zorunda olmak; **Alternativenergie** *f* alternatif enerji

Alternativreisende(r) *mf* <-n, -n; -n> alternatif yolculuk yapan (kimse)

alters *adv:* **von ~ her** (*geh*) eskiden beri

Altersabstand *m* yaş farkı; **Altersasyl** *nt* (*Schweiz: Altenheim*) yaşlılar yurdu; **altersbedingt** *adj* **1.** (*durch das Lebensalter ~*) yaşa bağlı **2.** (*durch hohes Alter ~*) yaşlılığa bağlı; **Altersbeschwerden** *fPl* yaşlılıkta ortaya çıkan şikâyetler *pl*; **Alterserscheinung** *f* yaşlılık belirtisi; **Altersgenosse, -in** *m, f* yaşıt, akran; **Altersgrenze** *f* yaş haddi; (*Rentenalter*) emeklilik yaşı; **Altersgruppe** *f* yaş grubu; **die Kinder gehören alle der gleichen ~ an** çocukların hepsi aynı yaş grubunda; **Altersheim** *nt* <-(e)s, -e> yaşlılar yurdu, huzur evi; **Alterspräsident** *m* yaş başkanı; **Alterspyramide** *f* yaş piramidi; **Altersruhegeld** *nt* <-(e)s, -er> yaşlılık aylığı; **altersschwach** *adj* **1.** (*Person*) öksürüklü tıksırıklı **2.** (*Gegenstand*) dayanma ömrü sona ermiş; **Altersschwäche** *f ohne Pl* ihtiyarlık; **Altersstufe** *f* yaş kademesi; **Altersteilzeit** *f* yaşlılıkta parttaym; **Altersunterschied** *m* yaş farkı; **Altersversorgung** *f* <-en> yaşlıların bakımı, emeklilik

Altertum ['altɐtu:m] *nt ohne Pl* <-s> İlk Çağ

altertümlich ['altɐty:mlɪç] **I.** *adj* **1.** (*altmodisch*) demode, modası geçmiş olan, Nuh nebiden kalma **2.** (*veraltet*) arkaik, eskimiş **II.** *adv* (*in der Art früherer Zeiten*) eski tarzda

Altertumswert *m ohne Pl* <-es> antika değeri

Alterung *f ohne Pl* **1.** yaşlanma; **~ der Bevölkerung** nüfusun yaşlanması **2.** (TECH) eskime; **Alterungsprozess**[RR] *m* yaşlanma süreci

älteste(r, s) *adj superl von* **alt**

Älteste(r) ['ɛltəstɐ] *mf* <-n, -n; -n> en yaşlı

Ältestenrat *m* <-(e)s, -räte> ihtiyar heyeti

altgedient *adj* uzun süre hizmet etmiş, emeği geçmiş, emektar

Altglas *nt ohne Pl* <-(e)s> eski cam, eski şişeler *pl*

altgriechisch *adj* Grek(lerle ilgili); (*Sprache*) Grekçe

althergebracht ['-'---] *adj* alışılmış

Althochdeutsch ['---] *nt ohne Pl* <-(s)> Eski Yüksek Almanca

Altjahresabend *m* (*Schweiz: Silvesterabend*) yılbaşı akşamı, yılbaşı gecesi

Altkanzler *m* eski şansölye, eski başbakan

Altkleidersammlung ['-'----] *f* <-en> eski giysi toplama

altklug *adj* büyümüş de küçülmüş

Altlasten *fPl* çevreye zararlı eski atıklar *pl*

ältlich ['ɛltlɪç] *adj* yaşlıca, geçkin, ihtiyarlamaya yüz tutmuş

Altmaterial *nt* (TECH) hurda; (*noch brauchbar*) eski malzeme; **Altmeister** *m* (SPORT) eski şampiyon; **Altmetall** *nt* hurda (metal); **altmodisch** *adj* demode, modası geçmiş olan; (*rückständig*) eski [*o* geri] kafalı; **Altöl** *nt* eski yağ; **Altöltank** *m* eski yağ tankı

Altpapier *nt ohne Pl* <-s> eski kâğıt; **Altpapiersammlung** *f* eski kâğıt toplama

Altschulden *fPl* eski borçlar *pl*

Altstadt *f* kentin eski semti [*o* merkezi]

Altstimme *f* <-n> (MUS) kontralto

Altwarenhändler(in) *m(f)* (*Trödler*) eskici

Altweiberfastnacht [-'----] *f* (*reg*) perhiz çarşambasından önceki perşembe; **Altweibersommer** [-'----] *m* pastırma yazı

Alu ['a:lu] *nt ohne Pl* <-(s)> (CHEM, TECH) *Abk. von* **Aluminium** alüminyum; **Alufolie** ['a:lufo:liə] *f* alüminyum folyo (kâğıdı)

Aluminium [alu'mi:niʊm] *nt ohne Pl* <-s> (CHEM) alüminyum

Alzheimer *m* (MED) Alzheimer (hastalığı)

AlzheimerkrankheitRR *f ohne Pl* (MED) Alzheimer hastalığı

am [am] *präp* (*Superlativbildung*): ~ **besten** en iyisi; ~ **meisten** en çok; **Lothar fährt ~ schnellsten** Lothar en hızlı araba sürer; ~ **1. November** 1 Kasım'da; ~ **Abend** akşamleyin; ~ **Anfang** başlangıçta; ~ **Ende** sonunda; ~ **Himmel** gökyüzünde; ~ **Tag** gündüzün; ~ **Tag darauf** ertesi günü; ~ **Lager** (COM) stokta; (*Verlaufsform*); **ich bin ~ Arbeiten** çalışmaktayım, ben çalışıyorum; **ich war gerade ~ Weggehen** tam [*o* şu anda] gidiyordum; ~ **Leben** hayatta

Amalgam [amal'ga:m] *nt* <-s, -e> (*fig a.* CHEM) amalgam, malgama

amalgamieren *vt* (CHEM, TECH) **1.** (*mit Quecksilber legieren*) cıva ile alaşımlamak; **Kalium/Zink/Zinn** ~ potasyumu/çinkoyu/kalayı cıva ile alaşımlamak **2.** (*mit Quecksilber aus Erzen gewinnen*) cıva ile maden cevherinden kazanmak; **Gold/Silber** ~ cıva ile maden cevherinden altın/gümüş kazanmak

Amaryllis *f* <-len> (BOT) nergis zambağı, güzelhatun çiçeği

Amateur(in) [ama'tø:ɐ] *m(f)* <-(e)s, -e; -nen> **1.** (*Nichtfachmann*) amatör **2.** (*pej: Dilettant*) acemi; **Amateurfunker** *m* amatör telsizci, amatör radyocu; **Amateurklasse** *f* (SPORT) amatörler klâsı, amatörler sınıfı; **Amateurliga** *f* (SPORT) amatörler ligi

Amazonas [ama'tso:nas] *m* <-> Amazon Irmağı

Amazone *f* <-n> **1.** (*griech. Myth.*) amazon **2.** (*Reiterin*) amazon **3.** (*Mannweib*) erkek fatma, erkek ayşe

Ambiente *nt* çevre, ortam

ambitioniert [ambitsjo'ni:ɐt] *adj* hırslı

ambivalent [ambiva'lɛnt] *adj* karşıt anlamlı iki bileşenden oluşmuş

AmbossRR ['ambɔs] *m* <-es, -e>, **Amboß** *m* <-sses, -sse> **1.** (TECH) örs; **das glühende Eisen auf den ~ legen** yalım gibi kızarmış demiri örsün üstüne koymak **2.** (ANAT, MED) örs kemiği; **der ~ befindet sich zwischen Hammer und Steigbügel** örs kemiği, çekiç kemiği ile üzengi kemiği arasında bulunur; **der ~ ist eines der drei Gehörknöchelchen** örs kemiği, üç işitme kemikçiğinden biridir

ambulant [ambu'lant] *adj* **1.** (*wandernd*) gezgin, seyyar **2.** (MED: *nicht stationär*) ayakta; ~**e Behandlung** ayakta tedavi; **jdn ~ behandeln** birini ayakta tedavi etmek

Ambulanz [ambu'lants] *f* <-en> (MED) **1.** (*im Krankenhaus*) ayakta tedavi bölümü **2.** (*Krankenwagen*) ambülâns, cankurtaran **3.** (MIL: *bewegliches Feldlazarett*) seyyar hastane

Ameise ['a:maɪzə] *f* <-n> karınca; **Ameisenbär** *m* <-en, -en> karıncayiyen; **Ameisenhaufen** *m* karınca yuvası; **Ameisensäure** *f ohne Pl* (CHEM) formik asit

amen ['a:mən] *adv* âmin

Amen ['a:mən] *nt* (REL) âmin; **das ist so sicher wie das ~ in der Kirche** (*fam*) bu hiç şüphe götürmez; **zu allem ja und ~ sagen** (*fam*) her şeye amenna demek

Amerika [a'me:rika] *nt* <-s> Amerika; **die Vereinigten Staaten von ~** Amerika Birleşik Devletleri

Amerikaner(in) [ameri'ka:nɐ] *m(f)* <-s, -; -nen> Amerikalı; **amerikanisch** *adj* Amerikan, Amerikanvarî

amerikanisieren* *vt* Amerikalılaştırmak

Amethyst [ame'tʏst] *m* <-(e)s, -e> ametist

Aminosäure [a'minozɔɪrə] *f* <-n> (CHEM) aminoasit

Ammann <-s, -männer> *m* (*Schweiz*) muhtar

Amme ['amə] *f* <-n> sütana; (*Kinderfrau*) dadı; **Ammenmärchen** *nt* (*fam fig*) kocakarı masalı

Ammoniak [amo'njak] *nt ohne Pl* <-s> (CHEM) amonyak

Amnestie [amnɛs'ti:] *f* <-n> (JUR, POL) af, genel af

amnestieren* [amnɛs'ti:rən] *vt* (JUR, POL) affetmek

Amnesty International *nt ohne Pl* Uluslararası Af Örgütü

Amöbe [a'mø:bə] *f* <-n> (ZOOL) amip

Amok ['a:mɔk] *m ohne Pl* <-s> kudurma, gözü dönme; ~ **laufen** kudurmuşçasına sağa sola saldırmak, önüne gelene çılgınca saldırmak; **Amokläufer(in)** *m(f)* <-s, -; -nen> kudurmuşçasına sağa sola saldıran kimse; **Amokschütze** *m* kudurmuşçasına

sağa sola ateş eden kimse, önüne gelene ateş eden çılgın
A-Moll *nt ohne Pl* <-> (MUS) lâ minör
amoralisch ['amora:lɪʃ] *adj* ahlâksız
Amortisation [amɔrtiza'tsjo:n] *f* <-en> (WIRTSCH) itfa, sönüm
amortisieren* [amɔrti'zi:rən] **I.** *vt* (WIRTSCH: *Schuld*) itfa etmek, sönümlemek **II.** *vr:* **sich ~** (*Investition*) amorti etmek
amourös [amu'rø:s] *adj* (*geh*) aşk (ile ilgili)
Ampel ['ampəl] *f* <-n> **1.** (*Verkehrs~*) lâmba **2.** (*Blumen~*) asma saksı
Ampere [am'pe:ɐ] *nt* <-(s), -> (PHYS, ELEK) amper; **Amperemeter** [--'--] *nt* (PHYS, ELEK) ampermetre, amperölçer; **Amperestunde** *f* (PHYS, ELEK) amper saat
Amphetamin [amfeta'mi:n] *nt* <-s, -e> (CHEM) amfetamin
Amphibie [am'fi:biə] *f* <-n> (ZOOL) amfibyum; **Amphibienfahrzeug** *nt* amfibi (taşıt), yüzergezer
amphibisch *adj* **1.** (ZOOL) amfibi, iki yaşayışlı **2.** (MIL) amfibi, yüzergezer, *hem suda hem de karada hareket eden*
Amphitheater *nt* <-s, -> amfiteatr, açık hava tiyatrosu
Amphora *f* <-, -oren> amfor(a)
Ampulle [am'pʊlə] *f* <-n> (MED) ampul
Amputation [amputa'tsjo:n] *f* <-en> (MED) ampütasyon
amputieren* [ampu'ti:rən] *vt* (MED) (ameliyatla) kesip çıkarmak
Amsel ['amzəl] *f* <-n> (ZOOL: *Schwarzdrossel*) karatavuk
Amt [amt, *Pl:* 'ɛmtɐ] *nt* <-(e)s, Ämter> **1.** (*offizielle Stellung*) makam, mevki; **ein hohes ~** yüksek bir makam [*o* mevki]; **im ~ sein** mevkii olmak **2.** (*übernommene Aufgabe*) görev, memuriyet, memurluk; **seines ~es walten** görevini ifa etmek; **sein ~ niederlegen** görevinden çekilmek [*o* istifa etmek] **3.** (*Behörde*) makam, memurluk; (*Gebäude*) daire, ofis; **Auswärtiges ~** (POL) dış işleri (bakanlığı); **zum zuständigen ~ gehen** yetkili [*o* görevli] makama gitmek; **von ~s wegen** resen **4.** (TEL) santral
Ämterhäufung *f* <-en> (ADMIN) görevlerin yığılması, görevlerin içtimaı
amtieren* *vi* görevde bulunmak; (*vorübergehend*) görevlenmek (*als* olarak)
amtlich *adj* (*behördlich*) resmî; **~es Kennzeichen** tescil plâkası
Amtsanmaßung *f* resmî memuriyetin gasbı, yetki gasbı
Amtsantritt *m* göreve başlama; (*a.* POL) göreve başlama; **Amtsarzt, -ärztin** *m, f* hükümet [*o* kamu] doktoru; **Amtsblatt** *nt* Resmî Gazete; **Amtsdeutsch** *nt* (*pej*) bürokrasi Almancası; **Amtseid** *m* göreve başlama yemini, memuriyete giriş yemini; **Amtsentsetzung** *f* (*österr*) görevden uzaklaştırma [*o* alma]; **Amtsgericht** *nt* asliye mahkemesi; **Amtshandlung** *f* resmî muamele, göreve ait işlem; **Amtsmissbrauch** *m ohne Pl* <-(e)s> (*a.* JUR) mevki ve nüfuzunu kötüye kullanma; **Amtsrichter(in)**[RR] *m(f)* asliye (mahkemesi) hâkimi; **Amtsschimmel** *m ohne Pl* kırtasiyecilik, bürokrasi; **den ~ reiten** bürokrasi yapmak; **Amtssprache** *f* **1.** (*Verwaltungsjargon*) bürokrasi dili **2.** (*offizielle Landessprache*) resmî dil; (EU) resmî dil; **Amtsübernahme** *f* görev üstlenme, göreve başlama; **Amtsweg** *m* resmî işlem yolu; **den ~ beschreiten** resmî işlem yoluna başvurmak; **Amtszeichen** *nt* (TELE) santral [*o* çevir] sesi; **Amtszeit** *f* görev süresi; **Amtszimmer** *nt* makam odası, ofis
Amulett [amu'lɛt] *nt* <-(e)s, -e> muska
amüsant [amy'zant] *adj* **1.** (*unterhaltsam*) eğlendirici, eğlenceli **2.** (*lustig*) güldürücü
amüsieren* [amy'zi:rən] **I.** *vt* eğlendirmek **II.** *vr:* **sich ~ 1.** (*sich vergnügen*) eğlenmek, keyfetmek; **sich königlich ~** krallar gibi eğlenmek; **sich prächtig ~** şahane eğlenmek **2.** (*sich lustig machen*) eğlenmek (*über* ile), alaya almak (*über* -)
Amüsierviertel *nt* eğlence semti; (*Rotlichtviertel*) gece kulüplerinin bulunduğu semt
an [an] **I.** *präp* **1.** (*nahe bei*): **~ der Ecke** köşede; **~ der gleichen Stelle** aynı yerde; **am Fenster sitzen** pencerede oturmak; **er geht ~ mir vorbei** benim yanımdan geçiyor; **bis ~ den Rand** ağzına kadar **2.** (*geographisch gelegen*): **Frankfurt ~ der Oder/am Main** Oder/Main Irmağı üzerindeki Frankfurt **3.** (*zeitlich*): **~ diesem Abend** bu [*o* o] akşam; **am Abend** akşamleyin; **es ist ~ der Zeit** zaman [*o* vakit] geldi; **am Anfang** başlangıçta; **am 29. November 1991** 29 Kasım 1991'de **4.** (*weitere Verwendungen*): **jdn ~ etw erkennen** birini bir şeyden tanımak; **was haben Sie ~ Weinen da?** Sizde hangi şaraplar var?; **~ etw schuld sein** bir şeyde suçu olmak; **ich habe eine Bitte ~ Sie** Sizden bir ricam var; **das Entscheidende ~ der Sache ist, dass …** işin esası …; **das gefällt mir nicht ~ ihm** onda bu hoşuma gitmiyor; **es ist ~ dir, etw zu tun** bir şey yapmak sana bağlı **II.** *präp* **1.** (*in Richtung auf*): **sich ~ die Wand lehnen** duvara yaslanmak; **sie ging ~s Fenster** pencereye gitti; **~s Telefon gehen** telefona gitmek [*o* cevap vermek]; **~ die Arbeit!** haydi iş başına! **2.** (*für*): **ein Brief ~ seinen Sohn** oğluna bir mektup; **ich habe eine**

Frage ~ dich sana bir sorum var; ~ (**und für**) **sich** aslında **3.** (*ungefähr, etwa*) aşağı yukarı, yaklaşık olarak; **sie verdient ~ die 4.000 Euro** aşağı yukarı 4.000 euro kazanıyor; ~ **die 500 Schüler** 500'e yakın öğrenci **III.** *adv* **1.** (*beginnend*): **von ... ~** ...den itibaren; **von hier ~** buradan sonra; **von Anfang ~** başından beri **2.** (EISENB: *bei Ankunftszeiten*): **Stuttgart ~ 16.25** Stuttgart'a varış 16.25 **3.** (*eingeschaltet*): **~ sein** (*fam: Licht, Radio*) açık olmak; (*Motor*) çalışır olmak

Anabolikum *nt* <-s, Anabolika> (MED, CHEM) anabolik

Anachronismus *m* anakronizm, çağa uymama

anachronistisch *adj* anakronik

anal [a'na:l] *adj* (MED, PSYCH) anüsten

analog [ana'lo:k] *adj* analojik, benzeşmeye dayanan; (INFORM) analog, örneksel

Analog-Digital-Wandler *m* (INFORM) örneksel sayısal çevirici

Analogie [analo'gi:] *f* <-n> analoji, benzeşim, benzeşme; **Analogiebildung** *f* (LING) örnekseme; **Analogieschluss**[RR] *m* (PHILOS) benzeşim yoluyla çıkarım

Analogrechner *m* örneksel hesap makinesi

Analphabet(in) ['analfabe:t, ---'-] *m(f)* <-en, -en; -nen> okuma yazma bilmez

Analphabetentum *nt ohne Pl* <-s> okuma yazma bilmemezlik

Analyse [ana'ly:zə] *f* <-n> analiz, çözümleme, tahlil

analysieren* [analy'zi:rən] *vt* analiz etmek, çözümlemek, tahlil etmek

Analyst(in) *m(f)* (FIN) analist

Analytiker(in) [ana'ly:tikɐ] *m(f)* <-s, -; -nen> analizci, analist

analytisch *adj* analitik, çözümlemeli

Anämie [anɛ'mi:] *f* <-n> (MED) anemi; (*Blutarmut*) kansızlık

anämisch [a'nɛ:mɪʃ] *adj* (MED) anemik; (*blutarm*) kansız

Ananas ['ananas] *f* <-(se)> ananas

anaphylaktisch *adj* (MED) anafilaksik; **~er Schock** anafilaksik şok

Anarchie [anar'çi:] *f* <-n> anarşi

Anarchist(in) *m(f)* <-en, -en; -nen> anarşist

anarchistisch *adj* anarşist

Anästhesie *f* (MED) anestezi

Anästhesist(in) *m(f)* <-en, -en; -nen> (MED) anestezist; (*Narkosearzt*) narkozcu

Anatolien [ana'to:liən] *nt* <-s> Anadolu

Anatolier(in) *m(f)* Anadolulu

anatolisch *adj* Anadolulu, Anadolu (ile ilgili)

Anatomie [anato'mi:] *f ohne Pl* anatomi

anatomisch [ana'to:mɪʃ] *adj* anatomik

an|bahnen **I.** *vt* (*beginnen*) başlatmak; (*den Weg bereiten*) başlamasına yol açmak (-in) **II.** *vr:* **sich ~** (*sich zu entwickeln beginnen*) gelişmeye başlamak; (*sich andeuten*) belirmek, kendini göstermek

an|bändeln ['anbɛndəln] *vi* (*fam*) **1.** (*flirten*) işi pişirmek (*mit* -le) **2.** (*Streit*) takışmak (*mit* -le)

Anbau[1] *m* <-(e)s, -ten> (ARCH) eklentiler *pl;* (*Nebengebäude*) ek yapı [*o* bina]

Anbau[2] *m ohne Pl* <-s> (AGR: *von Nutzpflanzen*) ekim

an|bauen *vt* **1.** (ARCH: *Gebäude*) eklemek (*an* -e) **2.** (AGR: *Gemüse*) ekmek

Anbaufläche *f* (AGR) ekim alanı; (*bebaute Fläche*) ekinlik, ekin ekilmiş yer; **Anbaugebiet** *nt* (AGR) ekim bölgesi

Anbaumöbel *pl* grup [*o* modüler] mobilya, parçalı sistem mobilya; **Anbauwand** *f* modüler mobilya ile kaplama duvar, parçalı sistem mobilya ile kaplama duvar

anbei [-'-] *adv* (*formal*) ilişik olarak

an|beißen *irr* **I.** *vi* **1.** (*Fisch*) oltaya vurmak **2.** (*fam fig: Person*) oltayı yutmak, yem olmak **II.** *vt* (*Brot*) ısırmak

anbelangen* ['nbəlaŋən] *vt:* **was das/mich anbelangt ...** bunu/beni ilgilendirdiği kadarıyla ..., buna/bana gelince ...

an|bellen *vt* havlamak (-e)

an|beraumen* ['nbəraʊmən] *vt* (*formal: Sitzung*) gün kararlaştırmak [*o* tayin etmek] (için); (*Termin*) kararlaştırmak, tayin etmek

an|beten *vt* **1.** (REL) tapmak (-e) **2.** (*Personen*) taparcasına sevmek, tapınmak (-e), perestiş etmek; **er betet seine Frau an** karısını taparcasına seviyor, karısına tapınıyor

Anbetracht ['anbətraxt]: **in ~** göz önüne alındığında; **in ~ dessen, dass ...** madem [*o* mademki] ..., -diğine göre ...

an|biedern *vr:* **sich ~** yaltaklanmak (*bei* -e), dalkavukluk etmek (*bei* -e)

an|bieten *irr* **I.** *vt* **1.** (*Kaffee*) ikram etmek; (*Hilfe*) teklif etmek; **darf ich Ihnen ein Glas Wein ~?** Size bir bardak şarap ikram edebilir miyim?; **jdm seine Hilfe ~** birine yardım teklif etmek **2.** (COM: *Waren*) sunmak **3.** (*vorschlagen*) önermek, teklif etmek **II.** *vr:* **sich ~ 1.** (*zur Verfügung stellen*) hazır olduğunu bildirmek (*als* olarak, *zu* -e), kendini göstermek (*zu* -e); **sie bietet sich als Vermittlerin an** aracı olarak hazır olduğunu bildirdi; **sie bot sich an ihm zu helfen** ona yardım etmek için hazır olduğunu bildirdi **2.** (*geeignet sein*) uygun olmak; (*nahe liegen*) akla yatkın olmak; **diese Lösung bietet sich an** bu çözüm akla yatkındır

Anbieter *m* <-s, -> (WIRTSCH) sunucu; (*Ausschreibung*) teklifte bulunan

an|binden *irr vt* bağlamak; **kurz angebunden sein** (*fig*) soğuk davranmak

Anblick[1] *m ohne Pl* <-(e)s> (*das Anblicken*) bakış; **beim ersten ~** ilk bakışta

Anblick[2] *m* <-(e)s, -e> (*Aussehen*) görünüş; (*das sich bietende Bild*) görünüm; (*das, was man beim Anblicken sieht*) manzara; **ein ~ für die Götter** (*fam*) Allahlık bir manzara

an|blicken *vt* bakmak (-e); (*flüchtig*) göz atmak (-e)

an|bohren **I.** *vt* delgi ile işlemek, delik açmaya başlamak; (*eine Quelle*) sondaj yaparak kazanmak [*o* edinmek] **II.** *vi* (*fig*) ağız aramak [*o* yoklamak]

Anbot <-(e)s, -e> *nt* (*österr: Angebot*) sunu, arz, teklif

an|braten *irr vt* hafifçe kızartmak

an|brechen *irr* **I.** *vi sein* (*geh: Epoche*) açılmak; (*Tag*) doğmak, ağarmak; (*Nacht*) olmak; (*Dunkelheit*) basmak, çökmek **II.** *vt haben* **1.** (*Geld*) harcamaya başlamak; (*Vorrat*) yemeye başlamak; (*Packung*) açmak **2.** (*teilweise brechen*) bir parçasını kırmak

an|brennen *irr* **I.** *vi sein* tutuşmak, yanmaya başlamak; (*Speisen*) dibini tutmak; **angebrannt riechen/schmecken** yanık kokmak/bir tadı olmak; **nichts ~ lassen** (*fig*) hiçbir şey kaçırmamak **II.** *vt* (*anzünden*) yakmak, tutuşturmak; **Anbrennholz** *nt* çıra

an|bringen *irr vt* **1.** (*herbeibringen*) getirmek **2.** (*befestigen*) takmak **3.** (*äußern*) söylemek; (*zur Sprache bringen*) dile getirmek; **Beschwerde ~** şikâyette bulunmak; (*Gründe*) göstermek; (*Änderungen*) yapmak; **seine Kritik ~** eleştiride bulunmak **4.** (*fam: unterbringen*) yer bulmak (-e) **5.** (*verkaufen*) satmak; (*Käufer finden*) alıcı bulmak (-e) **6.** (*anziehen können*) giyebilmek

Anbruch *m ohne Pl* <-(e)s> başlama; (*Tages~*) ağarma; **bei ~ des Tages** gün ağarmasıyla, günün başlamasıyla, gün doğarken; **bei ~ der Nacht** gece olmasıyla [*o* olurken]; **bei ~ der Dunkelheit** karanlık basarken [*o* çökerken]

an|brüllen *vt* kükremek (-e), bağırmak (-e), bağırıp çağırmak (-e)

Anchovis *f* <-> *s.* **Anschovis**

Andacht[1] ['andaxt] *f* <-en> (*Gottesdienst*) ibadet; (*ehrfürchtige Stimmung*) huşu; **mit ~ zuhören** huşu içinde dinlemek; **in ~ niederknien** huşu içinde diz çökmek

Andacht[2] *f ohne Pl* (*Versenkung*) istiğrak, içine gömülme

andächtig ['andɛçtɪç] *adj* (REL) huşu içindeki; (*im Gebet*) dua eden

Andalusien [anda'lu:ziən] *nt* <-s> Endülüs

Andalusier(in) *m(f)* <-s, -; -nen> Endülüslü

andalusisch *adj* Endülüslü, Endülüs (ile ilgili)

an|dauern *vi* olagelmek, süregelmek, sürmek; (*weitergehen*) olagelmek, devam etmek

andauernd *adj* sürekli, devamlı; **jdn ~ unterbrechen** birinin sürekli [*o* devamlı] sözünü kesmek

Anden ['andən] *Pl* And Dağları *pl*

Andenken[1] *nt ohne Pl* <-s> (*Erinnerung*) anı (*an* -), hatıra (*an* -); **zum ~ an jdn** birinin anısına

Andenken[2] *nt* <-s, -> (*Gegenstand*) bergüzar, anmalık, hatıra, yadigâr; (*Souvenir*) andaç

an|denken *vt:* **etw ~** (*fam*) bir şeyi düşünmeye başlamak

andere(r, s) *pron* **1.** (*verschieden*) başka, diğer, öteki, öbür; **mit ~n Worten** yani, diğer bir deyişle; **~ Kleider anziehen** başka giysi giymek, üstünü değiştirmek; **ein ~s Mal** başka bir zaman; **das ist etw ~s** bu başka (bir) şeydir; **kein ~r** başka hiç kimse; **nichts ~s als** -den başka (hiç) bir şey; **alles ~ als** -den başka her şey; **zum einen ..., zum ~n ...** bir yandan ..., diğer yandan ise ...; **ich bin ~r Meinung** ben başka fikirdeyim; **alle ~n** ötekilerin hepsi; **es blieb mir nichts ~s übrig** yapacak başka bir şeyim kalmadı; **es bleibt mir nichts ~s übrig, als selbst hinzugehen** oraya bizzat gitmekten başka çarem kalmadı; **unter ~m** bunlardan başka; **der eine oder ~** içlerinden biri; **der eine ..., der ~ ...** biri ..., diğeri ...; **und vieles ~ mehr** ve başka bir çok şey daha; **es kam eins zum ~n** bir olayı başka bir olay izledi, olaylar arka arkaya geldi; **jemand ~s** başka birisi; **einer nach dem ~n** teker teker; **eins nach dem ~n** sırayla; **~ Saiten aufziehen** (*fig*) gemini kısmak, sıkıya almak; **sich eines ~n besinnen** fikrini değiştirmek **2.** (*folgend*): **von einem Tag auf den ~n** bir günden ötekine; **am ~n Morgen/Tag** ertesi sabah/günü

anderenfalls *adv* yoksa, aksi hâlde, aksi takdirde, sonra

and(e)rerseits *adv* öte yandan, diğer taraftan; **einerseits ..., ~ ...** bir yanda(n) ..., bir yanda(n) ...

andermal *adv:* **ein ~** başka bir sefer

ändern ['ɛndɐn] **I.** *vt* değiştirmek; **ich**

kann es nicht ~ onu değiştiremem; **daran lässt sich nichts** ~ bunda yapılacak bir şey yok; **seine Meinung** ~ fikrini değiştirmek **II.** *vr:* **sich** ~ değişmek

andernfalls *adv s.* **anderenfalls**

anders ['andɐs] *adv* başka (*als* -den), ayrı (*als* -den); (*unterschiedlich*) değişik (*als* -den); (*im Gegensatz*) farklı (*als* -den); ~ **ausgedrückt** başka bir deyişle; ~ **denkend** farklı düşünen [*o* görüşe sahip olan]; ~ **Denkender** farklı görüş sahibi; ~ **gläubig** farklı inanca sahip olan; **jemand** ~, ~ (**als jd**) **gesinnt**RR **sein** (birinden) ayrı görüşte olmak, bir başkası, başka birisi; **sie sieht** ~ **aus als ihre Schwester** görünüşü kız kardeşinden farklıdır; **ich habe es nicht** ~ **erwartet** bunu [*o* onu] başka türlü beklemiyordum; **es geht nicht** ~ başka türlü olmaz; **so und nicht** ~ böyle olur da başka türlü olmaz; **es war nicht** ~ **möglich** başka türlü olamazdı; **ich habe es mir** ~ **überlegt** ben fikrimi değiştirdim; **wie sollte es auch** ~ **sein?** başka nasıl olabilirdi ki?; ~ **als sein Bruder, ...** erkek kardeşinden değişik olarak

andersartig *adj* başka türden; **andersdenkend** *adj s.* **anders**; **Andersdenkende(r)** *mf* <-n, -n; -n> farklı görüş sahibi

andersgesinnt *adj s.* **anders**; **andersgläubig** *adj s.* **anders**; **andersherum** *adv* tersine, ters yöne; (*fig: homosexuell*) top; **anderswo** ['--(')-] *adv* başka yerde; **anderswoher** *adv* başka yerden; **anderwohin** *adv* başka yere

anderthalb ['andɐt'halp] *adj inv* bir buçuk; **anderthalbfach** *adj* bir buçuk katı [*o* misli]

Änderung ['ɛndərʊŋ] *f* <-en> **1.** (*Umgestaltung*) değişiklik **2.** (*Wechsel*) değiştir(il)me; **Änderungsschneider(in)** *m(f)* <-s, -; -nen> terzi; **Änderungsvorschlag** *m* değişiklik önergesi

anderweitig ['----] **I.** *adj* **1.** (*sonstig*) başka **2.** (*an anderer Stelle*) başka yerdeki **II.** *adv* (*woanders*) başka yerde; ~ **vergeben werden** başkasına [*o* başka yere] verilmek

an|deuten **I.** *vt* **1.** (*Wunsch*) belirtmek **2.** (*kurz erwähnen*) değinmek (-e); (*zu verstehen geben*) sezdirmek, ihsas etmek; (*anspielen*) anıştırmak, ima etmek, telmih etmek **3.** (*skizzieren*) kaba taslak çizmek **II.** *vr:* **sich** ~ belirmek

Andeutung *f* <-en> **1.** (*Anspielung*) ima, anıştırma, telmih; ~ **en über etw machen** bir şeyi anıştırmak [*o* ima etmek] **2.** (*Anzeichen*) belirti; **versteckte** ~**n machen** üstü kapalı olarak belirtmek, dolaylı olarak anlatmak; **andeutungsweise** *adv* anıştırarak, ima ederek; (*indirekt*) telmihen, telmih yoluyla ima ederek

Andrang *m ohne Pl* <-(e)s> **1.** (*Gedränge*) izdiham, üşüşme **2.** (*Zuströmen*) akın (*auf* -e)

Andreas-Kreuz *nt* Aziz Andreas Haçı

an|drehen *vt* **1.** (*Wasser, Heizung, Radio*) açmak; (*Licht*) yakmak, açmak; (*Maschine*) düğmesine basarak çalıştırmak **2.** (*festdrehen*) sıkıştırmak **3.** (*Wend*): **jdm etw** ~ (*fam*) birine bir şey yamamak, birine bir şey kakalamak

an|drohen *vt:* **jdm etw** ~ birine bir şey ile gözdağı vermek

Androide *m* <-n, -n> android

an|ecken *vi* (*fam*): **bei jdm** ~ birinin sinirine dokunmak

an|eignen *vr:* **sich** *dat* ~ **1.** (*nehmen*) kendine mal etmek **2.** (JUR: *bewegliche Sachen*) ihraz etmek; (*unbewegliche Sachen*) işgal etmek **3.** (*Wissen*) edinmek, öğrenmek; (*Meinung*) benimsemek; (*Gewohnheit*) edinmek

aneinander [--'--] *adv* birbirine, birbirini; ~ **denken** birbirini düşünmek; **sich** ~ **gewöhnen** birbirine alışmak; ~ **fügen**RR birbirine eklemek; **mit jdm** ~ **geraten**RR biriyle birbirine girmek; ~ **grenzen**RR birbirine bitişik olmak, ortak sınırları olmak; ~ **reihen**RR birbirine dizmek; **sich** ~ **reihen** art arda dizilmek; ~ **stoßen**RR birbirine çarpmak; **aneinander|fügen** *vt s.* **aneinander**; **aneinander|grenzen** *vt s.* **aneinander**; **aneinander|reihen** **I.** *vt s.* **aneinander** **II.** *vr:* **sich** ~ *s.* **aneinander**; **aneinander|stoßen** *vt s.* **aneinander**

Anekdote [anɛk'do:tə] *f* <-n> anekdot, fıkra

an|ekeln *vt* tiksindirmek; **es ekelt mich an** ondan tiksiniyorum

Anemone [ane'mo:nə] *f* <-n> (BOT) anemon; (*Windröschen*) dağ lâlesi

Anerbieten *nt* önerme [*o* öneri], teklif

anerkannt **I.** *pp von* **anerkennen** **II.** *adj* tanınmış, ünlü

an|erkennen* *irr vt* **1.** (*akzeptieren*) kabul etmek; (*Schuld*) ikrar etmek **2.** (*öffentlich bestätigen*) tanımak; (*gesetzlich*) tanımak; (*Vaterschaft*) tanımak **3.** (*lobend*) takdir etmek

Anerkennung *f ohne Pl* **1.** kabul, tanı(n)ma **2.** (*Würdigung*) takdir; ~ **finden** takdir olunmak **3.** (*Abschlüsse*) iftihar

an|fachen ['anfaxən] *vt* (*geh*) **1.** (*Feuer*) alevlendirmek **2.** (*fig: Leidenschaft*) alevlendirmek

an|fahren *irr* **I.** *vi sein* **1.** (AUTO: *starten*) hareket etmek, kalkmak **2.** (*sich nähern*) yaklaşmak; **er kam in einem veralteten Auto angefahren** külüstür bir oto ile çıkageldi **II.** *vt* **1.** (*heranschaffen*) getirmek **2.** (*ansteuern*) yönelmek (-e); (*Hafen*) uğramak (-e); **er fuhr die Kurve falsch an** viraja yanlış girdi **3.** (*anstoßen*) çarpmak (-e), tokuşmak (-le); (*Person*) çarpmak (-e) **4.** (*schelten*) çıkışmak (-e), azarlamak (-e) **5.** (TECH: *Maschine*) çalıştırmak; (*Fabrikanlage*) üretime geçirmek

Anfahrt *f* <-en> **1.** (*Strecke, Zeit*) yol, gidiş **2.** (*Ankunft*) geliş **3.** (*Zufahrt*) giriş

Anfall *m* <-(e)s, -fälle> **1.** (MED) nöbet; (*Herz~*) kriz, akse; **in einem ~ von Zorn** öfkeden kriz geçirerek **2.** (FIN: *von Kosten*) ortaya çıkma, türeme; (*von Zinsen*) tahakkuk, gerçekleşme **3.** (*Ertrag*) verim

an|fallen *irr* **I.** *vt haben* saldırmak; (*Angst, Müdigkeit*) bastırmak **II.** *vi sein* **1.** (*sich ergeben*) ortaya çıkmak; (*Probleme*) ortaya çıkmak, türemek; **die ~de Arbeit** ortaya çıkan iş **2.** (FIN: *Kosten*) ortaya çıkmak, türemek; (*Zinsen*) tahakkuk etmek, gerçekleşmek

anfällig ['anfɛlɪç] *adj* (*zu etw neigend*) yatkın (*für* -e), eğilimli (*für* -e); (*nicht widerstandsfähig*) dayanıksız, hassas; **für etw ~ sein** bir şeye yatkın [*o* eğilimi] olmak; **der wirtschaftlich ~e Mittelstand** ekonomik bakımdan hassas orta tabaka

Anfang ['anfaŋ] *m* <-(e)s, -fänge> baş, başlangıç; **~ Mai** mayıs başında; **am ~ des Jahres** yılın başında; **~ nächster Woche** gelecek haftanın başında; **er ist ~ fünfzig** ellilerin başındadır; **den ~ machen** başlamak; **einen neuen ~ machen** yeniden başlamak; **von ~ an** baştan, başından itibaren; **für den ~** başlangıç için; **das ist der ~ vom Ende** bu işin sonu belli oldu; **von ~ bis Ende** başından sonuna kadar, baştan başa; **aller ~ ist schwer** (*prov*) her işin başı zordur

an|fangen *irr* **I.** *vi* (*beginnen*) başlamak; **das fängt ja gut an!** (*iron*) aman, ne de iyi başladı!; **klein ~** küçükten başlamak **II.** *vt* **1.** (*beginnen*) başlamak (*mit* ile, *zu* -e); (*plötzlich*) başlayıvermek (*zu* -e); (*einleiten*) başlatmak; (*Gespräch*) açmak; **von vorn ~** başından başlamak; **es fing an zu regnen** yağmur yağmaya başladı; **fang nicht wieder damit an!** gene başlama!; **bei einer Firma ~** bir firmada (çalışmaya) başlamak; **Streit ~** tartışmaya başlamak **2.** (*machen, tun*) yapmak; **was sollen wir jetzt nur ~?** şimdi biz ne yapalım!; **damit kann ich nichts ~** bununla bir şey yapamam; **ich weiß nicht, was ich damit ~ soll** onunla ne yapacağımı bilmiyorum

Anfänger(in) *m(f)* <-s, -; -nen> yeni başlayan (kimse), acemi

anfänglich ['anfɛŋlɪç] *adj* baştaki, başlangıçtaki; **nach ~em Zögern/~en Schwierigkeiten** baş(langıç)taki tereddütten/güçlüklerden sonra

anfangs ['anfaŋs] **I.** *präp* (*fam*) baş; **~ des Monats** ayın başında; **~ der dreißiger Jahre** otuzlu yılların başında **II.** *adv* başta, başlangıçta, ilkin; **Anfangsbuchstabe** *m* baş [*o* ilk] harf; **mit großen ~n** büyük baş harflerle; **Anfangsgehalt** *nt* ilk maaş; **Anfangsgeschwindigkeit** *f* (PHYS) başlangıç hızı; **Anfangskapital** *nt* (FIN) başlangıç sermayesi; **Anfangsschwierigkeit** *f* başlangıçtaki zorluk; **Anfangsstadium** *nt* başlangıç aşaması

an|fassen **I.** *vi* (*mithelfen*) yardım etmek **II.** *vt* **1.** (*berühren*) dokunmak (-e); (*greifen*) ele almak; (*stärker*) tutmak **2.** (*fig: behandeln*) davranmak (-e), muamele etmek (-e); (*Problem*) ele almak; **jdn hart ~** bir kimseye sert davranmak [*o* muamele etmek]; **eine Sache falsch ~** bir işi yanlış ele almak **III.** *vr:* **sich ~** **1.** (*bei der Hand nehmen*) el ele tutuşmak **2.** (*sich anfühlen*): **der Stoff fasst sich wie Seide an** kumaş, ipek olduğu hissini veriyor

an|fauchen *vt* (*Katze*) tıslamak (-e)

anfechtbar ['anfɛçtbaːɐ] *adj* (JUR: *Testament, Urteil*) (aleyhine) itiraz edilebilir, feshi dava edilebilir

an|fechten *irr vt* **1.** (*bestreiten*) inkâr etmek; (*Urteil, Testament*) aleyhine itiraz etmek (-in), feshini dava etmek (-in); (*Recht*) reddetmek; (*Berufung einlegen*) istinaf yoluna başvurmak (-e karşı) **2.** (*bekümmern, beunruhigen*) tedirgin etmek, rahatını [*o* huzurunu] kaçırmak (-in)

an|feinden *vt* düşmanca davranmak, düşman kesilmek

an|fertigen *vt* **1.** (*machen*) yapmak; **etw ~ lassen** bir şey yaptırmak **2.** (*herstellen*) imal etmek, üretmek; (*Kleidung*) dikmek **3.** (*Schriftstück*) düzenlemek, tanzim etmek

Anfertigung *f* <-en> yapım; (*Schneider*) dikim; (*Schreiben*) düzenleme

an|feuchten ['anfɔɪçtən] *vt* nemlendirmek; (*stärker*) ıslatmak

an|feuern *vt* **1.** (*Ofen*) ateşlemek, tutuşturmak, yakmak **2.** (*fig: anspornen*) ateşlendirmek, coşturmak

an|flehen *vt* yalvarmak (-e), yalvarıp yakarmak (-e); (REL) niyaz etmek

an|fliegen *irr* **I.** *vi sein* (*herankommen*) (uçarak) yaklaşmak [*o* gelmek] **II.** *vt* (*ansteuern*) uçmak (-e); (*zur Zwischenlandung*) uğramak (-e)

Anflug *m* <-(e)s, -flüge> **1.** (AERO: *das Anfliegen*) (uçarak) yaklaşma; (*vor der Landung*) inişe geçme **2.** (*Spur*) iz **3.** (*Hauch*) küçük belirti, emarecik; **ein ~ von Spott** alayın bir emareciği

an|fordern *vt* istemek, talep etmek

Anforderung *f* <-en> **1.** (*das Anfordern*) isteme, talep; **hohe ~n an jdn stellen** bir kimseden çok şey istemek **2.** (*Bedürfnis*) gerek [*o* gereklik], icap; **den ~n genügen** gerekler için yeterli olmak

Anfrage *f* <-n> **1.** başvuru, müracaat **2.** (PARL) soru **3.** (INFORM) sorgulama, *veri tabanından bilgi isteme*

an|fragen *vi* başvurmak (*bei* -e), müracaat etmek (*bei* -e); (*fragen*) soru sormak (*bei* -e); (*um Auskunft bitten*) bilgi istemek (*bei* -den)

an|freunden *vr:* **sich ~ 1.** (*Freundschaft schließen*) dostluk kurmak (*mit* ile), dostluk etmek (*mit* ile); (*enger*) arkadaş olmak (*mit* ile) **2.** (*sich gewöhnen*) alışmak (*mit* -e), ısınmak (*mit* -e)

an|fügen *vt* **1.** eklemek (*an* -e) **2.** (INFORM: *Dateien*) iliştirmek (*an* -e)

an|fühlen I. *vt* dokunmak; (*fig: durch Gefühl merken*) hissetmek, sezmek **II.** *vr* hissini vermek, gibi gelmek, izlenimini uyandırmak; **sich hart/weich ~** sert/yumuşak olduğu hissini vermek

Anfuhr ['anfu:ɐ] *f ohne Pl* getirme; (*mit LKW*) kamyonla getirme; **die ~ von Holz und Kohle** odun ve kömür getirme

an|führen *vt* **1.** (*als Anführer*) önderlik [*o* liderlik] yapmak (-e); (*eine Bande*) elebaşılık yapmak (-e) **2.** (*zitieren*) alıntılamak; **ein Beispiel ~** bir örnek vermek

Anführer(in) *m(f)* <-s, -; -nen> önder; (POL) lider; (*einer Bande*) elebaşı

Anführungsstrich *m* <-(e)s, -e> *s.* **Anführungszeichen**

Anführungszeichen *ntpl* tırnak işareti; **ein Wort in ~ setzen** bir kelimeyi tırnak işareti içine almak

an|füllen *vt* doldurmak

Angabe[1] *f* <-n> **1. ~n** (*Information*) bilgiler, malûmat; **~n zur Person** kişi hakkında bilgiler; **nähere ~n zu etw machen** bir şey hakkında detaylı bilgi vermek **2.** (*Preis~*) göster(il)me **3.** (*Aussage*) beyan **4.** (SPORT: *Aufschlag*) servis

Angabe[2] *f ohne Pl* (*Prahlerei*) yüksekten atma, gösteriş

an|geben[1] *irr vt* vermek; (*sagen*) söylemek; (*aussagen*) beyan etmek; (*mitteilen, melden*) bildirmek; (*Auskunft geben über*) hakkında bilgi vermek; (*zeigen*) göstermek; **seinen Namen ~** adını vermek; **Gründe ~** sebep göstermek; **sein Vermögen ~** varlığını bildirmek

an|geben[2] *irr vi* **1.** (*fam: prahlen*) övünmek, gösteriş yapmak, caka [*o* çalım] satmak; (*aufscheiden*) abartmak, mübalağa etmek, yüksekten atmak [*o* konuşmak]; **gib nicht so an!** öyle yüksekten atma [*o* konuşma]! **2.** (*beim Kartenspiel*) vermek **3.** (SPORT: *aufschlagen*) servis atmak

Angeber(in) *m(f)* <-s, -; -nen> (*fam: Prahler*) övüngen kimse, farfara (kimse), gösterişçi, cakacı; (*Aufschneider*) abartıcı, mübalağacı

Angeberei *f* <-en> (*fam*) övünme, övüngenlik, kendi kendisini övme, gösteriş; (*Aufschneiderei*) abartı, mübalağa

angeblich ['ange:plɪç, -'--] **I.** *adj* sözde **II.** *adv* sözde, sözüm ona, güya

angeboren *adj* doğuştan, doğumsal, yaradılıştan; **~e Kurzsichtigkeit** doğumsal miyopluk

Angebot *nt* <-(e)s, -e> **1.** (*Vorschlag*) öneri, teklif **2.** (WIRTSCH: *Waren~*) arz, sunu; **~ und Nachfrage** arz ve talep, sunu ve istem **3.** (*Auswahl*) çeşitler *pl*

angebracht ['angəbraxt] **I.** *pp von* **anbringen II.** *adj* yerinde, reva

angebrannt *adj* yanmış

angebunden ['angəbʊndən] *pp von* **anbinden**

angegossen ['angəgɔsən] *adj* (*fam*): **wie ~ sitzen** kalıp gibi oturmak, hokka gibi oturmak

angegriffen ['angəgrɪfən] **I.** *pp von* **angreifen II.** *adj:* **~e Gesundheit** sarsılmış sağlık; **sie sieht ~ aus** hâlsiz görünüyor

angeheitert ['angəhaɪtɐt] *adj* çakırkeyf

an|gehen *irr* **I.** *vi sein* **1.** (*fam: beginnen*) başlamak **2.** (*fam: Licht*) yanmak **3.** (*bekämpfen*) mücadele etmek (*gegen* ile); (*sich widersetzen*) karşı koymak (*gegen* -e) **4.** (*möglich sein*) olabilmek; (*zulässig sein*) caiz olmak **II.** *vt* **1.** (*angreifen*) saldırmak (-e), atılmak (-e) **2.** (*in Angriff nehmen*) gir(iş)mek (-e); **der Reiter ging das letzte Hindernis im Galopp an** binici son engele dörtnala girdi **3.** (*betreffen*) ilgilendirmek; **das geht ihn gar nichts an** bu onu hiç ilgilendirmez; **was deine Frage angeht, …** senin soruna gelince, …; **was geht dich das an!** bundan sana ne!

angehende(r, s) *adj* geleceğin, müstakbel; **ein ~er Künstler** geleceğin bir sanatçısı

an|gehören* *vi* mensup olmak (-e), bağıntısı olmak (ile); (*als Mitglied*) üye olmak (-e)

Angehörige(r) *mf* <-n, -n; -n> **1.** (*der Familie*) mensup, akraba; **meine ~n** akrabalarım **2.** (*Mitglied*) üye, mensup

Angeklagte(r) *mf* <-n, -n; -n> (JUR) sanık

Angel ['aŋəl] *f* <-n> **1.** (*für Fischfang*) olta **2.** (*Türscharnier*) menteşe, reze; **die Tür quietscht in den ~n** kapının menteşeleri gıcırdıyor; **zwischen Tür und ~** (*fig: auf*

der Schwelle) ayaküstü; (*in aller Eile*) kaşla göz arasında; **etw aus den ~n heben** bir şeyi yerinden oynatmak; **Angelblei** *nt* kalay balık

Angelegenheit *f* <-en> (*Sache*) iş, mesele; (*Problem*) sorun, mesele; **das ist nicht deine ~!** bu senin sorunun değil!; **kümmere dich um deine eigenen ~en!** sen kendi işine bak!; **das ist meine ~!** bu benim işim!; **sich in fremde ~en mischen** başkasının işine karışmak

angelernt *adj* **1.** (*Wissen*) çekirdekten yetişme **2.** (*Arbeiter*) yarı kalifiye

Angelhaken *m* olta iğnesi; (*größer*) zoka

angeln ['aŋəln] **I.** *vi, vt* (*Fische*): **~ gehen** balığa çıkmak, balık avlamaya gitmek **II.** *vr*: **sich** *dat* **~** (*fam: erwischen*): **sich** *dat* **jdn ~** (*fig*) birini tavlamak; **sich** *dat* **einen Mann ~** koca bulmak

angeloben *vt* (*österr*) söz vermek, vaatte bulunmak

Angelobung *f* (*österr*) söz verme, vaatte bulunma

Angelpunkt *m* mihver; **der Dreh- und ~ einer Sache sein** bir konunun en önemli noktası olmak

Angelrute *f* olta kamışı

angemessen *adj* uygun, münasip; **etw für ~ halten** bir şeyi uygun bulmak

angenehm ['angəne:m] *adj* hoş; **es ist ~ frisch draußen** dışarıda hoş bir serinlik var; **ist es Ihnen so ~?** sizin için iyi mi böyle?; **~e Reise!** iyi yolculuklar!; **~!** (*bei einer Begrüßung*) memnun oldum

angenommen ['angənɔmən] **I.** *pp von* **annehmen II.** *adj:* **~er Name** takma ad **III.** *konj:* **~, dass ...** diyelim ki, ..., farzımuhal ...

angepasst[RR] ['angəpast] *adj*, **angepaßt** *adj* (*Person*) uymuş

angeregt ['angəre:kt] *adj* (*lebhaft*) canlı; **sich ~ unterhalten** yârenlik etmek

angesagt ['angəza:kt] *adj* (*fam*) söylenen; **heute ist Regen ~** bugün yağmur yağacağı söyleniyor

angeschlagen **I.** *pp von* **anschlagen II.** *adj* (*erschöpft*) bitkin; **seine Gesundheit ist ~** sağlığı bozulmuş, rahatsızlanmış

angesehen **I.** *pp von* **ansehen II.** *adj* saygın, itibarlı

Angesicht *nt* <-(e)s, -er> (*geh: Gesicht*) yüz, çehre; **im Schweiße seine ~s** alın teriyle; **von ~ zu ~** yüz yüze

angesichts *präp* (*geh*) **1.** (*beim Anblick*) karşısında **2.** (*hinsichtlich*) göre (-e), göz önünde tutulunca

angespannt ['angəʃpant] *adj* **1.** (*Lage*) gergin; (*Muskeln*) kasılmış **2.** (*intensiv*) sıkı

angestaubt ['angəʃtaupt] *adj* (*fam fig*) demode; **~e Ansichten** demode görüşler

Angestellte(r) *mf* <-n, -n; -n> ücretli memur, müstahdem

angetan ['angəta:n] **I.** *pp von* **antun II.** *adj:* **von jdm ~ sein** birinden etkilenmek; **von etw ~ sein** bir şeyden etkilenmek

angetrunken **I.** *pp von* **antrinken II.** *adj* hafif sarhoş, çakırkeyf

angewandt ['angəvant] **I.** *pp von* **anwenden II.** *adj:* **~e Mathematik** uygulamalı matematik

angewiesen ['angəvi:zən] **I.** *pp von* **anweisen II.** *adj:* **auf jdn ~ sein** bir kimsenin eline bakmak, bir kimseye muhtaç olmak; **auf etw ~ sein** bir şeye muhtaç olmak; **darauf bin ich nicht ~!** ona muhtaç değilim!

an|gewöhnen* *vt:* **jdm etw ~** birini bir şeye alıştırmak; **sich** *dat* **etw ~** bir şeye alışmak, bir şeyi huy edinmek

Angewohnheit *f* <-en> alışkanlık, huy; **die ~ haben, etw zu tun** bir şeyi yapma alışkanlığı [*o* huyu] olmak

angewurzelt *adj:* **wie ~ stehen bleiben** çakılıp kalmak

Angina [aŋ'gi:na] *f* <Anginen> (MED) anjin; **eine ~ haben** anjin olmak; **Angina pectoris** *f ohne Pl* (MED) göğüs darlığı

an|gleichen *irr* **I.** *vt* (*gleich machen*) eşitlemek, denkleştirmek; (*ähnlich machen*) benzetmek; (*anpassen*) uyarlamak **II.** *vr:* **sich jdm/etw ~** bir kimseye/şeye benzemek

Angler(in) ['aŋlɐ] *m(f)* <-s, -; -nen> oltacı

an|gliedern *vt* **1.** (*an eine Organisation*) bağlamak (*an* -e); (*hinzufügen*) katmak (*an* -e) **2.** (*Gebiet*) ilhak etmek (*an* -e)

Angliederung *f* <-en> bağlama (*an* -e), katma (*an* -e); (POL) ilhak (*an* -e)

anglikanisch [aŋgli'ka:nɪʃ] *adj* (REL) Anglikan

Anglist(in) *m(f)* İngiliz dil ve edebiyatçısı

Anglistik [aŋ'glɪstɪk] *f ohne Pl* İngiliz dil ve edebiyatı, İngiliz filolojisi

an|glotzen *vt* (*fam pej*) alık alık bakmak (-e)

Angola *nt* Angola

Angolaner(in) *m(f)* Angolalı

Angorakatze *f* Ankara kedisi; **Angorawolle** *f* tiftik; **Angoraziege** *f* tiftik keçisi

angreifbar *adj* (*fig*) eğreti; **diese Maßnahmen sind ~** bu tedbirler eğretidir

an|greifen *irr vt* **1.** (MIL, SPORT) akın etmek (-e), hücum etmek (-e); (*überfallen*) basmak; (*tätlich*) saldırmak (-e), hücum etmek (-e) **2.** (*kritisieren*) saldırmak (-e), hücum etmek (-e) **3.** (*beeinträchtigen*) etkilemek;

A

(*schwächen*) zayıflatmak; (*ermüden*) yormak; (*Gesundheit*) sarsmak; (*psychisch*) sarsmak **4.** (CHEM) saldırmak (-e), etkisiyle eritmek; **Säuren greifen Metalle an** asitler madenlere saldırır **5.** (*Vorräte*) el atmak (-e); (*Ersparnisse*) dokunmak (-e) **6.** (*fig: in Angriff nehmen*) ele almak

Angreifer(in) *m(f)* <-s, -; -nen> akıncı; (*Angriffsspieler*) hücüm oyuncusu; (*Fußball*) akıncı, forvet

an|grenzen *vi* bitişik olmak (*an* -e), ortak sınırları olmak (*an* ile); **angrenzend** *adj* sınırdaş, bitişik

Angriff *m* <-(e)s, -e> (*a.* MIL, SPORT) akın, atak, hücum; (*Überfall*) saldırı, taarruz; **etw in ~ nehmen** (*fig*) bir şeyi ele almak; **zum ~ übergehen** saldırıya geçmek; (*Soldaten*) hücuma kalkmak; **angriffslustig** *adj* saldırgan; **Angriffspunkt** *m* **1.** (*Ziel*) hedef **2.** (TECH: *Schwachstelle*) zayıf nokta; **Angriffsspieler(in)** *m(f)* (SPORT) hücum oyuncusu; (*Fußball*) forvet, akıncı

an|grinsen *vt* sırıtmak (-e)

Angst [aŋst, *Pl:* 'ɛŋstə] *f* <Ängste> korku (*vor* -den); (*schwächer*) kaygı (*vor* için); (*stärker*) endişe; **vor jdm/vor etw ~ haben** bir kimseden/şeyden korkmak; **um jdn ~ haben** biri için endişeye düşmek, biri yüzünden kaygılanmak; **sie bekam ~** korktu; **keine ~!** korkma!; **jdm ~ einjagen** birini korkutmak; **sie hat ~, dass ...** ...den korkuyor; **Angsthase** *m* (*fam*) ödlek tavşan, tavşan yürekli (kimse)

ängstigen ['ɛŋstɪgən] **I.** *vt* (*Angst einjagen*) korkutmak; (*beunruhigen*) kaygılandırmak **II.** *vr:* **sich ~ 1.** (*Angst haben*) korkmak (*vor* -den) **2.** (*sich sorgen*) kaygılanmak (*um* yüzünden), endişelenmek (*um* yüzünden); **sich wegen etw ~** bir şeyden dolayı endişelenmek [*o* kaygılanmak]; **sich zu Tode ~** (*fig*) ödü kopmak

ängstlich ['ɛŋstlɪç] *adj* **1.** (*verängstigt*) korkak, ödlek; (*schüchtern*) çekingen; **ein ~es Gesicht machen** beti benzi kireç kesilmek **2.** (*besorgt*) kaygılı, endişeli

Ängstlichkeit *f ohne Pl* korkaklık, ödleklik

Angstneurose *f* (MED) kaygı nevrozu; (PSYCH) kaygı sinircesi; **Angstpsychose** *f* (MED, PSYCH) kaygı psikozu

Angstschweiß *m ohne Pl* <-sses> (korkudan basan) soğuk ter; **mir brach der ~ aus** korkudan soğuk ter döktüm; **der ~ steht ihm auf der Stirn** korkudan alnını soğuk ter bastı

Angstzustände *Pl* kaygılanma; **~ bekommen** paniğe kapılmak

an|gucken *vt* (*fam*) bakmak; **sich** *dat* **etw ~** bir şeye bakmak

an|gurten *vr:* **sich ~** (AUTO) kemerini takmak [*o* bağlamak]

an|haben *irr vt* **1.** (*Kleidung*) üstünde olmak, giyinmiş olmak **2.** (*Schaden zufügen*) zarar vermek; **jdm/etw nichts ~ können** bir kimseye/şeye hiç zarar verememek; **das kann mir nichts ~** bu bana hiç zarar veremez; **sie können mir nichts ~** onlar bana hiç zarar veremez

an|haften *vi* **1.** (*kleben*) yapışmak (*an* -e) **2.** (*zugehören*): **ein Risiko haftet dieser Sache an** bu işin bir riski var

Anhalt *m* <-(e)s, (-e)> (*~spunkt*) dayanak, ipucu; **jdm einen ~ gewähren** birine bir ipucu vermek; **ich habe keinen ~ dafür, dass ...** ... olduğuna dair hiçbir dayanağım yok

an|halten *irr* **I.** *vi* **1.** (*andauern*) sürmek; (*weitergehen*) devam etmek **2.** (*stoppen*) durmak, duraklamak **3.** (*werben*) teklifte bulunmak; **um jds Hand ~** birine evlenme teklifinde bulunmak **II.** *vt* **1.** (*Fahrzeug, Uhr*) durdurmak; (*Atem, Luft*) tutmak; (*Ton*) kesmek **2.** (*anleiten*) göstermek (-e, *zu* -); (*erziehen*) eğitmek (*zu* -e); **das Kind zur Sauberkeit ~** çocuğu temizliğe eğitmek; **anhaltend** *adj* sürekli, devamlı

Anhalter(in) *m(f)* <-s, -; -nen> otostopçu; **per ~ fahren** otostop yapmak

Anhaltspunkt *m* dayanak (noktası); (*Indiz*) ipucu

anhand [an'hant] *präp* (*mit Hilfe*) yardımıyla

Anhang *m* <-(e)s, -hänge> **1.** ek **2.** (*einer Partei*) taraftarlar, partililer **3.** (*fam: Familie*) aile; **er ist samt ~ erschienen** maaile geldi

an|hängen **I.** *irr vi* **1.** (*anhaften*) yapışmak (-e); **das schlechte Image hing ihm noch lange an** kötü imajı uzun zaman peşini bırakmadı **2.** (*sich zugehörig fühlen*) yana olmak (-den) **II.** *vt* **1.** (*aufhängen*) asmak (*an* -e); **jdm etw ~** (*fam*) birinin üstüne bir şeyi atmak **2.** (*ankuppeln*) takmak (*an* -e) **3.** (*anfügen*) eklemek (*an* -e) **4.** (INFORM: *an Datei*) eklemek

Anhänger(in)[1] *m(f)* <-s, -; -nen> (*Person*) taraftar, yandaş, yanlı; (SPORT) taraftar

Anhänger[2] *m* <-s, -> **1.** (AUTO) treyler, römork **2.** (*Schmuckstück*) pandantif **3.** (*für Koffer*) etiket

Anhängerschaft *f* <-en> (SPORT) taraftarlar *pl;* (*einer Doktrin*) yanlılar *pl*

anhängig *adj* görülmekte olan

anhänglich *adj* sadık

Anhänglichkeit *f ohne Pl* sadakat, içten bağlılık

an|hauen *irr vt:* **jdn ~** (*fam*) birinden dilenmek

an|häufen **I.** *vt* yığmak, biriktirmek; (*Wa-*

ren) istif [*o* stok] etmek **II.** *vr:* **sich** ~ yığılmak; (*Menschen*) birikmek

Anhäufung *f* <-en> yığılma, birikme; (*von Waren*) istifleme, stoklama

an|heben *irr vt* **1.** (*hochheben*) kaldırmak **2.** (*erhöhen*) yükseltmek

an|heften *vt* tutturmak (*an* -e)

anheim[RR] [an'haɪm] (*geh*): **der Vergessenheit ~ fallen** maziye karışmak; **jdm etw ~ stellen** bir şeyi birinin kararına bırakmak

anheim|fallen *irr vi sein s.* **anheim**; **anheim|stellen** *vt s.* **anheim**

an|heizen *vt* **1.** (*Kamin*) yakmak **2.** (*fig: positiv*) körüklemek; (*fig: negativ*) kızıştırmak

an|heuern ['anhɔɪɐn] **I.** *vi* (NAUT) tayfa yazılmak (*auf* -e) **II.** *vt* (*anwerben*) tayfa almak

Anhieb ['anhi:p] *m ohne Pl:* **auf ~** (*fam*) hemencecik, ilk hamlede, bir çırpıda

an|himmeln ['anhɪməln] *vt* (*fam*) taparcasına sevmek, perestiş etmek; (*mit Blicken*) hayran hayran bakmak (-e)

Anhöhe *f* <-n> tümsek, tepecik

an|hören **I.** *vt* (JUR) dinlemek; (*Gehör schenken*) kulak vermek (-e); **jdn ~** birini dinlemek; **etw ~** bir şeyi dinlemek **II.** *vr:* **sich gut ~** kulağa hoş gelmek; **das hört sich gut an!** bak, bu hoşuma gitti!

Anhörung *f* <-en> (JUR, EU) dinle(n)me; (*Experten*) dinle(n)me; **nach ~ der Parteien** taraflar dinlendikten sonra

Anilin *nt ohne Pl* <-s> (CHEM) anilin

animalisch *adj* hayvanî, hayvanca

Animateur(in) [anima'tø:ɐ] *m(f)* <-s, -e; -nen> animatör

Animation *f* (*a.* INFORM) animasyon

Animierdame *f* konsomatris

animieren* [ani'mi:rən] *vt* (*anregen*) özendirmek (*zu* -e); (*in Stimmung bringen*) heveslendirmek (*zu* -e)

Anis [a'ni:s, 'a:nɪs] *m* <-(es), -e> anason; **Anisbrot** *nt* anasonlu ekmek

Ank. *Abk. von* **Ankunft** geliş

an|kämpfen *vi* mücadele etmek (*gegen* ile)

Ankauf *m* <-(e)s, -käufe> alım, satın alma

an|kaufen *vt* satın almak

Anker ['aŋkɐ] *m* <-s, -> **1.** (NAUT) demir, çapa, çipo; **den ~ auswerfen/lichten** demir atmak/almak; **vor ~ gehen** demirlemek, fonda etmek **2.** (ELEK) armatür

Ankerkette *f* (NAUT) demir zinciri

ankern ['aŋkɐn] *vi* (NAUT) demir atmak

Ankerplatz *m* <-es, -plätze> (NAUT) demir yeri, fonda

an|ketten *vt* zincirle bağlamak (*an* -e)

Anklage *f* <-n> (JUR) **1.** iddia, sav **2.** (~*vertretung*) savcı, iddia makamı **3.** (~*schrift*) iddianame **4.** (*öffentliche Klage*) kamu davası; **~ gegen jdn erheben** biri aleyhinde kamu davası açmak; **unter ~ stehen** hakkında kamu davası açılmış olmak; **Anklagebank** *f* <-bänke> sanık sırası, sanıkların oturduğu sıra; **auf der ~ sitzen** sanık sırasında oturmak; **Anklagebehörde** *f* (JUR) iddia makamı

an|klagen *vt* **1.** (JUR) aleyhinde kamu davası açmak (*wegen* -den dolayı) **2.** (*Missstände*) yakınmak, sızlanmak **3.** (*beschuldigen*) suçlamak; **jdn ~, etw getan zu haben** birinin bir suç işlemiş olduğunu iddia etmek

Ankläger(in) *m(f)* <-s, -; -nen> (JUR) savcı

Anklageschrift *f* (JUR) iddianame

an|klammern **I.** *vt* (*mit Klammer*) tutturmak **II.** *vr* sıkı sıkıya sarılmak

Anklang *m* <-(e)s, -klänge> **1.** (*Zustimmung*) rağbet, tutulma; **bei jdm ~ finden** biri tarafından tutulmak; **großen ~ finden** çok tutulmak [*o* rağbet görmek] **2.** (*Ähnlichkeit*) çağrıştırma; **Anklänge an Wagner/an die Romantik** Wagner'i/romantizmi çağrıştırma

an|kleben *vt* yapıştırmak (*an* -e)

an|kleiden **I.** *vt* (*geh*) giydirmek **II.** *vr:* **sich ~** (*geh*) giyinmek

Ankleideraum *m* <-(e)s, -räume> (*Warenhaus*) giyinme kabini; (THEAT) giyinme odası; (SPORT) soyunma odası; **Ankleidezimmer** *nt* giyinme odası

an|klicken *vt* (INFORM) tıklatmak; **das Menü ~** menüyü tıklatmak

an|klopfen *vi* **1.** kapıyı vurmak **2.** (*fam: bitten*) kapısını çalmak (*um* için)

an|knabbern *vt* kemirmek

an|knipsen *vt* (*fam: Licht*) açmak

an|knüpfen **I.** *vt* **1.** (*anknoten*) bağlamak (*an* -e) **2.** (*fig: beginnen*) başlatmak; **Beziehungen ~** ilişki kurmak **II.** *vi:* **an etw ~** (*eine Verbindung mit etw herstellen*) bir şeyle bağlantı kurmak; (*etw als Ausgangspunkt benutzen*) bir şeyden yola çıkmak

an|kommen[1] *irr vi sein* **1.** (*eintreffen*) gelmek (*in/bei/auf* -e); (*Schiff*) varmak (*in* -e); **bist du gut angekommen?** sağ salim vardın mı? **2.** (*bei Bewerbungen*) alınmak **3.** (*Anklang finden*) tutulmak; **bei jdm ~** (*fam*) biri tarafından tutulmak; **er kommt bei seinen Schülern gut an** öğrencileri tarafından [*o* arasında] çok tutuluyor **4.** (*fam: sich wenden*): **jdm mit etw ~** birine bir şeyle gelmek, bir şeyi birinin başına sarmak; **komm bloß nicht damit wieder an!** (*fam*) yine başlama ona! **5.** (*sich durchsetzen*): **gegen jdn ~** biriyle başa çıkmak

an|kommen[2] *irr vi sein* **1.** (*wichtig sein*) önemli olmak; **es kommt mir nicht darauf an** benim için önemli değil; **es kommt d(a)rauf an, dass ...** önemli olan şey, ... **2.** (*abhängen*) bağlı olmak (*auf* -e); **es kommt d(a)rauf an** duruma bağlı; **es kommt d(a)rauf an, ob ...** ... olup olmamasına bağlıdır **3.** (*riskieren*): **es auf etw ~ lassen** (*fam*) riske girmek; **es d(a)rauf ~ lassen** işi oluruna bırakmak; **lass es nicht d(a)rauf ~!** işi oluruna bırakma!; **es auf einen Prozess ~ lassen** mahkemelik olmak

Ankömmling ['ankœmlɪŋ] *m* <-s, -e> yeni gelen (kimse)

an|kotzen *vt* (*vulg: anekeln*) tiksindirmek; **das kotzt mich an!** (*sl*) bu beni hasta ediyor!

an|kreiden ['ankraɪdən] *vt:* **jdm etw ~** birine bir şey isnat etmek

an|kreuzen *vt* çarpı işareti koymak

an|kündigen I. *vt* bildirmek, tebliğ etmek **II.** *vr:* **sich ~** geleceğini bildirmek; (*spürbar sein*) kendini hissettirmek [*o* duyurmak]

Ankündigung *f* <-en> bildirme; (*Plakat*) bildiri; (*schriftlich*) tebliğ

Ankunft ['ankʊnft] *f ohne Pl* geliş; (*Schiff*) varış; **Ankunftszeit** *f* geliş saati; (*Schiff*) varış zamanı

an|kurbeln *vt* **1.** (TECH) manivelâ ile çalıştırmak **2.** (*in Schwung bringen*) harekete geçirmek; (*Wirtschaft*) canlandırmak

Ankurb(e)lung *f* <-en> (WIRTSCH) canlandırma

an|lächeln *vt* gülümsemek (-e), gülümseyerek bakmak (-e); **jdn ~** birine gülümsemek, birine gülümseyerek bakmak

an|lachen *vt* gülerek bakmak; **sich** *dat* **jdn ~** (*fam*) birini tavlamak

Anlage *f* <-n> **1.** (*Fabrik~*) tesis **2.** (*Bau*) alan; (*Park*) park; (*Sportplatz*) saha **3.** (*Beilage*) ek, ilişik; **als ~ erhalten Sie ...** ... ilişiktedir [*o* ektedir] **4.** (*Entwurf*) taslak **5.** (ELEK) tesisat **6.** (INFORM, RADIO: *Stereo~*) sistem, takım, set; (*Brems~, Alarm~*) sistem **7.** (FIN) yatırım, plâsman **8.** (PSYCH: *Begabung*) istidat (*zu* -e); (*Veranlagung*) eğilim (*zu* -e)

Anlageberatung *f* (FIN) yatırım danışmanlığı; **Anlagefonds** *m* (FIN) yatırım fonu

an|langen I. *vi sein* (*eintreffen*) varmak (*an/zu* -e) **II.** *vt* **1.** (*betreffen*) ilgilendirmek; **was mich/diese Sache anlangt, ...** bana/bu işe gelince, ... **2.** (*reg: anfassen*) ellemek

Anlass[RR] ['anlas, *Pl:* 'anlɛsə] *m* <-es, -lässe>, **Anlaß** *m* <-sses, -lässe> **1.** (*Grund*) vesile (*zu* için), sebep (*zu* için); (*Ursache*) neden (*zu* için); **aus diesem ~** bu vesileyle; **das gibt ~ zur Sorge** bu, insanı endişeye düşürüyor **2.** (*Gelegenheit*) fırsat, vesile; **bei diesem ~** bu vesileyle; **ein willkommener ~** uygun bir fırsat [*o* vesile]; **jdm ~ geben zu ...** birine ... için fırsat vermek

an|lassen *irr* **I.** *vt* **1.** (*Motor*) çalıştırmak **2.** (*Licht, Radio*) açık bırakmak, kapamamak **3.** (*fam: Kleidung*) (üstünden) çıkarmamak; **du kannst deine Schuhe ruhig ~** ayakkabılarını çıkarmasan da olur **II.** *vr:* **sich ~** (*fam: sich entwickeln*) kendini göstermek; (*positiv*) iyi gitmek

Anlasser *m* <-s, -> (AUTO) marş (motoru)

anlässlich[RR] ['anlɛslɪç] *präp,* **anläßlich** *präp* dolayısıyla, -den ötürü

an|lasten ['anlastən] *vt:* **jdm etw ~** birine bir şey yüklemek [*o* isnat etmek]

Anlauf *m* <-(e)s, -läufe> **1.** (SPORT: *beim Lauf*) depar; (*beim Sprung*) hız alma; **~ nehmen** hız almak; **ein Sprung mit ~** hız alarak atlama **2.** (*Versuch*) deneyiş; **erst beim zweiten ~** ancak ikinci deneyişte

an|laufen *irr* **I.** *vi sein* **1.** (*angelaufen kommen*) koşarak gelmek; **gegen die Parkuhr ~** yürürken park saatine çarpmak **2.** (*beginnen*) başlamak; (*Film*) başlamak; (*Motor*) çalışmak **3.** (*sich verfärben: Silber*) menevişlenmek; **rot ~** kızarmak; **blau ~** morarmak **4.** (*beschlagen*) buğulanmak **5.** (SPORT) depara geçmek; (*Schwung holen*) hız almak **II.** *vt* (NAUT): **einen Hafen ~** bir limana uğramak

Anlauffarbe *f* meneviş

Anlaufstelle *f* <-n> (ADMIN) hükûmet kapısı, devlet dairesi

Anlaufzeit *f* (*fig*): **das braucht ein paar Wochen ~** yürümesi için birkaç hafta gerekiyor

Anlaut *m* <-(e)s, -e> (LING) ön ses; **Anlautschwund** *m ohne Pl* <-(e)s> (LING) ön ses düşmesi

an|legen I. *vi* (NAUT) rampa etmek, yanaşmak; **längsseits ~** aborda etmek, karınlamak **II.** *vt* **1.** (*Maßstab*) koymak; (*Spielstein*) koymak **2.** (*anlehnen*) yaslamak; (*Leiter*) dayamak; **eine Leiter ~ an die Wand** duvara bir merdiven dayamak **3.** (*Gewehr*) nişan almak **4.** (*geh: anziehen*) giyinmek; (*überziehen*) üstüne giymek **5.** (*einrichten*) yerleştirmek; (*Garten*) yapmak, donatmak; (*Straße, Liste, Vorräte*) yapmak; (*gründen*) kurmak; (*bauen*) yapmak; (*Akte*) açmak; (BERGB: *Stollen*) açmak **6.** (FIN: *investieren*) yatırmak (*in* -e) **7.** (*bezahlen*) ödemek **8.** (*absehen*): **du legst es wohl auf einen Streit mit mir an** anlaşılan benimle kavga etmeye niyetin var **9.** (*ausrichten*): **der Film ist auf drei**

Stunden angelegt film üç saat için yapılmıştır **10.** (*anbringen*): **jdm einen Verband** ~ birini bandajlamak; (*Fesseln*) takmak; **dem Pferd das Geschirr** ~ ata koşum geçirmek **11.** (INFORM) yaratmak **III.** *vr:* **sich** ~ (*streiten*) kavga etmek

Anlegeplatz *m* <-es, -plätze> (NAUT) iskele

Anleger(in) *m(f)* (FIN) yatırımcı

Anlegesteg *m* (NAUT) iskele

an|lehnen **I.** *vt* (*Tür*) aralamak; (*aufstützen*) dayamak (*an* -e), yaslamak (*an* -e) **II.** *vr:* **sich** ~ (*sich abstützen*) dayanmak (*an* -e); **sich an etw/jdn** ~ (*a. fig*) bir şeye/kimseye dayanmak; (*zum Vorbild nehmen*) bir şeyi/kimseyi örnek almak

an|leiern ['anlaɪɐn] *vt* (*fam: in die Wege leiten*) başlatmak; **wer hat das angeleiert?** kim bunu başlattı?

Anleihe ['anlaɪə] *f* <-n> **1.** (FIN: *Darlehen*) istikraz, borç alma; **eine** ~ **aufnehmen** istikraz etmek, borç almak; **bei jdm eine** ~ **machen** birinden borç almak **2.** (FIN: *Schuldverschreibung*) tahvil

an|leimen *vt* tutkallamak, tutkal ile yapıştırmak

an|leiten *vt* **1.** (*unterweisen*) talimat vermek (-e) **2.** (*lehren*) öğretmek (-e); **jdn zu etw** ~ birine bir şeyi öğretmek

Anleitung *f* <-en> **1.** (*Vorgang*) talimat verme, yol gösterme; **unter** ~ (**von**) (-in) yönetimi altında **2.** (*Text*) tarife; (*Lehrbuch*) kılavuz

an|lernen *vt* öğretmek, bilgi kazandırmak (-e)

an|lesen *irr vt* **1.** (*den Anfang lesen*) başını okumak (-in) **2.** (*sich aneignen*): **sich** *dat* **seine Kenntnisse** ~ bilgisini okuyarak edinmek

an|liefern *vt* (COM) teslim etmek

an|liegen *irr vi* **1.** (*fam: anstehen*) gündemde olmak; **was liegt heute an?** bugün gündemde ne var? **2.** (*Kleider*) üstüne olmak, oturmak

Anliegen *nt* <-s, -> (*Wunsch*) arzu; (*Bitte*) rica

anliegend *adj* **1.** (*benachbart*) komşu **2.** **ein eng ~es Kleid** dar bir elbise **3.** (*beiliegend, beigefügt*) ekteki, ilişikteki

Anlieger *m* <-s, -; -nen> yolüstünde oturan (kimse), aynı sokakta oturan (kimse), kapı komşu; ~ **frei** yolüstünde oturanlara serbest

an|locken *vt* kendine çekmek, cezbetmek

an|löten *vt* lehimlemek, lehimle tutturmak

an|lügen *irr vt* yalan söylemek (-e); **jdn** ~ birine yalan söylemek

an|luven *vi* (NAUT) orsalamak

Anm. *Abk. von* **Anmerkung** not

an|machen *vt* **1.** (*anbringen*) takmak **2.** (*fam: anschalten*) açmak; (*fam: anzünden*) yakmak; (**das**) **Licht** ~ ışık (ışığı) açmak [*o* yakmak] **3.** (*fam: zubereiten*) hazırlamak; (*fam: mischend bereiten*) karıştırarak hazırlamak **4.** (*fam: ansprechen*) asılmak (-e), sataşmak (-e) **5.** (*fam: erregen*) heyecanlandırmak; (*fam: zum Mitmachen animieren*) özendirmek **6.** (*fam: beschimpfen*) küfretmek (-e), sövmek

an|malen *vt* boyamak

Anmarsch *m* yürüyüş; **im** ~ **sein auf** (MIL) -e doğru ilerlemekte olmak; (*fig*) -e doğru yürümekte [*o* yolda] olmak

an|maßen ['anma:sən] *vr:* **sich** *dat* ~ (*Fähigkeiten*) yeltenmek; (*Rechte*) gaspetmek, *zorla, izinsiz almak*

anmaßend ['anma:sənt] *adj* (*hochmütig*) kibirli; (*eingebildet*) kendini beğenmiş

Anmaßung *f* <-en> **1.** (*unberechtigter Anspruch*) gasp **2.** (*Überheblichkeit*) yeltenme; (*Unverschämtheit*) küstahlık

Anmeldeformular *nt* başvuru formu

Anmeldegebühr *f* kayıt ücreti, kaydiye

an|melden **I.** *vt* **1.** bildirmek; **Konkurs** ~ iflâs ilân etmek **2.** (*für Abgaben*) bildirmek, beyan etmek; (*für Zoll*) bildirmek, deklâre etmek; (*Fahrzeug*) tescil ettirmek; **jdn bei einer Schule** ~ birini okula kaydettirmek [*o* yazdırmak]; **jdn zu einem Kurs** ~ birini bir kursa kaydetmek [*o* yazdırmak] **II.** *vr:* **sich** ~ **1.** geldiğini bildirmek [*o* haber vermek] **2.** (*für einen Kurs*) kendini kaydettirmek [*o* yazdırmak]; **sich polizeilich** ~ polise kaydını yaptırmak

anmeldepflichtig *adj* bildirilmesi zorunlu

Anmeldung *f* <-en> **1.** (*Ankündigung*) bildirme **2.** (*zu einem Kurs*) kaydolma; (*bei Polizei*) kaydını yaptırma **3.** (*fam: im Hotel*) resepsiyon **4.** (*Eintragung*) tescil; (*Eintragungsantrag*) tescil talebi

an|merken *vt* **1.** (*mit einem Zeichen versehen*) işaret etmek; (*ergänzend bemerken*) işaret etmek (-e) **2.** (*bemerken*) fark etmek; **jdm etw** ~ bir kimsede bir şeyi fark etmek; **sich etw** ~ **lassen** bir şeyi belli etmek; **ich ließ mir nichts** ~ bozuntuya vermedim **3.** (*schriftlich*) not düşmek

Anmerkung *f* <-en> **1.** (*schriftlich*) not **2.** (*Bemerkung*) not **3.** (*Fußnote*) dipnot; ~ **des Übersetzers** çevirmenin dipnotu

Anmut ['anmu:t] *f ohne Pl* (*geh*) letafet, zarafet; (*der Landschaft*) lâtiflik

anmutig *adj* (*geh: Wesen, Landschaft*) lâtif; (*Bewegung*) zarif

an|nähern **I.** *vt* yaklaştırmak (*an* -e) **II.** *vr:* **sich** ~ yaklaşmak (*an* -e), sokulmak (*an* -e)

annähernd ['annɛ:ɐnt] **I.** *adj* (*ungefähr*) yaklaşık **II.** *adv* (*ungefähr*) yaklaşık olarak, aşağı yukarı; (*fast*) neredeyse; (*beinahe*) hemen hemen

Annäherung *f* <-en> yaklaşma, yakınlaşma; (*an einen Menschen*) sokulma; **Annäherungsversuch** *m* ilişki kurmaya çalışma

annäherungsweise *adv* yaklaşık olarak, aşağı yukarı

Annahme ['anna:mə] *f* <-n> kabul; (*Entgegennahme*) (teslim) alma; (*Vermutung*) sanı, varsayım; **in der ~, dass ...** farzımuhal ..., ... diye; **zu der ~ berechtigen** sandırmak, olabileceğine daha çok inandırmak

annehmbar *adj* kabul edilebilir; (*zulässig*) caiz; (*Preis*) uygun

an|nehmen *irr* **I.** *vt* **1.** (*entgegennehmen*) almak, kabul etmek **2.** (*Auftrag*) almak; (*Rat*) dinlemek; (*Antrag*) kabul etmek **3.** (*Urteil*) kabul etmek **4.** (*Gewohnheit; Meinung, Kind*) edinmek; (*Umfang*) ulaşmak; **etw nimmt Gestalt an** bir şey biçim kazanıyor, bir şey biçimleniyor; **nimm doch endlich Vernunft an!** artık aklını başına toplasana! **5.** (*vermuten*) sanmak, zannetmek, tahmin etmek, farz etmek, var saymak; **das nehme ich nicht an** bunu sanmıyorum; **angenommen, dass ...** kabul edelim ki ..., farzımuhal ... **II.** *vr:* **sich jds ~** biriyle ilgilenmek; **sich etw** *gen* **~** bir şeye sahip çıkmak

Annehmlichkeit *f* <-en> rahatlık, konfor; (*Vorteil*) avantaj

annektieren* [anɛk'ti:rən] *vt* (POL) ilhak etmek

anno *adv,* **Anno** *adv* (*im Jahre*) yılında; **es war Winter, ~ 1941, als ... ...** iken 1941 yılında kışındı; **von ~ dazumal** fi tarihinden; **~ dazumal** [*o* **dunnemals**] (*fam*) fi tarihinde; (*einstmals*) bir zamanlar

Annonce [a'nɔ̃sə] *f* <-n> (*Inserat*) ilân

annoncieren* [anɔ̃'si:rən] **I.** *vi* (*inserieren*) ilân vermek **II.** *vt* (*Stelle, Hochzeit*) ilân etmek

annullieren* [anʊ'li:rən] *vt* iptal etmek

Anode *f* <-n> (PHYS) anot

an|öden ['anø:dən] *vt* (*fam*) can sıkmak

anomal ['anoma:l, --'-] *adj* anomalisi olan; (*nicht normal*) anormal

Anomalie [anoma'li:] *f* <-n> anomali; (*Abnormität*) anormallik

anonym [ano'ny:m] *adj* anonim, adı sanı bilinmeyen; **~ bleiben** anonim olmak, adı sanı bilinmemek; **~ veröffentlichen** anonim yayımlamak, yaratıcısının adı belirtilmeden yayımlamak; **~e Werke** anonim eserler, yaratıcısının adı bilinmeyen eserler

anonymisieren *vt* (*Daten, Fragebögen*) adsızlandırmak, sahibinin adını belirtmemek

Anonymität *f ohne Pl* anonimlik, adı sanı bilinmeme

Anorak ['anorak] *m* <-s, -s> anorak

an|ordnen *vt* **1.** (*befehlen*) emretmek; (*verordnen*) talimat vermek (-e) **2.** (*aufstellen*) dizmek; (*in bestimmter Ordnung gliedern*) düzenlemek, düzene koymak, tanzim etmek; (*in bestimmter Reihenfolge gliedern*) sıralamak, sıraya koymak, tanzim etmek

Anordnung *f* **1.** düzen(leme), tanzim, tertip; (*Reihenfolge*) sıra; (*Gliederung*) dizin **2.** (*Befehl*) emir; (*Verordnung*) talimat; **auf ~ des Gerichts** mahkeme kararı üzerine; **auf ~ meines Arztes** doktorumun verdiği ilaç düzenine göre, doktorumun tertibine göre; **polizeiliche ~** polis talimatı

anorganisch ['anɔrga:nɪʃ] *adj* inorganik

anormal ['anɔrma:l] *adj* anormal

an|packen **I.** *vi* (*helfen*) yardım etmek **II.** *vt* **1.** (*anfassen*) tutmak **2.** (*handhaben*) ele almak; **ein Problem ~** bir sorunu ele almak; **eine Arbeit richtig/falsch ~** bir işi doğru/yanlış ele almak **3.** (*fam: behandeln*) davranmak (-e); **der Lehrer hat die Schüler hart angepackt** öğretmen öğrencilere sert davrandı

an|passen **I.** *vt* uydurmak (*an* -e); (TECH) uyarlamak (*an* -e); **etw einer Sache ~** bir şeyi diğer bir şeye uydurmak [*o* uyarlamak] **II.** *vr:* **sich ~** uymak (*an* -e), adapte olmak (*an* -e), intibak etmek (*an* -e)

Anpassung *f* (*das Anpassen*) uyarlama; (*das Sich-anpassen*) uyma, intibak; **anpassungsfähig** *adj* uyuşkan, uyma yeteneği olan (*an* -e); **Anpassungsfähigkeit** *f* <-en> uyma yeteneği

an|peilen *vt:* **etw ~** kerteriz etmek [*o* almak]

an|pfeifen *irr* **I.** *vi, vt* (SPORT) başlatmak için düdük çalmak, düdük çalarak (oyunu) başlatmak; **die zweite Halbzeit wurde angepfiffen** ikinci yarıyı başlatmak için düdük çalındı **II.** *vt* (*fam*) azarlamak, paylamak

Anpfiff *m* <-(e)s, -e> **1.** (SPORT) oyunu başlatma düdüğü, oyunu başlatmak için düdük çalma **2.** (*fam: Tadel*) azar(lama), paylama; **einen ~ bekommen** azar işitmek

an|pflanzen *vt* ekmek

Anpflanzung *f* (*das Anpflanzen*) ekim; (*Anbau*) ekinlik; (*gärtnerische Anlage*) bahçe

an|pirschen *vr:* **sich ~** gizlice yanaşmak

an|prangern ['anpraŋɐn] *vt* (*fig: scharf kritisieren*) sert bir biçimde eleştirmek

an|preisen *irr vt* **1.** (*empfehlen*) tavsiye etmek **2.** (*loben*) övmek; **sich ~ als** olarak övünmek

Anprobe *f* <-n> prova

an|probieren *vt* üstüne giyip denemek

an|pumpen *vt* (*fam*): **jdn um 100 Euro** ~ birinden yüz euro koparmak [*o* sızdırmak]

Anrainer(in) *m(f)* <-s, -; -nen> (*österr: Anlieger*) komşu

an|rechnen *vt* **1.** (*in Rechnung stellen*) hesaba yazmak **2.** (*gutschreiben*) hesaba geçirmek, mahsup etmek (*auf*-e) **3.** (*Studienzeiten*) saymak (*auf*-e) **4.** (*schätzen*) takdir etmek; **ich rechne es ihm hoch an, dass er mir geholfen hat** bana yardım ettiğinden dolayı onu çok takdir ediyorum

Anrecht *nt* <-(e)s, -e> hakkı olmak (*auf*-e)

Anrede *f* <-n> hitap; (*Schweiz: Ansprache*) nutuk; (*kurz*) konuşma

an|reden *vt* söz yöneltmek (-e), seslenmek (-e), hitap etmek (-e); **gegen den Lärm** ~ gürültüye karşı seslenmek; **jdn mit Du/mit Sie** ~ birine sen/siz diye hitap etmek

an|regen *vt* **1.** isteklendirmek, özendirmek; **jds Appetit** ~ birinin iştahını açmak **2.** (*stimulieren*) uyarmak; (*beleben*) canlandırmak **3.** (*inspirieren*) esindirmek **4.** (*vorschlagen*) önermek

anregend *adj* (*Tee, Kaffee*) uyaran; (*a.* MED) uyarıcı; (*Gespräch*) esindirici

Anregung[1] *f* <-en> (*Vorschlag*) öneri, teklif; (*Inspiration*) esindirme; (*Stimulierung*) uyarma; **auf jds** ~ birinin önerisi üzerine

Anregung[2] *f ohne Pl* isteklendirme, özendirme, teşvik; (*Belebung*) canlandırma

an|reichern ['anraıçern] **I.** *vt* **1.** zenginleştirmek **2.** (*vermehren*) çoğaltmak; **spaltbares Uran** ~ çekirdeği bölünebilen uranyumu zenginleştirmek **II.** *vr:* **sich** ~ çoğalmak

Anreicherung *f* **1.** zenginleştir(il)me **2.** çoğal(t)ma

Anreise *f* (*Hinfahrt*) gidiş (yolculuğu); (*Ankunft*) geliş; (*erwartetes Eintreffen*) gelme

an|reisen *vi sein* (*fahren*) gitmek; (*ankommen*) gelmek; **mit dem Zug** ~ trenle gitmek [*o* gelmek]

Anreiz *m* <-es, -e> teşvik, isteklendirme, özendirme; (*Antrieb*) güdü, dürtü, motor; (*finanziell*) teşvik

an|reizen *vt* **1.** teşvik etmek, isteklendirmek, özendirmek **2.** (*anregen*) uyarmak; (*wecken*) uyandırmak

an|rempeln ['anrɛmpəln] *vt* (*fam*): **jdn** ~ birine çarpmak; (*böswillig*) birini itmek

an|rennen *irr* **I.** *vi sein* **1.** (*herbeieilen*) koşarak [*o* koşa koşa] gelmek **2.** (*anstürmen*) akın etmek (*gegen* -e) **3.** (*ankämpfen*) mücadele etmek (*gegen* ile); **gegen den Wind** ~ rüzgâr ile mücadele etmek; **gegen die Zeit** ~ (*fig*) zamanla yarışmak **II.** *vt* (*fam: anstoßen*) çarpmak (*an* -e); (*rennend anstoßen*) koşarak çarpmak (*an* -e); **an dieser Ecke renne ich mir immer wieder das Knie an** bu köşeye ikide bir dizimi çarpıyorum

Anrichte ['anrıçtə] *f* <-n> büfe

an|richten *vt* **1.** (*Mahlzeit*) hazırlamak; **es ist angerichtet!** yemek hazır! **2.** (*verursachen*) neden [*o* sebep] olmak (-e), yol açmak (-e); **was hast du wieder angerichtet?** yine ne haltlar karıştırdın?

anrüchig ['anrʏçıç] *adj* adı (kötüye) çıkmış, yakışıksız, çirkin

an|rücken **I.** *vt* yanaştırmak **II.** *vi* yanaşmak, yaklaşmak

Anruf *m* <-(e)s, -e> **1.** (*laute Anrede*) seslenme; (*Appell*) çağrı **2.** (TEL) telefon; **Anrufbeantworter** *m* <-s, -> telesekreter

an|rufen *irr vt* **1.** (*laut anreden*) seslenmek (-e) **2.** (*bitten*) yardım istemek (-den); (*flehend*) yalvarmak (-e), yardıma çağırmak; (JUR) başvurmak (-e); **das Gericht** ~ mahkemeye başvurmak **3.** (*telefonieren*) telefon etmek (-e); **darf ich mal bei Ihnen ~?** sizden [*o* buradan] bir telefon edebilir miyim?

Anrufer(in) *m(f)* <-s, -; -nen> telefon eden (kimse)

an|rühren *vt* **1.** (*berühren*) dokunmak **2.** (*von etw essen*) ağzına koymak; **du hast das Essen kaum angerührt** ağzına doğru dürüst bir lokma bile koymadın **3.** (*Teig*) yoğurmak

anrührend *adj* dokunaklı

ans [ans] = **an das** *s.* **an**

Ansage ['anza:gə] *f* <-n> anons, duyuru; (TV) sunma; **die** ~ **machen** (programları veya haberleri) sunmak

an|sagen **I.** *vt* (*ankündigen*) anons etmek; (TV: *Programm*) sunmak; **angesagt sein** söylenmek; (*modisch*) tutulmak, rağbet görmek; **Spannung ist angesagt** heyecanlı olacağı söylendi **II.** *vr:* **sich** ~ geleceğini bildirmek

Ansager(in) *m(f)* <-s, -; -nen> (RADIO, TV) spiker, sunucu

an|sammeln **I.** *vt* toplamak, biriktirmek; **Vorräte** ~ stok etmek **II.** *vr:* **sich** ~ toplanmak, birikmek

Ansammlung *f* <-en> **1.** (*von Gegenständen*) koleksiyon **2.** (*von Menschen*) yığılma, toplanma, kalabalık

ansässig ['anzɛsıç] *adj* (*wohnhaft*) oturan, mukim; (*beheimatet*) yerleşik; **eine lange in Deutschland ~e türkische Familie** çoktandır Almanya'da yerleşik [*o* oturan] bir Türk ailesi

Ansatz *m* <-es, -sätze> **1.** (*Beginn*) başlangıç, oluşmaya [*o* çıkmaya] başlama;

(*Ausgangspunkt*) çıkış [*o* başlangıç] noktası; (*Anzeichen*) belirti, emare **2.** (*Keim*) filiz, sürgün **3.** (TECH) ek; (*Ansatzstück*) ek parça; (*Verlängerungsstück*) ulantı **4.** (*Ablagerung*) oluşum **5.** (ANAT) baş, bitişme yeri **6.** (PHILOS) yaklaşım **7.** (MUS) ton; **Ansatzpunkt** *m* çıkış noktası, başlangıç noktası; **Ansatzstück** *nt* (TECH) ek parça; (*Verlängerungsstück*) ulantı

ansatzweise *adv:* **er hat es ~ verstanden** onu kaba hatlarıyla anladı; **das Problem konnte nur ~ gelöst werden** sorun ancak kaba hatlarıyla çözülebildi

an|saugen *vt* emmek, çekmek

Ansaugfilter *m* (AUTO) emme filitresi; **Ansaugrohr** *nt* (AUTO) emme borusu

an|schaffen **I.** *vt* (*kaufen*) satın almak; (*beschaffen*) sağlamak, tedarik etmek **II.** *vi* (*fam: Prostituierte*): **~ gehen** orospuluk [*o* fahişelik] yapmak

Anschaffung *f* <-en> alım; (*Beschaffung*) sağlama, tedarik; (*Kauf*) satın alma; **~en machen** sağlamak, tedarik etmek; **Anschaffungswert** *m* alım değeri

an|schalten *vt* **1.** (*Licht, Fernseher*) açmak **2.** (*Atomkraftwerk*) devreye almak [*o* sokmak]

an|schauen *vt* bakmak (-e), seyretmek

anschaulich *adj* (*lebendig*) canlı; (*wirklichkeitsgetreu*) gerçeğe uygun; **ein ~es Beispiel** canlı bir örnek

Anschauung *f* **1.** *ohne Pl* (*das Anschauen*) bakma; (*Eindruck*) izlenim; **etw aus eigener ~ wissen** bir şeyi görmüş geçirmiş olduğu için bilmek **2.** <-en> (*Ansicht*) görüş, bakış; **nach meiner ~** benim görüşüme göre; **Anschauungsmaterial** *nt* görsel gereçler *pl*

Anschein *m ohne Pl* <-(e)s> görünüş; **allem ~ nach** öyle görünüyor ki, görünüşe göre, galiba, anlaşılan; **es hat den ~, als ob …** sanki … imiş gibi görünüyor; **sich den ~ geben, als …** kendine … süsü vermek, kendini … gibi göstermek

anscheinend *adv* galiba, görünüşe göre, anlaşılan

an|schicken *vr:* **sich ~ etw zu tun** (*geh*) bir şeyi yapmak üzere olmak

an|schieben *irr vt* itmek

an|schießen *irr* **I.** *vi sein* (*fam*): **angeschossen kommen** yıldırım gibi gelmek **II.** *vt haben* (*verletzen*) ateş ederek vurmak [*o* yaralamak]

Anschlag *m* <-(e)s, -schläge> **1.** (*Plakat*) afiş **2.** (*Mord~*) suikast (*auf* -e); (*Terror~*) eylem; **einen ~ auf jdn verüben** birine bir suikast yapmak; **einem ~ zum Opfer fallen** bir suikasta kurban gitmek **3.** (FIN, WIRTSCH) tahmin **4.** (*an der Schreibmaschine*) tuşlama; (*am Klavier*) tuşa vuruş [*o* basma] **5.** (TECH): **dreh den Knopf bis zum ~!** düğmeyi sonuna kadar çevir! **6.** (MIL) darbe; **Anschlagbrett** *nt* pano, ilân tahtası

an|schlagen *irr* **I.** *vt* **1.** (*annageln*) çivilemek; (*ankleben*) yapıştırmak **2.** (*Plakat*) asmak (*an* -e) **3.** (*Vase, Teller*) çarpıp kırmak **4.** (*Taste*) basmak **5.** (*Fass*) açmak **6.** (NAUT) bağlamak (*an* -e) **7.** (MUS): **Akkorde ~** akort yapmak; (*Melodie*) vermek **II.** *vi* **1.** (*anprallen*) çarpmak (*an* -e); (*Brecher*) dövmek **2.** (MED: *wirken*) cevap vermek, iyi sonuç vermek, etkisini göstermek **3.** (SPORT) servis atmak **4.** (*fam: dick machen*) şişmanlatmak **5.** (*Laut geben: Hund*) cevap vermek

an|schleichen *irr vr:* **sich ~** gizlice yaklaşmak (*an* -e)

an|schließen *irr* **I.** *vt* (ELEK, TECH: *Waschmaschine, Telefon*) bağlamak (*an* -e) **II.** *vr:* **sich ~ 1.** (*sich zugesellen*) katılmak (*an* -e), arkadaşlık etmek (-e) **2.** (*folgen*): **sich jdm ~** birinin peşinden gitmek **3.** (*beipflichten*) katılmak (-e), iştirak etmek (-e); **ich schließe mich Ihrer Meinung an** sizin fikrinize katılıyorum, sizinle hemfikirim

anschließend **I.** *adj* (*folgend*) arkasından gelen **II.** *adv* arkasından, ondan sonra

Anschluss[RR] *m* <-es, -schlüsse>, **Anschluß** *m* <-sses, -schlüsse> **1.** (*an eine Partei*) katılma (*an* -e), girme (*an* -e); (POL) bağlantı (*an* -e) **2.** (*an ein Netz*) abone (*an* -e); (TEL) telefon (bağlantısı) (*an* -e); **einen ~ beantragen** (TEL) telefon (bağlanması) için başvurmak **3.** (*Verkehr*) bağlantı; **den ~ verpassen** bağlantıyı kaçırmak **4.** (*Kontakt*) kontak, bağlantı, ilişki; **~ suchen/finden** kontak [*o* ilişki] aramak/kurmak; **~ haben nach …** …e bağlantısı olmak; **im ~ an …** …nin arkasından, …den sonra; **Anschlussflug**[RR] *m* uçak bağlantısı; **Anschlusszug**[RR] *m* tren bağlantısı

an|schmiegen ['anʃmiːgən] *vr* **1.** (*Person*) sokulmak (*an* -e) **2.** (*Kleidung: eng anliegen*) üstüne kalıp gibi oturmak

anschmiegsam *adj* (*Person*) sokulgan; (*Material, Stoff*) yumuşak

an|schnallen **I.** *vt* (*festbinden*) bağlamak; **seine Skier ~** kayaklarını takmak **II.** *vr:* **sich ~** (AERO, AUTO) (emniyet) kemeri(ni) takmak [*o* bağlamak]

Anschnallpflicht *f ohne Pl* (emniyet) kemer(i) takma zorunluluğu

an|schnauzen *vt:* **jdn ~** birine bağırmak

an|schneiden *irr vt* **1.** (*Brot*) kesmek **2.** (*Thema*) değinmek **3.** (*Kurve*) içten [*o* keserek] almak **4.** (SPORT: *Ball*) falso vermek (-e)

Anschovis [anˈʃoːvɪs] *f* <-> ançüez

an|schrauben *vt* vidalamak (*an* -e)

an|schreiben *irr vt* **1.** (*nicht sofort bezahlen*) veresiye vermek; ~ **lassen** (*fam*) veresiye almak **2.** (*Person*) yazmak (-e) **3.** (*an eine Tafel*) yazmak (*an* -e)

an|schreien *irr vt* bağırmak (-e)

Anschrift *f* <-en> adres

an|schuldigen [ˈanʃʊldɪɡən] *vt* (*geh*) itham etmek (*wegen* -den dolayı), suçlamak (*wegen* -den dolayı)

Anschuldigung *f* <-en> suçlama, itham

an|schweißen *vt* (TECH) kaynakla tutturmak

an|schwellen *irr vi sein* **1.** (*Körperteil*) şişmek **2.** (*Lärm*) çoğalmak; **lawinenartig** ~ çığ gibi büyümek **3.** (*Fluss*) kabarmak

Anschwellung *f* <-en> **1.** (MED) şişik **2.** (*Lärm*) çoğalma **3.** (*Fluss*) kabarma

an|schwemmen **I.** *vt haben* karaya atmak **II.** *vi sein* karaya vurmak

an|schwindeln *vt* (*fam*) dolandırmak

an|sehen *irr vt* **1.** (*betrachten*) bakmak (-e); (*prüfend*) incelemek, gözden geçirmek; (*Film*) seyretmek; (*besichtigen*) gezmek; **jdn** ~ birinin yüzüne bakmak; **das kann ich nicht länger mit ~!** buna ben daha fazla seyirci kalamayacağım!; **sieh mal (einer) an!** bak (bir) hele sen! **2.** (*erachten*) görmek; **ich sehe es als meine Pflicht an ...** ...i vazifem olarak görüyorum **3.** (*anmerken*) belli etmek, yüzünden anlaşılmak; **das sieht man ihr nicht an** bunu hiç de belli etmiyor; **man sieht dir dein Alter nicht an** yaşını göstermiyorsun [*o* belli etmiyorsun]

Ansehen *nt ohne Pl* <-s> **1.** (*Aussehen*) görünüş; **dem ~ nach zu urteilen** görünüşe bakılırsa **2.** (*Achtung*) saygınlık, itibar, prestij; **zu ~ gelangen** saygınlık kazanmak; **an ~ verlieren** saygınlığını yitirmek, itibardan düşmek, prestijini kaybetmek; **großes ~ genießen** çok itibar görmek

ansehnlich [ˈanzeːnlɪç] *adj* **1.** (*beträchtlich*) hatırı sayılır; **ein ~es Sümmchen** (*fam*) hatırı sayılır bir rakam **2.** (*gut aussehend*) yakışıklı, eli yüzü düzgün, yüzüne bakılır

an|seilen **I.** *vt:* **jdn** ~ birini iple bağlamak **II.** *vr* kendini iple bağlamak

an|sein *irr vi s.* **an III.3.**

an|sengen [ˈanzɛŋən] *vt* hafifçe yakmak

an|setzen **I.** *vi* (*beginnen*) başlamak (*zu* -e), geçmek (*zu* -e); **die Maschine setzt zur Landung an** uçak inişe geçti; **zum Spurt** ~ depara kalkmak **II.** *vt* **1.** (*in Position bringen*) yerleştirmek, takmak; (*anfügen*) eklemek; **eine Leiter an die Wand** ~ bir merdiveni duvara dayamak **2.** (*Glas*) ağzına götürmek **3.** (*bilden*) yapmak, oluşturmak, tutmak; **Fett** ~ (*fam*) yağ bağlamak; **Kalk/Rost** ~ kireç/pas tutmak **4.** (*vorbereiten*) hazırlamak **5.** (*Termin, Kosten*) belirlemek (*für* için), tayin etmek; (*veranschlagen*) değer biçmek **III.** *vr:* **sich** ~ (*Ablagerungen*) oluşmak

Ansicht *f* <-en> **1.** (*fig: Anschauung*) görüş; (*Meinung*) fikir (*über* hakkında); **meiner ~ nach** benim görüşümce [*o* fikrimce]; **der gleichen ~ sein** aynı görüşte olmak, hemfikir olmak; **der ~ sein, dass ...** ... olduğunun görüşünde olmak; **ich bin ganz Ihrer** ~ sizinle aynı görüşteyim **2.** (*Abbildung*) resim **3.** (*Blick*) görünüm, görünüş; **zur** ~ gözden geçirmek için, örnek olarak **4.** (INFORM: *eines Dokuments*) görüntü; **Ansichtskarte** *f* kartpostal; **Ansichtssache** *f* görüş meselesi

an|siedeln **I.** *vt* **1.** (*Menschen*) yurtlandırmak, iskân etmek **2.** (*Tierart*) yurtlandırmak **3.** (*Industrie*) kurmak (-e) **II.** *vr:* **sich** ~ yurtlanmak, yerleşmek

Ansied(e)lung *f* <-en> (*das Ansiedeln*) iskân, yurtlandırma, yerleştirme; (*Siedlung*) yerleşim alanı, yerleşim merkezi

ansonsten [anˈzɔnstən] *adv* **1.** (*im Übrigen*) bundan başka **2.** (*andernfalls*) aksi takdirde; (*wenn nicht*) yoksa

an|spannen *vt* **1.** (*Seil*) germek; (*Muskeln*) sıkmak **2.** (*fig: anstrengen*) yormak; (*Nerven*) gerginleştirmek; (*zusammennehmen*) toplamak, konsantre etmek; **das spannt mich zu sehr an!** bu beni pek fazla yoruyor! **3.** (*Pferde*) arabaya koşmak

Anspannung *f* <-en> (*das Anspannen*) ger(il)me; (*Anstrengung*) sıkıntı; (*Spannung*) gerginlik, gerilim; (*das Zusammennehmen*) konsantre etme [*o* olma]; **unter ~ aller Kräfte** bütün gücünü toplayarak [*o* konsantre ederek]

Anspiel *nt* <-(e)s, -e> (SPORT) pas; (*bei Spielen*) oyuna başlama

an|spielen **I.** *vi* **1.** (*versteckt hinweisen*) ima etmek (*auf* -), anıştırmak (*auf* -), telmih etmek (*auf* -e); **auf etw** ~ bir şeyi anıştırmak [*o* ima etmek], bir şeyi telmih etmek; **worauf spielen Sie an?** neyi telmih ediyorsunuz? **2.** (SPORT: *das Spiel beginnen*) oyuna başlamak **II.** *vt* (SPORT) pas vermek (-e); **den Linksaußen** ~ sol açığa pas vermek; **Trumpf/Pik** ~ koz/maça ile oyuna başlamak

Anspielung *f* <-en> ima (*auf* -), anıştırma (*auf* -)

an|spitzen *vt* sivritmek; **den Bleistift** ~ kurşun kalemin ucunu açmak; **Anspitzer** *m* kalem açacağı, kalemtıraş

Ansporn [ˈanʃpɔrn] *m ohne Pl* <-(e)s>

özendirme, isteklendirme

an|spornen *vt* **1.** (*fig*) teşvik etmek (*zu* -e), özendirmek (*zu* -e); **jdn zu etw ~** birini bir şeye özendirmek [*o* isteklendirmek] **2.** (*Pferd*) mahmuzlamak

Ansprache *f* <-n> nutuk (*an* -e); (*kurz*) konuşma (*an* -e); (*feierlich*) söylev (*an* -e); **eine ~ halten** nutuk vermek, konuşma yapmak

ansprechbar *adj* (*Kranker*) konuşacak durumda olan; **nicht ~ sein** (*fam*) meşgul olmak

an|sprechen *irr* **I.** *vi* (MED: *reagieren*) tepkimek (*auf* -e) **II.** *vt* **1.** (*erwähnen*) bahsetmek (-den); (*Thema*) değinmek (-e) **2.** (*eine Gruppe*) hitap etmek (-e), söz yöneltmek (-e); (*Gespräch beginnen*) konuşmaya başlamak (ile); **jdn ~** birine söz yöneltmek **3.** (*gefallen*) hoşuna gitmek (-in)

ansprechend *adj* hoş; (*Person*) lâtif

Ansprechpartner(in) *m(f)* muhatap

an|springen *irr* **I.** *vi sein* **1.** (AUTO: *Motor*) çalışmak, işlemek **2.** (*fam: auf ein Angebot*) üzerine atlamak (-in) **II.** *vt* (*anfallen*) üzerine atılmak (-in)

Anspruch *m* <-(e)s, -sprüche> **1.** (*Anrecht*) hak (*auf* -e); **auf etw ~ haben** bir şeye hakkı olmak **2.** (*Forderung*) talep (*auf* -); **hohe Ansprüche an jdn stellen** birinden çok şeyler istemek [*o* talep etmek]; **den Ansprüchen gerecht werden** istenilenleri karşılamak; **etw in ~ nehmen** bir şeyden yararlanmak; **das nimmt sehr viel Zeit in ~** bu çok fazla vakit alır; **er ist sehr in ~ genommen** çok meşgul; **jdn völlig in ~ nehmen** birini tamamıyla uğraştırmak [*o* meşgul etmek], birinin bütün vaktini almak

anspruchslos *adj* **1.** (*Mensch*) alçak gönüllü, mütevazı **2.** (*Lektüre*) iddiasız

Anspruchslosigkeit *f ohne Pl* **1.** (*anspruchsloses Wesen*) alçak gönüllülük, mütevazılık **2.** (*Trivialität*) değerli içerikten yoksunluk; (*Belanglosigkeit*) önemsizlik

anspruchsvoll *adj* (*viel verlangend*) çok şey isteyen, iddialı; (*hohe Ansprüche stellend*) titiz; (*unbescheiden*) kibirli

an|spucken *vt* tükürmek (-e)

an|stacheln ['anʃtaxəln] *vt* kışkırtmak (*zu* -e), tahrik etmek (*zu* -e)

Anstalt ['anʃtalt] *f* <-en> **1.** kurum; (*Einrichtung*) kuruluş; (*Pflege~, Haft~*) ev; (*Unterrichts~*) hane **2.** (*fam: Psychiatrie*) tımarhane **3.** *Pl:* **er machte keine ~en zu gehen** gitmek için hiçbir girişimde bulunmadı; **~en zu etw treffen** bir şey için önlemler almak

Anstand[1] *m ohne Pl* <-(e)s> (*gute Sitte*) edep; (*schickliches Benehmen*) görgü, terbiye, nezaket; **keinen ~ haben** görgüsü [*o* terbiyesi] olmamak

Anstand[2] *m* <-(e)s, -stände> (*österr: Schwierigkeit*) zorluk; **es hat keinen ~ gegeben** zorluk çıkmadı

anständig ['anʃtɛndɪç] *adj* **1.** (*Benehmen*) görgülü, terbiyeli; (*gesittet*) edepli, namuslu; (*ehrbar*) dürüst, doğru; **benimm dich ~!** terbiyeli ol! **2.** (*Kleidung*) düzgün **3.** (*ordentlich*) düzenli, derli toplu; (*Arbeit*) doğru dürüst **4.** (*angemessen*) uygun, münasip **5.** (*fam: ziemlich heftig*) adamakıllı, iyice, epey; **eine ~e Tracht Prügel bekommen** adamakıllı [*o* iyice] bir dayak yemek; **~ draufzahlen müssen** üstüne epey ödemek zorunda kalmak **6.** (*fam: ordentlich*) doğru dürüst; **gibt es bei euch keinen ~en Wein?** sizde doğru dürüst şarap yok mu?

Anständigkeit *f ohne Pl* namusluluk, dürüstlük

Anstandsbesuch *m* nezaket ziyareti; **Anstandsdame** *f* <-n> şaperon

anstandshalber *adv* (*um die Form zu wahren*) formalite gereği; (*nur aus Höflichkeit*) nezaketen

Anstandshappen *m* <-s> nezaket gereği tabakta kalan yemek

anstandslos *adv* zorluk çıkmadan, zorluk çıkarmadan; **Anstandsregel** *f* <-n> adabımuaşeret, görgü kuralları *pl*

an|starren *vt* bakmak (-e)

anstatt [an'ʃtat] **I.** *präp* yerine; **~ seiner kam sein Freund** onun yerine arkadaşı geldi **II.** *konj:* **~ etw zu tun** bir şey yapacağına; **~ dass er sofort zum Arzt ging, ...** hemen doktora gideceğine ...

an|stauen *vr:* **sich ~** toplanmak

an|stechen *irr vt* delmek; (*Fass*) açmak; **ein Fass Bier ~** bir fıçı bira açmak

an|stecken[1] *vt* **1.** (*mit Nadel*) iğneyle tutturmak **2.** (*Ring*) takmak

an|stecken[2] *vt* (*reg: anzünden*) tutuşturmak, ateşe vermek; (*Zigarette*) yakmak; **ein Haus ~** bir evi kundaklamak

an|stecken[3] **I.** *vt* (MED: *infizieren, a. fig*) aşılamak, bulaştırmak (-e); **jdn mit etw ~** birine bir şey(i) aşılamak [*o* bulaştırmak] **II.** *vr:* **sich ~** yakalanmak; **sich mit etw ~** bir şeye yakalanmak; **ansteckend** *adj* bulaşıcı; **~e Krankheit** bulaşıcı hastalık

Anstecknadel *f* rozet

Ansteckung *f* <-en> (MED) bulaşma; **Ansteckungsgefahr** *f* bulaşma tehlikesi

an|stehen *irr vi* **1.** (*Schlange stehen*) kuyrukta durmak; (*nach Waren ~*) sıra olmak **2.** (*noch folgen*) sırada olmak

an|steigen *irr vi sein* **1.** (*aufwärts führen*) yükselmek; **steil ~d** diklemesine yükselen

2. (*Preis, Temperatur*) artmak

anstelle [an'ʃtɛlə] *präp* yerine; ~ **des Lehrers** öğretmenin yerine

an|stellen I. *vt* 1. (TECH AUTO: *Maschine*) çalıştırmak 2. (RADIO: *Fernseher*) açmak 3. (*beschäftigen*) istihdam etmek 4. (*anlehnen*) yaslamak (*an* -e), dayamak (*an* -e) 5. (*vornehmen*) bulunmak; **Vermutungen** ~ tahminlerde bulunmak 6. (*fam: fertig bringen*) becermek; **ich weiß nicht, wie ich es ~ soll** onu nasıl becereceğimi bilmiyorum 7. (*fam: anrichten*) halt karıştırmak [*o* yemek]; **was hast du da wieder angestellt?** yine orada ne halt karıştırdın?; **stell bloß keinen Unsinn an!** sakın bir saçmalık yapma! II. *vr:* **sich** ~ 1. (*fam: sich verhalten*) tavır takınmak; **sich dumm** ~ aptallığa vurmak 2. (*fam: sich zieren*) nazlanmak, kendini naza çekmek; **stell dich nicht so an!** nazlanma! 3. (*an eine Reihe*) (sıraya) girmek; (*in einer Schlange*) beklemek; (*Schlange stehen*) kuyrukta durmak

Anstellung *f* <-en> 1. (*Amtsübertragung*) tayin, atama 2. (*Amt*) görev; (*Posten, Stelle*) mevki; **eine feste** ~ sağlam bir mevki

Anstich *m* <-(e)s, -e> (*eines Fasses*) açma

Anstieg[1] ['anʃti:k] *m* <-(e)s, -e> (*Aufstieg*) yükseliş, yükselme

Anstieg[2] *m ohne Pl* <-(e)s> 1. (*Steigung*) yokuş 2. (*Zunahme*) artış

an|stiften *vt* azmettirmek; **jdn zu etw** ~ birini bir şeye azmettirmek

Anstifter(in) *m(f)* <-s, -; -nen> (*Straftat*) azmettiren (kimse); (*Verschwörung*) fesatçı

Anstoß *m* <-es, -stöße> 1. (SPORT) yerinde vuruş; (*Fußball*) başlama vuruşu 2. (*Ruck*) anî hareket; (*Impuls*) darbe, tepi 3. (*fig: Ärgernis*) gıcık; ~ **erregen** rezalet çıkarmak; ~ **erregen bei jdm** birini gıcık etmek; **an etw ~ nehmen** bir şeyden gıcık almak 4. (*fig: Anlass*) neden, sebep; (*Antrieb*) dürtükleme, dürtme; **jdm den ~ geben, etw zu tun** bir şey yapması için birini dürtüklemek; **den ~ zu etw geben** bir şeye neden olmak

an|stoßen *irr* I. *vi* 1. *sein* (*gegenstoßen*) bitişik olmak (*an* -e) 2. (*mit den Gläsern*) kadeh tokuşturmak (*auf* -in şerefine) 3. (SPORT) yerinde vuruş yapmak; (*Fußball*) başlama vuruşu yapmak II. *vt* (*Stoß geben*) itmek, dürtmek, çarpmak (-e)

anstößig ['anʃtø:sɪç] *adj* yakışıksız, edebe aykırı, açık saçık, müstehcen

an|streben *vt* amaçlamak

an|streichen *irr vt* 1. (*mit Farbe*) boyamak; (*mit Wandfarbe*) badanalamak; **etw gelb** ~ bir şeyi sarıya boyamak 2. (*tünchen*) sıvamak 3. (*Fehler*) işaret koymak, altını çizmek

Anstreicher(in) *m(f)* <-s, -; -nen> badanacı, sıvacı; (*pej: Maler*) boyacı

an|strengen ['anʃtrɛŋən] I. *vi* (*ermüden*) (adamı) yormak; **diese Arbeit strengt sehr an** bu iş (adamı) çok yorar [*o* yoruyor] II. *vt* 1. (*Verstand*) yormak; (*Gehör*) işitmeye çalışmak; **sein Gedächtnis** ~ hafızasını yoklamak, hatırlamaya çalışmak; **sein Gehirn** ~ aklını yormak 2. (JUR: *Verfahren*) açmak; (*eine Klage* ~) bir dava açmak III. *vr:* **sich** ~ (*sich bemühen*) gayret etmek [*o* göstermek], çaba [*o* emek] harcamak

anstrengend *adj* (*körperlich*) yorucu, zahmetli; (*geistig*) (kafa) yorucu; **das ist ~ für die Augen** bu gözleri yorar

Anstrengung *f* <-en> çaba, gayret; **große ~en machen** büyük çaba harcamak

Anstrich[1] *m* <-(e)s, -e> (*aufgetragene Farbe*) boya

Anstrich[2] *m ohne Pl* <-(e)s> 1. (*das Anstreichen*) boyama, badanalama 2. (*fig: Anschein*) görünüş

Ansturm *m* <-(e)s, -stürme> 1. (*Angriff*) saldırı (*auf* -e); (*Sturm*) akın (*auf* -e) 2. (*Andrang*) izdiham, üşüşme

an|stürmen *vi sein:* **gegen etw** ~ bir şeyin üzerine saldırmak; **angestürmt kommen** fırtına gibi gelmek

an|suchen *vi* (*österr: förmlich bitten*) ricada bulunmak, talep etmek

Antagonist(in) [antago'nɪst] *m(f)* <-en, -en; -nen> hasım

Antarktis [ant'arktɪs] *f* (GEO) Antarktika, antarktik kara; **antarktisch** *adj* antarktik

an|tasten *vt* 1. (*berühren*) dokunmak, el sürmek 2. (*Frage*) değinmek

Anteil *m* <-(e)s, -e> 1. (*Teil*) pay, hisse 2. (*Beteiligung*) katılım 3. (*Interesse*) ilgi, alâka; **an etw (regen) ~ nehmen** bir şeyle (etkin bir biçimde) ilgilenmek 4. (*Mitgefühl*): **herzlichen ~ an jds Schicksal nehmen** bir kimsenin kederini içten paylaşmak

anteilig ['antaɪlɪç] *adj* orantılı

Anteilnahme ['antaɪlna:mə] *f ohne Pl* 1. (*Beteiligung*) ortak olma (*an* -e) 2. (*Mitgefühl*) duygudaşlık (*an* -de), (duyulan) alâka, (gösterilen) yakınlık; **wir danken uns für Ihre** ~ alâkanıza teşekkür ederiz 3. (*Beileid*) baş sağlığı; **seine ~ aussprechen** baş sağlığı dilemek

Antenne [an'tɛnə] *f* <-n> 1. (RADIO) anten 2. (ZOOL) anten; (*Fühler*) duyarga; **Antennenwiderstand** *m* (ELEK) anten direnci

Anthologie *f* antoloji; (*Blütenlese*) güldeste

Anthrazit [antra'tsi:t] *m* <-s, -e> antrasit

A

Anthropoide *m* (ZOOL) antropoit
Anthropologe, -in *m, f* <-n, -n; -nen> antropolog
Anthropologie *f* antropoloji
anthropologisch *adj* antropolojik
Anthroposoph(in) [antropo'zo:f] *m(f)* <-en, -en; -nen> antroposof
Anthroposophie [antropozo'fi:] *f ohne Pl* antroposofi
anthroposophisch *adj* antroposofik
Antialkoholiker(in) [anti?alko'ho:likɐ] *m(f)* yeşilaycı, içki aleyhtarı
antialkoholisch *adj* yeşilaycı
antiautoritär *adj* yetketanımaz
Antibabypille *f* doğum kontrol hapı
Antibiotikum [antibi'o:tikʊm] *nt* <-s, Antibiotika> (MED) antibiyotik
Antiblockiersystem *nt* (AUTO) kilitlenmeyi önleyici fren sistemi
antidemokratisch *adj* antidemokratik
Antidepressivum [antidepre'si:vʊm] *nt* <-s, -depressiva> (MED) depresyon önleyici ilâç
Antifaltencreme [--'---] *f* kırışıklık önleyici krem, fondöten, pata krem
Antifaschismus [---'--, '-----] *m ohne Pl* antifaşizm
Antifaschist(in) *m(f)* antifaşist
antifaschistisch *adj* antifaşist
Antigen *nt* <-s, -e> (MED, BIOL) antijen
Antihistamin *nt* <-s, -e> (MED) antihistamin(ik)
antik [an'ti:k] *adj* **1.** (COM) antika **2.** (*aus der Antike*) antik
Antike [an'ti:kə] *f ohne Pl:* **die ~** antik çağ
antiklerikal [----'-, '-----] *adj* kiliseye karşı
antikommunistisch *adj* antikomünist
Antikörper ['----] *m* <-s, -> (MED) antikor
Antillen [an'tɪlən] *Pl* Antiller *pl*
Antilope [anti'lo:pə] *f* <-n> antilop
antimilitaristisch *adj* antimilitarist
Antimon *nt* <-s> (CHEM) antimon
Antipathie [antipa'ti:] *f* <-n> (*geh*) antipati
Antiquariat [antikvari'a:t] *nt* <-(e)s, -e> **1.** (*Geschäft*) sahaf dükkânı **2.** (*Abteilung*) eski kitaplar bölümü
antiquarisch *adj* (*Druckwerke*) eski; (*aus zweiter Hand*) ikinci elden
antiquiert *adj* (*pej*) antika, köhne
Antiquität *f* <-en> antika; **Antiquitätengeschäft** *nt* <-(e)s, -e> antikacı (dükkânı); **Antiquitätenhändler** *m* antikacı; **Antiquitätenschmuggel** *m* antika kaçakçılığı
Antischäummittel *nt* (CHEM: *in Motoröl*) köpük önleyici
Antisemit(in) *m(f)* <-en, -en; -nen> antisemitist
antisemitisch *adj* antisemit
Antisemitismus [antizemi'tɪsmʊs] *m ohne Pl* <-> antisemitizm
Antiseptikum *nt* <-s, -ka> (MED) antiseptik
antiseptisch [anti'zɛptɪʃ] *adj* (MED) antiseptik
antistatisch *adj* statik elektriklenmeyi önleyici
Antiterror- terörle mücadele
Antivirenprogramm [anti'vi:rən-] *nt* (INFORM) virüs programı
antiwestlich *adj* Batı aleyhtarı
Antlitz ['antlɪts] *nt* <-es, -e> (*geh*) yüz, çehre, sima
an|tönen *vt* (*österr: andeuten*) anıştırmak, ima etmek
an|törnen ['antœrnən] *vt* (*sl*) mest etmek, kendinden geçirmek
Antrag ['antra:k, *Pl:* 'antrɛ:gə] *m* <-(e)s, -träge> **1.** (*Forderung*) istem (*auf* için), talep; **einen ~ auf etw stellen** bir şey için istemde bulunmak **2.** (*Formular*) başvuru, dilekçe **3.** (POL, PARL) önerge (*auf* için) **4.** (*Heirats~*) teklif
Antragsformular *nt* dilekçe; (*Vordruck*) başvuru formu
Antragsteller(in) *m(f)* <-s, -; -nen> başvurucu, dilekçe sahibi
Antragstellung *f* <-en> başvurma
an|treffen *irr vt* bulmak; (*zufällig*) rastlamak (-e), karşılaşmak (ile)
an|treiben *irr* **I.** *vi sein* (*anschwimmen*) karaya vurmak **II.** *vt* **1.** (TECH: *vorwärts treiben*) devindirmek, hareket ettirmek **2.** (*anschwemmen*) kıyıya atmak, karaya sürüklemek **3.** (*drängen*) sıkıştırmak (*zu* için); **sie trieb ihn zur Eile an** onu acele etmesi için sıkıştırdı **4.** (*veranlassen*) neden [*o* sebep] olmak (*zu* -e), yol açmak (*zu* -e)
an|treten *irr* **I.** *vi sein* **1.** (MIL) içtima etmek, toplanmak; **in Zweierreihen ~** ikişer sıra olarak dizilmek; **zum Dienst ~** nöbete çıkmak **2.** (SPORT) karşılaşmak (*gegen* ile) **II.** *vt haben* **1.** (*Reise*) çıkmak (-e) **2.** (*Strafe*) çekmeye başlamak **3.** (*Erbe*) konmak (-e) **4.** (*Stelle*) girmek (-e) **5.** (*Amt*) başlamak (-e)
Antrieb *m* <-(e)s, -e> **1.** (*bewegende Kraft*) hareket ettiren güç, itme gücü; (AUTO) çekiş **2.** (*Beweggrund*) güdü; (*innere Triebfeder*) dürtü; (*Impuls*) içtepi; **aus eigenem ~** kendiliğinden; **Antriebskraft** *f* (TECH) itme gücü; **Antriebswelle** *f* (TECH) devindirici mil; (AUTO) rot
Antritt *m ohne Pl* <-(e)s> **1.** (*Beginn*) başlama; **~ der Reise** yolculuğun başlaması **2.** (*eines Amtes*) başlama; (*einer Erbschaft*) konma; **Antrittsbesuch** *m* (göreve

başlama nedeniyle yapılan) ilk ziyaret; **Antrittsrede** *f* (göreve başlama nedeniyle yapılan) ilk konuşma

an|tun *irr* **I.** *vt* (*zufügen*): **jdm etw Gutes/Böses** ~ birine bir iyilik/kötülük yapmak; **tu mir das nicht an!** (*fam*) yapma bunu bana!; **tun Sie sich keinen Zwang an!** çekinmeyin!; **sich** *dat* **etwas** ~ canına kıymak **II.** *vi* (*Sympathie erregen*) hoşuna gitmek; **diese Gegend hat es ihm angetan** burası onun hoşuna gitti

an|turnen *vt* (*sl*) mest etmek

Antwort ['antvɔrt] *f* <-en> cevap (*auf* -e), yanıt (*auf* -e); **keine ~ bekommen** cevap [*o* yanıt] almamak; **keine ~ ist auch eine ~!** sükût ikrardan gelir!; **jdm eine ~ geben** birine cevap [*o* yanıt] vermek; **jdm Rede und ~ stehen** birinin sorularını cevap vermek; **um ~ wird gebeten** cevap vermeniz rica olunur; **als ~ auf etw** bir şeye cevap [*o* yanıt] olarak

antworten ['antvɔrtən] *vt* cevaplandırmak, cevap [*o* yanıt] vermek (*auf* -e); **auf etw ~** bir şeye cevap [*o* yanıt] vermek; **jdm auf einen Brief ~** birinin mektubuna cevap vermek

Antwortschreiben *nt* cevap (yazısı)

an|vertrauen* **I.** *vt* **1.** (*überlassen*) emanet etmek **2.** (*vertraulich erzählen*) güvenerek anlatmak **II.** *vr:* **sich ~** (*sich offenbaren*) içini dökmek, açılmak

an|visieren* ['anviziːrən] *vt* **1.** (*ins Auge fassen*) göz önüne almak; (*sich als Ziel setzen*) hedef almak **2.** (MIL) nişanlamak

an|wachsen *irr vi sein* **1.** (*Wurzeln schlagen*) kök salmak **2.** (MED: *Knochen, Haut*) birleşmek **3.** (*zunehmen*) çoğalmak, artmak, nemalanmak

Anwalt, -wältin ['anvalt, *Pl:* 'anvɛltə] *m, f* <-(e)s, -wälte; -nen> **1.** (JUR) avukat; **sich** *dat* **einen ~ nehmen** avukat tutmak **2.** (*Fürsprecher*) avukat; **Anwältin** *f* bayan avukat; **Anwaltsbüro** *nt* avukatlık bürosu

Anwaltschaft *f* <-en> (JUR) **1.** (*Vertretung eines Klienten*) avukatlık **2.** (*Gesamtheit der Anwälte*) baro; **Anwaltskammer** *f* baro; **Anwaltskanzlei** *f* avukatlık bürosu

Anwaltskosten *Pl* avukat masrafları *pl*

Anwandlung *f* <-en>: **aus einer ~ heraus** hislerine kapılarak

Anwärter(in) *m(f)* <-s, -; -nen> aday (*auf* -e)

Anwartschaft *f* <-en> beklemece hak (*auf* üzerinde)

an|weisen *irr vt* **1.** (FIN) havale etmek **2.** (*anleiten*) yol göstermek, talimat vermek **3.** (*zuweisen*): **jdm einen Platz ~** birine yer göstermek **4.** (*befehlen*) emretmek

Anweisung *f* <-en> **1.** (*Befehl*) emir, komut **2.** (*Anleitung*) talimat; (*Gebrauchs~*) tarife, tarifname **3.** (FIN) havale

anwendbar *adj* uygulanabilir (*in* -de, *auf* -e), kullanışlı

an|wenden *irr vt* **1.** (*Technik*) uygulamak; (*Heilmittel*) kullanmak **2.** (*List, Gewalt*) kullanmak

Anwender(in) *m(f)* <-s, -; -nen> kullanıcı; **anwenderfreundlich** *adj* kullanımı kolay; **Anwenderprogramm** *nt* (INFORM) kullanıcı programı; **Anwendersoftware** *f* (INFORM) kullanıcı yazılımı

Anwendung *f* <-en> **1.** kullanım **2.** (*Umsetzung in die Tat*) uygulama; **zur ~ kommen** uygulanmak **3.** (MED: *Kur~*) tedavi; **Anwendungsbereich** *m* uygulama alanı; (*Heilmittel*) kullanım alanı

an|werben *irr vt* hizmete almak; (*Soldaten*) silâh altına almak; (*Arbeitskräfte*) işe almak

Anwerbestopp *m* iş gücü alımının durdurulması

Anwesen ['anveːzən] *nt* <-s, -> mülk, malikâne

anwesend *adj* hazır bulunan, var olan, mevcut; **bei einer Sitzung ~ sein** bir oturumda hazır bulunmak

Anwesende(r) *mf* <-n, -n; -n> hazır bulunan (kimse); **die hier ~n** burada hazır bulunanlar

Anwesenheit *f ohne Pl* **1.** (*von Personen*) huzur, bulunma; **in jds ~** birinin huzurunda [*o* önünde] **2.** (*Vorhandensein*) mevcudiyet, var olma; **Anwesenheitsliste** *f* yoklama [*o* gelenlerin] listesi

an|widern ['anviːdɐn] *vt* (*pej*) tiksindirmek, iğrendirmek; **es widert mich an** ondan tiksiniyorum [*o* iğreniyorum]

Anwohner(in) *m(f)* <-s, -; -nen> sakin

an|wurzeln *vi sein:* **ich war wie angewurzelt** çakılıp kaldım

Anzahl *f ohne Pl* sayı; (*Menge*) miktar

an|zahlen *vt* (*die erste Rate zahlen*) ilk taksiti ödemek; (*einen Teilbetrag zahlen*) kısmen ödemek, peşinat vermek, kaparo olarak vermek

Anzahlung *f* <-en> **1.** (*erste Rate*) ilk taksit **2.** (*Teilbetrag*) kaparo, peşinat; **eine ~ leisten auf ...** ... için kaparo vermek

an|zapfen *vt* **1.** (*Fass*) delmek **2. jdn ~** (*fig*) birinden para sızdırmak

Anzeichen *nt* <-s, -> **1.** (*a.* MED) belirti; **die ersten ~ einer Krankheit** bir hastalığın ilk belirtileri **2.** (*Zeichen*) eser; **nicht einmal das geringste ~ von Reue** en küçük bir pişmanlık eseri bile

Anzeige ['antsaɪgə] *f* <-n> **1.** (JUR: *bei der Polizei*) ihbar, bildirme; (*Straf~*) duyuru;

wegen etw ~ bei der Polizei erstatten bir şeyden dolayı polise ihbarda bulunmak **2.** (MARKT: *Inserat*) ilân **3.** (TECH) gösterge **4.** (INFORM: *Bildschirm~*) görüntüleme

an|zeigen *vt* **1.** (JUR): **jdn ~** birini ihbar etmek **2.** (TECH: *auf Skala*) göstermek **3.** (INFORM: *Datei*) görüntülemek **4.** (MARKT) ilân etmek; **Anzeigenblatt** *nt* ilân gazetesi; **Anzeigenkampagne** *f* (COM) ilân kampanyası; **Anzeigenteil** *m* <-(e)s, -e> ilânlar bölümü

Anzeigetafel *f* pano; (TECH) göstergeler; (SPORT) sayı levhası, sayı göstergesi, skorbort

an|zetteln *vt* (*pej*) düzenlemek

an|ziehen *irr* **I.** *vi* **1.** (*in Bewegung setzen*) hareket etmek **2.** (*den ersten Zug machen*) ilk hamleyi yapmak **3.** (COM: *Preise*) yükselmek **4.** (AUTO): **der Wagen zieht gut an** araba iyi çekiyor **II.** *vt* **1.** (*ankleiden*) giydirmek **2.** (*Kleidungsstück*) giymek **3.** (*Beine*) çekmek **4.** (AUTO: *Handbremse*) çekmek **5.** (TECH: *Schraube*) sıkmak **6.** (*aufsaugen*) emmek, çekmek, soğurmak **7.** (*auch fig: Anziehungskraft ausüben*) çekmek, cezbetmek **III.** *vr:* **sich ~** giyinmek; **sich warm ~** (*a. fig*) kalın giyinmek; **ich ziehe mir den Mantel an** paltoyu giyiniyorum

anziehend *adj* (*attraktiv*) çekici; (*sympathisch*) hoş

Anziehung *f* <-en> **1.** (*das Anziehen*) çekme; (*Anziehungskraft*) çekim **2.** (*Verlockung*) çekicilik, cazibe

Anziehungskraft[1] *f* <-kräfte> (PHYS) çekim kuvveti; (*Schwerkraft*) çekme gücü

Anziehungskraft[2] *f ohne Pl* (*fig: Attraktivität*) çekicilik, cazibe

Anzug[1] *m* <-(e)s, -züge> (*Kleidung*) kostüm; (*Herren~*) (erkek) takım giysi(si)

Anzug[2] *m ohne Pl* <-(e)s> (*Anrücken*) yaklaşma; **im ~ sein** yaklaşmakta olmak; **ein Gewitter ist im ~** boran yaklaşmakta

anzüglich ['antsy:klɪç] *adj* **1.** (*frech*) iğneli, kinayeli; **er lächelte ~** kinayeli kinayeli gülümsedi **2.** (*zweideutig, anstößig*) cinaslı; **~ werden** cinaslı sözler kullanmak

Anzüglichkeit *f:* **seine Rede war voller ~en** konuşması cinas doluydu

an|zünden *vt* (*Zigarette, Pfeife*) yakmak; (*Gebäude*) ateşe vermek, kundaklamak

an|zweifeln *vt* kuşkulanmak (-den), şüphelenmek (-den)

Aorist *m* (LING) geniş zaman

Aorta *f* (ANAT) aort

apart [a'part] *adj* orijinal

Apartheid [a'pa:ɐthaɪt] *f ohne Pl* aparthayt

Apartment [a'partmənt] *nt* <-s, -s> apartman dairesi

Apathie [apa'ti:] *f* <-n> duyumsamazlık

apathisch [a'pa:tɪʃ] *adj* duyumsamaz

aper *adj* (*Schweiz: schneefrei*) karsız

Aperitif [aperi'ti:f] *m* <-s, -s *o* -e> aperitif

Apfel ['apfəl, *Pl:* 'ɛpfəl] *m* <-s, Äpfel> elma; **in den sauren ~ beißen** (*fam fig*) kaderine boyun eğmek; **der ~ fällt nicht weit vom Stamm** (*prov*) bir elmanın yarısı o, yarısı bu; **Apfelbaum** *m* elma ağacı; **Apfelkuchen** *m* elmalı pasta; **Apfelmost** *m* elma şırası; **Apfelmus** *nt ohne Pl* <-es> elma ezmesi; **Apfelsaft** *m* elma suyu

Apfelsine [apfəl'zi:nə] *f* <-n> portakal

Apfelwein *m* <-(e)s, -e> elma şarabı

Aphel *nt* <-s, -e>, **Aphelium** *nt* <-s, -ien> (ASTR: *Sonnenferne*) günöte

Aphrodisiakum *nt* <-s, -ka> afrodizyak

apolitisch ['apoli:tɪʃ, --'--] *adj* (POL) politikayla ilgilenmeyen

Apostel [a'pɔstəl] *m* <-s, -> (REL: *Jünger Jesu*) havarî; (*Sendbote*) resul; **Apostelgeschichte** *f* <-n> (REL) Resullerin İşleri *pl*

Apostroph [apo'stro:f] *m* <-s, -e> (LING) kesme işareti

Apotheke [apo'te:kə] *f* <-n> eczane; **apothekenpflichtig** *adj* reçeteli

Apotheker(in) [--'--] *m(f)* <-s, -; -nen> eczacı

App. *Abk. von* **Appartement** D., *daire*

Apparat [apa'ra:t] *m* <-(e)s, -e> **1.** alet, aygıt **2.** (*Foto~*) makine; (*Verdauungs~*) sistem **3.** (*Telefon*) telefon; **am ~!** (TELE) buyrun, benim!; **bleiben Sie am ~!** (TELE) bekleyin!, telefondan ayrılmayın!

Apparatur [apara'tu:ɐ] *f* <-en> ekipman

Appartement [apartə'mɑ̃:] *nt* <-s, -s> (apartmanda) daire

Appartementhaus *nt* apartman

Appell [a'pɛl] *m* <-s, -e> **1.** (*Aufruf*) çağrı, davet; **ein ~ zur Zusammenarbeit** iş birliğine çağrı; **einen ~ an jdn richten** birine çağrıda bulunmak **2.** (MIL) içtima; **der morgendliche ~** sabah içtiması; **zum ~ antreten** içtima etmek

Appellation *f* <-, -en> (*Schweiz: Berufung*) istinaf

appellieren* *vi* **1.** seslenmek (*an* -e), çağırmak (*an* -) **2.** (JUR: *Berufung einlegen*) istinaf yoluna başvurmak

Appetit [ape'ti:t] *m ohne Pl* <-(e)s> iştah (*auf* -e), yemek yeme isteği; **~ bekommen/haben** iştahı açılmak/olmak; **jdm den ~ verderben** birinin iştahını bozmak [*o* kaçırmak]; **mir ist der ~ vergangen** iştahım kaçtı, iştahım kapandı; **guten ~!** afiyet olsun!; **worauf haben Sie ~?** neye iştahınız var?

appetitanregend *adj* iştah açıcı; **Appetithappen** *m* çeşni, tadımlık lokma

appetithemmend *adj* iştah kesici
appetitlich *adj* (*lecker*) lezzetli; **appetitlos** *adj* iştahsız
Appetitlosigkeit *f ohne Pl* iştahsızlık
Appetitzügler [ape'ti:ttsy:glɐ] *m* <-s, -> (MED) iştah kesici
applaudieren* [aplaʊ'di:rən] *vi* alkışlamak
Applaus [a'plaʊs] *m* <-es, -e> (*Lob*) alkış
Après-Ski [aprɛ'ʃi:] *nt ohne Pl* <-> kayak sonrası giyimi
Aprikose [apri'ko:zə] *f* <-n> kayısı
April [a'prɪl] *m* <-(s), -e> nisan; ~, ~! nisan bir!; **jdn in den ~ schicken** (*fam fig*) birine nisan balığı yapmak; *s. a.* **März**; **Aprilschauer** *m* nisan yağmuru; **Aprilscherz** *m* nisan balığı; **Aprilwetter** *nt* nisan havası
a priori [a: pri'o:ri] *adv* (*geh*) apriori, önsel
apropos [apro'po:] *adv* aklıma gelmişken; ~ **Gesundheit, ...** sağlık derken, ...
Apsis ['apsɪs] *f* <Apsiden> (ARCH) apsid
Aquädukt [akvɛ'dʊkt] *m o nt* <-(e)s, -e> su kemeri
Aquamarin [akvama'ri:n] *m* <-s, -e> akvamarin; **aquamarinblau** *adj* akvamarin mavisi
Aquaplaning [akva'pla:nɪŋ] *nt ohne Pl* <-(s)> (AUTO) ıslak yol kayganlığı
Aquarell [akva'rɛl] *nt* <-s, -e> akvarel, *sulu boya resim;* (*Wasserfarbe*) sulu boya
Aquarium [a'kva:riʊm] *nt* <-s, Aquarien> akvaryum
Äquator [ɛ'kva:to:ɐ] *m ohne Pl* <-s> (GEO) ekvator, eşlek
äquatorial *adj* ekvatoral, eşleksel
äquivalent [ɛkviva'lɛnt] *adj* eş değerli; **Äquivalenz** *f* eş değerlik
Ar [a:ɐ] *nt o m* <-s, -e> ar, *yüz metre karelik alan ölçüsü*
Ära ['ɛ:ra] *f* <Ären> **1.** (*Zeitabschnitt*) devir; **die ~ Atatürk** Atatürk devri; **die Wilhelminische ~** II. Wilhelm devri **2.** (*Amtszeit*) dönem
Araber[1](in) ['arabɐ] *m(f)* <-s, -; -nen> Arap
Araber[2] ['arabɐ] *m* <-s> (*Pferd*) Arap atı
Arabeske *f* **1.** (MUS) arabesk **2.** (ARCH) arabesk, girişik bezeme
Arabien [a'ra:biən] *nt* <-s> Arabistan; **arabisch** *adj* Arap, Arabî; **die ~e Welt** Arap dünyası
Arabisch(e) *nt* Arapça; **im ~en** Arapçada; **aus dem ~en ins Deutsche** Arapçadan Almancaya; **aus dem Deutschen ins ~e** Almancadan Arapçaya
Arabist(in) *m(f)* <-en, -en, -nen> Arabist
Arabistik *f ohne Pl* Arabistik
aragonesisch [arago'ne:zɪʃ] *adj* Aragon
Aragonien [ara'go:niən] *nt* <-s> Aragon
Aragonier(in) *m(f)* <-s, -; -nen> Aragonlu
Ararat *m* Ağrı Dağı
Arbeit ['arbaɪt] *f* <-en> **1.** (*Tätigkeit*) çalışma; (*Feld~, Hand~*) iş; (*Arbeitsplatz*) iş; **an die ~ gehen** işe başlamak, iş başı yapmak; **sich an die ~ machen** işe koyulmak; **viel ~ haben** işi çok olmak; **bei der ~ sein** işte [*o* çalışmakta] olmak; **einer ~ nachgehen** işi olmak, çalışmak; **zur ~ gehen** işe gitmek; **keine ~ haben** işi olmamak; **ohne ~ sein** işsiz olmak; **sich ~ suchend melden** kendini iş arıyor olarak kaydettirmek; **eine ~ suchen als ...** ... olarak iş aramak **2.** (*Mühe, Anstrengung*) zahmet; **jdm ~ machen** birini zahmete sokmak, birine iş çıkarmak; **das macht/kostet viel ~** bu çok zahmetlidir; **machen Sie sich keine ~!** zahmet etmeyin(iz)! **3.** (SCHULE, UNIV: *Klassen~*) sınav, yazılı yoklama; (*Prüfung*) sınav, test; (*Diplom~*) tez; **eine ~ schreiben** yazılı sınava girmek
arbeiten ['arbaɪtən] **I.** *vi* **1.** (*tätig sein*) çalışmak; **er arbeitet als Rechtsanwalt/in einer Firma** avukat olarak/bir firmada çalışıyor; **die ~de Bevölkerung** çalışan nüfus; **die Zeit arbeitet für/gegen uns** zaman bizim lehimize/aleyhimizde çalışıyor **2.** (*Maschine*) çalışmak, bütün tesis(at) [*o* sistem] otomatik çalışır **3.** (*Holz*) esnemek, biçim değiştirmek **II.** *vt* (*herstellen*) yapmak, imal etmek **III.** *vr:* **sich nach oben ~** (*fig*) çalışarak mesleğinde ilerlemek; **sich kaputt ~** (*fam*) çalışmaktan kendini mahvetmek
Arbeiter(in) ['arbaɪtɐ] *m(f)* <-s, -; -nen> işçi; **Arbeiterbewegung** *f ohne Pl* (POL) işçi hareketi; **Arbeiterfamilie** *f* işçi ailesi; **Arbeitergewerkschaft** *f* işçi sendikası
Arbeiterin *f* <-nen> *s.* **Arbeiter**; **Arbeiterklasse** *f* işçi sınıfı; **Arbeiterpartei** *f* işçi partisi
Arbeiterschaft *f ohne Pl* işçiler *pl*
Arbeiterviertel *nt* işçi semti; **Arbeiterwohlfahrt** *f* işçilere yardım kurumu
Arbeitgeber(in) ['arbaɪtge:bɐ] *m(f)* <-s, -; -nen> işveren, çalıştıran; **Arbeitgeberanteil** *m* (*für Sozialbeiträge*) işveren payı
Arbeitgeberverband *m* işveren sendikası
Arbeitnehmer(in) ['arbaɪtne:mɐ] *m(f)* <-s, -; -nen> **1.** (*Angestellter*) ücretli memur, müstahdem **2.** (*Arbeiter*) işçi; **Arbeitnehmeranteil** *m* işçi payı
Arbeitsablauf *m* iş seyri
arbeitsam ['arbaɪtsza:m] *adj* çalışkan
Arbeitsamt *nt* iş ve işçi bulma kurumu; **Arbeitsaufwand** *m* emek; **das erfordert einen hohen ~** bu çok emek ister; **Arbeitsausfall** *m* <-(e)s, -fälle> iş kaybı

Arbeitsbedingungen *fPl* çalışma koşulları *pl,* çalışma şartları *pl;* **Arbeitsbelastung** *f* (COM) iş yükü
Arbeitsbeschaffungsmaßnahme *f iş yaratma programı, iş sağlama önlemi*
Arbeitseifer *m* çalışkanlık; **Arbeitseinstellung** *f* **1.** (*Streik*) iş bırakımı **2.** (*Auffassung*) çalışma anlayışı; **Arbeitserlaubnis** *f* çalışma izni; **Arbeitserleichterung** *f:* **das ist eine große ~ für mich** bu, işim için büyük bir kolaylıktır; **Arbeitsessen** *nt* <-s, -> iş yemeği; **arbeitsfähig** *adj* iş yapabilir, çalışabilir
Arbeitsfeld *nt* çalışma alanı
Arbeitsfrieden *m* iş barışı, çalışma barışı; **Arbeitsgang** *m* <-(e)s, -gänge> seans
Arbeitsgebiet *nt* çalışma alanı; **Arbeitsgemeinschaft** *f* **1.** iş birliği **2.** çalışma grubu, araştırma grubu; (*Schule*) küme; **Arbeitsgericht** *nt* (JUR) iş mahkemesi; **Arbeitsgruppe** *f* çalışma grubu; **arbeitsintensiv** *adj* yoğun çalışma gerektiren, emek-yoğun; **Arbeitskampf** *m* toplu iş mücadelesi; **Arbeitskleidung** *f* <-en> iş elbisesi; **Arbeitsklima** *nt ohne Pl* <-s> iş ortamı; **Arbeitskollege, -in** *m, f* iş arkadaşı
Arbeitskraft[1] *f* <-kräfte> (*Personal*) eleman
Arbeitskraft[2] *f ohne Pl* (*Leistungskraft*) iş gücü; **Arbeitskräfte** *fPl* iş gücü *sing;* **Arbeitskräftemangel** *m* iş gücü kıtlığı, adamsızlık; **Arbeitslager** *nt* çalışma kampı; **Arbeitsleben** *nt* çalışma hayatı; **Arbeitsleistung** *f* performans, başarım; **Arbeitslohn** *m* iş ücreti
arbeitslos *adj* işsiz
Arbeitslose(r) *mf* <-n, -n; -n> işsiz; **Arbeitslosengeld** *nt* işsizlik parası; **Arbeitslosenhilfe** *f ohne Pl* işsizlik yardımı; **Arbeitslosenquote** *f* <-n> işsizlik oranı
Arbeitslosenversicherung *f* işsizlik sigortası; **Arbeitslosenziffer** *f* işsizlik oranı
Arbeitslosigkeit *f ohne Pl* işsizlik
Arbeitsmarkt *m* iş piyasası
Arbeitsminister *m* çalışma bakanı
Arbeitsminister *m* çalışma bakanlığı; **Arbeitsniederlegung** *f* iş bırakımı; **Arbeitspensum** *nt* iş yükü, yapılması gereken iş
Arbeitsplatz *m* <-es, -plätze> **1.** (*Platz*) iş yeri **2.** (*Arbeitsstätte*) iş yeri **3.** (*Stelle*) iş (yeri); **Arbeitsplatz-Gifte** *ntPl* iş yerindeki zehirler *pl;* **Arbeitsplatzteilung** *f* iş yerini paylaşma; **Arbeitsplatzwechsel** *m* iş yerini değiştirme; **Arbeitsrecht** *nt ohne Pl* <-(e)s> iş hukuku; **Arbeitsrichter(in)** *m(f)* iş mahkemesi hâkimi; **arbeitsscheu** *adj* işten kaçınan, nanemolla; **Arbeitsschutz** *m* iş güvenliği; **Arbeitsspeicher** *m* (INFORM) geçici bellek; **Arbeitsstätte** *f* iş yeri; **Arbeitsstelle** *f* iş yeri; **Arbeitsstunde** *f* adam saat; **Arbeitssuche** *f ohne Pl* iş arama; **Arbeitstag** *m* iş günü; **Arbeitstagung** *f* konferans; **Arbeitsteilung** *f ohne Pl* iş bölümü; **arbeitsuchend** *adj s.* **Arbeit 1.**; **Arbeitsuchende(r)** *mf* <-n, -n; -n> iş arayan (kimse)
arbeitsunfähig *adj* iş göremez, çalışamaz; (*krank*) hasta
Arbeitsunfähigkeit *f* iş göremezlik; **Arbeitsunfall** *m* iş kazası
Arbeitsverdienst *m* çalışma kazancı; **Arbeitsverhältnis** *nt* **1.** (*im Betrieb*) işçi ile işveren arasındaki ilişki **2.** (*Dienstvertrag*) hizmet akdi; **in einem ~ stehen** hizmet akdi olmak; **Arbeitsvermittlung** *f* **1.** (*Agentur*) iş ve işçi bulma acentesi **2.** (*im Arbeitsamt*) iş ve işçi bulma dairesi; **Arbeitsvertrag** *m* (COM) iş sözleşmesi; **Arbeitsweise** *f* **1.** (*Mensch*) çalışma tarzı [*o* biçimi] **2.** (*Maschine*) işleyiş; **arbeitswillig** *adj* çalışmaya istekli; (*beim Streik*) grev kırıcı; **Arbeitswoche** *f* iş haftası
Arbeitszeit *f* iş süresi; (*Öffnungszeiten*) iş zamanı, mesai saati, iş saatleri *pl,* çalışma saatleri *pl;* **verkürzte ~** kısaltılmış iş süresi; **gleitende ~** kaygan iş süresi; **Arbeitszeitverkürzung** *f* iş süresinin kısaltılması
Arbeitszeugnis *nt* bonservis; **Arbeitszimmer** *nt* çalışma odası; (*Büro*) yazıhane
archaisch [ar'ça:ɪʃ] *adj* arkaik
Archäologe, -in [arçɛo'lo:gə] *m, f* <-n, -n; -nen> arkeolog
Archäologie [arçɛolo'gi:] *f ohne Pl* arkeoloji
archäologisch *adj* arkeolojik
Arche ['arçə] *f* <-n> gemi; **die ~ Noah** Nuh'un gemisi
Archipel *m* takımada
Architekt(in) [arçi'tɛkt] *m(f)* <-en, -en; -nen> mimar
architektonisch [arçitɛk'to:nɪʃ] *adj* mimarî
Architektur *f ohne Pl* mimarî, mimarlık
Archiv [ar'çi:f] *nt* <-s, -e> arşiv
Archivar(in) [arçi'va:ɐ] *m(f)* <-s, -e; -nen> arşivci
archivieren* *vt* arşivlemek
Areal [are'a:l] *nt* <-s, -e> **1.** (*Fläche*) alan **2.** (*Bezirk*) bölge
Ären *Pl von* **Ära**
Arena [a're:na, *Pl:* a're:nən] *f* <Arenen> **1.** (*Kampfplatz*) arena **2.** (*Stierkampf~*) arena **3.** (*Zirkus*) arena
arg [ark] <ärger, am ärgsten> **I.** *adj* (*reg*) **1.** (*schlimm*) kötü, fena; **der ärgste Feind** can düşmanı; **etw liegt im A~en** (*geh*) bir şeyde bozukluk var; **etw noch ärger machen** bir şeyi daha da kötü yap-

mak; **jdm ~ mitspielen** birine kötü bir oyun oynamak **2.** (*ernst*) ciddî; **in ~e Verlegenheit kommen** ciddî bir sıkıntıya girmek **II.** *adv* (*reg: sehr*) pek; **es hat mir nicht so ~ gefallen** pek o kadar hoşuma gitmedi

Argentinien [argɛn'tiːniən] *nt* <-s> Arjantin

Argentinier(in) *m(f)* <-s, -; -nen> Arjantinli

argentinisch *adj* Arjantinli, Arjantin (ile ilgili); **eine ~e Frau** Arjantinli bir kadın; **die ~e Regierung** Arjantin hükümeti

ärger *adj kompar von* **arg**

Ärger ['ɛrgɐ] *m ohne Pl* <-s> **1.** (*Wut*) kızgınlık; (*Zorn*) öfke; **aus ~** kızgınlıktan; **seinen ~ hinunterschlucken** (*fam fig*) öfkesini yenmek **2.** (*Schwierigkeiten*) belâ, dert, sıkıntı; **~ bekommen** başı belâya [*o* derde] girmek, belâsını bulmak; **~ suchen** belâ aramak; **jdm ~ machen** birine belâ olmak [*o* kesilmek]; **mit jdm ~ haben** biriyle başı belâda olmak; **mach keinen ~!** sakin ol!

ärgerlich *adj* **1.** (*verärgert*) kızgın, canı sıkkın; **über jdn/über etw ~ sein** bir kimseye/şeye kızgın [*o* canı sıkkın] olmak **2.** (*Ärger erregend*) belâlı, can sıkıcı **3.** (*unerfreulich*) hoş olmayan, nahoş, üzücü; **das ist ~** bu hoş değil

ärgern ['ɛrgɐn] **I.** *vt* (*ärgerlich machen*) kızdırmak, öfkelendirmek, sinirlendirmek **II.** *vr:* **sich ~** (*böse werden*) kızmak (*über* -e); **ich habe mich sehr über dich geärgert** ben sana çok kızdım; **sich schwarz ~** (*fam*) öfke topuklarına çıkmak

Ärgernis[1] *nt* <-ses, -se> (*Ärger*) kızgınlık; (*Unannehmlichkeit*) belâ, sıkıntı

Ärgernis[2] *nt ohne Pl* <-ses> (*Anstoß*) rezalet, kepazelik; **~ erregen** rezalet çıkarmak; **Erregung öffentlichen ~ses** (JUR) alenen hayâsızca vaz'ü hareketlerde bulunmak

Arglist *f ohne Pl* **1.** (*geh: Heimtücke*) iffet ve saflığından istifade; (*geh: Hinterlist*) sinsilik, art niyet **2.** (JUR) hile

arglistig *adj* **1.** (*hinterlistig*) sinsi, art niyetli; (*verschlagen*) saman altından su yürüten **2.** (JUR) hilekâr

arglos *adj* **1.** (*harmlos*) zararsız; (*naiv*) art niyetsiz **2.** (*ohne Argwohn*) işkilsiz, kuşkusu olmayan

Argon *nt ohne Pl* (CHEM) argon

ärgste(r, s) *adj superl von* **arg**

Argument [argu'mɛnt] *nt* <-(e)s, -e> **1.** kanıt, delil; (*Beweisgrund*) gerekçe **2.** (MATH) argüman

argumentieren* *vi* tartışmak (*für* lehinde, *gegen* aleyhinde); (*seine Argumente darlegen*) gerekçe göstermek; (*den Beweis führen*) kanıtlandırmak, delil göstermek (*für* lehinde, *gegen* aleyhinde)

Argwohn ['arkvoːn] *m ohne Pl* <-(e)s> (*geh*) işkil, kuşku; **jds ~ erregen** birini işkillendirmek; **~ gegen jdn schöpfen** birinden işkillenmek; **voller ~** işkil [*o* kuşku] içinde

argwöhnen *vt* işkillenmek (-den), kuşkulanmak (-den)

argwöhnisch **I.** *adj* (*geh*) işkilli, kuşkulu **II.** *adv* (*geh*) işkil [*o* kuşku] içinde

Arie ['aːriə] *f* <-n> (MUS) arya

Arier(in) ['aːriɐ] *m(f)* <-s, -; -nen> Ari

arisch ['aːrɪʃ] *adj* Ari

Aristokrat(in) [arɪsto'kraːt] *m(f)* <-en, -en; -nen> aristokrat

Aristokratie [arɪstokra'tiː] *f* <-n> aristokrasi; **aristokratisch** *adj* aristokratik

Arithmetik [arɪt'meːtɪk] *f ohne Pl* (MATH) aritmetik

arithmetisch *adj* (MATH) aritmetik(sel)

Arkade [ar'kaːdə] *f* <-n> (ARCH) kemer tonoz; (*Reihe von Bogen*) sıra kemer

Arktis ['arktɪs] *f* (GEO): **die ~** Kuzey Kutbu

arktisch *adj* arktik

arm [arm] *adj* <ärmer, am ärmsten> **1.** (*bedürftig*) fakir, yoksul; (*mittellos*) fakir, fukara; **~ an etw sein** bir şey bakımından fakir olmak; **das Land ist ~ an Bodenschätzen** yer altı kaynakları bakımından ülke fakirdir; **die Armen** yoksullar, fakir fukara **2.** (*bedauernswert*) acınacak, zavallı; **ein ~er Irrer** zavallı bir deli; **~es Schwein** (*fam*) vah zavallı; **er ist ~ dran** (*fam*) acınacak durumda

Arm *m* <-(e)s, -e> **1.** (*Körperteil*) kol; **~ in ~ gehen** kol kola gitmek; **jdn in den ~ nehmen** birini kollarının arasına almak, birini kucaklamak; **jdn mit offenen ~en aufnehmen** birine kollarına açmak; **jdn auf den ~ nehmen** (*fig*) birini kafa kola [*o* gır gıra] almak, biriyle dalga [*o* matrak] geçmek; **jds verlängerter ~ sein** (*fig*) birinin sağ kolu olmak; **jdm in die ~e laufen** birine rast gelmek; **jdm unter die ~e greifen** birine kol kanat olmak; **einen langen ~ haben** nüfuzlu olmak **2.** (TECH) kol **3.** (*eines Flusses*) kol **4.** (*Ärmel*) kol

Armaturen [arma'tuːrən] *fPl* (TECH) **1.** (*sanitär*) batarya; (*Wasserhahn*) musluk bataryası **2.** (*Schaltinstrumente*) armatür;
Armaturenbrett *nt* pano

Armband *nt* <-(e)s, -bänder> **1.** (*Schmuckstück*) bilezik **2.** (*Uhr~*) kayış;
Armbanduhr *f* kol saati, bilek saati

Armbinde *f* <-n> **1.** (*als Kennzeichen*) pazubent, kolçak **2.** (*Tragetuch*) kol askısı

Armbrust *f* arbalet

Armee [ar'meː, *Pl:* ar'meːən] *f* <-n> ordu

Ärmel ['ɛrməl] *m* <-s, -> yen, (giysi) kol(u); **die ~ hochkrempeln** (*a. fig*) kolları sıvamak; **etw aus dem ~ schütteln** (*fam*) bir şeyi kolaylıkla yapmak; **Ärmelaufschlag** *m* kolağzı

Ärmelkanal *m* <-s>: **der ~** Manş Denizi

ärmellos *adj* kolsuz

Armenhaus *nt* fakirhane, düşkünler evi, darülâceze

Armenien [ar'me:niən] *nt* <-s> Ermenistan

Armenier(in) *m(f)* <-s, -; -nen> Ermeni

armenisch *adj* Ermeni; **~e Sprache** Ermenice

Armenviertel *nt* kenar mahalle

ärmer *adj kompar von* **arm**

Armfüßer *mPl*, **Armfüßler** *mPl* (ZOOL) kolsu ayaklılar *pl*

Armlehne *f* (*am Sessel*) kolçak; (*im Auto*) dirseklik; **Armleuchter** *m* **1.** (*Kerzenhalter*) kollu şamdan; (*Kronleuchter*) avize **2.** (*fam pej: Dummkopf*) salak

ärmlich ['ɛrmlɪç] *adj* **1.** (*arm*) fakir, yoksul **2.** (*elend*) sefil, yoksul **3.** (*Kleidung*) pejmürde

armselig ['armse:lɪç] *adj* **1.** *s.* **ärmlich** **2.** (*pej: unbedeutend*) biçare, gariban, zavallı

Armsessel *m* koltuk

ärmste(r, s) *adj superl von* **arm**

Armstuhl *m* kolçaklı sandalye

Armut ['armu:t] *f ohne Pl* fakirlik, yoksulluk; **Armutszeugnis** *nt* fakirlik belgesi

Arnika *f ohne Pl* (BOT) arnika

Aroma [a'ro:ma, *Pl:* a'ro:mas, a'ro:mən, a'ro:mata] *nt* <-s, -s *o* Aromen *o* Aromata> aroma; **Aromastoff** *m* <-(e)s, -e> aroma

Aromata *Pl von* **Aroma**

Aromatherapie *f* aroma terapisi

aromatisch [aro'ma:tɪʃ] *adj* aromatik, aromalı, hoş kokulu

aromatisieren* *vt* (CHEM) aromatize etmek

Aromen *Pl von* **Aroma**

Aronstab *m ohne Pl* (BOT) danaayağı

Arrangement *nt* (MUS) aranjman

arrangieren* [arɑ̃'ʒi:rən] **I.** *vt* **1.** (*organisieren*) organize etmek, düzenlemek **2.** (*zusammenstellen*) aranje etmek **3.** (MUS) aranje etmek **II.** *vr:* **sich ~** (*sich einigen*) uzlaşmak, anlaşmak

Arrest [a'rɛst] *m* <-(e)s, -e> **1.** (*a.* JUR: *Haft*) (kısa) hapis **2.** (JUR: *Beschlagnahme*) haciz

arrogant [aro'gant] *adj* fodul, kibirli

Arroganz *f ohne Pl* fodulluk, kibir

Arsch [arʃ, *Pl:* 'ɛrʃə] *m* <-(e)s, Ärsche> (*vulg*) göt, kıç; **den ~ aufreißen** kıçını yırtmak; **du ~!** ulan, keriz!; **jdm in den ~ kriechen** birine yaltaklık etmek; **leck mich am ~!** (*vulg*) götümü [*o* kıçımı] yala!; **am ~ der Welt** (*fam*) cehennemin dibinde [*o* bucağında]; **Arschficker** *m* <-s, -> (*vulg*) göt sikici; **arschkalt** *adj* (*vulg*) bok gibi soğuk; **Arschkriecher** *m* <-s, -> (*vulg pej*) yaltak; **Arschloch** *nt* <-(e)s, -löcher> (*vulg*) **1.** (*Körperteil*) göt deliği **2.** (*Schimpfwort*) keriz; **du ~!** ulan keriz!

Arsen [ar'ze:n] *nt ohne Pl* <-s> (CHEM) arsenik

Arsenal [arze'na:l] *nt* <-s, -e> **1.** (MIL: *Geräte- u. Waffenlager*) mühimmat [*o* savaş gereçleri] deposu **2.** (*Sammlung*) koleksiyon; (*Anhäufung*) yığın

Art[1] [art] *f* <-en> **1.** (*Sorte*) çeşit, cins; (*Typ*) tip; **alle ~en von Menschen** her çeşitten [*o* türlü] insan **2.** (BIOL) tür; **eine vom Aussterben bedrohte ~** nesli tükenmeye yüz tutmuş bir tür **3.** (BENEHMEN) tarz, davranış biçimi; **was ist denn das für eine ~!** bu ne biçim davranış! **4.** (*Methode*) usul, tarz; (*Weise*) suret, biçim, yol, tarz, şekil; **die einfachste ~ etw zu tun** bir şeyi yapmanın en kolay usulü [*o* yolu]; **~ und Weise** suret, tarz, şekil; **auf diese ~** bu türlü, bu biçimde [*o* şekilde]; **nach ~ des Hauses** evin usulüne göre

Art[2] *f ohne Pl* (*Wesens~*) huy, mizaç; **das ist nun mal meine ~** benim huyum böyle işte

Art. (*a.* JUR) *Abk. von* **Artikel** md., *madde*

Artenschutz *m* türlerin korunması; **Artenvielfalt** *f* türlerin çeşitliliği

Arterhaltung *f* (BIOL) türlerin korunması

Arterie [ar'te:riə] *f* <-n> (MED) atardamar, arter

Arterienverkalkung *f* (MED) damar sertliği

artfremd *adj* (BIOL) türdeş olmayan; **Artgenosse, -in** *m, f* (BIOL) türdeş; **artgerecht** *adj* (BIOL) türdeş olan; **artgleich** *adj* türdeş

Arthritis *f* (MED) artrit

artig ['artɪç] *adj* (*Kinder*) uslu, terbiyeli; **jetzt sei aber ~!** artık uslu dur ama!; **sei schön ~!** uslu ol!

Artikel [ar'ti:kəl, ar'tɪkəl] *m* <-s, -> **1.** (COM: *Ware*) mal; (*einzelner Posten*) kalem, çeşit **2.** (LING) tanımlık, harfitarif **3.** (PUBL: *Zeitungs~*) makale **4.** (JUR) madde

Artikulation [artikula'tsjo:n] *f* <-en> **1.** (LING: *Lautbildung*) boğumlanma **2.** (*Aussprache*) telâffuz, söyleyiş, söyleniş; **Artikulationsstelle** *f* (LING) boğumlanma noktası

artikulieren* [artiku'li:rən] **I.** *vt* (*Laut*) telâffuz etmek; (*Gedanken*) ifade etmek, ifadelendirmek **II.** *vr:* **sich ~** (*ausdrücken*) meramını [*o* derdini] anlatmak

Artillerie [artɪlə'ri:] *f* <-n> (MIL) topçu sınıfı

Artischocke [arti'ʃɔkə] *f* <-n> enginar

Artist(in) [ar'tɪst] *m(f)* <-en, -en; -nen> **1.** (*im Varietee, Zirkus*) artist **2.** (*Akrobat*) akrobat

artistisch *adj* artistik

artverwandt *adj* türdeş

Arznei [arts'naɪ] *f* <-en> ilâç, müstahzar; **Arzneibuch** *nt* kodeks; **Arzneiflasche** *f* ilâç şişesi; **Arzneiformel** *f* ilâç formülü; **Arzneimittel** *nt* ilâç, ecza, müstahzar; **Arzneimittelabhängigkeit** *f* (MED) ilâç bağımlılığı; **Arzneimittelallergie** *f* ilâçlara karşı alerji; **Arzneimittelentsorgung** *f* ilâçların toplanıp imha edilmesi; **Arzneimittelmissbrauch**RR *m ohne Pl* <-(e)s> ilâçların kötüye kullanılması; **Arzneimittelvergiftung** *f* ilâçla zehirlenme

Arzt [artst, *Pl:* 'ɛrtstə] *m*, **Ärztin** *f* <-es, Ärzte; -nen> hekim, tabip, doktor *fam;* **praktischer ~** pratisyen hekim; **zum ~ gehen** hekime gitmek

Arztbesuch *m* hekim ziyareti

Ärztekammer *f* tabipler odası

Ärzteschaft *f ohne Pl* etıbba

Arzthelfer(in) *m(f)* hekim yardımcısı

Ärztin ['ɛrtstɪn] *f* <-nen> *s.* **Arzt** bayan hekim, kadın doktor *fam*

ärztlich *adj* tıbbî; **~es Attest** tıbbî rapor; **in ~er Behandlung sein** tıbbî tedavi görmek; **sich ~ behandeln lassen** kendini tedavi ettirmek

Arztpraxis *f* <-praxen> hekim muayenehanesi

Arztwahl *f* hekim seçme

As1 [as] *nt* <-, -> (MUS) lâ; **As-Dur** lâ majör; **As-Moll** lâ minör

As2 *nt s.* **Ass**

Asbest [as'bɛst] *m* <-(e)s, -e> asbest; **asbesthaltig** *adj* asbestli, içinde asbest olan, içinde asbest bulunan

Asbeststaub *m ohne Pl* <-(e)s> asbest tozu

Asche ['aʃə] *f ohne Pl* kül; **zu ~ werden** kül olmak

Äsche *f* (ZOOL) gölge balığı; **Aschenbahn** *f* (SPORT) atletizm pisti; **Aschenbecher** *m* kül tablası

Aschenbrödel ['aʃənbrø:dəl] *nt* <-s, ->, **Aschenputtel** ['aʃənpʊtəl] *nt* <-s, -> külkedisi

Ascher ['aʃɐ] *m* <-s, -> küllük

Aschermittwoch [-'--] *m* (ECCL) perhiz çarşambası

aschfahl *adj* kül gibi

aschgrau *adj* kül rengi

ASCII-Code ['askiko:t] *m* (INFORM) ASCII kodu

Ascorbinsäure *f* (CHEM) askorbik asit

äsen *vi* otlamak

Aserbaidschan *nt* Azerbaycan

Aserbaidschaner(in) *m(f)* Azerbaycanlı, Azerî

aserbaidschanisch *adj* Azerî

asexuell ['aseksuɛl] *adj* **1.** (*ungeschlechtlich*) eşeysiz; (*geschlechtslos*) cinsliksiz **2.** (*gefühllos*) seksüel olmayan

Asiat(in) *m(f)* <-en, -en; -nen> Asyalı

asiatisch *adj* Asyalı, Asya (ile ilgili); **~e Länder** Asya ülkeleri

Asien ['a:ziən] *nt* <-s> Asya

Askese [as'ke:zə] *f ohne Pl* çile, çilecilik

Asket(in) [as'ke:t] *m(f)* <-en, -en; -nen> çileye giren (kimse)

asketisch *adj* çile(cilik) ile ilgili

asozial ['azotsia:l] *adj* asosyal

Aspekt [as'pɛkt] *m* <-(e)s, -e> **1.** (*Blickwinkel*) bakış [*o* görüş] açısı; (*Blickpunkt*) noktainazar, görüş; **unter diesem ~** bu noktainazardan [*o* bakımdan]; **etw unter einem bestimmten ~ betrachten** bir şeye belli bir açıdan bakmak **2.** (LING) görünüş

Asphalt [as'falt] *m* <-(e)s, -e> asfalt

asphaltieren* *vt* asfaltlamak

Aspirin® *nt* <-s, -> aspirin

AssRR *nt* <-es, -e> (*Spielkarte, a. fig*) as

aß [a:s] *3. imp von* **essen**

Assel ['asəl] *f* <-n> (ZOOL: *Roll~*) tespih böceği; (*Wasser~*) asellus; **~n** (*Ordnung*) eş bacaklılar

Assimilation *f* <-en> **1.** (BIOL, POL) asimilâsyon **2.** (LING) yakın benzeşme **3.** (*fig*) kendine uydurma [*o* benzetme], özümleme

assimilieren* [asimi'li:rən] *vt* (*a.* BIOL: *geh*) asimile etmek; **sich an etw ~** kendini bir şeye asimile etmek

Assistent(in) [asɪs'tɛnt] *m(f)* <-en, -en; -nen> asistan, yardımcı

Assistenz *f:* **unter der ~ von ...** ...in yardım etmesiyle

Assistenzarzt, -ärztin *m, f* asistan hekim [*o* doktor]

assistieren* *vi* yardım etmek (*bei* -de)

Assoziation [asotsia'tsjo:n] *f* <-en> **1.** çağrışım; **~en erwecken** çağrışım yapmak **2.** (POL: *Vereinigung*) birlik; **Assoziationsfreiheit** *f ohne Pl* dernek kurma özgürlüğü

assoziieren* [asotsi'i:rən] *vt* çağrıştırmak

Ast [ast, *Pl:* 'ɛstə] *m* <-(e)s, Äste> **1.** (*vom Baum*) dal; **sich einen ~ ablachen** (*fam*) gülmekten kırılmak [*o* katılmak]; **den ~ absägen, auf dem man sitzt** (*fig*) bindiği dalı kesmek **2.** (*verwachsener Rücken*) kambur; **einen ~ haben** kamburu olmak

Aster ['astɐ] *f* <-n> yıldız çiçeği

Astgabel *f* dalın çatalı [*o* çatallaştığı yer]

Ästhet(in) [ɛs'te:t] *m(f)* <-en, -en; -nen>

estet
Ästhetik *f ohne Pl* estetik
ästhetisch *adj* estetik
Asthma ['astma] *nt ohne Pl* <-s> (MED) astım
Asthmatiker(in) *m(f)* <-s, -; -nen> (MED) astımlı
asthmatisch [ast'ma:tɪʃ] *adj* (MED) astımlı
astigmatisch *adj* (MED) astigmat
Astigmatismus *m ohne Pl* (MED) astigmatizm
Astloch *nt* budak deliği
astrein *adj* (*fam*) **1.** (*sehr schön*) çok güzel, şahane **2.** (*moralisch einwandfrei*): **die Sache ist nicht ganz ~** bu iş pek harbi değil, bu işin içinde bir bit yeniği var
Astrologe, -in [astro'lo:gə] *m, f* <-n, -n; -nen> astrolog
Astrologie *f ohne Pl* astroloji
astrologisch *adj* astrolojik
Astronaut(in) [astro'naʊt] *m(f)* <-en, -en; -nen> astronot
Astronom(in) [astro'no:m] *m(f)* <-en, -en; -nen> astronom
Astronomie *f ohne Pl* astronomi
astronomisch *adj* (*a. fig*) astronomik; **eine ~e Zahl** astronomik bir rakam
Astrophysik *f ohne Pl* (PHYS) astrofizik; **Astrophysiker(in)** *m(f)* astrofizikçi
ASU *f* <-> *Abk. von* **Abgassonderuntersuchung** (AUTO) egzos emisyon ölçümü
Asyl [a'zy:l] *nt* <-(e)s, -e> **1.** (POL) sığınma, iltica **2.** (*fig: Schutzort*) sığınacak yer, yurt; **~ suchen** sığınmak
Asylant(in) [azy'lant] *m(f)* <-en, -en; -nen> sığınmacı, mülteci
Asylantenwohnheim *nt* <-(e)s, -e> sığınmacılar yurdu
Asylantrag *m* sığınma istemi; **Asylbewerber(in)** *m(f)* sığınmacı; **Asylrecht** *nt ohne Pl* <-(e)s> (POL: *subjektives*) sığınma [*o* iltica] hakkı; (JUR: *objektives*) iltica hukuku
Asymmetrie [azʏme'tri:] *f* <-n> (*a.* MATH) asimetri, bakışımsızlık
asymmetrisch ['azʏme:trɪʃ] *adj* (*a.* MATH) asimetrik, bakışımsız
Asymptote *f* (MATH) asimptot, sonuşmaz
Atavismus *m* <-, -men> atavizm, atacılık
Atelier [atə'lje:] *nt* <-s, -s> atölye
Atem ['a:təm] *m ohne Pl* <-s> soluk, nefes; **~ holen** soluk [*o* nefes] almak; **den ~ anhalten** soluğunu [*o* nefesini] tutmak; **außer ~ kommen** soluk soluğa kalmak, nefes nefese kalmak; **außer ~ sein** soluk soluğa olmak, nefes nefese olmak; **atemberaubend** *adj* **1.** (*beeindruckend*) soluk kesici, nefes kesici **2.** (*spannend*) soluk kesici, nefes kesici **3.** (*sensationell*) sansasyonel; **Atembeschwerden** *Pl* tıkanıklık, nefes almada güçlükler *pl;* **Atemgerät** *nt* <-(e)s, -e> (MED) oksijen aleti; **atemlos** *adj* **1.** (*außer Atem*) soluk soluğa, nefes nefese **2.** (*ununterbrochen*) soluk aldırmadan **3.** (*voller Spannung*) soluk almadan, nefes almadan, soluk kesici, nefes kesici; **~ ankommen** soluk soluğa varmak; **~ lauschen** soluk almadan dinlemek; **eine ~e Stille** soluk kesici bir sessizlik
Atemnot *f ohne Pl* (MED) soluk darlığı, nefes darlığı; **Atempause** *f* **1.** (*zum Atmen*) teneffüs, soluk [*o* nefes] alma **2.** (*Ruhepause*) teneffüs; **Atemstillstand** *m* solunumun durması; **Atemwege** *mPl* solunum yolları *pl;* **Atemzug** *m* <-(e)s, -züge> soluk, nefes; **in einem ~** bir solukta [*o* nefeste]; **den letzten ~ tun** (*sterben*) son nefesini vermek; **bis zum letzten ~** son nefesine kadar
Atheismus [ate'ɪsmʊs] *m ohne Pl* <-> ateizm, tanrıtanımazlık
Atheist(in) *m(f)* <-en, -en; -nen> ateist, tanrıtanımaz
atheistisch *adj* ate, tanrıtanımaz
Athen [a'te:n] *nt* <-s> Atina; **Eulen nach ~ tragen** tereciye tere satmak
Athener(in) *m(f)* <-s, -; -nen> Atinalı
Äther ['ɛ:tɐ] *m ohne Pl* <-s> **1.** (CHEM: *Ether*) eter; (*als Narkosemittel*) lokman ruhu **2.** (RADIO) hava **3.** (*Himmel*) gökyüzü
ätherisch [ɛ'te:rɪʃ] *adj* içinde eter bulunan, uçucu; **~e Öle** uçucu yağlar
Äthiopien [ɛti'o:piən] *nt* <-s> Etiyopya; (HIST: *Abessinien*) Habeşistan
Äthiopier(in) *m(f)* <-s, -; -nen> Etiyopyalı; (HIST: *Abessinier*) Habeşli; **äthiopisch** *adj* Etiyopyalı, Etiyopya (ile ilgili); (HIST: *abessinisch*) Habeş; **eine ~e Frau** Etiyopyalı bir kadın; **die ~e Regierung** Etiyopya hükümeti
Athlet(in) [at'le:t] *m(f)* <-en, -en; -nen> atlet
athletisch *adj* atletik
Atlanten *Pl von* **Atlas**
Atlantik [at'lantɪk] *m* <-s>: **der ~** Atlantik; (*Atlantischer Ozean*) Atlantik Okyanusu, Atlas Okyanusu
atlantisch *adj* Atlantik; **der A~e Ozean** Atlantik Okyanusu, Atlas Okyanusu
Atlas ['atlas, *Pl:* at'lantən] *m* <-(ses), Atlanten> atlas
atmen ['a:tmən] *vi, vt* **1.** solu(n)mak, soluk alıp vermek, nefes alıp vermek **2.** (*einatmen*) soluk almak, nefes almak; **tief ~** derin soluk almak
Atmosphäre [atmo'sfɛ:rə] *f* <-n> **1.** (*Lufthülle der Erde*) atmosfer **2.** (*Stimmung*) hava, ortam; **eine ~ des Friedens/der Kameradschaft** barış/arkadaşlık havası
atmosphärisch *adj* atmosferik

Atmung ['a:tmʊŋ] *f ohne Pl* solunum
Ätna ['ɛtna] *m* <-s> Etna
Atoll [a'tɔl] *nt* <-s, -e> atol, mercan ada
Atom [a'to:m] *nt* <-s, -e> atom
Atomangriff *m* nükleer saldırı
atomar [ato'ma:ɐ] *adj* atomik, nükleer; ~**e Rüstung/Bedrohung** nükleer silâhlar/tehdit; ~**e Waffen** nükleer silâhlar; **Atombombe** *f* atom bombası; **Atombombenexplosion** *f* atom bombasının patlaması; **Atombombenversuch** *m* atom bombası denemesi; **Atomenergie** *f ohne Pl* atom enerjisi, nükleer enerji; **Atomexplosion** *f* atom bombasının patlaması; **Atomforschungszentrum** *nt* (PHYS) nükleer araştırma merkezi; **Atomgegner(in)** *m(f)* (*Kernkraftgegner*) nükleer enerji karşıtçısı, nükleer enerjiye karşı olan (kimse); **Atomgewicht** *nt* atom ağırlığı; **Atomgruppe** *f* atom grubu; **atomisch** *adj* (*Schweiz: atomar*) atomik
Atomiseur *m* (*Zerstäuber*) pülverizatör, püskürteç, fısfıs *fam*
atomisieren* *vt* (*völlig zerstören*) paramparça etmek
Atomismus *m* (PHILOS) atomculuk; **Atomindustrie** *f* (WIRTSCH) nükleer sanayi
Atomkern *m* atom çekirdeği
Atomkraft *f ohne Pl* atom enerjisi; (*Kernkraft*) nükleer enerji; **Atomkraftwerk** *nt* atom santrali; (*Kernkraftwerk*) nükleer santral
Atomkrieg *m* nükleer silâhlarla savaş; **Atommacht** *f* <-mächte> nükleer güç; **Atommeiler** *m* atom reaktörü
Atommüll *m* radyoaktif atıklar *pl;* **Atommüllagerung** *f s.* **Atommülllagerung;** **Atommülldeponie** *f* radyoaktif atıklar deposu; **Atommülllagerung**[RR] *f* radyoaktif atıkların depolanması
Atomphysik *f* atom fiziği; **Atompilz** *m atom bombasının patlamasından sonra oluşan mantar biçimindeki bulut;* **Atomrakete** *f* <-n> nükleer füze; **Atomreaktor** *m* atom reaktörü, nükleer reaktör; **Atomspaltung** *f* (PHYS) çekirdek bölünmesi; **Atomsprengkopf** *m* (MIL) nükleer savaş başlığı; **Atomtest** *m* atom bombasının denenmesi, nükleer silâh denemesi; **Atomteststopp**[RR] *m* nükleer silâh denemelerinin durdurulması; **Atom-U-Boot** *nt* nükleer denizaltı
Atomuhr *f* (TECH) atom saati, nükleer saat
Atomwaffe *f* nükleer silâh; **atomwaffenfrei** *adj* nükleer silâhsız; ~**e Zone** nükleer silâhsız bölge; **Atomwaffenversuch** *m* nükleer silâh denemesi
Atomzeitalter *nt ohne Pl* <-s> atom çağı
Atomzerfall *m* (PHYS) çekirdek parçalanması
atoxisch ['atɔksɪʃ, -'--] *adj* zehirsiz
Atrium ['a:triʊm] *nt* <-s, Atrien> (ARCH) atriyum; (*Innenhof*) avlu
Atropin *nt ohne Pl* <-s> (MED) atropin
ätsch [ɛ:tʃ] *interj* (*fam: Schadenfreude*) canıma değsin!, oh olsun!
Attaché *m* (POL) ataşe
Attacke [a'takə] *f* <-n> **1.** (*Angriff*) saldırı (*auf/gegen* -e), akın (*auf/gegen* -e) **2.** (MED) nöbet
Attentat ['atənta:t] *nt* <-(e)s, -e> suikast (*auf*-e); **ein ~ auf jdn verüben** birine suikast yapmak
Attentäter(in) ['atəntɛ:tɐ, --'--] *m(f)* <-s, -; -nen> suikastçı
Attest [a'tɛst] *m* <-(e)s, -e> (*ärztliches*) rapor; **ein ~ ausstellen** rapor vermek
Attitüde [ati'ty:də] *f* <-n> **1.** (*Einstellung*) tutum **2.** (*körperliche Haltung*) tavır; **eine ~ annehmen/einnehmen** tavır almak/takınmak
Attraktion[1] [atrak'tsjo:n] *f* <-en> (*Glanznummer*) atraksiyon
Attraktion[2] *f ohne Pl* (*Anziehung*) cazibe
attraktiv [atrak'ti:f] *adj* çekici, cazip
Attraktivität [atraktivi'tɛ:t] *f ohne Pl* çekicilik, cazibe
Attrappe [a'trapə] *f* <-n> taklit; (*Schaustück, leere Packung*) model
Attribut [atri'bu:t] *nt* <-(e)s, -e> **1.** (*charakteristische Eigenschaft*) tipik özellik; (*Sinnbild*) belirtken, simge; (*Merkmal*) karakteristik; **der Dreizack als ~ Neptuns** Neptün'ün simgesi olarak çatal kargı **2.** (PHILOS) öz nitelik **3.** (LING) belirtme sıfatı
attributiv [atribu'ti:f, '----] *adj* (LING) belirtme sıfatı olarak
atypisch ['aty:pɪʃ, -'--] *adj* tipik olmayan (*für* için)
ätzen ['ɛtsən] *vi, vt* **1.** (CHEM) aşındırmak, asitle yakmak; (*einätzen*) aside yedirmek **2.** (MED) dağlamak; **ätzend** *adj* **1.** aşındırıcı, yakıcı **2.** (*beißend*) tahriş eden **3.** (*sl, fam: furchtbar*) korkunç; (*nervtötend*) sinir edici; (*abscheulich*) iğrenç
au [aʊ] *interj* **1.** (*Schmerz*) uf, ay **2.** (*Begeisterung*) ay; ~ **ja!** ay, ne güzel!
Au *f* <-, -en> (*poet*) çayır
AU *f Abk. von* **Abgassonderuntersuchung** (AUTO) egzos emisyon ölçümü
aua ['aʊa] *interj:* ~**!** ay!, uf!
Aubergine [obɛr'ʒi:nə] *f* <-n> patlıcan
auch [aʊx] *adv* **1.** (*ebenfalls*) de; ~ **nicht** (bu) da değil; ~ **gut** (bu) da iyi; **ich** ~ ben de; ~ **das noch!** bir de bu eksikti!; **sowohl ... als** ~ hem ... hem de **2.** (*sogar*) bile; **ohne ~ nur zu fragen** bir kerecik sormadan bile; ~ **wenn es regnen sollte** yağ-

mur yağacak olsa bile 3. (*tatsächlich*): **das hat ~ niemand behauptet** kimse de böyle bir şeyi iddia etmedi ki 4. (*außerdem*): **nicht nur … sondern ~** yalnızca … değil aynı zamanda; **~ wäre es falsch zu glauben, dass …** … olduğuna inanmak da yanlış olur; **~ das noch!** bir de bu eksikti!; **wo ~ immer** nerede olursa olsun; **wie dem ~ sei** nasıl olursa olsun; **solange ich ~ wartete …** ne kadar bekledimse de …

Audienz [aʊdi'ɛnts] *f* <-en> huzura kabul, görüşme; **um eine ~ bitten bei …** …in huzuruna kabul edilmek için ricada bulunmak, … ile görüşmeyi dilemek; **jdm eine ~ geben** birini huzuruna kabul etmek

Audiokassette ['aʊdiokasɛtə] *f* ses kaseti; **audiovisuell** [aʊdiovizu'ɛl] *adj* görsel işitsel

Auditorium [aʊdi'to:riʊm] *nt* <-s, Auditorien> 1. (*Räumlichkeit*) oditoryum 2. (*geh: Zuhörer*) dinleyiciler

Aue ['aʊə] *f* <-n> 1. (*geh: Gelände*) ova 2. (*reg: Insel*) ada

Auerhahn ['aʊɐha:n] *m* (ZOOL) çalı horozu; **Auerochse** *m* ilkin sığır

auf [aʊf] I. *präp* 1. (*oben darauf*) üstünde, üzerinde; **~ dem Tisch** masanın üstünde; **~ dem Boden** yerde; **ich habe es ~ einem Bild gesehen** ben onu bir resimde gördüm 2. (*darauf befindlich*): **~ Zypern** Kıbrıs'ta; **~ der Straße** yolda, sokakta; **~ der Karte/Welt** haritada/dünyada; **~ dem Markt** pazarda; (COM) piyasada 3. (*drinnen*) -de; **~ der Bank/der Post/dem Polizeirevier** bankada/postada [*o* postanede]/karakolda; **~ dem Land(e)** karada; **~ meinem Konto** hesabımda 4. (*während*) iken; **~ Reisen** yolculuk yaparken; **~ der Flucht** kaçarken; **~ der Geburtstagsfeier** yaş günü partisinde II. *präp* 1. **etw ~ etw legen (stellen)** bir şeyi bir şeyin üzerine koymak; **etw ~ einen Zettel schreiben** bir şeyi bir kâğıda yazmak; **~ einen Berg steigen** bir dağa çıkmak; **sie setzte sich ~ die Bank** banka oturdu; **sich ~ den Boden setzen** yere oturmak 2. (*hin zu*): **sich ~ den Weg machen** yola koyulmak; **ich muss noch ~ die Post** daha postaneye gitmem gerekiyor; **~ die Erde fallen** yere [*o* yeryüzüne] düşmek; **~s Land ziehen** karaya çekmek; **er kam ~ mich zu** bana doğru geldi 3. (*zeitlich*): **~ einmal** birdenbire; **Heiligabend fällt ~ einen Dienstag** Noel arifesi bir salıya rastlıyor; **~ lange Sicht** uzun vadede; **die Sitzung wurde ~ morgen verschoben** oturum yarına [*o* ertesi güne] ertelendi; **~s Neue!** haydi yeni baştan!; **~ jeden Fall** her hâlde, kesinlikle; **~ keinen Fall** hiç mi hiç, kesinlikle 4. (*in einer bestimmten Art*): **~ diese Weise** böylece, bu biçimde [*o* şekilde]; **~ Kredit kaufen** (*fam*) veresiye almak; **~ gut Glück** şansına; **~ Deutsch**[RR] Almancada 5. (*infolge*): **~ seinen Rat (hin)** öğüdü üzerine; **~ Anfrage** başvuru üzerine; **~ Grund dessen** nedeniyle, dolayısıyla 6. (*im Hinblick ~*): **~ Kosten von …** … hesabına; **~ dein Wohl!** şerefine!; **~ eigene Gefahr** zarar ve ziyanı kendisine ait olmak üzere 7. (*sonstiger Gebrauch*): **~ der Geige spielen** keman çalmak; **Einfluss**[RR] **~ jdn haben** birine sözü geçmek III. *adv* 1. (*hinauf*): **~ und ab** bir aşağı bir yukarı; **er ist ~ und davon** (*fam*) toz oldu, tüydü, kirişi kırdı 2. (*fam: wach*) uyanık; (*nicht im Bett*) yatmamış; **~ sein** yatmamış [*o* uyanık] olmak 3. (*fam: offen, geöffnet*) açık; **~ haben**[RR] açık olmak; (*Hut*) başında olmak; **Fenster ~!** pencereyi aç! 4. (*sonstiger Gebrauch*): **von klein ~** çocukluğundan beri IV. *interj*: **~!** kalk!; (*los!*) haydi! [*o* hadi!]; **~ geht's!** marş marş!

auf|arbeiten *vt* 1. (*erledigen*) bitirmek, tamamlamak 2. (*erneuern*) yenilemek 3. (*zusammenfassend betrachten*) gözden geçirmek

auf|atmen *vi* 1. (*einmal tief atmen*) derin bir nefes almak 2. (*erleichtert sein*) ferahlamak

auf|bahren ['aʊfba:rən] *vt*: **einen Toten ~** katafalka ölü koymak

Aufbau[1] *m* <-(e)s, -ten> (*das Aufgebaute*) yapı

Aufbau[2] *m ohne Pl* <-(e)s> 1. (*Tätigkeit*) yap(ıl)ma, inşa; (*Errichtung*) kur(ul)ma 2. (*Gliederung, Struktur*) yapı; (*eines Kunstwerkes*) kompozisyon 3. (AUTO: *Karosserie*) karoser, kasa

auf|bauen I. *vt* 1. (*errichten*) kurmak, yapmak, inşa etmek 2. (*aufmuntern*) moral vermek (-e) 3. (*fig*) kurmak; **jdn ~** (*beruflich*) birine kariyer yaptırmak, birini meslekte yetiştirmek II. *vr*: **sich ~** 1. (*sich bilden, entstehen*) oluşmak 2. (*fam: sich hinstellen*) dikilmek (*vor* önüne)

auf|bäumen ['aʊfbɔɪmən] *vr*: **sich ~** 1. (*Pferd*) şahlanmak, şaha kalkmak 2. (*sich auflehnen*) ayaklanmak (*gegen* karşı)

auf|bauschen ['aʊfbaʊʃən] *vt* 1. (*aufblähen*) şişirmek 2. (*fig: übertreiben*) şişirmek, abartmak, dramatize etmek

Aufbaustudium *nt* lisansüstü eğitim

auf|begehren* *vi* karşı koymak (*gegen* -e); **er begehrte gegen sein Schicksal auf** kaderine boyun eğmedi

auf|behalten* *irr vt* (*fam*) 1. (*Hut*) çıkarmamak **2.** (*Augen*) açık tutmak

auf|bekommen* *irr vt* (*fam*) **1.** (*öffnen können*) açabilmek **2.** (*Übung*) ödev verilmek (-e); **wir haben heute in Chemie sehr viel** ~ bugün kimyada bize çok ödev verildi

auf|bereiten* *vt* (*vorarbeiten*) hazırlamak; (*bearbeiten*) işlemek; (*auffrischen*) yeniden işlemek; (*Wasser*) arıtmak; **radioaktive Abfälle** ~ radyoaktif atıkları yeniden işlemek; **Aufbereitungsanlage** *f* nükleer yakıtı yeniden işleme tesisi

auf|bessern *vt:* **jds Gehalt** ~ birinin maaşını artırmak

auf|bewahren* *vt* saklamak; (*Wertsachen* ~) emaneten saklamak; **sein Gepäck** ~ **lassen** bagajını emanet bırakmak; **jds Dokumente** ~ birinin belgelerini saklamak

Aufbewahrung *f ohne Pl* **1.** (*das Aufbewahren*) saklama, muhafaza **2.** (*Bewachen*) emanet **3.** (*Ort*) emanet; (*für Garderobe*) vestiyer; (*für Gepäck*) emanet; **sein Gepäck zur** ~ **geben** bagajını emanete vermek [*o* bırakmak]

Aufbewahrungslösung *f* (*für Kontaktlinsen*) saklama sıvısı

auf|bieten *irr vt* **1.** (*einsetzen*) ortaya koymak; (*zusammenraffen*) bir araya getirmek; **alle Kräfte** ~ bütün gücünü ortaya koymak **2.** (*öffentlich durch Aushang*) askıya çıkarmak

auf|binden *irr vt* **1.** (*in die Höhe binden*) yukarı bağlamak **2.** (*öffnen*) açmak; (*Schnürsenkel, Schleife*) çözmek **3.** (*fig fam: weismachen*): **jdm einen Bären** ~ birini kafa kola almak, birine numara yapmak; **jdm eine Lüge** ~ birine yalan yutturmak

auf|blähen **I.** *vt* (*aufschwellen*) şişirmek **II.** *vr:* **sich** ~ **1.** (*Segel*) şişmek **2.** (*fig, pej: sich großtun*) kasınmak [*o* kasılmak]

aufblasbar *adj* şişer, şişme

auf|blasen *irr* **I.** *vt* **1.** (*mit Luft füllen*) hava basmak (-e), hava vermek (-e) **2.** (*hochblasen*) şişirmek **II.** *vr:* **sich** ~ (*fam fig: sich wichtig tun*) hava basmak

auf|bleiben *irr vi sein* **1.** (*Person*) uyanık kalmak, yatmamak **2.** (*Geschäft, Tür*) açık kalmak

auf|blenden *vi* **1.** (AUTO) uzun far(ları) kullanmak **2.** (FILM, FOTO) diyaframı büyütmek

auf|blicken *vi* **1.** (*hochschauen*) başını kaldırıp bakmak (*zu* -e) **2.** (*bewundernd*) hayranlık duymak (*zu* -e)

auf|blitzen *vi* **1.** *haben* (*Licht*) çakmak **2.** *sein* (*fig: Idee*) birdenbire aklına gelmek

auf|blühen *vi sein* **1.** (*Blumen*) çiçek açmak **2.** (*gedeihen*) gelişmek

auf|brauchen *vt* harcamak, tüketmek

auf|brausen *vi sein* **1.** galeyan etmek, köpürmek **2.** (*fig: wütend werden*) galeyana gelmek, hiddetlenmek

auf|brechen *irr* **I.** *vi sein* **1.** (*Knospen*) çatlamak; (*Wunde*) açılmak **2.** (*weggehen*) yola çıkmak [*o* koyulmak] **II.** *vt* **1.** (*Straßendecke*) kırarak açmak **2.** (*Schloss, Auto*) kırarak [*o* zorla] açmak

auf|brennen *irr vt:* **einem Tier ein Zeichen** ~ bir hayvanı dağlamak

auf|bringen *irr vt* **1.** (*Geld*) bulmak, temin etmek **2.** (*fam: Tür*) açabilmek **3.** (*Mut, Geduld*) göstermek; **Verständnis für etw** ~ bir şey için anlayış göstermek **4.** (*jdn reizen*) sinirlendirmek **5.** (*aufreizen*) kışkırtmak; **jdn gegen jdn** ~ birine fit vermek [*o* sokmak], birini başkasına karşı kışkırtmak

Aufbruch[1] *m* <-(e)s, -brüche> **1.** (*Riss*) çatlak **2.** (*geh: geistiges Erwachen*) uyanma, uyanış

Aufbruch[2] *m ohne Pl* <-(e)s> (*Abreise*) yola çıkma [*o* koyulma]

auf|brühen *vt* (*aufgießen*) üzerine kaynar su dökmek (-in); (*Tee*) demlemek

auf|brummen **I.** *vt* (*fam*): **jdm eine Strafe** ~ birini bir cezaya çarptırmak; **jdm die Kosten für etw** ~ birine bir şeyin masraflarını yüklemek **II.** *vi* **1.** (*Nebelhorn*) ötüvermek **2.** (*fam: auffahren*) bindirmek (*auf* -e) **3.** (NAUT: *auf Grund geraten*) karaya oturmak

auf|bürden ['aʊfbʏrdən] *vt* (*geh*) yüklemek (-e); **jdm etw** ~ birine bir şey yüklemek

auf|decken *vt* **1.** (*Zusammenhänge*) ortaya [*o* meydana] çıkarmak **2.** (*Bett*) üzerini açmak (-in) **3. seine Karten** ~ elini göstermek **4.** (*Topf*) üzerini açmak (-in) **5.** (*enthüllen*) ortaya [*o* meydana] çıkarmak, açığa vurmak

auf|donnern *vr:* **sich** ~ (*fam pej*) süslenip püslenmek

auf|drängen **I.** *vt* (*aufzwingen*) empoze etmek, zorla kabul ettirmek **II.** *vr:* **sich** ~ **1.** (*Gedanke*) içine doğmak **2.** (*zudringlich sein*) (başına) musallat olmak

auf|drehen **I.** *vi* **1.** (*fam: Gas geben*) gazlamak; (*beschleunigen*) hızlanmak **2.** (*fam: in Stimmung kommen*) havasını bulmak, neşelenmek **II.** *vt* **1.** (*fam: Wasserhahn*) açmak **2.** (*Schraubverschluss*) gevşetmek **3.** (*Schraube*) gevşetmek **4.** (*fam: Radio*) sesini açmak (-in); **die Uhr** ~ saati kurmak

aufdringlich ['aʊfdrɪŋlɪç] *adj* (*Person*) sırnaşık; (*lästig*) usandırıcı, musallat; (*Geruch*) keskin, boğucu, ağır; ~ **bekleidet sein** göze batar biçimde giyinmiş olmak

Aufdringlichkeit *f* <-en> (*einer Person*) sırnaşıklık; (*eines Geruchs*) keskinlik

Aufdruck *m* antet; (*Stempel*) sürşarj
auf|drucken *vt:* **etw auf etw ~** bir şeyi (başka) bir şeyin üzerine basmak
auf|drücken *vt* **1.** (*stempelnd*): **etw auf etw ~** bir şeyi (başka) bir şeyin üzerine vurmak; (TYPO) bir şeyi (başka) bir şeyin üzerine basmak **2.** (*öffnen*) basarak [*o* iterek] açmak **3.** (*Pickel*) sıkmak
aufeinander [aʊfaɪ'nandɐ] *adv* **1.** (*räumlich*) üst üste; (**sich**) **~ häufen** üst üste yığ(ıl)mak **2.** (*zeitlich*) birbiri; **~ folgen** birbirini izlemek, ardından gelmek; **~ folgend** birbirini izleyen, ardışık **3.** (*gegen*) birbirine; **~ stoßen** [*o* **prallen**] birbirine çarpmak, çarpışmak; (*Meinungen*) çatışmak; (*sich zufällig begegnen*) karşılaşmak
aufeinander|folgen *vi sein s.* **aufeinander 2.**
aufeinander|häufen *vt, vr:* **sich ~** *s.* **aufeinander 1.**; **aufeinander|prallen** *vi sein s.* **aufeinander 3.**; **aufeinander|stoßen** *irr vi sein s.* **aufeinander 3.**
Aufenthalt ['aʊfənthalt] *m* <-(e)s, -e> **1.** ikamet, (bir yerde) oturma [*o* eğleşme], kalma **2.** (*Aufenthaltsort*) ikametgâh, oturulan [*o* ikamet edilen] yer, konut **3.** (EISENB: *kurze Unterbrechung*) durma; **der Zug hat 5 Minuten ~ in München** tren Münih'te 5 dakika durur; **wie lange haben wir hier ~?** burada ne kadar zaman duracağız?; **Aufenthaltserlaubnis** *f s.* **Aufenthaltsgenehmigung**; **Aufenthaltsgenehmigung** *f* oturma izni; **Aufenthaltsort** *m* ikametgâh, oturulan [*o* ikamet edilen] yer; **Aufenthaltsraum** *m* <-(e)s, -räume> dinlenme salonu; (*Warteraum*) bekleme yeri [*o* odası]
auf|erlegen* **I.** *vt* **1.** (*Strafe*) vermek, çarptırmak (-e) **2.** (*Steuern*) bağlamak (-e) **II.** *vr:* **sich Zwang ~** kendini zorlamak
auf|erstehen* *irr vi sein* (REL) (ölümden sonra) dirilmek, (ölü iken) dirilip ayağa kalkmak
Auferstehung *f* <-en> (REL) basübadelmevt, ölümden sonra dirilme
auf|essen *irr* **I.** *vi* yemeğini bitirmek **II.** *vt* yiyip bitirmek
auf|fahren *irr* **I.** *vi sein* **1.** (*aufprallen*) çarpmak (*auf* -e) **2.** (*dicht anschließen*) arkasına girmek **3.** (*aufschrecken*) (yerinden) sıçramak [*o* fırlamak] **4.** (*wütend werden*) öfkelenmek, tepesi atmak; (*aufbrausen*) galeyana gelmek **5.** (ECCL: *emporsteigen*) (göğe) çıkmak; (MIN) (ocaktan) çıkmak **6.** (NAUT) oturmak (*auf* -e) **7.** (*vorbeifahren*) önünden geçmek **II.** *vt haben* **1.** (MIL) dizmek; **die Panzer sind aufgefahren** tanklar dizildiler **2.** (*fam: Speisen*) sofraya koymak
Auffahrt *f* <-en> **1.** (*das Hinauffahren*) yokuş çıkma **2.** (*Zufahrt*) giriş; (*Rampe*) rampa; (*zur Autobahn*) giriş **3.** (*Himmelfahrt*) göğe çıkma
Auffahrunfall *m* arkadan çarpma
auf|fallen *irr vi sein* göze çarpmak, dikkati üzerine çekmek; **unangenehm ~** göze batmak; **durch schlechtes Benehmen ~** kötü tavır ve hareketleri ile göze batmak; **was fällt dir an diesem Haus auf?** bu evde gözüne ne çarpıyor?; **auffallend** **I.** *adj* (*auffällig*) göze çarpan, göz alıcı; (*beeindruckend*) etkileyici **II.** *adv:* **~ gekleidet** gösterişli giyinmiş
auffällig ['aʊffɛlɪç] *adj* göz alıcı, belirgin, frapan; **~e Farben** göz alıcı renkler, frapan renkler
auf|fangen *irr vt* **1.** (*Ball*) tutmak, yakalamak **2.** (*Gesprächsfetzen*) kapmak **3.** (*Schlag*) yemek **4.** (*Stoß, Aufprall*) önlemek **5.** (*Flüssigkeit*) toplamak **6.** (*zum Stehen bringen*) durdurmak; (*negative Auswirkungen*) yumuşatmak
Auffanglager *nt* toplama kampı, geçici sığınmacı kampı
auf|fassen *vt* **1.** (*auslegen*) yorumlamak **2.** (*begreifen*) kavramak, anlamak; **etw falsch ~** bir şeyi yanlış anlamak; **etw schnell ~** bir şeyi çabuk kavramak
Auffassung *f* <-en> **1.** (*Ansicht*) görüş, anlayış; **nach meiner ~** bence, bana göre **2.** (*Deutung*) yorum
Auffassungsgabe *f ohne Pl* anlayış, anlama yeteneği, anlama ve kavrama yetisi
auf|finden *irr vt* (arayıp) bulmak
auf|fliegen *irr vi sein* **1.** (*Vogel*) havaya uçmak **2.** (*Tür*) açılıvermek **3.** (*fam: scheitern*) suya düşmek; (*Schmugglerring*) kendini ele vermek
auf|fordern *vt* istemek, talep etmek; (*einladen*) davet etmek; **jdn zum Tanzen ~** birini dansa kaldırmak; **Aufforderung** *f* istek, talep; (*Einladung*) davet
auf|forsten ['aʊffɔrstən] *vt* ormanlaştırmak
Aufforstung *f* <-en> ormanlaştırma
auf|fressen *irr vt* (*Futter*) yiyip bitirmek
auf|frischen **I.** *vi* (*heftiger werden*) şiddetlenmek; (*stärker werden*) artmak; **der Wind frischte auf** rüzgâr şiddetlendi [*o* arttı] **II.** *vt* **1.** (*Farbe*) yenilemek, yeniden canlılık vermek **2.** (*Kenntnisse*) tazelemek, yeniden canlandırmak **3.** (*Impfung*) yenilemek **III.** *vr:* **sich ~** elini yüzünü yıkamak
auf|führen **I.** *vt* **1.** (THEAT) oyna(t)mak, sahneye koymak; (*Film*) göstermek; (*Beispiele*) vermek **2. dein Name ist in der Liste nicht aufgeführt** adın listede geçmiyor **II.** *vr:* **sich ~** (*sich benehmen*) davranmak,

hareket etmek
Aufführung *f* (THEAT: *das Spielen eines Stückes*) oynanma, sahneleyiş; (THEAT, FILM: *Vorführung*) gösteri(m); (*Vorstellung*) seans; **eine gelungene ~** (THEAT) başarılı bir sahneleyiş
auf|füllen *vt* **1.** doldurmak; (*ganz füllen*) ağzına kadar doldurmak **2.** (*ergänzen*) tamamlamak, bütünlemek
Aufgabe ['aʊfga:bə] *f* <-n> **1.** ödev; (*Pflicht*) görev; **das ist nicht deine ~** bu senin görevin değil; **sich etw zur ~ machen** bir şeyi ödev bilmek [*o* saymak] **2.** (SCHULE) alıştırma; (MATH) problem; (*Haus~*) ev ödevi **3.** (*Verzicht*) vazgeçme (*von* -den) **4.** (MIL) teslim olma; (SPORT) pes etme **5.** (*von Gepäck*) (emanete) bırakma; (*eines Pakets*) (postaya) verme; (*einer Anzeige*) verme **6.** (*Aufhören*) bırakma, terk
auf|gabeln *vt* **1.** (*mit der Gabel*) çatala geçirmek **2.** (*fam fig*) bulmak; **wo hast du denn das Buch aufgegabelt?** bu kitabı da nereden buldun?
Aufgabenbereich *m* görev alanı
Aufgang *m* <-(e)s, -gänge> **1.** (*eines Gestirns*) doğuş **2.** (*Aufstieg*) yükseliş (*zu* -e); (*Zugang*) giriş (*zu* -e); (*Treppe*) çıkış (*zu* -e)
auf|geben *irr* **I.** *vi* (*sich geschlagen geben*) pes etmek **II.** *vt* **1.** (*Telegramm*) çekmek; (*Brief*) postalamak; (*Paket*) postaya vermek; (*Annonce, Anzeige*) vermek; (*Gepäck*) teslim etmek; (*Hausaufgaben*) vermek; **den Geist ~** (*sterben*) ruhunu teslim etmek; (*fam: kaputtgehen*) bozulmak **2.** (*verzichten*) vazgeçmek (-den); (*Widerstand*) bırakmak; (*Hoffnung*) kesmek; (*Beruf*) terk etmek
aufgeblasen **I.** *pp von* **aufblasen** **II.** *adj* (*fam fig*) kasıntılı, burnu havada olan
Aufgebot *nt* <-(e)s, -e> **1.** (*von Menschen*) toplanma, kalabalık **2.** (*standesamtlich*) ilân, askıya alma
aufgebracht **I.** *pp von* **aufbringen** **II.** *adj* (*wütend*) öfkeli, kızgın
aufgedonnert *adj* (*fam fig*) cafcaflı
aufgedreht *adj* (*fam fig*) şen şakrak
aufgedunsen ['aʊfgədʊnzən] *adj* şişik, kabarık
auf|gehen *irr vi sein* **1.** (ASTR: *Gestirn*) doğmak **2.** (*Tür, Vorhang, Reißverschluss*) açılmak; (*Knopf, Schnürsenkel*) çözülmek; (*Armband*) açılmak **3.** (*Saat*) sürmek, bitmek, yeşermek **4.** (*Rechnung*) tutmak **5.** (*Hefeteig*) kabarmak **6.** (*Wend*): **in der Arbeit ~** kendini işe vermek; **in Flammen ~** alev alev yanmak; **jetzt geht mir ein Licht auf!** şimdi şarj ettim!, şimdi anlamaya başladım!
aufgehoben ['aʊfgeho:bən] *pp von* **aufheben**
aufgeklärt ['aʊfgəklɛ:ɐt] *adj* (PHILOS, HIST) aydın; **~ sein** (*sexuell*) cinsel konularda bilgili olmak
aufgekratzt *adj* (*fam: gut gelaunt und lebhaft*) şen şakrak
aufgelegt ['aʊfgəle:kt] *adj:* **gut/schlecht ~ sein** keyfi yerinde olmak/olmamak; **~ sein, etw zu tun** bir şey yapmayı canı istemek
aufgelöst ['aʊfgəlø:st] *adj* **1.** (*verwirrt*) şaşkın; (*außer sich*) kendinden geçmiş, kendini kaybetmiş; **sie war über diese Nachricht ganz ~** bu haberi duyunca eli ayağı çözülmüştü **2.** (*erschöpft*) bitkin; (*benommen*) sersemlemiş
aufgeregt ['aʊfgəre:kt] *adj* heyecanlı; (*nervös*) sinirli; (*unruhig*) huzursuz
aufgeschlossen ['aʊfgəʃlɔsən] **I.** *pp von* **aufschließen** **II.** *adj* (*offen*) açık (fikirli); (*mitteilsam*) konuşkan
aufgeschmissen ['aʊfgəʃmɪsən] *adj* (*fam*): **~ sein** hâli duman [*o* harap] olmak, çaresiz olmak; **ohne sie sind wir völlig ~** onsuz hâlimiz duman [*o* harap]
aufgesprungen *adj* çatlak, çatlamış olan; **~e Lippen** çatlamış dudaklar
aufgetakelt *adj* (*fam*) süslü püslü
aufgeweckt ['aʊfgəvɛkt] *adj* (*fig: geistig*) gözü açık, uyanık
auf|gießen *irr vt* **1.** (*Tee*) demlemek; (*Kaffee*) üzerine kaynar su dökmek (-in) **2.** (*Wasser*) üzerine kaynar su dökmek (-in)
auf|gliedern **I.** *vt* ayırmak **II.** *vr* ayrılmak
auf|greifen *irr vt* **1.** (*fig: Idee*) yeniden ele almak **2.** (*festnehmen*) yakalamak, tutmak
aufgrund [aʊf'grʊnt] *präp* -den ötürü, -den dolayı, yüzünden, nedeniyle
Aufguss[RR] *m* <-es, -güsse>, **Aufguß** *m* <-sses, -güsse> **1.** (*Lösung*) demlendirme suyu **2.** (*fig, pej: Abklatsch*) klişe, basma kalıp; **Aufgussbeutel** *m* (*Teebeutel*) çay torbası [*o* poşeti]
auf|haben *irr* **I.** *vi* (*Geschäfte*) açık olmak **II.** *vt* **1.** (*Hut*) başında olmak; (*Brille*) gözünde olmak; (*Augen, Mund*) açık olmak **2.** (*fam: Schulaufgaben*) (ev) ödevi olmak
auf|halten *irr* **I.** *vt* **1.** (*zurückhalten*) alıkoymak; (*Entwicklung*) durdurmak; (*Verkehr*) durdurmak **2.** (*hinhalten*) oyalamak; (*bei der Arbeit*) alıkoymak; **ich will Sie nicht länger ~** sizi işinizden daha fazla alıkoymak istemiyorum **3.** (*Tür*) açık tutmak **II.** *vr:* **sich ~** **1.** bulunmak; (*bleiben*) kalmak; (*wohnen*) oturmak, ikamet etmek **2.** (*Zeit verschwenden*) oyalanmak, zaman harcamak; **sich mit etw ~** bir şeyle oyalanmak, bir şeye zaman harcamak
auf|hängen **I.** *vi* (*Telefongespräch been-*

den) telefonu kapamak **II.** *vt* **1.** (*Bild, Mantel, Telefonhörer*) asmak (*an* -e); (*Wäsche*) asmak **2.** (*töten*) asmak **III.** *vr:* **sich ~** kendini asmak

Aufhänger *m* <-s, -> **1.** (*für Kleider*) askı **2.** (*Anlass*) vesile, bahane

auf|heben *irr vt* **1.** (*hochheben*) kaldırmak; (*vom Boden*) almak (*von* yerden) **2.** (*aufbewahren*) saklamak; **gut aufgehoben sein** iyi saklanmış olmak; **kannst du das für mich ~?** bunu benim için saklar mısın? **3.** (*Gesetz*) yürürlükten kaldırmak, ilga etmek; (*Vertrag*) bozmak, feshetmek; (*Urteil*) bozmak, iptal etmek **4.** (*Sitzung*) iptal etmek; (*Verbot*) kaldırmak

Aufheben *nt ohne Pl* (*geh*): **viel ~(s) von etw machen** bir şeyi mesele yapmak

Aufhebung *f* <-en> **1.** (*Abschaffung*) ortadan kaldır(ıl)ma, iptal **2.** (*Beendigung*) kaldır(ıl)ma; (*eines Streiks*) son ver(il)me; (*einer Wirkung*) gider(il)me **3.** (JUR: *eines Urteils*) boz(ul)ma; (*eines Gesetzes*) yürürlükten kaldır(ıl)ma

auf|heitern ['aʊfhaɪtɐn] **I.** *vt* (*Person*) neşelendirmek **II.** *vr:* **sich ~** (*Himmel*) aç(ıl)mak

Aufheiterung *f* <-en> **1.** (METEO) açılma **2.** (*Erheiterung*) neşelenme

auf|hellen **I.** *vt* açmak, aydınlatmak, ağartmak **II.** *vr:* **sich ~** **1.** (*Gesicht*) gülmek **2.** (*Himmel*) ağarmak, aydınlanmak

auf|hetzen *vt* (*fig*) kışkırtmak, fitil vermek; **jdn gegen jdn ~** birine fit vermek [*o* sokmak], birini başkasına karşı kışkırtmak

auf|holen **I.** *vi* (SPORT) aradaki farkı kapatmak **II.** *vt* **1.** (*Zeitverlust*) telâfi etmek; **ich muss noch in Latein ~** latincede öbürlerine yetişmem gerekiyor **2.** (NAUT: *Anker*) almak

auf|horchen *vi* kulak kabartmak [*o* kesilmek]; **diese Nachricht ließ alle ~** bu habere herkes kulak kabarttı [*o* kesildi]

auf|hören *vi* durmak; (*enden*) bitmek, kesilmek, sona ermek; **hör doch endlich auf!** yeter [*o* kes] artık yahu!, dur hele bir!; **also, da hört bei mir der Spaß auf!** işte, şimdi bu işin şakası makası kalmadı!

auf|kaufen *vt* bol miktarda satın almak

auf|keimen *vi sein* **1.** (*Saatgut*) filizlenmek, sürgün çıkmaya başlamak **2.** (*Hoffnung, Liebe*) filizlenmek

aufklappbar *adj* açılır

auf|klappen *vt* (*Koffer, Buch*) açmak; (*hochschlagen*) yukarıya doğru katlamak

auf|klaren *vi* (METEO: *a. fig*) açılmak

auf|klären **I.** *vt* **1.** (*Missverständnis, Irrtum*) düzeltmek; (*Verbrechen*) aydınlatmak, açıklığa kavuşturmak **2.** (*belehren*) aydınlatmak, bilgi vermek (*über* üzerine); (*sexuell*) yüzünü gözünü açmak (-in); (*Mann durch Frau*) gözünü açmak (-in) **3.** (MIL) keşif yapmak **II.** *vr:* **sich ~** **1.** aydınlanmak; (*Fall*) açığa çıkmak; (*Rätsel*) çözülmek **2.** (*Himmel*) açılmak

Aufklärer *m* <-s, -> (MIL: *Kundschafter*) keşif kolu; (*Aufklärungsflugzeug*) keşif uçağı

Aufklärung[1] *f* <-en> **1.** (*völlige Klärung*) aydınlanma, aydınlatma; (*Fall, Verbrechen*) aydınlatılma **2.** (MIL: *Erkundung*) keşif

Aufklärung[2] *f ohne Pl* **1.** (PHILOS) aydınlanma **2.** (*Belehrung*) aydınlatma, bilgi verme (*über* üzerine); **sexuelle ~** cinsel eğitim

Aufklärungsfilm *m* eğitici [*o* öğretici] film; **Aufklärungsflug** *m* (MIL) keşif uçuşu; **Aufklärungssatellit** *m* (MIL) keşif uydusu

aufklebbar *adj* yapışkan

auf|kleben *vt* yapıştırmak (*auf* üzerine)

auf|kleben *vt* üzerine yapıştırmak

Aufkleber *m* <-s, -> çıkartma

auf|knöpfen *vt* düğmesini çözmek (-in)

auf|knüpfen *vt* **1.** (*Knoten*) çözmek **2.** (*erhängen*) asmak

auf|kochen **I.** *vi sein* kaynamak **II.** *vt* **1.** (*zum Kochen bringen*) kaynatmak **2.** (*kurz kochen*) bir taşımlık kaynatmak

auf|kommen *irr vi sein* **1.** (*entstehen*) ortaya çıkmak; (*Gewitter, Wind*) çıkmak; **ein schwacher Wind ist aufgekommen** hafif bir rüzgâr çıktı; **Zweifel ~ lassen** şüpheye [*o* kuşkuya] düşürmek; **keine Zweifel ~ lassen** şüphe [*o* kuşku] uyandırmamak **2.** (*sich erheben*) kalkmak **3.** (*bezahlen*) ödemek (*für* -); (*unterhalten*) geçindirmek (*für* -); **sie muss für ihren Mann ~** kocasını geçindirmek zorunda **4.** (*haften*) sorumlu olmak (*für* -den) **5.** (*landen*) inmek

Aufkommen *nt* <-s, -> (WIRTSCH) gelir(ler), varidat

auf|kreischen *vi* cıyak cıyak bağırmak; (*Bremse*) gıcırdamak

auf|krempeln *vt:* **sich die Ärmel ~** kollarını sıvamak

auf|kreuzen *vi sein* (*fam*) çıkagelmek (*in/bei* -de/-e)

auf|kriegen *vt* (*fam*) açabilmek

Aufl. *Abk. von* **Auflage** baskı

auf|lachen *vt* kahkaha atmak

auf|laden *irr* **I.** *vt* **1.** (*Batterie*) şarj etmek, doldurmak; **wieder aufladbar sein** şarj edilebilir olmak **2.** (*Ladegut*) yüklemek **3.** (*fam: aufbürden*): **jdm etw ~** birine bir şey yüklemek **II.** *vr:* **sich ~** (*sich elektrisch laden*) şarj olmak

Auflage *f* <-n> **1.** (TYPO: *von Buch, Zeitung*) baskı **2.** (*~nhöhe*) tiraj **3.** (*Verpflich-*

tung) yüküm, mükellefiyet; **jdm etw zur ~ machen** birine bir şeyin yükümünü empoze etmek **4.** (*Bedingung*) şart; **jdm etw zur ~ machen** birine bir şeyi şart koşmak; **mit der ~, dass ...** ... şartına bağlı olarak; **es wurde ihm zur ~ gemacht sein Haus nicht zu verlassen** evden dışarı çıkmaması şart koşuldu **5.** (*Überzug*) kaplama; **das Besteck hat eine ~ aus Silber** çatal bıçak takımı gümüş kaplamadır; **Auflagenhöhe** *f* tiraj

auf|lassen *irr vt* **1.** (JUR) ferağ etmek **2.** (*fam: offen lassen*) açık bırakmak; (*offen halten*) açık tutmak **3.** (*fam: Hut*) başında tutmak; (*nicht abnehmen*) çıkarmamak **4.** (*fam: nicht ins Bett schicken*) yatağa göndermemek, yatırmamak

auf|lauern *vi:* **jdm ~** birine pusu kurmak

Auflauf *m* <-(e)s, -läufe> **1.** (*Menschen~*) toplanma **2.** (*Speise*) sufle

auf|laufen *irr* **I.** *vi sein* **1.** (*Zinsen*) birikmek **2.** (NAUT) karaya oturmak **II.** *vt haben:* **sich die Füße ~** yürümekten ayakları şişmek

Auflaufform *f* sufle kabı

auf|leben *vi sein* canlanmak, canlılık kazanmak; **etw** (**wieder**) **~ lassen** bir şeyi (yeniden) canlandırmak, bir şeye (yeniden) canlılık kazandırmak

auf|legen **I.** *vi* (*Telefongespräch beenden*) telefonu kapamak **II.** *vt* **1.** (*Tischdecke*) sermek; (*Schallplatte*) koymak **2.** (*Kompresse, Make-up*) yapmak **3.** (*Hörer*) (telefonu) kapamak **4.** (*Buch*) basmak; **neu ~** yayımlamak **5.** (*Aktien*) ihdas etmek

auf|lehnen **I.** *vt* dayamak, yaslamak **II.** *vr:* **sich ~** karşı koymak (*gegen* -e), direnmek

auf|lesen *irr vt* **1.** (*sammeln*) toplamak (*von* -den) **2.** (*fig: unfreiwillig bekommen*) kapmak (*von* -den); **den Schnupfen muss ich bei dir aufgelesen haben** nezleyi sende(n) kapmış olmam gerekir **3.** (*finden und mitnehmen, fam*) bulup almak [*o* getirmek] (*von* -den)

auf|leuchten *vi haben o sein* ışıldamak, parıldamak; (*Blitz*) çakmak; (*Augen*) parlamak

auf|listen ['aʊflɪstən] *vt* listelemek

auf|lockern **I.** *vt* **1.** (*Boden*) kabartmak **2.** (*Programm*) çeşitlendirmek **3.** (*Atmosphäre*) gevşetmek; **aufgelockerte Atmosphäre** (*fam*) gevşek hava **II.** *vr:* **sich ~** (*Bewölkung*) açılmak

Auflockerung *f* <-en> **1.** (*Boden*) kabartma **2.** (*Unterricht, Muskeln*) yumuşatma **3.** (*Bewölkung*) aç(ıl)ma

auflösbar *adj* (*in Flüssigkeit*) çözülür; (*Vertrag*) bozulabilir

auf|lösen **I.** *vt* **1.** (MATH: *lösen*) çözmek **2.** (*in Flüssigkeiten*) eritmek; (CHEM) çözündürmek **3.** (*zerlegen*) ayrıştırmak **4.** (*Versammlung, Demonstration*) dağıtmak; (*Bundestag*) feshetmek **5.** (*Vertrag, Ehe*) bozmak, feshetmek; **sein Konto ~** hesabını kapatmak **II.** *vr:* **sich ~** **1.** (*Nebel*) dağılmak, çözülmek **2.** (*Menschenmenge*) dağılmak **3.** (*in Flüssigkeit*) erimek, çözünmek **4.** (*sich zersetzen*) dağılmak (*in* -de), çözülmek (*in* -de)

Auflösung *f* <-en> **1.** (*einer Versammlung*) dağıtılma; (*Selbst~*) dağılma; (*des Nebels*) dağılma **2.** (*einer Gesellschaft*) infisah; (*des Bundestags*) fesih **3.** (*eines Vertrages*) fesih **4.** (*eines Kontos*) kapatılma **5.** (*von Aufgabe, Rätsel*) çözüm **6.** (*Beendigung*) sona erme, bitim **7.** (*Zerlegung*) çözülüş, dağılış **8.** (INFORM: *Bildschirm~*) çözünürlük

auf|machen **I.** *vi* (*fam: Geschäfte, Banken*) açılmak **II.** *vt* (*fam*) **1.** (*Tür, Geschenk*) açmak; (*Haarknoten*) açmak; (*Knoten*) çözmek **2.** (*gründen*) açmak **3.** (PUBL: *gestalten*) biçimlendirmek; (*darstellen*) göstermek **III.** *vr:* **sich ~** (*aufbrechen*) yola çıkmak [*o* koyulmak] (*zu* -e doğru)

Aufmachung *f* <-en> **1.** (*einer Person*) kılık kıyafet; (*Aufputz*) giyim kuşam **2.** (*eines Buches*) prezantasyon **3.** (TYPO: *einer Druckseite*) tertip

aufmerksam ['aʊfmɛrkza:m] *adj* **1.** (*konzentriert*) dikkatli; (*wachsam*) uyanık; **jdn auf jdn/etw ~ machen** birinin dikkatini bir kimseye/şeye çekmek; **~ zuhören** dikkatle dinlemek **2.** (*höflich*) nazik; **vielen Dank, sehr ~ von Ihnen!** teşekkür ederim, çok naziksiniz!

Aufmerksamkeit *f* <-en> **1.** (*Wachsamkeit*) dikkat; **darf ich um Ihre ~ bitten!** dikkatinizi rica edebilir miyim! **2.** (*Zuvorkommenheit*) nezaket; (*Geschenk*) armağan

auf|möbeln *vt* (*fig*): **jdn ~** birini canlandırmak

auf|mucken *vi* (*fam*) karşı gelmek, baş kaldırmak

auf|muntern ['aʊfmʊntɐn] *vt* (*fam*): **jdn ~** (*ermutigen*) birini cesaretlendirmek, birini isteklendirmek; (*ermuntern*) birine moral vermek; (*fröhlich machen*) birini neşelendirmek

aufmüpfig *adj* (*fam*) serkeş, kafa tutan, baş kaldıran

Aufnahme ['aʊfna:mə] *f* <-n> **1.** (*Empfang*) kabul **2.** (*Zulassung*) kabul, kayıt **3.** (FOTO: *Vorgang*) fotoğraflama, çekim **4.** (*Foto*) fotoğraf, poz; **eine ~ machen** bir fotoğraf çekmek **5.** (RADIO: *auf Tonband*) (banda) kayıt, ses kaydı **6.** (FIN: *von Gel-*

dern) alma **7.** (*das Festhalten, Aufschreiben*) geçirilme, yazılma; ~ **diplomatischer Beziehungen** diplomatik ilişkilerin kurulması; **Aufnahmebedingungen** *fPl* kabul edilme koşulları *pl;* **Aufnahmefähigkeit** *f* alırlık, idrak (kabiliyeti); **Aufnahmegebühr** *f* kayıt ücreti; **Aufnahmegerät** *nt* kayıt cihazı; **Aufnahmelager** *nt* toplama kampı; **Aufnahmeland** *nt* konak ülke; **Aufnahmeprüfung** *f* giriş sınavı

auf|nehmen *irr vt* **1.** (*beginnen*) başlamak (-e); **Verhandlungen** ~ görüşmelere başlamak; **Kontakt mit jdm** ~ biriyle temasa geçmek **2.** (*Gedanke*) kapmak **3.** (*aufsaugen*) içmek, emmek, soğurmak; (*Nahrung*) almak; (*geistig*) kavramak; **er kann alles sehr schnell** ~ her şeyi çok çabuk kavrar **4.** (*Kredit*) almak **5.** (*hochnehmen*) kaldırmak (*von* -den) **6.** (*auf Tonband*) kaydetmek (*auf* -e), almak (*auf* -e) **7.** (*empfangen*) kabul etmek; (*über Nacht*) misafir etmek; (*im Krankenhaus*) yatırmak (*in* -e); (*im Verein*) kabul etmek (*in* -e); **wieder aufgenommen werden** tekrar alınmak [*o* kabul edilmek] **8.** (*sich messen*): **es mit jdm ~ können** biriyle boy ölçüşebilmek, biriyle aşık atabilmek

auf|nötigen *vt:* **jdm etw** ~ birine bir şeyi empoze etmek, birine bir şeyi zorla benimsetmek [*o* kabul ettirmek]

auf|opfern I. *vr:* **sich** ~ kendini feda etmek (*für* için) **II.** *vt* feda etmek (*für* için)

auf|passen *vi* **1.** (*aufmerksam sein*) dikkatli olmak; (*im Unterricht*) dinlemek; **aufgepasst!** dikkat!; **pass auf!**[RR] dikkatli ol!, dinle! **2.** (*beaufsichtigen*) gözetmek, bakmak [*o* göz kulak olmak]; **sie passten abwechselnd auf die Kinder auf** çocuklara nöbetleşe göz kulak oldular

Aufpasser(in) *m(f)* <-s, -; -nen> (*pej*) **1.** (*Spitzel*) erkete **2.** (*Wächter*) bekçi; (*Beobachter*) gözcü

auf|peitschen *vt* (*a. fig*) **1.** (*Meer*) kamçılamak **2.** (*Menschen, Sinne*) kırbaçlamak

auf|peppen *vt* (*fam*) neşelendirmek, şakraklık katmak (-*e*)

auf|pflanzen I. *vt* dikmek; **das Bajonett** ~ süngüyü takmak **II.** *vr* (*fam*): **sich vor jdm** ~ birinin önüne dikilmek

auf|platzen *vi sein* (*Naht*) patlamak, yırtılıp açılmak; (*Wunde*) açılmak

auf|plustern ['aʊfplu:stɐn] **I.** *vt* (*Gefieder*) kabartmak **II.** *vr:* **sich** ~ (*Vogel*) kabarmak, tüyleri dikilmek; (*Truthahn*) gurklamak, kabarmak; (*pej: Mensch*) (hindi gibi) kabarmak, kasılmak

auf|polieren *vt* **1.** (*Möbel*) cilâlamak **2.** (*fig: Kenntnisse*) tazelemek

Aufprall ['aʊfpral] *m* <-(e)s, -e> çarpma (*auf* -e); (*Ball*) vurma (*auf* -e)

auf|prallen *vi sein* çarpmak (*auf* -e), vurmak (*auf* -e); **auf den Boden** ~ yere çarpmak [*o* vurmak]; **auf einen anderen Wagen** ~ başka bir arabaya çarpmak

Aufpreis *m* <-es, -e> zam, ekstra ücret; **gegen ~ von ...** ... ekstra bir ücret karşılığında (-*e*)

auf|pumpen *vt* (*Reifen*) şişirmek, hava basmak

auf|putschen *vt* (*abw*) **1.** (*erregen*) uyarmak **2.** (*aufhetzen*) kışkırtmak

Aufputschmittel *nt* uyaran madde

auf|putzen I. *vt* süsleyip püslemek **II.** *vr:* **sich** ~ süslenip püslenmek

auf|quellen *irr vi sein* (*Augen*) şişmek; (*Teig*) kabarmak; (*Zorn*) köpürmek

auf|raffen I. *vt* (*aufheben*) yerden almak [*o* kaldırmak] **II.** *vr:* **sich** ~ kendini toparlamak, kendine çeki düzen vermek; (*fig*) cesaretini toplamak

auf|ragen *vi sein* yükselmek

auf|räumen I. *vi* **1.** (*ordnen*) ortalığı toplamak **2.** (*fig: beenden*): **mit etw** ~ bir şeyi temizlemek **II.** *vt* (*Zimmer*) top(ar)lamak, çeki düzen vermek

Aufräumungsarbeiten *fPl* temizlik işleri *pl*

auf|rechnen *vt* takas etmek, sayışmak

Aufrechnung *f* takas

aufrecht ['aʊfrɛçt] *adj* **1.** (*gerade*) dik; ~ **sitzen/stehen** dik oturmak/durmak **2.** (*fig: ehrlich*) doğru

aufrecht|erhalten* *irr vt* korumak; (*Verbindung, Kontakt*) devam ettirmek; (*Gebräuche, Urteil, Lehre*) olduğu gibi korumak

auf|regen I. *vt* (*empören, ärgern*) kızdırmak, sinirlendirmek; (*unruhig machen*) huzurunu kaçırmak, rahatsız etmek, telaşlandırmak; (*erregen*) heyecanlandırmak; **reg mich nicht auf!** kızdırma [*o* sinirlendirme] beni! **II.** *vr:* **sich** ~ kızmak [*o* sinirlenmek], heyecanlanmak, telaşlanmak

aufregend *adj* heyecanlı

Aufregung *f* <-en> heyecan; (*Sorge*) telaş; ~ **verursachen** ortalığı telaşa vermek; **nur keine ~!** heyecanlanma!, telaşlanma!

auf|reiben *irr* **I.** *vt* **1.** (*erschöpfen*) yıpratmak **2.** (MIL: *vernichten*) telef etmek **3.** (*wundreiben*) ovuştura ovuştura yara etmek **II.** *vr* (*fig*) yıpranmak

aufreibend *adj* (*zermürbend*) yıpratıcı

auf|reihen I. *vt* (*Dinge*) dizmek, dizilemek **II.** *vr:* **sich** ~ (*Personen*) dizilmek, sıraya girmek

auf|reißen *irr vt* **1.** (*zerreißen*) yırtmak **2.** (*öffnen*) açmak; (*Tür*) hızla açmak; (*Brief*) yırtarak açmak; (*Augen*) dört açmak **3. jdn** ~ (*fam*) birini tavlamak; **sich**

die Hand ~ elini yırtmak
auf|reizen *vt* **1.** (*anstacheln*) kışkırtmak, tahrik etmek **2.** (*erregen*) baştan çıkarmak, tahrik etmek
auf|richten **I.** *vt* **1.** (*errichten*) dikmek **2.** (*gerade richten*) doğrultmak, düzeltmek **3. jdn** ~ (*fig: seelisch stärken*) birine moral vermek; (*trösten*) birini teselli etmek **II.** *vr:* **sich** ~ doğrulmak, dikelmek; **sich an etw** ~ bir şeyde teselli bulmak
aufrichtig *adj* (*ehrlich*) doğru, dürüst, namuslu; (*offen, freimütig*) samimî, açık yürekli, açık sözlü; **mein ~es Beileid** başın sağ olsun
Aufrichtigkeit *f ohne Pl* (*Ehrlichkeit*) doğruluk, dürüstlük; (*Offenheit, Freimut*) samimiyet, açık yüreklilik
Aufriss[RR] *m* (TECH) cephe; **etw** (**von vorne/von der Seite**) **im** ~ **zeichnen** bir şeyin (önden/yandan) cephesini çizmek
auf|rollen **I.** *vt* **1.** (*zusammenrollen*) sarmak **2.** (*auseinander rollen*) açmak **3.** (*Prozess, Problem*) açmak **II.** *vr:* **sich** ~ açılmak
auf|rücken *vi sein* **1.** (*zusammenrücken*) yanaşmak **2.** (*befördert werden*) yükselmek (*zu* -e)
Aufruf *m* <-(e)s, -e> **1.** (*das Aufrufen*) çağırma, çağrı, davet **2.** (AERO, INFORM) çağrı
auf|rufen *irr vt* **1.** (*Zeugen*) çağırmak; (*Schüler*) yoklamaya kaldırmak **2.** (INFORM: *Programm*) çağırmak **3.** (*auffordern*) çağırmak (*zu* -e), davet etmek (*zu* -e); **zum Streik** ~ greve çağırmak
Aufruhr ['aʊfruːɐ] *m ohne Pl* <-(e)s> **1.** (*Revolte*) ayaklanma, isyan; (*Tumult*) kargaşalık, fesat **2.** (*Erregung*) heyecan
auf|rühren *vt* (*umrühren*) karıştırmak; (*in Aufruhr versetzen*) fesata vermek, fesat çıkarmak [*o* karıştırmak]
Aufrührer *m* fesat kumkuması
aufrührerisch *adj* **1.** (*aufständisch*) baş kaldırıcı, isyankâr **2.** (*Rede*) ordubozan, fesatçı
auf|runden *vt* (*Betrag*) bütüne tamamlamak
auf|rüsten **I.** *vt* **1.** (*Gerüst*) (iskeleyi) kurmak **2.** (INFORM) yükseltmek, terfi ettirmek **II.** *vi* (MIL) silâhlanmak
Aufrüstung *f* <-en> (MIL) silâhlanma
auf|rütteln *vt* **1.** (*durch Rütteln aufwecken*) sarsarak uyandırmak **2.** (*fig*) sertçe uyarmak
aufs [aʊfs] (*fam*) = **auf das** *s.* **auf**
auf|sagen *vt* (*rezitieren*) ezberden okumak [*o* söylemek]
auf|sammeln *vt* toplamak
aufsässig ['aʊfzɛsɪç] *adj* (*widerspenstig*) hırçın; (*trotzig*) inatçı, dik kafalı
Aufsatz *m* <-es, -sätze> **1.** (*in der Schule*) kompozisyon; (*Abhandlung*) deneme **2.** (*oberer Teil*) üst kısmı
auf|saugen *vt* soğurmak, içine çekmek; (*Flüssigkeit*) emmek; **etw in sich** ~ (*fig: mit großem Eifer aufnehmen*) bir şeyi yutmak; (*fig: sich einprägen*) bir şeyi bellemek
auf|schauen *vi* (başını kaldırıp) yukarı(ya) bakmak; **zu jdm** ~ (*fig: jdn bewundern*) birine hayran olmak
auf|scheuchen *vt* ürkütmek, korkutup kaçırmak
auf|schichten *vt* kat kat dizmek, istif etmek
auf|schieben *irr vt* **1.** (*öffnen*) iterek açmak **2.** (*fig: verzögern*) ertelemek
Aufschlag *m* **1.** (*Aufprall*) çarpma, vurma **2.** (*Ärmel~*) devrik **3.** (*beim Tennis*) servis; **wer hat ~?** servis kimde? **4.** (COM: *Preis~*) zam
auf|schlagen *irr* **I.** *vi* **1.** (COM: *Preise*) zam gelmek **2.** (SPORT: *beim Tennis*) servis atmak **3.** (*aufprallen*) çarpmak, vurmak **II.** *vt* **1.** (*Ei, Nuss*) kırmak **2.** (*Buch, Augen*) açmak **3.** (*Zelt*) kurmak; **ein Zelt** ~ bir çadır kurmak **4.** (*verwunden*) vurmak, çarpmak; **ich habe mir das Knie aufgeschlagen** dizimi vurdum [*o* çarptım] **5.** (*Ärmel*) sıvamak **6.** (COM: *hinzurechnen*) saymak (*auf* -e)
auf|schließen *irr* **I.** *vi* (SPORT) yanaşmak, yetişmek **II.** *vt* (*mit Schlüssel öffnen*) anahtarla açmak; (*fig: zugänglich machen*) açmak
auf|schlitzen ['aʊfʃlɪtsən] *vt* deşmek, yarmak
Aufschluss[RR] *m* <-es, -schlüsse>, **Aufschluß** *m* <-sses, -schlüsse> bilgi; (*Erklärung*) açıklama, izah; **können Sie mir darüber ~ geben?** bana onun üzerine bilgi verebilir misiniz?
auf|schlüsseln ['aʊfʃlʏsəln] *vt* ayırmak
aufschlussreich[RR] *adj* bilgilendirici; (*lehrreich*) aydınlatıcı
auf|schnallen *vt* (*die Schnalle öffnen*) tokasını açmak
auf|schnappen *vt* (*fam: ein Wort*) kapmak
auf|schneiden *irr* **I.** *vi* (*fam pej: prahlen*) övünmek; (*übertreiben*) abartmak, mübalağa etmek, yüksekten atmak [*o* konuşmak] **II.** *vt* **1.** (*Verpackung*) kesip açmak; (*Geschwür*) deşmek **2.** (*Braten, Torte*) kesmek; (*in Scheiben schneiden*) dilim dilim kesmek
Aufschneider(in) *m(f)* <-s, -; -nen> abartıcı, abartmacı, mübalağacı
Aufschnitt *m ohne Pl* <-(e)s> dilimlenmiş et; **kalter** ~ dilimlenmiş soğuk et; **gemischter** ~ dilimlenmiş karışık et

auf|schnüren *vt* bağını çözmek [*o* çözerek açmak]
auf|schottern *vt* (GEO) yığmak
auf|schrauben *vt* **1.** (*öffnen: Gefäß*) açmak; (*Deckel*) döndüre döndüre açmak; (*losschrauben*) vidasını gevşetmek **2.** (*befestigen: Schild*) vidayla tutturmak; (*draufschrauben*) vidalamak
auf|schrecken[1] <schreckt *o* schrickt auf, schreckte *o* schrak auf, aufgeschreckt> *vi sein* ürkmek; **aus dem Schlaf ~** ürkerek uyanmak
auf|schrecken[2] *vt haben* ürkütmek
Aufschrei *m* <-(e)s, -e> çığlık, feryat
auf|schreiben *irr vt* **1.** (*notieren*) not etmek, kaydetmek **2.** (*verordnen*) yazmak
auf|schreien *irr vi* çığlık atmak [*o* koparmak], feryat etmek
Aufschrift *f* <-en> **1.** (*Etikett*) etiket, yafta; **etw mit einer ~ versehen** bir şeye etiket koymak **2.** (*Beschriftung*) (üzerine yazılan) yazı; **etw mit einer ~ versehen** bir şeyin üzerine yazı yazmak **3.** (*Inschrift*) yazıt
Aufschub *m* <-(e)s, -schübe> **1.** (*Verzögerung*) geciktir(il)me; (*Verschiebung*) ertele(n)me **2.** (*einer Frist*) önel
auf|schütten *vt* **1.** (*Flüssigkeit*) dökmek; (*Erde*) yığmak **2.** (*Damm*) doldurmak
auf|schwatzen *vt* (*fam*): **jdm etw ~** birine bir şeyi kakalamak [*o* okutmak]
auf|schwingen *irr vr* (*fig*): **sich zu etw ~** (*sich mit Mühe entschließen, etw zu tun*) bir şey yapmaya güç belâ karar vermek
Aufschwung *m* <-(e)s, -schwünge> **1.** (*innerer Antrieb*) moral; **das gibt mir (wieder) neuen ~** bu bana yeni(den) moral verdi **2.** (WIRTSCH) canlanma **3.** (SPORT) sarkaçlayarak yükselme
auf|sehen *irr vi* **1.** (*hochschauen*) başını kaldırıp bakmak (*zu* -e) **2.** (*fig: bewundernd*) hayranlıkla bakmak (*zu* -e), hayranlık duymak (*zu* -e)
Aufsehen *nt ohne Pl* <-s> sansasyon, ilgi ve heyecan; **~ erregen** sansasyon yaratmak; **~ erregend** sansasyon yaratıcı; **ohne großes ~** sessiz sedasız
Aufseher(in) *m(f)* <-s, -; -nen> **1.** (*Wächter*) gardiyan **2.** (*im Betrieb*) kontrolör, denetçi **3.** (*in Museen*) bekçi
auf|sein *irr vi s.* **auf III.1., III.2.**
aufseiten[RR] *adv:* **~ der Schwächeren** zayıfların tarafında
auf|setzen **I.** *vi* (*Flugzeug*) yere inmek, iniş yapmak **II.** *vt* **1.** (*Essen*) ateşe [*o* ocağa] koymak **2.** (*Hut ~*) giymek **3.** (*Brille ~*) takmak **4.** (*Kaffee ~*) yapmak **5.** (*Text ~*) kaleme almak; (*Urkunde*) düzenlemek **6. eine unfreundliche Miene ~** surat asmak **7.** (*Fuß*) basmak (*auf* -e) **8.** (*darauf bauen*) tutmak (*auf* -) **9.** (*aufnähen*) dikmek (*auf* -e) **III.** *vr:* **sich ~** (*sich aufrichten*) doğrulmak
Aufsetzer *m* (SPORT) kalenin önünde seken top
Aufsicht[1] *f ohne Pl* **1.** (*Überwachung*) gözetim; **unter ~ stehen** gözetim altında olmak **2.** (*Kontrolle*) denetim; (*Beaufsichtigung*) denetleme, teftiş; **über etw ~ führen** bir şeyi denetlemek
Aufsicht[2] *f* <-en> **1.** (*Leitung*) denetim **2.** (*Person*) denetleyici; (*mit der ~ Beauftragter*) denetçi, denetimci, müfettiş; (*bei Prüfung*) gözcü **3.** (*Draufsicht: Perspektive*) üstten bakış; **Aufsichtsbehörde** *f* denetleme [*o* denetim ve gözetim] makamı
Aufsichtsrat *m* <-(e)s, -räte> denetleme [*o* denetim] kurulu, teftiş kurulu; **Aufsichtsratsvorsitzende(r)** *mf* denetleme [*o* denetim] kurulu başkanı
auf|sitzen *irr vi sein* **1.** (*aufsteigen*) binmek (*auf* -e) **2.** (*hereinfallen*): **einem Betrüger ~** bir dolandırıcının kucağına düşmek
auf|spalten *vt* **1.** yarmak **2.** (*fig: aufteilen*) bölmek; (*trennen*) ayırmak; **die Partei hat sich in Gruppen aufgespalten** parti gruplara bölündü [*o* ayrıldı]
auf|spannen *vt* **1.** (*Schirm*) açmak; (*Saite*) çekmek **2.** (*Stoff*) açarak [*o* sererek] germek
auf|sparen *vt* (*Geld*) biriktirmek; (*Vorräte*) saklamak
auf|speichern *vt* depolamak, stok yapmak
auf|sperren *vt* (*aufschließen*) açmak, sperr deine Ohren auf!, kulaklarını aç!, dikkatle dinle!
auf|spielen **I.** *vi* (*zum Tanz*) müzik yapmak **II.** *vr:* **sich ~** (*fam: angeben*) caka [*o* çalım] satmak
auf|spießen *vt* şişlemek; (*mit der Gabel*) batırmak (-e); (*auf einen Spieß*) şişe geçirmek; (*Stier*) boynuzlarını geçirmek (-e)
auf|springen *irr vi sein* **1.** (*hochspringen*) sıçramak; (*vom Sitz*) ayağa fırlamak; (*Ball*) sekmek **2.** (*sich plötzlich öffnen*) açılıvermek **3.** (*auf ein Fahrzeug*) atlamak (*auf* -e) **4.** (*Haut, Knospen*) çatlamak
auf|spritzen *vi* fışkırmak
auf|spulen *vt* makaraya sarmak
auf|spünden *vt* (*Fass*) tıkacını çıkarmak
auf|spüren *vt* izini bulmak (-in)
auf|stacheln ['aʊfʃtaxəln] *vt* **1.** (*aufwiegeln*) kışkırtmak (*zu* -e); **jdn ~, etw zu tun** bir şey yapması için birini kışkırtmak **2.** (*anspornen*) teşvik etmek (*zu* -e)
Aufstand *m* <-(e)s, -stände> ayaklanma, isyan; **mach keinen ~!** (*fam*) tantana yapma!

Aufständische(r) *mf* <-n, -n; -n> (POL) asi, baş kaldıran

auf|stapeln *vt* istiflemek, üst üste yığmak

auf|stauen I. *vt* (*Fluss*) önüne bent yaparak suyunu toplamak (-in) II. *vr:* **sich** ~ birikmek; (*Wasser*) toplanmak

auf|stechen *vt* deşmek

auf|stecken *vt* 1. (*Gegenstand*) takmak; (*mit Nadeln*) iğneyle tutturmak 2. (*Haar*) kaldırmak 3. (*fam: aufgeben*) vazgeçmek

auf|stehen *irr vi* 1. *sein* (*sich erheben*) (ayağa) kalkmak; (*morgens aus dem Bett*) (yataktan) kalkmak; **mit dem linken Bein zuerst** ~ (*fam*) ters [*o* sol] tarafından kalkmak 2. *haben* (*offen stehen*) açık bulunmak [*o* olmak]

auf|steigen *irr vi sein* 1. (*auf Berg, Leiter*) tırmanmak 2. (*Nebel, Rauch*) yükselmek, çıkmak; (*Gewitter*) çıkmak; (*Flugzeug*) havalanmak; (*Ballon, Vögel*) havalanmak 3. (*beruflich*) yükselmek (*zu* -e), terfi etmek (*zu* -e); (SPORT) bir üst kümeye çıkmak, yükselmek (*in* -e) 4. (*auf ein Pferd, Fahrrad*) binmek (*auf* -e) 5. (*Gedanken*) akla gelmek; (*Bedenken*) doğmak

Aufsteiger(in) *m(f)* türedi; (SPORT) bir üst kümeye çıkan takım

auf|stellen I. *vt* 1. (*aufbauen*) kurmak; (*Denkmal*) dikmek; (*Zelt*) kurmak; (*Maschine*) yerleştirmek, koymak; (*in einer Reihe*) dizmek 2. (*aufrichten*) dikmek 3. (*Mannschaft, Regierung*) kurmak; (*Truppen*) çıkarmak; (*Liste, Bilanz*) yapmak 4. (*Kandidat*) göstermek 5. (*Rekord*) kırmak; (*Regel*) koymak; (*Theorie*) ortaya atmak; (*Bedingung*) koymak, koşmak; (*Behauptung*) ileri sürmek; (*Plan*) kurmak II. *vr:* **sich** ~ (*sich postieren*) dikilmek; (*in einer Reihe*) dizilmek; **sich hintereinander** ~ arka arkaya dizilmek

Aufstellung *f* <-en> 1. (*Regel, Plan*) koy(ul)ma; (*Schild, Denkmal*) dik(il)me; (*Maschine*) yerleştirme 2. (*Mannschafts~*) formasyon 3. (*Truppen~*) formasyon 4. (*Kandidaten*) liste 5. (*Liste*) liste, dizin; (*Tabelle*) çizelge

Aufstieg ['aʊfʃtiːk] *m* <-(e)s, -e> 1. (*das Aufsteigen*) yükselme; (*eines Ballons*) yükseliş; (*beim Bergsteigen*) tırmanış 2. (*Weg*) rampa 3. (*beruflich, sportlich*) yükseliş, ilerleme; **Aufstiegschance** *f* ilerleme [*o* yükselme] fırsatı

auf|stöbern ['aʊfʃtøːbɐn] *vt* 1. (*Wild*) izini bulmak (-in) 2. (*entdecken*) bulmak

auf|stocken ['aʊfʃtɔkən] *vt* 1. (*Vorräte*) yenilemek 2. (*Kredit*) artırmak (*um* -); **sein Kapital** ~ sermayesini artırmak 3. (*Gebäude*) kat çekmek [*o* çıkmak] (-e)

auf|stoßen *irr* I. *vi* 1. (*rülpsen*) geğirmek 2. *sein* (*fam: begegnen*) rastlamak 3. (*hart aufsetzen*) çarpmak (*auf* -e) II. *vt* 1. (*öffnen*) iterek açmak 2. (*verletzen*): **ich habe mir den Kopf aufgestoßen** başımı çarptım

auf|streichen *vt* üzerine sürmek

Aufstrich *m* (*Brotbelag*) ekmek üzerine sürülen şey; **was willst du als ~?** ekmeğinin üzerine ne sürülmesini istiyorsun?

auf|stülpen *vt* (*Hut*) kafasına geçirmek

auf|stützen I. *vt* (*Ellbogen, Kopf*) dayamak (*auf* -e) II. *vr:* **sich** ~ dayanmak (*auf* -e)

auf|suchen *vt* 1. (*Bekannte*) uğramak (-e); (*Arzt*) gitmek (-e), başvurmak (-e); **sein Zimmer** ~ odasına gitmek [*o* uğramak] 2. **etw** ~ bir şeye bakmak, bir şeyi aramak; **eine Stadt auf der Karte** ~ haritada bir kenti aramak

auf|takeln I. *vt* (NAUT) arma donatmak (-e) II. *vr:* **sich** ~ (*fam*) süslenip püslenmek

Auftakt *m* <-(e)s, -e> 1. (*Beginn*) başlangıç; **den ~ zu etw bilden** bir şeyin başlangıcını oluşturmak 2. (MUS) eksik ölçü

auf|tanken I. *vt* 1. (AUTO, AERO: *Auto, Flugzeug*) akaryakıt deposunu doldurmak (-in) 2. (*fig: sammeln*) toplamak II. *vi* (AUTO, AERO) akaryakıt almak

auf|tauchen *vi sein* 1. (*plötzlich erscheinen*) çıkagelmek 2. (NAUT: *Taucher, U-Boot*) suyun yüzüne çıkmak 3. (*fig*) ortaya çıkmak; (*Gegenstand*) bulunmak; (*Zweifel*) doğmak

auf|tauen I. *vi sein* 1. (*Eis, Schnee*) erimek; (*Fluss, See*) buzu çözülmek 2. (*gesprächig werden*) dili çözülmek II. *vt haben* eritmek

auf|teilen *vt* 1. (*verteilen*) bölüştürmek (*unter* arasında), pay etmek (*unter* arasında) 2. (*unterteilen*) bölmek (*in* -e, *nach* -e göre)

Aufteilung *f* <-en> 1. (*Verteilung*) bölüştürme, taksim 2. (*Unterteilung*) bölüm

auf|tischen ['aʊftɪʃən] *vt* 1. (*Speisen*) sofraya getirmek [*o* koymak], servis yapmak 2. (*fam pej*): **jdm Lügen** ~ (*fam fig*) birine palavra atmak

Auftrag ['aʊftraːk, *Pl:* 'aʊftrɛːgə] *m* <-(e)s, -träge> 1. (*Anweisung zur Ausführung einer Arbeit*) iş havalesi; (*Anweisung zur Lieferung usw*) emir; **jdm den ~ geben, etw zu tun** birine bir iş havale etmek, bir şey yapması için birine emir vermek 2. (JUR) vekâlet; **im ~ von** vekâleten; **in jds ~ handeln** biri için vekâleten iş görmek 3. (COM: *Bestellung*) sipariş; **etw bei ... in ~ geben** ...e sipariş vermek 4. (*Aufgabe*) görev, ödev 5. (*Farbe*) sürülme

auf|tragen *irr* I. *vt* 1. (*geh: Speisen: servieren*) sofraya getirmek [*o* koymak] 2. (*Salbe,*

Make-up) sürmek (*auf* -e); **Farbe** ~ sürmek; **dick** ~ (*fam fig: übertreiben*) abartmak, yüksekten atmak **3.** (*Kleidung*) eskiyinceye kadar giymek **4.** (*beauftragen*): **jdm etw** ~ birine bir iş havale etmek **II.** *vi* (*Kleidungsstück*) şişman göstermek

Auftraggeber(in) *m(f)* <-s, -; -nen> müvekkil, vekâlet veren; (*beim Kreditvertrag*) amir; (COM: *Kunde*) sipariş veren

Auftragnehmer(in) *m(f)* vekil; (COM) sipariş alan

Auftragsbestätigung *f* (COM) emrin [*o* siparişin] doğrulanması; **Auftragsbuch** *nt* (COM) sipariş defteri; **Auftragseingang** *m* (COM) sipariş girdisi

auftragsgemäß *adj* (COM) siparişe [*o* emre] göre

auf|treiben *irr* **I.** *vt haben* (*ausfindig machen*) (arayıp) bulmak; (*besorgen*) sağlamak, temin [*o* tedarik] etmek **II.** *vi* (MED) gaz yapmak

auf|trennen *vt* ayırmak

auf|treten *irr vi sein* **1.** (*auf Fuß*) basmak **2.** (*erscheinen*) görünmek, ortaya çıkmak **3.** (*sich zeigen*) kendini göstermek **4.** (THEAT: *die Bühne betreten*) sahneye çıkmak **5.** (*sich verhalten*) tavır takınmak

Auftreten *nt ohne Pl* <-s> **1.** (*Erscheinung*) kendini gösterme, ortaya çıkma; (*Schauspieler*) sahneye çıkma; **bei** ~ **von Schwierigkeiten** ortaya güçlük [*o* zorluk] çıktığında **2.** (*Benehmen*) tavır; **ein sicheres** ~ **haben** kendinden emin bir tavrı olmak

Auftrieb *m ohne Pl* <-(e)s> **1.** (PHYS) kaldırma gücü **2.** (*Schwung*) hız, güç; **das gibt mir wieder** ~ bu bana yeniden güç verdi

Auftritt *m* <-(e)s, -e> **1.** (*Erscheinen*) ortaya çıkma **2.** (*theat*) sahneye çıkma **3.** (*fig: Streit*) kapışma, kavgaya tutuşma; (*Wortwechsel*) ağız kavgası

auf|trumpfen *vi* (*beim Kartenspiel*) kozlamak; **gegen jdn** ~ birine büyüklük taslamak

auf|tun **I.** *vt* **1.** (*öffnen*) açmak **2.** (*fam: finden*) bulmak; (*fam: entdecken*) keşfetmek **II.** *vr:* **sich** ~ (*geh*) **1.** (*sich öffnen*) açılmak **2.** (*sich darbieten*) ortaya çıkmak; (*entstehen*) oluşmak

auf|turmen **I.** *vt* yığmak, kule yapmak **II.** *vr:* **sich** ~ yığılmak, kule olmak

auf|wachen *vi sein* uyanmak (*aus* -den)

auf|wachsen *irr vi sein* büyümek, yetişmek

auf|wallen ['aʊfvalən] *vi sein* **1.** taşım(lık) [*o* taşacak kadar] kaynamak **2.** (*fig*) coşmak, galeyan etmek; **die Milch wallt auf** süt taşımlık kaynıyor; **die Suppe nur einmal** ~ **lassen** çorbayı sadece bir taşım [*o* taşımlık] kaynatmak, çorbayı tıkırdatmak

Aufwand ['aʊfvant] *m ohne Pl* <-(e)s> **1.** harcama, gider; (*Arbeits~*) emek **2.** (*Verschwendung*) israf; **viel** ~ **mit etw treiben** bir şeyde israfa kaçmak, bir iş için masrafa girmek **3.** (*Kosten*) masraflar *pl*

aufwändig[RR] *adj* (*kostspielig*) masraflı, pahalı; (*luxuriös*) lüks

Aufwandsentschädigung *f* masrafların ödenmesi; **Aufwandsteuer** *f* gider vergisi

aufwändig[RR] *adj* masraflı

auf|wärmen **I.** *vt* **1.** (*Essen*) (yeniden) ısıtmak **2.** (*fig: erneut zur Sprache bringen*) yeniden açmak [*o* dile getirmek]; **alte Geschichten immer wieder** ~ (*fig*) temcit pilâvı gibi ısıtıp ısıtıp öne sürmek **II.** *vr:* **sich** ~ **1.** (SPORT) ısınmak **2.** (*sich wärmen*) ısınmak

aufwärts ['aʊfvɛrts] *adv* yukarı(ya), yükseğe; **es geht** ~ durum iyileşiyor; **von einem bestimmten Betrag** ~ belli bir bedelden yukarıya

Aufwärtshaken *m* (SPORT: *beim Boxen*) aparkat; **Aufwärtstrend** *m* (FIN) yükseliş trendi, tırmanma

Aufwasch *m:* **das geht in einem** ~ bu, bir çırpıda [*o* defada] biter

auf|waschen *irr vt* (*abwaschen*) yıkamak; **Aufwaschwasser** *nt* bulaşık; (*Spülwasser*) bulaşık suyu

auf|wecken *vt* uyandırmak

auf|weichen ['aʊfvaɪçən] **I.** *vi sein* (*weich werden*) yumuşamak **II.** *vt* (*Boden, Brot*) yumuşatmak

auf|weisen ['aʊfvaɪzən] *irr vt* **1.** (*erkennen lassen*) göstermek **2.** (*aufzeigen*) göstermek; **etw aufzuweisen haben** gösterecegi bir şeyi olmak

auf|wenden *irr vt* (*Zeit, Kraft, Energie, Geld*) harcamak, sarf etmek

aufwendig *adj s.* **aufwändig**

auf|werfen *irr vt* **1.** (*in die Höhe werfen*) savurmak **2.** (*Damm*) yığmak **3.** (*Tür*) şiddetle açmak **4.** (*Frage*) ortaya atmak; (*Probleme*) çıkarmak

auf|werten *vt* **1.** (FIN: *Währung*) yeniden değerlendirmek **2.** (*fig*) değer kazandırmak (-e), değerini artırmak [*o* yükseltmek] (-in)

Aufwertung *f* <-en> (FIN) yeniden değerlendirme, revalüasyon

aufwickeln *vt* **1.** (*aufrollen*) sarmak, dolamak **2.** (*loswickeln*) açmak

auf|wiegeln ['aʊfvi:gəln] *vt* kışkırtmak (*gegen* -e karşı, *zu* -e); (*Truppen*) kışkırtmak, fesat karıştırmak (-e)

auf|wiegen *irr vt* karşılamak; (*ausgleichen*) telafi etmek

auf|wirbeln *vt* (*Staub*) tozutmak; **viel Staub** ~ (*a. fig*) tozu dumana katmak; **das wird viel Staub** ~ (*fig*) bu, ortalığı velve-

A

leye verecek

auf|wischen **I.** *vt* silmek **II.** *vi* yer silmek

auf|wühlen *vt* **1.** (*Erde*) kazıp karıştırmak; (*Meer*) dalgalandırmak **2.** (*erregen*) heyecana düşürmek

auf|zählen *vt* saymak; (*einzeln*) sayarak yoklama yapmak

Aufzählung *f* <-en> sayma, sayım

auf|zäumen ['aʊftsɔɪmən] *vt* gem vurmak (-e)

auf|zehren *vt* **1.** (*verzehren*) yiyip bitirmek **2.** (*fig: völlig verbrauchen*) yiyip bitirmek [*o* tüketmek]

auf|zeichnen *vt* **1.** (*Plan, Muster*) çizmek **2.** (RADIO TV: *Sendung*) kaydetmek

Aufzeichnung *f* <-en> **1.** *Pl* (*Notizen*) notlar *pl* **2.** (RADIO, TV) paket program

auf|zeigen **I.** *vt* göstermek **II.** *vi* (SCHULE) el kaldırmak

auf|ziehen *irr* **I.** *vi sein* **1.** (*Gewitter*) çıkmak **2.** (MIL: *Truppen*) yerini almak, yerine geçmek **II.** *vt* **1.** (*hochziehen*) yukarı çekmek; (*Flagge*) direğe çekmek **2.** (*öffnen*) açmak; (*Vorhang*) çekerek açmak **3.** (*Uhr*) kurmak **4.** (*Kind, Tier*) büyütmek, yetiştirmek; (*Pflanze*) yetiştirmek **5.** (*fam: organisieren*) organize etmek **6.** (*Foto*) germek (*auf* üzerine) **7.** (*Spritze, Serum*) doldurmak **8.** (*fam: verspotten*): **jdn ~** birini makaraya almak **III.** *vr* açılmak

Aufzucht *f ohne Pl* **1.** (*von Tieren*) yetiştirme **2.** (*von Pflanzen*) yetiştirme

Aufzug *m* <-(e)s, -züge> **1.** (*das Aufmarschieren*) geçit töreni [*o* resmi] **2.** (*Lift*) asansör; (*Kran*) vinç **3.** (*pej: Kleidung*) kılık kıyafet **4.** (THEAT: *Akt*) perde

auf|zwingen *irr vt:* **jdm etw ~** birine bir şeyi zorla kabul ettirmek

Augapfel *m* <-s, -äpfel> göz yuvarı; **etw wie seinen ~ hüten** bir şeyi göz bebeği gibi korumak

Auge ['aʊgə] *nt* <-s, -n> **1.** (*Sehorgan*) göz; (*Sehvermögen*) görme; **~ in ~ mit jdm** biriyle göz göze; **mit den ~n zwinkern** göz kırpmak; **ich habe es mit eigenen ~n gesehen** onu kendi gözümle gördüm; **etw im ~ haben** (*Staubkorn*) gözüne bir şey kaçmış olmak; (*fig*) bir şeyde gözü olmak; **ein blaues ~ haben** gözü morarmış olmak; **vor aller ~n** göz göre göre, herkesin gözü önünde; **ein ~ zudrücken** (*fam*) göz yummak, görmezden gelmek; **beide ~n zudrücken** (*fam fig*) görmezden gelmek; **die ~n offen halten** gözünü açık tutmak; **jdm die ~n öffnen** (*fig*) birinin gözünü açmak; **jdn aus den ~n verlieren** birini gözden kaybetmek; **jdn nicht aus den ~n lassen** birini gözünden kaçırmamak; **in meinen ~n ...** benim gözümde ...; **unter vier ~n** baş başa; **jdn unter vier ~n sprechen** biriyle baş başa konuşmak; **ins ~ fallen** göze çarpmak; **etw springt ins ~** (*fig*) bir şey göze çarpar; **etw ins ~ fassen** (*fig*) bir şeyi göz önüne almak; **sich** *dat* **etw vor ~n führen** (*fig*) bir şeyi gözünün önüne getirmek; **gute/schlechte ~n haben** gözleri iyi görmek/görmemek; **große ~n machen** (*fam*) gözlerini belertmek; **kein ~ zutun** gözüne uyku girmemek; **mit bloßem ~** çıplak gözle; **so weit das ~ reicht** göz alabildiğine, göz görebildiği kadar; **sie traute ihren ~n nicht** gözlerine inanamadı; **ich habe die ganze Nacht kein ~ zugetan** (*fig*) bütün gece gözüme uyku girmedi; **mir wurde schwarz vor ~n** gözlerim karardı; **~ um ~, Zahn um Zahn** göze göz, dişe diş; **aus den ~n, aus dem Sinn** (*prov*) gözden ırak olan gönülden de ırak olur **2.** (*Punkt beim Spiel*) puan **3.** (*beim Würfel*) benek; **Augenarzt, -ärztin** *m, f* göz hekimi; **Augenbad** *nt* göz banyosu

Augenblick *m* <-(e)s, -e> an; **einen ~ bitte!** bir saniye lütfen!; **~ mal!** bir saniye!; **jeden ~** her an; **im letzten ~** son anda

augenblicklich **I.** *adj* **1.** (*gegenwärtig*) şu andaki **2.** (*unverzüglich*) anlık **II.** *adv* **1.** (*umgehend*) göz açıp kapayıncaya kadar, hemen, derhal **2.** (*zur Zeit*) şu anda, halen

Augenblickssache *f* anlık mesele

Augenbraue ['aʊgənbraʊə] *f* kaş; **Augenbrauenstift** *m* rastık; **Augenbutter** *f* çapak; **Augenentzündung** *f* gözün yangılanması [*o* iltihaplanması]

augenfällig ['aʊgənfɛlɪç] *adj* göze çarpan, belli

Augenfarbe *f* gözlerin rengi; **Augenheilkunde** ['aʊgənhaɪlkʊndə] *f* (MED) oftalmoloji, göz hekimliği; **Augenhöhe** *f ohne Pl:* **in ~** göz hizasında; **Augenhöhle** *f* göz yuvası, göz evi; **Augenklappe** *f* göz klâpası; **Augenlicht** *nt ohne Pl* <-(e)s> (*geh: Sehkraft*) görüm, görme yetisi; (*Sehfähigkeit*) görme yeteneği, göz nuru; **das ~ verlieren** gözü sönmek; **Augenlid** *m* göz kapağı; **Augenmaß** *nt ohne Pl* <-es>: **nach ~** göz kararıyla

Augenmerk ['aʊgənmɛrk] *nt ohne Pl* <-(e)s>: **sein ~ auf etw/jdn richten** gözlerini bir şeye/kimseye dikmek

Augenringe *mPl* gözaltı morlukları *pl;* **Augenschein** *m ohne Pl* <-(e)s> **1.** (*Anschein*) görünüş; **dem ~ nach** görünüşüne bakılırsa **2.** (JUR) keşif; **etw in ~ nehmen** bir şeyin hakkında keşif yapmak; **durch ~ beweisen** (JUR) keşif yoluyla ispat etmek

augenscheinlich I. *adj* görünüşteki II. *adv* görünüşe göre
Augentropfen *mPl* (MED) göz damlası; **Augenweide** *f ohne Pl* gözlere ziyafet; **Augenwimpern** *fPl* kirpikler *pl;* **Augenwinkel** *m* göz ucu; **jdn aus den ~n anschauen/beobachten** birine göz ucuyla bakmak; **Augenwischerei** [aʊgənvɪʃə'raɪ] *f* <-en> göz boyama; **Augenzeuge, -in** *m, f* (JUR) görgü tanığı; **Augenzwinkern** *nt ohne Pl* <-s> (göz) kıpıştırma
August[1] [aʊ'gʊst] *m* <-(e)s, -e> ağustos; *s. a.* **März**
August[2] *m* Augustus; **der dumme ~** Ogüst (adlı palyaço)
Auktion [aʊk'tsjoːn] *f* <-en> artırma (ile satış), mezat; **zur ~ bringen** mezata çıkarmak [*o* koymak]
Auktionator(in) [aʊktsjo'naːtoːɐ] *m(f)* <-s, -en; -nen> mezatçı
Aula ['aʊla] *f* <Aulen> konferans [*o* toplantı] salonu; (*einer Universität*) oditoryum
Aura ['aʊra] *f ohne Pl* (*geh*) albeni
Aurikel *f* <-n> (BOT) ayıkulağı
aus [aʊs] I. *präp* **1.** (*örtlich, räumlich, zeitlich*) -den; **er sah ~ dem Fenster** pencereden baktı; **~ der Flasche trinken** şişeden içmek; **trink bitte nicht ~ der Flasche!** lütfen şişeden içme!; **~ der Mode kommen** modası geçmek; **~ dem Gleichgewicht kommen** dengesi bozulmak; **ich komme ~ Deutschland** ben Almanya'dan geliyorum; **dieser Stuhl stammt ~ dem 18.Jahrhundert** bu sandalye 18.yüzyıldandır **2.** (*begründend*): **~ Versehen** yanlışlıkla; **~ Mitleid** acıyarak, merhameten; **~ Angst** korkudan; **~ diesem Anlass** bu vesileyle; **das weiß ich ~ Erfahrung** başımdan geçtiği için bunu biliyorum **3.** (*beschaffen*) -den; **~ Glas** camdan **4.** (*sonstige*): **~ der Sache ist nichts geworden** o işten bir şey çıkmadı; **was ist ~ ihr geworden?** ona ne oldu acaba?; **das ist doch ~ der Mode!** bunun modası geçti artık! II. *adv* **1.** (*fam: vorbei*): **das Spiel ist ~** oyun bitti; **zwischen ihnen ist es ~** onların ilişkisi bitti; **jetzt ist alles ~** artık her şey bitti **2.** (*ausgeschaltet*) kapalı; **das Licht ist ~** ışık kapalı; **Licht ~!** ışığı kapa! **3.** (SPORT) aut; **der Ball war ~** top auta çıkmıştı **4.** (*Wend*): **~ sein** (*fam: sich vergnügen*) dışarı çıkmış olmak; (*zu Ende sein*) bitmiş olmak; **auf etw ~ sein** bir şeye; **von hier ~** buradan; **von sich** *dat* **~** kendiliğinden; **von mir ~!** (*fam: okay*) bana göre hava hoş!; **vom Turm ~ konnte man den Fluss sehen** kuleden ırmak görülüyordu
Aus *nt ohne Pl* <-> **1.** (SPORT) aut; **ins ~ gehen** auta çıkmak **2.** (*fig: Ende*) son
aus|arbeiten *vt* (*verbessern*) düzeltmek; (*vorbereiten*) hazırlamak
aus|arten ['aʊsartən] *vi sein* **1.** (*das rechte Maß verlieren*) çığırından çıkmak **2.** (*entarten*) yozlaşmak, dejenere olmak; **die Kinder arten aus** çocuklar dejenere oluyor **3.** (*umschlagen*) dönüşmek (*in* -e)
aus|atmen *vi, vt* soluk [*o* nefes] vermek
aus|baden *vt* (*fam*): **es ~ müssen** kabak başın(d)a patlamak
aus|baggern *vt* (*Baugrube*) ekskavatör ile kazmak
aus|baldowern <ohne ge> *vt* (*fam*): **etw ~** bir şeyi gözetlemek [*o* kolaçan etmek]; **~, ob ...** ... olup olmadığını gözetlemek [*o* kolaçan etmek]
Ausbau *m ohne Pl* <-(e)s> **1.** (*Erweiterung*) genişlet(il)me **2.** (TECH: *von Motor, Gerät*) sök(ül)me **3.** (*Intensivierung*) yoğunlaştır(ıl)ma, derinleştir(il)me
aus|bauen *vt* **1.** (TECH: *herausmontieren*) sökmek **2.** (*Gebäude, Organisation*) büyütmek; (*verbreitern*) genişletmek **3.** (*weiterentwickeln*) geliştirmek; (*vertiefen*) derinleştirmek
aus|bedingen <ausbedungen> *irr vt:* **ich muss mir ~, dass ...** şart olsun ki, ...
aus|beißen *irr vt:* **sich einen Zahn ~** ısırarak bir diş kaybetmek [*o* kırmak]; **an dem wirst du dir noch die Zähne ~!** bak, ondan neler çekeceksin!
aus|bessern *vt* onarmak, tamir etmek; (*Fehler*) düzeltmek; (*Kleidung, Wäsche*) yamamak; (*Gemälde*) restore etmek
Ausbesserung *f* onarma, düzeltme
aus|beulen *vt* (AUTO) kaportadaki ezikleri düzeltmek
Ausbeute *f* **1.** kâr, kazanç **2.** (*Ertrag*) ürün, mahsul, hâsılat **3.** (*Nutzen*) yarar, çıkar; **~ an Erzen** maden cevheri istihsali
aus|beuten *vt* **1.** (*fördern und verwerten*) işletmek; (*Nutzen ziehen*) yararlanmak **2. jdn ~** birini sömürmek
Ausbeuter(in) *m(f)* <-s, -; -nen> (*pej*) sömürücü
Ausbeutung *f ohne Pl* işlet(il)me, yararlanma, sömürme [*o* sömürü]
aus|bezahlen* *vt* (*Geld*) parasını tamamıyla ödemek; (*Miteigentümer*) parasını ödeyerek satın almak
aus|bilden I. *vt* **1.** (*Lehrling*) eğitmek **2.** (*Fähigkeiten, Stimme*) geliştirmek, yetiştirmek **3.** (*ausgestalten*) biçim vermek II. *vr:* **sich ~** (*entstehen*) oluşmak, ortaya çıkmak
Ausbilder(in) *m(f)* <-s, -; -nen> eğitmen
Ausbildung *f* <-en> (*beruflich*) eğitim; (*Lehrzeit*) çıraklık; **Ausbildungsbeihilfe**

f eğitim yardımı; **Ausbildungsförderung** *f* eğitim teşviki, eğitimi özendirme; **Ausbildungsplatz** *m* <-es, -plätze> eğitim [*o* çıraklık] yeri; **Ausbildungsstand** *m* eğitim düzeyi

aus|bitten *irr vt:* **sich etw von jdm ~** bir şeyi birinden istemek; **das bitte ich mir auch aus!** ben de bunu(n böyle olmasını) isterim!

aus|blasen *irr vt* üfleyerek söndürmek; **die Kerze ~** mumu üfleyerek söndürmek

Ausbleiben *nt* **1.** (*Fernbleiben*) gelmeme **2.** (*~ der Zahlung*) ödenmeme

aus|bleiben *irr vi sein* **1.** (*nicht eintreten*) olmamak **2.** (*fernbleiben*) gelmemek; **unsere Gäste sind ausgeblieben** misafirlerimiz [*o* konuklarımız] gelmedi; **die Nacht über ~** bütün gece eve gelmemek

aus|blenden *vt* (FILM RADIO) kısmak

Ausblick *m* <-(e)s, -e> **1.** (*in die Ferne*) manzara (*auf*-), görünüm (*auf*-) **2.** (*in die Zukunft*) bakış (*auf*-e)

aus|borgen **I.** *vt* (*reg: verleihen*) ödünç vermek **II.** *vr:* **sich** *dat* **etw ~** (*reg: sich ausleihen*) ödünç almak

aus|brechen *irr vi sein* **1.** (*aus dem Gefängnis*) kaçmak, firar etmek **2.** (*entstehen*) çıkmak, baş göstermek; (*plötzlich beginnen*) patlak vermek; (*Schweiß*) basmak, dökmek; **in Tränen ~** hüngür hüngür ağlamaya başlamak; **in Gelächter ~** kahkahayı basmak [*o* koparmak] **3.** (GEO: *von einem Vulkan*) püskürmek, indifa etmek

Ausbrecher(in) *m(f)* <-s, -; -nen> (*fam: Gefangener*) firarî

aus|breiten **I.** *vt* **1.** (*Landkarte*) açmak; (*Decke*) sermek **2.** (*Arme*) açmak; (*Flügel*) açmak **3.** (*einzelne Gegenstände*) yaymak; **sein Leben vor jdm ~** (*fig*) birine hayatını anlatmak **II.** *vr:* **sich ~** **1.** (*Nachricht, Feuer*) yayılmak; (*Erscheinung*) yaygınlaşmak **2.** (*sich erstrecken*) uzanmak

Ausbreitung *f* <-en> (*das Ausbreiten*) yayma; (*das Sichausbreiten*) yayılma

aus|brennen *irr* **I.** *vt haben* **1.** yakmak, kavurmak **2.** (*Wunden*) dağlamak; **die Sonne hat die Wiesen ausgebrannt** güneş çayırları yaktı [*o* kavurdu]; **die Kehle war ihm wie ausgebrannt** boğazı kavrulmuş gibiydi **II.** *vi sein* **1.** (içi) yanmak; (*Feuer, Kerze*) sönmek **2.** (*fig fam*): **ausgebrannt sein** (*seelisch und körperlich*) pestil gibi olmak; (SPORT: *erschöpft sein*) pestili çıkmak; (*kein Geld mehr haben*) meteliğe kurşun atmak

Ausbruch *m* <-(e)s, -brüche> **1.** (*Flucht*) firar (*aus* -den), kaçma (*aus* -den) **2.** (*Beginn*) başlama; (*plötzlicher Beginn*) patlak verme; **zum ~ kommen** patlak vermek **3.** (*Eruption*) püskürme, indifa; (*Gefühlsentladung*) patlama

aus|brüten *vt* **1.** (*Eier*) kuluçkaya yatmak **2.** (*fam: Plan*) kurmak

aus|büchsen *vi sein* (*fam: ausreißen*) tüymek, kaçmak

aus|buddeln *vt* (*fam*) kazmak, kazarak çıkarmak

aus|buhen *vt* yuhalamak

Ausbund *m ohne Pl* <-(e)s> (*a. iron*): **ein ~ an etw sein** bir şeyin timsali olmak

aus|bürgern ['aʊsbʏrgɐn] *vt* vatandaşlıktan çıkarmak

Ausbürgerung *f* <-en> vatandaşlıktan çıkarılma

aus|bürsten *vt* fırçalamak; **sich** *dat* **die Haare ~** saçlarını fırçalamak

aus|büxen *vi* (*fam*) tüymek, kaçmak

Ausdauer *f* sebat, direşme

aus|dauern *vi* sebat etmek [*o* göstermek], direşmek

ausdauernd *adj* **1.** (*beharrlich*) sebatkâr, direşken **2.** (BOT) çok yıllık

aus|dehnen **I.** *vt* **1.** (*erweitern*) genişletmek; **seinen Einfluss ~** nüfuzunu [*o* forsunu] genişletmek **2.** (PHYS: *das Volumen vergrößern*) genleştirmek; **die Hitze hat die Eisenbahnschienen ausgedehnt** sıcaklık demiryolu raylarını genleştirdi **3.** (*verlängern*) uzatmak; **eine Reise übers Wochenende ~** bir geziyi haftanın sonuna değin uzatmak **II.** *vr:* **sich ~** **1.** (*größer werden*) büyümek, genişlemek **2.** (PHYS) genleşmek; **Metall dehnt sich durch Erwärmung aus** ısıtma yoluyla metal genleşir **3.** (*zeitlich*) uzamak

Ausdehnung *f* <-en> **1.** (*das Ausdehnen*) genişletme; (*das Sichausdehnen*) genişleme; (*räumliche Erstreckung*) uzam **2.** (MATH: *Dimension*) boyut **3.** (PHYS) genleşme; **Ausdehnungskoeffizient** *m* (PHYS) genleşme katsayısı

aus|denken *irr vt* **1. sich etw ~** bir şeyi tasar(ım)lamak; (*vorstellen*) bir şeyi tasavvur etmek; (*erfinden*) bir şeyi icat etmek, bir şeyi uydurmak [*o* kafadan atmak] **2.** (*zu Ende denken*) sonuna kadar düşünmek

aus|dielen *vt* parke ile döşemek

aus|dienen *vi* hizmeti bitmek, miadı dolmak; (*fam: unbrauchbar werden*) battal olmak, kullanılamaz duruma gelmek

aus|diskutieren *vt* sonuna [*o* çözüm buluncaya] kadar tartışmak

aus|docken *vt* (NAUT) doktan çıkarmak

aus|dorren *vi* çoraklaşmak

aus|dörren **I.** *vt* çoraklaştırmak, kavurmak **II.** *vi* çoraklaşmak, kavrulmak

aus|drehen *vt* **1.** (*Gas*) kapamak; (*Licht*) söndürmek **2.** (TECH: *mittels Drehbank*) torna ile açmak **3.** (*auswringen, ausrenken*) burkmak

Ausdruck[1] *m* <-(e)s, -drücke> (*Wort*) söz, lâf; (*Wendung*) terim, deyim; **sich im ~ vergreifen** yakışık almayan bir lâf etmek, dil sürçmek; **was ist das für ein ~?** bu ne biçim söz [*o* lâf]?

Ausdruck[2] *m* <-(e)s, -e> (INFORM) yazılı çıktı; (TYPO) baskı

Ausdruck[3] *m ohne Pl* <-(e)s> **1.** (*Stil*) ifade **2.** (*Bekundung*) ifade, anlatım; **etw zum ~ bringen** bir şey anlatmak, bir şeyi ifade etmek; **der ~ auf seinem Gesicht verriet seine Freude** yüzündeki ifade sevincini açığa vuruyordu **3.** (PHILOS: *Expression*) dışa vurum

aus|drucken *vt* **1.** (TYPO) basmak **2.** (INFORM: *Datei*) yazdırmak, yazıcı ile basmak

aus|drücken **I.** *vt* **1.** (*Schwamm*) sıkmak; (*Frucht*) sıkmak **2.** (*Zigarette*) bastırarak söndürmek **3.** ifade etmek, anlatmak; (*äußern*) söylemek **II.** *vr:* **sich ~** (*sich äußern*) meramını [*o* derdini] anlatmak

ausdrücklich ['aʊsdrʏklɪç, -'--] **I.** *adj* açık, belgin, sarih; (*mit Nachdruck*) ısrarlı **II.** *adv* açıkça, sarahaten; (*besonders*) özellikle, bilhassa; **ich möchte ~ betonen, dass ...** ...i özellikle [*o* bilhassa] vurgulamak isterim

Ausdruckskraft *f* anlatım gücü

ausdruckslos *adj* ifadesiz, hiç bir şey anlatmayan

Ausdrucksvermögen *nt* anlatım yeteneği

ausdrucksvoll *adj* anlatımlı

Ausdrucksweise *f* <-n> deyiş, anlatım [*o* söyleme] biçimi; (*Diktion*) diksiyon; **was ist denn das für eine ~!** bu, ne biçim konuşma böyle!

auseinander [aʊsaɪ'nandɐ] *adv* birbirinden uzak, ayrı (olarak); **weit ~ liegen** birbirinden çok uzak olmak; **etw ~ schreiben** bir şeyi ayrı olarak yazmak; **~ brechen** (*zerbrechen*) kır(ıl)mak; (*Partei*) parçalanmak; **~ bringen**[RR] (*fam: trennen*) birbirinden ayırmak; (*entzweien*) aralarını bozmak; **~ fallen**[RR] (*zerfallen*) parçalanmak, dağılmak; (*Familie, Partei*) dağılmak; **~ falten**[RR] açmak; **~ gehen**[RR] (*sich trennen*) ayrılmak; (*Meinungen*) birbirinden ayrı [*o* farklı] olmak; (*Gegenstand*) dağılmak; (*fam: kaputtgehen*) bozulmak; (*fam: dick werden*) kilo almak; **~ halten**[RR] ayrı tutmak; (*Zwillinge*) ayırt etmek; **~ nehmen**[RR] (*Motor, Radio*) sökmek, parçalarına ayırmak; **~ setzen**[RR] (*fig: erklären*) açıklamak; **sich mit etw ~ setzen**[RR] (*beschäftigen*) bir şey ile uğraşmak, bir şey üstüne kafa yormak; (*streiten*) bir şey ile didişmek; **dieses Wort schreibt man ~** bu kelime ayrı yazılır; **die beiden sind ein Jahr ~** (*vom Alter her*) ikisinin arasında bir yaş fark var; **auseinander|brechen** *irr* **I.** *vi sein s.* **auseinander** **II.** *vt s.* **auseinander**; **auseinander|bringen** *irr vt s.* **auseinander**; **auseinander|fallen** *irr vi sein s.* **auseinander**; **auseinander|falten** *vt s.* **auseinander**; **auseinander|gehen** *irr vi sein s.* **auseinander**; **auseinander|halten** *irr vt s.* **auseinander**; **auseinander|nehmen** *irr vt s.* **auseinander**; **auseinander|setzen** **I.** *vt s.* **auseinander** **II.** *vr:* **sich ~** *s.* **auseinander**

Auseinandersetzung *f* <-en> **1.** (*Beschäftigung*) uğraşma (*mit* -le) **2.** (*Streit*) kavga; (*Diskussion*) tartışma **3.** (*Kampfhandlung*) çatışma **4.** (JUR: *Liquidation*) tasfiye; (*Teilung*) taksim; (*Aufteilung vom Besitz*) paydaşlığın giderilmesi, izaleişüyu

auserlesen ['aʊsɛɐle:zən] *adj* (*geh*) seçkin

aus|erwählen* ['aʊsɛɐvɛ:lən] *vt* (*geh*) seçmek

aus|fahren *irr* **I.** *vi sein* (*hinausfahren*) arabayla gezmeye çıkmak; (*Schiff*) çıkmak; **das Schiff fuhr aus dem Hafen aus** gemi limandan çıktı **II.** *vt* **1.** (*verteilen*) arabayla dağıtmak **2.** (*spazieren fahren*) arabayla gezmeye çıkarmak **3.** (TECH, AERO) çıkarmak; **das Fahrgestell ~** (AERO) iniş takımını çıkarmak

Ausfahrt *f* <-en> **1.** (*für Kraftfahrzeuge*) çıkış **2.** (*Spazierfahrt*) arabayla gezmeye çıkma

Ausfall[1] *m ohne Pl* <-(e)s> **1.** (*Haare, Zähne*) dökülme **2.** (TECH, AUTO: *Maschine*) işlememe, bozulma **3.** (ELEK: *Strom~*) kesilme **4.** (LING: *Wegfall*) düşme

Ausfall[2] *m* <-(e)s, -fälle> **1.** (MIL: *Verlust*) kayıp **2.** (*Veranstaltung*) olmama; (*Verdienst*) ödenmeme

aus|fallen *irr vi sein* **1.** (*herausfallen*) dökülmek **2.** (*nicht stattfinden*) olmamak; **die Schule fällt aus** okul yok **3.** (*fehlen*): **er ist wegen Krankheit eine Woche lang ausgefallen** hastalık yüzünden bir hafta boyunca yoktu [*o* gelmedi] **4.** (AUTO, TECH: *nicht funktionieren*) işlememek, bozulmak; (*Strom*) kesilmek **5.** (*beschaffen sein*) olmak; **etw fällt gut/schlecht aus** bir şey iyi/kötü oldu; **der Aufsatz ist schlecht ausgefallen** kompozisyon notları kötü

ausfallend *adj* **1.** (*grob*) kaba **2.** (*beleidigend*) küstah; (*Sprache*) onur kırıcı; **~ werden** küstahlaşmak

Ausfallerscheinung *f* (MED) işlev yitimi belirtisi; **Ausfallstraße** *f* anayola çıkış yolu; **Ausfallwinkel** *m* (PHYS: *Reflexionswinkel*) yansıma açısı; **Ausfallzeit** *f* (COM) işlememe süresi, işten kayıp zaman

ausfaltbar *adj* (*Karte*) açılır katlanır

aus|fasern *vi* tarazlanmak

aus|fechten *irr vt* karara bağlanıncaya kadar mücadele etmek (için)

aus|fegen *vt* süpürmek

Ausfeger *m* **1.** (*Kehrbesen*) süpürge **2.** (*fig: Kehraus*) son dans

aus|fertigen *vt* düzenlemek, tanzim etmek

Ausfertigung *f* <-en> **1.** (*Vorgang*) düzenleme, tanzim **2.** (*Schriftstück*) nüsha; **in doppelter/dreifacher ~** iki/üç nüsha olarak

ausfindig ['aʊsfɪndɪç] *adv:* **jdn/etw ~ machen** bir kimseyi/şeyi arayıp bulmak; (*aufspüren*) bir kimsenin/şeyin izini bulmak

aus|flaggen *vt* (NAUT) flâma çekmek

aus|fließen *irr vi sein* akmak

aus|flippen ['aʊsflɪpən] *vi sein* (*fam*) **1.** (*durch Drogen*) kafayı bulmak [*o* tütsümek] **2.** (*durchdrehen*) kafayı üşütmek

Ausflucht ['aʊsflʊxt, *Pl:* 'aʊsflʏçtə] *f* <-flüchte> kaçamak yol, bahane; **Ausflüchte machen** bahane bulmak

Ausflug *m* <-(e)s, -flüge> gezme, gezinti; **einen ~ machen** gezmeye çıkmak, gezinti yapmak

Ausflügler(in) ['aʊsfly:klɐ] *m(f)* <-s, -; -nen> gezinti yapan (kimse); **Ausflugsort** *m* gezinti yeri

Ausfluss[RR] *m* <-es, -flüsse>, **Ausfluß** *m* <-sses, -flüsse> **1.** (*das Auslaufen*) akma **2.** (*Abfluss*) akış **3.** (MED) vaginal akıntı

aus|formulieren* *vt* dile getirmek

aus|fragen *vt:* **jdn (über etw) ~** (bir şey hakkında) birinin ağzını aramak [*o* yoklamak]

aus|fransen ['aʊsfranzən] *vi sein* tiftiklenmek, tiftik tiftik olmak, lime lime olmak

aus|fressen *irr vt* (*fam fig*): **etw ~** halt yemek [*o* karıştırmak]

Ausfuhr ['aʊsfu:ɐ] *f* <-en> (COM) ihraç; (*Export*) ihracat, dış satım

ausführbar *adj* **1.** yapılabilir **2.** (INFORM): **~e Datei** çalıştırılabilir dosya; **Ausführbarkeit** *f* yapılabilirlik, fizibilite

Ausfuhrbestimmungen *fPl* (COM) ihracat hükümleri *pl*

aus|führen *vt* **1.** sokağa [*o* dışarıya] çıkarmak; (*spazieren führen*) gezdirmek **2.** (*exportieren*) ihraç etmek **3.** (*durchführen*) yapmak; (*Auftrag*) yerine getirmek, ifa etmek; (*Verbrechen*) icra etmek; (*Pläne*) uygulamak **4.** (SPORT: *Ecke*) yapmak; (*Schuss*) yapmak **5.** (*darlegen*) göstermek; (*erklären*) açıklamak; (*im Einzelnen*) ayrıntılara inmek, ayrıntılarıyla açıklamak

ausführlich ['aʊsfy:ɐlɪç, -'--] **I.** *adj* ayrıntılı, detaylı **II.** *adv* ayrıntılarıyla, detaylı olarak; **etw sehr ~ erzählen** bir şeyi çok ince ayrıntıları ile anlatmak

Ausführlichkeit [-'---] *f ohne Pl* ayrıntılar; **in aller ~** bütün ayrıntılarıyla, en küçük ayrıntılarına kadar

Ausfuhrpapiere *ntPl* (COM) çıkış belgeleri *pl*

Ausführung *f* **1.** (*von Aufträgen*) yerine getir(il)me, icra; (*von Plänen*) uygula(n)ma **2.** (*Bauplan*) dizayn, çizim; (*Typ*) model; (COM) kalite **3.** (*Darlegung*) mütalâa(da bulunma); **die Unlogik seiner ~en** mütalâalarının mantıksızlığı, ileri sürdüğü görüş ve düşüncelerinin mantıksızlığı

Ausfuhrzoll *m* <-(e)s, -zölle> (COM) ihracat resmi

aus|füllen *vt* **1.** (*Loch*) doldurmak **2.** (*Formular*) doldurmak **3.** (*befriedigen*) tatmin etmek, doyurmak

Ausgabe[1] *f ohne Pl* **1.** (*Austeilung*) çıkar(ıl)ma, ihraç; (*von Waren*) teslim **2.** (*von Banknoten*) emisyon

Ausgabe[2] *f* <-n> **1.** (*Ausgabestelle*) emisyon kurumu **2.** (*von Zeitungen, Schriftwerken*) baskı; (*einzelne Nummer der Zeitung*) sayı **3.** (TV: *Sendung*) yayın **4.** (INFORM: *Output*) çıktı; (*Daten*) dökme **5.** *Pl* (*Kosten*) harcamalar *pl*

Ausgabedaten *Pl* (INFORM) çıktı verileri *pl*; **Ausgabegerät** *nt* (INFORM) çıktı aygıtı

Ausgang[1] *m* <-(e)s, -gänge> **1.** (*Tür*) çıkış **2.** (*an einem Organ*) çıkış **3.** (*Spaziergang*) sokağa çıkma **4.** (*freier Tag*) izin; **~ haben** izinli olmak

Ausgang[2] *m ohne Pl* <-(e)s> **1.** (*Ergebnis*) sonuç, son **2.** (*Anfang*) başlangıç

Ausgangsbasis *f* başlangıç noktası; **Ausgangspunkt** *m* hareket noktası, çıkış noktası; **Ausgangssperre** *f* sokağa çıkma yasağı

aus|geben *irr* **I.** *vt* **1.** (*austeilen*) dağıtmak; (*Fahrkarten*) vermek; **einen ~** (*fam: spendieren*) ısmarlamak **2.** (INFORM: *Daten*) dökmek **3.** (FIN: *Aktien*) çıkarmak **4.** (*Befehl, Parole*) vermek **5.** (*Geld*) harcamak (*für* -e) **II.** *vr:* **sich für etw ~** kendisine … süsü vermek

ausgebrannt ['aʊsgəbrant] **I.** *pp von* **ausbrennen** **II.** *adj* (*körperlich erschöpft*) haşat, bitkin; (*geistig erschöpft*) ambale, kafası durmuş

ausgebucht ['aʊsgəbu:xt] *adj* dolu, boş yeri kalmayan; **wir sind ~** boş yerimiz kalmadı

ausgebufft *adj* (*fam*) pişkin

ausgedehnt *adj* **1.** (*umfassend*) geniş; **ein ~er Spaziergang** uzun bir yürüyüş **2.** (*Gummiband*) gerilmiş

ausgefallen **I.** *pp von* **ausfallen** **II.** *adj* (*ungewöhnlich, merkwürdig*) garip; (*nicht alltäglich*) alışılmamış

ausgeflippt *adj* (*sl*) üşütük

ausgefuchst *adj* (*fam*) açıkgöz

ausgeglichen ['aʊsgəglɪçən] **I.** *pp von* **ausgleichen** **II.** *adj* dengeli, denk; **~es Klima** ılıman iklim

Ausgeglichenheit *f ohne Pl* denge; (*seelische*) ruhsal denge

aus|gehen *irr vi sein* **1.** (*weggehen*) çıkmak, sokağa çıkmak **2.** (*erlöschen*) sönmek **3.** (*Haare, Zähne*) dökülmek **4.** (*abzweigen*) çıkmak (*von* -den) **5.** (*seinen Ursprung nehmen*) kaynaklanmak (*von* -den), yola çıkmak (*von* -den); **wir können davon ~, dass ...** ...den yola çıkabiliriz **6.** (*enden*) bitmek; **leer ~** eli boş çıkmak, hava almak **7.** (*zu Ende gehen*) bitmek; **mir ging das Geld aus!** param bitti! **8.** (*Motor*) istop etmek

ausgehungert *adj* (*hungrig*) aç; (*Hunger leidend*) aç bîilâç

ausgeklügelt ['aʊsgəkly:gəlt] *adj* (*fam*) inceden inceye tasarlanmış

ausgekocht *adj* (*fam fig, pej*) pişkin

ausgelassen **I.** *pp von* **auslassen** **II.** *adj* (*fig*) **1.** (*lärmend*) şamatalı **2.** (*übermütig*) taşkın **3.** (*Stimmung*) curcunalı **4.** (*Kind*) haşarı

Ausgelassenheit *f ohne Pl* (*auf einem Fest*) şamata; (*der Stimmung*) curcuna

ausgemacht *adj* **1.** (*abgemacht*) kararlaştırılmış **2.** (*vollkommen*) tam

ausgemergelt ['aʊsgəmɛrgəlt] *adj* cılız

ausgenommen ['aʊsgənɔmən] **I.** *pp von* **ausnehmen** **II.** *präp* hariç; **Anwesende ~** hazır bulunanlar hariç; **wir alle, mich ~** benden başka herkes **III.** *konj* dışında; **er erinnert sich des Vorfalls genau, ~ der letzten Sekunde** son saniyesi dışında olayı tam olarak hatırlıyor

ausgepowert *adj* (*fam: erledigt, erschöpft*) bitik, hamur gibi, hoşaf gibi

ausgeprägt *adj* (*deutlich*) apaçık, aşikâr; **ein ~es Interesse** tipik bir merak

ausgerechnet ['--'--] *adv* (*fam fig*) aksi gibi; **muss das ~ heute sein?** aksi [*o* başka gün yokmuş] gibi bunun bugün mü olması gerekiyor?; **~ im Juni war das Schwimmbad geschossen** aksi gibi haziranda yüzme havuzu kapalıydı; **~ ich musste den Ausweis vergessen** aksi gibi bir tek ben kimliğimi unutmuşum

ausgeschlossen ['aʊsgəʃlɔsən] **I.** *pp von* **ausschließen** **II.** *adj* (*unmöglich*) imkânsız; **das ist ~!** imkânı yok!, olamaz!; **es ist nicht ~** olabilir

ausgeschnitten ['aʊsgəʃnɪtən] **I.** *pp von* **ausschneiden** **II.** *adj* (*dekolletiert*) dekolte

ausgesprochen ['aʊsgəʃprɔxən] **I.** *pp von* **aussprechen** **II.** *adj* (*ausgeprägt*) belirgin, aşikâr; (*besonders groß*) muazzam, fevkalâde **III.** *adv* (*sehr*) son derece

ausgestorben ['aʊsgəʃtɔrbən] **I.** *pp von* **aussterben** **II.** *adj* **1.** (*Volk, Pflanzen, Tiere*) soyu tükenmiş, nesli tükenmiş **2.** (*Ort*) tenha; **die Straßen waren wie ~** sokaklarda in cin top oynuyordu

ausgesucht ['aʊsgəzu:xt] *adj* **1.** (*erlesen*) seçkin, güzide; (*hervorragend*) fevkalâde **2.** (*ausgesprochen*) fevkalâde

ausgewachsen **I.** *pp von* **auswachsen** **II.** *adj* **1.** (*voll entwickelt*) yetişkin; (*erwachsen*) büyük; **ein ausgewachsener Skandal** (*fig*) büyük bir skandal **2.** (*bucklig gewachsen*) kamburu çıkmış

ausgewogen ['aʊsgəvo:gən] **I.** *pp von* **auswiegen** **II.** *adj* ölçülü; (*ausgeglichen*) dengeli; (*harmonisch*) ahenkli

ausgezeichnet ['----, '--'--] *adj* (*hervorragend*) şahane, fevkalâde, enfes, nefis; **es geht mir ~!** kendimi şahane hissediyorum!

ausgiebig ['aʊsgi:bɪç] **I.** *adj* bol; (*Essen*) zengin; **einen ~en Mittagsschlaf halten** iyi bir öğle uykusu çekmek **II.** *adv* doyasıya, bol bol; **~en Gebrauch machen von etw** bir şeyden bol bol yararlanmak; **~ frühstücken** doyasıya kahvaltı etmek

aus|gießen *irr vt* **1.** (*Gefäß*) boşaltmak **2.** (*Fugen*) dökerek doldurmak **3.** (*verschütten*) dökmek

Ausgleich ['aʊsglaɪç] *m ohne Pl* <-(e)s> **1.** denkleştirme; (*Gleichgewicht*) denge, denklik **2.** (*Schulden*) ödeme, tesviye; (*Konto~*) bakiyeyi ödeme **3.** (*Entschädigung*) tazminat (*für* için); **er hat für den Schaden einen ~ erhalten** zarar için tazminat aldı **4.** (SPORT: *Gleichstand*) beraberlik

aus|gleichen *irr* **I.** *vi* (SPORT) berabere kalmak **II.** *vt* **1.** (*Unterschiede*) kapamak **2. Gleichgewicht herstellen** dengelemek; (*Gewichtsunterschiede beseitigen*) denkleştirmek **3.** (COM: *Konto*) bakiyeyi ödemek **4.** (*ersetzen*) telâfi etmek **5.** (*ebnen, glätten*) düzlemek, tesviye etmek **III.** *vr:* **sich ~** denkleşmek

aus|gleiten *irr vt* kaymak

aus|graben *irr vt* **1.** (*Loch*) kazarak açmak **2.** (*Altertümer, Schätze*) topraktan çıkarmak **3.** (*fig: Vergessenes*) bulup ortaya çıkarmak, keşfetmek

Ausgrabung *f* <-en> kazı, hafriyat

aus|grenzen *vt* dışlamak, yabancılamak

Ausguck *m* <-(e)s, -e> (NAUT) viglâ; (*Mast-*

korb) çanaklık

Ausguss[RR] *m* <-es, -güsse>, **Ausguß** *m* <-sses, -güsse> **1.** (*Becken*) eviye **2.** (*reg: Tülle*) emzik, ibik

aus|haben *irr* **I.** *vi* (*fam: Schluss haben*) işi bitmiş olmak **II.** *vt* (*fam*) **1.** (*Kleidung*) çıkarmış olmak **2.** (*Buch*) bitirmiş olmak

aus|halten *irr* **I.** *vi* (*durchhalten*) dayanmak, tahammül etmek **II.** *vt* **1.** (*ertragen*) dayanmak; **das ist ja nicht auszuhalten!** bu dayanılacak gibi değil! **2.** (*standhalten*) dayanmak, metanet göstermek; **er hält viel aus** o, çok dayanıklıdır [*o* metanetlidir] **3.** (*fam pej: Lebensunterhalt bezahlen*) geçindirmek; (*Geliebte*) kapatmak

aus|händigen ['aʊshɛndɪɡən] *vt* (*Urkunde, Geld, Schreiben*) teslim etmek, (eline) vermek

Aushang *m* <-(e)s, -hänge> (*Bekanntmachung*) duyuru, ilân

aus|hängen[1] *irr vi* (*aufgehängt sein*) asılı olmak, askıda olmak, askıya çıkarılmış olmak

aus|hängen[2] *vt* **1.** (*aufhängen*) asmak **2.** (COM: *ins Schaufenster hängen*) vitrine asmak [*o* çıkarmak] **3.** (*bekannt machen*) askıya çıkarmak **4.** (*Tür, Fenster*) rezelerinden çıkarmak

Aushängeschild *nt* <-(e)s, -er> tabela

aus|harren ['aʊsharən] *vi* (*geh*) sabretmek; (*durchhalten*) dayanmak

aus|hauchen *vt* (*geh: Atem*) vermek; (*Rauch*) çıkarmak

aus|heben *irr vt* **1.** (*Graben*) kazmak, açmak **2.** (*Verbrechernest, Bande*) baskın yaparak ele geçirmek **3.** (*Schweiz: Truppen*) çıkarmak; (*Rekruten*) çağırmak

aus|hecken ['aʊshɛkən] *vt* (*fam: Pläne*) kurmak

aus|heilen *vi* iyileşmek

aus|helfen *irr vi:* **jdm ~** birine yardım etmek, birine yardımda bulunmak; **sie half ihm mit Werkzeug aus** ona alet vererek yardım etti

aus|heulen *vr:* **sich ~** (*fam*) iyicene [*o* adamakıllı] bir ağlamak; **sich die Augen ~** yaşlara boğulmak; **sich bei jdm ~** birine içini dökmek

Aushilfe *f* <-n> **1.** (*das Aushelfen*) yardım, yamaklık **2.** (*Person*) yardımcı; (*Aushilfskraft*) yamak, yardımcı [*o* geçici] eleman; **jdn zur ~ haben** yardımcı elemanı olmak, yamağı olmak; **als ~ arbeiten** yardımcı eleman olarak çalışmak, yamak olarak çalışmak

aushilfsweise *adv* yardımcı [*o* geçici] (eleman) olarak, yamak olarak

aus|hobeln *vt* rendelemek

aus|höhlen *vt* içini oymak (-in), içine oyuk açmak (-in)

aus|holen **I.** *vi* **1.** (*zum Schlag*) (el) kaldırmak; (*zum Wurf*) gerilmek, hız almak **2.** (*fig: beim Erzählen*) en başından başlamak **II.** *vt* (*fam*): **jdn ~** birinin ağzını aramak [*o* yoklamak]

aus|horchen *vt:* **jdn ~** birinin ağzını aramak [*o* yoklamak]

aus|hungern *vt* aç bırakmak; **ausgehungert sein** aç olmak

aus|kehren *vt* süpürmek

aus|kennen *irr vr:* **sich ~** bilmek; (*in einem Fach*) anlamak (*in/mit* -den); **ich kenne mich hier gut aus** ben buraları iyi bilirim; **damit kenne ich mich gar nicht aus** (*fig*) ben ondan hiç anlamam

aus|klammern *vt* **1.** (MATH: *eine Zahl*) parantez dışına almak **2.** (*Frage, Thema*) es geçmek, dikkate almamak

aus|klamüsern *vt* (*fam*) uzun uzun düşünüp taşınıp bulmak

Ausklang *m* <-(e)s, -klänge> **1.** (MUS: *letzter Ton*) (parçanın) son ton(u) **2.** (*fig: eines Festes*) yavaş yavaş sona erme

aus|klappen *vt* açmak

aus|klarieren *vt* (NAUT) çıkışta gümrüklemek

aus|kleben *vt* iç yüzünü kaplamak (*-in*)

aus|kleiden **I.** *vt* **1.** (*geh: entkleiden*) soymak **2.** (*Raum, Wand*) kaplamak (*mit* ile); (*mit Holz ~*) tahta kaplamak **II.** *vr:* **sich ~** (*sich ausziehen*) soyunmak

aus|klingen *irr vi sein* **1.** (*Lied*) yavaş yavaş kaybolmak **2.** (*fig: Fest*) yavaş yavaş sona ermek; **die Feier klang aus in einem gemeinsamen Lied** birlikte söylenen bir şarkı ile eğlence yavaş yavaş sona erdi

aus|klopfen *vt* (*Kleidung*) tozunu silkmek [*o* silkelemek]; (*Teppich*) dövmek; (*Pfeife*) vurarak boşaltmak

aus|klügeln ['aʊskly:ɡəln] *vt* inceden inceye tasarlamak

aus|knipsen *vt* (*fam: Licht*) söndürmek

aus|knobeln *vt* (*fam*) inceden inceye düşünüp taşınıp yapmak

aus|kochen *vt* **1.** (GASTR) kaynatmak **2.** (*sterilisieren*) kaynatarak sterilize etmek

aus|kommen *irr vi sein* **1.** (*sich vertragen*) geçinmek; **wir kommen gut miteinander aus** biz iyi geçiniyoruz; **mit ihm kann man nicht ~** onunla geçinilemez **2.** (*mit etw zurechtkommen*) geçinmek; **ohne etw ~** parasız pulsuz geçinmek

Auskommen *nt ohne Pl* <-s> **1.** (*Lebensunterhalt*) geçim **2.** (*das Vertragen*) geçinme; **mit ihm ist kein ~ möglich** onunla geçinmek imkânsız

aus|kosten *vt* (*fig*) tadını [*o* zevkini] çıkarmak (-in)

aus|kratzen *vt* kazımak; (*Speisereste*) kazıyarak çıkarmak; (MED: *ausschaben*) kazıyarak almak; **jdm die Augen** ~ birinin gözlerini oymak
aus|kugeln *vt* yuvasından çıkarmak
aus|kundschaften ['aʊskʊntʃaftən] *vt* bilgi toplamak (hakkında); (*Gegend*) kolaçan etmek
Auskunft ['aʊskʊnft, *Pl:* 'aʊskʏnftə] *f* <-künfte> **1.** (*Information*) bilgi; (*über eine Person*) bilgiler *pl* (*über* hakkında); **jdm (eine)** ~ **geben** birine bilgi vermek **2.** (*Telefon~*) danışma; (*~sschalter*) danışma, enformasyon
Auskunftei *f* istihbarat bürosu [*o* dairesi]
Auskunftverweigerungsrecht *nt* (JUR) kendi veya hısımları aleyhine tanıklıktan çekinme hakkı
aus|kuppeln *vi* (AUTO) boşa [*o* rölântiye] almak; **sich** ~ (*fig*) boşlamak
aus|kurieren* **I.** *vt* (*fam*) iyileştirmek **II.** *vr:* **sich** ~ (*fam*) iyileşmek
aus|lachen *vt* gülmek (-e), alaya almak; **lass dich nicht** ~**!** kendini gülünç duruma düşürme!
aus|laden *irr* **I.** *vt* **1.** (*entladen*) boşaltmak; (*abladen*) çıkarmak **2.** (MIL: *aussteigen lassen*) indirmek **3.** (*fam: Gäste*): **jdn** ~ birinin davetini iptal etmek **II.** *vi* (ARCH: *auskragen*) taşmak
Auslage *f* **1.** sergile(n)me **2.** (*Schaufenster*) vitrin **3.** (SPORT: *beim Fechten*) vuruşma duruşu **4.** ~**n** masraf(lar); **Auslagenerstattung** *f* masrafların ödenmesi
Ausland *nt ohne Pl* <-(e)s> yurt dışı; **ins** ~ yurt dışına; **im** ~ yurt dışında; **aus dem** ~ yurt dışından
Ausländer(in) *m(f)* <-s, -; -nen> yabancı, ecnebi; **Ausländeramt** *nt* yabancılar dairesi; **ausländerfeindlich** *adj* yabancı düşmanı; **Ausländerfeindlichkeit** *f ohne Pl* yabancı düşmanlığı
ausländisch *adj* yabancı, dış; **die inländische und** ~**e Presse** iç ve dış basın
Auslandsaufenthalt *m* yurt dışında kalma; **Auslandsbeziehungen** *Pl* dış ilişkiler *pl;* **Auslandsdeutsche(r)** *mf* ikametgâhı yurt dışında olan Alman; **Auslandsgespräch** *nt* (TEL) ülkelerarası telefon görüşmesi; **Auslandskorrespondent(in)** *m(f)* dış muhabir; **Auslandsmarkt** *m* (WIRTSCH) dış pazar, dış piyasa; **Auslandsreise** *f* dış gezi; **Auslandsverschuldung** *f* (FIN) dış borçlanma
aus|lassen *irr* **I.** *vt* **1.** (*herauslaufen lassen*) dışarı bırakmak, dışarı salmak **2.** (*herausfließen lassen*) akıttırmak **3.** (*weglassen*) es geçmek; (*nicht schreiben*) yazmamak; (*überspringen*) atlamak **4.** (*Butter*) eritmek **5.** (*Kleidung*) dikişini açmak (-in) **6.** (RADIO) açmamak **7.** **jdn** ~ (*österr: in Ruhe lassen*) birini rahat bırakmak **II.** *vr:* **sich** ~ (*sich mitteilen*) fikrini söylemek (*über* hakkında); (*lästern*) çekiştirmek (*an* -); **sich über etw** ~ bir şey hakkında fikrini söylemek; **sich an jdm** ~ birini çekiştirmek, birisi için demediğini bırakmamak;
Auslassungspunkte *mPl* (LING) üç nokta
aus|lasten *vt* **1.** (*Maschine*) tam randımanla çalıştırmak **2.** (*Person*) yeterince iş vermek (-e)
Auslauf *m* <-(e)s, -läufe> **1.** (AGR: *der Tiere*) (çitle çevrili) salmalık; **das Pferd in den** ~ **bringen** atı kıra çıkarmak **2.** (*Ausfließen*) akma; (*Abflussöffnung*) ağız, mansap **3.** (*Bewegung*) hareket etme (olanağı), açık havaya çıkma **4.** (SPORT: *Abschluss des Laufs*) finiş
aus|laufen *irr vi sein* **1.** (*Flüssigkeit*) akmak **2.** (NAUT: *in See stechen*) alarga etmek **3.** (*Serie*) sona ermek, bitmek **4.** (*aufhören*) bitmek; (*Vertrag*) sona ermek, hitam etmek
Auslaufen *nt ohne Pl* <-s> **1.** (NAUT: *von Schiffen*) avara **2.** (*von Programmen oder Serien*) sona erme, bitme
Ausläufer *m* <-s, -> **1.** (BOT: *von Pflanzen*) (yandan çıkan) filiz **2.** (GEO: *Berg~*) dağ kolu
Auslaufmodell *nt* (COM) programdan alınmış model
aus|laugen *vt* (*herausziehen*) soğurmak; (*erschöpfen*) yiyip bitirmek, tüketmek
Auslaut *m* <-(e)s, -e> (LING) son ses
aus|lauten *vi* (LING) (harfi ile) bitmek; **das Wort lautet auf e aus** kelime e harfi ile biter
aus|leben *vr:* **sich** ~ hayatın tadını çıkarmak
aus|lecken *vt* yalaya yalaya bitirmek
aus|leeren *vt* **1.** (*Gefäß*) boşaltmak **2.** (*Flüssigkeit*) dökmek, boşaltmak
aus|legen *vt* **1.** (*Köder*) koymak **2.** (*Leitungen, Kabel*) çekmek **3.** (*Waren im Schaufenster*) sergilemek, sermek **4.** (*Geld*) eğreti [*o* ödünç] olarak ödemek **5.** (*auskleiden*) kaplamak (*mit* ile); **ein Schubfach mit Papier** ~ bir çekmecenin içini kâğıtla kaplamak **6.** (*bedecken*) kaplamak (*mit* ile), döşemek (*mit* -, -e); (*einen Raum mit Teppich* ~) bir odaya halı döşemek **7.** (*Worte, Text*) yorumlamak; **etw falsch** ~ bir şeyi yanlış yorumlamak
Ausleger *m* **1.** (TECH: *von Kran*) vinç kolu **2.** (NAUT: *von Boot*) dirsek
Auslegung *f* <-en> yorum
aus|leiern **I.** *vi sein* (*fam*) lâçka olmak; (*Gewinde*) lâçka olmak, yalama olmak **II.** *vt*

(*fam*) lâçka etmek; (*Gewinde*) lâçka etmek

aus|leihen *irr vt* (*verleihen*) ödünç vermek; (*sich borgen*) ödünç almak; **jdm etw ~** birine bir şeyi ödünç vermek; **etw von jdm ~** birinden bir şeyi ödünç almak

aus|lernen *vi* öğrenip bitirmek; **man lernt nie aus** öğrenmenin sonu yoktur

Auslese ['aʊsleːzə] *f* <-n> **1.** (*Auswahl*) seçme; **natürliche ~** doğal ayıklanma **2.** (*Wein*) rezerv

aus|lesen *irr vt* **1.** (*Buch*) okuyup bitirmek **2.** (*aussondern*) ayıklamak; (*entfernen*) ayırmak

aus|leuchten *vt* ışıklandırmak

aus|liefern *vt* **1.** (*übergeben*) devretmek **2.** (*Waren ~*) teslim etmek **3.** (POL, JUR: *jdn ~*) birini geri vermek, birini iade etmek; **jdm ausgeliefert sein** bir kimsenin insafına maruz kalmak

Auslieferung *f* **1.** (COM) teslim **2.** (POL, JUR) geri ver(il)me, iade; **Auslieferungshaft** *f* (JUR) iade [*o* geri verme] amacı ile tutukluluk

aus|loben *vt* ilân yoluyla vadetmek

aus|löffeln *vt* (*fam fig*) acısını çekmek (-in); **die Suppe ~** (**müssen**) pirincin taşını ayıklamak (zorunda kalmak)

aus|loggen *vr:* **sich ~** (INFORM) sistemden çıkmak

aus|löschen *vt* **1.** (*Licht*) söndürmek; (*Feuer*) söndürmek **2.** (*Schrift, Spuren*) silmek **3.** (*geh: Menschenleben*) kıymak (-e)

aus|losen ['aʊsloːzən] *vt* kur'a çekerek seçmek; (*Preis*) kur'ada çekmek

aus|lösen *vt* **1.** (TECH: *in Gang setzen*) (düğmeye basarak) çalıştırmak [*o* harekete geçirmek]; (FOTO) (deklânşöre basarak) çalıştırmak **2.** (*hervorrufen*) yol açmak (-e), yaratmak; **eine Wirkung ~** bir etki yaratmak **3.** (*Gefangene*) fidye ödeyerek kurtarmak; (*Pfand*) fiyatını ödeyerek kurtarmak

Auslöser *m* <-s, -> **1.** (TECH) deklânşör **2.** (*Anlass*) sebep (*für* için)

Auslosung *f* <-en> kur'a

aus|machen *vt* **1.** (ELEK: *fam: Radio, Licht*) kapamak; (*Licht, Feuer*) söndürmek **2.** (*vereinbaren*) kararlaştırmak; **einen Termin ~** saat ve yerini kararlaştırmak; **ein Treffen ~** randevulaşmak **3.** (*ermitteln*) keşfetmek **4.** (*erkennen*) fark etmek, seçmek **5.** (*bilden*) oluşturmak; **ihm fehlt alles, was einen Wissenschaftler ausmacht** bir bilim adamını oluşturan niteliklerin hiçbiri onda yok **6.** (*betragen*) tutmak, etmek **7.** (*bedeuten*) fark etmek; **das macht nichts aus** fark etmez; **macht es Ihnen etw aus, wenn ...?** eğer ~, sizce bir sakıncası var mı?

aus|malen **I.** *vt* (*mit Farbe*) boyamak (*mit* ile), renklendirmek (*mit* ile) **II.** *vr:* **sich** *dat* **etw ~** (*fig: sich vorstellen*) bir şeyi gözünün önüne getirmek, bir şeyi zihninde canlandırmak

Ausmaß *nt* <-es, -e> **1.** (*räumlich*) boyut **2.** (*Umfang*) kapsam, şümul; (*Grad*) derece, ölçü; (*fig*) boyut, çap; **bis zu einem gewissen ~** belli bir ölçüye kadar; **in großem ~** büyük ölçüde [*o* çapta]

aus|merzen ['aʊsmɛrtsən] *vt* **1.** (*Ungeziefer*) yok etmek, kökünü kazımak **2.** (*Fehler*) yok etmek, silmek **3.** (*Missstände*) yok etmek, ortadan kaldırmak

aus|messen *irr vt* ölçmek

aus|misten *vt* **1.** (*Stall*) kürelemek **2.** (*fig: Schrank, Zimmer*) pılı pırtıları kaldırmak, işe yaramaz şeyleri ayırmak

aus|mustern *vt* **1.** (*aussortieren*) çürüğe çıkarmak **2.** (MIL) çürüğe ayırmak

Ausnahme *f* <-n> istisna, ayrıklık; **mit ~ von ... ...**in dışında, ... hariç olmak üzere; **eine ~ machen** bir istisna yapmak; **ohne ~** istisnasız; **~m bestätigen die Regel** istisnalar kaideyi [*o* kuralı] bozmaz; **Ausnahmefall** *m* <-(e)s, -fälle> istisnaî [*o* olağanüstü] durum; **Ausnahmezustand** *m* olağanüstü hâl

ausnahmslos *adv* istisnasız, ayrıksız

ausnahmsweise ['----, '--'--] *adv* müstesna [*o* bir istisna] olarak, bir defaya mahsus olarak

aus|nehmen *irr* **I.** *vt* **1.** (*Fisch, Geflügel*) içini temizlemek (-in) **2.** (*ausschließen*) çıkarmak (*von* -den) **3.** (*fam pej: Geld abnehmen*) yolmak **II.** *vr:* **sich ~** (*geh: wirken*) izlenim vermek

ausnehmend *adv* fevkalâde; **der Hut steht dir ~ gut** şapka sana fevkalâde yakıştı

aus|nutzen *vt* **1.** (*Gelegenheit*) kullanmak; (*Situation*) yararlanmak (-den) **2. jdn ~** birini istismar etmek

aus|packen **I.** *vt* **1.** (*Koffer*) boşaltmak **2.** (*Geschenk*) çıkarmak **3.** (*Waren, Paket*) açmak **II.** *vi* (*fam: Neuigkeiten*) lâf çıkarmak; (*fam: sein Herz ausschütten*) içini dökmek, derdini anlatmak

aus|peitschen *vt* kırbaçlamak, kamçılamak

aus|pfeifen *irr vt* ıslıklamak

aus|plaudern *vt* ağzından kaçırmak

aus|plündern *vt* **1.** (*Dorf, Laden*) yağma etmek **2.** (*fam: Kühlschrank*) silip süpürmek; **jdn ~** (*fam*) birini soymak

aus|posaunen* *vt* (*fig*) davul çalmak (için), davul dümbelek çalarak dünyaya ilân etmek

aus|pressen *vt* (*Saft*) basınçla çıkarıp akıtmak; (*Frucht*) sıkmak

A

aus|probieren* *vt* denemek

Auspuff ['aʊspʊf] *m* <-(e)s, -e> (AUTO) egzoz; **Auspuffgase** *ntPl* egzoz gazları; **Auspuffrohr** *nt* <-(e)s, -e> (AUTO) egzoz borusu; **Auspufftopf** *m* (AUTO) susturucu

aus|pumpen *vt* **1.** (*Wasser*) tulumba ile boşaltmak; (*leeren*) boşaltmak; **den Magen ~** (*fam*) mideyi yıkamak; **völlig ausgepumpt sein** (*fam fig*) canı çıkmak **2.** (*fam: ausleihen*) ödünç almak

aus|pusten *vt* üfleyerek söndürmek

Ausputzer *m* (SPORT: *Fußball*) son adam

aus|quartieren* ['aʊskvarti:rən] *vt* (kaldığı yerden) çıkarmak

aus|quetschen *vt* **1.** (*Frucht*) (suyunu çıkarmak için) sıkmak **2.** (*fam: ausfragen*) (sorular sorarak) sıkıştırmak

aus|radieren* *vt* **1.** (*Geschriebenes*) (silgiyle) silmek **2.** (*dem Erdboden gleichmachen*) yerle bir etmek

aus|rangieren* ['aʊsraŋʒi:rən] *vt* (*fam*) çürüğe çıkarmak, ıskartaya çıkarmak [*o* ayırmak]

aus|rasten *vi sein* **1.** (TECH) yerinden çıkmak **2.** (*fam: zornig werden*) tepesi atmak, kafasının kontağı atmak

aus|rauben *vt* soymak

aus|räuchern *vt* tütsülemek, tütsüleyerek temizlemek

aus|räumen *vt* **1.** (*Schrank*) boşaltmak; (*Bücher*) çıkarmak; (*Zimmer*) toplamak **2.** (*Missverständnis*) düzeltmek **3.** (*Schwierigkeit*) ortadan kaldırmak **4.** (*Zweifel, Bedenken*) gidermek

aus|rechnen *vt* (*Summe*) hesaplamak

Ausrede *f* <-n> mazeret; (*Vorwand*) bahane; (*Ausflüchte*) kaçamak yollar; **faule ~** gülünç mazeret

aus|reden **I.** *vi* (*zu Ende reden*) sözünü bitirmek; **jdm ~ lassen** birinin sözünü kesmemek; **lass mich doch erst ~!** bırak da önce bir sözümü bitireyim! **II.** *vt* (*umstimmen*): **jdm etw ~** birini bir şeyden caydırmak [*o* vazgeçirmek] **III.** *vr:* **sich ~** (*österr: sich aussprechen*) söz söylemek

aus|reichen *vi* yetmek, yetişmek; **das Geld reicht aus** bu para yetişir

ausreichend *adj* **1.** (*genug*) yeterli **2.** (*Schulnote*) orta

aus|reifen *vi* olgunlaşmak

Ausreise *f* <-n> yurtdışına çıkma [*o* çıkış] (*aus* -den); **bei der ~** yurtdışına çıkarken

Ausreiseantrag *m* çıkış izni için dilekçe, yurtdışına çıkma dilekçesi; **Ausreiseerlaubnis** *f* <-se> *s.* **Ausreisegenehmigung**

Ausreisegenehmigung *f* çıkış izni, yurtdışına çıkma izni

aus|reisen *vi sein* yurtdışına çıkmak (*aus* -den)

Ausreisevisum *nt* çıkış vizesi

aus|reißen *irr* **I.** *vi sein* **1.** (*einreißen*) yırtılmak; (*Stoff, Naht*) sökülmek **2.** (*fam: weglaufen*) kaçmak **II.** *vt haben* (*entfernen*) koparıp almak, (çekip) koparmak, yırtmak; (*Haare*) yolmak

Ausreißer(in) *m(f)* <-s, -; -nen> (*fam*) kaçak

aus|reiten *irr vi* atla gezmeye çıkmak

aus|renken ['aʊsrɛŋkən] *vt* burkarak yerinden çıkarmak; (*verrenken*) burkmak

aus|richten *vt* **1.** (*fig: bestellen*) söylemek; (*übermitteln*) iletmek; (*jdm etw ~*) birine bir şey söylemek [*o* iletmek]; **soll ich ihr etwas ~?** ona bir şey söyleyeyim mi? **2.** (TECH: *gerade richten*) hizalamak, çırpıya getirmek; (*einstellen*) ayarlamak (*auf* -e) **3.** (*fig: erreichen*) elde etmek; (*durchsetzen*) söz geçirmek; **ich konnte bei ihm nichts ~** ondan bir şey elde edemedim, ona söz geçiremedim **4.** (*veranstalten*) düzenlemek, yapmak **5.** (*orientieren*) yöneltmek

Ausrichtung *f ohne Pl* **1.** (*Sicheinstellen*) ayarlanma (*auf* -e göre) **2.** (TECH) hiza(lama) **3.** (*Veranstalten*) düzenleme **4.** (POL: *Orientierung*) yönelme

Ausritt *m* <-(e)s, -e> atla gezmeye çıkma

aus|rollen **I.** *vt haben* **1.** (*Teppich*) açmak **2.** (*Teig*) (oklava ile) açmak **II.** *vi sein* (AERO, AUTO) teker üzerinde duruncaya kadar yuvarlanmak [*o* ilerlemek]

aus|rotten ['aʊsrɔtən] *vt* **1.** (*Tiere, Volk*) neslini tüketmek, kökünü kurutmak [*o* kazımak] **2.** (*Unsitte*) yok etmek

Ausrottung *f* <-en> **1.** (*Tiere*) neslini tüketme; (*Volk*) soy kırımı **2.** (*Unsitte*) yok etme

aus|rücken **I.** *vi sein* **1.** harekete geçmek, yola çıkmak **2.** (*fam: ausreißen*) kaçmak; (*heimlich*) sıvışmak **II.** *vt haben* (TYPO) başa almak; (TECH) avaraya almak

Ausruf *m* <-(e)s, -e> haykırma; (*Bekanntmachung*) duyurma

aus|rufen *irr vt* **1.** (*rufend nennen*) adını okumak; (*Abflug, Abfahrt*) duyurmak **2.** (*Streik*) ilân etmek **3.** (*Notstand, Republik*) ilân etmek; **die Republik wurde ausgerufen** cumhuriyet ilân edildi

Ausrufezeichen *nt* (LING) ünlem işareti

aus|ruhen *vi, vr:* **sich ~** dinlenmek (*von* -den sonra)

aus|rüsten *vt* **1.** (*Person*) donatmak (*mit* ile) **2.** (*Schiff, Expedition*) donatmak (*mit* ile), teçhiz etmek (*mit* ile)

Ausrüstung *f* <-en> (*das Ausrüsten*) donatma, donatım; (*die Gegenstände dazu*) donatı, teçhizat

aus|rutschen *vi sein* ayağı kaymak

Ausrutscher *m* <-s, -> (*fam: Fauxpas*) pot, gaf; (*taktloses Benehmen*) patavatsızlık

Aussaat *f* <-en> **1.** (*das Säen*) ekim, ekme **2.** (*die Saat*) tohum

aus|säen *vt* ekmek

Aussage ['aʊsza:gə] *f* <-n> **1.** (JUR) ifade; (*Zeugen~*) tanıklık; **eine ~ machen** ifade vermek; **die ~ verweigern** ifade vermekten çekinmek **2.** anlatım, ifade; (LIT) tema; **die ~ des Romans** romanın teması **3.** (PHILOS: *Logik*) önerme; **aussagekräftig** *adj* anlatımlı

aus|sagen **I.** *vi* (JUR) ifade vermek; **gegen jdn ~** birinin aleyhinde tanıklık etmek **II.** *vt* (*ausdrücken*) ifade etmek, anlatmak

Aussatz *m ohne Pl* <-es> (MED) cüzam

Aussätzige(r) ['aʊszɛtsɪgɐ] *mf* <-n, -n; -n> (MED) cüzamlı; (*fig*) miskin

aus|saufen *vt* içip bitirmek

aus|saugen *vt* **1.** (*Frucht, Wunde*) sonuna kadar emmek **2.** (*fig: Kolonie*) sömürmek

Ausschabung *f* (MED) kazıma; (*der Gebärmutter*) kürtaj

aus|schachten *vt* kazmak, kazarak açmak

aus|schalten *vt* **1.** (ELEK: *Motor, Licht*) kapamak **2.** (*fig: Konkurrenz, Gegner*) bertaraf etmek; (*eliminieren*) elemek

Ausschank *m ohne Pl* <-(e)s> **1.** (*Lokal*) meyhane **2.** (*Tätigkeit*) içki satma [*o* satışı]; **heute kein ~** bugün içki satışımız yoktur

Ausschau *f ohne Pl:* **nach jdm/etw** *dat* **~ halten** bir kimsenin/şeyin yolunu gözlemek, bir kimsenin/şeyin gelmesini beklemek

aus|schauen *vi* **1. nach jdm ~** birinin yolunu gözlemek, birinin gelmesini beklemek **2.** (*südd, österr: Eindruck erwecken*) izlenim vermek; (*aussehen*) görünmek, gözükmek

aus|scheiden *irr* **I.** *vi sein* **1.** (*aus einem Amt, einer Firma*) ayrılmak (*aus* -den), çıkmak (*aus* -den) **2.** (*aus einem Club*) çıkmak (*aus* -den) **3.** (SPORT) elenmek (*aus* -den) **4.** (*Bewerber*) elenmek **5.** (*Möglichkeit*) söz konusu olmamak **II.** *vt haben* **1.** (MED) çıkarmak, dışkılamak **2.** (*aussondern*) çıkarmak; (*Harn, Schweiß*) dökmek

Ausscheidung *f* <-en> **1.** (SPORT) eleme **2.** (MED): **~en** çıkartı, dışkı, kazurat; **Ausscheidungskampf** *m* (SPORT) eleme karşılaşması

aus|schenken *vt* **1.** (*gießen*) dökmek **2.** (*im Lokal*) satmak

aus|scheren ['aʊsʃe:rən] *vi sein* (yana) kaçmak, yan çizmek

aus|schicken *vt* yollamak

aus|schildern *vt* işaret levhaları koymak

aus|schimpfen *vt* azarlamak

aus|schlachten *vt* **1.** (*Fahrzeug*) parçalarını kurtarmak, içini dışını sökmek **2.** (*fig*) iç yüzünü göstermek

aus|schlafen *irr* **I.** *vi, vr:* **sich ~** uykusunu almak **II.** *vt:* **seinen Rausch ~** sarhoşluğunu uyuyarak geçirmek

Ausschlag *m* <-(e)s, -schläge> **1.** (MED: *Haut~*) döküntü; (*bei Masern, Scharlach*) indifa **2.** (*des Zeigers*) oynama; (*des Pendels*) hareket; (*der Magnetnadel*) oynama; **den ~ geben** (*entscheidend sein*) kesin etki yaratmak; (*die Entscheidung herbeiführen*) kararı verdirtmek [*o* aldırtmak]

aus|schlagen *irr* **I.** *vi* **1.** (*Pferd*) tepmek, çifte atmak **2.** *haben o sein* (*Bäume*) yeşillenmek **3.** *haben o sein* (*Zeiger*) oynamak; (*Kompassnadel*) oynamak **II.** *vt* **1.** (*Angebot*) reddetmek, geri çevirmek **2.** (*Zahn*) (vurarak) kırmak **3.** (*mit Bezugsstoff*) kaplamak (*mit* ile)

ausschlaggebend *adj* kesin etki yaratan (*für* için); **von ~er Bedeutung sein** son derece önemli olmak

aus|schließen *irr vt* **1.** (*durch Verschließen der Tür*) kapıyı üstüne kapamak, dışarıda bırakmak **2.** (*aus einer Gemeinschaft*) çıkarmak (*aus* -den) **3.** (JUR: *Öffentlichkeit*) yasaklamak; **der Rechtsweg ist ~** yargı yolu kapalıdır **4.** (*im Widerspruch stehen*) ters düşmek (-e); **das eine schließt das andere nicht aus** biri diğerine ters düşmez **5.** (*unmöglich machen*) olanaksız kılmak **6.** (*nicht teilhaben lassen*) dışlamak, yoksun etmek [*o* bırakmak]

ausschließlich **I.** *adj* (*alleinig*) tek, münhasır; (*uneingeschränkt*) sınırsız **II.** *adv* (*nur*) yalnız, özellikle, münhasıran **III.** *präp* (*außer*) hariç, dışında sayılmak üzere

aus|schlüpfen *vi sein* (*Küken*) yumurtadan çıkmak

Ausschluss[RR] *m* <-es, -schlüsse>, **Ausschluß** *m* <-sses, -schlüsse> çıkarılma (*aus* -den); (SPORT) çıkarılma; **unter ~ der Öffentlichkeit stattfinden** (JUR) gizli yapılmak, kamuya kapalı olarak yapılmak

aus|schmücken *vt* süslemek

aus|schneiden *irr vt* **1.** (*Bild*) kesip çıkar(t)mak (*aus* -den) **2.** (*Büsche*) budamak

Ausschnitt *m* <-(e)s, -e> **1.** (*Teil*) kesim, kısım, bölüm, parça; **ein ~ aus einem Buch** kitaptan bir bölüm **2.** (*aus einem Film*) görümsetme **3.** (*bei Kleidung*) dekolte; **einen tiefen ~ haben** dekoltesi açık olmak **4.** (*Zeitungs~*) kupür

aus|schöpfen *vt* **1.** (*Flüssigkeit*) boşaltmak; (*Wasser aus einem Boot*) suyunu boşaltmak **2.** (*Gefäß*) boşaltmak **3.** (*Möglichkeiten*) kullanıp bitirmek; (*Reserven*) tüketmek

aus|schreiben *irr vt* **1.** (*Wort*) yazmak; (*Zahl*) yazı ile yazmak **2.** (*veröffentlichen*) ilân etmek; (*Bauvorhaben*) ihaleye çıkarmak **3.** (*Rechnung*) yazmak; (*Scheck*) keşide etmek

Ausschreibung *f* <-en> **1.** (*einer offenen Stelle*) ilân; (*eines Bauvorhabens*) ihale **2.** (*Text*) şartname

Ausschreitungen ['aʊsʃraɪtʊŋən] *fPl* kargaşalıklar *pl*

Ausschuss[RR1] *m* <-es, -schüsse> yarkurul, encümen; (*Komitee*) komite; (*Kommission*) komisyon, kurul; **ständiger ~** daimî encümen; **~ für Angelegenheiten der Europäischen Union** Avrupa Birliği İşleri Komitesi

Ausschuss[RR2] *m ohne Pl* <-es> **1.** (*minderwertige Ware*) ıskarta **2.** (*Geschossaustrittsöffnung*) namlu ağzı; **Ausschussware**[RR] *f* (COM) ıskarta mal

Ausschuß *m s.* **Ausschuss**

aus|schütteln *vt* silkmek

aus|schütten *vt* **1.** (*Flüssigkeit*) dökmek, boşaltmak **2.** (*Gefäß*) boşaltmak; **jdm sein Herz ~** (*fig*) birine içini dökmek; **das Kind mit dem Bade ~** (*fig*) pire için yorgan yakmak **3.** (FIN: *Dividende*) dağıtmak

Ausschüttung *f* <-en> (FIN) dağıtım

ausschweifend ['aʊsʃvaɪfənt] *adj* **1.** (*Leben*) uçarı, sefih **2.** (*Fantasie*) geniş

Ausschweifung *f* <-en> uçarılık

aus|schweigen *irr vr:* **sich ~** konuşmaktan kaçınmak (*über* hakkında)

aus|schwenken *vt* **1.** (*Kran*) çevirmek, çark ettirmek; **nach links ~** sola çevirmek [*o* çark ettirmek] **2.** (*Gläser*) çalkalamak; (*Wäsche*) durulamak, sudan geçirmek

aus|sehen *irr vi* görünmek; **gut ~** iyi görünmek; **es sieht nicht gut aus** durum iyi görünmüyor; **~ wie jd** birine benzemek; **gut ~d** yakışıklı; **es sieht nach Regen aus** yağmur yağacakmış gibi görünüyor; **wie sieht's aus?** (*fam*) işler nasıl?; **es sieht so aus, als ob ...** öyle görünüyor ki ..., sanki ...miş gibi görünüyor; **er sieht aus wie sein Vater** babasına benziyor; **nach nichts ~** hiçbir şeye benzememek

Aussehen *nt ohne Pl* <-s> görünüş

aus|sein *irr vi s.* **aus II.**

außen ['aʊsən] *adv* dış, dışarı; **von ~** dıştan, dışarıdan; **den Schein nach ~ hin wahren** dış görünüşü korumak; **~ vor sein** dışında kalmak

Außenanstrich *m* dış boya; **Außenantenne** *f* dış anten; **Außenbezirk** *m* kenar mahalle, varoş

Außenbordmotor *m* dıştan takma motor

aus|senden *irr vt* **1.** (*Expedition, Boten*) yollamak **2.** (*Strahlen*) yaymak; (*Signale*) vermek

Außendienst *m ohne Pl* <-(e)s> dış hizmet; **im ~ tätig sein** dış hizmette çalışmak; **Außendienstmitarbeiter(in)** *m(f)* dış hizmeti kadrosu elemanı; **Außenhandel** *m ohne Pl* (COM) dış ticaret; **Außenhandelsbilanz** *f* dış ticaret dengesi; **Außenminister(in)** *m(f)* (POL) dış işleri bakanı; **Außenministerium** *nt* (POL) dış işleri bakanlığı; **Außenpolitik** *f* (POL) dış politika; **außenpolitisch** *adj* (POL) dış politika (ile ilgili); **Außenseite** *f* dış yüz; **Außenseiter(in)** *m(f)* <-s, -; -nen> (*Eigenbrötler*) münzevi; (*Nichtfachmann*) uzman olmayan (kimse); (SPORT) favori olmayan (takım); **Außenspiegel** *m* (AUTO) dış ayna; **Außenstände** *mPl* (WIRTSCH, FIN) alacaklar *pl;* **Außenstehende(r)** *mf* <-n, -n; -n> ilgili olmayan (kimse), işin içinde olmayan (kimse); **Außenstelle** *f* dış şube; **Außenstürmer(in)** *m(f)* (SPORT: *Links~*) sol açık; (*Rechts~*) sağ açık; **Außentemperatur** *f* dış sıcaklık; **Außenwand** *f* dış duvar; **Außenwelt** *f ohne Pl* dış dünya; **Außenwinkel** *m* (MATH) dış açı; **Außenwirtschaft** *f ohne Pl* (WIRTSCH) dış ekonomi

außer ['aʊsɐ] **I.** *präp* **1.** (*räumlich*): **~ Sicht sein** görünürde olmamak; **~ Haus sein** evde olmamak **2.** (*Zustand*): **~ Betrieb sein** bozuk olmak; **~ Gefahr sein** tehlikeyi atlamış olmak; **~ Dienst sein** emekli olmak; **~ Atem sein** nefes nefese olmak; **~ sich sein vor** -den kendini kaybetmek, ile kendinden geçmek **3.** (*ausgenommen*) dışında, -den başka; **alle ~ mir** benden başka herkes **II.** *präp* (*räumlich*) dışında; **~ Landes** yurt dışında **III.** *konj:* **~ wenn** şayet, eğer; **ich komme, ~ wenn es regnet** yağmur yağmazsa [*o* yağmadığı takdirde] gelirim

außerdem ['aʊsɐde:m, --'-] *adv* ayrıca, bundan başka

außerdeutsch *adj* Almanya dışı [*o* dışında bulunan]; (*nicht deutsch*) Alman olmayan

äußere(r, s) *adj* dış; **der ~ Durchmesser** dış çap; **das ~e Ohr** dış kulak

Äußere(s) *nt ohne Pl* <-n> dış; (*von Personen*) kılık, eşkâl; **Wert auf sein ~s legen** kılığına önem vermek; **Minister des ~n** dış işleri bakanı

außerehelich ['aʊsɐʔe:əlɪç] *adj* **1.** (*Beziehung*) evlilik dışı **2.** (*Kind*) nesebi sahih olmayan

außereuropäisch *adj* Avrupa dışı; **außergewöhnlich** **I.** *adj* alışılmamış, olağan dışı, olağanüstü, fevkalâde; **eine ~e Leistung** olağanüstü bir başarı **II.** *adv* aşırı; **~ heiß** aşırı sıcak

außerhalb **I.** *präp* dışında; **~ der Stadt** kentin [*o* şehrin] dışında; ~ **der Geschäftszeiten** iş saatleri dışında; ~ **der Legalität** yasa [*o* kanun] dışı **II.** *adv:* ~ **wohnen** (*fam: auswärts wohnen*) dışarlıkta [*o* taşrada] oturmak

außerirdisch *adj* uzaylı

äußerlich ['ɔɪsɐlɪç] *adj* **1.** (*außen*) dış(tan); **rein** ~ **betrachtet** dıştan bakıldığında **2.** (*oberflächlich*) yüzeysel **3.** (*scheinbar*) görünür

Äußerlichkeit *f* <-en> (*Formalität*) formalite; (*Oberflächlichkeit*) yüzeysellik

äußern ['ɔɪsɐn] **I.** *vt* söylemek; **seine Meinung** ~ fikrini söylemek; **seine Wünsche** ~ neler istediğini söylemek **II.** *vr:* **sich** ~ **1.** (*seine Meinung sagen*) fikrini söylemek; **ich will mich nicht dazu** ~ onun üzerine fikrimi söylemek istemiyorum **2.** (*sich zeigen*) göstermek

außerordentlich I. *adj* olağanüstü; (*ungewöhnlich*) olağan dışı, alışılmadık; **A~es leisten** olağanüstü şeyler başarmak **II.** *adv* (*sehr*) pek; **etw** ~ **schätzen** bir şeyi pek beğenmek

außerorts *adv* (*Schweiz, österr*) dışarı; **von** ~ **kommen** dışarıdan gelmek

außerparlamentarisch *adj* parlamento dışı; ~**e Opposition** parlamento dışı muhalefet

außerplanmäßig *adj* plan dışı, bütçe dışı

außerschulisch *adj* ders programı dışındaki, program dışı

äußerst ['ɔɪsɐst] *adv* pek; (*im höchsten Grade*) son derece

außerstande [aʊsɐ'ʃtandə] *adv:* ~ **sein etw zu tun** bir şeyi yapacak durumda olmamak

äußerste(r, s) ['ɔɪsɐstə, -tɐ, -təs] *adj* **1.** (*weit entfernt*) en uzak(taki); (*Schicht*) en dış(taki) **2.** (*fig: der, die, das letzte*) en son; **am** ~**n Ende** en uçta(ki); **am** ~**n Ende der Stadt** kentin en ucunda; **im** ~**n Falle** en kötü durumda [*o* şartlar altında] **3.** (*im höchsten Grade*) son derece; **mit** ~**er Konzentration** son derece dikkatle; **mit** ~**r Kraft** son [*o* olanca] kuvvetiyle **4.** (*Termin, Preis*) en son; **Äußerste** *nt:* **sein** ~**s tun** elinden geleni yapmak; **bis zum** ~**n gehen** her şeyi göze almak

äußerstenfalls ['ɔɪsɐstən'fals] *adv* en fazla; (*im äußersten Fall*) en kötü durumda [*o* şartlar altında]

außertariflich *adj* (WIRTSCH): ~ **bezahlt werden** toplu sözleşme dışı ücret almak

Äußerung ['ɔɪsərʊŋ] *f* <-en> **1.** (*Bemerkung*) söz, lâf; (*Stellungnahme*) demeç, açıklama **2.** (*Ausdruck*) ifade

aus|setzen I. *vi* **1.** (*Atmung, Herz*) durmak; (AUTO: *Motor*) istop etmek, durmak **2.** (*unterbrechen*) ara vermek; **zwei Runden** ~ iki el ara vermek; **ohne auszusetzen** ara vermeden **II.** *vt* **1.** (*Tier, Kind*) terk etmek **2.** (JUR: *Verhandlung*) geriye bırakmak, ertelemek, talik etmek; **die Strafe wurde zur Bewährung ausgesetzt** ceza tecil edildi **3.** (*bemängeln*) kusur bulmak (-e); **was hast du daran auszusetzen?** onun nesi hoşuna gitmedi? **4.** (*Belohnung, Preis*) ortaya koymak, vadetmek **5.** (*preisgeben*): **jdn etw** *dat* ~ birini bir şeye maruz bırakmak **6.** (NAUT): **ein Boot** ~ bir kayığı suya indirmek

Aussetzer *m* <-s> (AUTO) tekleme; **einen** ~ **haben** (*fig*) kafası [*o* aklı] durmak

Aussicht *f* <-en> **1.** (*Ausblick*) görünüş (*auf* -), manzara (*auf* -); **jdm die** ~ **nehmen** birinin önünü [*o* önüne geçip manzarayı] kapamak **2.** (*fig: wahrscheinliche Zukunft*) ihtimal; (*begründete Hoffnung*) umut; **die** ~**, dass etw geschieht** bir şeyin olması ihtimali; **jdm etw in** ~ **stellen** biri için bir şeye ihtimal vermek; **etw in** ~ **haben** bir şeyi(n yakında gerçekleşeceğini) ummak [*o* beklemek]; **gute** ~**en haben** olma ihtimali büyük olmak; **das sind ja (feine)** ~**en!** (*ironisch*) bekle yârin köşesini!

aussichtslos *adj* umutsuz, ümitsiz

Aussichtslosigkeit *f ohne Pl* umutsuzluk, ümitsizlik; **aussichtsreich** *adj* ümit verici, olma ihtimali kuvvetli; **Aussichtsturm** *m* <-(e)s, -türme> gözetleme kulesi

aus|sieben *vt* elekten geçirmek

aus|siedeln *vt* göç ettirmek, tehcir etmek

Aussiedler(in) *m(f)* <-s, -; -nen> göçmen, muhacir

Aussiedlung *f* göç ettirme, tehcir

aus|sitzen *irr vt* sonuna kadar oturmak

aus|söhnen ['auszøːnən] **I.** *vt:* **jdn mit jdm** ~ bir kimseyi diğer bir kimse ile barıştırmak **II.** *vr:* **sich** ~ barışmak (*mit* ile)

Aussöhnung *f* <-en> barışma

aus|sondern *vt* ayıklamak, ayırmak, seçmek

aus|sortieren* *vt* elemek, seçip almak [*o* çıkarmak]

aus|spähen *vt* casusluk amacıyla elde etmek

aus|spannen I. *vi* (*sich erholen*) dinlenmek, başını dinlemek **II.** *vt* **1.** (*Wäscheleine, Netz*) germek; (*Tuch*) sermek **2.** (*Pferde*) koşumunu çıkarmak (-in) **3.** (*fam*): **jdm den Freund/die Freundin** ~ birinin dostunu/kız arkadaşını ayartmak [*o* baştan çıkarmak]

aus|sparen *vt* **1.** (*freilassen*) boş [*o* yer] bırakmak **2.** (*vorläufig auslassen*) sonraya bırakmak

A

Aussparung *f* (*Lücke*) boşluk
aus|speien *vt* **1.** çıkartmak, kusmak **2.** (*fig: Lava, Feuer*) püskürtmek
aus|sperren **I.** *vt* **1.** (*aus der Wohnung*) kapıyı üstüne kilitlemek (-in, *aus* -) **2.** (*Arbeiter*) lokavt yoluyla işten uzaklaştırmak **II.** *vr:* **sich** ~ (*aus der Wohnung*) kapıyı üstüne çekerek dışarıda kalmak (*aus* -)
Aussperrung *f* <-en> (*Arbeitskampf*) lokavt
aus|spielen **I.** *vt* **1.** (*Karte*) oynamak, çıkmak; **seinen letzten Trumpf** ~ (*fig*) son kozunu oynamak **2.** (SPORT: *Gegenspieler*) oyuna getirmek **3.** (*aufwiegeln*): **jdn gegen jdn** ~ birine fit vermek [*o* sokmak], bir kimseyle diğer bir kimseyi birbirine düşürmek; **er hat** (**seine Rolle**) **ausgespielt** (*fig: er hat nichts mehr zu sagen*) artık borusu ötmüyor **II.** *vi* (*beim Kartenspiel*) oynamak; **wer spielt aus?** kim oynuyor?
aus|spionieren* *vt* **1.** espiyonlamak; (*aushorchen*) ağzını aramak [*o* yoklamak] (-in) **2.** (*entdecken*) keşfetmek
Aussprache *f* <-n> **1.** (*Artikulation*) telâffuz **2.** (*Akzent*) aksan **3.** (*Unterredung*) görüşme; **eine** ~ **mit jdm haben** biriyle görüşme yapmak
aus|sprechen *irr* **I.** *vi* (*zu Ende sprechen*) sözünü bitirmek; **lass mich** ~**!** bırak sözümü bitireyim! **II.** *vt* **1.** (*Wörter, Laute*) telâffuz etmek **2.** (*äußern*) söylemek; (*Beileid*) dilemek; (*Glückwunsch*) etmek; (*Dank, Verdächtigung*) bildirmek; **sie sprachen der Regierung ihr Vertrauen aus** hükümete güvenoyu verdiler **3.** (JUR) tefhim etmek; (*Verbot*) koymak **4.** (*einen Satz*) bitirmek **III.** *vr:* **sich** ~ **1.** (*sein Herz ausschütten*) içini dökmek (*bei* -e); **sich mit jdm über etw** ~ biriyle bir şeyi görüşmek **2.** (*befürworten*) taraftar olduğunu söylemek (*für* -e)
Ausspruch *m* <-(e)s, -sprüche> (*Bemerkung*) söz; (*Sinnspruch*) özdeyiş, vecize
aus|spucken *vi, vt* tükürmek
aus|spülen *vt* çalkalamak
aus|staffieren* ['aʊsʃtafi:rən] *vt* (*etw* ~) döşemek (*mit* ile); (*jdn* ~) giydirip kuşatmak (*mit* ile)
Ausstand *m ohne Pl* <-(e)s> **1.** (*Streik*) grev; **im** ~ **sein** grevde olmak; **in den** ~ **treten** greve başlamak **2.** (*Schweiz: Ausscheiden*) ayrılış (*aus* -den); **seinen** ~ **geben** ayrılışını kutlamak
aus|stanzen *vt* (*Loch*) delmek
aus|statten ['aʊsʃtatən] *vt* donatmak (*mit* ile), döşemek (*mit* ile)
Ausstattung *f* <-en> **1.** donatım **2.** (*Aussteuer*) çeyiz
aus|stechen *irr vt* **1.** (*Auge*) oymak, çıkarmak; (*Rasen*) kazıp sökmek; (*Unkraut*) ayıklamak **2.** (*fig*): **jdn** ~ bir kimseyi gölgede bırakmak
aus|stehen *irr* **I.** *vi* (*fehlen*) olmamak; (*nicht bezahlt sein*) ödenmemiş olmak; **die Antwort steht noch aus** cevabı henüz verilmedi; **Geld** ~ **haben** alacağı olmak **II.** *vt* (*ertragen*) çekmek, katlanmak (-e); **ich kann ihn nicht** ~ onu çekemiyorum, ona katlanamıyorum
aus|steigen *irr vi sein* **1.** (*aus einem Fahrzeug*) inmek (*aus* -den) **2.** (*fam: aufhören*) çıkmak (*aus* -den); (*aus der Gesellschaft*) inzivaya çekilmek, toplum hayatından kaçıp tek başına yaşamak
Aussteiger(in) *m(f)* münzevi, toplum hayatından kaçıp tek başına yaşayan (kimse)
aus|stellen *vt* **1.** (*Waren, Bilder*) sergilemek **2.** (*Bescheinigung, Zeugnis*) düzenlemek, vermek; (*Rezept*) yazmak; (*Rechnung, Quittung*) kesmek **3.** (*Scheck*) keşide etmek (*über* -) **4.** (*Gerät*) kapamak
Aussteller(in) *m(f)* <-s, -; -nen> **1.** (*bei Ausstellungen*) sergici **2.** (JUR: *von Urkunden*) düzenleyen (kimse) **3.** (COM: *eines Schecks, Wechsels*) keşideci
Ausstellung *f* <-en> **1.** (*Veranstaltung*) sergi **2.** (JUR: *von Schriftstücken*) düzenleme, tanzim **3.** (COM: *von Schecks, Wechseln*) keşide (*über* -)
Ausstellungsgelände *nt* sergi alanı; **Ausstellungshalle** *f* sergi salonu, galeri
aus|sterben *irr vi sein* (*Pflanze, Tierart*) nesli tükenmek; (*Sprache*) ölmek; (*Brauch*) tarihe karışmak; **wie ausgestorben** (*Ort*) tenha, ıssız; **die Straßen sind wie ausgestorben** sokaklarda in cin top oynuyor
Aussteuer *f ohne Pl* çeyiz
Ausstieg ['aʊsʃti:k] *m* <-(e)s, -e> **1.** (*das Aussteigen*) çıkma, inme **2.** (*Ausgang*) çıkış; (*Tür*) çıkış kapısı
aus|stopfen *vt* içini doldurmak (-in)
Ausstoß <-es, -stöße> *m* **1.** (TECH) fırlatma, dışarı atma **2.** (COM) çıktı
aus|stoßen *irr vt* **1.** (*Atem*) vermek; (*Dampf, Rauchwolken, Abgase*) çıkarmak; (*Lava*) püskürmek; (*Speichel*) dışarıya atmak; **ein Auge** ~ göz(ünü) çıkarmak **2.** (*Seufzer*) çekmek; (*Schrei*) atmak **3.** (WIRTSCH: *produzieren*) üretmek **4.** (*ausschließen*) dışarı atmak (*aus* -den), çıkarmak (*aus* -den)
aus|strahlen *vt* **1.** (*Licht, Wärme*) yaymak; (*Ruhe, Heiterkeit*) vermek **2.** (RADIO, TV) yayınlamak
Ausstrahlung *f* <-en> **1.** ışınım **2.** (RADIO, TV) yayın **3.** (*fig: Charisma*) karizma
aus|strecken **I.** *vt* (*Beine*) uzatmak **II.** *vr:*

sich ~ uzanmak

aus|streichen *irr vt* **1.** (*Geschriebenes*) karalamak **2.** (*Teig*) yufka açmak

aus|streuen *vt* **1.** serpmek **2.** (*Gerüchte*) (ortalığa) yaymak

aus|strömen **I.** *vi sein* (*Wasser*) dışarı akmak; (*Gas, Dampf*) kaçmak **II.** *vt* (*Duft*) çıkarmak, saçmak; (*Wärme*) vermek

aus|suchen *vt* seçmek, seçip ayırmak, beğenmek; **wir werden eins der Hotels ~** otellerden bir otel beğeneceğiz; **darf ich mir was ~?** istediğimi seçebilir miyim?

aus|tarieren *vt* (COM) darasını düşürmek (-in)

Austausch *m ohne Pl* <-(e)s> değiştir(il)me, değiş tokuş; (*von Informationen*) alıp ver(il)me; (*von Gedanken, Wärme*) alış veriş, teati; **im ~ für etw** bir şeyin yerine, bir şey ile değiştirmek üzere

austauschbar *adj* değiştirilebilir, değiş tokuş edilebilir; (*ersetzbar*) yerine konabilir

aus|tauschen *vt* değiştirmek, değiş tokuş etmek; (*wechselseitig geben*) karşılıklı alıp vermek; (*ersetzen*) ikame etmek, yerine koymak

aus|teilen *vt* dağıtmak (*an* -e, *unter* -in arasında); (*Ohrfeige*) atmak; (*Karten*) dağıtmak; **Austeilung** *f* dağıtım

Auster ['aʊstɐ] *f* <-, -n> istiridye; **Austernbank** *f* istiridye yatağı

aus|toben *vr:* **sich ~** (*Zorn, Wut*) içini dökmek, deşarj olmak; (*Leidenschaften*) kurtlarını dökmek; (*Sturm*) dinmek, yatışmak; (*Kinder*) azmak; **das Gewitter hat sich ausgetobt** fırtına dindi

aus|tragen *irr* **I.** *vr* **1.** (*Briefe*) dağıtmak **2.** (*Wend*): **ein Kind ~** bir çocuğu karnında dokuz ay taşımak **3.** (SPORT: *Kampf*) yapmak **II.** *vr:* **sich ~** (*aus einer Liste*) adını silmek

Austragung *f* (SPORT): **~ der Meisterschaft** şampiyonanın yapılması; **Austragungsort** *m* (SPORT) karşılaşma yeri

Australien [aʊs'tra:liən] *nt* <-s> Avustralya

Australier(in) *m(f)* <-s, -; -, -nen> Avustralyalı; **australisch** *adj* Avustralyalı, Avustralya (ile ilgili); **eine ~e Frau** Avustralyalı bir kadın; **die ~e Regierung** Avustralya hükümeti

aus|träumen *vt* (*fig*) sevdadan vazgeçmek

aus|treiben *irr* **I.** *vt* **1.** (*Vieh*) sürmek **2.** (*Teufel*) kovmak **3.** (*Blüten*) vermek **4.** (*abgewöhnen*): **jdm etw ~** birini bir şeyden vazgeçirmek **II.** *vi* (*Pflanze*) filizlenmek, filiz vermek

Austreibung *f* <-en> **1.** (*von Menschen*) sürme **2.** (*vom Teufel*) kovma

aus|treten *irr* **I.** *vi sein* **1.** (*Gas*) kaçmak (*aus* -den); (*Flüssigkeit*) sızmak (*aus* -den); (*Blut*) akmak (*aus* -den) **2.** (*aus der Kirche, Partei*) ayrılmak (*aus* -den); (*aus einem Verein*) çıkmak (*aus* -den) **3.** (*fam: zur Toilette gehen*) tuvalete gitmek, abdest bozmak **4.** (*ausschlagen*) çifte atmak **II.** *vt* **1.** (*Treppenstufen*) basa basa eskitmek, basa basa aşındırmak; (*Schuhe*) giye giye bollaştırmak **2.** (*Feuer, Zigarette*) üzerine basarak söndürmek

aus|tricksen *vt* (*fam*) üçkâğıda getirmek

aus|trinken *irr vi, vt* içip bitirmek; **etw in einem Schluck ~** bir şeyi bir yudumda içmek

Austritt *m* <-(e)s, -e> **1.** (*aus einer Organisation*) çıkma **2.** (*von Flüssigkeit*) sızma; (*von Gas*) kaçma

aus|trocknen **I.** *vi sein* kurumak **II.** *vt haben* kurutmak

aus|üben *vt* **1.** (*Rechte*) kullanmak; (*Beruf*) icra etmek, yürütmek; (*Amt*) ifa etmek, yerine getirmek **2.** (*Druck*) yapmak (*auf* -e); (*Zwang, Macht*) kullanmak

Ausübung *f ohne Pl* **1.** (*Beruf*) icra **2.** (*Dienst, Pflicht*) ifa

aus|ufern *vi sein* (*fig*) haddini aşmak

Ausverkauf *m* <-(e)s, -käufe> **1.** (COM) ucuzluk; (*wegen Geschäftsaufgabe*) tasfiye satışı; **im ~** ucuzlukta **2.** (*fig: Scheitern*) boşa çıkma; **der ~ seiner Politik ist schon abzusehen** politikasının boşa çıkacağı şimdiden görülüyor

aus|verkaufen *vt* hepsini satmak

ausverkauft *adj* kapalı gişe, bütün biletleri satılmış olan

aus|wachsen *irr* **I.** *vr:* **sich zu etw ~** bir şey hâlini almak **II.** *vi sein:* **aus den Kleidern ~** giysilerine sığmayacak kadar büyümek [*o* boy atmak]; **das ist ja zum ~!** (*fam*) ne sinir şey!

Auswahl[1] *f ohne Pl* (*Wahl*) seçme; **die (freie) ~ haben** (serbestçe) seçme olanağı olmak; **zur ~** seçmek için, seçmece; **drei Bücher stehen zur ~** seçmek için üç kitap var; **seine ~ treffen** seçeceğini seçmek

Auswahl[2] *f* <-en> **1.** (*Vielfalt*) çeşitler *pl,* seçmeler *pl;* **eine ~ aus Schillers Werken** Schiller'in eserlerinden seçmeler **2.** (SPORT) seçme takım

aus|wählen *vt* seçmek (*aus* -den), ayırmak (*unter* arasından)

Auswahlmannschaft *f* (SPORT) seçme takım; **Auswahlverfahren** *nt* seçme yöntemi

aus|walzen *vt* **1.** (*Blech*) haddelemek **2.** (*fig: Thema*) haddeden geçirmek

Auswanderer, -in *m, f* <-s, -; -nen> göçmen

aus|wandern *vi sein* göç etmek (*aus* -den,

nach -e)
Auswanderung *f* <-en> göç (etme) (*aus* -den, *nach* -e)
auswärtig ['aʊsvɛrtɪç] *adj* **1.** (*nicht einheimisch*) dış; (*ausländisch*) yabancı **2.** (*das Ausland betreffend*) yurtdışı, dış; **der ~e Dienst** yurtdışı hizmeti; **~e Angelegenheiten** dış işleri, hariciye; **das A~e Amt** dış işleri bakanlığı
auswärts ['aʊsvɛrts] *adv* **1.** (*nach außen*) dışarıya **2.** (*außerhalb des Ortes*) dışarıda; **~ essen** dışarıda yemek yemek; **sie kommt von ~** dışarıdan geliyor; **~ spielen** (SPORT) deplâsmana çıkıp oynamak
Auswärtsspiel *nt* (SPORT) deplâsman maçı
aus|waschen *irr vt* **1.** yıkamak; (*Fleck*) suyla [*o* yıkayarak] çıkarmak; (*aufhellen*) ağartmak **2.** (GEO) (suyla) aşındırmak
Auswaschung *f* (GEO) su aşındırması
aus|wechseln *vt* değiştirmek; (SPORT) yerine getirmek; **Auswechselspieler** *m* (SPORT) yedek oyuncu
Auswechslung *f* değiştirme
Ausweg *m* <-(e)s, -e> çıkar yol (*aus* -den); (*fig*) çare; **einen ~ suchen/wissen/finden** çıkar yol aramak/bilmek/bulmak; **der letzte ~** son çare; **ich weiß keinen ~ mehr** artık başka çare [*o* çıkar yol] bilmiyorum; **sich einen ~ offen halten** açık kapı bırakmak
ausweglos *adj* çıkar yolu olmayan, içinden çıkılmaz; (*fig: verzweifelt*) çaresiz; (*hoffnungslos*) ümitsiz; **sich in einer ~en Lage befinden** içinden çıkılmaz bir durumda bulunmak [*o* olmak], çaresiz bir durumda bulunmak [*o* olmak]
Ausweglosigkeit *f* çaresizlik
aus|weichen *irr vi sein:* **jdm ~** birinden kaçmak, birinden gözlerini kaçırmak; **etw** *dat* **~** (*fig*) bir şeyden kaç(ın)mak; (*Schlag, Geschoss*) bir şeyin önünden kaçmak; **eine ~de Antwort geben** kaçamak bir cevap vermek; **auf etw anderes ~** başka bir şeyi seçmek; **ausweichend** *adv:* **~ antworten** kaçamak cevap vermek
Ausweichmöglichkeit *f* <-en> (*fig*) seçenek
aus|weinen *vr:* **sich ~** iyicene [*o* adamakıllı] bir ağlamak; **sich die Augen ~** yaşlara boğulmak; **sich bei jdm ~** birine içini dökmek
Ausweis ['aʊsvaɪs] *m* <-es, -e> kimlik (belgesi), hüviyet (cüzdanı); (*Studenten~*) şebeke; (*Personal~*) kimlik (belgesi), hüviyet (cüzdanı); (*Presse~*) kart
aus|weisen ['aʊsvaɪzən] *irr* **I.** *vt* **1.** (*fortschicken*) sınır dışı etmek (*aus* -den) **2.** (*identifizieren*) kimliğini belirlemek (*als* olarak) **II.** *vr:* **sich ~** (*Ausweis zeigen*) kimliğni göstermek; **Ausweiskontrolle** *f* kimlik kontrolü; **Ausweispapiere** *ntPl* kimlik belgeleri *pl*
Ausweisung *f* <-en> (POL) sınır dışı edilme
aus|weiten **I.** *vt* genişletmek, bollaştırmak; (*vergrößern*) büyütmek, artırmak **II.** *vr:* **sich ~ 1.** (*weiter werden*) genişlemek, bollaşmak **2.** (*sich auswachsen*) büyümek, artmak
auswendig ['aʊsvɛndɪç] *adv* ezbere; **etw ~ können** bir şeyi ezbere bilmek; **~ lernen** ezberlemek; **das kenne ich schon ~!** bunları (dinleye dinleye) ezberledim artık!, bunların içini dışını biliyorum artık!
aus|werfen *irr vt* **1.** (*Anker, Netz*) atmak **2.** (*geh: Blut, Schleim*) çıkarmak, kusmak **3.** (*produzieren*) çıkarmak **4.** (INFORM: *Daten*) çıkarmak
aus|werten *vt* **1.** (*analysieren*) çözümlemek **2.** (*verwerten*) değerlendirmek; (*dem Wert nach bestimmen*) değerini biçmek
Auswertung *f* <-en> değerlendirme
aus|wickeln *vt* açmak
aus|wirken *vr:* **sich ~** etki yapmak (*auf* -e), sonuç vermek (*auf* -e); **sich günstig ~** elverişli [*o* işe yarar] bir biçimde etki yapmak; **sich zu jds Vorteil ~** birinin yararına sonuç vermek
Auswirkung *f* <-en> **1.** (*Wirkung*) etki (*auf* üzerinde) **2.** (*Folge*) sonuç (*auf* üzerinde)
aus|wischen *vt* **1.** (*Staub*) almak **2.** (*Glas, Schrank*) silmek **3.** (*Wend*): **jdm eins ~** (*fam: einen bösen Streich spielen*) birine kötü bir oyun oynamak
aus|wringen ['aʊsvrɪŋən] *irr vt* burup sıkmak, burarak suyunu sıkmak
Auswuchs ['aʊsvu:ks, *Pl:* 'aʊsvy:ksə] *m* <-es, -wüchse> **1.** (MED) şişkinlik; (*Geschwulst*) ur **2.** *Pl* (*Übersteigerung*) taşkınlık
aus|wuchten *vt* (AUTO: *Räder*) balans ayarını yapmak (-in); **die Räder ~ lassen** balans ayarı yaptırmak
Auswuchtung *f* (AUTO) balans ayarı
Auswurf[1] *m ohne Pl* <-(e)s> (*das Auswerfen*) dışarı atma
Auswurf[2] *m* <-(e)s, -würfe> (MED) balgam
aus|zahlen **I.** *vt* ödemek, ödeme yapmak; **er bekommt ... ausgezahlt** ona ... ödeniyor [*o* ödeme yapılıyor] **II.** *vr:* **sich ~** (zahmete) değmek
aus|zählen *vt* **1.** (SPORT: *im Boxkampf*) nakavt saymak **2.** (PARL: *Stimmen*) saymak
Auszahlung *f* <-en> ödeme (yapma); **zur ~ kommen** ödenmek, ödeme yapılmak
aus|zeichnen **I.** *vt* **1.** (*kennzeichnen, a. Waren*) etiketlemek **2.** (*hervorheben*) be-

lirtmek, vurgulamak **3.** (*ehren*) ödüllendirmek; **jdn mit einem Preis ~** birine ödül vermek **II.** *vr:* **sich ~** kendini göstermek (*durch* -erek)

Auszeichnung *f* <-en> **1.** (*das Auszeichnen*) etiketleme **2.** (*Ehrung*) ödül (verme); (SCHULE) iftihar; **eine Prüfung mit ~ bestehen** bir sınavı iftiharla geçmek **3.** (MIL: *Orden*) nişan

Auszeit *f* (SPORT: *Basketball, Volleyball*) mola, ara

ausziehbar *adj* açılır

aus|ziehen *irr* **I.** *vt haben* **1.** (*Schublade*) (çekerek) açmak; (*verlängern*) (çekerek) uzatmak; (*Zahn, Nagel*) çekmek, çekerek çıkarmak **2.** (*Kleider*) çıkarmak; **jdm die Jacke ~** birinin ceketini çıkarmak **3.** (*fig*) soymak; **jdn ~** birini soymak **II.** *vr haben* (*Kleider*) soyunmak; (*in Bar*) striptiz yapmak **III.** *vi sein* taşınmak; (*aus einem Haus*) (evden) çıkmak [*o* taşınmak]

Ausziehtisch *m* açılır masa

Auszubildende(r) ['aʊstsubɪldəndɐ] *mf* <-n, -n; -n> çırak

Auszug *m* <-(e)s, -züge> **1.** (*aus der Wohnung*) çıkma (*aus* -den), taşınma (*aus* -den) **2.** (*Weggang*): **der ~ aus Ägypten** Mısır'dan göç **3.** (CHEM: *Extrakt*) ekstre, öz **4.** (*eines Werkes*) özet **5.** (JUR: *eines Schriftstückes*) suret **6.** (COM: *Konto~*) ekstre, hesap özeti [*o* dökümü]

auszugsweise *adv* suret olarak; (*zusammengefasst*) özet olarak

autark [aʊ'tark] *adj* otarşik

Autarkie *f* <-n> otarsi

authentisch [aʊ'tɛntɪʃ] *adj* otantik, gerçeğe ve aslına dayanan

Authentizität [aʊtɛntitsi'tɛ:t] *f ohne Pl* gerçeklik

Authismus *m* (MED, PSYCH) otizm, içe yöneliklik; **autistisch** *adj* otist, içe kapanık

Auto ['aʊto] *nt* <-s, -s> oto(mobil); (*fam: Wagen*) araba; **~ fahren** oto(mobil) sürmek [*o* kullanmak]; **mit dem ~ fahren** oto(mobil) ile gitmek; **Autoabgase** *ntpl* egzoz gazları *pl;* **Autoatlas** *m* <-, -atlanten *o* -se> yol haritası

Autobahn *f* otoyol; (*deutsche ~*) otoban; **gebührenpflichtige ~** paralı otoyol [*o* otoban]; **Autobahnauffahrt** *f* otoyol girişi; **Autobahnausfahrt** *f* otoyol çıkışı; **Autobahnbenutzungsgebühr** *f* otoyol ücreti; **Autobahndreieck** *nt* otoyol üçgeni; **Autobahneinfahrt** *f* otoyol girişi; **Autobahngebühr** *f* otoban [*o* otoyol] ücreti; **Autobahnkreuzung** *f* otoban kavşağı; **Autobahnpolizei** *f* otoban polisi; **Autobahnraststätte** *f* otobandaki [*o* otoyoldaki] dinlenme tesisi; **Autobahnzubringer** *m* bağlantı yolu

Autobiografie[RR] [aʊtobiogra'fi:] *f* <-n> otobiyografi, öz yaşam öyküsü

autobiografisch[RR] *adj* otobiyografik

Autobiographie *f* <-n> *s.* **Autobiografie**

autobiographisch *adj s.* **autobiografisch**

Autobombe *f* (*sl*) araba bombası, otoya konan bomba; **Autobus** ['aʊtobʊs] *m* otobüs; **Autocar** ['aʊtoka:ɐ] *m* <-s, -s> (*Schweiz*) otokar

Autodidakt(in) [autodi'dakt] *m(f)* <-en, -en; -nen> otodidakt (kimse), öz öğrenimli (kimse)

autodidaktisch *adj* otodidakt, öz öğrenimli

Autodieb(in) *m(f)* oto(mobil) hırsızı; **Autofähre** *f* (NAUT) araba vapuru, arabalı vapur; **Autofahrer(in)** *m(f)* oto sürücüsü, otomobil şoförü; **Autofahrt** *f* otomobille gitme, otomobil yolculuğu; **Autofriedhof** *m* (*fam*) araba mezarlığı

autogen [aʊto'ge:n] *adj* **1.** (TECH): **~es Schweißen** gaz kaynağı **2.** (MED): **~es Training** kendi kendine stresi giderme idmanı

Autogramm [aʊto'gram] *nt* <-s, -e> otograf; **Autogrammjäger(in)** *m(f)* otograf avcısı

Autokarte *f* yol haritası; **Autokino** *nt* sinemalı otopark; **Autokolonne** *f* otomobil katarı

Autokrat(in) [aʊto'kra:t] *m(f)* <-en, -en; -nen> otokrat

Autokratie [aʊtokra'ti:] *f* <-n> otokrasi

autokratisch *adj* otokrat; **Automarke** *f* otomobil markası

Automat [aʊto'ma:t] *m* <-en, -en> otomat; (*Getränke~, Tabak~*) otomat; (*Geld~*) paramatik; **Automatenrestaurant** *nt* otomat servisli restoran; **Automatenverkauf** *m* otomat servisli satış

Automatik [aʊto'ma:tɪk] *f* <-en> **1.** (AUTO: *~getriebe*) otomatik şanjman [*o* vites kutusu] **2.** (TECH: *System*) otomat; **ein Fotoapparat mit ~** otomatik fotoğraf makinesi; **Automatikgurt** *m* (AUTO) otomatik kemer; **Automatikschaltung** *f* (AUTO) otomatik vites; **Automatikwagen** *m* (AUTO) otomatik vitesli araba

Automation *f* otomasyon

automatisch **I.** *adj* otomatik **II.** *adv* otomatikman, otomatik olarak

automatisieren* *vt* (*automatisch machen*) otomatik olarak yapmak, otomatikleştirmek; (*mit Automaten ausstatten*) otomatlarla donatmak

Automatisierung *f* <-en> otomasyon, otomatikleşme

Automatismus *m* <-, -men> otomatizm

Automobil [aʊtomo'bi:l] *nt* <-s, -e> oto-

A

mobil; **Automobilausstellung** *f* otomobil fuarı; **Automobilbau** *m* otomobil yapımı, otomotiv sanayii; **Automobilbranche** *f* otomotiv sektörü; **Automobilindustrie** *f* otomotiv

autonom [aʊto'noːm] *adj* otonom, özerk

Autonome(r) *mf* <-n, -n; -n> (POL) bağımsız

Autonomie [aʊtono'miː] *f* <-n> otonomi, özerklik; **Autonomieverhandlungen** *fPl* (POL) otonomi görüşmeleri *pl*

Autonummer *f* <-n> plâka numarası

Autopilot *m* <-en, -en> (TECH) oto(matik) pilot

Autopolitur *f* otomobil cilâsı

Autopsie [autɔ'psiː] *f* <-n> (MED) otopsi

Autor(in) ['aʊtoːɐ] *m(f)* <-s, -en; -nen> yazar

Autoradio *nt* otomobil radyosu; **Autoreifen** *m* otomobil lâstiği; **Autoreisezug** *m* araba treni, arabalı tren

Autorenlesung *f* yazar tarafından okuma; **Autorennen** *nt* otomobil yarışı; **Autoreparaturwerkstatt** *f* oto tamirhanesi

autorisieren* *vt* yetkilendirmek (*zu* -e)

autoritär [aʊtori'tɛːɐ] *adj* otoriter, yetkeli

Autorität *f* <-en> otorite, yetke

Autoschalter *m* (*in Bank*) oto servisli bankamatik

Autoschlange *f* otomobil kuyruğu; **Autoschlosser(in)** *m(f)* oto tamircisi; **Autosport** *m* otomobil sporu; **Autostopp** *m ohne Pl* otostop; **per ~ fahren** otostopla gitmek

Autosuggestion [aʊtozʊgɛs'tjoːn] *f ohne Pl* (PSYCH) kendi kendini telkin

Autotelefon *nt* otomobil telefonu; **Autounfall** *m* otomobil kazası; **Autoverkehr** *m* araba trafiği; **Autoverleih** *m* oto kiralama; **Autovermietung** *f* oto kiralama; **Autowerkstatt** *f* oto tamirhanesi; **Autozubehör** *nt* oto aksesuarı

autsch [aʊtʃ] *interj* ah

avancieren* [avã'siːrən] *vi sein* yükselmek (*zu* -e)

Avantgarde [avã'gardə] *f* <-n> avangart

avantgardistisch [avãgar'dɪstɪʃ] *adj* avangart

Aversion [avɛr'zjoːn] *f* <-en> nefret (*gegen* -den), antipati (*gegen* -e (karşı)); **~en hegen** nefret duymak

Aviatik *f ohne Pl* (*Flugwesen*) havacılık

avisieren *vt* bildirmek, haber vermek

Avocado [avo'kaːdo] *f* <-s> avokado

Axiom [aksi'oːm] *nt* <-s, -e> aksiyom, belit

Axt [akst, *Pl:* 'ɛkstə] *f* <Äxte> balta; **die ~ schwingen** baltayı sallamak; **Axthelm** *m* balta sapı

Ayran *m* ayran

Azalee [atsa'leːə] *f* <-n> açalya

Azeton *nt ohne Pl* <-s> (CHEM) aseton

Azetylen <-s> *nt* asetilen

Azoren [a'tsoːrən] *Pl:* **die ~** Azor Adaları *pl*

Azteke, -in [ats'teːkə] *m, f* <-n, -n; -nen> Aztek

Azubi [a'tsuːbi] *mf* <-s, -s; -s> (*fam*) *Abk. von* **Auszubildende(r)** çırak

Azubine *f* <-n> (*fam*) kız çırak

B

B, b [beː] *nt* <-, -> **1.** (*Buchstabe*) B, b; ~ **wie Berta** Bursa'nın be'si; **Vitamin ~ haben** (*fam fig*) torpili olmak **2.** (MUS: *Ton*) si bemol **3.** (MUS: *Erniedrigungszeichen*) bemol

B *f Abk. von* **Bundesstraße** (*in Deutschland*) federal karayolu

Baby ['beːbi, 'bɛɪbi] *nt* <-s, -s> bebek; **ein ~ erwarten** bebek beklemek; **Babyausstattung** *f* kırklık; **Babynahrung** *f* çocuk maması; **Babyschuhe** *mpl* patik

babysitten ['beːbisɪtən] *vi* (*fam*) bebeğe [*o* çocuğa] bakmak

Babysitter(in) *m(f)* <-s, -; -nen> bebek [*o* çocuk] bakıcısı; **Babytragetasche** *f* portbebe

Bach [bax, *Pl:* 'bɛçə] *m* <-(e)s, Bäche> dere, çay

Bache *f* <-, -n> dişi yaban domuzu

Bachstelze *f* <-n> (ZOOL) kuyruksallayan

Backblech *nt* <-(e)s, -e> tepsi

Backbone *m* (INFORM) omurga

Backbord ['bakbɔrt] *nt ohne Pl* <-(e)s> **1.** (NAUT) iskele; **das Ruder nach ~ herumwerfen** alabanda iskele etmek, dümeni sol yana doğru sonuna kadar çevirmek **2.** (AERO) uçağın sol yanı; *s. a.* **Steuerbord**

backbord(s) *adv* (NAUT) geminin sol yanında; (AERO) uçağın sol yanında

Backe ['bakə] *f* <-n> **1.** (*Wange*) yanak; **die ~n aufblasen** avurt şişirmek **2.** (*fam: Hinterbacke*) popo, kıç **3.** (TECH: *eines Schraubstocks*) çene **4.** (AUTO: *Brems~*) pabuç

backen ['bakən] <backt *o* bäckt, backte, gebacken> **I.** *vi* (*gar werden*) (fırında) pişmek; (*in der Pfanne*) kızarmak **II.** *vt* (*Brot, Kuchen*) (fırında) pişirmek; (*in der Pfanne*) kızartmak

Backenbart *m* favori sakal

Backenknochen *m* elmacık kemiği; **Backenzahn** *m* azı dişi

Bäcker(in) ['bɛkɐ] *m(f)* <-s, -; -nen> **1.** (*Person*) fırıncı **2.** (*Geschäft*) fırın

Bäckerei *f* <-en> fırın

Bäckermeister(in) *m(f)* fırıncı ustası

Backfisch *m* **1.** (GASTR) kızartılmış balık, balık kızartması **2.** (*junges Mädchen*) genç kız; **Backform** *f* <-en> pasta kalıbı

Backgammon *nt* tavla

Backgroundmusik *f* fon müziği

Backobst *nt ohne Pl* kuru meyve; **Backofen** *m* fırın

Backpfeife *f* (*reg*) tokat, şamar; **Backpflaume** *f* kuru erik

Backpulver *nt ohne Pl* (GASTR) kabartma tozu

Backslash ['bɛkslɛʃ] *m* <-s, -s> (INFORM) geri eğim işareti, tersine taksim işareti

Backstagebereich *m* kulis, arka sahne (alanı)

Backstein *m* tuğla; **Backstube** *f* fırın, (fırının) hamur odası

bäckt [bɛkt] *3. präs von* **backen**

Backup *m* (INFORM) yedekleme

Backwaren *fPl* hamur işi *sing*

Bad [baːt, *Pl:* 'bɛːdɐ] *nt* <-(e)s, Bäder> **1.** (*in der Wanne*) banyo; **ein ~ nehmen** banyo almak; **das Kind mit dem ~e ausschütten** (*fig*) pire için yorgan yakmak **2.** (*Badewasser*) banyo suyu; **sich ein ~ einlassen** banyoya su doldurmak **3.** (*Badezimmer*) banyo **4.** (*Heil~*) kaplıca, ılıca; (*See~*) plâj; (*Frei~, Hallen~*) yüzme havuzu **5.** (*türkisches ~*) hamam **6.** (CHEM) banyo

Badeanstalt *f* yüzme havuzu; (*obs*) hamam; **Badeanzug** *m* <-(e)s, -züge> mayo, kadın mayosu; **Badehose** *f* erkek mayosu, yüzme şortu; **Badekappe** *f* bone; **Bademantel** *m* bornoz; **Badematte** *f* banyo takımı; **Bademeister(in)** *m(f)* (*Schwimmbad*) havuz sorumlusu; (*Strand*) plâj sorumlusu

baden ['baːdən] **I.** *vi* **1.** (*schwimmen*) yüzmek **2.** (*ein Bad nehmen*) banyo yapmak [*o* almak]; (*im Meer*) denize [*o* suya] girmek; ~ **gehen** yüzmeye gitmek; (*fig*) batmak **II.** *vt* (*waschen*) yıkamak

Baden-Württemberg ['baːdən'vʏrtəmbɛrk] *nt* <-s> Baden-Württemberg

Badeofen *m* boyler; **Badeort** *m* **1.** (*Heilbad*) kaplıca, ılıca **2.** (*Seebad*) plâj; **Badeschuhe** *mPl* tokyolar *pl;* **hast du deine ~ mit?** tokyoların yanında mı?; **Badestrand** *m* plâj; **Badetuch** *nt* <-(e)s, -tücher> banyo havlusu; **Badewanne** *f* <-n> banyo küveti; **Badewasser** *nt ohne Pl* <-s> banyo suyu; **Badezimmer** *nt* banyo

Badminton ['bɛtmɪntən] *nt ohne Pl* <-> (SPORT) badminton

baff [baf] *adj* (*fam*): ~ **sein** apışıp kalmak, şaşakalmak

Bafög ['ba:fø:k], **BAföG** *nt* <-(s)> *Abk. von* **Bundesausbildungsförderungsgesetz** Federal Meslek Eğitim Teşvik Yasası
Bagatelle [baga'tɛlə] *f* <-n> kolay iş
bagatellisieren* *vt* küçümsemek
Bagatellschaden *m* önemsiz zarar; (JUR) cüz'î zarar
Bagdad ['bakdat] *nt* <-s> Bağdat
Bagger ['bagɐ] *m* <-s, -> kazaratar, ekskavatör
Baggersee *m* <-s, -n> gölek
Baguette [ba'gɛt] *nt* <-s, -s> baget, baston francala
Bahamas [ba'ha:mas] *Pl:* **die** ~ Bahama adaları *pl*
Bahn [ba:n] *f* <-en> **1.** (*Weg*) yol; **freie ~ haben** yolu açık olmak; **etw verläuft in gewohnten ~en** bir şey yolunda gitmek; **etw in die richtigen ~en lenken** bir şeyi yoluna koymak; **auf die schiefe ~ geraten** kötü yola düşmek, doğru yoldan ayrılmak; **~ frei!** yol ver(in)! **2.** (*Zug*) tren; (*Eisen~*) demir yolu; (*Straßen~*) tramvay; **mit der ~ fahren** trenle gitmek, tramvayla gitmek **3.** (*aus Stoff*) yol **4.** (SPORT) kulvar; (*Reit~*) parkur; (*Renn~*) pist **5.** (ASTR: *von Planeten*) yörünge **6.** (*einer Rakete*) izlediği yol; **Bahnbeamte(r)** *mf*, **-beamtin** *f* demir yolcu
bahnbrechend *adj* çığır açan, avangart, öncü; **Bahnbrecher** *m* öncü
BahnCard *f yüzde elli indirimli demir yolu abonman kartı*
Bahndamm *m* demir yolu seddi
bahnen ['ba:nən] *vt* (*Weg*) yol açmak; **jdm den Weg ~** (*fig*) birine yol açmak; **einer Sache den Weg ~** bir işin yolunu yapmak
Bahnfahrt *f* <-en> tren yolculuğu; **Bahngleis** *nt* tran rayı
Bahnhof *m* istasyon; **auf dem ~** istasyonda; **ich verstehe nur ~** (*fam*) hiçbir şey anlamamak; **Bahnhofsgaststätte** *f* istasyon lokantası; **Bahnhofshalle** *f* istasyon binasındaki hol [*o* yolcu salonu]; **Bahnhofsvorsteher(in)** *m(f)* istasyon şefi
bahnlagernd *adj* (COM) istasyondan alınmak üzere; **Bahnlinie** *f* demir yolu hattı; **Bahnpolizei** *f ohne Pl* demir yolu zabıtası; **Bahnschranke** *f* <-n> hemzemin geçit bariyeri; **Bahnschwelle** *f* <-n> travers; **Bahnsteig** ['ba:nʃtaɪk] *m* <-(e)s, -e> peron; **Bahntransport** *m* demir yolu ile taşıma; **Bahnunterführung** *f* demir yolu alt geçidi; **Bahnübergang** *m* demir yolu geçidi, hemzemin geçit; **Bahnverbindung** *f* tren bağlantısı; **Bahnwärter(in)** *m(f)* hat bekçisi, demir yolu bekçisi; **Bahnwärterhäuschen** *nt* hat [*o* demir yolu] bekçi(si) külübesi
Bahre ['ba:rə] *f* <-n> **1.** (*Trage*) teskere, sedye **2.** (*für Tote*) katafalk
Bahrain *nt* <-s> Bahreyn
Bahrainer(in) *m(f)* Bahreynli
bahrainisch *adj* Bahreyn (ile ilgili), Bahreynli
Bai [baɪ] *f* <-en> koy, küçük körfez
Baiser [bɛ'ze:] *nt* <-s, -s> (GASTR) beze
Baisse ['bɛ:s(ə)] *f* <-n> (FIN) fiyat düşüklüğü [*o* düşmesi]; **auf ~ spekulieren** fiyat düşüklüğü beklentisiyle vurgunculuk etmek; **Baisser** *m* (FIN) açıkçı
Bajonett [bajo'nɛt] *nt* <-(e)s, -e> süngü, kasatura
Bake *f* <-n> **1.** (*Verkehrs~*) uyarı levhası **2.** (NAUT) şamandıra
Bakterie [bak'te:riə] *f* <-n> (BIOL, MED) bakteri; **bakteriell** *adj* (BIOL, MED) bakteriyel
Bakteriologe, -in [bakterio'lo:gə] *m, f* <-n, -n; -nen> bakteriyolog
Bakteriologie *f ohne Pl* bakteriyoloji; **bakteriologisch** *adj* bakteriolojik
bakterizid *adj* bakterisit
Balalaika *f* balalayka
Balance [ba'lã:s(ə)] *f* <-n> denge, muvazene; **die ~ behalten** (kendini) dengede tutmak; **Balanceakt** *m* cambazlık
balancieren* **I.** *vi sein* denge kurmak, (kendini) dengede tutmak; (*ausgeglichen sein*) dengede olmak; **über etw ~** bir şeyin üzerinden dengesi bozulmadan geçmek **II.** *vt* (*im Gleichgewicht halten*) dengede tutmak
bald [balt] <eher, am ehesten> *adv* **1.** (*in Kürze*) yakında; **möglichst ~, so ~ wie möglich** olabildiğince çabuk, bir an önce, mümkün olduğu kadar kısa zamanda; **~ darauf** kısa bir zaman sonra, çok geçmeden, biraz sonra; **bis ~!** yakında görüşmek üzere!; **er wird ~ kommen** yakında gelecek; **wird's ~?!** (*fam*) daha sürecek mi? – haydi artık! **2.** (*fam: beinahe*) neredeyse, az kaldı, az kalsın; **ich wäre ~ hingefallen** neredeyse [*o* az kalsın] düşecektim **3.** (*einmal*): **~ regnete es, ~ schien die Sonne** bir yağmur yağdı, bir güneş açtı
Baldachin ['baldaxi:n] *m* <-s, -e> **1.** (*Schutzdach*) sayvan; (*Betthimmel*) (karyola) sayvan(ı) **2.** (*bei Prozessionen*) sayvan
baldig ['baldɪç] *adj* çabuk, tez; **baldigst** ['baldɪkst] *adv*, **baldmöglichst** *adv* bir an önce, olabildiği kadar tez, olabildiğince çabuk; (COM) ilk fırsatta, size uygun en yakın zamanda
Baldrian ['baldria:n] *m* <-s, -e> (BOT) kedi otu
Balearen [bale'a:rən] *Pl* (GEO): **die ~** Balear Adaları

Balg[1] [balk, *Pl:* 'bɛlgə] *m* <-(e)s, Bälge> **1.** (*Fell*) post; (*bei Schaf, Ziege*) pösteki **2.** (*Blase~, a.* PHOT) körük

Balg[2] [balk, *Pl:* 'bɛlgɐ] *m o nt* <-(e)s, Bälger> (*fam pej: Kind*) yumurcak, piç kurusu

balgen ['balgən] *vr:* **sich ~** dalaşmak; **die Hunde balgten sich** köpekler dalaştı

Balgerei *f* <-en> dalaş

Balkan ['balka:n] *m* <-s> (GEO): **der ~** Balkanlar *pl;* **auf dem ~** Balkanlarda; **Balkanländer** *ntPl* (GEO) Balkan ülkeleri *pl*

Balken ['balkən] *m* <-s, -> **1.** (*vierkantig gesägtes Bauholz*) mertek; (*Holz~*) (ahşap) kiriş; **lügen, dass sich die ~ biegen** (*fam*) bir ayak üstünde bin yalan söylemek, bir ayak üstünde kırk yalanın belini bükmek **2.** (*Stütz~*) payanda **3.** (SPORT: *Schwebe~*) kalas **4.** (TYPO: *dicker Strich*) kalın çizgi; **Balkendecke** *f* ahşap kirişli tavan; **Balkenkode** *f* çizgi kodu; **Balkenkonstruktion** *f* ahşap iskeletli yapı; **Balkenwaage** *f* (kollu) terazi; **Balkenwerk** *nt* saçaklık

Balkon [bal'kɔŋ, bal'ko:n] *m* <-s, -e *o* -s> **1.** (ARCH) balkon **2.** (THEAT) balkon; **Balkontür** *f* balkon kapısı

Ball [bal, *Pl:* 'bɛlə] *m* <-(e)s, Bälle> **1.** (SPORT) top; **~ spielen** top oynamak; **am ~ bleiben** (SPORT) topu tutmak; (*fam*) peşini [*o* ipin ucunu] bırakmamak **2.** (*Tanzveranstaltung*) balo

Ballade [ba'la:də] *f* <-n> (*a.* LIT) balat

Ballast ['balast, -'-] *m* <-(e)s, -e> **1.** (AVIAT, MAR) safra; **~ abwerfen** safra atmak **2.** (*fig*) yük, ağırlık; **Ballaststoffe** [-'---] *mPl* (MED) kaba madde *sing*

ballen ['balən] **I.** *vt* (*Faust*) sıkmak; **die Faust ~** yumruğunu sıkmak **II.** *vr:* **sich ~ 1.** (*Menschenmenge*) toplaşmak **2.** (*Wolken*) kümeleşmek **3.** (*Verkehr*) sıkışmak

Ballen *m* <-s, -> **1.** (*Stoff~*) top, balya, denk; **in ~ verpackte Ware** (COM) denk yapılmış mal **2.** (ANAT) küre, yuvarlak

Ballerina [balə'ri:na] *f* <Ballerinen> balerin

ballern ['balɐn] **I.** *vi* (*fam: mehrmals schießen*) üstüste ateş etmek **II.** *vt* (*fam*): **jdm eine ~** birine bir tane patlatmak

Ballett [ba'lɛt] *nt* <-(e)s, -e> bale; **Balletttänzer**[RR] *m* balet; **Balletttänzerin**[RR] *f* balerin

Ballführung *f* (SPORT) top sürme

Ballistik *f ohne Pl* balistik

ballistisch *adj* balistik

Balljunge *m* <-n, -n> (SPORT) top toplayıcı, iki buçukluk

Ballkleid *nt* balo elbisesi

Ballon [ba'lɔŋ, ba'lo:n] *m* <-s, -s *o* -e> **1.** (AERO) balon **2.** (*große, bauchige (Korb)flasche*) damacana; (CHEM: *Glaskolben*) balon **3.** (*fam: Kopf*) kafa

Ballsaal *m* balo salonu

Ballspiel *nt* top oyunu

Ballung ['balʊŋ] *f* <-en> yoğunlaşma; **Ballungsgebiet** *nt* yoğun nüfuslu bölge

Ballwechsel *m* (SPORT) paslaşma

Balsam ['balza:m] *m ohne Pl* <-s> **1.** (*Ölmischung*) balsam **2.** (*fig: Linderung*) deva, ilâç; **Balsamapfel** *m* (BOT) kudret narı; **Balsambaum** *m* (BOT) pelesenk ağacı

balsamieren* *vt* balsam sürmek; (*einsalben*) merhem sürmek

balsamisch *adj* balsamlı; **~e Dufte** balsamlı kokular

Balsamtanne *f* (BOT) Kanada köknarı

Balte, -in ['baltə] *m, f* <-n, -n; -nen> Baltık

Baltikum ['baltikʊm] *nt* <-s> Baltık

baltisch *adj* Baltık; **das ~e Meer** Baltık Denizi

Balustrade [balʊs'tra:də] *f* <-n> parmaklık, korkuluk, tırabzan

balzen ['baltsən] *vi* çiftleşmek

Bambus ['bambʊs] *m* <-(ses), -se> bambu, Hint kamışı; **Bambusrohr** *nt* <-(e)s, -e> bambu kamışı; **Bambussprossen** *fPl* (GASTR) Hint kamışı filizleri [*o* sürgünleri] *pl*

Bammel ['baməl] *m ohne Pl* <-s> (*fam*): **~ vor etw haben** bir şeyden korkmak

banal [ba'na:l] *adj* banal

Banalität [banali'tɛ:t] *f* <-en> banallık

Banane [ba'na:nə] *f* <-, -n> muz; **Bananenrepublik** *f* (*pej*) muz cumhuriyeti; **Bananenschale** *f* muz kabuğu; **Bananenstecker** *m* (ELEK) priz fişi

Banause [ba'naʊzə] *m* <-n, -n> (*pej*) kültürsüz, cahil

band [bant] *3. imp von* **binden**

Band[1] [bɛnt] *f* <-s> (*Musikgruppe*) orkestra; (*in Kennerkreisen*) grup; (*für Jazz*) cazbant

Band[2] [bant, *Pl:* 'bɛndə] *m* <-(e)s, Bände> (*Buch*) cilt; **dein Gesicht spricht Bände** (*fam*) durum yüzünden okunuyor

Band[3] [bant, *Pl:* 'bɛndɐ] *nt* <-(e)s, Bänder> **1.** (*Stoff~*) şerit, kurdele; (*Auszeichnung*) kordon **2.** (*Fließ~*) bant, montaj hattı; **am ~ arbeiten** bantta çalışmak; **am laufenden ~** (*fam: ohne Unterbrechung*) aralıksız, ara vermeden **3.** (TECH: *Ton~*) bant; (*Farb~*) şerit; (*Maß~*) mezura, şerit metre; (*Klebe~*) teyp; (*Magnet~*) bant, şerit; **etw auf ~ aufnehmen** bir şeyi banda almak; **etw auf ~ sprechen** bir şeyi konuşarak banda almak **4.** (MED: *am Gelenk*) bağ; (ANAT: *Stimm~*) kiriş, tel **5.** (*Frequenzbereich*) dalga kuşağı

Bandage [ban'da:ʒə] *f* <-n> bandaj, sargı

bandagieren* [banda'ʒi:rən] *vt* bandajlamak, sargı ile sarmak
Bandaufnahme *f* kayıt, banda alma; **Bandbreite** *f* **1.** (RADIO) dalga kuşağı **2.** (*fig: Vielfalt*) çeşitler *pl*
Bande[1] ['bandə] *f* <-n> (SPORT: *am Billardtisch*) bant
Bande[2] ['bandə] *f* <-n> **1.** (*Verbrecher~*) çete; (*Diebes~*) şebeke **2.** (*pej: Gruppe*) güruh, sürü
Banderole [bandə'ro:lə] *f* <-n> bandrol
Bänderriss[RR] ['bɛndɐrɪs] *m* (MED) bağ kopması [*o* yırtılması]
bändigen ['bɛndɪgən] *vt* **1.** terbiye etmek **2.** (*zum Gehorsam bringen*) itaat ettirmek, söz dinletmek (-e) **3.** (*beruhigen*) sakinleştirmek; (*Wut*) yenmek
Bandit(in) [ban'di:t] *m(f)* <-en, -en; -nen> haydut, eşkıya, şaki
Bandlaufwerk *nt* (INFORM) bant sürücü
Bandmaß *nt* <-es, -e> şerit metre, mezura; **Bandnudel** *f* şerit makarna
Bandsäge *f* şerit testere
Bandscheibe *f* (ANAT) disk; (*Zwischenwirbelscheibe*) omurlar arası disk; **Bandscheibenentzündung** *f* (MED) (omurlar arası) disk iltihabı; **Bandscheibenschaden** *m* (MED) (omurlar arası) disk lezyonu; **Bandscheibenvorfall** *m* (MED) (omurlar arası) disk kayması, bel fıtığı
Bandwurm *m* şerit, tenya
bang(e) [baŋ(ə)] *adj* (*reg*) korkak, endişeli; **es ist mir ~ (zumute)** korkuyorum, endişeliyim; **sei nicht ~!** endişelenme!, korkma!; **jdm ~ machen** birini korkutmak; **eine ~ Ahnung** kötü bir his
Bange *f ohne Pl* (*reg*) korkma (*vor* -den), korku (*vor* -den), çekinme (*vor* -den); **nur keine ~!** hiç korkma!, hiç çekinme!; **jdm ~ machen** birini korkutmak
bangen ['baŋən] **I.** *vi* (*geh*) **1.** (*Angst haben*) korkmak (*vor* -den), çekinmek (*vor* -den) **2.** (*sich sorgen*) endişelenmek (*um* -e) **II.** *vt* (*geh*) endişelendirmek **III.** *vunpers:* **mir bangt davor** ondan korkuyorum
Banjo [banjo, 'bɛndʒo] *nt* <-s, -s> (MUS) banço
Bank[1] [baŋk, *Pl:* 'bɛŋkə] *f* <Bänke> **1.** (*Sitz~*) bank; (SPORT) sıra **2.** (*Schul~*) sıra; **durch die ~** (*fam: ohne Ausnahme*) istisnasız, ayırım gözetmeksizin; **etw auf die lange ~ schieben** bir işi rafa kaldırmak **3.** (*Dreh~, Hobel~*) tezgâh **4.** (*Untiefe*) sığlık; (*Sand~*) kumla; (*Austern~*) yatak
Bank[2] [baŋk, *Pl:* 'baŋkən] *f* <-en> **1.** (*Kreditinstitut*) banka; **ein Konto bei einer ~ eröffnen** bir bankada bir hesap açmak **2.** (*beim Spiel*) kasa; **wer hat die ~?** kasa kim?
Bankangestellte(r) *mf* banka memuru; **Bankanweisung** *f* banka havalesi; **Bankautomat** *m* bankamatik; **Bankdirektor(in)** *m(f)* banka müdürü
Bankenkonsortium <-s, -konsortien> *nt* (COM) bankalar konsorsiyumu
Banker ['bɛŋkɐ] *m* <-s, -; -nen> (WIRTSCH) **1.** (*fam: Bankkaufmann*) bankacı **2.** (*Bankier*) banker
Bankett [baŋ'kɛt] *nt* <-(e)s, -e> şölen, ziyafet
Bankette *f* banket
Bankgeheimnis *nt* banka(cılık) sırrı, banka işlemlerine ait sır; **Bankgeschäft** *nt* <-(e)s, -e> banka işlemi; **Bankguthaben** *nt* bankadaki mevduat
Bankier [baŋ'kje:] *m* <-s, -s> banker
Bankkauffrau *f* kadın bankacı; **Bankkaufmann** *m* bankacı; **Bankkonto** *nt* banka hesabı; **Bankkredit** *m* banka kredisi; **Bankleitzahl** *f* banka kod numarası; **Banknote** *f* <-n> banknot; **Bankraub** *m* <-(e)s, -e> banka soygunu; **Bankräuber(in)** *m(f)* banka soyguncusu
bankrott [baŋk'rɔt] *adj* batkın, batmış, iflâs etmiş
Bankrott *m* <-(e)s, -e> iflâs; **~ machen** iflâs etmek
Bankschließfach *nt* kiralık kasa; **Banküberfall** *m* banka soygunu; **Banküberweisung** *f* banka transferi; **Bankverbindung** *f* banka bağlantısı; **Bankwesen** *nt ohne Pl* <-s> (WIRTSCH) bankacılık
Bann [ban] *m* <-(e)s, -e> **1.** (REL: *aus der kirchlichen Gemeinschaft*) aforoz; (*aus der islamischen Gemeinschaft*) lânetleme **2.** (*fig: Zauber*) büyü; **er ist ganz in ihrem ~** onun tamamıyla büyüsü altında; **jdn in seinen ~ ziehen** birini büyülemek [*o* esir etmek]; **in jds ~ geraten** birinin büyüsüne kapılmak [*o* tutulmak]; **Bannbruch** *m* (JUR) gümrükten mal kaçırma
bannen ['banən] *vt* **1.** (*Geister*) kovmak, defetmek; (*Gefahr*) atlatmak **2.** (*Zuschauer*) büyülemek **3.** (*festhalten*) tutmak (*auf* -de); **wie gebannt zuhören** kulak kesilmek **4.** (*den Bann aussprechen*) aforoz etmek; (*Islam*) lânetlemek, dinden kovmak
Banner ['banɐ] *nt* <-s, -> sancak
Bannwald *m* (*österr*) muhafaza ormanı
Bannwart *m* (*Schweiz*) korucu
Bantamgewicht *nt ohne Pl* (SPORT) horoz ağırlık
bar [ba:ɐ] *adj* **1.** (FIN) nakdî, nakit; **etw in ~ bezahlen** bir şeyi nakden [*o* para olarak] ödemek, bir şeyi peşin (para ile) ödemek; **~ auf die Hand** nakden ve peşin olarak; **etw für ~e Münze halten** bir şeye inanmak **2.** (*bloß*) yalın, çıplak **3.** (*völlig*) tam, sırf;

das ist ~er Unsinn bu tam saçmalık **4.** (*ohne*) -sız/-siz/-suz/-süz, yoksun

Bar[1] [baːɐ] *f* <-s> **1.** (*Lokal*) bar; (*Nachtlokal*) gece kulübü, pavyon **2.** (*Theke*) bar

Bar[2] *nt* <-s, -s> (PHYS) bar

Bär(in)[1] [bɛːɐ] *m(f)* <-en, -en; -nen> ayı; **der Große/Kleine ~** (ASTR) Büyükayı/Küçükayı; **jdm einen ~en aufbinden** (*fig fam*) birini kafa kola almak, birine numara yapmak; **das Fell des ~en verkaufen, ehe man ihn hat** (*fig*) ayıyı vurmadan postunu satmak

Bär[2] [bɛːɐ] *m* <-s, -en> (TECH: *Rammhammer*) şahmerdan

Baracke [baˈrakə] *f* <-n> baraka

Barbar(in) [barˈbaːɐ] *m(f)* <-en, -en; -nen> barbar

Barbarei [barbaˈraɪ] *f* <-en> barbarlık; **barbarisch** *adj* barbar, barbarca

Barbe [ˈbarbə] *f* <-n> (ZOOL) bıyıklı balık

Barbestand *m* (FIN) nakit mevcudu

Barbier [barˈbiːɐ] *m* <-s, -e> berber

Barbiturat *nt* <-s, -e> (PHARM) barbitürat

Bardame *f* <-n> bar tezgâhtarı bayan, barda servis yapan bayan

Barde *m* <-n, -n> (*Sänger*) muganni; (*Dichter*) ozan

Bärendreck *m* (*Schweiz: Lakritze*) meyan balı; **Bärenfang** *m* bal likörü; **Bärenklau** *f* (BOT) ayı pençesi

bärenstark [ˈ--ˈ-] *adj* (*fam*) çok kuvvetli

Barett [baˈrɛt] *nt* <-(e)s, -e *o* -s> baret; (*Geistlicher*) baret; (*Richter, Professor*) barata

barfuß *adj* yalın ayak

barg [bark] *3. imp von* **bergen**

Bargeld *nt* nakit (para)

bargeldlos *adj* nakit olmayan; **~er Zahlungsverkehr** nakit olmayan transferler

Barhocker *m* <-s, -> tabure

Bärin *f* dişi ayı

Bariton [ˈbaːritɔn, *Pl:* ˈbaːritoːnə] *m* <-s, -e> (MUS) bariton

Barium [ˈbaːriʊm] *nt ohne Pl* <-s> (CHEM) baryum

Barkasse [barˈkasə] *f* <-n> (NAUT) şalupa; (*größtes Beiboot von Kriegsschiffen*) işkampaviye

Barkauf *m* <-(e)s, -käufe> peşin alım

Barke [ˈbarkə] *f* <-n> **1.** (NAUT) barka **2.** (*poet*) sandal

Barkeeper [ˈbaːɐkiːpɐ] *m* <-s, -> barmen

barmherzig [barmˈhɛrtsɪç] *adj* merhametli, sevecen, şefkatli; **der ~e Samariter** şefkatli [*o* hastalara yardım eden] kimse

Barmherzigkeit *f ohne Pl* merhamet, sevecenlik, şefkat

Barmixer *m* kokteyl yapan barmen

barock *adj* **1.** (ARCH) barok **2.** (*fig: verschnörkelt*) cafcaflı

Barock [baˈrɔk] *m o nt ohne Pl* <-s> barok; **das Zeitalter/die Kirchen/die Musik/die Sprache des ~s** barok çağı/kiliseleri/müziği/dili; **Barockmusik** *f* barok müzik; **Barockstil** *m ohne Pl* <-s> barok üslûbu

Barometer [baroˈmeːtɐ] *nt* <-s, -> barometre, basınçölçer

Baron(in) [baˈroːn] *m(f)* <-s, -e; -nen> baron; (*Baronin*) barones

Barrel *nt* varil

Barren [ˈbarən] *m* <-s, -> **1.** (*Edelmetall~*) külçe **2.** (SPORT: *zum Turnen*) barparalel

Barriere [baˈrjeːrə] *f* <-n> **1.** (*Hindernis*) bariyer **2.** (*Schweiz: Bahnschranke*) bariyer

Barrikade [bariˈkaːdə] *f* <-n> barikat; **~n bauen** barikat kurmak; **für etw auf die ~n gehen** (*fig*) bir şey için ayaklanmak [*o* isyan etmek]

barsch [barʃ] *adj* kaba, sert, haşin; **jdn ~ anfahren** birine sert bir şekilde çıkışmak

Barsch [barʃ] *m* <-(e)s, -e> (ZOOL, GASTR) levrek

Barscheck *m* <-s, -s> para çeki

Barsortiment *nt* (COM) kitap toptancılığı [*o* toptancısı]

barst [barst] *3. imp von* **bersten**

Bart[1] [baːɐt, *Pl:* ˈbɛrtə] *m* <-(e)s, Bärte> **1.** (*bei Männern*) sakal; **sich einen ~ wachsen lassen** sakal bırakmak [*o* uzatmak]; **etw in den ~ murmeln** (*fam*) mırıldanmak; **der ~ ist ab!** (*fam*) dananın kuyruğu koptu!; (*nun ist es aber genug*) artık yeter!; **jdm um den ~ gehen** (*fig*) birinin sakalına göre tarak vurmak; **das hat so einen ~!** bunu duymayan kalmadı!, bunu Mısır'daki sağır sultan bile duydu! **2.** (*Katze, Robbe*) bıyık

Bart[2] [baːɐt, *Pl:* ˈbɛrtə] *m* <-(e)s, Bärte> (*Schlüssel~*) dil

Bartel *f* (ZOOL: *bei Fischen*) bıyık

Bartflechte *f* **1.** (MED) saçkıran **2.** (*Pflanze*) sakallı liken; **Bartgeier** *m* (ZOOL) sakallı kartal; (*Lämmergeier*) kuzu kartalı

bärtig [ˈbɛrtɪç, ˈbɛːɐtɪç] *adj* sakallı

bartlos *adj* köse

Bartnelke *f* (BOT) hüsnüyusuf

Barysphäre *f ohne Pl* (GEO) barisfer, ağır küre

Baryt *m* <-(e)s, -e> (CHEM) barit

Barzahlung *f* peşin [*o* nakden] ödeme

Basalt *m* <-(e)s, -e> bazalt

Basar [baˈzaːɐ] *m* <-s, -e> pazar, çarşı

Base [ˈbaːzə] *f* <-n> **1.** (*südd: Cousine*) kuzin **2.** (*Schweiz, österr: Vatersschwester, Tante*) hala **3.** (CHEM) baz

Baseball[1] *m ohne Pl* <-s> (SPORT: *Spiel*) beysbol; **~ spielen** beysbol oynamak

Baseball[2] *m* <-s, -s> (SPORT: *Ball*) beysbol topu

Basel ['ba:zəl] *nt* <-s> Basel

Bas(e)ler(in) *m(f)* <-s, -; -nen> Baselli

Basen *Pl von* **Base, Basis**

basieren* [ba'zi:rən] *vi* dayanmak (*auf*-e), istinat etmek (*auf*-e)

Basilika [ba'zi:lika, *Pl:* ba'zi:likən] *f* <Basiliken> bazilika

Basilikum [ba'zi:likʊm] *nt ohne Pl* <-s> (*Gewürzkraut*) fesleğen

Basis ['ba:zɪs] *f* <Basen> **1.** (*Grundlage*) temel, esas, baz, zemin **2.** (ARCH, POL, MATH) taban **3.** (MIL) üs

basisch *adj* (CHEM) bazik

Basiswissen *nt ohne Pl* <-s> temel bilgiler *pl*

Baske, -in ['baskə] *m, f* <-n, -n; -nen> Bask; **Baskenland** *nt* <-(e)s> Bask ülkesi; **Baskenmütze** *f* bere

baskisch *adj* Bask (ile ilgili); (*Sprache*) Baskça

Basketball[1] ['ba:skətbal] *m ohne Pl* <-(e)s> (*Sportart*) basketbol

Basketball[2] *m* <-(e)s, -bälle> (*Ball*) basketbol topu

Basler(in) ['ba:zlɐ] *m(f)* <-s, -; -nen> *s.* **Bas(e)ler**

Bass[RR] [bas, *Pl:* 'bɛsə] *m* <-es, Bässe>, **Baß** *m* <-sses, Bässe> **1.** (*Stimmlage*) bas(so); (*Sänger*) bas **2.** (*Instrument*) bas(so); (*elektrisch verstärkt*) elektrobas

Bassgeige[RR] *f* kontrbas; **Bassgitarre**[RR] *f* basgitar

Bassin [ba'sɛ̃:] *nt* <-s, -s> havuz

Bassist(in) [ba'sɪst] *m(f)* <-en, -en; -nen> **1.** (*Sänger*) bas **2.** (*Bassspieler*) bas (çalgıcısı); (*elektrisch verstärkt*) elektrobas

Bassschlüssel[RR] *m* (MUS) fa anahtarı

Bast [bast] *m* <-(e)s, -e> **1.** (*Faserstoff*) rafya **2.** (*am Hirschgeweih*) kadifemsi deri

basta ['basta] *interj:* **und damit ~!** yeter artık!, işte bu kadar!

Bastard ['bastart] *m* <-(e)s, -e> piç; (BIOL) melez

Bastei *f* (HIST) burç

basteln ['bastəln] *vi:* **ich bastle gern** kendi ellerimle iş yapmayı severim; **an etw ~** (*arbeiten*) bir şey üzerinde çalışmak; **an etw (herum) ~** bir şeyle boşuna uğraşmak

Bastion [bas'tjo:n] *f* <-en> burç

Bastler(in) ['bastlɐ] *m(f)* <-s, -; -nen> amatör usta, *amatör olarak el işleri yapan kimse*

Bastonade *f* falaka

bat [ba:t] *3. imp von* **bitten**

Bataillon [batal'jo:n] *nt* <-s, -e> (MIL) tabur

Batik ['ba:tɪk] *f* <-en> **1.** (*Verfahren*) batik **2.** *ohne Pl* (*Stoff*) batik

Batist [ba'tɪst] *m* <-(e)s, -e> patiska

Batterie [batə'ri:] *f* <-n> **1.** (*Stromspeicher*) pil; (*Akkumulatoren~*) akü **2.** (AUTO, MIL) batarya; **Batteriebetrieb** *m* pille [*o* akü ile] çalışma; **batteriebetrieben** *adj* pilli, pille [*o* akü ile] çalışan; **ein ~es Radiogerät** pilli radyo; **Batterieladegerät** *nt* pil [*o* akü] şarj aygıtı

Batzen *m:* **das wird einen schönen ~ Geld kosten** bu büyük paraya mal olacak

Bau[1] [baʊ] *m ohne Pl* <-(e)s> **1.** (*das Bauen*) yapım, inşa(at); **sich im ~ befinden** inşa halinde bulunmak, yapılmakta olmak **2.** (*fam: Baustelle*) şantiye, inşaat; **auf dem ~ arbeiten** şantiyede [*o* inşaatta] çalışmak **3.** (*sl: Gefängnis*) kodes **4.** (*Konstitution*) yapı

Bau[2] *m* <-(e)s, Bauten> (*Gebäude*) bina, yapı

Bau[3] *m* <-(e)s, -e> (*Erdhöhle*) in; (*Kaninchen~*) yuva; **Bauamt** *nt* inşaat dairesi; **Bauarbeiten** *fPl* inşaat, yapı işleri *pl;* **Bauarbeiter(in)** *m(f)* ırgat, yapı işçisi; **Bauart** *f* **1.** (ARCH) üslûp **2.** (TECH) yapı; (*Type*) model; **Baubeginn** *m* inşaata başlama

Bauch [baʊx, *Pl:* 'bɔɪçə] *m* <-(e)s, Bäuche> **1.** (*bei Mensch, Tier*) karın; (*Fett~*) göbek; **mein Vater hat einen ~ bekommen** babam göbeklendi; **mir tut der ~ weh** karnım ağrıyor; **sich** *dat* **den ~ mit etw voll schlagen** (*fam*) bir şeyle karnını tıka basa doyurmak; **aus dem hohlen ~** (*fam fig*) doğaçtan, içine doğduğu gibi; **auf dem ~ liegen** yüzükoyun yatmak; **mit etw auf den ~ landen** bir şeyde başarısızlığa [*o* hezimete] uğramak **2.** (*bei Flasche, Vase*) karın; (*bei Schiff, Flugzeug*) karın

Bauchfell *nt* (ANAT) karın zarı; **Bauchfellentzündung** *f* (MED) karın zarı iltihabı [*o* yangısı], peritonit; **Bauchflosse** *f* (ZOOL) karın yüzgeci; **bauchfrei** *adj* göbeği açık

Bauchfüß(l)er *mPl* (ZOOL) karından ayaklılar *pl,* karından bacaklılar *pl*

Bauchhöhle *f* <-n> (ANAT) karın boşluğu; **Bauchhöhlenschwangerschaft** *f* (MED) dış gebelik

bauchig ['baʊxɪç] *adj* göbekli; (*Gefäß*) karınlı; **~e Flasche** karınlı şişe; **Bauchlandung** *f* (AERO) karın üstü iniş; **Bauchnabel** *m* <-s, -> göbek; **Bauchredner(in)** *m(f)* vantrilok, karnından konuşan kimse; **Bauchschmerzen** *mPl* karın ağrısı *sing;* **ich habe ~** karnım ağrıyor; **Bauchspeicheldrüse** *f* <-n> (ANAT) pankreas bezi; **Bauchtanz** *m* göbek dansı; **Bauchtänzerin** *f* <-nen> göbek dansözü; **Bauchweh** *nt ohne Pl* <-s> (*fam*) karın ağrısı

Baudenkmal *nt* mimarî anıt

Bauelement *nt* **1.** (ARCH) yapı bileşeni [*o* öğesi] **2.** (TECH) yapı elemanı

bauen ['baʊən] **I.** *vt* **1.** (*errichten*) kurmak, tesis etmek; (*Gebäude*) yapmak, inşa etmek; (*Nest*) kurmak; **hier wird viel gebaut** burada çok inşaat var **2.** (*fam: verursachen*) sebep olmak; (*Unfall*) yapmak; **da hast du Mist gebaut** (*fam*) işi bok ettin **II.** *vi* **1.** (*vertrauen*) güvenmek (*auf* -e) **2.** (*sich verlassen*) bel bağlamak (*auf*-e)

Bauer[1] ['baʊɐ] *m*, **Bäuerin** *f* <-n *o* -s, -; -nen> **1.** (*Landwirt*) çiftçi; (*Landarbeiter*) rençper **2.** (*pej: ungebildeter Mensch*) köylü **3.** (*Schachfigur*) piyon, paytak **4.** (*Spielkarte*) bacak, vale

Bauer[2] *m o nt* <-s, -> (*Vogelkäfig*) kuş kafesi

Bäuerchen ['bɔɪɐçən] *nt* <-s, -> (*fam: Luftaufstoßen*) geğirme; **ein ~ machen** geğirmek

Bäuerin ['bɔɪərɪn] *f* <-nen> *s.* **Bauer**[1]

bäuerlich *adj* köy, köylü; (*pej*) kaba

Bauernaufstand *m* köylülerin isyanı; **Bauernbub** *m* (*österr*) köy(lü) çocuğu

Bauernfänger(in) *m(f)* <-s, -; -nen> (*pej*) dubaracı, mantarcı

Bauernhaus *nt* köy evi; **Bauernhof** *m* çiftlik; **bauernschlau** *adj* (*pej*) çarıklı erkânıharp gibi; **Bauernschläue** *f ohne Pl* (*pej*) çarıklı erkânıharp; **Bauernverband** *m* çiftçiler birliği; **Bauernverstand** *m* köylü kafası

baufällig *adj* viran, yıkılmaya yüz tutmuş

Baufirma *f* inşaat firması, inşaat şirketi; **Bauführer** *m* şantiye şefi; **Baugelände** *nt* <-s, -> inşaat alanı; (*Bauland*) arsa; **Baugenehmigung** *f* inşaat izni [*o* ruhsatı]; **Baugenossenschaft** *f* yapı kooperatifi; **Baugerüst** *nt* yapı iskelesi; **Baugesellschaft** *f* <-en> inşaat şirketi; **Baugewerbe** *nt ohne Pl* <-s> inşaatçılık; **Baugrube** *f* inşaat çukuru; **Baugrundstück** *nt* arsa; **Bauherr(in)** *m(f)* <-(e)n, -(e)n; -nen> yapı [*o* inşaat] sahibi; **Bauholz** *nt* <-es, -hölzer> inşaat kerestesi; **Bauingenieur(in)** *m(f)* inşaat mühendisi; **Baujahr** *nt* **1.** (*von Gebäuden*) (binanın) yapım yılı **2.** (*von Fahrzeugen*) model; **Baukasten** *m* inşaat kutusu; **Baukastensystem** *nt* modüler sistem; **Bauklotz** *m* yapı taşı; **Bauklötze staunen** (*fam*) şaşakalmak; **Baukonjunktur** *f* inşaat konjonktürü; **Baukosten** *pl* inşaat masrafları [*o* maliyeti]; **Bauland** *nt ohne Pl* <-(e)s> arsa; **Bauleiter(in)** *m(f)* <-s, -; -nen> şantiye şefi; **Bauleitung** *f* **1.** şantiye şefliği **2.** (*Büro*) şantiye binası

baulich *adj* yapısal; **in gutem ~en Zustand** yapısal olarak [*o* bakımdan] iyi durumda; **~e Veränderungen vornehmen** yapıda değişiklikler [*o* tadilât] yapmak

Baum [baʊm, *Pl:* 'bɔɪmə] *m* <-(e)s, Bäume> **1.** (BOT) ağaç; **auf dem ~** ağaçta; **auf einen ~ steigen** bir ağaca tırmanmak; **stark wie ein ~** (*fam fig*) çok kuvvetli; **Bäume ausreißen können** (*fam fig*) tuttuğunu koparabilmek **2.** (INFORM: *Struktur*) ağaç **3.** (NAUT: *Mast*) direk

Baumarkt *m* yapı malzemesi marketi; **Baumaterial** *nt* <-s, -ien> yapı malzemesi

Baumbestand *m* <-(e)s, -stände> ağaç mevcudu

Baumblüte *f* ağaçların çiçeklenmesi

Baumeister(in) *m(f)* (*Erbauer*) yapıcı; (*Beruf*) yapı ustası

baumeln ['baʊməln] *vi* (*fam*) sallanmak

Baumfalle *f* üstü dal ve yapraklarla örtülü tuzak

Baumgrenze *f* ağaç sınırı; **Baumharz** *nt* ağaç sakızı, reçine; **Baumkrone** *f* ağaç tepesi; **Baumlaus** *f* (ZOOL) ağaç biti; **baumlos** *adj* ağaçsız; **Baummarder** *m* (ZOOL) ağaç sansarı; **Baumnuss** *f* (*Schweiz: Walnuss*) ceviz; **Baumrinde** *f* ağaç kabuğu; **Baumschule** *f* <-n> (*gärtnerische Anlage*) fidanlık, dikmelik; (*forstwirtschaftliche Anlage*) orman dikmeliği; **Baumschwamm** *m* ağaç mantarı; **Baumstamm** *m* <-(e)s, -stämme> ağaç gövdesi; **Baumsterben** *nt ohne Pl* <-s> (*Umwelt*) ağaçların ölmesi; **Baumstruktur** *f* (INFORM) ağaç yapısı; **Baumstumpf** *m* çotuk; (*Ballen*) çotuk; **Baumwipfel** *m* ağaç tepesi

Baumwolle *f ohne Pl* pamuk; **baumwollen** *adj* pamuklu; **Baumwollzwirn** *m* <-(e)s, -e> pamuk ipliği, tire

Baumzucht *f ohne Pl* (AGR) ağaççılık

Bauordnung *f* <-en> (ADMIN) inşaat yönetmeliği; **Bauplan** *m* **1.** (*Entwurf*) yapı plânı **2.** (*Bauvorhaben*) inşaat [*o* yapı] projesi; **Bauplanung** *f* proje plânlama; **Bauplatz** *m* <-es, -plätze> şantiye, inşaat yeri; **Bauruine** *f* (*fam*) harabe

Bausch [baʊʃ] *m* <-(e)s, -e *o* Bäusche> topak, yumak; **in ~ und Bogen** toptan; **etw in ~ und Bogen verurteilen** bir şeye peşin hüküm vermek

bauschen **I.** *vr* şişmek **II.** *vt:* **der Wind bauscht die Segel** rüzgâr yelkenleri şişiriyor

bauschig *adj* **1.** (*weich, füllig*) şişko, toplu, dolgun **2.** (*weit, gewölbt*) şiş(kin), kabarık

Bauschlosser *m* çilingir

Bauschutt *m ohne Pl* <-(e)s> moloz, yapı döküntüsü

bausparen *vi* konut yapımı için tasarruf etmek

Bausparkasse *f* yapı tasarruf sandığı

Bausparvertrag *m* yapı tasarrufu sözleşmesi

Baustein *m* **1.** (ARCH) yapı taşı **2.** (*Bestandteil*) parça; **elektronischer ~** (INFORM) çip; **Baustelle** *f* şantiye; (*Straßen~*) yol yapımı, inşaat yeri; **Betreten der ~ verboten!** şantiyeye girmek yasaktır!; **Baustil** *m* (ARCH) mimarlık üslûbu, yapı üslûbu; **Baustoff** *m* <-(e)s, -e> yapı malzemesi; **Bauteil** *nt* <-(e)s, -e> (*Teil zum Bauen*) yapı bileşeni; (*Teil einer Maschine*) prefabrike parça

Bauten ['baʊtən] *Pl von* **Bau**[2]

Bauunternehmen *nt* inşaat şirketi; **Bauunternehmer(in)** *m(f)* yapı [*o* inşaat] müteahhidi; **Bauvorhaben** *nt* inşaat projesi, yapı projesi; **Bauweise** *f* yapı tarzı; (*Stil*) üslûp; **Bauwerk** *nt* yapı; **Bauwirtschaft** *f* inşaat sanayii

Bauxit [baʊ'ksiːt] *m* <-s, -e> boksit, korindon

Bauzaun *m* tahta perde

Bayer(in) ['baɪɐ] *m(f)* <-n, -n; -nen> Bavyeralı; **bay(e)risch** ['baɪ(ə)rɪʃ] *adj* Bavyera (ile ilgili), Bavyera(lı)

Bayern ['baɪɐn] *nt* <-s> Bavyera

Bazillus [ba'tsɪlʊs] *m* <-, Bazillen> basil

Bd. *Abk. von* **Band** bant, cilt

B-Dur *nt ohne Pl* <-s> (MUS) si majör

beabsichtigen* *vt* tasarlamak, niyeti olmak (-e); **das war nicht so beabsichtigt!** bu böyle tasarlanmamıştı!, maksat bu değildi!

beachten* *vt* **1.** (*Aufmerksamkeit schenken*) dikkat etmek (-e); **nicht ~** dikkat etmemek **2.** (*berücksichtigen*) dikkate almak, göz önünde bulundurmak, itibar etmek (-e) **3.** (*befolgen*) uymak (-e), riayet etmek (-e), saygı göstermek (-e); **jds Ratschlag ~** birinin öğüdüne uymak; **beachtenswert** *adj* dikkate değer

beachtlich *adj* **1.** (*beträchtlich*) hatırı sayılır; (*ziemlich groß*) oldukça büyük **2.** (*wichtig*) önemli

Beachtung *f ohne Pl* dikkate al(ın)ma; (*der Gesetze*) uyma, riayet; **die ~ der Verkehrsregeln** trafik kurallarına uyma [*o* riayet]; **~ finden** itibar görmek, dikkate alınmak; **jdm (keine) ~ schenken** birini dikkate al(ma)mak, birine itibar et(me)mek

Beamte(r) *mf* <-n, -n; -n>, **-beamtin** *f* <-nen> memur; (*Staats~*) devlet memuru; **Beamtenanwärter(in)** *m(f)* memur adayı; **Beamtenbeleidigung** *f* memura hakaret; **Beamtendeutsch** *nt* bürokrasi Almancası; **Beamtenlaufbahn** *f* (ADMIN) memurluk; **die ~ einschlagen** memurluğa girmek

Beamtentum *nt ohne Pl* <-s> memurluk, memuriyet; **beamtet** *adj* memurluğa alınmış [*o* atanmış]

beängstigen* [bə'ʔɛŋstɪgən] *vt* korkutmak, endişe vermek (-e)

beängstigend *adj* korkutucu, endişe verici

beanspruchen* [bə'ʔanʃprʊxən] *vt* **1.** (*fordern*) istemek, talep etmek **2.** (*Zeit*) almak; (*Platz*) sahip çıkmak (-e) **3.** (*Hilfe*) gereksemek, ihtiyacı olmak (-e); **jds Hilfe ~** birinin yardımına ihtiyacı olmak **4.** (*Geduld*) tüketmek; (*Maschine*) aşındırmak; (*Person*) uğraştırmak, meşgul etmek; **ich bin zur Zeit sehr beansprucht** şu anda çok meşgulüm [*o* işim var]

Beanspruchung *f* <-en> **1.** (*das Inanspruchnehmen*) isteme, talep etme; (*Benutzung*) kullanma **2.** (*eines Menschen*) uğraştırma, meşgul etme **3.** (*Abnutzung*) aşın(dır)ma; (*Belastung*) yük

beanstanden* *vt* **1.** (*Einspruch erheben*) itiraz etmek (-e); (*reklamieren*) kusurlu olduğunu bildirmek (-in) **2.** (*rügen*) kınamak

Beanstandung *f* <-en> **1.** (*Einspruch*) itiraz **2.** (*Rüge*) kınama

beantragen* *vt* **1.** (*Erlaubnis*) başvurmak (için), dilekçe vermek (için) **2.** (*fordern*) istemek, talep etmek **3.** (*vorschlagen*) önermek

beantworten* [bə'ʔantvɔrtən] *vt* cevaplandırmak, yanıtlamak; (*Brief*) cevaplandırmak, cevap vermek (-e); **leicht zu ~** kolay yanıtlanabilir, cevabı kolay

bearbeiten* *vt* **1.** (*arbeiten an*) üzerinde çalışmak (-in), işlemek **2.** (*sich befassen mit*) ilgilenmek (ile); (*Fall, Antrag*) işlemini yapmak (-in) **3.** (*Buch*) gözden geçirerek düzeltmek; (*Thema, Rohstoffe*) işlemek; (*Musikstück*) aranje etmek **4.** (*Land*) sürüp ekmek **5.** (INFORM) işlemek **6.** (*schlagen*) vurmak (-e) **7.** (*Form geben*) işlemek, şekil [*o* biçim] vermek (-e); **etw mit dem Hammer ~** bir şeyi çekiçle işlemek **8.** (*fam: einreden*): **jdn ~** birini kandırmak

Bearbeitung *f* **1.** (*Neu~*) düzeltilmiş baskı **2.** (*das Bearbeiten*) işle(n)me; (ADMIN) işlem; **Bearbeitungsgebühr** *f* (ADMIN) işlem harcı

beargwöhnen* [bə'ʔarkvøːnən] *vt* (*geh*) işkillenmek (-den), kuşkulanmak (-den)

Beat [biːt] *m ohne Pl* <-(s)> (MUS) tempo; (*Schlagrhythmus*) vuruş ritmi

beatmen* *vt* (MED): **jdn künstlich ~** birine yapay solunum yaptırmak

Beatmungsgerät *nt* solunum aleti

Beatnik *m* <-s, -s> bitnik

beaufsichtigen* *vt* **1.** (*Kinder*) gözetmek, bakmak (*auf* -e); (*Schüler*) gözetmenlik yapmak (*auf* -e) **2.** (*Arbeit, Bau*) denetlemek

Beaufsichtigung *f* denetleme, gözetmen-

lik
beauftragen* *vt* **1.** (*mit Auftrag versehen*) vekil etmek **2.** (*anweisen*) görevlendirmek, memur etmek; **jdn mit etw** ~ birini bir şeyle görevlendirmek
Beauftragte(r) *mf* <-n, -n; -n> vekil, görevli
bebauen* *vt* **1.** (*mit Gebäuden*) imar etmek, bayındırlaştırmak **2.** (*Acker*) sürüp ekmek
Bebauung *f* <-en> imar, geliştirme
Bebauungsplan *m* imar plânı
Bébé <-s, -s> *nt* (*Schweiz: Baby*) bebek
beben ['be:bən] *vi* sarsılmak
Beben *nt* <-s, -> sarsıntı; (*Erd~*) deprem
bebildern* *vt* resimle(ndir)mek
Becher ['bɛçɐ] *m* <-s, -> kap, kadeh, kupa; (*Glas~*) bardak; (*Ton~*) maşrapa; (*Aschen~*) tabla; (*Joghurt~*) pet şişe; (*Eier~*) yumurtalık
bechern ['bɛçɐn] *vi* (*fam*) kafayı çekmek
Becken ['bɛkən] *nt* <-s, -> **1.** (*Schwimm~*) havuz; (*Schale*) tekne; (*Spül~*) eviye; (*Wasch~*) lâvabo; (*im türk. Bad*) kurna **2.** (ANAT) leğen, havsala, pelvis **3.** (GEO) tekne, havza **4.** (MUS) büyük zil; **Beckenknochen** *m* (ANAT: *Hüftbein*) kalça kemiği; **Becquerel** <-, -> *nt* bekerel
bedacht [bə'daxt] *adj* (*umsichtig*) dikkatli, özen gösteren; (*überlegt*) düşünülmüş; **wohl** ~ iyi düşünülmüş; ~ **handeln** düşünerek [*o* özen göstererek] davranmak; **auf etw** ~ **sein** bir şeye dikkat etmek, bir şeye özen göstermek; **wohl** ~ iyi düşünülmüş
Bedacht *m ohne Pl* (*geh*): **etw mit** ~ **tun** (*überlegt*) bir şeyi düşünerek yapmak; (*vorsichtig*) bir şeyi dikkatli yapmak
bedächtig [bə'dɛçtɪç] *adj* **1.** (*langsam*) yavaş, ağır, aheste **2.** (*vorsichtig*) dikkatli, temkinli; (*besonnen*) ağırbaşlı
Bedächtigkeit *f* dikkat, temkin; (*Besonnenheit*) ağırbaşlılık
bedanken* *vr:* **sich bei jdm für etw** ~ birine bir şey için teşekkür etmek; **ich möchte mich bei Ihnen für …** ~ … için size teşekkür etmek istiyorum; **ich bedanke mich** teşekkür ederim
Bedarf [bə'darf] *m ohne Pl* <-(e)s> **1.** (*Bedürfnis*) gereksinme *neol,* gerekseme, ihtiyaç; **bei** ~ gerekirse; **(je) nach** ~ ihtiyaca göre; **danke, kein** ~**!** (*fam*) teşekkürler, gerekmez!, teşekkürler, ihtiyaç yok! **2.** (COM: *Nachfrage*) talep; **den** ~ **an etw decken** bir şeyde talebi karşılamak; **Bedarfsanalyse** *f* talep analizi; **Bedarfsartikel** *m* ihtiyaç maddesi; **Bedarfsbestimmung** *f* talebin belirlenmesi; **Bedarfsdeckung** *f* talebi [*o* ihtiyaçları] karşılama; **Bedarfsfall** *m* <-(e)s, -fälle>: **im** ~ icabında; **Bedarfsgüter** *ntpl* ana mallar; **Bedarfshaltestelle** *f* ihtiyarî durak; **Bedarfsrechnung** *f* talep değerlendirmesi
bedauerlich [bə'daʊɐlɪç] *adj* (*beklagenswert*) acınacak, esefli; (*unerfreulich*) üzücü; **wie** ~**!** ne yazık!
bedauerlicherweise [-'----'--] *adv* maatteessüf, ne yazık ki, üzülerek; (*leider*) maalesef
bedauern* [bə'daʊɐn] *vt* **1.** (*etw*) üzülmek (-e), yerinmek (-e) **2.** (*jdn*) acınmak (-e); **bedaure!** maalesef!
Bedauern *nt ohne Pl* <-s> esef, acınma; (*Trauer*) üzüntü; (*Reue*) yerinme, keder; **zu meinem (größten)** ~ maalesef
bedauernswert *adj* **1.** (*Sache, Zustand*) acınacak **2.** (*Mensch*) acınılacak, zavallı
bedecken* **I.** *vt* örtmek (*mit* ile), kapamak; **mit etw bedeckt sein** bir şey ile örtülü olmak **II.** *vr* örtünmek, kapanmak; **der Himmel bedeckt sich** gökyüzü bulutlanıyor
bedeckt *adj* örtülü; (*Himmel*) kapalı, bulutlu; **sich bedeckt halten** kendini göstermemek
Bedecktsamer *mPl* (BOT) kapalı tohumlular *pl*
Bedeckung *f* <-en> örtü; (*Schutz*) korunma; (MIL) siper, muhafız, koruyucu; (*Leibwache*) koruma
bedenken* *irr vt* **1.** (*überlegen*) düşünmek; **wenn man es recht bedenkt** iyice düşünülürse; **man muss** ~**, dass …** …i düşünmek gerekir **2. jdn** ~ birini düşünmek [*o* gözetmek]
Bedenken[1] *nt ohne Pl* <-s> (*das Überlegen*) düşünme; **nach kurzem** ~ kısaca düşündükten sonra; **nach reiflichem** ~ iyice düşündükten sonra, düşünüp taşındıktan sonra; **ohne** ~ düşünmeden
Bedenken[2] *ntPl* (*Zweifel*) tereddüt, kuşku, şüphe; (*Einwand*) sakınca; **ohne** ~ sakınmadan; **bedenkenlos I.** *adj* **1.** (*ohne Bedenken*) sakıncasız **2.** (*skrupellos*) düşüncesiz **II.** *adv* **1.** (*ohne zu zögern*) sakınmadan; **da kannst du** ~ **hingehen** sakınmadan oraya gidebilirsin **2.** (*ohne Überlegung*) düşünmeden; (*blindlings*) körü körüne; ~ **zustimmen** düşünmeden kabul etmek
bedenklich *adj* **1.** (*Besorgnis erregend*) endişe verici, düşündürücü; (*besorgt*) endişeli; **der Zustand des Patienten ist** ~ hastanın durumu endişe verici; **das stimmt mich** ~ bu beni düşündürüyor **2.** (*Zweifel erregend*) kuşkulandıran, sakıncalı **3.** (*zweifelhaft*) şüpheli, kuşkulu
Bedenkzeit *f ohne Pl:* **können Sie mir einen Tag** ~ **geben?** düşünmem için bana bir gün süre verebilir misiniz?
bedeuten* *vt, vi* demek, anlamı olmak;

(*gleichzusetzen sein mit*) anlamına gelmek, ifade etmek; (*wichtig sein*) önemli olmak; **was soll das ~?** bu ne demek?, bunun anlamı nedir?, bu ne anlama geliyor?; **was soll denn das ~?** bu da ne demek?, bu ne demek oluyor?; **das hat nichts zu ~** bunun hiçbir önemi yok; **bedeutend** I. *adj* 1. (*wichtig*) önemli; (*gewichtig*) hatırı sayılır 2. (*groß*) büyük; (*beachtlich*) hatırı sayılır II. *adv* (*erheblich, beträchtlich*) epeyce, önemli [*o* hatırı sayılır] derecede; **bedeutsam** *adj* 1. (*bedeutungsvoll*) anlamlı 2. (*wichtig*) önemli

Bedeutung[1] *f* <-en> (*Sinn*) anlam; **in übertragener ~** mecazî anlamda; **in wörtlicher ~** kelimenin tam anlamıyla

Bedeutung[2] *f ohne Pl* (*Wichtigkeit*) önem; **etw ist von ~** bir şeyin önemi var; **von großer ~ sein** çok önemi olmak; **nichts von ~** önemsiz

Bedeutungserweiterung *f* (LING) anlam genişlemesi; **bedeutungslos** *adj* 1. (*ohne Bedeutung*) anlamsız 2. (*unwichtig*) önemsiz

Bedeutungslosigkeit *f ohne Pl* önemsizlik

Bedeutungsunterschied *m* anlam farkı

Bedeutungsverengung *f* (LING) anlam daralması

bedienen* I. *vi, vt* 1. hizmet etmek, servis yapmak; **hier wird man gut bedient** burada servis iyi; **ich bin bedient!** (*iro*) pes artık! 2. (*beim Kartenspiel*) aynı renk kâğıt oynamak 3. (TECH: *Apparate, Maschinen*) işletmek, çalıştırmak II. *vr:* **sich ~** 1. (*beim Essen*) (seçip) almak; **bitte ~ Sie sich!** lütfen, buyurun alın! 2. (*benutzen*) kullanmak; **sich einer Sache ~** bir şeyi kullanmak; **Bediener(in)** *m(f)* (INFORM) kullanıcı

bedienerfreundlich *adj* (INFORM) kullanışlı

Bedienerin *f* (*österr: Putzfrau*) hizmetçi

bedienstet *adj* (*österr: angestellt*): **~ sein** memur olmak, hizmetli olmak, bir işte çalışıyor olmak

Bedienstete(r) *mf* <-n, -n; -n> 1. (ADMIN: *Beschäftigter*) hizmetli, müstahdem; (*Beamter*) memur 2. (*Dienstbote*) hademe, uşak, hizmetçi

Bedienung[1] *f* <-en> (*Kellner*) garson; **~!** garson!

Bedienung[2] *f ohne Pl* 1. (*eines Gastes*) servis 2. (TECH: *eines Gerätes*) işletme, kullanım; **Bedienungsanleitung** *f* işletme [*o* servis] talimatı, kullanım kılavuzu; **Bedienungsfehler** *m* kullanım hatası

Bedienungsgeld *nt* servis ücreti

Bedienungskomfort *m* kullanım rahatlığı

bedingen* [bəˈdɪŋən] I. *vt* 1. (*ausmachen*) kararlaştırmak 2. (*voraussetzen*) var saymak, farz etmek 3. bewirken, neden [*o* sebep] olmak, yol açmak 4. (*erfordern*) gerektirmek II. *vr* kendine şart koşmak

bedingt I. *adj* 1. (*an Bedingungen geknüpft*) koşullu, şartlı, şarta bağlı; **~er Reflex** (PSYCH) koşullu tepke 2. (*beschränkt*) sınırlı; **~ tauglich** (MIL) arızalı sağlam II. *adv* 1. (*teilweise*) kısmen; **das ist nur ~ richtig** bu sadece kısmen doğrudur 2. (JUR) şartla

Bedingung *f* <-en> 1. (*Voraussetzung*) şart, koşul; **etw zur ~ machen** bir şeyi şart koşmak; **unter der ~, dass ...** ... şartıyla; **unter keiner ~ werde ich das tun** bunu asla [*o* hiçbir şartla] yapmam; **nur unter einer ~** ancak bir şart ile 2. (*Forderung*) şartlar *pl;* **~en stellen** şartlar koymak [*o* koşmak] 3. *Pl* (*Umstände*) koşullar *pl,* şartlar *pl;* **zu günstigen ~en** uygun şartlarla; **unter erschwerten ~en arbeiten** ağır koşullar [*o* şartlar] altında çalışmak; **Bedingungsform** *f* (LING) şart kipi

bedingungslos *adj* (*ohne Bedingung*) koşulsuz, şartsız; (*ohne jede Einschränkung*) kayıtsız şartsız, şartsız şurtsuz; **Bedingungssatz** *m* (LING) şartlı birleşik cümle

bedrängen* *vt* 1. (*belästigen*) rahatsız etmek, sıkıntı vermek (-e), başına belâ olmak [*o* kesilmek] (-in) 2. (*unter Druck setzen*) sıkıştırmak, zorlamak

Bedrängnis *f* <-se>: **in ~ geraten** sıkışmak, zor bir durumda kalmak; **jdn in ~ bringen** birinin iki ayağını bir pabuca sokmak

bedrohen* *vt* tehdit etmek, gözdağı vermek; **eine vom Aussterben bedrohte Art** nesli tükenmeye yüz tutmuş bir tür; **bedrohlich** *adj* tehdit dolu [*o* edici]; (*gefährlich*) tehlikeli

Bedrohung *f* <-en> tehdit, gözdağı

bedrucken* *vt* basmak (*mit* -); **ein mit Blumen bedruckter Stoff** çiçekli bir emprime

bedrücken* *vt* 1. (*traurig machen*) üzmek, kederlendirmek 2. (*seelisch belasten*) bunaltmak, sıkıntı [*o* kasvet] vermek (-e)

bedrückend *adj* kasvetli, iç sıkıcı, sıkıntılı; (*beklemmend*) bunaltıcı, boğucu

bedrückt *adj* kaygılı, gamlı

Beduine, -in [beduˈiːnə] *m, f* <-n, -n; -nen> bedevî; **beduinisch** *adj* bedevî

bedürfen* *irr vi* (*geh*) gerektirmek; **es bedarf einiger Mühe** biraz efor [*o* emek] gerektirir; **das bedarf keiner weiteren Erklärung** bunu daha fazla açıklamaya gerek yoktur

Bedürfnis *nt* <-ses, -se> ihtiyaç, gerekseme, gereksinme; **ein ~ verspüren etw zu tun** bir şey yapmaya ihtiyaç duymak; **jds ~se befriedigen** birinin ihtiyacına cevap vermek; **Bedürfnisanstalt** *f*: **öffentliche ~** umumî helâ

bedürftig *adj* muhtaç, yoksul

Bedürftigkeit *f* muhtaçlık; (*Armut*) yoksulluk

Beefsteak ['bi:fste:k] *nt* <-s, -s> biftek

beehren* **I.** *vt* (*geh*) onur [*o* şeref] vermek (-e); **jdn mit einem Besuch ~** birine ziyareti ile onur [*o* şeref] vermek **II.** *vr:* **sich ~ etw zu tun** bir şeyi yapmayı göze almak

beeiden* [bə'ʔaɪdən] *vt* (*Aussage*) yeminle doğrulamak

beeidigen* [bə'ʔaɪdɪgən] *vt* (JUR) yemin ettirmek; **beeidigt** *adj* (JUR): **~e Aussage** yeminli ifade

beeilen* *vr:* **sich ~** acele etmek; **beeil dich!** acele et!, çabuk ol!; **Beeilung** *f*: **~!** çabuk ol(un)!

beeindrucken* *vt* etkilemek, etkisi altında bırakmak; **davon lasse ich mich nicht ~** bunun beni etkilemesine [*o* etkisi altında bırakmasına] izin vermem; **beeindruckend** *adj* etkileyici; **eine ~e Rede** etkileyici bir konuşma

beeinflussbar[RR] *adj*, **beeinflußbar** [bə'ʔaɪnflʊsba:ɐ] *adj* (*Person*) kapılgan, (kolayca) etkilenen

beeinflussen* [bə'ʔaɪnflʊsən] *vt* etkilemek, kandırmak, etkisi altında bulundurmak; **kannst du sie nicht ~?** onu kandıramaz mısın?, onu ikna edemez misin?, onun fikrini çelemez misin?

Beeinflussung *f* <-en> etkileme, kandırma

beeinträchtigen* [bə'ʔaɪntrɛçtɪgən] *vt* **1.** (*vermindern, schmälern*) azaltmak; **den Wert von etw ~** bir şeyin değerini azaltmak **2.** (*stören*) bozmak, halel vermek (-e); **die Sicherheit des Straßenverkehrs ~** trafiğin güvenliğini bozmak

Beeinträchtigung *f* <-en> bozma, halel; (*Verminderung*) azaltma

beelenden* *vt* (*Schweiz: traurig stimmen*) üzmek, kederlendirmek

Beelzebub *m* iblis; **den Teufel mit dem ~ austreiben** dinsizin hakkından imansız gelir

beenden* *vt* **1.** bitirmek, sona erdirmek, son vermek (-e) **2.** (INFORM: *erfolgreich*) çıkmak (-den); (*nicht erfolgreich*) yarıda kesmek

Beendigung *f ohne Pl* bitim, bitirme, sona erme; **nach ~ des Kurses** kursu bitirdikten sonra

beengen* [bə'ɛŋən] *vt* (*Kleidung*) sıkmak, dar gelmek (-e); (*Umgebung*) sıkmak; (*fig*) ket vurmak, engel olmak; **~de Kleidung** dar (gelen) giysi; **sich beengt fühlen** sıkılmak

beengt *adj* daracık

beerben* *vt:* **jdn ~** birinden kalan mirasa konmak

beerdigen* [bə'ʔe:ɐdɪgən] *vt* gömmek, defnetmek, toprağa vermek

Beerdigung *f* <-en> gömme, defin; **Beerdigungsfeier** *f* cenaze

Beere ['be:rə] *f* <-n> tane, üzüm (tanesi), (üzümsü) meyve; **Beerenauslese** *f* (*Weinart*) seçme üzümden en iyi cins şarap

Beet [be:t] *nt* <-(e)s, -e> (*mit Gemüse*) ocak, yastık; (*mit Blumen*) tarh

Beete *f* <-n>: **Rote ~** pancar

befähigen* [bə'fɛ:ɪgən] *vt* erkli [*o* muktedir] kılmak (*zu* -e)

befähigt *adj* yetenekli, kabiliyetli

Befähigung *f* <-en> **1.** (*Fähigkeit*) yetenek, kabiliyet; (*Qualifikation*) ehliyet, yeterlik; **dazu fehlt ihr die ~** ona yeteneği yoktur **2.** (*Begabung*) istidat

befahl *3. imp von* **befehlen**

befahrbar *adj* trafiğe açık; **nicht ~ sein** trafiğe kapalı olmak

befahren* *irr vt* (*Straße*) taşıtla geçmek (-den); **diese Straße ist wenig/stark ~** bu sokaktan [*o* yoldan] az/çok taşıt geçer

Befall *m ohne Pl* <-(e)s> (*Krankheit*) bulaşma; (*mit Schädlingen*) istilâ

befallen* *irr vt* **1.** (*geh: Angst*) almak **2.** (*geh: Krankheit*) yakalamak, tutmak; (*Hunger, Müdigkeit*) bas(tır)mak; **von einer Krankheit ~ sein** bir hastalığa tutulmak [*o* yakalanmak]; **vom Schlaf ~ werden** uyku basmak [*o* bastırmak] **3.** (*Schädlinge*) basmak, istilâ etmek

befangen *adj* **1.** (*scheu, schüchtern*) utangaç, çekingen, sıkılgan **2.** (*voreingenommen*) tarafgir, bir tarafı tutan

Befangenheit *f ohne Pl* **1.** (*Schüchternheit*) utangaçlık, çekingenlik, sıkılganlık **2.** (JUR) tarafgirlik, bir tarafı tutma; **jdn wegen ~ ablehnen** bir tarafı tutmadan dolayı birini reddetmek

befassen* **I.** *vr:* **sich ~** **1.** (*Angelegenheit*) ilgilenmek (*mit* ile), uğraşmak (*mit* ile) **2.** (*handeln von*) ele almak (*mit* -), ilgili olmak (*mit* ile) **II.** *vt* (*beauftragen*) görevlendirmek (*mit* ile)

Befehl [bə'fe:l] *m* <-(e)s, -e> emir, buyruk; (*Kommando*) kumanda, komuta; (MIL) emir; (INFORM) komut; **den ~ haben über ...** ...e kumanda etmek; **~ ist ~** emir emirdir; **den ~ geben zu ...** ... emrini vermek; **zu ~!** emredesin(iz)!, baş üstüne!

befehlen <befiehlt, befahl, befohlen> *vi, vt* emretmek, buyurmak, emir vermek; **du hast mir gar nichts zu ~!** sen bana emir veremezsin!

befehligen* *vt* (MIL) kumanda etmek (*-e*)

Befehlsfolge *f* (INFORM) komut sırası
Befehlsform *f* <-en> (LING) emir kipi; **Befehlsgewalt** *f ohne Pl* kumanda, komuta, emir verme yetkisi; **Befehlshaber(in)** *m(f)* <-s, -; -nen> (MIL) komutan, kumandan; **Befehlskode** *m* (INFORM) komut kodu; **Befehlssatz** *m* (LING) emir cümlesi; **Befehlssprache** *f* (INFORM) komut dili; **Befehlsverweigerung** *f* (MIL) itaatsizlik; **Befehlszeile** *f* (INFORM) komut satırı
befeinden* [bə'faɪndən] *vt* düşman kesilmek (-e)
befestigen* *vt* **1.** (*Haken*) tutturmak (*an* -e), iliştirmek, bağlamak **2.** (*Straße*) takviye etmek **3.** (MIL) tahkim etmek, sağlamlaştırmak
Befestigung *f* <-en> **1.** (*einer Straße, eines Dammes*) takviye **2.** (MIL) istihkâm, tahkimat *pl* **3.** (*Vorrichtung*) tutturaç
befeuchten* *vt* nemlendirmek, ıslatmak
befiedern* *vt:* **einen Pfeil** ~ oku yeleklemek; **der Kopf des Vogels ist nicht befiedert** kuşun başı tüylü değil
befiehlt [bə'fiːlt] *3. präs von* **befehlen**
befinden* *irr* **I.** *vr:* **sich** ~ bulunmak; (*sein*) olmak; **die Abbildung befindet sich auf der nächsten Seite** resim [*o* şekil] daha sonraki sayfada bulunur; **meine Wohnung befindet sich im zweiten Stock** evim ikinci katta bulunuyor; **sich auf dem Weg der Besserung** ~ iyileşmekte olmak **II.** *vi* (*entscheiden*) karar vermek (*über* -e) **III.** *vt* (*geh: erachten*) bulmak (*für* -); **etw für gut/schlecht/richtig** ~ bir şeyi iyi/kötü/doğru bulmak; **jdn für schuldig** ~ bir kimseyi suçlu bulmak
Befinden *nt ohne Pl* <-s> **1.** hatır; (*Gesundheitszustand*) sağlık durumu; **nach jds** ~ **fragen** birinin hatırını sormak, birine hâl hatır sormak; **wie ist das** ~ **des Patienten?** hastanın (sağlık) durumu nasıl? **2.** (*geh: Meinung*) fikir
befindlich [bə'fɪntlɪç] *adj* (*Ort, Zustand*) bulunan; **ein in Haft ~er Mann** hapiste bulunan bir adam
Befindlichkeit *f* <-en> (*seelischer Zustand*) ruhî durum, haletiruhiye
beflaggen* *vt* bayraklarla donatmak
beflecken* *vt* **1.** (*mit Flecken*) lekelemek, leke etmek [*o* yapmak] **2.** (*fig: entehren*) leke sürmek (-e); **jds Ehre/Ruf** ~ birinin namusuna/şerefine leke sürmek
befleißigen* *vr:* **sich** ~ gayret etmek; **Sie sollten sich größerer Zurückhaltung** ~ daha sakıngan olmaya gayret ederseniz iyi olur
befliegen *irr vt* (AVIAT: *Strecke*) uçmak
beflissen [bə'flɪsən] *adj* gayretli, çaba gösteren; ~ **sein etw zu tun** bir şeyi yapmak için gayret [*o* çaba] göstermek
Beflissenheit *f ohne Pl* gayret, çaba
beflügeln* *vt* kanatlandırmak; **die Angst/Freude beflügelte seine Schritte** (LIT) yürürken korkudan/sevinçten kanatlanmış gibiydi
befohlen [bə'foːlən] *pp von* **befehlen**
befolgen* *vt* **1.** (*Rat*) dinlemek; **befolge meinen Rat!** nasihatimi [*o* sözümü] dinle! **2.** (*Vorschrift*) uymak (-e); (*Befehl*) yerine getirmek; **jds Beispiel** ~ bir kimseyi örnek almak
befördern* *vt* **1.** (*Waren*) taşımak; **jdn an die frische Luft** ~ (*fam*) birini kapı dısarı etmek; **jdn ins Jenseits** ~ birini öbür dünyaya postalamak **2.** (*im Beruf*) terfi ettirmek (*zu* -e); **sie wurde zur Abteilungsleiterin befördert** bölüm şefliğine terfi edildi; (*im Kaufhaus*) reyon şefliğine terfi edildi
Beförderung *f* <-en> **1.** (*von Waren*) taşı(n)ma, nakil **2.** (*beruflich*) terfi; **Beförderungsmittel** *nt* taşıma aracı, nakil vasıtası
befrachten* *vt* **1.** (*Schiff*) yüklemek; (*mit Fracht beladen*) yük yüklemek (-e) **2.** (*fig*) yüklemek
Befrachter *m* (COM) taşıtan
befragen* *vt* **1.** soru sormak (-e) **2.** (*Arzt, Karten*) danısmak (-e, *wegen* için); **jdn um Rat** ~ birinden nasihat [*o* öğüt] istemek
Befragte(r) *mf* <-n, -n; -n> soru sorulan (kimse)
Befragung *f* <-en> **1.** (*das Befragen*) soru sorma **2.** (*Umfrage*) anket, soruşturma
befreien* **I.** *vt* **1.** kurtarmak (*aus/von* -den/-den); **jdn aus einer schwierigen Lage** ~ birini zor bir durumdan kurtarmak **2.** (*Gefangene*) firar etmesine yardım etmek (-in, *aus/von* -den/-den) **3.** (*freistellen*) muaf tutmak [*o* tutulmak] (*von* -den); (*vom Militärdienst*) muaf tutulmak **4.** (*von Schmutz*) temizlemek **II.** *vr:* **sich** ~ **1.** (*Volk*) kurtulmak **2.** (*entkommen*) kaçıp kurtulmak, paçayı kurtarmak
Befreier(in) *m(f)* <-s, -; -nen> kurtarıcı
Befreiung *f* <-en> **1.** (*das Befreien*) kurtarma; (*Befreitwerden*) kurtarılma **2.** (*das Freiwerden von Unterdrückung*) kurtuluş; **etw als** ~ **empfinden** bir şeyi kurtluş olarak görmek; **die** ~ **der Frau** kadının kurtuluşu **3.** (*Dispens*) muaf tutulma (*von* -den); **Befreiungsbewegung** *f* kurtuluş hareketi; **Befreiungskampf** *m* kurtuluş mücadelesi; **Befreiungskrieg** *m* kurtuluş savaşı; **Befreiungsorganisation** *f* kurtuluş örgütü; **Befreiungsversuch** *m* kurtarma teşebbüsü, kurtarmaya [*o* kurtulmaya] kalkışma
befremden* [bə'frɛmdən] *vt* yadırgatmak;

das befremdet mich bu beni yadırgatıyor
Befremden *nt ohne Pl* <-s> yadırganma; ~ **erregen** yadırgatmak
befremdend *adj* yadırgatıcı
befremdlich *adj* (*geh*) yadırgatıcı; (*erstaunlich*) şaşılacak, tuhaf; (*ungewöhnlich*) alışılmamış
befreunden* [bəˈfrɔɪndən] *vr:* **sich mit jdm** ~ biriyle dostluk [*o* arkadaşlık] kurmak; **befreundet** *adj:* **miteinander** ~ **sein** birbiriyle dost [*o* arkadaş] olmak; **gut** ~ **sein** yakın dost [*o* arkadaş] olmak
befrieden* [bəˈfriːdən] *vt* **1.** (*ein Land*) barış sağlamak (-de) **2.** (*beruhigen*) yatıştırmak **3.** (*einfrieden*) hail koymak (-e)
befriedigen* [bəˈfriːdɪgən] **I.** *vt* tatmin etmek, doyurmak; (*Forderungen nachkommen*) alacaklarını ödemek (-in); **jds Ansprüche** ~ birinin isteklerini yerine getirmek **II.** *vr:* **sich** ~ tatmin olmak, cinsî doygunluk sağlamak; (*masturbieren*) mastürbasyon yapmak; **befriedigend** *adj* **1.** doyurucu, tatmin edici, tatminkâr **2.** (SCHULE: *Schulzensur*) orta
Befriedigung *f* <-en> **1.** (*der Bedürfnisse*) tatmin, doyum; (*der Forderungen*) alacakların ödenmesi; (*sexuelle*) doygunluk **2.** (*Zufriedenheit*) memnuniyet, hoşnutluk
befristen* *vt* süre koymak (-e); (*zeitlich begrenzen*) zamanla sınırlamak; **etw** ~ bir şeyin süresini belirlemek [*o* sınırlamak]; **befristet** *adj* süreli; (FIN) vadeli; ~**er Vertrag** (belirli) süreli sözleşme
Befristung *f* <-en> sürenin belirlenmesi, süre koyma
befruchten* *vt* **1.** (BIOL) döllemek; **künstlich** ~ yapay olarak döllemek **2.** (*Blüten*) tohumlamak **3.** (*fig: geistig anregen*) kamçılamak
Befruchtung *f* <-en> (BIOL) tohumlama, dölleme; **künstliche** ~ yapay dölle(n)me
Befruchtung *f* tohumlama, dölle(n)me
Befugnis [bəˈfuːknɪs] *f* <-se> yetki; **keine** ~ **zu etw haben** bir şeye yetkisi olmamak
befugt *adj:* **zu etw** (**nicht**) ~ **sein** bir şeye yetkili olmak/olmamak; ~ **sein etw zu tun** bir şeyi yapmaya yetkili olmak
befühlen* *vt* yoklamak
Befund *m* <-(e)s, -e> (MED) bulgu; **ohne** ~ (MED) normal
befürchten* *vt* korkmak; **das ist nicht zu** ~ bunda korkulacak bir şey yok
Befürchtung *f* <-en>: **die schlimmsten** ~**en haben** en kötü şeyleri aklından geçirmek; **ihre** ~**en haben sich bewahrheitet** korktuğu başına geldi
befürworten* [bəˈfyːɐvɔrtən] *vt* (*dafür sein*) yana olmak (-den); (*empfehlen*) tavsiye etmek
Befürworter(in) *m(f)* <-s, -; -nen> yandaş, taraftar, lehdar
begabt [bəˈgaːpt] *adj* istidatlı, istidadı olan; **hoch** ~ son derece istidatlı; (*Wunderkind*) harika; **für etw** ~ **sein** bir şeye istidadı olmak; **durchschnittlich/vielseitig** ~ **sein** istidadı ortalama/çok yönlü olmak
Begabung [bəˈgaːbʊŋ] *f* <-en> **1.** (*Anlage*) istidat, yetenekler *pl* **2.** (*begabter Mensch*) istidat
begann [bəˈgan] *3. imp von* **beginnen**
begatten* *vt, vr:* **sich** ~ (ZOOL) çiftleşmek
begeben* *irr* **I.** *vr:* **sich** ~ (*geh*) **1.** (*stattfinden*) olmak **2.** (*beginnen*) başlamak (*an* -e), koyulmak (*an* -e); **sich an die Arbeit** ~ işe koyulmak **3.** (*gehen*) gitmek (*zu/in* -e/-e); **sich zu Bett** ~ yatağa yatmak; **sich in ärztliche Behandlung** ~ tedavi olmak; **sich auf den Heimweg** ~ eve doğru yola koyulmak; **sich in Gefahr** ~ tehlikeye atılmak **II.** *vt* (FIN: *Wertpapiere*) tedavüle çıkarmak
Begebenheit *f* <-en> olay
begegnen* [bəˈgeːgnən] *vi sein* **1.** (*treffen*): **jdm** ~ birine rastlamak; **einander** ~ karşılaşmak; **ihre Blicke begegneten sich** göz göze geldiler **2.** (*stoßen auf*): **etw** *dat* ~ bir şeye rast gelmek **3.** (*widerfahren*) başına gelmek, karşılaşmak; **so etwas ist mir ja noch nie begegnet!** şimdiye kadar böyle bir şey hiç başıma gelmedi!, şimdiye kadar böyle bir şey ile hiç karşılaşmadım!; **Schwierigkeiten** ~ güçlüklerle karşılaşmak **4.** (*geh: behandeln*) karşılamak; **man begegnete ihr mit Achtung** o, saygı ile karşılandı
Begegnung *f* <-en> (*a.* SPORT) karşılaşma; **Begegnungsstätte** *f* <-n> buluşma yeri
begehen* *irr vt* **1.** (*Weg*) gitmek (-den); **eine Baustelle** ~ bir şantiyeyi gezmek **2.** (*Fehler*) işlemek; (*tun, machen*) etmek; **einen Fehler** ~ bir hata işlemek [*o* etmek]; **eine Dummheit** ~ bir aptallık etmek; **Selbstmord** ~ intihar etmek; **ein Verbrechen/einen Mord** ~ bir suç/cinayet işlemek **3.** (*geh: Jubiläum*) kutlamak
begehren* [bəˈgeːrən] *vt* (*geh*) **1.** (*wünschen*) istemek, arzu etmek; (*habgierig*) göz dikmek (-e) **2.** (*fordern*) istemek, talep etmek
Begehren *nt ohne Pl* <-s> (*geh*) istem, talep; (*Wunsch*) istek, arzu; **auf mein** ~ isteğim üzerine; **begehrenswert** *adj* istek [*o* arzu] uyandıran
begehrlich *adj* (*geh: heftig wünschend*) arzu dolu
begehrt *adj* (*Person*) gözde, beğenilen; (*Freundschaft*) arzu edilen; (*Ware*) rağbet gören, revaçta olan; (*Ferienort*) rağbet gö-

ren

begeistern* [bə'gaɪstɐn] **I.** *vt* heyecanlandırmak, hayran etmek, coşturmak; (*inspirieren*) esindirmek **II.** *vr:* **sich** ~ (*Begeisterung empfinden*) heyecan duymak, hayranlık duymak; (*in Begeisterung geraten*) heyecana kapılmak; (*Interesse entwickeln*) merak sarmak (*für* -e); **er begeisterte sich für die Malerei** ressamlığa merak sardı

begeistert *adj* **1.** coşkun, coşkulu; **das Publikum war begeistert** seyirciler coşmuştu, seyirciler hayran olmuştu; ~**er Beifall** alkış tufanı, ich bin ~ von ihr, ona hayran kaldım **2.** (*leidenschaflich*) tutkun

Begeisterung *f ohne Pl* coşku; (*Erregung*) heyecan, coşuntu; (*Leidenschaft*) tutku, hayranlık; **in ~ geraten** heyecana kapılmak; (*Interesse entwickeln*) merak sarmak; **etw mit ~ tun** bir şeyi coşku ile yapmak

Begierde [bə'giːɐdə] *f* <-n> ihtiras, hırs, aşırı istek

begierig *adj* ihtiraslı, hırslı, aşırı istekli; (*gierig*) açgözlü; **auf etw ~ sein** bir şeye aşırı istekli olmak, bir şeye çok düşkün olmak

begießen* *irr vt* **1.** (*Pflanzen*) sulamak **2.** (*fam: feiern*) ıslatmak; **das müssen wir begießen!** bunu ışlatmamız gerekiyor!

Beginn [bə'gɪn] *m ohne Pl* <-(e)s> başlangıç, baş; **zu ~** başta, başlangıçta

beginnen <beginnt, begann, begonnen> **I.** *vi* başlamak; **es beginnt zu regnen** yağmur yağmaya başlıyor **II.** *vt* başlamak (-e)

beglaubigen* [bə'glaʊbɪgən] *vt* **1.** (*Urkunde, Kopie*) onaylamak, tasdik etmek; **etw ~ lassen** bir şeyi onaylatmak [*o* tasdik ettirmek] **2.** (POL: *Diplomaten*) akredite etmek, güven mektubu vermek (-e)

Beglaubigung *f* <-en> **1.** (*Schriftstück*) onay(lama), tasdik **2.** (POL) akredite edilme, güven mektubu ver(il)me; **Beglaubigungsschreiben** *nt* (POL) güven [*o* itimat] mektubu

begleichen* *irr vt* (*geh: bezahlen*) ödemek; **die Rechnung ~** hesabı kapamak [*o* temizlemek], faturayı ödemek; **mit jdm eine alte Rechnung ~** (*fig*) biriyle eski bir hesabı kapamak; **mit jdm eine Rechnung zu ~ haben** biriyle görülecek hesabı olmak

Begleitbrief *m* <-(e)s, -e> ek mektup

begleiten* *vt* arkadaşlık etmek (-e); (*auf einer Reise*) yoldaşlık etmek (-e); (*a.* MUS) eşlik etmek (-e), refakat etmek (-e)

Begleiter(in) *m(f)* <-s, -; -nen> eşlik eden (kimse); (*Gefährte*) refik, arkadaş; (*Weggefährte*) yoldaş; (MUS) akompanyatör, eşlik eden

Begleiterscheinung *f* gölge olay; **Begleitinstrument** *nt* eşlik eden çalgı; **Begleitmusik** *f* fon müziği; **Begleitperson** *f* arkadaş, eşlik eden kimse; **Begleitschreiben** *nt* (COM) gönderiye ilişik mektup [*o* yazı]

Begleitung *f* <-en> **1.** (*a.* MUS) eşlik, refakat; **sie kam in ~ eines Freundes** yanında [*o* beraberinde] bir dostu ile geldi **2.** (*Begleiter*) yanındaki; (*Gefolge*) maiyet

Beglerbeg *m* <-s, -s> (HIST) beylerbeyi

beglücken* *vt* (*geh*) mutlu etmek (*mit* ile), mutluluk vermek (-e); **ein ~des Gefühl** mutlu [*o* mutluluk veren] bir duygu; **beglückt über etw sein** bir şeyden dolayı mutlu olmak

beglückwünschen* *vt* kutlamak, tebrik etmek (*zu* -den dolayı); **er beglückwünschte sie zum Geburtstag/zur bestandenen Prüfung** yaş gününden/geçtiği sınavdan dolayı onu kutladi [*o* tebrik etti]

begnadet [bə'gnaːdət] *adj:* **ein ~er Künstler** yetenekli [*o* tanrı vergisine sahip] bir sanatçı

begnadigen* *vt* (JUR) affetmek

Begnadigung *f* <-en> (JUR, POL) af; **Begnadigungsgesuch** *nt* (JUR) af dilekçesi; **ein ~ einreichen** af dilekçesi vermek

begnügen* [bə'gnyːgən] *vr:* **sich ~** yetinmek (*mit* ile)

Begonie [be'goːniə] *f* <-, -n> (BOT) begonya

begonnen [bə'gɔnən] *pp von* **beginnen**

begraben* *irr vt* **1.** gömmek **2.** (*fig: Hoffnung*) kesmek

Begräbnis [bə'grɛːpnɪs] *nt* <-ses, -se> **1.** (*Tätigkeit*) gömme **2.** (*Feier*) cenaze

begradigen* [bə'graːdɪgən] *vt* doğrultmak, düzeltmek, düzlemek, tesviye etmek

begrapschen* *vt* ellemek; **jdn/etw ~** bir kimseyi/şeyi ellemek

begreifbar *adj* anlaşılır; **wie kann ich es dir ~ machen?** sana bunu nasıl anlatabilirim?

begreifen* *irr* **I.** *vt* akıl erdirmek, anlamak, kavramak; **es ist kaum zu ~** anlaşılacak gibi değil **II.** *vr:* **sich ~** (*sich auffassen*) kendini görmek (*als* olarak); **er begreift sich als Experte** kendini uzman olarak görüyor

begreiflich *adj* anlaşılır; **jemandem etw ~ machen** birine bir şeyi anlatmak; **es ist einfach nicht ~, wie er so etwas tun konnte** böyle bir şeyi nasıl yaptığına akıl kolay ermiyor

begreiflicherweise [-'---'--] *adv* açıkça(sı), kolay anlaşılır bir biçimde

begrenzen* *vt* sınırla(ndır)mak, tahdit etmek; **begrenzt haltbare Waren** dayanıksız mallar

begrenzt *adj* sınırlı; **er hat einen ~en Horizont** ufku dardır

Begrenztheit *f* <-en> (*Möglichkeiten*) sınırlı olma, kısıtlılık

Begrenzung *f* <-en> **1.** (*das Begrenzen*) sınırlama, tahdit **2.** (*Grenze*) sınır

Begriff *m* <-(e)s, -e> **1.** (*Ausdruck*) deyim, kavram **2.** (*Bedeutungsinhalt*) tanım **3.** (*Vorstellung*) fikir, tasavvur; **du machst dir keinen ~ davon** onu tasavvur edemezsin; **sich einen ~ von etw machen** bir şeyi tasavvur etmek, bir şey hakkında fikir edinmek; **für meine ~e** benim fikrime göre; **im ~ sein etw zu tun** bir şeyi yapmak üzere olmak; **schwer von ~ sein** (*pej*) mankafa [*o* kalın kafalı] olmak

begriffen I. *pp von* **begreifen II.** *adj* üzere olan (*zu* -mek); **die Gäste sind im Aufbruch ~** konuklar gitmek üzere

begrifflich *adj* kavramsal

begriffsstutzig *adj*, **begriffsstützig** *adj* (*österr: pej*) anlayışı kıt olan, anlayışsız, kalın kafalı; **er ist etwas ~** onun anlayışı biraz kıttır

Begriffsstutzigkeit *f ohne Pl*, **Begriffsstützigkeit** *f ohne Pl* (*österr*) anlayış kıtlığı, anlayışsızlık, kalın kafalılık

Begriffsvermögen *nt ohne Pl* anlayış, anlama yeteneği, anlama ve kavrama yetisi

begründen* *vt* **1.** (*Gründe aufführen*) gerekçe göstermek, gerekçelendirmek; **wie willst du das ~?** bunu nasıl gerekçelendireceksin?; **womit willst du das ~?** buna ne gerekçe göstereceksin?; **können Sie Ihr Verhalten ~?** davranışınız için gerekçe gösterebilir misiniz? **2.** (*gründen*) kurmak

Begründer(in) *m(f)* <-s, -; -nen> kurucu;

begründet *adj* gerekçeli; (*berechtigt*) haklı; **nicht ~ sein** gerekçesiz olmak; **wohl ~**[RR] gerekçeli, esas itibariyle yerinde olan

Begründung *f* <-en> **1.** (*Grund*) gerekçe, gerektirici sebep; **etw als ~ anführen** bir şeyi gerekçe [*o* gerektirici sebep] olarak göstermek **2.** (*Gründung*) kurma

begrünen* *vt* yeşertmek; (*beim Straßenbau*) çimlendirmek; **Begrünung** *f* çimlendirme

begrüßen* *vt* **1.** (*Gast*) karşılamak; (*beim Kommen grüßen*) geldiğinde esenlemek [*o* selâmlamak]; (*willkommen heißen*) hoş geldin(iz) demek (-e) **2.** (*fig: billigen, gutheißen*) onamak, uygun bulmak; (*für richtig halten*) doğru bulmak; (*freudig zur Kenntnis nehmen*) memnuniyetle karşılamak; **wir ~ es sehr, dass ...** ...iğini çok doğru buluyoruz; **begrüßenswert** *adj* memnuniyet verici, sevindirici

Begrüßung *f* <-en> (*Empfang*) karşılama; (*Gruß bei jds Kommen*) geldiğinde esenleme [*o* selâmlama]

begünstigen* [bəˈgʏnstɪgən] *vt* **1.** (*förderlich sein*) yaramak (-e), lehine olmak (-in); (*positiv beeinflussen*) olumlu şekilde etkilemek; **er war vom Schicksal begünstigt** kısmeti açıktı **2.** (JUR: *Verbrechen*) suç işlendikten sonra suçluya [*o* faile] yardım etmek **3.** (*bevorzugen*) kayırmak, gözetmek

Begünstigung *f* <-en> **1.** (*Förderung*) teşvik **2.** (JUR) suç işlendikten sonra suçluya [*o* faile] yardım **3.** (*Bevorzugung*) kayırma

begutachten* *vt* **1.** mütalâada bulunmak (hakkında), görüş ve düşünce ileri sürmek (hakkında); (*prüfen*) mütâala etmek, irdelemek **2.** (*schriflich*) ekspertizini yapmak (-in), bilirkişi raporu düzenlemek [*o* hazırlamak] (hakkında); **etw ~ lassen** bir şey hakkında bilirkişi raporu düzenletmek [*o* hazırlamak]

Begutachtung *f* <-en> ekspertiz, bilirkişi raporu düzenleme [*o* hazırlama]; (*Untersuchung*) keşif, muayene, inceleme

begütert [bəˈgyːtɐt] *adj* malı mülkü olan, varlıklı; (*reich*) zengin

behaart [bəˈhaːɐt] *adj* saçlı, kıllı; (*Tiere*) tüylü

behäbig [bəˈhɛːbɪç] *adj* **1.** (*beleibt*) semirgin **2.** (*phlegmatisch*) semirgin; (*fig*) rahat **3.** (*Schweiz: stattlich*) zengin

behaftet [bəˈhaftət] *adj*: **mit etw** *dat* **~ sein** bir şeye tutulmuş olmak, bir şey ile dolu olmak

behagen* [bəˈhaːgən] *vi* hoşa gitmek; **etw behagt jdm** bir şey herkesin hoşuna gitmek

Behagen *nt ohne Pl* <-s> keyif; **mit ~ essen** keyifle yemek

behaglich [bəˈhaːklɪç] *adj* (*angenehm*) hoş; (*gemütlich*) rahat; **der Ofen verbreitet eine ~e Wärme** soba ortalığa hoş bir sıcaklık yayıyor

Behaglichkeit *f ohne Pl* rahatlık

behalten* *irr vt* **1.** (*nicht wegwerfen*) (elinde) tutmak, saklamak **2.** (*Glanz, gute Laune, Wert*) korumak; (*Geheimnis*) saklamak, tutmak; **die Nerven ~** sinirlerine hâkim olmak **3.** (*sich merken*) akılda tutmak, hatırında tutmak; **im Auge ~** göz önünde tutmak [*o* bulundurmak] **4.** (*nicht abgeben*) tutmak, alıkoymak, vermemek; (*Hut*) çıkarmamak; **der Kranke kann nichts bei sich ~** hasta yanında hiçbir şey tutamaz [*o* bulunduramaz]; **etw für sich ~** bir şeyi başkasına söylememek; **~ Sie (doch) Platz!** kalkmayınız!

Behälter [bəˈhɛltɐ] *m* <-s, -> kap

behämmert [bə'hɛmɐt] *adj* (*fam*) dangalak

behänd(e)RR [bə'hɛnt, bə'hɛndə] *adj* 1. (*flink*) atik, çevik 2. (*gewandt und geschickt*) becerikli

behandeln* *vt* 1. (*Mensch*) davranmak (-e); (*Thema, Material*) işlemek; (*Problem*) ele almak; **er behandelt sie gut/schlecht** ona iyi/kötü davranıyor 2. (*handhaben*) kullanmak 3. (MED: *Krankheit*) tedavi etmek; **der ~de Arzt** tedavi eden hekim; **seine Zähne ~ lassen** dişlerini baktırmak

behändigen* [bə'hɛndɪgən] *vt* (*Schweiz: ergreifen*) ele geçirmek

Behandlung *f* <-en> 1. (*Umgang*) muamele; **diese ~ hat er (nicht) verdient** bu muameleyi hak etti (etmedi) 2. (*Therapie*) tedavi; **ambulante/stationäre ~** ayakta/yatakta tedavi; **bei wem sind Sie in ~?** kimde tedavi görüyorsunuz?; **ich war früher in ~ bei Dr. X wegen ...** bundan önce ... yüzünden Dr. X beni tedavi ediyordu 3. (*eines Themas*) işleme 4. (TECH) işleme; **Behandlungskosten** *Pl* tedavi masrafları *pl*; **Behandlungsmethode** *f* tedavi yöntemi

behängen* I. *vt* takmak (-e, *mit* -) II. *vr*: **sich ~** (*fam pej*) takıp takıştırmak (*mit* -)

beharren* [bə'harən] *vi* ısrar etmek (*auf* -de), ayak diremek (*auf* -de); **auf seiner Meinung ~** fikrinde [*o* düşüncesinde] ısrar etmek; **auf seinen Grundsätzen ~** prensiplerinden dönmemek

beharrlich *adj* 1. (*ausdauernd*) sebatlı, direşken; (*standhaft*) metin, metanetli 2. (*hartnäckig, nachdrücklich*) ısrarlı

Beharrlichkeit *f* 1. (*Ausdauer*) sebat, direşme 2. (*Hartnäckigkeit*) ısrar, direnme

behauen <behaut, behaute, behauen> *vt* (*Steinblöcke, Baumstämme*) tasarlamak (*bir taşın, bir ağacın*) *kaba bölümlerini, çıkıntılarını almak*

behaupten* [bə'haʊptən] I. *vt* 1. (*These*) iddia etmek, ileri sürmek; (*fig*) dayatmak, kabul ettirmek; **er behauptete, mich (nicht) gesehen zu haben** beni gördüğünü (görmediğini) iddia etti 2. (*Platz, Stelle*) korumak II. *vr*: **sich ~** 1. (*sich durchsetzen*) kendini kabul ettirmek; **sich gegen jdn ~** kendini birine kabul ettirmek 2. (*Preise*) yerini korumak

Behauptung *f* <-en> 1. iddia, sav; **eine ~ aufstellen** bir savı öne sürmek, bir iddiayı ileri sürmek 2. (MATH) önerme; **diese ~ ist umkehrbar** bu önerme evrişiktir

Behausung [bə'haʊzʊŋ] *f* <-en> (*geh*) konut, mesken

beheben* *irr vt* 1. (*beseitigen*) yok etmek, ortadan kaldırmak; (*Missstand, Schaden*) gidermek 2. (*österr: vom Konto abheben*) çekmek

beheimatet [bə'haɪma:tət] *adj* memleketi ... olan (*in* -); **er ist in Berlin ~** onun memleketi Berlin'dir, o, Berlinlidir

beheizen* *vt* ısıtmak

Behelf [bə'hɛlf] *m* <-(e)s, -e> geçici çare; (*Rechts~*) yol

behelfen* *irr vr*: **sich ~** 1. (*sich mit einem (unzureichenden) Ersatz helfen*) idare etmek (*mit* ile, *ohne* -siz) 2. (*ohne Hilfe fertig werden*) başının çaresine bakmak

behelfsmäßig *adj* palyatif, geçici; (*vorläufig*) eğreti, geçici

behelligen* [bə'hɛlɪgən] *vt* rahatsız etmek (*mit* ile)

behend(e) *adj s.* **behänd(e)**

beherbergen* [bə'hɛrbɛrgən] *vt* barındırmak; **Gäste ~** misafir [*o* konuk] etmek

beherrschen* I. *vt* 1. (*Macht haben*) hâkim olmak (-e); (*regieren*) hükmetmek (-e) 2. (*zügeln*) tutmak, hâkim olmak (-e) 3. (*Handwerk, Sprache, Instrument*) iyi bilmek; (*Situation*) hâkim olmak (-e) II. *vr*: **sich ~** (*sich zügeln*) kendini tutmak, kendine hâkim olmak

beherrschend *adj* hâkim, egemen

beherrscht *adj* ölçülü

Beherrschung *f ohne Pl* 1. (*Selbst~*) kendine hâkim olma, kendine tutma; **die ~ verlieren** kendini tutamamak, kendine hâkim olamamak 2. (*Wissen, Können*) iyi bilme

beherzigen* [bə'hɛrtsɪgən] *vt* dinlemek, ciddiye alarak ona göre hareket etmek

Beherzigung *f* dinleme

beherzt [bə'hɛrtst] *adj* yürekli, koçak, cesur

Beherztheit *f ohne Pl* yüreklilik, yiğitlik

behilflich *adj*: **jdm (bei etw) ~ sein** birine (bir şeyde) yardımcı olmak

behindern* *vt* 1. engel olmak (-e); (*Verkehr*) engellemek; **jds Sicht ~** birinin görmesine engel olmak 2. (*verhindern*) önlemek

behindert *adj* (*körperlich*) sakat, engelli; (*geistig*) özürlü

Behinderte(r) *mf* <-n, -n; -n> engelli, sakat, özürlü

Behindertensport *m ohne Pl* engelli sporu

Behinderung *f* <-en> 1. (*des Verkehrs*) engelleme; (*einer Sache*) engelleme 2. (MED) sakatlık, özür

Behörde [bə'hø:ɐdə] *f* <-n> 1. (*Amt*) makam; **die zuständige ~** yetkili makam 2. (*Gebäude*) resmî daire; **behördenübergreifend** *adj* birden fazla makamı ilgilendiren

behördlich [bə'hø:ɐtlɪç] *adj* resmî

behüten* *vt* (*schützen*) korumak (*vor* -den); **Gott behüte!** Tanrı [*o* Allah] korusun!; **behütet** *adj:* ~ **aufwachsen** himaye altında büyümek

behutsam [bə'hu:tza:m] **I.** *adj* (*sorgsam-vorsichtig*) sakıngan, ihtiyatlı, achtsam, dikkatli, özenli **II.** *adv* dikkatle, özen göstererek; **mit etw ~ umgehen** bir şeyi dikkatle [*o* özen göstererek] kullanmak

bei [baɪ] *präp* **1.** (*räumlich*): **in Unna ~ Dortmund** Dortmund yakınındaki Unna'da; **die Schlacht ~ Leipzig** Leipzig civarındaki muharebe; **dicht ~ der Fabrik** fabrikanın hemen yanında; **ich war ~ meinem Onkel** (*Bruder der Mutter*) dayımın yanındaydım; (*Bruder des Vaters*) amcamın yanındaydım; **ich saß ~ ihm** (onun) yanında oturdum; **~ Tisch** sofrada; **~m Bäcker** ekmekçide **2.** (*für Firmen*) -de; **sie arbeitet ~ der Bahn** demir yollarında çalışıyor; **ein Konto ~ der Bank haben** bankada bir hesabı olmak **3.** (*für Wohnbereich*): **wir sind ~ Susanne zum Abendessen eingeladen** biz Suzanne'ye akşam yemeğine davetliyiz; **er wohnt ~ seinen Eltern** anne ve babasının yanında oturuyor; **~ jdm zu Hause sein** birinin evinde olmak, birinin yanında kalmak; **~ mir zu Hause** benim evimde **4.** (*zeitlich*): **~ den schweren Regenfällen** şiddetli yağışlar sırasında; **~ Tag** gündüzün; **~ Nacht** gece(leyin); **~ beginn der Vorstellung** gösterinin [*o* programın] başında **5.** (*an sich tragend*): **hast du etwas Geld ~ dir?** yanında biraz para var mı?; **ich habe kein Geld ~ mir** yanımda hiç para yok **6.** (*während*): **~ der Arbeit** işte; **~m Arbeiten sah er ...** çalışırken [*o* iş başında] ...i gördü; **~ Nacht** geceleyin; **vorsicht ~m Aussteigen!** inerken dikkat ediniz!; **~ Gelegenheit** fırsat düşünce; **~m Lesen des Artikels** makaleyi okurken; **~ näherer Betrachtung** yakından bakıldığında, daha yakından bakınca **7.** (*falls*): **~ Nebel** siste; **„~ Feuer Scheibe einschlagen"** „yangın halinde camı kırınız" **8.** (*sonstiger Gebrauch*): **~ guter Gesundheit sein** sağlığı [*o* sıhhati] yerinde olmak; **~ reiflicher Überlegung** iyice düşünüp taşındıktan sonra; **~ zwanzig Grad unter Null** sıfırın altında yirmi derecede; **~ offenem Fenster schlafen** pencere açık uyumak; **~ aller Vorsicht** bütün dikkatine karşın; **es geht ~m besten Willen nicht!** bütün iyi niyetime rağmen olamaz!; **~ Gott!** vallahi!; **~ seinen Fähigkeiten** onun yetenekleriyle

bei|behalten* *irr vt* saklamak, sürdürmek; **seine Gewohnheit ~** alışkanlığını bırakamamak

Beiboot *nt* (NAUT) filika

bei|bringen *irr vt* **1.** (*lehren*): **jdm etw ~** birine bir şey öğretmek **2.** (*mitteilen*) haber vermek **3.** (*beschaffen*) tedarik etmek; (*herbeiholen*) getirmek; **Dokumente ~** belgeler getirmek [*o* tedarik etmek] **4.** (*zufügen*): **jdm eine Niederlage ~** birini hezimete [*o* yenilgiye] uğratmak, birini yenmek; **jdm eine Wunde ~** birini yaralamak

Beichte ['baɪçtə] *f* <-n> (*a.* REL) günah çıkarma; **zur ~ gehen** günah çıkarmaya gitmek

beichten I. *vi* günah çıkarmak **II.** *vt* (*fig*) itiraf etmek

Beichtgeheimnis *nt* (REL) günah çıkarma sırrı; **Beichtstuhl** *m* (REL) günah çıkarma hücresi; **Beichtvater** *m* (REL) günah çıkaran papaz

beide ['baɪdə] *adj* (her) iki; **ihr ~n** ikiniz; **ihr habt ~ Recht** ikiniz de haklısınız; **wie geht es euch ~n?** ikiniz nasılsınız?; **alle ~** (her) ikisi de; **die ~n anderen** diğer ikisi; **ihre ~n Schwestern** iki kız kardeşi; **einer von ~n** ikisinden biri; **keiner von ~n** ikisi de değil; **wir ~** ikimiz (de); **~s** ikisi de; **~ Mal** her iki defasında, iki defasında da

beidemal *adv s.* **beide**

beiderlei ['baɪdɐlaɪ, '--'-] *adj inv* her iki; **~ Geschlechts** her iki cinsten; **beiderseitig** *adj* **1.** (*auf beiden Seiten*) (her) iki yandaki [*o* taraftaki]; (*von beiden Seiten ausgehend*) (her) iki yandan [*o* taraftan] **2.** (*gegenseitig*) karşılıklı; **in ~em Einvernehmen** karşılıklı anlaşma ile

beiderseits I. *präp* (her) iki tarafında [*o* yanında]; **~ des Rheins** Ren'in iki yakasında **II.** *adv* (her) iki taraftan [*o* yandan]; (*gegenseitig*) karşılıklı olarak; **sie haben ~ versprochen nichts zu sagen** hiçbir şey söylemeyeceklerine karşılıklı olarak söz verdiler

beidhändig *adj* iki eli hünerli, her iki elini de maharetle kullanabilen

beidseitig ['baɪtzaɪtɪç] *adj* her iki taraftaki; (MED) her iki yandaki; **zur ~en Zufriedenheit** her iki tarafı da memnun edecek biçimde

beieinander [--'--] *adv* bir arada, birlikte; **du hast wohl nicht alle ~!** (*fam*) sen kendinde değilsin galiba!

Beifahrer(in) *m(f)* <-s, -; -nen> (şoförün yanındaki koltukta oturan) yolcu; **Beifahrerairbag** *m* (AUTO) yolcu hava yastığı; **Beifahrersitz** *m* yolcu koltuğu

Beifall *m ohne Pl* <-(e)s> **1.** (*Applaus*) alkış, el çırpma; (*Akklamation*) alkışlama; **viel ~ ernten/bekommen** çok alkış toplamak/almak; **der ~ brach los** alkış koptu; **jdm ~ spenden** birini alkışlamak; **~ klatschen** alkış tutmak, alkışlamak **2.** (*Bejahung, Zustimmung*) alkışlama, beğenme, takdir etme; **jds ~ finden** biri tarafından beğenilmek

beifällig ['baɪfɛlɪç] *adj:* **~ aufnehmen** onayarak [*o* tasvip ederek] kabul etmek; **~ nicken** onayarak [*o* tasvip ederek] baş sallamak

Beifallssturm *m* alkış tufanı

bei|fügen *vt* **1.** (*Unterlagen*) eklemek, ilâve etmek **2.** (*dazusagen*) ilâve etmek

Beifügung *f* **1.** (FIN): **unter ~ eines Verrechnungsschecks** hesaba geçirilmek üzere çekilen bir çek ekleyerek **2.** (LING) niteleme sıfatı

Beigabe *f* <-n> (COM: *Zugabe*) armağan, ilâve; **unter ~ von** (*beim Kochen*) katarak, ilâve ederek

beige [be:ʃ] *adj* bej

Beige *f* <-n> (*österr: Stapel*) yığın

bei|geben *irr* **I.** *vi* (*geh: sich fügen*) boyun eğmek (-e); **klein ~** pes etmek, yelkenleri suya indirmek **II.** *vt* (*geh: hinzufügen*): **etw** *dat* **etw ~** eklemek, katmak, ilâve etmek

Beigeschmack *m ohne Pl* <-(e)s> asıl tadın yanındaki tat, asıl tadı bastıran tat; **einen unangenehmen ~ haben** hoş olmayan bir tadı daha olmak; **das hat einen ~ von ...** (*fig*) bunun ...i andıran bir özelliği daha var

Beiheft *nt* <-(e)s, -e> ilâve

Beihilfe[1] *f* <-n> **1.** (*Unterstützung*) destek görme; (*finanzielle Unterstützung*) malî [*o* parasal] yardım **2.** (*staatliche*) devlet yardımı, ödenek

Beihilfe[2] *f ohne Pl* (JUR) yardımcılık; **~ zum Mord** adam öldürmeye yardımcılık

bei|kommen *irr vi sein* **1.** (*zu fassen bekommen*): **jdm ~** birine diş geçirmek; **ihr ist einfach nicht beizukommen** ona diş geçirmek kolay değil **2.** (*bewältigen*): **etw** *dat* **~** bir şeyle başa çıkmak

beil. *Abk. von* **beiliegend** ilişik olan

Beil [baɪl] *nt* <-(e)s, -e> **1.** (*Axt*) balta; (*kleines ~*) keser **2.** (*Fall~*) giyotin

Beilage *f* <-n> **1.** (PUBL: *in Zeitung*) ek, ilâve **2.** (GASTR: *Essen~*) garnitür

beiläufig ['baɪlɔɪfɪç] **I.** *adj* **1.** (*Frage*) söz arasında geçen **2.** (*österr: etwa*) yaklaşık **II.** *adv* söz arasında, sırası gelmişken; **~ gesagt** antrparantez

bei|legen *vt* **1.** (*aus der Welt schaffen*) ortadan kaldırmak, son vermek (-e); (*schlichten*) uzlaştırmak, ara bulmak **2.** (*einer Sendung*) ek [*o* ilâve] olarak koymak; (*einem Briefe*) ilişik olarak sunmak **3.** (*zuschreiben*) vermek; **etw** *dat* **Gewicht/Wert ~** bir şeye ağırlık/değer vermek; **Beilegung** *f* (*von Streit*) uzlaşma

beileibe [baɪ'laɪbə] *adv:* **~ nicht!** kesinlikle!, kat'iyen!; **~ kein Held** hiç de kahraman değil

Beileid *nt ohne Pl* <-(e)s> baş sağlığı; **mein aufrichtiges ~!** başınız sağ olsun!; **jdm sein ~ aussprechen** birine baş sağlığı dilemek; **Beileidskarte** *f* baş sağlığı kartı

bei|liegen *irr vi* (*in Brief*) ilişik olmak; (*einer Zeitung*) ekte olmak

beiliegend *adj* ilişik olan; **~ sende ich ...** ...i ilişik olarak gönderiyorum

beim [baɪm] = **bei dem** *s.* **bei**

bei|mengen *vt* katmak

bei|messen *irr vt:* **einer Sache Bedeutung ~** bir şeye önem vermek

bei|mischen *vt* katmak

Beimischung *f* katma, katkı

Bein [baɪn] *nt* <-(e)s, -e> **1.** (*Körperteil*) bacak; **die ~e übereinander schlagen** ayak ayak üstüne atmak; **er stellt ihm ein ~** (*a. fig*) ayağına çelme takıyor, ona çelme takıyor [*o* atıyor]; **sich** *dat* **(k)ein ~ ausreißen** (*fam fig*) fazla emek ver(me)mek; **mit einem ~ im Grab stehen** (*fam fig*) bir ayağı çukurda olmak; **sich** *dat* **die ~e in den Bauch stehen** (*fam fig*) ayaklarına [*o* ayağına] kara su inmek; **mit beiden ~en im Leben stehen** (*fam fig*) işini bilmek; **jdm ~e machen** (*fam fig: jdn fortjagen*) birini kov(ala)mak; (*jdn antreiben*) birinin iki ayağını bir pabuca sokmak; **die ~e in die Hand nehmen** (*fam fig*) çok acele etmek; **etw auf die ~e stellen** (*fam fig*) bir şeyi yoluna koymak; **er ist schon wieder auf den ~en** (*fam*) tekrar ayağa kalktı bile; **immer wieder auf die ~e fallen** (*fig*) hep dört ayağının üstüne düşmek; **mit dem linken ~ zuerst aufgestanden sein** (*fam*) ters [*o* sol] tarafından kalkmış olmak; **Lügen haben kurze ~e** (*prov*) yalancının mumu yatsıya kadar yanar **2.** (*Tisch~, Stuhl~*) ayak **3.** (*geh: Knochen*) kemik; **etw geht jdm durch Mark und ~** (*fam fig*) bir şey iliğini kemiğini kurutmak

beinah(e) ['baɪna:(ə), '-'-(-)] *adv* neredeyse, hemen hemen, az kaldı, az kalsın; **ich hätte ~ ... gesagt** az kalsın ... diyecektim

Beiname *m* <-ns, -n> (*Spitzname*) lâkap

Beinbruch *m* bacak (kemiğinin) kırılması; **das ist doch kein ~!** (*fam*) bu o kadar kötü değil ki!; **Hals- und ~!** başarılar!

beinern *adj* kemik(ten yapılmış)

Beinfreiheit *f* bacaklar için rahatça hareket edilebilecek yer

beinhalten* [bə'ɪnhaltən] *vt* içermek, ihtiva etmek, kapsamak

B

Beinprothese *f* <-n> (MED) bacak protezi; (*fam*) takma bacak
bei|ordnen *vt* **1.** (LING) eklemek **2.** (*beigeben*) yanına vermek
Beipackzettel *m* prospektüs
bei|pflichten ['baɪpflɪçtən] *vi:* **jdm in etw ~** birine bir şeyde hak vermek; **einem Vorhaben ~** bir projeye katılmak
Beirat ['baɪraːt] *m* <-(e)s, -räte> **1.** (*Person*) danışman, müşavir **2.** (*Körperschaft*) danışma kurulu
Beiried <-(e)s> *nt* (*österr*) biftek
beirren* [bə'ɪrən] *vt* şaşırtmak; **sich durch nichts ~ lassen** bildiğinden şaşmamak
Beirut [baɪ'ruːt, '--] *nt* <-s> Beyrut
beisammen [baɪ'zamən] *adv* **1.** (*zusammen*) birlikte, beraber **2.** (*in guter Verfassung*): **~ sein** (*körperlich*) eli ayağı tutar olmak; (*geistig*) aklı başında olmak; **nicht alle ~ haben** (*fam*) aklını kaçırmış olmak;
beisammen|sein *irr vi s.* **beisammen 2.**
Beisammensein *nt ohne Pl* <-s> birlikte [*o* beraber] olma
Beischlaf *m ohne Pl* <-(e)s> (*geh a.* JUR) cima, cinsel ilişki(de bulunma); **außerehelicher ~** evlilik dışı ilişkide bulunma, birinin yatağına girme
Beisein ['baɪzaɪn] *nt:* **in/ohne jds ~** biri varken/yokken; **in meinem ~** ben varken, benim yanımda
beiseite [baɪ'zaɪtə] *adv* **1.** (*auf der Seite*) (bir) kenarda, (bir) yanda; **er stand ~** bir kenarda durdu **2.** (*auf die Seite*) (bir) kenara, (bir) yana; **jdn ~ nehmen** birini bir kenara çekmek; **jdn ~ schaffen** birinin işini bitirmek; **etw ~ schaffen** bir şeyi kaçırmak; **Geld ~ legen** para biriktirmek; **Scherz ~, …** (*fam*) şaka bir yana [*o* tarafa], …
Beisel *nt* <-s, -(n)> meyhane
bei|setzen *vt* **1.** (*beerdigen*) gömmek, defnetmek, toprağa vermek **2.** (NAUT: *Segel*) açmak
Beisetzung *f* <-en> (*geh*) gömülme, defnedilme, toprağa verilme; (*Urnen~*) ölü küllerinin saklandığı kabın toprağa verilmesi
Beisitzer(in) *m(f)* <-s, -; -nen> **1.** (*am Gericht*) üye (yargıç), naip **2.** (*eines Ausschusses*) komite üyesi
Beispiel *nt* <-(e)s, -e> örnek, misal; **(wie) zum ~** örneğin, meselâ; **jdm ein ~ geben** birine bir örnek vermek; **an ihm kannst du dir ein ~ nehmen** onu kendine örnek alabilirsin; **mit gutem ~ vorangehen** davranışlarıyla başkalarına örnek olmak; **beispielhaft** *adj* örnek (olacak nitelikte)
beispiellos *adj* emsalsiz, eşsiz; (*unerhört*) duyulmamış; (*unvergleichbar*) kıyas edilemez
beispielsweise *adv* söz gelişi, söz gelimi, örneğin, meselâ
beißen ['baɪsən] <beißt, biss, gebissen> **I.** *vi, vt* **1.** (*zubeißen*) ısırmak; **in den sauren Apfel ~** (*fig*) ister istemez yapmak zorunda kalmak; **ich habe mir auf die Zunge gebissen** dilimi ısırdım; **nichts zu ~ haben** (*fam*) ağzına koyacak bir şeyi olmamak; **Hunde, die bellen, ~ nicht** (*prov*) ürüyen köpek ısırmaz; **den Letzten ~ die Hunde** (*prov*) sona kalan dona kalır; **ins Gras ~** (*fam fig*) tahtalıköyü boylamak **2.** (*Schlange, Insekt*) sokmak **II.** *vi* (*Geruch, Geschmack*) yakmak; **der Rauch beißt in den Augen** duman gözleri yakıyor **III.** *vr:* **sich ~** (*fam*): **die Farben ~ sich** renkler uyuşmuyor; **beißend** *adj* (*fig*) **1.** (*Kälte*) keskin, sert; (*Rauch*) yakan, yakıcı; (*Geschmack*) acı **2.** (*Bemerkung, Spott*) iğneleyici, kırıcı, dokunaklı
Beißzange *f* kerpeten, kıskaç
Beistand *m* <-(e)s, -stände> **1.** (*geh: Hilfe*) yardım; (*Unterstützung*) destekleme; **jdm ~ leisten** birine yardım etmek **2.** (JUR) kayyım [*o* kayyum]; (*Berater*) müşavir; (*Beratung*) müşavirlik; **rechtlicher ~** hukukî müşavir(lik); **Beistandspakt** *m* (POL) karşılıklı yardım antlaşması
bei|stehen *irr vi:* **jdm ~** birine yardım etmek, birine destek olmak
Beistelltisch *m* sehpa, iskemle
bei|steuern *vt* katkıda bulunmak (-e, *zu* için)
bei|stimmen *vi* düşüncesine katılmak (-in)
Beistrich *m* <-(e)s, -e> (*österr: Komma*) virgül
Beitrag ['baɪtraːk] *m* <-(e)s, -träge> **1.** (*Anteil, Mitwirkung*) katkı; **seinen ~ zu etw leisten** bir şey için katkıda bulunmak **2.** (*Geldbetrag*) meblağ, katkı payı, ödenti; (*Mitglieds~*) aidat, ödenti; (*Versicherungs~*) prim **3.** (*Aufsatz, Artikel*) makale
bei|tragen *irr vt* katkıda bulunmak (*zu* için)
beitragspflichtig *adj* prim ödemek zorunda olan; **Beitragsrückerstattung** *f* prim iadesi; **Beitragssatz** *m* <-es, -sätze> (FIN) aidat [*o* prim] oranı; **Beitragszeit** *f* prim ödenen süre
bei|treten *irr vi sein* **1.** (*sich beteiligen*) katılmak (-e) **2.** (*einer Organisation*) girmek (-e); (*einer Partei, einem Verein*) üye olmak (-e)
Beitritt *m* <-(e)s, -e> katılma (*zu* -e), iştirak (*zu* -e), girme (*zu* -e); **seinen ~ erklären** katıldığını beyan etmek; **Beitrittserklärung** *f* <-en> katılma beyanı; **Beitrittskandidat** *m* (EU) aday ülke
Beiwagen *m* <-s, -> (*von Motorrad*) sepet,

motosiklet sepeti

Beiwerk *nt* <-(e)s, -e> (*geh: schmückende Zutat*) garnitür; (*Beigabe*) ilâve, aksesuar

bei|wohnen *vi* (*geh*) hazır bulunmak (-de), katılmak (-e); **einer Sache ~** bir işte hazır bulunmak; **einem Treffen ~** bir toplantıya katılmak

Beize ['baɪtsə] *f* <-n> **1.** (*für Holz*) tahta boyası **2.** (*zum Gerben*) palamut maddesi **3.** (GASTR) salamura

beizeiten [baɪ'tsaɪtən] *adv* vaktinde, zamanında

beizen ['baɪtsən] *vt* **1.** (*Holz*) tahta boyasıyla boyamak **2.** (GASTR: *Speisen*) salamura yapmak

bejahen* [bə'ja:ən] *vt* **1.** (*Frage*) evetlemek; (*ja sagen zu*) evet demek (-e) **2.** (*Leben, Vorschlag*) iyi bulmak

bejahend *adj* olumlu, müspet

bejahrt [bə'ja:ɐt] *adj* (*geh*) yaşını (başını) almış, yaşı ilerlemiş; **ein ~er Mann** yaşını (başını) almış bir adam

Bejahung *f* <-en> evetleme

bejammern* *vt*: **etw ~** bir şeye acınmak; **jdn ~** birine acımak

bejammernswert *adj* acınacak, acıklı

bejubeln* *vt* sevinçle karşılamak

bekämpfen* *vt* mücadele etmek (ile); **Schädlinge ~** haşaratla mücadele etmek

Bekämpfung *f* <-en> mücadele (*von* ile)

bekannt [bə'kant] **I.** *pp von* **bekennen** **II.** *adj* **1.** (*Person*) tanınan; (*Sache*) bilinen; **~ geben**RR bildirmek, tebliğ etmek; (*veröffentlichen*) yayınlamak; **etw ~ machen**RR bir şeyi duyurmak [*o* ilân etmek], bir şeyi tanıtmak [*o* lânse etmek]; **jdn mit jdm ~ machen**RR birini biriyle tanıştırmak; **jdn mit etw ~ machen** birine bir şeyi tanıtmak; **wie ist das ~ geworden?** bu nasıl belli oldu?; **das ist mir ~** bunu biliyorum; **wohl ~** (*geh*) maruf, herkesce bilinen [*o* tanınan], belli; **das kommt mir ~ vor** bu bana yabancı gelmiyor; **wir sind miteinander ~** biz tanışıyoruz; **darf ich Sie mit Herrn X ~ machen?** sizi Bay X ile tanıştırabilir miyim? **2.** (*berühmt*) ünlü, meşhur; **ein ~er Künstler** ünlü bir sanatçı

Bekannte(r) *mf* <-n, -n; -n> tanıdık, bildik; **ein ~r von mir** benim bir tanıdığım; **Bekanntenkreis** *m* muhit, (tanıdık) çevre(si)

Bekanntgabe *f* <-n> bildirme, tebliğ; (*in einer Zeitung*) ilân

bekannt|geben *irr vt s.* **bekannt II.1.**

bekanntlich *adv* bilindiği gibi

bekannt|machen *vt s.* **bekannt II.1.**

Bekanntmachung *f* <-en> **1.** (*Veröffentlichung*) ilân, duyurma; (*eines Gesetzes*) yayımlama **2.** (*amtlicher Anschlag*) ilân, duyuru

Bekanntschaft *f* <-en> **1.** (*persönliche Beziehung*) tanışıklık; **jds ~ machen** biriyle tanışmak; **mit etw ~ machen** bir şey hakkında bilgi edinmek **2.** (*Bekannter*) tanışık, tanıdık

bekannt|werden *irr vi sein s.* **bekannt II.1.**

Bekassine *f* <-n> (ZOOL: *Sumpfschnepfe*) batak çulluğu

bekehren* **I.** *vt* **1.** (REL: *zum Christentum*) Hristiyanlaştırmak (*zu* -); (*zum Islam*) Müslümanlaştırmak (*zu* -) **2.** (*zu einer Ansicht*) inandırmak (*zu* -e) **II.** *vr*: **sich ~** (*zum Christentum*) Hristiyanlaşmak (*zu* -); (*zum Islam*) Müslümanlaşmak (*zu* -)

Bekehrung *f* <-en> (REL: *zum Christentum*) Hristiyanlaş(tır)ma; (*zum Islam*) Müslümanlaş(tır)ma

bekennen* *irr* **I.** *vt* (*aussprechen*) açıkça söylemek, bildirmek, ikrar etmek; (*eingestehen*) kabul etmek, ikrar etmek; **Farbe ~** (*fam*) rengini belli etmek **II.** *vr*: **sich ~** **1.** (*eintreten für*): **sich zu etw ~** bir şeyden yana olduğunu açıkça söylemek; **sich zur Demokratie ~** demokrasiden yana olduğunu bildirmek [*o* açıkça söylemek] **2.** (*einstehen für*) kabul etmek, ikrar etmek; **sich schuldig ~** suçlu olduğunu kabul etmek; **Bekennerbrief** *m* sorumluluğu üstlenen mektup

Bekenntnis *nt* <-ses, -se> **1.** ikrar, kabul; (*Erklärung*) ikrar, bildirme, açıkça söyleme **2.** (REL: *Konfession*) mezhep

beklagen* **I.** *vt* (*Unglück, Schaden*) acı(n)mak (-e), yerinmek (-e); **jds Tod ~** birisi için yas [*o* matem] tutmak **II.** *vr*: **sich ~** sızlanmak; (*sich beschweren*) yakınmak (*über* -den), şikâyet etmek (*über* -); **sich bei jdm über etw ~** birine bir şeyi şikâyet etmek; **ich kann mich nicht ~** hâlimden şikâyetim yoktur; **Sie können sich nicht ~!** hâlinizden yakınmanıza hiçbir neden yoktur!

beklagenswert *adj* acınacak, acıklı; **ein ~er Unfall** acıklı bir kaza

Beklagte(r) [bə'kla:ktɐ] *mf* <-n, -n; -n> (JUR: *im Zivilprozess*) davalı

beklauen* *vt* (*fam*) aşırmak (-den); **jdn um 100 Euro ~** birinden 100 euro aşırmak

bekleben *vt* **1.** (*mit Klebstoff*) yapıştırmak **2.** (*mit Gegenständen*): **etw mit etw ~** bir şeye [*o* şeyin üzerine] bir şey yapıştırmak

bekleckern* **I.** *vt* (*fam*) leke etmek (*mit* ile); (*beschmieren*) sürmek (*mit* -) **II.** *vr*: **sich ~** üstünü kirletmek (*mit* ile), üstünü leke etmek (*mit* ile); **ich habe mich bekleckert** üstümü kirlettim [*o* leke ettim];

ich habe mir das Hemd (**mit Soße**) **bekleckert** gömleğimi (sos ile) leke ettim; **er hat sich nicht gerade mit Ruhm bekleckert** (*iron*) bu işten pek yüz akı ile çıkmış sayılmaz

beklecksen* **I.** *vt* leke etmek (*mit* ile); **etw mit Farbe ~** bir şeyi boya ile leke etmek **II.** *vr:* **sich ~** üstünü kirletmek (*mit* ile), üstünü leke etmek (*mit* ile)

bekleiden* *vt* **1.** (*geh: Amt, Rang*) haiz olmak **2.** (*anziehen*) giydirmek; **leicht bekleidet** hafif giyinmiş **3.** (*bedecken*) örtmek (*mit* -le)

Bekleidung[1] *f ohne Pl* (*eines Amtes*) haiz olma

Bekleidung[2] *f* <-en> **1.** (*Kleidung*) giyim; (*~sstück*) giysi **2.** (*Bedeckung*) örtü; **Bekleidungsindustrie** *f* giyim sanayii; **Bekleidungsstück** *nt* giysi

beklemmen *vt* sıkıntı vermek, bunaltmak; (*ersticken*) boğmak

beklemmend *adj* boğucu, bunaltıcı; (*bedrückend*) sıkıntılı

Beklemmung *f* <-en> sıkıntı, sıkışma; (*Atem~, Brust~*) darlık

beklommen [bə'klɔmən] *adj* sıkıntılı; (*bedrückt*) kaygılı, gamlı

Beklommenheit *f* <-en> sıkıntı

bekloppt [bə'klɔpt] *adj* (*fam*) budala; (*geistig nicht normal*) kafası çatlak, kafadan kontak

Bekloppte(r) *mf* (*fam*) budala, kafası çatlak

beknackt *adj* (*fam*) kafası çatlak, kafası kontak

beknien* *vt* (*fam*) ayağına [*o* ayaklarına] kapanmak (-in)

bekommen* *irr* **I.** *vt haben* **1. was ~ Sie** (**dafür**)? (*im Laden*) ne kadar tuttu?, borcum(uz) ne (kadar)?; **sie bekommt 20 Euro** (**für**) **die Stunde** saatine 20 euro alır; **jdn dazu ~ etw zu tun** birine bir şey yaptırtmak; **Flecken ~** lekelenmek; **etw zu essen ~** yiyecek bir şey bulmak; **es mit jdm zu tun ~** biriyle başı derde girmek; **eine Ohrfeige ~** bir tokat yemek; **er bekam ein Jahr Gefängnis** bir yıl hapis yedi; **ich habe es geschenkt ~** bana hediye verildi **2.** (*Zug*) yetişmek (-e); **wenn ich ihn zu fassen bekomme** onu bir elime geçirirsem **3.** (*Krankheit*) olmak; **Appetit ~** iştahı açılmak; **Zähne ~** diş çıkarmak, dişleri çıkmak; **ein Kind ~** bir çocuğu olmak; **graue Haare ~** saçları kırlaşmak; **eine Glatze ~** dazlaklaşmak; **Hunger/Angst ~** acıkmak/korkmak; **wir ~ anderes Wetter** hava değişiyor; **wir ~ bald Regen** birazdan yağmur yağacak; **er bekam Lust schwimmen zu gehen** canı yüzmeye gitmek istedi **II.** *vi* **1.** (*bedient werden*) servis yapılmak **2.** *sein* (*bekömmlich sein*): **jdm gut ~** birine yaramak [*o* iyi gelmek]; **jdm schlecht ~** birine dokunmak; **wohl bekomm's!** yarasın!, afiyet olsun!

bekömmlich [bə'kœmlɪç] *adj* (*Speisen*): **leicht ~** sindirimi kolay; **schwer ~** sindirimi güç; **fette Speisen sind schwer ~** yağlı yemeklerin sindirimi güçtür

beköstigen* [bə'kœstɪgən] *vt* yedirip içirmek; (*geh*) ağırlamak

Beköstigung *f* yedirip içirme, iaşe; (*geh*) ağırlama, ikram

bekräftigen* *vt* (*in etw bestärken*) pekiştirmek, tekit etmek; (*nachdrücklich bestätigen*) doğrulamak, teyit etmek

Bekräftigung *f* <-en> pekiştirme, doğrulama

bekränzen* [bə'krɛntsən] *vt* çelenk ile süslemek

bekreuzigen* *vr:* **sich ~** (REL) haç çıkarmak

bekriegen* *vt* savaşmak (ile)

bekritteln* *vt* (*fam pej*) eleştirmek

bekritzeln* *vt* karalamak

bekümmern* *vt* (*besorgt machen*) kaygılandırmak; (*beunruhigen*) tedirgin etmek

bekunden* [bə'kʊndən] *vt* **1.** (*geh: Absicht, Mitgefühl*) göstermek **2.** (JUR) beyan etmek; (*bezeugen*) doğrulamak

belächeln* *vt* gülümsemek (-e)

beladen* *irr* **I.** *vt* yüklemek (*mit* -) **II.** *vr:* **sich ~** yüklenmek (*mit* -i), üstüne almak (*mit* -i) **III.** *adj* yüklü; (*Mensch*) dolu

Belag [bə'la:k, *Pl:* bə'lɛ:gə] *m* <-(e)s, -läge> (*Zungen~*) pas; (*Zahn~*) pas; (*Straßen~*) kaplama; (*Fußboden~*) döşeme; (*Brems~*) balata

belagern* [bə'la:gɐn] *vt* **1.** (MIL) kuşatmak **2.** (*fam: sich drängen*) etrafını sarmak

Belagerung *f* <-en> (MIL) kuşatma; **Belagerungszustand** *m* (JUR) sıkıyönetim

belämmert[RR] [bə'lɛmɐt] *adj* (*fam*) **1.** (*von Personen*) süt dökmüş kedi gibi **2.** (*sl: von Sachen*) boktan, fena; **ein ~es Wetter** boktan bir hava

Belang [bə'laŋ] *m ohne Pl* <-(e)s> (*Bedeutung*) önem; **nicht von ~** önemi olmayan, önemli değil; **etw ist von/ohne ~ für jdn/etw** bir şey bir kimse/şey için önemli/önemsiz olmak

Belange *mPl* (*Interessen*) (haklı) menfaatler *pl;* (*Angelegenheiten*) (önemli) işler *pl;* **auswärtige ~ der Türkei** Türkiye'nin dış menfaatleri

belangen* *vt* **1.** (JUR: *verklagen*) dava etmek **2.** (*betreffen, angehen*) ilgilendirmek **3.** (*zur Rechenschaft ziehen*) hesap sormak (-den)

belanglos *adj* önemi olmayan, önemsiz, il-

gisiz
Belanglosigkeit *f* <-en> önemsiz şey; **über ~en sprechen** havadan sudan konuşmak
belassen* *irr vt* bırakmak; **wir wollen es dabei ~** bunu böylece bırakalım artık!; **alles beim Alten ~** her şeyi eskisi [*o* olduğu] gibi bırakmak; **etw an seinem Ort ~** bir şeyi yerinde bırakmak
belasten* **I.** *vt* **1.** (JUR: *zur Last legen*) isnat etmek, (suç) yüklemek; (*beschuldigen*) suçlamak; **~des Material** isnat edici belgeler **2.** (*mit Gewicht*) ağırlaştırmak; (*Fahrzeug*) yüklemek; **den Körper ~** vücuda yüklenmek **3.** (*bedrücken*) bunaltmak, başını ağrıtmak (-in); (*nervlich*) sıkıntı vermek (-e) **4.** (ÖKOL) kirletmek; **die Atmosphäre ~** havayı kirletmek **5.** (FIN: *Grundstück*) takyit etmek; (*Konto*) borç kaydetmek (-e) **II.** *vr:* **sich ~ 1.** (JUR) kendi kendini suçlamak **2.** (*sich aufbürden*): **sich mit etw ~** bir şeyi yüklenmek
belästigen* [bəˈlɛstɪgən] *vt* **1.** (*lästig sein*) rahatsız etmek, sıkıntı vermek (-e) **2.** (*zudringlich werden*) rahatsız [*o* taciz] etmek, sataşmak (-e)
Belästigung *f* <-en> rahatsız etme, sıkıntı verme, taciz; **etw als ~ empfinden** bir şeyi taciz olarak görmek; **sexuelle ~** cinsel taciz
Belastung *f* **1.** (*fig*) yük olma; (*Gewicht*) ağırlık **2.** (*von Fahrzeug*) yük; **höchstzulässige ~** azamî ağırlık **3.** (FIN: *Bankkonto*) borç kaydı **4.** (*Verpflichtung*) yüküm(lülük), mükellefiyet; **Belastungsfähigkeit** *f* (*durch Stress*) stresi kaldırma gücü; **Belastungsgrenze** *f* **1.** (*durch Gewicht*) istiap haddi, yükleme sınırı **2.** (*fig*) had, sınır; **Belastungsmaterial** *nt ohne Pl* <-s> (JUR) sanık aleyhindeki belgeler *pl;* **Belastungszeuge, -zeugin** *m, f* (JUR) kamu tanığı
belaubt [bəˈlaʊpt] *adj* yapraklı
belauern* *vt* gözetlemek
belaufen* *irr vr:* **sich ~** baliğ olmak (*auf* -e), bulmak (*auf* -i), tutmak (*auf* -)
belauschen* *vt* kulak kabartmak (-e); (*spionieren*) gizlice dinlemek
beleben* **I.** *vt* canlandırmak; **wieder ~** (*Person*) diriltmek; (*Wirtschaft*) canlandırmak; **jds Hoffnungen ~** bir kimsede umut uyandırmak **II.** *vr:* **sich ~** (*Straße*) canlanmak
belebend *adj* canlandırıcı; (*stärker*) diriltici
belebt *adj* **1.** (*lebendig*) canlı, hareketli **2.** (*Straße*) işlek
Belebung *f* <-en> canlandırma
Beleg [bəˈleːk] *m* <-(e)s, -e> **1.** (FIN: *Quittung*) makbuz; (*Kassen~*) fiş **2.** (*Beweis*) (ispat edici) belge **3.** (*~stelle*) alıntı yeri
belegen* *vt* **1.** (*Platz*) tutmak, ayırmak **2.** (*Seminar*) yazılmak (-e) **3.** (SPORT) almak; **er belegte den zweiten Platz** ikinciliği aldı **4.** (*Behauptung*) belgelemek **5.** (*Fußboden*) döşemek (*mit* ile); (*Brot*) koymak (*mit* -) **6.** (*mit Zoll*) koymak (*mit* -); (*mit Bußgeld*) vermek (*mit* -)
Belegexemplar *nt* (*Zeitschrift, Buch*) doküman nüsha
Belegschaft *f* <-en> personel
belegt *adj* **1.** (*Hotel, Zimmer*) dolu; (*Platz*) dolu, tutulmuş **2.** (*Stimme*): **~e Stimme** kısık [*o* boğuk] ses **3.** (*Brot*): **~e Brote** dilim sandviçler; **~es Brötchen** sandviç **4.** (*Zunge*) paslı
belehren* *vt* öğretmek (*über* -), bilgi [*o* akıl] vermek (-e), anlatmak; **jdn eines Besseren ~** birinin gözünü açmak, birine akıl vermek
belehrend *adj* öğretici
Belehrung *f* <-en> **1.** (*Erklärung*) öğret(il)me, anlat(ıl)ma; (*Auskunft*) bilgi **2.** (*Zurechtweisung*): **ich verbitte mir deine ~en!** bana akıl vermeye kalkma! **3.** (JUR) hak ve görevlerin öğretilmesi [*o* anlatılması]
beleibt [bəˈlaɪpt] *adj* cüsseli, iri yarı; (*dickbäuchig*) göbekli
beleidigen* [bəˈlaɪdɪgən] *vt* hakaret etmek (-e); (*kränken*) gücendirmek, incitmek; **ich wollte Sie nicht ~** sizi gücendirmek istemedim; **bist du jetzt beleidigt?** şimdi bana gücendin mi?
beleidigend *adj* gücendirici, incitici
Beleidigung *f* <-en> hakaret
beleihen* *irr vt* ikraz etmek, ödünç vermek
belemmert *adj s.* **belämmert**
belesen *adj* (*Person*) okumuş
Belesenheit *f ohne Pl* okumuşluk
beleuchten* *vt* **1.** (*mit Licht*) aydınlatmak, ışık tutmak (-e); (*festlich*) ışıklandırmak; **durch Kerzen ~** mum ile aydınlatmak **2.** (*fig: Frage*) aydınlatmak, ışık tutmak (-e)
Beleuchtung *f* <-en> **1.** (*Lichtanlage*) ışıklandırma, ışıklar *pl;* (*Kerzen~*) aydınlatma; **die ~ einschalten** ışıkları açmak **2.** (*fig*) ışık tutma [*o* tutulması]; **Beleuchtungsanlage** *f* ışıklandırma düzeni; **Beleuchtungskörper** *m* lâmba
beleumundet *adj:* **gut ~** iyi bir sanı olan
Belgien [ˈbɛlgiən] *nt* <-s> Belçika
Belgier(in) *m(f)* <-s, -; -nen> Belçikalı
belgisch *adj* Belçika (ile ilgili), Belçikalı; **die ~e Regierung** Belçika hükümeti; **~e Frauen/Männer** Belçikalı kadınlar/erkekler
Belgrad [ˈbɛlgraːt] *nt* <-s> Belgrad
belichten* *vt* (FOTO) ışıklamak
Belichtung *f* <-en> (FOTO) ışıklama

Belichtungsautomatik *f* (FOTO) otomatik ışıklama; **Belichtungsmesser** *m* (FOTO) fotometre, ışıkölçer; **Belichtungszeit** *f* (FOTO) poz, ışıklama süresi

belieben* *vi* (*geh*): **wie es Ihnen beliebt ist** nasıl isterseniz; **wann es Ihnen beliebt** ne zaman canınız isterse

Belieben *nt ohne Pl* <-s>: **nach** ~ istenildiği gibi [*o* kadar]; **ganz nach Ihrem** ~ istediğiniz gibi [*o* kadar]

beliebig I. *adj* herhangi bir, gelişigüzel; **zu jeder ~en Zeit** ne zaman olursa olsun; **von ~er Größe** her boyda; **in ~er Reihenfolge** gelişigüzel dizilerek; **jede ~e Arbeit annehmen** istenilen her işi kabul etmek **II.** *adv* nasıl istenilirse, gelişigüzel

beliebt *adj* (*Person*) sevilen, gözde, popüler; (*Ware*) revaçta olan; (*Thema*) revaçta olan, sevilen; **sich bei jdm ~ machen** birine kendini sevdirmek

Beliebtheit *f ohne Pl* sevilme, popülarite; **jd/etw erfreut sich großer** ~ bir kimse/şey çok sevilmek [*o* popüler olmak]

beliefern* *vt* göndermek (*mit* -)

Belieferung *f* <-en> gönder(il)me

bellen ['bɛlən] *vi* havlamak, ürümek; **Hunde, die ~, beißen nicht** ürüyen köpek ısırmaz

Belletristik [bɛle'trɪstɪk] *f ohne Pl* gökçe yazın, edebiyat; **belletristisch** *adj:* **~e Literatur** gökçe yazın, edebiyat; **~e Zeitschrift** edebiyat [*o* yazın] dergisi

belohnen* *vt* **1.** (*mit einem Preis*) ödüllendirmek (*für* için), mükâfatlandırmak (*für* için) **2.** (*anerkennen*) takdir etmek (*für* için); (*vergelten*) hakkını vermek (-in, *für* için)

Belohnung *f* <-en> ödül, mükâfat; **zur ~ für ...** ... için ödül olarak

belüften *vt* havalandırmak

Belüftung *f* <-en> **1.** havalandırma **2.** (*Anlage*) havalandırıcı; **Belüftungsschacht** *m* (BERGB) baca

belügen* *irr vt:* **jdn** ~ birine yalan söylemek

belustigen* **I.** *vt* (*zum Lachen bringen*) güldürmek, eğlendirmek **II.** *vr:* **sich** ~ (*geh: sich lustig machen*) gülmek (*über* -e); **sich mit etw** ~ bir şeyle eğlenmek

Belustigung *f* eğlenme; **zu meiner** ~ eğlenmem için

bemächtigen* [bə'mɛçtɪgən] *vr* (*geh*): **sich etw** *gen* ~ bir şeyi ele geçirmek; **sich jds** ~ (*fig*) birini ram etmek, birine boyun eğdirmek

bemalen* **I.** *vt* boyamak **II.** *vr:* **sich** ~ yüzünü boyamak, makyajını yapmak

bemängeln* [bə'mɛŋəln] *vt* **1.** (*etw*) kusur bulmak (-e) **2.** (*jds Verhalten*) kınamak, ayıplamak

bemannt [bə'mant] *adj* (*Raumschiff*) insan taşıyan

bemerkbar *adj* fark edilebilir, göze çarpar, hissedilir; **sich ~ machen** kendini belli etmek; (*durch Gesten*) kaş göz işareti yapmak

bemerken* *vt* **1.** (*merken*) fark etmek, farkına varmak (-in); (*wahrnehmen*) algılamak **2.** (*äußern*) söylemek, demek; (*erwähnen*) sözünü etmek (-in); **nebenbei bemerkt** antrparantez, söz arasında, sırası gelmişken; **bemerkenswert** *adj* ilgi çekici, dikkati üzerinde toplayan; (*Aufmerksamkeit verdienend*) dikkate [*o* kayda] değer

Bemerkung *f* <-en> söz, lâf; (*Anmerkung*) not

bemessen* *irr* **I.** *vt* (*zumessen*) tayin etmek, belirlemek; (*abmessen*) ölçmek; **meine Zeit ist knapp** ~ zamanım sınırlı, pek az vaktim var **II.** *vr:* **sich** ~ (*sich bestimmen*) belirlenmek (*nach* -e göre)

Bemessungsgrundlage *f* matrah, temel olarak alınan değer

bemitleiden* [bə'mɪtlaɪdən] *vt* acımak (-e); **sich selbst** ~ kendine acımak; **bemitleidenswert** *adj* acınacak

bemoost *adj* yosunlu

bemühen* [bə'my:ən] **I.** *vr:* **sich** ~ (*sich Mühe geben*) uğraşmak (*um* için), gayret göstermek (*um* için), çaba harcamak (*um* için); **bitte ~ Sie sich nicht!** lütfen zahmet etmeyin!; **sich um etw** ~ bir şey için uğraşmak [*o* gayret göstermek]; **sich um eine Stelle** ~ bir iş yeri bulmak için uğraşmak; **sich um jdn** ~ biri için zahmete girmek [*o* katlanmak]; **wärst du so freundlich dich zu mir zu ~?** zahmet olmazsa bana gelebilir misin? **II.** *vt* (*geh: bitten*) rica etmek; (*in Anspruch nehmen*) zahmete sokmak; **jdn zu sich** ~ birinin yanına gelmesini rica etmek

bemüht *adj:* **~ sein etw zu tun** bir şey yapmak için gayret göstermek; **um etw ~ sein** bir şey için uğraşmak [*o* gayret göstermek]; **um jdn ~ sein** biri için zahmete girmek [*o* katlanmak]

Bemühung *f* <-en> **1.** zahmet; (*Anstrengung*) gayret, çaba; **vielen Dank für Ihre ~en** zahmetinize çok teşekkür ederim **2.** *Pl* (*Dienstleistungen*) hizmetler *pl*

bemuttern* [bə'mʊtɐn] *vt:* **jdn** ~ birine analık etmek

benachbart [bə'naxba:ɐt] *adj* komşu; **das ~e Haus** yandaki ev

benachrichtigen* [bə'na:xrɪçtɪgən] *vt* haberdar etmek (*von* -den), haber vermek (-e, *von* -)

Benachrichtigung *f* <-en> haber ver(il)me; (*Nachricht*) haber; **eine ~ erhalten** bir haber almak

benachteiligen* [bə'na:xtaɪlɪgən] *vt* mağdur etmek, zarara uğratmak, haksızlık etmek (-e), hakkını yemek (-in, *wegen* -den dolayı); **diese Bestimmung benachteiligt Ausländer** bu hüküm yabancıları mağdur eder, bu hüküm yabancıların hakkını yer; **ein wirtschaflich benachteiligtes Gebiet** ekonomik bakımdan geri kalmış bir bölge

Benachteiligte(r) *mf* kıygın (kimse), mağdur (kimse)

Benachteiligung *f* <-en> **1.** (*das Benachteiligen*) haksızlık etme; (*das Benachteiligtwerden*) haksızlığa uğrama **2.** (*Zustand*) kıygınlık, mağdurluk, haksızlığa uğramış olma

benebelt *adj* (*fam: vom Alkohol*) kafası dumanlı

Benefizkonzert [bene'fi:ts-] *nt* <-(e)s, -e> hayır amacıyla düzenlenen konser

benehmen* *irr vr:* **sich ~** davranmak, tavır takınmak (*wie* gibi); **benimm dich!** terbiyesizlik etme [*o* yapma]!

Benehmen *nt ohne Pl* <-s> **1.** (*Verhalten*) davranış, tavır **2.** (*Manieren*) görgü, terbiye, tavır ve davranıslar *pl;* **kein ~ haben** görgüsü olmamak

beneiden* [bə'naɪdən] *vt:* **jdn um etw ~** birinin bir şeyine imrenmek [*o* gıpta etmek]; **er ist nicht zu ~** (durumu) imrenilecek gibi değil, ona imrenmiyorum; **ich beneide dich um dein Glück** şansına imreniyorum; **beneidenswert** *adj* imrenilecek

Beneluxländer *ntPl* (POL) Benelüks ülkeleri *pl*

benennen* *irr vt* **1.** (*Namen geben*) adlandırmak, adını vermek [*o* koymak] (-e, *nach* -in); **er wurde nach seinem Onkel benannt** ona dayısının adını verdiler [*o* koydular] **2.** (*Kandidaten*) adını bildirmek [*o* vermek] (-in)

Benennung *f* <-en> **1.** (*das Benennen*) adlandırma **2.** (*Name, Bezeichnung*) ad

benetzen* *vt* (*geh*) hafifçe ıslatmak

Bengel ['bɛŋəl] *m* <-s, -(s)> (*fam*) **1.** (*frecher Bursche*) yumurcak, afacan **2.** (*kleiner Junge*) oğlan

benommen [bə'nɔmən] **I.** *pp von* **benehmen** **II.** *adj* sersem; (*verwirrt*) şaşkın; (*vom Alkoholgenuss*) mahmur

benoten* *vt* not vermek (-e)

benötigen* [bə'nø:tɪgən] *vt* gereksemek, gereksinmek (-e), ihtiyacı olmak (-e); **dringend ~** acilen ihtiyacı olmak

benutzen* *vt* **1.** (*gebrauchen, verwenden*) kullanmak; (*Zug, Bus*) gitmek (ile) **2.** (*ausnutzen*) kullanmak; **er benutzte die Gelegenheit um zu fliehen** kaçmak için fırsatı kullandı; **etw als Vorwand ~** bir şeyi bahane etmek; **ich fühle mich (von ihr) benutzt** beni kullanıyormuş gibi bir his var içimde

benützen* *vt* (*reg*) *s.* **benutzen**

Benutzer(in) *m(f)* <-s, -; -nen> (*a.* INFORM) kullanıcı; **benutzerfreundlich** *adj* kullanımı kolay; **Benutzerhandbuch** *nt* (INFORM, TECH) kullanıcı el kitabı, kullanıcı kılavuzu; **Benutzerkonto** *nt* (INFORM) kullanıcı hesabı; **Benutzername** *m* <-ns, -n> (INFORM) kullanıcı adı; **Benutzeroberfläche** *f* <-n> (INFORM) kullanıcı yüzeyi [*o* arabirimi]

Benutzung *f* <-en> kullan(ıl)ma, kullanım; **etw in ~ haben** bir şeyi kullanıyor [*o* kullanmakta] olmak

Benzin [bɛn'tsi:n] *nt* <-s, -e> benzin; **Benzinfeuerzeug** *nt* benzinli çakmak; **Benzinkanister** *m* <-s, -> benzin bidonu; **Benzinpumpe** *f* (AUTO) akaryakıt pompası; **Benzintank** *m* (AUTO) benzin deposu

Benzinuhr *f* benzin göstergesi, akaryakıt göstergesi; **Benzinverbrauch** *m* (AUTO) benzin sarfiyatı

Benzoe [bɛn'tso:e:] *f* aselbent; **Benzoebaum** *m* aselbent ağacı

Benzol [bɛn'tso:l] *nt* <-s, -e> (CHEM) benzol

beobachten* [bə'ʔo:baxtən] *vt* **1.** (*betrachten*) gözlemek, gözlemlemek, bakmak (-e) **2.** (*überwachen*) gözetlemek **3.** (*bemerken*) fark etmek (*an* -de), görmek (*an* -de) **4.** (*befolgen, einhalten*) uymak (-e), riayet etmek (-e)

Beobachter(in) *m(f)* <-s, -; -nen> gözlemci

Beobachtung *f* <-en> gözlem, gözetleme; **~en anstellen** gözlemde bulunmak; **Beobachtungssatellit** *m* (MIL) keşif uydusu

beordern* *vt:* **jdn an einen Ort ~** bir yere gelmesi için birine emir vermek

bepacken* *vt* yüklemek (*mit* ile)

bepflanzen* *vt* dikmek (-e, *mit* -)

bequatschen* *vt* (*fam*) **1.** (*besprechen*) konuşmak **2.** (*überreden*) kandırmak, razı etmek

bequem [bə'kve:m] *adj* **1.** (*komfortabel*) rahat; **es sich ~ machen** rahatına bakmak **2.** (*pej: Person*) miskin, tembel **3.** (*fig: einfach*) kolay

bequemen* *vr:* **sich ~** lütfetmek (*zu* -e), tenezzül etmek (*zu* -e)

Bequemlichkeit[1] *f* <-en> (*Komfort*) konfor, rahat(lık)

Bequemlichkeit[2] *f ohne Pl* (*Trägheit*) miskinlik; (*Faulheit*) tembellik; **aus (purer) ~**

(sırf) tembellikten
berappen* *vt* (*fam: bezahlen*) (para) bayılmak, ödemek
beraten* *irr* **I.** *vt* **1.** (*Rat geben*) öğüt [*o* nasihat] vermek (-e), akıl vermek (-e) **2.** (*beratschlagen*) danısmak (*über* -), görüşmek (*über* -); **sich von jdm ~ lassen** birine akıl danışmak, birinin görüşünü almak; **sich von einem Anwalt ~ lassen** bir avukata danışmak **II.** *vr:* **sich ~** (*sich besprechen*) görüşmek (*mit* ile); (*Ärzte über Diagnose*) konsültasyon yapmak; **sich mit jdm ~ über etw** biriyle bir şey hakkında görüşmek
beratend *adj* danışma
Berater(in) *m(f)* <-s, -; -nen> danışman, müşavir
beratschlagen* [-'---] *vi, vt* danısmak (*über* -), görüşmek (*über* -)
Beratung *f* <-en> **1.** (*Ratschlag*) öğüt ver(il)me; (*Tätigkeit eines Beraters*) danışmanlık **2.** (*Besprechung*) görüşme, danış; (*von Ärzten über Diagnose*) konsültasyon **3.** (*Auskunft, Beratungsstelle*) danışma; **Beratungsstelle** *f* <-n> danışma bürosu; **Beratungsvertrag** *m* (WIRTSCH) danışmanlık sözleşmesi
berauben* *vt* yoksun etmek [*o* bırakmak]; **jdn einer Sache ~** birini bir şeyden yoksun etmek [*o* bırakmak]
berauschen* **I.** *vt* (*geh*) **1.** (*Alkohol, Droge*) sarhoş etmek **2.** (*fig*) mest etmek **II.** *vr:* **sich ~** (*geh*) **1.** (*sich betrinken*) sarhoş olmak (*an* -den) **2.** (*fig*) mest olmak (*an* -den)
berauschend *adj* (*Alkohol, Droge*) sarhoş [*o* mest] edici; **das war nicht sehr ~!** (*fam*) pek ahım şahım (bir şey) değildi, pek de şahane değildi!
Berber(in)[1] ['bɛrbɐ] *m(f)* <-s, -; -nen> **1.** (*Volkszugehöriger*) Berberî **2.** (*fam: Nichtsesshafte*) berduş
Berber[2] *m* <-s, -> (*Teppich*) Berberî halısı
berechenbar [bə'rɛçənba:ɐ] *adj* **1.** (FIN: *Kosten*) hesaplanabilir, hesap (kitap) edilebilir **2.** (*fig: voraussehbar*) önceden tahmin edilebilir
berechnen* *vt* **1.** (*Preis, Zinsen, Entfernung*) hesaplamak, hesap etmek **2.** (*kalkulieren*) hesaplamak, hesap etmek **3.** (*in Rechnung stellen*) hesap çıkarmak (*für* -e); **Sie haben mir das zu teuer berechnet** bunun için bana fazla hesap çıkardınız
berechnend *adj* (*pej: eigennützig*) çıkarcı, menfaatçi; (*die Vorteile bedenkend*) çıkarını düşünen, çıkarını kollayan
Berechnung *f* <-en> **1.** (*von Kosten*) hesap; **nach meiner ~** benim hesabıma göre **2.** (*pej: Eigennutz*) çıkar; **etw aus ~ tun** bir işi çıkarı için yapmak
berechtigen *vt* yetkilendirmek, yetkili kılmak; **zu der Annahme ~** (*fig*) sandırmak, olabileceğine daha çok inandırmak; **zu den größten Hoffnungen ~** (*fig*) en büyük umut kapısını açmak
berechtigt *adj* haklı, yetkili, hak sahibi olan; **~ sein etw zu tun** bir şeyi yapmaya yetkili olmak; **berechtigterweise** *adj* haklı olarak
Berechtigung *f* **1.** (*Recht*) hak; (*Befugnis*) yetki **2.** (*Rechtmäßigkeit*) meşruiyet
bereden* **I.** *vt* **1.** (*besprechen*) konuşmak (*mit* ile), görüşmek (*mit* ile); **ich habe etw mit dir zu ~** seninle konuşacağım bir şey var **2.** (*übel nachreden*): **jdn ~** birini çekiştirmek, biri hakkında kötü konuşmak **3.** (*überreden*) kandırmak, ikna etmek; **jdn ~ etw zu tun** birini bir şey yapmaya razı etmek **II.** *vr:* **sich ~** (*beratend besprechen*) görüşmek; **wir müssen uns ~** görüşmemiz gerek(li) [*o* lâzım]; **sich mit jdm ~ über etw** biriyle bir şeyi görüşmek
Beredsamkeit *f ohne Pl* belâgat
beredt [bə're:t] *adj* (*Person*) belâgatli
Bereich [bə'raɪç] *m* <-(e)s, -e> **1.** (*Gebiet*) bölge, alan **2.** (*Sachgebiet*) alan, dal, bölüm; (*Sektor*) sektör, kesim **3.** (*Aufgabengebiet, Zuständigkeit*) alan; **das fällt nicht in meinen ~** bu benim alanıma girmez; **im ~ des Möglichen liegen** imkân dâhilinde olmak
bereichern* **I.** *vt* zenginleştirmek (*mit* ile) **II.** *vr:* **sich ~** zenginleşmek (*an* ile)
Bereicherung *f* <-en> zenginleşme
bereifen* *vt* (AUTO) lâstik takmak (-e)
Bereifung *f* <-en> (AUTO) lâstikler *pl*
bereinigen* *vt* (*Missverständnis*) temizlemek; (*Angelegenheit*) halletmek, yoluna koymak; **sich ~** hallolmak
bereisen *vt* gezmek; **die Türkei ~** Türkiye'yi gezmek
bereit *adj* hazır; **~ sein etw zu tun** bir şeyi yapmaya hazır olmak
bereiten* *vt* **1.** (*zubereiten*) hazırlamak **2.** (*verursachen*) neden [*o* sebep] olmak (-e), yol açmak (-e); (*Schwierigkeiten*) çıkarmak; **jdm Kummer ~** birine dert olmak, birine sıkıntı vermek; **Vergnügen ~** zevk vermek; **etw** *dat* **ein Ende ~** bir şeye son vermek
bereit|halten *irr* **I.** *vt* alesta tutmak, hazır bulundurmak **II.** *vr:* **sich ~** alesta [*o* hazır durumda] beklemek; **bereit|legen** *vt* hazır etmek; **bereit|liegen** *irr vi* hazır olmak; **bereit|machen** **I.** *vt* hazırlamak **II.** *vr:* **sich ~** hazırlanmak (*für* için)
bereits [bə'raɪts] *adv* (*schon*) bile, artık; **ich habe ~ gegessen** yemek yedim bile; **~ am nächsten Tag** hemen ertesi günü;

diese Geschichte höre ich ~ zum hundersten Mal bu hikâyeyi artık yüzüncü defa dinliyorum; **die ~ vorhandenen Systeme** önceden mevcut sistemler

Bereitschaft *f* <-en> **1.** hazır olma [*o* bulunma]; (*Kriegs~*) seferberlik; **etw in ~ haben** bir şeyi hazır bulundurmak **2.** (*~sdienst*) nöbet; **welcher Arzt hat heute ~?** bugün hangi hekim nöbetçi?; **welcher Apotheke hat heute ~?** bugün nöbetçi eczane hangisi?; **Bereitschaftsarzt, -ärztin** *m, f* nöbetçi hekim; **Bereitschaftsdienst** *m* nöbet; **~ haben** nöbeti olmak; **Bereitschaftspolizei** *f* nöbetçi kolluk

bereit|stehen *irr vi* hazır bulunmak; **bereit|stellen** *vt* **1.** (*vorbereiten*) hazır etmek **2.** (*zur Verfügung stellen*) hazır bulundurmak; (*zur Lieferung*) stokta bulundurmak

Bereitstellungskosten *pl* stokta bulundurma maliyeti

bereitwillig *adj* istekli, gönüllü; **~ Auskunft erteilen** isteyerek bilgi vermek

bereuen* [bəˈrɔɪən] *vt* pişman olmak (-e); **das wirst du (noch) ~!** buna (daha sonra) pişman olacaksın!; **etw bitter ~** bir şeye bin pişman olmak

Berg [bɛrk] *m* <-(e)s, -e> **1.** dağ; (*Hügel*) yokuş; **~e versetzen (können)** (*fig fam*) dağları devir(ebil)mek; **über den ~ sein** (*fig*) paçayı kurtarmak; **längst über alle ~e sein** (*fig fam*) çoktan tüymüş olmak, çoktan kayıplara karışmış olmak; **jdm stehen die Haare zu ~e** (*fig fam*) birinin tüyleri diken diken olmak; **wenn der ~ nicht zum Propheten kommen will, muss der Prophet zum Berge gehen** (*prov*) dağ yürümezse, abdal yürür **2.** (*fig*) yığın

bergab [bɛrkˈʔap] *adv* yokuş aşağı; **~ gehen** (*Weg*) yokuş inmek; (*Geschäft*) yokuş aşağı gitmek; **es geht ~ mit ihm** (*fam*) durumu kötüleşiyor

Bergamotte [bɛrgaˈmɔtə] *f* <-n> (BOT) bergamot

Bergarbeiter(in) *m(f)* maden işçisi, madenci; **Bergarbeiterstreik** *m* madencilerin grevi

bergauf [bɛrkˈʔaʊf] *adv* yokuş yukarı; **~ gehen** yokuş çıkmak; **es geht steil ~** yokuş diklemesine çıkıyor; **langsam geht es wieder ~ mit ihm** (*fam*) yavaş yavaş durumu iyileşiyor

Bergbahn *f* dağ treni; (*Seilbahn*) teleferik

Bergbau *m ohne Pl* <-(e)s> madencilik

Bergbesteigung *f* <-en> dağa tırmanma; **Bergbewohner(in)** *m(f)* dağlı; **Bergdorf** *nt* dağ köyü

bergen [ˈbɛrgən] <birgt, barg, geborgen> *vt* **1.** (*retten*) kurtarmak **2.** (*geh: enthalten*) içine almak, ihtiva etmek; (*verbergen*) saklamak; **das birgt natürlich die Gefahr, dass ...** doğal olarak bu ... tehlikesini de içine alır **3.** (*schützen*) korumak (*vor* -den)

Bergführer(in) *m(f)* <-s, -; -nen> dağ kılavuzu; **Berggipfel** *m* dağ doruğu, dağ başı; **Berghang** *m* dağ yamacı; **Berghuhn** *nt* (ZOOL) kınalı keklik; **Berghütte** *f* dağ evi; (*Schutzhütte*) cankurtaran kulübesi; **bergig** *adj* dağlık

Bergkette *f* dağlar dizisi; (*Gebirge*) sıradağ; **Bergkristall** *m* (MIN) Necef taşı; **Bergland** *nt* <-(e)s, -länder> dağlık bölge; **Bergmann** *m* <-(e)s, -leute> madenci; **Bergpredigt** *f ohne Pl* (REL) Hazreti İsa'nın dağ vaazı; **Bergrücken** *m* dağ sırtı; **Bergrutsch** *m* kayşa, heyelân; **Bergschuh** *m* dağcı botu [*o* ayakkabısı]; **Bergsteigen** *nt ohne Pl* <-s> dağcılık, alpinizm; **Bergsteiger(in)** *m(f)* <-s, -; -nen> dağcı, alpinist; **Bergtour** *f* dağ turu; **Berg-und-Talbahn** *f* (lunaparkta) eğlence treni

Bergung [ˈbɛrgʊŋ] *f* <-en> kurtarma; **Bergungsarbeiten** *fPl* kurtarma işleri *pl*; **Bergungsmannschaft** *f* kurtarma ekibi; **Bergungstrupp** *m* kurtarma ekibi

Bergwacht *f ohne Pl* dağ kurtarma ekibi; **Bergwand** *f* dağ yamacı; **Bergwanderung** *f* dağ turu

Bergwerk *nt* (BERGB) maden ocağı

Bericht [bəˈrɪçt] *m* <-(e)s, -e> **1.** rapor; **jdm über etw ~ erstatten** birine bir şey hakkında rapor vermek; **einen ~ über etw abfassen** bir şeyi raporlamak **2.** (RADIO, TV: *Tatsachen~*) röportaj; **einen ~ über etw abfassen** bir şey hakkında röportaj yazmak

berichten *vt, vi* rapor vermek; **er berichtete, dass ...** ...ni bildirdi [*o* haber verdi]; **gibt es Neues zu ~?** yenilik var mı?, yeni bir haber var mı?

Berichterstatter(in) *m(f)* <-s, -; -nen> **1.** raportör, sözcü **2.** (*Presse*) röportajcı **3.** (*Korrespondent*) muhabir; **auswärtiger ~** dış muhabir

Berichterstattung *f* röportaj(cılık)

berichtigen* [bəˈrɪçtɪgən] *vt* düzeltmek

Berichtigung *f* <-en> düzeltme

berieseln* *vt* (*Rasen*) sulamak

Berieselung *f* (*mit Wasser*) sulama; **die ~ durch etw** (*fig*) bir şeyin sürekli etkisi altında kalma; **Berieselungsanlage** *f* sulama düzeni

Beringmeer *nt* Bering Denizi

Beringstraße *f* Bering Boğazı

beritten [bəˈrɪtən] *adj* (MIL: *a. Polizei*) atlı,

süvari; **die ~e Polizei** atlı polis, süvari polisi

Berlin [bɛr'li:n] *nt* <-s> Berlin

Berliner[1] [bɛr'li:nɐ] *m* <-s, -> (*Gebäck*) *Berliner adlı içi reçelli puf çöreği*

Berliner(in)[2] [bɛr'li:nɐ] *m(f)* <-s, -; -nen> Berlinli

berlinerisch *adj* (*fam*) Berlin şivesi, Berlin ağzı

berlinern *vi* Berlin şivesiyle [*o* ağzıyla] konuşmak

Bermudas [bɛr'mu:das] *Pl* **1.** (*Inselgruppe*) Bermuda **2.** (*Hose*) bermuda

Bern [bɛrn] *nt* <-s> Bern

Berner(in) *m(f)* <-s, -; -nen> Bernli

Bernhardiner [bɛrnhar'di:nɐ] *m* <-s, -> **1.** (*Mönch*) Sen Bernar keşişi **2.** (*Hund*) Sen Bernar köpeği

Bernstein ['bɛrnʃtaɪn] *m* <-(e)s, -e> kehribar

bersten ['bɛrstən] <birst, barst, geborsten> *vi sein* (*a. fig: auf~*) çatlamak, yarılmak; (*platzen*) patlamak; **zum B~ voll sein** patlayacak kadar dolu olmak; **vor Ungeduld ~** sabırsızlıktan çatlamak

berüchtigt [bə'rʏçtɪçt] *adj* adı çıkmış

berücksichtigen* [bə'rʏkzɪçtɪgən] *vt* **1.** (*in Betracht ziehen*) dikkate [*o* göz önüne] almak, gözetmek, göz önünde bulundurmak; **etw nicht ~** bir şeyi dikkate [*o* göz önüne] almamak **2.** (*in Rechnung stellen*) hesaba katmak; **etw nicht ~** bir şeyi hesaba katmamak

Berücksichtigung *f ohne Pl* dikkate alınma; **unter ~ der Tatsache, dass …** … olduğu dikkate alındığında

Beruf [bə'ru:f] *m* <-(e)s, -e> meslek; **einen ~ ausüben** bir meslekte çalışmak; **was sind Sie von ~?** mesleğiniz nedir?; **von ~s wegen** meslek icabı, mesleğinin gereği olarak

berufen[1] *adj* atanmış; **sich zu etw ~ fühlen** bir şeyi iliklerinde duymak, bir şeye özel yeteneği olduğunu duymak; **sich ~ fühlen zu helfen** yardım etmeyi kendine görev saymak

berufen*[2] *irr* **I.** *vt* **1.** (*ernennen*) atamak; (*in ein Amt*) atamak; **sie haben ihn zum Minister ~** bakan olarak atandı **2.** (*beschwören*) çağırmak **II.** *vr:* **sich ~** (*sich stützen*) dayanmak (*auf* -e)

beruflich *adj* meslekî, mesleksel, mesleğe ilişkin, meslekle ilgili olan; **~e Probleme** meslekî sorunlar; **sich ~ weiterbilden** meslekle ilgili olarak bilgisini ilerletmek; **~ unterwegs sein** meslekle ilgili olarak yolda olmak; **was macht er ~?** meslek olarak ne yapıyor?

Berufsarmee *f* (MIL) profesyonel ordu; **Berufsausbildung** *f* <-en> meslek eğitimi; **Berufsberater(in)** *m(f)* meslek danışmanı; **Berufsberatung** *f* meslek danışmanlığı; **Berufsbezeichnung** *f* meslek adı, meslek unvanı; **Berufsbild** *nt* meslek tanımı; **berufserfahren** *adj* meslek deneyimi olan; **Berufserfahrung** *f* meslek deneyimi; **Berufsgeheimnis** *nt* meslek sırrı; **Berufsgenossenschaft** *f* meslek sendikası; **Berufsgruppe** *f* meslek grubu; **Berufskleidung** *f* iş kıyafeti; **Berufskrankheit** *f* meslek hastalığı; **Berufsleben** *nt ohne Pl* <-s> meslek yaşamı, meslek hayatı

berufsmäßig *adj* profesyonel; **etw ~ betreiben** bir şeyi profesyonel olarak yapmak

Berufsoffizier *m* <-s, -e> muvazzaf subay; **Berufsrisiko** *nt* <-s, -risiken> meslek riski; **Berufsschule** *f* <-en> meslek okulu; **Berufsschullehrer** *m* meslek okulu öğretmeni; **Berufssoldat(in)** *m(f)* (MIL) muvazzaf; **Berufsspieler(in)** *m(f)* profesyonel oyuncu; **Berufssportler(in)** *m(f)* profesyonel sporcu; **berufstätig** *adj* meslek sahibi olan; **~ sein** meslek sahibi olmak; **halbtags ~ sein** parttaym çalışmak; **Berufstätige(r)** *mf* <-n, -n; -n> meslek sahibi; **berufsunfähig** *adj* meslekte iş göremez; **Berufsunfähigkeit** *f* <-en> meslekte iş göremezlik, mesleği icra edemezlik; **Berufsunfall** *m* meslek kazası; **Berufsverband** *m* meslek birliği; **Berufsverbot** *nt* mesleğin icrası yasağı; **Berufsverkehr** *m* iş zamanı trafiği; **Berufswahl** *f ohne Pl* meslek seçimi; **Berufswechsel** *m* meslek değiştirme

Berufung [bə'ru:fʊŋ] *f* <-en> **1.** (*Ernennung*) ata(n)ma **2.** (*fig: besondere Befähigung*) özel yetenek; (REL: *innerer Auftrag*) Allah'ın takdir ettiği görev **3.** (*das Sichberufen*): **unter ~ auf …** …ın hatırlatılması yoluyla, …i kaynak göstermek yoluyla **4.** (JUR) istinaf; **er legte gegen das Urteil ~ ein** hükme karşı istinaf yoluna başvurmak; **in die ~ gehen** istinaf talebinde bulunmak; **Berufungsgericht** *nt* (JUR) istinaf mahkemesi; **Berufungsinstanz** *f* (JUR) istinaf mercii; **Berufungsklage** *f* (JUR) istinaf davası

beruhen* *vi* dayanmak (*auf* -e); (*folgen aus*) ileri gelmek (*auf* -den); **unser Vertrauen beruht auf Gegenseitigkeit** itimadımız karşılıklıdır; **etw auf sich ~ lassen** bir şeyi olduğu gibi bırakmak

beruhigen* [bə'ru:ɪgən] **I.** *vt* rahatlatmak, yatıştırmak, sakinleştirmek, teskin etmek; (*trösten*) teselli etmek; **na, dann bin ich beruhigt!** öyleyse içim rahat etti! **II.** *vr:* **sich ~** rahatlamak, yatışmak, sakinleşmek; (*Meer*) durgunlaşmak; (*Sturm*) dinmek;

(*Lage*) yatışmak; **hat sich dein Magen jetzt beruhigt?** miden şimdi rahatladı mı?
Beruhigung *f* <-en> yatıştırma; (*der Lage*) yatışma; **zu Ihrer ~ kann ich sagen ...** ...i size temin edebilirim; **Beruhigungsmittel** *nt* (MED) yatıştırıcı, müsekkin, sinir ilâcı
berühmt [bə'ry:mt] *adj* ünlü, meşhur, şöhretli, tanınmış (*für* ile); **über Nacht ~ werden** birdenbire şöhret kapısı açılmak, birdenbire meşhur olmak, birdenbire ün kazanmak; **deine Leistungen waren nicht gerade ~** (*fam pej*) randımanın öyle ahım şahım değildi; **berühmt-berüchtigt** [-'--'--] *adj* adı (kötüye) çıkmış
Berühmtheit[1] *f ohne Pl* (*das Berühmtsein*) meşhurluk, ünlülük, tanınmışlık; (*großer Ruf*) ün, şöhret
Berühmtheit[2] *f* <-en> (*bekannte Person*) meşhur, şöhret sahibi
berühren* *vt* **1.** (*anfassen*) dokunmak (-e); (*streifen*) değmek (-e) **2.** (*flüchtig erwähnen*) değinmek (-e) **3.** (*Gefühle erwecken*) duygulandırmak **4.** (*fig: betreffen*) ilgilendirmek, ırgalamak; **das berührt mich nicht** bu beni ırgalamaz [*o* ilgilendirmez]
Berührung *f* <-en> **1.** (*das Anfassen*) dokunma; (*Streifen*) değme **2.** (*Kontakt*) temas; **mit etw** *dat* **in ~ kommen** bir şeye temas etmek, bir şeye değinmek; **mit jdm in ~ kommen** *dat* biriyle temasta bulunmak; **Berührungsangst** *f* (PSYCH) dokunma korkusu; **Berührungspunkt** *m* değme noktası, temas noktası
bes. *Abk. von* **besonders** özellikle, özel olarak, bilhassa, hele, pek
besagen* *vt* **1.** (*zum Ausdruck bringen*) ifade etmek **2.** (*bedeuten*) demek, anlamına gelmek; **das hat nichts zu ~** bu hiçbir şey demek değil, bu hiçbir şey ifade etmez
besagte(r, s) *adj* sözü geçen, söz konusu
besaiten* *vt* kiriş takmak (-e); **zart besaitet sein** (*Person*) ince duygulu olmak
besamen* *vt* döllemek
besänftigen* [bə'zɛnftɪgən] *vt* yatıştırmak, teskin etmek
Besänftigung *f* <-en> yatıştırma, teskin
besät *adj:* **mit Blumen ~** çiçeklerle kaplı, çiçek ekili
Besatz *m* <-es, -sätze> (*Borte*) tiriz
Besatzung *f* <-en> **1.** (*Garnison*) garnizon; (*Truppen*) işgal kuvvetleri *pl* **2.** (NAUT, AERO) mürettebat; **Besatzungsarmee** *f* işgal ordusu; **Besatzungsgebiet** *nt* (MIL) işgal bölgesi; **Besatzungsmacht** *f* <-mächte> işgalci güç; **Besatzungsstreitkräfte** *fPl* işgal kuvvetleri *pl;* **Besatzungszone** *f* <-n> (MIL) işgal bölgesi
besaufen* *irr vr:* **sich ~** (*fam*) kafayı çekmek
Besäufnis [bə'zɔɪfnɪs] *nt* <-ses, -se> (*fam*) kafa çekme
beschädigen* *vt* zedelemek, zarar vermek (-e), hasara uğratmak
Beschädigung *f* zedeleme, zarar verme, hasar, hasara uğrama
beschaffen[*1] *vt* sağlamak, tedarik [*o* temin] etmek
beschaffen[2] *adj:* **so ~ sein, wie ...** ... gibi (niteliği) olmak
Beschaffenheit *f* nitelik, mahiyet
Beschaffung *f ohne Pl* sağlama, tedarik; **Beschaffungskriminalität** *f* uyuşturucu tedariki için işlenen suçlar; **Beschaffungspreis** *m* maliyet
beschäftigen* [bə'ʃɛftɪgən] **I.** *vt* **1.** meşgul etmek, uğraştırmak **2.** (*Arbeit geben*) iş vermek, çalıştırmak; (*im Arbeitsverhältnis haben*) istihdam etmek **3.** (*ablenken, unterhalten*) oyalamak (*mit* ile); (*mit einer Aufgabe*) uğraştırmak (*mit* ile) **4.** (*gedanklich*) meşgul etmek **II.** *vr:* **sich ~** (*sich befassen*) uğraşmak (*mit* ile); **sich mit etw ~** bir şey ile uğraşmak [*o* meşgul olmak]; **sich mit jdm ~** bir kimse ile meşgul olmak; **ich beschäftige mich gerade mit meiner Arbeit** şu anda işimle uğraşıyorum
beschäftigt *adj* **1.** (*befasst*) meşgul (*mit* ile), uğraşan (*mit* ile), işi olan; **viel ~** çok meşgul [*o* işi olan]; **er ist ~** meşguldür; **er ist ~ mit ...** ... ile uğraşıyor **2.** (*angestellt*) çalışıyor olmak (*bei* -de); **er ist ~ bei ...** ...de çalışıyor
Beschäftigte(r) *f m* çalışan (kimse)
Beschäftigung *f* <-en> **1.** (*Tätigkeit*) uğraşı, meşgale; (*das Beschäftigtsein*) meşgul olma, meşguliyet **2.** (*berufliche Arbeit*) iş güç; (*Anstellung*) istihdam; (*Betätigung*) çalıştırma; **ohne ~ sein** işi gücü olmamak; **Beschäftigungslage** *f* (WIRTSCH) istihdam durumu; **Beschäftigungspolitik** *f* istihdam politikası
beschämen* *vt* utandırmak; (*demütigen*) mahcup etmek [*o* çıkarmak]; **das beschämt mich sehr** bu beni çok mahcup etti
beschämend *adj* ayıp; (*demütigend*) utandırıcı
beschämt *adj* mahcup
Beschämung *f* (*das Beschämen*) utandırma, mahcup etme [*o* çıkarma]; (*das Beschämtsein*) utanmış olma, mahcup kalma; (*Scham*) utanç
beschatten* *vt* gölge etmek; (*fig*) gözetlemek
Beschattung *f* <-en> (ADMIN, MIL) gözetleme
beschauen* *vt* (*reg*) bakmak (-e); (*genau*)

yoklamak

beschaulich *adj* **1.** (*geruhsam*) rahat, huzurlu **2.** (*in sich gekehrt*) dalgın, düşüncelere dalmış; **in ~er Ruhe** düşünüp taşınarak

Beschaulichkeit *f ohne Pl* **1.** (*Geruhsamkeit*) rahatlık, huzur **2.** (*in sich gekehrt,* REL) murakabe

Bescheid [bəˈʃaɪt] *m* <-(e)s, -e> **1.** (*Auskunft*) bilgi; (*Nachricht*) haber; (*Antwort*) cevap; **ich warte noch auf ~** hâlâ cevabını bekliyorum; **jemandem über etw ~ geben** birine bir konuda haber [*o* bilgi] vermek; **über etw ~ wissen** bir şey hakkında haberi [*o* bilgisi] olmak; (*alle Kniffe kennen*) avucunun içi gibi bilmek; **weißt du darüber ~?** bundan haberin var mı?, bunu biliyor musun? **2.** (ADMIN: *Entscheidung*) karar

bescheiden[1] *adj* **1.** (*anspruchslos*) mütevazı, iddiasız; (*genügsam*) yetingen, kanaatkâr, alçak gönüllü; **eine ~e Frage** mütevazı bir soru; **~es Auftreten** iddiasız [*o* mütevazı] tutum ve davranış **2.** (*einfach*) mütevazı, gösterişsiz; **er lebt sehr ~** çok mütevazı yaşıyor **3.** (*nicht genügend*) yetersiz; (*gering*) az **4.** (*fam: beschissen*) berbat

bescheiden*[2] *irr* **I.** *vt* **1.** (ADMIN: *mitteilen*) bildirmek, cevap vermek; **jdn abschlägig ~** birine olumsuz cevap vermek; **das Gesuch wurde abschlägig beschieden** dilekçe reddedildi **2.** (*beordern*) emretmek; (*an einen Ort kommen lassen*) çağırmak **II.** *vr:* **sich ~** (*geh: sich begnügen*) yetinmek (*mit* ile)

Bescheidenheit *f ohne Pl* (*Genügsamkeit*) yetingenlik, kanaatkârlık; (*Anspruchlosigkeit*) iddiasızlık, alçak gönüllülük, tevazu; **bei aller ~** övünmek gibi olmasın (ama); **nur keine falsche ~!** çekinmeyiniz!

bescheinigen* [bəˈʃaɪnɪgən] *vt* belgelemek, onaylamak, tasdik etmek; **den Eingang von etw ~** bir şeyin alındığını onaylamak; **hiermit wird bescheinigt, dass ...** (işbu) ... olduğu onaylanır; **können Sie mir ~, dass ...?** ... olduğunu bana belgeleyebilir misiniz?

Bescheinigung *f* <-en> **1.** (*Vorgang*) onaylama, tasdik **2.** (*Schriftstück*) belge; (*Quittung*) alındı

bescheißen* *irr vt* (*fam*): **jdn ~** birini aldatmak [*o* faka bastırmak], birini üçkâğıda getirmek; **wir sind ganz schön beschissen worden** biz iyicene aldatıldık [*o* faka bastık]

beschenken* *vt:* **jdn mit etw ~** birine bir şeyi armağan [*o* hediye] olarak vermek; **sich gegenseitig ~** birbirine armağan [*o* hediye] vermek

bescheren* [bəˈʃeːrən] *vt:* **die Kinder ~** çocuklara Noel armağanlarını [*o* hediyelerini] vermek

Bescherung *f* <-en> **1.** (*zu Weihnachten*) Noel armağanlarının [*o* hediyelerinin] verilmesi **2.** (*fam iron: Missgeschick*): **eine schöne ~!** rezaletin dik âlası!; **da haben wir die ~!** buyurun cenaze namazına!, öp babanın elini!

bescheuert [bəˈʃɔɪɐt] *adj* (*fam*) manyak(ça); **eine ~e Situation** manyakça bir durum

beschichten* *vt* (TECH) kaplamak (*mit* ile);
beschichtet *adj* (TECH) kaplamalı

Beschichtung *f* <-en> (TECH) kaplama

beschicken *vt* (TECH) doldurmak, yedirmek

beschießen* *irr vt* **1.** ateşe tutmak; (*durch Geschütze*) topa tutmak, bombardıman etmek **2.** (*fig*) bombardıman etmek

Beschießung *f* **1.** (*mit Geschossen*) ateşe tutma; (*durch Geschütze*) topa tutma **2.** (PHYS) bombardıman

beschildern* *vt* levha koymak (-e)

Beschilderung *f* <-en> **1.** levha ile gösterme **2.** (*Gesamtheit der Schilder*) işaretler *pl*

beschimpfen* *vt* sövmek (-e), küfretmek (-e)

Beschimpfung *f* <-en> (*das Beschimpfen*) sövme, küfretme; (*Schimpfwort*) sövgü, küfür

beschirmen *vt* korumak

beschissen [bəˈʃɪsən] **I.** *pp von* **bescheißen** **II.** *adj* (*sl*) bombok, boktan, berbat; **so ein ~es Wetter!** ne (kadar) boktan [*o* berbat] bir hava!; **gestern ging es mir ~** dün bomboktum

Beschlag *m* <-(e)s, -schläge> **1.** (*Metallstück*) demir **2.** (*Hufeisen*) nal **3.** (*Hauch auf Metallflächen*) matlık; (*Überzug auf Fensterscheiben*) buğu; (*auf Speisen*) küf; **jdn/etw in ~ nehmen** bir kimseyi/şeyi işgal etmek; **etw mit ~ belegen** bir şeyi işgal etmek

beschlagen[1] *adj* (*fam*) bilgili (*in* -de), bilgi sahibi olan (*in* -de)

beschlagen*[2] *irr* **I.** *vi sein* (*Glas*) buğulanmak; (*Metall*) matlaşmak **II.** *vt* **1.** (*Möbel*) demir çakmak (-e) **2.** (*Huftiere*) nallamak

Beschlagnahme *f* (JUR) zapt, haciz

beschlagnahmen* *vt* (JUR) zapt etmek, haczetmek, el koymak

Beschlagnahmung *f* <-en> (JUR, ADMIN) zapt, haciz

beschleunigen* [bəˈʃlɔɪnɪgən] **I.** *vi* hızlanmak **II.** *vt* **1.** (*Tempo*) hızlandırmak, çabuklaştırmak; **den Schritt ~** adımlarını hızlandırmak **2.** (*Entwicklung*) hızlandırmak **III.** *vr:* **sich ~** (*Tempo*) hızlanmak

Beschleunigung *f* <-en> hızlan(dır)ma; (PHYS) ivme; **Beschleunigungsvermögen** *nt* (AUTO) hızlanma gücü

beschließen* *irr vt* **1.** karar vermek (-e); (*gemeinsam*) karar almak (-e); (PAR: *Gesetz*) (tasarısını) kabul etmek **2.** (*beenden*) bitirmek, son vermek (-e); **über etw ~** bir şey hakkında [*o* üzerine] karar vermek

Beschluss[RR] *m* <-es, -schlüsse>, **Beschluß** *m* <-sses, -schlüsse> karar; **einen ~ fassen** bir karar almak; **beschlussfähig**[RR] *adj* (JUR, POL): **~ sein** karar için gereken çoğunluğa sahip olmak, (karar için) yeter sayıyı haiz olmak; **Beschlussfähigkeit**[RR] *f* karar için gereken çoğunluk, (karar) yeter sayı(sı), nisap; **beschlussunfähig**[RR] *adj* (JUR): **~ sein** karar için gereken çoğunluğa sahip olmamak, (karar için) yeter sayıyı haiz olmamak

beschmieren* **I.** *vt* **1.** (*beschmutzen*) kirletmek, pisletmek; (*mit Fett*) yağlamak; (*bestreichen*) sürmek (-e); **eine Wunde mit Salbe ~** bir yaraya merhem sürmek **2.** (*pej: voll schreiben*) karalamak **II.** *vr:* **sich ~** üzerini kirletmek [*o* pisletmek], üzerine sürmek

beschmutzen* *vt* kirletmek (*mit* -le), pisletmek (*mit* -le); **jds Namen ~** birinin adını kirletmek [*o* lekelemek]

beschneiden* *irr vt* **1.** (*stutzen*) kesmek; (*Bäume*) budamak **2.** (*Ausgaben*) kısmak; (*Freiheit*) kışıtlamak **3.** (MED, REL: *Vorhaut*) sünnet etmek

Beschneidung *f* <-en> **1.** (BOT) budama **2.** (*von Rechten*) kısıtla(n)ma; (*von Ausgaben*) kısma, kısıntı (yapılması) **3.** (MED, REL: *der Vorhaut*) sünnet

beschnüffeln* *vt* koklamak; **jdn ~** (*fig: untersuchen*) birini yoklamak

beschnuppern* *vt s.* **beschnüffeln**

beschönigen* [bəˈʃøːnɪgən] *vt* (*schönfärben*) olduğundan daha iyi [*o* güzel] göstermek, yaldızlamak

beschränken* [bəˈʃrɛŋkən] **I.** *vt* sınırla(ndır)mak (*auf* ile), kısıtlamak (*auf* ile) **II.** *vr:* **sich ~** yetinmek (*auf* ile); **sich auf das Notwendigste ~** en gerekli şeyle yetinmek

beschrankt *adj* (*Bahnübergang*) bariyerli

beschränkt *adj* **1.** (*eingeschränkt*) sınırlı, kısıtlı; (*knapp*) kıt; **einen ~en Horizont haben** ufku dar olmak; **Gesellschaft mit ~er Haftung** limited şirket **2.** (*pej: dumm*) anlayışı kıt **3.** (*nicht weitblickend*) ufku dar; (*engstirnig*) dar kafalı; **einen ~en Horizont haben** ufku dar olmak

Beschränktheit *f* **1.** sınırlılık, kıtlık **2.** (*geistige*) dar kafalılık

Beschränkung *f* <-en> sınırlama, kısıtlama, takyit; **jdm ~en auferlegen** birinin davranışını kısıtlamak

beschreibbar *adj* tarif edilebilir; (INFORM: *Diskette*) kaydedilebilir, üzerine kayıt yapılabilir

beschreiben* *irr vt* **1.** (*schildern*) betimlemek, tasvir etmek; (*erläutern*) tarif etmek; **nicht zu ~ sein** tarif edilemez olmak **2.** (*Papier*) yazmak **3.** (MATH: *Kreis*) çizmek **4.** (INFORM: *Diskette*) kaydetmek

Beschreibung *f* <-en> **1.** (*Schilderung*) betimleme, tasvir **2.** (*Funktionsdarstellung*) tarifname

beschreiten* *irr vt* (*geh*): **den Rechtsweg ~** (JUR) yasa yoluna başvurmak; **neue Wege ~** yeni yollara başvurmak

beschriften* [bəˈʃrɪftən] *vt* **1.** (*mit Schrift versehen*) üzerine yazı yazmak **2.** (*etikettieren*) etiketlemek, yaftalamak

Beschriftung *f* <-en> yaz(ıl)ma; (*Aufschrift*) yafta, (üzerine yazılan) yazı; (*mit Etikett*) etiketleme, yaftalama

beschuldigen* [bəˈʃʊldɪgən] *vt* suçlamak, isnat etmek; **er wurde des Diebstahls beschuldigt** ona hırsızlık suçu isnat edildi

Beschuldigte(r) *mf* <-n, -n; -n> (JUR) sanık, *şikâyet üzerine hakkında kovuşturma yapılan kimse*

Beschuldigung *f* <-en> suçlama

beschummeln *vi* (*fam*) hile yapmak

Beschuss[RR] *m ohne Pl* <-es>, **Beschuß** *m ohne Pl* <-sses> **1.** (MIL) atış, ateş etme; **jdn unter ~ nehmen** birini ateş altına almak; (*fig*) birine şiddetli bir biçimde saldırmak; **unter ~ geraten** (*fam*) saldırıya uğramak **2.** (PHYS: *durch Neutronen*) bombardıman

beschützen* *vt* korumak (*vor* -den)

Beschützer(in) *m(f)* <-s, -; -nen> koruyucu

beschwatzen* *vt* (*fam*) **1.** (*überreden*): **jdn ~** birine dil(ler) dökmek [*o* dökerek kandırmak]; **jdn zu etw ~** birine dil dökerek bir şeyi [*o* istediğini] yaptırmak **2.** (*Thema*): **etw ~** bir şeyi tartışmak

Beschwerde [bəˈʃveːɐdə] *f* <-n> **1.** *Pl* (MED) şikâyet; (*körperliches Leiden*) rahatsızlık; **mit etw ~n haben** bir şeyden yakınmak [*o* şikâyeti olmak] **2.** (JUR: *Einspruch*) itiraz; (*Klage an eine höhere Stelle*) şikâyet; **~ einlegen** itirazda bulunmak; **~ einreichen** itiraz dilekçesi vermek

beschweren* [bəˈʃveːrən] **I.** *vt* (*mit Gewicht*) ağırlaştırmak **II.** *vr:* **sich ~** (*sich beklagen*) yakınmak (*über* -den), şikayet etmek (*über* -); **sich bei jdm über etw ~** birine bir şeyi şikayet etmek, birine bir şeyden yakınmak; (*protestieren*) itiraz etmek (*über* -e)

beschwerlich *adj* (*mühsam*) eziyetli, zahmetli; (*lästig*) külfetli; (*ermüdend*) yorucu; **jdm ~ fallen** birine külfet olmak

beschwichtigen* [bəˈʃvɪçtɪgən] *vt* yatıştırmak, sakinleştirmek

beschwindeln* *vt* (*fam*) **1.** (*belügen*) yalan söylemek (-e) **2.** (*betrügen*) dolandırmak; **jdn um etw ~** birinin bir şeyini dolandırmak

beschwingt [bəˈʃvɪŋt] *adj* **1.** (*lebhaft, munter*) şakrak, şen şakrak **2.** (*rasch*) uçar; **~en Schrittes** uçar adım, uçarcasına

beschwipst [bəˈʃvɪpst] *adj* (*fam*) çakırkeyf

beschwören* *irr vt* **1.** (*beeiden, durch Schwur bekräftigen*) yeminle doğrulamak **2.** (*anflehen*) yalvarıp yakarmak (-e) **3.** (*heraufbeschwören*) (büyü yaparak) çağırmak **4.** (*bannen*) kovmak

Beschwörung *f* **1.** (*durch Zauberer*) büyü yapma **2.** (*ständiges Bitten*) yalvarıp yakarma

beseelen* *vt* canlandırmak; (*innerlich erfüllen*) esindirmek

besehen* *irr vt* bakmak (-e); **sich etw aus der Nähe ~** bir şeye yakından bakmak

beseitigen* [bəˈzaɪtɪgən] *vt* **1.** (*Gegenstand*) yok etmek, ortadan kaldırmak, bertaraf etmek; (*Schmutz*) temizlemek; (*Verdacht, Zweifel*) gidermek **2.** (*fam: umbringen*) yok etmek, temizlemek, öldürmek

Beseitigung *f* <-en> **1.** yok etme, ortadan kaldırma, giderme **2.** (*Ermordung*) yok etme, temizleme, öldürme

Besen [ˈbeːzən] *m* <-s, -> süpürge; **ich fresse einen ~, wenn das stimmt** (*fam*) bu doğruysa Arap olayım; **Besenstiel** *m* süpürge sapı

besessen [bəˈzɛsən] **I.** *pp von* **besitzen** **II.** *adj* **1.** (*fig: von einer Idee*) kendini kaptırmış, tutkun; **wie ~ arbeiten** tutkun(lar) gibi çalışmak **2.** (REL: *von bösen Geistern*) cin tutmuş; **wie vom Teufel ~** çılgınlar gibi

Besessenheit *f ohne Pl* tutku, tutkunluk

besetzen* *vt* **1.** (*Stelle, a.* MIL) işgal etmek; (*Sitzplatz*) tutmak; **besetzt!** meşgul!; **es ist besetzt** (TEL) hat meşgul; **ist dieser Platz besetzt?** bu yer tutuldu [*o* dolu] mu? **2.** (*Haus*) işgal etmek **3.** (*Amt, Rolle*) vermek (*mit* -e) **4.** (*verzieren*) süslemek (*mit* ile), donatmak (*mit* ile)

besetzt *adj* **1.** (*Platz, Fahrzeug*) tutulmuş, dolu; (*Toilette*) meşgul **2.** (TELE) meşgul **3.** (*ausgebucht*) dolu

Besetztzeichen *nt* (TEL) meşgul sesi

Besetzung *f* <-en> **1.** (*Zustand*) işgal **2.** (MUS) çalgıların terkibi **3.** (THEAT) rollerin dağılımı **4.** (SPORT: *Mannschaft*) takım

besichtigen* [bəˈzɪçtɪgən] *vt* (yerinde) incelemek; (*Wohnung*) bakmak (-e); (*Stadt*) gezmek, dolaşmak

Besichtigung *f* <-en> **1.** (*von Sehenswürdigkeiten*) gezme **2.** (*Inspektion, Begutachtung*) (yerinde) inceleme, keşif

besiedeln* *vt* iskân etmek, yerleştirmek, yurt kazandırmak (-e)

besiedelt *vt:* **dicht** (**dünn**) **~** yoğun (dağınık) nüfuslu

Besied(e)lung *f* <-en> (*a.* GEO) iskân, yerleş(tir)me, yurtlan(dır)ma; **dünne ~** dağınık nüfus

besiegeln* *vt* mühürlemek; **damit war ihr Schicksal besiegelt** böylece yazgısı belirlenmişti [*o* belli olmuştu]

besiegen* *vt* **1.** (*Gegner, Feind*) yenmek **2.** (*fig: Müdigkeit*) yenmek; (*Schwierigkeiten*) yenmek, hakkından gelmek

Besiegte(r) *mf* <-n, -n; -n> yenilen (kimse), yenik (kimse)

besinnen* *irr vr:* **sich ~** **1.** (*überlegen*) düşünmek, düşünüp taşınmak, aklından geçirmek; **sie besann sich eines Besseren** aklı başına geldi; **sich eines anderen ~** fikrini değiştirmek; **ohne sich lange zu ~** fazla düşünmeden **2.** (*sich erinnern*) aklına gelmek (*auf* -), hatırlamak, anımsamak; **sich eines Besseren ~** aklına daha iyi bir şey gelmek, daha iyisini düşünüp bulmak; **wenn ich mich recht besinne** hatırladığım kadarıyla

besinnlich *adj* düşünceyle dolu; (*nachdenklich*) düşünceli

Besinnung *f ohne Pl* **1.** (*Verstand*) akıl; (*Bewußtsein*) bilinç; **die ~ verlieren** bayılmak, kendinden geçmek, kendini kaybetmek; **wieder zur ~ kommen** ayılmak; (*fig*) kendine gelmek, aklı başına gelmek; **jdn zur ~ bringen** birini ayıltmak; (*fig*) birinin aklını başına getirmek **2.** (*Nachdenken*) düşünme

besinnungslos *adj* baygın, kendini kaybetmiş; **~ vor Wut** öfkeden kudurmuş [*o* çıldırmış gibi]

Besinnungslosigkeit *f ohne Pl* (MED) baygınlık

Besitz *m ohne Pl* <-es> (JUR) zilyetlik; **von etw ~ ergreifen** bir şeye el koymak; **etw in ~ nehmen** bir şeyi ihraz [*o* elde] etmek; **wir sind im ~ von Dokumenten** elimizde dokümanlar [*o* belgeler] var; **besitzanzeigend** *adj:* **~es Fürwort** (LING: *Possessivpronomen*) iyelik zamiri

besitzen* *irr vt* (*haben*) sahip olmak (-e); (JUR) zilyet olmak (-e); **jds Vertrauen ~** birinin güvenini kazanmış olmak

Besitzer(in) *m(f)* <-s, -; -nen> (*von Immobilien*) sahip; (JUR) zilyet, eldeci; (*von Aktien, Werten*) sahip; **den ~ wechseln** el

değiştirmek
besitzergreifend *adv* el koyan
Besitzergreifung *f* el koyma
besitzlos *adj* malı mülkü olmayan
Besitzstandsdenken *nt* (*Festhalten am Status Quo*) statükoculuk
Besitztum *nt* <-s, -tümer> **1.** (*Eigentum*) mal varlığı, mamelek, mallar *pl* **2.** (*Landgut*) emlâk; **Besitzung** *f* zilyetlik; (*Land~*) emlâk
besoffen [bə'zɔfən] **I.** *pp von* **besaufen** **II.** *adj* (*fam*) zom, çok sarhoş
besohlen* [bə'zo:lən] *vt* pençe vurmak (-e)
besolden* [bə'zɔldən] *vt* (*Beamten*) maaş vermek [*o* bağlamak]; (*Soldaten*) tayın bedelini vermek
Besoldung *f* <-en> **1.** (*das Besolden*) barem, maaş verilmesi [*o* bağlanması] **2.** (*das Gehalt*) maaş **3.** (*Dienstbezug eines Soldaten*) tayın bedeli; **Besoldungsgruppe** *f* barem grubu
besondere(r, s) [bə'zɔnderə, -rɐ, -rəs] *adj* **1.** (*speziell*) özel, hususî; **im B~n** özellikle; **wir legen ~n Wert auf ...** ...e özellikle [*o* bilhassa] önem veririz **2.** (*eigentümlich*) kendini özgü, kendine mahsus **3.** (*außergewöhnlich*) olağan dışı; (*hervorragend*) olağanüstü
Besonderheit *f* <-en> özellik, hususiyet
besonders [bə'zɔndɐs] *adv* **1.** (*außerordentlich*) pek; **wie geht es dir? – nicht ~** nasılsın? – pek o kadar iyi değilim; **das ist nicht ~ lustig!** bu, pek o kadar komik değil!; **das Essen ist nicht ~** yemek pek ahım şahım bir şey değil **2.** (*vor allem*) özellikle, özel olarak, bilhassa, hele
besonnen [bə'zɔnən] **I.** *pp von* **besinnen** **II.** *adj* ağırbaşlı, ölçülü; (*vorsichtig*) dikkatli, temkinli; (*rücksichtsvoll*) düşünceli, saygılı
Besonnenheit *f ohne Pl* ağırbaşlılık; (*Vorsicht*) dikkat, temkin
besorgen* *vt* **1.** (*beschaffen*) sağlamak, temin [*o* tedarik] etmek; (*kaufen*) (satın) almak **2.** (*erledigen*) görmek, yapmak
Besorgnis [bə'zɔrknɪs] *f* <-se> endişe, tasa, kaygı; **es besteht kein Grund zur ~** endişe edecek hiçbir sebep yok; **besorgniserregend** *adj* endişe verici; **höchst ~** son derece endişe verici
besorgt [bə'zɔrkt] *adj* endişeli (*um* -den); **um seine Sicherheit ~ sein** güvenliğinden endişeli olmak; **er ist sehr ~ um ihre Gesundheit** sağlığından çok endişelidir; **Besorgtheit** *f s.* **Besorgnis**
Besorgung¹ *f* <-en> (*Einkauf*) alış veriş; **~en machen** alış veriş yapmak; **für jdn eine ~ machen** birisi için bir şey sağlamak [*o* tedarik etmek]
Besorgung² *f ohne Pl* (*von Geschäften*) görme
bespannen* *vt* (*mit Stoff*) geçirmek (-e, *mit* -); (*mit Saiten*) germek (*mit* -e); **Bespannung** *f* (*Bespannmaterial*) kılıf
bespielbar *adj* (*Platz*) üzerinde oynanabilir; (INFORM: *Kasette*) üzerine kayıt yapılabilir
bespielen* *vt* **1.** (*Kassette*) kaydetmek [*o* kayıt yapmak] (-e) **2.** (THEAT) oynamak (-de); (*Sportplatz*) oynamak (-de)
bespitzeln* *vt* gözlemek, ispiyonlamak
Bespitzelung *f* gözleme, ispiyonlama
besprechen* *irr* **I.** *vt* **1.** (*Angelegenheit*) görüşmek, müzakere etmek; **wie besprochen** görüşüldüğü gibi **2.** (*Film, Theaterstück, Buch*) eleştirmek **3.** (*Tonband*) kaydetmek **II.** *vr:* **sich ~** (*sich beraten*) görüşmek (*mit* ile)
Besprechung *f* <-en> **1.** (*Unterredung*) görüşme; (*Gespräch*) (karşılıklı) konuşma **2.** (*Rezension*) eleştirme, eleştiri; **Besprechungszimmer** *nt* görüşme [*o* danışma] odası
bespritzen* *vt* (*nass machen*) (püskürterek) ıslatmak (*mit* ile); (*schmutzig machen*) (sıçratarak) pisletmek (*mit* ile)
besser ['bɛsɐ] *adj kompar von* **gut** daha iyi (*als* -den), yeğ; **jdn eines B~en belehren** birine akıl öğretmek, birinin gözünü açmak; **hast du nichts B~es zu tun?** (*fam*) başka yapacak işin gücün yok mu?; **das solltest du ~ nicht tun** bunu yapmasan daha iyi olur; **das gefällt mir ~** bu, benim daha çok hoşuma gitti; **~ gehen** kendini daha iyi hissetmek; **~ werden** düzelmek, iyileşmek; **~ spät als nie** (*prov*) geç olsun da güç olmasın; **alles ~ wissen** her şeyi daha iyi bilmek; **es kommt noch ~** dahası da var; **das ist auch ~ so** böylesi daha iyi, böyle olması da daha iyi; **~ als nichts** hiç yoktan iyi; **~ gesagt** daha doğrusu; **umso ~!** daha iyi ya!; **desto ~** o kadar daha iyi; **besser|gehen** *irr vunpers sein s.* **besser**
bessern **I.** *vt* (*besser machen*) daha iyi yapmak, düzeltmek, iyileştirmek **II.** *vr:* **sich ~** (*moralisch*) düzelmek, uslanmak; (*Wetter*) iyileşmek
Besserung *f ohne Pl* düzeltme, iyileştirme; (*gesundheitlich*) iyileşme, düzelme; **er befindet sich auf dem Wege der ~** iyileşiyor, düzeliyor; **gute ~!** geçmiş olsun!
Besserwisser(in) *m(f)* <-s, -; -nen> (*pej*) ukalâ, bilgiç
Besserwisserei *f* (*pej*) ukalâlık, bilgiç
besserwisserisch *adj* (*pej*) ukalâca
Bessrung^RR *f ohne Pl*, **Beßrung** *f ohne Pl s.*

Besserung

Bestand[1] [bəˈʃtant] *m ohne Pl* <-(e)s> **1.** (*Bestehen*) mevcudiyet, varlık; (*Fortdauer*) devam; ~ **haben** kalıcı olmak; **von ~ sein** kalıcı olmak **2.** (*das Vorhandene*) mevcut

Bestand[2] *m* <-(e)s, -stände> **1.** (COM: *Vorrat*) stoklar *pl* (*an* -); (*Kassen~*) mevcut; ~ **aufnehmen** stok saymak, envanter çıkarmak **2. eiserner** ~ demirbaş

bestanden **I.** *pp von* **bestehen** **II.** *adj* (SCHULE, UNIV) geçti

beständig *adj* **1.** (*ständig, dauernd*) devamlı, sürekli, kalıcı **2.** (*gleichbleibend*) kararlı, istikrarlı; (*Wetter*) değişmez **3.** (*ausdauernd, beharrlich*) sebatlı, direşken; **er ist sehr ~ in seiner Arbeit** işinde çok sebatlıdır [*o* direşkendir] **4.** (*widerstandsfähig*) dayanıklı; (*Farbe*) solmaz

Beständigkeit *f ohne Pl* **1.** (*Standfestigkeit*) kararlılık, istikrar **2.** (*Ausdauer, Beharrungsvermögen*) sebat, direşme **3.** (TECH: *Widerstandsfähigkeit*) dayanıklılık

Bestandsaufnahme *f* (*a.* COM) stok sayımı, envanter çıkarma; **Bestandskontrolle** *f* stok denetimi [*o* kontrolü]; **Bestandsmaterial** *nt* stoklar

Bestandteil *m* <-(e)s, -e> bileşen, öge, unsur; (*Einzelteil*) parça; (*fig*) ayrılmaz [*o* tamamlayan] parça; **in seine ~e zerlegen** parçalamak, parçalara ayırmak; **sich in seine ~e auflösen** parçalanmak

bestärken* *vt* **1.** (*unterstützen*) desteklemek, arka çıkmak (-e); **jdn in seinem Vorhaben ~** birinin plânını [*o* niyetini] desteklemek **2.** (*bestätigen*) doğrulamak

bestätigen* [bəˈʃtɛːtɪgən] **I.** *vt* **1.** (*These*) doğrulamak, teyit etmek; (*Urteil*) tasdik etmek **2.** (*amtlich*) onaylamak, tasdik etmek; **hiermit wird bestätigt, dass …** işbu … ile onaylanır **3. den Empfang ~** alındığını bildirmek **II.** *vr:* **sich ~** doğru çıkmak

Bestätigung *f* <-en> **1.** (*einer These*) doğrulama, teyit **2.** (*Bescheinigung*) onay(lama); (*Empfangs~*) alındı

bestatten* [bəˈstatən] *vt* (*geh*) (ölüyü) gömmek, defnetmek

Bestattung *f* <-en> (*geh*) (ölüyü) gömme, defin; (*Feier*) cenaze

bestäuben* [bəˈʃtɔɪbən] *vt* (BIOL: *von Blüten*) polen yaymak (-e), çiçek tozu ile döllemek

Bestäubung *f* <-en> (BOT) polen yayma, çiçek tozu ile dölleme

bestaunen* *vt* hayretle bakmak (-e)

beste(r, s) [ˈbɛstə, -tɐ, -təs] *adj superl von* **gut** en iyi; **am ~n** en iyi(si); **~n Dank!** çok teşekkürler!; **es ist zu deinem B~n** senin için en iyisidir; **sein B~s geben** elinden geleni yapmak; **ich werde mein B~s tun** elimden geleni yapacağım; **der/die/das erste B~** herhangi [*o* rastgele] birisi, kim olusa olsun; **mit den ~n Wünschen** en iyi dileklerle; **ich halte es für das B~, du kommst gleich mit** en iyisi, hemen benimle gelmen, hemen benimle gelmen en iyisi olur bence

bestechen* *irr* **I.** *vt* (*mit Geld*) (para) yedirmek (-e); (*Beamte*) rüşvet vermek (-e); **sich ~ lassen** rüşvet almak **II.** *vi* (*beeindrucken*) etkilemek (*durch* ile); (*faszinieren*) hayran etmek (*durch* ile)

bestechlich [bəˈʃtɛçlɪç] *adj* rüşvetçi, yiyici

Bestechlichkeit *f ohne Pl* rüşvetçilik, yiyicilik

Bestechung *f* <-en> rüşvet, yedirme; (*von Beamten*) rüşvet verme; (*Annahme von Bestechungsgeldern*) rüşvet alma; **Bestechungsgeld** *nt* <-(e)s, -er> rüşvet parası

Besteck [bəˈʃtɛk] *nt* <-(e)s, -e> **1.** (*Ess~*) çatal bıçak takımı; **silbernes ~** gümüş çatal bıçak takımı **2.** (MED) ustunç **3.** (NAUT) rota noktası

bestehen* *irr* **I.** *vi* **1.** (*existieren*) var [*o* mevcut] olmak; **es besteht keine Möglichkeit** imkânı yok; **es besteht kein Zweifel** hiç kuşkusuz; ~ **bleiben** baki kalmak, varlığını korumak [*o* sürdürmek] **2.** (*sich zusammensetzen*) oluşmak (*aus* -den), (ibaret) olmak (*in* -den); **unsere Artikel ~ alle aus natürlichen Materialien** mallarımızın hepsi doğal malzemedendir; **worin besteht das Problem?** sorun nedendir? **3.** (*beharren*) ısrar etmek (*auf* -de), ayak diremek (*auf* -de) **II.** *vt* **1.** (*Prüfung*) geçmek, başarmak; **nicht ~** geçememek, başaramamak; **eine Prüfung mit 'befriedigend' ~** bir sınavı 'orta' ile geçmek **2.** (*Gefahr, Krise*) atlatmak

Bestehen *nt ohne Pl* <-s> **1.** (*Vorhandensein*) var olma [*o* oluş], varlık, mevcudiyet; **seit ~ der Firma** firmanın kuruluşundan beri **2.** (*einer Prüfung*) geçme

bestehen|bleiben *irr vi sein s.* **bestehen I.1.**

bestehend *adj* mevcut, var olan

bestehlen* *irr vt* çalmak (-den); **jdn um 100 Euro ~** birinden 100 euro çalmak

besteigen* *irr vt* **1.** (*Berg*) tırmanmak (-e) **2.** (*Fahrrad, Pferd*) binmek (-e); **den Thron ~** tahta çıkmak; **Besteigung** *f* **1.** (*Berg*) tırmanış **2.** (*Thron*) çıkma

bestellen* *vt* **1.** (*Waren*) ısmarlamak, sipariş etmek; (*Essen*) söylemek; **haben Sie schon bestellt?** ne istediğinizi söylediniz mi? **2.** (*kommen lassen*) çağırmak; (*mit Termin*) randevu vermek (-e); **ich bin für**

zehn Uhr bestellt saat onda randevum var; **dastehen wie bestellt und nicht abgeholt** bekleye bekleye ağaç olmak; **er hat hier nichts zu ~!** (*fam*) burada onun borusu ötmez!, burada onun sözü geçmez! **3.** (*reservieren*) ayırtmak **4.** (*ausrichten*): **jdm Grüße ~** birine selam söylemek **5.** (*Acker*) ekmek, ekip biçmek **6.** (*ernennen*) atamak

Bestellnummer *f* <-n> sipariş numarası; **Bestellschein** *m* <-(e)s, -e> sipariş formu

Bestellung *f* <-en> (*Auftrag*) sipariş, ısmarlama; (*bestellte Ware*) sipariş; **eine ~ aufgeben/aufnehmen** bir sipariş vermek/almak

besten *superl von* **gut**: **am ~** en iyisi; **am ~ würden wir gleich gehen** en iyisi hemen gitmemiz [*o* gitsek]

bestenfalls *adv* en iyi şartlarda; (*höchstens*) olsa olsa

bestens ['bɛstəns] *adv* en iyi şekilde, çok iyi

besteuern* *vt* (WIRTSCH) vergilendirmek

Besteuerung *f* <-en> (WIRTSCH) vergilendirme

Bestform *f ohne Pl* (SPORT) kıvam, tam form

bestialisch [bɛs'tjaːlɪʃ] *adj* hayvanca, hayvanî

Bestialität [bɛstjali'tɛːt] *f* <-en> hayvanlık, canavarlık

besticken* *vt* nakışlamak, nakışla bezemek, nakışla işlemek

Bestie ['bɛstjə] *f* <-n> **1.** (*Tier*) canavar **2.** (*pej: Unmensch*) canavar

bestimmen* **I.** *vi* **1.** (*entscheiden*) karar(ları) vermek; (*befehlen*) emir vermek; **du hast hier nichts zu ~** burada senin sözün geçmez **2.** (*verfügen*) tasarruf etmek (*über* üzerinde), istediği gibi kullanmak **II.** *vt* **1.** (*Termin*) belirlemek, tayin etmek **2.** (*Preis*) biçmek **3.** (*ernennen*) atamak, tayin etmek **4.** (*Stadtbild, Epoche*) etkilemek **5.** (*ausersehen*) öngörmek (*für/zu* için/için); **wir sind füreinander bestimmt** kader bizi birbirimiz için öngörmüş, biz birbirimiz için yaratılmışız **6.** (*Begriff*) tanımlamak; (*festlegen*) belirlemek

bestimmt **I.** *adj* **1.** (*feststehend*) belli, belirli; (*sicher*) kesin; **niemand weiß etwas B~es** hiç kimse kesin bir şey bilmiyor; **ich suche eine ~e Ausgabe** belli bir baskıyı arıyorum **2.** (*entschieden*) kararlaştırılan, kararlı **II.** *adv* (*sicherlich*) kesinlikle, muhakkak, mutlaka; **das ist ~ für dich!** bu kesinlikle [*o* mutlaka] senin içindir!

Bestimmtheit *f ohne Pl* **1.** (*Gewissheit*) kesinlik; **das kann ich nicht mit ~ sagen** bunu kesinlikle söyleyemem **2.** (*Entschiedenheit*) kararlılık

Bestimmung *f* <-en> **1.** (*Festsetzung*) belirleme, tayin **2.** (*Vorschrift*) hüküm; **gesetzliche ~en** mevzuat; **nach den geltenden ~en** mevzuata göre **3.** (LING: *eines Begriffes*) belirleme **4.** (*Schicksal*) yazgı, kader, alın yazısı; **Bestimmungsort** *m* varma yeri; **Bestimmungswort** *nt* (LING) belirten, tamlayan

Bestleistung *f* (SPORT) en iyi başarı, rekor

bestmögliche(r, s) ['-'---] *adj* mümkün olduğu kadar iyi; **sein B~s tun** elinden geleni yapmak

Bestnoten *fpl* en iyi notları

bestrafen* *vt* cezalandırmak (*mit* ile, *wegen* -den dolayı)

Bestrafung *f* <-en> cezalandır(ıl)ma, ceza ver(il)me

bestrahlen* *vt* **1.** (*beleuchten*) aydınlatmak, ışıklandırmak **2.** (*mit Strahlen bescheinen*) ışınlamak; (*Strahlen aussetzen*) ışınlandırmak **3.** (MED) ışınla tedavi etmek, radyoterapi yapmak (-e)

Bestrahlung *f* <-, -en> **1.** (*Bühne*) ışıklandırma **2.** (MED) radyoterapi; (*mit Röntgenstrahlen*) ışınlandırma

Bestreben *nt ohne Pl* <-s> çaba, gayret; **das ~ haben, etw zu tun** bir şey yapmak için çaba [*o* gayret] göstermek

bestrebt [bə'ʃtreːpt] *adj*: **~ sein etw zu tun** bir şeyi yapmaya gayret etmek; **wir sind ~, unser Bestmögliches zu tun** elimizden geleni yapmak için gayret ediyoruz

Bestrebung *f* <-, -en> gayret; **es sind ~en im Gange** gayret gösterilmektedir, girişimler vardır

bestreichen* *irr vt* (*mit Butter*) sürmek (*mit* -); (*mit Farbe*) boyamak (*mit* -); **die Wunde mit Salbe ~** yaraya merhem sürmek

bestreiken* *vt*: **dieser Betrieb wird bestreikt** bu işletmede [*o* iş yerinde] grev vardır

bestreiten* *irr vt* **1.** (*leugnen*) inkâr etmek, yadsımak; **das will ich nicht ~** bunu inkâr etmek istemiyorum; **es lässt sich nicht ~, dass ...** ... olduğu inkâr edilemez **2.** (*Unterhalt*) finanse etmek; **sie bestreitet ihren Unterhalt selbst** geçimini kendisi finanse ediyor **3.** (*Gespräch*) sürdürmek

bestreuen* *vt* serpmek (-e, *mit* -)

Bestseller ['bɛstsɛlɐ] *m* <-s, -> bestseller, çoksatar

bestsituiert *adj* (*österr: gut situiert*) hâli vakti yerinde

bestücken *vt* donatmak

Bestückung *f* donatım

bestürmen* *vt* **1.** (*Festung*) saldırmak (-e), hücum etmek (-e) **2.** (*bedrängen*) musallat olmak (-e, *mit* -), sürekli rahatsız etmek (*mit* ile), başına belâ olmak [*o* kesilmek]

(-in, *mit* ile); **jdn mit Fragen** ~ birini soru yağmuruna tutmak
bestürzt [bəˈʃtʏrtst] *adj* telaşlı; (*verblüfft*) şaşkın, şaşkına dönmüş
Bestürzung *f ohne Pl* (*Fassungslosigkeit*) şaşkınlık; (*Schrecken*) telaş
Bestzeit *f* (SPORT) rekor; **er lief seine persönliche** ~ koşarak rekorunu egale etti
Besuch [bəˈzuːx] *m* <-(e)s, -e> **1.** (*das Besuchen*) ziyaret; (*der Schule*) gitme; (*im Krankenhaus, in der Vollzugsanstalt*) görüş; **jdm einen** ~ **abstatten** birini ziyaret etmek; **bei jdm zu** ~ **sein** birinin yanında ziyaretçi [*o* konuk] olmak **2.** (*Teilnahme*) katılma **3.** (*Person*) ziyaretçi; ~ **haben/bekommen** ziyaretçisi olmak/gelmek
besuchen* *vt* **1.** (*Person*) ziyaret etmek, görüşmeye gitmek (ile); (*Ort*) ziyaret etmek; (*im Krankenhaus, in der Vollzugsanstalt*) görüşe gitmek **2.** (*Veranstaltung*) gitmek (-e), katılmak (-e); **gut besucht** ziyaretçisi bol; **eine Schule** ~ bir okula gitmek
Besucher(in) *m(f)* <-s, -; -nen> ziyaretçi;
Besucherzahl *f* ziyaretçi sayısı
Besuchszeit *f* ziyaret zamanı, ziyaret saatleri *pl*, görüşme saatleri *pl*; **Besuchszimmer** *nt* görüşme odası
besudeln* [bəˈzuːdəln] *vt* kirletmek (*mit* ile), pisletmek (*mit* ile); (*fig*) lekelemek (*mit* ile)
Betablocker *m* <-s, -> (MED) beta engelleyici
betagt [bəˈtaːkt] *adj* (*geh*) yaşlı
betasten* *vt* elle yoklamak, dokunmak (-e)
Betastrahlung *f* (PHYS) beta ışınları *pl*
betätigen* [bəˈtɛːtɪgən] **I.** *vt* (*Hebel, Maschine*) çalıştırmak; **die Bremsen** ~ fren yapmak **II.** *vr* (*tätig sein*): **sich literarisch** ~ edebiyatla uğraşmak, yazarlık yapmak; **sich politisch** ~ politikada aktif [*o* faal] olmak, siyasî faaliyette bulunmak; **sich als Künstlerin/Sportler** ~ sanatçı/sporcu olarak aktif [*o* faal] olmak
Betätigung[1] *f ohne Pl* (*einer Maschine*) çalıştırma
Betätigung[2] *f* <-en> (*Tätigkeit*) faaliyet, etkinlik
Betätigungsfeld *nt* faaliyet alanı; (*Wirkungskreis*) etkinlik alanı
Betatron *nt* (PHYS) betatron
betäuben* [bəˈtɔɪbən] *vt* **1.** (MED: *narkotisieren*) narkoz vermek (-e); (*Schmerz*) uyuşturmak **2.** (*benommen machen*) sersemletmek, bayıltmak, uyuşturmak; ~**er Lärm** sağır edici bir gürültü; **ein** ~**der Duft** bayıltıcı bir koku; **er betäubte seinen Kummer mit Alkohol** derdini [*o* acısını] alkolle uyuşturdu
Betäubung *f* <-en> **1.** (MED) duyum yitimi; (*Anästhesie*) anestezi; **örtliche** ~ lokal anestezi **2.** (*Benommenheit*) sersemlık;
Betäubungsmittel *nt* anestezik; (*a. Rauschgift*) narkotik, uyuşturucu (madde)
Bete [ˈbeːtə] *f* <-n>: **Rote**[RR] ~ pancar
beteilen *vt* (*österr*) armağan [*o* hediye] vermek (-e)
beteiligen* [bəˈtaɪlɪgən] **I.** *vt* (*teilhaben lassen*) ortak etmek (*an/bei* -e/-e); **jdn an etw** ~ birini bir şeye ortak etmek, birinin bir şeye katılmasını kabul etmek **II.** *vr:* **sich** ~ (*teilnehmen*) katılmak (*an* -e), iştirak etmek (*an* -e); (*finanziell*) ortak olmak (*an* -e); **sich an den Kosten** ~ masraflara katılmak [*o* ortak olmak]
beteiligt *adj* **1.** ilgili (*an* ile), ilgisi bulunan [*o* olan], katılan (*an* -e); (*Unfall*) karışmış bulunan [*o* olan] (*an* -e); **an etw** ~ **sein** bir şeye karışmış olmak, bir şeyle ilgili olmak **2.** (*Konzern, Umsatz*) ortak; **an etw** ~ **sein** (FIN) bir şeye ortak olmak; **sie ist mit 49% an seiner Firma** ~ firmasının yüzde 49'una ortaktır
Beteiligte(r) *mf* <-n, -n; -, -n> iştirakçi, ortaklık eden (kimse), ortak olan (kimse); (*an Verbrechen*) ilgisi bulunan (kimse), katılan (kimse); (JUR) ilgili olan (kimse); (*Verfahrens*~) katılan (kimse)
Beteiligung *f* <-en> **1.** katılma, iştirak **2.** (*Teilhaberschaft*) ortaklık, paydaşlık **3.** (*Anteil*) pay, hisse **4.** (*an einer Veranstaltung*) gelenler(in sayısı), katılanlar(ın sayısı); (*Mitwirken, Einsatz*) katılma; **die** ~ **war gering** katılanların sayısı azdı
beten [ˈbeːtən] *vi* dua etmek (*für* için, *um* için, *zu* -e)
beteuern* [bəˈtɔɪɐn] *vt* temin etmek; (*erklären*) beyan etmek; **er beteuerte hoch u. heilig, es nicht getan zu haben** yapmadığını yemin billâh ederek temin [*o* beyan] etti
Bethlehem [ˈbeːtlehɛm] *nt* <-s> Be(y)tlehem, Beytüllahim
betiteln* *vt* **1.** (*mit Titel versehen*) başlık koymak (-e) **2.** (*anreden*) hitap etmek (-e, *mit* diye) **3.** (*fam: nennen*) demek (-e, *mit* diye), adlandırmak (*mit* diye), ad koymak [*o* takmak] (-e, *mit* diye)
Beton [beˈtɔŋ] *m* <-s, -s *österr:* -e> beton
betonen* [bəˈtoːnən] *vt* **1.** (*Silbe, Note*) vurgulamak; **auf der zweiten Silbe** ~ ikinci heceyi vurgulamak [*o* vurgu ile söylemek] **2.** (*fig: nachdrücklich*) vurgulamak; (*hervorheben*) vurgulamak
betonieren* [betoˈniːrən] *vt* betonlamak, beton dökmek (-e)
Betonklotz *m* (*pej*) beton yığını; **Betonmischer** *m* <-s, -> (TECH) betoniyer; **Betonmischmaschine** *f* <-, -n> (TECH) beton

karma makinesi, betoniyer

betont [bə'toːnt] *adj* vurgulu; **~e Silbe** vurgulu hece; **er verhält sich ihr gegenüber ~ höflich** onun karşısında belirgin [*o* göze çarpan] bir şekilde nazik davranıyor

Betonung *f* <-en> **1.** (*von Wort*) vurgu **2.** (*fig: Nachdruck*) vurgulama

betören* [bə'tøːrən] *vt* (*geh*) **1.** (*entzücken*) hayran bırakmak; (*bezaubern*) büyülemek **2.** (*verführen*) ayartmak, baştan çıkarmak

betr. (COM) *Abk. von* **betreffs, betreffend** söz konusu, ilgili

Betr. (COM) *Abk. von* **Betreff** ilgi, konu

Betracht [bə'traxt] *m*: **etw in ~ ziehen** bir şeyi göz önüne almak; **etw außer ~ lassen** bir şeyi göz ardı etmek; **(nicht) in ~ kommen** soz konusu ol(ma)mak

betrachten* *vt* **1.** (*anschauen*) bakmak (-e); (*genau*) gözden geçirmek, dikkatle bakmak (-e); **genau betrachtet** dikkatle bakıldığında; **etw aus der Nähe ~** bir şeye yakından bakmak; **sich im Spiegel ~** kendine aynada bakmak **2.** (*fig: ansehen, einschätzen*) görmek (*als* olarak)

Betrachter(in) *m(f)* <-s, -; -, -nen> gözlemci

beträchtlich [bə'trɛçtlɪç] *adj* oldukça çok [*o* büyük], büyükçe, hatırı sayılır

Betrachtung[1] *f ohne Pl* (*eines Bildes*) bakma; **bei näherer/flüchtiger ~** yakından/şöyle bir bakıldığında

Betrachtung[2] *f* <-en> (*Überlegung*) gözlem; **philosophische ~en anstellen** felsefi gözlemler yapmak

Betrachtungswinkel *m* bakış açısı

Betrag [bə'traːk, *Pl:* bə'trɛːgə] *m* <-(e)s, -träge> tutar, meblağ; (*Gesamtbetrag*) toplam; **~ dankend erhalten** bedeli alındı; **ein Scheck über den ~ von 300 Euro** 300 euroluk bir çek

betragen* *irr* **I.** *vi* (*sich belaufen auf*) bulmak; (*Rechnung*) tutmak **II.** *vr*: **sich ~** (*sich benehmen*) davranmak, hareket etmek

Betragen *nt ohne Pl* <-s> davranış, tutum, hâl ve hareket

betrauen* *vi*: **jdn mit etw ~** birine bir şeyi havale etmek

betrauern* *vt*: **jdn ~** biri için yas tutmak

Betreff [bə'trɛf] *m* <-(e)s, -e> (*Briefkopf*) ilgi, konu

betreffen* *irr vt* **1.** (*angehen*) ilgilendirmek; **was mich betrifft ...** bana gelince ... **2.** (*seelisch*) etkilemek

betreffend *adj* ilişkin, ilgili, söz konusu; **der ~e Brief** söz konusu mektup; **der oder die B~e möge sich bitte melden** ilgili bay veya bayanın kendini bildirmesi rica olunur; **unser letztes Schreiben ~ ...** ... ile ilgili son yazımız [*o* mektubumuz]

betreffs *präp* ile ilgili olarak

betreiben* *irr vt* **1.** (*Politik*) gütmek **2.** (*Studien*) yapmak **3.** (SPORT) yapmak **4.** (*Handwerk*) uğraşmak (ile) **5.** (*Geschäft*) işletmek **6.** (JUR): **einen Prozess ~** dava takibinde bulunmak **7.** (*Angelegenheit*) yürütmek; **auf jds B~ hin** birinin ısrarı üzerine

Betreiber(in) *m(f)* <-s, -; -nen> işletici, (tesisi çalıştırmakla sorumlu) operatör

betreten[1] *adj* (*verlegen*) mahcup; **über etw sehr ~ sein** bir şeye çok mahcup olmak

betreten*[2] *irr vt* (*Raum, Gebäude*) girmek (-e), ayak basmak (-e); (*Rasen*) basmak (-e); (*Podium*) çıkmak (-e); (*Spielfeld*) çıkmak (-e); **B~ verboten!** girmek yasaktır!, girilmez!

betreuen* [bə'trɔɪən] *vt* (*Kranke*) bakmak (-e); (*Reisegruppe*) kılavuzluk etmek (-e); **ein Projekt ~** bir projeye danışmanlık yapmak

Betreuer(in) *m(f)* <-s, -; -nen> bakıcı; (*Assistent*) asistan; (*Berater*) danışman, müşavir

Betreuung *f ohne Pl* danışmanlık, müşavirlik

Betrieb[1] *m* <-(e)s, -e> **1.** (*Unternehmen*) işletme **2.** (*handwerklich*) atölye, iş yeri **3.** (*Gewerbe~*) ticarethane **4.** (*Belegschaft*) personel

Betrieb[2] *m ohne Pl* <-(e)s> **1.** (*Tätigkeit*) faaliyet; (*das Arbeiten*) çalışma; **in ~ sein** çalışmakta [*o* işler durumda] olmak; **etw in ~ nehmen** bir şeyi faaliyete geçirmek, bir şeyi çalıştırmak; **außer ~ sein** bozuk [*o* işlemez] olmak; (*Automat*) servis dışı olmak **2.** (*fam*) kalabalık; (*reger Verkehr*) işleklik, gelen geçen [*o* giden]; (*lebhaftes Treiben*) hareket; **in der Stadt war viel ~** şehir ana baba günüydü

betrieblich *adj* işletme [*o* iş yeri] ile ilgili

betriebsam *adj* **1.** faal, çalışkan **2.** (*unternehmend*) girişken

Betriebsamkeit *f* <-en> **1.** faaliyet, çalışma; **fieberhafte ~** hummalı çalışma **2.** (*Unternehmungsgeist*) girişkenlik

Betriebsanleitung *f* işletme talimatı, servis talimatı, kullanım kılavuzu; **Betriebsarzt, -ärztin** *m, f* işletmenin hekimi; **Betriebsausflug** *m* personel ile yapılan gezi; **betriebsblind** *adj* (*pej*) çalıştığı yerdeki eksiklikleri görmeyen; **betriebseigen** *adj* işletmeye ait; **Betriebsferien** *Pl* işletme tatili, iş yerinin tatili; **Betriebsgeheimnis** *nt* işletme sırrı; **betriebsintern** *adj* işletme içi; **Betriebskapital** *nt* (*Umlaufvermögen*) cari varlıklar; **Betriebsklima** *nt ohne*

Pl <-s> çalışma ortamı; **Betriebskosten** *Pl* **1.** (TECH) işletme masrafları *pl* **2.** (WIRTSCH) işletme maliyeti; **Betriebsleitung** *f* işletme müdürlüğü, işletmenin yönetimi; **Betriebsprüfung** *f* (WIRTSCH) iş yeri denetimi

Betriebsrat, -rätin[1] *m, f* <-(e)s, -räte; -nen> (*Mitglied*) işyeri işçi temsilcisi

Betriebsrat[2] *m* <-(e)s, -räte> (*Organ*) işyeri işçi temsilciliği

Betriebsschließung *f* (WIRTSCH) iş yerinin kapatılması; **Betriebsschluss** *m ohne Pl* <-es> paydos vakti; **nach** ~ paydos vaktinden sonra; **Betriebsstilllegung**[RR] *f* (WIRTSCH) iş yerinin durdurulması; **Betriebsstörung** *f* (TECH) arıza; **Betriebssystem** *nt* (INFORM) işletim sistemi; **Betriebstemperatur** *f* (TECH) çalışma sıcaklığı; **Betriebsunfall** *m* iş yerinde kaza; **Betriebsverfassungsgesetz** *nt* İşletmelerin Esas Teşkilatı Hakkındaki Kanun; **Betriebsversammlung** *f* personel toplantısı; **Betriebswirt(in)**[RR] *m(f)* işletmeci

Betriebswirtschaft *f ohne Pl* işletme ekonomisi, işletmecilik

betriebswirtschaftlich *adj* işletmecilik (ile ilgili)

Betriebswirtschaftslehre *f ohne Pl* işletmecilik bilimi

betrinken* *irr vr:* **sich** ~ içki içmek

betroffen [bəˈtrɔfən] **I.** *pp von* **betreffen: ~ sind verschiedene Mitarbeiter** birçok eleman söz konusudur **II.** *adj* **1.** ilgili; (*von Maßnahmen*) maruz kalan (*von* -e) **2.** (*verwirrt*) şaşkın, şaşkına dönmüş; (*bestürzt*) telaşlı; (*berührt*) duygulanmış

Betroffene(r) *mf* <-n, -n; -, -n> maruz kalan (kimse)

Betroffenheit *f ohne Pl* şaşkınlık

betrüben* *vt* (*traurig machen*) üzmek; (*traurig stimmen*) üzüntü vermek

betrüblich [bəˈtry:plɪç] *adj* üzücü

Betrübnis *f* <-se> üzüntü

betrübt *adj* (*geh*) üzgün (*über* -e); **tief** ~ [RR] ıstırap çeken

Betrug [bəˈtru:k] *m ohne Pl* <-(e)s> aldatma; (JUR) dolandırıcılık; (*beim Spiel*) hile; **das ist ~!** bu, hiledir!

betrügen* [bəˈtry:gən] *irr* **I.** *vt* aldatmak, dolandırmak, hile yapmak (-e); **sich um etw betrogen fühlen/sehen** bir şeyde aldatılmış olduğunu hissetmek/görmek; **jahrelang betrog sie ihn mit ihrem Zahnarzt** onu yıllarca dişçisiyle aldattı **II.** *vr:* **sich (selbst)** ~ (kendi) kendini aldatmak

Betrüger(in) *m(f)* <-s, -; -nen> dolandırıcı; (*beim Spiel*) hileci, hilebaz, hilekâr

Betrügerei *f* <-en> dolandırıcılık, hilekârlık

betrügerisch *adj* aldatıcı, dolanlı, hileli; **in ~er Absicht** dolandırma niyetiyle; **~er Bankrott** (JUR) dolanlı iflâs

betrunken [bəˈtrʊŋkən] **I.** *pp von* **betrinken II.** *adj* içkili, sarhoş; **in ~em Zustand Auto fahren** içkili durumda otomobil kullanmak

Betrunkene(r) *mf* <-n, -n; -n> sarhoş

Bett [bɛt] *nt* <-(e)s, -en> **1.** yatak, döşek; **das ~ machen** yatağı [*o* yatak] yapmak; **Frühstück im ~** yatakta sabah kahvaltısı; **im ~ liegen** yatakta yatmak; **ans ~ gefesselt sein** eli ayağı yatağa bağlı olmak, yatağa bağlanmak; **ins** [*o* **zu**] **~ gehen** (yatağa) yatmak, yatağa girmek; **das ~ hüten müssen** yatağa [*o* yataklara] düşmek; **mit jdm ins ~ gehen** (*fam*) biriyle yatmak [*o* yatağa girmek], birinin yatağına girmek; **an jds ~ sitzen** birinin yatak başında oturmak; **er macht ins ~** (*fam*) yatağa yapar; **sich ins gemachte ~ legen** (*fig*) hazıra konmak **2.** (*Fluss~*) yatak **3.** (*Feder~*) yorgan; **Bettanzug** *m* <-(e)s, -züge> (*Schweiz: Bettbezug*) nevresim, yorgan kılıfı, yorgan çarşafı; **Bettbank** *f* (*österr: Bettcouch*) çekyat; **Bettbezug** *m* <-(e)s, -züge> nevresim, yorgan kılıfı, yorgan çarşafı; **Bettcouch** *f* çekyat; **Bettdecke** *f* **1.** (*Tagesdecke*) yatak örtüsü **2.** (*Federbett*) yorgan

bettelarm [ˈ--ˈ-] *adj* pek fakir

Bettelei *f* <-en> (*pej*) dilencilik, dilenme; **hör endlich auf mit der ~!** dilenciliği bırak artık!

Bettelmönch *m* dilenci keşiş

betteln *vi* dilenmek; **bei jdm um etw ~** birinden bir şey dilenmek

betten *vt* (*geh*) yatırmak; **jdn zur letzten Ruhe ~** birini toprağa vermek

Bettflasche *f* <-, -n> (*Schweiz: Wärmflasche*) termofor; **Bettgeher(in)** *m(f)* (*österr: Schlafwandler*) uyurgezer; **Bettgestell** *nt* karyola; **Betthupferl** [ˈbɛthʊpfɐl] *nt* <-s, -> (*reg*) *yatmadan önce çocuklara verilen şeker gibi şeyler;* **Bettkante** *f* yatağın kenarı

bettlägerig [ˈbɛtlɛ:gərɪç] *adj* yatalak

Bettlaken *nt* yatak çarşafı; **Bettlektüre** *f* yatakta okuma, *uyumadan önce yatakta okunan şeyler*

Bettler(in) [ˈbɛtlɐ] *m(f)* <-s, -; -, -nen> dilenci

Bettnässer(in) *m(f)* <-s, -; -nen> (*fam*) yatağını ıslatan (kimse)

bettreif *adj* (*fam*): **er ist ~** onu yatak çekiyor

Bettruhe *f* yatak istirahati; **jdm ~ ordnen** birine yatak istirahati vermek; **Betttuch**[RR] [ˈbɛttu:x] *nt* <-(e)s, -tücher> yatak çarşafı; **Bettwäsche** *f* yatak takımı, çarşaflar *pl;* **Bettzeug** *nt* (*fam*) yatak takımı, çarşaflar *pl*

betucht [bəˈtuːxt] *adj* (*fam*) hâli vakti yerinde, zengin; **gut ~ sein** hâli vakti çok yerinde

betulich [bəˈtuːlɪç] *adj* (*pej*) vesveseli

beugbar *adj* **1.** bükülgen **2.** (LING: *flektierbar*) bükünlü

Beugehaft *f* (JUR) tanıklığa veya yemine zorlamak için hapis

Beugemuskel *m* (ANAT, MED) büken

beugen [ˈbɔɪɡən] **I.** *vt* **1.** (*Arm*) bükmek; **den Kopf ~** başını eğmek; **vor Kummer gebeugt sein** dertten boynu bükük olmak **2.** (LING: *flektieren*) bükünlemek; (*deklinieren*) (isim) çekmek; (*konjugieren*) (fiil) çekmek **II.** *vr:* **sich ~ 1.** (*sich neigen*) eğilmek, bükülmek (*über* üzerine); **er beugte sich leicht nach vorn/zu mir** hafifçe öne/bana doğru eğildi, öne/bana doğru hafif eğildi **2.** (*sich fügen*) boyun eğmek (-e)

Beuger *m* (ANAT, MED) büken

Beugung *f* <-en> **1.** (ANAT) bükülme **2.** (LING: *Flexion*) bükün **3.** (PHYS: *Licht*) kırınım

Beule [ˈbɔɪlə] *f* <-n> **1.** yumru, kabartı; **er hat eine ~ an der Stirn** alnında bir yumru var **2.** (*Delle*) ezik **3.** (MED: *Schwellung*) şişlik; (*Eiter~*) kabarcık; **Beulenpest** *f* (MED) hıyarcıklı veba

beunruhigen* [bəˈʔʊnruːɪɡən] **I.** *vt* tedirgin etmek, rahatını [*o* huzurunu] kaçırmak (-in) **II.** *vr:* **sich ~** tedirgin olmak (*über* -den), rahatı [*o* huzuru] kaçmak, endişelenmek (*über* -den); **bitte ~ Sie sich nicht!** lütfen endişelenmeyin!

beunruhigend *adj* tedirgin edici, endişe verici

Beunruhigung *f* <-en> endişelenme, tedirginlik; **es besteht kein Grund zur ~** endişelenmeye hiç gerek yok

beurkunden* *vt* düzenlemek, tanzim etmek

beurlauben* *vt* **1.** (*Urlaub geben*) izin vermek (-e); (MIL) izin vermek (-e) **2.** (*von Amtspflichten*) açığa almak; **beurlaubt sein** açığa alınmış olmak **3.** (UNIV): **sich ~ lassen** izin almak

beurteilen* *vt* **1.** (*sich ein Urteil bilden*) yargıya [*o* hükme] varmak (hakkında), anlam vermek (-e) **2.** (*begutachten*) mütalâada bulunmak (hakkında), görüş ve düşünce ileri sürmek (hakkında) **3.** (*bewerten, abschätzen*) değerlendirmek, takdir etmek; **etw falsch ~** bir şeyi yanlış değerlendirmek [*o* takdir etmek]

Beurteilung *f* <-en> **1.** (*Bewertung, Einschätzung*) değerlendirme, takdir; **eine gute ~ bekommen** iyi not almak **2.** (*Begutachtung*) mütâala

Beute [ˈbɔɪtə] *f ohne Pl* **1.** (*Kriegs~*) ganimet; (*Jagd~*) av, şikâr; (*Diebes~*) çalıntı; (*bei Plünderung*) çalıntı, ganimet, yağma malı; **reiche ~ machen** (*fam*) yağma etmek, vurgun vurmak **2.** (*geh: Opfer*) kurban; **leichte ~ für jdn sein** birisi için kurbanlık koyun olmak, birisi için kolay av olmak

Beutel [ˈbɔɪtəl] *m* <-s, -> **1.** (*Behältnis*) kese, torba; (*Tee~*) poşet **2.** (ZOOL: *des Kängurus*) kese **3.** (*fig: Geld~*) kese; **seinen ~ füllen** (*fig*) kesesini doldurmak; **tief in den ~ greifen** kesenin ağzını açmak; **Beutelmarder** *m* (ZOOL) keseli sansar; **Beuteltiere** *ntpl* (ZOOL) keseliler *pl*

bevölkern* [bəˈfœlkɐn] *vt* iskân etmek; **ein dicht bevölkertes Gebiet** (GEO) yoğun nüfuslu bölge

Bevölkerung *f* <-en> toplum, nüfus, ahali; (*Zivil~*) halk; **die einheimische/ländliche ~** yerli/kırsal nüfus; **Bevölkerungsdichte** *f ohne Pl* nüfus yoğunluğu; **Bevölkerungsexplosion** *f* nüfus patlaması; **Bevölkerungsrückgang** *m ohne Pl* <-(e)s> nüfus azalması; **Bevölkerungsschicht** *f* toplum tabakası; **Bevölkerungszuwachs** *m ohne Pl* <-es> nüfus artışı

bevollmächtigen* [bəˈfɔlmɛçtɪɡən] *vt* yetkili kılmak (*zu* için), yetkilendirmek (*zu* için), vekil [*o* tevkil] etmek (*zu* -e), vekil olarak atamak (*zu* için)

Bevollmächtigte(r) *mf* <-n, -n; -n> vekil

Bevollmächtigung *f* <-en> yetkilendirme, temsil için yetki verme, tevkil, vekil etme

bevor [bəˈfoːɐ] *konj* -meden önce; **gieß bitte die Blumen, ~ du gehst** gitmeden önce lütfen çiçekleri sulayıver; **ich will mit dem Essen fertig sein, ~ sie kommen** onlar gelmeden önce yemeğimi bitirmek istiyorum

bevormunden* [bəˈfɔːɐmʊndən] *vt:* **jdn ~** birine akıl öğretmek [*o* hocalığı yapmak]

Bevormundung *f* <-en>: **ich lasse mir diese ~ nicht gefallen** bunun akıl hocalığından bıktım artık

bevorraten *vt* stok etmek, stoklamak

Bevorratung *f* <-> stoklama

bevorrechtigt *adj* **1.** (*priviligiert*) ayrıcalıklı, imtiyazlı **2.** (*vorrangig*) öncelikli

bevor|stehen *irr vi* beklenmek; (*zu erwarten sein*) olması beklenmek; (*unmittelbar drohend*) pek yakında olmak; **wer weiß, was ihr noch bevorsteht** kim bilir, onu daha neler bekliyor, kim bilir, onun başına daha neler gelecek; **es steht uns noch sehr viel Arbeit bevor** önümüzde daha pek çok iş var; **die Wahlen stehen un-**

B

mittelbar bevor seçimler pek yakında olacak, seçimler hemen önümüzde; **bevorstehend** *adj:* **der ~e Winter** önümüzdeki kış; **der ~e Krieg** önümüzdeki [*o* olması beklenen] savaş

bevorzugen* [bəˈfoːɐ̯tsuːgən] *vt* **1.** (*vorziehen*) yeğlemek, tercih etmek **2.** (*bevorrechten*) ayrıcalık tanımak (-e), ayrıcalık göstermek (-e), imtiyaz tanımak (-e); (*begünstigen*) kayırmak; **Bevorzugung** *f* <-en> (*das Bevorzugen*) yeğleme, ayrıcalık tanıma; (*das Bevorzugtwerden*) yeğlenme

bewachen* *vt* beklemek, gözetmek, kollamak, bekçilik etmek (-e); **der Hund bewacht das Haus** köpek evi bekliyor; **ein bewachter Parkplatz** bekçili otopark; **den Torschützen ~** golcüyü kollamak

bewachsen* [bəˈvaksən] *adj* üstü örtülü (*mit* ile)

Bewachung *f* <-en> **1.** bekçilik (etme), gözetim **2.** (*Wache*) bekçi **3.** (SPORT: *Ballspiele*): **sich der ~ entziehen** kendini göstermek, *pas alabilmek için boş alana kaçmak*

bewaffnen* [bəˈvafnən] *vt* silâhlandırmak (*mit* ile), silâhlamak (*mit* ile); **er war bis an die Zähne bewaffnet** tepeden tırnağa kadar silâhlanmıştı

Bewaffnung *f* <-en> **1.** (*das Bewaffnen*) silâhlandırma, silâhlama; (*das Bewaffnetwerden*) silâhlanma **2.** (*Waffen*) silâhlar *pl*

bewahren* [bəˈvaːrən] *vt* **1.** (*beschützen*) korumak (*vor* -den) **2.** (*aufbewahren*) saklamak; **Gott bewahre!** Allah saklasın!

bewähren* [bəˈvɛːrən] *vr:* **sich ~** (*Person*) liyakat göstermek; (*Sache*) güvenilir olduğunu göstermek

bewahrheiten* [bəˈvaːɐ̯haɪtən] *vr:* **sich ~** doğru çıkmak, gerçek olduğu anlaşılmak

bewährt [bəˈvɛːɐ̯t] *adj* liyakatli, değimli; (*Mittel, Methode*) güvenilir (olduğunu göstermiş)

Bewährung *f* <-en> (JUR) tecil; **er bekam drei Jahre mit/ohne ~** tecilli/tecilsiz üç yıllık ceza aldı; **eine Strafe zur ~ aussetzen** bir cezayı tecil etmek; **Bewährungsfrist** *f* (JUR) tecil süresi; **Bewährungshelfer(in)** *m(f)* (JUR) tecil yardımcısı

bewaldet *adj* ormanlık

bewältigen* [bəˈvɛltɪgən] *vt* **1.** (*meistern*) becermek, üstesinden gelmek (-in) **2.** (*überwinden*) başarı ile sona erdirmek, hakkından gelmek (-in)

bewandert [bəˈvandɐt] *adj* uzman (*in* -de), bilgi sahibi olan (*in* -de); **in etw gut ~ sein** bir şeyde iyi uzman [*o* bilgi sahibi] olmak

Bewandtnis [bəˈvantnɪs] *f* <-se> mahiyet; **damit hat es folgende ~** onun mahiyeti şöyledir

bewässern* [bəˈvɛsɐn] *vt* sulamak

Bewässerung *f* <-en> (AGR) sulama

Bewässrung[RR] *f* <-en>, **Bewäßrung** *f* <-en> *s.* **Bewässerung**

bewegen*[1] [bəˈveːgən] **I.** *vt* **1.** (*Arm, Lippen*) kımıldatmak, kıpırdatmak, oynatmak; (*in Gang setzen*) hareket ettirmek, devindirmek; **er konnte den Koffer kaum von der Stelle ~** bavulu yerinden güç belâ kımıldattı **2.** (*innerlich*) duygulandırmak **II.** *vr:* **sich ~ 1.** hareket etmek, kımılda(n)mak, kıpırda(n)mak; (PHYS) devinmek; **es bewegt sich etwas!** (*fig*) bir şeyler oluyor! **2.** (*schwanken*) dalgalanmak (*um* düzeyinde), oynamak (*zwischen* arasında); **die Preise ~ sich um die 100 Mark** fiyatlar 100 mark düzeyinde dalgalanıyor **3.** (*Erde, Sonne*) devinmek (*um* -in çevresinde)

bewegen[2] <bewegt, bewog, bewogen> *vt:* **jdn zu etw ~** birine bir şey yaptırtmak; **können Sie ihn dazu ~?** onu ona yaptırtabilir misiniz?; **was hat dich dazu bewogen?** bunu sana ne yaptırdı?

Beweggrund *m* <-(e)s, -gründe> güdü, saik

beweglich [bəˈveːklɪç] *adj* **1.** hareketli, mobil, oynak, devingen **2.** (*flink*) çevik; (*geistig*) canlı **3.** (*transportierbar*) taşınır, portatif, menkul

Beweglichkeit *f* hareketlilik, devingenlik; (*Agilität*) çeviklik

bewegt [bəˈveːkt] *adj* **1.** (*See, Wasser*) dalgalı, çalkantılı **2.** (*fig*): **seine Worte haben uns tief bewegt**[RR] sözlerinden çok duygulandık **3.** (*Leben, Zeiten*) hareketli, heyecanlı

Bewegung *f* <-en> **1.** hareket, devinim; **politische ~** siyasî hareket; **etw in ~ bringen/setzen** bir şeyi harekete getirmek/geçirmek; **sich** *dat* **~ verschaffen** hareket etmek; **keine ~!** kımıldama!; **in ~ sein** harekette olmak; **alle Hebel in ~ setzen** bütün olanakları kullanmak **2.** (*seelisch*) duygulanma; (*Erregung*) heyecan; **Bewegungsablauf** *m* program; **Bewegungsenergie** *f* (PHYS) kinetik enerji; **Bewegungsfreiheit** *f ohne Pl* hareket serbestisi [*o* özgürlüğü]; (*Platz*) rahatça hareket edilebilecek yer; **bewegungslos** *adj* hareketsiz; **Bewegungslosigkeit** *f* hareketsizlik; **bewegungsunfähig** *adj* hareket edemeyen

beweihräuchern* [bəˈvaɪrɔɪçɐn] **I.** *vt* **1.** (*mit Weihrauch umgehen*) (buhurdanla) tütsülemek **2.** (*verherrlichen*) pohpohlamak **II.** *vr:* **sich selbst ~** (*fam pej*) kendi kendini pohpohlamak

Beweihräucherung *f* tütsüle(n)me
beweinen* *vt* göz yaşları dökmek (için)
Beweis [bəˈvaɪs] *m* <-es, -e> **1.** (*Nachweis*) delil, kanıt; **den ~ erbringen** delil irat etmek; **aus Mangel an ~en** delillerin yokluğundan; **als ~** delil olarak; **den ~ antreten/erheben** delil göstermek/ikame etmek **2.** (*Ausführen*) ispat, tanıtlama; **bis zum ~ des Gegenteils** aksi sabit [*o* kesin olarak belli] oluncaya kadar; **Beweisaufnahme** *f* (JUR) delillerin toplanması; **beweisbar** *adj* kanıtlanabilir
beweisen* *irr vt* kanıtlamak, ispat etmek; **man konnte ihm die Tat nicht ~** eylemi onun yaptığı kanıtlanamadı
Beweisführung *f* <-en> (JUR) delil gösterme, delillerin sunulması; **Beweiskraft** *f ohne Pl* (JUR) ispat kuvveti; **beweiskräftig** *adj* ispat kuvveti olan; **Beweislast** *f* (JUR) ispat yükü; **Beweismittel** *ntpl* ispat araçları *pl*, deliller *pl*; **Beweisstück** *nt* (JUR) delil
bewenden *vi*: **es bei etw ~ lassen** bir şeyle yetinmek; **lassen wir es dabei ~!** bunu böylece bırakalım artık!, bu kadarı yeter [*o* yetişir] artık!
bewerben* *irr* **I.** *vr*: **sich ~** başvurmak (*um* için, *bei* -e), müracaat etmek; **sich bei jdm um eine Stelle ~** birine bir iş için başvurmak **II.** *vt* (COM: *Produkt*) tanıtmak
Bewerber(in) *m(f)* <-s, -; -nen> başvurucu, müracaatçı
Bewerbung *f* <-en> başvuru, müracaat; **eine schriftliche ~** yazılı bir başvuru; **seine ~ einreichen** başvurusunu vermek; **Bewerbungsgespräch** *nt* mülâkat; **Bewerbungsschreiben** *nt* başvuru mektubu
bewerfen* *irr vt* atmak (*mit* -); **jdn mit Schmutz ~** (*fig*) birine çamur atmak
bewerkstelligen* [bəˈvɛrkʃtɛlɪgən] *vt* becermek
bewerten* *vt* değerlendirmek; (*schätzen auf*) değer biçmek (-e); **etw zu hoch/niedrig ~** bir şeye fazla/az değer biçmek; (SPORT) derecelendirmek
Bewertung *f* <-en> değer biçme; (*einer Arbeit*) değerlendirme; (SPORT) derecelendirme
Bewertungsnote *f* başarı notu
bewilligen* [bəˈvɪlɪgən] *vt* izin vermek (-e); (*Kredit*) kabul ve tahsis etmek; (*Antrag*) kabul etmek
Bewilligung *f* <-en> izin; (FIN: *eines Antrags*) kabul (ve tahsis)
bewirken* *vt* **1.** (*verursachen*) neden [*o* sebep] olmak (-e), yol açmak (-e) **2.** (*hervorbringen*) getirmek; **(k)eine Änderung ~** bir değişiklik getir(me)mek
bewirten* [bəˈvɪrtən] *vt* ağırlamak, misafir etmek; **wir wurden fürstlich bewirtet** krallara lâyik biçimde ağırlandık
bewirtschaften* *vt* **1.** (*Gaststätte, Hof*) işletmek **2.** (AGR: *bestellen*) ekip biçmek **3.** (*kontrollieren*) denetlemek
Bewirtschaftung *f* <-en> **1.** (WIRTSCH: *Nutzung*) işletme; (*Verwaltung*) yönetim **2.** (AGR: *Anbau*) ekim
Bewirtung *f* <-en> (*das Bewirten*) ağırlama, misafir etme
bewog [bəˈvoːk] *3. imp von* **bewegen²**
bewogen [bəˈvoːgən] *pp von* **bewegen**
bewohnbar *adj* içinde oturulabilir
bewohnen* *vt* oturmak (-de), sakin olmak (-de)
Bewohner(in) *m(f)* <-s, -; -nen> **1.** oturan, sakin **2.** (*Bevölkerung*) nüfus
bewölken* [bəˈvœlkən] *vr*: **sich ~** bulutlanmak; (*mit dunklen Wolken*) kapamak
bewölkt *adj* bulutlu
Bewölkung *f ohne Pl* **1.** (*Sichbewölken*) bulutlanma **2.** (*Wolken*) bulutlar
Bewunderer, -in *m, f* <-s, -; -nen> hayran
bewundern* *vt* hayran olmak (*wegen* -e); (*anstaunen*) hayret etmek; **bewundernswert, bewundernswürdig** *adj* insanı hayran bırakan
Bewunderung *f ohne Pl* hayranlık; (*Anstaunen*) hayret; **voller ~** hayranlıkla
bewusst[RR] [bəˈvʊst], **bewußt** **I.** *adj* **1.** (*wissend*) bilinçli, şuurlu; **(sich** *dat*) **~ machen** bilinçlenmek; **sich** *dat* **etw** *gen* **~ sein** bir şeyin bilincinde olmak; **sich** *dat* **etw** *gen* **~ werden** bir şeyin bilincine varmak; **ich bin mir keiner Schuld ~** bir suç işlediğimin bilincinde değilim **2.** (*besagt*) sözü geçen, söz konusu; **es war an jenem ~en Tag** o söz konusu gündeydi **3.** (*absichtlich*) kastî, kasıtlı **II.** *adv* **1.** (*absichtlich*) bilinçli olarak, bile bile, kasten; **~ machen** bile bile [*o* kasten] yapmak **2.** (*überlegt*) düşünülerek
bewusstlos[RR] *adj*, **bewußtlos** *adj* bilinçsiz, şuursuz, kendinden geçmiş; **~ werden** bayılmak, kendinden geçmek
Bewusstlosigkeit[RR] *f ohne Pl*, **Bewußtlosigkeit** *f ohne Pl* bilinçsizlik, şuursuzluk; (*Ohnmacht*) baygınlık
bewußt|machen **I.** *vt s.* **bewusst I.1.** **II.** *vr*: **sich** *dat* ~ *s.* **bewusst I.1.**
Bewusstsein[RR] *nt ohne Pl* <-s>, **Bewußtsein** *nt ohne Pl* <-s> bilinç, şuur; **in dem ~ ...** ... bilincinde; **mir ist erst jetzt zum ~ gekommen, dass ...** ancak şimdi ... bilincine vardım; **jdm etw zum ~ bringen** birini bir şey hakkında bilinçlendirmek, birini bir şeyin bilincine vardırmak; **sich** *dat* **etw ins ~ rufen** bir şeyin bilincine varmak; **das ~ verlieren** kendini kaybetmek,

bayılmak; **wieder zu ~ kommen** tekrar kendine gelmek, ayılmak; **Bewusstseinsschwelle**[RR] *f* (PSYCH) bilincin eşiği; **Bewusstseinsstörung**[RR] *f* (PSYCH) bilinç bozukluğu; **Bewusstseinsveränderung**[RR] *f* (PSYCH) bilinç değişikliği

bez. 1. *Abk. von* **bezahlt** ödendi 2. *Abk. von* **bezüglich** ilgili

bezahlen* *vt* ödemek; **gut bezahlt** ücreti iyi; **hoch bezahlt** ücreti yüksek; **sich (nicht) bezahlt machen** parasını çıkar(ma)mak; (*fig*) değ(me)mek

Bezahlung *f ohne Pl* 1. (*einer Rechnung*) ödeme 2. (*Lohn*) ücret; (*Vergütung*) ödeme; **gegen ~** ücret karşılığı

bezähmen* I. *vt* (*Hunger, Neugier*) yenmek II. *vr:* **sich ~** (*sich zurückhalten*) kendini tutmak

bezaubern* *vt* büyülemek (*durch* ile); **ein ~des Mädchen** alımlı bir kız; **ein ~des Kleid** enfes bir giysi

bezeichnen* *vt* 1. (*markieren*) işaretlemek, (işaretle) belirtmek; (*beschreiben*) tanımlamak, tarif etmek; (*zeigen*) göstermek, nitelemek; (*kennzeichnen*) nitelendirmek; **ein Kreuz bezeichnet die Stelle** bir çapraz yerini işaretliyor; **er bezeichnete mir die Stelle** bana yerini tarif etti 2. ((*be*)*nennen*) demek (*als* -); (*benennen*) adlandırmak (*als* diye); **wie bezeichnet man ...?** ... nasıl denir?

bezeichnend *adj* tipik (*für* için), karakteristik (*für* için)

Bezeichnung *f* <-en> 1. (*Name*) ad, isim 2. (*Ausdruck*) deyim, tabir

bezeugen* [bəˈtsɔɪgən] *vt* (*bestätigen*) doğrulamak; (JUR) tanıklık [*o* şahitlik] etmek

bezichtigen* [bəˈtsɪçtɪgən] *vt* suçlamak; **jdn ~ etw zu tun** birini bir şey yapmakla suçlamak

beziehen* *irr* I. *vt* 1. (*überˈziehen*) kaplamak (*mit* ile); (*Bett*) çarşaf geçirmek (-e), kaplamak; **das Bett neu ~** yatağın çarşaflarını değiştirmek 2. (*Wohnung, Haus*) taşınmak (-e) 3. (*Einkommen*) almak; **Ohrfeige/Prügel ~** (*fam*) tokat/dayak yemek 4. (*kaufen*) almak; (*Waren*) getirtmek; (*Zeitung*) abone olarak almak 5. (*in Beziehung setzen*) ilişki kurmak (*auf* ile), bağlantı sağlamak (*auf* -e); **etw auf sich ~** bir şeyi kendi üstüne yormak; **diese Bemerkung brauchst du nicht auf dich zu ~** bu sözü kendi üstüne yormana gerek yok, bu söze alınmana gerek yok 6. (*Posten*) almak II. *vr:* **sich ~** 1. (*Himmel*) bulutlanmak; (*mit dunklen Wolken*) kararmak 2. (*sich berufen*) dayanmak (*auf* -e); (*als Beweis anführen*) delil olarak göstermek

Bezieher(in) *m(f)* <-s, -; -nen> (*Einkommen*) alan; (*Zeitung*) abone; (*Ware*) alıcı

Beziehung *f* <-en> 1. *Pl* ilişkiler *pl,* münasebetler *pl;* **gute ~en haben** iyi ilişkileri olmak, torpilli olmak; **seine ~en spielen lassen** (*fam*) ilişkilerini kullanmak; **diplomatische ~en** diplomatik ilişkiler 2. (*Hinsicht*) yön, bakım; **er hat in mancher/jeder ~ Recht** bazı/her bakımdan haklı 3. (*Verhältnis*) münasebet (*zwischen* arasında), ilişki (*zwischen* arasında), ilgi (*zwischen* arasında); (*Liebes~*) münasebet; **in ~ stehen zu etw** bir şeyle ilgili olmak; **zwei Dinge zueinander in ~ setzen** iki şey arasında münasebet [*o* ilişki] kurmak; **eine ~ eingehen** ilişki kurmak; **er hat keine ~ zur Literatur** edebiyatla hiç ilişkisi yok, edebiyata hiç ilgi duymuyor

beziehungslos *adj* ilişkisiz

beziehungsweise *konj* 1. (*genauer gesagt*) yani, yahut, daha doğrusu 2. (*oder, und*) yahut, ya da; **die Karten zu 50 ~ zu 30 DM sind schon ausverkauft** 50 marklık yahut 30 marklık biletler satıldı bile

beziffern* [bəˈtsɪfɐn] I. *vt* 1. (*numerieren*) numaralamak 2. (*schätzen*) tahmin etmek (*auf* civarında) II. *vr:* **sich ~** (*sich belaufen*) tutmak (*auf* -)

Bezirk [bəˈtsɪrk] *m* <-(e)s, -e> 1. (*Gebiet*) bölge 2. (*Stadtbezirk*) semt 3. (ADMIN): **Regierungs~** il; (*Gemeinde~*) mahalle

bezug *s.* **Bezug**[1] **3.**

Bezug[1] [bəˈtsuːk] *m* <-(e)s, -züge> 1. (*Überzug*) kılıf 2. *Pl* (*Gehalt*) maaş; (*Einkommen*) gelir

Bezug[2] *m ohne Pl* <-(e)s> 1. (*Kauf*) alım; (*von Zeitschriften*) abone 2. **in ~ auf** ile ilgili olarak, hakkında, üzerine; **mit ~ auf Ihr Schreiben vom ...** ... tarihli yazınızla ilgili olarak; **auf etw ~ nehmen** bir şeye dayanmak [*o* istinat etmek]

bezüglich [bəˈtsyːklɪç] I. *adj* ilgili, dair, ilişkin; **alle darauf ~en Fragen** onunla ilgili bütün sorular, ona dair bütün sorular II. *präp* ilgili olarak; **~ Ihres Schreibens vom ...** ... tarihli yazınız ile ilgili olarak

Bezugnahme [bəˈtsuːknaːmə] *f* <-n>: **unter ~ auf** -e istinaden, -e dayan(ıl)arak

bezugsfertig *adj* (*Wohnung*) anahtar teslimi

Bezugspreis *m* abonman fiyatı; (*Zeitung*) abone fiyatı

Bezugsquelle *f* (WIRTSCH: *Gelegenheit zum Kauf*) alım fırsatı

bezuschussen* [bəˈtsuːʃʊsən] *vt* para yardımı yapmak (-e)

bezwecken* [bəˈtsvɛkən] *vt* amaçlamak, amaç gütmek; **was willst du damit ~?** bununla neyi amaçlıyorsun?, bununla ne amaç güdüyorsun?

bezweifeln* *vt* şüphe etmek (-den), şüphelenmek (-den), şüphesi olmak (-den); **das bezweifle ich nicht im Mindesten** bundan hiç şüphem yok

bezwingen* *irr vt* (*besiegen*) yenmek, alt etmek, sırtını yere getirmek (-in); (*fertig werden mit*) başa çıkmak (ile); (*zügeln*) yenmek; (*bewältigen*) hakkından gelmek (-in); (*Festung*) zapt etmek; (*Berg*) tepesine çıkmak (-in); **sich kaum ~ können** kendini tutamamak

BGB [beːgeː'beː] *nt ohne Pl* <-> (JUR) *Abk. von* **Bürgerliches Gesetzbuch** yurttaşlar yasası, medenî kanun

BH [beː'haː] *m* <-s, -s> (*fam*) *Abk. von* **Büstenhalter** sutyen

Bhagvan ['bakvan] *m ohne Pl* <-s>, **Bhagwan** *m ohne Pl* <-s> Bhagvan

Bhf. *Abk. von* **Bahnhof** tren istasyonu

bi [biː] *adj* (*fam*) çift cinsel

Biathlon ['biːatlɔn] *nt* <-s, -s> (SPORT) biatlon

bibbern ['bɪbɐn] *vi* (*fam*) tir tir titremek

Bibel ['biːbəl] *f* <-n> İncil; **Bibelstelle** *f* <-n> İncil'deki metnin yeri

Biber ['biːbɐ] *m* <-s, -> (*Tier, Pelz*) kunduz

Bibliografie[RR] [bibliogra'fiː] *f* <-n> bibliyografi, kaynakça

Bibliographie [bibliogra'fiː] *f* <-n> *s.* **Bibliografie**

Bibliothek [biblio'teːk] *f* <-en> kütüphane

Bibliothekar(in) [bibliote'kaːɐ] *m(f)* <-s, -e; -nen> kütüphaneci

Bibliothekskunde *f ohne Pl*, **Bibliothekslehre** *f ohne Pl* kütüphanecilik (öğrenimi)

Bibliothekswesen *nt ohne Pl* kütüphanecilik; **Bibliothekswissenschaft** *f ohne Pl* kitaplık bilimi

biblisch ['biːblɪs] *adj* İncil (ile ilgili); **ein ~es Alter haben** güngörmüş olmak

Bidet [bi'deː] *nt* <-s, -s> bide

bieder ['biːdɐ] *adj* **1.** (*rechtschaffen*) namuslu, dürüst **2.** (*fam: spießig*) dar kafalı; **Biedermann** *m* dar kafalı (kimse)

biegen ['biːgən] <biegt, bog, gebogen> **I.** *vi sein* (*Kurve machen*) kıvrılmak, bükülmek; (*mit dem Auto*) dönmek; **um die Ecke ~** köşeyi dönmek; **auf B~ und Brechen** (*fam*) ne yapıp edip **II.** *vt* **1.** (*Zweige, Glieder*) bükmek, kıvırmak **2.** (*österr: flektieren*) bükünlemek; (*deklinieren, konjugieren*) çekmek **III.** *vr:* **sich ~** (*krumm werden*) bükülmek; **sie bog sich vor Lachen** (*fam*) gülmekten katıldı

biegsam *adj* bükülgen; (*elastisch*) esnek

Biegsamkeit *f ohne Pl* bükülgenlik, esneklik

Biegung *f* <-en> büküntü; (*Kurve*) dönemeç, viraj

Biennale [biɛ'naːlə] *f* <-n> (KUNST, FILM) bienal

Biene ['biːnə] *f* <-n> arı; **Bienenfresser** *m* (ZOOL) arı kuşu; **Bienenhonig** *m* bal; **Bienenkönigin** *f* <-nen> arı beyi; **Bienenschwarm** *m* arı oğlu; **Bienenstich** *m* <-(e)s, -e> **1.** (*Verletzung*) arı sokması **2.** (GASTR) *içi kremalı, üstü kesme badem, tereyağı ve şekerle kaplı bir çeşit pasta;* **Bienenstock** *m* <-(e)s, -stöcke> arı kovanı; **Bienenvolk** *nt* <-(e)s, -völker> arı oğlu; **Bienenwabe** *f* arı dalağı, bal peteği; **Bienenwachs** *nt ohne Pl* <-es> bal mumu; **Bienenzucht** *f ohne Pl* arıcılık; **Bienenzüchter(in)** *m(f)* arıcı

Bier [biːɐ] *nt* <-(e)s, -e> bira; **dunkles/helles ~** siyah/beyaz bira; **das ist nicht mein ~** (*fig fam*) bu beni ilgilendirmez, bu benim derdim değil; **Bierbrauerei** *f* bira fabrikası; **Bierdeckel** *m* bira bardağı altlığı; **Bierdose** *f* bira kutusu; **bierernst** ['-'-] *adj* (*fam*) çok ciddî; **Bierfass**[RR] *nt* bira fıçısı; **Bierflasche** *f* bira şişesi; **Biergarten** *m* bira bahçesi; **Bierhefe** *f ohne Pl* bira mayası; **Bierkasten** *m* bira kasası; **Bierkneipe** *f* birahane; **Bierkrug** *m* bira maşrapası

Bierlokal *nt* birahane; **Bierschaum** *m ohne Pl* <-(e)s> bira köpüğü; **Bierzelt** *nt şenliklerde kurulup içinde bira içilen çadır*

Biest [biːst] *nt* <-(e)s, -er> (*fam*) **1.** (*Tier*) hayvan **2.** (*Mensch*) hayvan

bieten [biːtən] <bietet, bot, geboten> **I.** *vt* **1.** (*Anblick*) sunmak, sergilemek; (*Gelegenheit, Chance*) vermek; (*geben, gewähren*) vermek; (*zeigen*) göstermek; **wieviel bietest du mir dafür?** bana onun için kaç para verirsin?; **das lasse ich mir nicht ~** buna izin vermem; **jdm die Stirn ~** birinin alnını karışlamak **2.** (*anbieten*) önermek (*für* için), teklif etmek (*für* için) **II.** *vi* (*bei Versteigerung*) pey sürmek; **wer bietet mehr?** başka artıran var mı? **III.** *vr:* **sich ~** (*sich anbieten*) kendini göstermek, ortaya çıkmak; **bei der nächsten sich ~den Gelegenheit** ortaya çıkan ilk fırsatta

Bigamie [biga'miː] *f* <-n> bigami, iki evlilik

bigott [bi'gɔt] *adj* (*frömmig*) yobaz; (*scheinheilig*) ikiyüzlü

Bikini [bi'kiːni] *m* <-s, -s> bikini

Bilanz [bi'lants] *f* <-en> (*a.* WIRTSCH) bilânço; **die ~ ziehen** bilânçosunu çıkarmak; **~ machen** bilânço yapmak

bilanzieren* *vt* (FIN: *Konto*) bilânçolamak

Bilanzprüfer(in) *m(f)* <-s, -; -nen> (WIRTSCH) bilânço denetçisi

B

bilateral ['biːlateraːl, ---'-] *adj* iki taraflı

Bild [bɪlt] *nt* <-(e)s, -er> **1.** (*Gemälde*) resim, tablo, manzara; (*Abbildung*) resim; (*im Spiegel*) görüntü; **ein ~ von einem Mann/einer Frau** resim gibi bir erkek/kadın; **ein ~ für die Götter** (*fam*) Allahlık bir manzara; **ein ~ des Jammers bieten** yürekler acısı bir manzara sergilemek **2.** (TV) resim, görüntü; (*Bildnis*) portre; (*Bühnen~*) dekor; (FOTO: *Licht~*) fotoğraf, resim; **ein ~ machen** bir resim [*o* fotoğraf] çekmek **3.** (*fig: Vorstellung*) fikir; **sich** *dat* **ein ~ von etw machen** bir şey hakkında fikir edinmek **4.** (*Ansicht*) görünüm, görünüş **5.** (*Metapher*) metafor, istiare **6.** (*auf dem Laufenden*): **im ~e sein** (bir konuda) bilgi sahibi olmak; **jdn ins ~ setzen über etw** birine bir şey hakkında bilgi vermek; **Bildauflösung** *f* (INFORM, TV) çözünürlük; **Bildband** *m* <-(e)s, -bände> resim albümü

bilden **I.** *vt* **1.** (*gestalten*) biçimlendirmek, şekil vermek (-e) **2.** (*darstellen, sein*) oluşturmak **3.** (*belehren*) eğitmek **4.** (*Eiter*) toplamak **II.** *vr:* **sich ~** oluşmak

bildend *adj* eğitici, öğretici; **die ~en Künste** güzel sanatlar; **Bilderbuch** *nt* resimli kitap; **ein Wetter wie im ~** mükemmel bir hava; **Bildergalerie** *f* resim galerisi; **Bildergeschichte** *f* <-n> resimli öykü; **Bilderrahmen** *m* <-s, -> resim çerçevesi; **Bilderrätsel** *nt* resimli bulmaca; **Bilderschrift** *f* resim yazı; **Bildfläche** *f:* **auf der ~ erscheinen** (*fam*) ortaya çıkmak; **von der ~ verschwinden** (*fam*) ortadan [*o* ortalıktan] kaybolmak; **Bildfunk** *m* (TEL) görüntülü telefon

bildhaft *adj* tasvirî, betimsel; (*anschaulich*) canlı

Bildhauer(in) ['bɪlthaʊɐ] *m(f)* <-s, -; -nen> heykeltıraş

Bildhauerei *f ohne Pl* heykeltıraşlık

bildhübsch ['-'-] *adj* resim gibi

bildlich *adj* **1.** (*Darstellung*) betili **2.** (*Sinn*) mecazî; (*Ausdruck*) mecazlı

Bildnis ['bɪltnɪs] *nt* <-ses, -se> (*geh*) portre; (*Foto*) portre; **Bildreportage** *f* resimli röportaj; **Bildschärfe** *f* <-n> (TV) görüntü netliği

Bildschirm *m* (*a.* INFORM) ekran; (*Monitor*) monitör; **Bildschirmarbeit** *f* (INFORM, TEL) ekranda çalışma; **Bildschirmschoner** *m* (INFORM) ekran koruyucu; **Bildschirmtext** *m ohne Pl* <-(e)s> (TEL, INFORM) ekran metni, videotekst; (TV) teletekst

bildschön ['-'-] *adj* biblo gibi; **Bildstörung** *f* (TV) parazit; **Bildtelefon** *nt* (TEL) videofon, ekranlı telefon

Bildung *f* **1.** oluşma, kuruluş **2.** (*Schaffung*) oluşturma, yaratma, kurma **3.** (*Wissen*) bilgi, görgü, kültür; **Bildungseinrichtung** *f* <-en> eğitim kuruluşu; **Bildungslücke** *f* kültür eksikliği; **Bildungsniveau** *nt* eğitim seviyesi; **Bildungspolitik** *f* (POL) eğitim politikası; **Bildungsreise** *f* kültür gezisi; **Bildungssystem** *nt* (POL) öğretim ve eğitim sistemi; **Bildunterschrift** *f* alt yazı

Bildverarbeitung *f* (INFORM) görüntü işleme

bilingual ['biːlɪnguaːl, ---'-] *adj* iki dilli

Billard ['bɪljart] *nt ohne Pl* <-s> bilârdo; **~ spielen** bilârdo oynamak; **Billardkugel** *f* bilârdo topu; **Billardstock** *m* <-(e)s, -stöcke> isteka; **Billardtisch** *m* bilârdo masası

Billett [bɪl'jɛt] *nt* <-(e)s, -e *o* -s> **1.** (*Schweiz: Fahr- oder Eintrittskarte*) bilet **2.** (*österr: Brief*) mektup

Billiarde [bɪ'ljardə] *f* <-n> bin trilyon

billig ['bɪlɪç] *adj* **1.** (*preiswert*) ucuz; **~ abgeben** ucuza vermek; **~ davonkommen** (*fam*) ucuz atlatmak, ucuz kurtulmak **2.** (*pej: minderwertig*) tapon, niteliği düşük; (*Ausrede*) sıradan; **das ist ein ~er Trost** bu zayıf bir teselli **3.** (*angemessen*) uygun, yerinde; (*berechtigt*) haklı

billigen ['bɪlɪgən] *vt* **1.** (*gutheißen*) onamak, tasvip etmek **2.** (*genehmigen*) izin vermek; **etw stillschweigend ~** bir şeye zımnen razı olmak

Billigflug *m* <-(e)s, -flüge> ucuz uçak seferi

Billigkeit *f ohne Pl* hakkaniyet; **nach Recht und ~** hukuka ve hakkaniyete göre

Billigware *f* tapon mal

Billion [bɪ'ljoːn] *f* <-en> trilyon

Bimbam ['bɪm'bam] *m:* **(ach) du heiliger ~!** vay canına!

Bimmel ['bɪməl] *f* <-n> (*fam*) çıngırak

bimmeln *vi* (*fam: Glocke*) çıngırdamak; (*Telefon*) çalmak

Bimsstein *m* sünger taşı, ponza taşı

bin [bɪn] *1. präs von* **sein**

binär [bi'nɛːɐ] *adj* (MATH, INFORM) ikili

Binde *f* **1.** (*Band*) bağ, bant **2.** (*Verband*) sargı

Bindegewebe *nt* bağ doku

Bindehaut *f* (MED) konjonktif tabaka; **Bindehautentzündung** *f* (MED) konjonktivit

binden ['bɪndən] <bindet, band, gebunden> **I.** *vt* **1.** (*zusammenbinden*) bağlamak; (*Strauß*) bağlamak; (*Buch*) ciltlemek; **mir sind die Hände gebunden** (*fig*) elim kolum bağlı **2.** (*befestigen*) bağlamak; (*Krawatte*) bağlamak **3.** (GASTR) koyulaştırmak, terbiye katmak (-e); **eine Suppe mit Mehl ~** bir çorbayı unla koyulaştırmak **4.** (*verpflichten*) bağlamak **5.** (CHEM, PHYS) bileştirmek **6.** (*Laute*) bağlamak **II.** *vr:* **sich** ~ (*fig*) bağlanmak (*an* -e), kendini adamak (*an* -e)

bindend *adj* (*fig*) bağlayıcı

Bindestrich *m* <-(e)s, -e> birleştirme çizgisi; **Bindewort** *nt* <-(e)s, -wörter> (LING) bağlaç

Bindfaden *m* sicim, kınnap; **es regnet Bindfäden** (*fig*) sicim gibi yağmur yağıyor

Bindung *f* (*fig*) **1.** (*Verbundenheit*) bağlılık **2.** (*Ski-*) bağlama tertibatı

binnen ['bɪnən] *präp* (*innerhalb*) içinde, zarfında; ~ **kurzem** kısa zamanda; ~ **einiger Stunden** birkaç saat içinde

Binnengewässer *nt* iç sular *pl;* **Binnenhafen** *m* iç liman; **Binnenhandel** *m ohne Pl* iç ticaret; **Binnenland** *nt* <-(e)s, -länder> iç bölge; **Binnenmarkt** *m* iç pazar [*o* piyasa]; **Europäischer** ~ Avrupa iç pazarı; **Binnenmeer** *nt* iç deniz

Binnenschifffahrt[RR] *f* iç sularda ulaşım

Binnensee *m* iç deniz; **Binsenweisheit** *f* <-en> herkesin bildiği gerçek, apaçıklık

Biobrennstoff ['biːo-] *m* (ÖKOL) organik yakıt; **Biochemie** [bioçe'miː] *f ohne Pl* (CHEM) biyokimya; **biochemisch** *adj* (CHEM) biyokimyasal; **Biogas** ['---] *nt* <-es, -e> (ÖKOL) biyogaz

Biografie[RR] [biogra'fiː] *f* <-n> biyografi, yaşam öyküsü

biografisch[RR] *adj* biyografik

Biographie *f* <-n> *s.* **Biografie**

biographisch *adj s.* **biografisch**

Biokost ['---] *f* biyolojik gıda; **Bioladen** ['----] *m* <-s, -läden> (*fam*) biyolojik gıda pazarı

Biologe, -in [bio'loːgə] *m, f* <-n, -n; -nen> biyolog

Biologie [biolo'giː] *f ohne Pl* biyoloji, dirimbilim

biologisch *adj* biyolojik, dirimbilimsel; ~ **abbaubar** çözüşebilir, çözüşüp çevrede kaybolan

Biomasse *f* biokütle; **Biomechanik** *f ohne Pl* biomekanik; **Biomüll** ['--] *m ohne Pl* <-s> (ÖKOL) organik atık; **Bionik** *f ohne Pl* biyonik, dirim kurgu; **bionisch** *adj* biyonik, dirim kurgusal; **Biophysik** [---'-] *f* (PHYS) biyofizik

Bioprodukt *nt* biyolojik ürün; **Biosphäre** [--'--] *f ohne Pl* (GEO, BIOL) biyosfer; **Biotechnologie** *f* biyoteknoloji

Biotop [bio'toːp] *nt o m* <-s, -e> (BIOL) biyotop

Biotreibstoff ['----] *m* (ÖKOL) organik akaryakıt; **Biowaschmittel** ['-----] *nt* (ÖKOL) biyolojik deterjan

BIP [beːʔiː'peː] *nt ohne Pl* <-> (WIRTSCH) *Abk. von* **Bruttoinlandsprodukt** gayrisafi yurtiçi hâsıla

birgt [bɪrkt] *3. präs von* **bergen**

Birke ['bɪrkə] *f* <-n> (BOT) huş

Birkhuhn *nt* (ZOOL) kayın tavuğu

Birma ['bɪrma] *nt* <-s> Birmanya; **Birmane, -in** [bɪr'maːnə] *m, f* <-n, -n; -nen> Birmanyalı

Birnbaum *m* armut ağacı

Birne ['bɪrnə] *f* <-n> **1.** (*Frucht*) armut **2.** (*Glüh~*) ampul **3.** (*fam: Kopf*) kafa

birnenförmig *adj* armudî, armut biçiminde olan

birst [bɪrst] *3. präs von* **bersten**

bis [bɪs] **I.** *präp* **1.** (*räumlich, zeitlich*) kadar, değin, dek; **von ...** ~ **...** ...den ...e kadar; ~ **wohin fahren Sie?** nereye kadar gidiyorsunuz?; ~ **Seite 30** sayfa 30'a kadar; **ich habe** ~ **drei Uhr gewartet** saat üçe kadar bekledim; **von Freitag** ~ **Sonntag** cumadan pazara kadar; **von 9** ~ **11 Uhr** saat 9'dan 11'e kadar; ~ **morgen/Montag!** yarın/pazartesi görüşmek üzere!; ~ **bald/später!** yakında/sonra görüşmek üzere!; ~ **jetzt** şimdiye kadar; ~ **dahin** oraya kadar; **noch fünf Minuten** ~ **zur Pause** araya beş dakika kaldı; **Jugendliche** ~ **zu 18 Jahren** 18 yaşına kadar gençler **2.** (*außer*): ~ **auf** dışında, hariç; ~ **auf ihren Bruder waren alle da** erkek kardeşi dışında herkes oradaydı **3.** (*nicht mehr als*): ~ **zu** -e yakın; ~ **zu 50.000 Menschen passen in das Stadion** stada [*o* stadyuma] 50.000'e yakın insan sığar **4.** (*Zahlenangabe*): **das kostet zwei-** ~ **dreihundert Euro** bunun fiyatı iki yüz ile üç yüz euro arasında; **drei** ~ **vier Tage** üç dört gün **II.** *konj* (~ *zu einem Zeitpunkt*) (-inceye [*o* -ene]) kadar; **ich sage lieber nichts,** ~ **ich ihn persönlich kennen lerne** onunla bizzat tanışıncaya kadar bir şey söylemesem iyi olacak; **ich warte,** ~ **er zurückkommt** o gelinceye [*o* gelene] kadar bekleyeceğim **III.** *adv* **1.** kadar, değin, dek **2.** (*spätestens*) en geç

Bisam ['biːzam] *m* <-s, -e *o* -s> **1.** (*Moschus*) misk **2.** (*Pelz der Bisamratte*) maskret; **Bisamratte** *f* misk sıçanı

Bischof ['bɪʃɔf, *Pl:* 'bɪʃøːfə] *m,* **Bischöfin** *f* <-s, Bischöfe; -nen> piskopos

Bischofsamt *nt* <-(e)s, -ämter> (REL) piskoposluk; **Bischofssitz** *m* piskoposluk, piskoposhane; **Bischofsstab** *m* (REL) piskoposun asası

Bisexualität ['biːsɛksualitɛːt, 'biːzɛksualitɛːt] *f ohne Pl* çift cinsellik

bisexuell ['biːsɛksuɛl, 'biːzɛksuɛl] *adj* çift cinsel

bisher [bɪs'heːɐ] *adv* şimdiye kadar, şimdiye dek, şu ana kadar

bisherige(r, s) [bɪs'heːrɪgə, -gɐ, -gəs] *adj*

şimdiye kadarki; **der ~ Minister** eski bakan; **sein ~s Verhalten** şimdiye kadarki davranışı

Biskuit [bɪs'kvi:t] *nt o m* <-(e)s, -e *o* -s> bisküvi

bislang [bɪs'laŋ] *adv s.* **bisher**

Bison ['bi:zɔn] *m* <-s, -s> bizon

biss[RR] [bɪs] *3. imp von* **beißen**

Biss[RR] [bɪs] *m* <-es, -e> **1.** (*das Zubeißen*) ısırma; (*von Insekten, Schlange*) sokma **2.** (*Bisswunde*) ısırık

biß *s.* **biss**

Biß *m* <-sses, -sse> *s.* **Biss**

bisschen[RR] ['bɪsçən] *adj inv,* **bißchen** *adj inv:* **ein ~** biraz; **ein kleines ~** birazcık; **ich habe kein ~ Zeit für dich** senin için birazcık olsun vaktim yok; **es geht mir kein ~ besser** birazcık olsun düzelmedim [*o* iyileşmedim]; **das ist ein ~ wenig** bu biraz az; **ach du liebes ~!** aman tanrım!

Bissen ['bɪsən] *m* <-s, -> lokma

bissig *adj* **1.** (*Hund*) ısır(g)an **2.** (*fig: Bemerkung*) iğneleyici, acı

Bisswunde[RR] *f* (*von einer Schlange*) sokma; (*von einem Hund*) ısırık

bist [bɪst] *2. präs von* **sein**

Bistum ['bɪstu:m, *Pl:* 'bɪsty:mɐ] *nt* <-s, Bistümer> piskoposluk

bisweilen [bɪs'vaɪlən] *adv* ara sıra; (*manchmal*) bazen; (*hin und wieder*) zaman zaman

Bit [bɪt] *nt* <-(s), -(s)> (INFORM) bit

bitte *adv* lütfen; **~ sehr** [*o* **schön**]**!** (*anbietend*) lütfen buyurun!; (*auf Dank*) bir şey değil, rica ederim; **Entschuldigung! – ~!** affedersiniz! – rica ederim!; (**wie**) **~?** (nasıl) efendim?, buyur?; **ja, ~?** evet efendim?; **~ nach Ihnen!** rica ederim, önce siz buyurun!; **zahlen ~!** hesabı lütfen!; **na ~!** al işte!; **~, wie du willst** rica ederim, nasıl istersen

Bitte *f* <-n> rica, dilek; (*Ersuchen*) istek; **auf ihre ~ hin** ricası üzerine; **ich habe eine große ~ an dich** senden büyük bir ricam var; **ich habe nur die eine ~, dass ...** tek bir ricam var, o da ...

bitten <bat, gebeten> *vt* **1.** (*Bitte aussprechen*) rica etmek; **darf ich Sie um die Milch ~?** sizden sütü rica edebilir miyim? **2.** (*wünschen*) dilemek

bitter *adj* (*a. fig*) acı

bitterböse ['--'--] *adj* çok kötü; **bitterernst** ['--'-] *adj* çok ciddî; **bitterkalt** ['--'-] *adj* acı soğuk, şiddetli soğuk

Bitterkeit *f ohne Pl* **1.** (*Geschmack*) acı(lık) **2.** (*Verbitterung*) küskünlük

Bitterklee *m* acı yonca

bitterlich **I.** *adj* (*Beigeschmack*) acımsı, acımtırak **II.** *adv:* **~ weinen** acı acı ağlamak; (*Kind*) hüngür hüngür ağlamak; **~ frieren** şiddetli üşümek

Bittermandelöl *nt* acı badem yağı

Bitternis *f* <-se> acılık; **bittersüß** ['--'-] *adj* acı tatlı

Bittschrift *f* dilekçe

Bittsteller(in) *m(f)* <-s, -; -nen> dilekçe sahibi

Bitumen *nt ohne Pl* <-s> bitüm

Biwak ['bi:vak] *nt* <-s, -s *o* -e> (MIL: *Bergsteigen*) açıkta kamp, açık ordugâh

bizarr [bi'tsar] *adj* garip, tuhaf, acaip

Bizeps ['bi:tsɛps] *m* <-(es), -e> pazı

BKA [be:ka:'ʔa:] *nt ohne Pl* <-> *Abk. von* **Bundeskriminalamt** Alman Suç Kolluğu Dairesi

Blabla [bla'bla:] *nt ohne Pl* <-s> (*fam*) boş lâf

Blackbox *nt* (AERO: *im Flugzeug*) kara kutu

Black-out[RR] [blɛk'ʔaʊt, '--] *nt o m* <-(s), -s>, **Blackout** *nt o m* <-(s), -s> **1.** (MED: *Gedächtnisverlust*) bellek yitimi [*o* kaybı], hafıza kaybı; **ein ~ haben** belleğini yitirmek, bellek kaybına uğramak **2.** (*Stromausfall*) kesilme **3.** (THEAT) sahne ışıklarını söndürme

blähen ['blɛ:ən] **I.** *vt* şişirmek **II.** *vr:* **sich ~** şişmek **III.** *vi* (MED) gaz yapmak

Blähung *f* <-en> (bağırsaklardaki) gaz

blamabel [bla'ma:bəl] *adj* utandırıcı

Blamage [bla'ma:ʒə] *f* <-n> bozum olma, rezil olma

blamieren* **I.** *vt* bozum etmek, mahcup etmek, rezil etmek, kepaze etmek **II.** *vr:* **sich ~** bozum olmak, mahcup olmak, rezil olmak, kepaze olmak

blank [blaŋk] *adj* **1.** (*glänzend*) parlak **2.** (*unbedeckt*) açık, çıplak; **ich bin völlig ~** (*fam*) hiç param kalmadı; **auf dem ~en Boden schlafen** çıplak yerin üstünde uyumak **3.** (*rein*): **das ist ~er Unsinn** bu düpedüz saçmalık

Blankoscheck ['blaŋko-] *m* açık çek; **Blankovollmacht** *f* sınırsız yetki; **jdm ~ erteilen** birine sınırsız yetki vermek, birine açık bono vermek

Bläschen *nt* kabarcık

Blase ['bla:zə] *f* <-n> **1.** (*Luft~*) kabarcık **2.** (*Haut~*) fiske, kabartı **3.** (*Harn~*) sidik torbası, mesane; (*Lungen~*) kesecik

Blasebalg *m* <-(e)s, -bälge> körük

blasen ['bla:zən] <bläst, blies, geblasen> **I.** *vi* (*Wind*) esmek **II.** *vt* **1.** üflemek; (*Glas*) üfleyerek biçim vermek (-e) **2.** (MUS) üflemek, üfürmek, üfleyerek çalmak, öttürmek **3.** (*fam*): **jdm was ~** (*jdm die Meinung sagen*) birine haddini bildirmek **4.** (*vulg*): **jdm einen ~** birinin sikini emmek

Blasenentzündung *f,* **Blasenkatarrh** *m* (MED) sistit, sidik torbası iltihabı; **Blasenkirsche** *f* (BOT: *Judenkirsche*) güveyfeneri, gelin otu

Blasinstrument ['bla:s-] *nt* (MUS) üflemeli çalgı; **Blaskapelle** *f* (MUS) fanfar; **Blasmusik** *f ohne Pl* fanfar

blass[RR] [blas] *adj,* **blaß** *adj* **1.** donuk, soluk, solgun; ~ **werden** (*vor Schreck*) beti benzi solmak [*o* uçmak], beti benzi kireç kesilmek, sararmak **2.** (*schwach*) hayal meyal, belli belirsiz; **eine ~e Erinnerung an etw haben** bir şeyi hayal meyal hatırlamak; **keinen ~en Schimmer von etw haben** (*fam*) bir şeyden hiç mi hiç anlamamak **3.** (*im Farbton nicht kräftig*) donuk, solgun; (*farblos*) renksiz; (*matt*) mat **4.** (*rein, pur*) katıksız, tam, ~e Furcht befiel ihn, onu tam bir korku aldı

Blässe ['blɛsə] *f ohne Pl* donukluk, solukluk, solgunluk

blässlich[RR] *adj,* **bläßlich** *adj* biraz solgun

bläst [blɛ:st] *3. präs von* **blasen**

Blatt [blat, *Pl:* 'blɛtɐ] *nt* <-(e)s, Blätter> **1.** (BOT) yaprak; **kein ~ vor den Mund nehmen** (*fam fig*) dobra dobra söylemek, sözünü esirgememek **2.** (*Papier*) kâğıt, yaprak; (*Buchseite*) sayfa; **lose Blätter** kâğıt; **das steht auf einem anderen ~** (*fam*) o mesele başka mesele; **ein unbeschriebenes ~ sein** (*fam fig*) adı sanı bilinmemek; **vom ~ spielen/singen** notadan çalmak/şarkı söylemek **3.** (*Zeitung*) gazete; (*Zeitschrift*) dergi **4.** (*Spielkarten*) kâğıtlar *pl;* **ein gutes ~ (auf der Hand) haben** (elindeki) kâğıtları iyi olmak, iyi bir eli olmak **5.** (*von einer Säge*) namlu **6.** (*an Ruder*) pala; (*an Propeller*) kanat

Blättchen ['blɛtçən] *nt* <-s, -> (*Zigarettenpapier*) sigara kâğıdı

blättern ['blɛtɐn] *vi* **1.** (*die Seiten umblättern*) sayfaları karıştırmak; **in einem Buch ~** bir kitabın sayfalarını karıştırmak **2.** (*einzeln nacheinander hinlegen*) teker teker koymak

Blätterteig *m ohne Pl* <-(e)s> yufka; **Blattfeder** *f* (AUTO, TECH) makas; **Blattgrün** *nt ohne Pl* (BOT) klorofil; **Blattlaus** *f* (ZOOL) yaprak biti, fidan biti; **Blattpflanze** *f* (BOT) yapraklı bitki; **Blattsalat** *m* <-(e)s, -e> (GASTR) yeşil salata; **Blattstiel** *m* (BOT) yaprak sapı

blau [blaʊ] *adj* **1.** (*Farbe*) mavi; (*Lippen*) morarmış; **~es Auge** morarmış göz; **~er Fleck** çürük, morartı; **du wirst noch dein ~es Wunder erleben** (*fam*) göreceksin gününü **2.** (*fam: betrunken*) zom, fitil [*o* bulut] gibi

blauäugig ['blaʊʔɔɪgɪç] *adj* **1.** (*mit blauen Augen*) mavi gözlü **2.** (*leichtgläubig*) saf-dil; (*naiv*) saf

Blaubarsch *m* (ZOOL) mavi levrek

Blaubeere *f* (BOT) yaban mersini

Blaue ['blaʊə] *nt* <-n>: **das ~** mavi; **jdm das ~ vom Himmel versprechen** (*fam*) birine olmayacak şeyler söz vermek; **eine Fahrt ins ~ machen** (*fam*) hedefi belli olmayan bir gezi yapmak; **ins ~ hinein reden** (*fam*) gelişigüzel konuşmak, havadan sudan konuşmak, dereden tepeden konuşmak

Bläue ['blɔʏə] *f* <-> mavilik

Blaufuchs *m* (ZOOL) kutup tilkisi; **blaugrau** *adj* mavimsi gri; **blaugrün** *adj* mavimsi yeşil

Blauhelm *m* (*UNO-Soldat*) mavi miğferli

Blaukraut *nt ohne Pl* <-(e)s> (*südd, österr: Rotkohl*) kırmızı lahana

bläulich ['blɔɪlɪç] *adj* mavimsi, mavimtrak

Blaulicht *nt* mavi tepe lâmbası; **blau|machen** *vi* (*fam: Schule*) okulu [*o* dersi] asmak; (*Arbeit*) işi kaytarmak, kaçamak yapmak, işe gitmemek; **Blaumann** *m* (*fam: Arbeitsanzug*) mavi iş tulumu; **Blaumeise** *f* (ZOOL) mavi [*o* gök] baştankara; **Blauracke** *f* (ZOOL) gökkuzgun; **Blausäure** *f ohne Pl* (CHEM) hidrosiyanik asit

Blauschimmel *m ohne Pl* <-s> mavi küf

Blauschimmelkäse *m* <-s, -> (GASTR) mavi küflü peynir; **Blaustrumpf** *m* (*pej*) entel kadın; **Blauwal** *m* (ZOOL) gök balina

Blazer ['ble:zɐ, 'blɛɪzɐ] *m* <-s, -> spor ceket

Blech[1] [blɛç] *nt ohne Pl* <-(e)s> (*fam: Unsinn*) zırva; **red kein ~!** zırvalama!

Blech[2] *nt* <-(e)s, -e> **1.** (*Metallplatte*) sac; (*Weiß~*) teneke **2.** (*Back~*) tepsi

Blechdose *f* teneke kutu

blechen ['blɛçən] *vi, vt* (*fam: bezahlen*) (paraları) bayılmak, ödemek

blechern ['blɛçɐn] *adj* **1.** (*Material*) teneke **2.** (*Klang*) teneke gibi; **Blechschaden** *m* (AUTO) kaportada hasar; **Blechschere** *f* kesme; **Blechtrommel** *f* teneke trampet

Blei[1] [blaɪ] *nt ohne Pl* <-(e)s> (CHEM) kurşun; **es liegt mir wie ~ im Magen** mideme oturdu; (*fig*) kurşun gibi içime çöktü

Blei[2] *m* <-(e)s, -e> (ZOOL: *Brachse*) çapak

Bleibe ['blaɪbə] *f* <-n> kalacak yer; **(k)eine ~ haben** kalacak yeri ol(ma)mak; **eine ~ suchen** kalacak bir yer aramak

bleiben ['blaɪbən] <bleibt, blieb, geblieben> *vi sein* **1.** (*nicht weggehen*) kalmak; (*sich aufhalten*) kalmak; **~ Sie am Apparat!** telefondan ayrılmayın!; **hängen ~** (*an einem Ort*) takılıp kalmak; (*Wissen*) aklında kalmak; (*Schüler*) sınıfta kalmak; **an etw hängen ~** (*kleben*) bir şeye yapışıp kalmak; (*sich verhaken*) takılmak; **bei jemandem** ~ birinin yanında kalmak; **wo bleibt er nur so lange?** bu kadar uzun (zaman) nerede kaldı?; **das bleibt unter uns!** bu aramızda kalsın!; **sieh zu, wo du bleibst!** nerede kalacaksan kal!; **wo bleibt er nur?** nerede kaldı ki? **2.** (*nicht ändern*) değiştirmemek; (*beharren*) ısrar etmek; **gleich** ~ değişmez; **gleich ~d** değişmeyen; (*beständig*) kalıcı; **es bleibt dabei!** tamam!, anlaştık!; **hier ist alles beim Alten geblieben** burada her şey eskisi [*o* olduğu] gibi, burada her şey eski haman eski tas; **die Frage blieb unbeantwortet** soru cevapsız [*o* yanıtsız] kaldı; **er ist derselbe geblieben** onda hiç değişiklik yok; **am Leben** ~ hayatta kalmak; **liegen** ~ (*Person*) kalkmamak; (*nicht verkauft werden*) satılmamak; (*Auto*) yolda kalmak; (*Arbeit*) yüzüstü kalmak; **offen** ~ (*Tür, Fenster*) açık kalmak; (*Frage*) yanıtsız kalmak; ~ **Sie doch sitzen!** kalkmayınız!; **stehen** ~ istop etmek; (*anhalten*) durmak; **stecken** ~ (*festsitzen*) takılmak; (*im Sand/Schlamm/Schnee*) saplanmak, batıp kalmak; (*fam: beim Sprechen*) dili durmak **3.** (*anhalten*) durmak; **das bleibt abzuwarten** bekleyelim bakalım, ne olacak; **es bleibt mir nichts weiter zu tun, als zu warten** beklemekten başka çarem kalmadı

bleibend *adj* sürekli, kalıcı, devamlı

bleiben\|lassen *irr vt s.* **lassen [2] 3.**

bleich [blaɪç] *adj* soluk, solgun

bleichen I. *vt* (*Wäsche*) beyazlatmak; (*entfärben*) ağartmak; (*Haare*) ağartmak **II.** *vi* (*seine Farbe verlieren*) solmak

Bleichgesicht *nt* (*fam: blasser Mensch*) soluk yüzlü kimse; (*Weißer*) beyaz adam; **Bleichmittel** *nt* açmalık

bleiern [ˈblaɪɐn] *adj* **1.** (*Material*) kurşun **2.** (*Langeweile*) kurşun gibi **3.** (*geh: bleifarben*) kurşunî, kurşun rengi

bleifarben *adj* kurşun rengi, kurşunî

bleifrei *adj* kurşunsuz; **~es Benzin** kurşunsuz benzin; **Super** ~ kurşunsuz süper

Bleigießen *nt* kurşun dökme

bleigrau *adj* kurşun grisi

Bleiguss *m* <-es, -güsse> kurşun döküm

bleihaltig *adj* kurşunlu

Bleikristall *nt ohne Pl* <-s> kurşunlu kristal; **bleischwer** *adj* kurşun gibi

Bleistift *m* <-(e)s, -e> kurşun kalem; **Bleistiftspitzer** *m* kalemtıraş, kalem açacağı; **Bleistiftzeichnung** *f* kara kalem; **Bleiweiß** *nt* üstübeç

Blende *f* **1.** (*Vorrichtung*) diyafram **2.** (~ *nzahl*) açıklık

blenden [ˈblɛndən] **I.** *vi* (*Licht, Sonne*) göz almak, göz kamaştırmak; **das Licht/die Sonne blendet** ışık/güneş gözleri kamaştırıyor **II.** *vt* **1.** (*beeindrucken*) kamaştırmak, hayran bırakmak **2.** (*blind machen*) gözlerine mil çekmek (-in)

blendend *adj* **1.** (*großartig*) şahane; **sich** ~ **amüsieren** şahane eğlenmek **2.** (*strahlend*) parlak, göz kamaştırıcı; ~ **weiß** bembeyaz

Blendung *f* <-en> (*das Blenden*) kamaştırma; (*das Geblendetwerden*) kamaşma

Blesse [ˈblɛsə] *f* <-n> (*weißer Streifen*) akıtma; (*weißer Fleck*) sakar, küçük akıtma

Blick[1] [blɪk] *m* <-(e)s, -e> (*Hinsehen, Ausdruck*) bakış; (*kurz*) bakış [*o* göz] atma; **auf den ersten** ~ ilk bakışta; **mit einem** ~ bir bakışta; **einen** ~ **auf etw werfen** bir şeye göz atmak; **jdn keines ~es würdigen** birine bakmaya bile tenezzül etmemek; **sie erwiderte seine ~e** bakışına karşılık verdi; **Liebe auf den ersten** ~ ilk bakışta aşık olma

Blick[2] *m ohne Pl* <-(e)s> (*Aussicht*) görünüş, manzara; **ein Zimmer mit** ~ **auf den Park/Dom** parka/katedrale bakan [*o* manzarası olan] bir oda

blicken [ˈblɪkən] *vi* bakmak; **er lässt sich gar nicht mehr bei uns** ~ bize artık gelmez oldu; **lassen Sie sich** (**bloß**) **nicht mehr** ~**!** burada bir daha görünmeyin (sakın)!; **sich** ~ **lassen** görünmek; **weit ~d** (*fig*) sağgörülü, basiretli, uzağı görebilen

Blickfang *m* <-(e)s, -fänge> göz alıcı şey

Blickfeld *nt* görüş alanı; **Blickkontakt** *m* göz göze gelme; **Blickpunkt** *m* bakış [*o* görüş] açısı; (*Gesichtspunkt*) noktainazar, görüş (açısı); **im** ~ **stehen** herkesin ilgisini toplamak, dikkati üzerinde toplamak; **vom juristischen/politischen** ~ **aus gesehen** hukukî/politik açıdan bakıldığında; **Blickwinkel** *m* (bakış) açı(sı); **etw aus einem anderen** ~ **betrachten** bir şeye başka bir açıdan bakmak

blieb [bliːp] *3. imp von* **bleiben**

blies [bliːs] *3. imp von* **blasen**

blind [blɪnt] *adj* **1.** (*a. fig: ohne Sehvermögen*) kör, gözü görmez; ~ **werden** kör olmak; **auf einem Auge** ~ bir gözü kör; **~er Gehorsam** körü körüne itaat; **jdm** ~ **vertrauen** birine körcesine güvenmek; ~ **vor Wut** öfkeden gözü dönmüş; ~ **vor Eifersucht/Hass** kıskançlıktan/nefretten gözü görmez; **Liebe macht** ~ âşığın gözü kördür **2.** (*maßlos*) körkütük **3.** (*Spiegel*) donuk **4. ~er Passagier** kaçak yolcu

Blinddarm *m* (ANAT) kör bağırsak; (*Wurmvorsatz*) apandis; **Blinddarmentzündung** *f* apandisit; **Blinddarmoperation** *f* apandisit ameliyatı

Blind Date [blaɪnt dɛɪt] *nt* <-(s), -s> tanı-

şıkşız buluşma, tanışıkşız randevu
Blinde(r) *mf* <-n, -n; -n> kör, görmez, âmâ
Blindekuh ['---] *f ohne Pl:* ~ **spielen** körebe oynamak
Blindenhund *m* kılavuz köpek; **Blindenschrift** *f ohne Pl* körler alfabesi; **Blindenstock** *m* beyaz baston
Blindflug *m* kör uçuş; **Blindgänger** ['blɪntgɛŋɐ] *m* <-s, -> 1. (*Geschoss*) patlamayan mermi [*o* bomba] 2. (*fam: Versager*) başarısız (kimse)
Blindheit *f ohne Pl* körlük, âmâlık; **mit ~ geschlagen sein** kör olmak
blindlings ['blɪntlɪŋs] *adv* (*unüberlegt*) gözü kapalı, körü körüne; (*ins Ungewisse*) körcesine
Blindschleiche ['blɪntʃlaɪçə] *f* <-n> babaköş
blinken ['blɪŋkən] *vi* 1. (*funkeln*) parıldamak, pırıldamak; (*Stern*) parlamak 2. (*Blinkzeichen geben*) pırıldak ile işaret vermek 3. (AUTO) sinyal vermek
Blinker *m* <-s, -> (AUTO) sinyal lâmbası; (*zum Angeln*) kaşık
Blinklicht *nt* sinyal lâmbası
blinzeln ['blɪntsəln] *vi* göz kırpmak
Blitz [blɪts] *m* <-es, -e> 1. (PHYS, METEO) yıldırım; (*zwischen Wolken*) şimşek; **wie vom ~ getroffen** (*fam fig*) yıldırımla vurulmuşa dönmek, beyninde şimşekler çakmak; **wie ein geölter ~** (*fam fig*) şimşek [*o* yıldırım] gibi 2. (FOTO) flâş; **Blitzableiter** *m* <-s, -> yıldırımsavar
blitzartig *adj* yıldırım [*o* şimşek] gibi
blitzblank ['-'-] *adj* pırıl pırıl
blitzblau *adj* (*Himmel*) masmavi
blitzen *vi* 1. (*strahlen*) parlamak, parıldamak, pırıldamak 2. (*beim Gewitter*) şimşek çakmak; **es blitzt und donnert** şimşek çakıyor ve gök gürlüyor
Blitzgerät *nt* <-(e)s, -e> (FOTO) flâş; **Blitzlicht** *nt* (FOTO) flâş
blitzsauber ['-'--] *adj* (*fam*) tertemiz
Blitzschlag *m* yıldırım çarpması
blitzschnell ['-'-] I. *adj* (*fam*) şimşek [*o* yıldırım] gibi II. *adv* şimşek hızıyla, çabucak, hemencecik
Blizzard ['blɪzɐt] *m* <-s, -s> tipi
Block[1] [blɔk, *Pl:* blœkə] *m* <-(e)s, Blöcke> 1. (*Stein*) blok 2. (POL) blok
Block[2] *m* <-(e)s, -s *o* Blöcke> 1. (*Häuser~*) blok, blok inşaat 2. (*Schreib~*) bloknot 3. (SPORT: *beim Basketball*) bloke
Blockade [blɔ'ka:də] *f* <-n> abluka; **die ~ aufheben/brechen** ablukayı kaldırmak/yarmak
blocken *vi, vt* (SPORT) bloke etmek
Blockflöte *f* <-n> çığırtma
blockfrei *adj* (POL) bloksuz, blok dışı; **~e Länder** blok dışı ülkeler
Blockfreiheit *f ohne Pl* (POL) bloksuzluk
Blockhütte *f* çantı ev, kütük ev
blockieren* [blɔ'ki:rən] I. *vi* (*Räder, Bremsen*) bloke olmak, kilitlenmek II. *vt* (*Verkehr*) durdurmak, bloke etmek; (*Zugang*) kapatmak, bloke etmek
Blocksatz *m ohne Pl* <-es> (TYPO) bütün satırları aynı uzunlukta yapma; **Blockschrift** *f ohne Pl* kalın karakterli yazı
blöd(e) [blø:t, 'blø:də] *adj* (*fam*) 1. (*dumm*) aptal, alık, ahmak, bön 2. (*unsinnig*) saçma; **eine ~e Frage** saçma bir soru 3. (*unangenehm*) can sıkıcı; **lass dich nicht ~ anmachen!** (*fam*) üzme tatlı canını!
blödeln ['blø:dəln] *vi* (*Unsinn reden*) saçmalamak
blöderweise ['blø:dɐ'vaɪzə] *adj* (*fam: dummerweise*) aptal gibi
Blödheit *f* <-en> aptallık, salaklık
Blödmann *m* budala; (*Schimpfwort*) aptal, sersem; **Blödsinn** *m ohne Pl* <-(e)s> (*fam*) saçmalık; ~ **reden** saçmalamak, saçma sapan konuşmak; **mach keinen ~!** saçmalık etme!
blödsinnig *adj* 1. (*schwachsinnig*) saçma sapan 2. (*fam: blöd*) aptalca
blöken ['blø:kən] *vi* (*Schaf*) melemek; (*Rind*) böğürmek
blond [blɔnt] *adj* sarı saçlı
blondieren* *vt* sarartmak
Blondine [blɔn'di:nə] *f* <-n> sarışın (kız [*o* kadın])
bloß [blo:s] I. *adj* 1. (*unbedeckt*) açık; (*nackt*) çıplak, yalın 2. (*Worte*) kuru; **mit ~en Füßen** yalınayak; **mit ~em Auge** çıplak gözle; **der ~e Gedanke macht mich nervös** düşüncesi bile sinirimi bozuyor; **aus ~er Neugier** sırf meraktan II. *adv* (*fam: nur*) yalnız, sade(ce), sırf; **lass das ~!** sakın yapma!; **was hast du ~?** neyin var ki?; **sag ~!** deme!; ~ **nicht!** sakın ha!, aman derim!; **sei ~ ruhig!** sakin ol hele!
Blöße ['blø:sə] *f* <-n> 1. (*geh: Nacktheit*) çıplaklık 2. **sich eine ~ geben** açık vermek
bloß|legen *vt* ortaya koymak; (*enthüllen*) açığa vurmak, ortaya çıkarmak; **bloß|stellen** I. *vt* (*Person*) bozum etmek, mahcup etmek, rezil etmek, kepaze etmek II. *vr:* **sich ~** bozum olmak, mahcup olmak [*o* mahcup], rezil olmak, kepaze olmak
Blue Jeans[RR] *Pl*, **Bluejeans** ['blu:'dʒi:ns] *Pl* blûcin
Blues [blu:s] *m* <-, -> (MUS) blues
Bluff [blʊf] *m* <-s, -s> (*pej*) blöf, kuru sıkı
bluffen ['blʊfən, 'blœfən] *vi* (*pej*) blöf yapmak

B

blühen ['bly:ən] *vi* **1.** (*Pflanzen*) çiçek açmak, çiçeklenmek **2.** (*Geschäft*) gelişip büyümek, çok iyi gitmek **3.** (*fam: bevorstehen*) başa gelmek; **das kann mir auch noch ~** bu benim de başıma gelebilir

blühend ['bly:ənt] *adj* **1.** (*Pflanze*) çiçek açan; (*Sprache*) zengin; (*jung und frisch*) genç ve sağlıklı; (*Gesichtsfarbe*) kanlı canlı **2.** (*Geschäft, Stadt*) gelişen; (*Fantasie*) zengin; **sie starb im ~en Alter von achtzehn Jahren** bütün tazeliği üstündeyken on sekiz yaşında öldü

Blümchen *nt* çiçekçik

Blume ['blu:mə] *f* <-n> **1.** (BOT) çiçek; **~n pflanzen/pflücken/säen** çiçek dikmek/koparmak/ekmek; **er hat es ihr durch die ~ gesagt** onu ona kinayeli kinayeli söyledi **2.** (*von Wein*) buke, rayiha **3.** (*auf Bier*) köpük; **Blumenbeet** *nt* çiçek tarhı, çiçeklik; **Blumengarten** *m* çiçek bahçesi

Blumengeschäft *nt* çiçekçi (dükkânı); **Blumenkasten** *m* çiçeklik; **Blumenkohl** *m* karnabahar; **Blumenladen** *m* <-s, -läden> çiçekçi (dükkânı); **Blumenmuster** *m* <-s> çiçekli desen; **Blumenstrauß** *m* <-es, -sträuße> çiçek demeti; (*Bukett*) buket; **Blumentopf** *m* saksı; **Blumenvase** *f* çiçek vazosu; **Blumenzwiebel** *f* çiçek soğanı

blumig ['blu:mɪç] *adj* **1.** (*Wein*) bukesi olan **2.** (*Stil*) tumturaklı; (*pej*) ağdalı

Bluse ['blu:zə] *f* <-n> blûz

Blut [blu:t] *nt ohne Pl* <-(e)s> kan; **ich kann kein ~ sehen** beni kan tutuyor, kan görünce bayılıyorum; **blaues ~ haben** asil kanlı olmak; **jdm ~ abnehmen** birinden kan almak; **ruhig ~ bewahren** kanını içine akıtmak; **nur ruhig ~!** (*fam*) sinirlenme!, patlama!; **~ vergießen** kan dökmek; **jdn bis aufs ~ reizen** (*fam*) birinin kanına dokunmak; **~ und Wasser schwitzen** (*fam*) anasından emdiği süt burnundan gelmek, kan ter içinde kalmak; **jdm gefriert das ~ in den Adern** (*fig*) birinin kanı donmak; **er hat ~ geleckt** (*fam*) tadını aldı; **blutarm** *adj* (MED) kansız; **Blutarmut** *f ohne Pl* (MED) kansızlık; **Blutbad** *nt*: **ein ~ anrichten** ortalığı kana bulamak, çok kan dökmek; **Blutbank** *f* <-en> (MED) kan bankası; **Blutbild** *nt* (MED) kan sayımı

Blutdruck *m ohne Pl* <-(e)s> (MED) kan basıncı, tansiyon; (**sehr**) **hohen/niedrigen ~ haben** tansiyonu (çok) yüksek/düşük olmak, hipertansiyonu/hipotansiyonu olmak; **den ~ messen** tansiyon ölçmek; **Blutdruckmessgerät**[RR] *nt* <-(e)s, -e> (MED) tansiyon aleti; **blutdrucksenkend** *adj* tansiyon düşürücü

blutdürstig *adj* kana susamış; (*blutrünstig*) hunhar

Blüte[1] ['bly:tə] *f* <-n> **1.** (BOT) çiçek **2.** (*fam: falsche Banknote*) kalp akçe, sahte para [*o* banknot]; **~n drucken** kalpazanlık yapmak, sahte para basmak; **~n in Umlauf bringen** piyasaya sahte para sürmek

Blüte[2] *f ohne Pl* **1.** (*das Blühen*) çiçek açma [*o* verme], çiçeklenme; **er starb in der ~ seiner Jahre** çiçeği burnundayken öldü, gencecik yaşta öldü **2.** (*Höhepunkt*) zirve, doruk; **eine Zeit der wirtschaftlichen ~** ekonominin en parlak bir dönemi **3.** (*fam: Pickel*) sivilce

Blutegel ['blu:tʔe:gəl] *m* <-s, -> sülük

bluten ['blu:tən] *vi* kanamak; **mir/ihm blutet das Herz** (*fig*) yüreğim/yüreği kan ağlıyor

Blütenblatt *nt* (BOT) çiçek yaprağı; **Blütenkelch** *m* (BOT) çanak; **Blütenlese** *f* güldeste, seçki; **Blütenstand** *m* (BOT) çiçek durumu; **Blütenstaub** *m ohne Pl* <-(e)s> (BOT) çiçek tozu

Blutentnahme *f* (MED) kan alma

blütenweiß *adj* bembeyaz, sakız gibi; **Blütenzweig** *m* (BOT) çiçek sapı

Bluter(in) ['blu:tɐ] *m(f)* <-s, -; -nen> (MED) hemofil

Bluterguss[RR] ['blu:tʔɛɐgʊs] *m* (MED: *Hämatom*) hematom

Bluterkrankheit ['blu:tɐ-] *f ohne Pl* (MED) hemofili

Blütezeit *f* çiçeklenme dönemi; (*fig*) (en) parlak dönem; **Blutfarbstoff** *m ohne Pl* (BIOL: *Hämoglobin*) hemoglobin; **Blutfleck** *m* kan lekesi; **Blutgefäß** *nt* (ANAT) damar; **Blutgerinnsel** *nt* (MED) kan pıhtısı; **Blutgerinnung** *f ohne Pl* (MED) kan(ın) pıhtılaşması; **Blutgruppe** *f* (MED) kan grubu

Bluthochdruck *m ohne Pl* yüksek tansiyon, hipertansiyon; **Bluthund** *m* **1.** (*Hunderasse*) kanizler **2.** (*fig*) hunhar (insan)

blutig *adj* **1.** (*blutbefleckt*) kanlı **2.** (*Kampf*) kanlı **3.** (*verstärkend*): **ein ~er Anfänger** tam bir acemi

blutjung ['-'-] *adj* gep(e)genç, gepegencecik

Blutkonserve *f* (MED) kan konservesi; **Blutkörperchen** ['blu:tkœrpɐçən] *nt* <-s, -> (MED) kan küreciği; **rotes ~** alyuvar; **weißes ~** akyuvar; **Blutkrebs** *m* (MED) kan kanseri; **Blutkreislauf** *m* (MED) kan dolaşımı; **Blutlache** *f* <-n> kan birikintisi; **blutleer** *adj* kansız; **Blutorange** *f* kan portakalı; **Blutplasma** *nt* (MED) kan plâzması; **Blutplättchen** ['blu:tplɛtçən] *nt* <-s, -> (MED) trombosit, pıhtı göze; **Blutprobe** *f* (MED) kan numunesi; (*Blutuntersuchung*) kan muayenesi; **Blutrache** *f* kan davası; **blutrot** ['-'-] *adj* kan kırmızı

blutrünstig ['blu:trʏnstɪç] *adj* hunhar, kan

dökücü; (*blutdürstig*) kana susamış

Blutsauger *m* **1.** (ZOOL) sivrisinek **2.** (*Vampir*) vampir **3.** (*fig, pej: Mensch*) sömürücü

Blutsbruder *m* kan [*o* ant] kardeşi

Blutschande *f* fücur, yakın akrabalar arasında zina [*o* cinsel ilişki]; **Blutsenkung** *f* (MED) sedimantasyon; **Blutspende** *f* (MED) kan bağışı; **Blutspender(in)** *m(f)* <-s, -; -nen> kan verici; **Blutspur** *f* kan izi

blutstillend *adj* kan kesici

Blutstropfen *m* (MED) kan damlası; **blutsverwandt** *adj* kandaş; **Blutsverwandte(r)** *mf* kandaş; **Blutsverwandtschaft** *f ohne Pl* kan hısımlığı, kandaşlık, kan bağı

Bluttat ['blu:tta:t] *f* kanlı eylem; (*Mord*) cinayet

Bluttransfusion *f* (MED) kan aktarımı [*o* nakli], transfüzyon; **blutüberströmt** ['blu:ty:bɐ(')strø:mt] *adj* kan revan içindeki

Blutung *f* <-en> kanama; **die monatliche ~** dem, âdet, aybaşı

blutunterlaufen ['blu:tʊntɐ(')laʊfən] *adj* kan çanağı gibi; **seine Augen waren ~** gözleri kan çanağına dönmüştü; **Blutuntersuchung** *f* (MED) kan muayenesi; **Blutvergießen** *nt ohne Pl* <-s> (*geh*) kan dökme; **Blutvergiftung** *f* (MED) kan zehirlenmesi; **Blutverlust** *m ohne Pl* <-(e)s> (MED) kan kaybı; **Blutwäsche** *f* <-n> (MED) kan diyalizi

Blutwurst *f* kan sucuğu; **Blutzucker** *m ohne Pl* <-s> (MED) kandaki şeker

BLZ [be:ʔɛl'tsɛt] (FIN) *Abk. von* **Bankleitzahl** banka kod numarası

b-Moll *nt ohne Pl* <-s> (MUS) bemol

Bö [bø:] *f* <-en> anî rüzgâr

Boa ['bo:a] *f* <-s> (*a.* ZOOL) boa

Bob [bɔp] *m* <-s, -s> yarış kızağı

Bock [bɔk, *Pl:* 'bœkə] *m* <-(e)s, Böcke> **1.** (ZOOL: *männliches Tier*) erkek hayvan; (*Schaf~*) koç; (*Ziegen~*) teke, erkeç; (*Ried~*) antilop; **einen ~ schießen** (*fig*) gaf yapmak, pot kırmak, çam devirmek; **dem ~ zum Gärtner machen** (*fam*) kediye ciğer ısmarlamak **2.** (*fam: Mensch*): **geiler ~** zampara; **er ist ein sturer ~** çok keçidir [*o* inatçıdır]; **einen ~ haben** keçi inadı olmak **3.** (*fam: Lust*) heves (*auf* -e); **(k)einen ~ haben etw zu tun** bir şeyi yapmaya hevesi ol(ma)mak **4.** (SPORT) kasa **5.** (*Gestell*) sehpa, ayaklık **6.** (AUTO) destek **7.** (*Kutsch~*) arabacı yeri

Bockbier *nt* sert bira

bocken *vi* **1.** (*Kind, Tier*) inadı tutmak **2.** (*Motor*) teklemek

bockig *adj* keçi, inatçı

Bockshorn *m* (*bauchige Flasche*) karınlı şişe

Bockshorn ['bɔkshɔrn] *nt ohne Pl* <-s> (*fam*): **jdn ins ~ jagen** birinin gözünü korkutmak

Bockspringen *nt ohne Pl* <-s> **1.** (SPORT) kasadan atlama **2.** (*Spiel*) birdirbir

Bockwurst *f sığır ve domuz etinden yapılan ve haşlanarak yenilen bir tür sosis*

Boden ['bo:dən, *Pl:* 'bø:dən] *m* <-s, Böden> **1.** (*Erd~*) toprak, kara, zemin; (*Fuß~*) yer, zemin; (*Meeres~*) taban; (*Teppich~, Stein~*) döşeme; (*Gelände*) arazi; **auf türkischem/deutschem ~** Türk/Alman topraklarında; **zu ~ fallen** yere düşmek; **an ~ gewinnen** (*sich ausbreiten*) yayılmak; (*zunehmen*) artmak; **festen ~ unter den Füßen haben** (*fig*) ekmek kapısı olmak; **den ~ unter den Füßen verlieren** ekmeğinden olmak; **jdm den ~ unter den Füßen wegziehen** birini ekmeğinden etmek, birinin ayağını kaydırmak; **am ~ zerstört sein** (*fam*) canı çıkmış olmak; **Handwerk hat goldnen ~** (*prov*) kolunda altın bileziği var; **wie Pilze aus dem ~ schießen** mantar gibi yerden bitmek **2.** (*von Gefäß, Meer*) dip; **ein Fass ohne ~ (sein)** (*fig*) dipsiz kile, boş ambar (olmak) **3.** (*Dach~*) çatı [*o* tavan] arası; (*Dachwohnung*) çatı katı **4.** (*Grundlage*) zemin, temel; **auf dem ~ der Tatsachen stehen** zemin ve zamana uygun olmak; **Bodenabwehr** *f ohne Pl* (MIL) uçaksavar; **Bodenbearbeitung** *f ohne Pl* toprağı işleme; **Bodenbelag** *m* yer kaplaması

Boden-Boden-Rakete *f* <-n> (MIL) karadan karaya füze

Bodenerosion *f* (ÖKOL) toprak erozyonu; **Bodenhaftung** *f* (AUTO) zeminde yol tutma [*o* tutuş]

bodenlos *adj* **1.** (*tief*) çok derin **2.** (*fam: unerhört*) duyulmamış; **eine ~e Frechheit** duyulmamış bir küstahlık

Bodenpersonal *nt ohne Pl* <-s> (AERO) yer [*o* alan] personeli; **Bodenprobe** *f* (AGR, ÖKOL) topraktan alınan örnek; **Bodenrecht** *nt* (JUR) toprak hukuku; **Bodenreform** *f* (JUR) toprak reformu; **Bodenschätze** *mPl* toprak altı servetleri *pl,* toprak altı zenginlikleri *pl*

Bodensee *m* <-s> Konstanz Gölü

Bodenstation *f* (TEL) yer istasyonu; **Bodenstreitkräfte** *fPl* (MIL) kara kuvvetleri *pl;* **Bodenturnen** *nt ohne Pl* <-s> (SPORT) yer alıştırmaları *pl*

Bodybuilding ['bɔdibɪldɪŋ] *nt ohne Pl* <-s> vücut yapma

Bodyguard *m* koruma

Bockshornklee *m* (BOT) boy otu

bog [bo:k] *3. imp von* **biegen**

Bogen ['bo:gən, *Pl:* 'bø:gən] *m* <-s, - *südd, österr:* Bögen> **1.** (*Kurve*) kavis; **einen ~ machen** (*fam*) kavis çizmek; **er hat den ~ raus** (*fam*) yolunu biliyor; **jdn in hohem ~ hinauswerfen** (*fam*) birini yaka paça dışarı atmak **2.** (*Sportgerät*) yay; **den ~ überspannen** (*fam: zu weit gehen*) aşırı [*o* fazla ileri] gitmek, ölçüyü kaçırmak **3.** (ARCH) kemer; (MUS) yay; (*Geigen~*) arşe, yay; (MATH) yay; **mit dem Zirkel einen ~ beschreiben** pergelle bir yay çizmek **4.** (*Blatt Papier*) tabaka; (*Frage~*) form **5.** (*Regen~*) kuşak

bogenförmig ['bo:gənfœrmɪç] *adj* kemerli

Bogengang *m* <-(e)s, -gänge> (ARCH) kemer altı; **Bogenschießen** *nt ohne Pl* <-s> (SPORT) okçuluk; **Bogenschütze, -in** *m, f* <-n, -n; -nen> (SPORT) okçu; **Bogensehne** *f* <-n> yay kirişi, çile

Böhmen ['bø:mən] *nt* <-s> Bohemya

böhmisch ['bø:mɪʃ] *adj* Bohemya (ile ilgili); **das sind ~e Dörfer für mich** (*fam*) bunlara benim hiç aklım ermez

Bohne ['bo:nə] *f* <-n> **1.** (BOT) fasulye; **grüne ~n** taze fasulye; **weiße ~n** kuru fasulye; **dicke ~n** bakla **2.** (*Kaffee~*) çekirdek; **nicht die ~!** (*fam: überhaupt nicht*) kesinlikle!, kat'iyen!; **Bohnenkaffee** *m ohne Pl* <-s> çekirdek kahve; **Bohnenstange** *f* fasulye sırığı

bohnern ['bo:nɐn] *vi, vt* cilâlamak

Bohnerwachs *nt* yer cilâsı

bohren ['bo:rən] **I.** *vt* **1.** (*Loch*) delmek; (*Brunnen*) açmak; **ein Loch ~** bir delik açmak **2.** (*mit Bohrer in Material*) burgulamak, burgu ile delmek **3.** (*bohrend in etw drücken*) burgu gibi batırmak; **jdm ein Messer in den Leib ~** birinin vücuduna burgu gibi bıçak batırmak; **er bohrte seinen Blick in meine Augen** (*fig*) bakışını burgu gibi gözlerime batırdı **4. in der Nase ~** burnunu karıştırmak; **~de Zweifel** şüphe kurdu **II.** *vi* **1.** (*fam: drängen*) ısrar etmek; (*hartnäckig forschen, fragen*) kurcalamak **2.** (*Öl, Wasser*) sondaj yapmak (*nach* için) **3.** (*Zahnarzt*) delmek

Bohrer *m* <-s, -> burgu

Bohrinsel ['bo:ɐʔɪnzəl] *f* sondaj adası; **Bohrmaschine** *f* elektrikli matkap; **Bohrturm** *m* sondaj kulesi

Bohrung *f* <-en> **1.** (*das Bohren*) delme **2.** (*Bohrloch*) sondaj kuyusu

Boiler ['bɔɪlɐ] *m* <-s, -> boyler

Boje ['bo:jə] *f* <-n> (NAUT) şamandıra, duba

Bolero [bo'le:ro] *m* <-s, -s> **1.** (*Tanz*) bolero **2.** (*Jäckchen*) bolero

Bolivianer(in) [boli'vja:nɐ] *m(f)* <-s, -; -nen> Bolivyalı

bolivianisch *adj* Bolivya (ile ilgili), Bolivyalı; **eine ~e Frau** Bolivyalı bir kadın; **die ~e Regierung** Bolivya hükümeti

Bolivien [bo'li:viən] *nt* <-s> Bolivya

Böller *m* kestane fişeği

Bollwerk ['bɔlvɛrk] *nt* <-(e)s, -e> **1.** (NAUT: *Kai*) rıhtım; **die Schiffe legten am ~ an** gemiler rıhtıma rampa etti **2.** (*fig: Festung*) kale

Bolschewismus [bɔlʃe'vɪsmʊs] *m ohne Pl* <-> Bolşeviklik

bolschewistisch *adj* Bolşevik

Bolzen ['bɔltsən] *m* <-s, -> cıvata

Bombardement [bɔmbardə'mã:] *nt* <-s, -s *Schweiz:* -e> (MIL) bombardıman

bombardieren* [bɔmbar'di:rən] *vt* **1.** (MIL: *mit Artillerie beschießen*) bombardıman etmek; (*Fliegerbomben werfen*) bombalamak **2.** (*fam: überhäufen*) bombardıman etmek (*mit* ile)

bombastisch [bɔm'bastɪʃ] *adj* (*pej*) tumturaklı, şatafatlı

Bombe ['bɔmbə] *f* <-n> bomba; **eine ~ legen** bomba koymak; **die Nachricht schlug ein wie eine ~** haber top gibi patladı; **Bombenangriff** *m* (MIL) bombalama; **Bombenanschlag** *m* bombalı suikast; **Bombenerfolg** ['---'-] *m* (*fam fig*) parlak başarı

Bombengehalt *nt* (*fig*) yüksek maaş

Bombengeschäft *nt* (*fig*) bomba (gibi) iş

Bombenleger(in) *m(f)* bombacı

bombensicher *adj* bombaya dayanıklı; (*fig*) şüphe götürmez; **Bombenstimmung** ['--'--] *f ohne Pl* (*fam*) curcunalı hava

Bomber ['bɔmbɐ] *m* <-s, -> (MIL) bombardıman uçağı

bombig *adj* (*fam*) bomba gibi

Bon [bɔŋ, bõ:] *m* <-s, -s> **1.** (*Gutschein*) kupon **2.** (*Kassenzettel*) fiş

Bonbon [bɔŋ'bɔŋ, bõ'bõ:] *m o nt* <-s, -s> şeker(leme)

Bongo *nt* <-(s), -s>, *f* <-s> ikili dümbelek

Boni *Pl von* **Bonus**

Bonn [bɔn] *nt* <-s> Bonn

Bonner(in) *m(f)* <-s, -; -nen> Bonnlu

Bonsai ['bɔnzaɪ] *m* <-(s), -s> bodur ağaç

Bonus ['bo:nʊs] *m* <- *o* Bonusses, - *o* Bonusse *o* Boni> (COM) ikramiye

Bonze ['bɔntsə] *m* <-n, -n> **1.** (REL: *buddhistischer Priester*) Buddhist rahibi **2.** (*pej*) kodaman

Bookmark *f* (INFORM) işaret

Boom [bu:m] *m* <-s, -s> **1.** (WIRTSCH: *fam*) patlama; (*Hochkonjunktur*) yüksek konjonktür **2.** (*Börse*) patlama, fiyatların tavana vurması **3.** (*fam: gesteigertes Interesse*) rağbet

boomen ['bu:mən] *vi* (WIRTSCH: *fam*) patla-

ma olmak; (*Literatur, Mode*) rağbet görmek, rağbet kazanmak
Boot [bo:t] *nt* <-(e)s, -e> kayık, sandal, tekne; (*Torpedo~*) bot; **in einem/im gleichen ~ sitzen** (*fam*) aynı yolun yolcusu olmak
booten *vt* (INFORM) boot etmek; **etw von etw ~** bir şeyi bir şeyden boot etmek; **Bootsbauer** *m* tekneci
Boot-Sektor *m* (INFORM) boot sektörü
Bootsfahrt *f* kayıkla [*o* tekneyle] gezme; **Bootshaus** *nt* kayıkhane; **Bootsmann** *m* <-(e)s, -leute> **1.** (NAUT: *auf Handelsschiffen*) lostromo **2.** (MIL, NAUT) denizci astsubay; **Bootsverleih** *m* kayık [*o* tekne] kiralama
Bor [bo:ɐ] *nt ohne Pl* <-s> (CHEM) bor
Bord[1] [bɔrt] *m ohne Pl* <-(e)s> (NAUT: *Schiffsdeck*) güverte; (*äußerlich*) gemi; **an ~** (*Schiff, Raumschiff*) gemide; (*Flugzeug*) uçakta; **alle Mann an ~!** herkes güverteye!; **Mann über ~!** (NAUT) denize adam düştü!; **über ~ gehen** denize düşmek; **von ~ gehen** gemiden inmek; (*Flugzeug*) uçaktan inmek; **an ~ gehen** gemiye binmek; (*Flugzeug*) uçağa binmek
Bord[2] *nt* <-(e)s, -e> **1.** (*Wandbrett*) raf **2.** (*Schweiz: Rand, Böschung*) kenar
bordeaurot *adj* bordo
Bordell [bɔr'dɛl] *nt* <-s, -e> genelev
Bordkarte *f* (AERO) uçağa biniş kartı; **Bordpersonal** *nt* (AERO) hava personeli
Bordstein *m* bordür taşı
borgen ['bɔrgən] *vt* **1.** (*ausleihen, entleihen*) ödünç almak **2.** (*verleihen*) ödünç vermek
Borke ['bɔrkə] *f* <-n> (*nordd*) **1.** (*Rinde*) kabuk **2.** (*Kruste einer Wunde*) kabuk; **Borkenkäfer** *m* <-s, -> kabuk böceği
borniert [bɔr'ni:ɐt] *adj* (*pej*) dar görüşlü, dar kafalı, bağnaz
Borsäure *f* borik asit, asit borik
Börse ['bœrzə] *f* <-n> **1.** (FIN) borsa **2.** (*Geldbeutel*) para kesesi; **Börsenbericht** *m* (FIN) borsa bülteni; **Börsenkurs** *m* (FIN) borsa değeri
Börsenmakler(in) *m(f)* borsa simsarı; **Börsenspekulant(in)** *m(f)* (FIN) acyocu
Börsianer(in) [bœr'zja:nɐ] *m(f)* <-s, -; -nen> (*fam*) borsacı
Borste ['bɔrstə] *f* <-n> (ZOOL) domuz kılı; (*künstlich*) kıl; **sich die ~n schneiden lassen** (*fam*) saçını sakalını kestirmek
borstig *adj* kıllı
Borte ['bɔrtə] *f* <-n> tiriz
Borwasser *nt* borikli su
bösartig ['bø:sʔa:ɐtɪç] *adj* **1.** (*Mensch*) kötü, habis; (*Tier*) kötü huylu; (*Bemerkung*) kötü **2.** (*Krankheit*) kötücül, habis; (*Geschwulst*) kötücül, kötü huylu, habis; (*Fieber, Husten*) fena, kötü
Böschung ['bœʃʊŋ] *f* <-en> **1.** (*an der Straße*) şev **2.** (*Abhang*) yamaç, bayır
böse ['bø:zə] **I.** *adj* **1.** (*schlecht*) kötü; (*schlimm*) fena; (*Kind*) yaramaz **2.** (*unangenehm*) tatsız, kötü, fena; **ein ~s Erwachen geben** acı gerçeğin farkına varmak; **das wird ~ Folgen haben** bunun sonu kötü olacak **3.** (*verärgert*) kızgın (*auf/mit* -e/-e), dargın (*auf/mit* -e/-e); **im B~n auseinander gehen** kavgalı [*o* dargın] ayrılmak; **ich bin (mit) ihm [*o* auf ihn] ~** ona kızgınım; **seien Sie (mir) nicht ~, aber ...** bana kızmayın ama ... **II.** *adv* kötü; **es wird ~ enden** sonu kötü olacak; **das sieht ~ aus** bu kötü görünüyor; **er meinte es nicht ~** bunu [*o* onu] kötü niyetle söylemedi; **Bösewicht** ['bø:zəvɪçt] *m* <-(e)s, -e *o* -er> **1.** kötü adam **2.** (*fam*) kötü çocuk
boshaft ['bo:shaft] *adj* (*böse*) kötü; (*Bemerkung*) kötüleyici
Boshaftigkeit *f* <-en> kötülük
Bosheit *f* <-en> (*das Bösesein*) kötü olma; (*Schlechtigkeit*) kötülük, fenalık, kemlik, şer; (*üble Gesinnung*) kötülükçülük; **etw aus lauter ~ tun** bir şeyi sırf kötülük [*o* fenalık] etmek için yapmak
Bosnien ['bɔsniən] *nt* <-s> Bosna; **Bosnien-Herzegowina** ['bɔsniən hɛrtse'go:vina] *nt* <-s> Bosna-Hersek
Bosnier(in) ['bɔsniɐ] *m(f)* <-s, -; -nen> Boşnak
Bosporus *m* Boğaz, Boğaziçi
Boss[RR] [bɔs] *m* <-es, -e>, **Boß** *m* <-sses, -sse> patron
böswillig **I.** *adj* kötü niyetli **II.** *adv* kötü niyetle
Böswilligkeit *f* <-en> kötü niyet
bot [bo:t] *3. imp von* **bieten**
Botanik [bo'ta:nɪk] *f ohne Pl* botanik, bitki bilimi
Botaniker(in) *m(f)* botanikçi, bitki bilimci
botanisch *adj* botanik, bitki bilimsel; **~er Garten** botanik bahçesi
Bote, -in ['bo:tə] *m, f* <-n, -n; -nen> ulak, haberci, kurye; **Botengang** *m* <-(e)s, -gänge> kuryelik
Botschaft ['bo:tʃaft] *f* <-en> **1.** (*geh: Nachricht*) mesaj, haber; (*Hiobs~*) haber **2.** (POL) büyük elçilik
Botschafter(in) *m(f)* <-s, -; -nen> (POL) büyük elçi
Bottich ['bɔtɪç] *m* <-(e)s, -e> tekne
Bouillon [bʊl'jɔŋ, bʊl'jõ:] *f* <-s> (GASTR) et suyu
Boulevard [bulə'va:ɐ] *m* <-s, -s> bulvar; **Boulevardpresse** *f ohne Pl* fısıltı basın,

boyalı basın

Bourgeoisie [bʊrʒoa'ziː] *f* <-n> (*geh*) burjuvazi

Boutique [bu'tiːk] *f* <-n> butik

Bowle ['boːlə] *f* <-n> (GASTR) bol

Box *f* (*Lautsprecher*) hoparlör

boxen ['bɔksən] **I.** *vi* (SPORT) boks etmek **II.** *vt* (*schlagen*) yumruklamak **III.** *vr:* **sich gegenseitig ~** yumruklaşmak

Boxen *nt ohne Pl* <-s> (SPORT) boks

Boxer(in)[1] *m(f)* <-s, -; -nen> (*Sportler*) boksör

Boxer[2] *m* (*Hund*) bokser

Boxershorts *Pl*, **Boxer-Shorts** *Pl* şort

Boxhandschuh *m* boks eldiveni; **Boxkampf** *m* boks maçı

Boxsport *m ohne Pl* boks sporu

Boykott [bɔɪ'kɔt] *m* <-(e)s, -e *o* -s> boykot

boykottieren* *vt* boykot etmek

BPS *Pl Abk. von* **Bits pro Sekunde** saniyedeki bit sayısı

brach [braːx] **I.** *3. imp von* **brechen** **II.** *adj* nadaslı(k)

Brachland *nt ohne Pl* <-(e)s> (AGR) hozan

brach\|liegen *irr vi* **1.** (*Acker*) nadasa bırakılmış olmak; **ein ~des Feld** nadaslı(k) bir tarla **2.** (*Talent*) kullanılmamak

Brachschwalbe *f* (ZOOL) bataklık kırlangıcı

Brachse *f* <-, -n>, **Brachsen** *m* <-s, -> (ZOOL) çapak

brachte ['braxtə] *3. imp von* **bringen**

Braindrain ['brɛɪndrɛɪn] *m ohne Pl* <-s> (*Abwanderung von Wissenschaftlern ins Ausland*) beyin göçü; **Brainstorming** ['brɛɪnstɔːmɪŋ] *nt ohne Pl* <-s> yaratıcı tartışma

Bramsegel *nt* (NAUT) babafingo yelkeni

Branche ['braːʃə] *f* <-n> **1.** (WIRTSCH: *Geschäftszweig*) iş kolu **2.** (*fam: Fachgebiet*) branş, kol, dal; **Branchenverzeichnis** *nt* (TEL) iş kolları rehberi

Brand[1] [brant, *Pl:* 'brɛndə] *m* <-(e)s, Brände> (*Feuer*) yangın; **in ~ geraten** ateş almak, alevlenmek; **etw in ~ setzen/stecken** bir şeyi kundaklamak, bir şeyi ateşe vermek, bir şeyi tutuşturmak

Brand[2] *m ohne Pl* <-(e)s> **1.** (*fam: Durst*) çok susama **2.** (MED: *Gangrän*) kangren **3.** (BOT) buğday pası

brandaktuell ['---'-] *adj* güpgüncel, son derece aktüel; **Brandanschlag** *m* kundaklama; **Brandblase** *f* yanık kabarcığı; **Brandbombe** *f* yangın bombası; **Brandeisen** *nt* dağlağı

branden ['brandən] *vi* (*geh: Wellen*) çarparak kırılmak (*an/gegen* -e/-e)

Brandenburg ['brandənbʊrk] *nt* <-s> Brandenburg

Brandgefahr *f* yangın (çıkma) tehlikesi; **Brandgeruch** *m* yanık kokusu; **Brandherd** *m* yangının çıktığı yer; **Brandmal** *nt* <-(e)s, -e *o* -mäler> (*geh*) yanık izi; (*bei Zuchtvieh*) dağ

brandmarken ['brantmarkən] *vt* dağlamak

brandneu ['-'-] *adj* (*fam*) yepyeni

Brandsalbe *f* yanık merhemi; **Brandsatz** *m* <-es, -sätze> kundak; **Brandschaden** *m* yangın zararı; **Brandschutz** *m* yangın çıkmasına karşı korunma; **Brandstifter(in)** *m(f)* kundakçı; **Brandstiftung** *f* kundaklama, kundakçılık

Brandung ['brandʊŋ] *f* <-en> sahile çarparak kırılan dalgalar *pl*

Brandwunde *f* <-n> yanık

brannte ['brantə] *3. imp von* **brennen**

Branntwein *m* <-(e)s, -e> kanyak

Brasilianer(in) [brazi'ljaːnɐ] *m(f)* <-s, -; -nen> Brezilyalı

brasilianisch *adj* Brezilya (ile ilgili), Brezilyalı; **~e Frauen/Männer** Brezilyalı kadınlar/erkekler; **die ~e Regierung** Brezilya hükûmeti

Brasilien [bra'ziːliən] *nt* <-s> Brezilya

brät [brɛːt] *3. präs von* **braten**

braten ['braːtən] <brät, briet, gebraten> *vt* kızartmak; (*braun*) kavurmak; (*in der Pfanne*) kızartmak, tavasını yapmak (-in)

Braten *m* <-s, -> (GASTR) rosto

Brathähnchen *nt* piliç [*o* tavuk] kızartması; **Brathering** *m* ringa kızartması; **Bratkartoffeln** *fPl* patates kızartması; **Bratpfanne** *f* <-n> tava; **Bratrost** *m* <-(e)s, -e> ızgara

Bratsche ['braːtʃə] *f* <-n> (MUS) viyola, alto

Bratspieß *m* kebap şişi

Bratwurst *f kızartılarak yenen sosis*

Brauch [braʊx, *Pl:* 'brɔɪçə] *m* <-(e)s, Bräuche> örf ve âdet, töre

brauchbar *adj* (*Sachen*) işe yarar; (*Person*) yetenekli

brauchen ['braʊxən] *vt* **1.** (*benötigen*) ihtiyacı olmak (-e), gereksinmek; (*Zeit*) almak, istemek; **wie lange brauchst du dafür** [*o* **dazu**]**?** o ne kadar zamanını alır?, onun için ne kadar zamana ihtiyacın var? **2.** (*fam: gebrauchen*) kullanmak; **kannst du die Sachen ~?** bu eşyayı kullanabilir misin? **3.** (*verbrauchen*) kullanmak, harcamak, tüketmek **4.** (*müssen*) gerek olmak (*zu* -e), gerekmek (*zu* -); **du brauchst nicht gleich zu schreien** hemen feryadı basmana gerek yok; **ich brauche heute nicht zu arbeiten** bugün çalışmam gerekmiyor, bugün çalışmama gerek yok

Brauchtum *nt* <-s, -tümer> gelenek

Braue ['braʊə] *f* <-n> kaş

brauen ['braʊən] *vt* **1.** (*Bier*) yapmak **2.** (*fam: Kaffee*) kavurmak

Brauer(in) *m(f)* <-s, -; -nen> biracı

Brauerei *f* <-en>, **Brauhaus** *nt* bira fabrikası

braun [braʊn] *adj* **1.** (*Farbe*) kahve rengi; (*Haare*) kumral, kestane rengi; (*Augen*) kestane rengi; (*Teint*) esmer; **~ werden** esmerleşmek, abanozlaşmak **2.** (*pej: nationalsozialistisch*) nasyonal sosyalist

Braunalge *f* <-n> lâminarya; **Braunbär** *m* <-en, -en> (ZOOL) bozayı

Bräune ['brɔɪnə] *f ohne Pl* esmerlik

bräunen **I.** *vt* **1.** (*Körper*) esmerletmek **2.** (GASTR) kavurmak **II.** *vr:* **sich ~** (*sich sonnen*) güneşlenmek, güneş banyosu yapmak

Braunkohle *f ohne Pl* linyit kömürü

Brause ['braʊzə] *f* <-n> **1.** (*Dusche*) duş **2.** (*Limonade*) gazoz

brausen *vi* **1.** (*Wind*) uğuldamak; (*Bach, Fluss*) çağlamak, çağıldamak; (*Meer*) çalkanmak; **~der Beifall** alkış tufanı **2.** *sein* (*rasen*): **um die Ecke ~** son hızla köşeyi dönmek; **über die Autobahn ~** otobanda çılgınca araba sürmek

Braut [braʊt, *Pl:* 'brɔɪtə] *f* <-, Bräute> gelin; **~ in Haaren** (BOT) çörek otu; **Brautführer** *m* <-s, -> sağdıç

Bräutigam ['brɔɪtigam] *m* <-s, -e> güvey

Brautjungfer *f* <-n> yenge; **Brautkleid** *nt* gelinlik; **Brautkranz** *m* taç

Brautleute *pl*, **Brautpaar** *nt* (*verlobt*) nişanlılar *pl;* (*am Hochzeitstag*) gelin ile güvey; (*verheiratet*) yeni evliler *pl;* **Brautschleier** *m* duvak

brav *adj* (*artig*) uslu, terbiyeli

bravo ['bra:vo] *interj* bravo, aferin

BRD [be:ʔɛr'de:] *f* (POL) *Abk. von* **Bundesrepublik Deutschland** AFC, *Almanya Federal Cumhuriyeti*

Break *nt* (SPORT: *beim Tennis*) servis kırma

brechen ['brɛçən] <bricht, brach, gebrochen> **I.** *vi* **1.** *sein* (*zerbrechen*) kırılmak; (*in Stücke*) parçalanmak; **mir bricht das Herz** (*fig*) kalbim kırıldı; **auf Biegen und B~** (*fam*) ne yapıp edip **2.** (*Freundschaft*) bozuşmak (*mit* ile) **3.** (*fam: erbrechen*) kusmak **II.** *vt* **1.** (*durchbrechen*) kırmak; **in Stücke ~** parçalamak; **sich** *dat* **einen Arm/ein Bein ~** kolunu/bacağını kırmak; **den Waffenstillstand ~** ateşkesi bozmak; **das Eis ist gebrochen** (*fig*) buzlar çözüldü **2.** (*Widerstand, Rekord*) kırmak; (*Blockade*) yarmak **3.** (*nicht einhalten*) tutmamak; (*Gesetz*) ihlâl etmek; (*Streik*) kırmak; **die Ehe ~** zina işlemek; **sein Wort ~** sözünü tutmamak **4.** (*Wellen, Licht*) kırmak **III.** *vr:* **sich ~ 1.** (*Licht*) kırılmak **2.** (*Wellen*) kırılmak

Brecher ['brɛçɐ] *m* <-s, -> **1.** (*Welle*) kırılan dalga **2.** kırma makinesi

Brechmittel *nt* kusturucu; **Brechreiz** *m* mide bulantısı; **~ verspüren** midesi bulanmak, kusacak gibi olmak; **~ verursachen** mide bulantısı yapmak, mide bulandırmak

Brechstange *f* kaldıraç

Brechung *f* <-en> (PHYS: *von Strahlen*) kırılma, kırılım

Brei [braɪ] *m* <-(e)s, -e> (*für Kinder*) lâpa; (*Kartoffel~*) püre; (*Grieß~*) bulamaç; **jdn zu ~ schlagen** (*fam*) birinin pastırmasını çıkarmak; **um den heißen ~ herumreden** (*fam*) bin dereden su getirmek, sözü döndürüp dolaştırmak, sadede gelmemek; **viele Köche verderben den ~** (*prov*) bir çöplükte iki horoz ötmez, horozu çok olan köyde sabah geç olur

breiig ['braɪɪç] *adj* lapa gibi

breit [braɪt] *adj* geniş, enli; **fünf Meter ~** beş metre genişliğinde [*o* eninde], genişliği [*o* eni] beş metre; **wie ~ ist ...?** ...in genişliği [*o* eni] ne kadar?; **sich ~ machen** (*sich ausbreiten*) yayılmak; (*fam: Platz beanspruchen*) yayılmak, kurulmak, serilmek; (*sich niederlassen*) yerleşmek; **~ sein** (*reg: fam*) kafayı bulmuş olmak

breitbeinig *adj* ayrık bacaklı, apışak

Breite ['braɪtə] *f* <-n> **1.** en, genişlik; **etw der ~ nach falten** bir şeyi enlemesine katlamak; **in die ~ gehen** (*fam: dick werden*) kilo almak, şişmanlamak **2.** (GEO) enlem; **Breitengrad** *m* (GEO) enlem, arz derecesi; **Breitenkreis** *m* (GEO) enlem dairesi, arz dairesi

Breitling *m* (ZOOL: *Sprotte*) çaça balığı

breit|machen *vr:* **sich ~** *s.* **breit**

breitrandig *adj* geniş kenarlı

breitschult(e)rig *adj* geniş omuzlu

breit|treten *irr vt* **1.** (*fam: Thema*) enine boyuna tartışmak **2.** (*fam pej: weiterverbreiten*) ortalığa yaymak, el âleme anlatmak

Bremer(in) ['bre:mɐ] *m(f)* <-s, -; -nen> Bremenli

Bremsbacke *f* <-n> (AUTO) fren pabucu

Bremsbelag *m* <-(e)s, -beläge> (AUTO) fren balatası; **den ~ erneuern** fren balatalarını yenilemek

Bremse[1] ['brɛmzə] *f* <-n> (AUTO) fren; **die ~n nachstellen** fren ayarı yapmak, frenleri ayarlamak; **die ~n entlüften** frenlerin havasını almak

Bremse[2] ['brɛmzə] *f* <-n> (ZOOL: *Rinder~*) sığır sineği

bremsen **I.** *vi* (*Fahrzeug*) fren yapmak; **scharf ~** sert fren yapmak **II.** *vt* (*fig: Ent-*

wicklung) frenlemek, gemlemek; **er ist nicht zu ~** onu frenlemek [*o* gemlemek] imkânsız, durmak bilmiyor

Bremsflüssigkeit *f* <-en> (AUTO) fren yağı, hidrolik yağ; **Bremshauptzylinder** *m* (AUTO) fren ana [*o* merkez] silindiri; **Bremsklotz** *m* (AUTO) fren pabucu; **Bremskraftverstärker** *m* fren takviyesi [*o* servosu]; **Bremslicht** *nt* stop lâmbası, fren ışığı; **Bremspedal** *nt* fren pedalı; **Bremsschlauch** *m* (AUTO) fren hortumu; **Bremsspur** *f* fren izi

Bremsung *f* <-en> frenleme, fren yapma

Bremsweg *m* fren mesafesi

brennbar *adj* yanıcı; (*leicht entzündbar*) yanıcı, kolay yanar

brennen <branne, gebrann> **I.** *vt* (*Kaffee*) kavurmak; (*Ziegel*) pişirmek; (*Alkohol*) damıtmak **II.** *vi* (*Feuer, Licht*) yanmak; (*Sonne*) parlamak; (*Augen, Wunde*) acımak, yanmak

brennend *adj* yakıcı; (*fig: Wunsch*) şiddetli

Brenner *m* <-s, -> (*Gas~*) havagazı memesi

Brennerei *f* <-en> (*Alkohol*) içki fabrikası; (*Ziegel*) kiremit ocağı

Brennessel *f* <-n> *s.* **Brennnessel**

Brennglas *nt* <-es, -gläser> büyüteç; **Brennholz** *nt ohne Pl* <-es> (yakacak) odun; **Brennmaterial** *nt* yakacak; **Brennnessel**[RR] ['brɛnnɛsəl] *f* <-n> ısırgan

Brennpunkt *m* odak (noktası); **Brennschere** *f* <-n> maşa; **Brennspiritus** *m ohne Pl* <-> yakılacak ispirto; **Brennstoff** *m* <-(e)s, -e> yakıt; (*flüssiger*) akaryakıt; **Brennweite** *f* (PHYS, FOTO) odak uzaklığı

Bresche ['brɛʃə] *f* <-n> gedik; **eine ~ schlagen** gedik açmak

Bretagne [bre'tanjə] *f* (GEO) Bretanya

Bretone, -in [bre'to:nə] *m, f* Bretanyalı

bretonisch *adj* Bretanya (ile ilgili)

Brett [brɛt] *nt* <-(e)s, -er> **1.** (*aus Holz*) tahta; **schwarzes ~** kara tahta; (*Schaukasten*) ilân tahtası; **ein ~ vor dem Kopf haben** (*fam*) kafasının bir tahtası noksan olmak **2.** (*Spiel~*) tahta **3.** *Pl* (*Skier*) kayaklar *pl*

Bretterzaun *m* tahta perde

Brettspiel *nt* tahta üzerinde oynanan oyun

Brezel ['bre:tsəl] *f* <-n> *Bavyera usulü simit*

bricht [brɪçt] *3. präs von* **brechen**

Bridge [brɪtʃ] *nt ohne Pl* <-> briç

Brief [bri:f] *m* <-(e)s, -e> mektup; **etw als ~ schicken** bir şeyi mektup postasıyla göndermek; **ein offener/versiegelter ~** açık/mühürlü bir mektup; **einen ~ zustellen/aufgeben** bir mektubu elden teslim etmek/postaya vermek; **Briefablage** *f* mektup gözü; **Briefbeschwerer** ['bri:fbəʃve:rɐ] *m* <-s, -> baskılık; **Briefblock** *m* <-s, -s *o* -blöcke> bloknot; **Briefbogen** *m* mektup kâğıdı; **Briefbombe** *f* bombalı mektup; **Brieffreund(in)** *m(f)* mektup arkadaşı; **Briefgeheimnis** *nt ohne Pl* <-ses> mektubun gizliliği

Briefing ['bri:fɪŋ] *nt* <-s, -s> **1.** (MIL) durum üzerine kısa bilgi verme **2.** (*Informationsgespräch*) brifing

Briefkasten *m* posta kutusu; **elektronischer ~** (INFORM) elektronik posta kutusu; **Briefkastenfirma** *f* paravan şirket

Briefkopf *m* antet, mektup başlığı

brieflich **I.** *adj* mektuplu, yazışmalı; **~er Verkehr** yazışmalar *pl* **II.** *adv* mektupla, yazı ile; **mit jdm ~ verkehren** biriyle mektuplaşmak

Briefmarke *f* pul, posta pulu; **Briefmarkenautomat** *m* posta pulu otomatı; **Briefmarkensammler(in)** *m(f)* pul koleksiyoncusu, filatelist; **Briefmarkensammlung** *f* pul koleksiyonu

Brieföffner *m* mektup açacağı; **Briefpapier** *nt* mektup kâğıdı; **Brieftasche** *f* cüzdan; **Brieftaube** *f* posta güvercini

Brieftelegramm *nt telgrafla gönderilen fakat normal posta ile teslim edilen telgraf;* **Briefträger(in)** *m(f)* <-s, -; -nen> postacı; **Briefumschlag** *m* <-(e)s, -schläge> mektup zarfı; **Briefwaage** *f* mektup [*o* kâğıt] terazisi; **Briefwahl** *f* mektupla seçim; **Briefwechsel** *m* mektuplaşma, yazışma; **in ~ mit jdm stehen** biriyle mektuplaşmakta olmak

briet [bri:t] *3. imp von* **braten**

Brigade [bri'ga:də] *f* <-n> (MIL) tugay

Brigadegeneral *m* (MIL) tuğgeneral

Brikett [bri'kɛt] *nt* <-s, -s> briket

brillant [brɪ'ljant] *adj* parlak, harika, mükemmel

Brillant [brɪ'ljant] *m* <-en, -en> pırlanta

Brillantine [brɪljan'ti:nə] *f* <-n> briyantin

Brillanz [brɪ'ljants] *f ohne Pl* parlaklık, harikalık, mükemmellik

Brille ['brɪlə] *f* <-n> (*Augenglas*) gözlük; **die Welt durch eine rosarote ~ sehen** (*fig*) ortalığı tozpembe görmek; **Brillenetui** *nt* gözlük kılıfı

Brillenfassung *f,* **Brillengestell** *nt* gözlük çerçevesi; **Brillenglas** *nt* <-es, -gläser> gözlük camı; **Brillenschlange** *f* **1.** (ZOOL) gözlüklü yılan, kobra **2.** (*fam pej: Brillenträger*) dört göz; **Brillenträger(in)** *m(f)* <-s, -; -nen> gözlüklü

bringen ['brɪŋən] <bringt, brachte, gebracht> *vt* **1.** (*herbringen*) getirmek; (*hinbringen*) götürmek; (*befördern, begleiten*) götürmek; **das Essen auf den Tisch ~** yemeği sofraya getirmek; **etw in**

Ordnung ~ bir şeyi yoluna koymak; **jdn vor Gericht** ~ biriyle mahkemelik olmak; **Glück** ~ şans getirmek; **jdn in Verlegenheit** ~ birini bozmak [*o* mahcup etmek]; **etw an den Tag** ~ bir şeyi ortaya çıkarmak; **jdm etw nahe** ~ birine kötü bir haber vermek; **jdn auf die Palme** ~ (*fam fig*) birini çileden [*o* zıvanadan] çıkarmak; **jdn auf Touren** ~ birini harekete geçirmek; **jdn auf etw** ~ birinin aklına bir şey getirmek; **jdn aus dem Konzept** ~ birinin aklını karıştırmak; **etw zur Sprache** ~ bir şeyi dile getirmek; **etw zu Papier** ~ bir şeyi kâğıda dökmek; **etw auf den Markt** ~ bir şeyi pazara çıkarmak; **ein Kind zur Welt** ~ dünyaya bir çocuk getirmek; **es weit** ~ (hayatta) yükselmek; **etw an sich** ~ üstüne geçirmek; **etw mit sich** ~ (*zur Folge haben*) bir şeyi beraberinde getirmek, bir şeyi doğurmak [*o* neden olmak]; **etw hinter sich** ~ bir şeyi bitirmek, bir işi hâlletmek; **sie wollen sie unbedingt unter die Haube** ~ onun başını ille bağlamak istiyorlar, onu ille baş göz etmek istiyorlar; **seine Schäfchen ins Trockene** ~ (*fam fig*) tuzu kuru olmak; **jdn um die Ecke** ~ (*fam*) birini öldürmek **2.** (*Ertrag, Gewinn*) getirmek; **was bringt das?** bu ne getirir?; **das bringt doch überhaupt nichts!** bu hiçbir şey getirmez! **3.** (*fam: veröffentlichen*) yayımlamak; (*Wetterbericht, Nachrichten*) vermek **4.** (*wegnehmen*): **jdn um etw** ~ birini bir şeyden etmek; **jdn ums Leben** ~ birinin canına kıymak; **jdn um den Verstand** ~ birinin aklını başından almak **5. jdn zum Lachen** ~ birini güldürmek; **etw nicht übers Herz** ~ bir şeye gönlü razı olmamak, bir şeye kıyamamak; **du bringst mich nicht dazu, das zu tun** bunu bana yaptırtamazsın

brisant [bri'zant] *adj* patlayıcı; **ein ~es Thema** çok güncel bir konu

Brisanz[1] [bri'zants] *f ohne Pl* (*Aktualität*) güncellik

Brisanz[2] *f* <-en> (*Sprengkraft*) tahrip gücü

Brise ['bri:zə] *f* <-n> esinti, hafif yel, hafif rüzgâr

Britannien [bri'tanjən] *nt* <-s> Britanya

Brite, -in ['brɪtə, 'bri:tə] *m, f* <-n, -n; -nen> Britanyalı

britisch ['brɪtɪʃ] *adj* Britanya (ile ilgili)

Brocken ['brɔkən] *m* <-s, -> parça; **ein paar ~ Türkisch verstehen** (*fig*) bir parça Türkçe anlıyor, çat pat [*o* tek tük] Türkçe anlıyor; **die Prüfung ist ein harter ~ für ihn** (*fig*) sınav onun için demirleblebi

bröcklig *adj s.* **bröckelig**

brodeln ['bro:dəln] *vi* **1.** (*Wasser*) fokurdamak, (fokur fokur) kaynamak **2.** (*österr: fam: trödeln*) sallanmak, dalga geçmek

Brokat [bro'ka:t] *m* <-(e)s, -e> brokar

Broker(in) ['bro:kɐ] *m(f)* <-s, -; -nen> (FIN) simsar

Brokkoli ['brɔkoli] *Pl* brokkoli

Brom [bro:m] *nt ohne Pl* <-s> (CHEM) brom

Brombeere ['brɔmbe:rə] *f* <-n> böğürtlen

Brombeerstrauch *m* <-(e)s, -sträucher> böğürtlen çalısı

Bronchialkatarr(h)[RR] *m* <-s, -e> (MED) bronşit

Bronchie ['brɔnçiə] *f* <-n> (ANAT) bronş

Bronchitis [brɔn'çi:tɪs] *f* <Bronchitiden> (MED) bronşit

Bronze ['brõ:sə] *f* <-n> tunç, bronz

bronzefarben *adj* tunç rengi

Bronzemedaille *f* (SPORT) bronz madalya

bronzen *adj* tunç, bronz

Bronzezeit *f ohne Pl* Tunç Devri

Brosche ['brɔʃə] *f* <-n> broş, iğne

broschiert *adj* ciltsiz

Broschüre [brɔ'ʃy:rə] *f* <-n> broşür

Brösel ['brø:zəl] *m* <-s, -> kırıntı

Brot [bro:t] *nt* <-(e)s, -e> ekmek; **ein Laib** ~ bir somun ekmek; **belegtes** ~ sandviç; **sich** *dat* **sein** ~ **verdienen** ekmegını kazanmak

Brötchen ['brø:tçən] *nt* <-s, -> küçük somun [*o* ekmek]; **seine** ~ **verdienen** fam, ekmegını kazanmak; **kleine** ~ **backen (müssen)** (*fig*) kemerini sıkmak (zorunda kalmak); **Brötchengeber(in)** *m(f)* <-s, -; -nen> (*fam: Arbeitgeber*) iş veren

Brotkasten *m* ekmek kutusu; **Brotkorb** *m* ekmek sepeti; **Brotkrume** *f* ekmek parçası; **Brotkrümel** *m* ekmek kırıntısı

brotlos *adj*: **eine ~e Kunst** ekmeğini çıkarmayan bir sanat, karın doyurmayan bir sanat

Brotmesser *nt* ekmek bıçağı; **Brotneid** *m* (birinin) ekmeğine göz koyma [*o* dikme]; **Brotrinde** *f* ekmek kabuğu; **Brotschneidemaschine** *f* <-n> ekmek kesme makinesi; **Brotzeit** *f* (*reg*) kahvaltı; ~ **machen** kahvaltı etmek

Browser ['braʊzɐ] *m* <-s, -> (INFORM, TEL) göz atıcı, gezgin

Bruch [brʊx, *Pl:* 'brʏçə] *m* <-(e)s, Brüche> **1.** (*das Brechen, Zerbrechen*) kır(ıl)ma; (*das Auseinanderbrechen*) kırılma, kopma; (*Rohr~*) patlama; **zu ~ gehen** kırılmak; **in die Brüche gehen** (*Vase*) kırılmak; (*Freundschaft*) bozulmak; **ihre Ehe ging in die Brüche** evlilikleri bozuldu **2.** (*Zerbrochenes*) kırık **3.** (MED: *Knochen~*) kırık, çatlak; (*Eingeweide~*) patlama; (*Leisten~*) fıtık, çatlak; **sich** *dat* **einen ~ heben** kasığını çatlatmak; **sich** *dat* **einen ~ lachen** gülmekten katılmak

4. (MATH) kesir **5.** (*eines Verhältnisses, Vertrages*) bozma; (*Gesetz*) ihlâl; (*Eid*) bozma; (*Vertrauen*) kötüye kullanma **6.** (*Stein~*) ocak; **Bruchbude** *f* (*fam pej*) izbe, virane; **bruchempfindlich** *adj* kırılgan; **bruchfest** *adj* kırılmaz

brüchig ['brʏçɪç] *adj* **1.** (*leicht brechend, mürbe*) gevrek, kolayca kırılıp ufalanan; (*von Metallen*) pürüzlü; (*spröde*) gevrek; (*Glas*) çatlak **2.** (*Stimme*) çatallı, çatlak; (*Stoff*) pürüzlü

Bruchlandung *f* arızalı iniş

Bruchrechnen *nt ohne Pl* <-s> (MATH) kesir hesabı

bruchsicher *adj* kırılmaz

Bruchstrich *m* (MATH) bölme işareti

Bruchstück *nt* **1.** bölüntü, bölünmüş parça **2.** (*fig: übriggebliebener Teil*) geriye kalan parça

bruchstückhaft *adj* parça halinde

Bruchteil *m* <-(e)s, -e> **1.** (*Teil eines Ganzen*) şayi cüz; **im ~ einer Sekunde** (*fig*) bir saniye bile geçmeden **2.** (JUR: *eines Grundstücks*) hisseişayia; **Bruchzahl** *f* (MATH) kesirli sayı

Brücke ['brʏkə] *f* <-n> **1.** (ARCHIT, MED, SPORT, NAUT) köprü; **alle ~n hinter sich abbrechen** (*fig*) köprüleri atmak **2.** (*Teppich*) yolluk; **Brückenbau** *m ohne Pl* <-s> köprü yapımı; **Brückengeländer** *nt* köprü korkuluğu; **Brückenkopf** *m* <-s> (MIL) köprü başı; **Brückenpfeiler** *m* köprü ayağı

Bruder ['bruːdɐ, *Pl:* 'bryːdɐ] *m* <-s, Brüder> **1.** (*Verwandter*) erkek kardeş, birader; **mein großer ~** ağabeyim; **mein kleiner ~** erkek kardeşim **2.** (*Glaubens~*) kardeş; (*Ordens~*) frer; (*vor dem Namen*) frer **3.** (*fam pej: Kerl*) herif; **Bruderkrieg** *m* kardeş kavgası

brüderlich *adj* kardeşçe, kardeşe yaraşır

Brüderlichkeit *f ohne Pl* kardeşlik

Bruderliebe *f* kardeş sevgisi

Brudermord *m* kardeş öldürme

Bruderschaft *f* <-en> kardeşlik, uhuvvet; (REL) ihvan

Brüderschaft *f ohne Pl* (*Duzfreundschaft*) senli benli olma; **mit jdm ~ trinken** *biriyle senli benli olmanın şerefine kadehleri tokuşturmak*

Brühe ['bryːə] *f* <-n> **1.** (GASTR: *klare Suppe*) sade suya çorba **2.** (*pej: Schmutzwasser*) bulaşık suyu; (*für Kaffee*) kestane suyu

brühen *vt* (GASTR) haşlamak

brühwarm ['-'-] *adj:* **jdm eine Nachricht ~ weitererzählen** (*fam*) birine bir haberi sıcağı sıcağına anlatmak

brüllen ['brʏlən] *vi* **1.** (*Stier*) böğürmek; (*Raubtier*) kükremek **2.** (*sehr laut sprechen*) bağırmak, dangırdamak, bağıra bağıra konuşmak; (*schreien*) bar bar bağırmak; **brüll nicht so!** öyle bar bar bağırma!

Brummbär *m* <-en, -en> (*fam*) suratsız (kimse), somurtkan [*o* asık suratlı] (kimse)

brummen ['brʊmən] **I.** *vi* **1.** (*Mensch*) homurdanmak; (*Fliege*) vızıldamak; (*Motor*) homurdanmak; **mir brummt der Schädel** kafam kazan oldu **2.** (*fam: in Haft sein*) yatmak **II.** *vt* (*fam*) mırıldamak

Brummer *m* <-s, -> (*fam*) **1.** (*Fliege*) mavi at sineği **2.** (*LKW*) tır

Brummi *m* <-s, -s> (*fam*) tır

brummig *adj* suratsız, huysuz, somurtkan

Brummkreisel *m* <-s, -> pırlangıç; **Brummschädel** *m* <-s, -> (*fam*) mahmurluk

Brunch [brantʃ] *m* <-(e)s, -(e)s *o* -e> branç, kuşluk yemeği

brünett [bry'nɛt] *adj* (*Mensch*) kumral

Brunnen ['brʊnən] *m* <-s, -> **1.** pınar, çeşme; (*Schöpf~*) kuyu **2.** (*Spring~*) fıskiye **3.** (*Heilquelle*) artezyen; **Brunnenkresse** *f* su teresi; **Brunnenschacht** *m* kuyu

Brunst [brʊnst, *Pl:* 'brʏnstə] *f* <Brünste> (*Paarungszeit der Tiere*) çiftleşme zamanı; (*Paarungsbereitschaft*) kızgınlık, çiftleşme isteği

brünstig ['brʏnstɪç] *adj* kızgın, eş arayan, kösnük

brüsk [brʏsk] *adj* sert; (*unhöflich*) kaba, nezaketsiz

brüskieren* *vt* kabaca davranmak (-e); (*vor den Kopf stoßen*) kabalık [*o* nezaketsizlik] ederek birinin kalbini kırmak

Brüssel ['brʏsəl] *nt* <-s> Brüksel

Brüss(e)ler[RR] *adj inv* Brükselli; **~ Salat** Frenk salatası

Brust [brʊst, *Pl:* 'brʏstə] *f* <Brüste> göğüs, bağır; (*Busen*) göğüs, meme; (*Geflügel~*) göğüs; **mit (vor Stolz) geschwellter ~** (gururdan) göğsü kabarmış olarak; **jdn an die ~ drücken** birini bağrına basmak, birini kucaklamak; **aus voller ~ singen** göğsünü yırtarak şarkı söylemek; **dem Säugling die ~ geben** bebeğe meme vermek; **Brustbein** *nt* (ANAT) göğüs kemiği, göğüs tahtası; **Brustbeutel** *m* koyun kesesi; **Brustdrüse** *f* (ANAT) meme bezi

brüsten ['brʏstən] *vr:* **sich ~** (*pej*) böbürlenmek (*mit* ile)

Brustfell *nt* (ANAT) göğüs zarı

Brustfellentzündung *f* göğüs zarı iltihabı; **Brusthöhle** *f* (ANAT) göğüs boşluğu; **Brustkasten** *m* (ANAT) göğüs kafesi; **Brustkorb** *m* (ANAT) göğüs kafesi; **Brustkrebs** *m* göğüs kanseri; **Brustmuskel** *m* (ANAT) göğüs kası; **Brustschwimmen** *nt ohne Pl* <-s> (SPORT) kurbağalama yüzme; **Bruststück** *nt* göğüs eti; **Brusttasche** *f* iç cep

B

Brustumfang *m* göğüs genişliği
Brüstung ['brʏstʊŋ] *f* <-en> **1.** (*Balkon~, Brücken~*) korkuluk **2.** (*Fenster~*) parapet
Brustwarze *f* (ANAT) meme başı; **Brustwehr** *f* (*bei Burgen*) barbata, kale korkuluğu
Brut[1] ['bru:t] *f* <-en> **1.** (*das Brüten*) kuluçka **2.** (*Vogeljunge, Fische*) yavrular *pl*
Brut[2] *f ohne Pl* (*pej: Gesindel*) güruh, ayak takımı
brutal [bru'ta:l] *adj* zorba, hayvanca, vahşi
Brutalität [brutali'tɛ:t] *f* <-en> zorbalık, hayvanlık, vahşilik
Brutapparat *m* (AGR) kuluçka makinesi; (MED) kuvöz
brüten ['bry:tən] *vi* **1.** (*Vögel*) kuluçkaya oturmak [*o* yatmak] **2.** (*geh: Sonne*) kavurmak; **~de Hitze** kavurucu sıcak **3.** (*grübeln*) kafa yormak (*über* üstüne), çokça düşünmek (*über* üzerinde)
brütendheiß *adj s.* **heiß 1.**
Brüter *m* <-s, -> (TECH: *Brutreaktör*): **schneller ~** kuluçka reaktör
Brutkasten *m* (MED) kuvöz; **Brutstätte** *f* (*fig*) yuva, kaynak
brutto ['brʊto] *adv* brüt, kesintisiz, gayrisafi; **Bruttoeinkommen** *nt* (WIRTSCH) gayrisafi hasılât; **Bruttogehalt** *nt* <-(e)s, -hälter> (WIRTSCH) kesintisiz maaş
Bruttogewicht *nt* brüt ağırlık; **Bruttogewinn** *m* <-(e)s, -e> (WIRTSCH) gayrisafi hasılât; **Bruttoinlandsprodukt** *nt* (WIRTSCH) gayrisafi yurtiçi hâsıla; **Bruttolohn** *m* (WIRTSCH) brüt ücret, kesintisiz ücret; **Bruttosozialprodukt** *nt* (WIRTSCH) gayrisafi millî hâsıla
Brutzeit *f* kuluçka dönemi
brutzeln ['brʊtsəln] **I.** *vi* cızırdamak, cızır cızır kızarmak **II.** *vt* (*fam*) cızırdatmak, cızır cızır kızartmak
BSE [be:ʔɛs'ʔe:] *Abk. von* **Bovine Spongiforme Encephalopathie** (**Rinderwahnsinn**) deli dana hastalığı, delibaş
BSP [be:ʔɛs'pe:] *nt ohne Pl* <-> (WIRTSCH) *Abk. von* **Bruttosozialprodukt** GSMH, *gayrisafi millî hâsıla*
bt (INFORM) *Abk. von* **Bit** bit
btto *Abk. von* **brutto** brüt, gayrisafi
Btx [be:te:'ʔɪks] *nt ohne Pl* <-> (TEL, INFORM) *Abk. von* **Bildschirmtext** ekran metni
Bub [bu:p] *m* <-en, -en> (*südd, österr, Schweiz*) oğlan
Bube ['bu:bə] *m* <-n, -n> (*Junge*) oğlan; (*Spielkarte*) bacak, vale, oğlan
Bubikopf *m* alagarson
Buch [bu:x, *Pl:* 'by:çɐ] *nt* <-(e)s, Bücher> **1.** (LIT) kitap; (*Dreh~*) senaryo; **ein Gentleman wie er im ~e steht** kendisi tipik bir centilmendir; **er ist ein ~ mit sieben Siegeln für mich** (*fig*) o, benim için bir muammadır; **das ~ der Bücher** Kitabı Mukaddes; **er redet wie ein ~** (*fam*) durmadan konuşuyor **2.** (FIN) defter *(pl)*; **über etw ~ führen** bir şeyin defterini tutmak; **zu ~e schlagen** (*fig: sich bemerkbar machen*) kendini belli etmek; (*ins Gewicht fallen*) ağır basmak; **Buchbinder(in)** *m(f)* <-s, -; -nen> ciltçi, mücellit; **Buchbinderei** *f* <-en> **1.** (*Betrieb*) cilt evi **2.** *ohne Pl* (*Herstellung*) ciltçilik
Buchdeckel *m* kitap kapağı; **Buchdruck** *m ohne Pl* <-(e)s> basımcılık; **Buchdrucker(in)** *m(f)* <-s, -; -nen> basıcı
Buchdruckerei *f* **1.** (*Betrieb*) basım evi, matbaa **2.** (*Gewerbe*) basımcılık
Buche ['bu:xə] *f* <-n> kayın
Buchecker ['bu:xʔɛkɐ] *f* <-n> kayın fıstığı
buchen ['bu:xən] *vt* **1.** (*Reise, Platz*) ayırtmak **2.** (COM) deftere geçirmek **3.** (*fig*): **das kannst du als Erfolg für dich ~** bunu bir başarı olarak görebilirsin
Buchengewächse *Pl* (BOT) kayıngiller *pl*
Buchenholz *nt* <-es, -hölzer> kayın; **Buchenwald** *m* kayın ormanı
Bücherbrett *nt* kitap rafı, kitaplık
Bücherei *f* <-en> kitaplık, kütüphane
Bücherregal *nt* kitaplık, kitap rafı; **Bücherschrank** *m* kitap dolabı; **Bücherwand** *f* **1.** (*Möbelstück*) duvardan duvara kitaplık **2.** (*Wand mit Büchern*) kitapla dolu duvar; **Bücherwurm** *m* (*fam*) kitap kurdu
Buchfink *m* (ZOOL) ispinoz
Buchführung *f* <-en> (COM) defter tutma, muhasebe; **doppelte ~** çift girişli muhasebe
Buchgemeinschaft *f* okuyucu birliği
Buchhalter(in) *m(f)* <-s, -; -nen> (COM) muhasebeci, muhasip, sayman
buchhalterisch *adj* (COM) muhasebe (ile ilgili)
Buchhaltung *f ohne Pl* (COM) **1.** muhasebe **2.** (*Abteilung*) muhasebe, saymanlık
Buchhandel *m ohne Pl* kitapçılık; **im ~ erhältlich** kitapçılarda bulunur; **Buchhändler(in)** *m(f)* kitapçı; **Buchhandlung** *f* kitapçı (dükkânı), kitap evi
Buchmacher(in) *m(f)* <-s, -; -nen> müşterek bahisçi
Buchmesse *f* kitap fuarı; **Buchprüfer(in)** *m(f)* muhasebe denetçisi; **Buchprüfung** *f* defterlerin denetimi
Buchsbaum ['bʊksbaʊm] *m* <-(e)s, -bäume> şimşir
Buchse ['bʊksə] *f* <-n> **1.** (TECH) yuva **2.** (ELEK) priz
Büchse ['bʏksə] *f* <-n> **1.** (*Behälter*) kutu **2.** (*Konservendose*) konserve **3.** (*fam:*

Sammel~) kumbara **4.** (*Gewehr*) tüfek; **Büchsenmilch** *f* konserve süt; **Büchsenöffner** *m* konserve açacağı
Buchstabe ['bu:xʃta:bə] *m* <-n, -n> harf; **nach dem ~n des Gesetzes handeln** kanunlara harfi harfine uyarak hareket etmek; **~ für ~** harf harf; **großer ~** büyük harf, majüskül; **kleiner ~** küçük harf, minüskül; **in ~n** (*Zahl*) yazı ile; **buchstabengetreu** *adj* harfiyen olan, harfi harfine olan, aynen olan
Buchstabenwort *nt* <-es, -wörter> kısaltmalı kelime
buchstabieren* [bu:xʃta'bi:rən] *vi, vt* yazılışını harf harf söylemek
buchstäblich ['bu:xʃtɛ:plɪç] **I.** *adj* harfiyen olan, harfi harfine olan **II.** *adv* (*im wahrsten Sinne des Wortes*) kelimenin tam anlamıyla; (*regelrecht*) adamakıllı, iyice; **ich war ~ in Schweiß gebadet** kelimenin tam anlamıyla kan ter içinde kalmıştım
Buchstütze *f* kitap dayanağı
Bucht [bʊxt] *f* <-en> (GEO) koy; (*Meerbusen*) körfez
Buchung ['bu:xʊŋ] *f* <-en> **1.** (FIN) deftere geçirme **2.** (*Reservierung*) rezervasyon
Buchweizen *m ohne Pl* <-s> karabuğday
Buckel ['bʊkəl] *m* <-s, -> **1.** (*fam: Rücken*) sırt, arka; **er kann mir den ~ runterrutschen** (*fam fig*) dedikleri bana vız gelir; **seine 80 Jahre auf dem ~ haben** (*fam fig*) 80 yaşını bulmuş olmak; **den ~ hinhalten** (*fam*) boyun eğmek **2.** (ANAT) kambur
buckelig *adj* (*Mensch*) kambur, kamburu olan
Buckelige(r) *mf* <-n, -n; -n> kambur
buckeln **I.** *vi* (*fam*) **1.** (*Katze*) kamburunu çıkarmak **2.** (*pej: unterwürfig sein*) boyun eğmek (*vor* önünde) **II.** *vt* sırtlamak
bücken ['bʏkən] *vr:* **sich ~** eğilmek; **sich nach etw zur Erde ~** bir şey için yere eğilmek
buck(e)lig *adj* **1.** (*Mensch*) kambur **2.** (*Oberfläche*) engebeli
bucklig *adj s.* **buckelig**
Bucklige(r) *mf* <-n, -n; -n> *s.* **Buckelige(r)**
Bückling *m* <-s, -e> **1.** (*geräucherter Hering*) füme [*o* tütsü ile kurutulmuş] ringa, tütün balığı **2.** (*fam: Verbeugung*) reverans
Budapest ['bu:dapɛst] *nt* <-s> Budapeşte
buddeln ['bʊdəln] *vt* (*fam*) kazmak
Buddhismus [bʊ'dɪsmʊs] *m ohne Pl* <-> Buddhizm
Buddhist(in) *m(f)* <-en, -en; -nen> Buddhist
buddhistisch *adj* Buddhizm (ile ilgili)
Bude ['bu:də] *f* <-n> **1.** (*Kiosk*) satış kulübesi, büfe **2.** (*fam pej: Laden*) dükkân; (*baufälliges Haus*) virane; **die ~ zumachen** dükkânı kapamak **3.** (*fam: Zimmer*) oda; (*Heim*) ev, kulübe; **jdm die ~ einlaufen/einrennen** (*fam fig*) birinin kapısını aşındırmak
Budget [by'dʒe:, bʏ'dʒe:] *nt* <-s, -s> (POL, WIRTSCH) bütçe
budgetieren* [bydʒe'ti:rən, bʏdje'ti:rən] *vi, vt* (POL, WIRTSCH) bütçelemek
Budgetierung *f* <-en> (POL, WIRTSCH) bütçeleme
Büfett [bʏ'fɛt, bʏ'fe:] *nt* <-(e)s, -e *o* -s> **1.** (*Anrichte*) büfe; **kaltes ~** soğuk büfe **2.** (*Schanktisch*) bar
Büffel ['bʏfəl] *m* <-s, -> manda
büffeln ['bʏfəln] *vi, vt* (*fam*) ineklemek
Buffett *nt* <-s, -s>, **Büffett** *nt* <-s, -s> (*österr, Schweiz*) *s.* **Büfett**
Bug[1] [bu:k] *m* <-(e)s, -e> **1.** (NAUT) pruva, baş; **der ~ des Schiffes dreht nach Lee/Luv** geminin başı bocaya/orsaya kaçıyor **2.** (AERO) burun
Bug[2] [bak] *m* <-s, -s> (INFORM) hata, arıza
Bügel ['by:gəl] *m* <-s, -> **1.** (*Kleider~*) askı **2.** (*Griff*) sap **3.** (*Brillen~*) sap **4.** (*Steig~*) üzengi **5.** (*Geldbörse, Reisetasche*) sap **6.** (*Gewehr*) sap **7.** (*an der Straßenbahn*) arşe
Bügelbrett *nt* ütü tahtası; **Bügeleisen** *nt* ütü; **Bügelfalte** *f* <-n> ütü çizgisi
bügelfrei *adj* ütü istemeyen
bügeln *vi, vt:* (**glatt**) **~** ütülemek
Bugspriet *m* (NAUT) cıvadra
buh [bu:] *interj* yuh
buhen ['bu:ən] *vi* (*fam*) yuh çekmek
buhlen ['bu:lən] *vi:* **um jds Gunst ~** (*pej*) birine kur yapmak
Buhmann ['bu:man] *m* (*fam*) kötü adam; (*Schreckgespenst*) karakoncolos, umacı
Bühne ['by:nə] *f* <-n> **1.** (THEAT) sahne **2.** (*Schauspielhaus*) tiyatro; **die städtischen ~n** kent tiyatrosu **3.** (*fam fig*) meydan; **die politische ~** siyaset meydanı; **Bühnenbearbeitung** *f* sahneleme; **Bühnenbild** *nt* sahne dekoru; **Bühnenbildner(in)** ['by:nənbɪltnɐ] *m(f)* <-s, -; -nen> sahne dekoratörü; **bühnenreif** *adj* sahneye konacak duruma gelmiş; **dein Auftritt war wirklich ~** (*iron*) ortaya çıkışın gerçekten komikti; **Bühnenstück** *nt* sahne oyunu; **bühnenwirksam** *adj* dramatik
Buhruf ['bu:ru:f] *m* <-(e)s, -e> yuhalama
Bukarest ['bu:karɛst] *nt* <-s> Bükreş
Bukett [bu'kɛt] *nt* <-(e)s, -e *o* -s> **1.** (*geh: Blumenstrauß*) buket **2.** (*von Wein*) buke
Bulette [bu'lɛtə] *f* <-n> (*reg*) köfte
Bulgare, -in [bʊl'ga:rə] *m, f* <-n, -n;

-nen> Bulgar, Bulgaristanlı
Bulgarien [bʊl'ga:riən] *nt* <-s> Bulgaristan
bulgarisch *adj* (*Art, Herkunft*) Bulgar; (*Sprache*) Bulgarca
Bullauge ['bʊlʔaʊgə] *nt* <-s, -n> (NAUT) lomboz, ispiralya
Bulldogge *f* <-n> (ZOOL) buldok (köpeği)
Bulldozer ['bʊldo:zɐ] *m* <-s, -> buldozer
Bulle ['bʊlə] *m* <-n, -n> **1.** (*männliches Rind*) boğa **2.** (*fam: bulliger Mann*) çam yarması **3.** (*fam sl: Polizist*) aynasız
Bullenhitze ['--'-] *f* (*fam*) boğucu sıcak, cehennem sıcağı
bullenstark ['--'-] *adj* (*fam*) boğa gibi
Bulletin [bʏl'tɛ̃:] *nt* <-s, -s> bülten
bum *interj:* ~**!** güm!
Bumerang ['bʊməraŋ, 'bu:məraŋ] *m* <-s, -s *o* -e> bumerang
Bummel ['bʊməl] *m* <-s, -> (*fam*) gezinti; **einen kleinen ~ durch die Stadt machen** şehrin içinde küçük bir gezinti yapmak
Bummelei *f* <-en> (*fam*) **1.** (*Trödelei*) dalga geçme, sallanma, oyalanma **2.** (*Faulenzerei*) dalga geçme, tembellik
bummeln *vi* **1.** *sein* (*fam: spazieren gehen*) gezinmek, dolaşmak **2.** (*fam pej: trödeln*) dalga geçmek, sallanmak, oyalanmak
Bummelstreik *m* işi yavaşlatma grevi; **Bummelzug** *m* <-(e)s, -züge> (*fam*) dilenci treni, *dilenci vapuru gibi her istasyona uğrayan tren*
bums [bʊms] *interj* çat
bumsen ['bʊmzən] *vi* **1.** *sein* (*anprallen*) çarpmak (*gegen* -e) **2.** (*schlagen, klopfen*) vurmak (*gegen* -e) **3.** (*dumpf dröhnen*): **an der Ecke hat es gebumst** (*fam*) köşe başında kaza oldu **4.** (*vulg: Geschlechtsverkehr haben*) sikişmek, çüküşmek
Bund[1] [bʊnt, *Pl:* 'bʏndə] *m* <-(e)s, Bünde> **1.** (*Vereinigung*) birlik, federasyon; (*Pakt*) pakt, antlaşma; (*Bündnis*) ittifak; **den ~ fürs Leben schließen** (*geh*) dünya evine girmek, evlenmek; **mit jdm im ~e sein** biriyle birlik olmak **2.** (*an Hosen*) uçkur
Bund[2] [bʊnt] *m* <-(e)s, -e> (*Karotten*) demet
Bund[3] *m ohne Pl* <-(e)s> **1.** (POL) federasyon; (*Bundesstaat*) federal devlet; ~ **und Länder** federasyon ve eyaletler, federal devlet ve eyaletler **2.** (*fam: Bundeswehr*) asker; **beim ~ sein** askerde olmak; **zum ~ gehen** askere gitmek
BUND [be:ʔu:ʔɛn'de:] *m ohne Pl* <-> (ÖKOL) *Abk. von* **Bund für Umwelt und Naturschutz Deutschland** Almanya Çevre ve Doğa Koruma Federasyonu
Bündel ['bʏndəl] *nt* <-s, -> **1.** (*Packen*) paket; (*Wäsche~*) çıkın, denk; (*Ballen*) balya, denk; (*von Holz, Stroh*) demet; **ein ~ an Maßnahmen** önlemler demeti; **jeder hat sein ~ zu tragen** herkesin kendine göre derdi vardır **2.** (*Geldscheine*) tomar, deste
bündeln *vt* **1.** (*zusammenschnüren*) bağlamak, çıkın etmek; (*Stroh*) demetlemek **2.** (*Strahlen*) demetlemek
Bundesanstalt *f* federal kurum; **die ~ für Arbeit** Federal İş ve İşçi Bulma Kurumu; **Bundesausbildungsförderungsgesetz** *nt* (JUR) Federal Meslek Eğitim Teşvik Yasası; **Bundesbahn** *f* (EISENB) Federal (Almanya) Demir Yolları *pl;* **Bundesbank** *f ohne Pl* (ADMIN, FIN) Federal Merkez Bankası; (*Deutsche ~*) Alman Merkez Bankası; **Bundesbürger(in)** *m(f)* Alman vatandaşı; **Bundesgebiet** *nt ohne Pl* <-(e)s> Alman toprakları; **Bundesgenosse** *m* <-n, -n> (POL) müttefik
Bundesgericht *nt* (*Schweiz:* ADMIN, JUR) federal mahkeme; **Bundesgerichtshof** [---'--] *m ohne Pl* <-(e)s> (ADMIN, JUR) Federal Yargıtay
Bundesgesetzblatt *nt* (ADMIN, JUR) Federal Gazete; **Bundesgrenzschutz** *m* (ADMIN) Federal Sınır Koruma Teşkilâtı; **Bundeshauptstadt** *f* (ADMIN) federal başkent; **Bundesinnenminister(in)** [--'-----] *m(f)* (ADMIN) federal iç işleri bakanı
Bundeskanzler(in) *m(f)* (ADMIN) federal başbakan; (*Deutschland*) Almanya şansölyesi; **Bundeskanzleramt** *nt ohne Pl* <-(e)s> (ADMIN) Federal Başbakanlık
Bundeskartellamt *nt* (ADMIN) federal kartel dairesi; **Bundesland** *nt* <-(e)s, -länder> (ADMIN) (federal) eyalet; **Bundesliga** ['bʊndəsli:ga] *f* (SPORT) millî lig, Federal Almanya ligi; **Bundesminister(in)** *m(f)* (ADMIN) federal bakan; **Bundesministerium** *nt* (ADMIN) federal bakanlık; **Bundespräsident(in)** *m(f)* (ADMIN) **1.** (*in Deutschland*) Federal Almanya'nın cumhurbaşkanı; (*in Österreich*) Avusturya cumhurbaşkanı **2.** (*Vorsitzender des Bundesrates in der Schweiz*) Federal Konsey başkanı; **Bundesrat** *m ohne Pl* <-(e)s> (ADMIN) **1.** (*in Deutschland, Österreich*) Federal Konsey, Eyalet Temsilcileri Meclisi **2.** (*zentrale Regierung in der Schweiz*) Federal Konsey **3.** (*österr, Schweiz: Mitglied des Rates*) Federal Konsey üyesi; **Bundesregierung** *f* (ADMIN) federal hükümet; **Bundesrepublik** *f ohne Pl* (ADMIN) federal cumhuriyet; ~ **Deutschland** Almanya Federal Cumhuriyeti; **Bundesstaat** *m* (ADMIN) **1.** (*Mitgliedsstaat in einem Bund*) federal devlet **2.** (*Staatenbund*) konfederasy-

B

on; **Bundesstraße** *f* federal karayolu

Bundestag *m ohne Pl* <-(e)s> (ADMIN) federal parlâmento; **der deutsche** ~ (Federal) Alman(ya) Parlâmentosu

Bundestagsabgeordnete(r) *mf* milletvekili, parlâmenter, Alman parlâmento üyesi; **Bundestagswahl** *f* (ADMIN) (federal) parlâmento seçimi

Bundestrainer(in) *m(f)* <-s, -; -nen> (SPORT) Alman millî takım antrenörü; **Bundesverfassungsgericht** [---'----] *nt ohne Pl* <-(e)s> (ADMIN, JUR) Federal Anayasa Mahkemesi; **Bundesversammlung** *f ohne Pl* (ADMIN) **1.** *Almanya Federal Cumhuriyeti cumhurbaşkanını seçen meclis* **2.** (*Schweiz*) Federal Meclis; **Bundeswehr** *f ohne Pl* (MIL) Alman Silâhlı Kuvvetleri, Almanya Federal Cumhuriyeti Silâhlı Kuvvetleri; **bundesweit** *adj* Almanya genelinde

Bundfaltenhose *f* paçası kıvrık pantalon

Bündnis [bʏntnɪs] *nt* <-ses, -se> (POL) ittifak, pakt, anlaşma, bağlaşma

Bündnispartner *m* (POL) müttefik, bağlaşık

Bungalow ['bʊŋgalo] *m* <-s, -s> bungalov

Bunker ['bʊnkɐ] *m* <-s, -> **1.** (*Behälter*) depo, ambar **2.** (MIL: *Schutzanlage*) korugan; (*Luftschutz*~) sığınak **3.** (*Gefängnis*) hapis

bunkern *vt* depolamak

bunt [bʊnt] *adj* **1.** (*farbig*) renkli; (*mehrfarbig*) alaca(lı), rengârenk; ~ **kariert** ekose **2.** (*abwechslungsreich*): ~ **gemischt** değişik; **in** ~**er Reihenfolge** bir erkek bir kadın sıralanmış olarak; **das wird ein** ~**er Abend** çok eğlenceli, renkli bir akşam olacak **3.** (*wirr*) karmakarışık; **jetzt wird's mir aber zu** ~**!** (*fam*) artık bu bana fazla gelmeye başladı!; **es zu** ~ **treiben** (*fam*) fazla ileri gitmek; **Buntbarsch** *m* çiklit, alaca levrek; **buntgemischt** *adj s.* **bunt 2.**; **buntkariert** *adj s.* **bunt 1.**

Buntspecht *m* alaca ağaçkakan; **Buntstift** *m* <-(e)s, -e> renkli (kurşun) kalem; **Buntwäsche** *f ohne Pl* renkli çamaşır

Bürde ['bʏrdə] *f* <-n> (*geh*) yük

Burg [bʊrk] *f* <-en> kale, hisar; (*Ritter*~) şato

Bürge, -in ['bʏrgə] *m, f* <-n, -n; -nen> kefil

bürgen *vi* kefil olmak; **ich bürge für ihn** (*für etw*) garanti etmek; ben ona kefil oluyorum

Bürger(in) ['bʏrgɐ] *m(f)* <-s, -; -nen> **1.** (*Staats*~) yurttaş, vatandaş **2.** (*Einwohner*) sakin; (*Stadtbewohner*) şehirli, kentli **3.** (*Bourgeois*) burjuva; **Bürgeramt** *nt* nüfus memurluğu; **Bürgerkrieg** *m* iç savaş

bürgerlich *adj* **1.** (*Schicht, Einstellung*) burjuva, kent soylu; ~**e Küche** *geleneksel ve lezzetli yemekleri içeren mutfak* **2.** (JUR) medenî; ~**e Rechte** medenî haklar; **das** ~**e Recht** medenî hukuk; **B**~**es Gesetzbuch** Medeni Kanun, Yurttaşlar Yasası

Bürgermeister(in) *m(f)* (*Stadt*) belediye başkanı; (*Dorf*) muhtar; **bürgernah** *adj* halka yakın, halkla yakından ilgilenen; **Bürgernähe** *f* halka yakınlık, halkla yakından ilgilenme; **Bürgerrecht** *nt* <-(e)s, -e> yurttaşlık hakları *pl;* **Bürgersteig** ['bʏrgɐʃtaɪk] *m* <-(e)s, -e> kaldırım, yaya kaldırımı, trotuvar

Bürgertum *nt ohne Pl* <-(e)s> burjuvazi, kent soyluluk; **Bürgerwehr** *f* milis (teşkilatı)

Burgruine *f* <-n> kale harabesi

Bürgschaft ['bʏrkʃaft] *f* <-en> (JUR) kefalet, kefillik; **für jdn eine** ~ **leisten** birine kefil olmak

Burgund [bʊr'gʊnt] *nt* <-s> Burgonya; **Burgunder** *m* (*Wein*) Burgonya şarabı; **burgundisch** *adj* Burgonya (ile ilgili)

burlesk [bʊr'lɛsk] *adj* burlesk

Büro [by'ro:] *nt* <-s, -s> büro, ofis, yazıhane; **Büroangestellte(r)** *mf* memur, yazıhane memuru; **Bürobedarf** *m* kırtasiye; **Bürohaus** *nt* işhanı; **Büroklammer** *f* tutturgaç, ataş

Bürokrat(in) [byro'kra:t] *m(f)* <-en, -en; -nen> (*pej*) bürokrat

Bürokratie [byrokra'ti:] *f ohne Pl* bürokrasi

bürokratisch *adj* bürokratik

Bürokratismus *m ohne Pl* (*pej*) kırtasiyecilik, bürokrasi

Bürostunden *fPl* çalışma saatleri *pl*

Bursche ['bʊrʃə] *m* <-n, -n> **1.** (*Halbwüchsiger*) oğlan, delikanlı **2.** (*Kerl*) herif

Burschenschaft *f* <-en> (*Studentenverbindung*) üniversiteliler derneği

burschikos [bʊrʃi'ko:s] *adj* (*Person*) oğlan gibi; (*ungezwungen*) teklifsiz

Bürste ['bʏrstə] *f* <-n> fırça

bürsten *vt* fırçalamak; **sich** *dat* **die Haare** ~ saçlarını fırçalamak

Bürstenschnitt *m* alabros tıraş

Bus [bʊs] *m* <-ses, -se> **1.** (*Fahrzeug*) otobüs **2.** (INFORM) taşıt; **Busbahnhof** *m* otogar, otobüs terminali

Busch [bʊʃ, *Pl:* 'bʏʃə] *m* <-(e)s, Büsche> **1.** (*Strauch*) çalı; **hier ist etwas im** ~ (*fam*) burada bir şeyler dönüyor; **sich in die Büsche schlagen** (*fam*) sıvışmak; **jdm auf den** ~ **klopfen** (*fam*) birinin ağzını aramak; **mit etw hinterm** ~ **halten** (*fam*) ağzından baklayı çıkarmamak **2.** (*Dickicht*) çalılık; **Buschbohne** *f* (BOT) çalı fasulyesi

Büschel ['bʏʃəl] *nt* <-s, -> (*Gras, Heu*) demet; (*Haare*) tutam

büschelweise *adv* (*Gras, Heu*) demet demet; (*Haare*) tutam tutam; **die Haare sind ihm ~ ausgegangen** saçları tutam tutam döküldü

buschig *adj* **1.** (*Gelände*) çalılık **2.** (*Augenbrauen*) gür, orman gibi

Busen ['bu:zən] *m* <-s, -> (*Brust*) göğüs, bağır; (*Inneres*) can, iç; **am ~ der Natur** (*fig*) doğanın bağrında; **Busenfreund(in)** *m(f)* can dostu

Busfahrer(in) *m(f)* otobüs şoförü; **Bushaltestelle** *f* otobüs durağı

Business Class *f* busines klas, işlik orun

Buslinie *f* otobüs hattı

Bussard ['bʊsart] *m* <-s, -e> şahin

Buße ['bu:sə] *f* <-n> **1.** (REL: *Bußsakrament*) kefaret; (*Reue*) nedamet, pişmanlık; **~ tun** kefaretini ödemek **2.** (*a. Schweiz:* JUR: *Geld~*) para cezası

Bussel ['bʊsəl] *nt* <-s, - *o* -n> (*südd, österr*) *s.* **Busserl**

büßen ['by:sən] *vt* **1.** (REL) kefaretini ödemek (-in) **2.** (*Tat*) cezasını çekmek (-in); **das wirst du mir ~** bunu sana ödeteceğim **3.** (*Schweiz: mit Geldbuße belegen*) para cezası vermek (-e)

Büßer(in) *m(f)* <-s, -; -nen> (REL) tövbekâr (kimse)

Busserl ['bʊsɐl] *nt* <-s, -(n)> (*südd, österr*) öpücük

Bußgeld ['bu:s-] *nt* <-(e)s, -er> (JUR) (hafif) para cezası; **Bußgeldbescheid** *m* (JUR) para cezasını ödeme emri

Bussi ['bʊsi] *nt* <-s, -s> (*fam*) öpücük

Bußtag *m* (REL) tövbe günü; **Buß- und Bettag** tövbe ve dua günü

Büste ['bʏstə] *f* <-n> **1.** büst **2.** (*weibliche Brustpartie*) göğüs

Büstenhalter *m* <-s, -> sutyen

Büstier [bys'tje:] *nt* <-s, -s> sutyen korse

Butan [bu'ta:n] *nt* <-s, -e> bütan

Butangas [bu'ta:n-] *nt ohne Pl* <-es> bütan gazı

Butt [bʊt] *m* <-(e)s, -e> (*Scholle*) yaldızlı pisi balığı; (*Stein~*) kalkan balığı

Bütte ['bʏtə] *f* <-n> **1.** (*für Wäsche*) tekne **2.** (*Trag~*) küfe; **Büttenrede** *f* (*reg*) karnaval nutku

Butter ['bʊtɐ] *f ohne Pl* tereyağı; **es ist alles in ~** (*fam*) her şey yolunda, her şey güllük gülistanlık; **jdm nicht die ~ auf dem Brot gönnen** (*fam*) birinden bir dilim ekmeği kıskanmak, birine bir dilim ekmeği çok görmek

Butterblume *f* (BOT: *Hahnenfuß*) düğün çiçeği

Butterbrot *nt* tereyağlı ekmek; **etw für ein ~ bekommen** (*fam*) bir şeyi yok pahasına almak; **für ein ~ arbeiten** (*fam*) boğaz tokluğuna çalışmak; **Butterbrotpapier** *nt* <-s, -e> parşömen kâğıdı, yağlı kâğıt

Buttermilch *f* yayık ayranı

Button ['batən] *m* <-s, -s> düğme, rozet; (INFORM) düğme

Button-down-Kragen *m* düğmeli yaka

BVG [be:faʊ'ge:] *nt ohne Pl* <-> (JUR) *Abk. von* **Bundesverfassungsgericht** Federal Anayasa Mahkemesi

b.w. *Abk. von* **bitte wenden** lütfen (sayfayı) çeviriniz

BWL [be:ve:'ʔɛl] *Abk. von* **Betriebswirtschaftslehre** işletmecilik bilimi

Bypass *m* (MED) baypas

Bypassoperation *f* (MED) baypas ameliyatı

Byte [baɪt] *nt* <-s, -s> (INFORM) bayt

byzantinisch [bytsan'ti:nɪʃ] *adj* (HIST) Bizanslı, Bizans (ile ilgili)

Byzanz [by'tsants] *nt* <-> (HIST) Bizans

bzw. *Abk. von* **beziehungsweise** yani, yahut, daha doğrusu

B

C

C, c [tseː] *nt* <-, -> **1.** (*Buchstabe*) C, c; ~ **wie Cäsar** **2.** (MUS) do

ca. *Abk. von* **circa** aşağı yukarı, yaklaşık olarak

Cabriolet [kabrio'leː] *nt* <-s, -s> üstü açılıp kapanır araba

Café [ka'feː] *nt* <-s, -s> kahve

Cafeteria [kafete'riːa] *f* <Cafeterien> kafeterya

Calcium ['kaltsiʊm] *nt ohne Pl* <-s> (CHEM) kalsiyum; **Calciumsulfat** *nt* (CHEM) kalsiyum sülfat

Callboy ['kɔːlbɔɪ] *m* <-s, -s> teleoğlan; **Callgirl** ['kɔːlgœːl] *nt* <-s, -s> telekız

Camcorder ['kɛmkɔrdɐ] *m* <-s, -> camcorder, *portatif resim kaydedici*

Camembert ['kamɑ̃vɛːɐ, 'kaməmbeːɐ] *m* <-s, -s> (GASTR) Kamember peyniri

Camion [ka'mjɔ̃] *m* <-s, -s> (*Schweiz*) kamyon

Camp [kɛmp] *nt* <-s, -s> kamp

campen ['kɛmpən] *vi* kamp yapmak

Camping ['kɛmpɪŋ] *nt ohne Pl* <-s> kampçılık; **Campingplatz** *m* <-es, -plätze> kamping

Campus ['kampʊs] *m ohne Pl* kampus, yerleşke

Cannabis ['kanabɪs] *m ohne Pl* <-> (BOT) Hint keneviri, esrar otu; (*sl: Haschisch*) esrar, keyif

Car [kaːɐ] *m* <-s, -s> (*Schweiz*) otokar

Carabiniere *m* karabinyer

Caravan ['karavan] *m* <-s, -s> **1.** (*Kombiwagen*) steyşın **2.** (*Wohnwagen*) karavan

Cartoon ['kaːɐtuːn] *m* <-(s), -s> **1.** (*Karikatur*) karikatür **2.** (*Bildgeschichte*) karton

Casino [ka'ziːno] *nt* <-s, -s> kumarhane

Cäsium ['tseːsiʊm] *nt ohne Pl* <-s> (CHEM) sezyum

Cayennepfeffer [ka'jɛn-] *m* kırmızı (toz) biber, Hint biberi

CB-Funk [tseː'beːfʊnk] *m* kişisel bant, *yakın mesafe haberleşmesine ayrılmış radyo frekansı bandı*

CD [tseː'deː] *f* <-(s)> *Abk. von* **Compact Disk** CD, *kompakt disk;* **CD-Brenner** *m* (INFORM) CD yazıcı; **CD-Laufwerk** *nt* CD sürücüsü; **CD-Player** [tseː'deːplɛɪɐ] *m* <-s, -> CD çalar, tekerçalar, disk-player

CD-ROM [tseː'deːrɔm] *f* <-s> (INFORM) CD-ROM; **CD-ROM-Laufwerk** *nt* (INFORM) CD-ROM sürücü; **CD-Spieler** *m* CD çalar

CDU [tseːdeː'ʔuː] *f Abk. von* **Christlich Demokratische Union** (**Deutschlands**) (Almanya) Hristiyan Demokrat Partisi

C-Dur *nt ohne Pl* <-> (MUS) do majör

Cellist(in) [tʃɛ'lɪst] *m(f)* <-en, -en; -nen> çellist

Cello ['tʃɛlo, *Pl:* 'tʃɛlos, 'tʃɛli] *nt* <-s, -s *o* Celli> çello

Cellophan® [tsɛlo'faːn] *nt ohne Pl* <-s> selofan

Celsius ['tsɛlziʊs]: **30 Grad** ~ 30 derece santigrat

Cembalo ['tʃɛmbalo, *Pl:* 'tʃɛmbalos, 'tʃɛmbali] *nt* <-s, -s *o* Cembali> klâvsen

Cent [tsent] *m* (*Hundertstel eines Euro*) cent, sent

Ces [tsɛs] *nt* <-, -> (MUS) do bemol

Ceylon ['tsaɪlɔn] *nt* <-s> (HIST) Seylan

Chamäleon [ka'mɛːleɔn] *nt* <-s, -s> (ZOOL: *a. fig*) bukalemun

Champagner [ʃam'panjɐ] *m* <-s, -> şampanya

Champignon ['ʃampɪnjɔŋ] *m* <-s, -s> mantar

Champion ['tʃɛmpjən] *m* <-s, -s> (SPORT) şampiyon

Champions League *f* (SPORT) Şampiyonlar Ligi

Chance ['ʃãːs(ə)] *f* <-n> **1.** (*Gelegenheit*) fırsat (*zu* için), şans (*zu* için); **eine** ~ **wahrnehmen** bir fırsattan istifade etmek; **ich gebe dir noch eine letzte** ~ sana son bir fırsat daha veriyorum, sana son bir şans daha tanıyorum **2.** (*Aussicht*) şans (*auf/zu* -); (*Möglichkeit*) şans (*auf/zu* -); ~**n auf einen Gewinn** kâr şansı; **Chancengleichheit** *f ohne Pl* fırsat eşitliği

Chanson [ʃã'sõː] *nt* <-s, -s> şanson

Chaos ['kaːɔs] *nt ohne Pl* <-> kaos, kargaşa

Charakter [ka'raktɐ, *Pl:* karak'teːrə] *m* <-s, -e> karakter, ıra, seciye; **er hat** ~ karakteri var; **sie sind ganz gegensätzliche** ~**e** tamamıyla zıt karakterlerdir; **Charaktereigenschaft** *f* karakteristik; **charakterfest** *adj* karakterli

charakterisieren* [karakteri'ziːrən] *vt* karakterize etmek (*als* olarak), ıralamak (*als* olarak); **dieser Film charakterisiert das 18. Jahrhundert** bu film 18. Yüzyılı karakterize eder; **Stress und Lärm** ~ **das Stadtleben** stres ve gürültü kent yaşamını karakterize eder

Charakterisierung *f* <-en> karakterize etme, ıralama
Charakteristik [karakte'rıstık] *f* <-en> karakteristik
Charakteristikum [karakte'rıstıkʊm] *nt* <-s, Charakteristika> (*geh*) karakteristik
charakteristisch *adj* karakteristik (*für* için); (*typisch*) tipik (*für* için)
charakterlich *adj* karakter yönünden olan; **er hat einige ~e Schwächen** karakter yönünden zayıf tarafları var
charakterlos *adj* karaktersiz
Charakterzug *m* <-(e)s, -züge> karakteristik
Charisma *nt* karizma
charmant [ʃar'mant] *adj* çekici; (*Frau*) dilber, alımlı
Charme [ʃarm] *m ohne Pl* <-s> (*Anziehungskraft*) çekicilik, cazibe, alım(lılık); **seinen ganzen ~ aufbieten** bütün çekiciliğini ortaya koymak
Charta ['karta] *f* <-s> (POL) antlaşma
Charter *m* <-s, -s> (*a.* WIRTSCH) çarter; **Charterflug** ['tʃa:ɐtɐ-] *m* (AERO) çarter uçuşu; **Charterflugzeug** *nt* (AERO) çarter uçağı, dolmuş uçak
chartern ['tʃa:ɐtɐn] *vt* kiralamak
Chassis *nt* şasi
Chat [tʃɛt] *m* <-s, -s> (INFORM, TEL: *im Internet*) chat, sohbet
chatten *vi* (INFORM, TEL: *im Internet*) chat yapmak, sohbet etmek
Chauffeur(in) [ʃɔ'fø:ɐ] *m(f)* <-s, -e; -nen> şoför
Chaussee *f* <-n> şose
Chauvi ['ʃo:vi] *m* <-s, -s> (*fam*) şoven
Chauvinismus [ʃovi'nısmʊs] *m ohne Pl* <-> (*pej*) **1.** (*Nationalismus*) şovenizm **2.** (*Sexismus*) şovenlik
chauvinistisch *adj* (*abw*) **1.** (*nationalistisch*) şoven **2.** (*frauenfeindlich*) şoven
checken ['tʃɛkən] *vt* **1.** (*überprüfen*) kontrol etmek **2.** (*fam: kapieren*) şarj etmek **3.** (*Eishockey*) bloke etmek
Checkliste *f* <-n> (*a.* AERO) kontrol listesi
Check-up *m* (MED) çekap
Cheeseburger *m* (GASTR) çizburger, peynirli burger
Chef(in) [ʃɛf] *m(f)* <-s, -s; -nen> şef, patron; **Chefarzt, -ärztin** *m, f* (MED) başhekim; **Chefkoch, -köchin** *m, f* aşçıbaşı; **Chefredakteur(in)** *m(f)* yazı işleri müdürü
Chemie [çe'mi:] *f ohne Pl* kimya; **Chemiemüll** *m* kimyasal atıklar *pl*
Chemikalie [çemi'ka:liə] *f* <-n> kimyasal madde
Chemiker(in) ['çe:mikɐ] *m(f)* <-s, -; -nen> kimyager
chemisch *adj* kimyevî; **~e Reinigung** kuru temizleme
Chemotherapie [çemotera'pi:] *f* <-n> (MED) kemoterapi
chic [ʃık] *adj* şık; **sich ~ machen** şıklaşmak, süslenip püslenmek; **es gilt als ~, in dieses Lokal zu gehen** bu lokale gitmek şık sayılıyor
Chicorée [ʃiko're:] *m ohne Pl* <-s>, **Chicorée** *f ohne Pl* (*Brüsseler Salat*) Frenk salatası
Chiffre ['ʃıfrə] *f* <-n> şifre
chiffrieren* [ʃı'fri:rən] *vt* şifrelemek
Chile ['çi:le, 'tʃi:le] *nt* <-s> Şili
Chilene, -in [çi'le:nə] *m, f* <-n, -n; -nen> Şilili
chilenisch *adj* Şili (ile ilgili), Şilili; **die ~e Regierung** Şili hükümeti; **eine ~e Frau** Şilili bir kadın
China ['çi:na] *nt* <-s> Çin; **Volksrepublik ~** Çin Halk Cumhuriyeti; **Chinakohl** *m* Çin lâhanası; **Chinarinde** *f* (BOT) kınakına
Chinese, -in [çi'ne:zə] *m, f* <-n, -n; -nen> Çinli
chinesisch *adj* Çinli, Çin (ile ilgili); **eine ~e Frau** Çinli bir kadın; **~e Musik** Çin müziği; **die C~e Mauer** Çin Seddi
Chinin *nt ohne Pl* kinin
Chip [tʃıp] *m* <-s, -s> **1.** (*Spielmarke*) fiş **2.** *Pl* (*gebackene Kartoffelscheiben*) cips **3.** (INFORM) çip; **Chipkarte** *f* (INFORM) çip kartı
Chirurg(in) [çi'rʊrk] *m(f)* <-en, -en; -nen> cerrah, operatör; (*~in*) operatris
Chirurgie[1] [çirʊr'gi:] *f ohne Pl* (*Fach*) cerrahî
Chirurgie[2] *f* <-n> (*Abteilung*) cerrahiye
chirurgisch *adj* cerrahî
Chlor [klo:ɐ] *nt ohne Pl* <-s> (CHEM) klor
Chlorid *nt* <-(e)s, -e> (CHEM) klorhidrat
chloren ['klo:rən] *vt* klorlamak
Chloroform [kloro'fɔrm] *nt ohne Pl* <-s> (CHEM) kloroform
Chlorophyll [kloro'fʏl] *nt ohne Pl* <-s> (BOT) klorofil
Chlorsäure *f ohne Pl* (CHEM) klorik asit
Chlorwasserstoff *m ohne Pl* (CHEM) klorhidrik asit
Choke [tʃo:k] *m* <-s, -s> (AUTO) jikle; **den ~ ziehen** jikleyi çekmek
Cholera ['ko:lera, 'kɔləra] *f ohne Pl* (MED) kolera
Choleriker(in) [ko'le:rikɐ] *m(f)* <-s, -; -nen> asabî (kimse), hırçın (kimse)
cholerisch *adj* asabî; (*jähzornig*) hırçın; **ein ~es Temperament** asabî mizaç
Cholesterin [kolɛste'ri:n] *nt ohne Pl* <-s> (MED) kolesterin, kolestrol

C

Chor [koːɐ, *Pl:* 'køːrə] *m* <-(e)s, Chöre> (MUS) koro; (ARCH) koro yeri; **im ~ sprechen/singen** koro hâlinde söz/şarkı söylemek
Choral [ko'raːl, *Pl:* ko'rɛːlə] *m* <-s, Choräle> (MUS) koral
Choreograf(in)RR [koreo'graːf] *m(f)* <-en, -en; -nen> kore(o)graf
ChoreografieRR [koreogra'fiː] *f* <-n> kore(o)grafi
choreografischRR *adj* kore(o)grafi (ile ilgili)
Choreograph(in) *m(f)* <-en, -en; -nen> *s.* **Choreograf**
Choreographie *f* <-n> *s.* **Choreografie**
choreographisch *adj s.* **choreografisch**
Chr. *Abk. von* **Christus, Christi** İsa, İsa'nın
Christ(in) [krɪst] *m(f)* <-en, -en; -nen> Hristiyan, İsevî
Christbaum *m* Noel ağacı
Christenheit *f ohne Pl* Hristiyanlık, Hristiyan âlemi
Christentum *nt ohne Pl* <-s> Hristiyanlık, İsevîlik
Christi *gen von* **Christus** İsa'nın; **vor ~ Geburt** İsa'nın doğumundan önce, milâttan önce
christianisieren *vt* Hristiyanlaştırmak
christlich *adj* Hristiyan, İsevî
Christmesse *f* (REL), **Christmette** ['krɪstmɛtə] *f* <-n> (REL) Noel ibadeti
Christrose *f* (BOT) karaca ot
Christus ['krɪstʊs] *m* <Christi> İsa; **vor/nach ~** İsa'dan önce/sonra
Chrom [kroːm] *nt ohne Pl* <-s> (CHEM) krom
chromatisch *adj* (PHYS, MUS) kromatik
Chromosom [kromo'zoːm] *nt* <-s, -en> (BIOL) kromozom
Chronik ['kroːnɪk] *f* <-en> kronik
chronisch *adj* kronik, süreğen
Chronist(in) [kro'nɪst] *m(f)* <-en, -en; -nen> kronikçi, kronik yazarı
Chronologie [kronolo'giː] *f* <-n> **1.** (*Zeitkunde*) kronoloji, zaman bilimi **2.** (*zeitliche Abfolge*) kronoloji, zaman dizini
chronologisch [krono'loːgɪʃ] *adj* kronolojik, zaman dizinsel; **in ~er Reihenfolge** kronolojik [*o* zaman dizinsel] sırada
Chronometer *m* <-s, -> (TECH) kronometre, süreölçer
Chrysantheme [kryzan'teːmə] *f* <-n> (BOT) krizantem, kasımpatı
Cineast(in) *m(f)* **1.** (*Filmemacher*) sinemacı **2.** (*Kinofreund*) sinemasever
circa ['tsɪrka] *adv* aşağı yukarı, yaklaşık olarak; **~ drei Stunden/150 Euro** aşağı yukarı üç saat/150 euro; **~ ein km** aşağı yukarı bir km
Cis [tsɪs] *nt* <-, -> (MUS) do diyez
cl *Abk. von* **Zentiliter** cl, *santilitre*
Clan *m* <-s, -s> klân
Client *m* (INFORM) istemci
Client/Server-Modell *nt* (INFORM) istemci/sunucu modeli
Clinch [klɪntʃ] *m ohne Pl* <-(e)s> (*fam: Auseinandersetzung*) kavga; **mit jdm im ~ liegen** (*fam*) biriyle kavgalı olmak
Clip [klɪp] *m* <-s, -s> **1.** (*Schmuck*) klips **2.** (*Verschluss*) pens **3.** (*Video~*) klip
Clique ['klɪkə] *f* <-n> **1.** (*Freunde*) grup **2.** (*pej: in der Politik*) klik, hizip
Clou [kluː] *m* <-s, -s> (*fam*) **1.** (*Kernpunkt*): **der ~** (**des Ganzen**) (işin) püf noktası **2.** (*Glanzpunkt*): **das war der ~ des Abends** gecenin en ilginç olayı buydu
Clown [klaʊn] *m* <-s, -s> palyaço; **den ~ spielen** (*fam*) palyaçoluk yapmak
Clownerie *f* palyaçoluk
Club [klʊp] *m* <-s, -s> kulüp
cm *Abk. von* **Zentimeter** cm, *santimetre*
c-Moll *nt ohne Pl* <-> (MUS) do minör
Coach [koʊtʃ] *m* <-(s), -s> antrenör
Cockpit ['kɔkpɪt] *nt* <-s, -s> (AERO, AUTO) kokpit
Cocktail ['kɔktɛɪl] *m* <-s, -s> (*Party*) kokteyl; (*Getränk*) kokteyl; **Cocktailbar** *f* <-s> kokteyl bar
Code [koːt] *m* <-s, -s> kot, şifre
codieren* [ko'diːrən] *vt* **1.** (TECH) kotlamak **2.** (LING) şifrelemek
Codierung *f* <-en> kotlama, şifreleme
Cognac® *m* <-s, -s> konyak
Coiffeur, -euse [koa'føːɐ] *m, f* <-s, -e; -n> (*Schweiz*) kuaför
Collage [kɔ'laːʒə] *f* <-n> kolaj
College *nt* <-(s), -s> (SCHULE, UNIV) kolej
Collier *nt* kolye
Come-backRR [kam'bɛk] *nt* <-(s), -s>, **Comeback** *nt* <-(s), -s> sahneye dönüş; **sie feiert ihr ~** sahneye dönüşünü kutluyor
Comedy *f* (TV) komedi programı
Comicheft *nt* çizgi roman
Compact Disc [kɔm'paktdɪsk] *f* <-s> kompakt disk, yoğun teker
Compiler *m* (INFORM) derleyici
COM-Port *nt* (INFORM) iletişim yuvası
Computer [kɔm'pjuːtɐ] *m* <-s, -> bilgisayar; **auf ~ umstellen** bilgisayara geçmek; **Computerfehler** *m* bilgisayar arızası; **computergesteuert** *adj* bilgisayar kumandalı; **computergestützt** *adj* bilgisayar destekli; **~es Lernen** bilgisayar destekli öğrenim
computerisieren* *vt* (INFORM) bilgisayarla donatmak
computerlesbar *adj* bilgisayarla okunur; **Computerlinguist(in)** *m(f)* bilgisayar dil-

bilimcisi; **Computerlinguistik** *f* bilgisayar dil bilimi; **Computerprogramm** *nt* bilgisayar programı; **Computerspiel** *nt* bilgisayar oyunu; **Computersystem** *nt* (INFORM) bilgisayar düzeni; **computerunterstützt** *adj* bilgisayar destekli; **Computervirus** *m* (INFORM) bilgisayar virüsü

Comtesse [kɔm'tɛs] *f* <-n> kontes

Container [kɔn'teːnɐ] *m* <-s, -> konteyner; **Containerschiff** *nt* konteyner gemisi

cool [kuːl] *adj* (*fam*) **1.** (*die Ruhe bewahrend*) serin kanlı, sakin; (*sich nicht aus der Fassung bringen lassend*) gamsız; **bleib ~!** ağır ol! **2.** (*sicher*) emin **3.** (*in Ordnung*) iyi **4.** (*in hohem Maße gefallend*) kıyak, kral; (*der Idealvorstellung entsprechend*) kıyak, mükemmel

Copilot(in) ['koːpiloːt] *m(f)* <-en, -en; -nen> ikinci pilot

Copyright ['kɔpiraɪt] *nt* <-s, -s> telif hakkı

Cord [kɔrt] *m* <-(e)s, -e *o* -s> kot; **eine Hose aus ~** kot pantolon

Corner ['kɔːnɐ] *m* <-s, -> (*Schweiz, österr: Eckstoß im Fußball*) korner (atışı)

Cornflakes ['kɔːnflɛɪks] *Pl* mısır gevreği

Cornichon [kɔrni'ʃɔ̃ː] *nt* <-s, -s> (GASTR) kornişon

Cortison [kɔrti'zoːn] *nt ohne Pl* <-s> (MED) kortizon

Costa Rica ['kɔsta 'riːka] *nt* <-s> Kosta Rika

Costaricaner(in) [kɔstari'kaːnɐ] *m(f)* <-s, -; -nen> Kosta Rikalı

costaricanisch *adj* Kosta Rika (ile ilgili), Kosta Rikalı; **das ~e Klima** Kosta Rika iklimi; **~e Frauen/Männer** Kosta Rikalı kadınlar/erkekler

Couch [kaʊtʃ] *f* <-s *o* -en> kanape

Count-down[RR] ['kaʊnt'daʊn] *m* <-s, -s>, **Countdown** *m* <-s, -s> geriye (doğru) sayma; **der ~ läuft** geriye doğru saymaya başlanıldı

Coupé [ku'peː] *nt* <-s, -s> **1.** (AUTO) iki kapılı oto(mobil) **2.** (*österr: Zugabteil*) kompartıman

Coupon [ku'pɔ̃ː] *m* <-s, -s> **1.** (*Beleg*) kupon **2.** (FIN) kupon **3.** (*Stoffabschnitt*) kupon

Cousin(e) [ku'zɛ̃ː] *m(f)* <-s, -s; -n> kuzen; (*weiblich*) kuzin

Couvert [ku'veːɐ] *nt* <-s, -s> **1.** (*Bettbezug*) kılıf **2.** (*reg: Briefumschlag*) zarf **3.** (*geh: Gedeck*) servis

Cover ['kavɐ] *nt* <-s, -> (*Schallplatte, Buch, Zeitschrift*) kılıf, kapak

Cowboy ['kaʊbɔɪ] *m* <-s, -s> kovboy

Cowboyfilm *m* <-s, -e> (TV, FILM) kovboy filmi

CPU *f* (INFORM) merkezî işlem birimi

Creme *f* <-s> krem; (GASTR) krema

Crème de la Crème *f ohne Pl* kaymak tabakası

cremefarben *adj* krem rengi

Cremetorte *f* (GASTR) kremalı pasta

cremig ['kreːmɪç] *adj* kremalı

Crêpe[1] [krɛp] *f* <-s> (GASTR) krep

Crêpe[2] *m* <-s, -> (*Stoff*) krep; **~ de Chine** krepdöşin

Crew [kruː] *f* <-s> (NAUT, AERO) mürettebat

Croissant [kroa'sɔ̃ː] *nt* <-s, -s> kruasan, ay çöreği

Croupier [kru'pjeː] *m* <-s, -s> krupiye

C-Schlüssel *m* (MUS) do anahtarı

CSU [tseːʔɛs'ʔuː] *f Abk. von* **Christlich Soziale Union** (**Deutschlands**) (Almanya) Hristiyan Sosyal Birliği

Cup [kap] *m* <-s, -s> (SPORT) kupa

Curaçao[1] *nt* <-s> (GEO) Küraso

Curaçao[2] *m* <-(s), -s> (GASTR: *Getränk*) küraso

Cursor ['kœːzɐ] *m* <-s, -s> (INFORM) imleç, ekran konum göstergesi

Cutter(in) ['katɐ] *m(f)* <-s, -; -nen> (FILM) kurgucu

CVP [tseːfaʊ'peː] *f* (POL: *in der Schweiz*) *Abk. von* **Christlichdemokratische Volkspartei** Hristiyan Demokrat Halk Partisi

Cybercafé ['saɪbɐ-] *nt* <-s, -s> siber kahve; **Cybergeld** *nt ohne Pl* <-(e)s> (INFORM) siber para; **Cyberspace** ['saɪbɐspɛɪs] *m ohne Pl* <-> (INFORM) siber uzay

D

D, d [deː] *nt* <-, -> **1.** (*Buchstabe*) D, d **2.** (MUS) re

da [daː] **I.** *adv* **1.** (*dort*) orada; (*hier*) burada; ~ **draußen** dışarıda; ~ **kommt er** işte geliyor; ~, **wo ...** ... bulunan yerde; ~ **drüben** şurada; ~ **oben/unten** orada yukarıda/aşağıda; **gehen sie ~ herum** oradan gidiniz; ~ **ist/sind ...** orada ... var; **gibst du mir bitte mal das Buch? – ~!** kitabı lütfen bana bir verir misin? – işte! **2.** (*zeitlich*): **es ist zwei Jahre her, ~ haben sie die Kirche restauriert** kiliseyi restore edeli iki yıl oldu; **als ich das machte, ~ war ich noch ein Kind** bunu yaptığımda henüz bir çocuktum; ~ **fällt mir gerade ein, ...** aklıma gelmişken ...; **von ~ an** ondan sonra **3.** (*in diesem Falle*) bu durumda; ~ **haben Sie aber nicht Recht** ama bunda haklı değilsiniz; **und ~ wagst du es noch zu kommen?** ve bu durumda gelmeyi göze alıyor musun?; ~ **kannst du lange warten!** (*fam*) bekle yârin köşesini!, daha çok beklersin! **4.** (*vorhanden*): ~ **sein** olmak; (*vorrätig*) bulunmak; **es ist niemand ~** burada kimse yok; **ich bin gleich wieder ~** hemen geri geliyorum; **war Thomas gestern ~** Thomas dün burada mıydı?; **ist noch Milch ~?** (biraz) daha süt var mı?; **das stellt alles ~ Gewesene in den Schatten** bu, şimdiye kadar gelmiş geçmiş her şeyi gölgede bırakır; ~ **ist er** işte orada **5.** (*zur Verfügung*): ~ **sein für jdn** birisi için hazır bulunmak; **er ist immer für mich ~** onun benim için her zaman vakti var **II.** *konj* **1.** (*weil*) çünkü, -diği için; **es geht nicht, ~ die Zeit nicht reicht** olmaz, çünkü vakit yetmez, vakit yetmediği için olmaz **2.** (*geh: als, wenn*): **sehnsüchtig erwartet er die Stunde, ~ sie bei ihm sein wird** yanında olacağı saati hasretle [*o* dört gözle] bekliyor

dabei [da'baɪ, 'daːbaɪ] *adv* **1.** (*örtlich*) yanında; **sind die Lösungen ~?** çözümleri de var mı? **2.** (*währenddessen*) iken; **er arbeitete und hörte ~ Radio** çalışırken radyo dinledi; **sie fühlt sich wohl ~** bu arada kendini iyi hissediyor **3.** (*bei dieser Sache*): **ich bleibe ~, dass es so ist** bunun böyle olduğuna dair kararım kesin; **wichtig ~ ist, dass ...** işin önemli tarafı şu ki, ...; **was hast du dir denn ~ gedacht?** hangi akla hizmet bunu yaptın?; ~ **darf man nicht vergessen, dass ...** ... olduğunu unutmamak gerekir **4.** (*außerdem*) ayrıca; (*gleichzeitig*) aynı zamanda, yanı sıra; **sie ist reich und ~ bescheiden** zengin ve de alçak gönüllü **5.** (*obgleich*) oysa, hâlbuki, -diği hâlde; **er ist traurig, ~ hat er gar keinen Grund dazu** üzgün, hâlbuki buna hiç bir neden yok, üzgün olduğu hâlde buna hiç bir neden yok **6.** (*Wend*): **bei etw ~ sein** (*anwesend sein*) bir şeyde bulunmak; (*mitmachen*) bir şeye katılmak; ~ **sein etw zu tun** bir şeyi yapmak üzere olmak; **dabei|bleiben** *irr vi* (*Tätigkeit*) devam etmek (*bei* -e); (*Mitgliedschaft*) kalmak (*bei* -de); **dabei|sein** *irr vi sein s.* **dabei 6.**; **dabei|stehen** *irr vi* yanında durmak

da|bleiben *irr vi sein* orada kalmak

Dach [dax, *Pl:* 'dɛçɐ] *nt* <-(e)s, Dächer> çatı; (*Ziegel~*) dam; (AUTO) dam; **unterm ~ wohnen** çatı altında oturmak; **etw unter ~ und Fach bringen** (*fam fig*) bir işi bitirmek; **ein ~ über dem Kopf haben** (*fam fig*) başını sokacak bir yeri olmak; **mit jdm unter einem ~ wohnen** (*fam fig*) biriyle aynı çatı altında oturmak; **eins aufs ~ kriegen** (*fam fig*) kafasına bir tane yemek; **jdm aufs ~ steigen** (*fam fig*) birinin tepesine binmek [*o* çıkmak], birinin başına binmek [*o* çıkmak]; **Dachbalken** *m* çatı kirişi; **Dachboden** *m* <-s, -böden> çatı arası, tavan arası; **Dachdecker(in)** *m(f)* <-s, -; -nen> aktarıcı, çatı kaplayıcı, kiremitçi; **Dachfenster** *nt* çatı penceresi; **Dachfirst** *m* mahya; **Dachgepäckträger** *m* <-s, -> (AUTO) portbagaj; **Dachgeschoss**[RR] *nt* çatı katı; **Dachgesims** *nt* çatı eteği; **Dachkammer** *f* çatı arası; **Dachluke** *f* tepe camı; **Dachrinne** *f* oluk, çatı oluğu

Dachs [daks] *m* <-es, -e> porsuk

Dachschaden *m ohne Pl* <-s>: **einen ~ haben** (*fam*) kafadan kontak olmak

Dachstuhl *m* çatı makası

dachte ['daxtə] *3. imp von* **denken**

Dachverband *m* çatı örgütü, konfederasyon; **Dachwohnung** *f* çatı katı; **Dachziegel** *m* kiremit, dam kiremidi

Dackel ['dakəl] *m* <-s, -> porsuk zağarı

Dadaismus [dada'ɪsmʊs] *m ohne Pl* <-> (KUNST) Dadaizm

dadurch ['daːdʊrç] *adv* **1.** (*örtlich*) oradan **2.** (*auf diese Weise*) böylece, böylelikle; ~,

dass der Zug Verspätung hatte, konnte er nicht rechtzeitig kommen tren rötar yaptı, böylece vaktinde gelemedi

dafür ['da:fy:ɐ, da'fy:ɐ] *adv* **1.** (*für das*) onun için, bunun için; **etwas/nichts ~ können** elinde olmak/olmamak; **wir haben kein Geld ~** onun için paramız yok; **der Grund ~ ist, dass ...** onun nedeni ...dir; **ich bin ~** ben ondan yanayım; **alles spricht ~** her şey ondan yana; **wie lange brauchst du ~?** o ne kadar zamanını alır?, onun için ne kadar zamana ihtiyacın var? **2.** (*zum Ausgleich*): **in Englisch ist sie schlecht, ~ ist sie gut in Mathematik** İngilizcesi kötü, buna karşı matematiği iyi **3.** (*in Hinblick darauf*): **~, dass er so klein ist, spielt er ganz gut Basketball** öyle küçük olmasına bakılırsa, bayaği iyi basketbol oynuyor **4.** (*weil*) çünkü; **sie kannte sich in Grammatik aus, ~ war sie ja Linguistin** gramer hakkında bilgisi vardı, çünkü dil bilimcisiydi; **dafür|können** *irr vi s.* **dafür 1.**

dagegen ['da:ge:gən, da'ge:gən] *adv* **1.** (*räumlich*) ona karşı, buna karşı **2.** (*ablehnend*): **haben Sie was ~, wenn ich rauche?** sigara içmeme bir şey der misiniz?; **~ ist nichts einzuwenden** ona denilecek bir şey yok; **wer ist dafür und wer ~?** kim bundan yana, kim buna karşı? **3.** (*als Gegenmaßnahme*) ona karşı, buna karşı; **es gibt kein Mittel ~** ona [*o* buna] karşı çare yok **4.** (*verglichen mit*) kıyasla; (*im Gegensatz*) karşısında; **es war dort unglaublich kalt, der Winter hier ist nichts ~** oranın inanılmaz soğuğu karşısında burada kış hiçbir şey değil; **dagegen|halten** *irr vt:* **da kann man nichts ~** buna karşı hiçbir şey denilemez

daheim [da'haɪm] *adv* (*südd*) evde; **bei uns ~** bizim evde

daher ['da:he:ɐ, da'he:ɐ] *adv* **1.** (*von dort her*) oradan; **von ~ muss er gekommen sein** oradan gelmiş olacak; **~ weht also der Wind!** (*fam fig*) demek işler öyle! **2.** (*deshalb*) onun için; **von ~** onun için, bundan dolayı; **er hat viel gelesen, ~ weiß er das** çok okumuş, onun için bunu biliyor, çok okumuş olduğundan dolayı bunu biliyor; **daher|reden** *vi, vt* (*fam*) düşünmeden konuşmak, aklına estiği gibi konuşmak; **red doch nicht so blöd daher!** öyle saçma sapan düşünmeden konuşma!

dahin ['da:hɪn, da'hɪn] *adv* **1.** (*an diesen Ort*) oraya; **~ gehe ich nie wieder** oraya bir daha gitmem **2.** (*in diese Richtung*) bu yöne, -e yönelik; (*in diesem Sinne*) bu anlamda; **sein Bestreben geht ~, sich unabhängig zu machen** çabaları, kendini bağımsiz yapmaya yönelik; **~ hat er sich geäußert** bu anlamda konuştu **3.** (*so weit*) buraya; (*in diesen Zustand*) bu duruma; **~ hat ihn der Alkohol gebracht** alkol onu bu duruma getirdi **4.** (*zeitlich*): **bis ~** o zamana kadar **5.** (*Wend*): **~ sein** bitmiş olmak, sona ermiş olmak; **mein ganzes Geld ist ~** bütüm param bitti; **sein Leben ist ~** hayatı sona erdi; **dahingestellt** [-'---] *adj:* **~ sein/bleiben** kesin olmamak; **etw ~ sein lassen** bir şeyi bir tarafa bırakmak [*o* koymak]; **es bleibt ~, ob das der Wahrheit entspricht** bunun doğru olup olmadığı kesin değildir; **lassen wir es ~ (sein), ob er es wirklich getan hat** onu gerçekten yapıp yapmadığını bir tarafa bırakalım; **dahin|raffen** *vt* (*geh*) öldürmek; **dahin|sagen** [-'---] *vt:* **etw nur so ~** bir şeyi düşünmeden söylemek; **dahin|schleppen** [-'---] *vr:* **sich ~** sürüklenmek; (*Verhandlungen*) sürüklenmek

dahinten [da'hɪntən] *adv* şurada, orada, geride

dahinter [da'hɪntɐ] *adv* arkasında; **~ kommen** (*fam: herausfinden*) ortaya çıkarmak; (*verstehen*) anlamak; **es wird vermutet, dass die Mafia ~ steckt** (*fam*) bunun arkasında mafyanın olduğu sanılıyor; **er redet viel, aber es steckt nichts ~** (*fam*) çok konuşur ama boş konuşur; **da steckt doch was ~** (*fam fig*) bu işin içinde bir iş var, bu işin içinde bir bit yeniği var; **da ist nichts ~** (*fam fig*) bunda bir şey yok; **dahinter|kommen** *irr sein vi, vt s.* **dahinter**; **dahinter|stecken** *vi s.* **dahinter**

Dahlie ['da:liə] *f* <-n> (BOT) dalya

Dalai-Lama *m* Dalay Lama

da|lassen *irr vt* (*fam*) bırakmak; (*hier*) burada bırakmak; (*dort*) orada bırakmak

Dalmatien *nt* Dalmaçya

Dalmatiner(in)[1] *m(f)* (*Einwohner*) Dalmaçyalı

Dalmatiner[2] *m* (*Hunderasse*) Dalmaçya köpeği

damalige(r, s) *adj* o zamanki

damals ['da:ma:ls] *adv* o zaman; **seit ~** o zamandan beri; **~, als in die Schule ging** okula gittiğim zamanlar

Damaskus *nt* Şam

Damast [da'mast] *m* <-(e)s, -e> damasko

Dame[1] ['da:mə] *f ohne Pl* (*Brettspiel*) dama

Dame[2] *f* <-n> **1.** (*Frau*) kadın, bayan; **meine ~n und Herren!** bayanlar, baylar!; **die ~ des Hauses** hanım **2.** (*im Schach*) vezir; (*beim Damespiel*) dama; (*Spielkarte*) dam, kız

Damebrett *nt* dama tahtası

Damenbinde *f* âdet bezi, (kadın) ped(i), or-

D

kid[RR]; **Damenfahrrad** *nt* kadın bisikleti
damenhaft *adj* hanımsı
Damenmode *f* kadın modası, bayanlar için moda; **Damensitz** *m ohne Pl* <-es> kadın eyeri; **im ~ reiten** kadın eyerine binmek; **Damentoilette** *f* <-n> bayanlar tuvaleti; **Damenwahl** *f ohne Pl kadınların erkekleri dansa kaldırması*
Damespiel *nt* dama (oyunu); **Damestein** *m* dama taşı
Damhirsch ['damhɪrʃ] *m* <-(e)s, -e> (ZOOL) alageyik
damisch ['daːmɪʃ] *adj* (*südd, österr*) **1.** (*fam: dumm*) aptal, budala **2.** (*fam: schwindlig*): **mir ist ganz ~** başım dönüyor
damit ['daːmɪt, da'mɪt] **I.** *adv* bununla, onunla; **was soll ich ~?** onu ne yapayım?; **~ befasse ich mich nicht** onunla ilgilenmiyorum [*o* uğraşmıyorum]; **es fing ~ an, dass er mich schlug/belog** olay bana vurmasıyla/yalan söylemesiyle başladı; **weg ~!** at onu!; **hör ~ auf!** bırak onu!; **ich bin ~ zufrieden** ondan memnunum **II.** *konj* -sin diye, -mesi için; **~ du es nicht vergisst** unutmayasın diye, unutmaman için, ta ki unutmayasın; **~ Wahlen durchgeführt werden können, …** seçimler yapılabilsin diye …, seçimlerin yapılabilmesi için …
dämlich ['dɛːmlɪç] *adj* (*fam pej: dumm*) aval, aptalca; **ein ~es Gesicht machen** aval aval bakmak, aptal aptal bakmak
Dämlichkeit *f* aptallık, alıklık
Damm [dam, *Pl:* 'dɛmə] *m* <-(e)s, Dämme> **1.** (*Bahn~, Straßen~*) set; (*Stau~*) baraj; **wieder auf dem ~ sein** (*fam fig*) iyileşmek **2.** (*Deich*) set **3.** (ANAT) perine
dämmen *vt* **1.** (*geh: aufstauen*) set çekmek (-e) **2.** (TECH: *Schall*) susturmak, kesmek
dämmerig *adj* alaca karanlık; **es wird ~** (*morgens*) ortalık [*o* tan] ağarıyor, şafak söküyor; (*abends*) ortalık kararıyor
Dämmerlicht ['dɛmɐ-] *nt ohne Pl* <-(e)s> yarı karanlık, loşluk
dämmern ['dɛmɐn] **I.** *vi* **1.** (*anbrechen*): **der Abend dämmert** akşam olmaya başlıyor, ortalık kararıyor; **der Morgen dämmert** sabah olmaya başlıyor, gün [*o* tan] ağarıyor, şafak söküyor **2.** (*fam: bewusst werden*) şafak atmak, (yavaş yavaş) anlamak; **dämmert's endlich?** en sonunda anladın mı? **II.** *vunpers:* **es dämmert** (*morgens*) gün [*o* tan] ağarıyor, şafak söküyor; (*abends*) ortalık kararıyor
Dämmerung ['dɛmərʊŋ] *f* <-en> alaca karanlık; (*Abend~*) akşamın alaca karanlığı; (*Morgen~*) tan, sabahın alaca karanlığı; **in der ~** alaca karanlıkta
dämmrig *adj s.* **dämmerig**
Dämon ['dɛːmɔn, *Pl:* dɛ'moːnən] *m* <-s, -en> cin
dämonisch *adj* (*teuflisch*) şeytanî
Dampf [dampf, *Pl:* 'dɛmpfə] *m* <-(e)s, Dämpfe> buhar, istim; **~ ablassen** (*fam fig*) deşarj olmak; **jdm ~ machen** (*fam*) birini dürtülemek; **Dampfbad** *nt* sauna, Fin hamamı; **Dampfbügeleisen** *nt* <-s, -> buharlı ütü; **Dampfdruck** *m* <-(e)s, -drücke> buhar basıncı
dampfen ['dampfən] *vi* **1.** (*Speisen*) tütmek, buhar çıkarmak **2.** *sein* (*fahren*) istim üstünde kalkmak
dämpfen ['dɛmpfən] *vt* **1.** (GASTR) buğulamak **2.** (*Licht*) kısmak; (*Lärm*) kesmek; (*Schall*) susturmak; (*Schwingung*) sönümlemek; (*Stoß*) yumuşatmak; (*Stimme*) kısmak **3.** (*Ärger*) yenmek; (*Schmerzen*) kesmek
Dampfer ['dampfɐ] *m* <-s, -> vapur; **auf dem falschen/richtigen ~ sein** (*fam fig*) yanlış/doğru yolda olmak
Dämpfer ['dɛmpfɐ] *m* <-s, -> **1.** (MUS) surdin **2.** (*Stoß~*) amortisör, yumuşatmalık **3.** (*Schall~ bei Schusswaffe*) susturucu; (*Schall~ an Auspuff*) susturucu; **einen ~ bekommen** (*fam: Rüge*) paylanmak; (*bei Freude*) hevesi kırılmak
Dampfheizung *f* buharlı ısıtma; **Dampfkessel** *m* buhar kazanı; **Dampfkochtopf** *m* düdüklü tencere; **Dampfkraft** *f* buhar gücü; **Dampflokomotive** *f* (EISENB) buharlı tren; **Dampfmaschine** *f* (TECH) buhar makinesi, buharlı makine; **Dampfschiff** *nt* (NAUT) buharlı gemi; (*Dampfer*) vapur; **Dampfturbine** *f* (TECH) buhar türbini; **Dampfwalze** *f* istimli silindir
danach ['daːnaːx, da'naːx] *adv* **1.** (*zeitlich*) ondan sonra, (*später*) sonra; (*anschließend*) sonradan; **~ bin ich dran** ondan sonra sıra bende; **eine halbe Stunde ~** ondan yarım saat sonra **2.** (*räumlich*) ona; **ohne ~ zu schauen** ona bakmadan **3.** (*dementsprechend*) ona göre; **es sieht ganz ~ aus, als ob …** öyle görünüyor ki, sanki …; **richte dich bitte ~!** lütfen ona göre hareket et!
Däne, -in ['dɛːnə] *m, f* <-n, -n; -nen> Danimarkalı
daneben [da'neːbən, 'daːneːbən] *adv* **1.** (*räumlich*) onun yanında; **links/rechts ~** onun sol/sağ yanında; **im Haus ~** onun yanındaki evde **2.** (*verglichen mit*) bunun yanında **3.** (*außerdem*) bunun yanı sıra; (*gleichzeitig*) aynı zamanda; **daneben|benehmen*** *irr vr:* **sich ~** (*fam*) yakışıksız davranmak; **daneben|gehen** [-'----] *irr vi sein* **1.** (*Schuss*) isabet etmemek **2.** (*fam:*

fehlschlagen) tutmamak, sonuç vermemek; **daneben|liegen** *irr vi* (*fam*) yanılmak

Dänemark ['dɛːnəmark] *nt* <-s> Danimarka

dänisch *adj* Danimarka (ile ilgili)

Dänisch *nt* Danimarkaca; ~ **können/lernen** Danimarkaca bilmek/öğrenmek; **aus dem ~en** Danimarkacadan; **ins ~e** Danimarkacaya

dank [daŋk] *präp* sayesinde

Dank *m ohne Pl* <-(e)s> şükür, teşekkürler *pl;* **besten ~!** çok teşekkürler!; **zum ~ für … …** için teşekkür olarak; **jdm ~ schulden** birine minnettar kalmak, birine minnet duymak, birine şükretmek; **ich bin Ihnen zu ~ verpflichtet** size minnettarım; **Gott sei ~!** Tanrı'ya şükür!, hamdolsun!

dankbar *adj* **1.** (*Mensch*) müteşekkir, minnettar; **ich bin Ihnen sehr ~** size çok minnetarım **2.** (*Aufgabe*) tatmin edici **3.** (*fam: strapazierfähig*) dayanıklı

Dankbarkeit *f ohne Pl* minnettarlık, şükran

danke *interj* teşekkürler *pl,* teşekkürler ederim; ~ **schön/vielmals!** pek çok/çok teşekkürler!; **nein, ~!** hayır, teşekkür ederim!

danken I. *vi* (*Dank aussprechen*) teşekkür etmek (*für* için); **wir ~ für die Einladung** davet için teşekkür ederiz; **~d annehmen/ablehnen** teşekkür ederek kabul etmek/etmemek; **nichts zu ~!** bir şey değil! **II.** *vt* teşekkür etmek (-e), şükretmek (-e); **die ganze Mühe dankt dir keiner** zahmetine kimse şükretmez; **dankenswert** *adj* (*lohnend*) zahmetine değer; (*nützlich*) yararlı

Danksagung *f* <-en> teşekkür, şükretme

Dankschreiben *nt* teşekkür mektubu

dann [dan] *adv* **1.** (*danach*) ondan sonra; (*später*) sonra; (*Zeitpunkt*) o zaman; ~ **und wann** zaman zaman, ara sıra, kimi zaman; **und was ~?** o zaman ne olacak?; **bis ~!** görüşmek üzere! **2.** (*zu dem Zeitpunkt*) o zaman; **das Telefon klingelt immer ~, wenn ich gerade dusche** ne zaman duş yaparsam, o zaman telefon çalar **3.** (*außerdem*) ayrıca, üstelik **4.** (*unter diesen Umständen*): ~ **eben nicht!** o zaman olmaz!; **wenn nicht, ~ nicht!** olmazsa olmaz!; **wenn nicht er, wer ~?** o değilse, o zaman kim?

daran [da'ran, 'daːran] *adv* **1.** (*räumlich*): **nahe ~** oraya yakın, oranın yakınında; **wir kommen häufig ~ vorbei** oradan sık sık geçeriz; **du kannst dich ~ lehnen** oraya yaslanabilirsin **2.** (*zeitlich*): **im Anschluss ~** onun arkasından; **er war nahe ~ das zu tun** az kalsın onu yapacaktı **3.** (*an dieses, an diesem*): **ich hatte nicht ~ gedacht** bunu düşünmemiştim; **ich muss immer ~ denken** hep bunu düşünüyorum, hiç aklımdan çıkmıyor; ~ **wird sich nichts ändern** onda [*o* bunda] bir değişiklik olmaz; **er ist ~ schuld** onun bunda suçu [*o* kabahati] var; **was ist ~ schön?** bunun neresi [*o* nesi] güzel?; **daran|gehen** [-'---] *irr vi sein* başlamak (*zu* -e); **daran|machen** [-'---] *vr:* **sich ~** (*fam*) başlamak (*zu* -e); **daran|setzen** [-'---] **I.** *vt* (*einsetzen*) göze almak; **du musst alles ~, um … …** için her şeyi göze almalısın; **seinen Kopf ~** kelleyi koltuğa almak; **sein Leben ~** ölümü göze almak **II.** *vr:* **sich ~** (*fam: in Angriff nehmen*) ele almak (*zu* -), çalışmaya başlamak (*zu* üzerinde)

darauf ['daːraʊf, da'raʊf] *adv* **1.** (*räumlich*) üzerinde; **im Zimmer stand ein Tisch, ~ lagen Bücher** odada bir masa duruyordu, üzerinde kitaplar vardı **2.** (*zeitlich*) sonra; (*danach*) ondan sonra, bundan sonra; **bald ~** kısa bir zaman sonra; **am ~ folgenden Tag** ertesi günü; **eine Woche ~** bir hafta sonra; ~ **sagte er …** ondan sonra … dedi **3.** (*auf dieses*): ~ **freue ich mich schon** buna şimdiden sevindim; ~ **steht Gefängnis** bunun cezası hapistir; **ich bin stolz ~** ondan gurur duyuyorum; **Sie können sich ~ verlassen** ona güvenebilirsiniz; **das kommt ~ an** bu, duruma bakar; **lasst uns ~ anstoßen** bunun şerefine kadehleri tokuşturalım; **darauffolgende(r, s)** *adj s.* **darauf 2.**; **daraufhin** ['---] *adv* **1.** (*danach*) ondan sonra **2.** (*infolgedessen*) bunun üzerine, bundan dolayı, bundan ötürü, binaenaleyh

daraus ['daːraʊs, da'raʊs] *adv* bundan; ~ **folgt, dass …** bundan şu anlaşılıyor ki, …; **was soll ~ werden?** bunun sonu ne olacak?

dar|bieten ['daːɐbiːtən] *irr* **I.** *vt* (*geh: vorführen*) göstermek, sunmak **II.** *vr:* **sich ~** (*geh: Gelegenheit*) çıkmak, düşmek; (*sich zeigen*) kendini göstermek

Darbietung *f* <-en> **1.** (*geh: das Darbieten*) gösterme **2.** (*Darstellung*) temsil, oyun; (*Vorstellung*) seans

Dardanellen *Pl* Çanakkale Boğazı

darf [darf] *3. präs von* **dürfen**

darin ['daːrɪn, da'rɪn] *adv* **1.** (*räumlich*) içinde; **ein Nest mit zwei Jungen ~** içinde iki yavru olan bir yuva **2.** (*hierin*) bunda; (*in diesem Punkt*) bu noktada; ~ **irrst du dich!** bu noktada yanılıyorsun!

dar|legen ['daːɐleːgən] *vt* **1.** (*Plan, Ansichten*) açıklamak **2.** (*Gründe*) göstermek

Darlehen ['daːɐleːən] *nt* <-s, -> ödünç, ödünç para; **ein ~ aufnehmen/gewäh-**

D

ren ödünç (para) almak/vermek, istikraz/ikraz etmek

Darm [darm, *Pl:* 'dɛrmə] *m* <-(e)s, Därme> bağırsak; **Darmentzündung** *f* (MED) bağırsak iltihabı; **Darmgrippe** *f* (MED) bağırsak ingini; **Darminfektion** *f* (MED) bağırsak iltihabı; **Darmspülung** *f* (MED) lâvman; **Darmzotte** *f* (ANAT) tümür

dar|reichen ['da:ɐraɪçən] *vt* (*geh: Speisen*) ikram etmek, uzatmak; (*anbieten*) ikram etmek; (*Hand*) uzatmak

dar|stellen ['da:ɐʃtɛlən] **I.** *vt* **1.** (*schildern*) betimlemek, tasvir etmek; (*beschreiben*) tarif etmek; (*schematisch*) çizmek; (*durch Symbole*) göstermek; **die ~de Kunst** betimleyici sanat **2.** (*abbilden*) resimle göstermek **3.** (THEAT) temsil etmek; (FILM: *Charakter*) tiplemek **4.** (*bedeuten*) anlama gelmek **II.** *vr:* **sich ~** (*zeigen*) görünmek

Darsteller *m* <-s, -> aktör, erkek oyuncu

Darstellerin *f* <-nen> aktris, kadın oyuncu

Darstellung *f* <-en> **1.** (THEAT: *Wiedergabe*) temsil, oyun; (FILM: *eines Charakters*) tipleme **2.** (*Schilderung*) betim(leme), tasvir; (*Beschreibung*) betim(leme)

darüber ['da:rybɐ, da'ry:bɐ] *adv* **1.** (*räumlich*) onun üstünde, onun üzerinde; **die Wohnung ~ steht leer** onun üstündeki daire boş; **~ stehen** (*fig: überlegen sein*) üstün olmak **2.** (*mehr*) daha fazla; **~ hinaus möchte ich noch folgendes bemerken** ayrıca şunu da söylemek isterim; **ich bin ~ hinaus** (*fam*) bu artık beni ilgilendirmiyor **3.** (*zeitlich*) üzerinden; **~ verging die Zeit** üzerinden zaman geçti **4.** (*über eine Angelegenheit*): **er hat sich ~ beschwert** ondan yakındı; **~ nachdenken** üzerinde düşünmek; **darüber|stehen** *irr vi s.* **darüber 1.**

darum ['da:rʊm, da'rʊm] *adv* **1.** (*deshalb*) onun için; **warum? – ~!** niçin? – onun için! **2.** (*räumlich*) etrafında **3.** (*um diese Angelegenheit*): **es handelt sich ~, dass ...** bahis konusu olan şey şudur ki ...; **red nicht lange ~ herum!** bırak artık muamma konuşmayı!; **ich bitte dich ~** senden bunu rica ediyorum

darunter ['da:rʊntɐ, da'rʊntɐ] *adv* **1.** (*räumlich*) onun altında; **die Wohnung ~ steht leer** onun altındaki daire boş **2.** (*weniger*) ondan aşağı **3.** (*dabei, dazwischen*) aralarında, içlerinde; **es waren viele Kinder ~** içlerinde çok çocuk vardı **4.** (*unter dieser Angelegenheit*): **was versteht man ~?** bundan ne anlaşılır?

Darwinismus *m ohne Pl* (PHILOS, BIOL) Darvincilik

das [das] *art def, pron, pron s.* **der, die, das**

da|sein ['da:zaɪn] *irr vi sein s.* **da I.4., I.5.**

Dasein ['da:zaɪn] *nt ohne Pl* <-s> **1.** (*Vorhandensein*) varoluş, mevcudiyet **2.** (*Leben*) yaşama **3.** (*Anwesenheit*) orada bulunma; **Daseinsform** *f* yaşam biçimi; **Daseinsfreude** *f* yaşama sevinci; **Daseinskampf** *m* yaşama çabası; (*Lebenskampf*) hayat mücadelesi

da|sitzen *irr vi* orada oturmak

dasjenige ['dasje:nɪgə] *pron s.* **derjenige, diejenige, dasjenige**

dass[RR] [das] *konj,* **daß** *konj* ki; **bis ~** -e kadar; **ohne ~** -siz; **er spielte so gut, ~ er nicht zu schlagen war** o kadar iyi oynadı ki, onu yenmek imkânsızdı; **~ er nicht zur Hilfe kam, ist nicht zu entschuldigen** yardıma gelmemesi affedilemez; **~ er mit sich zufrieden ist, sieht man ihm an** hâlinden memnun olduğu yüzünden anlaşılıyor; **alles begann damit, ~ er krank wurde** her şey hastalanmasıyla başladı; **~ du mir pünktlich nach Hause kommst!** vaktinde de eve geleceksin!

dasselbe [das'zɛlbə] *pron s.* **derselbe, dieselbe, dasselbe**

da|stehen *irr vi* **1.** (*örtlich*) orada durmak **2.** (*in einer Situation*): **wie versteinert ~** taş kesilmek, donakalmak; **gut/schlecht ~** (*Geschäft*) işler iyi/kötü; **er steht gut da** durumu iyi; **wenn der Vater stirbt, wird sie ganz allein ~** babası ölünce yapayalnız [*o* tek başına] kalacak

Date [dɛɪt] *nt* <-(s), -s> randevu

Datei [da'taɪ] *f* <-en> (INFORM) dosya, veri dosyası; **Dateiname** *m* (INFORM) dosya adı; **Dateiverwaltung** *f* (INFORM) dosya yönetimi

Daten ['da:tən] *Pl* **1.** *Pl von* **Datum 2.** (*Angaben, a.* INFORM) veriler *pl,* veri *sing*

Datenabruf *m* (INFORM) veri erişimi; **Datenaufbereitung** *f* (INFORM) veri hazırlama; **Datenaustausch** *m ohne Pl* <-es> (INFORM) veri alıp verme, veri değiş tokuşu; **Datenautobahn** *f* <-en> (INFORM) veri otobanı; **Datenbank** *f* <-en> (INFORM) veri bankası; **Datenbasis** *f* (INFORM) veri tabanı; **Dateneingabe** *f* (INFORM) veri girişi; **Datenerfassung** *f* <-en> (INFORM) veri toplama; **Datenfernübertragung** *f* (INFORM, TEL) veri uz aktarımı; **Datenfluss** *m* (INFORM) veri akışı; **Datenmissbrauch** *m* (INFORM) bilgilerin kötüye kullanılması; **Datennetz** *nt* (INFORM) veri ağı; **Datenpaket** *nt* (INFORM) veri paketi; **Datenpool** *m* (INFORM) veri tabanı; **Datenschutz** *m* (JUR) veri koruma; **Datentransfer** *m* (INFORM) veri transferi; **Datentypist(in)**[RR] *m(f)* <-en, -en; -nen> (INFORM) operatör; **Datenübertragung** *f* (INFORM) veri aktarımı;

Datenverarbeitung *f* <-en> (INFORM) bilgi işlem; **elektronische ~** elektronik bilgi işlem
datieren* [da'ti:rən] **I.** *vt* tarih koymak (-e), tarih atmak (-e); **datiert sein auf …** … tarihli olmak **II.** *vi* kalmak (*aus* -den)
Dativ ['da:ti:f] *m* <-s, -e> (LING) yönelme durumu
dato ['da:to] *adv:* **bis ~** bugüne kadar
Dattel ['datəl] *f* <-n> (BOT, GASTR) hurma; **Dattelpalme** *f* (BOT) hurma ağacı
Datum ['da:tʊm] *nt* <-s, Daten> tarih; **das Werk ist jüngeren ~s** yapıt yakın zamandan kalmadır; **welches ~ haben wir heute?** bugün ayın kaçı?; **mit ~ vom 10. Oktober** 10 Ekim tarihli; **~ des Poststempels** posta damgasının tarihi
Daube *f* şendere
Dauer ['daʊɐ] *f ohne Pl* devam; (*Zeitspanne*) süre; **für die ~ eines Augenblicks/Jahres** bir anlık/yıllık süre için, bir an/yıl için; **das war nicht von ~** bu devamlı değildi; **auf die ~ ist das unerträglich** devamlı olarak bu çekilmez; **das kann auf die ~ nicht so weitergehen** bu böyle devam edemez; **Dauererfolg** *m* uzun süren başarı
dauerhaft *adj* devamlı, sürekli; (*beständig*) kalıcı; (*widerstandsfähig*) dayanıklı
Dauerkarte *f* abonman kartı; **Dauerlauf** *m* <-(e)s, -läufe> (SPORT) mukavemet koşusu
dauern ['daʊɐn] **I.** *vi* sürmek; (*lange*) uzamak; **das dauert und dauert** bu uzadı da uzadı; **das dauert wieder!** bu iş yine uzadı!; **wie lange dauert es denn noch?** daha ne kadar sürecek ki?; **es dauerte nicht lange, bis sie zurückkehrte** geri dönmesi fazla sürmedi; **die Verhandlungen ~ schon drei Tage** görüşmeler üç gündür sürüyor **II.** *vt* (*geh: leid tun*) üzülmek
dauernd ['daʊɐnt] *adv* sürekli olarak, devamlı olarak, temelli; (*unaufhörlich*) durmadan
Dauerschaden *m* (MED) kalıcı hasar; **Dauerwelle** *f* perma; **Dauerwirkung** *f* kalıcı etki; **Dauerzustand** *m* süreğen durum
Daumen ['daʊmən] *m* <-s, -> başparmak; **am ~ lutschen** başparmağını emmek; **jdm die ~ drücken** (*fam*) birine şans dilemek
Daune ['daʊnə] *f* <-n> kuş tüyü; **Daunendecke** *f* kuş tüyü yorgan
Daviscup[RR] *m ohne Pl* <-s> (SPORT) Davis Kupası
davon ['da:fɔn, da'fɔn] *adv* **1.** (*räumlich*): **nicht weit ~** oradan uzakta değil; **einige Meter ~ entfernt** oraya birkaç metre uzakta; **links/rechts ~** onun solunda/sağında; **er ist auf und ~** (*fam*) toz oldu, tüydü, kirişi kırdı **2.** (*Anteil*): **die Hälfte ~** onun yarısı; **genug ~!** bu kadarı yeter! **3.** (*damit*): **~ kann man eine Suppe kochen** onunla bir çorba yapılabilir **4.** (*Angelegenheit*): **hast du dich ~ erholt?** ondan kendini toparladın mı?; **das hängt ~ ab, ob er kommt** bu onun gelip gelmemesine bağlıdır; **was habe ich denn ~?** bundan bana ne?; **wir können ~ ausgehen, dass …** …den yola çıkabiliriz; **jdn ~ abhalten, etw zu tun** bir kimseyi bir şey yapmaktan alıkoymak; **~ Abstand nehmen, etw zu tun** (*geh*) bir şeyi yapmaktan caymak [*o* vazgeçmek] **5.** (*dadurch*): **~ kannst du krank werden** ondan hastalanabilirsin; **ich bin ~ aufgewacht** ondan uyandım; **davon|fliegen** [-'---] *irr vi* uçmak; **davon|jagen I.** *vi sein* (*sich entfernen*) kaçmak **II.** *vt* (*vertreiben*) kovmak; **davon|kommen** *irr vi sein* kurtulmak; (*mit dem Leben*) paçayı kurtarmak; **billig ~** (*fam*) ucuz kurtulmak [*o* atlatmak]; **mit einem blauen Auge ~** (*fig*) ucuz kurtulmak [*o* atlatmak]; **mit dem Schrecken ~** korkusu yanına kâr kalmak; **du kommst mir nicht ungeschoren davon** sen benim elimden kurtulamazsın; **davon|laufen** *irr vi sein* **1.** (*weglaufen*) kaçmak **2.** (*fam: verlassen*) kaçmak; **von zu Hause ~** evden kaçmak; **davon|machen** *vr:* **sich ~** (*fam*) sıvışmak; **davon|tragen** *irr vt* **1.** (*Dinge*) götürmek **2.** (*geh: Sieg*) almak **3.** (*Verletzungen*) almak; **schwere Verletzungen ~** ağır yara almak
davor ['da:fo:ɐ, da'fo:ɐ] *adv* **1.** (*räumlich*) onun önünde, bunun önünde **2.** (*zeitlich*) ondan önce; **kurz ~** ondan biraz önce **3.** (*im Hinblick auf*): **er hat mich ~ gewarnt** beni o bakımdan uyardı; **sie hat keine Angst ~** o bakımdan korkusu yok, ondan korkusu yok
dazu ['da:tsu, da'tsu:] *adv* **1.** (*räumlich*) neye; **wozu gehört das? – ~** bu neye ait? – ona **2.** (*außerdem*) ayrıca **3.** (*dafür*) onun için, bunun için; **ich brauche ~ einen Hammer** bunun için bir çekice ihtiyacım var; **er/das ist ~ da, um …** o/bu … içindir; **ich habe keine Lust ~** ona hevesim yok **4.** (*darüber*) buna, ona; **was meinst du ~?** buna ne diyorsun [*o* dersin]? **5.** (*Wend*): **das führt ~, das es Krach gibt** bunun sonunda kavga çıkar; **wie komme ich denn ~?** (*warum bekomme ich das?*) bunu niçin bana veriyorsun ki?; (*warum sollte ich es tun?*) bunu niçin yapayım ki?; **dazu|geben** [-'---] *irr vt* üstüne koymak
dazugehörige(r, s) *adj* buna ait olan, ona

ait olan; **dazu|gehören*** *vi* ona ait olmak; **das gehört eben auch dazu** bu da ona ait işte; **es gehört schon einiges dazu** bunu yapmak epey yürek ister

dazu|gesellen* *vr:* **sich** ~ katılmak (*zu* -e); **dazu|kommen** *irr vi sein* **1.** (*ankommen*) (üstüne) gelmek **2.** (*hinzugefügt werden*) üstüne gelmek (*zu* -in); **dazu kommt noch, dass er gelogen hat** bunun üstüne bir de yalan söylemiş olduğu geliyor, bu yetmiyormuş gibi bir de yalan söylemiş; **dazu|lernen** *vt:* **man kann immer noch etw** ~ insan her zaman yeni bir şeyler daha öğrenebilir; **dazumal** *adv* (*damals*) o zamanlar; **anno** ~ fi tarihinde; (*einstmals*) bir zamanlar; **dazu|tun** *irr vt* katmak, üstüne koymak

dazwischen ['da:tsvɪʃən, da'tsvɪʃən] *adv* **1.** (*räumlich*) aralarında **2.** (*zeitlich*) arada; **es liegen einige Jahre** ~ aradan birkaç yıl geçti; **dazwischen|kommen** *irr vi sein* **1.** (*hineinreichen*) arasına girmek; **mit der Hand komme ich dazwischen** elimle arasına girerim **2.** (*Ereignis, Problem, Aufgabe*) araya girmek; **mir ist leider etwas dazwischengekommen** maalesef araya bir iş girdi; **dazwischen|reden** *vi* söze karışmak; **dazwischen|treten** *irr vi* (*eingreifen*) araya girmek

DB [de:'be:] *f Abk. von* **Deutsche Bahn** Almanya Demir Yolları *pl*

DDR [de:de:'ʔɛr] *f* (HIST) *Abk. von* **Deutsche Demokratische Republik** Almanya Demokratik Cumhuriyeti

D-Dur *nt ohne Pl* <-> (MUS) re majör

Deal ['di:l] *m* <-s, -s> (*sl*) ticaret; (*Geschäft*) iş

dealen ['di:lən] *vi* uyuşturucu madde alıp satmak

Dealer(in) *m(f)* <-s, -; -nen> (*fam: Drogen~*) torbacı, uyuşturucu madde alıp satan kimse

Debatte [de'batə] *f* <-n> tartışma; (POL) görüşme; **etw zur ~ stellen** bir şey tartışma konusu olmak; **was steht zur ~?** neyi görüşüyoruz?

debattieren* *vi, vt* görüşmek (*über* -), tartışmak (*über* -)

Debüt [de'by:] *nt* <-s, -s> sahneye ilk çıkış, halkın önüne ilk çıkış; **sein ~ geben** halkın önüne ilk kez çıkmak

dechiffrieren* [deʃɪ'fri:rən] *vt* deşifre etmek

Deck [dɛk] *nt* <-(e)s, -s> **1.** (NAUT) güverte; **alle Mann an ~!** herkes güverteye! **2.** (*Parkhaus~*) kat

Deckblatt *nt* **1.** (PUBL: *Titelblatt*) baş sayfa **2.** (BOT) gonca yaprağı **3.** (*von Zigarre*) puronun en üst yaprağı **4.** (*Spielkarte*) destenin en üst kâğıdı

Decke ['dɛkə] *f* <-n> **1.** (*Woll~*) battaniye; (*Bett~*) yorgan; (*Tages~*) örtü; (*Pferde~*) örtü; **mit jdm unter einer ~ stecken** (*fam fig*) biriyle danışık dövüşlü olmak **2.** (*Tisch~*) örtü **3.** (*Zimmer~*) tavan; **an die ~ gehen** (*fam fig*) küplere binmek; **jdm fällt die ~ auf den Kopf** (*fam fig*) birine sıkıntı basmak **4.** (*Asphalt~*) kaplama **5.** (*Mantel eines Autoreifens*) kaplama

Deckel ['dɛkəl] *m* <-s, -> **1.** (*von Gefäßen*) kapak **2.** (*Buch~*) kılıf **3.** (*fam: Hut*) kafalık; **eins auf den ~ kriegen** (*fam fig*) kafasına bir tane yemek

decken ['dɛkən] **I.** *vt* **1.** (*be~*) örtmek; (*zu~*) örtmek; **ein Tuch über etw** ~ bir şeyi bezle örtmek **2.** (*Bedarf*) karşılamak; (*Nachfrage*) karşılamak **3.** (*Tisch*) kurmak; **den Tisch** ~ sofrayı kurmak **4.** (*Dach*) aktarmak, döşemek; **ein Dach mit Ziegeln** ~ bir çatıya kiremit döşemek **5.** (SPORT) marke etmek **6.** (*ein Verbrechen*) örtbas etmek **7.** (FIN: *Scheck*): **der Scheck ist nicht gedeckt** çekin karşılığı yoktur, çek açıktır **8.** (ZOOL: *weibliche Tiere*) erkeğiyle çiftleştirmek; (*Küche*) keleye çekmek, boğaya çekmek; (*Stuten*) aygırla çiftleştirmek **II.** *vr:* **sich** ~ (*übereinstimmen*) örtüşmek, birbirini tutmak

Deckenbeleuchtung *f* tavan ışığı

Deckflügel *m* (ZOOL) kın kanat; **Deckglas** *nt* lâmel; **Deckmantel** *m* kisve; **unter dem ~ der Demokratie/Hilfsbereitschaft** demokrasi/hayırseverlik kisvesi altında; **Deckname** *m* takma ad

Deckung ['dɛkʊŋ] *f ohne Pl* **1.** (MIL) siper, sütre; **jdm ~ geben** birini korumak; **in ~ gehen** sipere yatmak **2.** (*von Bedarf, Scheck*) karşılık; **der Scheck hat keine ~** çekin karşılığı yok **3.** (*Übereinstimmung*) uyum; **unterschiedliche Standpunkte zur ~ bringen** farklı görüşlerde uyum sağlamak **4.** (SPORT: *der Spieler*) markaj; (*Verteidigung*) defans; **deckungsgleich** *adj* eşlenik

Decoder [di'kɔʊdɐ] *m* <-s, -> (INFORM, TV) dekoder

Deduktion *f* (PHILOS) tümden gelim

defekt [de'fɛkt] *adj* bozuk; (*nicht funktionstüchtig*) bozuk, arızalı

Defekt *m* <-(e)s, -e> **1.** (TECH) bozukluk **2.** (MED) bozukluk

defensiv [defɛn'zi:f] *adj:* ~ **fahren** rizikoya girmeden araba sürmek; ~ **spielen** defansta oynamak

Defensive [defɛn'zi:və] *f* <-n> savunma; (SPORT) defans; **in die ~ gehen** savunmaya geçmek

Defilee *nt* resmigeçit, geçit töreni

defilieren* [defi'liːrən] *vi* resmigeçit yapmak
definieren* [defi'niːrən] *vt* tanımlamak
Definition [defini'tsjoːn] *f* <-en> tanım
definitiv [defini'tiːf] *adj* kesin
Defizit ['deːfitsɪt] *nt* <-s, -e> **1.** (WIRTSCH) açık **2.** (*Mangel*) eksiklik (*an* -de); **die Partei hat ein ~ an Popularität** partinin popülarite eksikliği var
Deflation [defla'tsjoːn] *f* <-en> (WIRTSCH) deflâsyon
Deformation *f* <-en> (PHYS, MED) deformasyon
deformieren* [defɔr'miːrən] *vt* deforme etmek, biçimini bozmak (-in)
Defroster *m* defroster, buzçözer
deftig ['dɛftɪç] *adj* **1.** (*Essen*) besleyici; (*Ohrfeige*) kuvvetli **2.** (*Spaß*) kaba saba
Degen ['deːgən] *m* <-s, -> **1.** epe **2.** (SPORT: *Fechten*) kılıç
degenerieren* [degene'riːrən] *vi sein* (*a.* BIOL, MED) dejenere olmak, soysuzlaşmak
degradieren* [degra'diːrən] *vt* (*a.* MIL) rütbesini indirmek (-in, *zu* -e)
dehnbar ['deːnbaːɐ] *adj* **1.** (*Material*) esnek, elâstikî; (*in die Länge*) uzar; (PHYS) genişler **2.** (*Begriff*) lâstikli
dehnen ['deːnən] **I.** *vt* **1.** (*Material*) genişletmek; (PHYS) genleştirmek; (MED: *Bänder*) esnetmek **2.** (*Laute*) uzatmak **II.** *vr:* **sich ~ 1.** (*weiter werden*) genişlemek; (PHYS) genleşmek **2.** (*sich recken*) gerinmek **3.** (*lange dauern*) uzamak
Dehnungszeichen *nt* (LING) uzatma işareti
Deich [daɪç] *m* <-(e)s, -e> set, bent
Deichsel ['daɪksəl] *f* <-n> arış
dein, deine, dein [daɪn] *pron* (*adjektivisch*) (senin) ...in; **~ Mantel/Buch** (senin) palton/kitabın; **~e Freunde/Eltern** (senin) dostların/annen baban; **viele Grüße, ~ Peter** selâmlar, Peter'in; **du rauchst wohl auch so ~e drei Schachteln am Tag** sen de günde üç paket içiyorsundur
deine(r, s) ['daɪnə, -nɐ, -nəs] *pron* (*substantivisch*) seninki; **die ~n** seninkiler; **der Wagen in der Einfahrt, ist das ~r?** girişteki araba seninki mi?; *s. a.* **dein, deine, dein**
deiner *pron gen von* **du** seni; **wir werden stets ~ gedenken** (*geh*) seni her zaman anacağız
deinerseits ['daɪnɐzaɪts] *adv* senden, senin tarafından; **du musst auch ~ etw tun** senden de bir şeyler gelmesi gerekiyor, sen de bir şeyler yapmak zorundasın
deinesgleichen ['daɪnəs'glaɪçən] *pron* senin gibiler; **~ kenne ich schon allzu gut** senin gibileri ben çok iyi bilirim
deinetwegen *adv* senin için; (*negativ*) senin yüzünden
deinetwillen ['daɪnət'vɪlən] *adv:* **um ~** senin için
deinige ['daɪnɪgə] *pron:* **der/die/das ~** *geh für* **deine(r, s)** seninki; **die ~n** seninkiler
deins *pron s.* **deine(r, s)**
Dekade [de'kaːdə] *f* <-n> on günlük süre
dekadent [deka'dɛnt] *adj* dejenere
Dekadenz *f ohne Pl* dejenerelik, yozluk; (LIT) dekadanlık
Dekan(in)[1] [de'kaːn] *m(f)* <-s, -e; -nen> (UNIV) dekan
Dekan[2] *m* <-s, -e> (REL) baş papaz
Dekanat [deka'naːt] *nt* <-(e)s, -e> (UNIV) dekanlık; (REL) baş papazlık
deklamieren* [dekla'miːrən] *vt* inşat etmek, yüksek sesle okumak
deklarieren* [dekla'riːrən] *vt* deklare etmek
deklinabel *adj* (LING) çekimli
Deklination [deklina'tsjoːn] *f* <-en> (LING) çekim; **Deklinationsendung** *f* <-en> (LING) çekim eki
deklinierbar *adj* (LING) çekimli
deklinieren* [dekli'niːrən] *vt* (LING) çekmek
dekodieren* [deko'diːrən] *vt* (INFORM) dekode etmek
Dekolletee[RR] [dekɔl'teː] *nt* <-s, -s>, **Dekolleté** *nt* <-s, -s> dekolte
Dekor[1] [de'koːɐ] *m* <-s, -s *o* -e> (*Verzierung*) süsleme
Dekor[2] [de'koːɐ] *nt ohne Pl* <-s> (THEAT) dekor
Dekorateur(in) [dekora'tøːɐ] *m(f)* <-s, -e; -nen> dekoratör
Dekoration [dekora'tsjoːn] *f* <-en> dekorasyon, süs
Dekorationsmaler(in) *m(f)* bezekçi, nakkaş
dekorativ [dekora'tiːf] *adj* dekoratif
dekorieren* [deko'riːrən] *vt* dekore etmek, süslemek, bezemek
Dekret [de'kreːt] *nt* <-(e)s, -e> resmî karar, kararname, resmî emir(name), buyruk
Delegation [delega'tsjoːn] *f* <-en> delegasyon
delegieren* [dele'giːrən] *vt* delege olarak atamak (*an* -e)
Delegierte(r) [dele'giːɐtɐ] *mf* <-n, -n; -n> delege
Delfin[RR] *m* <-s, -e> *s.* **Delphin** yunus balığı
delikat [deli'kaːt] *adj* (*geh*) **1.** (*Speisen*) lezzetli; (*Mensch*) nazik, narin **2.** (*heikel*) nazik
Delikt [de'lɪkt] *nt* <-(e)s, -e> (JUR) suç; (*unerlaubte Handlung*) haksız fiil

D

Delikatesse [delika'tɛsə] *f* <-n> **1.** (*Leckerbissen*): **das Gericht war eine ~** yemek enfesti **2.** *ohne Pl* (*geh: Behutsamkeit*) özen; (*Zartgefühl*) naziklik

Delinquent(in) [delɪŋ'kvɛnt] *m(f)* <-en, -en; -nen> (*geh*) suçlu, fail

Delirium [de'li:riʊm] *nt* <-s, Delirien> sabuklanma, hezeyan

Delphin [dɛl'fi:n] *m* <-s, -e> (ZOOL) yunus balığı

Delta[1] ['dɛlta] *nt* <-s, -s *o* Delten> (GEO) delta, çatal ağız

Delta[2] *nt* <-(s), -s> (*griechischer Buchstabe*) delta

Deltamuskel *m* (ANAT) delta kası

Delten *Pl von* **Delta**[1]

dem [de(:)m] *art def, pron, pron dat von* **der, das** *s.* **der, die, das**

Demagoge, -in [dema'go:gə] *m, f* <-n, -n; -nen> demagog; (*pej*) halk dalkavuğu, halk avcısı

Demagogie [demago'gi:] *f* <-n> demagoji; (*pej*) halk avcılığı

demagogisch *adj* (*pej*) demagojik

demaskieren* [demas'ki:rən] *vt* maskesini düşürmek (-in); **jdn ~** birinin maskesini kaldırmak; **sich ~** (kendi) maskesini atmak

Dementi [de'mɛnti] *nt* <-s, -s> yalanlama

dementieren* *vt* yalanlamak

dementsprechend ['de:mʔɛnt'ʃprɛçənt] **I.** *adj* ona uygun **II.** *adv* ona göre; **sie wurden ~ behandelt** ona göre muamele gördüler

demgegenüber ['---'--] *adv* buna karşılık olarak; (*andererseits*) öte yandan, diğer taraftan

Demission [demɪ'sjo:n] *f* <-en> (POL: *Rücktritt*) istifa

demnach ['--] *adv* demek ki, şu hâlde, öyle ise; **~ warst du gestern dort** demek ki dün oradaydın

demnächst [de:m'nɛ:kst] *adv* yakında

Demo ['de:mo] *f* <-s> **1.** (*fam: Demonstration*) gösteri **2.** (INFORM: *Demonstrationsprogramm*) demo

Demokrat(in) [demo'kra:t] *m(f)* <-en, -en; -nen> demokrat

Demokratie [demokra'ti:] *f* <-n> demokrasi

demokratisch [demo'kra:tɪʃ] *adj* demokratik; (*Person*) demokrat

demokratisieren* [demokrati'zi:rən] *vt* demokratikleştirmek

Demokratisierung *f* <-en> demokratikleşme

demolieren* [demo'li:rən] *vt* yıkmak, kırıp dökmek, tahrip etmek

Demonstrant(in) [demɔn'strant] *m(f)* <-en, -en; -nen> gösterici

Demonstration [demɔnstra'tsjo:n] *f* <-en> **1.** (*Protestmarsch*) gösteri yürüyüşü (*für* için, *gegen* karşı) **2.** (*geh: Bekundung*) gösteri, gösterme

demonstrativ [demɔnstra'ti:f] **I.** *adj* gösterici **II.** *adv* göstere göstere; **Demonstrativpronomen** *nt* (LING) gösterme zamiri, işaret zamiri

demonstrieren* **I.** *vi* (*protestieren*) gösteri (yürüyüşü) yapmak (*für* için, *gegen* -e karşı) **II.** *vt* (*bekunden*) göstermek

demontieren* *vt* sökmek

demoralisieren* [demorali'zi:rən] *vt* moralini bozmak (-in)

demselben *pron dat von* **derselbe, dasselbe** *s.* **derselbe, dieselbe, dasselbe**

Demut ['de:mu:t] *f ohne Pl* alçak gönüllülük, huşu; **in ~** huşu içinde [*o* ile]

demütig ['de:my:tɪç] *adj* alçak gönüllü

demütigen *vt* küçük düşürmek; (*beschämen*) utandırmak

Demütigung *f* <-en> küçük düşürme

demzufolge ['--'--] *adv* (*folglich*) ondan dolayı, bundan dolayı, bu yüzden

den *art def, pron, pron akk von* **der** *dat von Pl* **die** *s.* **der, die, das**

denen *pron, pron dat von Pl* **die** *s.* **der, die, das**

Den Haag *nt* <-s> Lâhey

denkbar **I.** *adj* düşünülebilecek, akla gelebilecek **II.** *adv* (*äußerst*) son derece; (*möglichst*) mümkün mertebe; **ein ~ günstiges Angebot** son derece uygun bir teklif

denken ['dɛŋkən] <denkt, dachte, gedacht> **I.** *vi* **1.** (*überlegen*) düşünmek (*an -, über/von -*); **laut ~** (*fam*) içinden konuşmak; **das gibt mir zu ~** bu beni düşündürüyor; **solange ich ~ kann** bildim bileli; **ich denke nicht daran, dass zu tun!** bunu yapmayı düşünmüyorum!; **ich darf gar nicht daran ~** onu hiç düşünmek [*o* aklıma getirmek] istemiyorum; **wie denkst du darüber?** sen buna [*o* bu işe] ne diyorsun? **2.** (*sich erinnern*) düşünmek (*an -*), aklından geçirmek (*an -*); **denk daran!** hatırında tut!, unutma onu!, aklından çıkarma!; **wenn ich so an früher denke** eski günleri aklımdan geçirdiğim zaman **3.** (*annehmen*): **wer hätte das gedacht** kim düşünürdü bunu, kimin aklına gelirdi bu; **ich denke schon** olabilir; **denkste!** (*fam*) sen öyle zannet! **4.** (*wollen*) istemek; **ganz wie Sie ~** nasıl isterseniz!; **wo ~ Sie hin!** bir düşünsenize! **II.** *vt* (*sich vorstellen*) düşünmek, aklından geçirmek, göz önüne getirmek; **was denkst du gerade?** şu anda ne düşünüyorsun?; **das hätte ich nicht von ihm gedacht!** bunu ondan beklemezdim!, onun bunu yapacağını aklımdan geçirmezdim!; **wie hast du dir das gedacht?** bunu nasıl düşünüyorsun?; **das kann ich mir** ~ bunu düşünebiliyorum, bunu gözümün önüne getirebiliyorum; **ich habe mir nichts Böses dabei gedacht** onu yaparken hiçbir kötülük düşünmedim; **für jdn/etw gedacht sein** bir kimse/şey için düşünülmüş olmak

Denken *nt ohne Pl* <-s> **1.** (*Nach~*) düşünme **2.** (*logisches ~*) mantıksal düşünme; **positives** ~ olumlu düşünme

Denker(in) *m(f)* <-s, -; -nen> düşünür; **Denkfehler** *m* mantık hatası

Denkmal ['dɛŋkma:l] *nt* <-s, -mäler *o* -e> anıt; **jdm ein** ~ **setzen** birini anıtlaştırmak; **Denkmal(s)schutz** *m ohne Pl* <-es> anıtların korunması; **etw unter** ~ **stellen** bir şeyi anıt olarak korumak

Denksportaufgabe *f* bilmece

denkwürdig *adj* anılmaya değer; **Denkzettel** *m* ibret, ders; **jdm einen** ~ **verpassen** birine ders vermek

denn [dɛn] **I.** *part* ki; **was ist** ~ **passiert?** ne oldu ki?; **warum/wo** ~**?** neden/nerede ki?; **wieso** ~ **nicht?** niçin olmasın ki?; **kannst du** ~ **nicht aufpassen?** dikkat edemez misin ki?; **geschweige** ~ şöyle dursun, nerde kaldı ki, bir yana; **was soll** ~ **das heißen?** bu da ne demek? **II.** *konj* **1.** (*weil*) çünkü; **ich wollte gehen,** ~ **es wurde schon dunkel** gitmek istedim, çünkü hava kararmaya başlamıştı; **es sei** ~**, dass ...** meğerki ... **2.** (*geh: als*) -den; **mehr** ~ **je** herşeyden çok

dennoch ['dɛnɔx] *adv* bununla birlikte, gene de, rağmen; **er war schwer krank,** ~ **wollte er aufstehen** ağır hasta idi, gene de (ayağa) kalkmak istedi

denselben *pron, pron akk von* **derselbe** *dat von* **dieselben** *s.* **derselbe, dieselbe, dasselbe**

Denunziant(in) [denʊn'tsjant] *m(f)* <-en, -en; -nen> (*pej*) jurnalci, gammaz

denunzieren* [denʊn'tsi:rən] *vt* (*pej*) gammazlamak, jurnal etmek

Deo ['de:o] *nt* <-s, -s>, **Deodorant** [deodo'rant] *nt* <-s, -e *o* -s> deodoran; **Deoroller** *m* sürtop deodoran; **Deospray** *m* deodoran spreyi

Departement [departə'mã:] *nt* <-s, -s> (ADMIN: *Frankreich, Schweiz*) departman

Depesche [de'pɛʃə] *f* <-n> telgraf

Deponie [depo'ni:] *f* <-n> (*Müll~*) çöplük

deponieren* *vt* bırakmak, tevdi etmek

deportieren* [depɔr'ti:rən] *vt* sürgüne göndermek

Depot [de'po:] *nt* <-s, -s> **1.** (*für Waren*) depo, ardiye; (*Aktien~*) portföy **2.** (*Fahrzeugpark*) depo **3.** (GASTR: *bei Wein*) tortu **4.** (*Schweiz: Flaschenpfand*) depozito

Depression [deprɛ'sjo:n] *f* <-en> **1.** (PSYCH) depresyon, ruhî çöküntü, ruh çöküntüsü; (*Niedergeschlagenheit*) çöküntü **2.** (WIRTSCH) bunalım; (*Tiefstand*) çöküntü **3.** (METEO) alçak basınç **4.** (GEO) çöküntü alanı

depressiv *adj* **1.** (*Stimmung*) kasvetli **2.** (WIRTSCH) bunalımlı

deprimieren* [depri'mi:rən] *vt* kasvet vermek (-e)

Deputierte(r) [depu'ti:ɐtɐ] *mf* <-n, -n; -n> (POL) delege

der *art def, pron gen/dat von* **die** *gen von Pl* **die** *s.* **der, die, das**

der, die, das [de:ɐ, di:, das] <die> **I.** *art def* o, bu, onlar *pl,* bunlar *pl* **II.** *pron* **1.** (*adjektivisch: hier*) buradaki, buradakiler *pl;* (*da*) oradaki, oradakiler *pl;* **das Kind dort** oradaki çocuk **2.** (*substantivisch*) bu, o, bunlar *pl,* onlar *pl;* **was ist das?** bu ne(dir)?, bunlar ne(dir)?; **das hier/da** buradaki/oradaki; ~**/die dort** oradaki/oradakiler; **das bin ich** bu benim; ~ **mit dem Koffer** bavullu olanı; **ist das Ihr Auto?** bu sizin otomobiliniz mi?; **wie dem auch sei** her nasılsa; **ich bin mir dessen bewusst** ben bunun farkındayım; **nach dem, was ich gehört habe** duyduklarımdan sonra; *s. a.* **diese(r, s), jene(r, s), derjenige** **III.** *pron:* **der Mensch,** ~ **das getan hat** bunu yapan insan; **der Mann, bei dem er wohnt** yanında oturduğu adam; **der Nachbar, dessen Hund so oft bellt** köpeği öyle sık havlayan komşu

derart ['--] *adv* öylesine; ~**, dass ...** öylesine ki ...

derartig **I.** *adj* öyle **II.** *adv* öyle, o denli, o kadar; **er schnarchte** ~**, dass ...** öyle bir horladı ki ...

derb [dɛrp] *adj* **1.** (*kräftig*) kuvvetli **2.** (*stabil*) sert **3.** (*Ausdruck*) kaba **4.** (*Person*) kaba

Derby ['dɛrbi] *nt* <-s, -s> (SPORT) at yarışı

deren ['de:rən] *pron, pron gen von* **die** *s.* **der, die, das**

derentwegen ['de:rənt've:gən] *adv* (*relativisch*) onların yüzünden; (*demonstrativisch*) onlar için; **derentwillen** ['de:rənt'vɪlən] *adv:* **um** ~ (*ihr zuliebe*) onun hatırı için; (*ihnen zuliebe*) onların hatırı için

derer ['de:rɐ] *pron gen von Pl* **die** *s.* **der, die, das**

dergestalt ['---] *adv* (*geh*) o kadar; (*so*) öyle; ~**, dass ...** o kadar ki ..., öyle ki ...

dergleichen ['-'--] *pron* ona benzer, onun gibi; **und** ~ **mehr** ve benzerleri

D

derjenige, **diejenige**, **dasjenige** ['deːɐjeːnɪgə, 'diːjeːnɪgə, 'dasjeːnɪgə] <diejenigen> *pron* (*hier*) bu; (*weiter entfernt*) o, şu; ~, **der am lautesten schreit** en yüksek sesle bağıran kimse; ~ **Schüler, der das getan hat** bunu yapmış olan öğrenci; **ist das ~, welcher es gemacht hat?** (*fam*) onu yapan bu mu?

derjenigen *pron dat/gen von* **diejenige** *gen von* **diejenigen** *s.* **derjenige**, **diejenige**, **desjenige**

derlei ['deːɐ'laɪ] *pron inv s.* **dergleichen**

dermaßen ['deːɐ'maːsən] *adv* o kadar; ~, **dass …** o kadardı ki …; **die Freude war ~ groß** sevinci o kadar büyüktü ki

Dermatologe, **-in** *m, f* dermatolog

Dermatologie *f ohne Pl* dermatoloji

derselbe, **dieselbe**, **dasselbe** [deːr'zɛlbə, diː'zɛlbə, das'zɛlbə] <dieselben> *pron* aynı; **auf dasselbe herauskommen** [*o* **herauslaufen**] aynı kapıya çıkmak; **er ist immer noch ganz** ~ hâlâ aynı, hiç değişmemiş; **das ist doch ein und dasselbe** bu başka bir şey değil ki, bu aynı şey işte

derweil(en) ['deːɐ'vaɪl(ən)] **I.** *adv* bu arada **II.** *konj* bu arada

derzeit ['--] *adv* şu anda; **die ~ beste Methode** şu anda en iyi yöntem

derzeitig *adj* şimdiki; **der ~e Regierungschef** şimdiki hükümet başkanı

des [dɛs] *art def gen von* **der, das** *s.* **der**, **die**, **das**

Des [dɛs] *nt ohne Pl* <-> (MUS) re bemol

Desaster [de'zastɐ] *nt* <-s, -> felâket

Deserteur(in) [dezɛr'tøːɐ] *m(f)* <-s, -e; -nen> asker kaçağı

desertieren* *vi haben o sein* askerden kaçmak

desgleichen [dɛs'glaɪçən] *adv* aynısı

deshalb ['--] *adv* onun için, bundan dolayı; **ich habe das ~ getan, weil ich es für richtig halte** bunu doğru bulduğum için yaptım; ~ **frage ich ja** onun için soruyorum ya; **gerade** ~ onun için işte, bundan dolayı işte

Design [di'zaɪn] *nt* <-s, -s> dizayn, tasarım; (*computerunterstütztes* ~ INFORM) bilgisayar destekli tasarım

Designer(in) *m(f)* <-s, -; -nen> dizayncı; (*Mode~*) desinatör, stilist

Desinfektion [dezɪnfɛk'tsjoːn] *f* <-en> dezenfektasyon; **Desinfektionsmittel** *nt* dezenfektan

desinfizieren* *vt* dezenfekte etmek

Desinteresse ['dɛsʔɪntərɛsə] *nt ohne Pl* <-s> meraksızlık (*an/für* -e/-e), ilgisizlik (*an/für* -e/-e)

desinteressiert ['dɛsʔɪntərɛsiːɐt] *adj* meraksız (*an/für* -e/-e), ilgisiz (*an/für* -e/-e); **ich bin an dieser Sache völlig** ~ benim bu işe hiç meraklı değilim

Desktoppublishing *nt* masa üstü yayıncılık

desorientiert *adj* yönsüz, yönünü şaşırmış, şaşkın

Despot(in) [dɛs'poːt] *m(f)* <-en, -en; -nen> despot

despotisch *adj* despotik

desselben [-'--] *pron gen von* **derselbe, dasselbe** *s.* **derselbe**, **dieselbe**, **dasselbe**

dessen ['dɛsən] *pron, pron gen von* **der, das** *s.* **der**, **die**, **das**

dessenungeachtet ['dɛsənʔʊngə'ʔaxtət] *adv s.* **ungeachtet**

Dessert [dɛ'sɛːɐ] *nt* <-s, -s> soğukluk

Dessous [dɛ'suː] *nt* <-, -> kadın iç çamaşırı

Destillat [dɛstɪ'laːt] *nt* <-(e)s, -e> (CHEM) damıtık madde

destillieren* [dɛstɪ'liːrən] *vt* (CHEM) damıtmak

Destillierkolben *m* (CHEM) damıtıcı, imbik

desto ['dɛsto] *konj* daha, ne kadar; ~ **besser!** (çok) daha iyi!; **je mehr … ~ mehr …** ne kadar … ise o kadar …; **je früher, ~ besser** ne kadar erken olursa, o kadar iyi

destruktiv [destrʊk'tiːf, '---] *adj* yıkıcı

deswegen ['dɛs'veːgən] *adv s.* **deshalb**

Detail [de'taɪ] *nt* <-s, -s> detay, ayrıntı; **ins ~ gehen** ayrıntılara inmek

detailliert **I.** *adj* detaylı, ayrıntılı; **~e Suche** (INFORM) detaylı arama **II.** *adv* detaylı olarak, ayrıntılı olarak

Detektei *f* <-en> detektif bürosu

Detektiv(in) [detɛk'tiːf] *m(f)* <-s, -e; -nen> detektif

Detektivroman *m* (LIT) polisiye roman

Detektor *m* <-s, -en> detektör

Detonation [detona'tsjoːn] *f* <-en> patlama

detonieren* *vi sein* patlamak

deuten ['dɔɪtən] **I.** *vi* **1.** (*zeigen*) işaret etmek (*auf* -e) **2.** (*hinweisen*) göstermek (*auf* -); **alles deutet darauf hin, dass …** her şey şunu gösteriyor ki … **II.** *vt* (*Text*) anlam çıkarmak (-den); (*Sterne*) yorumlamak

Deuterium *nt ohne Pl* <-s> (CHEM) döteryum

deutlich ['dɔɪtlɪç] **I.** *adj* **1.** (*klar*) açık, belirgin; (*Handschrift*) okunaklı; **jdm etw ~ machen** birine bir şeyi açıklamak [*o* belirtmek]; **jdm etw klar und ~ sagen** birine bir şeyi açık ve seçik söylemek **2.** (*eindeutig*) apaçık, besbelli **II.** *adv* (*spürbar*) açıkça; **hier ist es ~ kälter** burası açıkça daha soğuk, buranın daha soğuk olduğu belli oluyor

Deutlichkeit *f ohne Pl* **1.** (*Klarheit*) açıklık,

belirginlik **2.** (*Nachdruck*) kesinlik; **etw mit aller ~ sagen** bir şeyi kesinlikle söylemek

deutsch [dɔɪtʃ] *adj* Alman; **D~e Mark** (HIST) Alman markı

Deutsch(e) *nt ohne Pl* <-en *o* -(s)> Almanca; **~ sprechen/lernen** Almanca konuşmak/öğrenmek; **etw ins ~e/aus dem ~en übersetzen** bir şeyi Almancaya/Almancadan çevirmek; **wir haben uns auf ~ unterhalten** biz Almanca konuştuk; **auf gut ~ gesagt** kaba Almancası, açıkçası

Deutschamerikaner(in) *m(f)* Alman kökenli Amerikalı

Deutsche(r) *mf* <-n, -n; -n> Alman

Deutschland *nt* <-s> Almanya; **das vereinte/vereinigte ~** birleşik/birleşmiş Almanya

Deutschländer(in) *m(f)* Almancı, *Bezeichnung für Türken, die in Deutschland leben*

deutschsprachig ['dɔɪtʃʃpra:xɪç] *adj* Almanca konuşulan, Almanca dilindeki

deutschsprachlich *adj* Almanca dilinde olan, Almanca dilinde yapılan; **~er Unterricht** Almanca (dilinde yapılan) ders

deutschsprechend *adj* Almanca konuşan; **deutschstämmig** *adj* Alman kökenli

Deutung *f* <-en> yorum

Deuxpièces [dø'piɛ:s] *nt* <-, -> döpiyes

Devise [de'vi:zə] *f* <-n> **1.** (*Wahlspruch*) parola **2.** *Pl* (*Währung*) döviz; **Devisenhandel** *m* (FIN) kambiyo, döviz alım satımı

Dezember [de'tsɛmbɐ] *m* <-(s)> aralık; *s. a.* **März**

dezent [de'tsɛnt] *adj* **1.** (*feinfühlig*) nazik; (*vornehm-zurückhaltend*) kibar; **die Räume sind ~ eingerichtet** odalar kibarca döşenmiş **2.** (*Farbe*) göze batmayan; (*Musik*) kulağa hoş gelen

Dezernat [detsɛr'na:t] *nt* <-(e)s, -e> şube, masa

Dezernent(in) [detsɛr'nɛnt] *m(f)* <-en, -en; -nen> şube başkanı, masa başkanı

Dezigramm *nt* desigram

Deziliter ['de:tsili:tɐ, detsi'li:tɐ] *m o nt* <-s, -> desilitre

dezimal [detsi'ma:l] *adj* ondalık; **Dezimalbruch** *m* (MATH) ondalık kesir; **Dezimalstelle** *f* (MATH) ondalık sayı; **Dezimalsystem** *nt ohne Pl* <-s> (MATH) ondalık sayı sistemi; **Dezimalzahl** *f* <-en> (MATH) ondalık sayı

Dezimeter ['de:tsime:tɐ, detsi'me:tɐ] *m o nt* <-s, -> desimetre

dezimieren* [detsi'mi:rən] *vt* kırıp geçirmek, büyük bir kısmını yok etmek

DFÜ [de:ʔɛf'ʔy:] *f* (INFORM, TEL) *Abk. von* **Datenfernübertragung** veri uz aktarımı

DGB [de:ge:'be:] *m* <-> *Abk. von* **Deutscher Gewerkschaftsbund** Alman Sendikalar Birliği

d.h. *Abk. von* **das heißt** yani

Dia ['di:a] *nt* <-s, -s> diyapozitif, slâyt

Diabetes [dia'be:tɛs] *m ohne Pl* (MED) diyabet; (*Zuckerkrankheit*) şeker hastalığı

Diabetiker(in) [dia'be:tikɐ] *m(f)* <-s, -; -nen> (MED) şeker hastası

diabolisch [dia'bo:lɪʃ] *adj* (*geh*) şeytanî, şeytanca

Diadem [dia'de:m] *nt* <-s, -e> alınlık

Diagnose [dia'gno:zə] *f* <-n> (MED, PSYCH) teşhis; **eine ~ stellen** teşhis koymak

diagnostizieren* [diagnɔsti'tsi:rən] *vt* teşhis etmek, teşhis koymak (-e)

diagonal [diago'na:l] *adj* diyagonal, köşegen

Diagonale *f* <-n> (MATH) köşegen

Diagramm [dia'gram] *nt* <-s, -e> diyagram

Diakon[1] *m* <-s *o* -en, -e *o* -en> (*katholisch, orthodox, anglikanisch*) diyakoz

Diakon(in)[2] [dia'ko:n] *m(f)* <-s *o* -en, -e *o* -en; -nen> (*evangelisch*) diyakoz

Diakonie *f ohne Pl* (REL) diyakozluk, cemaat çalışması

Diakonissin *f* <-nen> cemaat hemşiresi

Dialekt [dia'lɛkt] *m* <-(e)s, -e> lehçe

dialektal *adj* (LING) lehçel

Dialektik *f ohne Pl* (PHILOS) diyalektik, eytişim

Dialog [dia'lo:k] *m* <-(e)s, -e> (*a.* INFORM) diyalog

Diamant [dia'mant] *m* <-en, -en> elmas; **Diamantring** *m* elmas yüzük

Diaprojektor ['-----] *m* (FOTO) slâyt projektörü

Diaspora *f ohne Pl* diaspora

Diät [di'ɛ:t] *f* <-en> **1.** (*Abmagerungskur*) perhiz, rejim, diyet; **streng ~ leben** sıkı perhiz yapmak; **eine ~ machen** rejim yapmak, perhiz yapmak; **jdn auf ~ setzen** birine rejim yaptırmak **2.** *Pl* (POL) huzur hakkı

Diätkur *f* (MED) rejim

Diavortrag *m* slâytlı konferans

dich [dɪç] **I.** *pron akk von* **du** seni; (*betont*) sen; **ich sehe ~ nachher** sonra görüşürüz; **~ wollte ich fragen** sana sormak istiyordum; **es geht um ~** bu seni ilgilendiriyor; **pass auf ~ auf!** kendine dikkat et! **II.** *pron akk von* **du: benimm ~!** uslu ol!

dicht [dɪçt] **I.** *adj* **1.** (*Verkehr*) yoğun; (*Nebel*) kalın, yoğun; (*Haar*) sık; (*Wald*) deli, çok sık ve gür; **~ gedrängt** sıkışık **2.** (*undurchlässig*) geçirmez; (*wasser~*) su geçirmez **3.** (*fam: geschlossen*) kapalı **4.** (*Wend*): **nicht ganz ~ sein** (*fam fig*) kafadan hafif çatlak olmak **II.** *adv* (*nahe*): **~ an** [*o* **bei**], **~ an ~ stehen** yanyana durmak; ~ **davor/daneben** hemen önünde/ yanında

Dichte *f* <-n> (*a.* PHYS) yoğunluk

dichten ['dɪçtən] *vi, vt* **1.** (*verfassen*) kaleme almak; (*Gedichte*) şiir yazmak **2.** (*Leck*) tıkamak; (*Wasserhahn*) contalamak

Dichter(in) *m(f)* <-s, -; -nen> şair

dichterisch *adj* şairane

dichtgedrängt *adj s.* **dicht I.1.**; **dicht|halten** *irr vi* (*fam*) ağzını (sıkı) tutmak, çenesini tutmak; **er hat nicht dichtgehalten** çenesini tutamadı; **dicht|machen** *vi, vt* (*fam: Laden, Fabrik*) kapamak; (*Grenze, Strecke*) kapamak

Dichtung *f* <-en> **1.** (*Gattung*) şiir **2.** (*Gedicht*) şiir, manzume **3.** (TECH) conta

dick [dɪk] *adj* **1.** (*von großer Masse*) kalın; (*beleibt*) şişman; (*umfangreich*) çok; ~ **werden** şişmanlamak; **ein ~es Fell haben** (*fig*) vurdumduymaz olmak; ~ **auftragen** (*fam pej: übertreiben*) abartmak **2.** (*fam: geschwollen*) şiş **3.** (*Flüssigkeit*) koyu; (*Qualm, Nebel*) sık; **es herrscht ~e Luft** (*fam fig*) havada gerginlik var; **das ist ein ~er Hund!** (*fam fig*) bu ne boktan iş!; **sie sind ~ befreundet** (*fam*) sıkı fıkı dostlar, çok içli dışlılar; **dickbäuchig** ['dɪkbɔɪçɪç] *adj* göbekli; **Dickdarm** *m* (ANAT) kalın bağırsak

Dicke ['dɪkə] *f* <-n> (*von Feststoffen*) kalınlık; (*von Flüssigkeiten*) koyuluk

Dickerchen *nt* tombik

dickfellig ['dɪkfɛlɪç] *adj* (*fam: unempfindlich*) vurdumduymaz, duygusuz; (*gleichgültig*) ilgisiz, aldırmaz

dickflüssig *adj* koyu

Dickicht ['dɪkɪçt] *nt* <-s, -e> çalılık; (*Wald mit dichtem Unterholz*) kapıız, içine girilmeyen sık orman

Dickkopf *m* (*fam: Mensch*) dik başlı [*o* kafalı]; **einen ~ haben** dik başlı [*o* kafalı] olmak

dickköpfig *adj* (*fam*) dik başlı, dik kafalı

dicklich *adj* şişmanca

Dickwanst *m* (*fam pej*) şişko

Didaktik [di'daktɪk] *f ohne Pl* didaktik

didaktisch *adj* didaktik, öğretici

die [di(:)] *art def, pron, pron s.* **der, die, das**

Dieb(in) [di:p, 'di:bɪn] *m(f)* <-(e)s, -e; -nen> hırsız; **haltet den ~!** tutun hırsızı!

diebisch *adj* **1.** (*Mensch*) hırsız **2.** (*Vergnügen*) pek

Diebstahl *m* <-(e)s, -stähle> hırsızlık

Dieffenbachie *f* <-n> (*Pflanze*) difenbahya

diejenige(n) *pron s.* **derjenige, diejenige, dasjenige**

Diele ['di:lə] *f* <-n> **1.** (*Brett*) döşeme tahtası **2.** (*Vorraum*) hol, sofa

dienen ['di:nən] *vi* **1.** (*nützlich sein*) yaramak (*zu* -e, *als* olarak); **das dient einem guten Zweck** bu iyi bir işe yarar; **damit ist mir nicht gedient** bu benim işime yaramaz; **womit kann ich ~?** size nasıl yararlı olabilirim?, size nasıl yararım dokunabilir?; **ich weiß nicht, wozu das ~ soll** bunun ne işe yarayacağını bilmiyorum **2.** (MIL) askerlik yapmak

Diener[1] *m* <-s, -> (*fam: Verbeugung*) eğilme, reverans

Diener(in)[2] *m(f)* <-s, -; -nen> hademe, hizmetli; (*Hausangestellte*) hizmetçi, uşak

Dienerschaft *f* <-en> uşaklar *pl;* (*Hausangestellte*) hizmetçiler *pl*

dienlich *adj* yararlı; **jdm/etw ~ sein** bir kimseye/şeye yaramak

Dienst [di:nst] *m* <-(e)s, -e> hizmet; (*Amt*) görev, vazife; (*Aufgabe*) ödev, vazife; (*Arbeitsschicht*) vardiya; (MIL) nöbet; **öffentlicher ~** kamu hizmeti; **außer ~** emekli; **zum ~ gehen** işe gitmek; **~ haben** nöbetçi olmak, nöbet beklemek [*o* tutmak]; **~ habend** (MIL) nöbetçi, vazifeli; (*Arzt*) nöbetçi; **den ~ antreten** (*Schicht*) vardiyaya başlamak; (*Amt*) göreve başlamak; **den ~ quittieren** görevinden istifa etmek; **in jds ~en stehen** birinin hizmetinde bulunmak; **jdm einen schlechten ~ erweisen** birine kötülük etmek; **sich in den ~ einer Sache stellen** kendini bir işe adamak; **seine Beine versagten ihm den ~** bacakları tutmadı [*o* tutmaz oldu]

Dienstag ['di:nsta:k] *m* <-(e)s, -e> salı; *s. a.* **Montag**

dienstagabends[RR] *adv* salı akşamları

dienstags *adv* salı günleri

Dienstalter *nt ohne Pl* <-s> kıdem

Dienstanweisung *f* talimat, direktif; **Dienstausweis** *m* çalışma karnesi

Dienstbarkeit *f* (JUR) irtifak hakkı

Dienstbote, -in *m, f* uşak; **dienstfrei** *adj* izinli; **Dienstgeheimnis** *nt* memurluk sırrı; **Dienstgrad** *m* (MIL) rütbe

diensthabend ['di:nstha:bənt] *adj s.* **Dienst**; **Dienstleistung** *f* hizmet

Dienstmädchen *nt* hizmetçi kız; **Dienstpersonal** *nt* hizmet personeli; **Dienstreise** *f* iş seyahati; **Dienststelle** *f* büro, daire, makam; **die zuständige ~** yetkili daire; **Dienstwagen** *m* (*einer Firma*) şirket arabası, firma arabası; (*für höhere Beamten*) makam arabası; **Dienstzeit** *f* **1.** (*Arbeitszeit*) hizmet süresi **2.** (*Amtsdauer*) hizmet süresi

dies [di:s] *pron s.* **diese(r, s)**

diesbezüglich ['----] **I.** *adj* bununla ilgili

II. *adv* bununla ilgili olarak

diese(r, s) ['diːzə, -zɐ, -zəs] <diese> *pron* **1.** (*adjektivisch*) bu; (*weiter entfernt*) o, şu; **Anfang ~s Jahres** bu yılın başında **2.** (*substantivisch*) bu, bunlar *pl;* (*weiter entfernt*) o, onlar *pl,* şu, şunlar *pl;* **~r hier** buradaki; **dies und das** şu bu; **~s und jenes** şunu bunu

Diesel[1] ['diːzəl] *m ohne Pl* <-s> (*fam: Kraftstoff*) mazot

Diesel[2] *m* <-(s), -> (*fam: Motor, Auto*) dizel

dieselbe(n) *pron s.* **derselbe**, **dieselbe**, **dasselbe**

Dieselmotor *m* dizel; **Dieselöl** *nt* mazot

diesig ['diːzɪç] *adj* puslu

diesjährige(r, s) *adj* bu yılki

diesmal *adv* bu sefer, bu defa

diesmalig *adj* bu seferki, bu defaki

diesseits ['diːszaɪts] **I.** *präp* beride; (*bei Flüssen*) bu yakada **II.** *adv* beride

Diesseits *nt ohne Pl* <-> bu dünya, fâni dünya

Dietrich ['diːtrɪç] *m* <-s, -e> (TECH) maymuncuk

Differential [dɪfərɛn'tsjaːl] *nt* <-s, -e> *s.* **Differenzial**; **Differentialrechnung** *f s.* **Differenzialrechnung**

Differenz [dɪfə'rɛnts] *f* <-en> **1.** (*Unterschied*) fark, ayrım; (COM) fark **2.** (*Meinungsverschiedenheit*) anlaşmazlık; (*Unstimmigkeit*) uyuşmazlık; **zwischen den beiden Schwestern kam es zu ~en** iki kız kardeş arasında anlaşmazlık çıktı

Differenzial[RR] [dɪfərɛn'tsjaːl] *nt* <-s, -e> (MATH) diferansiyel; (TECH: *Differenzialgetriebe*) diferansiyel; **Differenzialgleichung**[RR] *f* (MATH) diferansiyel denklem; **Differenzialrechnung**[RR] *f* (MATH) diferansiyel hesap

differenzieren * *vt, vi* (*a.* MATH) (değişkenlerin) sonsuz küçük farklarındaki artma değerlerini bulmak

differenziert *adj* (*geh: fein unterscheidend*) ayrıntılı

digital [digi'taːl] *adj* dijital, sayısal

Digitalanzeige *f* sayısal gösterge; **Digitalaufnahme** *f* sayısal ses kaydı; (FOTO) dijital çekim, sayısal çekim

digitalisieren * *vt* (INFORM) sayısallaştırmak

Digitalkamera *f* dijital kamera

Diktaphon *nt* diktafon

Diktat [dɪk'taːt] *nt* <-(e)s, -e> **1.** (*Ansage*) dikte; (*Nachschrift*) dikte; **nach ~ schreiben** dikteye göre yazmak, söylendikten sonra yazmak **2.** (*fig: Befehl*) dikta; (POL) dikta

Diktator(in) [dɪk'taːtoːɐ] *m(f)* <-s, -en; -nen> diktatör

diktatorisch *adj* diktacı, körü körüne uyulması gereken

Diktatur [dɪkta'tuːɐ] *f* <-en> diktatörlük

diktieren * *vt* **1.** (*Text*) dikte etmek, yazdırmak için söylemek **2.** (*geh: aufzwingen*) dikte etmek

Diktiergerät *nt* <-(e)s, -e> diktafon

Diktion *f ohne Pl* diksiyon

Dilemma [di'lɛma] *nt* <-s, -s *o* **Dilemmata**> ikilem

Dilettant(in) [dilɛ'tant] *m(f)* <-en, -en; -nen> **1.** (*Laie*) acemi, toy **2.** (*pej: Pfuscher*) şarlatan; (*Stümper*) beceriksiz, çolpa

Dill [dɪl] *m* <-s, -e> (BOT, GASTR) dereotu

Dimension [dimɛn'zjoːn] *f* <-en> boyut

Dimmer *m* dimmer, reosta

DIN [diːn, dɪn] *f Abk. von* **Deutsche Industrie-Norm(en)** Alman Sanayi Standardı

Dinar [di'naːɐ] *m* <-s, -e> dinar

Ding[1] [dɪŋ] *nt* <-(e)s, -e> **1.** (*Gegenstand*) nesne; (*Sache*) şey; **aller guten ~e sind drei** (*prov*) Allah'ın hakkı üçtür; **ein ~ der Unmöglichkeit** imkânsız bir şey; **vor allen ~en** her şeyden önce **2.** (*Angelegenheit*) iş; **guter ~e sein** (*geh*) keyfi yerinde olmak; **das geht nicht mit rechten ~en zu** bu işte bir sakatlık var; **das ist ein ~ der Unmöglichkeit** bu olacak bir iş değil, bu imkânsız bir şey; **so wie die ~e liegen …** işler öyle ki …

Ding[2] *nt* <-(e)s, -er> (*fam: unbestimmte Sache*) şey; **ein junges ~** genç bir şey

dingfest *adj:* **jdn ~ machen** birini tutuklamak

dinglich *adj* (JUR) aynî; **~er Anspruch** aynî hak

Dings[1] [dɪŋs] *mf ohne Pl* <-> (*fam: Person*) falan(ca)

Dings[2] *nt ohne Pl* <-> (*fam: Sache*) şey, falan fıstık

Dingsbums ['dɪŋsbʊms] *mfnt ohne Pl* <->, **Dingsda** ['dɪŋsdaː] *mfnt ohne Pl* <-> *s.* **Dings**

Dinosaurier [dino'zaʊriɐ] *m* <-s, -> dinozor

Diode [di'oːdə] *f* <-n> (ELEK) diyot

Dioptrie [diɔp'triː, *Pl:* diɔp'triːən] *f* <-n> (*Optik*) diyoptri

Diphtherie [dɪfte'riː] *f* <-n> (MED) difteri, kuşpalazı

Diphthong [dɪf'tɔŋ] *m* <-s, -e> (LING) diftong; (*Doppellaut*) ikili ünlü

Dipl. *Abk. von* **Diplom** diploma

Dipl.-Ing. *Abk. von* **Diplomingenieur(in)** yüksek mühendis

Diplom [di'ploːm] *nt* <-s, -e> diploma; **sein ~ machen (in etw)** (bir şeyde) diplo-

masını yapmak
Diplomat(in) [diplo'maːt] *m(f)* <-en, -en; -nen> diplomat
Diplomatie [diploma'tiː] *f ohne Pl* diplomasi
diplomatisch *adj* diplomatik; ~**e Beziehungen zu ... unterhalten** ... ile diplomatik ilişkileri olmak
Diplomingenieur(in) *m(f)* yüksek mühendis
dir [diːɐ] **I.** *pron dat von* **du** sana; (*betont*) sana; (*mit Präposition*) senin; **ich habe ~ etwas mitgebracht** sana bir şey getirdim; ~ **verrate ich nicht, was ich vorhabe!** niyetimi sana söylemem!; **hinter/vor/unter/über ~** senin arkanda/önünde/altında/üstünde; **ein Freund von ~** senin bir dostun **II.** *pron dat von* **du** kendine; **was hast du ~ gekauft?** kendine ne aldın?
direkt [di'rɛkt] **I.** *adj* **1.** (*ohne Umweg, unmittelbar*) dolaysız; (*Frage*) direkt; ~**e Rede** (LING) dolaysız söz; ~ **am Bahnhof** hemen istasyonda; ~ **vor dem Haus** evin hemen önünde **2.** (*unverzüglich*) hemen **II.** *adv* **1.** (*ohne Umweg*) doğrudan doğruya, dosdoğru; **die Straße führt ~ ins Zentrum** cadde doğrudan doğruya merkeze gider; ~ **übertragen** (RADIO, TV) canlı yayın yapmak **2.** (*unverzüglich*) hemen **3.** (*fam: ausgesprochen*) düpedüz; **das ist ja ~ gefährlich, was du machst** yaptığın iş düpedüz tehlikeli
Direktflug *m* duraksız uçuş, nonstop uçuş
Direktion [dirɛk'tsjoːn] *f* <-en> **1.** (*Leitung*) müdürlük **2.** (*Schweiz: kantonales Ministerium*) direksiyon
Direktor(in) *m(f)* <-s, -en; -nen> direktör, müdür
Direktorium [dirɛk'toːriʊm, *Pl:* dirɛk'toːriən] *nt* <-s, Direktorien> direktörlük, müdürlük
Direktsendung *f*, **Direktübertragung** *f* <-en> canlı yayın
Dirigent(in) [diri'gɛnt] *m(f)* <-en, -en; -nen> (*a.* MUS) orkestra şefi, maestro
dirigieren* *vt* (*a.* MUS) yönetmek
Dirndl ['dɪrnd(ə)l] *nt* <-s, -> (*österr, südd: Mädchen*) genç kız; (~*kleid*) *kız ve kadınların giydiği töresel giysi*
Dirne ['dɪrnə] *f* <-n> fahişe
Dis [dɪs] *nt* <-, -> (MUS) re diyez; (*Dis-Dur*) re diyez majör
Disco *f* <-s> disko
Disken *Pl von* **Diskus**
Diskette [dɪs'kɛtə] *f* <-n> (INFORM) disk(et), tekercik; **Diskettenlaufwerk** *nt* (INFORM) disk sürücü
Diskjockey ['dɪskdʒɔki] *m* diskjokey
Disko ['dɪsko] *f* <-s> disko
Diskont [dɪs'kɔnt] *m* <-s, -e> (FIN) ıskonto; **Diskontsatz** *m* <-es, -sätze> (FIN) ıskonto haddi
Diskothek [dɪsko'teːk] *f* <-en> diskotek
Diskrepanz [dɪskre'pants] *f* <-en> çelişki
diskret [dɪs'kreːt] *adj* ketum
Diskretion [dɪskre'tsjoːn] *f ohne Pl* ketumiyet
diskriminieren* [dɪskrimi'niːrən] *vt* ayırımlamak, ayırım yapmak (-e), fark gözetmek
diskriminierend *adj* ayırımcı
Diskriminierung *f* <-en> ayırımlama, ayırım yapma, fark gözetme
Diskus ['dɪskʊs] *m* <- *o* -ses, -se *o* Disken> (SPORT) disk
Diskussion [dɪskʊ'sjoːn] *f* <-en> tartışma, münakaşa; **ein Thema zur ~ stellen** bir konuyu gündeme getirmek
Diskuswerfen *nt ohne Pl* <-s> (SPORT) disk atma
diskutieren* [dɪsku'tiːrən] *vi, vt* tartışmak (*über* üzerinde), münakaşa etmek
Display [dɪs'plɛɪ] *nt* <-s, -s> (INFORM) görüntü, ekran
disponieren* [dɪspo'niːrən] *vi* (*geh*) tasarruf etmek (*über* üzerinde), istediği gibi kullanmak (*über* -i)
Disposition [dɪspozi'tsjoːn] *f* <-en> (*geh*) **1.** (*Verwendung*) tasarruf, kullanım; (**jdm**) **zur ~ stehen** birinin kullanımı için hazır bulunmak **2.** (*Planung*) plânlama **3.** (MED: *Verfassung*) bedensel ve ruhsal durum
Disput [dɪs'puːt] *m* <-(e)s, -e> (*geh*) tartışma
Disqualifikation [dɪskvalifika'tsjoːn] *f* <-en> (*a.* SPORT) diskalifiye olma
disqualifizieren* [dɪskvalifi'tsiːrən] *vt* (*a.* SPORT) diskalifiye etmek
Dissertation [dɪsɛrta'tsjoːn] *f* <-en> doktora tezi
dissertieren* *vi* doktora tezi yazmak; **über ein Problem ~** bir sorun üzerine doktora tezi yazmak
Dissident(in) [dɪsi'dɛnt] *m(f)* <-en, -en; -nen> muhalif
Dissimilation *f* (BIOL) yadımlama
dissimilieren *vt* (BIOL) yadımlamak
Dissonanz [dɪso'nants] *f* <-en> (MUS: *Missklang*) falso; (*fig: Unstimmigkeit*) uyumsuzluk
Distanz [dɪs'tants] *f* <-en> mesafe, uzaklık; ~ **wahren** mesafe bırakmak
distanzieren* *vr:* **sich ~** uzak durmak
Distel ['dɪstəl] *f* <-n> (BOT) diken
Distributivum *nt* <-s, -va>, **Distributivzahl** *f* <-en> (LING) üleştirme sıfatı
Distrikt [dɪs'trɪkt] *m* <-(e)s, -e> ilçe

Disziplin [dɪstsi'pli:n] *f* <-en> disiplin
diszipliniert *adj* disiplinli
disziplinlos *adj* disiplinsiz
Diva ['di:va] *f* <-s *o* Diven> yıldız
Divergenz *f* <-en> (*a.* MATH) ıraksama
divergieren* [divɛr'gi:rən] *vi* (*a.* MATH) ıraksamak
divers(e) *adj* (*geh*) **1.** (*mehrere*) çeşitli **2.** (*verschiedene*) farklı; **~er Ansicht sein** farklı görüşte olmak
Dividend [divi'dɛnd] *m* <-en, -en> (MATH) bölünen
Dividende [divi'dɛndə] *f* <-n> (FIN, WIRTSCH) temettü; **eine ~ ausschütten** temettü dağıtmak
dividieren* *vt* (MATH) bölmek (*durch* -e)
Division [divi'zjo:n] *f* <-en> **1.** (MATH) bölme (*durch* -e) **2.** (MIL) tümen
Divisor *m* <-en, -en> (MATH) bölen
Diwan ['di:va:n] *m* <-s, -e> **1.** (*Staatsrat*) divan **2.** (*Gedichtssammlung*) divan **3.** (*Liegesofa*) divan, sedir
DJ *m Abk. von* **Diskjockey** diskcokey
DKP [de:ka:'pe:] *f Abk. von* **Deutsche Kommunistische Partei** Alman Komünist Partisi
dm *Abk. von* **Dezimeter** dm, *desimetre*
DM *f inv Abk. von* **Deutsche Mark** Alman markı
d-Moll *nt* (MUS) re minör
DNS [de:ʔɛn'ʔɛs] *f Abk. von* **Desoxyribonukleinsäure** DNA, *dezoksiribonükleik asit*
DNS-Test *m* DNA testi
Dobermann *m* doberman
doch [dɔx] **I.** *adv* **1.** (*dennoch*) gene de, bununla birlikte; **er hatte ~ Recht** gene de haklıymış **2.** (*aber*) ama, fakat, ne var ki; **du weißt ~, wie ich das meine** bunu nasıl demek istediğimi anlıyorsun ama; **das habe ich mir ~ gedacht** ne var ki bunu tahmin etmiştim **3.** (*denn*) için; **er sagte nichts, wusste er ~, dass sie Recht hatte** haklı olduğunu bildiği için bir şey demedi **4.** (*Antwort*): **kommst du nicht mit? – ~!** gelmiyor musun? – elbette! **5.** (*Betonung*): **es schmeckt ~** nasıl da lezzetli **II.** *part* **1.** (*verstärkend*): **gewiss ~!** elbette!; **das ist ~ die Höhe!** bu rezaletin dik âlâsı!; **nehmen Sie ~ Platz!** otursanıza!; **wie hieß er ~ gleich?** neydi adı canım? **2.** (*auffordernd*): **gib ~ mal her!** versene!; **soll er ~!** hele bir yapsın!; **sieh doch mal!** bir bak hele! **3.** (*Zustimmung fordernd*): **hier darf man ~ rauchen?** burada sigara içiliyordu, değil mi? **III.** *konj* (*aber*) ama, fakat, lâkin, ne var ki; **ich würde es gern tun, ~ ich traue mich nicht** onu yapmayı isterdim, ama kendime güvenim yok
Docht [dɔxt] *m* <-(e)s, -e> fitil
Dock [dɔk] *nt* <-(e)s, -s> dok; **das Schiff liegt im ~** gemi dokta yatıyor
Dogma ['dɔgma] *nt* <-s, Dogmen> dogma
Dogmatiker(in) *m(f)* dogmacı
dogmatisch *adj* dogmatik
dogmatisieren *vt* dogmalaştırmak
Dogmatismus *m ohne Pl* dogmatizm, dogmacılık
Dogmen *Pl von* **Dogma**
Dohle ['do:lə] *f* <-n> (ZOOL) küçük karga
Doktor(in) ['dɔkto:ɐ] *m(f)* <-s, -en; -nen> doktor; (*a.* MED) doktor; **Herr/Frau ~** bay/bayan doktor, doktor bey/hanım; **sie ist ~ der Philosophie** o, felsefe doktorudur; **den ~ machen** doktora yapmak
Doktorand(in) [dɔkto'rant] *m(f)* <-en, -en; -nen> doktora öğrencisi
Doktorarbeit *f* doktora tezi; **Doktortitel** *m* doktor unvanı; **den ~ erwerben** doktor unvanını almak
Doktrin [dɔk'tri:n] *f* <-en> doktrin; (*Lehre, Lehrsatz*) öğreti
doktrinär *adj* doktrinci
Dokument [doku'mɛnt] *nt* <-(e)s, -e> doküman, belge; (INFORM) doküman
Dokumentarfilm *m* <-(e)s, -e> dokümanter film, belgesel film
dokumentarisch *adj* dokümanter, belgesel
Dokumentation [dokumɛnta'tsjo:n] *f* <-en> dokümantasyon, belgele(n)me
dokumentieren* *vt* belgelemek
Dolch [dɔlç] *m* <-(e)s, -e> hançer
Dolde *f* (BOT) şemsiye
Dollar ['dɔla:ɐ] *m* <-(s), -s> dolar; **Dollarkurs** *m* (FIN) dolar kuru, dolar fiyatı
dolmetschen ['dɔlmɛtʃən] **I.** *vi* (sözlü) çeviri yapmak **II.** *vt* çevirmek
Dolmetscher(in) *m(f)* <-s, -; -nen> çevirmen, tercüman
Dolomiten [dolo'mi:tən] *Pl:* **die ~** Dolomitler *pl*
Dom [do:m] *m* <-(e)s, -e> (*Kathedrale*) katedral
Domäne [do'mɛ:nə] *f* <-n> **1.** (*Staatsgut*) devlet malı, mirî mal **2.** (*Betätigungsfeld*) nüfus alanı; (*Spezialgebiet*) uzmanlık alanı
dominant [domi'nant] *adj* dominant, başat, hâkim
Dominanz [domi'nants] *f* <-en> (*a.* BIOL) başatlık, hâkimiyet
dominieren* **I.** *vi* (*vorherrschen*) hâkim olmak, başta gelmek; **Grau dominiert in der neuen Herbstmode** yeni güz modasında gri renkler hâkimdir [*o* başta geliyor] **II.** *vt* (*beherrschen*) hâkim olmak (-e)
Dominikanische Republik *f* Dominik

D

Cumhuriyeti
Domino ['do:mino] *nt* <-s, -s> domino
Domizil [domi'tsi:l] *nt* <-s, -e> (*geh*) ikametgâh
Dompfaff ['do:mpfaf] *m* <-s *o* -en, -en> (ZOOL) şakrak kuşu
Donau ['do:naʊ] *f*: **die** ~ Tuna
Döner *m* (GASTR) döner; **Dönerkebab** *m* (GASTR) döner kebap
Donner ['dɔnɐ] *m* <-s, -> gök gürlemesi, gök gürültüsü; **er war wie vom** ~ **gerührt** yıldırımla vurulmuşa döndü
donnern ['dɔnɐn] **I.** *vunpers* (METEO) gök gürlemek; **es donnert** gök gürlüyor **II.** *vi* (*lärmen*) gürlemek
Donnerstag ['dɔnɐsta:k] *m* <-(e)s, -e> perşembe; *s. a.* **Montag**
donnerstagabends[RR] *adv* perşembe akşamları
donnerstags *adv* perşembeleri, perşembe günleri
Donnerwetter ['--'--] *nt* <-s, -> (*fam*) fırtına; **zum** ~**!** vay canına!; ~**, das ist eine Leistung!** vay canına; **das** ~ **soll ihn holen!** cehenneme kadar yolu var!; **wenn du nach Hause kommst, gibt's ein** ~ eve geldiğinde fırtına kopacak
doof [do:f] <doofer *o* döfer, am doofsten *o* döfsten> *adj* (*fam pej*) aptal, salak; **so was D**~**es!** ne aksilik!; **Doofmann** *m* (*fam*) aptal adam, salak adam
Dope *nt ohne Pl* <-s> (*sl: Haschisch*) keyif
dopen ['do:pən] **I.** *vt* (SPORT) doping vermek (-e) **II.** *vi, vr:* **sich** ~ (SPORT) doping yapmak
Doping ['do:pɪŋ] *nt* <-s, -s> (SPORT) doping
Doppel ['dɔpəl] *nt* <-s, -> **1.** (*Kopie*) suret, nüsha; (*Duplikat*) ikinci nüsha **2.** (SPORT) ikili; **gemischtes** ~ karışık ikili; **Doppelbelastung** *f* çifte vergi yükü; **Doppelbett** *nt* ikili yatak
doppeldeutig ['dɔpəldɔɪtɪç] *adj* **1.** (*mit zwei Bedeutungen*) ikiz anlamlı **2.** (*mit zwei Auslegungsmöglichkeiten*) ikircil
Doppelfenster *nt* çift pencere; **Doppelgänger(in)** *m(f)* <-s, -; -nen> dublör; **Doppelkinn** *nt* gerdan; **Doppelklick** *m* (INFORM) çift tıklama; **Doppelkonsonant** *m* (LING) ikiz ünsüz; **doppelläufig** *adj* (*Gewehr*) iki namlulu; **Doppelmoral** *f ohne Pl* çifte standart; **Doppelmord** *m* çifte cinayet (*an* -in); **Doppelnaht** *f* çift dikiş; **Doppelpunkt** *m* iki nokta (üst üste); **doppelseitig** *adj* iki taraflı; **Doppelsinn** *m ohne Pl* ikiz anlam; **doppelsinnig** *adj* ikiz anlamlı; **Doppelstern** *m* (ASTR) çift yıldız; **Doppelstecker** *m* (ELEK) çift fiş
doppelt ['dɔpəlt] **I.** *adj* çifte; ~**e Staatsangehörigkeit** çifte vatandaşlık; **in** ~**er Ausführung** iki nüsha olarak; **ich bin** ~ **so alt wie Hans** ben Hans'tan iki kat yaşlıyım; **auf das D**~**e steigen** iki katına [*o* misline] çıkmak; **um das D**~**e erhöhen** iki katına [*o* misline] çıkarmak; **ein** ~**es Spiel treiben** (*fig*) ikili oynamak **II.** *adv:* **die Briefmarke habe ich** ~ bende o puldan iki tane var; ~ **so viel** iki misli; ~ **sehen** çift görmek, iki görmek, çatal görmek; **alles** ~ **und dreifach sagen müssen** her şeyi iki üç kere tekrarlamak zorunda kalmak
Doppeltür *f* çift kapı; **Doppelverdiener(in)** *m(f)* <-s, -; -nen> **1.** (*Einzelperson*) çifte kazanç sahibi **2.** *Pl* (*Paar*) kazanç sahibi karı koca; **Doppelvierer** *m* (SPORT: *Rudern*) dört çifte; **Doppelvokal** *m* (LING) ikiz ünlü; **Doppelzentner** *m* yüz kilo; **Doppelzimmer** *nt* <-s, -> iki kişilik oda
Dorf [dɔrf, *Pl:* 'dœrfɐ] *nt* <-(e)s, Dörfer> köy; **das olympische** ~ olimpiyat sitesi; **auf dem** ~ **wohnen** köyde oturmak; **vom** ~ **kommen** köyden gelmek; **Dorfbewohner(in)** *m(f)* köylü, köy sakini
Dorfsame *f* (*Schweiz*) köy kooperatifi
Dorfschönheit *f* köy güzeli
Dorn[1] [dɔrn] *m* <-(e)s, -en> (BOT) diken; **keine Rose ohne** ~**en** (*prov*) dikensiz gül olmaz; **er war dem Chef schon lange ein** ~ **im Auge** (*fig*) o çoktan beridir patronun baş belâsıydı
Dorn[2] *m* <-(e)s, -e> (TECH: *Metallstift*) kalem; (*Werkzeug*) biz; (*zum Lochen*) delgeç, zımba
Dornbusch *m* dikenli çalı
Dornenkrone *f* dikenli taç
Dornfortsatz *m* (ANAT) dikensi çıkıntı
dornig *adj* dikenli
Dornröschen [dɔrn'rø:sçən] *nt ohne Pl* <-s>: ~ Uyuyan Güzel
dörren ['dœrən] *vt* kurutmak
Dörrobst *nt* (GASTR) kuru meyve
Dorsch [dɔrʃ] *m* <-(e)s, -e> (ZOOL) küçük morina
dort [dɔrt] *adv* orada; **der Mann** ~ oradaki adam; ~ **oben/hinten** oranın yukarısında/arkasında; **ich komme gerade von** ~ şimdi oradan geliyorum; **dorther** ['-'-] *adv:* **von** ~ oradan; **dorthin** ['-'-] *adv* oraya; **dorthinaus** ['--'-] *adv:* **bis** ~ (*fam*) oraya kadar; **dorthinein** ['--'-] *adv* oranın içine
dortige(r, s) *adj* oradaki
Dose ['do:zə] *f* <-n> **1.** (*mit Keksen*) kutu; (*Bier*) konserve; (*Konserven~*) konserve **2.** (*Steck~*) priz
Dosen *Pl von* **Dosis, Dose**
dösen ['dø:zən] *vi* (*fam*) kestirmek
Dosenmilch *f* konserve süt; **Dosenöffner** *m* konserve açacağı
dosieren* [do'zi:rən] *vt* düzemek, dozunu

ayarlamak (-in), dozunu belirlemek (-in)

Dosierung[1] *f ohne Pl* (*das Dosieren*) dozaj, düzem, düzeme

Dosierung[2] *f* <-en> (*Dosis*) doz, düze

Dosis ['do:zɪs, *Pl:* 'do:zən] *f* <Dosen> doz, düze

Dossier [dɔ'sje:] *nt* <-s, -s> dosya

dotieren * [do'ti:rən] *vt* belirlemek (*mit* olarak); **der Literaturpreis ist mit 1000 dolar dotiert** edebiyat ödülü 1000 dolar olarak belirlenmiştir; **gut dotiert** (*Stellung*) ücreti iyi

Dotter ['dɔtɐ] *m* <-s, -> **1.** (*Ei~*) yumurta sarısı; **das Eiweiß vom ~ trennen** yumurta akını sarısından ayırmak **2.** (BOT: *Lein~*) ketencik

Dotterblume *f* (BOT) nergis

doubeln ['du:bəln] *vi, vt* (FILM) dublör olmak

Double ['du:b(ə)l] *nt* <-s, -s> (FILM) dublör

Download ['daʊnlɔʊt] *nt* <-(s), -s> (INFORM) indirme, *internetten yükleme veya çekme*

downloaden ['daʊnlɔʊdən] *vt* (INFORM) indirmek, *internetten yüklemek veya çekmek*

Downsyndrom ['daʊnzʏndro:m] *nt* <-s, *ohne pl*:> (MED) Down Sendromu; (*Mongolismus*) mongolizm

Dozent(in) [do'tsɛnt] *m(f)* <-en, -en; -nen> doçent

dozieren * [do'tsi:rən] *vi* ders vermek (*über* üzerine)

Dr. *mf* <Dres.> *Abk. von* **Doktor** Dr.; **Herr/Frau ~ Müller** Bay/Bayan Dr. Müller

Drache ['draxə] *m* <-n, -n> ejderha

Drachen *m* <-s, -> **1.** (*aus Papier*) uçurtma; **~ steigen lassen** uçurtma uçurmak **2.** (*fam pej: zänkische Frau*) cadaloz (kadın), şirret karı

Drachme ['draxmə] *f* <-, -n> (FIN) drahmi

Dragee [dra'ʒe:] *nt* <-s, -s>, **Dragée** *nt* <-s, -s> (MED) draje

Draht [dra:t, *Pl:* 'drɛ:tə] *m* <-(e)s, Drähte> tel; **einen ~ zu jdm haben** (*fam*) biriyle (iyi) anlaşmak; **auf ~ sein** (*fam*) tetikte olmak; **Drahtbürste** *f* tel fırça; **Drahtesel** *m* <-s, -> (*fam*) velespit; **Drahtgitter** *nt* tel kafes

drahtig *adj* (*Figur*) çevik

drahtlos **I.** *adj* telsiz **II.** *adv:* **~ telegrafieren** telsiz telgraf çekmek; **Drahtnagel** *m* tel çivi

Drahtseil *nt* tel halat; **Drahtseilbahn** *f* teleferik; **Drahtseilkünstler(in)** *m(f)* tel cambazı; **Drahtstift** *m* tel çivi; **Drahtwurm** *m* tel kurdu; **Drahtzieher(in)** *m(f)* <-s, -; -nen> perde arkasından yürüten kimse

drall [dral] *adj* (*Person*) gürbüz; (*Körperteil*) dolgun

Drama ['dra:ma, *Pl:* 'dra:mən] *nt* <-s, Dramen> dram, acıklı olay

Dramatiker(in) [dra'ma:tikɐ] *m(f)* <-s, -; -nen> oyun yazarı, tiyatro yazarı

dramatisch *adj* acıklı; (THEAT, LIT) dramatik

dramatisieren * *vt* **1.** (*Roman*) dramatize etmek **2.** (*aufbauschen*) dramatize etmek

Dramaturg(in) [drama'tʊrk] *m(f)* <-en, -en; -nen> (*a.* THEAT) dramaturg

Dramen *Pl von* **Drama**

dran [dran] *adv* (*fam*): **du bist ~** sıra sende; **jetzt ist er ~** şimdi sıra onda; **sind Sie noch ~?** (*Telefon*) hâlâ hatta mısınız?; **er ist schlecht/gut ~** durumu kötü/iyi; **früh/spät ~ sein** sırası erken/geç gelmek; **ich bin spät ~** geç kaldım; **da ist was ~** bunda bir iş var; **an dem Radio ist alles ~, was man braucht** radyoda ne ararsan var; *s. a.* **daran**; **dran bleiben** *irr vi sein* (*fam*) **1.** (*verfolgen*) peşini bırakmamak (*an* -in); **am Gegner ~** rakibinin peşini bırakmamak **2.** (*Telefon*) beklemek (*an* -de)

drang [draŋ] *3. imp von* **dringen**

Drang [draŋ] *m ohne Pl* <-(e)s> **1.** (*innerer Antrieb*) içtepi, güçlü istek, aşk; **aus innerem ~** canı çekerek, aşka gelerek; **einen plötzlichen ~ nach etw verspüren** ansızın canı bir şey çekmek **2.** (*Druck*) baskı

Drängelei [drɛŋə'laɪ] *f* <-en> (*pej*) **1.** (*Schubsen*) itişme **2.** (*fam: lästiges Drängeln*) sık boğaz etme

drängeln ['drɛŋəln] *vi, vt* (*fam*) **1.** (*schieben*) itmek; **nur nicht ~!** itmeyelim!; **sich nach vorn ~** itiş kakış ilerlemek **2.** (*fig: auf etw dringen*) sık boğaz etmek

drängen ['drɛŋən] **I.** *vi* **1.** (*eilen*) acele etmek; **es drängt nicht** acelesi yok **2.** (*schieben*) abanmak; (*schieben und drücken*) itişip kakışmak; **die Menschen drängten an die zu den Ausgängen** insanlar itiş kakış çıkışlara doğru ilerlediler **3.** (*fordern*) istemek; (*mit Nachdruck fordern*) ısrarla istemek, ısrar etmek (*auf* -de); **er drängt zur Eile** acele edilmesini istiyor **4.** (SPORT: *Ballspiele*) sıkıştırmak **II.** *vt* **1.** (*schieben*) itmek; **jdn an die Wand/in die Ecke ~** birini duvara/köşeye sıkıştırmak **2.** (*antreiben*) itelemek (*zu* -e), sık boğaz etmek (*zu* için); **jdn ~, seine Schulden zu bezahlen** borçlarını ödemesi için birini sıkıştırmak **III.** *vr:* **sich ~** itişip kakışmak; **die Menschen drängten sich in den Hallen** insanlar salonlarda itişip kakıştı

Drangsal ['draŋza:l] *f* <-e> (*geh*) cefa,

eziyet

drangsalieren* [draŋza'li:rən] *vt* cefa etmek, eziyet etmek

dran|halten *irr* **I.** *vt* (*fam: zum Vergleich*) üstüne tutmak **II.** *vr:* **sich** ~ (*sich beeilen*) acele etmek; **dran|hängen** **I.** *vt* (*fam: an etw befestigen*) asmak (*an* -e); (*verlängern*) uzatmak, eklemek (-e); **wir können nen an unseren Urlaub noch eine Woche** ~ iznimize bir hafta daha ekleyebiliriz, iznimizi bir hafta daha uzatabiliriz **II.** *irr vi* (*fam: an etw hängen*) takmak (*an* -e) **III.** *vr:* **sich** ~ (*fam: verfolgen*) peşine takılmak (*an* -in); **dran|kommen** *irr vi sein* (*fam*) **1.** (*an die Reihe kommen*) sırası gelmek; **du kommst als Nächste dran** şimdi sıra sende **2.** (SCHULE: *aufgerufen werden*) derse kalkmak, sırası gelmek **3.** (*abgefragt werden*): **welches Thema kommt denn dran?** hangi konu gelecek ki? **4.** (*erreichen*) ulaşmak, erişmek, yetişmek; **dran|nehmen** *irr vt* (*fam: Schüler*) derse kaldırmak; (*Kunden*) bakmak (-e); (*Patienten*) içeri almak

drapieren* [dra'pi:rən] *vt* (*Gardine*) kıvrımlar yapacak biçimde düzenlemek; **einen Schal um den Ausschnitt** ~ eşarbı dekoltenin etrafına sardı

drastisch ['drastɪʃ] *adj* çok etkili, köklü, kökten

drauf ['draʊf] *adv* (*fam*): **schlecht** ~ **sein** aksiliği üstünde olmak; **gut** ~ **sein** keyfi yerinde olmak; **wie ist der denn** ~**?** keyfi nasıl ki?; ~ **und dran sein etw zu machen** bir şeyi yapmak üzere olmak

Draufgänger(in) ['draʊfgɛŋɐ] *m(f)* <-s, -; -nen> deli fişek (kimse)

draufgängerisch *adj* deli fişek

Draufgängertum *nt ohne Pl* <-s> deli fişeklik

drauf|gehen *irr vi sein* (*fam*) **1.** (*sterben*) can vermek, güme gitmek **2.** (*Geld*) harcanmak, gitmek; **all mein Geld ist draufgegangen** bütün param gitti **3.** (*Sache*) harcanmak; **drauf|haben** *irr vt* (*fam*) **1.** (*gelernt haben*): **etw** ~ bir şeyi bilir olmak **2.** (*Geschwindigkeit*): **er hatte 120 Sachen drauf** 120 ile gidiyordu; **drauf|kommen** *irr vi sein* (*sich einfallen lassen*): **ich komme nicht drauf!** aklıma gelmiyor!; **drauf|kriegen** *vi* (*fam*): **eins** ~ bir tane yemek; **drauf|legen** *vt* (*fam*) **1.** (*Betrag*) üstüne koymak; **du musst noch ein paar Euro** ~ üstüne birkaç euro daha koyacaksın [*o* koyman gerekiyor] **2.** (*hinlegen*) üstüne koymak (*auf* -in), üstüne yatırmak (*auf* -in)

drauflos [-'-] *adv* düşünmeden, düşünüp taşınmadan; **drauflos|reden** *vi* (*fam: unüberlegt*) düşünmeden konuşmak, düşünmeden konuşmaya başlamak

drauf|machen *vt* (*fam*): **einen** ~ uzun uzun kutlamak; **Draufsicht** *f* <-en> üstten görünüş; (*Zeichnung*) iz düşümü; **drauf|zahlen** **I.** *vi* (*fam*) üste vermek, fazladan ödemek **II.** *vt* (*fam*) ekstra ödemek, fazladan ödemek, üstüne vermek

draus [draʊs] *adv* (*fam*) *s.* **daraus**

draußen ['draʊsən] *adv* **1.** (*außerhalb*) dışarı(sı); (*im Freien*) dışarıda; **nach** ~ dışarıya; **von** ~ dışarıdan **2.** (*weit entfernt*): **das Boot ist** ~ tekne açıklarda; ~ **auf dem Lande** dışarlıkta, taşrada

drechseln ['drɛksəln] *vi, vt* tornalamak

Drechsler(in) ['drɛkslɐ] *m(f)* <-s, -; -nen> tornacı

Dreck [drɛk] *m ohne Pl* <-(e)s> **1.** (*fam: Schmutz*) kir, pislik; (*Schlamm*) çamur; (*Abfall*) çöp; **jdn wie den letzten** ~ **behandeln** (*fam*) birine eşek muamelesi yapmak; **jdn in den** ~ **ziehen** (*fam fig*) birine çamur atmak **2.** (*pej fam: Kleinigkeit*): **sich einen** ~ **um etw kümmern** bir şeyle hiç mi hiç ilgilenmemek; **die Nase in jeden** ~ **stecken** (*vulg*) burnunu her bir boka sokmak; **das geht dich einen** ~ **an!** (*vulg*) burnunu her boka sokma!

Dreckarbeit *f* (*abw*) *s.* **Drecksarbeit**

Dreckfink *m* (*fam*) pis çocuk

dreckig *adj* (*fam*) **1.** (*schmutzig*) pis, kirli; **sich** ~ **machen** üzerini kirletmek **2.** (*unanständig*) pis **3.** (*Wend*): **es geht mir** ~ hâlim harap, çok kötü durumdayım

Dreckkerl *m* (*fam pej*) *s.* **Dreckskerl**

Drecksarbeit *f* (*pej: die dreckig macht*) pis iş; (*die verabscheut wird*) pis iş

Dreckschaufel *f* (*fam*) faraş

Dreckskerl *m* (*fam pej*) pis herif

Dreh [dre:] *m* <-(e)s, -s *o* -e> (*fam*) püf noktası; **den** ~ **heraushaben** püf noktasını bilmek

Drehachse *f* dönme ekseni; **Dreharbeiten** *fPl* (FILM) çevirim; **Drehbank** *f* <-bänke> torna (tezgâhı)

drehbar *adj* döner

Drehbuch *nt* senaryo, çevirim senaryosu; **Drehbuchautor(in)** *m(f)* senarist, senaryocu

Drehbühne *f* (THEAT) döner sahne

drehen ['dre:ən] **I.** *vt* **1.** (*um die Achse*) döndürmek; (*Schraube*) döndürmek; **den Kopf** ~ başını döndürmek; **das Radio (etwas) leiser** ~ (*fam*) radyoyu (biraz) kısmak, radyonun sesini (biraz) kısmak; **wie man es auch dreht und wendet** neresinden bakarsan bak **2.** (*Faden*) bükmek, burarak sarmak; (*Pillen*) imâl etmek; (*Zigarette*) sarmak **3.** (FILM) çevirmek **4.** (*fam pej:*

aussehen lassen) kitabına uydurmak; **vielleicht können wir die Sache so ~, dass ...** belki bu işi öyle bir kitabına uydurabiliriz ki ... **5.** (*pej*): **ein Ding ~** dolap çevirmek [*o* döndürmek] **II.** *vi* **1.** (*Wind, Schiff, Auto*) dönmek **2.** (*am Schalter, Steuerrad*) çevirmek (*an* -) **III.** *vr:* **sich ~ 1.** (*rotieren*) dönmek; **mir dreht sich alles im Kopf** başım dönüyor; **er drehte sich auf den Rücken** sırt üstü döndü **2.** (*betreffen*) söz konusu olmak (*um* -)

Dreher(in) *m(f)* <-s, -; -nen> tornacı

Drehkreuz *nt* <-es, -e> turnike; **Drehorgel** *f* lâterna; **Drehort** *m* (FILM) çekim yeri; **Drehrestaurant** *nt* döner lokanta; **Drehscheibe** *f* **1.** (EISENB) döndürme köprüsü **2.** (*des Töpfers*) döner tezgâh; **Drehtür** *f* <-en> döner kapı

Drehung *f* <-en> dönüş; (*Umdrehung*) devir; (*um die Achse*) dönme; **eine ~ um 180 Grad** 180 derecelik bir dönüş

Drehwurm *m:* **einen ~ kriegen** başı dönmek

Drehzahl *f* devir sayısı; **Drehzahlmesser** *m* (AUTO) devir göstergesi

drei [draɪ] *adj inv* üç; **~ Viertel** dörtte üç; **es ist ~ viertel zwei** (*südd*) ikiye çeyrek var; **er tut so, als könne er nicht bis ~ zählen** (*fam*) saymasını bilmiyormuş gibi yapıyor; **aller guten Dinge sind ~** (*prov*) Allah'ın hakkı üçtür; *s. a.* **acht**[1]

Drei *f* <-en> **1.** (*Zahl*) üç **2.** (*Spielkarte*) üçlü

dreidimensional ['draɪdimɛnzjonaːl] *adj* üç boyutlu

Dreieck ['draɪʔɛk] *nt* <-(e)s, -e> üçgen; **gleichschenk(e)liges ~** eşkenar üçgen

dreieckig *adj* üçgen

Dreiecksverhältnis *nt* üçlü ilişki

dreieinhalb [draɪʔaɪn'halp] *adj inv* üç buçuk; *s. a.* **achteinhalb**

Dreieinigkeit [-'---] *f ohne Pl* (REL) teslis, üçleme

dreierlei ['draɪɐ'laɪ] *adj inv* üç türlü; *s. a.* **achterlei**

dreifach ['draɪfax] **I.** *adj:* **in ~er Ausfertigung** üç nüsha olarak; **dieser Wagen kostet das D~e von jenem** bu arabanın fiyatı şununkinin üç katıdır, bu araba şundan üç misli pahalı **II.** *adv* üç kere; *s. a.* **achtfach**

Dreifaltigkeit [draɪ'faltɪçkaɪt] *f ohne Pl* (REL) teslis, üçleme

Dreifuß *m* üçayak

dreihundert ['-'--] *adj inv* üç yüz; *s. a.* **achthundert**

Dreijahresfrist *f* üç yıllık süre

dreijährig *adj* üç yaşındaki

Dreikampf *m* (SPORT) triatlon

Dreikäsehoch [-'---] *m* <-s, -s> (*fam*) bastıbacak

Dreikönige [-'---] *Pl:* **nach ~** Üç Kral Yortusu'ndan sonra

Dreiländereck [-'---] *nt ohne Pl* <-(e)s> üç ülke sınırının birleştiği nokta

dreimal *adv* üç kere; **etw ~ sagen/tun/wiederholen** bir şeyi üç kere söylemek/yapmak/tekrarlamak; *s. a.* **achtmal**

drein [draɪn] *adv* (*fam*) *s.* **darein**

drein|blicken *vi:* **finster/freundlich ~** asık suratla/güler yüzle bakmak

Dreirad *nt* **1.** (*für Kinder*) üçteker **2.** (*Lieferwagen*) triportör; **Dreisatz** *m* <-es, -sätze> (MATH) orantı

Dreisprung *m* (SPORT) üç adım

dreispurig *adj* üç şeritli

dreißig ['draɪsɪç] *adj inv* otuz; *s. a.* **achtzig**

dreißigjährig ['draɪsɪçjɛːrɪç] *adj* otuz yıllık, otuzluk; **der D~e Krieg** (HIST) Otuz Yıl Savaşları

dreißigste(r, s) *adj* otuzuncu; *s. a.* **achtzigste(r, s)**

dreist [draɪst] *adj* pervasız; (*frech*) arsız, yüzsüz

dreistellig *adj* üç rakamlı, üç haneli

Dreisternehotel *nt* üç yıldızlı otel

Dreistigkeit ['draɪstɪçkaɪt] *f* <-en> pervasızlık, yüzsüzlük

dreistimmig *adj* (MUS) üç sesli

dreistöckig *adj* üç katlı

Dreitagebart [-'---] *m* üç günlük sakal

dreitausend ['-'--] *adj inv* üç bin; *s. a.* **achttausend**

dreiteilig *adj* (*Service*) üçlü, üç parçalı; (*Fernsehserie*) üç bölümlü

dreiviertel ['draɪ'fɪrtəl] *adj inv s.* **drei**; **Dreiviertelmehrheit** *f* dörtte üç oy çokluğu, dörtte üç çoğunluk; **Dreiviertelstunde** ['draɪvɪrtəl'ʃtʊndə] *f* kırk beş dakika; **in einer ~** kırk beş dakikada

Dreizack ['draɪtsak] *m* <-(e)s, -e> üç çatal, üç çatallı kargı

dreizehn ['--] *adj inv* on üç; **jetzt schlägt's aber ~** (*fam*) yeter ama artık; *s. a.* **acht**[1]

dreizehnte(r, s) *adj* on üçüncü; *s. a.* **achte(r, s)**

Dreizimmerwohnung [-'----] *f* üç odalı daire

dreschen <drischt, drosch, gedroschen> *vt* **1.** (*Getreide*) (harman) dövmek; **Phrasen ~** (*fam*) edebiyat yapmak **2.** (*verprügeln*) dövmek

Dreschmaschine *f* (AGR) harman makinesi, harman dövme makinesi, batöz

Dresden ['dreːsdən] *nt* <-s> Dresden

dressieren* [drɛ'siːrən] *vt* (*Tier*) eğitmek, terbiye etmek

Dressing *nt* (GASTR) salata sosu

Dressman ['drɛsmən] *m* <-s, -men> erkek manken

Dressur [drɛ'su:ɐ] *f* <-en> eğitim; (*Pferde~*) manej

dribbeln ['drɪbəln] *vi* (SPORT) dripling yapmak

driften ['drɪftən] *vi sein* (*a.* NAUT) sürüklenmek (*nach* -e)

Drill [drɪl] *m ohne Pl* <-(e)s> (MIL) talim

Drillbohrer *m* (TECH) cırcır delgi

drillen ['drɪlən] *vt* **1.** (TECH) delgi ile delmek **2.** (MIL) talim yaptırmak (-e)

Drilling ['drɪlɪŋ] *m* <-s, -e> (*Kind*) üçüz

drin [drɪn] *adv* (*fam*): **es ist noch alles ~** (*fig*) daha her şey olabilir; **das ist nicht ~** (*fig*) olmaz; *s. a.* **darin**

dringen ['drɪŋən] <dringt, drang, gedrungen> *vi* **1.** *sein:* **durch etw ~** bir şeyin içinden geçmek; **in etw ~** bir şeyin içine geçmek, bir şeye işlemek; (*Pfeil*) bir şeye saplanmak; **aus etw ~** (*Flüssigkeit, Gas*) bir şeyden sızmak; (*Geräusch*) bir şeyden gelmek; **in jdn ~** birine sinmek; **bis zu etw ~** bir şeye kadar gelmek; **der Lärm drang bis zu uns** gürültü bize kadar duyuldu; **an die Öffentlichkeit ~** açığa çıkmak; **es dringt mir durchs Herz** (*fig*) yüreğime işledi **2.** (*verlangen*): **auf etw ~** bir şeyde direnmek

dringend *adj* **1.** (*eilig*) acil, acele, ivedi **2.** (*sehr wichtig*) çok önemli; (*nachdrücklich*) ısrarlı; **~ davon abraten etw zu tun** bir şeyi yapmamasını ısrarla tavsiye etmek; **~er Verdacht** ağır şüphe

dringlich *adj* ivedi

Dringlichkeit *f* <-en> ivedilik

drinnen ['drɪnən] *adv* içeride; **~ und draußen** içeride ve dışarıda; **ich gehe nach ~** ben içeri giriyorum

drin|stecken *vi* (*fam*) **1.** (*beschäftigt sein*) meşgul olmak (*in* ile) **2.** (*investiert sein*) yatırılmış olmak; **da steckt eine Menge Arbeit drin** buna çok emek verilmiş **3.** (*verwickelt sein*) parmağı olmak (*in* -de);

drin|stehen *irr vi österr, Schweiz, südd: sein* (*fam: in Raum*) içinde olmak (*in* -in); (*in Buch*) yazmak (*in* -de), yazılı olmak (*in* -de)

drischt [drɪʃt] *3. präs von* **dreschen**

dritt [drɪt] *adv:* **zu ~** üçü

dritte(r, s) ['drɪtə, -tɐ, -təs] *adj* üçüncü; **D~ Welt** üçüncü dünya ülkeleri *pl;* **die ~en Zähne** (*fam*) takma diş(ler) (*pl*); *s. a.* **achte(r, s)**

drittel *adj inv* üçte (bir); *s. a.* **achtel**

Drittel *nt* üçte bir; *s. a.* **Achtel**

dritteln *vt* üçe bölmek

drittens ['drɪtəns] *adv* üçüncü olarak; (*bei Aufzählung*) üçüncüsü; *s. a.* **achtens**

Dritte-Welt-Laden ['--'---] *m* <-s, -Läden> *üçüncü dünya ülkeleri ürünlerinin satıldığı mağaza*

drittklassig *adj* (*pej*) üçüncü sınıf; (*Beschaffenheit*) kalitesiz, kalitesi düşük

DRK [de:ʔɛr'ka:] *nt* <-> *Abk. von* **Deutsches Rotes Kreuz** Alman Kızıl Haçı

droben ['dro:bən] *adv* (*geh*) yukarıda; **da ~** oranın yukarısında

Droge ['dro:gə] *f* <-n> **1.** drog **2.** (*fam: Rauschmittel*) uyuşturucu

drogenabhängig *adj* uyuşturucu bağımlısı; **Drogenabhängige(r)** *mf* uyuşturucu bağımlısı; **Drogenabhängigkeit** *f ohne Pl* uyuşturucu bağımlılığı; **Drogendealer(in)** *m(f)* (*fam*) torbacı, uyuşturucu alıp satan kimse; **Drogenhandel** *m* uyuşturucu alım satımı, uyuşturucu ticareti; **Drogenszene** *f* uyuşturucu çevresi

Drogerie [drogə'ri:] *f* <-n> eczane

Drogist(in) *m(f)* <-en, -en; -nen> eczacı

Drohbrief *m* tehdit mektubu

drohen ['dro:ən] *vi* **1.** (*einschüchtern*) tehdit etmek, gözünü korkutmak (-in); **sie drohte ihm mit der Polizei** onu polisle tehdit etti **2.** (*bevorstehen*) beklemek; **ihm droht Gefängnis** onu hapis bekliyor **3.** (*zu befürchten sein*): **er drohte einzuschlafen** uyumak üzereydi

drohend *adj* **1.** (*Gebärde*) tehdit dolu, tehditkâr, tehdit edici **2.** (*Gefahr*) yaklaşan

Drohne ['dro:nə] *f* <-n> (ZOOL) erkek arı

dröhnen ['drø:nən] *vi* (*Geräusch*) gürlemek; (*Lautsprecher*) ötmek; (*Ohren*) uğuldamak; **mir dröhnt der Kopf** beynim uğulduyor

Drohung ['dro:ʊŋ] *f* <-en> tehdit

drollig ['drɔlɪç] *adj* **1.** (*Geschichte*) eğlendirici **2.** (*niedlich*) cici

Dromedar ['dro:meda:ɐ, drome'da:ɐ] *nt* <-s, -e> (ZOOL) hecin; (*einhöckeriges Kamel*) hacı devesi, tek hörgüçlü deve

Drops [drɔps] *m* <-, -> draje

drosch [drɔʃ] *3. imp von* **dreschen**

Droschke ['drɔʃkə] *f* <-n> fayton

Drossel ['drɔsəl] *f* <-n> (ZOOL) ardıç kuşu

drosseln ['drɔsəln] *vt* **1.** (*würgen*) boğmak **2.** (*Tempo*) kesmek; (*Inflation*) bastırmak **3.** (*Ausgaben*) kısmak

drüben ['dry:bən] *adv* karşıda; **hier/da ~** burada/orada

drüber ['dry:bɐ] *adv* (*fam*) *s.* **darüber**

Druck[1] [drʊk, *Pl:* 'drʊkə] *m ohne Pl* <-(e)s> **1.** (*das Drücken*) basma; (*Beklemmung*) sıkışma; **durch einen ~ auf den Knopf** düğmeye basarak **2.** (*Zwang*) baskı; **~ hinter etw machen** bir işin yapılması için baskı yapmak; **unter ~ stehen** baskı altında olmak; **jdn unter ~ setzen** birine baskı yapmak **3.** (*das Drucken*) basım; **in ~ gehen** basımı başlamak

Druck² *m* <-(e)s, Drücke> **1.** (PHYS) basınç **2.** (*sl: Schuss Rauschgift*) doz

Druck³ *m* <-(e)s, -e> (KUNST) baskı resim

Druckabfall *m* basıncın düşmesi

Druckanstieg *m* basıncın yükselmesi; **Druckbuchstabe** *m* matbaa harfi

Drückeberger(in) ['drʏkəbɛrgɐ] *m(f)* <-s, -; -nen> (*fam pej*) kaytarıcı

drucken ['drʊkən] *vt* (TYPO) basmak (*auf*-e); **klein gedruckt** küçük puntolu; **das klein Gedruckte** küçük puntolu yazı

drücken ['drʏkən] **I.** *vt* **1.** (*pressen*) sıkmak; (*Schalter*) basmak (-e); **jdm die Hand ~** birinin elini sıkmak; **jdm etw in die Hand ~** birinin eline bir şey sıkıştırmak **2.** (*wegschieben*) itmek; **er drückte sie zur Seite** onu kenara itti; **„~"** (*an einer Tür*) „itiniz" **3.** (*Kleidung*) dar gelmek (-e) **4.** (*umarmen*) kucaklamak **5.** (*Preise*) kırmak **II.** *vi* (*Kleidung, Last*) sıkmak; (*Hitze*) sıkıntı vermek; **das trübe Wetter drückt auf die Stimmung** kapalı hava insana sıkıntı veriyor **III.** *vr:* **sich ~** (*fam*) kaçmak (*vor*-den); **sie hat sich vor der** [*o* **um die**] **Arbeit gedrückt** işten kaçtı

drückend *adj* (*Sorgen, Last*) sıkıcı; (*Wetter*) bunaltıcı; (*Hitze*) boğucu

Drucker(in)¹ *m(f)* <-s, -; -nen> baskıcı; (*Buch~*) baskıcı

Drucker² *m* <-s, -> (INFORM) yazıcı

Drücker *m* <-s, -> **1.** (*Klinke*) kol **2.** (*Tür~*) elektrikli basaç **3.** (*am Gewehr*) tetik; **am ~ sitzen** (*fam*) tetikte olmak; **auf den letzten ~** (*fam*) son anda

Druckerei *f* <-en> basmahane; (*für Bücher*) basım evi, matbaa

Druckerlaubnis *f* (TYPO) basıla

Druckerschwärze ['drʊkɐʃvɛrtsə] *f ohne Pl* (TYPO) baskı mürekkebi; **Druckfehler** *m* (TYPO) baskı yanlışı, baskı hatası; **Druckform** *f* baskı kalıbı; **druckfrisch** *adj* (TYPO) basıdan yeni çıkmış; **Druckknopf** *m* (TECH) elektrik düğmesi; (*zweiteiliger Knopf zum Zudrücken*) çıtçıt; **Druckluft** *f ohne Pl* (PHYS) basınçlı hava; **Druckmesser** *m* (PHYS) basınçölçer; **Druckmittel** *nt* (*Maßnahme*) baskı aracı; **druckreif** *adj* basıma uygun; **Drucksache** *f* (*a.* TYPO) matbua; **Druckschrift** *f* <-en> (TYPO) basılmış yazı, basma, matbua

drucksen ['drʊksən] *vi* (*fam*) kem küm etmek

Druckstelle *f* ezik; **Druckstock** *m* (TYPO: *Klischee*) klişe; **Druckwelle** *f* (PHYS) basınç dalgası; **Druckwesen** *nt ohne Pl* (TYPO) basımcılık

drum [drʊm] *adv* (*fam*): **sei's ~** haydi öyle olsun; **mit allem D~ und Dran** her şeyi ile birlikte; *s. a.* **darum**

Drumherum [--'-] *nt ohne Pl* <-s> (*fam*): **das ganze ~** bütün boku püsürü

drunten ['drʊntən] *adv* (*südd, österr*) aşağıda, altta

drunter ['drʊntɐ] *adv* (*fam*): **es ging alles ~ und drüber** her şey alt üst oldu; *s. a.* **darunter**

Drüse ['dryːzə] *f* <-n> (ANAT) gudde, beze; (*Brust~, Speichel~, Talg~*) bez

Dschungel ['dʒʊŋəl] *m* <-s, -> cengel; (*fig*) cangıl

dt. *Abk. von* **deutsch** Almanca

du [duː] *pron 2. Sg* sen; **bist ~ es?** sen misin?; **wenn ich ~ wäre** senin yerinde olsam; **mit jdm per D~ sein** biriyle teklifsiz [*o* senli benli] olmak

Dübel ['dyːbəl] *m* <-s, -> dübel

ducken ['dʊkən] **I.** *vt* (*pej: demütigen*) sindirmek **II.** *vr:* **sich ~ 1.** (*sich bücken*) başını eğmek; (*niederkauern*) sinmek **2.** (*unterwürfig sein*) sinmek, boyun eğmek

Duckmäuser ['dʊkmɔɪzɐ] *m* <-s, -> (*fam*) evet efendimci

dudeln ['duːdəln] *vi* (*fam*) **1.** (RADIO) çalmak **2.** (*musizieren*) gayda çalmak

Dudelsack ['duːdəlzak] *m* <-(e)s, -säcke> gayda

Duell [du'ɛl] *nt* <-s, -e> **1.** (*mit Waffen*) düello; **jdn zum ~ fordern** birini düelloya davet etmek **2.** (SPORT) karşılıklı yarışma

duellieren* *vr:* **sich ~** düello etmek

Duett [du'ɛt] *nt* <-(e)s, -e> (MUS) düet

Duft [dʊft, *Pl:* 'dʏftə] *m* <-(e)s, Düfte> koku; (*angenehm*) güzel koku, ıtır; (*unangenehm*) pis koku, ıtırlı

duften ['dʊftən] *vi* kokmak (*nach* -)

duftend *adj* kokan; (*parfümiert*) güzel kokulu

Duftstoff *m* <-(e)s, -e> koku

dulden ['dʊldən] *vt* **1.** (*zulassen*) göz yummak (-e), hoş görmek; **die Sache duldet keinen Aufschub** mesele ertelenemez **2.** (*geh: ertragen*) katlanmak (-e), çekmek

duldsam [dʊltzaːm] *adj* (*voller Geduld*) sabırlı; (*tolerant*) hoşgörülü (*gegen* -e)

Duldsamkeit *f ohne Pl* hoşgörü

Duldung *f* <-en> göz yumma, müsamaha; **stillschweigende ~** (JUR) zımnî müsamaha

dumm [dʊm] *adj* <dümmer, am dümmsten> **1.** (*einfältig*) aptal, alık, ahmak; **~es Zeug reden** aptal aptal konuşmak; **red kein ~es Zeug!** aptal aptal konuşma!; **sich ~ anstellen** aptallığa vurmak; **ein ~es Gesicht machen** (*fam*) aptal aptal bakmak; **~ aus der Wäsche gucken** (*fam*) apışmak, apışıp kalmak, ahmaklaşmak; **das ist gar nicht so ~** bu hiç de fena bir fikir değil; **jdn für ~ verkaufen** (*fam*) birini aptal [*o* ahmak] yerine koymak **2.** (*unwissend*) aptal **3.** (*unangenehm*): **jdm ~ kommen** (*fam*) birine aksilenmek; **so etwas D~es!** ne kadar aksilik!

dummerweise *adv* aptalca, aptal gibi; (*ärgerlicherweise*) aksi gibi

Dummheit[1] *f ohne Pl* (*Mangel an Intelligenz*) aptallık; (*Unwissenheit*) aptallık

Dummheit[2] *f* <-en> (*Handlung*) aptallık, ahmaklık, akılsızlık; **eine ~ machen** aptallık etmek

Dummkopf *m* (*pej*) aptal, mankafa, budala, enayi

dumpf [dʊmpf] *adj* **1.** (*Geräusch*) boğuk **2.** (*stumpfsinnig*) vurdumduymaz, tekdüze **3.** (*Ahnung, Schmerz*) belirsiz **4.** (*muffig*) bunaltıcı; **das Mehl/Brot riecht ~** un/ekmek küf kokuyor

Dumping *nt* damping

Düne ['dy:nə] *f* <-n> kumul

Dung [dʊŋ] *m ohne Pl* <-(e)s> gübre

Düngemittel *nt* gübre

düngen ['dʏŋən] *vt* gübrelemek

Dünger ['dʏŋɐ] *m* <-s, -> gübre; (*künstlich*) sun'î gübre

dunkel ['dʊŋkəl] *adj* **1.** (*finster*) karanlık; **es wird ~** hava kararıyor **2.** (*Farbe*) koyu; (*Hautfarbe*) esmer **3.** (*Ton*) alçak; (*Stimme*) kalın **4.** (*unbestimmt*) hayal meyal, belli belirsiz; **sich ~ an etw erinnern** bir şeyi hayal meyal hatırlamak **5.** (*rätselhaft*) muammalı; (*ungewiss*) meçhul **6.** (*pej: zwielichtig*) karanlık; (*verdächtig*) şüpheli; **eine dunkle Vergangenheit haben** karanlık bir mazisi olmak

Dunkel *nt ohne Pl* <-s> (*a. fig*) karanlık; **im ~n** karanlıkta; **im D~n tappen** (*fam fig: keinen Anhaltspunkt haben*) ipucu bulamamak; **etw liegt noch im ~n** bir şey hâlâ karanlıkta kalmak

Dünkel *m ohne Pl* <-s> benlik davası

dunkelblau *adj* koyu mavi; **dunkelblond** *adj* koyu sarı; **dunkelgrün** *adj* koyu yeşil

dunkelhaarig *adj* esmer saçlı

dunkelhäutig ['dʊnkəlhɔɪtɪç] *adj* esmer tenli

Dunkelheit *f ohne Pl* karanlık; **bei Einbruch der ~** karanlık çökerken [*o* basarken]

Dunkelkammer *f* (FOTO) karanlık oda

dunkelrot *adj* koyu kırmızı; **Dunkelziffer** *f* meçhul olayların sayısı

dünn [dʏn] *adj* **1.** (*Ast, Scheibe*) ince; **ein ~es Buch** ince bir kitap **2.** (*schlank*) ince; (*mager*) sıska; **sie ist sehr ~ geworden** çok inceldi **3.** (*Haar*) seyrek; **Butter ~ auftragen** tereyağını incecik sürmek **4.** (*fein, zart*) ince; (*Stimme*) ince **5.** (*Suppe*) ince; (*Kaffee*) sulu, kestane suyu gibi

Dünndarm *m* (ANAT) ince bağırsak; **Dünndarmentzündung** *f* (MED) ince bağırsak iltihabı

dünnflüssig *adj* sulu

Dunst[1] [dʊnst, *Pl:* 'dʏnstə] *m* <-(e)s, Dünste> (*Dampf*) buhar; (*Ausdünstung*) koku; (*Rauch*) duman

Dunst[2] *m ohne Pl* <-(e)s> (*Nebel*) pus

Dunstabzugshaube *f* davlumbaz etekliği; (*mit Saugvorrichtung in Küchen*) aspiratörlü mutfak bacası

dünsten ['dʏnstən] *vt* (GASTR) haşlamak

dunstig ['dʊnstɪç] *adj* **1.** (*neblig*) puslu **2.** (*verräuchert*) havasız

Dunstwolke *f* (*Ausdünstung*) koku; (*Rauchwolke*) duman

Duo ['du:o] *nt* <-s, -s> (MUS) ikili

Duplikat [dupli'ka:t] *nt* <-(e)s, -e> ikinci nüsha

Dur [du:ɐ] *nt ohne Pl* <-> (MUS) majör

durch [dʊrç] **I.** *präp* **1.** (*örtlich*) -den; **~ eine Straße gehen** bir sokaktan geçmek; **~ das Fenster schauen** pencereden bakmak **2.** (*mittels*) ile; **~ Zufall** kazara, tesadüfen **3.** (*infolge von*) -den (dolayı), yüzünden; **~ das viele Rauchen** çok sigara içmekten; **~ den Unfall wurde der gesammte Verkehr lahm gelegt** kazadan dolayı bütün trafik felce uğradı **4.** (*zeitlich*) boyunca; **die ganze Nacht ~** bütün gece boyunca **5.** (*a.* MATH: *teilen*) -e; **~ drei teilen** üçe bölmek **6.** (*Agens*) ile, -yle; **das Fahrzeug wird ~ Motoren getrieben** taşıt motor gücüyle hareket eder **II.** *adv* (*fam*): **es ist schon drei Uhr ~** saat üçü geçti bile; **der Zug ist gerade ~** tren şu anda geçti; **das Fleisch ist ~** et pişmiş; **ich hab das Buch ~** kitabı bitirdim; **die Sohle ist ~** (ayakkabının) tabanı delindi; **~ und ~** tamamen, her bakımdan, sapına kadar; (*bis ins Innerste*) iliğine kadar, iliklerine kadar; **ich bin ~ und ~ nass** iliğime kadar ıslandım

durch|arbeiten **I.** *vt* **1.** (*Buch*) başından sonuna kadar gözden geçirmek **2.** (*Teig*) yoğurmak **II.** *vi* (*ohne Pause*) aralıksız çalışmak, ara vermeden çalışmak **III.** *vr:* **sich ~** güç belâ kendine yol açarak ilerlemek (*durch* içinden); (*Dschungel*) güçlükle ilerlemek (*durch* -de); **durch|atmen** *vi* derin nefes alıp vermek; (*fig*) nefes almak, ferahlamak, rahatlamak

durchaus ['--, -'-] *adv* **1.** (*völlig*) tamamıyla, büsbütün, pekâlâ; **~ nicht** hiç de değil; **das ist ~ möglich** bu pekâlâ olabilir; **das ist ~ nicht leicht** bu hiç de öyle kolay değil **2.** (*unbedingt*) mutlaka

durch|blättern *vt* sayfalarını karıştırmak (-in), sayfalarına göz gezdirmek (-in); **Durchblick** *m* <-(e)s, -e> (*fam: Überblick*) anlayabilme, akıl erdirme; **den ~ haben** anlayabilmek, aklı ermek; **durch|blicken** *vi* **1.** (*durchschauen*) bakmak (*durch* -den) **2.** (*fam: verstehen*) anlayabilmek, aklı ermek; (*erkennen*) görmek; **etw ~ lassen** (*andeuten*) anıştırmak, çıtlatmak, çaktırmak; (*zu verstehen geben*) sezdirmek, ihsas etmek; **da blicke ich nicht (ganz) durch** buna [*o* bu işe] aklım (pek) ermiyor; **durchbluten*** *vt* kanla beslemek; **gut durchblutet werden** dolaşımı iyi olmak

Durchblutung *f* <-en> dolaşım, kan dolaşımı; **Durchblutungsstörung** *f* dolaşım bozukluğu

durch|bohren[1] *vt* (*Loch bohren*) delik açmak (-e)

durchbohren*[2] *vt* (*durchdringen*) deşmek; **von Kugeln durchbohrt** kurşunla delik deşik edilmiş

durch|braten *irr vt* (GASTR) iyice kızartmak

durchbrechen*[1] *irr vt* **1.** (*Blockade, Deich*) yarmak; (*Hindernis, Schallmauer*) aşmak **2.** (*fig: Prinzip*) çiğnemek

durch|brechen[2] *irr* **I.** *vi sein* **1.** (*entzweigehen*) ortasından kırılmak **2.** (*Zähne, Sonne*) çıkmak; (*Blindarm*) patlamak **3.** (*fig: Hass*) uyanmak; (*Wut*) kabarmak **II.** *vt* (*zerbrechen*) ortasından kırmak

durch|brennen *irr vi sein* **1.** (*Birne, Sicherung*) yanmak **2.** (*fam: ausreißen*) kaçmak; **durch|bringen** *irr vt* **1.** (*Kranke*) kurtarmak **2.** (*Prüfling*): **jdn ~** birini geçirmek **3.** (*ernähren*) geçindirmek; (*Familie*) geçindirmek **4.** (*vergeuden*) çarçur etmek; **durchbrochen I.** *pp von* **durchbrechen**[1] **II.** *adj* (*Spitze*) kırık

Durchbruch ['--] *m* <-(e)s, -brüche> **1.** (*eines Zahns*) çıkma; (*des Blinddarms*) patlama **2.** (MIL) yarma; (*Stelle*) gedik **3.** (*Erfolg*) başarı; **jdm/etw zum ~ verhelfen** bir kimseye/şeye başarı kazanmasında yardımcı olmak, bir kimseye/şeye başarı kazandırmak **4.** (*Stelle*) yarık, gedik; **einen ~ durch die Wand machen** duvara gedik açmak

Durchbrucharbeit *f* ajur işi

durchdenken* *irr vt* düşünüp taşınmak, iyice düşünmek; **wohl durchdacht** (*geh*) iyice düşünülmüş; **durch|drehen I.** *vi* **1.** *sein* (*Räder*) patinaj yapmak **2.** *haben o sein* (*fam: den Verstand verlieren*) fırttırmak, aklını kaçırmak; (*die Nerven verlieren*) sinirleri boşanmak **II.** *vt*: **das Fleisch durch den Wolf ~** eti makineyle kıymak

durch|dringen[1] *irr vi sein* **1.** (*Flüssigkeit*) içine geçmek, sızmak; (*Kälte*) iliğine işlemek; (*Gerücht*) duyulmak, kulağına gelmek, kulağına çalınmak; (*Stimme*) duyulmak, işitilmek; (*Sonne*) çıkmak; **die Nachricht ist bis zu uns durchgedrungen** haber kulağımıza geldi; **ein ~er Schmerz/Geruch/Verstand** keskin bir ağrı/koku/zekâ **2.** (*hingelangen*) kendini kabul ettirmek (*bis zu* -e kadar)

durchdringen*[2] *irr vt* **1.** (*durchstoßen*) deşmek; (*eindringen in*) içine işlemek (-in), içine geçmek (-in) **2.** (*innerlich erfüllen*) nüfuz etmek; **diese Idee hat ihn völlig durchdrungen** bu fikir onun tamamıyla içine işlemişti, bu fikir bütün varlığına nüfuz etti

durch|drücken *vt* **1.** (*Knie*) germek **2.** (*fam: durchsetzen*) kabul ettirmek **3.** (*durch ein Sieb*) elekten geçirmek (*durch* -den)

durcheinander [dʊrçʔaɪ'nandɐ] *adv* (*unordentlich*) darmadağınık, karmakarışık, karman çorman; (*verwirrt*) şaşkın; **~ bringen** (*in Unordnung bringen*) alt üst etmek, darmadağın etmek, karmakarışık etmek, karman çorman etmek; (*verwechseln*) karıştırmak; (*verwirren*) şaşırtmak; **~ essen** abur cubur yemek; **~ laufen** koşuşmak; **~ reden** saçma sapan konuşmak

Durcheinander ['----] *nt ohne Pl* <-s> **1.** (*Unordnung*) dağınıklık, karışıklık **2.** (*Verwirrung*) şaşkınlık

durcheinander|bringen *irr vt s.* **durcheinander**; **durcheinander|laufen** *irr vi s.* **durcheinander**; **durcheinander|reden** *vi s.* **durcheinander**

durch|fahren[1] *irr vi sein* **1.** (*ohne Pause*) durmadan gitmek, direkt gitmek; **die ganze Nacht ~** bütün gece durmadan gitmek; **bis zur nächsten Ampel ~** gelecek lâmbaya kadar durmadan gitmek **2.** (*durchqueren*) geçmek (*durch* -den); **durch einen Tunnel ~** bir tünelden geçmek

durchfahren*[2] *irr vt* **1.** (*bereisen*) gezmek **2.** (*durchqueren*) transit geçmek (-den) **3.** (*durchzucken*): **ein Schreck/Gedanke durchfuhr ihn** içini bir korku aldı

Durchfahrt ['--] *f* <-en> geçit; (*das Durchfahren*) geçme; **~ freihalten!** geçidin önünü kapamayınız!; **~ verboten!** geçilmez!; **wir sind hier nur auf der ~** biz buradan sadece geçiyoruz; **Durchfahrtsrecht** *nt* (JUR) geçit hakkı; **Durchfahrtsstraße** *f* ana yol

Durchfall *m ohne Pl* <-(e)s> (MED) ishal, amel, sürgün; **~ bekommen** ishal [*o* sürgün] olmak; **~ haben** ishali [*o* sürgünü] olmak

durch|fallen *irr vi sein* **1.** (*durch ein Loch*) düşmek (*durch* içine) **2.** (*fam: keinen Er-*

folg haben) çakmak, başarı gösterememek, başarısızlığa uğramak **3.** (*durch eine Prüfung*) kalmak, geçememek (*durch* -den);
durch|feiern *vi* (*fam: ohne Pause feiern*) sabaha kadar eğlenmek; **die ganze Nacht ~** bütün gece eğlenmek
durch|fließen¹ *irr vi sein* akmak (*durch* -den), akmak (*durch* içinden)
durchfließen *² *irr vt* ortasından geçmek (-in)
durchforschen * *vt* **1.** (*wissenschaftlich*) araştırıp incelemek **2.** (*Taschen*) aramak **3.** (*Land*) açınsamak; **durch|fragen** *vr:* **sich ~** sora sora yolunu bulmak
Durchfuhr *f* (WIRTSCH) transit
durchführbar *adj* yapılabilir; **Durchführbarkeit** *f* yapılabilirlik
durch|führen **I.** *vi* (*Weg*) geçmek (*durch* -den); (*verlaufen*) geçmek (*durch* -den) **II.** *vt* **1.** (*ausführen*) yapmak, yürütmek, icra etmek; (*verwirklichen*) uygulamak, tatbik etmek **2.** (*veranstalten*) düzenlemek **3.** (*geleiten*) geçirmek (*durch* -den)
Durchfuhrerlaubnis *f* (WIRTSCH) transit izni
Durchführung *f* <-en> **1.** yapma, yürütme, icra; (*Verwirklichung*) uygulama; **zur ~ gelangen** icraatına geçilmek, uygulanmaya başlanmak **2.** (MUS) icra
Durchfuhrverbot *nt* (WIRTSCH) transit yasağı
Durchgang¹ *m ohne Pl* <-(e)s> (*das Durchgehen*) geçme; **~ verboten!** geçilmez!
Durchgang² *m* <-(e)s, -gänge> **1.** (*Weg*) geçit; **den ~ versperren** geçidin önünü kapamak **2.** (*einer Wahl, eines Wettkampfs*) aşama; (*Fußball*) yarı
durchgängig **I.** *adj* (*allgemein geltend*) genel **II.** *adv* genellikle
Durchgangslager *nt* sığınmacı kampı
durch|geben *irr vt* bildirmek (*durch* ile); (*übermitteln*) iletmek (*durch* ile)
durchgefroren *adj* tamamen donmuş
durch|gehen *irr sein* **I.** *vi* **1.** (*durch Tür*) geçmek (*durch* -den); **der Zug geht durch** tren aktarmasızdır, tren durmadan geçiyor **2.** (*Gesetz, Antrag*) kabul edilmek **3.** (*toleriert werden*) göz yummak; **wir lassen das nicht länger ~** buna artık göz yummayacağız **4.** (*weglaufen*) kaçmak; (*Pferd*) gemi azıya almak **5.** (*gehalten werden für*) yerine geçmek (*für* -in) **6.** (*fam: dazwischenpassen*) geçmek (*durch/unter* içinden/altından) **II.** *vt* (*Text: prüfen*) gözden geçirmek; (*überarbeiten*) revize etmek
durchgehend *adj* (*Zug*) aktarmasız; (*Öffnungszeiten*) sürekli; **die Geschäfte sind ~ geöffnet** dükkânlar sürekli açıktır
durch|greifen *irr vi* **1.** (*einschreiten*) (durума) müdahale etmek; (*drastische Maßnahmen ergreifen*) zorlayıcı önlem(ler) almak **2.** (*mit der Hand*) elini geçirmek (*durch* içinden)
durchgreifend *adj* (*Maßnahmen*) sert; (*Änderungen*) kökten
durch|halten *irr vi, vt* dayanmak
Durchhaltevermögen *nt ohne Pl* <-s> dayanma gücü, dayanıklılık
Durchhänger *m* <-s, -> (*fam*) bezginlik
durch|kämmen¹ *vt* (*Haare*) taramak
durchkämmen *² *vt* (*Gelände*) taramak
durch|kommen *irr vi sein* **1.** (*durch einen Ort, die Menge*) geçmek (*durch* içinden) **2.** (*fam: bei einer Prüfung*) geçmek; (*Antrag*) geçmek **3.** (*durchpassen*) geçmek (*durch* -den) **4.** (*fam: überleben*) iyileşmek; (*sich retten*) kendini kurtarmak; (*auskommen*) geçinip gitmek **5.** (*Erfolg haben*) başarılı olmak (*mit* ile), amacına ulaşmak (*mit* ile); **damit kommst du bei mir nicht durch** (*fam*) bununla benden istediğini alamazsın; **durchkreuzen** * *vt* **1.** (*durchstreichen*) çarpma işareti ile üstünü çizmek (-in), üstüne kalem çekmek (-in), kalem çekmek (-e) **2.** (*Pläne*) baltalamak, bozmak **3.** (*Meere*) gezmek;
durch|lassen *irr vt* **1.** (*Person, Licht*) geçirmek **2.** (*fam: Taten*) göz yummak (-e); (*tolerieren*) hoş görmek; **das kann ich ihm nicht ~** (*fam*) bunu yapmasına göz yumamam
durchlässig ['dʊrçlɛsɪç] *adj* (*für Flüssigkeiten*) geçirgen, gözenekli; (*für Licht*) geçirgen, geçirir
Durchlässigkeit *f ohne Pl* geçirgenlik
durch|laufen¹ *irr* **I.** *vi sein* **1.** (*durch Tür, Ort*) geçmek (*durch* -den) **2.** (*ohne Unterbrechung*) durmadan koşmak **3.** (*Flüssigkeit*) akmak; (*durchsickern*) sızmak **II.** *vt* (*Schuhe*) eskitmek
durchlaufen *² *irr vt* **1.** (*Strecke*) koşmak **2.** (*absolvieren: Schule*) mezun olmak (-den); (*Lehre*) yapmak
Durchlauferhitzer *m* şofben, sıcak su otomatı
durchleben * *vt* görüp geçirmek; **durchleiden** * *irr vt* (*geh*) geçirmek; **durch|lesen** *irr vt* baştan aşağı okumak; **durchleuchten** * *vt* **1.** (*Licht*) ışıkla aydınlatmak **2.** (MED) röntgenini çekmek (-in) **3.** (*Angelegenheit*) ışık tutmak (-e); **durchlöchern** * *vt* delik deşik etmek; **durch|machen** **I.** *vi* (*fam*) **1.** (*durcharbeiten*): **ich muss das ganze Wochenende ~** bütün haftasonu çalışmam gerekiyor **2.** (*durchfeiern*) sabahlara kadar eğlenmek **II.** *vt* (*fam*) **1.** (*erleiden*) çekmek; **er hat eine schlimme Krankheit durchgemacht** kötü bir

hastalık geçirdi **2.** (*Kurs*) yapmak; **Durchmarsch** *m* <-(e)s, -märsche> **1.** (MIL) yürüyüş; **auf dem ~ sein** yürüyüşte olmak **2.** (*fam: Durchfall*) sürgün, ishal; **~ haben** sürgün olmak, içi sürmek; **durch|marschieren*** *vi sein* yürüyüş kolu halinde geçmek (*durch* -den)

Durchmesser *m* <-s, -> (MATH) çap; **ein Meter im ~** çapı bir metre

durch|mogeln *vr:* **sich ~** (*fam pej*) yolunu bulmak; **durchnässen*** *vt* sırılsıklam etmek; **ich bin völlig durchnässt** sırılsıklam oldum, su içinde kaldım; **durch|nehmen** *irr vt* (*Lektion, Thema*) işlemek, ele almak; **durch|nummerieren*RR** *vt* baştan sona numaralamak; **durch|pausen** ['dʊrçpaʊzən] *vt* saydam kâğıtla örneğini çıkarmak (-in); **durchqueren*** [dʊrç'kveːrən] *vt* geçmek; **durch|rasseln** *vi sein* (*fam: bei einer Prüfung*) çakmak, gümlemek

Durchreise ['---] *f* <-n> geçme (*durch* -den); **wir sind hier nur auf der ~** biz buradan sadece geçiyoruz

durch|reisen¹ *vi sein* geçmek (*durch* -den); **er ist durch München durchgereist** Münih'ten geçti

durchreisen*² *vt* gezmek; **er hat die halbe Welt durchreist** dünyanın yarısını gezdi

durch|reißen *irr* **I.** *vi sein* kopmak **II.** *vt* koparmak; **durch|ringen** *irr vr:* **sich ~: sich zu einem Entschluss ~** nefsini yenerek bir karara varmak; **durch|rosten** *vi sein* paslanmak; **durch|rühren** *vt* karıştırmak; **durch|rütteln** *vt* sarsmak

durchs [dʊrçs] = **durch das** *s.* **durch**

Durchsage ['dʊrçzaːgə] *f* <-n> anons, duyuru; (*Mitteilung*) bildiri

durch|sagen *vt* anons etmek; (*im Radio*) duyurmak; **durch|sägen** *vt* testereyle kesmek

durchschaubar [-'--] *adj* (*verständlich*) anlaşılır; **ein schwer/leicht ~er Mensch** anlaşılması güç/kolay bir insan

durchschauen*¹ *vt:* **eine Sache ~** bir işin iç yüzünü anlamak; **jds Absichten** [*o* **jdn**] **~** birinin niyetini anlamak; **du bist durchschaut** niyetin anlaşıldı

durch|schauen² *vi, vt* (*reg*) *s.* **durchsehen**

durchscheinen*¹ *vt* aydınlatmak

durch|scheinen² *irr vi* (*Sonne*) görünmek (*durch* arasından), açmak (*durch* arasından); **durch|schlafen** *irr vi* deliksiz uyumak

Durchschlag ['--] *m* <-(e)s, -schläge> **1.** (*Kopie*) kopya **2.** (*Sieb*) süzgeç, kevgir, kalbur

durch|schlagen¹ *irr* **I.** *vi sein* **1.** (*Sicherung*) atmak **2.** (*Feuchtigkeit*) geçmek **3.** (*Eigenschaft*) kendini göstermek **II.** *vt* **1.** (*entzweischlagen*) yarmak **2.** (*durch ein Sieb*) geçirmek (*durch* -den) **3.** (*Wand*) gedik açmak (-e) **III.** *vr:* **sich ~** (*durchkommen*) geçinip gitmek

durchschlagen*² *irr vt* vurarak parçalamak

durchschlagend *adj* (*entscheidend*) kesin; (*wirksam*) etkili; (*Erfolg, Sieg*) üstün; (*Maßnahme*) etkili

Durchschlagpapier *nt* kopya kâğıdı, karbon kâğıdı, pelür

Durchschlagskraft *f* (*Geschoss*) delme gücü; (*Argument*) etkililik

durch|schleusen *vt* **1.** (*Schiff*) loktan geçirmek **2.** (*durch eine Kontrolle*) geçirmek (*durch* -den)

durch|schmuggeln *vt* kaçırmak (*durch* -den)

durch|schneiden¹ *irr vt* (ortadan) kesmek; **er schnitt das Blatt in der Mitte durch** yaprağı ortasından kesti

durchschneiden*² *irr vt* **1.** (*geh: Meer*) geçmek **2.** (*mit einem Messer*) kesmek

Durchschnitt ['dʊrçʃnɪt] *m* <-(e)s, -e> ortalama; **im ~** ortalama olarak; **über/unter dem ~ liegen** ortalamanın üstünde/altında olmak

durchschnittlich ['dʊrçʃnɪtlɪç] **I.** *adj* **1.** (*im Durchschnitt*) ortalama **2.** (*mittelmäßig*) orta **3.** (*gewöhnlich*) sıradan **II.** *adv* ortalama; **er arbeitet ~ acht Stunden am Tag** günde ortalama sekiz saat çalışıyor

Durchschnittsalter *nt* <-s, -> yaş ortalaması; **Durchschnittseinkommen** *nt* ortalama gelir; **Durchschnittsgeschwindigkeit** *f* ortalama hız, vasatî sür'at; **Durchschnittstemperatur** *f* ortalama sıcaklık

Durchschreibeblock *m* <-s> kopya defteri

Durchschrift *f* <-en> kopya, suret; **DurchschussRR** *m* <-es, -schüsse> **1.** (*Kugel*) delip geçme; (*Verletzung*) mermi yarası **2.** (TYPO: *Zeilenzwischenraum*) satır arası mesafe **3.** (*Schussfaden*) atkı, argaç

durch|schütteln *vt* (*Kissen, Person*) iyice silkelemek; (*Mischung*) iyice çalkalamak; **durch|schwitzen** *vt* tere bulamak, ter içinde bırakmak; **ich bin ganz durchgeschwitzt** kan ter içinde kaldım; **durch|sehen** *irr* **I.** *vi* (*hindurchschauen*) bakmak (*durch* -den) **II.** *vt* **1.** (*überprüfen*) gözden geçirmek, incelemek **2.** (*durchblättern*) göz gezdirmek (-e)

durch|setzen¹ **I.** *vt* (*verwirklichen*) gerçekleştirmek; (*erzwingen*) kabul ettirmek, empose etmek; (*Willen*) (istediğini [*o* dediğini]) yaptırmak; **sie muss immer ihren Kopf ~** her zaman onun dediği olması gerekiyor **II.** *vr:* **sich ~** (*Person, Trend*) kendini kabul ettirmek; **du musst dich gegen ihn** ~ ona kendini kabul ettirmen gerekiyor

durchsetzen*[2] *vt* (*vermischen*) karıştırmak (*mit* ile)

Durchsetzungsvermögen *nt ohne Pl* <-s> istediğini yaptırabilme gücü

Durchsicht *f ohne Pl* gözden geçirme

durchsichtig *adj* **1.** (*Material*) saydam, şeffaf **2.** (*Lügen*) apaçık

durch|sickern *vi sein* **1.** (*Nachricht*) sızmak **2.** (*Flüssigkeit*) sızmak (*durch* -den); **durch|spielen** *vt* (*von Anfang bis Ende*) başından sonuna kadar oynamak; (*bis zum Ende*) sonuna kadar oynamak; (*sich genau vorzustellen versuchen*) gözünün önünden geçirmek; **durch|sprechen** *irr vt* konuşmak, görüşmek; **durchstechen*** *irr vt* delmek; **durch|stehen** *irr vt* **1.** (*Prüfung, Krankheit*) atlatmak **2.** (*Qualen*) çekmek, katlanmak (-e); **durch|stellen** *vi, vt* (*verbinden*) bağlamak; **einen Moment noch, ich stelle Sie durch** bir saniye, bağlıyorum

durch|stöbern*[1] *vt* köşe bucak aramak; **durchstöbern***[2] *vt* (*fam: durchsuchen*) aramak

durch|stoßen[1] *irr* **I.** *vi sein* (MIL) ilerlemek (*zu* -e) **II.** *vt* (*Gegenstand*) delip geçirmek (*durch* -den)

durchstoßen*[2] *irr vt* (*stoßend durchdringen*) yarmak

durch|streichen[1] *irr vt* üzerini çizmek (-in), üstüne kalem çekmek (-in), kalem çekmek (-e)

durchstreichen*[2] *vt* (*geh*) *s.* **durchstreifen**

durchstreifen* *vt* **1.** (*wandern*) dolaşmak **2.** (*Polizei*) kol gezmek; **durchströmen*** *vt* (*geh*) akmak (-e); (*Gefühl, Energie*) içini doldurmak (-in); **durchsuchen*** [dʊrç'zu:xən] *vt* **1.** (*Person*) üstünü aramak (-in) **2.** (*Gebäude*) aramak; (*Gepäck*) muayene etmek

Durchsuchung [-'--] *f* <-en> **1.** (*von Personen*) üst arama **2.** (*von Gebäuden*) arama

Durchsuchungsbefehl *m* (JUR) arama emri

durchtrainiert ['dʊrçtrɛni:ɐt] *adj* antremanlı, idmanlı

durch|treten *irr* **I.** *vi sein* **1.** (*Gas, Flüssigkeit*) sızmak (*durch* -den) **2.** (*fam: hineingehen*) girmek **II.** *vt* (*Pedal*) dibine kadar basmak (-e)

durchtrieben [dʊrç'tri:bən] *adj* hin(oğluhin); (*schlau*) kurnaz

durchwachsen [dʊrç'vaksən] *adj* **1.** (*durchsetzt*) bürünmüş; **das Feld ist mit Unkraut** ~ tarlayı otlar bürümüş **2.** (*fam: mittelmäßig*) şöyle böyle

Durchwahl *f ohne Pl* (TEL) **1.** (*Möglichkeit*) otomatik arama **2.** (*fam:* ~ *nummer*) direkt bağlantı

durch|wählen *vi* (TEL) otomatik olarak aramak

durchweg ['--, -'-] *adv* tamamen, istisnasız

durchwegs *adv* (*österr: fam*) *s.* **durchweg**

durch|wühlen[1] **I.** *vt* (*Zimmer, Haus*) karıştırmak, didik didik etmek **II.** *vr:* **sich** ~ (*fam: sich durcharbeiten*) kazarak (kendine) yol açmak (*durch* -den)

durchwühlen*[2] *vt* **1.** (*Erde*) didik didik etmek, altını üstüne getirmek (-in) **2.** (*durchsuchen*) didiklemek, karıştırarak aramak

durch|zählen **I.** *vi* (*abzählen*) saymak **II.** *vt* (*zählen*) saymak

durch|ziehen[1] *irr* **I.** *vt* **1.** (*hindurchziehen*) geçirmek (*durch* -den) **2.** (*fam: beenden*) bitirmek **II.** *vi sein* **1.** (*durchqueren*) geçmek (*durch* -den); ~ **lassen** havalandırmak **2.** (GASTR) çekmek

durchziehen*[2] *irr vt* **1.** (*Land*) içinden geçmek (-in); (*durchqueren*) geçmek **2.** (*sich erstrecken*) boydan boya kaplamak; **etw mit etw** ~ bir şeyi bir şeyin içinden geçirmek

durchzucken* *vt* **1.** (*Blitz*): **Blitze durchzuckten den Himmel/die Wolken** gökyüzünde/bulutların arasında şimşekler çakıyordu **2.** (*Gedanke*) kafasına dank etmek (-in); **ein Schmerz durchzuckte mich** sancılandım, birdenbire bana bir ağrı geldi

Durchzug[1] *m* <-(e)s, -züge> (*das Durchqueren*) geçme

Durchzug[2] *m ohne Pl* <-(e)s> (*Luftzug*) havalandırma

dürfen[1] ['dʏrfən] <darf, durfte, dürfen> *vt Modalverb* **1.** (*Erlaubnis haben*): **darf ich etwas fragen?** bir şey sorabilir miyim?; **darf man hier rauchen?** burada sigara içilir mi?; **darf ich um das Salz bitten?** tuzu rica edebilir miyim?; **wenn ich bitten darf** rica ederim **2.** (*sollen*): **was darf es sein?** ne arzu edersiniz?; **du darfst ihm das nicht übel nehmen** bu yüzden ona gücenmemelisin; **das darf doch nicht wahr sein!** olamaz!, olacak iş değil!; **das dürfte wohl das Beste sein** en iyisi bu olacak

dürfen[2] ['dʏrfən] <darf, durfte, gedurft> *vi:* **ich darf es** ben onu yapabilirim, onu yapmama izin var; **ich habe nicht gedurft** bana izin yoktu

durfte ['dʊrftə] *3. imp von* **dürfen**

dürftig ['dʏrftɪç] *adj* **1.** (*ärmlich*) yoksul, fakir; (*armselig*) fakirane; (*knapp*) kıt; ~ **gekleidet** pejmürde kıyafetli **2.** (*Beweis, Kenntnisse, Beleuchtung*) yetersiz, eksik;

(*Rede*) kıt; (*Unterkunft*) fakirane

dürr [dʏr] *adj* **1.** (*trocken*) kuru; (*vertrocknet*) kurak **2.** (*Boden*) çorak, kurak **3.** (*mager*) cılız, sıska

Dürre ['dʏrə] *f* <-n> çoraklık; (*Trockenheit*) kuraklık

Durst [dʊrst] *m ohne Pl* <-(e)s> susuzluk; **ich habe ~** susadım; **seinen ~ löschen/stillen** hararetini söndürmek/kesmek, susuzluğunu gidermek; **einen über den ~ trinken** (*fam*) kafayı çekmek

dursten *vi* (*Durst haben*) susamak; (*Durst leiden*) susuzluk çekmek

dürsten ['dʏrstən] *vunpers, vi* **1.** (*Durst haben*) susamak; **mich dürstet** susadım **2.** (*fig: heftig verlangen*) susamak (*nach* -e)

durstig *adj* susamış (*nach* -e); **~ sein** susamış olmak

durstlöschend *adj*, **durststillend** *adj* susuzluğu giderici, hararet kesici; **Durststrecke** *f* sıkıntılı dönem

Dusche ['du:ʃə, 'dʊʃə] *f* <-n> duş; **unter die ~ gehen** duşun altına girmek; **eine ~ nehmen** duş yapmak

duschen ['du:ʃən, 'dʊʃən] **I.** *vi, vr:* **sich ~** duş yapmak **II.** *vt* duşun altında yıkamak

Duschkabine *f* duş kabini

Düse ['dy:zə] *f* <-n> (*beim Flugzeug*) jet; (*Rohrstück*) meme

Dusel ['du:zəl] *m ohne Pl* <-s> (*fam: Glück*) şans

düsen *vi sein* (*fam*) uçmak, koşuşturmak

Düsenantrieb *m* jet motoru; **mit ~** jet motorlu, tepkili; **Düsenflugzeug** *nt* jet, tepkili uçak; **Düsentriebwerk** *nt* jet motoru

duss(e)ligRR ['dʊsəlɪç] *adj*, **dußlig** *adj* (*fam*) **1.** (*einfältig*) ahmak; (*dumm*) aptal **2.** (*reg: benommen*) sersem

düster ['dy:stɐ] *adj* **1.** (*dunkel*) karanlık **2.** (*Ort*) loş; (*Zukunft*) kara(nlık) **3.** (*Blick*) kötü; (*Stimmung*) kasvetli

Dutzend ['dʊtsənt] *nt* <-s, -e> düzine; **ein halbes ~** yarım düzine; **~e von Büchern** düzinelerce kitap

dutzendmal *adv* **1.** (*zwölfmal*) on iki kere **2.** (*fam: sehr oft*) defalarca; (*immer wieder*) tekrar tekrar

dutzendweise *adv* **1.** (*im Dutzend*) düzinelerce **2.** (*fam: in Mengen*) düzine

duzen ['du:tsən] **I.** *vt* teklifsiz konuşmak; **ich duze sie** onunla teklifsiz konuşuyorum, onunla senli benliyim **II.** *vr:* **sich ~** teklifsiz konuşmak; **ich duze mich mit ihm** onunla teklifsiz konuşuyorum, onunla senli benliyim

Duzfreund *m* teklifsiz dost

DV [de:'faʊ] *f* (INFORM) *Abk. von* **Datenverarbeitung** bilgi işlem

Dynamik [dy'na:mɪk] *f ohne Pl* dinamik; (PHYS) dinamik, devim bilimi

dynamisch *adj* dinamik; (PHYS) dinamik, devimli

Dynamit [dyna'mi:t, dyna'mɪt] *nt ohne Pl* <-s> dinamit; **Dynamitpatrone** *f* dinamit lokumu

Dynamo ['dy:namo] *m* <-s, -s> dinamo

Dynastie [dynas'ti:] *f* <-n> hanedan

D-Zug ['de:tsu:k] *m* <-(e)s, -Züge> ekspres tren

D

E

E, e [eː] *nt* <-, -> **1.** (*Buchstabe*) E, e; ~ **wie Emil** Edirne'nin e'si **2.** (MUS) mi

Eau de Cologne [oː də ko'lɔnjə] *nt o f* <-, Eaux de Cologne> kolonya

Ebbe ['ɛbə] *f* <-n> (GEO) inik deniz, denizde su düzeyinin alçalması; **der Wechsel von ~ und Flut** gelgit olayı, meddücezir; **es ist ~** deniz iniktir; *s. a.* **Flut**

eben ['eːbən] **I.** *adj* **1.** (*flach*) düz, yassı; (*a.* MATH) düzlem(sel) **2.** (*glatt*) dümdüz **II.** *adv* **1.** (*in diesem Augenblick*) şimdi, şu anda; **ich wollte dich ~ anrufen** şimdi [*o* şu anda] sana telefon edecektim **2.** (*gerade vorhin*) demin; **sie sind ~ angekommen** demin geldiler **3.** (*kurz*) bir; **hilfst du mir ~ mal?** bana bir yardım eder misin? **4.** (*knapp*) ancak; **mit seinem Lohn kommt er so ~ aus** ücretiyle ancak geçinebiliyor **5.** (*nun mal*): **~!** işte!; **das ist ~ so** bu böyledir işte; **er ist ~ ein Idiot** aptalın teki işte; **gut, dann ~ nicht** iyi, o zaman olmasın işte

Ebenbild *nt* tıpkı, tam benzeri; **dein Sohn ist wirklich dein ~** oğlun hık demiş burnundan düşmüş

ebenbürtig ['eːbənbʏrtɪç] *adj* dengi olan; **sie ist ihm an Ausdauer ~** dayanıklılık bakımından onun dengidir

ebenda ['eːbən'daː] *adv* (*in Verweisen*) aynı yerde; (*geh: genau dort*) işte (tam) orada; **ebendarum** ['eːbənda'rʊm] *adv* işte bu nedenle; **ebendas** ['--'-] *pron s.* **ebender, ebendie, ebendas**; **ebender, ebendie, ebendas** <ebendie> *pron* (*genau der/die/das*) işte o, sözü edilen; **ebendeshalb** ['---'-] *adv s.* **ebendarum**; **ebendie** ['--'-] *pron s.* **ebender, ebendie, ebendas**; **ebendiese(r, s)** *pron* (*geh: genau dieser/diese/dieses: adjektivisch*) işte bu; (*substantivisch*) işte bu kimse

Ebene ['eːbənə] *f* <-n> **1.** (GEO: *Flachland*) ova **2.** (*Niveau*) düzey; **auf gleicher ~** aynı düzeyde; **ulusal/uluslar arası ~de** auf nationaler/internationaler Ebene **3.** (MATH) düzlem

ebenfalls *adv* de; **danke, ~!** ben de teşekkür ederim!

Ebenholz *nt* abanoz

Ebenmaß *nt* <-es, -e> bakışım, simetri

ebenmäßig *adj* bakışımlı, simetrik

ebenso ['---] *adv* (*in der gleichen Weise*) aynı şekilde; **er geht ~ gern(e) ins Kino wie ich** o da benim kadar sinemaya gitmesini seviyor; **~ gut** pek âla; **er ist ~ gut/schnell wie ich** o da benim kadar iyidir/hızlıdır; **er ist ~ groß wie ich** o da benim kadar uzun, benimle aynı boyda; **sie sprach ~ lang(e) wie ich** o da benim kadar uzun konuştu; **~ oft wie** aynı şekilde sık sık; **hier ist es ~ schön wie dort** burası da orası kadar güzel; **~ sehr für Sprachen wie für Mathematik begabt sein** matematiğe olduğu kadar dillere de istidadı var; **er aß ~ viel wie ich** o da benim kadar yedi, benim yediğim kadar o da yedi; **~ wenig wie** aynı derecede az; **ebensogern** ['----] *adv s.* **ebenso**; **ebensogut** *adv s.* **ebenso**; **ebensolang(e)** *adv s.* **ebenso**; **ebensooft** *adv s.* **ebenso**; **ebensosehr** *adv s.* **ebenso**; **ebensoviel** *adv s.* **ebenso**; **ebensowenig** *adv s.* **ebenso**

Eber ['eːbɐ] *m* <-s, -> erkek domuz

ebnen ['eːbnən] *vt* düzlemek, tesviye etmek; **jdm den Weg ~** (*fig*) birinin işini kolaylaştırmak

Echo ['ɛço] *nt* <-s, -s> yankı; **sein Vorschlag fand ein breites ~** önerisi geniş yankı uyandırdı; **Echolot** *nt* <-(e)s, -e> (NAUT) sonar

Echse ['ɛksə] *f* <-n> (ZOOL) keler

echt [ɛçt] **I.** *adj* **1.** (*Dokument, Geldschein*) hakikî; (*Haar, Perle*) hakikî, sahici; (*Kunstwerk*) orijinal; (*Farbe*) solmaz; **~es Gold** hakikî altın **2.** (*Freundschaft, Problem*) gerçek, hakikî **3.** (*typisch*) tipik **II.** *adv* (*fam*) gerçekten, hakikaten, sahiden; **~?** sahi mi?, gerçekten mi?

Echtheit *f ohne Pl* **1.** (*von Dokument*) doğruluk **2.** (*von Gefühlen*) samimîlik **3.** (*von Farben*) solmazlık

Echtzeit *f* (INFORM) gerçek zaman

Eck [ɛk] *nt* <-(e)s, -e> **1.** (*österr, südd: Ecke*) köşe; **über ~** köşeleme **2.** (SPORT: *des Tores*) köşe

Eckball *m* (SPORT) korner atışı, köşe atışı; **einen ~ treten** köşe atışı yapmak; **einen ~ verwandeln** köşe atışından gol atmak

Eckbrett *nt* köşe rafı

Ecke ['ɛkə] *f* <-n> **1.** (*außen*) köşe; (*Straßenecke*) köşe başı; **er wohnt gleich um die ~** hemen köşe başında oturuyor; **jdn um die ~ bringen** (*fam*) birini öldürmek; **an allen ~n und Enden sparen** dişinden tırnağından artırmak **2.** (SPORT) korner, köşe

3. (*reg: Gegend*) köşe

eckig *adj* **1.** (*Gegenstand*) köşeli; (*Gesicht*) dört köşe **2.** (*Bewegungen*) sarsak sarsak, sarsak sursak

Eckkneipe *f* köşe başı meyhanesi; **Eckstein** *m* köşe taşı; **Eckstoß** *m* (SPORT: *Fußball*) korner atışı, köşe atışı; **Eckwurf** *m* (SPORT: *Handball*) köşe atışı; **Eckzahn** *m* köpek dişi

E-Commerce *m* elektronik ticaret, e-ticaret

Ecstasy *f* (DROGE) ekstasi

Ecu *m* <-(s), -(s)> (FIN), **ECU** *m* <-(s), -(s)> (FIN) *Abk. von* **European Currency Unit** (**europäische Währungseinheit**) ekü, *Avrupa para birimi*

Ecuador [ekua'do:ɐ] *nt* <-s> Ekvador

Ecuadorianer(in) [ekuadori'a:nɐ] *m(f)* <-s, -; -nen> Ekvadorlu

ecuadorianisch *adj* Ekvadorlu, Ekvador (ile ilgili); **die ~e Regierung** Ekvador hükümeti; **eine ~e Frau** Ekvadorlu bir kadın

edel ['e:dəl] *adj* **1.** (*Tier*) cins; (*Pferd*) saf kan **2.** (*geh: Mensch, Tat*) asil, soylu **3.** (*Stein, Holz*) değerli, kıymetli; **Edelfrau** *f* (HIST) soylu kadın; **Edelgas** *nt* <-es, -e> (CHEM) asal gaz; **Edelkastanie** *f* (BOT: *Baum*) kestane; (*Frucht*) kestane; **Edelmann** *m* <-(e)s, -leute> (HIST) asilzade; **Edelmetall** *nt* değerli maden; **Edelmut** *m* (*geh*) âlicenaplık

edelmütig ['e:dəlmy:tɪç] *adj* âlicenap

Edelstahl *m* arıtılmış çelik, süper çelik; **Edelstein** *m* değerli taş; **Edelweiß** *nt* <-(es), -e> (BOT) aslanpençesi

Edikt [e'dɪkt] *nt* <-(e)s, -e> (HIST) buyrultu; (*Erlass*) irade

editieren* [edi'ti:rən] *vt* (INFORM) edit etmek

Edition [edi'tsjo:n] *f* <-en> edisyon, basım

Editor(in)[1] ['e:dito:ɐ] *m(f)* <-s, -en; -nen> (PUBL: *Herausgeber*) editör, yayımcı

Editor[2] *m* <-s, -en> (INFORM) editör

E-Dur *nt ohne Pl* <-> (MUS) mi majör

Edutainment ['ɛdjutɛɪnmənt] *nt ohne Pl* <-s> (INFORM: *kurz für: education + entertainment*) eğitim ve eğlence

EDV [e:de:'faʊ] *f ohne Pl* (INFORM) *Abk. von* **elektronische Datenverarbeitung** elektronik bilgi işlem; **EDV-gestützt** *adj* (INFORM) bilgisayar destekli

Efeu ['e:fɔɪ] *m ohne Pl* <-s> (BOT) sarmaşık

Effeff [ɛf'ʔɛf] (*fam*): **etw aus dem ~ können** bir şeyi ezbere bilmek

Effekt [ɛ'fɛkt] *m* <-(e)s, -e> **1.** etki; (*Ergebnis*) sonuç **2.** (FILM, TV, INFORM) efekt

Effekten [ɛ'fɛktən] *Pl* (FIN) menkul kıymetler *pl*

effektiv [ɛfɛk'ti:f] *adj* **1.** (*wirksam*) etkili **2.** (*tatsächlich*) gerçek

effektvoll *adj* etkileyici

effizient [ɛfi'tsjɛnt] *adj* (*geh*) etkili

EG [e:'ge:] *f* (HIST) *Abk. von* **Europäische Gemeinschaft** AT, *Avrupa Topluluğu*

egal [e'ga:l] *adj* aynı; **das ist mir ganz ~** (*fam*) benim için hiç fark etmez, bana göre hava hoş; **~ wie** (*fam*) nasıl olursa olsun; **~ wer** (*fam*) kim olursa olsun; **~ was** (*fam*) ne olursa olsun

Egge ['ɛgə] *f* <-n> tırmık

Egoismus [ego'ɪsmʊs] *m ohne Pl* <-> **1.** egoistlik, bencillik **2.** (PHILOS) egoizm, bencillik

Egoist(in) *m(f)* <-en, -en; -nen> egoist, bencil

egoistisch *adj* egoist, bencil

Egotismus *m ohne Pl* <-> egotizm, benlikçilik

Egozentrik *f ohne Pl* <-> beniçincilik, benmerkezcilik

Egozentriker(in) *m(f)* beniçinci, benmerkezci

egozentrisch *adj* beniçinci, benmerkezci

egrenieren *vt* (AGR) şiflemek

EG-Staat *m* (HIST) AT ülkesi

eh [e:] **I.** *konj s.* **ehe II.** *adv* **1.** (*schon immer*): **seit ~ und je** kalubelâdan beri, bildik [*o* bildim] bileli **2.** (*österr, südd: fam: sowieso*) zaten **III.** *interj* (*fam*): **~, Sie!** ey, siz!; **~, was soll das?** bu ne be?

ehe ['e:ə] *konj* -den (önce); **~ ich es vergesse** unutmadan (önce)

Ehe *f* <-n> evlilik; **meine Kinder aus erster ~** birinci evliliğimden olan çocuklarım; **in wilder ~ leben** nikâhsız yaşamak; **mit jdm die ~ schließen** biriyle evlenmek; **die ~ brechen** zina işlemek; **eheähnlich** *adj* (JUR) evlilik benzeri; **~e Gemeinschaft** evlilik benzeri birlik; **Ehebett** *nt* gelin yatağı; (*Doppelbett*) ikili yatak

Ehebrecher(in) *m(f)* <-s, -; -nen> zina işleyen erkek; (*Frau*) zina işleyen kadın

Ehebruch *m* zina; **~ begehen** zina işlemek; **Ehefrau** *f* evli kadın, karı, eş; **Ehegatte, -in** *m, f* (*geh*) eş; (JUR) eş; **Eheleben** *nt ohne Pl* <-s> evlilik yaşamı, evlilik hayatı; **Eheleute** *Pl* karı koca, eşler *pl*

ehelich *adj* (JUR) evlilik (ile ilgili); (*Kind*) nesebi sahih; **nicht ~** nesebi sahih olmayan

ehelos *adj* bekâr; **~ leben** evlenmeden [*o* bekâr] yaşamak

ehemalige(r, s) ['e:əma:lɪç] *adj* sabık, önceki, eski

ehemals ['e:əma:ls] *adv* eskiden, vaktiyle, bir zamanlar

Ehemann *m* koca; **Ehepaar** *nt* çift, karı koca

eher ['e:ɐ] *adv* **1.** (*früher*) (daha) önce (*als* -den), erken; **komm doch ein paar Mi-**

E

nuten ~ birkaç dakika önce gel; **je ~ du kommst, ...** ne kadar erken gelirsen ...; **je ~, desto besser** ne kadar erken olursa o kadar iyi olur **2.** (*lieber*): **ich würde ~ zu Fuß gehen als den Bus zu nehmen** otobüsle gitmektense yayan gitmeyi tercih ederim **3.** (*vielmehr*) daha çok, daha ziyade

Ehering *m* nikâh yüzüğü; **Ehescheidung** *f* (JUR) boşanma; **Eheschließung** *f* evlenme, nikâh

ehest ['e:əst] *adv* (*österr: baldigst*) olabildiğince çabuk, bir an önce

ehesten *superl von* **bald**: **am ~** (*frühestmöglich*) en erken; (*am wahrscheinlichsten*) en iyi ihtimalle; (*am liebsten*) en iyisi

ehestens ['e:əstəns] *adv* (*frühestens*) en erken, ancak

Ehevermittlung *f* evlendirme bürosu; **Eheversprechen** *nt* evlenme vaadi

ehrbar ['e:ɐba:ɐ] *adj* **1.** (*ehrenhaft*) onurlu, şerefli **2.** (*achtbar*) saygıdeğer; (*ehrlich*) namuslu

Ehre ['e:rə] *f* <-n> onur, şeref; (*Ruhm*) şan, şeref; **das Werk macht ihm alle ~** bu eser şanına yakışıyor; **auf ~ und Gewissen** şeref ve vicdanım üzerine; **es ist mir eine große ~ Sie kennen zu lernen** sizinle tanışmaktan şeref duyuyorum; **dir zu ~n** senin şerefine; **mit wem habe ich die ~?** kiminle teşerrüf ediyorum?; **jdm die letzte ~ erweisen** biri için son görevini yerine getirmek; **was verschafft mir die ~?** bu ne şeref?

ehren *vt* şeref vermek; (*achten*) saymak, saygı göstermek; **sehr geehrte Damen und Herren** sayın bayanlar ve baylar; **ich fühle mich sehr geehrt** müşerref oldum

Ehrenamt *nt* fahrî görev; **ehrenamtlich** *adj* fahrî, onursal; **Ehrenbürger(in)** *m(f)* fahrî hemşehri; **Ehrendoktor** *m* <-s, -en> fahrî doktora; **Ehrenformation** *f* <-s, -en> şeref kıt'ası, ihtiram birliği; **Ehrengast** *m* şeref konuğu, şeref misafiri; **Ehrengericht** *nt* onur kurulu, haysiyet divanı

ehrenhaft *adj* şerefli, onurlu

Ehrenhaftigkeit *f ohne Pl* şereflilik, onurluluk; **Ehrenkompanie** *f* <-, -n> şeref kıt'ası, ihtiram birliği

Ehrenmal *nt* <-(e)s, -e *o* -mäler> anıt, şehitler anıtı; **Ehrenmann** *m* namuslu adam; **Ehrenmitglied** *nt* onur üyesi; **Ehrenplatz** *m* <-es, -plätze> başköşe, şeref yeri; **Ehrenpreis** *m* (BOT) yavşan otu; **Ehrenrunde** *f* (SPORT) şeref turu; **eine ~ drehen** (*die Schulklasse wiederholen*) çift dikiş gitmek; **Ehrensache** *f* onur meselesi, haysiyet meselesi, namus davası; **Ehrentag** *m* anma günü; **Ehrentribüne** *f* şeref tribünü; **ehrenvoll** *adj* onurlu, şerefli, şanlı; **Ehrenvorsitzender** *m* onursal başkan; **ehrenwert** *adj* saygıdeğer; **Ehrenwort** *nt* <-(e)s, -e> namus sözü, şeref sözü

ehrerbietig ['e:ɐʔɛɐbi:tɪç] *adj* saygılı, saygı gösteren

Ehrfurcht *f* (*Achtung*) derin saygı (*vor* -e); (*Verehrung*) huşu (*vor* -e); **vor etw** *dat* **~ haben** bir şeye derin saygı duymak

ehrfürchtig ['e:ɐfʏrçtɪç] *adj*, **ehrfurchtsvoll** *adj* saygılı

Ehrgefühl *nt ohne Pl* <-(e)s> onur duygusu, haysiyet duygusu

Ehrgeiz *m* hırs; **ehrgeizig** *adj* hırslı

ehrlich *adj* namuslu; (*aufrichtig*) dürüst, doğru; **er meint es ~ mit uns** bizimle niyeti samimidir; **~ gesagt** doğrusu; **ich war krank, ~** (*fam*) hastaydım, gerçekten; **wir haben ~ geteilt** biz namuslu bölüştük; **~ verdientes Geld** helâl kazanılmış para

Ehrlichkeit *f ohne Pl* namusluluk; (*Aufrichtigkeit*) dürüstlük, doğruluk

ehrlos *adj* şerefsiz, onursuz, namussuz

Ehrlosigkeit *f ohne Pl* şerefsizlik, onursuzluk, namussuzluk

Ehrung ['e:rʊŋ] *f* <-en> törenle anma

ehrwürdig *adj* sayın, muhterem; (*achtbar*) saygıdeğer

Ei [aɪ] *nt* <-(e)s, -er> **1.** (*Vogel~, Hühner~*) yumurta; **ein hartes/weiches ~** lop/rafadan yumurta; **wie aus dem ~ gepellt** (*fam*) yarım elmanın yarısı o, yarısı bu; **jdn wie ein rohes ~ behandeln** (*fig*) birinin üzerine titremek; **sich** *dat* **gleichen wie ein ~ dem anderen** tıpkı tıpkısına benzemek **2.** (*Eizelle*) yumurta hücresi **3.** *Pl* (*vulg: Hoden*) taşaklar *pl* **4.** *Pl* (*fam: Geld*) mangır, mangiz

Eibe ['aɪbə] *f* <-n> (BOT) porsuk ağacı

Eibisch ['aɪbɪʃ] *m* (BOT, MED) hatmi; **Roter ~** (*Stockrose*) gülhatmi

Eiche ['aɪçə] *f* <-n> (BOT) meşe

Eichel ['aɪçəl] *f* <-n> **1.** (BOT) palamut, pelit **2.** (ANAT) kamış başı **3.** (*Spielkarte*) ispati

eichen ['aɪçən] *vt* (*Maße*) denetleyip ayarlamak; (*Instrumente*) ayar etmek

Eichenwald *m* meşe ormanı

Eichhörnchen *nt* (ZOOL) sincap

Eid [aɪt] *m* <-(e)s, -e> yemin, ant; **an ~es statt erklären** (JUR) yemin yerine beyan etmek; **unter ~ stehen** yemin etmiş olmak; **einen ~ ablegen** yemin etmek, ant içmek; **eidbrüchig** *adj* andını bozan; **~ werden** andını bozmak

Eidechse ['aɪdɛksə] *f* <-n> (ZOOL) kertenkele

Eider *f* <-n> (ZOOL) pufla

Eiderdaune *f* <-n> pufla tüyü
Eiderente *f*, **Eidergans** *f* (ZOOL) pufla ördeği
eidesstattlich *adj* (JUR) yemin yerine; **~e Erklärung** yemin yerine temin; **etw ~ erklären** bir şeyi yemin yerine temin etmek
Eidgenosse, -in *m, f* ant kardeşi; (*Schweizer Bürger*) İsviçre vatandaşı
Eidgenossenschaft *f* konfederasyon; **Schweizerische ~** İsviçre Konfederasyonu
eidlich **I.** *adj* yeminli **II.** *adv* yeminle
Eidotter ['aɪdɔtɐ] *nt* yumurta sarısı
Eierbecher *m* yumurtalık; **Eierkuchen** *m* (*Pfannkuchen*) pişi, gözleme, krep; (*Omelett*) omlet; **Eierlikör** *m* yumurta likörü
eiern ['aɪɐn] *vi* (*fam*) **1.** *sein* (*Person*) yalpalamak **2.** (*Sache*): **das Rad eiert** teker yalpalıyor
Eierschale *f* yumurta kabuğu
Eierstock *m* <-(e)s, -stöcke> (ANAT) yumurtalık
Eieruhr *f* yumurta saati, *yumurta pişirirken kullanılan kum saati*
Eifer ['aɪfɐ] *m ohne Pl* <-s> gayret; (*Streben*) çaba; **im ~ des Gefechts** aceleden
eifern ['aɪfɐn] *vi* **1.** (*geh: streben*) gayret etmek (*nach* için) **2.** (*sich erregen*) kızmak (*gegen* -e); **gegen eine Angelegenheit ~** bir işe kızmak
Eifersucht *f ohne Pl* kıskançlık; **aus ~** kıskançlıktan; **eifersüchtig** *adj* kıskanç; **jdn ~ machen** birini kıskandırmak; **auf jdn ~ sein** birini kıskanmak
Eiffelturm ['aɪfəl-] *m* <-(e)s> Eyfel Kulesi
eifrig ['aɪfrɪç] **I.** *adj* (*emsig*) gayretli, çaba gösteren; (*fleißig*) çalışkan **II.** *adv* gayretle
Eigelb *nt* <-(e)s, -e, *nach Zahlen:* -> yumurta sarısı
eigen ['aɪgən] *adj* **1.** (*zugehörig*) kendi; **etw mit ~en Augen gesehen haben** bir şeyi kendi gözüyle görmüş olmak; **etw sein E~ nennen** (*geh*) bir şeye kendisinin demek; **in ~er Person** asaleten, kendi adına hareket ederek **2.** (*persönlich*) kişisel, öz, kendine özgü; (*unabhängig*) özgür; (*gesondert*) özel; **eine ~e Meinung haben** kendine özgü bir düşüncesi olmak; **sein ~er Herr sein** kendi başına buyruk olmak, kendi kanatlarıyla uçmak; **ich habe es aus ~er Tasche bezahlt** ben onu kendi cebimden ödedim **3.** (*charakteristisch*) karakteristik (için); (*typisch*) tipik (için); **mit dem ihm ~en Zynismus** kendine özgü bir kinizmle **4.** (*wunderlich*) tuhaf
Eigenart[1] *f ohne Pl* (*Eigentümlichkeit*) özgülük
Eigenart[2] *f* <-en> **1.** (*Besonderheit*) özellik **2.** (*Wesenszug*) tik
eigenartig *adj* tuhaf
Eigenbedarf *m* (*an Gütern*) şahsî ihtiyaç; (*einer Wohnung*) kişisel gereksinim
Eigenbrötler(in) ['aɪgənbrø:tlɐ] *m(f)* <-s, -; -nen> (*pej: Sonderling*) gariban
eigenhändig ['aɪgənhɛndɪç] **I.** *adj* (*Testament, Unterschrift*) el yazısı **II.** *adv* kendi eliyle
Eigenheim *nt* <-(e)s, -e> kendi evi; **Eigenkapital** *nt* (FIN) özsermaye; **Eigenliebe** *f ohne Pl* benlikçilik; **eigenmächtig** **I.** *adj* kendiliğinden **II.** *adv* hodbehot, kendiliğinden, kendi kendine, kimseye danışmadan; **~ handeln** hodbehot [*o* kimseye danışmadan] hareket etmek; **Eigenname** *m* özel ad, özel isim
Eigennutz ['aɪgənnʊts] *m ohne Pl* <-es> kişisel çıkar
eigennützig ['aɪgənnʏtsɪç] **I.** *adj* çıkarcı, menfaatçi, menfaatperest, kendi çıkarını düşünen; (*egoistisch*) egoist, bencil **II.** *adv* kendi yararına
Eigennützigkeit *f ohne Pl* çıkarcılık, menfaatçilik, menfaatperestlik
Eigenschaft *f* <-en> **1.** özellik; (*Merkmal*) nitelik **2.** (*fam*): **in seiner ~ als Vorsitzender** başkan sıfatıyla; **Eigenschaftswort** *nt* <-(e)s, -wörter> (LING: *Adjektiv*) sıfat
eigensinnig *adj* dik kafalı
eigenständig *adj* kendine özgü; (*unabhängig*) özgür, bağımsız
eigentlich ['aɪgəntlɪç] **I.** *adj* **1.** (*wirklich*) gerçek; (*eigen*) asıl; **sein ~er Name** asıl adı **2.** (*ursprünglich*) asıl **II.** *adv* (*tatsächlich*) gerçekten; (*ehrlich gesagt*) doğrusu; (*im Grunde genommen*) aslında; **was willst du ~?** sen gerçekten ne istiyorsun?; **wer ist ~ Paul?** Paul da kim oluyormuş?
Eigentor *nt* <-(e)s, -e> (SPORT) kendi kalesine gol
Eigentum *nt ohne Pl* <-s> mülkiyet, iyelik; **geistiges ~** fikrî mülkiyet
Eigentümer(in) ['aɪgənty:mɐ] *m(f)* <-s, -; -nen> malik, iye, mal sahibi
eigentümlich *adj* **1.** özgü; (*charakteristisch*) karakteristik; (*typisch*) tipik **2.** (*sonderbar*) tuhaf
Eigentümlichkeit[1] *f* <-en> özgülük; (*Charakteristikum*) karakteristik
Eigentümlichkeit[2] *f ohne Pl* (*Sonderbarkeit*) tuhaflık
Eigentumswohnung *f* apartman dairesi
eigenwillig *adj* **1.** (*egoistisch*) bencil **2.** (*sonderbar*) tuhaf; (*unkonventionell*) gelenek dışı **3.** (*eigensinnig*) dik kafalı **4.** (*störrisch*) aksi
eignen ['aɪgnən] *vr:* **sich für etw** [*o* **zu etw** *dat*] **~** (*Person*) bir şey için yeterli olmak; (*Sache*) bir şey için elverişli olmak,

bir şey için işe yaramak

Eignung *f ohne Pl* yeterlik

Eignungsprüfung *f,* **Eignungstest** *m* yeterlik sınavı

Eilbote, -in *m, f* ulak, kurye; **per ~** kurye ile; **Eilbrief** *m* ekspres mektup, özel ulak

Eile ['aɪlə] *f ohne Pl* (*Hast*) acele; (*Dringlichkeit*) acele, ivecenlik; **in ~ sein** acelesi olmak; **ich bin in ~** acelem var; **das hat keine ~** bunun acelesi yok; **in aller ~** acele acele, çabuk çabuk; **~ mit Weile** (*prov*) acele işe şeytan karışır

Eileiter *m* <-s, -> (ANAT) yumurta geçidi

eilen ['aɪlən] *vi* **1.** (*dringend sein*) acele olmak; **eilt!** acele!; **damit eilt es nicht** acelesi yok **2.** *sein* (*Mensch*) koşmak (*zu* -e); (*sich beeilen*) acele etmek; **jdm zu Hilfe ~** birine yardıma koşmak

Eilgut *nt* ekspresle gönderilen eşya

eilig ['aɪlɪç] *adj* **1.** (*schnell*) acele, çabuk; **es ~ haben** acelesi olmak **2.** (*dringend*) acele, ivedi

Eilzug *m* <-(e)s, -züge> ekspres

Eimer ['aɪmɐ] *m* <-s, -> kova; **im ~ sein** (*fig*) mahvolmak, yatmak

eimerweise *adv* kova kova, kovalar dolusu

ein [aɪn] *adv:* **E~/Aus** (*auf Geräten*) açık/kapalı, aç/kapa; **bei jdm ~ und aus gehen** birine sık sık uğramak; **nicht mehr ~ noch aus wissen** ne yapacağını bilmemek

ein, eine, ein I. *adj* (*Zahlwort*) bir; **das kostet ~ Euro** bunun fiyatı bir euro; **es ist ~ Uhr** saat bir; **sie ist mein E~ und Alles** o benim bir tanem; **das ist doch ~ und dasselbe** bu başka bir şey değil ki, bu aynı şey işte; **~ für allemal** ilk ve son defa olmak üzere; **in ~em fort** aralıksız, durmadan, sürekli **II.** *art indef:* **~es Tages** günün birinde; **was für ~e Hitze!** ne biçim sıcak!

Einakter ['aɪnʔaktɐ] *m* <-s, -> bir perdelik oyun

einander [aɪ'nandɐ] *pron* birbiri; (*wechselseitig*) karşılıklı; **sie helfen ~** yardımlaşıyorlar, karşılıklı yardımda bulunuyorlar; **zwei ~ widersprechende Aussagen** birbirine zıt iki ifade

ein|arbeiten I. *vt* **1.** (*Mitarbeiter*) işe alıştırmak, alıştırmak (*in* -e) **2.** (*einfügen*) işlemek (*in* -e), eklemek (*in* -e), katmak (*in* -e) **II.** *vr:* **sich ~** alışmak (*in* -e)

einarmig *adj* tek kollu

ein|äschern ['aɪnʔɛʃɐn] *vt* (*Leichnam*) yakmak

ein|atmen I. *vi* soluk almak, nefes almak **II.** *vt* içine çekmek; (MED) soluk almak, teneffüs etmek

einäugig ['aɪnʔɔɪgɪç] *adj* tek gözlü

Einbahnstraße *f* tek yönlü yol

ein|balsamieren* *vt* (*Leiche*) mumyalamak

Einband *m* <-(e)s, -bände> tek cilt

einbändig ['aɪnbɛndɪç] *adj* tek ciltli

Einbau[1] ['aɪnbaʊ] *m ohne Pl* <-(e)s> (*Montage*) montaj, kurgu; (*Installation*) takma

Einbau[2] *m* <-(e)s, -ten> (*Teil*) aksam

ein|bauen *vt* **1.** (*hineinmontieren*) gömmek (*in* -e), yerleştirmek (*in* içine); (*eingliedern*) entegre etmek (*in* -e); (*installieren*) takmak (*in* -e) **2.** (*einfügen*) eklemek (*in* -e), katmak (*in* -e)

Einbauküche *f* gömme mutfak; **Einbauschrank** *m* gömme dolap

ein|behalten* *irr vt* alıkoymak

ein|berufen* ['aɪnbəruːfən] *irr vt* **1.** (*Versammlung*) davet etmek (*zu* -e), çağırmak (*zu* -e) **2.** (MIL) celp etmek, askerlik ödevini yapmaya çağırmak

Einberufung *f* <-en> **1.** (*einer Versammlung*) davet (*zu* -e) **2.** (MIL) celp, askerlik ödevini yapmaya çağırma

ein|betten *vt* yatırmak (*in* -e)

einbettig *adj* tek yataklı

Einbettzimmer *nt* <-s, -> tek yataklı oda

ein|beziehen* *irr vt* katmak (*in* -e), dahil etmek (*in* -e); (*daran teilnehmen lassen*) katılmasına izin vermek (-in), muhatap almak; (*dazurechnen*) hesaba katmak

ein|biegen *irr vi sein* sapmak; (*beim Fahren*) sapmak; **nach links/rechts ~** sola/sağa sapmak

ein|bilden *vr:* **sich ~ 1.** (*sich vorstellen*): **sich** *dat* **etw ~** bir şeyi imgelemek; **was bildest du dir eigentlich ein?** (*fam*) kendini ne sanıyorsun ki? **2.** (*stolz sein*): **sich** *dat* **etwas ~ auf** hayaline kapılmak

Einbildung[1] *f* <-en> (*Trugbild*) hayal, imge

Einbildung[2] *f ohne Pl* **1.** (*Vorstellung*) tahayyül, imgeleme **2.** (*Überheblichkeit*) kibir, kendini büyük görme; (*Dünkel*) benlik davası

Einbildungskraft *f ohne Pl* hayal gücü, düş gücü, imgelem

ein|binden *vt* (*Bücher*) ciltlemek

Einblick *m* <-(e)s, -e> **1.** (*Aussicht*) bakış **2.** (*prüfendes Einsehen*) inceleme; **jdm ~ in etw gewähren** birinin bir şeyi incelemesine izin vermek **3.** (*fig: Kenntnis*) bilgi; **einen ~ in etw gewinnen** bir şey hakkında bilgi edinmek

ein|brechen *irr vi* **1.** *sein* (*zu Bruch gehen*) kırılmak; (*stürzen*) çökmek; **sie ist auf dem Eis eingebrochen** buz kırılıp suyun içine düştü **2.** *sein* (*Dunkelheit*) bastırmak **3.** *haben o sein* (*eindringen*) (zorla) girmek, (hırsızlık amacıyla) girmek

Einbrecher(in) *m(f)* <-s, -; -nen> (zorla

bir yere giren) hırsız

ein|bringen *irr* **I.** *vt* **1.** (*Ernte*) derlemek **2.** (*Gewinn, Zinsen*) getirmek; (*Werte*) getirmek (*in* -e) **3.** (*Antrag*) vermek; (*Vorschläge, Ideen*) vermek (*in* -e) **4. die verlorene Zeit ist nicht wieder einzubringen** kaybedilen zaman telafi edilemez **II.** *vr:* **sich** ~ duygularını dile getirmek (*in* -de)

ein|brocken ['aɪnbrɔkən] *vt* (*fam*) başına belâ açmak, başına dert açmak; **jdm etwas** ~ birinin başına bir şeyi dert etmek

Einbruch *m* <-(e)s, -brüche> **1.** (*in Gebäude*) bina içinde hırsızlık **2.** (*Beginn*) bastırma; **bei** ~ **der Dämmerung** alaca karanlık bastırdığında **3.** (*Einsturz*) çökme; (*des Bodens*) çöküntü **4.** (*Eindringen*) (zorla) girme

einbuchten *vt* (*fam*) deliğe tıkmak

ein|bürgern **I.** *vt* **1.** (*Person*) vatandaşlığa almak **2.** (*Tiere, Pflanzen*) yerlileştirmek **3.** (*Brauch*) yerleştirmek **II.** *vr:* **sich** ~ (*Brauch, Fremdwort*) yerleşmek

Einbuße *f* <-n> kayıp, yitim

ein|büßen *vt* kaybetmek (*an* -), yitirmek (*an* -)

ein|cremen ['aɪnkreːmən] **I.** *vt* kremlemek **II.** *vr:* **sich** ~ kremlenmek

ein|dämmen *vt* **1.** (*beschränken*) set çekmek (-e) **2.** (*Fluss*) set çekmek (-e)

ein|decken **I.** *vt* **1.** (*Dach*) kaplamak; (*Tisch*) kurmak **2.** (*fam: überhäufen, überschütten*) yağdırmak (*mit* -); **jdn mit Fragen** ~ birini soru yağmuruna tutmak **II.** *vr:* **sich** ~ (*versorgen*) tedarik etmek (*mit* -); **wir sind gut eingedeckt** her şeyimiz var

eindeutig ['aɪndɔɪtɪç] *adj* **1.** (*unmissverständlich*) kesin **2.** (*deutlich*) açık

ein|deutschen *vt* (*Begriff*) Almancalaştırmak

ein|dicken **I.** *vt* (GASTR: *sämiger machen*) koyulaştırmak, terbiye etmek **II.** *vi sein* (*zähflüssiger werden*) koyulaşmak

eindimensional ['aɪndimɛnzjonaːl] *adj* tek boyutlu

ein|dösen *vi sein* (*fam*) ımızganmak, uyuklamak

ein|dringen ['aɪndrɪŋən] *irr vi sein* girmek (*in* -e); (MIL) girmek (*in* -e); **der Dieb drang durch das Fenster in das Haus ein** hırsız eve [*o* evin içine] pencereden girdi; **auf jdn** ~ birinin üzerine saldırmak

Eindringling *m* <-s, -e> davetsiz misafir

Eindruck *m* <-(e)s, -drücke> **1.** (*Wirkung*) etki, izlenim, intiba; **ich habe den ~, dass ...** bana öyle geliyor ki ...; **den ~ erwecken, dass ...** ... olduğu izlenimini uyandırmak; ~ (**auf jdn**) **machen** (birine) izlenim vermek, (birini) etkilemek **2.** (*Druckstelle*) ezik; (*Spur*) iz

ein|drücken *vt* basmak (-e); (*Blech*) ezmek; (*Scheibe*) içeri bastırmak; **die Reifen hatten eine Spur in den Boden eingedrückt** lâstikler yerde iz bırakmıştı

eindrücklich *adj* (*Schweiz*), **eindrucksvoll** *adj* etkileyici

eine ['aɪnə] **I.** *adj, art indef s.* **ein, eine, ein** **II.** *pron s.* **eine**(**r, s**)

eine(**r, s**) *pron* biri; **weder der ~ noch der andere** ne biri ne de öteki; **das ~ sag' ich dir** (*fam*) sana şunu bir söylemiş olayım

ein|ebnen *vt* düzlemek, tesviye etmek

eineiig ['aɪnʔaɪɪç] *adj* tek yumurta; **~e Zwillinge** tek yumurta ikizleri

eineinhalb ['aɪnʔaɪn'halp] *adj inv* bir buçuk; **es hat ~ Stunden gedauert** bir buçuk saat sürdü

ein|engen *vt* **1.** (*Kleidung*) sıkmak **2.** (*beschränken*) kısıtlamak; (*einschränken*) sınırlamak

einer **I.** *art indef gen/dat von* **eine** *s.* **ein, eine, ein** **II.** *pron gen/dat von* **eine** *s.* **eine**(**r, s**)

Einer *m* <-s, -> **1.** (MATH) birler *pl* **2.** (SPORT: *Skiff*) skif, tek kişilik

einerlei *adj inv* **1.** (*gleichgültig*): **das ist mir ganz** ~ benim için hepsi bir, benim için hiç fark etmez **2.** (*gleichartig*) aynı; **Kleider von ~ Farbe** aynı renkten giysiler; *s. a.* **achterlei**

Einerlei ['aɪnɐ'laɪ] *nt ohne Pl* <-s> tekdüzelik, yeknesaklık, monotonluk

einerseits *adv* bir yanda(n); **~ bin ich neugierig, andererseits habe ich Angst davor** bir yanda(n) merak ediyorum, bir yanda(n) korkuyorum

einfach ['aɪnfax] **I.** *adj* **1.** (*nur einmal*) tek; (*Knoten*) basit; **eine ~e Fahrkarte** (sadece) gidiş bileti **2.** (*leicht*) kolay, basit; **du machst es dir zu** ~ işin kolayına kaçıyorsun **3.** (*schlicht*) sade **II.** *adv:* **das ist ~ unmöglich** bu düpedüz imkânsız; **das wäre ~ herrlich** bu gerçekten şahane olur; **es klappt ~ nicht** bir türlü olmuyor

ein|fädeln ['aɪnfɛːdəln] **I.** *vt* **1.** (*Nadel*) iplik geçirmek (-e); (*Faden*) iğneden geçirmek; (*Film*) sarmak **2.** (*fam: Intrigen*) çevirmek **II.** *vr:* **sich** ~ (*im Verkehr*) girmek (*in* -e)

ein|fahren *irr* **I.** *vi sein* (*Zug, Schiff*) girmek (*in* -e) **II.** *vt* **1.** (*beschädigen*) çarpmak (-e) **2.** (*Ernte*) kaldırmak; (*Fahrwerk*) toplamak **3.** (*Auto*) rodaj yapmak **III.** *vr:* **sich** ~ (*sich einspielen*) alışmak

Einfahrt[1] *f ohne Pl* (*eines Zuges*) giriş (*in* -e)

Einfahrt[2] *f* <-en> (*Weg*) giriş; **~ verboten!** giriş yasak!, girilmez!

E

Einfall *m* <-(e)s, -fälle> **1.** (*Idee*) fikir, düşün, ide **2.** (*von Licht*) düşme **3.** (MIL) baskın (*in* -e)

ein|fallen *irr vi sein* **1.** (*in den Sinn kommen*) aklına gelmek; **was fällt Ihnen ein!** size ne oluyor!, siz ne karışıyorsunuz!; **du musst dir etwas ~ lassen** bir şeyler düşünmen gerekiyor **2.** (*in Erinnerung kommen*) aklına gelmek **3.** (*zusammenstürzen*) çökmek, yıkılmak **4.** (*Gesicht, Wangen*) çökmek **5.** (MIL) baskın yapmak (*in* -e), basmak (*in* -) **6.** (*einstimmen*) katılmak (*in* -e) **7.** (*Licht*) düşmek

einfallslos *adj* esprisiz; (*langweilig*) can sıkıcı

Einfalt ['aɪnfalt] *f ohne Pl* bönlük, enayilik; (*Naivität*) saflık, enayilik; (*Dummheit*) budalalık, enayilik

einfältig ['aɪnfɛltɪç] *adj* **1.** (*töricht*) bön, enayi; (*Dummkopf*) budala, enayi **2.** (*naiv*) saf, enayi

Einfaltspinsel *m* (*fam pej*) enayi dümbeleği

Einfamilienhaus *nt* tek ailelik ev

einfarbig *adj* tek renkli, düz

ein|fassen *vt* **1.** (*Gebiet*) çevirmek **2.** (*mit Borte*) zıhlamak **3.** (*Edelstein*) kaşlamak

ein|fetten *vt* yağlamak

ein|finden *irr vr:* **sich ~** gelmek (*in* -e)

ein|flößen *vt* **1.** (*Medizin*) içirmek **2.** (*Bewunderung*) etmek; (*Furcht, Vertrauen*) vermek

Einfluss[RR] *m* <-es, -flüsse>, **Einfluß** *m* <-sses, -flüsse> **1.** (*Einwirkung*) etki (*auf* -e) **2.** (*Wirkung*) etki; **unter dem ~ von Alkohol stehen** alkolün etkisi altında olmak **3.** (*Ansehen*) prestij, fors

Einflussbereich[RR] *m*, **Einflußbereich** *m* etki alanı, porte

einflussreich[RR] *adj*, **einflußreich** *adj* nüfuzlu, forslu

ein|fordern *vt* (*geh*) istemek, talep etmek

einförmig ['aɪnfœrmɪç] *adj* tekdüze, yeknesak; (*monoton*) monoton

ein|frieden ['aɪnfriːdən] *vt* sınır yapıları dikmek (-e); (*mit Mauer*) duvarla çevirmek; (*mit Grenzstein*) sınır taşları koymak (-e)

ein|frieren *irr* **I.** *vi sein* (*Wasserrohr*) donmak **II.** *vt* (*Lebensmittel, Löhne*) dondurmak

ein|fügen **I.** *vt* **1.** eklemek (*in* -e), ilâve etmek (*in* -e) **2.** katmak (*in* -e), ilâve etmek (*in* -e) **II.** *vr:* **sich ~** (*anpassen*) uymak (*in* -e), intibak etmek (*in* -e)

ein|fühlen *vr:* **sich ~** (*in eine Situation*) kendini görmek (*in* -de); **er konnte sich gut in sie ~** onun duygularını çok iyi anlayabiliyordu

einfühlsam *adj* (*Mensch*) duyarlı; (*Worte*) duygusal

Einfühlungsvermögen *nt ohne Pl* <-s> duyarlık

Einfuhr ['aɪnfuːɐ] *f* <-en> dış alım, ithalât

ein|führen *vt* **1.** (*beginnen lassen*) başlatmak **2.** (*hineinschieben*) sokmak (*in* -e) **3.** (COM) ithal etmek (*nach* -e) **4.** (*bekannt machen*) takdim etmek (*bei* -e), tanıtmak (*bei* -e) **5.** (*etw Neues*) sunmak (*in* -e); (*Ware*) sunmak (*in* -e); (*System*) uygulamak (*in* -e) **6.** (*Wend*): **wieder ~** (*Brauch*) yeniden başlatmak; (*Ware*) yeniden sunmak

Einführung *f* <-en> **1.** (*Hineinschieben*) sokma **2.** (*von Maßnahmen*) koyma; (*von Steuern*) salma **3.** (*Anleitung*) giriş **4.** (*Vorstellung*) sunuş

Einfuhrzoll *m* <-(e)s, -zölle> (COM) ithalât resmi

Eingabe *f* <-n> **1.** (*Antrag*) dilekçe **2.** (INFORM) girdi; **Eingabedaten** *Pl* (INFORM) girdi verileri *pl;* **Eingabetaste** *f* (INFORM) girdi tuşu

Eingang[1] *m* <-(e)s, -gänge> **1.** (*Tür*) giriş **2.** *Pl* (*Geld*) girişler *pl;* (*Post*) alınma tarihi

Eingang[2] *m ohne Pl* <-(e)s> (*von Post*) alınma; (*von Geld*) girme

eingängig ['aɪngɛŋɪç] *adj* (*Erklärung*) anlaşılır; (*Melodie*) kolay

eingangs ['aɪngaŋs] **I.** *präp* başında **II.** *adv* başta, başlangıçta

Eingangstür *f* giriş kapısı

ein|geben *irr vt* **1.** (INFORM) girmek (*in* -e) **2.** (*Arznei*) içirmek **3.** (*geh: Idee*) aşılamak

eingebildet *adj* (*pej*) **1.** (*hochmütig*) kibirli; (*eitel*) kendini beğenmiş **2.** (*nicht wirklich*) imgeli, imgesel, hayalî

eingeboren *adj* yerli

Eingeborene(r) *mf* <-n, -n; -n> yerli

Eingebung ['aɪngeːbʊŋ] *f* <-en> (*geh*) esin, ilham

eingefallen *adj* çukur; **~e Wangen** içe çökük yanaklar

eingefleischt ['aɪngəflaɪʃt] *adj* ıslah olmaz; **ein ~er Junggeselle** müzmin bekâr

ein|gehen *irr sein* **I.** *vi* **1.** (*Verständnis zeigen*) anlayış göstermek (*für* -e); **auf diese Frage gehe ich später näher ein** bu soruna sonra değineceğim; **auf jds Fragen ~** birinin sorularını yanıtlamak **2.** (*zustimmen*) kabul etmek (*auf* -); **auf einen Vorschlag ~** bir öneriyi kabul etmek **3.** (*Post*) gelmek **4.** (*Kleidung*) çekmek, daralmak **5.** (*fam: sterben*) ölmek; (*Betrieb*) kapanmak **6.** (*fam: verstehen*) aklı almak; **es geht mir nicht ein** aklım almıyor **7.** (*Wend*): **in die Geschichte ~** adı tarihe geçmek **II.** *vt* **1.** (*Vertrag*) imzalamak

2. (*Risiko*) girmek; **ich gehe jede Wette ein, dass er gewinnt** kazanacağına dair her bahse girerim **3.** (*Ehe*): **mit jdm die Ehe** ~ biriyle evlenmek

eingehend *adj* (*ausführlich*) ayrıntılı, etraflı; (*in allen Einzelheiten*) inceden inceye; **etw** ~ **untersuchen** bir şeyi bütün ayrıntılarıyla incelemek

Eingemachte(s) *nt ohne Pl* <-n> konserve; **ans** ~ **gehen** (*fam fig*) hazırdan yemek

eingeschnappt *adj* (*fam pej*) gücenik, küskün

eingeschrieben *adj* (*Brief*) taahhütlü

eingespannt *adj* (*beschäftigt*) meşgul

Eingeständnis *nt* <-ses, -se> itiraf

ein|gestehen* *irr vt* kabul etmek; (*zugeben*) itiraf etmek

eingetragen *adj* (*Mitglied, Verein*) kayıtlı; (*Warenzeichen*) tescilli

Eingeweide ['aɪngəvaɪdə] *ntPl* bağır, ahşa *pl*

Eingeweihte(r) ['aɪngəvaɪtɐ] *mf* <-n, -n; -n> sırdaş

eingleisig ['aɪnglaɪzɪç] *adj* tek hatlı

ein|gliedern *vt* katmak (*in* -e); (*integrieren*) entegre etmek (*in* -e), birleştirmek (*in* ile)

ein|graben *irr* **I.** *vt* (*vergraben*) gömmek (*in* -e) **II.** *vr:* **sich** ~ (*Tier*) kendini gömmek; **etw gräbt sich ins Gedächtnis ein** (*fig*) bir şey aklına yer etmek, bir şey zihnine nakşolmak

ein|gravieren* *vt* kazımak (*in* -e), hakketmek (*in* -e)

ein|greifen *irr vi* **1.** (*Einfluss nehmen*) el atmak (*in* -e) **2.** (TECH) geçmek (*in* -e)

Eingriff *m* <-(e)s, -e> **1.** (MED) müdahale; (*Operation*) ameliyat; **ein chirurgischer** ~ cerrahî müdahale **2.** (*Übergriff*) el atma (*in* -e)

ein|haken **I.** *vi* (*fam: in Gespräch*) lâfa karışmak **II.** *vt* (*befestigen*) kanca ile tutturmak (*in* -e) **III.** *vr:* **sich bei jdm** ~ birinin koluna girmek

Einhalt (*geh*): **jdm/etw** *dat* ~ **gebieten** bir kimseyi/şeyi durdurmak

ein|halten *irr* **I.** *vt* (*befolgen*) uymak (-e), riayet etmek (-e); (*Bedingung*) yerine getirmek; (*Versprechen*) tutmak, yerine getirmek; (*Richtung, Kurs*) kalmak (-de); (*Diät*) yapmak; (*Abstand*) tutmak **II.** *vi* (*geh: aufhören*) ara vermek; **mit der Arbeit** ~ işe ara vermek

ein|handeln *vr* (*fam*): **sich eine gelbe Karte** ~ sarı kart almak; **sich ein paar Ohrfeigen** ~ birkaç tokat yemek

einhändig ['aɪnhɛndɪç] *adj* tek elli

ein|hängen **I.** *vi* (*Hörer*) yerine koymak **II.** *vt* (*Tür, Fenster*) takmak **III.** *vr:* **sich bei jdm** ~ birinin peşine takılmak

ein|heften *vt* dosyalamak

einheimisch ['aɪnhaɪmɪʃ] *adj* (*Bevölkerung, Pflanzen*) yerli; (*Produkt*) yerli

Einheimische(r) *mf* <-n, -n; -n> yerli

ein|heimsen *vt* (*fam*) iç etmek

ein|heiraten *vi* güvey girmek (*in* -e)

Einheit ['aɪnhaɪt] *f* <-en> **1.** (*a.* MIL) birlik; (*Maß~, Währungs~*) birim **2.** (TEL) birim; (*inform*) ünite

einheitlich *adj* **1.** tek bir, tekdüze; (*homogen*) homojen, bağdaşık **2.** (*genormt*) standart; ~**e Kleidung** tek örnek giyim

Einheitspreis *m* birim fiyat, standart fiyat; (*festgelegt*) maktu fiyat; **Einheitswährung** *f* (FIN, POL) tek para

einhellig ['aɪnhɛlɪç] **I.** *adj* her noktada uyuşan **II.** *adv* oy birliği ile

ein|holen *vt* **1.** (*erreichen*) yetişmek (-e) **2.** (*wettmachen*) telâfi etmek **3.** (*Netz*) toplamak; (*Fahne*) indirmek; (*Segel*) toplamak **4.** (*Auskunft*) almak **5.** (*fam: einkaufen*) almak

Einhorn *nt* <-(e)s, -hörner> tek boynuzlu at

einhufig *adj* (ZOOL) tek toynaklı

ein|hüllen *vt* sarmak (*in* -e)

einhundert ['-'--] *adj inv* yüz; *s. a.* **achthundert**

einig ['aɪnɪç] *adj* **1.** (*geeint*) birleşik **2.** (*einer Meinung*) hemfikir; **sich** *dat* **über etw** ~ **sein/werden** bir şeyde hemfikir olmak

einige(r, s) ['aɪnɪgə, -gɐ, -gəs] *pron* birkaç, birkaçı, bazı(ları) *(pl);* ~ **Sachen sind nicht fertig geworden** bazı işler bitmedi; **in** ~**n Tagen** birkaç gün içinde; **nach** ~**r Zeit** bir süre sonra; **in** ~**r Entfernung** epeyce uzakta; ~ **glaubten, dass ...** bazıları sandılar ki ...; **das wird** ~**s kosten** bu epeyce pahalıya mal olacak

einigen ['aɪnɪgən] **I.** *vt* (*einig machen*) uzlaştırmak; (*aussöhnen*) barıştırmak **II.** *vr:* **sich** ~ uzlaşmak (*über* -e)

einigermaßen ['aɪnɪgɐ'ma:sən] *adv* şöyle böyle; (*ziemlich*) oldukça

Einigkeit *f ohne Pl* birlik; (*Übereinstimmung*) uzlaşma, uyuşma; **in diesem Punkt herrschte** ~ bu noktada birlik vardı

Einigung *f* <-en> **1.** (*Übereinstimmung*) uzlaşma, uyuşma; (*Versöhnung*) barışma; **zu einer** ~ **kommen** uzlaşmaya varmak **2.** (*Vereinigung*) birlik

ein|impfen *vt* (*fam*): **jdm etw** ~ birine bir şeyi aşılamak [*o* telkin etmek]

ein|jagen *vt:* **jdm Angst** ~ birini korkutmak

einjährig ['aɪnjɛ:rɪç] *adj* **1.** (*Kind*) bir yaşın-

daki; (*Kurs*) bir yıllık **2.** (*Pflanze*) bir yıllık
ein|kalkulieren* *vt* hesaba katmak
ein|kassieren* *vt* **1.** (*Geld*) tahsil etmek **2.** (*fam: festnehmen*) tutmak **3.** (*fam: wegnehmen*) almak
Einkauf *m* <-(e)s, -käufe> (*Kauf*) alım, satın alma, alış veriş; **Einkäufe machen** alış veriş yapmak
ein|kaufen **I.** *vi, vt* (*Waren*) satın almak; ~ **gehen** alış verişe gitmek **II.** *vr:* **sich** ~ (*Teilhaber werden*) ortak olmak (*in* -e)
Einkäufer(in) *m(f)* <-s, -; -nen> alıcı
Einkaufsbummel *m* alış veriş; **einen ~ machen** alış verişe çıkmak; **Einkaufspreis** *m* alış fiyatı; **Einkaufswagen** *m* alış veriş arabası; **Einkaufszentrum** *nt* alış veriş merkezi
ein|kehren *vi sein* **1.** (*geh: Ruhe, Friede*) gelmek (*bei* -e) **2.** (*in Gasthof*) uğramak (*in* -e)
Einkesselung *f* (MIL) çevirme, çember içine alma
ein|klagen *vt* (JUR) dava etmek
ein|klammern *vt* parantez içine almak
Einklang *m ohne Pl* <-(e)s> **1.** (MUS) ahenk **2.** (*geh: Harmonie*) ahenk, uyum, uyuşma; **in ~ bringen** bağdaştırmak; **in ~ mit etw** *dat* **stehen** bir şey ile uyuşma içinde olmak
ein|kleben *vt* yapıştırmak (*in* -e)
ein|kleiden *vt* giydirmek
ein|klemmen *vt* sıkıştırmak; **sich den Finger in der Tür ~** parmağını kapıya sıkıştırmak
ein|kochen **I.** *vi sein* (*Soße*) kaynamak **II.** *vt* (*Obst*) konserve yapmak
Einkommen *nt* <-s, -> gelir; **einkommensschwach** *adj* (WIRTSCH) dar gelirli; **einkommensstark** *adj* (WIRTSCH) yüksek gelirli; **Einkommen(s)steuer** *f* <-n> gelir vergisi; **Einkommensverteilung** *f* gelir dağılımı
ein|kreisen *vt* **1.** (*einen Kreis um etw ziehen*) çember içine almak, çembere almak **2.** (*umzingeln*) kuşatmak, etrafını almak (-in)
Einkünfte ['aɪnkʏnftə] *Pl* gelir
ein|laden *irr vt* **1.** (*Gäste*) davet etmek (*zu* -e) **2.** (*Ladung*) yüklemek (*in* -e)
einladend *adj* (*verlockend*) cazip, çekici; (*verführerisch*) insanı baştan çıkaran
Einladung *f* <-en> davet (*zu* -e)
Einlage *f* <-n> **1.** (*im Schuh*) mantar taban **2.** (*Zahn~*) (geçici) dolgu **3.** (*Slip~*) ped **4.** (*in der Zeitung*) ek **5.** (THEAT) ara oyun **6.** (FIN: *Spar~*) mevduat; (*Kapital~*) yatırım
ein|lagern *vt* depolamak
EinlassRR ['aɪnlas] *m ohne Pl* <-es>, **Einlaß** *m ohne Pl* <-sses> içeri alma; (*Zutritt*) giriş; **sich** *dat* **~ in etw verschaffen** bir yere girmeyi başarmak
ein|lassen *irr* **I.** *vt* **1.** (*hereinlassen*) içeri almak; **sie öffnete das Fenster, um Luft/Licht einzulassen** hava/ışık girsin diye pencereyi açtı **2.** **sich** *dat* **ein Bad ~** banyoya su doldurmak için musluğu açmak **3.** (*einpassen*) yerleştirmek (*in* -e) **4.** (*südd, österr: einwachsen*) cilâlamak **II.** *vr:* **sich ~** **1.** (*Umgang pflegen*) arkadaşlık etmek (*mit* ile); (*pej*) düşüp kalkmak (*mit* ile) **2.** (*mitmachen*) girmek (*auf* -e); **ich lasse mich auf keine Diskussion ein** ben hiçbir tartışmaya girmem
Einlauf *m* <-(e)s, -läufe> **1.** (MED) lâvman **2.** (SPORT) finiş **3.** (GASTR) terbiye
ein|laufen *irr* **I.** *vi sein* **1.** (*Schiff, Zug, a.* SPORT) girmek (*in* -e) **2.** (*Kleidung*) çekmek **II.** *vt* (*Schuhe*) açılmak **III.** *vr:* **sich ~** (SPORT) ısınma koşusu yapmak
ein|leben *vr:* **sich ~** alışmak (*in* -e)
ein|legen *vt* **1.** (*hineintun*) koymak; (*Film*) makineye koymak; **den Rückwärtsgang ~** geri vitese takmak **2.** (FIN) yatırmak **3.** (*Berufung*) etmek; (*Protest*) çekmek, etmek; (*Pause*) yapmak **4.** (*Haare*) yapmak **5.** (GASTR) yatırmak; (*marinieren*) salamuraya yatırmak; (*in Tunke, Essig*) yatırmak **6.** (KUNST: *intarsieren*) kakmak
ein|leiten *vt* **1.** (*beginnen*) başlatmak; (*Maßnahmen*) almak; (*Schritte*) atmak **2.** (*Verhandlungen*) başlatmak; (*Prozess, Untersuchung*) açmak **3.** (*Flüssigkeit*) akıtmak (*in* -e)
einleitend *adj* başlatıcı; (*einführend*) giriş niteliğinde; **einige ~e Worte sagen** giriş niteliğinde birkaç söz söylemek
Einleitung *f* <-en> **1.** (*eines Textes, im Buch*) giriş, başlangıç **2.** (*Eröffnung*) açılma **3.** (*das Ingangsetzen*) başlatma
ein|lenken *vi* (*nachgeben*) imana gelmek, (sonunda) razı olmak
ein|leuchten *vi* (*fig*) akla yatmak; **das will mir nicht ~** buna aklım yatmıyor
einleuchtend *adj* (*überzeugend*) akla yakın
ein|liefern *vt* vermek; (*Person*) teslim etmek (*in* -e)
Einlieferung *f* <-en> verme; (*ins Krankenhaus*) kaldırma (*in* -e); (*ins Gefängnis*) sevk (*in* -e)
ein|lochen *vt* **1.** (*einsperren*) deliğe tıkmak **2.** (SPORT: *Golf*) deliğe sokmak
ein|loggen ['aɪnlɔgən] *vr:* **sich ~** (INFORM) (sisteme) girmek (*in* -e)
ein|lösen *vt* **1.** (*Pfand*) (bedelini ödeyip) kurtarmak **2.** (*Scheck*) ödemek; (*Gutschein*) bozdurmak **3.** (*geh: Versprechen*) tutmak, yerine getirmek
ein|machen *vt* turşu kurmak, turşu yap-

mak; **Gemüse/Obst** ~ sebze/meyve turşusu kurmak [*o* yapmak]

Einmachglas *nt* <-es, -gläser> kavanoz

einmal ['aɪnma:l] *adv* **1.** (*ein Mal*) bir kere; **noch** ~ bir kere daha; ~ **eins ist eins** bir kere bir bir eder; **auf** ~ birden; **ich möchte erst** ~ **hier bleiben** ilkönce burada kalmak istiyorum **2.** (*früher*) eskiden; **es war** ~ **...** eskiden ... varmış, bir varmış ... **3.** (*irgendwann*) bir zamanlar; **es war** ~, **es war keinmal** bir varmış, bir yokmuş **4.** (*verstärkend*): **er hat sie nicht** ~ **besucht** onu bir kere olsun [*o* bile] ziyaret etmedi; **nicht** ~ **piep sagen** (*fam*) gık bile dememek; **das ist nun** ~ **so** bu böyle işte; **wieder** ~ bir daha

Einmaleins [aɪnma:l'ʔaɪns] *nt ohne Pl* <-> çarpım tablosu

einmalig ['---, -'--] *adj* **1.** (*Gelegenheit, Chance*) eşsiz, eşi benzeri olmayan, eşi görülmemiş **2.** (*einzigartig*) tek, ünik, eşi olmayan, emsalsiz

Einmannbetrieb ['----, -'---] *m* <-(e)s, -e> (WIRTSCH) tek kişilik işletme; **Einmann-Show** *f* tek adam gösterisi

Einmarsch *m* <-(e)s, -märsche> (*a.* MIL) giriş (*in* -e); **ein|marschieren*** *vi sein* (*hineingehen*) girmek (*in* -e)

ein|mischen *vr:* **sich** ~ karışmak (*in* -e); **misch dich nicht ein!** karışma!; **Einmischung** *f* <-en> karışma

einmotorig ['aɪnmoto:rɪç] *adj* (AERO) tek motorlu

ein|münden *vi haben o sein* kavuşmak; **Einmündung** *f* <-en> (*a.* GEO) kavşak

einmütig ['aɪnmy:tɪç] **I.** *adj* ağzı bir **II.** *adv* oy birliği ile

Einnahme[1] ['aɪnna:mə] *f ohne Pl* (MIL) fetih, ele geçirme; (MED) alma

Einnahme[2] *f* <-n> (*Geld*) gelir

Einnahmequelle *f* gelir kaynağı

ein|nehmen *irr vt* **1.** (*Geld, Steuern*) tahsil etmek **2.** (*Arznei*) (dâhilen) almak; (*Hustensaft*) içmek; (*Mahlzeit*) yemek **3.** (*Standpunkt*) almak, takınmak; (*Stellung, Posten*) geçmek; **seinen Platz** ~ yerini almak, yerine geçmek **4.** (*erobern*) ele geçirmek **5.** (*beanspruchen*) kaplamak; **zu viel Raum** ~ fazla yer kaplamak **6.** (*Wend*): **jdn für sich** ~ birinin sempatisini kazanmak; **von sich** *dat*/**jdm eingenommen sein** kendini beğenmiş olmak

ein|nicken *vi sein* (*fam*) sızmak, kendinden geçmek, uykuya dalmak

ein|nisten *vr* (MED) ana rahmine düşmek; (*pej: Person*) postu sermek (*bei* -e)

Einöde ['aɪnʔø:də] *f* <-n> ıssızlık, tenhalık

ein|ordnen **I.** *vt* sıraya koymak, yerli yerine koymak; (*in Regal*) dizmek; (*in Gruppen*) ayırmak; (*alphabetisch*) sırasına göre dizmek; (*einfügen*) yerleştirmek (*in* -e) **II.** *vr:* **sich** ~ **1.** (*sich unterordnen*) uymak (*in* -e) **2.** (AUTO) sıraya girmek; **sich links/falsch** ~ sol/yanlış sıraya girmek

ein|packen **I.** *vt* **1.** (*Koffer*) koymak (*in* -e); (*in Papier*) sarmak (*in* -e); (*zum Versand*) paket yapmak, ambalajlamak **2.** (*fam: warm anziehen*) iyice giydirmek **II.** *vi* (*fam fig*): **dann können wir** ~ o zaman bu işi unutabiliriz

ein|parken *vt, vi* park etmek

ein|passen *vt* (*einsetzen*) yerleştirmek (*in* içine); (*passend machen*) sığdırmak (*in* içine)

ein|pendeln *vr:* **sich** ~ düzene girmek

ein|pferchen ['aɪnpfɛrçən] *vt* (*Schafe*) ağıla kapamak

ein|pflanzen *vt* **1.** (*Pflanze*) dikmek **2.** (MED) aktarmak

einphasig *adj* (ELEK) tek fazlı

ein|prägen **I.** *vt* (*ins Bewusstsein*) nakşetmek; **sich** *dat* **etw** ~ bir şeyi ezberlemek **II.** *vr:* **sich** ~ (*Eindruck hinterlassen*) izlenim bırakmak, nakşolmak, yer etmek

einprägsam ['aɪnprɛ:kza:m] **I.** *adj* akılda kalıcı; (*Melodie*) kolayca hatırlanabilir **II.** *adv* akılda kalacak biçimde

ein|quartieren* ['aɪnkvarti:rən] **I.** *vt* **1.** (MIL) konak yeri sağlamak (-e) **2.** (*unterbringen*) yerleştirmek (*bei* -e), konuk olarak vermek (*bei* yanına) **II.** *vr:* **sich** ~ konaklamak (*bei* -de)

ein|rahmen *vt* çerçevelemek

ein|rasten *vi sein* yerine oturmak, birbirine geçmek, kilitlenmek

ein|räumen *vt* **1.** (*Bücher*) yerleştirmek (*in* -e); (*Wohnung, Zimmer*) toplamak **2.** (*zugestehen*) kabul etmek; (*Kredit*) vermek

ein|reden **I.** *vi:* **auf jdn** ~ birine söyleyip durmak **II.** *vt:* **jdm etw** ~ birini bir şeye inandırmak; **sich** *dat* **etw** ~ kendi kendini kandırmak

ein|reiben *irr vt* ovmak; **jdn mit etw** *dat* ~ birini bir şey ile ovmak; **eine Wunde mit Salbe** ~ yaraya merhem sürmek

ein|reichen *vt* (*Unterlagen*) sunmak, arz etmek; (*übergeben*) vermek; (*Scheidung*) dava(sı) açmak

ein|reihen **I.** *vt* sıralamak, dizmek **II.** *vr:* **sich** ~ sıralanmak, dizilmek

Einreise *f* <-n> giriş; **Einreisegenehmigung** *f* giriş izni

ein|reisen *vi sein* girmek (*in/nach* -e/-e)

Einreisevisum *nt* giriş vizesi

ein|reißen *irr* **I.** *vi sein* **1.** (*Papier*) yırtılmak **2.** (*Übel*) başa belâ olmak; (*um sich greifen*) yayılmak; **wir wollen das nicht** ~ **lassen** bunun yayılmasını istemiyoruz

II. *vt* **1.** (*Papier*) yırtmak **2.** (*Haus*) yıkmak
ein|renken ['aɪnrɛŋkən] *vt* **1.** (MED) düzeltmek **2.** (*fam: in Ordnung bringen*) düzeltmek
ein|richten **I.** *vt* **1.** (*gründen*) kurmak, tesis etmek; (*Konto*) açmak **2.** (*Wohnung*) döşemek **3.** (*einstellen*) ayarlamak (*auf* -e) **4.** (*arrangieren*) düzenlemek; (*Termin*) yapmak **5.** (MED) düzeltmek **II.** *vr:* **sich** ~ (*sich anpassen*) uymak (*auf*-e); (*sich einstellen*) hazırlanmak (*auf*-e)
Einrichtung[1] *f* <-en> **1.** (*Mobiliar*) döşeme; (*Esszimmer~*) takım; (*Ausrüstung*) donatım **2.** (*Institution*) kuruluş, kurum, müessese **3.** (*Anlage*) tesis
Einrichtung[2] *f ohne Pl* (*Gründung*) kurma, tesis; (*einer Verkehrslinie*) tesis; **für die ~ eines Kontos** bir hesabın açılması için
ein|rosten *vi sein* **1.** (*Schraube*) paslanmak **2.** (*fam: körperlich*) hamlamak **3.** (*fam: geistig*) kafası paslanmak
ein|rücken **I.** *vi sein* (MIL) **1.** (*einmarschieren*) girmek (*in* -e) **2.** (*eingezogen werden*) askere alınmak **II.** *vt* **1.** (TYPO, INFORM) satırbaşı yapmak **2.** (*Anzeige*) basmak
eins [aɪns] *adj inv* **1.** (*Zahl*) bir; **Punkt ~** nokta bir; **es steht ~ zu ~/zwei** durum bir bir/iki; *s. a.* **acht**[1] **2.** (*Uhrzeit*): **sie kam um** (**Punkt**) ~ (tam) birde geldi; *s. a.* **acht**[1] **3.** (*zusammen*): **sich mit jdm ~ wissen** biriyle düşündeş [*o* hemfikir] olmak **4.** (*einerlei*): **es ist mir alles ~** (*fam*) benim için hepsi bir **5.** (*fam*): **~ A** üstün kalite
Eins *f* <-en> **1.** bir; **wie eine ~ stehen** (*fam*) dimdik durmak **2.** (*Schulnote*) pekiyi **3.** (*Spielkarte*) birli **4.** (*fam*): **die ~ nehmen** bir numarayla gitmek
einsam ['aɪnza:m] *adj* **1.** (*allein*) yalnız; (*verlassen*) terk edilmiş, metrûk; **sich ~ fühlen** kendini yalnız hissetmek **2.** (*abgelegen*): **~e Spitze sein** üstüne olmamak **3.** (*menschenleer*) kimsesiz, ıssız
Einsamkeit *f ohne Pl* yalnızlık, ıssızlık
ein|sammeln *vt* toparlamak; (*Spenden, Geld*) toplamak
Einsatz *m* <-es, -sätze> **1.** (*Teil*) parça **2.** (*Spiel~*) miza, ortaya konulan para **3.** (MUS) giriş **4.** (MIL) harekât, hareket; **zum ~ kommen** harekete geçmek **5.** (*von Polizei*) operasyon **6.** (*Gebrauch, Anwendung*) kullanma, kullanım; **zum ~ kommen** kullanılmak **7.** (*Engagement*): **unter ~ seines Lebens** ölümü göze alarak, canını dişine takarak
einsatzbereit *adj* (*a.* TECH) hazır (olan), hazır (bulunan), hemen kullanabilecek durumda olan [*o* bulunan]; (MIL) hazır; **~e Truppe** hazır kıta; **Einsatzbereitschaft** *f ohne Pl* hazır olma durumu
ein|saugen *irr vt* (*Luft, Flüssigkeit*) emmek, içine çekmek
ein|schalten **I.** *vt* **1.** (*Radio*) açmak; (*Maschine*) çalıştırmak; (*Licht*) yakmak, açmak **2.** (*hinzuziehen*) devreye sokmak **II.** *vr:* **sich ~** **1.** (*angehen*) çalışmak; (*Licht*) yanmak **2.** (*sich einmischen*) devreye girmek, karışmak (*in* -e)
Einschaltquote *f* <-n> (RADIO, TV) izleyici ratingi
ein|schärfen *vt* sıkı sıkı tembih etmek, sıkı sıkı uyarmak
ein|schätzen *vt* (*schätzen*) tahmin etmek, kestirmek; (*bewerten*) takdir etmek, değer biçmek; **etw/jdn hoch ~** bir şeyi/kimseyi çok takdir etmek; **Einschätzung** *f* <-en> **1.** (*Meinung*) tahmin; **nach meiner ~** tahminimce **2.** (*Bewertung*) takdir
ein|schenken *vt* doldurmak
ein|schicken *vt* göndermek (*an* -e)
ein|schiffen **I.** *vt* gemiye yüklemek **II.** *vr:* **sich ~** gemiyle gitmek (*nach* -e)
einschl. *Abk. von* **einschließlich** dâhil
ein|schlafen *irr vi sein* **1.** (*Person*) uyumak; (*Gliedmaßen*) uyuşmak, tutulmak; **nicht ~ können** uyku tutmamak, uyuyamamak **2.** (*Freundschaft*) araya soğukluk girmek
ein|schläfern ['aɪnʃlɛ:fɐn] *vt* **1.** (*zum Schlafen bringen*) uyutmak **2.** (*narkotisieren*) narkoz vermek (-e) **3.** (*Tier*) iğne yaparak ıstırap çektirmeden öldürmek
einschläfernd *adj* **1.** (*Geräusch*) uyutucu, insanın uykusunu getiren, uyku getirici; (*Substanz*) uyutucu, uyku veren **2.** (MED) uyutucu, uyku veren
Einschlag *m* <-(e)s, -schläge> **1.** (*eines Geschosses, Blitzes*) isabet **2.** (*Anteil*) pay; **ein|schlagen** *irr* **I.** *vi* **1.** (*Blitz, Bombe*) düşmek; (*Geschoss*) isabet etmek; **auf jdn ~** birine vurmak; **die Nachricht schlug ein wie eine Bombe** haber bomba gibi patladı **2.** (*Anklang finden*) rağbet görmek, tutulmak **3.** (*Lenkrad*) çevirmek **II.** *vt* **1.** (*Tür*) vurarak kırmak; (*Zähne, Schädel*) kırmak **2.** (*Nagel*) geçirmek (*in* -e) **3.** (*einwickeln*) sarmak (*in* -e) **4.** (*Lenkrad*) döndürmek **5.** (*Richtung*) sapmak **6.** (*Stoff*) kıvirmak
ein|schleppen *vt* **1.** (*Krankheit*) getirmek **2.** (NAUT) çekmek
ein|schließen *irr* **I.** *vt* **1.** (*einsperren*) hapsetmek (*in* -e), kapatmak (*in* -e); (*Gegenstand*) kilitlemek **2.** (*umgeben*) çevrelemek, kapsamak, içine almak; (*umzäunen*) çeper çekmek (-e), sınırları içine almak **3.** (*mit einbeziehen*) katmak, dâhil etmek (*in* -e) **II.** *vr:* **sich ~** kapanmak
einschließlich ['---] **I.** *präp* dâhil, içinde; ~

Frank/seines Vaters Frank/babası dâhil; ~ **Büchern und Briefen** kitap ve mektuplar dâhil **II.** *adv:* **geöffnet vom 3. bis 8. Mai** ~ 3 Mayıs'tan 8 Mayıs'ın sonuna kadar; **bis Nr. 50** ~ 50 numaranın sonuna kadar

ein|schmeicheln *vr:* **sich** ~ yaltaklanmak (*bei* -e)

einschmeichelnd *adj* hoş

ein|schmieren **I.** *vt* (*fam: mit Fett*) (yağ) sürmek (*mit* -) **II.** *vr:* **sich** (**mit Creme**) ~ (*fam*) (krem) sürünmek

ein|schnappen *vi sein* **1.** (*Tür*) kapanıvermek **2.** (*fam pej: beleidigt sein*) gücenmek

ein|schneiden *irr* **I.** *vi* (*in Haut*) kesmek (*in* -) **II.** *vt* (*schneiden*) kesmek

einschneidend *adj* köklü, kökten

Einschnitt *m* <-(e)s, -e> **1.** (*Schnitt*) kertik; (MED) kesik **2.** (*im Leben*) dönüm noktası

ein|schränken ['aɪnʃrɛŋkən] **I.** *vt* sınırlamak; (*reduzieren*) kısıntı yapmak (-de); (*Freiheit*) sınırlamak, kısıtlamak **II.** *vr:* **sich** ~ (*sparsam leben*) kısıntı yapmak

Einschränkung *f* <-en> **1.** (*Verringerung*) kısma; (*von Rechten*) kısıtlama **2.** (*das Einsparen*) kısıntı **3.** (*Vorbehalt*) sınırlama, kayıt; **ohne/mit** ~ kayıtsız/kayıtlı

ein|schreiben *irr* **I.** *vt* (*eintragen*) kaydetmek (*in* -e); (*in Liste*) yazmak (*in* -e) **II.** *vr:* **sich** ~ (SCHULE, UNIV) kaydını yaptırmak (*in* -e), kaydolmak (*für* -e), yazılmak (*für* -e)

Einschreiben *nt* <-s, -> taahhütlü mektup; **etw per ~ schicken** bir şeyi taahhütlü göndermek

Einschreibung *f* <-en> kayıt; (SCHULE, UNIV) kayıt, yazılma

ein|schreiten *irr vi sein* karışmak, müdahale etmek

ein|schüchtern *vt* yıldırmak, gözdağı vermek (-e)

ein|schulen *vt* okula yazdırmak

Einschuss[RR] *m* <-es, -schüsse>, **Einschuß** *m* <-sses, -schüsse> (*von Geschoss*) giriş yeri

ein|schweißen *vt* (*in Folie*) poşetlemek; (TECH) kaynakla tutturmak

ein|sehen *irr vt* **1.** (*Raum*) gözden geçirmek **2.** (*Schriftstücke*) incelemek, tetkik etmek **3.** (*verstehen*) anlamak; (*Irrtum, Notwendigkeit*) kabul etmek; **ich sehe nicht ein, warum ich das tun soll** niçin bunu yapmam gerektiğini anlamıyorum; **(k)ein E~ (für jdn/etw) haben** (bir kimse/şey için) anlayış göster(me)mek

ein|seifen *vt* (*mit Seife*) sabunlamak

einseitig ['aɪnzaɪtɪç] *adj* **1.** (POL) tek taraflı; (*nur eine Person betreffend*) tek **2.** (*Muster, Lähmung*) tek taraflı **3.** (*parteiisch*) tek yanlı; **eine ~e Sicht der Dinge** gerçekleri tek yanlı görme **4.** (*Ernährung*) tek taraflı

Einseitigkeit *f* <-en> tek taraflı olma, tek taraflılık

ein|senden *irr vt* göndermek (*an* -e), yollamak (*an* -e)

Einsender(in) *m(f)* <-s, -; -nen> gönderici, gönderen

Einsendeschluss[RR] *m ohne Pl* <-es> en son gönderme tarihi, gönderme süresinin sonu

ein|setzen **I.** *vi* (*beginnen*) başlamak **II.** *vt* **1.** (*einfügen*) takmak (*in* -e); (*Pflanze*) yerleştirmek (*in* -e) **2.** (*ernennen*) atamak; (*als Erben*) atamak; (*in ein Amt*) atamak (*in* -e); (*Ausschuss*) atamak; **wieder** ~ eski hâle getirmek **3.** (*Hilfsmittel, Maschine*) kullanmak; (*Bus, Zug*) hizmete sokmak; (*Boxen*) seine Linke/Rechte ~, solunu/sağını kullanmak **4.** (*Polizei*) harekete geçirmek **5.** (*Geld*) ortaya koymak; (*Leben*) ortaya koymak **III.** *vr:* **sich** ~ (*sich anstrengen*) çaba harcamak, gayret göstermek; **sich für etw** ~ bir şeyi savunmak; **sich für jdn** ~ birini desteklemek

Einsicht[1] *f ohne Pl* (*in Akten*) inceleme (*in* -); (*Einsichtnahme*) inceleme (*in* -); **jdm ~ in etw gewähren** birine bir şeyi incelemesine izin vermek

Einsicht[2] *f* <-en> **1.** (*Verständnis*) anlayış; (*Klugheit*) akıllılık **2.** (*Erkenntnis*): **ich bin zu der ~ gekommen, dass ...** ...e kanaat getirdim, ... kanısına vardım; **neue ~en gewinnen** yeni yeni kanılar edinmek

einsichtig *adj* (*klug*) akıllı; (*vernünftig*) akıllıca; (*verständnisvoll*) anlayışlı

Einsichtnahme ['aɪnzɪçtna:mə] *f* <-n> (*formal*) inceleme (*in* -)

Einsiedler(in) *m(f)* <-s, -; -nen> münzevi

einsilbig ['aɪnzɪlbɪç] *adj* **1.** (LING) tek heceli **2.** (*wortkarg*) lâkırdısı az, az konuşan

ein|sinken *irr vi sein* **1.** (*in Sumpf*) batmak (*in* -e) **2.** (*von Boden*) çökmek

ein|spannen *vt* **1.** (*Blatt*) koymak (*in* -e); (*Werkstück*) takmak **2.** (*Zugtiere*) arabaya koşmak **3.** (*fam: arbeiten lassen*) işe koşmak

ein|sparen *vt* tasarruf etmek (-den)

ein|sperren *vt* **1.** (*einschließen*) kapamak (*in* -e) **2.** (*fam: ins Gefängnis*) hapsetmek

ein|spielen **I.** *vt* **1.** (FILM, THEAT: *Geld*) getirmek **2.** (RADIO, TV: *Beitrag*) kaydetmek **II.** *vr:* **sich** ~ **1.** (SPORT) ısınmak **2.** (*zur Gewohnheit werden*) alışkanlık hâlini almak **3.** (*nach einer Anlaufzeit funktionieren*) yoluna girmek

einsprachig *adj* (*Wörterbuch*) tek dilli

ein|springen *irr vi sein:* **für jdn** ~ birinin yerine geçmek

ein|spritzen *vt* içitmek, zerk etmek, şırınga etmek
Einspruch *m* <-(e)s, -sprüche> (*a.* JUR) itiraz (*gegen* -e); ~ **erheben** itiraz etmek; ~ **einlegen** itirazda bulunmak; **einem ~ stattgeben** bir itirazı kabul etmek
einspurig ['aɪnʃpuːrɪç] *adj* **1.** (*Eisenbahn*) tek hatlı; (*Straße*) tek şeritli **2.** (*pej: Denken*) dar görüşlü
einst ['aɪnst] *adv* (*geh*) **1.** (*früher*) bir zamanlar, vaktiyle **2.** (*zukünftig*) günün birinde
Einstand[1] *m* <-(e)s, -stände> (*Arbeitsstelle*) göreve başlamayı kutlama; **seinen ~ geben** göreve başlamasını kutlamak
Einstand[2] *m ohne Pl* (SPORT: *Tennis*) berabere (*kalma*)
Einstandspreis *m* (COM) maliyet fiyatı
ein|stecken *vt* **1.** (*hineinstecken*) sokmak (*in* -e); (*Stecker*) sokmak; (*in die Tasche*) cebine koymak **2.** (*fam: Profit, Geld*) cebine atmak, cebine indirmek **3.** (*fam: mitnehmen*) yanına almak; **vergiss nicht, dein Geld/deine Brille einzustecken** paranı/gözlüğünü yanına almayı unutma **4.** (*fam: Brief*) postaya vermek **5.** (*fam: einsperren*) tıkmak **6.** (*fam fig: ertragen*) kaldırmak
ein|stehen *irr vi* **1.** (*verantworten*) sorumluluğu üstlenmek (*für* için) **2.** (*sich verbürgen*): **für etw/jdn ~** bir şey/kimse için kefil olmak
ein|steigen *irr vi sein* **1.** (*in Fahrzeug*) binmek (*in* -e); (*in Wohnung*) girmek; **die Diebe sind über den Balkon eingestiegen** hırsızlar balkondan girdiler **2.** (*fam: sich beteiligen*) girmek (*mit* ile), ortak olmak (*mit* ile) **3.** (*anfangen*) girmek (*in* -e); **er ist in die Politik eingestiegen** politikaya girdi, politikaya adımını attı
ein|stellen I. *vt* **1.** (*hineinstellen*) koymak (*in* içine) **2.** (*anstellen*) işe almak, hizmete almak **3.** (*beenden*) bitirmek; (*Kämpfe*) durdurmak, son vermek (-e); (*Zahlung*) durdurmak; (*Arbeit*) bırakmak; (JUR: *Verfahren*) vazgeçmek (-den); **die Arbeit ~** bırakmak; **das Feuer ~** kesmek **4.** (*regulieren*) ayarlamak; (FOTO) odaklamak **5.** (SPORT: *Rekord*) yenilemek **II.** *vr*: **sich ~ 1.** (*erscheinen*) ortaya çıkmak; (*Folgen*) baş göstermek; (*Personen*) gelmek **2.** (*sich richten nach*) kendisini ayarlamak (*auf* -e göre) **3.** (*sich vorbereiten*) hazırlanmak (*auf* -e)
einstellig *adj* tek haneli
Einstellschraube *f* ayar vidası
Einstellung *f* <-en> **1.** (*Anstellung*) işe al(ın)ma **2.** (*Beendigung*) durdurma **3.** (JUR: *Verfahren*) takipsizlik; (*nach Klageerhebung*) düşme, sukut **4.** (*Regulierung*) ayar **5.** (FILM, FOTO) odaklama **6.** (*Gesinnung*) zihniyet, yaklaşım, görüş; (*Haltung*) tutum
Einstich *m* <-(e)s, -e> batırma; (~*stelle*) iğne yeri; **er hat den ~ der Nadel nicht gespürt** iğnenin battığını hissetmedi
Einstieg ['aɪnʃtiːk] *m* <-(e)s, -e> **1.** (*das Einsteigen*) girme (*in* -e); (*in den Zug*) binme (*in* -e) **2.** (*in ein Thema*) girme (*in* -e)
einstige(r, s) ['aɪnstɪgə, -gɐ, -gəs] *adj* eski
ein|stimmen I. *vi* (MUS) akort yapmak **II.** *vt* **1.** (*Instrument*) akort etmek **2.** (*vorbereiten*) hazırlamak (*auf* -e)
einstimmig I. *adj* **1.** (MUS) tek sesli **2.** (*ohne Gegenstimme*) oy birliği ile alınan **II.** *adv* **1.** (MUS) tek sesle; **die ganze Klasse antwortete ~** bütün sınıf (hep) bir ağızdan cevap verdi **2.** (*ohne Gegenstimme*) oy birliği ile
Einstimmigkeit *f ohne Pl* oy birliği
einstöckig [aɪnʃtœkɪç] *adj* tek katlı
ein|streuen *vt* serpmek; (*Bemerkungen*) ortaya atmak
ein|studieren *vt* (*Rolle, Antwort*) öğrenmek
ein|stufen *vt* derecele(ndir)mek, sınıfla(ndır)mak
einstündig ['aɪnʃtʏndɪç] *adj* bir saatlik
Einsturz *m* <-es, -stürze> yıkılma, çökme; **zum ~ bringen** çökertmek, göçürmek; **ein|stürzen** *vi sein* (*Gebäude*) yıkılmak; (*Dach, Mauer*) çökmek, göçmek; **auf jdn ~** (*Ereignisse*) birinin başına gelmek
Einsturzgefahr *f ohne Pl* yıkılma tehlikesi, çökme tehlikesi
einstweilen ['aɪnst'vaɪlən] *adv* **1.** (*vorläufig*) geçici olarak, muvakkaten; (*im Moment*) şimdilik **2.** (*unterdessen*) bu arada
einstweilig ['aɪnst'vaɪlɪç] *adj* (*provisorisch*) geçici, muvakkat; **~e Verfügung** (JUR) ihtiyatî tedbir
eintägig ['aɪntɛːgɪç] *adj* bir günlük, bir gün süren
Eintagsfliege ['----] *f* **1.** (ZOOL) gün sineği **2.** (*fam: von kurzer Dauer*) bir günlük olay
ein|tauschen *vt* değiştirmek (*gegen* ile)
eintausend ['-'--] *adj inv* bin; *s. a.* **achttausend**
ein|tauchen I. *vi sein* (*untertauchen*) dalmak (*in* -e) **II.** *vt* daldırmak (*in* -e); (*eintunken*) banmak (*in* -e), batırmak (*in* -e)
ein|teilen *vt* **1.** (*untergliedern*) bölmek (*in* -e); (*in Klassen*) ayırmak (*in* -e); **eine Torte in gleich große Stücke ~** bir pastayı eşit büyüklükteki parçalara bölmek; **Pflanzen in Gattungen/Arten ~** bitkileri cinslere/türlere ayırmak; **Pflanzen nach Gattungen/Arten ~** bitkileri cinslerine/türlerine göre ayırmak **2.** (*für Aufgabe*) vermek

(*zu* -e); **er wurde zum Nachtdienst eingeteilt** gece nöbetine verildi **3.** (*Arbeit*) bölmek; (*Geld, Zeit*) ayırmak

Einteilung *f* <-en> **1.** (*Untergliederung*) bölüm; (*Einsortierung*) ayırma **2.** (*von Vorräten*) ayırma; (*Verteilung*) dağıtma **3.** (*für Arbeit*) verilme

eintönig ['aıntø:nıç] *adj* tekdüze, yeknesak, monoton

Eintönigkeit *f ohne Pl* tekdüzelik, yeknesaklık, monotonluk

Eintopf *m* <-(e)s, -töpfe> (GASTR) türlü

Eintracht ['aıntraxt] *f ohne Pl* **1.** barışıklık **2.** (*Harmonie*) ahenk

einträchtig ['aıntrɛçtıç] *adj* **1.** (*friedlich*) barışık **2.** ahenkli

Eintrag ['aıntra:k, *Pl:* 'aıntrɛ:gə] *m* <-(e)s, -träge> **1.** (*in Liste*) kayıt **2.** (*Vermerk*) kayıt

ein|tragen *irr* **I.** *vt* **1.** (*einschreiben*) kaydetmek (*in* -e); (*in eine Liste*) yazmak (*in* -e); (*einzeichnen*) çizmek (*in* -e) **2.** (ADMIN) tescil etmek, yazmak (*in* -e), kütüğe geçirmek; **eingetragener Verein** kayıtlı dernek; **eingetragenes Warenzeichen** tescilli marka **3.** (*Gewinn*) getirmek; (*Kritik*) toplamak **II.** *vr:* **sich** ~ adını yazmak (*in* -e)

einträglich ['aıntrɛ:klıç] *adj* kârlı

Eintragung *f* <-en> **1.** (*das Eintragen*) kaydetme; (ADMIN) tescil **2.** (*Vermerk*) kayıt

ein|treffen *irr vi sein* **1.** (*ankommen*) gelmek (*in* -e) **2.** (*sich bewahrheiten*) gerçekleşmek

ein|treiben *irr vt* **1.** (*Geld*) tahsil etmek; (*Steuern*) toplamak **2.** (*hineinschlagen*) çakmak (*in* -e)

ein|treten *irr* **I.** *vi sein* **1.** (*hineingehen*) girmek (*in* -e); **er trat unversehens ein** beklenmedik bir anda içeri girdi; (*durch die Tür*) çat kapı içeri girdi **2.** (*Ereignis*) olmak, vuku bulmak, vukua gelmek **3.** (*Mitglied werden*) üye olmak (*in* -e) **4.** (*sich einsetzen*) arka çıkmak (*für* -e) **II.** *vt* (*zertrümmern*) tekmeleyerek kırmak

ein|trichtern *vt* (*fam*): **jdm etw** ~ birine bir şeyi ezberletmek

Eintritt *m* <-(e)s, -e> **1.** (*in Zimmer*) girme **2.** (*in Armee*) alınma; (*in Verein*) üye olma **3.** (*Beginn*) başlama **4.** (~*sgebühr*) giriş; ~ **frei!** giriş ücretsizdir [*o* serbesttir]!; **Eintrittskarte** *f* giriş kartı, giriş bileti

ein|trudeln *vi sein* (*fam*) sallana sallana gelmek

ein|tunken *vt* (*reg*) batırmak (*in* -e)

ein|üben *vt* çalışarak öğrenmek; (THEAT, MUS) öğrenmek

ein|verleiben* ['aınfɛɐlaıbən] *vr:* **sich** *dat* ~ **1.** (*Gebiet*) egemenliği altına almak, ilhak etmek **2.** (*Speisen*) yemek

Einvernehmen ['aınfɛɐne:mən] *nt ohne Pl* <-s> anlaşma, uyuşma; **im** ~ **mit jdm** biriyle anlaşarak

einverstanden ['aınfɛɐʃtandən] *adj* razı (*mit* -e), kabul eden (*mit* -i); ~**!** kabul!, olur!; **mit etw** ~ **sein** bir şeye razı olmak, bir şeyi kabul etmek

Einverständnis ['aınfɛɐʃtɛntnıs] *nt* <-ses, -se> **1.** (*Billigung*) onama, tasvip, rıza; **in gegenseitigem** ~ karşılıklı anlaşma ile **2.** (*Übereinstimmung*) uzlaşma

Einwand ['aınvant, *Pl:* 'aınvɛndə] *m* <-(e)s, -wände> (*Einwendung*) itiraz (*gegen* -e); (*Gegenargument*) iddia, sav (*gegen* karşı); **Einwände gegen etw erheben** bir şeye karşı iddia ileri sürmek, bir şeye itiraz etmek

Einwanderer, **-wanderin** *m, f* <-s, -; -nen> göçmen

ein|wandern *vi sein* göç etmek

Einwanderung *f* <-en> göç

einwandfrei *adj* **1.** (*fehlerlos*) kusursuz, doğru, sahih **2.** (*tadellos*) doğru dürüst, eksiksiz, kusursuz **3.** (*eindeutig*) kesin

Einwandrerin ['aınvandrərın] *f* <-nen> *s.* **Einwanderer**

einwärts ['aınvɛrts] *adv* içe doğru, içeri(ye) doğru

Einwegflasche *f* depozitosuz şişe

ein|weichen *vt* suya bastırmak, iyice ıslatmak

ein|weihen *vt* **1.** (*eröffnen*) (törenle) açmak **2.** (*fam: erstmalig benutzen*) ilk defa kullanmak; (*Kleid*) ilk defa giymek **3.** (*vertraut machen*) öğretmek (*in* -), göstermek (*in* -); (*in Pläne*) anlatmak (*in* -); **sie ist eingeweiht** haberi var

Einweihung *f* <-en> **1.** (*Eröffnung*) açım, açılış; (~*sfeier*) açılış töreni **2.** (*in Geheimnis*) öğrenme

Einweihungsfeier *f* açılış töreni

ein|weisen *irr vt* **1.** (*in amtlicher Funktion*) atamak; (*in Tätigkeit*) göstermek (*in* -); (*anweisen*) talimat vermek **2.** (*Fahrzeug*) göndermek (*in* -e) **3.** (*ins Krankenhaus*) kaldırmak, yatırmak; (*ins Erziehungsheim*) göndermek, sevk etmek

ein|wenden *irr vt* itiraz etmek (*gegen* -e); (*entgegenhalten*) karşı çıkmak (*gegen* -e); **dagegen ist nichts** ~ buna bir şey denilemez

ein|werfen *irr* **I.** *vt* **1.** (*Brief*) postalamak, postaya vermek; (*Geld*) atmak (*in* -e) **2.** (*Scheibe*) (taş) atarak kırmak **3.** (*fig: Bemerkung*) ortaya atmak **II.** *vi* **1.** (SPORT: *Fußball*) taç atışı yapmak **2.** (*in ein Gespräch*) söze karışmak

ein|wickeln *vt* **1.** (*einpacken*) sarmak (*in* -e) **2.** (*fam: überreden*) kandırmak

E

ein|willigen ['aınvılıgən] *vi* razı olmak (*in* -e)

Einwilligung *f* <-en> rıza (*in* -e)

ein|wirken *vi* etkilemek (*auf* -); (*beeinflussen*) nüfuz etmek (*auf* -e)

Einwirkung *f* <-en> etkileme, nüfuz (*auf* -e)

Einwohner(in) *m(f)* <-s, -; -nen> sakin, (bir yerde) oturan, nüfus; **Einwohnermeldeamt** ['---'---] *nt* nüfus memurluğu; **Einwohnerzahl** *f* nüfus

Einwurf *m* <-(e)s, -würfe> **1.** (*das Hineinwerfen*) içeri atma **2.** (*fig: Einwand*) itiraz; (*Bemerkung*) ara söz **3.** (*für Münzen*) delik **4.** (SPORT) atış; (*Fußball*) taç atışı

Einzahl *f* <-en> (LING) tekil

ein|zahlen *vt* ödemek (*auf* -e); (*überweisen*) yatırmak (*auf* -e); **Geld aufs Konto ~** hesaba para yatırmak

Einzahlung *f* <-en> ödeme (*auf* -e); (*Überweisung*) yatırma (*auf* -e)

ein|zäunen ['aıntsɔınən] *vt* çitlemek, çitle çevirmek

Einzel ['aıntsəl] *nt* <-s, -> (SPORT) tek; **Einzelfahrschein** *m* gidiş bileti; **Einzelfall** *m* <-(e)s, -fälle> **1.** (*konkreter Fall*) somut olay **2.** (*Ausnahme*) özel durum

Einzelgänger(in) ['aıntsəlgɛŋɐ] *m(f)* <-s, -; -nen> tek başına yaşayan kimse

Einzelhaft *f* hücre hapsi; **Einzelhandel** *m ohne Pl* perakende

Einzelhändler(in) *m(f)* perakendeci

Einzelheit *f* <-en> **1.** (*einzelnes Teil*) tek parça **2.** (*Detail*) ayrıntı, detay; **in allen ~en** ayrıntılara inerek

Einzelkind *nt* tek çocuk

Einzeller *m* <-s> (BIOL) tek gözeli

einzeln ['aıntsəln] *adv* teker teker; (*getrennt*) ayrı ayrı; **~ aufführen** teker teker göstermek; **etw im E~en besprechen** bir şeyi ayrıca görüşmek

einzelne(r, s) *adj* **1.** (*allein*) tek, bir; **jeder/jede E~** her biri; **jede ~ Schülerin** her bir öğrenci **2.** (*verschieden*) tek tük; **die ~n Teile** tek tük parçalar **3.** (*speziell*) özel **4.** (*separat*) ayrı **5.** *Pl* (*einige*) bazıları, bazısı, kimisi

Einzelperson *f* tek kişi; **Einzelstück** *nt* tek parça; **Einzelteil** *nt* <-(e)s, -e> tek parça; (*Bestandteil*) parça; **etw in seine ~e zerlegen** bir şeyi parçalara ayırmak; **Einzelzimmer** *nt* tek kişilik oda

ein|ziehen *irr* **I.** *vi sein* **1.** (*beziehen*) taşınmak (*in* -e) **2.** (*Einzug halten*) girmek (*in* -e); **ins Parlament ~** parlâmentoya girmek **3.** (*Creme*) işlemek (*in* -e); (*Flüssigkeit*) işlemek (*in* -e) **II.** *vt* **1.** (*Faden, Gummiband*) geçirmek **2.** (*Segel, Flagge*) indirmek; (*Fahrgestell*) toplamak; (*Kopf*) çekmek; (*Bauch*) içine çekmek; (*Fühler, Krallen*) geri çekmek; (*Papier*) çekmek; **den Schwanz ~** (*a. fig*) kuyruğunu apış arasına almak **3.** (*Geld, Schulden*) tahsil etmek; (*Steuern*) kesmek **4.** (*beschlagnahmen*) el koymak (-e), müsadere etmek; (*Führerschein*) geri almak; (*Geld*) müsadere etmek **5.** (*Wand, Decke, Balken*) çekmek **6.** (*Rekruten*) celp etmek, silâh altına almak **7.** (*Erkundigungen*) toplamak

einzig ['aıntsıç] *adj* tek, biricik; **~ und allein** sadece, başlı başına; **ein ~es Mal** tek bir kere

einzigartig *adj* eşsiz, emsalsiz, eşi olmayan, ünik, tek

Einzigartigkeit *f ohne Pl* eşsizlik, emsalsizlik, teklik, tek olma

Einzug *m* <-(e)s, -züge> **1.** tahsil; (*von Steuern*) kesme, alma **2.** (*das Hineingehen*) girme (*in* -e); (*ins Parlament*) girme (*in* -e); **beim ~ in die neue Wohnung** yeni eve taşınırken **3.** (*Papier*) çekme

ein|zwängen ['aıntsvɛŋən] **I.** *vt* tıkmak **II.** *vr:* **sich ~** zar zor girmek, zorla girmek

Eis [aıs] *nt ohne Pl* <-es> **1.** (*gefrorenes Wasser*) buz; **~ laufen** buz pateni yapmak; **etw auf ~ legen** (*fig*) bir şeyi rafa kaldırmak; **das ~ ist gebrochen** (*fig*) buzlar çözüldü **2.** (*Speise~*) dondurma; **ein ~ am Stiel** çubuklu dondurma; **Eisbahn** *f* buz pisti; **Eisbank** *f* (GEO) buzla, bankiz; **Eisbär** *m* <-en, -en> kutup ayısı; **Eisbecher** *m* **1.** (*kelchartiges Gefäß*) dondurma kupası **2.** (*Portion Speiseeis*) kupada dondurma; **Eisbein** *nt* (GASTR) domuz paça; **Eisberg** *m* (GEO) aysberg, buz dağı; **Eisbeutel** *m* (MED) buz torbası; **Eisbrecher** *m* buzkıran; **Eiscafé** *nt* dondurmacı

Eischnee *m* (GASTR) çırpılmış yumurta akı

Eiscreme *f* dondurma; **Eisdiele** *f* dondurmacı

Eisen ['aızən] *nt* <-s, -> demir; **zwei ~ im Feuer haben** (*fam fig*) elinde iki imkân bulunmak; **zum alten ~ gehören** (*fam fig*) emektar olmak; **ein heißes ~ anfassen** (*fig*) nazik bir meseleye el atmak; **man muss das ~ schmieden, solange es heiß ist** (*prov*) demir tavında dövülür

Eisenbahn *f* <-en> demir yolu, demir yolları, tren; **es ist höchste ~** (*fig*) vakit çoktan geldi

Eisenbahner(in) *m(f)* <-s, -; -nen> demir yolcu; **Eisenbahnfahrkarte** *f* tren bileti; **Eisenbahnnetz** *nt* demir yolu şebekesi; **Eisenbahnschaffner(in)** *m(f)* kondüktör; **Eisenbahnschranke** *f* hemzemin geçit bariyeri; **Eisenbahnstation** *f* tren istasyonu; **Eisenbahnwagen** *m* vagon; **Eisenblech** *nt* demir sac

eisenhaltig ['aɪzənhaltɪç] *adj* (*Flüssigkeit*) demirli; (*Feststoff*) demirli; **Eisenindustrie** *f* demir sanayii; **Eisenmangel** *m ohne Pl* <-s> (MED) demirsizlik; **Eisenschlacke** *f* demir boku; **Eisenstange** *f* demir çubuk; **Eisenträger** *m* <-s, -> demir kiriş

Eisenwaren *fPl* hırdavat *pl;* **Eisenwarenhandlung** *f* hırdavatçı

eisern ['aɪzɐn] *adj* **1.** (*aus Eisen*) demir; **E~er Vorhang** (HIST, POL) Demir Perde **2.** (*fig: hart*) sert; (*streng*) sıkı; **~e Disziplin** sert disiplin; **~es Training** sıkı antreman **3.** (*Wend*): **~e Reserve** kilit rezerv

Eisfach *nt* buzluk; **Eisfeld** *nt* (GEO) buzla, bankiz

Eisfläche *f* buz alanı; **eisgekühlt** *adj* buzlu; **Eisheiligen** *mPl:* **die** (**drei**) ~ kocakarı soğuğu, *mayısın ortasında don olan üç günün adı;* **Eishockey** ['aɪshɔki] *nt* (SPORT) buz hokeyi

eisig ['aɪzɪç] *adj* (*Wasser*) buz gibi; (*Kälte, a. fig*) buz gibi; **eiskalt** ['-'-] **I.** *adj* (*a. fig*) buz gibi **II.** *adv* hiç acımadan, gözünün yaşına bakmadan; **jdm ~ die Meinung sagen** (*fam*) birine hiç çekinmeden fikrini söylemek; **mir lief es ~ über den Rücken** (*fam*) tüylerim diken diken oldu

Eiskonditor(in) *m(f)* dondurmacı

Eiskunstlauf *m ohne Pl* <-(e)s> (SPORT) artistik patinaj

eis|laufen *irr vi s.* **Eis 1.**

Eisläufer(in) *m(f)* <-s, -; -nen> patenci; **Eispickel** *m* buz kazması

Eissprung *m* (ZOOL, MED) yumurta bırakımı; (*Ovulation*) ovulasyon

Eisscholle *f* <-n> buz kütlesi; **Eisschrank** *m* buzdolabı; **Eistorte** *f* dondurmalı pasta; **Eisvogel** *m* (ZOOL) yalıçapkını, emircik, iskele kuşu; **Eiszeit** *f* buzul çağı

eitel ['aɪtəl] *adj* **1.** (*pej: selbstgefällig*) kendini beğenmiş, hodpesent **2.** (*rein*) saf, som, katıksız, katışıksız

Eiter ['aɪtɐ] *m ohne Pl* <-s> irin, cerahat; **~ bilden** irin [*o* cerahat] toplamak

Eiterbeule *f* çıban

eiterig ['aɪt(ə)rɪç] *adj* irinli, cerahatli

eitern ['aɪtɐn] *vi* irinlenmek, irin toplamak, cerahatlenmek

Eiterung *f* <-en> irinlenme, irin toplama, cerahatlenme

eitrig *adj* irinli, cerahatli

Eiweiß *nt* <-es, -e *nach Zahlen:* -> **1.** (*vom Ei*) yumurta akı; **das ~ schlagen** yumurtanın akını dövmek **2.** (CHEM) protein **3.** (BIOL) protein

eiweißhaltig *adj* proteinli; **~e Nahrung** proteinli besin; **eiweißreich** *adj* proteini yüksek

Eizelle *f* yumurta hücresi

Ejakulation [ejakula'tsjo:n] *f* <-en> belin gelmesi, boşalma

ejakulieren* [ejaku'li:rən] *vi* beli gelmek, boşalmak

Ekel[1] ['e:kəl] *m ohne Pl* <-s> iğrenme (*vor* -den); (*Widerwille*) tiksinme (*vor* -den); **~ erregen** tiksindirmek, iğrendirmek; **~ erregend** tiksindirici, iğrenç

Ekel[2] *nt* <-s, -> (*fam: Person*) illet

ekelerregend *adj s.* **Ekel**[1]

ekelhaft *adj,* **ekelig** ['e:k(ə)lɪç] *adj* iğrenç, tiksindiren

ekeln **I.** *vr:* **sich ~** tiksinmek (*vor* -den); **er ekelt sich vor Ratten** fareden tiksinir **II.** *vunpers:* **es ekelt mich davor** ondan iğreniyorum

EKG [e:ka:'ge:] *nt* <-s, -s> (MED) *Abk. von* **Elektrokardiogramm** elektrokardiyogram

eklig *adj s.* **ekelig**

Eklipse [ɛk'lɪpsə, e'klɪpsə] *f* <-n> (ASTR) tutulma

Ekstase [ɛk'sta:zə] *f* <-n> esrime, vecit; **in ~ geraten** kendinden geçmek, vecde kapılmak

Ekzem [ɛk'tse:m] *nt* <-s, -e> (MED) egzama, mayasıl

Elan [e'la:n] *m ohne Pl* <-s> (*geh*) şevk, heves

elastisch [e'lastɪʃ] *adj* elâstik, elâstikî, esnek

Elastizität [elastitsi'tɛ:t] *f* <-en> elâstikiyet, esneklik

Elch [ɛlç] *m* <-(e)s, -e> (ZOOL) sığın

Elefant [ele'fant] *m* <-en, -en> fil

elegant [ele'gant] *adj* zarif, şık

Eleganz *f ohne Pl* zarafet, zariflik, şıklık

elektrifizieren* [elɛktrifi'tsi:rən] *vt* elektriklendirmek

Elektrik [e'lɛktrɪk] *f* <-en> elektrik

Elektriker(in) [e'lɛktrikɐ] *m(f)* <-s, -; -nen> elektrikçi

elektrisch [e'lɛktrɪʃ] *adj* elektrikli; **~ geladen** elektrik yüklü; **~er Strom** elektrik akımı

elektrisieren* [elɛktri'zi:rən] *vt* elektriklemek; (*a. fig*) elektriklendirmek

Elektrizität [elɛktritsi'tɛ:t] *f ohne Pl* elektrik; **Elektrizitätserzeugung** *f* elektrik üretimi; **Elektrizitätswerk** *nt* elektrik santralı, elektrik fabrikası

Elektroauto *nt* elektromobil

Elektrode [elɛk'tro:də] *f* <-n> elektrot

Elektrogerät *nt* <-(e)s, -e> elektrikli alet; (*Haushaltsgerät*) beyaz eşya; **Elektroherd** *m* elektrik ocağı; **Elektroingenieur(in)** *m(f)* elektrik mühendisi; **Elektroinstallateur(in)** *m(f)* elektrik tesisatçısı; **Elektrokardiogramm** [------'-] *nt* <-s, -e> (MED)

E

elektrokardiyogram; **Elektrolok** [e'lɛktrolɔk] *f* (EISENB) elektrikli lokomotif

Elektrolyse *f* <-n> (PHYS, CHEM) elektroliz

Elektrolyt *m* <-en, -e> (PHYS, CHEM) elektrolit

Elektromagnet [-'----] *m* elektromıknatıs; **elektromagnetisch** [-'---'--] *adj* elektromanyetik; **Elektromotor** [-'----] *m* (TECH) elektrik motoru

Elektron ['e:lɛktrɔn, elɛk'tro:n] *nt* <-s, -en> (PHYS) elektron; **Elektronenmikroskop** *nt* elektron mikroskobu

Elektronik [elɛk'tro:nɪk] *f ohne Pl* elektronik

elektronisch [elɛk'tro:nɪʃ] *adj* elektronik; **~e Musik** elektronik müzik

Elektrorasierer *m* elektrikli tıraş makinesi; **Elektroschock** *m* (MED) elektroşok; **Elektroschweißung** *f* (TECH) elektrik kaynağı; **Elektrotechnik** *f ohne Pl* elektroteknik; **Elektrotechniker(in)** *m(f)* elektrik teknisyeni

Element [ele'mɛnt] *nt* <-(e)s, -e> **1.** eleman, öge **2.** (CHEM: *Grundstoff*) element; **radioaktives ~** radyoaktif element **3.** (MATH) eleman; **die ~e einer Menge** bir kümenin elemanları **4.** (*pej*) unsur

elementar [elemɛn'ta:ɐ] *adj* ilkel; (*grundlegend*) temel

Elementarteilchen *nt* temel parçacık

elend *adj* **1.** (*armselig*) sefil, yoksul, düşkün **2.** (*pej: gemein*) sefil, alçak **3.** (*krank*) hasta

Elend ['e:lɛnt] *nt ohne Pl* <-(e)s> sefalet, sefillik, yoksulluk, düşkünlük; **das heulende ~ haben** (*fam*) sefilleri oynamak

Elendsviertel *nt* kenar mahalle

elf [ɛlf] *adj inv* on bir; *s. a.* **acht**[1]

Elf *f* <-en> (*Zahl*) on bir; (*Fußballmannschaft*) takım

Elfe ['ɛlfə] *f* <-n> peri, cin

Elfenbein ['ɛlfənbaɪn] *nt ohne Pl* <-(e)s> fildişi; **wie ~** fildişi gibi; **elfenbeinfarben** *adj* fildişi rengi

Elfmeter [ɛlf'me:tɐ] *m* <-s, -> (SPORT) penaltı; **Elfmeterschießen** *nt ohne Pl* <-s> (SPORT) penaltı atışı

elfte(r, s) *adj* on birinci; *s. a.* **achte(r, s)**

eliminieren* [elimi'ni:rən] *vt* elemek

elitär [eli'tɛ:ɐ] *adj* elit, seçkin

Elite [e'li:tə] *f* <-n> elit, seçkinler *pl*

Elixier [elɪ'ksi:ɐ] *nt* <-s, -e> iksir

Ellbogen ['ɛl-] *m* <-s, -> dirsek; **die ~ aufstützen** dirseklerini dayamak

Elle ['ɛlə] *f* <-n> **1.** (ANAT) dirsek kemiği; **~ und Speiche** dirsek kemiği ve ön kol kemiği **2.** (*Maß*) arşın, endaze

Ellenbogen ['ɛlən-] *m* <-s, -> *s.* **Ellbogen**

ellenlang *adj* (*fam*) arşınlık

Ellipse [ɛ'lɪpsə] *f* <-n> **1.** (MATH) elips **2.** (LING) eksilti

elliptisch [ɛ'lɪptɪʃ] *adj* **1.** (MATH) eliptik **2.** (LING) eksiltili

E-Lok ['e:lɔk] *f* <-s> (EISENB) *Abk. von* **elektrische Lokomotive** elektrikli lokomotif

El Salvador [ɛl zalva'do:ɐ] *nt* <-s> El Salvador

Elsass[RR] ['ɛlzas] *nt* <-(es)>, **Elsaß** *nt* <-(sses)> Elsas, Alsas

Elsässer(in) ['ɛlzɛsɐ] *m(f)* <-s, -; -nen> Elsaslı, Alsaslı

elsässisch ['ɛlzɛsɪʃ] *adj* Elsaslı, Alsaslı, Elsas (ile ilgili)

Elsass-Lothringen[RR] ['ɛlzas 'lo:trɪŋən] *nt* <-s> Elsas-Lotringen, Alsas-Loren

Elster ['ɛlstɐ] *f* <-n> (ZOOL) saksağan

elterlich ['ɛltɐlɪç] *adj:* **~e Sorge** velâyet

Eltern ['ɛltɐn] *Pl* anne (ve) baba, ana (ve) baba, ebeveyn; **Elternabend** *m* (SCHULE) veliler toplantısı; **Elternhaus** *nt* aile ocağı, baba evi

Email [e'maɪ] *nt* <-s, -s> emay; (*Emaille*) emaye

E-Mail ['i:mɛɪl] *f* <-s> (INFORM) e-posta, elektronik posta; **~-Adresse** e-posta adresi; **eine Nachricht per ~ verschicken** [*o* **übermitteln**] e-posta yoluyla mesaj göndermek

Emaille [e'maljə, e'maɪ] *f* <-n> *s.* **Email**

emaillieren *vt* emaylamak

Embargo [ɛm'bargo] *nt* <-s, -s> ambargo; **ein ~ verhängen** ambargo koymak; **das ~ aufheben** ambargoyu kaldırmak

Emblem [ɛm'ble:m] *nt* <-s, -e *o* Emblemata> amblem, belirtke

Embolie [ɛmbo'li:] *f* <-n> (MED) amboli

Embryo ['ɛmbryo] *m* <-s, -nen *o* -s> **1.** (MED) embriyon; (*Fetus*) dölüt **2.** (BIOL) embriyon, oğulcuk

embryonal *adj* (MED, BIOL) embriyon (ile ilgili)

Embryonen *Pl von* **Embryo**

Emigrant(in) [emi'grant] *m(f)* <-en, -en; -nen> göçmen

Emigration [emigra'tsjo:n] *f* <-en> göç

emigrieren* *vi sein* göç etmek

Emirat [emi'ra:t] *nt* <-(e)s, -e> emirlik; **Vereinigte Arabische ~e** Birleşik Arap Emirlikleri

Emission [emɪ'sjo:n] *f* <-en> (FIN, PHYS) emisyon

e-Moll *nt ohne Pl* <-> (MUS) mi minör

Emotion [emo'tsjo:n] *f* <-en> duygu

emotional [emotsjo'na:l] *adj* duygusal, hissî

empfahl [ɛm'pfa:l] *3. imp von* **empfehlen**

empfand [ɛm'pfant] *3. imp von* **empfinden**

Empfang [ɛm'pfaŋ, *Pl:* ɛm'pfɛŋə] *m* <-(e)s, -fänge> **1.** (*im Hotel*) resepsiyon **2.** (TECH, RADIO, TV) alma **3.** (*von Waren*): **etw in ~ nehmen** bir şeyi teslim almak, bir şeyi kabul etmek; **den ~ bestätigen** teslim alındığını teyit etmek **4.** (*Feier*) kabul töreni, davet, resepsiyon **5.** (*Begrüßung*) karşılama; (*Aufnahme*) kabul

empfangen <empfängt, empfing, empfangen> *vt* **1.** (*Waren*) teslim almak; (*a.* RADIO, TV) almak **2.** (*Gast*) karşılamak; (*aufnehmen*) kabul etmek

Empfänger(in)[1] [ɛm'pfɛŋɐ] *m(f)* <-s, -; -nen> alıcı; (*von Post*) alıcı; (*von Waren*) gönderilen

Empfänger[2] *m* <-s, -> (RADIO, TV) alıcı

empfänglich *adj* açık (*für* -e), yatkın (*für* -e)

Empfängnis *f ohne Pl* gebe kalma; **Empfängnisverhütung** *f* gebeliği önleme

Empfangsbescheinigung *f* makbuz, alındı; **Empfangschef(in)** *m(f)* resepsiyon şefi; **Empfangsdame** *f* <-n> resepsiyonist; **Empfangsraum** *m*, **Empfangszimmer** *nt* arz odası

empfängt [ɛm'pfɛŋt] *3. präs von* **empfangen**

empfehlen [ɛm'pfeːlən] <empfiehlt, empfahl, empfohlen> **I.** *vt* (*raten*) tavsiye etmek **II.** *vr:* **sich ~ 1.** (*geh: sich verabschieden*) veda edip ayrılmak, esenlik dileyerek ayrılmak **2.** (*geeignet sein*) uygun olmak (*als/für* olarak/için); **es empfiehlt sich das zu tun** bunu yapmak uygun olur; **empfehlenswert** *adj* tavsiye olunur

Empfehlung *f* <-en> **1.** (*Fürsprache*) tavsiye; **auf ~ von jdm** birinin tavsiyesi üzerine **2.** (*geh: Gruß*) selâm; **eine ~ an Ihren Vater!** babanıza selâmlar!; **Empfehlungsschreiben** *nt* tavsiye mektubu, referans

empfiehlt [ɛm'pfiːlt] *3. präs von* **empfehlen**

empfinden [ɛm'pfɪndən] <empfindet, empfand, empfunden> *vt* (*fühlen*) duymak, hissetmek; **das empfinde ich nicht so** ben bunu böyle görmüyorum

empfindlich [ɛm'pfɪntlɪç] *adj* **1.** (*Person*) duyarlı (*gegen* karşı); (*krankheitsanfällig*) çabuk hastalanan; (*zerbrechlich*) çıtkırıldım; (*Gerät, Haut*) hassas; **sie hat eine (sehr) ~e Haut** (çok) hassas bir cildi var **2.** (*reizbar*) alıngan, hassas; **sei nicht so ~!** o kadar alıngan olma! **3.** (*Kälte, Verlust*) acı

Empfindlichkeit *f ohne Pl* **1.** (*Feinfühligkeit*) duyarlılık **2.** (*Reizbarkeit*) alınganlık **3.** (*Anfälligkeit*) hassasiyet (*gegen* -e)

empfindsam [ɛm'pfɪntzaːm] *adj* duyarlı, duyarlıklı

Empfindung *f* <-en> **1.** (*Wahrnehmung*) duyum **2.** (*Gefühl*) duygu

empfing [ɛm'pfɪŋ] *3. imp von* **empfangen**

empfohlen [ɛm'pfoːlən] *pp von* **empfehlen**

empfunden [ɛm'pfʊndən] *pp von* **empfinden**

empor [ɛm'poːɐ] *adv* (*geh*) yukarı(ya); **empor|arbeiten** *vr:* **sich ~** (*geh*) çalışarak mesleğinde yükselmek (*zu* -e)

Empore [ɛm'poːrə] *f* <-n> (*in Kirchen*) galeri

empören* [ɛm'pøːrən] **I.** *vt* sinirlendirmek, kızdırmak; **ich bin empört** çok kızdım **II.** *vr:* **sich ~ 1.** (*sich aufregen*) sinirlenmek (*über* -e); (*wütend werden*) kızmak (*über* -e), öfkelenmek (*über* -e) **2.** (*sich auflehnen*) karşı gelmek (*gegen* -e); (*rebellieren*) isyan etmek (*gegen* -e)

empörend *adj* çirkin; (*skandalös*) yüz kızartıcı, utanç verici, rezilce; (*unerhört*) görülmemiş; **ein ~es Benehmen** çirkin bir davranış

Emporkömmling [ɛm'poːɐkœmlɪŋ] *m* <-s, -e> (*pej*) zıpçıktı, türedi, sonradan görme, buldumcuk

empor|ragen *vi* (*geh*): **die Bäume ragen zum Himmel empor** ağaçlar göklere çıkıyor; **empor|steigen** *irr* **I.** *vi sein* (*Rauch*) yükselmek **II.** *vt sein* (*Stufen*) tırmanmak

empört [ɛm'pøːrt] *adj* kızgın, öfkeli

Empörung[1] [ɛm'pøːrʊŋ] *f ohne Pl* (*Entrüstung*) kızma (*über jdn* birine, *über etw* bir şeye)

Empörung[2] *f* <-en> (*Aufstand*) isyan (*gegen* -e)

emsig ['ɛmzɪç] *adj* (*tätig*) aktif, faal; (*fleißig*) gayretli, çalışkan; (*unermüdlich*) yorulmak bilmez

Emu ['eːmu] *m* <-s, -s> (ZOOL) emu

Endabrechnung *f* (FIN: *endgültige Abrechnung*) kesin hesap; (*Schlussabrechnung*) son hesap

Ende[1] ['ɛndə] *nt ohne Pl* **1.** (*Endpunkt*) son; (*Abschluss*) son; (*Film, Buch*) son; **bis ans ~ der Welt** dünyanın sonuna kadar **2.** (*zeitlich*) son; **~ des Jahres** yıl(ın) sonu; **~ Mai** mayıs sonu **3.** (*Wend*): **zu ~** bitti; **zu ~ gehen** sona ermek, bitmek; **der Film ist zu ~** film bitti; **ein Buch zu ~ lesen** kitabı sonuna kadar okumak, kitabı okuyup bitirmek; **er ist ~ vierzig** ellisine merdiven dayadı; **am ~ sein** (*fam*) bitik olmak; **letzten ~s** sonuç olarak, üst tarafı, netice itibarıyla; **bis zum bitteren ~** en sonuna kadar; **ein gutes/böses ~ nehmen** sonu iyi/kötü bitmek; **am ~ seiner Kräfte sein** gücü kalmamak; **etw** *dat* **ein ~ machen**

(*geh*) bir şeye son vermek; **kein ~ finden** sonu gelmemek; **kein ~ absehen** sonu görünmemek; **seinem ~ zugehen** sonu görünmek; **das dicke ~ kommt noch** (*fam*) bunun altından çapanoğlu çıkar

Ende[2] *nt* <-s, -n> (*Endstück*) uç; (*Geweihspitze*) uç; **am vorderen/hinteren ~ der Reihe** sıranın [*o* dizinin] ön/arka ucunda; **am anderen ~ der Stadt** şehrin öteki ucunda

Endeffekt *m* sonuç, netice; **im ~** sonuç olarak, netice itibarıyla, üst tarafı

enden ['ɛndən] *vi* sona ermek, son bulmak; (*Frist*) bitmek; **nicht ~ wollender Beifall** bitmek bilmeyen alkış; **wie wird das mit ihm ~?** bu gidişle sonu ne olacak?; **am Galgen ~** darağacını boylamak

Endergebnis *nt* sonuç; **endgültig** *adj* kesin; **Endhaltestelle** *f* son durak

Endivie [ɛn'diːviə] *f* <-n> hindiba

Endkampf *m* (SPORT) final

endlich ['ɛntlɪç] **I.** *adj* **1.** (*begrenzt*) sınırlı **2.** (MATH) sonlu; **eine ~e Größe/Zahl** sonlu bir büyüklük/sayı **II.** *adv* en sonunda; (*schließlich*) nihayet; **hör ~ damit auf!** bırak artık şunu!

endlos *adj* sonsuz, sonu gelmez; (*unbegrenzt*) sınırsız, bitmez tükenmez, uçsuz bucaksız

Endlosigkeit *f ohne Pl* (*räumlich*) sonsuzluk; (*zeitlich*) sonsuzluk, ebediyet

Endoskop *nt* <-s, -e> (MED) endoskop

Endoskopie *f* <-, -n> (MED) endoskopi

endotherm *adj* (PHYS, CHEM) endotermik

Endphase *f* son aşama; **Endprodukt** *nt* nihaî ürün; **Endrunde** *f* (SPORT) son raunt; **Endsilbe** *f* (LING) son ek; **Endspiel** *nt* (SPORT) final; **Endspurt** *m* <-(e)s, -s *o* -e> (SPORT) finişe kalkma; **Endstadium** *nt* son aşama; **Endstation** *f* son durak

Endung *f* <-en> (LING) takı

Endziffer *f* son rakam

Energie [enɛr'giː] *f* <-n> enerji; **alternative ~n** alternatif enerjiler; **erneuerbare ~n** yenilenebilir enerjiler; **~ sparen** enerjiden tasarruf etmek; **Energiebedarf** *m* enerji ihtiyacı; **Energiegewinnung** *f* <-en> enerji kazanma; **Energiekrise** *f* (WIRTSCH) enerji krizi; **Energiequelle** *f* enerji kaynağı; **Energiesparen** *nt ohne Pl* <-s> enerji tasarrufu; **Energieverbrauch** *m* enerji tüketimi; **Energievorkommen** *nt* enerji kaynakları *pl;* **Energievorräte** *mPl* enerji stokları *pl;* **nicht erneuerbare ~** yenilenemez enerjiler

energisch [e'nɛrgɪʃ] *adj* enerjik; (*entschlossen*) kararlı, azimli

eng [ɛŋ] **I.** *adj* **1.** (*Straße*) dar **2.** (*Kleidung*) dar; **~ anliegend** (*Kleid*) dar gelmek; **sich** *dat* **ein Kleid ~er machen** giysisini darlaştırmak **3.** (*dicht*) sıkışık; (*gedrängt*) dirsek dirseğe **4.** (*eingeschränkt*) kısıtlı; (*begrenzt*) sınırlı; **im ~eren Sinne** dar anlamda; **in die ~ere Wahl kommen** son adaylar arasına girmek **5.** (*Beziehung*) sıkı fıkı; (*nah*) yakın; **~ befreundet sein** yakın dost olmak, sıkı fıkı olmak **II.** *adv:* **die Hose sitzt sehr ~** pantolon çok dar geliyor; **sie sitzen ~ beieinander** dirsek dirseğe oturuyorlar; **sieh das doch nicht so ~** (*fam*) bunu hoşgörüyle karşılaman gerekir

Engagement[1] [ãgaʒə'mãː] *nt ohne Pl* angajman; (*Begeisterung*) tutku

Engagement[2] *nt* <-s, -s> (THEAT) angajman

engagieren* [ãga'ʒiːrən] **I.** *vt* (*Künstler*) angaje etmek; (*Privatlehrer*) tutmak **II.** *vr:* **sich ~** angaje olmak (*in* -de); (*sich einsetzen*) angaje olmak (*für* -e); **sich politisch ~** siyasetle uğraşmak

engagiert *adj* angaje

enganliegend ['ɛŋʔanliːgənt] *adj s.* **eng I.2.**

Enge ['ɛŋə] *f ohne Pl* (*räumlich*) darlık; **jdn in die ~ treiben** birini kapana sıkıştırmak

Engel ['ɛŋəl] *m* <-s, -> melek

England ['ɛŋlant] *nt* <-s> İngiltere

Engländer(in) ['ɛŋlɛndɐ] *m(f)* <-s, -; -nen> İngiliz

englisch ['ɛŋlɪʃ] *adj* İngiliz

engmaschig *adj* dar örgülü

Engpass[RR] *m*, **Engpaß** *m* **1.** (*Stelle*) dar boğaz, kısık **2.** (*in Versorgung*) dar boğaz

engstirnig *adj* (*pej*) dar kafalı, anlayışı kıt

Enkel(in) ['ɛŋkəl] *m(f)* <-s, -; -nen> torun; **Enkelkind** *nt* torun

enorm [e'nɔrm] *adj* muazzam

entarten* [ɛnt'ʔartən] *vi sein* dejenere olmak, yozlaşmak

entbehren* [ɛnt'beːrən] **I.** *vt* **1.** (*geh: vermissen*) yoksun olmak (-den), yokluğunu çekmek (-in); **etw/jdn (nicht) ~ können** bir şeyin/kimsenin yokluğunu (çekememek) çekebilmek, bir şeysiz/kimsesiz (yapamamak) yapabilmek **2.** (*verzichten*) vazgeçmek (-den); **etw/jdn (nicht) ~ können** bir şeyden/kimseden (vazgeçememek) vazgeçebilmek, bir şeysiz/kimsesiz (yapamamak) yapabilmek **II.** *vi* (*geh: fehlen*) olmamak; **diese Behauptung entbehrt jeder Grundlage** bu iddia temelsizdir

entbehrlich [ɛnt'beːɐlɪç] *adj* olmasa da olur; (*überflüssig*) lüzumsuz, gereksiz

Entbehrung *f* <-en> yoksunluk; **~en auf sich nehmen** yoksunluklara katlanmak

entbinden* *irr* **I.** *vi* (*gebären*) doğum yapmak, doğurmak **II.** *vt* **1.** (*von einer Pflicht*) kurtarmak (*von* -den) **2.** (*Frau*) doğurtmak

Entbindung *f* <-en> (MED) doğum, doğurtma; **Entbindungsstation** *f* (MED) doğumhane
entblößen* [ɛnt'bløːsən] **I.** *vt* (*Körperteil*) açıp göstermek **II.** *vr:* **sich** ~ (*sich ausziehen*) soyunmak
entbrannt *pp von* **entbrennen**
entbrennen* *irr vi sein* (*geh: Kampf, Streit*) çıkmak
entbunden *pp von* **entbinden**
entdecken* *vt* **1.** (*Unbekanntes*) keşfetmek **2.** (*finden*) bulmak; **etw wieder** ~ bir şeyi yeniden bulmak
Entdecker(in) *m(f)* <-s, -; -nen> kâşif, bulucu
Entdeckung *f* <-en> keşif; **Entdeckungsreise** *f* keşif gezisi
Ente ['ɛntə] *f* <-n> **1.** (ZOOL) ördek **2.** (*Zeitungs~*) asparagas, uydurma haber **3.** (AUTO) döşovo
entehren* [ɛnt'ʔeːrən] *vt* namusunu lekelemek; (*herabwürdigen*) küçük düşürmek
enteignen* [ɛnt'ʔaɪgnən] *vt* kamulaştırmak, istimlâk etmek
Enteignung *f* <-en> kamulaştırma, istimlâk
enterben* *vt* mirastan yoksun kılmak
Enterich ['ɛntərɪç] *m* <-s, -e> suna
entern ['ɛntɐn] **I.** *vi* (NAUT: *klettern*) tırmanmak **II.** *vt* (NAUT) rampa ile ele geçirmek
Enter-Taste ['ɛntɐtastə] *f* (INFORM) enter tuşu
entfachen* [ɛnt'faxən] *vt* (*geh*) **1.** (*Feuer*) çıkarmak **2.** (*Leidenschaft, Hass*) uyandırmak; (*Streit*) çıkarmak
entfahren* *irr vi sein* (*Worte*) ağzından çıkmak
entfallen* *irr vi sein* **1.** (*wegfallen*) düşmek **2.** (*erhalten*) almak; (*zukommen*) çıkmak; **auf die Losnummer 113 ~ 100.000 Euro** 113 numaralı piyango biletine 100.000 euro çıktı **3.** (*vergessen*) aklından çıkmak
entfalten* **I.** *vt* **1.** (*Serviette*) açmak **2.** (*Plan*) açıklamak **3.** (*Talent*) geliştirmek, inkişaf ettirmek; (*beweisen*) ortaya koymak **4.** (*zeigen*) göstermek **II.** *vr:* **sich** ~ **1.** (*Knospe, Fallschirm*) açılmak **2.** (*Fähigkeiten*) gelişmek, inkişaf etmek
Entfaltung *f* <-en> geliştirme; (*das Sichentfalten*) gelişme; **die freie ~ seiner Persönlichkeit** kişiliğini serbestçe geliştirme
entfärben* *vt* rengini çıkarmak (-in)
entfernen* [ɛnt'fɛrnən] **I.** *vt* **1.** uzaklaştırmak (*aus* -den) **2.** (*Schmutz*) çıkarmak (*aus* -den) **3.** (MED) almak **4. jdn aus einem Amt** ~ birini görevden almak [*o* çıkarmak] **II.** *vr:* **sich** ~ **1.** (*weggehen*) uzaklaşmak; (*verlassen*) ayrılmak; **die Schritte entfernten sich langsam** adımlar yavaş yavaş uzaklaştı **2.** (*vom Thema*) ayrılmak; (*abkommen*) dışina çıkmak
entfernt [ɛnt'fɛrnt] *adj* **1.** (*fern*) uzak; **300 Meter von hier** ~ buradan 300 metre uzakta; **nicht im E~esten** hiç mi hiç **2.** (*weitläufig*) uzaktan; **er ist ~ mit mir verwandt** o benim uzaktan akrabam olur **3.** (*Ähnlichkeit*) uzaktan
Entfernung *f* <-en> **1.** (*das Entfernen*) uzaklaştırma **2.** (*Abstand*) uzaklık, mesafe; (*Ferne*) uzak; **aus der** ~ uzaktan **3.** (*Wegnahme*) alma, alınma; (*aus dem Amt*) alma, alınma, çıkarma, çıkarılma
Entfernungsmesser *m* telemetre
entfesseln* *vt* **1.** (*lösen*) çözmek **2.** (*fig: zum Ausbruch bringen*) çıkarmak
entflammen* **I.** *vi sein* **1.** (*Streit*) patlak vermek **2.** (*sich begeistern*) yanıp tutuşmak (*für* için), alev almak **II.** *vt* (*Hass*) uyandırmak **III.** *vr:* **sich** ~ (*Gas*) tutuşmak
entfliehen* *irr vi sein* kaçmak (*aus* -den); **entflohene Sträflinge** kaçmış olan hükümlüler
entflochten *pp von* **entflechten**
entflohen *pp von* **entfliehen**
entfremden* [ɛnt'frɛmdən] **I.** *vt* **1.** (*Beziehung*) soğutmak; (*fremd machen*) yabancılaştırmak **2. etw seinem Zweck** ~ bir şeyi amaç dışı kullanmak **3.** (PHILOS) yabancılaşmak **II.** *vt* soğumak
Entfremdung *f* <-en> **1.** soğukluk; **zwischen uns ist eine ~ eingetreten** aramıza soğukluk girdi **2.** (PHILOS) yabancılaşma
entfrosten* *vt* buzlarını çözmek (-in)
Entfroster *m* defroster, buzçözer
entführen* *vt* kaçırmak
Entführer(in) *m(f)* <-s, -; -nen> kaçıran (kimse)
Entführung *f* <-en> kaçırma
entgangen *pp von* **entgehen**
entgegen [ɛnt'geːgən] **I.** *adv* **1.** (*Richtung*) doğru; **der Zukunft** ~ geleceğe doğru **2.** (*zuwider*) aykırı, karşı **II.** *präp* (*im Gegensatz*) tersine, aksine
entgegen|bringen *irr vt* (*Interesse*) göstermek; **entgegen|fiebern** *vi* dört gözle beklemek, dört gözle bakmak; **entgegen|gehen** *irr vi sein* (*einer Person*) karşılamaya gitmek; **er ging ihr entgegen** ona doğru yürüdü; **dem Ende** ~ sona ermek; **der Krieg geht seinem Ende entgegen** savaş sona eriyor
entgegengesetzt *adj* **1.** (*Richtung*) ters; **in ~er Richtung** ters yönde; **am ~en Ende der Stadt** kentin öbür ucunda **2.** (*fig: Meinung*) karşı

entgegen|halten *irr vt* **1.** (*darbieten*) göstermek; (*entgegenstrecken*) uzatmak; **jdm die Hand ~** (*a. fig*) birine elini uzatmak **2.** (*fig: einwenden*) itiraz etmek (-e); **entgegen|kommen** *irr vi sein* **1.** (*sich nähern: Person*) yaklaşmak (-e); (*Fahrzeug*) karşıdan gelmek **2.** (*nachgeben*) ikram etmek **3.** (*entsprechen*) kolaylık göstermek
entgegenkommend *adj* **1.** (*gefällig*) iyiliksever; (*zuvorkommend*) kibar **2.** (*aufmerksam*) nazik **3.** (*Fahrzeug*) karşıdan gelen
entgegen|nehmen *irr vt* kabul etmek; (*Waren*) teslim almak; (*Aufgabe*) almak; **entgegen|sehen** *irr vi* (*erwarten*) beklemek; **entgegen|setzen** *vt* karşı koymak (-e); **entgegen|stehen** *irr vi* **1.** (*hinderlich sein*) engel olmak **2.** (*im Gegensatz stehen*) aykırı düşmek (-e), aykırı olmak (-e); **dem steht nichts entgegen** buna denecek bir şey yok; **entgegen|wirken** *vi* karşı çıkmak
entgegnen* [ɛnt'ge:gnən] *vt* yanıtlamak, cevap vermek (-e); (*schärfer*) karşılık vermek (-e)
entgehen* *irr vi sein* **1.** (*einer Strafe*) kurtulmak (-den) **2.** (*unbemerkt bleiben*) gözünden kaçmak **3.** (*Wend*): **sich** *dat* **etw** (**nicht**) **~ lassen** bir şeyi kaçır(ma)mak
entgeistert [ɛnt'gaɪstɐt] *adj* şaşkın; **er starrte ihn ~ an** ona afal afal baktı
Entgelt [ɛnt'gɛlt] *nt* <-(e)s, -e> **1.** (*Gegenleistung*) karşılık, ivaz; **ohne/gegen ~** ivazsız/ivazlı, karşılıksız/karşılığı olan **2.** (*Entschädigung*) ödün **3.** (*Gebühr*) ücret
entgiften* *vt* zehirsizleştirmek; (*reinigen*) arıtmak, temizlemek
entgleisen* [ɛnt'glaɪzən] *vi sein* **1.** (*Zug*) ray(ın)dan çıkmak **2.** (*Mensch*) doğru yoldan ayrılmak
entgleiten* *irr vi sein* (*geh*) **1.** kaymak **2. jdm entgleitet die Kontrolle über etw** bir şeyin kontrolü birinin elinden çıkmak
entglitten *pp von* **entgleiten**
entgräten* *vt* kılçıklarını ayıklamak (-in)
enthaaren* [ɛnt'ha:rən] **I.** *vt* tüylerini almak (-in) **II.** *vr:* **sich ~** tüy dökmek
Enthaarung *f* <-en> tüy dökme; **Enthaarungscreme** *f* tüy dökücü krem
enthalten* *irr* **I.** *vt* (*beinhalten*) içermek; (*einschließen*) dahil olmak; **Frühstück ist im Preis ~** kahvaltı fiyata dahildir **II.** *vr:* **sich ~** (*geh a.* POL) çekimser kalmak; (*verzichten*) çekinmek, kaçınmak; **sie enthielt sich** (**der Stimme**) çekimser kaldı
enthaltsam [ɛnt'haltza:m] *adj* perhizkâr; (*vom Alkohol*) alkolden uzak duran; (*sexuell*) uçkur perhizi yapan
Enthaltsamkeit *f ohne Pl* perhizkârlık; (*sexuell*) uçkur perhizi
Enthaltung *f* <-en> çekimserlik
enthärten* *vt* (*Wasser*) yumuşatmak
enthaupten* [ɛnt'haʊptən] *vt* kellesini uçurmak (-in)
entheben* *irr vi* (*geh*): **jdn seines Amtes ~** birini görevinden almak [*o* çıkarmak]
enthemmen* *vt* **1.** (PSYCH) kurtarmak (*von* -den) **2.** (TECH) açmak
enthoben *pp von* **entheben**
enthüllen* *vt* **1.** (*Denkmal*) örtüsünü kaldırmak (-in) **2.** (*geh: Geheimnis*) ifşa etmek, açığa vurmak; (*Skandal*) afişe etmek, açığa vurmak, ortaya çıkarmak
Enthüllung *f* <-en> (*fig: von Geheimnis*) ifşa, açığa vurma, açıklanma
Enthusiasmus [ɛntuzi'asmʊs] *m ohne Pl* <-> tutku
enthusiastisch *adj* tutkulu
entjungfern* *vt* kızlığını bozmak (-in)
entkalken* *vt* kireçsizleştirmek, kireçten arıtmak
Entkalkung *f* <-en> kireçsizleştirme
entkernen* *vt* (*Kirschen*) çekirdeklerini çıkarmak (-in); (*Wassermelone*) çekirdeklerini ayıklamak (-in)
entknoten* *vt* düğümünü çözmek (-in)
entkoffeiniert [ɛntkɔfei'ni:ɐt] *adj* kofeinsiz
entkommen* *irr vi sein* kaçıp kurtulmak (*aus* -den); (*fliehen*) kaçmak (*aus* -den); **jdm ~** birinin elinden kaçmak; **aus der Lage gab es kein E~** o durumdan kurtuluş yoktu
entkorken* *vt* mantarını çıkarmak (-in)
entkräften* [ɛnt'krɛftən] *vt* **1.** (*Person*) kuvvetten düşürmek; **völlig entkräftet sein** dermanı kesilmek **2.** (*Verdacht, Behauptung*) çürütmek
entladen* *irr* **I.** *vt* (*LKW, Schiff*) boşaltmak **II.** *vr:* **sich ~** (*Batterie, Zorn*) deşarj olmak
entlang [ɛnt'laŋ] **I.** *präp* boyunca; **~ des Weges** [*o* **dem Weg**] yol boyunca **II.** *präp* boyunca; **die Wand ~** duvar boyunca **III.** *adv:* **einen Weg am Ufer ~ verfolgen** kıyıdaki yolu takip etmek, kıyıdaki yoldan gitmek; **hier ~** buradan; **entlang|gehen** *irr* **I.** *vi sein:* **an etw** *dat* **~** bir şey boyunca gitmek **II.** *vt sein* (*Straße*) geçmek (-den); (*folgen*) takip etmek
entlarven* [ɛnt'larfən] *vt* maskesini kaldırmak (-in), ortaya çıkarmak
entlassen* *irr vt* **1.** (*kündigen*) işten çıkarmak, yol vermek (-e); **er wurde fristlos ~** ihbarsız işten çıkarıldı **2.** (*aus Krankenhaus*) taburcu etmek; (*aus Gefängnis*) tahliye etmek, salıvermek; (*aus Armee*) terhis etmek; (*aus Schule*) çıkarmak

Entlassung *f* <-en> **1.** (*aus Arbeitsverhältnis*) işten çıkarma; (*aus Armee*) terhis **2.** (*aus Gefängnis*) tahliye

entlasten* *vt* **1.** (*Achse*) üzerinden yükünü almak (-in); (*Balken*) takviye etmek; (*Telefonleitung, Verkehr*) hafifletmek; (*Person*) aklandırmak, temize çıkar(t)mak, ibra etmek; (*Gewissen*) rahatlatmak; (*Vorstand*) ibra etmek, aklamak; **er sollte den Chef etwas ~** patrona biraz yardım ederse iyi olur **2.** (*Angeklagte*) temize çıkar(t)mak, kuşkudan kurtarmak, lehine tanıklık yapmak (-in)

Entlastung *f* <-en> **1.** (JUR: *des Vorstands*) ibra, aklama **2.** (*des Verkehrsaufkommens*) hafifletme

entlaufen* *irr vi sein* kaçmak

entlausen* *vt* bitten kurtarmak

entledigen* [ɛnt'le:dɪgən] *vr* (*geh*): **sich etw** *gen* **~** bir şeyden kurtulmak; (*einer Verpflichtung*) üzerinden atmak

entleeren* *vt* boşaltmak

entlegen [ɛnt'le:gən] *adj* (*entfernt*) uzak; (*abgelegen*) ücra

entleihen* *irr vt* ödünç olarak almak, ariyeten almak

entliehen *pp von* **entleihen**

entlocken* *vt:* **jdm etw ~** birine bir şey söyletmek; **er konnte dem Instrument keinen einzigen Ton ~** (*fig*) çalgıdan tek bir ses çıkaramadı

entlohnen* *vt* ödemek

Entlohnung *f* <-en> **1.** (*das Entlohnen*) ödeme **2.** (*Lohn*) ücret

entlüften* *vt* (TECH: *Heizung*) havasını almak (-in)

Entlüftungsventil *nt* (TECH) hava musluğu

entmachten* [ɛnt'maxtən] *vt* iktidardan düşürmek

entmannen* *vt* hadımlaştırmak

entmilitarisieren* *vt* askerden arındırmak

entmündigen* [ɛnt'mʏndɪgən] *vt* (JUR) kısıtlamak, kısıt altına almak, hacir altına almak

Entmündigung *f* <-en> (JUR) kısıt(lama), hacir

entmutigen* [ɛnt'mu:tɪgən] *vt* yıldırmak

Entnahme [ɛnt'na:mə] *f* <-n> alma

entnehmen* *irr vt* **1.** (*herausnehmen*) almak **2.** (*folgern*) çıkarmak, anlamak

entnommen *pp von* **entnehmen**

entpuppen* [ɛntpʊpən] *vr:* **sich ~** **1.** (BIOL) pupadan çıkmak **2.** (*fig*) ortaya çıkmak (*als* -), meydana çıkmak (*als* -); **er hat sich als Betrüger entpuppt** dolandırıcı olduğu ortaya [*o* meydana] çıktı

entrahmen* *vt* (GASTR) kaymağını almak (-in)

Entrecote *nt* (GASTR) antrkot

entreißen* *irr vt* **1.** (*wegreißen*): **jdm etw ~** birinin elinden bir şey kapmak **2.** (*geh: retten*) kurtarmak; **jdn einer Gefahr ~** birini tehlikeden kurtarmak

entrichten* *vt* ödemek

entrinnen* *irr vi sein* (*geh: sich retten*) kurtulmak (-den); (*entfliehen*) kaçmak (-den); **dem Tod entrinnen** ölüm tehlikesini atlatmak; **einer Gefahr ~** tehlike atlatmak; **es gibt kein E~** kurtuluş yok, kaçış yok

entrissen *pp von* **entreißen**

entronnen *pp von* **entrinnen**

entrümpeln* [ɛnt'rʏmpəln] *vt* eski püsküleri atmak (-deki); **die Wohnung/das Zimmer ~** evdeki/odadaki eski püsküleri atmak

entrüsten* [ɛnt'rʏstən] **I.** *vt* öfkelendirmek **II.** *vr:* **sich ~** öfkelenmek (*über* -e)

entrüstet *adj* öfkeli (*über* -e)

Entrüstung *f* <-en> öfke (*über* -e); (*Ärger*) kızgınlık (*über* -e)

entsagen* *vi* (*geh*) vazgeçmek (-den), feragat etmek (-den)

entsandt *pp von* **entsenden**

entschädigen* *vt* tazmin etmek (*für* için)

Entschädigung *f* <-en> tazminat (*für* için)

entschärfen* *vt* **1.** (*Bombe*) etkisiz hâle getirmek **2.** (*Streit, Krise*) yatıştırmak

entscheiden* *irr* **I.** *vi, vt* (*bestimmen*) karar vermek (*über* -e); **ich habe das nicht zu ~** buna ben karar veremem **II.** *vi* (JUR) karar vermek **III.** *vr:* **sich ~** karar almak (*für* için, *gegen* karşı)

entscheidend *adj* kesin; (*wichtig*) önemli; **im ~en Augenblick** son anda

Entscheidung *f* <-en> (*a.* JUR) karar; **eine ~ treffen/fällen** bir karar vermek; **vor einer ~ stehen** karar vermek zorunda olmak

Entscheidungskampf *m* sonuç yarışması

entschieden [ɛnt'ʃi:dən] **I.** *pp von* **entscheiden** **II.** *adj* (*entschlossen*) kararlı; (*nachdrücklich*) kesin

Entschiedenheit *f* <-en> kesinlik; **etw mit aller ~ zurückweisen** bir şeyi kesinlikle geri çevirmek

entschließen* *irr vr:* **sich ~** karar vermek (*zu* -e), karar kılmak (*zu* -de); **sich anders ~** kararını değiştirmek

Entschließung *f* <-en> karar

entschlossen [ɛnt'ʃlɔsən] **I.** *pp von* **entschließen** **II.** *adj* azimli, kararlı; **kurz ~** fazla düşünmeden; **fest ~ sein** kesin karar vermiş olmak; **sie war zu allem ~** her şeyi yapmaya kararlıydı

Entschlossenheit *f ohne Pl* azim; (*Entschiedenheit*) kararlılık

entschlüpfen* *vi sein* kaçmak; (*fig*) çık-

mak

Entschluss[RR] *m* <-es, -schlüsse>, **Entschluß** *m* <-sses, -schlüsse> karar; **einen ~ fassen** karar almak

entschlüsseln* *vt* deşifre etmek

entschuldbar *adj* affedilebilir, bağışlanabilir

entschuldigen* [ɛnt'ʃʊldɪgən] **I.** *vt* **1.** (*verzeihen*) affetmek, bağışlamak, mazur görmek; **~ Sie!** affedersiniz! **2.** (*um Verzeihung bitten*) özür dilemek (*bei* den, *für* için) **II.** *vr:* **sich ~** özür dilemek (*für* için, *bei* -e)

Entschuldigung *f* <-en> **1.** mazeret, özür; (*Vorwand*) mazeret, bahane; **~!** özür dilerim!; **jdn für etw um ~ bitten** birinden bir şey için özür dilemek; **was haben Sie zu Ihrer ~ vorzubringen?** ne mazeretiniz var? **2.** (SCHULE: *Bescheinigung*) mazeret kâğıdı, tezkere

entschwinden* *irr vi sein* (*geh*) **1.** (*Person*) kaybolmak; (*aus dem Blickfeld*) gözden kaybolmak; **sein Name ist mir entschwunden** adını unuttum **2.** (*Zeit*) geçmek

entschwunden *pp von* **entschwinden**

entsenden* *irr vt* (*geh*) göndermek

entsetzen* *vt* dehşete düşürmek; **ich war völlig entsetzt** tüylerim diken diken oldu

Entsetzen *nt ohne Pl* <-s> korku, dehşet; **ich habe mit ~ vernommen, dass ...** ... olduğunu dehşetle gördüm

entsetzlich [ɛnt'zɛtslɪç] **I.** *adj* korkunç, dehşetli **II.** *adv* (*fam: sehr*) korkunç, dehşetli; **er hat ~ viel Geld** korkunç parası var; **draußen war es ~ kalt** dışarısı dehşetli soğuktu

entsichern* *vt* (*Waffe*) emniyet pimini açmak (-in)

entsinnen* [ɛnt'zɪnən] *irr vr:* **sich** (**jds**) **~** birini anımsamak, birini hatırlamak

entsonnen *pp von* **entsinnen**

entsorgen* *vt* (*beseitigen*) toplayıp imha etmek, toplayıp yok etmek; (*Fabrik*) atıklardan temizlemek

entspannen* **I.** *vt* **1.** (*Körper*) dinlendirmek **2.** (*Lage*) yatıştırmak, yumuşatmak **II.** *vr:* **sich ~ 1.** (*Mensch*) başını dinlemek, yorgunluğunu gidermek; (*sich ausruhen*) dinlenmek, istirahat etmek **2.** (*Lage*) yatışmak, yumuşamak **3.** (*Muskeln*) yumuşamak

Entspannung *f* <-en> **1.** gevşeme, yatışma, yumuşatma **2.** (POL) detant, yumuşama; **Entspannungspolitik** *f* detant politikası, yumuşama politikası; **Entspannungsübung** *f* <-en> (SPORT) yumuşatma

entsprechen* *irr vi* **1.** (*übereinstimmen*) uymak; (*angemessen sein*) uygun olmak; **das entspricht nicht den Tatsachen** bu gerçeklere uymaz **2.** (*Bitte*) yerine getirmek; (*Anforderungen*) karşılamak

entsprechend **I.** *adj* **1.** (*angemessen*) uygun **2.** (*zuständig*) yetkili **II.** *adv* gereğince; (*angemessen*) uygun **III.** *präp* göre, uygun olarak

Entsprechung *f* <-en> (*Übereinstimmung*) uyma, uygunluk; (*Analogie*) analoji; (*Äquivalent*) denk; **die deutsche/türkische ~** Almanca/Türkçe karşılığı

entspringen* *irr vi sein* **1.** (*Fluss*) çıkmak (*in* -den) **2.** (*herrühren*) çıkmak (-den)

entsprochen *pp von* **entsprechen**

entsprungen *pp von* **entspringen**

entstammen* *vi sein* kökenli olmak, çıkmak (-den); (*einer Familie*) gelmek (-den)

entstanden *pp von* **entstehen**

entstehen* *irr vi sein* **1.** oluşmak, teşekkül etmek, ortaya çıkmak; (*Gerücht*) doğmak (*aus* -den); (*Streit*) çıkmak (*aus* -den); (*Gebäude*) yapılmak; (*Feuer*) çıkmak; **es werden für Sie keine Kosten daraus ~** bundan size masraf çıkmaz; **für den entstandenen Schaden** ortaya çıkan zarar için **2.** (*sich herleiten*) ileri gelmek (*aus* -den), kaynaklanmak (*aus* -den)

Entstehung *f* <-en> **1.** (*Ursprung*) var oluş; (*Anfang*) doğum, doğma **2.** (*das Werden*) oluşum, oluşma, teşekkül

entsteigen* *irr vi sein* inmek (-den); (*dem Wasser*) çıkmak (-den)

entstellen* *vt* **1.** (*verunstalten*) bozmak, değiştirmek, tahrif etmek; **bis zur Unkenntlichkeit entstellt** tanınmayacak derecede bozulmuş [*o* deforme olmuş] **2.** (*Text, Sinn*) bozmak, değiştirmek, tahrif etmek

Entstellung *f* <-en> **1.** (*von Menschen*) deformasyon, biçimsizleşme **2.** (*von Sachverhalten*) bozma, değiştirme, tahrif

entstiegen *pp von* **entsteigen**

entstören* *vt* (RADIO, TEL, TECH) parazitini gidermek (-in)

entströmen* *vi sein* (*geh: Flüssigkeit*) akmak (-den); (*Gas*) sızmak (-den); (*Menschen*) sel gibi dışarı akmak (-den)

enttäuschen* *vt* (*desillusionieren*) düş [*o* hayal] kırıklığına uğratmak; (*Hoffnung*) umudunu kırmak (-in)

enttäuscht *adj* umudu kırılmış; (*desillusioniert*) düş [*o* hayal] kırıklığına uğramış

Enttäuschung *f* <-en> hüsran; (*Desillusion*) düş kırıklığı, hayal kırıklığı; **jdm eine ~ bereiten** birini düş [*o* hayal] kırıklığına uğratmak

entthronen* *vt* (*geh*) tahttan indirmek

entwaffnen* [ɛnt'vafnən] *vt* (*a. fig*) silâhsızlandırmak

Entwarnung *f* <-en> tehlikenin geçtiğini

bildirme
entwässern* [ɛnt'vɛsɐn] *vt* **1.** (*Gelände*) akaçlamak **2.** (MED: *Körper*) su almak, drenaj yapmak (-e)
Entwässerung *f* <-en> **1.** akaçlama **2.** (MED: *des Körpers*) drenaj
EntwässrungRR *f* <-en>, **Entwäßrung** *f* <-en> *s.* **Entwässerung**
entweder ['ɛntveːdɐ, -'--] *konj:* ~ **... oder ...** ya ... ya da ...
entweichen* *irr vi sein* (*Person, Gas*) kaçmak (*aus* -den)
entweihen* *vt* kutsallığını bozmak (-in)
entwenden* *vt* (*geh*) çalmak
entwerfen* *irr vt* **1.** (*in Gedanken*) tasarlamak, tasarımlamak; (*zeichnerisch*) tasar çizmek; (*Plan*) tasarımlamak, dizayn etmek **2.** (*schriftlich*) taslak olarak yazmak, karalamak
entwerten* *vt* **1.** (*ungültig machen*) iptal etmek, zımbalamak **2.** (*im Wert mindern*) değerini düşürmek (-in)
Entwertung *f* <-en> **1.** (*Wertminderung*) değer düşürme, değer düşürümü **2.** (*von Fahrkarten*) iptal etme, zımbalama
entwichen *pp von* **entweichen**
entwickeln* **I.** *vt* **1.** (*Theorie*) geliştirmek **2.** (FOTO) basmak **II.** *vr:* **sich** ~ çıkmak (*aus* -den); (*sich fort~*) gelişmek (*aus* -den); (*Rauch*) oluşmak
Entwickler *m* <-s, -> (FOTO) developman; (INFORM: *System~*) geliştirici
Entwicklung *f* <-en> **1.** (*Wachstum*) kalkınma; (*Fort~*) gelişme; **sich in der ~ befinden** gelişmekte olmak **2.** (*von Rauch*) oluşma **3.** (*einer Theorie*) geliştirme **4.** (FOTO) basma **5.** (*neues Produkt*) geliştirme; (*Herstellung*) üretme; **Entwicklungshelfer(in)** *m(f)* kalkınma yardımcısı; **Entwicklungshilfe** *f ohne Pl* kalkınma yardımı; **Entwicklungsland** *nt* <-(e)s, -länder> gelişmekte olan ülke; **Entwicklungspolitik** *f* kalkınma politikası
entwirren* [ɛnt'vɪrən] *vt* (*geh*) **1.** (*Fäden*) çözmek **2.** (*Unklarheiten*) çözmek
entwischen* [ɛnt'vɪʃən] *vi sein* (*fam*) sıvışmak
entwöhnen* [ɛnt'vøːnən] *vt* **1.** (*Säugling*) sütten kesmek **2.** (*geh: abbringen*) alışkanlığını bıraktırmak (-e)
entwürdigend *adj* haysiyet kırıcı, küçük düşürücü
Entwurf *m* <-(e)s, -würfe> **1.** (*Konzept*) taslak; (*Projekt*) tasarı, proje **2.** (*Zeichnung*) şema **3.** (*Skizze*) kroki
entwurzeln* *vt* kökünden sökmek
entziehen* *irr* **I.** *vt* **1.** (*Erlaubnis*) geri almak; (*Rechte*) nez'etmek, yoksun bırakmak; (*Wort, Führerschein*) geri almak **2.** (*Nährstoffe*) çekmek **3.** (*Hand*) geri çekmek **II.** *vr:* **sich** ~ **1.** (*einer Verpflichtung*) kaçmak (-den), kaçınmak (-den) **2.** (*einer Person*) kaçmak (-den); (*einer Umarmung*) kaçınmak (-den); (*fern halten*) uzak durmak (-den) **3.** (*verborgen bleiben*): **das entzieht sich meiner Kenntnis** bunun hakkında bilgim yok, bundan haberim yok **III.** *vi* (*fam: Süchtige*) tecrit kurumunda tedavi görmek
Entziehungskur *f* tecrit kürü
entziffern* [ɛnt'tsɪfɐn] *vt* deşifre etmek
entzücken* *vt* hayran etmek
Entzücken [ɛn'tsʏkən] *nt ohne Pl* <-s> (*geh*) hayranlık, hayran olma; **jdn in ~ versetzen** birini hayran etmek
entzückend *adj* çok hoş
Entzug *m ohne Pl* <-(e)s> **1.** (*von Rauschgift*) yoksunluk **2.** (*des Führerscheins*) geri alma; (*von Unterstützung*) durdurma **3.** (*von Flüssigkeit*) çekme; **Entzugserscheinung** *f* yoksunluk belirtisi
entzündbar [ɛnt'tsʏntbaːɐ] *adj* tutuşur, yanar
entzünden* **I.** *vr:* **sich** ~ **1.** (*Feuer fangen*) tutuşmak, ateş almak **2.** (MED) yangılanmak, iltihaplanmak **3.** (*hervorgerufen werden*) çıkmak (*an* -den) **II.** *vt* (*geh: Feuer, Kerze, Leidenschaft*) yakmak, tutuşturmak
entzündet *adj* yangılı, iltihaplı
entzündlich *adj* **1.** (MED: *Krankheit*) yangılı, iltihaplı **2.** (*Brennstoff*) parlayıcı
Entzündung *f* <-en> (MED) yangı, iltihap
entzwei [ɛnt'tsvaɪ] *adj inv* (*kaputt*) kırık
entzweien* **I.** *vt* (*Freunde*) aralarını açmak (-in) **II.** *vr:* **sich** ~ (*uneins werden*) arası açılmak (*mit* ile); **sie haben sich entzweit** araları açıldı
entzwei|gehen *irr vi sein* kırılmak, parçalanmak
Enzian ['ɛntsiaːn] *m* <-s, -e> **1.** (BOT) kızılkantaron **2.** (*Schnaps*) kızılkantarondan yapılan içki
Enzyklopädie [ɛntsyklopɛ'diː] *f* <-n> ansiklopedi
enzyklopädisch [ɛntsyklo'pɛːdɪʃ] *adj* ansiklopedik
Enzym [ɛn'tsyːm] *nt* <-s, -e> enzim
Epen *Pl von* **Epos**
Ephesos *nt*, **Ephesus** *nt* Efes
Epidemie [epide'miː] *f* <-n> (MED) epidemi
Epigramm *nt* <-s, -e> (LIT) epigram
Epik *f* epik
Epilepsie [epilɛ'psiː] *f* <-n> (MED) sara
Epileptiker(in) [epi'lɛptikɐ] *m(f)* <-s, -; -nen> saralı
epileptisch [epi'lɛptɪʃ] *adj* saralı; **einen ~en Anfall bekommen** sara nöbeti tut-

E

mak
Epilog [epi'lo:k] *m* <-s, -e> epilog, son deyiş
Epiphyt *m* <-en, -en> (BOT) epifit, üst bitken
episch ['e:pɪʃ] *adj* epik; ~**es Theater** epik tiyatro
Episode [epi'zo:də] *f* <-n> epizot
Epithel *nt* <-s, -e>, **Epithelium** *nt* <-s, -ien> (BIOL) epitel, epitelyum
Epizentrum [epi'tsɛntrʊm] *nt* (GEO) merkez üssü
Epoche [e'pɔxə] *f* <-n> çığır
Epos ['e:pɔs] *nt* <-, Epen> (LIT) destan
er [e:ɐ] *pron 3. Sg m* o; **da ist ~ ja!** geldi işte!; **wenn ich ~ wäre** onun yerinde olsam
erachten* [ɛɐ'ʔaxtən] *vt* (*geh*) görmek (*für/als* -/olarak)
Erachten *nt ohne Pl* <-s>: **meines ~s** bence, bana göre
erahnen* *vt* sezinlemek; (*erraten*) tahmin etmek
erarbeiten* *vt* **1.** (*erstellen*) yapmak **2.** (*erlangen*): **sich** *dat* ~ (*Position*) çalışarak gelmek; (*Wissen*) çalışarak elde etmek
Erbanlage *f* (BIOL) kalıtımsal yetenek, irsî istidat
erbarmen* [ɛɐ'barmən] *vr:* **sich (jds) ~** birine acımak [*o* merhamet etmek]; **Gott, erbarme dich unser!** Tanrım, bize merhamet et!
Erbarmen [ɛɐ'barmən] *nt ohne Pl* <-s> acıma, merhamet; **mit jdm ~ haben** birine acımak [*o* merhamet etmek]
erbärmlich [ɛɐ'bɛrmlɪç] *adj* **1.** (*elend*) sefil, perişan; (*jämmerlich*) zavallı, acıklı **2.** (*schlecht*) fena, feci; **es tat ~ weh** çok fena [*o* feci] acıdı **3.** (*gemein*) alçak
erbarmungslos *adj* acımasız, merhametsiz
erbauen* **I.** *vt* **1.** (*Gebäude*) inşa etmek, yapmak **2.** (*geh: das Gemüt erheben*) gönlünü hoş etmek (-in) **II.** *vr:* **sich ~** (*geh: erfreuen*) sevinmek (*an* -e)
Erbauer(in) *m(f)* <-s, -; -nen> yapıcı
erbaulich *adj:* **es war ein nicht gerade ~er Anblick** pek hoş bir manzara değildi
Erbe, -in[1] ['ɛrbə] *m, f* <-n, -n; -nen> mirasçı; **jdn als ~n einsetzen** birini mirasçı olarak atamak
Erbe[2] *nt ohne Pl* <-s> miras; **das ~ antreten** mirasa konmak
erbeben* [-'--] *vi sein* sarsılmak
erben ['ɛrbən] *vi, vt* miras kalmak (*von* -den)
erbeuten* [ɛɐ'bɔɪtən] *vt* yağma etmek; (MIL) ganimet olarak ele geçirmek
Erbfaktor *m* (BIOL) kalıtımsal etken; **Erbfehler** *m* (BIOL) kalıtımsal kusur; **Erbfolge** *f* mirastaki tertip sırası; **Erbgut** *nt ohne Pl* <-(e)s> (BIOL) kalıtım
erbittert *adj* (*Kampf*) amansız; (*Diskussion*) şiddetli
Erbitterung *f ohne Pl* (*Groll*) garaz
Erbkrankheit *f* irsî hastalık, kalıtsal hastalık
erblassen* *vi sein* sararmak (*vor* -den)
Erblasser(in) ['ɛrplasɐ] *m(f)* <-s, -; -nen> (JUR) miras bırakan
erbleichen* *vi sein* beti benzi uçmak
erblich ['ɛrplɪç] *adj* irsî, kalıtsal
erblicken* *vt* (*geh*) görmek
erblinden* *vi sein* kör olmak
Erblindung *f* <-en> kör olma
Erbmasse ['ɛrpmasə] *f* **1.** (JUR) tereke, bırakıt *pl* **2.** (BIOL) kalıtımsal etkenlerin tümü
erbracht *pp von* **erbringen**
erbrechen* *irr* **I.** *vi* kusmak; **bis zum E~** (*fam pej*) gına [*o* bıkkınlık] gelinceye kadar **II.** *vt* (*geh: Siegel*) fek; (*Schloss*) kırmak
Erbrecht *nt* <-(e)s, -e> (JUR) miras hukuku
erbringen* *irr vt* (*Gewinne*) getirmek; (JUR: *Beweise*) irat etmek
erbrochen *pp von* **erbrechen**
Erbschaft *f* <-en> miras; **eine ~ machen** mirasa konmak
Erbschleicher(in) *m(f)* <-s, -; -nen> miras avcısı
Erbse ['ɛrpsə] *f* <-n> bezelye
Erbsünde *f* <-n> (REL: *im Christentum*) irsî günahkârlık
Erdachse ['e:ɐtʔaksə] *f ohne Pl* yer (yuvarlağının) ekseni
erdacht *pp von* **erdenken**
Erdanziehung *f ohne Pl* yer çekimi; **Erdapfel** *m* (*österr, südd: Kartoffel*) patates; **Erdatmosphäre** *f ohne Pl* yeryüzü atmosferi; **Erdball** *m ohne Pl* <-(e)s> yerküre; **Erdbeben** *nt* deprem; **Erdbebengebiet** *nt* deprem bölgesi; **Erdbebenherd** *m* deprem merkezi; **Erdbebenopfer** *nt* depremzede; **Erdbeere** *f* çilek; **Erdbeereis** *nt* çilekli dondurma; **Erdbewohner(in)** *m(f)* dünyalı; **Erdboden** *m ohne Pl* <-s> yer, toprak; **wie vom ~ verschluckt** yer yarılıp içine girmek; **eine Stadt dem ~ gleich machen** bir kenti yerle bir etmek
Erde[1] ['e:ɐdə] *f ohne Pl* **1.** (*Welt*) dünya; **auf der ~** dünyada **2.** (*Boden*) yer, zemin, toprak; **auf die ~ fallen** yere düşmek; **karge ~** kısır toprak; **unter der ~** yerin altında, toprak altında
Erde[2] *f* <-n> **1.** (*Erdreich*) toprak; **jdn unter die ~ bringen** (*fam*) birini toprağa vermek **2.** (ELEK) toprak
erden *vt* (ELEK) topraklamak
erdenken* *irr vt* tasavvur etmek; (*erfinden*) uydurmak
erdenklich *adj* akla gelebilecek; (*vorstell-*

bar) tasavvur edilebilir; **sich** *dat* **alle ~e Mühe geben** akla gelebilecek bütün çabayı göstermek

erdfarben ['eːɐtfarbən] *adj* toprak rengi

Erdgas *nt* <-es, -e> doğal gaz

Erdgeschoss[RR] *nt* yer katı, zemin katı, giriş katı

erdichten* *vt* (*geh*) uydurmak

erdig ['eːɐdɪç] *adj* **1.** (*erdhaltig*) topraklı **2.** (*Geschmack, Geruch*) toprak gibi

Erdkugel *f ohne Pl* yerküre; **Erdkunde** *f ohne Pl* coğrafya; **Erdmandel** *f* (BOT) abdülleziz; **Erdnuss**[RR] *f* yer fıstığı; **Erdoberfläche** *f ohne Pl* yeryüzü

Erdöl *nt* (*a.* WIRTSCH) petrol

Erdreich *nt* toprak

erdröhnen* *vi sein* gürlemek, uğuldamak

erdrosseln* *vt* boğmak

Erdross(e)lung *f ohne Pl* boğma

erdrücken* *vt* **1.** (*zu Tode*) ezmek, çiğnemek **2.** (*Sorgen*) ezmek; **~de Beweise** ağır basan deliller

Erdrutsch ['eːɐtrʊtʃ] *m* toprak kayması; **Erdstoß** *m* yer sarsıntısı; **Erdteil** *m* <-(e)s, -e> kıt'a

erdulden* *vt* hoş görmek; (*aushalten*) çekmek, katlanmak (-e)

Erdumdrehung *f* yer yuvarlağının kendi ekseni etrafında dönmesi; **Erdumkreisung** *f* <-en> dünyanın etrafında dönme; **Erdumlaufbahn** *f* dünyanın yörüngesi; **Erdumsegelung** *f* <-en> yelkenli ile dünyayı dolaşma

Erdung ['eːɐdʊŋ] *f* <-en> (ELEK) topraklama

ereignen* [ɛɐ'ʔaɪgnən] *vr:* **sich ~** olmak

Ereignis *nt* <-ses, -se> olay; **ein freudiges ~** sevindirici bir olay

ereignisreich *adj* olaylı; (*bewegt*) hareketli

Erektion [erɛk'tsjoːn] *f* <-en> dikilme

Eremit(in) [ere'miːt] *m(f)* <-en, -en; -nen> münzevi, ahret adamı

Eremitendasein *nt ohne Pl* <-s> (*geh*) uzlet; **Eremitenleben** *nt ohne Pl* <-s> *s.* **Eremitendasein**

erfahren[1] **I.** *pp von* **erfahren**[2] **II.** *adj* deneyimli, tecrübeli; (*auf einem Fachgebiet*) deneyimli (*in* -de)

erfahren*[2] *irr vt* **1.** (*Nachricht*) öğrenmek, haber almak; **wir haben ~, dass Sie gestern Abend/Morgen gekommen sind** dün akşam/sabah geldiğinizi öğrendik [*o* haber aldık] **2.** (*geh: erleben*) görüp geçirmek, yaşamak, başına gelmek; (*durchleben*) geçirmek; (*Leid*) görmek; **Böses/Gutes ~** kötülük/iyilik görmek

Erfahrung *f* <-en> öğrenme; (*praktische*) deneyim, tecrübe; **etw aus (eigener) ~ wissen** bir şeyi (bizzat) yaşamış olduğu için bilmek; **etw in ~ bringen** bir şeyi öğrenmek

erfassen* *vt* **1.** (*mit Händen*) ele almak; (*ergreifen*) yakalamak; **die Scheinwerfer eines Wagens erfassten uns** (*fig*) bir arabanın farları bizi yakaladı **2.** (*mitreißen*) sürüklemek; **er wurde von einem Auto erfasst** bir otomobil tarafından sürüklendi **3. Angst/Zweifel erfasste ihn** korkuya/şüpheye kapıldı **4.** (*begreifen*) kavramak; (*verstehen*) anlamak **5.** (*registrieren*) kaydetmek; (*Daten*) toplamak; (*statistisch*) sayımlamak **6.** (*einbeziehen*) dahil etmek; (*berücksichtigen*) dikkate almak

Erfassung *f* <-en> **1.** (*das Verstehen*) anlama **2.** (*das Registrieren*) kaydetme; (*von Bewohnern*) sayımlama **3.** (INFORM: *von Daten*) toplama

erfinden* *irr vt* icat etmek

Erfinder(in) *m(f)* <-s, -; -nen> mucit

erfinderisch *adj* icatçı

Erfindung *f* <-en> icat, buluş; (*Produkt*) icat, buluş; **eine ~ machen** bir şey icat etmek; **eine geniale ~** dâhice bir buluş

Erfolg [ɛɐ'fɔlk] *m* <-(e)s, -e> başarı; (*Ergebnis*) sonuç, netice; (*Wirkung*) etki; **~ versprechend** başarı vadeden; **ein voller ~** tam bir başarı

erfolgen* *vi sein* (*geschehen*) olmak; (*stattfinden*) olmak, vuku bulmak; (*Zahlung*) yapılmak; **die Antwort erfolgte sofort** ardından hemen cevabı geldi, hemen cevabı verildi; **Ihr Eintritt kann sofort ~** hemen girebilirsiniz

erfolglos **I.** *adj* (*ohne Erfolg*) başarısız; (*ohne Ergebnis*) sonuçsuz, neticesiz; (*vergeblich*) boş **II.** *adv* başarısız; (*vergeblich*) boşuna, nafile

Erfolglosigkeit *f ohne Pl* başarısızlık, sonuçsuz kalma

erfolgreich **I.** *adj* (*Person*) başarılı; (*Maßnahme*) etkili **II.** *adv* başarılı

Erfolgsaussicht *f* başarma ihtimali; **Erfolgsbilanz** *f* **1.** (WIRTSCH) kâr bilânçosu **2.** başarımlar *pl;* **Erfolgserlebnis** *nt* başarılı olma duygusu

erfolgversprechend *adj* başarı vadeden; **höchst ~e Maßnahmen** son derece etkili önlemler

erforderlich [ɛɐ'fɔrdɐlɪç] *adj* gerekli; **unbedingt ~** mutlaka olması gerekli

erfordern* *vt* gerektirmek, icap ettirmek

Erfordernis *nt* <-ses, -se> gerek; (*Voraussetzung*) koşul, şart

erforschen* *vt* araştırmak; (GEO) açınsamak

Erforschung *f* <-en> araştırma; (GEO: *von Land*) açınsama

erfragen* *vt* sorarak öğrenmek

erfreuen* **I.** *vt* (*Freude bereiten*) sevindirmek, memnun etmek; **sehr erfreut!** çok memnun oldum!; **über jdn/etw erfreut sein** bir kimseye/şeye sevinmek **II.** *vr:* **sich** ~ **1.** (*sich freuen*) sevinmek (*an* -e) **2.** (*geh: genießen*) keyiflenmek (-den)

erfreulich *adj* sevindirici; (*Nachricht*) sevinçli; (*befriedigend*) memnun edici

erfreulicherweise [-'---'--] *adv* neyse, çok şükür

erfrieren* *irr vi sein* **1.** (*Person, Tier*) üşümek **2.** (*Körperteil*) donmak; (*Pflanze*) donmak

erfrischen* **I.** *vi, vt* serinletmek **II.** *vr:* **sich** ~ serinlenmek

erfrischend *adj* (*Brise*) serinletici; (*Getränk*) hararet kesici; (*Naivität*) iç açıcı

Erfrischung *f* <-en> **1.** (*das Erfrischen*) serinleme **2.** (*Getränk*) soğuk içecek; (*Speise*) soğuk yiyecek; **Erfrischungsstand** *m* büfe; **Erfrischungstuch** *nt* <-(e)s, -tücher> soğuk bez

erfroren *pp von* **erfrieren**

erfüllen* **I.** *vt* **1.** (*aus-, anfüllen*) doldurmak (*mit* ile) **2.** (*Bedingung*) yerine getirmek; (*Schuld*) ödemek; (*Versprechen*) tutmak; (*Wunsch*) yerine getirmek; (*Aufgabe*) yapmak, ifa etmek **II.** *vr:* **sich** ~ (*wahr werden*) gerçekleşmek

Erfüllung *f* <-en> **1.** (*Befriedigung*) ödeme, ifa **2.** (*einer Aufgabe*) yerine getirme, ifa; (*eines Vertrages*) yerine getirme; (*einer Pflicht*) yapma, ifa, yerine getirme; **in ~ gehen** gerçekleşmek

Erfüllungsort *m* (JUR) ifa yeri

erfunden *pp von* **erfinden**

ergangen *pp von* **ergehen**

ergänzen* [ɛɐ'gɛntsən] **I.** *vt* (*vervollständigen*) bütünlemek, tamamlamak, tümlemek; (*hinzufügen*) eklemek, ilâve etmek **II.** *vr:* **sich** ~ (*zusammenpassen*) birbirine uymak; (*das Fehlende ausgleichen*) birbirini tamamlamak

Ergänzung *f* <-en> **1.** (*Vervollständigung*) bütünleme, tamamlama, tümleme **2.** (*Zusatz*) ek, ilâve **3.** (LING) tümleç

Ergänzungswinkel *m* (MATH) tümler açı

ergattern* [ɛɐ'gatɐn] *vt* (*fam*) kapmak, ele geçirmek

ergeben[1] **I.** *pp von* **ergeben**[2] **II.** *adj* **1.** (*hingebungsvoll*) özverili, fedakâr; (*demütig*) alçak gönüllü **2.** (*treu*) sadık, vefalı

ergeben*[2] *irr* **I.** *vt* (*Ergebnis*) vermek, çıkmak; (MATH) etmek; (*Untersuchungen*) göstermek **II.** *vr:* **sich** ~ **1.** (*kapitulieren*) teslim olmak; **er ergab sich der Polizei** polise teslim oldu **2.** (*sich herausstellen*) ortaya çıkmak; (*Schwierigkeit*) ortaya çıkmak **3.** (*folgen*) sonuç olarak çıkmak (*aus* -den); (*sich ableiten*) türemek (*aus* -den) **4.** (*sich hingeben*): **sich etw** *dat*/**jdm** ~ kendini bir şeye/kimseye vermek

Ergebenheit *f ohne Pl* **1.** (*Anhänglichkeit*) sadakat, içten bağlılık **2.** (*Treue*) vefa **3.** (*Fügsamkeit*) uysallık

Ergebnis [ɛɐ'ge:pnɪs] *nt* <-ses, -se> sonuç, netice; **wir sind zu dem ~ gekommen, dass ...** ... olduğu sonucuna vardık

ergebnislos *adj* sonuçsuz, neticesiz

ergehen* *irr* **I.** *vi sein* (*geh: Gesetz, Befehl*) çıkmak **II.** *vunpers sein* (*geschehen*): **ihr ist es dort schlecht ergangen** orada durumu kötüydü; **etw über sich ~ lassen** bir şeye katlanmak **III.** *vr:* **sich** ~ (*im Freien*) dolaşmak (*in* -de); **sich über ein Thema** ~ bir konu üzerine uzun uzadıya konuşmak

ergiebig [ɛɐ'gi:bɪç] *adj* verimli; (*Geschäft*) kârlı; (*Boden*) verimli, bitek, mümbit

ergießen* *irr vr:* **sich** ~ dökülmek (*auf/aus* -e/-den, *über* üzerine); (*münden*) dökülmek (*in* -e); (*ins Meer*) akmak (*in* -e)

ergossen *pp von* **ergießen**

ergrauen* [ɛɐ'graʊən] *vi sein* ağarmak, ak düşmek; **sein Haar ist vorzeitig ergraut** saçı erken ağardı

ergreifen* *irr vt* **1.** (*fassen*) yakalamak; (*Furcht, Ahnung*) almak; (*Maßnahmen*) almak; (*Partei*) tutmak; (*Gelegenheit*) yararlanmak (-den); (*Initiative*) ele almak; **sie ergriff das Wort** söz aldı; **die Flammen ergriffen das Haus** (*fig*) alevler evi sardı **2.** (*in die Hand nehmen*) eline almak **3.** (*festnehmen*) tutmak **4.** (*erschüttern*) sarsmak **5.** (*Beruf*) seçmek

ergreifend *adj* etkileyici

Ergreifung *f* <-en> yakalama

ergriffen [ɛɐ'grɪfən] **I.** *pp von* **ergreifen** **II.** *adj* sarsılmış, etkilenmiş

ergründen* *vt* ayrıntılara inerek araştırmak, inceden inceye araştırmak; **ein schwer zu ~des Geheimnis** çözülmesi güç bir sır

Erguss[RR] [ɛɐ'gʊs, *Pl:* ɛɐ'gʏsə] *m* <-es, -güsse>, **Erguß** *m* <-sses, -güsse> **1.** (MED: *Blut~*) hematom **2.** (*fig, pej: Ausbruch*) patlama; (*Redeschwall*) makineli tüfek gibi konuşma **3.** (*Samen~*) gelme, boşalma **4.** (GEO) püskürük külte; **Ergussgestein**[RR] *nt* (GEO) püskürük taş

erhaben [ɛɐ'ha:bən] *adj* **1.** (*erhöht*) yüksek, yüce, ulu; **~e Arbeit** kabartma **2.** (*überlegen*) üstün (*über* -den); **über jeden Verdacht ~ sein** alnı açık yüzü ak olmak **3.** (*großartig*) yüce, ulvî; **ein ~er Anblick** ulvî bir manzara

Erhabenheit *f ohne Pl* yücelik, ululuk, ulviyet

Erhalt *m ohne Pl* <-(e)s> (*formal*) **1.** (*Emp-*

fang) alma, teslim alma **2.**(*Instandhaltung*) koruma, muhafaza

erhalten* *irr vt* **1.**(*bekommen*) almak; (*Genehmigung, Gehalt*) almak; (*Geldstrafe*) almak; **er erhielt drei Jahre Gefängnis** üç yıl hapis giydi **2.**(*bewahren*) korumak, tutmak; (*aufrechterhalten*) korumak; **etw ist gut ~** bir şey iyi durumda; **sich fit ~** kendini zinde tutmak

erhältlich [ɛɐ'hɛltlɪç] *adj* bulunur; (*käuflich*) satılır

Erhaltung *f ohne Pl* **1.** koruma, muhafaza **2.**(*Unterhaltung*) bakma, geçindirme

erhängen* **I.** *vt* ipe çekmek **II.** *vr:* **sich ~** kendini asmak

erhärten* *vt* **1.**(*Material*) sertleştirmek **2.**(*Vermutung*) kuvvetlendirmek

erheben* *irr* **I.** *vt* **1.**(*hochheben*) kaldırmak; (*aufrichten*) doğrultmak; **er erhob sein Glas** bardağını kaldırdı; **ein ~der Augenblick** heyecanlı bir an **2.**(*Steuern*) almak, toplamak; (*Eintritt*) almak **3.**(*Geschrei, Protest*) çekmek; **die Stimme ~** (*geh*) yükseltmek **4.**(*Daten*) derlemek, toplamak **5.**(*Einwände*) etmek (*gegen* -e); (*Klage*) açmak **II.** *vr:* **sich ~ 1.**(*aufstehen*) kalkmak; (*sich aufrecht halten*) doğrulmak **2.**(*Flugzeug, Vogel*) kalkmak **3.**(*geh: Sturm*) doğmak; (*Frage*) doğmak **4.**(*sich auflehnen*) baş kaldırmak (*gegen* -e karşı)

erheblich [ɛɐ'he:plɪç] **I.** *adj* (*beträchtlich*) hatırı sayılır, oldukça çok; (*wichtig*) önemli **II.** *adv* epeyce, bir hayli, önemli [*o* hatırı sayılır] derecede; **~ besser** oldukça daha iyi

Erhebung *f* <-en> **1.**(*Anhöhe*) tümsek; (*Hügel*) tepe **2.**(*Aufstand*) ayaklanma, baş kaldırma **3.**(FIN: *von Abgaben*) al(ın)ma, tahsil **4.**(*Umfrage*) sormaca, anket **5.**(JUR: *Klage~*) aç(ıl)ma, ikame; (*Beweis~*) toplan(ıl)ma

erheitern* [ɛɐ'haɪtɐn] **I.** *vt* (*geh*) neşelendirmek, şenlendirmek, keyiflendirmek **II.** *vr:* **sich ~** (*geh*) neşelenmek, şenlenmek, keyiflenmek

erhellen* **I.** *vt* **1.**(*Raum*) aydınlatmak **2.**(*Situation*) aydınlatmak **II.** *vr:* **sich ~ 1.**(*Himmel*) aydınlanmak **2.**(*fig*): **sein Gesicht erhellte sich** yüzü güldü

erhitzen* [ɛɐ'hɪtsən] **I.** *vt* **1.**(*Speisen*) ısıtmak **2.**(*erregen*) heyecanlandırmak; (*in Zorn bringen*) kızdırmak **II.** *vr:* **sich ~ 1.**(*Speisen*) ısınmak **2.**(*sich erregen*) heyecanlanmak; (*in Zorn geraten*) kızmak

erhoben *pp von* **erheben**

erhoffen* *vt* umut etmek, ümit etmek

erhöhen* [ɛɐ'hø:ən] **I.** *vt* **1.**(*Mauer*) yükseltmek (*um* -), kaldırmak (*um* -) **2.**(*Spannung*) artırmak **3.**(*Geschwindigkeit*) artırmak; (*Preis*) artırmak, çıkarmak; **etw um das Hundertfache ~** bir şeyi yüz katına çıkarmak; **den Preis um/auf vier Euro ~** fiyatını dört euro/euroya artırmak, dört euro zam yapmak **4.**(MUS: *um einen Halbton*) yarım ton inceltmek **II.** *vr:* **sich ~** (*Gehalt, Spannung*) artmak

erhöht *adj* (*Wert, Blutdruck*) artmış

Erhöhung *f* <-en> **1.**(*einer Mauer*) yükseltme **2.**(*der Preise*) artırma, zam; (*der Geschwindigkeit*) artırma **3.**(MUS: *Ton*) inceltme; **~ um einen Halbton** yarım ton inceltme

erholen* *vr:* **sich ~ 1.**(*ausspannen*) dinlenmek, istirahat etmek, başını dinlemek; (*von Krankheit*) onmak (*von* -den) **2.**(COM) toparlanmak

erholsam [ɛɐ'ho:lza:m] *adj* dinlendirici

Erholung *f ohne Pl* **1.**(*Ruhe*) dinlenme, istirahat **2.**(*Genesung*) onma, iyileşme; **Erholungsgebiet** *nt* rekreasyon alanı; **Erholungspause** *f* mola

erhören* *vt* (*geh: Bitte*) icabet etmek

Erhörung *f* icabet

Erika *f* erika

erinnern* [ɛɐ'ʔɪnɐn] **I.** *vi, vt* anımsatmak (*an* -i), hatırlatmak (*an* -); **jdn an etw ~** birine bir şeyi anımsatmak [*o* hatırlatmak] **II.** *vr:* **sich ~** aklına gelmek, anımsamak, hatırlamak (*an* -i); **soweit ich mich ~ kann** hatırlayabildiğim kadarıyla; **wenn ich mich recht erinnere** hatırladığım kadarıyla

Erinnerung *f* <-en> **1.**(*Gedächtnis*) hatır, akıl; **etw in ~ behalten** bir şeyi hatırında tutmak [*o* aklında] **2.**(*Zurückdenken*) hatırlama (*an* -), anımsama (*an* -) **3.**(*Mahnung*) ihtar **4.**(*Andenken*) anı, hatıra; **zur ~ an jdn** birinin anısı olarak

erkälten* [ɛr'kɛltən] *vr:* **sich ~** üşütmek, soğuk almak

erkältet *adj* üşütmüş

Erkältung *f* <-en> soğuk algınlığı; **eine ~ bekommen** soğuk almak, üşütmek

erkämpfen* *vt* mücadele ederek elde etmek

erkannt *pp von* **erkennen**

erkennbar *adj* fark edilir (*an* -den); (*wahrnehmbar*) görülür

erkennen* *irr* **I.** *vt* **1.**(*wahrnehmen*) algılamak; (*ausmachen*) seçmek, fark etmek **2.**(*identifizieren*) tanımak (*an* -den); **jdn an etw** *dat* **wieder ~** birini bir şeyinden tanımak; **er war nicht wieder zu ~** tanınacak gibi değildi; **sich zu ~ geben** kendini tanıtmak **3.**(*Irrtum*) görmek **II.** *vi* (JUR) hüküm vermek (*auf* -e)

erkenntlich [ɛɐ'kɛntlɪç] *adj:* **sich (bei jdm) ~ zeigen** (birinin iyiliğine karşı) karşılık

E

olarak iyilikte bulunmak, (birine karşı) minnet altında kalmamak; **wie kann ich mich Ihnen ~ zeigen?** bana yapmış olduğunuz iyiliğe karşılık size ne yapabilirim?

Erkennungsmarke *f* künye

Erker ['ɛrkɐ] *m* <-s, -> cumba

erklärbar [ɛɐ'klɛ:ɐba:ɐ] *adj* açıklanabilir

erklären* **I.** *vt* **1.** (*erläutern*) açıklamak, izah etmek **2.** (*begründen*) gerekçelendirmek, gerekçe göstermek (-e); (*deuten*) yorumlamak **3.** (*sagen*) söylemek; (*mitteilen*) bildirmek, beyan etmek; **an Eides statt ~** (JUR) yemin yerine beyan etmek **4.** (*Krieg*) ilân etmek; (*Rücktritt*) vermek **5.** karar vermek; **jdn für tot ~** birinin gaipliğine karar vermek; **etw für ungültig ~** bir şeyi hükümsüz kılmak, bir şeyi iptal etmek **II.** *vr:* **sich ~ 1.** (*folgen*): **das erklärt sich aus sich selbst** bu kendiliğinden anlaşılır **2.** (*sagen*) söylemek, bildirmek; **er hat sich ihr erklärt** ona aşkını ilân etti; **sich einverstanden ~** razı olduğunu bildirmek

Erklärung *f* <-en> **1.** (*Erläuterung*) açıklama, izah; (*Deutung*) yorum; (*Grund*) neden **2.** (*Verlautbarung*) demeç, beyanat; **eine ~ abgeben** demeç vermek **3.** (*Steuer~, Zoll~*) beyanname

erklingen* *irr vi sein* çınlamak

erkranken* *vi sein* hastalanmak, yakalanmak (*an* -e)

Erkrankung *f* <-en> hastalanma

erkunden* [ɛɐ'kʊndən] *vt* (*auskundschaften*) bilgi toplamak (hakkında); (*Gegend, Gelände*) kolaçan etmek; (*Lage*) araştırmak

erkundigen* [ɛɐ'kʊndɪgən] *vr:* **sich ~** bilgi almak (*nach/über* hakkında/üzerine); (*nach dem Weg*) sormak (*nach/über* -)

Erkundung *f* <-en> keşif

erlangen* [ɛɐ'laŋən] *vt* (*bekommen*) almak; (*gewinnen*) kazanmak, elde etmek; (*erreichen*) kavuşmak, erişmek; **die Freiheit ~** özgürlüğe kavuşmak

Erlass[RR] [ɛɐ'las] *m* <-es, -e>, **Erlaß** *m* <-sses, -sse> **1.** (*Verfügung*) kararname; (*eines Gesetzes*) çıkarma **2.** (*von Schulden*) ibra **3.** (*einer Strafe*) af

erlassen* *irr vt* **1.** (*Gesetz, Amnestie*) çıkarmak; (*Haftbefehl*) kesmek, vermek **2.** (*Strafe*) affetmek, ortadan kaldırmak; (*Schulden*) ibra etmek; (*befreien von*) kurtarmak; **jdm etw ~** (*Pflicht*) birini bir şeyden kurtarmak

erlauben* [ɛɐ'laʊbən] *vt* **1.** (*a. behördlich*) izin vermek (-e), müsaade etmek (-e); **~ Sie mal!** (*fam*) müsaade buyurun!, rica ederim! **2. er kann sich alles ~** her şeyi yapabilir; **jetzt kann ich mir ein Auto ~** kendime şimdi bir araba alabilirim; **wenn ich mir die Bemerkung ~ darf** kerem buyurun

Erlaubnis *f* <-se> (*a. behördlich*) izin, müsaade; **jdn um ~ bitten** birinden izin istemek

erlaucht [ɛɐ'laʊxt] *adj* (*Gesellschaft*) güzide

erläutern* [ɛɐ'lɔɪtɐn] *vt* açımlamak

Erläuterung *f* <-en> açıklama, izah; (*Kommentar*) açımlama

Erle ['ɛrlə] *f* <-n> (BOT) kızılağaç

erleben* *vt* **1.** yaşamak, görüp geçirmek; (*Freude*) duymak; (*Niederlage*) uğramak (-e); (*Enttäuschung*) uğramak (-e) **2.** (*mit~*) başına gelmek, başından geçmek; **wenn du das tust, kannst du was ~!** (*fam*) bunu yaparsan, başina gelecekleri görürsün! **3.** (*kennen lernen*) yaşamak; **so habe ich ihn noch nie erlebt** onu hiç böyle yaşamadım

Erlebnis *nt* <-ses, -se> yaşantı; (*Erfahrung*) deneyim; (*Ereignis*) yaşanan olay

erledigen* [ɛɐ'le:dɪgən] **I.** *vt* **1.** (*Auftrag*) yerine getirmek; (*Angelegenheit*) bitirmek, tamamlamak; **ich habe noch etwas zu ~** bitirmem [*o* tamamlamam] gereken bir şey daha var; **die Sache ist für mich erledigt** bu iş benim için bitti sayılır **2.** (*sl: töten*) işini bitirmek (-in), icabına bakmak (-in); (*ruinieren*) haklamak **II.** *vr:* **sich ~** hallolunmak, sonuca bağlanmak

Erledigung[1] *f* <-en> (*Besorgung*) yapılması gereken işler; **ich habe noch einige ~en zu machen** yapılaması gereken bazı işlerim daha var

Erledigung[2] *f ohne Pl* (*das Erledigen*) bitirme, tamamlama, yerine getirme, halletme

erlegen[1] *pp von* **erliegen**

erlegen*[2] [ɛɐ'le:gən] *vt* (*geh*) öldürmek

erleichtern* [ɛɐ'laɪçtɐn] *vt* (*um Gewicht*) hafifletmek; (*Arbeit, Verständnis*) kolaylaştırmak; **sein Herz ~** yüreğini hafifletmek [*o* ferahlatmak]; **die Nachricht erleichterte ihn** haber onu ferahlattı; **jdn um 100 Euro ~** (*fam*) birinden 100 euro tırıklamak

Erleichterung *f ohne Pl* **1.** ferahlık; **~ empfinden** ferahlık duymak **2.** kolaylık; **jdm ~en gewähren** birine kolaylık göstermek

erleiden* *irr vt* (*Schmerzen*) çekmek; (*Niederlage*) uğramak (-e)

erlernen* *vt* öğrenmek

erlesen *adj* seçkin, güzide

Erlesenheit *f ohne Pl* seçkinlik

erleuchten* *vt* aydınlatmak

Erleuchtung *f* <-en> (*Inspiration*) esin, ilham

erliegen* *irr vi sein* **1.** (*besiegt werden*) yenilmek; (*einer Versuchung*) uymak (-e);

(*einem Irrtum*) düşmek (-e) **2.** (*sterben*) ölmek **3. etw zum E~ bringen** bir şeyi felce uğratmak; **der Frost hat den Verkehr zum E~ gebracht** don trafiği felce uğrattı; **zum E~ kommen** durmak, felce uğramak
erlischt *3. präs von* **erlöschen**
erlitten *pp von* **erleiden**
Erlös [ɛɐ'lø:s] *m* <-es, -e> satış bedeli
erlosch *3. imp von* **erlöschen**
erloschen *pp von* **erlöschen**
erlöschen <erlischt, erlosch, erloschen> *vi sein* **1.** (*Feuer, Vulkan*) sönmek **2.** (*Anspruch*) düşmek; (*Interesse*) geçmek, sona ermek; (*Mitgliedschaft*) sona ermek **3.** (*aussterben*) nesli tükenmek
erlösen* *vt* kurtarmak (*von* -den)
Erlösung *f* <-en> kurtuluş; (*Rettung, Befreiung*) kurtarma
ermächtigen* [ɛɐ'mɛçtɪgən] *vt* yetkilendirmek (*zu* -e), yetkili kılmak (*zu* -e)
Ermächtigung *f* <-en> (JUR) yetki (*zu* -); **er hat keine ~, den Vertrag zu unterschreiben** sözleşmeyi imzalama yetkisi yoktur
ermahnen* *vt* uyarmak (*zu* için), ihtar etmek (*zu* için)
Ermahnung *f* <-en> uyarı, uyarma, ihtar
ermäßigen* [ɛɐ'mɛ:sɪgən] *vt* indirmek, tenzil etmek; **die Preise um 10% ~** fiyatlarda %10 indirim yapmak
Ermäßigung *f* <-en> **1.** (*Senkung*) indirme, tenzil **2.** (*Preisnachlass*) indirim, tenzilât
ermattet [ɛɐ'matət] *adj* bitkin
ermessen* *irr vt* değerlendirmek, takdir etmek; (*schätzen*) değer biçmek (-e)
Ermessen *nt ohne Pl* <-s> takdir; **richterliches ~** hâkimin takdiri; **nach menschlichem ~** büyük bir olasılıkla; **in jds ~ liegen** birinin takdirine kalmak
Ermessensfreiheit *f ohne Pl* takdir hakkı
ermitteln* [ɛɐ'mɪtəln] **I.** *vi* (JUR) soruşturma yapmak (*gegen* hakkında) **II.** *vt* **1.** (*Täter*) bulmak **2.** (*Sieger*) belirlemek, tespit etmek **3.** (MATH) bulmak
Ermittlung *f* <-en> **1.** (*polizeilich*) soruşturma, tahkikat; **~en einleiten** soruşturma açmak **2.** (*Feststellung*) belirleme, tespit; **Ermittlungsverfahren** *nt* (JUR) hazırlık soruşturması
ermöglichen* [ɛɐ'mø:klɪçən] *vt* mümkün kılmak, olanak sağlamak (-e), imkân vermek (-e)
ermorden* *vt* öldürmek
Ermordung *f* <-en> öldürme
ermüden* [ɛɐ'my:den] **I.** *vi sein* **1.** (*Person*) yorulmak **2.** (TECH) dayanma ömrünü yitirmek **II.** *vt* (*Person*) yormak
ermüdend *adj* yorucu
Ermüdung *f* <-en> yorulma, yorgunluk; (TECH) dayanma ömrünü yitirme; **Ermüdungserscheinung** *f* yorgunluk belirtisi
ermuntern* [ɛɐ'mʊntɐn] *vt* yüreklendirmek (*zu* için); (*aufmuntern*) moral vermek (-e, *zu* için)
Ermunterung *f* yüreklendirme
ermutigen* [ɛɐ'mu:tɪgən] *vt* cesaretlendirmek (*zu* için), isteklendirmek (*zu* -e), özendirmek (*zu* -e)
Ermutigung *f* cesaretlendirme
ernähren* **I.** *vt* **1.** (*mit Nahrung*) beslemek **2.** (*sorgen für*) bakmak (-e); (*unterhalten*) geçindirmek **II.** *vr:* **sich ~** beslenmek (*von* ile); **sich gesund/ungesund ~** sağlıklı/sağlıksız beslenmek
Ernährung *f ohne Pl* **1.** beslenme; (*Nahrung*) besin; **gesunde ~** sağlıklı beslenme **2.** (*Unterhalt*) geçindirme; **Ernährungsstörung** *f* beslenme bozukluğu; **Ernährungswissenschaft** *f ohne Pl* beslenme eğitimi; **Ernährungswissenschaftler(in)** *m(f)* beslenme eğitimcisi
ernannt *pp von* **ernennen**
ernennen* *irr vt* atamak, tayin etmek, nasbetmek
Ernennung *f* <-en> atama (*zu* -e), tayin (*zu* -e)
erneuern* [ɛɐ'nɔɪɐn] *vt* **1.** (*Vertrag, Pass*) uzatmak; (*Maschinenteil*) yenilemek **2.** (*Gebäude*) onarmak **3.** (*Freundschaft*) tazelemek
erneut [ɛɐ'nɔɪt] *adv* yeniden
erniedrigen* [ɛɐ'ni:drɪgən] **I.** *vt* **1.** (*demütigen*) küçük düşürmek **2.** (*Druck*) indirmek; (*Preise*) indirmek **3.** (MUS) yarım ton kalınlaştırmak **II.** *vr:* **sich ~** küçük düşmek (*vor* önünde)
Erniedrigung *f* <-en> **1.** (*Demütigung*) küçük düşür(ül)me **2.** (MUS) bemol
ernst [ɛrnst] *adj* **1.** (*Mensch*) ciddî; (*Absicht*) ciddî; **jdn/etw ~ nehmen** bir kimseyi/şeyi ciddiye almak; **etw ~ meinen** bir şeyi ciddî demek **2.** (*Lage, Krankheit*) ciddî **3.** (*feierlich*) ciddî
Ernst *m ohne Pl* <-es> **1.** (*Strenge*) ciddîlik **2.** (*ernster Wille*): **das ist mein voller ~** (*fam*) çok ciddiyim; **im ~** cidden; **allen ~es** cidden **3.** (*Gewichtigkeit*) ciddiyet, ciddîlik; **der ~ der Lage** durumun ciddîliği
Ernstfall *m* <-(e)s, -fälle> ciddî durum
ernsthaft *adj* **1.** (*Verletzung*) ciddî **2.** (*Miene, Angebot*) ciddî
Ernsthaftigkeit *f ohne Pl* ciddîlik
ernstlich **I.** *adj* **1.** (*Bedenken*) ciddî; (*Gefahr*) ciddî **2.** (*Absicht*) ciddî **II.** *adv* **1.** (*ermahnen*) ciddî ciddî, ciddî olarak; **jdm ~**

E

böse sein birine cidden kızgın olmak **2.** (*krank sein*) ciddî bir biçimde

Ernte ['ɛrntə] *f* <-n> **1.** (*Vorgang*) hasat, ürün kaldırma; (*von Mais*) toplama **2.** (*das Geerntete*) hasat; (*Jahres~*) rekolte

Erntedankfest [--'--] *nt* hasat bayramı

ernten ['ɛrntən] *vt* (*a. fig*) kaldırmak, toplamak; (*Mais*) toplamak; (*Getreide*) biçmek; **Beifall ~** alkış toplamak; **wer Wind sät, wird Sturm ~** (*prov*) rüzgâr eken fırtına biçer

ernüchtern* [ɛɐ'nʏçtɐn] *vt* **1.** (*Betrunkene*) ayıltmak **2.** (*enttäuschen*) aklını başına getirmek (-in)

Ernüchterung *f* <-en> ayılma

Eroberer, -in [ɛɐ'ʔoːbərɐ] *m, f* <-s, -; -nen> fatih

erobern* [ɛɐ'ʔoːbɐn] *vt* (*a. fig*) fethetmek, ele geçirmek

Eroberung *f* <-en> fetih

eröffnen* **I.** *vt* **1.** (*Konto, Geschäft*) açmak; (*einweihen*) açmak; (*Verhandlung, Sitzung*) açmak **2.** (*Testament*) açmak **3.** (JUR: *Verfahren*) açmak **4.** (MIL: *das Feuer*) açmak **5.** (*mitteilen*): **jdm etw ~** birine bir şey açıklamak **II.** *vr:* **sich ~** (*Möglichkeiten, Wege*) doğmak

Eröffnung *f* <-en> **1.** (*Öffnung*) açılış; (*Einweihung*) açım **2.** (*Mitteilung*) açıklama

erörtern* [ɛɐ'œrtɐn] *vt* görüşmek

Erörterung *f* <-en> **1.** (*das Erörtern*) görüşme **2.** (*Text*) konuşma

Erosion [ero'zjoːn] *f* <-en> (GEO) erozyon

Erotik [e'roːtɪk] *f ohne Pl* erotizm

erotisch *adj* erotik

Erpel ['ɛrpəl] *m* <-s, -> suna, erkek ördek

erpicht [ɛɐ'pɪçt] *adj:* **auf etw ~ sein** bir şeye (çok) düşkün olmak, bir şeye can atmak; **eine auf Neuigkeiten ~e Dame** yeniliklere çok düşkün bir bayan

erpressen* *vt* **1.** (*Person*) şantaj yapmak (-e, *mit* ile) **2.** (*Lösegeld*) istemek; (*Geständnis*) ettirmek

Erpresser(in) *m(f)* <-s, -; -nen> şantajcı

Erpressung *f* <-en> şantaj

erproben* *vt* denemek, test etmek

erprobt *adj* denenmiş, denemesi yapılmış; **das Gerät ist noch nicht ~** aygıtın henüz denemesi yapılmamıştır; **er ist in solchen Dingen ~** böyle işlerde deneyimlidir

Erprobung *f* <-en> deneme

erquicklich *adj* (*geh: angenehm*) hoş

erraten* [ɛɐ'raːtən] *irr vt* tahmin etmek

errechnen* *vt* hesaplamak

erregbar [ɛɐ'reːkbaːɐ] *adj* asabî, sinirli

erregen* [ɛɐ'reːgən] **I.** *vt* **1.** (*emotional, sexuell*) tahrik etmek **2.** (*hervorrufen*) yol açmak (-e); (*Interesse*) uyandırmak; (*Ärger*) sinirlendirmek; (*Appetit*) açmak **3.** (*Fantasie*) harekete geçirmek **II.** *vr:* **sich ~** sinirlenmek (*über* -e)

Erreger *m* <-s, -> (MED) mikrop

erreichbar *adj* erişil(ebil)ir; **das Dorf ist leicht ~** o köye kolay gidilir

erreichen* *vt* **1.** (*Person*) ulaşmak (-e) **2.** (*Zug*) yetişmek (-e); (*Ort, Alter*) varmak (-e) **3.** (*erlangen*) elde etmek, erişmek (-e)

errichten* *vt* **1.** (*Gebäude*) yapmak, inşa etmek; (*bauen*) yapmak; (*Denkmal*) dikmek **2.** (*gründen*) kurmak

erringen* *irr vt* kazanmak; (*Erfolg*) elde etmek

erröten* [ɛɐ'røːtən] *vi sein* yüzü kızarmak, kıpkırmızı kesilmek; **vor Freude/Scham/Verlegenheit tief ~** sevinçten/utançtan/mahcubiyetten kıpkırmızı kesilmek

errungen *pp von* **erringen**

Ersatz [ɛɐ'zats] *m ohne Pl* <-es> **1.** (*Auswechselung*) yedek **2.** (*Entschädigung*) tazminat; **Ersatzdienst** *m* (askerlik yerine) sivil hizmet; **Ersatzmann** *m* (*a.* SPORT) yedek; **Ersatzreifen** *m* stepne, yedek lâstik; **Ersatzteil** *nt* <-(e)s, -e> yedek parça

ersatzweise [ɛɐ'zatsvaɪzə] *adv* yerine

ersaufen* *irr vi sein* (*fam*) boğulmak

erschaffen* *irr vt* (*geh*) yaratmak

Erschaffung *f ohne Pl* (*geh*) yaratma

erschaudern* *vi sein* (*geh*) tir tir titremek

erscheinen* *irr vi sein* **1.** (*sichtbar werden*) belirmek **2.** (*sich einfinden*) gelmek **3.** (*Buch*) yayımlanmak, çıkmak; **die Anzeige erschien (in der Zeitung) vor zwei Tagen** ilân iki gün önce (gazetede) çıktı **4.** (*sich darstellen, scheinen*) görünmek

Erscheinen *nt ohne Pl* <-s> **1.** (*Gäste*) gelme **2.** (*das Sichtbarwerden*) belirme, görünme **3.** (*Buch*) yayımlanma

Erscheinung *f* <-en> **1.** (*Tatsache*) olgu; (*Ermüdungs~*) belirti; **in ~ treten** belirmek, ortaya çıkmak **2.** (*Gestalt*) kılık, eşkâl; (*äußere*) görünüm, görünüş; **seiner äußeren ~ nach** görünümüne bakılırsa, görünüşüne göre **3.** (*Natur~*) görüngü; (*Geister~*) görüntü; **Erscheinungsbild** *nt* görünüm, manzara; (*Aussehen*) görünüş; **das ~ einer Stadt** bir kentin görünümü; **Erscheinungjahr** *m* yayımlanma yılı; **Erscheinungsort** *m* yayımlanma yeri

erschienen *pp von* **erscheinen**

erschießen* *irr vt* ateş ederek öldürmek; (*hinrichten*) kurşuna dizmek

Erschießung *f* <-en> ateş ederek öldürme; (*Hinrichtung*) kurşuna dizme

erschlaffen* [ɛɐ'ʃlafən] *vi sein* hamlamak, pörsümek; (*Muskeln*) gevşemek

erschlagen[1] **I.** *pp von* **erschlagen[2]** **II.** *adj* (*fam*) **1.** (*erschöpft*) bitkin **2.** (*fassungslos*): **er war** (**wie**) **~, als er das hörte** bunu duyunca beyninden vurulmuşa döndü

erschlagen*[2] *irr vt* vurarak öldürmek

erschleichen* *irr vt* hile ile elde etmek

erschlichen *pp von* **erschleichen**

erschließen* *irr vt* **1.** (*Land*) bayındırlaştırmak; (*Märkte*) açmak; (*Baugelände*) ifraz etmek **2.** (*folgern*) (sonuç) çıkarmak

Erschließung *f* <-en> **1.** (*von Bodenschätzen*) yararlanmak **2.** (*von Märkten*) (pazarlar) açma **3.** (*von Baugelände*) ifraz

erschlossen *pp von* **erschließen**

erschöpfen* **I.** *vt* **1.** (*verbrauchen*) tüketmek; (*aufbrauchen*) kullanarak bitirmek; **meine Geduld ist erschöpft** sabrım tükendi **2.** (*ermüden*) yormak **3.** (*Thema*) inceden inceye ele almak **II.** *vr:* **sich ~** **1.** (*Gesprächsstoff*) tükenmek **2.** (*beschränkt sein*) sınırlı olmak (*in* ile)

Erschöpfung *f* <-en> **1.** (*das Erschöpfen*) tüketilme; **~ der Ressourcen** kaynakların tüketilmesi **2.** (*Ermüdung*) tükenme; **bis zur ~ arbeiten** tükeninceye kadar çalışmak

erschossen *pp von* **erschießen**

erschrak *3. imp von* **erschrecken**[2], **erschrecken**[3]

erschrecken*[1] *vt* korkutmak, ürkütmek; **jdn ~** birini korkutmak

erschrecken[2] <erschrickt, erschrak, erschrocken> *vi sein* korkmak, ürkmek (*über/vor* -den)

erschrecken[3] <erschreckt *o* erschrickt, erschreckte *o* erschrak, erschreckt *o* erschrocken> *vr:* **sich ~** (*fam*) korkmak, ürkmek (*über/vor* -den)

erschreckend *adj* korkutucu; (*Angst einflößend*) korkunç

erschrickt *3. präs von* **erschrecken**[2], **erschrecken**[3]

erschrocken [ɛɐ̯'ʃrɔkən] **I.** *pp von* **erschrecken**[2], **erschrecken**[3] **II.** *adj* korkan, ürken

erschüttern* [ɛɐ̯'ʃʏtɐn] *vt* **1.** (*Erdbeben, Explosion*) sarsmak **2.** (*Glauben, Gesundheit*) sarsmak; (*Vertrauen*) sarsmak **3.** (*Nachricht*) sarsmak; (*stärker*) çok heyecanlandırmak

erschütternd *adj* sarsıcı

erschüttert *adj* sarsılan

Erschütterung *f* <-en> **1.** (*Beben*) sarsıntı **2.** (*Ergriffenheit*) sarsılma

erschweren* [ɛɐ̯'ʃveːrən] *vt* **1.** (*schwerer machen*) güçleştirmek **2.** (*verschlimmern*) ağırlaştırmak; **unter erschwerten Bedingungen** güç [*o* ağır] koşullar altında

erschwinglich [ɛɐ̯'ʃvɪŋlɪç] *adj* kesesine göre, malî imkânlarına göre

ersehen* *irr vt* görmek (*aus* -den); **wie aus meinem Bericht zu ~ ist** raporumdan görüldüğü gibi; **soviel ich aus dem Bericht ersehe ...** raporundan gördüğüm kadarıyla ...

ersehnen* *vt* yürekten istemek, göreceği gelmek, özlemek; **der lang ersehnte Augenblick** uzun zamandır özlemi çekilen an

ersetzen* *vt* **1.** (*Teil*): **alte Reifen durch neue ~** eski lâstiklerin yerine yenilerini takmak **2.** (*Person*): **sie ersetzt dem Kind die Mutter** çocuğa annelik ediyor **3.** (*auswechseln*) değiştirmek (*durch* -le), ikame etmek (*durch* -le), ornatlamak (*durch* -le) **4.** (*Ausgaben*) ödemek **5.** (*a.* FIN: *Verlust*) ödemek, tazmin etmek (*durch* ile); **jdm einen Schaden ~** birinin zararını ödemek [*o* tazmin etmek]

ersichtlich [ɛɐ̯'zɪçtlɪç] *adj* görünür; **ohne ~en Grund** görünürde bir sebep olmaksızın; **hieraus ist ~, dass ...** buradan belli ki ...

ersoffen *pp von* **ersaufen**

ersparen* *vt* **1.** (*Mühe*) sokmamak; **erspar mir den Ärger** başımı derde sokma; **ihr bleibt aber auch nichts erspart** (*fam*) başına gelmedik şey kalmadı **2.** (*Geld*) biriktirmek, tasarruf etmek; **von seinem Ersparten leben** hazırdan yemek

Ersparnis *f* <-se> tasarruf (*an* -den)

erst [eːɐ̯st] **I.** *adv* **1.** (*zuerst*) ilkin, önce **2.** (*zu Beginn*) ilkin, başta **3.** (*nicht früher als*): **er wird ~ morgen kommen** ancak yarın gelir; **er kam ~ gestern** daha dün geldi **4.** (*nur*) sadece **II.** *part:* **jetzt ~** ancak şimdi; **~ gestern fragte sie ...** daha dün ... sordu; **wenn sie ~ weg sind** hele bir gitsinler

erstanden *pp von* **erstehen**

erstarren* *vi sein* **1.** (*vor Kälte*) donmak, buz kesilmek **2.** (*Lava*) katılaşmak; (*das Wasser erstarrte zu Eis*) su buz tuttu **3.** (*vor Schreck*) donakalmak; (*Blut*) donmak

erstatten* [ɛɐ̯'ʃtatən] *vt* **1.** (*vergüten*) ödemek **2.** (*Bericht*) vermek; **wegen etw Anzeige bei der Polizei ~** bir şeyden dolayı polise ihbarda bulunmak

Erstattung *f* <-en> ödeme, verme

Erstaufführung *f* (THEAT) gala

erstaunen* **I.** *vi sein* şaş(ır)mak (*über* -e), hayret etmek (*über* -e); **nein, wirklich? da bin ich aber erstaunt!** olamaz, gerçekten mi? hayret [*o* şaştım doğrusu]!; **guck nicht so erstaunt!** öyle şaşkın şaşkın bakma! **II.** *vt* hayrette bırakmak, şaşırtmak

E

Erstaunen *nt ohne Pl* <-s> hayret, şaşırma; **jdn in ~ setzen** birini hayrete düşürmek, birini hayrette bırakmak; **zu meinem größten ~, ist er noch hier** hâlâ burada olmasına hayret ediyorum

erstaunlich *adj* (*verwunderlich*) hayret verici, şaşılası; (*merkwürdig*) tuhaf

erstbeste(r, s) *adj:* **die ~ Gelegenheit** ilk fırsat; **der/die/das E~** ilk

erste(r, s) ['e:ɐstə, -tɐ, -təs] *adj* ilk, birinci; **als E~s muss ich sagen ...** ilk plânda şunu söylemeliyim ...; (*an ~er Stelle*) ilk başta; **das ~ Mal** ilk defa; **zum ~n Mal** ilk defa; **fürs E~** şimdilik; **~ Hilfe** ilk yardım; **~ Klasse** birinci sınıf, birinci mevki; *s. a.* **achte(r, s)**

erstechen* *irr vt:* **mit einem Messer ~** bıçakla öldürmek, bıçaklayarak öldürmek

erstehen* *irr vt* almak; (*erwerben*) iktisap etmek

Erste-Hilfe-Kasten [--'----] *m* (MED) ilk yardım kutusu

ersteigern* *vt* artırma ile almak, müzayade ile almak

erstellen* *vt* **1.** (*bauen*) yapmak, imal etmek **2.** (*Gutachten*) yazmak; (*Plan*) kurmak

erstemal ['e:ɐstəma:l] *adv s.* **erste(r, s)**

erstenmal ['e:ɐstən'ma:l] *adv s.* **erste(r, s)**

erstens ['e:ɐstəns] *adv* ilkin; (*bei Aufzählung*) birincisi; *s. a.* **achtens**

erster ['e:ɐstɐ] *adj s.* **erste(r, s)**

erstere(r, s) ['e:ɐstərə, -rɐ, -rəs] *adj* (*erstgenannt*) başta söylenen; **der/die/das E~** birincisi, ilki

erstes *adj s.* **erste(r, s)**

ersticken* [ɛɐ'ʃtɪkən] **I.** *vi sein* (*Person*) boğulmak, havasızlıktan ölmek **II.** *vt* **1.** (*töten*) boğmak **2.** (*Aufruhr*) bastırmak **3.** (*Feuer*) söndürmek

Erstickung *f* <-en> (MED) boğulma

erstklassig ['e:ɐstklasɪç] *adj* **1.** (*ausgezeichnet*) şahane, mükemmel; (*hervorragend*) bir numaralı **2.** (SPORT) birinci, bir numaralı, başta gelen

erstmalig ['e:ɐstma:lɪç] **I.** *adj* ilk defa olan **II.** *adv* ilk defa

erstmals ['e:ɐstma:ls] *adv* ilk defa olarak

erstochen *pp von* **erstechen**

erstrangig ['e:ɐstraŋɪç] *adj* **1.** (*Problem*) son derece önemli, başta gelen; (*erstklassig*) bir numaralı **2.** (JUR: *im Grundbuch*) birinci sıradaki

erstreben* *vt* (*geh*) elde etmeye çalışmak, peşine düşmek (-in); (*eine Stellung*) peşinde olmak

erstrecken* *vr:* **sich ~ 1.** (*betreffen*) kapsamak (*auf*-) **2.** (*räumlich*) kapsamak (*über* -) **3.** (*zeitlich*) sürmek (*über* -)

ersuchen* *vt:* **jdn um etw ~** birine bir şey için istekte bulunmak

ertappen* *vt* yakalamak, tutmak; **jdn auf frischer Tat ~** birini suçüstü yakalamak

erteilen* *vt* (*Erlaubnis*) vermek; (*Rat*) vermek; (*Unterricht, Befehl*) vermek; **sie erteilte ihm das Wort** ona sözü verdi

ertönen* [ɛɐ'tø:nən] *vi sein* duyulmak, işitilmek; **der Dampfer ließ seine Sirene ~** vapur canavar düdüğünü öttürdü

Ertrag [ɛɐ'tra:k, *Pl:* ɛɐ'trɛ:gə] *m* <-(e)s, -träge> **1.** (*Produktmenge*) verim **2.** (*Gewinn*) kazanç, hâsılat, getiri, irat, gelir **3.** (AGR) ürün, mahsul

ertragen* *irr vt* çekmek; (*aushalten*) dayanmak (-e), tahammül etmek (-e)

erträglich [ɛɐ'trɛ:klɪç] *adj* **1.** (*zu ertragen*) katlanılır, çekilir **2.** (*fam: recht gut*) oldukça iyi

ertragreich *adj* verimli, kazançlı

ertränken* *vt* (suda) boğmak

erträumen* *vt* hayal etmek

ertrinken* *irr vi sein* (suda) boğulmak

ertrunken *pp von* **ertrinken**

erübrigen* [ɛɐ'y:brɪgən] **I.** *vt* **1.** (*einsparen*) biriktirmek, tasarruf etmek **2.** (*haben*) olmak; **können Sie etw Zeit für mich ~?** benim için biraz vaktiniz var mı? **II.** *vr:* **sich ~** (*überflüssig sein*) hacet kalmamak, gereği olmamak; **das hat sich jetzt alles erübrigt** bütün bunlara artık hacet kalmadı

erwachen* *vi sein* (*geh*) uyanmak; **das wird ein böses E~ geben** bunun sonu kötü olacak

erwachsen¹ [ɛɐ'vaksən] **I.** *pp von* **erwachsen²** **II.** *adj* yetişkin

erwachsen² *irr vi sein* (*entstehen*) oluşmak, çıkmak; (*hervorgehen*) doğmak (*aus* -den); **er ist zum Manne ~** koskocaman adam oldu

Erwachsene(r) *mf* <-n, -n; -n> yetişkin, büyük

Erwachsenenbildung *f ohne Pl* yetişkin eğitimi

erwägen [ɛɐ'vɛ:gən] <erwägt, erwog, erwogen> *vt* düşünmek

Erwägung *f* <-en>: **nach reiflicher ~** iyice düşünüp taşındıktan sonra; **etw in ~ ziehen** bir şeyi düşünmek

erwähnen* [ɛɐ'vɛ:nən] *vt* anmak, zikretmek, sözünü etmek (-in), bahsetmek (-den); **unten/oben erwähnt** aşağıda/yukarıda adı geçen

Erwähnung *f* <-en> anma

erwärmen* **I.** *vt* ısıtmak **II.** *vr:* **sich ~ 1.** (*warm werden*) ısınmak **2.** (*sich begeistern*) ısınmak (*für* -e)

Erwärmung *f* <-en> ısınma

erwarten* *vt* **1.** (*warten, hoffen*) beklemek, ummak; **sie kann es kaum noch** ~ dört gözle bekliyor, bekleyecek hâli kalmadı; **das war zu** ~ bu bekleniyordu **2.** (*verlangen*) istemek **3.** (*erhoffen*) beklemek, umut etmek; **er erwartet von uns, dass wir gehorchen** bizden itaat etmemizi bekliyor; **es wurde wider E~ ein schöner Tag** beklentilerin aksine güzel bir gün oldu
Erwartung *f* <-en> beklenti; (*Hoffnung*) umut; **den ~en entsprechen** beklentileri karşılamak; **erwartungsgemäß** *adv* beklendiği gibi, umulduğu gibi; **erwartungsvoll I.** *adj* umutlu **II.** *adv* umutla
erwecken* *vt* **1.** (*geh: aufwecken*) uyandırmak **2.** (*hervorrufen*) uyandırmak; (*Zweifel*) düşürmek (-e); (*Vertrauen*) vermek; **Vertrauen ~d** güven verici; **das erweckte den Anschein, als ob ...** sanki ... imiş gibi göründü
erweichen* [ɛɐ'vaɪçən] **I.** *vt* yumuşatmak; **jds Herz** ~ birinin kalbini eritmek **II.** *vi* yumuşamak
erweisen* [ɛɐ'vaɪzən] *irr* **I.** *vt* **1.** (*nachweisen*) kanıtlamak; **als erwiesen gelten** sabit görülmek **2.** (*Gefallen*) etmek, yapmak **II.** *vr:* **sich** ~ (*sich zeigen*) (kendini) göstermek; (*sich herausstellen*) sabit olmak, kesin olarak belli olmak; **sie hat sich als sehr zuverlässig erwiesen** çok güvenilir olduğunu gösterdi
erweitern* [ɛɐ'vaɪtɐn] **I.** *vt* **1.** (*Anlage*) genişletmek; (*Straße*) genişletmek (*um* -) **2.** (*fig: Kenntnisse*) artırmak; **seinen Horizont** ~ ufkunu genişletmek **3.** (*vergrößern*) büyütmek (*um* -) **II.** *vr:* **sich** ~ genişlemek (*um* -); (*Straße*) genişlemek; (*Blutgefäße, Pupille*) büyümek
Erweiterung *f* <-en> **1.** genişletme; (*Kenntnisse*) artırma **2.** (*Kapazität*) artırım **3.** (*Pupillen, Gefäße*) büyüme
Erwerb [ɛɐ'vɛrp] *m* <-(e)s, -e> **1.** iktisap, kazanma, edinme **2.** (*Verdienst*) kazanç; (*Lohn*) ücret **3.** (*Arbeit*) iş, çalışma; (*Beruf*) meslek
erwerben* *irr vt* **1.** (*Waren, Kenntnisse*) edinmek, iktisap etmek; (*einen Titel*) almak; **etw käuflich** ~ bir şeyi satın almak **2.** (*Anerkennung*) kazanmak; **seinen Lebensunterhalt durch Klavierunterricht** ~ piyano dersi vererek geçinmek
erwerbsfähig *adj* iş görebilir, iş yapabilir
Erwerbsleben *nt ohne Pl,*
erwerbslos *adj* işsiz
Erwerbsquelle *f* geçim kapısı
erwerbstätig *adj* kazanç sahibi; ~ **sein** kazanç sahibi olmak
Erwerbstätigkeit *f* çalışma; **erwerbsunfähig** *adj* iş göremez
erwidern* [ɛɐ'viːdɐn] *vt* **1.** (*antworten*) cevap [*o* yanıt] vermek (*auf* -e); (*entgegnen*) karşılık vermek (*auf* -e) **2.** (*Gruß, Besuch*) karşılık vermek
Erwiderung *f* <-en> **1.** (*Antwort*) cevap, yanıt **2.** (*von Gefühlen*) karşılık
erwiesen *pp von* **erweisen**
erwiesenermaßen [ɛɐ'viːzənɐ'maːsən] *adv* kanıtlanmış olduğu gibi, sabit olduğu üzere; **er ist** ~ **dort gewesen** kanıtlanmış olduğu gibi orada bulunmuştur
erwirtschaften* *vt:* **Gewinn** ~ kâr getirmek
erwischen* *vt* (*fam*) **1.** (*ergreifen*) tutmak; **es muss ausgerechnet immer mich** ~ bula bula hep beni buluyor **2.** (*ertappen*) yakalamak; **die Kinder beim Lügen** ~ çocukların yalanını yakalamak
erwog [ɛɐ'voːk] *3. imp von* **erwägen**
erwogen [ɛɐ'voːgən] *pp von* **erwägen**
erworben [ɛɐ'vɔrbən] **I.** *pp von* **erwerben** **II.** *adj* kazanılmış, edinilmiş, müktesep; **~e Rechte** müktesep haklar
erwünscht [ɛɐ'vʏnʃt] *adj* istenilen; **Deutschkenntnisse** ~ Almanca bilen aranıyor
erwürgen* [ɛɐ'vʏrgən] *vt* boğmak
Erz [eːɐts, ɛrts] *nt* <-es, -e> cevher
erzählen* *vt* anlatmak; **etw wieder** ~ bir şeyi tekrar anlatmak; **mir kannst du nichts** ~ (*fam*) sen onu külâhıma anlat
Erzähler(in) *m(f)* <-s, -; -nen> anlatıcı
Erzählung *f* <-en> (LIT) anlatı
Erzbischof, -bischöfin ['ɛrts-] *m, f* başpiskopos; **Erzengel** *m* başmelek; **der** ~ **Gabriel** başmelek Cebrail
erzeugen* *vt* **1.** (*herstellen*) üretmek; (*fertigen*) yapmak, imal etmek; (CHEM, PHYS) üretmek **2.** (*Angst*) vermek; (*Kind*) yapmak
Erzeuger(in) *m(f)* <-s, -; -nen> **1.** (*Vater*) baba **2.** (*Hersteller*) üretici; **vom** ~ **zum Verbraucher** üreticiden tüketiciye
Erzeugerpreis *m* üretici fiyatı
Erzeugnis *nt* <-ses, -se> ürün
Erzeugung *f* <-en> üretim
Erzfeind(in) ['ɛrts-] *m(f)* can düşmanı
Erzherzog ['ɛrts-] *m* <-s, -zöge> (HIST) arşidük; **Erzherzogin** ['ɛrts-] *f* <-nen> (HIST) arşidüşes; **Erzherzogtum** *nt* arşidüklük
erziehbar *adj:* **schwer ~es Kind** problem çocuk
erziehen* *irr vt* eğitmek, terbiye etmek
Erzieher(in) *m(f)* <-s, -; -nen> eğitici; (*Pedagoge*) eğitimci, pedagog
erzieherisch *adj* eğitici
Erziehung *f ohne Pl* eğitim, terbiye; **erziehungsberechtigt** *adj* veli olan; **Erziehungsberechtigte(r)** *mf* <-n, -n; -n>

veli; **Erziehungswissenschaft** *f ohne Pl* eğitim bilimi, pdagoji; **Erziehungswissenschaftler(in)** *m(f)* pedagog

erzielen* *vt* elde etmek; (*Tor*) atmak; **eine Einigung** ~ uzlaşmaya varmak

erzogen *pp von* **erziehen**

erzürnen* [ɛɐ'tsʏrnən] *vt* (*geh: zornig machen*) öfkelendirmek

erzwingen* *irr vt* zorlamak; (*Entscheidung*) zorla verdirmek

erzwungen *pp von* **erzwingen**

es [ɛs] **I.** *pron 3. Sg nt* **1.** *nom* o **2.** *akk* onu; **ich weiß ~ nicht** bilmiyorum **II.** (*unpers*): **~ gibt nichts mehr zu tun** yapacak başka bir şey kalmadı; **ihr wurde ~ schlecht** fenalaştı; **~ wurde getanzt** dans edildi; **~ ist vier Uhr** saat dört; **~ hat geläutet** zil çaldı; **~ regnet** yağmur yağıyor; **ich bin ~** benim

Es *nt* <-, -> (MUS) es

Esche ['ɛʃə] *f* <-n> (BOT) dişbudak

Esel(in) ['e:zəl] *m(f)* <-s, -; -nen> **1.** (ZOOL) eşek **2.** (*fam: Mensch*) eşek; **Eselsohr** *nt* (*fam fig*) kıvrık kitap sayfası

eskalieren* [ɛska'li:rən] *vi sein* büyümek, kızışmak, şiddetlenmek

Eskimo ['ɛskimo] *m* <-s, -s> eskimo; **Eskimofrau** *f* eskimo kadını

Eskorte [ɛs'kɔrtə] *f* <-n> eskort

Esoterik [ezo'te:rɪk] *f ohne Pl* içrekçilik

esoterisch *adj* içrek; **~e Literatur** içrek edebiyat

Espe ['ɛspe] *f* <-n> (BOT: *Zitterpappel*) titrek kavak, acı kavak

Esperanto [ɛspe'ranto] *nt ohne Pl* <-(s)> Esperanto

Espresso [ɛs'prɛso] *m* <-(s), -s *o* Espressi *nach Zahlen:* -> espresso

Esprit [ɛs'pri:] *m ohne Pl* <-s> espri

Essay ['ɛse, 'ɛsɛɪ] *m o nt* <-s, -s> (LIT) deneme

Essayist(in) *m(f)* (LIT) denemeci, deneme yazarı

essbar[RR] ['ɛsba:ɐ] *adj*, **eßbar** *adj* yenir, yenen; **~e Pilze** yenen mantarlar

Essbesteck [bə'ʃtɛk] *nt* <-(e)s, -e>, **Eßbesteck** *nt* <-(e)s, -e> çatal bıçak takımı

essen ['ɛsən] <isst, aß, gegessen> **I.** *vi* (yemek) yemek; **hast du schon gegessen?** yemek yedin mi?; **zu Mittag/Abend ~** öğlen/akşam yemeği yemek; **~ gehen** yemeğe gitmek **II.** *vt* yemek; (*Suppe*) içmek

Essen *nt* <-s, -> yemek; **Essen(s)marke** *f* yemek fişi; **Essenszeit** *f* yemek vakti

essentiell [ɛsɛn'tsjɛl] *adj s.* **essenziell**

Essenz [ɛ'sɛnts] *f* <-en> öz

essenziell[RR] [ɛsɛn'tsjɛl] *adj* özlü

Essgewohnheiten[RR] *fPl*, **Eßgewohnheiten** *fPl* yemek yeme alışkanlıkları *pl*

Essig ['ɛsɪç] *m* <-s, -e> sirke; **Essigfliege** *f* (ZOOL) sirke sineği; **Essigsäure** *f ohne Pl* sirke ruhu, asetik asit; **Essiggurke** *f* turşuluk hıyar

Esskastanie[RR] *f* <-n>, **Eßkastanie** *f* <-n> (yenir) kestane

Esslöffel[RR] *m*, **Eßlöffel** *m* çorba kaşığı; **ein ~ Mehl** bir çorba kaşığı un

Esswaren[RR] *fPl*, **Eßwaren** *fPl* yiyecekler *pl*

Esszimmer[RR] *nt*, **Eßzimmer** *nt* **1.** (*Zimmer*) yemek odası **2.** (*Einrichtung*) yemek odası takımı

Este, -in ['e:stə] *m, f* <-n, -n; -nen> Estonyalı

Ester *m* (CHEM) ester

Estland ['ɛstlant] *nt* <-s> Estonya

estnisch ['ɛstnɪʃ] *adj* Estonyalı, Estonya (ile ilgili)

Estragon ['ɛstragɔn] *m ohne Pl* <-s> tarhun

etablieren* [eta'bli:rən] **I.** *vt* kurmak **II.** *vr:* **sich ~** kurulmak, yerleşmek, yerini almak

etabliert *adj* kurulu, yerleşmiş, yerleşik, oturmuş; (*nahmhaft*) namlı; **die ~e Ordnung** kurulu düzen

Etage [e'ta:ʒə] *f* <-n> kat; **Etagenbett** *nt* iki katlı yatak; **Etagenheizung** *f* kat kaloriferi; **Etagenwohnung** *f* apartman dairesi

Etappe [e'tapə] *f* <-n> **1.** (*räumlich, zeitlich*) aşama; (*Entwicklungsabschnitt*) evre; (SPORT) etap **2.** (MIL) cephe gerisi, menzil

Etat [e'ta:] *m* <-s, -s> bütçe

Etatismus *m ohne Pl* (POL) devletçilik

etc. [e:te:'tse:] *Abk. von* **et cetera** vb., *ve benzerleri*

Ethik ['e:tɪk] *f ohne Pl* etik

ethisch *adj* etik

ethnisch ['ɛtnɪʃ] *adj* etnik, budunsal

Ethnologe, -in [ɛtno'lo:gə] *m, f* <-n, -n; -nen> etnolog

Ethnologie [ɛtnolo'gi:] *f ohne Pl* etnoloji

Etikett [eti'kɛt] *nt* <-(e)s, -e(n)> etiket

Etikette [eti'kɛtə] *f* <-n> etiket, teşrifat

etikettieren* *vt* (*Dosen, Flaschen*) etiketlemek

etliche(r, s) ['ɛtlɪçə, -çɐ, -çəs] *pron* (*geh: ein paar*) birkaç, birkaçı; (*einiges*) epeyce; **~ unter den Zuschauern** seyircilerin birçoğu; **nach ~n Stunden** birkaç saat sonra; **er ist um ~s älter als ich** benden epeyce daha yaşlı

Etui [ɛt'vi:, ety'i:] *nt* <-s, -s> kılıf

etwa ['ɛtva] **I.** *adv* **1.** (*ungefähr*) aşağı yukarı, yaklaşık olarak **2.** (*beispielsweise*) söz gelişi; **wie ~ in diesem Fall** söz gelişi, bu durumda olduğu gibi **3.** (*Schweiz: ab und *zu*) arada sırada **II.** *part:* **willst du ~ schon gehen?** hemen şimdi gidecek misin yani?; **er wollte gehen oder ~ nicht?** gitmek istiyordu yoksa istemiyor muydu?

etwaige(r, s) ['ɛtva:ɪç, -'--] *adj* olası

etwas ['ɛtvas] *pron* bir şey; (*ein bisschen*) biraz; **hast du noch ~ Geld?** biraz daha paran var mı?; **ohne ~ zu sagen** bir şey söylemeden; **das ist ~ anderes** bu biraz başka; **sie hat ~ mit ihm** (*fam*) onunla bir şeyler pişiriyor, onunla arasında bir şeyler dönüyor

Etymologe, -in [etymo'lo:gə] *m, f* <-n, -n; -nen> etimolog

Etymologie [etymolo'gi:] *f* <-n> etimoloji

etymologisch [etymo'lo:gɪʃ] *adj* etimolojik

EU [e:'ʔu:] *f Abk. von* **Europäische Union** AB, *Avrupa Birliği;* **EU-Bürger(in)** *m(f)* AB yurttaşı

euch [ɔɪç] **I.** *pron mfpl dat/akk von* **ihr** siz; (*betont*) sizler; (*mit Präposition*) sizin; **wie habt ihr ~ in China verständigt?** Çin'de nasıl anlaştınız?; **~ würde es gefallen** bu sizin hoşunuza gider, bunu beğenirsiniz; **Blumen für ~!** size çiçek var!; **ein Freund von ~** sizin bir dostunuz; **gehören ~ die Räder?** tekerler size mi ait? **II.** *pron mfpl dat/akk von* **ihr** sizi, size; **setzt ~!** oturun!

Eudämonismus *m ohne Pl* (PHILOS) evdemonizm, mutçuluk

euer ['ɔɪɐ] *pron Pl gen von* **ihr** sizin

euer, euere, euer *pron* (*adjektivisch*) sizin, sizlerin *pl;* **~ Sohn** (sizin) oğlunuz; **eure Wohnung/Freunde/Blumen** (sizin) eviniz/dostlarınız/çiçekleriniz

euere(r, s) *pron* (*substantivisch*) sizin, sizlerin *pl;* **das große Stück ist eures** [*o* **euers**] büyük parça sizin; *s. a.* **euer, euere, euer**

EU-Gipfel *m* <-s, -> AB zirvesi

Eukalyptus [ɔɪka'lʏptʊs] *m* <-, Eukalypten *o* -> (BOT) okaliptüs

EU-Kommission *f ohne Pl* AB komisyonu

Eule ['ɔɪlə] *f* <-n> (ZOOL) baykuş; **E~n nach Athen tragen** tereciye tere satmak

EU-Mitgliedsland *nt* <-(e)s, -länder> AB üyesi ülke

Eunuch [ɔɪ'nu:x] *m* <-en, -en> hadım; (HIST: *im Harem*) hadım ağası, harem ağası

Euphorie [ɔɪfo'ri:] *f* <-n> coşku

euphorisch [ɔɪ'fo:rɪʃ] *adj* coşkulu

Euphrat *m* <-s> Fırat

Eurasien *nt* Avrasya

Euratom [ɔɪra'to:m] *f Abk. von* **Europäische Atomgemeinschaft** Euratom, *Avrupa Atom Enerjisi Topluluğu*

eure(r, s) ['ɔɪrə, -rɐ, -rəs] *pron, pron s.* **euer**

eurer ['ɔɪrɐ] *pron, pron s.* **euer**

eurerseits ['ɔɪrɐzaɪts] *adv* (sizin) tarafınızdan

eures ['ɔɪrəs] *pron, pron s.* **euer**

euresgleichen ['--'--] *pron* sizin gibiler

euretwegen ['ɔɪrətve:gən] *adv* sizin için; (*negativ*) sizin yüzünüzden

euretwillen ['ɔɪrətvɪlən] *adv:* **um ~** hatırınız için

eurige(r, s) ['ɔɪrɪgə, -gɐ, -gəs] *pron geh für* **eu(e)re(r, s)**: **der/die/das ~** sizinkisi; **die ~n** sizinkiler

Euro ['ɔɪro] *m* <-(s), -(s)> (EU) euro

Eurocheque *m* <-s, -s> euroçek

Europa [ɔɪ'ro:pa] *nt* <-s> Avrupa

Europäer(in) [ɔɪro'pɛ:ɐ] *m(f)* <-s, -; -nen> Avrupalı

Europafrage *f* (POL) Avrupa sorunu

europäisch *adj* Avrupa (ile ilgili); **E~e Kommission** Avrupa Komisyonu; **E~e Union** Avrupa Birliği; **E~e Währungseinheit** Avrupa Para Birimi; **E~er Gerichtshof** Avrupa Adalet Divanı; **E~es Währungssystem** Avrupa Para Sistemi

Europameister(in) *m(f)* (SPORT) Avrupa şampiyonu; **Europameisterschaft** *f* <-en> (SPORT) Avrupa Şampiyonası; **Europaparlament** *nt ohne Pl* <-(e)s> Avrupa Parlâmentosu; **Europapokal** *m* (SPORT) Avrupa Kupası; **Europarat** *m ohne Pl* <-(e)s> Avrupa Konseyi; **Europawahlen** *fPl* Avrupa seçimleri *pl*

Eurovision [---'-] *f ohne Pl* Örovizyon

Euter ['ɔɪtɐ] *m* <-s, -> meme

Euthanasie [ɔɪtana'zi:] *f ohne Pl* otonazi, ötanazi

ev. (REL) *Abk. von* **evangelisch** Protestan

e.V., E.V. *Abk. von* **eingetragener Verein** kayıtlı dernek

Eva *f* Havva; **Adam und ~** Âdem ve Havva

evakuieren* [evaku'i:rən] *vt* boşaltmak, tahliye etmek

Evakuierung *f* <-en> boşaltma, tahliye

Evangelien *Pl von* **Evangelium**

evangelisch [evaŋ'ge:lɪʃ] *adj* Protestan

Evangelium [evaŋ'ge:liʊm] *nt* <-s, Evangelien> İncil

Eventualität [evɛntuali'tɛ:t] *f* <-en> olasılık, ihtimal

eventuell [evɛntu'ɛl] *adj* olası

Evolution [evolu'tsjo:n] *f* <-en> evrim

evtl. *Abk. von* **eventuell** olası

E-Werk ['e:vɛrk] *nt Abk. von* **Elektrizitätswerk** elektrik santralı, elektrik fabrikası

ewig ['e:vɪç] *adj* **1.** (*unendlich*) sonsuz, ebedî; **für immer und ~** ebediyen, ilelebet **2.** (*fam fig: sehr lange*) çoktandır; (*endlos*) bitmez tükenmez

E

Ewiggestrige(r) *mf* (*fam*) dinozor

Ewigkeit *f* <-en> sonsuzluk, ebediyet; **bis in alle ~** (*fam*) sonsuzluğa kadar, ebediyen

EWS [e:ve:'ʔɛs] *nt ohne Pl* <-> *Abk. von* **Europäisches Währungssystem** Avrupa Para Sistemi

EWU [e:ve:'ʔu:] *f ohne Pl Abk. von* **Europäische Währungsunion** Avrupa Para Birliği

ex [ɛks] *adv* (*fam*): **etw auf ~ trinken** bir şeyi fondip yapmak, bir şeyi bir dikişte içmek

exakt [ɛ'ksakt] *adj* **1.** (*präzise*) belgin, sağın; **~e Wissenschaften** sağın bilimler **2.** (*Uhrzeit*) tam; **er kam ~ um 12 Uhr an** saat tam 12'de geldi **3.** (*sorgfältig*) titiz

Examen [ɛ'ksa:mən, *Pl:* ɛ'ksa:mina] *nt* <-s, - *o* Examina> sınav; **~ machen** sınavı kazanmak [*o* başarmak]

Examina *Pl von* **Examen**

exekutieren* [ɛkseku'ti:rən] *vt* **1.** (*hinrichten*) idam etmek **2.** (*ausüben*) icra etmek, yapmak; (*vollziehen*) infaz etmek, yerine getirmek

Exekution [ɛkseku'tsjo:n] *f* <-en> infaz; (*Hinrichtung*) idam

Exekutive [ɛkseku'ti:və] *f* <-n> (JUR, POL) yürütme gücü, yürütme erki; *s. a.* **Judikative, Legislative**

Exemplar [ɛksɛm'pla:ɐ] *nt* <-s, -e> örnek; (*Einzelstück*) tane, adet

exemplarisch [ɛksɛm'pla:rɪʃ] *adj* (*geh*) örnek (olacak nitelikte); (*als warnendes Beispiel*) ibretlik

exerzieren* [ɛksɛr'tsi:rən] *vi* (MIL) talim yapmak

Exhibitionismus [ɛkshibitsjo'nɪsmʊs] *m ohne Pl* <-> göstermecilik, ut açıcılık, teşhircilik

Exhibitionist(in) *m(f)* <-en, -en; -nen> göstermeci, ut açıcı, teşhirci

Exil [ɛ'ksi:l] *nt* <-s, -e> sürgün; **ins ~ gehen** sürgün gitmek; **ins ~ schicken** sürgüne göndermek

Existentialismus [ɛksɪstɛntsja'lɪsmʊs] *m ohne Pl* <-> *s.* **Existenzialismus**

existentiell [ɛksɪstɛn'tsjɛl] *adj s.* **existenziell**

Existenz[1] [ɛksɪs'tɛnts] *f ohne Pl* **1.** (*Dasein*) varoluş, mevcudiyet, varlık **2.** (*Leben*) hayat, yaşam

Existenz[2] *f* <-en> **1.** geçim kapısı, ekmek kapısı **2.** (*pej: Mensch*) insan; **eine gescheiterte ~** hayatta başarı kazanamamış bir insan

Existenzangst *f* can korkusu; **Existenzberechtigung** *f* <-en> yaşama hakkı; **Existenzgrundlage** *f* geçim kaynağı

Existenzialismus [ɛksɪstɛntsja'lɪsmʊs] *m ohne Pl* <-> (PHILOS) varoluşçuluk

existenziell [ɛksɪstɛn'tsjɛl] *adj* **1. eine Frage von ~er Bedeutung** hayat memat meselesi **2.** (PHILOS) varoluşçu

Existenzkampf *m* hayat mücadelesi, geçim savaşı, ekmek kavgası, boğaz kavgası

Existenzminimum *nt ohne Pl* <-s> asgarî geçim düzeyi; (*Mindesteinkommen*) asgarî ücret

existieren* [ɛksɪs'ti:rən] *vi* **1.** (*vorhanden sein*) var olmak **2.** (*auskommen*) geçinmek (*von* ile)

Exitus *m ohne Pl* (MED) ölüm

exklusiv [ɛksklu'zi:f] *adj* özel

exkommunizieren* *vt* (REL) aforoz etmek

Exkremente [ɛkskre'mɛntə] *ntPl* (*geh*) dışkı, kazurat *pl*

Exkurs [ɛks'kʊrs] *m* <-es, -e> antrparantez, istitrat; **einen ~ einschalten** antrparantez açmak

Exmatrikulation [ɛksmatrikula'tsjo:n] *f* <-en> (öğrenci) kaydın(ın) silinmesi

exmatrikulieren* *vt* kaydını silmek (-in)

Exogamie *f* dış evlilik

Exot(in) [ɛ'kso:t] *m(f)* <-en, -en; -nen> (*Tier*) egzotik hayvan; (*Pflanze*) egzotik bitki; (*Mensch*) egzotik insan

exotisch [ɛ'kso:tɪʃ] *adj* egzotik, yabancıl

expandieren* [ɛkspan'di:rən] *vi* (COM) genişlemek; (PHYS) genleşmek

Expansion [ɛkspan'zjo:n] *f* <-en> (*a.* POL, WIRTSCH) genişleme

Expedition [ɛkspedi'tsjo:n] *f* <-en> **1.** keşif gezisi **2.** (*Güter*) sevk

Experiment [ɛksperi'mɛnt] *nt* <-(e)s, -e> deney

experimentell [ɛksperimen'tɛl] *adj* deneysel

experimentieren* *vi* deney yapmak (*mit* ile)

Experte, -in [ɛks'pɛrtə] *m, f* <-n, -n; -nen> eksper, uzman; (*Sachkundige*) bilirkişi

Expertise [ɛkspɛr'ti:zə] *f* <-n> ekspertiz raporu

explizit [ɛkspli'tsi:t] *adj* belirtik

explodieren* [ɛksplo'di:rən] *vi sein* **1.** (*Bombe, a. fig*) patlamak **2.** (*Preise, Kosten*) patlamak; (*Bevölkerungszahl*) patlamak

Explosion [ɛksplo'zjo:n] *f* <-en> (*a. fig*) patlama

explosionsartig *adj* **1.** (*einer Explosion ähnlich*) patlar gibi **2.** (*rapide*) bomba gibi patlayan

Explosionsgefahr *f* patlama tehlikesi

explosiv [ɛksplo'zi:f] *adj* patlayıcı

Exponat [ɛkspo'na:t] *nt* <-(e)s, -e> (KUNST) sergilenen parça

Exponent [ɛkspo'nɛnt] *m* <-en, -en> (MATH) üs; **der ~ einer Potenz** bir kuvvetin üssü

exponentiell *adj* (MATH) üstel

Export [ɛks'pɔrt] *m* <-(e)s, -e> (*a.* INFORM) ihracat; **Exportartikel** *m* <-s, -> ihraç malı

Exporteur(in) [ɛkspɔr'tøːɐ, *Pl:* ɛkspɔr'tøːrə] *m(f)* <-s, -e; -nen> ihracatçı

Exportfirma *f* <-firmen> ihracat firması

exportieren* [ɛkspɔr'tiːrən] *vt* ihraç etmek, yurt dışına satmak

Express[RR] [ɛks'prɛs] *m ohne Pl* <-es>, **Expreß** *m ohne Pl* <-sses> ekpres; **per ~** ekspres ile

Expressionismus [ɛksprɛsjo'nɪsmʊs] *m ohne Pl* <-> (KUNST, MUS, LIT) ekspresyonizm, dışa vurumculuk

expressionistisch *adj* (KUNST, MUS, LIT) ekspresyonist, dışa vurumcu

Expressstraße[RR] *f* (*Schweiz: Schnellstraße*) ekspres yol

exquisit [ɛkskvi'ziːt] *adj* (*erlesen*) seçkin

extern [ɛks'tɛrn] *adj* dış

extra ['ɛkstra] **I.** *adj inv* (*fam*) **1.** (*zusätzlich*) ekstra, fazladan; **eine ~ Belohnung** ekstra bir ödül **2.** (*gesondert*) ayrı; **auf einem ~ Blatt** ayrı bir kâğıtta **II.** *adv* **1.** (*gesondert*) ayrıca, ayrı olarak **2.** (*zusätzlich*) ekstra, ayrıca **3.** (*eigens*) mahsus; **das hast du ~ gemacht** (*fam*) bunu mahsus yaptın

Extra *nt* <-s, -s> aksesuar

Extrablatt *nt* özel sayı

Extrakt [ɛks'trakt] *m o nt* <-(e)s, -e> ekstre, öz, hulâsa

extravertiert [ɛkstravɛr'tiːɐt] *adj* (PSYCH) *s.* **extrovertiert**

extrem [ɛks'treːm] **I.** *adj* aşırı **II.** *adv* aşırı

Extrem *nt* <-s, -e> ifrat; **etw ins ~ treiben** bir şeyi ifrata vardırmak; **die äußersten ~e** ifrat tefrit

Extremismus [ɛkstre'mɪsmʊs] *m* <-, Extremismen> (*a.* POL) aşırıcılık

Extremist(in) *m(f)* <-en, -en; -nen> (*Links~*) aşırı solcu; (*Rechts~*) aşırı sağcı

extremistisch *adj* aşırı

Extremitäten [ɛkstremi'tɛːtən] *fPl* ekstremiteler *pl,* eller ve ayaklar *pl*

extrovertiert [ɛkstrovɛr'tiːɐt] *adj* dışa dönük

exzellent [ɛkstsɛ'lɛnt] *adj* mükemmel

Exzellenz [ɛkstsɛ'lɛnts] *f* <-en> cenap; (**Euer**) ~ ekselâns

exzentrisch [ɛks'tsɛntrɪʃ] *adj* (MATH) dış merkezli; (*fig*) ayrıksı, eksantrik

Exzess[RR] [ɛks'tsɛs] *m* <-es, -e>, **Exzeß** *m* <-sses, -sse> ifrat, taşkınlık; **etw bis zum ~ treiben** bir şeyi ifrata vardırmak

exzessiv [--'-] *adj* (*geh*) ifrat derecede, aşırı ölçüde

EZU [eːtsɛt'ʔuː] *f ohne Pl* (POL, WIRTSCH) *Abk. von* **Europäische Zahlungsunion** Avrupa Ödemeler Birliği

E

F

F, f [ɛf] *nt* <-, -> **1.** (*Buchstabe*) F, f **2.** (MUS) fa

Fabel ['fa:bəl] *f* <-n> (LIT) fabl, öykünce

fabelhaft *adj* şahane

Fabrik [fa'bri:k] *f* <-en> fabrika

Fabrikant(in) [fabri'kant] *m(f)* <-en, -en; -nen> fabrikatör

Fabrikarbeiter(in) *m(f)* fabrika işçisi

Fabrikat [fabri'ka:t] *nt* <-(e)s, -e> fabrika malı

Fabrikation [fabrika'tsjo:n] *f* <-en> fabrikasyon; **Fabrikationsfehler** *m* fabrikasyon hatası

fabrikneu *adj* yepyeni; (*fam*) gıcır gıcır

fabrizieren* [fabri'tsi:rən] *vt* (*fam*) imal etmek

fabulieren* [fabu'li:rən] *vi* **1.** (*erzählen*) masal anlatmak, masal okumak **2.** (*lügen*) masal anlatmak, masal okumak

Facelifting *nt* yüz germe

Facette [fa'sɛtə] *f* <-n> faseta, façeta

Facettenauge *nt* (ZOOL) petek göz

Fach [fax, *Pl:* 'fɛçɐ] *nt* <-(e)s, Fächer> **1.** (*in einer Tasche*) göz; (*im Schrank*) bölme; (*Schublade*) göz; (*Handschuh~*) göz; (*Post~*) kutu **2.** (*Berufszweig*) kol, dal; (*Wissensgebiet*) dal, branş; (*Unterrichts~*) ders; **vom ~ sein** branştan olmak; **Facharbeiter(in)** *m(f)* usta işçi, kalifiye işçi; **Facharzt, -ärztin** *m, f* uzman hekim, uzman doktor; **Fachausbildung** *f* ihtisas; **Fachausdruck** *m* <-(e)s, -drücke> teknik terim

fächeln ['fɛçəln] **I.** *vt* yelpazelemek **II.** *vr:* **sich ~** yelpazelenmek

Fächer[1] ['fɛçɐ] *m* <-s, -> yelpaze

Fächer[2] *Pl von* **Fach**

Fachfrau *f* uzman kadın; **Fachgebiet** *nt* uzmanlık alanı; **Fachgeschäft** *nt* <-(e)s, -e> özel mağaza (*für* için); **Fachhochschule** *f* meslek yüksek okulu; **Fachidiot(in)** *m(f)* (*pej*) bir fende kazık kakmış olan kimse; **Fachkenntnisse** *fPl* uzmanlık alanında bilgiler *pl;* **Fachkraft** *f* uzman eleman, kalifiye eleman; **fachkundig** ['faxkʊndɪç] *adj* uzman

Fachlehrer *m* branş öğretmeni; **Fachmann** *m* <-(e)s, -leute *o* -männer> erbap, uzman; **Fachrichtung** *f* bölüm; (*Zweig*) dal, branş; **die ~ Physik an der Universität Köln** Köln Üniversitesi'nde fizik bölümü

Fachschaft *f* <-en> **1.** (UNIV) fakülte **2.** (*Berufsgruppe*) meslek grubu

Fachschule *f* <-n> teknik okul; **fachsimpeln** ['-zɪmpəln] *vi* (*fam*) iş hakkında konuşmak; **Fachsprache** *f* <-n> teknik dil

Fachwort *nt* <-(e)s, -wörter> teknik terim

Fackel ['fakəl] *f* <-n> meşale, yanarca

fackeln *vi* (*fam*) duraksamak, tereddüt etmek

Fackelzug *m* fener alayı

fad(e) [fa:t, 'fa:də] *adj* (*abw*) **1.** (*Speise*) tatsız, yavan **2.** (*langweilig*) saman gibi, can sıkıcı

Faden ['fa:dən, *Pl:* 'fɛ:dən] *m* <-s, Fäden> **1.** (*Näh~*) iplik; **der rote ~** (*fig*) bağlayıcı çizgi; **die Fäden in der Hand halten** (*fig*) dizginleri elinde tutmak; **sein Leben hängt am seidenen ~** (*fig*) hayatı tehlikede olmak; **den ~ verlieren** (*fig*) ipin ucunu kaçırmak; **nach Strich und ~** (*fig fam*) evire çevire, adamakıllı, iyice **2.** (*Gold~, Silber~*) sırma **3.** (MED: *Katgut*) katgüt **4.** (*Bohnen*) kılçık

Fadennudel *f* tel şehriye

Fadheit *f ohne Pl* yavanlık

Fading *nt* (RADIO) feding

Fagott [fa'gɔt] <-(e)s, -e> *nt* (*Instrument*) fagot

fähig ['fɛ:ɪç] *adj* **1.** (*imstande*) muktedir (*zu* -e); **er ist zu allem ~** ondan her şey beklenir **2.** (*begabt*) istidatlı **3.** (*geschickt*) becerikli **4.** (*befähigt*) yetenekli (*zu* -e), kabiliyetli (*zu* -e)

Fähigkeit[1] *f ohne Pl* (*das Imstandesein*) yetenek (*zu* -e); (*Geschicklichkeit*) beceriklilik (*zu* -e)

Fähigkeit[2] *f* <-en> (*Begabung*) istidat; (*geistig*) yeti

fahl [fa:l] *adj* (*Farbe*) donuk; (*Licht*) donuk

Fähnchen *nt* flâma

fahnden ['fa:ndən] *vi:* **nach etw** *dat/***jdm ~** bir şeyi/kimseyi aramak

Fahndung *f* <-en> arama (*nach* -)

Fahne[1] ['fa:nə] *f* <-n> **1.** (*Flagge*) bayrak; (NAUT) bandıra; **die ~ hissen** bayrağı açmak [*o* asmak]; **die ~ auf Halbmast setzen** bayrağı yarıya indirmek **2.** (TYPO) prova

Fahne[2] *f ohne Pl* (*fam: Atem*) nefes, ağız kokusu; **eine ~ haben** ağzı alkol kokmak, nefesi içki kokmak

Fahnenappell *m* (MIL) bayrak töreni; **Fahnenflucht** *f ohne Pl* (MIL) askerden kaçma

fahnenflüchtig *adj* (MIL) askerden kaçan, asker kaçağı olan; ~ **werden** askerden kaçmak, asker kaçağı olmak; **fahnengeschmückt** *adj* bayraklı; **Fahnenmast** *m* <-(e)s, -e(n)> bayrak direği; **Fahnenstange** *f* <-n> gönder

Fahrausweis *m* **1.** (*Fahrkarte*) bilet **2.** (*Schweiz: Führerschein*) sürücü belgesi, ehliyet

Fahrbahn *f* yol, taşıt yolu; **von der ~ abkommen** yoldan çıkmak

Fähre ['fɛːrə] *f* <-n> vapur, feribot

fahren ['faːrən] <fährt, fuhr, gefahren> **I.** *vi sein* **1.** (*los~*) kalkmak; **der Zug fährt in 5 Minuten** tren 5 dakika sonra kalkıyor **2.** (*sich fortbewegen*) gitmek (*mit* ile); (*Fahrzeug*) gitmek (*mit* ile); **mit dem Motorrad ~** motosiklet sürmek, motosikletle gitmek; **Rollschuh ~** paten kaymak; **Ski ~** kayak kaymak; **Karusell/Riesenrad ~** atlıkarıncaya/dönme dolaba binmek; **geradeaus ~** dümdüz gitmek **3.** (*verkehren*): **die Züge ~ nicht am Wochenende** hafta sonları tren seferi yok **4.** (*reisen*) seyahat etmek (*nach* -e) **5.** (*fam*): **einen ~ lassen** osurmak **6.** (*fam: zurechtkommen*) geçinmek; **er ist mit ihm immer gut ge~** onunla her zaman iyi geçindi **7. was ist in dich gefahren?** sana ne oldu?; **er fuhr in die Höhe** ayağa sıçradı **II.** *vt* **1.** *haben o sein* (*Straße, Umleitung*) gitmek (-en) **2.** (*befördern*) götürmek; (*Personen*) götürmek; **ich fahre dich nach Hause** seni eve götürürüm; **ein Baby spazieren ~** bir bebeği arabayla gezdirmek **3.** (*steuern*) sürmek; **Auto ~** otomobil kullanmak [*o* sürmek]; **lass mich ~** bırak ben süreyim **4.** (SPORT): **ein Rennen ~** yarış yapmak

Fahrenheit (PHYS) fahrenhayt

Fahrer(in) ['faːrɐ] *m(f)* <-s, -; -nen> (*Auto~, Bus~*) sürücü; (*Chauffeur*) şoför; (*Motorrad~*) sürücü; (*Fahrrad~*) bisikletli

Fahrerairbag *m* <-s, -s> (AUTO) sürücü hava yastığı; **Fahrerflucht** *f ohne Pl* kaza yerinden kaçma [*o* sıvışma]; ~ **begehen** kaza yerinden kaçmak [*o* sıvışmak]

Fahrerlaubnis *f* <-se> (*formal*) **1.** (*Genehmigung*) sürücü belgesi **2.** (*Führerschein*) ehliyet

Fahrersitz *m* şoför koltuğu; **Fahrgast** *m* yolcu; **Fahrgeld** *nt ohne Pl* <-(e)s> yol parası; **Fahrgestell** *nt* **1.** (AUTO) şasi **2.** (AERO) iniş takımı

fahrig ['faːrɪç] *adj* **1.** (*unkontrolliert*) kontrolsüz **2.** (*zerstreut*) kafası dağınık, dalgın

Fahrkarte *f* bilet; **eine ~ hin und zurück** gidiş dönüş için bir bilet; **Fahrkartenautomat** *m* bilet otomatı; **Fahrkartenkontrolleur(in)** *m(f)* kontrolör; **Fahrkartenschalter** *m* (bilet) gişe(si)

fahrlässig ['faːɐlɛsɪç] *adj* taksirli; (*nachlässig*) savsak, ihmalci, ihmalkâr; ~**e Tötung** (JUR) taksirli (adam) öldürme

Fahrlässigkeit *f* <-en> taksir; (*Nachlässigkeit*) ihmal, savsa(k)lama; (JUR) taksir, ihmal; **grobe ~** ağır ihmal

Fahrlehrer(in) *m(f)* şoför okulu öğretmeni

Fahrplan *m* tarife

fahrplanmäßig *adj* tarifeli

Fahrpreis *m* bilet fiyatı; **Fahrpreiserhöhung** *f* biletlere yapılan zam; **Fahrpreisermäßigung** *f* biletlere yapılan indirim

Fahrprüfung *f* şoförlük sınavı

Fahrrad ['faːɐraːt] *nt* bisiklet; **Fahrradfahrer(in)** *m(f)* bisikletli; **Fahrradkette** *f* bisiklet zinciri; **Fahrradweg** *m* bisiklet yolu

Fahrschein *m* <-(e)s, -e> *s.* **Fahrkarte**; **Fahrscheinautomat** *m* bilet otomatı

Fahrschule *f* <-n> şoför okulu; **Fahrschüler(in)** *m(f)* şoför okulu öğrencisi; **Fahrspur** *f* (AUTO) şerit

Fahrstuhl *m* asansör; **Fahrstuhlführer** *m* asansörcü; **Fahrstuhlschacht** *f* asansör boşluğu

Fahrstunde *f* şoför okulunda ders saati

Fahrt [faːɐt] *f* <-en> **1.** (*Reise*) yolculuk; (*Ausflug*) gezi, tur, dolaşma; (*Strecke*) yol; **auf der ~** yolda; **eine ~ antreten** yola çıkmak; **eine ~ Fahrt ins Blaue machen** (*fam*) hedefi belli olmayan bir gezi yapmak; **gute ~!** iyi yolculuklar!; **freie ~ haben** yolu açık olmak **2.** (*Geschwindigkeit*) hız; **in voller ~** tam hız; **er kommt richtig in ~** (*fam fig*) iyice hızlanıyor

fährt [fɛːɐt] *3. präs von* **fahren**

Fährte ['fɛːɐtə] *f* <-n> iz

Fahrtenbuch *nt* (AUTO) seyir defteri; **Fahrtenschreiber** *m* <-s, -> (AUTO) takoğraf

Fahrtkosten *Pl* yol masrafları *pl*

Fahrtrichtung *f* gidiş yönü; **in ~ Süden** güney yönüne [*o* istikametine]

fahrtüchtig *adj* **1.** (*Person*) araç sürmesinde sakınca olmayan **2.** (*Fahrzeug*) trafiğe elverişli, teknik bakımdan sürülmesinde sakınca olmayan

Fahrtwind *m* (*Gegenwind*) karşıdan esen rüzgâr

Fahrverbot *nt* araç sürme yasağı; **Fahrverhalten** *nt* **1.** (*Person*) araba sürüş **2.** (*Fahrzeug*) yol tutuşu; **Fahrwasser** *nt ohne Pl* <-s> (gemilerin) seyir yolu *pl;* (*Durchfahrt*) geçit; **die Unterhaltung geriet in ein politisches ~** (*fig*) sohbet ederken araya politikaya girdi; **Fahrwerk** *nt* (AERO) iniş takımı; **Fahrzeit** *f* gidiş süresi; **nach einer ~ von drei Stunden** üç saat süren bir yolculuktan sonra

Fahrzeug *nt* <-(e)s, -e> taşıt, araç

Fahrzeughalter(in) *m(f)* taşıtçı, araç işleten (kimse); **Fahrzeugschein** *m* <-(e)s, -e> trafik belgesi, (aracın) tescil belgesi
Faible ['fɛɪbəl] *nt* <-s, -s> (*geh*) zaaf (*für* -e); (*Neigung*) eğilim (*für* -e)
fair [fɛːɐ] *adj* (*anständig*) dürüst; (*gerecht*) adilâne; (SPORT) dürüst, faulsüz
Fairplay *nt* (SPORT) fair-play, dürüst oyun, faulsüz oyun
Fakir [fa'kiːɐ] *m* <-s, -e> fakir
Faksimile [fak'ziːmile] *nt* <-s, -s> faksimile, tıpkıbasım
Fakten ['faktən] *Pl von* **Faktum**
faktisch ['faktɪʃ] **I.** *adj* (*wirklich*) gerçek; (*tatsächlich*) fiilî **II.** *adv* gerçekten, fiilen
Faktor ['faktoːɐ] *m* <-s, -en> (*Umstand, a.* MATH) faktör
Faktum ['faktʊm] *nt* <-s, Fakten> olgu, vakıa; **sich auf die Fakten stützen** olgulara dayanmak
Fakultät [fakʊl'tɛːt] *f* <-en> (UNIV) fakülte
fakultativ [fakʊlta'tiːf] *adj* (*geh*) isteğe bağlı
Falke ['falkə] *m* <-n, -n> **1.** (ZOOL) doğan **2.** (POL: *fig: Hardliner*) şahin
Fall[1] [fal] *m ohne Pl* <-(e)s> (*das Fallen, a.* PHYS) düşme; **zu ~ kommen** (*fig*) düşmek
Fall[2] [fal, *Pl:* 'fɛlə] *m* <-(e)s, Fälle> **1.** (*Umstand, a.* MED, LING, JUR) durum, hâl; **für den ~, dass es regnet** yağmur yağdığı takdide; **gesetzt den ~, dass er kommt** geldiği takdirde, gelmesi durumunda; **auf gar keinen ~** asla; **auf jeden ~** kesinlikle, her hâlde, mutlaka; **im schlimmsten/günstigsten ~** en kötü/iyi durumda; **er ist ein hoffnungsloser ~** onun için umut yok; **in diesem ~** bu durumda; **von ~ zu ~** durumdan duruma; **auf alle Fälle** her durumda, kesinlikle, mutlaka; **für alle Fälle** her ihtimale karşı, ne olur ne olmaz **2.** (JUR: *Rechtssache*) olay, vak'a, hâdise
Fallbeil *nt* giyotin
Falle ['falə] *f* <-n> **1.** (*Hinterhalt*) tuzak; (*Fanggerät*) kapan; **in der ~ sitzen** kapana kısılmak; **in die ~ gehen** tuzağa düşmek; **in eine ~ tappen** faka basmak, tuzağa düşmek; **jdm eine ~ stellen** birine tuzak kurmak **2.** (*Schweiz: Türklinke*) kapı kolu **3.** (*fam: Bett*) döşek, yatak; **sich in die ~ hauen** kafayı (yere) vurmak
fallen ['falən] <fällt, fiel, gefallen> *vi sein* **1.** (*hinab~, sich stürzen, a.* MIL) düşmek; **~ lassen** (*Dinge*) düşürmek; (*Plan*) bırakmak; (*Person*) düşmek; **es fällt Regen/Schnee** yağmur/kar yağıyor; **sie fiel in tiefen Schlaf** derin uykuya daldı; **jdm um den Hals ~** birinin boynuna sarılmak; **er fiel ihr ins Wort** sözünü kesti **2.** (*sinken*) düşmek; **die Temperatur ist um 10 Grad ge~** ısı [*o* sıcaklık] 10 derece düştü; **im Preis ~** fiyatı düşmek **3.** (*sich richten, treffen*) düşmek (*auf* -e, *an* -e); **die Wahl fiel auf ihn** o seçildi **4.** (*erfasst werden*) toplamak (*in/unter* -de/-de); **das fällt auch in diese Kategorie** bunu da bu kategoride toplayabiliriz, bu da bu kategoriye girer **5.** (*Licht*) düşmek; **ein Schatten fällt auf die Wand** duvara gölge düşüyor **6.** (*Entscheidung, Urteil*) verilmek **7.** (*verlauten*): **eine Bemerkung ~ lassen** söz söylemek, lâf etmek; **sein Name ist nicht ge~** adı geçmedi **8.** (*sich ereignen*): **fünf Minuten später fiel das Tor zum 3:0** beş dakika sonra atılan gol ile durum 3:0 oldu; **sein Geburtstag fällt auf einen Montag** yaş günü pazartesiye rastlıyor [*o* tesadüf ediyor]; **es fielen drei Schüsse** üç el ateş edildi **9.** (*sein*): **das fällt ihm schwer/leicht** bu ona ağır [*o* zor]/kolay geliyor
fällen ['fɛlən] *vt* **1.** (*Baum, Holz*) kesmek **2.** (*Entscheidung*) vermek; **ein Urteil über jdn ~** biri hakkında hüküm vermek **3.** (MATH: *Lot*) indirmek; **das Lot auf einer Geraden ~** bir doğruya dikme indirmek
fallen|lassen *irr vt s.* **fallen 1., 7.**
Fallensteller(in) *m(f)* <-s, -; -nen> tuzakçı
Fallgeschwindigkeit *f* (PHYS) düşme hızı; **Fallgrube** *f* tuzak çukuru
fällig ['fɛlɪç] *adj* **1.** (FIN: *Zinsen*) vadesi gelen, muaccel; **morgen wird die Zahlung ~** yarın ödemenin yapılması gerekiyor; **am** [*o* **zum**] **20. Oktober ~ sein** 20 Ekim'de muaccel olmak, 20 Ekim'de vadesi gelmek **2.** (*notwendig*) gerekli; **der Wagen ist zur Inspektion ~** arabanın bakımı geldi
Fälligkeit *f* <-en> (FIN) vade; **bei ~** vadesi geldiğinde; **nach/vor ~** vadesinden sonra/önce
Fallobst *nt* ağaçtan düşen meyveler *pl*
Fallrohr *nt* kolon
falls [fals] *konj* eğer, şayet
Fallschirm *m* paraşüt; **mit dem ~ abspringen** paraşütle atlamak; **Fallschirmjäger(in)** *m(f)* <-s, -; -nen> (MIL) paraşütçü; **Fallschirmspringen** *nt ohne Pl* <-s> paraşüt ile atlama, paraşütçülük; **Fallschirmspringer(in)** *m(f)* <-s, -; -nen> paraşütçü; **Fallschirmtruppe** *f* <-n> (MIL) paraşüt kıt'ası
fällt [fɛlt] *3. präs von* **fallen**
Falltür *f* kapak (biçiminde kapı)
falsch [falʃ] **I.** *adj* **1.** yanlış; (*verkehrt*) ters; **~er Alarm** yanlış alarm; **bei jdm an den F~en geraten** tam adamına çatmak; **etw in den ~en Hals bekommen** bir şeyi ters anlamak **2.** (*gefälscht*) sahte, yalancı, tak-

lit; (*Schmuck*) sahte, yalancı; (*Zähne*) takma **3.** (*unpassend*) yanlış **4.** (*hinterhältig*) yalan; **~e Versprechungen machen** yalan yere söz vermek **II.** *adv* yanlış; **Sie sind ~ verbunden** (TEL) yanlış bağlandınız; **das hast du ~ verstanden** bunu yanlış anladın; **damit liegst du ~** bunda yanılıyorsun; **~ parken** yanlış yere park etmek; **~ spielen** oyunda hile yapmak

Falschaussage *f* (JUR) yalan yere tanıklık

fälschen ['fɛlʃən] *vt* taklit etmek, sahtesini yapmak (-in)

Fälscher(in) *m(f)* <-s, -; -nen> sahtekâr; (*Geld~*) kalpazan

Falschgeld *nt* kâlp para

Falschheit *f* <-en> sahtelik; (*Hinterhältigkeit*) kalleşlik

fälschlich ['fɛlʃlɪç] *adj* yanlışlıkla; **~ beschuldigt werden** yanlışlıkla suçlanmak

falsch|liegen *irr vi s.* **falsch II.**

Falschmeldung *f* yalan haber, uydurma haber; **Falschmünzer(in)** ['falʃmʏntsɐ] *m(f)* <-s, -; -nen> (JUR) kalpazan; **Falschspieler(in)** *m(f)* hile yapan oyuncu, üçkâğıtçı

Fälschung ['fɛlʃʊŋ] *f* <-en> taklit

faltbar *adj* katlanır

Falte ['faltə] *f* <-n> **1.** (*in Stoff*) pli; (*in Papier*) büküm **2.** (*Haut~*) kırışık(lık); **die Stirn in ~n legen** alın kırıştırmak **3.** (GEOL) kıvrım; **die ~ ist aus Sattel und Mulde zusammengesetzt** kıvrım, kemer ve tekneden oluşur

falten ['faltən] *vt* **1.** (*Papier*) katlamak; (*Stoff*) devşirmek **2.** (*Stirn*) kırıştırmak; (*Hände*) kenetlemek, kavuşturmak

faltenfrei *adj* (*Gesicht*) kırışıksız; (*Stoffart*) buruşmaz; **Faltenrock** *m* <-(e)s, -röcke> pli etek

Falter ['faltɐ] *m* <-s, -> (ZOOL) kelebek

faltig *adj* **1.** (*Gesicht*) kırışık **2.** (*Stoff*) kırmalı, plili; (*zerknittert*) buruşuk

Falz *m* <-es, -e> (*Holz*) kiniş

falzen ['faltsən] *vt* **1.** (*Papier*) kırmak **2.** (*Holz*) kiniş açmak (-e)

Famagusta *nt* Magosa

familiär [fami'ljɛːɐ] *adj* ailevî

Familie [fa'miːljə] *f* <-n> **1.** aile; **eine ~ gründen** bir aile kurmak **2.** (BIOL) familya **3.** (LING: *Sprach~*) öbek; **Familienglück** *nt* aile saadeti; **Familienleben** *nt ohne Pl* <-s> aile hayatı; **Familienmitglied** *nt* aile üyesi; **Familienname** *m* soyadı; **Familienoberhaupt** *nt* aile reisi; **Familienplanung** *f ohne Pl* aile plânlaması; **Familienrecht** *nt ohne Pl* <-(e)s> (JUR) aile hukuku; **Familienstand** *m ohne Pl* <-(e)s> medenî hâli; **Familienvater** *m* aile babası

Fan [fɛn, fɛːn] *m* <-s, -s> hayran, meraklı; (*Fußball~*) futbol meraklısı

Fanatiker(in) [fa'naːtikɐ] *m(f)* <-s, -; -nen> fanatik, bağnaz; (*religiös*) yobaz

fanatisch [fa'naːtɪʃ] *adj* fanatik, bağnaz; (*religiös*) yobaz(ca)

Fanatismus [fana'tɪsmʊs] *m ohne Pl* <-> fanatizm, bağnazlık; (*religiös*) yobazlık

Fanclub *m* hayranlar kulübü

fand [fant] *3. imp von* **finden**

Fanfare [fan'faːrə] *f* <-n> fanfar

Fang [faŋ] *m ohne Pl* <-(e)s> **1.** (*von Vierbeinern*) avlama; (*von Fischen*) avlama, tutma **2.** (*Beute*) av; **einen guten ~ machen** voli vurmak

Fangarm *m* (*Tentakel*) dokunaç

Fänge ['fɛŋə] *mPl* (*Fangarme*) dokunaçlar *pl;* (*Krallen*) pençeler *pl;* (*Reißzähne*) (köpek) dişler(i) *pl;* **in jds ~ geraten** (*fam*) birinin pençesine düşmek

fangen ['faŋən] <fängt, fing, gefangen> **I.** *vt* **1.** (*Ball*) tutmak, yakalamak; **jdn durch Versprechungen ~** birini vaatlerde bulunarak kafa kola almak; **du wirst dir gleich eine ~** (*fam fig*) bir tane yemene fazla kalmadı **2.** (*Tier*) yakalamak; (*Fisch*) tutmak **3.** (*Verbrecher*) tutmak, yakalamak **II.** *vr:* **sich ~** (*Gleichgewicht wieder finden*) dengesini bulmak; (*seelisch*) kendine gelmek

Fangflotte *f* (NAUT) balıkçı filosu; **Fangleine** *f* (NAUT) palamar

fängt [fɛŋt] *3. präs von* **fangen**

Fanklub *m* hayranlar klübü

FantasieRR [fanta'ziː] *f* <-n> hayal; (*Vorstellungskraft*) hayal gücü; **seine ~ spielen lassen** hayal gücünü kullanmak; **fantasielos**RR *adj* fantezisiz, hayal gücünden yoksun; **Fantasielosigkeit**RR *f ohne Pl* fantezisizlik, hayal gücünden yoksunluk

fantasieren* RR [fanta'ziːrən] *vi* hayal etmek; (*träumen*) hayale dalmak; (MED) sayıklamak, sabuklanmak, hezeyan etmek

fantasievollRR *adj* fantezi dolu

Fantast(in)RR [fan'tast] *m(f)* <-en, -en; -nen> (*pej*) fantezist, hayalperest

FantastereiRR *f* <-en> (*pej*) hayalperestlik

fantastischRR *adj* **1.** (*nicht realistisch*) fantezi, hayalî **2.** (*fam: großartig*) şahane; (*unglaublich*) akıl almaz

Farbabzug *m* (FOTO) renkli baskı

Farbband *nt* <-(e)s, -bänder> (*für Schreibmaschine*) daktilo şeridi; (INFORM) renkli şerit

Farbbildschirm *m* (INFORM, TV) renkli ekran; **Farbdruck** *m* <-(e)s, -e> (TYPO) renkli baskı

Farbe ['farbə] *f* <-n> **1.** (*Farbton*) renk; (*Gesichts~*) ten; **~ bekommen** renklenmek **2.** (*zum Anstreichen*) boya **3.** (*zum Färben*) boya **4.** (*Spielkarten~*) renk; **~ be-**

F

kennen (*fig: sich entscheiden*) karar vermek; (*gestehen*) gerçeği söylemek
farbecht *adj* solmaz
Färbemittel *nt* boyar madde
färben ['fɛrbən] **I.** *vi* (*ab~*) rengi çıkmak **II.** *vt* renklendirmek; (*Stoff, Haare*) boyamak; **rot ~** kırmızıya boyamak **III.** *vr:* **sich ~** (*Laub, Himmel*) renklenmek; **die Pflaumen ~ sich schon** erikler kızarıyor
farbenblind *adj* renk körü
Farbenblindheit *f ohne Pl* renk körlüğü; **Farb(en)kasten** *m* boya kutusu; **Farb(en)lehre** *f* <-n> (KUNST, PHYS) renk bilimi; **Farbenpracht** *f* renklilik; **Farbenspiel** *nt* renk cümbüşü
Färber(in) ['fɛrbɐ] *m(f)* <-s, -; -nen> renkçi
Färberei *f* <-en> **1.** boyama **2.** (*Betrieb*) boyahane
Färberröte *f ohne Pl* kök boyası
Farbfernsehen *nt* renkli televizyon; **Farbfilm** *m* <-(e)s, -e> (FILM) renkli film; (FOTO) renkli film; **Farbfoto** *nt* <-s, -s> renkli fotoğraf
farbig ['farbɪç] *adj* **1.** (*bunt*) renkli **2.** (*Hautfarbe*) esmer **3.** (*lebhaft*) renkli
Farbige(r) ['farbɪgɐ] *mf* <-n, -n; -n> zenci
Farbigkeit *f ohne Pl* renklilik
Farbkopierer *m* <-s, -> renkli fotokopi makinesi
farblos *adj* **1.** (*ohne Farbe*) renksiz; (*blass*) soluk; (*Lack*) boyasız **2.** (*langweilig*) renksiz
Farblosigkeit *f ohne Pl* renksizlik; **Farbstift** *m* <-(e)s, -e> boya kalemi; **Farbstoff** *m* <-(e)s, -e> boyar madde, boya cevheri; **Farbton** *m* <-(e)s, -töne> renk tonu
Färbung ['fɛrbʊŋ] *f* <-en> **1.** (*das Färben*) boyama; (*das Gefärbtwerden*) boyanma **2.** (*Tönung*) renk, renk tonu **3.** (*fig: Tendenz*) eğilim
Farce [fars] *f* <-n> (THEAT) fars
Farm [farm] *f* <-en> çiftlik
Farmer(in) *m(f)* <-s, -; -nen> çiftçi, rençper
Farn [farn] *m* <-(e)s, -e> eğrelti otu
Fasan [fa'za:n] *m* <-s, -e *o* -en> sülün
Fasching ['faʃɪŋ] *m* <-s, -s *o* -e> (*österr, südd*) faşing
Faschismus [fa'ʃɪsmʊs] *m ohne Pl* <-> (POL) faşizm
Faschist(in) [fa'ʃɪst] *m(f)* <-en, -en; -nen> faşist
faschistisch *adj* faşist
Faselei [fa:zə'laɪ] *f* <-en> (*fam pej*) saçmalama *pl*
faseln ['fa:zəln] **I.** *vi* (*fam pej*) saçmalamak (*von/über* -), zırvalamak (*von/über* -), saçma sapan konuşmak (*von/über* hakkında/üzerine), abuk sabuk konuşmak (*von/über* hakkında/üzerine) **II.** *vt* (*fam pej*): **dummes Zeug ~** saçma sapan sözler söylemek
Faser ['fa:zɐ] *f* <-n> lif
faserig *adj* **1.** (*voller Fasern*) lifli; (*Fleisch*) sinirli **2.** (*zerfasert*) lif lif, tel tel
fasrig *adj s.* **faserig**
Fass[RR] [fas, *Pl:* 'fɛsɐ] *nt* <-es, Fässer>, **Faß** *nt* <-sses, Fässer> fıçı; (*größer*) varil; (*kleiner*) kap; (*für Chemikalien*) kap; **Bier vom ~** fıçıdan bira, fıçı birası; **ein ~ ohne Boden (sein)** (*fig*) dipsiz kile, boş ambar (olmak); **voll wie ein ~ sein** (*fam fig*) dut gibi olmak; **das schlägt dem ~ den Boden aus** artık bu kadarı yeter
Fassade [fa'sa:də] *f* <-n> cephe, yüz, alnaç
fassbar[RR] *adj*, **faßbar** *adj* akıl alır, akla uygun; (*verständlich*) anlaşılır; **das ist nicht ~** bu anlaşılmaz bir şey; **das ist kaum ~** anlaşılacak gibi değil
fassen ['fasən] **I.** *vt* **1.** (*ergreifen*) tutmak, yakalamak; **jdn bei der Hand ~** birini elinden tutmak **2.** (*festnehmen*) yakalamak **3.** (*aufnehmen*) almak; **der Tank fasst 50 Liter** depo 50 litre alır **4. Mut ~** cesaret almak **5.** (*Vorsatz, Entschluss*) almak; **ich kann keinen klaren Gedanken ~** doğru dürüst düşünemiyorum; **etw ins Auge ~** bir şeyi göz önüne almak **6.** (*begreifen*) akıl erdirmek, anlamak; **es ist nicht zu ~!** akıl ermez [*o* almaz] bir şey! **7.** (*Edelstein*) kaşlamak; (*Bild*) çerçevelemek **8.** (*ausdrücken*) ifade etmek (*in* -de), dile getirmek (*in* -de) **II.** *vr:* **sich ~** (*sich beruhigen*) yatışmak, sakinleşmek
Fassette[RR] *f* <-n> *s.* **Facette**
Fasson [fa'sɔ̃:] *f* <-s> (*normale Form*) fason, biçim; (*Machart*) fason
Fassung[1] ['fasʊŋ] *f* <-en> **1.** (*eines Edelsteins*) kaş; (*Brille*) çerçeve **2.** (ELEK: *Glühbirne*) duy **3.** (*Text, Buch*) versiyon
Fassung[2] *f ohne Pl* (*Beherrschung*) itidal; **die ~ verlieren/bewahren** itidalini kaybetmek/muhafaza etmek, kendini kaybetmek/tutmak; **etw mit ~ tragen** bir şey karşısında itidalini muhafaza etmek, bir şey karşısında soğukkanlılığını korumak; **jdn aus der ~ bringen** birini çileden çıkarmak; **völlig außer ~ geraten** çileden çıkmak
fassungslos *adj* akıl almaz; (*verwirrt*) şaşkın; **ein ~es Gesicht machen** şaşkın şaşkın bakmak
Fassungslosigkeit *f ohne Pl* şaşkınlık
Fassungsvermögen *nt ohne Pl* <-s> **1.** (*Auffassungsgabe*) kapasite, kavrama gücü **2.** (*räumlich*) kapasite, kapsama gücü

fast [fast] *adv* neredeyse, nerede ise, az kaldı, az kalsın, hemen hemen; ~ **nie** neredeyse [*o* hemen hemen] hiç; ~ **nichts** neredeyse [*o* hemen hemen] hiç; ~ **alle** neredeyse [*o* hemen hemen] hepsi

fasten ['fastən] *vi* (REL: *im Islam*) oruç tutmak; (*im Christentum*) perhiz tutmak, perhiz yapmak

Fastenmonat *m* (REL: *im Islam*) oruç tutulan ay; (*Ramadan*) ramazan

Fastenzeit *f* (REL: *im Islam*) oruç zamanı; (*im Christentum*) büyük perhiz zamanı

FastfoodRR [fa:st fu:t] *nt* <-, -(s)> fast food, festfut, ayaküstü atıştırma

Fastnacht *f ohne Pl* perhiz gecesi

Faszination [fatsina'tsjo:n] *f ohne Pl* büyü

faszinieren* [fastsi'ni:rən] *vt* büyülemek

faszinierend *adj* büyüleyici

fatal [fa'ta:l] *adj* uğursuz; (*unangenehm*) nahoş, hoş olmayan; (*schlimm*) kötü

Fatalismus [fata'lɪsmʊs] *m ohne Pl* <-s> fatalizm, yazgıcılık, kadercilik

Fatalist(in) [fata'lɪst] *m(f)* fatalist, yazgıcı, kaderci

fatalistisch [fata'lɪstɪʃ] *adj* fatalist, yazgıcı, kaderci

Fata Morgana *f* ılgım, yalgın, serap

fauchen ['faʊxən] *vi* **1.** (*Katze*) tıslamak **2.** (*pej: Mensch*) hırlamak

faul [faʊl] *adj* **1.** (*verdorben*) çürük; (*verwesend*) kokmuş; (*Zahn*) çürük **2.** (*träge*) tembel, miskin; **sich auf die ~e Haut legen** (*fig*) yan gelip yatmak **3.** (*fam pej: zweifelhaft*) şüpheli, sakıncalı; **an der Sache ist was ~** bu işte bir bit yeniği var, bu işte bir sakatlık var; **eine ~e Ausrede** sudan bahane **4.** (FIN: *Wechsel*) çürük

Fäule ['fɔɪlə] *f ohne Pl* (*geh*) çürüklük, çürüme

faulen ['faʊlən] *vi haben o sein* çürümek; (*Zahn*) çürümek

faulenzen ['faʊlɛntsən] *vi* tembellik etmek, avarelik etmek

Faulenzer(in) *m(f)* <-s, -; -nen> tembel, haylaz, avare

Faulenzerei *f ohne Pl* tembellik

Faulheit *f ohne Pl* tembellik; **aus ~ etw nicht tun** tembellikten bir şeyi yapmamak

faulig *adj* kokmuş; (*Obst*) çürük

Fäulnis ['fɔɪlnɪs] *f ohne Pl* çürüklük, çürüme

Faulpelz *m* (*fam pej*) tembel, haylaz; **Faultier** *nt* **1.** (ZOOL) tembel hayvan **2.** (*fam: Faulpelz*) tembel

Fauna ['faʊna] *f* <Faunen> (ZOOL) fauna, direy

Faust [faʊst, *Pl:* 'fɔɪstə] *f* <Fäuste> yumruk; **die ~ ballen** yumruğunu sıkmak; **auf eigene ~ handeln** kendi başına davranmak; **das passt wie die ~ aufs Auge** (*fam*) kel başa şimşir tarak

Fäustchen ['fɔɪstçən] *nt* <-s, ->: **sich** *dat* **ins ~ lachen** bıyık altından gülmek

faustdick ['-'-] *adj* (*fam fig*): **es ~ hinter den Ohren haben** anasının gözü olmak; **eine ~e Lüge** kuyruklu [*o* katmerli] bir yalan

Fausthandschuh *m* kolçak

Faustregel *f* basit kural; **Faustschlag** *m* yumrukla vuruş, yumruk darbesi

Fauxpas *m* gaf, pot, patavatsızlık

Favorit(in) [favo'ri:t] *m(f)* <-en, -en; -nen> favori

Fax ['faks] *nt* <-, -(e)> (TEL) faks

faxen **I.** *vi* (TEL) fakslamak **II.** *vt* (TEL) fakslamak

Faxmodem *nt* (TEL) faks modemi

Fazit ['fa:tsɪt] *nt* <-s, -s> (*Ergebnis*) sonuç; **das ~ aus etw ziehen** bir şeyden sonuç çıkarmak

FDP [ɛfde:'pe:] *f Abk. von* **Freie Demokratische Partei** Hür Demokrat Parti

F-Dur ['ɛf'du:ɐ] *nt ohne Pl* <-> (MUS) fa majör

Februar ['fe:brua:ɐ] *m* <-(s), -e> şubat; *s. a.* **März**

fechten ['fɛçtən] <ficht, focht, gefochten> *vi* **1.** (SPORT) eskrim yapmak **2.** (*kämpfen*) savaşmak (*gegen* -e karşı)

Fechter(in) *m(f)* <-s, -; -nen> eskrimci

Fechtmeister(in) *m(f)* (SPORT) eskrim şampiyonu

Feder ['fe:dɐ] *f* <-n> **1.** (*eines Vogels*) tüy; **~n lassen** (*fam fig*) zarar görmek; **in den ~n liegen** (*fam*) yatakta yatmak; **sich mit fremden ~n schmücken** (*fig*) el kazanıyla aş kaynatmak **2.** (*Schreibgerät*) kalem (ucu) **3.** (TECH) yay; (*Sprung~*) zemberek

Federball[1] *m ohne Pl* <-(e)s> (SPORT) badminton

Federball[2] *m* <-(e)s, -bälle> (*Ball*) tüylü top

Federbett *nt* kuş tüyü yorgan; **Federbusch** *m* sorguç; **federführend** *adj* sorumlu; (*kompetent*) yetkili; **~ in etw sein** (*fig*) bir şeyde öncü olmak; **Federgewicht** *nt ohne Pl* <-(e)s> tüy sıklet; **Federhalter** *m* <-s, -> kalem sapı; **Federkissen** *nt* kuş tüyü yastık; **federleicht** ['--'-] *adj* tüy gibi

federn **I.** *vi* (*schwingen*) yaylanmak **II.** *vt* **1.** (AUTO) yay takmak (-e) **2.** (*rupfen*) yolmak

federnd *adj* yaylanan; (*Gang*) yaylana yaylana

Federung *f* <-en> **1.** (*bei Möbeln*) yaylar *pl* **2.** (AUTO) süspansiyon

Federvieh *nt* (*fam*) kümes hayvanları *pl*

Federzeichnung *f* kara kalem resim

Fee [feː, *Pl:* 'feːən] *f* <-n> peri; **eine gute** ~ iyilik perisi

Feedback *nt* <-s, -s>, **Feed-back**RR [fiːt'bɛk] *nt* <-s, -s> geri bildirim

Fegefeuer ['feːgə-] *nt ohne Pl* <-s> (REL: *Purgatorium*) Araf

Fehde ['feːdə] *f* <-n> düşmanlık

fehl [feːl] *adv:* ~ **am Platz sein** (*Person*) ortama uymamak; (*Bemerkung*) yerinde olmamak, yersiz olmak

Fehlalarm *m* yanlış alarm; **Fehlanzeige** *f* (*fam*): **hast du sie gefunden? – nein, ~!** onu bulabildin mi? – hayır, bulamadım!; **Fehlbetrag** *m* açık; **Fehlbildung** *f* <-en> (BIOL) deformasyon; **Fehldiagnose** *f* yanlış teşhis; **Fehleinschätzung** *f* yanlış değerlendirme

fehlen ['feːlən] **I.** *vi* **1.** (*abwesend sein*) bulunmamak **2.** (*nicht vorhanden sein, mangeln*) eksik olmak; **es fehlte nicht viel, und …** az kaldı, … **3.** (*vermisst werden*): **du hast mir sehr gefehlt** seni çok göreceğim gelmişti; **das hat uns gerade noch gefehlt!** (*fam*) aksi gibi bir (tek) bu eksikti! **4.** (*gesundheitlich*): **was fehlt dir?** neyin var? **5.** (*geh*): **weit gefehlt!** tamamen yanlış! **II.** *vunpers:* **es fehlt an allen Ecken und Kanten** her şeyde bir eksiklik var, hiçbir şey tam değil; **es soll ihr an nichts** ~ (*geh*) hiçbir şeyi eksik olmasın

Fehlentscheidung *f* hatalı karar

Fehler ['feːlɐ] *m* <-s, -> **1.** (*Irrtum*) yanılgı, yanlış(lık), hata; (*Tipp~, Rechtschreib~*) yanlış, hata; **einen ~ machen** hata etmek, yanlışlık yapmak **2.** (*Mangel*) eksik, noksan **3.** (*Schuld*) kusur; **das war nicht dein** ~ bu, senin kusurun değildi; **fehlerfrei** *adj* hatasız, eksiksiz, noksansız; (*makellos*) kusursuz

fehlerhaft *adj* **1.** hatalı, eksik **2.** (*falsch*) yanlış; **fehlerlos** *adj* hatasız, eksiksiz, noksansız; (*makellos*) kusursuz; **Fehlersuche** *f* <-n> (*a.* INFORM) hata arama

Fehlfunktion *f* hatalı işleme, doğru dürüst işlememe

Fehlgeburt *f* düşük; **eine ~ haben** düşük yapmak, çocuk düşürmek

fehl|gehen *irr vi sein* (*geh*) hataya düşmek, yanılmak

Fehlgriff *m* <-(e)s, -e> hata; **Fehlinformation** *f* yanlış bilgi; **Fehlinterpretation** *f* yanlış yorum; **Fehlinvestition** *f* (WIRTSCH) hatalı yatırım; **Fehlkonstruktion** *f* (*pej*) hatalı yapım; **Fehlplanung** *f* yanlış plânlama; **Fehlschlag** *m* **1.** (*Misserfolg*) başarısızlık, hezimet **2.** (SPORT: *Ballspiele*) ıska(lama); **fehl|schlagen** *irr vi sein* boşa gitmek, işe yaramamak; **Fehlstart** *m* (TECH) başarısız atış; (SPORT) hatalı çıkış, yanlış çıkış; **Fehltritt** *m* yanlış adım; **Fehlurteil** *nt* (JUR) adlî hata; **Fehlverhalten** *nt* hatalı davranış, yanlış davranış; **Fehlzündung** *f* (TECH) tekleme

Feier ['faɪɐ] *f* <-n> **1.** kutlama; **zur ~ des Tages** bu günü kutlamak için **2.** (*Zeremonie*) tören, merasim

Feierabend *m* paydos; (*von Geschäften*) kapanış saati; ~ **machen** paydos etmek; **am** ~ iş bittikten sonra; ~ **haben** işi bitmiş olmak

feierlich *adj* törenli, törensel; (*förmlich*) resmî

Feierlichkeit *f* <-en> (*Fest*) şenlik; (*Feier*) tören, merasim; (*feierlich sein*) resmiyet

feiern ['faɪɐn] **I.** *vt* **1.** (*Party, Weihnachten*) kutlamak **2.** (*umjubeln*) kutlamak **II.** *vi* eğlenmek, bayram yapmak, şenlik yapmak

Feiertag *m* <-(e)s, -e> bayram günü

feiertags *adv* bayram günleri; **sonn- und** ~ pazar ve bayram günleri

feig(e) [faɪk, 'faɪgə] *adj* (*pej: ohne Mut*) korkak, yüreksiz, tabansız, ödlek

Feige ['faɪgə] *f* <-n> incir; **Feigenbaum** *m* (BOT) incir ağacı; **Feigenblatt** *nt* (BOT) incir yaprağı; **Feigenmotte** *f* (ZOOL) incir güvesi

Feigheit ['faɪkhaɪt] *f ohne Pl* korkaklık, yüreksizlik

Feigling ['faɪklɪŋ] *m* <-s, -e> (*pej*) korkak (kimse), tabansız (kimse), ödlek (kimse)

Feile ['faɪlə] *f* <-n> eğe; (*Nagel~*) törpü

feilen ['faɪlən] *vt* eğelemek; (*Nägel*) törpülemek; (*vervollkommnen*) yontmak

feilschen ['faɪlʃən] *vi* pazarlık etmek (*um* için)

Feilspäne *mPl* (TECH) eğinti

fein [faɪn] *adj* **1.** (*zart*) ince yapılı, inceden, narin; (*empfindlich*) hassas; (*Strich, Gewebe*) ince; (*Sieb*) küçük delikli **2.** (*Sand, Staub*) ince; (*Regen*) küçük taneli **3.** (*vorzüglich*) şahane; (*hochwertig*) üstün nitelikli; (*erlesen*) seçkin; **dieser Wein ist vom F~sten** bu şarap en seçkinlerden biri **4.** (*feinsinnig*) ince duygulu; (*vornehm*) kibar; (*elegant*) zarif **5.** ince; (*empfindlich*) hassas; (*scharf*) keskin; ~ **säuberlich** inceden inceye, titizlikle; **ein ~es Gehör haben** hassas kulakları olmak; **eine ~e Nase haben** hassas bir burnu olmak **6.** (*fam: erfreulich, schön*): **~!** şahane!, güzel!; **~, dass du wieder da bist** döndüğüne çok sevindim **7.** (*fam*): **wer damals in dieser Branche investiert hat, ist heute ~ raus** o zamanlar bu dalda yatırım yapanlar bugün köşeyi döndü; **ein ist wirklich ein ~er Kerl** kendisi gerçekten hoş bir adam

Feind(in) [faɪnt] *m(f)* <-(e)s, -e; -nen> düşman, hasım; **sich** *dat* **jdn zum ~ machen** birini kendine düşman etmek;

Feindbild *nt* düşman kavramı; (*Vorstellung vom Feind*) düşman hakkındaki fikir

Feindeshand *f ohne Pl* düşman eli

feindlich *adj* düşman, düşmanca

Feindschaft *f ohne Pl* düşmanlık

feindselig ['-ze:lɪç] *adj* düşman, düşmanca; **~e Blicke** düşmanca bakışlar

Feindseligkeit *f ohne Pl* düşmanlık, husumet

Feindseligkeiten *fPl* düşmanlıklar *pl*

feinfühlig *adj* duygulu

Feingefühl *nt ohne Pl* <-(e)s> duygululuk

feinglied(e)rig ['faɪngli:d(ə)rɪç] *adj* ince yapılı, inceden

Feinheit[1] *f ohne Pl* **1.** (*Beschaffenheit, Qualität*) incelik **2.** (*Vornehmheit*) incelik, zarafet

Feinheit[2] *f* <-en> **1.** (*Nuance*) nüans, ince ayrım **2.** (*Subtilität*) incelik

feinkörnig *adj* ince taneli

Feinkostgeschäft *nt* <-(e)s, -e> şarküteri

Feinschmecker(in) *m(f)* <-s, -; -nen> gurme

feist [faɪst] *adj* (*fett, dick*) şişman

Feld [fɛlt] *nt* <-(e)s, -er> **1.** (*Acker*) tarla; (*Bereich*) alan, saha; **auf freiem ~** açık alanda; **das ist ein weites ~** (*fig*) bu geniş bir alandır **2.** (MIL: *Schlacht~*) meydan; (*Front*) cephe; **das ~ räumen** mevzii terk etmek **3.** (*auf einem Spielbrett, Formular*) hane; (*auf dem Schachbrett*) kare **4.** (SPORT: *Spiel~*) saha **5.** (ELEK, PHYS) alan; **ein elektromagnetisches ~** elektromanyetik bir alan; **Feldarbeit** *f* (AGR) tarım; **Feldbett** *nt* portatif karyola; (MIL) portatif çadır karyolası; **Feldflasche** *f* matara; **Feldfrucht** *f* <-früchte> (AGR) tarla ürünü; **Feldherr** *m* <-n, -en> komutan; (*Stratege*) stratej; **Feldlager** *nt* (MIL) açık ordugâh; **Feldlazarett** *nt* (MIL) seyyar hastane, gezgin hastane; **Feldmarschall** *m* (MIL) feldmareşal; **Feldmaus** *f* (ZOOL) tarla sıçanı; **Feldpost** *f* (MIL) sahra postası; **Feldstecher** ['fɛltʃtɛçɐ] *m* <-s, -> el dürbünü; **Feldwebel** ['fɛltve:bəl] *m* <-s, -> (MIL) başçavuş; **Feldweg** *m* patika, keçi yolu; **Feldzug** *m* <-(e)s, -züge> **1.** (MIL) sefer **2.** (*fig: Kampagne*) kampanya; **einen ~ gegen etw/jdn unternehmen** bir şeye/kimseye karşı kampanyaya girişmek

Felge ['fɛlgə] *f* <-n> (AUTO: *vom Rad*) jant

Fell [fɛl] *nt* **1.** <-(e)s, -e> post; (*von Pferd*) don; **ein dickes ~ haben** (*fam fig*) vurdumduymaz olmak; **jdm das ~ über die Ohren ziehen** (*fam fig*) birini yolmak; **das ~ des Bären verkaufen, ehe man ihn hat** (*fig*) ayıyı vurmadan postunu satmak **2.** (ANAT: *Brust~, Rippen~*) zar

Fellatio [fɛ'la:tsjo] *f ohne Pl erkeklik organını ağza alarak yapılan seks*

Fels[1] [fɛls] *m* <-ens, -en> (*geh: Felsen*) kaya; (*größer*) iri kaya

Fels[2] [fɛls] *m ohne Pl* (*Gestein*) kayaç

Felsblock *m* <-(e)s, -blöcke> kayaç

Felsen ['fɛlzən] *m* <-s, -> *s.* **Fels**; **felsenfest** ['--'-] *adj* (*fig: unerschütterlich*) sarsılmaz; **ich bin ~ davon überzeugt, dass …** bundan yüzde yüz eminim ki …

Felsenhahn *m* (ZOOL) kaya horozu; **Felsentaube** *f* (ZOOL) kaya güvercini

felsig ['fɛlzɪç] *adj* kayalık; **Felsvorsprung** *m* kerempe, taşlık burun; **Felswand** *f* sarp kaya

feminin [femi'ni:n] *adj* dişi, kadınsı; **ein ~er Mann** kadınsı bir erkek

Feminismus [femi'nɪsmʊs] *m ohne Pl* <-> feminizm

Feminist(in) [femi'nɪst] *m(f)* <-en, -en; -nen> feminist

feministisch *adj* feminist

Fenchel ['fɛnçəl] *m* <-s, -> rezene

Fenster ['fɛnstɐ] *nt* <-s, -> **1.** (*in Gebäuden, a.* INFORM) pencere; (*an Fahrzeugen*) cam; **zum ~ hinausschauen** pencereden dışarı bakmak; **weg vom ~ sein** (*fig*) pabucu dama atılmak **2.** (*eines Briefumschlags*) pencere; **Fensterbank** *f* <-bänke>, **Fensterbrett** *nt* denizlik; **Fensterbriefumschlag** *m* <-(e)s, -schläge> pencereli zarf; **Fensterbrüstung** *f* <-en> parapet; **Fensterflügel** *m* pencere kanadı; **Fensterglas** *nt ohne Pl* <-es> pencere camı; **Fensterkitt** *m ohne Pl* cam macunu; **Fensterladen** *m* <-s, -läden> panjur; **Fensterleder** *nt* cam silmek için güderi

fensterln ['fɛnstɐln] *vi* (*südd, österr*) *gece pencereden sevgilinin yatak odasına girmek*

Fensterplatz *m* <-es, -plätze> camın önündeki yer; **Fensterputzer(in)** *m(f)* <-s, -; -nen> pencere temizleyicisi; **Fensterrahmen** *m* <-s, -> pencere çerçevesi; **Fensterscheibe** *f* pencere camı; (*Auto, Schaufenster*) cam; (*Schaufenster*) vitrin, camekân; **Fenstersturz** *m* pencere lentosu; **Fensterzarge** *f* pencere kasası

Ferien ['fe:riən] *Pl* tatil; **die großen ~** yaz tatili; **in die ~ fahren** tatile gitmek; **~ machen** tatil yapmak; **~ haben** tatile girmek; **Ferienanlage** *f* tatil tesisi; **Feriendorf** *nt* tatil köyü; **Ferienhaus** *nt* tatil evi; **Ferienkurs** *m* tatil kursu; **Ferienlager** *nt* tatil kampı; **Ferienort** *m* tatil yeri; **Ferienwohnung** *f* tatil evi; **Ferienzeit** *f ohne Pl* tatil zamanı

Ferkel ['fɛrkəl] *nt* <-s, -> **1.** (ZOOL) domuz yavrusu **2.** (*fam: Mensch*) pis bıyık

Ferkelei *f* <-en> (*fam pej*) pislik

Ferman *m* <-s, -e> (HIST) ferman
Ferment [fɛr'mɛnt] *nt* <-(e)s, -e> (BIOL) ferment; (*Enzym*) enzim
fern [fɛrn] I. *adj* (*räumlich, zeitlich*) uzak; (*räumlich*) ırak; **der F~e Osten** Uzak Doğu; **in ~er Zukunft** uzak bir gelecekte II. *adv* uzak; **von ~** uzaktan; **von ~ betrachtet, sieht das ganz anders aus** uzaktan bakılınca bu çok değişik görünüyor; **~ von hier** buradan uzakta; **sich ~ halten von jdm/etw** (*geh*) bir kimseden/şeyden uzak durmak; **etwas liegt jdm ~** bir şey birine uzak düşmek; **es liegt mir ~, zu ...** ...mek aklıma bile gelmez; **etw** *dat* **~ stehen** bir şeye uzak durmak; **jdm ~ stehen** biriyle uzaktan merhabalı olmak; **Fernbedienung** *f* <-en> uzaktan kumanda; **fern|bleiben** *irr vi sein* (*geh*) katılmamak (-e); **unentschuldigt ~** mazeretsiz gelmemek [*o* gitmemek]; **Fernblick** *m ohne Pl* <-(e)s> uzak görüş
Ferne ['fɛrnə] *f ohne Pl* **1.** (*räumlich*) uzak; **aus der ~ betrachtet** uzaktan bakılınca **2.** (*zeitlich*): **das Ereignis liegt schon in weiter ~** olay artık çok geride kaldı; **in weiter ~ liegen** çok ileride olmak
ferner ['fɛrnɐ] I. *konj* (*außerdem*) ayrıca II. *adv* (*künftig*) bundan sonra
Fernfahrer(in) *m(f)* uzun yol sürücüsü, uzun yol şoförü; **Fernflug** *m* (AERO) uzun mesafeli uçuş; **ferngelenkt** *adj* güdümlü; **Ferngespräch** *nt* (*Inland*) şehirler arası telefon görüşmesi; (*Ausland*) uluslar arası telefon görüşmesi; **ferngesteuert** ['fɛrngəʃtɔɪɐt] *adj* uzaktan kumandalı; (*ferngelenkt*) güdümlü; **Fernglas** *nt* <-(e)s, -gläser> dürbün
fern|gucken *vi* (*fam*) televizyon seyretmek
fern|halten *irr* I. *vt s.* **fern II.** II. *vr:* **sich ~** *s.* **fern II.**; **Fernheizung** *f* <-en> uzaktan ısıtma; **Fernkopie** *f* (TEL) telefaks; **Fernkursus** *m* (SCHULE) açık öğretim kursu; **fern|lenken** *vt* uzaktan kumanda etmek; **Fernlenkung** *f* <-en> uzaktan kumanda; **Fernlicht** *nt ohne Pl* <-(e)s> (AUTO) uzun far; **fern|liegen** *irr vi s.* **fern II.**
Fernmeldeamt *nt* (TEL) santral; **Fernmeldewesen** *nt ohne Pl* <-s> (TEL) telekomünikasyon; **Fernost** [fɛrn'ʔɔst] *m* Uzak Doğu; **fernöstlich** ['-'--] *adj* Uzak Doğu (ile ilgili); **die ~en Länder** Uzak Doğu ülkeleri; **Fernrohr** *nt* <-(e)s, -e> teleskop; **Fernschreiben** *nt* (*Text*) uzyazım, teleks
Fernschreiber *m* <-s, -> (*Apparat*) uzyazar, telem; (COM) teleks; **fernschriftlich** *adj* (TEL) teleksle gönderilen
Fernsehansager(in) *m(f)* tv sunucusu; **Fernsehantenne** *f* televizyon anteni; **Fernsehapparat** *m* televizyon cihazı, televizyon alıcısı
Fernsehen *nt ohne Pl* <-s> televizyon; **im ~ übertragen** televizyonda yayın yakmak
fern|sehen *irr vi* televizyonu izlemek, televizyon seyretmek; **siehst du fern?** televizyonu izliyor musun?
Fernseher *m* <-s, -> (*fam: Gerät*) televizyon (alıcısı)
Fernsehfilm *m* <-(e)s, -e> televizyon filmi; **Fernsehgebühr** *f* televizyon vergisi; **Fernsehgerät** *nt* <-(e)s, -e> televizyon cihazı, televizyon alıcısı; **Fernsehkamera** *f* televizyon kamerası; **Fernsehkanal** *m* televizyon kanalı; **Fernsehprogramm** *nt* televizyon programı; **Fernsehschirm** *m* televizyon ekranı; **Fernsehsender** *m* televizyon vericisi, televizyon verici istasyonu; **Fernsehsendung** *f* televizyon yayını; **Fernsehspiel** *nt* <-(e)s, -e> televizyon oyunu; **Fernsehturm** *m* televizyon kulesi; **Fernsehübertragung** *f* televizyon yayını
Fernsicht *f* perspektif, uzaktan görünüş
Fernsprechanlage *f* telefon düzeni
Fernsprecher *m* <-s, -> telefon; **Fernsprechteilnehmer(in)** *m(f)* telefon abonesi; (*in der Türkei*) PTT abonesi
fern|stehen *irr vi s.* **fern II.**; **fern|steuern** *vt* uzaktan kumanda etmek; **Fernsteuerung** *f* <-en> uzaktan kumanda; **Fernstudium** *nt* <-s, -studien> açık öğretim; **Fernuniversität** *f* açık öğretim üniversitesi
Fernwärme *f* uzaktan ısıtma
Fernweh ['fɛrnveː] *nt ohne Pl* <-(e)s> (*geh*) uzak ülkelerin özlemi; **Fernziel** *nt* (*fig*) uzun vadeli hedef
Ferse ['fɛrzə] *f* <-n> (ANAT) topuk; (*Strumpf~*) ökçe; **jdm (dicht) auf den ~n sein** birinin peşinde olmak
Fersenbein *nt* (ANAT) topuk kemiği
fertig ['fɛrtɪç] *adj* **1.** (*beendet*) bitmiş; (*vollendet*) tamam, olmuş; **halb ~** yarı mamul; **das Essen ist ~** yemek hazır; **ist der Reis ~?** pilâv oldu mu?; **mit jdm endgültig ~ sein** (*fam*) biriyle ilgisini kesmek; **etw ~ bekommen** [*o* **bringen**] (*fam: vollenden*) tamamlamak; **der bringt es nicht ~, ihm das zu sagen** (*fam*) bunu ona söylemekten çekiniyor, bunu ona söylemeye yüzü tutmuyor; **etw ~ machen** (*beenden*) bir şeyi bitirmek; **etw ~ stellen** bir şeyi tamamlamak [*o* bitirmek]; **wirst du rechtzeitig ~?** vaktinde hazır olacak mısın?; **mit jdm/etw ~ werden** (*fam*) bir kimseyle/şeyle baş edebilmek, bir kimseyle/şeyle başa çıkmak; **sieh zu, wie du damit ~ wirst** (*fam fig*) bak bakalım, onunla nasıl başa çıkacaksın **2.** (*bereit*) hazır (*zu* -e); **(sich) ~ machen** (*fam*) hazırlanmak

3. (*fam: erschöpft*) bitik, bitkin, hoşaf gibi; **jdn ~ machen** birinin canını okumak; **mit den Nerven ~ sein** sinir diye bir şey kalmamak; **ich bin völlig** [*o* **fix und**] ~ hoşaf gibiyim, canım çıktı

Fertigbau *m* <-(e)s, -ten>, **Fertigbauweise** *f ohne Pl* prefabrikasyon

fertig|bekommen* *irr vt s.* **fertig 1.**; **fertig|bringen** *irr vt s.* **fertig 1.**

fertigen ['fɛrtɪgən] *vt* imal etmek

Fertiggericht *nt* hazır yemek; **Fertighaus** *nt* prefabrike konut

Fertigkeit *f* <-en> **1.** (*Geschicklichkeit*) beceri(klilik), hüner, maharet **2.** *Pl* (*Fähigkeit*) yetenekler *pl*

fertig|machen **I.** *vt s.* **fertig 1., 2. II.** *vr:* **sich** ~ *s.* **fertig 2.**; **Fertigprodukt** *nt* <-(e)s, -e> (WIRTSCH) mamul; **fertig|stellen** *vt s.* **fertig 1.**

Fertigstellung *f* tamamlama

Fertigteil *nt* <-(e)s, -e> bitmiş parça

Fertigung *f* <-en> yapım, imal

Fes[1] [fɛs] *nt* <-, -> (MUS) fa bemol

Fes[2] [fɛs] *m* <-es, -e> (*Kopfbedeckung*) fes

Fessel ['fɛsəl] *f* <-n> **1.** (*zum Festbinden*) bağ; (*Kette*) zincir; **jdm ~n anlegen** birini bağlamak **2.** (ANAT: *vom Pferd*) bilek; **ein schwarzes Pferd mit weißen ~n** bilekleri beyaz olan siyah bir at, bukağılı siyah bir at **3.** (ANAT: *beim Menschen*) bıcıl

fesseln ['fɛsəln] *vt* **1.** (*festbinden*) bağlamak; **jdn an Händen und Füßen ~** birinin elini ayağını bağlamak; **ans Bett gefesselt sein** (*fig*) eli ayağı yatağa bağlı olmak, esirifiraş olmak **2.** (*faszinieren*) büyülemek, sarmak

fest [fɛst] *adj* **1.** (*kompakt*) sıkı; (*hart*) katı, sert; (*Stoff*) sık dokunmuş **2.** (*stabil*) sağlam **3.** (*stark, kräftig*): **die Tür ~ schließen** kapıyı sıkıca kapamak; **~ schlafen** deliksiz uyumak **4.** (*unerschütterlich*) kesin; **sie ist ~ entschlossen** kesin karar vermiş; **sich** *dat* **etw ~ vornehmen** bir şeyi yapmaya kesin niyeti olmak; **etw ~ versprechen** bir şeyi kesin olarak söz vermek **5.** (*ständig*) sürekli, daimî; (*dauerhaft*) devamlı; **~ angestellt** kadrolu; **einen ~en Wohnsitz haben** daimî ikametgâhı olmak; **es gibt dafür keine ~en Regeln** onun için belirli bir kural yoktur **6.** (*feststehend*) sabit

Fest [fɛst] *nt* <-(e)s, -e> bayram, şenlik; (*Feier*) tören; **Frohes ~!** bayramın(ız) kutlu olsun!

Festakt *m* tören; **Festangebot** *nt* (WIRTSCH) kesin teklif

festangestellt *adj s.* **fest 5.**

fest|beißen *irr vr:* **sich ~ 1.** (*Hund*) dişlerini geçirmek (*an* -e) **2.** (*fig: nicht weiterkommen*) takılıp kalmak (*an* -de), saplanmak (*an* -e)

fest|binden *irr vt* bağlamak (*an* -e), sıkıca bağlamak (*an* -e)

Festessen *nt* şölen, ziyafet

fest|fahren *irr vr:* **sich ~ 1.** (*stecken bleiben*) saplanmak (*in* -e); (*Schiff*) karaya oturmak; **sie fuhren sich mit dem Auto im Sand/Schnee fest** otomobille kuma/kara saplandılar **2.** (*Verhandlungen*) çıkmaza girmek

Festgeld *nt* <-(e)s, -er> (FIN) sabit faizli vadeli mevduat

fest|halten *irr* **I.** *vi* direnmek (*an* -de), ısrar etmek (*an* -de); **er hält an seiner Meinung fest** düşüncesinde direniyor **II.** *vt* **1.** (*halten*) tutmak **2.** (*zurückhalten*) tutmak **3.** (*aufzeichnen*) kaydetmek; (*mit Kamera, Tonband*) çekmek **III.** *vr:* **sich ~** tutunmak (*an* -e)

festigen ['fɛstɪgən] **I.** *vt* pekiştirmek, sağlamlaştırmak; **ein gefestigter Charakter** sağlam bir karakter **II.** *vr:* **sich ~** pekişmek, sağlamlaşmak

Festiger *m* <-s, -> (*Haar~*) losyon

Festigkeit *f ohne Pl* **1.** (*Widerstandsfähigkeit*) dayanıklılık; (*Stabilität*) istikrar, kararlılık **2.** (*Entschlossenheit*) azim **3.** (*Standhaftigkeit*) sebat

Festival ['fɛstivəl] *nt* <-s, -s> festival

fest|klammern *vr:* **sich ~** sımsıkı sarılmak (*an* -e)

fest|kleben **I.** *vi sein* yapışmak (*an* -e) **II.** *vt* yapıştırmak (*an* -e)

Festland[1] *nt* <-(e)s, -länder> (*Kontinent*) kıt'a

Festland[2] *nt ohne Pl* <-(e)s> (*im Gegensatz zum Meer*) kara

Festland(s)sockel *m* (GEO, POL) kıt'a sahanlığı

fest|legen **I.** *vt* **1.** (*bestimmen*) belirlemek, tayin etmek **2.** (FIN) vadeli yatırmak **II.** *vr:* **sich ~** (*sich binden*) bağlanmak (*auf* -e); (*sich verpflichten*) taahhüt etmek (*auf* -)

festlich ['fɛstlɪç] *adj* **1.** şen, neşeli; (*feierlich*) törenli, törensel; **etw ~ begehen** bir şeyi törenle kutlamak **2.** bayramlık; **~ geschmückt** bayram dolayısıyla donatılmış

Festlichkeit *f* <-en> şenlik

fest|liegen *irr vi* **1.** (*bestimmt sein*) belirlenmiş olmak **2.** (NAUT) karaya oturmak **3.** (FIN) vadeli yatırılmış olmak; **fest|machen** **I.** *vi* (NAUT: *Schiff*) palamarla bağlanmak **II.** *vt* **1.** (*vereinbaren*) kararlaştırmak **2.** (*befestigen*) bağlamak (*an* -e), tutturmak (*an* -e)

Festmahl *nt* (*geh*) şölen, ziyafet

fest|nageln *vt* **1.** (*Bretter*) çivilemek (*an* -e) **2.** (*fam*): **jdn ~** birini burnundan yakala-

F

mak

Festnahme ['fɛstna:mə] *f* <-n> yakalama; **vorläufige** ~ muvakkaten yakalama

fest|nehmen *irr vt* yakalamak; **jdn vorläufig** ~ birini muvakkaten yakalamak

Festplatte *f* (INFORM) sabit disk, iç bellek; **Festplattenlaufwerk** *nt* (INFORM) sabit disk

Festplatz *m* bayram yeri

Festpreis *m* maktu fiyat, kesin fiyat; **Festsaal** *m* tören salonu

fest|schnallen *vr:* **sich** ~ emniyet kemerini takmak; **fest|schrauben** *vt* vidayla tutturmak; (*Mutter*) sıkıştırmak

Festschrift *f* armağan

fest|setzen **I.** *vt* **1.** (*bestimmen*) belirlemek, tayin etmek **2.** (*in Haft nehmen*) tutuklamak **II.** *vr:* **sich** ~ **1.** (*Schmutz*) toplanmak (*auf* -de, *in* -de) **2.** (*fig: Gedanke*) aklına takılmak; **fest|sitzen** *irr vi* **1.** (*befestigt sein*) sıkı olmak, iyice sıkıştırılmış olmak **2.** (*Schmutz*) yapışıp kalmak (*auf* -de) **3.** (*Fahrzeug*) yolda kalmak; (*Schiff*) karaya oturmak; (*Person*) takılıp kalmak

Festspiele *ntPl* festival; **Festspielhaus** *nt* festival binası

fest|stehen *irr vi* **1.** (*festgelegt sein*) sabit olmak **2.** (*sicher sein*) kesin olmak; **fest steht, dass ...** şu kesindir ki ...

fest|stellen *vt* **1.** (*arretieren*) tespit etmek, oynamaz duruma getirmek **2.** (*ermitteln*) saptamak, tespit etmek; (*Personalien*) belirlemek, tespit etmek; (*Krankheit*) teşhis etmek; **das wird sich ~ lassen** bu tespit edilecektir **3.** (*bemerken*) fark etmek **4.** (*sagen*) demek

Festtag *m* bayram günü; **Festtagsstimmung** *f* bayram havası

Festung ['fɛstʊŋ] *f* <-en> kale

festverzinslich ['fɛstfɛɐtsɪnslɪç] *adj* (FIN) sabit faizli; **Festzins** *m* <-es, -en> (FIN) sabit faiz

Festzug *m* <-(e)s, -züge> geçit töreni

Fetisch ['fe:tɪʃ] *m* <-(e)s, -e> fetiş, tapıncak

Fetischismus *m ohne Pl* <-> fetişizm

Fetischist(in) *m(f)* <-en, -en; -nen> fetişist

fetischistisch *adj* fetişist

fett *adj* **1.** (*Speisen*) yağlı; ~ **essen** yağlı yemek **2.** (*Mensch*) şişman **3.** (*ertragreich*): **~e Beute machen** (*fig fam*) vurgun vurmak **4.** (TYPO) siyah

Fett *nt* <-(e)s, -e> yağ; **sein ~ abkriegen** (*fam*) ağzının payını almak; ~ **ansetzen** (*fam*) yağ bağlamak; **fettarm** *adj* yavan, yağı az

fetten **I.** *vi* yağlanmak **II.** *vt* yağlamak

Fettfleck *m* yağ lekesi

Fettgehalt *m* <-(e)s, -e> yağ miktarı; **Fettgewebe** *nt* (ANAT, MED) yağ doku

fetthaltig *adj* yağlı

Fetthenne *f* (BOT) dam koruğu

fettig *adj* yağlı; (*schmierig*) yağlı

Fettkloß *m* (*fam*) şişko

fettleibig ['fɛtlaɪbɪç] *adj* yağlı

Fettleibigkeit *f ohne Pl* yağlılık

fettlöslich *adj* yağ çözer; **Fettnäpfchen** ['fɛtnɛpfçən] *nt* <-s, -> (*fam*): **ins ~ treten** bam teline basmak [*o* dokunmak]; **Fettsäure** *f* <-n> yağ asidi; **Fettschicht** *f* (*a.* ANAT) yağ tabakası; **Fettsucht** *f ohne Pl* (MED) şişmanlık; **Fettwanst** ['fɛtvanst] *m* (*fam pej*) şişko

Fetus ['fe:tʊs] *m* <-(ses), -se *o* Feten> (MED) fetüs, dölüt, cenin

Fetzen ['fɛtsən] *m* <-s, -> **1.** (*Stoff~*) paçavra, çaput; (*Papier~*) parça; **in ~ reißen** parça parça etmek **2.** (*Gesprächs~*) parça

fetzen ['fɛtsən] **I.** *vt* (*fam: abreißen*) yırtmak (*von* -den) **II.** *vr:* **sich** ~ (*fam: sich streiten*) kavga etmek

feucht [fɔɪçt] *adj* nemli; ~ **werden** nemlenmek; **ihre Augen waren** ~ gözleri nemliydi; **ein ~er Abend** (*fam fig*) çok içki içilen bir gece

Feuchtigkeit *f ohne Pl* nem, rutubet; **Feuchtigkeitscreme** *f* nemlendirici krem; **Feuchtigkeitsgehalt** *m* <-(e)s, -e> nem(lilik) derecesi, nem miktarı; **Feuchtigkeitsgrad** *m* nem(lilik) derecesi; **Feuchtigkeitslotion** *f* nemlendirici losyon

feuchtkalt ['-'-] *adj* nemli ve soğuk, rutubetli ve soğuk

feudal [fɔɪ'da:l] *adj* **1.** (POL) feodal **2.** (*fam: prächtig*) muhteşem; **Feudalherr** *m* <-n, -en> derebeyi

Feudalismus [fɔɪda'lɪsmʊs] *m ohne Pl* <-> feodalizm, derebeylik

Feuer[1] ['fɔɪɐ] *nt ohne Pl* <-s> **1.** (MIL) ateş; **das ~ eröffnen/einstellen** ateş açmak/kesmek **2.** (*Temperament*): **dieses Pferd hat viel** ~ bu at çok ateşli

Feuer[2] *nt* <-s, -> **1.** (*vom Menschen kontrolliert*) ateş; **das olympische** ~ Olimpiyat Ateşi; ~ **speiend** (*Drache, Vulkan*) alev püsküren; ~ **fangen** ateş almak, tutuşmak; **haben Sie ~?** ateşiniz var mı?; **jdm ~ geben** birine ateş vermek; **mit dem ~ spielen** (*fig*) ateşle oynamak; **für jdn durchs ~ gehen** biri için kendini ateşe atmak, biri için canını vermek; **jdm ~ unterm Hintern machen** (*fam*) birini dürtüklemek; **Öl ins ~ gießen** (*fig*) yangına körükle gitmek **2.** (*Brand*) yangın, ateş; ~ **an etw legen** bir şeye kundak koymak, yangın çıkarmak için bir şeyi tutuşturmak; ~ **und Flamme für etw/jdn sein** (*fam*) bir şey/

kimse için yanıp tutuşmak; ~ **fangen** (*in Brand geraten*) yanmaya başlamak, tutuşmak; (*sich begeistern*) ateşlenmek; **gebranntes Kind scheut das** ~ (*prov*) sütten ağzı yanan yoğurdu üfleyerek yer

Feueralarm *m* yangın alarmı; **Feuerbefehl** *m* (MIL) ateş etme komutu; **feuerbeständig** *adj* ateşe dayanıklı; **Feuerbestattung** *f* ölüyü (krematoryumda) yakma; **Feuereifer** *m* ateşlilik, hararet; **etw mit** ~ **tun** bir şeyi hararetle yapmak; **feuerfest** *adj* yanmaz; (*feuerbeständig*) ateşe dayanıklı; **Feuergefahr** *f* yangın tehlikesi; **feuergefährlich** *adj* yanar; **Feuergefecht** *nt* (MIL) silâhlı çatışma; **Feuerleiter** *f* <-n> **1.** (*am Haus*) yangın merdiveni **2.** (*der Feuerwehr*) itfaiye merdiveni; **Feuerlöscher** *m* <-s, -> yangın söndürücü; **Feuermelder** *m* <-s, -> yangın detektörü

feuern **I.** *vi* **1.** (*schießen*) ateş etmek **2.** (*heizen*) ateşlemek **II.** *vt* **1.** (*einheizen*) ateşlemek **2.** (*fam: entlassen*) işten atmak **3.** (*fam: hinschleudern*) fırlatmak **4.** (*fam*): **jdm eine** ~ birine bir tane yapıştırmak [*o* geçirmek]

Feuerpause *f* (MIL) ateşkes; **feuerrot** ['--'-] *adj* ateş kırmızısı; **er wurde** ~ yüzü ateş kırmızısı oldu

Feuerschlucker(in) *m(f)* <-s, -; -nen> ateşbaz; **feuersicher** *adj* **1.** (*feuerfest*) yanmaz, ateşe dayanıklı **2.** (*geschützt*) yangına karşı güvenli; **feuerspeiend** *adj s.* **Feuer[2] 1.**; **Feuerstein** *m* **1.** (GEO: *Gesteinsart*) çakmak taşı **2.** (*im Feuerzeug*) çakmak taşı; **Feuerstelle** *f* ateşlik; (*am Herd*) ateş; **Feuertaufe** *f* (MIL) ilk savaş deneyimi

Feuerung *f ohne Pl* ateşleme

Feuerversicherung *f* yangın sigortası, yangına karşı sigorta; **Feuerwache** *f* itfaiye binası; **Feuerwaffe** *f* <-n> ateşli silâh

Feuerwehr ['fɔɪɐveːɐ] *f* <-en> **1.** (*Institution*) itfaiye **2.** (*fam: ~einheit*) itfaiye; **Feuerwehrauto** *nt* itfaiye arabası; **Feuerwehrfrau** *f* itfaiyeci kadın; **Feuerwehrleiter** *f* <-n> itfaiye merdiveni; **Feuerwehrmann** *m* <-(e)s, -männer *o* -leute> itfaiyeci

Feuerwerk *nt* havaî fişek eğlenceleri *pl;* **Feuerwerkskörper** *m* (*Rakete*) havaî fişek; (*Knallkörper*) kestane fişeği; **Feuerzange** *f* maşa

Feuerzeug *nt* <-(e)s, -e> çakmak

Feuilleton [fœjə'tõː] *nt* <-s, -s> **1.** (*Zeitungsteil*) kültür ve edebiyat sayfası **2.** (*Artikel*) fıkra, köşe yazısı

feurig ['fɔɪrɪç] *adj* **1.** (*temperamentvoll*) ateşli; (*leidenschaftlich*) ateşli **2.** (*Rede*) ateşli **3.** (*Augen*) alev gibi

FH [ɛf'haː] *f Abk. von* **Fachhochschule** meslek yüksek okulu

Fiasko ['fjasko] *nt* <-s, -s> fiyasko

Fibrin *nt ohne Pl* <-s> (BIOL) fibrin

Fibrinogen *nt ohne Pl* <-s> (BIOL) fibrinojen

ficht [fɪçt] *3. präs von* **fechten**

Fichte ['fɪçtə] *f* <-n> kızılçam

Fick [fɪk] *m* <-s, -s> (*vulg*) sikişme

ficken ['fɪkən] **I.** *vt* (*vulg*) sikmek **II.** *vi* (*vulg*) sikişmek

fidel [fi'deːl] *adj* (*fam*) neşeli

Fidschiinseln ['fɪtʃiʔɪnzəln] *fPl* Fiji Adaları *pl*

F

Fieber ['fiːbɐ] *nt* <-s, -> **1.** ateş; ~ **bekommen** ateşlenmek, ateşi çıkmak; (**40 Grad**) ~ **haben** (40 derece) ateşi olmak **2.** (*Fleck~, Gelb~, Wochenbett~*) humma **3.** (*Reise~*) heyecan; **Fieberanfall** *m* nöbet

fieberhaft *adj* ateşli, hummalı; ~**e Betriebsamkeit** hummalı çalışma; **wir haben** ~ **nach ihm gesucht** onu harıl harıl aradık

fieb(e)rig ['fiːb(ə)rɪç] *adj* ateşli, hummalı

fiebern *vi* **1.** (*Fieber haben*) ateşi olmak **2.** (*verlangen*) can atmak (*nach* -e)

fiebersenkend *adj* ateş düşürücü; **Fieberthermometer** *nt* termometre

Fiedel ['fiːdəl] *f* <-n> (MUS: *Geige*) keman; (*pej*) gıygıy

fiedeln *vi, vt* (*pej*) gıygıy etmek

fiel [fiːl] *3. imp von* **fallen**

fieren *vt* (NAUT) mayna etmek; **die Segel** ~ yelkenleri indirmek [*o* mayna etmek]

fies [fiːs] *adj* (*fam*) **1.** (*abstoßend*) iğrenç; **das schmeckt** ~ bunun tadı iğrenç **2.** (*charakterlich*) aşağılık, adî; (*lästig*) belâlı

Figur [fi'guːɐ] *f* <-en> **1.** (*Gestalt*) figür; **auf seine** ~ **achten** kilosuna dikkat etmek **2.** (*Persönlichkeit, a.* LIT) karakter, kişi **3.** (*Spielstein*) taş **4.** (*Abbildung*) şekil

figurativ [figura'tiːf] *adj* mecazî; (KUNST) figüratif, betili

Fiktion [fɪk'tsjoːn] *f* <-en> kurgu

fiktiv [fɪk'tiːf] *adj* fiktif, itibarî

Filet [fi'leː] *nt* <-s, -s> (GASTR) fileto, bonfilelik; **Filetsteak** *nt* (GASTR) bonfile

Filiale [fi'ljaːlə] *f* <-n> şube; **Filialleiter(in)** *m(f)* <-s, -; -nen> şube müdürü

filigran *adj* telkâri

Filigran *nt* telkâri

Film[1] [fɪlm] *m* <-(e)s, -e> **1.** (*dünne Schicht*) film **2.** (FOTO) film **3.** (TV) film; **in einen** ~ **gehen** filme gitmek; **einen** ~ **vorführen/anschauen** film oynatmak/seyretmek

Film[2] *m ohne Pl* <-(e)s> (*~industrie*) sinema endüstrisi; **sie ist beim** ~ kendisi sinema artisti

Filmarchiv *nt* film arşivi, sinematek; **Filmatelier** *nt* film atölyesi; **Filmaufnahme** *f* film çekme

Filmemacher(in) *m(f)* <-s, -; -nen> filmci, sinemacı

filmen ['fɪlmən] **I.** *vi* film çekmek **II.** *vt* filme almak

Filmfestspiele *ntPl* film festivali; **Filmgeschäft** *nt ohne Pl* <-s> filmcilik, sinemacılık

filmisch *adj* filme ait; **etw ~ darstellen** bir şeyi film olarak göstermek

Filmkamera *f* film kamerası, film alıcısı; **Filmmusik** *f* film müziği; **Filmproduzent(in)** *m(f)* film prodüktörü, film yapımcısı; **Filmprojektor** *m* film projektörü; **Filmregisseur(in)** *m(f)* film rejisörü; **Filmriss**[RR] *m* **1.** (TV) film kopması **2.** (*Black-out*) bellek yitimi; **einen ~ haben** (*fam*) birdenbire hiçbir şeyi hatırlamamak; **Filmstar** *m* <-s, -s> film yıldızı; **Filmtheater** *nt* sinema

Filter ['fɪltɐ] *m* <-s, -> filtre, süzgeç; **Filteranlage** *f* (TECH) filtre düzeni; **Filterkaffee** *m ohne Pl* <-s> filtre kahve; **filterlos** *adj* filtresiz; **Filtermundstück** *nt* filtreli ağızlık

filtern *vt* süzmek

Filterpapier *nt* filtre kâğıdı; **Filterzigarette** *f* <-n> filtreli sigara

filtrieren* [fɪl'tri:rən] *vt* (TECH) filtrelemek

Filz [fɪlts] *m* <-es, -e> **1.** (*Gewebe*) fötr; (*gröber*) aba, keçe **2.** (POL) kayırıcılık

filzen ['fɪltsən] **I.** *vi* (*Wolle*) keçeleşmek **II.** *vt* (*fam*) **1.** (*durchsuchen*) aramak **2.** (*bestehlen*) aşırmak

Filzhut *m* <-(e)s, -hüte> fötr şapka; **Filzlaus** *f* kasık biti; **Filzpantoffel** *m* aba terlik, pantufla

Fimmel ['fɪməl] *m* <-s, -> (*fam pej*) düşkünlük; (*Sauberkeits~*) hastalık; (*fixe Idee*) saplantı

Finale [fi'na:lə] *nt* <-s, -> final

Finalist(in) *m(f)* finalist

Finanzamt [fi'nants-] *nt* maliye, vergi dairesi; **Finanzbeamte(r)** *mf*, **-beamtin** *f* maliye memuru; **Finanzberater(in)** *m(f)* malî danışman

Finanzen [fi'nantsən] *Pl* (*öffentliches Geldwesen*) maliye; (*Finanzlage*) malî durum

Finanzgericht *nt* <-(e)s, -e> (JUR) maliye mahkemesi, vergi mahkemesi

Finanzhilfe *f* malî yardım

finanziell [finan'tsjɛl] *adj* malî

Finanzier [finan'tsje:] *m* <-s, -s> finanse eden (kimse)

finanzieren* [finan'tsi:rən] *vt* finanse etmek

Finanzierung *f* <-en> finansman

finanzkräftig *adj* malî gücü olan; **Finanzminister(in)** *m(f)* maliye bakanı; **Finanzministerium** *nt* maliye bakanlığı; **Finanzplanung** *f* malî plânlama; **Finanzpolitik** *f* <-en> (*a.* WIRTSCH) malî politika; **finanzschwach** *adj* malî gücü olmayan

Findelkind ['fɪndəlkɪnt] *nt* buluntu

finden ['fɪndən] <findet, fand, gefunden> **I.** *vt* **1.** (*allgemein*) bulmak; (*unvermutet*) bulmak; **wieder ~** tekrar bulmak; (*Mut, Sprache*) bulmak; **er war nirgends zu ~** hiçbir yerde bulunamadı; **ihr Haus ist gut/schlecht zu ~** evini bulmak kolay/zor; **Anklang ~** rağbet görmek, tutulmak; **Beachtung ~** saygı görmek; **ich muss zu mir selbst ~** kendimi toparlamam gerekiyor; **sie findet Freude an der Arbeit** çalışmaktan sevinç duyuyor; **ich finde nichts Schlimmes dabei** ben bunda kötü bir şey görmüyorum; **kein Ende ~** son bulmamak; **Verwendung ~** kullanılmak; **wer sucht, der findet** (*prov*) arayan derviş muradına ermiş **2.** (*meinen*) bulmak; **wie findest du das?** bunu nasıl buluyorsun?; **ich finde das gut** ben bunu iyi buluyorum **II.** *vr:* **sich ~ 1.** (*zum Vorschein kommen*) bulunmak, ortaya çıkmak; **der Schlüssel wird sich schon (wieder) ~** anahtar (tekrar) ortaya çıkacaktır **2.** (*in Ordnung kommen*) hallolunmak; **das wird sich alles ~** bütün bunlar hallolunacaktır

Finder(in) *m(f)* (kaybolan şeyi) bulan (kimse); **Finderlohn** *m ohne Pl* <-(e)s> (kaybolan şeyi) bulana verilen ödül

findig *adj* becerikli

fing [fɪŋ] *3. imp von* **fangen**

Finger ['fɪŋɐ] *m* <-s, -> parmak; **der kleine ~** serçe parmağı, küçük parmak; **mit dem ~ auf jdn zeigen** birini parmakla göstermek; **jdm auf die ~ klopfen** (*fam fig*) birine haddini bildirmek; **das kann man sich doch an den (fünf) ~n abzählen!** (*fam*) bu parmakla bile sayılabilir!; **~ weg!** çek parmağını!; **er hat überall die ~ drin** (*fam fig*) onun her yerde parmağı var; **da solltest du lieber die ~ von lassen** (*fam fig*) ondan [*o* o sevdadan] vazgeçsen iyi olur; **jdm (genau) auf die ~ schauen** (*fig*) birini yakın takibe almak; **jdn in die ~ bekommen** birini eline geçirmek; **sich** *dat* **etw aus den ~n saugen** bir şeyi uydurmak, bir şeyi kafadan atmak; **jdn um den ~ wickeln** (*fam*) birini parmağında oynatmak; **sich** *dat* **die ~ nach etw lecken** (*fam*) bir şey için içi gitmek; (*beim Essen*) parmaklarını birlikte yemek; **keinen ~ krumm machen** (*fam*) parmağını bile kıpırdatmamak [*o* oynatmamak]

Fingerabdruck *m* <-(e)s, -drücke> parmak izi
Fingerbreit *m* <-, ->: **keinen ~ nachgeben** bir adım bile geri çekilmemek
fingerdick ['--'-] *adj* parmak kalınlığında
fingerfertig *adj* eli çabuk
Fingerfertigkeit *f ohne Pl* el çabukluğu; **Fingerhut** *m* <-(e)s, -hüte> **1.** (*beim Nähen*) yüksük **2.** (BOT) yüksük otu; **Fingerkuppe** *f* parmak ucu
Fingerling *m* (*als Schutz*) parmaklık
fingern **I.** *vi* oynamak (*an* -le), elle karıştırmak (*an* -) **II.** *vt* (*fam*) halletmek
Fingernagel *m* tırnak
Fingerspitze *f* parmak ucu; **Fingerspitzengefühl** *nt ohne Pl* <-(e)s> duyarlık; (*Diplomatie*) (güç ve nazik konularda) incelik
Fingerzeig ['fɪŋɐtsaɪk] *m* <-s, -e> parmak işareti, parmakla gösterme
fingieren* [fɪŋ'gi:rən] *vt* uydurmak, düzmek
Fink [fɪŋk] *m* <-en, -en> (ZOOL) ispinoz
Finne, -in ['fɪnə] *m, f* <-n, -n; -nen> Fin(landiyalı)
finnisch *adj* Fin
finnisch-ugrisch *adj* (LING) Fin Ugor
Finnland ['fɪnlant] *nt* <-s> Finlandiya
finster ['fɪnstɐ] *adj* **1.** (*dunkel*) karanlık; (*böse*) kötü; **das scheint eine ~e Angelegenheit zu sein** (*fig*) bu karanlık bir işe benziyor, *jdm ~e Blicke zuwerfen,* birine kötü kötü bakmak; **~e Wege gehen** (*fig*) karanlık işler çevirmek, kötü yola sapmak; **es sieht ~ aus** durum karanlık görünüyor; **im F~n tappen** ipucu bulamamak **2.** (*anrüchig*) adı (kötüye) çıkmış **3.** (*mürrisch*) somurtkan
Finsternis *f* <-se> karanlık; (*Mond~, Sonnen~*) tutulma
Finte ['fɪntə] *f* <-n> **1.** (*Vorwand*) bahane **2.** (SPORT) oyun
firm [fɪrm] *adj:* **in etw ~ sein** bir şeyde bilgili olmak
Firma ['fɪrma, *Pl:* 'fɪrmən] *f* <Firmen> firma
Firmament [fɪrma'mɛnt] *nt ohne Pl* <-(e)s> (*geh: Himmel*) gökyüzü
firmen ['fɪrmən] *vt* (REL) kilise cemaatine törenle kabul etmek
firmeneigen *adj* firmaya ait; **Firmeninhaber(in)** *m(f)* firma sahibi; **Firmenleitung** *f* firma yönetimi; **Firmenzeichen** *nt* firma amblemi
Firn [fɪrn] *m ohne Pl* <-(e)s> buzul kar
Firnis ['fɪrnɪs] *m* <-ses, -se> vernik
First [fɪrst] *m* <-(e)s, -e> **1.** (*Dach~*) mahya **2.** (*Gipfel*) doruk, zirve
Fis [fɪs] *nt* <-, -> (MUS) fa diyez
Fisch [fɪʃ] *m* <-(e)s, -e> **1.** (ZOOL) balık; (*Ware, Gericht*) balık; **stumm sein wie ein ~** (*fam fig*) dut yemiş bülbüle dönmek; **das sind kleine ~e für mich** (*fam*) bunlar benim için önemsiz şeyler **2.** (ASTR) Balık; **Sternbild der ~e** Balık burcu; **Fischadler** *m* (ZOOL) balık kartalı; **Fischauge** *nt* **1.** (ZOOL) balık gözü **2.** (FOTO) balıkgözü objektif
fischen *vi, vt* balık avlamak, balık tutmak; **im Trüben ~** (*fam*) bulanık suda balık avlamak, karışık durumdan yararlanarak çıkar sağlamak
Fischer(in) *m(f)* <-s, -; -nen> balıkçı; **Fischerboot** *nt* balıkçı teknesi; **Fischerdorf** *nt* balıkçı köyü
Fischerei *f ohne Pl* balıkçılık
Fischerhafen *m* balıkçı limanı
Fischernetz *nt* balıkçı ağı
Fischfang *m* balık avı; **auf ~ gehen** balık avına çıkmak; **Fischgräte** *f* balık kılçığı; **Fischgrätenmuster** *nt* balıksırtı; **Fischgründe** *mPl* balıklava; **Fischhändler(in)** *m(f)* balıkçı; **Fischköder** *m* balık yemi; **Fischkonserve** *f* balık konservesi; **Fischkutter** *m* balıkçı teknesi; **Fischmehl** *nt* balık unu; **Fischmesser** *nt* balık bıçağı; **Fischotter** *m* <-s, -> (ZOOL) su samuru; **fischreich** *adj* bol balıklı; **Fischrestaurant** *nt* balık lokantası; **Fischsterben** *nt ohne Pl* <-s> balıkların ölmesi; **Fischsuppe** *f* balık çorbası; **Fischzucht** *f ohne Pl* balık üretme, balıkçılık
fis-Dur *nt ohne Pl* <-> (MUS) fa diyez majör
fiskalisch [fɪs'ka:lɪʃ] *adj* mirî, hazinenin malı olan
Fiskus ['fɪskʊs] *m ohne Pl* hazine
fis-Moll *nt ohne Pl* <-> (MUS) fa diyez minör
Fisolen [fi'zo:lən] *fPl* (*österr: grüne Bohnen*) taze fasulye
fit [fɪt] *adj* zinde; **Joggen macht ~** jogging insanı zindeleştirir
Fitness[RR] ['fɪtnɛs] *f ohne Pl,* **Fitneß** *f ohne Pl* fitnes, kondisyon; **Fitnesscenter**[RR] ['fɪtnɛssɛntɐ] *nt* <-s, -> fitnes kulübü
Fittich ['fɪtɪç] *m* <-(e)s, -e> (*geh*) kanat; **jdn unter seine ~e nehmen** birini kanadı altına almak
fix [fɪks] *adj* **1.** (*Gehalt, Kosten*) sabit; **eine ~e Idee** sabit bir fikir **2.** (*fam: schnell*) çabuk; (*gewandt*) becerikli; **jdn ~ und fertig machen** birinin canını okumak **3.** (*reg: pej: bei Verstand*): **nicht ganz ~ sein** pek uyanık olmamak
Fixativ *nt* <-s, -e> saptayıcı
fixen ['fɪksən] *vi* (*sl*) eroin kullanmak, eroin zerk etmek
Fixer(in) *m(f)* <-s, -; -nen> (*sl*) eroinci, eroinman

F

fixieren* [fɪ'ksiːrən] *vt* **1.** (*a.* FOTO) saptamak (*an* -e) **2.** (*schriftlich festhalten*) kaydetmek, saptamak, tespit etmek; **jdn ~** birine gözlerini dikmek **3.** (*festmachen*) tutturmak **4.** (PSYCH): **auf etw fixiert sein** bir şeye saplanmış olmak

Fixierung *f* <-en> saptama; (PSYCH) saplantı

Fixkosten *Pl* sabit maliyet; **Fixpunkt** *m* sabit nokta; **Fixstern** *m* (ASTR) durağan yıldız

Fixum ['fɪksʊm, *Pl:* 'fɪksa] *nt* <-s, Fixa> sabit ücret

Fjord [fjɔrt] *m* <-(e)s, -e> (GEO) fiyort

FKK [ɛfkaː'kaː] *Abk. von* **Freikörperkultur** doğacılık, natürizm; **FKK-Strand** *m* doğacılar plâjı

flach [flax] *adj* **1.** (*eben*) düz; **ein ~es Gelände** düz arazi; **mit der ~en Hand** avucuyla, avuç içiyle **2.** (*niedrig*) alçak; (*Gewässer*) sığ; (*Teller*) düz; (*Gesicht, Stirn*) basık **3.** (*pej: oberflächlich*) yüzeysel; **Flachbildschirm** *m* (INFORM, TV) yassı ekran; **Flachdruck** *m* (TYPO) düz baskı

Fläche ['flɛçə] *f* <-n> **1.** (*Gebiet*) bölge; (*Bauwesen*) alan **2.** (MATH: *Grund~*) alan; (*Ober~*) yüzey; (*Seiten~*) yüzey; **Flächeninhalt** *m* yüz ölçümü; (MATH) alan; **Flächenmaß** *nt* <-es, -e> (MATH) yüzey ölçü birimi

Flachfeile *f* piyata eğe, yassı eğe

flächig ['flɛçɪç] *adj* (*zweidimensional*) iki boyutlu

Flachland *nt ohne Pl* <-(e)s> ova; **flach|liegen** *irr vi* (*fam: krank sein*) yorgan döşek yatmak, yataklara düşmek

Flachs [flaks] *m ohne Pl* <-es> **1.** (BOT) keten **2.** (*fam: Spaß*) şaka; **flachsblond** ['-'-] *adj* açık sarışın; **Flachsbreche** *f* filâriz

flackern ['flakɐn] *vi* **1.** (*Feuer*) titreyerek yanmak **2.** (*Licht*) pır pır etmek [*o* edip durmak]

Fladen ['flaːdən] *m* <-s, -> **1.** gözleme **2.** (*Kuhdung*) tezek; **Fladenbrot** *nt* pide

Flagge ['flagə] *f* <-n> bayrak; (NAUT) bandıra; **das Schiff fährt unter türkischer ~** gemi Türk bandıralı

flaggen *vi:* **halbmast ~** bayrağı yarıya indirmek

flagranti [fla'granti]: **in ~** suçüstü

Flair [flɛːɐ] *nt o m ohne Pl* <-s> (*von Menschen*) hava; (*von Sachen*) hava; **die Frau ist nicht schön, aber sie hat ~** kadın güzel değil ama havası var; **das Zimmer hat ein solches ~ von Luxus, dass ...** odanın öyle lüks bir havası var(dır) ki, ...

Flame, -in ['flaːmə] *m, f* <-n, -n; -nen> Flâman; **Flämin** ['flɛːmɪn] *f* <-nen> Flâman

Flamingo [fla'mɪŋgo] *m* <-s, -s> (ZOOL) flâmingo

flämisch ['flɛːmɪʃ] *adj* Flâman

Flämisch(e) *nt ohne Pl* <-n> Flâmanca

Flamme ['flamə] *f* <-n> **1.** (*vom Feuer*) alev; **in ~n aufgehen** yanıp kül olmak; **in ~n stehen** alev alev yanmak; **Feuer und ~ für etw/jdn sein** (*fam*) bir şey/kimse için yanıp tutuşmak **2.** (*Gas~*) ateş, alev; **etw auf kleiner ~ kochen** bir şeyi kısık ateşte pişirmek **3.** (*am Gasherd*) alev **4.** (*fam: Liebe*) alev, aşk ateşi; **er ist eine alte ~ von mir** o benim eski alevimdir

flammend *adj* (*Worte, Blicke*) alevli; **ein ~es Rot** alev kırmızısı; **ein ~es Inferno** cehennem ateşi

Flammenwerfer *m* <-s, -> (MIL) alev makinesi

Flandern ['flandɐn] *nt* <-s> Flândra

Flanell [fla'nɛl] *m* <-s, -e> flânel

flanieren* [fla'niːrən] *vi haben o sein* başıboş dolaşmak

Flanke ['flaŋkə] *f* <-n> **1.** (ANAT) böğür; (*Pferd*) böğür **2.** (MIL) cenah **3.** (SPORT: *Sprung*) yanlamasına sıçrama; (*Pass*) ortalama; **eine ~ schlagen** topu ortalamak

flankieren* *vt* (*stehen*) yanında durmak; (*gehen*) yanında gitmek

Flansch [flanʃ] *m* <-(e)s, -e> (TECH) flanş

Flaps *m* (*fam*) ham ervah, çiğ adam

flapsig ['flapsɪç] *adj* (*fam*) hamhalat, görgüsüz

Flasche ['flaʃə] *f* <-n> **1.** (*Gefäß*) şişe; (*Gas~*) tüp; (*für Babys*) biberon; **aus der ~ trinken** şişeden içmek; **zur ~ greifen** (*fig*) kafayı çekmek **2.** (*fam: Versager*) beceriksiz (kimse); **Flaschenbier** *nt* şişe birası; **Flaschengärung** *f* şişede mayalanma; **Flaschengestell** *nt* <-(e)s, -e> şişelik; **Flaschenhals** *m* şişe boynu; **Flaschenkürbis** *m* <-ses, -se> su kabağı, testi kabağı; **Flaschenöffner** *m* şişe açacağı; **Flaschenpfand** *nt ohne Pl* <-(e)s> şişe depozitosu; **Flaschenpost** *f* potkal; **Flaschenverschluss** *m* <-es, -schlüsse> şişe tapası; **Flaschenzug** *m* <-(e)s, -züge> palanga

Flaschner(in) ['flaʃnɐ] *m(f)* <-s, -; -nen> (*südd, Schweiz: Klempner*) sıhhî tesisatçı

Flattergeist *m* (*fam*) gelgeççi

flatterhaft *adj* (*pej*) hercaî, yeltek

Flatterhaftigkeit *f ohne Pl* hercailik

flattern ['flatɐn] *vi* **1.** *sein* (*Tier*) uçuşmak **2.** (*Hände*) titremek **3.** *sein* (*Fahne*) dalgalanmak; (*Papier*) uçuşmak

flau [flaʊ] *adj* **1.** (*schwach*) halsiz; (*Brise*) hafif; **mir ist ~ im Magen** midem hafifçe bulanıyor **2.** (FIN) durgun

Flaum [flaʊm] *m ohne Pl* <-(e)s> **1.** (*Federn*) tüyler **2.** (*feiner, zarter Haarwuchs*) ince tüyler, tüylenme; (*Bartwuchs*) sakallanma **3.** (*eines Pfirsichs*) ülger

Flausch [flaʊʃ] *m* <-(e)s, -e> havlı çuha

flauschig *adj* havlı

Flaute ['flaʊtə] *f* <-n> **1.** (NAUT: *Windstille*) rüzgârsızlık, sütlimanlık **2.** (FIN) durgunluk **3.** (*Wend*): **die Party war eine ~** (*fam*) parti bir fiyaskoydu

Flechte ['flɛçtə] *f* <-n> **1.** (*Zopf*) örgü, belik **2.** (BOT) liken **3.** (MED) liken

flechten ['flɛçtən] <flicht, flocht, geflochten> *vt* örmek; (*Haare*) beliklemek, örmek; **einen Blumenkranz ~** çiçekli bir çelenk yapmak

Flechtwerk *nt* **1.** örgü **2.** (ARCH) bağdadî duvar

Fleck [flɛk] *m* <-(e)s, -e> **1.** (*Schmutz~*) leke; (*Farb~*) benek; (*Sonnen~*) gözenek; **ein blauer ~** morartı **2.** (*fam: Stelle*) yer; **er rührte sich nicht vom ~** yerinden kımıldamadı; **nicht vom ~ kommen** yerinde saymak; **vom ~ weg** hemen

Flecken ['flɛkən] *m* <-s, -> **1.** (*Schmutz~, Farb~*) leke **2.** (*Dorf*) köy; **Fleckenentferner** *m*, **Fleckenentfernungsmittel** *nt* leke giderici madde; **Fleckenfieber** *nt* lekeli humma; **Fleckenwasser** *nt* <-s, -wässer> leke giderici su

fleckig ['flɛkɪç] *adj* lekeli; (*Tierfell*) benekli

Fledermaus ['fle:dɐmaʊs] *f* yarasa

flehen ['fle:ən] *vi* yalvarmak, yalvarıp yakarmak; **um Gnade ~** aman dilemek

flehentlich ['fle:əntlɪç] *adv* (*geh*) yalvararak; **jdn ~ bitten** birine yalvarıp yakarmak

Fleisch [flaɪʃ] *nt ohne Pl* <-(e)s> et; (*Frucht~*) et; **~ fressend** etçil, et obur, etle beslenen; **rohes ~** çiğ et; **vom ~ fallen** (*fam*) zayıflamak; **sich** *dat/akk* **ins eigene ~ schneiden** (*fig*) kendi kendine zarar vermek

Fleischbrühe *f* et suyu

Fleischer(in) *m(f)* <-s, -; -nen> kasap

Fleischerei *f* <-en> kasap (dükkânı)

fleischfarben *adj* ten rengindeki

Fleischfliege *f* et sineği

fleischfressend *adj s.* **Fleisch**

Fleischfresser *m* etçil, et obur

fleischig *adj* etli; (*Frucht*) etli; (*Person*) etli butlu

Fleischklößchen ['flaɪʃklø:sçən] *nt* <-s, -> köfte

fleischlich *adj* **1.** (*Kost*) etli **2.** (*Begierde*) şehvetli

fleischlos *adj* **1.** (*Kost*) etsiz **2.** (*Gesicht*) etsiz

Fleischpastete *f* (GASTR) etli börek; **Fleischspieß** *m* şiş, şiş kebap; **Fleischwolf** *m* <-(e)s, -wölfe> kıyma makinesi

Fleiß [flaɪs] *m ohne Pl* <-es> çalışkanlık; (*Eifer*) gayret; (*~arbeit*) emek; **ohne ~ kein Preis** (*prov*) zahmetsiz rahmet olmaz

fleißig **I.** *adj* **1.** (*arbeitsam*) çalışkan; **eine ~e Arbeit** emek işi **2.** (*fam: regelmäßig*) düzenli **II.** *adv* **1.** (*arbeitsam*) çalışkan **2.** (*fam: regelmäßig*) düzenli olarak; (*häufig*) sık sık

flektierbar *adj* (LING: *Sprache*) bükünlü, bükülgen; (*deklinabel*) çekimli

flennen ['flɛnən] *vi* (*fam pej*) zırlamak; **hör auf zu ~!** bırak zırlamayı!

fletschen ['flɛtʃən] *vt:* **die Zähne ~** dişlerini göstermek

flexibel [flɛ'ksi:bəl] *adj* esnek

Flexibilität [flɛksibili'tɛ:t] *f ohne Pl* esneklik

Flexion [flɛ'ksjo:n] *f* <-en> (LING) bükün

flicht [flɪçt] *3. präs von* **flechten**

flicken ['flɪkən] *vt* (*Reifen*) yamamak; (*Kleidung*) yamamak

Flicken *m* <-s, -> yama

Flickwerk *nt ohne Pl* <-(e)s> (*pej*) derme çatma iş; **Flickzeug** *nt* (*Fahrrad, Reifen*) yama takımı

Flieder ['fli:dɐ] *m* <-s, -> (BOT) leylâk

fliederfarben *adj* leylâkî

Fliege ['fli:gə] *f* <-n> **1.** (ZOOL) sinek; **er tut keiner ~ was zuleide** [*o* **zu Leide**] karıncayı bile ezmez [*o* incitmez]; **zwei ~n mit einer Klappe schlagen** (*fam*) bir taşla iki kuş vurmak; **die ~ machen** (*fam*) tüymek **2.** (*Krawatte*) papyon

fliegen ['fli:gən] <fliegt, flog, geflogen> **I.** *vi sein* **1.** uçmak; **wie lange fliegt man von Wien nach Antalya?** Viyana'dan Antalya'ya kaç saatte uçuluyor? **2.** (*Ball, Stein*) uçmak; (*geworfen werden*) atılmak; **der Ball flog über das Tor** top kalenin üstünden uçtu; **in die Luft ~** havaya uçmak; **sie flog ihm um den Hals** boynuna sarıldı **3.** (*fam: hinausgeworfen werden*): **ich bin geflogen** atıldım **4.** (*fam: durchfallen*): **durchs Examen ~** sınavı geçememek **5.** (*fam: angezogen werden*) bayılmak (*auf* -e); **er fliegt auf neue Autos** otolara bayılır [*o* deli olur] **II.** *vt* **1.** (*Flugzeug*) kullanmak **2.** (*Güter, Passagiere*) uçurmak **3.** (*Route*) uçmak

fliegend *adj* uçan; **in ~er Eile** alelacele; **~e Händler** işportacı; **~e Untertasse** (*tellerförmiges Ufo*) uçan daire; **der F~e Holländer** (*Sage, Oper*) Uçan Hollandalı

Fliegenfänger *m* <-s, -> **1.** (ZOOL: *Vogel*) sinekkapan **2.** (*Klebestreifen*) sineklik; **Fliegengewicht** *nt* <-(e)s, -e> (SPORT) sinek sıklet, sinek ağırlık; **Fliegenklatsche** ['fli:gənklatʃə] *f* <-n> sineklik; **Fliegenpilz** *m* (BOT) sinek mantarı

Flieger ['fli:gɐ] *m* <-s, -> **1.** (*Pilot*) uçucu

F

2. (*fam: Flugzeug*) uçak; **Fliegeralarm** *m* hava alarmı

Fliegerei *f ohne Pl* uçuculuk, pilotluk; (*Flugwesen*) havacılık; **die ~ aufgeben** pilotluğu bırakmak

Fliegerhorst *m* (MIL) hava üssü

fliehen ['fli:ən] <flieht, floh, geflohen> *vi sein* kaçmak (*vor* -den); (*aus dem Gefängnis*) firar etmek (*aus* -den); **zu jdm ~** birine kaçmak

Fliehkraft *f ohne Pl* (PHYS) merkezkaç kuvvet

Fliese ['fli:zə] *f* <-n> fayans; **Fliesenleger(in)** *m(f)* <-s, -; -nen> fayansçı

Fließband *nt* <-(e)s, -bänder> hareketli bant, yürüyen bant, montaj hattı

fließen ['fli:sən] <fließt, floss, geflossen> *vi sein* (*Fluss, Gelder, Spenden, Verkehr*) akmak; (*Tränen*) akmak, dökülmek; (*heraus~*) akmak; **die Elbe fließt in die Nordsee** Elbe Kuzey Denizi'ne dökülür; **der Sekt floss in Strömen** köpüklü şarap su gibi aktı; **es ist genug Blut geflossen** yeter kan aktı

fließend **I.** *adj* **1.** akan; **~er Verkehr** akan trafik; **~es Wasser** akar su **2.** (*Grenze, Übergang*) belirsiz; **die Grenze zwischen Physik und Chemie ist ~** fizik ile kimya arasındaki sınır belirsizdir **II.** *adv* su gibi, şakır şakır; **~ lesen** su gibi okumak; **sie spricht ~ Türkisch** şakır şakır Türkçe konuşuyor

flimmerfrei *adj* (*Bildschirm*) titreşimsiz; **Flimmerkiste** *f* (*fam pej: Fersehgerät*) tv, televizyon

flimmern ['flɪmɐn] *vi* titremek; (*Sterne*) ışıldamak

flink [flɪŋk] *adj* **1.** (*schnell*) atik, çevik **2.** (*geschickt*) becerikli

Flinte ['flɪntə] *f* <-n> **1.** (*Gewehr mit Feuersteinschloss*) filinta, çakmaklı tüfek **2.** (*Jagdgewehr mit glattem Lauf*) kavak tüfek, namlusu yivsiz tüfek; **die ~ ins Korn werfen** (*fam fig*) yelkenleri suya indirmek

Flipper ['flɪpɐ] *m* <-s, -> (*fam*) tilt

flippern *vi* (*fam*) tilt oynamak

flippig ['flɪpɪç] *adj* (*fam*) zirzop

Flirt [flɪrt, flœrt] *m* <-s, -s> flört

flirten ['flɪrtən, 'flœrtən] *vi* flört etmek

Flittchen ['flɪtçən] *nt* <-s, -> (*fam pej*) sürtük

Flitter[1] ['flɪtɐ] *m* <-s, -> (*Paillette*) payet, pırıltılı pul

Flitter[2] *m ohne Pl* <-s> (*pej: Tand*) incik boncuk

Flitterwochen *fPl* balayı

flitzen ['flɪtsən] *vi sein* (*fam*) ok gibi fırlamak

flocht [flɔxt] *3. imp von* **flechten**

Flocke ['flɔkə] *f* <-n> **1.** (*Schnee~*) (kar) tane(si); **der Schnee fiel in dicken ~n** lâpa lâpa kar yağdı **2.** (*Hafer~, Mais~*) gevrek

flockig *adj* top top olan

flog [flo:k] *3. imp von* **fliegen**

floh [flo:] *3. imp von* **fliehen**

Floh [flo:, *Pl:* 'flø:ə] *m* <-(e)s, Flöhe> **1.** (ZOOL) pire; **jdm einen ~ ins Ohr setzen** (*fam*) birini pirelendirmek; **die Flöhe husten hören** (*fam*) ukalâlık etmek, kendini fasulye gibi nimetten saymak **2.** *Pl* (*fam: Geld*) para; **Flohmarkt** *m* bitpazarı

Flop [flɔp] *m* <-s, -s> fiyasko

Floppydisk[RR] *f* <-s> (INFORM) esnek disket

Flora ['flo:ra, *Pl:* 'flo:rən] *f* <Floren> flora, bitey, bitki örtüsü

Florenz [flo'rɛnts] *nt* <-> Floransa

Florett [flo'rɛt] *nt* <-(e)s, -e> flöre; **~ fechten** flöre ile eskrim yapmak

florieren* [flo'ri:rən] *vi* gelişip büyümek

Florist(in) [flo'rɪst] *m(f)* <-en, -en; -nen> çiçekçi

Floskel ['flɔskəl] *f* <-n> tumturaklı söz

floss[RR] [flɔs], **floß** *3. imp von* **fließen**

Floß [flo:s, *Pl:* 'flø:sə] *nt* <-es, Flöße> sal

Flosse ['flɔsə] *f* <-n> **1.** (*vom Fisch*) yüzgeç; (*vom Taucher*) palet **2.** (NAUT) kanat **3.** (*fam: Hand*) el

Flöte ['flø:tə] *f* <-n> **1.** (MUS) flüt **2.** (*Sektglas*) şampanya bardağı

flöten *vi* **1.** (*Flöte spielen*) flüt çalmak; (*Vogel, Mensch*) ötmek **2.** (*fam: verloren gehen*): **~ gehen** kaybolmak **3.** (*pfeifen*) ıslık çalmak; **flöten|gehen** *irr vi s.* **flöten I.2.**; **Flötenspieler(in)** *m(f)* flütçü

Flötist(in) [flø'tɪst] *m(f)* <-en, -en; -nen> (MUS) flütçü

flott [flɔt] *adj* **1.** (*fam: rasch*) çabuk, tez, hızlı; **aber ein bisschen ~!** biraz çabuk ol ama! **2.** (*fam: Person*) şık; (*Kleidung*) şık; (*Musik*) canlı **3.** (*Leben*): **ein ~es Leben führen** keyfince yaşamak, dilediğince yaşamak **4.** (*fahrbereit*): **ist der Wagen wieder ~?** araba yine çalışıyor mu? **5.** (NAUT) das Schiff wieder ~ machen, gemiyi yüzdürmek

Flotte ['flɔtə] *f* <-n> donanma; (*Handels~*) filo; **Flottenstützpunkt** *m* (MIL) donanma üssü

flott|machen *vt* **1.** (*Schiff*) yüzdürmek **2.** (*fam: Fahrzeug*) çalıştırmak

Flöz [flø:ts] *nt* <-es, -e> (BERGB) katman, tabaka

Fluch [flu:x, *Pl:* 'fly:çə] *m* <-(e)s, Flüche> **1.** (*Verwünschung*) beddua, lânet, ilenç, ilenme; **einen ~ ausstoßen** beddua etmek, lânet okumak **2.** (*Schimpfwort*) küfür

fluchen ['flu:xən] *vi* küfretmek, sövmek, sövüp saymak

Flucht[1] [flʊxt] *f ohne Pl* (*das Fliehen*) kaçma (*aus/vor* -den), kaçış (*aus* -den), firar (*aus* -den); **vor jdm/etw** *dat* **die ~ ergreifen** bir kimseden/şeyden kaçmak; **jdn in die ~ schlagen** birini kaçırmak; **auf der ~ sein** kaçmakta olmak

Flucht[2] *f* <-en> (ARCH: *Reihe*) sıra, dizi

fluchtartig **I.** *adj* acele **II.** *adv* acele acele

flüchten [ˈflʏçtən] **I.** *vi sein* kaçmak (*aus/vor*-den); (*aus dem Gefängnis*) firar etmek (*aus* -den) **II.** *vr:* **sich ~** (*Schutz suchen*) sığınmak (*in* -e); **sich in den Alkohol ~** kendini alkole vermek

Fluchtgefahr *f ohne Pl* kaçma tehlikesi; **Fluchthilfe** *f* kaçmaya yardım (etme)

flüchtig [ˈflʏçtɪç] *adj* **1.** (*flüchtend*) kaçak **2.** (*kurz*) kısa; **einen ~en Blick auf jdn/etw werfen** birine/bir şeye kısaca bir göz atmak **3.** (*oberflächlich*) üstünkörü, gelişigüzel, sathî; **etw ~ lesen** bir şeyi üstünkörü okumak **4.** (CHEM) uçucu

Flüchtigkeit *f* **1.** (*Kürze*) kısalık **2.** (*Oberflächlichkeit*) üstünkörülük, gelişigüzellik, sathîlik **3.** (*Nachlässigkeit*) ihmalkârlık, savsaklama **4.** (CHEM) uçuculuk **5.** (*~sfehler*) dikkatsizlik; **Flüchtigkeitsfehler** *m* dikkatsizlik hatası

Flüchtling *m* <-s, -e> sığınmacı, mülteci; **politischer ~** siyasî sığınmacı; **Flüchtlingslager** *nt* sığınmacı kampı; **Fluchtversuch** *m* kaçmaya kalkışma; **Fluchtweg** *m* **1.** (*Verbrecher*) kaçış yolu **2.** (*in Schulen, Firmen*) (imdat) kaçış yolu

Flug [fluːk, *Pl:* ˈflyːgə] *m* <-(e)s, Flüge> uçuş, uçak seferi; **die Zeit verging wie im ~(e)** zaman uçar gibi geçti

Flugabwehr *f* (MIL) uçaksavar; **Flugabwehrrakete** *f* (MIL) uçaksavar füzesi

Flugangst *f* uçma korkusu; **Flugaufkommen** *nt ohne Pl* <-s> (AERO) hava trafiği; **Flugbahn** *f* uçak pisti; **Flugbegleiter(in)** *m(f)* hostes; **Flugblatt** *nt* el ilânı, el afişi; **Flugdatenschreiber** *m* <-s, -> (AERO) kara kutu; **Flugdauer** *f* uçuş süresi

Flügel [ˈflyːgəl] *m* <-s, -> **1.** (*eines Vogels, Flugzeugs*) kanat; **mit den ~n schlagen** kanat çırpmak; **etw verleiht jdm ~** (*fig*) bir şey birini kanatlandırmak **2.** (*von Gebäude, Truppe, Spielfeld, Partei*) kanat **3.** (*einer Windmühle*) kanat; (*eines Propellers*) kanat **4.** (*Fenster~, Tür~*) kanat **5.** (MUS: *Konzert~*) kuyruklu piyano; **auf dem ~ spielen** kuyruklu piyano çalmak; **Flügelmutter** *f* <-n> kulaklı somun; **Flügelschlag** *m* kanat çırpışı, kanat çırpma; **Flügelschraube** *f* kanatlı vida; **Flügeltür** *f* iki kanatlı kapı

Fluggast *m* uçak yolcusu

flügge [ˈflʏgə] *adj* **1.** (*Vogel*) kanatlanmış, uçmaya başlamış **2.** (*fam fig: Kind*): **~ werden** bağımsız olmak

Fluggeschwindigkeit *f* uçuş hızı; **Fluggesellschaft** *f* <-en> uçak şirketi; **Flughafen** *m* hava limanı; **auf dem ~** hava limanında; **Flughafenbus** *m* hava alanı otobüsü; **Flughöhe** *f* uçuş yüksekliği; **Flugkapitän** *m* <-s, -e> kaptan pilot; **Flugkörper** *m* uçan cisim; **Fluglehrer(in)** *m(f)* uçuş öğretmeni; **Flugleitung** *f* hava alanı yönetimi; **Fluglinie** *f* hava yolu; **Fluglotse, -in** *m, f* uçak kılavuzu; **Flugobjekt** *nt* uçan daire; **Flugplan** *m* uçuş tarifesi; **Flugplatz** *m* <-es, -plätze> uçak alanı, hava alanı; **Flugreise** *f* uçak yolculuğu

flugs [fluːks] *adv* (*geh*) çarçabuk, çabucacık, hemencecik

Flugschein *m* <-(e)s, -e> **1.** (*Lizenz*) pilot ehliyeti **2.** (*Flugticket*) uçak bileti; **Flugschreiber** *m* <-s, -> uçuş çizelgesi; **Flugsicherheit** *f ohne Pl* uçuş güvenliği; **Flugsicherung** *f* <-en> hava yolu ulaşımının güvenliğini sağlama; **Flugsimulator** *m* uçuş simülatörü; **Flugstrecke** *f* uçuş rotası; **flugtauglich** *adj* uçmaya elverişli; **Flugticket** *nt* <-s, -s> uçak bileti; **Flugverbindung** *f* <-en> (AERO) uçak bağlantısı

Flugverbot *nt* uçuş yasağı

Flugverkehr *m ohne Pl* hava (yolu) ulaşımı; **Flugwaffe** *f* (*Schweiz: Luftwaffe*) hava kuvvetleri *pl*; **Flugwesen** *nt ohne Pl* havacılık; **Flugzeit** *f* uçuş süresi

Flugzeug [ˈfluːktsɔɪk] *nt* <-(e)s, -e> uçak; **mit dem/im/per ~** uçakla; **Flugzeugabsturz** *m* uçak düşmesi; **Flugzeugbau** *m ohne Pl* <-(e)s> uçak yapımı; **Flugzeugbesatzung** *f* uçak mürettebatı; **Flugzeugentführer(in)** *m(f)* hava korsanı; **Flugzeugentführung** *f* uçak kaçırma; **Flugzeughalle** *f* uçak hangarı; **Flugzeugträger** *m* <-s, -> uçak gemisi; **Flugzeugverband** *m* hava birliği

Fluktuation [flʊktuaˈtsjoːn] *f* <-en> (*Schwankung*) dalgalanma; (*Änderung*) değişme

fluktuieren* [flʊktuˈiːrən] *vi* (*schwanken*) dalgalanmak; (*sich ändern*) değişmek

Flunkerei [flʊŋkəˈraɪ] *f* <-en> (*fam*) palavra, martaval

Flunkerer *m* (*fam*) palavracı, tıraşçı

flunkern [ˈflʊŋkɐn] *vi* (*fam*) palavra atmak [*o* savurmak] [*o* sıkmak]

Fluor [ˈfluːoɐ] *nt ohne Pl* <-s> (CHEM) flüor

Fluoreszenz [fluorɛsˈtsɛnts] *f ohne Pl* flüoresans

fluoreszierend *adj* (CHEM) flüoresan, flüorışıl

F

Fluorid [fluo'riːt] *nt* <-(e)s, -e> flüorit
Flur[1] [fluːɐ] *m* <-(e)s, -e> (*im Haus*) koridor, hol
Flur[2] *f* <-en> (*geh: Land*) arazi; **Flurbereinigung** *f* <-en> arazi toplulaştırması
Fluse ['fluːzə] *f* <-n> tüy, hav
Fluss[RR1] [flʊs, *Pl:* 'flʏsə] *m* <-es, Flüsse> (*Gewässer*) akarsu, ırmak, nehir
Fluss[RR2] *m ohne Pl* <-es> (*das Fließen*) akma; (*Verlauf*) akış; **in ~ bringen** harekete geçirmek; **in ~ kommen** harekete geçmek
Fluß *m s.* **Fluss**
flussabwärts[RR] [-'--] *adv* akış aşağı, ırmağın aktığı yönde; **Flussarm**[RR] *m* ırmak kolu; **flussaufwärts**[RR] [-'--] *adv* akış yukarı; **Flussbarsch**[RR] *m* (ZOOL) tatlı su levreği; **Flussbett**[RR] *nt* akak, akarsu yatağı
Flussdiagramm[RR] *nt* (INFORM) akış diyagramı
Flüsse *Pl von* **Fluss**[1]
Flussfisch[RR] *m* tatlı su balığı
flüssig ['flʏsɪç] *adj* **1.** (*nicht fest*) sıvı, likit; **~ machen** sıvılaştırmak **2.** (*Stil, Verkehr*) akıcı **3.** (*Kapital*) nakit; **~ machen** paraya çevirmek; **ich bin im Moment nicht ~** (*fam*) şu anda param yok; **Flüssiggas** *nt* <-es, -e> likit gaz, sıvı gaz
Flüssigkeit[1] *f* <-en> (*Stoff*) sıvı
Flüssigkeit[2] *f ohne Pl* (*Zustand*) sıvı
Flüssigkristallbildschirm *m* sıvı kristal ekranı
flüssig|machen *vt s.* **flüssig 1., 3.**; **Flüssigseife** *f* sıvı el sabunu; **Flüssigwaschmittel** *nt* çamaşır suyu
Flusskrebs[RR] *m* (ZOOL) kerevit, kerevides, tatlı su ıstakozu; **Flusslauf**[RR] *m* <-(e)s, -läufe> akak, akarsu yatağı; **Flussmündung**[RR] *f* ırmak ağzı, mansap; **Flusspferd**[RR] *nt* su aygırı; **Flussufer**[RR] *nt* ırmak kenarı
flüstern ['flʏstɐn] *vi, vt* fışıldamak; **das kann ich dir ~!** (*fam*) bundan emin olabilirsin!
Flüsterpropaganda *f ohne Pl* <-> fısıltı gazetesi
Flüsterton *m ohne Pl* <-(e)s> fısıltı; **im ~ reden** fısıltı ile konuşmak, fısıl fısıl konuşmak
Flut[1] [fluːt] *f ohne Pl* (*im Gezeitenwechsel*) kabarık deniz, met, denizin kabarması; **es ist ~** deniz kabardı; **die ~ geht zurück** deniz çekiliyor; **der Wechsel von Ebbe und ~** gelgit olayı, meddücezir; *s. a.* **Ebbe**
Flut[2] *f* <-en> **1.** (*geh: Wassermassen*) sel; (*Wellen*) dalgalar *pl* **2.** (*Menge*) sel; **eine ~ von Briefen** mektup seli [*o* yağmuru]
fluten I. *vi sein* (*geh: Wasser, Licht*) dolmak **II.** *vt* (NAUT) (suyla) doldurmak; **die Schleuse/Tanks ~** loku/tankları (suyla) doldurmak
Flutkatastrophe *f* sel felâketi; **Flutlicht** *nt ohne Pl* <-(e)s> spot
flutschen ['flʊtʃən] *vi sein* (*fam*) **1.** (*Tätigkeit*) tıkır tıkır yürümek **2.** (*Gegenstand*): **aus der Hand ~** elinden kaçıvermek
Flutwelle *f* met dalgası
f-Moll *nt ohne Pl* <-> (MUS) fa minör
fob *Abk. von* **free on board** (WIRTSCH) fob
focht [fɔxt] *3. imp von* **fechten**
föderal *adj* (POL) federal
Föderalismus [fødera'lɪsmʊs] *m ohne Pl* <-> (POL) federalizm
Föderalist(in) *m(f)* (POL) federalist
föderalistisch *adj* (POL) federalist
Föderation [fødera'tsjoːn] *f* <-en> (POL) federasyon
föderativ *adj* (POL) federatif, federal
föderiert *adj* (POL) federe
fohlen ['foːlən] *vi* (ZOOL) kulunlamak, taylamak; (*ab~*) kulun atmak
Fohlen ['foːlən] *nt* <-s, -> (*neugeborenes Pferd, Esel*) kulun; (*sehr junges Pferd*) tay
Föhn [føːn] *m* <-(e)s, -e> **1.** (METEO) *Alplerin kuzey veya güneyinden esen sıcak ve kuru lodos benzeri bir rüzgâr* **2.** (*Haartrockner*) saç kurutucusu
föhnen[RR] ['føːnən] *vt* saç kurutucusu ile kurutmak
Fokus ['foːkʊs] *m* <-, -se> (*Brennpunkt*) odak; (*Krankheitsherd*) mikrop yuvası
fokussieren [foːkʊ'siːrən] *vt* odaklamak, odaklaştırmak
Folge ['fɔlgə] *f* <-n> **1.** (*Ergebnis*) sonuç, netice; **an den ~ einer Krankheit sterben** hastalık sonucu ölmek; **einem Befehl ~ leisten** (*formal*) emre itaat etmek, emri yerine getirmek **2.** (RADIO, TV) dizi; (*Zeitung*) sayı **3.** (*Aufeinander~*) devam, izleme; **in rascher ~** ardı ardına; **Folgeerscheinung** *f* ardıl görüntü, ardışık görüntü; (MED) ardışık olgular *pl*
folgen ['fɔlgən] *vi* **1.** *sein* (*nachgehen*) izlemek, takip etmek; **können Sie mir (geistig) ~?** beni anlıyor musunuz? **2.** *sein* (*zeitlich*) izlemek, takip etmek; **dem** [*o* **auf den**] **Winter folgte ein nasses Frühjahr** kışı yağmurlu bir bahar izledi; **Fortsetzung folgt** devamı var; **wie folgt** şöyle, aşağıdaki gibi **3.** *sein* (*sich ergeben*) çıkmak (*aus* -den) **4.** (*gehorchen*) itaat etmek, uymak; **er folgte ihrem Rat** öğüdüne uydu
folgend *adj* arkadan gelen, ardı sonra gelen, müteakip; **am ~en Tag** ertesi günü; **es handelt sich um F~es** konu şöyle [*o* şudur]; **abschließend möchte ich F~es sagen** son olarak şunu söylemek isterim

folgendermaßen ['fɔlgəndɐ(')maːsən] *adv* şöyle, şu şekilde; **ich habe mir das ~ überlegt** ben bunu şöyle düşündüm
folgenlos *adj* sonuçsuz, neticesiz
folgerichtig *adj* tutarlı
folgern ['fɔlgɐn] *vi* sonuç çıkarmak (*aus* -den), istidlâl etmek (*aus* -den)
Folgerung *f* <-en> çıkarım (*aus* -den), çıkan sonuç (*aus* -den)
folglich ['fɔlklɪç] *adv* binaenleyh, bunun üzerine, bundan dolayı, dolayısıyla, demek ki, yani
folgsam ['fɔlkzaːm] *adj* (*gehorsam*) söz dinler, itaatkâr; (*artig*) uslu
Folie ['foːliə] *f* <-n> folyo kâğıdı; (*Klarsicht~*) selofan; (*Plastik~*) naylon; **etw mit ~ abdecken** bir şeyi naylonla kaplamak
Folklore [fɔlk'loːrə] *f ohne Pl* folklor
Folklorist(in) *m(f)* folklorcu
Folkloristik *f ohne Pl* folklorculuk
folkloristisch [fɔlklo'rɪstɪʃ] *adj* folklorik
Folter ['fɔltɐ] *f* <-n> işkence; **jdn auf die ~ spannen** (*fig*) birini meraktan çatlatmak; **Folterbank** *f* <-bänke> işkence sehpası
Folterer *m* işkenceci
Foltergerät *nt*, **Folterinstrument** *nt* işkence aleti; **Folterkammer** *f* işkence odası
foltern *vt* işkence etmek [*o* yapmak] (-e)
Folterung *f* <-en> işkence
Folterwerkzeug *nt* işkence aleti
Fon[RR] *nt* <-s, -s> *s.* **Phon**
Fön® *m* <-(e)s, -e> saç kurutma makinesi
Fonds [fõː(s)] *m* <-, -> (FIN: *Geldreserve*) fon
fönen *vt s.* **föhnen**
Fonotypist(in)[RR] *m(f)* <-en, -en; -nen> *s.* **Phonotypist**
Font [fɔnt] *m* <-s, -s> (INFORM, TYPO) yazı tipi, yazı karakteri seti
Fontäne [fɔn'tɛːnə] *f* <-n> **1.** (*Wasserstrahl*) fıskiye **2.** (*Springbrunnen*) fıskiye, şadırvan
Fontanelle *f* (ANAT) bıngıldak
foppen ['fɔpən] *vt* takılmak (-e)
forcieren* [fɔr'siːrən] *vt* **1.** (*steigern*) artırmak **2.** (*erzwingen*) zorlamak
Förderband *nt* <-(e)s, -bänder> (TECH) konveyör
Förderer, -in *m, f* <-s, -; -nen> teşvikçi
Förderkorb *m* (BERGB) kafes
förderlich *adj* yararlı (-e), faydalı (-e)
Fördermittel *ntPl* (WIRTSCH) teşvik fonları *pl*
fordern ['fɔrdɐn] *vt* **1.** (*verlangen*) istemek (*von* -den), talep etmek (*von* -den); **der Unfall forderte fünf Menschenleben** kaza beş kişinin canını aldı **2.** (*zum Duell*) davet etmek **3.** (*Rechte*) istemek (*von* -den), talep etmek (*von* -den)
fördern ['fœrdɐn] *vt* **1.** (*Bodenschätze, Kohle*) çıkarmak **2.** (*unterstützen*) desteklemek; (*Talent, Künstler, Umsatz*) teşvik etmek, özendirmek, isteklendirmek; (*Umsatz*) kayırmak
Forderung *f* <-en> **1.** (*Anspruch*) talep, istem; **hohe ~en an etw/jdn stellen** bir şeyden/kimseden çok şey istemek **2.** (FIN, WIRTSCH, JUR: *Betrag*) alacak; **noch bestehende/titulierte/zweifelhafte ~en** kalan/senetli/şüpheli alacaklar **3.** (*von Rechten*) talep, istem **4.** (*Auf~*) davet
Förderung *f* <-en> **1.** (*von Bodenschätzen*) istihsal, çıkarma, elde etme **2.** (*Unterstützung*) destek; (*finanziell*) teşvik, özendirme
Forelle [fo'rɛlə] *f* <-n> alabalık
forensisch *adj* (JUR) adlî; **~e Medizin** (*Gerichtsmedizin*) adlî tıp
Form[1] [fɔrm] *f* <-en> **1.** (*Gestalt*) biçim; **etw in ~ bringen** bir şeye biçim vermek; **aus der ~ geraten** biçimi bozulmak; **das Projekt nimmt feste ~en an** proje biçim almaya başladı **2.** (*Art und Weise*) biçim, tarz **3.** (*Back~, Gieß~, Kuchen~*) kalıp **4.** (*Umgangs~*) formalite, nezaket; **die ~ wahren** istifini bozmamak; **der ~ halber** formalite gereği, nezaket icabı; **in aller ~** resmen
Form[2] *f ohne Pl* (*Kondition*) form; **in ~ kommen** forma girmek; **in ~ sein** formda olmak
formal [fɔr'mɑːl] *adj* formel, biçimsel
Formaldehyd *m ohne Pl* (CHEM) formaldehit
Formalie *f* <-n> formalite; **die notwendigen ~n erledigen** gerekli formaliteleri tamamlamak
Formalist(in) *m(f)* formalist, formaliteci
Formalismus *m* formalizm, biçimcilik
Formalität [fɔrmali'tɛːt] *f* <-en> formalite
Format[1] [fɔr'maːt] *nt* <-(e)s, -e> (*Größe*) format
Format[2] *nt ohne Pl* <-(e)s> **1.** (*Persönlichkeit*) karakter; **sie hat ~** karakteri var **2.** (*Niveau*) seviye; (*Bedeutung*) önem
formatieren* [fɔrma'tiːrən] *vt* (INFORM) formatlamak; **Formatierung** *f* <-en> (INFORM) formatlama
Formation [fɔrma'tsjoːn] *f* <-en> formasyon; (GEO) oluşuk, katmanlar dizisi; **geschlossene ~** yanaşık nizam
formbar *adj* istenilen şekle sokulabilen
formbeständig *adj* şekli bozulmaz
Formel ['fɔrməl] *f* <-n> (*a.* MATH, CHEM) formül; (*Redewendung*) formül; **etw auf eine ~ bringen** (*fig*) bir şeyi formüle etmek
formell [fɔr'mɛl] *adj* formel, biçimsel, şeklî
formen ['fɔrmən] *vt* biçimlendirmek, şekil-

lendirmek

Formenlehre *f* <-n> (LING, MUS) morfoloji, biçim bilgisi; (BIOL) biçim bilimi

Formfehler *m* şekil hatası; **Formfrage** *f* <-n> formalite sorusu

formieren* [fɔrˈmiːrən] *vt* biçimlendirmek, biçim vermek (-e); (*bilden*) kurmak, oluşturmak; (*organisieren*) örgütlemek

Formierung *f* <-en> formasyon, biçimlenme, oluşum

förmlich [ˈfœrmlɪç] **I.** *adj* **1.** (*offiziell*) resmî **2.** (*steif*) merasimli **II.** *adv* (*regelrecht*) resmen

Förmlichkeit *f* <-en> formalite, resmiyet, merasim; **bitte nur keine ~en!** lütfen resmiyeti bir yana bırakalım!

formlos *adj* **1.** (*ohne Form*) biçimsiz **2.** (*zwanglos*) serbest; (*Antrag*) şekle bağlı olmayan

Formsache *f* formalite işi; **das ist reine ~** bu sırf formalite işidir; **formschön** *adj* biçimi güzel, güzel biçimli

Formular [fɔrmuˈlaːɐ] *nt* <-s, -e> form

formulieren* [fɔrmuˈliːrən] *vt* formüle etmek

Formulierung *f* <-en> **1.** (*Vorgang*) formüle etme **2.** (*Ergebnis*) ibare; **einige ~en wurden geändert** bazı ibareler değiştirildi

formvollendet *adj* mükemmel

forsch [fɔrʃ] *adj* atılgan, enerjik

forschen [ˈfɔrʃən] *vi* araştırmak; **nach etw ~** bir şeyi araştırmak

Forscher(in) *m(f)* <-s, -; -nen> araştırmacı, araştırman

Forschung *f* <-en> (bilimsel) araştırma; **Forschungsergebnis** *nt* araştırma sonucu; **Forschungslabor** *nt* araştırma labratuvarı; **Forschungsreise** *f* keşif seyahati, bilimsel araştırma amaçlı gezi; **Forschungszentrum** *nt* araştırmalar merkezi

Forst [fɔrst] *m* <-(e)s, -e(n)> orman

Förster(in) [ˈfœrstɐ] *m(f)* <-s, -; -nen> ormancı, orman koruma memuru

Forsthaus *nt* orman evi; **Forstwirt(in)** *m(f)* ormancı, orman mühendisi; **Forstwirtschaft** *f ohne Pl* ormancılık

fort [fɔrt] *adv* **1.** (*weg*) gitti; (*verschwunden*) yok; (*verloren*) kayıp; **das Buch ist ~** kitap yok; **~ mit ihm!** gitsin!; **seine Freunde sind schon ~** dostları gittiler bile **2.** (*weiter*): **und so ~** ve benzerleri, vesaire; **in einem ~** hiç durmadan

Fort [foːɐ] *nt* <-s, -s> tabya

fortan [fɔrtˈʔan] *adv* bundan böyle

Fortbestand *m ohne Pl* <-(e)s> devam; (*der Arten*) tükenmeme

fort|bestehen* *irr vi* devam etmek

fort|bewegen* **I.** *vt* hareket ettirmek, yerinden oynatmak **II.** *vr:* **sich ~** hareket etmek, gitmek

Fortbewegung *f* hareket

Fortbildung *f* <-en> meslek içi eğitim; **die ~ der Beamten** memurların meslek içi eğitimi; **Fortbildungskurs** *m* meslek içi eğitim kursu

fort|bleiben *irr vi* gittiği yerde kalmak, dönmemek

fort|bringen *irr vt* alıp götürmek, yerinden oynatmak

Fortdauer *f ohne Pl* devam, sürme, sürüp gitme

fort|dauern *vi* devam etmek, sürüp gitmek

fortdauernd *adv* devamlı, sürekli

forte [ˈfɔrtə] *adv* (MUS) forte

Fortentwicklung *f ohne Pl* ilerleme

fort|fahren *irr* **I.** *vi sein* **1.** (*wegfahren*) gitmek **2.** (*weitermachen*) devam etmek **II.** *vt* (*wegtransportieren*) götürmek

fort|fallen *irr vi sein* ortadan kalkmak

fort|führen *vt* **1.** (*wegbringen*) alıp götürmek **2.** (*fortsetzen*) devam ettirmek; **Fortgang** *m ohne Pl* **1.** (*das Weggehen*) gitme, ayrılma **2.** (*der Verlauf*) cereyan, gidişat

fort|gehen *irr vi sein* **1.** (*weggehen*) gitmek **2.** (*sich fortsetzen*) devam etmek; **es hätte noch eine Zeit lang so ~ können** bir süre daha böyle devam edebilirdi

fortgeschritten [ˈfɔrtgəʃrɪtən] **I.** *pp von* **fortschreiten** **II.** *adj* ileri; (*entwickelt*) ilerlemiş; **Deutschkurs für F~e** ilerlemişler için Almanca kursu; **zu ~er Stunde** geç saatte

fortgesetzt [ˈfɔrtgəsɛtst] *adj* devam ettirilen; **~ den Unterricht stören** dersi bozmaya devam etmek

fort|jagen *vt* **1.** (*Person*) kovmak, kovalamak **2.** (*Tier*) ürkütüp kaçırmak

fort|kommen *irr vi sein* **1.** (*wegkommen*) çekip gitmek; **mach, dass du fortkommst!** çek git buradan! **2.** (*weggebracht werden*) götürülmek **3.** (*Fortschritte machen*) ilerlemek **4.** (*abhanden kommen*) elden çıkmak, kaybolmak

Fortkommen *nt ohne Pl* <-s>: **berufliches ~** mesleğinde ilerleme

fort|lassen *irr vt* **1.** (*weggehen lassen*) bırakmak **2.** (*auslassen, weglassen*) es geçmek; (*nicht erwähnen*) sözünü etmemek (-in); (*im Brief*) yazmamak

fort|laufen *irr vi sein* **1.** (*weglaufen*) kaçmak **2.** (*ausreißen*) kaçmak (*von* -den)

fortlaufend **I.** *adj* (*aufeinander folgend*) ardışık; (*ununterbrochen*) devamlı, sürekli, aralıksız **II.** *adv* (*ständig*) sürekli olarak, mütemadiyen; (*eins auf das andere folgend*) art arda, peş peşe

fort|leben *vi* yaşamaya devam etmek

fort|pflanzen *vr:* **sich ~** **1.** (*Menschen, Tie-*

re) üremek, çoğalmak **2.** (*Schall, Gedanke*) yayılmak

Fortpflanzung *f ohne Pl* üreme, çoğalma; **geschlechtliche ~** eşeyli üreme; **ungeschlechtliche ~** eşeysiz çoğalma; **Fortpflanzungsorgan** *m* üreme organı

Fortsatz *m* çıkıntı, uzantı; **feiner ~ des Protoplasmas** protoplâzmanın ince uzantısı

fort|schicken *vt* (*Person*) postalamak; (*Post*) postalamak, postaya vermek

fort|schreiten *irr vi sein* **1.** (*vorangehen*) ilerlemek; (*Zeit*) ilerlemek **2.** (*Verschmutzung*) artmak

Fortschritt *m* ilerleme; **~e machen** ilerleme kaydetmek

fortschrittfeindlich *adj* gerici

fortschrittlich *adj* ileri

fort|setzen **I.** *vt* (*weitermachen*) devam etmek (-e) **II.** *vr:* **sich ~** (*sich räumlich ausdehnen*) devam etmek; (*zeitlich*) devam etmek; **das Muster setzt sich auf der anderen Seite fort** desen arka yüzde de devam ediyor

Fortsetzung *f* <-en> devam; **~ folgt** devamı var; **Fortsetzungsroman** *m* tefrika roman

fort|stehlen *irr vr:* **sich ~** sıvışmak

fort|tragen *irr vt* alıp götürmek

Fortuna *f ohne Pl* (*Glück*) talih kuşu; **~ war ihm hold** talih kuşu yüzüne güldü

fortwährend **I.** *adj* devamlı, sürekli **II.** *adv* sürekli olarak

Forum ['fo:rʊm] *nt* <-s, Foren *o* Fora> forum

fossil [fɔ'si:l] *adj* (GEO) fosil

Fossil [fɔ'si:l, *Pl:* fɔ'si:ljən] *nt* <-s, -ien> **1.** (GEO) fosil **2.** (*fig fam*): **altes ~** fosil

Foto[1] ['fo:to] *nt* <-s, -s> (*Bild*) fotoğraf

Foto[2] *m* <-s, -s> (*fam: ~apparat*) fotoğraf makinesi

Fotoalbum *nt* fotoğraf albümü; **Fotoapparat** *m* fotoğraf makinesi; **Foto-CD** *f* foto-CD; **Fotofinish** *nt* (SPORT) fotofiniş

fotogen [foto'ge:n] *adj* fotojenik

Fotograf(in) [foto'gra:f] *m(f)* <-en, -en; -nen> fotoğrafçı

Fotografie [fotogra'fi:] *f* <-n> fotoğrafçılık

fotografieren* **I.** *vi* fotoğraf çekmek **II.** *vt* fotoğrafını almak

Fotokopie [fotoko'pi:] *f* fotokopi; **fotokopieren*** *vi, vt* fotokopi çekmek; **Fotokopierer** *m* fotokopi makinesi; **Fotolabor** *nt* fotoğrafhane; **Fotomodell** *nt* fotomodel; **Fotomontage** [---'--] *f* fotomontaj

Fötus ['fø:tʊs] *m* <-(ses), -se *o* Föten> (MED) dölüt, cenin

Fotze ['fɔtsə] *f* <-n> (*vulg*) am

Foul [faʊl] *nt* <-s, -s> (SPORT) faul

foulen ['faʊlən] *vt, vi* (SPORT): **jdn ~** birine faul yapmak

Foyer [fo̤a'je:] *nt* <-s, -s> fuaye

Foxtrott *m* fokstrot

Fr. *Abk. von* **Frau** bayan

Fracht [fraxt] *f* <-en> **1.** (*Ladung*) yük, kargo; (NAUT) navlun **2.** (*Gebühr*) navlun; **Frachtbrief** *m* **1.** taşıma senedi **2.** (NAUT: *Konnossement*) konşimento

Frachter *m* <-s, -> şilep, yük gemisi

Frachtgut *nt* kargo, yük; **etw als ~ schicken** bir şeyi kargo ile göndermek; **Frachtraum** *m ohne Pl* <-(e)s> ambar; **Frachtschiff** *nt* şilep, yük gemisi; **Frachtvertrag** *m* yük [*o* eşya] taşıma mukavelesi; (NAUT) navlun mukavelesi

Frack [frak, *Pl:* 'frɛkə] *m* <-(e)s, Fräcke> frak

Frage ['fra:gə] *f* <-n> soru; (*Problem*) sorun, mesele; **eine ~ zu etw haben** bir şey hakkında bir sorusu olmak; **jdm eine ~ stellen** birine soru sormak; **etw in ~ stellen** bir şeyin doğruluğundan şüphe etmek; **auf eine ~ antworten** bir soruya yanıt [*o* cevap] vermek; **eine ~ beantworten** bir soruyu yanıtlamak [*o* cevaplamak]; **das kommt nicht in ~!** bu söz konusu olamaz!; **das ist die (große) ~** işte (asıl) sorun işte; **das steht außer ~** bu söz götürmez; **gibt es noch ~n?** başka soru var mı?; **eine gute ~!** iyi bir soru!; **~ und Antwort stehen** sorulan sorulara yanıt [*o* cevap] vermek; **das ist eine ~ des Geldes** bu bir para sorunudur; (**das ist**) **ohne ~ eine gute Idee!** bu şüphesiz iyi bir fikir!; **Fragebogen** *m* cevap kâğıdı

fragen ['fra:gən] **I.** *vt, vi* (soru) sormak (*nach* -); **jdn nach dem Weg ~** birisine yolu sormak; **um Erlaubnis/Rat ~** izin/öğüt istemek; **sie warf mir einen ~den Blick zu** bana sorarcasına bir göz attı; **ohne viel zu ~** fazla soru sormadan [*o* sormaksızın]; **~ kostet nichts** soru sormak bedava; **da fragst du mich zu viel** (*fam: das weiß ich auch nicht*) bunu ben de bilmiyorum, bu soruna cevap veremem; **jdm Löcher in den Bauch ~** birini soru yağmuruna tutmak; **sein Typ ist sehr gefragt** tipi çok rağbet görüyor **II.** *vr:* **sich ~: ich frage mich, wie er das gemeint hat** bununla ne demek istediğini düşünüyorum; **es fragt sich, ob das richtig ist** bunun doğru olup olmadığı şüpheli

Fragepronomen *nt* (LING) soru zamiri

Fragerei [fra:gə'raɪ] *f* <-en> (*pej*) sorgu sual

Fragesatz *m* <-es, -sätze> soru cümlesi; **Fragestellung** *f* **1.** (*Formulierung*) ibare **2.** (*Problem*) sorun; **Fragewort** *nt* <-(e)s,

-wörter> soru zamiri; **Fragezeichen** *nt* soru işareti

fragil [fra'giːl] *adj* (*zerbrechlich*) kırılgan; (*zart*) narin

fraglich ['fraːklɪç] *adj* **1.** (*zweifelhaft*) kuşkulu, şüpheli; (*ungewiss*) bilinmez; **es ist noch sehr ~, ob er kommt** gelip gelmeyeceği daha hiç de belli değil **2.** (*betreffend*) söz konusu

fraglos *adv* (*zweifellos*) kuşkusuz, şüphesiz; **so ist es ~ am besten** böyle olması kuşkusuz en iyisidir

Fragment [fra'gmɛnt] *nt* <-(e)s, -e> parça

fragmentarisch [fragmɛn'taːrɪʃ] *adj* parça hâlinde olan, tamamlanmamış, bitmemiş

fragwürdig *adj* düşündürücü; (*verdächtig*) kuşkulu

Fraktion [frak'tsjoːn] *f* <-en> **1.** (CHEM: *Destillat*) damıtık madde **2.** (POL) fraksiyon; **Fraktionsvorsitzende(r)** *mf* fraksiyon başkanı

Frame [frɛːm] *m* (INFORM) çatı

Franc [frãː] *m* <-(s), -s> frank

frank [fraŋk] *adv*: **~ und frei** açıkça ve samimî

Franke ['fraŋkə, 'frɛŋkɪn] *m*, **Fränkin** *f* <-n, -n; -nen> Frenk

Franken[1] ['fraŋkən] *nt* <-s> Franken, Frankonya

Franken[2] ['fraŋkən] *m* <-s, -> (*Währung*) frank

Frankfurt ['fraŋkfʊrt] *nt* <-s> Frankfurt

frankieren* [fraŋ'kiːrən] *vt* pullamak, üzerine pul yapıştırmak (-in)

Frankierung *f* <-en> pullama, pullanma

Fränkin *f* <-nen> *s.* **Franke**

fränkisch ['frɛŋkɪʃ] *adj* Frenk

franko ['fraŋko] *adv* (COM) franko, masrafsız

Frankreich ['fraŋkraɪç] *nt* <-s> Fransa

Franse ['franzə] *f* <-n> püskül

fransig *adj* **1.** (*mit Fransen*) püsküllü **2.** (*ausgefranst*) lime lime

Franzose, -zösin [fran'tsoːzə] *m, f* <-n, -n; -nen> Fransız

französisch [fran'tsøːzɪʃ] *adj* Fransız

Französisch(e) *nt ohne Pl* <-en *o* -(s)> Fransızca; **aus dem ~en/ins ~e übersetzen** Fransızca'dan/Fransızca'ya çevirmek

frappieren* [fra'piːrən] *vt* **1.** (*überraschen*) şaşırtmak **2.** (GASTR) buzda çevire çevire soğutmak

Fräse *f* freze

fräsen ['frɛːzən] *vt* frezelemek

Fräser(in) *m(f)* frezeci

Fräsmaschine *f* freze

fraß [fraːs] *3. imp von* **fressen**

Fraß [fraːs] *m* <-es, -e> **1.** (*für Tiere*) yem **2.** (*fam pej: Essen*) kötü yemek

Fratze ['fratsə] *f* <-n> (*fam*) **1.** (*pej: Gesicht*) surat **2.** (*Grimasse*) yüz buruşturma [*o* ekşitme]; **eine ~ schneiden** yüz buruşturmak [*o* ekşitmek] **3.** (*Mensch*) çehre züğürdü

frau [fraʊ] *pron* bir kadın; **da braucht ~ nichts mehr dazu zu sagen** bir kadının buna başka diyeceği yoktur

Frau [fraʊ] *f* <-en> **1.** (*allgemein*) kadın **2.** (*Ehe~*) eş, karı, zevce, refika **3.** (*Anrede: vor dem Nachnamen*) bayan; (*nach dem Vornamen*) hanım; **~ Doktor** doktor hanım; **Frauenarzt, -ärztin** *m, f* jinekolog; **Frauenbewegung** *f* <-en> kadın hareketi; **frauenfeindlich** *adj* kadınlara karşı olan, kadın karşıtı; **Frauengruppe** *f* (*Verband*) kadınlar grubu; **Frauenhaus** *nt* kadın evi; **Frauenheilkunde** *f* (MED) jinekoloji; **Frauenheld** *m* <-en, -en> kadın avcısı; **Frauenklinik** *f* kadınlar kliniği; **Frauenrechtler(in)** ['fraʊənrɛçtlɐ] *m(f)* <-s, -; -nen> kadın hakları savunucusu; **Frauentaxi** *nt* kadınlar için taksi; **Frauenwahlrecht** *nt* kadınların oy hakkı; **Frauenzimmer** *nt* <-s, -> (*pej*) kadın, karı

Fräulein ['frɔɪlaɪn] *nt* <-s, -> bayan

fraulich *adj* kadınsı

Freak [friːk] *m* <-s, -s> (*fam*) ucube

freakig *adj* (*fam*) ucube gibi; (*exzentrisch*) eksantrik; (*seltsam*) tuhaf, garip

frech [frɛç] *adj* **1.** (*respektlos*) küstah, arsız, yüzsüz; **~ werden** küstahlaşmak; **sich ~ benehmen** küstahlık etmek **2.** (*keck*) pervasız; **Frechdachs** *m* (*fam*) afacan, kerata

Frechheit *f* <-en> küstahlık, arsızlık; **das ist der Gipfel der ~** bu küstahlığın daniskasıdır; **die ~ besitzen zu ...** ...i yapma küstahlığında bulunmak

Freeclimbing *nt* serbest tırmanış

Fregatte [fre'gatə] *f* <-n> (MIL) fırkateyn

Fregattvogel *m* (ZOOL) fregat kuşu

frei [fraɪ] *adj* **1.** (*unabhängig*) serbest; (*in Freiheit*) özgür, hür; **~er Mitarbeiter** serbest eleman; **das ist alles ~ erfunden** bunların hepsi palavradır; **jdm ~e Hand lassen** birini hareketlerinde serbest bırakmak; **aus ~en Stücken** kendi isteğiyle; **~ sprechen** serbest konuşmak, rahat konuşmak, sıkılmadan konuşmak; **sie kann ~ wählen** istediği gibi seçebilir; **~ laufende Hühner** serbest dolaşan tavuklar; **der Verbrecher läuft noch ~ herum** cani hâlâ ortalıkta dolaşıyor, cani henüz yakalanmadı; **~ für Kinder ab 12 Jahren** 12 yaşından büyük çocuklara serbesttir; **sich** *dat* **einen Tag ~ nehmen** bir gün için işten izin almak **2.** (*befreit*): **sie ist ~ von Vorurteilen** ön yargıları yoktur; **jdn auf ~en Fuß setzen** (*fig*) birini serbest bırakmak; **für etw ~e Fahrt geben** (*fig*) bir şey için yeşil ışık yakmak; **den Dingen ~en Lauf lassen** işleri oluruna bırakmak **3.** (*offen*) açık; **~e Fahrt haben** yolu açık olmak; **unter ~em Himmel** açıkta, açık havada; **~ lassen** (*nicht besetzen*) boş bırakmak; (*nicht beschreiben*) boş bırakmak; **~ stehen** (*Haus*) müstakil olmak; (*Baum*) tek başına durmak; (*Spieler*) boşta durmak **4.** (*Stuhl*) boş; (*Arbeitsstelle*) boş; **ist hier ~?** burası boş mu?; **Zimmer ~!** boş odamız var!; **einen Platz ~ machen** bir yeri boşaltmak **5.** (*unentgeltlich*) ücretsiz; (*kostenlos*) bedava; **Eintritt ~** giriş bedava; **~ Haus** eve teslim; **~e Marktwirtschaft** serbest piyasa ekonomisi; **~er Mitarbeiter** sözleşmesiz eleman **6.** (CHEM, PHYS) serbest; **~e Elektronen** serbest elektronlar **7.** (*Ansichten*) serbest, hür, bağımsız **8.** (*verfügbar*): **~e Zeit haben** boş zamanı olmak; **sind Sie ~?** boş musunuz? **9.** (*~mütig*) açık sözlü; **ich bin so ~** müsaadenizle

Freibad *nt* açık yüzme havuzu

Freiberufler(in) *m(f)* <-s, -; -nen> serbest meslek sahibi

freiberuflich *adj* serbest çalışan; **Freibetrag** *m* (*bei Steuern*) (vergiden) muaf meblağ; **freibleibend** *adj* (*unverbindlich*) bağlayıcı olmayan; **~es Angebot** kabul edilinceye kadar açık tutulan teklif; **Freibrief** *m*: **(k)ein ~ für etw sein** bir şey için lisans ol(ma)mak

Freie ['fraɪə] *nt* <-n, -n>: **das ~e** açık hava; **im ~n** açık havada

Freier ['fraɪɐ] *m* <-s, -> **1.** (*Bewerber*) talip **2.** (*fam: Kunde einer Dirne*) hovarda

Freiexemplar *nt* bedava nüsha

Freifrau *f* barones

Freigänger(in) ['fraɪgɛŋɐ] *m(f)* <-s, -; -nen> (JUR) gündüzleri izinli olan mahpus

frei|geben *irr* **I.** *vt* **1.** (*Gefangene*) izin vermek (-e) **2.** (*Guthaben*) debloke etmek **3.** (*Straße*) açmak; **den Weg ~** yolu açmak **4.** (*Arzneimittel*) kullanılmasına ruhsat vermek (-in); (*Film*) gösterilmesine izin vermek (-in); **etw zum Verkauf ~** bir şeyin satışına izin vermek **5.** (*Preise*) serbest bırakmak **II.** *vi*: **jdm ~** birine izin vermek

freigebig ['fraɪge:bɪç] *adj* açık elli, eli açık, cömert

Freigebigkeit *f ohne Pl* açık ellilik, cömertlik

Freigelassene(r) *mf* azatlı

frei|haben *irr vi* (*fam*) izinli olmak

Freihafen *m* serbest liman

frei|halten *irr vt* **1.** (*reservieren*) boş tutmak, ayırtmak **2.** (*Durchgang*) kapamamak **3.** (*Zeche*) hesabını ödemek (-in)

Freihandel *m* (WIRTSCH) serbest ticaret; **Freihandelszone** *f* (WIRTSCH) serbest ticaret bölgesi, serbest bölge

freihändig ['fraɪhɛndɪç] *adj* **1.** (*ohne technische Hilfsmittel*) teknik araç kullanmadan yapılan **2.** (*Fahrrad fahren*) gidonu tutmadan; (*schießen*) desteksiz **3.** (ADMIN: *Verkauf*) pazarlıkla

Freiheit ['fraɪhaɪt] *f* <-en> özgürlük, hürriyet; (*Unabhängigkeit*) serbesti, serbestlik; **~ der Meere** denizlerin serbestisi; **alle ~en haben** her türlü özgürlüğe sahip olmak; **sich** *dat* **die ~ nehmen etw zu tun** bir şeyi yapmaya cür'et etmek

freiheitlich *adj* özgürlükçü

Freiheitsberaubung *f* <-en> (JUR) özgürlükten yoksun kılma suçu; **Freiheitskampf** *m* özgürlük mücadelesi; **Freiheitsstatue** *f*: **die (amerikanische) ~** Özgürlük Heykeli; **Freiheitsstrafe** *f* (JUR) hürriyeti bağlayıcı ceza; (*Gefängnisstrafe*) hapis cezası; **er muss eine ~ von drei Jahren abbüßen** üç yıllık hapis cezası çekmesi gerekiyor

Freiherr *m* baron

Freikarte *f* serbest kart

frei|kaufen *vt* fidye ödeyerek kurtarmak

Freikörperkultur *f ohne Pl* doğacılık, natürizm; (*Nudismus*) nüdizm

Freilandgemüse *nt* (AGR) mevsimde sebze

frei|lassen *irr vt* **1.** serbest bırakmak, salıvermek **2.** (*loslassen*) bırakmak **3.** (*aus der Sklaverei*) azat etmek

Freilassung *f ohne Pl* **1.** serbest bırakma, salıverme, tahliye **2.** (*aus der Sklaverei*) azat, serbest bırakma

Freilauf *m* <-(e)s, -läufe> (TECH: *Maschinen, Auto*) avara

freilaufend *adj* s. **frei 1.**

frei|legen *vt* (kazı ile) ortaya çıkarmak

freilich ['fraɪlɪç] *adv* **1.** (*allerdings*) ancak **2.** (*südd: selbstverständlich*) elbette, pekâlâ, mis gibi

Freilichtbühne *f* <-n> açık hava tiyatrosu; **Freilichtmuseum** *nt* açık hava müzesi; **Freilichtspiele** *ntPl* açık hava festivali; **Freilichttheater** *nt* <-s> açık hava tiyatrosu

Freilos *nt* <-es, -e> **1.** (SPORT) karşılaşmasız tur atlama **2.** (*Lotterielos*) bedava piyango bileti

frei|machen **I.** *vt* **1.** (*frankieren*) pul yapıştırmak (-e) **2.** (*fam: nicht arbeiten*) çalışmamak; **eine Woche ~** bir hafta çalışmamak **3.** (*fam: Platz, Tisch*) boşaltmak **II.** *vr*: **sich ~** (*beim Arzt*) soyunmak

Freimaurer *m* <-s, -> mason, farmason

Freimaurerei *f ohne Pl* masonluk, farmasonluk

Freimaurerloge *f* mason locası

F

freimütig ['fraɪmy:tɪç] **I.** *adj* açık sözlü, açık yürekli **II.** *adv* açık olarak
Freimütigkeit *f ohne Pl* açık sözlülük, açık yüreklilik
freischaffend *adj* serbest çalışan
frei|schwimmen *irr vr:* **sich** ~ (*fig: selbständig werden*) kendi kanatlarıyla uçmak
frei|sprechen *irr vt* (JUR) beraat ettirmek, beraatine karar vermek (-in)
Freispruch *m* <-(e)s, -sprüche> beraat
Freistaat *m* (*Republik*) cumhuriyet
frei|stehen *irr vi* **1.** (*leer stehen*) boş olmak; (*unbewohnt*) boş olmak **2.** (*überlassen sein*) kalmak; **es steht Ihnen frei das zu tun** bunu yapıp yapmamak size kaldı
frei|stellen *vt* **1.** (*befreien*) kurtarmak (*von* -den), muaf tutmak (*von* -den) **2.** (*anheim stellen*): **jdm ~ etw zu tun** bir şeyi yapmayı birinin kararına bırakmak; **Freistoß** *m* (SPORT) serbest vuruş, frikik; **indirekter** ~ çift vuruş
Freitag ['fraɪta:k] *m* <-(e)s, -e> **1.** (*Wochentag*) cuma; *s. a.* **Montag** **2.** (*Schweiz: Feiertag*) bayram günü
freitags *adv* cumaları, cuma günleri
Freitod *m* intihar; **Freitreppe** *f* (ARCH) dış merdiven; **Freiwild** *nt* av
freiwillig *adj* gönüllü, isteğe bağlı, ihtiyarî; **etw ~ tun** bir şeyi gönüllü yapmak
Freiwillige(r) ['fraɪvɪlɪgɐ] *mf* <-n, -n; -n> gönüllü
Freiwilligkeit *f ohne Pl* gönüllülük; **Freiwurf** *m* (SPORT) serbest atış; **Freizeichen** *nt* (TEL) sinyal, çevir sesi [*o* sinyali]
Freizeit[1] *f ohne Pl* (*arbeitsfreie Zeit*) boş zaman
Freizeit[2] *f* <-en> (*Zeltlager*) dinlenme; **Freizeitgestaltung** *f* rekreasyon; **Freizeitpark** *m* eğlence parkı
freizügig ['fraɪtsy:gɪç] *adj* **1.** (*großzügig*) bonkör, serbest **2.** (*Film, Buch*) açık (saçık)
fremd [frɛmt] *adj* **1.** (*ausländisch*) yabancı; (*aus anderem Ort*) yabancı; **ich bin hier ~** ben buranın yabancısıyım **2.** (*anderen gehörend*) başkasının; **sich in ~e Angelegenheiten einmischen** başkasının işine karışmak; **ohne ~e Hilfe** başkasının yardımı olmadan **3.** (*unbekannt*) yabancı, tanınmayan; **das ist mir ~** bu bana yabancıdır, bunu tanımıyorum **4.** (*~artig*) yabansı
fremdartig ['frɛmta:ɐtɪç] *adj* (*ungewöhnlich*) yabansı, garip, acaip, tuhaf; (*fremd*) yabansı
Fremdartigkeit *f ohne Pl* yabansılık
Fremde[1] ['frɛmdə] *f ohne Pl* (*geh: Land*) gurbet, yad el; **in der ~** gurbette
Fremde(r)[2] *mf* <-n, -n; -n> **1.** (*aus einem anderem Land*) yabancı, ecnebî, el; (*aus einem anderem Ort*) yabancı, el **2.** (*Unbekannter*) yabancı
fremdenfeindlich *adj* yabancı düşmanı; **Fremdenfeindlichkeit** *f ohne Pl* yabancı düşmanlığı
Fremdenführer(in)[1] *m(f)* <-s, -; -nen> (*Person*) turist rehberi
Fremdenführer[2] *m* <-s, -> (*Buch*) turizm rehberi
Fremdenlegion *f ohne Pl* yabancılar lejyonu
Fremdenverkehr *m ohne Pl* turizm; **Fremdenverkehrsverein** *m* turizm derneği; **Fremdenverkehrszentrale** *f* turizm merkezi
Fremdenzimmer *nt* misafirhane
fremd|gehen *irr vi sein* (*fam*) eşini aldatmak, başka kadınlarla yatıp kalkmak
Fremdheit *f ohne Pl* yabancılık; **~ gegenüber jdm empfinden** birine yabancılık duymak; **Fremdkapital** *nt* (WIRTSCH) yabancı sermaye; **Fremdkörper** *m* (MED, BIOL) yabancı cisim
fremdländisch ['frɛmtlɛndɪʃ] *adj* yabancıl; (*exotisch*) egzotik
Fremdsprache *f* <-n> yabancı dil; **Fremdsprachenkorrespondent(in)** *m(f)* yabancı dil muhabiri; **Fremdsprachensekretär(in)** *m(f)* <-s, -e; -nen> yabancı dil bilen sekreter; **Fremdsprachenunterricht** *m* <-(e)s, -e> yabancı dil dersi
fremdsprachig *adj* (*Literatur*) yabancı dildeki; (*Mensch*) yabancı dil konuşan; (*Unterricht*) yabancı dilde yapılan; **fremdsprachlich** *adj* (*Wort*) yabancı; **~er Unterricht** yabancı dil dersi; **Fremdstoff** *m* yabancı madde; **Fremdverschulden** *nt ohne Pl* <-s> (JUR) başkasının kusuru; **Fremdwort** *nt* <-(e)s, -wörter> yabancı kelime; **Höflichkeit ist für ihn ein ~** (*fig*) nezaket bilmez
frequentieren* [frekvɛn'ti:rən] *vt* (*geh*) sık sık uğramak
Frequenz [fre'kvɛnts] *f* <-en> **1.** (PHYS, MED) frekans **2.** (*einer Veranstaltung*) konuk sayısı
Frequenzzuweisung *f* <-en> (RADIO, INFORM) frekans tahsisi
Fresko ['frɛsko] *nt* <-s, Fresken> (KUNST) fresk
Fressalien [frɛ'sa:liən] *Pl* (*fam*) azıklık, yiyecekler *pl*
Fresse ['frɛsə] *f* <-n> (*fam: Mund*) ağız; (*Gesicht*) surat, yüz; **die ~ halten** (*fig*) ağzını tutmak, çenesini tutmak; **eine große ~ haben** (*fig*) ağız satmak; **jdm die ~ polieren** birinin çenesini dağıtmak
fressen ['frɛsən] <frisst, fraß, gefressen> **I.** *vi, vt* **1.** (*Tier*) yemek; (*fam: Mensch: gierig*) tıkınmak, zıkkımlanmak;

sich voll ~ (*Tier*) karnını doyurmak; (*fam: Person*) tıka basa yemek; **jdn/etw gehaben** (*fam fig*) bir kimseye/şeye sinir olmak; **jdn zum F~ gern haben** (*fam*) birini canının içine sokacağı gelmek, birine delicesine tutkun olmak **2.** (*Benzin, Zeit, Geld*) yemek **II.** *vr:* **sich** ~ (*Bohrer*) delerek geçmek (*in* -e, *durch* içinden); (*Säure, Rost*) aşındırmak (*durch* -), kemirmek (*durch* -)

Fressen ['frɛsən] *nt ohne Pl* <-> **1.** (*Futter*) yem; **das ist ein gefundenes** ~ **für ihn** (*fam fig*) bu onun için kaçırılmaz bir fırsat **2.** (*fam pej: Essen*) zıkkımlanma

Fresserei *f* <-en> (*fam pej: Gelage*) tıkınma, tıka basa yeme

FressgierRR ['frɛs-] *f*, **Freßgier** *f* oburluk

FresskorbRR ['frɛs-] *m*, **Freßkorb** *m* (*fam: Picknick*) piknik sepeti; (*Geschenk*) yiyecek ve içeceklerle dolu hediye sepeti; **Fressnapf**RR *m*, **Freßnapf** *m* tas; **Fresssack**RR *m*, **Freßsack** *m* (*fam pej*) pisboğaz

Frettchen ['frɛtçən] *nt* <-s, -> dağ gelinciği

Freude ['frɔɪdə] *f ohne Pl* (*Fröhlichkeit*) sevinç (*über* -e), memnuniyet, kıvanç; (*innere* ~) haz, keyif, zevk; ~ **an etw haben** bir şeyin keyfini çıkarmak, bir şeyden haz almak; **jdm eine** ~ **bereiten/machen** birini sevindirmek; **vor** ~ **an die Decke springen** (*fam*) sevinçten uçmak; **jdm die** ~ **verderben** birinin keyfini bozmak [*o* kaçırmak]; **aus Spaß an der** ~ (*fam*) sırf sevinçten, sırf zevk için; **es wird mir eine** ~ **sein, Sie zu begleiten** size memnuniyetle eşlik ederim

Freuden *fPl* (*geh: Vergnügung*) sefa, eğlence; **die kleinen** ~ **des Lebens** hayatın küçük sefaları; **mit** ~**n** memnuniyetle, seve seve

Freudenbotschaft *f* müjde, sevindirici haber; **Freudengeschrei** *nt* sevinç çığlıkları; **Freudenhaus** *nt* genelev; **Freudenmädchen** *nt* (*geh*) yosma, sokak kızı, sokak kadını, fahişe; **Freudenschrei** *m* sevinç çığlığı; **Freudensprung** *m* sevinçten zıplama; **Freudentanz** *m:* **einen** ~ **aufführen** sevinçten zıp zıp hoplamak; **Freudentränen** *fPl* sevinç (göz) yaşları *pl*

freudestrahlend *adj:* **jdn** ~ **ansehen** sevinçten ağzı kulaklarına vararak birine bakmak

freudig ['frɔɪdɪç] *adj* **1.** (*froh*) sevinçli; (*fröhlich*) şen **2.** (*erfreulich*) sevindirici; **eine** ~**e Nachricht** sevindirici bir haber

freudlos ['frɔɪtloːs] *adj* sevinçsiz

freuen ['frɔɪən] **I.** *vr:* **sich** ~ sevinmek; **ich freue mich sehr über dein Geschenk** armağınına [*o* hediyene] çok sevindim; **ich freue mich, dass du kommst** geleceğine sevindim; **ich freue mich darauf, dich wieder zu sehen** seni tekrar göreceğime seviniyorum; **sich seine Lebens** ~ hayatın zevkini çıkarmak, hayatını yaşamak **II.** *vt* (*erfreuen*) sevindirmek; **es freut mich, Sie kennen zu lernen** sizinle tanıştığıma çok memnun oldum

Freund(in) [frɔɪnt] *m(f)* <-(e)s, -e; -nen> **1.** dost, ahbap; (*Kamerad*) arkadaş; ~ **und Feind** dost düşman; **ein guter** ~ **von mir** benim iyi bir dostum; **unter** ~**en** arkadaşlar arasında; ~**e werden** arkadaş olmak, ahbap olmak; **jdn zum** ~ **gewinnen** birini arkadaş olarak kazanmak; **ein schöner** ~**!** (*iron*) arkadaş değil, arka taşı **2.** (*fester* ~) dost, erkek arkadaş; (~*in*) kız arkadaş **3.** (SPORT, KUNST, MUS: *sever*) dost (*von* -) **4.** (*Anrede*): **wie geht's, alter** ~**?** nasılsın ahbap?; **mein lieber** ~**!** (*iron*) aziz dostum!

Freundeskreis ['frɔɪndəs-] *m* dost çevresi, arkadaş çevresi; **einen großen** ~ **haben** geniş bir dost çevresi olmak; **wir feiern nur im engsten** ~ biz sadece kendi aramızda eğleniyoruz

freundlich ['frɔɪntlɪç] *adj* **1.** (*liebenswürdig*) dost, dostça; (*herzlich*) candan, içten, samimî; ~ **zu jdm sein** birine dostça davranmak; ~**e Grüße** dostça selâmlar, içten selâmlar; **das sind** ~**e Menschen** bunlar dost insanlar; **ein** ~**er Empfang** dostane bir kabul; **wir wurden sehr** ~ **empfangen** çok dostane kabul edildik; **seien Sie bitte so** ~ **und kommen Sie zu mir** lütfen bana geliniz; **das ist sehr** ~ **von Ihnen** çok naziksiniz **2.** (*angenehm*) hoş; (*Zimmer, Gegend*) sevimli; (*Wetter, Himmel*) açık

freundlicherweise ['---'--] *adv* lütfen; **sie kam mich** ~ **besuchen** lütfedip beni ziyaret etti

Freundlichkeit[1] *f ohne Pl* (*Verhalten*) dostluk, lütuf; **jdn mit** ~ **empfangen** birini dostane kabul etmek; **hätten Sie die** ~**, mir zu helfen?** (*würden Sie mir bitte helfen?*) lütfen bana yardım eder misiniz?; **würden Sie (wohl) die** ~ **haben das zu tun?** bunu yapmak lütfunda bulunur musunuz?

Freundlichkeit[2] *f* <-en> **1.** (*Handlung*) lütuf; **jdn um eine** ~ **bitten** birinden lütuf dilemek **2.** (*Bemerkung*) muhabbet, yârenlik

Freundschaft *f* <-en> dostluk, ahbaplık, arkadaşlık; **mit jdm** ~ **schließen** biriyle dostluk kurmak; **jdm die** ~ **kündigen** biriyle dostluğu bitirmek

freundschaftlich *adj* dostça, dostane, ahbapça, arkadaşça; **mit jdm** ~ **verbunden**

F

sein biriyle dost olmak
Freundschaftsdienst *m* arkadaş olarak yardım; **jdm einen ~ erweisen** birine arkadaş olarak yardım etmek; **Freundschaftspreis** *m* dostlar arasındaki fiyat; **Freundschaftsspiel** *nt* (SPORT) dostluk maçı
Frevel ['fre:fəl] *m* <-s, -> (*geh*) suç; (REL) günah; **einen ~ begehen** günah işlemek
Frieden *m ohne Pl* <-s> barış; **~ schließen** barış yapmak; **~ stiften** barıştırmak; **in ~ leben** barış içinde yaşamak; **lasst mich doch in ~!** (*fam*) beni rahat bıraksana!; **Friedensbewegung** *f* barış hareketi; **Friedensbruch** *m* barışı bozma; **Friedensgespräche** *ntPl* barış görüşmeleri *pl;* **Friedenskonferenz** *f* barış konferansı; **Friedensmarsch** *m* <-es, -märsche> barış yürüyüşü; **Friedensnobelpreis** *m* barış dalında Nobel Ödülü; **Friedenspfeife** *f* barış çubuğu; **Friedenspolitik** *f* <-en> barış politikası; **Friedensprozess** *m* barış süreci; **Friedensrichter(in)**[RR] *m(f)* **1.** (JUR) sulh hâkimi **2.** (*Schweiz: Laienrichter*) sulh hâkimi; **Friedenstruppe** *f* barış gücü; **Friedensverhandlung** *f* barış görüşmesi; **Friedensvertrag** *m* barış antlaşması; **Friedenszeit** *f* barış zamanı; **in ~en** barış zamanında
friedfertig ['fri:tfɛrtɪç] *adj* uysal
Friedfertigkeit *f ohne Pl* uysallık
Friedhof ['fri:tho:f] *m* mezarlık
friedlich *adj* **1.** barışçı, kavgasız; **~e Koexistenz** barış içinde birlikte yaşama **2.** (*ruhig*) sakin; **sie führen ein ~es Miteinander** kavgasız yaşıyorlar, kavgasız gürültüsüz bir arada hayat sürüyorlar
friedliebend ['fri:tli:bənt] *adj* barışsever
frieren [fri:rən] <friert, fror, gefroren> **I.** *vi* **1.** *sein* (*Wasser*) donmak **2.** (*Mensch*) donmak; **ich friere** donuyorum **II.** *vunpers* donmak; **mich friert** donuyorum; **es hat heute Nacht gefroren** bu gece ortalık dondu
Fries [fri:s] *m* <-es, -e> (ARCH) friz
Friese, -in ['fri:zə] *m, f* <-n, -n; -nen> Friz
friesisch *adj* Friz
Friesisch(e) *nt ohne Pl* <-en *o* -(s)> Frizce
Friesland ['fri:slant] *nt* <-s> Frizya
frigid(e) [fri'gi:t, fri'gi:də] *adj* (MED) frijid
Frikadelle [frika'dɛlə] *f* <-n> (GASTR) köfte
frisch [frɪʃ] **I.** *adj* **1.** (*Lebensmittel, Erinnerung*) taze; (*Wind*) serin; **~e Luft schnappen** temiz hava almak, temiz havaya çıkmak, açık havada gezmek; **~ und munter sein** (*fam*) dipdiri olmak **2.** (*sauber*) temiz; **ein ~es Handtuch nehmen** temiz bir havlu almak; **das Bett ~ beziehen** yatağın çarşaflarını değiştirmek; **sich ~ machen** tuvaletini tazelemek, serinlemek için yüzünü yıkamak **3.** (*fam: unbenutzt*) yeni **4.** (*Farbe*) canlı **II.** *adv* (*eben erst*) yeni; **~ gebackenes Brot** fırından yeni çıkmış ekmek; **~ gebacken** (*fam fig*) çiçeği burnunda
Frische ['frɪʃə] *f ohne Pl* **1.** (*Kühle*) serinlik **2.** (*von Farben*) canlılık
Frischfleisch *nt* taze et
frischgebacken *adj s.* **frisch II.**
Frischgemüse *nt* taze sebze; **Frischhaltefolie** *f* selofan
Frischkäse *m* taze peynir, yeni peynir; **Frischmilch** *f* taze süt; **frischweg** *adv* dobra dobra, çekinmeden, sakınmadan
Friseur(in) [fri'zø:ɐ] *m(f)* <-s, -e; -nen> berber, kuaför; **zum ~ gehen** berbere [*o* kuaföre] gitmek
Friseuse [fri'zø:zə] *f* <-n> kadın berber, kadın kuaför
frisieren* [fri'zi:rən] *vt* **1.** (*kämmen*) taramak **2.** (*fam: ändern*) kesmek **3.** (AUTO: *fam*) tıraş etmek
frisst[RR] [frɪst], **frißt** *3. präs von* **fressen**
Frist [frɪst] *f* <-en> **1.** (*Zeitraum*) süre, müddet; **Sie haben eine ~ von sieben Tagen** yedi günlük bir süreniz var; **eine ~ festsetzen/verlängern/verstreichen lassen** bir süreyi belirlemek/uzatmak/geçirmek; **innerhalb kürzester ~** en kısa süre içinde **2.** (*Aufschub*) önel, mehil **3.** (*Zeitpunkt*) tarih; (FIN) vade
fristen ['frɪstən] *vt:* **sein Leben ~** kıt kanaat geçinmek, ekmeğini çıkarmak
fristlos *adj* hemen; **jdn ~ entlassen** birini ihbarsız işten çıkarmak
Frisur [fri'zu:ɐ] *f* <-en> saç modeli, saç biçimi
Friteuse *f* fritöz
fritieren* *vt s.* **frittieren**
Fritten ['frɪtən] *fPl* (*fam: Pommes frites*) patates kızartması, kızarmış patates
frittieren* [RR] [fri'ti:rən] *vt* (GASTR) yağda kızartmak
frivol [fri'vo:l] *adj* **1.** (*leichtfertig*) hoppa; (*bedenkenlos*) düşüncesiz **2.** (*anzüglich*) cinaslı
Frl. *Abk. von* **Fräulein** bayan
froh [fro:] *adj* **1.** (*fröhlich*) neşeli; (*glücklich*) mutlu; **F~e Weihnachten!** Noelin(iz) kutlu olsun! **2.** (*fam: zufrieden*) memnun; **~ über etw sein** bir şeye şükretmek; **du kannst ~ sein, dass du nicht dabei warst** orada bulunmadığına şükret; **seines Lebens nicht mehr ~ werden** anasından doğduğuna pişman olmak **3.** (*erfreulich*) sevindirici
fröhlich ['frø:lɪç] *adj* neşeli, şen
Fröhlichkeit *f ohne Pl* neşe
Frohsinn *m ohne Pl* <-(e)s> neşe

fromm [frɔm] *adj* <frommer *o* frömmer, am frommsten *o* frömmsten> sofu

Frömmelei [frœmə'laɪ] *f* <-en> (*pej*) sofuluk, sofuluk taslama

frömmeln ['frœməln] *vi* (*pej*) sofuluk taslamak

frömmer *adj kompar von* **fromm**

Frömmigkeit ['frœmɪçkaɪt] *f ohne Pl* sofuluk

frömmste(r, s) *adj superl von* **fromm**

Fron [fro:n] *f ohne Pl* **1.** (*geh: Arbeit*) angarya **2.** (HIST) angarya; **Fronarbeit** *f ohne Pl* (HIST) angarya; (*fig*) angarya

frönen ['frø:nən] *vi* (*geh*) kapılmak (-e), düşkün olmak (-e); **einer Leidenschaft ~** tutkuya kapılmak

Front [frɔnt] *f* <-en> **1.** (ARCH) alnaç, yüz, cephe; **die vordere/hintere ~** ön/arka cephe **2.** (MIL, METEO) cephe **3.** (SPORT): **in ~ gehen/liegen** önde gitmek/olmak **4. gegen jdn ~ machen** birine cephe almak; **gegen etw ~ machen** bir şeye karşı cephelenmek **5.** *Pl:* **klare ~en schaffen** cepheleşmek

frontal [frɔn'ta:l] *adj* **1.** cepheden; **einen ~en Angriff starten** cepheden hücuma geçmek **2.** (*von vorn*) önden; **ein ~er Zusammenstoß** önden çarpışma; **Frontalangriff** *m* cepheden hücum; **zum ~ übergehen** cepheden hücuma geçmek; **Frontalzusammenstoß** *m* önden çarpışma

Frontantrieb *m* (AUTO) önden çekiş; **Frontscheibe** *f* (AUTO) ön cam

Frontwechsel *m* (POL) cephe değiştirme

Frontzahn *m* (MED) ön diş

fror [fro:ɐ] *3. imp von* **frieren**

Frosch [frɔʃ, *Pl:* 'frœʃə] *m* <-(e)s, Frösche> kurbağa; **einen ~ im Hals haben** (*fam*) boğazı gıcıklanmak, gıcık tutmak; **sei kein ~!** (*fam*) oyunbozanlık etme!; **Froschmann** *m* <-es, -männer> kurbağa adam, balık adam; **Froschschenkel** *m* (GASTR) kurbağa bacağı; **Froschtest** *m* (MED) kurbağa testi

Frost [frɔst, *Pl:* 'frœstə] *m* <-(e)s, Fröste> don; **diese Pflanze hat ~ bekommen** bu bitkiyi kırağı çalmış [*o* vurmuş]; **Frostbeule** *f* soğuk ısırması; **Frostboden** *m* buzlu zemin

frösteln ['frœstəln] *vi:* **es fröstelt** (hava) dona çekiyor; **mich fröstelt** hafiften üşüyorum

frostig *adj* **1.** (*Wetter*) soğuk; (*zu Frost neigend*) dona çeken **2.** (*fig: unfreundlich*) soğuk

Frostschutzmittel *nt* antifriz

Frotté *m o nt* <-(s), -s>, **Frottee** ['frɔte:] *m o nt* <-(s), -s> havlu kumaş

frottieren* [frɔ'ti:rən] *vt* keselemek

frotzeln ['frɔtsəln] *vi* (*fam*): **jdn ~** birine takılmak

Frucht [frʊxt, *Pl:* 'frʏçtə] *f* <Früchte> **1.** (BOT) yemiş; (*Obst*) meyve; **Früchte tragen** meyve vermek **2.** (*Ergebnis*) semere, meyve, sonuç

fruchtbar *adj* **1.** verimli, mümbit, bitek; **~e Erde** bitek toprak **2.** (*Mensch*) doğurgan

Fruchtbarkeit *f ohne Pl* **1.** verimlilik **2.** (*eines Menschen*) doğurganlık

Fruchtblase *f* (ANAT) amnios, döl kesesi

fruchten ['frʊxtən] *vi* semeresini vermek, istenilen sonucu vermek; **all das fruchtet doch sowieso nichts** bütün bunlar zaten istenilen sonucu vermez

Fruchtfleisch *nt* meyvenin etli kısmı

fruchtig *adj* meyveli

fruchtlos *adj* (*nutzlos*) yararsız; (*keinen Erfolg bringend*) sonuçsuz, sonuç vermeyen

Fruchtsaft *m* meyve suyu

fruchttragend *adj* meyveli; **ein ~er Baum** meyveli ağaç

Fruchtwasser *nt ohne Pl* <-s> (MED) çağnak, amnios suyu

Fruchtzucker *m* <-s, -> meyve şekeri

früh [fry:] **I.** *adj* **1.** (*nicht spät*) erken; **in ~ester Kindheit** çocukluğunun ilk yıllarında; **~ am Morgen** sabah erkenden; **es ist noch ~** daha erken; **~er geht's nicht** daha erken olmaz; **so ~ wie möglich** mümkün olduğu kadar erken **2.** (*~zeitig*) vaktinden önce; **ein ~er Tod** vakitsiz bir ölüm; **~er oder später** er geç **II.** *adv* erkenden; (*morgens*) sabah; **heute ~** bugün erkenden; **Dienstag ~** salı sabahı erkenden; **um 6 Uhr ~** sabah saat 6'da

Frühaufsteher(in) *m(f)* <-s, -; -nen> erkenci; **Frühbeet** *nt* (AGR) turfandalık; **Frühdiagnose** *f* (MED) erken teşhis

Frühe ['fry:ə] *f ohne Pl:* **in aller ~** erkenden

früher ['fry:ɐ] **I.** *kompar von* **früh** **II.** *adj* **1.** (*ehemalig*) eski; (*vorhergehend*) önceki; **seine ~en Freunde** eski dostları [*o* arkadaşları] **2.** (*vergangen*) geçmiş, eski; **in ~en Zeiten** eskiden; **wie ~** eskisi gibi **III.** *adv* **1.** (*vorher*) önceden; **wir kennen uns von ~** önceden tanışıklığımız var **2.** (*ehemals*) eskiden, vaktiyle

frühestens ['fry:əstəns] *adv* en erken, ancak; **~ in einer Woche** en erken bir hafta içinde

frühestmöglich ['fry:əstmø:klɪç] *adj* (*Termin*) en yakın tarihteki

Frühgeburt *f* **1.** (*Geburt*) erken doğum **2.** (*Kind*) prematüre bebek

Frühgemüse *nt ohne Pl* (AGR) turfanda sebze; **Frühgymnastik** *f ohne Pl* sabah jimnastiği; **Frühjahr** *nt* bahar, ilkbahar

Frühjahrsmüdigkeit *f* ilkbahar yorgunluğu; **Frühkartoffel** *f* (AGR) erkenci patates
Frühling ['fryːlɪŋ] *m* <-s, -e> ilkbahar, bahar; **Frühlingsgefühl** *nt* (*fam*): **~e bekommen** baharı başına vurmak
frühmorgens [fryː'mɔrgəns] *adv* sabahları erkenden; **Frühobst** *nt ohne Pl* (AGR) turfanda meyve; **Frühpensionierung** *f* erken emeklilik; **frühreif** *adj* **1.** (*Kind*) fenlenmiş **2.** (*Obst*) erkenci, turfanda; **Frührentner(in)** *m(f)* erken emekli; **Frühschicht** *f* erken vardiya, sabah vardiyası; **Frühsport** *m* sabah sporu; **Frühstart** *m* (SPORT) erken çıkış
Frühstück *nt* kahvaltı, sabah kahvaltısı
frühstücken *vi, vt* kahvaltı etmek
frühzeitig **I.** *adj* **1.** (*früh*) erken **2.** (*vorzeitig*) erken; (*zeitig*) zamanında **II.** *adv* **1.** (*vorzeitig*) erken; **~ aufstehen** erken kalkmak **2.** (*zeitig*) zamanında; **~ aufstehen** zamanında kalkmak
Frust [frʊst] *m ohne Pl* <-(e)s> **1.** (*fam: Gefühl der Depression*) moral bozukluğu; **einen ~ haben** morali bozuk olmak **2.** (*Frustration*) hüsran, hayal [*o* **düş**] kırıklığı
Frustration [frʊstra'tsjoːn] *f* <-en> hüsran; (*Entttäuschung*) hayal [*o* **düş**] kırıklığı
frustrieren* [frʊs'triːrən] *vt* (*enttäuschen*) hayal [*o* **düş**] kırıklığına uğratmak
F-Schlüssel ['ɛfʃlʏsəl] *m* <-s, -> (MUS) fa anahtarı
Fuchs [fʊks, *Pl:* 'fʏksə] *m* <-es, Füchse> **1.** (ZOOL: *Tier*) tilki **2.** (*Pelz*) tilki **3.** (*fam: Person*) tilki; **ein alter ~ sein** eski tilkilerden olmak; **schlau wie ein ~ sein** tilki gibi kurnaz olmak **4.** (*Pferd*) al don; **Fuchsbau** *m* <-(e)s, -e> tilki ini
fuchsen ['fʊksən] **I.** *vt* (*fam: ärgern*) gıcık etmek, kızdırmak; **seine Bemerkungen haben mich sehr gefuchst** sözleri beni çok gıcık etti **II.** *vr:* **sich ~** kızmak (*über* -e), gıcık olmak (*über* -e)
Fuchsie ['fʏksɪe] *f* (BOT) küpe çiçeği
fuchsrot *adj* kıpkızıl; **Fuchsschwanz** *m* **1.** (*eines Fuchses*) tilki kuyruğu **2.** (*Säge*) el testeresi **3.** (BOT) horoz ibiği
fuchsteufelswild ['-'--'-] *adj* (*fam*) zıvanadan çıkmış
Fuchtel ['fʊxtəl] *f ohne Pl* (*fam*): **unter jds ~ stehen** birinin nüfuzu altında bulunmak
fuchteln *vi* (*fam*) sallayıp durmak; **mit den Armen ~** ellerini kollarını sallayıp durmak
Fug [fuːk] *m:* **mit ~ und Recht** haklı olarak
Fuge ['fuːgə] *f* <-n> **1.** ek yeri; (*Ritze*) çatlak; (*Spalt*) aralık; (*zwischen Mauersteinen*) derz; **aus den ~n geraten sein** dağılmış olmak, düzeni bozulmuş olmak, düzenini kaybetmiş olmak, çığırından [*o* şirazesinden] çıkmış olmak **2.** (MUS) füg
fügen ['fyːgən] **I.** *vr:* **sich ~** **1.** (*unterordnen*) boyun eğmek (-e) **2.** (*passen*) uymak (*in* -e), intibak etmek (*in* -e) **3.** (*geh: geschehen*) olmak **II.** *vt* eklemek (*an/in* -e); (*ineinander*) geçirmek
fügsam *adj* (*gehorsam*) söz dinler, itaatkâr
Fügung *f* <-en> kadere boyun eğme; (*göttlich*) tevekkül; **das war eine ~ des Schicksals** bu kısmetti
fühlbar *adj* **1.** (*merklich*) hissedilir, sezilir **2.** (*spürbar*) hissedilir, duyulur
fühlen ['fyːlən] **I.** *vt, vi* **1.** (*empfinden*) duymak, hissetmek, fark etmek; (*spüren*) hissetmek, sezmek **2.** (*tasten*) elle yoklamak, duyumsamak **II.** *vr:* **sich ~** **1.** (*empfinden*) duymak, hissetmek; **sich besser/schlechter ~** kendini daha iyi/daha kötü hissetmek; **sich für jdn/etw verantwortlich ~** bir kimse/şey için sorumluluk duymak **2.** (*sich halten für*) kendini görmek (*als* olarak)
Fühler *m* <-s, -> duyarga
fuhr [fuːɐ] *3. imp von* **fahren**
Fuhre ['fuːrə] *f* <-n> **1.** (*Ladung*) kafile **2.** (*Taxieinsatz*) kafile
führen ['fyːrən] **I.** *vi* **1.** (*in Führung liegen*) iler(i)de olmak; (SPORT) önde olmak, başta gitmek; **X führt 1:0** (**gegen Y**) X (Y'e karşı) 1:0 iler(i)de; **mit großem Abstand ~** açık farkla önde olmak **2.** (*verlaufen*) gitmek; **diese Straße führt nach Münster** bu yol Münster'e gider **3.** (*ergeben*) yol açmak (*zu* -e), olmak (*zu* -); **das führt doch zu nichts** bu hiç de bir şey getirmez; **das führt zu weit** bu fazla olur **II.** *vt* **1.** (*leiten*) yönetmek; (*Mannschaft*) yönetmek; (*Gruppe*) rehberlik etmek (-e) **2.** (*geleiten*) götürmek; (*begleiten*) eşlik etmek (-e) **3.** (*Auto*) sürmek, kullanmak; (*Leben*) sürmek; **sie ~ ein friedliches Miteinander** kavgasız yaşıyorlar, kavgasız gürültüsüz bir arada hayat sürüyorlar **4.** (*hinbewegen*) götürmek (*zu/in* -e/-e); **in den Ruin ~** yıkıma yol açmak; **etw mit sich** *dat* **~** bir şeyi yanında taşımak **5.** (*Namen, Titel*) kullanmak **6.** (*Geschäftsbücher, Tagebuch*) tutmak; **Protokoll ~** zabıt tutmak, tutanak düzenlemek **7.** (*Waren*) satmak **8.** (*Gespräch*) yapmak; **Verhandlungen ~** görüşme yapmak; (**bei etwas**) **Regie ~** bir şeyin rejisini yapmak, bir şeyi yönetmek **III.** *vr:* **sich ~** (*sich benehmen*) davranışta bulunmak
führend *adj* öncü, ileri gelen; **~e Persönlichkeiten** eşraf, ileri gelenler; **unsere Firma ist ~ auf ihrem Gebiet** firmamız branşında öncüdür
Führer(in)[1] ['fyːrɐ] *m(f)* <-s, -; -nen>

1. (*Leiter*) lider, önder 2. (*Fremden~*) rehber; (*Fahrzeug~*) sürücü, şoför
Führer[2] *m* <-s, -> (*Buch*) rehber
Führerhaus *nt* şoför mahalli
Führerschein *m* <-(e)s, -e> sürücü belgesi, ehliyet; **den ~ machen** ehliyet yapmak; **Führerscheinentzug** *m* sürücü belgesinin geri alınması
Fuhrpark *m* taşıt filosu
Führung[1] ['fy:rʊŋ] *f ohne Pl* 1. (*Leitung*) yönetim, önderlik; **unter jds ~** birinin önderliği [*o* yönetimi] altında 2. (SPORT): **in ~ liegen** ileride olmak; **in ~ gehen** öne geçmek; (*Ball~*) sürme 3. (*Benehmen*) davranış
Führung[2] *f* <-en> (*Besichtigung*) rehberli tur
Führungsebene *f* yönetim düzeyi; **Führungskraft** *f* yönetici eleman; **Führungsspitze** *f* 1. (*Unternehmen*) üst düzey yöneticileri *pl* 2. (*Partei*) yönetim; **Führungsstil** *m* yönetim stili; **Führungszeugnis** *nt* iyi hâl belgesi
Fuhrunternehmen *nt* nakliye şirketi, nakliyat şirketi; **Fuhrwerk** *nt* 1. atlı araba 2. (*österr*) kamyon
Fülle ['fʏlə] *f ohne Pl* 1. (*Körper~*) dolgunluk 2. (*Menge*) bolluk, bol miktar; **in Hülle und ~** bol bol, gani gani
füllen ['fʏlən] I. *vt* 1. (*voll machen*) doldurmak (*mit* ile) 2. (GASTR) doldurmak (*mit* ile) 3. (*ein~*) doldurmak (*in* -e); **Wein in Flaschen ~** şişelere şarap doldurmak 4. (*Zahn*) doldurmak II. *vr:* **sich ~** (*voll werden*) dolmak (*mit* ile)
Füllen *nt* (*fam: Fohlen*) kulun
Füller ['fʏlɐ] *m* <-s, -> (*fam*) stilo, dolma kalem
Füllfederhalter *m* dolma kalem
Fullhouse [fulhaʊs] *nt* (*bei Poker*) ful
füllig *adj* dolgun; (*Haar*) gür
Füllsel ['fʏlzəl] *nt* <-s, -> 1. (*Material*) doldurma; **Handtücher als ~ in den Koffer tun** doldurmak için bavula mendil koymak 2. (*Wort*) doldurma
Füllung *f* <-en> 1. (*Zahn~*) dolgu 2. (GASTR) iç 3. (*für Polster*) iç 4. (*bei Türen*) ayna
fummeln ['fʊməln] *vi* 1. (*fam: herumtasten*) oynayıp durmak (*an* -le) 2. (*fam: streicheln*) elleşmek, oynaşmak
Fund[1] [fʊnt] *m* <-(e)s, -e> (*~stück*) buluntu; **einen ~ machen** bir şey bulmak
Fund[2] *m ohne Pl* <-(e)s> (*das Finden*) bulma; (*Entdecken*) buluş
Fundament [fʊnda'mɛnt] *nt* <-(e)s, -e> 1. (ARCH) temel 2. (*Grundlage*) temel, esas; **die ~e für etw schaffen/zu etw legen** bir şeyin temelini oluşturmak/atmak
fundamental *adj* temel
Fundamentalismus [fʊndamɛnta'lɪsmʊs] *m ohne Pl* <-s> kökten dincilik
Fundamentalist(in) *m(f)* kökten dinci
fundamentalistisch *adj* kökten dinci
Fundbüro *nt* kayıp eşya bürosu
fundieren* [fʊn'di:rən] *vt* 1. (*festigen*) pekiştirmek, sağlamlaştırmak 2. (FIN) konsolide etmek 3. **ein fundiertes Wissen** esaslı [*o* köklü] bilgi
fündig ['fʏndɪç] *adj* (BERGB, GEO) zengin; **~ werden** keşfetmek
Fundsache *f* bulunan şey
fünf [fʏnf] *adj inv* beş; **es ist ~ (Minuten) vor zwölf** saat on ikiye beş (dakika) var; (*fig: fast schon zu spät*) yumurta kapıya dayandı [*o* geldi]; **~(e) gerade sein lassen** (*fam*) fazla önem vermemek; **das kannst du dir an deinen ~ Fingern abzählen** (*fam*) bunu parmakla bile sayabilirsin!; *s. a.* **acht**[1]
Fünf *f* <-, -en> 1. (*Zahl*) beş; (*Buslinie*) beş numara 2. (*Spielkarte*) beşli 3. (SCHULE: *mangelhaft*) zayıf
Fünfeck *nt* beşgen, beş kenarlı çokgen
achteckig *adj* beş kenarlı, beş köşeli, beşgen
Fünfer ['fʏnvɐ] *m* <-s, -> (*fam*) 1. (*Fünfpfennigstück*) beş feniklık 2. (*Fünfmarkstück*) beş marklık 3. (*beim Würfelspiel*) ~ Pasch, dübeş
fünferlei ['fʏnvɐlaɪ] *adj inv* beş çeşit, beş türlü; *s. a.* **achterlei**
fünffach I. *adj* beş (kat); **die ~e Menge** beş misli; **in ~er Ausfertigung** beş nüsha olarak II. *adv* beş kere; *s. a.* **achtfach**
Fünfflach *nt* (MATH) beş yüzlü
fünfhundert ['-'--] *adj inv* beş yüz; *s. a.* **achthundert**
Fünfkampf *m ohne Pl* (SPORT) pentatlon
Fünfling *m* <-s, -e> beşiz
fünfmal *adv* beş kere, beş defa; *s. a.* **achtmal**
Fünfmarkstück [-'--] *nt* beş marklık
Fünfpfennigstück [-'---] *nt* beş feniklik
Fünfprozenthürde ['--'---] *f* (POL) yüzde beş barajı
Fünfsternehotel *nt* beş yıldızlı otel
fünfstöckig *adj* beş katlı
Fünftagewoche [-'----] *f* beş günlük çalışma haftası
fünftausend ['-'--] *adj inv* beş bin; *s. a.* **achttausend**
fünfte(r, s) *adj* beşinci; **das ~ Rad am Wagen sein** (*fam fig*) pabucu dama atılmış olmak; (*überflüssig sein*) gereksiz [*o* fuzulî] olmak; *s. a.* **achte(r, s)**
fünftel *adj inv* beşte bir; *s. a.* **achtel**
Fünftel *nt* beşte bir; *s. a.* **Achtel**

F

fünftens ['fʏnftəns] *adv* beşinci olarak; (*bei einer Aufzählung*) beşincisi; *s. a.* **achtens**

Fünfunddreißigstundenwoche [----'----] *f* otuz beş saatlik çalışma haftası

fünfzehn *adj inv* on beş; *s. a.* **acht**[1]

fünfzehnte(r, s) *adj* on beşinci; *s. a.* **achte(r, s)**

fünfzig ['fʏnftsɪç] *adj inv* elli; *s. a.* **achtzig**

Fünfziger ['fʏnftsɪgɐ] *m* <-s, -> (*fam*) **1.** (*Fünfzigmarkschein*) elli marklık **2.** (*Fünfzigpfennigstück*) elli feniklik

Fünfzigmarkschein [--'--] *m* <-(e)s, -e> elli marklık

Fünfzigpfennigstück [--'---] *nt* elli feniklik

fünfzigste(r, s) *adj* ellinci; *s. a.* **achtzigste(r, s)**

fungieren* [fʊŋ'gi:rən] *vi* görev yapmak (*als* olarak)

Funk [fʊŋk] *m ohne Pl* <-s> telsiz; (*Rund~*) radyo; **Funkamateur(in)** *m(f)* <-s, -e; -nen> amatör telsizci

Funke ['fʊŋkə] *m* <-ns, -n> **1.** kıvılcım; **~n sprühen** kıvılcım saçmak **2.** (*fig*): **ein ~ Hoffnung** zerre kadar umut; **keinen ~n Verstand haben** bir dirhem aklı olmamak, zerre kadar aklı olmamak

funkeln ['fʊŋkəln] *vi* pırıldamak

funkelnagelneu ['--'--'-] *adj* (*fam*) pırıl pırıl, gıcır gıcır

funken ['fʊŋkən] **I.** *vt* (*Nachricht*) telsizle bildirmek **II.** *vi* **1.** (*Funken sprühen*) kıvılcım saçmak **2.** (*fam: verstehen*) çakmak; **endlich hat es bei ihm gefunkt** en sonunda çaktı

Funker(in) *m(f)* <-s, -; -nen> telsizci

Funkgerät *nt* <-(e)s, -e> telsiz; **Funkhaus** *nt* radyo evi; **Funksignal** *nt* mors işareti; **Funksprechgerät** *nt* <-(e)s, -e> telsiz; **Funkstörung** *f* parazit; **Funkstreife** *f* telsizli polis; **Funkstreifenwagen** *m* telsizli polis arabası; **Funktaxi** *nt* radyo taksi; **Funktelefon** *nt* telsiz telefon, radyotelefon; **Funktelegramm** *nt* radyogram, telsiz telgraf

Funktion[1] [fʊŋk'tsjo:n] *f ohne Pl* (*einer Maschine*) işleme; **in ~ treten** işlemeye başlamak

Funktion[2] *f* <-en> **1.** (*Amt, Aufgabe*) görev, vazife; (*Ausübung eines Amtes*) fonksiyon, işlev; **eine ~ haben/ausüben** görevi/fonksiyonu olmak **2.** (*Zweck, Leistungsmerkmal, a.* TECH, INFOR, MATH) fonksiyon, işlev

funktional [fʊŋktsjo'na:l] *adj* fonksiyonel, işlevsel

Funktionalismus *m ohne Pl* fonksiyonalizm, işlevcilik, görevcilik

Funktionär(in) [fʊŋktsjo'nɛ:ɐ] *m(f)* <-s, -e; -nen> görevli

funktionell *adj* (*a.* MED) fonksiyonel, işlevsel

funktionieren* *vi* işlemek

Funktionsfähigkeit *f* işlerlik; **Funktionsstörung** *f* (MED) işlev bozukluğu; **Funktionstaste** *f* (INFORM) fonksiyon tuşu, işlev tuşu

funktionstüchtig *adj* (iyi) işler

Funkturm *m* radyo kulesi; **Funkverbindung** *f* telsiz bağlantısı; **Funkwellen** *fPl* radyo dalgaları *pl;* **Funkzeichen** *nt* mors işareti

für [fy:ɐ] *präp* **1.** (*zugunsten von*) için; **~ dich/mich** senin/benim için; **kann ich noch etw ~ Sie tun?** sizin için bir şeyler daha yapabilir miyim?; **ich bin ~ deine Idee** düşüncenden yanayım; **ich bin ~ den Frieden** barıştan yanayım; **sich ~ etw entscheiden** bir şey için karar vermek; **~ sich** (*allein*) tek başına; **das F~ und Wider** lehte ve aleyhte **2.** (*im Verhältnis zu*): **er ist sehr groß ~ sein Alter** yaşına göre boyu çok uzun; **das ist eine Sache ~ sich** bu kendi çapında bir iş, bu başlı başına bir iş **3.** (*zeitlich*) için; **~ einige Wochen** birkaç haftalığına [*o* hafta için]; **ich gehe ~ zwei Jahre ins Ausland** iki yıllığına [*o* yıl için] yurt dışına gidiyorum; **~ immer** ilelebet; **~s Erste** ilk başta **4. Jahr ~ Jahr** yıldan yıla; **Tag ~ Tag** her Allahın günü; **Schritt ~ Schritt** adım adım; **Wort ~ Wort** kelimesi kelimesine **5.** (*wegen*) için; **ich ~ meine Person** benim için, bana göre, kendi payıma **6.** (*zum Zweck*) için; **ein Mittel ~ Kopfschmerzen** (*fam*) baş ağrısı için ilâç; **~ nichts und wieder nichts** boşu boşuna **7.** (*anstelle von*) yerine; **ich bin ~ ihn eingesprungen** onun yerine geçtim; **was verlangen Sie ~ den Anzug?** elbiseye ne istiyorsunuz? **8.** (*mit Fragepronomen*): **was ~ eine Frage ist das?** bu ne biçim soru?; **was ~ ein Pilz ist das?** bu ne mantarı?; **was ~ eine komische Idee!** ne komik bir düşünce!; **aus was ~ Gründen auch immer** her ne sebepten olursa olsun

Fürbitte ['---] *f* (*a.* REL) şefaat (*für* için); **für jdn ~ einlegen** birisi için şefaatte bulunmak

Fürbitter(in) *m(f)* şefaatçi

Furche ['fʊrçə] *f* <-n> **1.** (*Acker~*) evlek **2.** (*im Gesicht*) kırışık

furchen *vt* (*geh: Boden*) evleklemek

Furcht [fʊrçt] *f ohne Pl* korku (*vor* -); (*stärker*) dehşet (*vor* -); **~ erregend** korkulu; **jdm ~ einflößen** birini korkutmak

furchtbar **I.** *adj* **1.** (*schrecklich*) feci, korkunç, dehşetli **2.** (*fam: sehr groß*) korkunç, müthiş; **eine ~e Hitze** müthiş bir sıcak

II. *adv* (*fam: sehr*) çok, korkunç, müthiş
fürchten ['fʏrçtən] **I.** *vi* (*sich sorgen*) endişelenmek (*um/für* için/için); **ich fürchte um sein Leben** onun hayatı için endişeleniyorum, onun hayatından endişe ediyorum; **zum F~ aussehen** korkunç görünmek **II.** *vr:* **sich ~** korkmak; **ich fürchte, (dass) ...** korkarım (ki) ...
fürchterlich ['fʏrçtɐlɪç] *adj s.* **furchtbar**
furchterregend *adj s.* **Furcht**
furchtlos *adj* korkusuz
Furchtlosigkeit *f ohne Pl* korkusuzluk
furchtsam *adj* korkak, korkakça
Furchtsamkeit *f ohne Pl* korkaklık
füreinander [fy:ɐʔaɪ'nandɐ] *adv* birbiri için, biri diğeri için
Furie ['fu:riə] *f* <-n> (*fig, pej: Frau*) şirret karı; **die ~n des Krieges** savaşın dehşeti
Furnier [fʊr'ni:ɐ] *nt* <-s, -e> kaplama
furnieren* [fʊr'ni:rən] *vt* kaplamak; **der Tisch ist mit Mahagoni/Nussbaum furniert** masa maun/ceviz kaplamalıdır
Furore [fu'ro:rə] *f ohne Pl:* **mit etw ~ machen** bir şeyle büyük başarıya ulaşmak
Fürsorge ['---] *f ohne Pl* **1.** (*Betreuung*) bakım **2.** (*fam: finanzielle Unterstützung*) sosyal yardım; **von der ~ leben** sosyal yardımdan yaşamak **3.** (*Sorgfalt*) özen; **Fürsorgepflicht** *f ohne Pl* (JUR) yardım ve bakım yükümlülüğü
fürsorglich *adj* özenli
Fürsprache *f* <-n> tavsiye, kayırma; **für jdn ~ einlegen** birinin kayırılmasını istemek
Fürsprecher(in) *m(f)* kayırıcı
Fürst(in) [fʏrst] *m(f)* <-en, -en; -nen> **1.** prens **2.** (*Herrscher*) hükümdar
Fürstenhaus *nt* <-es, -häuser> (*Dynastie*) hanedan
Fürstentum *nt* <-s, -tümer> prenslik
fürstlich *adj* **1.** (*prächtig*) görkemli, muhteşem; (*Essen*) şahane **2.** (*einen Fürsten betreffend*) prens [*o* hükümdar] ile ilgili
Furt [fʊrt] *f* <-en> ırmağın sığ olan geçit yeri
Furunkel [fu'rʊŋkəl] *m o nt* <-s, -> çıban
Fürwort *nt* (LING: *Pronomen*) zamir; **besitzanzeigendes ~** (LING: *Possessivpronomen*) iyelik zamiri
Furz [fʊrts, *Pl:* 'fʏrtsə] *m* <-es, Fürze> (*vulg, fam*) osuruk, carta
furzen *vi* (*vulg, fam*) osurmak
fusilieren *vt* kurşuna dizmek
Fusion [fu'zjo:n] *f* <-en> füzyon, birleşme
fusionieren* [fuzjo'ni:rən] *vi* birleşmek
Fuß [fu:s, *Pl:* 'fy:sə] *m* <-es, Füße> **1.** ayak; **am ~ des Berges** dağın eteğinde; **zu ~ gehen** yürüyerek [*o* yayan] gitmek; **gut zu ~ sein** ayağına çabuk olmak; **von Kopf bis ~** baştan aşağı; **auf großem ~ leben** bol keseden yaşamak; **auf eigenen Füßen stehen** (*fig*) kendi yağıyla kavrulmak; **mit jdm auf gutem ~e stehen** biri ile iyi anlaşmak; **~ fassen** ayak uydurmak; **jdn auf freien ~ setzen** birini serbest bırakmak **2.** (*einer Säule*) kaide
Fußball[1] *m ohne Pl* <-(e)s> (SPORT) futbol; **~ spielen** futbol oynamak
Fußball[2] *m* <-(e)s, -bälle> (*Ball*) futbol topu
Fußballer *m* (*fam*) futbolcu
Fußballfan *m* futbol meraklısı
Fußballklub *m* futbol kulübü; **Fußballmannschaft** *f* futbol takımı; **Fußballmatch** *nt* futbol maçı; **Fußballnationalmannschaft** *f* <-en> millî futbol takımı; **Fußballplatz** *m* <-es, -plätze> futbol sahası; **Fußballspiel** *nt* futbol maçı; **Fußballspieler(in)** *m(f)* futbol oyuncusu, futbolcu; **Fußballstadion** *nt* futbol stadı; **Fußballverein** *m* futbol kulübü; **Fußballweltmeisterschaft** *f* <-en> dünya futbol şampiyonası
Fußbank *f* <-bänke> ayaklık
Fußboden *m* yer, zemin, taban; (*Mosaik~*) döşeme; **Fußbodenbelag** *m* döşeme, taban döşemesi
Fußbreit *m ohne Pl* <->: **um jeden ~ Boden kämpfen** her karış toprak için savaşmak; **er wich keinen ~ zurück** bir karış (bile) geri çekilmedi
Fußbremse *f* ayak freni
Fussel ['fʊsəl] *m* <-s, ->, **Fussel** *f* <-n> taraz
fuss(e)lig[RR] *adj* **1.** (*fusselnd*) tarazlanan **2.** (*voller Fusseln*) taraz taraz **3.** (*ausgefranst*) taraz taraz, lime lime; **sich** *dat* **den Mund ~ reden** (*fam*) söyleye söyleye dilinde tüy bitmek
fusseln *vi* tarazlanmak
fußen ['fu:sən] *vi* (*sich stützen*) dayanmak (*auf*-e); (*basieren*) dayanmak (*auf*-e)
Fußende *nt* <-s, -n> ayak ucu; **am ~** ayak ucunda
Fußgänger(in) ['fu:sgɛŋɐ] *m(f)* <-s, -; -nen> yaya; **Fußgängerüberweg** *m* yaya geçidi; **Fußgängerunterführung** *f* yaya alt geçidi; **Fußgängerzone** *f* yayalara ayrılmış bölge
Fußgelenk *nt* ayak bileği; **Fußleiste** *f* <-n> süpürgelik
fusslig[RR] *adj*, **fußlig** *adj s.* **fusselig**
Fußmarsch *m* <-(e)s, -märsche> yürüyüş; **Fußmatte** *f* paspas; **Fußnagel** *m* ayak tırnağı; **Fußnote** *f* <-n> dipnot; **Fußpflege** *f* ayak bakımı; **Fußschweiß** *m ohne Pl* ayak teri; **Fußsohle** *f* taban; **Fußspitze** *f* ayak ucu; **Fußspur** *f* ayak izi;

Fußstapfen *m* <-s, -> ayak izi; **in jds ~ treten** birinin izinden yürümek; **Fußtritt** *m* (*von Menschen*) tekme; (*von Tieren*) tepme; **Fußvolk** *nt ohne Pl* <-(e)s> **1.** (MIL) piyade **2.** (*pej: breite Masse*) ayak takımı; **Fußweg** *m* **1.** (*Weg*) patika; (*Bürgersteig*) yaya yolu **2.** (*Entfernung*) yürüyüş mesafesi; **15 Minuten ~** 15 dakikalık yürüyüş mesafesi

futsch [fʊtʃ] *adj inv*, **futschikato** *adj inv* (*fam: verloren*) nanay, mafiş, yok; **das ganze Geld ist ~** paralar nanay

Futter[1] [ˈfʊtɐ] *nt ohne Pl* <-s> (*Nahrung*) yem, mama

Futter[2] *nt* <-s, -> **1.** (*in Kleidung, Briefumschlag*) astar **2.** (*Tür~*) iç kaplama

Futteral [fʊtəˈraːl] *nt* <-s, -e> kılıf

füttern [ˈfʏtɐn] *vt* **1.** (*Tier, Baby*) yedirmek (-e) **2.** (*Kleidung*) astar geçirmek

futtern [ˈfʊtɐn] **I.** *vt* (*fam*) yemek **II.** *vi* (*fam*) yemek yemek

Futternapf *m* tas; **Futterpflanze** *f* (AGR) yem bitkisi, yemlik ot

Fütterung[1] [ˈfʏtərʊŋ] *f* <-en> (*Tier~*) yem verme

Fütterung[2] *f ohne Pl* (*das Auskleiden*) astarlama, astar geçirme

Futur [fuˈtuːɐ] *nt* <-s, -e> (LING) gelecek zaman

Futurismus [futuˈrɪsmʊs] *m ohne Pl* <-> (LIT, KUNST, POL) fütürizm, gelecekçilik

futuristisch *adj* fütürist, gelecekçi

G

G, g [geː] *nt* <-, -> **1.** G, g **2.** (MUS) sol
g *Abk. von* **Gramm** gr, *gram*
gab [gaːp] *3. imp von* **geben**
Gabe [ˈgaːbə] *f* <-n> **1.** (*Geschenk*) armağan; **milde** ~ sadaka **2.** (*Talent*) istidat, vergi **3.** (MED: *Dosis*) doz **4.** (*Schweiz: Preis*) ödül
Gabel [ˈgaːbəl] *f* <-n> **1.** (*vom Besteck*) çatal **2.** (*vom Telefon*) çatal; (*vom Fahrrad*) maşa **3.** (AGR) çatal, dirgen
gabeln [ˈgaːbəln] *vr:* **sich** ~ çatallanmak
Gabelschlüssel *m* çatal anahtar
Gabelstapler *m* <-s, -> forklift
Gabelung *f* <-en> (*das Sichgabeln*) çatallanma; (*Stelle*) çatal
gackern [ˈgakɐn] *vi* **1.** (*Huhn*) gıdaklamak **2.** (*fam: Mensch*) tavuk gibi gıdaklayıp durmak
gaffen [ˈgafən] *vi* (*pej*) alık alık bakmak
Gag [gɛk] *m* <-s, -s> **1.** (FILM, THEAT) gülüt **2.** (*Witz*) espri
Gagat *m* <-(e)s, -e> kara kehribar, oltu taşı, oksidiyon taşı
Gage [ˈgaːʒə] *f* <-n> ücret
Gagman *m* (FILM, THEAT) gülütçü
gähnen [ˈgɛːnən] *vi* esnemek
Gala [ˈgaːla] *f ohne Pl* (~*vorstellung*) gala; **sich in** ~ **werfen** giyinip kuşanmak
galaktisch [gaˈlaktɪʃ] *adj* (ASTR) galaksi (ile ilgili), gök adası (ile ilgili)
galant [gaˈlant] *adj* centilmene yakışır
Galaxie [galaˈksiː] *f* <-n> (ASTR) galaksi, gök adası
Galeere [gaˈleːrə] *f* <-n> kadırga
Galeerenstrafe *f* (HIST) kürek cezası; **Galeerensträfling** *m* (HIST) forsa
Galerie [galəˈriː] *f* <-n> galeri
Galerist(in) [galəˈrɪst] *m(f)* <-en, -en; -nen> galerici
Galgen [ˈgalgən] *m* <-s, -> darağacı; **am** ~ **enden** darağacını boylamak; **Galgenfrist** *f* <-en> son mühlet; **Galgenhumor** *m* yapmacık neşe
Galicien [gaˈliːtsiən] *nt* <-s> Galiçe
Galicier(in) *m(f)* <-s, -; -nen> Galiçeli
galicisch *adj* Galiçe (ile ilgili)
Galiläa [galiˈlɛːa] *nt* <-s> (HIST) Galile
Galle [ˈgalə] *f* <-n> **1.** (~*nflüssigkeit*) safra, öd **2.** (ANAT: ~*nblase*) safra kesesi, öd kesesi
Gallenblase *f* (ANAT) safra kesesi, öd kesesi; **Gallenstein** *m* <-(e)s, -e> safra taşı, öd [*o* safra] kesesinde oluşan taş; **Gallensteinkolik** *f* (MED) safra taşı koliği
gallertartig [ˈgalɐtʔaːɐtɪç] *adj* jelâtinsi
Gallien [ˈgaljən] *nt* <-s> (HIST) Galya
gallisch [ˈgalɪʃ] *adj* Galya (ile ilgili)
Galopp [gaˈlɔp] *m* <-s, -e *o* -s> dörtnal; **im** ~ dört nala; **der Reiter ging das letzte Hindernis im** ~ **an** binici son engele dörtnala girdi
galoppieren* *vi haben o sein* dörtnal koşmak
galt [galt] *3. imp von* **gelten**
galvanisch [galˈvaːnɪʃ] *adj* galvanize
galvanisieren* [galvaniˈziːrən] *vt* galvanizlemek
Gameboy® [ˈgɛɪmbɔɪ] *m* <-s, -s> gameboy; **Gameshow** *f* <Gameshows> (TV) oyun programı; **eine** ~ **leiten** oyun programı yönetmek
Gamma [ˈgama] *nt* <-(s), -s> gama; **Gammastrahlung** *f* <-en> (PHYS) gama ışını
gamm(e)lig [ˈgam(ə)lɪç] *adj* (*fam*) **1.** (*Nahrungsmittel*) bozulmuş; (*Brot*) bayat **2.** (*Kleidung*) pejmürde, eski püskü
gammeln [ˈgaməln] *vi* (*fam*) **1.** (*Lebensmittel*) bozulmak; (*Brot*) bayatlamak **2.** (*Person*) aylaklık etmek, işsiz güçsüz dolaşmak
Gämse[RR] [ˈgɛmzə] *f* <-n> (ZOOL) dağ keçisi, elik
gang [gaŋ]: ~ **und gäbe** alışılmış, mutat
Gang[1] [gaŋ, *Pl:* ˈgɛŋə] *m* <-(e)s, Gänge> **1.** (*Gehweise*) yürüyüş **2.** (*Spazier*~) yürüyüş; (*Weg*) yol; **auf ihrem** ~ **zum Arzt sah sie ...** doktora giderken ... gördü **3.** (*Betrieb*): **eine Maschine in** ~ **setzen** makineyi işletmek; **Verhandlungen in** ~ **bringen** görüşmeleri başlatmak **4.** (*Ablauf*) gidiş, gidişat, seyir; **der** ~ **der Ereignisse** olayların gidişatı; **es ist etwas im** ~**e** bir şeyler dönüyor; **die Verhandlungen sind in vollem** ~**(e)** görüşmeler bütün hızıyla devam ediyor **5.** (TECH, AUTO) vites; **im zweiten** ~ **fahren** ikinci viteste gitmek **6.** (*Flur*) koridor **7.** (GASTR) servis, tabak, kap
Gang[2] [gɛŋ] *f* <-s> çete
Gangart *f* gidiş
gangbar *adj* (*Weg*) geçilebilir; (*Münze*) geçer
gängeln [ˈgɛŋəln] *vt* (*fam pej*) çocuk gibi yürütmek, çocuk muamelesi yapmak (-e)
gängig [ˈgɛŋɪç] *adj* **1.** (*üblich*) alışılmış,

mutat; (*gebräuchlich*) kullanılır; (*geläufig*) bilinen; (*gültig*) geçerli **2.** (*viel gekauft*) sürümü olan, geçerli **3.** (*funktionstüchtig*) (iyi) işler

Gangschaltung *f* (*Auto, Fahrrad*) vites

Gangster ['gɛŋstɐ] *m* <-s, -> (*pej*) gangster

Gangway *f* <-s> iskele

Ganove, -in [ga'no:və] *m, f* <-n, -n; -nen> (*fam pej*) dolandırıcı, sahtekâr

Gans [gans, *Pl:* 'gɛnzə] *f* <Gänse> (ZOOL) kaz; **blöde ~!** kaz kafalı!

Gänseblümchen ['gɛnzəbly:mçən] *nt* <-s, -> (BOT) sarıpapatya; **Gänsefüßchen** ['gɛnzəfy:sçən] *nt* <-s, -> (*fam: Anführungszeichen*) tırnak (işareti); (*als Wiederholungszeichen*) denden (işareti); **in ~** tırnak içinde; **Gänsehaut** *f ohne Pl* (*fig*): **eine ~ bekommen** tüyleri diken diken olmak

Gänseleberpastete *f* (GASTR) kaz ciğeri ezmesi

Gänsemarsch *m ohne Pl* <-(e)s>: **im ~** turna katarı gibi

Gänserich ['gɛnzərɪç] *m* <-s, -e> (ZOOL) erkek kaz

ganz [gants] **I.** *adj* **1.** (*gesamt*) tam; (*vollständig*) bütün; **mit ~er Kraft** bütün gücüyle; **die ~e Zeit über** bütün süre boyunca; **die ~e Wahrheit** bütün gerçek; **die ~e Welt** bütün dünya, dünya âlem; **eine ~e Zahl/Note** tam sayı/nota; **eine ~e Drehung** tam bir dönüş; **eine ~e Menge** epeyce; **eine ~e Weile** uzun bir süre; **das dauert eine ~e Weile** bu oldukça uzun sürüyor; **wo warst du denn die ~e Zeit?** bunca zaman neredeydin?; **im G~en und Ganzen war ich dreimal hier** topu topu üç kere buradaydım **2.** (*fam: unbeschädigt*): **etw wieder ~ machen** bir şeyi eski hâline sokmak **3.** (*fam: bloß*) sadece; **das Buch hat ~e drei Euro gekostet** kitap sadece üç euro tuttu **II.** *adv* **1.** (*völlig*) tam, tamamıyla; **~ allein** yapayalnız; **das ist ~ meine Meinung** bu tam düşündüğüm gibi; **das ist etwas ~ anderes** bu apayrı [*o* bambaşka] bir şeydir; **~ und gar** hiç de değil; **~ im Gegenteil** tam aksine [*o* tersine]; **entweder ~ oder gar nicht** ya hep ya hiç; **er ist ~ sein Vater** tıpkı babasına benziyor **2.** (*vollständig*) tamamen; **~ oder zum Teil** tamamen veya kısmen; **etw ~ aufessen** bir şeyi tamamen yiyip bitirmek; **~ hinten/vorn** en arkada/önde; **~ wie Sie meinen/wünschen** nasıl derseniz/arzu ederseniz; **~ gleich, wie es ist** nasıl olusa olsun; **du hast ~ Recht** tamamen haklısın **3.** (*ziemlich*) bayağı, oldukça; **das gefällt mir ~ gut** bu bayağı [*o* oldukça] hoşuma gitti **4.** (*sehr*) pek; **~ klein** pek küçük; **ein ~ klein wenig** birazcık; **~ viel** pek çok

Ganze(s) *nt ohne Pl* <-n> hepsi, tamamı; **aufs ~ gehen** (*fam*) hepsini istemek; **es geht ums ~** tamamı söz konusudur; **im Großen und G~n** topu topu

Ganzheit *f* <-en> tamlık, bütünlük, bütünsellik

ganzheitlich *adj* bütünsel

gänzlich ['gɛntslɪç] **I.** *adj* tam **II.** *adv* tamamen, bütünü ile

ganztägig ['gantstɛ:gɪç] **I.** *adj* tam günlük **II.** *adv* tam gün

Ganztagsschule *f* tam gün okul sistemi

gar [ga:ɐ] **I.** *adj* (*Speise*) pişmiş **II.** *adv* **1.** (*überhaupt*): **~ nichts** hiçbir şey; **~ keiner** hiç kimse; **auf ~ keinen Fall** asla; **das ist ~ nicht schlecht** bu hiç de fena değil; (**das ist**) **besser als ~ nichts** (bu) hiç yoktan iyi(dir); **entweder ganz oder ~ nicht** ya hep ya hiç **2.** (*verstärkend*) sakın; **er wird es doch nicht ~ gestohlen haben?** sakın onu çalmış olmasın?

Garage [ga'ra:ʒə] *f* <-n> garaj

Garant(in) [ga'rant] *m(f)* <-en, -en; -nen> garantör

Garantie [garan'ti:] *f* <-n> garanti; **ein Jahr ~** bir yıl(lık) garanti; **mit/ohne ~** garantili/garantisiz

garantieren* *vi, vt* garanti vermek (*für* için), garantilemek; **glaubst du er kommt? – garantiert!** inanıyor musun geleceğine? – garanti gelecek!

Garantieschein *m* <-(e)s, -e> garanti belgesi

Garaus *m:* **jdm den ~ machen** (*fam*) birinin işini bitirmek

Garbe ['garbə] *f* <-n> (AGR: *von Korn*) demet; **~n binden** demet yapmak

Garde ['gardə] *f* <-n> muhafız alayı

Gardenie *f* <-n> (BOT) gardenya

Garderobe[1] [gardə'ro:bə] *f ohne Pl* (*Kleidung*) gardırop

Garderobe[2] *f* <-n> **1.** (*Kleiderablage*) gardırop **2.** (*Raum*) vestiyer **3.** (*Ankleideraum*) gardırop

Garderobenständer *m* portmanto

Gardine [gar'di:nə] *f* <-n> tül perde; **hinter schwedischen ~n** (*fam*) hapiste

garen ['ga:rən] **I.** *vt* pişirmek **II.** *vi* pişmek

gären ['gɛ:rən] <gärt, gärte *o* gor, gegärt *o* gegoren> **I.** *vi haben o sein* mayalanmak **II.** *vt* mayalamak, mayalandırmak

Garn [garn] *nt* <-(e)s, -e> iplik

Garnele [gar'ne:lə] *f* <-n> (ZOOL) karides; (*kleiner*) teke

garnieren* [gar'ni:rən] *vt* (GASTR) süslemek

Garnison *f* <-en> (MIL) garnizon

Garnitur [garni'tu:ɐ] *f* <-en> garnitür

garstig ['garstɪç] *adj* **1.** (*Kind*) arsız, terbiyesiz **2.** (*hässlich*) çirkin; (*abstoßend*) iğrenç

Garten ['gartən, *Pl:* 'gɛrtən] *m* <-s, Gärten> bahçe; (*Nutz~*) bostan; **botanischer/zoologischer** ~ botanik/hayvanat bahçesi; **Gartenampfer** *m* (BOT) lâbada; **Gartenarbeit** *f* bahçecilik, bahçıvanlık; **Gartenarchitekt(in)** *m(f)* bahçe mimarı; **Gartenbau** *m ohne Pl* <-(e)s> bahçecilik; **Gartenfest** *nt* gardenparti; **Gartenhaus** *nt* bahçe kulübesi; **Gartenlaube** *f* çardak; **Gartenlokal** *nt* bahçe gazinosu; **Gartenpflege** *f ohne Pl* bahçe bakımı; **Gartenschere** *f* <-n> bahçe makası; **Gartenzaun** *m* bahçe çiti

Gärtner(in) ['gɛrtnɐ] *m(f)* <-s, -; -nen> bahçıvan

Gärung ['gɛːrʊŋ] *f* <-en> mayalanma

Gas[1] [gaːs] *nt* <-es, -e> (CHEM) gaz, hava gazı; **das ~ andrehen** hava gazını açmak

Gas[2] *nt ohne Pl* <-es> (AUTO): **~ geben** gaz vermek, gazlamak; **~ wegnehmen** gazdan ayağını çekmek

Gasbombe *f* <-n> gaz bombası; **Gasbrenner** *m* <-s, -> (TECH) bek, hava gazı beki; **Gasfeuerzeug** *nt* gazlı çakmak; **Gasflamme** *f* gaz alevi; **Gasflasche** *f* gaz tüpü

gasförmig *adj* gaz durumundaki, gaz hâlindeki

Gasgeruch *m* gaz kokusu; **Gashahn** *m* gaz ibiği; **Gashebel** *m* gaz kolu; (AUTO) jigle; **Gasheizung** *f* gazla ısıtma, gaz kaloriferi, gazlı radyatör; **Gasherd** *m* gaz ocağı; **Gashülle** *f* gaz yuvarı; **Gaskammer** *f* gaz odası, gaz hücresi; **Gaskocher** *m* tüpgaz ocağı; **Gaslampe** *f* gaz lâmbası; **Gaslaterne** *f* gazlı sokak lâmbası; **Gasleitung** *f* gaz hattı; **Gasmann** *m* (*fam*) hava gazı memuru; (*Ableser*) hava gazı saatlerini okuyan memur; **Gasmaske** *f* gaz maskesi; **Gasofen** *m* <-s, -öfen> gaz sobası

Gasometer *m* gazometre

Gaspedal *nt* gaz pedalı; **Gaspistole** *f* gaz tabancası; **Gasrohr** *nt* gaz borusu

Gasse ['gasə] *f* <-n> **1.** (*kleine Straße*) ara sokak; (*Sack~*) sokak **2.** (*österr: Straße*) sokak

Gasspürgerät *nt* gaz detektörü

Gast [gast, *Pl:* 'gɛstə] *m* <-(e)s, Gäste> konuk, misafir; (*eingeladener*) davetli; (*von Lokal*) müşteri; **ungebetene Gäste** davetsiz gelen misafirler *pl;* **bei jdm zu ~ sein** birine misafir [*o* konuk] olmak; **Gastarbeiter(in)** *m(f)* konuk işçi, misafir işçi; (*ausländischer Arbeitnehmer*) yabancı işçi

Gästebuch *nt* (*a.* INFORM) ziyaretçi defteri; **Gästehaus** *nt* konuk evi, misafirhane; **Gästezimmer** *nt* misafir odası

gastfreundlich *adj* misafirperver, konuksever; **Gastfreundschaft** *f ohne Pl* misafirperverlik, konukseverlik; **jdm ~ gewähren** birini misafir etmek; **Gastgeber(in)** *m(f)* <-s, -; -nen> ev sahibi; **Gasthaus** *nt,* **Gasthof** *m* **1.** (*zum Übernachten*) misafirhane; (*höhere Kategorie*) otel **2.** (*nur Essen*) lokanta

gastieren* [gas'tiːrən] *vi* konuklamak, misafir kalmak

Gastland *nt* <-(e)s, -länder> konuk ülke

gastlich *adj* konuksever, misafirperver; **jdn ~ aufnehmen** birini misafir gibi ağırlamak

Gastritis [gas'triːtɪs] *f* <Gastritiden> gastrit

Gastronomie [gastrono'miː] *f ohne Pl* gastronomi

gastronomisch [gastro'noːmɪʃ] *adj* gastronomi (ile ilgili); **Gaststätte** *f* <-n> lokanta

Gasturbine *f* (TECH) gaz türbini

Gastwirt(in) *m(f)* <-(e)s, -e; -nen> lokantacı, lokanta sahibi; **Gastwirtschaft** *f* <-en> lokanta, içkili lokanta

Gasvergiftung *f* gazdan zehirlenme; **Gasversorgung** *f ohne Pl* gaz dağıtımı; **Gaswerk** *nt* gazhane; **Gaszähler** *m* <-s, -> gaz sayacı, hava gazı saati

Gatte, -in ['gatə] *m, f* <-n, -n; -nen> (*geh*) eş

Gatter ['gatɐ] *nt* <-s, -> parmaklık

Gattung ['gatʊŋ] *f* <-en> **1.** (BIOL) cins **2.** (MUS, LIT) tür; (KUNST) dal

Gaudi ['gaʊdi] *f ohne Pl* (*fam: Vergnügen*) eğlence; (*Lärm*) curcuna

Gaukler(in) ['gaʊklɐ] *m(f)* <-s, -; -nen> hokkabaz; (*Akrobat*) cambaz; (*Betrüger*) üç kâğıtçı, dolandırıcı

Gaul [gaʊl, *Pl:* 'gɔɪlə] *m* <-(e)s, Gäule> (*pej*) beygir; **einem geschenkten ~ schaut man nicht ins Maul** (*prov*) beleş [*o* bahşiş] atın dişine [*o* yaşına] bakılmaz

Gaumen ['gaʊmən] *m* <-s, -> damak; **Gaumenfreude** *f* <-n> damak tadı; **Gaumenlaut** *m* (LING) damaksıl ses; **Gaumensegel** *nt* (ANAT) damak eteği; **Gaumenzäpfchen** *nt* (ANAT) küçük dil

Gauner(in) ['gaʊnɐ] *m(f)* <-s, -; -nen> **1.** (*pej: Betrüger*) dolandırıcı; (*Dieb*) hırsız **2.** (*fam: durchtriebener Mensch*) hergele, külhanbeyi

Gaunerei *f* <-en> (*Betrügerei*) dolandırıcılık, düzenbazlık

Gazastreifen *m ohne Pl* (POL) Gazze Şeridi

Gazelle [ga'tsɛlə] *f* <-n> (ZOOL) ceylan

GbR *f Abk. von* **Gesellschaft bürgerlichen Rechts** adî ortaklık, adî şirket

G-Dur ['geː'duːɐ] *nt ohne Pl* <-> (MUS) sol majör

Geäst [gə'ʔɛst] *nt ohne Pl* <-(e)s> dallar *pl*
geb. *Abk. von* **geboren** doğmuş, doğan
Gebäck [gə'bɛk] *nt* <-(e)s, -e> (*Kekse*) çörek
gebacken [gə'bakən] *pp von* **backen**
Gebälk [gə'bɛlk] *nt* <-(e)s, -e> (ARCH) saçaklık
gebar [gə'ba:ɐ] *3. imp von* **gebären**
Gebärde [gə'bɛ:ɐdə] *f* <-n> tavır
gebärden* *vr:* **sich ~** tavır takınmak
gebären* [gə'bɛ:rən] <gebärt *o* gebiert, gebar, geboren> *vt* yavrulamak; (*Mensch*) doğurmak; (*Katze, Hund*) eniklemek; **lebend ~d** (ZOOL) canlı yavrulayan; **wo sind Sie geboren?** nerede doğdunuz?
Gebärmutter *f* <-mütter> döl yatağı, rahim, ana rahmi
Gebäude [gə'bɔɪdə] *nt* <-s, -> **1.** (*Bauwerk*) bina **2.** (*Gefüge*) yapı
gebefreudig *adj* eli açık
Gebeine [gə'baɪnə] *ntPl* (*geh*) kemikler *pl*
Gebell [gə'bɛl] *nt ohne Pl* <-(e)s> (*fam pej*) (devamlı) havlama, havlayıp durma
geben ['ge:bən] <gibt, gab, gegeben> **I.** *vt* **1.** vermek; (*aushändigen*) vermek; (*schenken*) vermek; (*beim Telefonieren*) vermek; **ich gab nichts auf sein Gerede** konuşmasına önem vermedim; **jdm etw zu verstehen ~** birine anladığını göstermek [*o* belli etmek]; **etw von sich** *dat* **~** kendinden bir şey vermek **2.** (*gewähren*) vermek; (*Kredit*) vermek; **jdm Recht ~** birine hak vermek **3.** (*ergeben*) vermek; **das gibt keinen Sinn** bu hiç anlam vermiyor **4.** (*veranstalten*) vermek; (TV) göstermek **5.** (*unterrichten*) vermek **II.** *vunpers* (*existieren*) olmak; **was gibt's?** (*fam*) ne var?; **es gibt heute Fisch** bugün balık var; **das gibt's doch gar nicht!** olacak şey değil!, haydi canım sen de!; **das hat es ja noch nie ge~!** şimdiye kadar hiç böyle bir şey olmamıştı! **III.** *vi* **1.** (*bei Kartenspiel*) vermek **2.** (SPORT: *Aufschlag haben*) vermek **IV.** *vr:* **sich ~ 1.** (*nachlassen*) geçmek **2.** (*sich benehmen*) oynamak (*als* -) **3.** (*sich ergeben*) çıkmak
Gebet [gə'be:t] *nt* <-(e)s, -e> dua; **Gebetbuch** *nt* dua kitabı; **Gebetsteppich** *m* seccade, namazlık
gebeten [gə'be:tən] *pp von* **bitten**
gebiert [gə'bi:ɐt] *3. präs von* **gebären**
Gebiet [gə'bi:t] *nt* <-(e)s, -e> **1.** bölge, toprak, ülke, topraklar *pl*; **ein annektiertes/besetztes ~** ilhak/işgal edilmiş bölge [*o* topraklar]; **feindliches ~** düşman toprakları [*o* ülkesi] **2.** (*Sachbereich*) alan, dal; **auf diesem ~** bu alanda [*o* dalda]
gebieten* [gə'bi:tən] *irr* **I.** *vt* (*geh*) **1.** (*befehlen*) emretmek, buyurmak **2.** (*verlangen*) istemek; (*erfordern*) gerektirmek; **etw gebietet besondere Aufmerksamkeit** bir şey özel dikkat gerektirir [*o* ister] **II.** *vi* (*geh*) **1.** (*Herrschaft ausüben*) hükmetmek (*über* -e); (*in der Gewalt haben*) hâkim olmak (*über* -e) **2.** (*befehlen*) emretmek (*über* -e)
Gebieter(in) *m(f)* <-s, -; -nen> (*Herr*) amir; (HIST: *Regent*) hükümdar
gebieterisch *adj* (*geh*) amir, buyuran, emreden
Gebilde [gə'bɪldə] *nt* <-s, -> **1.** (*Bild*) tablo **2.** (*Form*) biçim, şekil **3.** (*Schöpfung*) eser **4.** (*Gefüge*) yapı **5.** (*der Fantasie*) ürün
gebildet [gə'bɪldət] *adj* kültürlü
Gebimmel *nt ohne Pl* <-s> cangıl cungul
Gebirge [gə'bɪrgə] *nt* <-s, -> dağlar, dağ silsilesi
gebirgig *adj* dağlık
Gebirgskette *f* dağ silsilesi
Gebiss[RR] [gə'bɪs] *nt* <-es, -e>, **Gebiß** *nt* <-sses, -sse> dişler; (*künstliches*) takma dişler
gebissen [gə'bɪsən] *pp von* **beißen**
Gebläse [gə'blɛ:zə] *nt* (TECH) vantilâtör
geblasen [gə'bla:zən] *pp von* **blasen**
geblieben [gə'bli:bən] *pp von* **bleiben**
Geblöke *nt ohne Pl* <-s> (*fam: von Rind*) böğürme; (*von Schaf*) meleme
gebogen [gə'bo:gən] **I.** *pp von* **biegen** **II.** *adj* bükük; (*krumm*) eğri
geboren [gə'bo:rən] **I.** *pp von* **gebären** **II.** *adj:* **ich wurde 1949 ~** ben 1949'da doğdum, 1949 doğumluyum; **Dorothee Brandi, ~ Schlemmer** Dorothee Brandi, kızlık adı Schlemmer; **ein tot ~es Kind** ölü doğmuş çocuk; **er ist der ~e Lehrer/Wissenschaftler** o doğuştan öğretmendir/bilim adamıdır; **taub ~ sein** sağır doğmuş olmak; **ich bin ein ~er Dortmunder** ben doğma büyüme Dortmundluyum
geborgen [gə'bɔrgən] **I.** *pp von* **bergen** **II.** *adj* emin
Geborgenheit *f ohne Pl* emniyet, güvenlik
geborsten [gə'bɔrstən] *pp von* **bersten**
Gebot [gə'bo:t] *nt* <-(e)s, -e> **1.** (*Befehl*) emir, buyruk; **die Zehn ~e** On Emir **2.** (*verbindliche Vorschrift*) şart; (REL: *Vorschrift*) farz **3.** (*Erfordernis*) gerek **4.** (*bei Auktion*) teklif; **das geringste ~** en düşük teklif
gebracht [gə'braxt] *pp von* **bringen**
gebrannt [gə'brant] **I.** *pp von* **brennen** **II.** *adj* **1.** (*Mandel*) kavrulmuş; (*Lehm, Ton*) pişmiş **2.** (*prov*): **~es Kind scheut das Feuer** sütten ağzı yanan yoğurdu üfleyerek yer
gebraten [gə'bra:tən] *pp von* **braten**
Gebrauch [gə'braʊx] *m ohne Pl* <-(e)s>

(*Benutzung*) kullanma; (*Verwendung*) kullanma; **von etw** *dat* ~ **machen** bir şeyden yararlanmak; **vor** ~ **gut schütteln** kullanmadan önce iyice sallayınız

Gebräuche [gəˈbrɔɪçə] *mPl* âdetler *pl;* **Sitten und** ~ örf ve âdetler

gebrauchen* [gəˈbraʊxən] *vt* **1.** (*Werkzeug*) kullanmak; (*Verstand*) kullanmak; **Gewalt** ~ zor kullanmak **2.** (*nützlich sein*): **das kann ich gut/gar nicht** ~ bunu kullanabilirim/kullanamam, bu işime yarar/hiç işime yaramaz

gebräuchlich [gəˈbrɔɪçlɪç] *adj* kullanılan; **nicht mehr** ~ artık kullanılmayan

Gebrauchsanweisung *f* tarif(e), tarifname; **Gebrauchsgegenstand** *m* <-(e)s, -stände> (her gün) kullanılan şey

gebraucht [gəˈbraʊxt] *adj* kullanılmış; (*aus zweiter Hand*) ikinci elden; **Gebrauchtwagen** *m* kullanılmış araba

Gebrechen [gəˈbrɛçən] *nt* <-s, -> (*geh*) sakatlık, malûllük

gebrechlich [gəˈbrɛçlɪç] *adj* (*schwach*) zayıf; (*altersschwach*) öksürüklü tıksırıklı; (*zerbrechlich*) kırılgan

gebrochen [gəˈbrɔxən] **I.** *pp von* **brechen** **II.** *adj* (*Mensch*) ruhen çökmüş, çökkün; ~ **deutsch/türkisch sprechen** çat pat Almanca/Türkçe konuşmak, yarım yamalak Almanca/Türkçe konuşmak

Gebrüder [gəˈbryːdɐ] *mPl* (erkek) kardeşler *pl*

Gebrüll [gəˈbrʏl] *nt ohne Pl* <-(e)s> (*von Menschen*) velvele; (*von Tieren*) kükreme

Gebühr [gəˈbyːɐ] *f* <-en> ücret; (*Abgabe*) harç; (*Telefon~*) para; (*Vermittlungs~*) komisyon; (*Autobahn~, Anmelde~*) ücret; **eine** ~ **erheben** ücret almak, harç almak; ~ **zahlt Empfänger** ücreti alıcı öder

gebühren* [gəˈbyːrən] **I.** *vi* (*geh*) lâyık olmak; **seiner Leistung gebührt Anerkennung** başarısı takdire lâyıktır **II.** *vr:* **sich** ~ (*geh*) yakışık almak; **wie es sich gebührt** nasıl yakışık alıyorsa öyle

gebührenfrei *adj* ücretsiz; **gebührenpflichtig** *adj* ücretli; (*Autobahn*) paralı

gebunden [gəˈbʊndən] **I.** *pp von* **binden** **II.** *adj* **1.** (*einer Sache verpflichtet*) bağlı (*an* -e); (*an einen Ort*) bağlanmış (*an* -e) **2.** (*Preise*) maktu

Geburt [gəˈbuːɐt] *f* <-en> **1.** (*Entbindung*) doğum **2.** (*das Geborenwerden*) doğma; **blind von** ~ **an** doğuştan kör; **vor/nach Christi** ~ İsa'nın doğumundan önce/sonra, milâttan önce/sonra **3.** (*Abstammung*) soy; **von hoher** ~ soylu; **Geburtenkontrolle** *f ohne Pl* doğum kontrolü; **Geburtenrückgang** *m* doğum oranında azalma; **geburtenschwach** *adj* doğum sayısı az; **geburtenstark** *adj* doğum sayısı çok; **Geburtenziffer** *f* doğum oranı

gebürtig [gəˈbʏrtɪç] *adj* doğumlu (*aus* -); **die** ~**en Kölner** Köln doğumlular

Geburtsdatum *nt* <-s, -daten> doğum tarihi; **Geburtsjahr** *nt* doğum yılı; **Geburtsort** *m* doğum yeri; **Geburtsstation** *f* doğumhane, doğum odası

Geburtstag *m* **1.** (*Jahrestag*) yaş günü, doğum günü; ~ **feiern** yaş günü kutlamak; **herzlichen Glückwunsch zum** ~**!** yaş [*o* doğum] günün(üz) kutlu olsun!; **heute ist ihr achtzigster** ~ bugün onun sekseninci yaş günü; **sein** ~ **fällt auf einen Montag** yaş günü pazartesiye rastlıyor **2.** (*Tag der Geburt*) doğum günü; **Geburtstagsgeschenk** *nt* yaş günü armağanı [*o* hediyesi]; **Geburtstagskind** *nt* yaş günü kutlanan çocuk; **Geburtsurkunde** *f* doğum ilmühaberi; **Geburtswehen** *fPl* doğum sancısı; **Geburtszange** *f* (MED) forseps

Gebüsch [gəˈbʏʃ] *nt* <-(e)s, -e> çalılık

gedacht [gəˈdaxt] *pp von* **denken, gedenken**

Gedächtnis [gəˈdɛçtnɪs] *nt* <-ses, -se> **1.** (*Erinnerungsvermögen*) hafıza, bellek; **aus dem** ~ ezbere; **ein gutes/schlechtes** ~ **haben** (**für etw**) (bir şey için) iyi/kötü bir hafızası olmak; **jdn/etw im** ~ **behalten** bir kimseyi/şeyi hatırında tutmak; **sich** *dat* **etw ins** ~ **zurückrufen** bir şeyi hatırlamak [*o* anımsamak]; **sein** ~ **verlieren** hafızasını kaybetmek **2.** (*Gedenken*) anma (*an* -), anılma (*an* -in); **ein Mahnmal zum** ~ **an die Toten** ölenleri anmak için bir anıt, ölülerin anılması için bir anıt

Gedächtnisschwund *m,* **Gedächtnisverlust** *m* hafıza kaybı, bellek yitimi

gedämpft [gəˈdɛmpft] *adj* (*Geräusch*) kısık; (*Licht*) loş; **mit** ~**er Stimme** kısık (bir) sesle

Gedanke [gəˈdaŋkə] *m* <-ns, -n> **1.** (*Absicht*) düşünce; (*Einfall*) fikir; **sich mit dem** ~**n tragen etw zu tun** (*geh*) bir şeyi yapmayı aklından geçirmek; **sie kam auf den** ~**n, dass …** … aklına esti; **mit dem** ~**n spielen zu …** …i aklından geçirmek; **jdn auf einen** ~**n bringen** birinin aklına getirmek; **auf dumme** ~**n kommen** aklına aptal aptal şeyler gelmek **2.** (*Überlegung*) düşünce; **sich** *dat* ~**n machen** düşüncedir almak; **in** ~**n vertieft** düşünceye dalmış; **jdn auf andere** ~**n bringen** birinin aklını çelmek **3.** (*Idee*) fikir, ide

Gedankenaustausch *m* düşünce alış verişi, fikir teatisi; **Gedankenfreiheit** *f ohne Pl* düşünce özgürlüğü

gedankenlos *adj* **1.** (*unüberlegt*) düşüncesiz; **etw** ~ **sagen** bir şeyi düşünmeden söylemek **2.** (*zerstreut*) dalgın; ~ **vor sich hinstarren** dalgın dalgın önüne bakmak

Gedankenstrich *m* <-(e)s, -e> uzun çizgi, tire; **Gedankenübertragung** *f ohne Pl* telepati

gedanklich *adj* düşünsel, fikrî

Gedärm [gəˈdɛrm] *nt* <-(e)s, -e> bağırsaklar *pl;* (*Eingeweide*) bağır, ahşa *pl*

Gedeck [gəˈdɛk] *nt* <-(e)s, -e> menü; (*Kaffee~*) takım

gedeckt [gəˈdɛkt] *adj* (*Farbe*) mat

gedeihen [gəˈdaɪən] <gedeiht, gedieh, gediehen> *vi sein* **1.** (*Pflanze, Kinder*) büyümek **2.** (*vorankommen*) ilerlemek; **gutes G~!** başarılar!, kolay gelsin!

gedenken* *irr vi* (*geh*) **1.** (*erinnern*) hatırlamak (-); (*feierlich*) anmak (-); **der Toten** ~ ölüleri anmak **2.** (*vorhaben*) (yapmayı) düşünmek, niyeti olmak (-e)

Gedenken *nt ohne Pl* <-s> anma (*an* -)

Gedenkfeier *f* anma töreni; **Gedenkstätte** *f* anma yeri; **Gedenktag** *m* anma günü

Gedicht [gəˈdɪçt] *nt* <-(e)s, -e> şiir

gediegen [gəˈdiːgən] *adj* **1.** (*von guter Qualität*) kaliteli **2.** (*Charakter*) sağlam ve güvenilir; (*Kenntnisse*) sağlam **3.** (*rein*) saf; (*Gold*) som

gedieh [gəˈdiː] *3. imp von* **gedeihen**

gediehen [gəˈdiːən] *pp von* **gedeihen**

Gedränge [gəˈdrɛŋə] *nt ohne Pl* <-s> **1.** (*Drängelei*) itiş kakış; **ins** ~ **kommen** [*o* **geraten**] iki ayağı bir pabuca sokulmak, çok sıkışmak **2.** (*Menschenmenge*) kalabalık, izdiham

gedroschen [gəˈdrɔʃən] *pp von* **dreschen**

gedrückt *adj* (*fig*) yılgın, morali bozuk

gedrungen [gəˈdrʊŋən] **I.** *pp von* **dringen** **II.** *adj* (*Körperbau*) tıknaz

Geduld [gəˈdʊlt] *f ohne Pl* sabır; **die** ~ **verlieren** sabrı taşmak [*o* tükenmek]; **mit jdm/etw** ~ **haben** bir kimseye/şeye sabır göstermek

gedulden* [gəˈdʊldən] *vr:* **sich** ~ sabretmek

geduldig **I.** *adj* sabırlı **II.** *adv* sabırla

Geduldsfaden *m:* **jetzt reißt mir aber der ~!** (*fam*) artık sabrım tükendi!, tak dedi artık canıma!

gedurft [gəˈdʊrft] *pp von* **dürfen**

geehrt [gəˈʔeːɐt] *adj* (*in Briefen*) sayın; **sehr ~er Herr X** sayın Bay X; (**meine**) **sehr ~e(n) Damen und Herren** sayın bayanlar, baylar

geeignet [gəˈʔaɪgnət] *adj* **1.** (*Mensch*) uygun (*für* için); **jdn für** ~ **halten** birini uygun görmek **2.** (*Material*) elverişli (*für* için) **3.** (*zweckmäßig*) uygun, elverişli

Gefahr [gəˈfaːɐ] *f* <-en> tehlike (*für* için); (*Wagnis*) riziko, risk; **in** ~ **schweben** tehlikede bulunmak [*o* olmak]; **außer** ~ **sein** tehlikeyi atlatmış olmak; **auf eigene** ~ tehlike [*o* rizikosu] kendisine ait olmak üzere, zarar ve ziyan kendisine ait olmak üzere; **bei** ~ **im Verzuge** gecikmesinde tehlike varsa, gecikmesinde zarar umulan durumlarda; **der** ~ **aussetzen** tehlikeye maruz bırakmak; ~ **laufen etw zu tun** bir şeyi yapmayı göze almak

gefährden *vt* tehlikeye sokmak, tehlikeye maruz bırakmak

Gefährdung *f* <-en> tehlike (*für* için)

gefahren [gəˈfaːrən] *pp von* **fahren**

Gefahrenquelle *f* tehlike kaynağı; **Gefahrenzulage** *f* itibarî hizmet zammı

gefährlich [gəfɛːɐlɪç] *adj* tehlikeli; (*gewagt*) rizikolu; (*Krankheit*) tehlikeli

gefahrlos *adj* tehlikesiz, rizikosuz

Gefährte, -in [gəˈfɛːɐtə] *m, f* <-n, -n; -nen> (*geh*) arkadaş

Gefälle [gəˈfɛlə] *nt* <-s, -> **1.** (*Neigung*) eğim **2.** (*Unterschied*) fark

Gefällemesser *m* eğimölçer

gefallen[1] [gəˈfalən] **I.** *pp von* **fallen, gefallen** **II.** *adj* (*gestorben*) şehit düşen

gefallen*[2] *irr vi* hoşa gitmek, hoşlanmak, beğenmek; **es gefällt mir gar nicht, dass …** … olması hiç hoşuma gitmiyor; **euch würde es** ~ bu sizin hoşunuza gider, bunu beğenirsiniz; **sich** *dat* **etw** ~ **lassen** (*fam*) nazını çekmek, ağzının kokusunu çekmek

Gefallen[1] *nt ohne Pl* <-s> (*Freude*) hoşlanma; **an jdm** *dat*/**etw** ~ **finden** bir kimseden/şeyden hoşlanmak

Gefallen[2] *m* <-s, -> (*Gefälligkeit*) iyilik, lütuf; **jdm einen** ~ **tun** birine iyilik etmek [*o* yapmak], birine lütufta bulunmak

Gefallene(r) *mf* <-n, -n; -n> şehit

gefällig [gəˈfɛlɪç] *adj* **1.** (*hilfsbereit*) yardımcı; **jdm** ~ **sein** birine yardımcı olmak **2.** (*ansprechend*) hoş, gönül okşayıcı **3.** (*erwünscht*): **ein Stück Kuchen ~?** bir parça pasta arzu eder misiniz?

Gefälligkeit[1] *f* <-en> iyilik, lütuf; **jdm eine** ~ **erweisen** birine bir iyilik etmek [*o* yapmak]

Gefälligkeit[2] *f ohne Pl* hatır; **etw aus reiner** ~ **tun** bir şeyi sırf hatır için yapmak

Gefälligkeitswechsel *m* (FIN) hatır senedi

gefälligst [gəˈfɛlɪçst, gəˈfɛlɪkst] *adv* (*fam*): **lass mich ~ in Ruhe!** lütfen beni rahat bırak!

gefälscht *adj* sahte

gefangen [gəˈfaŋən] **I.** *pp von* **fangen** **II.** *adj* **1.** (*in Gefangenschaft*): ~ **halten** esir etmek; ~ **nehmen** tutmak; (*Kriegsgefangene*) esir almak **2.** (*fig*): **die Musik nahm mich** ~ müzik beni büyüledi

Gefangene(r) *mf* <-n, -n; -n> **1.** (*Kriegs~*)

tutsak, esir **2.** (*Straf~*) mahpus; (*Untersuchungs~*) tutuklu

gefangen|halten *irr vt s.* **gefangen II.1., II.2.**

Gefangennahme [gəˈfaŋənnaːmə] *f ohne Pl* tutulma, esir alınma

gefangen|nehmen *irr vt s.* **gefangen II.1.**

Gefangenschaft *f* <-en> esaret, tutsaklık

Gefängnis [gəˈfɛŋnɪs] *nt* <-ses, -se> **1.** (*Gebäude*) hapis(hane); **ins ~ kommen** hapse girmek; **im ~ sitzen** hapiste yatmak **2.** (*Strafe*) hapis; **ein Jahr ~ bekommen** bir yıl hapis yemek; **Gefängnisstrafe** *f* <-n> hapis cezası; **jdn zu einer ~ verurteilen** birini hapis cezasına mahkûm etmek; **Gefängniswärter(in)** *m(f)* <-s, -; -nen> gardiyan

Gefasel *nt ohne Pl* <-s> (*pej*) saçma sapan konuşma

Gefäß [gəˈfɛːs] *nt* <-es, -e> **1.** (*Behälter*) kap **2.** (MED: *Ader*) damar; **die ~e erweitern/verengen** damarları genişletmek/daraltmak

gefasst[RR] [gəˈfast] *adj*, **gefaßt** *adj* **1.** (*beherrscht*) serin kanlı, sakin **2.** (*eingestellt*) hazır olmak (*auf* -e); **du kannst dich auf was ~ machen!** (*fam*) şimdi göreceksin gününü!

Gefäßverkalkung *f* (MED) damar kireçlenmesi, damar sertliği

Gefecht [gəˈfɛçt] *nt* <-(e)s, -e> çatışma; (*Wort~*) dalaş; **außer ~ setzen** saf dışı etmek, ekarte etmek

gefeit [gəˈfaɪt] (*geh*): **gegen etw ~ sein** bir şeye karşı bağışık olmak

Gefieder [gəˈfiːdɐ] *nt* <-s, -> tüyler

gefiedert *adj* tüylü

Geflecht [gəˈflɛçt] *nt* <-es, -e> (*Netz*) ağ; (*Korb~*) örgü

gefleckt *adj* benekli

geflochten [gəˈflɔxtən] *pp von* **flechten**

geflogen [gəˈfloːgən] *pp von* **fliegen**

geflohen [gəˈfloːən] *pp von* **fliehen**

geflossen [gəˈflɔsən] *pp von* **fließen**

Geflügel *nt ohne Pl* <-s> (*als Haustiere*) kümes hayvanları *pl*

geflügelt *adj* **1.** kanatlı **2.** (*fig*): **ein ~es Wort** özdeyiş, vecize

Geflüster [gəˈflʏstɐ] *nt ohne Pl* <-s> fısıltı

gefochten [gəˈfɔxtən] *pp von* **fechten**

Gefolge *nt* <-s, -> maiyet

Gefolgschaft[1] *f ohne Pl* (*Treue*) sadakat

Gefolgschaft[2] *f* <-en> (*Anhänger*) taraftarlar *pl*

gefragt [gəˈfraːkt] *adj* (*Künstler*) rağbet gören, rağbet edilen; (*Ware*) aranan

gefräßig [gəˈfrɛːsɪç] *adj* (*pej*) obur, pisboğaz

Gefreite(r) *m* (MIL) onbaşı

gefressen [gəˈfrɛsən] *pp von* **fressen**

gefrieren* [gəˈfriːrən] *irr vi sein* donmak, buz kesilmek

Gefrierfach *nt* buzluk; **gefriergetrocknet** *adj* dondurulup kurutulmuş; **Gefrierpunkt** *m* donma noktası; **Gefrierschrank** *m* buz dolabı

gefroren [gəˈfroːrən] **I.** *pp von* **frieren, gefroren II.** *adj* donmuş

Gefühl[1] [gəˈfyːl] *nt* <-(e)s, -e> **1.** (*körperlich*) his; **ohne ~** hissiz; **kein ~ in den Fingern haben** parmaklarında his kalmamak **2.** (*seelisch*) his, duygu; **das ist das höchste der ~e** (*fam*) elimden başka bir şey gelmiyor, yapacağım başka bir şey kalmadı; **sie erwiderte seine ~e nicht** duygularını yanıtlamadı; **sich von seinen ~en hinreißen lassen** hislerine kapılmak, duygusal davranmak

Gefühl[2] *nt ohne Pl* <-(e)s> **1.** (*Ahnung*) his, duygu, sezgi; (*Eindruck*) his, duygu; **ein ~ als ob ...** sanki ... imiş gibi (içinde) bir his olmak; **etw im ~ haben** içinde bir his olmak, bir şeyi hissetmek **2.** (*Sinn*) duygu; **ein ~ für Gerechtigkeit/Schönheit** adalet/güzellik duygusu

gefühllos *adj* duygusuz, hissiz; (*hartherzig*) katı yürekli

Gefühllosigkeit *f ohne Pl* duygusuzluk, hissizlik; (*Hartherzigkeit*) katı yüreklilik

gefühlsbetont *adj* duygusal, hissî; **ein ~er Mensch** duygusal bir insan; **~ handeln** duygularıyla davranmak; **Gefühlsduselei** [gəfyːlsduːzəˈlaɪ] *f* <-en> (*fam pej*) duygululuk; (*Sentimentalität*) santimantalite; **gefühlskalt** *adj* soğuk

Gefühlskälte *f ohne Pl* soğukluk

Gefühlsregung *f* heyecan

gefühlvoll *adj* duygusal; (*empfindsam*) duygulu; (*liebevoll*) içli

gefunden [gəˈfʊndən] *pp von* **finden**

gegangen [gəˈgaŋən] *pp von* **gehen**

gegeben [gəˈgeːbən] **I.** *pp von* **geben II.** *adj* **1.** (*vorhanden*) mevcut, var olan; **unter den ~en Umständen** mevcut şartlarda **2.** (*geeignet*) uygun, münasip; **zu ~er Zeit** uygun bir zamanda

gegebenenfalls [gəˈgeːbənənfals] *adv* gerekince, gerekirse, icabında

gegen [ˈgeːgən] **I.** *präp* **1.** (*entgegen*) karşi, aykırı; **ich habe nichts ~ dich** ben sana karşı değilim; **das ist ~ das Gesetz** bu kanuna aykırıdır **2.** (*in Richtung auf*) karşı (-e), yönelik (-e); **~ die Wand** duvara karşı [*o* yönelik] **3.** (*zur Bekämpfung von*) karşı; **etwas ~ Kopfschmerzen** baş ağrısına karşı **4.** (*Richtung*) karşı **5.** (*verglichen mit*): **~ dich bin ich noch ein Anfänger** senin karşında ben henüz bir acemiyim

G

6. (*im Austausch für*) karşı; **Lieferung nur ~ bar** tesliminde peşin ödeme yapılır; **~ Vorlage des Personalausweises** kimliğin ibrazı karşılığında **7.** (*zeitlich*) doğru; **~ Abend** akşama doğru; **er kommt ~ acht** sekize doğru gelir **II.** *adv* (*etwa*) sularında
Gegenangebot *nt* karşı teklif; **Gegenangriff** *m* **1.** (MIL) karşı akın, karşı saldırı **2.** (SPORT) kontratak, karşı akın; **Gegenbehauptung** *f* karşı sav; **Gegenbitte** *f* ricaya karşı rica; **Gegenbeweis** *m* karşı delil; **den ~ erbringen** karşı delil irat etmek
Gegend ['ge:gənt] *f* <-en> **1.** (*Gebiet*) yöre, civar, dolay; **in der ~ von Hamburg** Hamburg civarında [*o* yöresinde] **2.** (*Umgebung*) çevre, etraf; **die ~ um Bursa** Bursa'nın çevresi **3.** (*Wend*): **durch die ~ laufen** (*fam*) ortalıkta dolaşmak
Gegendarstellung *f* cevap ve düzeltme
gegeneinander [ge:gənʔaɪ'nandɐ] *adv* birbirine karşı
Gegenfahrbahn *f* karşı(dan gelen) yol; **Gegengift** *nt* panzehir; **Gegenkandidat, -in** *m, f* karşı tarafın adayı
gegenläufig *adj* (*Entwicklung*) ters giden; (TECH) ters giden
Gegenleistung *f* karşılık; **als ~ für etw** bir şeye karşılık olarak; **Gegenliebe** *f*: **mein Vorschlag fand keine ~** önerim beğenilmedi; **auf (wenig) ~ stoßen** (pek) beğenilmemek; **Gegenmaßnahme** *f* karşı önlem, aykırı tedbir; **Gegenmeinung** *f* karşı düşünce, karşı görüş; **Gegenpartei** *f* **1.** (POL) karşı parti **2.** (JUR, SPORT) hasım; (*Gegenseite*) karşı taraf; **Gegenrede** *f* **1.** (*Erwiderung*) karşılık **2.** (*Widerrede*) itiraz; **Gegenrichtung** *f* karşı yön, karşı istikamet
Gegensatz *m* <-es, -sätze> **1.** (*Verschiedenheit*) karşıt(lık); **im ~ zu etw** *dat* **stehen** bir şeye karşıt olmak; **im ~ zu dir** senin tersine **2.** (*Unterschied*): **einen ~ zu etw** *dat* **bilden** bir şeye tezat düşmek; **Gegensätze ziehen sich an** zıt kutuplar birbirini çeker **3.** (*Widerspruch*) karşıtlık (*zu* -e), tezat
gegensätzlich ['--zɛtslɪç] *adj* (*entgegengesetzt*) karşıtlı, zıt; (*widersprüchlich*) çelişik, çelişkili, tezatlı
Gegensätzlichkeit *f ohne Pl* karşıtlık
Gegensatzwort *nt* (LING) karşıt anlamlı kelime
Gegenseite *f* **1.** (*räumlich*) karşı taraf **2.** (POL) muhalif taraf, karşı parti **3.** (JUR) hasım (taraf)
gegenseitig ['ge:gənzaɪtɪç] *adj* karşılıklı; **in ~em Einverständnis** karşılıklı anlaşma ile; **sich** *dat* **~ helfen** karşılıklı yardımda bulunmak, yardımlaşmak
Gegenseitigkeit *f ohne Pl* karşılıklı olma, karşılıklılık; **das beruht auf ~** bu karşılıklılığa dayanır
Gegenspieler(in) *m(f)* hasım, rakip oyuncu, karşı takımın oyuncusu
Gegenstand *m* <-(e)s, -stände> **1.** (*Körper*) cisim, nesne; (*Ding*) şey **2.** (*Thema*) konu, mevzu
gegenstandslos *adj* **1.** önemsiz; (*überflüssig*) yersiz, gereksiz, fuzulî **2.** (*unbegründet*) konusuz, konu dışı **3.** (KUNST: *abstrakt*) soyut
Gegenstimme *f* karşı oy
Gegenstrom *m* ters akıntı; **Gegenströmung** *f* **1.** (*Gegenstrom*) ters akıntı **2.** (POL: *Opposition*) karşi akım
Gegenstück *nt* <-(e)s, -e> karşılık, eş; **Gegenteil** *nt* <-(e)s, -e> akis (*von* -in); **(ganz) im ~!** bilâkis!, (tam) aksine [*o* tersine]!; **ins ~ umschlagen** tersine dönmek
gegenteilig *adj* karşıt, ters, aksi
gegenüber [gegən'ʔy:bɐ] **I.** *präp* **1.** (*örtlich*) karşı; **er sitzt mir ~** (benim) karşımda oturuyor; **er wohnt mir ~** benim evin karşısında oturuyor **2.** (*einer Person*) karşısında; (*in Gegenwart*) huzurunda; (*angesichts*) karşısında; **das wäre ihm ~ unfair** bu ona karşı doğru olmaz **3.** (*im Vergleich zu*) karşısında **II.** *adv* karşı
Gegenüber *nt* <-s, -> karşısı; **jds ~** birinin karşısında
gegenüberliegend *adj* karşı; **auf der ~en Seite** karşı tarafta; **gegenüber\|stehen** *irr vi*: **jdm positiv/negativ ~** birine sıcak/soğuk bakmak; **etw** *dat* **positiv/negativ ~** bir şeye olumlu/olumsuz bakmak; **gegenüber\|stellen** *vt* **1.** karşısına koymak (-in); (JUR) yüzleştirmek (ile) **2.** (*vergleichen*) karşılaştırmak (ile); **Gegenüberstellung** *f* **1.** (*a.* JUR: *von Personen*) yüzleştirme **2.** (*Vergleich*) karşılaştırma
Gegenverkehr *m* karşıdan gelen trafik; **Gegenvorschlag** *m* karşı öneri
Gegenwart ['ge:gənvart] *f ohne Pl* **1.** (*Jetztzeit*) günümüz; **die Kunst der ~** günümüzün sanatı **2.** (LING) şimdiki zaman **3.** (*Anwesenheit*) huzur, bulunma
gegenwärtig ['ge:gənvɛrtɪç] **I.** *adj* **1.** şu andaki; (*aus dieser Zeit*) günümüzdeki **2.** (*anwesend*) hazır bulunan, mevcut **II.** *adv* **1.** (*zurzeit*) şu anda, hâlihazırda **2. etw ~ haben** bir şey aklında olmak; **jdm ~ sein** birinin aklında olmak; **sich** *dat* **etw ~ halten** bir şeyi aklında [*o* göz önünde] tutmak
Gegenwehr *f* karşı koyma, dayanma; (*Verteidigung*) savunma; **Gegenwert** *m* bedel; **Gegenwind** *m* karşıdan esen rüzgâr; **Gegenwirkung** *f* karşı etki; **Gegenwort**

nt karşıt kelime; (*Gegensatzwort*) karşıt anlamlı kelime; **gegen|zeichnen** *vt* tasdiken imza etmek, onaylamak üzere imzalamak

gegessen [gə'gɛsən] *pp von* **essen**

geglichen [gə'glɪçən] *pp von* **gleichen**

geglitten [gə'glɪtən] *pp von* **gleiten**

geglommen [gə'glɔmən] *pp von* **glimmen**

Gegner(in) ['ge:gnɐ] *m(f)* <-s, -; -nen> **1.** karşıtçı, aleyhtar **2.** (*Prozess~*) hasım; (*Opponent*) muhalif **3.** (SPORT: *Konkurrent*) rakip

gegnerisch *adj* karşı; **die ~e Mannschaft** karşı takım; **die ~en Parteien** hasım taraflar

Gegnerschaft *f* <-en> **1.** karşıtçılık, aleyhtarlık **2.** (JUR: *Prozess~*) husumet **3.** (*Opposition*) muhalefet

gegolten [gə'gɔltən] *pp von* **gelten**

gegoren [gə'go:rən] *pp von* **gären**

gegossen [gə'gɔsən] *pp von* **gießen**

gegraben [gə'gra:bən] *pp von* **graben**

gegriffen [gə'grɪfən] *pp von* **greifen**

Gehabe [gə'ha:bə] *nt ohne Pl* <-s> (*pej*) tavır, yapma davranış; (*Gestik*) yapmacık

Gehackte(s) [gə'haktəs] *nt ohne Pl* <-n> kıyma

Gehalt[1] [gə'halt] *m* <-(e)s, -e> **1.** (*Anteil*) pay (*an* -de); (*prozentual*) oran; (CHEM) nicelik; (*Feuchtigkeits~*) derece **2.** (*Alkohol~*) miktar; (*Gold~*) ayar **3.** (*geistig*) içerik

Gehalt[2] [gə'halt, *Pl:* gə'hɛltɐ] *nt* <-(e)s, Gehälter> maaş

gehalten [gə'haltən] *pp von* **halten**

gehaltlos *adj* **1.** (*Metall*) ayarsız **2.** (*Essen*) besin değeri düşük **3.** (*oberflächlich*) üstünkörü; (*nichts sagend*) boş

Gehaltsabrechnung *f* maaş bordrosu; **Gehaltsempfänger(in)** *m(f)* <-s, -; -nen> maaşlı; **Gehaltserhöhung** *f* maaş zammı

gehaltvoll *adj* **1.** (*Essen*) besleyici **2.** (*Buch*) zengin

gehangen [gə'haŋən] *pp von* **hängen**

geharnischt *adj* sert; **~ antworten** sert bir biçimde cevap vermek

gehässig [gə'hɛsɪç] *adj* (*pej: boshaft*) kötü; (*gemein*) adî

Gehässigkeit *f* (*Boshaftigkeit*) kötülük; (*Gemeinheit*) adîlik

gehauen [gə'haʊən] *pp von* **hauen**

gehäuft [gə'hɔɪft] *adj* **1.** (*häufig*) sık **2.** (*voll*) dolu, tepeleme dolu; **ein ~er Löffel Zucker** bir kaşık dolusu şeker, tepeleme dolu bir kaşık şeker

Gehäuse [gə'hɔɪzə] *nt* <-s, -> **1.** (*Schnecken~*) kabuk **2.** (AUTO: *Getriebe~*) kutu **3.** (INFORM) kasa **4.** (*Kern~*) kabuk

gehbehindert ['ge:bəhɪndɐt] *adj* topal

geheim [gə'haɪm] *adj* gizli; (*vertraulich*) gizli, mahrem; **etw ~ halten** bir şeyi gizli tutmak, bir şeyi saklamak; **etw vor jdm ~ halten** bir şeyi birinden gizli tutmak, bir şeyi birinden saklamak; **Geheimabkommen** *nt* gizli anlaşma; **Geheimagent(in)** *m(f)* ajan, casus; **Geheimbund** *m* gizli cemiyet; **Geheimdienst** *m* gizli servis; **Geheimfach** *nt* gizli çekmece; **geheim|halten** *irr vt s.* **geheim**; **Geheimlehre** *f* gizli din

Geheimnis *nt* <-ses, -se> giz, sır; (*Unerforschtes*) gizem, esrar; **jdm ein ~ anvertrauen** birine sır vermek; **ein ~ verraten** bir sırrı açığa vurmak; **ein offenes ~** herkesin bildiği sözde sır; **ein ~ vor jdm haben** birinden bir şey gizlemek

geheimnisvoll *adj* gizemli, esrarengiz

Geheimnummer *f* gizli numara, şifre; **Geheimpolizei** *f* gizli polis; **Geheimschrift** *f* kripto; **Geheimsprache** *f* gizli dil; **Geheimtür** *f* gizli kapı; **Geheimzahl** *f* şifre

Geheiß [gə'haɪs] *nt ohne Pl* <-es> (*geh*) sözlü buyruk, sözlü emir; **etw auf jds ~ tun** birinin sözlü buyruğu [*o* emri] üzerine bir şey yapmak

geheißen *pp von* **heißen**

gehen ['ge:ən] <geht, ging, gegangen> **I.** *vi sein* **1.** (*allgemein*) gitmek; (*zu Fuß*) yürümek; **zu Fuß ~** yayan gitmek; **ich gehe jetzt zum Arzt** şimdi doktora gidiyorum; **es geht immer geradeaus** dümdüz gider; **aufs Gymnasium/in die Schule ~** liseye/okula gitmek; **sie ging zum Film** sinemaya gitti; **ins Bett ~** yatağa yatmak; **tanzen/schwimmen/schlafen ~** dansa/yüzmeye/yatmaya gitmek; **an Land ~** karaya çıkmak; **an die Arbeit ~** iş başı yapmak; **das geht zu weit** bu fazla oldu; **jdm etw nahe ~** birine bir şey dokunmak, birinin bir şey ciğerine işlemek; **wie war der Film? – es geht** (*fam*) film nasıldı? – idare eder; **bist du wieder gesund? – es geht** (*fam*) iyileştin mi? – şöyle böyle; **darum geht es mir nicht** bu beni ilgilendirmez; **wie geht's?** nasılsın?; **es geht mir gut** iyiyim; **lass es dir gut ~!** kendine iyi bak!; **sie ließen es sich** *dat* **gut ~** keyiflerini baktılar; **es geht mir schlecht** (*körperlich*) iyi değilim; (*finanziell*) işler kötü; **wie ~ die Geschäfte?** işler nasıl gidiyor?; **mir ist es genauso gegangen** bana da aynı şey oldu; **ich hörte, wie die Tür ging** kapının kapanışını duydum; **so geht das nicht weiter** bu böyle devma edemez; **das geht über meine Kräfte** buna benim gücüm yetmez; **mir geht nichts über meinen Urlaub** iznimin üstüne bir şey yoktur; **das geht in die Tausende** bu, binlere varır; **in Stücke ~** parçalanmak; **mit der Zeit ~** zamana uymak; **er ist von uns gegangen** (*geh*) o bizden gitti; **das Essen geht auf mich** yemeğin hesabını ben ödüyorum; **das Fenster geht aufs Meer** pencere denize bakıyor; **wenn es nach mir ginge, ...** bana kalsa, ...; **gehst du noch mit ihm?** (*fam*) onunla hâlâ çıkıyor musun?; **wo sie geht und steht** (*fam*) nereye giderse gitsin; **vor sich ~** (*fam*) olmak **2.** (*weg~*) gitmek; (*Zug*) gitmek (*um* -de, *nach* -e) **3.** (*funktionieren*) işlemek; (*Uhr*) gitmek; **die Uhr geht (falsch)** saat yanlış gidiyor; **gut ~** iyi gitmek [*o* işlemek]; **ich zeige dir, wie das geht** bunun nasıl işlediğini sana göstereyim; **kann ich helfen? – danke, es geht schon** yardım edebilir miyim? – sağ ol, gerek yok; **hoffentlich geht das gut!** inşallah iyi gider; **wenn alles gut geht, ...** her şey yolunda giderse ...; **schief ~** (*fam*) ters gitmek; **wird schon schief ~!** (*fam iron*) battı balık yan gider! **4.** (*sich gut verkaufen*) satılmak; **gut ~d** iyi satılan **5.** (*Wind*) esmek **6.** (*reichen*) yetmek (*bis* -e kadar) **7.** (*hindurchpassen*) girmek (*durch* -den, *in* -e); **das geht nicht in meinen Kopf** bunu aklım almıyor **8.** (*andauern*) devam etmek **9.** (*möglich sein*) olmak; **es wird schon ~** olur **10.** (*betreffen*) söz konusu olmak (*um* -); **es geht um mich/dich/uns** söz konusu benim/sensin/biziz; **worum geht's denn?** söz konusu nedir? **11.** gitmek (*nach* -e göre); **danach kann man nicht ~** buna göre gidilmez **12.** (*Wend*): **~ lassen** (*fam: in Ruhe lassen*) oluruna bırakmak; **sich ~ lassen** kendini koyuvermek **II.** *vt* **1.** *sein* (*Strecke*) gitmek **2.** (*Wend*): **sie ist gegangen worden** (*fam*) işten atıldı

gehen|lassen *irr* **I.** *vr:* **sich ~** *s.* **gehen I.12. II.** *vt s.* **gehen I.12.**

geheuer [gəˈhɔɪɐ] *adj:* **nicht (ganz) ~ sein** (*verdächtig*) (pek) güvenilir olmamak, (oldukça) şüpheli olmak; **hier ist es mir nicht (ganz) ~** (*unheimlich*) burasını (pek) gözüm tutmadı, bana burası (pek) tekin değilmiş gibi geliyor

Gehhilfe *f* yürüteç

Gehilfe, -in [gəˈhɪlfə] *m, f* <-n, -n; -nen> **1.** (*nach der Lehrprüfung*) kalfa **2.** (*Helfer*) yardımcı, yamak **3.** (JUR) yardakçı

Gehirn [gəˈhɪrn] *nt* <-(e)s, -e> **1.** beyin **2.** (*fam: Verstand*) akıl; **sein ~ anstrengen** aklını yormak; **Gehirnchirurgie** *f ohne Pl* (MED) beyin cerrahîsi; **Gehirnerschütterung** *f* <-en> (MED) beyin sarsıntısı

Gehirnhautentzündung *f* (MED) menenjit; **Gehirntumor** *m* <-s, -e> (MED) beyin tümörü; **Gehirnwäsche** *f* <-n> beyin yıkama

gehoben [gəˈhoːbən] **I.** *pp von* **heben II.** *adj* **1.** (*Stellung*) yüksek **2.** (*Ausdrucksweise*) kibar, saygılı **3.** (*Stimmung*) neşeli

Gehöft [gəˈhøːft] *nt* <-(e)s, -e> çiftlik

geholfen [gəˈhɔlfən] *pp von* **helfen**

Gehör [gəˈhøːɐ] *nt ohne Pl* <-(e)s> **1.** (*Hörvermögen*) işitme; **nach dem ~ spielen** kulaktan çalmak **2.** (*Aufmerksamkeit*) dinleme, kulak verme; **jdm ~ schenken** birini dinlemek; **sich** *dat* **~ verschaffen** kendini dinletmek

gehorchen* *vi* söz dinlemek, itaat etmek; **jdm nicht ~** birinin sözünü dinlememek, birine itaat etmemek

gehören* **I.** *vi* **1.** (*als Eigentum*) ait olmak (-e), olmak (-in); **das Auto gehört ihm** otomobil ona aittir **2.** (*zugewandt sein*): **sein Herz gehört dem Rennsport** onun yüreği yarış sporu için atıyor **3.** (*zählen zu*) sayılmak (*zu* -den); **er gehört jetzt zur Familie** şimdi [*o* artık] aileden sayılır **4.** (*seinen Platz haben*) ait olmak (*in* -e); **wo gehört das hin?** bu nereye aittir?, bu nerenindir? **5.** (*nötig sein*) gerekmek, lâzım olmak; **dazu gehört Mut** onun için cesaret gerekir; **er gehört verprügelt** onu dövmek gerekir, ona dayak lâzım **II.** *vr:* **sich ~** yakışık almak; **das gehört sich nicht** bu yakışık almaz; **wie es sich gehört** nasıl yakışık alıyorsa öyle

Gehörgang *m* (ANAT, MED) kulak yolu

gehörig **I.** *adj* **1.** (*gehörend*) ait (*zu* -e); **nicht zur Sache ~** konu dışı olan **2.** (*angemessen*) uygun; (*erforderlich*) gerekli, gereken **3.** (*fam: gründlich*) adamakıllı, iyice; **eine ~e Tracht Prügel** adamakıllı bir dayak **II.** *adv* **1.** (*gebührend*) gerektiği gibi, lâyıkıyla; **ich habe ihm ~ die Meinung gesagt** ona gerektiği gibi fikrimi söyledim **2.** (*gründlich*) adamakıllı; **er wurde ~ verprügelt** adamakıllı bir dayak yedi

Gehörknöchelchen *nt* (ANAT, MED) işitme kemikçiği

gehörlos *adj* sağır

Gehörlose(r) *mf* <-n, -n; -n> sağır

Gehörlosigkeit *f ohne Pl* sağırlık

gehorsam *adj* itaatkâr, söz dinler

Gehorsam [gəˈhoːɐzaːm] *m ohne Pl* <-s> itaat, söz dinleme

Gehsteig [ˈgeːʃtaɪk] *m* <-(e)s, -e> kaldırım

Gehupe [gəˈhuːpə] *nt ohne Pl* <-s> korna çalma

Gehweg *m* **1.** (*Bürgersteig*) kaldırım **2.** (*Fußweg*) yaya yolu

Gei [gaɪ] *f* (NAUT) istinga
geien *vt* (NAUT) istinga etmek
Geier ['gaɪɐ] *m* <-s, -> (ZOOL) akbaba
Geige ['gaɪgə] *f* <-n> keman; ~ **spielen** keman çalmak; **die erste** ~ **spielen** (*fam fig*) başrolü oynamak
geigen *vi* (*fam*) keman çalmak; **jdm seine Meinung** ~ birine sözünü esirgemeden fikrini söylemek
Geigenbogen *m* keman yayı, arşe
Geiger(in) *m(f)* <-s, -; -nen> kemancı
Geigerzähler ['gaɪgɐ-] *m* <-s, -> (PHYS) Geiger sayacı
geil [gaɪl] *adj* **1.** (*fam: großartig*) şahane; (*toll*) kıyak; **eine** ~**e Musik** kıyak bir müzik **2.** (*vulg: lüstern*) abazan, azgın; ~ **werden/machen** azgınlaşmak/azgınlaştırmak; **der ist doch bloß** ~ **auf dich** sana sadece sulanıyor [*o* yeşilleniyor]
Geisel ['gaɪzəl] *f* <-n> rehine; ~**n nehmen** rehine almak; **Geiselnahme** ['--na:mə] *f* <-n> rehine alma; **Geiselnehmer(in)** *m(f)* <-s, -; -nen> rehine alan (kimse)
Geiser *m* (GEO) gayzer, kaynaç
Geiß [gaɪs] *f* <-en> (*südd, österr, Schweiz: Ziege*) keçi
Geißbock *m* (*südd, österr, Schweiz: Ziegenbock*) teke, erkeç
Geißel ['gaɪsəl] *f* <-n> **1.** kamçı **2.** (*fig*) baş belâsı
geißeln **I.** *vt* **1.** kamçılamak **2.** (*fig*): **die Pest geißelte das Volk** veba halkı kırdı **II.** *vr:* **sich** ~ kendini kamçılamak
Geißeltierchen *ntPl* (BIOL) kamçılılar *pl*
Geist[1] [gaɪst] *m* <-(e)s, -er> **1.** (*Denker*) düşünür **2.** (*Gespenst*) ruh, hortlak, hayalet; **von allen guten** ~**ern verlassen sein** (*fam*) aklı başında olmamak
Geist[2] *m ohne Pl* <-(e)s> **1.** (*Verstand*) akıl, zihin; **die Kraft des** ~**es** zihin gücü; **etw im** ~**e vor sich** *dat* **sehen** bir şeyi zihninde canlandırmak, bir şeyi aklından geçirmek **2.** (*Scharfsinn*) zekâ; (*Witz*) espri **3.** (*Seele*) ruh; **der Heilige** ~ Kutsal Ruh; **den** ~ **aufgeben** (*sterben*) ruhunu teslim etmek; (*fam: kaputtgehen*) bozulmak **4.** (PHILOS, PSYCH) tin
Geisterbahn *f* korku treni; **Geisterfahrer(in)** *m(f)* ters istikamette araç süren kimse; **Geisterglaube** *m ohne Pl* ruhlara inanma
geisterhaft *adj* hortlak gibi
Geisterstadt *f* hayal kent
geistesabwesend ['gaɪstəs-] *adj* dalgın; **Geistesblitz** *m* (*fam*) çakıntı, anî düşünce, birdenbire akla gelen fikir; **geistesgestört** *adj* kaçık, akıl hastası; **Geistesgestörte** *mf* akıl hastası, ruh hastası; **Geisteskraft** *f* zihin gücü; **geisteskrank** *adj* akıl hastası olan, ruh hastası olan; **Geisteskranke** *mf* akıl hastası, ruh hastası; **Geisteskrankheit** *f* akıl hastalığı, ruh hastalığı; **Geistesschwäche** *f* akıl zayıflığı; **Geistesstörung** *f* akıl bozukluğu; **geistesverwandt** *adj* ruhî yakınlık olan; **Geisteszustand** *m ohne Pl* <-(e)s> ruh durumu, haletiruhiye
geistig ['gaɪstɪç] *adj* **1.** ruhî, ruhsal, zihinsel; ~ **behindert** ruhî yetersizliği olan, zihinsel özürlü olan **2.** (*Mensch*) akıllı; ~ **ist sie mir überlegen** zekâca benden üstündür **3.** (*Eigentum*) fikrî
geistlich ['gaɪstlɪç] *adj* dinî; (*klerikal*) ruhanî; (*kirchlich*) kilise (ile ilgili); ~**e Musik** kilise müziği; **weltliche und** ~**e Fürsten** (HIST) dünyevî ve uhrevî prensler
Geistliche(r) *m* <-n, -n> rahip
geistlos *adj* ruhsuz; (*einfallslos*) esprisiz
geistreich *adj* esprili
Geiz [gaɪts] *m ohne Pl* <-es> cimrilik, pintilik, hasislik
geizen *vi* cimrilik etmek (*mit* ile), pintilik etmek (*mit* ile), hasislik etmek (*mit* ile)
Geizhals *m* (*pej*) varyemez, cimrinin teki, pintinin teki
geizig *adj* cimri, pinti, hasis
Gejammer [gə'jamɐ] *nt ohne Pl* <-s> (*fam pej*) (sürekli) yakınma, yakınma tiradı
gekannt [gə'kant] *pp von* **kennen**
Gekicher [gə'kɪçɐ] *nt ohne Pl* <-s> (*fam pej*) (sürekli) kıkırdama
Gekläff(e) *nt ohne Pl* <-(e)s> (*fam pej*) (sürekli) havlama
Geklapper [gə'klapɐ] *nt ohne Pl* <-s> (*fam pej*) takırtı
geklungen [gə'klʊŋən] *pp von* **klingen**
geknickt [gə'knɪkt] *adj* (*fam: niedergeschlagen*) yılgın
gekniffen [gə'knɪfən] *pp von* **kneifen**
gekommen [gə'kɔmən] *pp von* **kommen**
gekonnt [gə'kɔnt] **I.** *pp von* **können** **II.** *adj* usta, becerikli, mahir
gekränkt [gə'kɔnt] **I.** *pp von* **kränken** **II.** *adj* rencide, incinmiş; ~ **sein** rencide olmak
Gekritzel [gə'krɪtsəl] *nt ohne Pl* <-s> (*pej*) karalama
gekrochen [gə'krɔxən] *pp von* **kriechen**
gekünstelt [gə'kʏnstəlt] *adj* (*pej*) yapmacık; (*Stil*) yapma(cık); (*Lächeln*) yapmacık
Gel [ge:l] *nt* <-s, -e> jöle
Gelächter [gə'lɛçtɐ] *nt* <-s, -> kahkaha, gülüşme
gelackmeiert [gə'lakmaɪɐt] *adj* (*fam*) aldatılmış
geladen [gə'la:dən] **I.** *pp von* **laden** **II.** *adj* (*fam: zornig*) elektrikli, sinirli ve gergin;

G

eine ~e Atmosphäre elektrikli bir hava [*o* ortam]

Gelage [gəˈlaːgə] *nt* <-s, -> içki âlemi, içki sefası, işret meclisi

gelähmt [gəˈlɛːmt] *adj* felçli; **linksseitig ~ sein** sol yanı felçli olmak

Gelände [gəˈlɛndə] *nt* <-s, -> arazi; (*Ausstellungs~*) alan

Geländelauf *m* (SPORT) kros

Geländer [gəˈlɛndɐ] *nt* <-s, -> korkuluk; (*Treppen~*) korkuluk, tırabzan; **Geländewagen** *m* arazi arabası

gelang [gəˈlaŋ] *3. imp von* **gelingen**

gelangen* [gəˈlaŋən] *vi sein* **1.** (*ankommen*) varmak (*zu/nach/an* -e/-e/-e) **2.** (*erreichen*) varmak (*zu* -e); **jdm zu Ohren ~** kulağına gelmek **3.** (*Schweiz: sich wenden*) baş vurmak (*an* -e)

Gelärme *nt ohne Pl* <-s> (*fam pej*) gürültü patırtı

gelassen [gəˈlasən] **I.** *pp von* **lassen II.** *adj* (*ruhig*) sakin, serin kanlı; (*maßvoll*) ölçülü; **~ bleiben** sinirlenmemek

Gelatine [ʒelaˈtiːnə] *f ohne Pl* jelâtin

Gelaufe *nt ohne Pl* <-s> (*fam pej*) koşuşturma

gelaufen [gəˈlaʊfən] *pp von* **laufen**

geläufig [gəˈlɔɪfɪç] *adj* **1.** (*bekannt*) bilinen, malûm; **dieses Wort ist mir nicht ~** bu kelimeyi bilmiyorum **2.** (*fließend*) akıcı; (*perfekt*) mükemmel; **~ Klavier spielen** mükemmel piyano çalmak

gelaunt [gəˈlaʊnt] *adj:* **heute ist er übel ~** bugün bütün aksiliği üstünde; **gut/schlecht ~ sein** keyifli/keyifsiz olmak

Geläut(e) [gəˈlɔɪt(ə)] *nt ohne Pl* <-(e)s> (*der Glocken*) çan sesleri; (*der Hunde*) köpeklerin havlamaları

gelb [gɛlp] *adj* sarı; **~ werden** sarılaşmak, sararmak; **die Blätter werden ~** yapraklar sararıyor

Gelb *nt* <-s, -> sarı; **die Ampel stand auf ~** lâmba sarıydı; **das ist nicht das ~e vom Ei** (*fam*) bu öyle dört dörtlük bir çözüm yolu değil; **Gelbfieber** *nt ohne Pl* <-s> (MED) sarı humma

gelblich *adj* sarımsı

Gelbsucht *f ohne Pl* (MED) sarılık

Geld [gɛlt] *nt ohne Pl* <-(e)s> para; **etw zu ~ machen** bir şeyi paraya çevirmek; **um ~ spielen** parasına oynamak; **das geht ganz schön ins ~** bu, bayağı masraflı oluyor; **~ locker machen** (*fam*) kesenin ağzını açmak; **im ~ schwimmen** (*fam fig*) para içinde yüzmek; **das ~ zum Fenster rauswerfen** (*fam fig*) parasını sokağa atmak; **jdm das ~ aus der Tasche ziehen** (*fam fig*) birinden para sızdırmak [*o* koparmak]; **~ waschen** (*fig*) para yıkamak; **sie hat ~ wie Heu** (*fam fig*) denizde kum, onda para; **Zeit ist ~** (*prov*) vakit nakittir; **Geldangelegenheit** *f* para işi; **Geldanweisung** *f* para havalesi; **Geldautomat** *m* paramatik; **Geldbetrag** *m* meblağ, tutar, para miktarı; **Geldbeutel** *m* para kesesi; **tief in den ~ greifen** (*fam*) kesenin ağzını açmak; **Geldbörse** *f* para cüzdanı; **Geldbuße** *f* para cezası; **Geldentwertung** *f* para değerinin düşmesi, paranın değerini düşürme

Gelder *ntPl* (*Mittel*) paralar *pl;* **gesperrte ~** bloke paralar; **öffentliche ~** kamu fonları

Geldgeber(in) *m(f)* <-s, -; -nen> finansör; **geldgierig** *adj* (*pej*) para canlısı, paragöz; **Geldinstitut** *nt* <-s, -e> (FIN, WIRTSCH) kredi kurumu; **Geldmangel** *m ohne Pl* <-s> parasızlık; **Geldmarkt** *m* <-es, -märkte> (FIN, WIRTSCH) para piyasası; **Geldmenge** *f* para miktarı, meblağ; **Geldpolitik** *f* para politikası; **Geldquelle** *f* para kaynağı; **Geldschein** *m* <-(e)s, -e> bankınot, kâğıt para; **Geldschrank** *m* para kasası; **Geldsorgen** *fPl* para sıkıntısı *sing;* **Geldspielautomat** *m* kumar makinesi; **Geldstrafe** *f* para cezası; **zu einer ~ verurteilen** para cezasına mahkûm etmek; **Geldstück** *nt* (*Münze*) sikke; **Geldwäsche** *f* (*fam*) para yıkama; **Geldwechsel** *m* <-s, -> (FIN) para değişimi; **Geldwert** *m ohne Pl* <-(e)s> paranın değeri

Gelee [ʒeˈleː] *m o nt* <-s, -s> pelte

gelegen [gəˈleːgən] **I.** *pp von* **liegen II.** *adj* **1.** (*örtlich*) bulunan; **zentral ~** merkezî **2.** (*passend*) uygun, münasip **III.** *adv:* **Ihr Angebot kommt mir sehr ~** teklifiniz çok işime geldi

Gelegenheit *f* <-en> fırsat, vesile; **die ~ haben etw zu tun** bir şey yapma fırsatı olmak; **die ~ nutzen** fırsattan istifade etmek; **bei dieser ~** bu vesileyle; **wenn sich die ~ bietet** fırsat çıkarsa, vesile olursa; **die ~ beim Schopfe fassen** fırsat bu fırsat demek, fırsatı ganimet bilmek; **Gelegenheitsarbeit** *f* aylakçılık; **Gelegenheitsarbeiter(in)** *m(f)* aylakçı; **Gelegenheitskauf** *m* (COM) fırsat üzerine satın alma, kelepire konma

gelegentlich **I.** *adj* ara sıra yapılan **II.** *adv* **1.** (*bei Gelegenheit*) fırsat çıktığında, uygun bir zamanda **2.** ara sıra; (*manchmal*) bazen; (*von Zeit zu Zeit*) zaman zaman **III.** *präp* (*anlässlich*) dolayısıyla

gelehrig [gəˈleːrɪç] *adj* çabuk öğrenen

gelehrt [gəˈleːɐt] *adj* bilgin

Gelehrte(r) *mf* <-n, -n; -n> bilgin; (*Wissenschaftler*) bilim adamı

Geleit [gəˈlaɪt] *nt* <-(e)s, -e> **1.** (*geh: Begleitung*) refakat; **jdm das letzte ~ geben**

birinin cenazesini kaldırmak **2.** (*Eskorte*) eskort, muhafız alayı **3.** (JUR): **freies/sicheres** ~ teminat varakası

geleiten* *vt* (*geh: begleiten*) eşlik etmek (-e), refakat etmek (-e); (*eskortieren*) eskortla götürmek

Geleitschutz *m* eskort; ~ **geben** yanına eskort vermek; **Geleitwort** *nt* ön söz

Gelenk [gəˈlɛnk] *nt* <-(e)s, -e> (ANAT, TECH) eklem, mafsal; (*Fuß~, Hand~*) bilek; **Gelenkentzündung** *f* (MED) eklem iltihabı

gelenkig *adj* (*Person*) kıvrak

Gelenkrheumatismus *m ohne Pl* eklem romatizması

gelesen [gəˈleːzən] *pp von* **lesen**

Geliebte(r) [gəˈliːptɐ] *mf* <-n, -n; -n> sevgili

geliefert [gəˈliːfɐt] *adj* (*fam*): ~ **sein** teslim edilmiş olmak

geliehen [gəˈliːən] *pp von* **leihen**

gelind(e) [gəˈlɪnt, geˈlɪndə] *adj* **1.** (*geh: mild*) ılıman **2.** (*fam: Wut*) hafif; ~**e gesagt** en hafif deyimle

gelingen [gəˈlɪŋən] <gelingt, gelang, gelungen> *vi sein* başarmak, başarılı olmak; **es ist mir (nicht) gelungen** başar(ama)dım; **gut gelungen** iyi olmuş

Gelingen *nt ohne Pl* <-s> başarı, başarılı olma; **auf gutes ~!** iyi başarılar!

gelitten [gəˈlɪtən] *pp von* **leiden**

gell(e) [gɛl, ˈgɛlə] *interj* (*südd, Schweiz*) değil mi

gellen [ˈgɛlən] *vi* çınlamak

geloben* *vt* (*geh: versprechen*) söz vermek (-e), vaat etmek (-e); (*schwören*) ahdetmek (-e), yemin etmek (-e)

Gelöbnis [gəˈløːpnɪs] *nt* <-ses, -se> (*geh*) ant, ahit; **ein ~ ablegen** ahdetmek; (MIL: *von Rekruten*) ant içmek

gelogen [gəˈloːgən] *pp von* **lügen**

gelöst [gəˈløːst] *adj* ferahlamış, hafiflemiş, rahatlamış; **sie wirkte** ~ rahatlamış görünüyordu

gelten [ˈgɛltən] <gilt, galt, gegolten> *vi* **1.** (*gültig sein*) geçerli olmak; (JUR) yürürlükte olmak; **etw ~ lassen** bir şeyi kabul etmek; **das gilt nicht!** bu geçerli değil!, bu sayılmaz! **2.** (*zutreffen*) geçerli olmak (*für* için) **3.** (*eingeschätzt werden*) görülmek (*als* olarak); **das gilt als sicher** bunun böyle olduğu kesin **4.** (*bestimmt sein*) için olmak; **das gilt dir** bu senin içindi; ~ **für jdn/für etw** (*betreffen*) bir kimse/şey için geçerli olmak; **und das gilt auch für dich** ve bu senin için de geçerlidir

geltend *adj* (*üblich*) geçerli; (JUR) yürürlükteki, yürürlükte olan; **das ~e Recht** yürürlükte olan hukuk; **Forderungen ~ machen** alacakları iddia etmek; **etw gerichtlich ~ machen** bir şeyi dava yolu ile dermeyan etmek

Geltung *f ohne Pl* **1.** (*Gültigkeit*) geçerlik, yürürlük, yürürlükte olma, geçerlilik; ~ **haben** geçerliği olmak **2.** (*Beachtung*) dikkate al(ın)ma; (*Wert(schätzung)*) takdir; (*Ansehen*) itibar, prestij; **sich** *dat* ~ **verschaffen** takdir kazanmak; **das Bild kommt hier besser zur** ~ resim burada daha iyi görünüyor; **an ~ verlieren** itibardan düşmek

Gelübde [gəˈlʏpdə] *nt* <-s, -> (*geh*) adak; **ein ~ tun** adak adamak; **sein ~ brechen/erfüllen** adağını bozmak/yerine getirmek

gelungen [gəˈlʊŋən] **I.** *pp von* **gelingen** **II.** *adj* (*erfolgreich*) başarılı

GEMA [ˈgeːma] *f Abk. von* **Gesellschaft für musikalische Aufführungen und mechanische Vervielfältigungsrechte** *Müzik Gösteri ve Mekanik Çoğaltma Hakları Kurumu*

gemächlich [gəˈmɛ(ː)çlɪç] *adj* (*ruhig*) rahat; (*langsam*) yavaş, ağır

Gemahl(in) [gəˈmaːl] *m(f)* <-(e)s, -e; -nen> (*geh*) eş

gemahlen [gəˈmaːlən] *pp von* **mahlen**

Gemälde [gəˈmɛːldə] *nt* <-s, -> resim, tablo; **Gemäldegalerie** *f* resim galerisi

gemäß [gəˈmɛːs] **I.** *präp* uyarınca, gereğince, mucibince; (*nach*) göre; ~ **der Information** bilgiye göre; ~ **Art. 5 des Gesetzes** kanunun 5. maddesi uyarınca **II.** *adj* uygun, yakışır, yakışan

gemäßigt [gəˈmɛːsɪçt] *adj* ılımlı; (*Klima*) ılımlı

Gemäuer [gəˈmɔɪɐ] *nt* <-s, -> (*geh*) duvarlar *pl*, surlar *pl*

Gemecker [gəˈmɛkɐ] *nt ohne Pl* <-(e)s> **1.** (*fam pej: von Mensch*) (sürekli) dırdır etme **2.** (*von Ziege*) (sürekli) meleme

gemein [gəˈmaɪn] *adj* **1.** (*niederträchtig*) adî, bayağı; (*hinterhältig*) alçak; **so ein ~er Kerl!** öyle adî bir herif ki! **2.** (*gemeinsam*) ortak(laşa), kolektif; **etw mit jdm ~ haben** biriyle ortak bir yanı olmak **3.** (*sehr*) çok; **das hat ~ weh getan** bu çok acıttı **4.** (*allgemein*) genel

Gemeinde [gəˈmaɪndə] *f* <-n> **1.** (ADMIN) belediye **2.** (REL) cemaat; (*Menschen*) cemaat; **Gemeindeordnung** *f* belediyeler kanunu

Gemeinderat, -rätin[1] *m, f* <-(e)s, -räte; -nen> (*Person*) belediye meclisi üyesi, belediye encümeni üyesi

Gemeinderat[2] *m* <-(e)s, -räte> belediye meclisi, belediye encümeni; **Gemeindeverwaltung** *f* belediye yönetimi

Gemeineigentum *nt* (POL, WIRTSCH) kolektif mülkiyet

gemeingefährlich *adj* genel tehlike yaratan, kamuya zarar verici

Gemeingut *nt ohne Pl* <-(e)s> (*geh*) kamu malı

Gemeinheit[1] *f ohne Pl* (*Gesinnung*) adîlik

Gemeinheit[2] *f* <-en> (*Handlung*) alçaklık, adîlik; **so eine ~!** ne kadar adîlik!

gemeinhin [-'--] *adv* genellikle

gemeinnützig *adj* kamuya yararlı

Gemeinplatz *m* <-es, -plätze> (*pej*) basmakalıp, çürük sakız

gemeinsam **I.** *adj* ortak; **~e Interessen** ortak menfaatler; **~er Markt** ortak pazar **II.** *adv* ortaklaşa, kolektif; (*zusammen*) birlikte; **etw ~ benutzen** bir şeyi ortaklaşa kullanmak; **sie haben viel ~** birçok ortak yönleri var

Gemeinsamkeit *f* <-en> **1.** ortak nitelik **2.** beraberlik

Gemeinschaft *f* <-en> **1.** birlik; **in ~ mit jdm** biriyle birlikte, biriyle ortaklaşa; **eheliche ~** evlilik birliği **2.** topluluk; **die Europäische ~** Avrupa Topluluğu

gemeinschaftlich **I.** *adj* ortak, müşterek, kolektif **II.** *adv* ortaklaşa, kolektif

Gemeinschaftsarbeit *f* kolektif çalışma; **Gemeinschaftserziehung** *f ohne Pl* (*Koedukation*) karma eğitim; **Gemeinschaftskunde** *f ohne Pl* yurttaşlık bilgisi; **Gemeinschaftsproduktion** *f* eş yapım; **der Film ist eine deutsch-türkische ~** film Türk-Alman eş yapımıdır

Gemeinwohl *nt* (*Wohl der Allgemeinheit*) kamu esenliği; (*öffentliches Interesse*) kamu yararı

Gemenge [gə'mɛŋə] *nt* <-s, -> karışım; (*von Menschen*) kalabalık

gemessen [gə'mɛsən] **I.** *pp von* **messen** **II.** *adj* (*geh*) ağırbaşlı; **~en Schrittes trat er zu mir** ağırbaşlılıkla yanıma geldi

Gemetzel [gə'mɛtsəl] *nt* <-s, -> (*pej*) katliam, kırım

gemieden [gə'mi:dən] *pp von* **meiden**

Gemisch [gə'mɪʃ] *nt* <-(e)s, -e> karışım

gemischt [gə'mɪʃt] *adj* karışık; **~es Doppel** (SPORT) karışık ikili; **mit ~en Gefühlen** huzursuzca

gemocht [gə'mɔxt] *pp von* **mögen**

gemolken [gə'mɔlkən] *pp von* **melken**

Gemse *f* <-n> *s.* **Gämse**

Gemurmel [gə'mʊrməl] *nt ohne Pl* <-s> mırıldanma

Gemüse [gə'my:zə] *nt* <-s, -> sebze, zerzevat; **Gemüsegarten** *m* sebze bahçesi, sebzelik, çeper, bostan; **Gemüsehändler(in)** *m(f)* sebzeci, manav; **Gemüsesuppe** *f* sebze çorbası

gemusst[RR] [gə'mʊst], **gemußt** *pp von* **müssen**

gemustert [gə'mʊstɐt] *adj* desenli

Gemüt [gə'my:t] *nt* <-(e)s, -er> **1.** (*Psyche*) ruh; **ein kindliches ~ haben** çocuk ruhlu olmak; **die Entscheidung erregte die ~er** karar insanların rahatını kaçırdı **2.** (*Charakter*) huy, mizaç **3.** (*Seele*) gönül; (*Herz*) yürek, iç; **das ist ihm aufs ~ geschlagen** bu içine oturdu; **sich** *dat* **etw zu ~e führen** (*fam: ein Stück Kuchen*) afiyetle yemek; (*ein Buch*) zevkle okumak

gemütlich **I.** *adj* **1.** (*angenehm*) hoş; (*bequem*) rahat; **mach's dir ~!** rahatına bak! **2.** (*gemächlich*) rahat **II.** *adv* rahatça, rahat rahat

Gemütlichkeit *f ohne Pl* (*Bequemlichkeit*) rahat; (*Behaglichkeit*) rahatlık; **in aller ~** rahat rahat; **Gemütsmensch** *m* (*fam*) rahat adam; **du bist ein ~!** amma rahat adamsın!

Gen [ge:n] *nt* <-s, -e> (BIOL) gen

genannt [gə'nant] *pp von* **nennen**

genas [gə'na:s] *3. imp von* **genesen**

genau [gə'naʊ] **I.** *adj* **1.** (*exakt*) belgin, tam; **auf den Millimeter ~** milimi milimine **2.** (*sorgfältig*) titiz; **er ist in allem sehr ~** her şeyde çok titizdir **3.** (*ausführlich*) ayrıntılı, detaylı; **ich weiß nichts G~eres darüber** onun hakkında tam bir şey bilmiyorum **II.** *adv* (*exakt*) tam, tıpatıp; **~ dasselbe** tıpatıp aynı; **~ das Gegenteil** tam tersi; **ihn kenne ich ~** onun içini dışını bilirim; **es ist ~ 10 Uhr** saat tam 10; **so ~ wollte ich es nicht wissen!** bu kadar da ayrıntılı bilmek istemiyordum bunu!; **es mit etw ~ nehmen** bir şeyde çok titiz olmak; **~ genommen ist das nicht richtig/wichtig** esasen bu doğru/önemli değildir

genaugenommen *adv s.* **genau II.**

genauso [gə'naʊzo:] *adv* **1.** (*in derselben Weise*) aynı biçimde, aynı şekilde, keza; (*in demselben Maße*) aynı ölçüde; **~ aussehen** tıpkı (tıpkısına) benzemek; **er geht ~ gern(e) ins Kino wie ich** o da benim kadar sinemaya gitmesini seviyor; **~ gut/viel wie er** onun kadar iyi/çok; **sie verdient ~ viel/wenig wie ich** o da benim kadar çok/az para kazanıyor; **er ist ~ groß wie ich** o da benim kadar uzun, benimle aynı boyda; **hier ist es ~ schön wie dort** burası da orası kadar güzel **2. ~ gut** (*auch*) de; **du hättest ~ gut zu Hause bleiben können** evde de kalabilirdin; **du kannst ~ gut die Bahn nehmen** trenle de gidebilirsin; **genausogut** *adv s.* **genauso**; **genausoviel** *adv s.* **genauso**; **genausowenig** *adv s.* **genauso**

Gendarm [ʒan'darm] *m* <-en, -en> (*österr*) jandarma eri

Gendarmerie [ʒandarmə'riː] *f* <-n> (*österr*) jandarma
genehm [gə'neːm] *adj* (*geh*): **jdm etw ~ sein** birinin bir şey hoşuna gitmek, birinin bir şey işine gelmek, birine bir şey uygun gelmek
genehmigen* [gə'neːmɪgən] *vt* izin vermek (-e); (*Antrag*) onaylamak
Genehmigung *f* <-en> izin; (*eines Antrags*) onay
geneigt [gə'naɪkt] *adj*: **zu etw** *dat* **~ sein** bir şeye eğilimi olmak
General(in) [genə'raːl] *m(f)* <-s, -e *o* -räle; -nen> general
Generalamnestie *f* (JUR) genel af; **Generaldirektor(in)** *m(f)* genel müdür; **Generalkonsul** *m* (POL) başkonsolos; **Generalkonsulat** *nt* (POL) başkonsolosluk; **Generalprobe** *f* (THEAT) genel prova; **Generalsekretär(in)** *m(f)* <-s, -e; -nen> (POL) genel sekreter; **Generalstaatsanwalt, -anwältin** *m, f* (JUR) başsavcı; **Generalstab** *m* (MIL) genel kurmay; **Generalstreik** *m* genel grev; **Generaluntersuchung** *f* (MED) çekap, tam bakım; **Generalversammlung** *f* genel kurul
Generation [genəra'tsjoːn] *f* <-en> kuşak, nesil, göbek; **Generationenvertrag** *m ohne Pl* <-(e)s> kuşaklar arası sözleşme
Generationskonflikt *m* kuşak farkı, nesil farkı
Generator [genə'raːtoːɐ] *m* <-s, -en> jeneratör
generell [genə'rɛl] **I.** *adj* genel **II.** *adv* genel olarak
generieren* *vt* (INFORM: *hervorbringen*) türetmek
genesen [gə'neːzən] <genest, genas, genesen> *vi sein* (*geh*) şifa bulmak, onmak, iyileşmek
Genesung *f* <-en> (*geh*) şifa, onma, iyileşme
Genetik [ge'neːtɪk] *f ohne Pl* (BIOL) genetik; (*Vererbungslehre*) kalıtım bilimi
genetisch [ge'neːtɪʃ] *adj* (BIOL) kalıt(ım)sal, genetik
Genetiv *m* <-s, -e> (LING) tamlayan durumu, -in hâli
Genf [gɛnf] *nt* <-s> Cenevre
Genforscher(in) *m(f)* gen araştırmacı; **Genforschung** *f ohne Pl* gen araştırması
genial [ge'njaːl] *adj* dâhice
Genialität *f ohne Pl* dâhilik, deha, ökelik
Genick [gə'nɪk] *nt* <-(e)s, -e> (*Nacken*) ense; **jdm das ~ brechen** (*fam*) birini mahvetmek
Genie [ʒe'niː] *nt* <-s, -s> dâhi, deha
genieren* [ʒe'niːrən] *vr*: **sich ~** sıkılmak, çekinmek
genießbar *adj* yenir, yenilir; **etw ist nicht ~** bir şey yenilir [*o* yenir] yutulur gibi değil
genießen [gə'niːsən] <genießt, genoss, genossen> *vt* **1.** (*auskosten*) zevkini [*o* tadını] çıkarmak (-in); **etw in vollen Zügen ~** bir şeyin doya doya tadını çıkarmak, bir şeyin keyfini çıkarmak; **jds Vertrauen ~** birinin güvenini kazanmış olmak **2.** (*essen*) yemek; (*trinken*) içmek; (*mit Genuss*) afiyetle yemek; (*trinken*) afiyetle içmek **3.** (*Erziehung*) görmek
Genießer(in) *m(f)* <-s, -; -nen> ehlikeyf, keyif sahibi
genital [geni'taːl] *adj* (MED) üremsel
Genitalien [geni'taːliən] *ntPl* (MED) üreme organları *pl*
Genitiv ['geːnitiːf] *m* <-s, -e> (LING) tamlayan durumu
Genmanipulation *f* (BIOL) gen manipülâsyonu
Genom *nt* (BIOL) genom
genommen [gə'nɔmən] *pp von* **nehmen**
genormt [gə'nɔrmt] *adj* normlu
genoss[RR] [gə'nɔs], **genoß** *3. imp von* **genießen**
Genosse, -in [gə'nɔsə] *m, f* <-n, -n; -nen> **1.** (POL) yoldaş **2.** (*Kamerad, Gefährte*) arkadaş
genossen [gə'nɔsən] *pp von* **genießen**
Genossenschaft *f* <-en> **1.** kooperatif **2.** (*Schicksals~*) birlik
Genozid *m o nt* jenosit
Genre ['ʒãːrə] *nt* <-s, -s> janr
Gentechniker(in) *m(f)* (BIOL) gen teknisyeni; **Gentechnologie** *f ohne Pl* (BIOL) gen teknolojisi, genetik mühendislik
Gentleman's Agreement *nt*, **Gentlemen's Agreement** *nt* centilmenlik antlaşması
Genua *nt* Cenova
Genuese, -in *m, f* Cenovalı
genug [gə'nuːk] *adv* yeterince; **es ist ~ Platz** yeterince yer var; **jetzt ist es aber ~!** artık yetti ama!; **ich habe ~ von der ewigen Schufterei** devamlı eşek gibi çalışmaktan bıktım
Genüge [gə'nyːgə]: **einer Sache ~ tun** bir şeyin hakkını vermek; **zur ~** yeterince, yeteri kadar
genügen* [gə'nyːgən] *vi* yetmek; **zwei Meter Stoff ~ nicht** iki metre kumaş yetmez
genügend *adj* yeterli
genügsam *adj* yetingen, kanık, kanaatkâr
Genügsamkeit *f ohne Pl* yetingenlik, kanıklık, kanaatkârlık
Genugtuung [gə'nuːktuːʊŋ] *f* <-en> **1.** (*Wiedergutmachung*) tarziye; **~ geben/verlangen** tarziye vermek/istemek

G

2. (*Schweiz: Schmerzensgeld*) manevî tazminat; ~ **geben/verlangen** manevî tazminat vermek/istemek **3.** (*Befriedigung*) haz; ~ **empfinden** haz duymak

Genus ['gɛnʊs, 'ge:nʊs] *nt* <-, Genera> (LING) cins

Genuss[RR1] *m ohne Pl* <-es> **1.** (*Konsum*) tüketim **2.** (*Nutznießung*) yararlanma, istifade, intifa; **in den ~ von etw** *dat* **kommen** bir şeyden yararlanmak

Genuss[RR2] [gə'nʊs, *Pl:* gə'nʏsə] *m* <-es, -nüsse> (*Vergnügen*) haz, zevk; (*stärker*) keyif

Genuß [gə'nʊs] *m s.* **Genuss**

genüsslich[RR], **genüßlich** **I.** *adj* zevkli **II.** *adv* zevkle, keyifli keyifli

Genussmittel[RR] *nt* keyif verici madde

genussvoll[RR] *adj* keyifli; ~ **Stunden verbringen** keyifli saatler geçirmek

Geograf(in)[RR] *m(f)* <-en, -en; -nen> *s.* **Geograph**

Geografie[RR] *f ohne Pl s.* **Geographie**

geografisch[RR] *adj s.* **geographisch**

Geograph(in) [geo'gra:f] *m(f)* <-en, -en; -nen> coğrafyacı

Geographie [geogra'fi:] *f ohne Pl* coğrafya

geographisch *adj* coğrafî

Geologe, -in [geo'lo:gə] *m, f* <-n, -n; -nen> jeolog

Geologie [geolo'gi:] *f ohne Pl* jeoloji

geologisch *adj* jeolojik

Geometrie [geome'tri:] *f ohne Pl* geometri

geometrisch [geo'me:trɪʃ] *adj* geometrik

Geophysik *f* (PHYS) jeofizik

Georgien [ge'ɔrgiən] *nt* <-s> Gürcistan

Georgier(in) *m(f)* <-s, -; -nen> Gürcü

georgisch *adj* Gürcü

Geothermik *f ohne Pl* (GEO) jeotermi

Gepäck [gə'pɛk] *nt ohne Pl* <-(e)s> bagaj; (*Hand~*) valiz; **sein ~ aufgeben** bagajını teslim etmek

Gepäckabfertigung *f* <-en> bagaj kaydı; **Gepäckaufbewahrung** *f* emanet; **Gepäckkontrolle** *f* bagaj kontrolü; **Gepäcknetz** *nt* fileli bagaj rafı; **Gepäckstück** *nt* bagaj, valiz

Gepäckträger(in)[1] *m(f)* <-s, -; -nen> (*Person*) hamal, taşıyıcı

Gepäckträger[2] *m* <-s, -> (*am Fahrrad*) portbagaj

Gepäckwagen *m* **1.** (*im Bahnhof*) bagaj taşıma arabası **2.** (*des Zuges*) furgon

Gepard ['ge:part] *m* <-s, -e> (ZOOL) çita

gepfeffert [gə'pfɛfɐt] *adj* **1.** biberli **2.** (*fam: Preise*) tuzlu; (*Strafe*) çok ağır

gepfiffen [gə'pfɪfən] *pp von* **pfeifen**

gepflegt [gə'pfle:kt] *adj* bakımlı; (*Ausdrucksweise*) zarif

Gepflogenheit *f* <-en> teamül; (*Gewohnheit*) alışkanlık

Geplapper [gə'plapɐ] *nt ohne Pl* <-s> (*fam*) gevezelik, boşboğazlık

Geplätscher [gə'plɛtʃɐ] *nt ohne Pl* <-s> (*des Wassers*) fışırdama

Gepolter *nt ohne Pl* <-s> gürültü patırtı

gepriesen [gə'pri:zən] *pp von* **preisen**

gepunktet [gə'pʊŋktət] *adj* (*Linie*) noktalı; (*Muster*) noktalı

gequält [gə'kvɛ:lt] *adj* (*Lächeln*) zoraki

gequollen [gə'kvɔlən] *pp von* **quellen**

gerade [gə'ra:də] **I.** *adj* **1.** (*geradlinig*) düz **2.** (*aufrecht*) dik; ~ **stehen** dik durmak **3.** (*Charakter*) doğru **4.** (MATH) çift; **die ~n Zahlen** çift sayılar **II.** *adv* **1.** (*in diesem Augenblick, soeben*) şu anda; **er ist ~ eben gekommen** şu anda gelmiş bulunuyor; **sie duscht ~** şu anda duş yapıyor; **wo Sie ~ da sind ...** siz hazır gelmişken ... **2.** (*unmittelbar, direkt*) hemen; **er wohnt ~ um die Ecke** hemen köşede oturuyor **3.** (*knapp*) ancak, ucu ucuna; **er kam ~ noch rechtzeitig** ucu ucuna geldi; **mein Türkisch reicht ~ für den Hausgebrauch** (*fam*) Türkçemle ancak idare edebiliyorum **4.** (*ausgerechnet, genau*): **das hat mir ~ noch gefehlt!** (*fam*) aksi gibi bir (tek) bu eksikti!; **er ist nicht ~ eine Schönheit** (*fam*) o kadar da güzel değil; **warum ~ ich?** (başkası yokmuş gibi) neden ben?

Gerade [gə'ra:də] *f* <-n> **1.** (MATH) doğru **2.** (SPORT) doğru

geradeaus [---'-] *adv* dümdüz; **immer ~** dosdoğru

geradeheraus [-'---'-] *adv* (*fam*) açıkça; **etw ~ sagen** bir şeyi açıkça söylemek

gerade|stehen *irr vi:* **für etw ~** bir şey için sorumluluk üstlenmek

geradewegs [-'---] *adv* doğrudan doğruya

geradezu [-'---] *adv* düpedüz; (*offen*) açıkça; (*beinahe*) neredeyse, hemen hemen

Geradflügler *mPl* (ZOOL) düz kanatlılar *pl*

Geradheit *f ohne Pl* doğruluk; (*Aufrichtigkeit*) dürüstlük

geradlinig [gə'ra:tli:nɪç] *adj* (*Straße*) düz; (*aufrichtig*) dürüst

gerammelt *adv:* ~ **voll** tıka basa dolu

Geranie [ge'ra:niə] *f* <-n> (BOT) ıtır çiçeği

gerann [gə'ran] *3. imp von* **gerinnen**

gerannt [gə'rant] *pp von* **rennen**

gerät [gə'rɛ:t] *3. präs von* **geraten**

Gerät[1] [gə'rɛ:t] *nt* <-(e)s, -e> **1.** (*allgemein*) alet, cihaz **2.** (TECH: *Apparat*) aygıt, cihaz; (*Instrument*) aygıt **3.** (SPORT) alet

Gerät[2] *nt ohne Pl* <-(e)s> levazım, araç ve gereçler *pl;* (*Ausrüstung*) donatı, teçhizat

geraten[1] [gə'ra:tən] *pp von* **geraten**, **raten**

geraten[2] <gerät, geriet, geraten> *vi sein* **1. in Verlegenheit** ~ mahcup bir duruma düşmek; **in Schwierigkeiten** ~ zor duruma düşmek; **unter ein Auto** ~ bir otonun altına girmek; **er ist an den Falschen** ~ tam adamına çattı; **in Not** ~ dara düşmek, zarurete düşmek; **in Panik** ~ paniğe kapılmak; **in Verruf** ~ adı çıkmak; **außer sich** *dat/akk* ~ kendini kaybetmek **2.** (*beginnen*): **in Brand** ~ yanmaya başlamak; **in Vergessenheit** ~ unutulmaya başlanmak; **ins Stocken** ~ (*beim Sprechen*) kekelemeye başlamak; (*Verkehr*) tıkanmak **3.** (*gelingen*) olmak; **gut/schlecht** ~ iyi/kötü olmak; **das ist etwas lang/kurz** ~ bu biraz uzun/kısa kaçtı; **nach jdm** ~ birine çekmek

Geräteturnen *nt ohne Pl* (SPORT) aletli jimnastik

Geratewohl [gəˈraːtəvoːl, ---ˈ-] *nt* (*fam*): **aufs** ~ gelişigüzel, baştan savma

geräumig [gəˈrɔɪmɪç] *adj* geniş, ferah

Geräusch [gəˈrɔɪʃ] *nt* <-(e)s, -e> ses; **Geräuschkulisse** *f* ses perdesi; **geräuschlos** *adj* sessiz; **geräuschvoll** *adj* sesli

gerben [ˈgɛrbən] *vt* sepilemek, tabaklamak; **sein Gesicht war von Wind und Sonne gegerbt** (*fig*) yüzü rüzgâr ve güneşten kösele gibi olmuştu

Gerber(in) *m(f)* <-s, -; -nen> sepici, tabak

Gerberei *f* <-en> tabakhane

Gerbstoff *m* <-(e)s, -e> tanen

gerecht [gəˈrɛçt] **I.** *adj* (*Person*) adil; (*Urteil*) adaletli; (*Strafe*) adalete uygun; **seine gerechte** ~**e Strafe bekommen** hak ettiği cezayı almak [*o* görmek], cezasını bulmak, belâsını bulmak **II.** *adv* adilâne, adalete uygun olarak, hakça; **jdm/etw** *dat* ~ **werden** bir kimseye/şeye hakkını vermek

Gerechtigkeit *f ohne Pl* adalet; **jdm** ~ **widerfahren lassen** birinin hakkını tanımak; **das ist ausgleichende** ~ bu denkleştirici adalettir

Gerede [gəˈreːdə] *nt ohne Pl* <-s> **1.** (*Geschwätz*) gevezelik **2.** (*Klatsch*) dedikodu

gereizt [gəˈraɪtst] *adj* kızgın; (*nervös*) sinirli

Gericht [gəˈrɪçt] *nt* <-(e)s, -e> **1.** (*Speise*) yemek **2.** (*Institution*) mahkeme; **das Jüngste** ~ (REL) mahşer günü **3.** (*Gebäude*) adliye

gerichtet *adj* yönelik (*auf/gegen* -e/-e)

gerichtlich *adj* mahkemelik; **jdn** ~ **verfolgen** biriyle mahkemelik olmak

Gerichtsakte *f* mahkeme dosyası

Gerichtsbarkeit *f ohne Pl* (JUR) yargı; **ordentliche** ~ adlî Gerichtsbarkeit

Gerichtsbeschluss[RR] *m* mahkeme kararı

Gerichtsbezirk *m* yargı çevresi; **Gerichtsdiener(in)** *m(f)* <-s, -; -nen> mübaşir; **Gerichtshof** *m* adalet divanı, yargıtay; **der Europäische** ~ Avrupa Adalet Divanı; **der Oberste** ~ Yüce Divan; **Gerichtskosten** *Pl* mahkeme masrafı; **Gerichtsmedizin** *f ohne Pl* adlî tıp; **Gerichtssaal** *m* mahkeme salonu; **Gerichtsstand** *m* <-(e)s, -stände> (JUR) yargı yeri; **Gerichtsverfahren** *nt* yargısal işlem; **gegen jdn ein** ~ **einleiten** birine karşı yargısal işlem başlatmak; **Gerichtsverhandlung** *f* yargılama; **Gerichtsvollzieher(in)** *m(f)* <-s, -; -nen> icra memuru

gerieben [gəˈriːbən] *pp von* **reiben**

geriet [gəˈriːt] *3. imp von* **geraten**

gering [gəˈrɪŋ] *adj* **1.** (*klein*) küçük, ufak; (*wenig*) az; (*knapp*) kıt; (*beschränkt*) sınırlı; (*Preis, Temperatur*) düşük; (*Entfernung*) kısa; **von** ~**er Qualität** kalitesi düşük; **etw/jdn** ~ **schätzen** bir şeyi/kimseyi aşağısamak [*o* hafifsemek]; (*verachten*) bir şeyi/kimseyi aşağılamak [*o* hor görmek] **2.** (*unbedeutend*): ~**e Unregelmäßigkeiten** hafif yolsuzluklar; **die** ~**ste Kleinigkeit regt ihn auf** en ufak şey onu sinirlendiriyor; **das stört mich nicht im G**~**sten** bu beni hiç rahatsız etmiyor

geringfügig [gəˈrɪŋfyːgɪç] *adj* ufak tefek, önemsiz

gering|schätzen *vt s.* **gering 1.**

geringschätzig *adj* aşağılayan, küçük gören

gerinnen [gəˈrɪnən] <gerinnt, gerann, geronnen> *vi sein* (*Milch*) kesilmek; (*Blut*) pıhtılaşmak

Gerinnsel [gəˈrɪnzəl] *nt* <-s, -> pıhtı

Gerinnung *f* <-en> pıhtılaşma

Gerippe [gəˈrɪpə] *nt* <-s, -> **1.** (*Skelett*) iskelet; **zum** ~ **abmagern** iskeleti çıkmak **2.** (*von Schiff, von Flugzeug*) iskelet **3.** (*fam fig*) iskelet

gerissen [gəˈrɪsən] **I.** *pp von* **reißen II.** *adj* (*fam: schlau*) çok kurnaz, anasının gözü

geritten [gəˈrɪtən] *pp von* **reiten**

Germane, -in [gɛrˈmaːnə] *m, f* <-n, -n; -nen> Cermen

germanisch *adj* (HIST, LING) Cermen

Germanist(in) [gɛrmaˈnɪst] *m(f)* Germanist

Germanistik [gɛrmaˈnɪstɪk] *f ohne Pl* Germanistik

gern(e) [ˈgɛrn(ə)] <lieber, am liebsten> *adv:* ~ **lesen/singen/tanzen** okumayı/şarkı söylemeyi/dans etmeyi sevmek; **jdn** ~ **haben** birini sevmek; **sehr** ~**!** seve seve!; **sie liest** ~ o, okumayı sever; **ein** ~ **gesehener Gast** sevilen bir konuk; ~ **geschehen!** rica ederim!; **das glaube ich** ~ buna inanırım, buna inanıyorum; **du**

kannst ~ mitkommen istersen gelebilirsin; **ich hätte ~ den Chef gesprochen** şefle görüşmeyi isterdim

gerochen [gə'rɔxən] *pp von* **riechen**

Geröll [gə'rœl] *nt* <-(e)s, -e> çakıllar *pl;* (*Reste*) döküntü, moloz

geronnen [gə'rɔnən] *pp von* **gerinnen, rinnen**

Gerste ['gɛrstə] *f* <-n> arpa; **Gerstenkorn** *nt* <-(e)s, -körner> **1.** (BOT) arpa tanesi **2.** (MED) arpacık; **Gerstensaft** *m ohne Pl* arpa suyu

Gerte ['gɛrtə] *f* <-n> (*Stock*) değnek

gertenschlank *adj* değnek gibi

Geruch [gə'rʊx, *Pl:* gə'rʏçə] *m* <-(e)s, Gerüche> koku (*nach* -)

geruchlos *adj* kokusuz

Geruchssinn *m ohne Pl* <-(e)s> koku alma duyusu

Gerücht [gə'rʏçt] *nt* <-(e)s, -e> söylenti, rivayet, şayia; **es geht das ~, dass ...** söylentiye göre ...

gerufen [gə'ru:fən] *pp von* **rufen**

geruhsam [gə'ru:za:m] *adj* rahat, huzurlu

Gerümpel [gə'rʏmpəl] *nt ohne Pl* <-s> (*pej*) eski püskü, pılı pırtı

Gerundium [ge'rʊndiʊm, *Pl:* ge'rʊndiən] *nt* <-s, Gerundien> (LING) ulaç, bağfiil, zarf-fiil

gerungen [gə'rʊŋən] *pp von* **ringen**

Gerüst [gə'rʏst] *nt* <-(e)s, -e> **1.** çatkı; (*Bau~*) iskele **2.** (*Knochen~*) çatı **3.** (*fam fig: Grundplan*) iskelet

Ges [gɛs] *nt* <-, -> (MUS) sol bemol

gesalzen [gə'zaltsən] **I.** *pp von* **salzen** **II.** *adj* (*fam*) **1.** (*mit Salz*) tuzlu **2.** (*Preis*) tuzlu

gesamt [gə'zamt] *adj* bütün, tüm

Gesamtansicht *f* genel görünüm; **Gesamtausgabe** *f* <-n> külliyat; **Gesamtbetrag** *m* toplam tutar; **gesamtdeutsch** *adj* Almanya genelindeki; **Gesamteindruck** *m* genel izlenim; **Gesamtergebnis** *nt* toplam; **im ~** toplam olarak

Gesamtheit *f ohne Pl* bütün; **in seiner/ihrer ~** bütünüyle; **Gesamtsumme** *f* toplam tutar; **Gesamtübersicht** *f* toplu bakış; **Gesamtwerk** *nt:* **das ~ eines Künstlers/Schriftstellers** bir sanatkârın/yazarın bütün eserleri

gesandt [gə'zant] *pp von* **senden**

Gesandte(r) [gə'zantɐ] *mf* <-n, -n; -n> elçi

Gesandtschaft *f* <-en> elçilik

Gesang[1] [gə'zaŋ] *m ohne Pl* <-(e)s> (*das Singen*) şarkı söyleme; (*eines Vogels*) ötme

Gesang[2] [gə'zaŋ, *Pl:* gə'zɛŋə] *m* <-(e)s, -sänge> **1.** (*Lied*) şarkı; (REL: *Lob~*) ilahi; **gregorianische Gesänge** Gregoryen ilahileri **2.** (*der Vogel*) ötüş

Gesangbuch *nt* ilahiler kitabı

Gesäß [gə'zɛ:s] *nt* <-es, -e> **1.** (*Hinterteil*) kıç, kaba et **2.** (ANAT) oturga; (*Gesäßbacken*) oturga yanakları

geschaffen [gə'ʃafən] *pp von* **schaffen[1]**

Geschäft[1] [gə'ʃɛft] *nt* <-(e)s, -e> **1.** (*Handel*) iş, ticaret; **wie gehen die ~e?** işler nasıl gidiyor?; **mit jdm ~e machen** biriyle iş yapmak; **dunkle ~e treiben** karanlık işler yapmak **2.** (*Firma*) iş, işletme; **morgen gehe ich nicht ins ~** (*fam*) yarın işe gitmiyorum **3.** (*Laden*) dükkân **4.** (*Aufgabe*) iş; **seinen ~en nachgehen** işine bakmak; **er versteht sein ~** işinden anlıyor **5.** (*Rechts~*) işlem, muamele **6.** (*fam: Notdurft*) abdest; **sein großes/kleines ~ verrichten** [*o* **machen**] büyük/küçük abdestini bozmak

Geschäft[2] *nt ohne Pl* <-(e)s> **1.** (*Verkauf, Absatz*) satışlar *pl* **2.** (*Gewinn*) kâr, kazanç; **Geschäftsbericht** *m* bülten; (*Tätigkeitsbericht*) faaliyet raporu; (*mit Bilanz*) malî rapor; **Geschäftsbrief** *m* ticarî mektup; **Geschäftsbücher** *ntPl* defterler *pl;* **Geschäftsessen** *nt* <-s, -> iş yemeği; **Geschäftsfrau** *f* <-en> iş kadını; **Geschäftsfreund(in)** *m(f)* iş arkadaşı, partner; **Geschäftsführer(in)** *m(f)* <-s, -; -nen> **1.** (*von Unternehmen*) genel müdür **2.** (*von Organisation*) genel müdür; **Geschäftsführung** *f ohne Pl* **1.** (*Vorgang*) işlerin yönetilmesi, iş görme **2.** (*Personal*) yönetim, genel müdürler *pl;* **Geschäftshaus** *nt* iş hanı; **Geschäftsjahr** *nt* malî yıl; **Geschäftsleben** *nt ohne Pl* <-s> iş yaşamı; **Geschäftsleitung** *f* işlerin yönetilmesi; **Geschäftsmann** *m* <-(e)s, -leute *o* -männer> iş adamı; **Geschäftsordnung** *f* iç tüzük; **Geschäftspartner(in)** *m(f)* <-s, -; -nen> **1.** (*Beteiligter*) partner, iş ortağı **2.** (*Handelspartner*) partner; **Geschäftsreise** *f* iş seyahati; **geschäftsschädigend** *adj* işe zarar veren; **Geschäftsstelle** *f* (*Büro*) büro; (*Filiale*) şube; (*Gericht*) yazı işleri; **Geschäftsstunden** *fPl* iş saatleri *pl;* **Geschäftsschluss** *m ohne Pl* <-es> iş yerlerinin kapanış saati; **Geschäftsträger(in)**[RR] *m(f)* işgüder, maslahatgüzar; **Geschäftsverbindung** *f* <-en> (WIRTSCH) ticarî ilişki; **Geschäftsviertel** *nt* iş semti; **Geschäftswelt** *f* iş dünyası; **Geschäftszeit** *f* iş zamanı

geschah [gə'ʃa:] *3. imp von* **geschehen**

geschehen [gə'ʃe:ən] <geschieht, geschah, geschehen> *vi sein* olmak; **als ob nichts ~ wäre** hiçbir şey olmamış gibi; **was geschieht mit diesen Flaschen?** bu şişelere ne olacak?; **es ist um jdn** ~ birine bir şey olmak; **er wusste nicht wie ihm geschah, als ...** ... zaman neye uğradığını anlamadı

Geschehen *nt* <-s, -> (*geh*) olaylar *pl*

gescheit [gəˈʃaɪt] *adj* (*intelligent*) zekî; (*vernünftig*) aklı başında

Geschenk [gəˈʃɛŋk] *nt* <-(e)s, -e> armağan, hediye; **Geschenkartikel** *m* <-s, -> hediyelik eşya

Geschichte[1] [gəˈʃɪçtə] *f ohne Pl* (*Entwicklungsprozess*) tarih

Geschichte[2] *f* <-n> **1.** (*Erzählung*) öykü, hikâye **2.** (*fam: Angelegenheit*) iş; **was machst du für ~n?** ne biçim işler yapıyorsun? **3.** (*fam: Dummheiten*): **mach keine ~n!** aptallık etme!

geschichtlich *adj* tarihsel, tarihî

Geschichtsbuch *nt* tarih kitabı

Geschick [gəˈʃɪk] *nt* <-(e)s, -e> (*geh: Schicksal*) yazgı, alın yazısı, kader

Geschicklichkeit *f ohne Pl* beceriklilik, maharet

geschickt *adj* **1.** becerikli, maharetli; **sich ~ verteidigen** kendini ustaca savunmak **2.** (*südd: praktisch*) pratik; (*tauglich*) elverişli; (*passend*) uygun

geschieden [gəˈʃiːdən] *pp von* **scheiden**

geschieht [gəˈʃiːt] *3. präs von* **geschehen**

geschienen [gəˈʃiːnən] *pp von* **scheinen**

Geschirr[1] [gəˈʃɪr] *nt* <-(e)s, -e> **1.** (*Ess~, Kaffee~*) takım **2.** (*Pferde~*) koşum; **dem Pferd das ~ anlegen** ata koşum geçirmek

Geschirr[2] *nt ohne Pl* <-(e)s> (*Gesamtheit*) kap kacak; (*schmutzig*) bulaşık

Geschirrspülmaschine *f* bulaşık makinesi; **Geschirrspülmittel** *nt* bulaşık deterjanı; **Geschirrtuch** *nt* <-(e)s, -tücher> bulaşık bezi

geschissen [gəˈʃɪsən] *pp von* **scheißen**

geschlafen [gəˈʃlaːfən] *pp von* **schlafen**

geschlagen [gəˈʃlaːgən] *pp von* **schlagen**

Geschlecht[1] [gəˈʃlɛçt] *nt ohne Pl* <-(e)s> (BIOL) eşey; **beiderlei ~s** iki eşeyli

Geschlecht[2] *nt* <-(e)s, -er> **1.** cinsiyet; **das andere ~** kadın kısmı; **das schwache/starke ~** (*fam*) kadın/erkek milleti; **das schöne ~** cinsilâtif **2.** (*Gattung, a.* LING) cins **3.** (*Familie*) soy, sülâle **4.** (*Generation*) döl, nesil

geschlechtlich *adj* cinsel, cinsî, eşeysel

Geschlechtsakt *m* <-(e)s, -e> cinsel ilişki; **Geschlechtshormon** *nt* cinsiyet hormonu; **Geschlechtskrankheit** *f* zührevî hastalık; **Geschlechtsorgan** *nt* eşeylik organı; **geschlechtsreif** *adj* erin, baliğ; **Geschlechtsreife** *f* erinlik, bulûğ; **Geschlechtstrieb** *m* cinsel güdü; **Geschlechtsverkehr** *m* cinsel ilişki, cinsî münasebet; **mit jdm ~ haben** biriyle cinsel ilişkide bulunmak; **Geschlechtszelle** *f* eşeylik hücresi

geschlichen [gəˈʃlɪçən] *pp von* **schleichen**

geschliffen [gəˈʃlɪfən] **I.** *pp von* **schleifen** **II.** *adj* (*Ausdrucksweise*) ince, zarif

geschlossen [gəˈʃlɔsən] **I.** *pp von* **schließen** **II.** *adj* **1.** kapalı; **~e Formation** yanaşık nizam; **~e Gesellschaft** özel topluluk; **innerhalb ~er Ortschaften** yerleşim merkezlerinde **2.** (LING: *Silbe*) kapalı **III.** *adv* (*einheitlich*) hep birlikte; **wir standen ~ hinter ihm** hep birlikte ona arka çıktık; **~ für/gegen etw stimmen** hep birlikte bir şeye beyaz/kırmızı oy vermek

geschlungen [gəˈʃlʊŋən] *pp von* **schlingen**

Geschmack[1] [gəˈʃmak] *m ohne Pl* <-(e)s> (*~ssinn*) tat alma duyusu

Geschmack[2] *m* <-(e)s, -schmäcke *fam*: -schmäcker> **1.** (*einer Speise*) tat, lezzet (*nach* -e benzeyen) **2.** (*ästhetisches Empfinden*) zevk; **für meinen ~** benim zevkim için; **das ist nicht nach meinem ~** bu, benim zevkime göre değil; **an etw** *dat* **~ finden** bir şeyin tadına varmak; **über ~ lässt sich (nicht) streiten** (*prov*) zevk konusu tartışma (götürmez) götürür

geschmacklos *adj* **1.** (*Speisen*) tatsız, lezzetsiz **2.** zevksiz; (*fig: häßlich*) çirkin

Geschmacklosigkeit[1] *f* <-en> (*Bemerkung*) zevksizlik; **das ist der Gipfel der ~!** zevksizliğin daniskasıdır bu!

Geschmacklosigkeit[2] *f ohne Pl* (*Eigenschaft*) tatsızlık

Geschmack(s)sache *f* zevk meselesi; **das ist reine ~** bu sırf zevk meselesidir; **Geschmack(s)sinn** *m ohne Pl* tat alma duyusu

geschmackvoll **I.** *adj* zevkli **II.** *adv* zevkli

geschmeidig [gəˈʃmaɪdɪç] *adj* **1.** (*biegsam*) esnek, oynak; (*weich*) yumuşak **2.** (*Körper*) kıvrak

geschmissen [gəˈʃmɪsən] *pp von* **schmeißen**

geschmolzen [gəˈʃmɔltsən] *pp von* **schmelzen**

geschnitten [gəˈʃnɪtən] *pp von* **schneiden**

geschoben [gəˈʃoːbən] *pp von* **schieben**

gescholten [gəˈʃɔltən] *pp von* **schelten**

Geschöpf [gəˈʃœpf] *nt* <-(e)s, -e> yaratık

geschoren [gəˈʃoːrən] *pp von* **scheren**

Geschoss[RR] [gəˈʃɔs] *nt* <-es, -e>, **Geschoß** *nt* <-sses, -sse> **1.** (*von Waffen*) mermi **2.** (*Etage*) kat

geschossen [gəˈʃɔsən] *pp von* **schießen**

geschraubt [gəˈʃraʊpt] *adj* (*fam pej: Stil*) yapma(cık)

Geschrei *nt ohne Pl* <-s> feryat figan, bağrışma, çığlıklar *pl*

geschrieben [gə'ʃriːbən] *pp von* **schreiben**

geschrie(e)n [gə'ʃriː(ə)n] *pp von* **schreien**

geschritten [gə'ʃrɪtən] *pp von* **schreiten**

geschunden [gə'ʃʊndən] *pp von* **schinden**

Geschütz [gə'ʃʏts] *nt* <-es, -e> top; **schweres ~ auffahren** (*fam*) sert bir biçimde karşılık vermek

Geschwaderführer *m* (NAUT: *Kommodore*) komodor

Geschwätz [gə'ʃvɛts] *nt ohne Pl* <-es> (*fam abw*) **1.** (*Gerede*) gevezelik **2.** (*Klatsch*) dedikodu

geschwätzig *adj* (*pej*) geveze

geschweige [gə'ʃvaɪgə] *konj:* **~ denn** şöyle dursun, nerde kaldı ki, bir yana; **ich glaube nicht, dass er anruft, ~ (denn,) dass er kommt** gelmesi şöyle dursun, telefon edeceğine bile inanmıyorum; **es gibt nicht einmal einen Baum, ~ denn Gras** ağaç değil a, ot bile yok

geschwiegen [gə'ʃviːgən] *pp von* **schweigen**

geschwind [gə'ʃvɪnt] *adj* (*reg*) hızlı, çabuk

Geschwindigkeit [gə'ʃvɪndɪçkaɪt] *f* <-en> hız, sür'at; **Geschwindigkeitsbeschränkung** *f* hız sınırlaması, sür'at tahdidi

Geschwister [gə'ʃvɪstɐ] *Pl* kardeşler *pl;* (*Schwestern*) kız kardeşler *pl*

geschwollen [gə'ʃvɔlən] **I.** *pp von* **schwellen II.** *adj* (*pej: Stil*) tumturaklı

geschwommen [gə'ʃvɔmən] *pp von* **schwimmen**

geschworen [gə'ʃvoːrən] *pp von* **schwören**

Geschworene(r) [gə'ʃvoːrənɐ] *mf* <-n, -n; -n> jüre, juri üyesi

Geschwulst [gə'ʃvʊlst] *f* <-schwülste> ur, tümör; (*Schwellung*) şişkinlik

geschwunden [gə'ʃvʊndən] *pp von* **schwinden**

geschwungen [gə'ʃvʊŋən] *pp von* **schwingen**

Geschwür [gə'ʃvyːɐ] *nt* <-(e)s, -e> (MED) ülser

gesehen [gə'zeːən] *pp von* **sehen**

Geselle, -in [gə'zɛlə] *m, f* <-n, -n; -nen> (*Handwerker*) kalfa

gesellen* [gə'zɛlən] *vr:* **sich ~** katılmak (*zu -e*)

Gesellenprüfung *f* kalfalık sınavı

gesellig *adj* (*Mensch*) hoşsohbet, arkadaş canlısı

Geselligkeit *f ohne Pl* (*eines Menschen*) hoşsohbet olma, arkadaş canlısı olma, toplum hayatından hoşlanma

Gesellschaft [gə'zɛlʃaft] *f* <-en> **1.** (SOZIOL) toplum **2.** (WIRTSCH) şirket, ortaklık **3.** (*Organisation*) kurum **4.** (*Begleitung*) arkadaşlık; **jdm ~ leisten** birine arkadaşlık etmek; **er ist in schlechte ~ geraten** kötü arkadaşlar arasına düşmek **5.** (*Fest*) eğlence; (*Gäste*) topluluk

Gesellschafter(in) *m(f)* <-s, -; -nen> (WIRTSCH) ortak

gesellschaftlich *adj* toplumsal, sosyal

Gesellschaftsordnung *f* sosyal düzen; **Gesellschaftsschicht** *f* toplum tabakası; **Gesellschaftsvertrag** *m* (WIRTSCH, JUR) ortaklık [*o* şirket] sözleşmesi

gesessen [gə'zɛsən] *pp von* **sitzen**

Gesetz [gə'zɛts] *nt* <-es, -e> yasa, kanun; **Gesetzbuch** *nt* yasa, kanun; **Bürgerliches ~** yurttaşlar yasası, medenî kanun; **Gesetzentwurf** *m* kanun tasarısı, yasa tasarısı

Gesetzesvorlage *f* yasa önerisi

gesetzgebend [gə'zɛtsgeːbənt] *adj* yasama; **die ~e Versammlung** yasama meclisi; **Gesetzgeber** *m* <-s, -> yasa koyucu; **Gesetzgebung** *f ohne Pl* yasama

gesetzlich *adj* yasal, kanunî; (*rechtmäßig*) meşru; **~er Feiertag** resmî bayram günü

gesetzlos *adj* yasasız, kanunsuz

gesetzmäßig *adj* **1.** (*gesetzlich*) yasal, kanunî; (*rechtmäßig*) meşru **2.** (*regelmäßig*) düzenli, muntazam

Gesetzmäßigkeit[1] *f ohne Pl* (JUR) yasallık, kanunîlik

Gesetzmäßigkeit[2] *f* <-en> (*Regelmäßigkeit*) düzenlilik

gesetzt [gə'zɛtst] *adj* **1.** (*ruhig*) sakin, ağır başlı; (*ernst*) ciddî **2.** (*Wend*): **~ den Fall, dass ...** diyelim ki ...

gesetzwidrig *adj* kanuna aykırı

gesichert [gə'zɪçɐt] *adj* güvenceli, teminatlı

Gesicht [gə'zɪçt] *nt* <-(e)s, -er> **1.** (*Körperteil, Miene*) yüz, surat, çehre; **sein wahres ~ zeigen** gerçek yüzünü göstermek; **jdm nicht ins ~ sehen können** birinin yüzüne bakamamak; **das ~ wahren** saygınlığını korumak, itibarını korumak; **sein ~ verlieren** saygınlığını yitirmek; **es steht ihm ins ~ geschrieben** yüzünden okunuyor, yüzünden akıyor; **jdm etw ins ~ sagen** birinin yüzüne karşı bir şey söylemek, bir şeyi birinin yüzüne vurmak; **jdm wie aus dem ~ geschnitten sein** hık demiş birinin burnundan düşmüş olmak; **der Realität ins ~ sehen** gerçekleri kabul etmek; **ein ~ machen** surat etmek; **ein langes ~ machen** surat asmak **2.** (*Anblick*) çehre, sima; **das ~ der Stadt hat sich ver-**

ändert kentin çehresi değişti, şehrin siması değişti **3.** (*fig: Leute, Menschen*): **altbekannte ~er** eski tanıdık simalar; **es waren lauter fremde ~er** bir sürü yabancı simalar vardı; **Gesichtsausdruck** *m* <-(e)s, -drücke> yüz ifadesi; **Gesichtsfarbe** *f* yüz rengi, beniz; (*Teint*) ten; **Gesichtspunkt** *m* görüş (açısı), noktainazar; **unter diesem ~** bu bakımdan [*o* açıdan]; **Gesichtszüge** *mPl* yüz hatları *pl,* çehre hatları *pl*

Gesims [gəˈzɪms] *nt* <-es, -e> (ARCH) silme

Gesindel [gəˈzɪndəl] *nt ohne Pl* <-s> (*pej*) ayak takımı, güruh

gesinnt [gəˈzɪnt] *adj:* **gleich ~** kafa dengi, oydaş, aynı görüşü paylaşan, aynı düşüncede/inançta olan; **jdm freundlich/übel ~ sein** birine iyi/kötü gözle bakmak

Gesinnung [gəˈzɪnʊŋ] *f* <-en> (*Denkart*) düşünüş biçimi, zihniyet; (*Überzeugung*) görüş ve anlayışlar *pl;* **politische ~** siyasî zihniyet

gesittet [gəˈzɪtət] *adj* ahlâklı; (*anständig*) edepli; (*gut erzogen*) terbiyeli; (*zivilisiert*) uygar, medenî

gesoffen [gəˈzɔfən] *pp von* **saufen**

gesogen [gəˈzoːgən] *pp von* **saugen**

gesondert [gəˈzɔndɐt] **I.** *adj* ayrı **II.** *adv* ayrıca, ayrı olarak

gesonnen [gəˈzɔnən] **I.** *pp von* **sinnen II.** *adj:* **~ sein etw zu tun** bir şeyi yapmak niyetinde olmak

gesotten [gəˈzɔtən] *pp von* **sieden**

gespalten [gəˈʃpaltən] *pp von* **spalten**

Gespann [gəˈʃpan] *nt* <-(e)s, -e> **1.** (*Wagen*) araba; (*Ochsen und Joch*) koşum; **ein ~ mit vier Pferden** dört atlı bir araba **2.** (*Personen*) çift; **diese beiden sind ein merkwürdiges ~** bu ikisi tuhaf bir çift

gespannt [gəˈʃpant] *adj* **1.** (*neugierig*) meraklı (*auf*-e); **ich bin ~, was daraus wird** ne olacağını merakla bekliyorum **2.** (*aufmerksam*) pürdikkat **3.** (*Lage*) gergin

Gespenst [gəˈʃpɛnst] *nt* <-(e)s, -er> hayalet, hortlak

gespenstisch *adj* tekinsiz, tekin olmayan

gespie(e)n [gəˈʃpiː(ə)n] *pp von* **speien**

gespielt [gəˈʃpiːlt] *adj* (*vorgetäuscht*) yapmacık

gesponnen [gəˈʃpɔnən] *pp von* **spinnen**

Gespött [gəˈʃpœt] *nt ohne Pl* <-(e)s> maskara; **jdn zum ~ machen** birini maskara etmek; **zum ~ der Leute werden** insanların maskarası olmak

Gespräch [gəˈʃprɛːç] *nt* <-(e)s, -e> **1.** (*Unterhaltung*) konuşma (*über* üzerine), söyleşi (*über* üzerine); (*Plauderei*) sohbet; (*Vorstellungs~*) görüşme, mülâkat; (**mit jdm**) **ein ~ führen** (biriyle) görüşmek; **mit jdm ins ~ kommen** biriyle sohbet etmek; **im ~ sein** görüşmekte olmak **2.** (TEL) konuşma

gesprächig *adj* konuşkan

Gesprächspartner(in) *m(f)* muhatap; **Gesprächsthema** *nt* söz konusu

gesprenkelt [gəˈʃprɛŋkəlt] *adj* benekli, çil

gesprochen [gəˈʃprɔxən] *pp von* **sprechen**

gesprossen [gəˈʃprɔsən] *pp von* **sprießen**

gesprungen [gəˈʃprʊŋən] *pp von* **springen**

Gespür [gəˈʃpyːɐ] *nt ohne Pl* <-s> duyarlık (*für*-e); (*Gefühl*) his (*für* için)

Gestalt [gəˈʃtalt] *f* <-en> **1.** (*äußere Erscheinung*) görünüm; (*Wuchs*) endam, boy bos **2.** (*Form*) biçim, şekil, kılık, eşkâl; **~ annehmen** biçim almak, kılığa girmek; **in ~ von** kılığında **3.** (*Persönlichkeit*) karakter; **eine düstere ~** karanlık bir karakter **4.** (*Person*) kişi

gestalten* **I.** *vt* **1.** biçim vermek (-e); (*Unterricht, Freizeit*) düzenlemek; (*Wohnung*) dayayıp döşemek **2.** (ARCH, KUNST) dizayn etmek; (*Entwurf*) tasarımlamak; **~de Künste** plâstik sanatlar **II.** *vr:* **sich ~** (*geh: werden*) olmak; **das wird sich folgendermaßen ~** bu şöyle olacak; **der Abstieg gestaltete sich weit schwieriger als der Aufstieg** iniş çıkıştan çok daha zor oldu

gestalterisch *adj* yenilik doğurucu, yaratıcı

Gestaltung *f* <-en> (*Wohnung*) dayayıp döşenme; (*von Thema*) kompozisyon; (*Freizeit*) rekreasyon; (*Aufbau*) yapı; (*schöpferisch*) kompozisyon

gestand [gəˈʃtant] *3. imp von* **gestehen**

gestanden [gəˈʃtandən] **I.** *pp von* **stehen, gestehen II.** *adj* kelli felli; **ein ~er Mann** kelli felli bir adam

geständig [gəˈʃtɛndɪç] *adj* itirafçı; **~ sein** itiraf etmek; **ein ~er Angeklagter** itirafçı sanık

Geständnis [gəˈʃtɛntnɪs] *nt* <-ses, -se> ikrar, itiraf; **ein ~ ablegen** ikrar etmek, ikrarda bulunmak

Gestank [gəˈʃtaŋk] *m ohne Pl* <-(e)s> (*pej*) pis koku, leş gibi koku, ufunet

gestatten* [gəˈʃtatən] *vt* izin vermek (-e), müsaade etmek (-e); **Sie ~?** müsaade eder misiniz?

Geste [ˈgeːstə, ˈgɛstə] *f* <-n> **1.** (*Bewegung*) jest, el kol hareketi **2.** (*Höflichkeit*) jest

gestehen <gesteht, gestand, gestanden> *vt* **1.** (JUR) ikrar etmek, itiraf etmek **2.** (*zugeben*) itiraf etmek; **offen gestanden weiß ich es nicht** açıkçası bunu bilmiyorum

Gestehungskosten *Pl* (WIRTSCH) maliyet

fiyatı

Gestein [gəˈʃtaɪn] *nt* <-(e)s, -e> külte; (*Fels*) kayaç; (*Sediment~*) kayaç

Gesteinskunde *f ohne Pl* taş bilimi

Gestell [gəˈʃtɛl] *nt* <-(e)s, -e> **1.** (*Unterbau*) sehpa; (*Bett~*) karyola; (*Bücher~*) raf **2.** (AUTO) şasi **3.** (*Brillen~*) çerçeve **4.** (*Person*) iskelet

Gestellungsbefehl *m* (MIL) celpname, celp kararı

gestern [ˈgɛstɐn] *adv* dün; ~ **Abend/Morgen** dün akşam/sabah; ~ **vor einer Woche** bir hafta önce dün; (**nicht**) **von** ~ **sein** (*fam*) geri kafalı ol(ma)mak

gestiegen [gəˈʃtiːgən] *pp von* **steigen**

gestikulieren* [gɛstikuˈliːrən, gestikuˈliːrən] *vi* jestler yapmak

Gestirn [gəˈʃtɪrn] *nt* <-(e)s, -e> **1.** (*Himmelskörper*) gök cismi **2.** (*Stern*) yıldız **3.** (*Sternbild*) burç

gestoben [gəˈʃtoːbən] *pp von* **stieben**

gestochen [gəˈʃtɔxən] **I.** *pp von* **stechen** **II.** *adj* (*sorgfältig*) titiz; (*Handschrift*) inci gibi; ~ **scharf** (*Foto*) çok net

gestohlen [gəˈʃtoːlən] *pp von* **stehlen**

gestorben [gəˈʃtɔrbən] *pp von* **sterben**

gestört [gəˈʃtøːɐt] *adj* (PSYCH: *Verhältnis*) bozuk

gestoßen [gəˈʃtoːsən] *pp von* **stoßen**

Gestotter *nt ohne Pl* <-s> (*fam pej*) (sürekli) kekeleme

gestreift [gəˈʃtraɪft] *adj* çizgili

gestresst[RR] [gəˈʃtrɛst] *adj*, **gestreßt** *adj* stresli

gestrichen [gəˈʃtrɪçən] **I.** *pp von* **streichen** **II.** *adj* (*Maßangabe*): **ein ~er Teelöffel voll Zucker** silmece dolu bir çay kaşığı şeker; **ich hab die Schnauze ~ voll** (*fam*) bıktım, usandım

gestrig [ˈgɛstrɪç] *adj* dünkü

gestritten [gəˈʃtrɪtən] *pp von* **streiten**

Gestrüpp [gəˈʃtrʏp] *nt* <-(e)s, -e> çalılık

gestunken [gəˈʃtʊŋkən] *pp von* **stinken**

Gestüt [gəˈʃtyːt] *nt* <-(e)s, -e> hara, aygır deposu

Gesuch [gəˈzuːx] *nt* <-(e)s, -e> dilekçe; **ein ~ einreichen** dilekçe vermek

gesucht [gəˈzuːxt] *adj* **1.** (*gekünstelt*) yapmacık **2.** (*begehrt*) rağbet gören

gesund [gəˈzʊnt] *adj* sağlam, sağlıklı, sıhhatli; **~e Ernährung** sağlıklı beslenme; **wieder ~ werden** iyileşmek; **ich bin ~ und munter** sapasağlamım; **Vitamin C ist** ~ vitamin c sağlıklıdır; ~ **aussehen** sağlıklı görünmek; **der ~e Menschenverstand** sağduyu; **ein ~es Leben** sağlıklı yaşam

gesunden* [gəˈzʊndən] *vi sein* (*geh*) iyileşmek

Gesundheit *f ohne Pl* sağlık, sıhhat; **auf Ihre ~!** sağlığınıza!, sıhhatinize!; **bei guter ~ sein** sağlığı yerinde olmak; **~!** (*beim Niesen*) çok yaşa!; (*beim zweiten Mal*) bin yaşa!

gesundheitlich *adj* **1.** (*die Gesundheit betreffend*) sağlık (ile ilgili), sıhhî; **aus ~en Gründen** sağlığı yüzünden **2.** (*der Gesundheit dienend*) sağlığa yarar, sıhhî

Gesundheitsamt *nt* sağlık dairesi; **Gesundheitsminister(in)** *m(f)* sağlık bakanı; **Gesundheitsministerium** *nt* sağlık bakanlığı; **Gesundheitspolitik** *f* sağlık politikası; **gesundheitsschädlich** *adj* sağlığa zararlı; **Gesundheitswesen** *nt ohne Pl* <-s> sıhhiye; **Gesundheitszeugnis** *nt* temiz raporu; **Gesundheitszustand** *m* sağlık durumu

gesungen [gəˈzʊŋən] *pp von* **singen**

gesunken [gəˈzʊŋkən] *pp von* **sinken**

getan *pp von* **tun**

getigert *adj* (*Katze*) tekir

Getöse [gəˈtøːzə] *nt ohne Pl* <-s> gürültü patırtı, takatuka

getragen [gəˈtraːgən] **I.** *pp von* **tragen** **II.** *adj* **1.** (*Musik*) ağır **2.** (*Kleidung*) giyilmiş

Getränk [gəˈtrɛŋk] *nt* <-(e)s, -e> içecek

getrauen* *vr:* **sich** ~ cesaret etmek (*zu* -e)

Getreide [gəˈtraɪdə] *nt* <-s, -> tahıl, hububat; **Getreidemühle** *f* <-n> tahıl değirmeni; **Getreidesieb** *nt* kalbur; **Getreidesilo** *m o nt* tahıl silosu; **Getreidespeicher** *m* zahire ambarı

getrennt [gəˈtrɛnt] **I.** *adj* ayrı **II.** *adv* ayrı; ~ **bezahlen** Alman usulü yapmak; ~ **leben** ayrı yaşamak; **schreibt man das ~?** bu ayrı mı yazılır?

getreten *pp von* **treten**

getreu [gəˈtrɔɪ] **I.** *adj* (*geh*) sadık, vefalı; (*Wiedergabe*) aslına uygun **II.** *präp:* ~ **den Regeln** kurallara bağlı olarak

Getriebe [gəˈtriːbə] *nt* <-s, -> (*an Maschine*) vites kutusu; (AUTO) şanjman, şanzıman

getrieben *pp von* **treiben**

getroffen *pp von* **treffen**

getrogen *pp von* **trügen**

getrost [gəˈtroːst] *adv* **1.** (*vertrauensvoll*) güvenle; **der Zukunft ~ ins Auge blicken** geleceğe güvenle bakmak **2.** (*ruhig*) huzur içinde; ~ **sterben** huzur içinde ölmek

getrübt [gəˈtryːpt] *adj* kapalı, bulutlu

getrunken *pp von* **trinken**

Getto [ˈgɛto] *nt* <-s, -s> getto

gettoisieren* *vt* **1.** (*zum Getto machen*) gettolaştırmak **2.** (*geh: isolieren*) yalıtlamak

Getue [gəˈtuːə] *nt ohne Pl* <-s> (*fam pej*)

cilve, naz, kırıtma; **ein zimperliches** ~ cilveler *pl,* nazlanmalar *pl,* kırıtmalar *pl;* **sein albernes** ~ çocuk gibi davranışları, çocuksulukları

Getümmel *nt ohne Pl* hengâme

geübt [gə'ʏ:pt] *adj* (*erfahren*) deneyimli, yeterince deneyimi olan; (*geschickt*) becerikli

Gewächs [gə'vɛks] *nt* <-es, -e> **1.** (*Pflanze*) bitki **2.** (*Geschwulst*) ur; **ein bösartiges/gutartiges** ~ kötücül/iyicil ur

gewachsen [gə'vaksən] **I.** *pp von* **wachsen**[1] **II.** *adj:* **jdm** *dat* ~ **sein** birisiyle boy ölçüşebilmek; **etw** *dat* ~ **sein** bir şeyle başa çıkabilmek

Gewächshaus *nt* sera

gewagt [gə'va:kt] *adj* **1.** (*riskant*) riskli **2.** (*moralisch bedenklich*) açık saçık

gewählt [gə'vɛ:lt] *adj* seçilmiş, seçme, seçkin

Gewähr [gə'vɛ:ɐ] *f ohne Pl* inanca, güvence, garanti, teminat; **das erfolgt ohne** ~ bunun garantisi yoktur; **es ist die** ~ **gegeben, dass ...** ... garantisi verilmiştir

gewähren* [gə'vɛ:rən] **I.** *vt* (*bewilligen*) izin vermek (-e); (*geben*) vermek; (*erfüllen*) yerine getirmek; **jdm einen Nachlass** ~ birine indirim yapmak **II.** *vi:* **jdn** ~ **lassen** birini engellememek

gewährleisten* *vt* garanti etmek, tekeffül etmek, kefil olmak (-e)

Gewährleistung *f* <-en> **1.** garanti **2.** (JUR: *Mängelhaftung*) ayıba karşı tekeffül

Gewahrsam [gə'va:ɐza:m] *m ohne Pl* <-s> **1.** (*Obhut*) muhafaza; **etw in** ~ **nehmen** bir şeyi muhafaza altına almak **2.** (*Haft*) gözaltı, nezaret; **jdn in** ~ **nehmen** birini gözaltına almak

Gewährung *f* <-en> verme

Gewalt[1] [gə'valt] *f* <-en> **1.** (*Macht*) güç, erk; **sich in der** ~ **haben** kendine hâkim olmak, kendini tutmak; **jdn in seiner** ~ **haben** birini nüfuzu altında tutmak, birini elinde tutmak; **in jds** ~ **geraten** birinin eline düşmek; **er verlor die** ~ **über seinen Wagen** arabası üzerindeki kontrolü kaybetti; **mit aller** ~ var gücüyle **2.** (JUR): **elterliche** ~ velâyet hakkı; **höhere** ~ mücbir sebepler; **ausführende/gesetzgebende/richterliche** ~ yürütme/yasama/yargı erki [*o* gücü] **3.** (*Befehls~*) yetki

Gewalt[2] *f ohne Pl* **1.** (*~tätigkeit*) zor, cebir, şiddet; **mit** ~ zorla, metazori; ~ **anwenden** zor [*o* cebir] kullanmak; **sich** *dat* ~ **antun** kendini zorlamak **2.** (*Heftigkeit*) şiddet

Gewaltakt *m* şiddet eylemi

Gewaltenteilung *f ohne Pl* kuvvetler ayrılığı

Gewaltherrschaft *f* despotluk

gewaltig **I.** *adj* **1.** (*mächtig*) güçlü **2.** (*riesig*) muazzam, koskocaman **II.** *adv* (*fam: sehr*) muazzam; **der Fortschritt der letzten Jahre ist** ~ son yıllardaki ilerleme muazzam

gewaltlos *adj* barışçı yollarla yapılan

Gewaltmarsch *m* cebrî yürüyüş

gewaltsam **I.** *adj* cebrî, zorla yapılan **II.** *adv* zorla, cebren; **eine Tür** ~ **öffnen** bir kapıyı zorla açmak

Gewalttat *f* şiddet eylemi; **Gewalttäter(in)** *m(f)* şiddet eyleminin faili

gewalttätig *adj* zorba

Gewalttätigkeit *f ohne Pl* zorbalık

Gewaltverbrechen *nt* cebir ve şiddet kullanarak işlenen suç

Gewand [gə'vant, *Pl:* gə'vɛndɐ] *nt* <-(e)s, -wänder> **1.** (*geh: Kleidungsstück*) kisve, esvap **2.** (*Schweiz: Kleidung*) giysi, esvap

gewandt [gə'vant] **I.** *pp von* **wenden**[2] **II.** *adj* becerikli; (*Bewegungen*) çevik, atik; (*Stil*) kıvrak

gewann [gə'van] *3. imp von* **gewinnen**

gewaschen [gə'vaʃən] *pp von* **waschen**

Gewässer [gə'vɛsɐ] *nt* <-s, -> sular *pl;* **Gewässerreinhaltung** *f* (ÖKOL) suları temiz tutma

Gewebe [gə've:bə] *nt* <-s, -> (*a.* MED, BIOL) doku

Gewehr [gə've:ɐ] *nt* <-(e)s, -e> tüfek; **Gewehrkolben** *m* dipçik; **Gewehrlauf** *m* <-(e)s, -läufe> tüfek namlusu

Geweih [gə'vaɪ] *nt* <-(e)s, -e> boynuz, geyik boynuzu

Gewerbe[1] [gə'vɛrbə] *nt* <-s, -> (*Tätigkeit*) sanat; (*im Handel*) esnaflık; **ein** ~ **(be)treiben** esnaflık yapmak

Gewerbe[2] *nt ohne Pl* <-s> (*Betrieb*) ticarethane, ticarî işletme; **Gewerbegebiet** *nt* ticaret bölgesi; **Gewerbeschein** *m* <-(e)s, -e> ruhsatname; **Gewerbesteuer** *f* <-n> ticarî kazançlar vergisi; **Gewerbetreibende(r)** *mf* <-n, -n; -n> esnaf

gewerblich [gə'vɛrplɪç] *adj* ticarî; (*industriell*) sınaî, endüstriyel; (*beruflich*) profesyonel

Gewerkschaft [gə'vɛrkʃaft] *f* <-en> sendika

Gewerkschaft(l)er(in) *m(f)* <-s, -; -nen> sendikacı

gewerkschaftlich *adj* sendikal

Gewerkschaftsbund *m* <-(e)s, -e> sendikalar birliği; **Gewerkschaftsmitglied** *nt* sendika üyesi

gewesen [gə've:zən] *pp von* **sein**

gewichen [gə'vɪçən] *pp von* **weichen**

Gewicht[1] [gə'vɪçt] *nt ohne Pl* <-(e)s> **1.** (*Schwere, a.* PHYS) ağırlık, tartı; **sein** ~

G

halten ağırlığını korumak; **spezifisches** ~ (PHYS) özgül ağırlık **2.** (*Bedeutung*) önem; (**nicht**) **ins** ~ **fallen** önemi ol(ma)mak; **auf etw** ~ **legen** bir şeye önem vermek

Gewicht[2] *nt* <-(e)s, -e> (*für Waage,* SPORT) sıklet, ağırlık

gewichten* *vt* (*Bedeutung beimessen*) ağırlık vermek (-e), önem vermek (-e), önemsemek

Gewichtheben *nt ohne Pl* <-s> (SPORT) ağırlık kaldırma, halter

Gewichtheber, -in *m, f* <-s> (SPORT) halterci

gewichtig *adj* **1.** (*bedeutungsvoll*) önemli **2.** (*iron: dick*) kilolu

Gewichtsverlust *m* ağırlık yitimi [*o* kaybı]; (COM: *Gewichtsschwund*) fire; **Gewichtszunahme** *f* ağırlaşma

gewieft [gə'vi:ft] *adj* (*fam*) anasının gözü

gewiesen [gə'vi:zən] *pp von* **weisen**

gewillt [gə'vɪlt] *adj:* ~ **sein etw zu tun** bir şeyi yapmaya istekli olmak

Gewimmel *nt ohne Pl* <-s> kalabalık, izdiham

Gewinde [gə'vɪndə] *nt* <-s, -> (TECH) vida dişi

Gewinn[1] [gə'vɪn] *m* <-(e)s, -e> **1.** (WIRTSCH) kâr, kazanç; ~ **bringen/machen** kâr getirmek/yapmak **2.** (*in Lotterie*) kazanılan para

Gewinn[2] *m ohne Pl* <-(e)s> (*Nutzen*) kâr, kazanç, yarar, fayda; ~ **bringend** kâr getiren, kazanç getiren; (*vorteilhaft*) yarar sağlayan; **aus etw** *dat* ~ **schlagen** bir şeyden kâr etmek

Gewinnbeteiligung *f* <-en> kâra iştirak; **gewinnbringend** *adj* kârlı; (*vorteilhaft*) kazançlı, yararlı

gewinnen* [gə'vɪnən] <gewinnt, gewann, gewonnen> **I.** *vt* **1.** (*Spiel*) kazanmak **2.** (*erhalten*) elde etmek; **Zeit/Abstand/Boden** ~ vakit/mesafe/yer kazanmak; **jdn zum Freund** ~ birini dost olarak kazanmak; **jdn für etw** ~ birini bir şey için kazanmak [*o* kendinden yana çekmek]; **wie gewonnen, so zerronnen** (*prov*) haydan gelen huya gider **3.** (*Rohstoff*) işletmek; (*erzeugen*) üretmek; (*Energie*) üretmek; (*Kohle*) işletmek; **aus diesen Trauben wird Wein gewonnen** bu üzümlerden şarap elde edilir **II.** *vi* **1.** (*siegen*) kazanmak; **die Mannschaft gewann 3:1** takım 3:1 kazandı **2.** (*besser werden*) kazanmak (*an* -); **an Bedeutung** ~ önem kazanmak; **an Höhe** ~ yükselmek **3.** (*besser wirken*) kazanmak (*durch* ile)

gewinnend *adj* (*Wesen*) albenili

Gewinner(in) *m(f)* <-s, -; -nen> kazanan; (*Sieger*) galip, yenen; **Gewinnmarge** *f* (WIRTSCH) kâr marjı; **Gewinnnummer**[RR] *f* kazanan numara; **Gewinnummer** *f s.* **Gewinnnummer**[RR]

Gewinnung *f* <-en> **1.** kazanma; (*von Rohstoffen*) yararlanma; (*von Kohle*) işletme **2.** (*Erzeugung*) üretim; ~ **von Energie** enerji üretimi

Gewinsel *nt ohne Pl* <-s> (*pej*) yalvarıp yakarma, sızlanma

gewiss[RR], **gewiß** [gə'vɪs] **I.** *adj* **1.** (*sicher*) emin; **sich** *dat* **einer Sache** ~ **sein** (*geh*) bir şeyden emin olmak **2.** (*bestimmt*) belli; **ein** ~**er Herr Müller** Bay Müller adında biri; **in** ~**em Maße** belli bir ölçüde; **bis zu einem** ~**en Grade** belli bir dereceye kadar **II.** *adv* (*mit Sicherheit*) kesinlikle, mutlaka; (*zweifellos*) şüphesiz; **aber** ~**!** ama gerçekten bu böyle!; ~ **hat er es gehört** onu kesinlikle [*o* mutlaka] duymuştur; ~ **doch!** elbette!

Gewissen [gə'vɪsən] *nt* <-s, -> vicdan; **ein gutes/schlechtes** ~ **haben** vicdanen rahat/rahatsız olmak, vicdanı rahat olmak/rahat olmamak; **ein reines** ~ **haben** vicdanı pak olmak; **jdn/etw auf dem** ~ **haben** bir kimse/şey yüzünden vicdan azabı çekmek [*o* duymak]; **jdm ins** ~ **reden** birine vaaz etmek; **sein** ~ **erleichtern** vicdanını rahatlatmak, içini dökmek

gewissenhaft *adj* vicdanî, vicdanlı; (*penibel*) titiz

gewissenlos *adj* vicdansız; ~ **handeln** vicdansızca davranmak

Gewissenlosigkeit *f ohne Pl* vicdansızlık

Gewissensbisse *mPl* vicdan azabı; ~ **haben/spüren** vicdan azabı çekmek/duymak; **Gewissensfrage** *f* vicdan meselesi; **Gewissensfreiheit** *f ohne Pl* vicdan özgürlüğü

gewissermaßen ['-'--'--] *adv* sanki, âdeta, (*beinahe*) hemen hemen; ~ **aus heiterem Himmel** sanki gökten zembille inmiş gibi

Gewissheit[RR] *f* <-en>, **Gewißheit** *f* <-en> kesin bilgi; ~ **haben über etw** bir şey hakkında [*o* üzerine] kesin bilgisi olmak; **sich** *dat* ~ **über etw verschaffen** bir şey hakkında kesin bilgi edinmek

Gewitter [gə'vɪtɐ] *nt* <-s, -> boran

gewitt(e)rig *adj* boranlı

gewittern* *vunpers* boran olmak

Gewitterregen *m* <-s, -> boran yağmuru; **Gewittersturm** *m* boran fırtınası; **Gewitterwolke** *f* boran bulutu

gewitzt [gə'vɪtst] *adj* açıkgöz

gewoben [gə'vo:bən] *pp von* **weben**[2]

gewogen [gə'vo:gən] **I.** *pp von* **wiegen** **II.** *adj* (*geh*): **etw** *dat* ~ **sein** bir şeye sıcak bakmak; **jdm** ~ **sein** birine dostça davranmak

gewöhnen* [gə'vøːnən] **I.** *vt* alıştırmak (*an* -e) **II.** *vr:* **sich** ~ alışmak (*an* -e)

Gewohnheit [gə'voːnhaɪt] *f* <-en> alışkanlık; **aus** (**alter**) ~ alışkanlıktan

Gewohnheitsmensch *m* alışkanlıklarından vazgeçemeyen kimse; **Gewohnheitsrecht** *nt ohne Pl* <-(e)s> (JUR) örf ve âdet hukuku, teamül hukuku

gewöhnlich [gə'vøːnlɪç] **I.** *adj* **1.** (*gewohnt*) alışılmış, mutat, olağan **2.** (*normal*) normal, olağan; **im** ~**en Leben** normal yaşamda; **unter** ~**en Umständen** normal şartlar altında; **ein** ~**er Lauf der Dinge** işlerin normal yürümesi **3.** (*schlicht*) adî, sıradan, alelâde; (*ordinär*) âdi; **er ist ein ziemlich** ~**er Mensch** kendisi oldukça sıradan bir insandır **II.** *adv* (*normalerweise*) normalen; **wie** ~ her zamanki gibi

gewohnt [gə'voːnt] *adj* **1.** (*daran gewöhnt*) alışık; **ich bin es** ~ **lange zu arbeiten** ben uzun çalışmaya alışığım **2.** (*vertraut*) alışık

Gewöhnung [gə'vøːnʊŋ] *f ohne Pl* alışma (*an* -e)

Gewölbe [gə'vœlbə] *nt* <-s, -> tonoz

gewölbt [gə'vœlpt] *adj* bombeli, tonozlu; (*Decke*) tonoz biçimindeki

gewonnen [gə'vɔnən] *pp von* **gewinnen**

geworben [gə'vɔrbən] *pp von* **werben**

geworden [gə'vɔrdən] *pp von* **werden**[1]

geworfen [gə'vɔrfən] *pp von* **werfen**

gewrungen [gə'vrʊŋən] *pp von* **wringen**

Gewühl [gə'vyːl] *nt ohne Pl* <-(e)s> (*Gedränge*) kalabalık, izdiham

gewunden [gə'vʊndən] **I.** *pp von* **winden** **II.** *adj* (*Flusslauf, Straße*) kıvrımlı, dolambaçlı; (*Ausdrucksweise*) dolambaçlı

gewunken [gə'vʊŋkən] *pp von* **winken**

Gewürz [gə'vʏrts] *nt* <-es, -e> bahar, baharat *pl;* **Gewürzgurke** *f* turşuluk hıyar

gewusst[RR] [gə'vʊst], **gewußt** *pp von* **wissen**

Geysir *m* (GEO) gayzer, kaynaç

gez. *Abk. von* **gezeichnet** imzalı

gezackt [gə'tsakt] *adj* tırtıllı; (TECH, BOT) dişli

gezeichnet [gə'tsaɪçnət] *adj* **1.** (*im Brief*) imzalı **2.** (FIN) taahhütlü; ~**es Kapital** taahhütlü sermaye

Gezeiten [gə'tsaɪtən] *fPl* gelgit, meddücezir; **Gezeitenwechsel** *m* <-s, -> gelgit olayı

Gezeter [gə'tseːtɐ] *nt ohne Pl* <-s> (*pej*) vaveylâlar *pl,* çığlık çığlığa bağırmalar *pl*

gezielt [gə'tsiːlt] *adj* amaçlı

geziemen* [gə'tsiːmən] *vr:* **sich** ~ yakışık almak; **das geziemt sich nicht!** bu yakışık almaz!

geziert [gə'tsiːɐt] *adj* (*pej*) yapmacık(lı)

gezogen [gə'tsoːgən] *pp von* **ziehen**

Gezwitscher [gə'tsvɪtʃɐ] *nt ohne Pl* <-s> ötüşme

gezwungen [gə'tsvʊŋən] **I.** *pp von* **zwingen** **II.** *adj* zoraki

gezwungenermaßen [-'---'--] *adv* zorunlu olarak, mecburen

ggf. *Abk. von* **gegebenenfalls** gerekince, gerekirse, icabında

Ghana ['gaːna] *nt* <-s> Gana

Ghanaer(in) ['gaːnaɐ] *m(f)* <-s, -; -nen> Ganalı

ghanaisch ['gaːnaɪʃ] *adj* Ganalı, Gana (ile ilgili)

Ghetto ['gɛto] *nt* <-s, -s> *s.* **Getto**

ghettoisieren* *vt s.* **gettoisieren**

Gibraltar [gi'braltaːɐ, --'-] *nt* <-s> Cebelitarık; **die Straße von** ~ Cebelitarık Boğazı

Gibraltarer(in) [gibral'taːrɐ] *m(f)* <-s, -; -nen> Cebelitarıklı

gibt [giːpt] *3. präs von* **geben**

Gicht [gɪçt] *f ohne Pl* (MED) gut

Giebel ['giːbəl] *m* <-s, -> (ARCH) alınlık, üçgen çatı; **Giebeldach** *nt* (ARCH) beşik çatı

Gier [giːɐ] *f ohne Pl* aç gözlülük (*nach* -de), hırs (*nach* -); (*Fress*~) oburluk; **die** ~ **nach Macht/Geld** iktidar/para hırsı

gieren ['giːrən] *vi* (*geh*) hırsı olmak (*nach* -); **er giert nach Ruhm und Macht** onda şöhret ve iktidar hırsı var

gierig *adj* (*hab*~) aç gözlü, tamahkâr; (*gefräßig*) obur; ~ **essen** oburca yemek; ~ **trinken** kana kana içmek

gießen ['giːsən] <gießt, goss, gegossen> **I.** *vt* **1.** (*Pflanzen*) sulamak **2.** (*Metall*) dökmek **3.** (*Kerzen*) dökmek **4.** (*hinein*~) dökmek; **voll** ~ doldurmak **5.** (*verschütten*) dökmek **II.** *vunpers* (*fam: regnen*) yağmak; **es gießt in Strömen** bardaktan boşanırcasına (yağmur) yağıyor

Gießerei *f* <-en> dökümhane

Gießkanne *f* <-n> sulama kovası

Gift [gɪft] *nt* <-(e)s, -e> (*a.* MED) zehir; **darauf kannst du** ~ **nehmen** (*fam*) buna emin olabilirsin; **sein** ~ **verspritzen** (*fam*) zehir saçmak; ~ **und Galle spucken** (*fam*) ateş püskürmek; **Giftgas** *nt* <-es, -e> zehirli gaz

giftig *adj* **1.** (*Substanz*) zehirleyici, zehirli, ağılı; (MED) zehirli **2.** (*fam: boshaft*) garazlı

Giftmüll *m* (ÖKOL) zehirli atıklar *pl,* zehirli çöpler *pl;* **Giftpilz** *m* (BOT) zehirli mantar; **Giftschlange** *f* zehirli yılan; **Giftstoff** *m* <-(e)s, -e> zehirli madde; **Giftwolke** *f* <-, -n> zehirli bulut

Gigabyte ['giːgabaɪt] *nt* <-(s), -(s)> (INFORM) gigabayt

G

Gigant(in) [gi'gant] *m(f)* <-en, -en; -nen> dev

gigantisch *adj* devasa

Gigolo *m* <-s, -s> jigolo

Gilde *f* lonca

gilt [gɪlt] *3. präs von* **gelten**

Gimpel *m* (ZOOL) şakrak kuşu

Gin *m* <-s> cin

ging [gɪŋ] *3. imp von* **gehen**

Ginster ['gɪnstɐ] *m* <-s, -> (BOT) katırtırnağı

Gipfel ['gɪpfəl] *m* <-s, -> **1.** (*von Berg*) tepe, doruk, zirve **2.** (*Höhepunkt*) dik âlâsı, daniska; **das ist doch der ~!** bu, rezaletin dik âlâsı!, bu, saygısızlığın daniskası! **3.** (POL) doruk, zirve; **Gipfelkonferenz** *f* (POL) zirve konferansı, doruk konferansı

Gipfelpunkt *m* doruk, zirve; **Gipfeltreffen** *nt* (POL) zirve toplantısı, doruk toplantısı

Gips [gɪps] *m* <-es, -e> **1.** (GEO) alçı taşı, jips **2.** (*Baumaterial*) alçı **3.** (MED) alçı; **den rechten Arm/Fuß in ~ haben** sağ kolu/ayağı alçıda olmak; **Gipsabdruck** *m* <-(e)s, -drücke> alçı kalıp; **Gipsbein** *nt* (*fam*) alçılı bacak

gipsen *vt* alçılamak

Gipsverband *m* alçılı sargı

Giraffe [gi'rafə] *f* <-n> zürafa

Girlande [gɪr'landə] *f* <-n> kırlent

Girobank *f* kliring bankası; **Girokonto** ['ʒi:rokɔnto] *nt* cari hesap

Gis [gɪs] *nt* <-, -> (MUS) sol diyez

Gitarre [gi'tarə] *f* <-n> gitar

Gitarrist(in) *m(f)* <-en, -en; -nen> gitarist, gitarcı

Gitter ['gɪtɐ] *nt* <-s, -> (*Fenster~, Tür~*) kafes; (*für Pflanzen*) çit; **hinter ~ kommen** (*fam*) kafese girmek; **Gitterfenster** *nt* kafesli pencere; **Gitterrost** *m* <-(e)s, -e> (*an Ofen*) ızgara; (*Abdeckung*) ızgara

Glace [gla:s] *f* <-n> (*Schweiz: Speiseeis*) dondurma

Glaceehandschuh[RR] *m* <-(e)s, -e>, **Glacéhandschuh** [gla'se:hantʃu:] *m* <-(e)s, -e> glâse eldiven; **jdn mit ~en anfassen** (*fam fig*) birine tatlılıkla muamele etmek

Gladiole *f* (BOT) glayöl

Glanz [glants] *m ohne Pl* <-es> **1.** (*von Fläche, Haaren, Augen*) parlaklık; (*Schimmer*) parıltı **2.** (*Pracht*) görkem

glänzen ['glɛntsən] **I.** *vi* **1.** parlamak **2.** (*in einem Fach*) parlamak (*durch* -le) **II.** *vt* (*Schweiz: zum G~ bringen*) parlatmak

glänzend **I.** *adj* **1.** (*Lack, Augen*) parlak; (*Foto*) parlak **2.** (*fam: sehr gut*) enfes **II.** *adv:* **mir geht es ~** çok iyiyim; **wir haben uns ~ amüsiert** nefis eğlendik

Glanzleistung *f* parlak başarı; **Glanznummer** *f* atraksiyon

glanzvoll *adj* **1.** (*ausgezeichnet*) parlak **2.** (*prunkhaft*) görkemli

Glanzzeit *f* <-en> parlak dönem

Glas[1] [gla:s] *nt ohne Pl* <-es> (*Material*) cam; **Vorsicht ~!** dikkat kırılır!

Glas[2] [gla:s, *Pl:* 'glɛ:zɐ] *nt* <-es, Gläser> **1.** (*Trinkgefäß*) bardak; (*mit Stiel*) kadeh; (*Schnaps~*) kadeh; **das ~ heben** kadeh kaldırmak **2.** (*Fern~*) dürbün **3.** (*Brillen~*) cam

Glasauge *nt* cam göz; **Glasbläser(in)** *m(f)* cam ustası

Glaser(in) *m(f)* <-s, -; -nen> camcı

Glaserdiamant *m* camcı elması

Glaserei *f* <-en> **1.** (*Betrieb*) camcı (dükkânı), cam evi **2.** *ohne Pl* (*Handwerk*) camcılık

Glaserkitt *m* camcı macunu

gläsern ['glɛ:zɐn] *adj* cam(dan); (*feiner*) cam gibi; (*fig: transparent*) cam gibi, saydam

Glasfaser *f* <-n> cam elyafı, cam lifi; **Glasfaserkabel** *nt* <-s, -> (TECH) tel ışın kablosu

Glasglocke *f* fanus; **Glashaus** *nt:* **wer im ~ sitzt, soll nicht mit Steinen werfen** (*prov*) sırça köşkte oturan komşusuna taş atmamalı; **Glashütte** *f* cam imalâthanesi, cam fabrikası; **Glasindustrie** *f* cam sanayii

glasieren* [gla'zi:rən] *vt* (*Keramik*) sırlamak

glasig ['gla:zɪç] *adj* (*Blick*) cam gibi, donuk

Glaskasten *m* cam kutu; (*fam: verglaster Raum*) camekân; **glasklar** ['-'-] *adj* **1.** (*durchsichtig*) cam gibi, saydam **2.** (*fig: eindeutig*) apaçık, besbelli; **Glaskörper** *m* (ANAT, MED: *im Auge*) billûr cisim; **Glaskraut** *nt ohne Pl* (BOT) yapışkan otu; **Glasmalerei** *f ohne Pl* cam resim

Glasnost ['glasnɔst] *f ohne Pl* (POL) glasnost

Glasperle *f* <-n> boncuk; **Glasscheibe** *f* cam, pencere camı; **Glasschrank** *m* camlı dolap; **Glastür** *f* camlı kapı, camekânlı kapı

Glasur [gla'zu:ɐ] *f* <-en> (*auf Keramik*) sır

Glaswolle *f ohne Pl* cam yünü

glatt [glat] **I.** *adj* **1.** (*eben*) düz; (*nicht rau*) pürüzsüz; (*Haut*) pürüzsüz, duru; (*Haare*) düz **2.** (*rutschig*) kaygan, kaypak **3.** (*reibungslos*) düzgün **4.** (*fam: eindeutig*): **das ist eine ~e Lüge** bu dpedüz yalandır; **das macht ~e 1000 Euro** bu tam 1000 euro tutar **5.** (*Typ*) kaypak **II.** *adv* **1.** (*problemlos*) sorunsuz **2.** (*rundweg*) düpedüz; (*einfach*) düpedüz; **das hatte ich ~ vergessen** bunu düpedüz unutmuştum

glatt|bügeln *vt s.* **bügeln**

Glätte ['glɛtə] *f ohne Pl* **1.** (*Ebenheit*) düzlük; (*nicht rau*) pürüzsüzlük **2.** (*von Straßen*) kayganlık

Glatteis *nt* donmuş kırağı; **jdn aufs ~ führen** (*fig*) birini faka bastırmak

glätten ['glɛtən] **I.** *vt* **1.** (*eben machen*) düzletmek; **die Wogen ~** (*fig*) yatıştırmak **2.** (*Schweiz: bügeln*) ütülemek **II.** *vr:* **sich ~** (*Meer*) sakinleşmek; (*Sturm*) durulmak, dinmek

glattrasiert *adj s.* **rasieren I.**

glatt|streichen *irr vt s.* **streichen I.5.**

Glatze ['glatsə] *f* <-n> **1.** kellik, dazlaklık; **eine ~ haben** başı dazlak olmak, başında kellik olmak; **eine ~ bekommen** kelleşmek, dazlaklaşmak **2.** (*sl: Skinhead*) dazlak

Glatzkopf *m* (*fam*) dazlak

glatzköpfig ['glatskœpfɪç] *adj* kel, dazlak

Glaube ['glaʊbə] *m ohne Pl* <-ns> **1.** (REL) iman, inanç (*an* -), inanış; (*Aber~*) inanç, itikat; **der christliche ~** Hristiyan inanışı; **jüdischen ~ns** Yahudi inanışından olan **2.** (*Vertrauen*) güven, itimat; (*Meinung*) görüş; (*Überzeugung*) inanç; **den ~n an etw verlieren** bir şeye güveni sarsılmak; **in dem ~n sein, dass ...** ...in inancında olmak; **lass sie doch in dem ~n!** inanacaksa bırak inansın!; **etw** *dat* **~n/keinen ~n schenken** bir şeye inanmak/inanmamak; **in gutem ~n handeln** iyi niyetle hareket etmek **3.** (*Zuversicht*) güven (*an* -e)

glauben ['glaʊbən] **I.** *vt* **1.** (*meinen*) sanmak; **ich glaube nicht, dass das geht** bunun olabileceğini sanmıyorum [*o* sanmam], olabileceğine inanmıyorum; **sie glaubte ihn in Schwierigkeiten** (*geh*) onun sıkıntıda olduğunu sanıyordu; **einer musste daran ~** (*fam fig*) kabak birinin başın(d)a patlamak, kabak birinin başına patlaması gerekiyordu **2.** (*für wahr halten*) inanmak; **das glaubst du doch selber nicht** sen de buna inanmıyorsun ki; **es ist nicht zu ~!** inanılacak şey değil!; **ich glaube dir** sana inanıyorum; **ob du es glaubst oder nicht, ich habe gewonnen** ister inan ister inanma, ben kazandım **II.** *vi* (*a.* REL) inanmak (*an* -e); **ich glaube an Gott** Tanrı'ya [*o* Allah'a] inanıyorum

Glauben *m ohne Pl* <-s> *s.* **Glaube**; **Glaubensbekenntnis** *nt* **1.** (REL: *Zugehörigkeit zu einer Konfession*) mezhep **2.** (REL: *formelhafte Zusammenfassung*) amentü; (*in Islam*) kelimeişahadet; **das Apostolische ~** Havarîlerin Amentüsü **3.** (POL: *Überzeugung*) inanç; **Glaubensfreiheit** *f ohne Pl* inanç özgürlüğü; **Glaubensgemeinschaft** *f* cemaat

glaubhaft *adj* inandırıcı; (*glaubwürdig*) güvenilir; **jdm etw ~ machen** birini bir şeye inandırmak

Glaubhaftigkeit *f ohne Pl* inanırlık

gläubig ['glɔɪbɪç] *adj* (REL) imanlı, inançlı

Gläubige(r) *mf* <-n, -n; -n> (REL) iman sahibi

Gläubiger(in) *m(f)* <-s, -; -nen> (WIRTSCH) alacaklı; **Gläubigerbank** *f* alacaklı banka; **Gläubigerland** *f* (WIRTSCH) alacaklı ülke

Gläubigkeit *f ohne Pl* inançlılık

glaubwürdig *adj* güvenilir; **Glaubwürdigkeit** *f ohne Pl* güvenilirlik

gleich [glaɪç] **I.** *adj* **1.** (*a.* MATH: *~wertig*) eşit; (*identisch*) aynı, özdeş; **der/die/das G~e** aynı(sı), tıpkı(sı); **aufs** [*o* **auf das**] **G~e hinauslaufen** aynı kapıya çıkmak; **zu ~en Teilen** eşit olarak; **in ~er Weise** aynı biçimde; **zur ~en Zeit** aynı zamanda; **G~es mit G~em vergelten** kısasa kısasla karşılık vermek; **zwei mal zwei (ist) ~ vier** iki kere iki dörde eşittir, iki kere iki dört eder **2.** (*ähnlich*) benzer; **G~ und G~ gesellt sich gern** (*prov*) tencere yuvarlanmış, kapağını bulmuş **3.** (*~gültig*): **ist mir ganz ~!** bana göre hava hoş!, umurumda değil!; **ganz ~ was er sagt** ne derse desin **II.** *adv* **1.** (*sofort*) hemen, şimdi; (*demnächst*) birazdan; **ich komme ~** hemen geliyorum, birazdan gelirim; **bis ~** birazdan görüşmek üzere; **~ darauf** ondan hemen sonra; **~ heute** hemen bugün; **wie hieß sie doch ~?** adı neydi ki? **2.** (*dicht daneben*) hemen; **der Schrank steht ~ neben der Tür** dolap kapının hemen yanında duruyor; **~ hier** hemen burada, buracıkta **3.** (*ebenso*) aynı; **~ schnell** aynı hızda; **~ groß** aynı boyda; **~ viel** eşit miktarda; **du musst sie beide ~ behandeln** ikisine eşit muamele yapman gerekiyor, ikisine aynı muameleyi yapman gerekiyor **III.** *präp* (*geh: wie*) gibi; **~ einem Schmetterling** bir kelebek gibi

gleichaltrig ['glaɪçaltrɪç] *adj* akran, yaşıt

gleichartig *adj* türdeş

Gleichartigkeit *f* türdeşlik

gleichbedeutend *adj* eş anlamlı (*mit* ile)

gleichberechtigt *adj* eşit haklara sahip olan; **Gleichberechtigung** *f ohne Pl* eşitlik

gleich|bleiben *irr* **I.** *vi sein s.* **bleiben 2. II.** *vr:* **sich ~** *sein s.* **bleiben 2.**

gleichbleibend *adj s.* **bleiben 2.**

gleichen ['glaɪçən] <gleicht, glich, geglichen> *vi* benzemek (-e)

gleichermaßen ['--'--] *adv* aynı suretle

gleichfalls *adv* keza; **danke ~!** bilmukabele!

gleichfarbig *adj* renktaş

gleichförmig *adj* düzgün, tekdüze, hep aynı biçimde olan

gleichgeschlechtlich *adj* **1.** (*von gleichem Geschlecht*) aynı cinsten olan **2.** (*homosexuell*) eş cinsel; **gleichgesinnt** ['glaɪçgəzɪnt] *adj s.* **gesinnt**

Gleichgewicht *nt ohne Pl* <-(e)s> denge; (PSYCH) iç denge; **aus dem ~ kommen/bringen** dengesini kaybetmek/kaybettirmek; **das ~ stören** dengeyi bozmak; **im ~ sein** dengede olmak; **Gleichgewichtsstörung** *f* (MED) denge bozukluğu

gleichgültig *adj* **1.** (*ohne Anteilnahme*) neme lâzımcı, kayıtsız, ilgisiz, umursamaz, aldırmaz (*gegenüber* -e karşı) **2.** (*unwichtig*): **das ist mir ~** neme lâzım, bu benim umurumda değil

Gleichgültigkeit *f ohne Pl* neme lâzimcılık, kayıtsızlık, aldırmazlık (*gegenüber* -e karşı); (*Desinteresse*) ilgisizlik (*gegenüber* -e karşı)

Gleichheit *f ohne Pl* eşitlik; **Gleichheitszeichen** *nt* eşit işareti

gleich|kommen *irr vi sein* **1.** (*gleichen*) eşit olmak (-e) **2.** (*mit Leistung*): **niemand kommt ihm an Schnelligkeit gleich** hiç kimse onun kadar hızlı değildir; **gleichlautend** *adj s.* **lauten**; **gleich|machen** *vt* eşitlemek; **etw dem Erdboden ~** bir şeyi yerle bir etmek

gleichmäßig *adj* **1.** (*gleichförmig*) düzgün **2.** (*regelmäßig*) düzenli **3.** (*ausgeglichen*) dengeli; **~e Verteilung** eşit olarak dağıtılma

Gleichmäßigkeit *f ohne Pl* **1.** (*Gleichförmigkeit*) düzgünlük **2.** (*Regelmäßigkeit*) düzenlilik **3.** (*Ausgeglichenheit*) denge **4.** (*in der Form*) düzgünlük

Gleichnis *nt* <-ses, -se> mesel

gleichrangig ['glaɪçraŋɪç] *adj* aynı derecedeki, aynı sıradaki, aynı rütbedeki

gleichsam *adv* (*geh*) âdeta, sanki; (*wie*) gibi; **~ als ob ...** sanki ...miş gibi ...

gleichschenk(e)lig *adj* (MATH) ikizkenar; **~es Dreieck** ikizkenar üçgen

Gleichschritt *m ohne Pl* <-(e)s> uygun adım; **im ~ marschieren** uygun adım yürümek

gleich|sehen *irr vi sein* çok benzemek; **er sieht seinem Vater gleich** babasına çok benziyor; **gleichseitig** *adj* (MATH) eşkenar; **ein ~es Dreieck** eşkenar üçgen; **Gleichstand** *m ohne Pl* <-(e)s> (SPORT) berabere kalma; **Gleichstellung** *f ohne Pl* eşitlik; **die ~ der Frau mit dem Mann** kadın ile erkek arasındaki eşitlik; **Gleichstrom** *m ohne Pl* <-(e)s> (ELEK) doğru akım; **gleich|tun** *irr vt:* **es jdm ~** (*nachahmen*) birisini taklit etmek; (*in Leistung*) birinin yaptığını tekrarlamak

Gleichung *f* <-en> (MATH) denklem

gleichwertig *adj* eş değerli

Gleichwertigkeit *f ohne Pl* eş değerlik

gleichwohl ['-'-] *adv* bununla birlikte, mamafih

gleichzeitig **I.** *adj* eş zamanlı **II.** *adv* aynı zamanda

Gleis [glaɪs] *nt* <-es, -e> ray; (*Rangier~*) hat; **auf ~ zehn** on numaralı peronda; **aus dem ~ geraten** (*fig*) raydan [*o* rayından] çıkmak; **die Sache kommt schon wieder ins rechte ~** iş yine rayına giriyor

Gleiskettenfahrzeug *nt* paletli taşıt

gleiten ['glaɪtən] <gleitet, glitt, geglitten> *vi* **1.** *sein* (*fliegen*) süzülmek **2.** *sein* (*rutschen*) kaymak **3.** *sein* (*sich bewegen*) süzülmek, süzülerek geçmek (*über* -den)

Gleitflug *m* süzülme; **im ~ landen** süzülerek yere inmek, süzüle süzüle yere inmek; **Gleitflugzeug** *nt* plânör; **Gleitklausel** *f* eşelmobil kaydı

Gletscher ['glɛtʃɐ] *m* <-s, -> buzul; **Gletscherbach** *m* buzul kaynağı; **Gletscherspalte** *f* buzul yarığı

glich [glɪç] *3. imp von* **gleichen**

Glied [gliːt] *nt* <-(e)s, -er> **1.** (*Körperteil*) organ, uzuv; **der Schreck saß ihm in den ~ern** korku iliğine işlemişti **2.** (*Finger~*) boğum **3.** (*Penis*): **das männliche ~** erkeklik organı **4.** (*Ketten~*) bakla, halka **5.** (*Teil*) unsur

Gliederfüßer *mPl* (ZOOL) eklem bacaklılar *pl*

gliedern ['gliːdɐn] **I.** *vt* **1.** (*ordnen*) düzenlemek, tertip etmek **2.** (*unterteilen*) bölümlemek (*in* -e) **II.** *vr:* **sich ~** (*sich teilen*) bölünmek (*in* -e)

Gliederung *f* <-en> **1.** (*das Gliedern*) bölüm; (*Einteilung*) ayırma (*in* -e) **2.** (*Aufbau*) yapı; **~ der Bilanz** bilanço tablosu

Gliedmaßen ['gliːtmaːsən] *fPl* kol ve bacaklar *pl*

glimmen ['glɪmən] <glimmt, glomm, geglommen> *vi* için için yanmak

Glimmer *m* mika

glimmern ['glɪməɐn] *vi* parıldamak

Glimmstengel *m* (*fam*) cıgara

glimpflich ['glɪmpflɪç] **I.** *adj* (*mild*) yumuşak; (*Strafe*) hafif; (*Urteil*) insaflı **II.** *adv* (*ohne größeren Schaden*) hafif, az bir zararla; **wir sind noch ~ davongekommen** onu hafif [*o* az bir zararla] atlattık, ondan az bir zararla kurtulduk, onu geçiştirdik

glitschig ['glɪtʃɪç] *adj* (*fam*) kaygan, kaypak

glitt [glɪt] *3. imp von* **gleiten**

glitzern ['glɪtsɐn] *vi* parıldamak

global [glo'baːl] *adj* global, küresel; **~e Erwärmung** global ısınma

globalisieren *vt* küreselleştirmek

Globalisierung *f* <-en> **1.** (*das Globalisieren*) globalleştirme, küreselleştirme **2.** (*das

Globalisiertwerden) globalleşme, küreselleşme
Globus ['glo:bʊs] *m* <-(ses), -se *o* Globen> küre
Glocke ['glɔkə] *f* <-n> **1.** (*in Kirchen*) çan; (*Schiffs~*) kampana, çan; **etwas an die große ~ hängen** (*fam fig*) davul çalmak, bir şeyi herkesin duyabileceği biçimde ortalığa yaymak **2.** (*reg: Klingel*) zil **3.** (*Käse~*) fanus; **Glockenblume** *f* (BOT) çan çiçeği; **glockenförmig** *adj* çan biçimindeki; **Glockengeläut(e)** *nt ohne Pl* <-s> çan sesi; **Glockenrock** *m* kloş etek; **Glockenschlag** *m* çan vuruşu; **Glockenspiel** *nt* <-(e)s, -e> çanların oyunu; **Glockenturm** *m* çan kulesi
Glöckner *m* çancı, zangoç
glomm [glɔm] *3. imp von* **glimmen**
Glorie ['glo:riə] *f ohne Pl* (*geh: Ruhm*) şan
glorreich ['glo:ɐraɪç] *adj* şanlı
Glossar [glɔ'sa:ɐ] *nt* <-s, -e> ek sözlük, küçük sözlük, lügatçe
Glosse ['glɔsə] *f* <-n> **1.** (*Randbemerkung*) derkenar **2.** (*Kommentar*) kısa (ve sert) yorum **3.** (HIST, LING, LIT) haşiye
glotzen ['glɔtsən] *vi* (*fam*) **1.** (*schauen*) bakmak; (*anstarren*) dik dik bakmak (*auf* -e) **2.** (*fernsehen*) bakmak
Glück [glʏk] *nt ohne Pl* <-(e)s> şans, talih; (*Glücklichsein*) mutluluk, saadet; **~ haben** şansı olmak, şansı yaver gitmek; **kein ~ haben** şansı olmamak [*o* yaver gitmemek]; **sein ~ versuchen** şansını denemek; **jdm ~ bringen** birine şans getirmek; **das ~ ist auf unserer Seite** şans bizden yana; **sie kann von ~ sagen, dass nichts passiert ist** şansına bir şey olmadı; **zum ~** şansına; **~ auf!** (*Bergarbeitergruß*) şansın yaver gitsin!; **viel ~!** bol şanslar!; **ein ~!** (*fam*) ne şanş!; **sie weiß noch nichts von ihrem ~** henüz şansından haberi yok; **~ im Unglück haben** ucuz atlatmak [*o* kurtulmak]; **auf gut ~** (*fam*) şansına; **jeder ist seines ~es Schmied** (*prov*) her koyun kendi bacağından asılır; **Unglück im Spiel, ~ in der Liebe** (*prov*) kumarda kaybeden aşkta kazanır
Glucke ['glʊkə] *f* <-n> kuluçka
glücken ['glʏkən] *vi sein* başarılı olmak, başarılmak
gluckern ['glʊkɐn] *vi* gluk gluk etmek
glücklich **I.** *adj* **1.** (*vom Glück begünstigt*) şanslı, talihli, uğurlu, bahtı açık **2.** (*froh*) mutlu, mes'ut; **ein ~er Mensch** mutlu bir insan **II.** *adv* **1.** mutlu; **jdn ~ machen** birini mutlu etmek **2.** (*gut*) iyi; **die Geschichte endete ~** hikâyenin sonu iyi bitti
glücklicherweise ['---'--] *adv* iyi ki, Allah'tan
Glücksbringer *m* <-s, -> uğurluk, maskot
glückselig *adj* mutlu, bahtiyar
Glückseligkeit *f ohne Pl* mutluluk, bahtiyarlık
Glücksfall *m* <-(e)s, -fälle> şans eseri; **Glücksfee** *f* talih kuşu; **Glückskind** *nt* şanslı çocuk; **Glückspilz** *m* (*fam*) bahtı açık; **du bist ein ~** çok şanslısın, çok talihlisin; **Glückssache** *f ohne Pl* baht işi, şans meselesi; **Glücksspiel** *nt* <-(e)s, -e> kumar, talih oyunu; **Glückssträhne** *f*: **~ haben** bahtı açık olmak, şansı yaver gitmek; **Glückstreffer** *m* düşeş
Glückwunsch *m* (*~karte*) tebrik; (*als Wunsch*) dilek; **herzlichen ~!** kutlu olsun!, tebrikler!; **herzlichen ~ zum Geburtstag!** yaş günün(üz) kutlu olsun!; **Glückwunschkarte** *f* tebrik kartı
Glucose *f ohne Pl s.* **Glukose** glikoz
Glühbirne *f* ampul
glühen ['gly:ən] *vi* **1.** (*Kohlen*) korlaşmak **2.** (*Metall*) kızmak, tavında olmak; (*Körper*) yanmak **3.** (*geh: erregt sein*) yanıp tutuşmak (*vor* -den)
glühend *adj* (*Metall*) kızgın, tavlı; (*Wangen*) kıpkırmızı; (*Hass, Verehrer*) ateşli; **~ heiß** ateş gibi
Glühwein *m* <-(e)s, -e> *şeker ve baharatla çeşnilenmiş şarap;* **Glühwürmchen** ['-vʏrmçən] *nt* <-s, -> (*Leuchtkäfer*) ateş böceği
Glukose *f ohne Pl* glikoz
Glupschauge *nt* (*fam*) patlak göz
Glut [glu:t] *f* <-en> (*von Kohlen*) kor; (*von Zigarette*) ateş; **glutrot** ['-'-] *adj* kor gibi, kıpkırmızı; **sie wurde ~ vor Scham** utancından kıpkırmızı kesildi
Glyzerin [glytse'ri:n] *nt ohne Pl* <-s> (CHEM) gliserin
Glyzinie [gly'tsiniə] *f* (BOT) salkım
GmbH [ge:ʔɛmbe:'ha:] *f* <-s> *Abk. von* **Gesellschaft mit beschränkter Haftung** Ltd Şti, *limited şirket*
g-Moll ['ge:'mɔl] *nt ohne Pl* <-> (MUS) sol minör
Gnade ['gna:də] *f* <-n> **1.** (*a.* REL) ihsan, inayet, rahmet **2.** (*Barmherzigkeit*) merhamet; **für jdn um ~ bitten** biri için aman dilemek; **~ vor Recht ergehen lassen** adalete merhamet katmak; **von Gottes ~n** Allah'ın inayetiyle **3.** (*Strafnachlass*) af; **Gnadenerlass** *m* genel af; **Gnadenfrist** *f*: **eine ~ geben/gewähren** son bir süre [*o* mühlet] vermek; **gnadenlos** *adj* amansız, merhametsiz
gnädig ['gnɛ:dɪç] *adj* **1.** (*gütig*) iyi yürekli; (*barmherzig*) merhametli, râhim **2.** (*Wend*): **~es Fräulein/~e Frau/~er Herr** küçük hanım [*o* hanımefendi]/ha-

nımefendi/beyefendi

Gnom [gnoːm] *m* <-en, -en> yer altı cücesi

Gnu [gnuː] *nt* <-s, -s> (ZOOL) gnu

Goal [goːl] *nt* <-s, -s> (*österr, Schweiz:* SPORT: *Tor*) kale

Gobelin *m* (KUNST) goblen

Gockel ['gɔkəl] *m* <-s, -> (*südd: fam*) horoz

Gold [gɔlt] *nt ohne Pl* <-(e)s> altın; ~ **wert sein** altın değerinde olmak; **Morgenstunde hat ~ im Munde** (*prov*) erken kalkan yol alır, er evlenen döl alır; **Goldader** *f* altın damarı; **Goldauflage** *f* altın kaplama; **Goldbarren** *m* altın külçesi, külçe altın; **Golddoublé** ['gɔltdubleː] *nt* <-s, -s>, **Golddublee** *nt* <-s, -s> altın kaplama

golden ['gɔldən] *adj* **1.** (*aus Gold*) altın; **~e Hochzeit** altın yıl; **das ~e Zeitalter** altın çağ; **~er Käfig** (*fig*) altın kafes; **ein ~es Herz haben** altın yürekli [*o* kalpli] olmak; **Handwerk hat ~en Boden** (*prov*) kolunda altın bileziği var **2.** (*goldfarben*) altunî

Goldesel *m* (*fam fig*) altın yumurtlayan tavuk; **Goldfaden** *m* altın sırma

goldfarben *adj*, **goldfarbig** *adj* altunî

Goldfisch *m* (ZOOL) Japon balığı; **goldgelb** *adj* altın sarısı; **Goldgehalt** *m* <-(e)s, -e> altın ayarı; **Goldgräber(in)** ['-grɛːbɐ] *m(f)* <-s, -; -nen> altın arayıcısı; **Goldgrube** *f* (*a. fig fam*) altın madeni; **Goldhamster** *m* avurtlak

goldig *adj* (*fam: niedlich*) cici

Goldklumpen *m* <-s, -> altın keseği

Goldkurs *m* <-es, -e> (FIN) altın fiyatı; **Goldmedaille** *f* (SPORT) altın madalya; **Goldmine** *f* <-n> altın madeni; **Goldmünze** *f* altın sikke; **Goldpreis** *m* altın fiyatı; **Goldregen** *m* <-s, -> (BOT) sarısalkım; **Goldreif** *m* <-s, -> altın bilezik; **goldrichtig** ['-'--] *adj* (*fam*) tam kıvamında; **Goldschmied(in)** *m(f)* <-(e)s, -e; -nen> kuyumcu; **Goldschmiedekunst** *f ohne Pl* kuyumculuk; **Goldschnitt** *m* altın yaldız, yaldızlama; **Goldstück** *nt* **1.** (*Münze*) altın **2.** (*fam: Mensch*): **mein ~!** bir tanem!; **Goldwaage** *f* hassas terazi; **jedes Wort auf die ~ legen** (*fam*) her kelimeyi tartarak söylemek; **Goldwährung** *f* (WIRTSCH) altın para standardı

Golf[1] [gɔlf] *m* <-(e)s, -e> (GEO) körfez

Golf[2] *nt ohne Pl* <-s> (SPORT) golf

Golfplatz *m* <-es, -plätze> golf alanı, golf sahası; **Golfschläger** *m* golf sopası; **Golfspieler(in)** *m(f)* golfçü

Golfstaat *m* körfez ülkesi; **Golfstrom** *m ohne Pl* <-(e)s> (GEO) golfstrim; **Golfturnier** *nt* golf turnuvası

Gondel ['gɔndəl] *f* <-n> **1.** (*Boot*) gondol **2.** (*am Ballon*) sepet

Gong [gɔŋ] *m* <-s, -s> kampana; (*beim Boxen*) gonk

gönnen ['gœnən] *vt:* **das gönne ich ihm** helâl olsun ona; **jdm etw nicht ~** birine bir şeyi çok görmek; **sich** *dat* **etw ~** paraya kıyıp kendisine bir şey almak; **sein Gewissen wird ihm keine Ruhe ~** vicdanı onu rahat bırakmayacaktır

Gönner(in) *m(f)* <-s, -; -nen> velinimet, hami

gönnerhaft *adj* (*pej*) tepeden bakan

gor [goːɐ] *3. imp von* **gären**

Göre ['gøːrə] *f* <-n> (*nordd*) **1.** (*Kind*) yumurcak **2.** (*freches Mädchen*) arsız kız

Gorilla [go'rɪla] *m* <-s, -s> goril

Gospel ['gɔspəl] *m o nt* <-s, -s> (REL, MUS) ilahî

goss[RR] [gɔs], **goß** *3. imp von* **gießen**

Gosse ['gɔsə] *f* <-n> su yolu; **in der ~ landen** sokakta kalmak

Gotik ['goːtɪk] *f ohne Pl* Gotik

gotisch *adj* Gotik

Gott[1] [gɔt] *m ohne Pl* <-es> (*monotheistisch*) Tanrı, Allah; **mit ~es Hilfe** Tanrı'nın yardımıyla; **grüß ~!** (*reg*) selâmünaleyküm!; **mein ~!** Allah'ım!; **um ~es willen!** aman Allahım!, Tanrı aşkına!, Allah aşkına!, Allah rızası için!, Allah'ını seversen!; **~ sei Dank!** (*fam*) Tanrı'ya şükür!, Allah'a şükür!; **~ hab ihn selig** Allah rahmet eylesin; **ich schwöre bei ~** vallahi billâhi; **weiß ~** (*fam*) alimallah, Allah bilir; **in ~es Namen** (*fam*) Tanrı adına; **~ bewahre!** (*fam*) Allah korusun!; **über ~ und die Welt reden** havadan sudan konuşmak; **leben wie ~ in Frankreich** (*fam*) kont gibi yaşamak, krallar gibi yaşamak

Gott[2] [gɔt, *Pl:* 'gœtɐ] *m*, **Göttin** *f* <-es, Götter; -nen> (*polytheistisch*) tanrı, ilâh; (*weiblich*) tanrıça, ilâhe; **die griechischen/römischen Götter** Yunan/Roma tanrıları; **ein Bild für die Götter** (*fam*) allahlık bir manzara

Götterbaum *m* (BOT) aylandız, kokar ağaç

Gottesanbeterin *f* <-nen> (ZOOL) peygamber devesi; **Gottesdienst** *m* <-(e)s, -e> ibadet

gottesfürchtig *adj* Tanrı'dan korkan

Gotteshaus *nt* (REL) ibadethane; (*Kirche*) kilise; (*Moschee*) cami; **Gotteslästerung** *f* Tanrı'ya küfür

Gottheit *f* <-en> tanrı, ilâh

Göttin *f* <-nen> tanrıça, ilâhe

göttlich *adj* **1.** (*von Gott ausgehend*) rabbanî, Tanrı'dan gelen **2.** (*auf Gott bezogen*) tanrısal, lâhutî, ilâhî

gottlob ['gɔtloːp] *adv* Tanrı'ya şükür, Allah'a şükür

gottlos *adj* **1.** (*Gott nicht achtend*) allahsız **2.** (*atheistisch*) tanrıtanımaz; **gottverlassen** *adj* (*fam*) kuş uçmaz, kervan geçmez; **Gottvertrauen** *nt* tevekkül

Götze ['gœtsə] *m* <-n, -n> put; **Götzendiener(in)** *m(f)* (REL) putperest; **Götzendienst** *m ohne Pl* <-(e)s> (REL) putperestlik

Gouvernante *f* mürebbiye

Gouverneur(in) *m(f)* vali

GPS *nt Abk. von* **Global Positioning System** Küresel Konumlandırma Sistemi

Grab [gra:p, *Pl:* 'grɛ:bɐ] *nt* <-(e)s, Gräber> mezar, gömüt; (~ *mal*) türbe; **jdn zu ~e tragen** (*geh*) birini toprağa vermek; **verschwiegen wie ein ~ sein** (*fam*) ağzı kenetli olmak; **mit einem Bein im ~ stehen** (*fam fig*) bir ayağı çukurda olmak; **sich** *dat* **sein eigenes ~ schaufeln** (*fig*) kendi kuyusunu kendi kazmak

graben ['gra:bən] <gräbt, grub, gegraben> **I.** *vi* **1.** (*um~*) yeri kazmak; **sie grub ihre Zähne in den Apfel** dişlerini elmaya geçirdi **2.** (*nach Gold*) aramak (*nach* -) **II.** *vt* (*ausheben*) açmak; (*Brunnen*) kazmak, açmak; **ein Loch ~** delik açmak, çukur kazmak **III.** *vr:* **sich jdm ins Gedächtnis ~** bir şey aklına saplanıp kalmak

Graben ['gra:bən] *m* <-s, Gräben> **1.** (*für Rohr*) çukur; (*Bewässerungs~*) ark; (*Straßen~*) şarampol **2.** (GEO) çöküntü hendeği; (*Tiefsee~*) abis **3.** (*Burg~, Wasser~*) hendek; (*Orchester~*) yer **4.** (*Schützen~*) kazamat

Grabkammer *f* mezar odası; **Grabmal** *nt* <-(e)s, -e *o* -mäler> türbe, kabristan, kabir; **Grabrede** *f* ölüyü gömerken yapılan konuşma; **Grabschändung** *f* mezarları tahrip etme; **Grabstein** *m* mezar taşı

gräbt [grɛ:pt] *3. präs von* **graben**

Grad [gra:t] *m* <-(e)s, -e> derece; **akademischer ~** akademik derece; **ein Winkel von 60 ~** 60 derecelik bir açı; **bei fünf ~ Kälte** beş derece soğukta; **Verwandte zweiten ~es** ikinci dereceden hısımlar; **er war im höchsten ~ nervös** son derece sinirliydi; **bis zu einem gewissen ~** belli bir dereceye kadar; **Gradmesser** *m* <-s, -> ölçek; **die Popularität ist kein ~ für Qualität** popülarite kalite için bir ölçek değildir

Graf [gra:f] *m* <-en, -en> kont

Grafik[1] ['gra:fɪk] *f ohne Pl* (KUNST) grafik sanatlar *pl*

Grafik[2] *f* <-en> **1.** (*Kunstwerk*) grafik **2.** (*Schaubild*) grafik, çizge

Grafikbildschirm *m* (INFORM) grafik ekran

Grafiker(in) ['gra:fikɐ] *m(f)* <-s, -; -nen> çizimci, teknik ressam

Grafikkarte *f* <-n> (INFORM) grafik kartı

Gräfin *f* <-nen> kontes

grafisch *adj* grafik

Grafit[RR] *m* <-s, -e> *s.* **Graphit**

Grafschaft *f* <-en> kontluk

Gram [gra:m] *m ohne Pl* <-(e)s> (*geh*) keder, dert, tasa

grämen ['grɛ:mən] *vr:* **sich ~** (*geh*) kederlenmek (*über* -e)

Gramm [gram] *nt* <-s, -e *nach Zahlen:* -> gram

Grammatik [gra'matɪk] *f* <-en> (LING) gramer

grammatikalisch [gramati'ka:lɪʃ] *adj* (LING) gramatikal

grammatisch *adj* (LING) gramatikal; **~ richtig** gramatikal olarak doğru

Grammofon[RR] *nt* <-s, -e>, **Grammophon®** [gramo'fo:n] *nt* <-s, -e> gramofon

Granat [gra'na:t] *m* <-(e)s, -e> **1.** (*Garnele*) karides **2.** (GEO: *Mineral*) grena

Granatapfel *m* (BOT) nar

Granatapfelbaum *m* (BOT) nar ağacı

Granate [gra'na:tə] *f* <-n> (MIL) humbara; (*Hand~*) bomba

Granatfeuer *nt ohne Pl* <-s> (MIL) humbara ateşi

grandios [gran'djo:s] *adj* görkemli, muhteşem

Granit [gra'ni:t] *m* <-s, -e> granit

Granulat *nt* granül

Granulit *m* granülit

Grapefruit ['gre:pfru:t, 'grɛɪpfru:t] *f* <-s> (BOT) greyfurt, altıntop

Graphik ['gra:fɪk] *f s.* **Grafik**

graphisch *adj s.* **grafisch**

Graphit [gra'fi:t] *m* <-s, -e> grafit

Graphologie *f ohne Pl* grafoloji

Gras[1] [gra:s, *Pl:* 'grɛ:zɐ] *nt* <-es, Gräser> **1.** (*Pflanze*) ot **2.** (*Marihuana*) marihuana

Gras[2] *nt ohne Pl* <-es> (*Wiese*) çayır; (*Rasen*) çimen; **das ~ wachsen hören** (*fam fig*) ukalâlık etmek, kendini fasulye gibi nimetten saymak; **ins ~ beißen** (*fam fig*) tahtalıköyü boylamak

grasen ['gra:zən] *vi* otlamak

grasgrün ['-'-] *adj* yemyeşil; **Grashalm** *m* ot sapı; **Grashüpfer** ['gra:shʏpfɐ] *m* <-s, -> (*fam*) çekirge; **Grasmücke** *f* <-n> (ZOOL) ötleğen

grassieren* [gra'si:rən] *vi* (*sich ausbreiten*) yayılmak; (*um sich greifen*) ortalığı kasıp kavurmak; (*Gerücht*) ortalıkta dolaşmak, herkesin dilinde dolaşmak; **die Seuche grassiert immer mehr** salgın gittikçe yayılıyor

grässlich[RR] ['grɛslɪç] *adj*, **gräßlich** *adj* feci;

G

(*schrecklich*) korkunç; **ich war ~ müde** müthiş yorgundum

Grat [gra:t] *m* <-(e)s, -e> **1.** (*Kammlinie*) sırt **2.** (TECH) çapak

Gräte ['grɛ:tə] *f* <-n> kılçık

grätenlos *adj* kılçıksız

Gratifikation *f* ikramiye

gratis ['gra:tɪs] *adv* bedava; **Gratisprobe** *f* <-n> bedava örnek

grätschbeinig *adj* apışak, ayrık bacaklı

Gratulant(in) [gratu'lant] *m(f)* <-en, -en; -nen> tebrik eden (kimse)

Gratulation [gratula'tsjo:n] *f* <-en> tebrik

gratulieren* *vi* tebrik etmek (*zu* -); **gratuliere!** tebrikler!

grau [graʊ] *adj* **1.** (*Farbe*) gri, kül rengi; **~e Haare** kır saçlar *pl;* **~er Wolf** bozkurt **2.** (*ungewiss*): **in ~er Vorzeit** evvel zaman içinde

Grau *nt* gri, kül rengi; **ein helles/dunkles ~** açık/koyu bir gri; **Graubrot** *nt* (*reg*) kepekli ekmek

Gräuel[RR] ['grɔɪəl] *m* <-s, -> (*geh*) **1.** (*Abscheu*) tiksinme, nefret; **mir ist der Kerl ein ~** içimde bu herife karşı bir tiksinme var **2.** (*Tat*) dehşet; **Gräuelmärchen**[RR] *nt* korku masalı; **Gräueltat**[RR] *f* <-en> dehşet eylemi; (*Gewalttat*) şiddet eylemi

grauen[1] ['graʊən] *vi* (*dämmern*): **der Abend graut** ortalık kararıyor; **der Morgen graut** gün ağarıyor

grauen[2] ['graʊən] *vunpers:* **mir graut vor der Prüfung** sınavdan çok korkuyorum

Grauen[1] ['graʊən] *nt ohne Pl* <-s> dehşet; **~ erregend** dehşetli, korku veren; **ein ~ erfasst jdn** biri dehşete kapılmak [*o* düşmek]

Grauen[2] *nt* <-s, -> dehşet olayı; **die ~ des Krieges** savaşın dehşet olayları

grauenerregend *adj* dehşetli, korku veren

grauenhaft *adj,* **grauenvoll** *adj* **1.** (*Anblick*) korkunç, dehşetli **2.** (*fam: unangenehm*) korkunç, dehşetli

Graugans *f* (ZOOL) yaban kazı

grauhaarig *adj* kır saçlı

gräulich[1] ['grɔɪlɪç] *adj* kırca

gräulich[RR2] *adj s.* **grässlich**

Graupel ['graʊpəl] *f* <-n> kırcı; **Graupelschauer** *m* ebebulguru

grausam ['graʊza:m] *adj* **1.** zalim, gaddar, acımasız **2.** (*fam*) dehşetli, korkunç; **sich ~ langweilen** dehşetli canı sıkılmak

Grausamkeit *f* <-en> zulüm, gaddarlık, vahşîlik

grausen ['graʊzən] *vunpers* ürkekliği olmak; **es graust ihn vor Ratten/Spinnen** farelere/örümceklere karşı ürkekliği vardır

Grausen ['graʊzən] *nt ohne Pl* <-s> dehşet

Graveur *m* kazıcı, oymacı, hakkâk

gravieren* [gra'vi:rən] *vt* hakketmek (*in* -e)

Gravierung *f* <-en> **1.** (*das Gravieren*) kazı, hak **2.** (*Verzierung*) oyma; (*Schrift*) oyma yazı

Gravitation [gravita'tsjo:n] *f ohne Pl* (PHYS) çekim

Gravur [gra'vu:ɐ] *f* <-en> oyma

Grazie ['gra:tsjə] *f ohne Pl* letafet, zarafet, zariflik

grazil [gra'tsi:l] *adj* lâtif, zarif

graziös [gra'tsjø:s] **I.** *adj* zarif **II.** *adv* zarifçe, zarifane

Greenfee *nt* (*Golf*) alan ücreti

gregorianisch [gregori'a:nɪʃ] *adj* (MUS) Gregoryen

greifbar *adj* **1.** (*zur Hand*) elde bulunan, hazırdaki **2.** (*konkret*) somut **3.** (*deutlich erkennbar*) elle tutulur gözle görülür

greifen ['graɪfən] <greift, griff, gegriffen> **I.** *vi* **1.** (TECH) kavramak; **ineinander ~** birbirini kavramak **2.** (*wirksam werden*) etki göstermek; **tief ~d** esaslı; **um sich ~** yayılmak **3.** elini uzatmak (*nach* -e); (*zu bestimmten Mitteln*) başvurmak (*zu* -e); **zu einem Buch ~** eline bir kitap almak; **zu den Waffen ~** silâhlara davranmak; **das ist aus der Luft gegriffen** bu kafadan atma **II.** *vt* (*nehmen*) almak; (*packen*) tutmak; (*fangen*) tutmak, yakalamak

Greis(in) [graɪs] *m(f)* <-es, -e; -nen> (*geh*) ihtiyar

grell [grɛl] *adj* (*Stimme*) cırlak, tiz; (*Farbe*) çiğ, göze batan; (*Licht*) çiğ, gözü rahatsız eden

Gremium ['gre:miʊm] *nt* <-s, Gremien> kurul

Grenze ['grɛntsə] *f* <-n> **1.** (*Staats~*) sınır (*zu* -), hudut (*zu* -); **die ~ zu Belgien** Belçika sınırı; **jdn über die ~ abschieben** birini sınır dışı etmek **2.** (*Begrenzung*): **etw** *dat* **~n setzen** bir şeye sınır çekmek; **jdn in seine ~n verweisen** birine haddini bildirmek

grenzen *vi* **1.** (*Grenze haben*) sınırı olmak (*an* -e); (*an~*) sınırdaş olmak (*an* ile) **2.** (*fig: ist fast schon*) neredeyse ... olmak (*an* -)

grenzenlos *adj* **1.** (*räumlich*) sınırsız, hudutsuz **2.** (*sehr groß*) sınırsız, sonsuz, pek çok

Grenzfall *m* <-(e)s, -fälle> özel durum;

Grenzgänger(in) ['-gɛŋɐ] *m(f)* <-s, -; -nen> pasavan sahibi; **Grenzgebiet** *nt* sınır bölgesi; **Grenzkontrolle** *f* sınır kontrolü; **Grenzlinie** *f* sınır çizgisi; (*sport*) kenar çizgisi; **Grenzposten** *m* sınır karakolu; **Grenzschutz** *m* sınır koruma

Grenzsituation *f* (*fig*) olağan üstü durum;

Grenzstein *m* sınır taşı; **Grenzübergang** *m* <-(e)s, -gänge> sınır geçme; (*Stelle*) sınır kapısı; **grenzüberschreitend** *adj* sınır aşırı; **Grenzübertritt** *m* sınır geçme; **Grenzwert** *m* (MATH) limit

Greuel *m* <-s, -> *s.* **Gräuel**; **Greueltat** *f s.* **Gräueltat**

greulich *adj s.* **gräulich**[2]

Greyezer Käse *m* (GASTR) gravyer peyniri

Grieche, -in ['gri:çə] *m, f* <-n, -n; -nen> Yunan, Yunanlı, Rum

Griechenland *nt* <-s> Yunanistan

griechisch *adj* Yunan, Rum; **~e Musik** Yunan müziği

Griesgram ['gri:sgra:m] *m* <-(e)s, -e> (*pej*) aksi adam

Grieß [gri:s] *m* <-es, -e> irmik; **Grießbrei** *m* irmik bulamacı

griff [grɪf] *3. imp von* **greifen**

Griff [grɪf] *m* <-(e)s, -e> **1.** (*das Greifen*): **etw im ~ haben** bir şeyi iyi bilmek, bir şeye hâkim olmak; **etw in den ~ bekommen** (*fam*) bir şeyi kontrol altına almak **2.** (*Messer~*) sap, kabza; (*Fenster~, Tür~*) kol; (*Klinke*) kol; (*Henkel*) kulp; (*Knauf*) tokmak; (*Fahrrad~*) elcik **3.** (*Hand~*) tutuş **4.** (MUS: *Fingerstellung*) tutuş **5.** (SPORT) tutuş

griffbereit *adj* hazırdaki, el altındaki

Grill [grɪl] *m* <-s, -s> **1.** maltız; (*Bratrost*) ızgara, gril **2.** (AUTO: *Kühler~*) ızgara

Grillanzünder *m* ızgara kavı

Grille ['grɪlə] *f* <-n> (ZOOL) cırcır böceği

grillen ['grɪlən] **I.** *vt* ızgarada kızartmak **II.** *vi* ızgara yapmak

Grillrestaurant *nt* kebapçı

Grimasse [gri'masə] *f* <-n> yüz buruşturma [*o* ekşitme]; **~n schneiden** yüzünü, gözünü oynatmak

grimmig *adj* **1.** (*Person*) kızgın, öfkeli; (*stärker*) hiddetli **2.** (*Kälte*) şiddetli

grinsen ['grɪnzən] *vi* sırıtmak

Grippe ['grɪpə] *f* <-n> grip; (*Darm~*) ingin; (**die**) **~ haben** grip olmak; **Grippeimpfung** *f* grip aşısı; **Grippewelle** *f* grip dalgası, grip salgını

Grips [grɪps] *m* <-es, -e> (*fam*) akıl, kafa; **seinen ~ anstrengen** aklını [*o* kafasını] yormak

grob [gro:p] *adj* <gröber, am gröbsten> **1.** (*Sand, Kaffee*) iri; (*Papier, Gewebe*) kaba; (*Sieb*) büyük delikli; **~ gemahlen** iri taneli çekilmiş **2.** (*Gesichtszüge*) kaba; (*Arbeit*) kaba **3.** (*Fehler*) ağır **4.** (*ungefähr*) kaba taslak **5.** (*pej: barsch*) kaba, ters; **sei nicht so ~ zu mir** bana böyle kaba davranma, bana böyle kabalık etme

grobgemahlen *adj s.* **grob 1.**

Grobheit[1] *f* <-en> (*Äußerung*) kaba söz; (*Benehmen*) kaba davranış; **jdm ~en ins Gesicht sagen** birinin yüzüne karşı kaba sözler söylemek

Grobheit[2] *f ohne Pl* (*Art*) kabalık; **er ist bekannt für seine ~** kabalığı ile tanınmıştır

Grobian ['gro:bia:n] *m* <-(e)s, -e> (*pej*) kaba adam, hödük, odun, ahlat

grobkörnig *adj* iri taneli

gröblich ['grø:plɪç] *adj* (*geh*) kaba bir biçimdeki, ağır bir biçimdeki; **jdn ~ beleidigen** birine ağır bir biçimde hakaret etmek

Groll [grɔl] *m ohne Pl* <-(e)s> (*geh*) garaz, garez, kin; **einen ~ gegen jdn hegen** birine garezi olmak, birine karşı kin beslemek

grollen *vi* (*geh*) **1.** (*Donner*) gürüldemek **2.** (*Person*) garazı olmak (-e); (*ärgerlich sein*) kızgın olmak (-e); **er grollt** (**mit**) **ihrem Vater** babasına kızgın

Grönland ['grø:nlant] *nt* <-s> Grönland

Grönländer(in) ['grø:nlɛndɐ] *m(f)* <-s, -; -nen> Grönlandlı

grönländisch *adj* Grönlandlı, Grönland (ile ilgili); **~e Frauen/Männer** Grönlandlı kadınlar/erkekler; **das ~e Klima** Grönland iklimi

Gros[1] [gro:, *gen, Pl:* gro:s] *nt* <-, ->: **das ~ der Spieler** oyuncuların çoğu

Gros[2] *nt* <-ses, -se> grosa

Groschen ['grɔʃən] *m* <-s, -> **1.** (*österr*) *bir şilinin yüzde biri* **2.** (*Zehnpfennigstück*) on feniklik **3.** (*fam*) metelik; **ist der ~ (endlich) gefallen?** (*fam*) (en sonunda) jeton düştü mü?

groß [gro:s] <größer, am größten> *adj* **1.** (*allgemein*) büyük; (*Fläche*) geniş; (*hoch*) yüksek, yüce, âli; **eine ~e Koalition** büyük koalisyon; **mit ~em Abstand führen** açık farkla önde olmak; **mit dem größten Vergnügen** seve seve; **~en Wert auf etw legen** bir şeye çok önem vermek; **sie war seine ~e Liebe** o, onun büyük aşkıydı; **~ in Mode sein** çok moda olmak; **ich habe ~e Lust zu gehen** gitmeye çok hevesliyim; **was soll ich ~ dazu sagen?** (*fam*) buna başka ne diyebilirim?; **er hat es mir ~ und breit erzählt** (*fam*) bana onu enine boyuna anlattı **2.** (*hoch, hoch gewachsen*) boylu; **er ist fast zwei Meter ~** boyu neredeyse iki metre **3.** (*zeitlich*): **die ~en Ferien** büyük tatil **4.** (*älter, erwachsen*) büyük; **meine ~e Schwester** benim ablam; **wenn ich ~ bin** büyüdüğüm zaman; **ein Vergnügen für G~ und Klein** büyük ve küçüklere bir eğlence **5.** (*Menge*): **eine ~e Familie** büyük bir aile; **im G~en und Ganzen** topu topu **6.** (*bedeutend, wichtig*): **etw ~ schreiben** (*fig*) bir şeyi büyük harflerle yazmak; **~e Reden schwingen** (*fam: angeben*) yük-

G

sekten atıp tutmak; (*versprechen*) büyük konuşmak; **Karl der G~** Şarlman

großartig *adj* wunderbar, harika; (*ausgezeichnet*) şahane; (*prächtig*) muhteşem; **~!** harika!, şahane!

Großaufnahme *f* **1.** (FOTO) büyük boy fotoğraf **2.** (FILM) yakından çekim; **Großbaum** *m* (NAUT) grandi; **Großbetrieb** *m* <-(e)s, -e> **1.** (WIRTSCH) büyük (ölçekli) işletme **2.** (AGR) büyük çiftlik; **Großbildschirm** *m* <-(e)s, -e> (INFORM) büyük ekran

Großbritannien [gro:sbri'tanjən] *nt* Büyük Britanya

Großbuchstabe *m* büyük harf; **in ~n** büyük harflerle; **Großbürgertum** *nt* büyük burjuvazi

Größe ['grø:sə] *f* <-n> **1.** büyüklük; (*Format*) ebat, boyutlar *pl;* (*Rauminhalt*) hacim; **das hängt von der ~ der Gruppe ab** bu grubun büyüklüğüne bağlıdır **2.** (*Höhe*) boy; (*Körper~*) boy; **eine Frau mittlerer ~** orta boylu bir kadın; **in voller ~** (*Mensch*) tam boy **3.** (*für Kleidung*) boy, beden; (*Schuhe*) numara **4.** (PHYS, MATH) nicelik; **endliche ~** sonlu büyüklük; **unbekannte ~** bilinmeyen **5.** (*Bedeutsamkeit*) önem; (*Großartigkeit*) ihtişam, büyüklük, ululuk; **~ zeigen** büyüklük göstermek **6.** (*Persönlichkeit*) kapasite

Großeinkauf *m* <-(e)s, -käufe> toptan alış veriş; **Großeltern** *Pl* büyük anne ve büyük baba; **Großenkel** *m* torun oğlu; **Großenkelin** *f* torun kızı

Größenordnung *f* <-en> boyutlar *pl*

großenteils ['gro:sən(')taıls] *adv* büyük bir kısmı, çoğunlukla

Größenwahn *m* (*pej*) büyüklük hastalığı, megalomani; **größenwahnsinnig** *adj* megaloman

Großfamilie *f* büyük aile; **Großformat** *nt* büyük boy; **Großgrundbesitzer(in)** [-'----] *m(f)* büyük arazi sahibi; **Großhandel** *m* toptancılık; **Großhändler(in)** *m(f)* toptancı

großherzig *adj* (*geh*) yüce gönüllü, gönlü yüce, âlicenap

Großherzigkeit *f ohne Pl* gönül yüceliği, âlicenaplık

Großherzog(in) *m(f)* grandük

Großherzogtum *nt* grandüklük

Großhirn *nt* (ANAT) beyin; **Großhirnrinde** *f* (ANAT) beyin kabuğu; **Großindustrie** *f* (WIRTSCH) büyük sanayi

Großkind *nt* <-(e)s, -er> (*Schweiz: Enkelkind*) torun

großkotzig ['gro:skɔtsıç] *adj* (*fam pej*) yüksekten atıp tutan

Großmacht *f* <-mächte> büyük devlet; **Großmarkt** *m* <-(e)s, -märkte> hal, toptancı hali; **Großmaul** *nt* (*fam pej*) palavracı; **Großmut** *f* âlicenaplık, cömertlik

großmütig ['gro:smy:tıç] *adj* âlicenap, cömert

Großmutter *f* <-mütter> büyük anne, nine; **Großneffe** *m* yeğen oğlu; **Großnichte** *f* yeğen kızı; **Großonkel** *m* **1.** (*Bruder der Großmutter*) büyük dayı; (*Bruder des Großvaters*) büyük amca **2.** (*Ehemann der Großtante*) büyük enişte

Großraum *m* <-(e)s, -räume> yöre; **im ~ Köln** Köln yöresinde; **Großreinemachen** [-'----] *nt ohne Pl* <-s> (*fam*) büyük temizlik yapma; **groß|schreiben**[RR] *irr vt* büyük harflerle yazmak; **Großsegel** *nt* (NAUT) mayistra

großspurig ['gro:sʃpu:rıç] *adj* (*pej*) kasıntılı, büyüklenen; (*eingebildet*) kendini beğenmiş

Großstadt *f* ana kent, büyük şehir; **Großtante** *f* **1.** (*Schwester der Großmutter*) büyük teyze; (*Schwester des Großvaters*) büyük hala **2.** (*Ehefrau des Großonkels*) büyük yenge; **Großteil** *m* <-(e)s, -e> çoğu, büyük bir kısmı

größtenteils ['grø:stən(')taıls] *adv* büyük ölçüde, büyük bir kısmı, çoğunlukla

Großtuerei [gro:stu:ə'raı] *f ohne Pl* (*pej*) büyüklenme, kurum; (*Angeberei*) gösterişçilik

groß|tun *irr* **I.** *vi* (*pej*) büyüklenmek, böbürlenmek, kurum satmak **II.** *vr:* **sich ~** (*pej*) böbürlenmek (*mit* ile)

Großunternehmen *nt* (WIRTSCH) büyük işletme, büyük şirket; **Großvater** *m* büyük baba, dede

groß|ziehen *irr vt* büyütmek, yetiştirmek

großzügig ['gro:stsy:gıç] *adj* **1.** (*freigebig*) cömert, bonkör, eli açık **2.** (*tolerant*) hoşgörülü **3.** (*weiträumig*) ferah

Großzügigkeit *f ohne Pl* **1.** (*Freigebigkeit*) cömertlik, bonkörlük, eli açıklık **2.** (*Toleranz*) hoşgörü; **Großwesir** *m* (HIST) sadrazam

grotesk [gro'tɛsk] *adj* grotesk

Grotte ['grɔtə] *f* <-n> mağara

grub [gru:p] *3. imp von* **graben**

Grübchen ['gry:pçən] *nt* <-s, -> gamze

Grube ['gru:bə] *f* <-n> çukur; (BERGB) ocak, maden (ocağı); (*Kalk~*) kuyu; (*Gold~*) maden; **wer andern eine ~ gräbt, fällt selbst hinein** (*prov*) el için çukur [*o* kuyu] kazan, kendisi içine düşer, kazma elin kuyusunu, kazarlar kuyunu

Grübelei *f* <-en> kuruntu

grübeln ['gry:bəln] *vi* kafa yormak (*über* üstüne)

Grubenarbeiter(in) *m(f)* (BERGB) maden işçisi; **Grubengas** *nt* maden gazı; **Gruben-**

unglück *nt* maden kazası; **Grubenwurm** *m* kancalı kurt

grüezi ['gry:ɛtsi] *interj* (*Schweiz*) selâm

grün [gry:n] *adj* **1.** (*Farbe, a.* POL) yeşil; **G~er Punkt** (ÖKOL) yeşil nokta; **jdn ~ und blau schlagen** (*fam*) birinin ağzını burnunu dağıtmak; **sich ~ und blau ärgern** (*fam*) son derece kızmak [*o* öfkelenmek]; **~es Licht geben** (*fam fig*) yeşil ışık yakmak; **auf keinen ~en Zweig kommen** (*fig*) belini doğrultamamak **2.** (*unreif*) ham **3.** (*pej: unerfahren*) toy; **ein ~er Junge** dünkü çocuk **4.** (*fam*): **sie sind sich nicht ~** birbirinden hoşlanmazlar

Grün[1] *nt* <-s, -> (*Farbe*) yeşil; **die ~en** (POL) Yeşiller; **die Ampel steht auf ~** trafik lâmbası yeşil; (**das ist**) **dasselbe in ~** aynısının tıpkısı

Grün[2] *nt ohne Pl* <-s> **1.** (*Pflanzen*) yeşillik; (*~fläche*) yeşil alan **2.** (*junge Triebe*) yeşerti

Grünanlage *f* çimenlik

grünblau ['-'-] *adj* boncuk mavisi

Grund[1] [grʊnt] *m ohne Pl* <-(e)s> **1.** (*Erdboden*) arazi; **~ und Boden** arsa; **jdn in ~ und Boden reden** birinin lâfını ağzına tıkamak; **sich in ~ und Boden schämen** yerin dibine geçmek **2.** (*eines Gewässers*) dip; **auf ~ laufen** karaya oturmak; **im ~e** (**genommen**) aslında, esasen; **zu ~e gehen** batmak, mahvolmak; **etw** *dat* **auf den ~ gehen** bir işin aslını araştırmak; **jdn/etw zu ~e richten** bir kimseyi/şeyi mahvetmek **3.** (*Grundlage*) temel, esas, zemin; **den ~ zu etw** *dat* **legen** bir şeyin temelini atmak, bir şeye zemin oluşturmak; **von ~ auf** temelinden; **etw zu ~e legen** bir şeyi esas almak; **zu ~e liegen** esas olmak

Grund[2] [grʊnt, *Pl:* 'grʏndə] *m* <-(e)s, Gründe> (*Ursache*) neden, sebep; **es besteht kein ~ zur Klage** yakınmak için hiçbir neden yok; **aus gesundheitlichen Gründen** sağlık nedeniyle; **ohne ~** nedenli nedensiz, neden olmadan, sebepli sebepsiz, sebep olmaksızın; **ohne jeden ~** hiç yoktan, hiçbir sebep yokken; **auf ~ von** nedeniyle, sebebiyle, yüzünden, dolayısıyla; **strafmildernde Gründe** hafifletici sebepler

Grundausbildung *f* (MIL) temel eğitim; **Grundbegriff** *m* temel kavram

Grundbesitz *m* emlâk; **Grundbesitzer(in)** *m(f)* emlâk sahibi, arazi sahibi; **Grundbuch** *nt* (ADMIN, JUR) tapu, tapu kütüğü, tapu sicili; **in das ~ eintragen** tapu siciline tescil etmek; **Grundbuchamt** *nt* (ADMIN, JUR) tapu dairesi

Grundel *f*, **Gründel** *f* (ZOOL) kaya balığı

gründen ['grʏndən] **I.** *vt* **1.** (*Institution*) kurmak **2.** (*stützen*) dayamak (*auf*-e) **II.** *vr:* **sich ~** dayanmak (*auf*-e)

Gründer(in) *m(f)* <-s, -; -nen> kurucu

Grunderwerb(s)steuer *f* emlâk alım vergisi

Grundfläche *f* (*eines Körpers*) taban; (*eines Gebietes*) taban alanı, yüz ölçümü; **Grundform** *f* <-en> **1.** (*elementare Form*) esas biçim **2.** (LING: *des Verbes*) mastar; **Grundgedanke** *m* aslî düşünce, ana fikir; **Grundgehalt** *nt* aslî maaş

Grundgesetz *nt ohne Pl* <-es> (POL: *Verfassung*) anayasa

Grundhaltung *f* <-en> temel duruş

grundieren* [grʊn'di:rən] *vt* astarlamak, astar sürmek (-e), astar vurmak (-e), astar çekmek (-e)

Grundierung *f* <-en> (*Grundfarbe*) astar

Grundkenntnisse *fPl* temel bilgiler *pl;* **Grundlage** *f* temel, esas, dayanak; **die ~n für etw schaffen** bir şey için temel oluşturmak

grundlegend ['grʊntle:gənt] *adj* temel, köklü, esaslı

gründlich ['grʏntlɪç] **I.** *adj* (*sorgfältig*) özenli; (*eingehend*) inceden inceye yapılan; (*gewissenhaft*) titiz; (*Kenntnisse*) sağlam **II.** *adv* **1.** titiz; **er arbeitet sehr ~** çok titiz çalışır **2.** (*fam: sehr*) iyice; **sie hat sich ~ getäuscht** iyicene yanıldı

Gründlichkeit *f ohne Pl* titizlik; (*Sorgfalt*) özen, itina

Grundlinie *f* **1.** (SPORT: *Tennis, Volleyball*) ana çizgi **2.** (*Geometrie*) taban çizgisi; **Grundlohn** *m* taban ücret

grundlos *adj* **1.** temelsiz **2.** (*keine Ursache habend*) nedensiz, sebepsiz

Grundmauer *f* <-n> temel duvarı; **Grundnahrungsmittel** *nt* temel gıda maddesi; **Grundproblem** *nt* ana sorun

Grundrechenart *f* (MATH) temel işlem; **Grundrecht** *nt* <-(e)s, -e> temel hak; **Grundregel** *f* ana kural; **Grundsatz** *m* <-es, -sätze> ilke, prensip; **sich** *dat* **etw zum ~ machen** bir şeyi kendine ilke [*o* prensip] edinmek; **Grundsatzentscheidung** *f* <-en> prensip kararı

grundsätzlich ['grʊntzɛtslɪç] **I.** *adj* **1.** (*Frage*) asal, esasî **2.** (*aus Prinzip*) ilkesel **II.** *adv* (*in der Regel*) kural olarak; (*eigentlich*) esasen, esas itibarıyla

Grundsäule *f* <-n> (ARCH: *a. fig*) temel direği

Grundschule *f* <-n> ilkokul; **Grundschullehrer(in)** *m(f)* (SCHULE) ilkokul öğretmeni

Grundstein *m* temel taşı; **den ~ zu etw** *dat* **legen** bir şeye temel atmak

Grundstellung *f* (SPORT) temel duruş;

Grundsteuer *f* <-n> (FIN) emlâk vergisi; **Grundstoff** *m* <-(e)s, -e> (*Rohstoff*) hammadde; (*Element*) element; (*Zutaten*) malzeme

Grundstück *nt* gayrimenkul, emlâk; **Grundstücksmakler(in)** *m(f)* emlâkçi

Grundton *m* <-(e)s, -töne> **1.** (MUS) esas perde **2.** (*Farbe*) zemin; **der dunkle/helle/grünliche ~ eines Teppichs** halının koyu/açık/yeşilimsi zemini

Gründung ['grʏndʊŋ] *f* <-en> **1.** (*das Gründen*) kurma; (*das Gegründetwerden*) kurulma **2.** (*Grundbau*) kuruluş, tesis

Gründungskapital *nt* (WIRTSCH) kuruluş sermayesi

grundverschieden ['--'--] *adj* çok farklı, taban tabana zıt

Grundwasser *nt ohne Pl* <-s> yer altı suları *pl;* **Grundwasserkunde** *f* hidrojeoloji; **Grundwasserspiegel** *m* yer altı suları düzeyi; **Grundwissen** *nt ohne Pl* temel bilgi; **Grundwort** *nt* (LING) belirtilen, tamlanan; **Grundzug** *m* <-(e)s, -züge> ana hat

Grüne(r) *mf* <-n, -n; -n> (POL) Yeşil; **die ~n** Yeşiller

Grüne(s) *nt ohne Pl* <-n> **1.** (*fam: Rohkost*) yeşillik **2.** (*Natur*) yeşillik; **ins ~ fahren** kıra çıkmak

grünen *vi* (*geh*) yeşillenmek, yeşermek

Grünfink *m* (ZOOL) yelve, flûrya; **Grünfläche** *f* yeşil alan; **Grünfutter** *nt ohne Pl* <-s> (AGR) yeşillik; **Gröngürtel** *m* <-s> yeşil kuşak; **Grünkohl** *m* <-(e)s, -e> (GASTR) yeşil lahana

grünlich *adj* yeşilimsi, yeşilimtırak

Grünschnabel *m* (*pej*) acemi çaylak, toy; **Grünspan** *m ohne Pl* <-(e)s> bakır pası

grunzen ['grʊntsən] *vi* (*a. Mensch*) homurdanmak

Grünzeug *nt* (*fam*) **1.** (*Kräuter*) baharat **2.** (*Rohkost*) yeşillik

Gruppe ['grʊpə] *f* <-n> (*von Leuten*) grup, küme; (*Arbeits~*) posta; **Gruppenarbeit** *f ohne Pl* küme çalışması; **Gruppenbild** *nt* grup resmi; **Gruppensex** *m* grup seksi; **Gruppentherapie** *f* (PSYCH, MED) grup terapisi; **gruppenweise** *adv* grup grup

gruppieren* [grʊ'pi:rən] **I.** *vt* gruplandırmak **II.** *vr:* **sich ~** gruplaşmak

Gruppierung *f* <-en> **1.** gruplaşma **2.** (*Gruppe*) grup

grus(e)lig ['gru:z(ə)lɪç] *adj* tüyler ürpertici, korkutucu

Gruß [gru:s, *Pl:* 'gry:sə] *m* <-es, Grüße> selâm, esenleme; **jdm die Hand zum ~ reichen** esenlemek için birine elini uzatmak; **viele Grüße an deine Eltern!** annene babana çok selâmlar!; **jdm Grüße bestellen** birine selâm söylemek; **mit freundlichen Grüßen** dostça selâmlar

grüßen ['gry:sən] *vt* esenlemek, selâmlamak; **grüß deinen Vater von uns** babana bizden selâm söyle; **grüß dich!** selâm!; **sie lässt (dich) schön ~** sana selâm söyledi

Grußwort *nt* <-(e)s, -e> esenleme sözü

G-Schlüssel *m* (MUS) sol anahtarı

Guatemala [guate'ma:la] *nt* <-s> Guatemala

Guatemalteke, -in [guatemal'te:kə] *m, f* <-n, -n; -nen> Guatemalalı

guatemaltekisch *adj* Guatemalalı, Guatemala (ile ilgili)

gucken ['gʊkən, 'kʊkən] **I.** *vi* (*fam*) bakmak; (*hervor~*) bakmak; **guck mal!** bir baksana! **II.** *vt* (*fam*): **Fernsehen ~** televizyon seyretmek

Guckloch *nt* gözetleme deliği

Guerilla [ge'rɪlja] *f* <-s> gerilla; **Guerillakämpfer(in)** *m(f)* gerillacı

Guillotine [gɪljo'ti:nə, gijo'ti:nə] *f* <-n> giyotin

Guinea [gi'ne:a] *nt* <-s> Gine

Guineer(in) [gi'ne:ɐ] *m(f)* Gineli

guineisch [gi'ne:ɪʃ] *adj* Gineli, Gine (ile ilgili)

Gulasch ['gʊlaʃ] *m o nt* <-(e)s, -e *o* -s> (GASTR) gulaş; **Gulaschsuppe** *f* gulaş çorbası

Gulden ['gʊldən] *m* <-s, -> gulden, florin

Gully ['gʊli] *m o nt* <-s, -s> lağım

gültig ['gʏltɪç] *adj* geçerli; (*Gesetz*) geçerli, yürürlükte olan; (*Münze*) geçer(li); **~ sein** geçerli olmak; **die Fahrkarte ist nicht mehr ~** bilet artık geçerli değildir

Gültigkeit *f ohne Pl* **1.** (*von Geld, Fahrkarte*) geçerlik **2.** (*von Gesetz*) geçer(li)lik; (*von Vertrag*) sıhhat, geçerli olma

Gummi[1] ['gʊmi] *m o nt* <-s, -(s)> (*Material*) lâstik

Gummi[2] *m o nt* <-s, -s> (*fam: Kondom*) kaput

Gummi[3] *m* <-s, -s> (*Radier~*) lâstik, silgi

Gummi[4] *nt* <-s, -s> (*fam: ~band*) lâstik

Gummiarabikum *nt ohne Pl* <-s> Arap zamkı; **Gummiband** *nt* <-(e)s, -bänder> lâstik, lâstikli şerit; **Gummibaum** *m* **1.** (*Kautschukbaum*) kauçuk ağacı **2.** (*Zierpflanze*) lâstik ağacı; **Gummibegriff** *m* lâstikli söz; **Gummihandschuh** *m* lâstik eldiven; **Gummiharz** *nt ohne Pl* zamk; **Gummiknüppel** *m* cop; **Gummimantel** *m* muşamba; **Gummireifen** *m* (AUTO) lâstikli tekerlik; **Gummistiefel** *m* lâstik çizme; **Gummizug** *m* <-(e)s, -züge> lâstikli şerit

Günsel *m* <-s, -> (BOT) mayasıl otu

Gunst [gʊnst] *f ohne Pl* kayra; **zu ~en ...** ...in lehine; (**hoch**) **in jds ~ stehen** biri tarafından (çok) kayrılmak; **die ~ der Stunde erkennen** (*fig*) karşısına çıkan fırsatı görmek, fırsat bu fırsat demek

günstig ['gʏnstɪç] *adj* uygun, elverişli, müsait; (*Augenblick*) uygun; **~e Gelegenheit/Umstände** uygun fırsat/koşullar; **im ~sten Fall** en elverişli durumda

Günstling ['gʏnstlɪŋ] *m* <-s, -e> (*pej*) gözde (kimse), kayırılan (kimse)

Günstlingswirtschaft *f ohne Pl* kayırıcılık

Gurgel ['gʊrgəl] *f* <-n> gırtlak; **jdm an die ~ springen** (*fam fig*) birinin gırtlağına atlamak

gurgeln *vi* **1.** (*Wasser*) gurul gurul akmak **2.** (*Person*) gargara yapmak

Gurke ['gʊrkə] *f* <-n> hıyar, salatalık; **saure ~n** hıyar turşusu

gurren ['gʊrən] *vi* (*Taube*) üveymek; (*fam*) kuğurmak

Gurt [gʊrt] *m* <-(e)s, -e> (*Riemen*) kayış; (*Sicherheits~*) kemer; (*Sattel~*) kayış; **den ~ anlegen** kemeri/kayışı takmak

Gürtel ['gʏrtəl] *m* <-s, -> **1.** (*an Kleidung*) kemer, bel kemeri; **den ~ enger schnallen** (*fam*) kemerini sıkmak **2.** (SPORT: *Karate, Judo*) kuşak **3.** (*Zone*) kuşak; **Gürtellinie** *f ohne Pl* bel hizası; **Gürtelrose** *f ohne Pl* (MED) zona; **Gürtelschnalle** *f* kemer tokası; **Gürteltier** *nt* (ZOOL) kemerli hayvan

Guru ['gu:ru] *m* <-s, -s> **1.** (REL) mürşit **2.** (*fam*) mürşit

GUS *f Abk. von* **Gemeinschaft Unabhängiger Staaten** BDT, *Bağımsız Devletler Topluluğu*

Guss[RR] [gʊs, *Pl:* 'gʏsə] *m* <-es, Güsse>, **Guß** *m* <-sses, Güsse> **1.** (*von Metall*) döküm; **wie aus einem ~** bir kalıptan çıkmış gibi **2.** (*fam: Regen~*) sağnak; **Gusseisen**[RR] *nt ohne Pl* <-s> dökme demir, pik; **Gussform**[RR] *f* <-en> kalıp

gut [gu:t] <besser, am besten> **I.** *adj* **1.** (*allgemein*) iyi; **ein ~er Freund** iyi bir dost; **~e Besserung!** acil şifalar dilerim!, geçmiş olsun!; **er ist in Mathe sehr ~** matematikte çok iyi; **das ist ja alles ~ und schön, aber …** (*fam*) bunların hepsi iyi hoş, ama …; **G~ und Böse auseinander halten** iyi ve kötüyü birbirinden ayırt etmek; **die G~en und die Bösen** iyiler ve kötüler; **findest du Strandurlaub ~?** plâjda izin yapmayı iyi buluyor musun?; **lassen wir es damit ~ sein** (*fam*) bu meseleyi kapatalım artık **2.** (*Mensch*) iyi; **sei so ~ und …** bir iyilik yapıver de …; **~ zu jdm sein** birine karşı iyi davranmak **3.** (*richtig*) iyi, doğru **4.** (*nützlich*): **wer weiß, wozu das ~ ist?** kim bilir, bu ne işe yarar? **5.** (*für Gesundheit*) iyi (*für* için); **das ist ~ gegen Husten** bu öksürüğe karşı iyi gelir **6.** (*vorteilhaft*) iyi, yararlı, avantajlı **7.** (*angemessen*) iyi, yerinde; **er hat ~e Laune** keyfi yerinde; **das ist (nicht) ~ so** bu iyi [*o* yerinde] (değil) böyle **8.** (*reichlich*) iyi, bol; **eine ~e Stunde** tam bir saat **9.** (SCHULE: *Note*) iyi **II.** *adv* iyi; **schon ~!** peki!; **das schmeckt ~** bunun tadı iyi; **sein Geschäft geht nicht ~** işi iyi gitmiyor; **etw ~ können** bir şeyi iyi yapabilmek; **er hat es dort ~** orada durumu iyi; **~ so!** iyi böyle!; **~ gemacht!** iyi yaptın!; **du bist ~!** âlemsin!, ömürsün!; **das kann ~ sein** olabilir; **so ~ wie nichts** (*fam*) neredeyse [*o* hemen hemen] hiçbir şey; **mach's ~!** kendine iyi bak!; **er stellt sich ~ mit dir, weil er dein Auto braucht** seninle iyi geçiniyor, çünkü otona ihtiyacı var; **du tust ~ daran, hier erst mal zu verschwinden** iyisi mi, buradan önce bir yok ol

Gut *nt* <-(e)s, Güter> **1.** (*Besitz*) mülk, mallar *pl;* **mein Hab und ~** malım mülküm **2.** (*Land~*) çiftlik **3.** (*Ware*) mal

Gutachten ['gu:tʔaxtən] *nt* <-s, -> rapor, ekspertiz raporu; **ein ~ erstellen** rapor düzenlemek

Gutachter(in) *m(f)* <-s, -; -nen> bilirkişi

gutartig *adj* **1.** (*Wesen, Tier*) iyi huylu **2.** (MED) iyicil; **gutaussehend** *adj s.* **aussehen**; **gutbezahlt** *adj s.* **bezahlen**; **gutdotiert** *adj s.* **dotieren**

Gutdünken ['gu:tdʏŋkən] *nt ohne Pl* <-s>: **nach ~ (verfahren)** keyfine göre (hareket etmek)

Gute(s) *nt ohne Pl* <-n> iyilik; **~s tun** iyilik etmek; **das ~ daran** bunun iyiliği, bunun iyi tarafı; **alles ~!** işiniz rast gitsin!

Güte ['gy:tə] *f ohne Pl* **1.** (*Freundlichkeit*) lütuf, dostluk, iyilikçilik, iyilikseverlik; **ach du liebe ~!** (*fam*) aman tanrım! **2.** (*Qualität*) kalite; **das war ein Reinfall erster ~** (*fam*) bu birinci kalite bir fiyaskoydu

Güterbahnhof *m* yük istasyonu, marşandiz istasyonu; **Gütergemeinschaft** *f* (JUR) mal ortaklığı; **Gütertrennung** *f* (JUR) mal ayrılığı; **Güterverkehr** *m* mal ulaşımı; **Güterwagen** *m* yük vagonu; **Güterzug** *m* <-(e)s, -züge> yük treni, yük katarı, marşandiz

Gütezeichen *nt* marka

gut|gehen *irr vi sein s.* **gehen I.1., I.3.**

gutgehend *adj s.* **gehen I.4.**; **gutgelaunt** *adj s.* **gelaunt**; **gutgemeint** ['gu:tgəmaɪnt] *adj s.* **meinen 5.**; **gutgläubig** *adj* iyi niyetli; **Guthaben** ['gu:tha:bən] *nt* <-s, -> (FIN) alacak; (*Bank~*) mevduat; **er hat ein ~ bei mir** benden alacağı var; **gut|heißen** *irr vt* onamak, tasvip etmek; **gutherzig** *adj* iyi yürekli

gütig ['gy:tɪç] *adj* iyilikçi, iyiliksever;

(*freundlich*) sevecen

gutleserlich *adj s.* **leserlich**

gütlich ['gy:tlɪç] *adj* dostça; **eine ~e Regelung der Sache** meselenin dostane çözümlenmesi; **sich ~ einigen** dostça uzlaşmak

Gutsbesitzer(in) *m(f)* çiftlik sahibi

Gutschein *m* <-(e)s, -e> kupon, fiş, bono;

gut|schreiben *irr vt* alacak olarak kaydetmek; **Gutschrift** *f* alacak kaydı

Gutsherr(in) *m(f)* <-en, -en; -nen> çiftlik sahibi; **Gutshof** *m* büyük çiftlik

gutsituiert ['gu:tzitu'i:ɐt] *adj s.* **situieren**

Gutsverwalter(in) *m(f)* kâhya, çiftlik kâhyası

gut|tun *irr vi s.* **tun I.**

gutwillig I. *adj* iyi niyetli **II.** *adv* iyi niyetle

Gymnasiallehrer(in) [gʏmnazi'a:l-] *m(f)* (SCHULE) lise öğretmeni

Gymnasiast(in) [gʏmnazi'ast] *m(f)* <-en, -en; -nen> lise öğrencisi

Gymnasium [gʏm'na:ziʊm] *nt* <-s, Gymnasien> lise

Gymnastik [gʏm'nastɪk] *f ohne Pl* jimnastik

Gymnosperme *f* <-n> (BOT: *Nacktsamer*) açık tohumlular *pl*

Gynäkologe, -in [gynɛko'lo:gə] *m, f* <-n, -n; -nen> (MED) jinekolog

Gynäkologie [gynɛkolo'gi:] *f ohne Pl* (MED) jinekoloji

gynäkologisch *adj* (MED) jinekoloji (ile ilgili)

H

H, h [haː] *nt* <-, -> **1.** (*Buchstabe*) H, h **2.** (MUS) si

ha[1] [ha, haː] *interj* vay

ha[2] *Abk. von* **Hektar** ha, *hektar*

Haar [haːɐ] *nt* <-(e)s, -e> **1.** (*Kopf~*) saç; (*Körper~, Tier~*) tüy, kıl; **blondes/schwarzes ~ haben** saçları sarı/siyah olmak; **sich** *dat* **die ~e kämmen** saçlarını taramak; **sich** *dat* **die ~e schneiden lassen** saçlarını kestirmek; **mir stehen die ~e zu Berge** (*fam fig*) tüylerim diken diken oldu; **kein gutes ~ an jdm lassen** (*fam*) birinin arkasından söylemediğini bırakmamak; **sich** *dat* **in den ~en liegen** (*fam*) saç saça baş başa olmak; **sich** *dat* **in die ~e fahren/geraten/kriegen** (*fam*) saç saça baş başa dövüşmek/gelmek/girmek; **sich** *dat* **aufs ~ gleichen** (*fam*) tıpkı tıpkısına benzemek; **sich** *dat* **die ~e raufen** (*fam*) saçını başını yolmak; **deswegen lasse ich mir keine grauen ~e wachsen** (*fam*) bunun için saç sakal ağartmam; **jdm kein ~ krümmen** (*fam*) birinin kılına [*o* tüyüne] dokunmamak; **immer ein ~ in der Suppe finden** (*fam*) her şeyde bir kusur bulmak **2.** (*fig*): **(um) kein ~** (*fam*) hiç; **er hat sich (um) kein ~ geändert** hiç değişmemiş; **um ein ~** (*fam: beinahe*) az kalsın; **Haarausfall** *m ohne Pl* <-(e)s> saç dökülmesi; **Haarbürste** *f* saç fırçası; **Haarbüschel** *nt* saç tutamı

haaren [ˈhaːrən] *vi, vr:* **sich ~** (*Tier*) tüy atmak

Haaresbreite *f* ramak; **um ~** kıl payı

Haarfarbe *f* saç rengi; **Haarfestiger** *m* saç losyonu; **Haargel** *nt* <-s, -e> saç jölesi; **haargenau** [ˈ--ˈ-] *adv* (*fam*) tıpkı tıpkısına, milimi milimine; (*ausführlich*) inceden inceye; **stimmt ~!** tastamam!; **Haargummi** *m* saç lâstiği

haarig [ˈhaːrɪç] *adj* **1.** (*behaart*) kıllı, tüylü, saçlı **2.** (*fam fig: heikel*) güç, çetin; (*schlimm*) kötü, tatsız

Haarklammer *f* saç tokası

haarklein [ˈ-ˈ-] *adv:* **etw ~ erzählen** bir şeyi kılı kırk yararak anlatmak; **Haarlack** *m* rastık; **Haarnadel** *f* firkete; **Haarnetz** *nt* saç filesi; **Haarpflege** *f* saç bakımı; **haarscharf** [ˈ-ˈ-] **I.** *adj* (*genau*) tam, sağın **II.** *adv* **1.** (*sehr nah*) çok yakından **2.** (*präzise*) tam, sağın; **Haarschnitt** *m* saç tıraşı; **Haarspalterei** [---ˈ-] *f* <-en> (*pej*) kılı kırk yarma; **~ betreiben** kılı kırk yarmak; **Haarspange** *f* saç tokası; **Haarspray** *m o nt* saç spreyi; **Haarsträhne** *f* saç teli; **haarsträubend** [ˈhaːɐʃtrɔɪbənt] *adj* tüyler ürpertici; **Haartrockner** *m* saç kurutucusu; **Haarwaschmittel** *nt* şampuan; **Haarwasser** *nt* <-s, -wässer> saç losyonu

Haarwuchs *m ohne Pl* <-es> **1.** (*das Wachsen*) saçların büyümesi **2.** (*Haare*) saçlar, saç baş; **Haarwuchsmittel** *nt* saç ilacı

Haarwurzel *f* (ANAT) saç kökü

Hab [haːp]: **~ und Gut** malı mülkü, varı yoğu, nesi var nesi yok

Habe [ˈhaːbə] *f ohne Pl* (*geh*) mal varlığı

haben [ˈhaːbən] <hat, hatte, gehabt> **I.** *vt* **1.** (*besitzen*) sahip olmak (-e), olmak (-i); (*erhalten*) almak (*von* -den); **ein Haus/ein Auto/Kinder ~** evi/arabası/çocukları olmak; **ich habe zwei Kinder** (benim) iki çocuğum var; **lieber ~** tercih etmek; **hier hast du das Buch** al işte kitabı; **er hat außergewöhnliche Fähigkeiten** olağanüstü yetenekleri var, olağanüstü yeteneklere sahiptir; **Zeit ~** vakti olmak; **Hunger/Durst ~** aç/susamış olmak; **Fieber ~** ateşi olmak; **kann ich bitte den Zucker ~?** şekeri alabilir miyim?; **ich habe (überhaupt) kein Geld dabei** yanımda (hiç) para(m) yok; **wir ~ heute schönes Wetter** bugün hava güzel; **den Wievielten ~ wir heute?** bugün ayın kaçı?; **morgen ~ wir Mittwoch** yarın çarşamba; **sie hat es weit nach Hause** eve kadar yolu uzundur; **sie hat es nicht leicht mit ihm** onunla işi kolay değildir; **das Haus hat was von einem Schloss** evin sarayımsı bir havası var; **und was habe ich davon?** benim bundan çıkarım ne?; **was hast du?** neyin var?; **dafür ist er nicht zu ~** öyle işlere yanaşmaz; **da ~ wir den Salat/die Bescherung** (*fam*) ayıkla pirincin taşını!, öp babanın elini!, buyurun cenaze namazına!; **etw dagegen ~** bir şeye karşı olmak; **nichts dagegen ~** bir şeye karşı olmamak, bir şeye diyeceği olmamak; **etw ~ wollen** bir şeyi canı istemek, bir şeyi elde etmek istemek; **was hat es damit auf sich?** bu ne anlama geliyor?; **ich kann das nicht ~** (*fam*) ben buna gelemem; **etw hinter sich ~** bir şey arkasında olmak; **ich habe noch viel vor mir**

daha yapacağım çok işler var; **sie hat etwas mit dem Tennislehrer** (*fam*) tenis öğretmeniyle ilişkisi var; **ich hab's!** buldum! **2.** (*müssen, sollen*): **ich habe noch sehr viel zu tun** daha yapacak çok işim var; **hier hat er nichts zu suchen** burada işi yok; **jetzt hast du zu schweigen** şimdi susman gerekli **II.** *vr:* **sich** ~ (*fam abw: sich anstellen*) hava basmak; **hab dich nicht so!** öyle nazlanmasana!; **damit hat sich die Sache** (*fam*) bu iş böylece kapandı

Haben *nt ohne Pl* <-s> (WIRTSCH) alacak

Habenichts ['ha:bənɪçts] *m* <-(es), -e> (*pej*) yoksul, meteliksiz

Habgier *f* (*pej*) tamah, aç gözlülük; **habgierig** *adj* (*pej*) tamahkâr, aç gözlü

habhaft *adj* (*geh*): **etw** *gen* ~ **werden** bir şeyi ele geçirmek

Habicht ['ha:bɪçt] *m* <-s, -e> (ZOOL) çakırdoğan, toğrul

Habsburger(in) ['ha:psbʊrgɐ] *m(f)* <-s, -; -nen> (HIST) Habsburglu

Habseligkeiten ['ha:pze:lɪçkaɪtən] *fPl* pılı pırtı

Habsucht *f ohne Pl* (*pej*) tamah, aç gözlülük; **habsüchtig** *adj* (*pej*) tamahkâr, aç gözlü

Hacke ['hakə] *f* <-n> **1.** (*Gartengerät*) çapa; (*klein*) tirpidin **2.** (*reg: Ferse*) topuk **3.** (*reg: am Schuh, Strumpf*) ökçe

hacken ['hakən] **I.** *vt* **1.** (*Holz*) kesmek, kırmak; (*Zwiebeln*) doğramak **2.** (*Garten*) çapalamak **II.** *vi* **1.** (*Vogel*) gagalamak **2.** (INFORM) şifre kırmak

Hacker(in) ['hakɐ] *m(f)* <-s, -; -nen> (INFORM) şifre kırıcı, bilgisayar korsanı

Hackfleisch *nt* kıyma

hadern ['ha:dɐn] *vi* (*geh*) **1.** (*streiten*) çekişmek (*mit* ile) **2.** (*unzufrieden sein*): **mit seinem Schicksal** ~ talihine [*o* bahtına] küsmek

Hadsch *m ohne Pl* (REL) hac

Hadschi *m* <-s, -s> (REL) hacı

Hafen ['ha:fen, *Pl:* 'hɛ:fən] *m* <-s, Häfen> liman; **in den** ~ **einlaufen** limana girmek; **aus dem** ~ **auslaufen** limandan çıkmak; **Hafenarbeiter(in)** *m(f)* liman işçisi; **Hafenbehörde** *f* liman idaresi; **Hafeneinfahrt** *f* liman girişi; **Hafengebühr** *f* liman ücreti, liman resmi; **Hafenmeister** *m* liman reisi; **Hafenrundfahrt** *f* liman turu; **Hafenstadt** *f* liman kenti [*o* şehri]

Hafer ['ha:fɐ] *m* <-s, -> (BOT, GASTR) yulaf; **Hafermehl** *nt* yulaf unu

Haft [haft] *f ohne Pl* (hafif) hapis; (*Untersuchungs~*) tutukluluk; **in** ~ **sein/nehmen** tutuklamak; **jdn aus der** ~ **entlassen** birini tahliye etmek; **Haftanstalt** *f* tutuk evi

haftbar *adj* sorumlu; **beschränkt/persönlich/unmittelbar** ~ sınırlı/şahsen/doğrudan doğruya sorumlu; **jdn für etw** ~ **machen** birini bir şey için sorumlu tutmak

Haftbefehl *m* (JUR) tutuklama emri, tutuklama müzekkeresi; **einen** ~ **ausstellen/erlassen** tutuklama müzekkeresi kesmek/vermek

haften ['haftən] *vi* **1.** (*kleben*) yapışmak (*an* -e) **2.** (JUR: *aufkommen*) sorumlu olmak (*für* için, *mit* ile)

Haftentlassung *f* tutukluluktan tahliye

Häftling ['hɛftlɪŋ] *m* <-s, -e> tutuklu

Haftpflicht *f ohne Pl* malî sorumluluk

Haftpflichtversicherung *f* malî sorumluluk sigortası

Haftrichter(in) *m(f)* tutuklama müzekkeresi veren hâkim

Haftschale *f* lens

Haftstrafe *f* (JUR) hafif hapis cezası

Haftung[1] *f ohne Pl* (TECH, PHYS) yapışma

Haftung[2] *f* <-en> (JUR) sorumluluk; **die** ~ **übernehmen** sorumluluğu üstlenmek

Hagebutte ['ha:gəbʊtə] *f* <-n> (BOT) kuşburnu

Hagedorn *m* <-(e)s, -e> (BOT) alıç

Hagel ['ha:gəl] *m* <-s, -> dolu; (*Schauer*) dolu; **Hagelkorn** *nt* <-(e)s, -körner> **1.** (METEO) dolu tanesi **2.** (MED: *Geschwulst*) arpacık

hageln ['ha:gəln] **I.** *vunpers* dolu yağmak; **es hagelt** dolu yağıyor **II.** *vi, vunpers* (*Vorwürfe*) yağmak

hager ['ha:gɐ] *adj* sıska

haha [ha'ha(:)] *interj* (*Lachen*) hahha

Hahn [ha:n, *Pl:* 'hɛ:nə] *m* <-(e)s, Hähne> **1.** (*Tier*) horoz; **er ist der** ~ **im Korb** (*fam*) gözde olan tek erkek o; **nach jdm/etw** *dat* **kräht kein** ~ **mehr** (*fam*) bir kimseyi/şeyi arayıp soran kalmamak **2.** (*Wasser~*) musluk; (*Gas~*) ibik **3.** (*an Schusswaffen*) horoz; **den** ~ **spannen** horozu çekmek

Hähnchen ['hɛ:nçən] *nt* <-s, -> piliç, tavuk

Hahnenfuß *m ohne Pl* <-es> (BOT) düğün çiçeği; **Hahnenfußgewächse** *ntPl* (BOT: *Familie*) düğün çiçeğigiller *pl;* **Hahnenkamm** *m* (*a.* BOT) horoz ibiği; **Hahnenkampf** *m* <-(e)s, -kämpfe> horoz dövüşü

Hahnrei *m* <-s, -e> (*pej*) kerata

Hai [haɪ] *m* <-(e)s, -e>, **Haifisch** *m* <-(e)s, -e> köpek balığı

Hain [haɪn] *m* <-(e)s, -e> (*geh*) koru; (*Wäldchen*) ağaçlık; **Hainbuche** *f* (BOT) gürgen

Haiti [ha'i:ti] *nt* <-s> Haiti

Haitianer(in) [hai'tja:nɐ] *m(f)* <-s, -; -nen> Haitili

haitianisch *adj* Haitili, Haiti (ile ilgili)

häkeln ['hɛːkəln] **I.** *vi* dantel örmek **II.** *vt* tığ ile örmek
Häkelnadel *f* tığ
Haken ['haːkən] *m* <-s, -> **1.** (*zum Aufhängen*) kanca; (*spitz zulaufend*) çengel; (*Zeichen*) agraf; **einen ~ schlagen** (*Hase*) birdenbire yön değiştirmek; (*fig*) yan çizmek **2.** (*Boxen*) kroşe **3.** (*fam: Schwierigkeit*) pürüz, engel; **die Sache hat nur einen ~** meselenin yalnız bir pürüzü var; **Hakenkreuz** *nt* <-es, -e> gamalı haç; **Hakennase** *f* <-n> gaga burun; **Hakenwurm** *m* kancalı kurt
halb [halp] **I.** *adj* **1.** yarım, yarı; **eine ~e Stunde** yarım saat; **eine ~e Note** (MUS) ikilik; **ein ~er Ton** yarım ses; **zum ~en Preis** yarı fiyatına; **~ Hamburg** Hamburg'un yarısı; **nichts H~es und nichts Ganzes** (*fam*) ne hesaba gelmek, ne de kantara; **keine ~en Sachen machen** (*fam*) yarım yamalak iş yapmamak; **~ und ~** yarı yarıya; **mit jdm ~e-~e machen** (*fam*) biriyle yarı yarıya bölüşmek **2.** (*Zeitansage*) buçuk; **es ist ~ drei** saat iki buçuk; **es ist ~ eins** saat yarım; **um ~ drei** iki buçukta; **es ist zehn (Minuten) vor ~ drei** iki buçuğa on (dakika) var; **um zehn (Minuten) vor ~ drei** iki buçuğa on (dakika) kala; **es ist zehn (Minuten) nach ~ drei** iki buçuğu on (dakika) geçiyor; **um zehn (Minuten) nach ~ drei** iki buçuğu on (dakika) geçe **II.** *adv:* **nur ~ zuhören** pek dinlememek; **~ öffnen** aralamak; **das Zimmer ist ~ so groß/so teuer wie das andere** bu odanın büyüklüğü/fiyatı ötekinin yarısı; **das ist ~ so schlimm** bu pek o kadar kötü değil; **sie ist ~ taub** bir kulağı duymaz, ağır işitir; **sich ~ totlachen** gülmekten katılmak; **halbamtlich** *adj* (POL, PUBL) yarı resmî; **halbautomatisch** *adj* yarı otomatik; **Halbbruder** *m* (*mütterlicherseits*) ana bir erkek kardeş; (*väterlicherseits*) baba bir erkek kardeş; **halbdunkel** *adj* loş, yarı karanlık; **Halbdunkel** *nt ohne Pl* loşluk; **Halbedelstein** *m* (*Schmuckstein*) süs taşı
halber ['halbɐ] *präp* (*geh*) gereği, icabı; **Halberzeugnis** *nt s.* **Halbfabrikat**; **Halbfabrikat** *nt* (COM) yarı mamul
halbfertig *adj s.* **fertig 1.**; **Halbfinale** *nt* (SPORT) yarı final; **Halbgeschwister** *ntPl* üvey kardeşler *pl;* **Halbgott** *m* <-(e)s, -götter> (*a. fig*) yarı tanrı, yarı ilâh; **Halbgöttin** *f* <-nen> (*a. fig*) yarı tanrıça, yarı ilâhe
halbherzig *adj* gönülsüz
halbieren* [hal'biːrən] *vt* **1.** (*teilen*) yarı yarıya bölüşmek **2.** (*reduzieren*) yarılamak
Halbinsel *f* yarımada; **Halbjahr** *nt* yarıyıl; **das erste ~** ilk yarıyıl
halbjährig *adj* (*ein halbes Jahr dauernd*) altı aylık; (*ein halbes Jahr alt*) altı aylık
halbjährlich *adj* altı aylık; **Halbkreis** *m* yarım daire; **Halbkugel** *f* **1.** (MATH) yarım küre **2.** (GEO) yarı küre, yarım küre; **die nördliche/südliche ~** kuzey/güney yarı küresi, kuzey/güney yarım küre; **halblang** *adj* yarı boyda olan; (*Rock*) midi; **mach mal ~!** (*fam*) yavaş gel!; **halblaut** *adj* yavaş; **Halbleiter** *m* <-s, -> (ELEK, PHYS, INFORM) yarı iletken; **Halblinke** *mf* (SPORT: *Fußball*) sol iç; **halbmast** *adv:* **auf ~** bayraklar yarıda; **~ flaggen** bayrağı yarıya indirmek; **Halbmesser** *m* <-s, -> (*Radius*) yarıçap; **Halbmond** *m* **1.** (ASTR) yarım ay **2.** (*im Wappen*) hilâl **3.** (*Hilfsorganisation*): **Roter ~** Kızılay; **halbnackt** ['-'-] *adj s.* **nackt**; **halboffen** ['-'--] *adj s.* **offen 1.**; **Halbpension** *f ohne Pl* yarım pansiyon; **Halbrechte** *mf* (SPORT: *Fußball*) sağ iç; **halbrund** *adj* yarım daire biçimindeki; **Halbschatten** *m* (*a.* ASTR) yarı gölge; **Halbschlaf** *m* uyuklama; **im ~ liegen** yatakta uyuklamak, tavşan uykusu yapmak; **Halbschuh** *m* iskarpin; **Halbschwergewicht** *nt* (SPORT) yarı ağır sıklet; **Halbschwester** *f* (*mütterlicherseits*) ana bir kız kardeş; (*väterlicherseits*) baba bir kız kardeş
halbstündig ['halpʃtʏndɪç] *adj* yarım saatlik
halbstündlich ['halpʃtʏntlɪç] *adj* her yarım saatte bir
halbtags ['halptaːks] *adv* yarım gün; **~ arbeiten** yarım gün çalışmak; **Halbtagskraft** *f* yarım günlük eleman
Halbton *m* <-(e)s, -töne> (MUS) yarım ses; **halbtot** ['-'-] *adj s.* **tot**; **halbtrocken** *adj* (*von Wein, Sekt*) dömisek; **Halbvokal** *m* (LING) yarı ünlü; **halbvoll** ['-'-] *adj s.* **voll I.1.**; **Halbwaise** *f* öksüz; (*Vater gestorben*) yetim
halbwegs ['halpveːks] *adv* (*fig*) **1.** (*teilweise*) yarı **2.** (*ein bißchen*) yarı buçuk
Halbwertszeit *f* (PHYS) yarı ömür
Halbwüchsige(r) ['-vyːksɪgɐ] *mf* <-n, -n; -n> yeni yetme, ergen
Halbzeit *f* (SPORT) **1.** (*Hälfte der Spielzeit*) yarı; **erste/zweite ~** ilk/ikinci yarı **2.** (*Pause*) ara, haftaym; **in der ~** haftaymda
Halde ['haldə] *f* <-n> **1.** (*Bergabhang*) yamaç, bayır **2.** (*Abraum~, Müll~*) yığın; (*Kohle~*) yığınlar *pl*
half [half] *3. imp von* **helfen**
Hälfte ['hɛlftə] *f* <-n> yarısı; **um die ~ größer/kleiner** yarısından büyük/küçük; **auf der ~ des Weges** yolun yarısında

H

Halfter[1] ['halftɐ] *m o nt* <-s, -> (*für Pferd, Rind*) yular

Halfter[2] *nt* <-s, ->, *f* <-n> (*für Pistole*) tabanca kılıfı

Hall [hal] *m* <-(e)s, -e> (*Klang, Echo*) yankı

Halle ['halə] *f* <-n> (*großer Raum*) hol; (*Bahnhofs~*) yolcu salonu; (*Hangar*) hangar; (*Ausstellungs~*) salon; (*Markt~*) hal; (*Messe~*) pavyon; (*Hotel~*) lobi; (*Turn~*) kapalı salon

hallen ['halən] *vi* yankılanmak

Hallenbad *nt* kapalı yüzme havuzu; **Hallensport** *m* <-(e)s, -e> kapalı salonda spor

hallo ['halo, ha'lo:] *interj* **1.** (*Gruß*) merhaba **2.** (*am Telefon*) alo **3.** (*Zuruf*) hey; **~, Sie!** baksanıza!

Halluzination [halutsina'tsjo:n] *f* <-en> sanrı, birsam

halluzinieren *vi* sanrılamak

Halm [halm] *m* <-(e)s, -e> sap

Halogenbirne *f* halojen ampul

Hals [hals, *Pl:* 'hɛlzə] *m* <-es, Hälse> **1.** (ANAT) boğaz; (*Kehle*) gırtlak; **~ über Kopf** (*fam: plötzlich*) palas pandıras, yaka paça, apar topar; **jdm um den ~ fallen** birinin boynuna sarılmak; **sich jdm an den ~ werfen** (*fam*) birinin başına ekşimek; **sich** *dat* **den ~ brechen** (*fam*) kafasını gözünü yarmak; (*fig*) kellesinden olmak; **sich** *dat* **jdn/etw vom ~ schaffen** (*fam*) bir kimseyi/şeyi başından atmak; **aus vollem ~** avazı çıktığı kadar; **das Wort blieb ihm im ~(e) stecken** sözü boğazında düğümlendi; **er hat viel am ~** (*fam*) işi başından aşkın; **bis zum ~ in Schulden stecken** boğazına [*o* gırtlağına] kadar borç içinde olmak; **ihr steht das Wasser bis zum ~** (*fig fam*) o, boğazına kadar borç içinde; **bleib mir mit deinen Problemen vom ~!** (*fam*) sorunlarınla başımı ağrıtma!; **das hängt mir zum ~ heraus** (*fam*) bundan bıktım, usandım artık; **einen Frosch im ~ haben** (*fam*) boğazı gıcıklanmak, gıcık tutmak; **einen Kloß im ~ haben** (*fam*) boğazına bir yumruk tıkanmak [*o* gelip oturmak]; **etw in den falschen ~ bekommen** (*fam*) bir şeyi ters anlamak; **sie kann den ~ nicht voll kriegen** (*fam*) doymak bilmiyor **2.** (*Flaschen~*) boğaz **3.** (*von Instrument*) sap

Halsabschneider(in) *m(f)* <-s, -; -nen> (*fam pej*) pahacı, kazıkçı

Halsband *nt* <-(e)s, -bänder> **1.** (*für Hunde, Katzen*) tasma **2.** (*Samt~*) gerdanlık; **Halsentzündung** *f* yutak iltihabı; **Halskette** *f* gerdanlık; (*Kollier*) kolye

Hals-Nasen-Ohren-Arzt, **-Ärztin** [---'---] *m, f* kulak, burun, boğaz hekimi

Halsschlagader *f* şah damarı

Halsschmerzen *mPl* boğaz ağrısı *sing;* **ich habe ~** boğazım ağrıyor

halsstarrig *adj* (*pej*) dik kafalı, inatçı

Halstuch *nt* <-(e)s, -tücher> eşarp; (*Foulard*) fular; **Halswirbel** *m* (ANAT) boyun omuru

halt [halt] **I.** *adv* (*Schweiz, österr, südd: eben*) işte; **das ist ~ so** bu böyledir işte; **wir müssen es ~ versuchen** bunu denemek zorundayız işte **II.** *interj* **1.** (*zum Anhalten*) dur, stop **2.** (*zum Aufhören*) dur, stop

Halt[1] *m ohne Pl* <-(e)s> (*Stütze*) destek; **~ suchen/finden** destek aramak/bulmak

Halt[2] *m* <-(e)s, -e *o* -s> **1.** (*Stopp*) durma; **~ machen** durmak, mola vermek; **vor nichts ~ machen** (*fam*) gözünün yaşına bakmamak **2.** (*Schweiz: Flächeninhalt*) alan

hält [hɛlt] *3. präs von* **halten**

haltbar *adj* **1.** (*Lebensmittel*) dayanıklı; **mindestens ~ bis 10. August** son kullanma tarihi 10 Ağustos **2.** (*strapazierfähig*) dayanıklı, sağlam; (*beständig*) kalıcı **3.** (*Theorie, These*) savunulur **4.** (SPORT: *Schuss*) tutulur

Haltbarkeit *f ohne Pl* **1.** (*von Lebensmitteln*) dayanıklılık **2.** (*Strapazierfähigkeit*) dayanıklılık, sağlamlık; **Haltbarkeitsdatum** *nt* son kullanma tarihi

Haltelinie *f* (AUTO: *vor Ampeln*) durma çizgisi

halten ['haltən] <hält, hielt, gehalten> **I.** *vi* **1.** (*anhalten*) durmak; (*stehen bleiben*) durmak **2.** (*festsitzen*) tutmak **3.** (*widerstandsfähig sein*) dayanıklı olmak, sağlam olmak; **Sport hält jung** spor insanı genç tutar **4.** (*dauern*) devam etmek, sürmek; (*Stoff, Konserven*) dayanmak; (*Wetter*) devam etmek; **zu jdm ~** birini tutmak **II.** *vt* **1.** (*fest~*) tutmak; **die Beine ins Wasser ~** bacaklarını suya tutmak; **etw offen ~** bir şeyi açık tutmak; **halt den Mund!** (*fam*) çeneni tut! **2.** (*zurück~*) tutmak; (*auf~*) durdurmak; (SPORT) tutmak **3.** (*besitzen*) sahip olmak (-e) **4.** (*Rekord, Gebiet*) elinde tutmak; **ein Land besetzt ~** bir ülkeyi işgal altında tutmak **5.** (*Versprechen*) tutmak; (*Rede*) yapmak; (*Unterricht*) yapmak, vermek; **sein Wort ~** sözünü tutmak, sözünde durmak; **was man verspricht, muss man auch ~** verilen söz tutulur **6.** (*gestalten*): **das Zimmer ganz in Weiß ~** odayı bembeyaz yapmak **7.** (*erachten*): **etw/jdn für etw ~** bir şeyi/kimseyi bir şey sanmak; **etw für gut/richtig ~** bir şeyi iyi/doğru bulmak; **ich**

halte ihn für ziemlich intelligent onun oldukça zeki olduğunu sanıyorum; **viel/nichts von jdm** ~ birini gözü çok tutmak/hiç tutmamak; **wofür ~ Sie mich?** beni ne sanıyorsunuz?; **was ~ Sie davon?** buna ne diyorsunuz? **III.** *vr:* **sich** ~ **1.** (*bleiben*) kalmak; (*haltbar sein*) dayanmak **2.** (*sich orientieren*) tutmak (*an* -); ~ **Sie sich links/Richtung Norden** solu/kuzey yönünü tutunuz **3.** (*fest~*) tutunmak; (*sich aufrecht* ~) kendini dik tutmak; **sich auf den Beinen** ~ kendini ayakta tutmak

Halter(in) *m(f)* <-s, -; -nen> (*Fahrzeug~*) işleten; (*Tier~*) sahip

Haltestelle *f* durak; **Halteverbot** *nt* durma yasağı

haltlos *adj* **1.** (*Mensch*) dengesiz **2.** (*Argument*) temelsiz; (*Behauptung*) dayanaksız, dayanağı olmayan, mesnetsiz

halt|machen *vi s.* **Halt[2] 1.**

Haltung[1] *f ohne Pl* **1.** (*Fassung*) itidal; ~ **bewahren** itidalini muhafaza etmek, kendini tutmak, istifini bozmamak; **die ~ verlieren** itidalini kaybetmek **2.** (*Tierzucht*) yetiştirme

Haltung[2] *f* <-en> **1.** (*Körper~*) duruş; (*Stellung*) durum, vaziyet **2.** (*Einstellung*) tavır, vaziyet; **eine klare ~ zu einer Frage einnehmen** bir sorun karşısında kesin tavır takınmak **3.** (*Benehmen*) tutum, davranış

Haltungsfehler *m* **1.** (SPORT) duruş hatası **2.** (MED) duruş bozukluğu

Halunke [ha'lʊŋkə] *m* <-n, -n> (*fam a. pej*) alçak herif; (*Schlingel*) kerata; (*Lausbub*) afacan

Hamburg ['hambʊrk] *nt* <-s> Hamburg

Hamburger(in)[1] ['hambʊrgɐ] *m(f)* <-s, -; -nen> Hamburglu

Hamburger[2] *m* <-s, -> (GASTR) hamburger

hämisch ['hɛːmɪʃ] *adj:* ~ **grinsen/lachen** pis pis sırıtmak/gülmek

Hammel ['haməl] *m* <-s, -> **1.** (*Schafbock*) koyun **2.** (*vulg: Mensch*) budala; **Hammelfleisch** *nt* koyun eti

Hammer ['hamɐ, *Pl:* 'hɛmɐ] *m* <-s, Hämmer> **1.** (*Werkzeug, a.* SPORT) çekiç; **unter den ~ kommen** açık artırma ile satılmak **2.** (ANAT) çekiç kemiği; **der ~ ist eines der drei Gehörknöchelchen** çekiç kemiği, üç işitme kemikçiğinden biridir **3.** (MUS) tokmak **4.** (*fam: Fehler*) hata **5.** (*fam: Zumutung*): **das ist ja der ~!** olacak şey değil!

hämmern ['hɛmɐn] **I.** *vi* **1.** (*Maschine, Person*) çekiçle vurmak **2.** (*Herz*) çarpmak **3.** (*mit den Fäusten*) yumrukla vurmak **II.** *vt* çekiçlemek

Hammerwerfen *nt ohne Pl* <-s> (SPORT) çekiç atma

Hämoglobin *nt ohne Pl* <-s> (BIOL) hemoglobin; **Hämophilie** *f ohne Pl* (MED) hemofili

Hämorrhoiden [hɛmoro'iːdən] *Pl,* **Hämorriden[RR]** *Pl* (MED) hemoroit, basur

Hampelmann ['hampəlman] *m* **1.** (*Spielzeug*) sıçrayan bebek **2.** (*fam pej: Mensch*) kukla

Hamster ['hamstɐ] *m* <-s, -> (ZOOL) hamster

hamstern *vt* istif etmek

Hand [hant, *Pl:* 'hɛndə] *f* <Hände> el; **an ~ von** yoluyla; **aus erster/zweiter ~** birinci/ikinci elden; **von ~** elden; **jdm die ~ geben** birine eline vermek; **jdm die ~ schütteln** birinin elini sıkmak; **linker/rechter ~** sol/sağ elde; **linker/rechter ~ sehen Sie ...** sol/sağ elde ... görüyorsunuz; **eine ~ voll** bir tutam [*o* avuç dolusu]; **alle Hände voll zu tun haben** (*fam*) işi başından aşkın olmak; **etw aus der ~ legen** bir şeyi elinden bırakmak; **etw in die ~ nehmen** bir şeyi eline almak; (*fig*) bir şeyi ele almak; **in die Hände klatschen** el çırpmak; **etw zur ~ haben** bir şeyi el altında bulundurmak, bir şey elinde bulunmak; **jds rechte ~ sein** (*fig*) birinin sağ kolu olmak; **zwei linke Hände haben** (*fam*) elinden bir şey gelmemek; **sich mit Händen und Füßen verständigen** (*fam*) el kol yordamıyla anlaşmak; **sich mit Händen und Füßen gegen etw wehren** (*fam*) bir şeye canla başla karşı koymak; **mit leeren Händen** eli boş olarak, elini kolunu sallaya sallaya; **ein gutes Blatt auf der ~ haben** eli iyi olmak; ~ **und Fuß haben** tutarlı olmak; **die ~ im Spiel haben** bir işte parmağı olmak; **es lässt sich nicht von der ~ weisen, dass ...** ... olduğu yadsınamaz; ~ **in** ~ el ele; ~ **in ~ mit jdm arbeiten** biriyle el ele çalışmak; **freie ~ zu etw haben** bir şey yapmakta serbest olmak; **das liegt auf der ~** bu elle tutulur gözle görülür; **von der ~ in den Mund leben** elden ağıza yaşamak; **er ist bei ihnen in guten Händen** onların yanında iyi ellerdedir; **in festen Händen sein** (*fam*) sözlü olmak; **etw von langer ~ planen** bir şeyi uzun uzadıya plânlamak; **etw unter der ~ verkaufen** bir şeyi el altından satmak; **mit etw** *dat* **schnell bei der ~ sein** (*fam*) bir şeyde elini çabuk tutmak; **jdm etw zu treuen Händen übergeben** birine bir şeyi emanet vermek; **jdm etw in die ~ drücken** birinin eline bir şey sıkıştırmak; **jdm in die Hände fallen** birinin eline düşmek; **etw aus der ~ geben** bir şeyi elinden çıkarmak; **jdn in der ~ haben** bi-

H

rini avcunun içinde tutmak; **jdm aus der ~ lesen** birinin el falına bakmak; **zu jds Händen** birinin eline, birine verilmek üzere; **Hände hoch!** eller yukarı!; **Hände weg!** çek elini!; **eine ~ wäscht die andere** (*prov*) bir el bir eli yıkar, iki el bir yüzü yıkar

Handarbeit[1] *f ohne Pl* (*Tätigkeit*) el emeği, elde yapılan iş; **etw in ~ anfertigen** bir şeyi elde yapmak; **dieser Tisch ist ~** bu masa elde yapılmıştır

Handarbeit[2] *f* <-en> **1.** (*Gegenstand*) el işi; (*kunstgewerblich*) el işi **2.** (*textile ~*) el işi

Handball *m ohne Pl* <-(e)s> (*Spiel*) hentbol, el topu; **Handbewegung** *f* el hareketi; **Handbrause** *f* <-n> el duşu; **Handbreit** *f* <-> karış; **Handbremse** *f* (AUTO) el freni; **die ~ ziehen** el frenini çekmek; **Handbuch** *nt* el kitabı; **Handcreme** *f* el kremi

Händedruck *m* <-(e)s, -drücke> el sıkma; **Händeklatschen** *nt ohne Pl* <-s> alkışlama

Handel ['handəl] *m ohne Pl* <-s> **1.** (*Gewerbe*) ticaret; (*Markt*) piyasa; (*verbotener ~*) yasak ticaret; **etw in den ~ bringen** bir şeyi piyasaya sürmek; **etw aus dem ~ ziehen** bir şeyi piyasadan çekmek; **mit etw** *dat* **~ treiben** bir şeyin ticaretini yapmak; **mit jdm ~ treiben** biriyle ticaret yapmak; **im ~ sein** piyasada olmak **2.** (*Geschäft*) alım satım

handeln ['handəln] **I.** *vi* **1.** (*agieren*) davranmak, hareket etmek **2.** (*Handel treiben*) ticaretini yapmak (*mit* -in); (*unerlaubt*) alıp satmak (*mit* -); **er handelt mit Drogen** uyuşturucu alıp satıyor **3.** (*feilschen*) pazarlık etmek; **da lasse ich nicht mit mir ~** pazarlık yok **4.** (*Buch*) ele almak (*von* -, *über* -) **II.** *vunpers:* **sich ~** söz konusu olmak (*um* -); **worum handelt es sich?** söz konusu nedir? **III.** *vt* işlem görmek; **diese Aktien werden nicht an der Börse gehandelt** bu hisse senetleri borsada işlem görmüyor; **der Spinat wird für vier Euro gehandelt** ıspanak dört eurodan işlem görüyor

Handelsabkommen *nt* ticaret antlaşması; **Handelsakademie** *f* (*österr*) ticaret akademisi; **Handelsartikel** *m* ticaret malı, meta; **Handelsattaché** *m* ticaret ataşesi; **Handelsbank** *f* <-en> (WIRTSCH) ticaret bankası; **Handelsbeziehungen** *fPl* ticarî ilişkiler *pl;* **Handelsbilanz** *f* ticaret bilançosu; **Handelsdefizit** *nt* (WIRTSCH) ticaret açığı; **handelseinig** *adj:* **~ sein** anlaşmak; **~ werden** anlaşmaya varmak; **Handelsflotte** *f* ticaret filosu; **Handelsfreiheit** *f* (WIRTSCH) ticaret serbestisi; **Handelsgericht** *nt* ticaret mahkemesi; **Handelsgesellschaft** *f* <-en> ticaret şirketi; **offene ~** kolektif şirket [*o* ortaklık]; **Handelsgesetzbuch** *nt* Ticaret Kanunu; **Handelshafen** *m* ticaret limanı; **Handelskammer** *f* ticaret odası; **Industrie- und ~** sanayi ve ticaret odası; **Handelsmarke** *f* ticaret markası; **Handelsname** *m* ticarî unvan; **Handelsplatz** *m* ticaret yeri, ticaretgâh; **Handelsrecht** *nt ohne Pl* <-(e)s> ticaret hukuku; **Handelsregister** *nt* ticaret sicili; **Eintragung ins ~** ticaret siciline kayıt [*o* tescil]; **Handelsschiff** *nt* ticaret gemisi; **Handelsschule** *f* <-n> ticaret okulu; **handelsüblich** *adj* ticarette olağan; **Handelsvertrag** *m* ticaret sözleşmesi; **Handelsvertreter(in)** *m(f)* acente; **Handelsware** *f* ticaret malı, meta; **Handelszentrum** *nt* ticaret merkezi

Handeltreibende(r) *mf* <-n, -n; -n> (WIRTSCH) tüccar

händeringend ['ɛndərɪŋənd] *adj* **1.** ellerini ovuşturan **2.** (*verzweifelt*): **~ bitten** yalvarıp yakarmak; (*fam: dringend*) acilen; **Handfertigkeit** *f* el uzluğu, el alışkanlığı; **handfest** *adj* **1.** (*Mensch*) kuvvetli **2.** (*Mahlzeit*) karın doyurucu; (*nahrhaft*) besleyici **3.** (*Argument*) ağır basan, esaslı; (*Krach*) şiddetli **4.** (*Vorschlag*) sağlam; **Handfeuerwaffe** *f* taşınabilir ateşli silâh; **Handfläche** *f* avuç (içi), el ayası; **handgearbeitet** ['hantgəʔarbaɪtət] *adj* elle yapılmış; **Handgelenk** *nt* bilek; **etw aus dem ~ schütteln** (*fam*) bir şeyi parmağının ucuyla [*o* ucunda] çevirmek; **Handgemenge** *nt* boğuşma, itişip kakışma; **Handgepäck** *nt* el bagajı; **handgeschrieben** *adj* el yazması; **Handgranate** *f* el bombası

handgreiflich *adj* **1.** (*gewalttätig*) zorba; **~ werden** zorbalaşmak **2.** (*sichtbar vor Augen liegend*) aşikâr, apaçık; (*konkret fassbar*) elle tutulur

Handgriff *m* <-(e)s, -e> **1.** (*zum Festhalten, Tragen*) tutamaç; (*Stiel*) sap **2.** (*Bewegung*) el hareketi; **mit ein paar ~en** birkaç el hareketiyle

Handhabe *f* <-n> olanak, imkân

handhaben ['hantha:bən] *vt* **1.** (*Vorschriften*) uygulamak **2.** (*bedienen, gebrauchen*) kullanmak

Handhabung *f* <-en> **1.** (*Bedienung*) kullanım **2.** (*Anwendung*) uygulama

Handicap *nt* <-s, -s>, **Handikap** ['hɛndikɛp] *nt* <-s, -s> handikap

Handkuss[RR] *m* el öpme; **mit ~** (*fam*) seve seve

Handlanger(in) ['-laŋɐ] *m(f)* <-s, -; -nen> **1.** (*Hilfsarbeiter*) yardımcı işçi, el ulağı, ya-

mak **2.** (*pej: Verbündeter*) hempa
Händler(in) ['hɛndlɐ] *m(f)* <-s, -; -nen> tüccar, tacir; (*Verkäufer*) satıcı; (*Ladeninhaber*) dükkân sahibi; **fliegender** ~ seyyar satıcı
handlich ['hantlɪç] *adj* ele yatkın, kullanışlı, pratik
Handlung ['handlʊŋ] *f* <-en> **1.** hareket; (*Tat*) eylem, fiil **2.** (*von Buch, Film*) konu **3.** (*Laden*) dükkân; **Handlungsbevollmächtigte(r)** *mf* ticarî vekil; **handlungsfähig** *adj* (JUR) medenî hakları kullanma yeteneğinde bulunan; **Handlungsfähigkeit** *f ohne Pl* (JUR) medenî hakları kullanma yeteneği; **Handlungsfreiheit** *f ohne Pl* hareket serbestisi; **Handlungsweise** *f* **1.** (*Art und Weise zu handeln*) hareket tarzı **2.** (*Vorgehensweise*) davranış
Handpflege *f ohne Pl* manikür; **Handrücken** *m* elin tersi; **Handschellen** *fPl* kelepçe *sing;* **jdm** ~ **anlegen** birine kelepçe takmak; **Handschlag** *m* tokalaşma, el sıkışma; **keinen** ~ **tun** (*fam*) parmağını bile oynatmamak; **Handschrift** *f* **1.** (*von Person*) el yazısı **2.** (*Text*) müsvedde; **handschriftlich I.** *adj* elle yazılan **II.** *adv* el yazısı ile
Handschuh *m* eldiven; **Handschuhfach** *nt* (AUTO) torpido gözü
Handstand *m* <-(e)s, -stände> (SPORT) amut; **einen** ~ **machen** amuda kalkmak; **Handtasche** *f* el çantası; **Handteller** *m* el ayası; **Handtuch** *nt* <-(e)s, -tücher> el bezi, havlu; **das** ~ **werfen** (*fam*) pes etmek; **Handumdrehen** *nt:* **im** ~ bir iki demeden [*o* demeye kalmadan], çarçabuk, göz açıp kapayıncaya kadar, kaşla göz arasında; **Handvoll** *f* <-> *s.* **Hand**; **Handwäsche** *f* (*Waschen*) elle yıkama; (*Wäsche*) elle yıkanacak çamaşır
Handwerk[1] *nt* <-(e)s, -e> (*Beruf*) sanat; **jdm das** ~ **legen** birinin işine son vermek; **jdm ins** ~ **pfuschen** birinin işine karışmak
Handwerk[2] *nt ohne Pl* <-(e)s> (*~ erschaft*) zanaat; ~ **hat gold(e)nen Boden** (*prov*) kolunda altın bileziği var
Handwerker(in) *m(f)* <-s, -; -nen> esnaf, zanaatçı, zanaatkâr; (*Kunst~*) sanatkâr; **Handwerkskammer** *f* esnaf odası; **Handwerkszeug** *nt* avadanlık; **er trägt sein** ~ **bei sich** avadanlığını yanında taşır
Handwurzel *f* (ANAT) bilek kemikleri *pl*
Handy *nt* <-s, -s> cep telefonu
Handzeichen *nt* el işareti
Handzettel *m* el afişi
hanebüchen ['ha:nəby:çən] *adj* (*geh fig*) inanılmaz
Hanf [hanf] *m ohne Pl* <-(e)s> kenevir, kendir; **Hanfgewächse** *Pl* (BOT) kendirgiller *pl;* **Hanföl** *nt ohne Pl* kenevir yağı
Hang[1] [haŋ, *Pl:* 'hɛŋə] *m* <-(e)s, Hänge> (*Abhang*) yamaç
Hang[2] *m ohne Pl* <-(e)s> (*Tendenz, Neigung*) eğilim; **einen** ~ **zu etw** *dat* **haben** bir şeye eğilimi olmak
Hängeboden *m* asma kat; **Hängebrücke** *f* asma köprü; **Hängelampe** *f* tavan lâmbası; **Hängematte** *f* hamak
hangen ['haŋən] *vi* (*Schweiz*) *s.* **hängen**
hängen[1] ['hɛŋən] <hängt, hing, gehangen> *vi* **1.** (*herunter~*) asılmak (*an* -e), sarkmak (*an* -den); **Spannung hing in der Luft** ortam elektrikliydi; **an der Flasche/vor dem Fernseher** ~ (*fam*) devamlı içki içmek/televizyon karşısında oturmak **2.** (*haften*) yapışmak (*an* -e); **an jdm** ~ birine düşkün olmak; **sich an jdn** ~ birine yapışmak **3.** (*schief sein*) kaymış olmak (*nach* -e)
hängen[2] *vt* **1.** (*auf~*) asmak **2.** (*befestigen*) takmak; (*an Haken*) asmak **3.** (*Verbrecher*) asmak
hängen|bleiben *irr vi sein s.* **bleiben 1.**; **hängen|lassen*** *irr* **I.** *vt s.* **lassen** [2] **3. II.** *vr:* **sich** ~ *s.* **lassen** [2] **3.**
Hängeschloss *nt* asma kilit; **Hängeschulter** *f* düşük omuz
Hannover [ha'no:fɐ] *nt* <-s> Hannover
hänseln ['hɛnzəln] *vt:* **jdn** ~ birini alaya almak
Hansestadt ['hanzə-] *f* Hanse kenti
Hanswurst [-'-, '--] *m* <-(e)s, -e *o* -würste> **1.** (THEAT) Hanswurst **2.** (*Narr*) soytarı
Hantel ['hantəl] *f* <-n> halter
hantieren* [han'ti:rən] *vi* çalışmak (*mit* ile), iş görmek (*mit* ile)
hapern ['ha:pɐn] *vi* **1.** (*fehlen*) eksik olmak (*an* -); (*nicht klappen*) aksamak; **woran hapert es?** aksaklık nereden geliyor? **2.** (*schlecht sein*) kötü olmak (*mit* -); **in Latein hapert es bei ihm** Lâtincede kötüdür
Häppchen ['hɛpçən] *nt* atıştırmalık
häppchenweise ['hɛpçənvaɪzə] *adv* (*fam*) azar azar
Happen ['hapən] *m* <-s, -> (*fam*) lokma
Happening ['hɛpənɪŋ] *nt* <-s, -s> (THEAT) tulûat; **ein** ~ **veranstalten** tulûat yapmak
Happenist *m* <-en, -en> tulûatçı
happig ['hapɪç] *adj* (*fam*) aşırı, çok fazla; (*Preis*) fahiş
Happy End[RR] *nt* <-(s), -s>, **Happyend**[RR] [hɛpi'ʔɛnt] *nt* <-(s), -s> mutlu son
Harakiri *nt* harakiri; ~ **machen** harakiri yapmak
Hard Disk[RR] *f* <-s>, **Harddisk** ['ha:tdɪsk] *f* <-s> (INFORM) sabit disk, iç bellek; **Hardware** ['ha:twɛ:ɐ] *f* <-s> (INFORM) donanım

Harem ['ha:rɛm] *m* <-s, -s> harem
Harfe ['harfə] *f* <-n> harp, arp
Harfenist(in) *m(f)* arpçı
Harke ['harkə] *f* <-n> tırmık
harken ['harkən] *vt* tırmıklamak
Harlekin ['harleki:n] *m* <-s, -e> soytarı
harmlos ['harmlo:s] *adj* zararsız; (*arglos*) art niyetsiz; (*Tier*) zararsız, tehlikeli olmayan; (*Medikament, Krankheit*) zararsız
Harmonie [harmo'ni:] *f* <-n> uyum, ahenk; (MUS) armoni
Harmonien *Pl von* **Harmonie, Harmonium**
harmonieren* *vi* uyuşmak (*mit* -le)
Harmonika [har'mo:nika] *f* <-s *o* Harmoniken> (MUS: *Mund~*) armonika, mızıka; (*Zieh~*) armonika, akordeon
harmonisch [har'mo:nɪʃ] *adj* **1.** (MUS) armonik **2.** (*zusammenpassend*) ahenkli, uyumlu
Harmonium [har'mo:niʊm] *nt* <-s, -s *o* Harmonien> (MUS) armonyum
Harn [harn] *m* <-(e)s, -e> idrar, sidik; **Harnblase** *f* (ANAT) sidik torbası, idrar torbası, mesane, sidik kavuğu; **Harnleiter** *m* <-s, -> (ANAT) sidik borusu; **Harnröhre** *f* <-n> (ANAT) siyek; **Harnsäure** *f* <-n> sidik asidi, ürik asit; **harntreibend** *adj* sidik söktürücü, idrar söktürücü; **Harnvergiftung** *f* (MED) üremi; **Harnwege** *Pl* (ANAT) idrar yolu, sidik yolu; **Harnzwang** *m* sidik zoru, idrar zoru
Harpune [har'pu:nə] *f* <-n> zıpkın
harpunieren* [harpu'ni:rən] *vt* zıpkınlamak
harren ['harən] *vi* (*geh*) beklemek (-); **neue Aufgaben ~ seiner** onu yeni ödevler [*o* görevler] bekliyor
hart [hart] <härter, am härtesten> **I.** *adj* **1.** (*nicht weich*) sert, katı; **~e Drogen** sert [*o* kuvvetli] uyuşturucular; **~ werden** sertleşmek; (*Brot*) bayatlamak; (*Mensch*) katılaşmak, sertleşmek **2.** (*Währung*) sağlam **3.** (*Wasser, Wetter*) sert; **ein ~er Winter** sert bir kış **4.** (*widerstandsfähig*) dayanıklı, metanetli; **~ im Nehmen sein** metanetli olmak **5.** (*schwer*) ağır; (*Aufprall*) sert, şiddetli; **das war ein ~er Schlag für ihn** bu onun için ağır bir darbe oldu **6.** (*~herzig*) katı (yürekli); **ein ~es Herz haben** katı yürekli olmak, yüreği katı olmak; **jdn ~ anfassen** bir kimseye sert davranmak [*o* muamele etmek] **7.** (LING: *Konsonant*) sert **8.** (*streng*) sert; **~ durchgreifen** sert önlemler almak; **~ bleiben** ödün vermemek, taviz vermemek **II.** *adv* (*nahe*): **das Haus liegt ~ an der Straße** ev yolun hemen yanındadır
Härte ['hɛrtə] *f* <-n> **1.** (*Festigkeit*) katılık, sertlik **2.** (*Stabilität*) sağlamlık **3.** (*Kalkgehalt*) sertlik **4.** (*Widerstandfähigkeit*) dayanıklılık **5.** (*Ungerechtigkeit*) adaletsizlik; **soziale ~n** sosyal adaletsizlikler **6.** (*Strenge*) sertlik **7.** (*Gefühllosigkeit*) kalp katılığı, katı yüreklilik; (*Grausamkeit*) katılık **8.** (*Heftigkeit*) şiddet, sertlik; **Härtefall** *m* <-(e)s, -fälle> zaruret durumu; **Härtegrad** *m* katılık derecesi, sertlik derecesi; **Härtemittel** *nt* sertleştirici
härten ['hɛrtən] **I.** *vt* sertleştirmek, katılaştırmak **II.** *vi* sertleşmek, katılaşmak **III.** *vr*: **sich ~** direncini artırmak
härter ['hɛrtɐ] *adj kompar von* **hart**
härteste(r, s) ['hɛrtəstə, -tɐ, -təs] *adj superl von* **hart**
hartgefroren *adj s.* **gefroren II.**; **hartgekocht** *adj s.* **kochen I.2.**; **Hartgeld** *nt* metal para, meskûkât *pl*
hartgesotten ['hartgəzɔtən] *adj* **1.** (*unsensibel*) vurdumduymaz **2.** (*verstockt, unbelehrbar*) akıllanmaz, ıslah olmaz
hartherzig *adj* katı yürekli
Hartherzigkeit *f ohne Pl* katı yüreklilik
Hartholz *nt* sert tahta
hartnäckig ['hartnɛkɪç] *adj* **1.** (*stur*) inatçı, direngen **2.** (*ausdauernd*) sebatkâr, direşken **3.** (*Krankheit*) tedavisi zor
Hartnäckigkeit *f ohne Pl* **1.** (*Sturheit*) inatçılık, direngenlik **2.** (*Ausdauer*) sebat, direşme **3.** (*von Krankheit*) tedavi zorluğu
Hartweizen *m* sert buğday
Harz[1] [ha:ɐts] *nt* <-es, -e> reçine; (*Tannen~*) sakız
Harz[2] *m* <-es> (GEO): **der ~** Harz
harzig *adj* **1.** (*Harz enthaltend*) reçineli **2.** (*Schweiz: mühsam*) zahmetli
haschen ['haʃən] *vi* (*fam*) esrar içmek, esrar çekmek
Haschisch ['haʃɪʃ] *m o nt ohne Pl* <-(s)> haşiş, esrar; **~ rauchen** haşiş [*o* esrar] içmek
Haschmilch *m* (*fam*): **einen ~ haben** kafadan kaçık olmak
Hase ['ha:zə] *m* <-n, -n> tavşan; **falscher ~** (*Hackbraten*) rulo köfte; **wissen, wie der ~ läuft** (*fam*) işini bilmek; **da liegt der ~ im Pfeffer** (*fam*) işin püf noktası bu; **ein alter ~** (*fig*) eski kurt
Haselnuss[RR] ['ha:zəlnʊs] *f* <-nüsse> fındık; **Haselmaus** *f* fındık faresi
Hasenfuß *m* tavşan yürekli (kimse); **hasenfüßig** *adj* tavşan yürekli
Hasenherz *nt* tavşan yürekli (kimse); **hasenherzig** *adj* tavşan yürekli
Hasenscharte *f* (MED) tavşan dudağı
Häsin ['hɛ:zɪn] *f* <-nen> dişi tavşan
Hass[RR] [has] *m ohne Pl* <-es>, **Haß** *m ohne Pl* <-sses> nefret; **~ auf jdn haben** birinden nefret etmek

hassen ['hasən] *vt* nefret etmek (-den); **hassenswert** *adj* nefret uyandırıcı

hässlich[RR] ['hɛslɪç] *adj,* **häßlich** *adj* **1.**(*Aussehen*) çirkin, suratsız; (*Wetter*) berbat **2.**(*gemein*) çırkin; ~ **von jdm sprechen** birinin hakkında çirkince konuşmak **3.**(*unangenehm*) çirkin

Hässlichkeit[RR1] *f ohne Pl,* **Häßlichkeit** *f ohne Pl* (*von Aussehen*) çirkinlik

Hässlichkeit[RR2] *f* <-en>, **Häßlichkeit** *f* <-en> (*Gemeinheit*) çirkince davranış

Hast [hast] *f ohne Pl* (*Eile*) acele; (*Überstürzung*) acelecilik, telâş

hasten ['hastən] *vi sein* (*geh*) acele etmek

hastig **I.** *adj* (*eilig*) acele; (*überstürzt*) aceleci, telâşlı **II.** *adv* (*schnell*) acele acele; (*überstürzt*) apar topar, telâş ve acele ile; **nicht so ~!** o kadar acele etme!

hat [hat] *3. präs von* **haben**

hätscheln ['hɛ(:)tʃəln] *vt* **1.**(*liebkosen*) okşamak **2.**(*pej: bevorzugen*) yüz vermek (-e)

hatschi [ha'tʃi(:), 'hatʃi] *interj* hapşu

hatte ['hatə] *3. imp von* **haben**

Haube ['haʊbə] *f* <-n> **1.**(*Kopfbedeckung*) bone, başlık; **jdn unter die ~ bringen** (*fam*) birinin başını bağlamak, birini baş göz etmek **2.**(AUTO: *Motor~*) kaput; (*Kofferraum~*) kapak **3.**(*von Vögeln*) sorguç **4.**(*Trocken~*) başlık; (*Abzugs~, Dunst~*) eteklik

Haubitze *f* obüs

Hauch [haʊx] *m* <-(e)s, -e> (*geh*) **1.**(*Atem*) soluk, nefes; **der letzte ~** son nefes **2.**(*Luftzug*) esinti **3.**(*Anflug*) nebze, emarecik; (*leise Spur*) eser

hauchdünn ['-'-] *adj* ipince

hauchen ['haʊxən] **I.** *vi* (*ausatmen*) hohlamak **II.** *vt* (*Worte*) fısıldamak

Haue[1] ['haʊə] *f ohne Pl* (*fam: Schläge*) dayak; ~ **kriegen** dayak yemek

Haue[2] *f* <-n> (*südd, Österr, Schweiz: Hacke*) kazma

hauen[1] ['haʊən] <haut, haute *o* hieb, gehauen> **I.** *vt* **1.**(*fam: schlagen*) vurmak; (*verprügeln*) dövmek **2.**(*fam: schmeißen*) atmak, savurmak; **jdn übers Ohr ~** birine kazık atmak; **jdm eine ~** birine tokat atmak; **sein Geld auf den Kopf ~** parasını har vurup harman savurmak **II.** *vi* (*schlagen*): **mit der Faust auf den Tisch ~** yumruğunu masaya vurmak

hauen[2] ['haʊən] <haut, haute, gehauen> **I.** *vi* (*Wend*): **auf die Pauke ~** (*fig*) davul çalmak **II.** *vt* **1.**(*meißeln*) hakketmek **2.**(*fam: Nagel*) çakmak (*in* -e) **3.**(BERGB: *Kohle*) kazmak; (MIN: *Steine*) kırmak **4.**(*Holz, Fleisch*) kesmek **III.** *vr:* **sich ~** (*fam*) dövüşmek (*mit* ile); **sich in die Falle ~** (*fam*) kendini yatağa atmak

Hauer *m* <-s, -> **1.**(*Bergmann*) kazmacı **2.**(*Eckzahn*) kazma diş

Haufen ['haʊfən] *m* <-s, -> **1.**(*Anhäufung*) yığın, küme; (*Stapel*) istif; **jdn über den ~ rennen/fahren** (*fam*) birini çiğneyip geçmek; **etw über den ~ werfen** (*fam*) bir şeyi alt üst etmek **2.**(*fam: Menge*) yığın, sürü; **einen ~ Arbeit haben** bir yığın işi olmak **3.**(*Schar*) sürü; (*Gruppe*) küme

häufen ['hɔɪfən] **I.** *vt* kümelemek, yığmak; (*ansammeln*) biriktirmek; **zwei gehäufte Esslöffel Zucker** iki yemek kaşığı dolusu şeker, iki tepeleme dolu yemek kaşığı şeker **II.** *vr:* **sich ~** kümelenmek, yığılmak; (*sich ansammeln*) birikmek

haufenweise *adv* (*fam*) yığınlarca, küme küme

Haufenwolke *f* küme bulut

häufig ['hɔɪfɪç] **I.** *adj* sık; (*wiederholt*) tekrarlanan **II.** *adv* sık sık, sık olarak

Häufigkeit *f* <-en> sıklık

Haupt [haʊpt, *Pl:* 'hɔɪptɐ] *nt* <-(e)s, Häupter> (*geh*) **1.**(*Kopf*) baş; **gesenkten/erhobenen ~es** başı önünde/dimdik **2.**(*Anführer*) elebaşı; **Hauptaltar** *m* ana sunak; **Hauptausgang** *m* <-(e)s, -gänge> ana çıkış kapısı; **Hauptbahnhof** *m* gar, merkez istasyonu; **hauptberuflich** *adj:* **~ ist er Lehrer** asıl mesleği öğretmenliktir; **Hauptbuch** *m* (COM) ana defter, defterikebir; **Hauptdarsteller** *m* başaktör, başoyuncu; **Hauptdarstellerin** *f* başaktris, kadın başoyuncu; **Haupteingang** *m* <-(e)s, -gänge> ana giriş kapısı; **Hauptfach** *nt* (SCHULE, UNIV) ana öğrenim dalı; **Hauptfigur** *f* başkişi, başkahraman; **Hauptfilm** *m* <-(e)s, -e> ana film; **Hauptgebäude** *nt* ana yapı; **Hauptgericht** *nt* baş yemek; **Hauptgewinn** *m* <-(e)s, -e> büyük ikramiye; **Haupthahn** *m* ana musluk; **Hauptkommissar(in)** *m(f)* başkomiser

Häuptling ['hɔɪptlɪŋ] *m* <-s, -e> kabile reisi

Hauptmann *m* <-(e)s, -leute> **1.**(MIL) yüzbaşı **2.**(*Schweiz: Gemeindevorsteher*) muhtar; **Hauptperson** *f* başkişi; **Hauptpost** *f* merkez postanesi; **Hauptquartier** *nt* (MIL) genel karargâh; **Hauptrolle** *f* başrol; **Hauptsache** *f* en önemli şey; **Geld war für ihn die ~** para onun için en önemli şeydi; **~ du bist gesund** en önemlisi senin sağlıklı olman; **es wurden in der ~ folgende Bücher benutzt** birinci plânda şu kitaplardan yararlanıldı

hauptsächlich ['haʊptzɛçlɪç] **I.** *adj* başlıca; (*wesentlich*) esas; **die ~ste Frage** (*fam*) en önemli soru **II.** *adv* esasen, birinci plânda; (*vor allem*) her şeyden önce, en başta

Hauptsaison *f* sezon, ana mevsim; **Hauptsatz** *m* <-es, -sätze> (LING) temel cümle, temel tümce; **Hauptschalter** *m* (ELEK) ana şalter; **Hauptschlagader** *f* (ANAT) aort; **Hauptstadt** *f* başkent; **Hauptstraße** *f* ana yol, ana cadde; **Hauptthema** *nt* asıl konu; **Haupttreffer** *m s.* **Hauptgewinn**; **Hauptverfahren** *nt* (JUR) son soruşturma; **Hauptverhandlung** *f* (JUR) duruşma

Hauptverkehrsstraße *f* ana cadde; **Hauptverkehrszeit** *f* trafiğin sıkışık olduğu saat

Hauptversammlung *f* genel kurul; **Hauptverwaltung** *f* genel müdürlük; **Hauptwort** *nt* <-(e)s, -wörter> (LING: *Substantiv*) isim

Haus [haʊs, *Pl:* 'hɔɪzɐ] *nt* <-es, Häuser> **1.** (*Wohn~, Heim*) ev, konut, hane; (*Gebäude*) bina; **von ~ zu ~ gehen** evden eve dolaşmak, kapı kapı dolaşmak; **wir wohnen ~ an ~** biz yanyana oturuyoruz; **aus dem ~ gehen** evden çıkmak; **der Herr des ~es** ev sahibi; **außer ~ essen** dışarıda yemek yemek; **etw steht ins ~** (*fam*) bir şey beklenmek; **~ und Hof verspielen** malını mülkünü kumarda kaybetmek; **nirgendwo zu ~e sein** evsiz barksız olmak; **fühlen Sie sich wie zu ~e!** rahatınıza bakın!, kendi evinizde imiş gibi davranın!; **nach ~e kommen** eve gelmek; **er ist nicht zu ~e** evde değil; **bei uns zu ~e** bizim evimizde; **in etw** *dat* **zu ~e sein** (*fam*) bir işi avucunun içi gibi bilmek; **vor ausverkauftem ~ spielen** bütün biletleri satılmış koltuklar önünde oynamak; **frei ~** (COM) masrafsız eve teslim; **hallo, altes ~!** (*fam*) merhaba ahbap! **2.** (*geh: Herkunft*): **er ist aus gutem ~e** kendisi iyi [*o* soylu] bir ailedendir; **von ~e aus** aileden **3.** (*Unternehmen*) işletme; **das erste ~ am Platz** meydandaki bir numaralı işletme **4.** (*Dynastie*) hanedan **5.** (*Schnecken~*) kabuk **6.** (ASTR) alan **7.** (POL) kamara **8.** (*Wend*): **~ halten** ev idare etmek, ev geçindirmek; **Hausangestellte(r)** *mf* hizmetçi; **Hausapotheke** *f* ecza dolabı; **Hausarbeit** *f* **1.** (*im Haushalt*) ev işi **2.** (SCHULE, UNIV) ev ödevi; **Hausarrest** *m* evde göz hapsi; **Hausarzt, -ärztin** *m, f* aile doktoru; **Hausaufgabe** *f:* **~n** (SCHULE) ev ödevi

hausbacken *adj* **1.** (*Hausmittel*) ev tipi **2.** (*pej: bieder*) dar kafalı; (*langweilig*) can sıkıcı

Hausbesetzer(in) *m(f)* <-s, -; -nen> haneyi fuzulî işgal eden (kimse); **Hausbesetzung** *f* <-en> hanenin fuzulî işgali; **Hausbesitzer(in)** *m(f)* <-s, -; -nen> ev sahibi; **Hausbewohner(in)** *m(f)* evin sakini, evde oturan (kimse); (*alle ~*) ev halkı; **Hausboot** *nt* yüzen ev

Häuschen ['hɔɪsçən] *nt* <-s, -> evcik, kulübe; (**ganz**) **aus dem ~ geraten** (*fam*) aşka gelmek, (sevincinden) kendinden geçmek

Hauseingang *m* <-(e)s, -gänge> evin girişi; **im ~ stehen** evin girişinde durmak

hausen ['haʊzən] *vi* (*fam*) **1.** (*pej: wüten*) etrafı kasıp kavurmak (*in* -de) **2.** (*wohnen*) oturmak (*in* -de)

Häuserblock *m* <-(e)s, -s *o* -blöcke> blok, blok inşaat

Hausflur *m* <-(e)s, -e> (*Diele*) hol; (*Gang*) koridor; **Hausfrau** *f* **1.** (*Haushalt führende Frau*) ev kadını **2.** (*österr, südd: Zimmerwirtin*) ev sahibesi; **Hausfreund** *m* <-(e)s, -e> **1.** (*der Familie*) aile dostu **2.** (*Geliebter*) dost, sevgili

Hausfriedensbruch *m* <-(e)s, -brüche> (JUR) konut dokunulmazlığını bozma

Hausgebrauch *m* evde kullanma; **für den ~** evde kullanmak için; **mein Türkisch reicht gerade für den ~** (*fam*) Türkçemle ancak idare edebiliyorum; **Hausgeburt** *f* evde doğum

Hausgenosse, -in *m, f* evdeş

Haushalt ['haʊshalt] *m* <-(e)s, -e> **1.** (*Hausgemeinschaft*) hane, ev halkı; **ein ~ mit fünf Personen** beş kişilik bir hane; **jdm den ~ führen** biri için ev yönetmek, birinin ev işlerine bakmak; **einen ~ gründen** ev bark düzmek, yuva kurmak; **einen ~ auflösen** yuvasını bozmak; **im ~ helfen** evde yardım etmek **2.** (*Familie*) ev, aile; **die privaten ~e** hane halkları **3.** (POL: *Etat*) bütçe

haus|halten *irr vi* ev geçindirmek (*mit* ile), idare etmek (*mit* ile), idareli kullanmak

Haushälterin ['haʊshɛltərɪn] *f* <-nen> kâhya kadın, evin işlerini yöneten kadın

Haushaltsabfall *m* <-(e)s, -fälle> evsel atık; **Haushaltsdebatte** *f* (POL) bütçenin görüşülmesi; **Haushaltsgeld** *nt* ev(i) geçindirme parası; **Haushaltsgerät** *nt* <-(e)s, -e> ev aleti; **Haushaltsjahr** *m* (POL) bütçe yılı; **Haushaltsplan** *m* (POL) bütçe

Hausherr *m* <-(e)n, -en> ev sahibi

Hausherrin *f* <-nen> ev sahibesi

haushoch ['-'-] *adj* (*groß*) büyük; **jdm ~ überlegen sein** birini cebinden çıkarmak, birinden çok üstün olmak; **den Gegner ~ schlagen** rakibini hezimete uğratmak

hausieren* [haʊ'ziːrən] *vi* ayak satıcılığı yapmak; **mit etw** *dat* **~ gehen** (*fam*) bir şeyi her yerde anlatmak

Hausierer(in) *m(f)* <-s, -; -nen> ayak satıcısı, gezginci esnaf, gezgin satıcı, seyyar satıcı

Hauslehrer(in) *m(f)* <-s, -; -nen> (*Privatlehrer*) özel öğretmen

häuslich ['hɔɪslɪç] *adj* **1.** (*Arbeiten, Pflichten*) evle ilgili; (*Familie betreffend*) evcimen **2.** (*Familienleben liebend*) evcimen; **sich ~ niederlassen** (*fam*) demir atmak

Hausmädchen *nt* ortalık hizmetçisi

Hausmann *m* ev adamı; **Hausmannskost** *f* ev yemeği

Hausmarke *f* **1.** (*einer Einzelhandelsfirma*) kendi markası **2.** (*fam: bevorzugte Marke*) tercih edilen marka; **Hausmeister(in)** *m(f)* **1.** (*in Wohnhaus*) kapıcı; (*in öffentlichen Gebäuden*) kapıcı **2.** (*Schweiz: Hausbesitzer*) ev sahibi; **Hausmittel** *nt* kocakarı ilâcı; **Hausmüll** *m* evsel atık; **Hausnummer** *f* evin numarası; **Hausordnung** *f* <-en> evin kuralları

Hausrat *m ohne Pl* <-(e)s> ev eşyası; **Hausratversicherung** *f* ev eşyası sigortası

Hausrecht *nt* (JUR) evde söz hakkı, bina içinde söz hakkı

Hausschlüssel *m* ev anahtarı; **Hausschuh** *m* terlik

Haussuchung *f* <-en> (JUR) evlerde arama; **Haustier** *nt* evcil hayvan; **Haustür** *f* ev kapısı, sokak kapısı; **Hausverbot** *nt* eve girme yasağı; **Hauswirt(in)** *m(f)* ev sahibi; **Hauswirtschaft** *f ohne Pl* ev ekonomisi

Haut [haʊt, *Pl:* 'hɔɪtə] *f* <Häute> **1.** (*von Mensch*) cilt, deri; (*von Tier*) deri; (*von Schlange*) gömlek; (*von Obst*) kabuk; (*Gesichts~*) ten; **nur ~ und Knochen sein** (*fam*) bir deri bir kemik olmak; **versuchen, seine ~ zu retten** (*fig fam*) postu [*o* pöstekiyi] kurtarmaya çalışmak; **aus der ~ fahren** (*fig fam*) çileden çıkmak, zıvanadan çıkmak; **nicht aus seiner ~ (heraus)können** (*fig fam*) huyundan vazgeçememek; (*sich nicht ändern können*) kendini değiştirememek; **ihm ist nicht wohl in seiner ~** (*fam fig*) durumundan memnun olmamak; **in ihrer ~ möchte ich nicht stecken** (*fam fig*) onun yerinde olmak istemem; **mit heiler ~ davonkommen** (*fam fig*) postu kurtarmak; **mit ~ und Haaren** (*fam fig*) yaka paça; **das geht (mir) unter die ~** (*fam fig*) bu bana çok dokundu, bu içime işledi; **auf der faulen ~ liegen** (*fam fig*) miskin miskin yatmak, minder çürütmek; **eine ehrliche ~** (*fam fig*) namuslu bir adam **2.** (*auf Flüssigkeit*) tabaka **3.** (MED, ANAT: *Schleim~*) doku; **Hautabschürfung** *f* sıyrık; **Hautarzt, -ärztin** *m, f* cildiyeci; **Hautausschlag** *m* döküntü; **Hautcreme** *f* cilt kremi

häuten ['hɔɪtən] **I.** *vt* yüzmek, derisini soymak (-in) **II.** *vr:* **sich ~** (*Reptilien*) gömlek değiştirmek; (*fam: Mensch*) soyulmak

hauteng ['-'-] *adj* daracık; **eine ~e Hose** daracık bir pantolon; **Hautfarbe** *f* ten rengi; (*Teint*) ten; **Hautkrankheit** *f* deri hastalığı; **Hautkrebs** *m ohne Pl* deri kanseri; **Hautpflege** *f* cilt bakımı, deri bakımı

Häutung *f* <-en> (ZOOL) deri değiştirme

Hautwolf *m ohne Pl* pişik

Havarie [hava'riː] *f* <-n> (AERO, NAUT) avarya

Hbf. *Abk. von* **Hauptbahnhof** gar, merkez istasyonu

H-Dur ['haː'duːɐ] *nt* (MUS) si majör

he [heː] *interj* hey

Header *m* (INFORM) başlık

Headhunter(in) ['hɛthantɐ] *m(f)* <-s, -; -nen> (WIRTSCH) kafa avcısı, teknik eleman avcısı

Hebamme ['heːbamə] *f* <-n> ebe

Hebebühne *f* (TECH) rampa

H-Bombe *f* (*Wasserstoffbombe*) hidrojen bombası

Hebel ['heːbəl] *m* <-s, -> kaldıraç, manivela, levye; (*Schalt~*) kol; **alle ~ in Bewegung setzen** (*fam*) allem etmek kallem etmek, her türlü (kurnazca) çareye başvurmak; **am längeren ~ sitzen** (*fam*) dizginleri elinde tutmak; **Hebelwirkung** *f* kaldıraç etkisi

heben ['heːbən] <hebt, hob, gehoben> **I.** *vt* **1.** kaldırmak; (*Schatz*) meydana çıkarmak; (*Wrack*) su yüzüne çıkarmak; **den Arm ~** kolunu kaldırmak; **die Stimme ~** sesini yükseltmek; **einen ~** (*fam*) bir tek içmek, içki içmek **2.** (*steigern*) artırmak, yükseltmek; (*verbessern*) kalkındırmak **3.** (*südd: halten*) tutmak **II.** *vr:* **sich ~ 1.** kalkmak, yükselmek **2.** (*sich verbessern*) düzelmek **III.** *vi* (*südd: haltbar sein*) dayanmak

Hebräer(in) [he'brɛːɐ] *m(f)* <-s, -; -nen> İbranî

hebräisch [he'brɛːɪʃ] *adj* İbranî, İbranilerin

Hebräisch(e) [he'brɛːɪʃ] *nt* İbranîce; **er kann ~** o, İbranîce biliyor

Hebung ['heːbʊŋ] *f* <-en> **1.** (*das Hinaufbefördern*) yükseltme; (*Anstieg*) yükselme **2.** (LIT: *betonte Silbe*) vurgulu hece **3.** (GEO) yükselme

hecheln ['hɛçəln] *vi* (*Hund*) solumak

Hecht [hɛçt] *m* <-(e)s, -e> **1.** (*Fisch*) turna balığı **2.** (*fam: Bursche, Kerl*): **ein toller ~!** çakı gibi delikanlı!

Hechtsprung *m* (SPORT: *Turnen*) kaplan atlaması; (*eines Torwarts*) plonjon

Heck [hɛk] *nt* <-(e)s, -e *o* -s> (NAUT) kıç, pupa; (AUTO) arka; (AERO) kuyruk

Hecke ['hɛkə] *f* <-n> çit; **Heckenrose** *f* yaban gülü; **Heckenschere** *f* bahçıvan makası; **Heckenschütze, -in** *m, f* <-n, -n; -nen> pusuya yatan nişancı

Heckklappe *f* (AUTO) arka kapak; **Heckmotor** *m* (TECH) arkada yer alan motor; **Heckscheibe** *f* (AUTO) arka cam

heda ['he:da] *interj* hu

Hedschra *f ohne Pl* (REL, HIST) hicret

Heer [he:ɐ] *nt* <-(e)s, -e> **1.** (MIL) ordu, kara kuvvetleri *Pl* **2.** (*Menge*) sürü, alay

Hefe ['he:fə] *f* <-n> maya; **Hefeteig** *m* mayalı hamur

Heft [hɛft] *nt* <-(e)s, -e> **1.** (*Schreib~*) defter **2.** (*einer Zeitschrift*) sayı **3.** (*Broschüre*) broşür **4.** (*geh: von Waffen*) kabza; **das ~ in die Hand nehmen** (*fig*) dizginleri ele almak

heften ['hɛftən] **I.** *vt* **1.** (*anbringen*) tutturmak (*an* -e), raptetmek (*an* -e); (*mit Heftklammer*) tutturmak, zımbalamak **2.** (*Buch*) dikmek **3.** (*Stoffe*) teyellemek **4.** (*Blick, Augen*) dikmek (*auf* -e) **5.** (*Schweiz: Wunde: nähen*) dikmek; (*verbinden*) bağlamak; (*pflastern*) yapıştırmak **II.** *vr:* **sich ~** (*Blick*) dikilmek (*auf*-e); **sich an jds Fersen ~** birinin arkasına düşmek [*o* takılmak]

Hefter *m* <-s, -> **1.** (*Mappe*) dosya **2.** (*Heftmaschine*) tel zımbası

heftig ['hɛftɪç] *adj* **1.** (*stark*) kuvvetli, güçlü; (*gewaltig*) şiddetli; (*Leidenschaft*) güçlü; (*Kälte*) şiddetli; (*Sehnsucht, Abneigung*) şiddetli; (*Widerstand, Kampf*) şiddetli **2.** (*unbeherrscht*) sinirli; (*Ton*) sert

Heftigkeit *f ohne Pl* şiddet, sertlik

Heftklammer *f* **1.** (*für Heftmaschine*) zımba teli, tutturgaç **2.** (*Büroklammer*) tutturgaç, ataş; **Heftpflaster** *nt* plâster

Hegemonie [hegemo'ni:] *f* <-n> hegemonya

hegen ['he:gən] *vt* **1.** (*Wild, Pflanzen*) korumak, muhafaza etmek **2.** (*geh*) beslemek, duymak; **Groll ~** kin beslemek; **Misstrauen ~** güvensizlik duymak; **Zweifel/Hoffnungen ~** kuşku/umut beslemek; **für etw/jdn Achtung ~** bir şey/kimse için saygı duymak [*o* beslemek]

Hehl [he:l] *m o nt:* **kein(en) ~ aus etw** *dat* **machen** bir şeyi gizlememek

Hehler(in) *m(f)* <-s, -; -nen> yataklık eden (kimse)

Hehlerei *f* <-en> yataklık

Heide, -in[1] ['haɪdə] *m, f* <-n, -n; -nen> (REL) kâfir, pagan

Heide[2] *f* <-n> (*Landschaft*) fundalık

Heidekraut *nt ohne Pl* <-(e)s> (BOT) süpürge otu

Heidelbeere ['haɪdəlbe:rə] *f* (BOT) yaban mersini, keçi yemişi

Heidenangst ['--'-] *f ohne Pl* (*fam*) müthiş korku; **Heidengeld** ['--'-] *nt ohne Pl* <-(e)s> (*fam*) çok para; **Heidenlärm** ['--'-] *m* (*fam*) çok gürültü; **Heidenspaß** ['--'-] *m ohne Pl* <-es> (*fam*) çok eğlenme; **einen ~ haben** çok eğlenmek, müthiş eğlenmek

Heidentum *nt ohne Pl* <-s> (*Paganismus*) paganizm, çok tanrıcılık

heidnisch ['haɪdnɪʃ] *adj* münkir, pagan

heikel ['haɪkəl] *adj* **1.** (*Angelegenheit*) nazik **2.** (*reg: wählerisch*) titiz; (*schwer zufrieden zu stellen*) müşkülpesent

heil [haɪl] *adj* **1.** (*unverletzt*) sağ; (*unversehrt*) salim, sağlam; **~ ankommen** salimen varmak; **mit ~er Haut davonkommen** sağ salim çıkmak [*o* kurtulmak] **2.** (*geheilt*) iyileşmiş; **mein Bein ist wieder ~** bacağım iyileşti **3.** (*intakt*) sağlam; **etw wieder ~ machen** bir şeyi onarmak, bir şeyin sakatlığını gidermek

Heil *nt ohne Pl* <-(e)s> **1.** (*Wohlergehen*) esenlik, selâmet; (*Glück*) talih, baht **2.** (REL: *Erlösung*) necat, kurtuluş

Heiland ['haɪlant] *m ohne Pl* <-(e)s> (REL) mesih, kurtarıcı

Heilanstalt *f* **1.** (*Sanatorium*) sanatoryum **2.** (*Irrenanstalt*) tımarhane, akıl hastanesi; **Heilbad** *nt* **1.** (*medizinisches Bad*) tedavi gücü olan banyo **2.** (*Kurort*) ılıca, kaplıca

heilbar *adj* iyileşir, tedavi edilebilir

Heilbutt ['haɪlbʊt] *m* (ZOOL) halibut, yassı balık

heilen ['haɪlən] **I.** *vi sein* iyileşmek; (*Wunde*) kapanmak; (*Verletzung*) iyileşmek **II.** *vt* **1.** (*Verletzung*) iyileştirmek; (*Patient, Krankheit*) tedavi etmek (*mit* ile) **2.** (*befreien*) kurtarmak (*von* -den)

Heilfasten *nt ohne Pl* <-s> (MED) sıkı perhiz

heilfroh ['-'-] *adj* (*fam*) çok memnun

Heilgymnast(in) *m(f)* fizyoterapist

Heilgymnastik *f* fizyoterapi, fizik tedavisi

heilig ['haɪlɪç] *adj* (*Person*) aziz, hazret, evliya; (*Ort*) kutsal, mukaddes; **die H~e Jungfrau** (REL) Kutsal Bakire Meryem; **Vater, Sohn und der H~e Geist** (REL) Baba, Oğul ve Kutsal Ruh; **~ sprechen** (REL) azizliğe çıkarmak; **etw hoch und ~ versprechen** (*fam*) bir şeye yemin billâh ederek söz vermek; **Heiligabend** [haɪlɪç'ʔa:bənt] *m* <-s, -e> Noel arifesi; **~ fällt auf einen Dienstag** Noel arifesi bir salıya rastlıyor

Heilige(r) *mf* <-n, -n; -n> aziz

heiligen ['haɪlɪgən] *vt* kutsamak, kutsallaştırmak; **der Zweck heiligt die Mittel** amaç araçları meşru kılar

Heiligenschein *m* <-(e)s, -e> hale

heilig|sprechen *irr vt* (REL) *s.* **heilig**

Heiligtum *nt* <-(e)s, -tümer> kutsal yer; (*Reliquie*) kutsal şey
Heilkraft *f* iyileştirme gücü
heilkräftig *adj* şifalı; **Heilkraut** *nt* şifalı ot; (*Heilpflanze*) şifalı bitki; **Heilkunde** *f ohne Pl* tıp, hekimlik
heillos *adj* (*sehr schlimm*) çok kötü; (*ungeheuer*) müthiş
Heilmethode *f* tedavi yöntemi, tedavi metodu
Heilmittel *nt* çare; (*Medizin*) ilâç; **Heilpflanze** *f* şifalı bitki; **Heilquelle** *f* içmeler *pl*
heilsam *adj* (*Methode*) faydalı
Heilung *f* <-en> iyileşme
Heilwasser *nt* şifalı su
heim [haɪm] *adv* (*nach Hause*) eve
Heim *nt* <-(e)s, -e> **1.** (*Zuhause*) ev, konut **2.** (*Studenten~, Alters~*) yurt; (*Obdachlosen~*) ev, yurt
Heimat ['haɪmaːt] *f* <-en> **1.** (*~ land*) vatan; (*~ region*) yurt, memleket **2.** (*Herkunftsland*) vatan, memleket; **Heimatfilm** *m* <-(e)s, -e> memleketi konu alan film; **Heimathafen** *m* (NAUT) bağlama limanı; **Heimatland** *nt* <-(e)s, -länder> memleket, yurt
heimatlich *adj* **1.** (*aus der Heimat*) memleketten, yurttan **2.** (*an Heimat erinnernd*) memleketi hatırlatan
heimatlos *adj* yurtsuz, yersiz yurtsuz
Heimatlose(r) *mf* <-n, -n; -n> haymatloz
Heimatort *m* memleket; **Heimatstadt** *f* memleket
Heimcomputer *m* (INFORM) ev bilgisayarı; **heim|fahren** *irr* **I.** *vi sein* eve gitmek; (*zurückfahren*) eve dönmek **II.** *vt* eve götürmek; **Heimfahrt** *f* eve dönüş; **heim|gehen** *irr vi sein* eve gitmek; (*sterben*) vefat etmek
heimisch *adj* **1.** (*einheimisch*) yerli **2.** (*vertraut*): **sich ~ fühlen** yabancılık çekmemek
Heimkehr ['haɪmkeːɐ] *f ohne Pl* sıla, yuvaya dönüş, yurda dönüş
heim|kehren *vi sein* yuvaya dönmek, yurda dönmek, yurda dönüş yapmak
heim|kommen *irr vi sein* eve dönmek
heimlich ['haɪmlɪç] **I.** *adj* gizli, saklı; (*unerlaubt*) gizli; (*verstohlen*) kaçamak **II.** *adv* gizlice, gizli gizli; (*versteckt*) saklayarak; **~ tun** (*pej*) esrarlı tavırlar takınmak, gizli kapaklı bir tarafı varmış gibi havalara girmek
Heimlichkeit[1] *f* <-en> (*Geheimnis*) giz, sır
Heimlichkeit[2] *f ohne Pl* (*Verborgenheit*) gizlilik
Heimlichtuerei [----'-] *f* <-en> (*pej*) esrarlı tavırlar takınma
heimlich|tun *irr vt* (*abw*) *s.* **heimlich II.**
Heimreise *f* eve dönüş yolculuğu; **die ~ antreten** eve doğru yola çıkmak; **Heimspiel** *nt* (SPORT) kendi sahasında oynanan maç
heim|suchen *vt* **1.** (*Geister*) dadanmak (-e), musallat olmak (-e) **2.** (*Ungeziefer*) basmak **3.** (*Krieg, Seuche*) kırıp geçirmek; **Heimtrainer** *m* <-s, -> (SPORT) kondisyon aleti
heimtückisch *adj* sinsi, sinsice; **eine ~e Krankheit** sinsi bir hastalık
Heimvorteil *m* (SPORT: *Ballspiele*) saha avantajı
heimwärts ['haɪmvɛrts] *adv* eve doğru
Heimweg *m* eve dönüş yolu; **auf dem ~** eve dönerken; **sich auf den ~ machen** eve doğru yola çıkmak; **Heimweh** *nt ohne Pl* <-s> yurtsama (*nach* -), sıla özlemi, yurt özlemi; **an/unter ~ leiden** sıla özlemi çekmek; **Heimwerker(in)** *m(f)* <-s, -; -nen> evinde onarım işlerini bizzat yapan (kimse)
heim|zahlen *vt:* **jdm etw ~** birinden bir şeyin acısını çıkarmak; **das zahl ich dir heim!** alacağın olsun!
Heirat ['haɪraːt] *f* <-en> evlenme; (*Hochzeit*) düğün
heiraten ['haɪraːtən] *vi, vt* evlenmek (ile); **kirchlich ~** kilise nikâhı ile evlenmek
Heiratsantrag *m* evlenme teklifi; **Heiratsanzeige** *f* **1.** (*Bekanntgabe*) evlenme ilânı **2.** (*für Partnersuche*) evlenme ilânı, evlenmek için eş arama ilânı; **heiratsfähig** *adj* gelinlik; **im ~en Alter sein** gelinlik çağında olmak; **Heiratsurkunde** *f* evlenme kâğıdı
heiser ['haɪzɐ] *adj* kısık, boğuk
Heiserkeit *f ohne Pl* kısıklık, boğukluk
heiß [haɪs] *adj* **1.** (*sehr warm*) çok sıcak; (*Wetter*) sıcak; **~es Wasser** sıcak su; **das Kind ist ganz ~** (*fam*) çocuğun ateşi var, çocuk yanıyor; **draußen ist es drückend/brütend ~** (*fam*) dışarıda boğucu/yakıcı bir sıcak var; **draußen ist es glühend ~** (*fam*) dışarısı ateş gibi; **mir ist ~** piştim; **Vorsicht, das ist ~!** dikkat, bu çok sıcak!; **das Essen ~ machen** yemeği ısıtmak; **es wird nichts so ~ gegessen, wie es gekocht wird** (*prov*) hiçbir şey başta göründüğü kadar kötü değildir; **man muss das Eisen schmieden, solange es ~ ist** (*prov*) demir tavında dövülür **2.** (*Kampf*) çetin; (*Debatte*) ateşli, hararetli; **jdm die Hölle ~ machen** (*fam*) birinin canına okumak **3.** (*leidenschaftlich*) tutkun; **jdn ~ und innig lieben** (*fam*) birine tutkun olmak, biri için yanıp tutuşmak, birini kerem gibi sevmek; **er ist ganz ~ darauf, diesen Film zu sehen** (*fam*) bu fil-

H

mi görmek için can atıyor **4.** (*fam: heikel*) nazik; (*gefährlich*) tehlikeli; ~**e Ware** (*fig*) çalınmış mal; **ein** ~**es Eisen anfassen** (*fig*) nazik bir meseleye el atmak, nazik bir meseleyi ele almak **5.** (*fam: läufig*) kösnük **6.** (*fam: großartig*) şahane, harika; **etw** ~ **finden** bir şeyi harika bulmak **7.** (*fam: von Hunden und Katzen*) kızana gelen; **die Katze war** ~ dişi kedi kızana gelmişti

heißblütig ['haɪsbly:tɪç] *adj* (*leidenschaftlich*) tutkulu, ateşli; (*impulsiv*) tez canlı

heißen ['haɪsən] <heißt, hieß, geheißen> **I.** *vi* **1.** (*Namen haben*) adı olmak; **wie** ~ **Sie mit Vornamen/Nachnamen?** ön adınız/soyadınız nedir?; **wie er auch heißen mag** adı ne olursa olsun; **was heißt das?** bunun adı ne? **2.** (*bedeuten*) demek; **was heißt das?** bu ne demek?; **was soll das** ~**?** bu ne demek oluyor?; **„guten Tag" heißt auf Türkisch „iyi günler"** „guten Tag" Türkçede „iyi günler" demektir **3.** (*geh: behauptet werden, verlauten*) denilmek, söylenmek; (*zu lesen sein*) yazılı olmak; **es heißt, er sei sehr krank** hastaymış deniliyor, hasta olduğu söyleniyor; **auf Seite acht heißt es: „…"** sekinci sayfada şu yazılı: „…" **II.** *vt* (*geh*) **1.** (*nennen*) demek; **sie hieß ihn einen Lügner** ona yalancısın dedi **2.** (*befehlen*) söylemek; **sie hieß ihn schweigen** ona susmasını söyledi **III.** *vunpers* (*geh: nötig sein*) gerekmek, gerekli olmak; **nun heißt es schnell handeln** şimdi acele etmek gerekiyor

Heißhunger *m* şiddetli açlık; **heiß|laufen** *irr vi sein* (TECH) aşırı ısınmak; **Heißluft** *f ohne Pl* sıcak hava; **Heißwasserspeicher** *m* termosifon

heiter ['haɪtɐ] *adj* **1.** (*fröhlich*) neşeli; (*lustig*) eğlenceli; **das kann ja** ~ **werden** (*fam*) bakalım başımıza neler gelecek **2.** (*erheiternd*) iç açıcı; (*Tag, Himmel*) açık; ~ **bis wolkig** parçalı bulutlu; **die Nachricht kam wie ein Blitz aus** ~**em Himmel** haber, gökten zembille inmiş gibi geldi

Heizanlage *f* ısıtma tesisatı

heizen ['haɪtsən] **I.** *vi* ısıtmak; **wir** ~ **mit Gas** biz gazla ısıtıyoruz **II.** *vt* (*Raum*) ısıtmak

Heizer *m* ateşçi

Heizkessel *m* kalorifer kazanı; **Heizkörper** *m* radyatör; **Heizkosten** *Pl* ısınma giderleri *pl*, ısıtma masrafları *pl*; **Heizkostenpauschale** *f* yakıt parası; **Heizlüfter** *m* üflemeli ısıtıcı; **Heizmaterial** *nt* yakıt; **Heizöl** *nt ohne Pl* <-(e)s> fuel oil, yağ yakıt; **Heizstrahler** *m* elektrikli ısıtıcı

Heizung[1] *f ohne Pl* (*das Heizen*) ısıtma

Heizung[2] *f* <-en> **1.** (*fam: Heizkörper*) radyatör **2.** *s.* **Heizanlage**

Heizungsrohr *nt* <-(e)s, -e> kalorifer borusu

Hektar ['hɛkta:ɐ] *nt o m* <-s, -e *nach Zahlen:* ->, **Hektare** ['hɛkta:rə] *f* <-n> (*Schweiz*) hektar

Hektik ['hɛktɪk] *f ohne Pl* telâş, acele, acelecilik, ivecenlik; **nur keine** ~**!** telâşlanma!, acele yok!

hektisch ['hɛktɪʃ] *adj* (*unruhig*) telâşlı, aceleci, ivecen; (*nervös*) sinirli; **nicht so** ~**!** o kadar acele etme!; **er ist ein sehr** ~**er Mensch** çok aceleci bir insandır

Hektogramm ['hɛktogram] *nt* <-s, -e *nach Zahlen:* -> hektogram; **Hektoliter** ['hɛktoli:tɐ] *m o nt* <-s, -> hektolitre; **Hektometer** *m o nt* <-s, -> hektometre

Held(in) [hɛlt] *m(f)* <-en, -en; -nen> kahraman, yiğit; ~ **des Tages** günün kahramanı; **den** ~**en spielen** kahraman rolünü oynamak, yiğitlik etmek

heldenhaft *adj* kahramanca, yiğitçe; **Heldenmut** *m ohne Pl* yiğitlik; **heldenmütig** *adj* yiğitçe, kahramanca; **Heldenrolle** *f* (THEAT) kahraman rolü; **Heldensage** *f* yiğitlik destanı; **Heldentat** *f* kahramanlık, yiğitlik; **Heldentod** *m ohne Pl* şehitlik; **den** ~ **sterben** şehit düşmek

Heldentum *nt ohne Pl* <-s> kahramanlık, yiğitlik

helfen ['hɛlfən] <hilft, half, geholfen> *vi* **1.** (*Hilfe leisten*) yardım etmek (-e, *bei* -de); (*in Not*) imdadına koşmak [*o* yetişmek] (-in); (*beistehen*) yardımcı olmak (-e); **kann ich Ihnen** ~**?** size yardım edebilir miyim?; **ihm ist nicht zu** ~ ona ne yaparsan boşuna; **die Ärzte können ihr nicht** ~ hekimlerin onu kurtarması imkânsız; **man muss sich** *dat* **zu** ~ **wissen** insan, başının çaresine bakması gerekir; **dir werde ich** ~**!** şimdi sana gösteririm! **2.** (*heilsam sein*) iyi gelmek (*gegen* -e karşı) **3.** (*nützen*): **es hilft nichts, wir müssen jetzt anfangen** başka çaremiz yok, artık başlamamız gerekiyor; **es hilft alles nichts** her şey boşuna

Helfer(in) *m(f)* <-s, -; -nen> yardımcı

Helikopter [heli'kɔptɐ] *m* <-s, -> helikopter

Helium ['he:liʊm] *nt ohne Pl* <-s> (CHEM) helyum

hell [hɛl] *adj* **1.** (*Licht, Farbe, Haut*) açık; (*Augen*) açık renkli; **es wird** ~ hava [*o* ortalık] aydınlanıyor **2.** (*voller Licht*) aydınlık; (*erleuchtet*) aydın, parlak; **ein** ~**es Zimmer** aydınlık bir oda **3.** (*Ton*) ince **4.** (*klug*) akıllı; **ein** ~**er Kopf** akıllı bir kimse **5.** (*fam: völlig*): **das ist der** ~**e Wahn-**

sinn bu düpedüz çılgınlıktır, bu çılgınlıktan başka bir şey değildir; **in ~en Scharen** akın akın

hellblau ['-'-] *adj* açık mavi; **hellblond** ['-'-] *adj* açık sarı saçlı

Helle[1] ['hɛlə] *f ohne Pl* (*geh*) aydınlık, parlaklık

Helle(s)[2] *nt* <-n, -n *nach Zahlen:* -> (GASTR) (açık renk) bira

hellhäutig ['-hɔɪtɪç] *adj* açık tenli

hellhörig *adj* **1.** (*Raum*) ses geçirmez özellikte yalıtılmamış **2.** (*Mensch*) kulağı keskin; ~ **werden** kulak kesilmek

hellicht *adj s.* **helllicht**

Helligkeit *f ohne Pl* **1.** (*Helle*) aydınlık **2.** (*Lichtstärke*) parlaklık

helllicht[RR] ['hɛlɪçt] *adj:* **am ~en Tag** güpegündüz

hellsehen *vi* kehanette bulunmak; **Hellseher(in)** *m(f)* kâhin

Helm [hɛlm] *m* <-(e)s, -e> (*Schutz~, Sturz~*) kask; (MIL: *Stahl~*) miğfer; (*Axt~*) sap

Helvetien [hɛl've:tsiən] *nt* <-s> İsviçre

Hemd [hɛmt] *nt* <-(e)s, -en> gömlek

hemdsärmelig *adj* **1.** yenli **2.** (*fam fig*) lâubalî, lâubalîce; **eine ~e Redeweise** lâubalîce konuşma biçimi; **er ist mir etwas zu** ~ benim için biraz fazla lâubalî

Hemisphäre [hemi'sfɛ:rə] *f* <-n> yarı küre; **die nördliche/südliche** ~ kuzey/güney yarı küre

hemmen ['hɛmən] *vt* **1.** (*verlangsamen*) yavaşlatmak; (*bremsen*) frenlemek; (*aufhalten*) durdurmak; (*Appetit*) kesmek **2.** (*hindern*) engellemek; **jdn in seiner Arbeit** ~ birinin işine engel olmak

Hemmnis *nt* <-ses, -se> engel

Hemmschuh *m* takoz

Hemmung *f* <-en> **1.** (*das Hemmen*) engelleme; (*das Gehemmtwerden*) engellenme **2.** (PSYCH) ketleme **3.** (*Bedenken*) perva, çekinme; **~en haben** çekinmek

hemmungslos *adj* **1.** (*zügellos*) dizginsiz **2.** (*skrupellos*) pervasız, çekinmez

Hemmungslosigkeit *f* pervasızlık, çekinmezlik

Hengst [hɛŋst] *m* <-(e)s, -e> aygır

Henkel ['hɛŋkəl] *m* <-s, -> kulp

Henkelmann *m* (*fam*) sefer tası

Henker ['hɛŋkɐ] *m* <-s, -> cellât

Henna ['hɛna] *f ohne Pl* **1.** (BOT: *Strauch*) kına ağacı **2.** (*Farbstoff*) kına

Henne ['hɛnə] *f* <-n> tavuk

Hepatitis [hepa'ti:tɪs, *Pl:* hepati'ti:dən] *f* <Hepatitiden> (MED) hepatit

her [he:ɐ] *adv* **1.** (*räumlich*): **von weit** ~ uzaklardan; **komm ~!** gel buraya!; **gib ~!** ver bana [*o* buraya]!; **Geld ~!** (*fam*) ver paraları!; ~ **damit!** (*fam*) onu ver bana!; **niemand weiß, ob er wirklich dort ~ ist** gerçekten oradan gelip gelmediğini kimse bilmiyor **2.** (*zeitlich*): **von meiner Kindheit** ~ çocukluğumdan bu yana; **ich kenne ihn von früher** ~ onu daha eskiden beri tanıyorum; **das ist schon lange** ~ bu olalı aradan çok zaman geçti **3.** (*Wend*): **hinter jdm ~ sein** (*fam*) birinin peşinde olmak; **von ...** ~ (*betreffend*) bakımından; **von der Idee ~ ist das nicht schlecht** fikir olarak hiç de fena değil

herab [hɛ'rap] *adv* (*geh*) aşağı(ya); **von oben** ~ (*fig*) küçümseyerek, tepeden bakarak; **herab|blicken** *vi* (*geh*) aşağıya bakmak; **auf jdn** ~ (*fig*) birine tepeden bakmak; **herab|lassen** *irr* **I.** *vt* (*geh*) aşağı bırakmak; (*an Seil*) aşağı sarkıtmak **II.** *vr:* **sich** ~ **1.** (*an Seil*) aşağı sarkmak **2.** (*sich bereit erklären*) gönül indirmek (*zu* -e)

herablassend *adj* kibirli

herab|sehen *vi s.* **herabblicken**; **herab|setzen** *vt* **1.** (*reduzieren*) azaltmak; (*senken*) düşürmek **2.** (*schmälern*) aşağılamak, hor görmek; **herab|würdigen** *vt* aşağılamak, hor görmek, küçük düşürmek

heran [hɛ'ran] *adv:* **rechts/links** ~ sağa/sola, sağ/sol yana; **er ist bis auf einen halben Meter** ~ yarım metreye kadar yaklaştı; **heran|bringen** *irr vt* (*Dinge*) yaklaştırmak; **heran|gehen** *irr vi sein* başlamak (*an* -e), atılmak (*an* -e); **heran|kommen** *irr vi sein* **1.** (*sich nähern*) yaklaşmak (*an* -e); **etw an sich ~ lassen** (*a. fig*) bir şeyin olmasını acele etmeden beklemek; **nichts an sich ~ lassen** (*a. fig*) hiçbir şeyi yanına yaklaştırmamak, hiçbir şeye aldırış etmemek **2.** (*heranreichen*) erişmek, yetişmek **3.** (*Zugang haben*) ulaşmak (*an* -e); (*kaufen*) (satın) almak; **heran|machen** *vr:* **sich** ~ (*fam*) **1.** (*beginnen*) başlamak (-e) **2.** (*an Person*) sataşmak (-e), asılmak (-e); **heran|reichen** *vi* **1.** (*an Regal*) yetişmek **2.** (*gleichkommen*) erişmek (*an* -e); **heran|wachsen** *irr vi sein* yetişmek

Heranwachsende(r) *mf* <-n, -n; -n> genç yetişkin, 18 yaşını doldurup 21 yaşını bitirmemiş genç

heran|wagen *vr:* **sich** ~ **1.** (*räumlich*) yaklaşmaya cesaret etmek (*an* -e) **2.** (*an Problem, Aufgabe*) eline almaya cesaret etmek (*an* -); **heran|ziehen** *irr* **I.** *vi sein* (*näher kommen*) yaklaşmak **II.** *vt* **1.** (*näher holen*) kendine (doğru) çekmek; **er zog den Hocker zu sich heran** tabureyi kendine çekti **2.** (*Sachverständige*) görevlendirmek; (*Sache*) celp etmek, getirtmek; (*Quellen*) başvurmak (-e); **etw zum Vergleich** ~ bir şeyi karşılaştırmak için kullan-

H

mak **3.** (*Kind, Tier, Pflanze*) yetiştirmek **4.** (*ausbilden*) (öğreterek) yetiştirmek

herauf [hɛ'raʊf] *adv* yukarı(ya); **hier ~!** buradan yukarı!; **herauf|beschwören*** *irr vt* **1.** (*Erinnerung*) hatırlatmak **2.** (*verursachen*) çıkarmak, yol açmak (-e), sebebiyet vermek (-e); **herauf|kommen** *irr vi sein* (*Person*) yukarı çıkmak; **der Mond/die Sonne kommt herauf** ay/güneş çıkıyor; **herauf|ziehen** *irr* **I.** *vi sein* (*Gewitter*) çıkmak **II.** *vt* yukarı çekmek

heraus [hɛ'raʊs] *adv* -den; **~ da!** çık oradan!; **~ mit ihm!** çıkarın onu!; **von innen ~** içinden; **~ mit der Sprache!** çıkar baklayı ağzından!; **das ist noch nicht ~** bu henüz belli olmadı; **heraus|bekommen*** *irr vt* **1.** (*Wechselgeld*): **Sie bekommen noch 80 Pfennig heraus** 80 fenig daha alacağınız var **2.** (*Rätsel, Aufgabe*) çözmek; (*Geheimnis*) keşfetmek; (MATH: *fam*) bulmak **3.** (*Fleck, Nagel*) çıkarmak **4.** (*erfahren*) öğrenmek; **heraus|bilden** *vr:* **sich ~** oluşmak (*aus* -den); **heraus|bringen** *irr vt* **1.** (*nach draußen bringen*) çıkarmak **2.** (*Buch*) yayımlamak; (*Ware*) piyasaya çıkarmak; **jdn/etw ganz groß ~** (*fam*) büyük bir reklâm kampanyasıyla bir kimseyi/şeyi tanıtmak **3.** (*erfahren*) öğrenmek; **aus ihm war nichts herauszubringen** ondan bir şey öğrenmek mümkün değildi; **heraus|fallen** *irr vi* (*Haare, Zähne*) dökülmek; **heraus|finden** *irr* **I.** *vt* arayıp bulmak; (*entdecken*) keşfetmek **II.** *vi* (*aus Gebäude, Ort*) dışarıya giden yolu bulmak

Herausforderer, -in *m, f* <-s, -; -nen> meydan okuyan (kimse); (*Provokateur*) kışkırtıcı

heraus|fordern *vt* (*a.* SPORT) meydan okumak; (*provozieren*) kışkırtmak (*zu* c); **herausfordernd** *adj* meydan okuyan; (*provozierend*) kışkırtıcı; **Herausforderung** *f* (*a.* SPORT) çelenç, meydan okuma; (*Provokation*) kışkırtma

Herausgabe *f ohne Pl* **1.** (*Übergabe*) teslim **2.** (*eines Buches*) yayım **3.** (*von Aktien*) çıkarma **4.** (JUR) iade, geri ver(il)me

heraus|geben *irr vt* **1.** (*herausreichen*) dışarı vermek **2.** (*aushändigen*) teslim etmek **3.** (*Wechselgeld*) üstünü vermek (-in); **sie haben mir falsch herausgegeben** paranın üstünü yanlış verdiniz **4.** (*Buch*) yayımlamak **5.** (*Aktien*) çıkarmak **6.** (JUR) iade etmek, geri vermek

Herausgeber(in) *m(f)* <-s, -; -nen> (*von Buch, Zeitung*) yayımcı

heraus|gehen *irr vi sein* (*Person, Fleck*) çıkmak (*aus* -den); (*Fenster*) açılmak (*auf* -e); **heraus|greifen** *irr vt* seçmek; **heraus|haben** *irr vt* (*fam: Splitter, Trick, Lösung*) çıkarmak; **ich habe es heraus!** çıkardım!; **heraus|halten** *irr* **I.** *vt* **1.** (*nach draußen halten*) dışarı tutmak **2.** (*fam: fern halten*) uzak tutmak, sokmamak **II.** *vr:* **sich ~** uzak durmak (*aus* -den); **sich aus etw** *dat* **~** bir şeye [*o* işe] karışmamak; **heraus|hängen** *vt* (*fam*): **etw ~** bir şeyi dışarı asmak; **heraus|heben** *irr vt* **1.** çıkarmak (*aus* -den) **2.** (*hervorheben*) belirginleştirmek; **heraus|holen** *vt* **1.** (*nach draußen holen, befreien*) çıkarmak (*aus* -den); **das Letzte aus sich** *dat* **~** nesi varsa vermek **2.** (*Vorteil ziehen*) elde etmek (*aus* -den) **3.** (*fam: erfahren*) çıkarmak (*aus* -den) **4.** (SPORT: *Zeit*) kazanmak; (*guten Platz*) elde etmek; **heraus|kommen** *irr vi sein* **1.** (*aus Haus, Krankenhaus*) çıkmak (*aus* -den); **sie kam aus dem Lachen nicht mehr heraus** gülmekten kendini alamadı **2.** (*fam: Resultat sein*) çıkmak (*bei* -den); (*sich ergeben*) sonuç olarak çıkmak (*bei* -den); **was soll dabei ~?** bundan sonuç olarak ne çıkar?; **es kommt nichts dabei heraus** bu işten bir şey çıkmaz; **es kommt auf dasselbe heraus** bu aynı kapıya çıkar **3.** (*fam: Geheimnis*) ortaya çıkmak; **wenn das herauskommt, ...** bu ortaya çıkarsa ...; **mit der Sprache ~** baklayı ağzından çıkarmak **4.** (*Modell, Buch*) (piyasaya) çıkmak **5.** (*Kartenspiel*) çıkmak; **heraus|kriegen** *vt* (*fam*) *s.* **herausbekommen**; **heraus|lesen** *irr vt* (*aus Text, Miene*) okumak (*aus* -den); **heraus|nehmen** *irr vt* almak (*aus* -den); **sich** *dat* **den Blinddarm ~ lassen** apandisini aldırtmak; **sich** *dat* **~ etw zu tun** bir şey yapmaya yeltenmek; **heraus|putzen** **I.** *vt* (*schmücken*) süslemek **II.** *vr:* **sich ~** süslenmek, süslenip püslenmek; **heraus|ragen** *vi* yükselmek (*aus* -den), dışarı çıkmak (*aus* -den); (*in seiner Bedeutung*) üstünde olmak (*aus* -in); **heraus|reden** *vr:* **sich ~** (*fam*): **er redete sich auf das schlechte Wetter heraus** kötü havayı bahane etti; **heraus|reißen** *irr vt* **1.** (çekip) koparmak; (*Unkraut*) yolmak; **eine Seite aus dem Heft ~** defterden bir sayfa koparmak; **jdm einen Zahn ~** birinin dişini çekmek **2.** (*fam fig: befreien*) kurtarmak; **heraus|rücken** **I.** *vi sein* (*fam: zugeben*) itiraf etmek; **rück endlich mit der Wahrheit heraus!** gerçeği itiraf et artık! **II.** *vt* (*fam: hergeben*) vermek, bayılmak, sökülmek, uçlanmak; **rück mal etwas Geld heraus!** biraz para sökül!; **heraus|rutschen** *vi sein* içinden çıkmak; (*Wort*) ağzından kaçırmak; **das ist mir nur so herausgerutscht** (*fam*) bu, ağzımdan kaçıverdi; **heraus|schauen** *vi* **1.** (*aus Fenster*) dışarı(ya) bakmak (*aus*

-den) **2.** (*fam: bei Geschäft*) kâr beklenmek (*bei* -den); **was schaut für mich dabei heraus?** bundan benim kârım ne?; **he-raus|schlagen** *irr vt* **1.** vura vura çıkarmak **2.** (*fam: Vorteil*) sağlamak; **heraus|schnei-den** *irr vt* kesip almak; **heraus|schreien** *irr vt* bağırarak dile getirmek; **seinen Schmerz/seinen Hass ~** acısını/nefretini bağırarak dile getirmek

draußen [hɛ'raʊsən] *adv* (*südd, österr: hier draußen*) burada dışarıda

heraus|springen *irr vi sein* **1.** (*nach draußen springen*) dışarı(ya) atlamak; **aus dem Fenster ~** pencereden dışarı(ya) atlamak **2.** (*Sicherung*) atmak **3.** (*fam: Gewinn*) kâr kalmak (*bei*-den); **und was springt dabei für mich heraus?** bundan da bana ne kâr kalır?; **heraus|stellen** **I.** *vt* **1.** (*nach draußen stellen*) dışarı(ya) çıkarmak **2.** (*hervorheben*) ortaya koymak **II.** *vr:* **sich ~** (*sich erweisen*) ortaya çıkmak, belli olmak; **in der Verhandlung hat sich seine Unschuld herausgestellt** duruşmada masum olduğu ortaya çıktı; **es wird sich herausstellen, ob du Recht hast** haklı olup olmadığın ortaya çıkacaktır; **heraus|streichen** *irr vt* **1.** çıkarmak; **einige Sätze aus dem Text ~** birkaç cümleyi metinden çıkarmak **2.** (*loben*) göklere çıkarmak; **he-raus|treten** *irr vi sein* çıkmak (*aus* -den); **heraus|werfen** *irr vt* **1.** atmak **2.** (*hinauswerfen*) dışarı atmak; **das ist doch herausgeworfenes Geld** (*fig*) bu, parayı sokağa atmaktan başka bir şey değil; **he-raus|ziehen** *irr vt* (*aus dem Wasser*) çekip çıkarmak (*aus* -den); (*aus einem Gebiet*) çekmek (*aus* -den)

herb [hɛrp] *adj* **1.** (*Geschmack*) kekre; (*Wein*) buruk **2.** (*Verlust*) acı **3.** (*Charakter*) soğuk **4.** (*Kritik*) sert

herbei [hɛɐ'baɪ] *adv* buraya; **alles ~!** herkes buraya!; **herbei|eilen** *vi sein* koşarak gelmek, hızır gibi yetişmek; **herbei|führen** *vt* **1.** getirmek **2.** (*den Tod*) sebebiyet vermek (-e), sebep olmak (-e); **eine Entscheidung ~** karar verdirmek; **herbei|rufen** *irr vt* çağırmak; (*kommen lassen*) getirtmek

Herberge ['hɛrbɛrgə] *f* <-n> konak; (*Jugend~*) hostel

Herbst [hɛrpst] *m* <-(e)s, -e> güz, sonbahar

Herbstferien *Pl* (SCHULE) güz tatili, sonbahar tatili

herbstlich *adj* güzlük

Herbstmode *f* sonbahar modası, güz modası; **Herbstpunkt** *m* (ASTR) güz noktası; **Herbst-Tagundnachtgleiche** *f* (ASTR) güzün gün-tün eşitliği

Herbstzeitlose *f* <-n> (BOT) güz çiğdemi, acı çiğdem

Herd [heːɐt] *m* <-(e)s, -e> **1.** (*in Küche*) ocak **2.** (GEO) merkez **3.** (*der Unruhe*) ocak, yuva, yatak

Herde ['heːɐdə] *f* <-n> sürü

herein [hɛ'raɪn] *adv* içeri(ye); **~!** buyurun!; **herein|bekommen*** *irr vt* (*fam: Ware, Sender*) almak; **herein|brechen** *irr vi sein* **1.** (*Wassermassen*) basmak **2.** (*geh: Unglück*) çökmek (*über* üzerine); (*Nacht*) bastırmak; **herein|fallen** *irr vi sein* **1.** (*in Loch*) düşmek (*in* içine); (*Licht*) girmek (*in* -e) **2.** (*fam: sich täuschen lassen*) aldanmak (*auf* -e), kanmak (*auf* -e); **herein|holen** *vt* (*Gewinne*) getirmek; **jdn ~** birini içeri almak; **herein|kommen** *irr vi sein:* **die Sommerkollektion kommt im März herein** yaz koleksiyonu martta gelecek; **bitte kommen Sie doch herein!** lütfen içeri buyurunuz!; **herein|lassen** *irr vt* (*fam*) içeri(ye) almak; **lass ihn herein!** al onu içeri!, bırak girsin!; **herein|legen** *vt* **1.** (*nach drinnen legen*) dışarıdan içeriye almak **2.** (*fam: betrügen*) aldatmak, dolandırmak, kazıklamak; **herein|platzen** *vi sein* (*fam*) çat kapı gelmek (*in* -e), pat diye girmek (*in* -e)

Herfahrt ['heːɐ-] *f* <-en> geliş; **auf der ~** gelişte, buraya gelirken

her|fallen *irr vi sein* (*a. fig: angreifen*) çullanmak (*über* üzerine); (*mit Fragen*) saldırmak (*über* üzerine); **über etw ~** bir şeyin üzerine saldırmak

Hergang ['heːɐ-] *m* <-(e)s, -gänge> olan bitenler *pl*, olup bitenler *pl;* **den ~ schildern** olan [*o* olup] bitenleri anlatmak

her|geben *irr* **I.** *vt* **1.** (*herausgeben*) vermek; **gib her!** versene! **2.** (*taugen*): **diese Geschichte gibt viel her** bu öykü insana çok şey veriyor; **diese Geschichte gibt nichts her** bu öykü insana hiçbir şey vermiyor **II.** *vr:* **sich ~** yanaşmak (*für* -e); **gib dich für so etwas nicht her!** böyle işlere yanaşma!

hergebracht ['heːɐgəbraxt] *adj* alışılmış, geleneksel

her|gehen *irr vi sein* **1.** (*begleiten*): **neben/vor/hinter jdm ~** birinin yanından/önünden/arkasından gitmek; **es ging laut/lustig/toll her** gürültülü/neşeli/şahane geçti **2.** (*südd, österr*) *s.* **herkommen**; **her|halten** *irr* **I.** *vt* uzatmak **II.** *vi* ileri sürülmek (*als* olarak); **er muss immer ~** devamlı alay konusu oluyor; **her|holen** *vt* (gidip) getirmek; **etw weit hergeholt sein** bir şey tutarlı olmamak

Hering ['heːrɪŋ] *m* <-s, -e> **1.** (*Fisch*) ringa **2.** (*Zeltpflock*) çadır kazığı

H

herinnen [hɛ'rɪnən] *adv* (*südd, österr: drinnen, innen*) içeride

her|kommen *irr vi sein* **1.** (*hierher kommen*) buraya gelmek; **komm bitte mal her!** lütfen buraya bir gel! **2.** (*stammen*) gelmek (*aus* -den); **wo kommen Sie her?** nereden geliyorsunuz? **3.** (*herrühren*) gelmek (*von* -den)

herkömmlich ['heːɐkœmlɪç] *adj* basmakalıp, harcıâlem; (*konventionell*) geleneksel

Herkunft ['heːɐkʊnft] *f ohne Pl* köken, menşe; **arabischer ~** Arap kökenli; **die ~ dieses Wortes ist unklar** bu kelimenin kökeni belli değil; **Herkunftsland** *nt* <-(e)s, -länder> menşe ülkesi

her|leiten **I.** *vt* (*ableiten*) türetmek (*aus* -den), çıkarmak (*aus* -den) **II.** *vr:* **sich ~** (*herrühren*) ileri gelmek (*aus* -den)

her|machen **I.** *vi* fark edilmek; **das macht viel/wenig her** bu çok/az fark ediliyor **II.** *vr:* **sich ~** (*fam*) atılmak (*über* -e); **sich über die Arbeit ~** işe atılmak; **sich über das Essen ~** yemeğe saldırmak

Hermelin [hɛrmə'liːn] *m* <-s, -e> (ZOOL) kakım

hermetisch [hɛr'meːtɪʃ] *adj* **1.** sımsıkı, hava geçirmez bir şekilde; **~ verschlossene Ampullen** hava geçirmez bir şekilde kapalı ampuller **2. ein Gebäude ~ abriegeln** bir binayı kimsenin girip çıkamayacağı şekilde kapamak

her|nehmen *irr vt* almak, bulmak

Heroin [hero'iːn] *nt ohne Pl* <-s> eroin

heroinsüchtig *adj* eroinman

heroisch [he'roːɪʃ] *adj* (*geh*) kahramanca

Herold ['heːrɔlt] *m* <-(e)s, -e> (*a.* HIST) münadi

Herpes *m* (MED) uçuk

Herr(in)[1] [hɛr] *m(f)* <-(e)n, -en; -nen> (*Gebieter*) bey; (*Haus~*) sahip; (*Dienst~*) amir; (*Arbeitgeber*) patron; **~ im Hause sein** evde sözü geçmek, evin amiri olmak; **er war nicht ~ der Lage** duruma hâkim değildi; **~ seiner Sinne sein** sesine hâkim olmak; **sein eigener ~ sein** karışanı görüşeni olmamak; **aus aller ~en Länder** dünyanın bütün ülkelerinden

Herr[2] *m* <-(e)n, -en> **1.** (*Mann*) bey; (*beim Tanz*) kavalye; **Alter ~** (*fam*) peder bey; **den großen ~en markieren** beylik taslamak; **„Herren"** erkekler **2.** (*Anrede*) bay; **~ Meier** bay Meier; **der ~ wünschen?** beyefendi, arzunuz?, buyrun beyim!; **~ Ober!** garson bey!; **meine ~en!** beyler! **3.** (REL): **der ~ Jesus** Hazreti İsa

Herrenabend *m* erkekler akşamı; **Herrenanzug** *m* erkek takım giysisi; **Herrenausstatter** *m* <-s, -> erkek giyim evi; **Herrenbekleidung** *f* <-en> erkek giyimi; **Herrenfahrrad** *nt* erkek bisikleti; **Herrenhaus** *nt* **1.** (*herrschaftliches Wohnhaus*) malikâne, yurtluk **2.** (HIST) senato

herrenlos *adj* sahipsiz

Herrenmode *f* erkek modası; **Herrentoilette** *f* <-n> erkek tuvaleti

Herrgott ['-'-] *m* <-(e)s> Allah, Tanrı, Cenabıhak; **~ noch mal!** (*fam*) hay Allah!; **Herrgottsfrühe** *f*: **in aller ~** (*fam*) sabahın köründe, horoz vaktinde

her|richten *vt* **1.** (*vorbereiten*) hazırlamak **2.** (*reparieren*) onarmak, tamir etmek

Herrin *m* <-; -nen> hanımefendi; (*Haus~*) sahibe

herrisch *adj* hâkim; **etw in ~em Ton** bir şeyi hâkim sesle söylemek; **sie forderte ~ ihr Recht** hakkını hükmedercesine istedi

herrje(h) [hɛr'jeː] *interj* aman Allah

herrlich *adj* şahane; (*wunderbar*) harika; (*ausgezeichnet*) fevkalâde, enfes, nefis

Herrlichkeit *f* <-en> (*Pracht*) görkem; (*Großartigkeit*) fevkalâdelik; (*Erhabenheit*) yücelik

Herrschaft *f ohne Pl* **1.** (*Macht*) egemenlik, hâkimiyet; (*Befehlsgewalt*) kumanda, komuta; (*Regierung*) iktidar **2.** (*Kontrolle*) hâkim olma (*über* -e)

Herrschaften *fPl* bayanlar, baylar *pl;* **meine sehr verehrten ~!** pek sayın bayanlar, baylar!

herrschen ['hɛrʃən] *vi* **1.** (*Macht haben*) hâkim olmak (*über* -e), hükmetmek (*über* -e), egemenliği altında bulundurmak; (*regieren*) iktidarda olmak; (*König*) hüküm sürmek, hâkim olmak (*über* -e) **2.** (*bestehen*) mevcut olmak, var olmak; (*Freude, Angst, Chaos*) olmak; (*Meinung*) hüküm sürmek; **seit Tagen herrscht in diesem Gebiet Nebel** günlerdir bu bölgede sis var; **im Zimmer herrschte bedrückende Stille** odada iç sıkıcı bir sessizlik vardı

herrschend *adj* hâkim olan; (*Meinung*) hüküm süren; (*Partei*) iktidarda olan

Herrscher(in) *m(f)* <-s, -; -nen> hâkim, hükümdar; **Herrscherhaus** *nt* (POL, HIST) hanedan

Herrschsucht *f ohne Pl* iktidar hırsı, iktidar düşkünlüğü; **herrschsüchtig** *adj* iktidar düşkünü

her|rühren *vi* ileri gelmek (*von* -den)

her|stellen *vt* **1.** (*erzeugen*) üretmek; (*in Fabrik*) imal etmek, yapmak **2.** (*schaffen*) sağlamak; (*Verbindung*) kurmak **3.** (*an einen Ort*) koymak

Hersteller(in) *m(f)* <-s, -; -nen> üretici; (*in Fabrik*) imalâtçı, yapımcı

Herstellung *f ohne Pl* üretim; (*in Fabrik*) imal, yapım; **Herstellungsland** *nt* <-(e)s, -länder> üretici ülke; **Herstellungspreis**

m <-es, -e> maliyet fiyatı
Hertz [hɛrts] *nt* <-, -> (PHYS) hertz
herüben [hɛ'ry:bən] *adv* (*südd, österr: auf dieser Seite*) burada
herüber [hɛ'ry:bɐ] *adv* buraya
herum [hɛ'rʊm] *adv* **1.** (*rings*) etrafta, çevrede; **um … ~ …** çevresinde; **die Gegend um Berlin ~** Berlin'in çevresi; **hier ~** buralarda; **links/rechts ~** sola/sağa doğru **2.** (*fam: ziellos*) ortalıkta **3.** (*fam*): **um … ~** (*ungefähr*) … civarında; (*Menge*) … kadar; (*Alter*) … yaşlarında; (*Uhrzeit*) … sularında; **herum|bummeln** *vi* (*fam*) **1.** *sein* (*spazieren*) gezinmek, ortalıkta dolaşmak **2.** (*faulenzen*) işsiz güçsüz dolaşmak; **herum|drehen I.** *vt* (*wenden*) döndürmek; (*Kopf*) çevirmek; **den Schlüssel zweimal ~** anahtarı iki kere çevirmek **II.** *vr:* **sich ~** dönmek; **herum|fahren** *irr* **I.** *vi sein* **1.** (*umfahren*) arabayla geçmek (*um* -den); (*um eine Ecke*) dönmek, sapmak **2.** (*fam: ziellos*) arabayla dolaşmak; **mit der Hand im Gesicht ~** elini yüzünün üstünde gezdirmek; **mit den Armen in der Luft ~** el kol hareketleri yapmak, ellerini kollarını oynatmak **3.** (*sich umdrehen*) dönüvermek **II.** *vt* (*fam: umherfahren*) (arabayla) gezdirmek (*in* -de); **herum|fuchteln** *vi* (*fam*) sallayıp durmak; **mit etw** *dat* **~** bir şeyi sallayıp durmak, bir şeyle oynayıp durmak; **mit den Armen ~** ellerini kollarını sallayıp durmak, el kol hareketleri yapmak; **herum|führen I.** *vi* (*Straße, Mauer*) dışından geçmek (*um* -in) **II.** *vt:* **jdn ~** (*als Führer*) gezdirmek, dolaştırmak; **jdn an der Nase ~** (*fam*) birini işletmek; **herum|gehen** *irr vi sein* **1.** (*herumspazieren*) etrafında dönmek (*um* -in), etrafında tur atmak (*um* -in); (*fam: ziellos*) gezinmek, dönmek, dolaşmak; **das geht mir schon lange im Kopf herum** bu benim çoktandır zihnimi kurcalıyor **2.** (*fam: Zeit*) geçmek **3.** (*fam: Gerücht*) gezmek; **herum|hängen** *irr vi* (*fam*) sallanmak; **in der Gegend ~** ortalıkta sallanmak; **herum|irren** *vi sein* şaşkın şaşkın dolaşmak; **herum|kommen** *irr vi sein* (*fam*) **1.** (*reisen*) gezip dolaşmak; **sie ist viel in der Welt herumgekommen** dünyayı epey gezip dolaştı **2.** (*vermeiden können*) kaçınabilmek (*um* -den); **darum ~ etw zu tun** bir şeyi yapmaktan kaçınabilmek **3.** (*umgehen*): **um die Ecke ~** köşeyi dönmek; **herum|kriegen** *vt* (*fam*) **1.** (*Zeit*) geçirmek **2.** (*überreden*) ayarlamak, kandırmak; **jdn ~** birini ayarlamak **3.** (*verführen*) ayartmak; **sie hat ihn gleich herumgekriegt** onu hemen ayarttı; **herum|laufen** *irr vi sein* **1.** (*fam: ziellos*) ortalıkta dolaşmak; (*spazieren gehen*) gez(in)mek, dolaşmak; **so kannst du doch nicht ~!** (*fam*) ortalıkta böyle dolaşamazsın [*o* gezemezsin]! **2.** (*um etw*) etrafında dönmek (*um* -in), etrafında tur atmak (*um* -in); **herum|liegen** *irr vi* (*fam*) **1.** (*Sache*) yerlerde olmak; **lass deine Sachen nicht ~!** eşyanı ortalıkta bırakma! **2.** (*Person*) yan gelip yatmak; **herum|lungern** [-'-lʊŋɐn] *vi* (*fam*) avare dolaşmak, sürtmek; **herum|reden** *vi* lafı eveleyip gevelemek; **um den heißen Brei ~** (*fam*) bin dereden su getirmek, sözü döndürüp dolaştırmak, sadede gelmemek; **herum|reichen** *vt* elden ele geçirmek; (*Speisen*) dolaştırmak; **herum|reiten** *irr vi sein* (*fam*) **1.** (*ziellos*) atla dolaşmak **2.** (*auf etw bestehen*) ısrar etmek (*auf* -de); **auf jdm dauernd ~** birinin devamlı başının etini yemek; **herum|schlagen** *irr vr* (*fam*): **sich mit jdm/etw** *dat* **~** bir kimse/şey ile didişip [*o* uğraşıp] durmak; **herum|schnüffeln** *vi* (*fam pej*) öteyi beriyi karıştırmak; **herum|sitzen** *irr vi* (*fam pej*) pineklemek; **herum|spielen** *vi* (*fam*) oynamak (*mit* ile); **herum|sprechen** *irr vr:* **sich ~** (*Nachricht*) ağızdan ağza dolaşmak; **herum|stehen** *irr vi* (*fam*) ayak altında durmak, etrafında durmak (*um* -in); **um jdn ~** birinin etrafında durmak; **herum|suchen** *vi* (*fam*) aranmak; **ich habe schon überall herumgesucht** her yeri aradım bile; **herum|treiben** *irr vr:* **sich ~** (*fam pej*) sürtmek (*auf/in* -de/-de), başıboş gezmek (*auf/in* -de/-de); **wo hast du dich wieder herumgetrieben?** yine nerelerde sürttün?; **herum|werfen** *irr vt* **1.** (*Dinge*) sağa sola atmak **2.** (*Kopf*) çevirmek; **das Ruder/Steuer ~** dümeni/direksiyonu kırmak; **herum|ziehen** *irr vi sein* (*fam: ziellos*) göçebe bir hayat yaşamak; **in der Welt ~** dünyayı dolaşmak
herunten [hɛ'rʊntən] *adv* (*südd, österr: hier unten*) burada aşağıda
herunter [hɛ'rʊntɐ] *adv* aşağı(ya); **den Berg ~** dağdan aşağı; **herunter|bringen** *irr vt* **1.** (*Gegenstand*) aşağı(ya) getirmek **2.** (*fam: ruinieren*) mahvetmek, harap etmek; **herunter|fallen** *irr vi sein* düşmek, dökülmek; **herunter|gehen** *irr vi sein* (*a. Preis, Temperatur*) düşmek
heruntergekommen *adj* (*fam*) harap, viran; (*moralisch*) harap, perişan
herunter|handeln *vt* (*fam*) pazarlık ederek fiyatı düşürmek [*o* indirmek]; **herunter|hängen** *irr vi* (*Lampe*) asılı olmak; (*Haare*) dökülmek; **herunter|hauen** <haut herunter, haute *o* hieb herunter, heruntergehauen> *vi* (*fam*): **jdm eine ~** birine bir tane geçirmek

herunter|klappen *vt* aşağı doğru katlamak; **herunter|kommen** *irr vi sein* **1.** (*nach unten kommen*) aşağı gelmek **2.** (*fam: verwahrlosen*) harap olmak; (*Person*) harap olmak, perişan olmak; (*Gesundheit*) harap olmak; **herunter|machen** *vt* (*fam: kritisieren*) yermek, kınamak; (*schlecht machen*) kötülemek; **jdn ~** birini yermek; **herunter|purzeln** *vi sein* (*fam*) pıtır pıtır düşmek; **herunter|reißen** *irr vt* yırtarak indirmek; **herunter|schlucken** *vt* (*fam*) **1.** (*Bissen*) yutmak **2.** (*Wut*) içine atmak; **herunter|springen** *irr vi sein* aşağı atlamak (*von* -den); **herunter|werfen** *irr vt* aşağı(ya) atmak; **herunter|wirtschaften** *vt* (*fam pej: Firma, Staat*) kötü yönetimle harap etmek

hervor [hɛɐ'foːɐ] *adv* (*geh*): **~ mit euch!** çıkın oradan!; **hervor|bringen** *irr vt* **1.** (*erzeugen*) vermek, yaratmak; **viele Blüten ~** çok çiçek vermek **2.** (*Wort, Töne, Melodie*) çıkarmak; **hervor|gehen** *irr vi sein* (*geh*) **1.** çıkmak (*aus* -den); **mehrere bedeutende Künstler und Politiker gingen aus dieser Stadt hervor** bu kentten birçok namlı sanatçı ve politikacı çıkmıştır **2.** çıkmak (*aus*-den); **sie ging als Siegerin aus dem Wettkampf hervor** yarışmadan şampiyon olarak çıktı **3.** (*aus einem Brief*) anlaşılmak (*aus* -den); **hervor|gucken** *vi* (*fam*) bakmak; **das Hemd guckt aus der Hose hervor** gömlek pantolondan çıkmış; **das Kind guckt hinter seiner Mutter hervor** çocuk annesinin arkasından bakıyor; **hervor|heben** *irr vt* vurgulamak; **hervor|holen** *vt* çıkarmak (*aus* -den); **hervor|kommen** *irr vi sein* çıkmak; **unter dem Tisch ~** masanın altından çıkmak; **hervor|ragen** *vi* **1.** (*räumlich*) dışarı çıkmak, ileri doğru çıkmak, dışarıya doğru çıkık olmak **2.** (*Person*) sivrilmek (*durch* ile)

hervorragend *adj* (*ausgezeichnet*) şahane

hervor|rufen *irr vt* (*bewirken*) yol açmak (-e); (*Bewunderung*) uyandırmak; (*Protest*) neden olmak (-e); **diese Krankheit wird durch einen Virus hervorgerufen** bu hastalık bir virüsten ileri geliyor; **hervor|treten** *irr vi sein* **1.** (*heraustreten*) çıkmak (*hinter* arkasından) **2.** (*Kontraste*) ortaya çıkmak; (*Umrisse*) görünmek; (*Ader*) kabarmak; **~de Augen** patlak gözler; **hervor|tun** *irr vr:* **sich ~ 1.** (*durch Leistung*) sivrilmek **2.** (*angeben*) gösteriş yapmak (*mit* ile); **hervor|wagen** *vr:* **sich ~** ortaya çıkmaya cesaret etmek

Herz¹ [hɛrts] *nt* <-ens, -en> **1.** (*Organ*) yürek, kalp; (*Seele*) can, gönül; **im Grunde seines ~ens** esasında, aslında; **von ~en gern** canı gönülden [*o* yürekten]; **mir blutet das ~** (*fig*) yüreğim kan ağlıyor; **ich tue es leichten ~ens** onu gönül ferahlığı [*o* rahatlığı] ile yapıyorum; **schweren ~ens** istemeye istemeye; **aus seinem ~en keine Mördergrube machen** dobra dobra konuşmak; **ein ~ und eine Seele sein** (*fig*) can ciğer (kuzu sarması) olmak; **ein gutes/goldenes ~ haben** iyi/altın kalpli olmak; **sich** *dat* **etw zu ~en nehmen** (*fam*) bir şey yüreğine dokunmak; **etw nicht übers ~ bringen** bir şeye gönlü razı olmamak, bir şeye kıyamamak; **etw auf dem ~en haben** derdi olmak; **etw auf ~ und Nieren prüfen** (*fam*) bir şeyin içini dışını gözden geçirmek; **jdm sein ~ ausschütten** (*fig*) birine içini dökmek; **jdm das ~ brechen** (*geh*) birinin kalbini kırmak; **jdm das ~ zerreißen** birinin yüreğini parçalamak; **aus ganzem ~en** canı gönülden; **jds ~ erweichen** birinin kalbini eritmek; **mir ist ein Stein vom ~en gefallen** (*fig*) yüreğime su serpildi; **mir fällt das ~ in die Hose** (*fam fig*) yüreğim ağzıma geldi; **sich** *dat* **ein ~ fassen** yüreklenmek; **jdn ins ~ schließen** birine içi ısınmak, birine kanı kaynamak **2.** (*Zentrum*) merkez, orta, göbek; (*Inneres*) iç, kalp, yürek; **im ~en Anatoliens/Europas** Türkiye'nin/Avrupa'nın göbeğinde

Herz² *nt* <-ens, -> (*Kartenspiel*) kupa; **~ ist Trumpf** kupa kozdur

Herzanfall *m* (MED) kalp krizi; **Herzbeschwerden** *fPl* (MED) kalp rahatsızlığı; **Herzblume** *f* (BOT) kızkalbi; **Herzbube** *m* (*Spielkarte*) kupa oğlanı, kupa bacağı, kupa valesi; **Herzdame** *f* (*Spielkarte*) kupa kızı

herzensgut ['--'-] *adj* (*fam*) altın kalpli, çok iyi kalpli, yüreği temiz; **Herzenslust** *f ohne Pl:* **nach ~** gönlünce, canı istediği gibi; **Herzenswunsch** *m* içten arzu

herzerfreuend *adj* iç ısıtıcı

herzerfrischend *adj* iç açıcı, gönlü ferahlatıcı; **herzergreifend** *adj* dokunaklı, insanın içine işleyen; **herzerquickend** *adj* iç açıcı, gönlü ferahlatıcı

herzhaft *adj* **1.** (*unerschrocken*) yürekli **2.** (GASTR: *gehaltvoll*) besleyici **3.** (*kräftig*) kuvvetli; (*ordentlich*) adamakıllı

her|ziehen *irr* **I.** *vi sein* **1.** (*umziehen*) buraya taşınmak; **sie sind vor ein paar Jahren hergezogen** birkaç yıl önce buraya taşındılar **2.** (*gehen*): **hinter/vor/neben jdm/etw** *dat* **~** bir kimsenin/şeyin arkasından/önünden/yanından gitmek **3.** (*fam: reden über*): **über jdn ~** birini çekiştirmek **II.** *vt* (*fam: heranziehen*) çekmek (*zu* -e); **sich den Stuhl/Tisch ~** sandalyeyi/masayı kendine çekmek; **etw hinter sich** *dat* **~** bir şeyi arkasına çekmek

herzig ['hɛrtsɪç] *adj* cici
Herzinfarkt *m* (MED) kalp enfarktüsü; **Herzkammer** *f* (ANAT) kalp karıncığı
Herzklappe *f* (ANAT) kalp kapakçığı
Herzklopfen *nt ohne Pl* <-s> kalp çarpıntısı, yürek çarpıntısı, palpitasyon; ~ **haben** kalp [*o* yürek] çarpıntısı olmak; **Herzkönig** *m* (*Spielkarte*) kupa papazı; **herzkrank** *adj* kalp hastası; **Herzleiden** *nt* (MED) kalp hastalığı
herzlich I. *adj* içten, yürekten; (*Gruß*) candan, içten; ~**en Dank** candan teşekkürler! **II.** *adv:* ~ **willkommen!** hoş geldiniz!; ~ **gern!** seve seve!
Herzlichkeit *f ohne Pl* içtenlik
herzlos *adj* kalpsiz; (*gefühllos*) duygusuz; (*kein Mitleid zeigend*) merhametsiz
Herzlosigkeit *f ohne Pl* kalpsizlik, duygusuzluk, merhametsizlik
Herzmuskel *m* (ANAT) kalp kası
Herzog ['hɛrtso:k] *m* <-s, -zöge> dük
Herzogin ['hɛrtso:gin] *f* <-nen> düşes
Herzogtum *nt* <-s, -tümer> düklük
Herzrhythmusstörungen *Pl* (MED) aritmi
Herzschlag *m* **1.** (*einzelner Schlag*) kalp vuruşu, kalp atışı **2.** (*Herzstillstand*) kalp sektesi; **Herzschrittmacher** *m* (MED) kalp pili; **Herzstillstand** *m* (MED) kalp sektesi
Herztod *m* (MED) kalp sektesinde ölme; **Herzton** *m* <-(e)s, -töne> (MED) kalp sesi; **Herztransplantation** *f* (MED) kalp nakli; **Herzversagen** *nt* (MED) kalp aksesi
herzzerreißend I. *adj* yürek paralayıcı **II.** *adv* yürekler acısı
Hesse, -in ['hɛsə] *m, f* <-n, -n; -nen> Hessenli
Hessen *nt* <-s> Hessen
hessisch *adj* Hessenli, Hessen (ile ilgili)
heterogen [hetero'ge:n] *adj* heterojen
Hethiter *m* Hitit, Eti
Hetze ['hɛtsə] *f ohne Pl* **1.** (*Eile*) acele **2.** (*pej: Hetzkampagne*) kışkırtma
hetzen ['hɛtsən] **I.** *vi* **1.** *sein* (*sich beeilen*) acele etmek **2.** (*pej: aufwiegeln*) kışkırtmak (*gegen* -e karşı) **II.** *vt* **1.** (*jagen*) kovalamak **2.** (*antreiben*) koşturmak **III.** *vr:* **sich** ~ koşuşturmak
Hetzjagd *f* **1.** (*Verfolgung*) takip **2.** (*Jagd*) sürgün avı **3.** (*große Eile*) koşuşturma
Heu [hɔɪ] *nt ohne Pl* <-(e)s> (AGR) saman; **Heuboden** *m* <-s, -böden> (AGR) samanlık
Heuchelei [hɔɪçə'laɪ] *f* <-en> (*pej: Scheinheiligkeit*) iki yüzlülük, yüze gülücülük, riyakârlık
heucheln ['hɔɪçəln] *vi, vt* iki yüzlülük etmek, riyakârlık etmek
Heuchler(in) ['hɔɪçlɐ] *m(f)* <-s, -; -nen> iki yüzlü (kimse), yüze gülücü (kimse), riyakâr (kimse)
heuchlerisch *adj* iki yüzlü, yüze gülücü, riyakâr
heuer ['hɔɪɐ] *adv* (*Schweiz, österr, südd*) tayfa ücreti
Heugabel *f* (AGR) dirgen, çatal
Heuhaufen *m* (AGR) saman yığını; **eine Nadel im** ~ **suchen** (*fig*) saman yığınında iğne aramak
heulen ['hɔɪlən] *vi* **1.** (*fam: weinen*) hüngür hüngür ağlamak **2.** (*Tier*) ulumak; (*Fuchs, Schakal*) pavkırmak, ulumak; (*Motor, Sirene, Wind*) uğuldamak
Heulsuse *f* (*fam*) sulu göz(lü), mızmız tavşan
Heuschnupfen *m* saman nezlesi; **Heuschrecke** ['hɔɪʃrɛkə] *f* <-n> çekirge
Heuspeicher *m* samanlık
heute ['hɔɪtə] *adv* bugün; (*heutzutage*) bugünkü günde; ~ **Morgen/Abend** bu sabah/akşam; ~ **Nacht habe ich schlecht geträumt** bu gece; ~ **Nacht soll es regnen** bu akşam yağmur yağacakmış; **Schluss für** ~ bugün için yeter artık; ~ **in/vor acht Tagen** haftaya/geçen hafta bugün; **von** ~ **auf morgen** bugünden yarına; **lieber** ~ **als morgen** bugünden tezi yok
heutig ['hɔɪtɪç] *adj* bugünkü; (*gegenwärtig*) şimdiki; **unser** ~**es Schreiben** bugünkü yazımız [*o* mektubumuz]; **am** ~**en Tag** bugün; **am** ~**en Abend** bu akşam; **in der** ~**en Zeit** bugünkü günde, içinde bulunduğumuz zamanda; **mit dem** ~**en Datum** bugünkü tarihle
heutzutage ['hɔɪttsuta:gə] *adv* günümüzde
Hexaeder [hɛksa'ʔe:dɐ] *nt* <-s, -> (MATH) altı yüzlü
Hexe ['hɛksə] *f* <-n> cadı
hexen ['hɛksən] *vi* (*zaubern*) büyü yapmak
Hexenkessel *m* (*fam*) cadı kazanı
Hexenschuss[RR] *m ohne Pl* <-es> (*fam*) lumbago
Hexerei *f* <-en> büyücülük, sihirbazlık
hieb [hi:p] *3. imp von* **hauen**
Hieb [hi:p] *m* <-(e)s, -e> **1.** (*Schlag*) vuruş, darbe; (*mit Peitsche, Faust*) vuruş; **auf einen** ~ (*fam*) bir çırpıda **2.** (*Wunde*) darbe **3.** *Pl* (*fam: Prügel*) dayak, kötek; ~**e bekommen** kötek [*o* dayak] yemek **4.** (*Bemerkung*) taş
hieb- und stichfest *adj* (*fig*) su götürmez
hielt [hi:lt] *3. imp von* **halten**
hier [hi:ɐ] *adv* **1.** (*räumlich*) burada; (*bei Aufruf*) burada(yım); ~ **bin ich!** ben buradayım!; ~ **entlang** buradan; **das Haus** ~ buradaki ev; ~ **in der Nähe** bu yakında; ~ **und da** burada şurada; **dieser** ~ buradaki; ~ **oben/unten/hinten** burada yukarıda/

aşağıda/arkada; ~ **bleiben** burada kalmak; **ich bin nicht von** ~ ben buradan [*o* buralı] değilim **2.** (*zeitlich*): **von** ~ **an** bundan sonra **3.** (*an diesem Punkt*) bu noktada, burada; ~ **muss ich dir Recht geben** bu noktada sana hak veriyorum

hieran ['hi:ran, '-'-] *adv* **1.** (*an dieser Stelle*) burada; (*an diese Stelle*) buraya **2.** (*an dieser Sache*): **im Anschluss** ~ bunun arkasından; ~ **sieht man, dass ...** bununla görülüyor ki ...; ~ **werde ich mich noch lange erinnern** bunu uzun zaman hatırlayacağım

Hierarchie [hierar'çi:] *f* <-n> hiyerarşi

hierarchisch [hie'rarçɪʃ] *adj* hiyerarşik

hierauf ['hi:raʊf, '-'-] *adv* **1.** (*auf dieser Stelle*) bunun üzerinde, bunun üstünde **2.** (*auf diese Stelle*) bunun üzerine, bunun üstüne **3.** (*sodann*) bunun üzerine, bunun üstüne

hieraus ['hi:raʊs, '-'-] *adv* **1.** (*räumlich*) buradan **2.** (*aus dieser Sache*) bundan

hierbei ['hi:ɐbaɪ] *adv* **1.** (*währenddessen*) bu arada **2.** (*in diesem Fall*) burada

hier|bleiben *irr vi sein s.* **hier 1.**

hierdurch ['hi:ɐdʊrç, '-'-] *adv* **1.** (*räumlich*) buradan **2.** (*auf Grund*) bundan

hierfür ['hi:ɐfy:ɐ, '-'-] *adv* **1.** (*zu diesem Zweck*) bunun için **2.** (*als Gegenwert*) bunun için

hierher ['hi:ɐhe:ɐ, '-'-] *adv* buraya; ~**!** gel buraya!; **bis** ~ buraya kadar; **bis** ~ **und nicht weiter!** buradan öteye geçiş yok!; **das gehört nicht** ~ bu, buraya ait değildir

hierherum ['hi:ɐhɛrʊm, '--'-] *adv* buralarda

hierhin ['hi:ɐhɪn, '-'-] *adv* buraya; **bis** ~ buraya kadar

hierin ['hi:rɪn, '-'-] *adv* **1.** (*örtlich*) burada **2.** (*in dieser Beziehung*) bu bakımdan

hiermit ['hi:ɐmɪt, '-'-] *adv* bununla; (*im Brief*) işbu

hierüber ['hi:ry:bɐ, '-'--] *adv* **1.** (*örtlich*) burada; (*Richtung*) buraya **2.** (*ein Thema betreffend*) bunun üzerine, bunun hakkında

hierunter ['hi:rʊntɐ, '-'--] *adv* **1.** (*örtlich*) bunun altında **2.** (*wegen*) bundan **3.** (*in dieser Gruppe*) içinde **4.** (*Wend*): ~ **versteht man ...** bundan ... anlaşılıyor

hiervon ['hi:ɐfɔn, '-'-] *adv* bundan

hierzu ['hi:ɐtsu:, '-'-] *adv* **1.** (*für diesen Zweck*) bunun için **2.** (*betreffend*) bunun hakkında, buna dair, buna ilişkin olarak **3.** (*zugehörig*) bunun

hierzulande ['hi:ɐtsu(')landə] *adv* bu ülkede

hiesig ['hi:zɪç] *adj* buradaki

hieß [hi:s] *3. imp von* **heißen**

Hi-Fi-Anlage ['haɪfiʔanla:gə] *f* stereo takımı [*o* seti]

high [haɪ] *adj inv* (*berauscht*) sarhoş, mest; (*mit Drogen*) mest, kafayı bulmuş; **High Society** *f ohne Pl*, **Highsociety**[RR] [haɪ sə'saɪəti] *f ohne Pl* yüksek sosyete; **High-Tech** *nt o f ohne Pl* <-(s)>, **Hightech**[RR] ['haɪ'tɛk] *nt o f ohne Pl* <-(s)> yüksek teknoloji

hihi [hi'hi:, 'hi'hi] *interj* kıhkıh

Hilfe ['hɪlfə] *f* <-n> yardım, imdat; (~ *leistung*) yardım; ~**!** imdat!; **erste** ~ ilk yardım; **jdn um** ~ **bitten** birinden yardım istemek; ~ **leisten** yardım etmek; **jdm zu** ~ **kommen** birinin imdadına koşmak; **etw zu** ~ **nehmen** bir şeyi araç [*o* destek] olarak kullanmak, bir şeyden yararlanmak [*o* faydalanmak]; **um** ~ **rufen** imdat diye bağırmak; **du warst mir eine große** ~ bana çok yardımın dokundu; **du warst mir keine große** ~ bana pek yardımın dokunmadı; **mit** ~ **von** yardımıyla; **Hilferuf** *m* <-(e)s, -e> yardım isteme, imdat isteme

hilflos *adj* âciz; (*ratlos*) çaresiz; (*unbeholfen*) beceriksiz

Hilflosigkeit *f ohne Pl* âcizlik; (*Ratlosigkeit*) çaresizlik

hilfreich *adj* (*geh*) **1.** (*hilfsbereit*) yardımsever **2.** (*nützlich*) yararlı; **er/es war uns sehr** ~ bize çok yararlı oldu

Hilfsaktion *f* yardım kampanyası; **Hilfsarbeiter(in)** *m(f)* yardımcı işçi, düz işçi; **hilfsbedürftig** *adj* yardıma muhtaç; **hilfsbereit** *adj* yardıma hazır, yardımsever; **Hilfsbereitschaft** *f ohne Pl* yardıma hazır olma, yardımseverlik; **Hilfskraft** *f* yardımcı eleman; **Hilfsmittel** *nt* yardımcı araç; **Hilfsprogramm** *nt* yardım programı; **Hilfsverb** *nt* (LING) yardımcı fiil; **Hilfswerk** *nt* sosyal yardım kurumu

hilft [hɪlft] *3. präs von* **helfen**

Himbeere ['hɪmbe:rə] *f* <-n> ahududu; **Himbeersaft** *m* ahududu şerbeti

Himmel ['hɪməl] *m* <-s, -> **1.** (METEO, ASTR) gök, gökyüzü; (REL: *Paradies*) cennet; **am** ~ gökyüzünde; **im** ~ cennette; **der Opa ist im** ~ (*Kindersprache*) dede cennette; **in den** ~ **kommen** cennetlik olmak; ~ **und Hölle** (*Kinderspiel*) seksek; ~ **und Hölle in Bewegung setzen** (*fam*) yeri göğü yerinden oynatmak; **aus heiterem** ~ gökten zembille inercesine, gökten zembille inmiş gibi; **jdn/etw in den** ~ **heben** (*fam*) bir kimseyi/şeyi göklere çıkarmak; **unter freiem** ~ açık havada; **im siebten** ~ **sein** (*fam*) dünyayı pespembe görmek; **dieses Unrecht schreit zum** ~ bu haksızlığım diye bar bar bağırıyor, bu haksızlığın daniskasıdır; **um** ~**s willen!** aman tanrım!; **dem** ~ **sei Dank!** tanrıya şükürler olsun!; ~, **Arsch und Zwirn!** (*vulg*) Allah kahretsin! **2.** (*beim Bett, Thron*) sayvan;

Himmelbett *nt* sayvanlı karyola; **himmelblau** ['--'-] *adj* havaî mavi, gökçe, gök rengi; (*hellblau*) gökyüzü mavisi; **Himmelfahrt** *f ohne Pl* (REL) miraç, göğe çıkma; **Christi** ~ İsa'nın göğe çıkması; **Mariä** ~ Meryem Ana'nın göğe çıkması; **Himmelreich** *nt ohne Pl* <-(e)s> (REL: *Paradies*) cennet

Himmelsachse *f ohne Pl* (ASTR) gök ekseni; **Himmelsäquator** *m ohne Pl* (ASTR) gök eşleği

Himmelsblau *nt* gök rengi, havaî mavi

himmelschreiend *adj* ayyuka çıkan; **ein ~es Unrecht** ayyuka çıkan bir haksızlık, haksızlığın daniskası

Himmelsglobus *m ohne Pl* (ASTR) gök küresi; **Himmelsgucker** *m* (ZOOL: *Sterngucker*) kurbağa balığı; **Himmelskörper** *m* (ASTR) gök cismi; **Himmelspforte** *f* cennet kapısı; **Himmelspol** *m* (ASTR) gök kutbu; **Himmelsrichtung** *f* ana yön; **Himmelstor** *nt*, **Himmelstür** *f* cennet kapısı

himmlisch ['hɪmlɪʃ] *adj* cennet gibi; (*göttlich*) ilahî; (*wunderbar*) harikulâde

hin [hɪn] **I.** *adv* **1.** (*in Richtung auf*) -e doğru; (*entlang*) boyunca; **bis zu dieser Stelle** ~ buraya kadar; **zum Haus** ~ eve doğru; ~ **und zurück** (*Fahrkarte*) gidiş dönüş; ~ **und her** bir o yana, bir bu yana, ileri geri; **es war ein dauerndes H~ und Her** devamlı bir gelip gitme vardı; **die Schlafzimmer liegen zur Straße** ~ yatak odaları sokağa bakar; **wo ist sie ~?** (*fam*) nereye gitti? **2.** (*zeitlich*): **das ist noch lange** ~ buna daha çok var; **zum Frühjahr/Jahresende** ~ bahara/yıl sonuna doğru; ~ **und wieder** ara sıra **3.** (*daraufhin*): **auf einen Verdacht** ~ şüphe üzerine; **auf die Gefahr ~, dass ...** ... tehlikesini göze alarak **II.** *adj* (*fam: kaputt*): **ich bin ganz** ~ öldüm, bittim, mahvoldum; **sein guter Ruf ist** ~ itibarı gitti

Hin [hɪn] *nt:* ~ **und Her** ileri geri etme; (*Hickhack*) ileri geri etme; **nach langem ~ und Her** uzun uzun ileri geri ettikten sonra

hinab [hɪ'nap] *adv* aşağı(ya); **den Berg** ~ dağdan aşağı

hin|arbeiten *vi:* **auf etw** ~ bir şeye ulaşmaya çalışmak

hinauf [hɪ'naʊf] *adv* yukarı(ya); **da ~!** oradan yukarı!; **den Fluss** ~ ırmaktan yukarı; **hinauf|fahren** *irr* **I.** *vi sein* çıkmak; **mit dem Lift** ~ asansörle çıkmak **II.** *vt* yokuş yukarı sürmek; **hinauf|führen I.** *vi* (*Weg*) çıkmak **II.** *vt* çıkarmak; **hinauf|gehen** *irr vi sein* çıkmak; **hinauf|steigen** *irr vi sein* üstüne çıkmak

hinaus [hɪ'naʊs] *adv* dışarı(ya); ~ **mit dir!** çık dışarı!; **zur Tür** ~ kapıdan dışarı(ya); **wo geht es ~?** dışarıya nereden çıkılıyor?; **auf Jahre** ~ yıllar için; **über die Dreißig** ~ otuzunu geçmiş; **darüber** ~ ayrıca; **hinaus|begleiten*** *vt* birlikte dışarı çıkmak (ile); **hinaus|fliegen** *irr vi sein* **1.** (*Vogel*) dışarı(ya) uçmak (*aus* -den) **2.** (*fam: Person*) atılmak (*aus* -den); **hinaus|gehen** *irr vi sein* **1.** (*aus Raum*) çıkmak (*aus* -den) **2.** (*Zimmer, Fenster*) açılmak (*auf* -e) **3.** (*überschreiten*) aşmak (*über* -); **hinaus|laufen** *irr vi sein* **1.** (*nach draußen laufen*) dışarı koşmak (*aus* -den) **2.** (*als Ergebnis haben*) sonuca varmak (*auf* -), sonuçlanmak (*auf* ile); **das läuft auf dasselbe** ~ bu aynı kapıya çıkar; **hinaus|lehnen** *vr:* **sich** ~ dışarı sarkmak (*aus* -den); **hinaus|schicken** *vt:* **jdn** ~ birini dışarı göndermek; **hinaus|schieben** *vt* dışarı(ya) itmek; (*Entscheidung*) ertelemek; **hinaus|schwimmen** *irr vi* yüzerek açılmak [*o* kıyıdan uzaklaşmak]; **hinaus|stürzen** *vi:* **sich** ~ hürya dışarı çıkmak; **hinaus|werfen** *irr vt* **1.** (*Sache*) dışarı atmak (*zu/aus* -e/-den); **einen Blick** ~ dışarıya bir göz atmak; **Geld zum Fenster** ~ (*fam*) parayı sokağa atmak **2.** (*Person*) kapı dışarı etmek (*aus* -den), dışarı atmak; **hinaus|wollen** *irr vi* (*fam*) **1.** (*abzielen*) kastetmek (*auf* -); **worauf willst du hinaus?** ne demek istiyorsun?, neyi kastediyorsun?; **hoch** ~ gözü yükseklerde olmak **2.** (*nach draußen wollen*) dışarı çıkmak istemek (*aus* -den); **hinaus|zögern I.** *vt* uzatmak **II.** *vr:* **sich** ~ uzamak

hin|bekommen* *irr vt s.* **hinkriegen**

Hinblick *m:* **im ~ auf ...** (*in Bezug auf*) ... bakımından; (*angesichts*) ... karşısında; (*wegen*) ... yüzünden

hin|bringen *irr vt* (*Waren*) götürmek; (*Zeit*) geçirmek

hinderlich ['hɪndɐlɪç] *adj* engel olan; ~ **sein** engel olmak (*für* için)

hindern ['hɪndɐn] *vt* **1.** (*abhalten*) alıkoymak; **jdn am Gehen/Schreiben** ~ birini gitmekten/yazmaktan alıkoymak **2.** (*behindern*) engel olmak (-e)

Hindernis ['hɪndɐnɪs] *nt* <-ses, -se> (*a.* SPORT) engel; **ein ~ überwinden** bir engeli aşmak; **jdm ~se in den Weg legen** birine zorluk çıkarmak; **Hindernislauf** *m* <-(e)s, -läufe> (SPORT) engelli koşu

Hinderungsgrund *m* <-(e)s, -gründe> engelleyici neden

hin|deuten *vi* **1.** (*zeigen*) göstermek (*auf* -) **2.** (*hinweisen*) işaret etmek (*auf* -e), delâlet etmek (*auf* -e)

Hindu ['hɪndu] *m* <-(s), -(s)> Hindu

Hinduismus [hɪndu'ɪsmʊs] *m ohne Pl* <->

Hinduizm

hinduistisch *adj* Hindu

Hindukusch *m* Hindukuş Dağları

hindurch [hɪn'dʊrç] *adv* **1.** (*räumlich*) içinden; **durch den Wald** ~ ormanın içinden; **mitten** ~ ortasından **2.** (*zeitlich*) boyunca

hinein [hɪ'naɪn] *adv* içeri(ye), içine; **zur Tür** ~ kapıdan içeri(ye); **bis tief in die Nacht** ~ gece geç vakitlere kadar; **hinein|fallen** *irr vi sein* içine düşmek; **er fiel mitten in die Pfütze hinein** su birikintisinin tam içine düştü; **wer andern eine Grube gräbt, fällt selbst hinein** (*prov*) el için çukur [*o* kuyu] kazan, kendisi içine düşer, kazma elin kuyusunu, kazarlar kuyunu; **hinein|gehen** *irr vi sein* **1.** (*eintreten*) girmek (*in* -e) **2.** (*hineinpassen*) girmek (*in* -e); **hinein|legen** *vt* **1.** (*nach innen legen*) koymak (*in* içine) **2.** (*fam: betrügen*) aldatmak **3.** (*Gefühl*) koymak; **hinein|passen** *vi* **1.** (*Platz haben*) sığmak (*in* -e) **2.** (*passend sein*) uymak (*in* -e) **3.** (*in Gruppe, Umgebung*) uymak (*in* -e); **hinein|stecken** *vt* (*fam*) **1.** sokmak (*in* -e); (*hineinlegen, -stellen*) koymak (*in* -e) **2.** (*investieren*) yatırmak (*in* -e); **hinein|steigern** *vr:* **sich** ~ (*in Kummer, Wut*) kapılmak (*in* -e); (*in Vorstellung*) kapılmak (*in* -e), kendini kaptırmak (*in* -e); **hinein|stopfen** *vt* **1.** tıka basa doldurmak, tıkıştırmak **2.** (*fam*): **in sich** ~ tıka basa yemek, tıkınmak; **hinein|stürzen** *vi:* **sich** ~ hürya içeri girmek; **hinein|versetzen*** *vr:* **sich in jdn** ~ kendini birinin yerine koymak; **versetz dich doch mal in meine Lage hinein!** kendini benim yerime bir koysana!

hin|fahren *irr* **I.** *vi sein* gitmek **II.** *vt* götürmek; **Hinfahrt** *f* <-en> gidiş; **Hin- und Rückfahrt** gidiş geliş; **auf der** ~ gidişte

hin|fallen *irr vi sein* yere düşmek, yeri boylamak; **er fiel der Länge nach hin** boylamasına düştü, yüzükoyun yere düştü

hinfällig *adj* **1.** (*gebrechlich*) öksürüklü tıksırıklı; (*schwach*) güçsüz, zayıf **2.** (*ungültig*) kadük, geçersiz; (*gegenstandslos*) konusuz, konu dışı

Hinflug *m* <-(e)s, -flüge> (uçakla) gidiş

hin|führen *vi, vt* (*Straße*) gitmek; **wo soll das ~?** bunun sonu ne olacak?

hing [hɪŋ] *3. imp von* **hängen**

Hingabe *f ohne Pl* **1.** (*Begeisterung*) düşkünlük **2.** (*Selbstlosigkeit*) özveri, fedakârlık

hin|geben *irr* **I.** *vt* (*geh: opfern*) kurban etmek, feda etmek **II.** *vr:* **sich** ~ (*sich widmen*) kendini adamak, kendini vermek; **sich (falschen) Hoffnungen** ~ (boşu boşuna) umuda kapılmak

hingebungsvoll *adj* (*selbstlos*) özverili, fedakâr

hingegen [-'--] *adv* ise, diğer taraftan

hin|gehen *irr vi sein* **1.** (*an Ort*) gitmek (*zu* -e); **wo geht es hier hin?** burası nereye gider? **2.** (*Zeit*) geçmek

hingerissen ['hɪngərɪsən] *adj* hayran; **er war ganz** ~ hayran kaldı

hin|halten *irr vt* **1.** (*Gegenstand*) tutmak; (*Hand*) uzatmak; **sie hielt mir die Hand hin** bana elini uzattı **2.** (*warten lassen*) bekletmek; **hin|hauen** <haut hin, haute hin, hingehauen> **I.** *vi* (*fam: klappen*) olmak **II.** *vt* (*fam pej: Arbeit*) derme çatma yapmak, baştan savma yapmak **III.** *vr:* **sich** ~ (*fam: schlafen legen*) kafayı vurmak; **hin|hören** *vi* kulak asmak

hinken ['hɪŋkən] *vi* topallamak, aksamak; **er hinkt auf dem linken Fuß** sol ayağından hafif topallıyor

hin|knien *vi, vr:* **sich** ~ diz çökmek (*auf* -e, *vor* önünde); **hin|kriegen** *vt* (*fam*) **1.** (*fertig bringen*) becermek; **das hast du toll hingekriegt!** bunu çok iyi becerdin! **2.** (*in Ordnung bringen*) yoluna koymak

hinlänglich *adj* yeterli; ~ **bekannt sein** yeterince bilinmek

hin|legen **I.** *vt* **1.** (*Dinge*) koymak **2.** (*Kind*) yatırmak **3.** (*fam: darbieten*) sunmak; **sie hat einen tollen Tanz hingelegt** şahane bir dans sundu **II.** *vr:* **sich** ~ **1.** (*auf Boden*) uzanmak (*auf* -e) **2.** (*ins Bett gehen*) yatmak **3.** (*fam: hinfallen*) düşmek; **hin|nehmen** *irr vt* (*Tatsache*) kabul etmek; (*erdulden*) katlanmak (-e); (*tolerieren*) hoş görmek

hinreichend ['hɪnraɪçənt] *adj* yeterli, kâfi

Hinreise *f* <-n> gidiş, gidiş yolculuğu

hin|reißen *irr vt* coşturmak; **sich dazu** ~ **lassen etw zu tun** kendini tutamayıp bir şey yapmak, bir şey yapmaktan kendini alamamak

hinreißend *adj* harikulâde; ~ **schön** harika güzel

hin|richten *vt* idam etmek

Hinrichtung *f* <-en> idam

hin|scheiden *irr vi sein* (*geh*) ölmek; **hin|schmeißen** *irr vt* (*fam*) **1.** (*hinwerfen*) atmak **2.** (*aufgeben*) bırakmak; **hin|sehen** *irr vi* bakmak (*zu* -e); **bei genauerem H~** yakından bakıldığında; **hin|setzen** **I.** *vt* **1.** (*abstellen*) koymak **2.** (*Kind*) oturtmak **II.** *vr:* **sich** ~ oturmak; **setz dich gerade hin!** dik otur!

Hinsicht *f* <-en>: **in** ~ **auf ...** (*hinsichtlich*) ... bakımından; **in dieser** ~ bu bakımdan; **in dieser/jeder/vieler/gewisser** ~ bu/her/birçok/bir bakımdan; **in finanzieller/beruflicher** ~ malî bakımdan

hinsichtlich *präp* bakımından

hin|stellen **I.** *vt* **1.** (*Gegenstand*) koymak **2.** (*bezeichnen*) göstermek (*als* olarak), yerine koymak (*als* -); **jdn als Vorbild** ~ birini örnek olarak göstermek; **jdn als Dummkopf** ~ birini aptal yerine koymak **II.** *vr:* **sich** ~ dikilmek; **stell dich gerade hin!** dik dur!

hinten ['hɪntən] *adv* arkada; (*im Hintergrund*) arka plânda; **ein Schlag von** ~ arkadan bir darbe; **von** ~ **anfangen** arkadan başlamak; **sich** ~ **anstellen** (kuyrukta) arkaya geçmek; **ganz** ~ **im Buch** kitabın en sonunda; **hintendran** [--'-] *adv* (*fam: hinten an etw*) arkasına; **hintendrauf** [--'-] *adv* (*fam: hinten auf etw*) arkasında; **er kriegte noch eins** ~ arkasından [*o* üstüne] bir tane daha yedi; **hintenherum** ['----] *adv* **1.** (*gehen, kommen*) arkadan **2.** (*fam: heimlich*) arkadan arkaya; (*illegal*) el altından; **hintenrum** ['---] *adv* (*fam*) *s.* **hintenherum**

hinter ['hɪntɐ] **I.** *präp* **1.** (*da~*) arkasında; ~ **jdm sitzen** birinin arkasında oturmak; **drei Kilometer** ~ **Muğla** Muğla'nın üç kilometre arkasında; **das Schlimmste hast du schon** ~ **dir** işin en kötü tarafını atlattın artık; ~ **etw kommen** (*fam*) bir şeyi ortaya çıkarmak; (*verstehen*) bir şeyi anlamak **2.** (*zeitlich*): **zehn Minuten** ~ **der Zeit sein** on dakika gecikmiş olmak **3.** (*Reihenfolge*) geride; **er ließ ihn weit** ~ **sich** *dat* onu çok geride bıraktı **4.** (~ ... *her*) peşinde; ~ **jdm herlaufen** birinin peşinden koşmak **II.** *präp* arkasına; **stell das Buch** ~ **die anderen** kitabı ötekilerin arkasına koy; **etw** ~ **sich bringen** bir şeyi bitirmek, bir işi hâlletmek; **Hinterachse** *f* (AUTO) arka dingil; **Hinterausgang** *m* <-(e)s, -gänge> arka çıkış kapısı; **Hinterbacke** *f* (*fam*) kaba et; **Hinterbein** *nt* <-(e)s, -e> arka ayak; **sich auf die** ~**e stellen** (*fam fig: sich widersetzen*) karşı koymak, ayaklanmak; (*sich Mühe geben*) çaba harcamak, gayret göstermek

Hinterbliebene(r) [hɪntɐ'bli:bənɐ] *mf* <-n, -n; -n> arkada kalan, geride kalan; **wir** ~**n** arkada kalan bizler

hintere(r, s) ['hɪntərə, -rɐ, -rəs] *adj* arka, art; **die** ~**e Tür** arka kapı; **in der hintersten Reihe sitzen** en arka sırada oturmak

hintereinander [hɪntɐʔaɪ'nandɐ] *adv* **1.** (*räumlich*) art arda, peş peşe **2.** (*zeitlich*) arka arkaya; **vier Wochen** ~ arka arkaya dört hafta

hinterfragen* *vt* soruşturmak

hintergangen *pp von* **hintergehen**

Hintergaumen *m* (ANAT, MED) art damak

Hintergedanke *m* <-ns, -n> art düşünce, art niyet

hintergehen* *irr vt* aldatmak; **er hat seine Frau hintergangen** karısını aldattı

Hintergrund *m* <-(e)s, -gründe> **1.** arka (plân); (THEAT) arka; (*fig: verborgener Zusammenhang*) iç yüz; **in den** ~ **treten** arkaya kalmak; **im** ~ **bleiben/stehen** (*fig*) arka plânda kalmak/bulunmak; **der politische/soziale** ~ (işin) siyasî/toplumsal iç yüzü; **vor dem** ~ **dieser Ereignisse** bu olayların karşısında **2.** (INFORM) arka fon, art alan

Hinterhalt *m* <-(e)s, -e> pusu; **jdn in einen** ~ **locken** birine pusuya düşürmek

hinterhältig ['hɪntɐhɛltɪç] *adj* sinsi

hinterher [--'-, '---] *adv* **1.** (*räumlich*) arkasından; **die Polizei war ihm** ~ (*fam*) polis peşindeydi **2.** (*zeitlich*) sonradan; **hinterher|laufen** *irr vi sein* (*dahinter gehen*) arkasından gitmek (-in); (*folgen*) arkasına düşmek (-in); (*rennen*) arkasından koşmak (-in)

Hinterhof *m* arka avlu; **Hinterkopf** *m* başın arkası; **etw im** ~ **haben/behalten** bir şey aklında olmak/tutmak; **Hinterland** *nt ohne Pl* <-(e)s> hinterlant, art bölge

hinterlassen* *irr vt* bırakmak, arkada bırakmak; ~**e Werke** arkada bıraktığı eserler; **einen guten Eindruck** ~ iyi bir izlenim bırakmak

Hinterlassenschaft *f* <-en> tereke

Hinterlauf *m* arka ayak

hinterlegen* *vt* vermek, bırakmak, tevdi etmek

Hinterlist *f* desise, hile, oyun; **hinterlistig** *adj* hileci

hinterm ['hɪntɐm] (*fam*) = **hinter dem** arkasında

Hintermann *m* <-(e)s, -männer> **1.** (*räumlich*) arkadaki (kimse); (SPORT) son adam **2.** (*Drahtzieher*) elebaşı **3.** (FIN: *bei Wechsel*) sonraki ciranta

hintern ['hɪntɐn] (*fam*) = **hinter den** arkasına

Hintern ['hɪntɐn] *m* <-s, -> (*fam*) kıç, kaba et; **jdm in den** ~ **kriechen** birine yaltaklık etmek

Hinterpfote *f* arka ayak

Hinterrad *nt* arka teker; (*Fahrrad*) art teker; **Hinterradantrieb** *m* (AUTO) arkadan çekiş

hinterrücks ['hɪntɐrʏks] *adv* (*pej*) arkadan

hinters ['hɪntɐs] (*fam*) = **hinter das** arkasına

Hintersitz *m* (AUTO) arka koltuk

hinterste(r, s) *adj superl von* **hintere(r, s)**

Hinterteil *nt* <-(e)s, -e> **1.** (*fam: Gesäß*) kıç **2.** (*Teil*) arka

Hintertreffen *nt* (*fam*): **ins** ~ **geraten**

H

arka plâna düşmek; **sich im ~ befinden** arka plânda kalmak, gölgede kalmak

Hintertreppe *f* arka merdiven; **Hintertür** *f* **1.** (*Tür*) arka kapı **2.** (*Ausweg*) açık kapı; **sich** *dat* **eine ~ offen halten** kendine açık kapı bırakmak; **durch die ~** (*auf illegalen Umwegen*) arkadan arkaya

hinterziehen* *irr vt* (*Steuern*) kaçırmak

Hinterzimmer *nt* arka oda

hinterzogen *pp von* **hinterziehen**

hin|tun *irr vt* (*fam*): **wo soll ich das Buch ~?** kitabı nereye koyayım?; **wo soll ich ihn bloß ~?** onu nereden tanıyorum ki?

hinüber [hɪ'nyːbɐ] *adv* **1.** (*gegenüber*) karşıda; (*nach dort*) karşıya; **da ~!** oraya! **2.** (*Wend*): **~ sein** (*fam: verdorben*) bozulmuş olmak; (*kaputt*) mahvolmak, bozulmuş olmak, gitmiş olmak, kullanılamaz hale gelmek; (*ganz hingerissen sein*) hayran kalmak; (*tot sein*) ölmüş olmak; **hinüber|sein** *irr vi sein s.* **hinüber 2.**

hinunter [hɪ'nʊntɐ] *adv* aşağı(ya); **die Straße ~ begegnete ihnen niemand** yol boyunca karşılarına kimse çıkmadı; **den Berg ~** dağdan aşağı(ya); **hinunter|fahren** *irr* **I.** *vi sein* inmek **II.** *vt* indirmek; **hinunter|fallen** *irr vi sein* aşağı düşmek; **die Treppe ~** merdivenden aşağı düşmek; **hinunter|gehen** *irr vi sein* inmek; **hinunter|schlucken** *vt* **1.** (*Speise*) yutmak **2.** (*Kritik*) yutmak; **hinunter|springen** *vi* aşağı(ya) atlamak; **hinunter|spülen** *vt* (*fam: hinunterschlucken*) yutmak; (*Ärger*) yenmek; **etw den Ausguss ~** bir şeyi eviyeye dökmek; **hinunter|werfen** *irr vt* yukarıdan aşağı(ya) atmak; **hinunter|würgen** *vt* (*Essen*) zorla yutmak

hinweg [hɪn'vɛk] *adv* (*geh*) **1.** (*räumlich*): **~ mit euch!** gidin!; **~ damit!** götür onu buradan!; **über jdn/etw ~** bir kimseye/şeye aldırmayarak, bir kimseyi/şeyi es geçerek **2.** (*zeitlich*): **über etw ~ sein** bir şeyi arkada bırakmış olmak

Hinweg ['hɪnveːk] *m* <-(e)s, -e> gidiş, gidiş yolu; **auf dem ~** oraya giderken

hinweg|gehen *irr vi sein:* **über etw ~** bir şeyi görmezlikten gelmek; **hinweg|helfen** *irr vi:* **jdm über etw ~** birine bir şeyde yardımcı olamak; **hinweg|kommen** *irr vi sein:* **über etw ~** bir şeyi unutabilmek; **hinweg|sehen** *irr vi* **1.** (*schauen*): **über etw ~** bir şeyin üzerinden bakmak **2.** (*nicht beachten*) aldırmamak; **hinweg|setzen** *vr:* **sich über etw ~** bir şeye aldırmamak [*o* aldırış etmemek]

Hinweis ['hɪnvaɪs] *m* <-es, -e> **1.** (*Angabe*) bilgi; (*Bemerkung, kurze Mitteilung*) not; **gestatten Sie mir einen ~ auf ...?** ... hakkında bilgi vermeme müsaade eder misiniz? **2.** ((*An*)*zeichen*) işaret **3.** (*Anhaltspunkt*) ipucu; **es gibt nicht den geringsten ~ dafür, dass ...** ... dair en ufak bir ipucu yoktur

hin|weisen *irr* **I.** *vi* işaret etmek; **er wies** (**mit der Hand**) **auf das Gelände hin** (eliyle) araziye işaret etti **II.** *vt:* **jdn auf etw ~** birinin dikkatini bir şeye çekmek

Hinweisschild *nt* <-(e)s, -er> işaret levhası

hin|werfen *irr* **I.** *vt* **1.** (*wegwerfen*) sokağa atmak **2.** (*fam: aufgeben*) vazgeçmek (-den) **3.** (*Blick*) atmak; (*Bemerkung*) ortaya atmak **4.** (*Zeichnung*) kabataslak çizmek **II.** *vr:* **sich ~** kendini yere atmak

Hinz *m* (*fam pej*): **~ und Kunz** hacısı hocası; **von ~ zu Kunz** hacısından tut hocasına kadar; **hin|zählen** *vt* (*Geld, Spielkarten*) teker teker sayarak önüne koymak; **hin|ziehen** *irr* **I.** *vt* **1.** (*heranziehen*) çekmek (*zu* -e); **die Blicke zu sich ~** bakışları üstüne çekmek; **sich zu jdm hingezogen fühlen** birine meyli olmak **2.** (*verzögern*) uzatmak **II.** *vr:* **sich ~ 1.** (*andauern*) uzamak, sürmek **2.** (*sich erstrecken*) uzayıp gitmek (*bis* -e), uzanmak (*bis* -e) **III.** *vi sein* (*umziehen*) taşınmak (-e); **hin|zielen** *vi* amaçlamak (*auf* -)

hinzu [hɪn'tsuː] *adv* ayrıca, buna ek olarak, buna ilâveten; (*überdies*) bunun üstüne; **~ kommt, dass ...** ayrıca şu da var ki ...; **hinzu|fügen** *vt* eklemek (*zu* -e), ilâve etmek (*zu* -e), katmak (*zu* -e); **hinzu|kommen** *irr vi sein* **1.** (*Person*) gelmek; (*sich beteiligen*) katılmak **2.** (*Sache*) eklenmek (*zu* -e); **kommt noch etwas hinzu?** buna bir şey daha eklenecek mi?; **hinzu|zählen** *vt* saymak, katmak; **hinzu|ziehen** *irr vt* (*zurate ziehen*) görüşünü almak (*zu* için); (*um Rat fragen*) danışmak (-e)

Hiobsbotschaft ['hiːɔps-] *f* kara haber

Hip-Hop ['hɪphɔp] *m ohne Pl* <-s> (MUS) hiphop

Hippie ['hɪpi] *m* <-s, -s> hippi

Hirn [hɪrn] *nt* <-(e)s, -e> **1.** (GASTR) beyin *pl* **2.** (*fam: Verstand*) akıl

Hirngespinst ['hɪrngəʃpɪnst] *nt* <-(e)s, -e> (*pej*) hayal, kuruntu

Hirnhaut *f* (ANAT) beyin zarı; **Hirnhautentzündung** *f* (MED: *Meningitis*) menejit

hirnlos *adj* beyinsiz

hirnverbrannt *adj* (*pej*) beyinsiz, akılsız, saçma sapan

Hirsch [hɪrʃ] *m* <-(e)s, -e> (ZOOL) geyik; **Hirschgeweih** *nt* geyik boynuzu; **Hirschkäfer** *m* (ZOOL) geyik böceği; **Hirschkuh** *f* <-kühe> (ZOOL) dişi geyik, meral

Hirse ['hɪrzə] *f* <-n> darı

Hirte, -in ['hɪrtə] *m, f* <-n, -n; -nen> çoban; **Hirtenbrief** *m* <-(e)s, -e> (REL) genelge; **Hirtenstab** *m* (REL) asa

his *nt*, **His** [hɪs] *nt* <-, -> (MUS) si diyez

Hispanist(in) [hɪspa'nɪst] *m(f)* <-en, -en; -nen> İspanyol dilleri uzmanı

Hispanistik *f ohne Pl* İspanyol dili ve edebiyatı

hissen ['hɪsən] *vt* göndere çekmek

Histamin [hɪsta'mi:n] *nt* <-s, -e> (MED) histamin

Historiker(in) [hɪs'to:rikɐ] *m(f)* <-s, -; -nen> tarihçi

historisch [hɪs'to:rɪʃ] *adj* tarihî

Hit [hɪt] *m* <-(s), -s> (*fam*) hit; **sein Schlager wurde zum ~** şarkısı hit oldu; **Hitliste** *f* hit listesi; **Hitparade** *f* (*Musiksendung*) hitler programı; (*Hitliste*) hit listesi

Hitze ['hɪtsə] *f ohne Pl* **1.** (*Temperatur*) sıcak, ısı, hararet; **eine drückende ~** boğucu bir sıcak; **eine feuchte ~** nemli bir sıcak, rutubetli bir hararet **2.** (*Erregung*) hararet **3.** (*Läufigkeit*) kızan; **hitzebeständig** *adj* sıcağa dayanıklı; **Hitzebläschen** *nt* (MED) isilik; **Hitzewallung** *f* (MED) hararet basma; **Hitzewelle** *f* sıcak dalgası

hitzig ['hɪtsɪç] *adj* **1.** (*leidenschaftlich*) hararetli; (*jähzornig*) hırçın; (*heftig*) hararetli **2.** (*Debatte*) hararetli, ateşli **3.** (*läufig*) kızana gelen

Hitzkopf *m* çabuk parlayan (kimse), öfkeli (adam)

Hitzschlag *m* (MED) güneş çarpması

HIV [ha:ʔi:'faʊ] *nt ohne Pl* <-(s)> (MED) *Abk. von* **human immunodeficiency virus** aids; **HIV-infiziert** *adj* (MED) aidsli

Hiwi ['hi:vi] *mf* <-s, -s; -s> (UNIV: *fam*) *Abk. von* **Hilfswissenschaftler(in)** asistan

Hl. *Abk. von* **Heilige(r)** aziz

h-Moll ['ha:'mɔl] *nt* (MUS) si minör

HNO-Arzt, -Ärztin [ha:ʔɛn'ʔo:-] *m, f* kulak, burun, boğaz hekimi

hob [ho:p] *3. imp von* **heben**

Hobby ['hɔbi] *nt* <-s, -s> hobi

Hobel ['ho:bəl] *m* <-s, -> (*für Holz*) plânya; (GASTR) rende; **Hobelbank** *f* <-bänke> (*für Holz*) plânya tezgâhı; (*für Metall*) vargel tezgâhı

hobeln ['ho:bəln] *vi, vt* **1.** (*Bretter*) plânyalamak **2.** (GASTR) rendelemek

hoch [ho:x] <höher, am höchsten> **I.** *adj* **1.** (*räumlich, Geschwindigkeit, Temperatur, Lebensstandard*) yüksek; **das ist drei Meter ~** bunun yüksekliği üç metredir; **ein hohes Amt** yüksek bir makam; **ein hoher Beamter** yüksek mevkiide bir memur; **im hohen Norden** uzak kuzeyde; **das hohe Haus** yüksek ev; **ein hohes Tier** (*fam*) önemli birisi; **das ist mir zu ~** (*fam*) buna aklım ermez **2.** (*Ton*) yüksek, ince **3.** (*Zahl, Preis*) yüksek; (*Alter*) ileri; **in hohem Alter sein** ileri yaşta olmak; (*Geldstrafe*) ağır; **hohe Steuern** ağır vergiler **4.** (*Bedeutung*) önemli; **hohe Ehre** büyük şeref **5. in hohem Maß** büyük ölçüde **II.** *adv* **1.** (*nach oben*) yukarı; **Hände ~!** eller yukarı!; **~ hinauswollen** (*fam*) yükseklerde dolaşmak, gözü yükseklerde olmak; **wenn es ~ kommt** (*fam*) haydi haydi, olsa olsa **2.** (*in einiger Höhe*) yüksek; **~ am Himmel** yükseklerde; **~ oben** yükseklerde; **es geht ~ her** cümbüş var; **~ pokern** (*fig*) yüksek oynamak; **~ setzen** yüksek bir yere oturtmak **3.** (*sehr*) çok; (*äußerst*) son derece; **etw jdm ~ anrechnen** bir şeyden dolayı birini çok takdir etmek; **etw ~ und heilig versprechen** (*fam*) bir şeye yemin billâh ederek söz vermek **4.** (MATH) üs; **drei ~ sieben** üç üssü yedi

Hoch *nt* <-s, -s> **1.** (*~ruf*) aferin, yaşa(sın) diye seslenme; **ein ~ auf jdn ausbringen** birine yaşa(sın) diye seslenmek [*o* bağırmak]; **ein dreifaches ~ für ...** ya ya ya, şa şa şa, ... çok yaşa **2.** (METEO) yüksek basınç merkezi

Hochachtung *f* (*Respekt*) saygı, hürmet; **mit vorzüglicher ~** derin saygılarımla; **hochachtungsvoll** *adv* (*im Brief*) saygılarımla

hochaktuell ['---'-] *adj* güpgüncel, son derece güncel

Hochamt *nt ohne Pl* (REL: *katolische Messe*) kudas ayini

Hochantenne *f* çatı anteni

hoch|arbeiten *vr*: **sich ~** çalışarak mesleğinde ilerlemek

hochauflösend *adj* (INFORM) yüksek çözünürlükteki

Hochbau[1] *m ohne Pl* <-(e)s> (*Bauwesen*) inşaat mühendisliği

Hochbau[2] *m* <-(e)s, -ten> (*Bauwerk*) yüksek bina

hochbegabt ['--'-] *adj s.* **begabt**; **hochberühmt** ['--'-] *adj* çok ünlü; **hochbetagt** ['--'-] *adj* yaşı ilerlemiş; **Hochbetrieb** *m ohne Pl* <-(e)s> (*fam*) hummalı faaliyet; **es herrschte ~** ortalıkta hummalı bir faaliyet vardı; **hochbezahlt** ['--'-] *adj s.* **bezahlen**; **Hochburg** *f* <-en> merkez

hochdeutsch *adj* **1.** standart Almanca **2.** (*Ober~*) Yüksek Almanca

Hochdeutsch *nt ohne Pl* **1.** standart Almanca **2.** (*Ober~*) Yüksek Almanca

Hochdruck *m ohne Pl* <-(e)s> **1.** (TYPO: *Verfahren*) tipo baskı **2.** (PHYS) yüksek basınç **3.** (METEO) yüksek basınç, antisiklon; **Hochebene** *f* yayla

hocherfreut ['--'-] *adj* son derece sevinçli

H

hoch|fahren *irr* **I.** *vi sein* **1.** (*fam: nach oben fahren*) (yukarıya) çıkmak; **mit dem Fahrstuhl in den vierten Stock** ~ asansörle dördüncü kata çıkmak **2.** (*aufbrausen*) galeyana gelmek **3.** (*aufschrecken*) ürkmek **II.** *vt* **1.** (TECH: *Temperatur*) yükseltmek; (INFORM: *booten*) boot etmek **2.** (*fam: zur Berghütte*) çıkarmak; (*an einen nördlich gelegenen Ort*) (kuzey yönünde olan bir yere) götürmek

hochfahrend *adj* büyüklenen, kendini büyük gören

hochfein *adj* üstün kaliteli

Hochform *f ohne Pl* formun zirvesi; **in** ~ **sein** formunun zirvesinde olmak; **Hochformat** *nt* <-(e)s, -e> dik format; **Hochfrequenz** *f* (PHYS) yüksek frekans; **Hochgarage** *f* çok katlı otopark; **Hochgebirge** *nt* yüksek dağlar

hoch|gehen *irr vi sein* **1.** (*Vorhang*) açılmak; (*Person, Preise*) çıkmak; **die Treppe** ~ merdivenden çıkmak **2.** (*fam: in Wut, in Zorn*) tepesi atmak **3.** (*Bombe*) patlamak **4.** (*fam: gefasst werden*) ele geçmek

Hochgenuss[RR] *m* <-es, -nüsse>: **es ist mir ein** ~ bu benim için büyük bir zevk

Hochglanz *m*: **etw auf** ~ **bringen** bir şeyi pırıl pırıl parlatmak; **hochgradig** ['ho:xgra:dɪç] *adj* son derece; **hochhackig** ['ho:xhakɪç] *adj* yüksek ökçeli, topuklu

hoch|halten *irr vt* **1.** (*in die Höhe halten*) yukarı kaldırmak; (*hochheben*) kaldırmak **2.** (*schätzen*) üstün tutmak; (*bewahren*) korumak

Hochhaus *nt* kule bina, yüksek bina; (*Wolkenkratzer*) gökdelen

hoch|heben *irr vt* kaldırmak

hochintelligent ['----'-] *adj* üstün zekâlı; **hochinteressant** ['----'-] *adj* çok ilginç [*o* enteresan]

hochkant ['ho:xkant] *adv* diklemesine; **jdn** ~ **rauswerfen** (*fam*) birini yaka paça dışarı atmak

Hochkonjunktur *f* (WIRTSCH) yüksek konjonktür

hoch|krempeln *vt* sıvamak

Hochkultur *f* yüksek kültür; **Hochland** *nt* <-(e)s, -länder> yayla

Hochleistung *f* yüksek performans; **Hochleistungssport** *m* <-(e)s, -e> yüksek performans sporu

hochmodern ['--'-] *adj* çok modern

Hochmut *m* azamet; (*Arroganz*) kibir

hochmütig ['-my:tɪç] *adj* azametli; (*herablassend*) kibirli

hochnäsig *adj* burnu havada olan, burnu kaf dağında olan

hoch|nehmen *irr vt* **1.** (*heben*) kaldırmak; (*vom Boden aufnehmen*) yerden almak **2.** (*fam: necken*) takılmak (-e)

Hochofen *m* (TECH) yüksek fırın

hochprozentig *adj* (*Alkohol*) yüksek dereceli

hochqualifiziert ['----'-] *adj s.* **qualifizieren I.1.**

hochrangig *adj* yüksek rütbeli; **Hochrechnung** *f* reyting

Hochsaison *f* sezon içi

Hochschulabschluss *m* yüksek okul diploması; **Hochschulabsolvent(in)**[RR] *m(f)* yüksek okul mezunu, üniversite mezunu

Hochschule *f* <-n> yüksek okul; **Hochschüler(in)** *m(f)* yüksek okul öğrencisi

Hochschullehrer(in) *m(f)* öğretim üyesi; **Hochschulreife** *f yüksek öğrenime yeterlik belgesi;* **Hochschulstudium** *nt ohne Pl* <-s> yüksek öğrenim [*o* tahsil]

hochschwanger *adj* ağır ayak, karnı burnunda

Hochsee *f ohne Pl* açık deniz; **Hochseefischerei** *f* açık deniz balıkçılığı; **Hochsommer** *m* yaz ortası

Hochspannung *f* (ELEK) yüksek gerilim; **Hochspannungsleitung** *f* (ELEK) yüksek gerilim hattı; **Hochspannungsmast** *m* <-(e)s, -e(n)> (ELEK) yüksek gerilim direği

Hochsprache *f* <-n> (LING) standart dil; **Hochsprung** *m ohne Pl* <-(e)s> (SPORT) yüksek atlama

höchst [hø:kst, hø:çst] *adv* (*sehr*) pek; (*äußerst*) son derece; **Höchstalter** *nt* <-s, -> yaş haddi

Hochstapler(in) *m(f)* <-s, -; -nen> (*Betrüger*) dolandırıcı

Höchstbetrag *m* azamî para miktarı, azamî meblağ

höchste(r, s) ['hø:kstə, -tɐ, -təs, 'hø:çstə, -tɐ, -təs] *adj* **1.** (*räumlich*) en yüksek; **am** ~**n** en yükseği **2.** (*in Hierarchie*) en yüksek, en üst; **die** ~ **Instanz** en yüksek kademeli merci, en üst [*o* yüksek] makam **3.** (*äußerst*) pek; **in** ~**m Maß(e)** son derece; **mit** ~**r Wahrscheinlichkeit** büyük bir olasılıkla; **das ist das H~ der Gefühle** elimden başka bir şey gelmiyor, yapacağım başka bir şey kalmadı

hoch|steigen *irr vi sein* tırmanmak; (*in die Luft*) yükselmek, havalanmak

höchstens ['hø:kstəns, 'hø:çstəns] *adv* **1.** (*nicht mehr als*) en çok, en fazla; **es waren** ~ **zehn Minuten** en fazla on dakika sürdü **2.** (*außer*) dışında; **er geht nicht aus,** ~ **gelegentlich ins Kino** sinema dışında pek sokağa çıkmaz; **Höchstform** *f* formun zirvesi, süper form; **Höchstgebot** *nt* en yüksek teklif; **Höchstgeschwindigkeit** *f* son hız, en yüksek hız, azamî sürat;

Höchstgrenze *f* azamî had, en üst sınır
Höchstleistung *f* en yüksek verim, maksimum randıman, maksimum performans; **Höchstmaß** *nt* <-es, -e> son derece (*an* -); (*Maximum*) maksimum (*an* -); **höchstpersönlich** ['--'--] *adv* bizzat; **Höchstpreis** *m* tavan fiyatı; **Höchststand** *m* <-(e)s, -stände> en yüksek düzey; **Höchststrafe** *f* en ağır ceza; **Höchsttemperatur** *f* en yüksek sıcaklık; **höchstwahrscheinlich** ['--'--] *adv* büyük bir olasılıkla, büyük bir ihtimalle, her hâlde; **Höchstzahl** *f* en yüksek sayı; **höchstzulässig** ['-'---] *adj:* **~es Gesamtgewicht** istiap haddi
Hochtechnologie *f* (TECH) yüksek teknoloji
hochtrabend ['-tra:bənt] *adj* (*abw*) tumturaklı
hochverehrt *adj* pek muhterem
Hochverrat *m* (JUR) vatana ihanet
hochverzinslich *adj* (FIN) yüksek faizli; **Hochwasser** *nt* **1.** (*bei Flut*) met **2.** (*eines Flusses*) kabarık su; **der Fluss führt ~** ırmak kabardı **3.** (*Überschwemmung*) sel, su baskını
hochwertig *adj* yüksek kaliteli
Hochzahl *f* (MATH: *Exponent*) üs
Hochzeit ['hɔxtsaɪt] *f* <-en> **1.** (*Heirat*) düğün; **papierene ~ feiern** birinci evlilik yılını kutlamak, evlenmenin birinci yıl dönümünü kutlamak; **kupferne ~ feiern** yedinci evlilik yılını kutlamak; **hölzerne ~ feiern** onuncu evlilik yılını kutlamak; **silberne ~ feiern** gümüş yıl kutlamak, yirmi beşinci evlilik yılını kutlamak; **goldene ~ feiern** altın yıl kutlamak, ellinci evlilik yılını kutlamak; **diamantene ~ feiern** altmışıncı evlilik yılını kutlamak **2.** (*geh: Blütezeit*) (en) parlak dönem; **Hochzeitsfeier** *f* düğün; **Hochzeitskleid** *nt* gelinlik; **Hochzeitsnacht** *f* düğün gecesi; **Hochzeitsreise** *f* balayı; **Hochzeitstag** *m* **1.** (*Tag der Heirat*) nikâh günü **2.** (*Jahrestag*) evlenme yıl dönümü
hoch|ziehen *irr vt* **1.** (*emporziehen*) yukarı çekmek; (*Nase*) çekmek **2.** (*fam: Gebäude, Wand*) çıkmak
Hochzinspolitik *f* yüksek faiz politikası
Hocke ['hɔkə] *f* <-n> çömelme; **in die ~ gehen** çömelmek
hocken ['hɔkən] *vi* **1.** (*in Hocke*) çömelmiş vaziyette oturmak **2.** (*fam: sitzen*) pineklemek
Hocker ['hɔkɐ] *m* <-s, -> tabure
Höcker ['hœkɐ] *m* <-s, -> **1.** (*bei Kamelen*) hörgüç **2.** (*im Gelände*) hörgüç
Hockey ['hɔki] *nt ohne Pl* <-s> hokey
Hoden ['ho:dən] *m* <-s, -> er bezi; **Hodenentzündung** *f* (MED: *Orchitis*) orkit; **Hodensack** *m* er bezi torbası
Hof [ho:f, *Pl:* 'hø:fə] *m* <-(e)s, Höfe> **1.** (*Innen~, Hinter~*) avlu **2.** (*Bauern~*) çiftlik **3.** (*Gerichts~*) divan; (*Königs~*) saray **4.** (*um Mond*) ayla, hale
hoffen ['hɔfən] *vi, vt* umut etmek, ummak; (*vertrauen*) güvenmek (*auf* -e), itimat etmek (*auf* -e); **wir ~, dass ...** umarız ki ...
hoffentlich ['hɔfəntlɪç] *adv* inşallah; **du bist mir doch ~ nicht böse?** bana inşallah kızgın değilsindir?
Hoffnung ['hɔfnʊŋ] *f* <-en> umut; **in der ~, dass ...** ...mek umuduyla; **jdm ~en machen** birine umut vermek, birini umutlandırmak [*o* ümitlendirmek]; **sich** *dat* **~en machen** umut beslemek, umutlanmak, ümitlenmek; **mach dir keine ~en** umutlanma, ümitlenme; **die ~ aufgeben** umudunu [*o* ümidini] kesmek; **die ~ verlieren** ümidi sönmek; **seine ~en auf jdn/etw setzen** bir kimseye/şeye ümit bağlamak; **sich falschen ~en hingeben** boşuna ümide kapılmak; **du bist meine einzige/letzte ~** sen benim tek/son umudumsun
hoffnungslos *adj* **1.** (*verzweifelt*) umutsuz, ümitsiz; (*aussichtslos*) çaresiz **2.** (*fam: unverbesserlich*): **du bist ~** sen adam olmazsın
Hoffnungslosigkeit *f ohne Pl* umutsuzluk, ümitsizlik
Hoffnungsschimmer *m* umut ışığı; **hoffnungsvoll** *adj* **1.** (*zuversichtlich*) umutlu, ümitli **2.** (*Erfolg versprechend*) umut verici
höflich ['hø:flɪç] *adj* terbiyeli; (*liebenswürdig*) nazik
Höflichkeit *f* <-en> nezaket; **aus reiner ~** nezaketen
Hofnarr *m* <-en, -en> (HIST) kralın soytarısı
hohe(r, s) ['ho:ə, 'ho:ɐ, 'ho:əs] *adj s.* **hoch**
Höhe ['hø:ə] *f* <-n> **1.** (*räumlich*) yükseklik; **an ~ gewinnen/verlieren** yükseklik kazanmak/kaybetmek, yükselmek/açalmak; **auf gleicher ~** aynı yükseklikte, aynı hizada; **in die ~ gehen** (*Preise*) yükselmek; (*fam*) çıkmak; **~n und Bässe** tizler ve baslar; **auf der ~ der Zeit sein** çağcıl olmak; **auf der ~ sein** (*fam*) formda olmak; **das ist doch die ~!** (*fam*) pes doğrusu! **2.** (*über dem Meeresspiegel*) yükselti, rakım **3.** (*An~*) tepe **4.** (*Betrag*): **bis zur ~ von 1.000 Euro** 1.000 euroya kadar **5.** (*~punkt*) doruk, zirve
Hoheit ['ho:haɪt] *f ohne Pl* **1.** (*Staatsgewalt*) egemenlik; (*Würde*) yücelik **2.** (*Anrede*) cenapları; **Königliche ~** altes; **Hoheitsgebiet** *nt* devlet ülkesi; **Hoheitsgewässer** *ntPl* kara suları *pl;* **Hoheitsrecht**

H

nt <-(e)s, -e> egemenlik hakkı
Höhenangst *f* yükseklik korkusu; **Höhenlinie** *f* (GEO) doruk çizgisi; **Höhenmesser** *m* <-s, -> yükseklikölçer, barograf; **Höhensonne** *f* ültraviyole lâmbası, mor ötesi lâmbası; **Höhenunterschied** *m* yükseklik farkı; **höhenverstellbar** *adj* (AUTO) yükseklik ayarlı
Höhepunkt *m* **1.** (*allgemein*) en yüksek nokta; (*Gipfel*) doruk, zirve; **den ~ erreichen** doruğa ulaşmak **2.** (*Orgasmus*) orgazm; **zum ~ kommen** beli gelmek
höher ['hø:ɐ] *adj kompar von* **hoch** daha yüksek (*als* -den); (*Stellung*) üstün (*als* -den)
hohl [ho:l] *adj* **1.** (*leer*) içi boş **2.** (*konkav*) obruk, içbükey; (*Wangen*) çökük **3.** (*Klang, Stimme*) boğuk **4.** (*pej: geistlos*) esprisiz; (*leer*) boş; **~es Geschwätz** boş lâflar
Höhle ['hø:lə] *f* <-n> **1.** (*in Felsen*) mağara; (*Grotte*) kovuk; (*Hohlraum*) boşluk **2.** (ANAT: *Augen~*) yuva; (*Bauch~*) boşluk **3.** (*Tier~*) in; **sich in die ~ des Löwen begeben** (*fam*) doğrudan doğruya müdüre çıkmak; **Höhlenforscher** *m* mağara bilimci; **Höhlenmalerei** *f* mağara resmi; **Höhlenmensch** *m* (HIST) mağara adamı
Hohlkopf *m* (*pej*) mankafa; **Hohlkörper** *m* oyuk cisim; **Hohlmaß** *nt* <-es, -e> oylum [*o* hacim] ölçüsü; **Hohlraum** *m* <-(e)s, -räume> boşluk; **Hohlsaum** *m* antika, sıçandişi; **Hohlspiegel** *m* içbükey ayna
Hohn [ho:n] *m ohne Pl* <-(e)s> (*Spott*) alay, istihza; (*Verachtung*) hor görme; **das ist der reinste ~** bu, tamamen saçmadır
höhnen ['hø:nən] **I.** *vi* (*geh*) nispet yapmak **II.** *vt* (*geh: verspotten*) alaya almak, alay etmek (ile)
höhnisch ['hø:nɪʃ] *adj* alaycı
hoi [hɔɪ] *interj* (*Schweiz: hallo*) merhaba
Hokuspokus [ho:kʊs'po:kʊs] *m ohne Pl* <-> **1.** (*Zauberwort*) okus pokus **2.** (*Trick*) ham hum şaralop; (*Gaukelei*) hokkabazlık **3.** (*pej: Unfug*) yaramazlık
Holdinggesellschaft ['hɔʊldɪŋ-] *f* <-en> (WIRTSCH) holding
holen ['ho:lən] *vt* **1.** (*herbringen*) getirmek; (*herbeischaffen*) sağlamak, tedarik etmek; (*wegschaffen*) alıp götürmek; (*einkaufen*) almak; (*herausholen*) çıkarmak; (*Arzt, Polizei*) çağırmak; **jdn aus dem Bett ~** birini yataktan kaldırmak; **Luft ~** hava almak; **sich** *dat* **bei jdm einen Rat ~** birinden akıl almak **2.** (*fam: Preis, Medaille*) almak; **sich eine Erkältung ~** soğuk almak; **sich die Grippe/einen Schnupfen ~** grip/nezle olmak

Holland ['hɔlant] *nt* <-s> Hollanda
Holländer(in) ['hɔlɛndɐ] *m(f)* <-s, -; -nen> Hollandalı
holländisch *adj* Hollanda (ile ilgili)
Hölle ['hœlə] *f ohne Pl* cehennem; **die ~ auf Erden** cehennem hayatı; **in die ~ kommen** cehennemi boylamak; **es war die (reinste) ~** kızılca kıyamet gibiydi; **jdm das Leben zur ~ machen** birinin hayatını zehir etmek; **jdm die ~ heiß machen** (*fam*) birinin canına okumak; **fahr zur ~!** canın cehenneme!, cehennem ol!, yüzünü şeytan görsün!; **Höllenangst** *f ohne Pl* (*fam*) müthiş korku; **Höllenhund** *m* cehennem zebanisi; **Höllenlärm** ['--'-] *m* (*fam*) kıyamet; **einen ~ machen** kıyametleri koparmak; **Höllenmaschine** *f* (*Sprengkörper mit Zeitzünder*) saatli bomba; **Höllenqual** *f* (*fam fig*) cehennem azabı; **~en ausstehen** cehennem azabı çekmek; **Höllenstein** *m* (CHEM) cehennem taşı
höllisch *adj* **1.** (*die Hölle betreffend*) cehennemî; **das tut ~ weh** (*Schmerz*) müthiş; **~e Angst haben** müthiş korkmak, ödü patlamak **2.** (*fam: sehr groß*) çok büyük; **~ aufpassen** çok dikkat etmek
Holunder [ho'lʊndɐ] *m* <-s, -> mürver
Holz [hɔlts, *Pl:* 'hœltsɐ] *nt* <-es, Hölzer> (*Material*) tahta, ağaç; (*Bau~*) kereste; (*Brenn~*) odun
Holzbein *nt* tahta bacak; **Holzbiene** *f* (ZOOL) ağaç arısı; **Holzblasinstrument** *nt* (MUS) tahtadan üflemeli çalgı
hölzern ['hœltsɐn] *adj* **1.** (*aus Holz*) ahşap, tahtadan, ağaçtan **2.** (*fig: steif*) odun gibi
Holzfäller(in) ['hɔltsfɛlɐ] *m(f)* <-s, -; -nen> oduncu
Holzhammer *m* tokmak
holzig ['hɔltsɪç] *adj* (*Gemüse*) odunsu
Holzklotz *m* kütük; **Holzkohle** *f ohne Pl* odun kömürü, mangal kömürü; **Holzkopf** *m* (*fam fig*) mankafa; **Holzschuh** *m* nalın, takunya; **Holzweg** *m*: **auf dem ~ sein** yanlış yolda olmak; **Holzwurm** *m* (ZOOL) ağaç kurdu
Homebanking *nt* ev bankacılığı
Homecomputer ['hɔʊmkɔmpju:tɐ] *m* (INFORM) ev bilgisayarı; **Homepage** ['hɔʊmpeɪdʒ] *f* <-, -s> (INFORM) ana sayfa; **Hometrainer** *m* <-s, -> (SPORT) kondisyon aleti
homogen [homo'ge:n] *adj* homojen; (*einheitlich*) bağdaşık
homogenisieren* [homogeni'zi:rən] *vt* homojenleştirmek; (*vereinheitlichen*) bağdaşıklaştırmak
Homogenität *f ohne Pl* homojenlik
homonym *adj* (LING) eş sesli, eştaş
Homonym *nt* (LING) eş sesli, eştaş

Homöopath(in) [homøo'pa:t] *m(f)* <-en, -en; -nen> homeopat

Homöopathie [homøopa'ti:] *f ohne Pl* homeopati

homöopathisch [homøo'pa:tɪʃ] *adj* homeopatik

Homosexualität *f* homoseksüalite, eşcinsellik; **homosexuell** *adj* homoseksüel, eşcinsel

Homosexuelle(r) *mf* <-n, -n; -n> homoseksüel

Honduraner(in) [hɔndu'ra:nɐ] *m(f)* <-s, -; -nen> Honduraslı

honduranisch *adj* Honduras (ile ilgili)

Honduras [hɔn'du:ras] *nt* <-> Honduras

Honig ['ho:nɪç] *m* <-s, -e> bal; **jdm ~ um den Bart schmieren** (*fam*) birinin ağzına bir parmak bal çalmak; **Honigbiene** *f* bal arısı; **Honigkuchen** *m* ballı çörek; **Honiglecken** *nt*: **etw ist kein ~** (*fam*) bir şey hiç de kolay olmamak; **Honigmelone** *f* <-n> kavun; **honigsüß** ['--'-] *adj* bal gibi; (*Stimme*) çok tatlı; **Honigwabe** *f* bal peteği

Honorar [hono'ra:ɐ] *nt* <-s, -e> ücret; **gegen ~ arbeiten** ücret karşılığı çalışmak

Honoratioren *Pl* eşraf *pl*

honorieren* [hono'ri:rən] *vt* **1.** (*anerkennen*) takdir etmek **2.** (*bezahlen*) ücretini ödemek

Hooligan *m* <-s, -s> holigan

Hopfen ['hɔpfən] *m* <-s, -> şerbetçi otu; **bei jdm ist ~ und Malz verloren** (*fam*) birinde verilen emekler boşa gitmiş olmak

hopp [hɔp] *interj* (*fam: los, rasch*) hop, hadi; **~, ~!** hadi, hadi!

hoppeln ['hɔpəln] *vi sein* (*Hase*) hoplamak

hoppla ['hɔpla] *interj* (*beim Stolpern*) hoppala

hopsen ['hɔpsən] *vi sein* hoplamak

hops|gehen *irr vi sein* (*fam: sterben*) güme gitmek; (*verloren gehen*) güme gitmek

hops|nehmen *irr vt haben* (*fam: festnehmen*) yakalamak

hörbar ['ø:ɐba:ɐ] *adj* işitilir

horchen ['hɔrçən] *vi* dinlemek (*an* arkasından); (*angestrengt*) kulak vermek

Horde ['hɔrdə] *f* <-n> (*wilde Schar*) güruh, derinti; (*Tiere*) sürü

hören ['hø:rən] **I.** *vi, vt* **1.** (*allgemein*) işitmek, duymak; **hör mal, …** dinle, …; **er hört gut/schlecht** kulakları iyi duyar/duymaz; **wie ich höre, sind Sie auch eingeladen** duyduğuma göre siz de davetliymişsiniz **2.** (*zu~, hin~*) dinlemek; **Radio ~** radyo dinlemek; **eine Vorlesung ~** konferans dinlemek **3.** (*erfahren*) duymak; **du hast lange nichts mehr von dir ~ lassen** çoktan beri senden ses seda çıkmadı; **von etw** *dat* **nichts ~ wollen** bir şeyi duymak istememek **II.** *vi* (*gehorchen*) söz dinlemek; (*auf Rat*) dinlemek (*auf* -); **der Hund hört auf den Namen Bello** köpek, Bello adını duydu mu gelir

Hörensagen ['----] *nt* kulak dolgunluğu; **vom ~** kulaktan dolma

Hörer(in)[1] *m(f)* <-s, -; -nen> dinleyici; (*Radio~*) dinleyici

Hörer[2] *m* <-s, -> ahize, alıcı; **den ~ abnehmen/auflegen** ahizeyi eline almak/yerine koymak

Hörerschaft *f* <-en> dinleyiciler *pl*; **Hörfunk** *m* radyo; **Hörgerät** *nt* <-(e)s, -e> işitme cihazı, kulaklık; **hörgeschädigt** *adj* işitme özürlüsü

hörig *adj*: **jdm ~ sein** birine kul köle olmak; (*sexuell*) birinin zebunu olmak

Horizont [hori'tsɔnt] *m* <-(e)s, -e> ufuk (çizgisi); **am ~** ufukta; **einen engen ~ haben** (*fig*) ufku dar olmak; **das geht über meinen ~** (*fig*) bu benim ufkumu aşar

horizontal [horitsɔn'ta:l] *adj* yatay

Horizontale *f* <-n> **1.** (MATH) yatay çizgi **2. sich in die ~ begeben** (*ins Bett gehen*) yatmak

Hormon [hɔr'mo:n] *nt* <-s, -e> hormon

Hörmuschel *f* kulaklık

Horn[1] [hɔrn, *Pl:* 'hœrnɐ] *nt* <-(e)s, Hörner> **1.** (*beim Tier*) boynuz; **jdm Hörner aufsetzen** (*fig fam*) birine boynuz takmak; **sich** *dat* **die Hörner abstoßen** (*fig fam*) nefsini körletmek [*o* yatıştırmak] **2.** (MUS) korno; **ins gleiche ~ stoßen** [*o* **blasen**] (*fam*) birinin borusunu çalmak, biriyle aynı telden çalmak **3.** (AUTO) korna, klâkson

Horn[2] *nt* <-(e)s, -e> (*Material*) boynuz

Hornbrille *f* bağa gözlük

Hörnchen ['hœrnçən] *nt* <-s, -> **1.** (*Gebäck*) ay çöreği **2.** (ZOOL: *Eich~*) sincap

Hornhaut *f* **1.** (*Schwiele*) nasır **2.** (ANAT: *am Auge*) saydam tabaka

hornig *adj* nasırlı

Hornisse [hɔr'nɪsə] *f* <-n> eşek arısı

Horntier *nt* boynuzlu hayvan

Horoskop [horo'sko:p] *nt* <-s, -e> burç, yıldız falı

Horror ['hɔro:ɐ] *m ohne Pl* <-s> korku (*vor* -den); **Horrorfilm** *m* <-(e)s, -e> korku filmi

Hörsaal *m* derslik, dershane, amfi; **Hörspiel** *nt* radyofonik oyun

Horst [hɔrst] *m* <-(e)s, -e> **1.** (*Gehölz*) ağaçlık **2.** (*Greifvogelnest*) yuva **3.** (GEO) horst

Hort [hɔrt] *m* <-(e)s, -e> **1.** (*geh: Zufluchtsort*) sığınak **2.** (*Kinder~*) kreş

horten ['hɔrtən] *vt* istif etmek

Hortensie [hɔr'tɛnzjə] *f* <-n> (BOT) ortanca

H

Hörweite *f* kulak erimi; **sich in/außer ~ befinden** kulak erimi içinde/dışında bulunmak

Höschen *nt* külot

Hose ['ho:zə] *f* <-n> pantolon; (*Pump~*) şalvar; (*Unter~*) don; **kurze ~n** kısa pantolon; **sie hat die ~n an** (*fam*) evde onun sözü geçer; **jdm geht die ~ mit Grundeis** (*fam*) birinin ödü bokuna karışmak; **etw geht in die ~** (*fam*) bir şey havaya gitmek; **sich** *dat* **vor Angst in die ~ machen** (*fam*) korkusundan donuna etmek; **das ist Jacke wie ~** (*fam*) hiç fark etmez; **Hosenanzug** *m* <-(e)s, -züge> kostüm; **Hosenbein** *nt* paça; **Hosenboden** *m* <-s, -böden> pantolonun kıçı; **sich auf den ~ setzen** (*fam*) kıçüstü oturmak; **Hosenrock** *m* <-(e)s, -röcke> pantolon etek; **Hosenscheißer** *m* <-s, -> (*vulg*) boktanlık; **Hosenschlitz** *m* pantolon ön yırtmacı; **Hosentasche** *f* pantolon cebi; **Hosenträger** *mPl* pantolon askısı

Hospital [hɔspi'ta:l, *Pl:* hɔspi'tɛ:lɐ] *nt* <-s, -e *o* Hospitäler> hastane

Hostess [hɔs'tɛs] *f* <-en>, **Hosteß** *f* <-ssen> hostes

Hotel [ho'tɛl] *nt* <-s, -s> otel; **Hotelbesitzer(in)** *m(f)* <-s, -; -nen> otelci; **Hotelfachschule** *f* otelcilik okulu; **Hotelgewerbe** *nt* <-s, -> otelcilik

Hotelier [hotə'lje:, hotɛ'lje:] *m* <-s, -s> otelci

Hotelzimmer *nt* otel odası

Hotline ['hɔtlaɪn] *f* <-s> tüketici danışma hattı

Hottepferd *nt* (*Kindersprache*) dahdah

Hr. *Abk. von* **Herr** bay

Hrsg. *Abk. von* **Herausgeber(in)** yayımcı

hü *interj* (*vorwärts*) deh; (*halt*) dur; **einmal ~ und einmal hott sagen** (*fam*) sözü sözüne uymamak, deli bozuk konuşmak, durmadan fikir değiştirmek

Hub [hu:p, *Pl:* 'hy:bə] *m* <-(e)s, Hübe> (TECH) **1.** (*das Heben*) kaldırma **2.** (*Weg der Kolben*) piston yolu

Hubraum *m* <-(e)s, -räume> (AUTO) silindir hacmi

hübsch [hʏpʃ] **I.** *adj* **1.** (*Aussehen*) hoş; (*schön*) güzel; (*niedlich*) cici; **sich ~ machen** süslenip püslenmek **2.** (*fam: beträchtlich*) büyükçe, oldukça çok [*o* büyük], hatırı sayılır; **ein ~es Sümmchen** büyükçe bir miktar **3.** (*iron: unangenehm*): **eine ~e Bescherung!** al başına belâyı! **II.** *adv* (*ziemlich*) güzelce; **sei ~ artig!** uslu uslu otur bakayım!; **das wirst du ~ bleiben lassen!** (*fam*) bunu aklından çıkar!

Hubschrauber *m* <-s, -> helikopter

huch [hʊx, hu(:)x] *interj* öf

huckepack ['hʊkəpak] *adv* (*fam*): **jdn/etw ~ nehmen** bir kimseyi/şeyi sırtlamak

Huf [hu:f] *m* <-(e)s, -e> (*der Pferde*) tırnak; (*der Unpaarhufer*) toynak

Hufeisen *nt* nal; **hufeisenförmig** *adj* nal biçimindeki

Hufnagel *m* nal çivisi; **Hufschmied** *m* nalbur, nalbant

Hüfte ['hʏftə] *f* <-n> kalça

Hüftgelenk *nt* (ANAT) kalça eklemi; **Hüfthalter** *m* <-s, -> korse

Huftiere *ntPl* (ZOOL) toynaklılar

Hüftweh *nt ohne Pl* (MED: *Ischias*) siyatik

Hügel ['hy:gəl] *m* <-s, -> tepe

hüg(e)lig *adj* tepelik

Huhn [hu:n, *Pl:* 'hy:nɐ] *nt* <-(e)s, Hühner> **1.** (*Gattung, Gericht*) tavuk; **mit den Hühnern aufstehen/zu Bett gehen** tavuk gibi kalkmak/yatmak **2.** (*Henne*) tavuk; **freilaufende Hühner** serbest dolaşan tavuklar

Hühnchen ['hy:nçən] *nt* <-s, -> (GASTR) piliç; **mit jdm ein ~ rupfen** (*fam*) biriyle görülecek hesabı olmak

Hühnerauge *nt* (MED) nasır; **jdm auf die ~n treten** (*fam*) birinin bam teline basmak; **Hühneraugenpflaster** *nt* nasır plâsteri; **Hühnerbein** *nt* tavuk budu; **Hühnerbrühe** *f* (GASTR) tavuk suyu, tavuk suyuna çorba; **Hühnerbrust** *f* (GASTR) tavuğun göğüs eti; **Hühnerei** ['hy:nɐʔaɪ] *nt* (GASTR) tavuk yumurtası; **Hühnerfarm** *f* tavuk çiftliği; **Hühnerfleisch** *nt ohne Pl* tavuk eti; **Hühnerschlegel** *m* tavuk budu; **Hühnerstall** *m* tavuk kümesi; **Hühnerstange** *f* tünek; **Hühnerzucht** *f ohne Pl* tavukçuluk, tavuk yetiştiriciliği

hui [hʊɪ] *interj:* **~!** vay!; **oben ~, unten pfui** (*fam*) dışı kalaylı, içi alaylı

huldigen ['hʊldɪgən] *vi* (*geh*) **1.** (*sich unterwerfen*) biat etmek **2.** (*frönen*) düşkün olmak (-e); **er huldigt dem Alkohol** alkole düşkündür

Huldigung *f* <-en> biat

Hülle ['hʏlə] *f* <-n> kılıf; (*Gas~, Luft~*) yuvar; **die ~n fallen lassen** (*fam*) maskesini atmak; **die sterbliche ~** naaş, ceset; **in ~ und Fülle** (*fam*) bol bol, gani gani

hüllen ['hʏlən] *vt* (*geh*) sarmak (*in* -e); **die Berge sind in Nebel gehüllt** dağlar sise bürünmüş; **sich in Schweigen ~** sessizliğe gömülmek

hüllenlos *adj* (*fam*) açık

Hülse ['hʏlzə] *f* <-n> **1.** (*Schale*) kabuk; (*Hülle*) kılıf **2.** (TECH) zıvana; (*Geschoss~*) kovan **3.** (BOT) badıç; **Hülsenfrucht** *f* (*Pflanze*) baklagil; (*Frucht*) baklamsı meyve

human [hu'maːn] *adj* insanî
Humanismus [huma'nɪsmʊs] *m ohne Pl* <-> hümanizm
humanistisch *adj* hümanist
humanitär [humani'tɛːɐ] *adj* insancıl; **eine ~e Organisation** hayır örgütü
Humanität *f ohne Pl* insaniyet
Human Resources *Pl* insan kaynakları *pl*
Humbug ['hʊmbuːk] *m ohne Pl* <-s> (*fam pej: Unsinn*) yalan dolan; (*Schwindel*) yalan dolan
Hummel ['hʊməl] *f* <-n> yaban arısı
Hummer ['hʊmɐ] *m* <-s, -> ıstakoz
Humor [hu'moːɐ] *m ohne Pl* <-s> mizah, gülmece; **schwarzer ~** kara mizah; **er hat** (**keinen**) **Sinn für ~** (hiç) espri anlayışı yok
humoristisch [humo'rɪstɪʃ] *adj* mizahî, gülmeceli
humorlos *adj* esprisiz
humorvoll *adj* mizahî, gülmeceli; (*witzig*) esprili
humpeln ['hʊmpəln] *vi sein* topallamak
Humus ['huːmʊs] *m ohne Pl* <-> humus
Hund [hʊnt] *m*, **Hündin** *f* <-(e)s, -e; -nen> köpek, it; **Vorsicht, bissiger ~!** dikkat, ısırgan köpek var!; **sie sind wie ~ und Katze** (*fam*) kedi ile köpek gibiler; **keine schlafenden ~e wecken** (*fam*) uyuyan yılanın kuyruğuna basmamak; **auf den ~ gekommen sein** (*fam*) perişan durumda olmak; **vor die ~e gehen** (*fam*) perişan olmak; **das ist ja ein dicker ~!** (*fam*) bu büyük bir rezalet!; **ein feiger ~** (*fam*) korkak köpek; **~e, die bellen, beißen nicht** (*prov*) ürüyen köpek ısırmaz; **den Letzten beißen die ~e** (*prov*) sona kalan dona kalır; **hundeelend** ['--'--] *adj* (*fam*): **mir ist ~** kendimi berbat hissediyorum; **Hundefutter** *nt ohne Pl* <-s> köpek maması; **Hundehütte** *f* köpek külübesi; **Hundekuchen** *m* köpek bisküvisi; **Hundeleben** *nt ohne Pl* <-s> (*fam pej*) sefil hayat; **Hundeleine** *f* köpek kayışı; **hundemüde** ['--'--] *adj* (*fam*) it gibi çalışmaktan yorulmuş olan; **ich bin ~** turşu gibiyim; **Hunderasse** *f* köpek ırkı, köpek soyu, köpek cinsi
hundert ['hʊndɐt] *adj inv* yüz; **einige ~ Menschen** birkaç yüz insan; **einer unter ~** yüzde bir; **da war ich auf ~** (*fam*) tepem atmıştı; *s. a.* **achthundert**
Hundert *nt* <-s, -> (*Maßeinheit*) yüz; **zehn vom ~** yüzde on
Hunderte *ntPl* (*große Anzahl*) yüzler *pl;* **~ von Menschen** yüzlerce insan; **sie kamen zu ~n** yüzlerce geldi
Hunderter *m* <-s, -> **1.** (MATH) yüzlük **2.** (*fam: Geldschein*) yüzlük
hundertfach *adj* yüz kat, yüz misli
Hundertfache *nt* yüz kat, yüz misli; **das ~ von etw** bir şeyin yüz katı; **etw um das ~ erhöhen** bir şeyi yüz katına çıkarmak
Hundertjahrfeier [--'---] *f* yüzüncü yıl şenliği
hundertjährig *adj* (*hundert Jahre alt*) yüzyıllık, yüz yaşındaki; (*hundert Jahre dauernd*) yüzyıllık, yüzyıl süren; **eine ~e Tradition** yüzyıllık bir gelenek
hundertmal *adv* yüz kere [*o* defa]
Hundertmarkschein [--'--] *m* <-(e)s, -e> yüz marklık
hundertprozentig ['---(')--] **I.** *adj* **1.** (*als Anteil*) yüzde yüz; (*Alkohol*) yüzde yüz **2.** (*fam: völlig*) tamamen, dört dörtlük **3.** (*typisch*) tipik **II.** *adv* yüzde yüz; **du kannst dich ~ darauf verlassen** buna yüzde yüz güvenebilirsin, bundan yüzde yüz emin olabilirsin
Hundertschaft *f* yüz kişilik birlik
hundertste(r, s) *adj* yüzüncü; *s. a.* **achte(r, s)**
Hundertstel *nt* <-s, -> yüzde bir; **Hundertstelsekunde** ['----(')--] *f* saniyenin yüzde biri
hunderttausend ['--'--] *adj inv* yüz bin
Hundeschlitten *m* <-s, -> köpekli kızak; **Hundesohn** *m* (*pej*) köpoğlu köpek; **Hundewetter** *nt ohne Pl* (*fam*) çepel, berbat hava
Hündin ['hʏndɪn] *f* <-nen> dişi köpek
Hundstage *mPl* kızıl ısı
Hüne ['hyːnə] *m* <-n, -n> adam azmanı; **ein ~ von Mann** dev gibi bir adam
hünenhaft *adj* dev gibi
Hunger ['hʊŋɐ] *m ohne Pl* <-s> açlık; **~ haben** aç [*o* acıkmış] olmak; **ich habe ~ auf Schokolade** canım çikolata çekti; **~ wie ein Wolf haben** kurt gibi aç olmak; **ich bekomme ~** acıkıyorum; **seinen ~ stillen** açlığını öldürmek, açlık hissini geçiştirmek [*o* yatıştırmak]; **ich sterbe vor ~** açlıktan ölüyorum; **~ leiden** açlık çekmek
Hungergefühl *nt* açlık hissi; **Hungerkur** *f* açlık rejimi; **Hungerlohn** *m* (*pej*): **für einen ~ arbeiten** boğaz tokluğuna çalışmak
hungern ['hʊŋɐn] *vi* **1.** (*Hunger leiden*) açlık çekmek **2.** (*fasten*) perhiz yapmak; (*um abzunehmen*) rejim yapmak **3.** (*geh: sich sehnen*) aç olmak (*nach* -e), teşne olmak (*nach* -e); **er hungert nach Anerkennung** tanınmanın açlığını çekiyor
Hungersnot *f* <-nöte> açlık, kıtlık
Hungerstreik *m* açlık grevi; **in den ~ treten** açlık grevi yapmak; **Hungertuch** *nt* <-(e)s, -tücher>: **am ~ nagen** (*fam*) açlıktan imanı gevremek
hungrig ['hʊŋrɪç] *adj* (karnı) aç; **~ nach**

H

etw *dat* **sein** bir şeye aç olmak
Hupe ['hu:pə] *f* <-n> korna, klâkson
hupen ['hu:pən] *vi* korna çalmak, klâkson çalmak
hüpfen ['hʏpfən] *vi sein* sıçramak, hoplamak
Hürde ['hʏrdə] *f* <-n> (SPORT: *a. fig*) engel; (*Fünfprozent~*) baraj; **eine ~ nehmen** engeli geçmek; (*fig*) barajı aşmak; **Hürdenlauf** *m* <-(e)s, -läufe> (SPORT) engelli koşu
Hure ['hu:rə] *f* <-n> (*vulg*) orospu; **Hurensohn** *m* (*vulg*) orospu çocuğu
hurra [hu'ra:, hʊ'ra:] *interj* hurra, yaşa; **hipp, hipp, ~!** ya ya ya, şa şa şa!
Hurrikan ['hʊrika(:)n] *m* <-s, -e *o* -s> uragan
huschen ['hʊʃən] *vi sein* tıslamak
hüsteln ['hy:stəln] *vi* (*schwach husten*) hafifçe öksürmek; (*absichtlich*) öksürür gibi yapmak
husten ['hu:stən] *vi* öksürmek; **denen werde ich was ~** (*fam*) daha çok beklerler
Husten ['hu:stən] *m* <-s, -> öksürük; **ich habe ~** öksürüğüm var; **Hustenanfall** *m* öksürük nöbeti; **Hustenbonbon** *nt* öksürük şekeri; **Hustenreiz** *m ohne Pl* <-es> gıcık; **Hustensaft** *m* öksürük şurubu
Hut[1] [hu:t, *Pl:* 'hy:tə] *m* <-(e)s, Hüte> **1.** (*Kopfbedeckung*) şapka; **mir geht der ~ hoch** (*fam*) tepem atıyor; **seinen ~ nehmen** (*fam*) görevden ayrılmak; **unter einen ~ bringen** (*fam*) uzlaştırmak; **mit etw** *dat*/**jdm nichts am ~ haben** (*fam*) bir şeyle/kimseyle alıp vereceği olmamak; **das kannst du dir an den ~ stecken** (*fam*) al bunu başına çal **2.** (*von Pilzen*) şapka
Hut[2] [hu:t] *f ohne Pl* (*geh: Schutz*) koruma; **vor jdm/etw** *dat* **auf der ~ sein** bir kimseye/şeye karşı tetikte olmak
Hutablage *f* şapkalık
hüten ['hy:tən] **I.** *vt* (*Vieh*) gütmek; (*Kinder*) bakmak (-e), göz kulak olmak (-e); (*Geheimnis*) saklamak; **das Bett ~** yorgan döşek yatmak; **das Haus ~** evi beklemek; **Gott hüte uns!** Tanrı bizleri korusun!, Allah korusun!, hafazanallah! **II.** *vr:* **sich ~** (*sich vorsehen*) sakınmak (*vor* -den); **hüte dich das zu tun!** bunu yapmaktan sakın!, sakın bunu yapma!; **ich werde mich ~!** (*fam: keineswegs*) hâşâ!
Hüter(in) *m(f)* <-s, -; -nen> **1.** (*Schützer*) koruyucu; (*Wächter*) bekçi **2.** (SPORT: *Tor~*) kaleci
Hutgeschäft *nt* <-(e)s, -e> şapkacı; **Hutkrempe** *f* şapka kenarı; **Hutmacher(in)** *m(f)* <-s, -; -nen> şapkacı

Hütte ['hʏtə] *f* <-n> **1.** (*Haus*) kulübe; (*Ski~*) ev **2.** (*Industrieanlage*) demir çelik fabrikası
Hyäne [hy'ɛ:nə] *f* <-n> (ZOOL) sırtlan
Hyazinthe [hya'tsɪntə] *f* <-n> sümbül
Hydra *f* hidra
Hydrant [hy'drant] *m* <-en, -en> yangın musluğu
Hydrat [hy'dra:t] *nt* <-(e)s, -e> (CHEM) hidrat
Hydraulik [hy'draʊlɪk] *f ohne Pl* (TECH) hidrolik
hydraulisch *adj* (TECH) hidrolik
Hydrodynamik ['hy:drodyna:mɪk, hydrody'na:mɪk] *f* (PHYS) hidrodinamik
hydrodynamisch *adj* (PHYS) hidrodinamik
hydroelektrisch *adj* (PHYS, TECH) hidroelektrik; **~es Kraftwerk** hidroelektrik santral; **Hydrokultur** ['----, ---'-] *f* hidrokültür; **Hydrotherapie** ['-----, ----'-] *f* (MED) hidroterapi, su tedavisi
hydrophil *adj* **1.** (BIOL) hidrofil, nemcil **2.** (CHEM) nemçeker
Hygiene [hy'gje:nə] *f ohne Pl* hijyen
hygienisch *adj* hijyenik
Hygroskop *nt* (METEO) higroskop
hygroskopisch *adj* (CHEM) higroskopik, nemçeker
Hymne ['hʏmnə] *f* <-n> marş
Hyperbel [hy'pɛrbəl] *f* <-n> **1.** (MATH) hiperbol **2.** (*a.* LING) abartma; **hyperbolisch** *adj* **1.** (MATH) hiperbolik **2.** (*a.* LING) abartılı; **Hyperboloid** *nt* (MATH) hiperboloit; **Hyperlink** ['haɪpɐlɪŋk, 'hy:pɐ-] *m* <-s, -s> (INFORM, TEL) bağlantı noktası; **Hypermedia** ['haɪpɐmi:dia] *ntPl* (INFORM) hipermedya; **hypermodern** [hypɐmo'dɛrn, 'hy:pɐmodɛrn] **I.** *adj* (*fam*) hipermodern, son derece modern **II.** *adv* (*fam*) son moda; **ihr seid wirklich ~ eingerichtet!** eviniz son moda döşeli!; **Hypertonie** *f* (MED: *Bluthochdruck*) hipertansiyon
Hypnose [hʏp'no:zə] *f* <-n> (h)ipnoz, (h)ipnotizma; **unter ~ stehen** (h)ipnoz altında bulunmak
hypnotisch [hʏp'no:tɪʃ] *adj* ipnotize
Hypnotiseur *m* <-s, -e> ipnotizmacı
hypnotisieren* [hʏpnoti'zi:rən] *vt* ipnotize etmek
Hypochonder [hypo'xɔndɐ] *m* <-s, -> hastalık hastası
Hypophyse [hypo'fy:zə] *f* <-n> (ANAT) hipofiz
Hypotenuse *f* (MATH) hipotenüs
Hypothek [hypo'te:k] *f* <-en> (FIN) ipotek; **eine ~ aufnehmen** ipotek almak; **das Haus mit einer ~ belasten** evi ipotek etmek; **Hypothekenbank** *f* <-en> ipotek bankası; **Hypothekenbrief** *m* ipotekli re-

hin senedi
Hypothese [hypo'te:zə] *f* <-n> varsayım
hypothetisch [hypo'te:tɪʃ] *adj* varsayımsal
Hysterie [hʏste'ri:] *f* <-n> (h)isteri
hysterisch [hʏs'te:rɪʃ] *adj* (h)isterik
Hz *Abk. von* **Hertz** hertz

I

I, i [iː] *nt* <-, -> İ, i; ~ **wie Ida** İzmir'in "i"si
i [iː] *interj* ay; ~ **wo!** ne gezer!
i.A. *Abk. von* **im Auftrag** vekâleten
iberisch [iˈbeːrɪʃ] *adj* İber; **die I~e Halbinsel** İber Yarımadası
Ibis *m* <-es, -e> (ZOOL) ibis, Mısır turnası
IC [iːˈtseː] *m* <-(s), -s> *Abk. von* **Intercityzug** şehirler arası tren
ICE [iːtseːˈʔeː] *m* <-(s), -s> *Abk. von* **Intercityexpress** şehirler arası ekspres
ich [ɪç] *pron 1. Sg* ben; ~ **Idiot!** ne aptalmışım!; **immer** ~**!** hep ben!
ichbezogen *adj* beniçinci
Ichbezogenheit *f ohne Pl* beniçincilik; **Ich-Erzählung** *f,* **Icherzählung**[RR] *f* (LIT) ben-anlatım; **Ichform** *f* <-en> (LING, LIT) tekil birinci kişi
Ichneumon *m o nt* (ZOOL) firavun faresi
ideal [ideˈaːl] *adj* ideal
Ideal *nt* <-s, -e> ideal, ülkü
Idealfall *m* ideal durum, idealize; **Idealgewicht** *nt* <-(e)s, -e> ideal kilo
idealisieren* [idealiˈziːrən] *vt* idealize etmek, idealleştirmek
Idealisierung *f* <-en> idealleştirme
Idealismus [ideaˈlɪsmʊs] *m ohne Pl* <-> **1.** idealizm, idealistlik, ülkücülük **2.** (PHILOS) idealizm
Idealist(in) *m(f)* <-en, -en; -nen> idealist, ülkücü
idealistisch *adj* idealist, ülkücü
Idealkonkurrenz *f* (JUR) fikrî içtima
Idealvorstellung *f* ideal hayal
Idee [iˈdeː, *Pl:* iˈdeːən] *f* <-n> **1.** (*Einfall*) fikir; **gute** ~**!** iyi fikir!; **wie kommst du denn auf die** ~**?** bu fikir nereden aklına geldi ki?; **ich habe eine** ~ benim bir fikrim var; **jdn auf die** ~ **bringen etw zu tun** birinin aklına bir şey yapma fikrini getirmek; **ich habe nicht die leiseste** ~ **davon** (*fam*) onun hakkında en ufak bir fikrim yok; **das ist bei ihm eine fixe** ~ bu, onda bir saplantıdır [*o* idefikstir], bu, onda sabit bir fikirdir **2.** (*fam: ein bisschen*) birazcık **3.** (PHILOS) ide, idea, düşünce
ideell [ideˈɛl] *adj* düşüncel, ideal; (*geistig*) tinsel, manevî; **jdn/etw** ~ **unterstützen** bir kimseye/şeye manen destek olmak
ideenreich [iˈdeːən-] *adj* fikirden yana zengin; **Ideenreichtum** *m ohne Pl* <-s> fikirden yana zenginlik
Identifikation [idɛntifikaˈtsjoːn] *f* <-en> (PSYCH) özdeşleştirme
identifizieren* [idɛntifiˈtsiːrən] **I.** *vt* **1.** (*die Identität feststellen*) kimliğini belirlemek (-in) **2.** özdeşlemek (*mit* ile), özdeştirmek (*mit* ile) **II.** *vr:* **sich** ~ özdeşleşmek (*mit* ile)
Identifizierung *f* <-en> özdeşleme, özdeştirme; (*das Sichidentifizieren*) özdeşleşme
identisch [iˈdɛntɪʃ] *adj* **1.** özdeş (*mit* ile), aynı (*mit* ile) **2.** (MATH) identik (*mit* ile), özdeş (*mit* ile)
Identität [idɛntiˈtɛːt] *f* <-en> **1.** kimlik; **jds** ~ **feststellen** birinin kimliğini belirlemek **2.** (PHILOS) özdeşlik; **Identitätskarte** *f* (*Schweiz: Personalausweis*) kimlik kartı; **Identitätskrise** *f* kimlik bunalımı, benliğini bulma bunalımı
Idioblast *m* <-en, -en> (BIOL) farklı göze
Ideogramm *nt* (LING) fikir simge
Ideologe, -in [ideoˈloːgə] *m, f* <-n, -n; -nen> ideolog
Ideologie [ideoloˈgiː] *f* <-n> ideoloji
ideologisch *adj* ideolojik
idiomatisch [idjoˈmaːtɪʃ] *adj* (LING) deyimsel
Idiot(in) [iˈdjoːt] *m(f)* <-en, -en; -nen> (*fam pej*) budala
Idiotie [idjoˈtiː] *f* <-n> **1.** (MED) zekâ geriliği; (*Schwachsinn*) akıl zayıflığı **2.** (*fam pej: Dummheit*) aptallık
idiotisch *adj* (*fam pej*) budala, budalaca
Idol [iˈdoːl] *nt* <-s, -e> **1.** (*Götzenbild*) put **2.** (*fam fig*) ilâh; **zum** ~ **werden** ilâhlaşmak; **er wurde zum** ~ **der Jugend** gençliğin ilâhı oldu
Idolatrie *f ohne Pl* putperestlik
idolisieren* *vt* ilâhlaştırmak
Idololatrie *f ohne Pl s.* **Idolatrie**
Idylle [iˈdʏlə] *f* <-n> **1.** (LIT) idil **2.** (*Idyll*) sade ve huzurlu hayat
idyllisch *adj* **1.** idil gibi **2.** sade ve huzurlu
Igel [ˈiːgəl] *m* <-s, -> (ZOOL) kirpi
Igelschnitt *m* (*fam: Bürstenschnitt*) alabros tıraş
igitt(igitt) [iˈgɪt(igɪt)] *interj* (*reg*) pöf
Iglu [ˈiːglu] *m o nt* <-s, -s> Eskimo evi
Ignorant(in) [ignoˈrant, ɪgnoˈrant] *m(f)* <-en, -en; -nen> (*pej*) cahil
Ignoranz *f ohne Pl* (*pej*) cehalet, bilgisizlik, bilmezlik
ignorieren* *vt* (*nicht wissen wollen*) bilmezlikten gelmek, umursamamak; (*ab-*

sichtlich übersehen, übergehen) gör(me)mezlikten gelmek; (*nicht beachten*) aldırmamak (-e), aldırış etmemek (-e), kulak asmamak (-e)

Iguana [i'gu̯a:na] *f* (ZOOL) iguana, Hint kertenkelesi

IHK [i:ha:'ka:] *f Abk. von* **Industrie- und Handelskammer** sanayi ve ticaret odası

ihm [i:m] *pron dat von* **er, es** ona; (*mit Präposition: Mensch*) onun; **sie hat ~ nichts gesagt** ona bir şey söylemedi; **hinter/vor/unter/über ~** onun arkasında/önünde/altında/üstünde; **ein Freund von ~** onun bir dostu

ihn [i:n] *pron 3. Sg m akk von* **er** onu; **ich treffe ~ heute Abend** onunla bu akşam buluşacağım; **das ist für ~** bu, onun için

ihnen ['i:nən] *pron mfpl dat von* **sie** onlara; (*mit Präposition: Menschen*) onların; **niemand half ~** onlara (hiç) kimse yardım etmedi; **~ wäre das zu teuer** bu, onlar için fazla pahalı olur; **hinter/vor/unter/über ~** arkalarında/önlerinde/altlarında/üstlerinde, onların arkasında/önünde/altında/üstünde; **ein Freund von ~** onların bir dostu, bir dostları

Ihnen *pron* (*Höflichkeitsform*) *dat von* **Sie** size *sg,* sizlere *pl;* (*mit Präposition*) sizin; **wir wollten ~ eine Freude machen** sizi sevindirmek istedik; **~ hätte es bestimmt auch gefallen** kesinlikle sizin de hoşunuza giderdi; **hinter/vor/unter/über ~** (sizin) arkanızda/önünüzde/altınızda/üstünüzde; **ein Freund von ~** (sizin) bir dostunuz

ihr [i:ɐ] **I.** *pron* **1.** *2. Pl mf* siz *sg,* sizler *pl;* **~ beiden/drei** ikiniz/üçünüz; **~ habt kein Recht, das zu tun** bunu yapmaya hakkınız yok **2.** *dat von Sg* **sie** ona; (*mit Präposition: Mensch*) onun; **ich habe ~ noch nichts gegeben** ona henüz bir şey vermedim; **~ solltest du was Besseres anbieten** ona daha iyi bir şey sunarsan iyi olur; **hinter/vor/unter/über ~** (onun) arkasında/önünde/altında/üstünde; **ein Freund von ~** (onun) bir dostu **II.** *pron s.* **ihr, ihre, ihr**

ihr, ihre, ihr *pron* (*adjektivisch*) onun *sg,* onların *pl;* (*einer Frau*) onun; (*mehrerer Menschen*) onların; **~ Unterricht/Projekt** onların dersi/projesi; **~e Tochter/Bekannten** onunların kızı/tanıdıkları

Ihr, Ihre, Ihr *pron* (*adjektivisch: Höflichkeitsform*) sizin *sg,* sizlerin *pl;* **~ Beruf/Kind** (sizin) mesleğiniz/çocuğunuz; **~e Zeit/Schuhe** (sizin) vaktiniz/ayakkabılarınız

ihre(r, s) ['i:rə, -rɐ, -rəs] *pron substantivisch* onunki, onunkiler *pl;* (*mehrerer Menschen*) onlarınki; **dieses Geschenk ist ~s** bu armağan [*o* hediye] onunkidir; *s. a.* **ihr, ihre, ihr**

Ihre(r, s) *pron* (*substantivisch: Höflichkeitsform*) sizinki, sizinkiler *pl;* (*einer Person*) sizinki; (*mehrerer Menschen*) sizlerinki, sizinki; **ist dieser Wagen ~r?** bu araba sizinki mi?; *s. a.* **Ihr, Ihre, Ihr**

ihrer ['i:rɐ] *pron* **1.** *gen von Sg* **sie** onun **2.** *Pl gen von Pl* **sie** onların

Ihrer *pron gen von* **Sie** (*Höflichkeitsform*) sizin *sg,* sizlerin *pl*

ihrerseits ['i:rɐzaɪts] *adv* **1.** *Sg* (onun) tarafından, (onun) açısından **2.** *Pl* (onların) tarafından, (onların) açısından

ihresgleichen ['--'--] *pron* onun gibisi; **er hatte noch nie ~ kennen gelernt** şimdiye kadar hiç onun gibisine rastlamamıştı

Ihresgleichen *pron* sizin gibisi, sizin gibiler; **Leuten wie ~ ist nicht zu trauen** sizin gibi insanlara güvenilmez

ihretwegen ['i:rət've:gən] *adv* **1.** *Sg* onun yüzünden; (*ihr zuliebe*) onun hatırı için **2.** *Pl* onların yüzünden; (*ihnen zuliebe*) onların hatırı için

Ihretwegen *adv* **1.** *Sg* (sizin) hatırınız için **2.** *Pl* (sizin) hatırınız için

ihretwillen ['i:rət'vɪlən] *adv* **1.** *Sg:* **um ~** onun hatırı için **2.** *Pl:* **um ~** onların hatırı için

Ihretwillen *adv* **1.** *Sg:* **um ~** (sizin) hatırınız için **2.** *Pl:* **um ~** (sizin) hatırınız için

ihrige *pron geh für* **ihre(r, s)**: **der/die/das ~** onunki; (*mehrerer Menschen*) onlarınki; **die ~n** onunkiler; (*mehrerer Menschen*) onlarınkiler

Ihrige *pron* (*Höflichkeitsform*) *geh für* **Ihre(r, s)**: **der/die/das ~** sizinki *sg,* sizinkiler *pl;* **die ~n** sizinkiler

Ikone [i'ko:nə] *f* <-n> ikon

illegal ['ɪlega:l] *adj* illegal; (*ungesetzlich*) yasa dışı; (*gesetzwidrig*) yasaya aykırı

Illegalität *f* <-en> (*Ungesetzlichkeit*) yasa dışılık; (*Gesetzwidrigkeit*) yasaya aykırılık

illegitim ['ɪlegiti:m] *adj* gayrimeşru; (*außerehelich*) evlilik dışı

illoyal ['ɪlɔɪa:l] *adj* sadık olmayan

illuminieren* *vt* (*a.* KUNST) ışıklandırmak

Illusion [ɪlu'zjo:n] *f* <-en> **1.** (*Selbsttäuschung*) hayal, kuruntu; **sich der ~ hingeben, dass es wahr ist** gerçek olduğunun hayaline kapılmak **2.** (PSYCH) illüzyon, yanılsama **3.** (*Täuschung*) illüzyon, yanılsama

illusionär [ɪluzjo'nɛ:ɐ] *adj* illüzyonist, göz bağcı

illusorisch [ɪlu'zo:rɪʃ] *adj* hayalî; (*trügerisch*) aldatıcı; (*vergeblich*) boş; **unsere Verabredung ist ~ geworden** buluşma-

I

mıza gerek kalmadı

Illustration [ɪlʊstra'tsjo:n] *f* <-en> illüstrasyon

illustrieren* [ɪlʊs'tri:rən] *vt* resimlerle süslemek

Illustrierte [ɪlʊs'tri:ɐtə] *f* <-n> magazin

Iltis ['ɪltɪs] *m* <-ses, -se> (ZOOL) kokarca

im [ɪm] = **in dem** -de; *s. a.* **in**

Image ['ɪmɪtʃ] *nt* <-(s), -s> imaj, imge; **Imagepflege** *f* imaj bakımı

imaginär [imagi'nɛ:ɐ] *adj* hayalî; ~**er Gewinn** (COM) umulan kâr

ImbissRR ['ɪmbɪs] *m* <-es, -e>, **Imbiß** *m* <-sses, -sse> **1.** (*Häppchen*) atıştırmalık **2.** (*Verkaufsstelle*) atıştırma yeri, sinek bar; **Imbissstand**RR *m* <-(e)s, -stände>, **Imbissstube**RR *f* <-, -n> sinek bar, büfe

Imitation [imita'tsjo:n] *f* <-en> taklit

Imitator(in) [imi'ta:to:ɐ] *m(f)* <-s, -en; -nen> taklitçi

imitatorisch *adj* taklitçi

imitieren* [imi'ti:rən] *vt* taklit etmek

Imker(in) ['ɪmkɐ] *m(f)* <-s, -; -nen> arıcı

immanent *adj* (*a.* PHILOS) içkin, mündemiç

Immanenz *f ohne Pl* (*a.* PHILOS) içkinlik

Immatrikulation [ɪmatrikula'tsjo:n] *f* <-en> **1.** kayıt **2.** (*Schweiz: Fahrzeug*) tescil

immatrikulieren* [ɪmatriku'li:rən] **I.** *vt* **1.** (UNIV: *einschreiben*) kaydetmek (*für* için) **2.** (*Schweiz: Fahrzeug zulassen*) tescil etmek **II.** *vr:* **sich** ~ (UNIV) kaydını yaptırmak (*in* -e), kaydolmak (*für* -e), yazılmak (*für* -e)

immens [ɪ'mɛns] *adj* muazzam

immer ['ɪmɐ] *adv* her zaman, hep, daima; (*unaufhörlich*) durmadan, boyuna; **es ist ~ dasselbe** hep aynı şey; ~ **ich!** hep ben!; **für ~** ebediyen; ~ **mit der Ruhe!** sakin ol(un)!; ~ **geradeaus** dosdoğru; **er ist ~ noch nicht da** hâlâ gelmedi; ~ **wenn ...** ne zaman ...; ~ **wieder** tekrar tekrar; **wie ~** her zamanki gibi; ~ **mehr/weniger** gittikçe daha çok/az; **wer auch ~ ...** kim olursa olsun; **was auch ~** ne olursa olsun; **wo/wie auch ~ ...** nerede/nasıl olursa olsun

immergrün *adj* yaprakları yaz kış yeşil kalan, kışın yaprak dökmeyen

immerhin ['--'-] *adv* ne de olsa

immerzu ['--'-] *adv* (*fam*) hep

Immigrant(in) [ɪmi'grant] *m(f)* <-en, -en; -nen> göçmen

Immigration [ɪmigra'tsjo:n] *f* <-en> göç

immigrieren* *vi sein* göç etmek

Immission [ɪmɪ'sjo:n] *f* **1.** (ADMIN: *Amtseinsetzung*) göreve atanma **2.** (JUR: *Einwirkung auf das benachbarte Grundstück*) komşu gayrimenkulü etkileme **3.** (*von Schadstoffen auf die Umwelt*) zararlı maddelerin çevreyi etkilemesi

Immissionsschutz *m ohne Pl* hava kalitesinin korunması

Immobilien [ɪmo'bi:liən] *fPl* emlâk; **Immobilienmakler(in)** *m(f)* emlâkçi

Immoralismus *m ohne Pl* (PHILOS) immoralizm, töretanımazlık

Immortalität *f ohne Pl* ölümsüzlük

Immortelle *f* (BOT) ölmez çiçek

immun [ɪ'mu:n] *adj* **1.** (MED) bağışık (*gegen* -e karşı) **2.** (JUR) bağışık (*gegen* -den), muaf (*gegen* -den)

immunisieren [ɪmuni'si:rən] *vt* bağışık yapmak (*gegen* -e karşı)

Immunität *f* <-en> **1.** (MED) bağışıklık (*gegen* -e karşı) **2.** (JUR) bağışıklık (*gegen* -den), muafiyet (*gegen* -den); **diplomatische ~** diplomatik dokunulmazlık, yasama dokunulmazlığı; **parlamentarische ~** yasama dokunulmazlığı

Immunologie *f ohne Pl* immünoloji, bağışıklık bilimi; **Immunschwächekrankheit** *f* (MED) aids

Immunserum *nt* <-s, -sera *o* -seren> (MED) antikorlu serum

Immunsystem *nt* (MED) bağışıklık sistemi

Imperativ ['ɪmperati:f] *m* <-s, -e> (LING) emir kipi; (PHILOS) buyruk

Imperator [ɪmpe'ra:to:ɐ] *m* <-s, -en> (HIST) imparator, ilhan

Imperfekt ['ɪmpɛrfɛkt] *nt* <-s, -e> (LING: *Präteritum*) belirsiz geçmiş

Imperialismus [ɪmperia'lɪsmʊs] *m ohne Pl* <-> emperyalizm

imperialistisch *adj* emperyalist

Imperium [ɪm'pe:riʊm, *Pl:* ɪm'pe:riən] *nt* <-s, Imperien> (*geh*) imparatorluk

impfen ['ɪmpfən] *vt* aşılamak (*gegen* -e karşı), aşı yapmak (-e)

ImpfpassRR *m* (MED) aşı kâğıdı; **Impfstoff** *m* <-(e)s, -e> aşı

Impfung *f* <-en> aşı

implantieren* [ɪmplan'ti:rən] *vt* (TECH, MED) takmak

Implikation *f* içerme

implizieren* [ɪmpli'tsi:rən] *vt* içermek

implizit [ɪmpli'tsi:t] *adj* içerik

imponieren* [ɪmpo'ni:rən] *vi* etkilemek, hayran etmek

Imponiergehabe [ɪmpo'ni:ɐ-] *nt ohne Pl* gövde gösterisi; (*Angeberei*) göstermecilik

Import [ɪm'pɔrt] *m* <-(e)s, -e> (*Wareneinfuhr*) ithalât, dış alım

Importeur *m* <-s, -e> ithalâtçı, dış alımcı

importieren* [ɪmpɔr'ti:rən] *vt* ithal etmek

importiert *adj* ithal

Importware *f* ithal malı

imposant *adj* heybetli

impotent ['ɪmpotɛnt] *adj* puluç, iktidarsız
Impotenz ['ɪmpotɛnts] *f ohne Pl* puluçluk, iktidarsızlık
imprägnieren* [ɪmprɛ'gniːrən] *vt* (*durchtränken*) doyurmak; (*wasserdicht machen*) su geçirmez yapmak
Impressario *f* <-s, -s o -ri> emprezaryo
Impressen *Pl von* **Impressum**
Impressionismus [ɪmprɛsjo'nɪsmʊs] *m ohne Pl* <-> (KUNST) empresyonizm, izlenimcilik
impressionistisch *adj* (KUNST) izlenimci
Impressum [ɪm'prɛsʊm] *nt* <-s, Impressen> (PUBL) impressum
Imprimatur *f* (TYPO) basıla
Improvisation [ɪmproviza'tsjoːn] *f* <-en> (*a.* MUS) doğaç, doğaçlama
improvisieren* [ɪmprovi'ziːrən] *vt* doğaçlamak
Impuls [ɪm'pʊls] *m* <-es, -e> **1.** (PHYS) momentum **2.** (ELEK: *Strom~*) darbe **3.** (*innere Regung*) tepi, içtepi
impulsiv [ɪmpʊl'ziːf] *adj* tez canlı
imstande [ɪm'ʃtandə] *adv* durumda; ~ **sein etw zu tun** bir şeyi yapabilecek durumda olmak
in [ɪn] **I.** *präp* **1.** (*wo*) -de; (*darin*) içinde; ~ **Magdeburg**/~ **diesem Buch** Magdeburg'da/bu kitapta; ~ **der Hand** elde; ~ **der Schule** okulda; ~ **Mathe ist er schwach** matematikte zayıftır; ~ **einer bestimmten Absicht** belli bir niyetle; ~ **dieser Situation** bu durumda **2.** (*zeitlich: während*) -de; (*binnen*) içinde; ~ **den Ferien** tatilde; ~ **drei Tagen kommt ihr Mann wieder** üç gün sonra kocası dönüyor; ~ **der nächsten Woche** gelecek hafta içinde; ~ **vierzehn Tagen** on dört gün içinde, iki hafta içinde; **im Jahr(e) 1977** 1977 yılında; ~ **der Nacht** geceleyin; **im Januar** ocakta **II.** *präp* (*Richtung*) -e; ~ **die Schweiz**/~**s Ausland fahren** İsviçre'ye/yurt dışına gitmek; **wir ziehen** ~ **eine andere Stadt** biz başka bir şehre taşınıyoruz; **sie geht** ~ **den Garten**/~**s Kino** bahçeye/sinemaya gidiyor; **ich gehe jetzt** ~**s Bett** ben şimdi yatmaya gidiyorum; ~ **(den) Urlaub fahren** izne gitmek; ~ **Gefahr**/~ **eine Falle geraten** tehlikeye/tuzağa düşmek; ~**s Rutschen geraten** kaymaya başlamak **III.** *adj* (*fam*): ~ **sein** moda olmak
inaktiv ['ɪnʔaktiːf] *adj* pasif
inakzeptabel *adj* kabul edilemez
Inangriffnahme *f* ele alma, başlama
Inanspruchnahme [-'----] *f* <-n> (*eines Gerätes*) kullanma; (*eines Hilfsmittels*) kullanma; (*eines Menschen*) uğraştırma, meşgul etme
Inbegriff ['ɪnbəgrɪf] *m* <-(e)s, -e> **1.** timsal; (*vollkommene Ausprägung eines Typs*) özbeöz; **die Atombombe wurde zum** ~ **des Schreckens** atom bombası dehşetin timsali oldu; **er ist der** ~ **eines Gelehrten** o, özbeöz bilim adamıdır **2.** (PHILOS: *Wesen*) öz
inbegriffen ['----] *adj* dahil olan
Inbetriebnahme [--'---] *f* <-n> açış; (*einer Maschine*) çalışmaya başlatma
Inbrunst ['ɪnbrʊnst] *f ohne Pl* (*geh*) tutku, heyecan
inbrünstig ['ɪnbrʏnstɪç] *adj* (*geh*) tutkulu, hararetli, heyecanlı
Inch *m* inç
indeklinabel *adj* (LING) çekimsiz
indem [ɪn'deːm] *konj* **1.** (*während*) -erken; ~ **er sprach, öffnete sich die Tür** o konuşurken kapı açıldı **2.** (*dadurch dass*) -erek; **sie sparte Geld,** ~ **sie ihre Kleidung selbst machte** giysilerini kendisi yaparak tasarruf ediyor
Inder(in) ['ɪndɐ] *m(f)* <-s, -; -nen> Hintli
indessen [ɪn'dɛsən] *adv* **1.** (*inzwischen*) bu arada **2.** (*jedoch*) oysa, hâlbuki
Index[1] ['ɪndɛks, *Pl:* 'ɪnditseːs] *m* <-(es), -e *o* Indizes> (*Register*) indeks, dizin
Index[2] ['ɪndɛks, *Pl:* 'ɪnditseːs] *m* <-(es), Indizes> **1.** (WIRTSCH) endeks, indeks; ~ **der Lebenshaltungskosten** geçim indeksi **2.** (MATH, PHYS, LING) indis
Index[3] ['ɪndɛks] *m* <-(es), -e> (REL) yasak yayın listesi; **auf dem** ~ **stehen** (*a. fig*) yasak yayın listesinde olmak
indexieren *vt* endekslemek
Indexierung *f* <-en> endeksleme
Indexwährung *f* (WIRTSCH) endeksli para
Indianer(in) [ɪndi'anɐ] *m(f)* <-s, -; -nen> Kızılderili
indianisch *adj* Kızılderili (ile ilgili)
Indien ['ɪndiən] *nt* <-s> Hindistan
Indigo *nt* çivit
indigoblau ['---'-] *adj* çivit mavisi
Indikativ ['ɪndikatiːf] *m* <-s, -e> (LING) bildirme kipi
Indikator *m* indikatör, gösterge
indirekt ['ɪndirɛkt] *adj* dolaylı; ~**er Freistoß** (SPORT) çift vuruş
indisch ['ɪndɪʃ] *adj* Hint
indiskret ['ɪndɪskreːt] *adj* patavatsız
Indiskretion ['----, ---'-] *f* <-en> patavatsızlık
indiskutabel *adj* tartışma [*o* söz] götürmez, münakaşa götürmez
Individualismus [ɪndividua'lɪsmʊs] *m ohne Pl* <-> bireycilik
Individualist(in) [ɪndividua'lɪst] *m(f)* <-en, -en; -nen> bireyci
individualistisch *adj* bireyci

I

Individualität *f* <-en> bireysellik
individuell [ɪndividu'ɛl] *adj* bireysel
Individuum [ɪndi'viːduʊm, *Pl:* ɪndi'viːduən] *nt* <-s, Individuen> birey
Indiz [ɪn'diːts] *nt* <-es, -ien> belirti (*für* için), ipucu (*für* için), emare (*für* için)
Indizes *Pl von* **Index**[1], **Index**[2]
indoeuropäisch *adj:* ~**e Sprachen** Hint-Avrupa dilleri
Indologe, -in *m, f* Hindolog
Indologie *f ohne Pl* Hindoloji
Indonesien [ɪndo'neːziən] *nt* <-s> Endonezya
Indonesier(in) *m(f)* <-s, -; -nen> Endonezyalı
indonesisch *adj* Endonezya (ile ilgili)
Indossament *nt* (WIRTSCH) ciro
indossieren *vt* ciro etmek
Induktion [ɪndʊk'tsjoːn] *f* **1.** (PHYS) indükleme **2.** (PHILOS) endüksiyon, tüme varım; **Induktionsfluss** *m* (PHYS) indükleme akışı; **Induktionsmaschine** *f* (PHYS) indükleme makinesi; **Induktionsofen** *m* (PHYS, TECH) indükleme fırını; **Induktionsstrom** *m* (PHYS) indükleme akımı
Induktor *m* <-s, -en> (PHYS) indükleç
industrialisieren* [ɪndʊstriali'ziːrən] *vt* sanayileştirmek
Industrialisierung *f* <-en> sanayileşme
Industrie [ɪndʊs'triː] *f* <-n> sanayi, endüstri; **Industriebetrieb** *m* <-(e)s, -e> sanayi işletmesi; **Industrieerzeugnis** *nt* sanayi ürünü; **Industriegebiet** *nt* sanayi bölgesi; **Industriegesellschaft** *f* <-en> sanayi şirketi, sanayi ortaklığı; **Industrieland** *nt* <-(e)s, -länder> sanayi ülkesi
industriell [ɪndʊstri'ɛl] *adj* endüstriyel, sınaî
Industrielle(r) [ɪndʊstri'ɛlɐ] *mf* <-n, -n; -n> sanayici
Industriemüll *m* endüstri atıkları *pl;* **Industrieprodukt** *nt* sanayi ürünü
Industrie- und Handelskammer *f* sanayi ve ticaret odası
Industriezweig *m* sanayi dalı
induzieren *vt* **1.** (PHILOS) tüme varmak **2.** (PHYS) endüklemek
ineffektiv ['ɪn-] *adj* etkisiz
ineffizient *adj* etkisiz
ineinander [ɪn(ʔ)aɪ'nandɐ] *adv* birbirine; **sich ~ verlieben** birbirine aşık olmak; **ineinander|greifen** *irr vi s.* **greifen I.1.**
infam [ɪn'faːm] *adj* (*pej*) haysiyetsiz; (*niederträchtig*) alçak, aşağılık; (*gemein*) adî; **eine ~e Lüge** adî bir yalan
Infanterie [ɪnfantə'riː, '----] *f* <-n> (MIL) piyade
Infanterist [ɪnfantə'rɪst] *m* <-en, -en> (MIL) piyade eri
infantil [ɪnfan'tiːl] *adj* (PSYCH) yetenekleri gelişmemiş, çocuk kalmış; (*pej*) çocuk gibi, çocukça, çocuksu
Infarkt [ɪn'farkt] *m* <-(e)s, -e> (MED) enfarktüs
Infektion [ɪnfɛk'tsjoːn] *f* <-en> (MED) enfeksiyon; (*Darm~*) iltihap; **Infektionskrankheit** *f* (MED) bulaşıcı hastalık
Inferno *nt ohne Pl* <-s> cehennem
Infinitiv ['ɪnfinitiːf] *m* <-s, -e> (LING) mastar
Infix *nt* <-es, -e> (LING) iç ek
infizieren* [ɪnfi'tsiːrən] **I.** *vt* (MED) bulaştırmak; (INFORM) aşılamak, *bilgisayar programlarını bozmak için virüs aşılamak* **II.** *vr:* **sich ~** (MED) **1.** (*krank werden*) tutulmak (*mit* -e) **2.** (*sich anstecken*) kapmak; **sie hat sich mit Aids infiziert** o aids kaptı
in flagranti [ɪn fla'granti] *adv* suçüstü
Inflation [ɪnfla'tsjoːn] *f* <-en> (WIRTSCH) enflâsyon
Inflationsrate *f* (WIRTSCH) enflâsyon oranı
infolge [ɪn'fɔlgə] *präp* -in sonucunda; (*aufgrund von*) nedeniyle, -den dolayı
infolgedessen [---'--] *adv* bundan dolayı, bundan ötürü, binaenaleyh
Informant(in) [ɪnfɔr'mant] *m(f)* <-en, -en; -nen> ihbarcı, muhbir
Informatik [ɪnfɔr'maːtɪk] *f ohne Pl* bilişim
Informatiker(in) [ɪnfɔr'maːtikɐ] *m(f)* <-s, -; -nen> bilişimci
Information [ɪnfɔrma'tsjoːn] *f* <-en> **1.** (*Nachricht*) bilgi (*über* üzerine); **zu Ihrer ~** bilginize **2.** (*Empfang*) enformasyon, danışma; **wenden Sie sich bitte an die ~** lütfen enformasyona [*o* danışmaya] başvurunuz
Informationsaustausch *m* bilgi alış verişi; (INFORM) iki yönlü bilgi aktarımı; **Informationszeitalter** *nt* bilgi çağı
informativ [---'-] *adj* aydınlatıcı
informieren* [ɪnfɔr'miːrən] **I.** *vt* bilgilendirmek (*über* hakkında), haberdar etmek (*über* hakkında) **II.** *vr:* **sich ~** bilgi edinmek (*über* hakkında); **ich werde mich darüber ~** onun hakkında bilgi edineceğim
infrage[RR]: **~ kommen** söz konusu olmak; **das kommt nicht ~** (*ist ungeeignet*) bu, söz konusu olamaz
infrarot [ɪnfra'roːt] *adj* (PHYS) enfraruj, kızıl ötesi; **Infrarotlicht** *nt ohne Pl* <-(e)s> enfraruj [*o* kızıl ötesi] ışık; **Infrarotstrahlen** *mPl* enfraruj [*o* kızıl ötesi] ışınlar *pl*
Infrastruktur ['----] *f* alt yapı
Infusion [ɪnfu'zjoːn] *f* <-en> (MED) içitim, içitme, zerk
Ing. *Abk. von* **Ingenieur(in)** mühendis
Ingenieur(in) [ɪnʒe'njøːɐ] *m(f)* <-s, -e;

-nen> mühendis; **Ingenieurbüro** *nt* mühendislik bürosu
Ingwer ['ɪŋvɐ] *m ohne Pl* <-s> zencefil
Inh. **1.** *Abk. von* **Inhaber(in)** sahip **2.** *Abk. von* **Inhalt** içerik, kapsam
Inhaber(in) ['ɪnha:bɐ] *m(f)* <-s, -; -nen> (*Eigentümer*) malik; (*eines Kontos, Amtes, Passes*) sahip; (*von Aktien*) hissedar; (*eines Wechsels, Schecks*) hamil
Inhaberpapiere *ntPl* (FIN) hamile yazılı senetler *pl*
inhaftieren* [ɪnhaf'ti:rən] *vt* tutuklamak
Inhaftierung *f* (*das Inhaftieren*) tutuklama; (*das Inhaftiertwerden*) tutuklanma
inhalieren* [ɪnha'li:rən] **I.** *vt* **1.** içine çekmek **2.** (*fam: trinken*) içmek **II.** *vi* soluk almak, nefes almak
Inhalt ['ɪnhalt] *m* <-(e)s, -e> **1.** (*allgemein*) içerik, kapsam **2.** (*von Buch, Film*) konu; (*Sinn, Bedeutung: des Lebens*) anlam **3.** (MATH: *Fläche*) alan; (*Raum*) hacim
inhaltlich **I.** *adj* içerikli **II.** *adv* içerik olarak
Inhaltsangabe *f* <-n> (*Zusammenfassung*) özet; **inhaltslos** *adj* **1.** (*leer*) boş **2.** (*fig: bedeutungslos*) önemsiz; **Inhaltsstoff** *m* <-(e)s, -e> içindeki madde; **Inhaltsverzeichnis** *nt* içindekiler, fihrist
Initiale [initsj'a:lə] *f* <-n> inisyal, baş harf, adın ilk harfi
Initialwort *nt* kısaltmalı kelime
Initialzündung *f* **1.** (TECH) tapalı ateşleme **2.** (*zündende Idee*) başlatan fikir
Initiative [initsja'ti:və] *f* <-n> **1.** (*allgemein*) inisiyatif; **die ~ ergreifen** inisiyatifi ele almak; **etw aus eigener ~ tun** bir şeyi inisiyatifini kullanarak yapmak **2.** (*Schweiz: Volksbegehren*) referendum
Initiativrecht *nt* (POL: *des Parlaments*) yasa önerme hakkı
Initiator *m* bilgi babası
Initiatorin *f* bilgi annesi
initiieren* [initsi'i:rən] *vt* harekete geçirmek
Injektion [ɪnjɛk'tsjo:n] *f* <-en> (MED) enjeksiyon, içitim
Injektionsspritze *f* <-n> (MED) şırınga
Injektor *m* <-s, -en> enjektör
injizieren* [ɪnji'tsi:rən] *vt* (MED) içitmek, zerk etmek, enjeksiyon yapmak
Inka ['iŋka] *mf* <-(s), -(s); -(s)> (HIST) İnka
Inkasso [ɪn'kaso] *nt* <-s, -s *o* Inkassi> (FIN) tahsilât, enkasman
inkl. *Abk. von* **inklusive** dâhil
inklusive [ɪnklu'zi:və] **I.** *präp* dâhil **II.** *adv* dâhil, içinde olmak üzere; **bis 28. November ~** 28 Kasım'ın sonuna kadar; **alles ~** her şey dâhil
inkognito [ɪn'kɔgnito] *adv* kimliğini gizleyerek; (*mit fremden Namen*) başka ad altında
Inkognito [ɪn'kɔgnito] *nt* <-s, -s> (*geh*) kimliğini gizleme
inkompatibel ['-----, ---'--] *adj* (INFORM, JUR) birleşmez, bağdaşmaz
inkompetent ['ɪnkɔmpetɛnt] *adj* yetkisiz
Inkompetenz ['ɪnkɔmpetɛnts] *f* <-en> yetkisizlik
inkonsequent *adj* tutarsız
Inkonsequenz ['----, ---'-] *f* <-en> tutarsızlık
inkorrekt ['---] *adj* yanlış
Inkraftsetzung *f* yürürlüğe konma
In-Kraft-Treten *nt ohne Pl* <-s> yürürlüğe girme
Inkubationszeit *f* (MED) kuluçka dönemi
Inland ['ɪnlant] *nt ohne Pl* <-(e)s> **1.** (*Gegensatz zu Ausland*) yurt içi; **im In- und Ausland** yurt içinde ve dışında **2.** (*Gegensatz zu Küste*) iç bölge; **Inlandflug** *m* iç hatlarda uçuş
inländisch ['ɪnlɛndɪʃ] *adj* iç; (*Waren*) yerli; **die ~e und ausländische Presse** iç ve dış basın
Inlandsmarkt *m* (WIRTSCH) iç pazar
Inlaut *m* (LING) iç ses
inmitten [ɪn'mɪtən] *präp* (*geh*) arasında
inne|haben ['ɪnə-] *irr vt* (*Amt*) haiz olmak; (*geh: besitzen*) haiz olmak, elinde bulundurmak
inne|halten *irr vi* (*in Bewegung*) duraklamak, duralamak
innen ['ɪnən] *adv* iç; **~ drin** içeride; **~ und außen** içeride ve dışarıda; **die Tür geht nach ~ auf** kapı içeriye doğru açılır; **Innenansicht** *f* iç görünüş; **Innenarchitekt(in)** *m(f)* iç mimar; **Innenarchitektur** *f* iç mimarî, iç mimarlık; **Inneneinrichtung** *f* <-en> döşeme; **Innenfläche** *f* <-n> iç yüzey; **Innenhof** *m* avlu; **Innenleben** *nt ohne Pl* <-s> **1.** (*eines Menschens*) iç dünya **2.** (*fam: eines Gerätes*) iç donanım; **Innenminister(in)** *m(f)* (POL) iç işleri bakanı; **Innenministerium** *nt* (POL) iç işleri bakanlığı; **Innenpolitik** *f* <-en> iç politika; **innenpolitisch** *adj* iç politika ile ilgili; **Innenraum** *m* <-(e)s, -räume> içerisi; **Innenseite** *f* iç taraf; **Innenspiegel** *m* (AUTO) dikiz aynası; **Innenstadt** *f* kent merkezi; **Innentemperatur** *f* iç ısı; (*im Zimmer*) oda sıcaklığı; **Innenverkleidung** *f* (AUTO) iç döşeme; **Innenwelt** *f* iç dünya
innerbetrieblich ['ɪnɐ-] *adj* işletme içi
innere(r, s) ['ɪnərə, -rɐ, -rəs] *adj* **1.** (*räumlich*) iç; **Einmischung in die ~n Angelegenheiten** iç işlerine karışma **2.** (MED) iç (hastalıkları); **Spezialist für ~ Krankheiten** iç hastalıkları uzmanı **3.** (*geistig, seelisch*) iç

I

Innere(s) ['ɪnərəs] *nt ohne Pl* <-n> iç
Innereien [ɪnə'raɪən] *Pl* iç organlar *pl,* sakatat *pl*
innerhalb ['ɪnɐhalp] **I.** *präp* **1.** (*örtlich*) içinde, dâhilinde; ~ **geschlossener Ortschaften** yerleşim merkezlerinde **2.** (*zeitlich*) içinde, zarfında **II.** *adv* içinde; ~ **von Berlin** Berlin içinde; ~ **von drei Jahren** üç yıl içinde
innerlich *adj* **1.** (*innen*) iç; ~ **anzuwenden** (MED) dâhilen kullanılacaktır **2.** (*geistig, seelisch*) içten
Innerlichkeit *f ohne Pl* içtenlik
innerorts *adj* (*Schweiz*) yerleşim merkezlerindeki
innerparteilich *adj* parti içi
innerste(r, s) ['ɪnɐstə, -tɐ, -təs] *adj superl von* **innere(r, s)** en iç
inne|wohnen ['ɪnə-] *vi* (*geh*): **jdm/etw** *dat* ~ bir kimsede/şeyde içkin olmak, bir kimsenin/şeyin varlığının içinde bulunmak
innig ['ɪnɪç] *adj* (*tief*) derin; (*herzlich*) candan, içten; **jdn heiß und ~ lieben** (*fam*) biri için yanıp tutuşmak, birini kerem gibi sevmek
Innovation [ɪnova'tsjo:n] *f* <-en> yenilik
innovativ [ɪnova'ti:f] *adj* (*Denken*) yenilikçi
Innung ['ɪnʊŋ] *f* <-en> lonca
inoffiziell ['ɪnʔɔfitsjɛl] *adj* resmî olmayan
Input ['ɪnpʊt] *m o nt* <-s, -s> (INFORM) girdi
Inquisition [ɪnkvizi'tsjo:n] *f* <-en> (HIST) engizisyon
ins [ɪns] = **in das** -e; *s. a.* **in**
Insasse, -in ['ɪnzasə] *m, f* <-n, -n; -nen> (*eines Fahrzeugs*) yolcu; (*eines Heims*) oturan, sakin; (*eines Gefängnisses*) mahpus
insbesondere [ɪnsbə'zɔndərə] *adv* özellikle
Inschrift ['--] *f* <-en> yazıt, kitabe
Insekt [ɪn'zɛkt] *nt* <-(e)s, -en> böcek
Insektenstich *m* <-(e)s, -e> böcek sokması
Insektenvernichtungsmittel *nt,* **Insektizid** [ɪnzɛkti'tsi:t] *nt* <-s, -e> flit, böceksavar
Insel ['ɪnzəl] *f* <-n> ada; **die Kanarischen ~n** Kanarya Adaları
Inserat [ɪnze'ra:t] *nt* <-(e)s, -e> (PUBL) ilân; **ein ~ aufgeben** ilân vermek
Inseratenteil *m* ilânlar bölümü
inserieren* [ɪnze'ri:rən] *vi* (PUBL) ilân vermek (*in* -e); **in allen Zeitungen ~** bütün gazetelere ilân vermek
insgeheim ['--'-] *adv* gizlice, gizli gizli
insgesamt ['--'-] *adv* toplam olarak
Insider(in) ['ɪnsaɪdɐ] *m(f)* <-s, -; -nen> işin iç yüzünü bilen kimse
insistieren* [ɪnzɪs'ti:rən] *vi* (*geh*) ısrar etmek (*auf* -de)
inskünftig ['ɪnskʏnftɪç] *adv* (*Schweiz: künftig*) gelecekte
insofern [--'-, -'--] **I.** *adv* (*in diesem Punkt*) bu noktada; (*in dieser Hinsicht*) bu açıdan, bu yönden, bu bakımdan; ~ **hat er Recht** bu noktada haklı **II.** *konj* **1.** (*wenn*) eğer; ~ **es seine Zeit erlaubt, wird er kommen** (eğer) vakti olursa gelir, zaman bulabilirse gelir **2.** (*in dem Maß*) kadarıyla
Insolvenz *f* (JUR) aciz
insoweit [--'-, -'--] *adv, konj s.* **insofern**
Inspektion [ɪnspɛk'tsjo:n] *f* <-en> **1.** (*allgemein*) denetleme, teftiş **2.** (AUTO) bakım; **der Wagen ist zur ~ fällig** arabanın bakımı geldi
Inspektor(in) [ɪn'spɛktɔ:ɐ] *m(f)* <-s, -en; -nen> müfettiş
Inspiration [ɪnspira'tsjo:n] *f* <-en> esin, ilham
inspirieren* [ɪnspi'ri:rən] *vt* esindirmek, ilham vermek (-e)
inspizieren* [ɪnspi'tsi:rən] *vt* denetlemek, teftiş etmek
instabil ['---, --'-] *adj* istikrarsız
Installateur(in) [ɪnstala'tø:ɐ] *m(f)* <-s, -; -nen> tesisatçı, döşemci, döşeyici; (*Klempner*) sıhhî tesisatçı
Installation [ɪnstala'tsjo:n] *f* <-en> **1.** (TECH) tesisat, döşem **2.** (INFORM) kurulum
installieren* [ɪnsta'li:rən] *vt* (TECH) döşemek; (INFORM) kurulumunu yapmak (-in)
instand [ɪn'ʃtant] *adv:* **etw ~ halten** bir şeyin bakımını yapmak; **etw ~ setzen** bir şeyi onarmak; **gut ~ sein** bakımlı durumda olmak
inständig ['ɪnʃtɛndɪç] **I.** *adj* **1.** (*dringlich*) ivedi **2.** (*nachdrücklich*) ısrarlı **II.** *adv* ısrarla
Instantkaffee *m* hazır kahve, neskafe
Instanz [ɪn'stants] *f* <-en> **1.** (*Behörde*) merci; **bis zur letzten ~ gehen** en yüksek kademeli merciye kadar gitmek **2.** (JUR) derece; **in erster/zweiter ~** birinci/ikinci derecede
Instinkt [ɪn'stɪŋkt] *m* <-(e)s, -e> içgüdü
instinktiv [ɪnstɪŋk'ti:f] *adj* içgüdüsel
Institut [ɪnsti'tu:t] *nt* <-(e)s, -e> enstitü
Institution [ɪnstitu'tsjo:n] *f* <-en> kurum
institutionalisieren **I.** *vt* kurumlaştırmak **II.** *vr:* **sich ~** kurumlaşmak
Institutionalisierung *f* <-en> kurumlaştırma
institutionell *adj* kurumsal
Instruktion [ɪnstrʊk'tsjo:n] *f* <-en> **1.** (*Anweisung*) talimat, yönerge, direktif **2.** (*Unterweisung*) eğitim ve öğretim; (MIL)

talim ve terbiye

instruktiv [ɪnstruk'tiːf] *adj* eğitici, öğretici

Instrument [ɪnstru'mɛnt] *nt* <-(e)s, -e> **1.** alet **2.** (MUS) çalgı, enstrüman, alet **3.** (WIRTSCH) araç

instrumental [ɪnstrumɛn'taːl] *adj* aletli; (MUS) enstrümantal

Instrumentalmusik *f ohne Pl* enstrümantal müzik

Insuffizienz *f* (MED) yetersizlik

Insulaner(in) [ɪnzu'laːnɐ] *m(f)* <-s, -; -nen> adalı

Insulin [ɪnzu'liːn] *nt ohne Pl* <-s> (MED) ensülin

inszenieren* [ɪnstse'niːrən] *vt* (THEAT) sahnelemek, sahneye koymak

Inszenierung *f* <-en> (THEAT) sahneleme

intakt [ɪn'takt] *adj* sağlam

Integral *nt* (MATH) integral

Integralgleichung *f* (MATH) integral denklemi; **Integralrechnung** *f* (MATH) integral hesapları *pl*

Integration [ɪntegra'tsjoːn] *f* <-en> **1.** entegrasyon, bütünleşme, birleşme **2.** (MATH) integrasyon

integrieren* [ɪnte'griːrən] *vt* (*a.* MATH) entegre etmek; **wieder in die Gesellschaft ~** yeniden topluma kazandırmak

Intellekt [ɪntɛ'lɛkt] *m ohne Pl* <-(e)s> entelekt, zihin, anlık

Intellektualismus *m ohne Pl* (PHILOS) entelektüalizm, anlıkçılık

intellektuell [ɪntɛlɛktu'ɛl] *adj* entelektüel, aydın

Intellektuelle(r) *mf* <-n, -n; -n> entelektüel, aydın

intelligent [ɪntɛli'gɛnt] *adj* zekî

Intelligenz [ɪntɛli'gɛnts] *f ohne Pl* **1.** (*Denkfähigkeit*) zekâ; **künstliche ~** (INFORM) yapay zekâ **2.** (*Gebildete*) aydınlar *pl*

Intelligenzler(in) *m(f)* (*pej*) entel; **Intelligenzquotient** *m* zekâ oranı, genel zekâ

Intendant(in) [ɪntɛn'dant] *m(f)* <-en, -en; -nen> (RADIO, TV, THEAT) müdür

Intensität [ɪntɛnzi'tɛːt] *f* <-en> yeğinlik, şiddet

intensiv [ɪntɛn'ziːf] *adj* **1.** yoğun **2.** (*Schmerz*) şiddetli; (*Farbe*) çarpıcı

intensivieren* [ɪntɛnzi'viːrən] *vt* yoğunlaştırmak; (*verstärken*) pekiştirmek

Intensivkurs *m* hızlı kurs

Intensivstation *f* (MED) yoğun bakım servisi

interagieren *vi* etkileşmek

Interaktion *f* etkileşim

interaktiv [ɪntɐʔak'tiːf] *adj* (*a.* INFORM) etkileşimli

Intercity [ɪntɐ'sɪti] *m* <-s, -s> (EISENB) şehirler arası tren; **Intercityexpress**[RR] *m* <-es, -e> (EISENB) şehirler arası ekspres

interessant [ɪnt(ə)rɛ'sant] *adj* ilginç, ilgi çekici, enteresan

Interesse [ɪntə'rɛsə, ɪn'trɛsə] *nt* <-s, -n> **1.** (*Aufmerksamkeit*) ilgi (*an/für* -e/-e); **~ haben/zeigen** ilgi duymak/göstermek; **jds ~ wecken** birinin ilgisini uyandırmak; **für jdn nicht von ~ sein** biri için ilginç olamamak; **mit wachsendem ~** gittikçe artan bir ilgiyle; **jds ~ für etw gewinnen** birinin ilgisini bir şey için uyandırmak **2.** (*Vorteil*) yarar, çıkar, menfaat; **es liegt in deinem eigenen ~** bu, senin kendi yararınadır; **im ~ des Friedens** barış yararına; **im öffentlichen ~** kamu yararına; **jds ~n vertreten/wahrnehmen** birinin menfaatlerini temsil etmek/gözetmek **3.** (*Neigung, Vorliebe*) merak, heves; **gemeinsame ~n haben** ortak merakları olmak **4.** (*Neigung zum Kauf*): **haben Sie ~, den Wagen zu kaufen?** arabayı almaya niyetiniz var mı?

interesselos *adj* ilgisiz, kayıtsız

Interesselosigkeit *f ohne Pl* ilgisizlik

Interessengebiet *nt* ilgi alanı

Interessengemeinschaft *f* çıkar topluluğu; **Interessengruppe** *f* menfaat grubu; **Interessenkonflikt** *m* menfaat uyuşmazlığı

Interessent(in) [ɪnt(ə)rɛ'sɛnt] *m(f)* <-en, -en; -nen> talip (*an/für* -e/için)

interessieren* [ɪnt(ə)rɛ'siːrən] **I.** *vr:* **sich ~** ilgi duymak (*für* -e), merak duymak (*für* -e (karşı)) **II.** *vt* ilgilendirmek, ilgisini çekmek (-in); **jdn für etw ~** birinin ilgisini bir şeye çekmek, birinin ilgisini bir şey için uyandırmak

interessiert [ɪnt(ə)rɛ'siːɐt] **I.** *adj* meraklı; **kulturell ~ sein** kültüre meraklı olmak; **an etw** *dat*/**jdm ~ sein** bir şeye/kimseye ilgi duymak; **sich ~ zeigen** ilgi göstermek **II.** *adv* ilgiyle

Interface ['ɪntɐfɛɪs] *nt* <-, -s> (INFORM) arabirim

Interferenz [ɪntɐfe'rɛnts] *f* <-en> (PHYS, TECH) girişim

Interieur [ɛ̃te'rjøːɐ] *nt* <-s, -s *o* -e> içerisi

interindividuell *adj* (PSYCH) bireyler arası

Interjektion [ɪntɐjɛk'tsjoːn] *f* <-en> (LING) ünlem

interkontinental [ɪntɐ-] *adj* kıt'alar arası

interkulturell *adj* kültürler arası

Intermezzo [ɪntɐ'mɛtso] *nt* <-s, -s *o* -mezzi> (THEAT) aralık oyunu; (MUS) intermezzo

intern [ɪn'tɛrn] *adj* iç, dâhilî; **~e Medizin** dâhiliye; **auf der ~en Station liegen** dâhiliyede yatmak

Internat [ɪntɐ'naːt] *nt* <-(e)s, -e> yatılı okul

international [ɪntɐnatsjo'na:l] *adj* uluslar arası, milletler arası
Internationalismus *m* enternasyonalizm, uluslar arasıcılık
Internatsschule *f* yatılı okul; **Internatsschüler(in)** *m(f)* yatılı öğrenci
Internet ['ɪntɐnɛt] *nt* <-s, -s> (INFORM) internet; **Internet-Banking** *nt* (INFORM) internet bankacılığı; **Internet-Adresse** *f* <-, -n> (INFORM) internet adresi; **Internet-Benutzer(in)** *m(f)* <-s, -; -, -nen> (INFORM) internet kullanıcısı; **internetsüchtig** *adj* internet bağımlısı; **Internet-Surfer(in)** *m(f)* <-s, -; -, -nen> (INFORM) internet gezicisi, internet sörfçüsü; **Internet-Zugang** *m* <-(e)s, -gänge> (INFORM) internet erişimi
internieren* [ɪntɐ'ni:rən] *vt* enterne etmek, göz altına almak
Internist(in) [ɪntɐ'nɪst] *m(f)* <-en, -en; -nen> (MED) dâhiliyeci, iç hastalıkları uzmanı
Interpellation *f* (POL) gensoru
interplanetar *adj*, **interplanetarisch** *adj* gezegenler arası
Interpol ['ɪntɐpo:l] *f* İnterpol
Interpret(in) [ɪntɐ'pre:t] *m(f)* <-en, -en; -nen> (MUS) yorumcu
Interpretation [ɪntɐpreta'tsjo:n] *f* <-en> yorum
interpretatorisch [ɪntɐpreta'to:rɪʃ] *adj* yorumlayıcı
interpretieren* [ɪntɐpre'ti:rən] *vt* yorumlamak
Interpunktion [ɪntɐpʊŋk'tsjo:n] *f ohne Pl* (LING) noktalama; **Interpunktionszeichen** *nt* noktalama işareti
Intertrigo *f ohne Pl* pişik
Intervall [ɪntɐ'val] *nt* <-s, -e> ara(lık), fasıla; (MUS) enterval, aralık
intervenieren* [ɪntɐve'ni:rən] *vi* (MIL, POL) müdahale etmek, karışmak, araya girmek
Interview [ɪntɐ'vju:, 'ɪntɐvju] *nt* <-s, -s> mülâkat, görüşme; **ein ~ geben** demeç vermek; **ein ~ (mit jdm) machen** biriyle mülâkat yapmak
interviewen* [ɪntɐ'vju:ən] *vt* mülâkat yapmak (ile), görüşme yapmak (ile)
Interviewer(in) [ɪntɐ'vju:ɐ] *m(f)* <-s, -; -nen> röportajcı
interzellular *adj*, **interzellulär** *adj* (BIOL, MED) gözeler arası
Interzellularraum *m* (BIOL, MED) gözeler arası boşluk
intim [ɪn'ti:m] *adj* **1.** (*sehr nahe und vertraut*) sıkı fıkı, içli dışlı, samimî; **mit jdm ~ werden** biriyle sıkı fıkı olmak **2.** (*sexuell*): **mit jdm ~ sein** biriyle aşna fişne olmak, biriyle yatıp kalkmak, biriyle cinsel ilişkide bulunmak; **Intimbereich** *m* **1.** (*Intimsphäre*) mahremiyet **2.** (*Geschlechtsorgane*) cinsel organlar; **Intimfeind** *m* can düşmanı
Intimität [ɪntimi'tɛ:t] *f* <-en> (*Vertrautheit*) samimiyet; (*Intimsphäre*) mahremiyet; **wir besprachen ~en** özel meseleler görüştük
Intimleben *nt* seks hayatı
Intimsphäre *f* özel hayatın gizliliği, mahremiyet; **in jds ~ eindringen** birinin mahremiyetine girmek
Intimus *m* <-, -mi> (*engster Freund*) en yakın arkadaş, en samimî arkadaş; (*Vertrauter*) sırdaş
Intimverkehr *m* cinsel ilişki
intolerant ['----] *adj* hoşgörüsüz
Intoleranz ['----] *f ohne Pl* hoşgörüsüzlük
Intonation [ɪntona'tsjo:n] *f* <-en> **1.** (MUS) seslendirme, perdeli okuma **2.** (LING) titremleme
intonieren* *vt* **1.** (MUS) seslendirmek, perdeli okumak **2.** (LING) titremlemek
Intranet ['ɪntranɛt] *nt* <-, *ohne pl*:> (INFORM) intranet
intransitiv ['----] *adj* (LING: *Verb*) geçişsiz
intrigant [ɪntri'gant] *adj* entrikacı
Intrigant(in) [--'-] *m(f)* <-en, -en; -nen> entrikacı
Intrige [ɪn'tri:gə] *f* <-n> entrika; **~n spinnen** [*o* **einfädeln**] entrika çevirmek
intrigieren* [ɪntri'gi:rən] *vi* entrika çevirmek
introvertiert ['ɪntrovɛrti:ɐt] *adj* içe dönük
Introvertiertheit *f* içe dönüklük
Intuition [ɪntui'tsjo:n] *f* <-en> sezgi
intuitiv [ɪntui'ti:f] *adj* sezgisel
intus ['ɪntʊs] *adj inv* (*fam*): **etw ~ haben** (*auswendig können*) ezbere bilmek; (*verstanden haben*) bir şeyi anlamış olmak; (*zu sich genommen haben*) bir şeyi almış olmak
invalid(e) [ɪnva'li:t, ɪnva'li:də] *adj* malûl
Invalide(r) *mf* <-n, -n; -n> malûl
Invalidität [ɪnvalidi'tɛ:t] *f ohne Pl* malûliyet, malûllük
invariabel ['ɪnvaria:bəl] *adj* değişmez
Invasion [ɪnva'zjo:n] *f* <-en> istilâ
Inventar [ɪnvɛn'ta:ɐ] *nt* <-s, -e> **1.** (COM: *Firmenvermögen*) varlık; (*Gegenstände*) eşya; **lebendes ~** (COM) hayvan varlığı; **totes ~** (COM) demirbaş (eşya) **2.** (*Verzeichnis*) defter; **etw ins ~ aufnehmen** bir şeyi deftere geçirmek
Inventur [ɪnvɛn'tu:ɐ] *f* <-en> envanter; **~ machen** envanter çıkarmak
investieren* [ɪnvɛs'ti:rən] *vt* **1.** (*Geld*) yatırım yapmak (*in* -e), yatırmak (*in* -e); **sein Kapital in ein Projekt ~** sermayesini bir

projeye yatırmak **2.** (*Zeit, Kraft*) harcamak
Investition [ɪnvɛsti'tsjoːn] *f* <-en> yatırım; **Investitionsgüter** *ntPl* (WIRTSCH) yatırım malları *pl;* **Investitionsvorhaben** *nt* (WIRTSCH) yatırım projesi
Investment [ɪn'vɛstmənt] *nt* <-s, -s> (FIN) yatırım; **Investmentfonds** *m* (FIN) yatırım fonu
Investor(in) [ɪn'vɛstoːɐ] *m(f)* <-s, -en; -nen> (WIRTSCH) yatırımcı
involvieren* [ɪnvɔl'viːrən] *vt* dâhil etmek (*in* -e)
inwendig ['ɪnvɛndɪç] **I.** *adj* iç; **eine ~e Tasche** iç cep **II.** *adv:* **die Frucht war ~ faul** meyvenin içi çürüktü; **etw/jdn in- und auswendig kennen** (*fam*) bir şeyin/kimsenin içini dışını bilmek
inwiefern [--'-], **inwieweit** [--'-] *adv* ne dereceye kadar
Inzest ['ɪntsɛst] *m* <-(e)s, -e> fücur, yakın akrabalar arasında zina [*o* cinsel ilişki]
Inzucht ['ɪntsʊxt] *f* <-en> iç damızlanma, eş soylaşma
inzwischen [-'--] *adv* bu arada
Ion [i'oːn] *nt* <-s, -en> (PHYS, CHEM) iyon
Ionisation *f* (PHYS, CHEM) iyonlanma
ionisch [i'oːnɪʃ] *adj* (PHYS, CHEM) iyonik
ionisieren* [ioni'ziːrən] **I.** *vt* (PHYS, CHEM) iyonlaştırmak **II.** *vi* (PHYS, CHEM) iyonlaşmak
Ionisierung *f* (PHYS, CHEM: *das Ionisieren*) iyonlaştırma; (*das Ionisiertwerden*) iyonlaşma
Ionosphäre *f ohne Pl* (ASTR) iyon yuvarı
IP-Nummer *f* sayısal adres
i-Punkt[RR] ['iːpʊŋkt] *m* (LING) i üzerindeki nokta; **bis auf den ~** en ince noktasına kadar
IQ [iː'kuː] *m* <-(s), -(s)> *Abk. von* **Intelligenzquotient** zekâ oranı
Irak [i'raːk] *m* <-s> Irak
Iraker(in) *m(f)* <-s, -; -nen> Iraklı
irakisch *adj* Irak (ile ilgili)
Iran [i'raːn] *m* <-s> İran
Iraner(in) *m(f)* <-s, -; -nen> İranlı
iranisch *adj* İran (ile ilgili)
irden ['ɪrdən] *adj* toprak; **ein ~es Gefäß** toprak kap
irdisch ['ɪrdɪʃ] *adj* **1.** (*zur Erde gehörend*) dünyalı; **~e Freuden** dünya nimeti; **die ~en Güter** dünya malı **2.** (*Gegensatz zum Himmel*) dünyevî
Ire, -in ['iːrə] *m, f* <-n, -n; -nen> İrlandalı
irgend ['ɪrgənt] *adv* herhangi; **... oder ~ so etwas ...** veya öyle herhangi bir şey; **wenn ~ möglich** eğer mümkünse; **irgendein** ['---] *pron s.* **irgendeine(r)**; **irgendeine(r)** ['--'--] *pron* **1.** (*einer*) bir ... falan, herhangi bir; **haben Sie noch ~n Wunsch?** başka herhangi bir isteğiniz var mı?, başka bir isteğiniz falan var mı? **2.** (*ein beliebiges*) herhangi bir, rastgele bir, falan(ca); **ich gehe nicht mit ~m aus** ben falancayla [*o* herhangi biriyle] sokağa çıkmam; **irgendetwas**[RR] ['--'--] *pron* herhangi bir şey; **bei der Sache ist ~ nicht in Ordnung** bu işin içinde bir iş var; **irgendjemand**[RR] ['--'--] *pron* herhangi biri, rastgele biri; **irgendwann** ['--'-] *adv:* **~ einmal** günün birinde; **~ nächste Woche** gelecek hafta falan; **irgendwas** ['--'-] *pron* (*fam*) **1.** (*etwas*) bir şey; **fällt dir noch ~ ein?** aklına başka bir şey geliyor mu? **2.** (*Beliebiges*) herhangi bir şey; **irgendwelche** ['--'--] *pron* **1.** (*manche*) bazıları *pl,* birileri *pl;* **~ Leute** bazı insanlar **2.** (*beliebige*) herhangi bir; **solltest du ~ Probleme haben ...** herhangi bir sorunun olursa ...; **irgendwer** ['--'-] *pron* **1.** (*jemand*) biri, birisi **2.** (*eine beliebige Person*) herhangi biri, sıradan biri; **er ist schließlich nicht ~** esasen öyle sıradan biri değil; **irgendwie** ['--'-] *adv* nedense, herhangi bir şekilde; **irgendwo** ['--'-] *adv* (herhangi) bir yer; **irgendwoher** ['---'-] *adv* (herhangi) bir yerden; **irgendwohin** ['---'-] *adv* (herhangi) bir yere
Iriden, Irides *Pl von* **Iris**[2]
Iris[1] ['iːrɪs] *f* <-> (BOT: *Schwertlilie*) süsen
Iris[2] *f* <- *o* Iriden *o* Irides> (MED: *des Auges*) iris
irisch ['iːrɪʃ] *adj* İrlanda (ile ilgili), İrlandalı
Irland ['ɪrlant] *nt* <-s> İrlanda
Ironie [iro'niː] *f* <-n> alaysılama; (LIT) ironi; **eine ~ des Schicksals** (*fig*) kaderin bir cilvesi
ironisch [i'roːnɪʃ] *adj* ironik, alaysılamalı
irr *adj s.* **irre**
irrational ['----, ---'-] *adj* akıl dışı; (PHILOS) us dışı, irrasyonel
Irrationalismus *m ohne Pl* irrasyonalizm, akıl dışıcılık, us dışıcılık
irre ['ɪrə] *adj* **1.** (*verwirrt*) şaşkın; **ein ~r Blick** şaşkın bir bakış **2.** (*geistesgestört*) deli; **du machst mich ganz ~** (*fam*) beni deli ediyorsun; **jdn für ~ halten** birine deli gözüyle bakmak; **wie ein Irrer** deli gibi **3.** (*fam: toll*) şahane, müthiş; (*komisch*) acayip; **~ gut/hübsch** (*sehr*) çok iyi/güzel
Irre[1] ['ɪrə] *f ohne Pl:* **jdn in die ~ führen** (*betrügen*) birini aldatmak; (*falschen Weg angeben*) birine yolu yanlış tarif etmek
Irre(r)[2] ['ɪrɐ] *mf* <-n, -n; -n> (*Geistesgestörte*) akıl hastası, deli; **wie ein ~r** deli gibi
irreal ['---, --'-] *adj* gerçek dışı
irre|führen ['ɪrə-] *vt* yanıltmak, şaşırtmak; **irreführend** *adj* yanıltıcı; (*betrügerisch*) aldatıcı; **Irreführung** *f* <-en> aldatma
irregulär ['ɪregulɛːɐ, ---'-] *adj* düzensiz, ku-

ralsız, kural dışı

irrelevant ['ɪrelevant] *adj* önemsiz

irren ['ɪrən] **I.** *vr:* **sich ~** yanılmak, şaşırtmak; **ich habe mich im Tag geirrt** günümü şaşırdım; **Sie ~ sich** yanılıyorsunuz; **wenn ich mich nicht irre** yanılmıyorsam; **I~ ist menschlich** (*prov*) hatasız kul olmaz **II.** *vi sein* (*umherstreifen*) dolanmak (*durch* -de), gelişigüzel gezmek (*durch* -i)

Irrenanstalt *f*, **Irrenhaus** *nt* tımarhane

irreparabel ['ɪrepara:bəl] *adj* onarılamaz, tamir edilemez

Irrfahrt ['ɪr-] *f* dolanıp durma; **Irrgarten** *m* lâbirent; **Irrglaube(n)** *m* **1.** (*falsche Auffassung*) kuruntu, yanlış ve yersiz düşünce **2.** (REL) hurafe

irritieren* [ɪri'ti:rən] *vt* şaşırtmak; (*stören*) rahatsız etmek; (*ärgern*) kızdırmak

Irrläufer *m* <-s, -> **1.** yanlış adrese giden posta **2.** (MIL) kaza kurşunu; **Irrlicht** *nt* bataklık yakamozu; **Irrsinn** *m ohne Pl* <-s> delilik

irrsinnig *adj* **1.** (*verrückt*) deli **2.** (*fam: groß*) müthiş; (*toll*) şahane

Irrtum *m* <-s, -tümer> yanılgı, hata, yanlış(lık); **einen ~ einsehen/erkennen** hatasını kabul etmek/görmek; **einem ~ unterliegen** hataya düşmek, yanılgıya düşmek; **ihr ist ein ~ unterlaufen** bir hata işledi, yanlışlık yaptı; **sich im ~ befinden** yanılmak

irrtümlich ['ɪrty:mlɪç] **I.** *adj* hatalı **II.** *adv* yanlışlıkla

Irrweg *m* yanlış yol

Ischias ['ɪʃias] *m o nt ohne Pl* <-> (MED) siyatik

ISDN [i:ʔɛsde:'ʔɛn] *f* (TEL) *Abk. von* **Integrated Services Digital Network** *Entegre Servisler Dijital Şebekesi*

Islam [ɪs'la:m] *m ohne Pl* <-(s)> (REL) İslâm

islamisch *adj* (REL) İslâm, İslâmî

islamisieren *vt* İslâmlaştırmak

Islamisierung *f* İslâmlaştırma

Islamismus *m ohne Pl* İslâmcılık

Islamist(in) *m(f)* İslâmcı

islamistisch *adj* İslâmcı

Island ['i:slant] *nt* <-s> İzlanda

Isländer(in) ['i:slɛndɐ] *m(f)* <-s, -; -nen> İzlandalı

isländisch *adj* İzlanda (ile ilgili), İzlandalı; **eine ~e Frau** İzlandalı bir kadın; **die ~e Regierung** İzlanda hükümeti

Isolation [izola'tsjo:n] *f* <-en> (*allgemein*) izolâsyon, yalıtım; (*von Gefangenen*) ayırma, tecrit

Isolationshaft *f ohne Pl* hücre hapsi; **in ~ sein** hücre hapsi giymiş olmak

Isolierband [izo'li:ɐ-] *nt* <-(e)s, -bänder> izole bant

isolieren* [izo'li:rən] *vt* **1.** (*absondern*) ayırmak (*von* -den); (*Häftlinge*) ayırmak, tecrit etmek **2.** (*abdichten*) izole etmek (*gegen* -e karşı), yalıtmak (*gegen* -e karşı)

Isolierkanne *f* termos; **Isoliermaterial** *nt* yalıtma malzemesi

Isolierung *f* <-en> izolâsyon (*gegen* -e karşı), yalıtım (*gegen* -e karşı); (*von Gefangenen*) ayırma, tecrit

Isotop *nt* <-s, -e> izotop

ISP *m* <-s, -s> *Abk. von* **Internet Service Provider** internet servis sağlayıcısı

Israel ['i:srae:l, 'ɪsrae:l] *nt* <-s> İsrael

Israeli *mf* <-(s), -(s); -(s)> İsraelli

israelisch [isra'e:lɪʃ, ɪsra'e:lɪʃ] *adj* İsrael

Israelit(in) [israe'li:t, ɪsrae'li:t] *m(f)* <-en, -en; -nen> İsrailoğlu

ISS *m* <-s, -s> *Abk. von* **International Space Station** UUİ, *Uluslararası Uzay İstasyonu*

isst[RR] [ɪst], **ißt** *3. präs von* **essen**

ist [ɪst] *3. präs von* **sein**

Isthmus *m* <-, -men> (GEO: *Landenge*) kıstak, berzah

Italien [i'ta:liən] *nt* <-s> İtalya

Italiener(in) [ita'lje:nɐ] *m(f)* <-s, -; -nen> İtalyan

italienisch *adj* İtalyan

Iteration *f* <-en> (LING) yinelem

iterativ *adj* (LING) yinelemeli

i-Tüpfelchen[RR] ['i:tʏpfəlçən] *nt* <-s, -> (*fig: letzter Schliff*) son rötuş; (*Krönung*) daniska

i.V. *Abk. von* **in Vertretung** vekâleten

IWF [i:ve:'ʔɛf] *m* <-(s)> *Abk. von* **Internationaler Währungsfonds** Uluslararası Para Fonu

J

J, j [jɔt] *nt* <-, -> J, j; ~ **wie Julius** Jale'nin 'je'si

ja [jaː] *adv* **1.** (*zustimmend*) evet, öyledir; **zu etw** *dat* ~ **sagen** bir şeye evet demek; **ich glaube** ~ öyle sanıyorum; **wenn** ~, **dann ...** öyleyse, o zaman ...; **ach** ~ evet, öyle; **aber** ~ ama öyle; ~ **doch!** öyle işte!; **zu allem** ~ **und amen sagen** (*fam*) her şeye amenna demek **2.** (*fragend*) öyle mi?; **du bist also einverstanden,** ~**?** razısın demek, öyle mi? **3.** (*doch*): **da kommt er** ~ geliyor işte **4.** (*aber*) ama; **das ist** ~ **fürchterlich** bu feci bir şey ama; **es ist** ~ **noch früh** daha erken ama **5.** (*bloß*): **komm** ~ **pünktlich!** aman vaktinde gel!; **lass dich** ~ **nicht mehr hier sehen** (*fam*) buralarda sakın bir daha görünme

Ja *nt* <-(s), -(s)> evet; **eine Frage mit** ~ **beantworten** bir soruyu evet ile cevaplandırmak, bir soruya evet ile cevap vermek

Jacht [jaxt] *f* <-en> yat

Jachtklub *m* yat kulübü

Jacke [ˈjakə] *f* <-n> ceket; (*Strick~*) hırka

Jackett [ʒaˈkɛt] *nt* <-s, -s> ceket

Jackpot [ˈdʒɛkpɔt] *m* <-s, -s> (*im Kartenspiel*) pot; (*im Lotto*) büyük ikramiye

Jade *m o f* yeşim

Jagd [jaːkt] *f* <-en> **1.** (*von Wild, a. fig*) av; **auf die** ~ **gehen** ava çıkmak **2.** *s.* **Jagdrevier**

jagdbar *adj* avlanabilir

Jagdbeute *f* av; **Jagdflugzeug** *nt* (MIL) avcı uçağı; **Jagdgewehr** *nt* av tüfeği; **Jagdhaus** *nt* av kulübesi; **Jagdhund** *m* <-(e)s, -e> av köpeği; **Jagdhütte** *f* avcı kulübesi; **Jagdmesser** *nt* av bıçağı; **Jagdrevier** *nt* avlak; **Jagdschein** *m* <-(e)s, -e> av tezkeresi; **Jagdzeit** *f* <-en> av dönemi, av mevsimi

jagen [ˈjaːgən] **I.** *vt* **1.** avlamak; **sich** *dat* **eine Kugel durch den Kopf** ~ (*fam*) kafasına bir kurşun sıkmak **2.** (*ver~*) kovalamak; **jdn aus dem Haus** ~ birini evden kovmak; **mit Fleisch kann man ihn** ~ (*fam*) eti görünce kaçar **II.** *vi* **1.** (*auf Jagd gehen*) ava çıkmak, avlanmak **2.** *sein* (*rasen*) deli gibi gitmek **3.** (*gierig streben*): **nach Geld/Ruhm** ~ paranın/şöhretin peşinden koşmak

Jäger(in)[1] [ˈjɛːgɐ] *m(f)* <-s, -; -nen> (*Person*) avcı

Jäger[2] *m* <-s, -> (MIL) avcı eri

Jägerei *f* avcılık

Jägerschnitzel *nt* <-s, -> (GASTR) *mantar soslu domuz şnitzeli*

Jaguar [ˈjaːguaːɐ] *m* <-s, -e> jaguar

jäh [jɛː] *adj* (*geh*) **1.** (*plötzlich*) anî, apansız; (*Entschluss*) anî **2.** (*steil*) yalçın, dik, sarp

Jahr [jaːɐ] *nt* <-(e)s, -e> yıl, sene; **das alte/neue** ~ eski/yeni yıl; **die neunziger** ~**e** doksanlı yıllar; **alle** ~**e wieder** her yıl yeniden; **einmal im** ~ yılda bir kere [*o* defa]; **jedes zweite/dritte** ~ her iki/üç yılda (bir); **das ganze** ~ (**über**) bütün yıl boyunca; **nächstes/vergangenes** ~ gelecek/geçen yıl; **von** ~ **zu** ~ yıldan yıla; **vor einem** ~ bir yıl önce; **jdm ein frohes neues** ~ **wünschen** birine yeniyıl dilemek; **in jungen** ~**en** genç yaşlarda; **sie ist 18** ~**e alt** o, 18 yaşında; **mit 30** ~**en** 30 yaşında; **in die** ~**e kommen** yaşlanmak; **in den besten** ~**en sein** en iyi yaşta olmak

jahraus [jaːɐˈʔaʊs] *adv:* ~, **jahrein** yıldan yıla

Jahrbuch *nt* yıllık

jahrelang [ˈjaːrəlaŋ] **I.** *adj* yıllar boyu **II.** *adv* yıllarca

jähren [ˈjɛːrən] *vr:* **sich** ~ yılı dolmak; **der Tag seines Todes jährt sich zum zehnten Male** ölümünün onuncu yılı doluyor

Jahresanfang *m,* **Jahresbeginn** *m* yıl başı; **Jahresbeitrag** *m* yıllık aidat; **Jahresbericht** *m* yıllık rapor; **Jahresdurchschnitt** *m* yıllık ortalama; **Jahreseinkommen** *nt* yıllık gelir; **Jahresende** *nt ohne Pl* <-s> yıl sonu; **Jahresfrist** *f ohne Pl* (JUR) bir yıllık süre; **Jahresring** *m* (BOT) yıl halkası; **Jahrestag** *m* yıl dönümü; **Jahresurlaub** *m* yıl izini; **Jahreswechsel** *m* yıl değişimi; **Jahreszeit** *f* mevsim

Jahrgang *m* <-(e)s, -gänge> **1.** (*Geburtsjahr*) doğum yılı; **er ist** ~ **1970** o 1970 doğumludur; **er ist mein** ~ o, benimle aynı yılda doğmuş; **wir sind ein** ~ biz aynı yılda doğmuşuz **2.** (*von Wein*) şişelenme yılı **3.** (*von Zeitschrift*) baskı yılı **4.** (UNIV) mezun

Jahrhundert [-ˈ--] *nt* <-s, -e> yüzyıl, asır; **Anfang/Ende des 19.** ~**s** 19. yüzyılın başında/sonunda; **nach/vor** ~**en** yüzyıllar sonra/önce; **seit** ~**en** yüzyıllardır, yüzyıllardan beri

jahrhundertelang *adj* yüzlerce yıl süren
Jahrhundertwende *f* yüzyıl başı
jährlich ['jɛːɐlɪç] *adj* yıllık, yıldan yıla, her yıl
Jahrmarkt *m* panayır
Jahrtausend [-'--] *nt* <-s, -e> binyıl, bin yıllık süre, milenyum; **Jahrtausendwende** *f* binyıl dönümü, milenyum
Jahrzehnt [jaːɐ'tseːnt] *nt* <-s, -e> on yıl, on yıllık süre
Jähzorn ['jɛːtsɔrn] *m ohne Pl* <-(e)s> **1.** (*Eigenschaft*) asabîlik **2.** (*Anfall*) asabîleşme, öfkelenme; **jähzornig** *adj* asabî, osuruğu cinli olan, çabuk kızıp öfkelenen
Jalousie [ʒalu'ziː, *Pl:* ʒalu'ziːən] *f* <-n> jalûzi
Jammer ['jamɐ] *m ohne Pl* <-s> **1.** (*Wehklagen*) sızlanma, yakınma **2.** (*Elend*) sefalet; **es ist ein ~!** (*fam*) yazık!
jämmerlich ['jɛmɐlɪç] *adj* (*Zustand*) acıklı, zavallı; (*elend*) sefil; (*herzzerreißend*) yürekler acısı
jammern ['jamɐn] *vi* sızlanmak (*über* -e); (*klagen*) yakınmak (*über* -e)
jammerschade ['--'--] *adj:* ~ **sein** (*fam*) çok yazık olmak
Jänner ['jɛnɐ] *m* <-s, -> (*österr: Januar*) ocak; *s. a.* **März**
Januar ['januaːɐ] *m* <-(s), -e> ocak; *s. a.* **März**
Japan ['jaːpan, 'jaːpaːn] *nt* <-s> Japonya
Japaner(in) [ja'paːnɐ] *m(f)* <-s, -; -nen> Japon
japanisch *adj* Japon
Jargon [ʒar'gõː] *m* <-s, -s> jargon, argo
Jasager(in) ['jaːzaːgɐ] *m(f)* <-s, -; -nen> (*pej*) evet efendimci
Jasmin [jas'miːn] *m* <-s, -e> yasemin
Jastimme ['jaːʃtɪmə] *f* beyaz oy
jäten ['jɛːtən] *vt:* **Unkraut** ~ ot yolmak
jauchzen ['jaʊxtsən] *vi* sevinçten bağırmak
jaulen ['jaʊlən] *vi* (*Hund*) ulumak
jawohl [ja'voːl] *part* baş üstüne
Jawort ['jaːvɔrt] *nt* <-(e)s, -e>: **jdm das ~ geben** birinin evlenme teklifini kabul etmek
Jazz [dʒɛːs] *m ohne Pl* <-> caz; ~ **spielen** caz çalmak; **Jazzband** *f* cazbant; **Jazzmusik** *f ohne Pl* caz müziği; **Jazzmusiker(in)** *m(f)* cazcı; **Jazzgymnastik** *f* cazlı jimnastik
je [jeː] **I.** *adv* **1.** (*jemals*): **wer hätte das ~ gedacht!** bu hiç kimsenin aklına gelir miydi!; **es ist schlimmer denn ~** eskisinden daha beter; **seit eh und ~** kalubelâdan beri, bildik [*o* bildim] bileli **2.** (*jeweils*) -er, -ar, -şer, -şar; **ich gebe euch ~ zwei/drei/vier/sechs/neunzig Stück** size ikişer/üçer/dörder/altışar/doksanar tane veriyorum, her birinize iki/üç/dört/altı/doksan tane veriyorum; **es können ~ zwei Personen eintreten** her defasında iki kişi girilebilir, ikişer ikişer girilebilir; ~ **beteiligter Student** katılan her öğrenci başına **II.** *präp* (*pro*) başina; ~ **Kopf/Person/Stück** adam/kişi/tane başına; ~ **zur Hälfte** yarı yarıya **III.** *konj:* **er wird vernünftiger, ~ älter er wird** yaşlandıkça uslanıyor; ~ **nachdem, ob er Zeit hat …** zamanı [*o* vakti] olup olmamasına göre …; ~ **nach Größe** boya göre; ~ **eher ihr kommt, desto** [*o* **um so**] **besser** ne kadar erken gelirseniz, o kadar iyi olur; ~ **eher, desto** [*o* **um so**] **lieber** ne kadar çabuk olursa, o kadar iyi; **willst du mitgehen? – ~ nachdem** (*fam: vielleicht*) gelecek misin? – belki; (*das hängt noch davon ab*) gelecek misin? – duruma bağlı; **wir entscheiden uns ~ nachdem, ob es uns gefällt** hoşumuza gidip gitmemesine göre karar vereceğiz **IV.** *interj:* **oh ~!** ne yazık!
Jeans [dʒiːns] *f inv* blûcin; **Jeanshemd** *nt* blûcin gömlek; **Jeanshose** *f* blûcin pantolon; **Jeansjacke** *f* blûcin ceket
jede(r, s) ['jeːdə, -dɐ, -dəs] *pron* **1.** (*substantivisch*) her; **~r von uns** her birimiz; **~s einzelne Fenster** her (bir) pencere; **~r zweiter/dritter** her iki/üç kişiden biri; **~r für sich** herkes kendi başına; **hier kennt ~r ~n** burada herkes herkesi tanır **2.** (*adjektivisch*) her; (*ein beliebiges*) herhangi; **auf ~n Fall** kesinlikle, mutlaka; **ohne ~n Grund** hiç yoktan, hiçbir sebep yokken; **um ~n Preis** (her) ne pahasına olursa olsun; **es kann ~n Augenblick passieren** her an olabilir; **ohne ~ Hoffnung** hiç umut kalmadan
jedenfalls ['jeːdənfals] *adv* **1.** (*auf jeden Fall*) her hâlde, kesinlikle, mutlaka **2.** (*wenigstens*) en azından; (*was mich betrifft*) bana gelince
jedermann ['---] *pron* herkes; **das ist nicht ~s Sache** bu, herkesin işi değildir
jederzeit ['--'-] *adv* her zaman; **sie können ~ kommen** ne zaman isterseniz gelin
jedesmal ['--'-] *adv* her defa; **~, wenn er kommt** her geldiğinde, ne zaman gelirse
jedoch [je'dɔx] *konj* oysa, hâlbuki, ne var ki, ancak, lâkin
jedweder *pron* her
Jeep® [dʒiːp] *m* <-s, -s> cip
jegliche(r, s) ['jeːklɪçə, -çɐ, -çəs] *pron* her
jeher ['jeːheːɐ, '-'-] *adv:* **von** [*o* **seit**] ~ oldum olası
Jelängerjelieber *m o nt* (BOT) hanımeli
jemals ['jeːmaːls] *adv* hiç; **hat man ~ so etwas gesehen?** hiç böyle bir şey görülmüş müdür?

jemand ['je:mant] *pron* biri, birisi; (*verneint*) kimse; **ist hier ~?** burada kimse var mı?; ~ **anderes** başka birisi

Jemen *nt ohne Pl* <-s> Yemen

Jemenit *m* <-en, -en> Yemenli

jene(r, s) ['je:nə, -nɐ, -nəs] *pron* (*geh*) **1.** (*adjektivisch: da*): **in ~n Tagen** o günlerde; **seit ~n Tagen** o günlerden beri **2.** (*substantivisch: da*) şu

jenseits ['je:nzaɪts] **I.** *präp* (*auf der anderen Seite*) karşı yakada; (*außerhalb*) dışında; **er ist schon ~ der vierzig** kırkını geçti bile **II.** *adv* karşıda, karşı yakada, ötesinde; ~ **von Gut und Böse** iyinin ve kötünün ötesinde

Jenseits *nt ohne Pl* <-> ahret, öbür dünya, gaip; **jdn ins ~ befördern** birini öbür dünyaya postalamak; **Stimmen aus dem ~ hören** gaipten sesler duymak

Jerewan *nt* <-s> Erivan

Jericho *nt* <-s> Eriha

Jerusalem [je'ru:zalɛm] *nt* <-s> Kudüs

Jesuit [jezu'i:t] *m* <-en, -en> (REL) cizvit

Jesuitenorden *m ohne Pl* (REL) cizvit tarikatı, İsa Derneği

Jesuitentum *nt ohne Pl* (REL) cizvitlik

Jesus ['je:zʊs] *m* <Jesu> (REL) İsa; ~ **Christus** Hazreti İsa

Jet [dʒɛt] *m* <-(s), -s> jet

Jet-set *m* <-s, -s>, **Jetset**RR ['dʒɛtsɛt] *m* <-s, -s> jet sosyete

Jett [dʒɛt, jɛt] *m o nt* kara kehribar, oltu taşı, oksidiyon taşı

jetzige(r, s) *adj* şimdiki

jetzt [jɛtst] *adv* şimdi; ~ **gleich** hemen şimdi; **bis ~** şimdiye kadar; ~ **oder nie** ya şimdi ya hiç; **von ~ an** şimdiden sonra

Jetztzeit *f ohne Pl* şimdiki zaman

jeweilige(r, s) *adj* ilgili; (*augenblicklich*) şimdiki

jeweils ['je:vaɪls] *adv* her; ~ **am Monatsersten** her ayın birinde; **die ~ Größten aus jeder Gruppe** her gruptan en büyükler; ~ **vier Personen** dörder kişi

Jh. *Abk. von* **Jahrhundert** yy., *yüzyıl*

JH *Abk. von* **Jugendherberge** hostel

Jiu-Jitsu *nt ohne Pl* <-(s)> jiujitsu

Job [dʒɔp] *m* <-s, -s> **1.** (*fam: Arbeit*) iş; (*Arbeitsplatz*) iş yeri **2.** (INFORM) iş

jobben ['dʒɔbən] *vi* (*fam*) çalışmak (*als* olarak); (*Geld verdienen*) para kazanmak

JobsharingRR ['dʒɔpʃɛ:rɪŋ] *nt ohne Pl* <-(s)> iş yerini paylaşma

Joch [jɔx] *nt* <-(e)s, -e> (*a. fig*) boyunduruk; **einem Ochsen das ~ auflegen** öküze boyunduruk geçirmek; **jdn ins ~ spannen** birini boyunduruğa vurmak

Jochalge *f* <-n> (BOT) kavuşur su yosunu; **Jochbein** *nt* (ANAT) elmacık kemiği

Jockei *m* <-s, -s>, **Jockey** ['dʒɔki] *m* <-s, -s> (SPORT) cokey

Jod [jo:t] *nt ohne Pl* <-(e)s> (*a.* CHEM) iyot

jodhaltig *adj* iyotlu

Jodsalz *nt ohne Pl* <-es> iyotlu tuz; **Jodtinktur** *f ohne Pl* (CHEM, MED) iyot tentürü, tentürdiyot

Joga ['jo:ga] *m o nt ohne Pl* <-(s)> yoga; *s. a.* **Yoga**

joggen ['dʒɔgən] *vi sein* jogging yapmak

Jogging ['dʒɔgɪŋ] *nt ohne Pl* <-s> jogging; **Jogginganzug** *m* <-(e)s, -züge> jogging takımı

Joghurt ['jo:gʊrt] *m o nt* <-(s), -(s)>, **Jogurt**RR *m o nt* <-(s), -(s)> yoğurt

Johannisbeere [jo'hanɪsbe:rə] *f* <-n> Frenk üzümü; **Johannisbrot** *nt ohne Pl* (BOT) keçi boynuzu; **Johannisnacht** *f* (REL) ateş gecesi; **Johannistag** *m* (REL) Yahya yortusu

johlen ['jo:lən] *vi* (*pej*) bağırıp çağırmak

Joint [dʒɔɪnt] *m* <-s, -s> (*fam*) esrar sigarası

Jo-jo ['jo:jo] *nt* <-s, -s> yoyo

Joker ['dʒo:kɐ] *m* <-s, -> coker

Jongleur(in) [ʒõ'glø:ɐ, ʒɔŋ'lø:ɐ] *m(f)* <-s, -e; -nen> cambaz, hokkabaz

jonglieren* **I.** *vt* cambazlık yapmak (ile) **II.** *vi* (*a. fig*) cambazlık yapmak; **mit Begriffen ~** söz cambazlığı yapmak

Jordanien [jɔr'da:niən] *nt* <-s> Ürdün

Jordanier(in) *m(f)* <-s, -; -nen> Ürdünlü

jordanisch *adj* Ürdünlü, Ürdün (ile ilgili); **eine ~e Frau** Ürdünlü bir kadın; **die ~e Regierung** Ürdün hükümeti

Joule [dʒu:l, dʒaʊl] *nt* <-(s), -> (PHYS) jul

Journal [ʒʊr'na:l] *nt* <-s, -e> **1.** (PUBL: *geh*) dergi **2.** (NAUT) gemi jurnali **3.** (WIRTSCH) günlük defter, yevmiye defteri

Journalismus [ʒʊrna'lɪsmʊs] *m ohne Pl* <-> gazetecilik

Journalist(in) *m(f)* <-en, -en; -nen> gazeteci

journalistisch *adj* gazeteciliğe özgü

Joystick ['dʒɔɪstɪk] *m* <-s, -s> (INFORM) kumanda kolu

jr. *Abk. von* **junior** oğul, genç

Jubel ['ju:bəl] *m ohne Pl* <-s> (*Jauchzen*) sevinçten bağırma; (*Schreien*) bağrış çağrış

jubeln ['ju:bəln] *vi* düğün bayram etmek

Jubiläen *Pl von* **Jubiläum**

Jubilar(in) [jubi'la:ɐ] *m(f)* <-s, -e; -nen> yıl dönümü kutlanan (kimse)

Jubiläum [jubi'lɛ:ʊm] *nt* <-s, Jubiläen> jübile; (*Jahrestag*) yıl dönümü; **zehnjähriges/fünfzigjähriges ~** onuncu/ellinci yıl dönümü

juchzen ['jʊxtsən] *vi* (*fam*) sevinçten bağırmak

J

jucken ['jʊkən] **I.** *vi* **1.** (*Juckreiz verursachen*) kaşıntı yapmak; **mir juckt die Nase** burnum kaşınıyor **2.** (*fam: reizen*) içi gitmek **II.** *vt* (*fam: reizen*) kaşındırmak; (*kümmern*) ırgalamak **III.** *vr:* **sich** ~ (*fam*) kaşınmak **IV.** *vunpers:* **dich juckt wohl das Fell?** (*fam fig*) sen kaşınıyorsun galiba?

Juckreiz *m* <-es, -e> kaşıntı

Judasbaum *m* (BOT) erguvan

Jude ['ju:də] *m*, **Jüdin** *f* <-n, -n; -nen> Yahudi

Judenbaum *m* (BOT) erguvan; **Judenkirsche** *f* (BOT: *Blasenkirsche*) güveyfeneri, gelin otu

Judentum *nt ohne Pl* <-s> Yahudilik

Judenverfolgung *f* (HIST) Yahudileri hedef alan pogrom

Judikative [judıka'ti:və] *f* <-n> (JUR, POL) yargı gücü, yargı erki; *s. a.* **Exekutive, Legislative**

Jüdin ['jy:dın] *f* <-nen> *s.* **Jude**

jüdisch ['jy:dıʃ] *adj* Yahudi

Judo ['ju:do] *nt ohne Pl* <-(s)> (SPORT) judo

Jugend ['ju:gənt] *f ohne Pl* **1.** (*Altersstufe*) gençlik; (~*alter*) genç yaş; **von ~ an** genç yaştan beri; **seine früheste ~** gençliğinin ilk yılları **2.** (*junge Leute*) gençlik; **die heutige ~** bugünkü gençlik; **Jugendamt** *nt* gençlik dairesi; **Jugenderinnerung** *f* gençlik anısı; **jugendfrei** *adj* gençlere göre; (FILM) gençlere serbest; **Jugendfreund(in)** *m(f)* gençlik arkadaşı; **jugendgefährdend** *adj* gençlere zararlı; **Jugendherberge** *f* hostel

jugendlich *adj* **1.** (*Altersstufe*) genç; **die ~en Zuschauer** genç seyirciler; **in ~em Alter sterben** genç yaşta ölmek **2.** (*für Jugendliche charakteristisch*) gençlere özgü **3.** (*jung wirkend*) genç, gençler gibi; **sich ~ kleiden** gençler gibi giyinmek; **sie wirkt noch sehr ~** hâlâ çok genç görünüyor

Jugendliche(r) *mf* <-n, -n; -n> genç; (*Heranwachsende*) erişkin genç; **~ unter 16 Jahren** 16 yaşından küçük gençler

Jugendliebe *f* <-n> gençlik aşkı; **Jugendschutz** *m* gençliğin korunması; **Jugendzeit** *f ohne Pl* gençlik; **Jugendzentrum** *nt* gençlik merkezi

Jugoslawe, -in [jugo'sla:və] *m, f* <-n, -n; -nen> Yugoslav

Jugoslawien [jugo'sla:viən] *nt* <-s> Yugoslavya

jugoslawisch *adj* Yugoslav

Juli ['ju:li] *m* <-(s), -s> Temmuz; *s. a.* **März**

jun. *Abk. von* **junior** oğul, genç

jung [jʊŋ] *adj* <jünger, am jüngsten> **1.** genç; **J~ und Alt** genç ve ihtiyar; **von ~ auf** gençliğinden beri; **sie ist 18 Jahre ~** henüz 18 yaşında **2.** (*frisch*) taze, körpe; **~ verheiratet** yeni evli

Junge[1] ['jʊŋə] *m* <-n, -n> **1.** (*Knabe*) oğlan, erkek çocuk; **mein ~** oğlum **2.** (*junger Mann*) genç, delikanlı; **wie geht's dir, alter ~?** (*fam*) nasılsın, delikanlı?; **~, ~!** (*fam*) vay canına!

Junge(s)[2] *nt* <-n, -n> yavru; (*von Hunden, Raubtier*) yavru; (*von Vögeln*) yavru; (*von Gänsen, Enten, Tauben*) palaz; **ein Nest mit zwei ~n darin** içinde iki yavru olan bir yuva

jünger ['jʏŋɐ] *adj kompar von* **jung** (daha) genç; (*Geschwister*) (daha) küçük; **~ sein als** -den (daha) genç olmak; **ihr ~er Bruder** erkek kardeşi; **sich ~ machen** gençleşmek

Jünger(in) ['jʏŋɐ] *m(f)* <-s, -; -nen> havarî

Jüngerschaft *f* havarîlik

Jungfer *f* kız; **alte ~** kız kurusu

Jungfernfahrt ['jʊŋfɐn-] *f* ilk sefer; **Jungfernhäutchen** [-hɔıtçən] *nt* <-s, -> (ANAT) kızlık zarı; **Jungfernkranich** *m* (ZOOL) telli turna; **Jungfernzeugung** *f* (BIOL) döllenmesiz üreme, partojenez

Jungfrau *f* <-en> **1.** (*Frau*) bakire **2.** (ASTR) Başak; **das Sternbild/der Wendekreis der ~** Başak burcu/dönencesi

jungfräulich ['jʊŋfrɔılıç] *adj* (*a. fig*) bakir

Jungfräulichkeit *f ohne Pl* erdenlik, kızlık, bekâret; (*Reinheit*) bekâret, saflık

Junggeselle, -in *m, f* bekâr; **eingefleischter ~** müzmin bekâr

Jüngling ['jʏŋlıŋ] *m* <-s, -e> (*pej*) toy

jüngst [jʏŋst] *adv* (*geh*) geçenlerde

jüngste(r, s) *adj superl von* **jung** en genç, en son; **die ~ Entwicklungen zeigen, dass ...** en son gelişmeler gösteriyor ki ...; **das J~ Gericht** (REL) mahşer günü; **der J~ Tag** kıyamet günü; **in der ~n Vergangenheit** yakın geçmişte

Jungsteinzeit *f ohne Pl* Cilâlı Taş Devri

Juni ['ju:ni] *m* <-(s), -s> haziran; *s. a.* **März**

junior ['ju:nio:ɐ, 'ju:njo:ɐ] *adj* (*geh*) genç, küçük; **Peter Müller ~** küçük Peter Müller

Junior(in) *m(f)* <-s, -en; -nen> **1.** (*fam: Sohn*) oğul **2.** (SPORT) genç; **Juniorchef(in)** *m(f)* küçük şef

Juniorenmeisterschaft *f* (SPORT) gençler şampiyonası

Junkfood ['dʒankfu:t] *nt ohne Pl* <-s> abur cubur

Junkie ['dʒaŋki] *m* <-s, -s> (*fam*) esrarkeş

Junkmail ['dʒankfu:t] *f* istenmeyen e-postalar

Jupiter ['ju:pitɐ] *m* <-s> (*a.* ASTR) Jüpiter

Jura[1] ['ju:ra] *m ohne Pl* <-s> **1.** (GEO: *For-*

mation) Jura (Dönemi) **2.** (*Schweizer Kanton*) Jura (kantonu); (*Gebirge*) Jura (Dağları)

Jura² (JUR) hukuk; ~ **studieren** hukuk öğrenimi yapmak

Jurisprudenz [ju:rɪspru'dɛnts] *f ohne Pl* (*geh*) hukuk bilimi

Jurist(in) [ju'rɪst] *m(f)* <-en, -en; -nen> hukukçu

Juristerei *f ohne Pl* (*iron: Rechtswissenschaft*) hukukçuluk

juristisch [ju'rɪstɪʃ] *adj* hukukî; **die ~e Fakultät** hukuk fakültesi; **~e Person** tüzel kişi

Juror(in) ['ju:ro:ɐ] *m(f)* <-s, -en; -nen> jüre

Jury [ʒy'ri:, 'ʒy:ri] *f* <-s> jüri

just [jʊst] *adv* tam

Justiz [jʊs'ti:ts] *f ohne Pl* adliye; **Justizbeamte(r)**, **-beamtin** *m, f* adliyeci; **Justizbehörde** *f* adlî makam; **Justizgebäude** *nt* adliye binası; **Justizirrtum** *m* adlî hata; **Justizminister(in)** *m(f)* adalet bakanı; **Justizministerium** *nt* adalet bakanlığı; **Justizvollzugsanstalt** *f* cezaevi

Jute ['ju:tə] *f ohne Pl* jüt

Juwel [ju've:l] *m o nt* <-s, -en> mücevher

Juwelier(in)¹ [juve'li:ɐ] *m(f)* <-s, -e; -nen> kuyumcu

Juwelier² *m* <-s, -e> (*Geschäft*) kuyumcu (dükkânı)

Jux [jʊks] *m* <-es, -e> (*fam*) şaka; **aus ~ und Tollerei** şakacıktan; **er hat es nur aus ~ gesagt** o, bunu sırf şakadan söyledi

J

K

K, k [kaː] *nt* <-, -> K, k; ~ **wie Kaufmann** Kastamonu'nun ke'si

Kabarett [kaba'rɛt, kaba'reː] *nt* <-s, -s> kabare

Kabarettist(in) [kabarɛ'tɪst] *m(f)* <-en, -en; -nen> kabare oyuncusu

Kabel ['kaːbəl] *nt* <-s, -> kablo; **Kabelfernsehen** *nt ohne Pl* <-s> kablolu televizyon

Kabeljau ['kaːbəljaʊ] *m* <-s, -s *o* -e> morina

Kabine [ka'biːnə] *f* <-n> kabin; (*Umkleide~*) kabin(e); (*Schiffs~*) kabin, kamara; (AERO) kabin

Kabinett [kabi'nɛt] *nt* <-s, -e> (POL) kabine

Kabriolett ['kaːbriole, kabrio'leː, kabrio'lɛt] *nt* <-s, -s> üstü açılır araba

Kabul *nt* Kâbil

Kachel ['kaxəl] *f* <-n> (*für Öfen*) çini; (*als Wandverkleidung*) fayans

kacheln *vt* fayans döşemek (-e)

Kachelofen *m* çini soba

Kacke ['kakə] *f ohne Pl* (*vulg*) **1.** (*Kot*) bok **2.** (*Angelegenheit*) boktanlık

Kadaver [ka'daːvɐ] *m* <-s, -> kadavra

Kader ['kaːdɐ] *m Schweiz: nt* <-s, -> (POL, SPORT) kadro

Kadmium ['katmiʊm] *nt ohne Pl* <-s> (CHEM) kadmiyum

Käfer ['kɛːfɐ] *m* <-s, -> (*a.* AUTO) böcek

Kaff [kaf] *nt* <-s, -s *o* -e *o* Käffer> (*fam pej: abgelegene Ortschaft*) dağ başı

Kaffee ['kafe, ka'feː] *m* <-s, -s> kahve; ~ **kochen** kahve pişirmek; **(einen)** ~ **trinken** (bir) kahve içmek; **schwarzer/starker/dünner** ~ sade/; ~ **mit Milch/ohne Zucker** sütlü/şekersiz kahve; **das ist kalter** ~ (*fam*) bunu bilmeyen kalmadı; **Kaffeebohne** *f* kahve çekirdeği; **kaffeebraun** *adj* kahverengi; **Kaffeefilter** *m* kahve filtresi; **Kaffeehaus** *nt* kahvehane; **Kaffeekanne** *f* kahve güğümü; **Kaffeeklatsch** *m* <-(e)s, -e> (*fam*) kabul günü; **Kaffeelöffel** *m* kahve kaşığı; **Kaffeemaschine** *f* kahve makinesi; **Kaffeemühle** *f* <-n> kahve değirmeni; **Kaffeesatz** *m ohne Pl* <-es> telve; **aus dem** ~ **lesen** kahve falına bakmak; **Kaffeeservice** *nt* <-(s), -> kahve takımı; **Kaffeesieder** *m* <-s> (*österr: Kaffeehausbesitzer*) kahvehaneci

Käffer *Pl von* **Kaff**

Käfig ['kɛːfɪç] *m* <-s, -e> kafes; **goldener** ~ (*fig*) altın kafes

Kaftan *m* kaftan

kahl [kaːl] *adj* **1.** (*ohne Haar*) kel; ~ **geschoren** dipten kazınmış **2.** (*ohne Vegetation, Wand*) çıplak **3.** (*ohne Blätter*) çıplak, kel; **kahlgeschoren** ['kaːlgəʃoːrən] *adj s.* **kahl 1.**; **Kahlkopf** *m* (*fam*) damdazlak

kahlköpfig ['kaːlkœpfɪç] *adj* damdazlak, kel

Kahn [kaːn, *Pl:* 'kɛːnə] *m* <-(e)s, Kähne> **1.** (*kleines Boot*) sandal **2.** (*Lastschiff*) mavna

Kai [kaɪ] *m* <-s, -s> rıhtım

Kaiman ['kaɪman] *m* <-s, -e> alligator, Güney Amerika alligatoru

Kain *m* (REL) Kabil; **Abel und** ~ Habil ile Kabil

Kairo *nt* Kahire

Kaiser(in) ['kaɪzɐ] *m(f)* <-s, -; -nen> imparator; (*Kaiserin*) imparatoriçe

Kaiserkrone *f* **1.** (*Krone des Kaisers*) imparatorun tacı **2.** (BOT) gelin çiçeği

Kaiserreich *nt* imparatorluk

Kaiserschmarr(e)n *m* (*österr:* GASTR) *pudra şekerli üzümlü bir tür kek*

Kaiserschnitt *m* (MED) sezeryan

Kajak ['kaːjak] *m o nt* <-s, -s> (SPORT) kano

Kajüte [ka'jyːtə] *f* <-n> kamara

Kakao [ka'kaʊ] *m* <-s, -s> **1.** (*Pulver*) kakao; (*Pflanze*) kakao, Hint bademi **2.** (*Getränk*) kakao; **jdn durch den** ~ **ziehen** (*fam*) birini gır gıra almak; **Kakaobohne** *f* kakao çekirdeği

Kakerlak ['kaːkɐlak] *m* <-s *o* -en, -en> (*Küchenschabe*) hamam böceği

Kaktus ['kaktʊs, *Pl:* kak'teːən] *m* <-ses, Kakteen> kaktüs

Kalaschnikow *f* (*Gewehr*) kalaşnikof

Kalb [kalp, *Pl:* 'kɛlbɐ] *nt* <-(e)s, Kälber> dana; (*Milch~*) buzağı

kalben ['kalbən] *vi* (*Kuh*) buzağılamak

Kalbfleisch *nt* dana eti

Kalbsbraten *m* (GASTR) dana rostosu; **Kalbskotelett** *nt* (GASTR) dana pirzolası; **Kalbsleder** *nt ohne Pl* dana derisi; **Kalbsschnitzel** *nt* <-s, -> (GASTR) dana şnitzeli

Kaldaunen [kal'daʊnən] *fPl* (GASTR: *Kutteln*) işkembe

Kaleidoskop [kalaɪdo'skoːp] *nt* <-(e)s, -e> kaleydoskop, çiçek dürbünü

Kalender [ka'lɛndɐ] *m* <-s, -> takvim

Kalenderjahr *nt* takvim yılı
kalfatern *vt* (NAUT) kalafatlamak
Kalfathammer *m* (NAUT) kalafatçı tokmağı
Kali ['ka:li] *nt* <-s, -s> (CHEM: *Kalisalz*) potas
Kaliber [ka'li:bɐ] *nt* <-s, -> (*a. fig*) kalibre, çap
Kalif [ka'li:f] *m* <-en, -en> (REL) halife; **Kalifat** *nt* halifelik
Kalisalpeter *m ohne Pl* <-s> (CHEM) güherçile; (*Kaliumnitrat*) potasyum nitrat
Kalium ['ka:liʊm] *nt ohne Pl* <-s> (CHEM) potasyum; ~ **amalgamieren** potasyumu cıva ile alaşımlamak; **Kaliumnitrat** *nt ohne Pl* <-s> (CHEM) potasyum nitrat
Kalk [kalk] *m* <-(e)s, -e> **1.** (~*stein, Baustoff*) kireç; ~ **löschen** kireç söndürmek; **gebrannter/gelöschter** ~ yanmış/sönmüş kireç **2.** (*Kalzium*) kalsiyum; **Kalkablagerung** *f* <-en> **1.** (MED) kireçlenme **2.** kireç kalıntısı, kefeki; **den Wasserkessel von den** ~**en befreien** su kazanını kireç kalıntılarından kurtarmak; **Kalkboden** *m* <-s, -böden> kireçli toprak
kalken *vt* **1.** (*tünchen*) kireçlemek **2.** (*düngen*) kireçlemek
Kalkgrube *f* kireç kuyusu
kalkhaltig *adj* kireçli, kalkerli; ~**es Wasser** kireçli su
Kalkstaub *m ohne Pl* kireç tozu; **Kalkstein** *m* (GEO) kireç taşı, kalker
Kalkulation [kalkula'tsjo:n] *f* <-en> hesap; **nach meiner** ~ benim hesabıma göre
kalkulieren* [kalku'li:rən] *vt* hesaplamak
Kalkwasser *nt ohne Pl* kireç suyu
kalkweiß *adj* kireç gibi; ~ **sein/werden** kireç gibi olmak/ağarmak
Kalmar *m* (ZOOL) kalamar
Kalorie [kalo'ri:, *Pl:* kalo'ri:ən] *f* <-n> kalori; **kalorienarm** *adj* kalorisi az; **Kaloriengehalt** *m* <-(e)s, -e> kalori niceliği; **kalorienreich** *adj* kalorisi zengin
Kalpak *m* kalpak
kalt [kalt] *adj* <kälter, am kältesten> **1.** (*allgemein*) soğuk; (*eis*~) buz gibi (soğuk); **mir ist/wird** ~ üşüdüm/üşüyorum; **es ist** ~ hava soğuk; **abends essen wir** ~ akşamları soğuk yiyecekler yeriz; **das Essen wird** ~ yemek soğuyor; **es überlief ihn** ~ (*fam*) onu soğuk ter bastı; **mit der Frage hat er mich** ~ **erwischt** (*fam*) sorusuyla beni gafil avladı **2.** (*gefühllos*) soğuk; (*gleichgültig*) soğuk, ilgisiz
Kaltblut *nt* (*Pferd*) kadana
Kaltblüter *m* (ZOOL) soğukkanlı hayvan
kaltblütig [-bly:tɪç] **I.** *adj* **1.** (*unerschrocken*) soğukkanlı, serin kanlı; (*skrupellos*) vicdansız **2.** (ZOOL) soğukkanlı **II.** *adv:* **jdn** ~ **ermorden** birini gözünün yaşına bakmadan öldürmek
Kaltblütigkeit *f ohne Pl* soğukkanlılık, serin kanlılık
Kälte ['kɛltə] *f ohne Pl* **1.** (*Temperatur*) soğuk; **bei dieser** ~ bu soğukta; **es herrschte eine eisige** ~ buz gibi bir soğuk vardı **2.** (*Gefühlsarmut*) soğukluk; (*Gleichgültigkeit*) soğukluk; **kältebeständig** *adj* (TECH) soğuğa dayanıklı; **Kälteeinbruch** *m* (METEO) soğuma, havanın soğuması; **Kältegrad** *m* **1.** soğukluk derecesi **2.** (*fam*) sıfırın altında derece
Kälteschutzmittel *nt* (TECH) antifriz; **Kältewelle** *f* (METEO) soğuk dalgası
Kaltfront *f* (METEO) soğuk hava cephesi
kaltherzig *adj* soğuk; **Kaltherzigkeit** *f ohne Pl* soğukluk; **kalt|lassen** *irr vt s.* **lassen 1.**; **Kaltluft** *f ohne Pl* (METEO) soğuk hava; **kalt|machen** *vt* (*sl*) gebertmek; **Kaltmiete** *f* çıplak kira; **Kaltschale** *f* (GASTR) hoşaf
kaltschnäuzig ['kaltʃnɔɪtsɪç] *adj* (*fam*) soğuk; (*gleichgültig*) soğuk; (*frech*) yüzsüz; **eine** ~**e Antwort** soğuk bir cevap
Kaltstart *m* **1.** (AUTO) motoru soğukken çalıştırma **2.** (INFORM) *soğuk açış;* **kalt|stellen** *vt* (*fam: Person*) kızağa çekmek
kalvinisch *adj* Kalvenci
Kalvinismus *m ohne Pl* Kalvencilik, Kalvenizm
Kalvinist(in) *m(f)* <-en, -en; -innen> Kalvenci
kalvinistisch *adj* Kalvenci
Kalzium ['kaltsiʊm] *nt ohne Pl* <-s> (CHEM) kalsiyum
kam [ka:m] *3. imp von* **kommen**
Kamarilla *f* <-, -lien> kamarillâ
Kambium *nt* <-s, -ien> (BOT) kambiyum
Kambodscha *nt* Kamboçya
Kambodschaner(in) *m(f)* <-s, -; -nen> Kamboçyalı
Kambrium *nt ohne Pl* <-s> (GEO) kambriyen
Kamel [ka'me:l] *nt* <-(e)s, -e> **1.** (*Tier*) deve **2.** (*fam pej: Mensch*) dangalak; **Kamelhaar** *nt ohne Pl* <-(e)s> deve tüyü
Kamelie [ka'me:ljə] *f* <-n> (BOT) kamelya
Kameltreiber(in) *m(f)* <-s, -; -nen> deveci
Kamera ['kaməra] *f* <-s> **1.** (FILM, TV) kamera, alıcı **2.** (FOTO) fotoğraf makinesi
Kamerad(in) [kamə'ra:t] *m(f)* <-en, -en; -nen> arkadaş, yoldaş
Kameradschaft *f* arkadaşlık
kameradschaftlich *adj* arkadaşça; **ein** ~**es Verhältnis** arkadaşça bir ilişki
Kamerafrau *f* (FILM) alıcı yönetmeni; **Kameramann** *m* <-(e)s, -männer *o* -leute> (FILM) kameraman, çekimci, alıcı yönetmeni

K

Kamerun ['kaməru:n, --'-] *nt* <-s> Kamerun

Kameruner(in) ['----, --'--] *m(f)* <-s, -; -nen> Kamerunlu

kamerunisch ['----, --'--] *adj* Kamerunlu, Kamerun (ile ilgili)

Kamikaze *m* kamikaze

Kamille [ka'mılə] *f* <-n> papatya; **Kamillentee** *m* papatya çayı

Kamin [ka'mi:n] *m Schweiz: nt* <-s, -e> (*Schornstein*) baca; (*offene Feuerstelle im Zimmer*) şömine; **Kaminfeger(in)** *m(f)* <-s, -; -nen> (*reg*) baca temizleyicisi

Kamm [kam, *Pl:* 'kɛmə] *m* <-(e)s, Kämme> **1.** (*zum Kämmen*) tarak **2.** (*Hahnen~*) ibik; (*Gebirgs~*, *Wellen~*) sırt **3.** (GASTR: *Nackenstück*) boyun

kämmen ['kɛmən] *vt* taramak

Kammer ['kamɐ] *f* <-n> **1.** (*für Vorräte*) kiler **2.** (POL) meclis **3.** (JUR: *Anwalts~*) baro; (*Handels~*) oda **4.** (MED: *Ärzte~*) oda; (*Herz~*) karıncık; **Kammerdiener(in)** *m(f)* <-s, -; -nen> (HIST) uşak; **Kammermusik** *f* oda müziği; **Kammerton** *m* <-(e)s, -töne> (MUS) a normal; **Kammerzofe** *f* (HIST) oda hizmetçisi

Kampagne [kam'panjə] *f* <-n> kampanya

Kampf [kampf, *Pl:* 'kɛmpfə] *m* <-(e)s, Kämpfe> **1.** (*allgemein*) mücadele, savaşım; **ein ~ auf Leben und Tod** ölüm kalım mücadelesi; **der ~ ums Überleben** boğaz kavgası; **der ~ für/gegen etw** bir şey için/ile mücadele; **jdm/etw** *dat* **den ~ ansagen** bir kimseye/şeye meydan okumak **2.** (*~handlung*) savaş; **auf in den ~!** haydi savaşa!; **er ist im ~ gefallen** savaşta şehit düştü [*o* oldu] **3.** (*Box~*) maç; (*Wett~*) yarışma; (*Stier~*) güreş; (*Hahnen~*) dövüş; **Kampfansage** *f* meydan okuma

kämpfen ['kɛmpfən] *vi* mücadele etmek (*um/für* için, *gegen* ile); (MIL) savaşmak; **Mann gegen Mann ~** teke tek dövüşmek; **sie kämpfte mit dem Tod** can çekişti

Kampfer ['kampfɐ] *m ohne Pl* <-s> (BOT) kâfur

Kämpfer(in) *m(f)* <-s, -; -nen> **1.** (MIL) savaşçı **2.** (SPORT: *a. fig*) yarışmacı

kämpferisch *adj* savaşçı, savaşkan, cengâver; (POL) mücadeleci

kampferprobt *adj* (MIL) savaş deneyimli; **Kampfflugzeug** *nt* (MIL) savaş uçağı; **Kampfgeist** *m ohne Pl* <-(e)s> mücadele ruhu; **Kampfhahn** *m* <-(e)s, -hähne> dövüşçü horoz; **Kampfhandlung** *f* (MIL) savaşma, çarpışma; **die ~en einstellen** çarpışmaya son vermek; **Kampfhund** *m* <-(e)s, -e> samsun

kampflos *adj* **1.** mücadelesiz; (*widerstandslos*) karşı koymadan **2.** (SPORT) karşılaşmasız; **die Mannschaft kam ~ eine Runde weiter** takım karşılaşma olmadan tur atladı

Kampfplatz *m* <-es, -plätze> (MIL) savaş meydanı; **Kampfrichter(in)** *m(f)* (SPORT) hakem; **Kampfsport** *m* <-(e)s, -e> dövüş sporu; **kampfunfähig** *adj* **1.** (MIL) savaşamaz durumda olan **2.** (SPORT) abandone, dövüşmeyecek duruma gelen; **der Boxer schlug seinen Gegner ~** boksör rakibini abandone etti

kampieren* [kam'pi:rən] *vi* **1.** kamp kurmak **2.** (*fam: übernachten*) gecelemek, geceyi geçirmek

Kanada ['kanada] *nt* <-s> Kanada

Kanadier(in) [ka'na:diɐ] *m(f)* <-s, -; -nen> Kanadalı

kanadisch *adj* Kanadalı, Kanada (ile ilgili); **eine ~e Frau** Kanadalı bir kadın; **die ~e Regierung** Kanada hükümeti

Kanake, -in [ka'na:kə] *m, f* <-n, -n; -nen> **1.** (*Südseeinsulaner*) Polinezya yerlisi **2.** (*fam pej*) kanak, kara kafalı, *Almanya'da Türklere takılan lâkap*

Kanal [ka'na:l, *Pl:* ka'nɛ:lə] *m* <-s, Kanäle> **1.** (*Wasserlauf*) kanal; **der ~** (*Ärmelkanal*) Manş Denizi **2.** (*Abwasser~*) kanalizasyon; (*Bewässerungs~*) ark, kanal **3.** (RADIO, TV) kanal; **Kanaldeckel** *m* kanalizasyon kapağı; **Kanalinseln** *fPl* (GEO) Manş Denizi Adaları *pl*

Kanalisation [kanaliza'tsjo:n] *f* <-en> (*für Abwässer*) kanalizasyon

kanalisieren* *vt* kanalize etmek

Kanaren [ka'na:rən] *Pl:* **die ~** Kanarya Adaları *pl*

Kanarienvogel [ka'na:riənfo:gəl] *m* kanarya

kanarisch [ka'na:rıʃ] *adj:* **die K~en Inseln** Kanarya Adaları

Kandare *f* <-n> gem; **dem Pferd die ~ anlegen** ata gem vurmak; **jdn an die ~ nehmen** birine gem vurmak; **jdm die ~ anziehen** birinin gemini kısmak

Kandidat(in) [kandi'da:t] *m(f)* <-en, -en; -nen> aday; **jdn (für etw) als ~en aufstellen** birini (bir şey için) aday göstermek

Kandidatenstatus *m* (POL) adaylık statüsü

Kandidatur [kandida'tu:ɐ] *f* <-en> adaylık; **seine ~ anmelden/zurückziehen** adaylığını koymak/geri çekmek

kandidieren* [kandi'di:rən] *vi* aday olmak

kandiert [kan'di:ɐt] *adj* üzeri şeker şerbeti ile kaplı; **~e Früchte** şekerlemeler

Kandiszucker ['kandıs-] *m* <-s, -> esmer şeker

Känguru[RR] ['kɛŋguru] *nt* <-s, -s>, **Känguruh** *nt* <-s, -s> kanguru

Kaninchen [ka'ni:nçən] *nt* <-s, -> ada tavşanı

Kanister [ka'nɪstɐ] *m* <-s, -> bidon

kann [kan] *3. präs von* **können**

Kännchen ['kɛnçən] *nt* <-s, -> küçük çaydanlık

Kanne ['kanə] *f* <-n> ibrik, güğüm, testi; (*Milch~*) sütlük; (*Tee~*) çaydanlık; (*Gieß~*) kova; **es gießt wie aus** [*o* **mit**] **~n** (*fam*) bardaktan boşanırcasına yağmur yağıyor

Kannibale, -in [kani'ba:lə] *m, f* <-n, -n; -nen> yamyam

Kannibalismus [kaniba'lɪsmʊs] *m ohne Pl* <-> yamyamcılık

kannte ['kantə] *3. imp von* **kennen**

Kanon ['ka:nɔn] *m* <-s, -s> (*a.* MUS) kanon

Kanone [ka'no:nə] *f* <-n> **1.** (*Geschütz*) top; **mit ~n auf Spatzen schießen** (*fam fig*) kantarın topunu kaçırmak **2.** (*fam: Könner*) as; **er ist eine ~ im Tennis** o, teniste bir as **3.** (*fam: Revolver*) altıpatlar **4.** (*Wend*): **unter aller ~ sein** (*fam*) on para etmez olmak, pek kötü durumda olmak

Kanonenboot *nt* gambot

Kanonendonner *m* topların gürlemesi; **Kanonenkugel** *f* top mermisi, gülle; **Kanonenrohr** *nt* <-(e)s, -e> top namlusu

Kanonier *m* <-s, -e> **1.** (MIL) topçu **2.** (SPORT: *fam*) golcü

Kante ['kantə] *f* <-n> **1.** (*Rand*) kenar; (*Ecke*) köşe; **Geld auf die hohe ~ legen** (*fam*) para biriktirmek **2.** (MATH) ayrıt; **ein Würfel hat zwölf ~n** bir küpün on iki ayrıtı vardır

Kantianer(in) *m(f)* Kantçı

Kantine [kan'ti:nə] *f* <-n> kantin

Kantinenwirt(in) *m(f)* kantinci

Kanton [kan'to:n] *m* <-s, -e> kanton

Kanu ['ka:nu, ka'nu:] *nt* <-s, -s> (SPORT) kano

Kanüle [ka'ny:lə] *f* <-n> (MED) şırınga, kanül

Kanzel ['kantsəl] *f* <-n> **1.** (*in Kirche*) kürsü; (*in der Moschee*) minber **2.** (AERO) pilot kabini

Kanzlei [kants'laɪ] *f* <-en> (*Büro*) büro, ofis; (*von Rechtsanwalt*) büro; (*von Notar*) noterlik

Kanzler(in) ['kantslɐ] *m(f)* <-s, -; -nen> **1.** (POL) şansölye; (*Ministerpräsident*) başbakan **2.** (UNIV) idare müdürü; **Kanzleramt** *nt ohne Pl* <-(e)s> şansölyelik, başbakanlık; **Kanzlerkandidat(in)** *m(f)* şansölye adayı, başbakan adayı

Kap [kap] *nt* <-s, -s> burun; **das ~ der Guten Hoffnung** Ümit Burnu

Kapazität [kapatsi'tɛ:t] *f* <-en> **1.** (*Fassungsvermögen, a.* WIRTSCH) kapasite **2.** (*Experte*) uzman

Kapazitätsauslastung *f* kapasiteyi kullanma; **Kapazitätserweiterung** *f* kapasiteyi genişletme

Kapelle [ka'pɛlə] *f* <-n> **1.** (*Bau*) küçük kilise **2.** (MUS) bando

Kapellmeister(in) *m(f)* (MUS) bando şefi

Kaper[1] ['ka:pɐ] *f* <-n> (GASTR) gebre

Kaper[2] *m* <-s, -> (NAUT: *Freibeuter*) korsan

kapern ['ka:pɐn] *vt* (NAUT) zapt etmek

Kapernstrauch *m* (BOT) kebere, gebre otu

kapieren* [ka'pi:rən] *vt* (*fam*) şarj etmek; **kapiert?** şarj ettin mi?

kapillar *adj* kılcal

Kapillare *f* <-n> **1.** (ANAT, MED, BIOL) kılcal damar **2.** (PHYS) kılcal boru

Kapillarität *f ohne Pl* (PHYS) kılcallık

Kapital [kapi'ta:l, *Pl:* kapi'ta:liən] *nt* <-s, -e *o* -ien> sermaye, ana mal, kapital; **~ aus etw** *dat* **schlagen** bir şeyden sermayeyi doğrultmak; **totes ~** (*fig*) ölü sermaye; **Kapitalabwanderung** *f* (FIN) sermayenin (yurt dışına) göçü; **Kapitalanlage** *f* (FIN) sermaye yatırımı; **Kapitalanleger(in)** *m(f)* (FIN) sermaye yatırımcısı; **Kapitalertrag** *m* (FIN) sermaye kazancı; **Kapitalbuchstabe** *m* büyük harf; **Kapitalgesellschaft** *f* <-en> (FIN) sermaye şirketi

Kapitalien *Pl von* **Kapital**

Kapitalisierung *f* <-en> (WIRTSCH) kapitalizasyon

Kapitalismus [kapita'lɪsmʊs] *m ohne Pl* <-> (WIRTSCH) kapitalizm

Kapitalist(in) [kapita'lɪst] *m(f)* (WIRTSCH) kapitalist

kapitalistisch *adj* (WIRTSCH) kapitalist

kapitalkräftig *adj* sermayeli

Kapitalmarkt *m* (FIN) sermaye piyasası

Kapitalmehrheit *f* (FIN) sermaye çoğunluğu

Kapitalverbrechen *nt* (JUR) ağır suç

Kapitän(in) [kapi'tɛ:n] *m(f)* <-s, -e; -nen> **1.** (NAUT, SPORT) kaptan **2.** (AERO) kaptan pilot

Kapitel [ka'pɪtəl] *nt* <-s, -> **1.** (*Abschnitt*) bölüm; **das erste/zweite ~ des Romans** romanın birinci/ikinci bölümü; **ein ~ für sich** başlı başına bir konu; **dieses ~ ist für mich erledigt** bu mesele benim için bitti sayılır **2.** (REL) kilise konseyi

Kapitell [kapi'tɛl] *nt* <-s, -e> (ARCH) başlık

Kapitulation [kapitula'tsjo:n] *f* <-en> (*a.* MIL) teslim olma

kapitulieren* [kapitu'li:rən] *vi* **1.** (*a.* MIL) teslim olmak; **die Armee hat kapituliert** ordu teslim oldu **2.** (*resignierend aufgeben*) pes demek, pes etmek

Kaplan [ka'pla:n, *Pl:* ka'plɛ:nə] *m* <-s, Kapläne> papaz yardımcısı

Kapo ['kapo] *m* <-s, -s> (*südd: fam: Vorarbeiter*) ırgatbaşı

Kappe ['kapə] *f* <-n> **1.** (*Kopfbedeckung*) takke, kep; **etw auf seine ~ nehmen** (*fam*) bir şeyin sorumluluğunu üstlenmek; **das geht auf ihre ~** bu, onun başının altından çıktı **2.** (*Verschluss*) kapak; (*von Flaschen*) kapsül, kapak; (*Rad~*, AUTO) kapak; (*Verteiler~*, AUTO) kafa **3.** (ARCH) takke **4.** (*vorne am Schuh*) maskarata

kappen ['kapən] *vt* **1.** (*Seil*) kesmek **2.** (*kastrieren*) iğdiş etmek, hadım etmek, enemek

Käppi ['kɛpi] *nt* <-s, -s> kasket

Kapriole [kapri'o:lə] *f* <-n> **1.** (*Luftsprung*) sıçrama; (*Sprung auf der Stelle*) yerinde sıçrama **2.** (*Streich, Laune*) muziplik

kapriziös [kapri'tsjø:s] *adj* (*geh*) kaprisli

Kapsel ['kapsəl] *f* <-n> **1.** (*Behälter*) kapsül **2.** (BOT, MED) kapsül; (*Baumwoll~*) koza **3.** (*Raumfahrt*) kapsül

kaputt [ka'pʊt] *adj* (*fam*) **1.** (*entzwei*) kırık; (*nicht mehr funktionsfähig*) bozuk **2.** (*erschöpft*) bitkin; **ein ~er Typ** (*sl*) hayatı kaymış bir tip; **kaputt|gehen** *irr vi sein* **1.** (*fam: entzweigehen*) kırılmak; (*nicht mehr funktionieren*) bozulmak **2.** (*fam: Beziehung*) bozulmak (*an* yüzünden); (*Nerven*) mahvolmak (*an* yüzünden); (*Pflanze*) ölmek (*an* -den) **3.** (*fam: Firma*) batmak **4.** (*sl: sich psychisch erschöpfen*) mahvolmak; **kaputt|lachen** *vr:* **sich ~** gülmekten katılmak (*über* -e); **kaputt|lachen** *vr:* **sich ~** gülmekten katılmak (*über* -e); **kaputt|machen I.** *vt* (*fam*) **1.** (*zerbrechen*) kırmak; (*zerstören*) bozmak **2.** (*ruinieren*) mahvetmek **3.** (*psychisch erschöpfen*) mahvetmek; **der Stress macht ihn kaputt** stres onu mahvediyor **II.** *vr:* **sich ~** (*fam*) mahvolmak

Kapuze [ka'pu:tsə] *f* <-n> kapüşon, kukuleta

Kapuzenmantel *m* kukuletalı palto

Kapuziner(in)[1] [kapu'tsi:nɐ] *m(f)* <-s, -; -nen> (REL) Kapuçin

Kapuziner[2] *m* <-s, -> (*österr:* GASTR: *Milchkaffee*) sütlü kahve

Kapuzineraffe *m* <-n, -n> (ZOOL) kapuçin maymunu; **Kapuzinerkresse** *f ohne Pl* (BOT) Lâtin çiçeği; **Kapuzinerorden** *m ohne Pl* <-s> (REL) Kapuçin tarikatı

Kar *nt* (GEO) buz yalağı

Karaffe [ka'rafə] *f* <-n> sürahi

Karakal *m* (ZOOL: *Wüstenluchs*) karakulak

Karakalpake, -in *m, f* Karakalpak

Karambolage [karambo'la:ʒə] *f* <-n> karambol

Karamel *m Schweiz: nt ohne Pl* <-s>, **Karamell**[RR] [kara'mɛl] *m Schweiz: nt ohne Pl* <-s> karamelâ

Karat [ka'ra:t] *nt* <-(e)s, -e> **1.** (*von Edelsteinen*) kırat **2.** (*für Gold*) ayar

Karate [ka'ra:tə] *nt ohne Pl* <-(s)> karate; **Karatekämpfer** *m* karateci

Karawane [kara'va:nə] *f* <-n> kervan

Karbid [kar'bi:t] *nt* <-(e)s, -e> (CHEM) karpit; **Karbidlampe** *f* karpit lâmbası

Karbunkel *m* (MED) şirpençe

Kardamom [karda'mo:m] *m o nt* <-s, -e(n)> (BOT) kakule

Kardinal [kardi'na:l, *Pl:* kardi'nɛ:lə] *m* <-s, Kardinäle> (REL) kardinal

Kardinalzahl *f* asıl sayı

Kardiogramm [kardio'gram] *nt* <-s, -e> (MED) kardiyogram

Karfiol [kar'fjo:l] *m ohne Pl* <-s> (*österr:* GASTR: *Blumenkohl*) karnabahar

Karfreitag [ka:ɐ'fraɪta:k] *m* (REL) paskalya arifesinde cuma günü

karg [kark] *adj* **1.** (*gering*) kıt; (*armselig*) yoksul, fakir **2.** (*Wand*) çıplak **3.** (*unfruchtbar*) kısır, ürün vermeyen; **~e Erde** kısır toprak

Karibik [ka'ri:bɪk] *f* Karayipler *pl*

karibisch *adj* Karayip

kariert [ka'ri:ɐt] *adj* (*Stoff, Papier*) kareli, satrançlı; **klein ~** (*Stoff*) pötikare; (*kleinlich*) pinti

Karies ['ka:riɛs] *f ohne Pl* (MED) çürük

Karikatur [karika'tu:ɐ] *f* <-en> karikatür

Karikaturist(in) *m(f)* karikatürist, karikatürcü

karikaturistisch *adj* karikatürize

karikieren* [kari'ki:rən] *vt* karikatürize etmek, karikatürleştirmek

kariös [kari'ø:s] *adj* (MED) çürük

karminrot [kar'mi:n-] *adj* lâl; (*leuchtend rot*) parlak kırmızı renkte olan

Karneval ['karnəval] *m* <-s, -e *o* -s> **1.** (REL: *Fleischwegnahme*) et kesimi, apukurya **2.** (*Fest*) karnaval

Karnickel [kar'nɪkəl] *nt* <-s, -> (*reg: Kaninchen*) ada tavşanı

Karo ['ka:ro] *nt* <-s, -s> (*Viereck*) kare; (*Raute*) eşkenar dörtgen; (*Spielkarte*) karo, orya; (*auf Kleidung*) kare

Karoacht *f* karo sekizlisi

Karolinger ['ka:rolɪŋɐ] *mPl* (HIST) Karolenjli

Karosse [ka'rɔsə] *f* <-n> **1.** (*Kutsche*) saltanat arabası **2.** (*fam: Karosserie*) karoser, kaporta

Karosserie [karɔsə'ri:] *f* <-n> karoser, kaporta

Karosseriebau *m ohne Pl* kaportacılık; **Karosseriebauer(in)** *m(f)* <-s, -; -nen> kaportacı

Karotte [ka'rɔtə] *f* <-n> havuç

Karpfen ['karpfən] *m* <-s, -> (ZOOL) sazan

Karre ['karə] *f* <-n> *s.* **Karren**

Karree [ka'reː] *nt* <-s, -s> **1.** (*Viereck*) kare **2.** (*Häuserblock*) blok

Karren ['karən] *m* <-s, -> **1.** (*Wagen*) araba **2.** (*pej: Auto*) araba

Karriere [ka'rjeːrə] *f* <-n> kariyer; **~ machen** kariyer yapmak; **Karrierefrau** *f* kariyer kadını

Karsamstag [kaːɐ'zamstaːk] *m* (REL) paskalya arifesinde cumartesi günü

Karst [karst] *m* <-(e)s, -e> (GEO) karst

Karte ['kartə] *f* <-n> **1.** (*Visiten~, Kredit~*) kart; **die gelbe/rote ~** (SPORT) sarı/kırmızı kart **2.** (*Ansichts~*) kart; **eine ~ schreiben** bir kart yazmak **3.** (*Speise~*) menü **4.** (*Land~*) harita; **politische ~** siyasî harita **5.** (*Fahr~*) bilet, yolcu bileti; (*Eintritts~*) bilet **6.** (*Spiel~*) kâğıt; **jdm die ~n legen** birinin kâğıt falına bakmak; **~n spielen** kâğıt oynamak **7.** (INFORM) kart

Kartei [kar'taɪ] *f* <-en> kartotek; **Karteikarte** *f* fiş, bilgi kartı; **Karteikasten** *m* kartotek

Kartell [kar'tɛl] *nt* <-s, -e> (WIRTSCH) kartel; **Kartellamt** *nt* (WIRTSCH) kartel dairesi

Kartenhaus *nt* **1.** (*Figur aus Spielkarten*): **alle ihre Pläne fielen in sich zusammen wie ein ~** bütün plânları iskambil kâğıdı gibi devrildi **2.** (NAUT: *Raum für Seekarten*) harita dairesi; **Kartenlegen** *nt ohne Pl* <-s> kâğıt falı, kâğıt falına bakma; **Kartenleger(in)** *m(f)* <-s, -; -nen> kâğıt falcısı; **Kartenspiel** *nt* **1.** (*Spiel*) iskambil oyunu, kâğıt oyunu **2.** (*Spielkarten*) iskambil; **Kartenspieler(in)** *m(f)* iskambil oyuncusu; **Kartentelefon** *nt* kartlı telefon

Kartoffel [kar'tɔfəl] *f* <-n> patates; **Kartoffelauflauf** *m* (GASTR) patates sufle; **Kartoffelbrei** *m ohne Pl* <-s> (GASTR) patates ezmesi, patates püresi; **Kartoffelchip** *m* (GASTR) patates cips; **Kartoffelkäfer** *m* (ZOOL) patates böceği; **Kartoffelpuffer** *m* (GASTR) patates mücveri; **Kartoffelpüree** *nt ohne Pl* <-s> (GASTR) patates püresi; **Kartoffelsalat** *m* (GASTR) patates salatası

Karton [kar'tɔŋ] *m* <-s, -s> **1.** (*Material*) karton **2.** (*Behälter*) mukavva kutu

kartoniert [karto'niːɐt] *adj* (*Buch*) ciltli

Kartusche [kar'tʊʃə] *f* <-n> **1.** (TECH: *Behälter*) kartuş, tüp; (*Tonerpatrone*) kartuş **2.** (MIL: *Geschosshülse*) kartuş; (*leere Geschosshülle*) kovan **3.** (KUNST: *Zierornament*) süslü çerçeve

Karussell [karʊ'sɛl] *nt* <-s, -s *o* -e> atlıkarınca

Karwoche ['kaːɐvɔxə] *f* (REL) *paskalya yortusundan önceki yas haftası*

Kasachstan ['kazaxstaːn] *nt* <-s> Kazakistan

kaschieren* [ka'ʃiːrən] *vt* örtbas etmek

Kaschmir[1] ['kaʃmiːɐ] *m* <-s, -e> (*Wolle, Gewebe*) kaşmir

Kaschmir[2] *nt* <-s> Keşmir

Käse ['kɛːzə] *m* <-s, -> **1.** (GASTR) peynir **2.** (*fam abw: Unsinn*) saçma; **das ist doch alles ~, was du erzählst!** bütün bu anlatıkların saçma!; **Käseglocke** *f* peynir fanusu; **Käsekuchen** *m* peynirli pasta

Käser(in) *m(f)* <-s, -; -nen> peynirci

Käserei *f* <-en> **1.** (*Betrieb*) peynirhane **2.** *ohne Pl* (*das Herstellen*) peynircilik

Kaserne [ka'zɛrnə] *f* <-n> kışla

käsig ['kɛːzɪç] *adj* **1.** peynirimsi **2.** (*fam: Hautfarbe*) soluk

Kasino [ka'ziːno] *nt* <-s, -s> **1.** (MIL) orduevi **2.** (*Spiel~*) kumarhane

Kaskade [kas'kaːdə] *f* <-n> **1.** çağlayanlar dizisi **2.** (CHEM) zincirleme birbirine bağlı kaplar *pl*

Kaskoversicherung ['kasko-] *f* kasko (sigorta)

Kasper(le) ['kaspɐ(lə)] *m* <-s, -> Kasper (adlı kukla); **Kasper(le)theater** *nt* Kasper (adlı kukla) tiyatrosu

Kaspisches Meer *nt* Hazar Denizi

Kassa ['kasa] *f* <Kassen> (*österr*) Kasa

Kasse ['kasə] *f* <-n> **1.** (*Behälter*) kasa **2.** (*Laden~, Registrier~*) kasa **3.** (*Zahlstelle, Schalterraum*) vezne **4.** (*Bargeld*) para; (FIN: *Barzahlung*) nakit (ödeme); **~ machen** (*fam*) para yapmak; **jdn zur ~ bitten** (*fam*) birinden para istemek; **knapp/gut bei ~ sein** (*fam*) parası kıt/bol olmak; **wir haben getrennte ~n** bizim hesaplarımız [*o* hesabımız kitabımız] ayrıdır **5.** (*für Eintritts-, Fahrkarten*) gişe **6.** (*fam: Kranken~*) sigorta; (*Spar~*) sandık; (*Bank*) banka

Kassel ['kasəl] *nt* <-s> Kassel

Kassenarzt, -ärztin *m, f* sigortanın sözleşmeli hekimi

Kassenautomat *m* bankamatik; **Kassenbestand** *m* <-es, -stände> kasa mevcudu; **Kassenbon** *m* kasa fişi

Kassenpatient(in) *m(f)* sigortalı hasta

Kassenschlager *m* (*fam: Ware*) peynir ekmek gibi satılan mal; (*Film*) gişe başarısı; **Kassensturz** *m*: **~ machen** kasa mevcudunu belirlemek; **Kassenzettel** *m* **1.** (*Quittung*) fiş **2.** *s.* **Kassenbon**

Kassette [ka'sɛtə] *f* <-n> **1.** (*für Geld*) kasa; (*für Schmuck*) kutu, mahfaza **2.** (*Schutzhülle*) kutu **3.** (*Musik~, Video~*) kaset; **Kassettenrekorder** *m* <-s, -> kasetli teyp

kassieren* [ka'siːrən] **I.** *vi* **1.** (*Kellner*) hesabı almak **2.** (*fam: Geld einnehmen*) para almak **II.** *vt* **1.** (*einnehmen*) almak (*von/bei* -den), tahsil etmek (*von/bei* -den)

2. (*fam: sich aneignen*) iç etmek, edinmek; (*wegnehmen*) almak; (*gefangen nehmen*) yakalamak, enselemek **3.** (*fam: einstecken müssen*) almak, yemek; **ein Tor ~** gol yemek **4.** (JUR: *aufheben*) temyiz etmek

Kassierer(in) *m(f)* <-s, -; -nen> (*eines Unternehmens*) kasadar; (*an der Ladenkasse*) kasiyer; (*im Verein*) sayman

Kassiopeia *f ohne Pl* (ASTR) Altı Kardeş

Kastagnette [kasta'njɛtə] *f* <-n> (MUS) kastanyet

Kastanie [kas'ta:niə] *f* <-n> **1.** (*Baum*) kestane **2.** (*Frucht*) kestane; **für jdn die ~n aus dem Feuer holen** (*fam*) biri için kendini ateşe atmak **3.** (*bei Pferden*) kestanecik; **kastanienbraun** *adj* kestane rengi

Kästchen ['kɛstçən] *nt* <-s, -> **1.** (*Behälter*) küçük kutu **2.** (*auf Papier*) kare

Kaste ['kastə] *f* <-n> kast

kasteien* [kas'taɪən] *vr:* **sich ~** riyazet etmek

Kastell [kas'tɛl] *nt* <-s, -e> **1.** (HIST) kale, hisar **2.** kasır; (*Burg*) şato

Kasten ['kastən, *Pl:* 'kɛstən] *m* <-s, Kästen> **1.** (*Kiste*) kutu; (*größerer*) kasa; **etwas auf dem ~ haben** (*fam*) kafalı olmak **2.** (*Schau~*) vitrin **3.** (*fam: Brief~*) kutu **4.** (*fam pej: Radio*) radyo; (*Fernseher*) tv **5.** (*Turngerät*) masa **6.** (*fam pej: Gebäude*) masara **7.** (*österr, Schweiz: Schrank*) dolap

Kastilien [kas'ti:liən] *nt* <-s> Kastilya

Kastilier(in) *m(f)* <-s, -; -nen> Kastilyalı

kastilisch *adj* Kastilyalı, Kastilya (ile ilgili)

kastrieren* [kas'tri:rən] *vt* hadım etmek, iğdiş etmek, enemek

Kasus ['ka:zʊs] *m* <-, -> (LING) durum, hâl

Kat [kat] *m* <-s, -s> *Abk. von* **Katalysator** (CHEM) katalizör; (AUTO) katalitik çevirici

Katabolie *f ohne Pl*, **Katabolismus** *m ohne Pl* (MED, BIOL) katabolizma

Katafalk *m* <-s, -e> katafalk

Katakomben [kata'kɔmbən] *fPl* katakomp

Katalane, -in [kata'la:nə] *m, f* <-n, -n; -nen> Katalan

katalanisch *adj* Katalan; **das K~e** Katalanca

Katalog [kata'lo:k] *m* <-(e)s, -e> katalog

katalogisieren* [katalogi'zi:rən] *vt* kataloglamak

Katalogisierung *f* kataloglama

Katalonien [kata'lo:niən] *nt* <-s> Katalanya

Katalysator [kataly'za:to:ɐ] *m* <-s, -en> (CHEM) katalizör; (AUTO) katalitik çevirici

Katalyse *m* <-, -n> (CHEM) kataliz

Katapult *nt o m* <-(e)s, -e> **1.** (*Steinschleuder*) sapan **2.** (TECH, AERO) şaryo

katapultieren* [katapʊl'ti:rən] *vt* (AERO: *a. fig*) fırlatmak

Katarr[RR] [ka'tar] *m* <-s, -e> (MED), **Katarrh** *m* <-s, -e> (MED) katarakt

katastrophal [katastro'fa:l] *adj* felâket

Katastrophe [katas'tro:fə] *f* <-n> **1.** (*Unglück*) afet, felâket; (*Natur~*) afet **2.** (*fig*) felâket; **Katastrophengebiet** *nt* felâket bölgesi

Kategorie [katego'ri:] *f* <-n> kategori, ulam

kategorisch [kate'go:rɪʃ] *adj* kategorik

Kater ['ka:tɐ] *m* <-s, -> **1.** (*Tier*) erkek kedi; **der gestiefelte ~** çizmeli kedi **2.** (*fam: Unwohlsein*) mahmurluk, sarhoşluğun ayıltısı; **einen ~ haben** mahmurluk duymak, sarhoşluğun ayıltısı içinde olmak

Katgut *nt ohne Pl* <-s> (MED) katgüt

kath. *Abk. von* **katholisch** Katolik

Kathedrale [kate'dra:lə] *f* <-n> katedral

Katheter [ka'te:tɐ] *m* <-s, -> (MED) sonda

Kathode [ka'to:də] *f* <-n> (PHYS) katot

Katholik(in) [kato'li:k] *m(f)* <-en, -en; -nen> Katolik

katholisch [ka'to:lɪʃ] *adj* Katolik

Katholizismus [katoli'tsɪsmʊs] *m ohne Pl* <-> Katoliklik

katzbuckeln *vi* eteklemek (*vor* -i)

Katze ['katsə] *f* <-n> **1.** (*Haus~*) kedi; **wie die ~ um den heißen Brei schleichen** (*fam*) bin dereden su getirmek, ağzından baklayı çıkarmamak; **die ~ im Sack kaufen** (*fam*) malı görmeden satın almak; **die ~ aus dem Sack lassen** (*fam*) baklayı ağzından çıkarmak; **meine Arbeit war für die Katz** (*fam*) yaptığım iş boşunaydı; **die ~ lässt das Mausen nicht** (*prov*) can çıkmayınca [*o* çıkmadan] huy çıkmaz **2.** (*Raubtierart*) kedi

Katzenauge *nt* **1.** (*Auge einer Katze*) kedi gözü **2.** (*fam: Rückstrahler*) kedigözü, katafot

Katzenjammer *m* (*fam*) **1.** (*depressive Stimmung*) moral çöküntüsü **2.** (*Kater nach Rausch*) mahmurluk; **Katzensprung** *m:* **es ist nur ein ~ (von hier)** (*fam*) orası buradan iki adımlık yer; **Katzenwäsche** *f* <-n> (*fam*) üstünkörü yıkanma; **~ machen** üstünkörü yıkanmak; **Katzenzunge** *f* <-n> **1.** (*Zunge der Katze*) kedi dili **2.** (*Süßigkeit*) kedidili

Kauderwelsch ['kaʊdɐvɛlʃ] *nt ohne Pl* <-(s)> çetrefil dil

kauen ['kaʊən] *vi, vt* çiğnemek; **an den Nägeln ~** tırnaklarını kemirmek

kauern ['kaʊɐn] **I.** *vi* diz çökmek **II.** *vr:* **sich ~** pusmak, sinmek

Kauf [kaʊf, *Pl:* 'kɔɪfə] *m* <-(e)s, Käufe> alım (*von* -in); (*Erwerb*) satın alma (*von* -i); **etw zum ~ anbieten** bir şeyi satışa çıkarmak; **ein ~ in Raten/auf Kredit** taksitle/

veresiye satın alma; **etw in ~ nehmen** bir şeyi göze almak
kaufen ['kaʊfən] *vt* satın almak; (*bestechen*) rüşvet vermek (-e); **etw auf Raten ~** bir şeyi taksitle satın almak; **jdn ~** (*fam: zur Rede stellen*) birinden hesap sormak; (*bestehen*) birine rüşvet vermek
Käufer(in) ['kɔɪfɐ] *m(f)* <-s, -; -nen> alıcı; (*Kunde*) müşteri; **Kaufhaus** *nt* bonmarşe, büyük mağaza; **Kaufkraft** *f ohne Pl* (WIRTSCH) alım gücü, satın alma gücü; **Kaufladen** *m* <-s, -läden> (*Spielzeug*) dükkân; **Kaufleute** *Pl s.* **Kaufmann**
käuflich ['kɔɪflɪç] *adj* **1.** (*Waren*) satılık; **etw ~ erwerben** bir şeyi satın almak **2.** (*bestechlich*) yiyici
Kaufmann *m* <-(e)s, -leute> tacir, tüccar; **der ~ von Venedig** (LIT) Venedik Taciri
kaufmännisch [-mɛnɪʃ] *adj* ticarî
Kaufpreis *m* alış fiyatı, satış fiyatı [*o* bedeli]; **Kaufrausch** *m* satış furyası; **Kaufvertrag** *m* satış mukavelesi; **Kaufzwang** *m* satın alma zorunluluğu; **ohne ~** satın alma zorunluluğu olmadan
Kaugummi *m o nt* <-s, -s> çiklet, jiklet, sakız; **~ kauen** çiklet çiğnemek
Kaukasus ['kaʊkazʊs] *m* <-> Kafkasya
Kaulquappe ['kaʊlkvapə] *f* <-n> (ZOOL) iribaş
kaum [kaʊm] *adv* **1.** (*fast gar nicht*) hemen hemen hiç; **ich habe ~ geschlafen** pek uyumadım **2.** (*noch nicht einmal*): **sie war ~ hereingekommen, als ...** içeriye girdi girmedi, ...; **es dauerte ~ drei Stunden** üç saat sürdü sürmedi, üç saat bile sürmedi **3.** (*nur mit Mühe*): **das ist ~ zu glauben** inanılacak gibi değil
kausal [kaʊ'za:l] *adj* nedensel, illî
Kausalität *f* nedensellik, illiyet; **Kausalzusammenhang** *m* nedensellik bağı
kausativ *adj* (LING: *Verb*) ettirgen
Kausch(e) *f* (NAUT) randasa
kaustisch *adj* (CHEM) kostik
Kautabak ['kaʊ-] *m* ağız tütünü
Kaution [kaʊ'tsjo:n] *f* <-en> **1.** (JUR: *als Bürgschaft*) kefalet; (*als Sicherheitsleistung*) teminat, güvence **2.** (*bei Mieten*) depozit
Kautschuk ['kaʊtʃʊk] *m* <-s, -e> kauçuk
Kauz [kaʊts, *Pl:* 'kɔɪtsə] *m* <-es, Käuze> (ZOOL) kukumav; **ein komischer ~** (*fam*) garip [*o* tuhaf] adam
Kavalier [kava'li:ɐ] *m* <-s, -e> centilmen
Kavallerie [kavalə'ri:, '----] *f* <-n> (HIST) süvari sınıfı
Kaviar ['ka:via:ɐ] *m* <-s, -e> havyar
KB [ka:'be:] *Abk. von* **Kilobyte** kilobayt
Kebab *m* (GASTR) kebap
keck [kɛk] *adj* (*Bursche*) gözü pek; (*Antwort*) pervasız
Kefir *m ohne Pl* kefir
Kegel ['ke:gəl] *m* <-s, -> **1.** (*Geometrie, a. Berg~, Licht~*) koni **2.** (*Spielfigur*) hedef lobut
kegelförmig [-fœrmɪç] *adj* koni, konik
kegeln ['ke:gəln] *vi* kiy oynamak
Kehle ['ke:lə] *f* <-n> gırtlak; **jdm das Messer an die ~ setzen** (*fam fig*) birinin gırtlağına bıçağı dayamak; **jdm die ~ durchschneiden** birinin gırtlağını kesmek, birini boğazlamak; **jdm an die ~ springen** (*fam fig*) birinin boğazına sarılmak; **aus voller ~** avaz avaz, avazı çıktığı kadar; **mir war die ~ wie zugeschnürt** (*fig*) boğazım düğümlenmiş gibiydi
Kehlkopf *m* (ANAT) gırtlak; **Kehlkopfentzündung** *f* (MED) lârenjit; **Kehlkopfkrebs** *m* (MED) gırtlak kanseri; **Kehllaut** *m* (LING) art damak ünsüzü
Kehrbesen *m* (*südd*) süpürge
Kehrblech *nt* faraş
kehren ['ke:rən] **I.** *vt* **1.** (*drehen*) döndürmek; **die Innenseite nach außen ~** ters yüz etmek; **er ist in sich gekehrt** o, içine dönüktür **2.** (*fegen*) süpürmek; **etw unter den Teppich ~** (*fig*) bir şeyi örtbas etmek **II.** *vr:* **sich ~ 1.** (*sich wenden*) dönmek **2.** (*sich kümmern*) aldırmak (*an* -e) **III.** *vi* **1.** (*fegen*) süpürmek **2.** (*Schweiz: drehen: Wind, Trend*) dönmek; (*Auto*) dönmek
Kehricht ['ke:rɪçt] *m o nt ohne Pl* <-s> (*geh*) süprüntü, çöp; **das geht dich einen feuchten ~ an!** (*fam*) bu seni hiç mi hiç ilgilendirmez!
Kehrmaschine *f* sokak süpürme makinesi
Kehrreim *m* nakarat, kavuşak
Kehrschaufel *f* faraş
Kehrseite *f* **1.** (*Rückseite*) ters (taraf); **die ~ der Medaille** madalyanın [*o* madalyonun] tersi [*o* ters tarafı] **2.** (*Rücken*) arka **3.** (*Nebenerscheinung*) gölge olay
kehrt|machen ['ke:ɐt-] *vi* (*fam*) **1.** (*sich umdrehen*) arkasını dönmek; (*umkehren*) geri dönmek, çark etmek **2.** (*aufgeben*) caymak; **Kehrtwendung** *f* yerinde dönüş
keifen ['kaɪfən] *vi* (*pej*) bağırıp çağırmak
Keil [kaɪl] *m* <-(e)s, -e> **1.** (*Werkzeug*) kama, kıskı **2.** (*Bremsklotz*) takoz
keilen ['kaɪlən] **I.** *vt* **1.** (*Bäume, Stämme*) kama ile yarmak **2.** (*drängen*) sıkıştırmak **II.** *vr:* **sich ~ 1.** (*hindurchdrängen*) itiş kakış ilerlemek **2.** (*fam: sich prügeln*) dövüşmek
Keiler *m* <-s, -> (ZOOL) erkek yaban domuzu
Keilerei *f* <-en> (*fam*) dövüş
keilförmig [-fœrmɪç] *adj* kamamsı
Keilriemen *m* (AUTO) vantilâtör kayışı

K

Keilschrift *f* (HIST) çivi yazısı

Keim [kaɪm] *m* <-(e)s, -e> **1.** (BOT) filiz; **etw im ~ ersticken** bir şeyi baş göstermeden bastırmak **2.** (*Embryo*) embriyon **3.** (*Krankheitserreger*) mikrop; **Keimblatt** *nt* (BOT) çenek; **Keimdrüse** *f* (ANAT, ZOOL: *Geschlechtsdrüse*) cinsiyet bezi

keimen *vi* **1.** (BOT) filiz vermek **2.** (*sich zu bilden beginnen*) filizlenmek, gelişmeye başlamak, büyümeye başlamak; **~des Leben** (*fig*) filizlenen hayat

keimfrei *adj* mikropsuz; (*steril*) sterilize

Keimling *m* <-s, -e> (BOT) filizcik; (MED) oğulcuk

keimtötend *adj* sterilize eden; **Keimzelle** *f* **1.** (BIOL: *Gamet*) gamet **2.** (*Anfang*) başlangıç

kein, keine, kein [kaɪn, 'kaɪnə, kaɪn] *pron* **1.** (*nicht ein, nichts an*) hiç, hiçbir; (~ *Einziger*) hiçbiri; **ich habe ~e Zeit** hiç vaktim yok; **~ einziges Mal** bir kere olsun; **in ~ster Weise** hiçbir şekilde; **~ Mensch** hiçbir insan; (**das ist überhaupt**) **~ Problem!** (bu hiç) sorun değil!; **~e Ahnung!** bilmem!, haberim yok! **2.** (*nicht einmal*): **das ist ~e 200 Meter von hier** buraya 200 metre yok bile

keine(r, s) ['kaɪnə, -nɐ, -nəs] *pron:* **ich kenne ~n, der das kann** bunu yapabilecek kimse tanımıyorum; **es war ~r da** orada kimse(cik) yoktu; **~r von uns** hiçbirimiz

keinerlei ['--'-] *adj inv* hiç (mi hiç); **ich mache mir ~ Gedanken darüber** onu kendime hiç (mi hiç) dert etmiyorum

keinesfalls ['--'-] *adv* hiçbir suretle, kat'iyen, asla

keineswegs ['--'-] *adv* **1.** (*keinesfalls*) asla, kat'iyen, hiç de değil **2.** (*nicht im geringsten*) zerre kadar değil; **sie ist ~ dumm** kat'iyen [*o* hiç de] aptal değildir

keinmal *adv* hiçbir kere

keins [kaɪns] *pron s.* **keine(r, s)**

Keks [ke:ks] *m o nt* <-(es), -(e)> (*Gebäck*) bisküvi; **jdm auf den ~ gehen** (*fam*) birinin sinirine dokunmak

Kelch [kɛlç] *m* <-(e)s, -e> **1.** (*Glas*) ayaklı kupa; (REL) piyale; **den bitteren ~ (bis zur Neige) leeren** (*geh fig*) güç bir şeye sonuna kadar dayanmak **2.** (BOT) çanak

Kelle ['kɛlə] *f* <-n> **1.** (*Schöpflöffel*) kepçe **2.** (*Maurer~, Mörtel~*) mala, sürgü

Keller ['kɛlɐ] *m* <-s, -> bodrum; (*Vorrats~*) kiler; **Kellerassel** ['kɛlɐʔasəl] *f* (ZOOL) tespih böceği

Kellerei *f* <-en> içki mahzeni

Kellerfenster *nt* bodrum penceresi; **Kellergeschoss**[RR] *nt* bodrum katı

Kellner(in) ['kɛlnɐ] *m(f)* <-s, -; -nen> garson

kellnern *vi* (*fam*) garsonluk yapmak

Kelte, -in ['kɛltə] *m, f* <-n, -n; -nen> (HIST) Kelt

keltern ['kɛltɐn] *vt* cendereden geçirmek

keltisch ['kɛltɪʃ] *adj* Kelt

Kemalismus *m ohne Pl* Atatürkçülük

Kenia ['ke:nia] *nt* <-s> Kenya

Kenianer(in) [keni'a:nɐ] *m(f)* <-s, -; -nen> Kenyalı

kenianisch *adj* Kenyalı, Kenya (ile ilgili); **eine ~e Frau** Kenyalı bir kadın; **die ~e Regierung** Kenya hükümeti

kennen ['kɛnən] <kennt, kannte, gekannt> *vt* tanımak; (*wissen*) bilmek; **~ Sie Herrn X?** Bay X'i tanıyor musunuz?; **~ Sie ihren Namen?** adını biliyor musunuz?; **kennst du mich noch?** beni tanıdın mı?; **jdn ~ lernen** biriyle tanışmak; **es freut mich Sie ~ zu lernen** tanıştığımıza memnun oldum; **wie ich ihn kenne …** onu tanıdığım kadarıyla …; **da kennst du mich aber schlecht** sen beni pek tanımıyorsun galiba; **er kennt kein Erbarmen** hiç merhamet bilmez; **da kenne ich nichts!** hiç anlamam!; **ich kenne sie vom Sehen** onu görmüşlüğüm var

kennen|lernen *vt s.* **kennen**

Kenner(in) *m(f)* <-s, -; -nen> **1.** (*Sachverständiger*) bilirkişi, eksper **2.** (*jdm, der sich gut auskennt*) erbap; **Kennerblick** *m* <-(e)s, -e>: **etw mit ~ betrachten** bir şeye bilen gözü ile bakmak

kenntlich ['kɛntlɪç] *adj:* **etw ~ machen** bir şeyi işaretlemek

Kenntnis ['kɛntnɪs] *f ohne Pl* (*das Bekanntsein*) bilgi, bilme, haberdar olma; **von etw** *dat* **~ haben/erhalten** bir şeyden haberi/haberdar olmak; **jdn von etw** *dat* **in ~ setzen** birine bir şey hakkında bilgi vermek, birini bir şeyden haberdar etmek; **etw/jdn zur ~ nehmen** bir şey/kimse hakkında bilgi edinmek

Kenntnisnahme *f ohne Pl* (*formal*): **zur ~** bilginize (arz ederiz)

Kenntnisse *fPl* (*Wissen*) bilgi

Kennwort *nt* <-(e)s, -wörter> (*Losung*) parola; (*Kode*) kod, şifre; **Kennzahl** *f s.* **Kennziffer**; **Kennzeichen** *nt* **1.** (*Merkmal*) nitelik; (*zur Unterscheidung*) karakteristik, belirgin nitelik **2.** (*Markierung*) işaret **3.** (AUTO) plâka; **kennzeichnen** *vt* **1.** (*markieren*) işaretlemek, işaret koymak (-e) **2.** (*charakterisieren*) karakterize etmek (*als* olarak), ıralamak (*als* olarak)

kennzeichnend *adj* (*charakteristisch*) karakteristik; (*typisch*) tipik; (*unterscheidend*) ayırıcı, ayırt edici

Kennziffer *f* **1.** (*als Kennzeichen*) şifre

2. (MATH) karakteristik
kentern ['kɛntɐn] *vi sein* alabora olmak
Keramik [ke'raːmɪk] *f* <-en> seramik
Keratin *nt* (BIOL, CHEM) keratin
Kerbe ['kɛrbə] *f* <-n> (*Einschnitt*) kertik; (*in Holz, Metall*) çetele, kertik; (*Zeichen*) kerte, çetele; **in dieselbe ~ schlagen** (*fam*) biriyle hemfikir olmak, biriyle aynı amacı gütmek
Kerbholz *nt* (HIST) çetele; **etwas auf dem ~ haben** (*fam fig*) kabahat işlemiş olmak
kerben *vt* kertiklemek
Kerker ['kɛrkɐ] *m* <-s, -> 1. (HIST) zindan 2. (*österr: Zuchthaus*) ağır hapis
Kerl [kɛrl] *m* <-s, -e> (*fam*) adam, herif; **blöder ~!** aptal herif!; **er ist ein ganzer ~** sapına kadar erkektir
Kern [kɛrn] *m* <-(e)s, -e> 1. (*einer Frucht*) çekirdek 2. (BIOL, PHYS) çekirdek 3. (*Mittelpunkt*) orta 4. (*das Wesentliche*) öz, nüve, esas, asıl; **jedes Märchen hat einen wahren ~** her masalın esprisi [*o* derin bir anlamı] vardır; **Kernenergie** *f ohne Pl* nükleer enerji; **Kernexplosion** *f* nükleer patlama; **Kernfamilie** *f* çekirdek aile
Kernforschung *f ohne Pl* nükleer araştırma; **Kernforschungszentrum** *nt* nükleer araştırma merkezi
Kernfrage *f* asıl sorun; **kerngesund** ['--'-] *adj* sapasağlam
kernig ['kɛrnɪç] *adj* 1. (*markig*) özlü; (*kraftvoll*) kuvvetli; (*robust*) sağlam 2. (*Obst*) çekirdekli
Kernkraft *f ohne Pl* nükleer enerji; **Kernkraftgegner(in)** *m(f)* nükleer enerji karşıtçısı, nükleer enerjiye karşı olan (kimse); **Kernkraftwerk** *nt* nükleer santral
Kernobst *nt* çekirdekli meyve; **Kernphysik** *f* (PHYS) nükleer fizik; **Kernpunkt** *m* en önemli nokta, can alacak nokta; **Kernreaktion** *f* <-en> (PHYS) çekirdeksel tepkime; **Kernreaktor** *m* (PHYS) nükleer reaktör
Kernseife *f* sabun
Kernspaltung *f* (PHYS) çekirdek bölünmesi; **Kerntechnik** *f* <-en> (PHYS) nükleer enerji teknolojisi
Kernwaffen *fPl* (MIL) nükleer silâhlar *pl;* **Kernwaffenversuch** *m* (MIL) nükleer deneme
Kerosin [kero'ziːn] *nt ohne Pl* <-s> kerosen
Kerze ['kɛrtsə] *f* <-n> 1. (*aus Wachs*) mum; **elektrische ~** mum ampul 2. (TECH: *Zünd~*) buji 3. (SPORT) mum duruşu; **eine ~ machen** mum duruşuna geçmek; **kerzengerade** ['---'--] *adj* dimdik, mum direk; **~ sitzen** dimdik oturmak; **Kerzengießer(in)** *m(f)* mumcu; **Kerzenleuchter** *m* (*für mehrere Kerzen*) şamdan; **Kerzenlicht** *nt ohne Pl* <-(e)s> mum ışığı; **bei ~** mum ışığında; **Kerzenschlüssel** *m* (TECH, AUTO) buji anahtarı; **Kerzenständer** *m* şamdan
kess[RR] [kɛs] *adj,* **keß** *adj* 1. (*vorlaut*) pervasız 2. (*Kleidung*) şık
Kessel ['kɛsəl] *m* <-s, -> 1. (*Dampf~, Wasser~*) kazan 2. (*Tal*) ova 3. (MIL) çember 4. (*Schweiz: Eimer*) kova
Kesselpauke *f* kös; **Kesselraum** *m* kazan dairesi; **Kesselschmied** *m* kazancı; **Kesselstein** *m ohne Pl* kazan taşı; **Kesseltreiben** *nt* sürek avı; **Kesselwagen** *m* (EISENB) sarnıç vagonu
Ketchup *m o nt* <-(s), -s>, **Ketschup**[RR] ['kɛtʃap] *m o nt* <-(s), -s> ketçap
Kette ['kɛtə] *f* <-n> 1. (*Eisen~, Hotel~, Menschen~, Fahrrad~*) zincir; **jdn in ~n legen** (*a. fig*) birini zincire vurmak 2. (*Hals~*) gerdanlık; (*Kollier*) kolye 3. (*Reihe*) çözgü, arış 4. (*Gebirgs~*) silsile
ketten *vt* zincirlemek (*an* -e), (zincirle) bağlamak (*an* -e)
Kettenfahrzeug *nt* (MIL, TECH) paletli taşıt; **Kettenraucher(in)** *m(f)* sigara tiryakisi; **Kettenreaktion** *f* <-en> (CHEM, PHYS) zincirleme tepkime
Ketzer(in) ['kɛtsɐ] *m(f)* <-s, -; -nen> zındık
Ketzerei [kɛtsə'raɪ] *f* <-en> zındıklık
ketzerisch *adj* zındık
keuchen ['kɔɪçən] *vi* (*a. fig*) solumak
Keuchhusten *m ohne Pl* <-s> (MED) boğmaca
Keule ['kɔɪlə] *f* <-n> 1. (*Waffe, Sportgerät*) lobut 2. (*Tier~, Geflügel~*) but
keusch [kɔɪʃ] *adj* iffetli; **ein ~es Leben führen** iffetli bir yaşam sürmek
Keuschheit *f ohne Pl* iffet
Keyboard ['kiːbɔːt] *nt* <-s, -s> klâvye
Kfz *nt* <-(s), -(s)> *Abk. von* **Kraftfahrzeug** motorlu taşıt
kg *Abk. von* **Kilogramm** kg, *kilogram*
Khaki *nt* hâki
khakifarben *adj,* **khakifarbig** *adj* hâki
kHz (PHYS) *Abk. von* **Kilohertz** *kilohertz*
KI [kaː'ʔiː] (INFORM) *Abk. von* **künstliche Intelligenz** yapay zekâ
Kibla *f ohne Pl* (REL) kıble
Kichererbse ['kɪçɐ-] *f* nohut; **geröstete ~n** leblebi
kichern ['kɪçɐn] *vi* kıkır kıkır gülmek
kicken ['kɪkən] I. *vi* (*fam: Fußball spielen*) futbol oynamak II. *vt* (*fam: Ball*) ayakla vurmak
Kicker(in) *m(f)* <-s, -(s); -nen> (*fam*) futbolcu
Kickstarter ['kɪkʃtartɐ] *m* <-s, -> (AUTO) basçalıştır
Kid [kɪt] *nt* <-s, -s> 1. (*Glaceeleder*) glase

K

2. (*sl: Kind, Jugendlicher*) çocuk

kidnappen ['kɪtnɛpən] *vt* kaçırmak; **das Kind/der Minister wurde gekidnappt** çocuk/bakan kaçırıldı

Kidnapper(in) ['kɪtnɛpɐ] *m(f)* <-s, -; -nen> (fidye almak için insan) kaçıran (kimse)

Kiebitz ['kiːbɪts] *m* <-es, -e> **1.** (*Vogel*) kız kuşu **2.** (*fam: Person*) oyuna karışan (seyirci)

Kiefer[1] ['kiːfɐ] *f* <-n> (BOT) çam

Kiefer[2] *m* <-s, -> (ANAT) çene

Kieferharz *nt* (BOT) çam sakızı

Kieferknochen *m* (ANAT) çene kemiği

Kiefernnadel *f* (BOT) çam iğnesi; **Kiefernwald** *m* (BOT) çam ormanı

Kieferorthopäde, -in *m, f* (MED) ortodontist

Kieferorthopädie *f ohne Pl* (MED) ortodonti

Kiel [kiːl] *m* <-(e)s, -e> **1.** (NAUT: *Schiffsteil*) karina; **ein Schiff auf ~ legen** gemiyi tezgâha koymak **2.** (*an Vogelfeder*) kuş tüyü sapı; **Kielwasser** *nt ohne Pl* <-s> dümen suyu; **in jds ~ schwimmen** birinin dümen suyundan gitmek

Kieme ['kiːmə] *f* <-n> (ZOOL) solungaç

Kienspan *m* <-(e)s, -späne> çıra

Kies[1] [kiːs] *m* <-es, -e> (*Steine*) çakıl

Kies[2] *m ohne Pl* <-es> (*fam: Geld*) mangır

Kieselerde *f ohne Pl* silis

Kieselsäure *f ohne Pl* (CHEM) silisik asit; **Kieselstein** *m* çakıl taşı

Kiesgrube *f* çakıl ocağı, çakıllık

Kif(f) *m ohne Pl* <- o -s> (*sl*) keyif, esrar, ot

kiffen ['kɪfən] *vi* (*sl*) esrar çekmek

kikeriki [kikəri'kiː] *interj* kukuriku

killen ['kɪlən] *vt* (*fam*) öldürmek

Killer(in) ['kɪlɐ] *m(f)* <-s, -; -nen> (*fam*) katil; (*bezahlter Mörder*) kiralık katil

Kilo ['kiːlo] *nt* <-s, -(s)> (*fam*) kilo; **Kilobyte** ['kiːlobaɪt] *nt* (INFORM) kilobayt; **Kilogramm** *nt* kilogram; **Kilohertz** [-hɛrts] *nt* (PHYS) kilohertz; **Kilojoule** *nt* (PHYS) kilojul; **Kilokalorie** *f* (PHYS) kilokalori

Kilometer [--'--, '----] *m* kilometre; **160 ~ pro Stunde fahren** saate 160 kilometre hızla gitmek; **Kilometerstein** *m* kilometre taşı; **Kilometerzähler** *m* <-s, -> kilometre saati

Kilovolt *nt* (PHYS) kilovolt

Kilowatt *nt* <-s, -> (PHYS, TECH) kilovat; **Kilowattstunde** *f* (PHYS, ELEK) kilovat saat

Kimme *f* <-n> (*einer Handfeuerwaffe*) gez; **über ~ und Korn zielen** gez ile arpacık üzerinden nişan almak

Kimono *m* kimono

Kind [kɪnt] *nt* <-(e)s, -er> **1.** (*Junge, Mädchen*) çocuk, evlât; (*kleineres*) küçük; **von ~ auf** çocukluktan (beri); **das weiß doch jedes ~** bunu herkes bilir; **das ~ mit dem Bade ausschütten** (*fig*) pire için yorgan yakmak; **sich bei jdm lieb ~ machen** (*fam*) birine yaltaklanmak; **das ~ beim rechten Namen nennen** (*fam*) sözünü esirgememek; **wir werden das ~ schon schaukeln** (*fam*) meseleyi hâle yola koyacağız; **ein gebranntes ~ sein** (*fig*) sütten ağzı yanmış olmak **2.** (*Nachwuchs*) çocuk; **ein ~ erwarten** çocuk beklemek; **ein ~ bekommen** çocuğu olmak; **jdn an ~es statt annehmen** birini evlât edinmek; **mit ~ und Kegel** (*fam*) çoluk çocuk, maaile

Kindbettfieber *nt ohne Pl* <-s> loğusa humması

Kinderarbeit ['kɪndɐ-] *f ohne Pl* çocukların çalışması; **Kinderarzt, -ärztin** *m, f* çocuk hastalıkları hekimi, çocuk doktoru; **Kinderbuch** *nt* çocuk kitabı

Kinderei *f* <-en> çocukluk

Kinderermäßigung *f* çocuk indirimi

Kindererziehung *f* çocuk yetiştirme; **Kinderfrau** *f* çocuk bakıcısı kadın, dadı; **kinderfreundlich** *adj* çocuksever; **Kindergarten** *m* anaokulu, çocuk yuvası; **Kindergeld** *nt* çocuk parası; **Kinderheim** *nt* <-(e)s, -e> çocuk yurdu, çocuk yuvası; **Kinderhort** *m* kreş; **Kinderkleidung** *f* çocuk giysisi; **Kinderklinik** *f* çocuk hastalıkları kliniği; **Kinderkrankheit** *f* **1.** (MED) çocuk hastalığı **2.** (*fig: Anfangsschwierigkeit*) başlangıçtaki güçlük; **Kinderkrippe** *f* kreş; **Kinderlähmung** *f* çocuk felci; **kinderleicht** ['--'-] *adj* (*fam*) çocuk işi; **das ist doch ~** bu çocuk işi; **kinderlieb** *adj* çocuksever; **kinderlos** *adj* çocuksuz; **Kindermädchen** *nt* çocuk bakıcısı kız, dadı; **Kindernahrung** *f* çocuk maması; **kinderreich** *adj* çok çocuklu; **~e Familie** çok çocuklu bir aile; **Kinderschreck** *m* umacı; **Kinderschuh** *m* çocuk ayakkabışı; **etw steckt noch in den ~en** bir şey emekleme çağında [*o* döneminde] olmak; **Kindersitz** *m* çocuk koltuğu

Kinderspiel *nt* çocuk oyunu; **das ist doch ein ~ für sie** bu, onun için çocuk oyunudur [*o* işidir]; **Kinderspielplatz** *m* <-es, -plätze> çocuk bahçesi; **Kindersprache** *f* çocuk dili; **Kindertagesstätte** *f* çocuk yuvası; **Kinderwagen** *m* çocuk arabası; **Kinderzimmer** *nt* çocuk odası

Kindesalter *nt* çocukluk; **im ~** çocuklukta; **Kindesbeine** *ntPl:* **von ~n an** çocukluktan beri; **Kindesmisshandlung**[RR] *f* çocuklara fena muamele; **Kindestötung** *f* (JUR) çocuk öldürme

Kindheit *f ohne Pl* çocukluk; **seit meiner ~** çocukluğumdan beri

Kindheitserinnerung *f* çocukluk anısı

kindisch *adj* çocuksu, çocukca; (*Greis*) çocuk gibi; **sich ~ benehmen** çocukça davranışlarda bulunmak, çocukluk etmek

kindlich *adj* **1.** (*kindgemäß*) çocuk gibi, çocukça; (*Gesicht*) çocuksu, çocuğumsu **2.** (*naiv*) çocuk gibi

Kindstod *m* (MED): **plötzlicher ~** bebek ölümü

Kindtaufe *f* (REL) çocuğun vaftizi

Kinemathek *f* <-en> sinematek

Kinematograph *m* <-en, -en> sinematograf

kinetisch *adj* kinetik

Kinn [kɪn] *nt* <-(e)s, -e> çene; **Kinnbart** *m* <-(e)s, -bärte> didon sakal; **Kinnhaken** *m* (SPORT: *Boxen*) aparkat; **Kinnlade** *f* <-n> (ANAT: *Unterkiefer*) alt çene

Kino ['ki:no] *nt* <-s, -s> sinema; **Kinofilm** *m* <-(e)s, -e> sinema filmi

Kinogänger(in) [-gɛŋɐ] *m(f)* <-s, -; -nen> sinemasever; **Kinotechnik** *f ohne Pl* sinema tekniği

Kiosk ['ki:ɔsk] *m* <-(e)s, -e> büfe, büvet

Kipfer(l) ['kɪpfɐ(l)] *nt* <-s, -(n)> (*österr: Hörnchen*) ay çöreği

Kippe ['kɪpə] *f* <-n> **1.** (*fam: Zigarettenstummel*) izmarit; (*Zigarette*) cıgara, sigara **2.** (*Abraumhalde*) molozluk **3.** (*Müll~*) çöplük **4.** (*fam*): **es steht noch auf der ~** tehlikede olmak

kippen ['kɪpən] **I.** *vi sein* **1.** (*umfallen*) devrilmek; (*sich neigen*) yan yatmak; **er ist vom Stuhl gekippt** sandalyeden düştü **2.** (*Gewässer, Ökosystem*) bozulmak **II.** *vt* **1.** (*um~*) devirmek **2.** (*schräg stellen*) yan yatırmak **3.** (*fam: zurückziehen*) geri çekmek **4.** (*ausschütten*) dökmek; **einen ~** (*fam*) bir kadeh atmak

Kipper *m* (*Vorrichtung*) damper; (*Lastwagen*) damperli kamyon

Kipplader *m* damperli kamyon

Kirche[1] ['kɪrçə] *f* <-n> **1.** (*Gebäude*) kilise **2.** (*Institution*) kilise; **aus der ~ austreten** kiliseden çıkmak

Kirche[2] *f ohne Pl* (*Gottesdienst*) kilise; **in die ~ gehen** kiliseye gitmek

Kirchenasyl *nt* (POL, REL) kiliseye sığınma; **Kirchenbank** *f* kilise sırası; **Kirchenbann** *m ohne Pl* <-(e)s> (REL) aforoz; **Kirchenbesuch** *m* kiliseye gitme; **Kirchenbuch** *nt* kilise defteri; **Kirchenchor** *m* kilise korosu; **Kirchenfenster** *nt* kilise penceresi; **Kirchenfest** *nt* (REL) kilise şenliği, kilise şöleni; **Kirchengemeinde** *f* kilise cemaati; **Kirchenglocke** *f* kilise çanı; **Kirchenjahr** *nt* kilise yılı; **Kirchenlied** *nt* koral, ilâhî; **Kirchenmusik** *f ohne Pl* kilise müziği; **Kirchenrat** *m* **1.** (*Organ*) kilise şurası, kilise komisyonu **2.** (*Person*) kilise müşaviri; **Kirchenrecht** *nt ohne Pl* kilise hukuku; **Kirchenschiff** *nt* (ARCH) nef; **Kirchensteuer** *f* <-n> kilise vergisi

kirchlich *adj* kilise (ile ilgili); (*kirchenrechtlich*) kilise hukuku (ile ilgili); **sich ~ trauen lassen** kilise nikâhı ile evlenmek

Kirchplatz *m* <-es, -plätze> kilise meydanı; **Kirchturm** *m* kilise kulesi; (*Glockenturm*) çan kulesi

Kirgisien *nt* Kırgızistan

Kirmes ['kɪrməs, 'kɪrmɛs] *f* <-sen> (*reg*) lûnapark, kermes

Kirschbaum *m* kiraz ağacı

Kirsche ['kɪrʃə] *f* <-n> **1.** (*Frucht*) kiraz; **mit jdm ist nicht gut ~n essen** (*fam*) biriyle kolay geçinilmemek **2.** (*Baum*) kiraz

Kirschkern *m* kiraz çekirdeği; **Kirschwasser** *nt* <-s, -wässer> kirş

Kissen ['kɪsən] *nt* <-s, -> (*Kopf~*) yastık; (*Sofa~*) yastık; **Kissenbezug** *m* <-(e)s, -züge> yastık kılıfı

Kiste ['kɪstə] *f* <-n> **1.** (*Behälter*) kutu; (*Getränke~*) kasa; (*größer*) sandık **2.** (*fam: Bett*) döşek, yatak **3.** (*fam: Fernseher*) camekânlı kutu, tv **4.** (*fam: Fahrzeug*) külüstür **5.** (*fam: Angelegenheit*) iş, mesele

Kitsch [kɪtʃ] *m ohne Pl* <-(e)s> zevksizlik

kitschig *adj* telli pullu, zevksiz bir biçimde süslenmiş; (*rührselig*) santimantal

Kitt [kɪt] *m* <-(e)s, -e> macun

Kittchen ['kɪtçən] *nt* <-s, -> (*fam*) kodes, dam; **ins ~ kommen** kodesi boylamak

Kittel ['kɪtəl] *m* <-s, -> **1.** (*Arbeits~*) önlük **2.** (*südd: Jackett*) ceket **3.** (*österr: Damenrock*) entari, eteklik

kitten ['kɪtən] *vt* **1.** (*Fenster, Türen*) macunlamak **2.** (*kleben*) yapıştırmak **3.** (*reparieren*) onarmak, tamir etmek

Kitz [kɪts] *nt* <-es, -e> **1.** (*Zicklein*) oğlak **2.** (*Reh~*) yavru

Kitzel ['kɪtsəl] *m* <-s, -> **1.** (*Juckreiz*) gıdıklanma **2.** (*Lust*) heyecan; **einen ~ nach etw verspüren** bir şeyin heyecanını duymak

kitzelig *adj* **1.** (*Mensch*): **~ sein** gıdıklanmak **2.** (*Angelegenheit*) nazik

kitzeln ['kɪtsəln] **I.** *vi* gıdıklamak; **das kitzelt** bu gıdıklıyor **II.** *vt* gıdıklamak

Kitzler ['kɪtslɐ] *m* <-s, -> bızır; (*Klitoris*) klitoris

kitzlig *adj s.* **kitz(e)lig**

Kiwi[1] ['ki:vi] *m* <-s, -s> (ZOOL) kivi

Kiwi[2] ['ki:vi] *f* <-s> (BOT) kivi

kJ *Abk. von* **Kilojoule** kilojul

KKW [ka:ka:'ve:] *nt* <-s, -s> *Abk. von* **Kernkraftwerk** nükleer santral

Klacks *m* **1.** (*ein Löffel voll*) bir kaşık dolusu **2.** (*Geräusch*) şap; **mit einem ~ zu Boden fallen** şap diye yere düşmek **3.** (*fam*

fig) şıpın işi; **für uns ist so was ein ~** böyle şey bizim için şıpın işi

Kladde *f* **1.** (*Schmierheft*) karalama defteri, müsvedde defteri **2.** (*Konzept*) müsvedde, taslak

klaffen ['klafən] *vi* aralık kalmak

kläffen ['klɛfən] *vi* (*pej*) havlamak

Klage ['kla:gə] *f* <-n> **1.** (*Beschwerde*) yakınma, şikâyet; **~n vorbringen** şikâyette bulunmak; **(k)einen Grund zur ~ haben** şikâyet edecek bir neden ol(ma)mak **2.** (*geh: Weh~*) inleme, sızlanma **3.** (JUR) dava; **eine ~ gegen jdn erheben** birine karşı dava açmak; **Klagelaut** *m* inilti; **Klagelied** *nt* ağıt; **ein ~ singen** ağıt söylemek

Klagemauer *f* (REL) Ağlama Duvarı

klagen ['kla:gən] **I.** *vi* **1.** (*jammern*) yakınmak (*über* -den); (*sich beschweren*) şikâyetçi olmak (*über* -den); **ich kann nicht ~** şikâyetim yok **2.** (JUR) dava açmak; **er klagt auf Schadensersatz** tazminat davası açtı **II.** *vt* **1.** (*äußern*): **jdm sein Leid ~** birine dert yanmak, birine derdini dökmek **2.** (*österr: ver~*) dava etmek (*auf* için)

klagend *adj* **1.** (*jammernd*) yakınan **2.** (JUR) dava eden

Kläger(in) ['klɛ:gɐ] *m(f)* <-s, -; -nen> (JUR) davacı

Klageschrift *f* (JUR) dava dilekçesi; **Klageweib** *nt* ağıtçı

kläglich ['klɛ:klɪç] **I.** *adj* **1.** (*mitleiderregend*) acınacak, perişan; **sich in einem ~en Zustand befinden** acınacak [*o* perişan] bir durumda bulunmak **2.** (*jämmerlich*) acıkli **II.** *adv* (*in ~er Weise*) acınacak [*o* acıklı] bir biçimde; **er hat ~ versagt** acınacak [*o* acıklı] bir biçimde başarısızlığa uğradı

klamm [klam] *adj* **1.** (*feuchtkalt*) nemli; (*Finger*) soğuktan uyuşuk **2.** (*sl: knapp bei Kasse*): **~ sein** darda kalmak

Klammer ['klamɐ] *f* <-n> **1.** (*Wäsche~*) mandal; (*Büro~, Heft~*) tutturgaç; (*Haar~*) toka; (*Wund~*) pens **2.** (*im Text*) ayraç, parantez; **eckige/geschweifte/runde ~** köşeli/kaş/yay ayraç; **„~ auf/zu"** parantez aç/kapat; **in ~(n) setzen** parantez içine almak

klammern ['klamɐn] **I.** *vt* **1.** (*befestigen*) tutturmak **2.** (*Wunde*) pens ile tutturmak **II.** *vr:* **sich ~** sarılmak (*an* -e)

klammheimlich *ADJ, ADV* (*fam*) tun tun; **~ abhauen** tun tun kaçmak

Klamotten [kla'mɔtən] *fPl* (*fam*) **1.** (*Kleidung*) üst baş, giyecekler *pl,* giysiler *pl* **2.** (*Zeug*) öte beri

Klan [kla:n] *m* <-s, -e> klân

klang [klaŋ] *3. imp von* **klingen**

Klang [klaŋ, *Pl:* 'klɛŋə] *m* <-(e)s, Klänge> (*Ton*) ses; (*der Stimme*) ton; (*eines Instruments*) ses; **einen guten ~ haben** (MUS) iyi bir sesi olmak; **Klangfarbe** *f* <-n> (MUS) tını

klanglos *adj* (*Stimme*) sessiz; **sang- und ~ verschwinden** (*fam*) sessiz sedasız sıvışmak

klangvoll *adj* **1.** (*Stimme, Ton*) tınlayan **2.** (*berühmt*) ünlü, meşhur

Klappbett *nt* açılır kapanır karyola

Klappe ['klapə] *f* <-n> **1.** (*Deckel*) kapak; (ANAT: *Herz~*) kapakçık; (MUS: *von Blasinstrument*) klâpe, kapakçık; (*am Ofen, Herd*) kapak **2.** (FILM): **nach der letzten ~** çevirim bittikten sonra **3.** (*sl: Mund*) çene; **halt die ~!** çeneni tut!; **zwei Fliegen mit einer ~ schlagen** (*fam fig*) bir taşla iki kuş vurmak

klappen ['klapən] **I.** *vi* (*fam*) **1.** (*funktionieren*) olmak; **es klappt alles wie am Schnürchen** her şey tıkırında **2. die Kinder ~ mit den Türen** çocuklar kapıları takır tukur vuruyor; **die Fensterläden ~ an die Mauer** panjurlar takur tukur duvara vuruyor **II.** *vt* **1.** (*auf~*) açmak; (*zu~*) katlamak; (*hoch~*) kaldırmak; (*herunter~*) indirmek; **den Mantelkragen in die Höhe ~** paltonun yakasını yukarı kaldırmak **2.** (*fam: erwischen*) enselemek, yakalamak, tutmak

klapperdürr ['klapɐ'dʏr] *adj* (*fam*) iskelet gibi, bir deri bir kemik

klapperig ['klap(ə)rɪç] *adj* **1.** (*Auto, Möbel*) külüstür **2.** (*fam: Person*) sarsak, tirit; **ein ~er Gaul** lâgar bir beygir

klappern ['klapɐn] *vi* (*Kisten, Fensterladen*) takırdamak; **im Wind ~** rüzgârda takırdamak; **er klapperte vor Kälte mit den Zähnen** soğuktan dişleri takırdıyordu

Klapperschlange *f* çıngıraklı yılan; **Klapperstorch** *m* (*fam*) leylek

Klapp(fahr)rad *nt* katlanır bisiklet; **Klappmesser** *nt* çakı

klapprig *adj s.* **klapperig**

Klappstuhl *m* katlanır sandalye; **Klapptisch** *m* katlanır masa

Klaps [klaps] *m* <-es, -e> (*fam*) **1.** (*Schlag*) fiske **2.** (*Verrücktheit*): **einen ~ haben** kafadan kontak olmak; **Klapsmühle** *f* <-n> (*fam*) tımarhane

klar [kla:ɐ] *adj* **1.** (*allgemein*) açık; **etw ~ und deutlich sagen** bir şeyi açık ve seçik söylemek; **~ sehen** (*fam*) açık olarak görmek, anlamış olmak; **ist das ~?** anlaşıldı mı?, tamam mı?; **na ~!** hay hay!; **das ist doch ~!** elbette ki!, bu besbelli bir şey!; **sich** *dat* **über etw ~ werden** bir şeyi anlamak; **sich** *dat* **über etw im K~en sein** bir şeye aklı yatmış olmak **2.** (*Himmel*) açık, berrak; (*Wasser*) berrak; (*durchsichtig*) saydam **3.** (*Umrisse*) net, belirgin **4.** (*eindeutig*) belli **5.** (*vernünftig*): **keinen ~en Gedanken fassen können** aklı başında olmamak **6.** (*fertig*) hazır **7.** (GASTR: *Suppe*) sade suya

Kläranlage ['klɛːɐ-] *f* arıtma tesisi

Klare(r) ['klaːrɐ] *m* <-n, -n> (*fam: Schnaps*) rakı

klären ['klɛːrən] **I.** *vt* **1.** (*Abwässer*) arıtmak **2.** (*Frage*) halletmek **II.** *vr:* **sich ~** (*Angelegenheit*) hallolmak

Klarheit *f ohne Pl* **1.** (*allgemein*) açıklık; **sich** *dat* **~ über etw verschaffen** bir şeyi net olarak ortaya çıkarmak; **für ~ sorgen** açıklık getirmek; **jdm etw in aller ~ sagen** birine bir şeyi açık açık söylemek **2.** (*Durchsichtigkeit*) saydamlık **3.** (*Deutlichkeit*) açıklık

Klarinette [klari'nɛtə] *f* <-n> klârnet

Klarinettist(in) *m(f)* klârnetçi

klar|kommen *irr vi sein* (*fam: mit Person*) iyi anlaşmak (*mit* ile); (*mit Dingen*) başa çıkmak (*mit* ile); **klar|kriegen** *vt* (*fam*) halletmek, yoluna koymak; **klar|machen** *vt* **1.** (NAUT) hazır etmek **2.** (*fam: erklären*) anlatmak; **sich** *dat* **etw ~** bir şeyi anlamak

klar|sehen *irr vi s.* **klar 1.**

Klarsichtfolie *f* selofan; **Klarsichthülle** *f* poşet

klar|stellen *vt* açıklamak, izah etmek

Klartext *m:* **mit jdm ~ reden/sprechen** (*fam*) biriyle maskesiz, açık(ça) konuşmak

Klärung *f* <-en> **1.** (*von Problem*) açıklığa kavuşturma **2.** (*von Abwasser*) arıtma

klar|werden *irr* **I.** *vi sein s.* **klar 1. II.** *vr:* **sich ~** *sein s.* **klar 1.**

klasse ['klasə] *adj inv* (*fam*) klâs

Klasse ['klasə] *f* <-n> **1.** (*Gruppe, a.* BIOL, SOZIOL) sınıf; **erster/zweiter ~ fahren** birinci/ikinci mevki ile gitmek **2.** (*Schul~*) sınıf; (*~nstufe*) sınıf; **eine ~ überspringen** sınıf atlamak **3.** (*Gütestufe*) sınıf; **Klassenarbeit** *f* (SCHULE) yazılı yoklama (*in* -de); **Klassenbeste(r)** *mf* (SCHULE) sınıf birincisi

KlassenbewusstseinRR *nt* (POL) sınıf bilinci

Klassenbuch *nt* (SCHULE) yoklama defteri; **Klassenerste(r)** *mf* (SCHULE) sınıf birincisi; **Klassenkamerad(in)** *m(f)* (SCHULE) sınıf arkadaşı

Klassenkampf *m* (POL) sınıf mücadelesi

Klassenlehrer(in) *m(f)* (SCHULE) sınıf öğretmeni; **klassenlos** *adj* sınıfsız; **Klassensprecher(in)** *m(f)* (SCHULE) sınıf mümessili; **Klassenunterschied** *m* sınıf farkı; (SPORT) klâs farkı; **Klassenzimmer** *nt* (SCHULE) sınıf odası

klassifizieren* [klasifi'tsiːrən] *vt* sınıfla(ndır)mak (*nach* -e göre, *als* olarak)

Klassik ['klasɪk] *f ohne Pl* **1.** (*klassisches Altertum*) klâsik **2.** (KUNST) klâsik **3.** (MUS) klâsik

Klassiker(in) ['klasikɐ] *m(f)* <-s, -; -nen> klâsik

klassisch *adj* klâsik

Klassizismus [klasi'tsɪsmʊs] *m ohne Pl* <-> (ARCH) klâsisizm

klassizistisch *adj* (ARCH) klâsik

Klatsch[1] [klatʃ] *m* <-(e)s, -e> (*Geräusch*) şaklama, şakırtı

Klatsch[2] *m ohne Pl* <-(e)s> (*fam: Gerede*) dedikodu; (*Plauderei*) gevezelik, lâfazanlık; **~ und Tratsch** lâf ebeliği

Klatschbase *f* (*fam pej*) dedikoducu, dedikodu kumkuması, lâf ebesi

klatschen ['klatʃən] **I.** *vi* **1.** *sein* (*aufschlagen*) şaklamak; (*Regen*) çarpmak (*gegen* -e) **2.** (*applaudieren*) alkışlamak; **in die Hände ~** el çırpmak **3.** (*fam pej: tratschen*) dedikodu yapmak **II.** *vt:* **den Takt ~** el çırparak tempo tutmak

Klatschmaul *nt* (*fam pej*) dedikodu kumkuması, lâf ebesi; **Klatschmohn** *m ohne Pl* <-(e)s> (BOT) gelincik; **klatschnass**RR ['-'-] *adj* (*fam*) sırılsıklam

klauben ['klaʊbən] *vt* (*südd, österr, Schweiz*) **1.** (*eins nach dem anderen entfernen*) birer birer çıkarmak (*von* -den) **2.** (*Stück für Stück sammeln*) birer birer toplamak, teker teker toplamak **3.** ((*aus*)*sortieren*) ayırmak (*aus* -den)

Klaue ['klaʊə] *f* <-n> **1.** (*von Raubtieren, -vögeln*) pençe; (*von Huftieren*) toynak **2.** (*fam fig: Hand*) el, pençe; **jdm in die ~n geraten** birinin pençesine düşmek; **jdn den ~n des Todes entreißen** birini ölümün pençesinden kurtarmak **3.** (*fam pej: Handschrift*) el yazısı

klauen ['klaʊən] *vi, vt* (*fam*) aşırmak, araklamak

Klausel ['klaʊzəl] *f* <-n> şart

Klausur [klaʊ'zuːɐ] *f* <-en> **1.** (UNIV: *~arbeit*) vize sınavı **2.** (*im Kloster*) inziva; **in ~ gehen** inzivaya çekilmek

Klaviatur *f* <-en> (MUS) klâvye

Klavier [kla'viːɐ] *nt* <-s, -e> piyano; **Klavierlehrer(in)** *m(f)* piyano öğretmeni; **Klavierspieler(in)** *m(f)* piyanist; **Klavierstimmer(in)** *m(f)* piyanocu

Klebeband *nt* <-(e)s, -bänder> seloteyp; **Klebemittel** *nt* yapışkan, yapıştırıcı

kleben ['kleːbən] **I.** *vi* **1.** (*haften*) yapışmak; **das Hemd klebte ihm am Körper** gömlek vücuduna yapışmıştı; **an seinen Händen klebt Blut** ellerini kana bulanmış **2.** (*klebrig sein*) yapış yapış olmak **3.** (*klebefähig sein*) yapışmak **II.** *vt* yapıştırmak (*an* -e); **jdm eine ~** (*fam*) birine bir tane

K

yapıştırmak

Kleber *m* <-s, -> 1. (*fam: Klebstoff*) yapışkan, yapıştırıcı 2. (*Schweiz: Aufkleber*) çıkartma; **Klebestreifen** *m* zamklı şerit

klebrig ['kle:brɪç] *adj* yapışkan

Klebstoff *m* <-(e)s, -e> yapışkan, yapıştırıcı (madde), zamk; (*Leim*) tutkal

Klebstreifen *m* zamklı şerit

kleckern ['klɛkɐn] *vi* (*fam*) üstünü kirletmek; **Wein über die Tischdecke** ~ masa örtüsünün üzerine şarap dökmek

Klecks [klɛks] *m* <-es, -e> 1. (*Fleck*) leke; (*Tinten~*) mürekkep lekesi 2. (*fam: Portion*) porsiyon

Klee [kle:] *m ohne Pl* <-s> (BOT) yonca; **Kleeblatt** *nt* <-(e)s, -blätter> (BOT) yonca yaprağı; **ein vierblättriges** ~ dört yapraklı yonca

Kleiber *m* (ZOOL) sıvacı kuşu

Kleid [klaɪt] *nt* <-(e)s, -er> 1. (*Damen~*) elbise 2. *Pl* (*Kleidung*) giysi; ~**er machen Leute** (*prov*) ye kürküm ye!

kleiden ['klaɪdən] I. *vt* 1. (*anziehen*) giydirmek 2. (*stehen*): **die Bluse kleidet dich gut/schlecht** blûz sana yakıştı/yakışmadı II. *vr:* **sich** ~ giyinmek

Kleiderbügel *m* giysi askısı, elbise askısı; **Kleiderbürste** *f* elbise fırçası; **Kleidermotte** *f* elbise güvesi; **Kleiderschrank** *m* elbise dolabı; **Kleiderstoff** *m* elbiselik kumaş

kleidsam *adj* yakışan, şık

Kleidung *f* <-en> giyim, giyim kuşam, üst baş, giysiler *pl*

Kleie ['klaɪə] *f* <-n> (AGR, GASTR) kepek

kleiehaltig *adj* kepekli

klein [klaɪn] *adj* 1. (*allgemein*) küçük, ufak; (*Körpergröße*) kısa boylu; **die Hose ist ihm zu** ~ pantolon ona çok küçük; **von** ~ **auf** küçüklükten beri; **ich habe es (nicht)** ~ (*fam*) yanımda bozuk(luk) yok; **ein** ~ **bisschen** birazcık; **(ganz)** ~ **anfangen** küçükten başlamak; ~ **beigeben** pes etmek, yelkenleri suya indirmek; ~**(er) stellen** kısmak; ~**er werden** küçülmek; **beim** ~**sten Geräusch** en küçük gürültüde; **der** ~**e Mann** (*fig*) çük 2. (*kurz*): **einen** ~**en Augenblick bitte** bir saniyecik lütfen 3. (*jünger*) küçük 4. (*unbedeutend*) küçük, önemsiz; (*bescheiden*) küçük; (*beschränkt*) sınırlı; **etw** ~ **schreiben** (*fig*) bir şeyi küçük harfle yazmak; ~**e Ursache, große Wirkung** (*prov*) ummadığın taş baş yarar; **Kleinanzeige** *f* küçük ilân; **Kleinasien** [-'--] *nt ohne Pl* <-s> Küçük Asya; (*Anatolien*) Anadolu; **Kleinbahn** *f* küçük demiryolu, dekovil; **Kleinbauer, -bäuerin** *m, f* <-n, -n; -nen> (AGR) küçük çiftçi

Kleinbildkamera *f* (FOTO) 35 mm'lik kamera

Kleinbuchstabe *m* küçük harf; **in** ~**n** küçük harf(ler)le; **kleinbürgerlich** *adj* küçük burjuva; **Kleinbürgertum** *nt* küçük burjuva; **Kleinbus** *m* minibüs; **Kleinfamilie** *f* küçük aile; **Kleinformat** *nt* <-(e)s, -e> küçük format; **ein Bild in** ~ küçük formatta bir resim; **kleingedruckt** *adj s.* **drucken**; **Kleingedruckte(s)** *nt ohne Pl* <-n> küçük puntolu yazı; **Kleingeld** *nt* ufak para, ufaklık, bozuk para, bozukluk; **Kleinhirn** *nt* (ANAT) beyincik; **Kleinholz** *nt ohne Pl* <-es> kesilmiş odun; **aus etw** *dat* ~ **machen** (*fam*) bir şeyi hurdahaş etmek, bir şeyi kırıp dökmek; **aus jdm** ~ **machen** (*fam*) birinin ağzını burnunu çarşamba pazarına çevirmek

Kleinigkeit ['klaɪnɪçkaɪt] *f* <-en> ufak tefek şey; **eine** ~ **essen** (*fam*) bir şeyler atıştırmak; **die Prüfung war keine** ~ (*fam*) sınav öyle küçümsenecek gibi değildi; **er gibt sich nicht mit** ~**en ab** o, ufak tefek şeylerle uğraşmaz

kleinkariert *adj* (*fam pej: engstirnig*) dar kafalı, anlayışı kıt; **Kleinkind** *nt* küçük çocuk; **Kleinkram** *m* (*fam*) 1. (*Dinge*) ıvır zıvır 2. (*Angelegenheit*) ıvır zıvır işler; **Kleinkrieg** *m* 1. (MIL: *Guerrilakrieg*) gerillâ savaşı 2. (*Streit*) kavga

klein|kriegen *vt* (*fam*) 1. (*zerkleinern*) ufalamak 2. (*kaputtmachen*) bozmak, kırmak 3. (*Geld*) yemek, yiyip bitmek 4. (*gefügig machen*) pes ettirmek; (*müde machen*) yormak; (*entmutigen*) cesaretini kırmak (-in)

Kleinkunstbühne *f* oda tiyatrosu

kleinlaut *adj* süt dökmüş kedi gibi

kleinlich *adj* (*pedantisch*) kılı kırk yaran; (*engstirnig*) dar kafalı; (*geizig*) pinti; ~**es Verhalten** küçüklük

Kleinlichkeit *f ohne Pl* küçüklük

klein|machen I. *vt s.* **machen I.1.** II. *vr:* **sich** ~ *s.* **machen II.1.**; **klein|schneiden** *irr vt s.* **schneiden I.1.**; **klein|schreiben**[RR] *irr vt* küçük harfle yazmak

Kleinstadt *f* kasaba

Kleinvieh *nt* küçükbaş; ~ **macht auch Mist** (*prov*) akmasa da damlar, sinek ufak ama, mide bulandırır; **Kleinwagen** *m* küçük araba

kleinwüchsig [-vy:ksɪç] *adj* cüce

Kleister ['klaɪstɐ] *m* <-s, -> kola

Klemme ['klɛmə] *f* <-n> 1. (*zum Festklemmen*) kıskaç; (*für Haar*) toka 2. (MED: *Klammer*) pens 3. (*fam: Notlage*) sıkıntı, darlık; **in der** ~ **sitzen** şapa oturmak; **jdm aus der** ~ **helfen** birini çamurdan çekip çıkarmak

klemmen **I.** *vi* (*Tür, Schloss*) sıkışmak **II.** *vt* **1.** (*befestigen*) sıkıştırmak; **sich** *dat* **etw unter den Arm** ~ bir şeyi kolunun altına sıkıştırmak **2.** (*zwischen~*) sıkıştırmak **3.** (*fam: stehlen*) çalmak, aşırmak **III.** *vr* (*fam*): **sich hinter etw** ~ bir şeyin arkasına takılmak [*o* düşmek]

Klemmschraube *f* sıkıştırma vidası

Klempner(in) ['klɛmpnɐ] *m(f)* <-s, -; -nen> sıhhî tesisatçı

Klempnerei *f* <-en> sıhhî tesisatçı

Kleptomane, -in *m, f* <-n, -n; -nen> (PSYCH) kleptoman

Kleptomanie *f ohne Pl* (PSYCH) kleptomani

Klerikalismus *m ohne Pl* (REL: *katholisch*) klerikalizm, din erkçilik

Kleriker ['kle:rikɐ] *m* <-s, -> (REL: *katholisch*) din erkçi

Klerus ['kle:rʊs] *m ohne Pl* <-> (REL: *katholisch*) ruhban, rahipler *pl*

Klette ['klɛtə] *f* <-n> **1.** (BOT) dulavrat otu **2.** (*fam: Person*): **er hängt an ihr wie eine** ~ ona kene [*o* sakız] gibi yapışıyor; **sie halten zusammen wie die** ~**n** yapışık ikiz gibi birbirlerinden ayrılmazlar

klettern ['klɛtɐn] *vi sein* **1.** (*steigen*) tırmanmak (*auf*-e); (*Temperatur*) yükselmek (*auf*-e); **auf Bäume** ~ ağaçlara tırmanmak; **die Preise** ~ **in die Höhe** fiyatlar yükseliyor **2.** (*bergsteigen*) tırmanmak **3.** (*fam: heraussteigen*) çıkmak (*aus* -den); (*hineinsteigen*) binmek (*in* -e)

Kletterpflanze *f* tırmanıcı bitki

Klettverschluss[RR] *m* cırtcırt, cırtlı bağlantı

klicken ['klɪkən] *vi* **1.** (INFORM) tıklamak (*auf* -e) **2.** („*klick*“ *machen*) „tık“ yapmak

Klient(in) [kli'ɛnt] *m(f)* <-en, -en; -nen> müvekkil

Klientel [kliɛn'te:l] *f* <-en> müvekkiller *pl*

Klima ['kli:ma] *nt* <-s, -s *o* -te> iklim, hava; (*Arbeits~*) ortam; **Klimaanlage** *f* klima, iklimleme cihazı

klimatisch [kli'ma:tɪʃ] *adj* iklimsel

klimatisiert [klimati'zi:ɐt] *adj* klimalı

Klimatologie *f ohne Pl* klimatoloji, iklim bilimi

Klimaveränderung *f* iklim değişikliği; **Klimawechsel** *m* iklim değişimi

klimmen ['klɪmən] <klimmt, klomm *o* klimmte, geklommen *o* geklimmt> *vi sein* (*geh*) tırmanmak

Klinge ['klɪŋə] *f* <-n> (*Rasier~*) jilet; (*Messer~*) ağız; **jdn über die** ~ **springen lassen** (MIL: *töten*) birini kılıçtan geçirmek; (*fam fig: zu grunde richten*) birini mahvetmek

Klingel ['klɪŋəl] *f* <-n> zil

klingeln *vi* **1.** (*Person: rufen*) zile basarak çağırmak; (*Klingel betätigen*) zil çalmak, zile basmak **2.** (*Klingel, Telefon*) telefon çalmak; **es hat geklingelt** zil çaldı; **hat es bei dir jetzt endlich geklingelt?** (*fam*) şimdi kafana dank etti mi?

klingen ['klɪŋən] <klingt, klang, geklungen> *vi* ses çıkarmak, çınlamak; (*sich anhören*) kulağa gelmek; (*Gläser*) tınlamak; **das klingt komisch** bu, komik ses çıkarıyor, bu, kulağa komik geliyor; **das klingt ja, als ob ...** sanki ... imiş gibi ses çıkarıyor; **ihm die Ohren** ~ (*fig*) kulağı çınlamak

Klinik ['kli:nɪk] *f* <-en> klinik

klinisch *adj* (MED) klinik; ~**e Erscheinungen/Symptome** klinik belirtiler/semptomlar

Klinke ['klɪŋkə] *f* <-n> (*Tür~*) kol; ~**n putzen** (*fam pej*) kapı kapı dolaşmak

Klinkerstein *m* klinker

Klinometer *nt* klinometre; (*Gefällemesser*) eğimölçer

klipp [klɪp] *adv* (*fam*): ~ **und klar** apaçık

Klippe ['klɪpə] *f* <-n> **1.** (*Fels*) denizde kaya; **an den** ~**n zerschellen** denizde kayalara çarparak parçalanmak **2.** (*fig: Hindernis*) engel

klirren ['klɪrən] *vi* **1.** (*Gläser*) şangırdamak; (*Fensterscheibe*) zangırdamak; **die Gläser fielen** ~**d zu Boden** bardaklar şangır şungur yere düştüler **2.** (*fig*): **es war** ~**d kalt** (hava) buz gibi soğuktu

Klischee [kli'ʃe:] *nt* <-s, -s> (*a.* TYPO) klişe; (*Stereotyp*) klişe, basma kalıp; **in** ~**s denken** basma kalıp düşünmek

klischeehaft *adj* klişe, basma kalıp

Klitoris ['kli:torɪs] *f* <- *o* Klitorides> (ANAT) klitoris, bızır

klitschnass[RR] ['klɪtʃ'nas] *adj* (*fam*) sırılsıklam

Klo [klo:] *nt* <-s, -s> (*fam*) tuvalet, yüznumara; **ich muss aufs** ~ yüznumaraya gitmem lâzım

Kloake [klo'a:kə] *f* <-n> **1.** lağım **2.** (ZOOL) dışkılık

Kloakentiere *ntPl* (ZOOL) tek delikliler

klobig ['klo:bɪç] *adj* (*Sache*) hantal; (*Mensch*) hantal

Klobrille *f* (*fam: Klosettsitz*) tuvalet oturağı; **Klodeckel** *m* (*fam*) tuvalet kapağı

klomm *3. imp von* **klimmen**

Klon [klo:n] *m* <-s, -e> (BIOL) klon, kopya; (INFORM) klon

klonen [klo:nən] *vt* (BIOL) kopyalamak

klönen ['klø:nən] *vi* (*nordd*) lâflamak, lâklâk etmek

Klopapier *nt* (*fam*) tuvalet kâğıdı

klopfen ['klɔpfən] **I.** *vi* **1.** (*schlagen*) vurmak; (*Herz*) çarpmak **2.** (*an~*) vurmak; **es klopft** kapıya birisi vuruyor **II.** *vt* (*Teppich,*

K

Fleisch) dövmek; (*Steine*) kırmak; (*Nagel*) çakmak; (*Puls*) atmak; **den Takt** ~ vurarak tempoyu vermek; **einen Nagel in die Wand** ~ duvara çivi çakmak

Klöppel ['klœpəl] *m* <-s, -> **1.** (*Glockenschwengel*) tokmak **2.** (*Xylophonschlägel*) değnek

klöppeln *vi* (*Handarbeit*) dantel örmek

kloppen **I.** *vt* dövmek **II.** *vr:* **sich** ~ dövüşmek

Klops [klɔps] *m* <-es, -e> (*nordd, ostd*) **1.** (GASTR) köfte **2.** (*fam: Fehler*) büyük hata

Klosett [klo'zɛt] *nt* <-s, -s *o* -e> klozet, alafranga tuvalet

Kloß [klo:s, *Pl:* 'klø:sə] *m* <-es, Klöße> (GASTR: *Fleisch~*) köfte; (*Kartoffel~, Grieß~*) topak, köfte; **einen ~ im Hals haben** (*fam*) boğazına bir yumruk tıkanmak [*o* gelip oturmak]

Kloster ['klo:stɐ, *Pl:* 'klø:stɐ] *nt* <-s, Klöster> (REL) manastır; **ins ~ gehen** manastıra girmek; **Klosterbruder** *m* rahip; **Klosterfrau** *f* rahibe; **Klosterkirche** *f* manastır kilisesi; **Klosterschule** *f* manastır okulu

Klotz [klɔts, *Pl:* 'klœtsə] *m* <-es, Klötze> **1.** (*allgemein*) kütük; (*Spielzeug~*) tahta; **er ist** (**mir**) **ein ~ am Bein** (*fam*) o bana ayak bağı oluyor **2.** (*fam pej: Person*) ızbandut

klotzig *adj* **1.** kütük gibi; (*klobig*) hantal **2.** (*fam: sehr*) çok

Klub [klʊp] *m* <-s, -s> kulüp

Klubbeitrag *m* kulüp aidatı

klubeigen *adj* kulübe ait, kulübün

Klubmitglied *nt* <-(e)s, -er> kulüp üyesi; **Klubsessel** *m* maroken koltuk

Kluft[1] [klʊft, *Pl:* klʏftə] *f* <Klüfte> yarık; **zwischen ihnen tat sich eine ~ auf** araları açıldı

Kluft[2] *f* <-en> (*fam*) kıyafet; (*einheitlich*) uniforma

klug [klu:k] *adj* <klüger, am klügsten> akıllı; (*schlau*) kurnaz; (*vernünftig*) aklı başında; (*scharfsinnig*) zeki; **aus etw** *dat* **nicht ~ werden** bir şeye aklı ermemek; **durch Schaden wird man ~** (*prov*) bir musibet bin nasihatten yeğdir

Klugheit *f ohne Pl* akıllılık; (*Scharfsinn, Intelligenz*) zekâ

Klugscheißer(in) *m(f)* <-s, -; -nen> (*fam pej*) ukalâ dümbeleği

Klumpatsch ['klʊmpatʃ] *m ohne Pl* <-(es)> (*fam pej*) süprüntüler *pl*

klumpen ['klʊmpən] *vi* topaklaşmak

Klumpen ['klʊmpən] *m* <-s, -> topak; (*Erd~, Gold~*) kesek; **ein ~ Butter** bir topak tereyağı

Klüver *m* <-s, -> (NAUT) flok

km *Abk. von* **Kilometer** km, *kilometre*

km/h *Abk. von* **Kilometer pro Stunde** kilometre saat, saatte kilometre

knabbern ['knabɐn] *vi, vt* (*nagen*) kemirmek; (*essen*) yemek; **etw zum K~** yiyecek bir şey; **daran wirst du noch lange zu ~ haben** (*fam fig*) bunun daha çok derdini çekeceksin

Knabe ['kna:bə] *m* <-n, -n> (*geh*) oğlan; **hallo, alter ~!** (*fam*) merhaba ahbap!

Knabenkraut *nt ohne Pl* (BOT) salep

knacken ['knakən] **I.** *vi* **1.** (*Holz*) çatlamak **2.** (*knistern*) çatırdamak, çat etmek, çat diye ses çıkarmak; (*Radio*) parazit yapmak; **an etw** *dat* **zu ~ haben** (*fam*) bir şey üzerinde kafa patlatmak **3.** (*fam: schlafen*) kestirmek **II.** *vt* **1.** (*Nüsse*) kırmak **2.** (*fam: Aufgabe, Rätsel*) çözmek; (*Kode*) sökmek **3.** (*fam: aufbrechen*) kırıp açmak

knackig *adj* (*Salat*) kıtır kıtır; (*knusprig*) gevrek; (*a. fig*) fıstık gibi; **ein ~er Typ** fıstık gibi bir tip

Knackpunkt *m* (*fam*) püf noktası

Knacks [knaks] *m* <-es, -e> **1.** (*Geräusch*) çat **2.** (*fam: Riss*) çatlak **3.** (*fam: seelisch, körperlich*) sakatlık; **ein ~ am Herzen** kalbinde bir sakatlık; **einen ~ bekommen** sakatlanmak

Knackwurst *f* (GASTR) *ince sert kabuklu sosis*

Knäkente *f* (ZOOL) bağırtlak

Knall [knal] *m* <-(e)s, -e> patlama (sesi); (*Peitschen~*) şaklama; (*von Korken*) patlama; (*von Tür*) gümleme; (*von Schuss*) patlama; **es kam zum großen ~** (*fam*) büyük çıngar koptu; **er hat einen ~** (*fam*) kafadan çatlak; **~ auf Fall** (*fam*) patadak, pat diye

knallen **I.** *vi* **1.** (*allgemein*) patlamak; (*Tür*) gümlemek; (*Peitsche*) şaklamak; (*Schuss, Korken*) patlamak; **mit der Peitsche ~** kırbaçı şaklatmak **2.** *sein* (*stoßen*) çarpmak (*auf/gegen* -e) **3.** (*fam: schießen*) ateş etmek **4.** (*fam: Sonne*) yakmak **5.** *sein* (*Reifen*) patlamak **II.** *vt* **1.** (*Tür*) gümletmek **2.** (*werfen*) atmak; **jdm eine ~** (*fam*) birine bir (tane) patlatmak

Knallerbse *f* (*fam*) patlangaç; **Knallfrosch** *m* (*fam*) çatapat; **Knallgas** *nt* <-es, -e> (CHEM) patlayıcı gaz

knallig *adj* (*fam: Farbe*) frapan

Knallkörper *m* kestane fişeği; **knallrot** ['-'-] *adj* (*fam*) kıpkırmızı

knapp [knap] **I.** *adj* **1.** (*spärlich*) kıt, az; (*beschränkt*) dar; **~ bei Kasse sein** darda bulunmak, para sıkıntısı içinde bulunmak; **die Zeit ist ~** zaman az; **das Wasser wurde ~** su kıtlaştı; **mit ~er Mehrheit** az bir farkla çoğunluk; **mit ~er Not** güç belâ, dar darına **2.** (*Kleidung*) dar **3.** (*nicht ganz,* *kaum*): **vor einer ~en Stunde** neredeyse bir saat önce; **eine ~e Stunde** bir saate yakın **4.** (*Stil*) lâkonik; **in ~en Worten** birkaç kelimeyle **II.** *adv* **1.** (*nicht ganz, kaum*) hemen hemen; **mit etw ~ auskommen** bir şeyle kıt kanaat geçinmek **2.** (*gerade so*): **das Auto fuhr ~ an mir vorbei** araba yanımdan teğet geçti **3.** (*kurz*) kısaca

Knappe ['knapə] *m* <-n, -n> **1.** (HIST: *Edelknabe*) iç oğlanı, celep **2.** (*Bergmann*) madenci

Knappheit *f ohne Pl* **1.** (*Mangel*) kıtlık (*an* -); **~ an Devisen/Rohstoffen** döviz/ham madde kıtlığı **2.** (*Kürze*) kısalık

Knarre ['knarə] *f* <-n> **1.** (*fam: Gewehr*) tüfek, tabanca **2.** (*Spielzeug*) kaynana zırıltısı

knarren ['knarən] *vi* gıcırdamak

Knast[1] [knast] *m* <-(e)s, -e *o* Knäste> (*fam: Gefängnis*) kodes, hapis; **im ~ sitzen** kodeste yatmak

Knast[2] *m ohne Pl* <-(e)s> (*fam: Freiheitsstrafe*) kodes; **er hat drei Jahre ~ bekommen** üç yıl kodes yedi

knattern ['knatɐn] *vi* patırdamak

Knäuel ['knɔɪəl] *m o nt* <-s, -> yumak

Knauf [knaʊf, *Pl:* 'knɔɪfə] *m* <-(e)s, Knäufe> (*am Stock*) topuz; (*am Schwert*) kabza; (*an der Tür*) tokmak

knauserig ['knaʊz(ə)rɪç] *adj* (*fam pej*) cimri, hasis, pinti

knausern ['knaʊzɐn] *vi* (*fam pej*) cimrilik etmek, hasislik etmek, pintilik etmek

knausrig *adj s.* **knauserig**

knautschen ['knaʊtʃən] **I.** *vt* (*fam*) buruşturmak **II.** *vi* (*fam*) buruşmak

Knautschzone *f* (AUTO) tampon bölge

Knebel ['kne:bəl] *m* <-s, -> ağız tıkacı

knebeln *vt* ağzını tıkamak (-in)

Knecht [knɛçt] *m* <-(e)s, -e> **1.** (HIST: *landwirtschaftlicher Helfer*) rençper, ırgat **2.** (*pek: Befehlsempfänger*) uşak

Knechtschaft *f* <-en> (*pej*) boyunduruk; (*Versklavung*) kölelik, esaret

kneifen ['knaɪfən] <kneift, kniff, gekniffen> **I.** *vt* (*in die Haut*) çimdiklemek (*in* -) **II.** *vi* **1.** (*Kleidung*) kesme almak **2.** (*fam pej: sich drücken*) kaçmak

Kneifer *m* kelebek gözlük

Kneifzange *f* kerpeten

Kneipe ['knaɪpə] *f* <-n> (*fam*) meyhane

Knete ['kne:tə] *f ohne Pl* (*fam*) **1.** (*Knetmasse*) oyun hamuru **2.** (*Geld*) para

kneten ['kne:tən] *vt* **1.** (*Teig, Ton*) yoğurmak **2.** (*Figuren formen*) yoğurmak

Knick [knɪk] *m* <-(e)s, -e> **1.** (*Falte*) kırışıklık; (*in Papier*) büküm **2.** (*Biegung*) kıvrım, kırılma

knicken *vt* **1.** (*falten*) bükmek; **nicht ~!** bükmeyin! **2.** (*brechen*) kırmak; **geknickt sein** morali bozuk olmak

knick(e)rig ['knɪk(ə)rɪç] *adj* (*fam pej*) hasis

Knicks [knɪks] *m* <-es, -e> reverans

Knie [kni:, *Pl:* 'kni:ə] *nt* <-s, -> **1.** (*Körperteil*) diz; **auf ~n** diz üstü; **weiche ~ bekommen** (*fam*) dizlerin bağı çözülmek; **auf die ~ fallen** diz üstü çökmek; **jdn übers ~ legen** (*fam*) birini pataklamak; **etw übers ~ brechen** (*fam*) bir şeyi üstünkörü yapmak; **in den ~n weich werden** (*fam*) dizlerin bağı çözülmek; **jdn in die ~ zwingen** (*fig*) birini dize getirmek **2.** (*Biegung*) kıvrım **3.** (*am Rohr*) dirsek; **Kniebeuge** *f* <-n> diz bükme; **Kniefall** *m* diz çökme; **einen ~ machen** diz çökmek; **Kniegelenk** *nt* (ANAT) diz eklemi; **Kniekehle** *f* (ANAT) dizin iç tarafı

knien ['kni:ən, kni:n] **I.** *vi haben o sein* diz çökmek **II.** *vr:* **sich ~** diz üstü çökmek; **sich in die Arbeit ~** (*fam*) kendini işe vermek

Kniescheibe *f* diz kapağı kemiği; **Knieschützer** *m* <-s, -> (SPORT) dizlik; **Kniestrumpf** *m* dize kadar uzanan çorap

kniff [knɪf] *3. imp von* **kneifen**

Kniff [knɪf] *m* <-(e)s, -e> **1.** (*Kneifen*) çimdik **2.** (*Falte*) kırışık(lık); (*in Papier*) büküm **3.** (*Trick*) numara

kniff(e)lig *adj* çetrefil(li), pürüzlü; (*heikel*) nazik

knipsen ['knɪpsən] **I.** *vi* (*fam: schnalzen*) şaklatmak **II.** *vt* (*fam*) **1.** (*fotografieren*) resmini çekmek (-in) **2.** (*Fahrkarte*) delmek

Knirps [knɪrps] *m* <-es, -e> (*fam*) **1.** (*Junge*) bücür **2.** (*pej: Mann*) bastıbacak

knirschen ['knɪrʃən] *vi* gıcır ses çıkarmak; **mit den Zähnen ~** dişlerini gıcırdatmak

knistern ['knɪstɐn] *vi* (*Feuer*) çatırdamak, çatır çatır ses çıkarmak; (*Papier*) hışırdamak, hışır hışır ses çıkarmak; (*Seide*) fışırdamak, fışır fışır etmek

knitterfrei *adj* buruşmaz

knittern ['knɪtɐn] **I.** *vt* (*Stoff, Papier*) buruşturmak **II.** *vi* buruşmak

knobeln ['kno:bəln] *vi* **1.** (*würfeln*) zar atmak (*um* için) **2.** (*fam: nachdenken*) düşünüp taşınmak (*an* üzerinde)

Knoblauch ['kno:blaʊx] *m ohne Pl* <-(e)s> sarımsak; **Knoblauchpresse** *f* <-n> sarımsak presi; **Knoblauchzehe** *f* soğancık, sarımsak dişi; **Knoblauchzwiebel** *f* sarımsak soğanı

Knöchel ['knœçəl] *m* <-s, -> **1.** (*am Fuß*) aşık; **sich** *dat* **den ~ verstauchen** aşığını burkmak **2.** (*am Finger*) parmak eklemi çıkıntısı

Knochen ['knɔxən] *m* <-s, -> kemik; **sich** *dat* **die ~ brechen** (*fam*) kemiklerini kır-

K

mak; **jdm die ~ zusammenschlagen** (*fam*) birinin kemiklerini kırmak; **der Schreck fuhr ihm in die** ~ (*fam*) korku iliğine işledi [*o* geçti]; **bis auf die ~ nass werden** (*fam*) iliğine [*o* iliklerine] kadar ıslanmak; **Knochenarbeit** *f ohne Pl* (*fam*) ağır iş; **Knochenbau** *m* kemik yapısı; **Knochenbruch** *m* kemik kırılması; **Knochenfisch** *m* (ZOOL) kemikli balık; **Knochenfraß** *m ohne Pl* (MED) yenirce; **Knochengerüst** *nt* iskelet; **Knochengewebe** *nt* (ANAT, MED) kemik doku; **Knochenhaut** *f* (ANAT, MED) kemik zarı

Knochenmark *nt ohne Pl* <-(e)s> (ANAT) kemik iliği; **Knochenmarktransplantation** *f* (MED) kemik iliği nakli

Knochenschwund *m* (MED) kemik erimesi

knochentrocken *adj* kupkuru

Knochentuberkulose *f* <-n> (MED) kemik tüberkülozu

knochig ['knɔxɪç] *adj* kemikli; **ein ~es Gesicht** kemikli yüz

knock-out[RR] [nɔk'ʔaʊt] *adj*, **knockout** *adj* (*a.* SPORT) nakavt; ~ **gehen** nakavt olmak

Knödel ['knø:dəl] *m* <-s, -> (*österr, südd*) *hamur köftesi*

Knolle ['knɔlə] *f* <-n> **1.** (BOT) yumru **2.** (*fam: rundliche Verdickung*) yumru; **Knollenfrucht** *f* (BOT) yumru kök

Knopf [knɔpf, *Pl:* 'knœpfə] *m* <-(e)s, Knöpfe> **1.** (*a.* ELEK, MUS) düğme; **einen ~ annähen/verlieren** düğme dikmek/kaybetmek; **auf den ~ drücken** düğmeye basmak **2.** (*Schweiz, österr, südd: Knoten*) düğüm **3.** (*Schweiz, österr, südd: Kloß*) köfte

Knopfleiste *f* düğme biyesi; **Knopfloch** *nt* ilik, düğme deliği

Knorpel ['knɔrpəl] *m* <-s, -> kıkırdak

knorp(e)lig ['knɔrp(ə)lɪç] *adj* kıkırdaklı

knöpfen ['knœpfən] *vt* düğmelemek; **das Futter in den Mantel** ~ astarı [*o* muflonu] pardösüye düğmelemek

knorrig ['knɔrɪç] *adj* (*Baum*) dallı budaklı

Knospe ['knɔspə] *f* <-n> (*Blüten~*) tomurcuk, gonca; (*von Blatt, Zweig*) tomurcuk; **~n treiben** tomurcuklanmak; **die ~n brechen auf** tomurcuklar çatlıyor

knospen *vi* tomurcuklanmak

knoten *vt* düğümlemek; (*befestigen*) düğmelemek; (*Krawatte*) bağlamak

Knoten ['kno:tən] *m* <-s, -> **1.** (*bei Fäden*) düğüm; **ein gordischer** ~ (*fig*) kördüğüm; **den gordischen ~ durchhauen** (*fig*) kördüğümü çözmek **2.** (NAUT) deniz mili **3.** (*Frisur*) topuz **4.** (MED, BOT) boğum; **Knotenpunkt** *m* düğüm noktası; (*im Verkehr*) kavşak

knotig *adj* boğumlu

Know-how [nɔʊ'haʊ] *nt ohne Pl* <-(s)> know-how, yöntem bilgisi

knüllen ['knʏlən] **I.** *vi* (*knittern*) buruşmak **II.** *vt* (*Papier*) buruşturmak

Knüller ['knʏlɐ] *m* <-s, -> (*fam*) sansasyon

knüpfen ['knʏpfən] *vt* **1.** (*knoten*) bağlamak **2.** (*Netz*) örmek; (*Teppich*) dokumak **3.** (*Freundschaft*) kurmak; **Erwartungen an etw** ~ beklentilerini bir şeye endekslemek; **Bedingungen an etw** ~ bir şeye şart koşmak

Knüppel ['knʏpəl] *m* <-s, -> **1.** (*Stock*) sopa; (*von Polizei*) cop; **jdm einen ~ zwischen die Beine werfen** (*fam*) birine zorluk çıkarmak **2.** (AERO) kumanda kolu; **knüppeldick** ['--'-] *adv* (*fam fig: sehr schlimm*) çok kötü, çok fena; **es kam** ~ çok kötü [*o* fena] oldu; **Knüppelschaltung** *f* (AUTO) yerden vites

knurren ['knʊrən] *vi* **1.** (*Hund, Mensch*) hırlamak (*über* -e) **2.** (*Magen*) guruldamak; **mir knurrt der Magen** midem gurulduyor

Knurrhahn *m* (ZOOL: *Meeresfisch*) kırlangıç balığı

knusp(e)rig ['knʊsp(ə)rɪç] *adj* gevrek, kıtır kıtır

knutschen ['knu:tʃən] *vi* (*fam*) emişmek, sarmaş dolaş öpüşmek

Knutschfleck *m* (*fam*) emik, emme izi, emerek öpmekten ciltte oluşan morartı

k.o. [ka:'ʔo:] *adj* (*a.* SPORT) *Abk. von* **knock-out** nakavt; ~ **gehen** nakavt olmak

Koalabär [ko'a:la-] *m* <-en, -en> (ZOOL) koala, keseli ayı

koalieren* [koa'li:rən] *vi* (POL) koalisyon oluşturmak

Koalition [koali'tsjo:n] *f* <-en> (POL) koalisyon; **eine ~ bilden** koalisyon kurmak; **Koalitionspartner** *m* <-s, -> (POL) koalisyon ortağı; **Koalitionsregierung** *f* (POL) koalisyon hükûmeti

Kobalt ['ko:balt] *nt ohne Pl* <-s> (CHEM) kobalt; **Kobaltbombe** *f* kobalt bombası

Koblenz ['ko:blɛnts] *nt* <-> Koblenz

Kobold ['ko:bɔlt] *m* <-(e)s, -e> cin

Kobra ['ko:bra] *f* <-s> (ZOOL) kobra; (*Brillenschlange*) gözlüklü yılan

Koch [kɔx, *Pl:* 'kœçə] *m*, **Köchin** *f* <-(e)s, Köche; -nen> aşçı

Kochbuch *nt* yemek kitabı

kochen ['kɔxən] **I.** *vi* **1.** (*Speisen*) pişmek; (*Wasser, Kühler*) kaynamak; **etw zum K~ bringen** bir şeyi kaynatmak **2.** (*Speisen zubereiten*) yemek pişirmek **3.** (*fam: wütend sein*) kudurmak; **er kocht vor Wut** öfkeden kudurmak **II.** *vt* **1.** (*garen*) pişirmek; **hart gekocht** (*Ei*) lop; **weich gekocht** (*Gemüse*) haşlanmış; (*Ei*) rafadan

2. (*zubereiten*) pişirmek 3. (*heiß waschen*) kaynar suda yıkamak
Kocher *m* <-s, -> ocak
Köcher *m* <-s, -> sadak; (*Pfeil~*) kubur
Köchin ['kœçɪn] *f* <-nen> *s.* **Koch** kadın aşçı
Kochkunst *f ohne Pl* yemek pişirme sanatı; **Kochlöffel** *m* kepçe; **Kochnische** *f* yemek pişirme köşesi; **Kochplatte** *f* elektrik ocaği; **Kochrezept** *nt* yemek tarifesi; **Kochsalz** *nt ohne Pl* <-es> (*Natriumchlorid*) sodyum klorür; **Kochtopf** *m* tencere
Kode ['ko:də, ko:t] *m* <-s, -s> kod
Köder ['kø:dɐ] *m* <-s, -> yem, ben
ködern *vt* 1. (*Tiere*) yemle tutmak 2. (*Personen*) yemlemek
Kodex[1] ['ko:dɛks] *m* <-(es), -e *o* Kodizes> (HIST) düstur
Kodex[2] ['ko:dɛks] *m* <-(es), -e> (*Regelung*) kurallar, yasa
kodieren* [ko'di:rən] *vt* kodlamak
Kodierung *f* <-en> kodlama
Kodizes *Pl von* **Kodex**[1]
Koeffizient *m* (MATH) kat sayı
Koexistenz [koʔɛksɪs'tɛnts] *f ohne Pl* (*a.* POL) birlikte yaşama
koexistieren* *vi* (*geh*) birlikte yaşamak
Koffein [kɔfe'i:n] *nt ohne Pl* <-s> kafein; **koffeinfrei** *adj* kafeinsiz
Koffer ['kɔfɐ] *m* <-s, -> bavul, valiz; **die ~ packen/auspacken** bavulları toplamak/boşaltmak; **Kofferradio** *nt* portatif radyo; **Kofferraum** *m* <-(e)s, -räume> (AUTO) bagaj; **Kofferraumhaube** *f* (AUTO) bagaj kapağı
Kognak ['kɔnjak] *m* <-s, -s> konyak
kohärent [kohɛ'rɛnt] *adj* bağlamsal; (PHYS) eş evreli
Kohärenz [kohɛ'rɛnts] *f ohne Pl* (*Zusammenhang*) bağlam; (PHYS) eş evrelik
Kohäsion *f* (PHYS) kohezyon
Kohl [ko:l] *m ohne Pl* <-(e)s> 1. (BOT: *Gemüse*) lâhana; **das macht den ~ auch nicht fett** (*fam*) o da işe yaramaz 2. (*fam pej: Unsinn*) saçma(lık)lar *pl*
Kohldampf *m ohne Pl* <-(e)s> (*fam*): **~ haben** karnı aç olmak
Kohle[1] ['ko:lə] *f* <-n> (*Brennstoff, Zeichen~*) kömür; (**wie**) **auf glühenden ~n sitzen** (*fig fam*) diken üstünde oturmak
Kohle[2] *f ohne Pl* (*fam: Geld*) para
Kohlehydrat *nt* <-(e)s, -e> (CHEM) karbonhidrat
Kohlenbergwerk *nt* <-(e)s, -e> kömür madeni; **Kohlendioxid** [--'---] *nt ohne Pl* <-(e)s> (CHEM) karbondioksit; **Kohlengrube** *f* kömür ocağı; **Kohlenhydrat** *nt* <-(e)s, -e> (CHEM) karbonhidrat; **Kohlenkeller** *m* kömürlük; **Kohlenmeiler** *m* torak; **Kohlenmonoxid** [--'---] *nt ohne Pl* <-(e)s>, **Kohlenmonoxyd** [--'---] *nt ohne Pl* <-(e)s> (CHEM) karbonmonoksit; **Kohlenofen** *m* <-s, -öfen> kömür sobası; **Kohlenpott** *m ohne Pl* <-(e)s> (*fam*) kömür havzası; **Kohlensäure** *f ohne Pl* 1. (CHEM) karbonik asit 2. (*in Getränken*) karbondioksit, karbon asidi; **Mineralwasser mit ~** maden sodası; **Kohlenstoff** *m ohne Pl* <-(e)s> (CHEM) karbon
kohlenstoffhaltig *adj* karbonlu
Kohlenwasserstoff [--'---] *m* <-(e)s, -e> (CHEM) hidrokarbon
Kohleofen *m* kömür sobası; **Kohlepapier** *nt* karbon kâğıdı; **Kohlestift** *m* <-es, -e> kömür kalem; **Kohlezeichnung** *f* füzen
Kohlkopf *m* bir baş lâhana; **Kohlmeise** *f* (ZOOL) baştankara; **kohlrabenschwarz** ['-'--'-] *adj* kuzgunî siyah; **~e Haare** kuzgunî siyah saçlar
Kohlrabi [ko:l'ra:bi] *m* <-(s), -(s)> alabaş; **Kohlrübe** *f* şalgam
Kohlrabi [ko:l'ra:bi] *m* <-(s), -(s)> alabaş; **Kohlrübe** *f* şalgam
koitieren* [koi'ti:rən] *vi* cinsel ilişkide bulunmak (*mit* ile)
Koitus ['ko:itʊs] *m* <-, -(se)> cinsel ilişki
Koje ['ko:jə] *f* <-n> 1. (NAUT) ranza 2. (*fam: Bett*) ranza
Kojote [ko'jo:tə] *m* <-n, -n> kır kurdu
Kokain [koka'i:n] *nt ohne Pl* <-s> kokain; **~ schnupfen** burnuna kokain çekmek
Kokainismus *m ohne Pl* (MED) kokainomani
Kokarde *f* <-n> kokart
kokett [ko'kɛt] *adj* fingirdek, cilveli
Koketterie [kokɛtə'ri:] *f ohne Pl* aşüftelik, cilveleşme
kokettieren* [kokɛ'ti:rən] *vi* fingirdemek; (*flirten*) cilve yapmak, cilveleşmek
Kokon [ko'kõ:] *m* <-s, -s> koza
Kokosfett *nt* Hindistan cevizi yağı; **Kokosflocken** *fPl* Hindistan cevizi gevreği; **Kokosmilch** *f* Hindistan cevizi sütü; **Kokosnuss**[RR] *f* Hindistan cevizi; **Kokosöl** *nt* (GASTR) Hindistan cevizi yağı; **Kokospalme** *f* (BOT) Hindistan cevizi
Kokotte *f* <-n> koket, yosma
Koks [ko:ks] *m ohne Pl* <-es> 1. (*Brennstoff*) kok kömürü 2. (*fam: Unsinn*) saçma(lık)lar *pl* 3. (*sl: Kokain*) kokain
koksen *vi* (*fam*) 1. (*schlafen*) kestirmek 2. (*kokain nehmen*) kokain içmek
Kokser(in) *m(f)* (*fam*) kokainman
Kolabaum *m* (BOT) kola; **Kolanuss** *m* kola cevizi
Kolben ['kɔlbən] *m* <-s, -> 1. (TECH) piston 2. (CHEM: *Destillier~*) imbik 3. (*beim Gewehr*) dipçik 4. (BOT: *Mais~*) koçan 5. (*fam: Nase*) burun; **Kolbenmaschine**

m (TECH) pistonlu makine; **Kolbenmotor** *m* (AUTO) pistonlu motor; **Kolbenring** *m* (AUTO) segman; **Kolbenstange** *f* (AUTO) biyel

Kolchose [kɔl'ço:zə] *f* <-n> kolhoz

Kolibakterium [koli-] *nt* <-s, -rien> (BIOL) kolibasil

Kolibri ['ko:libri] *m* <-s, -s> (ZOOL) kolibri

Kolik ['ko:lɪk, ko'li:k] *f* <-en> kolik

Kolitis *f* <-tiden> (MED) kolit

Kolkrabe *m* <-n, -n> (ZOOL) kuzgun, karakarga

Kollaborateur(in) [kɔlabora'tø:ɐ] *m(f)* <-s, -e; -nen> (POL) düşmanla iş birliği yapan (kimse)

kollaborieren* [kɔlabo'ri:rən] *vi* (POL) düşmanla iş birliği yapmak

Kollaps ['kɔlaps, -'-] *m* <-es, -e> (MED) kolaps

Kolleg [kɔ'le:k] *nt* <-s, -s> dershane; (*Studien~*) kolej

Kollege, -in [kɔ'le:gə] *m, f* <-n, -n; -nen> arkadaş; (*Arbeits~*) arkadaş; (*Berufs~*) meslektaş

kollegial [kɔle'gja:l] *adj* arkadaşça

Kollegialität [kɔlegjali'tɛ:t] *f ohne Pl* arkadaşlık, meslektaş(lığ)a yakışır davranış

Kollegium [kɔ'le:giʊm] *nt* <-s, Kollegien> meslektaşlar *pl;* (*bei Lehrern*) kadro; (*Ausschuss*) kurul

Kollekte [kɔ'lɛktə] *f* <-n> iane

Kollektion [kɔlek'tsjo:n] *f* <-en> koleksiyon

Kollektiv [kɔlɛk'ti:f] *nt* <-s, -e *o* -s> ortaklık

Kollektor *m* <-s, -en> (ELEK) kolektör, toplaç

Koller[1] ['kɔlɐ] *m* <-s, -> (*fam: Wutausbruch*) heyhey; **er kriegte/hatte einen ~** heyheyleri tuttu, heyheyler geçirdi

Koller[2] *nt* <-s, -> yaka

kollidieren* [kɔli'di:rən] *vi* **1.** *sein* (*zusammenstoßen*) çarpışmak (*mit* ile) **2.** (*in Konflikt geraten*) çatışmak (*mit* ile); (*zeitlich*) çakışmak (*mit* ile)

Kollier [kɔ'lje:] *nt* <-s, -s> kolye

Kollision [kɔli'zjo:n] *f* <-en> çarpışma, çatışma

Kollo *nt* <-s, -li> koli

Kolloquium [kɔ'lo:kviʊm] *nt* <-s, Kolloquien> kolokyum

Köln [kœln] *nt* <-s> Köln

Kölnischwasser *nt,* **kölnisch Wasser**[RR] *nt* kolonya

Kolon *nt* **1.** (ANAT) kolon **2.** (LING: *Doppelpunkt*) iki nokta (üst üste)

kolonial [kolo'nja:l] *adj* kolonyalist, sömürgeci

kolonialisieren *vt* sömürgeleştirmek

Kolonialismus [kolonja'lɪsmʊs] *m ohne Pl* <-> sömürgecilik

Kolonie [kolo'ni:] *f* <-n> **1.** (*a.* ZOOL) koloni **2.** (*überseeischer Besitz eines Staates*) sömürge

Kolonisation [koloniza'tsjo:n] *f ohne Pl* iskân, yurtlandırma, yerleştirme

kolonisieren* [koloni'zi:rən] *vt* iskân etmek, insan yerleştirmek (-e)

Kolonne [ko'lɔnə] *f* <-n> **1.** (*einer Tabelle,* TYPO) sütun; (MIL) tabur **2.** (*Fahrzeug~*) katar **3.** (*Arbeitergruppe*) amele taburu

kolorieren* [kolo'ri:rən] *vt* renklendirmek

Kolorit [kolo'ri:t] *nt* <-(e)s, -e *o* -s> **1.** (KUNST) renklilik; (MUS: *Klangfarbe*) tını **2.** (*fig*) atmosfer

Koloss[RR] [ko'lɔs] *m* <-es, -e>, **Koloß** *m* <-sses, -sse> **1.** (dev) heykel; **der ~ von Rhodos** Rodos Heykeli **2.** (*fam fig*) çam yarması

kolossal [kolɔ'sa:l] *adj* devasa, muazzam

Kölsch [kœlʃ] *nt ohne Pl* <-(s)> **1.** (*Kölner Bier*) Köln birası **2.** (*Kölner Mundart*) Köln lehçesi

Kolumbianer(in) [kolʊm'bja:nɐ] *m(f)* <-s, -; -nen> Kolombiyalı

kolumbianisch [kolʊm'bja:nɪʃ] *adj* Kolombiyalı, Kolombiya (ile ilgili); **eine ~e Frau** Kolombiyalı bir kadın; **die ~e Regierung** Kolombiya hükümeti

Kolumbien [ko'lʊmbiən] *nt* <-s> Kolombiya

Kolumne [ko'lʊmnə] *f* <-n> (PUBL) **1.** (*Druckspalte*) sütun **2.** (*Beitrag*) köşe yazısı

Kolumnist(in) [kolʊm'nɪst] *m(f)* <-en, -en; -nen> (PUBL) köşe yazarı

Koma ['ko:ma] *nt* <-s, -s *o* -ta> (MED) koma; **im ~ liegen** komada yatmak; **ins ~ versetzen** komaya sokmak

Komata *Pl von* **Koma**

Kombi ['kɔmbi] *m* <-s, -s> (*fam*) steyşın

Kombinat *nt* <-(e)s, -e> kombina

Kombination [kɔmbina'tsjo:n] *f* <-en> **1.** birleşim; (*Verbindung*) bileşim; **eine ~ verschiedener Eigenschaften** çeşitli özelliklerin bileşimi **2.** (*Vermutung*) mütalâa; **~en anstellen** mütalâada bulunmak **3.** (*zur Erreichung eines Zieles*) kombinezon **4.** (SPORT) karma; **nordische ~** Kuzey Alp Disiplini **5.** (*Kostüm*) kostüm; (*Arbeitsanzug*) elbise; **Kombinationsschloss** *nt* şifreli kilit

kombinieren* [kɔmbi'ni:rən] **I.** *vi* (*folgern*) sonuç çıkarmak **II.** *vt* kombine etmek, birleştirmek, bir araya getirmek

Kombiwagen *m* steyşın

Kombüse [kɔm'by:zə] *f* <-n> (NAUT) kuzine

Komet [ko'meːt] *m* <-en, -en> kuyruklu yıldız
Komfort [kɔm'foːɐ] *m ohne Pl* <-s> konfor
komfortabel [kɔmfɔr'taːbəl] *adj* konforlu
Komik ['koːmɪk] *f ohne Pl* komiklik; **(k)einen Sinn für ~ haben** komiklik anlayışı ol(ma)mak
Komiker(in) ['koːmikɐ] *m(f)* <-s, -; -nen> komik, komedyen
komisch *adj* **1.** (*ulkig*) komik **2.** (*seltsam*) tuhaf; **das kam mir ~ vor** bu bana tuhaf geldi
komischerweise ['koːmɪʃɐ'vaɪzə] *adv* işin komik tarafı, işin tuhafı
Komitee [komi'teː, kɔmi'teː] *nt* <-s, -s> komite
Komma ['kɔma] *nt* <-s, -s *o* -ta> virgül
Kommandant(in) [kɔman'dant] *m(f)* <-en, -en; -nen> (MIL) komutan
kommandieren* [kɔman'diːrən] **I.** *vt* **1.** (*Einheit, Flotte*) komuta etmek **2.** (*ab~*) özel göreve atamak, özel görevle göndermek; **jdn an die Front ~** birini özel görevle cepheye göndermek **3.** (*befehlen*) komut vermek (-e), emir vermek (-e), buyurmak (-e) **II.** *vi* emir vermek
Kommanditgesellschaft *f* <-en> komandit ortaklık, komandit şirket
Kommanditist(in) *m(f)* <-en, -en; -nen> komanditer
Kommando[1] [kɔ'mando] *nt* <-s, -s> **1.** (*Befehl*) komut, emir; **auf ~** komut üzerine **2.** (*Gruppe*) komando
Kommando[2] *nt ohne Pl* <-s> (*Befehlsgewalt*) kumanda, komuta
Kommandobrücke *f* (NAUT) kaptan köprüsü
Kommata *Pl von* **Komma**
kommen ['kɔmən] <kommt, kam, gekommen> *vi sein* **1.** (*her~*) gelmek (*von* -den); (*hin~*) gitmek (*nach* -e); (*an~*) varmak; (*zurückkehren*) dönmek (*von* -den); **da kommt er ja!** işte geliyor!; **ich komme schon** şimdi geliyorum, geliyorum canım; **gut, dass du kommst** gelmen iyi; **ein Taxi ~ lassen** bir taksi çağırtmak; **er kam von einer Reise** seyahatten döndü; **angelaufen ~** çıkagelmek; **zu spät ~** çok geç gelmek; **du sollst zum Direktor ~** müdüre gelmelisin; **wie komme ich nach ...?** ...e nasıl giderim?; **zu der Überzeugung ~** kanaatine varmak; **wir müssen langsam zu einem Ende ~** yavaş yavaş işimizin sonuna gelmeliyiz; **nicht von der Stelle ~** yerinde saymak; **ich halte die Zeit für ge~** bence zamanı geldi; **jetzt komme ich** şimdi ben geliyorum, şimdi sıra bende; **jetzt komme ich an die Reihe** şimdi sıra bana geliyor; **das kommt später** bu sonra gelecek; **der kommt mir nicht ins Haus!** bu benim kapımdan içeri giremez!; **in die Schule ~** okula başlamak; **ins Krankenhaus ~** hastaneye yatmak; **der Fall kommt vor Gericht** mahkemeye düşmek; **sein Vorschlag kam mir sehr gelegen** teklifi [*o* önerisi] çok işime geldi; **du kommst mir gerade recht!** (*fam*) bir sen eksiktin!; **das kommt mir wie gerufen** bu çok işime gelir; **komme, was da wolle** ne gelirse gelsin; **jdm ~ die Tränen** birinin gözleri yaşarmak; **zum Stehen ~** durabilmek; **man kommt hier zu nichts** burada hiçbir şey yapılamıyor; **es kam zu einem Streit** kavga çıktı; **zur Sache ~** sadede gelmek; **wieder zu sich ~** tekrar kendine gelmek; **zu Wort ~** söz almak; **zu Schaden ~** zarar görmek; **wie käme ich dazu, das zu machen?** neden bunu yapacak mışım?; **wie komme ich zu der Ehre?** (*iron*) bu ne şeref?; **ums Leben ~** can vermek; **das kommt zusammen auf 20 Euro** (*fam*) hepsi 20 euro eder; **ich komme auf 1.200 Euro im Monat** (*fam*) ayda 1.200 euroyu buluyorum; **hast du richtig gezählt? ich komme nur auf 15** doğru saydın mı? ben 15 çıkarıyorum; **kommt man hier leicht an frisches Gemüse?** burada taze sebze bulmak kolay mı?; **ich kam nicht auf seinen Namen** adı aklıma gelmedi; **wie kommst du darauf?** o nereden aklına geldi?, bunu nereden çıkardın?; **sie lässt nichts auf ihn ~** ona toz kondurmuyor; **auf die Welt ~** dünyaya gelmek; **auf etw/jdn zu sprechen ~** bir şeyden/kimseden söz etmeye başlamak; **hinter etw ~** bir şeyin iç yüzünü öğrenmek; **durch den Zoll/eine Prüfung ~** gümrükten/bir sınavdan geçmek; **Jeans sind wieder im K~** blûcin yine moda oluyor; **aus der Mode ~** modası geçmek; **aus dem Konzept ~** aklı karışmak; **komm, wir gehen!** (*fam*) gel, gidelim!; **nun komm schon!** (*fam*) ha(y)di gel artık!; **kommt Zeit, kommt Rat** (*prov*) zamanı gelince çaresi bulunur **2.** (*herbei~*) gelmek (*zu* -e); **etw** *dat*/**jdm nahe** [*o* **näher**] **~** bir şeye/kimseye yaklaşmak; **sich** *dat* **nahe ~** yakınlaşmak, yakınlık kurmak; **sie kamen sich näher** yakınlık kurdular **3.** (*geschehen*) gelmek, olmak; **ich habe es ~ sehen** bunun geleceğini görmüştüm; **das musste ja so ~** bunun böyle olacağı belliydi zaten; **es kam, wie es musste** olan oldu; **die Hochzeit kam für alle überraschend** düğün herkese sürpriz oldu; **das Schlimmste/Beste kommt erst noch** bunun daha da kötüsü/iyisi var; **wie kommt es, dass du ...?** nasıl oluyor

da sen …?; **es kommt immer anders, als man denkt** (*prov*) evdeki pazar çarşıya uymaz **4.** (*stammen*) gelmek (*aus* -den); **ich komme aus Dortmund** ben Dortmund'dan geliyorum **5.** (*durchqueren*) gelmek (*über/durch* üzerinden/içinden); **über Münster** ~ Münster üzerinden gelmek **6.** (*entfallen*) düşmek (*auf* başına); **auf zwei Deutsche kommt ein Auto** iki Alman başına bir otomobil düşer **7.** (*berühren*) dokunmak; (*streifen*) değmek **8.** (*herrühren*) gelmek (*von* -den); **der Vorschlag kam von mir** öneri benden geldi; **das kommt davon!** gördün mü işte!; **das kommt vom Rauchen** bu, sigara içmekten gelir **9.** (*hingehören*): **das Buch kommt in den Schrank** kitabın yeri dolapta **10.** (*Idee*) aklına gelmek **11.** (*anfangen*): **in Gang** ~ başlamak **12.** (*fam: Orgasmus haben*) gelmek

kommend *adj* (*zukünftig*) gelecek; **die** ~**en Jahre** gelecek yıllar, önümüzdeki yıllar; ~**e Woche** gelecek hafta

Kommentar [kɔmɛn'ta:ɐ] *m* <-(e)s, -e> **1.** (*Zusatzwerk mit Erläuterungen*) şerh, açıklama **2.** (*Stellungnahme*) yorum(lama), açıklama, değerlendirme; **einen** ~ **zu etw** *dat* **abgeben** bir şey hakkında açıklama yapmak, bir şey hakkında görüşünü bildirmek

kommentarlos *adj* yorumsuz

kommentieren* [kɔmɛn'ti:rən] *vt* **1.** (*Stellung nehmen*) yorumlamak, açıklamak, değerlendirmek **2.** (*Text*) açımlamak, şerh etmek; **kommentierte Ausgabe** açıklamalı baskı

Kommerz *m ohne Pl* ticaret

kommerzialisieren* [kɔmɛrtsjali'zi:rən] *vt* ticarîleştirmek

kommerziell [kɔmɛr'tsjɛl] *adj* ticarî

Kommilitone, -in [kɔmili'to:nə] *m, f* <-n, -n; -nen> üniversite arkadaşı

Kommissar(in) [kɔmɪ'sa:ɐ] *m(f)* <-s, -e; -nen> **1.** (ADMIN) komiser **2.** (*Polizeibeamter*) komiser

Kommissär(in) [kɔmɪ'sɛ:ɐ] *m(f)* <-s, -e; -nen> (*österr, Schweiz: Polizeibeamter*) komiser

Kommissariat [kɔmɪsari'a:t] *nt* <-s, -e> **1.** (*Amtszimmer*) komiserlik **2.** (*österr: Polizeidienststelle*) emniyet amirliği, karakol

Kommission [kɔmɪ'sjo:n] *f* <-en> (*a.* COM) komisyon; **etw in** ~ **geben/nehmen** (COM) bir şeyi komisyon vermek/almak

Kommode [kɔ'mo:də] *f* <-n> komodin

Kommodore *m* (NAUT) komodor

kommunal [kɔmu'na:l] *adj* beledî, yerel; **Kommunalpolitik** *f* <-en> yerel politika; **Kommunalwahl** *f* yerel seçimler *pl*, belediye seçimleri *pl*

Kommune [kɔ'mu:nə] *f* <-n> **1.** (ADMIN) belediye **2.** (*Wohngemeinschaft*) komün

Kommunikation [kɔmunika'tsjo:n] *f ohne Pl* komünikasyon, iletişim; **Kommunikationsmittel** *nt* iletişim aracı; **Kommunikationszentrum** *nt* iletişim merkezi

Kommunikee^RR^ *nt* <-s, -s> *s.* **Kommuniqué**

Kommunion [kɔmu'njo:n] *f* <-en> (REL) **1.** (*Abendmahl*) kudas, liturya **2.** (*Erst~*) Katolik cemaatine kabul töreni

Kommuniqué [kɔmyni'ke:] *nt* <-s, -s> hükümet bildirisi, resmî bildiri

Kommunismus [kɔmu'nɪsmʊs] *m ohne Pl* <-> komünizm

Kommunist(in) [kɔmu'nɪst] *m(f)* <-en, -en; -nen> komünist

kommunizieren* [kɔmuni'tsi:rən] *vi* **1.** bildirişmek (*mit* ile); (*reden*) konuşmak (*mit* ile) **2.** (REL) kudasa gitmek

Komödiant(in) [komø'djant] *m(f)* <-en, -en; -nen> komedyen

Komödie [ko'mø:djə] *f* <-n> komedi, komedya

Komödiendichter(in) *m(f)*, **Komödienschreiber(in)** *m(f)* komedi yazarı

kompakt [kɔm'pakt] *adj* **1.** (*Material*) kompakt, yoğun **2.** (*fam: Person, Statur*) tıknaz

Kompanie [kɔmpa'ni:] *f* <-n> (MIL) bölük

Komparativ ['kɔmparati:f] *m* <-s, -e> (LING) karşılaştırma derecesi

Komparse, -in [kɔm'parzə] *m, f* <-n, -n; -nen> (FILM) figüran

Kompass^RR^ ['kɔmpas] *m* <-es, -e>, **Kompaß** *m* <-sses, -sse> (*a.* NAUT) pusula

Kompassnadel^RR^ *f* pusula iğnesi; **Kompassrose**^RR^ *f* pusula gülü

kompatibel [kɔmpa'ti:bəl] *adj* (*a.* INFORM) uyumlu

Kompatibilität [kɔmpatibili'tɛ:t] *f* <-en> (*a.* INFORM) uyumluluk

Kompensation [kɔmpɛnza'tsjo:n] *f* <-en> (WIRTSCH) takas

kompensieren* [kɔmpɛn'zi:rən] *vt* **1.** (*ausgleichen*) telâfi etmek **2.** (WIRTSCH) takas etmek, sayışmak

kompetent [kɔmpe'tɛnt] *adj* kompetan, yetkili

Kompetenz [kɔmpe'tɛnts] *f* <-en> yetki; **seine** ~**en überschreiten** yetkisini aşmak; **das liegt nicht in meiner** ~ bu benim yetki alanıma girmez

Kompilation *f* kompilâsyon

kompilieren *vt* derleyip toplamak

Komplementär *m* (WIRTSCH) komandite

Komplementwinkel *m* (MATH) tümler açı

komplett [kɔm'plɛt] **I.** *adj* komple, tam **II.** *adv* tamamen; **ich bin jetzt ~** (*fam*) ben şimdi tamamım

komplex [kɔm'plɛks] *adj* (*a.* MATH) karmaşık; (PSYCH) kompleks; **eine ~e Zahl** karmaşık sayı

Komplex [kɔm'plɛks] *m* <-es, -e> karma, kompleks; (PSYCH) kompleks; **~e haben** kompleksleri olmak

Komplexverbindung *f* (CHEM) kompleks, karmaşık

Komplikation [kɔmplika'tsjo:n] *f* <-en> komplikasyon; **zu ~en führen** komplikasyonlara yol açmak

Kompliment [kɔmpli'mɛnt] *nt* <-(e)s, -e> kompliman, iltifat; **jdm ~e machen** birine kompliman yapmak; **mein ~!** helâl olsun!

Komplize, -in [kɔm'pli:tsə] *m, f* <-n, -n; -nen> (*pej*) suç ortağı, yardakçı

komplizieren* [kɔmpli'tsi:rən] **I.** *vt* komplikeleştirmek **II.** *vr:* **sich ~** komplikeleşmek

kompliziert [kɔmpli'tsi:ɐt] *adj* komplike

Komplott [kɔm'plɔt] *nt* <-(e)s, -e> komplo; **ein ~ schmieden** komplo hazırlamak

Komponente [kɔmpo'nɛntə] *f* <-n> **1.** (*Teilkraft*) bileşen **2.** (*Bestandteil*) eleman, öge, unsur

komponieren* [kɔmpo'ni:rən] *vi, vt* kompoze etmek; (MUS) bestelemek

Komponist(in) [kɔmpo'nɪst] *m(f)* <-en, -en; -nen> (MUS) besteci

Komposita *Pl von* **Kompositum**

Komposition [kɔmpozi'tsjo:n] *f* <-en> kompozisyon; (MUS) beste

Kompositum [kɔm'po:zitʊm, *Pl:* kɔm'po:zita] *nt* <-s, Komposita> (LING) birleşik kelime

Kompost [kɔm'pɔst] *m* <-(e)s, -e> komposto; **Komposthaufen** *m* komposto yığını

Kompostieranlage [kɔmpɔs'ti:ɐ-] *f* (AGR) kompostolama tesisi

kompostieren* [kɔmpɔs'ti:rən] *vt* (AGR) **1.** (*zu Kompost verarbeiten*) kompostolamak **2.** (*düngen*) komposto yapmak

Kompostierung *f* <-en> (AGR) **1.** (*Verarbeitung*) kompostolama **2.** (*Düngung*) gübreleme

Kompott [kɔm'pɔt] *nt* <-(e)s, -e> komposto, hoşaf

Kompresse [kɔm'prɛsə] *f* <-n> (MED) kompres

Kompressor *m* <-s, -en> (TECH) kompresör

komprimieren* [kɔmpri'mi:rən] *vt* (*a.* INFORM) sıkıştırmak

Kompromiss[RR] [kɔmpro'mɪs] *m* <-es, -e>, **Kompromiß** *m* <-sses, -sse> uzlaşma; (*mittlere Lösung*) ortalama çözüm yolu; **mit jdm einen ~ schließen** biriyle uzlaşmaya varmak; **kompromissbereit**[RR] *adj* uzlaşmacı; **Kompromissbereitschaft**[RR] *f ohne Pl* uzlaşmacılık; **kompromisslos**[RR] *adj* uzlaşmaz

kompromittieren* [kɔmpromɪ'ti:rən] *vt* bozum etmek, mahcup etmek, rezil etmek, kepaze etmek

Kondensator [kɔndɛn'za:to:ɐ] *m* <-s, -en> (ELEK, TECH) kondansatör, yoğunlaç

kondensieren* [kɔndɛn'zi:rən] **I.** *vt* (*a.* PHYS) yoğunlaştırmak **II.** *vi sein* yoğunlaşmak; **der Dampf kondensiert an den Wänden** buhar duvarlarda yoğunlaşıyor, duvarlar buhardan buğulanıyor

Kondensmilch [kɔn'dɛns-] *f* yoğun(laştırılmış) süt; **Kondenswasser** *nt ohne Pl* <-s> buğu

Kondition[1] [kɔndi'tsjo:n] *f* <-en> (WIRTSCH) koşul, şart, kondisyon

Kondition[2] *f ohne Pl* (*körperliche Verfassung*) kondisyon; **eine gute ~ haben** kondisyonu iyi olmak

Konditionalsatz [kɔnditsjo'na:l-] *m* <-es, -sätze> (LING) şartlı birleşik cümle

konditionieren *vt* şartlandırmak

Konditionierung *f* şartlandırma

Konditionstraining *nt* <-s, -s> (SPORT) kondisyon çalışması

Konditor(in) [kɔn'di:to:ɐ] *m(f)* <-s, -en; -nen> pastacı, pastahaneci

Konditorei [kɔndito'raɪ] *f* <-en> pastahane

Kondolenz [kɔndo'lɛnts] *f* <-en> **1.** *ohne Pl* (*Beileid*) baş sağlığı **2.** (*Beileidsbezeigung*) baş sağlığı dileme; **Kondolenzschreiben** *nt* baş sağlığı mektubu

Kondom [kɔn'do:m] *nt o m* <-s, -e> kondom, kaput

Kondor ['kɔndo:ɐ] *m* <-s, -e> (ZOOL) kondor

Konfekt [kɔn'fɛkt] *nt* <-(e)s, -e> şekerleme

Konfektion [kɔnfɛk'tsjo:n] *f* <-en> **1.** (*Herstellung*) konfeksiyon **2.** (*Kleidung*) hazır giyim; **Konfektionsgeschäft** *nt* <-es, -e> konfeksiyon mağazası; **Konfektionsgröße** *f* <-n> konfeksiyon boyu

Konferenz [kɔnfe'rɛnts] *f* <-en> konferans; (*Besprechung*) konuşma; (*Presse~, Lehrer~*) toplantı; **Konferenzsaal** *m* <-(e)s, -säle> konferans salonu, toplantı salonu

konferieren* [kɔnfe'ri:rən] *vi* **1.** (*beraten*) görüşmek (*über* -i) **2.** (*bei Veranstaltung*) konferans vermek

Konfession [kɔnfɛ'sjo:n] *f* <-en> mezhep

konfessionslos *adj* mezhepsiz

K

Konfetti [kɔn'fɛti] *nt ohne Pl* <-(s)> konfeti
Konfiguration [kɔnfigura'tsjo:n] *f* <-en> (INFORM) konfigürasyon
konfigurieren* *vt* (INFORM) konfigüre etmek
Konfirmation [kɔnfɪrma'tsjo:n] *f* <-en> Protestan cemaatine kabul töreni
konfirmieren* [kɔnfɪr'mi:rən] *vt* Protestan cemaatine kabul etmek
konfiszieren* [kɔnfɪs'tsi:rən] *vt* müsadere etmek, el koymak
Konfitüre [kɔnfi'ty:rə] *f* <-n> reçel
Konflikt [kɔn'flɪkt] *m* <-(e)s, -e> **1.** ihtilâf, anlaşmazlık, uyuşmazlık, aykırılık; **mit etw in ~ geraten** (*verstoßen gegen*) bir şeye aykırı hareket etmek; (*Schwierigkeiten bekommen*) bir şeyle başı derde girmek **2.** (*Auseinandersetzung*) çatışma; (*Rollen~*) çatışma; **bewaffneter ~** silâhlı çatışma **3.** (*Zwiespalt*) çelişki
Konföderation [kɔnfødera'tsjo:n] *f* <-en> konfederasyon
konform [kɔn'fɔrm] *adj* uygun; **mit jdm ~ gehen** biriyle hemfikir olmak
Konformismus [kɔnfɔr'mɪsmʊs] *m ohne Pl* <-> konformizm, uymacılık
konformistisch *adj* (*geh*) uymaca
Konfrontation [kɔnfrɔnta'tsjo:n] *f* <-en> karşı karşıya kalma; (*Auseinandersetzung*) kavga
konfrontieren* [kɔnfrɔn'ti:rən] **I.** *vt* karşı karşıya bırakmak (*mit* ile) **II.** *vr:* **sich ~** karşı karşıya kalmak (*mit* ile)
konfus [kɔn'fu:s] *adj* karışık; **jdn ~ machen** birini şaşırtmak, birinin aklını karıştırmak
Konfusion [kɔnfu'zjo:n] *f* <-en> karışıklık
Konglomerat *nt* <-(e)s, -e> konglomera
Kongo *m* Kongo
Kongolese, **-in** *m, f* Kongolu
kongolesisch *adj* Kongolu, Kongo (ile ilgili)
Kongress[RR] [kɔŋ'grɛs, kɔn'grɛs] *m* <-es, -e>, **Kongreß** *m* <-sses, -sse> kongre; **Kongresshalle**[RR] *f* kongre salonu
kongruent [kɔŋgru'ɛnt, kɔngru'ɛnt] *adj* **1.** (MATH: *Zahlen*) eşlenik; (*Figuren*) çakışık **2.** (LING) uygun
Kongruenz *f ohne Pl* **1.** (MATH) eşleşim **2.** (LING) uygunluk
König ['kø:nɪç] *m* <-s, -e; -nen> **1.** (*Monarch*) kral **2.** (*beim Schach*) şah **3.** (*Spielkarte*) papaz, rua
Königin *f* <-nen> kraliçe
Königinmutter *f* ana kraliçe
königlich [kø:nɪklɪç] **I.** *adj* **1.** (*auf König bezogen*) kral; **die ~e Familie** kral ailesi; **~e Hoheit** altes **2.** (*hoheitsvoll*) kral gibi **II.** *adv* (*fam: außerordentlich*) şahane; **sich ~ amüsieren** şahane eğlenmek
Königreich *nt* krallık
königstreu *adj* kralcı
Königtum *nt* <-s, -tümer> krallık
konisch *adj* konik
Konjugation [kɔnjuga'tsjo:n] *f* <-en> (LING) çekim, fiil çekimi; **Konjugationsendung** *f* <-en> (LING) çekim eki
konjugierbar *adj* (LING) çekimli
konjugieren* [kɔnju'gi:rən] *vt* (LING) çekmek
Konjunktion [kɔnjʊŋk'tsjo:n] *f* <-en> **1.** (LING: *Bindewort*) bağlaç **2.** (ASTR) kavuşum
Konjunktiv ['kɔnjʊŋkti:f] *m* <-s, -e> (LING) isteme kipi
Konjunktur [kɔnjʊŋk'tu:ɐ] *f* <-en> (WIRTSCH) konjonktür; **steigende/fallende ~** çıkan/inen konjonktür, yükselen/düşen konjonktür; **Konjunkturbelebung** *f* (WIRTSCH) ekonomik canlanma
konjunkturell [kɔnjʊŋktu'rɛl] *adj* (WIRTSCH) konjonktürel, ekonomik
Konjunkturindex *m* <-(es), -indizes> (WIRTSCH) ekonomik indeks; **Konjunkturlage** *f ohne Pl* (WIRTSCH) ekonomik durum; **Konjunkturpolitik** *f* <-en> (WIRTSCH) ekonomi politikası; **Konjunkturspritze** *f* (*fam*) ekonomik doping
konkav [kɔn'ka:f] *adj* içbükey
Konkordanz [kɔnkɔr'dants] *f* <-en> **1.** (*Übereinstimmung*) uygunluk **2.** (GEO) uygun katmanlaşma
Konkordat *nt* konkordato
konkret [kɔŋ'kre:t, kɔn'kre:t] **I.** *adj* somut **II.** *adv* somut olarak
Konkretheit *f* somutluk
konkretisieren* [kɔŋkreti'zi:rən, kɔn-] *vt* somutlaştırmak
Konkretisierung *f* somutlaştırma
Konkretum *nt* (LING) somut isim
Konkubine [kɔŋku'bi:nə, kɔn-] *f* <-n> cariye; (*Geliebte*) metres
Konkurrent(in) [kɔŋkʊ'rɛnt] *m(f)* <-en, -en; -nen> rakip, rekabetçi
Konkurrenz[1] [kɔŋkʊ'rɛnts, kɔn-] *f ohne Pl* (*Konkurrieren*) rakiplik, rekabet; (*Konkurrent*) rakip; **jdm ~ machen** birine rakip olmak, biriyle rekabet etmek
Konkurrenz[2] *f* <-en> (*Wettkampf*) rekabet, yarışma; **außer ~** yarışma dışı; **Konkurrenzkampf** *m* <-(e)s, -kämpfe> rekabet, yarışma
konkurrenzlos *adj* rakipsiz
konkurrieren* [kɔŋkʊ'ri:rən, kɔn-] *vi* rekabet etmek (*um* için, *mit* ile), yarışmak (*um* için, *mit* ile); **miteinander ~** birbiriyle yarışmak, birbiriyle rekabet etmek
Konkurs [kɔŋ'kʊrs, kɔn-] *m* <-es, -e> iflâs, batkı; **das Unternehmen ist in ~**

gegangen/steht vor dem ~ işletme [*o* şirket] iflâs etti/etmek üzere; ~ **anmelden** iflâsın açılması için dilekçe vermek; **Konkursmasse** *f* iflâs masası; **Konkursverfahren** *nt* iflâs davası

können¹ ['kœnən] <kann, konnte, können> *Modalverb* **1.** (*vermögen, dürfen*) -ebilmek; (*in der Lage sein*) yapabilmek; **kann ich Sie etwas fragen?** size bir şey sorabilir miyim?; ~ **Sie mir sagen, wie spät es ist?** bana saatin kaç olduğunu söyleyebilir misiniz?; **wer kann das gewesen sein?** bunu kim yapmış olabilir?; **sie** ~ **auf ihn zählen** ona güvenebilirsiniz; **er hätte es tun** ~ onu yapabilirdi; **du kannst mich mal!** (*vulg*) götümü yala! **2.** (*möglich sein*) olabilmek; **du könntest Recht haben** haklı olabilirsin; **das kann noch dauern** bu, daha sürebilir; **kann sein** olabilir; **das kann nicht sein** olamaz; **das kann passieren** böyle şeyler olur; **es kann sein, dass er** (**nicht**) **kommt** gel(mey)ebilir

können² ['kœnən] <kann, konnte, gekonnt> **I.** *vt* (*beherrschen*) bilmek, becermek, elinden gelmek; **was** ~ **Sie?** elinizden ne iş gelir?; **sie kann gut Türkisch** o, iyi Türkçe bilir; **er hat es** (**nicht**) **gekonnt** becer(eme)di **II.** *vi:* **ich kann nichts dafür** (*fam*) bunda benim suçum yok; **ich kann nicht mehr vor Lachen** (*fam*) gülmekten hâlim [*o* takatım] kalmadı; **ich kann nicht mehr** (*fam*) hâlim [*o* takatım] kalmadı; **morgen kann ich nicht** yarın yapamam; **nicht anders** ~ **als ...** ...den başka türlü yapamamak; **uns** *dat* **kann keiner!** (*fam*) bize kimse bir şey yapamaz!; **wie konntest du nur!** bunu nasıl yapabildin!; **er schrie, was er konnte** avazı çıktığı kadar bağırdı; **so schnell sie konnte** alabildiğine, olanca hızı ile

Können *nt ohne Pl* <-s> **1.** (*Wissen*) bilgi **2.** (*Fähigkeit*) yetenek, beceri

Konnossement *nt* (NAUT) konşimento

konnte ['kɔntə] *3. imp von* **können**

Konsens [kɔn'zɛns] *m* <-es, -e> uzlaşma, görüş birliği; **einen** ~ **erzielen** uzlaşmaya varmak

konsequent [kɔnze'kvɛnt] **I.** *adj* (*folgerichtig*) tutarlı; (*entschlossen*) azimli, kararlı; (*unbeirrbar*) şaşmaz **II.** *adv* kararlılıkla, kararlı olarak; ~ **durchgreifen** kararlılıkla el atmak; **etw** ~ **verfolgen** bir şeyin peşini bırakmamak

Konsequenz¹ [kɔnze'kvɛnts] *f* <-en> **1.** sonurgu, vargı; (*Folgerichtigkeit*) tutarlılık **2.** (*Folge*) sonuç, doğurgu; **die** ~**en tragen** sonuçlarına katlanmak; **das wird ernste** ~**en haben** bunun ciddî sonuçları olacak

Konsequenz² *f ohne Pl* (*Unbeirrbarkeit*) şaşmazlık; (*Entschlossenheit*) azim, kararlılık

Konservatismus *m ohne Pl* <-> tutuculuk, muhafazakârlık

konservativ ['kɔnzɛrvati:f, ---'-] *adj* tutucu, muhafazakâr

Konservative *mf* tutucu, muhafazakâr

Konserve [kɔn'zɛrvə] *f* <-n> konserve; **Konservenbüchse** *f*, **Konservendose** *f* konserve kutusu

konservieren* [kɔnzɛr'vi:rən] *vt* konservelemek

Konservierung *f* <-en> konserveleme

Konsistenz [kɔnzɪs'tɛnts] *f ohne Pl* kıvam

Konsole [kɔn'zo:lə] *f* <-n> **1.** (ARCH) konsol **2.** (*Möbel*) konsol **3.** (INFORM) konsol

Konsolidation *f* (WIRTSCH) konsolidasyon

konsolidieren *vt* (WIRTSCH) konsolide etmek

konsolidiert *adj* (WIRTSCH) konsolide; ~**e Schuld** konsolide borç

Konsonant [kɔnzo'nant] *m* <-en, -en> (LING) ünsüz; **ein harter** ~ sert ünsüz

Konsortium [kɔn'zɔrtsiʊm] *nt* <-s, Konsortien> (WIRTSCH) konsorsiyum

konstant [kɔn'stant] **I.** *adj* değişmez, sabit **II.** *adv* **1.** (*dauernd*) devamlı, sürekli **2.** (*beharrlich*) ısrarla

Konstante [kɔn'stantə] *f* <-n> (MATH, PHYS) sabite, değişmez (nicelik)

konstatieren* [kɔnsta'ti:rən] *vt* belirlemek

Konstellation [kɔnstɛla'tsjo:n] *f* <-en> kümelenme

konstituieren* [kɔnstitu'i:rən] *vt* kurmak; **die** ~**de Versammlung** (POL) kurucu meclis

Konstitution [kɔnstitu'tsjo:n] *f* <-en> **1.** bünye, yapı; (*Körperbau*) bünye, vücut yapısı **2.** (POL: *Verfassung*) anayasa; (*Satzung*) anatüzük

konstitutionell [kɔnstitutsjo'nɛl] *adj* **1.** (POL) meşrutî; ~**e Monarchie** meşrutiyet **2.** (MED) bünye ile ilgili

konstruieren* [kɔnstru'i:rən] *vt* **1.** (*a.* MATH, LING) kurmak **2.** (*pej*) uydurmak

Konstrukteur(in) [kɔnstrʊk'tø:ɐ] *m(f)* <-s, -e; -nen> yapıcı

Konstruktion [kɔnstrʊk'tsjo:n] *f* <-en> konstrüksiyon, yapım; **Konstruktionsfehler** *m* konstrüksiyon hatası, yapım hatası

konstruktiv [kɔnstrʊk'ti:f] *adj* yapıcı; **eine** ~**e Kritik** yapıcı eleştiri

Konstruktivismus *m ohne Pl* (PHILOS) konstrüktivizm; (KUNST) kurmacılık, konstrüktivizm

Konsul(in) ['kɔnzʊl] *m(f)* <-s, -n; -nen> konsolos

K

Konsulat [kɔnzu'laːt] *nt* <-(e)s, -e> konsolosluk; **Konsulatsgebäude** *nt* konsoloshane

konsultieren* [kɔnzʊl'tiːrən] *vt* danışmak (-e), başvurmak (-e); **einen Arzt/Anwalt/Experten ~** hekime/avukata/ekspere danışmak [*o* başvurmak]

Konsum [kɔn'zuːm] *m ohne Pl* <-s> tüketim

Konsument(in) [kɔnzu'mɛnt] *m(f)* <-en, -en; -nen> tüketici

Konsumgesellschaft *f* <-en> tüketiciler toplumu; **Konsumgüter** *ntPl* tüketim malları *pl;* **Konsumgüterindustrie** *f* (WIRTSCH) hafif sanayi, tüketim malları üreten sanayi

konsumieren* [kɔnzu'miːrən] *vt* tüketmek

konsumorientiert *adj* tüketime yönelik

Konsumverhalten *nt ohne Pl* <-s> tüketim davranışı

Kontakt [kɔn'takt] *m* <-(e)s, -e> (*a.* ELEK) kontak, temas; (*Verbindung*) ilişki, münasebet; **~ mit jdm aufnehmen** biriyle temasa geçmek; **sexuelle ~e** cinsel ilişkiler; **mit jdm in ~ kommen** biriyle temasa gelmek; **mit jdm in ~ stehen** biriyle temasta bulunmak; **wir sollten in ~ bleiben** bundan sonra görüşelim; **stehst du noch in ~ mit ihr?** onunla hâlâ temasta mısın?; **sie unterhalten geschäftliche ~e zu unserer Firma** firmamızla iş ilişkilerini sürdürüyorlar; **Kontaktadresse** *f* yazışma adresi; **Kontaktaufnahme** *f* kontak kurma; **kontaktfreudig** *adj* girgin, arkadaş canlısı; **Kontaktlinse** *f* kontakt lens; **Kontaktsperre** *f* görüşme yasağı

Kontamination [kɔntamina'tsjoːn] *f* <-en> kirlenme

kontaminieren* [kɔntami'niːrən] *vt* kirletmek

Konten *Pl von* **Konto**

Konter *m* (SPORT) kontratak

kontern ['kɔntɐn] **I.** *vt* (SPORT) karşı akına geçmek (-e) **II.** *vi* (*zurückweisen*) kontra gitmek

Konterrevolution *f* karşı devrim

Kontext ['kɔntɛkst] *m* <-(e)s, -e> kontekst, bağlam

Kontinent ['kɔntinɛnt, --'-] *m* <-(e)s, -e> kıt'a, ana kara; **kontinental** [kɔntinɛn'taːl] *adj* kıt'a (ile ilgili), kara (ile ilgili); **Kontinentalklima** *nt* kara iklimi; **Kontinentalschelf** *m o nt,* **Kontinentalsockel** *m* (GEO, POL: *Festland(s)sockel*) kıt'a sahanlığı

Kontingent [kɔntɪŋ'gɛnt] *nt* <-(e)s, -e> kontenjan

kontinuierlich [kɔntinu'iːɐlɪç] *adj* devamlı, sürekli

Kontinuität [kɔntinui'tɛːt] *f ohne Pl* devamlılık, süreklilik

Konto ['kɔnto] *nt* <-s, Konten> hesap; **ein ~ eröffnen/auflösen** hesap açmak/kapamak; **das ~ überziehen** hesabı aşmak, hesaptaki miktardan fazlasını çekmek; **das geht auf mein ~** (*fam*) bunu ben üstüme alıyorum; **Kontoauszug** *m* hesap özeti, ekstre, dekont; **Kontoführung** *f* <-en> hesap tutma; **Kontoinhaber(in)** *m(f)* hesap sahibi; **Kontokorrent** *nt* cari hesap; **Kontonummer** *f* hesap numarası

Kontor *m* <-s, -e> (COM) kontuvar

Kontostand *m* <-(e)s, -stände> hesap durumu

kontra ['kɔntra] **I.** *präp* (*a. fig*) kontra, karşı, karşıt **II.** *adv* (*dagegen*) karşı

Kontra ['kɔntra] *nt* kontra; **jdm ~ geben** birine kontra gitmek

Kontrabass[RR] ['kɔntra-] *m* kontrbas

Kontrabassist(in) *m(f)* kontrbasçı

Kontrahent(in) [kɔntra'hɛnt] *m(f)* <-en, -en; -nen> **1.** (*Gegner*) hasım **2.** (*Vertragspartner*) âkit

kontrahieren* [kɔntra'hiːrən] *vi* sözleşme yapmak

Kontraktion [kɔntrak'tsjoːn] *f* <-en> (GEO, MED, PHYS, LING) kasılma

Kontrapunkt *m* **1.** (MUS) kontrpuan **2.** (*Gegenpol*) zıt kutup

konträr [kɔn'trɛːɐ] *adj* karşıt, zıt

Kontrast [kɔn'trast] *m* <-(e)s, -e> kontrast, zıtlık, karşıtlık, tezat; **in** [*o* **im**] **~ zu etw** *dat* **stehen** bir şeye kontrast oluşturmak

kontrastieren* [kɔntras'tiːrən] *vi* kontrast oluşturmak

kontrastiv *adj* karşılaştırmalı

kontrastreich *adj* kontrastlı

Kontrollabschnitt *m* dip koçanı; **Kontrollampe** *f s.* **Kontrolllampe**

Kontrolle [kɔn'trɔlə] *f* <-n> **1.** (*Beherrschung, Pass~, Polizei~*) kontrol; **über jdn/etw die ~ verlieren** bir kimse/şey üzerindeki kontrolü kaybetmek; **jdn/etw unter ~ haben** bir kimse/şey kontrol altında olmak; **alles unter ~!** her şey kontrol altında!; **sein Auto geriet außer ~** otomobili kontrolden çıktı **2.** (*Prüfung*) kontrol; (*Inspektion*) muayene; (*Überwachung*) denetim

Kontrolleur(in) [kɔntrɔ'løːɐ] *m(f)* <-s, -e; -nen> **1.** kontrolör, denetçi **2.** (EISENB) kondüktör

Kontrollfunktion *f* <-en> kontrol fonksiyonu

kontrollieren* [kɔntrɔ'liːrən] *vt* **1.** (*allge-*

mein) kontrol etmek; (*überprüfen*) gözden geçirmek, muayene etmek; (*Gepäck*) muayene etmek **2.** (*überwachen*) kontrol etmek, denetlemek **3.** (*beherrschen*) kontrol etmek

KontrolllampeRR *f* kontrol lâmbası; **Kontrollturm** *m* (AERO) kontrol kulesi

kontrovers [kɔntroˈvɛrs] **I.** *adj* **1.** (*entgegengesetzt*) zıt, karşıt **2.** (*bestreitbar*) tartışma götüren [*o* götürür] **3.** (*umstritten*) tartışmalı; **eine ~e Frage** tartışmalı bir sorun **II.** *adv:* **diese Frage ist gar nicht ~** bu sorun tartışma götürmez

Kontroverse [kɔntroˈvɛrzə] *f* <-n> (*Auseindersetzung*) tartışma; (*Meinungsverschiedenheit*) anlaşmazlık, uyuşmazlık

Kontur [kɔnˈtuːɐ] *f* <-en> kontur; (*Profil*) profil

Konvention [kɔnvɛnˈtsjoːn] *f* <-en> **1.** konvansiyon; (*Abkommen*) anlaşma; (*Vertrag*) sözleşme **2.** (*Regel*) kural; **~en** gelenek

konventional [kɔnvɛntsjoˈnaːl] *adj* konvansiyonel

Konventionalstrafe [kɔnvɛntsjoˈnaːl-] *f* (JUR) cezaî şart

konventionell [kɔnvɛntsjoˈnɛl] *adj* **1.** geleneksel, klâsik **2.** (TECH, MIL: *Waffen*) konvensiyonel

konvergent *adj* birbirine yakınlaşan; (MATH, PHYS) yakınsak

Konvergenz *f* **1.** (*Annäherung*) yakınlaşma **2.** (MATH, PHYS) yakınsaklık

Konversation [kɔnvɛrzaˈtsjoːn] *f* <-en> sohbet; **~ machen** sohbet etmek

konvertierbar *adj* (WIRTSCH) konvertibl

Konvertierbarkeit *f* (WIRTSCH) konvertibilite

konvertieren* [kɔnvɛrˈtiːrən] **I.** *vi haben o sein* (REL) geçmek (*zu* -e) **II.** *vt* (WIRTSCH, INFORM) çevirmek

konvex [kɔnˈvɛks] *adj* dışbükey

Konvexität *f ohne Pl* dışbükeylik

Konvexlinse *f* dışbükey mercek; **Konvexspiegel** *m* dışbükey ayna

Konvoi [kɔnˈvɔɪ, ˈ--] *m* <-s, -s> konvoy; **im ~ fahren** konvoy hâlinde gitmek

Konzentration [kɔntsɛntraˈtsjoːn] *f* <-en> **1.** topla(n)ma, temerküz **2.** (CHEM) konsantrasyon, derişme **3.** (PSYCH) konsantrasyon, dikkat toplaşımı; **Konzentrationslager** *nt* (HIST) temerküz kampı; **Konzentrationsschwäche** *f* (MED, PSYCH) konsantre olamama; **Konzentrationsstörung** *f* konsantrasyon bozukluğu

konzentrieren* [kɔntsɛnˈtriːrən] **I.** *vt* (*bündeln*) konsantre etmek (*auf* -e); (*ausrichten*) toplamak (*auf* -de); **Truppen in einem Raum ~** birlikleri bir yerde toplamak **II.** *vr:* **sich ~** derişmek, konsantre olmak (*auf* -e)

konzentriert [kɔntsɛnˈtriːɐt] *adj* konsantre, pürdikkat; (CHEM) derişık, konsantre

Konzept [kɔnˈtsɛpt] *nt* <-(e)s, -e> **1.** (*Rohfassung*) taslak, müsvedde **2.** (*fam fig*): **aus dem ~ kommen** aklı karışmak; **jdn aus dem ~ bringen** birinin aklını karıştırmak; **das passt mir nicht ins ~** bu işime gelmiyor

Konzeption [kɔntsɛpˈtsjoːn] *f* <-en> tasarı; (*Entwurf eines Werkes*) şema

Konzeptpapier *nt* müsveddelik kâğıt

Konzern [kɔnˈtsɛrn] *m* <-s, -e> (WIRTSCH) konzern

Konzert [kɔnˈtsɛrt] *nt* <-(e)s, -e> konser; **Konzertflügel** *m* kuyruklu piyano; **Konzertsaal** *m* konser salonu

Konzession [kɔntsɛˈsjoːn] *f* <-en> **1.** (*Zugeständnis*) ödün, taviz; **er ist nicht zu ~en bereit** taviz vermeye niyeti yok **2.** (*Genehmigung*) imtiyaz; **jdm die ~ entziehen** birinin imtiyazını geri almak

Kooperation [koʔoperaˈtsjoːn] *f* <-en> iş birliği

kooperativ [koʔoperaˈtiːf] *adj* iş birlikli

kooperieren* [koʔopeˈriːrən] *vi* iş birliği yapmak

Koordinate [koʔɔrdiˈnaːtə] *f* <-n> (MATH) koordinat

Koordination [koʔɔrdinaˈtsjoːn] *f* <-en> koordinasyon, eş güdüm

koordinieren* [koʔɔrdiˈniːrən] *vt* koordine etmek

Kopenhagen [koːpənˈhaːgən] *nt* <-s> Kopenhag

Kopf [kɔpf, *Pl:* ˈkœpfə] *m* <-(e)s, Köpfe> **1.** (*Körperteil, Nagel~, Nadel~*) kafa, baş; **zehn Euro pro ~** adam başına on euro; **~ an ~** kafa kafaya, başa baş; **aus dem ~** kafadan; **~ hoch!** üzme tatlı canını!; **etw auf den ~ stellen** bir şeyi alt üst etmek; **sie stellten das ganze Haus auf den ~** bütün evi alt üst ettiler; **~ und Kragen riskieren** kellesini koltuğuna almak, başını ortaya koymak; **sich** *dat* **etw aus dem ~ schlagen** bir şeyi aklından çıkarmak; **sich** *dat* **etw in den ~ setzen** bir şeyi kafaya koymak; **das will mir nicht in den ~** bunu aklım almıyor; **das kann ich im ~ rechnen** bunu kafamdan hesaplayabilirim; **mit rotem ~ dastehen** kıpkırmızı kesilmek; **von ~ bis Fuß** baştan aşağı; **sie ist ein kluger ~** o akıllı birisidir; **sie hat ihren eigenen ~** o kendi bildiğini okur; **er ist nicht auf den ~ gefallen** kafası boş değil; **den ~ in den Sand stecken** deve kuşu gibi başını kuma sokmak [*o* gömmek]; **mit dem ~ durch die Wand wollen** ka-

K

fasının dikine gitmek; **es kann nicht immer nur nach deinem ~ gehen** her şey senin istediğin gibi olamaz; **wir redeten uns** *dat* **die Köpfe heiß** konuşmaktan kafamız şişti; **einen kühlen ~ bewahren** serin kanlı olmak; **nicht ganz richtig im ~ sein** (*fam*) kafadan kontak olmak, aklından zoru olmak; **das geht mir durch den ~** bu, aklımdan geçiyor; **mir brummt der ~** (*fam*) başım çok ağrıyor; **mir raucht der ~** (*fam*) kafam dumanlandı; **der Erfolg ist ihm zu ~(e) gestiegen** başarı onun başına vurdu; **ich war wie vor den ~ gestoßen** beynimden vurulmuşa döndüm; **~ stehen** (*fam*) alt üst olmak; **jdm den ~ verdrehen** (*fam*) birinin beynine girmek, birini baştan çıkarmak; **sich** *dat* **den ~ zerbrechen** (*fam*) kafa yormak [*o* patlatmak]; **das kann dich den ~ kosten** (*a. fig*) bu, senin başını yakabilir; **er hat sein ganzes Geld auf den ~ gehauen** (*fam*) bütün parasını har vurup harman savurdu **2.** (*Brief~*) başlık; (*bei Münze*) tu(ğ)ra; **~ oder Zahl?** tura mı yazı mı?

Kopf-an-Kopf-Rennen [--'---] *nt* başa baş yarışma

Kopfarbeit *f ohne Pl* kafa işi; **Kopfarbeiter(in)** *m(f)* kafa işçisi, fikir işçisi; **Kopfball** *m* (SPORT) kafa çıkışı; **ein Tor durch ~ erzielen** kafa çıkışı ile gol atmak; **Kopfbedeckung** *f* başlık, baş örtüsü; **Kopfbewegung** *f* baş hareketi

Köpfchen ['kœpfçən] *nt* <-s, -> (*fam*) akıllılık; **~ haben** akıllı olmak

köpfen ['kœpfən] *vt* **1.** (*enthaupten*) kafasını kesmek (-in), kellesini uçurmak (-in) **2.** (SPORT) kafa ile vurmak (-e); (*Tor*) kafa ile atmak

Kopfende *nt* <-s, -n> baş ucu; **am ~** baş ucunda

Kopffüßer *m* (ZOOL) kafadan bacaklı

Kopfhaar *nt ohne Pl* <-(e)s> saç; **Kopfhaut** *f* kafa derisi; **Kopfhörer** *m* <-s, -> kulaklık; **Kopfkissen** *nt* baş yastığı; **Kopflaus** *f* baş biti

kopflos *adj* **1.** (*Lebewesen*) başsız **2.** (*verwirrt*) aklı başında olmayan

Kopfnicken *nt ohne Pl* <-s> olur anlamında baş sallama; **Kopfnuss**[RR] *f* (*fam*) **1.** (*Schlag*) kafaya vurulan fiske **2.** (*Aufgabe*) çetin ceviz; **Kopfrechnen** *nt ohne Pl* <-s> zihin hesabı; **Kopfsalat** *m* yeşil salata

Kopfschmerz *m* baş ağrısı; **ich habe ~en** başım ağrıyor; **Kopfschmerztablette** *f* baş ağrısı hapı

Kopfschuppen *fPl* baş kepeği, saç kepeği; **Kopfschütteln** *nt ohne Pl* <-s> baş sallama; **Kopfsprung** *m* balıklama atlama; **einen ~ machen** balıklama atlamak; **Kopfstand** *m* <-(e)s, -stände> amuda kalkma; **einen ~ machen** amuda kalkmak; **kopf|stehen** *irr vi s.* **Kopf 1.**

Kopfsteinpflaster *nt* parke

Kopfstoß *m* **1.** kafa atma **2.** (*Kopfball*) kafa çıkışı; **Kopfstütze** *f* koltuk başı; **Kopftuch** *nt* <-(e)s, -tücher> başörtü, türban

kopfüber [-'--] *adv* tepetakla

Kopfweh *nt* <-(e)s, -e> baş ağrısı; **Kopfzeile** *f* (INFORM) baş satır; **mit ~** baş satırlı; **Kopfzerbrechen** *nt ohne Pl* <-s>: **etw jdm ~ machen** bir şey birinin başını ağrıtmak, kafa yorma; **sich** *dat* **~ über etw machen** bir şey üzerine kafa yormak

Kopie [ko'piː] *f* <-n> **1.** (*a.* INFORM) kopya; (*Foto~*) fotokopi **2.** (*Nachahmung*) kopya

kopieren* [ko'piːrən] *vt* **1.** (*a.* INFORM) kopyalamak; (*Fotokopien machen*) fotokopi çekmek **2.** (*nachahmen*) kopya etmek

Kopierer *m* <-s, -> (*fam*) kopyacı

Kopiergerät [ko'piːɐ-] *nt* <-(e)s, -e> fotokopi makinesi

kopiergeschützt *adj* (INFORM) kopyalanamaz

Kopilot(in) ['koːpiloːt] *m(f)* <-en, -en; -nen> (AERO) ikinci pilot

koppeln ['kɔpəln] *vt* bağlamak (*an* -e)

Koproduktion ['koː-] *f* <-en> ortak yapım

Kopulation [kopula'tsjoːn] *f* <-en> (BIOL) çiftleşme

kopulieren* [kopu'liːrən] *vi* (BIOL) çiftleşmek

Koralle [ko'ralə] *f* <-n> mercan

korallen *adj* mercan, mercanlı; **Koralleninsel** *f* mercan adası; **Korallenriff** *nt* mercan resifi

Koran [ko'raːn] *m ohne Pl* <-s> Kur'an, Kur'anıkerim

Koranschule *f* Kur'an kursu

Korb [kɔrp, *Pl:* 'kœrbə] *m* <-(e)s, Körbe> **1.** (*Behälter*) sepet; (*größer*) küfe, sepet sandık; (*mit Henkeln*) küfe; (*Brust~*) kafes **2.** (*~geflecht*) hasır; **ein Sessel aus ~** hasırdan bir sandalye **3.** (SPORT) pota; **einen ~ erzielen** potaya atmak **4.** (*Abfuhr*) sepetleme; **jdm einen ~ geben** birini sepetlemek

Korbball *m ohne Pl* <-(e)s> (SPORT) sepet topu, basketbol

Korbblütler *mPl* (BOT) bileşikgiller *pl*

Korbflasche *f* damacana; **Korbmöbel** *ntPl* hasır mobilya

Kord [kɔrt] *m* <-(e)s, -e *o* -s> kot, fitilli kadife

Kordel ['kɔrdəl] *f* <-n> sicim

Kordhose *f* kot pantolon

Korea [ko'reːa] *nt* <-s> Kore

Koreaner(in) [kore'aːnɐ] *m(f)* <-s, -; -nen> Koreli

koreanisch *adj* Koreli, Kore (ile ilgili); **eine ~e Frau** Koreli bir kadın
Koreanisch *nt* Korece
Koriander [kori'andɐ] *m* <-s, -> (BOT) kişniş
Korinthe [ko'rɪntə] *f* <-n> (GASTR) kuş üzümü
Kork [kɔrk] *m* <-(e)s, -e> (*Material*) mantar; **Korkeiche** *f* (BOT) mantar meşesi
Korken ['kɔrkən] *m* <-s, -> (*Verschluss*) mantar, tapa
Korkenzieher *m* <-s, -> tirbuşon
Kormoran *m* (ZOOL) karabatak
Korn[1] [kɔrn, *Pl:* 'kœrnɐ] *nt* <-(e)s, Körner> (*Teilchen, Samen~*) tane, habbe
Korn[2] *m* <-(e)s, -> (*fam: Branntwein*) kanyak
Korn[3] *nt* <-(e)s, -e> **1.** (*Getreide*) tahıl **2.** (*am Gewehr*) arpacık; **über Kimme und ~ zielen** gez ile arpacık üzerinden nişan almak; **jdn/etw aufs ~ nehmen** bir kimseyi/şeyi hedef almak
Korn[4] *nt ohne Pl* <-(e)s> (FOTO: *Feinstruktur*) gren
Kornblume *f* (BOT) mavikantaron, belemir, peygamber çiçeği
Kornelkirsche *f* (BOT) kızılcık; **Kornfeld** *nt* (AGR) mısır tarlası
Kornspeicher *m* (AGR) zahire ambarı
Korolla *f* (BOT) çiçek tacı
koronar *adj* (MED) koroner
Koronargefäß *nt* (MED) koroner damar; **Koronarinsuffizienz** *f* (MED) koroner yetersizliği
Körper ['kœrpɐ] *m* <-s, -> **1.** (*Leib*) vücut, beden; **er zitterte am ganzen ~** (*vor Angst*) bütün vücudu (tir tir) titredi; (*vor Kälte*) bütün vücudu (zangır zangır) titredi **2.** (*Rumpf*) gövde, cüsse **3.** (PHYS) cisim; **ein fester/flüssiger/gasförmiger ~** katı/sıvı/gaz hâlindeki cisim; **Körperbau** *m ohne Pl* <-(e)s> fizik yapısı, beden yapısı, vücut yapısı, bünye; **körperbehindert** *adj* bedensel özürlü; **Körperbehinderte(r)** *mf* bedensel özürlü (kimse)
Körperflüssigkeit *f* <-en> suyuk; **Körpergeruch** *m* vücut kokusu; (*Schweißgeruch*) ter kokusu; **Körpergewicht** *nt ohne Pl* <-(e)s> vücut ağırlığı; **Körpergröße** *f* <-n> boy; **Körperhaltung** *f* <-en> duruş; **Körperhöhle** *f* <-n> vücut boşluğu
körperlich **I.** *adj* bedensel; (*physisch*) fizikî, cismanî; (*stofflich*) maddesel; (*geschlechtlich*) cinsel **II.** *adv* bedenen, vücutça, cismen
Körperlotion *f* vücut losyonu; **Körperpflege** *f* vücut bakımı
Körperschaft *f* <-en> (JUR) kurum; **~ des öffentlichen Rechts** kamu kurumu, kamu tüzel kişisi; **Körperschaftssteuer** *f* <-n> kurumlar vergisi; **Körperstrafe** *f* <-n> beden cezası; **Körperteil** *m* <-(e)s, -e> organ; **Körpertemperatur** *f* vücut ısısı; **Körperverletzung** *f* yaralama; (JUR) müessir fiil, cismanî zarar; **fahrlässige ~** taksirli müessir fiil; **schwere ~** ağır cismanî zarar; **Körperwärme** *f ohne Pl* vücut ısısı
Korps [koːɐ] *nt* <-, -> **1.** (MIL) kolordu **2.** **das diplomatische ~** kordiplomatik
korpulent [kɔrpu'lɛnt] *adj* cüsseli, gövdeli; (*dick*) şişman
Korpulenz [kɔrpu'lɛnts] *f ohne Pl* şişmanlık
korrekt [kɔ'rɛkt] *adj* doğru
Korrektheit *f ohne Pl* doğruluk; (*Genauigkeit*) titizlik; (*im Benehmen*) dürüstlük
Korrektor(in) [kɔ'rɛktoːɐ] *m(f)* <-s, -en; -nen> (TYPO) düzeltmen
Korrektur [kɔrɛk'tuːɐ] *f* <-en> düzeltme, düzelti; **Korrekturtaste** *f* düzeltme tuşu; **Korrekturzeichen** *nt* düzelti işareti
Korrespondent(in) [kɔrɛspɔn'dɛnt] *m(f)* <-en, -en; -nen> muhabir
Korrespondenz [kɔrɛspɔn'dɛnts] *f* <-en> muhabere, yazışma
korrespondieren* [kɔrɛspɔn'diːrən] *vi* **1.** (*brieflich*) yazışmak (*mit* ile) **2.** (*entsprechen*) bağdaşmak (*mit* ile), uymak (*mit* -e)
Korridor ['kɔridoːɐ] *m* <-s, -e> koridor
korrigieren* [kɔri'giːrən] *vt* düzeltmek
Korrosion *f* korozyon; **etw gegen ~ schützen** bir şeyi korozyona karşı korumak
korrupt [kɔ'rʊpt] *adj* (*bestechlich*) yiyici, mürtekip; **das ganze System ist ~** bütün sistem kokuşmuş
Korruption [kɔrʊp'tsjoːn] *f* <-en> kokuşmuşluk, yiyicilik, irtikâp
Korse, **-in** ['kɔrzə] *m, f* <-n, -n; -nen> Korsikalı
Korsett [kɔr'zɛt] *nt* <-s, -s *o* -e> korse
Korsika ['kɔrzika] *nt* <-s> Korsika
korsisch *adj* Korsikalı, Korsika (ile ilgili)
Korund *m* <-(e)s, -e> korindon; **blauer ~** (*Saphir*) safir, gök yakut; **roter ~** (*Rubin*) yakut
Korvette [kɔr'vɛtə] *f* <-n> (MIL) korvet
Kosak(in) [ko'zak] *m(f)* <-en, -en; -nen> Rus Kazağı
Koschenille(schild)laus *f* (ZOOL) koşnil; **Kosewort** *nt* <-(e)s, -wörter> okşamalık söz, okşayıcı söz
Kosinus ['koːzinʊs] *m* <-, -(se)> (MATH) kosinüs
Kosmetik [kɔs'meːtɪk] *f ohne Pl* **1.** (*Schönheitpflege*) güzellik bakımı **2.** (*Korrektur*)

makyaj

Kosmetika [kɔs'me:tika] *Pl* kozmetik, güzellik müstahzarları *pl*

Kosmetiksalon *m* güzellik salonu

kosmetisch *adj:* **~e Chirurgie** plâstik ameliyat

kosmisch ['kɔsmɪʃ] *adj* kozmik; **~e Strahlen** kozmik ışınlar

Kosmogonie *f ohne Pl* <-> kozmogoni

kosmogonisch *adj* kozmogonik

Kosmologie *f ohne Pl* <-> kozmoloji

kosmologisch *adj* kozmolojik

Kosmonaut(in) [kɔsmo'naʊt] *m(f)* <-en, -en; -nen> kozmonot

Kosmopolit(in) [kɔsmopo'li:t] *m(f)* <-en, -en; -nen> kozmopolit

kosmopolitisch *adj* kozmopolit

Kosmos ['kɔsmɔs] *m ohne Pl* <-> kozmos, evren

Kosovare, -in *m, f* Kosovalı

Kosovo ['kɔsovo] *m* <-(s)> Kosova

Kosovo-Albaner(in) *m(f)* Kosovalı Arnavut

Kost [kɔst] *f ohne Pl* **1.** (*Nahrung*) gıda; **~ und Logis** yedirip içirme ve barındırma, iaşe ve ibate **2.** (*Ernährung*) besin, beslenme

kostbar *adj* değerli

Kostbarkeit[1] *f ohne Pl* (*Wert*) değerlilik

Kostbarkeit[2] *f* <-en> (*Gegenstand*) değerli şey

kosten ['kɔstən] *vt* **1.** (*probieren*) tadına bakmak (-in) **2.** (*Preis haben*) mal olmak; **wie viel/was kostet das?** bu kaç para?, bunun fiyatı nedir?; **koste es, was es wolle** kaça mal olursa olsun, ne kadar tutarsa tutsun, ne pahasına olursa olsun; **das kostet ihn den Kopf** (*fam*) bu, onun başını yakacak **3.** (*erfordern*) istemek; **das kostet Zeit** bu zaman ister, bu vakit alır

Kosten ['kɔstən] *Pl* gider(ler) *(pl)*, masraf(lar) *(pl)*; (WIRTSCH) maliyet; **keine ~ scheuen** masraftan kaçınmamak; **~ verursachen** masraf kapısı açmak; **die ~ für etw tragen** bir şeyin masrafını çekmek; **die ~ decken** masrafları karşılamak, maliyeti karşılamak; **auf ~ des Waldes/seiner Gesundheit** ormanın/sağlığının zararına; **das geht auf meine ~** bunu ben ödüyorum; **auf jds ~ leben** birinin sırtından geçinmek; **auf seine ~ kommen** memnun kalmak; **Kostenbeteiligung** *f* masraflara katılma; **kostendeckend** *adj* (WIRTSCH) maliyet karşılayıcı; **Kostenerstattung** *f* masrafların ödenmesi; **kostengünstig** *adj* (WIRTSCH) ucuz; **kostenintensiv** *adj* (WIRTSCH) maliyet yoğun

kostenlos *adj* bedava, masrafsız

Kostenvoranschlag [--'---, '-----] *m* (WIRTSCH) maliyet tahmini

Kostgeld *nt* <-(e)s, -er> yemek parası

köstlich ['kœstlɪç] *adj* **1.** (*Speise*) nefis **2.** enfes, çok güzel; **ich habe mich ~ amüsiert** çok güzel eğlendim

Kostprobe *f* **1.** (*von Speise*) tadımlık, çeşni; (*von Getränk*) çeşni **2.** (*Beispiel*) örnek, numune

kostspielig *adj* masraflı

Kostüm [kɔs'ty:m] *nt* <-s, -e> **1.** (*Damen~*) kostüm, tayyör **2.** (THEAT) sahne elbisesi **3.** (*Verkleidung*) kıyafet, kılık; **Kostümball** *m* kıyafet balosu

kostümieren* [kɔsty'mi:rən] *vr:* **sich ~** kılığına girmek (*als* -); **er hatte sich als Cowboy kostumiert** kovboy kılığına girmişti, kovboylar gibi giyinmişti

Kot [ko:t] *m* <-(e)s, -e *o* -s> (*geh*) dışkı

Kotelett ['kɔtlɛt, kɔt'lɛt] *nt* <-s, -s> pirzola

Koteletten [kɔt'lɛtən] *Pl* favoriler *pl*

Köter ['kø:tɐ] *m* <-s, -> (*pej*) it, köpek

Kotflügel *m* (AUTO) çamurluk

Kotzbrocken *m* (*vulg*) pis bıyık, bok soyu, iğrenç herif

Kotze ['kɔtsə] *f ohne Pl* (*vulg*) kusmuk

kotzen *vi* (*vulg*) kusmak; **das ist zum K~** insanın öğüreceği geliyor, insanın kusacağı geliyor

KP [ka:'pe:] *f* <-s> *Abk. von* **Kommunistische Partei** KP, *komünist partisi*

Krabbe ['krabə] *f* <-n> (ZOOL) karides

Krabbelalter *nt* emekleme yaşı

krabbeln ['krabəln] *vi sein* **1.** (*Kind*) emeklemek **2.** (*Käfer*) yürümek

Krach[1] [krax, *Pl:* 'krɛçə] *m* <-(e)s, Kräche> **1.** (*Knall*) patlama **2.** (*fam: Auseinandersetzung*) kavga, çıngar; **mit jdm ~ haben** biriyle kavgalı olmak; **~ schlagen** çıngar çıkarmak; **es gab einen riesen ~** büyük çıngar koptu **3.** (*fam: Börsen~*) kriz

Krach[2] *m ohne Pl* <-(e)s> (*Lärm*) gürültü patırtı, takatuka, çıngar

krachen *vi* **1.** (*platzen*) patlamak; (*Eis, Holz*) kırılmak; (*Donnerschlag*) çakmak; (*Naht, Schuss*) patlamak; **auf dieser Autobahn kracht es dauernd** (*fam*) bu otobanda sürekli kaza oluyor; **hör sofort auf damit, sonst kracht's** (*fam*) hemen bırak onu, yoksa bir tane patlatacağım **2.** *sein* (*fam: kaputtgehen*) kırılmak **3.** *sein* (*fam: aufprallen*) çarpmak (*gegen/auf* -e/-e) **4.** (*fam: streiten*) kavga etmek

krächzen ['krɛçtsən] *vi* **1.** (*Raben*) gaklamak **2.** (*Mensch*) kısık sesle konuşmak

kraft [kraft] *präp* (*geh*) gereği(nce); **~ Gesetzes** yasa gereği

Kraft [kraft, *Pl:* 'krɛftə] *f* <Kräfte> **1.** (*a.* PHYS) güç, kuvvet; (*Kern~*) enerji; **die ~ des Geistes** zihin gücü; **seine Kräfte**

sammeln kuvvetini toplamak; **unter Aufbietung aller Kräfte** bütün [*o* var] gücüyle; **mit aller/letzter ~** bütün [*o* var]/son gücüyle; (**nicht**) **bei Kräften sein** gücü yerinde ol(ma)mak; **wieder zu Kräften kommen** gücüne yeniden kavuşmak; **aus eigener ~** kendi gücüyle; **sie tat, was in ihren Kräften stand** elinde olanı yaptı; **mit vereinten Kräften** güç birliğiyle; **das geht über meine Kräfte** buna gücüm yetmiyor; **die treibende ~** itici güç **2.** (*Wirksamkeit*) etki **3. Arbeits~** eleman; **wir haben eine neue ~ eingestellt** işe yeni bir eleman aldık **4.** (JUR): **in ~ sein** yürürlükte olmak; **in ~ setzen/treten** yürürlüğe koymak/girmek; **außer ~ setzen** yürürlükten kaldırmak; **außer ~ sein** hükümsüz olmak; **Kraftaufwand** *m* efor; **Kraftausdruck** *m* <-(e)s, -drücke> kaba söz

Kräftegleichgewicht *nt* (POL) güçler dengesi

Kräfteverfall *m* güçsüz düşme; (MED) kaşeksi

Kraftfahrer(in) *m(f)* sürücü, şoför

Kraftfahrzeug *nt* (*formal*) motorlu taşıt; **Kraftfahrzeugbrief** *m* motorlu taşıt sahiplik belgesi; **Kraftfahrzeugschein** *m* trafik belgesi, tescil belgesi; **Kraftfahrzeugsteuer** *f* <-n> motorlu taşıt vergisi; **Kraftfahrzeugversicherung** *f* motorlu taşıt sigortası

kräftig ['krɛftɪç] **I.** *adj* **1.** (*stark*) güçlü, kuvvetli; (*stabil*) sağlam **2.** (*Farbe*) yoğun; (*Geruch*) ağır **3.** (*Essen*) besleyici **II.** *adv* (*sehr*) çok; **es schneite ~** çok kar yağdı; **~ schütteln** iyice sallamak

kräftigen ['krɛftɪgən] *vt* güçlendirmek, kuvvetlendirmek

kraftlos *adj* güçsüz, kuvvetsiz

Kraftlosigkeit *f ohne Pl* güçsüzlük, kuvvetsizlik

Kraftprobe *f* kuvvet denemesi, güç denemesi; **Kraftstoff** *m* <-(e)s, -e> akaryakıt; **Kraftübertragung** *f* güç aktarımı

kraftvoll *adj* güçlü kuvvetli

Kraftwagen *m* (*formal*) motorlu taşıt

Kraftwerk *nt* santral

Kragen ['kra:gən] *m* <-s, -> yaka; **jdn beim** [*o* **am**] **~ packen** (*fam*) birinin yakasına yapışmak; **mir platzt gleich der ~** (*fam*) şimdi tepem atacak; **Kragenknopf** *m* yaka düğmesi; **Kragenweite** *f* yaka numarası; **das ist nicht meine ~** (*fam*) bu, bana göre değil

Krähe ['krɛ:ə] *f* <-n> karga

krähen *vi* **1.** (*Hahn*) ötmek; **nach jdm/etw** *dat* **kräht kein Hahn mehr** (*fam*) bir kimseyi/şeyi arayıp soran kalmamak **2.** (*Kind*) bağırmak

Krähenfüße *mPl* (*fam*) **1.** (*Augenfalten*) göz çevresindeki kırışıklıklar *pl* **2.** (*unleserliche Schrift*) kargacık burgacık yazı; **Krähennest** *nt* **1.** karga yuvası **2.** (NAUT: *Mastkorb*) viglâ

Krakauer ['kra:kaʊɐ] *f* <-> (GASTR) *sığır ile domuz etinden yapılmış sucuk*

Krake ['kra:kə] *m* <-n, -n> (ZOOL) ahtapot

krakeelen* [kra'ke:lən] *vi* (*fam*) **1.** (*lärmen*) çıngar çıkarmak, gürültü çıkarmak **2.** (*streiten*) çıngar çıkarmak, kavga çıkarmak

Krakelei [kra:kə'laɪ] *f* <-en> (*fam pej*) kargacık burgacık yazı

krakelig ['kra:kəlɪç] *adj* kargacık burgacık

Kralle ['kralə] *f* <-n> tırnak, pençe; **jdm die ~n zeigen** (*fam*) birine tırnak göstermek; **jdn in seine ~n kriegen** (*fam*) birine pençe vurmak

krallen **I.** *vt* **1.** (*Finger*) geçirmek (*in* -e) **2.** (*fam: sich aneignen*) eline geçirmek **II.** *vr:* **sich ~ 1.** (*Katze*) tırnaklarını geçirmek (*an* -e); **die Katze krallte sich an den Baumstamm** kedi tırnaklarını ağacın gövdesini geçirdi **2.** (*Mensch*) yapışmak (*an* -e)

Kram [kra:m] *m ohne Pl* <-(e)s> (*fam*) **1.** (*Gerümpel*) pılı pırtı, işe yaramaz şeyler *pl*, öte beri **2.** (*Angelegenheit*) iş; **kümmere dich um deinen eigenen ~** (*fam*) sen kendi işine bak; **jdm passt etw nicht in den ~** (*fam*) bir şey birinin işine gelmemek

kramen **I.** *vi* (*fam: stöbern*) karıştırmak (*in* -) **II.** *vt* (*fam: hervorholen*) bulup çıkarmak (*aus* -den)

Krämer *m* bakkal; **jeder ~ lobt seine Ware** (*prov*) kimse ayranım ekşi demez

Krammetsvogel *m* (*reg: Wacholderdrossel*) bozbakkal, tarla ardıcı

Krampf [krampf, *Pl:* 'krɛmpfə] *m* <-(e)s, Krämpfe> **1.** (MED) kramp; **einen ~ bekommen** kramp girmek **2.** (*fam pej: Unsinn*) saçmalık **3.** (*Schweiz: Straftat*) suç; **einen ~ drehen** suç işlemek

Krampfader *f* varis

krampfen **I.** *vt* elle kavramak (*um* -) **II.** *vi* (*Schweiz*) boşuna uğraşmak **III.** *vr:* **sich ~ 1.** (*sich im Krampf zusammenziehen*) kasılmak **2.** (*umschließen*) kavramak (*um* -) **3.** (*reg: sich etwas krallen*): **er hatte sich das Kind gekrallt und war damit verschwunden** çocuğu kaptığı gibi toz oldu

krampfhaft *adj* **1.** (MED) kramp gibi **2.** (*verbissen*) sıkı; (*Anstrengung*) büyük; **~ an etw** *dat* **festhalten** bir şeye sıkı sıkıya sarılmak

krampflösend *adj* (MED) kramp çözücü

Kran [kra:n, *Pl:* 'krɛ:nə] *m* <-(e)s, -e *o* Kräne> vinç; **Kranführer(in)** *m(f)* <-s, -;

K

-nen> vinç operatörü
Kranich ['kra:nɪç] *m* <-s, -e> (ZOOL) turna
krank [kraŋk] *adj* hasta; **schwer ~ sein** ağır hasta olmak; **~ werden** hastalanmak; **das macht mich ~** bu beni hasta ediyor; **du bist wohl ~?** (*fam iron*) hasta mısın?, (sen) hastasın galiba?
Kranke(r) *mf* <-n, -n; -n> hasta
kränkeln ['krɛŋkəln] *vi* hastalıklı olmak
kranken ['kraŋkən] *vi* tutulmak (*an* -e); **die ganze Arbeit krankt an schlechter Vorbereitung** bütün iş kötü hazırlık yüzünden aksıyor
kränken ['krɛŋkən] *vt* rencide etmek, incitmek, gönlünü kırmak (-in)
Krankenbesuch *m* hasta ziyareti; **Krankengeld** *nt* <-(e)s, -er> hastalık parası; **Krankengymnastik** *f* düzeltici jimnastik, fizik tedavisi, fizyoterapi; **Krankenhaus** *nt* hastane; **er kam gestern ins ~** dün hastaneye yattı; **jdn ins ~ einweisen** birini hastaneye yatırmak
krankenhausreif *adj* hastanelik; **jdn ~ schlagen** birini hastanelik etmek
Krankenkasse *f* hastalık sigortası kurumu; **Krankenkost** *f* (MED) hastalara özel yemek; **Krankenpflege** *f* hasta bakıcılık, hasta bakımı; **Krankenpfleger(in)** *m(f)* hasta bakıcı; **Krankenschein** *m* <-(e)s, -e> rapor; **Krankenschwester** *f* hemşire; **Krankenversichertenkarte** *f* sağlık sigortası kartı; (*in der Türkei*) yeşil kart; **Krankenversicherung** *f* sağlık sigortası; **gesetzliche/private ~** kanunî/özel sağlık sigortası; **Krankenwagen** *m* ambülans, cankurtaran
krank|feiern *vi* (*fam*) raporlu olmak, *hastalık yüzünden işe devam edememek*
krankhaft I. *adj* hastalıklı; (*pathologisch*) marazî II. *adv* hastalık derecesinde; **~ ehrgeizig/eifersüchtig** hastalık derecesinde hırslı/kıskanç
Krankheit *f* <-en> hastalık; **wegen ~ geschlossen** hastalık yüzünden kapalı; **eine ~ bekommen** hastalık almak [*o* kapmak], hastalığa tutulmak; **Krankheitsbild** *nt* hastalık tablosu; **krankheitserregend** *adj* (MED) mikroplu; **Krankheitserreger** *m* mikrop, hastalık etkeni
krank|lachen *vr:* **sich ~** (*fam*) gülmekten kırılmak
kränklich ['krɛŋklɪç] *adj* hastalıklı, mariz
krank|melden[RR] *vr:* **sich ~** iş yerine hasta olduğunu bildirmek; **Krankmeldung** *f* iş yerine hastalığı bildirme; **krank|schreiben**[RR] *irr vt* hasta olduğuna dair rapor vermek
Kränkung ['krɛŋkʊŋ] *f* <-en> gücendirme, gönül kırma; (*Demütigung*) küçük düşürme
Kranz [krants, *Pl:* 'krɛntsə] *m* <-es, Kränze> çelenk; (*Braut~*) taç; **Kranzniederlegung** *f* çelenk koyma
Krapfen ['krapfən] *m* <-s, -> (GASTR) 1. (*salzig*) mantı 2. (*süß*) lokma
krass[RR] [kras] *adj*, **kraß** *adj* 1. (*extrem*) aşırı; **das krasse Gegenteil von etw** *dat* **sein** bir şeyin tam zıddı olmak 2. (*auffallend*) göze batan; (*Unterschied*) korkunç
Krater ['kra:tɐ] *m* <-s, -> krater
Krätze ['krɛtsə] *f ohne Pl* (MED) uyuz; **sich die ~ an den Hals ärgern** (*fam*) uyuz olmak
kratzen ['kratsən] I. *vt* 1. (*Person*) kaşındırmak; (*Katze*) tırmalamak 2. (*leicht verletzen*) tırmalamak, tırmıklamak 3. (*einritzen*) çizmek, kazımak (*in* -e) 4. (*ab~*) kazımak (*von* -den) 5. (*fam: stören*) rahatsız etmek; **das kratzt mich nicht** bu beni rahatsız etmez, bu beni ırgalamaz 6. (*fam*): **die Kurve ~** kirişi kırmak II. *vi* 1. (*brennen*) kaşıntı yapmak (*in* -de); (*jucken*) kaşınmak (*in* -) 2. (*Pullover*) kaşıntı yapmak 3. (*Feder*) cızırdamak 4. (*beeinträchtigen*) bozmak (*an* -) III. *vr:* **sich ~** 1. (*bei Juckreiz*) kaşımak 2. (*sich verletzen*): **er hat sich am Ohr blutig gekratzt** kulağını kaşıya kaşıya kanattı
Kratzer *m* <-s, -> 1. (*Schramme*) çizik; (*Kratzwunde*) tırmık, tırnak beresi 2. (*Schaber*) sıyrık
Krätzmilbe *f* (ZOOL) uyuz böceği
Kraul *nt* (SPORT) kravl
kraulen ['kraʊlən] I. *vi, vt haben o sein* (SPORT) kravl yüzmek II. *vt* (*streicheln*) okşamak
kraus [kraʊs] *adj* 1. (*Haar*) kıvırcık; (*Stoff*) buruşuk; **die Nase ~ ziehen** burun kıvırmak; **die Stirn ~ ziehen** alın kırıştırmak 2. (*pej: ungeordnet*) dağınık, karmakarışık
kräuseln ['krɔɪzəln] I. *vt* (*Haar, Stoff*) kıvırmak; (*Stirn*) kırıştırmak; (*Lippen*) bükmek II. *vr:* **sich ~** (*Wasser*) harelenmek; (*Haare*) kıvrılmak, kıvırcıklaşmak
Kraushaar *nt* kıvırcık saç
kraushaarig *adj* kıvırcık saçlı
Krauskopf *m* 1. (*mit krausem Haar*) kıvırcık saçlı (kimse) 2. (*abw: Wirrkopf*) kafası karışık (kimse)
Kraut[1] [kraʊt, *Pl:* 'krɔɪtɐ] *nt* <-(e)s, Kräuter> 1. (*Pflanze*) ot; **dagegen ist kein ~ gewachsen** (*fam*) ona çare bulunmaz, onunla hiçbir şey baş edemez; **ins ~ schießen** dal budak salmak 2. (*Heilpflanze*) şifalı ot 3. (*fam: Tabak*) tütün
Kraut[2] *nt ohne Pl* <-(e)s> 1. (*von Rüben*) sap ve yapraklar *pl* 2. (*Kohl*) lâhana; **wie ~ und Rüben** (*fam*) darmadağınık, karma-

karışık
Kräutermischung *f* şifalı ot karışımı; **Kräutertee** *m* şifalı otla yapılan çay
Krautkopf *m* (*südd, österr: Kohlkopf*) bir baş lâhana; **Krautsalat** *m* lâhana salatası
Krawall[1] [kra'val] *m* <-s, -e> (*Tumult*) kargaşa, kargaşalık, karışıklık
Krawall[2] *m ohne Pl* <-s> (*fam: Lärm*) gürültü patırtı
Krawatte [kra'vatə] *f* <-n> kravat; **die ~ binden** kravatı bağlamak; **Krawattennadel** *f* kravat iğnesi
Kreation [krea'tsjo:n] *f* <-en> kreasyon, yaratı
kreativ [krea'ti:f] *adj* yaratıcı
Kreativität [kreativi'tɛ:t] *f ohne Pl* yaratıcılık
Kreatur [krea'tu:ɐ] *f* <-en> yaratık, mahlûk
Krebs [kre:ps] *m* <-es, -e> **1.** (ZOOL) yengeç **2.** (MED) kanser; **~ erregend** kanser yapıcı **3.** (ASTR) Yengeç; **Sternbild des ~es** Yengeç burcu; **krebserregend** *adj* kanser yapıcı; **~ wirken** kanser yapmak; **Krebserreger** *m* (MED) kanserojen; **Krebsforschung** *f ohne Pl* (MED) kanser bilimi; **Krebsfrüherkennung** *f* <-en> (MED) kanserin erken teşhisi; **Krebsgeschwür** *nt* (MED) kanserli ur; **krebskrank** *adj* kanserli; **Krebskranke(r)** *mf* kanser hastası; **Krebsoperation** *f* (MED) kanser ameliyatı
krebsrot ['-'-] *adj* kıpkırmızı
Krebsvorsorge *f* <-n> kansere karşı önlemler *pl;* **Krebsvorsorgeuntersuchung** *f* kanser çekabı
Krebszelle *f* (MED) kanser hücresi
Kredit [kre'di:t] *m* <-(e)s, -e> kredi; **auf ~** veresiye; **ein ~ über 5000 Euro** 5000 euroluk bir kredi; **einen ~ aufnehmen** bir kredi almak; **er hat bei uns/bei der Bank ~** bizde/bankada kredisi var; **Kreditbrief** *m* (FIN) kredi mektubu
kreditieren* [kredi'ti:rən] *vt* (WIRTSCH) kredilemek; **Kreditkarte** *f* (FIN) kredi kartı; **kreditwürdig** *adj* (FIN) kredisi olan, itibarlı
Kreide[1] ['kraɪdə] *f ohne Pl* (*Kalkstein*) kireç taşı, kalker
Kreide[2] *f* <-n> (*zum Schreiben*) tebeşir; **bei jdm (tief) in der ~ stehen** (*fam*) birine (boğazına kadar) borcu olmak
kreidebleich ['--'-] *adj* kireç gibi, beti benzi kireç kesilmiş; **Kreidefelsen** *m* kalker kayası; **Kreidezeichnung** *f* tebeşirle yapılmış resim; **Kreidezeit** *f ohne Pl* (GEO) kretase
kreieren* [kre'i:rən] *vt* yaratmak
Kreis [kraɪs] *m* <-es, -e> **1.** (*a.* MATH) daire; (*~umfang*) çember; **im ~ stehen** halka olmak; **mir dreht sich alles im ~e** başım dönüyor; **der Skandal zieht ~e** skandal çevreye yayılıyor **2.** (GEO: *Breiten~, Längen~*) daire; (ASTR: *Wende~*) dönence **3.** (*Bereich*) alan; (*Wirkungs~*) alan **4.** (*Personen~*) çevre; **der ~ seiner Leser** onun okuyucu çevresi; **im ~e von Freunden/seiner Familie** arkadaşlar çevresinde; **im kleinen/engen ~e feiern** kendi aralarında eğlenmek **5.** (ADMIN) ilçe; **im ~ Fulda** Fulda ilçesinde; **Kreisbahn** *f* (ASTR, MATH) yörünge; **Kreisbogen** *m* (MATH) yay
kreischen ['kraɪʃən] *vi* **1.** (*schreien*) cıyaklamak **2.** (*quietschen*) gıcırdamak
Kreisel ['kraɪzəl] *m* <-s, -> **1.** (*Spielzeug*) topaç; (*Brumm~*) pırlangıç **2.** (*fam: Kreisverkehr*) göbek, kavşak adasının etrafında dönen trafik
kreisen ['kraɪzən] *vi haben o sein* **1.** (*sich drehen*) dönmek (*um* etrafında), dolaşmak (*um* etrafında) **2.** (*a.* AERO) daire çizmek (*über* üzerinde); (*Vögel*) havada süzülüp daireler çizmek, süzülmek (*über* üzerinde) **3.** (*Blut*) dolaşmak (*in* -de)
Kreisfläche *f* çembersel bölge
kreisförmig [-fœrmɪç] *adj* dairesel
Kreislauf *m* <-(e)s, -läufe> **1.** devridaim **2.** (MED: *Blut~*) kan dolaşımı; **großer/kleiner ~** büyük/küçük kan dolaşımı **3.** (WIRTSCH: *des Geldes*) dolanım, tedavül, sirkülâsyon; **Kreislaufstörung** *f* (MED) kan dolaşımı bozukluğu
Kreissäge *f* daire testere
Kreißsaal ['kraɪs-] *m* doğum odası
Kreisstadt *f* ilçe merkezi
Kreisumfang *m* çevre; **Kreisverkehr** *m* göbekli [*o* adalı] kavşak trafiği, kavşak adasının etrafında dönen trafik
Krem *f* krem
Krematorium [krema'to:riʊm] *nt* <-s, Krematorien> krematoryum
kremig ['kre:mɪç] *adj* kremli
Kreml ['kre:m(ə)l] *m* <-s>: **der ~** Kremlin
Krempe ['krɛmpə] *f* <-n> şapka kenarı
Krempel ['krɛmpəl] *m ohne Pl* <-s> (*fam pej*) ıvır zıvır
krepieren* [kre'pi:rən] *vi sein* **1.** (*fam: sterben*) gebermek (*an* -den), zıbarmak; **hoffentlich krepiert er!** inşallah geberir! **2.** (*Geschoss*) patlamak
Krepp[RR1] [krɛp] *f* <-s> (GASTR) krep
Krepp[2] *m* <-s, -s *o* -e> krepon; **Krepppapier[RR]** *nt* krepon kâğıdı
Kresse ['krɛsə] *f* <-n> (BOT) tere
Kreta ['kre:ta] *nt* <-s> Girit
Kreter(in) ['kre:tɐ] *m(f)* <-s, -; -nen> Giritli
kretisch ['kre:tɪʃ] *adj* Giritli, Girit (ile ilgili)
kreuz [krɔɪts] *adv:* **~ und quer** (*ohne Plan*) rastgele; (*in den verschiedenen Richtun-*

K

gen) şurada burada

Kreuz[1] [krɔɪts] *nt* <-es, -e> **1.** (*a.* REL) haç, istavroz, çarmıh; (*schräg schneidend*) çapraz; **das ~ schlagen** haç çıkarmak; **das Rote ~** Kızil Haç; **zu ~e kriechen** pes etmek; **ich mache drei ~e, wenn er geht** (*fam*) giderse üç kere haç çıkarırım; **etw über(s) ~ falten** bir şeyi çaprazvari devşirmek [*o* katlamak] **2.** (*Autobahn~*) kavşak **3.** (*Rückenbereich*) sağrı; (*fam*) bel, sırt; **ich hab's im ~** (*fam*) belim ağrıyor; **jdn aufs ~ legen** (*fam*) birinin sırtını yere getirmek; (*hereinlegen*) birine kazık atmak **4.** (MUS) diyez

Kreuz[2] *nt ohne Pl* <-es> (*Leid*) keder; **sein ~ auf sich nehmen** kaderine razı olmak; **es ist ein ~ mit jdm/etw** *dat* (*fam*) bir kimse/şey baş belâsı olmak

Kreuzbein *nt* (ANAT) sağrı kemiği

Kreuzdame *f* (*Spielkarte*) sinek kızı

kreuzen **I.** *vi haben o sein* (NAUT) **1.** (*ziellos fahren*) gezmek **2.** (*gegen den Wind fahren*) (rüzgâra karşı) volta vurmak **II.** *vt* **1.** (*Wege*) kesmek; **die Arme ~** kollarını kavuşturmak **2.** (*überqueren*) geçmek; **eine Straße ~** sokak geçmek **3.** (BIOL) melezlemek **III.** *vr:* **sich ~** **1.** (*sich überschneiden*) kesişmek **2.** (*entgegengesetzt sein*) ters düşmek, karşıt olmak

Kreuzer *m* <-s, -> (MIL, NAUT) kruvazör

Kreuzfahrt *f* **1.** (HIST: *Kreuzzug*) haçlı seferi **2.** (NAUT) kurvaziyer, *belirli bir programa göre deniz yolu ile yapılan turistik nitelikte gezi*

Kreuzfeuer *nt* <-s, -> **1.** (MIL) çapraz ateş **2.** (*fig*): **ins ~ der Kritik geraten** şimşekleri üstüne çekmek, sert eleştirilere hedef olmak

Kreuzgang *m* <-(e)s, -gänge> (ARCH) (manastırda) avluya çıkan yol; **Kreuzgewölbe** *nt* (ARCH) çapraz tonoz

kreuzigen ['krɔɪtsɪgən] *vt* çarmıha germek

Kreuzigung *f* <-en> çarmıha germe

Kreuzkönig *m* (*Spielkarte*) sinek papazı

Kreuzotter *f* <-n> (ZOOL) engerek; **Kreuzschlitzschraube** *f* (TECH) yıldız başlı vida; **Kreuzschlüssel** *m* (AUTO) bijon anahtarı

Kreuzung *f* <-en> **1.** kavşak, dörtyol ağzı **2.** (BIOL) melez, metiz, kırma

Kreuzverhör *nt* çapraz sorgu; **jdn ins ~ nehmen** birini çapraz sorguya çekmek; **Kreuzweg** *m* **1.** (*Kreuzung*) kavşak, dörtyol ağzı **2.** (REL) İsa'ya yürütülen azap yolu

Kreuzworträtsel *nt* çapraz bulmaca

Kreuzzug *m* <-(e)s, -züge> (*a. fig* HIST) haçlı seferi

kribbelig ['krɪb(ə)lɪç] *adj* (*fam: unruhig*) huzursuz

kribbeln ['krɪbəln] *vi* **1.** (*jucken*) kaşınmak **2.** *sein* (*wimmeln*) kaynaşmak

kribblig *adj s.* **kribbelig**

Krickente *f* (ZOOL) çakırkanat

Kricket ['krɪkət] *nt ohne Pl* <-s> (SPORT) kriket

kriechen [kri:çən] <kriecht, kroch, gekrochen> *vi sein* **1.** sürünerek gitmek; **zu Kreuze ~** pes etmek **2.** (*Fahrzeug*) yavaş yavaş ilerlemek **3.** (*pej: unterwürfig sein*) el etek öpmek, yaltaklanmak (*vor*-e)

Kriecher(in) *m(f)* <-s, -; -nen> (*pej*) yaltak(çı)

kriecherisch *adj* (*pej*) yaltakçı

Kriechspur *f* (AUTO) tırmanma şeridi

Kriechtier *nt* sürüngen

Krieg [kri:k] *m* <-(e)s, -e> savaş, harp; **~ der Sterne** yıldız savaşı; **im ~ fallen** savaşta şehit düşmek; **jdm/etw** *dat* **den ~ erklären** bir kimseye/şeye savaş açmak [*o* ilân etmek]; **~ führen gegen jdn** biriyle savaşmak

kriegen ['kri:gən] **I.** *vt* (*fam*) **1.** (*bekommen*) almak; (*erreichen*) erişmek; (*Krankheit*) olmak; **ein Kind ~** bir çocuğu olmak; **sie hat ein Kind gekriegt** onun bir çocuğu oldu; **wie viel ~ Sie?** ne kadar alıyorsunuz?; **sie kriegt 15 DM die Stunde** saatte 15 mark alıyor; **einen Schreck ~** korkmak; **Besuch ~** ziyaretçisi gelmek; **keine Arbeit ~** iş bulamamak; **jdn weich ~** birinin gönlünü almak; **wie hast du sie nur dazu gekriegt?** onu ona nasıl yaptırdın?, onu yapmasını nasıl becerdin?; **du kriegst es gleich mit mir zu tun!** şimdi sana gösteririm!; **ich krieg' heute nichts mehr geregelt** (*fam*) bugün elimden hiçbir şey gelmiyor **2.** (*ergreifen*) yakalamak, eline geçirmek; **wenn ich dich kriege!** seni bir yaklarsam! **II.** *vr:* **sich ~** (*fam*) **1.** (*heiraten*) birbirini bulmak **2.** (*sich streiten*): **sich in die Haare ~** birbirine girmek

Krieger(in) ['kri:gɐ] *m(f)* <-s, -; -nen> savaşçı, muharip

kriegerisch *adj* **1.** (*kämpferisch*) savaşçı **2.** **~e Auseinandersetzungen** silâhlı çatışmalar

Kriegführung *f* <-en> (MIL) savaşma; **psychologische ~** (*fig*) psikolojik savaş

Kriegsausbruch *m ohne Pl* <-(e)s> savaşın patlak vermesi; **Kriegsbeginn** *m* savaşın baş(lamas)ı; **Kriegsbeil** *nt* savaş baltası; **das ~ begraben** (*fig*) barış yapmak, savaşı bitirmek; **Kriegsbereitschaft** *f* seferberlik; **Kriegsberichterstatter(in)** *m(f)* savaş muhabiri; **Kriegsbeschädigte(r)** *mf* <-n, -n; -n> harp malûlü

Kriegsdienstverweigerer *m* <-s, -> silâhlı askerlikten kaçınan (kimse)

Kriegsende *nt ohne Pl* <-s> savaşın sonu;

Kriegserklärung *f* savaşın ilânı, ilânıharp; **Kriegsfall** *m* <-(e)s, -fälle> savaş durumu; **für den/im ~** savaş durumunda; **Kriegsfilm** *m* <-(e)s, -e> savaş filmi; **Kriegsführung** *f* <-en> savaşma; **Kriegsfuß** *m* (*fam*): **mit jdm** *dat* **auf ~ stehen** biriyle arası açık olmak; **mit etw** *dat* **auf ~ stehen** bir şeyle arası hoş [*o* iyi] olmamak; **Kriegsgefahr** *f* savaş tehlikesi; **Kriegsgefangene(r)** *mf* tutsak, esir; **Kriegsgefangenschaft** *f* <-en> tutsaklık, esaret; **Kriegsgegner(in)** *m(f)* **1.** (*Feind*) düşman, hasım **2.** (*Pazifist*) savaş karşıtı; **Kriegsgericht** *nt* (MIL) divanıharp; **Kriegsmarine** *f* (MIL) deniz kuvvetleri; **Kriegsopfer** *nt* savaşzede; **Kriegsschauplatz** *m* savaş meydanı; **Kriegsschiff** *nt* savaş gemisi; **Kriegsverbrechen** *nt* savaş suçu; **Kriegsverbrecher(in)** *m(f)* savaş suçlusu; **Kriegsvorbereitung** *f* savaş hazırlığı; **Kriegszustand** *m ohne Pl* <-(e)s> savaş durumu, seferberlik; **sich im ~ befinden** savaş durumunda bulunmak

Krimi ['krɪmi] *m* <-s, -s> (*fam*) polisiye film [*o* roman]; *s. a.* **Kriminalfilm, Kriminalroman**

Kriminalbeamte(r), -beamtin *m, f* sivil polis memuru; **Kriminalfilm** *m* <-(e)s, -e> polisiye film

Kriminalbeamte(r), -beamtin *m, f* sivil polis memuru; **Kriminalfilm** *m* <-(e)s, -e> polisiye film

Kriminalistik [krimina'lɪstɪk] *f ohne Pl* kriminalistik

kriminalistisch *adj* kriminalist

Kriminalität [kriminali'tɛːt] *f ohne Pl* suçlar *pl;* **Kriminalroman** *m* polisiye roman

kriminell [krimi'nɛl] *adj* **1.** suç işleyen; (*strafbar*) cezayı gerektiren; (*verbrecherisch*) cinaî; **~ werden** suç işlemek; **eine ~e Vereinigung** suç örgütü, suç işlemek amacıyla kurulan örgüt **2.** (*fam fig: schlimm*) feci, korkunç

Kriminelle(r) *mf* <-n, -n; -n> suçlu

Krimskrams ['krɪmskrams] *m ohne Pl* <-> (*fam*) öteberi

Kringel ['krɪŋəl] *m* <-s, -> (*Gebäck*) simit

kringeln *vr:* **sich ~** kıvrılmak; **sich vor Lachen ~** (*fam*) gülmekten katılmak

Krippe ['krɪpə] *f* <-n> **1.** (*Futter~*) yemlik **2.** (*Kinderhort*) kreş

Krise ['kriːzə] *f* <-n> kriz, buhran; **Krisengebiet** *nt* kriz bölgesi; **Krisenmanagement** *nt* <-s, -s> kriz yönetimi; **Krisenstab** *m* kriz masası; **Krisenzeit** *f* kriz zamanı

Kristall[1] [krɪs'tal] *m* <-s, -e> kristal

Kristall[2] *nt ohne Pl* <-s> **1.** (*Glas*) kristal **2.** (*Gegenstände*) billûriye

kristallin *adj* billûr(su); **~e Substanz** billûrsu madde

Kristallglas[1] *nt ohne Pl* <-es> (*Kristall*) kristal cam

Kristallglas[2] *nt* <-es, -gläser> (*Gefäß*) billûr bardak, kristal bardak

kristallisieren* [krɪstali'ziːrən] **I.** *vi* (CHEM) kristalleşmek **II.** *vr:* **sich ~** kristalleşmek

kristallklar [-'-'-] *adj* billûr gibi; **~es Wasser** billûr gibi su

Kristallnacht *f* (HIST) *Kristal Gecesi*

Kriterium [kri'teːriʊm] *nt* <-s, Kriterien> kriter, ölçüt, kıstas

Kritik [kri'tiːk, kri'tɪk] *f* <-en> eleştiri; **an jdm/etw** *dat* **~ üben** bir kimseyi/şeyi eleştirmek; **eine konstruktive ~** yapıcı eleştiri

Kritiker(in) ['kriːtikɐ] *m(f)* <-s, -; -nen> eleştirici, eleştirmeci, eleştirmen

kritiklos **I.** *adj* eleştirisiz **II.** *adv* eleştiri olmadan

kritisch ['kriːtɪʃ, 'krɪtɪʃ] *adj* kritik, eleştirici; **es wird ~** durum [*o* işler] kritikleşiyor; **seine ~en Bemerkungen verletzten ihn** eleştirici sözleri onu incitti

kritisieren* [kriti'ziːrən] *vt* eleştirmek

Kritzelei [krɪtsə'laɪ] *f* <-en> karalama

kritzeln ['krɪtsəln] *vi, vt* karalamak

Kroate, -in [kro'aːtə] *m, f* <-n, -n; -nen> Hırvat

Kroatien [kro'aːtsiən] *nt* <-s> Hırvatistan

kroatisch *adj* Hırvat

kroch [krɔx] *3. imp von* **kriechen**

Krokodil [kroko'diːl] *nt* <-s, -e> timsah

Krokus ['kroːkʊs] *m* <-, -(se)> safran

Krone ['kroːnə] *f* <-n> **1.** (*Königs~*) taç; (*Zahn~*) kuron; (*Währung*) kron; **sich die ~ aufsetzen** taç giymek; **einen in der ~ haben** (*fam*) kafayı bulmuş olmak **2.** (BOT) taç **3.** (*Baum~*) tepe **4.** (*fig*): **einer Sache die ~ aufsetzen** bir şeyin üzerine tüy dikmek **5.** (*Herrscherhaus*) krallık, imparatorluk

krönen ['krøːnən] *vt* **1.** (*König*) taç giydirmek (-e); **jdn zum König ~** birini kral yapmak **2.** (*beenden*) bitirmek; **von Erfolg gekrönt sein** başarılı olmak

Kronenkorken *m,* **Kronkorken** *m* kapsül

Kronleuchter *m* avize; **Kronprinz, -prinzessin** *m, f* veliaht

Krönung ['krønʊŋ] *f* <-en> **1.** taç giyme töreni **2.** (*Höhepunkt*) doruk, zirve

Kronzeuge, -in *m, f* (JUR) pişmanlıktan yararlanan iddia tanığı

Kropf [krɔpf, *Pl:* 'krœpfə] *m* <-(e)s, Kröpfe> **1.** (MED) guatr **2.** (*bei Vögeln*) kursak, havsala; **unnötig sein wie ein ~** (*fam*) tamamen gereksiz olmak

K

Kröte ['krøːtə] *f* <-n> **1.** (ZOOL) kara kurbağa, otlu bağa; (*Frosch*) kurbağa **2.** (*fam: Kind*) yumurcak **3.** *Pl* (*fam: Geld*) metelik

Krötentest *m* kurbağa testi

Krücke ['krʏkə] *f* <-n> **1.** (*zum Gehen*) koltuk değneği; **an ~n gehen** koltuk değneğiyle yürümek **2.** (*Griff*) tutamak **3.** (*fam pej: Versager*) beceriksizin biri

Krückstock *m* <-(e)s, -stöcke> koltuk değneği

Krug [kruːk, *Pl:* 'kryːgə] *m* <-(e)s, Krüge> **1.** (*Gefäß*) testi; (*Ton~, Wasser~*) testi; (*Bier~*) maşrapa; **der ~ geht so lange zum Brunnen, bis er bricht** (*prov*) su testisi su yolunda kırılır **2.** (*nordd: Wirtshaus*) meyhane

Krume ['kruːmə] *f* <-n> (*Brot~*) parça; **ein ~ Brot** bir parça ekmek

Krümel ['kryːməl] *m* <-s, -> **1.** (*von Brot*) kırıntı **2.** (*fam: Kind*) bacaksız

krümelig *adj* kırıntılı

krümeln *vi* kırıntı yapmak

krümlig *adj s.* **krümelig**

krumm [krʊm] *adj* **1.** (*verbogen*) çarpık; (*gebogen*) eğri, eğik; (*Rücken*) kambur, beli bükük, iki büklüm; **~ gehen** iki büklüm yürümek; **eine ~e Nase haben** burnu çarpık olmak; **sitz nicht so ~ da!** orada öyle iki büklüm oturma!; **sich ~ und schief lachen** (*fam*) katıla katıla gülmek **2.** (*fam: unehrlich*): **ein ~es Ding drehen** dalavere çevirmek [*o* döndürmek]; **mach keine ~en Touren!** (*fam*) dalavere yapma!

krummbeinig *adj* çarpık bacaklı

krümmen ['krʏmən] **I.** *vt* (*krumm machen*) eğmek; (*biegen*) bükmek; **er krümmt ihnen kein Haar** (*fam*) kılınıza [*o* tüyünüze] dokunmaz **II.** *vr:* **sich ~ 1.** (*sich winden*) kıvranmak; **er krümmte sich vor Lachen** (*fam*) gülmekten katıldı **2.** (*Straße, Fluss*) kıvrılmak, dönmek

Krümmer *m* (AUTO) manifolt

krumm|lachen *vr:* **sich ~** gülmekten katılmak; **krumm|nehmen** *irr vt s.* **nehmen 7.**

Krummschwert *nt* eğri kılıç

Krümmung ['krʏmʊŋ] *f* <-en> eğrilik; **die ~ eines Weges** yolun kıvrıntısı

Krümmungskreis *m* (MATH) eğrilik çemberi; **Krümmungsradius** *m* (MATH) eğrilik yarıçapı

Krüppel ['krʏpəl] *m* <-s, -> sakat; (*durch Unfall*) sakat; **jdn zum ~ schlagen** birini döverek sakat etmek

Kruste ['krʊstə] *f* <-n> kabuk

Krustentier *nt* (ZOOL) kabuklu

Kruzifix ['kruːtsifɪks, krutsi'fɪks] *nt* <-es, -e> çarmıha gerili İsa figürü, İsa'yı çarmıhta gösteren haç

KSZE [kaːʔɛstsɛt'ʔeː] *f ohne Pl Abk. von* **Konferenz über Sicherheit und Zusammenarbeit in Europa** Avrupa Güvenliği ve İşbirliği Konferansı

Kto *Abk. von* **Konto** hesap

Kuba ['kuːba] *nt* <-s> Küba

Kubaner(in) [ku'baːnɐ] *m(f)* <-s, -; -nen> Kübalı

kubanisch *adj* Küba (ile ilgili)

Kübel ['kyːbəl] *m* <-s, -> büyük kap; (*Eimer*) kova; (*Bottich*) tekne; **es regnet wie aus ~n** (*fam*) bardaktan boşanırcasına yağmur yağıyor

Kuben *Pl von* **Kubus**

Kubikmeter [ku'biːk-] *m o nt* metre küp; **Kubikwurzel** *f* (MATH) karekök; **Kubikzahl** *f* (MATH) küp; **Kubikzentimeter** *m o nt* santimetre küp

kubisch ['kuːbɪʃ] *adj* kübik

Kubismus [ku'bɪsmʊs] *m ohne Pl* <-> (KUNST) kübizm

kubistisch *adj* (KUNST) kübist

Kubus ['kuːbʊs] *m* <-, Kuben> (MATH) küp

Küche ['kʏçə] *f* <-n> mutfak

Kuchen ['kuːxən] *m* <-s, -> pasta; **Kuchenblech** *nt* <-(e)s, -e> tepsi

Küchenchef(in) *m(f)* aşçıbaşı

Kuchenform *f* <-en> pasta kalıbı; **Kuchengabel** *f* pasta çatalı; **Küchenmaschine** *f* mutfak aleti; **Küchenmesser** *nt* mutfak bıçağı; **Küchenschabe** *f* (ZOOL) hamam böceği

Kuchenteig *m* pasta hamuru

Kücken ['kʏkən] *nt* <-s, -> (*österr*) civciv

kuckuck ['kʊkʊk] *interj* guguk

Kuckuck ['kʊkʊk] *m* <-s, -e> **1.** (*Vogel*) guguk; **weiß der ~!** (*fam*) kim bilir!; **zum ~ (noch mal)!** (*fam*) Allah belâsını versin! **2.** (*fam: Siegel*) mühür; **Kuckucksuhr** *f* guguklu saat

Kugel ['kuːgəl] *f* <-n> **1.** (*runder Körper*) bilye; (SPORT) gülle; **eine ruhige ~ schieben** (*fam*) yuvarlanıp gitmek **2.** (MATH) küre; (*Erd~*) küre; **die Oberfläche einer ~** bir kürenin yüzeyi **3.** (*fam: Gewehr~*) kurşun; **sich** *dat* **die Kugel geben** kendini kurşunlamak

kugelförmig [-fœrmɪç] *adj* toparlak

Kugelgelenk *nt* **1.** (ANAT) küresel eklem **2.** (TECH) bilyeli eklem, yuvalı mafsal; **Kugellager** *nt* (TECH) bilyeli yatak, rulman

kugeln ['kuːgəln] *vi sein* yuvarlanmak; **sich ~ vor Lachen** gülmekten kırılmak; **das/der ist ja zum K~!** bu/o çok komik!

kugelrund ['--'-] *adj* top gibi, yusyuvarlak; **Kugelschreiber** *m* <-s, -> tükenmez kalem; **kugelsicher** *adj* kurşungeçirmez; **~e Weste** kurşungeçirmez yelek, çelik yelek; **Kugelstoßen** *nt ohne Pl* <-s> (SPORT) gülle atma

Kuh [kuː, *Pl:* kyːə] *f* <Kühe> **1.** (*weibliches Rind*) inek **2.** (*weibliches Tier*) dişi hayvan **3.** (*fam: Person*) inek; **du blöde ~!** ahmak!; **Kuhfladen** *m* mayıs, taze sığır gübresi; **Kuhhaut** *f* inek derisi; **das geht auf keine ~** (*fam*) olacak iş değil; **Kuhhirte, -in** *m, f* inekleri güdüp otlatan çoban

kühl [kyːl] *adj* **1.** (*Wetter etc.*) serin; **bitte ~ lagern** lütfen serin yerde saklayınız; **einen ~en Kopf bewahren** serin kanlı olmak; **mir ist ~** biraz üşüdüm **2.** (*abweisend*) soğuk

Kühlanlage *f* soğutucu, soğutma düzeni; **Kühlbox** *f* termos kutu

Kühle ['kyːlə] *f ohne Pl* **1.** (*Frische*) serinlik **2.** (*Zurückhaltung*) soğukluk, soğuk davranma

kühlen ['kyːlən] **I.** *vi* serinlemek **II.** *vt* **1.** (*Temperatur senken*) serinletmek **2.** (*Getränke*) soğutmak

Kühler *m* <-s, -> **1.** (AUTO) radyatör **2.** (*für Sekt*) buz kabı; **Kühlerhaube** *f* (AUTO) kaput

Kühlflüssigkeit *f* <-en> (TECH) antifriz; **Kühlhaus** *nt* soğuk hava deposu; **Kühlraum** *m* <-(e)s, -räume> soğuk hava deposu; **Kühlschrank** *m* buzdolabı; **Kühltasche** *f* termos çanta; **Kühltruhe** *f* derin dondurucu; **Kühlturm** *m* (TECH) soğutma kulesi

Kühlung[1] *f* <-en> (*Vorrichtung, Vorgang*) soğutma

Kühlung[2] *f ohne Pl* (*frische Luft*) temiz hava; **sich** *dat* **~ verschaffen** temiz hava almak

Kühlwagen *m* frigofrik vagon; **Kühlwasser** *nt ohne Pl* <-s> soğutma suyu; (AUTO) radyatör suyu

Kuhmilch *f* inek sütü; **Kuhmist** *m* sığır gübresi

kühn [kyːn] *adj* yiğit, gözü pek; (*wagemutig*) cü'retli, atak, atılgan; (*dreist*) pervasız; **eine ~e Behauptung** cü'retli bir iddia

Kühnheit *f ohne Pl* (*Mut*) yiğitlik; (*Dreistigkeit*) pervasızlık

Kuhstall *m* inek ahırı

Küken ['kyːkən] *nt* <-s, -> civciv

kulant [ku'lant] *adj* (*Person*) kolaylık gösteren; (*Preis*) uygun

Kulanz [ku'lants] *f ohne Pl* kolaylık gösterme, hatır için yapma

Kuli ['kuːli] *m* <-s, -s> **1.** (*Person*) hamal **2.** (*fam: Kugelschreiber*) tükenmez

kulinarisch [kuli'naːrɪʃ] *adj* leziz

Kulisse [ku'lɪsə] *f* <-n> kulis; (*Geräusch~*) perde; **einen Blick hinter die ~n werfen** kulislere göz atmak

Kult [kʊlt] *m* <-(e)s, -e> kült; **einen ~ mit jdm/etw** *dat* **treiben** bir kimseye/şeye tapınmak; **Kultfigur** *f* kült figürü; **Kultfilm** *m* <-(e)s, -e> kült filmi

kultisch *adj* kült ile ilgili

kultivieren* [kʊlti'viːrən] *vt* **1.** (*urbar machen*) bayındırlaştırmak **2.** (*anbauen*) ekmek **3.** (*Bekanntschaft, Stil*) özen göstermek (-e) **4.** (*verfeinern*) geliştirmek

kultiviert [kʊlti'viːɐt] *adj* **1.** (*Mensch*) görgülü; (*gebildet*) kültürlü **2.** (*gepflegt*) bakımlı

Kultstätte *f* kült yeri

Kultur [kʊl'tuːɐ] *f* <-en> **1.** (*geistig, künstlerisch*) kültür; (*menschliche ~*) kültür **2.** (*von Person*) kültür **3.** (AGR, BIOL) kültür

Kulturanthropologie *f ohne Pl* kültürel antropoloji

Kulturattaché *m* kültür ataşesi; **Kulturaustausch** *m* kültür alış verişi; **Kulturbanause, -in** *m, f* <-n, -n; -nen> (*pej*) entel; **Kulturbeutel** *m* tuvalet takımı; **Kulturdenkmal** *nt* kültür varlığı

kulturell [kʊltu'rɛl] *adj* kültürel

Kulturgeschichte *f ohne Pl* kültür tarihi; **Kulturgut** *nt* ortak kültür malı; **Kulturkreis** *m* kültür çevresi; **Kulturlandschaft** *f* kültür ortamı; **Kulturpflanze** *f* kültür bitkisi; **Kulturpolitik** *f* kültür politikası; **Kulturschock** *m* kültür şoku; **Kulturvolk** *nt* <-(e)s, -völker> uygar ulus; **Kulturzentrum** *nt* kültür merkezi

Kultusminister(in) ['kʊltʊs-] *m(f)* kültür bakanı; **Kultusministerium** *nt* kültür bakanlığı

Kümmel ['kʏməl] *m* <-s, -> **1.** (*Pflanze, Gewürz*) kimyon **2.** (*Schnaps*) kimyonlu rakı

Kummer ['kʊmɐ] *m ohne Pl* <-s> keder; (*Sorge*) kaygı, tasa, üzüntü, dert; **vor/aus ~** üzüntüden; **jdm ~ bereiten** birini kaygılandırmak; **hast du ~?** kederli misin?, dertli misin?

kümmerlich ['kʏmɐlɪç] *adj* **1.** (*elend*) sefil; (*ärmlich*) yoksul, zavallı **2.** (*schwächlich*) cılız, çelimsiz

kümmern ['kʏmɐn] **I.** *vr:* **sich ~ 1.** (*sich beschäftigen*) uğraşmak (*um* -le), meşgul olmak (*um* -le), ilgilenmek (*um* -le); **er kümmert sich nicht darum, was die Leute denken** başkalarının ne düşündüğüne aldırış etmiyor **2.** (*sorgen*) meşgul olmak (*um* -le), ilgilenmek (*um* -le), bakmak (*um* -e); **ich kümmere mich um die Kinder** ben çocuklarla ilgilenirim [*o* meşgul oluyorum], ben çocuklara bakarım; **kümmer dich ein bisschen um sie!** onunla biraz(cık) ilgilen [*o* meşgul ol]!; **kümmere dich um deinen eigenen Kram** (*fam*) sen kendi işine bak **II.** *vt* (*angehen, interessieren*) ilgilendirmek; **das kümmert**

mich nicht bu, beni ilgilendirmez; **was kümmert Sie das?** bundan size ne?

kummervoll *adj* kederli, üzüntülü

Kumpan(in) [kʊm'pa:n] *m(f)* <-s, -e; -nen> (*fam*) **1.** (*Kamerad*) arkadaş **2.** (*pej: Mittäter*) hempa, ayaktaş, omuzdaş

Kumpel ['kʊmpəl] *m* <-s, -> **1.** (*Bergarbeiter*) madenci **2.** (*fam: Kamerad*) arkadaş

Kunde, -in[1] ['kʊndə] *m, f* <-n, -n; -nen> müşteri

Kunde[2] *f* <-n> (*geh: Nachricht*) haber; **von etw** *dat* ~ **erhalten** bir şeyin haberini almak

Kundendienst[1] *m ohne Pl* <-(e)s> (*Service*) müşteri hizmeti, satış servisi

Kundendienst[2] *m* <-(e)s, -e> (*Reparaturdienst*) müşteriler için teknik servis

Kundenkarte *f* (WIRTSCH) müşteri kartı; **Kundennummer** *f* (WIRTSCH) müşteri numarası

kund|geben *irr vt* (*geh*) bildirmek; (*öffentlich machen*) ilân etmek

Kundgebung *f* <-en> gösteri, miting

kundig *adj* (*erfahren*) deneyimli; (*sachverständig*) bilgili; **einer Sache ~ sein** (*geh*) bir konu üzerine bilgili olmak; **sich ~ machen** bilgi edinmek

kündigen ['kʏndɪgən] **I.** *vt* (*Vertrag*) feshini bildirmek (-in); (*Wohnung*) çıkmasını bildirmek (-den); **jdm die Freundschaft ~** biriyle dostluğu bitirmek **II.** *vi* **1.** (*einem Arbeitnehmer*) çıkış vermek, işine son vermek; (*als Arbeitnehmer*) çıkış almak **2.** (*einem Mieter*) çıkmasını bildirmek, kira kontratının feshini bildirmek

Kündigung *f* <-en> **1.** (*eines Vertrages*) feshi ihbar; (*eines Abonnements*) iptal; **Vertrag mit halbjähriger ~** öneli altı aylık sözleşme **2.** (*vom Arbeitgeber*) çıkış verme; **fristlose ~** önelsiz çıkış verme; **Kündigungsfrist** *f* önel, bildirim süresi, (feshi) ihbar müddeti; **Kündigungsgrund** *m* <-(e)s, -gründe> **1.** (*Arbeitsrecht*) işten çıkarma nedeni **2.** (*bei Mietsachen*) kiracıyı çıkarma nedeni

Kundschaft *f ohne Pl* müşteriler *pl*

Kundschafter(in) *m(f)* <-s, -; -nen> gözcü, keşif kolu

künftig ['kʏnftɪç] **I.** *adj* gelecek, müstakbel; **meine ~e Frau** müstakbel eşim **II.** *adv* gelecekte

Kung-Fu *nt ohne Pl* (SPORT) kungfu

Kunst [kʊnst, *Pl:* 'kʏnstə] *f* <Künste> sanat; **die schönen Künste** güzel sanatlar; **die bildende ~** plâstik sanatlar *pl;* **das ist keine ~!** (*fam*) bu, bir marifet değil!; **Kunstakademie** *f* güzel sanatlar akademisi; **Kunstausstellung** *f* sanat eserleri sergisi

Kunstdünger *m* sun'î gübre

Kunsteis *nt ohne Pl* yapay buz; **Kunsteisbahn** *f* yapay buz pisti; **Kunstfaser** *f* yapay lif; **Kunstfehler** *m* tıbbî hata; **kunstfertig** *adj* hünerli, becerikli; **Kunstfertigkeit** *f ohne Pl* hüner, beceriklilik; **Kunstgattung** *f* sanat dalı; **Kunstgegenstand** *m* <-(e)s, -stände> sanat eseri; **Kunstgeschichte** *f ohne Pl* sanat tarihi; **Kunstgewerbe** *nt ohne Pl* <-s> süsleme sanatı; **Kunstgriff** *m* <-(e)s, -e> maharet; **Kunsthandwerk** *nt ohne Pl* <-(e)s> el sanatları *pl;* **Kunsthistoriker(in)** *m(f)* <-s, -; -nen> sanat tarihçisi; **Kunsthochschule** *f* <-n> sanat akademisi; **Kunstleder** *nt* sun'î deri

Künstler(in) ['kʏnstlɐ] *m(f)* <-s, -; -nen> sanatçı, sanatkâr

künstlerisch ['kʏnstlərɪʃ] *adj* sanatsal; **~ begabt sein** sanata istidatı olmak

Künstlername *m* takma ad; (*eines Dichters*) mahlâs

künstlich *adj* **1.** yapay, sun'î; **~e Niere** yapay böbrek, sun'î böbrek; **jdn ~ ernähren** birini yapay beslemek **2.** (*Zähne, Wimpern*) takma, eğreti **3.** (*gekünstelt*): **sich ~ aufregen** yapmacıklı öfkelenmek [*o* sinirlenmek]

Künstlichkeit *f* yapaylık, sun'îlik

Kunstliebhaber(in) *m(f)* <-s, -; -nen> sanatsever

kunstlos *adj* basit, sade; **Kunstsammlung** *f* sanat eserleri koleksiyonu; **Kunstseide** *f* sun'î ipek; **Kunstsprache** *f* yapay dil; **Kunststoff** *m* <-(e)s, -e> plâstik, sentetik madde; **aus ~** plâstikten; **Kunststück** *nt* marifet; (*akrobatisch*) cambazlık, hüner; **das ist kein ~!** (*fam*) bu marifet değil!; **Kunstturnen** *nt* artistik jimnastik; **kunstvoll** *adj* sanatlı; **Kunstwerk** *nt* sanat eseri

kunterbunt ['kʊntɐ'bʊnt] *adj* **1.** (*farbig*) rengârenk **2.** (*durcheinander*) karman çorman

Kupfer ['kʊpfɐ] *nt ohne Pl* <-s> (CHEM) bakır; **Kupferbergwerk** *nt* bakır ocağı; **Kupferdraht** *m* bakır tel

kupferfarben *adj* bakır rengi

kupferhaltig *adj* bakırlı

Kupferlegierung *f* (CHEM) bakır alaşımı; **Kupfermünze** *f* bakır sikke

kupfern ['kʊpfɐn] *adj* bakır

Kupferschmied(in) *m(f)* bakırcı; **Kupferstich** *m* <-(e)s, -e> bakır gravür

Kupon [ku'põ:] *m* <-s, -s> kupon

Kuppe ['kʊpə] *f* <-n> **1.** (*Berg~*) tepe **2.** (*Finger~*) uç

Kuppel ['kʊpəl] *f* <-n> kubbe

Kuppelei [kʊpə'laɪ] *f* <-en> pezevenklik; (JUR) muhabbet tellâllığı

kuppeln ['kʊpəln] **I.** *vi* **1.** (AUTO) debriyaj pedalına basmak **2.** (*als Kuppler*) pezevenklik yapmak **II.** *vt* **1.** (*Fahrzeuge*) bağlamak (*an* -e) **2.** (*Geräte*) takmak

Kuppler(in) *m(f)* <-s, -; -nen> pezevenk; (JUR) muhabbet tellâlı

Kupplung *f* <-en> **1.** (*das Verbinden*) bağlama **2.** (*Vorrichtung*) kavrama, kuplaj **3.** (AUTO) debriyaj

Kur [kuːɐ] *f* <-en> **1.** (*Heilverfahren*) kür; (*Behandlung*) kür, tedavi **2.** (*Aufenthalt*) ılıcada kür; **zur ~ fahren** küre gitmek

Kür [kyːɐ] *f* <-en> (SPORT) serbest figürler

kurant *adj* (FIN: *im Umlauf befindlich*) tedavülde olan, tedavüldeki

Kurbel ['kʊrbəl] *f* <-n> (TECH: *einer Welle*) krank; (*Griff*) manivelâ; **Kurbellager** *nt* (TECH) krank yatağı

kurbeln **I.** *vi* manivelâyı döndürmek **II.** *vt* (*a. fig*) döndürmek; **das Autofenster in die Höhe ~** kolunu döndürerek otomobil camını kapamak

Kurbelwelle *f* (TECH) krank mili

Kürbis ['kʏrbɪs] *m* <-ses, -se> kabak; **Kürbiskern** *m* kabak çekirdeği

Kurde, -in ['kʊrdə] *m, f* <-n, -n; -nen> Kürt

kurdisch *adj* Kürt

küren ['kyːrən] *vt* (*geh*) seçmek (*zu* -); **jdn zum Sportler des Jahres ~** birini yılın sporcusu seçmek

Kürettage *f* (MED) kürtaj

Kurfürst ['kuːɐ-] *m* <-en, -en> (HIST) elektör prens

Kurgast *m* ılıca konuğu, ılıcada kür yapan (kimse); **Kurhaus** *nt* ılıca oteli

Kurier [ku'riːɐ] *m* <-s, -e> kurye; **Kurierdienst** *m* kuryelik

kurieren* [ku'riːrən] *vt* (*behandeln*) tedavi etmek; (*heilen*) iyileştirmek, kurtarmak (*von* -den)

kurios [kuri'oːs] *adj* acayip, garip

Kuriosität¹ [kuriozi'tɛːt] *f ohne Pl* (*Eigenart*) acayiplik, gariplik

Kuriosität² *f* <-en> (*Gegenstand*) ucube, garibe, şaşılacak şey

Kurort *m* ılıca

Kurpfuscher(in) ['kuːɐpfʊʃɐ] *m(f)* (*fam pej*) şarlatan; (*schlechter Arzt*) kötü doktor

Kurs [kʊrs] *m* <-es, -e> **1.** (*a.* NAUT, AERO) rota, izlenen yol; (*Richtung*) yön; **~ auf Hamburg nehmen** Hamburg'a doğru yol almak; **auf ~ bleiben** rotada kalmak, izlediği yolda kalmak; **den ~ wechseln** rotayı değiştirmek; **vom ~ abkommen** rotadan sapmak; **einen harten (politischen) ~ einschlagen** (*fig*) sert bir politika izlemek **2.** (SCHULE, UNIV) kurs; **einen ~ besuchen** kursa gitmek **3.** (WIRTSCH: *Marktpreis*) rayiç fiyat; (*von Devisen*) kur; (*von Aktien*) fiyat; **die ~e fallen/steigen** fiyatlar düşüyor/yükseliyor; **hoch im ~ stehen** revaçta olmak **4.** (SPORT: *Rennstrecke*) parkur; **Kursabweichung** *f* (NAUT, AERO) rotadan sapma; **Kursbuch** *nt* vapur tarifesi

kursieren* [kʊr'ziːrən] *vi haben o sein* **1.** (*Geld*) tedavülde olmak, sürümde bulunmak **2.** (*Gerücht*) ağızdan ağza dolaşmak [*o* geçmek]

kursiv [kʊr'ziːf] *adj* (TYPO) italik; **Kursivschrift** *f* (TYPO) italik yazı, eğik yazı

Kurskorrektur *f* (NAUT, AERO) rotayı ayarlama; **Kursschwankung** *f* (WIRTSCH) fiyat dalgalanması; (*von Devisen*) kur dalgalanması

Kursteilnehmer(in) *m(f)* kursiyer, kurs öğrencisi; **Kurswechsel** *m* (POL) rota değiştirme

Kurtisane [kʊrti'zaːnə] *f* <-n> aşüfte; (*Geliebte*) sevgili

Kurve ['kʊrvə] *f* <-n> (*a.* MATH) eğri; (*Biegung*) viraj, dönemeç; (AVIAT) dönüş; **weiter vorn macht die Straße eine ~** daha ileride yol dönüyor; **die ~ schneiden** virajı içten almak; **sich in die ~ legen** dönemece yatarak girmek; **die ~ kratzen** (*fam*) kirişi kırmak; **(nicht) die ~ kriegen** (*fam*) belini doğrult(ama)mak

kurven *vi sein* (*fam*) dönüp dolaşmak (*durch* içinde), döne dolaşa gitmek (*durch* içinde)

kurvenreich *adj* (*Straße*) virajlı, dönemeçli

kurvig *adj* **1.** (*gekrümmt*) eğri, kıvrımlı **2.** (*kurvenreich*) virajlı, dönemeçli

kurz [kʊrts] *adj* <kürzer, am kürzesten> **1.** (*zeitlich*) kısa; **ein ~er Blick** kısa bir bakış; **ich will es ~ machen** (sözümü) kısa keseceğim; **mit ein paar ~en Worten** birkaç kelimeyle; **über ~ oder lang** eninde sonunda; **in kürzester Zeit** en kısa zamanda; **sich ~ fassen** kısa tutmak; **~ und bündig** kısa ve özlü; **~ und gut** kısacası; **~ und schmerzlos** (*fam*) hiç canını yakmadan [*o* acıtmadan]; **seit ~em** kısa bir süredir, kısa bir zamandan beri; **vor ~em** geçenlerde; **~ entschlossen** fazla düşünmeden; **ich habe ihn nur ~ gesehen** onu kısaca gördüm; **~ darauf** kısa bir zaman sonra; **ich bleibe nur für ~e Zeit** fazla kalmayacağım; **ich komme ~ vorbei** kısaca bir uğrayacağım; **~ hintereinander** peş peşe, kısa aralıklarla **2.** (*räumlich*) kısa; **~e Hosen** kısa pantolon; **~ vor Köln** Köln'den az önce; **den Kürzeren ziehen** (*fam*) kozu kaybetmek, sırtı yere gelmek; **zu ~ kommen** payını alamamak, avucunu yalamak; **etw ~ und klein hauen** (*fam*)

K

bir şeyi paramparça [*o* hurdahaş] etmek **3.** (*Wend*): **jdn ~ halten** (*fig*) birini sıkmak, birinin gemini kısmak; **~ treten** (*sich einschränken*) kemerini sıkmak; (*sich schonen*) kendini yormamak

Kurzarbeit *f ohne Pl* kısa mesai

kurzärm(e)lig ['-ʔɛrm(ə)lɪç] *adj* kısa kollu, kısa yenli

kurzatmig ['-ʔaːtmɪç] *adj* tıknefes

Kurzatmigkeit *f ohne Pl* tıknefeslik

Kürze ['kʏrtsə] *f ohne Pl* **1.** (*räumlich*) kısalık **2.** (*zeitlich*) kısalık; **in ~** bugünlük yarınlık, (çok) yakında **3.** (*im Ausdruck*) icaz

Kürzel ['kʏrtsəl] *nt* <-s, -> kısaltma; (*in der Stenografie*) (stenografi) işaret(i)

kürzen ['kʏrtsən] *vt* **1.** (*allgemein*) kısaltmak; (*Rede, Text*) kısaltmak (*um* -, *auf* -); (*abkürzen*) kesmek, kısaltmak; (FILM) kesmek, kısaltmak; **einen Text um/auf 40 Prozent ~** bir metni yüzde 40 kısaltmak **2.** (*verringern*) azaltmak (*um* -, *auf* -) **3.** (MATH) kısaltmak

kurzerhand ['kʊrtsɐ'hant] *adv* tez elden, çabucak, çarçabuk

Kurzfassung *f* <-en> özet; **Kurzfilm** *m* <-(e)s, -e> kısa metrajlı film; **Kurzform** *f* <-en> (LING) kesik kelime

kurzfristig **I.** *adj* **1.** (*kurze Zeit dauernd*) kısa vadeli; (*Vertrag*) kısa süreli **2.** (*in kurzer Zeit*) kısa zamanda **II.** *adv* (*in kurzer Zeit*) kısa vadeli olarak, kısa zamanda

Kurzgeschichte *f* <-n> (LIT) kısa öykü, kısa hikâye

kurzhaarig *adj* kısa saçlı

kurz|halten *irr vt s.* **kurz 3.**

kurzlebig *adj* **1.** (*Tier, Pflanze*) kısa ömürlü **2.** (*Mode etc.*) gelip geçici; (*vorübergehend*) geçici

kürzlich ['kʏrtslɪç] *adv* geçenlerde

Kurznachrichten *fPl* kısa haberler *pl;* **Kurzreise** *f* kısa yolculuk

kurz|schließen *irr* **I.** *vt* düz kontak yapmak **II.** *vr:* **sich ~** (*fam*) kontak kurmak

Kurzschluss[RR] *m,* **Kurzschluß** *m* **1.** (ELEK) kısa devre; **es gab einen ~** kontak attı **2.** (*falsche Schlussfolgerung*) yanlış çıkarım **3.** (*geistig*) kafasının kontağı atma; **Kurzschlusshandlung**[RR] *f* düşünmeden davranma

Kurzschrift *f ohne Pl* stenografi

kurzsichtig *adj* **1.** miyop **2.** sağgörüsüz, basiretsiz

Kurzsichtigkeit *f ohne Pl* **1.** (MED) miyopluk **2.** (*im Denken*) sağgörüsüzlük, basiretsizlik

Kurzstrecke *f* kısa mesafe

Kurzstreckenflug *m* <-es, -flüge> kısa mesafeli uçuş

kurz|treten *irr vi s.* **kurz 3.**

kurzum [kʊrts'ʔʊm, '-'-] *adv* kısacası, sözün kısası

Kürzung ['kʏrtsʊŋ] *f* <-en> **1.** (*finanziell*) kesinti **2.** (*von Text*) kısaltma; **~en vornehmen** (*im Text*) kısaltmalar yapmak; (*im Etat*) kesinti yapmak

Kurzwaren *fPl* tuhafiye; **Kurzwarengeschäft** *nt* <-(e)s, -e> tuhafiye dükkânı

Kurzwelle *f* (PHYS, RADIO) kısa dalga; **auf ~** kısa dalgada

kurzzeitig *adj* kısa süreli; **der Herzschlag hatte ~ ausgesetzt** kalbi [*o* kalp atışı] kısa bir süre durmuştu

kuschelig ['kʊʃəlɪç] *adj* yumuşacık

kuscheln ['kʊʃəln] **I.** *vr:* **sich ~** (*fam*) sarılıp yatmak (*in* -e); **sich an jdn ~** birine sokulmak **II.** *vi* kucak kucağa yatmak

kuschen ['kʊʃən] *vi* **1.** susmak, ses çıkarmamak; (*sich fügen*) boyun eğmek **2.** (*Hund*) yatmak

Kusine [ku'ziːnə] *f* <-n> kuzin

Kuss[RR] [kʊs, *Pl:* 'kʏsə] *m* <-es, Küsse>, **Kuß** *m* <-sses, Küsse> öpme, öpüş, öpücük, buse; **jdm einen ~ geben** birini öpmek

Küsschen *nt* <-s, -> öpücük

küssen ['kʏsən] **I.** *vt* öpmek (*auf*-den) **II.** *vr:* **sich ~** öpüşmek

Küste ['kʏstə] *f* <-n> kıyı, sahil; **an der ~ entlangfahren** (*Schiff*) kıyıdan gitmek; (*an Land*) sahilden gitmek; **Küstenbewohner(in)** *m(f)* sahil halkı; **Küstendampfer** *m* koster; **Küstengebiet** *nt* kıyı bölgesi; **Küstengewässer** *nt* kara suları *pl;* **Küstenschifffahrt**[RR] *f* kabotaj; **Küstenschutz** *m* sahil koruma; **Küstenstreifen** *m* kıyı şeridi, sahil şeridi

Küster(in) ['kʏstɐ] *m(f)* <-s, -; -nen> kilise hizmetlisi, zangoç

Kutikula *f* (BIOL) kütikül

Kutsche ['kʊtʃə] *f* <-n> **1.** (*Pferdewagen*) fayton **2.** (*fam: Auto*) araba

Kutscher(in) *m(f)* <-s, -; -nen> faytoncu

Kutte ['kʊtə] *f* <-n> (*eines Pfarrers*) papaz elbisesi; (*eines Mönches*) rahip elbisesi

Kutteln ['kʊtəln] *Pl* (*österr, Schweiz, südd:* GASTR) işkembe

Kutter ['kʊtɐ] *m* <-s, -> **1.** (*Segelschiff*) kotra **2.** (*Fisch~*) tekne **3.** (*Rettungsboot*) filika

Kuvert [ku'veːɐ] *nt* <-s, -s> **1.** (*reg: Briefumschlag*) zarf **2.** (*geh: Gedeck*) sofra takımı

Kuwait ['kuːvaɪt, ku'vaɪt] *nt* <-s> Küveyt

Kuwaiter(in) [ku'vaɪtɐ] *m(f)* <-s, -; -nen> Küveytli

kuwaitisch [ku'vaɪtɪʃ, 'kuːvaɪtɪʃ] *adj* Küveytli

kV (ELEK) *Abk. von* **Kilovolt** kilovolt

kW (PHYS, TECH) *Abk. von* **Kilowatt** kilovat

KW [ka:'ve:] (PHYS, RADIO) *Abk. von* **Kurzwelle** kısa dalga

kWh (PHYS, ELEK) *Abk. von* **Kilowattstunde** kilovat saat

Kybernetik [kybɛr'ne:tɪk] *f ohne Pl* güdüm bilimi

Kyrenia *nt* <-s> Girne

KZ [ka:'tsɛt] *nt* <-(s), -(s)> *Abk. von* **Konzentrationslager** temerküz kampı

L

L, l [ɛl] *nt* <-, -> L, l
l *Abk. von* **Liter** litre
labern ['la:bɐn] *vi* (*fam pej*) zırvalamak, saçma sapan konuşmak
labil [la'bi:l] *adj* (*psychisch*) dengesiz; (*Gesundheit*) bozuk
Labilität [labili'tɛ:t] *f ohne Pl* dengesizlik; (*gesundheitlich*) bozukluk
Labkraut *nt* (BOT) yoğurt otu
Labmagen *m* (ZOOL) şirden
Labor [la'bo:ɐ] *nt* <-s, -s *o* -e> lâboratuvar
Laborant(in) [labo'rant] *m(f)* <-en, -en; -nen> lâborant
Laboratorien *Pl von* **Laboratorium**
Laboratorium [labora'to:riʊm] *nt* <-s, Laboratorien> lâboratuvar
Labyrinth [laby'rɪnt] *nt* <-(e)s, -e> labirent
Lache[1] ['la:xə] *f* <-n> (*Pfütze*) su birikintisi
Lache[2] ['laxə] *f* <-n> (*fam pej*) gülme, gülüş, gülünme; **eine hämische ~ war zu hören** kıs kıs bir gülme duyuldu
lächeln ['lɛçəln] *vi* **1.** gülümsemek; **sie sah uns lächelnd an** bize gülümseyerek baktı **2.** (*sich lustig machen*) gülmek (*über* -e); **jeder lächelt über ihn** herkes ona gülüyor
Lächeln *nt ohne Pl* <-s> gülümseme, tebessüm; **für dieses Angebot hatte er nur ein müdes ~** (*fam*) bu teklife sadece gülüp geçti
lachen ['laxən] *vi* gülmek (*über* -e); **jdn zum L~ bringen** birini güldürmek; **aus vollem Halse ~** kahkahalarla gülmek; **sie lachte über das ganze Gesicht** ağzı kulaklarına vardı; **dass ich nicht lache!** (*iron*) gülerim!, güleyim bari!, hiç güleceğim yoktu!; **da gibt es nichts zu ~** bunda gülünecek hiçbir şey yok; **das wäre doch gelacht, wenn wir das nicht könnten!** bunu beceremezsek ayıp bize!; **mir ist durchaus nicht zum L~ (zumute)** hiç gülecek hâlde değilim; **du wirst ~, (aber) ...** (*fam*) güleceksin ama ...; **wer zuletzt lacht, lacht am besten** (*prov*) son gülen iyi güler
Lachen *nt ohne Pl* <-s> gülme, gülüş; **dir wird das ~ noch vergehen** (*fam*) gülme komşuna, gelir başına; **sich biegen vor ~** (*fam*) gülmekten kırılmak [*o* katılmak]
Lacher *m* <-s, -> (*Gelächter*) kahkaha, gülüşme
lächerlich ['lɛçɐlɪç] *adj* gülünç, komik; **etw ~ finden** bir şeyi gülünç bulmak; **jdn/etw ~ machen** bir kimseyi/şeyi maskara etmek; **sich ~ machen** maskara olmak; **~e drei Zuschauer waren da** (*fam*) gele gele üç seyirci gelmişti oraya
Lächerlichkeit *f* gülünçlük
Lachgas *nt ohne Pl* <-es> güldürücü gaz
lachhaft *adj* (*pej*) gülünç
Lachmöve *f* (ZOOL) güler martı
Lachs [laks] *m* <-es, -e> som (balığı); **Lachsfisch** *m* som balığı
Lack [lak] *m* <-(e)s, -e> (*Holz~*) vernik; (*Nagel~*) oje, cilâ; (*Auto~*) boya; (*Schel~*) lâk(a); (*Siegel~*) mum
Lackaffe *m* (*fam pej*) züppe
lackieren* [la'ki:rən] *vt* **1.** (*Holz*) verniklemek; (*Auto*) boyamak **2.** (*Fingernägel*) oje sürmek (-e)
Lackierung *f* <-en> **1.** (*das Lackieren*) boyama, vernikleme **2.** (*Lack*) vernik; (*Auto~*) boya
Lackleder *nt* rugan
Lackmus ['lakmʊs] *m o nt ohne Pl* <-> (CHEM) turnusol; **Lackmuspapier** *nt ohne Pl* <-s> (CHEM) turnusol kâğıdı
Lack-Schildlaus *f* kırmız böceği
Lackschuh *m* rugan ayakkabı
Ladehemmung *f* tutukluk
laden ['la:dən] <lädt, lud, geladen> *vt* **1.** (*Fracht*) yüklemek; (*Batterie*) şarj etmek; (*Pistole*) doldurmak; **die Koffer in das Auto ~** bavulları [*o* valizleri] otomobile yüklemek; **die Koffer aus dem Auto ~** bavulları otomobilden indirmek [*o* valizleri]; **alle Schuld auf sich ~** (*fig*) bütün suçu yüklenmek; **sieh dich vor, er ist heute total ge~** (*fam fig*) dikkat et, bugün heyheyleri üstünde; **er hat wieder schwer ge~** (*fam iron*) yine iyi içmiş **2.** (JUR: *vor~*) çağırmak, dâvet etmek; **ge~e Gäste** dâvetli konuklar [*o* misafirler] *pl* **3.** (INFORM) yüklemek
Laden[1] ['la:dən] *m* <-s, Läden> **1.** (*Kauf~*) satış yeri, mağaza, dükkân; (*Geschäft*) iş yeri; **der ~ läuft** (*fam*) işler iyi gidiyor; **Schwung in den ~ bringen** (*fam*) ortalığı neşelendirmek; **sie allein schmeißt den ganzen ~** (*fam*) bütün işi o tek başına yürütüyor; **den (ganzen) ~ hinschmeißen** (*fam*) (bütün) işi bırakmak **2.** (*Fenster~*) panjur **3.** (*Roll~*) kepenk **4.** (SPORT: *Ballspie-*

le) kale

Laden² *nt ohne Pl* <-s> (INFORM) yükleme

Ladendieb(in) *m(f)* mağaza hırsızı; **Ladendiebstahl** *m* mağazada hırsızlık; **Ladenkette** *f* mağazalar zinciri; **Ladenpreis** *m* (*Einzelhandelspreis*) perakende (satış) fiyatı

Ladenschluss^RR *m ohne Pl* <-es> satış yerlerinin kapanma saati; **nach/vor ~** mağazalar kapandıktan sonra/kapanmadan önce; **Ladenschlussgesetz**^RR *nt* <-es, -e> *Satış Yerlerinin Kapanma Saatlerine İlişkin Yasa*

Ladentisch *m* tezgâh; **etw unter dem ~ verkaufen** (*fam*) bir şeyi tezgâh altından satmak

Laderampe *f* yükleme rampası; **Laderaum** *m* <-(e)s, -räume> ambar; **Ladeterminal** *m* yükleme terminali

lädt [lɛːt] *3. präs von* **laden**

Ladung *f* <-en> **1.** (*Fracht*) yük **2.** (PHYS) yük, şarj **3.** (JUR: *Vor~*) celp (kâğıdı), davet(iye); **~ der Zeugen** tanıkların çağırılması **4.** (*fam: Menge*) büyük miktar

lag [laːk] *3. imp von* **liegen**

Lage ['laːgə] *f* <-n> **1.** (*Stelle*) yer; (GEO) konum **2.** (*Position*) pozisyon, konum, mevki, durum; **in der glücklichen ~ sein etw zu tun** bir şeyi yapabilecek kadar şanslı durumda olmak; **siehst du dich in der ~ uns zu helfen?** bize yardım edebilecek durumda mısın? **3.** (*Situation*) durum, vaziyet; **dazu bin ich nicht in der ~** onu yapabilecek durumda değilim; **Herr der ~ sein** duruma hâkim olmak; **versetz dich doch einmal in meine ~** kendini bir kere benim yerime koy; **nach ~ der Dinge** duruma göre; **der Ernst der ~** durumun ciddiliği; **die ~ peilen** (*fam*) sondaj yapmak **4.** (*Schicht*) kat **5.** (MUS: *Stimm~*) perde; (*Ton~*) ton **6.** (*fam: Runde*): **eine ~ Bier ausgeben** herkese bira ısmarlamak **7.** (*Schicht*) kat, tabaka; **Lagebericht** *m* durum raporu

lagenweise *adj* kat kat olan, tabakalar hâlindeki

Lager ['laːgɐ] *nt* <-s, -> **1.** (*Zelt~, Ferien~*) kamp; (*Gefangenen~, Flüchtlings~*) kamp; **ein ~ aufschlagen** kamp kurmak; **das ~ abbrechen** kampı toplamak **2.** (*Vorrats~*) depo, ambar, ardiye; (*Vorrat*) stoklar *pl*; **etw auf ~ haben** bir şeyi stokta bulundurmak; **sie hat immer ein paar Witze auf ~** (*fam*) repertuarında her zaman birkaç fıkra bulunur **3.** (*Seite*) taraf; (*Gruppe*) grup; **ins gegnerische ~ überlaufen** (*fig*) karşı tarafa geçmek; **die Partei spaltete sich in mehrere ~** parti birçok kampa bölündü **4.** (TECH) yatak **5.** (GEO) yatak; **Lagerbestand** *m* <-(e)s, -stände> stok; **Lagerbier** *nt* hafif bira; **Lagerfeuer** *nt* <-s, -> kamp ateşi; **Lagerhalle** *f* ambar; **Lagerhaltung** *f ohne Pl* depo ve ambarların işletilmesi; **Lagerhaus** *nt* ambar

Lagerist(in) [laːgə'rɪst] *m(f)* <-en, -en; -nen> ardiyeci, depocu

lagern ['laːgɐn] **I.** *vi* **1.** (*kampieren*) kamp yapmak **2.** (*Waren*) depoda bulunmak, ambarda saklanmak; (*Esswaren*) saklanmak; (*Wein*) yıllanmak **3.** (*vorkommen*) bulunmak **4.** (TECH) durmak **II.** *vt* **1.** (*aufbewahren: Waren*) depolamak, depoya koymak, ambara koymak; (*Esswaren*) saklamak; **kühl ~** soğuk bir yerde saklamak **2.** (*legen*) koymak; **das Bein hoch ~** bacağını yüksek bir yere koyarak tutmak; **dieser Fall ist anders gelagert** bu olay diğerlerinden farklıdır

Lagerraum *m* <-(e)s, -räume> depo; **Lagerstätte** *f* (GEO) maden yatağı

Lagerung *f* <-en> **1.** (*von Waren, Gegenständen*) depoda sakla(n)ma **2.** (TECH) yatak

Lagune [la'guːnə] *f* <-n> lâgün, deniz kulağı

lahm [laːm] *adj* **1.** (MED) kötürüm; (*hinkend*) topal; **auf einem/dem linken Bein ~ sein** bir/sol bacağı kötürüm olmak; **ein ~es Bein** kötürüm bacak **2.** (*wie gelähmt*) kötürüm; **~ legen** felce uğratmak; **durch den Unfall wurde der gesammte Verkehr ~ gelegt** kaza yüzünden bütün trafik felce uğradı **3.** (*fam pej: langsam*) ağır canlı, yavaş; (*langweilig*) can sıkıcı; (*auf jeden Schwung*) miskin, uyuşuk; **ein ~er Kerl** miskin [*o* uyuşuk] bir herif; **von dem langen Sitzen ganz ~ werden** uzun uzun oturmaktan tamamen uyuşmak

Lahmarsch *m* miskin

lahmarschig *adj* miskin, uyuşuk

lahmen *vi* topallamak (*auf*-den)

lähmen ['lɛːmən] *vt* **1.** uyuşturmak **2.** felce uğratmak

lahm|legen *vt s.* **lahm 2.**

Lähmung ['lɛːmʊŋ] *f* <-en> **1.** (MED) felç, kötürümlük **2.** (*der Wirtschaft*) felce uğrama

Laib [laɪp] *m* <-(e)s, -e>: **ein ~ Brot** bir somun ekmek

Laich [laɪç] *m* <-(e)s, -e> yumurtalar *pl*

laichen *vi* yumurtlamak

Laie, -in ['laɪə] *m, f* <-n, -n; -nen> **1.** (*Nichtfachmann*) amatör **2.** (REL) din adamı olmayan (kimse); **Laiendarsteller(in)** *m(f)* (THEAT) amatör oyuncu

laienhaft *adj* amatörce

Laienspiel *nt* (THEAT) amatör oyun

L

Laizismus *m ohne Pl* <-> lâiklik
laizitisch *adj* lâik
Lakai [la'kaɪ] *m* <-en, -en> (*pej: Diener*) uşak
Lake ['la:kə] *f* <-n> salamura
Laken ['la:kən] *nt* <-s, -> çarşaf
lakonisch [la'ko:nɪʃ] *adj* lâkonik
Lakritz [la'krɪts] *m* <-es, -e>, **Lakritze** [la'krɪtsə] *f* <-n> meyan balı
lallen ['lalən] *vi, vt* peltek konuşmak
Lama¹ ['la:ma] *nt* <-s, -s> (ZOOL) lâma
Lama² ['la:ma] *m* <-(s), -s> (REL) lâma
Lamelle [la'mɛlə] *f* <-n> **1.** (TECH) lâm **2.** (BOT) lâmel
Lametta [la'mɛta] *nt ohne Pl* <-s> *Noel ağacını süslemek için kullanılan gelin teli gibi parlak, uzun, ince gümüş teller*
Lamm [lam, *Pl:* 'lɛmɐ] *nt* <-(e)s, Lämmer> kuzu; **Lammfell** *nt* kuzu postu; **Lammfleisch** *nt ohne Pl* kuzu eti; **lammfromm** ['-'-] *adj* kuzu gibi; **Lammkotelett** *nt* (GASTR) kuzu pirzolası
Lampe ['lampə] *f* <-n> lâmba; (*Taschen~*) fener
Lampenfieber *nt ohne Pl* <-s> (*fam*) heyecan
Lampenschirm *m* abajur, lâmba şapkası
Lampion ['lampjɔŋ, -'-] *m* <-s, -s> karpuz fener
Land¹ [lant, *Pl:* 'lɛndɐ] *nt* <-(e)s, Länder> **1.** (*Staat*) ülke; ~ **und Leute kennen lernen** ülke ve insanları tanımak; **das Gelobte** ~ Arzı Mevut; **aus aller Herren Länder** dünyanın bütün ülkelerinden, dünyanın dört bucağından; **hier zu ~e** ülkemizde **2.** (*Bundes~*) eyalet; **das ~ Hessen** Hessen Eyaleti
Land² *nt* <-(e)s, -e> (*geh*): **Wein aus deutschen ~en** Alman şarapları; **durch die ~e ziehen** köy köy dolaşmak; **drei Jahre gingen ins ~** (*geh*) aradan üç yıl geçti
Land³ *nt ohne Pl* <-(e)s> **1.** (*Fest~*) kara; ~ **in Sicht!** kara göründü!; **an ~ gehen** karaya çıkmak; (**wieder**) ~ **sehen** (*fig*) (yeniden) bir çıkar yol görmek; **etw an ~ ziehen** (*fam*) bir şeyi eline geçirmek **2.** (*Gelände*) arazi; **das offene ~** açık arazi; **hügeliges/steiniges ~** tepelik/taşlık arazi **3.** (*dörfliche Gegend*) köy, taşra; **auf dem ~ wohnen** köyde oturmak **4.** (*Ackerboden*) toprak; **das ~ bestellen** toprağı ekip biçmek
Landadel *m* arazi sahibi soylular *pl,* taşralı aristokrasi; **Landarbeit** *f* tarım işi; (*gegen Tageslohn*) rençperlik; **Landarbeiter(in)** *m(f)* tarım işçisi; (*als Tagelöhner*) rençper; **Landbesitz** *m* arazi zilyetliği; **Landbesitzer(in)** *m(f)* arazi sahibi; **Landbevölkerung** *f ohne Pl* kırsal nüfus
Landebahn *f* iniş pisti; **Landeerlaubnis** *f* iniş izni
landeinwärts [-'--] *adv* ülke içine doğru
Landeklappe *f* (AERO) kanatçık
landen ['landən] *vi sein* **1.** (*Flugzeug*) iniş yapmak; (*auf dem Mond*) iniş yapmak; (*auf dem Wasser*) iniş yapmak; (*Vogel*) konmak; **weich ~** yumuşak iniş yapmak **2.** (*Schiff*) yanaşmak **3.** (*fam: ankommen*): **schließlich landeten sie im Kino** en sonunda kendilerini sinemada buldular; **im Gefängnis ~** hapsi boylamak; **auf dem 5. Platz ~** (SPORT) beşinci olmak
Landenge *f* kıstak
Landeplatz *m* <-es, -plätze> **1.** (AERO) iniş yeri **2.** (NAUT) iskele
Ländereien [lɛndə'raɪən] *fPl* emlâk ve arazi
Länderspiel *nt* (SPORT) millî maç
Landesebene *f* (ADMIN): **auf ~** eyaletler düzeyinde; **Landesgrenze** *f* ülke sınırı; (*Bundesland*) eyalet sınırı; **Landeshauptstadt** *f* eyalet başkenti; **Landesinnere(s)** *nt* ülke içi; **Landeskunde** *f ohne Pl* yurt bilgisi; **Landespolitik** *f ohne Pl* eyalet politikası; **Landesregierung** *f* eyalet hükümeti; **Landessprache** *f* <-n> ülkede konuşulan dil; **Landesteg** *m* (NAUT: *Anlegesteg*) iskele; **Landesverrat** *m* vatan hainliği; **Landesverräter(in)** *m(f)* vatan haini; **Landeswährung** *f* <-en> ülke parası, yerli para
Landeverbot *nt* (AERO) iniş yasağı
Landfriedensbruch *m ohne Pl* <-(e)s> (JUR) ülkede barışı bozma suçu
Landgericht *nt* eyalet mahkemesi; **Landgut** *nt* çiftlik; **Landhaus** *nt* kır evi; **Landkarte** *f* harita; **Landklima** *nt* kara iklimi; **Landkreis** *m* eyalet ilçesi
landläufig *adj* (*allgemein*) geleneksel; (*allgemein verbreitet*) yaygın
Landleben *nt ohne Pl* <-s> taşra yaşamı
Landluft *f ohne Pl* kır havası
Landrat, -rätin *m, f* <-(e)s, -räte; -nen> ilçebay
Landratsamt *nt* (ADMIN) ilçebaylık
Landschaft *f* <-en> **1.** yöre, bölge; (*fig*) ortam **2.** (KUNST: *Malerei*) peyzaj, kır resmi
Landschaftsgärtner(in) *m(f)* bahçe mimarı
Landschaftsschutz *m* sitlerin korunması; **Landschaftsschutzgebiet** *nt* sit alanı
Landsmann, -männin *m, f* <-(e)s, -leute; -nen> yurttaş, hemşehri, memleketli
Landstraße *f* kara yolu
Landstreicher(in) *m(f)* <-s, -; -nen> serseri
Landstreitkräfte *Pl* kara kuvvetleri *pl*

Landtag *m* (POL) eyalet parlâmentosu

Landung ['landʊŋ] *f* <-en> **1.** (*von Flugzeug*) iniş; (*Mond~*) iniş **2.** (*von Schiff*) yanaşma **3.** (MIL: *von Truppen*) çıkarma; **Landungsboot** *nt* (MIL) çıkarma gemisi; **Landungsbrücke** *f* iskele; **Landurlaub** *m* (NAUT) kara izni; **Landweg** *m* kara yolu; **auf dem ~** kara yolu ile; **Landwind** *m* kara yeli, karadan denize esen rüzgâr; **Landwirt(in)** *m(f)* tarımcı

Landwirtschaft¹ *f* <-en> (*Betrieb*) tarımcılık

Landwirtschaft² *f ohne Pl* (*Ackerbau*) tarım

landwirtschaftlich *adj* tarımsal

Landzunge *f* (GEO) dil, berzah

lang [laŋ] <länger, am längsten> **I.** *adj* **1.** (*allgemein*) uzun; **seit ~em** uzun süreden beri, uzun süredir, çoktandır; **~ und breit** enine boyuna; **gleich ~** aynı boyda, eşit uzunlukta; **ohne ~es Nachdenken** fazla [*o* uzun boylu] düşünmeden; **ein ~es Gesicht machen** surat asmak; **der ~en Rede kurzer Sinn** uzun lâfın [*o* sözün] kısası **2.** (*fam: groß gewachsen*) uzun boylu **II.** *adv* **1.** uzunluğunda, boyunda; **das Bett ist 2 Meter ~** yatak 2 metre boyundadır **2.** (*Dauer*) boyunca; **einen Augenblick ~** bir an boyunca; **der ~ ersehnte Augenblick** uzun zamandır özlemi çekilen an, epeydir özlenen an; **sein ganzes Leben ~** bütün hayatı boyunca **3.** (*reg: entlang*) boyunca; **sie gingen am Ufer ~** sahilden gittiler, sahil boyunca yürüdüler; **hier geht's ~** buradan gidiliyor

langärm(e)lig ['-ʔɛrm(ə)lɪç] *adj* uzun kollu

langatmig ['-ʔa:tmɪç] *adj* uzun boylu

langbeinig *adj* uzun bacaklı

lange ['laŋə] <länger, am längsten> *adv* **1.** uzunca, uzun (uzadıya), uzun (uzun); **~ anhaltender Beifall** uzunca süren alkış; **er hat sehr ~ gearbeitet/nachgedacht** çok uzun çalıştı/düşündü; **wie ~ bist du schon hier?** ne zamandan beri buradasın?; **das ist schon ~ her** bu olalı epeyce oluyor, aradan çok zaman geçti; **das ist noch ~ hin** buna daha çok zaman var; **da kannst du ~ warten!** daha çok beklersin! **2.** (*mit vorgestelltem "nicht"*): **es dauert nicht mehr ~** fazla sürmez; **ich habe nicht ~ gebraucht** fazla zaman harcamadım; **er macht es nicht mehr ~** (*fam*) (bu gidişle) fazla dayanmayacak **3.** (*mit nachgestelltem "nicht"*): **das ist noch ~ nicht genug** bu hiç de yeterli değil; **das heißt noch ~ nicht, dass ich aufgebe** bu, hiç de vazgeçeceğim anlamına gelmez

Länge ['lɛŋə] *f* <-n> **1.** (*räumlich*) uzunluk; (*von Kleidung*) boy; **der ~ nach** boylamasına, uzunlamasına; **ein Seil von zehn Meter ~** on metre uzunluğunda bir halat **2.** (*zeitlich*): **etw zieht sich in die ~** bir şey uzuyor; **die Verhandlungen in die ~ ziehen** görüşmeleri uzatmak **3.** (SPORT) boy; **mit einer ~ Vorsprung gewinnen** bir boy farkla kazanmak **4.** (GEO) boylam; **zwanzig Grad östlicher ~** doğu boylamında yirmi derece

langen ['laŋən] **I.** *vi* (*fam*) **1.** (*ausreichen*) yetmek, kâfi gelmek; **jetzt langt's (mir) aber!** artık yetti ama! **2.** (*auskommen*) geçinmek (*bis* (*zu*) -e (kadar)) **3.** (*sich erstrecken*) yetişmek (*bis* (*zu*) -e (kadar)) **4.** (*anfassen*) elini sürmek (*an* -e); (*hinein~*) elini daldırmak (*in* -e) **II.** *vt* (*fam: nehmen*) almak; (*ergreifen*) yakalamak; (*mit der Hand fassen*) eliyle tutmak; **jdm eine ~** birine bir tane geçirmek

Längeneinheit *f* uzunluk birimi; **Längengrad** *m* (GEO) boylam; **Längenmaß** *nt* <-es, -e> uzunluk ölçüsü

Langeweile ['laŋəvaɪlə] *f* can sıkıntısı; **~ haben** canı sıkılmak; **aus** [*o* **vor**] **~** can sıkıntısından

Langfinger *m* (*fam*) hırsız, yankesici

langfristig *adj* uzun vadeli, uzun süreli

langgestreckt *adj s.* **strecken I.1.**

langhaarig *adj* uzun saçlı

langjährig *adj* uzun yıllık

Langlauf *m ohne Pl* <-(e)s> (SPORT) mukavemet koşusu

langlebig *adj* **1.** (*Mensch, Tier*) uzun ömürlü **2.** (*Material*) uzun ömürlü

länglich ['lɛŋlɪç] *adj* uzun

längs [lɛŋs] **I.** *präp* boyunca **II.** *adv* boylamasına, uzunlamasına

langsam ['laŋza:m] **I.** *adj* **1.** (*Geschwindigkeit*) yavaş **2.** (*allmählich*) yavaş yavaş olan **II.** *adv* **1.** (*Geschwindigkeit*) yavaşça, yavaş yavaş, ağır ağır; **~ sprechen/fahren** yavaş yavaş konuşmak/araba sürmek; **immer schön ~!** yavaş ol!; **~, aber sicher** (*fam*) yavaş yavaş **2.** (*allmählich*) yavaş yavaş; **es wird ~ Zeit** yavaş yavaş vakit geliyor; **~ reicht es mir** (*fam*) yavaş yavaş sabrım tükeniyor

Langsamkeit *f ohne Pl* yavaşlık

Langschläfer(in) *m(f)* uykucu

Langspielplatte *f* uzunçalar

Längsschnitt *m* boylamasına kesit, uzunlamasına kesit

längsseits *adv* (NAUT): **~ anlegen** aborda etmek, karınlamak

längst [lɛŋst] *adv* **1.** (*zeitlich*) çoktan **2.** (*bei weitem*): **und das ist noch ~ nicht alles** bunun dahası da var

längstens ['lɛŋstəns] *adv* (*fam*) **1.** (*höchs-*

tens) en çok, en fazla **2.** (*spätestens*) en geç; **in ~ zwei Wochen** en geç iki hafta içinde

Langstrecke *f* uzun mesafe

Langstreckenflug *m* uzun mesafe uçuşu

Languste [laŋ'gʊstə] *f* <-n> (ZOOL) lângust

langweilen ['laŋvaɪlən] **I.** *vt* canını sıkmak (-in) **II.** *vr:* **sich ~** canı sıkılmak; **sich zu Tode ~** can sıkıntısından ölmek

langweilig *adj* **1.** sıkıcı; (*monoton*) monoton, tekdüze **2.** (*fam: zeitraubend*) sıkıcı

Langwelle *f* (RADIO, PHYS) uzun dalga; **auf ~** uzun dalgada

langwierig ['laŋviːrɪç] *adj* uzun süren; (*mühselig*) zahmetli

Lanze ['lantsə] *f* <-n> mızrak; **für jdn eine ~ brechen** (*fig*) birine arka çıkmak

Lanzettfisch *m* (ZOOL) neşter balığı

Lanzette *f* (MED) neşter

lapidar [lapi'daːɐ] *adj* kısa ve anlatımı etkili, veciz

Lapislazuli *m* lâcivert taşı

Lappalie [la'paːliə] *f* <-n> önemsiz şey

Lappe, -in ['lapə] *m, f* <-n, -n; -nen> Lâpon, Lâponyalı

Lappen ['lapən] *m* <-s, -> **1.** (*Stoff~, Putz~*) bez, çaput; **etw geht jdm durch die ~** (*fam*) bir şey elinden kaçmak **2.** (*fam: Geldschein*) kâğıt para

lappisch ['lapɪʃ] *adj* Lâpon

läppisch ['lɛpɪʃ] *adj* (*abw*) **1.** (*kindisch*) çocukça; **sich ~ benehmen** çocukça davranmak **2.** (*gering*) gülünç derecede az

Lappland ['laplant] *nt* <-s> Lâponya

Laptop ['lɛptɔp] *m* <-s, -s> dizüstü bilgisayar

Lärche ['lɛrçə] *f* <-n> (BOT) karaçam

Larifari [lari'faːri] *nt ohne Pl* <-s> (*fam: Unsinn*) saçmalık; (*Geschwätz*) gevezelik

Lärm [lɛrm] *m ohne Pl* <-(e)s> gürültü, patırtı, şamata; **~ schlagen** (*fam*) yaygara koparmak, yaygarayı basmak; **viel ~ um nichts** kuru gürültü; **Lärmbelästigung** *f* gürültü ile çevrenin sağlığını bozma; **lärmempfindlich** *adj* gürültüye karşı duyarlı

lärmen ['lɛrmən] *vi* gürültü yapmak, şamata etmek

lärmend *adj* gürültülü

Larve ['larfə] *f* <-n> **1.** (ZOOL) lârva, kurtçuk **2.** (*reg: Maske*) maske

las [laːs] *3. imp von* **lesen**

Lasagne [la'zanjə] *Pl* (GASTR) lâzanya

lasch [laʃ] *adj* (*schlaff*) gevşek; (*fade*) tatsız

Lasche ['laʃə] *f* <-n> (*am Schuh*) dil; (*an Taschen*) kapak

Laser ['leːzɐ, 'lɛɪzɐ] *m* <-s, -> (PHYS) lazer; **Laserdrucker** *m* <-s, -> (INFORM) lazer yazıcı; **Laserstrahl** *m* (PHYS) lazer ışını

lassen[1] ['lasən] <lässt, ließ, gelassen> *vt* **1.** (*unverändert ~, unter~*) bırakmak; **lass doch das Gejammer!** bırak bu yakınma tiradını!; **~ wir das!** bırakalım bunu!; **lass mich!** (*fam*) bırak beni!; **lass mich in Ruhe!** (*fam*) beni rahat bırak!; **er kann es einfach nicht ~** bir türlü ondan vazgeçemiyor; **tu, was du nicht ~ kannst!** (*fam*) ne hâlin varsa gör!; **~ wir es dabei** bunu böylece bırakalım **2.** (*zurück~*) bırakmak; **sein Leben ~** (*geh*) hayatını vermek **3.** (*zugestehen*): **jdm Zeit ~** birine zaman bırakmak [*o* tanımak]; **jdm seinen Willen ~** birinin istediğini yapmasına izin vermek; **das muss man ihr ~** bu işten anladığını kabul etmek gerekiyor **4.** (*irgendwohin ~*): **Wasser in die Wanne ~** tekneye su doldurmak; **jdm die Luft aus den Reifen ~** birinin lâstikleri söndürmek; **lass mich mal vorbei!** bırak da bir geçeyim! **5.** (*Wend*): **kalt ~** ilgilendirmemek, ırgalamamak; **offen ~** (*Tür, Fenster*) açık bırakmak; (*beim Schreiben*) boş bırakmak; (*Entscheidung*) sonraya bırakmak; **wir sollten nichts unversucht ~** denemediğimiz şey bırakmayalım

lassen[2] ['lasən] <lässt, ließ, lassen> *vt mit einem Infinitiv* **1.** (*erlauben*) bırakmak; (*zulassen*) bırakmak; **lass mich nur machen!** bırak beni yapayım!; **lass hören!** söyle!; **so kannst du dich sehen ~** ortaya böyle çıkamazsın; **lass dir das gesagt sein!** benden günah gitti!; **sich nicht stören ~** istifini bozmamak; **~ Sie das nur meine Sorge sein** bırakın bana, dert etmeyin kendinize; **~ Sie mich bitte ausreden** bırakın da sözümü bitireyim; **einen fahren ~** (*fam*) yellenmek; **jdn laufen ~** (*fam*) birisini serbest bırakmak; **etw geschehen ~** bir şeyi oluruna bırakmak; **lass ihn nur kommen!** bırak da bir gelsin!; **sich** *dat* **einen Bart stehen ~** sakal bırakmak **2.** (*veranlassen*): **sich scheiden ~** boşanmak; **sich** *dat* **die Haare schneiden ~** saçalarını kestirmek; **ich lasse bitten** buyurun; **er lässt dich grüßen** sana selamları var; **ich habe mir sagen ~, dass ...** bana dediler ki ... **3.** (*unverändert ~*): **etw sein** [*o* **bleiben**] **~** bir şeyi değiştirmemek [*o* olduğu gibi bırakmak]; **jdn hängen ~** birini atlatmak [*o* ekmek]; **sich hängen ~** kendini bırakmak; **etw liegen ~** (*nicht wegnehmen*) bir şeyi yerinde bırakmak; (*vergessen*) bir şeyi bırakmak; (*unerledigt lassen*) bir işi yüzüstü bırakmak; **jdn links liegen ~** birine yüz vermemek; **stecken ~** üstünde bırakmak; (*Schlüssel*) kilidin üstünde bırakmak; **lass dein Geld stecken!** bırak, ben ödeyeceğim!; **stehen ~** (*nicht wegnehmen, ver-*

gessen) bırakmak; (*nicht zerstören*) bozmamak; (*Essen*) yememek; (*sich abwenden*) sırt çevirmek (-e); (*bei einem Termin*) bekletmek **4.** (*Imperativ*): **lass uns gehen!** haydi gidelim!; **lasset uns beten** bırakın, dua edelim; **lass es dir schmecken** afiyet olsun; **lass es dir gut gehen** esen kal **5.** (*lassen + sich: möglich sein*): **das wird sich einrichten** ~ bu yapılır; **das lässt sich nicht vermeiden** bundan kaçınılmaz; **ich will sehen, was sich tun lässt** bakayım, ne yapılır; **der Wein lässt sich trinken** şarap içilir; **das lässt sich hören** söz söylemek buna derler

lässig ['lɛsɪç] *adj* **1.** (*ungezwungen*) teklifsiz, lâubalî; ~ **grüßen** teklifsizce [*o* lâubalice] selâm vermek **2.** (*fam: leicht*) kolay

Lässigkeit *f ohne Pl* teklifsizlik, lâubalîlik

Lasso ['laso] *nt* <-s, -s> kement

lässt[RR] [lɛst], **läßt** *3. präs von* **lassen**

Last [last] *f* <-en> **1.** (*a. fig*) yük; (*Gewicht*) ağırlık; **jdm zur ~ fallen** birine yük [*o* ağırlık] olmak; **jdm etw zur ~ legen** birini bir şeyle suçlamak **2.** *Pl* (*Schulden*) borçlar *pl;* (*Verpflichtung*) yükümlülükler *pl;* **die Kosten gehen zu unseren ~en** masraflar bizim hesabımızadır

lasten ['lastən] *vi:* **auf jds Rücken** ~ yükü sırtında olmak

Lastenaufzug *m* yük asansörü

Laster[1] *m* <-s, -> (*fam*) kamyon

Laster[2] *nt* <-s, -> kötü alışkanlık

Lästerer, -in ['lɛstərɐ] *m, f* <-s, -; -nen> gıybetçi

Lästermaul *nt* (*fam*) gıybetçi

lästern ['lɛstɐn] *vi* (*pej*): **über jdn** ~ birini çekiştirmek

lästig ['lɛstɪç] *adj* külfetli, musallat, usandırıcı; **jdm ~ sein** birine musallat olmak

Last(kraft)wagen *m* kamyon

Lasttier *nt* yük hayvanı; **Lastträger(in)** *m(f)* yükçü, hamal; **Lastwagen** *m* kamyon; **Lastzug** *m* <-(e)s, -züge> tır

lasziv [las'tsi:f] *adj* yakışıksız, edebe aykırı, açık saçık, müstehcen

Latein [la'taɪn] *nt ohne Pl* <-s> Lâtince; **mit seinem ~ am Ende sein** hoşafının yağı kesilmek

Lateinamerika [---'---] *nt* Lâtin Amerika; **Lateinamerikaner(in)** [-----'--] *m(f)* Lâtin Amerikalı; **lateinamerikanisch** [-----'--] *adj* Lâtin Amerika (ile ilgili)

lateinisch [la'taɪnɪʃ] *adj* Lâtin

latent *adj* gizli

Laterne [la'tɛrnə] *f* <-n> fener; (*Straßen~*) lâmba

Latex ['la:tɛks, *Pl:* 'la:titse:s] *m* <-, Latizes> lâteks

Latsche ['la:tʃə] *f* <-n> **1.** (BOT) bodur çam **2.** (*fam: Schuh*) pabuç; (*Hausschuh*) terlik

latschen ['la:tʃən] *vi sein* (*fam*) **1.** (*gehen*) gitmek; (*zu Fuß gehen*) yürüyerek gitmek **2.** (*schlurfen*) ayaklarını sürterek yürümek

Latschen ['la:tʃən] *m* <-s, -> (*fam*) terlik; **aus den ~ kippen** (*fam: ohnmächtig werden*) bayılmak; (*sehr überrascht sein*) afallamak

Latte ['latə] *f* <-n> **1.** (*Brett*) lâta; **eine lange ~ sein** (*fam*) sırık gibi olmak **2.** (SPORT: *am Tor*) kale direği; (*Hochsprung*) çıta **3.** (*fam: Menge*): **eine ganze ~ von Wünschen** (*fam*) uzun bir istekler listesi

lau [laʊ] *adj* ılık

Laub [laʊp] *nt ohne Pl* <-(e)s> yapraklar *pl;* **die Bäume bekommen wieder ~** ağaçlar yapraklanıyor; **Laubbaum** *m* yapraklı ağaç

Laube[1] ['laʊbə] *m* <-n> (ZOOL: *Ukelei*) inci balığı

Laube[2] ['laʊbə] *f* <-n> çardak

Laubfall *m ohne Pl* yaprakların dökülmesi

Laubfrosch *m* (ZOOL) ağaç kurbağası; **Laubsäge** *f* kıl testere; **Laubwald** *m* <-(e)s, -wälder> yapraklı ağaçlar ormanı

Lauch [laʊx] *m* <-(e)s, -e> pırasa

Laudanum *nt ohne Pl* lâvdanom; (*Opium*) afyon

Lauer ['laʊɐ] *f ohne Pl:* **auf der ~ liegen** (*fam*) pusuda yatmak

lauern ['laʊɐn] *vi* (*fam*) **1.** (*warten*) beklemek (*auf*-i), pusuda beklemek **2.** (*ungeduldig warten*) sabırsızlıkla beklemek (*auf*-i)

Lauf[1] [laʊf, *Pl:* 'lɔɪfə] *m* <-(e)s, Läufe> **1.** (SPORT) koşu **2.** (*Gewehr~*) namlu

Lauf[2] *m ohne Pl* <-(e)s> **1.** (*das ~en*) koşu **2.** (*Ver~*) gidiş, seyir; **im ~e eines Gesprächs** bir konuşma esnasında; **das ist der ~ der Dinge** böyle gelmiş böyle gider; **den Dingen ihren ~ lassen** işleri oluruna bırakmak; **seiner Fantasie freien ~ lassen** hayale kapılmak; **seinen Gefühlen freien ~ lassen** hislerine kapılmak **3.** (*von Maschinen*) işleme **4.** (*Fluss~*) yatak

Laufbahn *f* <-en> **1.** (*beruflich*) kariyer **2.** (SPORT) koşu pisti; **Laufbursche** *m* <-n, -n> (*pej*) uşak; (*in Büro*) hademe

laufen ['laʊfən] <läuft, lief, gelaufen> **I.** *vi sein* **1.** (*rennen*) koşmak; (*fließen*) akmak; **der Wasserhahn läuft** musluk akıyor **2.** (*fam: gehen*) yürümek; **jdm über den Weg ~** birine rastgelmek **3.** (*in Betrieb sein*) işlemek; (*Motor*) gitmek, çalışmak; **das Radio lief** radyo çalıyordu **4.** (*undicht sein*) akmak; (*Kerze*) damlamak **5.** (FILM) oynamak; (*Vorführung*) sürmek; **der Film läuft in allen Kinos** film bütün sinemalarda oynuyor **6.** (*Prozess, Bewerbung*) görülmek; (*fam: Geschäft*) yürümek; **der Wagen läuft auf seinen Namen** araba onun üstüne tescilli; **die Sache ist ge~** (*fam*) iş oldu **7.** (*ver~*) geçmek; (*Fluss*) almak; (*Weg*) gitmek; **auf Rollen ~** paten kaymak; **auf Schienen ~** ray üzerinde gitmek **II.** *vt* **1.** *sein* (*Strecke*) koşmak; **Ski/Rollschuh/Schlittschuh ~** kayak/paten/buz pateni kaymak; **er ist Weltrekord ge~** dünya rekoru koştu; **einen Umweg ~** yolu uzatmak **2.** *haben:* **ich habe mir Blasen ge~** ayaklarım su topladı **III.** *vunpers:* **in den Schuhen läuft es sich gut** bu ayakkabılarla iyi yürünüyor

laufend **I.** *adj* koşan, yürüyen; (*Kosten*) cari; **im ~en Jahr** cari yılda; **am ~en Band** sürekli, aralıksız; **~e Nummer** seri numarası **II.** *adv* (*ständig*) sürekli olarak; **auf dem L~en sein** sürekli olarak haberi olmak; **jdn auf dem L~en halten** birine sürekli olarak bilgi vermek, birini sürekli olarak haberdar etmek

laufen|lassen* *irr vt s.* **lassen² 3.**

Läufer(in)¹ ['lɔɪfɐ] *m(f)* <-s, -; -nen> (SPORT) koşucu

Läufer² *m* <-s, -> **1.** (*Teppich*) yolluk **2.** (*Schachfigur*) fil **3.** (TECH) döneç, rotor

Lauffeuer *nt* <-s, ->: **etw verbreitet sich wie ein ~** birşey ateş hızıyla yayılıyor;

Laufgitter *nt* yürüteç, örümcek

läufig ['lɔɪfɪç] *adj* (*brünstig*) kösnük; (*Hündin*) kızana gelmiş; **~ sein** kızana gelmek, erkek istemek

Laufigkeit *f* kızan

Laufkundschaft *f* gelen geçen müşteriler *pl,* gelgeççi müşteriler *pl;* **Laufmasche** *f* çorap söküğü, çorap kaçığı; **Laufpass**^RR^ *m:* **jdm den ~ geben** (*fam*) birini sepetlemek; **den ~ bekommen** sepetlenmek; **Laufschritt** *m* koşar adım; **im ~** koşar adım, hızlı adımlarla; **im ~ marsch!** (MIL) marş marş!; **Laufstall** *m* yürüteç, örümcek; **Laufsteg** *m* podyum

läuft [lɔɪft] *3. präs von* **laufen**

Laufwerk *nt* (INFORM) sürücü; **Laufzeit** *f* **1.** (FIN) vade **2.** (*von Verträgen*) süre

Lauge ['laʊgə] *f* <-n> (*a.* CHEM) eriyik; (*Seifen~*) sabunlu su

Laune ['laʊnə] *f* <-n> **1.** (*Einfall*) aklına esme, kapris; **ich habe ihre ~n satt** kaprislerinden bıktım; **aus einer ~ heraus** aklına eserek, keyfi; **eine ~ des Schicksals** kaderin bir cilvesi; **seine ~n an jdm auslassen** birine kapris yapmak **2.** (*Stimmung*) keyif; **schlechte/gute ~ haben** keyifsiz/keyifli olmak; **jdn bei ~ halten** birinin keyfini yapmak; **er ist heute nicht bei ~** bugün keyfi yok

launenhaft *adj* aysar, kaprisli; (*Wetter*) sık değişen

launig *adj* esprili

launisch *adj* aysar; (*pej*) huysuz, kaprisli

Laus [laʊs, *Pl:* 'lɔɪzə] *f* <Läuse> bit; **ihm ist eine ~ über die Leber gelaufen** (*fam*) canı çok sıkkın

Lauschangriff *m* telekulak

lauschen ['laʊʃən] *vi* **1.** (*zuhören*) dinlemek **2.** (*heimlich zuhören*) kulak kabartmak; **er lauschte an der Tür** kapıda kulak kabarttı

lauschig *adj* sessiz ve rahat

Lausebengel ['laʊzə-] *m* (*fam*) piç kurusu

lausen ['laʊzən] *vt* bitlemek, bitlerini ayıklamak (-in)

lausig *adj* (*fam*) **1.** (*pej: unangenehm*) berbat; **~ spielen** berbat oynamak; (*Instrument*) çok kötü çalmak **2.** (*pej: wenig*) pek az **3. eine ~e Kälte** şiddetli bir soğuk

laut [laʊt] **I.** *adj* **1.** (*allgemein*) sesli; (*~ stark*) yüksek sesli; **das Radio ~er stellen** radyonun sesini açmak; **~ lesen/denken** sesli okumak/düşünmek; **mit ~er Stimme sprechen** yüksek sesle konuşmak **2.** (*lärmerfüllt*) gürültülü; **es wurden Beschwerden ~** şikâyetler duyuldu **II.** *präp* gereğince, göre (-e)

Laut [laʊt] *m* <-(e)s, -e> ses; **keinen ~ von sich** *dat* **geben** ses çıkarmamak

Laute [laʊtə] *f* <-n> (MUS) lâvta

lauten [laʊtən] *vi* (*besagen*) denilmek (-de); **gleich ~d** (*im Klang*) eş sesli, sesteş; (*im Wortlaut*) yazılı olmak (-de); **der Pass lautet auf den Namen ...** pasaport ... adınadır; **wie lautet ihr Name?** adınız nedir?; **wie lautet die Anklage? – sie lautet auf Erpressung** iddianamede ne yazılı? – şantaj yazılı

läuten ['lɔɪtən] **I.** *vi* **1.** (*an der Tür*) zili çalmak **2.** (*Telefon, Glocke*) çalmak; **es hat geläutet** zil çaldı; (*Telefon*) telefon çaldı; **von etw ~ hören** bir şey kulağına çalınmak **II.** *vt* (*Glocken*) çalmak

Lautenspieler(in) *m(f)* lâvtacı

lauter ['laʊtɐ] *adj* **1.** (*geh: Mensch*) doğru, harbi; (*ehrlich*) namuslu **2.** (*unvermischt*) katısıksız, arı, saf; (*rein*) temiz, harbi; **die ~e Wahrheit sagen** harbi söylemek **3.** (*nur*) sadece, sırf; (*viel(e)*) bir sürü; **~ Lügen** sırf yalan; **vor ~ Freude/Kummer** sevincinden/kederinden

läutern ['lɔɪtɐn] *vt* **1.** (*reinigen*) arındırmak **2.** (*bessern*) iyileştirmek, ıslah etmek

Läuterung *f* <-en> (*das Läutern*) arındırma; (*das Sichläutern*) arınma

lauthals ['--] *adv* (*schreien*) avaz avaz; **als er mich im Bett sah, lachte er ~ los** beni yatakta görünce kahkahayı bastı

lautieren *vt* (LING) hecelemek

Lautlehre *f ohne Pl* (LING) ses bilgisi
lautlich *adj* sesçil
lautlos **I.** *adj* sessiz **II.** *adv* sessizce
Lautschrift *f* (LING) sesçil yazım
Lautsprecher *m* <-s, -> hoparlör; **Lautsprecherbox** *f* kolon
lautstark ['--] *adj* yüksek sesli, gür sesli; (*heftig*) şiddetli
Lautstärke *f* ses şiddeti; **bei voller** ~ sesini sonuna kadar açarak
lauwarm ['-'-] *adj* ılık
Lava ['la:va] *f* <Laven> (GEO) lâv
Lavabo *nt* <-(s), -s> (*Schweiz: Waschbecken*) lâvabo
Lavendel [la'vɛndəl] *m* <-s, -> (BOT) lâvanta çiçeği
Lavendelöl *nt* lâvanta
lavieren* [la'vi:rən] **I.** *vt* **1.** (NAUT) (rüzgâra karşı) volta vurdurmak (-e) **2.** (*fig*): **er lavierte sich (sogar) aus den schwierigsten Lagen** en zor durumlarda (bile) manevrasını yaptı **3.** (KUNST: *mit Wasserfarben kolorieren*) sulu boya ile renklendirmek **II.** *vi* (NAUT: *kreuzen*) (rüzgâra karşı) volta vurmak
Lawine [la'vi:nə] *f* <-n> çığ; **eine** ~ **geht nieder** çığ düşüyor; **hier gehen immer wieder** ~**n ab** burada ikide bir çığ kopar; **die rollende** ~ **der Ereignisse** (*fig*) olayların çığ gibi büyümesi; **lawinenartig** *adj* çığ gibi; ~ **anschwellen** çığ gibi büyümek; **Lawinengefahr** *f* çığ tehlikesi
Lay-out[RR] [lɛɪ'ʔaʊt] *nt* <-s, -s>, **Layout** *nt* <-s, -s> (TYPO) sayfa düzeni; (*Zeitung, Zeitschrift*) mizanpaj
Lazarett [latsa'rɛt] *nt* <-(e)s, -e> revir; (*Feld~*) hastane
LCD [ɛltse:'de:] *Abk. von* **liquid crystal display** sıvı kristal ekran
Leasing ['li:zɪŋ] *nt* <-s, -s> (WIRTSCH) finansal kiralama
Lebemann *m* (*pej*) hovarda
leben ['le:bən] *vi, vt* yaşamak, hayatta olmak; **bei jdm** ~ birinin yanında yaşamak; **er hat nicht mehr lange zu** ~ fazla bir ömrü kalmadı; **man lebt nur einmal!** insan bir kere yaşar!; **leb wohl!** sağlıcakla [*o* hoşça] kal!; **es lebe ...!** yaşasın ...!; **hoch soll er** ~**!** çok yaşasın!; **allein** ~ yalnız yaşamak; **er lebt über seine Verhältnisse** kazandığından fazla harcıyor, ayağını yorganına göre uzatmıyor; **er lebt von der Fischerei** balıkçılıkla geçiniyor; **er lebt von seiner Rente** emeklilik maaşı ile geçiniyor
Leben *nt* <-s, -> **1.** yaşam, yaşantı, hayat, ömür; (*Existenz*) hayat, varlık; (*Bewegtheit*) hayat; **etw ins** ~ **rufen** bir şeyi yaratmak; **am** ~ **sein** hayatta olmak, sağ olmak; **er ist (noch) am** ~ hâlâ hayatta; **nie im** ~**!** hayatta olmaz!; **es geht um** ~ **und Tod** bu, hayat memat meselesidir, bu, ölüm kalım meselesidir; **der Mann/die Frau meines** ~**s** hayatımın adamı/kadını; **sich mit Betteln durchs** ~ **schlagen** dilencilikle geçinmek; **am** ~ **hängen** hayata bağlı olmak; **jdm das** ~ **kosten** birinin hayatına mal olmak; **das ist wie im richtigen** ~ bu, gerçek yaşamdaki gibi; ~ **in etw bringen** bir şeye hayat [*o* canlılık] vermek; **daran wird sie zeit ihres** ~**s denken** onu bütün hayatı [*o* ömrü] boyunca unutmayacaktır **2.** can; **das tue ich für mein** ~ **gern** bunu canı gönülden yaparım; **ums** ~ **kommen** canını kaybetmek, ölmek; **mit dem** ~ **davonkommen** canını kurtarmak; **etw mit dem** ~ **bezahlen** bir şeyi canıyla ödemek; **am** ~ **hängen** canı tatlı olmak; **sich** *dat* **das** ~ **schwer machen** canı çıkmak; **sich** *dat* **das** ~ **nehmen** canına kıymak; **jdm das** ~ **retten** birinin canını kurtarmak; **Geld oder** ~**!** ya paranı ya da canını!
lebend *adj* canlı, diri, yaşayan; **lebendgebärend** *adj s.* **gebären**
lebendig [le'bɛndɪç] *adj* **1.** (*lebend*) canlı, diri, yaşayan, sağ; **er ist mehr tot als** ~ canlı cenaze gibi; ~ **begraben werden** diri diri gömülmek; **Szenen aus seiner Jugendzeit wurden wieder** ~ gençliğinden sahneler yeniden canlandılar **2.** (*lebhaft*) canlı, hareketli
Lebendigkeit *f ohne Pl* canlılık, dirilik
Lebensabend *m* (*geh*) yaşlılık dönemi, hayatın sonbaharı; **Lebensabschnitt** *m* yaşantı, hayatın bölümü; **Lebensalter** *nt* <-s, -> yaş; **Lebensbaum** *m* **1.** (BOT) mazı **2.** (ANAT) hayat ağacı; **Lebensbedingungen** *fPl* yaşam koşulları *pl*, hayat şartları *pl*; **Lebensdauer** *f* **1.** (*von Mensch*) ömür **2.** (*von Material, Maschine*) ömür, dayanma ömrü; **Lebensende** *nt ohne Pl* <-s> hayatın sonu, ömrün sonu; **bis an mein** ~ hayatımın [*o* ömrümün] sonuna kadar; **Lebenserfahrung** *f ohne Pl* hayat tecrübesi; **Lebenserwartung** *f ohne Pl* yaşam beklentisi; **Lebensform** *f* <-en> yaşayış; **Lebensfreude** *f* <-n> yaşama sevinci; **lebensfroh** *adj* yaşama sevinci olan; **Lebensgefahr** *f ohne Pl* ölüm tehlikesi; **in** ~ **schweben** ölüp ölüp dirilmek; **außer** ~ **sein** ölümden kurtulmak; **lebensgefährlich** *adj* çok tehlikeli, vahim; **Lebensgefährte, -in** *m, f* hayat arkadaşı; **Lebensgemeinschaft** *f* **1.** (*Ehe*) evlilik birliği **2.** (*nichtehelich*) evlenmeden birlikte yaşama; **Lebensgeschichte** *f* yaşam öyküsü
Lebenshaltungskosten *Pl* geçim masrafları

L

Lebensjahr *nt* yaş; **im zwanzigsten** ~ yirmi yaşında; **mit vollendetem 18.** ~ 18.inci yaşın bitmesiyle; **Lebenskampf** *m* hayat mücadelesi, yaşama çabası; **Lebenskraft** *f* yaşama gücü, yaşamak enerjisi; **lebenslang** *adj* ömür boyu

lebenslänglich *adj* (*Strafe*) ömür boyu; **„~“bekommen** ömür boyu hapis yemek

Lebenslauf *m* <-(e)s, -läufe> öz geçmiş; **Lebenslust** *f ohne Pl* yaşama arzusu; **lebenslustig** *adj* neşeli, hayat dolu

Lebensmittel *ntPl* gıdalar *pl,* gıda maddeleri *pl,* yiyecekler *pl;* **Lebensmittelallergie** *f* gıda alerjisi; **Lebensmittelgeschäft** *nt* <-(e)s, -e> gıda pazarı, bakkal; **Lebensmittelindustrie** *f* gıda sanayii; **Lebensmittelvergiftung** *f* (MED) gıda zehirlenmesi

lebensmüde *adj* canından bezmiş, canından bıkmış; **Lebensnerv** *m* **1.** (ANAT) yaşatkan sinir sistemi siniri **2.** (*fig*) can damarı; **Lebensraum** *m* <-(e)s, -räume> yaşama alanı; **Lebensretter(in)** *m(f)* cankurtaran; **Lebensstandard** *m* yaşam [*o* hayat] standardı; **Lebensstil** *m* yaşantı, hayat tarzı; **Lebensunterhalt** *m* geçim; **seinen** ~ **verdienen** geçimini kazanmak; **Lebensversicherung** *f* hayat sigortası; **Lebenswandel** *m* yaşantı, hayat; **Lebenswasser** *nt* abıhayat; **Lebensweise** *f* yaşayış, yaşam biçimi, hayat tarzı; **lebenswichtig** *adj* hayatî önemi olan, ölüm dirim; **Lebenszeichen** *nt* hayat belirtisi, ses seda, ses soluk; **kein** ~ **(von sich** *dat*) **geben** (kendisinden) ses seda çıkmamak; **Lebenszeit** *f ohne Pl* kaydıhayat; **auf** ~ kaydıhayatla, yaşamaca, yaşama süresince; **er ist Beamter auf** ~ o, kaydıhayatla memurdur

Leber ['le:bɐ] *f* <-n> karaciğer; **frisch von der** ~ **weg reden** (*fam*) aklına estiği gibi konuşmak; **Leberfleck** *m* ben; **Leberkrebs** *m* karaciğer kanseri; **Leberpastete** *f* karaciğer ezmesi; **Lebertran** ['--tra:n] *m ohne Pl* <-s> balık yağı; **Leberwurst** *f* karaciğer ezmesi sucuğu; **die beleidigte** ~ **spielen** (*fam*) hiç yoktan küsmek

Lebewesen *nt* <-s, -> canlı

Lebewohl [--'-] *nt* <-(e)s, -s *o* -e> (*geh*) elveda; **jdm** ~ **sagen** birine elveda demek

lebhaft *adj* **1.** (*Mensch, Augen*) canlı, hareketli; (*Unterhaltung*) canlı; (*Interesse, Temperament, Farbe*) canlı **2.** (*Verkehr, Handel*) işlek, hareketli **3.** (*klar, deutlich*): **etw in ~er Erinnerung haben** bir şeyi gayet iyi hatırlamak; **das kann ich mir** ~ **vorstellen** bunu gözümün önüne getirebiliyorum

Lebhaftigkeit *f ohne Pl* canlılık, hareketlilik

leblos *adj* cansız

Lebtag *m* (*fam*): **mein** ~ hayatım [*o* ömrüm] boyunca, yaşadığım sürece; **daran wirst du dein** ~ **denken** bunu ömrün boyunca unutmazsın; **das lernst du dein** ~ **nicht** bunu hayatta öğrenmezsin; **Lebzeiten** *Pl:* **zu jds** ~ biri sağ iken

lechzen ['lɛçtsən] *vi* (*geh*) içi gitmek (*nach* -e); **nach Rache** ~ kin gütmek

leck [lɛk] *adj* (*Eimer*) delik; (*Schiff*) su alan

Leck [lɛk] *nt* <-(e)s, -e> (*eindringende Stelle*) su alan yer; (*auslaufende Stelle*) su kaçıran yer

Leckage *f* akma ve sızma

lecken ['lɛkən] **I.** *vi* **1.** (*Gefäß*) su kaçırmak, su sızdırmak **2.** (*Schiff*) su almak **II.** *vt* yalamak; **sich** *dat* **die Finger nach etw** *dat* ~ (*fam*) bir şey için içi gitmek; (*beim Essen*) parmaklarını birlikte yemek

lecker ['lɛkɐ] *adj* lezzetli; **Leckerbissen** *m* damak tadı

Leckerei [lɛkə'raɪ] *f* <-en> (GASTR) lezzetli şey; **es gab viele ~en auf dem Tisch** sofrada nefis yiyecekler vardı

Leder ['le:dɐ] *nt* <-s, -> **1.** (*Tierhaut*) deri **2.** (*fam: Fußball*) meşin yuvarlak; **Lederhose** *f* deri pantolon; **Lederjacke** *f* deri ceket

ledern ['le:dɐn] *adj* deri

Lederriemen *m* deri kayış; **Lederwaren** *fPl* deri eşya

ledig ['le:dɪç] *adj* **1.** (*unverheiratet*) bekâr **2.** (*geh: leer*) boş; (*frei*) özgür (-den); **ein ~er Acker** boş bir tarla

lediglich ['le:dɪklɪç] *adv* sadece

Lee [le:] *f* <-> (NAUT) boca, rüzgâr altı; **der Bug des Schiffes dreht nach** ~ geminin başı bocaya kaçıyor; **leegierig** *adj* (NAUT) bocaya kaçan, rüzgâr altına kaçan

leer [le:ɐ] *adj* **1.** (*ohne Inhalt*) boş; (*unbeschrieben*) boş; (*Zimmer*) boş; **mit ~en Händen** eli boş olarak, elini kolunu sallaya sallaya; **den Teller** ~ **essen** tabağı silip süpürmek; ~ **ausgehen** eli boş çıkmak, hava almak; **mit ~em Magen** aç karnına **2.** (*nichts sagend*) boş

Leere ['le:rə] *f ohne Pl* boşluk; **ins** ~ **starren** gözü dalmak

leeren ['le:rən] **I.** *vt* (*Behälter*) boşaltmak; (*Glas, Briefkasten*) boşaltmak; **die Essensreste in den Mülleimer** ~ yemek artıklarını çöp tenekesine boşaltmak **II.** *vr:* **sich** ~ boşalmak

Leergut *nt ohne Pl* <-(e)s> boş kutular *pl;* (*Flaschen*) boş şişeler *pl;* **Leerlauf** *m ohne Pl* <-(e)s> (*a. fig* AUTO) rölânti; **leerstehend** *adj s.* **stehend 3.**; **Leertaste** *f* (INFORM) boş tuşu

Leerung *f* <-en> boşaltma

legal [le'ga:l] *adj* legal, yasal
legalisieren * [legali'zi:rən] *vt* yasallaştırmak
Legalität [legali'tɛ:t] *f ohne Pl* kanunîlik, yasallık; **außerhalb der ~ liegen** yasa dışı olmak
Legastheniker(in) [legas'te:nikɐ] *m(f)* <-s, -; -nen> kelime körü
legen ['le:gən] **I.** *vt* **1.** (*allgemein*) yatırmak; (*hin~*) koymak; **das Buch auf den Tisch ~** kitabı masayı koymak; **das Kind ins Bett ~** çocuğu yatağa yatırmak; **er legte ihm den Arm um die Schultern** kolunu omzuna koydu; **er legte die Stirn in Falten** alnını kırıştırdı; **etw aus der Hand ~** bir şeyi elinden bırakmak **2.** (*Fliesen, Leitungen*) döşemek; (*Schienen, Minen*) döşemek **3. Feuer ~** kundak koymak; **Karten ~** fal açmak; **Eier ~** yumurtlamak **4.** (*Wend*): **jdm etw nahe ~** (*vorschlagen*) birine bir şeyi önermek; (*empfehlen*) birine bir şeyi tavsiye etmek **II.** *vr:* **sich ~ 1.** (*sich hin~*) yatmak, uzanmak; **sich schlafen ~** yatağa yatmak; **sich in die Sonne ~** güneşe uzanmak; **sich ins Bett ~** yatağa yatmak; **sich auf den Bauch/auf den Rücken ~** yüzükoyun/sırtüstü yatmak **2.** (*Lärm*) kesilmek; (*Kälte*) sona ermek; (*Zorn, Begeisterung*) yatışmak; (*Sturm*) yatışmak, mayna etmek, hızını almak; (*Wind, Schnee, Regen*) dinmek **3.** (*befallen*) çökmek (*auf* üstüne); **Nebel legt sicht auf/über die Stadt** kentin üstüne sis çöktü
legendär [legɛn'dɛ:ɐ] *adj* efsanevî
Legende [le'gɛndə] *f* <-n> **1.** efsane **2.** (*bei Landkarten, Abbildungen*) lejant
leger [le'ʒe:ɐ] *adj* rahat
Leggings ['lɛgɪŋs] *Pl* tayt
legieren *vt* **1.** (CHEM) alaşımlamak; **Kupfer mit Zink ~** bakırı çinko ile alaşımlamak **2.** (GASTR) terbiye etmek; **eine legierte Suppe** terbiyeli çorba
Legierung *f* <-en> alaşım
Legion [le'gjo:n] *f* <-en> lejyon
Legionär [legjo'nɛ:ɐ] *m* <-s, -e> lejyoner
Legislative [legɪsla'ti:və] *f* <-n> (POL) **1.** (*gesetzgebende Gewalt*) yasama gücü, yasama erki **2.** (*Versammlung*) yasama meclisi
Legislaturperiode [legɪsla'tu:ɐ-] *f* yasama dönemi
legitim [legi'ti:m] *adj* meşru
Legitimation [legitima'tsjo:n] *f* <-en> **1.** (*Berechtigung*) yetki **2.** (JUR: *Ehelicherklärung*) nesebin düzeltilmesi (kararı)
legitimieren * [legiti'mi:rən] **I.** *vt* **1.** (*legitim erklären*) meşrulaştırmak **2.** (*mit Vollmacht*) yetkili kılmak **II.** *vr:* **sich ~** (*sich ausweisen*) kimliğini kanıtlamak [*o* ispat etmek]
Legitimität [legitimi'tɛ:t] *f ohne Pl* meşruiyet
Leguan ['le:gua:n] *m* <-s, -e> (ZOOL) iguana, Hint kertenkelesi
Lehen *nt* <-s> (HIST) tımar
Lehm [le:m] *m* <-(e)s, -e> balçık
lehmig *adj* balçıklı
Lehne ['le:nə] *f* <-n> (*Arm~*) kolçak; (*im Auto*) dirseklik; (*Rücken~*) arkalık
lehnen ['le:nən] **I.** *vi* yaslanmak (*an* -e), dayanmak (*an* -e) **II.** *vt* yaslamak (*an/gegen* -e/-e), dayamak (*an/gegen* -e/-e) **III.** *vr:* **sich ~** yaslanmak (*an/gegen* -e); **sich an die Wand ~** duvara yaslanmak; **er lehnt sich aus dem Fenster** pencereden sarkmak
Lehnstuhl *m* sırtlıklı koltuk; **Lehnwort** *nt* (LING) alıntı; **Lehrbeauftragte(r)** *mf* öğretim görevlisi, okutman, lektör; **Lehrberuf** *m* **1.** (*Beruf eines Lehrers*) öğretmenlik mesleği **2.** (*Beruf mit Lehrzeit*) çıraklık istenilen meslek; **Lehrbuch** *nt* ders kitabı
Lehre ['le:rə] *f* <-n> **1.** (*Ausbildung*) çıraklık; **in der ~ sein** çıraklık yapıyor olmak **2.** (*Theorie*) kuram; (*Wissenschaft*) bilim; (REL, PHILOS) doktrin, öğreti **3.** (*Erfahrung*) ders, ibret; **eine ~ aus etw** *dat* **ziehen** bir şeyden ders almak; **lass dir das eine ~ sein** bu sana ders [*o* ibret] olsun **4.** (TECH) mastar
lehren ['le:rən] *vt* (*beibringen*) öğretmek; (*unterrichten*) ders vermek (-e); (SCHULE, UNIV) ders vermek (-e); **er lehrt die Kinder das Malen** çocuklara resim yapmasını öğretiyor
Lehrer(in) *m(f)* <-s, -; -nen> öğretmen
Lehrfach *nt* ders; **Lehrgang** *m* <-(e)s, -gänge> kurs; **er ist auf einem ~** kursa gidiyor
lehrhaft *adj* öğretici; (*didaktisch*) didaktik
Lehrjahr *nt* çıraklık [*o* eğitim] yılı; **er ist im zweiten ~** o, ikinci çıraklık [*o* eğitim] yılındadır; **Lehrkörper** *m* öğretmenler kadrosu; **Lehrkraft** *f* okutman
Lehrling *m* <-s, -e> çırak
Lehrmittel *ntPl* (SCHULE) ders araçları *pl;* **Lehrplan** *m* öğretim programı, ders programı; **lehrreich** *adj* öğretici, ders verici; **Lehrsatz** *m* <-es, -sätze> **1.** (MATH) teorem **2.** (ECCL, PHILOS) dogma, öğreti, nas; **Lehrstelle** *f* çıraklık yeri; **Lehrstoff** *m* <-(e)s, -e> öğretilen şey, ders konusu; **Lehrstuhl** *m* kürsü (*für* -); **Lehrvertrag** *m* çıraklık sözleşmesi; **Lehrzeit** *f* çıraklık süresi
Leib [laɪp] *m* <-(e)s, -er> (*geh*) **1.** (*Körper*) beden, vücut; **er schlotterte am**

ganzen ~ bütün vücudu zangır zangır titriyordu; **bei lebendigem ~e** canlı canlı; **etw am eigenen ~e erfahren** bir şeyi bizzat yaşamak; **jdm auf den ~ rücken** (*fam*) birinin sıkıştırmak; **mit ~ und Seele** canla başla; **sich** *dat* **jdn vom ~e halten** (*fam*) birini yanına yaklaştırmamak; **sich** *dat* **jdn vom ~e schaffen** (*fam*) birini başından atmak; **diese Rolle ist ihr wie auf den ~ geschrieben** bu rol onun için biçilmiş kaftan; **einer Aufgabe zu ~e rücken** bir görevi üstlenmek **2.** (*Bauch*) karın; **nichts im ~ haben** karnı aç olmak; **Leibarzt, -ärztin** *m, f* özel hekim

leiben ['laɪbən] *vi:* **wie er/sie leibt und lebt** ta kendisi

Leibeskräfte *fPl:* **aus/nach ~n** var gücüyle; **aus ~n schreien** var gücüyle bağırmak, avaz avaz bağırmak, avazı çıktığı kadar bağırmak; **Leibesübungen** *fPl* (*formal*) beden eğitimi; **Leibesvisitation** *f* <-en> üst arama

Leibgarde *f* korumalar *pl;* (*eines Regenten*) muhafız alayı; (HIST) hassa askeri; **Leibgericht** *nt* en çok sevilen yemek; **das ist mein ~** bu, benim en çok sevdiğim yemektir

leibhaftig [-'--] **I.** *adj* (*wirklich*) gerçek; (*selbst*) kendisi; **der L~e** şeytan **II.** *adv* (*tatsächlich*) gerçekten, hakikaten

leiblich *adj* **1.** (*körperlich*) bedensel; **die ~en Reste des Toten** ölünün naaş ve kemikleri **2.** (*blutsverwandt*) öz; **mein ~er Sohn** öz oğlum

Leibwächter(in) *m(f)* koruma

Leiche ['laɪçə] *f* <-n> ölü, ceset; **wie eine ~ auf Urlaub aussehen** (*fam*) mezar kaçkınına benzemek; **Leichenbegräbnis** *nt* ölüyü gömme, defin; **leichenblass**[RR] ['--'-] *adj* cenaze gibi; **Leichenhalle** *f* morg

Leichenschauhaus *nt* morg; **Leichenstarre** *f* ölü katılığı; **Leichentuch** *nt* kefen; **Leichenverbrennung** *f* ölü yakma; **Leichenwagen** *m* cenaze arabası; **Leichenzug** *m* <-(e)s, -züge> (*geh*) cenaze alayı

Leichnam ['laɪçna:m] *m* <-s, -e> (*geh*) ceset, naaş

leicht [laɪçt] **I.** *adj* **1.** (*an Gewicht*) hafif; **~ gekleidet sein** hafif giyinmiş olmak; **~e Kost** hafif gıda; **etw ~en Herzens tun** bir şeyi gönül ferahlığı ile yapmak **2.** (*unkompliziert*) basit; (*einfach*) kolay; **etw mit ~er Hand erledigen** bir şeyi kolaylıkla yapmak; **nichts ~er als das!** bundan kolay ne var ki! **3.** (*schwach*) hafif; **ein ~er Regen** hafif bir yağış **II.** *adv* **1.** (*schnell*) çabuk; (*einfach*) kolay; **er ist ~ beleidigt** o kolay gücenir; **~ zerbrechlich** kolay kırılır; **~ zu bedienen** kullanışlı, pratik; **sich** *dat* **etw zu ~ machen** bir şeyin kolayına bakmak [*o* kaçmak]; **das passiert mir so ~ nicht wieder** bu kolay kolay benim başıma bir daha gelmez; **so ~ kriegt ihr mich nicht** beni öyle kolay kolay yakalayamazsınız; **~er gesagt als getan** dile kolay **2.** (*gering*) hafif; **~ gesalzen** hafif tuzlu; **~ erkältet** hafiften soğuk kapmış

Leichtathlet(in) *m(f)* atlet; **Leichtathletik** *f ohne Pl* atletizm; **leicht fallen** *irr vi sein s.* **fallen 9.**; **leichtfertig** *adj* (*pej*) hafifmeşrep; (*unvorsichtig*) dikkatsiz; (*gedankenlos*) düşüncesiz; **Leichtgewicht** *nt* <-(e)s, -e> (SPORT) hafif sıklet; **leichtgläubig** *adj* safdil

Leichtigkeit *f ohne Pl* **1.** (*Gewicht*) hafiflik **2.** (*Mühelosigkeit*) kolaylık; **mit ~** kolaylıkla

Leichtindustrie *f* hafif sanayi

leichtlebig *adj* uçarı, hafifmeşrep

leicht machen *vt s.* **machen I.4., II.1.**; **Leichtmetall** *nt* <-s, -e> hafif metal; **leicht nehmen** *irr vt s.* **nehmen 7.**; **Leichtsinn** *m ohne Pl* <-(e)s> düşüncesizlik; (*Unvorsichtigkeit*) dikkatsizlik; (*Unbesonnenheit*) temkinsizlik; (*Leichtlebigkeit*) uçarılık; **leichtsinnig** *adj* düşüncesiz, dikkatsiz; (*unverantwortlich*) sorumsuz; (*sorglos*) akılsız; (*unklug*) akılsız; (*Mädchen*) hoppa; (*Fahrer*) tedbirsiz; **leichtverdaulich** ['--'--] *adj s.* **verdaulich**; **leichtverderblich** ['--'--] *adj s.* **verderblich 1.**; **leichtverletzt** ['--'-] *adj s.* **verletzen I.1.**; **leichtverständlich** ['--'--] *adj s.* **verständlich**

leid [laɪt] **I.** *adj* (*Schweiz*) **dies ist eine ~e Sache**, bu, hoş bir şey değil **II.** *adv* (*fam*): **einer Sache/jds ~ sein** bir şeyden/kimseden bıkmak [*o* usanmak], bir şeyden/kimseden gına gelmek

Leid [laɪt] *nt ohne Pl* <-(e)s> **1.** (*Kummer*) dert; (*Leiden*) acı; **Freud und ~ miteinander teilen** birbirinin sevinç ve derdine ortak olmak, birbirinin sevinç ve derdini paylaşmak; **jdm sein ~ klagen** birine dert yanmak, birine derdini dökmek **2.** (*Unglück*) felâket; (*Unrecht*) haksızlık; **jdm ein ~ zufügen** birine haksızlık etmek **3.** (*Wend*): **es tut mir (sehr) ~, dass ich nicht kommen kann** gelemeyeceğime (çok) üzgünüm; **tut mir ~!** özür dilerim!; **er tut mir ~** ona acıyorum, ona üzülüyorum; **das wird dir noch ~ tun** bunun acısını senden çıkaracağım

leiden ['laɪdən] <leidet, litt, gelitten> **I.** *vi* rahatsız olmak (*an* -den), acısını çekmek (*unter* -in), cefa çekmek (*an* -den) **II.** *vt* (*erdulden*) katlanmak (-e), çekmek; **Hunger/Not ~** açlık/sıkıntı çekmek; **jdn**

(**nicht**) ~ **können** birinden hoşlan(ma)mak; **das kann ich** (**überhaupt**) **nicht** ~! bundan (hiç) hoşlanmam!, bunu (hiç) çekemem!; **er kann es nicht** ~, **wenn man ihn stört** rahatsız edilmekten hoşlanmaz

Leiden ['laɪdən] *nt* <-s, -> **1.** (*allgemein*) üzgü, cefa, büyük sıkıntı, eziyet, ıstırap; (*Schmerz*) acı, ağrı **2.** (*Krankheit*) hastalık, rahatsızlık; **er starb nach langem/schwerem** ~ uzun/ağır bir hastalıktan sonra öldü

Leidenschaft *f* <-en> tutku (*für* -), ihtiras; **das Theater ist seine** ~ tiyatro onda bir tutkudur; **der** ~ **verfallen** tutkuya kapılmak; **sie war von einer** ~ **zum Theater besessen** tiyatro tutkusuna kapılmıştı

leidenschaftlich **I.** *adj* tutkulu, ihtiraslı **II.** *adv:* **jdn** ~ **lieben** birini kerem gibi sevmek, biri için yanıp tutuşmak; ~ **gern Fahrrad fahren** bişiklete binmeyi çok sevmek

Leidensgenosse, -in *m, f* dert ortağı

leider ['laɪdɐ] *adv* maalesef, ne yazık ki; **ich kann** ~ **nicht kommen** maalesef gelemeyeceğim; ~ **Gottes!** heyhat!, (ne) yazık!

leidig *adj* (*ärgerlich*) can sıkıcı; (*lästig*) musallat; (*unangenehm*) hoş olmayan; **das** ~**e Geld** para sorunu

Leidtragende(r) *mf* <-n, -n; -n> zarar gören (kimse); (*Opfer*) kurban

leidvoll *adj* cefalı; **ein** ~**es Leben** cefalı bir hayat

Leidwesen *nt:* **zu meinem** ~ ne yazık ki

Leier ['laɪɐ] *f* <-n> **1.** (MUS) lir **2.** (*pej: Klage*) dırdır; **es ist immer die alte** ~ (*fam fig*) hâlâ o masal, hep aynı nakarat, ayının kırk türküsü var, kırkı da ahlat üstüne; **Leierkasten** *m* (*fam: Drehorgel*) lâterna

leiern ['laɪɐn] *vt* (*fam: Gedichte*) ezbere söylemek

Leihbibliothek *f,* **Leihbücherei** *f* kitap ödünç veren kütüphane

leihen ['laɪən] <leiht, lieh, geliehen> *vt* **1.** (*aus*~) ödünç vermek; **kannst du mir 20 Euro** ~**?** bana 20 euro ödünç verebilir misin? **2.** (*ent*~) ödünç almak (*von* -den); **Leihgebühr** *f* ödünç verme ücreti; **Leihhaus** *nt* ikraz müessesesi; **Leihmutter** *f* <-mütter> kiralık anne, taşıyıcı anne; **Leihwagen** *m* kiralık araba

leihweise *adv* ödünç olarak, ariyeten

Leim [laɪm] *m* <-(e)s, -e> tutkal; **aus dem** ~ **gehen** (*fam*) lâçkalaşmak; **auf den** ~ **gehen** (*fam*) aldatmak, dolandırmak

leimen *vt* **1.** (*kleben*) tutkallamak, tutkalla yapıştırmak **2.** (*fam: hereinlegen*) aldatmak, dolandırmak

Leine ['laɪnə] *f* <-n> (*Wäsche*~) ip; (*Hunde*~) kayış; (*Angel*~) misina; **zieh** ~**!** (*fam*) çek arabanı!

leinen ['laɪnən] *adj* keten

Leinen *nt* <-s, -> **1.** (*Faser*) keten; (*Gewebe*) keten; **aus** ~ keten, ketenden **2.** (*Bucheinband*) bez

Leinöl *nt* bezir yağı

Leinsamen *m* <-s, -> keten tohumu, bezir

Leintuch *nt* <-(e)s, -tücher> (*reg*) çarşaf

Leinwand[1] *f* <-wände> **1.** (*zum Malen*) tu(v)al **2.** (FILM) beyaz perde

Leinwand[2] *f ohne Pl* (*Gewebe*) kanaviçe; (*Zelt*~) bez

Leipzig ['laɪptsɪç] *nt* <-s> Leipzig

leise ['laɪzə] **I.** *adj* **1.** (*still*) sessiz; (*Radio*) kısık; (*Stimme*) alçak; (*Geräusch*) hafif; **bei der** ~**sten Berührung** en ufak bir dokunuşta **2.** (*in Andeutungen*): **nicht die** ~**ste Ahnung haben** hiç mi hiç haberi olmamak **II.** *adv* **1.** (*still*) sessizce, sessiz sedasız; (*mit* ~ *r Stimme*) alçak sesle; **sprich etwas** ~**r!** biraz yavaş konuş!; **das Radio** (**etwas**) ~**r stellen** (*fam*) radyoyu (biraz) kısmak, radyonun sesini (biraz) kısmak **2.** (*Schlaf*) hafif; **einen** ~**en Schlaf haben** uykusu hafif olmak

Leiste ['laɪstə] *f* <-n> **1.** (*Rand*~) çubuk; (*Fuß*~) süpürgelik; (*Zier*~) tiriz, çıta **2.** (ANAT) kasık

leisten ['laɪstən] *vt* **1.** (*tun, schaffen*) yapmak; (*hervorbringen*) başarmak; **gute Arbeit** ~ iyi iş yapmak **2.** (*Motor*) gücü olmak; (*Maschine*) randımanı olmak, verimi olmak; **wieviel PS leistet der Motor?** motorun kaç beygir gücü var? **3.** (*Hilfe, Eid*) etmek; (*Zahlung*) yapmak; (*Vorschuss*) vermek; **eine Unterschrift** ~ bir imza atmak; **jdm Gesellschaft** ~ birine eşlik etmek **4.** (*fam*): **sich** *dat* **etw** ~ **können** bir şeyi yapabilmek, paraya kıyıp kendisine bir şey alabilmek **5.** (*Frechheit*) etmek; (*Fehler*) yapmak

Leistenband *nt* (ANAT) kasık bağı

Leistenbruch *m* (MED) kasık fıtığı, kasık çatlağı

Leistung[1] *f ohne Pl* (*Ausführung*) ifa; (*Bezahlung*) ödeme, eda

Leistung[2] *f* <-en> **1.** (*Geleistetes*) performans; (*geleistete Arbeit*) edim, yapılmış iş; (SPORT) performans, başarım; (*Ergebnis*) başarım, (elde edilen) başarı; **seine schulischen** ~**en haben nachgelassen** okuldaki notları düştü; **die Bezahlung erfolgt nach** ~ ödeme, edimden [*o* iş yapıldıktan] sonra yapılır **2.** (*von Maschine*) randıman; (*von Fabrik*) verim; (*von Motor*) güç **3.** (*Wirksamkeit*) etkinlik **4.** (*Dienst*~) hizmet; (*Sozial*~) yardım

Leistungsbilanz *f* (WIRTSCH) cari işlemler

hesabı; **Leistungsdruck** *m ohne Pl* <-(e)s> başarı gösterme baskısı, performans stresi; **hohem ~ ausgesetzt sein** başarı gösterme baskısına maruz kalmak; **leistungsfähig** *adj* verimli, randımanlı; (*fähig*) yetenekli; (*tüchtig*) becerikli; (*Motor*) güçlü; **Leistungsfähigkeit** *f ohne Pl* **1.** (*von Fabrik*) verim gücü, üretkenlik, verimlilik; (*von Motor*) güç **2.** (*Fähigkeit, Arbeit zu leisten*) iş yapabilme yeteneği; (*Tüchtigkeit*) beceriklilik **3.** (FIN: *Zahlungskraft*) ödeme gücü; **Leistungsgesellschaft** *f* <-en> başarı ve rekabet toplumu; **Leistungsklage** *f* (JUR) eda davası; **Leistungsnachweis** *m* (SCHULE, UNIV) başarı notu; **leistungsschwach** *adj* (*Maschine*) randımanı düşük; (*Schüler*) notları zayıf, başarısız; **leistungsstark** *adj* güçlü, çok başarılı; **Leistungsvermögen** *nt ohne Pl* <-s> (WIRTSCH) iş görebilirlik, çalışıp kazanç sağlama gücü

Leitartikel *m* <-s, -> (PUBL) baş makale; **Leitbild** *nt* ideal; (*Vorbild*) model, örnek

leiten ['laɪtən] *vt* **1.** (*verantwortlich ~*) yönetmek, idare etmek; (*Vorsitz haben*) başkanlık etmek (-e) **2.** (*führen*) götürmek, iletmek, ulaştırmak, nakletmek; (*Gas, Wärme*) iletmek; (*um~*) yönlendirmek; **etw in die Wege ~** bir şeyi yoluna koymak; **Schritte in die Wege ~** önlemler almak **3.** (TECH, PHYS) iletmek

leitend *adj* **1.** (*führend*) yönetici; **~er Angestellter** yönetici kadro görevlisi; **der ~e Gedanke** temel düşünce **2.** (PHYS) iletken; **nicht ~** yalıtkan

Leiter(in)[1] ['laɪtɐ] *m(f)* <-s, -; -nen> müdür; (*Bau~*) şef; (*Kurs~*) yönetici; **kaufmännische/technische ~in** ticarî/teknik müdür

Leiter[2] *f* <-n> merdiven; **auf eine ~ steigen** bir merdivene çıkmak

Leiter[3] *m* <-s, -> (PHYS, TECH) iletken

Leitfaden *m* kılavuz, rehber; **leitfähig** *adj* (PHYS, TECH) iletken; **Leitfähigkeit** *f ohne Pl* (PHYS) iletkenlik; **Leitgedanke** *m* temel düşünce; **Leithammel** *m* **1.** (*von Herde*) kösemen **2.** (*pej: Anführer*) kösemen; **Leitmotiv** *nt* lâytmotif, ana motif; **Leitplanke** *f* ayırıcı, bariyer; **Leitsatz** *m* <-es, -sätze> düstur, genel kural; **Leitspruch** *m* parola; **Leitstelle** *f* yönetim merkezi, idare merkezi

Leitung[1] *f* <-en> **1.** (*Rohr~*) tesisat; (*Wasser~*) boru **2.** (ELEK, TEL) hat; (*Kabel*) kablo; **eine ~ ziehen** hat çekmek; **eine lange ~ haben** (*fam*) kalın kafalı olmak **3.** (*Führungsgruppe*) yönetim kadrosu

Leitung[2] *f ohne Pl* (*Führung*) yönetim; (*Geschäfts~*) müdürlük; (*Vorsitz*) yönetim; **unter der ~ von …** … yönetimi altında

Leitungskabel *nt* (ELEK) (elektrik) kablo(su); **Leitungsmast** *m* (*für Strom*) elektrik direği; (*für Telefon*) telefon direği; **Leitungsrohr** *nt* <-(e)s, -e> (tesisat) boru(su); **Leitungswasser** *nt ohne Pl* <-s> musluk suyu, terkos suyu

Lektion [lɛk'tsjoːn] *f* <-en> ders; **jdm eine ~ erteilen** birinin dersini vermek

Lektor(in) ['lɛktoːɐ] *m(f)* <-s, -en; -nen> **1.** (*Verlag*) lektör **2.** (SCH, UNIV) lektör, okutman

Lektorat [lɛkto'raːt] *nt* <-(e)s, -e> (*Verlag*) lektörlük; (*a.* SCH, UNIV) lektörlük, okutmanlık

Lektüre [lɛk'tyːrə] *f ohne Pl* okuma

Lende ['lɛndə] *f* <-n> **1.** (ANAT) bel **2.** (*beim Schlachtvieh*) fileto; **Lendenschurz** [-ʃʊrts] *m* peştemal; **Lendenstück** *nt* (GASTR) fileto; **Lendenwirbel** *m* (ANAT) bel omuru

lenkbar *adj* **1.** (*Gegenstände*) güdümlü **2.** (*Menschen*) yönetimi kolay, idaresi kolay; (*Kind*) akıllı uslu

lenken ['lɛŋkən] *vt* **1.** (*Fahrzeug*) sürmek, kullanmak; (*Schiff*) abramak, yönetmek; (*Flugzeug*) yönetmek, kullanmak; **den Wagen nach links ~** arabanın direksiyonunu sola çevirmek **2.** (*leiten*) yönetmek, idare etmek; (*Staat*) yönetmek, idare etmek **3.** (*in bestimmte Richtung*) yönlendirmek, yöneltmek, çevirmek; **ein Gespräch auf ein anderes Thema ~** sözü çevirmek, konuyu değiştirmek; **die Aufmerksamkeit auf sich ~** dikkati (üzerine) çekmek

Lenker(in)[1] *m(f)* <-s, -; -nen> (*des Wagens*) sürücü

Lenker[2] *m* <-s, -> (AUTO) direksiyon; (*am Fahrrad*) gidon

Lenkrad *nt* direksiyon

Lenkradschaltung *f* (AUTO) direksiyondan vites; **Lenkstange** *f* gidon

Lenkung[1] *f* <-en> (AUTO) direksiyon

Lenkung[2] *f ohne Pl* (*das Lenken*) yönetme; (*eines Staates*) yönetim

Lenz [lɛnts] *m* <-es, -e> (*geh*) bahar; **sich** *dat* **einen schönen ~ machen** (*fam pej*) yan gelip yatmak

Leopard [leo'part] *m* <-en, -en> (ZOOL) leopar, pars

Lepra ['leːpra] *f ohne Pl* (MED) lepra, cüzam; **Leprakranke(r)** *mf* cüzamlı hasta

lepros *adj*, **leprös** *adj* cüzamlı

Lerche ['lɛrçə] *f* <-n> (ZOOL) tarla kuşu, çayır kuşu, toygar

lernbegierig *adj* öğrenmeye istekli; **lernbehindert** *adj* öğrenme özürlüsü; **Lerneifer** *m* çalışkanlık

lernen ['lɛrnən] **I.** *vi* **1.** (*Erfahrung sammeln*) öğrenmek (*aus* -den) **2.** (*Wissen aneignen*) öğrenmek; **ich muss noch für die Prüfung ~** daha sınav için öğrenmem gerekiyor [*o* lâzım] **II.** *vt* **1.** (*Fertigkeit*) öğrenmek; **Schreibmaschine/Türkisch/Deutsch ~** daktilo/Türkçe/Almanca öğrenmek; **etw auswendig ~** bir şeyi ezberlemek; **schwimmen/tanzen ~** yüzmeyi/dans etmesini öğrenmek; **das will gelernt sein!** bunu öğrenmek gerekir!; **von dem kannst du noch viel ~** ondan çok şey öğrenebilirsin **2.** (*Beruf, Handwerk*) öğrenmek

lernfähig *adj* öğrenir

Lernfähigkeit *f* öğrenme yetisi

Lernprogramm *nt* (INFORM) öğrenme programı; **Lernprozess**[RR] *m* öğrenme süreci; **Lernziel** *nt* öğrenme hedefi

Lesart ['le:s?a:ɐt] *f* <-en> **1.** (*Fassung*) versiyon **2.** (*Deutung*) yorumlama

lesbar *adj* okunaklı; (INFORM) okunabilen

Lesbe ['lɛsbə] *f* <-n> lezbiyen, sevici

Lesbier(in) *m(f)* Midillili

lesbisch *adj* lezbiyen olan, sevici

Lesbos *nt* Midilli; **die Insel ~** Midilli adası

Lese ['le:zə] *f* <-n> **1.** (*Wein~*) bağ bozumu **2.** (LIT) seçki, güldeste

Lesebrille *f* okuma gözlüğü; **Lesebuch** *nt* okuma kitabı; **Lesegerät** *nt* <-(e)s, -e> (INFORM) okuma aleti; **Leselampe** *f* okuma lâmbası

lesen ['le:zən] <liest, las, gelesen> **I.** *vi* **1.** (*allgemein*) okumak; **fließend ~** su gibi okumak; **jdm aus der Hand ~** birinin el falına bakmak **2.** (UNIV) okumak (*über* -) **II.** *vt* **1.** (*allgemein*) okumak; (*Messe*) yapmak; **Zeitung ~** gazete okumak; **jds Gedanken ~** birinin aklından geçenleri okumak **2.** (*ernten*) toplamak; **Trauben ~** bağ bozmak, bağın üzümlerini toplamak

lesenswert *adj* okumaya değer

Leser(in) *m(f)* <-s, -; -nen> okuyucu, okur

Leseratte *f* (*fam*) kitap kurdu

Leserbrief *m* okuyucu mektubu

leserlich *adj* okunaklı; **gut ~e Schrift** iyi okunaklı yazı

Leserlichkeit *f ohne Pl* okunaklılık

Leserschaft *f* <-en> okuyucular *pl*

Lesesaal *m* okuma salonu; **Lesestoff** *m* <-(e)s, -e> okunacak şeyler *pl*

Lesung *f* <-en> (*a.* POL) oku(n)ma; (*Autoren~*) matine

Lethargie *f* (MED) letarji

Lette, -in ['lɛtə] *m, f* <-n, -n; -nen> Let(on), Letonyalı

Letter ['lɛtɐ] *f* <-n> **1.** (*Druckbuchstabe*) matbaa harfi **2.** (TYPO) karakter

lettisch *adj* Let, Leton

Lettland *nt* <-s> Letonya

Letzt [lɛtst] *f*: **zu guter ~** sonunda

letzte(r, s) *adj* **1.** (*in Reihenfolge*) sonuncu; (*abschließend*) son; **L~r werden** sonuncu olmak; **als L~r ankommen/weggehen/fertig werden** sonuncu olarak gelmek/gitmek/bitirmek; **auf dem ~n Platz liegen** sonuncu olmak; **der L~ des Monats** ayın sonu; **den L~n beißen die Hunde** (*prov*) sona kalan dona kalır **2.** (*äußerste, neueste, zeitlich*): **~n Endes** sonuç olarak, netice itibarıyla, üst tarafı; **in ~r Zeit** son [*o* yakın] zamanlarda; **der ~ Schrei** (*fig*) son moda; **bis aufs L~** tamamen; **bis ins L~** derinlemesine; **etw bis ins L~ kennen** bir şeyin daniskasını bilmek **3.** (*schlecht*) rezalet; **diese Show war wirklich das L~** bu şov gerçekten rezaletti; **das ist doch das L~!** (*fam*) bu, rezaletin dik âlâsı

letztendlich ['-'--] *adv* sonunda

letztens ['lɛtstəns] *adv* **1.** (*kürzlich*) geçenlerde **2.** (*zum Schluss*) sonunda; **drittens und ~** üçüncüsü ve sonuncusu

letztjährig *adv* geçen yılki

letztlich *adv* sonunda, sonuç olarak, netice itibarıyla, üst tarafı

letztmalig *adj* son defalık, en son

Leuchtboje *f* (NAUT) fenerli şamandıra

Leuchte ['lɔɪçtə] *f* <-n> **1.** ışık, fener; (*Lampe*) lâmba **2.** (*fam: kluger Mensch*) akıllı biri

leuchten ['lɔɪçtən] *vi* **1.** (*Licht geben*) aydınlatmak; (*Lampe*) aydınlatmak **2.** (*erhellen*) aydınlatmak; (*be~*) ışık tutmak (*in* -e); **leuchte hierher!** şuraya ışık tut!, şurayı aydınlat!; **leuchte einmal (mit der Lampe) in die Ecke!** (fenerle) köşeye bir ışık tutuver! **3.** (*glänzen*) parlamak; (*strahlen*) ışıldamak; (*Farbe*) parlamak

leuchtend *adj* ışık veren; (*glänzend*) parlak; (*strahlend*) ışıldayan; **ein ~es Beispiel** aydınlatıcı bir örnek

Leuchter *m* <-s, -> (*Kerzen~*) şamdan; (*Kron~*) avize

Leuchtfarbe *f* fosforlu boya; **Leuchtfeuer** *nt* <-s, -> çakar; **Leuchtkäfer** *m* (ZOOL) ateş böceği; **Leuchtreklame** *f* ışıklı reklam; **Leuchtröhre** *f* flüoresan lâmba; **Leuchtturm** *m* fener kulesi, deniz feneri; **Leuchtziffernblatt** *nt* fosforlu kadran

leugnen ['lɔɪgnən] *vi, vt* yadsımak, inkâr etmek; **es ist nicht zu ~, dass …** … olduğu yadsınamaz [*o* inkâr edilemez]

Leukämie [lɔɪkɛ'mi:] *f* <-n> (MED) lösemi

Leukozyt *m* <-en, -en> (MED) lökosit

Leumund *m ohne Pl* <-e(s)> ün, şöhret

Leute ['lɔɪtə] *Pl* insanlar *pl*; **arme/reiche ~** fakir/zengin insanlar, yoksul/varlıklı insanlar; **es waren kaum ~ da** neredeyse hiç kimse yoktu orada; **es waren ungefähr 30 ~ da** orada yaklaşık 30 insan vardı; **ich kenne meine ~** ben bizimkileri iyi bilirim

Leutnant [ˈlɔɪtnant] *m* <-s, -s> (MIL) teğmen

leutselig [ˈlɔɪtzeːlɪç] *adj* mültefit, güler yüz gösteren, hoş davranan

Levantiner *m* Levanten

levantinisch *adj* Levanten

Level [ˈlɛvəl] *m* <-s, -s> (*geh*) düzey, seviye

Leviten [leˈviːtən] *Pl* (*fam*): **jdm die ~ lesen** birinin canına okumak, birine fırça çekmek

Lew *m* leva

Lexika *Pl von* **Lexikon**

lexikalisch [lɛksiˈkaːlɪʃ] *adj* **1.** (*das Lexikon betreffend*) ansiklopedik **2.** (LING) leksikografik

Lexikologe, **-in** *m, f* leksikolog, sözlük bilimci

Lexikologie *f ohne Pl* leksikoloji, sözlük bilimi

Lexikon [ˈlɛksikɔn] *nt* <-s, Lexika *o* Lexiken> ansiklopedi; **ein wandelndes ~ sein** (*fig*) ayaklı kütüphane olmak

lfd. *Abk. von* **laufend** cari

Liaison [ljɛˈzõː] *f* <-s> (*geh: Liebesverhältnis*) aşk ilişkisi

Liane [liˈaːnə] *f* <-n> (BOT) asma

Libanese, **-in** [libaˈneːzə] *m, f* <-n, -n; -nen> Lübnanlı

libanesisch *adj* (*für Personen*) Lübnanlı; (*für Sachen*) Lübnan (ile ilgili)

Libanon [ˈliːbanɔn] *m* <-s> Lübnan

Libelle [liˈbɛlə] *f* <-n> **1.** (ZOOL) kız böceği **2.** (*an Wasserwaage*) kabarcıklı düzeç, tesviye ruhu

liberal [libeˈraːl] *adj* liberal

liberalisieren* [liberaliˈziːrən] *vt* liberalleştirmek

Liberalisierung *f* <-en> liberalleştirme

Liberalismus [liberaˈlɪsmʊs] *m ohne Pl* <-> liberalizm

Liberia [liˈbeːria] *nt* <-s> Liberya

Liberianer(in) [liberiˈaːnɐ] *m(f)* <-s, -; -nen> Liberyalı

liberianisch *adj* Liberyalı, Liberya (ile ilgili); **eine ~e Frau** Liberyalı bir kadın; **die ~e Regierung/Währungseinheit** Liberya hükümeti/para birimi

Libero [ˈliːbero] *m* <-s, -s> (*Fußball*) libero

Libido [liˈbiːdo, ˈ---] *f ohne Pl* (PSYCH) libido

Libration *f* (ASTR) salınım

Libyen [ˈliːbyən] *nt* <-s> Libya

Libyer(in) *m(f)* <-s, -; -nen> Libyalı

libysch [ˈliːbʏʃ] *adj* Libyalı, Libya (ile ilgili); **eine ~e Frau** Libyalı bir kadın; **die ~e Regierung/Währungseinheit** Libya hükümeti/para birimi

licht [lɪçt] *adj* **1.** (*geh: hell*) aydınlık; **am ~en Tag** (*geh*) güpegündüz **2.** (*Haar*) seyrek **3.** (TECH): **die ~e Weite eines Rohres** bir borunun iç çapı

Licht [lɪçt] *nt* <-(e)s, -er> ışık; **das ~ anmachen/ausmachen** ışığı açmak/kapamak, ışığı yakmak/söndürmek; **das ~ der Welt erblicken** (*geh*) dünyaya gözlerini açmak; **sein ~ (nicht) unter den Scheffel stellen** (*fam fig*) meziyetlerini belli et(me)mek, fazla alçak gönüllülük göster(me)mek; **~ in eine Sache bringen** bir meseleye ışık tutmak, bir soruna açıklık getirmek [*o* kazandırmak]; **etw ans ~ bringen** bir şeyi açığa çıkarmak; **für etw grünes ~ geben** (*fam fig*) bir şey için yeşil ışık yakmak; **etw ins rechte ~ rücken** bir şeyi düzeltmek; **jdm geht ein ~ auf** (*fam fig*) birinde şafak atmak; **Lichtanlage** *f* (ELEK) ışık(landırma) düzeni; **Lichtbild** *nt* (*formal*) fotoğraf; **Lichtblick** *m* <-(e)s, -e> umut ışığı; **Lichtbündel** *m* (PHYS) ışık demeti; **lichtdurchlässig** *adj* ışık geçirir; **Lichteffekt** *m* (PHYS) ışık efekti; **Lichteinwirkung** *f* (PHYS, TECH) ışık etkisi; **lichtempfindlich** *adj* **1.** (*Haut*) ışığa karşı hassas **2.** (FOTO) ışığa karşı duyarlıklı

lichten [ˈlɪçtən] **I.** *vt* **1.** (*Wald*) açmak **2.** (NAUT): **den Anker ~** demir almak **II.** *vr:* **sich ~** (*Nebel, Wolken*) açılmak; (*Bestände*) azalmak; (*Haare*) seyrekleşmek; (*Angelegenheit*) aydınlanmak

Lichterkette *f* (POL) *insanların protesto amacıyla ellerinde ışıkla el ele tutuşarak bir zincir oluşturmaları*

lichterloh [ˈlɪçtɐˈloː] *adv:* **~ brennen** cayır cayır yanmak

Lichtermeer *nt:* **das ~ der Stadt** kentin pırıl pırıl parlayan ışıkları

Lichtgeschwindigkeit *f ohne Pl* ışık hızı; **Lichthof** *m* aydınlık; **Lichthupe** *f* selektör; **Lichtjahr** *nt* (ASTR) ışık yılı

lichtlos *adj* ışıksız

Lichtmaschine *f* (AUTO) şarj dinamosu; **Lichtmast** *m* <-(e)s, -en> elektrik direği; **Lichtmesser** *m* ışıkölçer; **Lichtmessung** *f* ışık ölçümü; **Lichtquelle** *f* ışık kaynağı; **Lichtreklame** *f* ışıklı reklam; **Lichtschacht** *m* ışık bacası; **Lichtschalter** *m* elektrik düğmesi; **Lichtspielhaus** *nt*, **Lichtspieltheater** *nt* sinema

Lichtstärke *f* (PHYS) ışık gücü; **Lichtstrahl** *m* ışık ışını; **lichtundurchlässig** *adj* (PHYS) ışık geçirmez

Lichtung *f* <-en> (*im Wald*) açıklık; (*Waldblöße*) kayran, orman içinde düzlük

Lichtverhältnisse *ntPl* ışık koşulları *pl*

Lid [liːt] *nt* <-(e)s, -er> göz kapağı; **Lidsack**

m göz kesesi; **Lidschatten** *m* far

lieb [li:p] *adj* **1.** (*geliebt*) sevgili; **~e Maria/Frau X** sevgili Maria/Bayan X; **mein L~es** sevgilim, cicim; **das ~e Geld** canım para, paracıklar; **jdn ~ gewinnen** birine kanı kaynamak; **jdn ~ haben** birini sevmek **2.** (*liebenswürdig*) sevimli, cana yakın; (*nett*) hoş; **~e Grüße** candan selâmlar **3.** (*brav*) uslu; **sei schön ~!** uslu dur!; **sei so ~ und mach das Fenster auf!** bana bir iyilik yapıp şu pencereyi açıver! **4.** (*angenehm*): **es wäre mir ~, wenn er heute nicht kommt** bugün gelmezse memnun olurum; **am ~sten würde ich jetzt schwimmen gehen** şimdi yüzmeye gitmeyi her şeye tercih ederdim; **den ~en langen Tag** (*fam*) bütün gün boyunca

liebäugeln ['li:pʔɔɪgəln] *vi:* **mit etw** *dat* **~** bir şeyi almayı düşünmek

Liebe ['li:bə] *f ohne Pl* (*allgemein*) aşk; (*Zuneigung*) sevgi; **meine erste ~** ilk aşkım; **~ auf den ersten Blick** görür görmez sevme, şıpsevdilik; **~ macht blind** âşığın gözü kördür; **mit jdm ~ machen** (*fam*) biriyle aşk yapmak; **Unglück im Spiel, Glück in der ~** (*prov*) kumarda kaybeden aşkta kazanır

Liebelei [li:bə'laɪ] *f* <-en> (*pej*) gönül eğlencesi

lieben ['li:bən] *vt* **1.** (*Liebe empfinden*) sevmek; **viel geliebt** çok sevilen **2.** (*Geschlechtsverkehr haben*) aşk yapmak (ile) **3.** (*mögen*) sevmek; **er liebt es nicht, wenn man ihn unterbricht** sözünün kesilmesini sevmez

Liebende(r) *mf* <-n, -n; -n> âşık

liebenswert *adj* sevimli, cana yakın, candan; **liebenswürdig** *adj* nazik; (**das ist**) **sehr ~** (**von Ihnen**) çok naziksiniz

liebenswürdigerweise *adv* nezaketen

Liebenswürdigkeit *f* <-en> nezaket, naziklik

lieber ['li:bɐ] *adv kompar von* **gern**: **mir wäre es ~, du würdest bleiben** kalmanı tercih ederim; **ich schweige ~** en iyisi susayım; **ich beiße mir ~ die Zunge ab, als ...** ...ceğime dilimi yutarım; **da solltest du ~ die Finger von lassen** (*fam fig*) ondan [*o* o sevdadan] vazgeçsen iyi olur; **ich mag ~ Wein** şarabı daha çok severim, şarabı tercih ederim

Liebesaffäre *f* aşk macerası; **Liebesbeziehung** *f* aşk ilişkisi; **Liebesbrief** *m* aşk mektubu; **Liebeserklärung** *f* ilânıaşk; **jdm eine ~ machen** birine ilânıaşk etmek, birine aşkını bildirmek; **Liebesfilm** *m* <-(e)s, -e> aşk filmi; **Liebesgeschichte** *f* <-n> aşk hikâyesi; **Liebesgöttin** *f* aşk tanrıçası; **Liebeskummer** *m ohne Pl* aşk derdi, aşktan doğan üzüntü; **Liebesleben** *nt ohne Pl* <-s> aşk yaşamı, aşk hayatı; **Liebeslied** *nt* aşk türküsü; **Liebesmüh(e)** *f:* **vergebliche ~ sein** boşuna uğraşmak, haybeye kürek çekmek; **Liebespaar** *nt* aşıklar *pl;* **Liebesroman** *m* aşk romanı

liebevoll **I.** *adj* sevecen, şefkatli, müşfik **II.** *adv* şefkatle; (*sorgfältig*) itinalı

lieb|gewinnen* *irr vt s.* **lieb 1.**; **lieb|haben** *irr vt s.* **lieb 1.**

Liebhaber(in) *m(f)* <-s, -; -nen> âşık, sevgili

Liebhaberei *f* <-en> düşkü, hobi, merak; **aus** (**reiner**) **~** (sırf) meraktan

Liebhaberwert *m ohne Pl* <-(e)s> meraklısı için olan değer

liebkosen* [li:p'ko:zən] *vt* (*geh*) okşamak, okşayarak sevmek

Liebkosung *f* <-en> okşama, okşantı

lieblich ['li:plɪç] *adj* (*Duft*) hoş; (*Landschaft*) hoş, iç açıcı; (*Wein*) tatlımsı

Liebling ['li:plɪŋ] *m* <-s, -e> **1.** sevgili, gözde; **mein ~** sevgilim, canımın içi, tatlım **2.** (*bevorzugter Mensch*) göz bebeği; **Lieblingsbeschäftigung** *f* en çok sevilen iş; **Lieblingsschriftsteller(in)** *m(f):* **mein(e) ~(in)** en çok sevdiğim (kadın) yazar

lieblos *adj* (*ohne Liebe, Sorgfalt*) şefkatsiz; (*gefühllos*) duygusuz, katı yürekli

Lieblosigkeit *f* <-en> şefkatsizlik; (*Gefühllosigkeit*) duygusuzluk; (*Härte*) katı yüreklilik

Liebschaft *f* <-en> aşk ilişkisi

liebste(r, s) *adj* sevgili; **mein ~r Freund** sevgili dostum

Liebste(r) *mf* <-n, -n; -n> sevgili

liebsten *superl von* **gern**: **am ~ würde ich hier bleiben** burada kalmayı çok isterdim

Liebstöckel ['li:pʃtœkəl] *m o nt* <-s, -> (BOT) selâm otu

Liechtenstein ['lɪçtənʃtaɪn] *nt* <-s> Liechtenstein

Liechtensteiner(in) *m(f)* <-s, -; -nen> Liechtensteinlı

Lied [li:t] *nt* <-(e)s, -er> şarkı, türkü; **es ist immer das alte ~ mit ihm** (*fam*) onda hep aynı terane; **davon kann ich ein ~ singen** (*fam*) onun hakkında bir takım şeyler anlatabilirim; **Liederbuch** *nt* <-(e)s, -bücher> şarkı kitabı

liederlich ['li:dɐlɪç] *adj* **1.** (*unordentlich*) dağınık, pasaklı; (*nachlässig*) savsak, savruk; **eine ~e Arbeit** savruk bir çalışma **2.** (*pej: unmoralisch*) ahlâksız; (*ausschweifend*) uçarı, sefih; **sie ist ein ~es Weibsstück** sürtük karının biridir o

lief [li:f] *3. imp von* **laufen**

Lieferant(in) [lifə'rant] *m(f)* <-en, -en;

L

-nen> teslimatçı

lieferbar *adj* teslime hazır; (*vorrätig*) elde olan; **ein Verzeichnis der ~en Bücher** elimizdeki kitapların bir listesi

Lieferbedingungen *fPl* teslimat koşulları *pl;* **Lieferfrist** *f* teslim süresi

liefern ['li:fɐn] *vt* **1.** (*zustellen*) teslim etmek; (*be~*) göndermek; **die bestellte Ware frei Haus ~** sipariş edilen malı eve ücretsiz teslim etmek **2.** (*beibringen*) getirmek; (*geben*) vermek; (*vorlegen*) ibraz etmek, ortaya koymak; **für etw Beweise ~** bir şey için delil irat etmek; **ich bin geliefert** (*fam*) hâlim duman, yandım

Lieferschein *m* <-(e)s, -e> (COM) teslim ordinosu

Lieferung *f* <-en> **1.** (*das Liefern*) teslim; (*das Beliefern*) gönder(il)me **2.** (*Ware*) teslimat

Lieferwagen *m* kamyonet

Liege ['li:gə] *f* <-n> **1.** şezlong **2.** (*im Liegewagen*) kuşet

liegen ['li:gən] <liegt, lag, gelegen> *vi haben o sein* **1.** (*Person*) yatmak; **hart/weich ~** sert/yumuşak yerde yatmak; **im Bett ~** yatakta yatmak; **auf dem Rücken/auf dem Bauch ~** sırtüstü/yüzükoyun yatmak **2.** (*sich befinden*) olmak, bulunmak; **das Buch liegt auf dem Tisch** kitap masanın üstünde; **wo liegt München?** Münih nerede?; **an der Elbe ~** Elbe üzerinde bulunmak; **das Zimmer liegt nach Süden** oda güneye bakıyor; **das liegt auf dem Weg** bu yolun üstündedir; **es lag kein Schnee** yerde kar yoktu; **das Essen liegt mir schwer im Magen** yemek mideme oturdu; **die Preise ~ zwischen 50 und 70 Euro** fiyatlar 50 ile 70 euro civarında oynuyor; **die Betonung liegt auf der letzten Silbe** vurgu, son hecededir; **das lag nicht in meiner Absicht** bu benim niyetim değildi **3.** (*interessieren*): **Englisch liegt mir nicht** İngilizce beni çekmiyor, İngilizce'den hoşlanmam; **es liegt mir viel/nichts daran** bunun benim için çok/hiç önemi var/yok; **mir liegt nichts an dem Geld** ben parasında değilim **4.** (*abhängen*) bağlı olmak (*an/bei* -e/-e); **die Entscheidung liegt bei euch** karar sizin elinizdedir; **an wem liegt das?** bu kime bağlı(dır)?, bu kimin elindedir?; **woran liegt es?** bu, nereden ileri geliyor?, bu, neye bağlı(dır)?; **an mir soll's nicht ~** buna ben engel olmayayım; **die Schuld liegt bei dir** kabahat sende; **so wie die Dinge ~ ...** durum öyle gösteriyor ki ...; **nahe ~** yakın olmak; **es liegt nahe, dass sie uns besuchen kommt** bize geleceği akla yakındır; **nahe ~d sein** akla yakın olmak

liegen|bleiben *irr vi sein s.* **bleiben 2.**

liegen|lassen *irr vt s.* **lassen[2] 3.**

Liegenschaften *fPl* (JUR) akaret

Liegesitz *m* yatar koltuk; **Liegestuhl** *m* şezlong

Liegestütz ['--ʃtʏts] *m* <-es, -e> yüzükoyun yatıp bedeni kollar üzerinde esnetme

Liegewagen *m* (EISENB) kuşetli vagon

lieh [li:] *3. imp von* **leihen**

ließ [li:s] *3. imp von* **lassen**

liest [li:st] *3. präs von* **lesen**

Lifestyle *m* yaşam biçimi, hayat tarzı

Lift [lɪft] *m* <-(e)s, -e *o* -s> **1.** (*Fahrstuhl*) asansör **2.** (*Ski~*) telesiyej; (*Sessel~*) teleferik

Liga ['li:ga] *f* <Ligen> **1.** (POL) birlik **2.** (SPORT) lig, küme

light [laɪt] *adj* (GASTR) yağsız, az kalorili

Light-Produkt *nt* yağsız ürün, az kalorili ürün

Likör [li'kø:ɐ] *m* <-s, -e> likör

Lilie ['li:liə] *f* <-n> (BOT) zambak

Liliengewächse *ntPl* (BOT) zambakgiller *pl*

lila ['li:la] *adj* (*hell*) eflâtun; (*dunkel*) vişne çürüğü

Liliputaner(in) [lilipu'ta:nɐ] *m(f)* <-s, -; -nen> cüce

Limit ['lɪmɪt] *nt* <-s, -s *o* -e> limit, sınır

limitieren* [limi'ti:rən] *vt* sınırlamak

Limonade [limo'na:də] *f* <-n> limonata

Limousine [limu'zi:nə] *f* <-n> limuzin

Linde ['lɪndə] *f* <-n> ıhlamur

Lindenblütentee *m* ıhlamur

lindern ['lɪndɐn] *vt* dindirmek

Linderung *f ohne Pl* dirdirme

Lineal [line'a:l] *nt* <-s, -e> cetvel

linear [line'a:ɐ] *adj* doğrusal

Linguist(in) [lɪŋgu'ɪst] *m(f)* <-en, -en; -nen> lengüist, dil bilimci

Linguistik [lɪŋgu'ɪstɪk] *f ohne Pl* lengüistik, dil bilimi

linguistisch *adj* dil bilimsel

Linie ['li:niə] *f* <-n> **1.** çizgi; (*Grenz~*) çizgi; **~n ziehen** çizgi çekmek; **Briefpapier mit ~n** çizgili mektup kâğıdı **2.** (*Gürtel~*) hiza **3.** (*Reihe*) dizi, sıra, saf; **eine ~ bilden** sıraya girmek, saf bağlamak, dizilmek **4.** (MIL: *Front*) cephe; (*Verteidigungs~*) hat; **in vorderster ~ stehen/kämpfen** en önde durmak/savaşmak **5.** (*Flug~*) yol; (*Bus~*) hat; (*Verkehrsmittel einer bestimmten ~*) numara; **die ~ 8 fährt zum Bahnhof** 8 numara istasyona gider **6. in erster ~** ilk önce, her şeyden önce; **auf der ganzen ~** baştan başa; (*völlig*) tamamen **7.** hat; **auf die schlanke ~ achten** vücüt hatlarını korumak, kilosuna dikkat etmek **8.** (*Verwandtschaft*) soy; **absteigende ~**

altsoy, füru; **aufsteigende** ~ üstsoy, usul; **Linienflug** *m* tarifeli uçuş; **Linienpapier** *nt* çizgili kâğıt; **Linienrichter(in)** *m(f)* (SPORT) yan hakem

linieren *vt* çizgi çekmek (-e)

lini(i)ert [li'ni:ɐt, lini'i:ɐt] *adj* çizgili

link [lɪŋk] *adj* (*fam: nicht vertrauenswürdig*) güvenilmez

Link *m* (INFORM) link, bağlantı (noktası)

linke(r, s) *adj* **1.** (*räumlich*) sol; **die ~ Seite/Hand** sol taraf/el; **die ~e Seite eines Hemdes/Stoffes/Strumpfs** gömleğin/kumaşın/çorabın ters yüzü; **~r Hand** sol elde; **zwei ~ Hände haben** (*fam*) elinden bir şey gelmemek **2.** (POL) sol; **der ~ Flügel einer Partei** partinin sol kanadı

Linke *f* <-n> **1.** (SPORT: *Boxen*) sol; **seine ~ einsetzen** sol çıkarmak, solunu kullanmak **2.** (POL) sol; **die extreme ~** aşırı sol; **die gemäßigte ~** ılımlı sol **3.** (*Hand*) sol; **zu seiner ~n** solunda

linken *vt* (*fam*) aldatmak, dolandırmak

linkisch *adj* (*pej*) beceriksiz, çolpa

links [lɪŋks] **I.** *adv* sol; **~ davon** onun solunda; **nach ~** sola; **von ~ kommen** soldan gelmek; **oben/unten ~** yukarıda/aşağıda solda; **von ~ nach rechts** soldan sağa; **sich ~ halten** sol tarafta durmak, soldan gitmek; **sich ~ einordnen** sola geçmek; **~ um!** (MIL) sola dön!; **~ stricken** tersinden örmek; **~ stehen** (POL) sol olmak; **~ wählen** sol seçmek; **~ schreiben** sol elle yazmak; **etw mit ~ machen** (*fam*) bir şeyi kolaylıkla yapmak; **jdn ~ liegen lassen** (*fam*) birine yüz vermemek; **ich weiß nicht mehr, wo rechts und ~ ist** (*fam fig*) sağımı solumu şaşırdım **II.** *präp* solunda

Linksabbiegerspur *f* <-, -en> (AUTO) sola dönme şeridi; **Linksaußen** [-'--] *m* <-, -> (SPORT) sol açık; **Linksextremist(in)** *m(f)* (POL) aşırı solcu; **linksextremistisch** *adj* (POL) aşırı sol; **linksgerichtet** *adj* (POL) sol eğilimli

Linkshänder(in) ['-hɛndɐ] *m(f)* <-s, -; -nen> solak

linkshändig *adj* solak; **~e Menschen** solak insanlar; **eine Tätigkeit ~ verrichten** bir çalışmayı sol elle yapmak

Linkskurve *f* <-n> sola dönen viraj

linksradikal *adj* (POL) aşırı sol

linksseitig *adj* soldaki, sol yandaki; **~ gelähmt sein** sol yanı felçli olmak

Linksverkehr *m ohne Pl* <-(e)s> soldan trafik

Linoleum [li'no:leʊm] *nt ohne Pl* <-s> linolyum; (*Bodenbelag*) linolyum

Linse ['lɪnzə] *f* <-n> **1.** (BOT, GASTR) mercimek **2.** (*Optik*) mercek **3.** (*Kontakt~*) lens

Linsensuppe *m* (GASTR) mercimek çorbası

Lippe ['lɪpə] *f* <-n> dudak; **er bringt kein Wort über die ~n** ağzından lâf çıkmıyor; **an jds ~n hängen** birinin ağzının içine bakmak; **etw auf den ~n haben** bir şey dudağının ucuna gelmek; **Lippenbekenntnis** *nt* (*pej*) dudak ucuyla söyleme; **ein ~ ablegen** dudak ucuyla söylemek; **Lippenkonturenstift** *m* <-(e)s, -e> dudak kalemi; **Lippenstift** *m* <-(e)s, -e> ruj, dudak boyası

Liquid *m* <-s, -e>, **Liquida** *f* <-dä, -den> (LING) akıcı ünsüz

liquid(e) [li'kvi:t] *adj* **1.** (WIRTSCH: *verfügbar*) likit **2.** (CHEM: *flüssig*) likit, sıvı **3.** (LING) akıcı; **ein ~er Laut** akıcı bir ünsüz

liquidieren* [likvi'di:rən] *vt* (*a.* WIRTSCH) tasfiye etmek

Liquidität [likvidi'tɛ:t] *f ohne Pl* (WIRTSCH) likidite

Lira *f* **1.** (*türkische*) lira **2.** (*italienische*) liret

lispeln ['lɪspəln] *vi* peltek konuşmak

Lissabon ['lɪsabɔn, --'-] *nt* <-s> Lizbon

List[1] [lɪst] *f* <-en> (*Trick*) oyun, desise, entrika, hile

List[2] *f ohne Pl* (*Wesensart*) hilecilik; **mit ~ und Tücke** (*fam*) hile huda ile

Liste ['lɪstə] *f* <-n> liste; **auf einer ~ stehen** listede adı [*o* yazılı] olmak; **jdn auf die schwarze ~ setzen** (*fam*) birini kara listeye almak

listig *adj* hileci

Litanei [lita'naɪ] *f* <-en> (REL: *katholisch*) (papaz ile cemaat arasında) karşılıklı dua; **immer dieselbe ~** (*pej*) hep aynı nakarat

Litauen ['lɪtaʊən] *nt* <-s> Litvanya

Litauer(in) *m(f)* <-s, -; -nen> Litvanyalı

litauisch *adj* Litvanyalı, Litvanya (ile ilgili); **eine ~e Frau** Litvanyalı bir kadın; **die ~e Regierung/Währungseinheit** Litvanya hükümeti/para birimi

Liter ['li:tɐ, 'lɪtɐ] *m o nt* <-s, -> litre; **zwei ~ Milch** iki litre süt

literarisch [lɪtə'ra:rɪʃ] *adj* edebî

Literat(in) [lɪtə'ra:t] *m(f)* <-en, -en; -nen> edip, edebiyatçı

Literatur [lɪtəra'tu:ɐ] *f* <-en> edebiyat, yazın; **Literaturepoche** *f* <-n> edebiyat çığırı; **Literaturgattung** *f* edebiyat türü; **Literaturgeschichte** *f ohne Pl* edebiyat tarihi; **Literaturkritik** *f ohne Pl* edebiyat eleştirisi; **Literaturpreis** *m* edebiyat ödülü; **Literaturwissenschaft** *f* edebiyat bilimi; **Literaturzeitschrift** *f* edebiyat dergisi

literweise *adv:* **etw ~ verkaufen** bir şeyi litre litre satmak; **etw ~ trinken** bir şeyi litrelerce içmek

Litfaßsäule ['lɪtfaszɔɪlə] *f* reklâm sütunu

Lithium *nt ohne Pl* <-s> (CHEM) lityum
Lithografie^RR *f* <-n>, **Lithographie** [litogra'fi:] *f* <-n> litografya, taş basması
litt [lɪt] *3. imp von* **leiden**
Liturgie [litʊr'gi:] *f* <-n> (REL) liturya
live [laɪf] *adj inv* (RADIO, TV) **1.** (*Sendung*) canlı **2.** (*direkt anwesend*) hazır bulunan, gelmiş olan; **Live-Aufzeichnung** *f*, **Liveaufzeichnung**^RR *f* (RADIO, TV) paket program; **Live-Sendung** *f*, **Livesendung**^RR *f* (RADIO, TV) canlı yayın
Lizenz [li'tsɛnts] *f* <-en> (*a.* SPORT) lisans; **jdm eine ~ erteilen** birine lisans vermek; **etw in ~ herstellen** lisansla üretmek; **Lizenzausgabe** *f* <-n> lisans verme; **Lizenzgebühr** *f* redevans
Lkw, LKW ['ɛlka:ve:] *m* <-(s), -(s)> *Abk. von* **Lastkraftwagen** kamyon
Lob [lo:p] *nt* <-(e)s, -e> övme, övgü; **jdm ein ~ aussprechen** birini övmek; **er ist des ~es voll über dich** seni öve öve bitiremiyor
Lobby ['lɔbi] *f* <-s> lobi
Lobbyismus *m ohne Pl* lobicilik
Lobbyist(in) *m(f)* lobici
Lobelie *f* (BOT) lobelya
loben ['lo:bən] *vt* övmek, methetmek; **das lob' ich mir!** bu hoşuma gitti!; **~e Worte** övmek için söylenen sözler; **etw ~d erwähnen** bir şeyi överek dile getirmek
lobenswert *adj* övündürücü; (*anerkennungswert*) takdire değer
Lobgesang *m* **1.** (*zum Lob Gottes*) temcit **2.** (*fig*): **einen ~ auf jdn anstimmen** bir kimseye methiye düzmek
Lobhudelei *f* (*pej*) övgücülük
Lobhud(e)ler(in) *m(f)* (*pej*) övgücü
löblich ['lø:plɪç] *adj* övündürücü; (*anerkennungswert*) takdire değer
Loblied *nt* (*fig*): **ein ~ auf jdn/etw anstimmen** bir kimseye/şeye methiye düzmek; **Lobrede** *f* övgü konuşması; **eine ~ auf etw halten** bir şeyi övmek için konuşma yapmak; **Lobredner(in)** *m(f)* övgücü; **lobrednerisch** *adj* övgücü; **Lobspruch** *m* övgü; (*Gedicht*) methiye
Loch [lɔx, *Pl:* 'lœçɐ] *nt* <-(e)s, Löcher> **1.** (*allgemein*) delik; (*Öffnung*) delik; (*Vertiefung, beim Golf*) delik; (*Hohlraum*) delik, kovuk; **ein schwarzes ~** (ASTR) siyah delik; **jdm ein ~ in den Bauch fragen** (*fam*) birine ahret sualleri sormak, birine gereksiz ve usandırıcı sorular sormak; **Löcher in die Luft starren** (*fam*) gözü dalmak; **wie ein ~ saufen** (*fam*) çok içki içmek; **aus dem letzten ~ pfeifen** nefes nefese kalmak, pestili çıkmak **2.** (*fam pej: Wohnung*) izbelik **3.** (*fam: Gefängnis*) delik

lochen *vt* zımbalamak
Locher *m* <-s, -> (*a.* INFORM) delgeç, zımba
löcherig ['lœç(ə)rɪç] *adj* delikli
löchern ['lœçɐn] *vt* (*fam*) ahret suali sormak (-e)
Lochkarte *f* <-n> (INFORM) delikli kart
löchrig *adj s.* **löcherig**
Lochsäge *f* <-n> fare kuyruğu
Locke ['lɔkə] *f* <-n> bukle
locken ['lɔkən] **I.** *vt* **1.** (*Tier*) çağırmak **2.** (*anziehen*) cezbetmek, (kendine) çekmek; **jdn in eine Falle ~** birini tuzağa düşürmek **II.** *vr:* **sich ~** (*Haare*) bukle bukle olmak
lockend *adj* (*ver~*) cazip, çekici; **Lockenwickler** *m* bigudi
locker ['lɔkɐ] *adj* **1.** (*Schraube, Knoten, Verband*) gevşek; **~ werden** (*Knoten*) gevşemek; (*Teil*) gevşemek; **~ sitzen** gevşek olmak **2.** (*Teig, Backwaren*) yumuşak **3.** (*Haltung*) gevşek; **etw ~ handhaben** bir şeyde gevşek davranmak **4.** (*Lebenswandel*) başıboş; **das mach' ich doch ~** (*fam*) bunu ben rahatlıkla yaparım; **ein ~es Mundwerk haben** (*fam*) gevşek ağızlı olmak, geveze [*o* boşboğaz] olmak
locker|lassen *irr vi* (*fam*): **nicht ~** peşini bırakmamak; **locker|machen** *vt* (*fam*): **Geld ~** vermek; **sie hat 20 Euro für mich lockergemacht** bana 20 euro verdi
lockern ['lɔkɐn] **I.** *vt* **1.** (*Schraube, Seil*) gevşetmek **2.** (*Muskeln*) gevşetmek **3.** (*Embargo*) gevşetmek **II.** *vr:* **sich ~ 1.** (*Nagel, Schraube, Seil*) gevşemek **2.** (*Muskeln*) gevşemek
lockig *adj* kıvırcık, bukleli
Lockvogel *m* çağırtkan; (*um Falken, Habichte zu fangen*) pırlak; (*fig*) çığırtkan
lodern ['lo:dɐn] *vi* (*Flammen*) yükselmek; **die Flammen sind zum Himmel gelodert** alevler göklere çıktı, alevler pek çok yükseldi; **ihre Augen loderten (vor Zorn)** (*fig*) (öfkeden) gözleri çakmak çakmak olmak
Löffel ['lœfəl] *m* <-s, -> **1.** (*Ess~*) kaşık; (*~ voll*) kaşık dolusu **2.** (*Hasenohren*) kulak; **schreib dir das hinter die ~!** (*fam*) bu, kulağına küpe olsun!; **den ~ abgeben** (*fam: sterben*) ölmek
Löffelbagger *m* (TECH) kepçeli ekskavatör
löffeln ['lœfəln] *vt* (*essen*) kaşıklamak, kaşıkla yemek; **jdm eine ~** (*fam*) birine bir tane patlatmak
löffelweise *adv* kaşıklar dolusu
log [lo:k] *3. imp von* **lügen**
Logarithmen *Pl von* **Logarithmus**
Logarithmus [loga'rɪtmʊs] *m* <-, Logarithmen> (MATH) logaritma
Logbuch *nt* (NAUT) seyir defteri

Loge ['lo:ʒə] *f* <-n> **1.** (THEAT) loca **2.** (*Pförtner~*) kulübe **3.** (*Freimaurer~*) loca
logieren* [lo'ʒi:rən] **I.** *vi* kalmak **II.** *vt* (*Schweiz*) misafir etmek
Logik ['lɔgɪk] *f ohne Pl* mantık
logisch ['lo:gɪʃ] *adj* mantıkî, mantıksal
logischerweise *adv* mantıkça, mantıken
Logistik [lo'gɪstɪk] *f ohne Pl* lojistik
logistisch *adj* lojistik
logo ['lɔ:go] *adj inv* (*fam*): **kommst du mit? – ist doch ~!** geliyor musun! – elbette!
Logo ['lo:go] *m o nt* <-s, -s> logo, arma
Lohn [lo:n, *Pl:* 'lø:nə] *m* <-(e)s, Löhne> **1.** (*Arbeitsentgelt*) ücret; (*Tages~*) gündelik; **Löhne und Gehälter** ücret ve maaşlar **2.** (*Belohnung*) ödül; **als ~ für ...** ... için ödül olarak; **Lohnabbau** *m* ücretleri indirme, ücretlerde indirim; **Lohnabrechnung** *f* ücret hesap pusulası; **Lohnarbeit** *f ohne Pl* ücretli çalışma; **Lohnausfall** *m* <-(e)s, -fälle> ücret kaybı; **Lohnempfänger(in)** *m(f)* <-s, -; -nen> ücretli
lohnen ['lo:nən] **I.** *vt* **1.** (*wert sein*) değmek; **das Museum lohnt einen Besuch** o müze görülmeye değer **2.** (*be~*): **jdm etw ~** birine bir şeyi **II.** *vr:* **sich ~** değmek; **es lohnt sich nicht, darüber zu reden** üstünde konuşmaya değmez; **es lohnt sich der Mühe** zahmete değer
löhnen ['lø:nən] *vi* (*fam*) ödemek
Lohnerhöhung *f* ücretleri artırma; **Lohnfortzahlung** *f ohne Pl* ücret ödemeye devam etme; **Lohnkosten** *Pl* ücret maliyeti, işçilik; **Lohnpolitik** *f* ücret politikası
Lohn-Preis-Spirale *f* (WIRTSCH) ücret-fiyat helezonu
Lohnsteuer *f* <-n> (ücretten kesilen) gelir vergisi; **Lohnsteuerjahresausgleich** ['---'----] *m* <-(e)s, -e> (ücretten kesilen) yıllık gelir vergisi denkleştirmesi; **Lohnsteuerkarte** *f* vergi kartı; **Lohnstopp** *m* ücretlerin dondurulması
Loipe *f* (SPORT) kayak parkuru
Lok [lɔk] *f* <-s> lokomotif
lokal [lo'ka:l] *adj* lokal, yerel
Lokal [lo'ka:l] *nt* <-(e)s, -e> lokal; (*Nacht~*) kulüp; (*Kneipe*) birahane; (*Restaurant*) lokanta; **Lokalanästhesie** *f* (MED) lokal anestezi; **Lokalblatt** *nt* yerel gazete
lokalisieren* [lokali'zi:rən] *vt* yerini belirlemek (-in)
Lokalität [lokali'tɛ:t] *f* <-en> **1.** yer, mekân **2.** (*fam: Lokal*) lokal
Lokalnachrichten *fPl* yerel haberler *pl;* **Lokalseite** *f* (PUBL) yerel haberler sayfası
Lokomotive [lokomo'ti:və] *f* <-n> lokomotif; **Lokomotivführer(in)** *m(f)* <-s, -; -nen> makinist
Lokus ['lo:kʊs] *m* <- *o* -ses, - *o* -se> (*fam*) yüz numara, tuvalet
Lolli ['lɔli] *m* <-s, -s> lolipop
London ['lɔndɔn] *nt* <-s> Londra
Londoner(in) *m(f)* <-s, -; -nen> londralı
Look [lʊk] *m* <-s, -s> (*Aussehen*) görünüş; (*Mode*) moda; **einen neuen ~ kreieren** yeni moda yaratmak
Looping ['lu:pɪŋ] *m o nt* <-s, -s> (AERO) takla
Lorbeer ['lo:ɐbe:ɐ] *m* <-s, -en> defne; **sich auf seinen ~en ausruhen** (*fam*) bir başarıdan sonra yan gelip yatmak; **Lorbeerblatt** *nt* defne yaprağı; **Lorbeergewächse** *ntPl* (BOT) defnegiller *pl;* **Lorbeerkranz** *m* defne yapraklarından yapılmış çelenk
Lord [lɔrt] *m* <-s, -s> lord
Lordschaft *f* lordluk
los [lo:s] **I.** *adj* **1.** (*nicht befestigt*): **der Knopf ist ~** düğme kopmuş; **der Hund ist ~** köpek bağlı değil **2.** (*locker*) gevşek; **jdn/etw ~ sein** bir kimseden/şeyden kurtulmuş olmak; **ich bin mein ganzes Geld ~** bütün param gitti **3.** (*geschehen*): **~ sein** olmak; **es ist nichts ~** hiçbir şey yok; **was ist ~ mit ihm?** onun nesi var?; **mit dem ist heute nichts ~** bugün hiç keyfi yok; **in Antalya ist abends viel ~** Antalya'da akşamları gidilecek çok yer var; **was ist (hier) ~?** (burada) ne oluyor?; **wenn ihr heute nicht rechtzeitig kommt, dann ist 'was ~!** (*fam*) bugün vaktinde gelmezseniz, o zaman görürüsünüz ne olacağını! **II.** *adv* **1.** (*schnell*) çabuk; **~!** haydi!; **Achtung, fertig, ~!** dikkat, yerlerinize, başlayın! **2.** (*fam: weg*): **sie sind schon ~** gittiler bile
Los [lo:s] *nt* <-es, -e> **1.** (*für Entscheidung*) kur'a; **etw durch das ~ entscheiden** bir şeye kur'a yoluyla karar vermek; **das ~ ist auf mich gefallen** kur'ada ben kazandım **2.** (*Lotterie~*) bilet; **das große ~ ziehen** (*a. fig*) piyango vurmak **3.** (*geh: Schicksal*) kader, kısmet
lösbar *adj* **1.** (*Aufgabe*) çözümü olan, çözülebilir, halledilebilir **2.** (*löslich*) çözünür, erir
los|binden *irr vt* çözmek; **los|brechen** *irr* **I.** *vt* koparmak **II.** *vi sein* (*Gelächter*) kopmak; (*Gewitter, Sturm*) çıkmak, kopmak
Löschblatt *nt* kurutma kâğıdı
löschen ['lœʃən] **I.** *vi* (*Brand*) yangın söndürmek **II.** *vt* **1.** (*Licht, Feuer*) söndürmek; (*Durst*) gidermek **2.** (*Tonband, a.* INFORM) silmek **3.** (*Konto*) kapamak; (*Schuld*) itfa etmek, ödemek; (*Eintragung*) silmek, terkin etmek **4.** (NAUT) boşaltmak
Löschfahrzeug *nt* itfaiye aracı

Löschmannschaft *f* itfaiye ekibi, yangın söndürme ekibi; **Löschpapier** *nt* kurutma kâğıdı; **Löschtaste** *f* (INFORM) silme tuşu

Löschung *f* <-en> **1.** (*der Schuld*) itfa, öde(n)me; (*des Eintrags*) sil(in)me, terkin **2.** (NAUT: *Entladung*) boşaltma

lose ['lo:zə] *adj* **1.** (*Seil, Knoten*) gevşek, çözük **2.** (*unverpackt*) açık; (*stückweise*) parçalar hâlindeki; ~ **Blätter** tek tek yapraklar; **ein ~s Mundwerk haben** (*fam*) ağzı bozuk olmak

Lösegeld *nt* <-(e)s, -er> fidye

Lösemittel *nt* çözücü

losen ['lo:zən] *vi* kur'a çekmek; **um die Eintrittskarten** ~ giriş biletleri için yazı tura atmak

lösen ['lø:zən] **I.** *vt* **1.** (*abtrennen*) ayırmak (*von/aus* -den/-den), sökmek (*von/aus* -den/-den) **2.** (*losmachen*) çözmek; (*lockern*) gevşetmek; (*Schraube*) gevşetmek; (*Knoten*) çözmek; (*Verspannung*) yumuşatmak; **die Handbremse** ~ el frenini çözmek **3.** (*Aufgabe, Rätsel*) çözmek; (*Geheimnis*) çözmek; (*Problem*) çözmek, halletmek **4.** (*Verbindung*) kesmek; (*Ehe*) boşanmak; (*Vertrag*) bozmak, feshetmek **5.** (*Eintritts-, Fahrkarte*) almak **6.** (*zergehen lassen*) eritmek (*in* -de) **II.** *vr:* **sich** ~ **1.** (*abgehen*) çıkmak (*von* -den) **2.** (*Schraube*) gevşemek; (*Husten, Krampf*) geçmek **3.** (*sich klären*) hallolmak, çözümlenmek **4.** (*sich frei machen*) bağlarını koparmak (*aus/von* -den/-den); (*sich trennen*) ayrılmak (*von* -den); **sie löste sich aus seiner Umarmung** kollarının arasından kendini kurtardı **5.** (*Schuss*) elinde patlamak **6.** (*zergehen*) çözülmek (*in* -de)

los|fahren ['lo:s-] *irr vi sein* yola çıkmak; (*Fahrzeug*) harekete geçmek; **auf jdn** ~ birinin üstüne yürümek; **los|gehen** *irr vi sein* **1.** (*weggehen*) gitmek; **lass uns endlich ~!** gidelim artık! **2.** (*fam: anfangen*) başlamak; **gleich geht's los** hemen başlıyor, şimdi başlayacak; **geh los mit deiner ewigen Fragerei!** (*fam*) ahret suallerinle canımı sıkma! **3.** (*Schuss*) atılmak; (*Gewehr*) patlamak, ateş almak; **das Gewehr ging plötzlich los** tüfek birdenbire ateş aldı **4.** (*angreifen*) saldırmak (*auf* -e) **5.** (*abgehen*) kopmak; **der Knopf ist abgegangen** düğme koptu

los|kaufen *vt* fidye ödeyerek kurtarmak

los|kommen *irr vi sein* (*fam*) **1.** (*wegkommen*) kaçmak; **ich hatte so viel zu tun, dass ich nicht eher loskam** o kadar işim vardı ki, daha önce kaçamadım **2.** (*sich befreien*) kurtulmak (*von* -den); (*von Alkohol, Drogen*) kurtulmak (*von* -den)

los|lachen *vi* kahkahayı basmak

los|lassen *irr vt* **1.** (*nicht mehr festhalten*) bırakmak, salıvermek; **die Frage/das Problem lässt mich nicht mehr los** o soru/sorun beni artık rahat bırakmıyor, o soru/sorun beni sürekli düşündürüyor **2.** (*Hund*) salmak (*auf* üstüne) **3.** (*fam*): **einen Fluch** ~ küfür savurmak

los|legen *vi* (*fam*) başlamak; **ihr könnt sofort ~!** hemen başlayabilirsiniz!; **na, leg schon mal los** e, bir anlat bakalım

löslich ['lø:slɪç] *adj* çözünür (*in* -de), erir (*in* -de)

los|lösen *vt, vr:* **sich** ~ kopmak (*von* -den); **los|machen** **I.** *vt* (*fam*) çözmek, ayırmak; (*befreien*) kurtarmak **II.** *vr:* **sich** ~ (*fam*) bağlarını koparmak (*aus/von* -den/-den); (*sich trennen*) ayrılmak (*von* -den); (*von Verpflichtungen*) kendini kurtarmak (*von* -den); **los|reißen** *irr* **I.** *vt* koparmak **II.** *vr:* **sich** ~ ayrılmak; **er konnte sich nicht von dem Anblick** ~ o manzaradan gözlerini alamadı

los|rennen *irr vi sein* koşmaya başlamak (*auf* -e)

Löss[RR] [lœs] *m* <-es, -e> (GEO), **Löß** [lø:s] *m* <-es, -e> (GEO) lös

los|sagen *vr:* **sich** ~ vazgeçmek (*von* -den)

los|schicken *vt* yollamak

Losstrauch *m* (BOT) kısmet ağacı

Losung ['lo:zʊŋ] *f* <-en> **1.** (*Motto*) parola **2.** (MIL) parola **3.** (*vom Wild*) dışkı, pislik

Lösung ['lø:zʊŋ] *f* <-en> **1.** çözme, çözümlenme, çözülme, hallol(un)ma; (*Ergebnis*) çözüm (*von* -den); **eine ~ des Problems versuchen** problemi çözmeye çalışmak; **die ~ des Problems ist schwierig** problemin çözülmesi zor; **eine ~ für das Problem finden** probleme bir çözüm bulmak **2.** (*Los~*) kopma (*von* -den) **3.** (CHEM, PHYS: *Flüssigkeit*) eriyik; (*Auf~*) çözelti (*in* -de); **eine basische** ~ alkalik eriyik

Lösungsmittel *nt* çözücü

los|werden *irr vt sein* **1.** (*Person, Erkältung*) kurtulmak (-den); (*Arbeit*) başından atmak; **jdn** ~ birini başından savmak; **einen Gedanken nicht ~, dass ...** ... olduğu aklından çıkmamak **2.** (*fam: verlieren*) kaybetmek, yitirmek **3.** (*fam: verkaufen*) satmak, elinden çıkarmak

Lot [lo:t] *nt* <-(e)s, -e> **1.** (ARCH) çekül, şakul; **etw wieder ins (rechte) ~ bringen** bir şeyi yeniden peresesine getirmek; **(nicht) im ~ sein** (*Person*) sağlığı yerinde ol(ma)mak; (*Sache*) sağlam ol(ma)mak **2.** (NAUT) iskandil **3.** (PHYS) çekül **4.** (MATH) dikme; **auf eine Gerade das ~ fällen** (MATH) bir doğruya dikme indirmek

loten ['lo:tən] *vt* **1.** (ARCH) şakullemek, çekülle düşey doğrultusuna bakmak (-in) **2.** (NAUT) iskandil etmek

löten ['lø:tən] *vt* (TECH) lehimlemek

Lotion [lo'tsjo:n] *f* <-en> losyon

Lötkolben *m* (TECH) havya; **Lötmetall** *nt* (TECH) lehim

Lotos *m*, **Lotosblume** *f* (BOT: *Hornklee, Lotus*) lotus; (*Seerose*) nilüfer; **indische** ~ Hint fulü

Lotse, -in ['lo:tsə] *m, f* <-n, -n; -nen> (*a.* NAUT) kılavuz

lotsen *vt* kılavuzluk etmek (-e)

Lötstelle *f* (TECH) lehim yeri

Lotterie [lɔtə'ri:] *f* <-n> piyango, lotarya; **Lotterielos** *nt* <-es, -e> piyango bileti

Lotterleben ['lɔtɐ-] *nt ohne Pl* <-s> (*pej*): **ein** ~ **führen** sefihane yaşamak

Lotto ['lɔto] *nt* <-s, -s> lotto; (*Zahlen~*) sayısal lotto; **im** ~ **spielen** (sayısal) lotto oynamak; **ich habe im** ~ **gewonnen!** lottoda kazandım

Lötung *f* <-en> lehim; **zwei durch** ~ **miteinander verbundene Drähte** lehimle birbirine tutturulmuş iki tel

Lotus ['lo:tʊs] *m* <-, -> (BOT) lotus

Love Parade *f* Aşk Geçidi

Löwe *m* <-n, -n> **1.** (ZOOL) aslan; **sich in die Höhle des ~n begeben** (*fam*) doğrudan doğruya müdüre çıkmak **2.** (ASTR) Aslan (burcu); **das Sternbild/der Wendekreis des ~n** Aslan burcu/dönencesi; **Löwenanteil** *m* <-(e)s, -e> aslan payı; **Löwenmähne** *f* aslan yelesi; **Löwenmaul** *nt* (BOT) aslanağzı; **Löwenmut** *m* aslanlık; **Löwenzahn** *m ohne Pl* <-(e)s> (BOT) karahindiba

loyal [lɔɪ'a:l] *adj* sadık, sadakatli; **sich** ~ **verhalten** sadık kalmak

Loyalität [lɔɪali'tɛ:t] *f ohne Pl* sadakat (*gegenüber* -e)

LP [ɛl'pi:] *f* <-(s)> *Abk. von* **Langspielplatte** uzunçalar, longpley

lt. *Abk. von* **laut** gereğince, göre

Luchs [lʊks] *m* <-es, -e> (ZOOL) vaşak

Lücke ['lʏkə] *f* <-n> gedik, eksiklik; (*Zwischenraum*) aralık; (*Leere*) boşluk; **eine** ~ **füllen** boşluğu doldurmak; (*fig*) gedik kapamak

Lückenbüßer(in) *m(f)* korkuluk

lückenhaft *adj* **1.** (*mit Lücken*) aralıklı **2.** (*unvollständig*) eksik, noksan

lückenlos *adj* eksiksiz

lud [lu:t] *3. imp von* **laden**

Luder ['lu:dɐ] *nt* <-s, -> (*fam*) çirkef

Luft[1] [lʊft] *f ohne Pl* **1.** (*Gasgemisch, Atem~*) hava; ~ **aufpumpen** hava basmak [*o* vermek]; **an die (frische)** ~ **gehen** açık havaya çıkmak; **die** ~ **aus etw** *dat* **herauslassen** bir şeyin havasını boşaltmak, bir şeyi söndürmek; **die** ~ **ist rein** (*fam*) ortada kimsecikler yok, tehlike yok; **es herrscht dicke** ~ (*fam*) hava fena esmek; **aus etw** *dat* **ist die** ~ **raus** (*fam*) bir şey güncelliğini yitirmek; **sich in** ~ **auflösen** (*fam*) yok [*o* toz] olmak; **jdn wie** ~ **behandeln** (*fam*) birini hiçe saymak; **jdn an die (frische)** ~ **setzen** (*fam*) birini kapı dışarı etmek **2.** (*Atem*) nefes, soluk; **nach** ~ **schnappen** (*fam*) soluk alamaz olmak; **die** ~ **anhalten** nefesini tutmak; **(tief)** ~ **holen** (derin) soluk [*o* nefes] almak; **keine** ~ **bekommen** soluk alamamak; **mir blieb vor Schreck die** ~ **weg** (*fam*) korkudan soluğum kesildi; **jdm die** ~ **zum Atmen nehmen** birine nefes aldırmamak; **von** ~ **und Liebe leben** (*fam*) havadan yaşamak **3.** (*fam*): **seinem Ärger** ~ **machen** öfkesini gidermek

Luft[2] [lʊft, *Pl:* 'lʏftə] *f* <Lüfte> (*Raum über dem Erdboden*) hava; **etw in die** ~ **sprengen** bir şeyi havaya uçurmak; **vor Freude in die** ~ **springen** sevinçten havalara uçmak; **das ist völlig aus der** ~ **gegriffen** bu tamamen uydurma; **in der** ~ **hängen** (*fam*) havada kalmak; **schnell in die** ~ **gehen** (*fam fig*) çok çabuk tepesi atmak; **ich könnte ihn in der** ~ **zerreißen** (*fam fig*) onu bir kaşık suda boğabilirim

Luftabwehr *f* (MIL) uçaksavar; **Luftangriff** *m* (MIL) hava saldırısı; **Luftballon** *m* balon; **Luftbefeuchter** *m* hava nemlendirici; **Luftbild** *nt* havadan çekilmiş fotoğraf; **Luftblase** *f* hava kabarcığı; **Luftbrücke** *f* <-n> hava köprüsü; **luftdicht** *adj* hava geçirmez; **Luftdruck** *m ohne Pl* <-(e)s> (PHYS) hava basıncı; (METEO) atmosfer basıncı

lüften ['lʏftən] *vt* **1.** (*Kleider, Zimmer*) havalandırmak **2.** (*Deckel*) kaldırmak **3.** (*Geheimnis*) ortaya çıkarmak, gün ışığına çıkarmak

Luftfahrt *f ohne Pl* havacılık; **Luftfeuchtigkeit** *f* (METEO) atmosferdeki nem; **Luftfilter** *m o nt* (TECH, AUTO) hava süzgeci; **Luftfracht** *f* kargo; **Luftgewehr** *nt* ağız tüfeği, pompalı tüfek

luftig *adj* **1.** (*Kleidung*) bol **2.** (*Zimmer*) havadar, ferah

Luftikus ['lʊftikʊs] *m* <-(ses), -se> (*fam pej*) havaî, uçarı, hoppa

Luftkissenboot *nt* hoverkraft

Luftkühlung *f ohne Pl* (TECH) hava ile soğutma; **Luftkurort** *m* ılıca, kaplıca; **Luftlandetruppen** *Pl* (MIL) hava indirme birlikleri; **Luftlandung** *f* (MIL) hava indirme; **luftleer** *adj* boş; **~er Raum** boşluk, vakum; **Luftlinie** *f ohne Pl* kuş uçuşu; **Luftloch** *nt* **1.** (TECH) hava deliği **2.** (*fam: beim Fliegen*) hava boşluğu; **Luftmatratze** *f* şişirme yatak; **Luftpirat(in)** *m(f)* hava korsanı; **Luftpost** *f* uçak postası; **mit** [*o* **per**] ~ hava yolu ile, uçakla; **Luftpumpe** *f* hava pompası; **Luftraum** *m* <-(e)s, -räume> hava sahası; **Luftrecht** *nt ohne Pl* (JUR) hava hukuku; **Luftröhre** *f* (ANAT) soluk borusu; **Luftschicht** *f* (METEO) hava katmanı; **Luftschiff** *nt* hava gemisi; **Luftschlange** *f* serpantin; **Luftschloss**[RR] *nt* (*fig*): **Luftschlösser bauen** yedi kubbeli hamam kurmak, çoban kulübesinde padişah rüyası görmek; **Luftschutzbunker** *m* sığınak; **Luftsprung** *m* sıçrama; **vor Freude einen ~ machen** sevincinden havaya fırlamak; **Luftstrom** *m* hava akımı; **Luftstützpunkt** *m* (MIL) hava üssü; **Lufttemperatur** *f* (METEO) hava sıcaklığı

Lüftung ['lʏftʊŋ] *f* <-en> havalandırma; **Lüftungsklappe** *f* hava kapağı; **Lüftungsschacht** *m* baca

Luftveränderung *f* hava değişimi; **Luftverkehr** *m ohne Pl* hava (yolu) ulaşımı; **Luftverschmutzung** *f ohne Pl* hava kirlenmesi; **Luftwaffe** *f* (MIL) hava kuvvetleri *pl*

Luftwechsel *m* hava değişimi

Luftweg[1] *m* <-(e)s, -e> (*Atemwege*) solunum yolları *pl*

Luftweg[2] *m ohne Pl* <-(e)s> (*im Gegensatz zum Landweg*) hava yolu; **auf dem ~** hava yolu ile

Luftwiderstand *m* hava direnci; **Luftzufuhr** *f* hava girişi; **Luftzug** *m* <-(e)s, -züge> kurander, cereyan; (*Luftstrom*) hava akımı

Lüge ['ly:gə] *f* <-n> yalan, kıtır; **eine faustdicke ~** kuyruklu [*o* katmerli] bir yalan; **jdm eine ~ aufbinden** birine yalan yutturmak; **jdm ~n auftischen** (*fam*) birine palavra atmak; **jdn ~n strafen** birinin yalanını ortaya çıkarmak, birinin yalanını yüzüne vurmak; **etw ~n strafen** bir şeyin yalan olduğunu ortaya çıkarmak; **~n haben kurze Beine** (*prov*) yalancının mumu yatsıya kadar yanar

lügen ['ly:gən] <lügt, log, gelogen> *vi* yalan söylemek, yalan atmak; **er lügt wie gedruckt** (*fam*) bal gibi yalan söylüyor

Lügendetektor *m* <-s, -en> yalan makinesi; **Lügengeschichte** *f* <-n> martaval

lügenhaft *adj* yalan, uydurma

Lügner(in) ['ly:gnɐ] *m(f)* <-s, -; -nen> yalancı

lügnerisch ['ly:gnərɪʃ] *adj* (*pej*) yalancı

Luke ['lu:kə] *f* <-n> **1.** (*Dach~*) (tepe) cam(ı) **2.** (*Schiffs~*) lombar

lukrativ [lukra'ti:f] *adj* kârlı

Lulatsch ['lu:la(:)tʃ] *m* <-(e)s, -e> (*fam*): **ein langer ~** sırık gibi adam

Lümmel ['lʏməl] *m* <-s, -> (*pej*) yaramaz; (*Kerl*) herifçioğlu

Lump [lʊmp] *m* <-en, -en> (*pej*) alçak (herif)

lumpen *vi* (*fam*): **sich nicht ~ lassen** pintilik etmemek

Lumpen ['lʊmpən] *m* <-s, -> **1.** (*Stofffetzen*) paçavra **2.** (*reg: Putzlappen*) bez; **Lumpenhändler(in)** *m(f)*, **Lumpensammler(in)** *m(f)* paçavracı

lumpig *adj* **1.** (*pej: niederträchtig*) alçak **2.** (*zerlumpt*) yırtık pırtık, pejmürde **3.** (*fam pej: geringfügig*): **~e zehn Euro** on eurocuk

Lunch [lantʃ] *m* <-(e)s *o* -, -(e)s *o* -e> hafif öğle yemeği

Lunge ['lʊŋə] *f* <-n> (ANAT) akciğer; **sich** *dat* **die ~ aus dem Hals schreien** (*fam*) avaz avaz bağırmak; **Lungenbläschen** *nt* <-s, -> (MED) akciğer keseciği; **Lungenentzündung** *f* (MED) zatürree

Lungeninfarkt *m* (MED) akciğer enfarktüsü; **lungenkrank** *adj* akciğer hastası; **Lungenzug** *m* <-(e)s, -züge>: **einen ~ machen** ciğerlerine çekmek

lungern ['lʊŋɐn] *vi* (*fam*) avare dolaşmak, sürtmek

Lunte ['lʊntə] *f* <-n> **1.** (HIST: *Zündschnur*) funya **2.** (*Schwanz des Fuches*) tilki kuyruğu; **~ riechen** (*fam: Verdacht schöpfen*) kokusunu almak; (*Gefahr wittern*) tehlike sezmek; **die ~ ans Pulverfass legen** fitil vermek

Lupe ['lu:pə] *f* <-n> büyüteç; **jdn/etw unter die ~ nehmen** (*fam*) bir kimseyi/şeyi gözden geçirmek

Lupine *f* acı bakla

Lurch [lʊrç] *m* <-(e)s, -e> (ZOOL) amfibyum, iki yaşayışlı hayvan

Lust[1] [lʊst, *Pl:* 'lʏstə] *f* <Lüste> (*geh: sexuelles Verlangen*) şehvet, cinsel istek; (*Wollust*) şehvet, kösnü; **~ auf jdn/etw** bir kimseye/şeye istek [*o* şehvet] duymak

Lust[2] *f ohne Pl* **1.** (*Verlangen*) heves, istek, şevk; **zu etw** *dat* [*o* **auf etw**] **~ haben** bir şeye hevesi olmak, bir şeyi canı istemek; **die ~ an etw** *dat* **verlieren** bir şeye hevesi kaçmak, bir şeyden soğumak; **hast du ~?** hevesin var mı?, canın istiyor mu?; **ich habe keine ~** hevesim yok; **mach, wie du ~ hast** nasıl hevesin varsa öyle yap, canın nasıl isterse öyle yap **2.** (*Vergnügen, Genuss*) keyif, zevk, haz; **nach ~ und Laune** keyfine göre; **es ist eine (wahre) ~ ihm zuzusehen** onu seyretmek insana (gerçekten) haz [*o* zevk] veriyor; **etw aus ~ und Liebe tun** bir şeyi zevkle ve istekle yapmak

Luster *m* <-s, -> (*österr: Kronleuchter*) avize

Lüster *m* <-s, -> **1.** (*Stoff, Glanzüberzug*) parlak kumaş **2.** (*Kronleuchter*) avize

lüstern ['lʏstɐn] *adj* (*geh*) şehvetli, kösnüllü

Lustgefühl *nt* <-(e)s, -e> heves; (*Wollust*) şehvet duygusu

lustig ['lʊstɪç] *adj* **1.** (*vergnügt*) neşeli **2.** (*belustigend*) eğlenceli; (*komisch*) komik, güldürücü; **sich über jdn/etw ~ machen** bir kimseyi/şeyi alaya almak; **du bist vielleicht ~!** (*iron*) çok komiksin!; **das wird ja immer ~er!** (*iron*) bu işin sonu iyi değil!

Lüstling ['lʏstlɪŋ] *m* <-s, -e> (*pej*) zampara

lustlos *adj* (*Person*) şevksiz

Lustmolch *m* (*fam*) seks manyağı; **Lustmord** *m* seks cinayeti, şehveti tatmin için adam öldürme; **Lustschloss**RR *nt* yazlık köşk; **Lustspiel** *nt* (THEAT) güldürü, komedi; **lustvoll** *adj* (*geh*) keyifli

lutschen ['lʊtʃən] *vi, vt* emmek; **am Daumen ~** başparmağını emmek

Lutscher *m* <-s, -> **1.** (*Süßigkeit*) bonbon; (*kugelförmig*) lolipop **2.** (*fam: Schnuller*) emzik

Luv *f* <-> (NAUT) orsa, rüzgâr üstü; **der Bug des Schiffes dreht nach ~** geminin başı orsaya kaçıyor

luven *vi* (NAUT) orsalamak

Luxemburg ['lʊksəmbʊrk] *nt* <-s> Lüksemburg

Luxemburger(in) ['lʊksəmbʊrgɐ] *m(f)* <-s, -; -nen> Lüksemburglu

luxemburgisch *adj* Lüksemburg (ile ilgili), Lüksemburglu; **~e Frauen/Männer** Lüksemburglu kadınlar/erkekler; **die ~e Regierung** Lüksemburg hükümeti

luxuriös [lʊksuri'øːs] *adj* lüks

Luxus ['lʊksʊs] *m ohne Pl* <-> lüks; **im ~ leben** lüks içinde yaşamak; **Luxusartikel** *m* lüks eşya *pl;* **Luxusausführung** *f* lüks model; **Luxusausgabe** *f* lüks baskı; **Luxushotel** *nt* lüks otel; **Luxusklasse** *f* lüks mevki

Luzern [lu'tsɛrn] *nt* <-s> Lüsern

Luzifer ['luːtsifɐ] *m* <-s> şeytan, iblis

LW [ɛl'veː] (PHYS, RADIO) *Abk. von* **Langwelle** uzun dalga

lymphatisch *adj* (MED) lenfatik

Lymphe ['lʏmfə] *f* <-n> (MED) lenf, ak kan

Lymphknoten *m* (ANAT) lenf boğumu, lenf düğümlenmesi; **Lymphknotenentzündung** *f* (MED) ak kan yangısı

Lymphozyt *m* <-en, -en> (MED) lenfosit

lynchen ['lʏnçən] *vt* linç etmek

Lynchjustiz *f* linç (usulü)

Lyra *f* (MUS) lir

Lyrik ['lyːrɪk] *f ohne Pl* lirik

Lyriker(in) ['lyːrikɐ] *m(f)* <-s, -; -nen> lirik şair

lyrisch *adj* lirik

L

M

M, m [ɛm] *nt* <-, -> M, m; ~ **wie Martha** Manisa'nın me'si

m *Abk. von* **Meter** m, *metre*

MA *Abk. von* **Mittelalter** Orta Çağ

Mäander *m* <-s> (GEO) Menderes

Machart *f* <-en> yapılış

machbar *adj* yapılabilir

Machbarkeit *f* yapılabilirlik, uygulanabilirlik, fizibilite

Mache ['maxə] *f ohne Pl* **1.** (*fam pej: Vortäuschung*) gösteriş; **das ist nichts als ~** bu gösterişten başka bir şey değil **2.** (*fam: Wend*): **etw in der ~ haben** bir şeyle uğraşıyor olmak

machen ['maxən] **I.** *vt* **1.** (*tun*) yapmak, etmek; **eine Bemerkung ~** bir söz etmek; **einen Spaziergang ~** gezinti yapmak, yürüyüşe çıkmak; **er macht mir den Garten** benim için bahçeyi yapıyor; (*Kräuter*) ufalamak; **kannst du mir den Schein klein ~?** (*fam*) benim için banknotu bozabilir misin?; **ich will es kurz ~** kısa keseceğim; **wird gemacht!** yapılacak!; **gut gemacht!** iyi yaptın!; **ein Spiel ~** maç yapmak; **das lässt sich ~** bu yapılabilir; **was soll man ~?** ne yapalım?; **da ist nichts zu ~** yapılacak bir şey yok; **was ~ Sie beruflich?** meslek olarak ne yapıyorsunuz?; **was macht dein Bruder?** ağabeyin [*o* erkek kardeşin] ne yapıyor?; **lass mich nur ~!** bırak da ben yapayım!; **mach's gut!** (*fam: Abschiedsgruß*) eyvallah!; **warum lässt du das mit dir ~?** niçin bunu kendine yaptırtıyorsun?; **er wird es nicht mehr lange ~** (*fam: sterben*) günleri sayılı; **nun mach schon!** (*fam: beeilen*) haydisene!; **mach, dass du wegkommst!** (*fam*) çek arabanı!; **ins Bett/in die Hose ~** (*fam*) yatağa/donuna yapmak; **etw voll ~** (*fam: füllen*) bir şeyi doldurmak; (*vervollständigen*) bir şeyi tamamlamak; (*fam: beschmutzen*) bir şeyin içine yapmak; **sich** *dat* **vor Angst die Hosen voll ~** (*fam*) korkuden donuna yapmak **2.** (*herstellen*) yapmak; (*anfertigen*) yapmak; (*Speisen*) hazırlamak; (*Licht*) yakmak; **ein Foto ~** fotoğraf çekmek; **sie ließ sich beim Friseur/von einer Freundin die Haare ~** kuaföre/kız arkadaşına saçlarını yaptırdı; **dafür ist er wie gemacht** onun için biçilmiş kaftan **3.** (*Lärm*) yapmak; **Eindruck ~** izlenim bırakmak; **einen Fleck auf etw ~** bir şeyin üzerini leke etmek; **macht nichts!** (*fam*) ziyanı yok!, fark etmez!; **was macht das schon?** bu ne fark eder ki? **4.** (*in einen Zustand versetzen*): **das macht mich nervös/verrückt** bu beni sinir/deli ediyor; **das Kleid macht (sie) alt** bu giysi onu ihtiyarlaştırıyor [*o* yaşlı gösteriyor]; **jdm etw leicht ~** birine bir şeyde kolaylık göstermek; **jdm das Leben zur Hölle ~** birinin hayatını zehir etmek; **jdn schlecht ~** birini kötülemek; **Joggen macht fit** jogging insanı zindeleştirir **5.** (*fam: kosten*) tutmak; **was macht das?** bu, ne tutuyor? **6.** (*fam: ergeben*) etmek; **das macht zusammen 14** bunlar, birlikte 14 eder **II.** *vr:* **sich ~ 1.** (*sich in einen Zustand versetzen*): **sich hübsch ~** süslenmek; **sich lächerlich ~** maskara olmak, kendini gülünç duruma düşürmek; **sich lustig ~** eğlenmek (*über* ile), alaya almak (*über* -); **sich beliebt ~** kendini sevdirmek (*bei* -e); **sich verständlich ~** derdini anlatmak; **~ Sie sich's bequem!** rahatınıza bakın! **2.** (*fam: gedeihen*) büyümek **3.** (*passen*): **sich gut ~** iyi durmak **4.** (*beginnen*): **sich an die Arbeit ~** iş başı yapmak; **sich auf den Weg ~** yola koyulmak **5.** (*sich bereiten*): **~ Sie sich nur keine Umstände wegen mir!** benim yüzümden zahmet etmeyiniz!; **sich** *dat* **falsche Hoffnungen ~** boşuna umutlanmak **6.** (*Wend*): **sich** *dat* **nichts aus etw ~** (*fam*) bir şeyi hiç umursamamak; **sie macht sich nichts aus Eis** (*fam*) dondurmadan hoşlanmaz

Machenschaften *fPl* (*pej*) entrikalar *pl,* oyunlar *pl*

Macher(in) *m(f)* yapıcı

Macho ['matʃo] *m* <-s, -s> (*fam*) maço

Macht[1] [maxt, *Pl:* 'mɛçtə] *f* <Mächte> (*Staat*) devlet, güç; **geheime Mächte** gizli güçler

Macht[2] *f ohne Pl* iktidar, kudret; (*Kraft*) güç; **aus eigener/mit aller ~** kendi/bütün gücüyle; **wir tun alles, was in unserer ~ steht** elimizden geleni yapıyoruz; **es liegt in deiner ~, die Zustände zu ändern** durumu değiştirmek senin elindedir; **~ über jdn haben** birine sözü geçmek; **an die ~ kommen/gelangen** iktidara gelmek; **die ~ ergreifen/an sich reißen** iktidarı ele almak/geçirmek

Machtergreifung *f* <-en> (POL) iktidarı ele

geçirme; **Machtfrage** *f* (POL) iktidar meselesi; **Machthaber(in)** *m(f)* <-s, -; -nen> (POL) iktidar sahibi, güç sahibi

mächtig ['mɛçtɪç] **I.** *adj* **1.** (*machtvoll*) güçlü; **einer Sprache ~ sein** (*geh*) bir dili bilmek **2.** (*sehr groß*) muazzam **II.** *adv* (*sehr*): **sich ~ anstrengen** çok gayret etmek; **~ viel** pek çok

Machtkampf *m* (POL) post kavgası

machtlos *adj* güçsüz, iktidarsız; **~ gegen etw sein** bir şeye gücü yetmemek

Machtlosigkeit *f ohne Pl* güçsüzlük, iktidarsızlık

Machtmissbrauch[RR] *m ohne Pl* <-(e)s> nüfuzu kötüye kullanma; **Machtpolitik** *f* güç politikası; **Machtprobe** *f* güç denemesi; **Machtstellung** *f* (*eines Staates*) iktidar; (*einer Person*) mevki; **Machtübernahme** *f* (POL) iktidara gelme; **machtvoll** *adj* güçlü; **Machtwechsel** *m* (POL) iktidarın değişmesi; **Machtwort** *nt* <-(e)s, -e> kesin söz; **ein ~ sprechen** kesin söz söylemek, sözünü geçirmek

Machwerk *nt* (*pej*) üstünkörü yapılmış iş, derme çatma eser

Macke ['makə] *f* <-n> **1.** (*Fehler*) pürüz; (*Defekt*) bozukluk **2.** (*fam*) acayiplik, tuhaflık; (*Tick*) tik; **du hast doch eine ~!** sen manyaksın!

Macker ['makɐ] *m* <-s, -> (*sl*) **1.** (*Typ*) tip **2.** (*Freund*) manita

Madagaskar [mada'gaska:ɐ] *nt* <-s> Madagaskar

Madagasse, -in [mada'gasə] *m, f* <-n, -n; -nen> Madagaskarlı

madagassisch *adj* Madagaskarlı, Madagaskar (ile ilgili)

Mädchen ['mɛ:tçən] *nt* <-s, -> **1.** (*Kind*) kız, kız çocuğu; (*Jugendliche*) genç kız **2.** (*Hausangestellte*) kız, hizmetçi kız

mädchenhaft **I.** *adj* kız gibi **II.** *adv* kız gibi

Mädchenname *m* **1.** (*Vorname*) kız adı **2.** (*vor der Heirat*) evlenmeden önceki soyadı

Made ['ma:də] *f* <-n> kurt; **wie die ~ im Speck leben** (*fam*) bolluk içinde yaşamak

madig *adj* kurtlu; **jdm etw ~ machen** (*fam*) birini bir şeyden tiksindirmek

Madonna [ma'dɔna] *f ohne Pl* Meryem Ana

Madrid [ma'drɪt] *nt* <-s> Madrid

Madrider(in) [ma'drɪtɐ] *m(f)* <-s, -; -nen> Madridli

Mafia ['mafja] *f* <-s> mafya

mag [ma:k] *3. präs von* **mögen**

Magazin [maga'tsi:n] *nt* <-s, -e> **1.** (*Lager*) magazin, depo **2.** (*an Waffen*) şarjör **3.** (*Zeitschrift*) magazin **4.** (*Radio-, Fernsehsendung*) program

Magd [ma:kt, *Pl:* 'mɛ:kdə] *f* <Mägde> kız

Magen ['ma:gən, *Pl:* 'mɛ:gən] *m* <-s, Mägen> mide; **auf nüchternen ~** aç karnına; **ich habe mir den ~ verdorben** midemi bozdum; **mir knurrt der ~** midem gurulduyor; **sich** *dat* **den ~ verderben** midesini bozmak, mide fesadına uğramak; **es liegt mir wie Blei im ~** mideme oturdu; (*fig*) kurşun gibi içime çöktü; **Magenausgang** *m* mide kapısı; **Magenbitter** *m* <-s, -> bitter; **Magengeschwür** *nt* (MED) mide ülseri; **Magengrube** *f* mide boşluğu; **Magenkatarrh** *m* mide iltihabı; (*Gastritis*) gastrit; **Magenknurren** *nt ohne Pl* <-s> mide gurultusu; **Magenkolik** *f* <-en> mide koliği; **Magenkrampf** *m* mide krampı; **Magenleiden** *nt* <-s, -> mide rahatsızlığı, mideden rahatsız olma; **Magenmittel** *nt* mide ilâcı; **Magensaft** *m* mide öz suyu; **Magensäure** *f* <-n> (MED) mide asidi; **Magenschleimhautentzündung** *f* mide iltihabı; (*Gastritis*) gastrit; **Magenschmerzen** *mPl* mide ağrısı; **Magenverstimmung** *f* mide fesadı

mager ['ma:gɐ] *adj* **1.** (*Fleisch*) yağsız; (*Boden*) verimsiz **2.** (*Mensch, Tier*) cılız **3.** (*dürftig*) kıt; (*arm*) yoksul, fakir

Magermilch *f* yağsız süt; **Magersucht** *f ohne Pl* (MED) zafiyet

Maghreb *m ohne Pl* Mağrip

maghrebinisch *adj* Mağribî

Magie [ma'gi:] *f ohne Pl* sihir, büyü

Magier(in) ['ma:giɐ] *m(f)* <-s, -; -nen> sihirbaz, büyücü

magisch ['ma:gɪʃ] *adj* sihirli, büyülü; **~ von etw** *dat* **angezogen werden** bir şeyin büyüsüne kapılmak [*o* tutulmak]

Magister [ma'gɪstɐ] *m* <-s, -> **1.** (*Universitätsgrad*) master, *üniversite diplomasıyla doktora arasındaki akademik derece;* **~ Artium** edebiyat dalında master **2.** (*österr: Apotheker*) eczacı

Magistrat[1] [magɪs'tra:t] *m* <-(e)s, -e> **1.** (HIST: *im alten Rom*) magistra **2.** (*Stadtverwaltung*) belediye idare kurulu

Magistrat[2] *m* <-en, -en> (*Schweiz*) *hükümet memuru*

Magma ['magma] *nt* <-s, Magmen> (GEO) magma

magmatisch *adj* (GEO) magmatik, magmasal

Magnesia *f ohne Pl* (CHEM, MED) manyezi

Magnesit *m* <-s, -e> manyezit

Magnesium [ma'gne:ziʊm] *nt ohne Pl* <-s> (CHEM) magnezyum

Magnesiumchlorid *nt ohne Pl* <-s> (CHEM) magnezyum klorür; **Magnesiumoxyd** *nt ohne Pl* (CHEM) magnezyum oksit

M

Magnesiumsulfat *nt ohne Pl* <-s> (CHEM) magnezyum sülfat

Magnet [ma'gne:t] *m* <-en *o* -(e)s, -e *o* -en> mıknatıs; **Magnetband** *nt* <-(e)s, -bänder> (*a.* INFORM) manyetik bant [*o* şerit]; **Magnetfeld** *nt* (PHYS) manyetik alan

magnetisch *adj* manyetik; (~ *gemacht*) manyetize olmuş; **eine ~e Anziehungskraft auf jdn ausüben** biri üzerinde manyetik bir çekimi olmak

magnetisieren* [magneti'zi:rən] *vt* (*Gegenstände*) manyetize etmek, mıknatıslamak; (*Menschen*) manyetize etmek

Magnetnadel *f* mıknatıslı iğne

Magnetometer *nt* (PHYS) manyetometre

Magnetplatte *f* (INFORM) manyetik; **Magnetstreifen** *m* manyetik şerit

Magnolie [ma'gno:ljə] *f* <-n> (BOT) manolya; **Magnoliengewächse** *ntPl* (BOT) manolyagiller

Mahagoni [maha'go:ni] *nt ohne Pl* <-s> maun; **Mahagonibaum** *m* <-s> maun (ağacı), akaju; **Mahagoniholz** *nt* maun (kerestesi)

Maharadscha *m* <-s, -s> mihrace

Mähdrescher ['mɛ:-] *m* <-s, -> (AGR) biçerdöver

mähen ['mɛ:ən] *vt* (*Getreide, Rasen*) biçmek; **mit der Sense ~** tırpanla biçmek

Mahl [ma:l] *nt* <-(e)s, Mähler *o* -e> (*geh*) yemek

mahlen ['ma:lən] <mahlt, mahlte, gemahlen> *vt* öğütmek; **wer zuerst kommt, mahlt ~** (*prov*) ilk gelen, buğdayı ilk öğütür

Mähler *Pl von* **Mahl**

Mahlzeit *f* <-en> yemek (vakti); **drei ~en am Tag** günde üç öğün yemek; **~!** afiyet olsun!

Mähne ['mɛ:nə] *f* <-n> **1.** (*bei Tieren*) yele; (*Pferde~*) yele, perçem **2.** (*fam fig: bei Menschen*) uzun ve dağınık saçlar *pl*

mahnen ['ma:nən] *vt* (*erinnern*) hatırlatmak; (*warnend*) uyarmak; (*Schuldner*) protesto çekmek (-e); **Mahnmal** *nt* anıt

Mahnung *f* <-en> **1.** (*Er~*) uyarı, ihtar; **allen ~en zum Trotz** bütün uyarılara karşın, bütün ihtarlara rağmen **2.** (*Mahnschreiben*) ihtarname, protesto

Mai [maɪ] *m* <-(e)s, -e> mayıs; *s. a.* **März**; **Maifisch** *m* (ZOOL) tirsi (balığı); **Maiglöckchen** ['maɪglœkçən] *nt* <-s, -> (BOT) inci çiçeği; **Maikäfer** *m* (ZOOL) mayıs böceği

Mailand ['maɪlant] *nt* <-s> Milano

Mailänder(in) *m(f)* Milanolu

Mailbox ['mɛɪlbɔks] *f* (INFORM) posta kutusu

mailen *vt* maillemek, e-posta ile göndermek; **jdm etw ~** birine bir şeyi maillemek

Mailserver *m* (INFORM) posta sunucusu

Main [maɪn] *m* <-s> Main İrmağı

Mainz [maɪnts] *nt* <-> Mainz

Mais [maɪs] *m* <-es, -e> mısır; **Maisbrot** *nt* mısır ekmeği; **Maiskolben** *m* mısır koçanı; **Maismehl** *nt* mısır unu; **Maisstroh** *nt* mısır püskülü

Majestät [majɛs'tɛ:t] *f* <-en> majeste; **Seine/Ihre ~** majesteleri

majestätisch *adj* haşmetli

Majonäse [majɔ'nɛ:zə] *f* <-n> mayonez

Major [ma'jo:ɐ] *m* <-s, -e> (MIL) binbaşı

Majoran ['ma:joran] *m* <-s, -e> mercanköşk

Majorität *f* <-en> çoğunluk; **Majoritätsbeschluss**[RR] *m* <-es, -schlüsse>, **Majoritätsbeschluß** *m* <-sses, -schlüsse> çoğunluk kararı

makaber [ma'ka:bɐ] *adj* meş'um, uğursuz; **makab(e)re Reden führen** meş'um şeyler söylemek

Makadam *m o nt* makadam

makadamisieren *vt* makadamlamak

Makedonien *nt* Makedonya

Makel ['ma:kəl] *m* <-s, -> (*geh*) kusur

Mäkelei [mɛ:kə'laɪ] *f ohne Pl* (*pej*) mızmızlanma, mızmızlık

makellos *adj* kusursuz, mükemmel

mäkeln ['mɛ:kəln] *vi* (*pej*) mızmızlanmak (*an* -e)

Make-up [mɛɪk'ʔap] *nt* <-s, -s> makyaj

Makkaroni [maka'ro:ni] *Pl* makarna

Makler(in) ['ma:klɐ] *m(f)* <-s, -; -nen> tellâl, simsar; (*Immobilien~*) komisyoncu; **Maklergebühr** *f* <-en> tellâl ücreti, simsariye, komisyon

Makrele [ma'kre:lə] *f* <-n> uskumru

Makro ['ma:kro] *nt* <-s, -s> (INFORM) makro

makrobiotisch *adj* makrobiyotik

Makrofotografie *f* (FOTO) makro çekim

Makromolekül *nt* <-s, -e> (CHEM) makromolekül

Makrovirus *m* (INFORM) makro vurüsü

Makrone [ma'kro:nə] *f* <-n> kurabiye; (*aus Mandeln*) badem kurabiyesi; (*aus Kokos*) Hindistan cevizli kurabiye

mal [ma:l] *adv* **1.** (MATH) kere, çarpı; **zwei ~ zwei ist vier** iki kere [*o* çarpı] iki dört eder **2.** (*fam: ein Mal*) bir; **noch ~** bir daha; **erst ~** ilk kez; **denk doch ~ scharf nach!** kafanı bir işletsene! **3.** (*fam: früher*): **warst du schon ~ hier?** buraya hiç geldin mi? **4.** (*fam: irgendwann*): **besuchen Sie mich doch ~!** beni bir ziyaret edin! **5.** (*fam: verstärkend*): **sag ~, stimmt das?** söylesene, doğru mu bu?; **er hat sie nicht ~ besucht** onu bir kere olsun ziyaret etmedi; **komm ~ her!** gelsene buraya!; **zeig ~!** göstersene!, göster bakayım!

Mal[1] [maːl] *nt* <-(e)s, -e> **1.** (*Zeitpunkt*) kez, kere, defa, sefer; **voriges/nächstes ~** geçen/gelecek sefer; **das erste/zweite ~** ilk/ikinci defa; **Millionen ~** milyonlarca defa; **ich sage das zum letzten ~** bunu son defa söylüyorum; **ein anderes ~** başka bir defasında; **sie kam das eine oder andere ~ dorthin** bir iki kere oraya geldi; **mit einem ~** (*plötzlich*) birdenbire; **ein für alle ~** son defa olarak **2.** (SPORT: *Markierung*) çizgi

Mal[2] [maːl, *Pl:* 'mɛːlɐ] *nt* <-(e)s, -e *o* Mäler> (*Wund~*) iz; (*Mutter~*) ben

Malaria [ma'laːria] *f ohne Pl* malarya, sıtma

Malaysia [ma'laɪzia] *nt* <-s> Malezya

Malaysier(in) [ma'laɪziɐ] *m(f)* <-s, -; -nen> Malezyalı

malaysisch *adj* Malezyalı, Malay

Malbuch *nt* <-(e)s, -bücher> resim kitabı

malen ['maːlən] *vt* **1.** (*allgemein*) resmini yapmak (-in); (*zeichnen*) çizmek; **ein Bild ~** resim yapmak **2.** (*reg: anstreichen*) boyamak; **weiß ~** beyaza boyamak

Maler(in) *m(f)* <-s, -; -nen> boyacı; (KUNST) ressam

Malerei *f* <-en> **1.** (*Kunstgattung*) resim **2.** (*Gemälde*) tablo

malerisch *adj* pitoresk, resim gibi

Malheur *nt* (*fam*) aksilik; (*Unglück*) kaza

Malkasten *m* boya kutusu

mal|nehmen *irr vt* çarpmak (*mit* ile)

malochen* [ma'loːxən] *vi* (*fam*) (eşek gibi) çalışmak

Malstift *m* boya kalemi

Malta ['malta] *nt* <-s> Malta

Malteser(in) [mal'teːzɐ] *m(f)* <-s, -; -nen> Maltalı, Maltız

Maltafieber *nt ohne Pl* (MED) Malta humması

maltesisch *adj* Maltız, Malta (ile ilgili)

Maltose *f ohne Pl* (CHEM) maltoz

malträtieren* [maltrɛ'tiːrən] *vt* hırpalamak

Malve ['malvə] *f* <-n> ebegümeci; **Malvengewächse** *ntPl* (BOT) ebegümecigiller *pl*

Malz [malts] *nt ohne Pl* <-es> malt; **Malzbier** *nt* malt birası; **Malzkaffee** *m* malt kahvesi

Mama ['mama] *f* <-s> (*fam*) anne

Mami ['mami] *f* <-s> anneciğim

Mammut ['mamʊt] *nt* <-s, -e *o* -s> mamut

mampfen ['mampfən] *vt, vi* (*fam*) tıkınmak

man[1] [man] *pron* (*allgemein*) insan; **~ versteht sein eigenes Wort nicht!** insan kendi söylediğini anlamıyor!; **~ kann nie wissen, wozu es gut ist** ne işe yaracağı bilinemez; **das tut ~ nicht** insan bunu yapmaz, bu yapılmaz; **~ hat mir gesagt, dass ...** bana denildi ki ...; **~ sagt, dass ...** diyorlar ki ...; **wohin ~ auch geht/sieht** insan nereye giderse gitsin/bakarsa baksın, nereye gidersen git/bakarsan bak

man[2] *adv* (*nordd: fam*): **lass ~ gut sein!** bırak, üstüne düşme!; **denn ~ los!** hadi artık!

Management[1] ['mɛnɪtʃmənt] *nt ohne Pl* <-s> (*das Leiten*) yönetim

Management[2] *nt* <-s, -s> (*Führungskräfte*) yöneticiler

managen ['mɛnɪtʃən] *vt* **1.** (*Künstler, Sportler*) menecerliğini [*o* menajerliğini] yapmak (-in) **2.** (*fam: bewältigen*) becermek, idare etmek; **das hat er gut gemanagt** bunu iyi becerdi [*o* idare etti]

Manager(in) ['mɛnɪtʃɐ, 'mɛnətʃɐ] *m(f)* <-s, -; -nen> menecer, menajer

manch *pron:* **~ einer** bazısı, kimisi; *s. a.* **manche(r, s)**

manche(r, s) ['mançə, -çɐ, -çəs] **I.** *pron* bazı; **so ~s Mal** kimi kez, kimi zaman, kimi vakit; (*schon öfter*) çoğu zaman; **in ~m hat er Recht** bazı şeylerde haklıdır **II.** *adj* bazı; **~ von uns** bazılarımız

mancherlei ['mançɐ'laɪ] *adj inv* birtakım

manchmal ['mançmaːl] *adv* **1.** (*gelegentlich*) bazen, kimi zaman **2.** (*Schweiz: oft*) çoğu zaman

Mandant(in) [man'dant] *m(f)* <-en, -en; -nen> (JUR) müvekkil

Mandarin *m* <-s, -e> (HIST) mandarin

Mandarine [manda'riːnə] *f* <-n> mandalina

Mandat [man'daːt] *nt* <-(e)s, -e> **1.** (JUR) vekâlet; **ein ~ übernehmen** vekâlet etmek **2.** (*Abgeordnetensitz*) millet vekilliği **3.** (*im Völkerrecht*) manda

Mandatarstaat *m* mandacı, mandater devlet

Mandel ['mandəl] *f* <-n> **1.** (BOT) badem; **bittere/gebrannte ~n** acı/kavrulmuş badem **2.** (MED) bademcik

mandeläugig *adj* badem gözlü

Mandelbaum *m* (BOT) badem ağacı

Mandelentzündung *f* (MED) bademcik iltihabı

mandelförmig [-fœrmɪç] *adj* bademsi

Mandelkern *m* badem içi; **Mandelöl** *nt ohne Pl* badem yağı; **Mandeloperation** *f* (MED) bademcik ameliyatı

Mandoline [mando'liːnə] *f* <-n> (MUS) mandolin

Manege [ma'neːʒə] *f* <-n> manej

Mangan [maŋ'gaːn] *nt ohne Pl* <-s> (CHEM) manganez

Mangel[1] ['maŋəl, *Pl:* 'mɛŋəl] *m* <-s,

Mängel> (*Fehler*) ayıp, kusur; (*Unzulänglichkeit*) ayıp

Mangel² ['maŋəl] *m ohne Pl* <-s> (*Fehlen*) yokluk (*an* -de), eksiklik, noksan, açık; ~ **an Geld** parasızlık; **aus ~ an Beweisen freisprechen** delillerin yokluğundan beraat ettirmek; ~ **haben an etw** *dat* bir şey olmamak [*o* noksan olmak]

Mangel³ *f* <-n> (*Wäsche~*) cendere, kumaş mengenesi; **jdn in die ~ nehmen** (*fam fig*) birini cendereye sokmak

mangelhaft *adj* (*fehlerhaft*) ayıplı, kusurlu; (SCHULE: *unzureichend*) zayıf, yetersiz

mangeln¹ ['maŋəln] *vunpers* (*fehlen*) yok olmak, eksik olmak; **es mangelt ihm an Selbstvertrauen** kendine güveni yoktur

mangeln² *vt* (*Wäsche*) cendereden geçirmek

mangelnd *adj* -sizlik; **~e Disziplin** disiplinsizlik; **wegen ~er Vorbereitung** hazırlıksızlık nedeniyle

mangels ['maŋəls] *präp* (*formal*) olmadığından dolayı, bulunmadığından dolayı

Mangelware *f ohne Pl* az bulunan mal, kıt mal; ~ **sein** az bulunmak, kıt olmak

Mango ['maŋgo] *f* <-s *o* -nen> mango, Hint kirazı

Mangold ['maŋgɔlt] *m* <-(e)s, -e> pazı

Manichäismus *m ohne Pl* <-> (REL, PHILOS) Maniheizm, Manicilik

Manie [ma'ni:] *f* <-n> (PSYCH) mani

Manier [ma'ni:ɐ] *f* <-en> **1.** (*Art*) biçim, tarz **2.** *Pl* (*Benehmen*) terbiye, görgü; **er hat keine ~en** hiç terbiyesi yok; **gute/schlechte ~en haben** terbiyesi olmak/olmamak

manierlich [ma'ni:ɐlɪç] *adj* terbiyeli; **sich ~ benehmen** terbiyeli davranmak

Manifest [mani'fɛst] *nt* <-(e)s, -e> manifesto

Maniküre [mani'ky:rə] *f* <-n> **1.** (*Person*) manikürcü **2.** *ohne Pl* (*Handpflege*) manikür; ~ **machen** manikür yapmak

maniküren* *vt* manikür yapmak (-e)

Maniok *m* <-s, -s> manyok

Manipulation [manipula'tsjo:n] *f* <-en> manipülâsyon

manipulieren* [manipu'li:rən] **I.** *vt* güdümlemek **II.** *vi* oynamak (*an* ile); **an dem Schloss ist manipuliert worden** bu kilitle oynanmış

manisch ['ma:nɪʃ] *adj* (*a.* PSYCH) manyak, maniye uğramış

Manko ['maŋko] *nt* <-s, -s> **1.** noksan; (*Nachteil*) dezavantaj **2.** (WIRTSCH) açık

Mann [man, *Pl:* 'mɛnɐ] *m* <-(e)s, Männer> **1.** erkek; (*Erwachsener*) adam; **ein junger/gestandener ~** genç/kelli felli bir adam; **ein ~, ein Wort** sözünün eri; ~ **gegen ~ kämpfen** teke tek dövüşmek; ~ **über Bord!** (NAUT) denize adam düştü!; **alle ~ an Deck!** (NAUT) bütün eller güverteye!; **der kleine ~** (*Mensch*) küçük adam; (*fam: Penis*) çük; **der ~ auf der Straße** (*fig*) sokaktaki adam; **ein ~ des Volkes** halk adamı; **ein gemachter ~ sein** (*fam*) köşeyi dönmüş olmak; **letzter ~** son adam; **etw an den ~ bringen** (*fam*) bir şeyi satmak; **seinen ~ stehen** kendi göbeğini kendi kesmek, kendi kanatlarıyla uçmak; **von ~ zu ~** erkek erkeğe; **mein lieber ~!** (*fam*) canım efendim!; **~, oh ~!** (*fam*) vay canına!; **mach schnell, ~!** (*fam*) çabuk ol, be adam!; **den toten ~ machen** (*fam*) suyun üstünde ölü numarası yapmak **2.** (*Ehe~*) koca, eş; **ihr verstorbener/erster ~** ölen/ilk kocası [*o* eşi]

Männchen ['mɛnçən] *nt* <-s, -> **1.** (*kleiner Mann*) adamcık; ~ **machen** (*von Tieren*) salta durmak; (*von Soldaten*) susta durmak; **der Hund macht ~** köpek salta duruyor **2.** (ZOOL) erkek

Manndeckung *f* (SPORT: *Ballspiele*) adam adama savunma

Mannequin [manə'kɛ̃:, 'manəkɛ̃] *nt* <-s, -s> manken

männerlos *adj* erkeksiz; **Männersache** *f* erkek işi; **Männertreu** *f* (BOT) yavşan otu

Mannesalter *nt* erkeklik çağı; **im besten ~ sein** en iyi erkeklik çağında olmak

mannigfach ['manɪçfax] *adj*, **mannigfaltig** *adj* (*geh*) envaitürlü, envaiçeşitli

Mannigfaltigkeit *f* envaiçeşit, çeşitlilik

männlich ['mɛnlɪç] *adj* **1.** (LING) eril; (ZOOL, BOT) erkek **2. das ~e Glied** erkeklik organı **3.** erkeksi

Männlichkeit *f ohne Pl* erkeklik

Mannsbild *nt* (*fam*) erkek

Mannschaft *f* <-en> **1.** (SPORT) takım **2.** (NAUT, AERO) mürettebat **3.** (MIL) erat, tim **4.** (*fam: Arbeitsteam*) ekip, takım

Mannschaftskapitän *m* (SPORT) takım kaptanı; **Mannschaftsspiel** *nt* (SPORT) takım oyunu; **Mannschaftssport** *m ohne Pl* takım sporu

mannshoch ['-'-] *adj* adam boyu; **mannstoll** *adj* (*fam*) erkekçil

Mannweib *nt* (*pej*) erkek fatma, erkek ayşe

Manometer¹ [mano'me:tɐ] *nt* <-s, -> (PHYS) manometre, basıölçer

Manometer² ['--'--] *interj* (*fam*) vay canına

Manöver [ma'nø:vɐ] *nt* <-s, -> **1.** (*Richtungsänderung, taktisches Vorgehen*) manevra **2.** (MIL: *Übung*) manevra, tatbikat

manövrieren* [manø'vri:rən] **I.** *vi* manevra yapmak **II.** *vt* (*manipulieren*) güdümlemek; (*lenken*) yönlendirmek

Mansarde [man'zardə] *f* <-n> çatı katı
Manschette [man'ʃɛtə] *f* <-n> **1.** (*an Kleidung*) manşet **2.** (TECH) bilezik **3.** (*fam*): **vor jdm/etw ~n haben** bir kimseden/şeyden (çok) korkmak; **Manschettenknopf** *m* kol düğmesi
Mantel ['mantəl, *Pl:* 'mɛntəl] *m* <-s, Mäntel> **1.** (*Kleidungsstück*) palto, pardösü; (*Damen~*) manto; (*Regen~*) yağmurluk **2.** (TECH) kaplama, gömlek; (*vom Reifen*) dış lâstik, kaplama
Manteltiere *ntPl* (ZOOL) gömlekliler *pl*
Mantisse *f* (MATH) mantis
manuell [manu'ɛl] *adj* elle yapılan
Manufaktur [manufak'tu:ɐ] *f* <-en> (*Erzeugnis*) el işi
Manuskript [manu'skrɪpt] *nt* <-(e)s, -e> müsvedde, yazı taslağı
Mappe ['mapə] *f* <-n> **1.** (*Tasche*) çanta **2.** (*Ordner*) klâsör
Mär [mɛ:ɐ] *f* <-en> masal
Marabu *m* <-s, -s> (ZOOL) murabut kuşu
Marabut *m* <-(s), -(s)> marabut, murabut, murabıt
Marathonlauf *m* <-(e)s, -läufe> (SPORT) maraton
Märchen ['mɛ:ɐçən] *nt* <-s, -> masal; **erzähle mir nur keine ~!** bana masal anlatma [*o* okuma]!; **wie ein ~** masal gibi; **Märchenbuch** *nt* masal kitabı
Märchenerzähler(in) *m(f)* masalcı
märchenhaft *adj* masalımsı, masal gibi
Märchenland *nt ohne Pl* <-(e)s> masal âlemi; **Märchenprinz** *m* <-en, -en> masal prensi
Marder ['mardɐ] *m* <-s, -> sansar
Margarine [marga'ri:nə] *f* <-n> margarin
Marienkäfer [ma'ri:ən-] *m* (ZOOL) hanım böceği, gelin böceği
Marihuana [marihu'a:na] *nt ohne Pl* <-s> marihuana
Marille [ma'rɪlə] *f* <-n> (*österr: Aprikose*) kayısı
Marina *f* <-, -s> marina
Marinade [mari'na:də] *f* <-n> salamura
Marine [ma'ri:nə] *f* <-n> (MIL) bahriye
Marineattaché *m* deniz ataşesi; **marineblau** *adj* deniz mavisi
marinieren* [mari'ni:rən] *vt* salamuraya yatırmak; **marinierter Fisch** salamura balık
Marionette [marjo'nɛtə] *f* <-n> kukla; **Marionettenregierung** *f* kukla hükûmet; **Marionettenspiel** *nt* kukla oyunu; **Marionettenspieler(in)** *m(f)* <-s, -; -nen> kuklacı; **Marionettentheater** *nt* kukla tiyatrosu
Mark¹ [mark] *nt ohne Pl* <-(e)s> **1.** (*Knochen~*) ilik; **das geht mir durch ~ und Bein** (*fam fig*) bu, iliğimi kemiğimi kuruttu **2.** (*Tomaten~*) salça
Mark² [mark] *f ohne Pl* (*Währung*) mark; **Deutsche ~** Alman markı
Mark³ [mark] *f* <-, -en> (*Grenzgebiet*) sınır bölgesi
markant [mar'kant] *adj* (*Gesichtszüge*) keskin; (*auffallend*) göze çarpan
Marke ['markə] *f* <-n> **1.** (*Herstellerzeichen*) marka **2.** (*Wert~, Brief~*) pul **3.** (*Garderoben~*) fiş; (*Spiel~*) jeton, marka **4.** (*Markierung*) işaret **5.** (*Rekord~*) rekor; **sie hat die alte ~ um 12 Zentimeter überboten** eski rekoru 12 santimetre geçti; **Markenartikel** *m* markalı mal; **Markenname** *m* marka adı; **Markenzeichen** *nt* marka
Marker ['markɐ] *m* <-s, - *o* -s> (*Markierstift*) markör
markerschütternd *adj* iliklere kadar geçen, insanı ürperten
Marketing ['markətɪŋ] *nt ohne Pl* <-s> (WIRTSCH) pazarlama
markieren* [mar'ki:rən] *vt* **1.** (*kennzeichnen*) markalamak (*mit/durch* ile/ile), işaretlemek (*mit/durch* ile/ile) **2.** (*fam: vortäuschen*) taslamak; **er markiert den starken Mann** erkeklik taslıyor
Markierung *f* <-en> **1.** (*Vorgang*) markala(n)ma, işaretleme **2.** (*Zeichen*) marka, işaret
Markise [mar'ki:zə] *f* <-n> markiz
Markka *f* markka
Markstein *m* dönüm noktası
Markstück *nt* bir marklık
Markt [markt, *Pl:* 'mɛrktə] *m* <-(e)s, Märkte> (*a.* WIRTSCH) pazar, piyasa; **auf den ~ gehen** pazara gitmek; **der Gemeinsame ~** (EU) Ortak Pazar; **der schwarze ~** karaborsa; **neue Märkte erschließen** yeni pazarlar açmak; **Marktanalyse** *f* (WIRTSCH) pazar analizi; **Marktanteil** *m* (WIRTSCH) pazar payı; **Marktbude** *f* pazar standı; **Marktforschung** *f* (WIRTSCH) pazar araştırması; **Marktfrau** *f* pazarcı kadın; **Markthalle** *f* hal; **Marktlage** *f* (WIRTSCH) piyasa durumu; **Marktplatz** *m* <-es, -plätze> pazar yeri; **Marktpreis** *m* (WIRTSCH) piyasa fiyatı, rayiç fiyat; **Marktstand** *m* <-(e)s, -stände> pazar standı; **Marktwert** *m ohne Pl* <-(e)s> (WIRTSCH) rayiç; **Marktwirtschaft** *f ohne Pl* (WIRTSCH) piyasa ekonomisi; **freie ~** serbest piyasa ekonomisi; **soziale ~** sosyal piyasa ekonomisi
Marmarameer *nt* Marmara Denizi
Marmelade [marmə'la:də] *f* <-n> marmelât
Marmor ['marmo:ɐ] *m* <-s, -e> mermer;

M

Marmorblock *m* mermer tomruğu
marmorieren* [marmo'ri:rən] *vt* (KUNST) ebrulamak
marmoriert [marmo'ri:ɐt] *adj* (KUNST) ebrulu
marmorn ['marmo:ɐn] *adj* (*aus Marmor*) mermer; (*wie Marmor*) mermer gibi
Marokkaner(in) [marɔ'ka:nɐ] *m(f)* <-s, -; -nen> Faslı
marokkanisch *adj* Fas (ile ilgili)
Marokko [ma'rɔko] *nt* <-s> Fas
Marone [ma'ro:nə] *f* <-n> (*Esskastanie*) kestane
Maronibrater *m* (*österr*) kestaneci
Maronit(in) *m(f)* <-en, -en; -nen> Marunî
maronitisch *adj* Marunî
Maroquin *m o nt* maroken
Marotte [ma'rɔtə] *f* <-n> gariplik, tuhaflık
Mars [mars] *m* <-> (ASTR) Mars, Merih
marsch [marʃ] *interj* **1.** (MIL): **vorwärts ~!** marş!; **im Laufschritt ~!** marş marş! **2.** (*fam*) marş marş; **~ ins Bett!** haydi yatağa marş marş!
Marsch[1] [marʃ, *Pl:* 'mɛrʃə] *m* <-(e)s, Märsche> **1.** yürüyüş; **sich in ~ setzen** yürüyüşe geçmek **2.** (MUS) marş
Marsch[2] [marʃ] *f* <-en> *Kuzey Denizi kıyısında verimli lığlı arazi*
Marschall ['marʃal, *Pl:* 'marʃɛlə] *m* <-s, Marschälle> (MIL) mareşal
Marschallstab *m* mareşallik asası
Marschbefehl *m* (MIL) yürü komutu
marschieren* [mar'ʃi:rən] *vi sein* **1.** (MIL) yürümek **2.** (*gehen*) yürümek
Marschmusik *f ohne Pl* marş müziği; **Marschrichtung** *f* (MIL) yürüyüş yönü
Marsmensch *m* Marslı
Marter ['martɐ] *f* <-n> (*geh*) işkence
martern ['martɐn] *vt* (*geh*) işkence etmek; (*seelisch*) azap çektirmek (-e)
Marterpfahl *m* <-(e)s, -pfähle> işkence kazığı
Martini *nt* (*Getränk*) martini
Märtyrer(in) ['mɛrtyrɐ] *m(f)* <-s, -; -nen> şehit
Martyrium [mar'ty:riʊm] *nt* <-s, -rien> şehitlik
Marxismus [mar'ksɪsmʊs] *m ohne Pl* <-> (POL) Marksizm
Marxist(in) [mar'ksɪst] *m(f)* <-en, -en; -nen> (POL) Marksist
marxistisch *adj* (POL) Marksist
März [mɛrts] *m* <-(es), -e> mart; **im (Monat) ~** martta; **vergangenen ~** geçen mart; **heute ist der erste ~** bugün martın biri; **Berlin, den 10. ~ 1988** Berlin, 10 Mart 1988; **am 20. ~** martın 20sinde; **Anfang/Ende/Mitte ~** martın başında/sonunda/ortasında; **Ostern fällt dieses Jahr in den ~** paskalya bu yıl marta rastlıyor; **in diesem ~ hat es viel geregnet** bu mart çok yağmur yağdı
Marzipan [martsi'pa:n, '---] *nt* <-s, -e> badem ezmesi
Mascara *f* maskara
Masche ['maʃə] *f* <-n> **1.** (*bei Handarbeit*) ilmik, örgü; **eine ~ fallen lassen** ilmiği kaçırmak; **durch die ~n des Gesetzes schlüpfen** kanun boşluğundan yararlanmak **2.** (*fam: Trick*) oyun, numara **3.** (*österr, Schweiz, südd: Schleife*) fiyonk; **Maschendraht** *m* gözenekli tel, kafes teli
Maschine [ma'ʃi:nə] *f* <-n> **1.** (*Näh~, Wasch~*) makine; (*Schreib~*) daktilo; **etw mit der ~ schreiben** bir şeyi daktilo ile yazmak **2.** (*Flugzeug*) uçak; **die ~ setzt zur Landung an** uçak inişe geçti **3.** (*fam: Motorrad*) motor
maschinell [maʃi'nɛl] **I.** *adj* makineli **II.** *adv* makine ile
Maschinenbau *m ohne Pl* <-(e)s> **1.** (*das Bauen*) makine yapımı **2.** (*Lehrfach*) makine mühendisliği; **Maschinengewehr** *nt* makineli tüfek, mitralyöz; **Maschinenöl** *nt* makine yağı; **Maschinenpistole** *f* makineli tabanca; **Maschinenraum** *m* <-(e)s, -räume> makine dairesi; **Maschinenschlosser(in)** *m(f)* makineci, makine ustası; **Maschinenschrift** *f* daktilo yazısı; **Maschinensprache** *f* (INFORM) makine dili
Maschinist(in) [maʃi'nɪst] *m(f)* <-en, -en; -nen> makinist
Masern ['ma:zɐn] *Pl* (MED) kızamık
Maske ['maskə] *f* <-n> **1.** (*für das Gesicht*) maske; **die ~ fallen lassen/von sich werfen** (*fig*) maskesini atmak; **jdm die ~ vom Gesicht reißen** birinin maskesini kaldırmak [*o* yüzünden sıyırmak] **2.** (INFORM) maske; **Maskenball** *m* maskeli balo
Maskerade [maskə'ra:də] *f* <-n> (*Verkleidung*) kıyafet
Maskottchen [mas'kɔtçən] *nt* <-s, -> maskot
maskulin [masku'li:n] *adj* erkek gibi; (LING) eril
Maskulinum *nt* <-s, -na> (LING) erillik
Masochismus *m ohne Pl* mazoşizm, özezerlik
Masochist(in) [mazo'çɪst] *m(f)* <-en, -en; -nen> mazoşist, özezer
masochistisch *adj* mazoşist, özezer
maß [ma:s] *3. imp von* **messen**
Maß[1] [ma:s] *nt* <-es, -e> ölçü; **bei jdm ~ nehmen** birinin ölçüsünü almak; **jdn ~ nehmen** (*fam: zurechtweisen*) birine haddini bildirmek; **sich** *dat* **etw nach ~ anfertigen lassen** kendine bir şeyi diktir-

mek; **das ~ ist voll** işin tadı kaçtı, sabrım kalmadı; **in gewissem ~(e)** belli ölçüde; **in hohem ~e** büyük ölçüde; **in höchstem ~(e)** son derece; **über alle ~en** haddinden fazla; **das übersteigt jedes ~!** bu kadarı da fazla!; **weder ~ noch Ziel kennen** haddini bilmemek; **bei [*o* in] etw ~ halten** bir şeyde ölçülü olmak; **in ~en** ölçülü olarak; **mit zweierlei ~ messen** çifte standart kullanmak

Maß² [maːs] *f* <-(e)> (*österr, südd*) litre

Massage [maˈsaːʒə] *f* <-n> masaj

Massaker [maˈsaːkɐ] *nt* <-s, -> katliam

massakrieren* [masaˈkriːrən] *vt* katletmek; **Maßanzug** *m* <-s, -züge> ısmarlama elbise; **Maßarbeit** *f* ısmarlama iş; **Maßband** *nt* <-(e)s, -bänder *o* -e> mezura, şerit metre

Masse [ˈmasə] *f* <-n> **1.** (*a.* PHYS) kütle, kitle; **die breite ~ der Bevölkerung** geniş halk kitleleri **2.** (*Menge*) kitle; (*große*) kütle, yığın; (*Menschen~*) kitle; (*Eis~*) kütle; (*Schnee~*) küme **3.** (*Konkurs~*) masa

Maßeinheit *f* (ölçü) birim(i); **~ der Energie/Länge** enerji/uzunluk birimi

Massenandrang *m* izdiham; **Massenarbeitslosigkeit** *f* kitlesel işsizlik; **Massenbewegung** *f* kitle hareketi; **Massengrab** *nt* toplu mezar

massenhaft *adj* (*fam: sehr viel*) pek çok, yığınla

Massenkarambolage *f* (AUTO) karambol; **Massenmedium** *nt* <-s, -ien> kitle iletişim aracı; (*Pl*) medya; **Massenmord** *m* katliam; **Massenproduktion** *f* seri imalât; **Massentourismus** *m* kitle turizmi

massenweise *adv* yığınla

Masseur(in) [maˈsøːɐ] *m(f)* <-s, -e; -nen> masör

Masseuse [maˈsøːzə] *f* <-n> **1.** (*Prostituierte*) fahişe **2.** (*Masseurin*) masöz

maßgebend, maßgeblich **I.** *adj* (*bestimmend*) belirleyici; (*ausschlaggebend*) kesin etki yaratan, son derece önemli olan **II.** *adv* son derece önemli

maß|halten *irr vi s.* **Maß¹**

massieren* [maˈsiːrən] *vt* **1.** (*Körper*) masajlamak, ovmak, ovuşturmak; **sich die Füße ~ lassen** ayaklarını ovdur(t)mak **2.** (*Truppen*) yığmak

massig [ˈmasɪç] **I.** *adj* (*wuchtig*) iri, kocaman **II.** *adv* (*fam: viel*) yığınla

mäßig [ˈmɛːsɪç] *adj* **1.** ölçülü; (*gemäßigt*) ılımlı **2.** (*mittel~*) orta

mäßigen [ˈmɛːsɪgən] **I.** *vt* (*verringern*) azaltmak **II.** *vr:* **sich ~ 1.** (*sich beherrschen*) kendini tutmak, kendine hâkim olmak **2.** (*Orkan*) dinmek

massiv [maˈsiːf] *adj* **1.** (*Gegenstand*) som, masif; (*stabil*) sağlam **2.** (*Kritik, Drohung*) ağır; **er wurde schließlich ~** sonunda kabalaştı

Massiv [maˈsiːf] *nt* <-s, -e> masif, kütle

Maßkrug *m* bir litrelik bira maşrapası

maßlos **I.** *adj* ölçüsüz **II.** *adv* haddinden fazla, aşırı; **sich ~ ärgern** haddinden fazla öfkelenmek, son derece kızmak

Maßlosigkeit *f ohne Pl* **1.** (*Übermaß*) aşırılık **2.** (*ohne Maß*) ölçüsüzlük (*in* -de)

Maßnahme *f* <-n> önlem, tedbir; **~n ergreifen** önlemler almak

Maßregel *f* **1.** önlem, tedbir; **~n ergreifen** önlem almak **2.** (*Regel*) kural

maßregeln [ˈ---] *vt* (*tadeln, rügen*) kınamak; (*strafen*) haddini bildirmek (-in), cezalandırmak

Maßstab *m* **1.** ölçüt, kıstas; (*Norm, Richtlinie*) standart, kurallaşmış ilke; **etw zum ~ nehmen** bir şeyi kıstas tutmak; **neue Maßstäbe setzen** yeni standartlar koymak **2.** (*bei Karten*) ölçek; **eine Karte im ~ 1 : 20.000** yirmi binde bir ölçeğinde bir harita, 1/20.000 ölçekli bir harita; **maßstabsgerecht** *adj* ölçekli

maßvoll *adj* ölçülü

Mast¹ [mast] *m* <-(e)s, -e(n)> **1.** (NAUT) direk **2.** (*Telefon~, Leitungs~*) direk; (*Fahnen~*) gönder

Mast² [mast] *f* <-en> (*von Tieren*) besi

Mastdarm *m* (ANAT) göden bağırsağı

mästen [ˈmɛstən] *vt* besiye çekmek, semirtmek, semizletmek

Mäster *m* besici

Mästerei *f* **1.** *ohne Pl* besicilik **2.** (*Betrieb*) besihane

Masthuhn *nt* <-(e)s, -hühner> besi tavuğu, et tavuğu

Mastiff *m* mastı

Mastixstrauch *m* (BOT) sakız ağacı

masturbieren* [mastʊrˈbiːrən] *vi* mastürbasyon yapmak

Match [mɛtʃ] *nt* <-(e)s, -s *o* -e> (SPORT) maç

Material [materiˈaːl] *nt* <-s, -ien> materyal, malzeme, gereç; **Materialfehler** *m* malzeme kusuru

Materialismus [materiaˈlɪsmʊs] *m ohne Pl* <-> materyalizm, maddecilik, özdekçilik

materialistisch *adj* materyalist, maddeci

Materialkosten *Pl* malzeme masrafları *pl*

Materie¹ [maˈteːriə] *f* <-n> (*Thema*) tema, konu

Materie² *f ohne Pl* (*a.* PHYS, CHEM, PHILOS) madde

materiell [materiˈɛl] *adj* **1.** (*stofflich*) maddî **2.** (*finanziell*) maddî

Mathematik [matemaˈtiːk] *f ohne Pl* matematik

Mathematiker(in) *m(f)* matematikçi

mathematisch [mate'ma:tɪʃ] *adj* matematiksel

Matinee *f* <-n> matine

Matratze [ma'tratsə] *f* <-n> şilte

Mätresse [mɛ'trɛsə] *f* <-n> metres

matriarchalisch [matriar'ça:lɪʃ] *adj* anaerkil

Matriarchat [matriar'ça:t] *nt* <-(e)s, -e> anaerki

Matrikel [ma'tri:kəl] *f* <-n> **1.** (*Verzeichnis*) kütük, ana defter **2.** (*Österr: Standesamt*) nüfus dairesi

Matrix ['ma:trɪks, *Pl:* ma'tri:tsən] *f* <Matrizen *o* Matrizes> (MATH, BIOL, LING) matris

Matrize [ma'tri:tsə] *f* <-n> **1.** (TYPO) matris, dişi kalıp **2.** (*für Vervielfältigung*) matris **3.** (TECH) matris

Matrizen *Pl von* **Matrix**, **Matrize**

Matrizes *Pl von* **Matrix**

Matrose [ma'tro:zə] *m* <-n, -n> tayfa

Matsch [matʃ] *m ohne Pl* <-(e)s>, **Matsche** *f ohne Pl* (*fam*) **1.** (*Schlamm*) çamur **2.** (*zerdrücktes Obst*) ezme

matschig *adj* (*fam*) **1.** (*Obst*) cırtlak; (*Schnee*) cıvık **2.** (*schlammig*) çamurlu

matt [mat] *adj* **1.** (*erschöpft*) bitkin; (*schwach*) dermansız; (*müde*) yorgun **2.** (*Lichtschein*) donuk; (*Glasscheibe*) buzlu **3.** (*glanzlos*) mat, donuk; (*Farbe, Blick*) mat, donuk **4.** (*Schach*) mat; **jdn ~ setzen** birini mat etmek

Matte ['matə] *f* <-n> **1.** (*Stroh~*) hasır; (*Fuß~*) paspas **2.** (SPORT) minder **3.** (*österr, Schweiz: Bergwiese*) dağ merası, dağ otlağı

Mattscheibe *f* buzlu cam; (*fam: Fernsehschirm*) buzlu cam, beyaz cam, ekran; **vor der ~ sitzen** ekran önünde oturmak; **~ haben** (*fig fam*) sersem gibi olmak

Matura [ma'tu:ra] *f ohne Pl* (*österr, Schweiz*) olgunluk sınavı

Mauer ['maʊɐ] *f* <-n> **1.** duvar; (*zur Verteidigung*) set, sur; **die Chinesische ~** Çin Seddi **2.** (SPORT: *Fußball, Handball*) baraj; **Mauerblümchen** [-bly:mçən] *nt* <-s, -> (*fam fig*) dansa kaldırılmayan kız

mauern ['maʊɐn] *vi* **1.** (*bauen*) duvar örmek **2.** (SPORT) baraj yapmak **3.** (*zurückhaltend sein*) korkak oynamak

Mauerstein *m* duvar taşı; **Mauerwerk** *nt* duvarlar *pl*

Maul [maʊl, *Pl:* 'mɔɪlɐ] *nt* <-(e)s, Mäuler> **1.** (*bei Tieren*) ağız **2.** (*fam pej: Mund*) ağız, çene; **jdm das ~ stopfen** birinin ağzını tıkamak, birini susturmak; **halt's ~!** çeneni kapa!; **er hat zehn Mäuler zu stopfen** onun evinde on boğaz var

Maulbeerbaum *m* <-(e)s, -bäume> dut ağacı

Maulbeere *f* <-n> dut

Maulbeerspinner *m* ipek böceği kelebeği

maulen ['maʊlən] *vi* (*fam pej*) homurdanmak

Mäuler *Pl von* **Maul**

Maulesel *m* <-s, -> katır; **maulfaul** *adj* (*fam*): **~ sein** konuşmaya üşenmek; **Maulheld** *m* <-en, -en> (*fam pej*) palavracı; **Maulkorb** *m* ağızlık; **Maultaschen** *fPl* (GASTR: *Teigtaschen*) mantı; **Maultier** *nt* katır

Maul- und Klauenseuche *f* şap hastalığı

Maulwurf *m* <-(e)s, -würfe> köstebek; **Maulwurfshaufen** *m* köstebek yuvası

Maurer(in) ['maʊrɐ] *m(f)* <-s, -; -nen> duvarcı; **Maurerhandwerk** *nt ohne Pl* duvarcılık; **Maurerkelle** *f* mala, sürgü; **Maurermeister(in)** *m(f)* duvarcı ustası

Mauretanien [maʊre'ta:niən] *nt* <-s> Moritanya

Mauretanier(in) *m(f)* <-s, -; -nen> Moritanyalı

mauretanisch *adj* Moritanyalı, Moritanya (ile ilgili)

Maus [maʊs, *Pl:* 'mɔɪzə] *f* <Mäuse> **1.** fare, sıçan; (INFORM) fare **2.** *Pl* (*fam: Geld*) para; **wieviel Mäuse hast du?** kaç paran var?

mauscheln ['maʊʃəln] *vi* (*fam pej*) hile yapmak

Mäusebussard *m* (ZOOL) şahin

Mausefalle *f*, **Mäusefalle** *f* fare kapanı; **Mäusegift** *nt* fare zehiri; **Mauseloch** *nt*, **Mäuseloch** *nt* fare deliği

Mauser[1] ['maʊzɐ] *f ohne Pl* (BIOL) tüy atma

Mauser®[2] *m* (*Waffe*) mavzer

mausern ['maʊzɐn] *vr:* **sich ~** **1.** (*Vogel*) tüy atmak **2.** (*fam: sich entwickeln*) gelişmek, olmaya başlamak (*zu* -)

mausetot *adj* (*fam*) ölmüş

Mausoleum [maʊzo'le:ʊm] *nt* <-s, Mausoleen> mozole, anıtkabir

Maut [maʊt] *f* <-en> geçmelik, geçme parası, müruriye; **Mautgebühr** *f* (*österr*) geçmelik, geçme parası

Maxima *Pl von* **Maximum**

maximal [maksi'ma:l] *adj* maksimal, maksimum

Maxime [ma'ksi:mə] *f* <-n> ilke, prensip

Maximum ['maksimʊm] *nt* <-s, Maxima> maksimum

Maxirock *m* maksi etek

Mayonnaise [majɔ'nɛ:zə] *f* <-n> mayonez

Mazedonien [matse'do:niən] *nt* <-s> Makedonya

Mazedonier(in) *m(f)* Makedonyalı

Mäzen [mɛ'tseːn] *m* <-s, -e> mesen

MB [ɛm'beː] (INFORM) *Abk. von* **Megabyte** megabayt

m. E. *Abk. von* **meines Erachtens** bence, bana göre

Mechanik [me'çaːnɪk] *f ohne Pl* mekanik

Mechaniker(in) [me'çaːnikɐ] *m(f)* <-s, -; -nen> makinist; (*Auto~*) tamirci

mechanisch [me'çaːnɪʃ] *adj* mekanik

Mechanisierung *f* <-en> mekanizasyon

Mechanismus [meça'nɪsmʊs] *m* <-, Mechanismen> **1.** mekanizma, düzenek **2.** *ohne Pl* (PHILOS) mekanizm, mekanikçilik

Mechanist(in) *m(f)* (PHILOS) mekanikçi

mechanistisch *adj* (PHILOS) mekanikçi

meckern ['mɛkɐn] *vi* **1.** (*Ziege*) melemek **2.** (*fam pej: nörgeln*) dırdır etmek (*über* -e)

Medaille [me'daljə] *f* <-n> madalya; **die Kehrseite der ~** madalyanın [*o* madalyonun] ters tarafı

Medaillon [medal'jõː] *nt* <-s, -s> **1.** (*Schmuckstück*) madalyon **2.** (GASTR) yuvarlak fileto

Medien ['meːdiən] *Pl von* **Medium: die ~** medya; **Medienereignis** *nt* medya olayı; **Medienforschung** *f ohne Pl* medya araştırması; **Medienlandschaft** *f ohne Pl* medya, iletişim ortamı; **Medienmogul** *m* medya imparatoru; **Medienzar** *m* medya imparatoru

Medikament [medika'mɛnt] *nt* <-(e)s, -e> ilâç; **Medikamentenmissbrauch**[RR] *m ohne Pl* <-(e)s> (MED) ilâçların kötüye kullanılması

medikamentös [medikamɛn'tøːs] *adj* (MED) ilâçla; **etw ~ behandeln** bir şeyi ilaçla tedavi etmek; **~e Behandlung** ilâç tedavisi

Medina *nt* <-s> Medine

Meditation [medita'tsjoːn] *f* <-en> tefekkür; (REL: *bei den Derwischen*) murakabe

mediterran [meditɛ'raːn] *adj:* **~es Klima** Akdeniz iklimi

meditieren* [medi'tiːrən] *vi* tefekküre dalmak; (*tief nachdenken*) derin derin düşünmek

Medium ['meːdiʊm] *nt* <-s, Medien> **1.** (*Hilfsmittel*) araç **2.** (PHYS, CHEM) ortam **3.** (*Parapsychologie*) medyum

Medizin[1] [medi'tsiːn] *f ohne Pl* (*Wissenschaft*) tıp, hekimlik

Medizin[2] *f* <-en> (*Medikament*) ilâç

Medizinball *m* sağlık topu

Mediziner(in) [medi'tsiːnɐ] *m(f)* <-s, -; -nen> hekim, tabip; (*Student*) tıbbiyeli, tıp öğrencisi

medizinisch *adj* tıbbî; **die ~e Fakultät** tıbbiye, tıp fakültesi

Medizinmann *m* **1.** (*bei Naturvölkern*) büyücü **2.** (*fam: Arzt*) doktor, hekim; **Medizinstudent(in)** *m(f)* tıp öğrencisi, tıbbiyeli

Meduse *f* **1.** (MYTH) medüz **2.** (*Qualle*) denizanası

Meer [meːɐ] *nt* <-(e)s, -e> deniz; **das Rote ~** Kızıldeniz; **das Schwarze ~** Karadeniz; **am ~** deniz kıyısında; **ans ~ fahren** deniz kıyısına gitmek; **Meeräsche** *f* (ZOOL) kefal; **Meerbarbe** *f* (ZOOL) barbunya; **Meerbusen** *m* körfez; **Meerdrachen** *m* (ZOOL) fulya balığı; **Meerenge** *f* <-n> boğaz

Meeresalge *f* deniz algı; **Meeresarm** *m* körfez; **Meeresboden** *m ohne Pl* deniz tabanı; **Meeresfisch** *m* deniz balığı; **Meeresfrüchte** *fPl* (GASTR) deniz ürünleri *pl;* **Meeresgrund** *m ohne Pl* <-(e)s> deniz dibi, deniz tabanı; **Meereskunde** *f ohne Pl* deniz bilimi; **Meeresleuchten** *nt ohne Pl* yakamoz; **Meeresspiegel** *m ohne Pl* deniz yüzeyi; **über/unter dem ~** deniz yüzeyinin üstünde/altında; **Meeresstraße** *f* (*fig: Schifffahrtsweg*) deniz yolu; **Meeresströmung** *f* deniz akıntısı

Meerjungfrau *f* (MYTH) deniz kızı, siren; **Meerschaum** *m ohne Pl* lüle taşı, Eskişehir taşı; **Meerschweinchen** *nt* <-s, -> (ZOOL) Hint domuzu, kobay; **Meerwasser** *nt ohne Pl* <-s> deniz suyu

Megabyte ['meːgabaɪt] *nt* <-(s), -(s)> (INFORM) megabit

Megafon[RR] *nt* <-s, -e> *s.* **Megaphon**

Megahertz ['meːgahɛrts] *nt* <-, -> (PHYS) megahertz

Megaphon [mega'foːn] *nt* <-s, -e> megafon

Megawatt *nt* <-s, -> (PHYS) megavat

Mehl [meːl] *nt* <-(e)s, -e> un

mehlig *adj* **1.** (*bemehlt*) unlu **2.** (*Geschmack*) kepekli; **~e Äpfel** kepekli elma

Mehlmotte *f* (ZOOL) un güvesi; **Mehltau** *m* (BOT) mildiyu

mehr [meːɐ] **I.** *adv, pron kompar von* **viel** fazla (*als* -den); (*vor Zahlen*) çok (*als* -den); (*vor Verben*) (daha) çok (*als* -den); **sie hat ~ gegessen als er** o, ondan çok yedi; **~ als nötig** gerekenden fazla; **~ als sie erhofft hatte** umut ettiğinden fazlası; **wir brauchen ~ Geld** daha çok paraya ihtiyacımız var; **immer ~** gittikçe; **etwas ~** biraz daha; **~ als genug** yeterinden fazla; **noch ~** daha fazla; **~ und ~** gittikçe; **nicht ~ und nicht weniger als ...** ...den ne az ne de çok; **~ oder weniger** üç aşağı beş yukarı; **viel ~** çok daha fazla; **sie ist ~ Künstlerin als Wissenschaftlerin** bilimciden çok sanatçıdır **II.** *adv* (+ *Negation, ein Ende ausdrückend*): **nicht ~** artık; **ich**

habe kein Geld ~ artık param kalmadı, başka param yok; **es gab nichts** ~ başka bir şey yoktu; **kein Wort** ~**!** başka söz yok!; **es war niemand** ~ **da** orada hiç kimse kalmamıştı

Mehr [meːɐ] *nt ohne Pl* <-(s)> **1.** (*Überschuss*) fazla (*an* -); **ein** ~ **an Zeit aufwenden** fazladan vakit harcamak; **ein** ~ **an Kosten aufwenden** fazladan masraf yapmak **2.** (*Schweiz: Stimmenmehrheit*) çoğunluk, ekseriyet **3.** (*Schweiz: Mehrheitsbeschluss*) çoğunluk kararı; **Mehrarbeit** *f ohne Pl* fazla çalışma; **Mehraufwand** *m* (*an Geld*) ek giderler *pl,* fazla(dan yapılan) masraflar *pl*

mehrbändig [-bɛndɪç] *adj* çok ciltli

mehrdeutig ['meːɐdɔɪtɪç] *adj* çok anlamlı

Mehrdeutigkeit *f ohne Pl* çok anlamlılık

mehrdimensional *adj* çok boyutlu

mehren ['meːrən] *vt, vr:* **sich** ~ (*geh*) çoğalmak

mehrere ['meːrərə] *pron* birçok, müteaddit; ~ **von ihnen** onların çoğu; **sie waren zu** ~**n da** çoğu oradaydı

mehrfach ['meːɐfax] **I.** *adj:* **in** ~**er Ausfertigung** birden çok nüsha hâlinde; **er ist** ~**er Meister** o, defalarca şampiyon oldu **II.** *adv* birden çok, birden fazla; (*fam: mehrmals*) defalarca; **Mehrfachsteckdose** *f* çok yuvalı priz

Mehrfamilienhaus *nt* apartman, birden çok aile barındıran ev; **Mehrfarbendruck** *m* çok renkli baskı

mehrfarbig *adj* çok renkli

Mehrheit *f* <-en> çoğunluk, çokluk, ekseriyet; **absolute** ~ salt çoğunluk; **mit einer Stimme** ~ bir oy çoğunlukla; **in der** ~ çoğunlukta; **in der** ~ **sein** çoğunlukta olmak

mehrheitlich **I.** *adj* çoğunluk **II.** *adv* çoğunlukla; **der Antrag wurde** ~ **angenommen** önerge çoğunlukla kabul edildi

Mehrheitsbeschluss[RR] *m* çoğunluk kararı; **Mehrheitswahlrecht** *nt ohne Pl* <-(e)s> çoğunluk sistemi

mehrjährig *adj* (*a.* BOT) çok yıllık

Mehrkosten *Pl* fazla masraflar *pl*

mehrmalig ['meːɐmaːlɪç] *adj* defalarca tekrar edilen

mehrmals ['meːɐmaːls] *adv* birçok kez, birçok kere, defalarca

Mehrparteiensystem *nt* (POL) çok partili sistem

Mehrphasenstrom *m* (ELEK) çok fazlı akım

mehrsilbig *adj* çok heceli

mehrsprachig *adj* çok dilli; (*Mensch*) çok dil bilen

mehrstimmig **I.** *adj* (MUS) çok sesli **II.** *adv* (MUS) çok sesle

mehrstöckig [-ʃtœkɪç] *adj* çok katlı

mehrstündig [-ʃtʏndɪç] *adj* birkaç saatlik

mehrtägig [-tɛːgɪç] *adj* birkaç günlük

Mehrverbrauch *m* fazla tüketim (*an* -); **der** ~ **an Gas/Öl** fazla gaz/yağ tüketimi

Mehrwert *m ohne Pl* <-(e)s> **1.** (WIRTSCH) artık değer **2.** (*marxistisch*) artık emek; **Mehrwertsteuer** *f* <-n> (WIRTSCH) katma değer vergisi

mehrwöchig [-vœçɪç] *adj* birkaç haftalık

Mehrzahl *f ohne Pl* **1.** (LING) çoğul **2.** (*Mehrheit*) çoğunluk; **in der** ~ **der Fälle** olayların çoğunda; **wir sind in der** ~ biz çoğunluktayız

mehrzellig *adj* (BIOL) çok hücreli, çok gözeli

meiden ['maɪdən] <meidet, mied, gemieden> *vt* (*geh*) sakınmak (-den)

Meile ['maɪlə] *f* <-n> (*a.* NAUT) mil; **Meilenstein** *m* milleri gösteren taş; (*fig: wichtiger Einschnitt*) dönüm noktası; **meilenweit** *adj* millerce; ~ **entfernt sein** millerce uzakta olmak; (*fig*) kilometrelerce [*o* çok] uzakta olmak

Meiler ['maɪlɐ] *m* <-s, -> **1.** (*Kohlen~*) torak **2.** (*Atom~*) reaktör

mein, meine, mein [maɪn, 'maɪnə, maɪn] *pron* (*adjektivisch*) benim; ~ **Haus/Freund** benim evim/dostum; ~**e Damen und Herren!** bayanlar baylar!

meine(r, s) *pron* (*substantivisch*) benimki, benimkiler *pl;* **das Haus in der Mitte ist** ~**s** ortadaki ev benimki; *s. a.* **mein, meine, mein**

Meineid *m* <-(e)s, -e> yalan yere yemin; **einen** ~ **schwören** yalan yere yemin etmek

meinen ['maɪnən] *vt* **1.** demek; (*denken*) düşünmek; **was meinst du dazu?** sen buna ne diyorsun?; ~ **Sie nicht?** değil mi?; **wenn Sie** ~ öyle diyorsanız; (**ganz**) **wie Sie** ~**!** nasıl diyorsanız öyle olsun! **2.** (*sich beziehen auf*) kastetmek; **du warst nicht gemeint** seni kastetmediler; **ja, dich meine ich damit** evet, onunla seni kastediyorum **3.** (*sagen*) demek, söylemek; **was meinten Sie?** ne dediniz?; **meinst du das im Ernst?** bunu ciddî mi söylüyorsun? **4.** (*sagen wollen*) demek istemek, kastetmek; **was meinst du damit?** bununla ne demek istiyorsun?, bununla neyi kastediyorsun? **5.** (*beabsichtigen*): **wohl gemeint** iyi niyetli; **so war es nicht gemeint** öyle denilmek istenmedi; **ein gut gemeinter Rat** iyi niyetli bir öğüt

meiner *pron gen von* **ich** benim

meinerseits *adv* benim tarafımdan, benden; **ganz** ~**!** ben de!

meinesgleichen ['--'--] *pron inv* benim gibisi; ~ **kann sich das nicht leisten** benim gibisi bunu yapamaz; **ich wollte unter** ~

sein benim gibiler arasında olmak istedim
meinetwegen ['--'--] *adv* benim için; (*negativ*) benim yüzümden; **bemühe dich nicht** ~ benim için zahmete girme
meinetwillen ['maɪnət'vɪlən] *adv:* **um** ~ benim için, hatırım için
meinige *pron geh für* **meine(r, s): der/die/das** ~ [*o* **M~**] benimki; **die ~n** [*o* **M~n**] benimkiler
Meinung ['maɪnʊŋ] *f* <-en> fikir, düşünce, görüş; **meiner ~ nach** fikrimce, bence, bana göre, benim düşünceme göre; **seine ~ ändern** fikrini değiştirmek; **einer ~ sein** aynı düşüncede olmak, hemfikir olmak, oydaş olmak; **ich bin anderer** ~ ben ayrı düşüncedeyim; **die öffentliche** ~ kamuoyu; **ganz meine ~!** al benden de o kadar!, ben de aynı düşüncedeyim!; **darüber kann man geteilter ~ sein** bunun üzerine görüş ayrılığı olabilir; **jdm (gehörig) die ~ sagen** (*fam*) birine ağzının payını vermek; **Meinungsäußerung** *f* görüş bildirme, düşüncesini söyleme, fikir beyanı; **Meinungsaustausch** *m* düşünce alış verişi, fikir teatisi; **Meinungsforscher(in)** *m(f)* anketör; **Meinungsforschung** *f ohne Pl* anket; **Meinungsfreiheit** *f ohne Pl* düşünce özgürlüğü; **Meinungsumfrage** *f* genel anket; **Meinungsverschiedenheit** *f* **1.** (*in der Beurteilung*) görüş ayrılığı **2.** (*Streit*) anlaşmazlık, uyuşmazlık
Meise ['maɪzə] *f* <-n> baştankara; **du hast doch 'ne ~!** (*fam*) gerçekten kafayı üşütmüşsün sen!
Meißel ['maɪsəl] *m* <-s, -> keski
meißeln *vi, vt* (*bearbeiten*) keski ile yontmak; (*schaffen*) kazımak; **eine Inschrift in einen Stein** ~ taşa yazıt [*o* kitabe] kazımak
meist [maɪst] *adv s.* **meistens**
meistbietend *adv:* **etw ~ versteigern** bir şeyi en çok pey sürene satmak
meiste(r, s) ['maɪstə, -tɐ, -təs] *pron* **1.** (*größte Anzahl*): **die ~n** çoğu; **die ~n Leute glauben, dass ...** insanların çoğu ...iğine inanırlar **2.** (*größte Menge*): **das** ~ çoğu; **das ~ war interessant** çoğu ilginçti; **die ~ Zeit** çoğu zaman; **sie hat das ~ Geld** en çok para onda
meisten *superl von* **viel: am** ~ (+ *Verb*) en çok; **Hans arbeitet am** ~ Hans en çok çalışıyor
meistens ['maɪstəns] *adv* çoğunlukla, çoğu zaman, çoğu kez, ekseriyetle
Meister(in) ['maɪstɐ] *m(f)* <-s, -; -nen> **1.** (*im Handwerk*) usta; **seinen ~ machen** (*fam*) ustalık sınavını başarmak **2.** (*Könner*) üstat; **er ist ein ~ seines Faches** dalında üstattır; **es ist noch kein ~ vom Himmel gefallen** (*prov*) şimdiye kadar hiç kimse usta olarak dünyaya gelmemiştir **3.** (SPORT) şampiyon; **Meisterbrief** *m* ustalık diploması
meisterhaft I. *adj* ustalıklı **II.** *adv* ustalıkla, ustaca
Meisterhand *f:* **von ~ geschaffen** usta elinden çıkmış
meistern ['maɪstɐn] *vt* **1.** (*Werkzeug, Instrument*) ustaca kullanmak **2.** (*Schwierigkeit*) başa çıkmak (ile); (*Situation*) üstesinden gelmek (-in)
Meisterprüfung *f* ustalık sınavı
Meisterschaft[1] *f ohne Pl* (*Können*) ustalık; (*Vollkommenheit*) mükemmellik; **es zu wahrer ~ in etw bringen** bir şeyde gerçekten ustalığa ulaşmak
Meisterschaft[2] *f* <-en> (SPORT) şampiyona
Meisterstück *nt* **1.** (*Werkstück*) ustalık sınavı için hazırlanan yapıt **2.** (*Meisterleistung*) usta işi; **Meisterwerk** *nt* (*a.* KUNST) başeser, başyapıt, şaheser
Mekka ['mɛka] *nt* <-s> Mekke
Melancholie [melaŋko'liː] *f ohne Pl* melankoli, kara sevda; **in ~ verfallen** melânkoliye uğramak, kara sevdaya tutulmak
melancholisch [melaŋ'koːlɪʃ] *adj* melânkolik, kara sevdalı
Melasse *f* melâs
Meldeamt *nt* nüfus dairesi, nüfus memurluğu; **Meldefrist** *f* (*für Anmeldung*) kayıt süresi; (*für Verbrechen*) ihbar süresi, bildirme süresi
melden ['mɛldən] **I.** *vt* **1.** (*berichten*) haber vermek (-e); (*mitteilen*) bildirmek, haber vermek; **jdm etw** ~ birine bir şeyi bildirmek; **du hast hier(bei) überhaupt nichts zu** ~ (*fam*) burada senin hiç sözün geçmez **2.** (*anzeigen*) ihbar etmek, bildirmek; **etw bei der Polizei** ~ bir şeyi polise ihbar etmek **3.** (*ankündigen*) bildirmek; **wen darf ich ~?** kimin geldiğini bildireyim? **II.** *vr:* **sich** ~ **1.** (*an~*) kaydını yaptırmak, kendini kaydettirmek [*o* yazdırmak] **2.** (*sich zur Verfügung stellen*) hazır olduğunu bildirmek; (*auf eine Anzeige*) cevap vermek (*auf* -e) **3.** (*das Wort erbitten*) söz istemek; (*in der Schule*) söz istemek; **er meldete sich zu Wort** söz istedi **4.** (*von sich hören lassen*): **melde dich mal wieder (bei mir)** ara beni yine, görüşelim; **er hat sich nie wieder (bei uns) gemeldet** (bizi) bir daha hiç arayıp sormadı, ondan bir daha ses seda çıkmadı **5.** (*am Telefon*) cevap vermek; **es meldet sich niemand** kimse cevap vermiyor
Meldepflicht *f ohne Pl* (*für Dinge*) bildirme zorunluluğu; (*für Personen*) kimlik (ve ikametgâh) bildirme yükümlülüğü

meldepflichtig *adj* bildirilmesi zorunlu
Meldung *f* <-en> **1.** (*Bericht*) rapor; (*Mitteilung*) bildirme; (*Ankündigung*) bildiri, bildirme; (*für die Presse*) haber; (*bei der Polizei*) ihbar **2.** (*Radio~, Fernseh~*) haber **3.** (*dienstlich*) rapor; **eine ~ machen** rapor vermek
meliert [me'liːɐt] *adj* (*Haar*) kırçıl
Melisse [me'lɪsə] *f* <-n> (BOT) melisa, oğul otu
Melissengeist *m ohne Pl* melisa ruhu
melken ['mɛlkən] <melkt, melkte, gemelkt *o* gemolken> *vi, vt* (AGR) sağmak
Melkmaschine *f* (AGR) sağım makinesi
Melodie [melo'diː] *f* <-n> melodi
melodisch [me'loːdɪʃ] *adj* melodik
Melodrama [melo'draːma] *nt* <-s, -en> melodram
Melone [me'loːnə] *f* <-n> **1.** (*Honig~*) kavun; (*Wasser~*) karpuz **2.** (*fam: Hut*) melon
Membran(e) [mɛm'braːn(ə)] *f* <-e(n)> **1.** (TECH) çeper **2.** (BIOL) zar
Memoiren [memo'aːrən] *Pl* anılar *pl*
Menge ['mɛŋə] *f* <-n> **1.** (*Anzahl*) miktar, nicelik; **etw nur in kleinen ~n anwenden** bir şeyi azar azar kullanmak; **eine ~ Zeit** pek çok vakit; **eine ~ lernen** pek çok şey öğrenmek; **Bücher in ~n** bir yığın kitap; **in rauhen ~n** (*fam: sehr viel*) pek çok; **es gab eine ~ zu sehen** görülecek pek çok şey vardı; **er gab eine ganze ~ Geld aus** dünyanın parasını harcadı **2.** (*Menschen~*) kalabalık **3.** (MATH) küme; **die Elemente einer ~** bir kümenin elemanları
mengen ['mɛŋən] **I.** *vt* karıştırmak **II.** *vr:* **sich ~ 1.** (*sich mischen*) karışmak (*unter* -e) **2.** (*fam: sich einmischen*) karışmak, burnunu sokmak
Mengenlehre *f ohne Pl* (MATH) kümeler kuramı
Meningitis *f* (MED) menenjit
Meniskus [me'nɪskʊs] *m* <-, Menisken> **1.** (ANAT, MED) menisk, menüsküs **2.** (FOTO: *Linse*) menisk; **Meniskusschaden** *m* (MED) menisküs
Mennige *f ohne Pl* sülüğen
Menopause *f* menopoz
Mensa ['mɛnza] *f* <Mensen *o* -s> **1.** (UNI) yemekhane **2.** (REL: *katholisch*) sunak
Mensch [mɛnʃ] *m* <-en, -en> insan, adam; (*Person*) kimse; **kein ~** hiç kimse; **jeder ~** herkes; **~!** (*fam*) be adam!, birader!; **~, ärgere dich nicht!** kızma birader!; (*Gesellschaftsspiel*) kızmabirader; **von ~ zu ~** insandan insana; **Menschenaffe** *m* (ZOOL) insansı, insanımsı
menschenähnlich *adj* insansı, insana benzeyen, insanı andıran
Menschenalter *nt* <-s, -> insan yaşı; **Menschenfeind(in)** *m(f)* mizantrop, insandan nefret eden kimse; **Menschenfresser** *m* <-s, -> (*fam*) yamyam; **Menschenfreund(in)** *m(f)* filântrop, insansever, insanların iyiliği için çalışan kimse; **Menschengedenken** ['---'--] *nt:* **seit ~** bildik bileli, kalubelâdan beri; **Menschenhandel** *m* insan ticareti; **Menschenkenner(in)** *m(f)* adam sarrafı, insan sarrafı; **Menschenkenntnis** *f ohne Pl* adam sarraflığı, insanların karakterini anlayabilme; **Menschenkind** *nt ohne Pl* insan evlâdı; (*Mensch*) insanoğlu; **Menschenleben** *nt* **1.** (*Leben*) insan ömrü **2.** (*Opfer*) can;
menschenleer ['--'-] *adj* (*Gebiet*) tekin, ıssız; (*Straße*) tekin, tenha; (*Raum*) tekin, boş; **Menschenliebe** *f* insan sevgisi, insanlık; **Menschenmasse** *f* insan kitlesi; **Menschenmenge** *f* kalabalık; **menschenmöglich** ['--'--] *adj* insanın elinde olan; **alles M~e tun** elinden geleni yapmak
Menschenopfer *nt* **1.** insan kurbanı **2.** (*durch Unfall, Krieg*) can kaybı
Menschenrasse *f* insan ırkı; **Menschenraub** *m ohne Pl* adam kaçırma
Menschenrechte *ntPl* insan hakları *pl;* **Menschenrechtsverletzung** *f* insan haklarını ihlâl
menschenscheu *adj* (*schüchtern*) utangaç, insanlardan kaçan; (*ungesellig*) insanlara karışmaktan hoşlanmayan, merdümgiriz; **Menschenseele** ['--'--] *f* insan ruhu; **keine ~** (*fig*) kimsecikler
Menschenskind ['--'-] *interj* (*fam*) evlâdım; **Menschenverstand** *m:* **der gesunde ~** sağduyu; **Menschenwürde** *f ohne Pl* insan haysiyeti
Menschheit *f ohne Pl* insanlık
Menschheitsgeschichte *f ohne Pl* insanlık tarihi
menschlich *adj* **1.** insan; **der ~e Körper** insan vücudu **2.** (*menschenwürdig*) insanî, insaniyetli; **jdn ~ behandeln** birine insanca davranmak **3.** (*human*) insancıl; **eine ~e Seite an jdm entdecken** birinin insancıl bir yanını keşfetmek
Menschlichkeit *f ohne Pl* insanlık, insaniyet
Mensen *Pl von* **Mensa**
Menstruation [mɛnstrua'tsjoːn] *f* <-en> (MED) aybaşı, âdet
menstruieren* [mɛnstru'iːrən] *vi* (MED) âdet görmek
mental [mɛn'taːl] *adj* zihinsel, zihnî
Mentalität [mɛntali'tɛːt] *f* <-en> zihniyet, düşünüş biçimi

Menthol [mɛn'to:l] *nt ohne Pl* <-s> (CHEM) mentol

Menü [me'ny:] *nt* <-s, -s> **1.** (GASTR) fiks mönü, tabldot **2.** (INFORM) menü; **das ~ anklicken** (INFORM) menüyü tıklatmak; **menügesteuert** *adj* (INFORM) menü sürümlü; **Menüzeile** *f* (INFORM) menü satırı

Mergel *m* (GEO) marn, pekmez toprağı

mergeln *vt* marnlamak

Meridian [meri'dja:n] *m* <-s, -e> (GEO, ASTR) meridyen

Merkblatt *nt* broşür, prospektüs, açıklamalar (içeren basılı kâğıt)

merken ['mɛrkən] *vt* **1.** (*wahrnehmen*) algılamak, hissetmek, fark etmek, farkına varmak (-in); **woran hast du das gemerkt?** bunu nasıl fark ettin?; **jdm etw nicht ~ lassen** birine bir şeyi fark ettirmemek; **du merkst aber auch alles!** (*fam iron*) en sonunda anladın! **2.** (*spüren*) duymak, hissetmek; **merkst du was?** bir şey hissediyor musun? **3.** (*behalten*) aklında tutmak; **sich** *dat* **etw ~** bir şeyi aklında tutmak; **merk dir das!** bunu aklında tut!

merklich *adj* fark edilir; (*fühlbar*) hissedilir, duyulur; (*beträchtlich*) oldukça çok [*o* büyük], büyükçe, hatırı sayılır

Merkmal *nt* <-s, -e> **1.** nitelik, vasıf **2.** (BIOL) karakter; **rezessive ~e** çekinik karakterler

Merkur [mɛr'ku:ɐ] *m ohne Pl* <-s> (ASTR) Merkür

merkwürdig *adj* acaip, tuhaf; **ein ~er Zufall** tuhaf bir tesadüf

merkwürdigerweise ['----'--] *adv* işin tuhafı

Merlin *m* (ZOOL) bozdoğan

Mesner(in) ['mɛsnɐ] *m(f)* <-s, -; -nen> (*reg*) kilise hizmetlisi, zangoç

Mesolithikum *nt ohne Pl* <-s> Mezolitik Çağ; *s. a.* **Paläolithikum, Neolithikum**

messbar[RR] ['mɛsba:ɐ] *adj*, **meßbar** *adj* ölçülebilir

Messdiener(in) *m(f)* <-s, -; -nen>, **Meßdiener(in)**[RR] *m(f)* <-s, -; -nen> (REL) papaz yardımcısı

Messe ['mɛsə] *f* <-n> **1.** (REL) ayin, kudas ayini; **in die ~ gehen** ayine gitmek **2.** (*Ausstellung*) fuar; **auf der ~ sein** fuarda olmak **3.** (NAUT: *Schiffskantine*) kantin; (*Offiziers~*) yemekhane; **Messegelände** *nt* fuar alanı; **Messehalle** *f* sergi salonu, fuar binası

messen ['mɛsən] <misst, maß, gemessen> **I.** *vt* ölçmek; **die Zeit ~** zamanı ölçmek; **sieben Meter ~** yedi metre ölçmek **II.** *vr:* **sich ~** (*geh*) boy ölçüşmek, aşık atmak; **mit dem kannst du dich nicht ~** onunla boy ölçüşemezsin, onunla aşık atamazsın

Messer ['mɛsɐ] *nt* <-s, -> **1.** (*a.* TECH) bıçak; **jdm das ~ an die Kehle setzen** (*fam fig*) birinin gırtlağına bıçağı dayamak; **jdn ans ~ liefern** (*fam fig*) birine ihanet etmek; **etw steht auf ~s Schneide** bir şeyde bıçak kemiği dayanmak **2.** (*fam: Operation*) bıçak; **unters ~ kommen** bıçak altına yatmak, ameliyat olmak; **jdn unters ~ nehmen** birine bıçak atmak

Messerklinge *f* bıçak ağzı; **Messerrücken** *m* bıçak sırtı, bıçağın tersi; **messerscharf** *adj* bıçak gibi; (*Verstand*) keskin; **Messerspitze** *f* bıçak ucu; **Messerstecherei** [-ʃtɛçə'raɪ] *f* <-en> (*pej*) bıçaklı çatışma; **Messerstich** *m* <-(e)s, -e> bıçak

Messestand *m* <-(e)s, -stände> fuar standı

Messgerät[RR] *nt*, **Meßgerät** *nt* ölçme aleti

Messgröße[RR] *f*, **Meßgröße** *f* ölçülen

Messias [mɛ'si:as] *m ohne Pl* <-> (REL) Mesih

Messing ['mɛsɪŋ] *nt ohne Pl* <-s> pirinç

Messinstrument[RR] *nt*, **Meßinstrument** *nt* ölçme aleti; **Messlatte**[RR] *f*, **Meßlatte** *f* (TECH) mira

Messner(in)[RR] *m(f)* <-s, -; -nen> *s.* **Mesner**

Messung *f* <-en> ölçme, ölçüm

Messwert[RR] *m*, **Meßwert** *m* ölçüm; (*Messgröße*) ölçülen

Messwesen[RR] *nt ohne Pl*, **Meßwesen** *nt ohne Pl* ölçü bilimi

Mestize, -in [mɛs'ti:tsə] *m, f* <-n, -n; -nen> metis, Kızılderili ile beyaz ırk karışımı kimse

MESZ [ɛmʔe:ʔɛs'tsɛt] *Abk. von* **mitteleuropäische Sommerzeit** Orta Avrupa Yaz Saati

Metall [me'tal] *nt* <-s, -e> metal; **Metallarbeiter(in)** *m(f)* metal işçisi; **Metallgeld** *nt* madenî para

metallic [me'talɪk] *adj inv* metalik

metallisch *adj* metalik, madenî, metal gibi; **~ klingen/schimmern** metal gibi tınlamak [*o* ses çıkarmak]/parlamak

Metallurgie [metalʊr'gi:] *f ohne Pl* metalürji

Metallverarbeitung *f ohne Pl* metal işleme

Metamorphose [metamɔr'fo:zə] *f* <-n> (*a.* BOT, ZOOL) metamorfoz, başkalaşma; (GEOL) metamorfizm, başkalaşım

Metapher [me'tafɐ] *f* <-n> (LING, LIT) metafor, istiare

Metaphysik [metafy'zi:k] *f* metafizik, fizik ötesi, doğa ötesi; **metaphysisch** [meta'fy:zɪʃ] *adj* metafizik, fizik ötesi, doğa ötesi

Metastase [meta'sta:zə] *f* <-n> (MED) metastaz

M

Meteor [mete'oːr] *m* <-s, -e> (ASTR) meteor

Meteorit [meteo'riːt] *m* <-en, -en> (ASTR) meteorit

Meteorologe, -in [meteoro'loːgə] *m, f* <-n, -n; -nen> meteorolog

Meteorologie [meteorolo'giː] *f ohne Pl* meteoroloji

meteorologisch [meteoro'loːgɪʃ] *adj* meteorolojik

Meter ['meːtɐ] *m o nt* <-s, -> metre; **der Preis eines ~ Stoffes** bir metre kumaşın fiyatı; **die Wand ist drei ~ hoch/lang** duvarın yüksekliği/uzunluğu üç metredir; **eine Wand von zehn ~ Höhe/Länge** on metre yüksekliğinde/uzunluğunda bir duvar; **der laufende ~** (COM) metresi; **Metermaß** *nt* <-es, -e> (*Stab*) metre; (*Band*) şerit metre

meterweise *adv* metrelerce

Methadon [meta'doːn] *nt ohne Pl* <-s> metadon

Methode [me'toːdə] *f* <-n> metot, yöntem

methodisch *adj* metotlu, yöntemli

Metier [me'tjeː] *nt* <-s, -s> sanat, iş; (*Beruf*) meslek

Metrik ['meːtrɪk] *f ohne Pl* (LIT) vezin bilgisi

metrisch ['meːtrɪʃ] *adj* **1.** metrik **2.** (LIT) vezinli

Metro ['meːtro] *f* <-s> metro

Metronom [metro'noːm] *nt* <-s, -e> (MUS) metronom

Metropole [metro'poːlə] *f* <-n> metropol

Mettwurst *f füme kıymadan yapılmış sucuk*

Metzelei [mɛtsə'laɪ] *f* <-en> (*pej*) katliam, kırım

Metzger(in) ['mɛtsgɐ] *m(f)* <-s, -; -nen> kasap

Metzgerei [mɛtsgə'raɪ] *f* <-en> kasap dükkânı

Meute ['mɔɪtə] *f* <-n> **1.** (*Jagdhunde*) sürü **2.** (*fam: Menschen*) sürü

Meuterei [mɔɪtə'raɪ] *f* <-en> ayaklanma, isyan

Meuterer, -in *m, f* <-s, -; -nen> asi

meutern ['mɔɪtɐn] *vi* **1.** (*rebellieren*) ayaklanmak, isyan etmek **2.** (*fam: meckern*) isyan etmek, isyan bayrağını çekmek, kazan kaldırmak

Mexikaner(in) [mɛksi'kaːnɐ] *m(f)* <-s, -; -nen> Meksikalı

mexikanisch *adj* Meksika (ile ilgili)

Mexiko ['mɛksiko] *nt* <-s> Meksika

MEZ [ɛmʔeː'tsɛt] *Abk. von* **mitteleuropäische Zeit** Orta Avrupa Saati

mg *Abk. von* **Milligramm** miligram

MHz *Abk. von* **Megahertz** megahertz

miauen* [mi'aʊən] *vi* miyavlamak

mich [mɪç] **I.** *pron akk von* **ich** beni; **rufst du ~ an?** beni (telefonla) arayacak mısın?, bana telefon edecek misin?; **~ interessiert es nicht** o beni ilgilendirmez; **meinst du ~?** beni mi diyorsun [*o* kastediyorsun]? **II.** *pron akk von* **ich**: **ich halte ~ da raus** ben buna karışmam

mick(e)rig ['mɪk(ə)rɪç] *adj* (*fam pej: Sache*) iciş bücüş; (*Person*) öksürüklü tıksırıklı

mied [miːt] *3. imp von* **meiden**

Mieder ['miːdɐ] *nt* <-s, -> **1.** (*Unterkleidung*) korse **2.** (*einer Tracht*) korse yelek

Mief [miːf] *m ohne Pl* <-s> (*fam pej: Gestank*) pis koku; (*verbrauchte Luft*) havasılık

miefen *vi* (*fam pej: schlecht riechen*) pis kokmak; **hier mieft es sehr** burası çok pis kokuyor; (*Luft*) havasız olmak; **hier mieft es sehr** burası çok havasız

Miene ['miːnə] *f* <-n> yüz ifadesi; **ohne eine ~ zu verziehen** kılını bile kıpırdatmadan; **gute ~ zum bösen Spiel machen** (*fig: kein Spielverderber sein*) oyunbozanlık etmemek; **eine sauere ~ machen** [*o* **ziehen**] (*fam fig*) suratını ekşitmek, yüzünü ekşitmek [*o* buruşturmak]; **Mienenspiel** *nt ohne Pl* <-s> sözsüz oyun, pantomim

mies [miːs] *adj* (*fam pej*) madara; **etw/jdn ~ machen** bir şeyi/kimse madara etmek

Miese ['miːzə] *Pl* (*fam*): **in den ~n sein** zararda olmak

mies|machen *vt s.* **mies**

Miesmacher(in) *m(f)* <-s, -; -nen> (*fam pej*) şom ağızlı (kimse)

Miesmuschel *f* midye

Mietauto *nt* kiralık oto

Miete ['miːtə] *f* <-n> kira; **zur ~ wohnen** kira ile oturmak

mieten ['miːtən] *vt* kiralamak, kira ile tutmak

Mieter(in) *m(f)* <-s, -; -nen> (*einer Wohnung*) kiracı

Mieterhöhung *f* kirayı artırma

Mieterschutz *m* kiracıları koruma

mietfrei *adj* kirasız; **~ wohnen** kira vermeden oturmak; **Mietrückstand** *m* kira borcu

Mietshaus *nt* apartman; **Mietvertrag** *m* kira kontratı; **Mietwagen** *m* kira arabası; **Mietwohnung** *f* kiralık ev

Miezekatze *f* (*fam*) pisi pisi

Migräne [mi'grɛːnə] *f ohne Pl* migren

Migrant(in) *m(f)* göçmen

Migration [migra'tsjoːn] *f* <-en> (GEO, BIOL, SOZIOL) göç

Mihrab *m* (REL) mihrap

Mikro ['mikro] *nt* <-s, -s> mikrofon
Mikrobe [mi'kro:bə] *f* <-n> (BIOL) mikrop
Mikrobiologie *f* mikrobiyoloji; **Mikrochip** ['mi:kro-] *m* (ELEK) mikroçip; **Mikroelektronik** *f ohne Pl* mikroelektronik; **Mikrofaser** ['----] *f* mikrolif; **Mikrofiche** ['mi:krofi:ʃ, mikro'fi:ʃ] *nt o m* mikrofiş; **Mikrofilm** ['mi:kro-] *m* <-s, -e> mikrofilm
Mikrofon [mikro'fo:n] *nt* <-s, -e> mikrofon
Mikrokosmos ['mi:krokɔsmɔs, mikro'kɔsmɔs] *m* (BIOL, PHILOS, PHYS) mikrokozmos, küçük evren; **Mikroorganismus** ['------, ----'--] *m* (BIOL) mikroorganizma
Mikrophon [mikro'fo:n] *nt* <-s, -e> *s.* **Mikrofon**
Mikroprozessor ['-----] *m* (INFORM) mikroişlemci
Mikroskop [mikro'sko:p] *nt* <-s, -e> mikroskop
mikroskopisch [mikro'sko:pɪʃ] *adj* mikroskop yardımıyla görülen, mikroskop (ile ilgili); ~ **klein** mikroskobik
Mikrowelle ['----] *f* <-n> **1.** (~*nherd*) mikrodalga (fırını) **2.** (ELEK) mikrodalga; **Mikrowellenherd** *m* mikrodalga fırını
Milan ['mi:lan, mi'la:n] *m* <-s, -e> (ZOOL) çaylak
Milbe ['mɪlbə] *f* <-n> (ZOOL: *Ordnung*): ~**n** akarlar; (*Krätz~*) uyuz böceği
Milch [mɪlç] *f ohne Pl* (*a.* BOT) süt; **Milchflasche** *f* **1.** (*Babyflasche*) biberon **2.** (*für den Verkauf*) süt şişesi; **Milchglas** *nt ohne Pl* <-es> (*Material*) sütlü cam
milchig ['mɪlçɪç] *adj* sütlü
Milchkaffee *m* sütlü kahve; **Milchkalb** *nt* buzağı; **Milchkanne** *f* (*zum Transport*) süt bidonu; (*kleine* ~) sütlük; **Milchkuh** *f* sağmal, süt veren inek, sütlü inek
Milchmädchenrechnung *f* (*fam fig*) çömlek hesabı
Milchmann *m* sütçü
Milchprodukt *nt* süt ürünü; **Milchpulver** *nt ohne Pl* süt tozu; **Milchpumpe** *f* tirle; **Milchreis** *m* sütlâç; **Milchsäure** *f ohne Pl* süt asidi, lâktik asit; **Milchschokolade** *f* sütlü çikolata; **Milchstraße** *f ohne Pl* (ASTR) Samanyolu; **Milchtüte** *f* süt torbası; **Milchzahn** *m* süt dişı
mild(e) [mɪlt, 'mɪldə] *adj* **1.** (*sanft, Luft*) yumuşak; (*Klima*) ılıman **2.** (*nachsichtig*) hoşgörülü, anlayışlı; (*gütig*) iyilikçi, iyiliksever; (*Strafe*) hafif; **eine ~e Gabe** sadaka; **jdn ~(e) stimmen** birinin gönlünü almak **3.** (*Tabak*) yavaş, sert olmayan; (*Speisen*) hafif
Milde ['mɪldə] *f ohne Pl* **1.** (*Nachsicht*) hoşgörü, anlayış, müsamaha; (*Güte*) iyilikçilik, iyilikseverlik **2.** (*Sanftheit*) yumuşaklık
mildern ['mɪldɐn] **I.** *vt* (*Zorn*) yatıştırmak; (*Schmerz, Wirkung*) azaltmak; (*Aufprall*) yumuşatmak; **~de Umstände** hafifletici sebepler **II.** *vr:* **sich ~** yumuşamak, hafiflemek, azalmak
mildtätig *adj* (*geh*) iyilikçi, iyiliksever, hayırsever; **Mildtätigkeit** *f ohne Pl* iyilikçilik, iyilikseverlik, hayırseverlik
Milieu [mi'ljø:] *nt* <-s, -s> çevre
militant [mili'tant] *adj* militan
Militär[1] [mili'tɛ:ɐ] *m* <-s, -s> (*Offizier*) asker
Militär[2] *nt ohne Pl* <-s> (*Heer*) asker; **er ist beim ~** (*als Berufssoldat*) o, askerdir; (*als Wehrdienstleistender*) o, askerde
Militärdienst *m ohne Pl* <-(e)s> askerlik, askerlik hizmeti; **Militärdiktatur** *f* cunta; **Militärgericht** *nt* askerî mahkeme
militärisch [mili'tɛ:rɪʃ] *adj* askerî
Militarismus [milita'rɪsmʊs] *m ohne Pl* <-> (*pej*) militarizm, askercilik
militaristisch *adj* militarist, askerci
Militärputsch *m* askerî darbe; **Militärregierung** *f* askerî hükümet
Miliz [mi'li:ts] *f* <-en> milis
Millenium *nt* milenyum
Milliardär(in) [mɪljar'dɛ:ɐ] *m(f)* <-s, -e; -nen> milyarder
Milliarde [mɪ'ljardə] *f* <-n> milyar
Millibar ['mɪliba:ɐ] *nt* <-s, -s> (METEO) milibar; **Milligramm** ['mɪligram] *nt* miligram
Milliliter *m o nt* mililitre; **Millimeter** [mɪli'me:tɐ, '----] *m o nt* milimetre; **millimetergenau** *adj* milimi milimine; **Millimeterpapier** [--'----] *nt* milimetrik kâğıt
Million [mɪ'ljo:n] *f* <-en> milyon
Millionär(in) [mɪljo'nɛ:ɐ] *m(f)* <-s, -e; -nen> milyoner
Millionengeschäft *nt* <-(e)s, -e> milyonluk iş; **Millionengewinn** *m* <-(e)s, -e> bir milyon kazanma; **millionenschwer** *adj* (*fam*) milyonluk; **Millionenstadt** *f* milyonluk kent
Milz [mɪlts] *f* <-en> (ANAT) dalak
Milzbrand *m* (MED) şarbon, kara kabacık, kara yanık, yanıkara
Mimik ['mi:mɪk] *f ohne Pl* mimik
mimisch ['mi:mɪʃ] *adj:* **etw ~ ausdrücken** bir şeyi mimikle ifade etmek
Mimose [mi'mo:zə] *f* <-n> **1.** (BOT) küstüm otu, küseğen **2.** (*Mensch*) küseğen
min., Min. *Abk. von* **Minute(n)** dakika
minder ['mɪndɐ] *adv* (*geh*) *kompar von* **wenig** daha az (*als* -den); **minderbemittelt** *adj* dar gelirli; (*arm*) yoksul, fakir; **geistig ~** (*fam pej*) geri zekâlı
mindere(r, s) ['mɪndərə, -rɐ, -rəs] *adj* az;

(*minderwertig*) aşağı, değeri düşük, niteliği düşük, adî; **von ~r Qualität** düşük kaliteli, niteliği düşük

Minderheit *f* <-en> azınlık; **in der ~ sein** azınlıkta olmak; **Minderheitenschutz** *m* (POL) azınlıkların korunması

minderjährig *adj* (JUR) küçük; (*nicht volljährig*) ergin olmayan

Minderjährige(r) *mf* <-n, -n; -n> (JUR) küçük, ergin olmayan kimse

mindern ['mɪndɐn] *vt* (*geh*) indirmek (*um* -, *auf* -e), düşürmek, azaltmak, tenzil etmek

Minderung *f* <-en> **1.** (*Wert~*) düşürüm (*um* -e); (*Preis*) düşürme **2.** (*Herabsetzung*) indirme, tenzil

minderwertig *adj* aşağılık, değeri düşük, niteliği düşük; **von ~r Qualität** düşük kaliteli; (*Ware*) aşağı, tapon

Minderwertigkeitsgefühl *nt* <-s, -e> (PSYCH) aşağılık duygusu; **Minderwertigkeitskomplex** *m* (PSYCH) aşağılık kompleksi

Minderzahl *f ohne Pl* azınlık; **in der ~ sein** azınlıkta olmak

Mindestabstand *m* en az güvenli mesafe; **Mindestalter** *nt* <-s, -> asgarî yaş haddi

mindeste(r, s) ['mɪndəstə, -tɐ, -təs] *adj:* **nicht die ~ Ahnung haben** hiç haberi olmamak; **ich verstehe nicht das ~ davon** ben ondan hiç anlamam; **das wäre wohl das ~ gewesen** hiç olmazsa bu olmalıydı; **das bezweifle ich nicht im M~n** bundan hiç şüphem yok

Mindesteinkommen *nt* asgarî gelir

mindesten *s.* **mindeste(r, s)**

mindestens ['mɪndəstəns] *adv* en azından, hiç olmazsa

Mindestgebot *nt* en düşük teklif; **Mindestgeschwindigkeit** *f* en düşük hız, asgarî hız; **Mindestlohn** *m* asgarî ücret; **Mindestmaß** *nt* <-es, -e> asgarî ölçü, asgarî had; **Mindestpreis** *m* en düşük fiyat, taban fiyatı; **Mindeststrafe** *f* en hafif ceza

Mine ['miːnə] *f* <-n> **1.** (BERGB) maden **2.** (MIL) mayın; **~n legen** mayın döşemek; **Minenfeld** *nt* (MIL) mayın tarlası; **Minenwerfer** *m* <-s, -> (MIL) mayın gemisi

Mineral [mine'raːl] *nt* <-s, -e *o* -ien> mineral; **Mineralbad** *nt* ılıca banyosu

mineralisch *adj* mineral

Mineralogie [mineralo'giː] *f ohne Pl* mineraloji

Mineralöl *nt* **1.** (*destilliertes Erdöl*) mineralli yağ **2.** (*Erdöl*) petrol; **Mineralölgesellschaft** *f* petrol şirketi; **Mineralölindustrie** *f* petrol sanayii; **Mineralölsteuer** *f* <-n> petrol vergisi, akaryakıt vergisi

Mineralstoffe *mPl* mineral maddeler *pl;* **Mineralwasser** *nt* <-s, -wässer> maden suyu; (*mit Kohlensäure*) maden sodası

Mini ['mɪni, 'mini] *m* <-s, -s> (*fam*) mini

Miniatur [minia'tuːɐ] *f* <-en> minyatür

Minibar ['mɪni-] *f* <-s> minibar; **Minigolf** *nt ohne Pl* <-s> minigolf

Minima *Pl von* **Minimum**

minimal [mini'maːl] *adj* (*wenig*) minimal, çok az; (*unbedeutend*) yok gibi

Minimallohn *m s.* **Mindestlohn** asgarî ücret

minimieren* [mini'miːrən] *vt* minimuma indirmek

Minimum ['miːnimʊm, *Pl:* 'miːnima] *nt* <-s, Minima> minimum

Minipille *f* (*fam*) mini hap; **Minirock** *m* <-(e)s, -röcke> mini etek

Minister(in) [mi'nɪstɐ] *m(f)* <-s, -; -nen> bakan

ministeriell [minɪsteri'ɛl] *adj* bakanlık (ile ilgili)

Ministerium [minɪs'teːriʊm] *nt* <-s, Ministerien> bakanlık

Ministerkonferenz *f* bakanlar toplantısı; **Ministerpräsident(in)** *m(f)* **1.** (*eines Staates*) başbakan **2.** (*eines Bundeslandes*) başbakan; **Ministerrat** *m* <-(e)s, -räte> bakanlar kurulu

Ministrant(in) [minɪs'trant] *m(f)* <-en, -en; -nen> (REL: *katholische Kirche*) papaz yardımcısı

Minnesänger ['mɪnə-] *m* (HIST) ozan

Minorität [minori'tɛːt] *f* <-en> azınlık

minus *adv* **1.** (MATH) eksi **2.** (*Temperatur*) eksi; **15 Grad ~** eksi 15 derece **3.** (ELEK) eksi

Minus ['miːnʊs] *nt ohne Pl* <-> **1.** (*Fehlbetrag*) açık; **~ machen** zarar yapmak **2.** (*Nachteil*) dezavantaj; **Minuspunkt** *m* eksi puan; **Minuszeichen** *nt* çıkarma işareti

Minute [mi'nuːtə] *f* <-n> dakika; **auf die ~** (**pünktlich**) dakikasında, dakikası dakikasına; **in letzter ~** son dakikada; **fünf ~n vor drei** üçe beş dakika kala; **fünf ~n nach drei** üçü beş dakika geçe; **minutenlang I.** *adj* dakikalar süren **II.** *adv* dakikalarca; **Minutenzeiger** *m* yelkovan

minutiös [minu'tsjøːs] *adj* (*geh*), **minuziös** [minu'tsjøːs] *adj* (*geh*) çok titiz

Minze ['mɪntsə] *f* <-n> nane

mir [miːɐ] **I.** *pron dat von* **ich** bana; **sie haben ~ ein Buch geschenkt** bana bir kitap armağan ettiniz; **~ gefällt das sehr gut** bu benim çok hoşuma gitti; **hinter/vor/unter/über ~** benim arkamda/önümde/altımda/üstümde; **mit ~** benimle; **ein Freund von ~** benim bir dostum; **von ~ aus** bana göre hava hoş; **~ nichts, dir**

nichts (*fig*) hiç yoktan, durup dururken **II.** *pron dat von* **ich**: **ich wasche ~ täglich die Haare** her gün saçlarımı yıkarım

Mirabelle [mira'bɛlə] *f* <-n> küçük sarı erik

Misanthrop(in) *m(f)* <-en, -en, -nen> mizantrop

Mischbrot *nt çavdar ile buğday karışımı ekmek;* **Mischehe** *f eşlerin değişik mezheplerde olduğu evlilik*

mischen ['mɪʃən] **I.** *vt* **1.** (*vermengen*) karıştırmak; (*Beton*) karmak; (*Karten*) karıştırmak **2.** (*Cocktail, Gift*) karıştırmak **II.** *vr:* **sich ~ 1.** (*sich ein~*) karışmak (*in* -e); **misch dich nicht in meine Angelegenheiten!** benim işlerime karışma! **2.** (*sich vermengen*) karışmak, karılmak **3.** (*unter Menschen*) çıkmak (*unter* içine) **III.** *vi* (*Karten*) karışmak

Mischer *m* karıştırıcı; (*Beton~*) karma makinesi; **Mischhaut** *f ohne Pl* melez

Mischling *m* <-s, -e> **1.** (*Mensch*) melez **2.** (*Tier*) melez, azma, kırma, metis

Mischmasch ['mɪʃmaʃ] *m* <-(e)s, -e> (*fam a. pej*) karmakarışık, abur cubur

Mischmaschine *f* karmaç, mikser

Mischung *f* <-en> karışım

Mise *f* miza

miserabel [mize'ra:bəl] *adj* **1.** (*sehr schlecht*) berbat, feci, çok kötü **2.** (*gemein, niederträchtig*) adî, alçak, bayağı

Misere [mi'ze:rə] *f* <-n> sefalet, sefillik, yoksulluk, yoksulluk sıkıntısı

Mispel [mɪs'pəl] *f* muşmula

missachten *RR [mɪs'ʔaxtən] *vt,* **mißachten*** *vt* **1.** (*verachten*) saygı göstermemek (-e) **2.** (*ignorieren*) dinlememek; (*Anweisung, Gesetz*) riayet etmemek; **Missachtung**RR [-'--, '---] *f,* **Mißachtung** *f* riayetsizlik, saygısızlık; **missbehagen** *RR *vi,* **mißbehagen*** *vi* (*geh*) hoşa gitmemek; **Missbehagen**RR ['----] *nt,* **Mißbehagen** *nt* hoşnutsuzluk; **Missbildung**RR ['---] *f* <-en>, **Mißbildung** *f* <-en> deformasyon; **missbilligen** *RR [mɪs'bɪlɪgən] *vt,* **mißbilligen*** *vt* onamamak, tasvip etmemek, uygun bulmamak; (*stärker*) kınamak; **Missbilligung**RR [-'---, '----] *f,* **Mißbilligung** *f* onamama, tasvip etmeme, uygun bulmama; (*stärker*) kınama; **Missbrauch**RR ['--] *m,* **Mißbrauch** *m* kötüye kullanma; **sexueller ~** cinsel bakımdan kötüye kullanma; **missbrauchen** *RR [-'--] *vt,* **mißbrauchen*** *vt* (*Person, Vertrauen*) kötüye kullanmak

missbräuchlichRR ['mɪsbrɔɪçlɪç] *adj,* **mißbräuchlich** *adj* usulsüz, yolsuz; **~e Rechtsausübung** hakkın kötüye kullanılması

missdeuten *RR [mɪs'dɔɪtən] *vt,* **mißdeuten*** *vt* yanlış yorumlamak; **Missdeutung**RR [-'--, '---] *f,* **Mißdeutung** *f* yanlış yorum(lama)

missen ['mɪsən] *vt* (*geh*) vazgeçmek (-den); **etw nicht missen wollen** bir şeyden vazgeçmek istememek

MisserfolgRR ['---] *m,* **Mißerfolg** *m* başarısızlık, fiyasko; **Missernte**RR ['---] *f,* **Mißernte** *f* bereketsiz ürün

Missetat ['mɪsəta:t] *f* kötülük, kötü iş; (REL) günah

missfallen *RR [mɪs'falən] *irr vi,* **mißfallen*** *irr vi* (*geh*) hoşa gitmemek; **dein Benehmen missfällt mir** davranışın hoşuma gitmiyor

MissfallenRR *nt ohne Pl* <-s>, **Mißfallen** *nt ohne Pl* <-s> hoşnutsuzluk; **sein ~ äußern** hoşnutsuzluğunu ifade etmek; **jds ~ erregen** birinin hoşuna gitmeyecek davranışta bulunmak

missgebildetRR *adj,* **mißgebildet** *adj* deforme; **Missgeburt**RR ['---] *f,* **Mißgeburt** *f* hilkat garibesi; **missgelaunt**RR *adj,* **mißgelaunt** *adj* keyifsiz, aksiliği üstünde; **Missgeschick**RR ['---] *nt,* **Mißgeschick** *nt* aksilik, uğursuzluk; **mir ist heute ein ~ passiert** bugün bir aksilik oldu; **missgestaltet**RR *adj,* **mißgestaltet** *adj* deforme; **missgestimmt**RR *adj,* **mißgestimmt** *adj* keyifsiz, aksiliği üstünde; **missglücken** *RR [mɪs'glʏkən] *vi,* **mißglücken*** *vi sein* başarısızlığa uğramak, başarısız kalmak; **missgönnen** *RR [mɪs'gœnən] *vt,* **mißgönnen*** *vt* çok görmek; **jdm etw ~** birine bir şeyi çok görmek; **Missgriff**RR ['--] *m* <-(e)s, -e>, **Mißgriff** *m* <-(e)s, -e> hata; **der Kauf des Hauses war ein ~** evi almak bir hataydı; **einen ~ tun** hata yapmak; **Missgunst**RR ['--] *f,* **Mißgunst** *f* haset; **missgünstig**RR *adj,* **mißgünstig** *adj* (*neidisch*) hasetli; (*eifersüchtig*) kıskanç; **misshandeln** *RR [mɪs'handəln] *vt,* **mißhandeln*** *vt* kötü davranmak (-e); **Misshandlung**RR [-'--] *f,* **Mißhandlung** *f* fena muamele, eziyet

Mission[1] [mɪ'sjo:n] *f* <-en> (*Auftrag*) misyon; **diplomatische/geheime ~** diplomatik/gizli misyon

Mission[2] *f ohne Pl* (REL) misyon

Missionar(in) [mɪsjo'na:ɐ] *m(f)* <-s, -e; -nen>, **Missionär(in)** [mɪsjo'na:ɐ] *m(f)* <-s, -e; -nen> (*österr*) misyoner

missionarisch [mɪsjo'na:rɪʃ] *adj:* **~ tätig sein** misyonerlik yapmak

missionieren * [mɪsjo'ni:rən] *vi* misyonerlik yapmak

Missionschef(in) *m(f)* misyon şefi

MissklangRR ['--] *m,* **Mißklang** *m* kakışma;

M

MisskreditRR ['---] *m,* **Mißkredit** *m:* **in ~ geraten** (*an Ansehen verlieren*) itibardan düşmek, saygınlığını yitirmek; **jdn/etw in ~ bringen** bir kimseyi/şeyi gözden düşürmek

misslangRR [mɪs'laŋ], **mißlang** *3. imp von* **misslingen**

misslichRR ['mɪslɪç] *adj,* **mißlich** *adj* (*unangenehm*) hoş olmayan, nahoş; (*ärgerlich*) can sıkıcı, üzücü

misslingenRR [mɪs'lɪŋən] <misslingt, misslang, misslungen> *vi sein,* **mißlingen** <mißlingt, mißlang, mißlungen> *vi sein* başarısızlığa uğramak, başarısız kalmak, berbat olmak; **der Kuchen ist misslungen** pasta berbat oldu; **der Kuchen ist mir misslungen** pastayı berbat ettim

MisslingenRR [-'--] *nt ohne Pl* <-s>, **Mißlingen** *nt ohne Pl* <-s> başarısızlık, başarısızlığa uğrama

misslungenRR [mɪs'lʊŋən], **mißlungen** *pp von* **misslingen**

MissmutRR ['--] *m,* **Mißmut** *m* bezginlik; (*Unzufriedenheit*) hoşnutsuzluk; **missmutig**RR *adj,* **mißmutig** *adj* bezgin; (*schlecht gelaunt*) keyifsiz, aksiliği üstünde; **missraten*** RR [mɪs'ra:tən] *irr vi sein,* **mißraten*** *irr vi sein* fena olmak; **ein ~es Kind** fena bir çocuk; **Missstand**RR ['--] *m* <-(e)s, -stände>, **Mißstand** *m* <-(e)s, -stände> yolsuzluk; **Missstände in der Verwaltung wurden aufgedeckt** idaredeki yolsuzluklar ortaya çıkarıldı; **Missstimmung**RR ['---] *f ohne Pl,* **Mißstimmung** *f ohne Pl* (*Unzufriedenheit*) hoşnutsuzluk, memnuniyetsizlik; **eine ~ aufkommen lassen** hoşnutsuzluk getirmek, memnuniyetsizlik göstermek

misstRR [mɪst], **mißt** *3. präs von* **messen**

misstrauen* RR [mɪs'traʊən] *vi,* **mißtrauen*** *vi* güvenmemek (-e)

MisstrauenRR *nt ohne Pl* <-s>, **Mißtrauen** *nt ohne Pl* <-s> güvensizlik, itimatsızlık; (*Argwohn*) işkil; **gegen jdn/etw ~ hegen** bir kimseye/şeye güvensizlik duymak; **Misstrauensantrag**RR *m* (POL) güvensizlik önergesi; **Misstrauensvotum**RR *nt* (POL) güvensizlik oyu

misstrauischRR ['mɪstraʊɪʃ] *adj,* **mißtrauisch** *adj* güvensiz, itimatsız, işkilli

MissverhältnisRR ['----] *nt,* **Mißverhältnis** *nt* oransızlık; (*Ungleichgewicht*) dengesizlik; **missverständlich**RR ['----] *adj,* **mißverständlich** *adj* anlaşılmaz, yanlış anlaşılır; **sich ~ ausdrücken** meramını yanlış anlaşılır bir şekilde anlatmak; **Missverständnis**RR ['----] *nt* <-ses, -se>, **Mißverständnis** *nt* <-ses, -se> yanlış anlaşılma, anlaşmazlık; **in ihrer Ehe hat es oft ~se gegeben** evliliklerinde sık sık anlaşmazlıklar olmuştu; **missverstehen*** RR ['----] *irr vt,* **mißverstehen*** *irr vt* yanlış anlamak; **Mißwahl** *f,* **Misswahl** ['mɪsva:l] *f* güzellik kraliçesi seçimi; **Misswirtschaft**RR ['---] *f ohne Pl,* **Mißwirtschaft** *f ohne Pl* kötü yönetim

Mist [mɪst] *m ohne Pl* <-(e)s> **1.** (*Tierkot*) gübre; (*Dünger*) gübre; **Kleinvieh macht auch ~** (*prov*) akmasa da damlar **2.** (*fam pej: Unsinn*) bok; **~ bauen** bokunu çıkarmak; **~ machen** bok yemek; **~ reden** saçmalamak **3.** (*fam pej: Ärgernis*): **so ein ~!** ne boktan iş!, ne aksilik!

Mistel ['mɪstəl] *f* <-n> (BOT) ökse otu; **Misthaufen** *m* gübrelik; **Mistkäfer** *m* (ZOOL) bok böceği; **Miststück** *nt* (*fam pej*) alçak; **Mistwagen** *m* <-s, -> gübre arabası; **Mistwetter** *nt* <-s, -> (*fam*) boktan hava

mit [mɪt] **I.** *präp* **1.** (*in Begleitung von*) ile; **~ mir/dir/ihm** benimle/seninle/onunla; **Kaffee ~ Milch** sütlü kahve **2.** (*~ Hilfe von*) yardımıyla; (*Verkehrsmittel*) yoluyla; **~ der Bahn/dem Flugzeug kommen** trenle/uçakla gelmek, tren/uçak ile gelmek; **~ Gewalt** zorla, metazori; **~ der Post** postayla; **~ der Maschine schreiben** daktilo ile yazmak; **~ der Strömung** akıntıyla **3.** (*Alter, Zeitpunkt*): **~ dreißig (Jahren)** otuz yaşında; **~ dem heutigen Tag** bugünle beraber; **~ einem Mal** birden bire; **~ der Zeit** zamanla **4.** (*Eigenschaft*): **ein Mädchen ~ blonden Haaren** sarı saçlı bir kız **5.** (*Art und Weise*): **~ Interesse** merakla; **~ Bedauern ...** maatteessüf, üzülerek; **~ lauter Stimme** yüksek sesle; **sie gewannen ~ vier zu eins** dörde bir kazandı; **~ 80 Stundenkilometern** saatte 80 kilometre hızla **II.** *adv* (*ebenfalls*): **etw ~ berücksichtigen** bir şeyi (de) hesaba katmak; **er ist (bei der Gruppe) ~ dabei** o da (grupta) var; **im Preis ~ einbegriffen** fiyata dahil; **er ist ~ von der Partie** o da bizim partiden; **er ist ~ einer der besten** (*fam*) o, en iyilerden biri; **ich habe kein Geld ~** (*fam*) yanımda para yok

Mitangeklagte(r) ['mɪt-] *mf* (JUR) diğer sanık; **Mitarbeit** *f ohne Pl* iş birliği, ortak çalışma, birlikte çalışma; **seine ~ an/bei dem Projekt** projedeki iş birliği; **mit|arbeiten** *vi* birlikte çalışmak (*an/bei* -de/-de); **Mitarbeiter(in)** *m(f)* eleman; **ehrenamtlicher ~** fahrî eleman; **freier ~** sözleşmesiz eleman; **mit|bekommen*** *irr vt* **1.** (*Verpflegung*) almak; **von seiner Mutter türkisches Blut ~ haben** anasından Türk kanı almış olmak **2.** (*hören, er-*

fahren) duymak, görmek, kulak misafiri olmak (-e); **nur die Hälfte** ~ sadece yarısını duymak; **mit|benutzen*** *vt,* **mit|benützen*** *vt* (*reg*) birlikte kullanmak, ortaklaşa kullanmak; **mit|bestimmen*** *vi* yönetime katılmak (*bei* -de); (**in einem Unternehmen**) ~ (bir işletmede) yönetime katılmak

Mitbestimmung *f ohne Pl* yönetime katılma; ~ **am Arbeitsplatz** iş yerinde yönetime katılma; **das Recht zur** ~ **bei Entscheidungen** kararlarda yönetime katılma hakkı; **Mitbestimmungsrecht** *nt* <-(e)s, -e> yönetime katılma hakkı

Mitbewerber(in) *m(f)* talip; (*Konkurrent*) rakip; **Mitbewohner(in)** *m(f)* (*in einer Wohnung*) birlikte yaşayan kimse; (*in einem Haus*) aynı binada oturan kimse; **mit|bringen** *irr vt* **1.** (*an einen Ort*) yanında getirmek **2.** (*Voraussetzung*) sahip olmak (-e)

Mitbringsel ['mɪtbrɪŋzəl] *nt* <-s, -> (*fam*) hediye; (*von einer Reise*) andaç

Mitbürge, -in *m, f* (JUR) birlikte kefil; **Mitbürger(in)** *m(f)* yurttaş, hemşehri; **mit|denken** *irr vi* (*folgen*) takip etmek; (*aufmerksam sein*) dikkat etmek; **mit|dürfen** *irr vi* (*fam*): (**mit jdm**) ~ (biriyle) birlikte gidebilmek; **darf ich mit?** ben de gidebilir miyim?

Miteigentum *nt ohne Pl* <-s> (JUR) ortak mülkiyet

Miteigentümer(in) *m(f)* (JUR) hissedar, paydaş

miteinander [mɪtʔaɪ'nandɐ] *adv* **1.** (*einer mit dem anderen*) birbirleriyle; ~ **reden** birbirleriyle konuşmak; **gut** ~ **auskommen** birbirleriyle iyi geçinmek **2.** (*zusammen*) birlikte, bir arada; **alle** ~ hep birlikte

Miteinander [mɪtʔaɪ'nandɐ] *nt ohne Pl* <-s>: **sie führen ein friedliches** ~ kavgasız yaşıyorlar, kavgasız gürültüsüz bir arada hayat sürüyorlar

Miterbe, -in *m, f* <-n, -n; -nen> diğer mirasçı, birlikte mirasçı; **mit|erleben*** *vt* yaşamak, geçirmek; **Mitesser** *m* <-s, -> (MED) sivilce; **mit|fahren** *irr vi sein* gelmek (*bei/mit* -le/-le), gitmek (*bei/mit* -le/-le); (*begleiten*) yoldaşlık etmek; **möchtest du** (**bei mir**) ~**?** (*im Auto*) benimle gelecek misin?; **möchtest du** (**mit mir**) ~**?** (*auf eine Reise*) benimle gelecek misin?, bana yoldaşlık etmek ister misin?; **Mitfahrer(in)** *m(f)* (aracın içindeki) yolcu

mit|fühlen I. *vt* duygudaşı olmak (-in) **II.** *vi:* **mit jdm** ~ birinin duygudaşı olmak, birinin duygularını paylaşmak

mitfühlend *adj* duygudaş, aynı duyguları paylaşan

mit|führen *vt* **1.** (*Waren, Papiere*) üstünde taşımak, yanında bulundurmak **2.** (*Fluss*) sürüklemek; **mit|geben** *irr vt* vermek; **sie gab mir einige Ratschläge mit** bana birkaç öğüt verdi; **Mitgefühl** *nt ohne Pl* <-s> duygudaşlık, aynı duyguları paylaşma, yakınlık; (*Verständnis*) anlayış (*für* için); (*Mitleid*) acıma (*für* -e), insaf; **mit|gehen** *irr vi sein* **1.** (*begleiten*) birlikte gitmek; **etw** ~ **lassen** (*fam*) bir şeyi yürütmek; **mitgegangen, mitgefangen/mitgehangen** (*prov*) anca beraber, kanca beraber **2.** (*sich begeistern*) coşmak

mitgenommen I. *pp von* **mitnehmen II.** *adj* **1.** (*Dinge*) yıpranmış, aşınmış **2.** (*Person*) bitkin; **sie sieht** ~ **aus** bitkin görünüyor

Mitgift ['mɪtgɪft] *f* <-en> drahoma

Mitglied *nt* <-(e)s, -er> üye; (*einer Partei, eines Vereins*) üye; **die** ~**er der EU** AB üyeleri; **ordentliches** ~ aktif üye; **Mitgliederversammlung** *f* üye toplantısı

Mitgliedsausweis *m* üyelik kartı; **Mitgliedsbeitrag** *m* üyelik aidatı

Mitgliedschaft *f* <-en> üyelik; **die** ~ **in einer Partei/in einem Verein** bir partide/dernekte üyelik; **die** ~ **beantragen** üyelik için başvurmak

Mitgliedsland *nt* <-(e)s, -länder> üye ülke

mit|haben *irr vt* (*fam*) yanında olmak; **ich habe kein Geld mit** yanımda para yok; **mit|halten** *irr vi* ayak uydurmak (*bei* -e); **ich konnte nicht bei ihnen** ~ onlara ayak uyduramadım; **mit|helfen** *irr vi* yardım etmek (*bei* -de)

mithilfe[RR] *präp* yoluyla; ~ **der Elektrolyse** elektroliz yoluyla

Mithilfe *f ohne Pl* yardım (*bei* -de); (*Mitarbeit*) yardım (*bei* -de)

mit|hören *vt* kulak misafiri olmak (-e); **mit|kommen** *irr vi sein* **1.** gelmek (*mit* -le); (*mitgehen*) gitmek (*mit* -le); **kommst du mit ins Theater?** benimle tiyatroya geliyor musun?; **wenn Sie nicht** ~**, gehen wir auch nicht** gelmezeseniz biz de gitmeyiz **2.** (*fam: Schritt halten*) yetişememek (*bei* -e); **da komme ich nicht mehr mit!** (*fam*) yetişemiyorum!; **mit|können** *irr vi* (*fam*) **1.** (*mitgehen können*) gelebilmek, gidebilmek **2.** (*mithalten können*) yetişememek (*bei* -de); **mit|kriegen** *vt* (*fam*) *s.* **mitbekommen**; **Mitlaut** *m* (LING) ünsüz

Mitleid *nt* merhamet, acıma (*mit* -e); ~ **erregen** acındırmak; ~ **mit jdm haben** birine acımak; **etw aus** ~ **tun** bir şeyi merhameten [*o* acıyarak] yapmak

Mitleidenschaft *f ohne Pl:* **jdn in** ~ **ziehen** birine dokunmak, birini sarsmak

mitleidig *adj* merhametli

mitleid(s)los *adj* merhametsiz, acımasız; ~ **sein** merhametsiz olmak

mit|machen **I.** *vi* katılmak (*bei* -e); **machst du mit?** var mısın?; **da mache ich nicht mehr mit** ben bu işte yokum; **wenn das Wetter mitmacht** hava iyi olursa; **meine Beine machen nicht mehr mit** (*fam*) artık bacaklarımda derman kalmadı **II.** *vt* **1.** (*teilnehmen*) katılmak (-e); (*Mode*) uymak (-e); **einen Lehrgang** ~ kursa katılmak **2.** (*fam: ertragen*) çekmek; (*erleiden*) çekmek; **sie hat viel mitgemacht** o çok çekti

Mitmensch *m* hemcins, soydaş

mit|müssen *irr vi:* **mit jdm** ~ biriyle gitmek zorunda olmak

Mitnahmemarkt *m* (*für Möbel*) seçal [*o* selfservis] mobilya mağazası

mit|nehmen *irr vt* **1.** (*allgemein*) yanına almak, alıp götürmek; (*herbringen*) getirmek; **zum M~, bitte!** paket olsun, lütfen!; **ich habe ihn im Auto mitgenommen** onu arabayla getirdim [*o* götürdüm] **2.** (*stehlen*) aparmak, çalmak **3.** (*fam: wahrnehmen*) algılamak **4.** (*psychisch*) sarsmak; (*erschöpfen*) yormak; (*schwächen*) sarsmak

mitnichten [mɪt'nɪçtən] *adv* (*geh*): **sie ist** ~ **schön** hiç güzel değil; **er gehorchte** ~ hiç söz dinlemedi

Mitochondrium *nt* <-s, -rien> (BIOL) mitokondri

Mitose *f* (BIOL) mitoz, karyokinez

mit|rechnen *vt* **1.** (*gemeinsam*) birlikte hesaplamak **2.** (*mit berücksichtigen*) hesaba katmak

mit|reden *vi* **1.** (*im Gespräch*) konuşmak **2.** (*mitbestimmen*) diyeceği olmak; **da habe ich auch noch ein Wörtchen mitzureden** benim de buna diyeceğim bir şeyler var; **Mitreisende(r)** *mf* yoldaş; **mit|reißen** *irr vt* **1.** (*Fluss, Lawine*) sürüklemek **2.** (*begeistern*) sürüklemek; **die Musik war sehr ~d** müzik çok sürükleyiciydi

mitsamt [mɪt'zamt] *präp* bütün

mit|schicken *vt* (*Sache*) birlikte yollamak; (*beilegen*) ekte yollamak; (*Person*) yanında göndermek; **mit|schreiben** *irr* **I.** *vi* not almak, not tutmak **II.** *vt* **1.** (*notieren*) not etmek **2.** (*Prüfung, Klausur*) girmek (-e)

Mitschuld *f ohne Pl* suça katılma (*an* -de), suç ortaklığı (*an* -de); **mitschuldig** *adj* suça katılan (*an* -de); **an etw** ~ **sein** bir şeyde suça katılmış olmak; **er hat sich** ~ **gemacht** onun da suçu var; **Mitschuldige(r)** *mf* suç ortağı, suça katılan (kimse)

Mitschüler(in) *m(f)* okuldaş

mit|spielen **I.** *vi* **1.** (*bei einem Spiel*) oynamak (*bei* -de); (*in einer Mannschaft*) oynamak (*in* -de); (THEAT) oynamak (*bei* -de, *in* -de); (MUS) çalmak (*in* -de); **spielst du mit?** sen de oynar mısın?; **hoffentlich spielt das Wetter mit** (*fam*) inşallah hava iyi olur; **da spiele ich nicht mit!** (*fam*) bu işte ben yokum! **2.** (*Gründe*) oynamak (*bei* -de) **3.** (*Wend*): **jdm übel** ~ birine fenalık [*o* kötülük] etmek **II.** *vt* oynamak; **spielst du eine Partie Schach (mit uns) mit?** (bizimle) bir parti satranç oynar mısın?

Mitsprache *f ohne Pl* konuşmaya katılma, görüşmeye katılma; **Mitspracherecht** *nt ohne Pl* <-(e)s> söz hakkı (*bei* -de); **jdm ein** ~ **einräumen** birine söz hakkı tanımak

mit|sprechen *irr* **I.** *vi* (*mitreden*) konuşmaya katılmak, görüşmeye katılmak; **da kann ich nicht** ~ bu konuda söz sahibi değilim **II.** *vt* birlikte söylemek

Mittag[1] ['mɪta:k] *m* <-s, -e> öğle(n); **gestern/heute/morgen** ~ dün/bugün/yarın öğlen; **jeden** ~ her öğlen; **gegen** ~ öğleye doğru; **zu** ~ **essen** öğle yemeği yemek

Mittag[2] *m ohne Pl* <-s> (*fam*): **was gibt es heute zu ~?** bugün öğlen ne var?; ~ **machen** (*fam*) öğle paydosu yapmak

mittag *adv s.* **Mittag**[1]

Mittagessen *nt* öğle yemeği

mittäglich ['mɪtɛ:klɪç] *adj:* **die ~e Pause** öğle paydosu

mittags ['mɪta:ks] *adv* öğleyin; **mittwochs** ~ çarşamba günleri öğleyin; ~ **um eins** öğleyin saat birde

Mittagspause *f* öğle paydosu; **Mittagsschlaf** *m* öğle uykusu; **einen** ~ **machen** öğle uykusuna yatmak; **Mittagsstunde** *f* öğle saati; **in der/um die** ~ öğle saatinde; **Mittagstisch** *m ohne Pl* öğle yemeği; **Mittagszeit** *f* öğle vakti

Mittäter(in) *m(f)* suç ortağı; **Mittäterschaft** *f ohne Pl* suç ortaklığı

Mitte ['mɪtə] *f* <-n> **1.** (*räumlich*) orta; (*einer Strecke*) orta; (*Mittelpunkt*) merkez; **ein Mann aus unserer** ~ aramızdan [*o* içimizden] bir adam; **etw in der** ~ **durchtrennen** bir şeyi ortasından ayırmak; **die goldene** ~ orta yol; **ab durch die ~!** (*fam: verschwinde*) ortadan kaybol! **2.** (*zeitlich*): ~ **des Jahres/Monats** yılın/ayın ortası; **sie ist** ~ **dreißig** otuzbeş yaşlarındadır **3.** (POL) orta; **links/rechts von der** ~ ortanın solu/sağı

mit|teilen **I.** *vt* bildirmek, tebliğ etmek, haber vermek; **jdm etw brieflich/telefonisch** ~ birine bir şeyi mektupla/telefonla bildirmek **II.** *vr:* **sich** ~ (*geh: kommunizieren*) konuşmak (-le); (*sich anvertrauen*) içini dökmek (-e), açılmak (-e); **sich jdm** ~

wollen biriyle konuşmak istemek
mitteilsam *adj* konuşkan
Mitteilung *f* <-en> bildiri, tebliğ; (*amtlich*) tebliğ; **vertrauliche** ~ gizli tebliğ; **Mitteilungsblatt** *nt* (*eines Verbandes*) bülten
Mittel ['mɪtəl] *nt* <-s, -> **1.** çare, yol; (*Möglichkeit*) imkân, olanak; ~ **und Wege finden** çare ve yollar bulmak; **als letztes** ~ son çare olarak; **zu anderen** ~**n greifen** başka yollara başvurmak; ~ **zum Zweck** atlama taşı; **er ließ kein** ~ **unversucht** her çareye başvurdu, denemediği yol kalmadı, her olanağı denedi **2.** (*Medikament, Heilmittel*) ilâç, deva; **ein Mittel für** ~ (*fam*) baş ağrısı için ilâç **3.** *Pl* (*Gelder*) paralar *pl*, fonlar *pl;* (*Kapital*) sermaye; **ohne** ~ **dastehen** parasız pulsuz ortada kalmak **4.** (*a.* MATH: *Durchschnitt*) ortalama **5.** (*Färbe~, Genuss~, Nahrungs~*) madde; (*Hilfs~, Produktions~*) araç; **der Zweck heiligt die** ~ amaç araçları meşru kılar
Mittelalter *nt* Orta Çağ
mittelalterlich *adj* Orta Çağ(a ait)
Mittelamerika ['---'---] *nt* Orta Amerika; **Mittelamerikaner(in)** ['-----'--] *m(f)* Orta Amerikalı; **mittelamerikanisch** ['-----'--] *adj* Orta Amerika (ile ilgili)
mittelbar ['mɪtəlbaːɐ] *adj* dolaylı; ~ **betroffen sein** dolaylı olarak ilişkisi olmak
Mittelding *nt ohne Pl* <-(e)s> (*fam*) bir şey (*zwischen* arasında); **Mitteleuropa** ['---'--] *nt* Orta Avrupa; **Mitteleuropäer(in)** ['----'--] *m(f)* Orta Avrupalı; **mitteleuropäisch** ['----'--] *adj* Orta Avrupa (ile ilgili); **Mittelfeld** *nt* (SPORT: *Spielfeld*) orta saha; (*Gruppe*) ortadaki grup, ortadaki küme; **Mittelfinger** *m* orta parmak
mittelfristig *adj* (WIRTSCH, FIN) orta vadeli
Mittelgebirge *nt* orta yükseklikteki sıra dağlar; **Mittelgewicht** *nt* <-(e)s, -e> (SPORT) orta sıklet, orta ağırlık
mittelgroß *adj* orta boy; (*Person*) orta boylu
Mittelklasse *f* **1.** (*Soziologie*) orta sınıf **2.** (*bei Waren*) orta kalite; **Mittelkreis** *m* (SPORT: *Fußball*) orta yuvarlak, santra yuvarlağı; **Mittelläufer** *m* (SPORT) santrhaf
Mittellinie *f* **1.** (SPORT) santra çizgisi, orta çizgi **2.** (*Straße*) orta çizgi
mittellos *adj* parasız
Mittellosigkeit *f ohne Pl* parasızlık
Mittelmaß *nt ohne Pl* <-es> ortalama; **mittelmäßig** *adj* orta şekerli, şöyle böyle; (*durchschnittlich*) orta; (*pej*) pek ahım şahım olmayan; **Mittelmäßigkeit** *f* orta şekerli olma, şöyle böyle olma; (*pej*) pek ahım şahım olmama
Mittelmeer *nt* <-(e)s> Akdeniz; **Mittelmeerklima** *nt* Akdeniz iklimi; **Mittelmeerländer** *ntPl* Akdeniz ülkeleri *pl;* **Mittelmeerraum** *m ohne Pl* <-(e)s> Akdeniz bölgesi; **Mittelohr** *nt* (ANAT) orta kulak; **Mittelohrentzündung** *f* (MED) orta kulak iltihabı
mittelprächtig *adj* (*fam*) orta şekerli, şöyle böyle, pek ahım şahım olmayan; **wie geht es dir? – şöyle böyle**, **Mittelpunkt** *m* orta; (*a.* MATH) merkez; **im** ~ (**des Interesses**) **stehen** herkesin ilgisini üstünde toplamak
mittels ['mɪtəls] *präp* (*geh*) aracılığıyla, yardımıyla
Mittelschiff *nt* (ARCH: *bei Kirchenbauten*) orta nef; (*bei Moscheebauten*) orta sah(ı)n
Mittelsmann *m* <-es, -männer>, **Mittelsperson** *f* <-en> aracı
Mittelstand *m ohne Pl* <-(e)s> orta tabaka; **mittelständisch** *adj* orta ölçekli; ~**es Unternehmen** orta ölçekli işletme
Mittelsteinzeit *f ohne Pl* Yontma Taş Devri
Mittelstreckenrakete *f* <-n> orta erimli füze
Mittelstreifen *m* orta şerit; **Mittelstufe** *f* (SCHULE) orta öğretim; **Mittelstürmer(in)** *m(f)* (SPORT) santrfor; **Mittelweg** *m* orta yol; **der goldene** ~ orta yol; **Mittelwelle** *f* (RADIO, PHYS) orta dalga; **Mittelwert** *m* (*a.* MATH) ortalama
mitten ['mɪtən] *adv:* ~ **in/auf/bei/an** ortasında; ~ **aus** ortasından; ~ **durch** ortasından; ~ **im Winter** kışın ortasında; ~ **unter uns** ortamızda; **etw** ~ **durchbrechen** bir şeyi ortasından kırmak; ~ **im Herzen von München** Münih'in tam göbeğinde; **mittendrin** ['--'-] *adv* içinde; **mittendurch** ['--'-] *adv* ortasından; (*in der Hälfte*) ortalama
Mitternacht ['mɪtɐnaxt] *f ohne Pl* gece yarısı
Mittler(in) *m(f)* aracı
mittlere(r, s) ['mɪtlərə, -rɐ, -rəs] *adj* **1.** (*räumlich*) orta, ortadaki, ortanca; **die drei** ~**n Finger** ortadaki üç parmak; **der** ~ **der drei Geschwister** kardeşlerin ortancası; **der** ~ **Treppenabsatz** merdivenin orta sahanlığı **2.** (*durchschnittlich*) orta; **der** ~ **Wert** ortalama; **ein Mann** ~**n Alters** orta yaşlı bir adam; **von** ~**r Qualität** orta kaliteli
Mittlersprache *f* ortak dil
mittlerweile ['--'--] *adv* bu arada
Mittwoch ['mɪtvɔx] *m* <-(e)s, -e> çarşamba; *s. a.* **Montag**
mittwochs ['mɪtvɔxs] *adv* çarşambaları
mitunter [mɪt'ʔʊntɐ] *adv* bazen, ara sıra; (*von Zeit zu Zeit*) zaman zaman
mitverantwortlich *adj* birlikte sorumlu;

M

Mitverfasser(in) *m(f)* ortak yazar; **mit|wirken** *vi* **1.** (*teilnehmen*) katılmak (*in* -e), iştirak etmek (*in* -e); (THEAT) oynamak (*in* -de); **es wirkten mit: ...** oyuncular: ... **2.** (*mitarbeiten*) katkıda bulunmak (*an/bei* -e/-e) **3.** (*beeinflussen*) rol oynamak; **bei der Entscheidung wirkten verschiedene Faktoren mit** kararın verilmesinde çeşitli etkenler rol oynadı; **Mitwirkung** *f ohne Pl* (*Mitarbeit*) katkı (*an/bei* -e/-e); (*Teilnahme*) katılım (*an/bei* -e/-e), katılma (*an/bei* -e/-e); **Mitwissen** *nt:* **ohne mein ~** benim haberim olmadan

Mitwisser(in) *m(f)* <-s, -; -nen> (*Vertrauter*) sırdaş; **jdn zum ~ machen** birini sırdaş yapmak

mit|wollen *irr vi* (*fam*): (**mit jdm**) ~ biriyle gitmek istemek; **er will mit** o da gitmek istiyor; **mit|zählen I.** *vi* sayılmak; **Feiertage zählen nicht mit** bayram günleri sayılmaz **II.** *vt* saymak

Mixer(in)[1] *m(f)* <-s, -; -nen> (*Bar~*) kokteyl yapan barmen

Mixer[2] *m* <-s, -> (GASTR: *Gerät*) mikser

Mixgetränk *nt* kokteyl

Mixtur [mɪks'tuːɐ] *f* <-en> karışım

mm *Abk. von* **Millimeter** mm, *milimetre*

Mob *m* ayak takımı

Mobbing *nt ohne Pl* <-s> mobbing, *iş yerinde istenmeyen birinin ayağını kaydırmak için ona hep birlikte devamlı oyunlar oynama*

Möbel ['møːbəl] *nt* <-s, -> mobilya; **Möbelpolitur** *f* mobilya cilâsı

mobil [mo'biːl] *adj* **1.** (*beweglich*) mobil, mobilize, hareketli, seferber, seferî; **~er Zustand** seferî durum; **gegen etw ~ machen** bir şeye karşı mobilize etmek, bir şeye karşı harekete geçirmek, bir şeye karşı seferber etmek **2.** (WIRTSCH, JUR) gezgin, seyyar **3.** (*fam: munter*) canlı, hareketli; (*flink*) çevik, atik

Mobiliar [mobi'ljaːɐ] *nt* ev eşyası

mobilisieren* [mobili'ziːrən] *vt* mobilize etmek, harekete geçirmek, seferber etmek

mobilmachen *vi* (MIL) seferberlik ilân etmek; **Mobilmachung** *f* <-en> (MIL) seferberlik; **die ~ anordnen** seferberlik ilân etmek

Mobiltelefon *nt* mobil telefon

möblieren* [mø'bliːrən] *vt* döşemek; **möbliertes Zimmer** möbleli oda

mochte ['mɔxtə] *3. imp von* **mögen**

Modalität [modali'tɛːt] *f* <-en> **1.** (*Art und Weise*) tarz; (*Bedingung*) koşul, şart; (*Ausführung*) yapılış, yürütülüş **2.** (LING) kiplik

Modalverb *nt* (LING) modal yardımcı fiil

Mode ['moːdə] *f* <-n> moda; **in ~ kommen** moda olmak; **aus der ~ kommen** demode olmak, modası geçmek; **groß in ~ sein** çok moda olmak; **mit der ~ gehen** modaya uymak; **Modeausdruck** *m* moda kelime; **Modeberuf** *m* moda meslek; **Modedesigner(in)** *m(f)* modalist; **Modefarbe** *f* moda renk; **Modefimmel** *m* (*fam pej*) moda düşkünlüğü; **Modegeschäft** *nt* <-(e)s, -e> moda evi; **Modehaus** *nt* moda evi; **Modeheft** *nt,* **Modejounal** *nt* moda dergisi

Model ['mɔdəl] *nt* <-s, -s> (*Fotomodell*) model

Modell [mo'dɛl] *nt* <-s, -e> **1.** (*Vorbild, Muster, Entwurf*) model **2.** (*Maler~, Foto~*) model; (*Mannequin*) manken; **jdm ~ stehen** birine model olarak poz vermek **3.** (ARCH) maket

modellieren* [modɛ'liːrən] *vt* (*Ton*) oylumlamak

Modellierer(in) *m(f)* modelci

Modellierung *f* modelâj, oylumlama

Modellversuch *m* pilot proje

Modem ['moːdɛm] *nt o m* <-s, -s> (INFORM) modem; **externes/internes ~** dış/iç modem

Modenschau *f* defile

Moder ['moːdɐ] *m ohne Pl* <-s> **1.** (*Schimmel*) küf **2.** (*Morast*) çamur

Moderation [modera'tsjoːn] *f* <-en> (RADIO, TV) sunuculuk

Moderator(in) [modə'raːtoːɐ] *m(f)* <-s, -en; -nen> (RADIO, TV) sunucu

Modergeruch *m* küf kokusu

moderieren* [mode'riːrən] *vt* (RADIO, TV) sunuculuğunu yapmak (-in)

moderig ['moːdərɪç] *adj* küf kokan

modern[1] ['moːdɐn] *vi haben o sein* küflenmek

modern[2] [mo'dɛrn] *adj* **1.** modern; **ein ~es Kleid** modern bir giysi; **~ sein** modern olmak **2.** (*an der Gegenwart orientiert*) modern, çağcıl; **ein ~er Mensch** çağcıl bir insan; **die ~e Physik** çağcıl fizik **3.** (*der neu(est)en Zeit zuzurechnen*) modern, çağdaş

Moderne [mo'dɛrnə] *f ohne Pl* **1.** çağcıllık, modernlik **2.** (LIT, KUNST, MUS) çağdaşlık, modernlik

modernisieren* [modɛrni'ziːrən] *vt* (*Gebäude*) modernize etmek; (*Betrieb, Methoden*) modernleştirmek

Modeschmuck *m* incik boncuk; **Modeschöpfer(in)** *m(f)* modacı, moda kreatörü; **Modeschöpfung** *f* kreasyon; **Modewort** *nt* moda kelime; **Modezeitschrift** *f* moda dergisi

Modi ['mɔdi, 'moːdi] *Pl von* **Modus**

Modifikation *f* modifikasyon, değişke

modifizieren* [modifi'tsi:rən] *vt* değiştirmek
modisch ['mo:dɪʃ] *adj* moda
modrig ['mo:drɪç] *adj* küf kokan
Modul [mo'du:l] *nt* <-s, -e> (INFORM, ELEK) modül
Modulation *f* (MUS) modülâsyon
Modus ['mɔdʊs, 'mo:dʊs] *m* <-, Modi> **1.** yöntem **2.** (LING) kip
Mofa ['mo:fa] *nt* <-s, -s> motorlu bisiklet
mogeln ['mo:gəln] *vi* hile yapmak, dalavere yapmak
mögen[1] ['mø:gən] <mag, mochte, gemocht> **I.** *vt* **1.** (*Gefallen finden*) sevmek, hoşlanmak (-den); **ich mag ihn nicht** onu sevmiyorum, ondan hoşlanmıyorum; **lieber ~** daha çok sevmek, tercih etmek **2.** (*wollen*) istemek; (*wünschen*) arzu etmek; **ich mag nicht weggehen** gitmek istemiyorum; **was möchten Sie?** ne arzu edersiniz? **II.** *vi* (*irgendwohin ~*): **ich möchte gern nach Hause** eve gitmek istiyorum
mögen[2] <mag, mochte, ~> *vt Modalverb* **1.** (*wollen*) istemek; **ich möchte lieber hier bleiben** gitmektense burada kalmayı tercih ederim **2.** (*sollen*): **Sie möchten zu Hause anrufen** eve telefon edecekmişsiniz; **was mag das wohl heißen?** acaba bu ne demek oluyor?; **man möchte meinen, dass ...** sanki ... **3.** (*können*) olabilmek; **es mag wohl sein, dass er es tun will, aber ...** onu yapmak isteyebilir ama ... **4.** (*möglich sein*) olabilmek; **mag sein** olabilir; **es ~ etwa fünf Stunden vergangen sein** aşağı yukarı beş saat geçmiş olabilir; **wie dem auch sein mag** her neyse [*o* ne ise], ne olursa olsun, her nasılsa; **wie er auch heißen mag** adı ne olursa olsun; **so schön sie auch sein mag** ne kadar güzel olursa olsun **5.** (*reg, Schweiz: können*) edebilmek; **ja, ich möchte sagen, alles ist wie früher** evet, diyebilirim ki, her şey eskisi gibi
möglich ['mø:klɪç] *adj* mümkün, olabilir, olası, muhtemel; **so bald wie ~** en kısa zamanda; (**das ist doch**) **nicht ~!** olamaz!, mümkün değil!; **schon ~** (*fam*) olabilir; **er tat sein M~stes** elinden geleni yaptı; **so kurz/lang wie ~** mümkün mertebe kısa/uzun, olabildiğince kısa/uzun; **falls es dir (irgend) ~ ist** eğer (herhangi) bir olanağın varsa
möglicherweise ['---'--] *adv* belki
Möglichkeit *f* <-en> **1.** imkân, olanak (*zu* -); **es besteht keine andere ~** başka bir imkânı yok; **eine preiswerte ~ zu reisen** ucuz yolculuk yapabilme olanağı; **nach ~** mümkünse, olabilirse **2.** (*das Möglichsein*) olabilirlik, olasılık, ihtimal **3.** (*Gelegenheit*) fırsat (*zu* -e); **verpasste ~en** kaçırılmış fırsatlar
möglichst ['mø:klɪçst] *adv* mümkün mertebe; **~ schnell/wenig/gut** mümkün mertebe çabuk/az/iyi
Mohn [mo:n] *m* <-(e)s, -e> **1.** (*Pflanzenfamilie*) gelincikgil **2.** (*Klatsch~*) gelincik **3.** (*Schlaf~*) haşhaş; **Mohnöl** *nt* haşhaş yağı; **Mohnsaft** *f* haşhaş sütü
Mohr(in) [mo:ɐ] *m(f)* <-en, -en; -nen> zenci
Möhre ['mø:rə] *f* <-n> havuç
Mohrensaft *m* havuç suyu
Mohrrübe *f* (*nordd*) havuç
Mohshärte *f ohne pl* mohs ölçeği
Mokassin *m* mokasen
mokieren* [mo'ki:rən] *vr:* **sich ~** alaya almak (*über* -), alay etmek (*über* ile), eğlenmek (*über* ile)
Mokka ['mɔka] *m* <-s, -s> moka, Yemen kahvesi; **Mokkatasse** *f* moka fincanı
Molch [mɔlç] *m* <-(e)s, -e> (ZOOL) çörel
Moldawien [mɔl'da:viən] *nt* <-s> Moldavya
Mole ['mo:lə] *f* <-n> (*Hafen~*) dalgakıran
Molekül [mole'ky:l] *nt* <-s, -e> (CHEM) molekül
Molke ['mɔlkə] *f ohne Pl* kesilmiş sütün suyu
Molkerei *f* <-en> süthane
Moll [mɔl] *nt ohne Pl* <-> (MUS) minör
mollig ['mɔlɪç] *adj* **1.** (*behaglich*) hoş; (*Zimmer*) sıcacık **2.** (*Person*) etli butlu
Molotowcocktail ['mɔlotɔf-, 'mo:lotɔf-] *m* Molotof kokteyli
Moment[1] [mo'mɛnt] *m* <-(e)s, -e> (*Zeitpunkt*) an; **er kann jeden ~ kommen** her an gelebilir; **im ~** şu anda; **im ersten ~** ilk anda; **einen ~, bitte!** bir saniye lütfen!
Moment[2] [mo'mɛnt] *nt* <-(e)s, -e> **1.** (*Merkmal*) unsur, eleman, öge **2.** (PHYS) moment; **magnetisches ~** manyetik moment
momentan [momɛn'ta:n] **I.** *adj* (*augenblicklich*) anlık, şu andaki; (*jetzig*) şimdiki **II.** *adv* şu anda; **was tust du ~?** şu anda ne yapıyorsun?
Momentaufnahme *f* enstantane
Monaco [mo'nako] *nt* <-s> Monako
Monarch(in) [mo'narç] *m(f)* <-en, -en; -nen> hükümdar
Monarchie [monar'çi:] *f* <-n> monarşi, tek erklik
Monarchismus *m ohne Pl* monarşizm, tek erkçilik
Monarchist(in) *m(f)* monarşist, tek erkçi
monarchistisch [monar'çɪstɪʃ] *adj* monarşist

M

Monat ['mo:nat] *m* <-(e)s, -e> ay; **Anfang/Ende des ~s** ay başında/sonunda; **am Dritten dieses ~s** bu ayın üçünde; **im sechsten ~ (schwanger) sein** altıncı ayda hamile [*o* gebe] olmak, altı aylık hamile olmak; **1.000 Euro pro ~ verdienen** ayda 1.000 euro kazanmak; **im ~ Juni** haziran ayında

monatelang **I.** *adj* aylarca süren **II.** *adv* aylarca; **das kann ~ dauern** bu aylarca sürebilir

monatlich **I.** *adj* aylık **II.** *adv* aybeay, aydan aya; (*jeden Monat*) her ay

Monatsanfang *m* aybaşı; **Monatsbinde** *f* âdet bezi; **Monatsblutung** *f* aybaşı, âdet, ay dönümü kanaması; **Monatseinkommen** *nt* aylık gelir; **Monatsende** *nt* ay sonu; **Monatserste** *m ohne Pl* ayın biri; **Monatsgehalt** *nt* <-(e)s, -hälter> aylık, maaş; **Monatskarte** *f* aylık bilet; **Monatslohn** *m* aylık ücret; **Monatsmitte** *f ohne Pl* ayın ortası; **Monatsname** *m* ay adı; **Monatsrate** *f* aylık taksit; **monatsweise** *adv* aybeay, aydan aya

Mönch [mœnç] *m* <-(e)s, -e> (REL) keşiş

Mond [mo:nt] *m* <-(e)s, -e> (*eines Planeten*) ay; (*der Erde*) Ay; **auf dem ~ landen** Ay'a iniş yapmak; **abnehmender/zunehmender ~** son/ilk dördün; **hinter dem ~ leben** (*fam fig*) hiçbir şeyden haberi olmamak; **Mondbahn** *f* (ASTR) Ay'ın yörüngesi

mondän *adj* monden

Mondfinsternis *f* (ASTR) Ay tutulması; **Mondfisch** *m* (ZOOL) ay balığı; **Mondgesicht** *nt* (*fam*) ablak yüz; **mondhell** *adj* mehtaplı; **in einer ~en Nacht** mehtaplı bir gecede; **Mondlandung** *f* Ay'a iniş; **Mondphase** *f* ay evresi; **Mondrakete** *f* Ay füzesi

Mondschein *m ohne Pl* <-(e)s> ay ışığı, mehtap; **Mondscheintarif** *m* (TEL) akşamüstü tarifesi; **Mondsichel** *f* ayça, hilâl

Mondsonde *f* ay modülü; **mondsüchtig** *adj* aysar

Monegasse, -in [mone'gasə] *m, f* <-n, -n; -nen> Monakolu

Moneten [mo'ne:tən] *Pl* (*fam*) para, mangır, paralar *pl*

Mongole, -in [mɔŋ'go:lə] *m, f* <-n, -n; -nen> Moğol

Mongolei [mɔŋgo'laɪ] *f* Moğolistan

mongolisch *adj* Moğol, Moğolistan (ile ilgili)

Mongolismus [mɔŋgo'lɪsmʊs] *m ohne Pl* <-> (MED) mongolizm

Mongolistik *f ohne Pl* (LING) Mongolistik

mongoloid [mɔŋgolo'i:t] *adj* (*a.* MED) mongolizm hastası

Monismus *m ohne Pl* (PHILOS) monizm, tekçilik

Monitor ['mo:nito:ɐ, 'mɔnito:ɐ] *m* <-s, -e(n)> **1.** (TV, INFORM) monitör **2.** (TECH, TV) monitör

mono ['mo:no] *adj* mono

monochrom [mono'kro:m] *adj* tek renkli

monogam [mono'ga:m] *adj* monogam, tek eşli

Monogamie *f* monogami, tek eşlilik

Monografie[RR] *f* <-n> *s.* **Monographie**

Monogramm [mono'gram] *nt* <-s, -e> monogram

Monographie [monogra'fi:] *f* <-n> monografi

Monokel [mo'nɔkəl] *nt* <-s, -> monokl

Monokultur ['mo:no-] *f* (AGR) monokültür

Monolog [mono'lo:k] *m* <-(e)s, -e> monolog; **einen ~ halten** monolog söylemek

Monopol [mono'po:l] *nt* <-s, -e> (*a.* WIRTSCH) monopol, tekel; **Monopolstellung** *f* (WIRTSCH) tekelci konum

Monotheismus *m ohne Pl* monoteizm, tek tanrıcılık

Monotheist(in) *m(f)* <-en, -en; -nen> monoteist, tek tanrıcı

monotheistisch [monote'ɪstɪʃ] *adj* tek tanrıcı

monoton [mono'to:n] *adj* (*a.* MATH) monoton, tekdüze

Monotonie [monoto'ni:] *f* <-n> monotonluk, tekdüzelik, yeknesaklık

Monster ['mɔnstɐ] *nt* <-s, -> (*Ungeheuer*) canavar; (*Riese*) zebellâ

Monstren *Pl von* **Monstrum**

monströs [mɔn'strø:s] *adj* canavar gibi, dev gibi

Monstrum ['mɔnstrʊm] *nt* <-s, Monstren> **1.** (*Ungeheuer*) canavar **2.** (*Missgeburt*) hilkat garibesi

Monsun [mɔn'zu:n] *m* <-s, -e> (METEO) muson

Montag ['mo:nta:k] *m* <-s, -e> pazartesi; **am ~** pazartesi; **den ganzen ~ (über)** bütün pazartesi (boyunca); **jeden (zweiten) ~ (im Monat)** (ayın) her (ikinci) pazartesi günü; **letzten ~** geçen pazartesi; **nächsten/kommenden ~** ertesi/gelecek pazartesi; **heute ist ~, der zehnte November** bugün kasımın onu, pazartesi; **einen blauen ~ machen** (*fam*) pazartesi işe gitmemek

montagabends[RR] *adv* pazartesi akşamları

Montage [mɔn'ta:ʒə] *f* <-n> montaj, kurgu; (FILM, KUNST) kurgu

montags ['mo:nta:ks] *adv* pazartesileri; **~ abends/mittags/morgens/nachmittags** pazartesi akşamları/öğlenleri/sabahları/öğleden sonraları

Monteur(in) [mɔn'tø:ɐ] *m(f)* <-s, -e;

-nen> montör, montajcı, kurgucu
montieren* [mon'tiːrən] *vt* monte etmek (*an* -e); (FILM) kurgulamak
Monument [monu'mɛnt] *nt* <-(e)s, -e> anıt, abide
monumental [monumɛn'taːl] *adj* anıtsal, abidevî
Moor [moːɐ] *nt* <-(e)s, -e> turbalı bataklık
Moos[1] [moːs] *nt* <-es, -e> (*Pflanze*) yosun
Moos[2] [moːs] *nt ohne Pl* <-es> (*fam: Geld*) mangır, mangiz
moosig *adj* yosunlu
Mop *m* <-s, -s> *s.* **Mopp**
Moped ['moːpɛt] *nt* <-s, -s> mopet, hafif motorsiklet
Mopp[RR] [mɔp] *m* <-s, -s> paspas
moppen *vt* paspaslamak
Mops [mɔps, *Pl:* 'mœpsə] *m* <-es, Möpse> **1.** (*Hund*) pug **2.** (*fig fam: kleine Person*) bücür
Moral [mo'raːl] *f ohne Pl* **1.** (*Sittlichkeit*) ahlâk; **eine doppelte ~ haben** çifte standardı olmak; **die ~ von der Geschichte** kıssadan hisse **2.** (*einer Fabel*) ahlâkî ders
moralisch *adj* ahlâkî; **es ist deine ~e Pflicht, ihr zu helfen** ona yardım etmek ahlâkî vazifendir
Moralismus *m ohne Pl* (PHILOS) moralizm, ahlâkçılık, törecilik
Moralkodex *m ohne Pl* ahlâk yasası
Moräne [mo'rɛːnə] *f* <-n> (GEO) moren, buzul taş
Morast[1] [mo'rast, *Pl:* mo'rɛstə] *m* <-(e)s, -e *o* Moräste> (*Sumpfland*) bataklık
Morast[2] *m ohne Pl* <-(e)s> (*Schlamm*) çamur
Moratorium *nt* moratoryum
Morchel ['mɔrçəl] *f* <-n> (BOT) kuzugöbeği
Mord [mɔrt] *m* <-(e)s, -e> cinayet (*an* -), adam öldürme suçu; **einen ~ begehen** cinayet işlemek; **wegen ~es** cinayet sebebiyle; **versuchter ~** adam öldürmeye kalkışma [*o* teşebbüs]; **Mordanschlag** *m* suikast (*auf* -e); **einen ~ auf jdn verüben** birine suikast yapmak; **Morddrohung** *f* ölümle tehdit
morden ['mɔrdən] **I.** *vi* cinayet işlemek, adam öldürmek **II.** *vt* öldürmek
Mörder(in) ['mœrdɐ] *m(f)* <-s, -; -nen> katil, cani
mörderisch *adj* (*fam: abscheulich*) korkunç; (*groß*) büyük, muazzam, koskoca; (*Hitze*) öldürücü, müthiş; (*Geschwindigkeit*) müthiş
Mordkommission *f* cinayet masası
Mordsglück ['-'-] *nt* (*fam*) büyük şans; **Mordskerl** ['-'-] *m* (*fam*) koskoca herif; **Mordskrach** ['-'-] *m ohne Pl* <-(e)s> (*fam*) **1.** (*Lärm*) müthiş bir gürültü, gürültü kıyamet **2.** (*Streit*) büyük kavga; **mordsmäßig** *adj* (*fam*) müthiş, korkunç, çok, muazzam; **Mordsschreck** *m ohne Pl*, **Mordsschrecken** *m ohne Pl* (*fam*) ödü patlama; **Mordsspaß** ['-'-] *m ohne Pl* <-es> (*fam*) müthiş eğlence; **einen ~ haben** müthiş eğlenmek
Mordverdacht *m ohne Pl* <-(e)s> adam öldürmüş olma şüphesi; **unter ~ stehen** katil zanlısı olmak; **Mordversuch** *m* adam öldürmeye kalkışma, adam öldürmeye teşebbüs
morgen ['mɔrgən] *adv* **1.** (*am folgenden Tag*) yarın; **~ früh** yarın erkenden; **~ Mittag/Abend** yarın öğlen/akşam; **ab ~** yarından itibaren; **bis ~** yarın görüşmek üzere **2.** (*zukünftig*) yarın; **an ~ denken** yarını düşünmek
Morgen *m* <-s, -> sabah; **eines ~s** bir sabah; **der ~ bricht an** gün doğuyor; **am ~** sabahleyin; **gegen ~** sabaha doğru; **heute ~** bu sabah; **am nächsten ~** ertesi günün sabahında; **am frühen ~** sabah erkenden; **guten ~!** günaydın!; **bis in den frühen ~ hinein** sabahın erken saatlerine kadar; **Morgenausgabe** *f* <-n> sabah sayısı; **Morgendämmerung** *f* gün ağarması, sabahın alaca karanlığı
morgendlich ['mɔrgəntlɪç] *adj* sabah; **der ~e Appell** (MIL) sabah içtiması
Morgenessen *nt* <-s, -> (*Schweiz*) sabah kahvaltısı; **Morgengabe** *f* <-n> mihr; **Morgengrauen** ['--graʊən] *nt* sabahın körü; **Morgenmantel** *m* sabahlık, ropdöşambr; **Morgenmuffel** *m* (*fam*): **ein ~ sein** sabahları keyifsiz olmak; **Morgenrock** *m* <-(e)s, -röcke> sabahlık; **Morgenrot** *nt ohne Pl* <-(e)s> tan kızıllığı
morgens ['mɔrgəns] *adv* sabahları; **von ~ bis abends** sabah akşam; **um sieben Uhr ~** sabahları saat yedide
Morgenstern *m* Çoban Yıldızı, Çulpan
morgige(r, s) *adj* yarınki; **am ~n Tag** yarın
Morphem *nt* <-s, -e> (LING) morfem
Morphium ['mɔrfiʊm] *nt ohne Pl* <-s> morfin
Morphologie *f ohne Pl* morfoloji
morphologisch *adj* morfolojik
Morphu *nt* Güzelyurt
morsch [mɔrʃ] *adj* (*Holz*) çürük
Morsealphabet ['mɔrzə-] *nt* <-(e)s, -e> mors alfabesi
morsen ['mɔrzən] *vt* morsla göndermek
Mörser ['mœrzɐ] *m* <-s, -> **1.** (*Gefäß*) havan **2.** (MIL) havan topu
mörsern *vt* havanda dövmek
Mortadella *f* mortadella
Mörtel ['mœrtəl] *m* <-s, -> harç; **Mörtelkelle** *f* mala, sürgü

M

Mosaik [moza'i:k] *nt* <-s, -e(n)> mozaik; **Mosaikfußboden** *m* mozaik döşeme

Mosambik [mozam'bi:k] *nt* <-s> Mozambik

Mosambikaner(in) [mozambi'ka:nɐ] *m(f)* <-s, -; -nen> Mozambikli

mosambikanisch *adj* Mozambik, Mozambikli

Moschee [mɔ'ʃe:, *Pl:* mɔ'ʃe:ən] *f* <-n> cami; (*kleiner*) mescit

Moschus ['mɔʃʊs] *m ohne Pl* <-> misk

Möse ['mø:zə] *f* <-n> (*vulg*) am

Mosel ['mo:zəl] *f*: **die ~** Mosel Irmağı

Moselwein *m* Mosel şarabı

mosern ['mo:zɐn] *vi* (*fam: nörgeln*) vır vır etmek, söylenmek

Moses *m* (REL) Musa (Peygamber)

Moskau ['mɔskaʊ] *nt* <-s> Moskova

Moskauer(in) *m(f)* <-s, -; -nen> Moskovalı

Moskito [mɔs'ki:to] *m* <-s, -s> sivrisinek; **Moskitonetz** *nt* cibinlik

Moslem ['mɔslɛm] *m*, **Moslime** *f* <-s, -s; -n> Müslüman

moslemisch [mɔs'le:mɪʃ] *adj* Müslüman

Moslime [mɔs'li:mə] *f* <-n> *s.* **Moslem**

Most [mɔst] *m* <-(e)s, -e> **1.** (*Trauben~*) şıra **2.** (*reg: Apfel~*) şıra

Mostrich *m ohne Pl* (*reg: senf*) hardal

Motel [mo'tɛl, 'mo:təl] *nt* <-s, -s> motel

Motiv [mo'ti:f] *nt* <-s, -e> güdü, saik; (LIT, MUS) motif

Motivation [motiva'tsjo:n] *f* <-en> (*a.* PSYCH) güdülenim, güdülenme, motivasyon

motivieren* [moti'vi:rən] *vt* **1.** (*begründen*) gerekçelendirmek (*mit* ile) **2.** (*anregen*) güdülemek (*zu* -e), özendirmek (*zu* -e), isteklendirmek (*zu* -e)

Motivierung *f* <-en> (*geh*) güdüleme, özendirme, isteklendirme

Motocross *nt* motorkros

Motor ['mo:to:ɐ, mo'to:ɐ, *Pl:* mo'to:rən] *m* <-s, -en> motor; **Motorboot** *nt* motorbot, (deniz) motor(u); **Motorhaube** *f* (AUTO) kaput

motorisieren* [motori'zi:rən] *vt* motorize etmek; **ein Boot ~** tekneye motor takmak

motorisiert *adj* motorize, motorlu

Motoröl *nt* (AUTO) motor yağı; **Motorpumpe** *f* motorlu tulumba, motopomp

Motorrad ['mo:to:ɐ-, mo'to:ɐ-] *nt* <-(e)s, -räder> motosiklet; **Motorradfahrer(in)** *m(f)* motosiklet sürücüsü; **Motorradrennen** *nt* motosiklet yarışı

Motorsäge *f* motorlu testere; **Motorschaden** *m* motor arızası

Motte ['mɔtə] *f* <-n> güve

Motto ['mɔto] *nt* <-s, -s> parola

motzen ['mɔtsən] *vi* (*fam*) dırdır etmek

Mountainbike ['maʊntənbaɪk] *nt* <-s, -s> dağ bisikleti

Moussaka *nt* (GASTR) musakka

Möwe ['mø:və] *f* <-n> martı

MS [ɛm'ʔɛs] (MED) *Abk. von* **Multiple Sklerose** çoklu sertleşim

mtl. *Abk. von* **monatlich** aylık

Mücke ['mʏkə] *f* <-n> sivrisinek; **aus einer ~ einen Elefanten machen** (*fam fig*) pireyi deve yapmak; **Mückenstich** *m* <-(e)s, -e> sivrisinek sokması

Mucks [mʊks] *m* <-es, -e> (*fam*) gık; **keinen ~ sagen** gık dememek; **ohne einen ~** gık demeden

mucksmäuschenstill ['mʊks'mɔɪsçən'ʃtɪl] *adj* (*fam*): **~ sein** (ortalıkta) tıs olmamak; **es war ~** ortalıkta tıs yoktu

müde ['my:də] *adj* yorgun; **~ werden** yorulmak; **es ~ sein etw zu tun** bir şeyi yapmaktan usanmak

Müdigkeit *f ohne Pl* yorgunluk; **vor ~ umfallen** yorgunluktan ölmek

Muezzin *m* (REL) müezzin

Muff *m* <-(e)s, -e> (*Pelz-*) manşon

Muffe ['mʊfə] *f* <-n> **1.** (TECH) ek bileziği **2.** (*fam: Angst*) korku; **mir geht die ~** içimi bir korku aldı

Muffel[1] ['mʊfəl] *m* <-s, -> (*fam: Person*) asık suratlı adam

Muffel[2] ['mʊfəl] *f* (TECH) mufla

muffig *adj* **1.** (*Geruch*) küf kokan; **~ riechen** küf kokmak **2.** (*fam: Person*) suratsız, huysuz, aksi

Mufflon *m* <-s, -s> muflon

Mühe ['my:ə] *f* <-n> (*Anstrengung*) çaba, emek, efor; (*Umstände*) zahmet; (*Arbeit*) eziyet; **ohne ~** zahmetsiz, kolayca; **nur mit ~** güç belâ, zar zor; **die ~ hat sich gelohnt** zahmete değdi; **sich** *dat* (**große**) **~ geben** çok emek harcamak (*bei* -de, *zu* için); **gib dir keine ~!** zahmet etme!; **das ist doch verlorene ~** bu, zahmete değmez; **jdm ~ machen** birini zahmete sokmak; **sich** *dat* **die ~ machen etw zu tun** bir şeyi yapmak için zahmet etmek; **wenn es Ihnen keine ~ macht!** zahmet olmazsa!; **mit ~ und Not** (*mit großen Schwierigkeiten*) güç belâ; (*gerade noch*) zar zor

mühelos **I.** *adj* zahmetsiz **II.** *adv* kolayca

muhen ['mu:ən] *vi* böğürmek

mühen ['my:ən] *vr*: **sich ~** (*geh*) çaba harcamak

mühevoll *adj* zahmetli; (*schwierig*) zor

Mühle[1] ['my:lə] *f* <-n> **1.** (*Gebäude*) değirmen; **in die ~ der Verwaltung geraten** (*fig*) bürokrasinin eline düşmek **2.** (*Haushaltsgerät*) değirmen **3.** (*fam: Fahrzeug*) külüstür

Mühle[2] *f ohne Pl* (*Brettspiel*) dokuztaş, do-

kurcun
Mühlrad *nt* değirmen çarkı, değirmen dolabı; **Mühlstein** *m* değirmen taşı
Mühsal ['my:za:l] *f* <-e> (*geh*) zahmetler *pl*, çekilen sıkıntılar *pl*; **die ~ der ersten Nachkriegsjahre** savaştan sonra ilk yıllarda çekilen sıkıntılar
mühsam, mühselig **I.** *adj* zahmetli **II.** *adv* zahmetle, zar zor
Mulatte, -in [mu'latə] *m, f* <-n, -n; -nen> beyaz zenci melezi
Mulde ['mʊldə] *f* <-n> **1.** (GEOL: *im Gelände*) tekne; (*Loch*) çukurluk **2.** (*nordd: Trog*) tekne
Muli ['mu:li] *nt* <-s, -s> (ZOOL) katır
Mull [mʊl] *m* <-(e)s, -e> **1.** (*Gewebe*) gaz bezi **2.** (*nordd: Humusboden*) humus
Müll [mʏl] *m ohne Pl* <-(e)s> çöp(ler) *(pl)*; (*Abfälle*) atıklar *pl*; **etw in den ~ werfen** bir şeyi çöpe atmak; **radioaktiver ~** radyoaktif atıklar
Müllabfuhr *f* çöplerin kaldırılması
Müllberg *m* çöp yığını; **Müllbeseitigung** *f ohne Pl* çöplerin imhası
Mullbinde *f* gazlı bez; **Mülldeponie** *f* çöplük; **Mülleimer** *m* çöp kovası, çöp tenekesi
Müller(in) ['mʏlɐ] *m(f)* <-s, -; -nen> değirmenci
Müllkippe *f* çöplük, mezbelelik; **Müllkompostierung** *f* çöpleri kompostolama; **Müllmann** *m* <-es, -männer> (*fam*) çöpçü; **Müllsortieranlage** *f* çöp ayırma tesisi; **Mülltonne** *f* çöp tenekesi, çöp bidonu; **Mülltrennungssystem** *nt* çöpleri ayırma sistemi
Müllverbrennung *f ohne Pl* çöplerin yakılması; **Müllverbrennungsanlage** *f* çöp yakma tesisi; **Müllwagen** *m* çöp arabası
mulmig ['mʊlmɪç] *adj* **1.** (*morsch*) çürük **2.** (*fam: bedenklich*) kuşkulu; **ein ~es Gefühl haben** içine kurt düşmek; **ihm war ~ zumute** huylanmıştı, işkillenmişti
Multi ['mʊlti] *m* <-s, -s> (*fam*) uluslar arası şirket
multifunktional *adj* çok fonksiyonlu
multikulturell [mʊlti-] *adj* çok kültürlü
Multimediaanwendung *f* <-en> multimedya uygulaması; **Multimediabereich** *m* <-(e)s, -e> multimedya alanı; **Multimediadateien** *Pl* multimedya dosyaları *pl*; **multimediafähig** *adj* multimedya yetenekli
multimedial [mʊltime'dja:l] *adj* multimedya
Multimedia-PC *m* <-(s), -(s)> multimedya bilgisayarı; **Multimediasystem** *nt* multimedya sistemi
multinational *adj* (WIRTSCH, POL) çok uluslu
Multiple Sklerose [mʊl'ti:plə skle'ro:zə] *f ohne Pl* (MED) çoklu sertleşim
Multiplikation [mʊltiplika'tsjo:n] *f* <-en> (MATH) çarpma (*mit* ile)
multiplizieren* [mʊltipli'tsi:rən] *vt* (*a.* MATH) çarpmak (*mit* ile)
Multitalent ['mʊltitalɛnt] *nt* çok yönlü istidat
Multitasking *nt* çok görevlilik
Mumie ['mu:miə] *f* <-n> mumya
mumifizieren* [mumifi'tsi:rən] *vt* mumyalamak
Mumm [mʊm] *m ohne Pl* <-s> (*fam*) **1.** (*Tatkraft*) büzük; (*Mut*) cesaret **2.** (*Kraft*) kuvvet; **der hat keinen ~ in den Knochen** hiç kuvveti yok
Mumps [mʊmps] *m ohne Pl* <->, *f ohne Pl* (MED) kabakulak
München ['mʏnçən] *nt* <-s> Münih
Münch(e)ner(in) ['mʏnç(ə)nɐ] *m(f)* <-s, -; -nen> Münihli
Mund [munt, *Pl:* 'mʏndɐ] *m* <-(e)s, Münder> ağız; **sein Name war in aller ~e** ağızlara sakız oldu, herkesin diline düştü; **etw/jdn dauernd im ~e führen** bir şeyi/kimseyi ağzına sakız etmek; **dieses Wort nehme ich nicht in den ~** bu kelimeyi ağzıma almam; **jdm über den ~ fahren** (*fam*) birinin sözünü kesmek; **nicht auf den ~ gefallen sein** (*fam fig*) anasının gözü olmak; **jdm den ~ wässrig machen** (*fam*) birinin ağzını sulandırmak, birini imrendirmek; **halt den ~!** (*fam*) çeneni tut!; **von ~ zu ~ gehen** ağızdan ağıza geçmek
Mundart *f* <-en> ağız, lehçe
Mündel ['mʏndəl] *nt o m* <-s, -> (JUR) vesayet altındaki kimse
mündelsicher *adj* (FIN) birinci derecede sağlam
munden ['mʊndən] *vi* (*geh*) lezzetli olmak; **lasst es euch ~** afiyet olsun
münden ['mʏndən] *vi haben o sein* **1.** (*Fluss*) kavuşmak (*in* -e); (*Straße*) kavuşmak (*in/auf* -e/-e); **dieser Weg mündet in die Landstraße** bu yol kara yoluna kavuşur **2.** (*Gespräch*) götürmek (*in* -e)
Münder *Pl von* **Mund**
Mundgeruch *m* ağız kokusu; **Mundharmonika** *f* mızıka, armonika; **Mundhöhle** *f* ağız boşluğu
mündig ['mʏndɪç] *adj* (JUR) ergin, reşit
mündlich ['mʏntlɪç] *adj* sözlü
Mundpropaganda *f* ağız propagandası; **Mundstück** *nt* (*a.* MUS) ağızlık
mundtot *adj*: **jdn ~ machen** birini surdinlemek, birinin çanına ot tıkmak [*o* tıkamak]
Mündung ['mʏndʊŋ] *f* <-en> **1.** (*eines Flusses*) ağız **2.** (*eines Gewehres*) namlu

M

Mundwasser *nt* <-s, -wässer> gargara; **Mundwerk** *nt* (*fam*) çene; **ein loses/flinkes ~ haben** çenesi düşük/kuvvetli olmak

Munition [muni'tsjo:n] *f* <-en> cephane

Munitionsdepot *nt*, **Munitionslager** *nt* cephanelik

munkeln ['mʊŋkəln] *vi, vt* (*fam*) fiskos etmek, fıslamak; **man munkelt so allerlei** ortalık bir sürü söylentiler dolanıyor

Münster ['mʏnstɐ] *nt* <-s, -> katedral

munter ['mʊntɐ] *adj* **1.** (*lebhaft*) canlı; (*fröhlich*) neşeli, şen **2.** (*wach*) uyanık

Münzautomat *m* madenî para otomatı

Münze ['mʏntsə] *f* <-n> sikke, madenî para; **etw für bare ~ nehmen** bir şeye körü körüne inanmak; **es jdm mit gleicher ~ heimzahlen** kısasa kısas uygulamak

münzen ['mʏntsən] *vt* darp etmek; **das ist auf ihn gemünzt** bu söz ona

Münzfernsprecher *m* ankesörlü telefon; **Münzstätte** *f* darphane

Muräne [mu'rɛ:nə] *f* <-n> (ZOOL) murana, şakıt

mürbe ['mʏrbə] *adj* **1.** (*weich*) yumuşak **2.** (*abgenutzt*) aşınmış, yıpranmış **3.** (*Person*): **jdn ~ machen** birini yıpratmak, birinin pestilini çıkarmak; **Mürbeteig** *m* pastalık hamur

Murmel ['mʊrməl] *f* <-n> misket, bilye

murmeln ['mʊrməln] *vi, vt* mırıldanmak

Murmeltier *nt* dağ sıçanı; **schlafen wie ein ~** dağ sıçanı gibi mışıl mışıl uyumak

murren ['mʊrən] *vi* homurdanmak

mürrisch ['mʏrɪʃ] **I.** *adj* somurtkan, asık suratlı; **ein ~es Gesicht machen** suratını asmak **II.** *adv* somurtarak

Mus [mu:s] *nt* <-es, -e> ezme

Muschel ['mʊʃəl] *f* <-n> **1.** (ZOOL) midye **2.** (ANAT: *Ohr~*) kepçe; **Muschelschale** *f* midye kabuğu

Muschi ['mʊʃi] *f* <-s> (*fam*) **1.** (*Katze*) pisi pisi **2.** (*Scheide*) vajina

Muse ['mu:zə] *f* <-n> tanrıça; **er wurde von der ~ geküsst** onu ilham perisi öpmüş

Museum [mu'ze:ʊm] *nt* <-s, Museen> müze; **Museumsführer(in)** *m(f)* <-s, -; -nen> müze kılavuzu, müze rehberi

museumsreif *adj* müzelik

Musical ['mju:zikəl] *nt* <-s, -s> müzikal

Musik [mu'zi:k] *f* <-en> müzik; **~ machen** müzik yapmak; **elektronische ~** elektronik müzik; **Musikakademie** *f* müzik akademisi

musikalisch [muzi'ka:lɪʃ] *adj* müzikal; **~ veranlagt sein** müziğe istidadı olmak

Musikalität *f ohne Pl* müzikalite

Musikant(in) [muzi'kant] *m(f)* <-en, -en; -nen> müzisyen

Musikantenknochen *m* dirsek ucu

Musikbegleitung *f* müzik eşliği; **Musikbox** *f* müzik dolabı

Musiker(in) ['mu:zikɐ] *m(f)* <-s, -; -nen> müzikçi, müzisyen

Musikfilm *m* müzikli film

Musikhochschule *f* müzik akademisi; **Musikinstrument** *nt* müzik aleti; **Musikkassette** *f* müzik kaseti; **Musiklehrer(in)** *m(f)* müzik öğretmeni

musikliebend *adj* müziksever

Musiksaal *m* müzik salonu; **Musikstück** *nt* müzik parçası; **Musikunterricht** *m* müzik dersi; **Musikwissenschaft** *f* müzik bilimi

musisch ['mu:zɪʃ] *adj* **1.** (*Fächer, Schule*) müzik **2.** (*Person*) müzik anlayışı olan; **~ begabt sein** müziğe istidadı olmak

musizieren* [muzi'tsi:rən] *vi* müzik yapmak

Muskat [mʊs'ka:t] *m* <-(e)s, -e> küçük Hindistan cevizi

Muskateller *m ohne Pl* <-s> **1.** (*Traubensorte*) misket üzümü **2.** (*Wein*) misket

Muskatnuss[RR] *f* küçük Hindistan cevizi

Muskel ['mʊskəl] *m* <-s, -n> kas, adele; **Muskelgewebe** *nt* kas dokusu; **Muskelkater** *m* kas tutukluğu; **Muskelkraft** *f ohne Pl* kas gücü; **Muskelprotz** *m* (*fam pej*) kasıntı; **Muskelriss**[RR] *m*, **Muskelriß** *m* (MED) kas kopması

Musketier ['mʊskəti:ɐ] *m* <-s, -e> (HIST) silâhşör

Muskulatur [mʊskula'tu:ɐ] *f* <-en> kas yapısı

muskulös [mʊsku'lø:s] *adj* adaleli, kaslı

Muslim(e) ['mʊslɪm, *Pl:* mʊs'li:mə] *m(f)* <-s, -e *o* -s; -n> Müslüman

muss[RR] [mʊs], **muß** *3. präs von* **müssen**

Muss[RR] [mʊs] *nt ohne Pl* <->, **Muß** *nt ohne Pl* <-> zorunluk, mecburiyet; **Mussbestimmung**[RR] *f*, **Mußbestimmung** *f* buyruk kural, amir hüküm

Muße ['mu:sə] *f ohne Pl* (*geh*) boş zaman; (*Ruhe*) huzur

müssen[1] ['mʏsən] <muss, musste, müssen> *vt Modalverb* **1.** (*Zwang*) zorunda olmak, mecbur olmak; **sie musste es tun** onu yapmak zorunda kaldı, onu yapmaya mecbur kaldı; **die Ausstellung muss man gesehen haben** sergiyi görmüş olmak gerekiyor; **es kam, wie es kommen musste** olan oldu **2.** (*Notwendigkeit*) gerekmek, lâzım olmak; **muss das sein?** bu gerekli mi?; **warum muss es ausgerechnet heute regnen?** aksi [*o* başka gün yokmuş] gibi bugün mü yağmur yağması gerekiyor; **das muss nicht stimmen** bunun doğru olması gerekmez; **wenn es** (**unbedingt**) **sein muss** (ille de) olması gerekiyorsa; **du musst das nicht so eng sehen** bunu o kadar dar görmemelisin **3.** (*Vermutung*): **er müsste schon da sein** oraya varmış olması gerekir; **das müsstest du eigentlich wissen** aslında bunu bilmen gerekir **4.** (*Wunsch*): **man müsste noch mal zwanzig sein!** insan bir kez daha yirmisinde olmalıymış!

müssen[2] <muss, musste, gemusst> *vi:* **ich muss zur Post** postahaneye gitmem lâzım; **ich muss mal** (*fam: aufs Klo*) sıkıştım

Mußestunde ['muːsə-] *f* boş zaman

müßig ['myːsɪç] *adj* (*geh*) **1.** (*untätig*) avare **2.** (*überflüssig*) abes, gereksiz, boş; **es ist ~, darüber nachzudenken** ona kafa yormak boşuna; **Müßiggang** *m ohne Pl* <-(e)s> (*geh*) avarelik

musste[RR] ['mʊstə], **mußte** *3. imp von* **müssen**

Muster ['mʊstɐ] *nt* <-s, -> **1.** (*Vorlage*) örnek; (*Handarbeits~, Schnitt~*) örnek, model **2.** (*Vorbild*) örnek **3.** (*Zeichnung*) desen **4.** (*Probestück*) numune, örnek, göstermelik; **Musterbeispiel** *nt* örnek; **Musterbrief** *m* mektup örneği; **Musterexemplar** *nt* **1.** (*eines Buches*) mostra **2.** (*Vorbild*) örnek; **mustergültig** *adj*, **musterhaft** *adj* örnek

mustern ['mʊstɐn] *vt* **1.** (*betrachten*) bakmak, yoklamak, gözden geçirmek; **sie musterte ihn von oben bis unten** onu baştan aşağı süzdü **2.** (MIL: *Wehrpflichtige*) yoklamak; (*Truppen*) teftiş etmek

Musterschüler(in) *m(f)* örnek öğrenci

Musterung ['mʊstərʊŋ] *f* <-en> **1.** (*Betrachtung*) yoklama, gözden geçirme; (*Prüfung*) yoklama **2.** (MIL) askerlik yoklaması **3.** (*Muster*) örnek; **Musterungsbescheid** *m* (MIL) celp kâğıdı

Mut [muːt] *m ohne Pl* <-(e)s> cesaret; **nur ~!** haydi cesaret!; **den ~ verlieren** cesaretini kaybetmek; **jdm ~ machen** birine cesaret vermek; **~ fassen** cesaret almak, cesaretini toplamak

Mutation [muta'tsjoːn] *f* <-en> **1.** (BIOL) mutasyon, değişinim **2.** (MED: *Stimmwechsel*) ses değişimi

mutieren* [mu'tiːrən] *vi* **1.** (BIOL) mutasyon geçirmek **2.** (MED: *Stimme*) değişmek, kalınlaşmak

mutig ['muːtɪç] *adj* cesur, cesaretli, yürekli

mutlos *adj* cesaretsiz, yüreksiz

Mutlosigkeit *f ohne Pl* cesaretsizlik, yüreksizlik

mutmaßen ['muːtmaːsən] *vt* sanmak, zannetmek, tahmin etmek, varsaymak

mutmaßlich *adj* sanılan, varsayılan, tahmin edilen; **der ~e Täter** potansiyel suçlu; **der ~e Mörder** katil zanlısı

Mutmaßung *f* <-en> sanı, tahmin

Mutprobe *f* cesaret denemesi

Mutter[1] ['mʊtɐ, *Pl:* 'mʏtɐ] *f* <Mütter> (*Frau*) ana, anne, valide; **~ Natur** Tabiat Ana; **~ von vier Kindern** dört çocuk anası; **wie bei ~n** (*fam*) kendi evindeymiş gibi

Mutter[2] *f* <-n> (TECH) somun

Muttergesellschaft *f* <-en> (WIRTSCH) ana şirket

Muttergottes ['--'--] *f* (REL) Meryem Ana

Mutterinstinkt *m* annelik güdüsü; **Mutter-Kind-Pass**[RR] ['--'--] *m* aile pasaportu; **Mutterkuchen** *m* (MED) etene; **Mutterland** *nt* <-(e)s, -länder> ana vatan; (*der Kolonien*) başülke; **Mutterleib** *m ohne Pl* <-(e)s> ana karnı

mütterlich ['mʏtɐlɪç] **I.** *adj:* **das ~e Geschäft übernehmen** annesinin işini devralmak **II.** *adv* anaca

mütterlicherseits *adv* ana tarafından

Mutterliebe *f* ana sevgisi; **Muttermal** *nt* <-(e)s, -e> ben; **Muttermilch** *f* ana sütü; **Muttermund** *m ohne Pl* <-(e)s> (MED) ferç

Mutternschlüssel *m* lokma anahtarı

Mutterschaft *f ohne Pl* analık; **Mutterschaftsurlaub** *m* analık izni

mutterseelenallein ['-----'-] *adj* yapayalnız, tek başına

Muttersöhnchen ['--zøːnçən] *nt* <-s, -> (*fam pej*) hanım evlâdı, ana kuzusu, muhallebi çocuğu; **Muttersprache** *f* <-n> ana dili

Muttersprachler(in) ['--ʃpraːxlɐ] *m(f)* <-s, -; -nen> ana dilci

Muttertag *m* Anneler Günü; **Muttertier** *nt* (ZOOL) ana hayvan

Mutti ['mʊti] *f* <-s> (*fam*) anne, anneciğim

Mutwille *m ohne Pl* <-ns> kasıt; **etw aus ~n tun** bir şeyi kasten yapmak

mutwillig ['muːtvɪlɪç] **I.** *adj* (*böswillig*) kötü niyetli; (*absichtlich*) kastî **II.** *adv* (*absichtlich*) kasten

Mütze ['mʏtsə] *f* <-n> kasket, takke; **eins auf den ~ kriegen** (*fam fig*) kafasına bir tane yemek

MwSt, MWSt *Abk. von* **Mehrwertsteuer** katma değer vergisi

Mykose *f* <-n> (MED) mikos

Myokard *nt* <-(e)s, -e> (ANAT) miyokart; (*Herzmuskel*) kalp kası

Myom [my'oːm] *nt* <-s, -e> (MED) miyom; (*Muskelgeschwulst*) kas uru

Myriade [my'rjaːdə] *f* <-n>: **~n von Ster-**

nen on binlerce yıldız

Myrr(h)e ['mʏrə] *f* <-n> mür, mürrüsafi

Myrte ['mʏrtə] *f* <-n> mersin

Mysterien *Pl von* **Mysterium**

mysteriös [mʏsteri'øːs] *adj* (*geheimnisvoll*) gizemli, esrarengiz; (*rätselhaft*) muammalı

Mysterium [mʏs'teːriʊm] *nt* <-s, Mysterien> gizem, esrarengizlik, muamma

Mystik ['mʏstɪk] *f ohne Pl* mistisizm, gizemcilik; (*in Islam*) tasavvuf

Mystiker(in) *m(f)* mistik, gizemci

mystisch ['mʏstɪʃ] *adj* **1.** mistik, gizemsel **2.** (*geheimnisvoll*) gizemli

Mythen *Pl von* **Mythos**

Mythologie [mytolo'giː] *f* <-n> mitoloji

Mythos ['myːtɔs] *m* <-, Mythen> mit

N

N, n [ɛn] *nt* <-, -> N, n

N *Abk. von* **Norden** kuzey

na [na(:)] *interj* (*fam*) **1.** (*fragend*) e; ~ **und?** e, sonra?; ~**, leg schon mal los** e, bir anlat bakalım **2.** (*auffordernd*): ~ **und ob!** hem de nasıl!; ~ **so was!** hoppala! **3.** (*beschwichtigend*): ~ **also!** hah şöyle!, gördün mü işte!; ~ **ja** eh; ~ **gut** peki **4.** (*empört*): ~**, hör mal!** bak hele!

Nabe ['na:bə] *f* <-n> (TECH) başlık, top; (*beim Fahrrad*) poyra

Nabel ['na:bəl] *m* <-s, -> göbek; **der ~ der Welt** (*geh*) dünyanın göbeği; **Nabelschnur** *f* göbek bağı

nach [na:x] **I.** *präp* **1.** (*Richtung*) -e (doğru); (*Länder-, Ortsnamen*) -e; ~ **Berlin**/~ **Deutschland** Berlin'e/Almanya'ya; ~ **Norden**/~ **Süden** kuzeye/güneye; ~ **oben**/~ **rechts** yukarıya/sağa; **von links ~ rechts** soldan sağa (doğru); ~ **Hause** eve; (**sich**) ~ **außen/innen öffnen** dışa/içe doğru aç(ıl)mak **2.** (*Reihenfolge*) sonra; ~ **Christus** İsa'dan sonra; ~ **der Arbeit** işten sonra; **sie kam ~ zehn Minuten** on dakika (geçtikten) sonra geldi; ~ **allem, was geschehen ist** bütün bu olanlardan sonra; **einer ~ dem anderen** sırayla; ~ **Ihnen, bitte!** buyurun, geçin lütfen! **3.** (*Uhrzeit*): **es ist fünf** (**Minuten**) ~ **sechs** saat altıyı beş (dakika) geçiyor; **um Viertel ~ ging er** çeyrek geçe gitti **4.** (*zufolge, gemäß*) -e (göre); **je ~** göre; **je ~ Größe** boya göre; **der Breite/Länge ~** enlemesine/boylamasına; ~ **allem, was ich weiß** bildiğim kadarıyla; **dem Alter ~** yaşına göre; **allem Anschein ~** öyle görünüyor ki, görünüşe göre; **das ist nicht ~ meinem Geschmack** bu benim zevkime göre değil; **meiner Meinung ~** bence, bana göre, benim düşünceme göre; ~ **italienischer Art** İtalyan usulüne göre; **die Uhr ~ dem Radio stellen** saati radyoya göre ayarlamak **II.** *adv:* **alle mir ~!** herkes beni takip etsin!, herkes arkamdan gelsin!; ~ **und ~** (*allmählich*) yavaş yavaş; (*mit der Zeit*) zamanla; ~ **wie vor** (*immer noch*) hâlâ; (*wie immer*) her zamanki gibi; (*wie bisher*) şimdiye kadarki gibi

nach|äffen ['na:xʔɛfən] *vt* (*pej*) taklidini yapmak (-in); **den Lehrer ~** öğretmenin taklidini yapmak

nach|ahmen ['na:xʔa:mən] *vt* taklit etmek, öykünmek (-e); (*kopieren*) kopya etmek; **nachahmenswert** *adj* taklit edilmeye değer; (*vorbildlich*) örnek

Nachahmer(in) *m(f)* taklitçi, öykünmeci

Nachahmung *f* <-en> taklit, taklitçilik, öykünme

nach|arbeiten *vt* **1.** (*aufholen*): **zwei Stunden ~** kaybedilen iki saati telâfi etmeye çalışmak **2.** (*nachbearbeiten*) gözden geçirerek düzeltmek **3.** (*nachbilden*) taklit etmek

Nachbar(in) ['naxba:ɐ] *m(f)* <-n *o* -s, -n; -nen> komşu; **Nachbargarten** *m* komşunun bahçesi; **Nachbarhaus** *nt* komşu ev, yandaki ev; **Nachbarland** *nt* <-(e)s, -länder> komşu ülke

nachbarlich *adj* **1.** komşuya ait olan, komşunun; **das ~e Haus** komşunun evi **2.** (*nachbarschaftlich*): **~e Beziehungen** komşuluk ilişkileri

Nachbarschaft *f ohne Pl* **1.** komşuluk; (*alle Nachbarn*) konu komşu, bütün komşular *pl* **2.** (*unmittelbare Nähe*) yakın, mahalle; **sie wohnen in unserer ~** yakınımızda [*o* mahallemizde] otururlar; **Nachbarschaftshilfe** *f* komşular arasında yardımlaşma

Nachbeben *nt* <-s> artçı deprem

nach|bereiten* *vt* yeniden ele almak;

nach|bessern *vt* düzeltmek

nach|bestellen* *vt* tekrar ısmarlamak, yeniden ısmarlamak; **Nachbestellung** *f* yeniden ısmarlama, yeniden verilen sipariş

nach|bezahlen* *vt* (*nachträglich*) sonradan ödemek; (*einen Zuschlag*) üzerine ödemek

nach|bilden *vt* taklit etmek, kopya etmek; **Nachbildung** *f* <-en> taklit

Nachbürge, -in *m, f* (JUR) kefile kefil

nachchristlich *adj* milâttan sonraki

nach|datieren* *vt* **1.** (*früheres Datum*) eski bir tarih atmak (-e) **2.** (*nachträglich*) sonradan tarih atmak (-e)

nachdem [na:x'de:m] *konj* **1.** (*zeitlich*) -tikten sonra; ~ **sie mit ihm gesprochen hatte** onunla konuştuktan sonra; ~ **ich gegessen hatte, legte ich mich hin** yemek yedikten sonra yattım **2.** (*Abhängigkeit*): **je ~** -e göre; **willst du mitgehen? – je ~** (*fam: vielleicht*) gelecek misin? – belki; (*das hängt noch davon ab*) gelecek misin? – duruma bağlı; **wir entscheiden uns je**

N

~, **ob es uns gefällt** hoşumuza gidip gitmemesine göre karar vereceğiz

nach|denken *irr vi* düşünmek (*über* -), düşünüp taşınmak (*über* -); **darüber darf man gar nicht** ~ bunu hiç düşünmemeli; **scharf** ~ kafayı işletmek [*o* çalıştırmak], iyice bir düşünmek; **denk doch mal scharf nach!** kafanı bir işletsene!

nachdenklich *adj* düşünceli; (*in Gedanken versunken*) düşünceye dalmış, derin derin düşünen; **das macht mich** ~ bu beni düşündürüyor

Nachdruck[1] *m ohne Pl* <-(e)s> (*starke Betonung*) vurgulama; (*Eindringlichkeit*) ısrar; **etw mit** ~ **sagen** bir şeyi ısrarla söylemek; **seinen Worten** ~ **verleihen** sözlerini vurgulamak

Nachdruck[2] *m* <-(e)s, -e> (TYPO) yeniden basım; (*Neuauflage*) yeni baskı

nach|drucken *vt* yeniden basmak

nachdrücklich ['na:xdrʏklɪç] **I.** *adj* ısrarlı; (*energisch*) enerjik **II.** *adv* ısrarla

nach|eifern *vi:* **jdm** ~ birine öykünmek

Nacheiferung *f* öykünme; **nach|eilen** *vi sein:* **jdm** ~ birinin peşinden acele acele gitmek

nacheinander [na:xʔaɪ'nandɐ] *adv* **1.** (*räumlicher Abstand*) arka arkaya, peş peşe **2.** (*der Reihe nach*) sırayla **3.** (*zeitlich*) üst üste; **fünf Tage** ~ beş gün üst üste; **sie kamen kurz** ~ kısa aralıklarla geldiler

nach|empfinden* *irr vt:* **das kann ich dir gut** ~ seni iyi anlıyorum; **jds Trauer/Freude** ~ birinin üzüntüsünü/sevincini anlamak

Nacherbe, -in *m, f* (JUR) namzet mirasçı

nach|erzählen* *vt* tekrarlamak; (*erzählen*) anlatmak

Nachfahr(e), -in *m, f* <-en, -en; -nen> (*geh*): **die** ~**en** (*Blutsverwandtschaft*) çocuklar, füru; (*nächste Generationen*) torunlar, füru

nach|fahren *irr vi sein:* **jdm** ~ birinin peşinden (bir taşıtla) gitmek

Nachfolge *f ohne Pl* halefiyet, ardıllık; **jds** ~ (**in einem Amt**) **antreten** biriyle (görevde) halef selef olmak

nachfolgend *adj* bundan sonraki

Nachfolger(in) *m(f)* <-s, -; -nen> halef, ardıl

nach|forschen *vi* araştırmak; **Nachforschung** *f* araştırma; (*amtliche* ~) soruşturma; **in etw** ~**en anstellen** bir şeyde araştırmalar yapmak

Nachfrage *f* **1.** (WIRTSCH) talep, istem (*nach* -de); **die** ~ **sinkt/steigt** talep azalıyor/artıyor **2.** (*Wend*): **danke der** ~**!** aradığınız için teşekkürler!; **nach|fragen I.** *vi* **1.** (*sich erkundigen*) sormak, (bilgi almak için) aramak; **hat jemand nachgefragt?** kimse aradı mı?; **fragen Sie bitte morgen einmal nach** lütfen, yarın bizi tekrar bir arayınız **2.** (*noch einmal*) tekrar sormak, bir defa daha sormak; **er musste mehrmals** ~ defalarca sormak zorunda kaldı **3.** (*nachsuchen*) başvurmak; **um Genehmigung** ~ izin için başvurmak **II.** *vt* (WIRTSCH) talep etmek, istemek

Nachfrist *f* önel

nach|fühlen *vt s.* **nachempfinden**

nach|füllen *vt* tekrar doldurmak; (*Patrone*) doldurmak

nach|geben *irr vi* **1.** (*zustimmen*) imana gelmek, sonunda kabul etmek, sonunda razı olmak; **er gab ihren Bitten nach** ricasını sonunda kabul etti **2.** (*Fundament*) çökmek; (*Stoff*) dayanmamak, yırtılmak **3.** (WIRTSCH, FIN) düşmek

Nachgebühr *f* taksa

Nachgeburt *f ohne Pl* etene, son

nach|gehen *irr vi sein* **1.** (*folgen*) ardına düşmek, arkasına düşmek, arkasından gitmek, peşine takılmak; **einem Mädchen/einer Spur** ~ bir kızın/izin peşine takılmak **2.** (*überprüfen*) araştırmak **3.** (*Uhr, Messgerät*) geri kalmak **4.** (*einem Beruf*): **einer Arbeit** ~ işe gitmek; **dem Vergnügen** ~ sefa sürmek

Nachgeschmack *m ohne Pl* <-(e)s> ağızda kalan tat; **das hinterlässt einen bitteren/üblen** ~ bu, ağızda acı/kötü bir tat bırakıyor

nachgewiesenermaßen ['-----'--] *adv* bir kanıta göre

nachgiebig ['na:xgi:bɪç] *adj* **1.** (*Mensch, Haltung*) yumuşak yüzlü; **gegenüber jdm** (**zu**) ~ **sein** birine karşı (fazla) yumuşak yüzlü olmak **2.** (*Material*) yumuşak

Nachgiebigkeit *f ohne Pl* **1.** (*Veranlagung*) yumuşak yüzlülük **2.** (*Beschaffenheit*) yumuşaklık

nach|grübeln *vi* kafa yormak (*über* -e)

nach|haken *vi* **1.** (*fam*) sözünü kesmek; **bei jdm** (**mit einer Frage**) ~ (bir soru ile) birinin sözünü kesmek **2.** (SPORT: *Fußball*) çelme takmak

Nachhall *m ohne Pl* <-(e)s> yankılanma; **nach|hallen** *vi* yankılanmak; **nach|halten** *vi* sürmek

nachhaltig ['na:xhaltɪç] *adj* uzun süren; ~**e Wirkung haben** uzun süren etkisi olmak; **Weltgipfel für N~e Entwicklung** Dünya Sürdürülebilir Kalkınma Doruğu

nach|hängen *irr vi* **1.** kapılmak (-e); **Gedanken/Träumen** ~ düşünceye/hayale kapılmak **2.** (*wehmütig*): **einer glücklichen Zeit** ~ mutluluk dolu zamanları düşünüp durmak **3.** (*fam*) geri kalmak **4.** (*einer Fährte*) peşine düşmek (-in) **5. der Ruf, unzuverlässig zu sein, sollte ihm noch lange** ~ güvenilmez bir kimse olduğu imajı uzun zaman peşini bırakmayacaktı

nachhause[RR] *adv* (*österr, Schweiz*) eve

Nachhauseweg [-'---] *m* eve giden yol; **auf dem** ~ eve giderken

nach|helfen *irr vi* yardım etmek

nachher [na:x'he:ɐ, '--] *adv* **1.** (*danach*) ondan sonra, arkasından; (*später*) sonra; **bis ~!** görüşmek üzere! **2.** (*reg: womöglich*) sonra

Nachhilfe(stunde) *f* özel ders

Nachhinein[RR] ['---]: **im** ~ sonradan

Nachholbedarf *m* telâfi etme ihtiyacı (*an* -)

nach|holen *vt* **1.** (*Person*) sonradan getirmek **2.** (*Dinge*) sonradan yapmak; **Schlaf** ~ sonradan uyumak

Nachhut *f* <-en> (MIL) artçı

nach|jagen *vi sein:* **jdm** ~ birini kovalamak; **etw** *dat* ~ bir şeyin arkasından koşmak

nach|kaufen *vt* sonradan satın almak; **von diesem Service kann man Teile** ~ bu servisten sonradan parçalar satın almak mümkündür

Nachkomme ['na:xkɔmə] *m* <-n, -n>: **keine/viele ~n haben** hiç/çok çocuğu olmak

nach|kommen *irr vi sein* **1.** (*später kommen*) sonradan gelmek; **ich komme gleich nach** hemen arkanızdan geliyorum **2.** (*Schritt halten*): **er kommt mit der Arbeit nicht nach** işi yetiştiremiyor **3.** (*geh*): **etw** *dat* ~ (*einer Verpflichtung*) yerine getirmek; (*einem Wunsch*) yerine getirmek **4.** (*Schweiz: verstehen*) anlamak

Nachkommenschaft *f ohne Pl* füru

Nachkömmling ['na:xkœmlɪŋ] *m* <-s, -e> **1.** (*Nachzügler*) geç kalan (kimse), geç gelen (kimse) **2.** (*Nachkomme*) tekne kazıntısı

Nachkriegszeit *f* <-en> savaş sonrası dönem, savaştan sonraki zaman

Nachlass[RR] ['na:xlas] *m* <-es, -lässe *o* -e>, **Nachlaß** *m* <-sses, -lässe *o* -lasse> **1.** (*Erbschaft*) tereke, bırakıt **2.** (*Rabatt*) indirim; **jdm einen ~ gewähren** birine indirim yapmak

nach|lassen *irr* **I.** *vi* (*allgemein*) bırakmak; (*Schmerz*) azalmak, hafiflemek; (*Interesse, Eifer*) tavsamak; (*Qualität*) düşmek; (*Fieber*) düşmek; (*Regen*) dinmek; **die Nachfrage hat stark nachgelassen** talep çok azaldı; **wir sollten nicht ~ in unserem Streben!** çabalarımızda tavsamayalım! **II.** *vt* **1.** (*lockern*) gevşetmek **2.** (*vom Preis*) indirmek, düşürmek

Nachlassgericht *nt* (JUR) tereke mahkemesi

nachlässig ['na:xlɛsɪç] **I.** *adj* ihmalci, ihmalkâr, savsak, üstünkörü **II.** *adv* üstünkörü, özen göstermeden, gelişi güzel; ~ **arbeiten** üstünkörü çalışmak; ~ **gekleidet sein** gelişi güzel giyinmiş olmak

Nachlässigkeit *f* <-en> ihmal

nach|laufen *irr vi sein:* **jdm/etw** ~ bir kimsenin/şeyin arkasından koşmak

nach|lösen *vi, vt* sonradan almak; **nach|machen** *vt* (*fam*) **1.** (*nachahmen*) taklit etmek; (*kopieren*) kopya etmek; **das macht mir so schnell keiner nach** bu yaptığımı kolay kolay kimse yapamaz **2.** (*fälschen*) taklit etmek **3.** (*nachträglich erledigen*) sonradan yapmak; **nach|messen** *irr vi, vt* yeniden ölçmek

nachmittag *adv s.* **Nachmittag**

Nachmittag *m* <-(e)s, -e> öğleden sonra, ikindi; **am** ~ öğleden sonra; **gestern** ~ dün öğleden sonra

nachmittags *adv* öğleden sonra; (*jeden Nachmittag*) öğleden sonraları, her öğleden sonra; **um vier Uhr** ~ öğleden sonra saat dörtte

Nachmittagsvorstellung *f* <-en> matine

Nachnahme ['-na:mə] *f* <-n>: **per** ~ ödemeli; **etw per ~ verschicken** bir şeyi ödemeli göndermek

Nachname *m* soyadı

nach|prüfen *vt:* **etw** ~ bir şeyi yeniden gözden geçirmek; **jdn** ~ birini engel sınavına çekmek; **nach|rechnen** *vi, vt* yeniden hesap etmek, yeniden hesaplamak

Nachrede *f:* **üble** ~ (JUR) gıybet, kötüleme; **nach|reden** *vt* **1.** (*wiederholen*) tekrar etmek **2.** (*klatschen*) çekiştirmek; **jdm Übles** ~ birini kötülemek

nach|reichen *vt* sonradan vermek

Nachricht ['na:xrɪçt] *f* <-en> **1.** (*allgemein*) mesaj; **eine ~ hinterlassen** bir mesaj bırakmak; ~ **von jdm haben** birinden bir mesaj almak; **jdm eine ~ überbringen** birine bir mesaj götürmek **2.** *Pl* (TV, RADIO) haberler *pl;* **Nachrichtenagentur** *f* haber ajansı; **Nachrichtenbüro** *nt* haber alma bürosu; **Nachrichtendienst** *m* **1.** (*Geheimdienst*) istihbarat servisi **2.** (*Nachrichtenagentur*) haberler servisi; **Nachrichtensendung** *f* haberler *pl,* haber yayını; **Nachrichtensperre** *f* (yeni) haberleri yayın yasağı; **über irgendein Thema eine ~ verhängen** herhangi bir konu hakkındaki haberlere yayın yasaği koymak; **Nachrichtensprecher(in)** *m(f)* spiker

Nachruf *m* <-(e)s, -e> ağıtlama (*auf* -); **Nachruhm** *m ohne Pl* <-(e)s> ölümden sonraki ün

nach|rüsten **I.** *vi* (MIL) silâh potansiyelini ar-

N

tırmak **II.** *vt* (TECH, INFORM: *zusätzlich ausstatten*) donanımı yenilemek; **Nachrüstung** *f* <-en> **1.** (MIL) silâh potansiyelinin artırılması **2.** (TECH, INFORM) donanımı yenileme

nach|sagen *vt* **1.** (*wiederholen*) tekrarlamak **2. jdm etw** ~ birinin hakkında bir şey söylemek; **man kann ihm nichts** ~ onun aleyhinde bir şey söylenemez

Nachsaison *f* sezon sonrası

nach|schauen *vt s.* **nachsehen**

nach|schenken *vi, vt* (*geh*) *s.* **nachgießen**

nach|schicken *vt* arkasından göndermek, peşinden göndermek; (*Post*) yeni adresine yollamak

nach|schlagen *irr* **I.** *vt* başvurmak (-e) **II.** *vi* **1.** (*nachlesen*) başvurmak; **in einem Lexikon** ~ bir ansiklopediye başvurmak **2.** *sein* (*geh*): **jdm** ~ birine çekmek

Nachschlagewerk *nt* başvuru yapıtı

Nachschlüssel *m* maymuncuk

Nachschrift *f* zeyil

Nachschub *m* (MIL: *Versorgung*) ikmal (*an* -); (*Verpflegung*) ikmal malzemesi; (*Verstärkung*) takviye

Nachschubkolonne *f*, **Nachschubtruppe** *f* (MIL) ordonat

nach|sehen *irr* **I.** *vi* **1.** (*hinterherblicken*): **jdm/etw** ~ bir kimsenin/şeyin arkasından bakmak **2.** (*zur Information*): **sieh mal nach, ob ...** bak bakalım, ... **3.** (*nachschlagen*) başvurmak (*in* -e) **II.** *vt* **1.** (*kontrollieren*) bakmak, gözden geçirmek **2.** (*nachschlagen*) başvurmak (-e) **3.** (*verzeihen*): **jdm etw** ~ birinin kusuruna bakmamak, birinin kusurunu bağışlamak

Nachsehen *nt:* **das** ~ **haben** avucunu yalamak

nach|senden *irr vt s.* **nachschicken**

Nachsicht *f* hoşgörü, anlayış, müsamaha; ~ **walten lassen** hoşgörü ile davranmak, anlayış göstermek

nachsichtig *adj* hoşgörülü, anlayışlı

Nachsilbe *f* (LING) son ek

nach|sinnen *irr vi* düşünmek (*über* hakkında)

nach|sitzen *irr vi* cezaya kalmak

Nachsommer *m* pastırma yazı; **Nachspeise** *f* (GASTR) soğukluk; **Nachspiel** *nt* **1.** (THEAT) epilog; (MUS) kapanış bölümü **2.** (*Folgen*): **die Sache wird ein** ~ **haben** bu iş burada bitmedi; **nach|sprechen** *irr vt:* **jdm etw** ~ birinin söylediğini tekrar etmek; **nach|springen** *irr vi:* **jdm** ~ birinin arkasından atlamak

nächst [nɛːçst] *präp* (*geh*) **1.** (*örtlich*) yanı başında **2.** (*neben*) yanında

nächstbeste(r, s) *adj* (*irgendein*) herhangi; **der/die/das** ~ herhangi biri; **bei der** ~**n Gelegenheit** herhangi bir fırsatta

nächste(r, s) *adj* **1.** (*räumlich*) en yakın; **aus** ~**r Nähe** çok yakından; **die** ~**n Angehörigen** yakın akrabalar **2.** (*zeitlich*) bir dahaki, ertesi; **am** ~**en Abend/Morgen/Tag** ertesi akşam/sabah/gün; **das** ~ **Mal** bir dahaki sefere; **in den** ~**n Tagen** önümüzdeki günlerde; **ich rufe dich bei der** ~**n Gelegenheit an** sana ilk fırsatta telefon ederim

Nächste(r) *mf* <-n, -n; -n> **1.** (*geh: Mitmensch*) hemcins, soydaş; (*Bruder*) kardeş; **jeder ist sich selbst der** ~ (*prov*) can cümleden aziz, evvelâ can, sonra canan **2.** (*der/die Folgende*) sırası gelen (kimse); **der/die** ~ **bitte!** sıra kimdeyse gelsin lütfen!

nach|stehen *irr vi:* **jdm an etw (nicht)** ~ birinin altında kal(ma)mak; **jdm in nichts** ~ biriyle at başı (beraber) gitmek, biriyle eşit durumda olmak

nach|stellen **I.** *vt* **1.** (TECH) yeniden ayarlamak; **die Bremse/Kupplung** ~ yeniden frenleri/debriyajı ayarlamak **2.** (*Uhr*) geri almak **3.** (LING) arkasına koymak (-in) **II.** *vi* (*geh*): **jdm** ~ (*verfolgen*) birinin peşine düşmek; (*umwerben*) birinin peşinde dolaşmak

nächsten ['nɛːçstən] *superl von* **nah(e)**: **am** ~ en yakın

Nächstenliebe *f ohne Pl* **1.** özgecilik, diğerkâmlık; (*Barmherzigkeit*) sevecenlik, şefkat **2.** (*Liebe zum Nächsten*) insanları sevme

nächstens ['nɛːçstəns] *adv* yakında

nächstliegend *adj* (*örtlich*) en yakındaki; (*fig*) en akla yakın

nach|suchen *vi* **1.** (*suchen*) aramak; **ich habe überall nachgesucht** her tarafı aradım **2.** (*geh: beantragen*): **bei jdm um etw** ~ birinden bir şey rica etmek

nacht ['naxt] *adv s.* **Nacht**

Nacht ['naxt, *Pl:* 'nɛçtə] *f* <Nächte> gece; **Heilige** ~ Noel gecesi; **bei** ~ geceleyin; **in der** ~ gece(leyin); **die** ~ **von Samstag auf Sonntag** cumartesiyi pazara bağlayan gece; **in der** ~ **von Dienstag auf Mittwoch** salıyı çarşambaya bağlayan gece; **gestern** ~ dün gece; **über** ~ **bleiben** gece yatısına kalmak (*bei* -de, *in* -de); **als die** ~ **hereinbrach** karanlık bastığında [*o* çöktüğünde]; **eines** ~**s** (*geh*) bir gece; **bei** ~ **und Nebel** (*fig*) geceleyin gizlice; **gute** ~**!** Allah rahatlık versin!; **jdm gute** ~ **sagen** birine "Allah rahatlık versin" demek; **die** ~ **zum Tage machen** geceyi gündüze katmak; **zu** ~ **essen** (*südd, österr*) akşam yemeği yemek; **über** ~ (*ganz plötzlich*) birdenbire; **Nachtblindheit** *f* gece körlüğü;

Nachtclub *m* gece kulübü; **Nachtdienst** *m* gece nöbeti

Nachteil *m* <-(e)s, -e> sakınca, dezavantaj; (*Schaden*) zarar; **~e durch etw haben** bir şeyden zarar görmek; **jdm ~e bringen** birine zarar vermek; **im ~ sein** dezavantajda olmak; **von ~ sein** dezavantajlı olmak, sakıncalı olmak; **zum ~ von** zararına, aleyhine

nachteilig *adj* (*ungünstig*) sakıncalı; (*schädlich*) zararlı; **etw ist für jdn ~** bir şey birinin aleyhinedir [*o* zararınadır]

Nachtessen *nt* (*südd, österr, Schweiz*) akşam yemeği; **Nachtfalter** *m* **1.** (ZOOL) pervane **2.** (*fig: Person*) gece kuşu; **Nachtflug** *m* gece uçuşu; **Nachtfrost** *m* gece ayazı; **Nachthemd** *nt* gecelik

Nachtigall ['naxtɪgal] *f* <-en> (ZOOL) bülbül

Nachtigallenschlag *m* bülbülün şakıması

nächtigen ['nɛçtɪgən] *vi* gecelemek (*in* -de); **bei jdm ~** birinin yanında gecelemek [*o* geceyi geçirmek], birinde gece yatısına kalmak

Nachtisch *m ohne Pl* <-(e)s> soğukluk

Nachtklub *m* gece kulübü; **Nachtleben** *nt ohne Pl* <-s> gece hayatı

nächtlich ['nɛçtlɪç] *adj* geceki, gece olan [*o* yapılan]

Nachtlokal *nt* <-(e)s, -e> gece kulübü

Nachtportier *m* <-s, -s> gece bekçisi

Nachtrag ['na:xtra:k, *Pl:* 'na:xtrɛ:gə] *m* <-(e)s, -träge> ek, ilâve

nach|tragen *irr vt* **1.** arkasından taşımak; (*nachbringen*) arkasından götürmek **2.** (*hinzufügen*) eklemek (-e), ilâve etmek (-e) **3.** (*verübeln*): **jdm etw ~** birine bir şey için kin beslemek [*o* tutmak]

nachtragend *adj* kinci

nachträglich ['na:xtrɛ:klɪç] **I.** *adj* sonraki **II.** *adv* sonradan

Nachtragshaushalt *m* (ADMIN) ek bütçe

nach|trauern *vi:* **jdm ~** birinin ardından yas tutmak; **etw ~** bir şeyin ardından üzülmek

Nachtruhe *f* gece uykusu

nachts [naxts] *adv* gece(leyin), gece vakti; (*jede Nacht*) geceleri, her gece; **spät ~** gece geç vakit; **um 2 Uhr ~** geceleyin saat 2'de

Nachtschatten *m ohne Pl* (BOT): **Schwarzer ~** it üzümü, köpek üzümü, tilki üzümü; **Nachtschattengewächse** *ntPl* (BOT) patlıcangiller; **Nachtschicht** *f* gece vardiyası; **Nachtschwärmer(in)** *m(f)* <-s, -; -nen> **1.** (*fig: Person*) gece kuşu **2.** (ZOOL: *Nachtfalter*) pervane; **Nachtschwester** *f* gece hemşiresi

nachtsüber *adv* geceleyin, gece vakti

Nachttarif *m* gece tarifesi; **Nachttisch** *m* komodin; **Nachttopf** *m* oturak, lâzımlık; **Nachtwache** *f* gece nöbeti; **~ haben** gece nöbeti olmak; **Nachtwächter(in)** *m(f)* gece bekçisi

Nachuntersuchung *f* çekap

nachvollziehbar *adj:* **dieses Verhalten ist für mich nicht ~** bu davranışa aklım ermiyor

nach|vollziehen* *irr vt* akıl erdirmek (-e)

nach|wachsen *irr vi sein* yeniden bitmek, yeniden büyümek

Nachwehen *fPl* **1.** (MED) doğum sonrası sancıları *pl* **2.** (*geh fig: Folgen*) sonuçlar *pl*

nach|weinen *vi, vt:* **jdm ~** birinin arkasından ağlamak; **jdm/etw keine Träne ~** bir kimseyi/şeyi aramamak

Nachweis ['na:xvaɪs] *m* <-es, -e> (*Beweis*) kanıt; (*Bescheinigung*) belge

nachweisbar *adj* kanıtlanabilir

nach|weisen *irr vt* **1.** (*beweisen*) kanıtlamak, ispat etmek; **das lässt sich leicht ~** bunun ispati kolay; **jdm etw ~** birine bir şeyi kanıtlamak **2.** (*Kenntnisse*) bilgi vermek (hakkında)

nachweislich ['na:xvaɪslɪç] *adj* kanıtlı, belgeli

Nachwelt *f ohne Pl* gelecek kuşaklar *pl*

nach|wirken *vi* sonradan da etkisini göstermek, etkisini uzun bir süre göstermek, uzun zaman etkili olmak; **Nachwirkung** *f* sonradan ortaya çıkan etki

Nachwort *nt* <-(e)s, -e> son söz

Nachwuchs *m* **1.** (*fam: Nachkomme*) çocuk(lar) *(pl)*; **sie haben ~ bekommen** çocukları oldu **2.** (*am Arbeitsmarkt*) genç elemanlar *pl*

nach|zahlen *vt* (*später zahlen*) sonra(dan) ödemek; (*zusätzlich zahlen*) farkını ödemek

nach|zählen *vt* yeniden saymak

Nachzahlung *f* **1.** (*nachträglich*) sonra(dan) ödeme **2.** (*zusätzlich*) farkını ödeme

nach|zeichnen *vt* **1.** (*abzeichnen*) kopya etmek, aynısını çizmek (-in) **2.** (*schildern*) göstermek; **nach|ziehen** *irr* **I.** *vt* **1.** (*Linien, Umriss*) üstünden geçmek (-in); **sich die Lippen ~** rujunu tazelemek **2.** (*Schraube*) yeniden sıkmak **3.** (*Bein*) sürümek **4.** (*Pflanzen*) yeniden yetiştirmek **II.** *vi sein:* **jdm ~** birinin ardından aynı yere taşınmak

Nachzügler(in) ['na:xtsy:glɐ] *m(f)* <-s, -; -nen> geç kalan (kimse), geciken (kimse); **der Bus wartete auf die ~** otobüs geç kalanları bekledi

Nacken ['nakən] *m* <-s, -> ense; **einen steifen ~ haben** boynu tutulmak; **jdm im ~ sitzen** birinin ensesine binmek; **die**

Angst saß ihm im ~ can başına sıçramıştı; **jdm den** ~ **beugen** birine boyun eğdirmek; **vor jdm den** ~ **beugen** birine boyun eğmek; **Nackenstütze** *f* (AUTO: *Kopfstütze*) koltuk başı

nackt [nakt] *adj* (*a. fig*) çıplak; **halb** ~ yarı çıplak; **sich** ~ **ausziehen** çırıl çıplak soyunmak; **Nacktbadestrand** *m* doğacılar plâjı, çıplaklar kampı

Nacktheit *f ohne Pl* çıplaklık

Nacktsamer *mPl* (BOT) açık tohumlular *pl*

Nadel ['na:dəl] *f* <-n> (*Näh~, Steck~, a.* BOT) iğne; (*Strick~*) şiş; (*an Messinstrumenten*) ibre; (*Kompass~*) iğne; (*Haar~*) firkete; **eine** ~ **im Heuhaufen suchen** (*fig*) saman yığınında iğne aramak; **Nadelbaum** *m* (BOT) iğne yaprak

Nadelhölzer *ntpl* (BOT) iğne yapraklılar *pl;* **Nadelkissen** *nt* iğne yastığı, iğne(den)lik; **Nadelöhr** ['na:dəlʔœ:ɐ] *nt* iğne deliği [*o* gözü]; (AUTO: *Engpass*) dar boğaz; **Nadelstich** *m* <-(e)s, -e> **1.** (*Einstich*) iğne yeri **2.** (*Nähstich*) dikiş **3.** (*fig*) iğne

Nadelstreifenanzug *m* <-(e)s, -züge> reye kumaştan takım giysi

Nadelwald *m* iğne yaprak ormanı

Nagel ['na:gəl, *Pl:* 'nɛ:gəl] *m* <-s, Nägel> **1.** (*Metallstift*) çivi; **einen** ~ **einschlagen** çivi çakmak; **den** ~ **auf den Kopf treffen** (*fam a. fig*) tam üstüne basmak; **etw an den** ~ **hängen** (*fam fig*) bir şeyi rafa kaldırmak, bir şeyden vazgeçmek; **den Beruf an den** ~ **hängen** (*fam fig*) meslegini bırakmak; **Nägel mit Köpfen machen** (*fam fig*) işi doğru dürüst yapmak **2.** (*Finger~*) tırnak; **sich** *dat* **die Nägel schneiden** tırnaklarını kesmek; **an den Nägeln kauen** tırnaklarını kemirmek; **sich** *dat* **etw unter den** ~ **reißen** (*fam*) bir şeyin üstüne yatmak, punduna getirip bir şeyi iç etmek; **die Sache brennt uns unter den Nägeln** (*fam*) bu iş bizim için çok acil; **Nagelbürste** *f* tırnak fırçası; **Nagelfeile** *f* tırnak törpüsü

Nagellack *m* oje, tırnak cilâsı

nageln *vt* çivilemek (*an/auf*-e)

nagelneu ['--'-] *adj* (*fam*) yesyeni, gıcır gıcır

Nagelschere *f* tırnak makası

nagen ['na:gən] **I.** *vi* **1.** (*Tier, Mensch*) kemirmek (*an* -i) **2.** (*Rost*) kemirmek (*an* -i); (*Wasser*) aşındırmak (*an* -i) **3.** (*quälen*): **das schlechte Gewissen nagte an ihr** vicdan azabı içini kemiriyordu; **Zweifel** ~ **an ihm** şüphe beynini kemiriyor **II.** *vt* kemirmek

nagend *adj* (*Sorgen*) (insanın) iç(ini) kemiren; **ein** ~**er Schmerz** (insanın) iç(ini) kemiren bir acı; **ein** ~**es Hungergefühl** (insanın) mide(sini) kemiren açlık hissi

Nager *m* <-s, ->, **Nagetier** *nt* <-(e)s, -e> kemirgen (hayvan)

nah(e) [na:, 'na:ə] <näher, am nächsten> **I.** *adj* **1.** (*räumlich*) yakın; ~ **sein** yakın olmak; **der N~e Osten** Yakın Doğu; **von** ~**em** yakından **2.** (*zeitlich*) yakın; **die** ~**e Zukunft** yakın gelecek **3.** (*direkt, eng*) yakın; ~**e Verwandte** yakın akrabalar **II.** *adv* **1.** (*räumlich, zeitlich*) yakın; ~ **an** [*o* **bei**] yakınında; ~ **beieinander** birbirine yakın; **von** ~ **und fern** yakından ve uzaktan **2.** (*direkt, eng*): **mit jdm** ~**e verwandt sein** biriyle yakından akraba olmak **III.** *präp* (*geh*) yakınında

Nahaufnahme *f* **1.** (FOTO) yakından çekilen resim **2.** (FILM) omuz çekimi

Nähe ['nɛ:ə] *f ohne Pl* **1.** (*räumlich*) yakın, yakınlık; **etw aus der** ~ **betrachten** bir şeye yakından bakmak; **in der** ~ **der Stadt** kentin yakınında; **hier in der** ~ yakınlarda, bu civarda; **in meiner** ~ yakınımda; **aus nächster** ~ yakından **2.** (*zeitlich*) yakın

nahebei ['na:ə'baɪ] *adv* yakında

nahe|bringen *irr vt s.* **bringen 1.**; **nahe|gehen** *irr vi sein s.* **gehen I.1.**; **nahe|kommen** *irr vi sein s.* **kommen 2.**; **nahe|legen** *vt s.* **legen I.4.**; **nahe|liegen** *irr vi s.* **liegen 5.**

naheliegend *adj s.* **liegen 5.**

nahen ['na:ən] *vi sein* (*geh*) yaklaşmak

nähen ['nɛ:ən] *vi, vt* **1.** (*Kleidung*) dikmek **2.** (*Wunde*) dikiş atmak (-e); **der Patient muss genäht werden** (*fam*) hastaya dikiş atılacak

näher ['nɛ:ɐ] *adj* **1.** (*räumlich, zeitlich*) yakında; ~ **wohnen** yakında oturmak; **in der** ~**en Umgebung** yakın civarda; ~ **rücken** yaklaşmak; **tritt doch** ~**!** yaklaşsana! **2.** (*fig: genauer*) daha ayrıntılı; ~**e Angaben** daha ayrıntılı bilgiler; **etw** ~ **betrachten** bir şeye yakından bakmak; **können sie mir N~es darüber erzählen?** onun hakkında bana daha ayrıntılı bilgi verebilir misiniz? **3.** (*enger*) yakın; (*Freundschaft*) yakın; **die** ~**e Verwandtschaft** yakın akrabalar; **jdn** ~ **kennen lernen** birini yakından tanımak

Naherholungsgebiet *nt* yakındaki rekreasyon alanı

Näherin ['nɛ:ərɪn] *f* <-nen> dikişçi, terzi

näher|kommen *irr vi sein s.* **kommen 2.**

nähern ['nɛ:ɐn] *vr:* **sich** ~ yaklaşmak (-e); (*Ereignis*) yaklaşmak

nahe|stehen *irr vi s.* **stehen I.2.**

nahezu ['na:ə'tsu:] *adv* hemen hemen, neredeyse

Nähgarn *nt* tire

Nahkampf *m* (MIL, SPORT) teke tek dövüşme

Nähkästchen ['nɛːkɛstçən] *nt* <-s, ->: **aus dem ~ plaudern** (*fam*) dedikodu yapmak; **Nähkasten** *m* dikiş kutusu

nahm [naːm] *3. imp von* **nehmen**

Nähmaschine *f* dikiş makinesi; **Nähnadel** *f* dikiş iğnesi

Nahost ['-'-] *m* <-> Yakın Doğu

Nährboden ['nɛːɐ-] *m* **1.** mümbit toprak **2.** (*fig*) zemin

nähren ['nɛːrən] *vt* (*geh*) **1.** (*er~*) beslemek **2.** (*Hoffnung*) beslemek

nahrhaft ['naːɐhaft] *adj* besleyici

Nährstoff *m* <-(e)s, -e> besleyici madde

Nahrung ['naːrʊŋ] *f ohne Pl* gıda, besin; **flüssige/feste ~** sıvı/katı gıda; **Nahrungskette** *f* (BIOL) gıda zinciri

Nahrungsmittel *nt* gıda (maddesi); **Nahrungsmittelallergie** *f* gıda alerjisi; **Nahrungsmittelindustrie** *f* gıda sanayii; **Nahrungsmittelvergiftung** *f* (MED) gıda zehirlenmesi

Nährwert *m* besin değeri

Nähseide *f* ibrişim

Naht [naːt, *Pl:* 'nɛːtə] *f* <Nähte> **1.** (*an Kleidung*) dikiş **2.** (MED) dikiş **3.** (TECH) dikiş; **nahtlos** *adj* **1.** (*Kleidung, Strümpfe*) dikişsiz **2.** (TECH) dikişsiz **3.** (*Wend*): **~ ineinander übergehen** kolayca birbirine geçmek; **~ braun sein** boydan boya esmer olmak

Nahtstelle *f* dikiş yeri; **Nahtzugabe** *f* dikiş payı

Nahverkehr *m* yakın yerler arasında ulaşım, çevre trafiği; **Nahverkehrszug** *m* <-(e)s, -züge> banliyö treni

Nähzeug *nt* dikiş takımı

naiv [na'iːf] *adj* saf, safdil, safderun

Naivität [naivi'tɛːt] *f ohne Pl* saflık

Name ['naːmə] *m* <-ns, -n> ad, isim; (*Nach~*) soyadı; (*Bezeichnung*) nam, unvan; (*Ruf*) nam, ün; **mein ~ ist ...** benim adım ...(dir); **auf den ~n von ...** ...in adına; **in jds ~n sprechen** birinin namına konuşmak; **ich kenne ihn nur dem ~n nach** onu sadece ismen tanıyorum; **im ~n des Volkes** (JUR) Ulus adına; **im ~n der Menschlichkeit** insaniyet namına; **sich** *dat* **mit etw einen ~n machen** bir şeyle isim yapmak; **man muss die Dinge beim ~n nennen** öz konuşmak gerekir

namenlos *adj* **1.** (*Person*) adsız **2.** (*geh: sehr groß*) çok büyük

namens ['naːməns] **I.** *adv* namına **II.** *präp* (*formal*) adlı, diye

Namensaktie *f* <-n> nama yazılı hisse senedi; **Namensschild** *nt* <-(e)s, -er> tabelâ; **Namenstag** *m bir kişinin adını taşıyan azizin günü;* **Namensvetter** *m* adaş

namentlich ['naːməntlɪç] **I.** *adj* adlı; **eine ~e Liste** ad listesi **II.** *adv* **1.** (*mit Namen*) ismen; **~ genannt werden** adıyla anılmak, adı geçmek **2.** (*vor allem*) her şeyden önce, en başta; (*besonders*) özellikle

Nameserver *m* (INFORM) isim sunucusu

namhaft ['naːmhaft] *adj* **1.** (*bekannt*) tanınmış; (*berühmt*) ünlü, namlı **2.** (*beträchtlich*) hatırı sayılır; (*nennenswert*) oldukça büyük

nämlich ['nɛːmlɪç] **I.** *adj* aynı; **am ~en Tag** aynı gün **II.** *adv* **1.** (*denn*) çünkü, ise; **sonntags ~ gehen wie immer ins Restaurant** pazartesileri ise hep restorana gideriz **2.** (*und zwar*) de, yani

nannte ['nantə] *3. imp von* **nennen**

nanu [na'nuː] *interj* hayrola

Napalm® *nt ohne Pl* (CHEM) napalm; **Napalmbombe** *f* napalm bombası

Napf [napf, *Pl:* 'nɛpfə] *m* <-(e)s, Näpfe> tas; (*Spuck~*) hokka

Narbe ['narbə] *f* <-n> **1.** (MED) yara izi **2.** (BOT) tepecik

narbig *adj* **1.** (*allgemein*) yara yeri olan, çalık **2.** (*Leder*) benekler basılmış

Narkose [nar'koːzə] *f* <-n> (MED) narkoz; **eine ~ geben** narkoz vermek; **Narkosemittel** *nt* (MED) narkotik

narkotisieren* [narkoti'ziːrən] *vt* (MED) narkoz vermek (-e)

Narr [nar] *m*, **Närrin** *f* <-en, -en; -nen> **1.** (*Dummkopf*) budala **2.** (*Hof~*) soytarı; (*beim Karneval*) maskara; **jdn zum ~en halten** birini maskaraya almak; **er hat einen ~en an ihr gefressen** (*fam*) ona deli oluyor

Närrin ['nɛrɪn] *f* <-nen> *s.* **Narr**

närrisch ['nɛrɪʃ] *adj:* **~es Treiben** karnaval çılgınlığı; **du bist wohl ~** (*fam*) sen aklını kaçırdın galiba; **auf jdn/etw ganz ~ sein** (*fam*) bir kimseye/şeye deli olmak

Narwal *m* (ZOOL) narval

Narzisse [nar'tsɪsə] *f* <-n> (BOT) nergis

NarzissmusRR [nar'tsɪsmʊs] *m ohne Pl* <->, **Narzißmus** *m ohne Pl* <-> narsisizm

narzisstischRR [nar'tsɪstɪʃ] *adj*, **narzißtisch** *adj* narsis

nasal [na'zaːl] *adj* (MED, LING) genzel, genizsi; **Nasallaut** *m* <-(e)s, -e> (LING: *Vokal*) geniz ünlüsü; (*Konsonant*) geniz ünsüzü

naschen ['naʃən] **I.** *vi* (*Süßigkeiten essen*) tatlı şeyler yemek; (*kleine Mengen essen*) çimlenmek **II.** *vt:* **hast du etwas zum N~?** atıştıracak bir şeyin var mı?

Nase[1] ['naːzə] *f* <-n> (*Körperteil*) burun; **pro ~** (*fam*) adam başına; **immer der ~ nach** (*fam*) dosdoğru; **mir läuft die ~** burnum akıyor; **sich** *dat* **die ~ putzen** burnunu silmek; **die ~ rümpfen** burun bükmek [*o* kıvırmak]; **etw vor der ~ haben** (*fam*) bir şey burnunun ucunda olmak; **nicht weiter sehen als seine ~ reicht** (*fam fig*) burnunun ucundan ötesini [*o* ilerisini] görmemek; **sich** *dat* **eine goldene ~ verdienen** çok para kazanmak; **die ~ (von jdm/etw) voll haben** (*fam*) bir kimseden/şeyden bıkmış olmak; **die ~ vorn haben** önde olmak; **jdn an der ~ herumführen** (*fam*) birini işletmek; **er steckt seine ~ in alles** (*fam*) her şeye burnunu sokar

Nase[2] *f ohne Pl* (*Geruchs-, Spürsinn*): **eine gute ~ für etw haben** bir şeyin kokusunu alabilmek

näseln ['nɛːzəln] *vi* genizden konuşmak

Nasenbein *nt* burun kemiği; **Nasenbluten** *nt ohne Pl* <-s> burun kanaması; **~ haben** burnu kanamak; **Nasenflügel** *m* (ANAT) burun kanadı; **Nasenloch** *nt* burun deliği; **Nasenscheidewand** *f* (ANAT) burun perdesi; **Nasenschleimhaut** *f* burun mukozası, burun sümük dokusu; **Nasenspitze** *f* burun ucu; **nicht weiter sehen, als die ~ reicht** (*fam*) burnunun ucundan ötesini [*o* ilerisini] görmemek; **Nasenspray** *m o nt* burun spreyi; **Nasentropfen** *mPl* burun damlası

naseweis ['naːzəvaɪs] *adj* büyümüş de küçülmüş

Nashorn *nt* <-(e)s, -hörner> gergedan

nass[RR] [nas] *adj*, **naß** *adj* yaş; (*durchnässt*) ıslak; (*Wetter*) yağışlı; **durch und durch ~ sein** sırılsıklam; **~ machen** ıslatmak; **~ werden** ıslanmak

Nässe ['nɛsə] *f ohne Pl* yaşlık, ıslaklık

nässen ['nɛsən] *vi* ıslatmak

nasskalt[RR] *adj* soğuk ve yağişlı; **es ist ~** hava soğuk ve yağişlı; **Nassrasur**[RR] *f* tıraş sabunu ve jiletle tıraş; **Nasszelle**[RR] *f* (ARCH) ıslak zemin

Nation [na'tsjoːn] *f* <-en> millet; **die Vereinten ~en** Birleşmiş Milletler

national [natsjo'naːl] *adj* millî, ulusal; **Nationalfeiertag** *m* millî bayram; **Nationalhymne** *f* millî marş

Nationalismus [natsjona'lɪsmʊs] *m ohne Pl* <-> milliyetçilik, nasyonalizm

Nationalist(in) [natsjona'lɪst] *m(f)* <-en, -en; -nen> milliyetçi, nasyonalist

nationalistisch [natsjona'lɪstɪʃ] *adj* milliyetçi

Nationalität [natsjonali'tɛːt] *f* <-en> milliyet, uyrukluk

Nationalmannschaft *f* (SPORT) millî takım; **Nationalpark** *m* millî park; **Nationalsozialismus** *m* nasyonal sosyalizm; **nationalsozialistisch** *adj* nasyonal sosyalist; **Nationalspieler(in)** *m(f)* (SPORT) millî oyuncu; **Nationalversammlung** *f* millet meclisi

Nativismus *m ohne Pl* (PHILOS) doğuştancılık

Nato, NATO ['naːto] *f ohne Pl Abk. von* **North Atlantic Treaty Organization** NATO, *Kuzey Atlantik Anlaşması Örgütü*

Natrium ['naːtriʊm] *nt ohne Pl* <-s> (CHEM) sodyum

Natron ['naːtrɔn] *nt ohne Pl* <-s> natron

Natter ['natɐ] *f* <-n> engerek; **eine ~ am Busen nähren** koynunda yılan beslemek

Natur [na'tuːɐ] *f ohne Pl* **1.** doğa, tabiat; **in freier ~** doğada **2.** (*Eigenart*) mizaç, huy; **von ~ aus schüchtern** yaradılıştan utangaç **3.** (*eigentümliche Beschaffenheit*) mahiyet, nitelik; **eine Frage allgemeiner ~** genel nitelikte bir soru

Naturalien [nɑtu'rɑːliən] *fPl* ayniyat *pl*; **in ~ bezahlen** ayniyat ile ödemek

Naturalismus [natura'lɪsmʊs] *m ohne Pl* <-> doğalcılık

naturalistisch [natura'lɪstɪʃ] *adj* doğalcı

Naturdenkmal *nt* doğa anıtı, tabiat anıtı

Naturell [natu'rɛl] *nt* <-s, -e> (*geh*) huy, mizaç, yaradılış

Naturereignis *nt* doğal olay; **naturfarben** *adj* doğal renkte; **Naturfreund(in)** *m(f)* doğasever; **naturgemäß** *adj* tabiatıyla; **Naturgesetz** *nt* doğa yasası; **Naturgewalten** *fPl* tabiî âfetler *pl*

Naturkatastrophe *f* doğal afet

Naturkost *f* doğal besi; **Naturkostladen** *m* <-s, -läden> doğal gıda pazarı; **Naturkunde** *f ohne Pl* doğa bilgisi, tabiat bilgisi

natürlich [na'tyːɐlɪç] **I.** *adj* **1.** (*allgemein*) doğal, tabiî; **in ~er Größe** bire bir boyunda **2.** (*selbstverständlich*) tabiî **II.** *adv* tabiî, elbette; **~ nicht!** elbette olmaz!; **das stimmt ~, aber …** bu doğru tabiî, ama …

Natürlichkeit *f ohne Pl* doğallık, tabiîlik

Naturpark *m* doğa parkı; **Naturprodukt** *nt* doğa ürünü; **Naturrecht** *nt ohne Pl* doğal hukuk; **Naturschönheit** *f* doğal güzellik, tabiî güzellik

Naturschutz *m* doğayı koruma, tabiatı koruma; **Naturschutzgebiet** *nt* doğayı koruma alanı, tabiatı koruma alanı

Naturtalent *nt* yaradılıştan istidat; **naturverbunden** *adj* doğaya bağlı; **Naturvolk** *nt* <-(e)s, -völker> ilkel toplum; **Naturwissenschaft** *f* doğa bilimleri *pl*; **Naturwissenschaftler(in)** *m(f)* doğa bilimci; **Naturzustand** *m* doğal durum

Nautik ['naʊtɪk] *f ohne Pl* denizcilik

Navigation [naviga'tsjoːn] *f ohne Pl* (NAUT) sevk ve idare; (AERO) pilotaj; **Navigationsfehler** *m* (AERO) pilotaj hatası

Nazi ['naːtsi] *m* <-s, -s> (*pej*) Nazi

NC [ɛn'tseː] *m* <-(s), -(s)> *Abk. von* **Nume-**

rus clausus kontenjan

n.Chr. *Abk. von* **nach Christus** İsa'dan sonra

ne [nə] (*fam*) değil mi

'ne [nə] *art indef* (*fam*) *Abk. von* **eine** *s.* **ein, eine, ein**

Neandertaler [ne'andɐta:lɐ] *m* <-s, -> Neandertal adamı

Neapel *nt* Napoli

Nebel ['ne:bəl] *m* <-s, -> sis; **die Berge sind in ~ gehüllt** dağlar sise bürünmüş; **Nebelbildung** *f* sislenme; **Nebelbombe** *f* sis bombası

nebelig *adj* sisli; **es ist ~** hava sisli

nebeln *vi* sislenmek; **der See nebelt** göl sisleniyor

Nebelscheinwerfer *m* (AUTO) sis farı; **Nebelschlussleuchte**[RR] *f* (AUTO) arka sis lâmbası; **Nebelwand** *f* sis perdesi

neben ['ne:bən] **I.** *präp* **1.** (*räumlich*) yan(ında); **~ mir** (benim) yanımda; **~ uns** (bizim) yanımızda; **~ dem Schrank** dolabın yanında **2.** (*verglichen mit*) yanında **3.** (*außer*) yanında, yanı sıra; **~ anderen Dingen** başka şeylerin yanı sıra; **~ der Arbeit** işin yanı sıra **II.** *präp* (*Richtung*) yanına

nebenan [--'-] *adv* yanda, yan tarafta, bitişikte

Nebenanschluss[RR] *m* parallel telefon (bağlantısı); **Nebenausgang** *m* <-(e)s, -gänge> yan çıkış, yan kapı; **Nebenbedeutung** *f* <-en> ikinci anlam

nebenbei [--'-] *adv* **1.** (*gleichzeitig*) aynı zamanda; (*außerdem*) yanı sıra **2.** (*beiläufig*) söz arasında, sırası gelmişken; **~ bemerkt** antrparantez

Nebenberuf *m* ikinci meslek; **nebenberuflich** **I.** *adj* ikinci meslek olarak yapılan **II.** *adv* ikinci meslek olarak, asıl mesleğinin yanı sıra; **Nebenbuhler(in)** ['ne:bənbu:lɐ] *m(f)* <-s, -; -nen> rakip; **Nebeneffekt** *m* yan etki

nebeneinander [---'--] *adv* yan yana

Nebeneingang *m* <-(e)s, -gänge> yan giriş, yan kapı; **Nebenerscheinung** *f* gölge olay; **Nebenfach** *nt* (UNIV) yardımcı ders; **Nebenfrau** *f* odalık; **Nebengebäude** *nt* **1.** (*Nachbarhaus*) yan bina **2.** (*Anbau*) bitişik yapı, müştemilât, eklentiler; **Nebengeräusch** *nt* (TEL, RADIO) parazit, cızırtı; **Nebenhandlung** *f* epizot

nebenher [--'-] *adv s.* **nebenbei**; **Nebenhöhle** *f* (ANAT) sinüs

Nebenklage *f* (JUR) müdahale yoluyla dava; **Nebenkläger(in)** *m(f)* (JUR) müdahil; **Nebenkosten** *Pl* ek masraflar *pl,* feri masraflar *pl;* **Nebenmann** *m* <-(e)s, -männer *o* -leute> komşu; **Nebenprodukt** *nt* yan ürün; **Nebenrolle** *f* yan rol; **Nebensache** *f* önemsiz şey; **nebensächlich** *adj* feri, önemsiz; **Nebensaison** *f* sezon dışı; **Nebensatz** *m* <-es, -sätze> (LING) yan cümle; **Nebenstraße** *f* **1.** (*im Ort*) yan sokak **2.** (*außerhalb*) tali yol; **Nebenverdienst** *m* <-(e)s, -e> ek kazanç; **Nebenwinkel** *m* (MATH) komşu açı; **Nebenwirkung** *f* yan etki, komplikasyon; **Nebenzimmer** *nt* yan oda

neblig *adj s.* **nebelig**

nebst [ne:pst] *präp* yanında, yanı sıra

necken ['nɛkən] **I.** *vt* takılmak (-e) **II.** *vr:* **sich ~** cilve yapmak

neckisch *adj* **1.** takılgan **2.** (*kokett*) cilveli

nee [ne:] (*fam*) yoo

Neffe ['nɛfə] *m* <-n, -n> erkek yeğen

Negation *f* **1.** olumsuzluk, nefiy, inkâr etme **2.** (LING) olumsuzluk; **Negationswort** *nt* (LING) olumsuzluk kelimesi

negativ ['ne:gati:f] *adj* **1.** (*verneinend*) olumsuz; **sich ~ zu etw äußern** bir şeye olumsuz cevap vermek **2.** (PHYS, MATH, FOTO) negatif

Negativ *nt* <-s, -e> (FOTO) negatif, arap

Neger(in) ['ne:gɐ] *m(f)* <-s, -; -nen> (*a. pej*) zenci

negieren* [ne'gi:rən] *vt* **1.** (*leugnen*) yadsımak, inkâr etmek **2.** (LING) nefyetmek, olumsuz kılmak

negroid [negro'i:t] *adj* siyah, zenci

nehmen ['ne:mən] <nimmt, nahm, genommen> *vt* **1.** (*ergreifen*) almak; **ich weiß nicht, was ich ~ soll** ne alacağımı bilmiyorum **2.** (*an~*) kabul etmek; **man muss ihn ~, wie er ist** onu olduğu gibi kabul etmek gerekir **3.** (*verlangen*) istemek; **er nimmt 30 Euro die Stunde** saatine 30 euro istiyor **4.** (*weg~*) alıp götürmek; (*heraus~*) almak (-den); **jdm die Hoffnung ~** birinin umudunu kırmak; **sich** *dat* **etw nicht ~ lassen** (*bestehen*) bir şeyi elinden vermemek **5.** (*Bus, Zug*) gitmek (ile); **du solltest dir einen Anwalt ~** kendine bir avukat tutsan iyi olacak **6.** (*ein~*) almak; **etw zu sich ~** (*essen*) bir şey yemek; (*Kleinigkeit*) bir şeyler atıştırmak; (*trinken*) bir şey içmek; **sie nimmt Pillen** hap alıyor; **ich nehme nie Zucker in den Kaffee** ben hiçbir zaman kahveme şeker almam; **~ Sie noch ein Stück Torte?** bir parça pasta daha alır mısınız? **7.** (*Wend*): **etw auf sich ~** bir şeyi üzerine almak; **jdn zu sich ~** birini yanına almak; **etw krumm ~** (*fam*) bir şeye alınmak; **jdn beim Wort ~** birinin sözüne inanmak; **jdn (nicht) für voll ~** birini ciddiye al(ma)mak; **sie nahmen ihn in die Mitte** onu ortalarına aldılar; **er ist hart im N~**

metanetlidir; **etw leicht ~** (*hinnehmen*) bir şeyi kabul etmek; (*nicht ernst nehmen*) bir şeyi hafife almak; **etw schwer ~** bir şey ağrına gitmek; **nimm's nicht so schwer!** aldırma!; **jdm etw übel ~** birine bir şeyden alınmak

Neid [naɪt] *m ohne Pl* <-(e)s> (*Missgunst*) haset, kıskançlık; (*bei Kindern*) kıskançlık; **~ erregen** kıskandırmak; **vor ~ platzen** (*fam fig*) hasetten çatlamak; **blind vor ~ sein** (*fam*) hasetten gözü görmez olmak

neiden ['naɪdən] *vt:* **jdm etw ~** birinden bir şeyi kıskanmak

Neider(in) *m(f)* <-s, -; -nen> kıskanç

neidisch *adj* hasetçi, kıskanç; **auf jdn ~ sein** birini kıskanmak

neidlos *adj* hasetsiz; **etw ~ anerkennen** bir şeyi

Neige ['naɪgə] *f ohne Pl* (*geh*) **1.** (*Rest*) dibinde kalan; **die ~ austrinken/wegschütten** dibinde kalanı içip bitirmek/dökmek; **das Glas bis zur ~ leeren** bardağını dibine kadar boşaltmak **2.** (*Ende*) son; **das Jahr geht zur ~** yıl sona eriyor; **das Geld geht zur ~** paralar suyunu çekiyor

neigen ['naɪgən] **I.** *vt* eğmek **II.** *vr:* **sich ~ 1.** (*allgemein*) eğilmek (*nach* -e); (*Schiff*) yan yatmak **2.** (*geh: enden*) sona ermek **III.** *vi:* **zu etw ~** bir şeye eğilim göstermek

Neigung[1] *f* <-en> **1.** (*Schräglage*) eğiklik, meyil **2.** (*Vorliebe*) temayül (*für* -e), sevme; **etw aus ~ tun** bir şeyi sevdiği için yapmak **3.** (*Zu~*) meyil (*zu* -e), eğilim (*zu* -e) **4.** (*Richtung im Denken*) temayül (*zu* -e)

Neigung[2] *f ohne Pl* (*Veranlagung*) temayül (*zu* -e), yönseme (*zu* -e)

Neigungswinkel *m* eğiklik

nein [naɪn] hayır, yok; **~ danke** hayır, teşekkür ederim; **ich sage nicht ~** hayır demiyorum [*o* dememl]; **~, so was!** yok, olamaz!, olacak şey değil!

Nein *nt* <-(s), -(s)> hayır; **mit ~ antworten** hayır diye cevap vermek; **mit Ja oder ~ stimmen** beyaz veya kırmızı oy vermek; **Neinsager(in)** *m(f)* <-s, -; -nen> her şeye hayır diyen kimse; **Neinstimme** *f* kırmızı oy

Nektar ['nɛktaːɐ] *m* <-s, -e> bal özü, nektar

Nelke ['nɛlkə] *f* <-n> **1.** (*Blume*) karanfil **2.** (*Gewürz*) karanfil

'nen [nən] *art indef* (*fam*) *Abk. von* **einen** *s.* **ein, eine, ein**

nennen ['nɛnən] <nennt, nannte, genannt> **I.** *vt* **1.** demek; **das nenne ich Mut** buna cesaret derim **2.** (*angeben*) vermek; (*empfehlen*) söylemek; **kannst du mir Beispiele dafür ~?** bana bunun [*o* onun] için örnek verebilir misin? **3.** (*erwähnen*) anmak, zikretmek; **unten genannt** aşağıda adı geçen **4.** (*bezeichnen*) demek; (*angeblich*) sözde; **deine so genannten Freunde** senin sözde arkadaşların; **sie nannten ihn einen Lügner** ona yalancısın dediler; **man muss die Dinge beim Namen ~** öz konuşmak gerekir **II.** *vr:* **sich ~** kendine demek; **und so was nennt sich Freund?** (*fam*) bu da kendine arkadaş(ım) mı diyor?

nennenswert *adj* kayda değer; (*beträchtlich*) hatırı sayılır

Nenner *m* <-s, -> (MATH) payda; **etw auf einen (gemeinsamen) ~ bringen** (*fig*) bir şeyi (herkes tarafından kabul edilen) bir noktaya getirmek, bir şeyi asgarımüştereklerde birleştirmek

Nennung *f* <-en> **1.** (*Nennen*) denilme, söylenme **2.** (*Erwähnung*) anılma, söylenme **3.** (SPORT) yarışa kayıt olma

Nennwert *m* (FIN) itibarî değer, saymaca değer

Neofaschismus [neo-] *m* neofaşizm

Neolithikum *nt ohne Pl* <-s> Neolitik Çağ; *s. a.* **Paläolithikum, Mesolithikum**

Neologismus [neolo'gɪsmʊs] *m* <-, Neologismen> (LING) neolojizm, *söz türetmecilik ve uydurmacılık*

Neon ['neːɔn] *nt ohne Pl* <-s> (CHEM) neon

Neonazi ['neːonaːtsi] *m* <-s, -s> neonazi

Neonlicht ['neːɔn-] *nt* neon ışığı; **Neonreklame** *f* neon ışıklı reklâm; **Neonröhre** *f* neon tüpü

Nepal ['neːpal] *nt* <-s> Nepal

Nepalese, -in [nepa'leːzə] *m, f* <-n, -n; -nen> Nepalli

nepalesisch *adj* Nepalli, Nepal (ile ilgili)

Nephritis *f* <-, -tiden> (MED) nefrit; (*Nierenentzündung*) böbrek iltihabı

Nepp [nɛp] *m ohne Pl* <-s> (*fam pej*) kazık

neppen ['nɛpən] *vt* (*fam pej*) kazıklamak, kazık atmak (-e)

Neptun *m* (ASTR) Neptün

Nerv [nɛrf] *m* <-s, -en> sinir; **schwache/starke ~en haben** sinirleri zayıf/kuvvetli olmak; **die ~en behalten** sinirlerine hâkim olmak; **die ~en verlieren** sinirleri boşanmak; **du gehst mir auf die ~en** (*fam*) sinirime dokunuyorsun; **den ~ treffen** (*fig*) bam teline basmak [*o* dokunmak]

nerven ['nɛrfən] *vt* sinirlendirmek; **du nervst!** (*fam*) sinir ediyorsun!; **ich bin total genervt!** (*fam*) sinirlerim alt üst!, sinirlerim allak bullak!

Nervenarzt, -ärztin *m, f* nörolog, asabiyeci; **nervenaufreibend** *adj* sinir bozucu; **Nervenbündel** *nt* **1.** (ANAT: *Nervenstrang*) sinir demeti **2.** (*fam: nervöser Mensch*) sinir küpü; **ein ~ sein** sinir küpü olmak; **Nervengas** *nt* <-es, -e> sinir gazı; **Nervenheilanstalt** *f* sinir hastanesi, psikiyatri kliniği; **Nervenkrankheit** *f* sinir hastalığı; **Nervenkrieg** *m* sinir savaşı; **Nervenkrise** *f* sinir buhranı; **Nervensäge** *f* (*fam*) sinir törpüsü; **Nervenschmerz** *m* sinir ağrısı

nervenschwach *adj* sinirleri zayıf; **nervenstark** *adj* sinirleri kuvvetli

Nervenstrang *m* (ANAT) sinir demeti

Nervensystem *nt* (ANAT) sinir sistemi; **das parasympathische/vegetative ~** parasempatik/yaşatkan sinir sistemi; **Nervenzelle** *f* (ANAT) sinir hücresi, sinir gözesi; **Nervenzentrum** *nt* (ANAT) sinir merkezi; **Nervenzusammenbruch** *m* sinir buhranı; **einen ~ haben** bir sinir buhranı geçirmek

nervlich [ˈnɛrflɪç] *adj* sinirsel; **~ am Ende sein** (*fam*) sinir minir kalmamak

nervös [nɛrˈvøːs] *adj* sinirli, asabî; **~ werden** sinirlenmek, asabîleşmek

Nervosität [nɛrvoziˈtɛːt] *f ohne Pl* sinirlilik

nervtötend *adj* sinir bozucu

Nerz [nɛrts] *m* <-es, -e> **1.** (ZOOL) vizon **2.** (*Pelz aus ~fellen*) vizon kürk; **sie trägt einen ~** üstünde vizon kürk var; **Nerzkragen** *m* vizon yaka; **Nerzmantel** *m* vizon manto; **Nerzstola** *f* vizon etol

Nessel[1] [ˈnɛsəl] *f* <-n> (BOT: *Bren~*) ısırgan; **sich in die ~n setzen** (*fam fig*) şah iken şahbaz olmak

Nessel[2] [ˈnɛsəl] *m* <-s, -> (*Stoff*) Amerikan bezi, kaput bezi

Nesselausschlag *m* (MED) kurdeşen; **Nesseltier** *nt* (ZOOL) selentere

Nest [nɛst] *nt* <-(e)s, -er> **1.** (*von Tieren*) yuva; **sich ins gemachte ~ setzen** (*fam fig*) hazıra konmak; **das eigene ~ beschmutzen** (*Familie*) kendi ailesine çamur atmak **2.** (*fam pej: Dorf*) köy **3.** (*fam: Schlupfwinkel*) yuva

Nesthäkchen [-hɛːkçən] *nt* <-s, -> (*fam*) ailenin en küçüğü

Nestorianer(in) *m(f)* (REL) Nesturî

Nestwärme *f ohne Pl* aile yuvasının sıcaklığı

nett [nɛt] *adj* **1.** (*freundlich*) dost(ça), hoş; **ein ~er Mensch** dost [*o* hoş] bir insan; **sei so ~ und räum auf** lütfen ortalığı topla; **das war nicht ~ von ihm** bu yaptığı hiç de hoş bir şey değildi; **seid ~ zueinander** birbirinize dostça davranın **2.** (*angenehm*) hoş; (*hübsch*) güzel; **sich ~ unterhalten** hoş sohbet etmek **3.** (*fam: groß, unangenehm*): **ein ~es Sümmchen** hatırı sayılır bir miktar

netto [ˈnɛto] *adv* net, safi; **Nettodividende** *f* net temettü; **Nettoeinkommen** *nt* net gelir; **Nettogewicht** *nt* <-(e)s, -e> net ağırlık; **Nettolohn** *m* net ücret

Network *nt* (INFORM) ağ

Netz [nɛts] *nt* <-es, -e> **1.** (*Fischer~*) ağ; (SPORT) file; (*Straßen~, Strom~*) şebeke; (*Haar~, Gepäck~*) file; **jdm ins ~ gehen** birinin ağına düşmek **2.** (*Spinnen~*) ağ **3.** (INFORM) ağ; **Netzanschluss**[RR] *m* (ELEK) şebeke bağlantısı; **netzartig** *adj* ağımsı; **Netzauge** *nt* (ZOOL) petek göz; **Netzflügler** *mPl* (ZOOL) sinir kanatlılar *pl*

Netzgewölbe *nt* (ARCH) ağ tonoz; **Netzhaut** *f* (ANAT) ağ tabaka; **Netzmagen** *m* (ZOOL) börkenek; **Netzstecker** *m* (ELEK) fiş; **Netzstrümpfe** *mPl* ajurlu çorap *sing;* **Netzwerk** *nt* elektrik fabrikası; **lokales ~** elektrik santrali; **Netzzugang** *m* (INFORM) ağ erişimi

neu [nɔɪ] **I.** *adj* yeni; **die N~e Welt** Yeni Dünya; **etw N~es anfangen** yeni bir şeye başlamak; **seit ~estem** yeniden yeniye, çok yakın bir süreden beri; **die ~este Mode** en yeni moda; **was gibt's N~es?** ne yenilik var?; **von ~em** yeniden; **auf ein N~es!** haydi yeni baştan!; **was ist das N~e daran?** bunun yeni tarafı ne?; **ich bin hier ~** ben burada yeniyim; **das ist mir ~** bu benim için yenidir **II.** *adv* (*kürzlich*) geçenlerde; (*noch einmal*) yeniden; **etw ~ auflegen** bir şeyi yayımlamak; **~ anfangen** yeni başlamak; **Neuanfertigung** *f* yeni yapım; **Neuankömmling** [ˈ-ʔankœmlɪŋ] *m* yeni gelen (kimse); **Neuanschaffung** *f* yeni alınma; **~ von Tischen** masaların yeni alınması; **dieser Tisch ist eine ~** bu masa yeni alınmadır;

neuartig *adj* (*neu*) yeni; (*von neuer Art*) yeni tür; **~e Methoden** yeni yöntemler;

Neuauflage *f* (TYPO) yeni baskı

Neubau[1] *m ohne Pl* <-(e)s> (*das Bauen*) yeni yapım

Neubau[2] *m* <-(e)s, -ten> (*Gebäude*) yeni yapı, yeni bina; **Neubauwohnung** *f* yeni apartman dairesi

Neubearbeitung *f* yeniden işleme; (*eines Buches*) düzeltilmiş baskı; (*eines Theaterstücks*) adaptasyon; **Neubewertung** *f* revalüasyon; **Neubildung** *f* <-en> **1.** (*Entstehung*) yeni oluşma **2.** (LING) türetme **3.** (*Umbildung*) yeniden kurma

Neu-Delhi [nɔɪˈdeːli] *nt* <-s> Yeni Delhi

Neuentwicklung *f* **1.** (*Vorgang*) yeni gelişme; **technische ~en** yeni teknolojik gelişmeler **2.** (*Resultat*) yeni geliştirilen şey

neuerdings [ˈnɔɪɐˈdɪŋs] *adv* **1.** (*seit kurzem*) kısa bir süredir **2.** (*erneut*) yeniden; (*nochmals*) bir daha, tekrar

neuerlich [ˈnɔɪɐlɪç] *adj* geçenlerde

Neueröffnung *f* yeni açılış; (*Wiedereröff-*

N

nung) yeniden açılış; **Neuerscheinung** *f* yeni yayım
Neuerung *f* <-en> **1.** yenilik **2.** *ohne Pl* (*das Neuern*) yenileme
neugeboren ['--'--] *adj* yeni doğmuş; **sich wie ~ fühlen** kendini yeni doğmuş gibi hissetmek
Neugeborene(s) *nt* <-n, -n> (*Kind*) yeni doğmuş çocuk, mevlût
Neugier(de) ['nɔɪgiːɐ(də)] *f ohne Pl* merak (*auf*-e); **aus ~** meraktan
neugierig *adj* meraklı (*auf*-e), mütecessis; **auf etw/jdn ~ sein** bir şeyi/kimseyi merak etmek; **sei nicht so ~** o kadar meraklı olma; **jdn ~ machen** birini meraklandırmak
Neuheit *f* <-en> yenilik
Neuigkeit *f* <-en> yeni haber
Neuinszenierung *f* (THEAT) yeni sahnele(n)me
Neujahr *nt* yeni yıl; **Prost ~!** yeni yılın kutlu olsun!
Neukaledonien [nɔɪkale'doːniən] *nt* <-s> Yeni Kaledonya
neulich *adv* geçenlerde
Neuling *m* <-s, -e> acemi
neumodisch *adj* yeni moda; **Neumond** *m ohne Pl* <-(e)s> yeni ay, hilâl, ayça
neun [nɔɪn] *adj inv* dokuz; *s. a.* **acht**[1]
Neun *f* **1.** (*Zahl*) dokuz **2.** (*Spielkarte*) dokuzlu
Neuneck *nt* (MATH) dokuzgen
neunerlei ['nɔɪnɐ'laɪ] *adj inv* dokuz çeşit, dokuz türlü; *s. a.* **achterlei**
neunfach **I.** *adj* dokuz (kat); **die ~e Menge** dokuz misli; **das N~e** (**davon**) (onun) dokuz misli **II.** *adv* dokuz kere; *s. a.* **achtfach**
neunhundert ['-'--] *adj inv* dokuz yüz; *s. a.* **achthundert**
neunmal *adv* dokuz kez [*o* kere] [*o* defa]; *s. a.* **achtmal**; **neunmalklug** ['---] *adj* ukalâ
neuntausend ['-'--] *adj inv* dokuz bin; *s. a.* **achttausend**
neunte(r, s) *adj* dokuzuncu; *s. a.* **achte(r, s)**
neuntel *adj inv* dokuzda; **ein/drei ~ Liter** dokuzda bir/üç litre; *s. a.* **achtel**
neuntens ['nɔɪntəns] *adv* dokunzuncu olarak; (*bei einer Aufzählung*) dokunzuncusu; *s. a.* **achtens**
Neuntöter *m* (ZOOL: *Rotrückenwürger*) kızıl sırtlı örümcek kuşu
neunzehn ['--] *adj inv* on dokuz; *s. a.* **acht**[1]
neunzehnte(r, s) *adj* on dokuzuncu; *s. a.* **achte(r, s)**
neunzig *adj inv* doksan; *s. a.* **achtzig**
neunziger *adj inv* (*Packung*) doksanlık; **die ~ Jahre** doksanlı yıllar
neunzigjährig *adj* doksanlık, doksan yaşındaki [*o* yaşında olan]; *s. a.* **achtzigjährig**
neunzigste(r, s) *adj* doksanıncı; *s. a.* **achtzigste(r, s)**
Neuordnung *f* yeni düzen; **Neuorientierung** *f ohne Pl* yeni yönelim
Neuralgie *f* (MED) nevralji; **neuralgisch** *adj* (MED) nevraljik
Neurasthenie *f* (MED, PSYCH) nevrasteni
Neuregelung *f* yeni düzen
neureich *adj* (*pej*) sonradan görme; **Neureiche(r)** *mf* <-n, -n; -n> (*pej*) sonradan görmüş
Neurodermitis [nɔɪrodɛr'miːtɪs, *Pl:* -dɛrmi'tiːdən] *f* <Neurodermitiden> (MED) nörodermitis
Neurologe, -in [nɔɪro'loːgə] *m, f* <-n, -n; -nen> nörolog
Neurologie *f ohne Pl* nöroloji, nevroloji
Neuron *nt* (MED, ANAT) nöron
Neurose [nɔɪ'roːzə] *f* <-n> (MED, PSYCH) nevroz, sinirce
Neurotiker(in) [nɔɪ'roːtikɐ] *m(f)* <-s, -; -nen> (MED, PSYCH) nörotik
neurotisch [nɔɪ'roːtɪʃ] *adj* (MED, PSYCH) nörotik
Neuschnee *m* yeni kar
Neuseeland [-'--] *nt* <-s> Yeni Zelanda
Neuseeländer(in) [-'-lɛndɐ] *m(f)* <-s, -; -nen> Yeni Zelandalı
neuseeländisch *adj* Yeni Zelandalı, Yeni Zelanda (ile ilgili); **eine ~e Frau** Yeni Zelandalı bir kadın; **die ~e Regierung/Währungseinheit** Yeni Zelandalı hükümeti/para birimi
Neusilber *nt ohne Pl* yeni gümüş, mayşor, Alman gümüşü
Neutra *Pl von* **Neutrum**
neutral [nɔɪ'traːl] *adj* **1.** (*unparteiisch*) tarafsız; **~ bleiben** tarafsız kalmak **2.** (*Farbe, a.* CHEM, PHYS, LING) nötr, yansız
neutralisieren* [nɔɪtrali'ziːrən] *vt* (*a.* CHEM) nötrlemek
Neutralität [nɔɪtrali'tɛːt] *f ohne Pl* **1.** (POL) tarafsızlık; **seine ~ wahren** tarafsızlığını korumak **2.** (CHEM, PHYS) nötrlük
Neutren *Pl von* **Neutrum**
Neutron [nɔɪ'troːn] *nt* <-s, -en> (PHYS) nötron
Neutronenbombe *f* nötron bombesı
Neutrum ['nɔɪtrʊm] *nt* <-s, Neutra *o* Neutren> (LING) nötr
Neuverschuldung *f* <-en> (FIN) yeni borçalanma; **Neuwahl** *f* yeni seçim; **Neuwert** *m* yeni değeri; **neuwertig** *adj* yeni değerinde; **Neuzeit** *f ohne Pl* Yeni Çağ
Newsgroup *f* <-, -s> (INFORM, TEL) haber grubu
Newton *nt* (PHYS) nevton

Nicaragua [nika'ra:gua] *nt* <-s> Nikaragua

Nicaraguaner(in) [nikaragu'a:nɐ] *m(f)* <-s, -; -nen> Nikaraguali

nicaraguanisch *adj* Nikaraguali, Nikaragua (ile ilgili); **eine ~e Frau** Nikaraguali bir kadın; **die ~e Regierung/Währungseinheit** Nikaragua hükümeti/para birimi

nicht [nɪçt] **I.** *adv* değil; **mein Vater ist ~ zu Hause** babam evde değil [*o* yok]; **~ viel später** az sonra; **~ mehr als** -den fazla değil; **~ mehr** artık; **~ einmal** bir kere olsun; **bestimmt ~** kesinlikle, hiç mi hiç; **~ mehr und ~ weniger als …** …den ne çok ne az; **~ nur …, sondern auch …** yalnız …, … de; **gar ~** hiç; **~ doch!** yapmayın!, demeyin!; **ich glaube ~, dass er kommt** geleceğine inanmıyorum; **ob du willst oder ~** istesen de istemesen de; **bitte ~!** lütfen yapma!; **tu's ~** yapma; **hab ich's ~ gesagt?** demedim mi?; **was Sie ~ sagen!** demeyin!; **was es ~ alles gibt!** neler neler yok ki!; **~ einer hat's geschafft** biri bile beceremedi **II.** (*Partikel*) mi; **~ wahr?** değil mi?; **Nichtachtung** *f* **1.** saygı göstermeme, hiçe sayma; **jdn mit ~ bestrafen** yüz vermeyerek birini cezalandırmak **2.** (*Mangel an Respekt*) saygısızlık; **jdn mit ~ behandeln** birine saygısızlık etmek; **Nichtanerkennung** *f ohne Pl* tanımama

Nichtangriffspakt *m* saldırmazlık paktı, saldırmazlık antlaşması

Nichtbeachtung *f ohne Pl* riayetsizlik, dinlemezlik, uymazlık; (*einer Vorschrift*) riayetsizlik

Nichte ['nɪçtə] *f* <-n> kız yeğen

nichtehelich *adj* (JUR: *Kind*) nesebi gayrisahih; **Nichteinhaltung** *f ohne Pl* riayetsizlik; **Nichterscheinen** *nt* (*a.* JUR) gelmeme (*zu/bei* -e/hâlinde)

nichtig ['nɪçtɪç] *adj* **1.** (JUR) batıl; **etw für ~ erklären** bir şeyin butlanına hükmetmek, bir şeyi iptal etmek **2.** (*geh: unbedeutend*) önemsiz

Nichtigkeit[1] *f ohne Pl* **1.** (JUR) butlan **2.** (*Bedeutungslosigkeit*) önemsizlik

Nichtigkeit[2] *f* <-en> (*Kleinigkeit*) ıvır zıvır

nichtleitend *adj s.* **leitend 2.**; **Nichtleiter** *m* <-s, -> (PHYS) yalıtkan

Nichtmetall *nt* <-s, -e> (CHEM) metalsi, metaloit

Nichtraucher(in) *m(f)* <-s, -; -nen> sigara içmeyen (kimse); **diese Ecke ist für ~ reserviert** bu köşe sigara içmeyenlere ayrılmıştır

Nichtraucherabteil *nt* (EISENB) sigara içilmeyen kompartıman

nichtrostend *adj s.* **rosten**

nichts [nɪçts] *pron:* **er hat ~ gesagt** hiçbir şey demedi; **alles oder ~** ya hep, ya hiç; **besser als ~** hiç yoktan iyi; **sonst ~?** başka bir şey yok mu?; **überhaupt ~** hiçbir şey; **es gibt ~ Neues** bir yenilik yok, yeni bir şey yok; **es gibt ~ Schöneres (als das)** (bundan) daha güzeli olamaz, (bundan) daha güzel bir şey olamaz; **ich kann ~ dafür** bunda benim suçum yok; **~ zu danken!** bir şey değil!, estağfurullah!; **Entschuldigung! – macht ~!** affedersiniz! – ziyanı yok; **er hat von ~ eine Ahnung** hiçbir şeyden haberi yok; **~ da!** (*fam*) olmaz!; **für ~ und wieder ~** (*fam*) boşu boşuna; **nach ~ aussehen** hiçbir şeye benzememek; **das tut ~ zur Sache!** bunun hiç önemi yok!; **~ zu machen!** yapılacak bir şey yok!; **~ wie weg!** (*fam*) hemen kaçalım!, gazla!; **mir ~, dir ~** en kısa yoldan; **daraus wird ~** bundan bir şey çıkmaz; **so gut wie ~** hemen hemen hiç; **um ~ in der Welt** (*fam*) dünyada; **~ für ungut!** darılmaca yok!; **wie ~** (*fam*) çarçabuk, çabucak

Nichts *nt ohne Pl* <-> hiç, yok; (PHILOS) hiçlik, yokluk; **vor dem ~ stehen** yokluk yüzü görmek, hiçlik içerisinde olmak, her şeyini kaybetmek

nichtsahnend *adj s.* **ahnen 2.**

Nichtschwimmer(in) *m(f)* <-s, -; -nen> yüzme bilmeyen (kimse)

nichtsdestoweniger [---'---] *adv* bununla birlikte, mamafih

Nichtsnutz ['nɪçtsnʊts] *m* <-es, -e> (*pej*) yaramaz, haylaz

nichtssagend *adj s.* **sagen**

Nichtstun *nt* **1.** (*Faulenzen*) aylaklık, avarelik, başıboşluk **2.** (*Muße*) yan gelip yatma

nichtswürdig *adj* (*geh pej*) şerefsiz, alçak

Nichtzahlung *f* ödememe; **Nichtzutreffende(s)** *nt ohne Pl* <-n>: **~s bitte streichen** uymayan bölümleri lütfen çiziniz!

Nickel ['nɪkəl] *nt ohne Pl* <-s> (CHEM) nikel

nicken ['nɪkən] *vi* **1.** (*zustimmend*) baş sallamak; (*zum Gruß*) baş kesmek, (selâm için) baş eğmek **2.** (*fam: schlummern*) kestirmek

Nickerchen ['nɪkɐçən] *nt* <-s, -> (*fam*) şekerleme; **ein ~ machen** şekerleme yapmak, kestirmek

nie [ni:] *adv* hiç; **noch ~** şimdiye kadar hiç; **~ mehr** bir daha hiç; **~ und nimmer** hiç mi hiç; **besser spät als ~** (*prov*) geç olsun da güç olmasın

nieder ['ni:dɐ] **I.** *adj* **1.** (*reg: gering*) az **2.** (*Rang*) aşağı; (*Adel, Klasse*) alt; **~e Pflanzen** aşağı bitkiler **3.** (*niedrig*) alçak, basık, düşük **II.** *adv* aşağı; **sich auf und ~ bewegen** bir aşağı bir yukarı gitmek; **~ mit dem Imperialismus!** kahrolsun emperializm!

nieder|beugen I. *vt* (*geh*) yere eğmek II. *vr:* **sich ~** eğilmek (*zu* -e); **nieder|brennen** *irr* I. *vi sein* (*Haus*) yanıp kül olmak; (*Kerze*) dibine kadar yanmak II. *vt* yakıp kül etmek

Niederfrequenz *f* (PHYS) alçak frekans, düşük frekans

Niedergang *m ohne Pl* <-(e)s> (*geh: Untergang*) çöküş

niedergedrückt *adj* kara sevdalı

niedergelassen I. *pp von* **niederlassen** II. *adj* (*Schweiz*) etabli

niedergeschlagen I. *pp von* **niederschlagen** II. *adj* (*bedrückt*) yılgın; **Niedergeschlagenheit** *f ohne Pl* yılgınlık, çöküntü

nieder|knien *vi sein* diz çökmek

nieder|kommen *irr vi sein* (*gebären*) doğurmak (*mit* -); **sie ist mit einem Mädchen niedergekommen** bir kız doğurdu, bir kızı oldu

Niederkunft ['niːdɐkʊnft] *f* <-künfte> doğum

Niederlage *f* <-n> yenilgi; (*schwer*) hezimet, bozgun; **eine ~ erleiden** yenilgiye uğramak; **eine schwere ~ erleiden** büyük bir yenilgiye uğramak, hezimete uğramak

Niederlande ['niːdɐlandə] *Pl* Hollanda

Niederländer(in) ['niːdɐlɛndɐ] *m(f)* <-s, -; -nen> Hollandalı

niederländisch *adj* Hollandalı, Hollanda (ile ilgili); **eine ~e Frau** Hollandalı bir kadın; **die ~e Regierung** Hollanda hükümeti

nieder|lassen *irr vr:* **sich ~** 1. (*Wohnsitz nehmen*) yerleşmek (*in* -e); (*als Arzt*) muayenehane açmak; (*als Rechtsanwalt*) büro açmak 2. (*Vögel*) konmak 3. (*geh: sich setzen*) yerleşmek, oturmak

Niederlassung[1] *f ohne Pl* (*das Sichniederlassen*) yerleşme

Niederlassung[2] *f* <-en> (WIRTSCH) merkez; (*Zweigstelle*) şube

nieder|legen *irr* I. *vt* 1. (*geh: hinlegen*) koymak; **einen Kranz ~** çelenk koymak; **die Waffen ~** silâhları bırakmak 2. (*Amt, Vorsitz*) bırakmak, çekilmek (-den), istifa etmek (-den); **die Arbeit ~** işi bırakmak 3. (*schriftlich fixieren*) kaydetmek II. *vr:* **sich ~** (*geh*) uzanmak (*auf*-e), yatmak (*auf* -e)

nieder|machen *vt* (*fam*) katletmek

Niederösterreich *nt* Aşağı Avusturya

nieder|reißen *irr vt* yıkmak

Niedersachsen *nt* Aşağı Saksonya

Niederschlag *m* 1. (METEO) yağış 2. (CHEM) çökelti 3. (*Wend*): **seinen ~ in etw finden** bir şeyde görülmek

nieder|schlagen *irr* I. *vt* 1. (*zu Boden schlagen*) yere vurmak 2. (*Aufstand*) bastırmak 3. (JUR: *Prozess*) durdurmak 4. (*Augen*) yere indirmek 5. (CHEM: *ausfällen*) çökeltmek II. *vr:* **sich ~** 1. (*Dampf*) çökmek (*auf/an* -e/-e); (CHEM) çökelmek 2. (*zum Ausdruck kommen*) görülmek (*in* -de)

niederschlagsarm *adj* (METEO) az yağışlı; **niederschlagsfrei** *adj* (METEO) yağışsız

Niederschlagsmesser *m* yağışölçer

niederschlagsreich *adj* (METEO) çok yağışlı;

nieder|schmettern *vt* 1. (*durch einen Schlag*) yere sermek 2. (*fam fig*) çökertmek

nieder|schreiben *irr vt* kaleme almak; **Niederschrift** *f* tutanak

Niederspannung *f* (ELEK) alçak gerilim

nieder|stoßen *irr* I. *vi sein* (*Raubvogel*) atılmak (*auf* üzerine) II. *vt* (*geh*) yere sermek; **einen Angreifer mit dem Messer ~** saldıran birini bıçakla yere sermek

Niedertracht *f ohne Pl* (*geh*) alçaklık

niederträchtig *adj* alçak

Niederung *f* <-en> alçak arazi, ova; **in den ~en weidet Vieh** ovada hayvanlar otlanıyor

nieder|werfen *irr* I. *vt* (*geh*) 1. (*Gegner*) alaşağı etmek, alt etmek 2. (*Aufstand*) bastırmak 3. (*erschüttern*) çok sarsmak II. *vr:* **sich ~** yere kapanmak (*vor* önünde)

niedlich ['niːtlɪç] *adj* cici, sevimli

Niednagel *m* <-s, -nägel> şeytan tırnağı

niedrig ['niːdrɪç] *adj* 1. (*gering, tief*) alçak; **eine ~e Zimmerdecke** alçak tavan; **ein ~es Zimmer** alçak tavanlı bir oda; **etw/jdn ~ einschätzen** bir şeyi/kimseyi hakir görmek 2. (*Preise, Miete, Zinsen*) düşük 3. (*Rang*) alçak 4. (*Gesinnung*) adî

niemals ['niːmaːls] *adv* hiçbir zaman, asla

niemand ['niːmant] *pron* (hiç) kimse; **es war ~ zu Hause** evde (hiç) kimse yoktu; **es war ~ anders als sein früherer Lehrer** eski öğretmeninden başka (hiç) kimse değildi; **von der Familie war sonst ~ zugegen** ailesinden orada başka (hiç) kimse yoktu

Niemandsland *nt ohne Pl* <-(e)s> tarafsız bölge

Niere ['niːrə] *f* <-n> (*a.* GASTR) böbrek; **künstliche ~** yapay böbrek, sun'î böbrek; **jdm an die ~n gehen** (*fam fig*) birine çok dokunmak; **Nierenbecken** *nt* (ANAT) havuzcuk; **Nierenbraten** *m* (GASTR) böbrek kızartması; **Nierenentzündung** *f* (MED) böbrek iltihabı; (*Nephritis*) nefrit; **Nierenfett** *nt* böbrek yağı; **nierenförmig** [-fœrmɪç] *adj* böbreksi; **Nierenkolik** *f* böbrek koliği; **Nierenleiden** *nt* (MED) böbrek rahatsızlığı; **Nierenstein** *m* (MED) böbrek taşı; **Nierentransplantation** *f* (MED)

böbrek nakli; **Nierenversagen** *nt* (MED) böbreklerin işlememesi
Niesche *f* niş
nieseln ['niːzəln] *vunpers* çiselemek
Nieselregen *m* <-s, -> çisenti
niesen ['niːzən] *vi* hapşırmak, aksırmak
Nießbrauch ['niːsbraʊx] *m ohne Pl* <-(e)s> (JUR) intifa hakkı
Nießnutzer(in) *m(f)* <-s, -; -nen> (JUR) intifa hakkı sahibi
Nieswurz *f* (BOT) çöpleme
Niete ['niːtə] *f* <-n> **1.** (*in einer Lotterie*) boş **2.** (*fam fig: Mensch*) beceriksizin biri **3.** (TECH) perçin
nieten *vt* perçinlemek
niet- und nagelfest *adj* (*fam*): **alles, was nicht ~ ist** taşınabilen her şey
Nigeria [ni'geːria] *nt* <-s> Nijerya
Nigerianer(in) [nigeri'aːnɐ] *m(f)* <-s, -; -nen> Nijeryalı
nigerianisch *adj* Nijeryalı, Nijerya (ile ilgili); **eine ~e Frau** Nijeryalı bir kadın; **die ~e Regierung/Währungseinheit** Nijerya hükümeti/para birimi
Nihilismus [nihi'lɪsmʊs] *m ohne Pl* <-> (PHILOS) nihilizm, hiççilik
Nihilist(in) *m(f)* <-en, -en, -nen> (PHILOS) nihilist, hiççi
nihilistisch [nihi'lɪstɪʃ] *adj* (PHILOS) nihilist, hiççi
Nikolaus ['nɪkolaʊs] *m* <-, -e, *fam:* -läuse> **1.** (*Gestalt*) Noel baba **2.** (*~ tag*) Noel baba günü, *6 Aralık Noel babayı anma günüdür*
Nikosia *nt* Lefkoşa
Nikotin [niko'tiːn] *nt ohne Pl* <-s> nikotin; **nikotinfrei** *adj* nikotinsiz; **Nikotinvergiftung** *f* nikotin zehirlenmesi
Nil [niːl] *m* <-s> Nil; **Nilpferd** *nt* (ZOOL) su aygırı, hipopotam
Nimbostratus *m* <-ti> (METEO) kara bulut, nimbus
Nimbus *m* <-, -se> hale
nimmer ['nɪmɐ] *adv* (*südd, österr*) hiç; (*niemals*) hiçbir zaman
Nimmerleinstag *m* (*fam*): **am ~** çıkmaz ayın son çarşambası
nimmermüde *adj* hiç yorulmaz; **nimmersatt** *adj* obur, doymak bilmeyen, doymak bilmez
Nimmersatt *m* <-(e)s, -e> (*fam*) obur, pisboğaz
Nimmerwiedersehen ['--'----] *nt ohne Pl* <-s> (*fam*): **auf ~** ebediyen, bir daha görünmemek üzere
nimmt [nɪmt] *3. präs von* **nehmen**
Nippel *m* (TECH) nipel
nippen ['nɪpən] *vi* (*kosten*) tatmak (*an* -den), tadına bakmak (*an* -in); (*einen kleinen Schluck trinken*) bir yudumcuk almak (*an* -den)
Nippes ['nɪpəs] *Pl* vitrinlik figürler *pl*
nirgends ['nɪrgənts] *adv,* **nirgendwo** ['nɪrgəntvoː] *adv* hiçbir yerde
Nische ['niːʃə] *f* <-n> (*Wand~*) niş; **eine ökologische ~** (ÖKOL) ekolojik ortam
Nisse *f* sirke, bit yumurtası
nisten ['nɪsten] *vi* yuvalamak, yuva yapmak
Nitrat [ni'traːt] *nt* <-(e)s, -e> nitrat
Nitroglycerin *nt,* **Nitroglyzerin** *nt ohne Pl* (CHEM) nitrogliserin
Niveau [ni'voː] *nt* <-s, -s> düzey, seviye; **auf gleichem ~ liegen** aynı düzeyde olmak; **das kulturelle ~** kültür düzeyi [*o* seviyesi]; **kein ~ haben** düzeyi olmamak
niveaulos *adj* düzeysiz, seviyesiz
niveauvoll *adj* düzeyli, seviyeli
Nivellement *nt* düzeçleme, tesviye; (*Messung von Höhenunterschieden*) düzeçleme
nivellieren* [nivɛ'liːrən] *vt* (*ebnen*) düzlemek, tesviye etmek; (*Höhenunterschiede messen*) düzeçlemek
Nivelliergerät *nt* düzeç, tesviye aleti
Nivellierung *f* <-en> düzleme, tesviye
nix [nɪks] *pron* (*fam*) *s.* **nichts**
Nixe [nɪksə] *f* <-n> deniz kızı
Nizza ['nɪtsa] *nt* <-s> Nis
Noah Nuh; **die Arche ~** Nuh'un gemisi
nobel ['noːbəl] *adj* **1.** (*geh: edelmütig*) asil **2.** (*elegant*) şık; (*luxuriös*) lüks **3.** (*fam: großzügig*) cömert
Nobelpreis [no'bɛlpraɪs] *m* Nobel armağanı, Nobel ödülü
noch [nɔx] **I.** *adv* **1.** (*zeitlich*) daha; **sie schläft ~** daha uyuyor; **immer ~** hâlâ; **~ nicht** henüz değil, şimdiye kadar olmayan; **~ nie** şimdiye kadar hiç; **kaum ~** hemen hemen hiç; **nur ~** yalnızca; **~ nie** şimdiye kadar hiç; **er hat Geld ~ und ~** fazlasıyla parası var; **~ heute** hemen bugün; **seien sie auch ~ so klein** her ne kadar küçük olsalar da **2.** (*zusätzlich*) daha, başka; **was soll ich ~ dazu sagen?** (*fam*) buna başka ne diyebilirim?; **wer war ~ da?** daha kimler vardı orada?, başka kim vardı orada?; **~ ein paar Tage** birkaç gün daha; **~ einmal** bir kere [*o* defa] daha; **auch das ~!** bir bu eksikti! **II.** *konj:* **weder … ~ …** ne … ne de …
nochmalig ['nɔxmaːlɪç] *adj* yenilenmiş; (*wiederholt*) tekrarlanmış
nochmals ['nɔxmaːls] *adv* yeniden, tekrar, bir kere daha
Nockenwelle *f* (TECH) eksantrik mili
Nomade, -in [no'maːdə] *m, f* <-n, -n; -nen> göçebe
Nomadendasein *nt ohne Pl*

Nomadenleben *nt ohne Pl* göçebe hayatı
Nomadentum *nt ohne Pl* <-s> göçebelik
Nomen ['no:mən, *Pl:* 'no:mina] *nt* <-s, Nomina *o* -> (LING) isim, ad
Nomenklatur [nomɛnkla'tu:ɐ] *f* <-en> terimler listesi, terminoloji
Nomina ['no:mina] *Pl von* **Nomen**
nominal *adj* (LING, WIRTSCH) nominal
Nominaleinkommen *nt* (WIRTSCH) nominal gelir; **Nominalform** *f* (LING) mastar
Nominalismus *m ohne Pl* nominalizm, adcılık, isimcilik
Nominalwert *m* (WIRTSCH, FIN) nominal değer, itibarî değer, saymaca değer
Nominativ ['no:minati:f, nomina'ti:f] *m* <-s, -e> (LING) nominatif, yalın durum
nominell *adj* **1.** (WIRTSCH: *nominal*) nominal **2.** (*nur dem Namen nach*) saymaca
nominieren* [nomi'ni:rən] *vt* aday göstermek
Nominierung *f* <-en> (*das Nominieren*) aday gösterme; (*das Nominiertwerden*) aday gösterilme
Nonagon *nt* (MATH) dokuzgen
Nonne ['nɔnə] *f* <-n> rahibe
Nonnenkloster *nt* rahibeler manastırı
Nonsens ['nɔnzɛns] *m ohne Pl* <-(es)> saçmalık
nonstop ['nɔn'stɔp] *adv* duraksız; (*fliegen*) non-stop
Nord [nɔrt] *m ohne Pl* <-(e)s> (*a.* NAUT, METEO) kuzey; **Nordafrika** ['--'---] *nt* <-s> Kuzey Afrika; **Nordamerika** ['--'---] *nt* <-s> Kuzey Amerika
norddeutsch ['--] *adj* Kuzey Alman; **Norddeutschland** ['-'--] *nt* Kuzey Almanya
Norden ['nɔrdən] *m ohne Pl* <-s> kuzey; **im ~** kuzeyde; **im ~ von ...** (*nördlich von*) ...in kuzeyinde; (*im nördlichen Teil von*) ...in kuzey kısmında; **nach ~** kuzeye doğru; **in den ~** kuzeye; **von ~** kuzeyden
Nordeuropa ['--'--] *nt* Kuzey Avrupa, Avrupa'nın kuzeyi
Nordhalbkugel ['----] *f ohne Pl* <-> kuzey yarı(m) küresi
Nordirland *nt* Kuzey İrlanda
nordisch ['nɔrdɪʃ] *adj* **1.** kuzey **2.** (SPORT): **~e Kombination** Kuzey Alp Disiplini
Nordkorea *nt* Kuzey Kore
Nordküste *f* kuzey kıyısı
nördlich ['nœrtlɪç] **I.** *adj* kuzey; **in ~er Richtung** kuzey yönüne; **~ von Köln** Köln'ün kuzeyinde; **52 Grad ~er Breite** 52.nci kuzey enlemi **II.** *präp* kuzeyinde
Nordlicht *nt* kuzey ışığı; **Nordosten** ['-'--] *m* kuzeydoğu; **nordöstlich** ['-'--] **I.** *adj* kuzeydoğu **II.** *präp* kuzeydoğusunda; **Nordpol** *m ohne Pl* <-s> Kuzey Kutbu; **Nordpolarmeer** *nt* <-es> Kuzey Buz Denizi
Nordrhein-Westfalen [---'--] *nt* Kuzey Ren-Vestfalya
Nordsee *f* Kuzey Denizi
Nord-Süd-Gefälle ['-'----] *nt ohne Pl* <-s> (POL) kuzey-güney farkı
Nordwesten [-'--] *m* kuzeybatı; **nordwestlich** [-'--] **I.** *adj* kuzeybatı **II.** *präp* kuzeybatısında; **Nordwestwind** *m* kuzeybatı rüzgârı, mayistra; **Nordwind** *m* yıldız yeli
nörgeln ['nœrgəln] *vi* (*pej*) mızmızlanmak, vır vır etmek, söylenmek
Nörgler(in) *m(f)* <-s, -; -nen> (*pej*) mızmız
Norm [nɔrm] *f* <-en> norm, düzgü
normal [nɔr'ma:l] **I.** *adj* normal, düzgülü **II.** *adv* (*fam: normalerweise*) normal olarak; **Normalbenzin** *nt ohne Pl* <-s> normal benzin
normalerweise [-'--'--] *adv* normal olarak
Normalfall *m* <-(e)s, -fälle> normal durum; **im ~** normal durumda; **Normalgewicht** *nt ohne Pl* <-(e)s> normal ağırlık
normalisieren* [nɔrmali'zi:rən] **I.** *vt* normalleştirmek **II.** *vr:* **sich ~** normalleşmek
Normalität [nɔrmali'tɛ:t] *f ohne Pl* normal, normallik; **zur ~ zurückkehren** normale dönmek
Normalverbraucher(in) *m(f)* normal tüketici; **Otto ~** (*pej fam*) normal insan
Normandie [nɔrman'di:] *f* Normandi
normativ *adj* normatif, düzgüsel
normen ['nɔrmən] *vt,* **normieren*** [nɔr'mi:rən] *vt* standartlaştırmak
Normierung *f* <-en>, **Normung** *f* <-en> standardizasyon, standartlaştırma
Norwegen ['nɔrve:gən] *nt* <-s> Norveç
Norweger(in) *m(f)* <-s, -; -nen> Norveçli
norwegisch *adj* Norveçli, Norveç (ile ilgili); **eine ~e Frau** Norveçli bir kadın; **die ~e Regierung/Mannschaft/Sprache** Norveç hükümeti/takımı/dili
Norwegisch(e) *nt* Norveççe; **Hasan kann/spricht ~** Hasan Norveççe bilir/konuşur
Nostalgie [nɔstal'gi:] *f ohne Pl* nostalji
nostalgisch [nɔs'talgɪʃ] *adj* nostaljik
not [no:t] *adj s.* **Not**[1]
Not[1] [no:t] *f ohne Pl* (*Mangel*) yokluk (*an* -); (*Elend*) yoksulluk, sıkıntı, sefalet; (*Armut*) fakirlik, zaruret; **~ leiden** (*geh*) sıkıntı çekmek; **~ leidend** sıkıntı çeken; (FIN: *Wechsel*) çürük; **das geht zur ~** icabı halinde, gerekirse; **jdm seine ~ klagen** birine dert yanmak; **wenn ~ am Mann ist** (*fam*) acele yardım gerekirse; **aus der ~ eine Tugend machen** sinekten yağ çıkarmak
Not[2] *f* <Nöte> **1.** (*~lage*) darlık, zaruret; **in ~ sein** darda bulunmak; **in ~ geraten**

dara düşmek, zarurete düşmek **2.** (*Sorge, Mühe*): **er hat seine liebe ~ damit** onun kahrını çekiyor; **mit knapper ~** güç belâ
Notar(in) [no'ta:ɐ] *m(f)* <-s, -e; -nen> (JUR) noter; **in Gegenwart eines ~s** noter huzurunda
Notariat [notari'a:t] *nt* <-(e)s, -e> (JUR) noterlik
notariell [notari'ɛl] *adj* (JUR) noter tarafından (yapılan)
Notarzt, -ärztin *m, f* nöbetçi hekim; **Notaufnahme** *f* (*im Krankenhaus*) acil servis, ilk yardım; **Notausgang** *m* <-(e)s, -gänge> imdat kapısı, tehlike çıkış kapısı; **Notbehelf** *m* geçici çare; **Notbremse** *f* imdat freni
Notdurft ['no:tdʊrft] *f ohne Pl* (*geh*) hacet; **seine ~ verrichten** hacetini yapmak
notdürftig [-dʏrftɪç] *adj* **1.** (*kaum ausreichend*): **von seinem Lohn kann er ~ leben** ücretiyle kıt kanaat geçiniyor **2.** (*behelfsmäßig*) eğreti, derme çatma
Note[1] ['no:tə] *f* <-n> **1.** (MUS) nota; **eine ganze/halbe ~** tam/yarım nota **2.** (*Schul~*) not **3.** (*Bank~*) banknot **4.** (*diplomatische ~*) nota
Note[2] *f ohne Pl* (*Eigenschaft*) nitelik, vasıf
Notenbank *f* <-en> emisyon bankası
Notenblatt *nt* (MUS) nota kâğıdı
Notenheft *nt* (MUS) nota defteri
Notenpapier *nt* (MUS) nota kâğıdı; **Notenpult** *nt* (MUS) nota sehpası; **Notenschlüssel** *m* (MUS) nota anahtarı; **Notenständer** *m* (MUS) nota sehpası
Notfall *m* <-(e)s, -fälle> acil durum; **im ~** acil durumda
notfalls *adv* icabında, gerekirse, gerekince
notgedrungen ['no:tgə'drʊŋən] *adv* ister istemez
Notgroschen *m* kara gün akçesi
Nothelfer(in) *m(f)* imdatçı
Nothilfe *f ohne Pl* imdat, ilk yardım
notieren* [no'ti:rən] **I.** *vi* (FIN) kote edilmek **II.** *vt* **1.** (FIN) kote etmek **2.** (*aufschreiben*) not etmek
nötig ['nø:tɪç] *adj* gerekli, lüzumlu; **unbedingt ~** mutlaka gerekli; **es ist nicht ~** hacet yok, gerekmez, gerekliği yok, gerekli değil; **wenn ~** gerekirse; **ich habe es nicht ~, mir das sagen zu lassen** bunları dinlemek zorunda değilim, bunları dinlemeye mecbur değilim
nötigen ['nø:tɪgən] *vt* (*drängen*) ısrarla istemek; (*zwingen*) zorlamak, mecbur etmek; **sich genötigt sehen, etw zu tun** bir şeyi yapmak zorunda kalmak, bir şeyi yapmaktan başka çaresi kalmamak
nötigenfalls ['---'-] *adv* gerekince, gerekirse, icabında
Notiz [no'ti:ts] *f* <-en> **1.** (*Vermerk*) not; **sich** *dat* **~en machen** not tutmak, not almak; **von etw ~ nehmen** bir şeyi fark etmek, bir şeye aldırış etmek **2.** (*Zeitungs~*) yazı; **Notizblock** *m* <-s, -blöcke> bloknot; **Notizbuch** *nt* akıl defteri, not defteri, ajanda; **Notizzettel** *m* tezkere, pusula
Notlage *f* sıkıntı, darda kalma, müzayaka; **in eine ~ geraten** sıkıntıya düşmek; **sich in einer ~ befinden** sıkıntıda olmak, darda kalmak; **notlanden** *vi sein* (AERO) mecburî iniş yapmak; **Notlandung** *f* (AERO) mecburî iniş; **notleidend** *adj s.* **Not[1]**; **Notlösung** *f* eğreti çözüm; **Notlüge** *f* iş bitirici yalan
notorisch [no'to:rɪʃ] *adj* (*pej*) herkesçe bilinen, sanlı, maruf
Notruf *m* <-(e)s, -e> **1.** (*Hilferuf*) imdat (isteme), istimdat **2.** (*~nummer*) imdat numarası; **Notrufsäule** *f* imdat telefonu
Notsignal *nt* imdat işareti; **Notsitz** *m* yedek koltuk
Notstand *m* <-(e)s, -stände> (JUR) olağanüstü hâl; **den ~ ausrufen** olağanüstü hâl ilân etmek; **Notstandsgebiet** *nt* olağanüstü hâl bölgesi
Notunterkunft *f* eğreti konut; **Notwehr** *f ohne Pl* (JUR) meşru müdafaa; **in** [*o* **aus**] **~** meşru müdafaa hâlinde
notwendig ['no:tvɛndɪç] *adj* **1.** (*nötig*) gerekli, lâzım olan, zarurî; **etw ~ machen** bir şeyi gerektirmek [*o* icap ettirmek] **2.** (*zwangsläufig*) zorunlu, zarurî
notwendigerweise ['----'--] *adv* ister istemez, zorunlu olarak
Notwendigkeit ['----, -'---] *f* <-en> gerek(li)lik, zaruret, zorunluk; **es besteht keine ~** gereği [*o* lüzumu] yok
Notzucht *f ohne Pl* (JUR: *Vergewaltigung*) ırza geçme
Nougat ['nu:gat] *m o nt* <-s, -s> *s.* **Nugat**
Nova *f* <-, Novä> (ASTR) nova
Novelle [no'vɛlə] *f* <-n> **1.** (LIT) kısa roman; (*Erzählung*) uzun öykü **2.** (POL, JUR) değişik yasa
November [no'vɛmbɐ] *m* <-(s), -> kasım; *s. a.* **März**
Novize [no'vi:tsə] *m* <-n, -n> (REL) rahip adayı
Novizin *f* <-nen> (REL) rahibe adayı
Nr. *Abk. von* **Nummer** no, *numara*
NS [ɛn'ʔɛs] **1.** *Abk. von* **Nachschrift** zeyil **2.** *Abk. von* **Nationalsozialismus** Nasyonal Sosyalizm
Nu [nu:] *m* (*fam*): **im ~** hemencecik, anında
Nuance [ny'ã:sə] *f* <-n> nüans, çalar; **eine ~ lauter** bir parça daha sesli
nüchtern ['nʏçtɐn] *adj* **1.** (*ohne Essen*) aç;

N

auf ~en Magen aç karnına **2.** (*nicht betrunken*) ayık **3.** (*sachlich*) objektif **4.** (*schmucklos*) sade

Nüchternheit *f ohne Pl* **1.** (*mit leerem Magen*) açlık; (*nicht betrunken*) ayıklık **2.** (*Sachlichkeit*) objektiflik, objektivite **3.** (*Schlichtheit*) sadelik

Nudel ['nu:dəl] *f* <-n> makarna; (*kleine*) şehriye; **Nudelholz** *nt* <-es, -hölzer> oklava; **Nudelsuppe** *f* şehriye çorbası

Nudist(in) [nu'dɪst] *m(f)* <-en, -en; -nen> nüdist

Nugat ['nu:gat] *m o nt* <-s, -s> kakaolu koz helva

nuklear [nukle'a:ɐ] *adj* nükleer; **Nuklearwaffe** *f* nükleer silâh

null [nʊl] *adj inv* **1.** (*Zahl*) sıfır; **~ zu ~** sıfıra sıfır; **~ und nichtig** hükümsüz; **die Stunde ~** karar saati; **in ~ Komma nichts** (*fam*) hemencecik **2.** (*sl: kein*): **~ Ahnung von etw haben** bir şeyden hiç anlamamak; **~ Problemo** hiç sorun değil; **~ Bock auf etw haben** bir şeye hiç (mi hiç) hevesi olmamak

Null *f* <-en> **1.** (*Zahl*) sıfır **2.** (*fam pej: Versager*) insan müsveddesi; **er ist in meinen Augen eine ~** o benim gözümde bir hiçtir

nullachtfünfzehn [--'--] *adj inv* (*fam*) sıradan

Nulldiät *f* sıfır kalorili rejim [*o* perhiz]; **Nulllösung**RR ['nʊllø:zʊŋ] *f ohne Pl* (POL) nükleer silâhlanmayı durdurma; **Nullmeridian** *m ohne Pl* <-s> (GEO) başlama meridyeni; **Nullpunkt** *m ohne Pl* <-(e)s> sıfır noktası; **den ~ erreicht haben** sıfıra inmek; **Nulltarif** *m ohne Pl* <-s>: **zum ~** bedavadan, bedavasına; **Nullwachstum** *nt ohne Pl* <-s> (WIRTSCH) sıfır büyüme

Numeri ['nu:meri] *Pl von* **Numerus**

numerieren* [nume'ri:rən] *vt s.* **nummerieren**

numerisch [nu'me:rɪʃ] *adj* (*a.* INFORM) sayısal

Numerus ['nu:merʊs] *m* <-, Numeri>: **~ clausus** kontenjan

Nummer ['nʊmɐ] *f* <-n> **1.** (*Zahl*) numara; **Gesprächsthema ~ eins** bir numaralı söz konusu; **laufende ~** seri numarası; **auf ~ Sicher gehen** (*fam*) işi sağlama almak; **mit jdm eine ~ schieben** (*vulg*) biriyle yatmak **2.** (*Auto~*) numara; (*Telefon~, Haus~*) numara; (*Sonder~*) sayı **3.** (*Größe*) numara, ölçü, büyüklük

nummerieren*RR [nume'ri:rən] *vt* numaralamak

Nummernkonto *nt* (FIN) şifreli hesap; **Nummernschild** *nt* <-(e)s, -er> (AUTO) plâka

nun [nu:n] **I.** *adv* **1.** (*jetzt*) şimdi; **von ~ an** şimdiden sonra; **was ~?** şimdi ne olacak?; **das hast du ~ davon** aldın mı ağzının payını **2.** (*inzwischen*) bu arada **II.** *part* (*einleitend*) şimdi; (*weiterführend*) bundan böyle; **~ denn** ha(y)di o zaman; **~ geh schon!** haydi git!; **~ mach schon!** haydisene!; **~ sag schon ...** haydi söylesene artık ...; **~ gut** pekâlâ; **~ reicht's aber!** (*fam*) artık yetti ama!, yeter artık ama!; **das ist ~ mal so** bu böyle işte

nunmehr *adv* (*geh*) **1.** (*jetzt*) şimdi **2.** (*von jetzt an*) bundan sonra, artık

nur [nu:ɐ] **I.** *adv* yalnız; **~ noch** sadece; **~ sehr schade, dass er nicht kommen kann** lâkin gelememesi çok yazık; **alles, ~ das nicht!** her şey olur da bu olmaz!; **warum fragst du? – ~ so** niçin soruyorsun? – öylesine; **es regnete ~ so** öylesine yağmur yağdı ki; **ich habe das ~ so gesagt** bunu öylesine söyledim **II.** (*Partikel*): **er kam/lief, so schnell er ~ konnte** gelebildiği/koşabildiği kadar çabuk geldi/koştu; **wo ist sie ~?** nerede kaldı ki?; **sieh ~!** bak hele!; **lass ihn ~ machen!** bırak da yapsın!; **was hat sie ~?** ne si var ki?; **wenn sie ~ (endlich) anriefe!** ah bir telefon etse!

Nürnberg ['nʏrnbɛrk] *nt* <-s> Nürnberg

nuscheln ['nʊʃəln] *vi* (*fam*) gevelemek

NussRR [nʊs, *Pl:* 'nʏsə] *f* <Nüsse>, **Nuß** *f* <Nüsse> **1.** (*Hasel~*) fındık; (*Wal~*) ceviz; **eine taube ~** kof ceviz; **für jdn eine harte ~ sein** (*fam*) biri için çetin ceviz olmak **2.** (*Erd~*) fıstık **3.** (*fam: Kopf*) kafa; **eine taube ~** (*fam*) işe yaramaz; **dumme ~!** (*fam*) mankafa! **4.** (GASTR: *Fleischstück*) lop et **5.** (TECH) lokma; **Nussbaum**RR *m* <-(e)s, -bäume> (*Wal~*) ceviz (ağacı); (*Holz*) ceviz

nussbraun *adj* fındıkî

NussknackerRR *m* <-s, -> fındıkkıran; **Nussschale**RR *f* fındık kabuğu; **Nussschokolade**RR *f* <-n> cevizli çikolata; **Nusstorte**RR *f* <-n> (*mit Haselnüssen*) fındıklı pasta; (*mit Walnüssen*) cevizli pasta

Nüster ['nʏstɐ] *f* <-n> burun deliği

Nut(e) [nu:t, 'nu:tə] *f* <-en> (TECH) yiv

Nutte ['nʊtə] *f* <-n> (*fam pej*) orospu

Nutz *m*: **~ bringend** (*nützlich*) yarar sağlayan, faydalı; (*Gewinn bringend*) kâr [*o* kazanç] getiren; **sich** *dat* **etw zu ~e machen** bir şeyden yararlanmak

nutzbar *adj* tarıma elverişli; **den Boden ~ machen** toprağı tarıma elverişli duruma getirmek

nutzbringend *adj* (*nützlich*) yarar sağlayan; (*Gewinn bringend*) kâr getiren

nütze ['nʏtsə]: **zu etw ~ sein** bir şeye yara-

mak

Nutzen ['nʊtsən] *m ohne Pl* <-s> (*Nützlichkeit*) yarar, fayda; (*Gewinn*) kâr; **zum ~ der Öffentlichkeit** kamu yararına; **jdm von ~ sein** birine yararı [*o* faydası] olmak; **~ aus etw ziehen** bir şeyden kâr etmek

nutzen ['nʊtsən], **nützen** **I.** *vi* yaramak; **wozu soll das ~?** bu neye yarayacak ki?; **jdm zu etw ~** birine bir şey için yaramak; (*Gewinn bringen*) kâr getirmek **II.** *vt* **1.** (*Rohstoffe*) yararlanmak (-den) **2.** (*Gelegenheit*) kullanmak, yararlanmak (-den)

Nutzen-Kosten-Analyse *f* (WIRTSCH) fayda maliyet analizi

Nutzfahrzeug *nt* taşıt; **Nutzfläche** *f* kullanılabilir alan

nützlich ['nʏtslɪç] *adj* yararlı; **sich ~ machen** yararlı olmak

Nützlichkeit *f ohne Pl* yararlılık

nutzlos *adj* işe yaramaz, yararsız; (*vergeblich*) boş

Nutzlosigkeit *f ohne Pl* işe yaramazlık; (*Vergeblichkeit*) abeslik

Nutznießer(in) ['nʊtsniːsɐ] *m(f)* <-s, -; -nen> intifa hakkı sahibi

Nutznießung *f ohne Pl* (JUR) intifa hakkı

Nutzung *f ohne Pl* yararlanma, istifade, kullanma; **Nutzungsrecht** *nt* <-(e)s, -e> (JUR) yararlanma hakkı, istifade hakkı

NW *Abk. von* **Nordwesten** kuzeybatı

Nylon® ['naɪlɔn] *nt ohne Pl* <-s> naylon

Nymphe ['nʏmfə] *f* <-n> (*a.* ZOOL) nemf

Nymphomanin [nʏmfo'maːnɪn] *f* <-nen> (MED, PSYCH) nemfoman

O

O, o [oː] *nt* <-, -> O, o; ~ **wie Otto** Ordu'nun o'su

o [oː] *interj:* ~ **Gott!** aman Allah!; ~ **weh!** vah vah!; ~ **Wunder!** vay canına!

O *Abk. von* **Osten** doğu

Oase [o'aːzə] *f* <-n> vaha

ob [ɔp] *konj* **1.** (*im indirekten Fragesatz*) acaba; **sie fragt, ~ Monika zu Hause ist** acaba Monika evde mi, diye soruyor, Monika'nın evde olup olmadığını soruyor; ~ **er wohl kommen wird?** gelecek mi acaba? **2.** (*vergleichend*): **als ~** sanki; **als ~ nichts geschehen wäre** sanki bir şey olmamış gibi **3.** (*egal ~*) ister; ~ **arm, ~ reich** ister fakir ister zengin; ~ **wir wollen oder nicht** istesek de istemesek de **4.** (*verstärkend*): **und ~!** hem de nasıl!

OB *mf* <-(s), -(s)> *Abk. von* **Oberbürgermeister(in)** büyük şehir belediye başkanı

Obacht *f ohne Pl* dikkat; **auf jdn/etw ~ geben** bir kimseye/şeye dikkat etmek, bir kimseye/şeye göz kulak olmak

Obdach ['ɔpdax] *nt ohne Pl* <-(e)s> kalacak yer; **jdm ~ gewähren** birine kalacak yer sağlamak

obdachlos *adj* evsiz barksız

Obdachlose(r) *mf* <-n, -n; -n> evsiz barksız kimse

Obdachlosenheim *nt* düşkünler evi, düşkünler yurdu, darülâceze

Obduktion [ɔpdʊk'tsjoːn] *f* <-en> (MED) otopsi

obduzieren* [ɔpdu'tsiːrən] *vt* otopsi yapmak (-e)

O-Beine ['oːbaɪnə] *ntPl* (*fam*) o biçiminde çarpık bacaklar *pl*

Obelisk *m* obelisk, dikili taş

oben ['oːbən] *adv* **1.** (*in der Höhe, im Text, a. fig*) yukarıda; **dort ~** orada yukarıda; **nach ~** yukarıya; **von ~** yukarıdan; **von ~ bis unten** baştan aşağı; **er behandelt die Leute von ~ herab** insanlara yukarıdan bakar, insanları hor tutuyor; **ganz ~** en yukarıda; ~ **links/rechts** yukarı solda/sağda; **siehe ~** yukarıya bakınız; ~ **erwähnt** yukarıda yazılı; (*bei Personen*) yukarıda adı geçen; **das steht mir bis hier ~** (*fam*) bundan bana gına geldi; ~ **ohne** (*fam*) üstsüz, göğüsleri çıplak; **nicht (mehr) wissen, wo ~ und unten ist** (*fam*) Hanya'yı Konya'yı (artık) bilmemek **2.** (*an der Oberfläche*) yüzeyde, üstte;

obenan ['--'-] *adv* başında; **obenauf** ['--'-] *adv* (*gesund*) sağlığı yerinde; (*gut gelaunt*) keyfi yerinde; **obendrauf** ['--'-] *adv* üstüne; **obendrein** ['--'-] *adv* fazladan, cabadan

obenerwähnt *adj s.* **oben 1.**

obenhin ['--'-] *adv* (*oberflächlich*) yüzeysel, üstünkörü; (*beiläufig*) söz arasında, sırası gelmişken, antrparantez

Ober ['oːbɐ] *m* <-s, -> garson; **Herr ~!** garson bey!

Oberarm ['oːbɐ-] *m* üst kol; **Oberarzt, -ärztin** *m, f* başhekim yardımcısı; **Oberbau** *m* üst yapı

Oberbefehl *m ohne Pl* <-(e)s> (MIL) başkomutanlık; **Oberbefehlshaber(in)** *m(f)* <-s, -; -nen> (MIL) başkomutan

Oberbegriff *m* üst kavram; **Oberbekleidung** *f* <-en> üst giysisi, üst baş; **Oberbürgermeister(in)** *m(f)* büyük şehir belediye başkanı; **Oberdeck** *nt* <-s, -s> **1.** (NAUT) üst güverte **2.** (*Omnibus*) üst kat

obere(r, s) ['oːbərə, -rɐ, -rəs] *adj* **1.** (*allgemein*) üst, yukarı **2.** (*in einer Hierarchie*) üst

Oberfläche *f* yüz, yüzey

oberflächlich *adj* yüzeysel, sathî; (*nicht gründlich*) üstünkörü

Oberflächlichkeit *f ohne Pl* yüzeysellik

Obergeschoss[RR] *nt* üst kat; **im zweiten ~** ikinci katta

oberhalb *präp* üst tarafında, üstünde, yukarısında; ~ **des Dorfes** köyün üst tarafında [*o* başında]

Oberhand *f ohne Pl:* **die ~ gewinnen** üstün gelmek; **Oberhaupt** *nt* (*geh*) başkan, reis; **Oberhaus** *nt* (POL) Lordlar Kamarası; **Oberhaut** *f ohne Pl* (MED, ANAT, BIOL) üst deri; **Oberhemd** *nt* gömlek

Oberin ['oːbərɪn] *f* <-nen> **1.** (*im Krankenhaus*) başhemşire **2.** (*im Kloster*) başrahibe

oberirdisch *adj* yerüstü; **Oberkellner(in)** *m(f)* şef garson; **Oberkiefer** *m* <-s, -> (ANAT) üst çene; **Oberklasse** *f* <-n> üst sınıf; **Oberkommando** *nt* <-s, -s> (MIL) başkomutanlık; **Oberkörper** *m* üst gövde; **Oberlandesgericht** *nt* (JUR) yüksek eyalet mahkemesi; **Oberleitung** *f* **1.** (*Führung*) üst yönetim **2.** (*für Bus, Straßenbahn*) hava hattı; **Oberleitungsomnibus** *m* troleybüs; **Oberleutnant** *m* (MIL) üsteğmen; **Oberlicht** *nt* **1.** yukarıdan gelen ışık

2. (*Deckenlampe*) tavan ışığı **3.** (*Fenster*) tavan penceresi, vasistas; **Oberliga** *f* (SPORT) üst küme; **Oberlippe** *f* üst dudak; **Oberlippenbart** *m* bıyık; **Obermaterial** *nt* üst malzeme

Oberschenkel *m* but, uyluk; **Oberschenkelknochen** *m* (ANAT) uyluk kemiği; **Oberschicht** *f* **1.** (*der Gesellschaft*) üst tabaka **2.** (*oberste Schicht*) üst kat; **Oberschwester** *f* başhemşire; **Oberseite** *f* üst taraf

Oberst ['o:bɐst] *m* <-en *o* -s, -en> (MIL) albay

Oberstaatsanwalt, -anwältin ['--'---] *m, f* başsavcı

oberste(r, s) *adj* **1.** (*höher gelegen*) en üst, en yukarı; (*Stockwerk*) en üst; (*zuoberst*) en üstteki **2.** (*in einer Hierarchie*) en yüksek; **der O~ Gerichtshof** yüce divan **3.** (*wichtigste*) en önemli

Oberstleutnant *m* <-s, -s> (MIL) yarbay

Oberstufe *f* (SCHULE) *okuldaki son üç sınıf;* **Oberteil** *nt* <-(e)s, -e> üst; **Oberwasser** *nt ohne Pl* (*fam fig*) (**wieder**) ~ **haben,** (tekrar) avantajlı durumda olmak, (**wieder**) ~ **bekommen,** (tekrar) avantajlı duruma gelmek; **Oberweite** *f* göğüs çevresi

obgleich [-'-] *konj s.* **obwohl**

Obhut ['ɔphu:t] *f ohne Pl* **1.** (*geh*) emanet; **er befahl seine Kinder/sein Haus die ~ seines Freundes an** çocuklarını/evini dostuna [*o* arkadaşına] emanet etti **2.** (*Schutz*) himaye, koruyuculuk; **jdn in seine ~ nehmen** birini himayesine [*o* koruyuculuğuna] almak

obige(r, s) ['o:bɪgə, -gɐ, -gəs] *adj* üstteki, yukarıdaki; (*bei Personen*) yukarıda adı geçen

Objekt [ɔp'jɛkt] *nt* <-(e)s, -e> **1.** (*Gegenstand*) nesne, obje, konu **2.** (PHILOS) nesne, obje **3.** (LING) nesne; (*als Ergänzung*) tümleç **4.** (*österr:* ADMIN: *Gebäude*) bina

Objektglas *nt* lâm

objektiv [ɔpjɛk'ti:f] *adj* objektif, nesnel

Objektiv [ɔpjɛk'ti:f] *nt* <-s, -e> objektif

Objektivismus *m ohne Pl* (PHILOS) objektivizm, nesnelcilik

Objektivist(in) *m(f)* <-en, -en; -nen> objektivist, nesnelci

objektivistisch *adj* objektivist, nesnelci

Objektivität [ɔpjɛktivi'tɛ:t] *f ohne Pl* objektivite, objektiflik

Objektträger *m* lâm

Oblate [o'bla:tə] *f* <-n> **1.** (GASTR: *für Gebäck*) çörek altı; (*waffelähnliches, rundes Gebäck*) kâğıt helva **2.** (REL: *Hostie*) kudas âyini ekmeği

obliegen [-'--] *irr vi* (*geh*): **jdm obliegt etw** bir şey birinin üstünde [*o* uhdesinde] olmak, bir şey birinin sorumluluğu altında olmak

obligatorisch [obliga'to:rɪʃ] *adj* zorunlu, mecburî

Oboe [o'bo:ə] *f* <-n> (MUS) obua; **Oboist** *m* <-en, -en> obuacı

Obrigkeit ['o:brɪçkaɪt] *f* <-en> hükümet

obschon [-'-] *konj* (*geh*) *s.* **obwohl**

Observatorium [ɔpzɛrva'to:riʊm] *nt* <-s, -ien> observatuvar; (*Sternwarte*) gözlem evi

observieren* [ɔpzɛr'vi:rən] *vt* gözlemlemek

Obsession *f* <-en> (PSYCH) takınak

obsessiv *adj* (PSYCH) takınaklı

ob|siegen *vi* kazanmak

obskur [ɔps'ku:ɐ] *adj* belirsiz, müphem, karanlık; (*anrüchig*) adı (kötüye) çıkmış; (*zweifelhaft*) kuşkulu, şüpheli

obsolet *adj* eskimiş

Obst [o:pst] *nt ohne Pl* <-(e)s> meyve, yemiş; **Obstanbau** *m ohne Pl* <-(e)s> meyvecilik; **Obstbaum** *m* meyve ağacı; **Obstgarten** *m* meyve bahçesi; **Obsthandlung** *f* meyveci; (*und Gemüse*) manav; **Obstkuchen** *m* meyveli pasta; **Obstmesser** *nt* meyve bıçağı

Obstruktion *f* obstrüksiyon, engelleme

Obstsaft *m* meyve suyu; **Obstsalat** *m* meyve salatası; **Obsttorte** *f* meyvelı pasta

obszön [ɔps'tsø:n] *adj* müstehcen

Obszönität [ɔpstsøni'tɛ:t] *f* <-en> müstehcenlik

Obus *m Abk. von* **Oberleitungsomnibus** troleybüs

obwohl [-'-] *konj* hâlbuki, oysa, -diği hâlde, her ne kadar; ~ **es regnet, gehe ich aus** yağmur yağdığı hâlde sokağa çıkarım, her ne kadar yağmur yağsa da sokağa çıkarım

Ochse ['ɔksə] *m* <-n, -n> **1.** (*Tier*) öküz **2.** (*fam: Dummkopf*) öküz

Ochsenkarren *m* öküz arabsı; **Ochsenschwanzsuppe** *f* <-n> (GASTR) öküz kuyruğu çorbası

Ocker ['ɔkɐ] *m o nt* <-s, -> aşı boyası

Odaliske *f* (HIST) odalık

öde ['ø:də] *adj* **1.** (*menschenleer*) ıssız, tenha; (*verlassen*) metrûk; (*unbewohnt*) metrûk **2.** (*unfruchtbar*) çorak; (*unbebaut*) ekilmemiş **3.** (*langweilig*) (can) sıkıcı

Öde[1] ['ø:də] *f* <-n> **1.** (*Einsamkeit*) ıssızlık, tenhalık, yalnızlık **2.** (*Land*) çoraklık, ekilmemiş arazi

Öde[2] *f ohne Pl* (*Langeweile*) sıkıcılık; (*Leere*) boşluk; **geistige** ~ ruhsuzluk

Ödem *nt* <-s, -e> (MED) ödem

ödematisch *adj,* **ödematös** *adj* (MED) ödemli

oder ['o:dɐ] *konj* veya, ya da, yahut; (*an-*

dernfalls) yoksa; **sieben ~ acht** yedi veya sekiz; **10 ~ 12** 10 veya 12; **~ aber ...** yoksa ...; **~ etwa nicht?** yoksa değil miydi?; **er wollte gehen ~ etwa nicht?** gitmek istiyordu yoksa istemiyor muydu?; **alles ~ nichts** ya hep, ya hiç; **ob du willst ~ nicht** istesen de istemesen de; **entweder ... ~** ya ... ya da

Odermennig *m* (BOT) kızılyaprak

Ödipuskomplex ['ø:dipʊs-] *m ohne Pl* <-es> (PSYCH) Ödip karmaşası

Ödland ['ø:t-] *nt ohne Pl* <-(e)s> (AGR) çorak topraklar

Ofen ['o:fən, *Pl:* 'ø:fən] *m* <-s, Öfen> **1.** (*Back~*) fırın **2.** (*Heiz~*) soba; **der ~ ist aus** (*fig fam*) iş işten geçti; **ein heißer ~** (*fam: Auto*) hızlı araba; (*Motorrad*) hızlı motosiklet; **Ofenrohr** *nt* <-(e)s, -e> soba borusu

offen ['ɔfən] *adj* **1.** (*allgemein*) açık; (*ohne Deckel*) açık; (*unverpackt*) açık, ambalajsız; **halb ~** yarı açık; **~er Wein** fıçıdan çıkmış şarap; **auf ~er Straße** sokağın ortasında; **mit ~em Mund dastehen** ağzı açık bakakalmak; **ein ~es Haus haben** (*fig*) kapısı açık olmak; **~ gegenüber allem Neuen sein** her yeniliğe açık olmak; **das ist noch völlig ~** bunun sonu belli değil; **die Post hat jetzt ~** şimdi postahane açıktır **2.** (*Stelle*) açık, boş **3.** (*unerledigt*) açık; **~e Rechnung** açık hesap **4.** (*aufrichtig*) açık sözlü; **~ seine Meinung sagen** açıkça fikrini söylemek; **etw ~ zugeben** bir şeyi açıkça itiraf etmek; **~ gestanden, ...** açıkçası, ...; **~ mit jdm reden** biriyle açık açık konuşmak

offenbar ['ɔfən(')ba:ɐ] **I.** *adj* açık, aşikâr, belli **II.** *adv* galiba; (*dem Anschein nach*) görünüşe göre, anlaşılan

offenbaren* [ɔfən'ba:rən] **I.** *vt* (*geh: offen zeigen*) aşikâr etmek, açıklamak, belli etmek; (*enthüllen*) ifşa etmek, açığa vurmak; **ein Geheimnis ~** bir sırrı ifşa etmek **II.** *vr:* **sich ~** (*geh*) **1.** (*sich erweisen*) aşikâr olmak, belli olmak **2.** (*sich anvertrauen*) açılmak, içini dökmek

Offenbarung [--'--] *f* <-en> (*geh*) **1.** açıkla(n)ma, belli etme, ifşa, açığa vurma **2.** (REL) vahiy; **Offenbarungseid** *m* (JUR) mal beyanı; **einen ~ leisten** mal beyanında bulunmak

offen|bleiben *irr vi sein s.* **bleiben 2.**; **offen|halten** *irr vt s.* **halten II.1.**

Offenheit *f ohne Pl* **1.** (*Aufgeschlossenheit*) açık olma; **seine ~ gegenüber allem Neuen** her yeniliğe açık olma **2.** (*Ehrlichkeit*) dürüstlük, samimiyet; **in** [*o* **mit**] **aller ~** açık açık

offenherzig *adj* açık yürekli

offenkundig ['--(')--] *adj* herkesçe bilinen, maruf; (*offensichtlich*) açık, aşikâr, belli

offen|lassen *irr vt s.* **lassen[1] 5.**

offensichtlich ['--(')--] **I.** *adj* açık, aşikâr, belli **II.** *adv* anlaşılan

offensiv [ɔfɛn'zi:f] *adj* saldırgan

Offensive [ɔfɛn'zi:və] *f* <-n> saldırı, hücum; **in die ~ gehen** saldırıya geçmek

offen|stehen *irr vi s.* **stehen I.2.**

öffentlich ['œfəntlɪç] **I.** *adj* **1.** açık, alenî; **nicht ~** gizli; **~e Verhandlung** (JUR) açık yargılama; **~e Urkunde** resmî senet **2.** **~e Klage/Ordnung/Sicherheit** kamu davası/düzeni/güvenliği **3.** (*allgemein*) genel; **~e Moral** genel ahlâk; **~es Haus** genelev **II.** *adv* açıkça, açık açık, alenen, herkesin içinde; **~ bekannt geben** ilân etmek, kamuya duyurmak

Öffentlichkeit *f ohne Pl* **1.** (*Gesamtheit der Menschen*) halk, herkes; **die ~ scheuen** insanlardan kaçmak; **in aller ~** herkesin içinde, herkesin gözü önünde; **etw an die ~ bringen** bir şeyi halka [*o* kamuya] duyurmak; **unter Ausschluss der ~ stattfinden** (JUR) gizli yapılmak, kamuya kapalı olarak yapılmak **2.** (*das Öffentlichsein*) açıklık, aleniyet; **Öffentlichkeitsarbeit** *f ohne Pl* halkla ilişkiler *pl*

öffentlich-rechtlich *adj* kamu hukukuna ilişkin

offerieren* [ɔfe'ri:rən] *vt* (COM: *anbieten*) sunmak, arz etmek

Offerte [ɔ'fɛrtə] *f* <-n> (COM) sunu, arz; (*Preisangebot*) teklif

offiziell [ɔfi'tsjɛl] *adj* resmî

Offizier(in) [ɔfi'tsi:ɐ] *m(f)* <-s, -e; -nen> subay

Offiziersanwärter(in) *m(f)* <-s, -; -nen> subay adayı

offiziös *adj* yarı resmî; **aus ~er Quelle** yarı resmî kaynaktan

offline[RR] ['ɔflaɪn] *adj* (INFORM) çevrim dışı; **Offlinebetrieb[RR]** *m ohne Pl* <-(e)s> (INFORM) çevrim dışı işleme

öffnen ['œfnən] **I.** *vi, vt* açmak; **hier ~** buradan açınız; **nach außen/innen ~** dışa/içe doğru açmak **II.** *vr:* **sich ~** açılmak; **sich nach außen/innen ~** dışa/içe doğru açılmak

Öffner *m* <-s, -> açacak

Öffnung *f* <-en> aç(ıl)ma; (*Loch*) delik; **Öffnungspolitik** *f* açılma politikası; **Öffnungszeit** *f* açılış saatleri *pl*

Offsetdruck ['ɔfsɛt-] *m ohne Pl* <-(e)s> (TYPO: *Verfahren*) ofset, düz baskı

oft [ɔft] <öfter, am öftesten> *adv* sık sık; **wie ~?** kaç defa?, ne kadar sık?; **sehr ~** çok sık; **nicht so ~** o kadar sık değil; **ziemlich ~** sıkça, sık sık; **~ genug** yeteri kadar sık

öfter *adv kompar von* **oft** daha sık; **des Öfteren** sık sık

öfters *adv* sık sık

öftesten ['œftəstən] *superl von* **oft**: **am ~ en** sık

oftmals ['ɔftma:ls] *adv* defalarca, tekrar tekrar

oh [o:] *interj* a, ay; **~, wie schön!** a [*o* ay], ne güzel!; **~ Gott!** hay Allah!

Ohm *nt* (PHYS) om, ohm

ohne ['o:nə] **I.** *präp* -siz/-sız/-süz/-suz; (*ausgenommen*) hariç; **das geschah ~ mein Wissen** bu, benim haberim olmadan oldu; **~ Zweifel** (hiç) şüphesiz; **~ zu zögern** tereddüt etmeden; **~ mich!** ben bu işte yokum!; **das geht ~ weiteres** bu sorun yaratmaz; **es geht auch ~** onsuz da olur; **das ist (so) nicht ~** (*fam*) bu (öyle göründüğü gibi) zararsız bir şey değil; **~ Fleiß kein Preis** (*prov*) zahmetsiz rahmet olmaz **II.** *konj:* **~ zu** -meden/-madan; **~ zu lesen/fragen/wissen/lernen** okumadan/sormadan/bilmeden/öğrenmeden; **~ mit der Wimper zu zucken** (*fig*) gözünü kırpmadan

ohnedies [--'-] *adv s.* **ohnehin**

ohnegleichen [--'--] *adv* eşsiz, emsalsiz

ohnehin [--'-] *adv* zaten

Ohnmacht ['o:n-] *f* <-en> **1.** (*Bewusstlosigkeit*) baygınlık; **in ~ fallen** bayılmak **2.** (*Machtlosigkeit*) aciz, güçsüzlük

ohnmächtig *adj* **1.** (*bewusstlos*) baygın; **~ werden** bayılmak **2.** (*machtlos*) âciz, güçsüz

Ohr [o:ɐ] *nt* <-(e)s, -en> kulak; **die ~en spitzen** kulak kabartmak; (*Tier*) kulaklarını dikmek; **jdm sein ~ leihen** birine kulak vermek; **es ist mir zu ~en gekommen, dass ...** ... kulağıma geldi [*o* çalındı]; **mir dröhnen/sausen die ~en** kulaklarım uğulduyor; **ganz ~ sein** kulak kesilmek; **ich bin ganz ~** kulağım sende [*o* sizde]; **mit halbem ~ zuhören** yarım yamalak dinlemek; **sich** *dat* **die ~en zuhalten** kulaklarını tıkamak; **ihm die ~en klingen** (*fig*) kulağı çınlamak; **etw noch im ~ haben** bir şey hâlâ kulağında olmak, bir şeyi duymuş olmak; **lange ~en machen** (*fam fig*) kulak vermek; **jdm die ~en lang ziehen** (*fam fig*) birinin kulağını çekmek; **seinen ~en nicht trauen** (*fam*) kulağına inanmamak, kulaklarına inanamamak; **jdn übers ~ hauen** (*fam fig*) birine kazık atmak, birini kazıklamak; **schreib dir das hinter die ~en!** (*fam*) bu sözümü kulağına küpe et!; **etw geht zum einen ~ rein, zum anderen wieder hinaus** (*fam fig*) bir şey bir kulağından girip öbür kulağından çıkmak; **viel um die ~en haben** (*fam*) işi başından aşkın olmak; **bis über beide ~en verliebt sein** (*fam fig*) sırılsıklam âşık olmak, körkütük âşık olmak; **die Situation/die Arbeit wächst mir über die ~en** (*fig*) durumla/işle başa çıkamıyorum artık; **sich aufs ~ legen** (*fam fig*) kafayı vurmak; **von einem ~ zum anderen strahlen** (*fam*) ağzı kulaklarına varmak; **es faustdick hinter den ~en haben** (*fam fig*) anasının gözü olmak

Öhr [ø:ɐ] *nt* <-(e)s, -e> kulak

Ohrenarzt, -ärztin *m, f* kulak hekimi, kulakçı; **ohrenbetäubend** *adj* (*fam*) kulak tırmalayıcı; **Ohrenentzündung** *f* (MED) kulak iltihabı; **Ohrensausen** *nt ohne Pl* <-s> kulak uğultusu, kulakların uğuldaması; **Ohrenschmalz** *nt ohne Pl* <-es> kulak kiri; **Ohrenschmerz** *m* kulak ağrısı; **Ohrenschützer** *mPl* kulaklık; **Ohrentropfen** *mPl* kulak damlası; **Ohrenzeuge, -in** *m, f* kulak misafiri; **bei einem Gespräch ~ sein** bir konuşmaya kulak misafiri olmak

Ohrfeige *f* tokat, şamar

ohrfeigen *vt* tokat atmak (-e), şamar atmak (-e), tokatlamak, şamarlamak

Ohrläppchen ['o:ɐlɛpçən] *nt* <-s, -> kulak memesi; **Ohrmuschel** *f* (ANAT) kulak kepçesi; **Ohrring** *m* küpe; **Ohrspeicheldrüse** *f* (ANAT) kulak altı bezi; **Ohrtrompete** *f* (ANAT: *Eustachische Röhre*) östaki borusu; **Ohrwurm** *m* **1.** (*Insekt*) kulağakaçan **2.** (*fam: Lied*) akılda kolay kalan melodi

oje [o'je:] *interj* aman

o.k., okay [o'ke:, o'kɛɪ] **I.** (*fam: Partikel*) olur, peki, tamam **II.** *adj* (*fam*): **~ sein** (*gut*) iyi olmak; (*in Ordnung*) tamam olmak

Okkultismus [ɔkʊl'tɪsmʊs] *m ohne Pl* <-> okültizm, gizlicilik

okkupieren* *vt* işgal etmek

Ökobauer, -bäu(e)rin ['ø:ko-] *m, f* <-n *o* -s, -n; -nen> ekolojist çiftçi

Ökologe, -in [øko'lo:gə] *m, f* <-n, -n; -nen> ekolojist, çevre bilimci

Ökologie [økolo'gi:] *f ohne Pl* ekoloji, çevre bilimi; **Ökologiebewegung** *f ohne Pl* ekolojist akım

ökologisch *adj* ekolojik, çevre bilimsel; **~es Gleichgewicht** ekolojik denge

Ökonom(in) [øko'no:m] *m(f)* <-en, -en; -nen> ekonomist, iktisatçı

Ökonomie [økono'mi:] *f* <-n> ekonomi

ökonomisch [øko'no:mɪʃ] *adj* ekonomik

Ökopartei *f* ekolojist parti; **Ökosystem** *nt* ekolojik sistem, ekolojik ortam

Okra *f* (BOT, GASTR) bamya

Oktaeder [ɔkta'ʔe:dɐ] *nt* <-s, -> (MATH) sekiz yüzlü

Oktan [ɔk'taːn] *nt* <-s, -e> oktan
Oktave [ɔk'taːvə] *f* <-n> (MUS) oktav
Oktober [ɔk'toːbɐ] *m* <-(s), -> ekim; *s. a.* **März**
Oktoberrevolution *f ohne Pl* (HIST, POL) Ekim İhtilâli
Okular *nt* <-s, -e> oküler
Ökumene [øku'meːnə] *f ohne Pl* (REL) **1.** (*Christentum*) Hristiyanlık âlemi **2.** (*gemeinsames Handeln*) Hristiyanlık hareketi
Okzident ['ɔktsidɛnt, --'-] *m* <-s> Batı (ülkeleri)
Öl [øːl] *nt* <-(e)s, -e> **1.** (*Speise~, Sonnen~, Schmier~*) yağ; **pflanzliche ~e** bitkisel yağlar; **ätherisches ~** uçucu yağ **2.** (*Erd~*) petrol, (yer) yağ(ı); **~ ins Feuer gießen** (*fig*) yangına körükle gitmek **3.** (KUNST): **in ~ (malen)** yağlı boya (resim) yapmak
Ölbaumgewächse *Pl* (BOT) zeytingiller *pl;* **Ölbild** *nt* yağlı boya resim
Oldtimer ['ɔʊltaɪmɐ] *m* <-s, -> (AUTO) antika araba
Oleander [ole'andɐ] *m* <-s, -> (BOT) zakkum
ölen ['øːlən] *vt* yağlamak
Ölfarbe *f* yağlı boya; (KUNST) yağlı boya; **Ölfleck** *m* <-(e)s, -en> yağ lekesi; **Ölförderung** *f ohne Pl* petrol; **Ölgemälde** *nt* yağlı boya tablo; **Ölgötze** *m* (*pej*): **wie ein ~** put gibi
ölhaltig *adj* (*Pflanze*) yağlı
Ölheizung *f* <-en> mazotlu kalorifer
ölig *adj* **1.** (*voll Öl, wie Öl*) yağlı **2.** (*pej: Stimme, Lächeln*) yılışıkça
Oligarchie [oligar'çiː] *f* <-n> oligarşi, takım erki
Oligopol *nt* <-s, -e> (WIRTSCH) oligopol
Oligozän *nt ohne Pl* <-s> (GEO) oligosen
Olive [o'liːvə] *f* <-n> zeytin; **Olivenbaum** *m* zeytin ağacı; **Olivenöl** *nt* zeytinyağı
olivgrün [o'liːfgryːn] *adj* zeytin rengi; (*Haut*) zeytunî
Olivin *nt* <-s, -e> (GEO) olivin
Öljacke *f* muşamba; **Ölkanne** *f* yağdanlık; **Ölkonzern** *m* petrol şirketi; **Ölkrise** *f* petrol krizi; **Öllampe** *f* petrol lâmbası; **Ölleitung** *f* petrol boru hattı; **Ölmessstab**[RR] *m* (AUTO) yağ çubuğu; **Ölpalme** *f* (BOT) maya ağacı; **Ölpest** *f* petrol kirliliği; **Ölpumpe** *f* yağ pompası; **Ölquelle** *f* petrol kaynağı; **Ölraffinerie** *f* petrol rafinerisi; **Ölsardine** *f* zeytinyağlı sardalye; **sitzen wie die ~n** (*fig*) sardalye gibi istif olup oturmak; **Ölscheich** *m* (*fam*) petrol şeyhi; **Ölschicht** *f* yağ tabakası
Ölstand *m* <-(e)s, -stände> (*a.* AUTO) yağ durumu; **Ölstandsmesser** *m* <-s, -> (*a.* AUTO) yağ göstergesi
Öltanker *m* <-s, -> petrol tankeri
Ölverbrauch *m* (AUTO) yağ yakma; **Ölvorkommen** *nt* petrol kaynakları *pl;* **Ölwanne** *f* (AUTO) karter; **Ölwechsel** *m* (AUTO) yağ değiştirme; **Ölweide** *f* <-n> (BOT) iğde; **Ölweidengewächse** *ntPl* (BOT) iğdegiller *pl*
Olympiade [olʏm'pjaːdə] *f* <-n> olimpiyat
Olympiasieger(in) *m(f)* <-s, -; -nen> olimpiyat şampiyonu
olympisch [o'lʏmpɪʃ] *adj* olimpik, olimpiyat (ile ilgili); **die O~en Spiele** olimpiyat oyunları
Ölzweig *m* zeytin dalı
Oma ['oːma] *f* <-s> (*fam*) nine
Omelett [ɔm(ə)'lɛt] *nt* <-(e)s, -e *o* -s> (GASTR) omlet
Omen ['oːmən] *nt* <-s, - *o* Omina> alâmet; **das ist ein gutes/schlechtes ~** bu iyiye/kötüye bir alâmettir
Omi ['oːmi] *f* <-s> (*fam*) cici anne
ominös [omi'nøːs] *adj* (*geh*) **1.** (*unheilvoll*) netameli **2.** (*zweifelhaft*) şüpheli, kuşkulu
Omnibus ['ɔmnibʊs] *m* <-ses, -se> (*in der Stadt*) otobüs; (*Überland~*) omnibüs; **Omnibushaltestelle** *f* otobüs durağı
onanieren* [ona'niːrən] *vi* mastürbasyon yapmak
ondulieren *vt* (*Haare*) ondüle yapmak; (*mit Brennschere*) maşalamak; **sich ~ lassen** ondüle yaptırmak
Onkel ['ɔŋkəl] *m* <-s, -> (*Bruder des Vaters*) amca; (*Bruder der Mutter*) dayı; (*Ehemann der Tante*) enişte
online[RR] ['ɔnlaɪn] *adj* (INFORM) çevrim içi; **Onlinebetrieb**[RR] *m ohne Pl* <-(e)s> (INFORM) çevrim içi işleme
OP [oː'peː] *m* <-(s), -(s)> (MED) *Abk. von* **Operationssaal** ameliyathane
Opa ['oːpa] *m* <-s, -s> (*fam*) dede
Opal [o'paːl] *m* <-s, -e> **1.** (*Mineral*) opal **2.** (*Stoffgewebe*) opal
Oper ['oːpɐ] *f* <-n> opera; **in die ~ gehen** operaya gitmek
Opera *Pl von* **Opus**
Operation [opəra'tsjoːn] *f* <-en> (MED) ameliyat, operasyon; (INFOR, MATH, MIL) operasyon; **Operationssaal** *m* (MED) ameliyathane; **Operationstisch** *m* (MED) ameliyat masası
operativ [opəra'tiːf] *adj* **1.** (MED) cerrahî; **~er Eingriff** cerrahî müdahale **2.** (MIL: *strategisch*) stratejik
Operette [opə'rɛtə] *f* <-n> operet
operieren* [opə'riːrən] **I.** *vi* **1.** (MED) ameliyat etmek; (MIL) harekâtta bulunmak **2.** (*handeln*) hareket etmek **II.** *vt* (MED) ameliyat etmek (*an* -); **sich ~ lassen** ame-

liyat ettirmek (*an* -)

Opernglas ['o:pɐn-] *nt* <-es, -gläser> opera dürbünü; **Opernhaus** *nt* opera, opera binası; **Opernsänger(in)** *m(f)* opera sanatçısı

Opfer ['ɔpfɐ] *nt* <-s, -> **1.** (*~gabe*) kurban **2.** (*Verzicht*) feda (*für* uğruna), fedakârlık (*für* için); **~ bringen** fedakârlık etmek **3.** (*Person*) kurban; **die Überschwemmung forderte viele ~** sel çok can kaybına mal oldu; **jdm zum ~ fallen** bir kimsenin kurbanı olmak; **etw zum ~ fallen** bir şeyin kurbanı olmak, bir şeye kurban gitmek; **Opferbereitschaft** *f ohne Pl* fedakârlık, özveri; **Opfergabe** *f* kurban

opfern ['ɔpfɐn] **I.** *vt* kurban etmek, feda etmek, kıymak (-e); **jdm viel Zeit ~** birine çok vakit harcamak; **seinen letzten Pfennig ~** son feniğine kıymak **II.** *vr:* **sich ~** kendini feda etmek (*für* için)

Opferung *f* <-en> feda etme, kurban etme

Opiat [opi'a:t] *nt* <-(e)s, -e> afyonlu ilâç

Opium ['o:piʊm] *nt ohne Pl* <-s> afyon

Opponent(in) [ɔpo'nɛnt] *m(f)* <-en, -en; -nen> muhalif, karşıtçı

opportun [ɔpɔr'tu:n] *adj* uygun, elverişli

Opportunismus [ɔpɔrtu'nɪsmʊs] *m ohne Pl* <-> oportünizm

Opportunist(in) [ɔpɔrtu'nɪst] *m(f)* <-en, -en; -nen> oportünist

opportunistisch *adj* oportünist, fırsatçı

Opposition [ɔpozi'tsjo:n] *f* <-en> (*a.* POL) muhalefet; **in der ~ sein** muhalefette olmak; **in ~ zu jdm stehen** birine muhalif olmak

oppositionell [ɔpozitsjo'nɛl] *adj* (*a.* POL) muhalif; **~e Parteien** muhalif partiler

Oppositionsführer(in) *m(f)* <-s, -; -nen> (POL) muhalefet lideri; **Oppositionspartei** *f* <-en> (POL) muhalefet partisi

OP-Schwester *f* ameliyat hemşiresi

Optativ *m* <-s, -e> (LING) dilek kipi

Optik ['ɔptɪk] *f ohne Pl* (*a.* PHYS) optik

Optiker(in) ['ɔptikɐ] *m(f)* <-s, -; -nen> gözlükçü

Optima *Pl von* **Optimum**

optimal [ɔpti'ma:l] *adj* optimal, optimum

optimieren* [ɔpti'mi:rən] *vt* optimumlaştırmak

Optimierung *f* <-en> optimumlaştırma

Optimismus [ɔpti'mɪsmʊs] *m ohne Pl* <-> iyimserlik, nikbinlik; (PHILOS) optimizm

Optimist(in) [ɔpti'mɪst] *m(f)* <-en, -en; -nen> iyimser

optimistisch *adj* iyimser, nikbin

Optimum ['ɔptimʊm, *Pl:* 'ɔptima] *nt* <-s, Optima> (*geh*) optimum (*an* -de); **ein ~ an Qualität erzielen** kalitede optimumu tutturmak

Option [ɔp'tsjo:n] *f* <-en> (*a.* JUR) opsiyon (*für* için, *auf* için)

optisch ['ɔptɪʃ] *adj* optik

Opus ['o:pʊs, *Pl:* 'o:pəra] *nt* <-, Opera> **1.** (LIT) eser **2.** (MUS) opus

Orakel [o'ra:kəl] *nt* <-s, -> kehanet; **das ~ befragen** kâhine soru sormak

oral [o'ra:l] *adj* **1.** (MED) ağızdan alınan **2.** (ANAT) ağız (ile ilgili) **3.** (LING) ağızsıl **4.** (*Geschlechtsverkehr*) ağızla yapılan **5.** (*mündlich*) sözlü; **Oralverkehr** *m* ağızla yapılan seks

orange [o'rã:ʒ, o'rã:ʃ, o'raŋʃ] *adj* turuncu

Orange [o'rã:ʒə, o'raŋʒə] *f* <-n> portakal

orangefarben *adj* portakal rengi

Orangenbaum *m* portakal ağacı; **Orangenhaut** *f ohne Pl* portakal kabuğu; **Orangensaft** *m* portakal suyu; **Orangenschale** *f* portakal kabuğu

Orangerie *f* portakallık

Orang-Utan ['o:raŋ'ʔu:tan] *m* <-s, -s> orangutan

Oratorium [ora'to:riʊm] *nt* <-s, Oratorien> **1.** (*Raum*) oratoryum **2.** (MUS: *Komposition*) oratoryo

Orbit ['ɔrbɪt] *m* <-s, -s> yörünge

Orchester [ɔr'kɛstɐ] *nt* <-s, -> orkestra

Orchestergraben *m* orkestra yeri

Orchidee [ɔrçi'de:ə] *f* <-n> orkide

Orchitis *f* (MED) orkit

Orden ['ɔrdən] *m* <-s, -> **1.** (REL) tarikat **2.** (*Auszeichnung*) nişan

ordentlich ['ɔrdəntlɪç] **I.** *adj* **1.** (*Mensch, Zimmer*) düzenli, toplu, derli toplu **2.** (*Gericht, Gerichtsbarkeit*) adlî; (*Mitglied*) aktif **3.** (*anständig*) dürüst; **etwas O~es lernen** doğru dürüst bir şey öğrenmek **4.** (*fam: tüchtig*) adamakıllı, esaslı; **eine ~e Tracht Prügel** adamakıllı bir dayak **5.** (*fam: ganz gut*) çok iyi **II.** *adv* **1.** (*allgemein*) düzgün, düzenli; (*Benehmen*) doğru dürüst, akıllı uslu **2.** (*fam: ziemlich*) iyice, adam gibi; (*viel*) bayağı; (*regelrecht*) düpedüz; **es ist heute ~ kalt** bugün (hava) bayağı soğuk

Order ['ɔrdɐ] *f* <-s> **1.** (*Befehl*) emir **2.** (COM: *Bestellung*) sipariş

ordern ['ɔrdɐn] *vt* sipariş etmek, ısmarlamak

Orderpapier *nt* (FIN) emre yazılı senet

Ordinalzahl [ɔrdi'na:l] *f* sıra sayı sıfatı

ordinär [ɔrdi'nɛ:ɐ] *adj* **1.** (*unfein*) bayağı, pespaye **2.** (*gewöhnlich*) bayağı, basit, adi

ordnen ['ɔrdnən] *vt* dizmek; **alphabetisch ~** alfabe sırasına göre dizmek

Ordner(in)[1] *m(f)* <-s, -; -nen> koruma görevlisi

Ordner[2] *m* <-s, -> **1.** (*Akten~*) klâsör **2.** (INFORM) dosya

Ordnung *f ohne Pl* **1.** (*Zustand, An~*) tertip; (*a.* MATH) düzen; (BIOL) takım; **öffentliche ~** kamu düzeni; **~ halten** düzeni bozmamak; **jdn zur ~ rufen** birini hizaya gelmesi için uyarmak; **für ~ sorgen** düzeni sağlamak; **etw in ~ bringen** (*fam*) bir şeyi düzene sokmak, bir şeyi yola koymak; (**das geht**) **in ~** (*fam*) tamam, olur; **der ist in ~** (*fam: menschlich o.k*) o iyi biri; **mit dem Wagen ist etwas nicht in ~** (*fam*) arabada bir bozukluk var; **ihn rauszuschmeißen, wäre nicht in ~** (**gewesen**) onu kapı dışarı etmek yakışık almaz(dı) **2.** (*Vorschrift*) tüzük; (*Prüfungs~*) yönetmelik; **sich an eine ~ halten** bir tüzüğe uymak; **Ordnungsamt** *nt* mahallî hizmetler dairesi; **ordnungsgemäß I.** *adj* nizamî, usulüne uygun, düzene uygun olan **II.** *adv* usulüne uygun olarak; **ordnungshalber** *adv* formalite icabı; **Ordnungshüter(in)** *m(f)* (*fam*) zabıta; **Ordnungsstrafe** *f* (JUR) inzibatî ceza; (*Geldstrafe*) para cezası; **ordnungswidrig** *adj* (JUR) (genel) düzene aykırı; **sich ~ verhalten** (genel) düzene aykırı davranmak; **Ordnungswidrigkeit** *f* <-en> (JUR) düzene aykırılık, belediye suçları *pl;* **Ordnungszahl** *f* **1.** (*Ordinalzahl*) sıra sayı sıfatı **2.** (*im Periodensystem*) atom numarası

Oregano [o'reːgano] *m ohne Pl* <-s> yabanî mercanköşk

Organ [ɔr'gaːn] *nt* <-s, -e> **1.** (*a.* ANAT) organ **2.** (*fam: Stimme*) ses; **ein lautes ~ haben** gür sesi olmak; **Organbank** *f* <-en> (MED) organ bankası; **Organhandel** *m* organ ticareti

Organiker(in) *m(f)* organikçi

Organisation [ɔrganiza'tsjoːn] *f* <-en> organizasyon, örgüt

Organisator(in) [ɔrgani'zaːtoːɐ] *m(f)* <-s, -en; -nen> organizatör, düzenleyici

organisatorisch [ɔrganiza'toːrɪʃ] *adj* örgütsel, düzenleyici

organisch [ɔr'gaːnɪʃ] *adj* (*a.* CHEM, MED, BIOL) organik

organisieren* [ɔrgani'ziːrən] **I.** *vt* **1.** (*planen*) organize etmek, düzenlemek **2.** (*fam: beschaffen*) tedarik etmek **II.** *vr:* **sich ~** örgütlenmek; **sich gewerkschaftlich ~** sendika olarak örgütlenmek

Organismus [ɔrga'nɪsmʊs] *m* <-, Organismen> organizma

Organist(in) [ɔrga'nɪst] *m(f)* <-en, -en; -nen> orgcu

Organspende *f* (MED) organ bağışı, organ verme

Organspender(in) *m(f)* <-s, -; -nen> organ verici; **Organtransplantation** *f* (MED) organ nakli

Orgasmus [ɔr'gasmʊs] *m* <-, Orgasmen> orgazm

orgastisch [ɔr'gastɪʃ] *adj* şehvetli

Orgel ['ɔrgəl] *f* <-n> org; **Orgelkonzert** *nt* **1.** (*Musikstück*) org konçertosu **2.** (*Darbietung*) org konseri; **Orgelpfeife** *f* org borusu

Orgie ['ɔrgiə] *f* <-n> cümbüş, içki ve sefahat âlemi

Orient ['oːriɛnt, ori'ɛnt] *m* <-s> Doğu; **der Vordere ~** Yakın Doğu

Orientale, -in [oriɛn'taːlə] *m, f* <-n, -n; -nen> doğulu, şarklı

orientalisch [oriɛn'taːlɪʃ] *adj* oryantal, doğulu, şarklı

Orientalist(in) *m(f)* doğu bilimci

Orientalistik *f ohne Pl* doğu bilimi

orientieren* [oriɛn'tiːrən] *vr:* **sich ~ 1.** yönelmek; **er ist links orientiert** o solcudur **2.** (*sich zurechtfinden*) yönünü bulmak **3.** (*sich erkundigen*) bilgi almak (*über* üzerine); **über etw orientiert sein** bir şey üzerine bilgisi olmak

Orientierung *f ohne Pl* (*das Orientieren*) yöneltme, yöneltim; (*das Orientiertsein*) yönelim; **die ~ verlieren** yönünü kaybetmek; **zu Ihrer ~** bilginiz için, bilesiniz diye; **Orientierungssinn** *m ohne Pl* <-(e)s> yönünü bulma yeteneği; **Orientierungsstufe** *f* <-n> (SCHULE) yöneltme sınıfları

original [origi'naːl] *adj* orijinal, özgün; (*echt*) otantik

Original [origi'naːl] *nt* <-s, -e> **1.** özgün; (*erstes Exemplar*) aslî nüsha **2.** (*fam: Mensch*) orijinal kimse; **Originalaufnahme** *f* (RADIO) orijinal kayıt; (TV, FILM) orijinal çekim; (FOTO) orijinal resim; **originalgetreu** *adj* aslına uygun

Originalität [originali'tɛːt] *f ohne Pl* **1.** (*Echtheit*) orijinalite, orijinallik, özgünlük **2.** (*Einmaligkeit*) orijinalite, özgünlük

originell [origi'nɛl] *adj* orijinal; (*einmalig*) özgün; (*außergewöhnlich*) orijinal, özgün

Orkan [ɔr'kaːn] *m* <-s, -e> kasırga

orkanartig *adj* kasırgamsı

Ornament [ɔrna'mɛnt] *nt* <-(e)s, -e> bezek, süs

ornamental [ɔrnamɛn'taːl] *adj* bezekli, süslü

Ornat [ɔr'naːt] *m* <-(e)s, -e> cübbe

Ornithologe, -in [ɔrnito'loːgə] *m, f* <-n, -n; -nen> ornitolog

Oropax® ['oːropaks] *nt* <-, -> kulak tıkacı

Ort [ɔrt] *m* <-(e)s, -e> **1.** (*Platz*) yer; **~ des Geschehens** olay yeri; **am rechten ~** doğru yerde; **an ~ und Stelle** yerinde, mahallinde; **vor ~** yerinde, mahallinde; **vor ~ sein** yerinde olmak **2.** (*Ortschaft*) yerleşim

merkezi; (*Dorf*) köy; (*Stadt*) şehir, kent; **von ~ zu ~** şehirler arası
Örtchen ['œrtçən] *nt* <-s, -> (*fam*): **stilles ~** tuvalet, yüznumara
orten ['ɔrtən] *vt* (NAUT, AERO) yerini saptamak (-in)
orthodox [ɔrto'dɔks] *adj* Ortodoks; (*fig*) bağnaz
Orthografie[RR] *f* <-n> *s.* **Orthographie**
orthografisch[RR] *adj s.* **orthographisch**
Orthographie [ɔrtogra'fi:] *f* <-n> yazım, imlâ
orthographisch [ɔrto'gra:fɪʃ] *adj* yazım (ile ilgili), imlâ (ile ilgili)
Orthopäde, -in [ɔrto'pɛ:də] *m, f* <-n, -n; -nen> ortopedist; (*Arzt*) ortopedi uzmanı
orthopädisch *adj* ortopedik
örtlich ['œrtlɪç] *adj* yerel; **~ betäubt** lokal anestezi yapılmış
Ortsangabe *f* <-n> yerin gösterilmesi; **ortsansässig** *adj* (*Firma*) yerleşik; (*Person*) yerli; **Ortsbestimmung** *f* **1.** (GEO) yer belirleme **2.** (LING) yer belirteci, yer zarfı
Ortschaft *f* <-en> yerleşim alanı; **innerhalb geschlossener ~en** yerleşim merkezlerinde
ortsfremd *adj* yabancısı olan; **er ist hier ~** o, buranın yabancısıdır; **Ortsgespräch** *nt* (TEL) şehir içi telefon görüşmesi; **Ortsname** *m* yer adı; **Ortstarif** *m* (TEL) şehirler içi tarife; **Ortsteil** *m* <-(e)s, -e> semt; **Ortswechsel** *m* yer değişimi; **Ortszeit** *f* yerel saat
Ortung *f* <-en> (AERO, NAUT) yer belirleme
Oscar *m* <-s, -s> (*Filmpreis*) Oskar
Öse ['ø:zə] *f* <-n> (*am Schuh*) kopça gözü; (*für Haken*) dişi kopça; (NAUT: *am Segel*) matafyon
Oslo ['ɔslo] *nt* <-s> Oslo
Osmane, -in [ɔs'ma:nə] *m, f* <-n, -n; -nen> Osmanlı; **osmanisch** *adj* Osmanî, Osmanlı; **das O~e Reich** Osmanlı İmparatorluğu
Osmose *f* ozmos, geçişme
Ossi ['ɔsi] *mf* <-s, -s; -s> (*fam*) doğulu, *iki Almanya'nın birleşmesinden sonra doğu Almanlara takılan lâkap*
Ost [ɔst] *m ohne Pl* <-(e)s> (*a.* NAUT, METEO) doğu; **Ostasien** ['-'--] *nt* Doğu Asya; **Ostblock** *m ohne Pl* (HIST, POL) Doğu Bloku
ostdeutsch *adj* doğu Alman; **Ostdeutschland** *nt* Doğu Almanya
Osten ['ɔstən] *m ohne Pl* <-s> doğu; **im ~** doğuda; **im ~ von ...** (*östlich von*) ...in doğusunda; (*im östlichen Teil von ...*) ...in doğu kısmında; **nach ~** doğuya; **in den ~** doğuya; **von ~** doğudan; **der Nahe ~** Yakın Doğu; **der Ferne ~** Uzak Doğu; **der Mittlere ~** Orta Doğu
Osterei ['o:stɐʔaɪ] *nt* paskalya yumurtası; **Osterglocke** *f* (BOT) nergis; **Osterhase** *m* paskalya tavşanı, *çocukların paskalya yumurtalarını getirdiğine inandıkları tavşan;* **Osterlamm** *nt* paskalya kuzusu
österlich ['ø:stɐlɪç] *adj* paskalya (ile ilgili); **die ~e Zeit** paskalya dönemi
Osterluzei *f* (BOT) loğusa otu
Ostermontag ['--'--] *m* paskalya pazartesisi, *paskalyanın ikinci günü*
Ostern ['o:stɐn] *nt* <-, -> paskalya; **Frohe ~!** paskalyanız kutlu olsun
Österreich ['ø:stəraɪç] *nt* <-s> Avusturya
Österreicher(in) *m(f)* <-s, -; -nen> Avusturyalı
österreichisch *adj* Avusturyalı, Avusturya (ile ilgili)
Ostersonntag ['--'--] *m* paskalya(nın birinci) günü
Osterwoche *f* paskalya haftası
Osteuropa ['--'--] *nt* Doğu Avrupa; **Ostfriese, -in** [(')-'--] *m, f* Doğu Friz; **ostfriesisch** [(')-'--] *adj* Doğu Friz
Ostfriesland [(')-'--] *nt* Doğu Frizya
östlich ['œstlɪç] **I.** *adj* doğu; **~ von Basel** Basel'in doğusunda; **in ~er Richtung** doğuya doğru; **52 Grad ~er Länge** doğu boylamında 52 derece **II.** *präp* doğusunda
Ostpreußen *nt* (HIST) Doğu Prusya
Östrogen [œstro'ge:n] *nt* <-s, -e> (MED) estrojen
Ostsee *f* Baltık Denizi; **Oststaaten** *mPl* (POL) Doğu ülkeleri *pl*
Ost-West-Beziehungen ['-'-----] *fPl* Doğu-Batı ilişkileri *pl*
Ostwind *m* gün doğusu, *doğudan esen rüzgâr*
OSZE [o:ʔɛstsɛt'ʔe:] *f Abk. von* **Organisation für Sicherheit und Zusammenarbeit in Europa** Avrupa Güvenlik ve İşbirliği Örgütü
Otter[1] ['ɔtɐ] *m* <-s, -> (*Fisch~*) su samuru
Otter[2] *f* <-n> (*Schlange*) engerek
ÖTV [ø:te:'faʊ] *f Abk. von* **Gewerkschaft Öffentliche Dienste, Transport und Verkehr** Kamu Hizmetleri, Taşımacılık ve Ulaşım Sendikası
Outing ['aʊtɪŋ] *nt ohne Pl* <-s> afişe etme
Output ['aʊtpʊt] *m o nt* <-s, -s> (INFORM) çıktı
Outsourcing ['aʊtsɔ:sɪŋ] *nt ohne Pl* <-(s)> (WIRTSCH) *işletim hizmetleri*
Ouvertüre [uvɛr'ty:rə] *f* <-n> (MUS) uvertür
oval [o'va:l] *adj* oval
Oval [o'va:l] *nt* <-s, -e> oval
Ovation [ova'tsjo:n] *f* <-en> tezahürat; **jdm ~en darbringen** birine tezahürat

yapmak
Overall ['ɔʊvərəl] *m* <-s, -s> tulum
Overheadprojektor *m* <-s, -en> tepegöz
ÖVP [øːfaʊ'peː] *f Abk. von* **Österreichische Volkspartei** *Avusturya Halk Partisi*
Ovulation [ovula'tsjoːn] *f* <-en> (MED, ZOOL) ovulasyon; (*Eisprung*) yumurta bırakımı; **Ovulationshemmer** *m* <-s, -> (MED) ovulasyon kesici
Oxidation [ɔksyda'tsjoːn] *f* <-en> (CHEM) oksijenle(n)me; (*Verbrennung*) yanma
oxidieren* [ɔksy'diːrən] **I.** *vi haben o sein* (CHEM) oksijenlenmek **II.** *vt* (CHEM) oksijenlemek
Oxyd [ɔ'ksyːt] *nt* <-(e)s, -e> (CHEM) oksit
Ozean ['oːtseaːn] *m* <-s, -e> okyanus; **der Indische/Atlantische ~** Hint/Atlas Okyanusu; **der Pazifische ~** Büyük Okyanus; **Ozeandampfer** *m* transatlantik
Ozon [o'tsoːn] *m o nt ohne Pl* <-s> ozon;
Ozongehalt *m* <-(e)s, -e> ozon niceliği;
Ozonloch *nt ohne Pl* <-(e)s> ozon deliği;
Ozonschicht *f ohne Pl* ozon tabakası; (METEO) ozon yuvarı

P

P, p [peː] *nt* <-, -> P, p

paar [paːɐ] *pron inv:* **ein ~** (*einige*) birkaç; (*wenige*) bir iki; **ein ~ Mal** birkaç defa [*o* kere]; **alle ~ Minuten** her iki dakikada bir; **vor ein ~ Tagen** birkaç gün önce

Paar [paːɐ] *nt* <-(e)s, -e> **1.** (*Lebewesen*) çift **2.** (*Dinge*) çift; **ein ~ Socken/Schuhe** bir çift çorap/ayakkabı

paaren ['paːrən] **I.** *vt* **1.** (*Zuchttiere*) çiftleştirmek **2.** (*paarweise zusammenstellen*) eşlemek, çifter çifter dizmek **II.** *vr:* **sich ~** (*Tiere*) çiftleşmek

Paarhufer *mpl* (ZOOL) çift parmaklılar *pl*

paarhufig *adj* (ZOOL) çift parmaklı

paarig *adj* (BIOL, ANAT) çift; **~e Organe** çift organlar

Paarlauf *m* <-(e)s, -läufe> çift olarak patinaj yapma

paarmal *adv s.* **paar**

Paarung *f* <-en> (*das Paaren*) çiftleştirme; (*das Sichpaaren*) çiftleşme

paarungsbereit *adj* (ZOOL) çiftleşmek isteyen

paarweise *adv* çifter çifter, ikişer ikişer

Pacht [paxt] *f* <-en> **1.** (*~zins*) kira **2.** (*das Pachten*) kiralama; **etw in ~ geben** bir şeyi kiraya vermek; **etw in ~ nehmen** bir şeyi kiralamak **3.** (*~vertrag*) kira sözleşmesi, kira kontratı, kira mukavelesi

pachten *vt* kiralamak

Pächter(in) ['pɛçtɐ] *m(f)* <-s, -; -nen> kiracı

Pack[1] [pak] *nt ohne Pl* <-(e)s> (*fam pej*) sürü, güruh

Pack[2] *m* <-(e)s, -e *o* Päcke> denk, paket; (*Briefe*) tomar

Packagetour ['pɛkɪdʒtuːɐ] *f* <-en> (*durch ein Reisebüro*) paket tur

Päckchen ['pɛkçən] *nt* <-s, -> küçük paket; (*für Zigaretten*) paket; (*Postsendung*) koli

Packeis *nt* buzla

packen ['pakən] **I.** *vt* **1.** (*ergreifen*) yakalamak (*an/bei* -den/-den) **2.** (*ein~*) paketlemek (*in* -e); (*in Tonnen*) doldurmak (*in* -e); (*in Gefäße*) koymak (*in* -e); (*in Papier*) sarmak (*in* -e); **den Koffer ~** bavulu [*o* valizi] toplamak; **seine Sachen ~** eşyasını toplamak **3.** (*mitreißen*) sürüklemek; (*fesseln*) sarmak, büyülemek **4.** (*fam: schaffen*) başarmak; **hast du die Prüfung gepackt?** sınavı geçtin mi? **5.** (*fam: begreifen*) kavramak **II.** *vi* (*Koffer*) bavulunu toplamak

Packen ['pakən] *m* <-s, -> çıkın, paket

packend *adj* sürükleyici

Packesel *m* <-s, -> (*fam*) yük eşeği; **Packpapier** *nt* ambalaj kâğıdı; **Packtasche** *f* heybe

Packung *f* <-en> **1.** (*Paket*) paket, ambalaj; (*Pralinen~*) kutu; (*für Zigaretten*) paket **2.** (*Kosmetik*) kompres

Pädagoge, -in [pɛda'goːgə] *m, f* <-n, -n; -nen> pedagog

Pädagogik [--'--] *f ohne Pl* pedagoji

pädagogisch *adj* pedagojik; **P~e Hochschule** ilkokul öğretmen okulu

Päderast *m* <-en, -en> oğlancı, kulampara

Päderastie *f ohne Pl* oğlancılık, kulamparalık

Pädophilie *f ohne Pl* sübyancılık

paffen ['pafən] *vi, vt* (*fam*) fosurdatmak

Page ['paːʒə] *m* <-n, -n> **1.** komi; (*Hotel~*) vale **2.** (HIST) iç oğlanı

Paillette [paɪ'jɛtə] *f* <-n> payet

Paket [pa'keːt] *nt* <-(e)s, -e> paket; **Paketschalter** *m* paket gişesi

Pakistan ['paːkɪstaːn] *nt* <-s> Pakistan

Pakistani [pakɪs'taːni] *mf* <-(s), -(s); -(s)> Pakistanlı

pakistanisch [pakɪs'taːnɪʃ] *adj* Pakistanlı, Pakistan (ile ilgili); **eine ~e Frau** Pakistanlı bir kadın; **die ~e Regierung** Pakistan hükümeti

Pakt [pakt] *m* <-(e)s, -e> antlaşma, pakt

paktieren* [pak'tiːrən] *vi* antlaşma yapmak, pakt yapmak

Palais [pa'lɛː] *nt* <-, -> köşk

Paläolithikum *nt ohne Pl* <-s> Paleolitik Çağ; *s. a.* **Mesolithikum, Neolithikum**

Paläontologie *f ohne Pl* paleontoloji

Paläozoikum *nt ohne Pl* paleozoik

Palast [pa'last, *Pl:* pa'lɛstə] *m* <-(e)s, -läste> palas

Palästina [palɛs'tiːna] *nt* <-s> Filistin

Palästinenser(in) [palɛsti'nɛnzɐ] *m(f)* <-s, -; -nen> Filistinli

palästinensisch *adj* Filistinli, Filistin (ile ilgili); **eine ~e Frau** Filistinli bir kadın; **P~e Befreiungsorganisation** Filistin Kurtuluş Örgütü

Palette [pa'lɛtə] *f* <-n> **1.** (*Maler~*) palet **2.** (*Transport~*) palet **3.** (*Vielfalt*) yelpaze

paletti [pa'lɛti] (*fam*): **alles ~** her şey tıkırında

palliativ *adj* palyatif
Palme ['palmə] *f* <-n> palmiye; **jdn auf die ~ bringen** (*fam fig*) birini çileden [*o* zıvanadan] çıkarmak
Palmitin *nt ohne Pl* <-s> (CHEM) palmitin; **Palmitinsäure** *f ohne Pl* (CHEM) palmitik asit
Palmsonntag ['---, -'--] *m* Paskalya'dan önceki pazar günü
Palmwedel ['palm-] *m* palmiye yaprağı
Pampa ['pampa] *f* pampa; **die Tiere der ~** pampa hayvanları
Pampe ['pampə] *f ohne Pl* lapa
Pampelmuse ['pampəlmuːzə] *f* <-n> greyfurt, altıntop
Pamphlet [pam'fleːt] *nt* <-(e)s, -e> yergi (yazısı)
pampig ['pampɪç] *adj* **1.** (*nordd, ostd: breiig*) lapa gibi **2.** (*fam pej: frech*) arsız
Panama[1] ['panama] *nt* <-s> (*Staat, Stadt*) Panama
Panama[2] ['panama] *m* **1.** (*Stoff*) panama **2.** (*Hut*) panama
Panamaer(in) ['panamaɐ, pana'maːɐ] *m(f)* <-s, -; -nen> Panamalı
panamaisch [pana'maːɪʃ] *adj* Panamalı, Panama (ile ilgili); **eine ~e Frau** Panamalı bir kadın; **die ~e Regierung** Panama hükümeti
Panamakanal *m ohne Pl* <-s> Panama Kanalı
Panda ['panda] *m* <-s, -s> panda
panieren* [pa'niːrən] *vt* (GASTR: *mit Semmelbröseln*) galeta ununa bulamak; (*mit Mehl*) unlamak; **paniertes Schnitzel** şnitzelpane
Paniermehl *nt ohne Pl* <-(e)s> galeta unu
Panik ['paːnɪk] *f* <-en> panik; **in ~ geraten** paniğe kapılmak
panikartig **I.** *adj* panikimsi **II.** *adv* panik içinde
Panikmache *f* (*pej*) panik yaratma, ortalığı paniğe verme
panisch *adj* panik yaratan; **~e Angst vor etw haben** bir şeyden dehşetli korkmak
Panislamismus *m ohne Pl* Panislâmizm, Panislâmcılık
Panislamist(in) *m(f)* Panislâmcı
Panne ['panə] *f* <-n> **1.** (*Schaden*) arıza, bozukluk **2.** (*Missgeschick*) terslik, aksilik, uğursuzluk
Panorama [pano'raːma] *nt* <-s, Panoramen> panorama
Panslawismus *m ohne Pl* Panslavizm
Panslawist(in) *m(f)* Panslavist
panschen ['panʃən] **I.** *vi* (*fam: mit Wasser*) su ile oynamak **II.** *vt* (*Wein*) sulandırmak, su katmak (-e)
Panter[RR] *m* <-s, ->, **Panther** ['pantɐ] *m* <-s, -> (ZOOL) panter, pars
Pantheismus *m ohne Pl* (REL, PHILOS) panteizm
pantheistisch *adj* (REL, PHILOS) panteist
Pantheon *nt* panteon
Pantoffel [pan'tɔfəl] *m* <-s, -n> terlik; (*Filz~*) pantufla, aba terlik; **Pantoffelheld** *m* <-en, -en> (*fam pej*) kılıbık; **Pantoffeltierchen** [-tiːɐçən] *nt* <-s, -> (ZOOL) terliksi
Pantomime, -in[1] [panto'miːmə] *m, f* <-n, -n; -nen> pantomim oyuncusu
Pantomime[2] *f* <-n> pantomim
Panzer ['pantsɐ] *m* <-s, -> **1.** (*Fahrzeug*) tank **2.** (*Schutzplatte*) zırh **3.** (*von Tieren*) zırh; **Panzerabwehr** *f* (MIL: *Truppe*) zırhlı birlik; **Panzerabwehrkanone** *f* <-n> (MIL) tanksavar; **Panzerechse** *f* (ZOOL: *Krokodil*) timsah; **Panzerfaust** *f* (MIL) bazuka; **Panzerfisch** *m* <-es, -e> (ZOOL) zırhlı balık; **Panzerglas** *nt ohne Pl* <-es> kurşun geçirmez cam
panzern ['pantsɐn] *vt* zırhlandırmak
Panzerschrank *m* zırhlı kasa
Panzerung *f* <-en> **1.** (*das Panzern*) zırhlandırma **2.** (TECH) zırh
Panzerverband *m* (MIL) zırhlı birlik; **Panzerwagen** *m* (MIL) tank
Papa ['papa] *m* <-s, -s> (*fam*) baba
Papagei [papa'gaɪ] *m* <-en *o* -s, -e(n) *o* -e> papağan; **alles nachplappern wie ein ~** papağan gibi her şeyi tekrarlamak
Paparazzo *m* <-s, -zi> paparazzi
Papaya [pa'paːja] *f* <-s> **1.** (*Frucht*) papaya **2.** (*Baum*) papaya
Papeterie [papɛtə'riː] *f* <-n> (*Schweiz*) **1.** (*Geschäft*) kırtasiyeci **2.** (*Waren*) kırtasiye
Papi ['papi] *m* <-s, -s> (*fam*) baba
Papier [pa'piːɐ] *nt* <-s, -e> **1.** (*Material*) kâğıt; **etw zu ~ bringen** bir şeyi kâğıda dökmek **2.** (*Schriftstück*) kâğıt, varaka; (*Dokument*) belge **3.** *Pl* (*Ausweis*) kimlik **4.** (FIN: *Wert~*) kâğıt; **Papierfabrik** *f* kâğıt fabrikası; **Papiergeld** *nt* kâğıt para, banknot; **Papierkorb** *m* kâğıt sepeti; **Papierkram** *m* (*fam pej*) formalite; **Papierkrieg** *m* (*fam pej*) kırtasiyecilik, bürokrasi; **mit jdm einen ~ führen** biriyle işi bürokrasiye dökmek; **Papierschnitzel** *m o nt* <-s, -> kesilmiş kâğıt parçası; **Papierserviette** *f* kâğıt peçete; **Papiertaschentuch** *nt* kâğıt mendil; **Papiertüte** *f* kese kâğıdı; **Pappdeckel** *m* karton
Pappe ['papə] *f* <-n> karton; (*feiner*) mukavva
Pappel ['papəl] *f* <-n> kavak
pappen ['papən] *vt* (*fam*) yapıştırmak (*an/auf*-e/-e)

Pappenheimer ['papənhaɪmɐ] *mPl* (*fam*): **seine ~ kennen** ne mal olduklarını bilmek
Pappenstiel *m* (*fam*): **das ist kein ~!** boru değil!, boru mu bu?
papperlapapp ['papɐla'pap] *interj* dam üstünde saksağan, vur beline kazmayı
pappig ['papɪç] *adj* (*fam*) **1.** (*klebrig*) yapışkan **2.** (*breiig*) vıcık, vıcık vıcık
Pappkarton *m* **1.** (*Material*) karton **2.** (*Schachtel*) karton kutu
Pappmaché *nt* <-s, -s>, **Pappmaschee**[RR] ['papmaʃe:] *nt* <-s, -s> kâğıt hamuru, kartonpiyer
Pappteller *m* kâğıt tabak
Paprika[1] ['paprika] *m* <-s, -(s)> (*Pflanze, Schote*) biber; (*grün*) yeşilbiber
Paprika[2] *f* <-(s)> (*Schote*) biber; **gefüllte ~** biber dolması
Paprika[3] *m ohne Pl* <-s> (*Gewürz*) paprika, acısı az kırmızı biber; (*scharf*) Arnavut biberi
Paprikaschote *f* dolmalık biber
Papst [pa:pst, *Pl:* 'pɛ:pstə] *m* <-(e)s, Päpste> papa
Papstmobil *nt ohne Pl* <-s> papamobil; **Papsttum** *nt ohne Pl* <-(e)s> papalık
Papyrus [pa'py:rʊs, *Pl:* pa'py:ri] *m* <-, Papyri> papirüs
Parabel [pa'ra:bəl] *f* <-n> **1.** (MATH) parabol **2.** (LIT) mesel
Parabolantenne [para'bo:l-] *f* <-n> (TECH) parabol anten
Paraboloid *nt* (MATH) paraboloit; **Paradebeispiel** *nt* göze çarpan örnek
Paradeiser *m* <-s, -> (*österr*) domates
Paradeissalat *m* (*österr*) domates salatası; **Paradeissuppe** *m* (*österr*) domates çorbası
Paradestück *nt* <-(e)s, -e> şaheser
Paradies [para'di:s] *nt* <-es, -e> cennet; **das ~ auf Erden** cennet gibi yer
Paradiesfisch *m* cennet balığı
paradiesisch [para'di:zɪʃ] *adj* cennet gibi
Paradiesvogel *m* cennet kuşu
Paradigma [para'dɪgma] *nt* <-s, Paradigmen *o* Paradigmata> (*geh a.* LING) paradigma
paradox [para'dɔks] *adj* paradoksal
Paradox [para'dɔks] *nt* paradoks
paradoxerweise [para'dɔksɐ'vaɪzə] *adv* paradoksal biçimde; (*merkwürdigerweise*) işin tuhafı
Paradoxon *nt* paradoks
Paraffin [para'fi:n] *nt* <-s, -e> (CHEM) parafin
Paragliding ['pa:raglaɪdɪŋ] *nt ohne Pl* <-s> yamaç paraşütü ile uçma
Paragraf[RR] *m* <-en, -en> *s.* **Paragraph**; **Paragrafendschungel**[RR] *m o nt s.* **Paragraphendschungel**
Paragraph [para'gra:f] *m* <-en, -en> **1.** (JUR) paragraf **2.** (*~enzeichen*) paragraf, çengel işareti
Paraguay [para'gu̯aɪ, 'paragu̯aɪ] *nt* <-s> Paraguay
Paraguayer(in) [para'gu̯a:jɐ, 'paragu̯aɪɐ] *m(f)* <-s, -; -nen> Paraguaylı
paraguayisch [para'gu̯a:jɪʃ, 'paragu̯aɪɪʃ] *adj* Paraguaylı, Paraguay (ile ilgili); **eine ~e Frau** Paraguaylı bir kadın; **die ~e Regierung** Paraguay hükümeti
Parallaxe *f* <-n> (ASTR) paralâks
parallel [para'le:l] *adj* paralel (*zu* -e), koşut (*zu* -e)
Parallele [para'le:lə] *f* <-n> **1.** (MATH) paralel, koşut; **eine ~ zu etw ziehen** bir şeye bir paralel çekmek **2.** (*Vergleich*) paralellik, benzerlik
Parallelflach *nt* (MATH) paralel yüz
Parallelität [paraleli'tɛ:t] *f* <-en> (*a.* MATH) paralellik, koşutluk
Parallelogramm [paralelo'gram] *nt* <-s, -e> (MATH) paralelkenar; **Parallelstraße** *f* paralel sokak
Paralyse *f* <-, -n> (MED) paralizi
Parameter [pa'ra:metɐ] *m* <-s, -> (MATH, MUS, INFORM) parametre
Paranoia *f ohne Pl* (MED) paranoya
paranoid *adj* (MED) paranoyak
Paranoiker(in) *m(f)* (MED) paranoyak
paranoisch *adj* (MED) paranoyak
Paraphe *f* paraf
paraphieren *vt* parafelemek, parafe etmek, paraflamak
Parasympathikus *m ohne Pl* (ANAT) parasempatik sinir sistemi
parasympathisch *adj* (ANAT) parasempatik
Parapsychologie ['pa:ra-] *f ohne Pl* parapsikoloji
Parasit [para'zi:t] *m* <-en, -en> asalak, parazit
parasitär [parazi'tɛ:ɐ] *adj* parazit
parat [pa'ra:t] *adj* hazır
Pärchen ['pɛ:ɐçən] *nt* <-s, -> çift
Parcours *m* parkur
Pardon [par'dõ:] *m o nt ohne Pl* <-s> pardon; **da gibt's kein ~** bu affedilmez; **sie kennt kein ~** hiç affetmez
Parenchym *nt* (MED, BIOL) parankima
Parenthese *f* parantez
Parfüm [par'fœ̃:, par'fy:m] *nt* <-s, -e *o* -s> parfüm
Parfümerie [parfymə'ri:] *f* <-n> parfümeri
parfümieren* [parfy'mi:rən] **I.** *vt* parfüm sürmek (-e) **II.** *vr:* **sich ~** parfüm sürünmek
Paria *m* <-s, -s> parya
Pariser(in)[1] [pa'ri:zɐ] *m(f)* <-s, -; -nen>

P

Parisli

Pariser[2] *m* <-s, -> (*fam*) kaput

Parität *f* **1.** eşitlik, sayı eşitliği **2.** (WIRTSCH) parite

paritätisch *adj* eşit haklara [*o* oy sayısına] sahip olan

Park [park] *m* <-s, -s *Schweiz:* Pärke> park

Parkbank *f* <-bänke> park bankı

parken ['parkən] *vt, vi* park etmek; **ein ~des Auto** park eden bir oto; **„P~ verboten!"** "park etmek yasaktır!", "park yapılmaz!"

Parkett [par'kɛt] *nt* <-(e)s, -e *o* -s> **1.** (*Fußboden*) parke **2.** (*im Theater, Kino*) parter; **Parkettfußboden** *m* parke döşeme

Parkgebühr *f* park ücreti; **Parkhaus** *nt* çok katlı otopark

Parkinsonkrankheit[RR] ['paːkɪnsən-] *f ohne Pl* (MED) Parkinson hastalığı

Parkkralle *f* tekerlek kilitleyici pençe; **Parklücke** *f* park yeri; **Parkplatz** *m* <-es, -plätze> park yeri, otopark; **Parkscheibe** *f* park saatini gösterir disk, *park edilen saati elle ayarlamak yoluyla gösteren ve aracın ön camına konulan disk biçimindeki gösterge;* **Parkstreifen** *m* park şeridi; **Parkuhr** *f* park saati; **Parkverbot** *nt* park (etme) yasağı; **hier ist ~** burada park (etme) yasağı vardır

Parkwächter(in) *m(f)* **1.** (*im Park*) park bekçisi **2.** (*im Parkhaus*) parkçı

Parlament [parla'mɛnt] *nt* <-(e)s, -e> parlâmento; **Europäisches ~** Avrupa Parlâmentosu; **ins ~ einziehen** parlâmentoya girmek

Parlamentarier(in) [parlamɛn'taːriɐ] *m(f)* <-s, -; -nen> parlâmenter

parlamentarisch *adj* parlâmenter

Parlamentarismus [parlamɛnta'rɪsmʊs] *m ohne Pl* <-> parlâmentarizm

Parlamentsausschuss[RR] *m* <-es, -schüsse> parlâmento kurulu; **Parlamentsbeschluss**[RR] *m* <-es, -schlüsse> parlâmento kararı; **Parlamentsgebäude** *nt* parlâmento binası; **Parlamentsmitglied** *nt* parlâmento üyesi; **Parlamentssitzung** *f* parlâmento toplantısı, meclis toplantısı; **Parlamentswahlen** *fPl* parlâmento seçimleri *pl*

Parmesan [parme'zaːn] *m ohne Pl* <-(s)> (GASTR) parmıcan

Parodie [paro'diː] *f* <-n> parodi (*auf* -in)

parodieren* [paro'diːrən] *vt* parodisini yapmak (-in)

parodistisch [paro'dɪstɪʃ] *adj* parodili

Parole [pa'roːlə] *f* <-n> parola

Part [part] *m* <-s, -s *o* -e> **1.** (MUS) parti **2.** (THEAT) rol

Partei [par'taɪ] *f* <-en> **1.** (POL) parti; **in einer ~ sein** bir partide olmak **2.** (JUR) taraf; **die streitenden ~en** hasım taraflar, davalı taraflar; **für jdn ~ ergreifen** birinin tarafını tutmak; **über den ~en stehen** tarafsız olmak **3.** (*Miet~*) kiracı; **Parteibuch** *nt* parti üyesi cüzdanı; **das falsche/richtige ~ haben** (*fam*) yanlış/doğru partinin üyesi olmak; **Parteifreund(in)** *m(f)* aynı partinin üyesi; **Parteiführung** *f ohne Pl* parti liderliği; (*Leitung*) parti yönetimi; **Parteigenosse, -in** *m, f* partili; (*Parteiangehöriger*) partici

parteiisch *adj* tarafgir, taraf tutan

parteilich *adj* **1.** parti (ile ilgili); **~e Interessen/Grundsätze** parti menfaatleri/ilkeleri **2.** (*parteiisch*) tarafgir, taraf tutan

parteilos *adj* bağımsız, parti üyesi olmayan

Parteimitglied *nt* parti üyesi

Parteinahme *f* <-n> tarafgirlik, taraf tutma; **Parteiorgan** *m* parti organı; **Parteipolitik** *f ohne Pl* parti politikası; **Parteiprogramm** *nt* parti programı; **Parteipropaganda** *f ohne Pl* parti propagandası; **Parteitag** *m* parti genel kurultayı; **Parteivorsitzende(r)** *mf* parti başkanı; **Parteizugehörigkeit** *f* <-en> particilik

parterre [par'tɛr] *adv* zemin katta; **~ wohnen** zemin katta oturmak; **Parterre** *nt* **1.** zemin kat **2.** (THEAT, FILM) parter; **Parterrewohnung** *f* <-en> zemin kattaki daire

Partie [par'tiː] *f* <-n> **1.** (*Abschnitt, Teil*) parti, kısım **2.** (*Spieldurchgang*) parti; (*im Sport*) el; **eine ~ Schach/Billard/Bridge spielen** bir parti satranç/bilârdo/briç çevirmek [*o* oynamak] **3.** (*Rolle*) rol **4.** (WIRTSCH) parti **5.** (*Wend*): **eine gute ~ machen** partiyi vurmak

partiell [par'tsjɛl] *adj* kısmî

Partikel[1] [par'tiːkəl] *f* <-n> (LING) edat, ilgeç

Partikel[2] *nt* <-s, -> (PHYS) partikül; (*Teilchen*) parçacık

Partikularaussage *f* (PHILOS) tikel önerme

Partisan(in) [parti'zaːn] *m(f)* <-s *o* -en, -en; -nen> partizan

partitionieren *vt* (INFORM) bölümlemek

partitioniert *adj* (INFORM) bölümlenmiş

Partitionierung *f* (INFORM) bölümleme

Partitur [parti'tuːɐ] *f* <-en> (MUS) partisyon

Partizip [parti'tsiːp] *nt* <-s, Partizipien> (LING) ortaç, sıfat-fiil

partizipieren* [partitsi'piːrən] *vi* katılmak (*an* -e)

Partner(in) ['partnɐ] *m(f)* <-s, -; -nen> **1.** (*Lebens~*) arkadaş, partner; (*Ehe~*) eş;

(*Tanz~*) partöner, kavalye; (*Tanz~ in*) dam; (*Gesprächs~*) muhatap; (*im Sport, Spiel*) eş; (*im Film*) partöner **2.** (*Teilhaber*) ortak, partner

Partnerschaft *f* <-en> ortaklık; (*Städte~*) kardeşlik

partnerschaftlich *adj* partner olarak, ortak olarak; ~ **zusammenarbeiten** partner [*o* ortak] olarak birlikte çalışmak

Partnerstadt *f* kardeş şehir; **Partnertausch** *m* <-(e)s, -e> partnerleri değiştirme

Party ['pa:ɐti] *f* <-s> parti; **eine ~ geben** parti vermek; **Partylöwe** *m* salon adamı; **Partyservice** *m ohne Pl* <-> parti servisi

Parvenu *m*, **Parvenü** *nt* <-s, -s> (*österr: pej: Emporkömmling*) zıpçıktı, türedi, sonradan görme, buldumcuk

Parzelle [par'tsɛlə] *f* <-n> parsel

parzellieren* *vt* parsellemek

Pasch [paʃ] *m* <-(e)s, -e *o* Päsche>: **Einser ~** hepyek; **Zweier ~** dubara; **Dreier ~** düse; **Vierer ~** dörtcihar; **Fünfer ~** dübeş; **Sechser ~** düşeş

Pascha ['paʃa] *m* <-s, -s> (*a. pej*) paşa

Pass[RR] [pas, *Pl:* 'pɛsə] *m* <-es, Pässe>, **Paß** *m* <-sses, Pässe> **1.** (*Ausweis*) pasaport **2.** (*Gebirgs~*) dağ geçidi **3.** (SPORT) pas

passabel [pa'sa:bəl] *adj* fena olmayan, iyi sayılır; (*annehmbar*) uygun, kabul edilebilir; **das Hotel ist ~** otel fena değil

Passage [pa'sa:ʒə] *f* <-n> **1.** (*Durchfahrt*) geçit, geçme **2.** (*Ladenstraße*) pasaj **3.** (*Überfahrt*) karşıdan karşıya geçiş **4.** (*Textabschnitt*) pasaj, parça

Passagier(in) [pasa'ʒi:ɐ] *m(f)* <-s, -e; -nen> yolcu; **ein blinder ~** kaçak bir yolcu; **Passagierflugzeug** *nt* yolcu uçağı; **Passagierliste** *f* yolcu listesi

Passant(in) [pa'sant] *m(f)* <-en, -en; -nen> yoldan geçen (kimse)

Passat *m* (GEO) alize

Passbild[RR] *nt* vesikalık resim

passen ['pasən] **I.** *vi* **1.** (*in Größe, Form*) uymak; (*hinein~*) sığmak (*in* -e); (*geeignet sein*) uygun olmak (*auf* -e), yakışmak (*auf* -e); **das passt (mir) wie angegossen** bu tıpatıp üstüme oturdu; **das passt nicht hierher** bu, buraya uymuyor [*o* yakışmıyor] **2.** (*harmonieren*) yakışmak (*zu* -e), uymak (*zu* -e, *in* -e); **sie ~ zueinander** birbirlerine yakışıyorlar; **die Schuhe ~ nicht zum Kleid** ayakkabılar elbiseye uymuyor **3.** (*genehm sein*) işine gelmek; **das passt mir gar nicht** bu, benim hiç işime gelmez **4.** (*Kartenspiel*) pas geçmek; **(ich) passe!** pas (geçiyorum)! **5.** (*fam: bei Fragen*): **bei dieser Frage muss ich ~** bu soruya pas geçmek zorundayım **II.** *vt* (TECH) uydurmak

passend *adj* **1.** (*in Größe, Form*) uyan; **welches ist der ~e Schlüssel?** uyan anahtar hangisi?; **dazu ~** (*in der Farbe*) asorti, birbirini tutar **2.** (*treffend*) uygun; (*genau*) tam; **die ~en Worte finden** uygun sözleri bulmak **3.** (*angemessen*) uygun

Passepartout [paspar'tu:] *nt Schweiz: m* <-s, -s> paspartu

Passfoto[RR] *nt* <-s, -s> vesikalık fotoğraf

passierbar *adj* geçilebilir

passieren* [pa'si:rən] **I.** *vi sein* olmak; **jdm etw ~** birine bir şey olmak, birinin başına bir şey gelmek; **was ist denn passiert?** ne oldu?; **mir ist gestern etw passiert** dün başıma bir şey geldi; **solche Dinge können auch nur ihm ~** böyle şeyler de sadece onun başına gelebilir; **... sonst passiert was!** (*fam*) ... yoksa görürsün gününü! **II.** *vt* **1.** (*Grenze, Zensur*) geçmek; (*Fluss, Pass*) geçmek **2.** (GASTR) süzmek, süzgeçten geçirmek

Passierschein *m* <-(e)s, -e> pasavan, geçiş belgesi, giriş çıkış belgesi

Passinhaber(in) *m(f)* pasaport sahibi

Passion [pa'sjo:n] *f* <-en> **1.** (*Leidenschaft*) tutku; **eine ~ für etw haben** bir şeye tutkusu olmak **2.** (REL) elem

passioniert [pasjo'ni:ɐt] *adj* tutkulu

Passionsblume [pa'sjo:ns-] *f* fırıldak çiçeği, çarkıfelek

passiv ['pasi:f, -'-] *adj* pasif; (LING) edilgen

Passiv ['pasi:f, -'-] *nt* <-s, -e> (LING) edilgen

Passiva [pa'si:va] *ntPl* (WIRTSCH) pasif(ler)

Passivität [pasivi'tɛ:t] *f ohne Pl* pasiflik

Passkontrolle[RR] *f* pasaport kontrolü; **Passstelle**[RR] *f* pasaport dairesi

Passstraße[RR] *f* geçit, boğaz

Passus ['pasʊs] *m* <-, -> bölüm, parça, fıkra

Passwesen[RR] *nt ohne Pl* pasaport işleri *pl*

Passwort[RR] ['pasvɔrt] *nt* <-(e)s, -wörter> parola

Paste ['pastə] *f* <-n> **1.** (*Lebensmittel*) ezme **2.** (MED) macun

Pastell [pas'tɛl] *nt* <-(e)s, -e> pastel; **in ~ malen** pastel ile resim yapmak; **Pastellfarbe** *f* **1.** (*zum Malen*) pastel boya, hamur boya **2.** (*Farbton*) pastel renk

Pastete [pas'te:tə] *f* <-n> ezme

Pasteurisation *f* pastörizasyon

pasteurisieren* [pastøri'zi:rən] *vt* pastörize etmek

Pastille [pa'stɪlə] *f* <-n> pastil

Pastmilch *f* (*Schweiz*) pastörize süt

Pastor(in) ['pasto:ɐ, pas'to:ɐ] *m(f)* <-s, -en; -nen> (*reg*) papaz

Pate, -in ['pa:tə] *m, f* <-n, -n; -nen> (*Mann*) vaftiz babası; (*Frau*) vaftiz annesi; **bei einem Kind ~ stehen** bir çocuğa vaftizlik etmek; **Patenkind** *nt* vaftiz evlâdı; **Patenonkel** *m* vaftiz babası

Patenschaft *f* <-en> vaftizlik; **die ~ für ein Kind übernehmen** bir çocuğun vaftizliğini üstlenmek

patent [pa'tɛnt] *adj* (*fam*) **1.** (*Person*) dört dörtlük **2.** (*sehr praktisch*) çok pratik **3.** (*elegant*) şık

Patent [pa'tɛnt] *nt* <-(e)s, -e> **1.** (*amtlicher Schutz, Urkunde*) patent; **etw zum ~ anmelden** bir şeyin patenti için başvurmak **2.** (*Schweiz: staatliche Erlaubnis*) ruhsat; **Patentamt** *nt* patent dairesi

Patentante *f* vaftiz annesi

patentieren* [patɛn'ti:rən] *vt* patent vermek (-e), patent ile korumak

Patentlösung *f* dört dörtlük çözüm, mükemmel çözüm; **Patentrecht** *nt* <-(e)s, -e> patent hukuku

Pater ['pa:tɐ] *m* <-s, -> (REL) rahip

pathetisch [pa'te:tɪʃ] *adj* patetik, dokunaklı; (*fig: übertrieben feierlich*) tumturaklı

pathogen *adj* (MED) patojen

Pathologe, -in [pato'lo:gə] *m, f* <-n, -n; -nen> (MED) patolog

Pathologie [patolo'gi:] *f ohne Pl* (MED) patoloji

pathologisch [pato'lo:gɪʃ] *adj* (MED) patolojik

Pathos ['pa:tɔs] *nt ohne Pl* <-> (*geh*) dokunaklılık

Patience [pa'tsjans] *f* pasiyans; **~n legen** pasiyans açmak

Patient(in) [pa'tsjɛnt] *m(f)* <-en, -en; -nen> hasta

Patin ['pa:tin] *f* <-nen> vaftiz annesi

Patina ['pa:tina] *f ohne Pl* yeşil pas

Patisserie [patɪsə'ri:] *f* <-n> (*Schweiz*) **1.** (*Konditorei*) pastahane **2.** (*Feingebäck*) ince hamur işleri *pl*

Patriarch [patri'arç] *m* <-en, -en> (REL) patrik

patriarchalisch [patriar'ça:lɪʃ] *adj* ataerkil, pederşahî

Patriarchat [patriar'ça:t] *nt* <-(e)s, -e> **1.** (REL) patriklik **2.** ataerki, pederşahîlik

Patriot(in) [patri'o:t] *m(f)* <-en, -en; -nen> hamiyetperver, yurtsever

patriotisch *adj* hamiyetli, yurtsever

Patriotismus [patrio'tɪsmʊs] *m ohne Pl* <-> hamiyet, hamiyetperverlik; (*Vaterlandsliebe*) yurtseverlik

Patron(in) [pa'tro:n] *m(f)* <-s, -e; -nen> hami

Patrone [pa'tro:nə] *f* <-n> **1.** (*Geschosshülse*) fişek; (*Dynamit~*) lokum **2.** (*Tinten~*) kartuş **3.** (*Stoffmuster*) patron; **Patronengurt** *m* fişeklik, kargılık; **Patronenhülse** *f* kovan

Patrouille [pa'trʊljə] *f* <-n> devriye; **auf ~ sein** devriye gezmek

patrouillieren* [patrʊl'ji:rən] *vi haben o sein* devriye gezmek

Patsch [patʃ] *m* pat; **mit einem ~ fiel er hin** pat diye (yere) düştü

Patsche ['patʃə] *f ohne Pl* (*fam*) **1.** (*Matsch*) çamur **2.** (*fig: Bedrängnis*): **in der ~ sitzen** şapa oturmak; **jdm aus der ~ helfen** birini çamurdan çekip çıkarmak;

patschnass[RR] ['-'-] *adj* (*fam*) sırılsıklam, sucuk gibi

Patzer ['patsɐ] *m* <-s, -> **1.** (*fam: Fehler*) hata **2.** (*österr: Klecks*) leke

patzig ['patsɪç] *adj* (*fam pej*) küstah

Pauke ['paʊkə] *f* <-n> kös; **mit ~n und Trompeten durchfallen** (*fam*) top(u) atmak, gümlemek; **auf die ~ hauen** (*fam*) âlem yapmak

pauken **I.** *vi* **1.** (MUS) kös çalmak **2.** (*fam: lernen*) ineklemek, hafızlamak **II.** *vt* (*fam*) ineklemek, hafızlamak

Paukenhöhle *f* (ANAT, MED) timpanum

Pauker(in) *m(f)* <-s, -; -nen> **1.** (*fam: Lehrer*) hoca **2.** (MUS) kösçü

Paukerei *f* (*fam*) inekleme, hafızlama

Pausbacke ['paʊs-] *f* (*fam*) yumru yanak

pausbäckig ['paʊsbɛkɪç] *adj* yumru yanaklı

pauschal [paʊ'ʃa:l] **I.** *adj* **1.** (*insgesamt*) götürü, toptan **2.** (*allgemein*) genel **II.** *adv* **1.** (*zusammen*) toptan; **~ 100 Euro berechnen** toptan [*o* hepsi için] 100 euro hesaplamak **2.** (*allgemein*) genel olarak; **das kann man so ~ nicht sagen** bu böyle genel olarak söylenemez

Pauschale [paʊ'ʃa:lə] *f* <-n> (*Betrag*) götürü bedel; (*Preis*) götürü fiyat

Pauschalpreis *m* (WIRTSCH) götürü fiyat; **Pauschalreise** *f* götürü tur, paket tur

Pauschenpferd *nt* (SPORT) kulplu beygir

Pause ['paʊzə] *f* <-n> **1.** (*Unterbrechung*) ara; (*kurze Rast*) mola; (*Mittags~*) paydos; (*in der Schule*) teneffüs; (*im Theater, Kino*) ara, antrakt; **eine ~ machen** ara vermek **2.** (MUS) es **3.** (*durchgepauste Kopie*) saydam kâğıtla çıkarılmış örnek

pausen ['paʊzən] *vt* ara vermek (-e), saydam kâğıtla örneğini çıkarmak (-in)

pausenlos **I.** *adj* aralıksız **II.** *adv* arasız, ara vermeden

Pausenzeichen *nt* **1.** (MUS) es işareti **2.** (RADIO, TV) ara işareti

pausieren* [paʊ'zi:rən] *vi* **1.** (*unterbrechen*) ara vermek; (*Rast machen*) mola vermek **2.** (*ausruhen*) dinlenmek

Pauspapier *nt ohne Pl* <-s> saydam kopya kâğıdı

Pavian ['pa:via:n] *m* <-s, -e> şebek

Pavillon ['pavɪljõ] *m* <-s, -s> pavyon
Pay-TV ['pɛɪti:vi:] *nt ohne Pl* <-> paralı tv
Pazifik [pa'tsi:fɪk] *m* <-s> pasifik, Büyük Okyanus
pazifisch [pa'tsi:fɪʃ] *adj:* **der P~e Ozean** Büyük Okyanus
Pazifist(in) [patsi'fɪst] *m(f)* <-en, -en; -nen> barışsever
pazifistisch *adj* barışsever
PC [pe:'tse:] *m* <-(s), -(s)> (INFORM) *Abk. von* **Personalcomputer** kişisel bilgisayar
PDS [pe:de:'ʔɛs] *f ohne Pl Abk. von* **Partei des Demokratischen Sozialismus** Demokratik Sosyalizm Partisi
Pech[1] [pɛç] *nt* <-(e)s, -e> (*Teer*) zift; **die beiden halten zusammen wie ~ und Schwefel** (*fam*) içtikleri su ayrı gitmez
Pech[2] *nt ohne Pl* <-(e)s> (*Unglück*) şanssızlık, talihsizlik, uğursuzluk; **~ gehabt!** (*fam*) şansın yokmuş!
pechschwarz ['-'-] *adj* simsiyah, kapkara; **Pechsträhne** *f* kambur üstüne kambur; **eine ~ haben** bahtı kara olmak, şansı yaver gitmemek, talihi yaver gitmemek, işleri ters gitmek; **Pechvogel** *m* (*fam*) bahtı kara; **ein ~ sein** bahtı kara olmak
Pedal [pe'da:l] *nt* <-s, -e> pedal
Pedant(in) [pe'dant] *m(f)* <-en, -en; -nen> (*pej*) müşkülpesent; (*zimperlich*) titiz
pedantisch *adj* (*pej*) kılı kırk yaran
Peddigrohr *nt ohne Pl* <-(e)s> hezaren örgü
Pediküre [pedi'ky:rə] *f ohne Pl* pedikür
Peeling ['pi:lɪŋ] *nt* <-s, -s> piling
Pegel ['pe:gəl] *m* <-s, -> **1.** (*Wasserstandsmesser*) su seviyesini ölçen alet **2.** (*Höhe*) yükseklik; (*Lärm~*) perde; **Pegelstand** *m* <-(e)s, -stände> su düzeyi
peilen ['paɪlən] *vt* **1.** (*Richtung bestimmen*) yön belirlemek; (NAUT) kerteriz almak [*o* etmek] **2.** (NAUT: *Wassertiefe bestimmen*) iskandil etmek **3.** (*fam: schauen*) iskandil etmek; **über den Daumen gepeilt** üç aşağı beş yukarı
Pein [paɪn] *f ohne Pl* (*geh: Qual*) azap, eziyet; (*Kummer*) acı, elem
peinigen ['paɪnɪgən] *vt* (*geh*) eziyet etmek (-e), eza etmek (-e), acı çektirmek (-e); **mein Gewissen peinigt mich** vicdan acısı çekiyorum
peinlich *adj* **1.** (*unangenehm*) hoş olmayan, nahoş; (*beschämend*) utandırıcı **2.** (*fast übertrieben sorgfältig*) aşırı titiz, son derece titiz; **eine ~e Ordnung** aşırı [*o* son derece] titiz bir düzen
Peitsche ['paɪtʃə] *f* <-n> kırbaç, kamçı
peitschen **I.** *vi* (*Regen*) kamçılamak (*an/gegen* -) **II.** *vt* kamçılamak, kırbaçlamak
Peitschenhieb *m* kamçı darbesi, kırbaç vuruşu
pejorativ [pejora'ti:f] *adj* pejoratif; (*abwertend*) yermeli
Pekinese [peki'ne:zə] *m* <-n, -n> Pekinli; (*Hund*) Pekin köpeği
Peking ['pe:kɪŋ] *nt* <-s> Pekin
Pelargonie *f* <-n> (BOT) ıtır çiçeği
Pelikan ['pe:lika:n] *m* <-s, -e> pelikan
Pelle ['pɛlə] *f* <-n> (*nordd*) kabuk; **jdm auf die ~ rücken** (*fam*) birinin başına balta kesilmek
pellen **I.** *vt* (*nordd*) soymak; (*schälen*) kabuğunu soymak (-in) **II.** *vr:* **sich ~** (*nordd*) soyulmak
Pellkartoffel *f* soyulmadan haşlanan patates
Pelz [pɛlts] *m* <-es, -e> kürk
Pelzfutter *nt* kürk astar
pelzig *adj* kürklü; (*reg: im Geschmack*) kuru ve tatsız
Pelzkragen *m* kürk yaka; **Pelzmantel** *m* kürk manto
Pendel ['pɛndəl] *nt* <-s, -> sarkaç, pandül, rakkas
pendeln ['pɛndəln] *vi* **1.** (*schwingen*) sallanmak **2.** *sein* (*hin- und herfahren*) gidip gelmek; **sie pendelt täglich nach Köln** her gün Köln'e gidip geliyor; **sie pendelt täglich zwischen Köln und Bonn** her gün Köln ile Bonn arasında gidip geliyor
Penes ['pe:ne:s] *Pl von* **Penis**
penetrant [pene'trant] *adj* **1.** (*Geschmack, Geruch*) keskin **2.** (*pej: aufdringlich*) lâubali, sulu; (*Person*) sırnaşık
peng [pɛŋ] *interj* dan
penibel [pe'ni:bəl] *adj* titiz
Penicillin [penitsɪ'li:n] *nt* <-s, -e> *s.* **Penizillin**
Penis ['pe:nɪs] *m* <-, -se *o* Penes> (*geh a.* MED) penis
Penizillin [penitsɪ'li:n] *nt* <-s, -e> (MED) penisilin
Penne ['pɛnə] *f* <-n> (*fam: Schule*) okul
pennen ['pɛnən] *vi* (*fam*) **1.** (*schlafen*) uyumak **2.** (*nicht aufpassen*) uyumak
Penner(in) ['pɛnɐ] *m(f)* <-s, -; -nen> **1.** (*fam pej: Stadtstreicher*) serseri **2.** (*fam pej: Schlafmütze*) uykucu
Pensa, Pensen ['pɛnzən] *Pl von* **Pensum**
Pension[1] [pã'zjo:n, pɛn'zjo:n] *f* <-en> **1.** (*Rente*) emekli aylığı, emekli maaşı **2.** (*Herberge*) pansiyon
Pension[2] *f ohne Pl* **1.** (*Ruhestand*) emeklilik; **in ~ gehen** emekliye ayrılmak **2.** (*Unterkunft und Verpflegung*) pansiyon; **halbe ~** yarım pansiyon; **volle ~** tam pansiyon
Pensionär(in) [pãzjo'nɛ:ɐ, pɛnzjo'nɛ:ɐ]

P

m(f) <-s, -e; -nen> **1.** (*Ruheständler*) emekli **2.** (*Schweiz: Pensionsgast*) pansiyoner

pensionieren* [pãzjo'niːrən, pɛnzjo'niːrən] *vt* emekliye ayırmak; **sich ~ lassen** emekliye ayrılmak

Pensionierung *f* <-en> emekliye ayırma; (*das Pensioniertwerden*) emekliye ayrılma

Pensionsalter [pã'zjoːns-, pɛn'zjoːns-] *nt* <-s, -> emeklilik yaşı

Pensum ['pɛnzʊm] *nt* <-s, Pensen *o* Pensa> (belli sürede yapılacak) iş; (*Aufgabe*) ödev; **sein ~ erfüllen** ödevini yapmak

Pentaeder *nt* (MATH: *Fünfflach*) beş yüzlü

Pentagon *nt* (MATH: *Fünfeck*) beşgen

Pentameter *m* (LIT) beşli ölçü

Pentathlon *nt ohne Pl* (SPORT: *Fünfkampf*) pentatlon

Penthaus *nt*, **Penthouse** ['pɛnthaʊs] *nt* <-, -s> taraça katı (dairesi), teras katı (dairesi)

Pep [pɛp] *m ohne Pl* <-(s)> canlılık, hareketlilik

Peperoni [pepe'roːni] *f* <-> **1.** (*scharfe Paprika*) sivri biber **2.** (*Schweiz: Gemüsepaprika*) çarliston biberi

Pepton *nt* <-s, -e> (BIOL) pepton

per [pɛr] *präp* **1.** (*mit*) ile; **~ Bahn/Post/Schiff** tren/posta/gemi ile, trenle/postayla/gemiyle; **~ pedes** tabanvay; **er fährt ~ Anhalter** otostopla gidiyor; **sie ist ~ du mit ihm** onunla senli benlidir **2.** (*pro*) başına; **~ Kilo** kilo başına

perfekt [pɛr'fɛkt] *adj* **1.** (*vollkommen*) mükemmel; **sie spricht ~ Türkisch** mükemmel Türkçe konuşuyor **2.** (*fam: abgeschlossen*) tamam, tamamlanmış, bitmiş; **die Sache ist ~** iş tamam

Perfekt ['pɛrfɛkt] *nt* <-s, -e> (LING) belirli geçmiş

Perfektion [pɛrfɛk'tsjoːn] *f ohne Pl* mükemmellik, mükemmeliyet; **etw bis zur ~ bringen** bir şeyi mükemmelleştirmek

perfektionieren* [pɛrfɛktsjo'niːrən] *vt* mükemmelleştirmek

Perfektionismus [pɛrfɛktsjo'nɪsmʊs] *m ohne Pl* <-> mükemmeliyetçilik, her şeyde mükemmellik arama

Perfektionist(in) [pɛrfɛktsjo'nɪst] *m(f)* <-en, -en; -nen> mükemmelci, mükemmeliyetçi

perfid(e) [pɛr'fiːt, pɛr'fiːdə] *adj* sinsi; (*niederträchtig*) alçak

perforieren* [pɛrfo'riːrən] *vt* delmek, zımbalamak

Pergament [pɛrga'mɛnt] *nt* <-(e)s, -e> parşömen; **Pergamentpapier** *nt* pergament kâğıdı, parşömen kâğıdı

Perihel *nt* <-s, -e>, **Perihelium** *nt* <-s, -ien> (ASTR: *Sonnennähe*) günberi

Periode [peri'oːdə] *f* <-n> **1.** (*Zeitabschnitt*) dönem, periyot **2.** (MATH, GEO) dönem, periyot; (PHYS) devir, periyot **3.** (*Menstruation*) aybaşı, âdet

Periodikum *nt* <-s, -ka> periyodik, süreli yayın

periodisch [peri'oːdɪʃ] *adj* periyodik, süreli

peripher [peri'feːɐ] *adj* çevresel

Peripherie [perife'riː] *f* <-n> **1.** (*Randbezirke*) kenar mahaller [*o* semtler], varoşlar **2.** (MATH) çevre **3.** (INFORM) çevre

Periskop *nt* <-s, -e> periskop

Perle ['pɛrlə] *f* <-n> **1.** (*der Perlmuschel*) inci; (*aus Glas, Holz*) boncuk; **~n vor die Säue werfen** (*fig*) eşek hoşaftan ne anlar **2.** (*Luftblase*) kabarcık; (*Schweiß~*) damlacık **3.** (*fam: Hausgehilfin*) pırlanta

perlen ['pɛrlən] *vi* **1.** *haben o sein* (*Perlen bilden*) boncuklanmak **2.** (*Sekt*) boncuklanmak, köpürmek

Perlenkette *f* inci

Perlhuhn *nt* (ZOOL) Beç tavuğu

Perlmutt ['pɛrlmʊt] *nt ohne Pl* <-s> sedef

Perlmuttknopf *m* sedef düğme

Perlon® ['pɛrlɔn] *nt ohne Pl* <-s> perlon

permanent [pɛrma'nɛnt] *adj* sürekli

perplex [pɛr'plɛks] *adj* (*fam*) şaşkın

Perser(in)[1] ['pɛrzɐ] *m(f)* <-s, -; -nen> İranlı

Perser[2] *m* <-s, -> (*fam*), **Perserteppich** *m* İran halısı

Persianer *m* **1.** (*Fell*) astragan **2.** (*fam: Mantel*) astragan manto

Persien ['pɛrziən] *nt* <-s> İran

persisch ['pɛrzɪʃ] *adj* Acem, İranlı, İran (ile ilgili); **der P~e Golf** Basra Körfezi

Person [pɛr'zoːn] *f* <-en> kişi, şahıs; **pro ~** adam başına; **juristische/natürliche ~** (JUR) tüzel/gerçek kişi; **ich für meine ~ …** bana kalırsa …; **er ist die Geduld in ~** kendisi sabır taşıdır

Personal [pɛrzo'naːl] *nt ohne Pl* <-s> personel; **Personalabbau** *m* personel sayısını azaltma, personelin işten çıkarılması; **Personalabteilung** *f* özlük işleri; **Personalakte** *f* özlük dosya(sı)

Personalausweis *m* kimlik (belgesi)

Personalbüro *nt* özlük işleri; **Personalchef(in)** *m(f)* personel şefi

Personalcomputer *m* kişisel bilgisayar

Personalien [pɛrzo'naːliən] *Pl* künye, kimlik bilgileri *pl*

Personalkosten *Pl* (WIRTSCH) personel maliyeti

Personalpronomen *nt* (LING) kişi zamiri

personell [pɛrzo'nɛl] *adj* **1.** (*das Personal betreffend*) personelle ilgili; **~e Veränderungen** personelle ilgili değişiklikler **2.** (*die

Person betreffend) kişisel
Personenaufzug *m* asansör; **Personenbeförderung** *f ohne Pl* yolcu taşıma; **Personenbeschreibung** *f* eşkâl belirleme; **Personenkraftwagen** *m* (*formal*) binek arabası, otomobil; **Personenkult** *m* (*pej*) kişilik kültü; **Personenschaden** *m* yaralanma veya ölüm; **Personenschutz** *m* yakın koruma; **Personenstand** *m ohne Pl* <-(e)s> kişisel durum; (*Familienstand*) medenî hâli; **Personenwaage** *f* tartı; **Personenwagen** *m* **1.** binek arabası **2.** (EISENB) yolcu vagonu
Personifikation [pɛrzonifika'tsjo:n] *f* <-en> kişileştirme, insanmış gibi gösterme
personifizieren* [pɛrzonifi'tsi:rən] *vt* kişileştirmek, insanmış gibi göstermek
persönlich [pɛr'zø:nlɪç] *adj* **1.** (*allgemein*) kişisel, şahsî; **ein ~es Gespräch** şahsî bir görüşme; **etw ~ nehmen** bir şeye alınmak; **~ werden** şahsiyat yapmak, işi şahsiyata dökmek **2.** (*selbst*) kendi, bizzat; **der Minister ~** bakanın kendisi; **ich ~** ben kendim; **jdn ~ kennen** birini bizzat tanımak; **~ erscheinen** bizzat gelmek
Persönlichkeit *f* <-en> kişilik, karakter, benlik; **Persönlichkeitsentfaltung** *f* (PSYCH) benlik gelişmesi, kişiliğin gelişmesi; **Persönlichkeitsspaltung** *f* (PSYCH) benlik ikileşmesi; **Persönlichkeitsstörung** *f* (PSYCH) benlik çatışması
Perspektive [pɛrspɛk'ti:və] *f* <-n> perspektif; (*Blickwinkel*) açı; **aus meiner ~** benim açımdan
Peru [pe'ru:] *nt* <-s> Peru
Peruaner(in) [peru'a:nɐ] *m(f)* <-s, -; -nen> Perulu
peruanisch *adj* Perulu, Peru (ile ilgili); **eine ~e Frau** Perulu bir kadın; **die ~e Regierung** Peru hükümeti
Perücke [pe'rʏkə] *f* <-n> peruk, takma saç
pervers [pɛr'vɛrs] *adj* sapık
Perversion [pɛrvɛr'zjo:n] *f* <-en> sapıklık
Pessimismus [pɛsi'mɪsmʊs] *m ohne Pl* <-> kötümserlik, karamsarlık, bedbinlik
Pessimist(in) [pɛsi'mɪst] *m(f)* <-en, -en; -nen> kötümser (kimse), karamsar (kimse), bedbin (kimse)
pessimistisch *adj* kötümser, karamsar, bedbin
Pest [pɛst] *f ohne Pl* veba; **jdm die ~ an den Hals wünschen** (*fam*) bir kimseye lânet [*o* beddua] okumak; **es stinkt wie die ~** (*fam*) leş gibi kokuyor
Pestizid [pɛsti'tsi:t] *nt* <-s, -e> haşarat ilâcı
Petermännchen *nt* (ZOOL) çarpan balığı, trakunya
Petersilie [petɐ'zi:ljə] *f ohne Pl* maydanoz
Petition [peti'tsjo:n] *f* <-en> dilekçe; **Petitionsrecht** *nt* (POL) dilekçe hakkı
Petrochemie *f ohne Pl* petrokimya
Petrol [pe'tro:l] *nt ohne Pl* <-s> (*Schweiz*) petrol
Petroleum [pe'tro:leʊm] *nt ohne Pl* <-s> petrol; **Petroleumlampe** *f* petrol lâmbası
Petunie *f* (BOT) petunya
Petze ['pɛtsə] *f* <-n> (*fam pej*) gammaz, fitneci, kovcu
petzen ['pɛtsən] *vt* (*fam pej*) gammazlamak (*bei* -e), kovlamak (*bei* -e)
Pf *Abk. von* **Pfennig** fenik
Pfad [pfa:t] *m* <-(e)s, -e> **1.** (*Weg*) patika, keçi yolu **2.** (INFORM) yol
Pfadfinder(in) *m(f)* (*Jugendbewegung*) izcilik; (*Mitglied dieser Bewegung*) izci
Pfaffe ['pfafə] *m* <-n, -n> (*pej*) papaz
Pfahl [pfa:l, *Pl:* 'pfɛ:lə] *m* <-(e)s, Pfähle> kazık; (*Pfosten*) direk; **Pfähle einrammen** kazık çakmak; **Pfahlbau** *m* <-(e)s, -ten> kazık temel üzerine yapı
pfählen *vt* **1.** kazıklamak, kazık çakmak (-e) **2.** (*einen Menschen*) kazığa vurmak
Pfahlwurzel *f* (BOT) kazık kök
Pfalz [pfalts] *f* Pfalz
Pfälzer(in) ['pfɛltsɐ] *m(f)* <-s, -; -nen> Pfalzlı
Pfand [pfant, *Pl:* 'pfɛndɐ] *m* <-(e)s, Pfänder> rehin, tutu; (*~geld*) depozit(o); (*für Flaschen*) depozito; **ein ~ hinterlassen** depozit(o) bırakmak
Pfandbrief *m* (FIN) rehinli tahvil
pfänden ['pfɛndən] *vt* haczetmek, haciz koymak (-e); **Pfandschein** *m* <-(e)s, -e> rehin senedi, varant
Pfändung *f* <-en> haciz
Pfanne ['pfanə] *f* <-n> **1.** (*Brat~*) tava; **jdn in die ~ hauen** (*fam: ausschimpfen*) birine diklenmek; (*fertig machen*) birinin canına okumak **2.** (*Dach~*) kiremit
Pfannkuchen *m* pişi, gözleme, krep
Pfarramt ['pfarʔamt] *nt* **1.** (*Amt*) papazlık **2.** (*Dienststelle*) papazlık; **Pfarrbezirk** *m* papazın görev bölgesi
Pfarrei [pfa'raɪ] *f* <-en> (*Amt*) papazlık; (*Bezirk*) papazın görev bölgesi
Pfarrer[1] ['pfarɐ] *m* <-s, -> (*katholisch*) papaz
Pfarrer(in)[2] *m(f)* <-s, -; -nen> papaz
Pfarrgemeinde *f* papazın cemaati
Pfau [pfaʊ] *m* <-(e)s, -en> (ZOOL) tavus (kuşu)
Pfeffer ['pfɛfɐ] *m* <-s, -> biber; **er kann hingehen, wo der ~ wächst** (*fam*) cehenneme kadar yolu var, defolsun gitsin; **Pfefferkorn** *nt* <-(e)s, -körner> biber tanesi
Pfefferminzbonbon *nt* naneli şeker
Pfefferminze [pfɛfɐ'mɪntsə] *f ohne Pl*

nane; **Pfefferminztee** *m* nane çayı
Pfeffermühle *f* <-n> biber değirmeni
pfeffern ['pfɛfɐn] *vt* **1.** (GASTR) biberlemek, biber atmak (-e), biber serpmek (-e), biber katmak (-e); **gepfefferte Preise** tuzlu fiyatlar **2.** (*fam: werfen*) fırlatmak; **ich habe ihm eine gepfeffert** ona bir tane patlattım
Pfefferstreuer *m* <-s, -> biberlik
Pfeife ['pfaɪfə] *f* <-n> **1.** (MUS) düdük; (*Signal~*) düdük; (*Orgel~*) boru; **nach jds ~ tanzen** (*fam fig*) birinin düdüğünü öttürmek **2.** (*Tabak~*) pipo **3.** (*fam pej: Person*) düdük
pfeifen ['pfaɪfən] <pfeift, pfiff, gepfiffen> *vi, vt* ıslık çalmak; **draußen pfiff der Wind** dışarıda rüzgâr ıslık çalıyordu; **ich pfeife auf ...** ... beni ırgalamaz
Pfeifenkopf *m* pipo başı; **Pfeifenreiniger** *m* pipo temizleyicisi; **Pfeifentabak** *m* pipo tütünü
Pfeifkonzert *nt* ıslıkla(n)ma; **Pfeifton** *m* <-(e)s, -töne> ıslık sesi
Pfeil [pfaɪl] *m* <-(e)s, -e> ok; **~ und Bogen** ok ve yay
Pfeiler ['pfaɪlɐ] *m* <-s, -> (*a. fig*) direk; (*Brücken~*) ayak
pfeilschnell ['-'-] *adj* ok gibi; **Pfeilspitze** *f* ok ucu
Pfennig ['pfɛnɪç] *m* <-s, -e> fenik; **ich habe keinen ~ dabei** yanımda bir fenik bile yok, bende metelik yok; **auf den ~ genau herausgeben** kuruşu kuruşuna vermek; **sie dreht jeden ~ (dreimal) 'rum** (*fam*) çok hesaplıdır; **das ist keinen ~ wert** bu bir fenik bile etmez, bu metelik etmez
Pfennigabsatz *m* (*fam*) sivri topuk
Pfennigfuchser(in) [-fʊksɐ] *m(f)* <-s, -; -nen> (*fam*) cimri, pinti
Pferch *m* ağıl
pferchen *vt* sokuşturmak, tıkıştırmak
Pferd ['pfeːɐt] *nt* <-(e)s, -e> **1.** (*Tier*) at, beygir; **auf ein ~ steigen** bir ata binmek; **vom ~ steigen** attan inmek; **ein ~ reiten** bir ata binmek; **zu ~e** at üstünde; **wie ein ~ arbeiten** (*fam*) eşek gibi çalışmak; **keine zehn ~e brächten ihn dahin/dazu** (*fam*) ona bunu hiçbir şey yaptıramaz; **das ~ am Schwanz aufzäumen** (*fam fig*) bir işe tersinden başlamak; **die ~e scheu machen** (*fam*) milleti telâşa düşürmek **2.** (*Schachfigur*) at **3.** (*Turngerät*) atlama beygiri; **Pferdeapfel** *m* at pisliği; **Pferdefuß** *m* **1.** (ZOOL) at ayağı **2.** (*Nachteil*) dezavantaj; **Pferdemähne** *f* at perçemi, at yelesi; **Pferderennbahn** *f* binicilik parkuru; **Pferderennen** *nt* at yarışı; **Pferdeschwanz** *m* at kuyruğu; **Pferdestall** *m* at ahırı, tavla; **Pferdestärke** *f* (TECH) beygir gücü; **Pferdewagen** *m* at arabası; **Pferdezucht** *f* at yetiştiriciliği
pfiff [pfɪf] *3. imp von* **pfeifen**
Pfiff [pfɪf] *m* <-(e)s, -e> ıslık; (*einer Pfeife*) ses; **etw hat ~** (*fam*) bir şeyin esprisi var
Pfifferling ['pfɪfɐlɪŋ] *m* <-s, -e> (BOT, GASTR) horoz mantarı; **ihre Beteuerungen sind keinen ~ wert** (*fam*) iddiaları metelik [*o* beş para] etmez
pfiffig ['pfɪfɪç] *adj* açıkgöz; (*witzig*) esprili
Pfiffikus ['pfɪfikʊs] *m* <-(ses), -se> (*fam*) açıkgöz
Pfingsten ['pfɪŋstən] *nt* <-, -> küçük paskalya (yortusu)
Pfingstmontag [-'--] *m* küçük paskalya pazartesisi; **Pfingstrose** *f* (BOT) şakayık; **Pfingstsonntag** [-'--] *m* küçük paskalya pazarı
Pfirsich ['pfɪrzɪç] *m* <-(e)s, -e> şeftali; **Pfirsichbaum** *m* şeftali ağacı
Pflanze ['pflantsə] *f* <-n> bitki
pflanzen *vt* dikmek
Pflanzendecke *f* bitki örtüsü; **Pflanzenfett** *nt* (GASTR) bitkisel yağ, nebatî yağ; **Pflanzenfresser** *m* <-s, -> (ZOOL) otçul; **Pflanzenkunde** *f ohne Pl* bitki bilimi; **Pflanzenöl** *nt* <-(e)s, -e> (GASTR) bitkisel yağ, nebatî yağ; **Pflanzenreich** *nt ohne Pl* <-(e)s> bitkiler âlemi
pflanzlich *adj* bitkisel, nebatî
Pflanzung *f* <-en> (*neu angelegte Kultur*) fidanlık; (*Plantage*) plântasyon
Pflaster ['pflastɐ] *nt* <-s, -> **1.** (*aus Asphalt*) kaldırım; (*Kopfstein~*) parke **2.** (*Heft~*) plâster
pflastern ['pflastɐn] *vt* döşemek; (*mit Kopfsteinpflaster*) parke taşı ile döşemek
Pflasterstein *m* kaldırım taşı
Pflaume ['pflaʊmə] *f* <-n> **1.** (*Frucht*) erik **2.** (*Baum*) erik **3.** (*fam pej: Mensch*) şapşal; **Pflaumenbaum** *m* erik ağacı; **Pflaumenmus** *nt* <-es, -e> erik ezmesi; **Pflaumenschnaps** *m* erik rakısı
Pflege ['pfleːgə] *f ohne Pl* **1.** (*Kranken~, Körper~*) bakım; (*von Kindern, Tieren*) bakım; **jdn/ein Tier bei jdm in ~ geben** bir kimseyi/hayvanı birine bakıma vermek; **jdn/ein Tier in ~ nehmen** bir kimseyi/hayvanı bakıma almak, bir kimsenin/hayvanın bakımını üstlenmek **2.** (*Instandhaltung*) bakım
pflegebedürftig *adj* bakıma muhtaç; **Pflegedienst** *m* bakım servisi; **Pflegefall** *m* <-(e)s, -fälle> bakıma muhtaç olma durumu; **Pflegeheim** *nt* <-(e)s, -e> bakım evi, bakım yurdu; **Pflegekind** *nt* evlâtlık; **pflegeleicht** *adj* **1.** bakımı kolay **2.** (*Wäsche*) ütü istemeyen, kolay yıkanır; **Pflegemutter** *f* <-mütter> analık

pflegen ['pfle:gən] **I.** *vt* **1.** (*Kranke*) bakmak (-e) **2.** (*Garten, Körper*) bakmak (-e); (*Gebäude*) bakımını yapmak (-in) **3.** (*Beziehungen*) bulunmak; (*Freundschaft*) yapmak; (*Kunst, Wissenschaft*) uğraşmak (ile) **II.** *vi:* **er pflegte spät ins Bett zu gehen** geç yatardı, geç yatmayı alışkanlık edinmişti

Pflegepersonal *nt* bakım personeli

Pfleger(in) *m(f)* <-s, -; -nen> **1.** (*Kranken~*) bakıcı **2.** (*Tier~*) bakıcı **3.** (JUR) kayyım

Pflegeversicherung *f* bakım sigortası

Pflegschaft *f* <-en> (JUR) kayyımlık; (*Vormundschaft*) vesayet

Pflicht [pflɪçt] *f* <-en> **1.** vazife, görev; **ich tue nur meine ~** ben sadece vazifemi yapıyorum; **ich halte es für meine (moralische) ~ ihm zu helfen** ona yardım etmeyi (ahlakî) vazifem olarak görüyorum **2.** (*Verpflichtung*) yükümlülük; **Rechte und ~en** hak ve yükümlülükler **3.** (SPORT) mecburî figürler; **pflichtbewusst** *adj* vazifeşinas, ödevcil; **Pflichtfach** *nt* (UNIV, SCH) zorunlu ders; **pflichtgemäß** *adj* görev gereği; **Pflichtübung** *f* <-en> (SPORT) zorunlu alıştırma, zorunlu hareketler; **Pflichtversicherung** *f* zorunlu sigorta; **Pflichtverteidiger(in)**RR *m(f)* (JUR) resen atanan avukat

Pflock [pflɔk, *Pl:* 'pflœkə] *m* <-(e)s, Pflöcke> kazık

pflücken ['pflʏkən] *vt* toplamak, devşirmek

Pflücker(in) *m(f)* <-s, -; -nen> toplayıcı

Pflug [pflu:k, *Pl:* 'pfly:gə] *m* <-(e)s, Pflüge> (AGR) pulluk

pflügen ['pfly:gən] *vi, vt* pullukla sürmek

Pflugschar *f* pulluk uç demiri

Pforte ['pfɔrtə] *f* <-n> kapı

Pförtner(in) ['pfœrtnɐ] *m(f)* <-s, -; -nen> kapıcı

Pfosten ['pfɔstən] *m* <-s, -> direk; (*Tor~*) yan direk

Pfote ['pfo:tə] *f* <-n> **1.** (*von Tieren*) ayak; (*Vorder~ von Hund, Katze*) pati **2.** (*fam: Hand*) el; **sich** *dat* **bei etw die ~n verbrennen** bir işten zararlı çıkmak

Pfriem *m* <-(e)s, -e> biz, tığ

pfropfen ['pfrɔpfən] *vt* **1.** (*veredeln*) aşılamak **2.** tıkaçlamak; (*fam: hineinstopfen*) tıkıştırmak, tıka basa sokmak; **der Saal war gepfropft voll** salon tıka basa doluydu

Pfropfen ['pfrɔpfən] *m* <-s, -> tıkaç

Pfropfreis *nt* aşı

Pfründe ['pfrʏndə] *f* <-n> (REL) arpalık

pfui [pfʊɪ] *interj* (*Ausdruck des Ekels*) pöf; (*Ausdruck des Empörung*) yuh; **~ Teufel!** tuh!, tü! şeytan çarpsın!; **oben hui, unten ~** (*fam*) dışı kalaylı, içi alaylı

Pfund [pfʊnt] *nt* <-(e)s, -e> **1.** (*Gewichtseinheit*) yarım kilo; **einige ~e abnehmen** birkaç kilo vermek **2.** (*Währungseinheit*) lira; (*englisches*) pound; **~ Sterling** pound sterlin, İngiliz lirası

Pfusch [pfʊʃ] *m ohne Pl* <-(e)s> (*fam abw*), **Pfuscharbeit** *f ohne Pl* (*fam pej*) yarım yamalak iş, üstünkörü iş

pfuschen ['pfʊʃən] *vi* **1.** (*fam pej: schludern*) üstünkörü iş görmek **2.** (*reg: schummeln*) hile yapmak, dalavere yapmak

Pfuscher(in) *m(f)* <-s, -; -nen> (*fam pej*) dalavereci

Pfuscherei *f* <-en> (*fam pej*) yarım yamalak iş, üstünkörü iş

Pfütze ['pfʏtsə] *f* <-n> su birikintisi

Phallus ['falʊs] *m* <-, -se *o* Phalli *o* Phallen> fallus

Phänomen [fɛno'me:n] *nt* <-s, -e> fenomen, olay; (PHILOS) fenomen, görüngü; **solare ~e** güneş olayları

phänomenal [fɛnome'na:l] *adj* **1.** fenomenal **2.** (*fam: ohnegleichen*) emsalsiz, eşi olmayan

Phantasie [fanta'zi:] *f* <-n> *s.* **Fantasie**; **Phantasiegebilde** *nt s.* **Fantasiegebilde**

phantasielos *adj s.* **fantasielos**

Phantasielosigkeit *f ohne Pl s.* **Fantasielosigkeit**

phantasieren* [fanta'zi:rən] *vi s.* **fantasieren**

phantasievoll *adj s.* **fantasievoll**

Phantast(in) [fan'tast] *m(f)* <-en, -en; -nen> *s.* **Fantast**

Phantasterei *f* <-en> *s.* **Fantasterei**

phantastisch *adj s.* **fantastisch**

Phantom [fan'to:m] *nt* <-s, -e> fantom, hayalet; **Phantombild** *nt* robot resim

Pharao ['fa:rao, *Pl:* fara'o:nən] *m* <-s, -nen> firavun

Pharisäer [fari'zɛ:ɐ] *m* <-s, -> (REL) Ferisî

Pharmaindustrie *f ohne Pl* ilâç sanayii

Pharmakologe, -in [farmako'lo:gə] *m, f* <-n, -n; -nen> farmakolog

Pharmakologie [farmakolo'gi:] *f ohne Pl* farmakoloji

pharmakologisch *adj* farmakolojik

Pharmazeut(in) [farma'tsɔɪt] *m(f)* <-en, -en; -nen> eczacı

Pharmazeutik [farma'tsɔɪtɪk] *f ohne Pl* ecza

Pharmazie [farma'tsi:] *f ohne Pl* eczacılık

Phase ['fa:zə] *f* <-n> **1.** (*Zeitstufe*) evre, aşama **2.** (CHEM, PHYS, ELEK) faz; (ASTR) evre

Philatelie *f ohne Pl* pulculuk

Philatelist(in) *m(f)* pulcu

Philharmonie [fɪlharmo'ni:] *f* <-n> **1.** (*Orchester*) filârmoni orkestrası **2.** (*Gebäude*) filârmoni; (*Konzertsaal*) filârmoni

P

salonu

Philharmoniker(in) [fɪlhar'mo:nikɐ] *m(f)* <-s, -; -nen> filârmoni üyesi

Philippinen [filɪ'pi:nən] *Pl* Filipin adaları *pl*

Philippiner(in) [filɪ'pi:nɐ] *m(f)* <-s, -; -nen> Filipinli

philippinisch [filɪ'pi:nɪʃ] *adj* Filipin, Filipinli

Philologe, -in [filo'lo:gə] *m, f* <-n, -n; -nen> filolog

Philologie [filolo'gi:] *f* <-n> filoloji

philologisch *adj* filolojik

Philosoph(in) [filo'zo:f] *m(f)* <-en, -en; -nen> filozof

Philosophie [filozo'fi:] *f* <-n> felsefe

philosophieren* [filozo'fi:rən] *vi* felsefe yapmak

philosophisch [filo'zo:fɪʃ] *adj* filozofik, felsefî

Phlegma *nt* <-s> ağırkanlılık

phlegmatisch *adj* ağırkanlı

Phobie [fo'bi:] *f* <-n> (MED) fobi (*vor*-e karşı)

Phonetik [fo'ne:tɪk] *f ohne Pl* (LING) fonetik, ses bilgisi

phonetisch *adj* (LING) fonetik, sesçil

Phönix ['fø:nɪks] *m* <-(es), -e> Anka, Zümrüdüanka

Phönizien *nt ohne Pl* <-s> Fenike

Phönizier(in) [fø'ni:tsiɐ] *m(f)* <-s, -; -nen> Fenikeli

Phonotypist(in) [fonoty'pɪstɪn] *m(f)* <-en, -en; -nen> diktafondan yazan daktilograf

Phosphat [fɔs'fa:t] *nt* <-(e)s, -e> fosfat

phosphathaltig *adj* fosfatlı

phosphatieren *vt* (TECH) fosfatlamak

Phosphor ['fɔsfo:ɐ] *m* <-s, -e> (CHEM) fosfor

Phosphoreszenz *f* fosforışı

phosphoreszieren* [fɔsforɛs'tsi:rən] *vi* fosforışıldamak

phosphorig *adj* fosforik; ~**e Säure** fosforik asit

Photo ['fo:to] *m o nt* <-s, -s> *s.* **Foto**; **Photoapparat** *m s.* **Fotoapparat**

Photochemie *f* (CHEM) fotokimya

photogen [foto'ge:n] *adj s.* **fotogen**

Photographie [fotogra'fi:] *f* <-n> *s.* **Fotografie**

photomechanisch *adj* (TYPO) fotomekanik; **ein ~es Verfahren** fotomekanik bir yöntem

Photometer *m* (PHYS) fotometre

Photometrie *f* (PHYS) fotometri

Photosphäre *f ohne Pl* (ASTR) fotosfer

Photosynthese [foto-] *f ohne Pl* fotosentez

Phototaxis *f* (BIOL) fototaktizm

Phototherapie *f* (MED) fototerapi

Phototropismus *m* (BIOL) fototropizm

Phrase ['fra:zə] *f* <-n> **1.** (LING) ibare **2.** (*pej: inhaltsleere Formel*) lâf, boş söz; ~**n dreschen** (*fam*) lâf düzmek **3.** (MUS) parça, cümle

Phrygien *nt* (HIST) Frigya

Phrygier(in) *m(f)* (HIST) Frigyalı

pH-Wert [pe:'ha:ve:ɐt] *m* <-(e)s, -e> (CHEM) pH, sertlik derecesi

Physik [fy'zi:k] *f ohne Pl* fizik

physikalisch [fyzi'ka:lɪʃ] *adj* fiziksel

Physiker(in) ['fy:zikɐ] *m(f)* <-s, -; -nen> fizikçi

Physiognomie [fyziogno'mi:] *f* <-n> (*geh*) fizyonomi

Physiologie [fyziolo'gi:] *f ohne Pl* fizyoloji

physiologisch [fyzio'lo:gɪʃ] *adj* fizyolojik

Physiotherapie [fyzio-] *f ohne Pl* fizik tedavisi, fizyoterapi

physisch ['fy:zɪʃ] *adj* fizikî

Pianist(in) [pja'nɪst] *m(f)* <-en, -en; -nen> piyanist

Piano ['pja:no] *nt* <-s, -s> piyano

picheln ['pɪçəln] *vi* (*fam*) kafayı çekmek

Pickel ['pɪkəl] *m* <-s, -> **1.** (*Spitzhacke*) külünk; (*Eis*~) kazma **2.** (*auf der Haut*) sivilce

pickelig ['pɪk(e)lɪç] *adj* sivilceli

picken ['pɪkən] *vt, vi* **1.** (*Vogel*) gagalamak (*nach* -) **2.** (*heraussuchen*) seçmek (*aus* -den)

Picknick ['pɪknɪk] *nt* <-s, -s *o* -e> piknik

piekfein ['pi:k'faɪn] *adj* (*fam*) çok şık

piep [pi:p] *interj:* ~, ~! cik cik!; **nicht (einmal)** ~ **sagen** (*fam*) gık (bile) dememek; **nicht mehr** ~ **sagen können** (*fam*) gıkı çıkmamak

piepegal ['--'-] *adj* (*fam*): **das ist mir** ~ bu bana vız gelir

piepen ['pi:pən] *vi* cik cik ötmek; **bei der piept's wohl!** (*fam*) kafayı üşütmüşsün sen!; **das ist ja zum P~!** (*fam*) bu çok komik!

Piepen *Pl* (*fam*) mangırlar *pl*, paralar *pl*

Piephahn *m* (*Kindersprache*) pipi

piepsen ['pi:psən] *vi* **1.** *s.* **piepen** **2.** (*sprechen*) ince ve tiz sesle konuşmak

Piepser *m* <-s, -> (*fam*) **1.** (*Piep*) gık **2.** (*Empfänger*) çağrı cihazı

piepsig *adj* (*Stimme*) ince ve tiz

Pier [pi:ɐ] *m* <-s, -e *o* -s> rıhtım

piesacken ['pi:zakən] *vt* (*fam*) kafasının etini yemek (-in)

Pietät [pie'tɛ:t] *f ohne Pl* (*geh*) dinî vecibelerin sadakatla ifası; (*Respekt*) saygı, hürmet

Pigment [pɪ'gmɛnt] *nt* <-(e)s, -e> pigment

Pik [pi:k] *nt ohne Pl* <-s> maça, pik; **Pikacht** *f* maça sekizlisi

pikant [pi'kant] *adj* **1.** (*Soße*) baharatlı **2.** (*Witz*) müstehcen, açık saçık
Pikass *nt* maça birlisi
Pike ['pi:kə] *f* <-n> (*fam*): **etw von der ~ auf lernen** bir şeyi çekirdekten öğrenmek
piken ['pi:kən] **I.** *vi* (*fam*) (hafifçe) batmak; **das Stroh pikt** saman batıyor **II.** *vt* (*fam*) (hafifçe) batırmak
pikiert [pi'ki:ɐt] *adj* kırgın, küskün, gücenik; **ein ~es Gesicht machen** küskün bir tavır takınmak
Pikkolo ['pɪkolo] *m* <-s, -s> **1.** (*Kellnerlehrling*) garson çırağı, garson yamağı **2.** (*fam: Sektflasche*) küçük şişe köpüklü şarap
Pikkoloflöte *f* <-n> küçük flüt
piksen ['pi:ksən] *vi, vt s.* **piken**
Pilger(in) ['pɪlgɐ] *m(f)* <-s, -; -nen> (REL) hacı; **Pilgerfahrt** *f* (REL) hac
pilgern ['pɪlgən] *vi sein* hacca gitmek (*nach* -e)
Pille ['pɪlə] *f* <-n> **1.** (*Tablette*) hap; **eine ~ nehmen** bir hap almak; **eine bittere ~ schlucken müssen** (*fam*) hoş olmayan bir şeyi sineye çekmek zorunda kalmak **2.** (*fam: Antibaby~*) (doğum kontrol) hap(ı); **die ~ danach** sonradan alınan doğum kontrol hapı; **Pillenknick** *m* hap sonucu doğumlarda azalma, *doğum kontrol hapının yaygınlaşması sonucu istatistik grafiklerinde görülen çizgideki kırılma*
Pilot(in) [pi'lo:t] *m(f)* <-en, -en; -nen> pilot
Pilotprojekt *nt* pilot proje
Pilz [pɪlts] *m* <-es, -e> (BOT, MED) mantar, küflüce; (*mit Hut*) mantar; **essbare/giftige ~e** yenen/zehirli mantarlar; **wie ~e aus dem Boden schießen** mantar gibi yerden bitmek; **Pilzerkrankung** *f* mantar, küflüce; (*Pilzkrankheit*) mantar hastalığı; **Pilzervergiftung** *f* mantar zehirlenmesi; **Pilzkunde** *f ohne Pl* mantar bilimi; (*Mykologie*) mikoloji
Pimmel ['pɪməl] *m* <-s, -> (*fam*) çük
pingelig ['pɪŋəlɪç] *adj* (*fam*) titiz
Pingpong ['pɪŋpɔŋ] *nt ohne Pl* <-s> pingpong
Pinguin ['pɪŋgui:n] *m* <-s, -e> penguen
Pinie ['pi:niə] *f* <-n> fıstık çamı
pink [pɪŋk] *adj* pembe
pinkeln ['pɪŋkəln] *vi* (*fam*) işemek
Pinscher ['pɪnʃɐ] *m* <-s, -> pinşer
Pinsel ['pɪnzəl] *m* <-s, -> **1.** fırça **2.** (*fam: Dummkopf*) ahmak
pinseln *vi, vt* **1.** (*fam: malen*) (fırça ile) boyamak **2.** (*fam: schreiben*) yazmak
Pinzette [pɪn'tsɛtə] *f* <-n> cımbız
Pionier(in) [pio'ni:ɐ] *m(f)* <-s, -e; -nen> **1.** (MIL) istihkâm eri **2.** (*Wegbereiter*) öncü;
Pionierarbeit *f ohne Pl* öncülük; **~ leisten** öncülük yapmak; **Pioniertruppe** *f* (MIL) istihkâm bölüğü, istihkâm sınıfı
Pipapo ['pi:'pa:'po:] *nt ohne Pl* <-s> (*fam*): **mit allem ~** her şeyi ile birlikte
Pipeline ['paɪplaɪn] *f* <-s> (*für Gas*) payplayn; (*für Öl*) payplayn
Pipette [pi'pɛtə] *f* <-n> pipet
Pipi ['pɪpi, pi'pi:] *nt ohne Pl* <-s> (*fam*) çiş; **~ machen** çiş etmek; **ich muss mal ~!** çişim geldi!
Pipifax ['pɪpifaks] *m ohne Pl* <-> (*fam pej: Unsinn*) saçmalık; (*Nichtigkeiten*) fasa fiso şeyler *pl*
Piranha [pi'ranja] *m* <-(s), -s> (ZOOL) pirana
Pirat(in) [pi'ra:t] *m(f)* <-en, -en; -nen> korsan; **Piratenschiff** *nt* korsan gemisi; **Piratensender** *m* korsan radyo (istasyonu)
Piraterie *f* <-n> (*a. fig*) korsanlık
Pirol *m* <-s, -e> (ZOOL: *Vogel*) sarıasma
Pirouette [piru'ɛtə] *f* <-n> pirüet
Pirsch [pɪrʃ] *f ohne Pl* avlanma; **auf (die) ~ gehen** avlanmak
pissen ['pɪsən] *vi* **1.** (*vulg: urinieren*) işemek **2.** (*fam: regnen*) çiselemek
Pissoir *nt* pisuvar
Pisspott *m* (*sl*) oturak
pisswarm *adj* (*sl*) hamam suyu gibi
Pistazie [pɪs'ta:tsiə] *f* <-n> Antep fıstığı, Şam fıstığı
Piste ['pɪstə] *f* <-n> (AERO) pist; (SPORT) parkur
Pistole [pɪs'to:lə] *f* <-n> tabanca, piştov; **jdm die ~ auf die Brust setzen** birinin göğüsüne tabancayı dayamak; (*fam fig*) birini karar vermeye zorlamak; **wie aus der ~ geschossen** (*fam fig*) şimşek gibi
pittoresk [pɪto'rɛsk] *adj* (*geh*) pitoresk
Pizza ['pɪtsa] *f* <-s *o* Pizzen> pizza
Pkw ['pe:kave:] *m* <-(s), -(s)> *Abk. von* **Personenkraftwagen** binek arabası, otomobil
Plackerei *f ohne Pl* (*fam*) angarya
plädieren* [plɛ'di:rən] *vi* **1.** (JUR: *Verteidiger*) son savunmada bulunmak; (*Staatsanwalt*) son iddiada bulunmak; **der Verteidiger plädierte auf** [*o* **für**] **Freispruch** savunma avukatı beraat istedi **2.** (*sich einsetzen*) savunmak (*für* -i); (*unterstützen*) desteklemek (*für* -i), lehinde konuşmak (*für* -in)
Plädoyer [plɛdo̯a'je:] *nt* <-s, -s> (JUR: *des Verteidigers*) mütalâa ve savunma, son savunma; (*des Staatsanwalts*) son iddia
Plage ['pla:gə] *f* <-n> belâ; (*Arbeit*) angarya; (*Mühe*) eziyet; **zu einer ~ werden** belâ olmak; **Plagegeist** *m* <-(e)s, -er> (*fam*) baş belâsı, illet

P

plagen ['pla:gən] **I.** *vt* **1.** (*belästigen*) taciz etmek, rahatsız etmek, sıkıntı vermek (-e) **2.** (*Schmerzen, Zweifel*) yiyip bitirmek, sürekli olarak tedirgin etmek **II.** *vr:* **sich ~** zahmet çekmek

Plagiat [pla'gja:t] *nt* <-(e)s, -e> aşırma, intihal

Plakat [pla'ka:t] *nt* <-(e)s, -e> afiş

plakatieren* [plaka'ti:rən] **I.** *vi* afiş asmak **II.** *vt* afişlemek

plakativ [plaka'ti:f] *adj* **1.** (*wie ein Plakat*) afiş gibi **2.** (*auffällig*) dikkat çekici

Plakatkunst *f ohne Pl* afişçilik; **Plakatmaler(in)** *m(f)* afişçi; **Plakatmalerei** *f ohne Pl* afişçilik; **Plakatwand** *f* afiş duvarı; **Plakatwerbung** *f* afişle reklâm

Plakette [pla'kɛtə] *f* <-n> plâket

plan [pla:n] *adj* düz, yatık

Plan [pla:n, *Pl:* 'plɛ:nə] *m* <-(e)s, Pläne> **1.** (*Vorhaben*) plân; (*Projekt*) proje; (*Absicht*) plân; (*Lehr~*) program; **es verläuft alles nach ~** her şey plâna göre yürüyor; **Pläne machen/schmieden** plânlar yapmak/kurmak; **auf dem ~ stehen** plânda olmak **2.** (*Entwurf*) plân; (*Karte*) harita

Plane ['pla:nə] *f* <-n> tente

planen ['pla:nən] *vt* **1.** (*entwerfen*) plânlamak **2.** (*vorhaben*) niyeti olmak (*zu* -e); (*Ausflug, Essen*) düşünmek; (*Wirtschaft, Entwicklung*) plânlamak; **es lief alles wie geplant** her şey plânlandığı [*o* düşünüldüğü] gibi yürüdü

Planer(in) *m(f)* <-s, -; -nen> plâncı, plânlamacı

Planet [pla'ne:t] *m* <-en, -en> (ASTR) gezegen

Planetarium [plane'ta:riʊm] *nt* <-s, Planetarien> plânetaryum

Planetensystem *nt* (ASTR) gezegenler sistemi

planieren* [pla'ni:rən] *vt* düzlemek

Planierraupe *f* buldozer, yoldüzler

Planimetrie *f ohne Pl* (MATH) düzlem geometri

Planke ['plaŋkə] *f* <-n> kalas

plänkeln *vi* **1.** (MIL, HIST) müsademe yapmak **2.** (*sich scherzhaft streiten*) takışmak, birbirine takılmak

Plankton ['plaŋktɔn] *nt ohne Pl* <-s> (BIOL) plânkton

planlos *adj* plânsız, plânsız programsız; **Planlosigkeit** *f ohne Pl* plânsızlık

planmäßig **I.** *adj* **1.** (*wie vorgesehen*) plânlı **2.** (*nach Plan*) plânlı **II.** *adv* **1.** (*wie vorgesehen*) ön görüldüğü gibi **2.** (*nach Plan*) plânlı, plâna göre

Plan(t)schbecken *nt* çocuk havuzu

plan(t)schen ['planʃən] *vi* etrafa su sıçratmak (*in* içinde), su ile oynamak (*in* -de)

Planstelle *f* <-n> kadro

Plantage [plan'ta:ʒə] *f* <-n> plântasyon

Planung *f* <-en> plânlama; **in der ~ befindlich** plânlamada bulunmak [*o* olmak]

Planwagen *m* tenteli muhacir arabası

Planwirtschaft *f ohne Pl* (WIRTSCH) plânlı ekonomi

Plappermaul *nt* (*fam pej*) çalçene, geveze, boşboğaz

plappern ['plapɐn] **I.** *vi* (*fam*) gevezelik etmek **II.** *vt* (*fam pej*): **Unsinn ~** saçma sapan konuşmak

plärren ['plɛrən] *vi* (*pej*) **1.** (*weinen*) zırıldamak **2.** (*schreien*) viyaklamak **3.** (*Radio, Lautsprecher*) cızırtı yapmak

Plasma ['plasma] *nt* <-s, Plasmen> (BIOL, MED, PHYS) plâzma

Plasmachemie *f ohne Pl* plazma kimyası; **Plasmaphysik** *f ohne Pl* plazma fiziği

Plastik[1] ['plastɪk] *nt ohne Pl* <-s> (*Bildhauerkunst*) plâstik sanatlar *pl*

Plastik[2] ['plastɪk] *f* <-en> **1.** (*Kunststoff*) plâstik **2.** (MED: *plastische OP*) plâstik ameliyat

Plastikeimer *m* plâstik kova; **Plastikgeld** *nt* (*fam: Kreditkarten*) kredi kartları *pl;* **Plastiktüte** *f* plâstik torba, plâstik poşet

plastisch ['plastɪʃ] *adj* **1.** (*formbar*) plâstik; **~e Chirurgie/Operation** plâstik cerrahî/ameliyat **2.** (*anschaulich*) plâstik

Plastron *m o nt* **1.** (*Bekleidungsstück*) plâstron **2.** (SPORT: *bei Fechten*) plâstron

Platane [pla'ta:nə] *f* <-n> (BOT) çınar

Plateau [pla'to:] *nt* <-s, -s> (GEO) plâto; (*Hochebene*) yayla

Platin ['pla:ti:n] *nt ohne Pl* <-s> (CHEM) plâtin

Platitude[RR] [plati'ty:də] *f* <-n> (*geh*) basmakalıp

Platitüde *f* <-n> *s.* **Platitude**, **Plattitüde**

platonisch [pla'to:nɪʃ] *adj* plâtonik

Platonismus *m ohne Pl* (PHILOS) Plâtonculuk

platsch [platʃ] *interj* şap

plätschern ['plɛtʃɐn] *vi* (*fam*) fışırdamak, fışır fışır akmak

platt [plat] *adj* **1.** (*flach*) düz; (*~ gedrückt*) yassı, basık, pat; (*Reifen*) patlak; **etw ~ drücken** bir şeyi bastırarak yassı duruma getirmek; **~ sein** (*fam*) şaşakalmak, çok şaşırmak, ağzı açık kalmak; **da bin ich aber ~** (*fam*) işte buna ağzım açık kaldı; **ich war ~ als ich ihn nach zehn Jahren wieder sah** (*fam*) on yıl sonra onu tekrar görünce şaşakaldım **2.** (*pej: geistlos*) esprisiz

Platt [plat] *nt ohne Pl* <-(s)> **1.** (*Plattdeutsch*) taşra ağzı Almancası **2.** (*reg: Dialekt*) taşra ağzı; **~ sprechen** taşra ağzıyla konuşmak; **auf** ~ taşra ağzıyla; **Plattdeutsch** *nt* taşra ağzı Almancası

Platte ['platə] *f* <-n> **1.** (*Holz~*) tahta; (*Metall~*) levha; (*dünner*) plâk, plâka **2.** (*Schall~*) plâk; **die ~ kenn' ich schon!** (*fam*) o plâğı biliyorum bile! **3.** (*Teller*) tabak **4.** (INFORM: *Fest~*) disk **5.** (*fam: Glatze*) kel

Plätteisen ['plɛtʔaɪzən] *nt* (*nordd*) ütü

Platten: **einen ~ haben** lâstiği patlamak

plätten ['plɛtən] *vt* (*reg*) ütülemek

Plattenarchiv *nt* plâk arşivi; **Plattencover** ['platənkavɐ] *nt* plâk kılıfı; **Plattenfirma** *f* plâk firması; **Plattenlaufwerk** *nt* (INFORM) disk sürücü; **Plattenspieler** *m* <-s, -> pikap

Plattform *f* <-en> plâtform

Plattfuß *m* **1.** (MED, ANAT) düztaban **2.** (*fam: am Reifen*) patlak

Plattitüde[RR] [plati'ty:də] *f* <-n> (*geh*) basmakalıp

Platz[1] [plats, *Pl:* 'plɛtsə] *m* <-es, Plätze> **1.** (*Ort, Stelle*) yer, mekân, mahal; **fehl am ~ sein** (*Person*) ortama uymamak; (*Bemerkung*) yerinde olmamak, yersiz olmak **2.** (*öffentlicher ~*) meydan **3.** (*Sport~*) alan, saha; (*Tennis~*) kort; **auf eigenem ~** kendi sahasında; **auf gegnerischem ~** rakip sahada; (*Fußball*) deplâsmanda **4.** (*Sitz~*) oturacak yer; **bitte, nehmen Sie ~!** lütfen oturunuz!; **ist noch ein ~ frei?** boş yer var mı?; **dieser ~ ist besetzt** bu yer dolu; **~!** (*zum Hund*) otur! **5.** (*Teilnahme~*): **es sind noch Plätze frei** daha yerimiz var; **ein Saal mit 500 Plätzen** 500 kişilik bir salon **6.** (*Rang*) sıra, derece; **sie belegte den ersten/zweiten/dritten ~** birinciliği/ikinciliği/üçüncülüğü aldı; **seinen ~ behaupten** sırasını korudu

Platz[2] *m ohne Pl* <-es> (*Raum*) yer; **~ sparend** yerden tasarruflu, az yer kaplayan; **~ da!** yer açın!, kaçılın!, yol verin!; **~ für jdn/etw schaffen** bir kimseye/şeye yer açmak; **jdm ~ machen** birine yer vermek

Platzangst *f* (PSYCH) **1.** (*Agoraphobie*) alan korkusu **2.** (*Klaustrophobie*) kapalı yer korkusu

Platzanweiser(in) *m(f)* <-s, -; -nen> yer gösteren kimse

Plätzchen ['plɛtsçən] *nt* <-s, -> (*Gebäck*) kurabiye

platzen ['platsən] *vi sein* **1.** (*Bombe, Mine*) patlamak; (*Rohr, Luftballon*) patlamak; (*Naht*) patlamak; **vor Wut/Ärger ~** (*fig*) sinirden/öfkeden tepesi atmak **2.** (*fam: scheitern*) yatmak **3.** (*fam: hineinstürmen*) pat diye girmek (*in* -e)

platzieren*[RR] [pla'tsi:rən] **I.** *vt* **1.** yerleştirmek, koymak **2.** (SPORT) plâselemek; **den Ball ~** topu plâselemek **II.** *vr:* **sich ~** (SPORT): **der Läufer platzierte sich unter den ersten fünf** koşucu ilk beşin arasına girdi

Platzkarte *f* numaralı bilet; **Platzmangel** *m ohne Pl* <-s> yersizlik; **Platzmiete** *f* <-n> işgaliye

Platzpatrone *f* kuru sıkı (atım yapan fişek), manevra fişeği; **Platzregen** *m* <-s, -> sağanak

platzsparend *adj s.* **Platz**[2]; **Platzverweis** *m* (SPORT) oyundan çıkar(ıl)ma; **Platzvorteil** *m ohne Pl* (SPORT) saha avantajı; **Platzwette** *f* plâse

Plauderei [plaʊdə'raɪ] *f* <-en> hoşbeş, lâklâk

plaudern ['plaʊdɐn] *vi* hoşbeş etmek, lâklâk etmek, sohbet etmek, havadan sudan konuşmak

Plausch [plaʊʃ] *m* <-(e)s, -e> (*südd, Österr: Plauderei*) hoşbeş, lâklâk; **einen ~ halten** hoşbeş etmek, lâklâk etmek

plausibel [plaʊ'zi:bəl] *adj* akla uygun, makul; (*verständlich*) anlaşılır; **jdm etw ~ machen** birine bir şeyi anlaşılır biçimde anlatmak

Play-back[RR] [plɛɪ'bɛk] *nt* <-, -s>, **Playback** *nt* <-, -s> pleybek

Playboy ['plɛɪbɔɪ] *m* <-s, -s> zengin hovarda

Plazenta [pla'tsɛnta] *f* <-s *o* Plazenten> **1.** (MED, ANAT) plâsenta **2.** (BIOL) etene

plazieren* *vt, vr:* **sich ~** *s.* **platzieren**

Plazierung *f* <-en> *s.* **Platzierung**

Pleistozän *nt ohne Pl* (GEO) pleistosen

pleite ['plaɪtə] *adj* (*fam*): **~ sein** züğürt olmak

Pleite ['plaɪtə] *f* <-n> (*fam*) **1.** (*Bankrott*) iflâs, batkı; **~ gehen** iflâs etmek, batmak **2.** (*Misserfolg*) fiyasko

Plektron *nt* <-s, -tren> (MUS) çalgıç, pena, mızrap

plemplem [plɛm'plɛm] *adj inv* (*fam*) kaçık

Plenarsaal [ple'na:ɐ-] *m* (POL) genel kurul salonu; **Plenarsitzung** *f* (POL) genel kurul toplantısı

Plenum ['ple:nʊm] *nt* <-s, Plenen> genel kurul

Pleuelstange ['plɔɪəl-] *f* (TECH) biyel

Pleura *f* <-ren> (ANAT) plevra

Plexiglas® ['plɛksi-] *nt ohne Pl* <-es> plâstik cam

Pliozän *nt ohne Pl* <-s> (GEO) pliyosen

Plissee [plɪ'se:] *nt* <-s, -s> pli

Plisseerock *m* pli etek

plissiert *adj* plili

PLO *f Abk. von* **Palästinensische Befreiungsorganisation** FKÖ, *Filistin Kurtuluş Örgütü*

P

Plombe ['plɔmbə] *f* <-n> **1.** (*Verschluss*) kurşun mühür **2.** (*Zahnfüllung*) dolgu

plombieren* [plɔm'bi:rən] *vt* **1.** (*versiegeln*) kurşunla mühürlemek, kurşunlamak **2.** (*Zahn*) dolgu yapmak (-e)

Plotter ['plɔtɐ] *m* <-s, -> (INFORM) çizici

Plötze *f* (ZOOL) çamça

plötzlich ['plœtslɪç] **I.** *adj* anî, apansız **II.** *adv* anî, anîden, birdenbire, ansızın; **es kam alles so ~** her şey öyle anî oldu ki

plump [plʊmp] *adj* **1.** (*unförmig*) biçimsiz, kaba **2.** (*ungelenk*) hantal; (*schwerfällig*) hantal; **ein ~er Körper** hantal bir vücut **3.** (*pej: dreist*) pervasız; (*Annäherung*) lâubalî; (*Witz*) kaba

plumps [plʊmps] *interj* cumbur

Plumps [plʊmps] *m* <-es, -e> (*fam*) cumburtu, cumbadak düşme

plumpsen ['plʊmpsən] *vi sein* (*fam*) cumbadak düşmek

Plumpsklo(sett) *nt* (*fam*) alaturka tuvalet

Plunder ['plʊndɐ] *m ohne Pl* <-s> (*fam pej*) pılı pırtı

plündern ['plʏndɐn] *vt* yağma etmek, talan etmek

Plünderung *f* <-en> yağma, çapul, talan

Plural ['plu:ra:l] *m* <-s, -e> (LING) çoğul, çokluk; **erste Person ~** birinci çokluk kişi

Pluralismus *m ohne Pl* **1.** (*a.* POL) plüralizm, çoğulculuk **2.** (PHILOS) plüralizm, çokçuluk

pluralistisch *adj* **1.** (*a.* POL) plüralist, çoğulcu **2.** (PHILOS) plüralist, çokçu

plus [plʊs] **I.** *konj* (MATH) artı; **drei ~ drei** üç artı üç, üç, üç daha **II.** *präp* artı; **~ der Zinsen** faiz artısı **III.** *adv* **1.** (MATH) artı; **minus drei mal minus drei ist ~ neun** eksi üç kere eksi üç artı dokuz eder **2.** (METEO) artı **3.** (ELEK) artı; **der Strom fließt von ~ nach minus** akım artıdan eksiye akar

Plus [plʊs] *nt ohne Pl* <-> **1.** (*Überschuss*) fazla; (COM) kâr; **im ~ sein** kârda olmak **2.** (*Vorzug, Vorteil*) yarar, avantaj

Plüsch [plʏʃ] *m* <-(e)s, -e> pelüş

Pluspol *m* (ELEK, PHYS) pozitif kutup; **Pluspunkt** *m* artı puan; (*Vorteil*) avantaj

Plusquamperfekt ['plʊskvampɛrfɛkt] *nt* (LING) hikâye birleşik zamanı

Pluszeichen *nt* toplama işareti

Pluto ['plu:to] *m ohne Pl* <-> (ASTR) Plüton

Plutokratie *f* plutokrasi

Plutonium [plu'to:niʊm] *nt ohne Pl* <-s> (CHEM) plütonyum

PLZ *Abk. von* **Postleitzahl** posta kodu

pneumatisch [pnɔɪ'ma:tɪʃ] *adj* (TECH) pnömatik

Po [po:] *m* <-s, -s> (*fam*) popo

Pöbel ['pø:bəl] *m ohne Pl* <-s> (*pej*) ayak takımı

pöbelhaft *adj* bayağı

pochen ['pɔxən] *vi* **1.** (*klopfen*) vurmak (*an/gegen* -e/-e) **2.** (*geh: Herz*) çarpmak, güm güm atmak; (*Schmerz*) zonklamak **3.** (*geh: bestehen*): **auf etw ~** bir şeyde ısrar etmek; **auf sein Recht ~** hakkında ısrar etmek

Pocken ['pɔkən] *fPl* çiçek; **pockennarbig** *adj* çiçek bozuğu, çopur; **Pocken(schutz)impfung** *f* çiçek aşısı; **Pockenvirus** *nt* çiçek virüsü

Podest [po'dɛst] *m o nt* <-(e)s, -e> **1.** (*Podium*) podyum **2.** (*reg: Treppenabsatz*) merdiven sahanlığı

Podium ['po:diʊm] *nt* <-s, Podien> podyum; **Podiumsdiskussion** *f* podyum tartışması

Poesie [poe'zi:] *f ohne Pl* şiir; **Poesiealbum** *nt* şiir defteri

Poet(in) [po'e:t] *m(f)* <-en, -en; -nen> şair

poetisch [po'e:tɪʃ] *adj* şiirsel, şairane

Pogrom *m o nt* pogrom

Pointe ['pō̧ɛ̃:tə] *f* <-n> nükte; (*beim Witz*) espri

Pointer *m* puanter

pointiert [pō̧ɛ̃'ti:ɐt] *adj* nükteli; (*scharf zugespitzt*) iğneli

Pokal [po'ka:l] *m* <-s, -e> (*a.* SPORT) kupa; **Pokalsieger(in)** *m(f)* (SPORT) kupa şampiyonu; **Pokalspiel** *nt* (SPORT) kupa maçı; **Pokalwettbewerb** *m* (SPORT) kupa yarışması

Pökelfleisch ['pø:kəl-] *nt* salamura et

pökeln ['pø:kəln] *vt* salamurasını yapmak (-in)

Pökelsalz *nt* salamuralık tuz

Poker ['po:kɐ] *m o nt ohne Pl* <-s> poker

pokern ['po:kɐn] *vi* **1.** (*Poker spielen*) poker oynamak **2.** (*ein Risiko eingehen*) oynamak (*um* ile); **hoch ~** yüksek oynamak

Pol [po:l] *m* <-s, -e> (*a.* PHYS, ELEK, ASTR, GEO) kutup

polar [po'la:ɐ] *adj* kutupsal; **Polarforscher(in)** *m(f)* kutup araştırmacısı; **Polarfuchs** *m* (ZOOL) kutup tilkisi; **Polargebiet** *nt* kutup bölgesi

Polarisation *f* **1.** polarizasyon, kutuplanma **2.** (PHYS) polarma; **Polarisationsebene** *f* (PHYS) polarma düzlemi; **Polarisationsmikroskop** *nt* (PHYS) polariskop

Polarisator *m* <-s, -en> (PHYS) polargı, polarıcı

polarisieren* [polari'zi:rən] **I.** *vt* (CHEM, PHYS) polarmak; **polarisiertes Licht** polarılmış ışık **II.** *vr:* **sich ~** (*a.* POL) kutuplaşmak

Polarität [polari'tɛ:t] *f* <-en> (*a.* CHEM, PHYS) polarite; **Polarlicht** *nt* kutup ışığı

Polaroidkamera® *f* polaroit
Polarstern *m ohne Pl* <-(e)s> Kutup Yıldızı; (*Nordstern*) Kuzey Yıldızı
Pole, -in ['po:lə] *m, f* <-n, -n; -nen> Polonyalı, Leh
Polei *m* (BOT) yarpuz
Polemik [po'le:mɪk] *f* <-en> polemik
polemisch *adj* polemiğe girerek yapılan, polemik biçimdeki
polemisieren* [polemi'zi:rən] *vi* polemiğe girmek [*o* girişmek] (*gegen* aleyhine)
Polen ['po:lən] *nt* <-s> Polonya
Polente *f* (*fam sl: Polizei*) aynasızlar *pl*, polis
Police [po'li:s(ə)] *f* <-n> poliçe
polieren* [po'li:rən] *vt* cilâlamak; (*Schuhe, Möbel*) cilâ sürmek [*o* vurmak]; (*Metall*) parlatmak; **jdm die Fresse ~** (*fam*) birinin ağzını burnunu dağıtmak
Poliklinik ['po:likli:nɪk] *f* poliklinik
Politbüro [po'li:t-] *nt* politik büro
Politesse [poli'tɛsə] *f* <-n> polis hostesi, *araçların doğru park edip etmediklerini kontrol eden bayan polis yardımcısı*
Political Correctness [pɔʊ'lɪtɪkəl kə'rɛktnɪs] *f ohne Pl* siyasî dürüstlük
Politik [poli'ti:k, poli'tɪk] *f ohne Pl* politika, siyaset, siyasa; **die innere/auswärtige/internationale ~** iç/dış/uluslar arası politika; **eine neue ~ verfolgen** yeni bir politika gütmek [*o* izlemek]; **in die ~ gehen** politikaya girmek
Politika *Pl von* **Politikum**
Politiker(in) [po'li:tikɐ] *m(f)* <-s, -; -nen> politikacı, siyasetçi
Politikum [po'li:tikʊm, *Pl:* po'li:tika] *nt* <-s, Politika> siyasî olay
Politikverdrossenheit *f* politika bıkkınlığı
Politikwissenschaft *f* siyaset bilimi
politisch [po'li:tɪʃ, po'lɪtɪʃ] *adj* politik, siyasî, siyasal; **sich ~ engagieren** siyasetle uğraşmak; **jdn ~ unterstützen** birini siyaseten desteklemek
politisieren* [politi'zi:rən] **I.** *vi* politika yapmak **II.** *vt* politize etmek
Politologe, -in [polito'lo:gə] *m, f* <-n, -n; -nen> siyaset bilimcisi
Politologie [politolo'gi:] *f ohne Pl* siyaset bilimi
Politur [poli'tu:ɐ] *f* <-en> **1.** (*~schicht*) cilâ (tabakası) **2.** (*Mittel*) cilâ, parlatıcı
Polizei [poli'tsaɪ] *f* <-en> polis, zabıta, kolluk; **er ist bei der ~** o, poliste görevlidir; **Polizeiaufsicht** *f ohne Pl* polis gözetimi, genel güvenlik gözetimi; **Polizeibeamte(r)** *mf,* **-beamtin** *f* polis memuru, zabıta memuru; **Polizeidienststelle** *f* polis noktası; **Polizeifunk** *m* polis radyosu; **Polizeihund** *m* <-(e)s, -e> polis köpeği
polizeilich **I.** *adj* polis (ile ilgili); **~e Aufgaben/Befugnisse** polisin görevleri/yetkileri; **~e Festnahme** polis tarafından yakalanma; **unter ~er Kontrolle** polis denetimi altında **II.** *adv* polisçe, zabıtaca; **das ist ~ verboten** bu polisçe yasaktır
Polizeipräsident(in) *m(f)* emniyet genel müdürü; **Polizeipräsidium** *nt* emniyet genel müdürlüğü; **Polizeirevier** *nt* polis karakolu, polis noktası; **Polizeischutz** *m* polis tarafında koruma; **unter ~ stehen** polis tarafında koruma altında bulunmak; **Polizeistaat** *m* polis devleti; **Polizeistreife** *f* polis devriyesi; **Polizeiwache** *f* polis noktası, polis karakolu; **Polizeiwagen** *m* polis arabası
Polizist(in) [poli'tsɪst] *m(f)* <-en, -en; -nen> polis, kollukçu
Polka ['pɔlka] *f* <-s> (MUS) polka
Pollen ['pɔlən] *m* <-s, -> (BOT) polen; (*Blütenstaub*) çiçek tozu; **Pollenallergie** *f* (MED) polen alerjisi, çiçek tozlarına karşı alerji; **Pollenflug** *m ohne Pl* <-(e)s> havada polen uçması
polnisch ['pɔlnɪʃ] *adj* Polonya (ile ilgili)
Polo ['po:lo] *nt ohne Pl* <-s> (SPORT) polo
Polonaise *f* <-n>, **Polonäse** [polo'nɛ:zə] *f* <-n> polonez; **eine ~ von Chopin** Chopin'in bir polonezi
Polonium ['pla:ti:n] *nt ohne Pl* <-s> (CHEM) polonyum
Polster ['pɔlstɐ] *nt* <-s, -> **1.** (*elastische Auflage*) döşeme; (*Kissen*) yastık; (*~füllung*) kıtık **2.** (*in Kleidung*) vatka; (*Schulter~*) vatka **3.** (*Rücklagen*) ihtiyatlar; (*Ersparnisse*) tasarruflar; **Polstergarnitur** *f* koltuk takımı
polstern ['pɔlstɐn] *vt* **1.** (*beziehen*) döşemesini yapmak (-in) **2.** (*ausstopfen*) kıtıkla doldurmak
Polsterung *f* <-en> **1.** (*das Polstern*) kıtıkla doldurma **2.** (*Polster*) döşeme
Polterabend *m* tabak çanak kırma akşamı, *düğünden bir gece önce gelinin kapısı önünde tabak çanak kırarak bunun gelinle güveye mutluluk getireceğine inanma*
poltern ['pɔltɐn] *vi* **1.** (*lärmen*) gümbürdemek **2.** *sein* (*sich bewegen*) paldır küldür gitmek; (*fallen*) paldır küldür yere düşmek; **er kam ins Zimmer gepoltert** paldır küldür odaya girdi; **die Steine ~ vom Wagen** taşlar arabadan paldır küldür yere düşüyor **3.** (*schimpfen*) sövüp saymak **4.** (*fam: Polterabend feiern*) tabak çanak akşamını kutlamak
Polyester [poly'ɛstɐ] *m* <-s, -> (CHEM, TECH) polyester
polygam [poly'ga:m] *adj* (*a.* BOT) poligam, çok eşli

Polygamie [polyga'miː] *f ohne Pl* (*a.* BOT) poligami, çok eşlilik
polyglott [poly'glɔt] *adj* çok dilli
Polygon *nt* <-s, -e> (MATH) poligon; (*Vieleck*) çokgen
Polygynie [polyga'miː] *f ohne Pl* polijini; (*Vielweiberei*) çok karılılık
polymer *adj* (CHEM) polimer; ~**e Verbindungen** polimer birleşikler
Polymer *nt* <-s, -e>, **Polymere** *nt* <-n, -n> (CHEM) polimer
Polymerie *f* <-n> (CHEM) polimeri, polimerlik
polymerisieren* **I.** *vt* (CHEM) polimerleştirmek **II.** *vi* (CHEM) polimerleşmek
Polynesien *nt* <-s> Polinezya
Polyp [po'lyːp] *m* <-en, -en> **1.** (ZOOL, MED) polip **2.** (*fam: Polizist*) polis, aynasız
polyphon *adj* (MUS) polifon
Polyphonie *f ohne Pl* (MUS) polifoni
Polytechnikum [poly'tɛçnikʊm, *Pl:* poly'tɛçnika] *nt* politeknik, teknik meslek yüksek okulu
Polytheismus [polyte'ɪsmʊs] *m ohne Pl* <-> (REL) politeizm, çok tanrıcılık
Polyurethan *nt* poliüretan
Pomade [po'maːdə] *f* <-n> pomat
Pommern ['pɔmɐn] *nt* <-s> Pomeranya
Pommes frites [pɔm'frɪt] *Pl* patates kızartması
Pomp [pɔmp] *m ohne Pl* <-(e)s> şatafat
pompös [pɔm'pøːs] *adj* şatafatlı
poncieren* *vt* ponzalamak
Ponton *m* <-s, -s> (NAUT) tombaz; **Pontonbrücke** *f* tombaz köprüsü
Pony[1] ['pɔni] *nt* <-s, -s> (*Pferd*) midilli
Pony[2] ['pɔni] *m* <-s, -s> (*Frisur*) kâkül
Pool [puːl] *m* <-s, -s> **1.** (*Schwimmbad*) havuz **2.** (WIRTSCH) konsorsiyum
Pop [pɔp] *m ohne Pl* <-(s)> pop (müzik)
Popcorn ['pɔpkɔrn] *nt ohne Pl* <-s> patlamış mısır
Popel ['poːpəl] *m* <-s, -> (*fam*) burun boku
popelig *adj* (*fam*) **1.** (*armselig*) sefil, perişan **2.** (*gewöhnlich*) sıradan, bayağı
Popelin *m* <-s, -e> poplin; **ein Hemd/Mantel aus** ~ poplin gömlek/manto
popeln ['poːpəln] *vi* (*fam*): **in der Nase** ~ burnunu karıştırmak
poplig *adj s.* **popelig**
Popmusik ['pɔpmuziːk] *f ohne Pl* pop müzik
Popo [po'poː, '--] *m* <-s, -s> (*fam*) popo, kıç
poppig ['pɔpɪç] *adj* (*fam*) frapan
populär [popu'lɛːɐ] *adj* popüler
popularisieren* [populari'ziːrən] *vt* halka sevdirmek, popularite kazandırmak
Popularität [populari'tɛːt] *f ohne Pl* popülarite, popülerlik; **an** ~ **gewinnen** popülarite kazanmak
populärwissenschaftlich *adj* halk için bilimsel
Population [popula'tsjoːn] *f* <-en> (BIOL) nüfus
Populismus *m ohne Pl* (POL) halkçılık
Pore ['poːrə] *f* <-n> gözenek
Porno ['pɔrno] *m* <-s, -s> (*fam*) porno; (~*film*) porno film; (~*roman*) porno roman
Pornografie[RR] [pɔrnogra'fiː] *f ohne Pl* pornografi
pornografisch[RR] [pɔrno'graːfɪʃ] *adj* pornografik
Pornographie *f ohne Pl s.* **Pornografie**
pornographisch *adj s.* **pornografisch**
porös [po'røːs] *adj* gözenekli
Porree ['pɔre] *m* <-s, -s> pırasa
Port [pɔrt] *nt* (INFORM) yuva
Portal [pɔr'taːl] *nt* <-s, -e> taçkapı
Portemonnaie [pɔrtmɔ'neː] *nt* <-s, -s> *s.* **Portmonee**
Porti ['pɔrti] *Pl von* **Porto**
Portier [pɔr'tjeː] *m* <-s, -s> kapıcı
Portion [pɔr'tsjoːn] *f* <-en> porsiyon; (*fig: Neugier*) damlacık; **eine halbe** ~ (*fam*) yarım porsiyon
Portmonee[RR] [pɔrtmɔ'neː] *nt* <-s, -s> portmone, para cüzdanı
Porto ['pɔrto] *nt* <-s, -s *o* **Porti**> posta ücreti; **portofrei** *adj* posta ücretsiz; **portopflichtig** *adj* posta ücretine tabi
Porträt [pɔr'trɛː] *nt* <-s, -s> portre
porträtieren* [pɔrtrɛ'tiːrən] *vt* portresini yapmak (-in)
Portugal ['pɔrtugal] *nt* <-s> Portekiz
Portugiese, **-in** [pɔrtu'giːzə] *m, f* <-n, -n; -nen> Portekizli
portugiesisch *adj* Portekizli, Portekiz (ile ilgili); **eine** ~**e Frau** Portekizli bir kadın; **die** ~**e Regierung/Nationalmannschaft** Portekiz hükümeti/millî takımı
Portwein ['pɔrtvaɪn] *m* <-(e)s, -e> porto
Porzellan [pɔrtsɛ'laːn] *nt* <-s, -e> porselen; **Porzellangeschirr** *nt ohne Pl* <-s> porselen çanak çömlek
Posaune [po'zaʊnə] *f* <-n> (MUS) trombon
Posaunist(in) [pozaʊ'nɪst] *m(f)* <-en, -en; -nen> (MUS) tromboncu
Pose ['poːzə] *f* <-n> poz; **sich in** ~ **werfen** pozlara girmek
posieren* [po'ziːrən] *vi* poz vermek
Position [pozi'tsjoːn] *f* <-en> **1.** (*Standpunkt, Lage*) pozisyon, konum; **eine bestimmte** ~ **beziehen** belli bir pozisyon almak **2.** (*im Beruf*) mevki; **Positionslicht** *nt* (NAUT) borda feneri; (AERO) uçuş ışığı

positiv ['po:ziti:f] *adj* **1.** pozitif, olumlu, müspet; **eine ~e Antwort** olumlu bir cevap; **~es Recht** pozitif hukuk; **~ zu etw stehen** bir şeye olumlu bakmak; **sich auf etw ~ auswirken** bir şeyi olumlu etkilemek **2.** (PHYS, MATH, FOTO) pozitif; **eine ~e Zahl** pozitif sayı; **der ~e Pol** pozitif kutup **3.** (*fam*) kesin, kat'î; (*tatsächlich*) gerçek, hakikî; **ich weiß das ~** bunu kesinlikle biliyorum

Positiv *nt* <-s, -e> (FOTO) pozitif film

Positivismus *m ohne Pl* (PHILOS) pozitivizm, olguculuk

Positron *nt* <-s, -en> (PHYS: *Kernphysik*) pozitron

Posse ['pɔsə] *f* <-n> (THEAT) burlesk

Possen *m* eşek şakası; **jdm einen ~ spielen** birine eşek şakası yapmak

possenhaft *adj* burlesk gibi komik

Possessivpronomen ['pɔsɛsi:f-, pɔsɛ'si:f-] *nt* (LING) iyelik zamiri

possierlich [pɔ'si:ɐlɪç] *adj* cici, eğlendirici

Post [pɔst] *f ohne Pl* **1.** (*Institution*) posta; (*Postamt*) postahane; **einen Brief auf die ~ bringen** mektubu postalamak, mektubu postaya vermek; **Geld auf der ~ einzahlen** postahaneye para yatırmak; **Pakete bei der ~ abholen** paketleri postahaneden gidip almak; **ich muss zur ~** postahaneye gitmem lâzım; **etw mit der ~ verschicken** bir şeyi postalamak **2.** (*Sendung*) posta; **elektronische ~** elektronik posta; **die ~ beantworten** postayla gelen mektuplara cevap vermek; **war die ~ schon da?** (*fam*) posta geldi mi?; **mit gleicher ~** aynı postayla; **ab geht die ~!** (*fam*) haydin!; **hier geht die ~ ab** (*fam*) burada curcuna var

postalisch [pɔs'ta:lɪʃ] *adj:* **auf ~em Wege** posta yoluyla

Postamt *nt* postahane; **Postanschrift** *f* posta adresi; **Postanweisung** *f* **1.** (*Geldsendung*) posta havalesi **2.** (*Formular*) posta havale formu; **Postauto** *nt* posta arabası; **Postbeamte(r)** *mf*, **-beamtin** *f* posta memuru; **Postbote**, **-in** *m, f* postacı

Posten ['pɔstən] *m* <-s, -> **1.** (*Stellung*) mevki; (*Amt*) görev **2.** (MIL: *Grenz~*) karakol; (**nicht**) **auf dem ~ sein** (*fam: gesundheitlich*) sağlığı yerinde ol(ma)mak; (*wachsam sein*) dikkatli olmak; **auf verlorenem ~ stehen** durumu umutsuz olmak **3.** (*Person*) gözcü; (MIL) posta, nöbetçi (er); (*Streik~*) gözcü; **~ stehen/schieben** nöbet tutmak; **der ~ am Kasernentor** kışla kapısındaki nöbetçi (er) **4.** (*Warenmenge*) kalem **5.** (*Polizei~*) nokta **6.** (*Platz*) yer

Poster ['po:stɐ] *nt* <-s, -(s)> poster

Postfach *nt* posta kutusu

Poster ['po:stɐ] *nt* <-s, -(s)> poster

Postfach *nt* posta kutusu; **Postgeheimnis** *nt ohne Pl* (JUR) postanın gizliliği, mektuplaşmanın gizliliği, haberleşme sırrı; **Postgirokonto** *nt* posta cari hesabı

posthum [pɔs'tu:m, pɔst'hu:m] *adj s.* **postum**

postieren* [pɔs'ti:rən] *vt* koymak; **Wachen am Ausgang/Eingang ~** çıkışa/girişe nöbetçi koymak

Postkarte *f* posta kartı; **Postkutsche** *f* posta arabası; **postlagernd** *adj* postrestant; **Postleitzahl** *f* posta kodu

Postler *m* <-s, -> (*südd, österr*), **Pöstler** *m* <-s, -> (*Schweiz*) postacı

postmodern [pɔstmo'dɛrn] *adj* postmodern; **Postmoderne** [pɔstmo'dɛrnə] *f* postmodernizm

postmortal *adj* (MED) ölüm sonrası; **postnatal** *adj* (MED) doğum sonrası

Postscheck *m* posta çeki

Postscriptfile ['pɔʊsskrɪptfaɪl] *nt* <-s, -s> (INFORM) post-scriptum dosyası

Postskriptum *nt* <-s, -ta> post-scriptum

Postsendung *f* posta gönderisi

Postskript [pɔst'skrɪpt] *nt* <-(e)s, -e> not, post scriptum

Poststempel *m* posta damgası; **Postüberweisung** *f* postayla hesap nakli

Postulat *nt* <-(e)s, -e> postulat, konut

postum [pɔs'tu:m, pɔst'hu:m] *adj:* **ihm wurde ~ ein Sohn geboren** öldükten sonra bir oğlu oldu; **etw ~ veröffentlichen** yazarı öldükten sonra bir şeyi yayımlamak

Postweg *m ohne Pl* <-(e)s>: **etw auf dem ~ verschicken** bir şeyi postayla göndermek

postwendend *adv* iadeli

Postwertzeichen *nt* posta pulu; **Postzug** *m* posta treni

potent [po'tɛnt] *adj* **1.** (*stark*) güçlü, kudretli; (*einflussreich*) nüfuzlu, forslu **2.** (*zeugungsfähig*) cinsel gücü olan, cinsî iktidarı olan **3.** (FIN) malî gücü olan, parası olan; **ein ~er Kunde** yağlı müşteri

Potential [potɛn'tsja:l] *nt* <-s, -e> *s.* **Potenzial**

potentiell [potɛn'tsjɛl] *adj s.* **potenziell**

Potenz[1] [po'tɛnts] *f ohne Pl* (*Zeugungsfähigkeit*) cinsel güç

Potenz[2] *f* <-en> **1.** (*Stärke*) güç **2.** (MATH) kuvvet; **eine Zahl in die zweite ~ erheben** bir sayının karesini almak

Potenzial[RR] [potɛn'tsja:l] *nt* <-s, -e> (*a.* PHYS) potansiyel, gizil güç

Potenzialdifferenz[RR] *f*, **Potenzialgefälle**[RR] *nt* (PHYS) potansiyel farkı

potenziell[RR] [potɛn'tsjɛl] *adj* potansiyel, gi-

zil
potenzieren* [potɛn'tsiːrən] *vt* **1.** (*steigern*) güçlendirmek **2.** (MATH) kuvvetini almak (-in)
Potpourri ['pɔtpʊri] *nt* <-s, -s> (MUS) potpuri
Potsdam ['pɔtsdam] *nt* <-s> Potsdam
potthässlichRR ['pɔt'hɛslɪç] *adj* (*fam*) çok çirkin
Pottwal ['pɔtvaːl] *m* ispermeçet balinası
Power ['paʊɐ] *f ohne Pl* (*fam*) guç, kuvvet
powern ['paʊɐn] **I.** *vi* (*fam: Stärke entfalten*) gaz vermek **II.** *vt* (*fam: fördern*) özendirmek
Präambel [prɛ'ambəl] *f* <-n> (*Grundgesetz*) başlangıç (*zu* -ın); (*Staatsvertrag*) önsöz
PR-Abteilung [peː'ʔɛr-] *f* halkla ilişkiler bölümü
Pracht [praxt] *f ohne Pl* (*Glanz*) görkem, şaşaa; (*Prunk*) şatafat; (*Luxus*) lüks
prächtig ['prɛçtɪç] *adj* **1.** görkemli, muhteşem; (*prunkvoll*) şatafatlı **2.** (*großartig*) muazzam, şahane
Prachtkerl *m* (*fam*) şahane çocuk; **Prachtschmerle** *nt* süslü dikengöz, palyaço balığı; **Prachtstück** *nt* (*fam*) muhteşem bir şey; **prachtvoll** *adj* görkemli, muhteşem; (*luxuriös*) lüks
prädestinieren* [prɛdɛsti'niːrən] *vt* (*geh*) mukadder kılmak (*zu* -e, *für* için); **er war zum Politiker prädestiniert** politikacı olmak alnına yazılmıştı
Prädikat [prɛdi'kaːt] *nt* <-(e)s, -e> **1.** (*Bewertung*) not; **die Arbeit wurde mit dem ~ „sehr gut" beurteilt** çalışmaya not olarak „pekiyi" verildi **2.** (LING, PHILOS) yüklem
Präferenz [prɛfe'rɛnts] *f* <-en> yeğleme (*für* -i), tercih (*für* -i)
Präfix ['prɛːfɪks, prɛ'fɪks] *nt* <-es, -e> (LING) ön ek
Prag [praːk] *nt* <-s> Prag
prägen ['prɛːgən] *vt* **1.** (*Münzen*) darp etmek; (*Begriff*) türetmek **2.** (*Metall, Leder, Papier*) üstüne desen basmak (-in); **etw prägt sich jdm ins Gedächtnis** bir şey birinin belleğinde yer etmek, bir şey birinin hafızasına nakşetmek **3.** (*beeinflussen*) etkilemek, damgasını vurmak (-e)
pragmatisch *adj* (*a.* LING) pragmacı
pragmatisieren* *vt* (*österr*) ömür boyu işe almak
Pragmatismus *m ohne Pl* (PHILOS) pragmatizm, pragmacılık
prägnant [prɛ'gnant] *adj* (*knapp*) veciz, kısa ve özlü; (*genau*) tam; **die ~esten Vertreter dieser Bewegung** bu hareketin [*o* akımın] en tipik temsilcileri
Prägnanz [prɛ'gnants] *f ohne Pl* (*Knappheit*) icaz, kısa ve özlü oluş; (*Genauigkeit*) tam olma
Prägung *f* <-en> **1.** (*von Münzen*) darp; (*von Begriffen*) türetme **2.** (*eingeprägtes Bild*) dövme; (*Stempel*) damga
prähistorisch ['prɛːhɪstoːrɪʃ, prɛhɪs'toːrɪʃ] *adj* prehistorik, tarih öncesi
prahlen ['praːlən] *vi* övünmek (*mit* -le), böbürlenmek (*mit* -le)
Prahler(in) *m(f)* <-s, -; -nen> övüngen kimse, farfara (kimse)
Prahlerei *f* <-en> (*pej*) övüngenlik, övünme, kendi kendisini övme
prahlerisch *adj* övüngen, farfara
Praktik ['praktɪk] *f* <-en> uygulama; (*Verfahren*) yöntem, metot
Praktika *Pl von* **Praktikum**
praktikabel [prakti'kaːbəl] *adj* uygulanabilir
Praktikant(in) [prakti'kant] *m(f)* <-en, -en; -nen> stajyer
Praktikum ['praktikʊm, *Pl:* 'praktika] *nt* <-s, Praktika> staj; **ein ~ absolvieren** bir staj yapmak
praktisch ['praktɪʃ] **I.** *adj* pratik, uygulamalı, kılgılı; (*zweckmäßig*) pratik, kullanışlı; **~er Arzt** pratisyen doktor; **er ist ~ veranlagt** eli yatkındır, elle yapılan işlerde beceriklidir **II.** *adv* (*fam: im Grunde*) aslında; (*so gut wie*) neredeyse, hemen hemen
praktizieren* [prakti'tsiːrən] **I.** *vi* iş yapmak (*als* olarak); **~der Arzt** pratisyen hekim **II.** *vt* **1.** (*durchführen*) icra etmek, yapmak **2.** (*fam: irgendwohin bringen*) el çabukluğuyla koymak
Praline [pra'liːnə] *f* <-n>, **Pralinee** [prali'neː] *nt* <-s, -s> (*österr, Schweiz*) fondan
prall [pral] *adj* (*voll*) dolu; (*Ballon*) şiş; (*Körperteil*) dolgun; **in der ~en Sonne** güneşin alnında
prallen ['pralən] *vi* **1.** *sein* (*anstoßen*) çarpmak (*gegen/an/auf* -e) **2.** (*Sonne*) yakmak, kavurmak
prallvoll ['-'-] *adj* (*fam*) tıklım tıklım dolu
Prämie ['prɛːmjə] *f* <-n> **1.** (*Vergütung*) ikramiye; (*Belohnung*) ödül, mükâfat **2.** (*bei Banken*) ikramiye **3.** (*Versicherungsbeitrag*) prim
präm(i)ieren* [prɛ'miːrən, prɛmi'iːrən] *vt* ödüllendirmek, mükâfatlandırmak
Prämisse [prɛ'mɪsə] *f* <-n> **1.** (*Vordersatz*) öncül **2.** (*Voraussetzung*) ön şart [*o* koşul]; **nur unter der ~, dass ...** yalnız ve yalnız ... olması ön şartıyla
pränatal [prɛna'taːl] *adj* (MED) doğum öncesi
prangen ['praŋən] *vi* göz almak, güzelliği ile dikkati çekmek

Pranger ['praŋɐ] *m* <-s, -> teşhir direği; **jdn an den ~ stellen** birini maskara [*o* rezil] etmek

Pranke ['praŋkə] *f* <-n> (*a. Hand*) pençe

Präparat [prɛpa'ra:t] *nt* <-(e)s, -e> **1.** (*Substanz, Arznei*) müstahzar **2.** (BIOL, MED) müstahzar, preparat

präparieren* [prɛpa'ri:rən] *vt* **1.** (MED, BIOL) önceden hazırlamak **2.** (*vorbereiten*) hazırlamak

Präposition [prɛpozi'tsjo:n] *f* <-en> (LING) ilgeç, edat

Prärie [prɛ'ri:] *f* <-n> bozkır, büyük çayırlık

Präsens ['prɛ:zɛns] *nt* <-, Präsentia *o* Präsenzien> (LING) şimdiki zaman

präsent [prɛ'zɛnt] *adj* (*geh*) mevcut, bulunan

Präsentation [prɛzɛnta'tsjo:n] *f* <-en> prezantasyon, tanıtma, takdim etme

Präsentia *Pl von* **Präsens**

präsentieren* [prɛzɛn'ti:rən] *vt* prezante etmek, takdim etmek; (*vorlegen*) ibraz etmek

Präsenz [prɛ'zɛnts] *f ohne Pl* hazır bulunma; **Präsenzbibliothek** *f* genel kütüphane

Präsenzien *Pl von* **Präsens**

Präser ['prɛ:zɐ] *m* <-s, -> (*fam*), **Präservativ** [prɛzɛrva'ti:f] *nt* <-s, -e> prezervatif, kaput

Präsident(in) [prɛzi'dɛnt] *m(f)* <-en, -en; -nen> başkan

Präsidentschaft *f* <-en> başkanlık; **Präsidentschaftskandidat(in)** *m(f)* başkanlığa aday; **Präsidentschaftswahl** *f* başkanlık seçimi

Präsidien *Pl von* **Präsidium**

präsidieren* [prɛzi'di:rən] *vi* başkanlık etmek

Präsidium [prɛ'zi:diʊm] *nt* <-s, Präsidien> genel müdürlük

prasseln ['prasəln] *vi* **1.** *sein* (*Regen*) şakırdamak, şakırdayarak yağmak; (*Vorwürfe*) yağmak **2.** (*Feuer*) harlamak; **ein ~des Feuer** harlı ateş, harıl harıl yanan ateş

Prasser *m* hovarda

Prasserei *f* hovardalık

Präteritum [prɛ'te:ritʊm, prɛ'tɛritʊm, *Pl:* -rita] *nt* <-s, Präterita> (LING: *Imperfekt*) belirsiz geçmiş

Prävention [prɛvɛn'tsjo:n] *f* <-en> önleme, önüne geçme

präventiv [prɛvɛn'ti:f] *adj* önleyici

Praxis¹ ['praksɪs] *f* <Praxen> (*Arzt*) muayenehane; (*Rechtsanwalt*) büro, yazıhane

Praxis² *f ohne Pl* (*Anwendung*) pratik, uygulama, kılgı, tatbik; (*Erfahrung*) deneyim; **langjährige ~** uzun yıllık deneyim; **eine Idee in die ~ umsetzen** bir düşünceyi uygulamak

Präzedenzfall [prɛtse'dɛnts-] *m* <-(e)s, -fälle> emsal

Präzipitat *nt* (CHEM) çökelti

Präzipitation *f* (CHEM) çökelme

prezipitieren* *vt* (CHEM) çökeltmek

präzis(e) [prɛ'tsi:s, prɛ'tsi:zə] *adj* tam; **~ arbeiten** kusursuz çalışmak

präzisieren* [prɛtsi'zi:rən] *vt* açıkça belirtmek

Präzision [prɛtsi'zjo:n] *f ohne Pl* (*Klarheit*) açıklık; (*eines Uhrwerkes*) dakiklik

Präzisionsgerät *nt* hassas alet

predigen ['pre:dɪgən] **I.** *vi* (*Predigt halten*) vaaz vermek **II.** *vt* **1.** (*verkünden*) ilân etmek **2.** (*fam: mahnen, raten*): **jdm etw ~** birine bir şeyi tembih etmek

Predigt ['pre:dɪçt] *f* <-en> **1.** vaaz; **eine ~ halten** vaaz vermek **2.** (*fam fig*): **eine ~ halten** uzun uzadıya öğüt vermek

Preis [praɪs] *m* <-es, -e> **1.** (*Kauf~*) fiyat; **zum halben ~** yarı fiyatına; **um keinen ~** asla, hiçbir biçimde; **um jeden ~** ne pahasına olursa olsun; **einen hohen ~ zahlen müssen** pahalıya mal olmak **2.** (*Auszeichnung*) ödül, mükâfat; (*Belohnung*) ödül, mükâfat; **Preisanstieg** *m ohne Pl* <-(e)s> (WIRTSCH) fiyat artışı; **Preisaufschlag** *m* (WIRTSCH) zam

Preisausschreiben *nt* <-s, -> ödüllü yarışma

Preisauszeichnung *f* <-en> fiyat koyma, etiketleme

Preiselbeere ['praɪzəlbe:rə] *f* ekşimor

Preisempfehlung *f* fiyat önerisi; **unverbindliche ~** bağlayıcı olmayan fiyat önerisi

preisen ['praɪzən] <preist, pries, gepriesen> *vt* (*geh*) övmek; **sich glücklich ~ (können)** kendini talihli saymak (sayabilmek)

Preiserhöhung *f* (WIRTSCH) fiyatlarda artış; **Preisermäßigung** *f* (WIRTSCH) fiyatlarda indirim

Preisfrage *f* **1.** (*bei Preisausschreiben*) ödüllü yarışmada sorulan soru **2.** (*eine Frage des Preises*) fiyat sorunu **3.** (*fam: schwierige Frage*) güç ve nazik soru

Preisgabe *f ohne Pl* **1.** (*Aufgabe*) bırakma; (*Verzicht*) vazgeçme **2.** (*eines Geheimnisses*) ifşa

preis|geben *irr vt* (*geh*) **1.** (*ausliefern*) teslim etmek; **jdn der Lächerlichkeit ~** birinin maskarasını çıkarmak **2.** (*aufgeben*) vazgeçmek (-den), bırakmak **3.** (*verraten*) ifşa [*o* afişe] etmek, açığa vurmak

preisgekrönt *adj* ödül almış; **Preisgericht** *nt* jüri

preisgünstig *adj* fiyatı uygun; (*billig*) ucuz;

Preisindex *m* fiyat indeksi; **Preislage** *f* fiyat düzeyi; **Waren in allen ~n** her fiyatta mal
Preisliste *f* fiyat listesi; **Preisnachlass**[RR] *m* (WIRTSCH) fiyat indirimi, fiyatta indirim
Preisrätsel *nt* ödüllü bulmaca; **Preisrichter(in)** *m(f)* jüri üyesi; **Preisschild** *nt* <-(e)s, -er> fiyat etiketi; **Preisschwankungen** *fPl* (WIRTSCH) fiyat dalgalanmaları *pl;* **Preisstabilität** *f ohne Pl* (WIRTSCH) fiyat istikrarı; **Preissteigerung** *f* (WIRTSCH) fiyat artışı
Preisträger(in) *m(f)* <-s, -; -nen> yarışma birincisi
Preisunterschied *m* fiyat farkı
Preisverleihung *f* <-en> ödül verme, ödül töreni
preiswert *adj* fiyatı uygun; (*billig*) ucuz
prekär [pre'kɛːɐ] *adj* güç
prellen ['prɛlən] **I.** *vt* **1.** (*fam fig: betrügen*): **jdn um sein Geld ~** birinin parasını çarpmak; **die Zeche ~** hesabı ödemeden sıvışmak **2.** (*stoßen*): **sich** *dat* **etw ~** bir yerini çarpmak **II.** *vr:* **sich ~** çarpmak (*an* -e)
Prellschuss[RR] *m* yerden sekerek merminin vurması
Prellung *f* <-en> çürük
Prélude *f* (MUS) prelüt
Premiere [prə'mjeːrə] *f* <-n> prömiyer, ilk gösteriliş, gala
Premierminister(in) *m(f)* başbakan
Presbyterianer(in) *m(f)* (REL) Presbiteryen
presbyterianisch *adj* Presbiteryen
Preshavelotion *f* <-, -s>, **Pre-Shave-Lotion** *f* <-, -s> tıraş öncesi losyonu
Presse[1] ['prɛsə] *f* <-n> **1.** (TECH) pres **2.** (*Saft~*) pres, cendere; (*Wein~*) mengene
Presse[2] *f ohne Pl* (*Medien*) basın; **eine gute ~ haben** basını iyi olmak
Presseagentur *f* basın ajansı; **Presseamt** *nt* basın dairesi; **Presseausweis** *m* basın kartı; **Pressechef(in)** *m(f)* basın müdürü; **Pressedienst** *m* basın servisi; **Pressefotograf(in)** *m(f)* foto muhabiri; **Pressefreiheit** *f ohne Pl* basın özgürlüğü; **Pressekonferenz** *f* basın toplantısı; **eine ~ abhalten** basın toplantısı yapmak; **Pressemitteilung** *f* basın bildirisi
pressen ['prɛsən] **I.** *vt* **1.** (*in einer Presse*) preslemek; **Wein ~** üzümü presten geçirerek şarap yapmak **2.** (*aus~*) sıkmak, suyunu çıkarmak (-in); **Orangen/Zitronen ~** portakal/limon sıkmak **3.** (*drücken*) bastırmak (*gegen/an* -e/-e); **die Nase gegen die Scheibe ~** burnunu cama dayamak; **etw durch ein Sieb ~** bir şeyi süzgeçten geçirmek **II.** *vi* (*Gebärende*) ıkınmak
Pressespecher(in) *m(f)* basın sözcüsü; **Pressestelle** *f* basın bürosu; **Pressestimmen** *fPl* basındaki yankılar *pl;* **Pressewesen** *nt ohne Pl* <-s> basın; **Pressezensur** *f ohne Pl* basına sansür; **Pressezentrum** *nt* <-s, -tren> basın merkezi
pressieren* [prɛ'siːrən] *vi* (*südd, österr, Schweiz*) acele etmek; **mir pressiert es** acelem var
Pressluft *f ohne Pl* basınçlı hava
Pressluftbohrer[RR] *m,* **Preßluftbohrer** *m* pnömatik matkap; **Presslufthammer**[RR] *m,* **Preßlufthammer** *m* pnömatik çekiç
Pressuregroup *f* (POL) baskı grubu
Presswehen[RR] *fPl,* **Preßwehen** *fPl* (MED) doğum sancıları *pl*
Prestige [prɛs'tiːʒ] *nt ohne Pl* <-s> prestij; **Prestigefrage** *f* prestij meselesi
Preuße, -in ['prɔɪsə] *m, f* <-n, -n; -nen> Prusyalı
Preußen ['prɔɪsən] *nt* <-s> Prusya
preußisch *adj* Prusyalı, Prusya (ile ilgili)
prickeln ['prɪkəln] *vi* **1.** (*kribbeln*) kaşınmak, gıcıklanmak **2.** (*kitzeln*) gıdıklanmak (*auf* -); **ein angenehmes P~ auf der Haut** deride hoş bir gıdıklanma **3.** (*Getränk*) köpürmek
prickelnd *adj* (*erregend*) heyecanlı
pries [priːs] *3. imp von* **preisen**
Priester ['priːstɐ] *m* <-s> (REL) rahip; **Priesteramt** *nt* (REL) rahiplik; **Priestergewand** *nt* (REL) rahip cübbesi
Priesterin *f* <-; -nen> (REL) rahibe
Priestertum *nt ohne Pl* <-s> (REL) rahiplik
Priesterweihe *f* (REL) rahipliğe kabul edilme töreni
prima ['priːma] **I.** *adj inv* (*fam*) şahane, süper **II.** *adv* (*fam*) şahane; **ich habe ~ geschlafen** şahane uyudum
Primaballerina [primabale'riːna] *f* (*Ballet*) primabalerin; **Primadonna** [prima'dɔna] *f* <-donnen> (*Oper*) primadonna
primär [pri'mɛːɐ] **I.** *adj* **1.** (*ursprünglich*) ilk; **das ~e Stadium einer Krankheit** bir hastalığın ilk evresi **2.** (*grundlegend*) temel, köklü, esaslı **II.** *adv* ilkin
Primarschule [pri'maːɐ-] *f* <-n> (*Schweiz*) ilköğretim yapan okul
Primat[1] [pri'maːt] *m* <-en, -en> (ZOOL) primat
Primat[2] *m o nt* <-(e)s, -e> (*a.* REL: *Vorrang*) öncelik (*vor/über* -den/-den)
Primawechsel *m* poliçenin birinci nüshası
Primel ['priːməl] *f* <-n> (BOT) çuha çiçeği
primitiv [primi'tiːf] *adj* ilkel, iptidaî
Primitivismus *m ohne Pl* (KUNST) primitivizm, ilkelcilik
Primitivität *f ohne Pl* ilkellik
Primitivling *m* <-s, -e> (*pej*) primitif
Primus *m* <-, Primi o -e> birinci; (*Klassen-*

bester) sınıf birincisi
Primzahl ['pri:m-] *f* (MATH) asal sayı
Prinz [prɪnts] *m* <-en, -en> prens
Prinzessin *f* <-; -nen> prenses
Prinzip [prɪn'tsi:p, *Pl:* prɪn'tsi:piən] *nt* <-s, -ien *o* -e> ilke, prensip; **im ~** prensip olarak, esasen, aslında; **gegen seine ~ien verstoßen** ilkelerine [*o* prensiplerine] aykırı hareket etmek
prinzipiell [prɪntsi'pjɛl] **I.** *adj* ilkesel; (*grundlegend*) temel, esaslı **II.** *adv* ilke olarak
Prinzipien *Pl von* **Prinzip**; **Prinzipienreiter(in)** *m(f)* <-s, -; -nen> (*pej*) prensip düşkünü
Priorität [priori'tɛ:t] *f* <-en> üstünlük, yeğlik, rüçhan
Prise ['pri:zə] *f* <-n> **1.** (*Gewürz, Tabak*) çimdik, fiske; **eine ~ Salz** bir fiske tuz **2.** (NAUT) ganimet
Prisma ['prɪsma] *nt* <-s, Prismen> (MATH, PHYS) prizma
Pritsche ['prɪtʃə] *f* <-n> **1.** (*Liege*) kerevet **2.** (*beim Lastwagen*) yükleme alanı **3.** (*Gerät um Geräusche zu erzeugen*) şakşak **4.** (*pej: Prostituierte*) orospu
privat [pri'va:t] **I.** *adj* (*nicht öffentlich*) özel; (*nicht offiziell*) özel **II.** *adv* özel olarak; **ich möchte ihn ~ sprechen** onunla özel olarak konuşmak istiyorum; **sie ist ~ hier** o özel olarak buradadır; **ich bin ~ krankenversichert** benim özel sağlık sigortam var; **Privatangelegenheit** *f* özel iş; **Privatbesitz** *m* özel zilyetlik; **Privatdetektiv(in)** *m(f)* detektif; **Privateigentum** *nt* özel mülkiyet; **Privatfernsehen** *nt* (*fam*) özel televizyon; **Privatgespräch** *nt* (TEL) özel konuşma; **Privatgrundstück** *nt* özel gayrimenkul; **Privatinitiative** *f* özel inisiyatif
privatisieren* [privati'zi:rən] *vt* (WIRTSCH) özelleştirmek
Privatisierung *f* <-en> (WIRTSCH) özelleştirme
Privatleben *nt ohne Pl* <-s> özel yaşam, özel hayat; **Privatlehrer(in)** *m(f)* özel öğretmen; **Privatpatient(in)** *m(f)* özel hasta; **Privatperson** *f* özel kişi; **Privatrecht** *nt ohne Pl* özel hukuk; **Privatsache** *f* özel iş; **Privatschule** *f* <-n> özel okul; **Privatsekretär(in)** *m(f)* <-s, -e; -nen> özel sekreter; **Privatsender** *m* özel radyo; **Privatsphäre** *f* özel hayatın gizliliği; **Privatunterricht** *m* özel ders; **Privatvergnügen** *nt* (*fam*): **ich mache das nicht zu meinem ~** ben bunu kendi zevkim için yapmıyorum; **Privatvermögen** *nt* <-s, -> özel varlıklar *pl*, kişisel malvarlığı; **Privatversicherung** *f* <-, -en> özel sigorta; **Privatwirtschaft** *f ohne Pl* özel girişime dayanan ekonomi, özel işletmeler ekonomisi, özel sektör
Privileg [privi'le:k, *Pl:* privi'le:giən] *nt* <-(e)s, -ien> ayrıcalık, imtiyaz
privilegieren* [privile'gi:rən] *vt* ayrıcalık tanımak (-e)
pro [pro:] **I.** *präp:* **~ Kopf** adam başına; **~ Person** kişi başına; **einmal ~ Monat/Tag** ayda/günde bir kere; **~ Stück** parça başına; **80 km ~ Stunde** saatte 80 km **II.** *adv:* **bist du ~ oder kontra (eingestellt)?** lehine mi yoksa aleyhine misin?, taraftar mısın yoksa karşı mısın?
Pro [pro:] *nt ohne Pl* <->: **~ und Kontra** lehine ve aleyhine
Probe ['pro:bə] *f* <-n> **1.** (*Versuch*) deneme; **auf ~** denemek üzere; **die ~ bestehen** kendini kanıtlamak; **jds Geduld auf die ~ stellen** birinin sabrını tüketmek **2.** (THEAT) prova **3.** (*Prüfungsstück*) örnek, numune, incelemek amacıyla alınan parça; **eine ~ entnehmen** örnek almak, (incelemek amacıyla) parça almak; **Probeabzug** *m* (TYPO) prova; **Probealarm** *m* deneme alarmı, test alarm; **Probeentnahme** *f* örnek alma; **Probefahrt** *f* deneme amacıyla sürme, deneme seferi; **Probelauf** *m* <-(e)s, -läufe> (TECH) deneme amacıyla çalıştırma
proben ['pro:bən] **I.** *vi* prova yapmak **II.** *vt* provasını yapmak (-in)
probeweise *adv* denemek için
Probezeit *f* **1.** (*Testzeit*) deneme süresi **2.** (*Schweiz:* JUR: *Bewährungsfrist*) tecil süresi
probieren* [pro'bi:rən] *vt* **1.** (*versuchen*) denemek, tecrübe etmek; **lass (es) mich mal ~!** bıraksana ben de bir deneyim!; **P~ geht über Studieren** (*prov*) deney kuru öğrenmeden üstündür **2.** (*Speise, Getränk*) denemek; (*kosten*) tadına bakmak (-in)
Problem [pro'ble:m] *nt* <-s, -e> problem; **vor einem ~ stehen** bir problemle karşı karşıya kalmak; **etw wird für jdn zum ~** bir şey birisi için problem olmak; **kein ~!** (*fam*) problem [*o* sorun] değil!
Problematik [proble'ma:tɪk] *f ohne Pl* problematik
problematisch *adj* problematik, problemli, sorunlu
problemlos *adj* problemsiz, sorunsuz
Produkt [pro'dʊkt] *nt* <-(e)s, -e> ürün; (MATH) çarpım
Produktion [prodʊk'tsjo:n] *f* <-en> üretim; **Produktionskosten** *Pl* üretim maliyeti; **Produktionsmittel** *ntPl* üretim araçları *pl*; **Produktionsrückgang** *m* üre-

P

timde gerileme; **Produktionsstätte** *f* yapım evi, imalâthane, üretim evi, üretimlik; **Produktionssteigerung** *f* üretimi artırma; **Produktionsverhältnisse** *Pl* üretim ilişkileri *pl*

produktiv [prodʊk'tiːf] *adj* **1.** (*ergiebig*) verimli **2.** (*schöpferisch*) üretici, üretken

Produktivität [prodʊktivi'tɛːt] *f ohne Pl* **1.** prodüktivite, üretkenlik; (*Ergiebigkeit*) verimlilik **2.** (*Schaffenskraft*) üreticilik, üretkenlik

Produktpalette *f* ürün yelpazesi

Produzent(in) [produ'tsɛnt] *m(f)* <-en, -en; -nen> **1.** yapımcı, imalâtçı **2.** (*eines Films*) yapımcı, prodüktör, çekimci **3.** (*einer Rediosendung*) yapımcı, programcı

produzieren* [produ'tsiːrən] **I.** *vt* üretmek **II.** *vr:* **sich ~** (*fam*) gösteriş yapmak

profan [pro'faːn] *adj* **1.** (*weltlich*) dünyevî **2.** (*alltäglich*) günlük, her günkü

Professionalität [profɛsjonali'tɛːt] *f ohne Pl* profesyonellik

professionell [profɛsjo'nɛl] *adj* profesyonel; **sie arbeiten sehr ~** çok profesyonel çalışırlar

Professor(in) [pro'fɛsoːɐ, *Pl:* profɛ'soːrən] *m(f)* <-s, -en; -nen> **1.** (*akademischer Titel, Universitäts~*) profesör; **~ der Medizin/Mathematik** tıp/matematik profesörü **2.** (*österr: Gymnasiallehrer*) lise öğretmeni

Professur [profɛ'suːɐ] *f* <-en> **1.** profesörlük **2.** (*Lehrstuhl*) kürsü

Profi ['proːfi] *m* <-s, -s> profesyonel

Profil [pro'fiːl] *nt* <-s, -e> **1.** (*des Kopfes*) profil; **im ~** profilden **2.** (TECH, ARCHIT: *vorgeformt*) profil; (*Längs- oder Querschnitt*) kesit; (*Reifen~*) dişler *pl* **3.** (GEO) kesit **4.** (*Persönlichkeit*) kişilik; (*Image*) imaj; **an ~ gewinnen** kişilik kazanmak

profilieren* [profi'liːrən] **I.** *vt* dişler açmak (-e); (*Form geben*) biçim vermek (-e) **II.** *vr:* **sich ~** (*einen Namen machen*) sivrilmek

Profit [pro'fiːt] *m* <-(e)s, -e> **1.** (*Nutzen*) yarar; **~ aus etw schlagen/ziehen** bir şeyden yarar sağlamak **2.** (WIRTSCH) kâr

profitabel [profi'taːbəl] *adj* kârlı

Profitgier *f* (*pej*) kâr hırsı

profitieren* [profi'tiːrən] *vi* kâr etmek (*von/bei* -den)

Proformarechnung *f* <-en> (WIRTSCH) proforma fatura

Prognose [pro'gnoːzə] *f* <-n> tahmin

prognostizieren* [prognɔsti'tsiːrən] *vt* tahmin etmek, kestirmek

Programm [pro'gram] *nt* <-s, -e> **1.** (*Planung, Ablauf*) program; **auf dem ~ stehen** programda olmak; **ein volles ~ haben** dolu bir programı olmak **2.** (INFORM) program; **ein ~ schreiben/entwickeln** bir program yazmak/geliştirmek **3.** (RADIO, TV) program

programmatisch [progra'maːtɪʃ] *adj* **1.** programa uygun **2.** (*richtungsweisend*) yön gösterici

Programmfehler *m* (INFORM) program hatası; **programmgemäß** *adj* programlı; **alles verlief ~** her şey programa göre yürüdü

programmierbar *adj* programlanabilir

programmieren* [progra'miːrən] **I.** *vi* **1.** koşullanmak, şartlanmak; **auf Erfolg programmiert sein** başarıya koşullu [*o* şartlanmış] olmak **2.** (INFORM) programlanmak **II.** *vt* **1.** (*konditionieren*) koşullandırmak (*auf* -e), şartlandırmak (*auf* -e) **2.** (INFORM) programlamak; **programmierter Unterricht** programlı ders

Programmierer(in) *m(f)* <-s, -; -nen> (INFORM) programcı

Programmierfehler *m* (INFORM) programlama hatası; **Programmiersprache** *f* <-n> (INFORM) programlama dili

Programmierung *f* <-en> (INFORM) programlama; **Programmpunkt** *m* (*Tagesordnungspunkt*) gündem maddesi; **Programmsteuerung** *f ohne Pl* (INFORM) program denetimi; **Programmvorschau** *f* (TV) gelecek programlar; **Programmzeitschrift** *f* tv programları dergisi

progressiv [progrɛ'siːf] *adj* **1.** (*fortschrittlich*) ilerici **2.** (*allmählich steigend*) artan

Projekt [pro'jɛkt] *nt* <-(e)s, -e> proje

projektieren* [projɛk'tiːrən] *vt* projesini yapmak (-in), tasarlamak

Projektil [projɛk'tiːl] *nt* <-s, -e> **1.** (*Geschoss*) mermi **2.** (*Rakete*) füze

Projektion [projɛk'tsjoːn] *f* <-en> (*a.* FILM) projeksiyon; (MATH) izdüşüm, iz düşümü

Projektleiter(in) *m(f)* <-s, -; -nen> proje yöneticisi

Projektor [pro'jɛktoːɐ] *m* <-s, -en> projektör

projizieren* [proji'tsiːrən] *vt* (*geh a.* FILM) yansıtmak; (MATH) iz düşümünü çizmek (-in)

proklamieren* [prokla'miːrən] *vt* beyan etmek, ilân etmek

Pro-Kopf-Einkommen [proː'kɔpf-] *nt ohne Pl* <-s> adam başına gelir

Prokurist(in) [proku'rɪst] *m(f)* <-en, -en; -nen> ticarî mümessil

Prolet(in) [pro'leːt] *m(f)* <-en, -en; -nen> (*pej*) ayı, hıyar

Proletariat [proletari'aːt] *nt* <-(e)s, -e> proletarya

Proletarier(in) [prole'taːriɐ] *m(f)* <-s, -; -nen> proleter

proletarisch [prole'taːrɪʃ] *adj* proleter

Prolog [pro'lo:k] *m* <-(e)s, -e> ön deyiş
Promenade [promə'na:də] *f* <-n> **1.** (*Spazierweg*) promönat **2.** (*Spaziergang*) piyasa
promenieren* [promə'ni:rən] *vi sein* (*geh*) piyasa yapmak
Promethium *nt ohne Pl* <-s> (CHEM) prometyum
Promi ['prɔmi] *m* <-s, -s> (*fam*) ünlü
Promille [pro'mɪlə] *nt* <-(s), -> **1.** (*Tausendstel*) binde **2.** *Pl* (*fam: Alkoholgehalt im Blut*) kandaki alkol miktarı
prominent [promi'nɛnt] *adj* kalburüstü, seçkin, ünlü
Prominenz [promi'nɛnts] *f ohne Pl* kalburüstü kişiler *pl*
promoten* [prə'mɔʊtən] *vt* tanıtmak
Promotion[1] [promo'tsjo:n] *f* <-en> **1.** (*Verleihung des Doktorgrades*) doktora **2.** (*Schweiz:* SCHULE: *Versetzung*) (sınıf) geçirme **3.** (*Schweiz:* SPORT: *Aufstieg*) yükselme
Promotion[2] *f* (WIRTSCH) promosyon
promovieren* [promo'vi:rən] **I.** *vi* **1.** (*Dissertation schreiben*) doktora tezi yazmak (*in* dalında, *über* üzerine) **2.** (*Doktorwürde erlangen*) doktora yapmak (*in* dalında) **II.** *vt* (*Schweiz:* SCHULE: *versetzen*) (sınıf) geçirmek
prompt [prɔmpt] **I.** *adj* hemen yapılan, derhal olan **II.** *adv* **1.** hemen, derhal **2.** (*fam: tatsächlich*) gerçekten, hakikaten; **er ist ~ darauf/auf sie hereingefallen** (*fam*) hakikaten ona kandı
Pronomen [pro'no:mən] *nt* <-s, - *o* Pronomina> (LING) zamir
Propaganda [propa'ganda] *f ohne Pl* (POL, WIRTSCH) propaganda; **~ für etw machen** bir şey için propaganda yapmak
propagieren* [propa'gi:rən] *vt* propagandasını yapmak (-in)
Propan [pro'pa:n] *nt ohne Pl* <-s> propan; **Propangas** *nt ohne Pl* <-es> propan gazı
Propeller [pro'pɛlɐ] *m* <-s, -> (AERO, NAUT) pervane
Prophet(in) [pro'fe:t] *m(f)* <-en, -en; -nen> peygamber
prophetisch *adj* peygambervari
prophezeien* [profe'tsaɪən] *vt* (*a.* REL) kehanette bulunmak (dair), olacağını önceden söylemek (-in); **jdm eine große Karriere ~** birinin kariyer yapacağını önceden söylemek
Prophezeiung *f* <-en> (*a.* REL) kehanet
prophylaktisch [profy'laktɪʃ] *adj* (MED) profilâktik
Prophylaxe [profy'laksə] *f* <-n> (MED) profilâksi
Proportion [propɔr'tsjo:n] *f* <-en> (*a.* MATH) oran
proportional [propɔrtsjo'na:l] *adj* oranlı (*zu* -e)
proportioniert [propɔrtsjo'ni:ɐt] *adj* orantılı
Prosa ['pro:za] *f ohne Pl* (LIT) düz yazı, nesir
Prosadichtung *f* (LIT) şiirce, mensur şiir
prosaisch [pro'za:ɪʃ] *adj* (*geh*) mensur
prosit ['pro:zɪt] *interj* (*fam*) şerefe, çin çin
Prospekt [pro'spɛkt] *m* <-(e)s, -e> prospektüs; (*Reise~*) broşür
prost [pro:st] *interj* (*fam*) şerefe, çin çin
Prostata ['prɔstata] *f* <Prostatae> (ANAT) prostat
Prostatakrebs *m* (MED) prostat kanseri
prostituieren* [prostitu'i:rən] *vr:* **sich ~** fahişelik etmek
Prostituierte(r) [prostitu'i:ɐtə, -tɐ] *mf* <-n, -n; -n> fahişe
Prostitution [prostitu'tsjo:n] *f ohne Pl* fuhuş
Protagonist(in) [protago'nɪst] *m(f)* <-en, -en; -nen> **1.** başaktör **2.** (*Vorkämpfer*) öncü
Protein [prote'i:n] *nt* <-s, -e> protein
Protektionismus [protɛktsjo'nɪsmʊs] *m ohne Pl* <-> (WIRTSCH) korumacılık, himayecilik, koruyucu gümrük politikası
Protest [pro'tɛst] *m* <-(e)s, -e> protesto
Protestant(in) [protɛs'tant] *m(f)* <-en, -en; -nen> Protestan
protestantisch *adj* Protestan
Protestantismus *m ohne Pl* <-> Protestanlık
Protestbewegung *f* protesto hareketi
protestieren* [protɛs'ti:rən] *vi* protesto çekmek [*o* etmek]
Protestmarsch *m* <-(e)s, -märsche> protesto yürüyüşü; **Protestnote** *f* (POL) protesto notası; **Protestwähler(in)** *m(f)* (POL) *protesto amacıyla oyunu karşı tarafa veren seçmen*
Prothese [pro'te:zə] *f* <-n> **1.** (MED) protez **2.** (LING) protez, ön türeme
Protokoll[1] [proto'kɔl] *nt* <-s, -e> **1.** (*Niederschrift*) tutanak, zabıt(name), mazbata; **~ führen** tutanak düzenlemek, zabıt tutmak; **etw zu ~ geben/nehmen** bir şeyi tutanağa geçirtmek/geçirmek **2.** (*reg: Strafmandat*) inzibatî ceza, para cezası
Protokoll[2] *nt ohne Pl* <-s> (*Zeremoniell*) protokol; **gegen das ~ verstoßen** protokolü ihlâl etmek
protokollarisch [protokɔ'la:rɪʃ] *adj* **1.** tutanakta yazılı; **etw ~ festhalten** bir şeyi zapt etmek, bir şeyi tutanağa geçirmek **2.** (*dem Protokoll entsprechend*) protokole uygun
Protokollchef(in) *m(f)* protokol şefi

P

Protokollführer(in) *m(f)* <-s, -; -nen> yazman; (*bei einer Sitzung*) yazman, kâtip, mazbata muharriri; (*bei Gericht*) yazman

protokollieren* [protokɔ'li:rən] **I.** *vt* **1.** (*bei einer Sitzung, der Polizei*) tutanağa geçirmek, zapt etmek **2.** (*in der Schule, Universität*) yazmak, yazıya geçirmek **II.** *vi* tutanak düzenlemek, zabıt tutmak

Proton [pro'to:n] *nt* <-s, -en> (PHYS) proton

Protoplasma *nt ohne Pl* <-s> (BIOL) protoplâzma

Prototyp ['pro:toty:p] *m* <-s, -en> (*a.* TECH) prototip

protzen *vi* (*fam*) caka satmak (*mit* ile), çalım satmak (*mit* ile), gösteriş yapmak

protzig *adj* (*fam*) **1.** (*angeberisch*) gösterişli **2.** (*luxuriös*) cafcaflı

Proviant [provi'ant] *m* <-s, -e> kumanya, yolluk

Provider [pro'vaɪdɐ] *m* <-s, -> (INFORM) servis sağlayıcı

Provinz [pro'vɪnts] *f* <-en> **1.** (*Verwaltungsbezirk*) il **2.** (*fig: ländliche Gegend*) taşra, dışarlık

provinziell [provɪn'tsjɛl] *adj* taşralı, dışarılı

Provinzler(in) [pro'vɪntslɐ] *m(f)* <-s, -; -nen> (*fam pej*) taşralı, dışarlı

Provinzstadt *f* kasaba

Provision [provi'zjo:n] *f* <-en> (WIRTSCH) komisyon; **auf** [*o* **gegen**] ~ **arbeiten** komisyon alarak çalışmak

Provisorien *Pl von* **Provisorium**

provisorisch [provi'zo:rɪʃ] *adj* eğreti, geçici

Provisorium [provi'zo:riʊm] *nt* <-s, Provisorien> geçici düzenleme

provokant [provo'kant] *adj* kışkırtıcı, tahrik edici

Provokateur(in) *m(f)* provokatör, kışkırtıcı

Provokation [provoka'tsjo:n] *f* <-en> provokasyon, kışkırtma

provokativ [provoka'ti:f] *adj* kışkırtıcı, tahrik edici; **sich ~ verhalten** kışkırtıcı biçimde davranmak

provozieren* [provo'tsi:rən] *vt* provoke etmek, kışkırtmak, tahrik etmek

Prozedur [protse'du:ɐ] *f* <-en> prosedür

Prozent [pro'tsɛnt] *nt* <-(e)s, -e> **1.** (*Hundertstel*) yüzde; (*bei Alkoholgehalt*) yüzde, derece; **etw in ~ ausdrücken** bir şeyi yüzde olarak söylemek; **50 ~ der Bevölkerung** nüfusun yüzde ellisi **2.** *Pl* (*fam: Rabatt*) yüzde; **~e bekommen** yüzdesini almak; **Prozentsatz** *m* <-es, -sätze> yüzde oranı, yüzde, yüzdelik

prozentual [protsɛntu'a:l] *adj* yüzde

Prozess[RR] [pro'tsɛs] *m* <-es, -e>, **Prozeß** *m* <-sses, -sse> **1.** (JUR: *Zivil~*) dava; (*Straf~*) yargılama; **gegen jdn einen ~ führen** birini dava etmek; **mit jdm kurzen ~ machen** (*fam*) bir kimseye yapacağı işi kısa ve sert biçimde ihtar etmek; **mit etw kurzen ~ machen** (*fam*) bir şeyi kısa kesmek **2.** (*Vorgang*) proses, süreç; **Prozessgegner(in)**[RR] *m(f)* (JUR) hasım taraf

prozessieren* [protsɛ'si:rən] *vi* davalaşmak (*gegen* ile)

Prozession [protsɛ'sjo:n] *f* <-en> tören alayı

Prozesskosten[RR] *Pl* (JUR) yargılama giderleri *pl*

Prozessor [pro'tsɛso:ɐ] *m* <-s, -en> (INFORM) işlemci

prüde ['pry:də] *adj* aşırı iffetli

prüfen ['pry:fən] *vt* **1.** (*untersuchen*) incelemek, muayene etmek, araştırmak, yoklamak; (*abfragen*) sınamak, imtihan etmek; (*über~, nach~*) kontrol etmek, gözden geçirmek, denetlemek; **jdn in Biologie ~** birini biyolojide sınamak [*o* imtihan etmek] **2.** (*geh: schicksalhaft*): **ein schwer geprüfter Mensch** kaderin sillesini yemiş bir insan

Prüfer(in) *m(f)* <-s, -; -nen> (*Beruf*) denetçi; (*Schule, Universität*) ayırtman, mümeyyiz

Prüfling *m* <-s, -e> sınava giren (kimse), sınav adayı

Prüfstein *m* denek taşı, mihenk; **ein ~ für etw sein** bir şey için denek taşı olmak, bir şey için mihenge vurulmak

Prüfung *f* <-en> **1.** (*Untersuchung*) sınama; (*Schul~*) yoklama, sınav, imtihan; (*Über~*) kontrol; **sich einer ~ unterziehen** sınava çekilmek, kontrol edilmek; **etw einer ~ unterziehen** bir şeyi yoklamak, bir şeyi kontrol etmek; **nach ~ Ihrer Beschwerde** şikâyetiniz incelendikten sonra; **die mündliche/schriftliche ~ in Biologie** biyolojideki sözlü/yazılı yoklama **2.** (*geh: schicksalhaft Belastung*) kader; **Prüfungsangst** *f* sınav korkusu; **Prüfungsaufgabe** *f* sınavda verilen ödev; **Prüfungsfrage** *f* sınav sorusu; **Prüfungskommission** *f* sınav komisyonu; **Prüfungsordnung** *f* sınav yönetmeliği

Prügel ['pry:gəl] *m* <-s, -> **1.** (*Knüppel*) kötek, sopa **2.** *Pl* (*Schläge*) dayak; (*mit einem Stock*) kötek; **~ beziehen** dayak yemek, dövülmek; (*mit einem Stock*) kötek [*o* sopa] yemek

Prügelei *f* <-en> dövüş

Prügelknabe *m* (*fam*) şamar oğlanı

prügeln ['pry:gəln] **I.** *vt* dövmek, dayak atmak (-e); (*mit einem Stock*) sopa ile dövmek **II.** *vr:* **sich ~** dövüşmek; **sich um etw ~** bir şey için dövüşmek

Prügelstrafe *f ohne Pl* dayak cezası

Prunk [prʊŋk] *m ohne Pl* <-(e)s> şatafat
prunkvoll *adj* şatafatlı
prusten ['pruːstən] *vi* solumak; **jdm Wasser ins Gesicht** ~ birinin yüzüne su püskürtmek
PS [peː'ʔɛs] **1.** *Abk. von* **Pferdestärke** beygir gücü **2.** *Abk. von* **Postskript(um)** postscriptum
Psalm [psalm] *m* <-s, -en> mezmur
Pseudonym [psɔɪdo'nyːm] *nt* <-s, -e> takma ad; (*bei Dichtern*) mahlâs
pst [pst] *interj* sus
Psyche ['psyːçə] *f* <-n> ruh
Psychiater(in) [psy'ç(j)aːtɐ] *m(f)* <-s, -; -nen> psikiyatr, psikiyatrist, akliyeci
Psychiatrie¹ [psyç(j)a'triː] *f ohne Pl* (*Gebiet der Medizin*) psikiyatri, akliye
Psychiatrie² *f* <-n> (*sl: psychiatrische Abteilung*) psikiyatri, akliye
psychiatrisch [psy'ç(j)aːtrɪʃ] *adj* (MED) psikiyatrik; **in ~er Behandlung sein** psikiyatri tedavisi yapılmakta olmak
psychisch ['psyːçɪʃ] *adj* psişik, ruhsal, ruhî; ~ **krank** ruhen hasta; **~e Störungen** psişik [*o* ruhsal] bozukluklar
Psychoanalyse [----'--] *f ohne Pl* (PSYCH) psikanaliz; **Psychoanalytiker(in)** [----'---] *m(f)* (PSYCH) psikanalizci
Psychologe, -in [psyço'loːgə] *m, f* <-n, -n; -nen> psikolog
Psychologie [psyçolo'giː] *f ohne Pl* psikoloji
psychologisch *adj* psikolojik
Psychopath(in) [psyço'paːt] *m(f)* <-en, -en; -nen> (PSYCH) psikopat, ruh hastası
Psychopathie *f* <-, -n> (PSYCH) psikopati
Psychopathologie *f ohne Pl* (PSYCH, MED) psikopatoloji
Psychopharmakon [psyço'farmakɔn, *Pl:* -'farmaka] *nt* <-s, -pharmaka> (MED, PSYCH) psikofarmaka
Psychose [psy'çoːzə] *f* <-n> (MED, PSYCH) psikoz
psychosomatisch [psyçozo'maːtɪʃ] *adj* (MED) psikosomatik
Psychoterror ['psyːçotɛroːɐ] *m* psikolojik terör
Psychotherapeut(in) [psyçotera'pɔɪt, 'psyːço-] *m(f)* (MED, PSYCH) psikoterapist; **Psychotherapie** [----'-, '-----] *f* (MED, PSYCH) psikoterapi
PTT [peːteː'teː] (*Schweiz*) *Abk. von* **Post-, Telefon- und Telegrafenbetrieb** PTT, *Posta, Telefon ve Telgraf İşletmesi*
pubertär [pubɛr'tɛːɐ] *adj* **1.** (*in der Pubertät*) ergen, ergenlik çağında olan **2.** (*für die Pubertät typisch*) ergenlikteki
Pubertät [pubɛr'tɛːt] *f ohne Pl* erinlik, ergenlik, bulûğ çağı
pubertieren* *vi* ergenleşmek
Publicity [pa'blɪsiti] *f ohne Pl* kamu oyunda tanınma
Public Relations *Pl*, **Publicrelations**RR ['pablɪkri'lɛɪʃəns] *Pl* halkla ilişkiler *pl*
publik [pu'bliːk] *adj:* ~ **werden** duyulmak; **etw ~ machen** bir şeyi duyurmak
Public Relations *Pl*, **Publicrelations**RR ['pablɪkri'lɛɪʃəns] *Pl* halkla ilişkiler *pl*
Publikation [publika'tsjoːn] *f* <-en> **1.** yayım **2.** (*publiziertes Werk*) yayın
Publikum ['puːblikʊm] *nt ohne Pl* <-s> **1.** (*Zuschauer*) seyirciler *pl* **2.** (*Leserschaft*) okurlar *pl* **3.** (*fam: Zuhörer*) dinleyiciler
publizieren* [publi'tsiːrən] *vt* yayımlamak
Publizist(in) [publi'tsɪst] *m(f)* <-en, -en; -nen> gazeteci
Publizistik [publi'tsɪstɪk] *f ohne Pl* gazetecilik
Puck [pʊk] *m* <-s, -s> (SPORT) disk
Pudding ['pʊdɪŋ] *m* <-s, -e *o* -s> puding
Pudel ['puːdəl] *m* <-s, -> kaniş; **wie ein begossener ~ dastehen** (*fam*) süt dökmüş kediye dönmek; **pudelnass**RR ['--'-] *adj* (*fam*) sırsıklam, sırılsıklam; **pudelwohl** ['--'-] *adv* (*fam*): **sich ~ fühlen** kendini son derece mutlu hissetmek
Puder ['puːdɐ] *m o nt* <-s, -> pudra; (*Talkum*) talk pudrası; **Puderdose** *f* pudralık, pudra kutusu
pudern ['puːdɐn] *vt* pudralamak
Puderzucker *m* pudra şekeri
puff *interj* pof
Puff¹ [pʊf, *Pl:* 'pʏfə] *m* <-(e)s, Püffe *o* -e> (*fam: Stoß*) vurma
Puff² *m* <-(e)s, -e *o* -s> **1.** (*Wäschekorb*) kirli çamaşır sepeti **2.** (*Sitzkissen*) puf
Puff³ *m o nt* <-s, -s> (*fam: Bordell*) kerhane, genelev
Puffer *m* <-s, -> **1.** (*am Zug*) tampon **2.** (INFORM) *s.* **Pufferspeicher 3.** (*Reibekuchen*) patates mücveri; **Pufferspeicher** *m* (INFORM) tampon bellek; **Pufferzone** *f* (POL) tampon bölge
Puffmutter *f* (*sl*) çaça, mama
pulen ['puːlən] *vi* (*nordd: fam*): **in der Nase** ~ burnunu karıştırmak
Pulle ['pʊlə] *f* <-n> (*fam*) şişe; **volle ~ (fahren)** (*fam*) tam gaz (sürmek)
Pulli ['pʊli] *m* <-s, -s> (*fam*), **Pullover** [pʊ'loːvɐ] *m* <-s, -> süveter, kazak
Pullunder [pʊ'lʊndɐ] *m* <-s, -> kolsuz kazak
Puls [pʊls] *m* <-es, -e> nabız; **den ~ fühlen** nabzı yoklamak; **Pulsader** *f* <-n> bilek damarı
pulsieren* [pʊl'ziːrən] *vi* atmak
Pulsschlag *m* nabız atışı

P

Pult ['pʊlt] *nt* <-(e)s, -e> **1.** (*Schreib~*) kürsü **2.** (*Noten~*) sehpa
Pulver ['pʊlvɐ] *nt* <-s, -> toz; (*Schieß~*) barut; **sein ~ verschossen haben** (*fam fig: Kräfte*) pili bitmek; (*Argumente*) söyleyeceğini söylemiş olmak
PulverfassRR *nt* barut fıçısı
pulverig *adj* toz
Pulverkaffee *m* toz kahve; **Pulverschnee** *m* toz hâlinde kar
pulvrig *adj s.* **pulverig**
Puma ['pu:ma] *m* <-s, -s> (ZOOL) puma, Yeni Dünya aslanı
pummelig ['pʊməlɪç] *adj* (*fam*) tombulca, topaç gibi
Pump [pʊmp] *m ohne Pl* <-s> (*fam*) borç; **auf ~ leben** borç alarak yaşamak; **etw auf ~ kaufen** bir şeyi veresiye satın almak
Pumpe ['pʊmpə] *f* <-n> **1.** (*Vorrichtung zum Pumpen*) tulumba, pompa **2.** (*fam: Herz*) kalp
pumpen *vt* **1.** pompalamak; **Luft in die Reifen ~** lâstiklere hava basmak; **etw mit Wasser/Luft voll ~** bir şeyi su/hava ile doldurmak; **sich voll ~** (*fam*) kafayı çekmek **2.** (*fam: leihen*): **jdm etw ~** birine bir şeyi ödünç vermek; **sich** *dat* **etw ~** bir şeyi ödünç almak; **kannst du mir 20 Euro ~?** bana 20 euro borç verebilir misin?
Pumpgun *nt* pompalı tüfek
Pumphose ['pʊmp-] *f* şalvar
Punchingball *m* <-s, -bälle> (SPORT: *Boxen*) armut top
Punk[1] [paŋk] *m ohne Pl* <-(s)> (*Musik, Stil*) punk
Punk[2] *m* <-(s), -s>, **Punker(in)** ['paŋkɐ] *m(f)* <-s, -; -nen> punk
Punkt [pʊŋkt] *m* <-(e)s, -e> **1.** (*allgemein*) nokta; **um ~ sechs Uhr** tam saat altıda; **~ eins** (*bei einer Aufzählung*) nokta bir; **bis zu einem gewissen ~** belli bir noktaya kadar; **der springende ~** (*fam fig*) işin püf noktası; **der strittige ~** tartışmalı olan nokta; **wunder ~** (*fam fig*) hoş olmayan mesele; **toter ~** ölü nokta; **~ für ~** noktası noktasına; **ein dunkler ~ in seiner Vergangenheit** geçmişinde [*o* mazisinde] karanlık bir nokta; **ohne ~ und Komma reden** (*fam*) nokta, virgül bilmeden konuşmak **2.** (MATH) nokta **3.** (*Ort*) nokta **4.** (SPORT) puan, skor, sayı; **nach ~en siegen/führen** puan hesabıyla yenmek/önde olmak **5.** (TYPO) punto
Punktgewinn *m* <-(e)s, -e> (SPORT) puan kazanma, sayı kazanma; **punktgleich** *adj* (SPORT) puanları eşit olan, berabere
punktieren* *vt* **1.** noktalamak **2.** (MED): **jdn ~** birine ponksiyon yapmak
Punktiernadel *f* (MED) ponksiyon iğnesi
Punktion *f* (MED) ponksiyon
pünktlich ['pʏŋktlɪç] **I.** *adj* dakik **II.** *adv* vaktinde; **sei ~, sonst gibt es Schelte!** geç kalma, sonra azar işitirsin!
Pünktlichkeit *f ohne Pl* dakiklik
Punktniederlage *f* <-n> (SPORT) puan [*o* sayı] hesabıyla yenilgi, puan [*o* sayı] hesabıyla mağlûbiyet
Punktsieg *m* <-es, -e> (SPORT) puan [*o* sayı] hesabıyla yenme, puan [*o* sayı] hesabıyla galibiyet
Punktsieger(in) *m(f)* <-s, -; -nen> (SPORT) puan [*o* sayı] hesabıyla galip
punktuell [pʊŋktu'ɛl] **I.** *adj* bazı noktaları göz önüne alarak yapılan **II.** *adv* bazı noktaları göz önüne alarak; **~ vorgehen** bazı noktaları göz önüne alarak hareket etmek
Punktzahl *f* puan sayısı, skor
Punsch [pʊnʃ] *m ohne Pl* <-(e)s> punç; **Punschglas** *nt* punç bardağı
pupen *vi* (*fam*) osurmak
Pupille [pu'pɪlə] *f* <-n> göz bebeği
Puppe ['pʊpə] *f* <-n> **1.** (*Spielzeug*) (oyuncak) bebek **2.** (*Marionette*) kukla; **die ~n tanzen lassen** (*fam: feiern*) âlem yapmak; (*seine Macht ausüben*) milleti kukla gibi oynatmak; **bis in die ~n feiern/schlafen** (*fam*) sabahlara kadar eğlenmek/uyumak **3.** (*Schaufenster~*) manken **4.** (ZOOL) nemf; **Puppenhaus** *nt* bebek evi; **Puppentheater** *nt* kukla tiyatrosu; **Puppenwagen** *m* bebek arabası
Pups [pu:ps] *m* <-es, -e> (*fam*) osuruk, yellenme
pupsen *vi* (*fam*) osurmak, yellenmek
pur [pu:ɐ] *adj* **1.** (*rein*) saf; **~es Gold** som altın; **Whisky ~** sek viski; **den Whisky ~ trinken** viskiyi sek içmek **2.** (*fam: bloß*) sırf; (*nichts anders als*) başka bir şey değil; **aus ~er Neugierde** sırf meraktan; **das ist ~er Wahnsinn** bu çılgınlıktan başka bir şey değil; **ein ~er Zufall** sırf bir tesadüf
Püree [py're:] *nt* <-s, -s> (GASTR) püre, ezme
Purgatorium *nt ohne Pl* <-s> (REL: *Fegefeuer*) Araf
pürieren* [py'ri:rən] *vt* (GASTR) püresini yapmak (-in); **Kartoffeln ~** patates püresi yapmak
Purismus *m ohne Pl* <-> (LIT, LING) pürizm
Puritaner(in) [puri'ta:nɐ] *m(f)* <-s, -; -nen> püriten
puritanisch *adj* püriten
Puritanismus *m ohne Pl* <-> (REL) püritenlik
Purpur ['pu:ɐpu:ɐ] *m ohne Pl* <-s> erguvanî
purpurfarben *adj* erguvanî
Purzelbaum ['pʊrtsəl-] *m* (*fam*) takla; **ei-**

nen ~ schlagen takla atmak
purzeln ['pʊrtsəln] *vi sein* (*fam*) tepetakla gitmek [*o* yuvarlanmak]; **die Tore purzelten nur so** gol üstüne gol atıldı
Puste ['puːstə] *f ohne Pl* (*fam*) soluk, nefes; **außer ~ sein** soluğu [*o* nefesi] kesilmek; **aus der ~ kommen** soluk soluğa kalmak, nefes nefese kalmak; **Pusteblume** *f* (*fam: Löwenzahn*) karahindiba; **Pustekuchen** *interj* (*fam*): (**ja**) **~!** ne gezer!
Pustel ['pʊstəl] *f* <-n> (*Bläschen*) kabarcık; (*Pickel*) sivilce
pusten ['puːstən] *vi* (*fam*) püflemek; (*blasen*) üflemek
put [pʊt] *interj:* **~, ~, ~!** bili bili!
Pute ['puːtə] *f* <-n> (dişi) hindi; (*fig*) ahmak; **Putenfleisch** *nt* hindi eti
Puter ['puːtɐ] *m* <-s, -> erkek hindi, gurk, baba hindi; **puterrot** ['--'-] *adj* kıpkırmızı
Putsch [pʊtʃ] *m* <-(e)s, -e> darbe
Putschist(in) [pʊ'tʃɪst] *m(f)* <-en, -en; -nen> darbeci
Putte ['pʊtə] *f* <-n> (KUNST) (kanatlı) çıplak çocuk figürü
Putz [pʊts] *m ohne Pl* <-es> sıva; **auf den ~ hauen** (*fam: feiern*) parasına bakmadan eğlenmek; (*prahlen*) övünmek, böbürlenmek
putzen ['pʊtsən] *vt* temizlemek; (*scheuern*) ovmak; **sich** *dat* **die Nase ~** burnunu silmek; **sich** *dat* **die Zähne ~** dişlerini ovmak
Putzfimmel *m ohne Pl* <-s> (*pej*) temizleme hastalığı; **Putzfrau** *f* orta hizmetçisi; (*in einem Privathaushalt*) temizlikçi kadın
putzig ['pʊtsɪç] *adj* (*fam*) **1.** (*niedlich*) cici **2.** (*seltsam*) tuhaf; **Putzlappen** *m* temizlik bezi; (*Scheuerlappen*) tahta bezi; **Putzmittel** *nt* temizlik malzemesi
putzmunter ['-'--] *adj* (*fam*) capcanlı
Putztag *m* temizlik günü; **Putzteufel** *m* (*fam*) temizlik hastası; **Putzwolle** *f* üstüpü; **Putzzeug** *nt* temizlik malzemesi
Puzzle ['pazəl] *nt* <-s, -s> bozyap
Pygmäe, -in [py'gmɛːə] *m, f* <-n, -n; -nen> pigme
Pyjama [py'(d)ʒaːma] *m* <-s, -s> pijama
Pyramide [pyra'miːdə] *f* <-n> piramit; **pyramidenförmig** *adj* piramitsi
Pyrenäen [pyre'nɛːən] *Pl* Pireneler *pl*
Pyromane, -in [pyro'maːnə] *m, f* <-n, -n; -nen> (MED, PSYCH) piroman, yangın çıkarma hastası
Python ['pyːtɔn] *m* <-s, -s *o* -en> (ZOOL: *Schlange*) piton

P

Q

Q, q [kuː] *nt* <-, -> *Alman alfabesinin on yedinci harfi*

Quacksalber(in) ['kvakzalbɐ] *m(f)* <-s, -; -nen> (*pej*) sahte hekim, hekimlik taslayan kimse, mutatabbip

Quader ['kvaːdɐ] *m* <-s, -> **1.** (*Stein*) parke **2.** (MATH) dikdörtgenler prizması; **Quaderstein** *m* parke taşı

Quadrant [kva'drant] *m* <-en, -en> (ASTR, MATH) çeyrek alan

Quadrat[1] [kva'draːt] *nt* <-(e)s, -e> (*a.* MATH) kare; **fünf zum** ~ beşin karesi

Quadrat[2] *m* <-(e)s, -e> (TYP) kadrat

Quadratdezimeter *m o nt* desimetre kare

quadratisch *adj* **1.** (*Form*) kare **2.** (MATH) karesel; ~**e Gleichung** karesel denklem, ikinci derecede denklem

Quadratkilometer *m* kilometre kare; **Quadratmeter** *m o nt* metre kare; **Quadratmillimeter** *m o nt* milimetre kare; **Quadratzentimeter** *m o nt* santimetre kare

Quadratwurzel *f* (MATH) kare kök; **Quadratzahl** *f* (MATH) kare sayı; **Quadratzentimeter** *m o nt* santimetre kare

quadrieren* [kva'driːrən] *vt* (MATH) karesini almak (-in); **eine Zahl** ~ bir sayının karesini almak

Quadrofonie[RR] *f ohne Pl*, **Quadrophonie** [kvadrofo'niː] *f ohne Pl* dört kanal stereo

Quai [kɛː, keː] *m o nt* <-s, -s> **1.** (*Kai*) rıhtım **2.** (*Schweiz: Uferstraße*) kordon boyu

quaken ['kvaːkən] *vi* (*Frosch*) vrak vrak etmek; (*Ente*) vakvaklamak

Quäker(in) *m(f)* <-s, -; -nen> (REL) kuaker

Qual [kvaːl] *f* <-en> (*a. fig: Quälerei*) azap, eziyet; (*Leiden*) cefa, üzgü, büyük sıkıntı, ıstırap; (*Mühe*) eziyet; **unter großen** ~**en** çok ıstırap çekerek

quälen ['kvɛːlən] **I.** *vt* **1.** (*foltern*) işkence etmek [*o* yapmak] (-e); (*misshandeln*) eziyet etmek (-e), cefa etmek (-e); (*seelisch*) işkence etmek [*o* yapmak] (-e), manevî eziyet çektirmek (-e); ~**der Durst** ıstırap veren susuzluk **2.** (*lästig fallen*) canından bezdirmek **II.** *vr:* **sich** ~ (*mit Arbeit*) eziyet çekmek, canı çıkmak

Quälerei *f* <-en> eziyet

Quälgeist *m* <-(e)s, -er> (*fam*) baş belâsı

Qualifikation [kvalifika'tsjoːn] *f* <-en> **1.** nitelendirme **2.** (*erworbene Befähigung*) nitelik, vasıf **3.** (SPORT) eleme

qualifizieren* [kvalifi'tsiːrən] **I.** *vt* **1.** (*befähigen*) nitelendirmek (*für* için), vasıflandırmak; **qualifiziert** nitelikli, kalifiye, vasıflı **2.** (*bezeichnen*) nitelemek (*als* olarak) **II.** *vr:* **sich** ~ (SPORT) katılma hakkını kazanmak (*für* -e); **die Mannschaft hat sich für das Finale qualifiziert** takım finale kaldı, takım finallere katılma hakkını kazandı

Qualität [kvali'tɛːt] *f* <-en> (*Eigenschaft*) nitelik, vasıf; (*Beschaffenheit, Waren~*) kalite

qualitativ [kvalita'tiːf, '----] **I.** *adj* kaliteli, nitelikli, nitel **II.** *adv* kalite olarak; ~ **besser** kalite olarak daha iyi

Qualitätsarbeit *f ohne Pl* kaliteli iş; **Qualitätserzeugnis** *nt* kalite belgesi; **Qualitätskontrolle** *f* kalite kontrolü; **Qualitätssiegel** *nt* kalite mühürü; **Qualitätsunterschied** *m* kalite farkı

Qualle ['kvalə] *f* <-n> (ZOOL) denizanası

Qualm [kvalm] *m ohne Pl* <-(e)s> duman

qualmen *vi* **1.** (*Schornstein*) duman çıkarmak, tüttürmek **2.** (*fam: Mensch*) tüttürmek; (*rauchen*) sigara içmek; **er qualmt pausenlos** aralıksız sigara içiyor

qualvoll ['kvaːlfɔl] *adj* (*mit Qualen*) ıstıraplı; (*schmerzlich*) acı; ~ **sterben** can çekişerek ölmek

Quant [kvant] *nt* <-s, -en> (PHYS) kuvant

Quäntchen[RR] ['kvɛntçən] *nt* <-s, -> azıcık bir miktar, parçacık, zerre; **ein** ~ **Zucker/Butter** bir parçacık şeker/tereyağı

quäntchenweise[RR] *adv* azar azar

Quanten ['kvantən] *ntPl* **1.** *Pl von* **Quant**, **Quantum 2.** (*sl: Füße*) ayaklar; **Quantentheorie** *f ohne Pl* (PHYS) kuvantum teorisi

Quantität [kvanti'tɛːt] *f ohne Pl* nicelik

quantitativ [kvantita'tiːf, '----] *adj* nicel

Quantum ['kvantʊm] *nt* <-s, Quanten> (*Menge*) miktar; (*Anteil*) pay

Quarantäne [karan'tɛːnə] *f* <-n> karantina; **unter** ~ **stehen** karantinada olmak; **unter** ~ **stellen** karantinaya almak

Quark [kvark] *m ohne Pl* <-s> **1.** (*Lebensmittel*) çökelek; (*Weißkäse*) lor **2.** (*fam pej*): **das ist doch alles** ~**!** bu dediğin gazoz ağacı!; **davon verstehst du einen** ~**!** ondan bir bok anlamazsın!; **seine Nase in jeden** ~ **stecken** burnunu her (bir) boka sokmak; **sich über jeden** ~ **aufregen** her (bir) boka sinirlenmek

Quarta *f* <-en> (SCHULE) **1.** yedinci sınıf

2. (*österr*) sekizinci sınıf

Quartal [kvar'ta:l] *nt* <-s, -e> üç ay; **das letzte ~ beginnt mit dem Oktober** yılın son üç ayı ekimle başlar

QuartsabschlussRR *m* (WIRTSCH) üç aylık bilanço

Quartett [kvar'tɛt] *nt* <-(e)s, -e> **1.** (*Gruppe*) dörtlü **2.** (MUS) kuartet, dörtlü

Quartier [kvar'ti:ɐ] *nt* <-s, -e> **1.** (*Unterkunft*) konak, karargâh **2.** (*Schweiz: Stadtviertel*) semt

Quarz [kva:ɐts] *m* <-es, -e> (GEO) kuvars; **Quarzit** *m* (GEO) kuvarsit; **Quarzuhr** *f* kuvars saat

quasi ['kva:zi] *adv* (*sozusagen*) âdeta, tabiri caizse; (*gewissermaßen*) sanki, âdeta

quasseln ['kvasəln] **I.** *vi* (*fam*) gevezelik etmek; **mit jdm ~** biriyle gevezelik etmek **II.** *vt* (*fam*) zırvalamak

Quasselstrippe *f* (*fam pej*) gevezenin teki

Quassie *f* (BOT) kavasya

Quaste ['kvastə] *f* <-n> püskül

Quatsch [kvatʃ] *m ohne Pl* <-(e)s> (*fam pej*) saçma(lar) *(pl)*, saçma sapan şey(ler) *(pl)*, saçmalık(lar) *(pl)*; **red keinen ~!** saçma sapan konuşma!, saçmalama!; **so ein ~!** ne saçma şey!; **was soll der ~?** bu saçmalık da ne?

quatschen **I.** *vi* (*fam*) **1.** (*pej: quasseln*) gevezelik etmek; **mit jdm ~** biriyle gevezelik etmek **2.** (*pej: tratschen*) dedikodu yapmak **3.** (*sich unterhalten*) lâklâk etmek, lâflamak **4.** (*verraten*) boşboğazlık etmek, dilini tutamamak; **wer hat gequatscht?** kim dilini tutamadı? **II.** *vt* (*fam*): **dummes Zeug ~** saçma sapan konuşmak

Quatscherei *f* (*fam*) gevezelik, lâfazanlık

Quatschkopf *m* (*fam abw*) zevzek

Quecksilber ['kvɛk-] *nt ohne Pl* <-s> cıva; **Quecksilbersäule** *f* cıva sütunu, cıvalı barometre; **Quecksilberthermometer** *nt* cıvalı derece

Quelle ['kvɛlə] *f* <-n> **1.** (*eines Gewässers*) kaynak, memba, pınar; (*Öl~*) kuyu; **heiße ~n** ılıcalar **2.** (*Ursache*) kaynak, neden **3.** (*Text, Person*) kaynak, referans; **aus zuverlässiger ~** güvenilir kaynaktan

quellen ['kvɛlən] <quillt, quoll, gequollen> *vi sein* **1.** (*Holz*) (suyu çekerek) şişmek; (*Reis*) (suyu çekerek) kabarmak **2.** (*heraus~*) çıkmak (*aus* -den); (*stärker*) fışkırmak (*aus* -den)

Quellenangabe *f* <-n> kaynak gösterme; **Quellenforschung** *f ohne Pl* kaynakları araştırma; **Quellensteuer** *f* <-n> (FIN) stopaj, kaynakta kesilen vergi; **Quellentext** *m* kaynak metin; **Quellwasser** *nt ohne Pl* <-s> kaynak suyu; **Quellwolke** *f* <-n> (METEO) küme bulut

Quengelei [kvɛŋə'laɪ] *f* <-en> (*fam*) mızmızlanma; (*weinerlich*) zırlama

quengelig ['kvɛŋ(ə)lɪç] *adj* (*fam*) mızmız

quengeln ['kvɛŋəln] *vi* (*fam*) mızmızlanmak; (*weinerlich*) zırlamak

quenglig *adj s.* **quengelig**

Quentchen *nt* <-s, -> *s.* **Quäntchen**

quer [kve:ɐ] *adv* **1.** enine, çapraz; **~ gestreift** enine çizgili; **die Straße verläuft ~ zur Hauptstraße** sokak [*o* cadde] ana caddeyi kesiyor; **das Auto stand ~ auf der Straße** otomobil yol üstünde çapraz duruyordu **2.** (*schräg*): **~ über** [*o* **durch**] **...** karşıdan karşıya ..., bir yandan öbür yana ...; **~ über die Straße gehen** caddeyi karşıdan karşıya geçmek, caddenin bir yanından öbür yanına geçmek **3.** (*dagegen*): **sich ~ legen** [*o* **stellen**] (*fam*) diklenmek; **Querachse** *f* enine eksen; **Querbalken** *m* (ARCH) enine kiriş; (SPORT) kalenin üst direği

querbeet [kve:ɐ'be:t] *adj* (*fam*): **~ durch den Wald laufen** ormanda şuraya buraya koşmak

Querdenker(in) *m(f)* serkeş

Quere ['kve:rə] *f ohne Pl* (*fam*): **jdm in die ~ kommen** (*stören*) birinin işini bozmak; (*treffen*) birinin karşısına çıkmak

Querele [kve're:lə] *f* <-n> uyuşmazlık, kavga

querfeldein [kve:ɐfɛlt'ʔaɪn] *adv* kırlar, tarlalar arasında

Querfeldeinlauf *m* (SPORT) kros; **Querfeldeinrennen** *nt* (SPORT: *Radrennen*) bisikletli kros

Querflöte *f* çapraz flüt; **Querformat** *nt* <-(e)s, -e> enine format; **quergestreift** *adj s.* **quer 1.**; **Querhaus** *nt* (ARCH) transept; **Querkopf** *m* (*fam pej*) dik başlı (kimse), dik kafalı (kimse); **querköpfig** *adj* (*fam pej*) dik başlı, dik kafalı; **querlegen** *irr vr:* **sich ~** *s.* **quer 3.**; **Querschiff** *nt* (ARCH) transept; **Querschläger** *m* **1.** (*Geschoss*) seken mermi, kaza kurşunu **2.** (*fam: Person*) entrikacı; **Querschnitt** *m* **1.** (*Schnitt*) kesit **2.** (*Überblick*) genel bakış

querschnitt(s)gelähmt *adj* (MED) belden aşağısı kötürüm; **Querschnitt(s)lähmung** *f ohne Pl* (MED) alt yan kötürümlüğü

querstellen *vr:* **sich ~** *s.* **quer 3.**; **Querstraße** *f:* **die A-Straße ist eine ~ zur B-Straße** A sokak, B sokağı kesen bir sokaktır; **zwei ~n entfernt wohnen** iki sokak ileride oturmak; **Querstrich** *m* <-(e)s, -e> enine çizgi; **Quersumme** *f* (MATH) sayıyı oluşturan rakamların toplamı

Querulant(in) [kveru'lant] *m(f)* <-en, -en; -nen> (*pej*) kavgacı, dava hastası

Querverbindung *f* çapraz bağlantı

quetschen ['kvɛtʃən] **I.** *vt* **1.** (*drücken*) bastırmak (*gegen/an* -e/-e) **2.** (*zerdrücken*) ezmek; **den Saft aus der Zitrone** ~ limonun suyunu sıkmak **3.** (*in einen Koffer*) tıkıştırmak **4.** (*verletzen*): **sich** *dat* **etw** ~ bir yerini incitmek; **sich die Hand in der Tür** ~ elini kapıya kıstırmak **II.** *vr:* **sich** ~ (*sich zwängen*) ite kaka girmek; **sich in das überfüllte Abteil** ~ tıklım tıklım dolu kompartmana ite kaka girmek

Quetschung *f* <-en> ezik

Queue [køː] *m o nt* <-s, -s> (*Billard*) isteka

quicklebendig ['kvɪkle'bɛndɪç] *adj* capcanlı, dipdiri

quieken ['kviːkən] *vi* cıyaklamak

quicklebendig ['kvɪkle'bɛndɪç] *adj* capcanlı, dipdiri

quieken ['kviːkən] *vi* cıyaklamak

Quietismus *m ohne Pl* (PHILOS) dingicilik

quietschen ['kviːtʃən] *vi* **1.** (*Tür, Reifen*) gıcırdamak; **die Tür quietscht in den Angeln** kapının menteşeleri gıcırdıyor **2.** (*fam: Mensch*) kıkırdamak

quietschfidel ['kviːtʃfi'deːl] *adj* (*fam*) capcanlı; **quietschvergnügt** ['--'-] *adj* (*fam*) pürneşe, zevkten dört köşe

quillt [kvɪlt] *3. präs von* **quellen**

Quinta ['kvɪnta] *f* (SCHULE) **1.** altıncı sınıf **2.** (*österr*) dokuzuncu sınıf

Quintessenz ['kvɪntɛsɛnts] *f* öz

Quintett [kvɪn'tɛt] *nt* <-(e)s, -e> (MUS) kuintet, kentet, beşli

Quirl [kvɪrl] *m* <-(e)s, -e> **1.** (*Küchengerät*) yumurta çırpıcı **2.** (*fam: Mensch*) yerinde duramaz kimse

quirlen *vt* (GASTR) çırpmak

quirlig *adj* **1.** (*fam*) yerinde duramaz **2.** (BOT): ~**e Blattordnung** halkadizilişli yapraklar

quitt [kvɪt] *adj inv* (*fam*): **mit jdm** ~ **sein** (*abgerechnet haben*) biriyle fit olmak; (*nichts mehr zu tun haben wollen*) biriyle hesabı bitirmek

Quitte ['kvɪtə] *f* <-n> ayva; **Quittenmarmelade** *f* ayva reçeli

quittieren* [kvɪ'tiːrən] *vt* **1.** (*Empfang*) teslim alındığını teyit etmek (-in); (*Betrag*) alındı vermek (-e) **2.** (*reagieren*) tepki göstermek (-e), karşılık vermek (-e); **ein Kritik mit einem Achselzucken** ~ bir eleştiriye omuz silkerek karşılık vermek **3.** (*aufgeben*): **den Dienst** ~ görevi bırakmak, görevinden istifa etmek

Quittung *f* <-en> **1.** (*Empfangsbescheinigung*) alındı, makbuz; **jdm eine** ~ (**über 200 Euro**) **ausstellen** birine (200 euroluk) alındı vermek; **gegen** ~ alındılı, alındı karşılığında **2.** (*Folgen*) ceza

Quiz [kvɪs] *nt* <-, -> bilgi yarışması; **Quizmaster(in)** ['kvɪsmaːstɐ] *m(f)* <-s, -; -nen> bilgi yarışması yöneticisi

quoll [kvɔl] *3. imp von* **quellen**

Quorum ['kvoːrʊm] *nt ohne Pl* <-s> yeter sayı, nisap

Quote ['kvoːtə] *f* <-n> **1.** kota **2.** (*Arbeitslosen~*) oran; **Quotenregelung** *f* oranlama

Quotient [kvo'tsjɛnt] *m* <-en, -en> (MATH) bölüm

R

R, r [ɛr] *nt* <-, -> R, r; ~ **wie Richard** Rize'nin re'si

Rabatt [ra'bat] *m* <-(e)s, -e> (fiyatta) indirim; **auf etw ~ geben** bir şeye (fiyatta) indirim yapmak

Rabauke [ra'baʊkə] *m* <-n, -n> (*fam*) serseri

Rabbi ['rabi, *Pl:* 'rabi:s] *m* <-(s), -s *o* Rabbinen> Rabbi, *Yahudi din adamına verilen unvan*

Rabbinat *nt* hahamlık

Rabbiner [ra'bi:nɐ] *m* <-s, -> haham

Rabe ['ra:bə] *m* <-n, -n> karga; **Rabenmutter** *f* <-mütter> (*fam pej*) kötü anne; **rabenschwarz** ['--'-] *adj* kuzgunî, kapkara

rabiat [rabi'a:t] *adj* **1.** (*roh*) kaba, hoyrat **2.** (*gewalttätig*) zorba, şiddete başvuran **3.** (*voller Zorn*) hiddetli, kızgın; (*wild*) azgın, azılı; (*wild vor Zorn*) hiddetten kudurmuş **4.** (*Methode*) sert

Rabulist(in) *m(f)* <-en, -en; -nen> (*pej*) mugalâtacı

Rabulistik *f ohne Pl* (*pej*) mugalâta, yanıltmaca

Rache ['raxə] *f ohne Pl* öç, intikam (*für* için); (**an jdm**) ~ **üben** (birinden) öç [*o* intikam] almak; **aus ~ für etw** bir şeye intikam olarak; **Racheakt** *m* <-(e)s, -e> (*geh*) öç alma, intikam alma

Rachen ['raxən] *m* <-s, -> (*des Menschen*) yutak; (*Maul*) ağız; (*Schlund*) boğaz; **er kann den ~ nicht voll kriegen** (*fam fig*) doymak bilmez, açgözlünün tekidir; **sie hat das in den falschen ~ gekriegt** (*fam*) bunu yanlış anladı; **jdm etw in den ~ werfen** (*fam fig*) birinin önüne kemik atmak

rächen ['rɛçən] **I.** *vt* öç almak (*an* -den), intikam almak (*an* -den) **II.** *vr:* **sich ~** öç [*o* intikam] almak (*an* -den, *für* için), hınç almak; **sich an jdm für etw ~** birinden bir şey için öç [*o* intikam] almak, birinden bir şeyin öcünü çıkarmak [*o* almak]; **dein Leichtsinn wird sich ~** düşüncesizliğinin acısı çıkacak

Rachenblütler *mPl* (BOT: *Familie*) sıracagiller; **Rachenbräune** *f ohne Pl* (MED) kuşpalazı; (*Diphterie*) difteri

Rächer(in) *m(f)* <-s, -; -nen> (*geh*) intikamcı kimse, öç almaya çalışan kimse

Rachitis [ra'xi:tɪs, *Pl:* raxi'ti:dən] *f* <Rachitiden> (MED) raşitizm

rachitisch *adj* (MED) raşitik

Rachsucht *f ohne Pl* (*geh*) kincilik, hınç; **rachsüchtig** *adj* (*geh*) kinci, kindar, hınçlı

Racker *m* (*fam*) afacan

Rad [ra:t, *Pl:* 'rɛ:dɐ] *nt* <-(e)s, Räder> **1.** (*an Fahrzeug*) teker(lek); **ein ~ wechseln** bir teker(lek) değiştirmek; **ein ~ abhaben** (*sl*) kafadan kontak olmak; **ein ~ schlagen** (*Mensch*) perende atmak; (*Pfau*) kuyruğunu kabartmak **2.** (TECH) çark; **ein gezahntes ~** dişli bir çark **3.** (*fam: Fahr~*) bisiklet; ~ **fahren** bisiklete binmek

Radar [ra'da:ɐ] *m o nt* <-s, -e> (TECH) radar; **Radargerät** *nt* <-(e)s, -e> radar; **Radarkontrolle** *f* radarla kontrol, radar kontrolü; **Radarschirm** *m* radar ekranı

Radau [ra'daʊ] *m ohne Pl* <-s> (*fam*) çıngar; (*Lärm*) gürültü; ~ **machen** çıngar çıkarmak

Radaufhängung *f ohne Pl* (AUTO) teker aksamı; **Raddampfer** *m* (NAUT) çarklı vapur

radebrechen ['ra:dəbrɛçən] *vi, vt* çat pat konuşmak (*in* -), yarım yamalak konuşmak (*in* -)

radeln ['ra:dəln] *vi sein* (*fam*) bisikletle gitmek (*nach/zu* -e/-e)

Rädelsführer(in) ['rɛ:dəls-] *m(f)* <-s, -; -nen> (*pej*) elebaşı

rad|fahren *irr vi sein s.* **Rad 2.**; **Radfahrer(in)** *m(f)* bisikletli; **Radfahrweg** *m* bisiklet yolu

Radfelge *f* (AUTO) jant

radial [radi'a:l] *adj* **1.** (*den Radius betreffend*) yarıçap (ile ilgili); (*in der Richtung eines Radius verlaufend*) yarıçap yönündeki **2.** (*strahlenförmig*) ışınsal **3.** (*Reifen*) radyal

Radiant *m* <-en, -en> (MATH) radyan

Radiator [radi'a:to:ɐ] *m* <-s, -en> radyatör

Radien *Pl von* **Radius**

radieren* [ra'di:rən] *vi, vt* **1.** (*aus~*) silmek **2.** (KUNST) kazımak

Radierer *m* <-s, -> (*fam*) silgi

Radiergummi *m* <-s, -s> silgi

Radierung *f* <-en> **1.** (*Verfahren*) oyma baskı **2.** (*Kunstwerk*) gravür, kazıma resim

Radieschen [ra'di:sçən] *nt* <-s, -> kırmızı turp

radikal [radi'ka:l] *adj* **1.** (*vollständig, rück-*

sichtslos) radikal, kökten, köklü; **etw ~ ändern** bir şeyi kökten değiştirmek **2.** (POL) radikal, kökten

Radikale(r) *mf* <-n, -n; -n> radikal, köktenci

radikalisieren *vt* radikalleştirmek

Radikalisierung *f* (*das Radikalisieren*) radikalleştirme; (*das Radikalisiertwerden*) radikalleşme

Radikalismus *m* radikalizm, köktencilik

Radio ['ra:dio] *nt* <-s, -s> radyo; **das ~ einschalten** radyoyu açmak; ~ **hören** radyo dinlemek

radioaktiv [----'-] *adj* (PHYS) radyoaktif, ışın etkin; **Radioaktivität** [radioʔaktivi'tɛ:t] *f ohne Pl* **1.** radyoaktivite, ışın etkinliği; **das stetige Ansteigen der ~ unserer Atmosphäre** atmosferimizde radyoaktivitenin devamlı artması **2.** (*Eigenschaft*) radyoaktiflik; **die ~ bestimmter Isotope** belli izotopların radyoaktifliği

Radioapparat ['ra:dio-] *m* <-(e)s, -e> radyo

Radiobiologie *f ohne Pl* (BIOL, PHYS) radyobiyoloji; **Radiochemie** *f ohne Pl* (PHYS, CHEM) radyokimya; **Radioelement** *nt* (PHYS, CHEM) radyoaktif element

Radiogramm *nt* **1.** (MED, PHYS) radyografi **2.** (*Funktelegram*) radyogram

Radiologe, -in [radio'lo:gə] *m, f* <-n, -n; -nen> (MED) radyolog

Radiologie *f ohne Pl* (MED) radyoloji

Radiorekorder ['ra:diorekɔrdɐ] *m* <-s, -> radyolu teyp; **Radiosender** *m* radyo evi, radyo istasyonu; **Radiotherapie** *f* (MED) radyoterapi; **Radiowecker** *m* (*fam*) radyolu çalarsaat; **Radiowelle** *f* (PHYS) radyo dalgası

Radium ['ra:diʊm] *nt ohne Pl* <-s> (CHEM) radyum

Radius ['ra:diʊs] *m* <-, Radien> **1.** (MATH) yarıçap **2.** (*Reichweite*) erim, menzil; (*geistig*) ufuk

Radix *f* (BOT, ANAT) kök

radizieren* *vt* (MATH): **eine Zahl ~** bir sayının karekökünü almak

Radkappe *f* (AUTO) jant kapağı; **Radkasten** *m* (AUTO) stepne yeri; **Radlager** *nt* teker rulmanı

Radler(in)[1] ['ra:dlɐ] *m(f)* <-s, -; -nen> bisikletli

Radler[2] *m* <-s, -> (*reg*) *bira ile limonata karışımı içki*

Radlerhose *f* bisiklet pantolonu

Radon ['ra:dɔn] *nt ohne Pl* <-s> (CHEM) radon

Radrennbahn *f* bisiklet parkuru, velodrom; **Radrennen** *nt* bisiklet yarışı; **Radrennfahrer(in)** *m(f)* bisiklet yarışçısı

Radscha ['ra:dʒa, 'radʒa] *m* <-s, -s> raca

Radsport *m* <-(e)s, -e> bisiklet sporu; **Radtour** *f* bisiklet turu; **Radwechsel** *m* teker değiştirme; **Radweg** *m s.* **Radfahrweg**

RAF [ɛrʔa:'ʔɛf] *f Abk. von* **Rote-Armee-Fraktion** Kızıl Ordu Fraksiyonu

raffen ['rafən] *vt* **1.** (*pej: gierig ergreifen*) kapmak; **etw an sich ~** bir şeyi kapmak **2.** (*in Falten legen*) katlamak **3.** (*Abhandlung*) kısaltmak; **etw gerafft wiedergeben** bir şeyi özetlemek **4.** (*fam: verstehen*) çakmak, anlamak; **hast du's nun endlich gerafft?** en sonunda işi çaktın [*o* anladın] mı?

Raffgier *f ohne Pl* aç gözlülük; **raffgierig** *adj* aç gözlü

Raffinerie [rafinə'ri:] *f* <-n> rafineri, arıtım evi

Raffinesse[1] [rafi'nɛsə] *f* <-n> (*Feinheit*) incelik; **mit allen ~n** ful aksesuar, bütün ekstralarıyla

Raffinesse[2] *f ohne Pl* (*Schlauheit*) kurnazlık

raffinieren* [rafi'ni:rən] *vt* arıtmak

raffiniert [rafi'ni:ɐt] *adj* **1.** (*schlau*) kurnaz **2.** (*ausgeklügelt*) inceden inceye tasarlanmış **3.** (*verfeinert*) rafine

Rage ['ra:ʒə] *f ohne Pl* (*fam*) öfke, kızgınlık; **in ~ sein** öfkeli olmak; **in ~ kommen** öfkelenmek

ragen ['ra:gən] *vi* çıkmak (*aus* -den); (*sich erheben*) yükselmek (*aus* -den)

Ragout [ra'gu:] *nt* <-s, -s> (GASTR) yahni

Rahe ['ra:ə] *f* (NAUT) seren

Rahm [ra:m] *m ohne Pl* <-(e)s> (*Schweiz, österr, südd*) kaymak; **süßer/saurer ~** tatlı/ekşi kaymak

rahmen ['ra:mən] *vt* çerçevelemek

Rahmen[1] ['ra:mən] *m* <-s, -> **1.** (*Bilder~, Fenster~*) çerçeve; (*Tür~*) çerçeve, kasa, söve **2.** (*Fahrrad~, Motorrad~*) kadro; (AUTO) şasi **3.** (*Stick~*) gergef

Rahmen[2] *m ohne Pl* <-s> çerçeve; (*Bereich*) alan; (*Gegebenheit*) mevcut olan durum; **im ~ der Veranstaltung** programda; **im großen ~** büyük ölçüde; **im kleineren ~** dar bir çerçeve içinde; **im ~ des Möglichen** olanaklar çerçevesinde; **im ~ der geltenden Gesetze** yürürlükteki yasalar çerçevesinde; **aus dem ~ fallen** alışılagelenden farklı olmak; **den ~ sprengen** ölçüyü kaçırmak

Rahmenabkommen *nt* <-s, -> çerçeve anlaşma

Rahmsoße *f* (GASTR) kaymaklı sos

Rain [raɪn] *m* <-(e)s, -e> **1.** (*Streifen Land*) tarla kenarı **2.** (*südd, Schweiz: Abhang*) yamaç, bayır

räkeln ['rɛːkəln] *vr:* **sich ~** *s.* **rekeln**
Rakete [ra'keːtə] *f* <-n> **1.** (MIL) füze, roket **2.** (*Raumfahrt*) füze; (*Feuerwerks~*) fişek; **Raketenabschussrampe**^RR *f* (MIL) füze [*o* roket] atış rampası; **Raketenabwehrsystem** *nt* (MIL) roketsavar sistemi; **Raketenflugzeug** *nt* (MIL) roket itmeli uçak; **Raketenstützpunkt** *m* (MIL) füze üssü
Raki *m* rakı
Rallye ['rɛli] *f* <-s> ralli
RAM [ram] *nt* <-(s), -(s)> (INFORM) *Abk. von* **random access memory** RAM, *rastgele erişimli bellek*
Ramadan *m* ramazan
Ramme *f* şahmerdan
rammeln ['raməln] **I.** *vi* **1.** (*Tiere*) çiftleşmek; (*vulg: Menschen*) çiftleşmek **2.** (*fam: stoßend drängen*) ite kaka ilerlemek; **gerammelt voll sein** tıka basa dolu olmak **II.** *vr:* **sich ~** (*fam*) **1.** (*sich balgen*) itişip kakışmak **2.** (*sich stoßen*) çarpmak
rammelvoll *adj* (*fam*) tıka basa dolu
rammen ['ramən] *vt* **1.** (*in den Boden*) çakmak (*in* -e) **2.** (*stoßen*) çarpmak (*gegen* -e)
Rammhammer *m* şahmerdan
Rammler ['ramlɐ] *m* <-s, -> (ZOOL) erkek tavşan
Rampe ['rampə] *f* <-n> **1.** (*Auffahrt*) rampa **2.** (*zum Be- und Entladen*) rampa **3.** (THEAT) ramp; **Rampenlicht** *nt ohne Pl* <-(e)s> (THEAT) ramp ışığı; **im ~ stehen** ramp ışığında bulunmak; (*im Mittelpunkt*) projektör ışığında olmak
ramponieren* [rampo'niːrən] *vt* (*fam*) zedelemek
Ramsch [ramʃ] *m* <-(e)s, -e> (*fam pej: Ausschussware*) tapon mal; (*Kram*) pılı pırtı, işe yaramaz şeyler *pl,* öte beri; **Ramschladen** *m* <-s, -läden> (*fam pej*) ucuzcu dükkânı, tapon mal satan mağaza; **Ramschware** *f* tapon mal
RAM-Speicher *m* <-s, -> (INFORM) rastgele erişimli bellek
ran [ran] *adv* (*fam*): **rechts/links ~** sağa/sola
Rand [rant, *Pl:* 'rɛndɐ] *m* <-(e)s, Ränder> **1.** (*an Gefäß, Straße, Abgrund, a. fig*) kenar; (*Tisch~*) kenar; (*Stadt~*) kenar, kenar mahalleler *pl;* **am ~e des Grabes stehen** (*fam fig*) bir ayağı çukurda olmak; **bis zum ~ voll** ağzına kadar dolu, ağız ağıza dolu; **dunkle Ränder um die Augen haben** gözleri halkalı olmak; **etw am ~e vermerken** bir şeyi derkenar etmek **2.** (TYPO) kenar **3.** (*Wend*): **außer ~ und Band sein** (*fam: Kinder*) ele avuca sığmaz olmak; (*vor Freude*) kendinden geçmek; **mit etw** *dat* (**nicht**) **zu ~e kommen** (*fam*) bir şeyle baş (edememek) etmek, bir şeyin üstesinden gel(eme)mek; **mit jdm** *dat* (**nicht**) **zu ~e kommen** (*fam*) bir kimseyle geçin(eme)mek
Randale *f* gürültü patırtı
randalieren* [randa'liːrən] *vi* gürültü patırtı etmek
Randbemerkung *f* **1.** (*schriftlich*) derkenar **2.** (*fig: mündlich*) lâf atma; **Randerscheinung** *f* gölge olay
randlos *adj* (*Brille*) çerçevesiz
Randstreifen *m* kenar şerit
randvoll *adj* ağzına kadar dolu, silme, sıvama
rang [raŋ] *3. imp von* **ringen**
Rang[1] [raŋ, *Pl:* 'rɛŋə] *m* <-(e)s, Ränge> **1.** (*Grad*) derece; (MIL) rütbe; (*Stellung*) mevki; (*~folge*) sıra; **einen hohen ~ bekleiden** yüksek bir mevkii [*o* rütbeyi] haiz olmak **2.** (THEAT) balkon **3.** (SPORT): **den zweiten ~ belegen** ikinciliği almak
Rang[2] *m ohne Pl* <-(e)s> (*Stellenwert*) mevki; (*Güte*) kalite; **alles, was ~ und Namen hat** adı sanı olan herkes; **jdm den ~ ablaufen** (*fig*) birinin pabucunu dama atmak
Rangabzeichen *nt* (MIL) rütbe işareti
Rangelei [raŋə'laɪ] *f* <-en> (*fam*) dalaşma
rangeln ['raŋəln] *vi* (*fam*) dalaşmak
Rangfolge *f* sıra, aşama sırası, makam sırası
Rangierbahnhof [rã'ʒiːɐ-, raŋ'ʒiːɐ-] *m* (EISENB) manevra istasyonu
rangieren* [rã'ʒiːrən, raŋ'ʒiːrən] **I.** *vi* (*Rang einnehmen*) yer almak (*an* -de) **II.** *vt* (*Waggons*) sıraya sokmak; **Rangordnung** *f* <-en> aşama sırası, derece düzeni, hiyerarşi; **Randgebiet** *nt* **1.** (*einer Stadt*) varoş **2.** (*einer Disziplin*) yan alan
rangeln ['raŋəln] *vi* (*fam*) dalaşmak
Rangierbahnhof *m* manevra istasyonu
rangieren* [rã'ʒiːrən, raŋ'ʒiːrən] **I.** *vi* (*Rang einnehmen*) yer almak (*an* -de); **an letzter Stelle ~** son sırada yer almak **II.** *vt* (*Waggons*) sıraya sokmak
Rangliste *f* (SPORT) klâsman
rank [raŋk] *adj* (*geh*): **~ und schlank sein** sırım gibi olmak
Ranke ['raŋkə] *f* <-n> (BOT) sülük, asma bıyığı
Ränke ['rɛŋkə] *mpl* (*geh*): **~ schmieden** entrika çevirmek, dolap çevirmek
ranken ['raŋkən] *vr:* **sich ~ 1.** (*Pflanze*) sarılarak tırmanmak **2.** (*Erzählung*): **um die Ruine ~ sich viele Legenden** harabenin hakkında birçok efsane bulunur
ran|klotzen *vi* (*fam*) eşek gibi çalışmak;
ran|kommen *irr vi sein* (*fam*) **1.** (*sich nähern*) yaklaşmak (*an* -e); **etw an sich ~ lassen** (*a. fig*) bir şeyin olmasını acele etmeden beklemek; **nichts an sich ~ las-**

R

sen (*a. fig*) hiçbir şeyi yanına yaklaştırmamak, hiçbir şeye aldırış etmemek **2.** (*heranreichen*) erişmek (*an* -e), yetişmek (*an* -e) **3.** (*Zugang haben*) ulaşmak (*an* -e); (*kaufen*) (satın) almak; **ran|machen** *vr:* **sich ~** (*fam*) **1.** (*beginnen*) başlamak (-e) **2.** (*an Person*) sataşmak (-e), asılmak (-e)

rann [ran] *3. imp von* **rinnen**

rannte ['rantə] *3. imp von* **rennen**

Ranzen ['rantsən] *m* <-s, -> **1.** (*Schultasche*) sırt çantası **2.** (*fam: Bauch*) göbek

ranzig ['rantsɪç] *adj* bozulmuş, kokmuş

rapide *adj* çok hızlı

Rappe ['rapə] *m* <-n, -n> kara yağız at

Rappel ['rapəl] *m* <-s, -> (*fam pej*): **einen ~ kriegen** heyheyleri tutmak

Rappen ['rapən] *m* <-s, -> santim

Rapport [ra'pɔrt] *m* <-(e)s, -e> rapor

Raps [raps] *m* <-es, -e> kolza

rar [raːɐ] *adj* (*selten*) nadir, seyrek; (*knapp vorhanden*) az bulunur; **~ sein** nadir olmak, az bulunmak; **sich ~ machen** (*fam*) görünmemek

Rarität [rari'tɛːt] *f* <-en> az bulunan şey; **gute Apfelsinen sind zu dieser Jahreszeit eine ~** iyi portakal bu mevsimde az bulunur

rasant [ra'zant] *adj* **1.** (*fam: Fahrt, Entwicklung*) son derece hızlı **2.** (*fam: schnittig*) sportif **3.** (*Ballistik*) yalayıcı

rasch [raʃ] **I.** *adj* tez **II.** *adv* tez elden, çabucak, çarçabuk

rascheln ['raʃəln] *vi* (*Seide, Laub, Stroh*) hışırdamak; (*Maus, Papier*) hışır hışır ses çıkarmak

rasen ['raːzən] *vi* **1.** *sein* (*fam*) hızla gitmek; **ein Mann/Wagen kam um die Ecke gerast** bir adam/araba hızla köşeyi döndü; **mein Puls rast** nabzım çok hızlı atıyor; **die Zeit rast** zaman çok çabuk geçiyor **2.** (*toben*) çılgına dönmek (*vor* -den); **du machst mich ~d** beni çılgına döndürüyorsun

Rasen ['raːzən] *m* <-s, -> çimen

rasend **I.** *adj* **1.** (*Geschwindigkeit*) çok hızlı **2.** (*Schmerzen*) şiddetli; **~er Beifall** çılgınca alkış **II.** *adv* (*fam: sehr*) çok; **ich würde es ~ gern probieren** onu denemeyi çok isterdim

Rasenmäher *m* <-s, -> çimen biçme makinesi; **Rasensprenger** *m* <-s, -> yağmurlama aracı

Raser(in) *m(f)* <-s, -; -nen> (*fam pej*) çılgın şoför, çılgınca araba süren (kimse)

Raserei *f* <-en> **1.** (*das Wüten*) çılgına döndürme; **jdn zur ~ bringen** birini çılgına döndürtmek; **er liebt sie bis zur ~** onu çılgınca seviyor **2.** (*fam: schnelles Fahren*) çılgınca araba sürme

Rasierapparat *m* tıraş makinesi; (*elektrisch*) elektrikli tıraş makinesi; **Rasiercreme** *f* tıraş kremi

rasieren* [ra'ziːrən] **I.** *vt* tıraş etmek; **glatt rasiert** sinekkaydı tıraşını olmuş; **ich möchte mich ~ lassen** tıraş olmak istiyorum **II.** *vr:* **sich ~** tıraş olmak; **er rasiert sich nass/trocken** jiletle/makineyle tıraş olmak

Rasierer *m* <-s, -> (*fam*) tıraş makinesi; (*elektrisch*) elektrikli tıraş makinesi

Rasierklinge *f* jilet; **Rasiermesser** *nt* tıraş bıçağı, ustura; **Rasierpinsel** *m* tıraş fırçası; **Rasierschaum** *m* tıraş köpüğü; **Rasierwasser** *nt* tıraş losyonu; **Rasierzeug** *nt* tıraş takımı

Raspel ['raspəl] *f* <-n> **1.** (*Feile*) raspa **2.** (*Küchengerät*) rende

raspeln ['raspəln] *vt* **1.** (*Holz*) raspalamak **2.** (*Nüsse, Schokolade*) rendelemek

Rasse ['rasə] *f* <-n> **1.** ırk; **die weiße/gelbe/schwarze ~** beyaz/sarı/siyah ırk **2.** (BIOL) ırk; (*Unterart*) alt tür **3.** (*Zucht~*) cins; **Rassehund** *m* <-(e)s, -e> cins köpek

Rassel ['rasəl] *f* <-n> **1.** (MUS) çıngırak **2.** (*Kinderspielzeug*) çıngırdak

rasseln ['rasəln] *vi* **1.** (*Wecker*) çıngır çıngır ötmek; (*Kette*) şakırdamak **2.** *sein* (*fam*): **durch ein Examen ~** sınavda kalmak

Rassendiskriminierung *f* ırk ayrımı, ırk farkı gözetme; **Rassenhass** *m ohne Pl* ırk düşmanlığı; **Rassentrennung** *f ohne Pl* ırk ayırımı

rasserein ['rasəraɪn] *adj* cins, soy; (*Pferd*) saf kan

rassig *adj* endamlı; (*feurig*) ateşli; (*Auto*) fiyakalı

rassisch *adj* ırksal, ırkî

Rassismus [ra'sɪsmʊs] *m ohne Pl* <-> ırkçılık

Rassist(in) [ra'sɪst] *m(f)* <-en, -en; -nen> ırkçı

rassistisch *adj* ırkçı

Rast [rast] *f* <-en> mola, ara, dinlenme; (MIL) mola; **~ machen** mola vermek

rasten ['rastən] *vi* mola vermek; **wer rastet, der rostet** (*prov*) işleyen demir paslanmaz

Raster[1] ['rastɐ] *m* <-s, -> (TYPO) **1.** (*zur Zerlegung einer Bildfläche*) tram **2.** (*Liniennetz*) kafes

Raster[2] *nt* <-s, -> **1.** (TV) tarama resim **2.** (*System*) şema; **etw in ein ~ einordnen** bir şeyi sisteme sokmak

Rasterfahndung *f* bilgisayarla (t)arama, *bilgisayarla arşiv araştırması; gazetecilik dilinde 'hızlı tarama yönetimi' diye geçmektedir;* **Rastermikroskop** *nt* (TECH)

tarayıcı elektron mikroskobu
Rasthaus *nt* dinlenme tesisi
rastlos *adj* **1.** (*ununterbrochen*) arasız; (*unermüdlich*) dinlenmeden **2.** (*unstet*) huzursuz; (*unruhig*) tedirgin
Rastplatz *m* <-es, -plätze> dinlenme yeri; **Raststätte** *f* dinlenme tesisi
Rasur [ra'zuːɐ] *f* <-en> tıraş
rät [rɛːt] *3. präs von* **raten**
Rat[1] [raːt, *Pl:* 'rɛːtə] *m*, **Rätin** *f* <-(e)s, Räte; -nen> müşavir; (*Mitglied*) meclis üyesi, kurul üyesi, konsey üyesi, encümen üyesi
Rat[2] *m* <-(e)s, Räte> (*Gremium*) konsey, meclis; (*kommunal*) encümen, kurul; (*Bundes~*) konsey
Rat[3] *m ohne Pl* <-(e)s> (*Empfehlung*) öğüt, nasihat, tavsiye; **jdm den ~ geben etw zu tun** birine bir şey yapması için öğütte bulunmak; **ein Buch zu ~e ziehen** bir kitaba başvurmak; **seinen Arzt zu ~e ziehen** doktoruna danışmak; **sich** *dat* **keinen ~ mehr wissen** çaresiz kalmak, başka çıkış yolu bilmemek; **sich** *dat* **bei jdm einen ~ holen** birinden akıl almak; **kommt Zeit, kommt ~** (*prov*) zamanı gelince çaresi bulunur
Rate ['raːtə] *f* <-n> **1.** (*bei Kauf*) taksit; **etw auf ~n kaufen** bir şeyi taksitle satın almak; **in ~n zahlen** taksitle ödemek **2.** (*Verhältniszahl*) oran
raten ['raːtən] <rät, riet, geraten> *vi, vt* **1.** öğütlemek, nasihat etmek; (*empfehlen*) salık vermek, tavsiye etmek; **jdm zu etw** *dat* **~** birine bir şeyi yapmasını öğütlemek, birine bir şeyi tavsiye etmek **2.** (*erraten*) tahmin etmek; **falsch/richtig ~** yanlış/doğru tahmin etmek
Ratenzahlung *f* taksitle ödeme
Ratgeber(in)[1] *m(f)* <-s, -; -nen> akıl hocası, öğütçü, nasihatçi
Ratgeber[2] *m* <-s, -> (*Buch*) öğüt kitabı, kılavuz, rehber
Rathaus *nt* belediye sarayı, belediye binası
ratifizieren* [ratifi'tsiːrən] *vt* (JUR) tasdik etmek, onaylamak
Ratifizierung *f* <-en> (JUR) tasdik, onaylama
Rätin *f* <-nen> *s.* **Rat[1]**
Ratio ['raːtsjo] *f ohne Pl* us
Ration [ra'tsjoːn] *f* <-en> rasyon
rational [ratsjo'naːl] *adj* rasyonel, ussal; (MATH) rasyonel; **~e Zahlen** rasyonel sayılar
rationalisieren* [ratsjonali'ziːrən] *vi, vt* rasyonelleştirmek
Rationalisierung *f* <-en> rasyonalizasyon, rasyonelleştirme
Rationalismus *m ohne Pl* rasyonalizm, akılcılık, usçuluk
Rationalist(in) *m(f)* <-en, -en; -nen> rasyonalist, akılcı, usçu
rationalistisch *adj* rasyonalist, akılcı
Rationalität *f ohne Pl* rasyonalite, ussallık
rationell [ratsjo'nɛl] *adj* rasyonel; (*sparsam*) hesaplı, ölçülü
rationieren* [ratsjo'niːrən] *vt* karneye bağlamak
Rationierung *f* <-en> karneye bağla(n)ma
ratlos *adj* çaresiz; (*verwirrt*) şaşkın; **~ sein** çaresiz olmak
Ratlosigkeit *f ohne Pl* çaresizlik; (*Verwirrung*) şaşkınlık
Rätoromane, -in [rɛtoro'maːnə] *m, f* Raetia-Roman
rätoromanisch [rɛtoro'maːnɪʃ] *adj* Raetia-Roman
ratsam ['raːtzaːm] *adj* tavsiye edilen; (*vorteilhaft*) yararlı, avantajlı
ratsch *interj* cart
Ratsche ['raːtʃə] *f* <-n> **1.** (*südd, österr: Knarre*) cırcır, kaynana zırıltısı; (*Rassel*) çıngırdak **2.** (*fam fig: Frau*) cırcır
Ratschlag *m* öğüt, nasihat, tavsiye; **(jdm) Ratschläge erteilen** (birine) öğüt vermek
Rätsel ['rɛːtsəl] *nt* <-s, -> **1.** (*Denkaufgabe*) bilmece; (*Bilder~*) bulmaca; (*Kreuzwort~*) bulmaca **2.** (*Geheimnis*) muamma; **es ist mir ein ~, warum sie nicht früher kam** niçin daha önce gelmediği benim için bir muamma
rätselhaft *adj* muammalı, muamma dolu; **das ist mir ~** bu, benim için muamma doludur
Ratsherr(in) *m(f)* <-(e)n, -en; -nen> belediye meclisi üyesi, belediye encümeni üyesi
Rattan ['ratan] *nt ohne Pl* <-s> hezaren örgü
Ratte ['ratə] *f* <-n> (ZOOL) rate, (büyük) fare; **die ~n verlassen das sinkende Schiff** fareler batan gemiyi terk ediyor; **Rattenfalle** *f* fare kapanı; **Rattengift** *nt* fare zehiri; **Rattenfänger** *m* (*Hund*) fare zağarı; **der ~ von Hameln** fareli köyün kavalcısı; **Rattenschwanz** *m* **1.** (*Schwanz einer Ratte*) fare kuyruğu **2.** (*fam fig: Serie*): **diese Maßnahme zog einen ganzen ~ von Anfragen nach sich** bu önlem bir sürü bitmek bilmeyen soru suale yol açtı
rattern ['ratɐn] *vi* **1.** (*Zug*) takırdamak, takır tukur gitmek **2.** *sein* (*fortbewegen*) patır kütür geçmek (*über/durch* -den/-den)
rau[RR] [raʊ] *adj* **1.** (*uneben*) pürüzlü; **eine ~e Haut** pürüzlü bir cilt **2.** (*Stimme*) pürüzlü, kısık, boğuk; **einen ~en Hals haben** sesi kısık olmak **3.** (*Klima, Luft*) sert;

R

(*Gegend*) vahşî **4.** (*Mensch*) kaba **5.** (*Wend*): **in ~en Mengen** (*fam*) büyük miktarda

Raub [raʊp] *m* <-(e)s, -e> **1.** (*das Rauben*) çapul, haydutluk; (*Überfall*) soygun; (*Straßen~*) (yol)kesme, karmanyola **2.** (*Entführung*) kaçırma, kaldırma **3.** (*geraubter Gegenstand*) ganimet, şikâr; (*Jagdbeute*) av, şikâr; **Raubbau** *m ohne Pl* <-(e)s> aşırı işlet(il)me; **Raubdruck** *m* <-(e)s, -e> korsan baskı

rauben ['raʊbən] *vi, vt* soymak; (*entführen*) kaçırmak; **das raubt mir den Schlaf** (*geh*) bu, benim uykumu kaçırıyor

Räuber(in) ['rɔɪbɐ] *m(f)* <-s, -; -nen> haydut, şaki, eşkıya; (*Bank~*) soyguncu; (*Straßen~*) karmanyolacı, yolkesen; **Räuberbande** *f* haydut çetesi; **Räuberhöhle** *f* eşkıya yatağı

Raubfisch *m* yırtıcı balık; **Raubkatze** *f* yırtıcı kedi; **Raubkopie** *f* korsan kopya; **Raubmord** *m* <-(e)s, -e> hırsızlık için adam öldürme; **Raubmörder(in)** *m(f)* hırsız katil; **Raubritter** *m* (HIST) çapulcu şövalye; **Raubtier** *nt* yırtıcı hayvan; **Raubüberfall** *m* karmanyola; **einen ~ auf jdn begehen** karmanyola yoluyla birini soymak; **Raubvogel** *m* yırtıcı kuş

Rauch [raʊx] *m ohne Pl* <-(e)s> duman; **sich in ~ auflösen** (*fig*) duman olmak; **Rauchabzug** *m* davlumbaz

rauchen I. *vi* **1.** (*Person*) sigara içmek; **Pfeife ~** pipo içmek; **„R~ verboten"** „sigara içmek yasaktır" **2.** (*Feuer*) tütmek, duman çıkarmak; **mir raucht der Kopf vom vielen Lernen** (*fam fig*) öğrenmekten kafam dumanlandı **II.** *vt* içmek

Rauchentwicklung *f* dumanlanma

Raucher(in) *m(f)* <-s, -; -nen> tiryaki, sigara içen (kimse)

Raucherabteil *nt* (EISENB) sigara içenler kompartımanı; **Raucherbein** *nt* kangrenli bacak

Räucherfass *m* tütsülük, tütsü kabı; (*Weihrauchfass*) buhurluk, buhurdan

Räucherfisch *m* tütün balığı, füme balık

Raucherhusten *m ohne Pl* <-s> tiryaki öksürüğü

Räucherlachs *m* füme som (balığı)

räuchern ['rɔɪçɐn] *vt* tütsülemek, tütsü ile kurutmak

Räucherspeck *m* füme domuz yağı; **Räucherstäbchen** *nt* tütsü çubuğu

Raucherzone *f* sigara içenlere ayrılmış bölge

Rauchfang *m* <-(e)s, -fänge> **1.** davlumbaz **2.** (*österr: Schornstein*) baca

rauchfarbig *adj* duman rengi, füme; **Rauchfleisch** *nt* füme et

rauchig *adj* **1.** (*raucherfüllt*) dumanlı **2.** (*rauchfarben*) füme **3.** (*Stimme*) pürüzlü, boğuk, kısık

rauchlos *adj* dumansız

Rauchmelder *m* <-s, -> duman detektörü; **Rauchschwaden** *m* duman bulutu; **Rauchsignal** *nt* duman işareti; **Rauchtabak** *m* içmelik tütün; **Rauchverbot** *nt* sigara içme yasağı; **hier herrscht ~** burada sigara içme yasağı var; **Rauchvergiftung** *f* duman zehirlenmesi, dumandan zehirlenme; **Rauchwolke** *f* duman bulutu

Räude ['rɔɪdə] *f* <-n> uyuz

räudig *adj* uyuz, uyuzlu

rauf [raʊf] *adv* (*fam*) yukarı(ya); *s. a.* **hinauf, herauf**

Raufasertapete[RR] *f* duvar kâğıdı

Raufbold *m* <-(e)s, -e> (*pej*) kavgacı, kabadayı

raufen ['raʊfən] *vi, vr:* **sich ~** dövüşmek (*mit* ile, *um* için); **sich** *dat* **die Haare ~** (*fam*) saçını başını yolmak

Rauferei *f* <-en> (*fam*) dövüş

rauh *adj s.* **rau**

Rauhaardackel *m* sert ve kıvırcık tüylü porsuk zağarı

Rauheit *f ohne Pl* **1.** (*von Material*) pürüzlülük **2.** (*von Stimme*) pürüzlülük **3.** (*des Klimas*) sertlik **4.** (*im Benehmen*) kabalık

Rauhfasertapete *f* <-n> *s.* **Raufasertapete**

Rauhreif *m ohne Pl* <-(e)s> *s.* **Raureif**

Raum[1] [raʊm, *Pl:* 'rɔɪmə] *m* <-(e)s, Räume> **1.** (*a.* PHILOS, MATH) uzay **2.** (*Zimmer*) oda; (*Heizungs~, Maschinen~*) daire; (*Räumlichkeit*) mekân; **eine Frage steht im ~** bir sorun ortada kalmak; **eine These in den ~ stellen** bir tezi ortaya atmak **3.** (*Gebiet*) bölge, havza, çevre; (*Luft~*) saha; **im ~ Frankfurt** Frankfurt bölgesinde [*o* çevresinde]; **toter ~** (MIL) ölü açı **4.** (SPORT: *Straf~*) alan, saha

Raum[2] *m ohne Pl* <-(e)s> **1.** (*a.* ASTR, PHYS) uzay; **luftleerer ~** (PHYS) boşluk **2.** (*Platz*) yer, mekân; (*Heizungs~, Maschinen~*) daire; **zu viel ~ einnehmen** fazla yer kaplamak

Raumakustik *f ohne Pl* mekân akustiği

Raumanzug *m* <-(e)s, -züge> uzay giysisi

räumen ['rɔɪmən] *vt* **1.** (*weg~*) kaldırmak (*von* -den); (*ein~*) yerleştirmek (*in* -e); (*aus~*) çıkarmak (*aus* -den) **2.** (*Gebäude*) boşaltmak, tahliye etmek; (*Straße*) açmak

Raumfähre *f* uzay gemisi; **Raumfahrer(in)** *m(f)* astronot, kozmonot, uzay adamı

Raumfahrt *f ohne Pl* uzaycılık, uzay yolculuğu

Raumflug *m* uzay uçuşu; **Raumforschung** *f ohne Pl* uzay araştırması

Raumgestaltung *f* dekorasyon; **Rauminhalt** *m* (MATH) hacim; **Raumkapsel** *f* uzay kapsülü; **Raumkurve** *f* (MATH) uzay eğrisi
räumlich ['rɔɪmlɪç] *adj* **1.** (*den Raum betreffend*) yerel **2.** (*dreidimensional*) üç boyutlu
Räumlichkeiten *fpl* (*Gebäude*) odalar *pl;* (*innen*) mekân grupları *pl*
Raummeter *m o nt* ster; **Raumordnung** *f* (ADMIN) çevre düzeni; **Raumpfleger(in)** *m(f)* orta hizmetçisi; **Raumschiff** *nt* uzay gemisi; **Raumsonde** *f* uzay modülü; **Raumstation** *f* uzay istasyonu
Räumung ['rɔɪmʊŋ] *f* <-en> **1.** (*einer Wohnung*) boşaltma, tahliye **2.** (*eines Lagers*) tahliye; **Räumungsklage** *f* (JUR) tahliye davası; **Räumungsverkauf** *m* <-(e)s, -käufe> (WIRTSCH) tahliye nedeniyle satış
Raumwinkel *m* (MATH) uzay açı
Raupe ['raʊpə] *f* <-n> **1.** (*Schmetterlingslarve*) tırtıl **2.** (*Planier~*) dozer **3.** (*~nkette*) tırtıl, palet; **Raupenfahrzeug** *nt* paletli taşıt
Rauputz *m* kaba sıva
Raureif[RR] *m ohne Pl* <-(e)s> kırç
raus [raʊs] *adv* (*fam*): ~ **da!** çık oradan!; *s. a.* **heraus, hinaus**; **raus|bekommen*** *irr vt* (*fam*) **1.** (*Wechselgeld*) (paranın üstünü) almak **2.** (*Aufgabe*) çözmek; (*Geheimnis*) ortaya çıkarmak **3.** (MATH) çıkarmak **4.** (*Fleck*) çıkarmak; (*Nagel*) çıkarmak **5.** (*erfahren*) öğrenmek; **raus|bringen** *irr vt* (*fam: nach draußen bringen*) dışarı çıkarmak; *s. a.* **herausbringen**
Rausch [raʊʃ, *Pl:* 'rɔɪʃə] *m* <-(e)s, Räusche> **1.** (*Trunkenheit*) sarhoşluk; **sich** *dat* **einen ~ antrinken** kafayı çekmek; **seinen ~ ausschlafen** (*fam*) uyuyarak sarhoşluğunu gidermek **2.** (*Ekstase*) esrime, vecit; (*Kauf~*) furya
rauscharm *adj* (TEL, RADIO) parazitsiz, cızırtısız
rauschen ['raʊʃən] *vi* **1.** (*Baum*) hışırdamak; (*Wasser*) şarıldamak; (*Bach*) çağıldamak; (*Wind*) uğuldamak; (*Meer*) fışıldamak; (*Telefon*) cızırdamak, parazitlenmek; (*Seide*) fışır fışır etmek; **~der Beifall** şiddetli alkış; **ein ~des Fest** çok neşeli bir şölen **2.** *sein:* **das Wasser rauscht in die Wanne** su banyonun içine şarıl şarıl akıyor; **durch das Zimmer ~** odanın içinden rüzgâr gibi geçmek; **rauschfrei** *adj* (*a.* TEL, RADIO) cızırtısız, parazitsiz
Rauschgift *nt* <-(e)s, -e> uyuşturucu (madde), narkotik; **Rauschgifthandel** *m ohne Pl* <-s> uyuşturucu (madde) alım satımı; **Rauschgifthändler(in)** *m(f)* <-s, -; -nen> uyuşturucu madde alıp satan kimse; (*Dealer*) torbacı; **Rauschgiftsucht** *f ohne Pl* uyuşturucu (madde) tutkunluğu, toksikomani; **rauschgiftsüchtig** *adj* uyuşturucu (madde) tutkunu; **Rauschgiftsüchtige(r)** *mf* <-n, -n; -n> uyuşturucu tutkunu (kimse), toksikoman
raus|fliegen *irr vi sein* (*fam*) **1.** (*Vogel*) uçmak (*aus* -den) **2.** (*Person*) atılmak (*aus* -den); **raus|geben** *irr vt* (*fam*) **1.** (*herausreichen*) dışarı vermek **2.** (*aushändigen*) teslim etmek **3.** (*Wechselgeld*) üstünü vermek (-in); **sie haben mir falsch rausgegeben** paranın üstünü yanlış verdiniz **4.** (*Buch*) yayımlamak, çıkarmak; **raus|gehen** *irr vi sein* (*fam*) dışarı çıkmak; *s. a.* **herausgehen, hinausgehen**; **raus|kommen** *irr vi sein* (*fam*) çıkmak; *s. a.* **herauskommen**; **raus|kriegen** *vt* (*fam*) *s.* **rausbekommen**; **raus|nehmen** *irr vt* (*fam*) almak; *s. a.* **herausnehmen**
räuspern ['rɔɪspɐn] *vr:* **sich ~** (hafifçe) öksürmek
raus|schmeißen *irr vt* (*fam*) **1.** (*nach draußen werfen, wegschmeißen*) dışarı atmak (*aus* -den, *zu* -e); **das ist rausgeschmissenes Geld** bu sokağa atılmış paradır **2.** (*entlassen*) kapı dışarı etmek (*aus* -den); **sie hat ihn rausgeschmissen** onu kapı dışarı etti
Rausschmeißer(in) *m(f)* <-s, -; -nen> (*fam*) pavyon fedaisi
Raute ['raʊtə] *f* <-n> **1.** (BOT) sedef otu **2.** (MATH: *Rhombus*) eşkenar dörtgen
Razzia ['ratsja, *Pl:* 'ratsjən] *f* <Razzien> arama tarama, baskın
Reagenzglas [rea'gɛnts-] *nt* <-es, -gläser> (CHEM) deney tüpü
reagieren* [rea'gi:rən] *vi* **1.** (*Person*) tepki göstermek (*auf* -e karşı) **2.** (CHEM) tepkimek
Reaktion[1] [reak'tsjo:n] *f* <-en> (*das Reagieren*) reaksiyon, tepki; (CHEM) tepkime (*auf* -e)
Reaktion[2] *f ohne Pl* (POL) gericilik; (*islamische ~ in der Türkei*) irtica
reaktionär [reaktsjo'nɛ:ɐ] *adj* (POL: *pej*) gerici, irticaî
Reaktionär [reaktsjo'nɛ:ɐ] *m* (POL: *pej*) gerici, mürteci
reaktivieren* [reakti'vi:rən] *vt* **1.** yeniden harekete geçirmek; (*wieder in Gebrauch nehmen*) yeniden kullanmak **2.** (*Person*) yeniden görevlendirmek, yeniden hizmete almak **3.** (CHEM) yeniden etkinleştirmek
Reaktor [re'akto:ɐ] *m* <-s, -en> (PHYS) reaktör; **Reaktorsicherheit** *f ohne Pl* reaktör güvenliği; **Reaktorunglück** *nt* reaktör felâketi
real [re'a:l] *adj* **1.** (*wirklich*) gerçek **2.** (WIRTSCH) reel, gerçek **3.** (JUR: *stofflich*)

R

maddî; (*sachlich*) nesnel; (*dinglich*) aynî; (*tatsächlich*) fiilî

Realeinkommen *nt* (WIRTSCH) reel gelir

realisieren* [reali'zi:rən] *vt* gerçekleştirmek

Realisierung *f* <-en> gerçekleştirme

Realismus [rea'lɪsmʊs] *m ohne Pl* <-> (PHILOS, LIT, KUNST) realizm, gerçekçilik

Realist(in) [rea'lɪst] *m(f)* <-en, -en; -nen> realist, gerçekçi

realistisch *adj* realist, gerçekçi

Realität [reali'tɛ:t] *f* <-en> **1.** (*Wirklichkeit*) realite, gerçek, gerçeklik; **virtuelle ~** sanal gerçeklik; **in (der) ~** gerçekte **2.** *Pl* (*österr: Immobilien*) emlâk, gayrimenkul; **Realitätssinn** *m ohne Pl* <-(e)s> realite hissi

Reality-TV [ri'ɛlɪtiti:vi:] *nt ohne Pl* <-(s)> (TV) gerçek olaylar tv'si

Realpolitik *f ohne Pl* gerçekçi politika

Realschule *f* <-n> orta eğitim okulu, *dört yıllık ilkokuldan sonra altı yıl süren orta eğitim okulu*

Realwert *m* gerçek değer

Reanimation [reʔanima'tsjo:n] *f* <-en> (MED) diriltme

Rebe ['re:bə] *f* <-n> asma

Rebell(in) [re'bɛl] *m(f)* <-en, -en; -nen> asi

rebellieren* [rebɛ'li:rən] *vi* isyan etmek (*gegen* -e)

Rebellion [rebɛ'ljo:n] *f* <-en> isyan

rebellisch [re'bɛlɪʃ] *adj* isyancı, isyankâr

Rebhuhn ['re:p-] *nt* keklik; **Reblaus** ['re:p-] *f* asma biti

Rebsorte ['re:p-] *f* asma türü; **Rebstock** *m* <-(e)s, -stöcke> asma kütüğü, çotuk; (*Weinrebe*) üzüm kütüğü

rechen ['rɛçən] *vt* (*Schweiz, österr, reg*) tırmıklamak

Rechen ['rɛçən] *m* <-s, -> (*Schweiz, österr, reg*) tırmık

Rechenart ['rɛçən-] *f* <-en> (MATH): **die vier ~en** dört işlem; **Rechenaufgabe** *f* problem, aritmetik ödevi; **Rechenbrett** *nt* sayı boncuğu; **Rechenbuch** *nt* aritmetik kitabı; **Rechenfehler** *m* hesap hatası; **Rechenmaschine** *f* hesap makinesi

Rechenschaft *f ohne Pl* hesap; **über etw ~ ablegen** bir şeyin hesabını vermek; **jdm über etw ~ schuldig sein** birine hesap verecek olmak; **jdn für etw zur ~ ziehen** birinden bir şeyin hesabını sormak

Rechenschieber *m* <-s, -> (MATH) hesap cetveli; **Rechenzentrum** *nt* (INFORM) bilgisayar merkezi

Recherche [re'ʃɛrʃən, rə'ʃɛrʃən] *f* <-n> araştırma; **über jdn/etw ~n anstellen** bir kimseyi/şeyi araştırmak

recherchieren* [reʃɛr'ʃi:rən, rəʃɛr'ʃi:rən] *vi, vt* araştırmak, bilgi toplamak

rechnen ['rɛçnən] **I.** *vi* **1.** (MATH) hesap yapmak; **im Kopf ~** kafasında hesaplamak; **hin- und her~** hesaplamak kitaplamak **2.** (*sich verlassen*) güvenmek (*mit/auf* -e/-e); **man kann mit ihm ~** ona güvenilir; **damit hatte ich nicht gerechnet** bunu beklemiyordum, bunu hesaplamamıştım, bunu hesaba almamıştım [*o* katmamıştım], bu hesapta yoktu **3.** (*haushalten*) hesap kitap yapmak; **wir müssen mit jedem Pfennig ~** her feniğin hesabını yapmak zorundayız **II.** *vt* **1.** (*Aufgabe*) hesaplamak, çözmek **2.** (*zählen*) saymak (*zu/unter* -den/-den); (*einbeziehen*) katmak (*zu/unter* -e/-e); **man rechnet ihn zu den Experten auf diesem Gebiet** kendisi bu alandaki eksperlerden sayılır **3.** (*veranschlagen*) hesaplamak (*für* için) **III.** *vr:* **sich ~** hesaplanmak

Rechner(in)[1] *m(f)* <-s, -; -nen> hesaplı adam; **ein kühler ~ sein** çok hesaplı adam olmak

Rechner[2] *m* <-s, -> hesap makinesi; (INFORM: *Computer*) bilgisayar

rechnergesteuert *adj* (INFORM) bilgisayar güdümlü, bilgisayar kumandalı; **rechnergestützt** *adj* (INFORM) bilgisayar destekli

Rechnersimulation *f* <-en> (INFORM) bilgisayar simülâsyonu

Rechnung *f* <-en> **1.** (*das Rechnen*) hesap(lama) **2.** (*Ab~*) hesap; (*Waren~*) hesap pusulası, fatura; (*Proforma~*) fatura; (*im Restaurant, Hotel~*) adisyon, hesap; **die ~ begleichen** hesabı kapamak [*o* temizlemek], faturayı ödemek; **mit jdm eine alte ~ begleichen** (*fig*) biriyle eski bir hesabı kapamak; **jdm die ~ für etw präsentieren** bir şeyin faturasını birine çıkarmak [*o* ödetmek], birinden bir şeyin hesabını sormak; **eine ~ ausstellen** fatura kesmek; **eine ~ über 1000 Euro** 1000 euroluk bir hesap [*o* fatura]; **die ~, bitte!** hesabı lütfen!; **jdm etw in ~ stellen** birinin hesabına bir şeyi yazmak; **auf eigene ~** kendi hesabına; **das geht auf meine ~** bunu benim hesabıma yazın; **etw** *dat* **~ tragen** bir şeyi hesaba almak; **die ~ ohne den Wirt machen** (*fig*) kendi kendine gelin güvey olmak; **er hatte die ~ ohne den Wirt gemacht** (*fig*) evdeki hesabı çarşıya uymadı; **Rechnungsbuch** *nt* <-(e)s, -bücher> **1.** (COM) muhasebe defteri **2.** (*Schweiz: Rechenbuch*) aritmetik kitabı; **Rechnungseinheit** *f* (FIN) hesap birimi; **Rechnungsführer(in)** *m(f)* <-s, -; -nen> sayman, muhasebeci, muhasip; **Rechnungsführung** *f* saymanlık, muhasebe; **Rech-**

nungshof *m* Sayıştay; **Rechnungsjahr** *nt* malî yıl; **Rechnungslegung** *f* hesap verme; **Rechnungsprüfer(in)** *m(f)* (WIRTSCH) muhasebe denetçisi; **Rechnungsprüfung** *f* muhasebe denetimi

recht [rɛçt] **I.** *adj* **1.** (*geeignet, passend*) uygun, münasip; (*richtig*) doğru; **der ~e Augenblick** uygun an **2. ich habe keine ~e Lust** pek hevesim yok **3.** (*richtig*) doğru; **hier geht es nicht mit ~en Dingen zu** burada bir şeyler dönüyor **II.** *adv* **1.** (*sehr*) çok; **~ tief** çok derin; **~ herzlichen Dank** çok teşekkürler **2.** (*ziemlich*) oldukça, epeyce; **~ viel/oft** oldukça fazla/sık **3.** (*richtig, genehm*) doğru; **ganz ~!** çok doğru!; **jetzt erst ~ nicht!** işte [*o* hele] şimdi hiç olmaz!; **wenn ich es ~ überlege ...** iyice bir düşündüğümde ...; **~ daran tun sich zu entschuldigen** özür dilemekle iyi etmek; **ist es dir ~ wenn ich jetzt gehe?** şimdi gidersem senin için uygun mu?; **das soll mir ~ sein** bana göre hava hoş; **das geschieht ihm ~** (*fam*) ona oh olsun; **ich seh' wohl nicht ~!** (*fam*) gözlerime inanamıyorum!; **wenn ich Sie ~ verstehe** sizi doğru anlıyorsam; **verstehe mich bitte ~** beni lütfen yanlış anlama; **ich weiß nicht ~** pek bilmiyorum; **du kommst gerade ~** tam zamanında geldin; **du kommst mir gerade ~** (*fam iron*) başımda bir sen eksiktin; **man kann ihm nichts ~ machen** hiçbir şeyi beğenmiyor

Recht[1] [rɛçt] *nt* <-(e)s, -e> (*Anspruch*) hak (*auf* -e); **bürgerliche ~e** medenî haklar; **staatsbürgerliche ~e** vatandaşlık hakları; **mit welchem ~ behaupten Sie das?** hangi hakla bunu iddia ediyorsunuz?; **sein ~ fordern** hakkını istemek; **jdm ~ geben** birine hak vermek; **zu seinem ~ kommen** hakkını almak; **zu ~** haklı olarak; **~ haben** haklı olmak; **im ~ sein** haklı olmak; **es ist unser gutes ~ uns zu beschweren** şikâyet [*o* itiraz] etmek hakkımızdır; **gleiches ~ für alle!** herkese eşit haklar!; **du hast das ~ auf einen Anwalt** avukat tutmaya hakkın var; **dazu haben Sie kein ~!** buna hakkınız yoktur!

Recht[2] *nt ohne Pl* <-s> (*Rechtsordnung*) hukuk, tüze; **bürgerliches ~** medenî hukuk; **öffentliches/kanonisches ~** kamu/Katolik kilisesinin hukuku; **gegen das ~ verstoßen** hukuku ihlâl etmek; **~ sprechen** yargılamak; **nach ~ und Billigkeit** hukuka ve hakkaniyete göre

rechte(r, s) *adj* **1.** (*Seite*) sağ; **~r Hand** sağ elde; **auf der ~n Seite** sağ tarafta; **jds ~ Hand sein** (*fig*) birinin sağ kolu olmak **2.** (POL) sağ **3.** (MATH) dik; **ein ~r Winkel** dik açı

Rechte ['rɛçtə] *f* <-n, -n> **1.** (*a.* POL) sağ, sağcılar; **zu ihrer ~n** sağınızda; **die ~ zog ins Parlament ein** sağ(cılar) parlâmentoya girdi **2.** (SPORT: *Boxen*) sağ; **seine ~ einsetzen** sağ çıkarmak, sağını kullanmak

Rechteck *nt* (MATH) dikdörtgen; **rechteckig** *adj* dikdörtgensel

rechtens ['rɛçtəns] *adv:* **~ sein** haklı olmak; **für ~ halten** haklı görmek

Rechtens *s.* **rechtens**

rechtfertigen ['----] **I.** *vt* haklı çıkarmak **II.** *vr:* **sich ~** mazeret göstermek (*für* için, *vor* -e), haklı sebep göstermek (*für* için, *vor* -e)

Rechtfertigung *f* <-en> **1.** haklı çıkarma **2.** (*eines Verhaltens*) haklı sebep gösterme (*für* için), mazeret gösterme (*für* için)

rechtgläubig *adj* çok dindar; (*orthodox*) bağnaz

rechthaberisch *adj* (*pej*) inatçı, daima kendisini haklı gören; **~ sein** daima kendisini haklı görmek

rechtlich *adj* hukuksal, hukukî; (*gesetzlich*) yasal; **das ist ~ nicht zulässig** bu hukuken caiz değildir

rechtlos *adj* hiçbir hakkı olmayan, yasal haklardan yoksun olan

rechtmäßig *adj* meşru; (*gesetzlich*) yasal, kanunî; **etw für ~ erklären** bir şeyi meşrulaştırmak [*o* meşru saymak]

Rechtmäßigkeit *f ohne Pl* meşruiyet

rechts [rɛçts] **I.** *adv:* **~ davon** onun sağında; **~ von mir** benim sağımda; **nach ~** sağa; **von ~ kommen** sağdan gelmek; **oben/unten ~** üst/alt sağda; **von ~ nach links** sağdan sola; **~ vor links** sağdan gelenin yol üstünlüğü; **sich ~ halten** sağda kalmak, sağdan gitmek; **sich ~ einordnen** sağa girmek; **~ um!** (MIL) sağa dön!; **~ stehen** (POL) sağ olmak; **~ wählen** (POL) sağı seçmek; **mit ~ schreiben** sağ elle yazmak; **ich weiß nicht mehr, wo ~ und links ist** (*fam fig*) sağımı solumu şaşırdım **II.** *präp* sağında

Rechtsabbiegerspur *f* <-, -en> (AUTO) sağa dönme şeridi; **Rechtsabteilung** *f* (JUR) muhakemat dairesi; **Rechtsanwalt, -wältin** *m, f* (JUR) avukat; **sich** *dat* **einen ~ nehmen** kendine bir avukat tutmak

Rechtsaußen [rɛçts'ʔaʊsən] *m* <-, -> (SPORT) sağ açık

Rechtsberatung *f* (JUR) hukuk danışmanlığı, hukuk müşavirliği

rechtschaffen ['rɛçtʃafən] *adj* **1.** (*anständig*) dürüst, haktanır, hakşinas **2.** (*sehr*) çok; **~ Hunger haben** (*fam*) çok acıkmış olmak, karnı çok aç olmak

Rechtschreibfehler *m* yazım yanlışı, imlâ hatası; **Rechtschreibreform** *f* yazım refor-

R

mu

Rechtschreibung *f* yazım, imlâ

Rechtsempfinden *nt ohne Pl* <-s> hak (ve haksızlığı birbirinden ayırt edebilme) duygusu

Rechtsextremist(in) *m(f)* (POL) aşırı sağcı; **rechtsextremistisch** *adj* (POL) aşırı sağ(cı)

rechtsfähig *adj* (JUR) tüzel kişiliğe sahip (olan)

Rechtsfrage *f* (JUR) hukukî sorun

rechtsgerichtet *adj* (POL) sağ eğilimli

Rechtsgrundlage *f* (JUR) hukukî dayanak

rechtsgültig *adj* (JUR) hukuken geçerli; **etw für ~ erklären** bir şeyi hukuken geçerli kılmak

Rechtshänder(in) ['-hɛndɐ] *m(f)* <-s, -; -nen> sağ elini kullanan (kimse)

rechtshändig **I.** *adj* sağ elini kullanan **II.** *adv* sağ elle

rechtskräftig *adj* (JUR) kesinleşmiş; **~ werden** kesinleşmek

Rechtskurve *f* sağa dönen viraj

Rechtslage *f ohne Pl* (JUR) hukukî durum, statü

Rechtsmittel *nt* (JUR) kanun yolu; **Rechtsmittelbelehrung** *f* (JUR) kanun yolu hakkını öğretme

Rechtsnachfolge *f* (JUR) halefiyet, ardıllık, halef, ardıl; **die ~ von jdm antreten** biriyle halef selef olmak; **Rechtsordnung** *f* <-en> (JUR) hukuk düzeni; **Rechtspflege** *f* (JUR) yargı, adliye, hukuk kurallarının işlemesi

Rechtsprechung *f* <-en> (JUR) yargı

rechtsradikal *adj* (POL) aşırı sağcı

Rechtsschutz *m* (JUR) hakkın korunması, hukukî korunma; **Rechtsschutzversicherung** *f* hukukî yarar sigortası; **Rechtssprache** *f* hukuk dili; **Rechtsstaat** *m* hukuk devleti; **Rechtsstellung** *f* hukukî statü; **Rechtsstreit** *m* (JUR) dava

Rechtsverkehr *m* **1.** (AUTO) sağdan giden trafik **2.** (JUR) hukukî ilişkiler

Rechtsverletzung *f* (JUR) hakkın ihlâli; **Rechtsverordnung** *f* (JUR) tüzük; (*mit Gesetzeskraft*) (kanun hükmünde) kararname; **eine ~ erlassen** (kanun hükmünde) kararname çıkarmak; **Rechtsweg** *m* (JUR) yargı yolu; **auf dem ~** yargı yolu ile; **der ~ ist ausgeschlossen** yargı yolu kapalıdır; **rechtswidrig** *adj* haksız, hukuka aykırı; **Rechtswissenschaft** *f ohne Pl* (JUR) hukuk bilimi

rechtwink(e)lig *adj* dik açılı

rechtzeitig **I.** *adj* vaktinde yapılan, zamanında yapılan **II.** *adv* **1.** (*pünktlich*) tam vaktinde, dakikası dakikasına **2.** (*früh genug*) vaktinde, zamanında

Reck [rɛk] *nt* <-(e)s, -e *o* -s> (SPORT) barfiks

recken ['rɛkən] **I.** *vt* esnetmek; **den Kopf aus dem Fenster ~** kafasını pencereden uzatmak **II.** *vr:* **sich ~** gerinmek

Reckstange *f* (SPORT) barfiks çubuğu

Recorder *m* <-s, -> *s.* **Rekorder**

recyceln* [ri'saɪkəln] *vt* yeniden işlemek, yeniden işleyerek kullanmak

Recycling [ri'saɪklɪŋ] *nt ohne Pl* <-s> yeniden işleme, yeniden işleyerek kullanım; **Recyclingpapier** *nt ohne Pl* <-s> ekolojik kâğıt, yeniden işlenmiş kâğıt, yeniden işlenerek kullanılan kâğıt

Redakteur(in) [redak'tøːɐ] *m(f)* <-s, -e; -nen> redaktör

Redaktion [redak'tsjoːn] *f* <-en> redaksiyon, yazı işleri

Redaktor(in) [re'daktoːɐ] *m(f)* <-s, -en; -nen> (*Schweiz*) redaktör

Rede ['reːdə] *f* <-n> **1.** (*Ansprache*) demeç; (*Gespräch*) konuşma; **eine ~ halten** bir demeç vermek, bir konuşma yapmak; **das ist nicht der ~ wert** bunun sözünü etmeye değmez, lâkırdısı mı olur; **es ist die ~ von ...** söz [*o* bahis] konusu ...; **davon kann nicht die ~ sein** bu, söz [*o* bahis] konusu olamaz; **wovon ist die ~?** söz [*o* bahis] konusu nedir?; **jdn zur ~ stellen** birini hesaba çekmek, birinden hesap sormak; **jdm ~ und Antwort stehen** birine hesap vermek; **der langen ~ kurzer Sinn** uzun lâfın [*o* sözün] kısası **2.** (LING) anlatım; **direkte/indirekte ~** dolaysız/dolaylı anlatım; **Redefluss[RR]** *m* <-es, -flüsse>: **jdn in seinem ~ unterbrechen** konuşurken birinin sözünü kesmek; **redegewandt** *adj* belâgatli; **Redekunst** *f ohne Pl* konuşma sanatı, belâgat

reden ['reːdən] **I.** *vi* **1.** (*sprechen*) konuşmak (*mit* -le, *über* üzerine, *von* hakkında); **leise/stundenlang ~** alçak sesle/saatlerce konuşmak; **mit Händen und Füßen ~** konuşurken ellerini kollarını oynatmak; **(viel) von sich** *dat* **~ machen** dillerde (çok) dolaşmak; **du hast gut ~!** söylemesi kolay!; **~ wir nicht mehr darüber** bu meseleyi konuşmayalım artık; **nicht zu ~ von ...** ... şöyle dursun; **schlecht von jdm ~** biri hakkında kötü konuşmak; **R~ ist Silber, Schweigen ist Gold** (*prov*) söz gümüşse sükût altındır **2.** (*Rede halten*) konuşma yapmak (*über* üzerine) **II.** *vt* konuşmak; **Unsinn ~** saçma sapan konuşmak **III.** *vr:* **sich heiser ~** konuşmaktan sesi kısılmak

Redensart *f* <-en>: **jdm mit ~en abspeisen** birini boş sözlerle atlatmak

Redeweise *f* konuşma biçimi; **Redewendung** *f* (LING) deyim

redigieren* [redi'giːrən] *vt* yayıma hazır

duruma getirmek; (*Zeitschrift*) redakte etmek
redlich ['re:tlɪç] *adj* **1.** (*aufrichtig*) dürüst; ~ **handeln** dürüst davranmak **2.** (*sehr*) çok; **er hat sich** *dat* ~**e Mühe gegeben** çok emek harcadı
Redlichkeit *f ohne Pl* dürüstlük
Redner(in) ['re:dnɐ] *m(f)* <-s, -; -nen> konuşmacı
Rednerpult *nt* konuşmacı kürsüsü
redselig *adj* konuşkan; **Redseligkeit** *f ohne Pl* konuşkanlık
Reduktion [redʊk'tsjo:n] *f* <-en> indirme; (CHEM, PHYS, MATH) indirgeme
redundant [redʊn'dant] *adj* artık, fazla
Redundanz [redʊn'dants] *f* <-en> artıklık, fazlalık
reduzieren* [redu'tsi:rən] **I.** *vt* indirmek; (CHEM, PHYS, MATH) indirgemek (*auf* -e); **Kohlendioxid zu Konlenmonoxid** ~ karbondioksidi karbonmonokside indirgemek **II.** *vr:* **sich** ~ inmek (*auf*-e)
Reeder *m* armatör, gemi donatan
Reederei *f* <-en> demir yeri
reell [re'ɛl] *adj* **1.** (*ehrlich*) namuslu; (*anständig*) dürüst **2.** (*fam: ordentlich*) adam gibi; (*Preis*) makul **3.** (*wirklich, a.* MATH) gerçek
Referat [refe'ra:t] *nt* <-(e)s, -e> **1.** (*Vortrag*) konferans; **ein** ~ **halten** konferans vermek **2.** (*Abteilung*) bölüm, masa
Referenda *Pl von* **Referendum**
Referendar(in) [referɛn'da:ɐ] *m(f)* <-s, -e; -nen> **1.** (JUR) stajyer **2.** (SCHULE) stajyer öğretmen
Referendariat [referɛndari'a:t] *nt* <-(e)s, -e> **1.** (JUR) stajyerlik **2.** (SCHULE) öğretmenlik stajı
Referendum [refe'rɛndʊm] *nt* <-s, Referenden *o* Referenda> referendum
Referent(in) [refe'rɛnt] *m(f)* <-en, -en; -nen> **1.** (*eines Vortrages*) konferansçı, konuşmacı; (*eines Referats*) bölüm uzmanı, raportör **2.** (*Referatsleiter*) bölüm başkanı
Referenzen [refe'rɛnts] *fpl* referans
referieren* [refe'ri:rən] **I.** *vi* **1.** (*Referat halten*) konferans vermek (*über* üzerine) **2.** (*berichten*) rapor vermek (*über* üzerine) **II.** *vt* (*berichten*) tebliğ etmek
reflektieren* [reflɛk'ti:rən] **I.** *vi* **1.** (*nachdenken*) düşünmek (*über* -) **2.** (*zurückstrahlen*) yansımak, ışık vurduğu zaman parlamak **3.** (*interessiert sein*) gözü olmak (*auf*-de) **II.** *vt* (*Licht*) yansıtmak
Reflektor [re'flɛkto:ɐ] *m* <-s, -en> reflektör, yansıtaç
Reflex [re'flɛks] *m* <-es, -e> refleks, tepke; **bedingter/unbedingter** ~ (PSYCH) koşullu/koşulsuz tepke, şartlı/şartsız refleks
Reflexion [reflɛ'ksjo:n] *f* <-en> (*a.* PHYS) yansı, yansıma
reflexiv [reflɛ'ksi:f] *adj* yansımalı; (LING) dönüşlü; **Reflexivpronomen** *nt* (LING) dönüşlü zamir; **Reflexivverb** *nt* (LING) dönüşlü fiil
Reform [re'fɔrm] *f* <-en> reform
Reformation [refɔrma'tsjo:n] *f ohne Pl* **1.** (REL, HIST) reformasyon **2.** (*Erneuerung*) yenileme
reformatorisch [refɔrma'to:rɪʃ] *adj* **1.** (REL, HIST) reformasyon (ile ilgili), reformasyoncu **2.** (*erneuernd*) yenileyici
Reformer(in) [re'fɔrmɐ] *m(f)* <-s, -; -nen> reformcu
reformerisch *adj:* ~**e Bemühungen** reform çabaları
Reformhaus *nt* sağlıklı gıda pazarı
reformieren* [refɔr'mi:rən] *vt* reforme etmek
reformistisch *adj* (POL) reformist
Reformkost *f* sağlıklı gıdalar *pl*
Refrain [rə'frɛ̃:] *m* <-s, -s> nakarat, kavuştak
Regal [re'ga:l] *nt* <-s, -e> (*Ablage, Gestell*) raf, etajer; (*Bücher*~) kitaplık
Regatta [re'gata] *f* <Regatten> (SPORT) tekne yarışı
rege ['re:gə] *adj* **1.** (*Verkehr, Briefwechsel, Betrieb*) hareketli ve yoğun; (*Nachfrage, Interesse*) çok, büyük **2.** (*Fantasie*) canlı; **körperlich und geistig** ~ **sein** bedenen ve aklen dinç olmak
Regel ['re:gəl] *f* <-n> **1.** (*Vorschrift, a.* LING) kural; (*Norm*) norm, düzgü; **in der** ~ kural olarak; (*normalerweise*) normal olarak; **nach allen** ~**n der Kunst** (*in jeder Hinsicht*) her bakımdan; **sich** *dat* **etw zur** ~ **machen** bir şeyi kural edinmek **2.** (*Menstruation*) âdet, aybaşı; **Regelarbeitszeit** *f* normal iş süresi
regelbar *adj* ayarlanabilir
Regelblutung *f* aybaşı; **Regelfall** *m ohne Pl* <-(e)s> normal durum; **im** ~ normal durumda
regelmäßig **I.** *adj* düzenli, muntazam; (*Gesichtszüge*) düzgün, muntazam **II.** *adv* düzenli olarak; **er kommt** ~ **zu spät zu den Proben** provalara hep geç geldi
Regelmäßigkeit *f ohne Pl* düzgünlük
regeln ['re:gəln] **I.** *vt* düzenlemek; (*in Ordnung bringen*) düzene koymak, halletmek, yoluna koymak; **etw vertraglich** ~ bir şeyi sözleşme ile düzenlemek; **das lässt sich** ~ bu hallolur **II.** *vr:* **sich** ~ **1.** (*vor sich gehen*) yürümek; **die Sache hat sich geregelt** mesele halloldu **2.** (*in Ordnung kommen*) düzene girmek

R

regelrecht I. *adj* 1. (*vorschriftsmäßig*) nizamî, kurallara uygun olan 2. (*fam: richtiggehend*): **nachher kam es zu einer ~en Schlägerei** arkasından düpedüz dövüş çıktı II. *adv* (*fam*) düpedüz, gerçekten, resmen; **er war ~ betrunken** resmen sarhoştu

Regelung *f* <-en> 1. düzenleme; (*Erledigung*) halletme, hallolunma, çözümlenme; **eine gütliche ~ der Sache** meselenin dostane çözümlenmesi 2. (*der Temperatur*) ayarlama 3. (*Abmachung*) anlaşma; (*Vorschrift*) düzenleme

Regelwerk *nt* kurallar bütünü; **regelwidrig** *adj* kurala aykırı

regen ['re:gən] I. *vt* (*geh*) hareket ettirmek; (*wenig*) kıpırdatmak II. *vr:* **sich ~** 1. (*sich bewegen*) hareket etmek; (*wenig*) kıpırdamak; **kein Blatt regte sich** bir yaprak bile kıpırdamıyordu 2. (*geh: entstehen*) doğmak; (*wach werden*) uyandmak; **es regten sich Zweifel** kuşku uyandı

Regen ['re:gən] *m* <-s, -> yağmur; **saurer ~** (ÖKOL) asitli yağmur; **im strömenden ~ musste ich nach Hause laufen** bardaktan boşanırcasına yağan yağmurda eve yürüyerek gitmek zorunda kaldım; **ich bin gestern in den ~ gekommen** dün yağmura tutuldum; **vom ~ in die Traufe kommen** (*fam fig*) yağmurdan kaçarken doluya tutulmak; **jdn im ~ stehen lassen** (*fam*) birini yüzüstü bırakmak

Regenbogen *m* <-s, -> gök kuşağı; **Regenbogenpresse** *f ohne Pl* boyalı basın, fısıltı basın

regenerieren* [regene'ri:rən] I. *vt* yenilemek; (*wieder gebrauchsfähig machen*) yeniden kullanılır duruma getirmek II. *vr:* **sich ~** (BIOL, MED) kendini yenilemek

Regenfälle *mpl* yağışlar *pl;* **Regenfront** *f* (METEO) yağmur cephesi; **Regenmantel** *m* yağmurluk; **Regenpfeifer** *m* (ZOOL) yağmurcun; **Regenrinne** *f* yağmur oluğu; **Regenschauer** *m* sağnak; **Regenschirm** *m* şemsiye

Regent(in) [re'gɛnt] *m(f)* <-en, -en; -nen> hükümdar

Regentropfen *m* yağmur damlası

Regentschaft *f* <-en> hükümdarlık

Regenwald *m* yağmur ormanı; **Regenwasser** *nt* yağmur suyu; **Regenwetter** *nt* yağmurlu hava; **bei ~** yağmurlu havada; **Regenwolke** *f* yağmur bulutu; **Regenwurm** *m* (ZOOL) yer solucanı; **Regenzeit** *f* yağmur mevsimi

Reggae *m* reggi

Regie [re'ʒi:] *f ohne Pl* 1. (FILM, THEAT) reji; **unter der ~ von ...** ...in rejisi altında 2. (*Leitung*) yönetim; **etw in eigener ~ tun** (*fam*) bir şeyi kendi başına yapmak;

Regieanweisung *f* rejisörün talimatı; **Regieassistent(in)** *m(f)* reji asistanı, rejisör yardımcısı

regieren* [re'gi:rən] I. *vi* iktidarda olmak; (*herrschen*) hüküm sürmek, hükmetmek (*über* -e), hâkim olmak (*über* -e) II. *vt* 1. (*Land, Staat*) yönetmek, idare etmek; (*Fahrzeug*) hâkim olmak (-e) 2. (LING) almak; **dieses Verb regiert den Dativ** bu fiil kalma durumunu alır

Regierung *f* <-en> hükümet, iktidar; **eine (neue) ~ bilden** (yeni) bir hükümet kurmak; **die ~ stürzen** hükümeti devirmek; **an der ~ sein** iktidarda olmak; **an die ~ kommen** iktidara gelmek; **Regierungsbezirk** *m* yönetim bölgesi; **Regierungschef(in)** *m(f)* hükümet başkanı; **Regierungsform** *f* <-en> hükümet biçimi, yönetim biçimi; **Regierungskrise** *f* hükümet buhranı; **Regierungspartei** *f* iktidar partisi

Regierungssitz *m* hükümet merkezi

Regierungssprecher(in) *m(f)* hükümet sözcüsü; **Regierungswechsel** *m* hükümet değişikliği, iktidarın değişmesi

Regime [re'ʒi:m] *nt* <-s, -(s)> rejim; **Regimekritiker(in)** *m(f)* rejim eleştiricisi

Regiment[1] [regi'mɛnt] *nt* <-(e)s, -e> (*Leitung*) yönetim; **das ~ führen** yönetimi elinde tutmak

Regiment[2] *nt* <-(e)s, -er> (MIL) alay

Regimentskommandant *m* (*Schweiz*), **Regimentskommandeur** *m* (MIL) alay komutanı

Region [re'gjo:n] *f* <-en> yöre, bölge; **in höheren ~en schweben** (*geh fig*) havalarda uçmak

regional [regjo'na:l] *adj* yöresel, bölgesel

Regisseur(in) [reʒɪ'sø:ɐ] *m(f)* <-s, -e; -nen> (THEAT, FILM) rejisör

Register [re'gɪstɐ] *nt* <-s, -> 1. dizin, fihrist, indeks 2. (ADMIN) kütük; (*Handels~*) sicil 3. (MUS: *Orgel~*) boru takımı; **eine Orgel mit vierzig ~n** kırk boru takımlı bir org; **alle ~ ziehen** (*fig*) her çareye başvurmak, allem etmek kallem etmek 4. (INFORM) yazmaç

Registertonne *f* (NAUT) tonilâto

Registratur [regɪstra'tu:ɐ] *f* <-en> 1. (*das Registrieren*) tescil 2. (*Büro*) arşiv, sicil dairesi

registrieren* [regɪs'tri:rən] *vt* tescil etmek; (*bemerken*) kaydetmek, fark etmek

Registrierkasse *f* yazar kasa

reglementieren* [reglemɛn'ti:rən] *vt* düzenlemek

Regler ['re:glɐ] *m* <-s, -> (TECH) regülâtör, düzenleyici

reglos ['reːkloːs] *adj* hareketsiz, kıpırtısız

regnen ['reːgnən] *vunpers* yağmur yağmak; **es regnet in Strömen** bardaktan boşanırcasına yağmur yağıyor

regnerisch *adj* yağmurlu

Regress[RR] [re'grɛs] *m* <-es, -e>, **Regreß** *m* <-sses, -sse> **1.** (JUR) rücu; **jdn für etw in ~ nehmen** birine karşı bir şey için rücu hakkını kullanmak **2.** (PHILOS) kayıtım, rücu

Regressanspruch[RR] *m*, **Regreßanspruch** *m* (JUR) rücu hakkı

Regression [regrɛ'sjoːn] *f* <-en> **1.** gerileme, regresyon **2.** (PSYCH, BIOL) gerileme **3.** (GEO) deniz gerilemesi

regressiv [regrɛ'siːf] *adj* gerileyen, gerileyici, gerilek; (JUR) rücu hakkı ile ilgili

Regressklage[RR] *f*, **Regreßklage** *f* (JUR) rücu davası

regresspflichtig[RR] *adj* (JUR) rücua borçlu; **jdn ~ machen** birini rücua borçlu kılmak

regulär [regu'lɛːɐ] *adj* nizamî, kurallara uygun olan; (*normal*) normal

regulieren* [regu'liːrən] *vt* **1.** (*regeln*) düzenlemek, düzene koymak; **einen Schaden ~** zararı ödemek [*o* tasfiye etmek]; **die Ampel reguliert den Verkehr**(**sfluss**) lâmba trafiği(n akışını) düzenler **2.** (*Lautstärke, Temperatur*) ayarlamak

Regulierung *f* <-en> **1.** (*der Temperatur, Lautstärke*) ayarlama **2.** (*Regelung*) düzenleme; (*eines Schadens*) tasfiye

Regung ['reːgʊŋ] *f* <-en> (*geh*) **1.** (*Bewegung*) hareket **2.** (*Gefühls~*) duygulanma

regungslos *adj* hareketsiz

Reh [reː] *nt* <-(e)s, -e> karaca

Rehabilitation [rehabilita'tsjoːn] *f* <-en> **1.** (MED) rehabilitasyon **2.** (JUR) saygınlığın geri verilmesi, itibarın iadesi; **Rehabilitationszentrum** *nt* (MED) rehabilitasyon merkezi

rehabilitieren* [rehabili'tiːrən] *vt* **1.** (*jds Ansehen*) saygınlığını geri vermek (-in), itibarını iade etmek (-in); (MED) rehabilite etmek **2.** (*wieder eingliedern*) yeniden mesleğe ve topluma kazandırmak

Rehbock *m* erkek karaca; **Rehgeiß** *f* dişi karaca; **Rehkeule** *f* karaca budu; **Rehkitz** *nt* karaca yavrusu; **Rehkuh** *f* dişi karaca; **Rehrücken** *m* karaca sırtı

Reibach *m* (*fam*) anafor

Reibe ['raɪbə] *f* <-n> rende

Reibekuchen *m* (*reg: Kartoffelpuffer*) patates mücveri

Reibelaut *m* (LING: *Spirans, Spirant*) sızıcı ünsüz

reiben ['raɪbən] <reibt, rieb, gerieben> **I.** *vt* **1.** (*aneinander ~*) sürtmek; **etw blank ~** bir şeyi ovmak; **sich** *dat* **die Hände ~** (*a. fig*) ellerini ovuşturmak **2.** (*zerkleinern*) rendelemek **II.** *vr:* **sich ~** sürtüşmek (*an* -, *mit* ile)

Reibereien *fpl* sürtüşmeler *pl*

Reibfläche *f* sürtme yüzü

Reibung *f* <-en> **1.** (*das Reiben*) sürtme **2.** (PHYS) sürtünme; **Reibungsfläche** *f* (PHYS) sürtünme yüzü

reibungslos *adj* sorunsuz; **etw verläuft ~** bir şey tıkırında gitmek, bir şey çorap söküğü gibi gitmek

reich [raɪç] *adj* **1.** (*wohlhabend*) zengin, varlıklı; **~ heiraten** zengin bir kadınla evlenmek; **~ machen** zenginleştirmek; **~ werden** zengin olmak; **ein Kind aus ~em Haus** zengin aile çocuğu **2.** (*Haar*) gür; (*ergiebig*) bereketli; **in ~em Maße** bol miktarda

Reich [raɪç] *nt* <-(e)s, -e> imparatorluk; (*König~, a. fig*) krallık; **das Deutsche/Römische/Osmanische ~** Alman/Roma/Osmanlı İmparatorluğu; **das Dritte ~** Nazi Almanyası; **das ~ der Tiere/Toten** hayvanlar/ölüler âlemi

reichen ['raɪçən] **I.** *vi* **1.** (*aus~*) yetmek, yetişmek; **mir reicht's!** (*fam*) yeter!; **jetzt reicht's aber!** (*fam*) artık yetti ama!, yeter artık ama! **2.** (*sich erstrecken*) uzanmak (*bis* -e kadar); **weit ~d** (*umfassend*) çok kapsamlı; **so weit das Auge reicht** göz alabildiğine **II.** *vt* **1.** (*anbieten*) ikram etmek **2.** (*geben*): **jdm etw ~** birine bir şeyi vermek; **sich** *dat* **die Hand ~** elini uzatmak

reichhaltig *adj* zengin; (*umfangreich*) kapsamlı

reichlich **I.** *adj* bol; (*umfangreich*) kapsamlı **II.** *adv* **1.** bol bol; (*ausreichend*) yeterince; **alles ist ~ vorhanden** her şeyden yeterince var **2.** (*fam: ziemlich*) oldukça

Reichstag *m ohne Pl* <-(e)s> **1.** (HIST) Rayştag **2.** (*Parlament*) parlâmento; **der dänische/finnische/niederländische ~** Danimarka/Finlandiya/Hollanda Parlâmentosu **3.** (*Gebäude*) Rayştag binası, parlâmento binası; **Reichstagsbrand** *m ohne Pl* <-(e)s> (HIST) Rayştag binasının yanması

Reichtum[1] *m* <-s, -tümer> zenginlik, varlık; (*Besitz*) varlık, mal mülk, servet; **die Reichtümer eines Landes** bir ülkenin servetleri; **zu ~ gelangen** mal mülk sahibi olmak

Reichtum[2] *m ohne Pl* <-s> (*Reichhaltigkeit*) zenginlik (*an* -); **der ~ an Arten** türlerin zenginliği

Reichweite *f* erim, menzil; (*eines Funktelefons*) kaplama alanı; **außer ~ sein** erişilmez olmak; **etw liegt in ~** bir şeye erişilir olmak

reif [raɪf] *adj* olgun; **~ werden** olgunlaşmak; ~ **werden lassen** olgunlaştırmak; **die Zeit ist** ~ (**für etwas**) (bir şeyi) yapma zamanı geldi

Reif[1] [raɪf] *m* <-(e)s, -e> (*geh: Arm~*) halka

Reif[2] [raɪf] *m ohne Pl* <-(e)s> kırağı; (*Rau~*) kırç; **es ist** ~ **gefallen** kırağı düştü

Reife [raɪfə] *f ohne Pl* **1.** (*das Reifen*) olgunlaşma **2.** (*das Reifsein*) olgunluk; **mittlere** ~ (SCHULE) orta öğretim derecesi, *onuncu sınıf diploması*

reifen ['raɪfən] *vi sein* olgunlaşmak

Reifen ['raɪfən] *m* <-s, -> **1.** (*Auto~, Fahrrad~*) lâstik **2.** (*Spielzeug*) çember, halka; (*Fass~*) kasnak; **Reifenpanne** *f* lâstik patlaması; **Reifenwechsel** *m* lâstik değiştirme

Reifeprüfung *f* (SCHULE) olgunluk sınavı

Reifglätte *f ohne Pl* kırağı yüzünden yolların kaygan olması

reiflich **I.** *adj* iyice **II.** *adv* iyice(ne); **das habe ich mir** ~ **überlegt** bunu iyice(ne) düşündüm

Reigen ['raɪgən] *m* <-s, -> kuyruk olup dans etme; (LIT: *v. A. Schnitzer*) Rondo; **den** ~ **eröffnen** (*geh fig*) (bir şeye) öncülük etmek; **den** ~ **beschließen** (*geh fig*) sonuncu olmak

Reihe[1] ['raɪə] *f* <-n> **1.** (*allgemein*) sıra; **sie sitzen in der dritten** ~ üçüncü sırada oturuyorlar; **sich in einer** ~ **aufstellen** tek sıra hâlinde dizilmek, sıralanmak; **aus der** ~ **tanzen** (*fam fig*) sıradışi işler yapmak; **in Reih und Glied stehen** saf teşkil etmek **2.** (*Buch~*) dizi; **er kaufte eine ganze** ~ **Bücher** bir sürü kitap aldı **3.** (MATH) dizi **4.** *Pl* (*Gemeinschaft*): **aus den** ~**n der Konservativen** muhafazakârların arasından

Reihe[2] *f ohne Pl* (*Reihenfolge*) sıra; **du bist an der** ~ (*fam*) sıra sende; **der** ~ **nach eintreten** sırayla girmek; **immer der** ~ **nach!** sırayla!; **außer der** ~ **kommen** sıra dışı gelmek; **etw auf die** ~ **kriegen** (*fam*) bir şeyi ayarlamak

reihen ['raɪən] **I.** *vt* (*geh*) dizmek; **Perlen auf eine Schnur** ~ incileri ipliğe dizmek **II.** *vr*: **sich** ~ (*geh: zeitlich*) dizilmek

Reihenfolge *f* sıra; **der** ~ **nach** sıra ile; **in alphabetischer** ~ alfabe sırasına göre

Reihenhaus *nt* sıra ev; **Reihenuntersuchung** *f* (MED) muayene kampanyası

reihenweise *adv* **1.** (*fam: viele*) sıralarca, düzinelerce **2.** (*in Reihen*) sıra olarak

Reiher ['raɪɐ] *m* <-s, -> (ZOOL) balıkçıl

reihern ['raɪɐn] *vi* (*fam*) **1.** (*erbrechen*) kusmak **2.** (*reg: Durchfall haben*) ishal olmak

reihum [raɪ'ʔʊm] *adv* sırayla; ~ **etw vorlesen** bir şeyi sırayla okumak; **etw** ~ **gehen lassen** bir şeyi gezdirmek, bir şeyi dolaştırmak

Reim [raɪm] *m* <-(e)s, -e> uyak, kafiye; **ich kann mir keinen** ~ **darauf machen** bundan bir şey çıkaramıyorum

reimen **I.** *vt* kafiyelemek (*auf*-e) **II.** *vr*: **sich** ~ kafiyeli olmak (*auf*-le)

reimlos *adj* uyaksız, kafiyesiz

rein [raɪn] **I.** *adj* **1.** (*pur*) saf, arı; (*unvermischt*) katıksız, katışıksız, halis **2.** (*sauber*) temiz, pak; **etw** ~ **halten** bir şeyi temiz tutmak; **etw ins R~e schreiben** bir şeyi temize [*o* beyaza] çekmek; **mit sich** *dat* **selbst ins R~e kommen** nefis muhasebesi yapmak; **etw ins R~e bringen** bir şeyi halletmek; **ein ~es Gewissen haben** vicdanı pak olmak **3.** (*ohne Ausnahme*) istisnasız; **eine ~e Industriestadt** istisnasız bir sanayii kenti **4.** (*fam: völlig*) tam; **sie ist das ~ste Genie** o, tam bir dâhidir **II.** *adv* **1.** (*ausschließlich*) sırf **2.** (*fam: völlig*) tamamen, tamamıyla; **das ist** ~ **unmöglich** bu tamamıyla imkânsız; **er hat** ~ **gar nichts getan** hiçbir şey yapmamış **3.** (*fam: herein, hinein*) içeri, içine

Reinemachefrau *f* temizlikçi kadın

Reinerlös *m* safi kâr

Reinfall *m* <-(e)s, -fälle> (*fam*) fiyasko; (*Enttäuschung*) düş kırıklığı, hayal kırıklığı; **das war ein** ~ **erster Güte** (*fam*) bu birinci kalite bir fiyaskoydu

rein|fallen *irr vi sein* (*fam*) **1.** (*in Loch*) düşmek (*in* -e); (*Licht*) girmek (*in* -e) **2.** (*sich täuschen lassen*) aldanmak (*auf* -e), kanmak (*auf*-e)

Reingewinn *m* <-(e)s, -e> safi kâr

Reinhaltung *f ohne Pl* temiz tutma

Reinheit *f ohne Pl* **1.** (*Unverfälschtheit*) arılık, saffet **2.** (*Sauberkeit*) temizlik, saffet

reinigen ['raɪnɪgən] *vt* temizlemek; (*Abwässer*) arıtmak; (*Kleidung*) temizlemek

Reinigung *f* <-en> **1.** (*Unternehmen*) kuru temizleyici **2.** (*das Reinigen*) temizleme; (*von Abwässern*) arıtım; (*von Kleidung*) kuru temizleme; **Reinigungsmittel** *nt* temizleme aracı

Reinkarnation [reʔɪnkarna'tsjoːn] *f* <-en> reenkarnasyon, ruh göçü

rein|legen *vt* (*fam*) kandırmak, aldatmak; *s. a.* **hereinlegen, hineinlegen**

reinlich *adj* **1.** (*sehr sauber*) tertemiz **2.** (*sorgfältig*) titiz

Reinmachefrau *f* temizlikçi kadın

reinrassig *adj* soy; (*Hund*) cins; (*Pferd*) saf kan, temiz kan

rein|ziehen *irr vt* (*fam*) **1.** (*Dinge*) içine çekmek **2.** (*verschlingen*) yutmak; **sich** *dat* **ein Bier** ~ bira içmek; **sich** *dat* **einen**

Film ~ filme bakmak **3.** (*in Verbrechen*) karıştırmak (*in* -e)

Reis [raɪs] *m* <-es, -e> pirinç; (*gekocht*) pilâv

Reise ['raɪzə] *f* <-n> yolculuk (*nach/in* -e/-de), gezi (*nach/in* -e/-de), seyahat (*nach/in* -e/-de); (*Rund~*) tur (*nach/in* -e/-de); **eine ~ machen** yolculuk yapmak, seyahat etmek; **auf ~n sein** geziye çıkmış olmak; **Gute ~!** iyi yolculuklar!; **Reiseandenken** *nt* <-s, -> yolculuk hatırası, gezi hatırası, andaç; **Reiseapotheke** *f yolcunun yanına aldığı ilâçlar;* **Reisebegleiter(in)** *m(f)* yol arkadaşı; **Reisebeschreibung** *f* gezi yazışi; **Reisebüro** *nt* seyahat acentesi; **Reisebus** *m* yolcu otobüsü, tur otobüsü; **reisefertig** *adj* yola çıkmaya hazır, yolculuğa hazır; **Reisefieber** *nt ohne Pl* <-s> (*fam*) yol(culuk) heyecanı

Reiseführer(in)[1] *m(f)* <-s, -; -nen> (*Person*) turist rehberi

Reiseführer[2] *m* <-s, -> (*Buch*) seyahat kılavuzu

Reisegepäck *nt* bagaj

Reisegesellschaft[1] *f* <-en> (*Reisegruppe*) turist kafilesi

Reisegesellschaft[2] *f ohne Pl* (*Begleitung*) yol arkadaşı

Reisegewerbe *nt ohne Pl* gezgincilik

Reisegruppe *f* (turist) kafile(si); **Reisekoffer** *m* valiz; **Reisekosten** *pl* gezi masrafları *pl;* **Reisekrankheit** *f ohne Pl* kinetoz; **Reiseland** *nt* <-(e)s, -länder> turistik ülke; **Reiseleiter(in)** *m(f)* <-s, -; -nen> kafile başkanı

reisen ['raɪzən] *vi sein* geziye çıkmak (*in* -de), gitmek (*nach* -e)

Reisende(r) *mf* <-n, -n; -n> gezgin, yolcu

Reisepass[RR] *m* pasaport; **Reiseprospekt** *m* seyahat broşürü; **Reiseproviant** *m* <-s, -e> yolluk, kumanya; **Reisescheck** *m* seyahat çeki; **Reisespesen** *Pl* yol masrafı, harcırah; **Reisetasche** *f* seyahat çantası; **Reiseveranstalter** *m* <-s, -> tur operatörü

Reiseverkehr *m* tatil trafiği; **Reiseverkehrskauffrau** *f* kadın turizmci; **Reiseverkehrskaufmann** *m* turizmci

Reiseversicherung *f* seyahat sigortası; **Reisewetterbericht** *m:* **tatil için hava raporu**, **Reisezeit** *f* tatil mevsimi; **Reiseziel** *nt* gidilecek yer

Reisfeld *nt* pirinç tarlası

Reisig ['raɪzɪç] *nt ohne Pl* <-s> çalı çırpı

Reiskorn *nt* pirinç tanesi; **Reismehl** *nt* pirinç unu

Reißaus [raɪs'ʔaʊs] *m* (*fam*): ~ **nehmen** kaçmak, tüymek, sıvışmak

Reißbrett *nt* plân tahtası

reißen ['raɪsən] <reißt, riss, gerissen> **I.** *vi* **1.** *sein* (*zer~*) kopmak; (*in Fetzen*) yırtılmak **2.** (*zerren*) çekmek (*an* -den) **II.** *vt* **1.** (*zer~*) koparmak; (*in Fetzen*) yırtmak, parça parça etmek; **er riss den Brief in Stücke** mektubu parça parça etti **2.** (*weg~, aus~*) koparmak (*aus* -den); (*Lenkrad*) kırmak; (*herausholen*) çekip çıkarmak (*aus* -den); **er wurde aus dem Schlaf gerissen** uykudan kaldırıldı **3.** (*ziehen*) çekmek; (*mit sich ~*) çekip götürmek, sürüklemek; **sie riss ihn zu Boden** onu çekip yere düşürdü; **jdm etw aus der Hand ~** birinin elinden bir şeyi çekip almak; **ich bin hin und her gerissen** neye karar vereceğimi bilemiyorum; **etw an sich ~** bir şeyi zorla almak, bir şeyi gaspetmek; **das Gespräch an sich ~** konuşmayı üstüne çekmek **4.** (SPORT: *Latte*) düşürmek; (*Gewicht*) koparmak **5.** (*töten*) parçalamak; **der Wolf hat zwei Schafe gerissen** kurt iki koyun parçaladı **III.** *vr:* **sich ~ 1.** (*fam*): **sich um etw/um jdn ~** bir şeyi/kimseyi elde etmeye çalışmak, bir şey/kimse için deli divane olmak **2.** (*sich befreien*) kurtulmak; **sie riss sich aus seiner Umarmung** kollarının arasından kurtuldu

reißend *adj* (*Buch*) sürükleyici; **~en Absatz finden** peynir ekmek gibi satılmak

Reißer *m* <-s, -> (*fam*) **1.** (*Buch*) heyecanlı [*o* sürükleyici] kitap; (*Film*) heyecanlı film **2.** (*Artikel*) peynir ekmek gibi satılan mal

reißerisch *adj* (*pej*) sansasyonel

Reißfeder *f* tirlin

reißfest *adj* yırtılmaz; **Reißleine** *f* (AERO: *am Fallschirm*) paraşütü açma ipi; **Reißnadel** *f* (TECH) çelik kalem

Reißverschluss[RR] *m* fermuar; **Reißverschlusssystem**[RR] *nt* <-s, -e> *fermuar kapanır gibi iki şeritteki araçların bir şeride sırayla girmeleri usulü*

Reißwolf *m* (*für Papier*) kâğıt parçalama makinesi; (*für Textilien*) kumaş parçalama makinesi; **Reißzwecke** *f* raptiye

Reitbahn *f* binicilik parkuru

reiten ['raɪtən] <reitet, ritt, geritten> **I.** *vi sein* binmek; (*auf einem Pferd*) ata binmek; (*als Sport*) binmek; **auf einem Esel/Besen ~** eşeğe/süpürgeye binmek; **auf einer Stute ~** kısrağa binmek; **im Schritt/Trab/Galopp ~** atla âdeta/tırıs/dörtnala gitmek **II.** *vt* binmek (-e)

Reiter(in) *m(f)* <-s, -; -nen> binici, atlı, süvari

Reiterstandbild *nt* atlı heykel

Reithose *f* külot; **Reitpeitsche** *f* suvari kamçısı; **Reitpferd** *nt* binek atı; **Reitschule** *f* <-n> binicilik okulu; **Reitsport** *m* *ohne Pl* atlı spor; **Reitstiefel** *m* suvari çizmesi; **Reittier** *nt* binek hayvanı; **Reitunterricht** *m* binicilik dersi

Reiz [raɪts] *m* <-es, -e> **1.** (*physiologisch*) uyarım, uyarı **2.** (*Verlockung*) cazibe, çekicilik; **der ~ des Neuen** yeninin çekiciliği; **einen ~ auf jdn ausüben** biri için çekici [*o* cazip] olmak **3.** (*Schönheit*) güzellik, albeni, cazibe

reizbar *adj* çabuk kızar, çabuk öfkelenir; **er ist leicht ~** çok çabuk kızar [*o* öfkelenir]

Reizbarkeit *f ohne Pl* çabuk kızma, çabuk öfkelenme

reizen ['raɪtsən] *vt* **1.** (*provozieren*) kışkırtmak, tahrik etmek; (*ärgern*) kızdırmak, öfkelendirmek; **jdn bis zur Weißglut ~** (*fam*) birini zıvanadan çıkarmak **2.** (MED) tahriş etmek **3.** (*anziehen*) cezbetmek; (*verlocken*) ayartmak; (*bezaubern*) büyülemek

reizend *adj* çekici; (*Mensch*) sevimli, çok hoş

Reizklima *nt* bünyeyi uyaran iklim, *organizmanın direncini artırıcı sert iklim*

reizlos *adj* **1.** (*Essen*) yavan, tatsız **2.** (*langweilig*) cazibesiz

Reizmittel *nt* (MED) uyaran madde; **Reizschwelle** *f* (PSYCH) duyum eşiği; **Reizstoff** *m* tahriş edici madde; **Reizthema** *nt* tartışmalı konu

Reizung *f* <-en> (MED) tahriş

reizvoll *adj* **1.** cazibeli, çekici, albenili **2.** (*verlockend*) cazip, çekici; **Reizwäsche** *f* seksi iç çamaşırı

rekapitulieren* [rekapitu'liːrən] *vt* bir kere daha gözden geçirmek

rekeln ['reːkəln] *vr:* **sich ~** (*fam*) gerinmek

Reklamation [reklama'tsjoːn] *f* <-en> itiraz, kusur bildirme

Reklame [re'klaːmə] *f* <-n> reklâm; **für jdn/etw ~ machen** bir kimse/şey için reklâm yapmak; **Reklamefeldzug** *m* reklâm kampanyası; **Reklameschild** *nt* reklâm levhası

reklamieren* [rekla'miːrən] *vt* kusurlu olduğunu bildirmek (-in), itiraz etmek (-e)

rekonstruieren* [rekɔnstru'iːrən] *vt* yeniden kurmak (*aus* -den)

Rekonstruktion [rekɔnstrʊk'tsjoːn] *f* <-en> rekonstrüksiyon, yeniden kurma

Rekonvaleszenz [rekɔnvalɛs'tsɛnts] *f ohne Pl* (MED) nekahet

Rekord [re'kɔrt] *m* <-(e)s, -e> rekor; **einen ~ einstellen/aufstellen/brechen** rekor kırmak

Rekorder [re'kɔrdɐ] *m* <-s, -> teyp

Rekordhalter(in) *m(f)* rekortmen

Rekordzeit *f* rekor zaman; **in ~** rekor zamanda

Rekrut(in) [re'kruːt] *m(f)* <-en, -en; -nen> (MIL) acemi er

rekrutieren* [rekru'tiːrən] **I.** *vt* **1.** oluşturmak; (*Arbeitskräfte*) temin etmek **2.** (MIL: *Soldaten*) toplamak; (*einberufen*) celp etmek, askerlik ödevini yapmaya çağırmak **II.** *vr:* **sich ~** oluşmak (*aus* -den)

Rektor(in) ['rɛktoːɐ] *m(f)* <-s, -en; -nen> **1.** (SCHULE) müdür **2.** (UNIV) rektör

Rektorat [rɛkto'raːt] *nt* <-(e)s, -e> **1.** (SCHULE) müdüriyet **2.** (UNIV) rektörlük

Relais [re'lɛː] *nt* **1.** (ELEK) röle, değiştirgeç **2.** (HIST: *~station*) menzil

Relation [relɑ'tsjoːn] *f* <-en> **1.** (*Beziehung*) bağıntı, ilgi, ilinti; (*Verhältnis*) oran, nispet; **Preis und Qualität der Ware stehen in keiner ~ zueinander** malın fiyatı ile kalitesi arasında hiçbir bağıntı yoktur **2.** (MATH) orantı

relativ [rela'tiːf, 'reːlatiːf, 'rɛlatiːf] *adj* rölatif, göreli, bağıntılı, izafî, nispî; **~ oft** oldukça sık; **ein ~ kalter Sommer** nispeten soğuk bir yaz

relativieren* [relati'viːrən] *vt* orantılamak

Relativismus *m ohne Pl* (PHILOS) rölativizm, bağıntıcılık, görecilik

Relativität [relativi'tɛːt] *f* <-en> (*a.* PHYS) rölâtivite, göre(li)lik, bağıntı, bağıllık; **Relativitätstheorie** *f ohne Pl* (PHYS) görelilik kuramı

Relativpronomen *nt* (LING) ilgi zamiri; **Relativsatz** *m* <-es, -sätze> (LING) ilgi cümlesi

relaxen* [ri'lɛksən] *vi* dinlenmek

relevant [rele'vant] *adj* önemli

Relevanz [rele'vants] *f ohne Pl* önem

Relief [re'ljɛf] *nt* <-s, -s *o* -e> (KUNST) rölyef, kabartma

Religion [reli'gjoːn] *f* <-en> din; **Religionsfreiheit** *f ohne Pl* din özgürlüğü; **Religionsgemeinschaft** *f* dinî cemaat; **Religionskrieg** *m* gazve, din uğruna yapılan savaş

religionslos *adj* dinsiz

Religionslosigkeit *f ohne Pl* dinsizlik; **Religionsunterricht** *m* din dersi

religiös [reli'gjøːs] *adj* **1.** (*zur Religion gehörend*) dinî, dinsel **2.** (*fromm*) dindar; **~ erzogen** dindar eğitilmiş

Religiosität [religjozi'tɛːt] *f ohne Pl* dindarlık

Relikt [re'lɪkt] *nt* <-(e)s, -e> kalıntı; (*Spur*) kalıntı, iz; **diese Gewohnheit ist ein ~ aus seiner Kindheit** bu alışkanlık çocukluğunun bir kalıntısıdır

Reling ['reːlɪŋ] *f* <-s *o* -e> (NAUT) küpeşte

Reliquie [re'liːkviə] *f* <-n> (REL) kutsal emanet

Rem *nt* <-s, -s> *Abk. von* **Roentgen equi-**

valent man rem

Remoulade [remu'la:də] *f* <-n> (GASTR) *mayonezli baharatlı soğuk sos*

rempeln ['rɛmpəln] *vt* (*fam*) itelemek

Ren [rɛn, re:n] *nt* <-s, -s *o* -e> (ZOOL) Ren geyiği

Renaissance [rənɛ'sã:s] *f ohne Pl* (HIST, KUNST) Rönesans

Rendezvous [rãde'vu:] *nt* <-, -> randevu

Rendite [rɛn'di:tə] *f* <-n> (WIRTSCH) gelir

renitent [reni'tɛnt] *adj* serkeş, kafa tutan

Renitenz *f* serkeşlik, kafa tutma

Rennbahn *f* pist; (*Pferde~*) parkur

Rennboot *nt* yarış teknesi

rennen ['rɛnən] <rennt, rannte, gerannt> **I.** *vi sein* **1.** koşmak; **sehr schnell** ~ çok çabuk koşmak; **um die Wette** ~ yarışmak **2. gegen etw** ~ bir şeye çarpmak **II.** *vt:* **jdn zu Boden** ~ birini düşürmek; **jdm ein Messer in den Bauch** ~ (*fam*) birini karnından bıçaklamak

Rennen *nt* <-s, -> yarış; **das** ~ **machen** (*fam*) kazanmak; **das** ~ **ist gelaufen** (*fam*) iş işten geçti

Rennfahrer(in) *m(f)* yarışçı; **Rennpferd** *nt* koşu atı; **Rennrad** *nt* yarış bisikleti; **Rennstrecke** *f* yarış pisti; **Rennwagen** *m* yarış arabası

renommiert [renɔ'mi:ɐt] *adj* ünlü, şöhretli

renovieren* [reno'vi:rən] *vt* onarmak; (*erneuern*) yenilemek

Renovierung *f* <-en> onarma; (*Erneuerung*) yenileme

rentabel [rɛn'ta:bəl] *adj* kârlı

Rentabilität *f ohne Pl* kârlılık

Rente ['rɛntə] *f* <-n> emeklilik; **in** ~ **gehen** (*fam*) emekliye ayrılmak; **in** ~ **sein** (*fam*) emekli olmak; **Rentenalter** *nt* emeklilik yaşı; **Rentenanspruch** *m* emeklilik hakkı; **Rentenversicherung** *f* emeklilik sigortası; **gesetzliche** ~ kanunî emeklilik sigortası

Rentier ['rɛnti:ɐ] *nt* <-(e)s, -e> (ZOOL) Ren geyiği

rentieren* [rɛn'ti:rən] *vr:* **sich** ~ değmek; (*finanziell*) kârlı olmak

Rentner(in) ['rɛntnɐ] *m(f)* <-s, -; -nen> emekli

Rep [rɛp] *m* <-s, -s> *Abk. von* **Republikaner** cumhuriyetçi

reparabel [repa'ra:bəl] *adj* tamiri mümkün

Reparationen [repara'tsjo:nən] *fpl* (POL) savaş zarar tazminatları *pl*

Reparatur [repara'tu:ɐ] *f* <-en> (*Gerät, Auto*) tamir, onarma, onarım; **etw in** ~ **geben** bir şeyi tamire vermek; **reparaturanfällig** *adj* çok tamir çıkaran, çabuk bozulan; **reparaturbedürftig** *adj* tamire muhtaç; **Reparaturwerkstatt** *f* tamirhane

reparieren* [repa'ri:rən] *vt* tamir etmek, onarmak

Repertoire [repɛr'to̯a:ɐ] *nt* <-s, -s> (THEAT) repertuar

Report [re'pɔrt] *m* <-(e)s, -e> rapor

Reportage [repɔr'ta:ʒə] *f* <-n> röportaj (*über* hakkında)

Reporter(in) [re'pɔrtɐ] *m(f)* <-s, -; -nen> röportör

Repräsentant(in) [reprɛzɛn'tant] *m(f)* <-en, -en; -nen> temsilci

Repräsentation [reprɛzɛnta'tsjo:n] *f* <-en> temsil

repräsentativ [reprɛzɛnta'ti:f] *adj* temsilî (*für* için)

repräsentieren* [reprɛzɛn'ti:rən] *vi, vt* temsil etmek

Repressalie [reprɛ'sa:liən] *f* <-n> misilleme, dengiyle karşılama

repressiv [reprɛ'si:f] *adj* baskı altına alıcı; (*Steuern*) ağır

Reproduktion *f* <-en> reprodüksiyon; (*Vervielfältigung*) çoğaltma; (*Fortpflanzung*) üreme

reproduzieren* *vt* (*vervielfältigen*) çoğaltmak

Reptil [rɛp'ti:l, *Pl:* rɛp'ti:liən] *nt* <-s, -ien> sürüngen

Republik [repu'bli:k] *f* <-en> cumhuriyet; ~ **Türkei** Türkiye Cumhuriyeti; **die Deutsche Demokratische** ~ (HIST) Alman Demokratik Cumhuriyeti

Republikaner(in) [republi'ka:nɐ] *m(f)* <-s, -; -nen> (POL) cumhuriyetçi

republikanisch [republi'ka:nɪʃ] *adj* cumhuriyetçi

Republikanismus *m ohne Pl* cumhuriyetçilik

Requiem ['re:kviɛm] *nt* <-s, -s> **1.** (REL: *Totenmesse*) ölüler için yapılan ayin **2.** (MUS) ağıt, mersiye

Requisit [rekvi'zi:t] *nt* <-(e)s, -en> **1.** *Pl* (THEAT) aksesuar **2.** (*Zubehör*) aksesuar

Requisiteur(in) [rekvizi'tø:ɐ] *m(f)* <-s, -e; -nen> (THEAT) aksesuarcı

Reseda *f*, **Resede** *f* (BOT) rezede

Resektion *f* (MED) reseksiyon

Reservat [rezɛr'va:t] *nt* <-(e)s, -e> doğal koruma bölgesi; (*Indianer~*) arazi

Reserve [re'zɛrvə] *f* <-n> **1.** (*a.* MIL, SPORT) yedek, ihtiyat; **jdn/etw in** ~ **haben** bir kimseyi/şeyi yedekte bulundurmak **2.** (WIRTSCH) rezerv, yedek akçe, ihtiyat; **Reservekanister** *m* yedek bidon; **Reserveoffizier** *m* yedek subay; **Reserverad** *nt* stepne, yedek teker; **Reservespieler(in)** *m(f)* (SPORT) yedek oyuncu

reservieren* [rezɛr'vi:rən] *vt* ayırmak;

zwei Plätze ~ (lassen) iki yer ayır(t)mak
reserviert *adj:* **jdm gegenüber ~ sein** birine (karşı) mesafeli olmak, birine karşı soğuk davranmak
Reservierung *f* ayır(t)ma, rezervasyon
Reservist(in) [rezɛr'vɪst] *m(f)* <-en, -en; -nen> **1.** (MIL) redif **2.** (SPORT) yedek oyuncu
Reservoir [rezɛr'vo̯a:ɐ] *nt* <-s, -e> hazne, depo
Reset-Taste [ri'sɛt-] *f* (INFORM) sıfırlama tuşu
Residenz [rezi'dɛnts] *f* <-en> rezidans
residieren* [rezi'di:rən] *vi* oturmak
Resignation [rezɪgna'tsjo:n] *f* <-en> yılma
resignieren* [rezɪ'gni:rən] *vi* yılmak
resistent [rezɪs'tɛnt] *adj* (BIOL, MED) dirençli (*gegen* -e karşı)
resolut [rezo'lu:t] *adj* kararlı
Resolution [rezolu'tsjo:n] *f* <-en> karar
Resonanz [rezo'nants] *f* <-en> **1.** (PHYS, MUS) rezonans **2.** (*fig: Widerhall*) yankı; **große/wenig ~ finden** çok/az yankısı olmak; **keine ~ finden** hiç yankısı olmamak
Resonanzboden *m* (MUS) ahenk tahtası
resozialisieren* [rezotsiali'zi:rən] *vt* (yeniden) topluma kazandırmak
Resozialisierung *f* <-en> (yeniden) topluma kazandırma
Respekt [re'spɛkt, rɛs'pɛkt] *m ohne Pl* <-(e)s> saygı (*vor* -e); **sich** *dat* **~ verschaffen** kendini saydırmak; **vor jdm/etw** *dat* **~ haben** bir kimseye/şeye saygı duymak; **allem ~!** helâl olsun!; **mit ~ zu sagen ...** (*fam*) hâşâ huzurdan [*o* huzurunuzdan] ...
respektabel [respɛk'ta:bəl, rɛspɛk'ta:bəl] *adj* saygıdeğer
respektieren* [respɛk'ti:rən, rɛspɛk'ti:rən] *vt* saygı göstermek (-e), saymak
respektive [respɛk'ti:və, rɛspɛk'ti:və] *konj* (*geh*) yahut, ya da
respektlos **I.** *adj* saygısız (*gegenüber* -e (karşı)), hürmetsiz (*gegenüber* -e (karşı)) **II.** *adv* saygısızca
Respektlosigkeit *f* saygısızlık
respektvoll *adj* saygılı (*gegenüber* -e (karşı))
Ressort [rɛ'so:ɐ] *nt* <-s, -s> **1.** (*Zuständigkeitsbereich*) yetki alanı **2.** (*Abteilung*) özel kalem
Ressourcen [rɛ'sʊrsən] *fpl* kaynaklar *pl*
Rest [rɛst] *m* <-(e)s, -e> artık, kalan, geri; (*Stoff~*) artık; **den ~ will er morgen machen** gerisini yarın yapacakmış; **das hat ihm den ~ gegeben** (*fam*) bu ona son darbeyi indirdi
Restaurant [rɛsto'rã:] *nt* <-s, -s> restoran, lokanta
Restauration [restaʊra'tsjo:n, rɛstaʊra'tsjo:n] *f* <-en> **1.** (POL) restorasyon **2.** (*österr: Restaurant*) restoran, lokanta
Restaurator(in) [restaʊ'ra:to:ɐ, rɛstaʊ'ra:to:ɐ, *Pl:* -ra'to:rən] *m(f)* <-s, -en; -nen> restoratör
restaurieren* [restaʊ'ri:rən, rɛstaʊ'ri:rən] *vt* restore etmek
Ressort [rɛ'so:ɐ] *nt* <-s, -s> **1.** (*Zuständigkeitsbereich*) yetki alanı **2.** (*Abteilung*) özel kalem
Rest [rɛst] *m* <-(e)s, -e> artık, kalan; (*Stoff~*) artık; **das hat ihm den ~ gegeben** (*fam*) bu ona son darbeyi indirdi
restlich *adj* **1.** (*noch ausstehend*) geri kalan **2.** (*nach Verbrauch*) kalan, arta kalan, elde kalan
restlos **I.** *adj* tam **II.** *adv* tam, tamamıyla, tamamen; **die Schulden ~ begleichen** borçları tamamen kapamak
Restposten *m* (elde) kalan mal
restriktiv [restrɪk'ti:f, rɛstrɪk'ti:f] *adj* (*geh*) **1.** sınırlayıcı, kısıtlayıcı **2.** (JUR: *eng*) dar; **eine ~e Auslegung** dar bir yorum
Resultante *f* <-n> (PHYS) bileşke
Resultat [rezʊl'ta:t] *nt* <-(e)s, -e> (elde edilen) sonuç; **keine ~e bringen** sonuç vermemek
resultieren* [rezʊl'ti:rən] *vi* sonuç (olarak) çıkmak (*aus* -den)
Resümee [rezy'me:] *nt* <-s, -s> özet
Retentionsrecht *nt* (JUR) hapis hakkı
Retina *f* <-ae> (ANAT) retina; (*Netzhaut*) ağ tabaka
Retorte [re'tɔrtə] *f* <-n> karni; **aus der ~** (*fam*) tüpten; **Retortenbaby** *nt* (*fam*) tüp bebek
retour [re'tu:ɐ] *adv* (*reg, Schweiz, österr*) geri; **jdm etw ~ geben** birine bir şeyi geri vermek; **etw ~ gehen lassen** bir şeyi geri göndermek; **Retourbillett** *nt* (*Schweiz*) dönüş bileti; **Retourgeld** *nt* <-(e)s, -er> (*Schweiz*) paranın üstü
Retrospektive [retrospɛk'ti:və] *f* <-n> geriye bakış
retten ['rɛtən] **I.** *vt* **1.** (*aus Notlage*) kurtarmak (*vor* -den); (*befreien*) kurtarmak (*aus* -den); (*bergen*) (can) kurtarmak (*aus* -den); **bist du noch zu ~?** (*fam*) aklını mı yitirdin sen? **2.** (*Denkmal*) kurtarmak (*vor* -den) **II.** *vr:* **sich ~** kurtulmak (*vor* -den), canını kurtarmak (*vor* -den); **sich vor etw nicht (mehr) ~ können** bir şeyden başını alamamak; **sie konnte sich vor Arbeit nicht mehr ~** işten başını alamadı; **rette sich, wer kann!** canını seven kurtarsın!, herkes başının çaresine baksın!
Retter(in) *m(f)* <-s, -; -nen> kurtarıcı,

cankurtaran

Rettich ['rɛtɪç] *m* <-s, -e> turp; (GASTR) beyaz turp

Rettung *f* <-en> (*aus Gefahr*) kurtuluş; (*Bergung*) kurtarma; (*Befreiung*) kurtarma; **du bist meine letzte ~!** (*fam*) benim son ümidim sensin!; **Rettungsaktion** *f* kurtarma çalışmaları *pl;* **Rettungsanker** *m* (*fig*) kurtuluş çaresi; **Rettungsboot** *nt* **1.** (*des Rettungsdienstes*) cankurtaran sandalı **2.** (*Beiboot*) cankurtaran filikası, cankurtaran salı; **Rettungshubschrauber** *m* cankurtaran helikopteri

rettungslos *adj* **1.** kurtulması imkânsız **2.** (*fam: völlig*) tam; ~ **verloren sein** kurtuluşu olmamak, iflâh olmamak; ~ **verliebt sein** iflâh olmaz derecede âşık olmak

Rettungsmannschaft *f* cankurtaran ekibi; **Rettungsring** *m* cankurtaran simidi; **Rettungsschwimmer(in)** *m(f)* cankurtaran; **Rettungswagen** *m* cankurtaran

retuschieren* [retʊ'ʃiːrən] *vt* rötuşlamak, rötuş etmek, rötuş yapmak (-e)

Reue ['rɔɪə] *f ohne Pl* pişmanlık (*über* -e), nedamet; (**keine**) ~ **fühlen** pişmanlık duy(ma)mak

Reugeld *nt* cayma akçesi

reuig *adj* pişman

reumütig ['rɔɪmyːtɪç] **I.** *adj* pişman **II.** *adv* pişman; ~ **sein** pişman olmak

Revanche [re'vãːʃ(ə)] *f* <-n> (*Rache*) öç, intikam; (*bei einem Spiel*) rövanş; **jdm ~ geben** birine rövanş tanımak

revanchieren* [revã'ʃiːrən] *vr:* **sich ~ 1.** (*sich rächen*) acısını çıkarmak (*für/bei* için/-den) **2.** (*sich erkenntlich zeigen*) karşılığını vermek (*für* -in)

Revers [re'veːɐ, re'vɛːɐ] *nt, österr: m* <-, -> (*Kragen*) klâpa

revidieren* [revi'diːrən] *vt* **1.** (*durchsehen*) revize etmek, yeniden gözden geçirmek **2.** (*korrigieren*) revize etmek, düzeltmek; (*Meinung*) değiştirmek; (*Urteil*) temyiz etmek

Revier [re'viːɐ] *nt* <-s, -e> **1.** (*Bereich*) alan **2.** (*Polizei~*) karakol **3.** (ZOOL) alan **4.** (*Jagd~*) avlak **5.** (BERGB) havza, maden bölgesi

Revision [revi'zjoːn] *f* <-en> **1.** (*Kontrolle*) kontrol (etme); (*von Gepäck*) muayene **2.** (TYPO) son düzeltme **3.** (*Änderung*) revizyon **4.** (JUR) temyiz; **in die ~ gehen** temyize gitmek

Revisionismus *m ohne Pl* revizyonizm, revizyonculuk

Revolte [re'vɔltə] *f* <-n> ayaklanma, isyan; (*Auflehnung*) baş kaldırma

revoltieren* [revɔl'tiːrən] *vi* ayaklanmak (*gegen* -e karşı); (*sich auflehnen*) baş kaldırmak (*gegen* -e)

Revolution [revolu'tsjoːn] *f* <-en> devrim, ihtilâl

revolutionär [revolutsjo'nɛːɐ] *adj* devrimci

Revolutionär(in) *m(f)* <-s, -e; -nen> devrimci

Revolver [re'vɔlvɐ] *m* <-s, -> revolver, altıpatlar; **Revolverblatt** *nt* <-es, -blätter> pandispanya gazetesi; **Revolverheld** *m* <-en, -en> (*pej*) silâhşör

Revue [rə'vyː] *f* <-n> (THEAT, PUBL) revü; **etw ~ passieren lassen** (*fig*) bir şeyi gözünün önünden geçirmek

Rezensent(in) [retsɛn'zɛnt] *m(f)* <-en, -en; -nen> eleştirici

rezensieren* [retsɛn'ziːrən] *vt* eleştirmek

Rezension [retsɛn'zjoːn] *f* <-en> eleştiri

Rezept [re'tsɛpt] *nt* <-(e)s, -e> **1.** (MED) reçete; **etw auf ~ bekommen** bir şeyi reçeteyle almak **2.** (GASTR) yemek tarifesi; **rezeptfrei** *adj* reçetesiz

Rezeption [retsɛp'tsjoːn] *f* <-en> **1.** (LIT, KUNST) alıntı, iktibas **2.** (*Hotel~*) resepsiyon

rezeptpflichtig *adj* reçeteli; (*auf Packung*) reçete ile satılır

Rezession [retsɛ'sjoːn] *f* <-en> (WIRTSCH) resesyon, durgunluk

rezessiv *adj* **1.** (BIOL) çekinik, resesif **2.** (WIRTSCH) resesyon (ile ilgili)

reziprok *adj* karşılıklı

Rezitation *f* <-en> inşat

rezitieren* [retsi'tiːrən] *vt* inşat etmek

R-Gespräch ['ɛrgəʃprɛːç] *nt* (TEL) ödemeli konuşma

Rhabarber [ra'barbɐ] *m ohne Pl* <-s> ravent

Rhein [raɪn] *m* <-s> Ren

Rheinland *nt* <-(e)s> Ren (bölgesi)

Rheinländer(in) *m(f)* <-s, -; -nen> Renli

Rheinland-Pfalz ['--'-] *nt* Ren-Palatina

Rhesusfaktor *m ohne Pl* <-s> (MED) Rh faktörü, Rhesus faktörü; ~ **positiv/negativ** Rh pozitif/negatif

Rhetorik [re'toːrɪk] *f ohne Pl* retorik

rhetorisch *adj* retorik (ile ilgili)

Rheuma ['rɔɪma] *nt ohne Pl* <-s> (*fam*) romatizma; **an ~ leiden** romatizmadan rahatsız olmak; **Rheumamittel** *nt* (MED) romatizma ilacı

rheumatisch *adj* (MED) romatizma (ile ilgili), romatizmal

Rheumatismus [rɔɪma'tɪsmʊs] *m* <-, Rheumatismen> (MED) romatizma

Rhinozeros [ri'noːtserɔs] *nt* <-(ses), -se> **1.** (ZOOL) gergedan **2.** (*fam: Trottel*) enayi, avanak, budala

Rhodesien *nt* Rodezya

Rhodium ['raːdɔn] *nt ohne Pl* <-s> (CHEM)

R

rodyum

Rhododendron *m* (BOT) rododendron

Rhombus ['rɔmbʊs] *m* <-, Rhomben> (MATH) eşkenar dörtgen

Rhythmen *Pl von* **Rhythmus**

rhythmisch ['rʏtmɪʃ] *adj* ritmik, dizemli, tartımlı

Rhythmus ['rʏtmʊs] *m* <-, Rhythmen> (*a.* MUS, LING) ritm, dizem, tartım

Rial *m* riyal

richten ['rɪçtən] **I.** *vt* **1.** (*lenken*) yönlendirmek (*an/auf* -e/-e, *gegen* -e karşı); (*wenden*) yöneltmek (*an/auf* -e/-e, *gegen* -e), çevirmek (*an/auf* -e/-e, *gegen* -e); (*Waffe*) yöneltmek (*auf* -e); (*Blick*) çevirmek (*auf* -e); **das Wort an jdn ~** birine sözü yöneltmek **2.** (*reg: reparieren*) onarmak, tamir etmek **3.** (*reg: vorbereiten*) hazırlamak **II.** *vr:* **sich ~ 1.** (*sich anpassen*): **sich nach etw** *dat* **~** bir şeye endeksli olmak, bir şeye göre yön almak; **richte dich danach!** ona göre hareket et! **2.** (*abhängen*) bağlı olmak (*nach* -e); **sich nach jdm ~** birini örnek almak **3.** (*sich wenden*) dönmek, yönelmek, olmak (*gegen* -e karşı) **III.** *vi* (JUR): **über jdn ~** birini yargılamak

Richter(in) *m(f)* <-s, -; -nen> yargıç, hâkim; (*Linien~*) hakem

richterlich *adj* yargısal; **~e Gewalt** yargı erki

Richterskala^RR^ *f ohne Pl:* **die ~** Richter ölçeği

Richterstuhl *m ohne Pl* mahkeme; **auf dem ~ sitzen** yargıçlık yapmak

Richtfest *nt çatı kurulunca yapılan tören*

Richtgeschwindigkeit *f ohne Pl* tavsiye edilen azamî hız

richtig ['rɪçtɪç] **I.** *adj* **1.** (*zutreffend, korrekt*) doğru; **ich halte es für ~, dass er geht** gitmesini doğru buluyorum **2.** (*echt*) hakikî, sahici; (*wirklich*) gerçek, hakikî **3.** (*geeignet*) uygun; **zur ~en Zeit** uygun zamanda **4.** (*fam: in Ordnung*) doğru; **der ist nicht ganz ~ (im Kopf)** aklından zoru vardır, kafası tam yerinde değil **II.** *adv* **1.** (*korrekt*) doğru; **das hat er ~ gemacht** bunu doğru yaptı; **geht die Uhr ~?** saat doğru işliyor mu?; **du kommst gerade ~** tam zamanında geldin **2.** (*in der Tat*) gerçekten, hakikaten, sahiden **3.** (*~gehend*) bayağı; (*gehörig*) adamakıllı, iyice; (*sehr*) çok; **er war ~ nett** bayağı hoştu

richtiggehend *adj* **1.** doğru giden; **eine ~e Uhr** doğru giden bir saat **2.** (*fig: wirklich*) gerçekten, bayağı; **jdn ~ betrügen** (*fam*) birini bayağı aldatmak

Richtigkeit *f ohne Pl* doğruluk

richtig|stellen *vt s.* **stellen I.5.**

Richtlinie *f* ana hat, yönerge; (*Grundsatz*) ilke, esas; (*Anweisungen*) talimat, yönetmelik; **Richtplatz** *m* siyaset meydanı; **Richtpreis** *m* (WIRTSCH) tavsiye edilen fiyat; **Richtscheit** *nt* (ARCH) mastar; **Richtschnur** *f* <-en> **1.** çırpı ipi; (ARCH: *des Maurers*) perese **2.** (*Grundsatz*) ilke

Richtung *f* <-en> **1.** yön, istikamet; **in die entgegengesetzte ~ fahren** ters yöne gitmek; **der Zug ~ München** Münih yönüne giden tren; **die Leute kommen aus allen ~en** insanlar dört bir yandan geliyor; **sie gab dem Gespräch eine andere ~** sözü çevirdi, konuyu değiştirdi; **in dieser ~ habe ich nichts unternommen** bu yönde hiçbir girişimde bulunmadım **2.** (*Strömung*) akım; (*literarisch*) akım

Richtungswechsel *m* yön değiştirme, rotayı değiştirme; **richtung(s)weisend** *adj* yol gösterici

Richtwert *m* esas alınan değer

rieb [ri:p] *3. imp von* **reiben**

riechen ['ri:çən] <riecht, roch, gerochen> *vi, vt* kokmak (*nach* -); **übel ~d** pis kokulu; **an einer Blume ~** bir çiçği koklamak; **es riecht angebrannt** yanmış kokuyor; **aus dem Mund ~** ağzı kokmak; **jdn nicht ~ können** (*fam fig*) birinin ağız kokusunu çekememek; **das konnte ich doch nicht ~!** (*fam*) bunu bilemezdim ki!; **ich glaube, sie hat was gerochen** (*fig fam*) galiba bir şeyler sezdi

Riecher *m* <-s, -> (*fam: Nase*) burun; **einen guten ~ (für etw) haben** (*fam fig*) (bir şey için) iyi bir sezgisi olmak

Ried [ri:t] *nt* <-(e)s, -e> **1.** (*Schilf*) kamış **2.** (*südd, Schweiz: Moor*) turbalı bataklık; **Riedbock** *m* (ZOOL) kamış antilopu; **Rieddach** *nt* kamış dam

rief [ri:f] *3. imp von* **rufen**

Riege ['ri:gə] *f* <-n> (SPORT) jimnastik takımı

Riegel ['ri:gəl] *m* <-s, -> **1.** (*Tür~*) sürgü, sürme; (*im Türschloss*) dil; **etw** *dat* **einen ~ vorschieben** bir şeyin arkası alınmak; **hinter Schloss und ~** (*fam: im Gefängnis*) hapiste; (*ins Gefängnis*) hapse **2.** (*Schokoladen~*) kalıp

Riemen[1] ['ri:mən] *m* <-s, -> (*Band*) kayış; **sich am ~ reißen** (*fam*) dişini sıkmak; **den ~ enger schnallen** (*fam*) kemerleri sıkmak

Riemen[2] ['ri:mən] *m* <-s, -> (NAUT: *Ruder*) kürek; **sich in die ~ legen** küreklere asılmak

Riemenfisch *m* (ZOOL) kayış balığı

Riese, -in ['ri:zə] *m, f* <-n, -n; -nen> (*Gestalt*) dev

rieseln ['ri:zəln] *vi sein* **1.** (*Schnee*) serpmek, serpiştirmek; (*Sand*) ince ince akmak

2. (*fließen*) şırıl şırıl akmak
riesengroß ['--'-] *adj* (*fam*) kocaman
Riesenrad *nt* dönme dolap; **mit dem ~ fahren** dönme dolaba binmek; **Riesenschritt** *m* (*fam*) dev adım; **mit ~en** dev adımlarla; **Riesenslalom** *m* (SPORT) büyük slâlom
riesig I. *adj* devasa; (*gewaltig*) muazzam II. *adv* (*fam: sehr*) korkunç
Riesling ['riːslɪŋ] *m* <-s, -e> risling
riet [riːt] *3. imp von* **raten**
Riff [rɪf] *nt* <-(e)s, -e> resif
rigoros [rigo'roːs] *adj* sert, acımasız
Rigorosum *nt* <-s, -sa> doktora
Rille ['rɪlə] *f* <-n> oluk; (*Schallplatten~*) yiv
Rind[1] [rɪnt] *nt* <-(e)s, -er> (*Tier*) sığır
Rind[2] *nt ohne Pl* <-(e)s> (*fam: ~fleisch*) sığır
Rinde ['rɪndə] *f* <-n> kabuk
Rinderbandwurm *m* (ZOOL, MED) sığır şeridi, sığır tenyası
Rinderbraten *m* sığır rostosu; **Rinderbremse** *f* (ZOOL) sığır sineği; **Rinderfilet** *nt* bonfile; **Rinderpest** *f ohne Pl* sığır vebası; **Rinderwahnsinn** *m* delibaş, deli dana hastalığı
Rindfleisch *nt* sığır eti
Rindvieh[1] *nt ohne Pl* <-(e)s> (AGR) sığır
Rindvieh[2] *nt* <-(e)s, -viecher> (*fam pej: Mensch*) sığır, öküz
Ring [rɪŋ] *m* <-(e)s, -e> 1. (*allgemein*) halka; (*Finger~*) yüzük; (*Rettungs~*) simit; **~e unter den Augen haben** gözleri altında mor halkalar olmak 2. *Pl* (*Turngerät*) halkalar *pl* 3. (*Box~*) ring 4. (*Menschengruppe*) halka; (*Verbrecher~*) kumpanya
Ringbuch *nt* halkalı klâsör
ringeln ['rɪŋəln] I. *vt* kıvırmak, sarmak (*um* -e) II. *vr:* **sich ~** kıvrılmak
Ringelnatter *f* su yılanı; **Ringelreihen** *m* <-s, -> *el ele tutuşup halka olup dans etmek*
ringen ['rɪŋən] <ringt, rang, gerungen> I. *vi* 1. (SPORT) güreşmek (*mit* ile) 2. (*Wend*): **nach Luft ~** nefes almaya çalışmak; **mit dem Tod ~** ölümle boğuşmak, can çekişmek; **um den Sieg ~** birincilik için çekişmek II. *vt* (*geh*): **die Hände ~** ellerini ovuşturmak
Ringer(in) *m(f)* <-s, -; -nen> güreşçi, pehlivan; **Ringfinger** *m* yüzük parmağı
ringförmig [-fœrmɪç] *adj* halkamsı
Ringkampf *m* (*a.* SPORT) güreş; **Ringkämpfer(in)** *m(f)* (SPORT) güreşçi, pehlivan
Ringordner *m* <-s, -> halkalı klâsör
Ringrichter(in) *m(f)* (SPORT: *Boxen*) ring hakemi
rings [rɪŋs] *adv:* **~ um ihn/den Garten** onun/bahçenin etrafında; **ringsherum** ['rɪŋshɛ'rʊm] *adv* etrafında (*um* -in); (*überall*) çepeçevre, fırdolayı, her tarafta
ringsumher ['rɪŋsʔʊm'heːɐ] *adv s.* **ringsherum**
Rinne ['rɪnə] *f* <-n> 1. (*im Boden*) yarıntı; (*Bewässerungs~*) akaç, ark 2. (*Dach~*) oluk
rinnen ['rɪnən] <rinnt, rann, geronnen> *vi sein* akmak
Rinnsal ['rɪnzaːl] *nt* <-(e)s, -e> (*geh*) 1. (*Gewässer*) çay 2. (*Blut~*) pıhtı
Rinnstein *m* 1. (*Gosse*) su yolu 2. (*Bordstein*) kaldırım taşı
Rippe ['rɪpə] *f* <-n> 1. (MED) kaburga 2. (*von Heizkörper*) petek 3. (BOT) yaprak damarı 4. (*Seife*) kalıp
Rippenfell *nt* akciğer zarı; **Rippenfellentzündung** *f* zatülcenp, akciğer zarı iltihabı
Risiko ['riːziko] *nt* <-s, -s *o* Risiken> risk, riziko; **auf eigenes ~** kendi riskini göze alarak; **(k)ein ~ eingehen** riske gir(me)mek; **risikofreudig** *adj* riski seven, gözüpek; **Risikogruppe** *f* (MED) risk grubu
riskant [rɪs'kant] *adj* riskli; **das ist mir zu ~** bu benim için çok riskli
riskieren* [rɪs'kiːrən] *vt* göze almak
riss[RR] [rɪs], **riß** *3. imp von* **reißen**
Riss[RR] [rɪs] *m* <-es, -e>, **Riß** *m* <-sses, -sse> (*Ein~*) yarık; (*in Stoff, Papier*) yırtık; (*in Wand, Haut*) çatlak; (*Erde*) yarık; (*in Porzellan*) çatlak; (*Spalt*) aralık
rissig ['rɪsɪç] *adj* (*Wand, Haut*) çatlak; (*Stoff*) yırtık pırtık; (*Porzellan*) çatlak
Rist *m* yağır
Riten ['riːtən] *Pl von* **Ritus**
ritt [rɪt] *3. imp von* **reiten**
Ritt [rɪt] *m* <-(e)s, -e> atla gezinti; **ein kurzer/langer ~** atla kısa/uzun bir gezinti; **auf einen ~** (*fam fig*) bir anda
Ritter ['rɪtɐ] *m* <-s, -> şövalye; **Ritterburg** *f* şato
ritterlich I. *adj* şövalye (ile ilgili), şövalyeye yakışır; **ein ~er Mann** şövalye ruhlu bir adam II. *adv* şövalyece, şövalyeye yakışır biçimde
Ritterlichkeit *f ohne Pl* şövalyelik
Ritterroman *m kahramanı şövalye olan roman;* **Ritterrüstung** *f* <-en> (HIST) şövalye zırhı; **Rittersporn** *m* (BOT) hezaren
rittlings ['rɪtlɪŋs] *adv* ata binmiş gibi oturarak
Ritual [ritu'aːl] *nt* <-s, -e *o* -ien> rituel, ayin
rituell [ritu'ɛl] *adj* ritüel
Ritus ['riːtʊs] *m* <-, Riten> ayin, teamül
Ritz [rɪts] *m* <-es, -e> 1. (*in Haut*) çatlak; (*auf Möbeln*) çizik 2. (*Spalte*) yarık
Ritze ['rɪtsə] *f* <-n> çatlak; (*im Boden*) yarık

R

Ritzel *nt* (TECH) küçük dişli çark

ritzen ['rɪtsən] **I.** *vt* **1.** çizmek **2.** (*eingravieren*) hakketmek (*in* -e); **seinen Namen in den Baum ~** adını ağaca kazımak; **das ist geritzt** (*fam*) bunu yırttık **II.** *vr:* **sich ~:** **sich mit einer Nadel am Finger ~** iğneyle parmağını çizmek

Rivale, -in [ri'va:lə] *m, f* <-n, -n; -nen> rakip

rivalisieren* [rivali'zi:rən] *vi* rekabet etmek (*mit* ile, *um* için)

Rivalität [rivali'tɛ:t] *f* <-en> rekabet

Riviera [ri'vje:ra] *f* Riviera

Rizinus ['ri:tsinʊs] *m* <-, -(se)> (*Pflanze*) kene otu, Hint yağı ağacı; **Rizinusöl** *nt* Hint yağı

Roastbeef ['ro:stbi:f] *nt* <-s, -s> (GASTR) rozbif

Robbe ['rɔbə] *f* <-n> fok, ayı balığı

Robe ['ro:bə] *f* <-n> **1.** (*geh: Kleid*) roba **2.** (*Talar*) cübbe

Roboter ['rɔbɔtɐ] *m* <-s, -> robot

robust [ro'bʊst] *adj* sağlam

Robustheit *f ohne Pl* sağlamlık

roch [rɔx] *3. imp von* **riechen**

röcheln ['rœçəln] *vi* hırıldamak

Rochen ['rɔxən] *m* <-s, -> (ZOOL) vatoz

Rock[1] [rɔk, *Pl:* 'rœkə] *m* <-(e)s, Röcke> **1.** (*Kleidungsstück*) etek, eteklik **2.** (*Schweiz: Kleid*) entari **3.** (*reg: Jackett*) ceket

Rock[2] [rɔk] *m ohne Pl* <-(s)> (MUS) rok (müziği)

Rocker(in) ['rɔkɐ] *m(f)* <-s, -; -nen> rokçu

Rockgruppe *f* rok grubu

Rodelbahn *f* kızak pisti

rodeln ['ro:dəln] *vi haben o sein* (*reg*) kızakla kaymak

roden ['ro:dən] *vt* **1.** (*Gebiet*) açmak **2.** (*Baum*) kesmek

Rodeo *m o nt* rodeo

Rodung *f* <-en> arazi açma; **~ des Waldes** orman açma

Rogen ['ro:gən] *m* <-s, -> (ZOOL) balık yumurtası

Roggen ['rɔgən] *m* <-s, -> çavdar; **Roggenbrot** *nt* çavdar ekmeği; **Roggenmehl** *nt* çavdar unu

roh [ro:] *adj* **1.** (*ungekocht*) pişmemiş, çiğ; **etw ~ essen** bir şeyi çiğ çiğ yemek **2.** (*unbearbeitet*) ham **3.** (*grob*) kaba; **Rohbau** *m* <-(e)s, -ten> kaba yapı; **Rohdiamant** *m* ham elmas

Roheit *f s.* **Rohheit**

Rohgewicht *nt* <-(e)s, -e> (WIRTSCH) brüt ağırlık

Rohheit[RR1] ['ro:haɪt] *f* <-en> kabalık

Rohheit[RR2] *f ohne Pl* (*des Fleisches*) çiğlik

Rohkost *f ohne Pl* pişmemiş gıda

Rohling *m* <-s, -e> **1.** (*Mensch*) kaba insan **2.** (TECH) işlenmemiş parça

Rohmaterial *nt* ham madde; **Rohöl** *nt* ham petrol

Rohr[1] [ro:ɐ] *nt* <-(e)s, -e> **1.** (*Wasser~*) boru **2.** (*reg: Backröhre*) fırın

Rohr[2] *nt ohne Pl* <-(e)s> (BOT) kamış

Rohrbruch *m* boru patlaması; **Rohrdommel** *f* (ZOOL) balaban kuşu

Röhre ['rø:rə] *f* <-n> **1.** (TV, ELEK) tüp **2.** (*Back~*) fırın; (*Luft~*) boru **3.** (*fam: Fernseher*) televizyon; **in die ~ gucken** (*fernsehen*) televizyon seyretmek; (*das Nachsehen haben*) hava almak

Rohrleitung *f* boru hattı

Rohrmatte *f* hasır paspas

Rohrstock *m* <-(e)s, -stöcke> kamış, değnek

Rohrzange *f* boru anahtarı

Rohrzucker *m* şeker kamışından elde edilen şeker

Rohseide *f* sadakor; **rohseiden** *adj* sadakor

Rohstoff *m* <-(e)s, -e> hammadde; **Rohstoffverknappung** *f* hammadde darlığı

Rohzucker *m* <-s, -> (CHEM: *nicht raffiniert*) ham şeker; (*braun*) esmer şeker;

Rohzustand *m ohne Pl* <-(e)s>: **im ~** ham durumda

Rokoko ['rɔkoko] *nt ohne Pl* <-(s)> (KUNST) rokoko

Rolladen *m* <-s, -läden> *s.* **Rollladen**

Rollassel *f* (ZOOL) tespih böceği; **Rollbahn** *f* (AERO) pist

Rolle ['rɔlə] *f* <-n> **1.** (*Gerolltes*) rulo; (*um etw darauf zu wickeln*) topak; (*Geld~*) tomar; (*Garn~*) makara **2.** (*an Möbeln*) tekerlek; (*am Flaschenzug*) makara **3.** (SPORT, AERO) takla **4.** (THEAT, FILM: *a. fig*) rol; **sie spielte die ~ der Königin** kraliçenin rolünü oynadı; **es spielt keine ~, ob ... ~** olup olmadığının bir rolü yoktur; **bei ihm spielt Geld keine ~** onun için paranın hiçbir rolü yoktur; **er spielt bei der Sache eine wichtige ~** o, işte önemli bir rol oynuyor; **versetz dich mal in meine ~!** kendini bir benim yerime koy!; **aus der ~ fallen** (*fig*) uygunsuz davranışta bulunmak

rollen ['rɔlən] **I.** *vi* **1.** *sein* (*Ball*) yuvarlanmak; (*Auto*) hareket etmek; (*Tränen*) akmak; **etw kommt ins R~** (*fam*) bir şey harekete geçmek **2.** (*Donner*) gümbürdemek **II.** *vt* **1.** (*bewegen*) yuvarlamak **2.** (*auf~*) yuvarlayarak açmak **3.** (*Teig*) açmak **III.** *vr:* **sich ~** yuvarlanmak

Rollenkonflikt *m* (PSYCH) rol çatışması; **Rollenspiel** *nt* (SOZIOL) rol oynama; **Rollenverteilung** *f* rollerin dağılımı

Roller *m* <-s, -> **1.** (*für Kinder*) trotinet

2. (*Motor~*) skuter

Rollfeld *nt* (AERO) pist; **Rollholz** *nt* oklava

rollig *adj* kızana gelen, erkek isteyen

Rollkragen *m* balıkçı yaka; **Rollkragenpullover** *m* balıkçı kazağı

RollladenRR *m* <-s, -läden> (*von Geschäften*) kepenk; (*am Fenster*) panjur

Rollladenschrank *m* stor kapaklı dolap

Rollmops *m* *ringa salamurası*

Rollo ['rɔlo] *nt* <-s, -s> stor

Rollschrank *m* stor kapaklı dolap

Rollschuh *m* paten; ~ **laufen** patenle kaymak; **Rollschuhläufer(in)** *m(f)* patenci

Rollstuhl *m* tekerlekli sandalye, tekerlekli koltuk; **Rollstuhlfahrer(in)** *m(f)* tekerlekli sandalye kullanan (kimse)

Rolltreppe *f* yürüyen merdiven

Rom [ro:m] *nt* <-s> Roma

ROM [rɔm] *nt* <-(s), -(s)> (INFORM) *Abk. von* **Read Only Memory** ROM, *sadece okunabilen bellek*

Roma ['ro:ma] *mpl* Roman(lar) *(pl)*

Roman [ro'ma:n] *m* <-s, -e> roman

Romancier [romã'sje:] *m* <-s, -s> romancı

Romane, -in [ro'ma:nə] *m, f* <-n, -n; -nen> Roman

romanhaft *adj* romanesk

romanisch *adj* 1. (LING) Roman; ~**e Sprachen** Roman dilleri; (KUNST) Roman 2. (*Schweiz: räto~*) Roman

Romanist(in) [roma'nɪst] *m(f)* <-n, -n; -nen> romanist

Romanistik [roma'nɪstɪk] *f ohne Pl* Romanoloji

Romanschriftsteller(in) *m(f)* roman yazarı

Romantik [ro'mantɪk] *f ohne Pl* romantiklik; (LIT, KUNST) romantizm

romantisch *adj* romantik

Romanze [ro'mantsə] *f* <-n> romans

Römer(in) ['rø:mɐ] *m(f)* <-s, -; -nen> Romalı

römisch *adj* 1. Roma (ile ilgili), Romalı; **die R~e Reich** Roma İmparatorluğu; **die ~e Geschichte** Roma tarihi 2. (*Zahlen*) Romen

ROM-Speicher *m* (INFORM) ROM belleği, *sadece okunabilen bellek*

Rotrückenwürger *m* (ZOOL) kızıl sırtlı örümcek kuşu

röntgen ['rœntgən] *vt* röntgenini çekmek (-in); **er wurde nach dem Unfall geröntgt** kazadan sonra röntgeni çekildi; **Röntgenaufnahme** *f* röntgen; **Röntgenbild** *nt* röntgen; **Röntgengerät** *nt* <-(e)s, -e> röntgen cihazı; **Röntgenstrahlen** *mpl* (PHYS) röntgen ışınları *pl;* **Röntgenuntersuchung** *f* (MED) röntgen muayenesi

Roquefort *m* rokfor; **Roquefortkäse** *m* rokfor peyniri

rosa ['ro:za] *adj inv* pembe; **rosarot** ['--'-] *adj:* **die Welt durch eine ~e Brille sehen** (*fig*) ortalığı tozpembe görmek

Rose ['ro:zə] *f* <-n> (BOT) gül; **keine ~ ohne Dornen** (*prov*) dikensiz gül olmaz

Rosé[1] [ro'ze:] *nt* gülkurusu

Rosé[2] [ro'ze:] *m* <-s, -s> roze

Rosengewächse *ntPl* (BOT: *Familie*) gülgiller *pl;* **Rosenhochzeit** *f* onuncu evlilik yılı, evlenmenin onuncu yıl dönümü; **Rosenkohl** *m* Brüksel lâhanası, Frenk lâhanası; **Rosenkranz** *m* (REL) tespih; **Rosenmontag** [(')--'--] *m* karnaval pazartesisi; **Rosenöl** *nt* gül yağı; **Rosenstock** *m* <-(e)s, -stöcke> gül ağacı; **Rosenwasser** *nt* gül suyu

Rosette [ro'zɛtə] *f* <-n> (ARCH) rozet

Roséwein *m* roze, pembe şarap

rosig I. *adj* 1. (*rosa*) pembe 2. (*erfreulich*): **etw im ~en Licht sehen** (*fig*) bir şeyi toz pembe görmek; **etw in den ~sten Farben schildern** (*fig*) bir şeyi pırıl pırıl göstermek II. *adv:* **seine Zukunft sieht nicht (sehr) ~ aus** geleceği pek parlak görünmüyor

Rosine [ro'zi:nə] *f* <-n> kuru üzüm; **~n im Kopf haben** (*fig fam*) hayal peşinde koşmak

Rosmarin ['ro:smari:n] *m ohne Pl* <-s> biberiye

RossRR1 [rɔs] *nt* <-es, -e> (*geh: edles Pferd*) at; **hoch zu ~** at üzerinde; **auf dem hohen ~ sitzen** (*fig*) burnu Kaf dağında olmak

RossRR2 [rɔs] *nt* <-es, Rösser> (*südd, österr, Schweiz: Pferd*) at, beygir

Roß *nt s.* **Ross**

RosshaarRR *nt ohne Pl* <-(e)s> at kılı; **Rosskastanie**RR *f* 1. (*Baum*) at kestanesi 2. (*Frucht*) at kestanesi; **Rosskur**RR *f* (*fam*) yoğun ve yorucu tedavi

Rost[1] [rɔst] *m ohne Pl* <-(e)s> (CHEM) pas; ~ **ansetzen** pas tutmak

Rost[2] [rɔst] *m* <-(e)s, -e> 1. (*für Grill*) ızgara; (*Gitter~*) ızgara; (*Latten~*) kerevet; **vom ~** (GASTR) cızbız, ızgarada pişirilmiş 2. (BOT) kınacık

Rostbraten *m* (*österr, südd*) külbastı

rostbraun ['-'-] *adj* pas rengi

rosten ['rɔstən] *vi sein* paslanmak; **nicht ~d** paslanmaz; **wer rastet, der rostet** (*prov*) işleyen demir paslanmaz

rösten ['rœstən] *vt* (*Kaffee*) kavurmak; (*Brot*) kızartmak; (*auf Rost*) ızgarada pişirmek

rostfrei *adj* paslanmaz

Rösti ['rœsti] *f ohne Pl* (GASTR) *ince ince kesildikten veya rendelendikten sonra tavada*

kızartılan patates
rostig *adj* paslı
Röstkartoffeln *fpl* (*reg*) tavada patates kızartması, *haşlandıktan sonra tavada kızartılan patates*
Rostpilz *m* (BOT) pas mantarı
Rostschutzfarbe *f* astar boyası; **Rostschutzmittel** *nt* pas önleyici madde
rot [ro:t] *adj* <röter, röteste> kırmızı; (POL) kızıl; **bei ~** kırmızıda; **eine ~e Ampel** kırmızı lâmba; **~ werden** kırmızı olmak; **in den ~en Zahlen stecken** ekside olmak; **sich** *dat* **etw ~ im Kalender anstreichen** bir şeyi takvime kırmızı kalemle yazmak; **das R~e Meer** Kızıldeniz; **R~er Halbmond** Kızılay; **R~es Kreuz** Kızılhaç
Rot *nt* kırmızı, kızıl; **ein flammendes ~** alev kırmızısı
Rotation [rota'tsjo:n] *f* <-en> rotasyon; **Rotationsachse** *f* (PHYS, TECH) dönme ekseni; **Rotationsmaschine** *f* (TYPO) rotatif
Rotauge *nt* (ZOOL: *Plötze*) çamça
Rotbarsch *m* (ZOOL) Atlantik levreği; **rotblond** ['-'-] *adj* kırmızıya çalan sarışın; **Rotbuche** *f* (BOT) kayın
Röte ['rø:tə] *f ohne Pl* kırmızılık; (*von Himmel, Haut*) kızıllık; (*Schames~*) kızarma; **die ~ stieg ihr ins Gesicht** yüzü kızardı
Rote-Armee-Fraktion [---'---] *f ohne Pl* Kızıl Ordu Fraksiyonu
Rötegewächse *ntPl* (BOT) kök boyasıgiller *pl*
Röteln ['rø:təln] *pl* kızamıkçık
röten ['rø:tən] **I.** *vt* (*geh*) kırmızılaştırmak **II.** *vr:* **sich ~** kırmızılaşmak; (*Himmel*) kızıllaşmak; (*vor Scham*) kızarmak
Rotfeder *f* (ZOOL: *Fisch*) kızılkanat
Rotfuchs *m* **1.** (*Fuchs*) tilki **2.** (*Pferd*) doru (at); **rotglühend** *adj s.* **glühend**; **rothaarig** *adj* kızıl saçlı; **Rothaut** *f* (*fam*) Kızılderili
rotieren* [ro'ti:rən] *vi* **1.** (*sich drehen*) dönmek; **um etw ~** bir şeyin etrafında dönmek **2.** (*fam: hektisch sein*) dört dönmek
Rotkäppchen ['ro:tkɛpçən] *nt* <-s> Kırmızı Başlıklı Kız; **Rotkehlchen** ['ro:tke:lçən] *nt* <-s, -> kızıl gerdan; **Rotkohl** *m* kırmızı lâhana
rötlich ['rø:tlɪç] *adj* kırmızımsı, kırmızımtırak
Rotlichtviertel *nt* (*fam*) kırmızı fener semti, genel evler semti
rot|sehen *irr vi* (*fam*) gözü dönmek; **Rotstift** *m* <-(e)s, -e> kırmızı kalem; **den ~ ansetzen** kısıntı yapmak
Rottanne *f* <-n> (BOT: *Fichte*) kızılçam
Rötung *f* <-en> kızarık
Rotwein *m* <-(e)s, -e> kırmızı şarap
Rotwild *nt* geyik
Rotz [rɔts] *m ohne Pl* <-es> **1.** (*vulg*) sümük; **~ und Wasser heulen** (*fam*) hüngür hüngür ağlamak **2.** (*Infektionskrankheit*) sakağı; **rotzfrech** ['-'-] *adj* (*fam*) arsız
rotzig *adj* **1.** (*vulg: voller Rotz*) sümüklü **2.** (*fam: frech, unverschämt*) arsız, yüzsüz, utanmaz
Rotznase *f* <-n> **1.** (*vulg pej*) arsız **2.** (*fam: schleimige Nase*) sümüklü burun
Rouge [ru:ʒ] *nt* <-s, -s> ruj
Roulade [ru'la:də] *f* <-n> (GASTR) et sarması
Roulette [ru'lɛt] *nt* <-s, -s> rulet; **russisches ~ spielen** Rus ruleti oynamak
Route ['ru:tə] *f* <-n> yol; (AERO, AVIAT) rota
Routine[1] [ru'ti:nə] *f ohne Pl* **1.** (*Erfahrung*) rutin; (*Praxis*) pratik **2.** (*Gewohnheit*) alışkanlık
Routine[2] *f* <-n> (INFORM) yordam; **Routinearbeit** *f* rutin iş
routiniert [ruti'ni:ɐt] *adj* rutin, rutini olan
Rowdy ['raʊdi] *m* <-s, -s> (*pej*) haylaz
Royalist(in) [rɔɪa'lɪst] *m(f)* <-en, -en; -nen> kralcı
Rubbellos *m* kazıkazan
rubbeln ['rʊbəln] *vt* **1.** ovalamak; **sich den Körper mit dem Handtuch ~** vücudunu bir havlu ile ovalamak **2.** (*Los*) kazımak
Rübe ['ry:bə] *f* <-n> **1.** (BOT) şalgam; **Rote ~** pancar **2.** (*fam: Kopf*) kafa; **eins auf die ~ kriegen** kafasına bir tane yemek
Rubel ['ru:bəl] *m* <-s, -> ruble
rüber ['ry:bɐ] *adv* (*fam*) **1.** (*herüber*) buraya **2.** (*hinüber*) oraya
Rubidium *nt ohne Pl* <-s> (CHEM) rubidyum
Rubin [ru'bi:n] *m* <-s, -e> yakut
Rubrik [ru'bri:k] *f* <-en> **1.** (*Kategorie*) kategori **2.** (*in Tabelle, Zeitung*) sütun
ruchlos ['ru:xlo:s] *adj* (*geh*) adî, aşağılık
Ruck [rʊk] *m* <-(e)s, -e> sarsıntı; (POL) kayma; **bei den Wahlen gab es einen ~ nach links/rechts** seçimlerde sola/sağa kayma oldu; **mit einem ~** anî bir hareketle; **sich** *dat* **einen ~ geben** (*fam*) gayrete gelmek
Rückantwort *f* **1.** (yazılı) cevap; **um ~ wird gebeten** cevabınız rica olnur **2. mit ~** iadeli
ruckartig **I.** *adj* anî, sarsıntılı **II.** *adv* sarsıla sarsıla
rückbezüglich *adj* (LING: *reflexiv*) dönüşlü
Rückbildung *f* <-en> (MED, BIOL) dumur, körelme; **Rückblende** *f* (FILM) geriye dönüş; **Rückblick** *m* <-(e)s, -e> geçmişe bakış; **ein ~ auf die Fünfzigerjahre** ellili yıllara bakış, ellili yılları anımsama; **rückblickend** *adj:* **~ lässt sich sagen, dass ...** bugün baktığımızda diyebiliriz ki ...

Rückbürge *m* (JUR) rücua kefil
rucken ['rʊkən] *vi* (*Fahrzeug*) sarsılmak
rücken ['rʏkən] **I.** *vi sein* (*Platz machen*) yer vermek; (*näher~*) yaklaşmak (*an* -e); **rück mal (ein Stückchen)!** biraz kaysana!; **in den Mittelpunkt des Interesses ~** herkesin ilgisini üstüne çekmek **II.** *vt* itmek (*nach* -e), sürmek (*nach* -e); (*näher~*) çekmek (*an* -e)
Rücken ['rʏkən] *m* <-s, -> **1.** sırt, arka; (ANAT) sırt; **~ an ~** sırt sırta; **jdm den ~ zukehren/zuwenden** birine sırt çevirmek; **auf dem ~ liegen** sırtüstü [*o* arkaüstü] yatmak; **mir lief es eiskalt über den ~** (*fam*) tüylerim diken diken oldu; **jdm den ~ stärken** birine arka olmak, birine moral vermek; **jdm den ~ freihalten** birine arka çıkmak; **sich** *dat* **den ~ freihalten** işini sağlama almak; **jdm in den ~ fallen** birini arkadan vurmak; **hinter jds ~** birinin arkasından **2.** (*Buch~*) sırt; (*Hand~*) ters **3.** (*Tier~*) sırt; **Rückendeckung** *f* <-en> **1.** (MIL) geriyi güven altına alma **2.** (*gegen Kritik*) arkalama; **jdm ~ geben** birine arka olmak, birini arkalamak; **sich ~ schaffen** arka bulmak; **Rückenflosse** *f* <-n> sırt yüzgeci; **Rückenlehne** *f* arkalık; **Rückenmark** *nt ohne Pl* <-(e)s> (ANAT) omurilik; **Rückenschmerzen** *mpl* sırt ağrısı *sing;* **Rückenschwimmen** *nt ohne Pl* <-s> sırtüstü yüzme; **Rückenwind** *m ohne Pl* <-(e)s> arkadan esen rüzgâr; (NAUT) pupa yelken; **Rückenwirbel** *m* <-s> (ANAT) sırt omuru
rückerstatten* *vt* (*a.* FIN) geri vermek, iade etmek; **Rückerstattung** *f* (*a.* FIN) geri verme, iade
Rückfahrkarte *f* dönüş bileti; **Rückfahrt** *f* dönüş; **auf der ~** dönüşte; **Rückfall** *m* <-(e)s, -fälle> **1.** (MED) depreşme; **einen ~ erleiden** (hastalığı) depreşmek **2.** (JUR) tekerrür **3.** (*geh: Wiederkehr*) geri dönme, rücu; **rückfällig** *adj* **1.** (*a.* MED): **~ werden** depreşmek **2.** (JUR) mükerrir
Rückflug *m* dönüş uçuşu, uçakla dönüş; **auf dem ~** uçakla dönüşte; **Rückflugticket** *nt* (uçakla) dönüş bileti
Rückfrage *f* (konuyla ilgili) soru, (konu hakkında) bilgi isteme; **für ~n wenden Sie sich bitte an Herrn X** konuyla ilgili sorularınız için Bay X'e danışınız, daha geniş bilgi için Bay X'le görüşünüz; **Rückgabe** *f* geri verme (*an* -e), iade (*an* -e); **Rückgang** *m* <-(e)s, -gänge> gerileme; (*Verminderung*) azalma; **im ~ begriffen sein** azalmakta olmak
rückgängig [-gɛŋɪç] *adj:* **~ machen** (*Vertrag*) feshetmek; (*Verabredung*) iptal etmek; **rückgebildet** *adj* (MED, BIOL) körelmiş, dumura uğramış
Rückgewinnung *f* yeniden kazanma
Rückgrat ['rʏkgra:t] *nt* <-(e)s, -e> **1.** (MED) bel kemiği, omurga; **ohne ~** (*fig*) karaktersiz; **jdm das ~ brechen** (*fam*) birinin belini kırmak **2.** (*fig: Stütze*) bel kemiği
Rückgriff *m* <-(e)s, -e> **1.** yeniden ele alma **2.** (JUR: *Regress*) rücu hakkı (*auf* -e), müracaat hakkı (*auf* -e)
Rückhalt *m* <-(e)s, -e> destek; **jdm ~ geben** birine destek vermek
rückhaltlos **I.** *adj* pervasızca **II.** *adv* pervasızca, çekinmeden, sakınmadan
Rückhand *f ohne Pl* (SPORT) raketin tersi ile vuruş
Rückkehr *f ohne Pl* dönüş; **Rückkopp(e)lung** *f* **1.** (*Feed-back*) geri bildirim **2.** (ELEK) geri beslem; **Rücklage** *f* **1.** (*Erspartes*) tasarruflar *pl* **2.** (WIRTSCH) yedek akçe; **Rücklauf** *m* <-(e)s, -läufe> **1.** (*Wasser*) geri akma **2.** (TECH) geri gitme
rückläufig *adj* gerileyen, azalan; **~e Tendenz** azalma eğilimi
Rücklicht *nt* (AUTO) arka lâmbası
rücklings ['rʏklɪŋs] *adv* **1.** (*mit dem Rücken*) sırtıyla; **er lehnte ~ am Tor** sırtını kaleye dayadı [*o* verdi] **2.** (*nach hinten*) sırtüstü; **~ liegen/hinfallen** sırtüstü yatmak/yere düşmek **3.** (*von hinten*) arkadan **4.** (*mit dem Rücken nach vorn*): **er saß ~ auf dem Pferd** ata ters binmişti, atın üzerinde ters oturuyordu
Rückmarsch *m* <-(e)s, -märsche> (MIL) dönüş yürüyüşü; (*Rückzug*) ric'at, geri çekilme; **Rückmeldefrist** *f* (UNIV) kayıt yenileme süresi; **rück|melden** *vr:* **sich ~** (UNIV) kaydını yenilemek; **Rücknahme** [-na:mə] *f* <-n> (*von Versprechen, Klage*) geri alma; **Rückporto** *nt* iade ücreti; **Rückprall** *m* geri tepme; **Rückreise** *f* <-n> dönüş (yolculuğu); **auf der ~** dönüşte; **Rückruf** *m* <-(e)s, -e> **1.** (TEL) telefonla cevap **2.** (JUR, WIRTSCH) geri çağırma
Rucksack ['rʊk-] *m* sırt çantası; **Rucksacktourist(in)** *m(f)* sırt çantalı turist
Rückschau *f ohne Pl* geçmiş günleri anımsama; **Rückschlag** *m* geri vurma; (*Rückprall*) geri tepme; **Rückschlagventil** *nt* (TECH) çek valf; **Rückschluss**[RR] *m* kayıtımla uslamlama, geriye dönerek sonuç çıkarma; **Rückschlüsse aus etw** *dat* **ziehen** geriye dönerek bir şeyden sonuç çıkarmak; **Rückschritt** *m* gerileme
rückschrittlich *adj* gerici
Rückseite *f* (*eines Gebäudes*) arka yüz; (*eines Blattes*) arka sayfa; (*einer Münze*) ters taraf; (*eines Stoffes*) ters yüz; **siehe ~** arka sayfaya bak
Rücksicht[1] *f* <-en> gözetme; (*Achtsam-*

keit) dikkat, saygı; **mit ~ auf seine Gesundheit** sağlığını düşünerek; **auf jdn ~ nehmen** birine saygı göstermek; **auf etw ~ nehmen** bir şeyi dikkate almak, bir şeyi gözetmek [*o* göz önünde bulundurmak]
Rücksicht² *f ohne Pl* (*Sicht nach hinten*) arkasını görme
Rücksichtnahme *f ohne Pl* dikkate alma, nazarıitibara alma
rücksichtslos **I.** *adj* düşüncesiz; (*unbarmherzig*) insafsız **II.** *adv* düşüncesizce, insafsızca
Rücksichtslosigkeit *f* <-en> düşüncesizlik; (*Respektlosigkeit*) saygısızlık
rücksichtsvoll *adj* dikkatli, saygılı
Rücksitz *m* (AUTO) arka koltuk; **Rückspiegel** *m* (AUTO) dikiz aynası
Rückspiel *nt* (SPORT) rövanş maçı; **Rücksprache** *f ohne Pl* danışma; **mit jdm ~ halten** birinin görüşünü almak; **Rückstand** *m* <-(e)s, -stände> **1.** (*Rest*) artık **2.** *Pl* (*bei Zahlung*) bakaya *pl* **3.** (*Verzug*) gecikme; **mit der Lieferung im ~ sein** teslimatta gecikmiş olmak; **mit 0 zu 2 im ~ liegen** (SPORT) 0:2 puantajla geride olmak
rückständig *adj* **1.** (*rückschrittlich*) gerici, geri kafalı **2.** (*unterentwickelt*) geri kalmış, az gelişmiş **3.** (WIRTSCH: *überfällig*) gecikmiş; **~e Zinsen** gecikmiş faizler
Rückständigkeit *f ohne Pl* **1.** (*von Person*) gerilik, geri kafalı olma **2.** (*Unterentwicklung*) geri kalmışlık, az gelişmişlik
Rückstoß *m* geri tepme
Rückstrahler *m* reflektör, kedigözü
Rücktritt *m* **1.** (*von Amt*) istifa; **seinen ~ erklären** istifasını vermek **2.** (*am Fahrrad*) kontrpedal; **Rücktrittbremse** *f* <-n> pedal freni; **Rücktrittsrecht** *nt ohne Pl* <-(e)s> (JUR) cayma hakkı
rückvergüten* *vt* (WIRTSCH) geri ödemek; **rückversichern*** *vr:* **sich ~** sigortayı sigorta ettirmek
Rückversicherung *f* reasürans
Rückwand *f* arka duvar
rückwärtig [-vɛrtɪç] *adj* arkadaki, arkada duran, gerideki
rückwärts [-vɛrts] *adv* **1.** (*mit dem Rücken voran*) arka arka, geri geri; **~ einparken** geri geri park etmek **2.** (*südd, österr: hinten*) arkada; **Rückwärtsgang** *m* <-(e)s, -gänge> (TECH) geri vites
Rückweg *m* dönüş; (*Heimweg*) evin yolu; **auf dem ~** dönüşte
ruckweise *adv* sarsıla sarsıla, ite kaka, kesik kesik
rückwirkend **I.** *adj* geriye etkili, makabline şamil **II.** *adv* geriye etkili olarak, makabline şamil; **das Gesetz tritt ~ vom 1.Januar in Kraft** yasa geriye etkili olarak 1 Ocak'tan itibaren yürürlüğe girer; **Rückwirkung** *f* (*von Gesetz*) geriye etki
Rückzahlung *f* geri ödeme
Rückzieher *m* <-s, -> **1.** (*fam*) yan çizme; **einen ~ machen** yan çizmek **2.** (SPORT: *Fußball*) röveşata
ruck, zuck [rʊk, tsʊk] *adv* (*fam*) bir çırpıda
Rückzug *m* <-(e)s, -züge> (MIL) ric'at, geri çekilme; **den ~ antreten** ric'at etmek, geri çekilmek
rüde ['ry:də] *adj* kaba; (*ungeschiffen*) yontulmamış
Rüde ['ry:də] *m* <-n, -n> (*Männchen*) erkek; (*von Hund/Wolf/Fuchs/Marder*) erkek köpek/kurt/tilki/sansar
Rudel ['ru:dəl] *nt* <-s, -> sürü
Ruder ['ru:dɐ] *nt* <-s, -> **1.** (*von ~ boot*) kürek; **sich in die ~ legen** küreklere asılmak; (*fig*) gayret göstermek **2.** (*Steuer~*) dümen; **das ~ herumwerfen** alabanda etmek, dümeni sonuna kadar çevirmek; **Ruderblatt** *nt* (NAUT) dümen yelpazesi; **Ruderboot** *nt* sandal, kürekli tekne
Ruderer, -in *m, f* <-s, -; -nen> kürekçi
Ruderfüßer *mPl* (ZOOL) perde ayaklılar *pl;* **Ruderhals** *m* (NAUT) dümen boğazı
rudern ['ru:dɐn] *vi* **1.** (*Ruder bewegen*) kürek çekmek; **beim Gehen mit den Armen ~** (*fam*) yürürken kürek çeker gibi elini kolunu sallamak **2.** *sein* (*im Ruderboot fahren*) kürek çekerek gitmek, kayıkla gitmek
Ruderregatta *f* kürek yarışları *pl;* **Ruderschaft** *f* (NAUT) dümen bedeni; **Rudersport** *m* kürek sporu
rudimentär [rudimɛn'tɛ:ɐ] *adj* gelişmemiş
Rudrer(in) *m(f)* <s, -; -nen> kürekçi
Rüebli ['ry:ɛbli] *nt* <-s, -> (*Schweiz*) havuç
Ruf¹ [ru:f] *m* <-(e)s, -e> (*Aus~*) haykırma; (*Schrei*) bağırış, bağırtı
Ruf² *m ohne Pl* <-(e)s> **1.** (*Auf~*) çağrı, çağırma, davet; **sie erhielt einen ~** (UNIV) çağrı aldı **2.** (*Ansehen*) saygınlık, itibar, imaj; (*Ruhm*) ün, nam, ad; **einen guten ~ haben** iyi bir imajı olmak; **in einen üblen ~ kommen** adı kötüye çıkmak; **jdn in schlechten ~ bringen** birinin adını kirletmek [*o* lekelemek]
rufen ['ru:fən] <ruft, rief, gerufen> **I.** *vi* seslenmek; **laut ~** bağırmak; **nach jdm ~** birine seslenmek; **sich heiser ~** bağırmaktan sesi kısılmak; **um Hilfe ~** imdat diye bağırmak **II.** *vt* çağırmak; **jdn ~** birini çağırmak; **jdn ~ lassen** birini çağırtmak; **das kommt mir wie ge~** (*fam*) tam zamanında geldi
Rüffel ['rʏfəl] *m* <-s, -> (*fam*) zılgıt, azar; **einen ~ bekommen/einstecken** zılgıt yemek, azar işitmek

Rufmord *m* imaj zedeleme, alenî iftira; **Rufname** *m* ön ad; **Rufnummer** *f* telefon numarası; (*eines Piepsers*) çağrı numarası; **Rufumleitung** *f* çağrı yönlendirme; **Rufweite** *f ohne Pl* çağrım; **bleib in ~!** beni duyabileceğin uzaklıkta kal!, fazla uzaklaşma ki çağırdığım zaman duyabilesin!; **Rufzeichen** *nt* <-s, -> **1.** (TEL: *Freizeichen*) çevir sesi **2.** (*reg: Ausrufezeichen*) ünlem işareti

Rugby ['rakbi] *nt ohne Pl* <-(s)> (SPORT) rugby

Rüge ['ry:gə] *f* <-n> kınama, ayıplama; **jdm eine ~ erteilen** birini kınamak

rügen ['ry:gən] *vt:* **jdn ~** birini kınamak; **etw ~** bir şeyi ayıplamak

Ruhe ['ru:ə] *f ohne Pl* **1.** (*Unbewegtheit*) dinginlik, sükûnet; (*Stille, Gelassenheit*) huzur, rahat, sükûnet, sessizlik; **die ~ vor dem Sturm** fırtınadan önce(ki) sessizlik **2.** (*Schweigen*) susma; **~ bitte!** lütfen susun! **3.** (*Entspannung*) dinlenme; (*Bett~*) istirahat; **sich** *dat* **keine ~ gönnen, bis ...** ...inceye kadar rahat etmemek; **sich zur ~ setzen** (*geh*) emekliye ayrılmak; **angenehme ~!** iyi uykular!, Allah rahatlık versin!; **sich zur ~ begeben** yatmaya gitmek; **sich zur ~ setzen** emekliye ayrımak; **jdn zur letzten ~ betten** (*geh*) birini toprağa vermek **4.** (*innere ~*) huzur; **jdn nicht zur ~ kommen lassen** (*fam*) birini rahat bırakmamak, birine rahat vermemek; **keine ~ finden** (*fam*) rahat yüzü görmemek; **keine ~ geben** (*fam*) rahat vermemek; **lass mich in ~!** (*fam*) beni rahat bırak!; **in aller ~** sakin sakin, rahat rahat; **sich durch nichts aus der ~ bringen lassen** hiç rahatını bozmamak; **~ bewahren** rahatını bozmamak; **immer mit der ~!** sakin ol(un)!; **er hat die ~ weg!** (*fam*) ne kadar rahat adam!

ruhelos *adj* (*rastlos*) huzursuz

Ruhelosigkeit *f ohne Pl* (*Rastlosigkeit*) huzursuzluk

ruhen ['ru:ən] *vi* **1.** dinlenmek, istirahat etmek; **ich werde nicht eher ~, bis ...** ...e kadar rahat etmeyeceğim; **der Teig muss ~** hamurun yatması lâzım **2.** (*Arbeit*) durmak; (*Verkehr*) durmak; (*Waffen*) susmak; **etw ~ lassen** bir şeyi bir yana bırakmak, bir şeye ara vermek **3.** (*Blick, Verantwortung*) olmak (*auf* -de) **4.** (*sich stützen*) yaslanmak (*auf*-e); **ruhen|lassen*** *irr vt s.* **ruhen 2.**

Ruhepause *f* ara dinlenmesi; **Ruhestand** *m ohne Pl* <-(e)s> emeklilik; **in den ~ treten** emekliliğe ayrılmak; **im ~ sein** emekli olmak

Ruheständler(in) [-ʃtɛntlɐ] *m(f)* <-s, -; -nen> emekli

Ruhestätte *f* dinlenme yeri; **die letzte ~** (*geh*) rahat döşeği; **Ruhestellung** *f* (*a.* MIL: *eines Körpers*) rahat duruş; **Ruhestörung** *f* rahat bozma, sükûneti ihlâl; **Ruhetag** *m* dinlenme günü; (*von Gaststätten*) tatil günü

ruhig ['ru:ɪç] *adj* **1.** (*leise*) sakin, sessiz; (*bewegungslos*) hareketsiz; **sitz doch ~!** sakin otur!; **ihr sollt ~ sein!** sessiz olun! **2.** (*geräuschlos*) sessiz, sakin; **gegen 19 Uhr wird es ~er** akşam 7 sularında ortalık sakinleşir **3.** (*gelassen*) rahat; **ein ~es Gewissen haben** vicdanı rahat olmak; **nur ~ Blut!** (*fam*) sinirlenme!, patlama!; **~ bleiben** sakin kalmak; **du kannst deine Schuhe ~ anlassen** ayakkabılarını çıkarmasan da olur; **ruhig|stellen** *vt s.* **stellen I.2.**

Ruhm [ru:m] *m ohne Pl* <-(e)s> ün, şöhret

rühmen ['ry:mən] **I.** *vt* övmek **II.** *vr:* **sich etw** *gen* **~** bir şeyle övünmek; (*prahlend*) diye böbürlenmek; **ohne mich ~ zu wollen, ...** övünmek gibi olmasın, ...

rühmlich *adj* övgüye değer

ruhmlos *adj* yüzü kara, şansız, şerefsiz

ruhmreich *adj* şanlı

Ruhr [ru:ɐ] *f* <-en> (MED) kanlı basur, dizanteri

Rührei ['ry:ɐʔaɪ] *nt* tavada yumurta

ruhmreich *adj* şanlı

rühren ['ry:rən] **I.** *vt* **1.** (*um~*) karıştırmak; (*mischen*) karıştırmak **2.** (*bewegen*) kımıldatmak; **keinen Finger ~** parmağını bile kıpırdatmamak [*o* oynatmamak] **3.** (*emotional*) duygulandırmak **II.** *vi* **1.** (*um~*) karıştırmak; **im Tee ~** çaya karıştırmak **2.** (*geh: her~*) ileri gelmek (*von* -den) **III.** *vr:* **sich ~** kımıldamak, kıpırdamak; **sich nicht vom Fleck ~** yerinden kıpırdamamak [*o* kımıldamamak]; **ich klingelte, aber es rührte sich nichts** ziliçaldım ama kıpırdayan olmadı; **rührt euch!** (MIL) rahat!

rührend *adj* dokunaklı, duygulandırıcı

Ruhrgebiet *nt* <-(e)s> Ruhr Bölgesi, Ruhr Havzası

ruhrkrank *adj* (MED) dizanterili

Rührmichnichtan ['ry:ɐmɪçnɪçtʔan] *nt* <-, -> **1.** (BOT) kına çiçeği **2.** (*fam fig*): **Fräulein ~** çıtkırıldım hanım

rührselig *adj* içli, duygulu

Rührseligkeit *f ohne Pl* içlilik, içtenlik, duygululuk

Rührung *f ohne Pl* duygulanma

Ruin [ru'i:n] *m ohne Pl* <-s> yıkım; **der Alkohol war sein ~** alkol onun için yıkım oldu; **vor dem ~ stehen** iflâsın eşiğinde olmak

R

Ruine [ru'iːnə] *f* <-n> yıkıntı, harabe

ruinieren* [rui'niːrən] *vt* **1.** (*vernichten*) mahvetmek, yok etmek, yıkmak **2.** (*beschädigen*) harap etmek, zarar vermek (-e)

ruinös *adj* yıkıcı

rülpsen ['rʏlpsən] *vi* (*fam*) geğirmek

Rülpser *m* <-s, -> (*fam*) geğirti

rum [rʊm] *adv* (*fam*) *s.* **herum**

Rum [rʊm] *m* <-s, -s *österr, Schweiz:* -e> rom

Rumäne, -in [ru'mɛːnə] *m, f* <-n, -n; -nen> Romanyalı

Rumänien [ru'mɛːniən] *nt* <-s> Romanya

rumänisch *adj* Romanyalı, Romanya (ile ilgili); **eine ~e Frau** Romanyalı bir kadın; **die ~e Regierung** Romanya hükümeti

Rumba ['rʊmba] *f* <-s> rumba

rum|kriegen ['rʊm-] *vt* (*fam*) **1.** (*Zeit*) geçirmek **2.** (*überreden*) ayarlamak, kandırmak; **jdn ~** birini ayarlamak **3.** (*verführen*) ayartmak; **sie hat ihn gleich rumgekriegt** onu hemen ayarttı

Rummel ['rʊməl] *m ohne Pl* <-s> (*fam*) **1.** (*Betriebsamkeit*) gürültü kalabalık, curcuna; **großen ~ um etw/jdn machen** bir şey/kimse hakkında büyük yaygara koparmak **2.** (*Jahrmarkt*) panayır; **Rummelplatz** *m* <-es, -plätze> (*fam: Jahrmarktsplatz*) panayır yeri; (*Vergnügungspark*) lunapark

rumoren* [ru'moːren] *vi* (*fam*) gürültü yapmak; **es rumort in ihrem Bauch** karnı guruldayor

Rumpelkammer ['rʊmpəl-] *f* (*fam*) sandık odası

rumpeln ['rʊmpəln] *vi* (*fam*) **1.** *sein* (*Fahrzeug*) paldır küldür gitmek **2.** (*poltern*) gümbürdemek

Rumpf [rʊmpf, *Pl:* 'rʏmpfə] *m* <-(e)s, Rümpfe> **1.** (*des Menschen*) gövde **2.** (NAUT, AERO) gövde

rümpfen ['rʏmpfən] *vi:* **die Nase über etw ~** bir şeye burun bükmek [*o* kıvırmak]

rum|treiben *irr vr:* **sich ~** (*fam pej*) sürtmek (*auf/in* -de/-de), başıboş gezmek (*auf/in* -de/-de); **wo hast du dich wieder rumgetrieben?** yine nerelerde sürttün?

Run [ran] *m* <-s, -s> saldırı (*auf* -e)

rund [rʊnt] **I.** *adj* **1.** (*Form*) yuvarlak, toparlak, değirmi **2.** (*fam: ganz, voll*) tam; (*so gut wie ganz*) yaklaşık; **das ist eine ~e Sache** bu mükemmel bir mesele; **ein ~es Dutzend Leute** yaklaşık on iki kişi **II.** *adv* (*fam*) **1.** (*ungefähr*) yaklaşık **2.** **~ laufen** işler yolunda gitmek; (*Motor*) yağ gibi işlemek; **~ um** etrafında; **~ um die Uhr** yirmi dört saat

Rundbau *m* <-(e)s, -ten> yuvarlak yapı; **Rundblick** *m* <-(e)s, -e> panorama; **Rundbrief** *m* genelge, sirküler

Runde ['rʊndə] *f* <-n> **1.** (*Gesellschaft*) topluluk, grup; **sie nahmen ihn in ihre ~ auf** onu gruplarına [*o* aralarına] aldılar **2.** (*Rundgang*) tur; (*von Polizei*) devriye; **seine ~ machen** turunu atmak **3.** (SPORT) tur; (*Boxen*) raunt; **über die ~n kommen** (*fam*) geçinip gitmek **4.** (*Getränke~*): **eine ~ schmeißen** herkese içki ısmarlamak

Rundfahrt *f* tur; **Rundflug** *m* havada tur atma; **Rundfrage** *f* sormaca, anket

Rundfunk *m* radyo; **im ~** radyoda; **Rundfunkanstalt** *f* radyo evi; **Rundfunkgebühr** *f* radyo dinleme parası; **Rundfunkgerät** *nt* <-(e)s, -e> radyo; **Rundfunksender** *m* radyo istasyonu; **Rundfunksendung** *f* radyo yayını

Rundgang *m* <-(e)s, -gänge> **1.** tur; **einen ~ machen** bir tur atmak **2.** (*Strecke*): **ein ~ in einem Gebäude** binanın içini dolaşan koridor

rund|gehen *irr vi sein* **1.** tur atmak **2.** (*herumgereicht werden*) elden ele verilmek; (*erzählt werden*) ağızdan ağza dolaşmak **3.** (*fam: viel Arbeit*) işler çoğalmak; **jetzt geht's rund** şimdi işler çoğaldı

rundheraus ['--'-] *adv* açıkça, açık açık; **~ sagen** açıkça söylemek; **rundherum** ['--'-] *adv* **1.** (*räumlich*) çepeçevre (*um* -) **2.** (*völlig*) çepeçevre, fırdolayı

rundlich *adj* **1.** (*annähernd rund*) yuvarlakımsı **2.** (*dicklich*) şişmanca, tıknaz

Rundreise *f* tur; **Rundschreiben** *nt* genelge

rundum ['-'-] *adv s.* **rundherum**

Rundung *f* <-en> kıvrım

rundweg ['rʊnt'vɛk] *adv* tamamen, tamamıyla

Rune *f* <-n> rün

Runenschrift *f* rün yazısı

runisch *adj* rünik

Runkel ['rʊŋkəl] *f* <-n> (*österr, Schweiz*), **Runkelrübe** *f* (AGR) pancar

runter ['rʊntɐ] *adv* (*fam*) aşağıya

Runzel ['rʊntsəl] *f* <-n> kırışık

runzelig *adj* kırışık

runzeln ['rʊntsəln] **I.** *vt* kırıştırmak **II.** *vr:* **sich ~** kırışmak

runzlig *adj* kırışık

Rüpel ['ryːpəl] *m* <-s, -> (*pej*) abullabut (kimse)

Rüpelei *f* abullabutluk

rüpelhaft *adj* (*pej*) abullabut

rupfen ['rʊpfən] *vt* **1.** (*Geflügel, a. fig*) yolmak **2.** (*Gras, Unkraut*) yolmak

ruppig ['rʊpɪç] *adj* **1.** (*pej: unfreundlich, grob*) terbiyesiz, kaba **2.** (*ungepflegt*) pejmürde, abullabut

Rüsche ['ryːʃə] *f* <-n> pasta
Ruß [ruːs] *m* <-es, -e> is, kurum
Russe, -in ['rʊsə] *m, f* <-n, -n; -nen> Rus
Rüssel ['rʏsəl] *m* <-s, -> (*von Insekt, Elefant*) hortum; (*von Schwein*) burun
Rüsseltiere *ntPl* (ZOOL: *Ordnung*) hortumlular *pl*
rußen ['ruːsən] **I.** *vi* (*Kerze, Feuer*) is yapmak; (*Ofen*) islenmek **II.** *vt* islemek
rußig *adj* isli
russisch *adj* Rus; **~es Roulette spielen** Rus ruleti oynamak
Russland[RR] ['rʊslant] *nt* <-s>, **Rußland** *nt* <-s> Rusya; **Russlanddeutsche(r)**[RR] *mf* Rusya Almanı
rüsten ['rʏstən] **I.** *vi* **1.** (MIL) silâhlanmak **2.** (*Schweiz: sich vorbereiten*) hazırlanmak (*zu/für* -e/için), hazırlık yapmak (*zu/für* -e/için) **II.** *vr:* **sich ~** (*geh*) hazırlanmak (*zu/für* -e/için) **III.** *vt* hazırlamak
Rüster *f* karaağaç
rüstig ['rʏstɪç] *adj* zinde, dinç
rustikal [rʊsti'kaːl] *adj* rüstik
Rüstung *f* <-en> **1.** (*Ritter~*) çokal, zırh **2.** (MIL) silâhlanma; **Rüstungsausgaben** *fPl* silâhlanma harcamaları; **Rüstungsindustrie** *f* silâh sanayii, savaş sanayii; **Rüstungswettlauf** *m* silâhlanma yarışı
Rute ['ruːtə] *f* <-n> **1.** (*Stock*) değnek; (*Wünschel~*) sopa **2.** (*Angel~*) kamış **3.** (*Schwanz*) kuyruk **4.** (*vulg: Penis*) kamış
Ruthenium *nt ohne Pl* <-s> (CHEM) rutenyum
Rutsch [rʊtʃ] *m* <-(e)s, -e> (*fam: bei Wahlen*) kayma (*nach* -e); **in einem ~** (*fam*) bir çırpıda; **guten ~ ins neue Jahr!** (*fam*) yeni yıl için iyi dilekler!; **Rutschbahn** *f* **1.** (*Spielgerät*) kaydırak **2.** (*fam: auf Schnee, Eis*) kayma alanı
Rutsche ['rʊtʃə] *f* <-n> kaydırak
rutschen ['rʊtʃən] *vi sein* **1.** (*gleiten*) kaymak; (*Auto*) patinaj yapmak **2.** (*fam: rücken*) kaymak; **rutsch doch mal ein Stückchen!** bir parça kaysana!; **sie rutschte auf ihrem Stuhl hin und her** sandalyesi üstünde ileri geri kayıp durdu **3.** (*herunter~*) kaymak; (*Erdmassen*) kaymak; **ins R~ kommen** kaymaya başlamak; (*Auto*) patinaj yapmak
rutschfest *adj* kaymaz; **Rutschgefahr** *f ohne Pl* kayma tehlikesi
rutschig *adj* kaygan
rütteln ['rʏtəln] **I.** *vi* (*an Türklinke, Gitter*) tutup ileri geri sarsmak (*an* -); **daran gibt es nichts zu ~** (*fam*) bu artık kesindir **II.** *vt* sarsmak, silkelemek, dürtüşlemek

R

S

S, s [ɛs] *nt* <-, -> S, s; ~ **wie Siegfried** Silivri'nin se'si

s. *Abk. von* **siehe** bak(ınız)

S *Abk. von* **Süden** güney

S. *Abk. von* **Seite** sayfa

Saal [zaːl, *Pl:* 'zɛːlə] *m* <-(e)s, Säle> salon

Saar [zaːɐ] *f* Saar; **Saarland** *nt* <-(e)s> Saarland, Saar Eyaleti

Saat [zaːt] *f ohne Pl* **1.** (*das Aussäen*) ekme **2.** (*~gut*) ekin; **Saatgut** *nt ohne Pl* <-(e)s> ekin; **Saatkrähe** *f* <-n> ekin kargası; **Saatzwiebel** *f* <-n> arpacık soğanı

sabbern ['zabɐn] *vi* (*fam*) **1.** (*Speichel*) salyası akmak **2.** (*schwatzen*) saçmalamak

Säbel ['zɛːbəl] *m* <-s, -> pala

Sabotage [zabo'taːʒə] *f* <-n> sabotaj, baltalama

Saboteur(in) [zabo'tøːɐ] *m(f)* <-s, -e; -nen> sabotajcı

sabotieren* [zabo'tiːrən] *vt* sabote etmek, baltalamak

Sachbearbeiter(in) *m(f)* görevli memur (*für* -le); **Sachbeschädigung** *f* (JUR) mala zarar verme, nası ızrar; **sachdienlich** *adj* işe yarar; (*nützlich*) yararlı; **~e Hinweise** olayın aydınlatılması için yararlı bilgiler

Sache ['zaxə] *f* <-n> **1.** (*Ding*) şey; (*Gegenstand*) nesne; **seine sieben ~n packen** (*fig*) pılı(yı) pırtıyı toplamak **2.** (*Angelegenheit, Handlung, Situation, Ereignis*) iş, mesele; (*Handlung*) konu; (*Situation*) durum; (*Ereignis*) olay; **das ist eine ~ des Glaubens/des Geschmacks** bu, inanç/zevk meselesidir; **er macht seine ~ gut/schlecht** o işini iyi/kötü yapıyor; **das ist eine ~ für sich** bu başlıbaşına bir olay; **das ist deine ~!** bu senin işin!; **dieses Buch ist nicht jedermanns ~** bu kitap herkese göre değil; **in eigener ~** kendi işinde, kendisiyle ilgili olarak; **mit jdm gemeinsame ~ machen** biriyle ortaklaşa iş yapmak; **keine halben ~n machen** yarım yamalak iş yapmamak; **bei der ~ bleiben** konudan ayrılmamak; (**kommen Sie**) **zur ~!** sadede gelin!; **das tut nichts zur ~** bu durumu değiştirmez **3.** (JUR: *Fall*) olay, dava **4.** (*fam: Stundenkilometer*): **das Auto fährt 180 ~n** otomobil saatte 180 gidiyor

Sachenrecht *nt ohne Pl* (JUR) eşya hukuku

Sachgebiet *nt* (*Aufgabengebiet*) görev alanı; (*Stoff, den man zu bearbeiten hat*) işlenecek konu, çalışma konusu; **sachgemäß** *adj*, **sachgerecht** *adj* usulüne uygun; **Sachgründung** *f* (WIRTSCH) aynî kuruluş; **Sachkapital** *nt* (WIRTSCH) aynî sermaye; **Sachkenntnis** *f* nesnel bilgi, konuyla ilgili bilgi; **sachkundig** *adj* nesnel bilgisi olan, konuyla ilgili bilgisi olan; **sich ~ machen** nesnel bilgi edinmek; **Sachlage** *f ohne Pl* durum, keyfiyet; **Sachleistung** *f* maddî edim, aynî yardım

sachlich *adj* **1.** (*sachbezogen*) nesnel **2.** (*objektiv*) objektif, nesnel; (*nüchtern*) gerçekçi

sächlich ['zɛçlɪç] *adj* (LING) nötr

Sachlichkeit *f ohne Pl* objektiflik, nesnellik

Sachschaden *m* maddî hasar, nesnel hasar, mal hasarı

Sachse ['zaksə] *m*, **Sächsin** *f* <-n, -n; -nen> Saksonyalı

Sachsen ['zaksən] *nt* <-s> Saksonya; **Sachsen-Anhalt** ['zaksən'ʔanhalt] *nt* <-s> Saksonya-Anhalt

Sächsin ['zɛksɪn] *f* <-nen> *s.* **Sachse**

sächsisch ['zɛksɪʃ] *adj* Saksonya (ile ilgili), Saksonyalı

sacht(e) *adj* yumuşak, hafif; (*behutsam-vorsichtig*) sakıngan, ihtiyatlı

sachte [zaxt, 'zaxtə] **I.** *adj s.* **sacht(e)** **II.** *adv* (*fam*) **1.** (*behutsam*) sakınganca, ihtiyatlı; (*vorsichtig*) dikkatli, özenle **2.** (*unmerklich*) usulcacık, yavaşçacık **3.** (*langsam*) usulca, yavaşça **4.** (*allmählich*) yavaş yavaş

Sachverhalt ['zaxvɛɐhalt] *m* <-(e)s, -e> olay(lar) *(pl)*; **Sachverständige(r)** *mf* <-n, -n; -n> bilirkişi; **Sachwert** *m* **1.** (*Wert*) aynî değer, maddî değer **2.** *Pl* (*Wertobjekt*) değerli eşya *pl*

Sack [zak, *Pl:* 'zɛkə] *m* <-(e)s, Säcke> **1.** (*Behältnis*) torba; (*aus grobem Stoff*) çuval; (*Ruck~*) çanta; (*Schlaf~*) tulum; (*Tränen~*) kese; **mit ~ und Pack** bütün pılı pırtısıyla; **etw** (**schon**) **im ~ haben** (*fam*) bir şey çantada keklik olmak; **die Katze im ~ kaufen** (*fam*) malı görmeden satın almak; **die Katze aus dem ~ lassen** (*fam*) baklayı ağzından çıkarmak **2.** (*vulg: Hoden~*) taşak **3.** (*vulg pej: Mensch*) herif; **Sackbahnhof** *m* hat başı istasyonu

Säckel *m* (*oberd*) kese; **tief in den ~ greifen** kesenin ağzını açmak

sacken ['zakən] *vi sein* batmak; **zur Seite ~**

yana yatmak

Sackgasse *f* **1.** (*Straße*) çıkmaz sokak **2.** (*fig*) çıkmaz

Sackleinen *nt,* **Sackleinwand** *f* kanaviçe, çuval bezi; **Sackmesser** *nt* (*südd, Schweiz*) çakı; **Sacktuch** *nt* <-(e)s, -tücher> (*südd, österr, Schweiz*) kanaviçe, çuval bezi

Sadismus [za'dɪsmʊs] *m ohne Pl* <-> sadizm, elezerlik

Sadist(in) [za'dɪst] *m(f)* <-en, -en; -nen> sadist, elezer

sadistisch *adj* sadist, elezer

säen ['zɛːən] *vt* ekmek; **Hass/Zwietracht ~** nefret/ikilik tohumları ekmek; **dünn gesät sein** seyrek ekilmiş olmak; **wer Wind sät, wird Sturm ernten** (*prov*) rüzgâr eken fırtına biçer

Safari [za'faːri] *f* <-s> safari; **auf ~ gehen** safariye çıkmak

Safe [sɛɪf] *m o nt* <-s, -s> (çelik) kasa

Safran ['zafra(ː)n] *m* <-s, -e> safran

Saft [zaft, *Pl:* 'zɛftə] *m* <-(e)s, Säfte> **1.** (*Frucht~*) su; (*Husten~*) şurup; (*Braten~*) su; **im eigenen ~ schmoren** (*fam*) kendi yağıyla kavrulmak **2.** (*Pflanzen~, Magen~*) öz su **3.** (*fam: Strom*) akım, elektrik

saftig *adj* **1.** (*Obst*) sulu **2.** (*fam: Preis*) tuzlu; (*Ohrfeige*) kuvvetli

Saftladen *m* <-s, -läden> (*fam pej*) boktan yer

Sage ['zaːgə] *f* <-n> efsane

Säge ['zɛːgə] *f* <-n> **1.** (*Werkzeug*) testere; (*Motor~*) bıçkı **2.** (*österr: Sägewerk*) bıçkı evi, bıçkıhane; **Sägefisch** *m* testere balığı; **Sägemehl** *nt ohne Pl* <-(e)s> bıçkı tozu; **Sägemesser** *nt* testereli bıçak

sagen ['zaːgən] *vt* demek (*zu* -e), söylemek; (*ausdrücken*) ifade etmek; (*mitteilen*) iletmek, bildirmek, söylemek; (*meinen*) demek (*zu* -e); **wie sagt man auf Türkisch?** Türkçede nasıl denir [*o* söylenir]?; **Gute Nacht ~** iyi geceler demek; **Ja/Nein ~** evet/hayır demek; **dagegen ist nichts zu ~** ona hiçbir şey denilemez; **(k)ein Wort ~** bir kelime söyle(me)mek; **~ wir mal ...** diyelim ki ...; **nichts ~d** (*Rede, Argument*) boş; (*Worte, Sätze*) boş; **das hätte ich dir gleich ~ können** ben bunu sana önceden de söyleyebilirdim; **was wollen Sie damit ~?** bununla ne demek istiyorsunuz?; **genauer gesagt** daha doğrusu; **auf gut Deutsch gesagt** kaba Almancası; **offen gesagt** açıkçası; **das oben Gesagte** yukarıda sözü edilen şey; **sie haben sich nichts mehr zu ~** birbirlerine söyleyecek bir şey kalmadı; **das hat nichts zu ~** bu bir şey ifade etmez; **ich habe mir ~ lassen, (dass) ...** duydum ki, ...; **sag mal, ...** bir söylesene, ...; **das S~ haben** (*fam*) sözü geçmek, forsu olmak; **das kannst du aber laut ~** (*fam*) al benden de o kadar; **gesagt, getan** söylenen yapılır; **das ist leichter gesagt, als getan** bunu söylemek kolay; **das ist schnell gesagt** bunu demek kolay; **unter uns gesagt** aramızda kalsın; **was Sie nicht ~!** (*fam*) demeyin!; **lass dir das gesagt sein!** (*fam*) benden söylemesi!, benden günah gitti!; **sag das nicht!** deme!; **sag bloß!** (*fam*) deme!; **na, wer sagt's denn!** (*fam*) gördün mü işte!; **hab' ich's nicht gesagt?** (*fam*) ben dememiş miydim böyle olacağını?; **was soll man dazu ~?** (*fam*) buna ne denebilir ki?

sägen ['zɛːgən] **I.** *vt* testerelemek, testere ile kesmek **II.** *vi* (*fam: schnarchen*) horlamak

sagenhaft *adj* **1.** (*legendär*) efsanevî **2.** (*erstaunlich*) akıl almaz, inanılmaz

Sägespäne ['zɛːgəʃpɛːnə] *mpl* talaş; **Sägewerk** *nt* bıçkı evi, bıçkıhane

sah [zaː] *3. imp von* **sehen**

Sahara [za'haːra] *f ohne Pl* Sahra

Sahne ['zaːnə] *f ohne Pl* kaymak; **süße ~** krema; **Sahneeis** *nt ohne Pl* kaymaklı dondurma; **Sahnetorte** *f* kremalı pasta

sahnig *adj* kaymaklı, kremalı

Saison [zɛ'zõː, zɛ'zɔŋ] *f* <-s, *österr:* -en> sezon, mevsim; **außerhalb der ~** sezon dışı

Saisonarbeit *f* mevsimlik iş; **Saisonarbeiter(in)** *m(f)* mevsimlik işçi; **saisonbedingt** *adj* mevsime bağlı, sezona bağlı, mevsimlik, sezonluk; **saisonweise** *adv* mevsimden mevsime

Saite ['zaɪtə] *f* <-n> (*aus Metall*) tel; (*aus Tierdärmen*) kiriş; **andere ~n aufziehen** (*fig*) gemini kısmak, sıkıya almak; **Saiteninstrument** *nt* telli çalgı

Sakko ['zako] *m o nt* <-s, -s> veston, erkek ceketi

sakral [za'kraːl] *adj* **1.** (*heilig*) kutsal, mukaddes; (*religiös*) dinî **2.** (ANAT) sağrıl, sağrı kemiği ile ilgili; **Sakralbau** *m* dinî yapı

Sakrament [zakra'mɛnt] *nt* <-(e)s, -e> kutsama töreni, takdis merasimi

Sakrileg [zakri'leːk] *nt* <-s, -e> günâh; **ein ~ begehen** günah işlemek

Sakristei [zakrɪs'taɪ] *f* <-en> kilise levazım odası

säkular *adj* lâik

säkularisieren* *vt* lâikleştirmek

Salamander [zala'mandɐ] *m* <-s, -> semender

Salami [za'laːmi] *f* <-(s)> salam

Salat [za'laːt] *m* <-(e)s, -e> **1.** (*Blatt~, Kopf~*) marul **2.** (*Speise*) salata **3.** (*fam:*

Durcheinander): **da haben wir den ~!** (*fam*) öp babanın elini!, ayıkla pirincin taşını!, gel çık işin içinden!; **Salatbesteck** *nt* salata servis kaşık-çatalı; **Salatgurke** *f* hıyar; **Salatsoße** *f* salata sosu

Salbe ['zalbə] *f* <-n> merhem; **eine Wunde mit ~ einreiben** yaraya merhem sürmek

Salbei ['zalbaɪ, -'-] *m ohne Pl* <-s> ada çayı

salben *vt* merhemlemek

Salbung *f* <-en> merhemleme; (REL) kutsal yağ sürme; **salbungsvoll** *adj* (*pej*) aşırı tatlı dilli

saldieren* *vi* **1.** (FIN) bakiyeyi hesaplamak **2.** (COM) açık kapamak

Saldo ['zaldo] *m* <-s, Salden *o* -s *o* Saldi> **1.** (FIN) bakiye **2.** (COM) açık

Säle ['zɛːlə] *Pl von* **Saal**

Saline [za'liːnə] *f* <-n> tuzla

Salm [zalm] *m* <-(e)s, -e> (ZOOL) som (balığı)

Salmiak [zal'mjak, '--] *m ohne Pl* <-s> nışadır; **Salmiakgeist** *m ohne Pl* nışadır ruhu

Salmonelle [zalmo'nɛlə] *f* <-n> salmonella; **Salmonellenvergiftung** *f* salmonella zehirlenmesi

salomonisch [zalo'moːnɪʃ] *adj* bilgece, hikmetli

Salon [za'lõː, za'lɔŋ] *m* <-s, -s> salon

Saloniki *nt* Selânik

salopp [za'lɔp] *adj* (*Sprache*) argolu; (*Verhalten*) rahat, lâubalî; (*Kleidung*) rahat, gündelik; (*nachlässig*) özensiz, ihmâlci, sallapati

Salpetersäure *f ohne Pl* nitrik asit

Salsa ['zalza] *m* salsa

Salto ['zalto] *m* <-s, -s *o* Salti> (SPORT) perende; **einen ~ rückwärts machen** geriye doğru perende atmak

salü *interj* (*Schweiz: fam*) **1.** (*hallo*) merhaba **2.** (*tschüs*) eyvallah, hoşça kal

Salvadorianer(in) [zalvadori'aːnɐ] *m(f)* <-s, -; -nen> Salvadorlu

salvadorianisch [zalvadori'aːnɪʃ] *adj* Salvadorlu, Salvador (ile ilgili)

Salve *f* salvo

Salweide *f* (BOT) keçi söğüdü

Salz [zalts] *nt* <-es, -e> (*a.* CHEM) tuz

salzen ['zaltsən] *vt* tuzlamak

salzig *adj* tuzlu; (*Geschmack*) tuzlu

Salzkartoffeln *fpl* haşlama patates

salzlos *adj* tuzsuz

Salzpflanze *f* (BOT) tuzcul bitki; **Salzsäure** *f ohne Pl* tuz ruhu; **Salzsee** *m* tuz gölü; **Salzstange** *f* batonsale, tuzlu çubuk; **Salzstreuer** *m* <-s, -> tuzluk; **Salzwasser** *nt ohne Pl* <-s> tuzlu su

Samen ['zaːmən] *m* <-s, -> **1.** (BOT: *a. fig: Samenkorn*) tohum **2.** (ZOOL) sperma **3.** (*Sperma*) sperma, bel

Samenbank *f* <-en> (MED) sperma bankası; **Samenerguss**[RR] *m* belin gelmesi, boşalma; **Samenpflanze** *f* <-n> (BOT) tohumlu bitki

Sammelband *m* <-(e)s, -bände> antoloji, güldeste; **Sammelbecken** *nt* <-s, -> **1.** sarnıç **2.** (*fig*) toplantı yeri; **Sammelbestellung** *f* toplu sipariş; **Sammelbüchse** *f* kumbara

sammeln ['zaməln] **I.** *vt* **1.** (*zusammentragen*) derlemek, toparlamak; (*Beeren*) toplamak, devşirmek; (*Gedanken*) toparlamak; (*Geld*) toplamak; (*Unterschriften*) toplamak; **Erfahrungen ~** deneyim kazanmak **2.** (*aus Liebhaberei*) derlemek, toplamak **3.** (*ver~*) toplamak **II.** *vr:* **sich ~** **1.** (*Menschen*) toplanmak, bir araya gelmek; (*Dinge*) birikmek **2.** (*sich konzentrieren*) birikmek, bir araya gelmek **III.** *vi* (*Geld*): **für etw ~** bir şey için para toplamak

Sammelsurium [-'zuːriʊm] *nt* <-s, -surien> (*pej*) derinti, gelişigüzel toplanmış eşya; **ein ~ alter Spielzeuge** eski oyuncaklar derintisi

Sammeltaxi *nt* dolmuş

Sammler(in) ['zamlɐ] *m(f)* <-s, -; -nen> koleksiyoncu

Sammlung *f* <-en> **1.** (*von Geld*) toplama **2.** (*Kunst~*) koleksiyon; (*Gedicht~*) derleme

Samowar *m* semaver

Samstag ['zamstaːk] *m* <-(e)s, -e> cumartesi; *s. a.* **Montag**

samstags ['zamstaːks] *adv* cumartesileri

samt [zamt] **I.** *präp* -le birlikte; (*einschließlich*) dahil **II.** *adv:* **~ und sonders** hepsi birden; (*ohne Ausnahme*) istisnasız

Samt [zamt] *m* <-(e)s, -e> kadife

Samthandschuh *m:* **jdn mit ~en anfassen** (*fam fig*) birine tatlılıkla muamele etmek

samtig *adj* kadife

sämtlich ['zɛmtlɪç] *pron* bütün, bilumum; **~e Unterlagen waren verschwunden** bütün belgeler kaybolmuştu, belgelerin hepsi kaybolmuştu

Sanatorium [zana'toːriʊm] *nt* <-s, Sanatorien> sanatoryum

Sand [zant] *m ohne Pl* <-(e)s> kum; **wie ~ am Meer** (*fam*) kum gibi; **er hat Geld wie ~ am Meer** (*fam*) deniz kum, onda para; **die Sache ist im ~ verlaufen** iş çıkmaza girdi; **etw in den ~ setzen** (*fam fig*) bir işi batırmak; **den Kopf in den ~ stecken** deve kuşu gibi başını kuma sokmak [*o* gömmek]

Sandale [zan'daːlə] *f* <-n> sandal

Sandalette *f* <-n> sandalet
Sandbank *f* <-bänke> kumul
Sanddorn *m* <-(e)s, -e> (BOT) yaban iğdesi
Sandelbaum ['zandəl-] *m* (BOT) sandal; **Sandelholz** ['zandəl-] *nt ohne Pl* <-es> sandal kerestesi
Sandgräber *m* (ZOOL) kumkazan
Sandhaufen *m* kum yığını
sandig *adj* kumlu
Sandkasten *m* kum sandığı; **Sandkorn** *nt* <-(e)s, -körner> kum tanesi; **Sandmännchen** [-mɛnçən] *nt ohne Pl çocukları, gözlerine kum serperek uyutan masal cücesi;* **Sandsack** *m* kum torbası
Sandschak *m* <-s, -s> **1.** (*türk. Standarte*) al sancak **2.** (HIST: *Verwaltungbezirk*) sancak; **Sandstein** *m ohne Pl* <-(e)s> kum taşı
Sandsturm *m* kum fırtınası
sandte ['zantə] *3. imp von* **senden**
Sanduhr *f* kum saati
Sandwich ['sɛntvɪtʃ] *m o nt* <-(e)s, -(e)s *o* -e> sandviç
Sandwüste *f* kum çölü
sanft [zanft] *adj* **1.** (*friedfertig*) uysal; (*Tier*) uysal **2.** (*zart, sacht*) yumuşak; (*leicht*) hafif
Sänfte ['zɛnftə] *f* <-n> tahtırevan
sanftmütig [-myːtɪç] *adj* uysal mizaçlı
sang [zaŋ] *3. imp von* **singen**
Sänger ['zɛŋɐ] *m* <-s, -> şarkıcı, şantör
Sängerin *f* <-nen> şarkıcı, şantöz
sang- und klanglos *adv* (*fam*) sessiz sedasız
sanieren* [za'niːrən] **I.** *vt* **1.** (ARCH) imar etmek, bayındırlaştırmak **2.** (ÖKOL, WIRTSCH) malî durumunu düzeltmek (-in) **II.** *vr:* **sich** ~ ihya olmak
Sanierung *f* <-en> **1.** (ARCH) imar etme, bayındırlaştırma **2.** (ÖKOL, WIRTSCH) malî durumun düzeltilmesi
sanierungsbedürftig *adj* (*Gebäude*) imar edilmeye muhtaç
sanitär [zani'tɛːɐ] *adj* sıhhî
Sanitäranlagen *Pl* sıhhî tesisat *pl*
Sanität [zani'tɛːt] *f ohne Pl* **1.** (*österr, Schweiz: Sanitätswesen*) sıhhiye, sağlık işleri *pl;* (*Gesundheitsdienst*) sağlık hizmeti **2.** (*Schweiz: Ambulanz*) ambülans, cankurtaran **3.** (*österr, Schweiz: Sanitätstruppe*) sıhhiye birliği
Sanitäter(in) [zani'tɛːtɐ] *m(f)* <-s, -; -nen> sağlık memuru, sıhhiyeci; (MIL) sıhhiye eri
Sanitätspolizei *f ohne Pl* (*österr*) sağlık zabıtası; **Sanitätssoldat** *m* sıhhiye eri
Sanitätswesen *nt ohne Pl* <-s> sıhhiye, sağlık işleri *pl*
sank [zaŋk] *3. imp von* **sinken**
Sankt [zaŋkt] *adj inv* (*in Heiligennamen*) aziz; (*in geographischen Namen*) Sankt; ~ **Gallen** Sankt Gallen
Sanktion [zaŋk'tsjoːn] *f* <-en> **1.** (*Zustimmung*) onaylama **2.** *Pl* (*Strafmaßnahmen*) yaptırım, müeyyide
sanktionieren* [zaŋktsjo'niːrən] *vt* **1.** (*gutheißen*) onaylamak **2.** (*bestrafen*) cezalandırmak
Sankt-Nimmerleins-Tag *m* çıkmaz ayın son çarşambası
sann [zan] *3. imp von* **sinnen**
Sanskrit *nt ohne Pl* Sanskeritçe
sanskritisch *adj* Sanskrit
Sanskritistik *f ohne Pl* Sanskrit
Saphir [za'fiːɐ] *m* <-s, -e> safir, gök yakut
saprophil *adj* (BOT) saprofit, çürükçül
Saprophyt *m* <-en, -en> (BOT) saprofit, çürükçül
Sarde, -in ['zardə] *m, f* <-n, -n; -nen> Sardinyalı
Sardelle [zar'dɛlə] *f* <-n> sardalye
Sardine [zar'diːnə] *f* <-n> sardalye; **zusammengedrängt wie die** ~ balık istifi gibi
Sardinien [zar'diːniən] *nt* <-s> Sardinya
sardisch ['zardɪʃ] *adj* Sardinya (ile ilgili), Sardinyalı
Sarg [zark, *Pl:* 'zɛrgə] *m* <-(e)s, Särge> tabut
Sargträger *m* mortocu
Sarkasmus [zar'kasmʊs] *m* <-, Sarkasmen> istihza
sarkastisch [zar'kastɪʃ] *adj* müstehzî
Sarkophag [zarko'faːk] *m* <-s, -e> lâhit, sanduka
saß [zaːs] *3. imp von* **sitzen**
Satan ['zaːtan] *m ohne Pl* <-s> (*Teufel*) iblis, şeytan
satanisch [za'taːnɪʃ] *adj* şeytanî
Satanismus *m ohne Pl* iblisçilik
Satellit [zatɛ'liːt] *m* <-en, -en> (*a.* ASTR) uydu; **Satellitenfernsehen** *nt* uydu televizyonu; **Satellitenfoto** *nt* <-s, -s> uydu fotoğrafı; **Satellitenschüssel** *f* (*fam*) uydu anteni, çanak anten; **Satellitenstadt** *f* uydu kent
Satin [za'tɛ̃ː] *m* <-s, -s> atlas
Satire [za'tiːrə] *f* <-n> yergi, taşlama, hicviye
satirisch *adj* yergici
satt [zat] *adj* **1.** (*nicht hungrig*) tok, doymuş; (*a. fig*) doygun; **sich** (**an etw** *dat*) ~ **essen** bir şeyi doya doya yemek; **sich an etw** *dat* **nicht ~ sehen können** bir şeye gözü doyamamak; **jdn/etw ~ haben** (*fam*) bir kimseden/şeyden usanmak [*o* bıkmış olmak] **2.** (*Farbe*) canlı
Sattel ['zatəl, *Pl:* 'zɛtəl] *m* <-s, Sättel>

S

1. (*Reit~*) eyer; (*Pack~*) semer; (*Fahrrad~*) sele 2. (AUTO: *Brems~*) semer 3. (GEOL) boyun

Satteldecke *f* belleme; **Satteldruck** *m ohne Pl* yağır

sattelfest *adj:* **in etw ~ sein** bir şeyin ustası olmak

satteln I. *vt* eyerlemek, eyer vurmak (-e) II. *vr:* **sich ~** (*fam fig: sich vorbereiten*) hazırlanmak

Satteltasche *f* 1. (*am Reitsattel*) heybe; (*größer*) hurç 2. (*am Fahrrad: für Werkzeug*) sele çantası; (*für Gepäck*) portbagaj çantası

Sattelung *f* eyerleme

Sattelzeug *nt ohne Pl* eyer takımı

sättigen ['zɛtɪɡən] I. *vi* doymak II. *vt* 1. (*geh: satt machen*) doyurmak 2. (*Markt, a.* CHEM) doyurmak

sättigend *adj* doyurucu

Sättigung *f ohne Pl* 1. (*des Hungers*) doyma 2. (CHEM) doyma

Sattler(in) ['zatlɐ] *m(f)* <-s, -; -nen> saraç

Sattlerhandwerk *nt ohne Pl* saraçlık

Saturn [za'tʊrn] *m* <-s> Satürn

Satz[1] [zats, *Pl:* 'zɛtsə] *m* <-es, Sätze> 1. (LING) cümle, tümce 2. (*Lehr~*) teorem, önerme 3. (MUS) bölüm 4. (*Quote*) oran; (*Prozent~*) yüzde; (*Tarif*) tarife 5. (*zusammengehörige Dinge*) set, takım 6. (*Kaffee~*) telve; **der ~ von Kaffee** kahvenin telvesi 7. (SPORT: *Tennis, Volleyball*) set 8. (*Schritt*) adım; (*Sprung*) sıçrayış

Satz[2] *m ohne Pl* <-(e)s> (TYPO) dizgi; **im ~ sein** dizgide olmak

Satzaussage *f* (LING: *Prädikat*) yüklem; **Satzbau** *m ohne Pl* <-(e)s> (LING) cümle yapısı; **Satzergänzung** *f* (LING) tümleç; **Satzgegenstand** *m* (LING: *Subjekt*) özne; **Satzlehre** *f ohne Pl* (LING) cümle bilgisi; (*Syntax*) sentaks

Satzteil *m* <-(e)s, -e> cümlenin ögesi

Satzung *f* <-en> (JUR) 1. (*Vertrags~*) ana sözleşme 2. (*des Europarats*) statü

Satzzeichen *nt* (LING) noktalama işareti

Sau [zaʊ, *Pl:* 'zɔɪə] *f* <Säue> 1. (*Tier*) dişi domuz; **die ~ rauslassen** (*fam*) kepazelik yapmak; **jdn zur ~ machen** (*fam*) birini kepaze etmek; **unter aller ~** (*fam pej*) berbat mı berbat; **Perlen vor die Säue werfen** (*fig*) eşek hoşaftan ne anlar 2. (*fam pej: Mensch*) kepaze herif

sauber ['zaʊbɐ] I. *adj* 1. (*rein*) temiz, pak; **etw ~ halten** bir şeyi temiz tutmak; **etw ~ machen** bir şeyi temizlemek 2. (*sorgfältig*) özenli (ve titiz), itinalı; (*genau*) tam 3. (*anständig*) dürüst; **bleib ~!** (*fam*) yaramazlık yapma! 4. (*fam iron: nicht anständig*) o kadar dürüst, o dürüst bildiğimiz 5. (*fam: vernünftig*) aklı başında; **du bist wohl nicht ganz ~!** senin aklın başında değil galiba! II. *adv* (*sorgfältig*) özenle ve titizlikle; **etw ~ voneinander trennen** bir şeyi özenle ve titizlikle birbirinden ayırmak

Sauberkeit *f ohne Pl* 1. (*Reinlichkeit*) temizlik 2. (*Anständigkeit*) saffet

Sauberkeitsfimmel *m ohne Pl* <-s> (*pej*) temizlik hastalığı

säuberlich ['zɔɪbɐlɪç] I. *adj* temiz; (*sorgfältig*) özenli, özenle ve titizlikle yapılan; (*ordentlich*) düzenli II. *adv* özenle ve titizlikle

sauber|machen *vi, vt s.* **sauber I.1.**

säubern ['zɔɪbɐn] *vt* 1. (*reinigen*) temizlemek; (*Wunde*) dezenfekte etmek 2. (*Partei*) tasfiye etmek

Säuberung *f* <-en> 1. (*das Reinigen*) temizleme 2. (*einer Partei*) tasfiye

Saubohne *f* bakla

Sauce ['zo:sə] *f* <-n> sos

Saudi-Arabien ['zaʊdi-] *nt* Suudi Arabistan

saudumm ['-'-] *adj* (*fam*) ahmak

sauer ['zaʊɐ] *adj* 1. (*Obst, Bonbons, a.* CHEM) ekşi; **etw ~ einlegen** bir şeyin turşusunu yapmak 2. (*dickflüssige Milch*) ekşi; (*verdorbene Milch*) ekşimiş; **~ werden** (*Milch*) ekşimek 3. (*fam: verärgert*) kızgın; **ich bin ~ auf ihn** ona kızgınım; **eine ~e Miene machen** [*o* **ziehen**] yüzünü ekşitmek [*o* buruşturmak]; **Sauerampfer** *m* <-s, -> (BOT) kuzukulağı; **Sauerbraten** *m* (GASTR) *sirkeye yatırıldıktan sonra kızartılmış sığır eti*

Sauerei [zaʊə'raɪ] *f* <-en> (*fam pej*) kepazelik

Sauerkirsche *f* <-n> 1. (*Frucht*) vişne 2. (*Baum*) vişne; **Sauerklee** *m ohne Pl* (BOT) ekşi yonca; **Sauerkraut** *nt ohne Pl* <-(e)s> lâhana salamurası

säuerlich ['zɔɪɐlɪç] *adj* 1. (*Speisen, Getränke*) ekşimsi, kekre; (*leicht*) ekşimtırak, kekremsi 2. (*Milch*) ekşimsi 3. (*Miene*) ekşi

Sauerstoff *m ohne Pl* <-(e)s> oksijen; **Sauerstoffflasche**[RR] *f* <-n> oksijen tüpü; **Sauerstoffgerät** *nt* <-(e)s, -e> oksijen aleti; **Sauerstoffmangel** *m ohne Pl* <-s> oksijen eksikliği; **Sauerstoffmaske** *f* oksijen maskesi; **Sauerstoffzelt** *nt* oksijen çadırı

Sauerteig *m* mayalı hamur

Saufbold [-bɔlt] *m* <-(e)s, -e> (*fam pej*) ayyaş, içkici

saufen ['zaʊfən] <säuft, soff, gesoffen> I. *vi* 1. (*Tier*) su içmek 2. (*fam: Alkohol trinken*) içki içmek, kafayı çekmek 3. (*alkoholsüchtig sein*) ayyaş olmak, içkici olmak II. *vt* 1. (*Tier*) içmek 2. (*fam:*

Mensch) içmek; **einen ~ gehen** içmeye gitmek

Säufer(in) ['zɔɪfɐ] *m(f)* <-s, -; -nen> (*fam pej*) içkici; (*stärker*) ayyaş

Sauferei *f* <-en> (*fam*) **1.** (*Trunksucht*) içkicilik, içkiye düşkünlük **2.** (*Gelage*) içki âlemi

säuft [zɔɪft] *3. präs von* **saufen**

saugen[1] ['zaʊgən] <saugt, sog *o* saugte, gesogen *o* gesaugt> **I.** *vi* (*an einer Pfeife, Zigarette*) içmek (*an* -), tüttürmek (*an* -); (*an der Brust*) emmek (*an* -) **II.** *vt* **1.** (*ein~*) emmek (*aus* -den) **2.** (*auf~*) içine çekmek, soğurmak **III.** *vr:* **sich ~ 1.** (*eingesaugt werden*) içine geçmek; **der Wein saugt sich in den Stoff** şarap kumaşın içine geçiyor **2.** (*in sich aufnehmen*) çekmek, içine almak; **der Schwamm hat sich mit Milch voll gesaugt** sünger bütün sütü çekti

saugen[2] *vi, vt* (*staub~*) toz almak, tozunu almak (-in); **der Staubsauger saugt gut** elektrik süpürgesi iyi çekiyor

säugen ['zɔɪgən] *vt* emzirmek, meme vermek (-e)

Sauger *m* <-s, -> **1.** (*auf einer Flasche*) emzik **2.** (*fam: Staub~*) elektrik süpürgesi

Säugetier *nt* memeli hayvan

Säugling ['zɔɪklɪŋ] *m* <-s, -e> süt çocuğu, emlik, bebek; **Säuglingsschwester** *f* bebek hemşiresi

saukalt ['-'-] *adj* (*fam*) buz gibi, zehir gibi soğuk; **es ist ~** hava buz gibi

Säule ['zɔɪlə] *f* <-n> **1.** sütun; **zur ~ starren** (*fig*) taş kesilmek, put kesilmek **2.** (*fig*) destek; **Säulengang** *m* <-(e)s, -gänge> sütunlu geçit; **Säulenordnung** *f* <-en> (ARCH) sütun düzeni; **dorische ~** Dor düzeni; **ionische ~** İyon düzeni; **korinthische ~** Korent düzeni

Saum [zaʊm, *Pl:* 'zɔɪmə] *m* <-(e)s, Säume> **1.** (*umgenähter Rand*) biye **2.** (*geh: Rand, Rain*) kenar; (*vom Rock*) etek

saumäßig I. *adj* (*fam*) **1.** (*viel*) bok gibi **2.** (*sehr schlecht*) bok gibi **II.** *adv* (*fam: sehr*) bok gibi

säumen ['zɔɪmən] *vt* bastırmak

säumig *adj* **1.** (*verspätet*) gecikmeli; (*nachlässig*) ihmâlci **2.** (JUR: *Schuldner*) direngen, mütemerrit

Säumnis ['zɔɪmnɪs] *f* <-se>, *nt* <-ses, -se> **1.** (*geh: Verspätung*) gecikme; **etw ohne ~ bezahlen** bir şeyi gecikmeden ödemek **2.** (JUR: *Nichterscheinen*) gelmeme, gıyap, yokluk; (*Zögern*) direnim, temerrüt; **Säumniszuschlag** *m* gecikme zammı

Sauna ['zaʊna] *f* <Saunen> sauna, Fin hamamı

Säure[1] ['zɔɪrə] *f ohne Pl* (*saurer Geschmack*) ekşilik

Säure[2] *f* <-n> (CHEM) asit

Saurier ['zaʊriɐ] *m* <-s, -> dinozor

Saus [zaʊs] *m:* **in ~ und Braus leben** zevk ve sefa içinde yaşamak

säuseln ['zɔɪzəln] *vi* **1.** (*Blätter*) hışırdamak **2.** (*mit leiser Stimme*) fısıldamak

sausen ['zaʊzən] *vi sein* **1.** (*Geschoss*) vınlamak; **es saust in seinem Ohr** kulağı vınlıyor; **das Auto sauste um die Ecke** otomobil son hızla köşeyi döndü **2.** (*Wind, Sturm*) uğuldamak; **es saust mir in den Ohren** kulaklarım uğulduyor **3.** (*fam fig*): **etw ~ lassen** bir şeyden caymak; **jdn ~ lassen** birini boş vermek; **er ist durchs Examen gesaust** sınavda çaktı

Saustall *m* **1.** domuz ahırı **2.** (*fig, pej*) mezbele; **saustark** ['-(')-] *adj* (*fam: sehr stark*) çok kuvvetli; (*großartig*) muazzam; **Sauwetter** *nt* (*fam*) berbat hava; **sauwohl** ['-'-] *adv* (*fam*): **sich ~ fühlen** kendini çok iyi hissetmek

Savanne [za'vanə] *f* <-n> savana

Saxofon[RR] *nt* <-s, -e> *s.* **Saxophon**

Saxofonist(in)[RR] *m(f)* <-en, -en; -nen> *s.* **Saxophonist**

Saxophon [zakso'fo:n, '---] *nt* <-s, -e> saksofon

Saxophonist(in) [zaksofo'nɪst] *m(f)* <-en, -en; -nen> saksofoncu

SB [ɛs'be:] *Abk. von* **Selbstbedienung** selfservis, seçal

S-Bahn ['ɛsba:n] *f* banliyö treni

SBB [ɛsbe:'be:] *f Abk. von* **Schweizerische Bundesbahn** *İsviçre Demiryolları*

scannen *vt* (INFORM, MED) taramak

Scanner ['skɛnɐ] *m* <-s, -> (INFORM, MED) tarayıcı

Schabe ['ʃa:bə] *f* <-n> hamam böceği

schaben ['ʃa:bən] *vt* kazımak (*von* -den)

Schabernack ['ʃa:bɐnak] *m* <-(e)s, -e> muziplik; **~ treiben** muziplik yapmak

schäbig ['ʃɛ:bɪç] *adj* (*pej*) **1.** (*unansehnlich*) kılıksız; (*abgenutzt*) pejmürde, yırtık pırtık **2.** (*armselig*) eski püskü; (*gemein*) adî

Schablone [ʃa'blo:nə] *f* <-n> şablon

schablonenhaft *adj* şabloncu

Schach[1] [ʃax] *nt ohne Pl* <-s> (*Spiel*) satranç; **eine Partie ~ spielen** bir parti satranç oynamak

Schach[2] *nt* <-s, -s> (*Spielstellung*) şah

Schachbrett *nt* satranç tahtası

schachbrettartig *adj* satrançlı

schachern ['ʃaxɐn] *vi* (*pej*) vurgunculuk etmek; (*feilschen*) sıkı pazarlık etmek

Schachfigur *f* satranç taşı; **schachmatt** ['-'-] *adj* **1.** (*beim Schachspiel*) mat; **jdn ~ set-**

S

zen birini (satrançta) mat etmek **2.** (*fam: erschöpft*) mat; **Schachmeisterschaft** *f* satranç şampiyonası; **Schachpartie** *f* satranç partisi; **Schachspiel** *nt* satranç; (*Schachbrett und Figuren*) satranç takımı; **Schachspieler(in)** *m(f)* satrançÇı, satranç oyuncusu

Schacht [ʃaxt, *Pl:* 'ʃɛçtə] *m* <-(e)s, Schächte> baca; (*Fahrstuhl~*) boşluk

Schachtel ['ʃaxtəl] *f* <-n> kutu; (*Zigaretten~*) paket

schächten *vi* kurban kesmek

Schachzug *m* <-(e)s, -züge> satranç hamlesi

schade ['ʃa:də] *adj inv* yazık; **es ist ~, dass er nicht gekommen ist** gelmemiş olması yazık; **das ist aber ~!** ah, ne yazık!; **es ist ~ um jdn/etw** bir kimseye/şeye yazık olmak; **sich** *dat* **für etw (nicht) zu ~ sein** bir şeyi yapmaktan yüksün(me)mek

Schädel ['ʃɛ:dəl] *m* <-s, -> kafatası; **Schädelbruch** *m* kafatası çatlaması, kafatası yarılması

schaden ['ʃa:dən] *vi:* **jdm/etw** *dat* **~** bir kimseye/şeye zarar vermek; **das schadet nichts** (*fam*) ziyanı yok

Schaden ['ʃa:dən] *m* <-s, Schäden> **1.** (*Beschädigung*) zarar (*an* -de), hasar (*an* -de); **es entstand ein ~ von 300 Euro** 300 euroluk bir zarar meydana geldi; **jdm ~ zufügen** birine zarar vermek; **zu ~ kommen** zarar görmek; **durch ~ wird man klug** (*prov*) bir musibet bin nasihatten yeğdir **2.** (*Nachteil*) dezavantaj; (*Verlust*) ziyan **3.** (*Motor~*) arıza, bozukluk; **Schadenersatz** *m* (JUR) tazminat; **~ leisten** tazminat vermek; **Schadenfreude** *f* başkasının zararına sevinme; **schadenfroh** *adj* başkasının zararına sevinen

Schadensersatz *m* (JUR) *s.* **Schadenersatz**

schadhaft *adj* bozuk, hasarlı

schädigen ['ʃɛ:dɪgən] *vt* zarar vermek (-e)

Schädigung *f* <-en> zarar verme

schädlich ['ʃɛ:tlɪç] *adj* zararlı (*für* -e); (*gesundheitlich*) zararlı (*für* -e)

Schädling ['ʃɛ:tlɪŋ] *m* <-s, -e> haşarat

Schädlingsbekämpfung *f ohne Pl* haşaratla mücadele; **Schädlingsbekämpfungsmittel** *nt* böcek ilâcı

Schadstoff *m* <-(e)s, -e> zararlı madde; **schadstoffarm** *adj* (AUTO) düşük emisyonlu; **Schadstoffausstoß** *m* emisyon; **Schadstoffbelastung** *f* kirletme

Schaf [ʃa:f] *nt* <-(e)s, -e> **1.** (*Tier*) koyun; **schwarzes ~** (*fig*) yüz karası **2.** (*fam: Dummkopf*) koyun dede; **Schafbock** *m* koç

Schäfchen ['ʃɛ:fçən] *nt* <-s, -> (*junges Schaf*) kuzu; **sein ~ ins Trockene bringen** (*fam fig*) küpünü doldurmak; **sein ~ im Trockenen haben** tuzu kuru olmak; **sein ~ zu scheren wissen** çıkarını bilmek

Schäfer(in) ['ʃɛ:fɐ] *m(f)* <-s, -; -nen> çoban; **Schäferhund** *m* <-(e)s, -e> çoban köpeği, kurt köpeği; (*Deutscher ~*) Alman kurt köpeği

Schäferstündchen [-ʃtʏntçən] *nt* <-s, -> aşk saati

Schaffell *nt* koyun postu

schaffen[1] ['ʃafən] <schafft, schuf, geschaffen> *vt* **1.** (*er~*) yaratmak; (*gründen*) kurmak; **dafür ist sie wie ge~** onun için yaratılmış gibi, onun için biçilmiş kaftan **2.** (*Voraussetzungen*) oluşturmak; (*Platz*) açmak; (*Ordnung*) vermek; (*Unruhe*) yaratmak

schaffen[2] **I.** *vt* **1.** (*bewältigen*) başarmak; (*fertig bringen*) becermek; (*erreichen*) yetişmek; **eine Prüfung ~** bir sınavı başarmak; **so, das hätten wir geschafft** böylelikle bunu da becermiş olduk **2.** (*fam: erschöpfen*) yormak; **die Kinder haben mich geschafft** çocuklar beni yordu [*o* bitirdi]; **jdm zu ~ machen** (*erschöpfen*) birini yormak; (*bekümmern*) birine dert olmak **3.** (*weg~*) alıp götürmek; (*herbei~*) bulup getirmek; **etw vom Halse ~** bir şeyi başından atmak **II.** *vi* (*südd, reg: arbeiten*) çalışmak; **damit habe ich nichts zu ~** onunla benim alacağım vereceğim yok

Schaffenskraft *f ohne Pl* yaratma gücü

Schaffner(in) ['ʃafnɐ] *m(f)* <-s, -; -nen> (*Fahrscheinverkäufer*) biletçi; (*Kontrolleur*) kondüktör

Schafgarbe *f* (BOT) civanperçemi, kandil çiçeği

Schafherde *f* koyun sürüsü

Schafott [ʃa'fɔt] *nt* <-(e)s, -e> idam sehpası

Schafskäse *m* beyaz peynir

Schaft [ʃaft, *Pl:* 'ʃɛftə] *m* <-(e)s, Schäfte> **1.** (*Stiefel~*) konç **2.** (*Gewehr~*) kundak **3.** (BOT) sap **4.** (*für Messer, Schwert*) sap **5.** (*Schweiz: Schrank*) dolap; (*Regal*) raf; **Schaftstiefel** *m* <-s, -> konçlu çizme

Schah [ʃa:] *m* <-s, -s> şah

Schakal [ʃa'ka:l] *m* <-s, -e> çakal

schäkern ['ʃɛ:kɐn] *vi* (*fam*) **1.** (*scherzen*) şakalaşmak (*mit* -le) **2.** (*flirten*) cilveleşmek (*mit* -le)

schal [ʃa:l] *adj* yavan; **~e Späße** (*fig*) tatsız şakalar

Schal [ʃa:l] *m* <-s, -s *o* -e> atkı, eşarp

Schale ['ʃa:lə] *f* <-n> **1.** (*Obst~, Kartoffel~*) kabuk; (*Nuss~, Eier~*) kabuk; (*Muschel~*) kabuk; (*von Hülsenfrüchten*) kabuk **2.** (*Gefäß*) kâse **3.** (*Waag~*) kefe **4.** (*fam:*

Kleidung): **sich in ~ werfen** giyinip kuşanmak

schälen ['ʃɛːlən] **I.** *vt* (*Obst, Kartoffel*) soymak; (*Ei*) kabuğunu soymak (-in) **II.** *vr:* **sich ~** (*Haut*) soyulmak

Schalentier *nt* <-(e)s, -e> kabuklu hayvan

Schalk [ʃalk] *m* <-(e)s, -e *o* Schälke> muzip kimse

Schall [ʃal, *Pl:* 'ʃɛlə] *m ohne Pl* <-(e)s> (*a.* PHYS: *Geräusch, Laut*) ses; (*Widerhall*) yankı, seda; **Schalldämmung** *f ohne Pl* ses yalıtımı; **Schalldämpfer** *m* (TECH) susturucu; **schalldicht** *adj* ses geçirmez, sağır

schallen ['ʃalən] *vi* yankılanmak, çınlamak; **~des Gelächter** çıngıraklı kahkaha

Schallgeschwindigkeit *f ohne Pl* ses hızı; **Schallisolierung** *f ohne Pl* ses yalıtımı; **Schallmauer** *f ohne Pl* ses duvarı; **die ~ durchbrechen** ses duvarını aşmak; **Schallplatte** *f* plâk; **Schallwelle** *f* (PHYS) ses dalgası

Schalotte [ʃa'lɔtə] *f* <-n> arpacık soğanı

schalt [ʃalt] *3. imp von* **schelten**

Schaltanlage *f* (ELEK) elektrik bağlama donanımı

schalten ['ʃaltən] **I.** *vi* **1.** (AUTO) vitese takmak; **in den dritten Gang ~** üçüncü vitese takmak **2.** (*um~*) şalteri çevirmek; (RADIO, TV) geçmek (*zu* -e); **die Ampel hat auf Gelb/Grün/Rot geschaltet** lâmba sarı/yeşil/kırmızı oldu **3.** (*handeln*): **er schaltet und waltet, wie es ihm gefällt** canı nasıl isterse öyle yapıyor **4.** (*fam: begreifen*) şarj etmek **II.** *vt* **1.** (TECH: *verbinden*) bağlamak; (*ein~*) açmak; (*aus~*) kapamak **2.** (*einschieben*) geçirmek **3.** (*inserieren*): **eine Anzeige ~** bir ilân vermek

Schalter *m* <-s, -> **1.** (TECH) şalter, çevirgeç **2.** (*Bank~*) vezne; (*Fahrkarten~*) gişe, şalter; **Schalterhalle** *f*, **Schalterraum** *m* <-(e)s, -räume> gişelerin bulunduğu yer; **Schalterstunden** *fPl* gişe saatleri *pl*

Schalthebel *m* vites kolu; **Schaltjahr** *nt* artık yıl; **Schaltkreis** *m* (ELEK) devre; **Schaltplan** *m* (ELEK) dağıtım şeması, devre şeması, şebeke plânı; **Schalttafel** *f* (ELEK) kumanda tablosu; **Schalttag** *m* artık gün

Schaltung *f* <-en> **1.** (ELEK) devre **2.** (TEL) bağlantı **3.** (AUTO) vites

Schalung ['ʃaːlʊŋ] *f* <-en> (TECH) döküm kalıbı

Schaluppe [ʃa'lʊpə] *f* <-n> (NAUT) şalupa

Scham [ʃaːm] *f ohne Pl* **1.** (*das Sichschämen*) utanma, utanç, hicap; **etw ohne ~ tun/sagen** bir şeyi utanmadan yapmak/söylemek; **vor ~ vergehen** utancından yerin dibine geçmek **2.** (*~gefühl*) utanma, utanç, ar; **~ empfinden** utanç duymak, arına dokunmak; **nur keine falsche ~!** çekinmeyin! **3.** (*~gegend*) edep yeri, ut yeri

Schamane *m* <-n, -n> şaman

Schambein *nt* (ANAT) kasık kemiği

schämen ['ʃɛːmən] *vr:* **sich ~** utanmak (*wegen/für* -den (dolayı)/için, *vor* -den), ar etmek (*wegen/für* -den (dolayı)/için), utanç duymak (*wegen/für* -den (dolayı)/için), arına dokunmak (*wegen/für* -den (dolayı)/için); **er schämt sich für sein Verhalten** davranışından dolayı utanıyor; **du solltest dich ~!** utan!

Schamgefühl *nt ohne Pl* <-(e)s> utanma duygusu, utanç duygusu; **er hat überhaupt kein ~** onda hiç utanma duygusu yok

Schamgegend *f ohne Pl* ut yeri, edep yeri; **Schamhaar** *nt ohne Pl* <-(e)s> edep yerindeki tüyler (*o kıllar*) *pl*

schamhaft *adj* utangaç

Schamlippe *f* (ANAT) vulvanın dış dudağı

schamlos *adj* **1.** (*unanständig*) utanmaz, edepsiz **2.** (*dreist*) pervasız, yüzsüz

schamponieren* *vt* şampuanlamak

Schamröte *f* utançtan kızarma; **mir stieg die ~ ins Gesicht** utancımdan yüzüm kızardı

Schande ['ʃandə] *f ohne Pl* (*Beschämung*) utandırma; (*Schmach*) rezalet; (*für die Ehre*) namussuzluk; **sie hat ~ über uns gebracht** bizi rezil etti; **zu meiner ~ muss ich gestehen, dass ...** söylemeye utanıyorum ama ...; **das ist eine ~!** bu rezalet!; **mach mir keine ~!** beni rezil etme!; **das ist doch keine ~** bu ayıp değil ki

schänden ['ʃɛndən] *vt* **1.** (*entehren*) namusunu lekelemek (-in), namusunu kirletmek (-in); (*sexuell*) ırzına geçmek (-in) **2.** (*entweihen*) kutsallığını bozmak (-in)

Schandfleck *m* namus lekesi; (*für die Ehre*) yüz karası

schändlich ['ʃɛntlɪç] *adj* **1.** rezilce, yüz kızartıcı, ayıp **2.** (*fam: überaus schlecht*) berbat; **die Straße ist in einem ~en Zustand** cadde berbat bir durumda

Schandtat *f* namussuzluk, yüz kızartıcı suç; **zu jeder ~ bereit sein** (*fam iron*) her türlü yaramazlığa [*o* şaklabanlığı yapmaya] hazır olmak

SchänkeRR *f* <-n> *s.* **Schenke**

Schanze ['ʃantsə] *f* <-n> (SPORT) atlama seddi

Schar [ʃaːɐ] *f* <-en> **1.** (*Menge*) sürü; (*Gruppe*) küme, sürü; (*Vogel~*) küme; **in (hellen) ~en** sürü sürü **2.** (AGR: *Pflug~*) uç demiri

scharen ['ʃaːrən] **I.** *vr* (*geh*): **sich um jdn/etw ~** bir kimsenin/şeyin etrafında toplan-

S

mak **II.** *vt* (*geh*): **... um sich ~ ...** etrafında toplamak

scharenweise *adv* küme küme

scharf [ʃarf] *adj* <schärfer, am schärfsten> **1.** (*Messer, Kralle, Zähne*) keskin; (*schneidend*) kesici **2.** (*Speise*) acı; (*Getränk*) sert; (*Geruch*) keskin; (CHEM) yakıcı **3.** (*Wind*) keskin **4.** (*Ton*) sert **5.** (FOTO, UMRISSE) net; **~ eingestellt** odaklanmış **6.** (*Gehör*) hassas; (*Verstand*) keskin; **~e Augen haben** gözleri iyi görmek; **~ nachdenken** iyice düşünüp taşınmak **7.** (*Kurve*) keskin; **~ bremsen** sert fren yapmak; **~ abbiegen** keskin dönüş yapmak **8.** (*Kritik, Antwort, Protest*) sert, haşin, şiddetli; **jdn ~ kritisieren** birini sert bir biçimde eleştirmek **9.** (*Disziplin, Bewachung*) sıkı **10.** (*Auseinandersetzung*) şiddetli **11.** (*Hund*) ısırgan **12.** (*fam: toll*) şahane **13.** (*fam: geil*): **er ist ~ auf das Mädchen** kıza içi gidiyor **14.** (MIL: *Munition*) hakikî **15.** (*fam: versessen*): **~ darauf sein etw zu tun** bir şeyi yapmaya can atmak

Scharfblick *m ohne Pl* <-(e)s> sağgörü, basiret

Schärfe [ˈʃɛrfə] *f ohne Pl* **1.** (*Messer, Kante*) keskinlik **2.** (*Speise*) acılık; (*Geruch*) keskinlik; (CHEM) yakıcılık **3.** (*Foto, Umriss*) netlik **4.** (*Sinnesorgan*) hassaslık; (*Verstandes~*) keskinlik **5.** (*Worte*) sertlik; (*von Kritik*) sertlik **6.** (*Härte, Strenge*) sertlik, şiddet

schärfen *vt* **1.** (*Messer*) bilemek, keskinleştirmek **2.** (*Verstand, Gehör*) güçlendirmek, bilemek

scharfkantig *adj* keskin kenarlı; **scharf|machen** *vt* (*fam*) tahrik etmek, kışkırtmak

Scharfrichter(in) *m(f)* cellât

Scharfschütze, in *m, f* <-n, -n; -nen> (MIL) keskin nişancı; **scharfsichtig** *adj* sağduyulu, basiretli; **Scharfsinn** *m ohne Pl* <-(e)s> keskin zekâ; **scharfsinnig** *adj* keskin zekâlı

Scharia *f ohne Pl* (REL) şeriat

Scharlach [ˈʃarlax] *m ohne Pl* <-s> (MED) kızıl

Scharlatan [ˈʃarlatan] *m* <-s, -e> (*pej*) şarlatan

Scharnier [ʃarˈniːɐ] *nt* <-s, -e> menteşe

Scharnierband *nt* boy menteşe, piyano menteşe

Schärpe [ˈʃɛrpə] *f* <-n> eşarp, atkı; (*um die Hüfte*) kuşak

scharren [ˈʃarən] **I.** *vi* (*in der Erde*) eşinmek; **der Hund schart an der Tür** köpek kapıyı tırmalıyor; **mit den Füßen ~** ayaklarını sürtmek **II.** *vt* **1.** (*Loch*) eşmek **2.** (*zusammen~*) toplamak, bir araya getirmek

Scharte [ˈʃartə] *f* <-n> **1.** (*Kerbe*) çentik, kertik **2.** (*Schieß~*) mazgal

scharwenzeln* [ʃarˈvɛntsəln] *vi haben o sein* (*fam pej*): **um jdn ~** birine yaltaklanmak; **vor jdm ~** birinin nabzına göre şerbet vermek

Schaschlik [ˈʃaʃlɪk] *m o nt* <-s, -s> şiş kebabı

Schatten [ˈʃatən] *m* <-s, -> gölge; **35 Grad im ~** gölgede 35 derece; **~ werfen/spenden** gölge salmak/vermek; **in jds ~ stehen** birinin gölgesinde kalmak; **jdn/etw in den ~ stellen** bir kimseyi/şeyi gölgede bırakmak; **Schattenblüher** *m* (BOT) gölgecil bitki; **Schattendasein** *nt ohne Pl:* **ein ~ führen** gölgede kalmak; **Schattenkabinett** *nt* (POL) gölge kabine; **Schattenmorelle** *f* (BOT) vişne; **Schattenpflanze** *f* (BOT) gölgecil bitki; **Schattenseite** *f* **1.** (*Seite im Schatten*) gölgeli taraf **2.** (*Nachteil*) sakıncalı yan; **Schattenspiel** *nt* gölge oyunu

schattieren* [ʃaˈtiːrən] *vt* gölgelemek

Schattierung *f* <-en> **1.** (KUNST) gölgeleme, ton; **eine ~ dunkler** bir ton daha koyu **2.** (*Variante*) varyant; (*Nuance*) nüans

schattig *adj* gölgeli, gölgelik

Schatulle [ʃaˈtʊlə] *f* <-n> kutu

Schatz [ʃats, *Pl:* ˈʃɛtsə] *m* <-es, Schätze> **1.** hazine **2.** (JUR) define **3.** (*fam fig*) hazine; (*in der Anrede*) canım

Schatzamt *nt* (*Staatskasse*) hazine, devlet hazinesi; (*Finanzbehörde*) maliye

schätzen [ˈʃɛtsən] *vt* **1.** (*Wert*) değer biçmek (-e, *auf-*), takdir etmek; (*Größe, Alter*) tahmin etmek; **wie alt ~ Sie ihn?** onu kaç yaşında tahmin ediyorsunuz? **2.** (*fam: annehmen*) sanmak, zannetmek; **ich schätze, dass ...** sanıyorum ki ... **3.** (*würdigen*) takdir etmek; **ich weiß das zu ~** bunu takdir ediyorum

Schatzkammer *f* hazine dairesi; **Schatzmeister(in)** *m(f)* **1.** sayman **2.** (HIST) hazinedar

Schätzung *f* <-en> tahmin; (*des Wertes*) kıymet takdiri, değer biçme; **nach meiner ~** benim tahminimce

schätzungsweise *adv* tahminen

Schätzwert *m* (*taxiert*) takdir değeri, biçilen değer; (*angenommen*) tahminî değer

Schau [ʃaʊ] *f* <-en> şov; **etw zur ~ stellen** bir şeyi sergilemek; **eine große ~ abziehen** (*fam: angeben*) tantana yapmak; **jdm die ~ stehlen** birini gölgede bırakmak; **Schaubild** *nt* (*Diagramm*) diyagram

Schauder [ˈʃaʊdɐ] *m* <-s, -> (*geh*) ürperti

schauderhaft *adj* tüyler ürpertici

schaudern [ˈʃaʊdɐn] **I.** *vi* ürpermek (*bei/*

vor-den/-den) **II.** *vunpers:* **es schauderte mich beim Anblick** bakışı tüylerimi ürpertti

schauen ['ʃaʊən] *vi* **1.** (*blicken*) bakmak; **auf die Uhr ~** saate bakmak; **schau mal!** bir baksana!; **traurig ~** üzgün bakmak **2.** (*österr, Schweiz, südd: sich kümmern*) bakmak (*nach* -e), göz kulak olmak (*nach* -e) **3.** (*achten*): (**sehr**) **darauf ~, dass ...** ...sına dikkat etmek; (*Wert legen*) önem vermek

Schauer ['ʃaʊɐ] *m* <-s, -> **1.** (METEO) yağmur **2.** (*geh: Schauder*) ürperti; **Schauergeschichte** *f* <-n> tüyler ürpertici öykü

schauerlich *adj* **1.** (*gruselig*) tüyler ürpertici **2.** (*fam: grässlich*) korkunç

Schaufel ['ʃaʊfəl] *f* <-n> **1.** (*Schippe*) kürek; (*Kehricht~*) faraş **2.** (*Schweiz: Pik*) maça

schaufeln **I.** *vi* kürek sallamak **II.** *vt* **1.** (*Sand, Schnee*) küremek, kürelemek **2.** (*Loch*) kazmak; **sich** *dat* **sein eigenes Grab ~** (*fig*) kendi kuyusunu kendi kazmak

Schaufenster *nt* vitrin, sergen; **Schaufensterbummel** *m:* **einen ~ machen** çarşıda gezerek vitrinlere bakmak

Schaukasten *m* vitrin

Schaukel ['ʃaʊkəl] *f* <-n> salıncak

schaukeln **I.** *vi* **1.** (*schwingen*) sallanmak; (*im Wind*) yalpalamak **2.** (*auf einer Schaukel*) sallanmak **II.** *vt* (*wiegen*) sallamak

Schaukelpferd *nt* salıncaklı at

Schaukelpolitik *f ohne Pl* (*pej*) idareimaslahat politikası; **Schaukelstuhl** *m* sallanan koltuk

schaulustig *adj* seyir meraklısı

Schaum [ʃaʊm, *Pl:* 'ʃɔɪmə] *m* <-(e)s, Schäume> köpük; **Schaumbad** *nt* **1.** (*Badezusatz*) köpürtücü şampuan **2.** (*Wannenbad*) köpük banyosu

schäumen ['ʃɔɪmən] *vi* **1.** (*Flüssigkeit*) köpüklenmek, köpürmek **2.** (*geh: toben*) köpürmek; **Schaumgummi** *m* (p)lâstik sünger

schaumig *adj* köpüklü

Schaumkrone *f* **1.** (*Welle*) dalga köpüğü **2.** (*Flüssigkeiten*) köpük; **Schaumstoff** *m* <-(e)s, -e> stiropor; **Schaumwein** *m* <-(e)s, -e> köpüklü şarap

Schauplatz *m* <-es, -plätze> sahne, meydan

schaurig ['ʃaʊrɪç] *adj* **1.** (*gruselig*) tüyler ürpertici **2.** (*fam: schlecht*) berbat

Schauspiel *nt* **1.** (THEAT) (tiyatro) oyun(u), dram **2.** (*geh: Vorgang*) dram; (*Anblick*) sahne, manzara

Schauspieler *m* aktör, erkek oyuncu; **Schauspielerei** *f ohne Pl* **1.** (*fam*) aktörlük **2.** (*pej*) aktörlük, rol, numara; **Schauspielerin** *f* aktris, kadın oyuncu

schauspielern ['---] *vi* **1.** (*fam: als Schauspieler arbeiten*) aktörlük yapmak **2.** (*pej: vortäuschen*) rol yapmak, numara yapmak

Schauspielhaus *nt* tiyatro

Schausteller(in) *m(f)* <-s, -; -nen> panayırcı

Scheck [ʃɛk] *m* <-s, -s> çek; **einen ~ einlösen** bir çeki ödemek; **einen ~ über 100 Euro ausstellen** 100 euroluk bir çek keşide etmek

scheckig ['ʃɛkɪç] *adj* **1.** (*Pferd, Rind*) abraş **2.** (*fleckig*) benekli

Scheckkarte *f* çek kartı

Scheffel *m* (HIST) kile; **sein Licht** (**nicht**) **unter den ~ stellen** (*fam fig*) meziyetlerini belli et(me)mek, fazla alçak gönüllülük göster(me)mek

scheffeln ['ʃɛfəln] *vt* (*fam pej*): **Geld ~** yükünü tutmak

Scheibe ['ʃaɪbə] *f* <-n> **1.** (*allgemein*) disk; (*Töpfer~*) çark **2.** (*Brot~*) dilim; (*Wurst~, Melonen~*) dilim; (*Schinken~, Käse~*) dilim; **etw in ~n schneiden** bir şeyi dilim dilim kesmek **3.** (*Glas~*) cam; (*Schaufenster~*) vitrin **4.** (SPORT, MIL: *Schieß~*) levha **5.** (TECH: *Unterleg~*) pul **6.** (*fam: Schallplatte*) plâk; **Scheibenbremse** *f* (AUTO) diskli fren; **Scheibenwischer** *m* <-s, -> silecek

Scheich [ʃaɪç] *m* <-(e)s, -e *o* -s> şeyh

Scheide ['ʃaɪdə] *f* <-n> **1.** (*Vagina*) vajina, döl yolu **2.** (*für Degen, Schwert*) kın

scheiden ['ʃaɪdən] <scheidet, schied, geschieden> **I.** *vt* **1.** (*Ehe*) boşamak; **sich** (**von jdm**) **~ lassen** (birisinden) boşanmak **2.** (*trennen*) ayırmak **II.** *vr:* **sich ~** (*Auffassungen*) ayrılmak; **hier ~ sich die Geister** bu konuda görüşler ayrılıyor **III.** *vi sein* **1.** (*aufgeben*): **aus dem Amt ~** görevden ayrılmak **2.** (*sich trennen*) ayrılmak

Scheidenmuschel *f* (ZOOL) süline, denizçakısı

Scheidenzäpfchen *nt* bızır

Scheidewand *f* perde; **Scheideweg** *m:* **am ~ stehen** önemli bir karar arifesinde bulunmak

Scheidung *f* <-en> boşanma; **die ~ einreichen** boşanma davası açmak; **Scheidungsgrund** *m* <-(e)s, -gründe> boşanma sebebi; **Scheidungsklage** *f* boşanma davası

Schein[1] [ʃaɪn] *m ohne Pl* <-(e)s> **1.** (*von Licht*) ışık; (*Glanz*) parıltı **2.** (*An~*) görünüş; **der ~ trügt** görünüşe aldanmamalı; **den ~ wahren** görünüşü [*o* zevahiri] kurtarmak; **etw nur zum ~ tun** bir şeyi sadece görünürde yapmak

Schein² [ʃaɪn] *m* <-(e)s, -e> **1.** (*Bescheinigung*) kâğıt; (*Beleg*) fiş; (UNIV) vize **2.** (*Geld~*) banknot, kâğıt para

scheinbar **I.** *adj* görünür, görünen **II.** *adv* **1.** (*fam: anscheinend*) görünürde, görünüşte **2.** (*vorgeblich*) sözde

Scheinehe *f* müt'a nikâhı, *para karşılığında geçici evlenme*

scheinen ['ʃaɪnən] <scheint, schien, geschienen> *vi* **1.** ışık vermek; (*glänzen*) parlamak; **uns schien die Sonne ins Gesicht** güneş gözümüzü alıyor **2.** (*den Anschein haben*) (gibi) görünmek; **es scheint, dass/als ob ...** öyle görünüyor ki ...

Scheinfirma *f* paravan firma, naylon firma; **scheinheilig** *adj* (*fam pej*) ikiyüzlü, yüze gülücü, riyakâr; **tu nicht so ~!** öyle ikiyüzlülük etme!; **Scheinheiligkeit** *f* (*fam pej*) ikiyüzlülük, yüze gülücülük, riyakârlık; **Scheinschwangerschaft** *f* (MED) yalancı gebelik; **scheintot** *adj* **1.** (MED) ölmüş gibi **2.** (*fam: uralt*) içi geçmiş

Scheinwerfer *m* <-s, -> (AUTO) far; (THEAT) projektör; **Scheinwerferlicht** *nt ohne Pl* <-s> projektör ışığı

Scheiß [ʃaɪs] *m ohne Pl* <-> (*fam pej*) bok; **ohne ~!** gerçekten!; **Scheißdreck** *m* (*vulg pej*) bok; **einen ~ werde ich tun!** nah yaparım!

Scheiße ['ʃaɪsə] *f ohne Pl* (*vulg*) bok; **~!** Allah kahretsin!; **~ bauen** bok etmek; **~ reden** şaçma sapan konuşmak; **in der ~ sitzen** boka batmış olmak, iş boka sarmak; **das Buch ist s~** bu kitap boktan

scheißegal ['--'-] *adj* (*vulg*): **das ist mir ~** bu bana vız gelir

scheißen <scheißt, schiss, geschissen> *vi* (*vulg*) sıçmak; **auf etw ~** bir şeyin üstüne sıçmak

scheißfreundlich ['-'--] *adj* (*fam pej*) gülerken ısırır; **Scheißkerl** *m* (*vulg*) boktan herif

Scheit [ʃaɪt] *nt* <-(e)s, -e(r)> (*südd, Schweiz, österr*) (yarılmış) odun

Scheitel ['ʃaɪtəl] *m* <-s, -> **1.** (*im Haar*) saçı ayırma çizgisi; **vom ~ bis zur Sohle** tepeden tırnağa kadar **2.** (MATH) tepe noktası

scheiteln *vt:* **das Haar ~** saçı ayırmak

Scheitelwinkel *m* (MATH) ters açı

Scheiterhaufen ['ʃaɪtɐ-] *m* odun yığını

scheitern ['ʃaɪtɐn] *vi sein* başarısız olmak (*an* -de), başarısızlığa uğramak; **zum S~ verurteilt sein** başarısız olacağı daha başından kesin olmak; **etw zum S~ bringen** bir şeyi boşa çıkarmak

Schellack *m* <-s, -e> lâka

Schelle ['ʃɛlə] *f* <-n> **1.** (TECH) kelepçe **2.** (*Glöckchen*) çıngırak **3.** (*reg: Klingel*) zil

schellen ['ʃɛlən] **I.** *vi* (*reg*) **1.** (*Telefon, Klingel*) çalmak **2.** (*Person*) zil çalmak **II.** *vunpers:* **es hat geschellt** zil çaldı

Schellfisch ['ʃɛl-] *m* mezgit, tavuk balığı

Schelm [ʃɛlm] *m* <-(e)s, -e> **1.** (*Schalk*) şakacı (kimse), muzip (kimse) **2.** (*Schweiz: Dieb*) hırsız

schelmisch *adj* muzip

Schelte ['ʃɛltə] *f ohne Pl* (*geh*) azar; **~ bekommen** azar işitmek; **sei pünktlich, sonst gibt es ~!** geç kalma, sonra azar işitirsin!

schelten ['ʃɛltən] <schilt, schalt, gescholten> **I.** *vt* (*geh*) **1.** (*schimpfen*) azarlamak **2.** (*nennen*) demek (-e); (*als etw hinstellen*) yerine koymak; **er hat ihn dumm gescholten** onu aptal yerine koydu **II.** *vi* (*geh*) söylenmek; **er entfernte sich laut ~d** söylene söylene çekip gitti

Schema ['ʃeːma, *Pl:* 'ʃeːmata] *nt* <-s, Schemata *o* Schemen> **1.** (*Konzept*) şema **2.** (*Schaubild*) şema

schematisch [ʃe'maːtɪʃ] *adj* şematik

schematisieren* [ʃemati'ziːrən] *vt* **1.** (*darstellen*) şemalaştırmak **2.** (*vereinfachen*) kabataslak çizmek

Schemel ['ʃeːməl] *m* <-s, -> tabure

Schemen¹ *Pl von* **Schema**

Schemen² ['ʃeːmən] *m o nt* <-s, -> (*geh: Umriss*) kontur

schemenhaft ['ʃeːmənhaft] *adj* (*geh*) kabataslak

Schenke ['ʃɛŋkə] *f* <-n> meyhane, taverna

Schenkel ['ʃɛŋkəl] *m* <-s, -> **1.** (ANAT: *Ober~*) but, uyluk; (*Unter~*) baldır **2.** (MATH: *von Winkel*) kenar

schenken ['ʃɛŋkən] *vt* **1.** (*Geschenk*) hediye etmek, armağan olarak vermek; **jdm etw ~** birine bir şeyi hediye etmek, birine bir şeyi armağan olarak vermek; **einem Kind das Leben ~** (*geh*) çocuk doğurmak **2.** (*erlassen*): **jdm etw ~** birine bir şeyi bağışlamak; **sich** *dat* **etw ~** (*nicht tun*) bir şeyi boşvermek, bir şeyden caymak; **das ist geschenkt!** bu sudan ucuz! **3.** (*widmen*): **jdm Aufmerksamkeit/Liebe ~** birine ilgi/sevgi göstermek; **jdm Zeit ~** birine vakit ayırmak

Schenkung *f* <-en> (JUR) bağışlama

scheppern ['ʃɛpɐn] *vi* (*fam*) şangırdamak, zangırdamak

Scherbe ['ʃɛrbə] *f* <-n> (*Glas~*) kırık; **in ~n gehen** param parça olmak

Schere ['ʃeːrə] *f* <-n> **1.** (*Werkzeug*) makas; (*Brenn~*) maşa **2.** (ZOOL: *von Krebsen*) makas

scheren¹ ['ʃeːrən] <schert, schor, geschoren> *vt* **1.** (*Haare, Bart*) makasla kesmek, kırkmak; (*Schaf*) kırkmak **2.** (*Rasen*) kesmek

scheren² [ˈʃeːrən] *vr:* **sich nicht um etw ~** bir şeyi tınlamamak; **scher dich zum Teufel!** yüzünü şeytan görsün!, cehennem ol!, canın cehenneme!; **was schert mich das?** (bundan) bana ne?

Scherenschleifer(in) *m(f)* <-s, -; -nen> makas bileyicisi; **Scherenschnitt** *m* kesme resim

Schererei [ʃeːrəˈraɪ] *f* <-en> (*fam*) dert, sıkıntı; **mit jdm ~en bekommen** (**wegen etw**) biriyle (bir şey yüzünden) başı derde girmek

Scheria *f ohne Pl s.* **Scharia**

Scherz [ʃɛrts] *m* <-es, -e> şaka, lâtife; (*April~*) balık; **~ beiseite!** (*fam*) şaka bir yana [*o* tarafa], …, bırak şimdi şakayı!; **im ~** şakadan, şakacıktan; **einen ~ machen** bir şaka yapmak; **sich** *dat* **mit jdm einen ~ erlauben** birine şaka yapmak; **ein grober ~** eşek şakası

scherzen [ˈʃɛrtsən] *vi* şaka yapmak; (*miteinander*) şakalaşmak; **damit ist nicht zu ~** bu, şaka götürmez, bu, şakaya gelmez

Scherzfrage *f* 'bil bakalım bu ne' sorusu

scherzhaft *adj* şaka yollu

Scherzkeks *m* (*fam*) şakacı

scheu [ʃɔɪ] *adj* **1.** (*schüchtern*) sıkılgan, utangaç; (*zurückhaltend*) çekingen, kaçıngan; (*wasser~*) korkan **2.** (*Tier*) ürkek; (*Pferd*) huylu, ürkek; **~ werden** (*Pferd*) ürkekleşmek

Scheu [ʃɔɪ] *f ohne Pl* çekingenlik, ürkeklik

scheuchen [ˈʃɔɪçən] *vt* ürkütmek

scheuen [ˈʃɔɪən] **I.** *vi* (*Pferd*) ürkmek (*vor* -den) **II.** *vt* (*Verantwortung*) kaçınmak (-den); **keine Ausgaben ~** masraftan kaçınmamak **III.** *vr:* **sich ~** çekinmek (*vor* -den)

Scheuerlappen *m* <-s, -> tahta bezi; **Scheuerleiste** *f* süpürgelik

scheuern [ˈʃɔɪɐn] **I.** *vt* ovmak; **etw sauber/blank ~** bir şeyi ovarak temizlemek/parlatmak; **jdm eine ~** (*fam*) birine bir tane geçirmek, birine bir tokat aşk etmek **II.** *vi* (*Schuhe*) vurmak; (*Kleidung*) sürte sürte yara etmek; **die neuen Schuhe ~** yeni ayakkabılar ayağımı vuruyor; **die Schuhe ~ meine Füße wund** ayakkabılar vura vura ayaklarımı yara ediyor

Scheuklappe [ˈʃɔɪ-] *f* at gözlüğü; **~n haben** (*fig*) dar görüşlü olmak

Scheune [ˈʃɔɪnə] *f* <-n> samanlık

Scheusal [ˈʃɔɪzaːl] *nt* <-s, -e> (*pej*) çirkef

scheußlich [ˈʃɔɪslɪç] *adj* (*abstoßend*) iğrenç; (*Verbrechen*) menfur, yüz kızartıcı; **er hat sich ~ erkältet** çok kötü üşüttü

Schi [ʃiː] *m* <-s, -(er)> *s.* **Ski**

Schicht [ʃɪçt] *f* <-en> **1.** (*Luft~*) katman; (GEO) katman **2.** (*Farb~*) tabaka, kat **3.** (*Gesellschafts~*) tabaka **4.** (*Arbeits~*) vardiya; **er arbeitet ~** vardiya (ile) çalışıyor; **Schichtarbeit** *f ohne Pl* vardiya; **Schichtarbeiter(in)** *m(f)* vardiyacı

schichten [ˈʃɪçtən] *vt* kat kat dizmek (*auf*-e)

Schichtwechsel *m* vardiya değişimi

schichtweise *adv* **1.** (*in Schichten*) vardiyalar hâlinde **2.** (*in Gruppen*) postalar hâlinde

Schichtwolke *f* katman bulut

schick [ʃɪk] *adj* şık, zarif; **sich ~ machen** şıklaşmak

schicken [ˈʃɪkən] **I.** *vt* göndermek, yollamak; (*mit der Post*) gördermek, postalamak; **nach jdm ~** (*geh*) birini çağırtmak **II.** *vr:* **sich ~ 1.** (*sich gehören*): **das schickt sich nicht** bu yakışık almaz, bu uygun düşmez; **wie es sich gerade schickt** gelişigüzel **2.** (*sich abfinden*) katlanmak (*in* -e)

Schickeria [ʃɪkəˈriːa] *f ohne Pl* sosyete

Schickimicki [ʃɪkiˈmɪki] *m* <-s, -s> (*fam*) sosyete gülü

schicklich [ˈʃɪklɪç] *adj* (*geh: angemessen*) uygun, yakışık; **es ist nicht ~, jdn so anzustarren** birine (b)öyle bakmak ayıptır

Schicksal [ˈʃɪkzaːl] *nt* <-s, -e> yazgı, kader; (*persönliches Geschick*) kader, alın yazısı; **das ist ~!** bu kısmet!; **das war eine Ironie des ~s** bu kaderin cilvesiydi

schicksalhaft *adj* yazgısal, mukadder

Schicksalsgemeinschaft *f* kader birliği; **Schicksalsgenosse, -in** *m, f* dert ortağı; **Schicksalsglaube** *m ohne Pl* kadercilik, yazgıcılık; **schicksalsgläubig** *adj* kaderci, yazgıcı

Schicksalsschlag *m* kaderin darbesi, feleğin sillesi; **von Schicksalsschlägen getroffen werden** feleğin sillesini yemek, feleğin sillesine uğramak

Schiebedach *nt* sürme tavan; **Schiebefenster** *nt* sürme pencere

schieben [ˈʃiːbən] <schiebt, schob, geschoben> **I.** *vt* **1.** (*bewegen*) itmek; **etw zur Seite ~** bir şeyi kenara itmek; **die Schuld auf jdn ~** suçu birinin üzerine atmak; **etw von sich** *dat* **~** (*fig*) bir şeyi üstüne almamak; **etw vor sich** *dat* **her ~** (*fig*) bir şeyi sallamak **2.** (*stecken*) sokmak (*in* -e) **3.** (*fam: handeln*) kaçakçılığı yapmak; **Devisen ~** döviz kaçakçılığı yapmak **4.** (*sl: ableisten*): **Dienst ~** nöbetçi olmak; **Wache ~** nöbet tutmak **II.** *vi* (*fam*) **1.** kaçakçılık yapmak (*mit* -le) **2.** (*gehen*): **er schob um die Ecke** köşeyi sallana sallana döndü **III.** *vr:* **sich ~** ite kaka ilerlemek (*durch* -in içinden); (*überqueren*) geçmek;

eine dunkle Wolke schob sich vor die Sonne koyu bir bulut güneşin önüne geçti

Schieber(in)[1] *m(f)* <-s, -; -nen> (*fam pej: Händler*) kaçakçı

Schieber[2] *m* <-s, -> (TECH) sürme, sürgü; (*Rechen~*) cetvel; (*Riegel*) sürgü

Schiebetür *f* sürme kapı

Schiebung *f* <-en> (*fam, pej*) **1.** (*Schiebergeschäft*) kaçakçılık **2.** (*Bevorzugung*) torpil; (SPORT) şike; **das ist ja ~!** bu işte şike var!

schied [ʃiːt] *3. imp von* **scheiden**

Schiedsrichter(in) *m(f)* hakem, yargıcı; **Schiedsspruch** *m* (JUR) hakem kararı

schief [ʃiːf] *adj* **1.** (*krumm*) eğri, çarpık; (*nicht senkrecht*) yatık; **das Bild an der Wand hängt ~** duvardaki resim çarpık; **auf die ~e Bahn geraten** kötü yola sapmak; **jdn ~ ansehen** (*fam fig*) birine yan bakmak **2.** (*falsch*) yanlış; **~ gewickelt sein** (*fam*) bir şeyde tamamen yanılmak; **in ein ~es Licht geraten** yanlış değerlendirilmek; **die Sache ist ~ gelaufen** (*fam*) işler ters gitti

Schiefer [ˈʃiːfɐ] *m* <-s, -> arduvaz, kayağan taş, şist; **Schieferdach** *nt* arduvaz kaplı çatı

schief|gehen *irr vi sein s.* **gehen I.3.**; **schief|lachen** *vr:* **sich ~** (*fam*) gülmekten katılmak

schielen [ˈʃiːlən] *vi* şaşı bakmak; **sie schielt auf dem linken Auge** sol gözü şaşı; **er schielt nach etw/jdm** (*fam: begehrlich*) bir şeye/kimseye göz dikmek; (*heimlich*) bir şeye/kimseye göz ucuyla bakmak

schien [ʃiːn] *3. imp von* **scheinen**

Schienbein *nt* (ANAT) kaval kemiği, kamış kemik

Schiene [ˈʃiːnə] *f* <-n> **1.** (*Eisenbahn~*) ray, demir yolu **2.** (MED) cebire, süyek, koaptör

schienen [ˈʃiːnən] *vt* (MED) cebireye koymak

Schienenbus *m* mototren; **Schienenfahrzeug** *nt* demir yolu taşıtı, raylı sistemle çalışan araç; **Schienennetz** *nt* demir yolu şebekesi

schier [ʃiːɐ] **I.** *adj* (*reg: rein*) saf; (*Gold*) som; (*Fleisch*) lop **II.** *adv* (*fast, beinahe*) nerdeyse, hemen hemen

Schießbefehl *m* ateş emri, vur emri

Schießbude *f* atış barakası

schießen [ˈʃiːsən] <schießt, schoss, geschossen> **I.** *vi* **1.** (*Schütze*) atış yapmak (*auf* -e), ateş etmek (*auf* -e), kurşun sıkmak (*auf* -e); (SPORT) şut çekmek **2.** *sein* (*sich schnell bewegen*): **sie schoss herein** ok gibi içeri girdi; **etw ist zum S~** (*fam*) bir şey gülünecek olmak **3.** *sein* (*schnell wachsen*): **in die Höhe ~** boy atmak; **der Junge ist in die Höhe geschossen** oğlan boy attı; **wie Pilze aus dem Boden ~** mantar gibi yerden bitmek **4.** *sein* (*herausquellen*) fışkırmak (*aus* -den); **die Röte schoss ihm ins Gesicht** yüzü kızardı **II.** *vt* **1.** (*Geschoss*) atmak, fırlatmak **2.** (*Satellit, Rakete, Ball*) atmak, fırlatmak; **ein Tor ~** bir gol atmak **3.** (*Wild*) vurmak **4.** (*Foto*) çekmek

Schießerei *f* <-en> silâhlı çatışma

Schießplatz *m* <-es, -plätze> ateş yeri, atış yeri, poligon; **Schießpulver** *nt ohne Pl* <-s> barut; **Schießscharte** *f* barbakan; **Schießscheibe** *f* hedef tahtası, nişangâh

Schiff [ʃɪf] *nt* <-(e)s, -e> **1.** (*Wasserfahrzeug*) gemi; **mit dem ~ fahren** gemiyle gitmek **2.** (ARCH: *bei Kirchen*) nef; (*bei Moscheen*) sah(ı)n

Schiffahrt *f ohne Pl s.* **Schifffahrt**

schiffbar *adj* gemi işlemesine elverişli

Schiffbau *m ohne Pl* <-(e)s> gemi yapımı; **Schiffbruch** *m* geminin parçalanması; (*Unfall*) deniz kazası; **~ erleiden** deniz kazasına uğramak; (*fig*) gemisi şapa oturmak

Schiffbrüchige(r) *mf* <-n, -n; -n> (deniz-de) kazazede

Schiffchen [ˈʃɪfçən] *nt* <-s, -> **1.** (*kleines Schiff*) küçük gemi **2.** (*fam: Kopfbedeckung*) kep **3.** (*Weber~*) mekik

schiffen **I.** *vi* (*fam: urinieren*) su dökmek, işemek **II.** *vunpers* (*fam: Platzregen*) şakır şakır yağmur yağmak; **es schifft den ganzen Tag** (*heftig regnen*) bütün gün şakır şakır yağmur yağmak

Schiffer(in) *m(f)* <-s, -; -nen> süvari

Schifffahrt[RR] *f ohne Pl* gemicilik; (*See~*) denizcilik

Schiffsbesatzung *f* gemi adamları *pl*

Schiffschaukel *f* kayık salıncak

Schiffsjunge *m* <-n, -n> miço, muço; **Schiffsschraube** *f* uskur, geminin pervanesi

Schiismus *m ohne Pl* (REL) Şiîlik

Schiit(in) [ʃiˈiːt] *m(f)* <-en, -en; -nen> (REL) Şiî

schiitisch *adj* (REL) Şiî

Schikane [ʃiˈkaːnə] *f* <-n> **1.** (*Quälerei*) eziyet **2.** (*fam fig*): **mit allen ~n** ful aksesuar **3.** (SPORT) engel

schikanieren* [ʃikaˈniːrən] *vt* güçlük çıkarmak (-e); (*quälen*) eziyet etmek (-e); (*behindern*) engellemek

Schikoree[RR] *m ohne Pl* <-s>, *f ohne Pl* Frenk salatası

Schild[1] [ʃɪlt] *m* <-(e)s, -e> **1.** (*Schutz~*) siper; **etw im ~e führen** gizli bir niyeti olmak **2.** (*Mützenschirm*) siper(lik)

Schild[2] [ʃɪlt] *nt* <-(e)s, -er> (*Verkehrs~*) levha; (*Nummern~*) plâka; (*Tür~, Hinweis~*) tabelâ; (*Preis~*) etiket, yafta

Schilddrüse *f* (ANAT, MED) kalkan bezi, tiroit

Schilddrüsenhormon *nt* (MED) tiroit hormonu; **Schilddrüsenüberfunktion** *f ohne Pl* (MED) tiroitin aşırı ölçüde çalışması

schildern ['ʃɪldɐn] *vt* (*erzählen*) anlatmak; (*darlegen*) göstermek; (*beschreiben*) betimlemek, tasvir etmek

Schilderung *f* <-en> (*Beschreibung*) betim(leme), tasvir; (*Erzählung*) anlatım

Schildkröte *f* <-n> kaplumbağa; **Schildpatt** *nt ohne Pl* <-(e)s> bağa; **Schildlaus** *f* kabuklu bit; (*Lack~*) kırmız böceği

Schilf [ʃɪlf] *nt* <-(e)s, -e> **1.** (*Pflanze*) kamış **2.** (*Röhricht*) kamışlık, sazlık; **Schilfdach** *nt* <-es, -dächer> kamış dam; **Schilfgras** *nt ohne Pl* kamış

Schiller *m ohne Pl* hare, meneviş

schillern ['ʃɪlɐn] *vi* yanardöner olmak, şanjanlı olmak; (*in wechselnden Farben glänzen*) harelenmek, menevişlenmek

schillernd *adj* **1.** (*Farbe*) hareli, menevişli **2.** (*fig: undurchschaubar*) muğlak, anlaşılmaz; (*schwer durchschaubar*) muğlak, anlaşılması güç; **ein ~er Charakter** anlaşılması güç bir karakter

Schilling ['ʃɪlɪŋ] *m* <-s, -e> şilin

schilt [ʃɪlt] *3. präs von* **schelten**

Schimmel[1] ['ʃɪməl] *m* <-s, -> (*Pferd*) süt kırı at

Schimmel[2] ['ʃɪməl] *m ohne Pl* <-s> (*~pilz*) küf; **Schimmelbildung** *f* küflenme

schimmelig *adj* küflü

schimmeln *vi haben o sein* küflenmek

Schimmelpilz *m* küf

Schimmer ['ʃɪmɐ] *m* <-s, -> (*Glanz*) pırıltı; (*Hoffnungs~*) ışık; (*Anflug*) iz, eser; **keinen (blassen) ~ von etw haben** (*fam*) bir şeyden zerre kadar anlamamak

schimmern ['ʃɪmɐn] *vi* (*Licht*) ışık vermek; (*glänzen*) pırıldamak

schimmlig *adj s.* **schimmelig**

Schimpanse [ʃɪm'panzə] *m* <-n, -n> şempanze

schimpfen ['ʃɪmpfən] *vi* **1.** (*tadeln*) azarlamak (*mit* -), paylamak (*mit* -), kızmak (*mit* -e) **2.** (*fluchen*) küfretmek (*auf/über* -e/-e), sövmek (*auf/über* -e/-e)

Schimpfwort *nt* <-(e)s, -wörter> küfür, sövgü

Schindel ['ʃɪndəl] *f* <-n> pedavra, balar

schinden ['ʃɪndən] <schindet, schindete *o* schund, geschunden> **I.** *vt* (*quälen*) eziyet vermek (-e); **Zeit ~** vakit öldürmek; **Mitleid bei jdm ~** birine kendini acındırmak **II.** *vr:* **sich ~** (*fam*) eziyet çekmek (*um zu* için)

Schinderei *f* <-en> (*pej*) **1.** (*Strapaze*) eziyet **2.** (*Plackerei*) angarya

Schindluder ['ʃɪntlu:dɐ] *nt* (*fam*): **mit jdm ~ treiben** birinin ensesinde boza pişirmek

Schinken ['ʃɪŋkən] *m* <-s, -> **1.** (*Fleisch*) jambon **2.** (*fam pej: Buch*) kalın kitap; (*Gemälde*) koskoca tablo; (*Film*) büyük masraflarla çekilmiş kötü film; **Schinkenspeck** *m* jambon yağı

Schintoismus *m* (REL) şintoizm

Schippe ['ʃɪpə] *f* <-n> (*nordd, reg*) kürek; **jdn auf die ~ nehmen** (*fam fig*) biriyle dalga geçmek

Schirm [ʃɪrm] *m* <-(e)s, -e> **1.** (*Regen~*) şemsiye; (*Sonnen~*) güneşlik **2.** (*Fall~*) paraşüt **3.** (*Mützen~*) viziyer, siper **4.** (*Lampen~*) abajur, şapka **5.** (*Bild~, Fernseh~*) ekran **6.** (BOT: *von Pilzen*) şapka

Schirmherr(in) *m(f)* <-(e)n, -en; -nen> koruyucu, hami; **Schirmherrschaft** *f ohne Pl* koruma, himaye

Schirmmütze *f* kasket

Schirmständer *m* şemsiyelik

Schirokko *m* <-s, -s> siroko

schiss[RR] [ʃɪs], **schiß** *3. imp von* **scheißen**

Schiss[RR] [ʃɪs] *m ohne Pl* <-es>, **Schiß** *m ohne Pl* <-sses> **1.** (*vulg: Kot*) bok **2.** (*fam: Angst*) korku; **~ haben** korkmak

schizophren [ʃitso'fre:n] *adj* (MED, PSYCH) şizofren

Schizophrenie [ʃitsofre'ni:] *f ohne Pl* (MED, PSYCH) şizofreni

schlabbern ['ʃlabɐn] **I.** *vi* (*fam*) **1.** (*pej: kleckern*) üstünü kirletmek **2.** (*fam: Kleidung*) çuval gibi olmak **3.** (*schwatzen*) gevezelik etmek, çenesi durmamak **II.** *vt* (*fam: auflecken*) şapırdata şapırdata içmek

Schlacht [ʃlaxt] *f* <-en> (*a. fig*) meydan savaşı, meydan muharebesi

schlachten ['ʃlaxtən] *vt* kesmek

Schlachtenbummler(in) *m(f)* <-s, -; -nen> (*fam fig*) *deplâsman maçına giden taraftar*

Schlachter(in) ['ʃlaxtɐ] *m(f)* <-s, -; -nen> kasap

Schlachterei [ʃlaxtə'raɪ] *f* <-en> **1.** (*nordd: Metzgerei*) kasap(hane) **2.** (*pej: Niedermetzeln*) katliam

Schlachtfeld *nt* <-(e)s, -er> muharebe meydanı

Schlachthof *m* kesim evi, kasaphane, mezbaha

Schlachtplan *m* **1.** (MIL) muharebe plânı **2.** (*fam fig*) plân

Schlachtvieh *nt* kesimlik hayvan, kasaplık hayvan

Schlacke ['ʃlakə] *f* <-n> **1.** (TECH) cüruf, dışık **2.** *Pl* (*Ballaststoffe*) kaba maddeler *pl*

Schlaf [ʃla:f] *m ohne Pl* <-(e)s> uyku; **keinen ~ finden** (*geh*) gözüne uyku girmemek; **im ~ sprechen** uykuda konuşmak; **in tiefen ~ fallen** derin uykuya dalmak;

S

jdn aus dem ~ reißen birine uykudan kaldırmak; **den ~ des Gerechten schlafen** (*fam*) mışıl mışıl uyumak; **etw im ~ können** (*fig*) bir şeyi gözü kapalı yapabilmek; **Schlafanzug** *m* <-(e)s, -züge> pijama; **Schlafanzughose** *f* pijama altı; **Schlafanzugjacke** *f* pijama üstü

Schläfe ['ʃlɛːfə] *f* <-n> şakak; **graue ~n** kır şakaklar

schlafen ['ʃlafən] <schläft, schlief, geschlafen> *vi* **1.** (*im Schlaf liegen*) yatmak, uyumak; **noch halb ~** uyuklamak; **er schläft tief und fest** mışıl mışıl uyuyor; **schlaf gut!** iyi uykular; **sich ~ legen** uykuya yatmak; **darüber muss ich erst noch mal ~** bunu iyice bir düşümem gerekiyor; **bei jdm ~** birinde yatmak; **mit jdm ~** biriyle yatmak **2.** (*fam: nicht aufpassen*) uyumak

Schläfer(in) ['ʃlɛːfɐ] *m(f)* <-s, -; -nen> **1.** (*Schlafender*) uyuyan (kimse) **2.** (ZOOL: *Schlafmaus*) fındık faresi

schlaff [ʃlaf] *adj* **1.** (*Seil, Disziplin*) gevşek; (*Haut*) pörsük **2.** (*nicht prall*) yumuşak **3.** (*kraftlos*) nanemolla, dermansız, güçsüz; (*träge*) uyuşuk

Schlaffheit *f ohne Pl* **1.** (*ohne Straffheit*) gevşeklik; (*der Haut*) pörsüklük **2.** (*Weichheit*) yumuşaklık **3.** (*Kraftlosigkeit*) dermansızlık; (*Trägheit*) uyuşukluk

Schlafgelegenheit *f* yatacak yer

Schlafittchen *nt*: **jdm beim ~ packen** birini çalyaka etmek

Schlafkrankheit *f* uyku hastalığı; **Schlaflernmethode** *f* uykuda öğrenme yöntemi; **Schlaflied** *nt* ninni

schlaflos *adj* (*Person*) uykusuz; (*Nacht*) uykusuz

Schlaflosigkeit *f ohne Pl* uykusuzluk

Schlafmittel *nt* uyku ilacı; **Schlafmütze** *f* (*fam*) **1.** (*Langschläfer*) uykucu **2.** (*pej: träger Mensch*) miskin

schläfrig ['ʃlɛːfrɪç] *adj* (*müde*) yorgun; (*fast schlafend*) uykulu; (*träge*) miskin, uyuşuk

Schlafsaal *m* koğuş, yatakhane; **Schlafsack** *m* uyku tulumu; **Schlafstörung** *f* (MED) uyku bozukluğu

schläft [ʃlɛːft] *3. präs von* **schlafen**

Schlaftablette *f* uyku hapı; **schlaftrunken** ['ʃlaːftrʊŋkən] *adj* (*geh*) uyku sersemi; **Schlaftrunkenheit** *f ohne Pl* uyku sersemliği, humar

Schlafwagen *m* (EISENB) kuşetli vagon

schlafwandeln *vi haben o sein* uykuda gezmek

Schlafwandler(in) *m(f)* <-s, -; -nen> uyurgezer

Schlafzimmer *nt* yatak odası

Schlag [ʃlaːk, *Pl:* 'ʃlɛːgə] *m* <-(e)s, Schläge> **1.** (*allgemein, Schicksals~*) darbe, sille; (*mit der Faust*) vuruş, darbe; (*mit der Hand*) sille; (*mit einem Stock*) vurma; (*mit einer Peitsche*) vurma; **ein ~ ins Gesicht** yüzüne bir yumruk; **das war ein schwerer ~ für ihn** bu onun için ağır bir darbe oldu; **~ auf ~** üst üste; **keinen ~ tun** (*fam fig*) parmağını bile oynatmamak; **mit einem ~** (*fam*) bir vuruşta **2.** *Pl* (*Prügel*) dayak **3.** (*einer Uhr, Glocke*) vurma; (*Herz~*) vuruş; (*Puls~*) atış; **~ sechs Uhr** tam saat altıda **4.** (*Stromstoß*) çarpma; **einen ~ bekommen** elektrik çarpmak **5.** (*fam: ~anfall*) inme, beyin kanaması; (*fig*) beyninden vurulma; **jdm trifft der ~** biri beyninden vurulmuşa dönmek **6.** (*Tauben~*) güvercinlik **7.** (*Nachtigallen~*) şakıma **8.** (*fam: Portion*) porsiyon **9.** (*Menschen~*) tip

Schlagabtausch *m ohne Pl* <-(e)s> **1.** (*beim Boxen*) yumruklaşma **2.** (*Auseinandersetzung*) (şiddetli) tartışma, muharebe

Schlagader *f* atardamar, aort damarı

Schlaganfall *m* inme, beyin kanaması

schlagartig **I.** *adj* anî **II.** *adv* anîden, ansızın, birdenbire

Schlagbaum *m* bariyer

Schlagbohrmaschine *f* darbeli matkap

Schlägel *m* <-s, -> **1.** (*Werkzeug*) tokmak **2.** (MUS) bızbız

schlagen ['ʃlaːgən] <schlägt, schlug, geschlagen> **I.** *vt* **1.** (*hauen*) vurmak, dövmek; (*klopfen*) vurmak; **er schlug sie zu Boden** onu yere vurdu; **die Hände vors Gesicht ~** elleriyle yüzünü kapatmak; **alles kurz und klein ~** kırıp dökmek; **etw zu Scherben ~** bir şeyi kırıp param parça etmek; **zwei Fliegen mit einer Klappe ~** (*fig*) bir taşla iki kuş vurmak **2.** (*Gegner*) yenmek; (*Schachfigur, Spielstein*) kırmak; (*Rekord*) kırmak; **er gab sich ge~** pes etti; **sie schlugen die deutsche Mannschaft mit 3:1** Alman takımını 3:1 yendiler **3.** (*befestigen*) çakmak; **einen Nagel in die Wand ~** duvara bir çivi çakmak **4.** (*Loch, Kerbe*) açmak; **einen Bogen um jdn/etw ~** bir kimsenin/şeyin etrafında kavis çizmek; **einen Kreis ~** halka olmak **5.** (*Eiweiß, Sahne*) çırpmak, dövmek; **das Eiweiß ~** yumurtanın akını çırpmak [*o* dövmek]; **mit den Flügeln ~** kanat çırpmak **6.** (*fällen*) kesmek **7.** (*Trommel, Uhrzeit*) çalmak; **die Uhr hat 12 ge~** saat 12'yi çalıyor; **eine ge~e Stunde** tam bir saat **8.** (*Greifvogel*) çarpmak **9. das Kreuz ~** haç çıkarmak **II.** *vi* **1.** (*hauen*) vurmak; (*klopfen*) vurmak; **sie schlug an die Tür** kapıya vurdu; **nach jdm ~** birine çekmek; **um sich** ~ çırpınmak **2.** *sein* (*aufprallen*) çarpmak (*auf/gegen* -e); **mit dem Kopf gegen die Tischkante** ~ başıyla masanın kenarına çarpmak **3.** (*Herz*) atmak; (*Uhr, Glocke*) çalmak **4.** *haben o sein* (*Regen*) çarpmak (*an/gegen* -e/-e); (*Flammen*) çıkmak (*aus* -den) **5.** (*Nachtigall, Fink*) şakımak, şakramak **6.** *sein* (*fam: ähneln*) benzemek (*nach* -e) **7.** *sein* (*in Mitleidenschaft ziehen*): **die Nachricht ist ihm auf den Magen ge~** haber midesine vurdu **III.** *vr:* **sich** ~ (*sich prügeln*) dövüşmek, vuruşmak; **sich um etw** ~ bir şey için vuruşmak; **sich auf jds Seite** ~ birinden yana olmak

Schlager ['ʃla:gɐ] *m* <-s, -> **1.** (*Lied*) pop şarkısı **2.** (*Verkaufs~*) başarı

Schläger ['ʃlɛ:gɐ] *m* <-s, -> **1.** (*Tennis~*) raket; (*Golf~, Hockey~*) sopa **2.** (*pej: Mensch*) rambo, dövüşçü

Schlägerei *f* <-en> dövüş, dövüşme, vuruşma, kavga

Schlagersänger(in) *m(f)* pop sanatçısı

schlagfertig *adj* hazırcevap

Schlagfertigkeit *f ohne Pl* hazırcevaplık

Schlaginstrument *nt* vurma çalgı

Schlagkraft *f ohne Pl* **1.** vuruş gücü; (*Wucht*) şiddet; **er hat eine ungeheure ~ in seinen Fäusten** yumruklarında korkunç bir şiddet var **2.** (*Kampfkraft*) savaş gücü **3.** (*Wirkungskraft*) etkililik

schlagkräftig *adj* **1.** (*Person*) yumruğu kuvvetli; (*Armee*) savaş gücü yüksek **2.** (*Argument*) etkili, güçlü

Schlagloch *nt* (yolda) çukur

Schlagring *m* muşta

Schlagsahne *f ohne Pl* kremşanti

Schlagseite *f ohne Pl* (NAUT) yan yatma; ~ **haben** yan yatmak; (*fam*) yalpalamak

Schlagstock *m* <-(e)s, -stöcke> sopa, cop

schlägt [ʃlɛ:kt] *3. präs von* **schlagen**

Schlagwetter *Pl* (BERGB) grizu

Schlagwetterexplosion *f* (BERGB) grizu patlaması

Schlagwort[1] *nt* <-(e)s, -e *o* -wörter> **1.** (*Parole*) slogan **2.** (*Gemeinplatz, pej*) basmakalıp, çürük sakız

Schlagwort[2] *nt* <-(e)s, -wörter> (*Stichwort*) madde başı söz

Schlagzeile *f* manşet

Schlagzeug *nt* <-(e)s, -e> (MUS) bateri, davul; (*einer Rockband*) bateri

Schlagzeuger(in) *m(f)* <-s, -; -nen> baterist, davulcu

schlaksig ['ʃlaksɪç] *adj* (*fam*) çolpa

Schlamassel [ʃla'masəl] *m o nt ohne Pl* <-s> (*fam*) aksilik; **da haben wir den ~!** öp babanın elini!, ayıkla pirincin taşını!, gel çık işin içinden!

Schlamm [ʃlam, *Pl:* ('ʃlɛmə)] *m* <-(e)s, Schlämme *o* -e> çamur

Schlammbad *nt* çamur banyosu

schlammig *adj* çamurlu

Schlammschlacht *f* (*fam*) **1.** (*Fußballspiel*) çamurlu sahada oynanan oyun **2.** (*Streit*) çamurlaşma, birbirine çamur atma

Schlampe ['ʃlampə] *f* <-n> (*fam pej*) eteği düşük, sürtük, kaldırım süpürgesi

Schlamperei[1] *f* <-en> (*fam pej: schlechte Arbeit*) baştan savma iş, üstünkörü iş

Schlamperei[2] *f ohne Pl* (*fam: Unordnung*) pasaklılık

schlampig *adj* (*fam pej: unordentlich*) pasaklı; (*Aussehen*) pasaklı, çapaçul; (*Arbeit*) baştan savma, üstünkörü

Schlampigkeit *f ohne Pl* pasaklılık

schlang [ʃlaŋ] *3. imp von* **schlingen**

Schlange ['ʃlaŋə] *f* <-n> **1.** (*Tier*) yılan **2.** (*pej: Person*) yılan; **eine ~ am Busen ernähren** koynunda yılan beslemek **3.** (*Menschen~, Fahrzeug~*) kuyruk; **~ stehen** kuyrukta beklemek

schlängelig *adj* yılankavi

schlängeln ['ʃlɛŋəln] *vr:* **sich** ~ **1.** (*Schlange*) yılankavi hareket etmek; (*Weg*) dolanmak **2.** (*Mensch*) yılan gibi kıvrılarak geçmek (*durch* -den)

schlangenartig *adj* yılankavi

Schlangenbiss[RR] *m* yılan sokması; **Schlangengift** *nt* yılan zehiri; **Schlangengurke** *f* hıyar; **schlangenhaft** *adj* yılan gibi kıvrak; **Schlangenhaut** *f* yılan gömleği; **Schlangenlinie** *f:* **(in) ~n fahren** zikzak gitmek

schlank [ʃlaŋk] *adj* narin, ince; **auf die ~e Linie achten** kilosuna dikkat etmek

Schlankheitskur *f* rejim

schlapp [ʃlap] *adj* **1.** (*nicht straff*) gevşek **2.** (*ohne Kraft*) nanemolla; (*erschöpft*) bitkin, lâpacı **3.** (*fam pej: träge*) miskin, uyuşuk, lâpacı **4.** (*fam*): **für ~e 500 Euro** 500 eurocuğa

Schlappe ['ʃlapə] *f* <-n> (*Niederlage*) yenilgi; (*schwer, empfindlich*) hezimet, bozgun; **bei den Wahlen eine empfindliche ~ einstecken** seçimlerde hezimete uğramak

schlapp|machen *vi* (*fam*) dama demek; **Schlappschwanz** *m* (*fam pej*) sünepe, lâpacı

Schlaraffenland [ʃla'rafən-] *nt ohne Pl* <-(e)s> zevk ve sefa diyarı

schlau [ʃlaʊ] *adj* **1.** (*listig*) kurnaz, açıkgöz **2.** (*fam: klug*) akıllı; **aus jdm/etw** *dat* **nicht ~ werden** bir kimseye/şeye aklı ermemek

Schlauberger [-bɛrgɐ] *m* <-s, -> (*fam*) uyanık, açıkgöz

S

Schlauch [ʃlaʊx, *Pl:* 'ʃlɔɪçə] *m* <-(e)s, Schläuche> **1.** (*Wasser~*) hortum; (*Gas~*) lâstik boru; **auf dem ~ stehen** (*fam fig*) aklı ermemek **2.** (*Reifen~*) iç lâstik; (AUTO) şambrel; **Schlauchboot** *nt* lâstik bot, şişirme bot

schlauchen **I.** *vi* (*fam: auf Kosten anderer*) otlanmak; (*Alkohol*) kafayı çekmek **II.** *vt* (*fam*) **1.** (*Arbeit*) pestilini çıkarmak (-in) **2.** (*Vorgesetzter*) koşuşturmak, çok yormak

schlauchlos *adj* (AUTO) içsiz

Schlaufe ['ʃlaʊfə] *f* <-n> ilmik

Schlauheit *f ohne Pl* kurnazlık, açıkgözlük

Schlaumeier *m* <-s, -> (*fam*) uyanık, açıkgöz

Schlawiner [ʃla'viːnɐ] *m* <-s, -> (*fam pej*) hinoğluhin

schlecht [ʃlɛçt] **I.** *adj* **1.** (*nicht gut*) kötü, fena; **etw S~es über jdn sagen** birini kötülemek, biri hakkında kötü şeyler söylemek; **mir ist ~** fenayım **2.** (*verdorben*) kokmuş, bozuk; (*verfault*) çürük; **~ werden** kötüleşmek **3.** (*gemein*) adî; (*boshaft*) kötü; **ein ~er Mensch** kötü bir adam **II.** *adv:* **jdn ~ machen** birini kötülemek; **~ von jdm ~ reden** biri hakkında kötü konuşmak; **hier ist die Luft sehr ~** burası çok havasız; **auf jdn ~ zu sprechen sein** birinin adını duymak istememek; **er ist ~ zu verstehen** güç anlaşılıyor; **~ und recht** iyi kötü; **er spielt mehr ~ als recht Klavier** pek iyi piyano çalmıyor; **nicht ~!** fena değil!, fena sayılmaz!; **schlecht|gehen** *irr vunpers sein s.* **gehen I.1.**; **schlechtgelaunt** *adj s.* **gelaunt**

schlechthin ['-'-] *adv* **1.** (*an sich*) tam anlamıyla **2.** (*geradezu*) açıkça **3.** (*absolut*) kesinlikle

schlecht|machen *vt s.* **machen I.4.**

Schlechtwetterfront *f* (METEO) kötü hava cephesi

schlecken ['ʃlɛkən] **I.** *vt* (*lecken*) yalamak **II.** *vi* yalamak (*an* -); (*naschen*) tatlı şeyler yemek

Schleckermaul *nt* (*fam*) tatlıcı

Schlegel[1] ['ʃleːgəl] *m* <-s, -> (*südd, österr, Schweiz: Geflügelkeule*) tavuk budu

Schlegel[2] *m* <-s, -> (*Werkzeug, a.* MUS) *s.* **Schlägel**

Schlehe ['ʃleːə] *f* <-n> (BOT) **1.** (*Strauch*) karaçalı, çalı dikeni **2.** (*Frucht*) çakal eriği

schleichen ['ʃlaɪçən] <schleicht, schlich, geschlichen> **I.** *vi sein* **1.** (*leise*) sürünmek, sürünerek ilerlemek **2.** (*langsam*): **die Zeit schleicht** zaman geçmek bilmiyor **II.** *vr:* **sich ~** (*hinein~*) sessizce girmek (*in* -e); (*hinaus~*) sessizce çıkmak (*aus* -den)

schleichend *adj* (*Krankheit*) süreğen; (*Inflation*) sürünen

Schleichweg [-veːk] *m* arka yol; **Schleichwerbung** *f ohne Pl* örtülü reklâm

Schleie ['ʃlaɪə] *f* <-n> (ZOOL) kiliz balığı, yeşilsazan, kara balık

Schleier ['ʃlaɪɐ] *m* <-s, -> **1.** (*für Gesicht, Kopf, a.* FOTO) peçe; (*der Braut*) duvak; **den ~ von etw lüften** (*geh*) bir şeyin peçesini kaldırmak **2.** (*Dunst*) pus; **Schleiereule** *f* (ZOOL) peçeli baykuş

schleierhaft *adj:* **es ist mir ~, wie das passieren konnte** bunun nasıl olduğuna aklım ermiyor

Schleife ['ʃlaɪfə] *f* <-n> **1.** fiyonk; (*Schlinge*) ilmik; **die ~ am Schuhband ist aufgegangen** ayakkabının bağı açıldı **2.** (*Kurve*) viraj, dönemeç

schleifen[1] ['ʃlaɪfən] **I.** *vt* **1.** (*ziehen*) sürümek, sürüklemek **2.** (*niederreißen*) yıkmak; (*dem Erdboden gleichmachen*) yerle bir etmek **II.** *vi:* **das Kleid schleift über den Boden** elbise yerleri süpürüyor; **die Fahrradkette schleift am Schutzblech** bisiklet zinciri çamurluğa sürtünüyor; **etw ~ lassen** (*fam fig*) bir şeyi boşvermek

schleifen[2] <schleift, schliff, geschliffen> *vt* **1.** (*Messer, Schere*) bilemek; (*Metalle*) taşlamak **2.** (*Edelstein, Glas*) yontmak; **geschliffener Stil** kusursuz üslup **3.** (*fam: hart drillen*) sıkı talim yaptırmak (-e)

Schleifmaschine *f* bileği makinesi; **Schleifpapier** *nt* zımpara kâğıdı; **Schleifrad** *nt*, **Schleifscheibe** *f* bileği çarkı; **Schleifstein** *m* bileği taşı

Schleim [ʃlaɪm] *m* <-(e)s, -e> **1.** (*Sekret*) salgı; (*Nasen~*) sümük; (*aus dem Mund*) balgam; (*einer Pflanze*) salgı; (*einer Schnecke*) sümük **2.** (*Brei*) lâpa, bulamaç

schleimen *vi* (*fam pej*) yılışmak; (*schmeicheln*) yağ çekmek

Schleimer(in) ['ʃlaɪmɐ] *m(f)* <-s, -; -nen> (*pej*) yılışık (kimse), yağcı

Schleimfisch *m* (ZOOL) horozbina

Schleimhaut *f* (ANAT, MED) sümük doku, mukoza; (*Nasen~*) sümüksü zar

schleimig *adj* **1.** (*Absonderung*) sümüklü; (*klebrig*) yapışkan **2.** (*pej: kriecherisch*) yılışık

Schleimscheißer(in) *m(f)* <-s, -; -nen> (*vulg pej*) yılışık (kimse), yağcı

schlemmen ['ʃlɛmən] *vi, vt* zevkle yiyip içmek

Schlemmer(in) *m(f)* <-s, -; -nen> gurme

Schlemmerei *f* <-en> (*Gelage*) zevkle yiyip içme

schlendern ['ʃlɛndɐn] *vi sein* **1.** sallana sallana gitmek **2.** gezinmek (*durch* -de);

durch den Park ~ parkta gezinmek, **auf und ab** ~, bir aşağı bir yukarı gezinmek

schlenkern ['ʃlɛŋkɐn] *vi, vt* sallamak; **mit den Armen/Beinen** kollarını/bacaklarını sallamak

Schleppe ['ʃlɛpə] *f* <-n> kuyruk

schleppen ['ʃlɛpən] **I.** *vt* **1.** (*ziehen*) çekmek, sürümek; (*ab~*) çekmek **2.** (*tragen*) taşımak **3.** (*transportieren*) taşımak **II.** *vr:* **sich** ~ **1.** (*sich fortbewegen*) sürüklenmek, kendi kendini sürüklemek, ağır aksak gitmek (*über* -den, *in/*(*bis*) *zu* -e/-e kadar) **2.** (*sich hinziehen*) sürüklenmek, ağır aksak yürümek

schleppend *adj* (*schwerfällig*) ağır; (*langsam*) yavaş; (*Arbeiten, Verhandlungen*) bitmek bilmeyen; (*Nachfrage*) az

Schlepper *m* <-s, -> **1.** (*Schleppschiff*) römorkör **2.** (*Traktor*) traktör **3.** (*fam pej: Person*) çığırtkan **4.** (*Fluchthelfer*) *para karşılığı sınırdan sığınmacı geçiren kimse*

Schleppkahn *m* mavna; **Schlepplift** *m* teleski; **Schleppnetz** *nt* sürütme; **Schlepptau** *nt* <-(e)s, -e> yedek; **jdn ins** ~ **nehmen** (*fam fig*) birini yedeğe almak

Schlesien ['ʃleːziən] *nt* <-s> Silezya

Schlesier(in) *m(f)* <-s, -; -nen> Silezyalı

schlesisch *adj* Silezyalı, Silezya (ile ilgili)

Schleswig-Holstein ['ʃleːsvɪç'hɔlʃtaɪn] *nt* <-s> Schleswig-Holstein

Schleuder ['ʃlɔɪdɐ] *f* <-n> **1.** (*für Geschosse*) sapan **2.** (*Wäsche~*) santrifüjlü kurutucu **3.** (*Zentrifuge*) santrifüjör

schleudern ['ʃlɔɪdɐn] **I.** *vi sein* (*Auto*) savrulmak; **ins S~ kommen** savrulmaya başlamak; (*fam: die Kontrolle verlieren*) kontrolü kaybetmek; (*etwas nicht gewachsen sein*) bocalamak **II.** *vt* **1.** (*werfen*) fırlatmak, atmak, savurmak **2.** (*Wäsche*) santrifüjle kurutmak

Schleuderpreis *m* (*fam*) damping fiyatı; **Schleudersitz** *m* (AERO) fırlar koltuk; **Schleudertrauma** *nt* kamçı travması

schleunigst ['ʃlɔɪnɪçst] *adv* derhal, bir an önce

Schleuse ['ʃlɔɪzə] *f* <-n> **1.** (*Wasserbau*) savak **2.** (*Binnenschifffahrt*) lok; **durch eine** ~ **fahren** loktan geçmek

schleusen *vt* **1.** (*Schiff*) loktan geçirmek **2.** (*geleiten*) geçirmek **3.** (*illegal*) gizlice geçirmek (*durch* -den), gizlice sokmak (*in* -e); **jdn über die grüne Grenze** ~

schlich [ʃlɪç] *3. imp von* **schleichen**

Schlich *m* <-(e)s, -e> (*List*) oyun, hile; **jdm auf die ~e kommen** birinin hilesini anlamak

schlicht [ʃlɪçt] *adj* **1.** (*einfach*) sade; ~ **und einfach** (*fam*) düpedüz, basbayağı **2.** (*bescheiden*) alçak gönüllü

schlichten ['ʃlɪçtən] *vt* **1.** (*Streit*) uzlaştırmak, aralarını bulmak (-in) **2.** (TECH: *Oberfläche*) düzlemek, tesviye temek

Schlichtung *f* <-en> uzlaştırma, ara bulma

Schlick [ʃlɪk] *m* <-(e)s, -e> balçık; (*Schlamm*) çamur

schlief [ʃliːf] *3. imp von* **schlafen**

schließen ['ʃliːsən] <schließt, schloss, geschlossen> **I.** *vt* **1.** (*zumachen*) kapamak; **eine Lücke** ~ bir boşluğu doldurmak **2.** (*beenden*) kapamak, bitirmek **3.** (*Bündnis, Vertrag*) akdetmek, yapmak; (*Ehe*) evlenmek; **jdn in die Arme** ~ birini kollarının arasına almak; (*Freundschaft*) kurmak **4.** (ELEK: *an~*) bağlamak (*an* -e) **II.** *vi* **1.** (*zugehen, Geschäft*) kapanmak **2.** (*aufhören*) bitmek **3.** (*ab~*) kilitlenmek **4.** (*folgern*) sonuç çıkarmak (*aus* -den) **III.** *vr:* **sich** ~ (*zugehen*) kapanmak

Schließfach *nt* **1.** (*bei der Post*) posta kutusu; (*bei einer Bank*) (kiralık) kasa **2.** (*für Gepäck*) kilitli bagaj kutusu

Schließfrucht *f* (BOT) kapçık meyve

schließlich *adv* **1.** (*am Ende, zum Schluss*) sonunda, nihayet **2.** (*im Grunde*) aslında, esasen; **er ist** ~ **nicht irgendwer** esasen öyle sıradan biri değil

Schließmuskel *m* (ANAT) büzgen

Schließung *f ohne Pl* kapanma; (*Beendigung*) bitme

schliff [ʃlɪf] *3. imp von* **schleifen**

Schliff [ʃlɪf] *m ohne Pl* <-(e)s> perdah; (*Glas~*) kesme; (*Edelstein~*) tıraş; **etw** *dat* **den letzten** ~ **verleihen** bir şeye perdah çekmek, bir şeyin son rötuşlarını yapmak

schlimm [ʃlɪm] **I.** *adj* **1.** (*unangenehm, schlecht*) fena, kötü; (*schrecklich*) korkunç, feci; **es gibt S~eres** beterin beteri var; **es ist** ~ **denn je** eskisinden daha beter; **umso ~er** daha da kötü **2.** (*übel*) kötü; **es ist nicht weiter** ~ (*fam*) ziyanı yok **3.** (*fam: entzündet*) iltihaplı; **er hat einen ~en Hals** boğazı iltihaplı **II.** *adv* kötü; ~ **enden** sonu kötü olmak; **es steht** ~ **um ihn** durumu kötü

schlimmstenfalls ['ʃlɪmstənfals] *adv* en kötü durumda

Schlinge ['ʃlɪŋə] *f* <-n> (*Schlaufe*) ilmik; (*Falle*) dolamık; (*Arm~*) askı; **den Kopf aus der** ~ **ziehen** (*fig*) kelleyi kurtarmak

Schlingel ['ʃlɪŋəl] *m* <-s, -> (*fam*) kerata, afacan

schlingen ['ʃlɪŋən] <schlingt, schlang, geschlungen> **I.** *vi* (*beim Essen*) oburca yemek yemek, tıkınmak **II.** *vt* (*binden*) sarmak (*um* -e) **III.** *vr:* **sich** ~ (*Pflanze*) sarılmak (*um* -e)

schlingern ['ʃlɪŋɐn] *vi* yalpa vurmak, yalpalanmak

Schlingpflanze *f* sarmaşık

Schlips [ʃlɪps] *m* <-es, -e> (*fam*) boyun bağı, kravat; **in** [*o* **mit**] ~ **und Kragen** gömlekli kravatli

Schlitten ['ʃlɪtən] *m* <-s, -> **1.** (*Rodel~*) kızak **2.** (*an der Schreibmaschine*) şaryo **3.** (*fam: Auto*) araba; **Schlittenfahrt** *f* kızakla kayma

schlittern ['ʃlɪtɐn] *vi sein* **1.** (*Wagen, Person, Eisstock*) kaymak (*auf* -de, *über* -in üzerinden) **2.** (*hineingeraten*) düşmek (*in* -e)

Schlittschuh *m* (buz) paten(i); ~ **laufen** patenle kaymak; **Schlittschuhbahn** *f* buz pateni pisti; **Schlittschuhläufer(in)** *m(f)* <-s, -; -nen> patenci

Schlitz [ʃlɪts] *m* <-es, -e> **1.** (*an Automaten, Briefkasten*) delik; (*Spalt*) yarık **2.** (*an Kleidung*) yırtmaç; **Schlitzaugen** *ntpl* çekik gözler *pl;* **schlitzäugig** *adj* çekik gözlü; **eine** ~**e Schönheit** çekik gözlü bir güzel

schlitzen ['ʃlɪtsən] *vt* **1.** yarmak **2.** (*Rock*) yırtmaç açmak (-e); **geschlitzte Ärmel** yırtmaçlı kollar

Schlitzohr *nt* (*fam*) üç kâğıtçı

schloss[RR] [ʃlɔs], **schloß** *3. imp von* **schließen**

Schloss[RR] [ʃlɔs, *Pl:* 'ʃlœsɐ] *nt* <-es, Schlösser>, **Schloß** *nt* <-sses, Schlösser> **1.** (*Burg*) şato; (*Palast*) saray **2.** (*Tür~*) kilit; (*an Schmuck, Koffer*) kilit; (*Vorhänge~*) kilit; **hinter** ~ **und Riegel** (*fam: im Gefängnis*) hapiste; (*ins Gefängnis*) hapse

Schlosser(in) ['ʃlɔsɐ] *m(f)* <-s, -; -nen> çilingir

Schlosserei *f* <-en> çilingir atölyesi

Schlossherr(in)[RR] *m(f)* <-(e)n, -en; -nen> şato sahibi; (*im Mittelalter*) derebeyi

Schlot [ʃlo:t] *m* <-(e)s, -e> (*reg*) baca; **rauchen wie ein** ~ (*fam fig*) aralıksız sigara içmek

schlotterig ['ʃlɔt(ə)rɪç] *adj* **1.** (*zitternd*) zangır zangır titreyen **2.** (*Kleidung*): **die Hose hing** ~ **am Körper herab** pantolon üstünden sarkıyordu

schlottern ['ʃlɔtɐn] *vi* **1.** (*Person*) zangır zangır titremek; **die Knie schlotterten ihm** dizleri zangır zangır titriyordu; **er schlotterte am ganzen Leib** bütün vücudu zangır zangır titriyordu **2.** (*Kleidung*) sarkmak

schlottrig *adj s.* **schlotterig**

Schlucht [ʃlʊxt] *f* <-en> (GEO) kısık, klüz

schluchzen ['ʃlʊxtsən] *vi* **1.** hıçkırmak **2.** (*Nachtigall*) şakımak, çilemek

Schluchzer *m* <-s, -> hıçkırma, hıçkırık

Schluck [ʃlʊk] *m* <-(e)s, -e> yudum, içim; **einen** ~ **nehmen** bir yudum almak; **etw in einem** ~ **austrinken** bir şeyi bir yudumda içmek

Schluckauf [ʃlʊk'ʔaʊf] *m ohne Pl* <-s> hıçkırık; **einen** ~ **bekommen** hıçkırık tutmak

schlucken ['ʃlʊkən] **I.** *vi* yutkunmak **II.** *vt* **1.** (*Speise*) yutmak **2.** (*fam: hinnehmen*) sineye çekmek; **eine bittere Pille** ~ **müssen** hoş olmayan bir şeyi sineye çekmek zorunda kalmak **3.** (*fam: verbrauchen*) harcamak **4.** (*fam pej: übernehmen*) yutmak

Schlucker *m* <-s, -> (*fam*): **armer** ~ zavallı, gariban

Schluckimpfung *f* ağızdan alınan aşı

schlucksen ['ʃlʊxtsən] *vi* (*fam*) hıçkırmak

Schluckser *m* <-s, -> (*fam*) hıçkırma, hıçkırık

schluckweise *adj* yudum yudum

schludern ['ʃlu:dɐn] *vi* (*fam pej*) üstünkörü iş görmek

schlug [ʃlu:k] *3. imp von* **schlagen**

Schlummer ['ʃlʊmɐ] *m ohne Pl* <-s> (*geh*) uyku, uyuklama

schlummern ['ʃlʊmɐn] *vi* **1.** (*geh: schlafen*) uyumak, uyuklamak, kestirmek **2.** (*Talent*) gizli kalmak

Schlund [ʃlʊnt, *Pl:* 'ʃlʏndə] *m* <-(e)s, Schlünde> yutak; (*Mund*) ağız

schlüpfen ['ʃlʏpfən] *vi sein* **1.** (*hinein~*) girivermek (*in* -e); (*hindurch~*) geçivermek (*durch* -den); (*hinaus~*) çıkıvermek (*aus* -den); **in die Schuhe** ~ ayakkabılarını giyivermek **2.** (*Küken*): (**aus dem Ei**) ~ yumurtadan çıkmak

Schlüpfer *m* <-s, -> külot

schlüpfrig ['ʃlʏpfrɪç] *adj* **1.** (*rutschig*) kaygan **2.** (*pej: anstößig*) müstehcen, açık saçık

Schlupfwinkel *m* yuva, saklanılan yer, gizli yer; **die** ~ **des Glücksspiels** gizli kumar yerleri; **die Mäuse kommen aus ihren** ~**n** sıçanlar yuvalarından [*o* saklandıkları yerlerden] çıkıyor

schlurfen ['ʃlʊrfən] *vi sein:* **er schlurfte in die Küche** ayaklarını sürüye sürüye mutfağa girdi

schlürfen ['ʃlʏrfən] *vi, vt* hopurdatmak, höpürdetmek

Schluss[RR] [ʃlʊs, *Pl:* 'ʃlʏsə] *m* <-es, Schlüsse>, **Schluß** *m* <-sses, Schlüsse> **1.** (*Ende*) son; ~ **für heute!** bugünlük yeter!; **zum** ~ son olarak; **bis zum** ~ **bleiben** sonuna kadar kalmak; **mit jdm** ~ **machen** biriyle ilişkisini bitirmek, biriyle alış verişi kesmek; **mit dem Leben** ~ **machen** hayatına son vermek; **mit dem Rauchen/Trinken** ~ **machen** sigarayı/içkiyi bırakmak **2.** (*Folgerung*) sonuç; **zu einem ~ kommen** sonuca varmak **3.** (PHILOS: *Logik*) çıkarım **4.** *ohne Pl* kapanış; **die Fenster/Türen haben guten ~** pencerelerin/kapıların kapanışı iyi; **Schlussbemerkung[RR]** *f* son söz; **Schlussbilanz[RR]** *f* (WIRTSCH) kapanış bilânçosu

Schlüssel ['ʃlʏsəl] *m* <-s, -> **1.** (*Tür~, Schrauben~*) anahtar **2.** (*Noten-, Lösungs~*) anahtar **3.** (*Schema*) şema; **Schlüsselanhänger** *m* <-s, -> anahtarlık; **Schlüsselbein** *nt* (ANAT) köprücük kemiği; **Schlüsselblume** *f* (*Primel*) çuha çiçeği; **Schlüsselbund** *m o nt* <-(e)s, -e> anahtarlık; **Schlüsseldienst** *m* çilingir servisi; **schlüsselfertig** *adj* anahtar teslimi; **Schlüsselloch** *nt* anahtar deliği; **Schlüsselposition** *f* kilit mevkii, kilit noktası; **Schlüsselübergabe** *f* anahtar teslimi; **Schlüsselwort** *nt* **1.** (LIT) anahtar kelime **2.** (*Kennwort*) şifre, kod **3.** (*verschlüsseltes Wort*) şifreli kelime

schlussfolgern[RR] *vt* sonuç çıkarmak (*aus* -den), istintaç etmek (*aus* -den); **Schlussfolgerung[RR]** *f* çıkarım, sonuç çıkarma, istintaç; **aus etw ~en ziehen** bir şeyden sonuç çıkarmak

schlüssig ['ʃlʏsɪç] *adj* kesin; (*überzeugend*) inandırıcı, ikna edici, mukni; **sich** *dat* (**über etw**) **~ werden** (bir şey üzerine) karara varmak

Schlusslicht[RR] *nt* **1.** (AUTO) arka lâmba **2.** (*fam: Person*) sonuncu; **Schlusspfiff[RR]** *m* (SPORT) bitiş düdüğü; **Schlussphase[RR]** *f* son aşama; **Schlussstein[RR]** *m* (ARCH) anahtar taşı; **Schlussstrich[RR]** *m* <-(e)s, -e>: **einen ~** (**unter etw**) **ziehen** (bir şeyin altına) çizgi çekmek, (bir şeyi) bitirmek; **Schlussverkauf[RR]** *m* <-(e)s, -käufe> mevsim sonu satışlar *pl;* **Schlusswort[RR]** *nt* <-(e)s, -e> son söz

Schmach [ʃmaːx] *f ohne Pl* (*geh: Schande*) rezalet, yüz karası; (*Kränkung*) gücendirme, gönül kırma; (*Demütigung*) küçük düşürme

schmachten ['ʃmaxtən] *vi* (*geh*): **nach etw/jdm ~** bir şeyin/kimsenin hasretini çekmek; **vor Durst ~** susuzluk çekmek

schmachtend *adj* **1.** (*sehnsüchtig*) hasretli, özlemli **2.** (*sentimental*) içli, duygulandıran

schmächtig ['ʃmɛçtɪç] *adj* narin

schmackhaft ['ʃmakhaft] *adj* lezzetli; **jdm etw ~ machen** (*fam*) birine bir şeyi beğendirmek, birinin bir şeye iştahını kabartmak

schmal [ʃmaːl] *adj* (*dünn*) ince; (*eng*) dar; (*gering*) az

schmälern ['ʃmɛːlɐn] *vt* azaltmak

schmalhüftig *adj* kalçası dar olan

Schmalspur *f* (EISENB) dar hat; **Schmalspurbahn** *f* (EISENB) dekofil

Schmalz[1] [ʃmalts] *nt* <-es, -e> (*von Schweinen*) eritilmiş domuz yağı; (*von Gänsen*) eritilmiş kaz yağı

Schmalz[2] *m ohne Pl* <-es> (*fam pej: Sentimentalität*) santimantalizm, aşırı duygululuk

schmalzig *adj* (*pej*) santimantal, aşırı duygulu

schmarotzen* [ʃma'rɔtsən] *vi* **1.** (BIOL) asalak olarak yaşamak (*auf/in* üstünde/içinde) **2.** (*pej: Mensch*) asalaklık etmek, otlamak (*bei* -de)

Schmarotzer(in)[1] *m(f)* <-s, -; -nen> (*pej: Person*) parazit, asalak, otlakçı, ekti, ekti püktüler *pl*

Schmarotzer[2] *m* <-s, -> (BIOL) asalak, parazit

schmarotzerhaft *adj* asalak, parazit

Schmarotzertum *nt ohne Pl* asalaklık

Schmarren ['ʃmarən] *m* <-s, -> **1.** (*österr, südd: Mehlspeise*) *bir çeşit hamur tatlısı* **2.** (*fam pej: Unsinn*) saçmalık; **red keinen solchen ~!** öyle saçma sapan konuşma!; **das geht dich einen ~ an!** sana ne!; **von Wirtschaft versteht er einen ~** ekonomiden hiç haberi yoktur

Schmatz *m* (*fam*) şap diye öpme; **jdn einen ~ geben** birini şap diye öpmek

schmatzen ['ʃmatsən] *vi* ağzını şapırdatmak

schmausen ['ʃmaʊzən] *vi* afiyetle yemek yemek

schmecken ['ʃmɛkən] **I.** *vi* **1.** (*Geschmack haben*) tadı olmak (*nach* -); **es schmeckt nach nichts** hiç tadı yok **2.** (*gut ~*) lezzetli olmak; **schmeckt dir die Suppe?** çorba lezzetli mi?, çorba hoşuna gitti mi?; **es hat gut geschmeckt** çok lezzetliydi; **es sich** *dat* **~ lassen** afiyetle yemek; **lass es dir ~!** afiyet olsun!; **diese Kritik schmeckt ihm gar nicht** (*fam*) bu eleştiri hiç hoşuna gitmedi **II.** *vt* (*kosten*) tadına bakmak (-in)

Schmeichelei [ʃmaɪçə'laɪ] *f* <-en> gönül okşama, iltifat

schmeichelhaft *adj* gönül okşayıcı

schmeicheln ['ʃmaɪçəln] *vi* **1.** (*loben*) iltifat etmek; (*gefallen*) gönül okşamak; (*pej*) yağ çekmek, piyazlamak **2.** (*vorteilhaft aussehen lassen*) pohpohlamak

Schmeichler(in) *m(f)* <-s, -; -nen> iltifatçı; (*pej*) yağcı, piyazcı

schmeichlerisch *adj* gönül okşayıcı; (*pej*) piyazcı

schmeißen ['ʃmaɪsən] <schmeißt, schmiss, geschmissen> *vt* (*fam*) **1.** (*werfen*) atmak; **jdn aus dem Haus ~**

birini evden atmak [*o* kapı dışarı etmek] **2.** (*aufgeben*) bırakmak **3.** (*eine Party*) vermek **4.** (*bewältigen*) başa çıkmak (-le), yürütmek **5.** (*verderben*) bok etmek **6.** (*ausgeben*): **eine Runde Bier ~** herkese birer bira ısmarlamak

Schmeißfliege *f* göksinek

Schmelz [ʃmɛlts] *m* <-(e)s, -e> (*Zahn~*) mine

Schmelze ['ʃmɛltsə] *f* <-n> **1.** (*allgemein*) ergime; (*Schnee~*) erime **2.** (TECH) ergimiş [*o* ısı etkisiyle sıvı durumuna gelmiş] cisim; (GEOL) ergimiş maden

schmelzen ['ʃmɛltsən] <schmilzt, schmolz, geschmolzen> **I.** *vi sein* (*Butter, Eis, Schnee*) erimek; (*Glas, Metall*) ergimek **II.** *vt* (*Butter, Schnee*) eritmek; (*Metall, Glas*) ergitmek

Schmelzhütte *f* (TECH) izabehane; **Schmelzkäse** *m* (GASTR) eritme peynir; **Schmelzofen** *m* (TECH) izabe fırını, maden ergitme ocağı; **Schmelzpunkt** *m* (PHYS) ergime noktası; **Schmelztiegel** *m* (TECH) pota; (*fig*) *çeşitli millet ve ırklara mensup halkın bir arada kaynaştığı ülke;* **Schmelzung** *f* (PHYS) ergime; **Schmelzwärme** *f* (PHYS) ergime ısısı; **Schmelzwasser** *nt* kar suyu

Schmerz [ʃmɛrts] *m* <-es, -en> **1.** ağrı, sancı **2.** (*Kummer*) acı, ıstırap; **schmerzempfindlich** *adj* acıya karşı duyarlı

schmerzen ['ʃmɛrtsən] **I.** *vi* ağrımak, acımak **II.** *vt* acıtmak; (*betrüben*) acı vermek

Schmerzensgeld *nt* (JUR) manevî tazminat; **Schmerzensschrei** *m* figan, acı ile bağırma

schmerzfrei *adj* ağrısız

Schmerzgrenze *f* (*fig*) katlanırlık sınırı; **die ~ überschreiten** katlanırlık sınırını aşmak

schmerzhaft *adj* **1.** (*körperlich*) ağrılı, ağrıyan **2.** (*seelisch*) acı

schmerzlich *adj* acı, üzücü

schmerzlindernd *adj* ağrı hafifletici, geçiştirici

schmerzlos *adj* ağrısız, acısız; **kurz und ~** (*fam*) hiç canını yakmadan [*o* acıtmadan]

Schmerzmittel *nt* ağrıkesen; **schmerzstillend** *adj* ağrı kesici, ağrıkesen; **Schmerztablette** *f* ağrı hapı

Schmetterling ['ʃmɛtɐlɪŋ] *m* <-s, -e> (ZOOL) kelebek

schmettern ['ʃmɛtɐn] **I.** *vt* **1.** (*schleudern*) fırlatmak; (*werfen*) çarpmak (*gegen* -e); (*Tennis*) küt inmek (-e) **2.** (*Lied*) bağıra bağıra söylemek **II.** *vi* **1.** (*erklingen*) ses(ler)i gelmek **2.** (*aufprallen*) çarpmak **3.** (*Tennis*) küt inmek

Schmetterschlag *m* (SPORT: *Volleyball*) smaç

Schmied [ʃmiːt] *m* <-(e)s, -e> demirci, dövmeci; (*Huf~*) nalbur

schmiedbar *adj* dövülgen

Schmiedbarkeit *f ohne Pl* dövülgenlik

Schmiede ['ʃmiːdə] *f* <-n> çekiçhane

schmiedeeisern *adj* dövme demirden

schmieden ['ʃmiːdən] *vt* **1.** (*Eisen*) dövmek; **man muss das Eisen ~, solange es heiß ist** (*prov*) demir tavında dövülür **2.** (*Pläne*) kurmak; (*Komplott*) hazırlamak

schmiegen ['ʃmiːgən] *vr:* **sich ~** (*Kleidung*) tıpatıp oturmak (*an* -e), mum gibi oturmak (*an* -e); (*Mensch*) sokulmak (*an* -e)

Schmiere ['ʃmiːrə] *f* <-n> **1.** (*Fett*) yağ, gres (yağı) **2.** (*Schmutz*) kir **3.** (*fam pej: Theater*) kötü tiyatro **4.** (*fam*): **~ stehen** erketecilik yapmak [*o* etmek]

schmieren ['ʃmiːrən] **I.** *vt* **1.** (*mit Fett*) gresle yağlamak; (*mit Öl*) yağlamak; **es läuft wie geschmiert** (*fam*) yağ gibi gidiyor; **jdm eine ~** (*fam*) birine bir tane yapıştırmak [*o* patlatmak] **2.** (*auftragen*) sürmek; (*Aufstrich, Butter*) sürmek (-e) **3.** (*fam pej: bestechen*) yedirmek (-e), rüşvet vermek (-e) **4.** (*fam pej: beschmutzen*) pisletmek **II.** *vi* (*fam*) **1.** (*Stift*) mürekkep sıçratmak **2.** (*pej: beim Schreiben*) karalamak, pis yazmak

Schmiererei *f* <-en> (*fam pej: Gemaltes*) karalamalar *pl;* (*Geschriebenes*) karalamalar *pl*

Schmierfilm *m ohne Pl* yağ filmi; **Schmierfink** *m* (*fam: Kind, das sich schmutzig macht*) kendini pisleten çocuk; (*Kind, das etw schmutzig macht*) kirli çocuk, pis çocuk; (*jdm, der diffamiert*) çamur atan (kimse), kara çalan (kimse); (*jdm, der Wände verschmiert*) duvarları karalayan (kimse); **Schmiergeld** *nt* <-(e)s, -er> (*fam pej*) rüşvet parası

schmierig *adj* **1.** (*feuchtklebrig*) yapışkan **2.** (*schmutzig*) pis, kirli; (*fettig*) yağlı **3.** (*pej: schmeichlerisch*) yılışkan, yılışık **4.** (*pej: obszön*) müstehcen

Schmieröl *nt* gres yağı; **Schmierpapier** *nt* (*fam*) karalama kâğıdı, müsvedde kâğıdı; **Schmierseife** *f ohne Pl* Arap sabunu; **Schmierstoff** *m* <-(e)s, -e> yağlayıcı madde

Schmierung *f* yağlama

Schmierzettel *m* not pusulası

schmilzt [ʃmɪltst] *3. präs von* **schmelzen**

Schminke ['ʃmɪŋkə] *f* <-n> makyaj; **~ benutzen/auftragen** makyaj kullanmak/yapmak

schminken ['ʃmɪŋkən] **I.** *vt* makyajlamak, makyaj yapmak (-e) **II.** *vr:* **sich ~** yüzünü

boyamak, makyajını yapmak
Schminktisch *m* tuvalet masası
schmirgeln ['ʃmɪrgəln] *vt* zımparalamak
Schmirgelpapier *nt* zımpara kâğıdı
schmiss[RR] [ʃmɪs], **schmiß** *3. imp von* **schmeißen**
Schmöker ['ʃmøːkɐ] *m* <-s, -> (*fam*) kitap, *edebî değeri olmayan sürükleyici kitap*
schmökern ['ʃmøːkɐn] *vi* (*fam*) okumak; **Kriminalromane** ~ polisiye romanları okumak; **in einem Buch** ~ kitaba dalmak
schmollen ['ʃmɔlən] *vi* somurtmak, surat asmak
schmolz [ʃmɔlts] *3. imp von* **schmelzen**
Schmollmund *m:* **einen** ~ **machen** dudak sarkıtmak
Schmorbraten ['ʃmoːɐ-] *m* sığır sotesi
schmoren ['ʃmɔːrən] **I.** *vi* (*Fleisch*) sote yapmak, hafifçe kavrulduktan sonra su katarak pişirmek; **im eigenen Saft** ~ (*fam*) kendi yağıyla kavrulmak; **sie schmorte stundenlang in der Sonne** (*fam*) saatlerce güneşte kavruldu **II.** *vt* kavurmak; **jdn** ~ **lassen** (*fam*) birini bekletmek, birinin işini savsaklamak; **etw** ~ **lassen** (*fam*) bir şeyi savsaklamak
Schmuck [ʃmʊk] *m ohne Pl* <-(e)s> **1.** (*Juwelen*) mücevherat *pl;* (*Mode~*) incik boncuk **2.** (*Verzierung*) dekor
schmücken ['ʃmʏkən] *vt* süslemek
Schmuckkästchen [-kɛstçən] *nt* mücevher kutusu
schmucklos *adj* süssüz, sade; (*Raum*) gösterişsiz
Schmuckstück *nt* <-(e)s, -e> süs, takı
schmudd(e)lig ['ʃmʊd(ə)lɪç] *adj* (*fam pej: Person*) pis; (*Ding*) pis, kirli
Schmuddelwetter *nt* (*fam*) pis hava
Schmuggel ['ʃmʊgəl] *m ohne Pl* <-s> kaçakçılık
schmuggeln **I.** *vi* kaçakçılık yapmak [*o* etmek] **II.** *vt* kaçırmak; **jdn außer Landes** ~ birini yurt dışına kaçırmak
Schmuggler(in) *m(f)* <-s, -; -nen> kaçakçı
schmunzeln ['ʃmʊntsəln] *vi* gülümsemek (*über* -e); (*vor sich hin*) bıyık altından gülmek (*über* -e); (*in sich hinein*) için için gül(ümse)mek (*über* -e)
schmusen ['ʃmuːzən] *vi* (*fam*) okşayıp sevmek (*mit* -i)
Schmutz [ʃmʊts] *m ohne Pl* <-es> **1.** (*Zustand*) pislik **2.** (*herumliegender*) kir; (*Staub*) toz; (*Lehm*) çamur; **etw/jdn in** [*o* **durch**] **den** ~ **ziehen** (*fig*) bir şeye/kimseye çamur atmak; **Schmutzfink** *m* <-en *o* -s, -en> (*fam*) pis (insan); **Schmutzfleck** *m* leke
schmutzig *adj* **1.** (*dreckig*) pis; (*unlauter*) kirli; (*beschmiert*) yağlı; **sich** *dat* **nicht die Finger** ~ **machen** (*fig*) parmağını bile kıpırdatmamak [*o* oynatmamak]; **seine** ~**e Wäsche** (**vor anderen Leuten**) **waschen** (*fig*) kirli çamaşırlarını piyasaya çıkarmak **2.** (*unanständig*) pis; (*Fantasie, Witz*) pis, çirkin
Schmutzkampagne *f* <-, -n> (POL) çamur atma kampanyası, karalama kampanyası
Schnabel ['ʃnaːbəl, *Pl:* 'ʃnɛːbəl] *m* <-s, Schnäbel> **1.** (*eines Vogels*) gaga **2.** (*an einer Kanne*) ibik **3.** (*fam: Mund*) çene; **halt den** ~**!** çeneni tut!; **reden, wie einem der** ~ **gewachsen ist** çekinmeden konuşmak, dobra dobra konuşmak
Schnake ['ʃnaːkə] *f* <-n> (*reg*) **1.** (*Ringelnatter*) su yılanı **2.** (*Stechmücke*) sivrisinek
Schnalle ['ʃnalə] *f* <-n> toka
schnallen *vt* **1.** (*fest~*) sıkmak; (*los~*) açmak; **etw enger/weiter** ~ biraz sıkmak/gevşetmek; **den Gürtel enger** ~ (*fam fig*) kemerini sıkmak **2.** (*fam: begreifen*) anlamak
schnalzen ['ʃnaltsən] *vi* şaklatmak (*mit* -); **mit der Peitsche** ~ kırbaç şaklatmak
Schnäppchen ['ʃnɛpçən] *nt* <-s, -> (*reg: fam*) kelepir; **ein** ~ **machen** kelepire konmak, kelepir yakalamak
schnappen ['ʃnapən] **I.** *vi* **1.** (*Hund*) kapmaya çalışmak (*nach* -i); **nach Luft** ~ (*fam*) soluk almaya çalışmak **2.** *sein* (*Bewegung*): **die Tür schnappt ins Schloss** kapı kapanıverdi **II.** *vt* (*packen*) tutmak, kapmak; (*Dieb*) enselemek, yakalamak
Schnappschuss[RR] *m* enstantane (fotoğraf)
Schnaps [ʃnaps, *Pl:* 'ʃnɛpsə] *m* <-es, Schnäpse> rakı; **Schnapsidee** *f* (*fam: unsinnig*) saçma fikir; (*verrückt*) delice fikir
schnarchen ['ʃnarçən] *vi* horlamak
schnattern ['ʃnatɐn] *vi* **1.** (*Gans, Ente*) bağırmak **2.** (*fam: schwatzen*) gevezelik etmek **3.** (*fam*): **vor Kälte** ~ soğuktan tir tir titremek; **mit den Zähnen** ~ dişleri takırdamak
schnauben ['ʃnaʊbən] **I.** *vi* burnundan solumak; **vor Wut** ~ öfkesi burnundan çıkmak **II.** *vr:* **sich** ~ (*reg: sich schnäuzen*) sümkürmek
schnaufen ['ʃnaʊfən] *vi* **1.** (*keuchen*) solumak **2.** (*reg: atmen*) solumak
Schnauzbart *m* (pos)bıyık
Schnauze ['ʃnaʊtsə] *f* <-n> **1.** (*vom Tier*) ağız; (*Nase*) burun; (*Schnabel*) gaga; **die** ~ **des Hundes ist kalt** köpeğin burnu soğuk **2.** (*fam pej: Mund*) ağız, çene; **eine große** ~ **haben** yüksekten konuşmak; **die** ~ **voll haben** bıkmış olmak; (**halt die**) ~**!** çeneni

S

tut!; **mit etw auf die ~ fallen** (*fig*) bir şeyde başarısızlığa [*o* hezimete] uğramak **3.** (*fam: Nase*) burun

schnauzen ['ʃnaʊtsən] *vi* (*fam*) bağırmak, bağırıp çağırmak

schnäuzen[RR] ['ʃnɔɪtsən] *vr:* **sich ~** sümkürmek; **sich in ein Taschentuch ~** mendile sümkürmek

Schnauzer *m* <-s, -> (*fam: Schnauzbart*) (pos)bıyık

Schnecke ['ʃnɛkə] *f* <-n> **1.** (*Tier*) salyangoz; (*Nackt~*) sümüklüböcek; (*Meeres~*) salyangoz; **jdn zur ~ machen** (*fam*) birinin canına okumak **2.** (*Gebäck*) sarmal hamur işi **3.** (TECH: *~ngewinde*) sonsuz vida dişlisi; **Schneckenhaus** *nt* salyangoz kabuğu; **Schneckentempo** *nt* (*fam*): **im ~** kaplumbağa hızı

Schnee [ʃne:] *m ohne Pl* <-s> **1.** (*Niederschlag*) kar; **es fällt ~** kar yağıyor; **das ist ~ von gestern** (*fam fig*) bu kimseyi ilgilendirmiyor artık **2.** (*Ei~*) çırpılmış yumurta akı; **Eiweiß zu ~ schlagen** yumurtanın akını çırpmak [*o* dövmek] **3.** (*sl: Kokain*) beyaz zehir

Schneeammer *f* (ZOOL) kar kuşu; **Schneeball** *m* **1.** (*aus Schnee*) kartopu **2.** (BOT: *Pflanze*) gilaburu; **Schneeballeffekt** *m ohne Pl* <-(e)s> kartopu etkisi; **Schneeballschlacht** *f* kartopu oynama; **Schneeballsystem** *nt* (*Warenabsatz*) kartopu sistemi

Schneebesen *m* yumurta çırpma teli; **Schneedecke** *f* kar örtüsü; **Schneefall** *m* <-(e)s, -fälle> kar yağışı; **Schneeflocke** *f* kar tanesi, kar lapası; **Schneeglöckchen** [-glœkçən] *nt* <-s, -> (BOT) kardelen; **Schneegrenze** *f* kar sınırı; **Schneeketten** *fPl* (AUTO) patinaj zinciri; **Schneemann** *m* kardan adam; **Schneematsch** *m* cıvık kar; **Schneepflug** *m* **1.** kar kürüme aracı **2.** (SPORT: *Ski*) kar sapanı; **Schneeregen** *m* sulu sepken kar; **Schneeschaufel** *f* kar küreği; **Schneeschmelze** *f* karın erimesi; **Schneesturm** *m* kar fırtınası, tipi; **Schneetreiben** *nt ohne Pl* tipi; **schneeweiß** ['-'-] *adj* süt beyaz, bembeyaz

Schneewittchen [ʃne:'vɪtçən] *nt* <-s> Pamuk Prenses

Schneid [ʃnaɪt] *m ohne Pl* <-(e)s> (*fam: Mut*) cesaret, yiğitlik; **jdm den ~ abkaufen** birinin cesaretini kırmak

Schneide [ʃnaɪdə] *f* <-n> yalım; **Rücken und ~ der Klinge** bıçağın sırtı ve yalımı

schneiden ['ʃnaɪdən] <schneidet, schnitt, geschnitten> **I.** *vt* **1.** (*allgemein*) kesmek; **etw klein ~** bir şeyi doğramak; **die Luft ist hier zum S~** burası çok havasız **2.** (*eingravieren*) oymak **3.** (FILM) kesmek; (TV, RADIO) banda almak **4.** (*kreuzen*) kesmek **5.** (*meiden*) görmezden gelmek **6.** (SPORT): **den Ball ~** topu kesmek **II.** *vr:* **sich ~ 1.** (*verletzen*) kesmek (*an* -ini); **sich in den Finger ~** parmağını kesmek **2.** (*sich kreuzen*) kesişmek **3.** (*reg: irren*) yanılmak **III.** *vi* (*Kälte, Strick*) kesmek

schneidend *adj* kesici; (*Kälte*) keskin

Schneider(in) *m(f)* <-s, -; -nen> (*Beruf*) terzi; **aus dem ~ sein** (*fam fig*) paçayı kurtarmış olmak; **Schneiderarbeit** *f* terzi işi

Schneiderei *f* <-en> terzihane

Schneiderhandwerk *nt ohne Pl* terzilik; **Schneiderkreide** *f ohne Pl* terzi tebeşiri

schneidern ['ʃnaɪdɐn] *vt* biçip dikmek

Schneidersitz *m ohne Pl* <-es> bağdaş; **im ~ sitzen** bağdaş kurup oturmak

Schneidezahn *m* kesici diş

schneidig *adj* alp, yiğit, cesur

schneien ['ʃnaɪən] *vunpers* kar yağmak; **es schneit** kar yağıyor

Schneise ['ʃnaɪzə] *f* <-n> **1.** (*im Wald*) ağaçsız orman yolu; (*Flug~*) koridor **2.** (*zum Vogelfang*) kılcan

schnell [ʃnɛl] **I.** *adj* hızlı, süratli, acele; **auf die S~e** (*fam*) ayaküstü **II.** *adv* acele, çabuk; **mach ~!** (*fam*) acele et!, çabuk ol!; **Schnellboot** *nt* sürat teknesi; (MIL) hücumbot; **Schnellfeuerwaffe** *f* otomatik silâh

schnellebig *adj s.* **schnelllebig**

schnellen ['ʃnɛlən] **I.** *vi sein* fırlamak; **die Preise schnellten in die Höhe** fiyatlar fırladı gitti **II.** *vt* fırlatmak

Schnellhefter *m* telli dosya

Schnelligkeit *f ohne Pl* çabukluk; (*Geschwindigkeit*) hız, sür'at

Schnellimbiss[RR] *m* büfe, atıştırma yeri, sinek bar; **Schnellkochtopf** *m* düdüklü tencere; **Schnellkurs** *m* hızlı kurs, yoğun kurs

schnelllebig[RR] *adj* (*hektisch*) telâşlı, aceleci, ivecen; (*kurzlebig*) kısa ömürlü

Schnellreinigung *f* ekspres kuru temizleme

schnellstens ['ʃnɛlstəns] *adv* olabildiğince çabuk, çarçabuk

Schnellstraße *f* ekspres yol; **Schnellverfahren** *nt* **1.** (TECH) seri yöntem **2.** (JUR) suçüstü yargılaması, seri usulü muhakeme; **etw im ~ erledigen** (*fam fig*) birinin işini çarçabuk bitirmek; **Schnellzug** *m* <-(e)s, -züge> ekspres

Schnepfe ['ʃnɛpfə] *f* <-n> (ZOOL) çulluk

schneuzen ['ʃnɔɪtsən] *vr:* **sich ~** *s.* **schnäuzen**

Schnickschnack ['ʃnɪkʃnak] *m ohne Pl* <-(e)s> (*fam*) **1.** (*wertloses Zeug*) ıvır zıvır; (*Beiwerk*) aksesuar **2.** (*Gerede*) lâflar

pl
schniefen ['ʃni:fən] *vi* (*reg*) burun çekmek
schnippeln ['ʃnɪpəln] **I.** *vt* (*Loch*) oymak, keserek açmak; (*in kleine Stücke*) doğramak **II.** *vi* (*fam*): **sie hat an ihren Haaren geschnippelt** saçlarının uçlarını kesti
schnippen ['ʃnɪpən] **I.** *vt* fiskeleyerek atmak **II.** *vi:* **mit den Fingern** ~ parmak şakırdatmak
schnippisch ['ʃnɪpɪʃ] *adj* (*pej*) lâubalî(ce); ~ **sein** lâubalî olmak; ~ **antworten/fragen** lâubalîce [*o* lâubaliyane] cevap vermek/soru sormak
Schnipsel ['ʃnɪpsəl] *m o nt* <-s, -> kırpıntı
schnitt [ʃnɪt] *3. imp von* **schneiden**
Schnitt [ʃnɪt] *m* <-(e)s, -e> **1.** (*das Schneiden*) kesme; (*von Kleidung*) biçme; (*Einschnitt*) kesik; (*Haar~*) tıraş; (*~muster*) patron; **der goldene** ~ (MATH) altın kesit **2.** (FILM) kesim **3.** (*fam: Durch~*) ortalama; **im** ~ ortalama olarak
Schnitte ['ʃnɪtə] *f* <-n> (*reg*) **1.** (*Scheibe*) dilim; (*Wurst, Käse*) dilim; (*Blechkuchen*) parça **2.** (*belegtes Brot*): **eine** ~ **mit Käse essen** bir dilim peynirli ekmek yemek
Schnittfläche *f* kesit
schnittig *adj* şık, kıyak, sportif
Schnittlauch *m ohne Pl* <-(e)s> soğancık; **Schnittmuster** *nt* patron; **Schnittpunkt** *m* (*a.* MATH) kesişme noktası; **Schnittstelle** *f* (INFORM) arabirim, arayüz, ara yüzü; **Schnittwunde** *f* kesik
Schnitzel[1] ['ʃnɪtsəl] *nt* <-s, -> (*Fleischstück*) şnitzel; **paniertes** ~ şnitzelpane
Schnitzel[2] *m o nt* <-s, -> (*Papier~*) kırpıntı, kesilmiş (kâğıt) parça(sı)
Schnitzeljagd *f* hazine bulma
schnitzen ['ʃnɪtsən] *vi, vt* oymak (*aus* -den, *in* -e)
Schnitzer(in)[1] *m(f)* <-s, -; -nen> oymacı
Schnitzer[2] *m* <-s, -> (*fam: Fehler*) pot, yanlışlık
Schnitzerei *f* <-en> **1.** (*das Schnitzen*) oymacılık **2.** (*Verzierung*) oyma
schnöde ['ʃnø:də] *adj* (*pej*) **1.** (*verachtenswert*) aşağılık; (*erbärmlich*) alçak **2.** (*geringschätzig*) adî
Schnorchel ['ʃnɔrçəl] *m* <-s, -> şnorkel
schnorcheln *vi* şnorkelle dalmak
Schnörkel ['ʃnœrkəl] *m* <-s, -> (*bei der Unterschrift*) kuyruk
schnorren ['ʃnɔrən] **I.** *vt* (*fam*) otlanmak (*bei* -den) **II.** *vi* **1.** (*fam*) otlakçılık etmek **2.** (*Schweiz: pej: daherreden*) düşünmeden konuşmak, aklına estiği gibi konuşmak
Schnorrer *m* (*fam pej*) otlakçı
Schnösel ['ʃnø:zəl] *m* <-s, -> (*fam pej*) züppe
schnüffeln ['ʃnʏfəln] **I.** *vi* **1.** (*schnuppern*) koklamak (*an* -i) **2.** (*fam pej: spionieren*) ispiyonluk yapmak, ispiyonlamak (*in* -i), burnunu sokmak (*in* -e) **3.** (*fam: Klebstoff*) koklamak, burna çekmek **II.** *vt* (*fam*) koklamak, kokusunu almak (-in)
Schnüffler(in) *m(f)* <-s, -; -nen> (*pej*) **1.** (*Spion*) ispiyon, ispiyoncu; (*Kriminalpolizist*) hafiye **2.** (*Neugieriger*) burnunu her yere sokan (kimse)
Schnuller ['ʃnʊlɐ] *m* <-s, -> emzik
Schnulze ['ʃnʊltsə] *f* <-n> (*Lied*) *aşırı duygusal şarkı;* (*Film*) *aşırı duygusal film*
schnulzig *adj* (*fam pej*) ağlatıcı, acılı, aşırı duygusal
schnupfen ['ʃnʊpfən] *vi, vt* (*Schnupftabak*) enfiye çekmek, (burna) çekmek; **Kokain** ~ burnuna kokain çekmek
Schnupfen ['ʃnʊpfən] *m* <-s, -> nezle; ~ **haben** nezlesi olmak; ~ **bekommen** nezle kapmak
Schnupftabak *m* enfiye, burun otu; **Schnupftabak(s)dose** *f* enfiye kutusu
schnuppe ['ʃnʊpə] *adj* (*fam*): **das ist mir** ~ bu bana vız gelir
schnuppern ['ʃnʊpɐn] *vi* koklamak (*an* -i)
Schnur [ʃnu:ɐ, *Pl:* 'ʃny:rə] *f* <Schnüre> bağ; (*dünn*) sicim, misina, iplik; (*Kabel*) kablo, kordon
Schnürchen ['ʃny:ɐçən] *nt* (*fam*): **wie am** ~ çorap söküğü gibi, tıkır tıkır; **etw wie am** ~ **können** bir şeyi su gibi bilmek
schnüren ['ʃny:rən] *vt* bağlamak
schnurgerade ['--'--] *adj* (*fam*) dosdoğru, dümdüz
schnurlos *adj* (*Telefon*) telsiz
Schnurrbart ['ʃnʊrba:ɐt] *m* <-(e)s, -bärte> bıyık
schnurren ['ʃnʊrən] *vi* (*Katze*) mırlamak
Schnurrhaare *ntpl* (ZOOL) bıyıklar *pl;* (*einer Katze*) kedinin bıyıkları *pl*
Schnürschuh *m* bağcıklı ayakkabı
Schnürsenkel ['ʃny:ɐzɛŋkəl] *m* <-s, -> (*nordd, reg*) bağcık, ayakkabı bağı; **mein** ~ **ist abgerissen** ayakkabımın bağı koptu; **Schnürstiefel** *m* potin
schnurstracks ['ʃnu:ɐ'ʃtraks] *adv* (*fam*) doğrudan doğruya; (*sofort*) hemen
Schnute ['ʃnu:tə] *f* <-n> (*nordd: fam*) ağız; **eine** ~ **ziehen** surat asmak
schob [ʃo:p] *3. imp von* **schieben**
Schober ['ʃo:bɐ] *m* <-s, -> samanlık
Schock [ʃɔk] *m* <-(e)s, -s> şok, şoke; **unter** ~ **stehen** şoke olmak; **einen** ~ **bekommen** şok geçirmek
schockieren* [ʃɔ'ki:rən] *vt* (*a. moralisch*) şoke etmek
Schocktherapie *f* şok tedavisi
Schöffe, -in ['ʃœfə] *m, f* <-n, -n; -nen> fahrî üye, *halk arasından atanmış onursal*

S

mahkeme üyesi

Schokolade [ʃoko'la:də] *f* <-n> **1.** çikolata **2.** (*Getränk*) şokola; **heiße ~ trinken** şokola içmek

Scholastik [ʃo'lastɪk] *f ohne Pl* (PHILOS) skolâstik

Scholle ['ʃɔlə] *f* <-n> **1.** (*Fisch*) yaldızlı pisi balığı **2.** (*Eis~*) kütle **3.** (*Erd~*) kesek

schon [ʃo:n] *adv* **1.** (*zeitlich*): **~ damals/am ersten Abend** daha o zamanlar/ilk akşam; **~ oft** şimdiye kadar bir çok defalar; **~ immer** oldum olası, şimdiye kadar hep; **~ wieder** şimdi gene; **das war ~ immer so** bu oldum olası böyleydi; **nun mach ~!** (*fam: beeil dich*) haydisene!; **nun komm ~!** (*fam*) haydi!, ha(y)di gel artık! **2.** (*allein*): **~ der Gedanke macht micht krank** düşüncesi bile beni hasta ediyor; **wenn ich das ~ sehe!** bunu görmem bile yetiyor! **3.** (*tatsächlich*): **das ist ~ möglich** bu gerçekten olabilir; **was heißt das ~?** bu ne ifade eder ki?; **na, wenn ~!** öyleyse ne olmuş yani?; **du wirst ~ sehen** bekle, göreceksin **4.** (*doch, ja*): **ich denke ~** sanırım öyledir; **ich gehe/komme schon, aber …** gitmesine giderim/gelmesine gelirim, ama …; **sie ist nicht zufrieden, aber ich ~** o memnun olmasına memnun değil, ama ben memnunum

schön [ʃø:n] **I.** *adj* güzel; **das Wetter ist ~** hava güzel; **eines ~en Tages** günlerden bir gün; **~e Ferien!** iyi tatiller!; **das war nicht ~ von dir** bu yaptığın hiç güzel değildi; **das wäre ja noch ~er!** (*fam*) hiç olur mu öyle şey!; **na ~!** pekâlâ!; **das ist gut und ~, aber …** (*fam*) bu iyi güzel ama …; **zu ~, um wahr zu sein** (*fam*) o kadar güzel ki, inanılacak gibi değil **II.** *adv* güzel; (*ziemlich*) oldukça, bayağı; **sie singt ~** güzel şarkı söylüyor; **das hat ja ganz ~ weh getan** bu bayağı da acıdı; **ihr habt es ~ bei euch** sizin burası çok güzel; **sei ~ brav!** (*fam*) uslu dur bakayım!; **danke ~** teşekkür ederim; **bitte ~** rica ederim; **was ist daran ~?** bunun neresi [*o* nesi] güzel?

schonen ['ʃo:nən] **I.** *vt* (*Person*) esirgemek; (*Gegenstand*) dikkatli kullanmak; (*schützen*) korumak; (*Kräfte*) idareli kullanmak; **seine Gesundheit ~** sağlığını korumak **II.** *vr:* **sich ~** kendine dikkat etmek

schonend *adj* (*behutsam*) özenli; (*vorsichtig*) dikkatli; (*nachsichtig*) hoşgörülü, anlayışlı; **du musst es ihr ~ beibringen** bunu ona, onu fazla üzmeden anlatmalısın

Schoner[1] *m* koruyucu

Schoner[2] *m* (NAUT) ıskuna

Schönfärberei [---'-] *f* göz boyama

Schonfrist *f* atıfet mehili

schöngeistig *adj* güzel sanatları seven

Schönheit *f* <-en> güzellik; (*schöne Frau*) güzel; **eine schlitzäugige ~** çekik gözlü bir güzel; **Schönheitsfarm** *f* güzellik enstitüsü; **Schönheitsfehler** *m* ufak kusur; **Schönheitsoperation** *f* estetik ameliyat; **Schönheitswettbewerb** *m* güzellik yarışması

Schonkost *f* perhiz yemeği

Schonung[1] *f ohne Pl* (*Sorgfalt*) özen; (*Nachsicht*) hoş görme, anlayış; (*Schutz*) koruma

Schonung[2] *f* <-en> (*im Wald*) koru

schonungslos **I.** *adj* acımasız **II.** *adv* acımasızca, gözünün yaşına bakmadan

Schonzeit *f* <-en> avlanmanın yasak olduğu mevsim

Schopf [ʃɔpf, *Pl:* 'ʃœpfə] *m* <-(e)s, Schöpfe> **1.** (*Haar~*) perçem, tutam; **die Gelegenheit beim ~e packen** fırsatı fırsat bilmek **2.** (*eines Vogels*) sorguç, tepelik **3.** (*Schweiz: Schuppen*) kulübe; (*Nebengebäude*) müştemilât

schöpfen ['ʃœpfən] *vt* **1.** (*Flüssigkeit*) almak (*aus* -den) **2.** (*Mut*) almak; (*Hoffnung*) beslemek; **Verdacht ~** şüphelenmek **3.** (*geh: Atem*) almak

Schöpfer(in)[1] *m(f)* <-s, -; -nen> yaratımcı

Schöpfer[2] *m* <-s> (*Gott*) Yaradan

schöpferisch *adj* (*kreativ*) yaratıcı

Schopfhuhn *nt* (ZOOL) tepeli tavuk

Schöpfkelle *f* kepçe; **Schöpflöffel** *m* kepçe, kevgir

Schöpfung[1] *f* <-en> (*geh: Kunstwerk*) kreasyon, yaratı(m)

Schöpfung[2] *f ohne Pl* (REL) yaratılış

Schoppen ['ʃɔpən] *m* <-s, -> **1.** (*Viertelliter*) dörtte bir litre; (*halber Liter*) yarım litre **2.** (*südd, Schweiz: Babyfläschchen*) biberon

schor [ʃo:ɐ] *3. imp von* **scheren**

Schorf [ʃɔrf] *m* <-(e)s, -e> kabuk; **auf der Wunde hat sich ~ gebildet** yaranın üstü kabuk bağlamış

Schornstein ['ʃɔrnʃtaɪn] *m* baca; **Schornsteinfeger(in)** *m(f)* <-s, -; -nen> baca temizleyicisi

schoss[RR] [ʃɔs], **schoß** *3. imp von* **schießen**

Schoß [ʃo:s, *Pl:* 'ʃø:sə] *m* <-es, Schöße> **1.** (*Körpermitte*) kucak; **jdn auf den ~ nehmen** birini kucağına almak **2.** (*geh: Mutterleib, a. fig*) karın; **Schoßhund** ['ʃo:s-] *m* <-(e)s, -e> fino köpeği

Schössling[RR] ['ʃœslɪŋ] *m* <-s, -e>, **Schößling** *m* <-s, -e> filiz, sürgün

Schote ['ʃo:tə] *f* <-n> badıç

Schotte, -in ['ʃɔtə] *m, f* <-n, -n; -nen> İskoç, İskoçyalı

Schotter ['ʃɔtɐ] *m* <-s, -> **1.** (*Straßen~*) kırma taş; (*für Gleisbau*) balast **2.** (*Flussgeröll*) çakıl **3.** (*fam: Geld*) mangır

schottisch *adj* İskoç

Schottland *nt* <-s> İskoçya

schraffieren* [ʃraˈfiːrən] *vt* taramak

Schraffur [ʃraˈfuːɐ] *f* <-en> tarama

schräg [ʃrɛːk] **I.** *adj* **1.** (*nicht gerade*) eğik, eğri; (*geneigt*) eğilimli, (yana) yatık; (*diagonal*) çapraz **2.** (*fam: unüblich*) çarpık **II.** *adv:* **jdn ~ ansehen** (*fam*) birine yan bakmak; **~ gegenüber** çaprazlama karşıda

Schräge [ˈʃrɛːgə] *f* <-n> eğrilik, eğik düzey

Schrägstrich *m* <-(e)s, -e> eğik çizgi

schrak [ʃraːk] *3. imp von* **schrecken[2]**

Schramme [ˈʃramə] *f* <-n> sıyrık, çizik

schrammen [ˈʃramən] *vt* sıyırmak, çizmek

Schrank [ʃraŋk, *Pl:* ˈʃrɛŋkə] *m* <-(e)s, Schränke> dolap; **er hat nicht alle Tassen im ~** (*fam fig*) keçileri kaçırmış

Schranke [ˈʃraŋkə] *f* <-n>, **Schranken** [ˈʃraŋkən] *m* <-s, -> (*österr*) bariyer; (*gesetzte Grenze*) had, sınır; **jdn in seine ~n weisen** birine haddini bildirmek

schrankenlos *adj* **1.** (*grenzenlos*) sınırsız, hadsiz hesapsız **2.** (*maßlos*) ölçüsüz, hadsiz hesapsız

Schrankwand *f* duvardan duvara dolap

Schraubdeckel *m* vidalı kapak

Schraube [ˈʃraʊbə] *f* <-n> **1.** (*Bolzen*) vida; **bei ihm ist eine ~ locker** (*fam fig*) onun bir tahtası eksik, o, kafadan kontak **2.** (*Schiffs~*) pervane, uskur

schrauben [ˈʃraʊbən] *vt* **1.** (*an~*) vidalamak (*an* -e); (*ab~*) vidasını sökmek (-in); (*Deckel*) (çevirerek) açmak; **fester ~** vidasını sıkmak (-in) **2.** (*festdrehen*) (çevirerek) sıkmak; (*abdrehen*) (çevirerek) açmak

Schraubenschlüssel *m* somun anahtarı; **Schraubenzieher** *m* <-s, -> tornavida

Schraubstock *m* <-(e)s, -stöcke> mengene; **Schraubverschluss[RR]** *m* vidalı kapak

Schrebergarten [ˈʃreːbɐ-] *m* Schreber bahçesi, hobi bahçesi, *kanunen yüzölçümü 400 metrekareyi geçmeyen ve kâr amacı gütmeyip dinlenme amacıyla sebze ve meyve yetiştirilen bahçe*

Schreck [ʃrɛk] *m* <-(e)s, -e> korku; **einen ~ bekommen** korkmak; **jdm einen ~ einjagen** birini korkutmak

schrecken[1] [ˈʃrɛkən] *vt* **1.** (*geh: ängstigen*) korkutmak, ürkütmek **2.** (*abschrecken: Eier, Nudeln*) soguk suya tutmak

schrecken[2] <schreckt *o* schrickt, schreckte *o* schrak, geschreckt> *vi sein* (*auf~*) korkmak, ürkmek, (yerinden) sıçramak [*o* fırlamak]; **aus dem Schlaf ~** ürkerek uyanmak

Schrecken [ˈʃrɛkən] *m* <-s, -> **1.** (*Schreck*) korku; (*Entsetzen*) dehşet; **~ erregend** dehşet verici; **mit dem ~ davonkommen** korkusu yanına kâr kalmak **2.** *Pl* (*des Krieges*) dehşet; **schreckenerregend** *adj s.* **Schrecken 1.**

Schreckensherrschaft *f* despotluk

Schreckgespenst *nt* hayalet, karakoncolos

schreckhaft *adj* ürkek

schrecklich *adj* **1.** (*furchtbar*) feci, yürekler acısı; **eine ~e Nachricht** feci bir haber **2.** (*fam: groß, sehr*) korkunç, pek çok; **eine ~e Hitze** korkunç bir sıcak

Schreckschraube *f* (*fam pej*) cadaloz karı

Schreckschuss[RR] *m* kuru sıkı; **Schreckschusspistole[RR]** *f* (*mit Gas*) gaz tabancası; (*mit Platzpatronen*) kuru sıkı atan tabanca

Schrecksekunde *f* dehşet anı

Schrei [ʃraɪ] *m* <-(e)s, -e> bağırma, haykırma; (*schrill*) çığlık, feryat; **einen ~ ausstoßen** çığlık atmak, haykırmak; **der letzte ~** (*fam*) (en) son moda

Schreibblock *m* <-blöcke> bloknot

schreiben [ˈʃraɪbən] <schreibt, schrieb, geschrieben> **I.** *vi, vt* yazmak (*auf* -e); **mit links ~** sol elle yazmak; **jdm/an jdn** (**einen Brief**) **~** birine (bir mektup) yazmak; **hast du was zum S~?** yazacak bir şeyin var mı? **II.** *vr:* **sich ~ 1.** (*Briefe*) yazışmak **2.** (*fam: geschrieben werden*) yazılmak

Schreiben [ˈʃraɪbən] *nt* <-s, -> yazı; (*Brief*) mektup; **Ihr ~ vom ... ~** tarihli mektubunuz

Schreiber(in) *m(f)* <-s, -; -nen> (*Roman*) yazar; (*Brief*) yazan (kimse)

Schreiberling *m* <-s, -e> (*pej*) yazar müsveddesi

schreibfaul *adj* yazmaya üşenen; **Schreibfehler** *m* yazım yanlışı, imlâ hatası; **Schreibheft** *nt* yazı defteri; **Schreibkraft** *f* daktilo(graf); **Schreibmaschine** *f* daktilo; **~ schreiben** daktilo yazmak; **Schreibmaschinenpapier** *nt* daktilo kâğıdı; **Schreibmaschinenschrift** *f* daktilo yazısı; **Schreibpapier** *nt* yazı kâğıdı; **Schreibpult** *nt* yazı kürsüsü; **Schreibschrift** *f ohne Pl* el yazısı; **schreibschützen** *vt* (INFORM) kopya edilmesine karşı korumak, kopyalanamaz yapmak; **Schreibtisch** *m* yazı masası

Schreibung *f* <-en> yazılış

Schreibunterlage *f* sumen

Schreibwaren *fpl* kırtasiye; **Schreibwarenhändler(in)** *m(f)* kırtasiyeci; **Schreibwarenhandlung** *f* kırtasiyeci

Schreibweise *f* **1.** (*Orthographie*) yazılış, yazım **2.** (*Schreibstil*) yazış; **Schreibzeug** *nt* kalem kâğıt

schreien [ˈʃraɪən] <schreit, schrie, ge-

schrien> *vi, vt* **1.** (*Mensch*) bağırmak, haykırmak; (*schrill*) çığlık atmak, feryat etmek; (*wütend*) bağırmak; **nach etw** *dat* ~ bir şey için bağırmak; **das Kind schrie nach seiner Mutter** çocuk anne diye bağırdı; **er schrie vor Angst** korkusundan çığlığı bastı; **sie schrie sich heiser** sesi kısılıncaya kadar bağırdı; **es war zum S~** (*fam*) çok komikti **2.** (*Esel*) anırmak

schreiend *adj* **1.** (*Farbe*) cart, frapan **2.** (*Unrecht*) apaçık

Schreierei *f* <-en> (*pej*) bağırıp çağırma

Schreihals *m* (*fam*) cırlak

Schrein [ʃraɪn] *m* <-(e)s, -e> (*geh*) sanduka; (*für Reliquien*) sandık

Schreiner(in) [ˈʃraɪnɐ] *m(f)* <-s, -; -nen> marangoz; (*Bau~*) doğramacı

Schreinerei *f* <-en> marangozhane

schreiten [ˈʃraɪtən] <schreitet, schritt, geschritten> *vi sein* (*geh*) **1.** (*gehen*) gitmek **2.** (*beginnen*): **zu etw** *dat* ~ bir şeye başlamak; **zur Abstimmung/Tat** ~ oylamaya/eyleme geçmek

schrickt [ʃrɪkt] *3. präs von* **schrecken**[2]

schrie [ʃriː] *3. imp von* **schreien**

schrieb [ʃriːp] *3. imp von* **schreiben**

Schrieb [ʃriːp] *m* <-(e)s, -e> (*fam*) yazı

Schrift [ʃrɪft] *f* <-en> **1.** yazı **2.** (*Hand~*) el yazısı **3.** (*Text*) metin; **die Heilige** ~ Kitabı Mukaddes **4.** *Pl* (*Schweiz: Papiere*) evrak, kâğıtlar *pl;* **Schriftart** *f* <-en> (TYPO) yazı türü, karakter; **Schriftdeutsch** *nt ohne Pl* <-en> Alman yazı dili

Schriftenreihe *f* yazı dizisi

Schriftgrad *m* (TYPO) punto; **Schriftführer(in)** *m(f)* <-s, -; -nen> yazman

schriftlich *adj* yazılı; **das kann ich dir ~ geben** (*fam*) bunu sana yazılı olarak verebilirim

Schriftprobe *f* yazı örneği; **Schriftsatz** *m* <-es, -sätze> **1.** (TYPO: *Satz*) dizgi **2.** (JUR) lâyiha; **Schriftsprache** *f* <-n> yazı dili

Schriftsteller(in) *m(f)* <-s, -; -nen> yazar

Schriftstück *nt* varaka, yazılı kâğıt; **Schriftverkehr** *m* yazışmalar *pl,* muhaberat; **Schriftwechsel** *m* yazışma

schrill [ʃrɪl] *adj* (*Ton*) tiz, kulak tırmalayıcı

schritt [ʃrɪt] *3. imp von* **schreiten**

Schritt [ʃrɪt] *m* <-(e)s, -e> **1.** (*beim Gehen*) adım; **mit schnellen ~en** hızlı adımlarla; **auf ~ und Tritt verfolgen** adım adım izlemek; **nur ein paar ~e von hier** buradan sadece birkaç adım; **mit jdm ~ halten** birine ayak uydurmak; **mit etw ~ halten** (*fig*) bir şeye adım uydurmak; ~ **für** ~ adım adım **2.** (*einer Hose*) apışlık, ağ **3.** (*Handlung*) adım; (*Maßnahme*) önlem, tedbir; **den ersten ~ tun** ilk adımı atmak; **~e in die Wege leiten** önlemler almak;

Schrittmacher *m* <-s, -> **1.** (SPORT) önde giden kimse **2.** (*Herz~*) kalp pili; **Schrittmacher** *m* <-s, -> **1.** (SPORT) önde giden kimse **2.** (*Herz~*) kalp pili; **Schrittmesser** *m* <-s, -> adımsayar

schrittweise *adv* adım adım

schroff [ʃrɔf] *adj* **1.** (*Abhang*) sarp **2.** (*Mensch*) kaba; **etw ~ ablehnen** bir şeyi kabaca reddetmek

schröpfen [ˈʃrœpfən] *vt* **1.** (MED) hacamatlamak, hacamat etmek **2.** (*fam: Person*) yolmak

Schrot [ʃroːt] *m o nt* <-(e)s, -e> **1.** (*Getreide~*) kırma **2.** (*Munition*) saçma; **Schrotflinte** *f* av tüfeği

Schrott [ʃrɔt] *m ohne Pl* <-(e)s> **1.** (*Altmetall*) hurda; **ein Auto zu ~ fahren** arabayı hurdaya çevirmek **2.** (*fam: Unbrauchbares*) hurda; **Schrotthändler(in)** *m(f)* hurdacı; **Schrotthaufen** *m* **1.** (*Ansammlung*) hurda yığını **2.** (*fam: altes Auto*) hurdası çıkmış araba; **Schrottplatz** *m* <-es, -plätze> hurdalık; **schrottreif** *adj* hurda

schrubben [ˈʃrʊbən] *vt* (*Ding*) ovarak temizlemek; (*Person, Körperteil*) ovmak

Schrubber *m* <-s, -> (*fam*) tahta fırçası

Schrulle *f* <-n> tuhaflık, antikalık, kaçıklık

schrullig *adj* tuhaf, antika, kaçık

schrumpelig [ˈʃrʊmp(ə)lɪç] *adj* (*fam*) buruşuk, kırışık

schrumpfen [ˈʃrʊmpfən] *vi sein* **1.** (*Gewebe*) buruşmak, kırışmak **2.** (*Vorräte, Interesse*) azalmak

schrumplig *adj s.* **schrumpelig**

Schub [ʃuːp, *Pl:* ˈʃyːbə] *m* <-(e)s, Schübe> **1.** (*Stoß*) itiş **2.** (PHYS, TECH) itme **3.** (*Gruppe*) kafile; (*Sachen*) parti; **der erste ~ ist schon verkauft** ilk parti satıldı bile

Schubkarren *m* el arabası; **Schubkraft** *f* (PHYS, TECH) itme gücü; **Schublade** *f* <-n> çekmece

Schubs [ʃʊps] *m* <-es, -e> (*fam*) itme

schubsen [ˈʃʊpsən] *vt* (*fam*) itmek

schubweise [ˈʃuːpvaɪzə] *adv* **1.** (*Menschen*) kafileler halinde; (*Sachen*) partiler halinde **2.** (*in Schüben*) nöbetler halinde

schüchtern [ˈʃʏçtɐn] *adj* utangaç

Schüchternheit *f ohne Pl* utangaçlık

schuf [ʃuːf] *3. imp von* **schaffen**

Schuft [ʃʊft] *m* <-(e)s, -e> (*pej*) hain

schuften [ˈʃʊftən] *vi* (*fam*) eşek gibi çalışmak

Schufterei *f ohne Pl* (*fam*) eşek gibi çalışma

Schuh [ʃuː] *m* <-(e)s, -e> ayakkabı, pabuç; **ein Paar ~e** bir çift ayakkabı; **ich weiß, wo ihn der ~ drückt** (*fam fig*) onun canının neye sıkıldığını biliyorum; **jdm etw in die ~e schieben** (*fam*) bir şeyi birinin üstüre atmak; **Schuhanzieher** *m* <-s, -> *s.* **Schuhlöffel** ayakkabı çekeceği; **Schuhbändel** ['ʃu:bɛndəl] *nt* <-s, -> (*südd, Schweiz*) ayakkabı bağı; **Schuhbürste** *f* ayakkabı fırçası; **Schuhcreme** *f* ayakkabı boyası; **Schuhgeschäft** *nt* <-(e)s, -e> ayakkabı mağazası, ayakkabıcı; **Schuhgröße** *f* <-n> ayakkabı numarası; **Schuhlöffel** *m* ayakkabı çekeceği; **Schuhmacher(in)** *m(f)* <-s, -; -nen> kunduracı; **Schuhputzer(in)** *m(f)* <-s, -; -nen> ayakkabı boyacısı; **Schuhsohle** *f* pençe, ayakkabının tabanındaki kösele; **Schuhspanner** *m* ayakkabı kalıbı; **Schuhwerk** *nt ohne Pl* <-(e)s> ayakkabılar *pl*

Schularbeiten *fpl* ev ödevi; **Schulbank** *f* <-bänke> okul sırası; **die ~ drücken** (*fam*) dirsek çürütmek; **Schulbildung** *f* öğrenim; **Schulbuch** *nt* okul kitabı; **Schulbus** *m* okul otobüsü

schuld [ʃʊlt] *adj:* **an etw ~ sein** bir şeyde suçu olmak

Schuld[1] [ʃʊlt] *f ohne Pl* kabahat (*an* -de), suç (*an* -de); (*Verantwortung*) sorumluluk (*an* -de); (JUR) kusur, suçluluk; **es ist (nicht) meine ~** bu benim kabahatim (değil); **die ~ an etw haben** bir şeyde kabahati olmak; **jdm ~ geben** birini suçlamak; **die ~ auf sich nehmen** sorumluluğu üstlenmek [*o* üzerine almak]; **keine Strafe ohne ~** (JUR) kusur olmadan ceza olmaz

Schuld[2] *f* <-en> **1.** (*Geldbetrag*) borç; **ich habe 500 Euro ~en** 500 euro borcum var **2.** (*geh*): **ich stehe in deiner ~** sana gönül borcum var, sana minnet duyuyorum

schuldbewusst[RR] *adj:* **jdm ~ anblicken** birine süt dökmüş kedi gibi bakmak

schulden ['ʃʊldən] *vt* borçlu olmak, borcu olmak; **jdm etw ~** birine bir şey borçlu olmak; **wieviel schulde ich dir?** sana ne kadar borcum var?

schuldenfrei *adj* borçsuz, borcu olmayan; (*Grundstück*) ipoteksiz, takyitsiz

Schuldfrage *f* sorumluluk meselesi; **Schuldgefühl** *nt* <-(e)s, -e> suçluluk duygusu

schuldhaft *adj* kusurlu, taksirli

schuldig ['ʃʊldɪç] *adj* **1.** suçlu, kusurlu; (*verantwortlich*) sorumlu (*an* -den); **wer ist ~?** suçlu kim?; **jdn ~ sprechen** birini mahkûm etmek; **sich ~ bekennen** suçunu kabullenmek **2.** (*Geld*): **jdm etw ~ sein** birine bir şey borçlu olmak; **die Antwort ~ bleiben** cevabını verememek

Schuldige(r) *mf* <-n, -n; -n> suçlu

Schuldigkeit *f:* **seine ~ tun** borcunu ödemek

schuldlos *adj* suçsuz, masum; **~ sein** suçsuz olmak (*an* -de), masum olmak

Schuldner(in) ['ʃʊldnɐ] *m(f)* <-s, -; -nen> borçlu

Schuldschein *m* <-(e)s, -e> borç senedi; **Schuldzuweisung** *f* (*a.* JUR) suçlama

Schule[1] ['ʃu:lə] *f* <-n> **1.** (*Institution, Gebäude*) okul; **in die ~ kommen** okullu olmak; **in die** [*o* **zur**] **~ gehen** okula gitmek **2.** (*Richtung*) ekol; **~ machen** taklit edilmek

Schule[2] *f ohne Pl* (*Unterricht*) ders; **~ haben** dersi olmak

schulen *vt* eğitmek

Schüler(in) ['ʃy:lɐ] *m(f)* <-s, -; -nen> **1.** (*in der Schule*) öğrenci **2.** (*Anhänger*) yandaş; **Schüleraustausch** *m* öğrenci değişimi; **Schülerausweis** *m* paso; **Schülerfahrt** *f* okul gezisi

Schülerschaft *f* <-en> öğrenci temsilciliği

Schülerzeitung *f* okul gazetesi

Schulfach *nt* ders; **Schulferien** *pl* okul tatili; **schulfrei** *adj* okul olmayan; **~e Tage** okul olmayan günler; **heute ist ~** bugün okul yok; **Schulfreund(in)** *m(f)* okul arkadaşı; **Schulgeld** *nt* okul parası; **Schulheft** *nt* okul defteri; **Schulhof** *m* okul avlusu

schulisch *adj:* **~e Fragen** okulla ilgili sorunlar, okula ilişkin sorunlar; **seine ~en Leistungen sind gut/schlecht** okuldaki notları iyi/kötü

Schuljahr *nt* **1.** (*Zeitraum*) ders yılı **2.** (*Klasse*) sınıf; **im achten ~ sein** sekizinci sınıfta olmak; **Schulkamerad(in)** *m(f)* okul arkadaşı; **Schulkind** *nt* okul çocuğu; **Schulklasse** *f* (*Schülergruppe*) sınıf; (*Klassenstufe*) sınıf; **Schulleiter(in)** *m(f)* <-s, -; -nen> okul müdürü; **Schulmedizin** *f ohne Pl* okutulan tıp; **Schulordnung** *f* okul yönetmeliği; **Schulpflicht** *f ohne Pl* zorunlu öğrenim, okula gitme mecburiyeti; **schulpflichtig** *adj:* **er hat zwei Kinder im ~en Alter** zorunlu öğrenim çağında iki çocuğu var; **Schulranzen** *m* okul (sırt) çantası; **Schulrat, -rätin** *m, f* <-(e)s, -räte; -nen> müfettiş; **Schulschiff** *nt* okul gemisi; **Schulschluss** *m ohne Pl* <-es> okul paydosu; **Schulschwänzer(in)** *m(f)* (*fam*) okul kaçağı; **Schulsprecher(in)**[RR] *m(f)* öğrenci temsilcisi; **Schulstunde** *f* ders saati; **Schultasche** *f* okul çantası

Schulter ['ʃʊltɐ] *f* <-n> omuz; **~ an ~** omuz omza; **jdm über die ~ gucken** birini aşağısamak; **mit den ~n zucken** omuz silkmek; **etw auf die leichte ~ nehmen** bir şeyi hafifsemek [*o* yeğnisemek], bir şeyi hafiften [*o* hafife] almak; **etw auf seine ~n nehmen** bir şeyi omuzlamak; **jdm die kalte ~ zeigen** birine omuz kaldırmak; **Schulterblatt** *nt* kürek kemiği; **schulter-**

S

frei *adj* omuzları açık; **Schultergelenk** *nt* (ANAT) omuz eklemi; **Schulterhöhe** *f* omuz yüksekliği; **Schulterklappe** *f* omuzluk, apolet; **schulterlang** *adj* omuzlarına varan, omuzlarına kadar inen

schultern *vt* omuzlamak

Schulterpolster *nt* vatka; **Schulterschluss**[RR] *m ohne Pl* omuzdaşlık

Schulung ['ʃu:lʊŋ] *f* <-en> **1.** (*Unterricht*) ders; (*Belehrung*) öğretim; (*von Personal*) eğitim **2.** (*Lehrgang*) kurs

Schulunterricht *m* okul dersi; **Schulverwaltung** *f* okul idaresi; **Schulweg** *m* okul yolu; **Schulweisheit** *f* <-en> (*pej*) okulda öğrenilmiş şeyler *pl;* **Schulwesen** *nt ohne Pl* <-s> eğitim sistemi; **Schulzeit** *f* okul günleri *pl;* **Schulzeugnis** *nt* okul karnesi

schummeln ['ʃʊməln] *vi* (*fam: beim Spiel*) hile yapmak; (*in der Schule*) kopya çekmek

schumm(e)rig ['ʃʊm(ə)rɪç] *adj* (*fam*) loş; (*dämmerig*) alacakaranlık

Schund [ʃʊnt] *m ohne Pl* <-(e)s> (*fam pej*) süprüntü, döküntü; (*Abfall*) çöp; **Schundroman** *m* (*fam*) adî roman, aşağılık roman

schunkeln ['ʃʊŋkəln] *vi* sağ sola sallanmak

Schuppe ['ʃʊpə] *f* <-n> **1.** (*bei Tieren*) pul **2.** *Pl* (*beim Menschen*) kepek; **ihm fiel es wie ~n von den Augen** (*fig*) birdenbire gözü açıldı

schuppen **I.** *vt:* **einen Fisch ~** balığın pullarını kazımak **II.** *vr:* **sich ~** pullanmak, pul pul olmak; (*Kopfhaut*) kepeklenmek

Schuppen ['ʃʊpən] *m* <-s, -> (*Bau*) kulübe; (*Speicher*) ambar, depo; (*Beat~*) disko

Schuppenflechte *f* (MED) sedef hastalığı; **Schuppentier** *nt* (ZOOL) pullu hayvan

schuppig *adj* **1.** (*Fisch, Haut*) pullu **2.** (*Kopfhaut*) kepekli; **~es Haar haben** saçı kepekli olmak

schüren ['ʃy:rən] *vt* **1.** (*Feuer*) körüklemek **2.** (*fig: Hass, Eifersucht*) alevlendirmek

schürfen ['ʃyrfən] **I.** *vt* **1.** (*Haut*) sıyırmak **2.** (BERGB) aramak **II.** *vr:* **sich ~** sıyrılmak (*an* -de); (*sich kratzen*) çizilmek (*an* -de); **er hat sich am Ellbogen (leicht) geschürft** dirseği (hafifçe) sıyrıldı **III.** *vi:* **tief ~d** esaslı, derine inen; **nach etw ~** aramak

Schürfwunde *f* sıyrık

Schürhaken *m* maşa

Schurke, -in ['ʃʊrkə] *m, f* <-n, -n; -nen> (*pej*) alçak

schurkisch *adj* alçakça

Schurwolle *f ohne Pl* yün

Schürze ['ʃyrtsə] *f* <-n> önlük; **Schürzenjäger** *m* <-s, -> (*fam pej*) zampara, çapkın, hovarda, kadın avcısı

Schuss[RR] [ʃʊs, *Pl:* 'ʃysə] *m* <-es, Schüsse>, **Schuß** *m* <-sses, Schüsse> **1.** (*aus einer Waffe*) atış; **einen ~ abgeben** bir el ateş etmek; **weit vom ~ sein** (*fam*) (gürültü patırtıdan) uzakta olmak; **in ~ sein** (*fam*) sağlam olmak; **etw in ~ bringen** (*fam*) bir şeyi tamir etmek; **etw in ~ halten** (*fam*) bir şeyi bakımlı hâlde tutmak **2.** (*Spritzer*) sıkım **3.** (SPORT: *Fußball*) şut; (*Ski*) şos **4.** (*beim Weben*) atkı, argaç **5.** (*sl: Drogeninjektion*) iğne; **sich** *dat* **einen ~ setzen** kendine iğne vurmak, kendine bir doz zerk etmek

Schüssel ['ʃysəl] *f* <-n> **1.** (*Servier~*) tabak, çanak, kâse; (*Suppen~*) tabak; (*Wasch~*) leğen **2.** (*fam: WC-Becken*) küvet **3.** (*fam: Satelliten~*) çanak

schuss(e)lig[RR] ['ʃʊsəlɪç] *adj* (*fam pej*) beceriksiz, salak, sersem

Schusslinie[RR] *f* ateş hattı; (*einer Kugel*) mermi yolu; **in die ~ geraten** (*fig*) iki ateş arasında kalmak; **Schusswaffe**[RR] *f* ateşli silâh; **Schusswechsel**[RR] *m* karşılıklı ateş etme; **Schussweite**[RR] *f ohne Pl* menzil, kurşun erimi; **außer/in ~** kurşun erimi dışında/içinde; **Schusswunde**[RR] *f* kurşun yarası

Schuster(in) ['ʃu:stɐ] *m(f)* <-s, -; -nen> kunduracı

Schusterahle *f* kunduracı bizi

Schutt [ʃʊt] *m ohne Pl* <-(e)s> döküntü, moloz; **eine Stadt in ~ und Asche legen** bir şehri yerle bir etmek

Schüttelfrost *m ohne Pl* <-(e)s> nöbet (titremesi)

schütteln ['ʃytəln] **I.** *vt* (*Baum*) silkmek, sarsmak; (*Kissen, Decke*) silkelemek; (*Hand*) sıkmak; (*Kopf*) sallamak; **verneinend den Kopf ~** hayır diye başını sallamak; **von einem Fieberanfall geschüttelt werden** nöbetten titremek; **„vor Gebrauch ~"** „kullanmadan önce çalkalayınız~" **II.** *vr:* **sich ~** silkelenmek, silkinmek; **sich vor Ekel ~** tiksintiden silkindi; **er schüttelte sich vor Lachen** gülmekten katıldı

schütten ['ʃytən] **I.** *vt* (*gießen*) boşaltmak (*in* -e), akıtmak (*in* -e); (*ver~*) dökmek **II.** *vunpers* (*fam*) bardaktan boşanırcasına yağmur yağmak

schütter ['ʃytɐ] *adj* seyrek; **sein Haar ist ~ geworden** saçları seyrekleşti

Schutthalde *f* **1.** cüruf yığını **2.** (GEO) birikinti konisi

Schutz [ʃʊts] *m ohne Pl* <-es> koru(n)ma (*vor/gegen* -den/-e karşı), himaye; **~ der Familie/Gesundheit/Jugend/Moral** ailenin/sağlığın/gençlığın/ahlâkın korunması; **im ~e der Dunkelheit** gecenin karanlığından yararlanarak; **sich in jds ~ be-**

geben birine sığınmak; **unter jds ~ stehen** biri tarafından korunmak [*o* himaye görmek]; **in einem Haus ~ suchen** bir eve sığınmak; **jdn in ~ nehmen** birini himayesine almak; **Schutzanzug** *m* <-(e)s, -züge> koruyucu giysi; **schutzbedürftig** *adj* korunmaya muhtaç; **Schutzbehauptung** *f* bahane; **Schutzblech** *nt* <-(e)s, -e> (*am Fahrrad*) çamurluk; **Schutzbrief** *m* **1.** (POL) teminat varakası **2.** (*einer Versicherung*) yol yardım sigortası; **Schutzbrille** *f* koruyucu gözlük

Schütze, -in[1] [ˈʃʏtsə] *m, f* <-n, -n; -nen> **1.** (*mit einer Waffe*) atıcı, nişancı **2.** (*Tor~*) golcü **3.** (*Soldat*) avcı eri

Schütze[2] *m* <-n, -n> (ASTR) Yay; **das Sternbild/der Wendekreis des ~n** Yay burcu/dönencesi

schützen [ˈʃʏtsən] **I.** *vt* korumak (*vor/gegen* -den/-e karşı), himaye etmek; (*bewahren*) korumak (*vor* -den); **gesetzlich geschützt** tescil edilmiş **II.** *vr:* **sich ~** korunmak (*vor/gegen* -den/-e karşı); (*gegen Schaden*) kendini korumak (*gegen* -e karşı)

schützend *adj* koruyucu

Schützenfest *nt* atıcılar şöleni

Schutzengel *m* koruyucu melek

Schützengraben *m* kazamat; **Schützenlinie** *f* (MIL) avcı hattı; **Schützenverein** *m* atıcılık derneği

Schutzgebiet *nt* sit alanı; **Schutzgeld** *nt* <-(e)s, -er> haraç; **~er erpressen** haraç almak; **Schutzhelm** *m* kask; **Schutzhülle** *f* muhafaza; **Schutzimpfung** *f* koruyucu aşı

Schützling [ˈʃʏtslɪŋ] *m* <-s, -e> korunan kimse

schutzlos *adj* korumasız

Schutzmacht *f* hami devlet; **Schutzmarke** *f* marka; **Schutzmaske** *f* koruyucu maske; **Schutzmaßnahme** *f* koruyucu önlem; **gegen etw ~n treffen** bir şeye karşı koruyucu önlemler almak; **Schutzpatron(in)** *m(f)* pir, koruyucu aziz; **Schutzpolizei** *f ohne Pl* kolluk; **Schutzschicht** *f* <-en> koruyucu tabaka, astar; **Schutzumschlag** *m* <-(e)s, -schläge> gömlek; **Schutzvorrichtung** *f* koruma düzeni, muhafaza tertibatı

schwabb(e)lig [ˈʃvab(ə)lɪç] *adj* (*fam*) peltemsi

Schwabe [ˈʃvaːbə] *m*, **Schwäbin** *f* <-n, -n; -nen> Suebyalı

Schwaben [ˈʃvaːbən] *nt* <-s> (*Region*) Suebya, Schwaben

Schwäbin [ˈʃvɛːbɪn] *f* <-nen> *s.* **Schwabe**

schwäbisch [ˈʃvɛːbɪʃ] *adj* Suebya (ile ilgili), Suebyalı; **die ~e Küche** Suebya mutfağı; **~e Frauen/Männer** Suebyalı kadınlar/erkekler

schwach [ʃvax] *adj* <schwächer, am schwächsten> zayıf; (*Getränk, Argument, Börse*) hafif; (*Nachfrage, Leistung, Beteiligung*) az; (*Gesundheit*) rahatsız, zayıf; (*Hoffnung*) zayıf; (*Licht*) soluk, solgun; **~er Punkt** zayıf nokta; **sich ~ fühlen** kendini rahatsız hissetmek; **er ist ~ in Physik** fizikte zayıftır; **bei Torten wird sie immer ~** pasta denildiğinde dayanamaz, pastaya zaafı vardır

Schwäche [ˈʃvɛçə] *f* <-n> zayıflık, zaaf; **eine ~ für etw haben** bir şeye zaafı olmak, bir şeye düşkün olmak; **Schwächeanfall** *m* anî dermansızlık

schwächen [ˈʃvɛçən] *vt* zayıflatmak, azaltmak

Schwachkopf *m* (*pej*) ahmak, budala, akılsız kafa

schwächlich [ˈʃvɛçlɪç] *adj* çelimsiz, cılız

Schwächling [ˈʃvɛçlɪŋ] *m* <-s, -e> (*pej*) çelimsiz kimse

Schwachsinn *m ohne Pl* <-(e)s> **1.** (MED) oligofreni **2.** (*fam pej: Blödsinn*) geri zekâlılık

schwachsinnig *adj* **1.** (MED) oligofren **2.** (*fam pej: blödsinnig*) geri zekâlı

Schwachstelle *f* zayıf nokta; **Schwachstrom** *m* (ELEK) alçak gerilimli akım

Schwächung *f* <-en> zayıf düşürme; (*das Geschwächtsein*) zayıf düşme

Schwaden [ˈʃvaːdən] *m* <-s, -> (*in der Luft*) bulut

schwafeln [ˈʃvaːfəln] *vi* (*fam pej*) abuk sabuk konuşmak (*über* hakkında)

Schwager [ˈʃvaːgɐ] *m* <-s, Schwäger> (*Bruder des Ehemannes/der Ehefrau*) kayın, kayın birader; (*Ehemann der Schwester*) enişte

Schwägerin *f* <-nen> (*Schwester des Ehemannes*) görümce; (*Schwester der Ehefrau*) baldız; (*Ehefrau des Bruders*) yenge

Schwägerschaft *f ohne Pl* kayın hısımlığı

Schwalbe [ˈʃvalbə] *f* <-n> kırlangıç

Schwall [ʃval] *m* <-(e)s, -e> (*Wasser~*) büyük dalga; (*Menschen~*) akın

schwamm [ʃvam] *3. imp von* **schwimmen**

Schwamm [ʃvam, *Pl:* ˈʃvɛmə] *m* <-(e)s, Schwämme> **1.** (*Putz~, Tier*) sünger; **Schwamm drüber!** (*fam*) boş ver! **2.** (*österr, südd: Pilz*) mantar **3.** (*Haus~*) sünger

schwammig *adj* (*abw*) **1.** (*Gesicht, Körper*) sünger gibi **2.** (*Begriff*) lâstik gibi

Schwan [ʃvaːn, *Pl:* ˈʃvɛːnə] *m* <-(e)s, Schwäne> kuğu

schwand [ʃvant] *3. imp von* **schwinden**

schwang [ʃvaŋ] *3. imp von* **schwingen**

schwanger ['ʃvaŋɐ] *adj* gebe, hamile; ~ **sein/werden** gebe [*o* hamile] olmak/kalmak

Schwangere ['ʃvaŋərə] *f* <-n> gebe, hamile

schwängern ['ʃvɛŋɐn] *vt* gebe bırakmak; **mit Rauch geschwängerte Luft** dumanlanmış hava

Schwangerschaft *f* <-en> gebelik, hamilelik; **Schwangerschaftsabbruch** *m* <-(e)s, -brüche> çocuk düşürme; **Schwangerschaftstest** *m* gebelik testi; **Schwangerschaftsverhütung** *f ohne Pl* gebeliği önleme

Schwank [ʃvaŋk, *Pl:* 'ʃvɛŋkə] *m* <-(e)s, Schwänke> **1.** (LIT) kaba komedi **2.** (*Anekdote*) fıkra

schwanken ['ʃvaŋkən] *vi* **1.** (*wanken*) sallanmak; (*hin und her*) gidip gelmek, yalpalamak **2.** *sein* (*torkeln*) bocalamak, yalpa vurmak; (*heraus~*) sarkmak (*aus* -den) **3.** (*Preise, Temperatur*) dalgalanmak **4.** (*zögern*) tereddüt etmek, duraksamak, kararsız olmak

schwankend *adj* (*Bewegung*) sallanan; (*Charakter*) sebatsiz; (*Kurse, Preise*) dalgalı; (*zögernd*) tereddütlü, duraksamalı, kararsız

Schwankung *f* <-en> (*Kurs~, Preis~*) dalgalanma

Schwanz [ʃvants, *Pl:* 'ʃvɛntsə] *m* <-es, Schwänze> **1.** (*eines Tieres*) kuyruk; **den ~ einziehen** (*fam fig*) kuyruğunu apış arasına almak; **es war kein ~ da!** (*fam*) orada kimse yoktu! **2.** (*fam: Penis*) çük, maslahat, kamış

schwänzeln ['ʃvɛntsəln] *vi* (*Hund*) kuyruk sallamak

schwänzen ['ʃvɛntsən] **I.** *vi* (*fam*) dersi asmak, derse gitmemek **II.** *vt* (*fam*) asmak, kırmak; **Biologie ~** biyolojiyi asmak

Schwanzflosse *f* (ZOOL) kuyruk yüzgeci

schwappen ['ʃvapən] **I.** *vi sein* (*irgendwohin ~*) sıçramak (*auf* -e); (*heraus~*) taşmak (*aus* -den) **II.** *vt* sıçratmak (*auf* -e)

Schwarm [ʃvarm, *Pl:* 'ʃvɛrmə] *m* <-(e)s, Schwärme> **1.** (*Bienen~*) oğul; (*Menschen~*) sürü; (*Vogel~, Sardinen~*) sürü **2.** (*Mensch*) gözde

schwärmen ['ʃvɛrmən] *vi* **1.** *sein* (*Bienen*) kovanı terk etmek; (*Insekten*) uçuşmak; (*Menschen*) akın etmek (*zu/in* -e/-e) **2.** (*begeistert sein*) bayılmak (*für* -e), çok hoşlanmak (*für* -den); **ins S~ kommen** aşka gelmek

Schwärmer(in)[1] *m(f)* <-s, -; -nen> hayran; (*Träumer*) hayalci, hayalperest

Schwärmer[2] *m* <-s, -> (*Schmetterling*) kelebek

Schwärmerei *f* <-en> hayranlık (*für* -e)

schwärmerisch *adj* (*begeistert*) hayran; (*träumerisch*) hayalci

Schwarte ['ʃvartə] *f* <-n> **1.** (*Haut*) deri **2.** (*fam: Buch*) kalın kitap

schwarz [ʃvarts] *adj* <schwärzer, am schwärzesten> **1.** (*Farbe*) siyah, kara; **alles ~ sehen** (*fam*) her şeyde karamsar olmak; **das kann ich dir ~ auf weiß geben** (*fam*) bunu sana yazılı [*o* kâğıt üstünde] verebilirim; **da kannst du warten, bis du ~ wirst** (*fam*) daha çok beklersin; **er hat sich ~ geärgert** (*fam*) öfke topuklarına çıktı; **auf der ~en Liste stehen** kara listede adı olmak **2.** (*fam: konservativ*) tutucu, muhafazakâr **3.** (*fam: illegal*) kaçak **4.** (*unglücklich*) kara; **ein ~er Tag** kara bir gün **5.** (*makaber*) kara; **~er Humor** kara mizah **6.** (*Kaffee*) sade; **ich trinke meinen Kaffee ~** ben kahvemi sade içerim

Schwarzafrika *nt* Siyah Afrika; **Schwarzafrikaner(in)** *m(f)* Siyah Afrikalı

Schwarzarbeit *f ohne Pl* kaçak çalışma; **schwarz|arbeiten** *vi* kaçak çalışmak; **Schwarzarbeiter(in)** *m(f)* kaçak işçi

schwarzäugig *adj* siyah saçlı

Schwarzbrot *nt* siyah ekmek; **Schwarzdrossel** *f* (ZOOL: *Amsel*) karatavuk

Schwarze(r) *mf* <-n, -n; -n> siyah

Schwärze ['ʃvɛrtsə] *f ohne Pl* **1.** (*Färbung*) siyahlık **2.** (*Drucker~*) mürekkep

Schwarze Meer *nt* Karadeniz

schwärzen ['ʃvɛrtsən] *vt* karartmak, siyahlatmak; (*färben*) siyahlatmak, siyaha boyamak; **mit Ruß ~** ise tutup karartmak

schwarz|fahren *irr vi sein* (*ohne Fahrkarte*) taşıta biletsiz binmek; (*ohne Führerschein*) ehliyetsiz taşıt sürmek; **Schwarzfahrer(in)** *m(f)* (*ohne Fahrkarte*) biletsiz yolcu, kaçak yolcu

Schwarzfärbung *f* siyahlık

Schwarzgeld *nt* <-es, -er> kara para

schwarzhaarig *adj* siyah saçlı

Schwarzhandel *m* karaborsa; **mit etw ~ treiben** bir şeyi el altından satmak; **schwarz|hören** *vi vergi veya ücret ödemeden kaçak radyo dinlemek;* **Schwarzkehlchen** *nt* (ZOOL) bağrıkara; **Schwarzkümmel** *m* (GASTR) çörek otu; **schwarzlich** *adj* siyahımsı, siyahımtırak; **Schwarzmarkt** *m* karaborsa, kara pazar; **schwarz|sehen** *irr vi vergi veya ücret ödemeden kaçak televizyon seyretmek*

Schwarzwald *m* <-(e)s> Karaorman

schwarz-weiß[RR] *adj*, **schwarzweiß** [-'-] *adj* siyah beyaz

Schwarzweißfernseher [-'----] *m* siyah beyaz televizyon

Schwarzwurzel *f* iskorçina

Schwatz [ʃvats] *m* <-es, -e> (*fam*) sohbet; **einen kleinen ~ mit jdm halten** biriyle kısaca sohbet etmek

schwatzen *vi, vt,* **schwätzen** ['ʃvɛtsən] *vi, vt* (*reg*) gevezelik etmek (*über* -den), çene çalmak

Schwätzer(in) *m(f)* <-s, -; -nen> (*abw: gesprächig, klatschhaft*) geveze, çaçaron, çenesi düşük, boşboğaz

schwatzhaft *adj* (*pej*) geveze, çaçaronca

Schwatzhaftigkeit *f ohne Pl* (*Gesprächigkeit*) gevezelik, çaçaronluk

Schwebe ['ʃveːbə] *f*: **in der ~** sallantıda, askıda; **Schwebebahn** *f* (*an einer Schiene*) monoray asma tren hattı; (*an Seilen*) teleferik; **Schwebebalken** *m* (SPORT) denge kalası

schweben ['ʃveːbən] *vi* **1.** *sein* (*Vogel*) süzülmek; (*Ballon*) uçmak **2.** (*an einem Seil*) sallanmak (*an* -de) **3.** (*noch nicht abgeschlossen sein*) askıda olmak; **in Gefahr ~** tehlikede olmak

Schwede, -in *m, f* <-n, -n; -nen> İsveçli

Schweden ['ʃveːdən] *nt* <-s> İsveç

schwedisch *adj* İsveç (ile ilgili), İsveçli; **~e Frauen/Männer** İsveçli kadınlar/erkekler; **die ~e Regierung** İsveç hükümeti

Schwedisch *nt ohne Pl* İsveççe; **im ~en** İsveççede

Schwefel ['ʃveːfəl] *m ohne Pl* <-s> (CHEM) kükürt; **Schwefelbad** *nt* **1.** (MED) kükürt banyosu **2.** (*Kurort*) kükürtlü ılıca; **Schwefelblume** *f,* **Schwefelblüte** *f* kükürt çiçeği; **Schwefeldioxid** [--'---] *nt* <-s, -e> (CHEM) kükürt dioksit; **schwefelhaltig** *adj* kükürtlü

Schwefelsalbe *f* kükürtlü merhem

Schwefelsäure *f ohne Pl* (CHEM) sülfürik asit

Schwefelung *f* (*das Schwefeln*) kükürtleme; (*das Geschwefeltwerden*) kükürtlenme

Schweif [ʃvaɪf] *m* <-(e)s, -e> **1.** (*geh*) kuyruk **2.** (ASTR: *eines Kometen*) saç

schweifen *vi sein* (*geh*) gezinmek (*durch* -de), dolaşmak (*durch* -de); **den Blick ~ lassen** bakışlarını dolaştırmak

Schweigegeld *nt ohne Pl* <-(e)s> susmalık, sus payı; **~ fordern** sus payı istemek; **Schweigemarsch** *m* <-(e)s, -märsche> sessiz yürüyüş; **Schweigeminute** *f* saygı duruşu

schweigen ['ʃvaɪgən] <schweigt, schwieg, geschwiegen> *vi* susmak, ses çıkarmamak (*zu/über* -e/-e, *vor/aus* önünde/gereği), sesi çıkmamak; **ganz zu ~ von … …** şöyle dursun

Schweigen *nt ohne Pl* <-s> susma, sükût, sessizlik; **jdn zum ~ bringen** birini susturmak; **das ~ brechen** sessizliği bozmak; **sich in ~ hüllen** sessizliğe gömülmek, hiç söz etmemek, sesi çıkmamak; **Reden ist Silber, ~ ist Gold** (*prov*) söz gümüşse sükût altındır

Schweigepflicht *f ohne Pl* susma zorunluluğu, sır saklama zorunluluğu; **der ~ unterliegen** sır saklamak zorunda olmak

schweigsam *adj* suskun

Schweigsamkeit *f ohne Pl* suskunluk

Schwein [ʃvaɪn] *nt* <-(e)s, -e> **1.** (*Tier*) domuz **2.** (*fam: Mensch*) hınzır, pis herif; **ein armes ~** zavallının biri; **kein ~ (war dort/sah uns)** (orada/bizi) hiç kimse (yoktu/görmedi) **3.** (*fam: Glück*): **~ haben** şansı yaver gitmek; **Schweinebraten** *m* domuz rostosu; **Schweinefleisch** *nt* domuz eti; **Schweinehund** *m* <-(e)s, -e> (*vulg*) köpekoğlu, teres; **seinen inneren ~ überwinden** içindeki korkuyu yenmek; **Schweinekotelett** *nt* domuz pirzolası; **Schweinepest** *f ohne Pl* domuz vebası

Schweinerei *f* <-en> (*fam*) **1.** (*Schmutz*) pislik **2.** (*Ärgernis*) rezalet **3.** (*Unanständiges*) edepsizlik, ayıp

Schweinestall *m* domuz ağılı; (*fig*) ahır

schweinisch *adj* (*fam*) ayıp; (*Witz*) yakası açılmadık

Schweinshaxe *f* (*südd, österr:* GASTR) domuz paçası

Schweiß [ʃvaɪs] *m ohne Pl* <-es> ter; **in ~ gebadet** sırsıklam ter içinde; **mir brach der ~ aus** bana ter bastı; **im ~e seines Angesichts** alın teriyle; **Schweißausbruch** *m* <-(e)s, -brüche> ter dökme

Schweißbrenner *m* (TECH) kaynak üfleci, oksijenli hamlaç

Schweißdrüse *f* ter bezi

schweißen ['ʃvaɪsən] *vt* kaynak yapmak

Schweißer *m* kaynakçı

Schweißfüße *mpl* çok terleyen ayaklar *pl;* **schweißgebadet** ['--'--] *adj* kan ter içindeki; **er war ~** kan ter içindeydi [*o* içinde kaldı]

Schweißnaht *f* kaynak eki [*o* dikişi]

schweißnass[RR] ['-'-] *adj* terli; **schweißtreibend** *adj* terletici; **Schweißtropfen** *m* ter damlacığı

Schweiz [ʃvaɪts] *f* İsviçre; **in die ~ fahren** İsviçre'ye gitmek; **die französische/italienische ~** Fransız/İtalyan İsviçresi

Schweizer(in) *m(f)* <-s, -; -nen> İsviçreli; **Schweizerdeutsch** *nt* İsviçre Almancası

schweizerisch ['ʃvaɪtsərɪʃ] *adj* İsviçre (ile ilgili), İsviçreli; **~e Frauen/Männer** İsviçreli kadınlar/erkekler; **die ~e Regierung/Währungseinheit** İsviçre hükümeti/para birimi

schwelgen ['ʃvɛlgən] *vi* **1.** (*gut essen*) doya

S

doya ve zevkle yemek yemek **2.** (*in Gedanken, Gefühlen*) kendinden geçmek (*in* içinde); **im Überfluss** ~ sefa ve bolluk içinde yaşamak

schwelgerisch *adj* **1.** mest olmuş, kendinden geçmiş; (*ausschweifend*) sefih, lüks **2.** (*Mahl*) zengin

Schwelle ['ʃvɛlə] *f* <-n> **1.** (*Tür~*) eşik; **keinen Fuß mehr über jds ~ setzen** (*geh*) birinin evine adım atmamak; **an der ~ zum 21. Jahrhundert** 21. yüzyılın eşiğinde **2.** (EISENB: *Bahn~*) travers **3.** (GEO) eşik

schwellen[1] ['ʃvɛlən] <schwillt, schwoll, geschwollen> *vi sein* şişmek; (*Fluss*) kabarmak

schwellen[2] *vt* **1.** (*geh: blähen*) şişirmek; **der Wind schwellte die Segel** rüzgâr yelkenleri şişirdi; **mit geschwellter Brust erzählte er** göğsünü kabarta kabarta anlattı **2.** (*Schweiz: weich kochen*) yumuşayıncaya kadar pişirmek

Schwellenangst *f ohne Pl* (PSYCH) karar verme korkusu; **Schwellenland** *nt* <-(e)s, -länder> eşik ülke

Schwellung *f* <-en> şiş, şişme, şişkinlik

Schwemme ['ʃvɛmə] *f* <-n> (WIRTSCH) arz fazlalığı (*an* -de)

schwemmen ['ʃvɛmən] *vt* **1.** (*schwimmen lassen*) yüzdürmek **2.** (*österr: spülen*) yıkamak **3.** (*einweichen*) suya yatırmak; (*wässern*) sulamak **4.** (*österr: flößen*) yüzdürmek

Schwengel ['ʃvɛŋəl] *m* <-s, -> **1.** (*Glocken~*) tokmak **2.** (*Pumpen~*) kol

Schwenk [ʃvɛŋk] *m* <-(e)s, -s *o* -e> **1.** (FILM, TV) dönme **2.** (*Drehung*) dönme; **einen ~ nach rechts machen** sağa dönmek

schwenkbar *adj* döner

schwenken ['ʃvɛŋkən] **I.** *vi sein* dönmek, çark etmek **II.** *vt* **1.** (*drehen*) döndürmek **2.** (*ausspülen*) çalkalamak, durulamak, sudan geçirmek **3.** (*hin und her bewegen*) ileri geri hareket ettirmek; (*Arme, Fahne*) sallamak **4.** (GASTR) çalkalamak

schwer [ʃveːɐ] **I.** *adj* **1.** (*Gewicht*) ağır; **ein drei Kilo ~es Paket** üç kilo ağırlığında bir paket; **wie ~ ist das?** bunun ağırlığı nedir? **2.** (*ernst, schlimm*) ağır; (*Enttäuschung*) büyük; (*Strafe*) ağır; (*Gewitter*) sert; **ein ~er Irrtum** büyük bir hata **3.** (*Arbeit*) ağır; (*Tag*) zor; **ein ~es Leben haben** zor bir yaşamı olmak **4.** (*schwierig*) güç; **das ist ~ zu sagen** bunu söylemek güçtür; **sie hat es ~ mit ihm** onunla yaşaması kolay değil **5.** (*Duft, Essen*) ağır **II.** *adv:* **ich bin ~ enttäuscht** büyük hayal kırıklığına uğramak; **~ erkrankt/verletzt sein** ağır hasta/yaralı olmak; **~ atmen** güç nefes almak; **~ bewaffnet** ağır silâhlı; **jdn ~ bestrafen** birine ağır ceza vermek; **sich ~ täuschen** çok yanılmak; **sie ist ~ gestürzt** çok kötü düştü

Schwerarbeit *f ohne Pl* ağır iş; **Schwerbehinderte(r)** *mf* ağır özürlü; **Schwerbeschädigte(r)** *mf* <-n, -n; -n> ağır malûl

Schwere ['ʃveːrə] *f ohne Pl* (*geh*) **1.** (*Gewicht*) ağırlık **2.** (*Schwierigkeit*) zorluk **3.** (*Ernsthaftigkeit*) ciddiyet, ciddîlik **4.** (*Ausmaß*) boyut(lar) *(pl)*; (*einer Strafe*) ağırlık

schwerelos *adj* ağırlıksız

Schwerelosigkeit *f ohne Pl* ağırlıksızlık

Schwerenöter [-nøːtɐ] *m* <-s, -> (*fam*) çapkın

schwererziehbar ['--'--] *adj s.* **erziehbar**;

schwer|fallen *irr vi sein s.* **fallen 9.**

schwerfällig [-fɛlɪç] *adj* (*langsam*) ağır, ağır canlı, hımbıl; (*träge*) uyuşuk, miskin; (*Stil*) ağır; **~en Geistes sein** aklı hımbıl olmak

Schwerfälligkeit *f ohne Pl* ağır canlılık, hımbıllık

Schwergewicht[1] *nt* <-(e)s, -e> (SPORT: *Sportler*) ağır sıklet

Schwergewicht[2] *nt ohne Pl* <-(e)s> **1.** (*Nachdruck*): **das ~ auf etw legen** bir şeye ağırlık vermek **2.** (SPORT: *Gewichtsklasse*) ağır sıklet

schwerhörig *adj* kulağı ağır işiten

Schwerhörigkeit *f ohne Pl* ağır işitme

Schwerindustrie *f ohne Pl* ağır sanayi

Schwerkraft *f ohne Pl* (PHYS, ASTR) yer çekimi

schwerkrank ['-'-] *adj s.* **krank**

schwerlich *adv:* **etw ~ tun** bir şeyi pek yapamamak

schwer|machen *vt s.* **machen I.4.**

Schwermetall *nt* ağır metal

Schwermut *f ohne Pl* hüzün

schwermütig *adj* hüzünlü

schwer|nehmen *irr vt s.* **nehmen 7.**

Schwerpunkt *m* **1.** (PHYS) ağırlık merkezi **2.** (*fig*) ağırlık merkezi; **den ~ auf etw setzen** bir şeye ağırlık vermek

schwerreich ['-'-] *adj* (*fam*) zengin, Karun gibi

Schwert [ʃveːɐt] *nt* <-(e)s, -er> **1.** (*Waffe*) kılıç; **wie ein zweischneidiges ~** Acem kılıcı gibi **2.** (NAUT) pala; **Schwertfisch** *m* kılıç balığı; **Schwertlilie** *f* (BOT: *Iris*) süsen

schwer|tun *irr vr:* **sich ~** *s.* **tun III.**

Schwerverbrecher(in) *m(f)* ağır suç işleyen (kimse)

schwerverdaulich ['--'--] *adj s.* **verdaulich**;

schwerverletzt *adj s.* **verletzen I.1.**;

Schwerverletzte(r) *mf* ağır yaralı;

schwerverständlich ['--'--] *adj s.* **verständlich**

schwerwiegend *adj* ağır basan, ciddî, ağırlatıcı

Schwester ['ʃvɛstɐ] *f* <-n> **1.** (*Verwandte*) kızkardeş; (*älter*) abla **2.** (*Kranken~*) hemşire **3.** (*Nonne*) rahibe

Schwesternhelferin *f* <-nen> hemşire yardımcısı

schwieg [ʃviːk] *3. imp von* **schweigen**

Schwiegereltern ['ʃviːgɐ-] *pl* kayın valide ve kayınpeder, kaynana ve kaynata; **Schwiegermutter** *f* <-mütter> kayın valide, kaynana; **Schwiegersohn** *m* damat; (*der im Haus der Schwiegereltern wohnt*) iç güvey; **Schwiegertochter** *f* gelin; **Schwiegervater** *m* kayın peder, kayın baba, kaynata

Schwiele ['ʃviːlə] *f* <-n> nasır

schwielig *adj* nasırlı

schwierig ['ʃviːrɪç] *adj* güç, zor

Schwierigkeit *f* <-en> güçlük, zorluk; **in ~en geraten** zora düşmek; **jdn in ~en bringen** birine güçlük çıkarmak

Schwierigkeit *f* <-en> güçlük, zorluk; **in ~en geraten** zora düşmek; **jdn in ~en bringen** birine güçlük çıkarmak; **Schwierigkeitsgrad** *m* güçlük derecesi

schwillt [ʃvɪlt] *3. präs von* **schwellen**

Schwimmbad *nt* yüzme havuzu (tesisi); **Schwimmbecken** *nt* yüzme havuzu; **Schwimmdock** *nt* yüzer havuz

schwimmen ['ʃvɪmən] <schwimmt, schwamm, geschwommen> **I.** *vi haben o sein* **1.** (*Person, Fisch*) yüzmek; **wir gehen ~** yüzmeye gidiyoruz; **er kann nicht ~** yüzme bilmiyor; **auf dem Rücken ~** sırtüstü yüzmek; **über den See ~** gölü yüzerek geçmek; **ins S~ geraten** bocalamak **2.** (*Ding*) yüzmek (*auf* -de) **II.** *vt sein:* **einen Rekord ~** yüzerek rekor kırmak

Schwimmer(in)[1] *m(f)* <-s, -; -nen> yüzücü

Schwimmer[2] *m* <-s, -> **1.** (TECH) şamandıra **2.** (*an einer Angel*) (olta) şamandıra(sı)

Schwimmflosse *f* palet; **Schwimmflügel** *m* şişirme kolluk; **Schwimmhalle** *f* yüzme salonu, kapalı yüzme havuzu; **Schwimmlehrer(in)** *m(f)* yüzme öğretmeni; **Schwimmsport** *m* yüzme sporu; **Schwimmweste** *f* cankurtaran yeleği

Schwindel ['ʃvɪndəl] *m ohne Pl* <-s> **1.** (*~gefühl*) baş dönmesi; (*vor einem Abgrund*) göz kararması; **~ erregend** baş döndürücü **2.** (*fam pej: Betrug*) dolan; (*Lüge*) yalan, palavra

Schwindelei *f* <-en> (*pej*) **1.** (*Betrug*) dolan **2.** (*Lüge*) yalan dolan

schwindelerregend *adj s.* **Schwindel 1.**; **schwindelfrei** *adj:* **~ sein** başı dönmemek

schwindelig *adj* başı dönen; **mir ist ~** başım dönüyor

schwindeln ['ʃvɪndəln] **I.** *vi* (*fam: lügen*) yalan atmak [*o* kıvırmak], palavra atmak **II.** *vunpers* (*sich schwindlig fühlen*): **mir schwindelt** başım dönüyor

schwinden ['ʃvɪndən] <schwindet, schwand, geschwunden> *vi sein* (*geh*) **1.** (*abnehmen*) azalmak, kendiliğinden eksilmek, fire vermek; **im S~ begriffen sein** azalmakta olmak **2.** (*ver~*) kaybolmak

Schwindler(in) ['ʃvɪndlɐ] *m(f)* <-s, -; -nen> (*pej*) düzenbaz; (*Lügner*) yalancı, palavracı; (*Betrüger*) dolandırıcı, dalavereci

schwind(e)lig ['ʃvɪndlɪç] *adj:* **mir ist ~** başım dönüyor

Schwindsucht ['ʃvɪnt-] *f* verem; **schwindsüchtig** *adj* veremli, vereme tutulmuş, vereme müptelâ

Schwinge ['ʃvɪŋə] *f* <-n> **1.** (*geh: Flügel*) kanat **2.** (*für Getreide*) kalbur

schwingen ['ʃvɪŋən] <schwingt, schwang, geschwungen> **I.** *vi* **1.** *haben o sein* (*Schaukel, Person*) sallanmak; (*Pendel*) salınım yapmak **2.** (*vibrieren*) titremek; **Freude schwingt in ihrer Stimme** sesinden sevinci belli oluyor; **in seinen Worten schwang Ärger** sözlerinden öfkesi belli oluyordu; **schön geschwungene Augenbrauen** güzel kavisli kaşlar **II.** *vt* sallamak; (*Fahne*) sallamak; (*Axt, Peitsche, Stock*) sallamak; **große Reden ~** yüksekten atmak **III.** *vr:* **sich auf etw ~** bir şeyin üstüne sıçramak; **sich über etw ~** bir şeyin üstünden sıçramak; **sich in die Lüfte ~** havaya sıçramak

Schwingtür *f* <-en> çarpma kapı

Schwingung *f* <-en> (*a.* PHYS: *eines Pendels*) salınım; (*Vibration*) titreşim; **etw in ~ versetzen** bir şeyi titreştirmek; **Schwingungsdämpfung** *f* (PHYS) salınım sönümü

Schwippschwager *m* (*fam*) bacanak

Schwips [ʃvɪps] *m* <-es, -e> (*fam*): **einen ~ haben** çakırkeyf olmak; **sich** *dat* **einen ~ antrinken** içerek kafayı bulmak

schwirren ['ʃvɪrən] *vi sein* (*Mücken*) vızıldamak; (*Gedanken*) vızır vızır gelip gitmek; (*Pfeil, Kugel*) vızlamak; (*Gerüchte*) dolaşmak

Schwitzbad *nt* terletici banyo

schwitzen ['ʃvɪtsən] *vi, vt* terlemek; **ins S~ kommen** ter dökmek

schwofen ['ʃvoːfən] *vi* (*fam*) dans etmek

schwoll [ʃvɔl] *3. imp von* **schwellen**

schwor [ʃvoːɐ] *3. imp von* **schwören**

schwören ['ʃvøːrən] <schwört, schwor, geschworen> *vi, vt* yemin etmek (*bei* üzerine); **ich könnte ~, dass er es war** (*fam*) onun olduğuna yemin edebilirim; **auf etw/jdn ~** (*vertrauen*) bir şeye/kimseye çok güvenmek

schwul [ʃvuːl] *adj* (*fam*) ibne, top, eş cinsel, homoseksüel

schwül [ʃvyːl] *adj* bunaltıcı derecede sıcak; **es ist ~** hava bunaltıcı derecede sıcak

Schwule(r) *m* <-n, -n> (*fam*) ibne, top, nonoş

Schwüle [ˈʃvyːlə] *f ohne Pl* bunaltıcı (derecede) sıcak(lık)

schwulstig [ˈʃvʊlstɪç] *adj* (*österr: abw*), **schwülstig** [ˈʃvʏlstɪç] *adj* (*pej: Stil*) tumturaklı, debdebeli; (*Architektur*) aşırı süslü

Schwund [ʃvʊnt] *m ohne Pl* <-(e)s> **1.** (*Abnahme*) azalma; (MED) erime **2.** (*Verlust*) kayıp; (*Wegfall*) düşme **3.** (*Material~*) fire

Schwung[1] [ʃvʊŋ, *Pl:* ˈʃvʏŋə] *m* <-(e)s, Schwünge> hamle, atılım

Schwung[2] *m ohne Pl* <-(e)s> **1.** (*Antrieb*) dürtü; **~ holen** hız almak; **in ~ kommen** (*fam: Person*) harekete geçmek; **richtig in ~ sein** (*fam: Person*) iyice coşmak **2.** (*Elan*) şevk **3.** (*fam: Menge*) yığın

Schwungfeder *f* (ZOOL) telek

schwunghaft *adj* canlı

Schwungkraft *f* (PHYS) merkezkaç kuvvet

Schwungrad *nt* (TECH) volân

schwungvoll *adj* hareketli, canlı, coşkulu

Schwur [ʃvuːɐ, *Pl:* ˈʃvyːrə] *m* <-(e)s, Schwüre> yemin, ant; **einen ~ leisten** yemin etmek, ant içmek

Schwurgericht *nt* ağır ceza mahkemesi

Sciencefiction[RR] [saɪnsˈfɪktʃən] *f ohne Pl* bilimkurgu

sec *Abk. von* **Sekunde** saniye

sechs [zɛks] *adj inv* altı; *s. a.* **acht**[1]

Sechs *f* <-en> **1.** (*Zahl*) altı **2.** (*Spielkarte*) altılı

Sechseck *nt* altıgen

sechseckig *adj* altıgen, altı köşeli

sechserlei [ˈzɛksɐˈlaɪ] *adj inv* altı türlü; *s. a.* **achterlei**

sechsfach **I.** *adj* altı (kat); **die ~e Menge** altı misli; **in ~er Ausfertigung** altı nüsha olarak **II.** *adv* altı kere; *s. a.* **achtfach**

Sechsflach *nt* <-s, ->, **Sechsflächner** *m* <-s, -> (MATH: *Hexaeder*) altı yüzlü

sechshundert [ˈ-ˈ--] *adj inv* altı yüz; *s. a.* **achthundert**

Sechskantschraube *f* (TECH) altıköşe başlı cıvata

sechsmal *adv* altı kere; *s. a.* **achtmal**

Sechstagerennen [-ˈ----] *nt* (SPORT) *kapalı salonda pistte yapılan ve altı gün süren bisiklet yarışları*

sechstausend [ˈ-ˈ--] *adj inv* altı bin; *s. a.* **achttausend**

sechste(r, s) *adj* altıncı; *s. a.* **achte(r, s)**

sechstel [ˈzɛkstəl] *adj inv* altıda bir; *s. a.* **achtel**

Sechstel *nt* altıda bir; *s. a.* **Achtel**

sechstens [ˈzɛkstəns] *adv* altıncı olarak; (*bei einer Aufzählung*) altıncısı; *s. a.* **achtens**

sechzehn [ˈzɛçtseːn] *adj inv* on altı; *s. a.* **acht**[1]

sechzehnte(r, s) *adj* on altıncı; *s. a.* **achte(r, s)**

sechzig [ˈzɛçtsɪç] *adj inv* altmış; *s. a.* **achtzig**

Sechzigerjahre [ˈ---ˈ--] *ntpl* altmışlı yıllar *pl*

sechzigste(r, s) *adj* altmışıncı; *s. a.* **achtzigste(r, s)**

Secondhandladen [sɛkəntˈhɛ(ː)ntlaːdən] *m* <-s, -läden> ikinci elden konfeksiyon mağazası

SED [ɛsʔeːˈdeː] *f* (HIST, POL) *Abk. von* **Sozialistische Einheitspartei Deutschlands** Almanya Sosyalist Birlik Partisi

Sedimentation *f* (GEO) sedimantasyon

Sedimentgestein *nt* (GEO) tortul kayaç

See[1] [zeː, *Pl:* ˈzeːən] *m* <-s, -n> (*Binnengewässer*) göl; **der Genfer ~** Cenevre Gölü

See[2] *f ohne Pl* (*Meer*) deniz; **die offene ~** açık deniz, alarga; **auf ~** denizde; **auf hoher ~** açık denizde; **an die ~ fahren** denize gitmek; **zur ~ fahren** denizci olmak; **in ~ stechen** denize açılmak, alarga etmek

Seeadler *m* balık kartalı; **Seebad** *nt* plâj; **Seebär** *m* <-en, -en> **1.** (*Tier*) denizayısı **2.** (*fam: Seemann*) denizkurdu; **Seebarbe** *f* (ZOOL) barbunya; **Seebeben** *nt* <-s, -> (GEO) deniz depremi; **Seeblockade** *f* deniz ablukası; **Seefahrer** *m* <-s, -> denizci

Seefahrt[1] *f ohne Pl* (*Schifffahrt*) denizcilik, seyrüsefer

Seefahrt[2] *f* <-en> (*Schiffsreise*) deniz yolculuğu; (*Kreuzfahrt*) deniz gezisi

seefest *adj* **1.** (*seetüchtig*) denize elverişli **2.** (*nicht seekrank werdend*): **ich bin ~** beni deniz tutmaz; **er ist nicht ~** onu deniz tutar

Seefisch *m* deniz balığı; **Seefracht** *f* deniz navlunu; **Seegang** *m ohne Pl* <-(e)s> dalgalı deniz; **starker ~** şiddetli çalkantı; **Seegras** *nt* <-es, -gräser> deniz yosunu; **Seehafen** *m* deniz limanı; **Seehandel** *m* deniz ticareti; **Seehecht** *m* berlam; **Seehund** *m* <-(e)s, -e> fok, ayı balığı; **Seeigel** *m* deniz kestanesi; **Seekarte** *f* deniz haritası; **Seeklima** *nt* deniz iklimi; **seekrank** *adj*: **~ werden** deniz tutmak; **Seekrankheit** *f ohne Pl* deniz tutması; **Seekrieg** *m* deniz savaşı; **Seelachs** *m* deniz salmonu

Seele ['ze:lə] *f* <-n> ruh; **ein Herz und eine ~ sein** (*fig*) can ciğer (kuzu sarması) olmak; **eine schwarze ~ haben** kötü ruhlu olmak; **sich die ~ aus dem Leib schreien** avaz avaz bağırmak; **sich** *dat* **etw von der ~ reden** içini dökmek; **mit ganzer ~** bütün ruhuyla; **eine ~ von Mensch** çok iyi bir insan; **Seelenfriede(n)** *m ohne Pl* <-(n)s> iç huzuru; **Seelenheil** *nt* (REL) ruh sağlığı; **Seelenleben** *nt ohne Pl* <-s> (*geh*) iç yaşantısı; **Seelenruhe** ['----, '--'--] *f* ruh dinginliği, iç huzuru; **in aller ~** rahat rahat; **seelenruhig** ['--'--] *adv* iç huzuruyla; **Seelenwanderung** *f* (REL) ruh göçü, tenasüh

Seeleute *pl* denizciler *pl*

seelisch I. *adj* ruhî, ruhsal; **~ bedingt** ruhî **II.** *adv* ruhen

Seelöwe *m* <-n, -n> denizaslanı

Seelsorge *f ohne Pl* (REL) rahiplik

Seelsorger *m* <-s, -> (REL) rahip

Seeluft *f ohne Pl* deniz havası; **Seemacht** *f* <-mächte> deniz gücü; **Seemann** *m* <-(e)s, -leute> denizci; **Seemeile** *f* deniz mili; **Seenadel** *f* deniziğnesi; **Seenot** *f ohne Pl* deniz tehlikesi; **ein Schiff in ~** deniz tehlikesi altında bulunan bir gemi; **Seepferdchen** *nt* <-s, -> (ZOOL) denizatı; **Seeräuber(in)** *m(f)* deniz haydutu; **Seerecht** *nt ohne Pl* deniz hukuku; **Seereise** *f* deniz yolculuğu; (*Kreuzfahrt*) deniz gezisi; **Seerose** *f* **1.** (ZOOL: *Aktinie*) denizgülü **2.** (BOT: *Teichrose*) nilüfer; **Seeschifffahrt**[RR] *f ohne Pl* denizcilik; **Seeschlacht** *f* deniz muharebesi; **Seeschlange** *f* (ZOOL) deniz yılanı; **Seestern** *m* (ZOOL) denizyıldızı; **Seetang** *m* deniz yosunu; **Seeteufel** *m* (ZOOL) fener balığı; **seetüchtig** *adj* denize elverişli; **Seeufer** *nt* deniz kıyısı; **Seeweg** *m* deniz yolu; **auf dem ~ reisen** deniz yolu ile yolculuk yapmak; **Seewind** *m* imbat, deniz yeli; **Seezunge** *f* (ZOOL) dil balığı

Segel ['ze:gəl] *nt* <-s, -> **1.** yelken; **die ~ aufziehen** yelken dikmek; **die ~ setzen** yelken açmak, yelkenleri fora etmek; **die ~ einholen** yelkenleri toplamak; **die ~ streichen** yelkenleri indirmek; (*fam fig: nachgeben*) yelkenleri suya indirmek; **unter ~ gehen** yelken basmak, yelkenlemek **2.** (*Gaumen~*) etek; **Segelboot** *nt* yelkenli, yelkenli tekne; **segelfliegen** *vi* plânörle uçmak; **Segelflieger(in)** *m(f)* <-s, -; -nen> plânörcü; **Segelfliegerei** *f ohne Pl* plânörcülük; **Segelflug** *m* plânörle uçuş; **Segelflugzeug** *nt* plânör; **Segeljacht** *f* yelkenli yat; **Segelklub** *m* yelken(cilik) kulübü

segeln ['ze:gəln] *vi sein* yelkenliyle gezmek; (*als Sport*) yelken sporu yapmak; (*Vogel, Segelflugzeug*) havada süzülmek; **~ gehen** yelkenliyle gezmeye gitmek; **durchs Examen ~** (*fam fig*) sınavda çakmak

Segelohren *ntpl* (*fam*) yelken kulaklar *pl*

Segelregatta *f* yelken yarışı

Segelschiff *nt* yelkenli gemi; **Segeltörn** *m* yelkenli gezisi; **Segeltuch** *nt* <-(e)s, -e> yelken bezi

Segen ['ze:gən] *m ohne Pl* <-s> **1.** (*Einwilligung, a.* REL) onama, muvafakat; **seinen ~ zu etw geben** (*fam*) bir şeyi onamak **2.** (*göttlicher ~*) inayet, lütfuilâhî **3.** (*Glück*) şans; (*Wohltat*) nimet, lütuf, ihsan; **es ist ein ~, dass es nicht regnet** yağmur yağmaması (bir) nimet **4.** (*reicher Ertrag*) bereket; **sich regen bringt ~** (*prov*) nerede hareket, orada bereket; **segensreich** *adj* bereketli

Segler(in) *m(f)* <-s, -; -nen> yelkenci

Segment [zɛ'gmɛnt] *nt* <-(e)s, -e> (*a.* LING, MATH) parça; (BIOL) bölüt

segnen ['ze:gnən] *vt* kutsamak, takdis etmek

Segnung *f* kutsama, takdis

sehbehindert *adj* görme özürlüsü; **Sehbehinderte(r)** *mf* görme özürlüsü kimse

sehen ['ze:ən] <sieht, sah, gesehen> **I.** *vt* görmek; (*betrachten*) bakmak; (*bemerken*) görmek; **wir ~ uns morgen** yarın görüşürüz; **jdn wieder ~** birini tekrar görmek; **ich sehe das anders** ben bunu başka türlü görüyorum; **sich bei jdm ~ lassen** (*fam*) birine görünmek, birine uğramak; **lass dich ja nicht mehr hier ~** (*fam*) buralarda sakın bir daha görünme; **kann ich mich so ~ lassen?** milletin karşısına böyle çıkabilir miyim?; **so ge~ hast du natürlich Recht** böyle bakıldığında tabiî [*o* elbette] hakkın var; **die Gefahr kommen ~** tehlikeyi önceden görmek; **ich kann so etwas (überhaupt) nicht ~** (*ertragen*) böyle bir şeyi görmeye (hiç) gelemem; **etw nicht mehr ~ können** (*fam: satt haben*) bir şeyi görmekten bıkmak; **hat man so was schon ge~!** (*fam*) şimdiye kadar böyle bir şey görülmüş mü! **II.** *vi* görünmek; (*blicken*) bakmak (*auf*-e); **gut/schlecht ~** iyi/kötü görünmek; **du musst ~, dass du fertig wirst** (*fam*) bitirmeye bakmalısın; **sie sieht sehr auf Äußerlichkeiten** formalitelere çok bakar [*o* önem verir]; **nach jdm ~** birine bakmak; **wir kennen uns vom S~** birbirimizi görmüşlüğümüz var; **sieh mal!** bir baksana!; **mal ~, ob das stimmt** (*fam*) bakalım bu doğru mu; **du wirst schon ~** (*fam*) görürsün ne olacağını; **siehe oben** yukarıya bakınız; **lass mal ~, was du da hast** elindekini göster bakalım; **siehste!** (*fam*) gördün mü!

sehenswert *adj* görülmeye değer

Sehenswürdigkeit *f* <-en> görülmeye değer şey, turistik yer

Seher(in) *m(f)* <-s, -; -nen> kâhin

seherisch *adj* kâhin gibi

Sehfähigkeit *f* görme yeteneği

Sehfehler *m* görme kusuru; **Sehkraft** *f ohne Pl* görme yetisi

Sehne ['ze:nə] *f* <-n> **1.** (MED) kiriş **2.** (MATH) kiriş; **die ~ verbindet zwei Punkte einer gekrümmten Linie** kiriş, bir eğrinin iki noktasını birleştirir **3.** (*eines Bogens*) kiriş

sehnen ['ze:nən] *vr:* **sich nach etw** *dat/* **jdm ~** bir şeyi/kimseyi özlemek, bir şeyin/kimsenin hasretini çekmek

Sehnerv *m* göz siniri

sehnig *adj* **1.** (*Körper*) kirişli **2.** (*Fleisch*) sinirli

sehnlich *adj* özlem dolu, özlentili

Sehnsucht *f* <-süchte> özlem (*nach* -in), hasret (*nach* -in), özlenti; **~ nach jdm/etw** *dat* **haben** bir kimsenin/şeyin özlemini [*o* hasretini] çekmek; **sich vor ~ verzehren** hasretten içi gitmek

sehnsüchtig *adj,* **sehnsuchtsvoll** *adj* (*geh*) özlemli, özlem dolu, özlentili, hasretli, hasret dolu; (*ungeduldig*) sabırsız; **~ erwarten** hasretle [*o* dört gözle] beklemek

sehr [ze:ɐ] <mehr, am meisten> *adv* (*mit Adjektiv*) pek, çok; (*mit Verb*) çok; **~ freundlich!** çok naziksiniz!; **~ viel** pek çok; **~ sogar!** hem de pek çok!; **nicht ~** pek değil; **~ erfreut!** çok memnun oldum!; **so ~ sie sich auch bemühte ...** her ne kadar çok gayret ettiyse de ...; **zu ~** fazla; **~ oft** pek sık; **so ~** o kadar çok

Sehschärfe *f* görme netliği, göz keskinliği; **Sehstörung** *f* görme bozukluğu; **Sehtest** *m* göz yoklaması; **Sehvermögen** *nt ohne Pl* <-s> görme yetisi; **Sehweise** *f* görme, görüş

seicht [zaɪçt] *adj* **1.** (*Gewässer*) sığ **2.** (*pej: banal*) banal

seid [zaɪt] *2. präs Pl von* **sein**

Seide ['zaɪdə] *f* <-n> ipek

Seidelbast *m ohne Pl* (BOT) dulaptal otu; **Seidelbastgewächse** *ntPl* (BOT) dulaptal otugiller *pl*

seiden ['zaɪdən] *adj* **1.** (*aus Seide*) ipek **2.** (*wie Seide*) ipek gibi; **seidenmatt** *adj* ipek matı

Seidenpapier *nt* pelür kâğıdı; **Seidenraupe** *f* ipek böceği; **Seidenstrumpf** *m* ipek çorap

seidig *adj* ipek

Seife ['zaɪfə] *f* <-n> sabun; **ein Stück ~** bir kalıp sabun; **Seifenblase** *f* sabun köpüğü; **Seifenkraut** *nt* (BOT) sabun otu, çöven; **Seifenoper** *f* (TV) pembe dizi; **Seifenschale** *f* sabunluk

seifig *adj* sabunlu

Seil [zaɪl] *nt* <-(e)s, -e> ip, halat; (*für Seiltanz*) ip; **auf dem ~ tanzen** ip üzerinde cambazlık yapmak; **Seilbahn** *f* teleferik

Seilschaft *f* <-en> (*Bergsteiger*) birbirine iple bağlı dağcı grubu

seil|springen *irr vi sein* ip atlamak; **Seiltanz** *m* ip cambazlığı; **Seiltänzer(in)** *m(f)* <-s, -; -nen> ip cambazı

sein [zaɪn] <ist, war, gewesen> *vi sein* **1.** (*Identität, Eigenschaften, Herkunft, Beruf*) olmak; **mir ist kalt** üşüdüm; **bist du's?** sen misin?; **wir sind Freunde** biz arkadaşız; **sie ist Türkin** o, Türk(tür); **ich bin aus Dortmund** ben Dortmund'danım; **ich bin 25** ben 25'im; **zwei und zwei ist vier** iki iki daha dört eder; **sie ist Polizistin** o kadın polistir; **seien Sie (mir) nicht böse, aber ...** bana kızmayın ama ...; **es wäre besser gewesen, ...** daha iyi olacaktı; **wie wäre es mit einem Bier?** bir bira içsek nasıl olur?; **nun sei doch nicht so!** öyle naz yapmasana!; **ist es nicht so?** öyle değil mi?; **es ist nichts** bir şey yok; **das war's** işte bu kadar; **mir ist heute nicht nach Kuchen** (*fam*) bugün canım pasta çekmiyor; **mir ist schlecht** iyi değilim; **mir ist schwindlig** başım dönüyor; **mir ist, als hätte ich Stimmen gehört** sanki sesler duymuşum gibi geldi; **lass es ~!** bırak!, yapma!; **es sei denn, dass ...** meğerki; **wie dem auch sei** nasıl olursa olsun **2.** (*Zustand*): **sie ist verheiratet** o evli(dir) **3.** (*vorhanden ~*) (mevcut) olmak, bulunmak; **ist da jemand?** orada [*o* burada] kimse var mı?; **es waren viele Leute da** orada çok insan vardı; **es war einmal ...** bir varmış ... **4.** (*sich befinden*) bulunmak, olmak; **sie sind in Deutschland** Almanyadalar; **wo warst du so lange?** neredeydin bu kadar zaman? **5.** (*mit Zeitangabe*): **es ist 14.30 Uhr** saat 14.30; **heute ist Montag** bugün pazartesi; **es ist Juni** hazirandayız; **es ist sonnig/heiß** hava güneşli/sıcak; **es ist schlechtes Wetter** hava kötü; **das ist über 10 Jahre her** bunun üstünden 10 yıl geçti; **morgen sind es 10 Jahre, dass wir uns kennen** yarın tanıştığımızın onuncu yıldönümü **6.** (*geschehen*) olmak; **muss das ~?** bunun olması zorunlu mu?; **kann ~!** olabilir!; **was ist?** ne var?; **ist was?** bir şey mi var?; **sei's drum!** haydi öyle olsun! **7.** (*Hilfsverb*): **sie sind schwimmen (gegangen)** yüzmeye gittiler; **ich bin krank gewesen** hastaydım; **er ist bewusstlos geworden** bayıldı; **sie ist verurteilt worden** mahkûm oldu; **wenn er nicht gewesen wäre** o olmasaydı

Sein [zaɪn] *nt ohne Pl* <-s> (PHILOS) varlık, mevcudiyet; (*Da~*) varoluş, mevcudiyet

sein, seine, sein [zaɪn, 'zaɪnə, zaɪn] *pron* (*adjektivisch*) onun; ~ **Sohn/Auto** onun oğlu/otosu; ~**e Kinder/Freundin** onun çocukları/kız arkadaşı

seine(r, s) [zaɪnə, -nɐ, -nəs] *pron* onun; **der schwarze Mantel ist ~r** siyah palto [*o* manto] onundur; *s. a.* **sein, seine, sein**

seiner *pron gen von* **er, es** onun

seinerseits *adv* onun tarafından

seinerzeit *adv* vaktiyle, bir zamanlar

seinesgleichen ['--'--] *pron inv* eşi, emsali, benzeri; **er und ~** (*pej*) o ve onun gibiler; **er behandelt alle wie ~** herkese eşit muamele yapar

seinetwegen ['zaɪnət've:gən] *adv* onun için; (*negativ*) onun yüzünden

seinetwillen ['zaɪnət'vɪlən] *adv:* **um ~** onun için, hatırı için

seinige ['zaɪnɪgə] *pron geh für* **seine(r, s)**: **der/die/das ~/S~** onunkisi; **die ~n/S~n** onunkiler

sein|lassen *irr vt s.* **lassen² 3.**

seins [zaɪns] *pron s.* **seine(r, s)**

Seismik *f ohne Pl* sismoloji, deprem bilimi

seismisch *adj* sismik

Seismograf^RR *m* <-en, -en>, **Seismograph** [zaɪsmo'gra:f] *m* <-en, -en> (*a. fig*) sismograf; (*Seismometer*) depremyazar

Seismologe, -in [zaɪsmo'lo:gə] *m, f* <-n, -n; -nen> sismolog

Seismologie *f ohne Pl* sismoloji, deprem bilimi

seismologisch *adj* sismik

Seismometer *m* depremyazar

seit [zaɪt] **I.** *präp* (*Zeitpunkt, Zeitraum*) beri, -dir/-dır; ~ **einer Woche** bir haftadır, bir haftadan beri; ~ **eh und je** kalubelâdan beri, bildik [*o* bildim] bileli; ~ **wann ...?** ne zamandan beri ...?; ~ **kurzem/langem** kısa/uzun zamandan beri **II.** *konj* -den beri; ~ **wir umgezogen sind** taşındığımızdan beri, biz taşınalı

seitdem [-'-] **I.** *adv* o zamandan beri **II.** *konj* -den beri

Seite ['zaɪtə] *f* <-n> **1.** (*allgemein*) yan, taraf, kenar; (*Stoff~, Schallplatten~*) yüz, taraf; ~ **an** ~ yan yana; **auf beiden ~n** iki yanda [*o* tarafta]; **von allen ~n** her yandan [*o* taraftan]; **zur ~ gehen** yana çekilmek; **jdn von der ~ ansehen** birine yan bakmak; **er weicht nicht von ihrer ~** (*fam*) yanından ayrılmaz [*o* ayrılmıyor]; **etw zur ~ legen** (*weglegen*) bir şeyi kenara koymak; **etw auf die ~ legen** (*fam: sparen*) bir şeyi bir yana koymak; **jdn/das Glück auf seiner ~ haben** biri/şans ondan yana olmak; **jdm zur ~ stehen** birinden yana olmak; **jdn zur ~ nehmen um ihm etw zu sagen** bir şey söylemek için birini kenara çekmek **2.** (*Hinsicht, Aspekt*) yüz, yan; (*Charakterzug*) yan; **alles hat zwei ~n** her şeyin iki yüzü vardır; **das Recht ist auf ihrer ~** hak ondan yanadır; **auf der einen ~ ..., auf der anderen ...** bir yanda(n) ..., bir yanda(n) ...; **von dieser ~ kenne ich ihn gar nicht** onun bu yanını hiç bilmem; **sich von seiner besten ~ zeigen** kendini en iyi yanından göstermek; **das ist ihre schwache/starke ~** (*fam*) bu onun zayıf/kuvvetli yanıdır **3.** (*Buch~*) sayfa; **siehe ~ 15** sayfa 15'e bakınız; **die gelben ~n** telefon rehberi **4.** (*Verhandlungspartner*) taraf **5.** (*Interessensgruppe*): **von kirchlicher ~** kilise tarafından; **wie von offizieller ~ verlautete, ...** resmî mercilerin açıkladığına göre, ...

seiten ['zaɪtən] *s.* **aufseiten, vonseiten**; **Seitenairbag** *m* (AUTO) yan hava yastığı; **Seitenansicht** *f* yandan görünüş; **Seitenaus** *nt ohne Pl* <-> (SPORT) taç; **ins ~ gehen** taça çıkmak; **Seitenausgang** *m* <-(e)s, -gänge> yan çıkış; **Seitenblick** *m* <-(e)s, -e> yan bakış; **jdm einen ~ zuwerfen** birine yan gözle bakmak; **Seiteneingang** *m* <-(e)s, -gänge> yan giriş; **Seitenfläche** *f* (MATH) yanal yüzey; **Seitenhieb** *m* (*fam: Kritik*) taş atma; **seitenlang** **I.** *adj* sayfalarca süren **II.** *adv* sayfalarca; **Seitenlinie** *f* **1.** (SPORT) yan çizgisi **2.** (*Genealogie*) yansoy

seitens ['zaɪtəns] *präp* tarafından

Seitenschiff *nt* (ARCH: *bei Kirchen*) yan nef; (*bei Moscheen*) yan sahın; **Seitensprung** *m* (*fig*): **einen ~ machen** kaçamak yapmak; (*Verheiratete*) eşini aldatmak; **Seitenstechen** *nt ohne Pl* <-s> geğrek batması; **Seitenstraße** *f* yan sokak; **Seitenstreifen** *m* yan şerit; **seitenverkehrt** *adj* ters; **Seitenwechsel** *m* taraf değiştirme; **Seitenwind** *m* yandan gelen rüzgâr; **Seitenzahl** *f* **1.** (*Gesamtzahl*) sayfa sayısı **2.** (*auf einer Seite*) sayfa numarası

seither [-'-] *adv* o zamandan beri

seitlich **I.** *adj* yan; (*von der Seite her*) yanından; ~ **von ...** ...in yanından **II.** *adv* yana **III.** *präp* yanında; ~ **des Hauses** evin yanında

seitwärts ['zaɪtvɛrts] *adv* yanlamasına

sek., Sek. *Abk. von* **Sekunde** saniye

Sekante *f* (MATH) sekant

Sekret [ze'kreːt] *nt* <-(e)s, -e> (MED, BIOL) salgı

Sekretär(in)[1] [zekre'tɛːɐ] *m(f)* <-s, -e; -nen> (*Angestellter*) sekreter

Sekretär[2] *m* <-s, -e> (*Möbelstück*) yazı masası

Sekretariat [zekretari'aːt] *nt* <-(e)s, -e> sekreterlik

Sekt [zɛkt] *m* <-(e)s, -e> köpüklü şarap

Sekte ['zɛktə] *f* <-n> tarikat

Sektion *f* **1.** (*Leichenöffnung*) otopsi **2.** (*Abteilung*) bölüm, kısım **3.** (*Wissenschaftszweig*) bilim dalı

Sektor ['zɛktoːɐ] *m* <-s, -en> (*a.* WIRTSCH) sektör; **freier/primärer/sekundärer ~** serbest/birincil/ikincil sektör; **öffentlicher ~** kamu sektörü

Sekundant *m* düello tanığı

sekundär [zekʊn'dɛːɐ] *adj* ikincil, tali

Sekundarschule *f* <-n> (*Schweiz*) *orta öğretim okulu*

Sekunde [ze'kʊndə] *f* <-n> saniye; **auf die ~ genau** saniyesi saniyesine; **eine ~ bitte!** (*fam*) bir saniye lütfen!; **Sekundenzeiger** *m* saniye göstergesi

selbe(r, s) ['zɛlbə, -bɐ, -bəs] *adj* aynı; **im ~n Haus** aynı evde

selber ['zɛlbɐ] *pron inv* (*fam*) *s.* **selbst**

selbst [zɛlpst] **I.** *pron inv* kendi; **ich/sie/wir ~** kendim/kendisi/kendimiz; **Fritz hat es ~ gesagt** bunu Fritz kendisi söyledi; **das versteht sich von ~** bu kendiliğinden anlaşılıyor; **sie denkt nur an sich ~** o yalnız nefsini [*o* kendisini] düşünür; **er kam ganz von ~** kendiliğinden geldi; **eine Sache um ihrer ~ willen tun** bir işi amaç olmadan, sırf kendisi için yapmak; **er ist die Güte ~** o, iyiliğin ta kendisidir **II.** *adv* (*sogar*) bile; **~ wenn er geht** gitse bile

Selbstachtung *f ohne Pl* öz saygı, izzetinefis

selbständig ['zɛlpʃtɛndɪç] *adj, adv s.* **selbstständig**

Selbständigkeit *f ohne Pl s.* **Selbstständigkeit**

Selbstaufopferung *f ohne Pl* özveri, fedakârlık

Selbstauslöser *m* (FOTO) otomatik deklânşör

Selbstbedienung *f ohne Pl* selfservis, seçal; **Selbstbedienungsladen** *m* <-s, -läden> selfservis mağazası, seçal mağazası

Selbstbefriedigung *f ohne Pl* mastürbasyon; **Selbstbeherrschung** *f* cebrinefs, kendini tutma, kendine hâkim olma; **die ~ verlieren** kendini kaybetmek, kendini tutamamak; **Selbstbestimmung** *f ohne Pl* (POL) kendi geleceğini belirleme, kendi kaderini tayin; **Selbstbetrug** *m ohne Pl* öz aldatı, kendi kendi kandırma; **selbstbewusst**[RR] *adj* **1.** (*selbstsicher*) kendinden emin, kendine güvenen **2.** (PHILOS) bilinçli; **Selbstbewusstsein**[RR] *nt ohne Pl* **1.** (*Selbstsicherheit*) kendinden emin olma, öz güven **2.** (PHILOS) bilinçlilik

Selbsterhaltungstrieb *m* varlığını koruma içgüdüsü, yaşamını sürdürme içgüdüsü

Selbsterkenntnis *f ohne Pl* kendini tanıma; **Selbstfinanzierung** *f* öz finansman; **selbstgefällig** *adj* (*pej*) kendini beğenmiş, burnu havada, hodpesent; **selbstgerecht** *adj* kendini beğenmiş; (*eingebildet*) kibirli; **Selbstgespräch** *nt* kendi kendine konuşma; **~e führen** kendi kendine konuşmak; **selbstherrlich** *adj* başına buyruk

Selbsthilfe *f ohne Pl* kendi kendine yardım; **zur ~ greifen** kendi kendine yardım etmek; **Selbsthilfegruppe** *f* kendi kendine yardım grubu; **Selbstinduktion** *f ohne Pl* (PHYS) öz indükleme

selbstklebend *adj* kendiliğinden yapışan

Selbstkontrolle *f* öz denetim

Selbstkostenpreis *m* (WIRTSCH) maliyet fiyatı; **zum ~** maliyet fiyatına

Selbstkritik *f ohne Pl* öz eleştiri; **selbstkritisch** *adj* öz eleştirisel

Selbstlaut *m* ünlü; **Selbstliebe** *f ohne Pl* özseverlik

selbstlos *adj* özverili

Selbstmitleid *nt ohne Pl* (*pej*) öz acıma, kendine acıma; **Selbstmord** *m* intihar; **~ begehen** intihar etmek; **Selbstmörder(in)** *m(f)* intihar eden (kimse); **selbstmörderisch** *adj* intiharı amaçlayan

Selbstmordversuch *m* intihara kalkışma; **einen ~ machen** intihara kalkışmak

Selbstschutz *m ohne Pl* kendini koruma; **selbstsicher** *adj* kendinden emin

selbstständig[RR] *adj* **1.** (*unabhängig*) bağımsız **2.** (*beruflich*) kendi hesabına çalışan, serbest meslek sahibi olan; **sich ~ machen** kendi işini kurmak

Selbstständigkeit[RR] *f ohne Pl* serbest çalışma

Selbstsucht *f ohne Pl* bencillik, hodbinlik; (*auf den eigenen Vorteil bedachte Einstellung*) çıkarcılık, menfaatçilik, menfaatperestlik

selbstsüchtig *adj* bencil, hodbin, nefsine düşkün; (*auf den eigenen Vorteil bedacht*) çıkarc<i, menfaatçi, menfaatperest; **selbsttätig** **I.** *adj* (*automatisch*) otomatik, kendi kendine işleyen **II.** *adv* otomatikman, kendiliğinden; **Selbsttäuschung** *f ohne Pl* öz aldatı, kendi kendi kandırma; **Selbstüberschätzung** *f ohne Pl* kendinden fazla emin olma; **Selbstüberwindung** *f* kendini zorlama; **Selbstverleugnung** *f ohne Pl* öz

yoksunum; (*Aufopferung*) özveri, fedakârlık, nefsinden feragat etme; **selbstverschuldet** *adj* kendi kusuru olan, taksiratlı; **Selbstversorger(in)** *m(f)* başkasına muhtaç olmayan (kimse)

selbstverständlich ['--(')--] **I.** *adj* kendiliğinden anlaşılan, işin gereği olan, tabiî; **das ist doch ~!** bu, gayet tabiî bir şey!; **etw für ~ halten** bir şeyi tabiî olarak görmek, bir şeyi işin gereği olarak görmek **II.** *adv* tabiî, elbette; **~ (nicht)!** elbette (değil)!; **das tue ich ~ gern** bunu elbette seve seve yaparım

Selbstverständlichkeit ['--(')---] *f* <-en> (*Unbefangenheit*) tabiîlik; (*Offensichtlichkeit*) açıklık; **das war doch eine ~** bu gayet tabiî bir şey; **etw für eine ~ halten** bir şeyi tabiî görmek

Selbstverstümmelung *f* kendini sakatlama; **Selbstverteidigung** *f ohne Pl* öz savunma, kendini savunma, nefsi müdafaa; **Selbstvertrauen** *nt ohne Pl* öz güven, kendine güven; **er hat kein ~** kendine güveni yok; **Selbstverwaltung** *f* öz yönetim, kendi kendini yönetme, özerklik; **Selbstverwirklichung** *f ohne Pl* (PHILOS, PSYCH) benliği yoğurma, kişiliği oluşturma

Selbstwertgefühl *nt ohne Pl* <-(e)s> izzetinefis

selbstzerstörerisch *adj* kendi kendini yok eden, kendi kendini mahveden; **Selbstzweck** *m ohne Pl* <-(e)s> kendine yeten amaç

Seldschuke, -in *m, f* Selçuk

seldschukisch *adj* Selçuklu

selektieren* [zelɛk'tiːrən] *vt* seçmek

Selektion *f* seleksiyon, seçme

Selen [ze'leːn] *nt ohne Pl* <-s> (CHEM) selenyum

selig ['zeːlɪç] *adj* **1.** (*glücklich*) bahtiyar, mutlu, uğurlu **2.** (REL) mübarek; (*~ gesprochen*) aziz; (*verstorben*) rahmetli; **Gott hab ihn ~!** Allah rahmet eylesin!; **ihr ~er Vater** rahmetli pederi [*o* babası]; **wer's glaubt, wird ~** (*fam iron*) atma Recep, din kardeşiyiz

Seligkeit *f ohne Pl* **1.** (REL) azizlik **2.** (*Glück*) bahtiyarlık, mutluluk

Sellerie ['zɛləri] *m* <-s, -(s)>, *f* <-> kereviz

selten ['zɛltən] **I.** *adj* **1.** (*nicht häufig*) seyrek, nadir, ender, sayılı **2.** (*außergewöhnlich*) alışılmamış; (*merkwürdig*) tuhaf **II.** *adv* **1.** (*nicht häufig*) ender, sayılı, seyrek; **solche Tage sind ~** böyle günler sayılıdır **2.** (*außergewöhnlich*) alışılmamış

Seltenheit[1] *f ohne Pl* (*Vorkommen*) az bulunurluk, enderlik

Seltenheit[2] *f* <-en> (*Stück*) nadirat

Selters ['zɛltɐs] *nt* <-, -> (*fam*) soda, maden suyu

seltsam ['zɛltzaːm] *adj* acayip, garip, tuhaf

seltsamerweise ['zɛltzaːmɐ'vaɪzə] *adv* garip bir şekilde, gariptir ki, tuhaftır ki

Seltsamkeit[1] *f ohne Pl* (*seltsame Art*) acaiplik, gariplik, tuhaflık

Seltsamkeit[2] *f* <-en> (*seltsame Erscheinung, Vorfall*) gariplik, tuhaflık

Semantik *f ohne Pl* (LING) semantik, anlam bilimi

semantisch *adj* (LING) anlam bilimsel

Semester [ze'mɛstɐ] *nt* <-s, -> sömestr

Semikolon [zemi'koːlɔn] *nt* <-s, -s *o* Semikola> noktalı virgül

Seminar [zemi'naːɐ] *nt* <-s, -e> seminer

Semit(in) [ze'miːt] *m(f)* <-en, -en; -nen> Samî

semitisch *adj* Samî

Semmel ['zɛməl] *f* <-n> (*österr, südd, reg*) küçük somun, küçük ekmek; **weggehen wie warme ~n** (*fam*) peynir ekmek gibi gitmek

Senat [ze'naːt] *m* <-(e)s, -e> **1.** (HIST, POL) senato **2.** (UNIV) senato **3.** (JUR) kurul

Senator(in) [ze'naːtoːɐ] *m(f)* <-s, -en; -nen> senatör

Sendebereich *m* (RADIO, TV) yayın alanı; **Sendefrequenz** *f* (RADIO, TV) yayın frekansı; **Sendegebiet** *nt* (RADIO, TV) yayın bölgesi

senden ['zɛndən] <sendet, sandte *o* sendete, gesandt *o* gesendet> *vt* **1.** (*geh: schicken*) göndermek (*nach/zu* -e/-e) **2.** (*ausstrahlen*) yayın yapmak

Sender *m* <-s, -> (RADIO, TV) verici istasyonu

Senderaum *m* <-(e)s, -räume> (RADIO, TV) stüdyo; **Sendereihe** *f* <-n> (RADIO, TV) yayın dizisi; **Sendeschluss**[RR] *m ohne Pl* <-es> (RADIO, TV) yayın sonu; **Sendezeit** *f* (RADIO, TV) yayın zamanı

Sendung *f* <-en> **1.** (*Waren~*) gönderi **2.** (RADIO, TV: *das Senden*) yayın; **auf ~ gehen** yayına geçmek; **auf ~ sein** yayında olmak **3.** (RADIO, TV: *einzelne ~*) program

Senegal ['zeːnegal] *m* <-s> Senegal

Senegalese, -in [zenega'leːzə] *m, f* <-n, -n; -nen> Senegalli

senegalesisch *adj* Senegal (ile ilgili), Senegalli; **~e Frauen/Männer** Senegalli kadınlar/erkekler; **die ~e Regierung** Senegal hükümeti

Senf [zɛnf] *m* <-(e)s, -e> hardal

sengen ['zɛŋən] *vt* yakmak; **in der ~den Sonne** yakıcı güneş altında

senil [ze'niːl] *adj* bunak

Senilität *f ohne Pl* bunaklık

Senior(in) ['zeːnjoːɐ, *Pl:* ze'njoːrən] *m(f)* <-s, -en; -nen> **1.** (*Rentner*) emekli

S

2. (SPORT) büyük; **Seniorchef(in)** *m(f)* büyük şef, büyük patron, patronlardan yaşlı olanı
Seniorenheim *nt* <-(e)s, -e> yaşlılar yurdu
Senkblei *nt* şakul
Senke ['zɛŋkə] *f* <-n> çukurluk, arazi çöküntüsü
senken ['zɛŋkən] **I.** *vt* **1.** (*allgemein*) batırmak, daldırmak; (*Kopf*) eğmek; **die Stimme ~** alçaltmak **2.** (*Kosten, Blutdruck*) düşürmek; (*Preise*) indirmek **II.** *vr:* **sich ~ 1.** (*herunterkommen*) çökmek; (*absinken*) alçalmak **2.** (*geh: Abend, Nacht*) çökmek; **Schlaf senkt sich auf die Augen** gözlere uyku çöktü
Senkfuß *m* (MED) düz taban; **Senkgrube** *f* fosseptik, lağım çukuru; **Senklot** *nt* şakul
senkrecht **I.** *adj* düşey; (MATH) dik (*zu* -e) **II.** *adv* dikey olarak, dikine, diklemesine
Senkrechte *f* <-n> (MATH) dikme; **das ist das einzig ~** (*fam fig*) en doğrusu da bu işte
Senkrechtstarter(in)[1] *m(f)* <-s, -; -nen> (*fam: Person*) birden sivrilen kimse
Senkrechtstarter[2] *m* <-s, -> (AERO) dikine kalkış uçağı
Senkung[1] *f ohne Pl* **1.** (*des Kopfes*) eğme **2.** (*Verringerung*) düşürme (*um* -, *auf* -e), indirme (*um* -, *auf* -e)
Senkung[2] *f* <-en> (GEO) arazi çöküntüsü
Sensation [zɛnza'tsjo:n] *f* <-en> sansasyon
sensationell [zɛnzatsjo'nɛl] *adj* sansasyonel
Sensationsblatt *nt* (*pej*) sansasyon gazetesi; **Sensationsgier** *f ohne Pl* (*pej*) sansasyon hırsı; **Sensationsmache** *f ohne Pl* (*pej*) sansasyonculuk; **Sensationspresse** *f* (*pej*) sansasyoncu basın
Sense ['zɛnzə] *f* <-n> tırpan; **jetzt ist ~!** (*fam*) artık yeter!
sensibel [zɛn'zi:bəl] *adj* **1.** duyarlı, hassas **2.** (*empfindsam*) duygan
sensibilisieren* [zɛnzibili'zi:rən] *vt* duyarlaştırmak, hassas hâle getirmek; (*a.* FOTO) ışığa duyarlı duruma getirmek
Sensibilität [zɛnzibili'tɛ:t] *f ohne Pl* (*a.* FOTO) duyarlık, hassasiyet
Sensor ['zɛnzo:ɐ] *m* <-s, -en> (TECH) algılayıcı
sentimental [zɛntimɛn'ta:l] *adj* santimantal, duygulu; (*rührselig*) içli
Sentimentalität [zɛntimɛntali'tɛ:t] *f ohne Pl* santimantalite, duygululuk; (*rührseligkeit*) içtenlik
separat [zepa'ra:t] *adj* ayrı; (*Eingang*) özel
Separatismus [zepara'tɪsmʊs] *m ohne Pl* <-> (POL) bölücülük
Separatist(in) [zepara'tɪst] *m(f)* <-en, -en; -nen> (POL) bölücü
separatistisch *adj* (POL) bölücü
September [zɛp'tɛmbɐ] *m* <-(s), -> eylül; *s. a.* **März**
sequentiell [zekvɛn'tsjɛl] *adj s.* **sequenziell**
Sequenz [ze'kvɛnts] *f* <-en> dizi, sıra; (FILM) bölüm; (MUS) nakarat
sequenziell[RR] [zekvɛn'tsjɛl] *adj* (INFORM) sıralı
Sera *Pl von* **Serum**
Serail *nt* <-s, -s> saray
Serbe, -in ['zɛrbə] *m, f* <-n, -n; -nen> Sırp
Serbien ['zɛrbiən] *nt* <-s> Sırbistan
serbisch *adj* Sırp
Serbisch *nt* Sırpça
Seren *Pl von* **Serum**
Serenade [zere'na:də] *f* <-n> (MUS) serenat
Serie ['ze:riə] *f* <-n> seri; (TV) dizi (film); **in ~ herstellen** seri hâlde üretmek
seriell [zeri'ɛl] *adj* seri
Serienanfertigung *f* serî imalât
serienmäßig *adj* **1.** (*Herstellung*) seri **2.** (AUTO: *Ausstattung*) standart
Seriennummer *f* seri numarası; **Serienproduktion** *f* seri imalât; **Serienschaltung** *f* (ELEK) seri olarak bağlama; **serienweise** *adv* seriler hâlinde
seriös [zeri'ø:s] *adj* ciddî; (*gediegen*) sağlam ve güvenilir
Seriosität *f ohne Pl* ciddiyet
Serpentin [zɛrpɛn'ti:n] *m* <-s, -e> serpantin, pırpı, yılan taşı
Serpentine [zɛrpɛn'ti:nə] *f* <-n> yılankavi dağ yolu
Serum ['ze:rʊm] *nt* <-s, Seren *o* Sera> serum
Server ['sœ:vɐ] *m* <-s, -> (INFORM) server, sunucu
Service[1] [zɛr'vi:s] *nt* <-(s), -> (*Geschirr*) takım, set
Service[2] ['sœ:vɪs] *m ohne Pl* <-> **1.** (*Bedienung*) servis; (*Kundendienst*) hizmet, servis **2.** (SPORT) servis
servieren* [zɛr'vi:rən] *vt, vi* **1.** servis yapmak **2.** (SPORT) servis atmak; (*Fußball*) pas vermek
Serviererin [zɛr'vi:rərɪn] *f* <-nen> garson kız; (*älter*) garson kadın
Servierwagen *m* ordövr arabası, servis arabası
Serviette [zɛr'vjɛtə, zɛrvi'ɛtə] *f* <-n> peçete; **Serviettenring** *m* peçete halkası
Servobremse ['zɛrvo-] *f* (TECH) havalı [*o* hidrolik] fren; **Servolenkung** *f* <-en> (TECH, AUTO) havalı [*o* hidrolik] direksiyon
Servus ['sɛrvʊs] *interj* (*österr, südd*) selâm

Sesam ['ze:zam] *m* <-s, -s> susam; ~, **öffne dich!** açıl susam, açıl!; **Sesamöl** *nt* susam yağı; (*dicker*) tahin

Sessel ['zɛsəl] *m* <-s, -> koltuk; (*im Kino*) koltuk; **Sessellift** *m* telesiyej

sesshaftRR ['zɛshaft] *adj*, **seßhaft** *adj*: **in einem Ort ~ werden** bir yere yerleşmek

Set [sɛt] *m o nt* <-(s), -s> (*zusammengehörige Dinge*) set, takım

setzen ['zɛtsən] **I.** *vt* **1.** koymak (*auf* -e); (*Kind*) oturtmak; **er setzte seine Unterschrift darunter** imzasını altına attı; **etw auf die Tagesordnung/in die Zeitung ~** bir şeyi gündeme/gazeteye koymak; **etw an den Mund ~** bir şeyi ağzına koymak; **ein Kind in die Welt ~** (*fam*) dünyaya bir çocuk getirmek **2.** (*Pflanze*) dikmek **3.** (*Ofen*) kurmak; (*Denkmal*) dikmek; (*Segel*) fora etmek **4.** (*Norm*) koymak; (*Frist, Termin*) koymak; (*Hoffnung*) bağlamak; (*Vertrauen*) etmek; **etw** *dat* **ein Ende ~** bir şeye son vermek; **etw** *dat* **Grenzen ~** bir şeye sınır koymak; **sich** *dat* **ein Ziel ~** kendine bir hedef belirlemek **5.** (TYPO) dizmek **6.** (*Geld*) yatırmak (*auf* -e) **7.** (*fam: injizieren*): **sich** *dat* **eine Spritze ~** kendine iğne yapmak **8.** (*Wend*): **gesetzt den Fall, er kommt** gelecek olursa; **gleich setzt es was!** (*fam*) şimdi bir tane yersin! **II.** *vr:* **sich ~ 1.** (*Person*) oturmak; **bitte, ~ Sie sich!** lütfen oturunuz! **2.** (*Flüssigkeit*) durulmak; (*Staub*) konmak (*in/auf* -e/üstüne); (*Geruch*) sinmek (*in/auf* içine/üstüne) **3.** (*beginnen*): **sich an etw ~** bir şeyin başına oturmak **III.** *vi* **1.** (*im Spiel*) (ortaya) koymak **2.** (*überqueren*): **über etw ~** geçmek

Setzer(in) *m(f)* <-s, -; -nen> (TYPO) dizici, dizgici, dizmen; (*an der Setzmaschine*) operatör

Setzerei *f* <-en> (TYPO) dizgi yeri

Setzkasten *m* (TYPO) dizgi kasası

Setzling *m* <-s, -e> **1.** (*Pflanze*) fidan, fide **2.** (*Fisch*) havuza atılan yavru balık

Setzmaschine *f* (TYPO) dizgi makinesi

Seuche ['zɔɪçə] *f* <-n> salgın; (*fig*) salgın, belâ; **Seuchenbekämpfung** *f ohne Pl* salgın hastalıklarla mücadele; **Seuchengefahr** *f ohne Pl* salgın tehlikesi

seufzen ['zɔɪftsən] *vi* iç çekmek, oflamak

Seufzer *m* <-s, -> iç çekme, oflama

Sex [sɛks, zɛks] *m ohne Pl* <-(es)> (*fam*) seks; **Sexappeal** *m ohne Pl* seksapel, cinsel cazibe, cinsel çekicilik; **Sexbombe** *f* seks bombası; **Sexfilm** *m* <-(e)s, -e> seks filmi

Sexismus [sɛ'ksɪsmʊs, zɛ'ksɪsmʊs] *m ohne Pl* <-> seksizm

sexistisch *adj* seksist

Sexshop *m* <-s, -s> seks mağazası

Sextant [zɛks'tant] *m* <-en, -en> (NAUT) sekstant

Sextelefon *nt* teleseks

Sextett [zɛks'tɛt] *nt* <-(e)s, -e> (MUS) altılı

Sexualforschung *f ohne Pl* cinselliği araştırma

Sexualität [sɛksuali'tɛ:t, zɛksuali'tɛ:t] *f ohne Pl* cinsellik

Sexualkunde *f ohne Pl* cinsellik bilgisi; **Sexualleben** *nt ohne Pl* <-s> seks hayatı; **Sexualverbrechen** *nt* cinsel suç

sexuell [sɛksu'ɛl, zɛksu'ɛl] *adj* seksüel, cinsî, cinsel

sexy ['sɛksi, 'zɛksi] *adj inv* (*fam*) seksi

sezieren* [ze'tsi:rən] *vt* otopsi yapmak (-e), açıp incelemek; **eine Leiche ~** bir cesedi açıp incelemek

Shampoo ['ʃampu] *nt* <-s, -s> şampuan

shampoonieren* *vt* şampuanlamak

Sheriff ['ʃɛrɪf] *m* <-s, -s> şerif

Sherry ['ʃɛri] *m* <-s, -s> şeri

Shorts [ʃɔ:ts, ʃɔrts] *pl* şort *sing*

Show [ʃɔʊ] *f* <-s> şov; **Showgeschäft** *nt ohne Pl* <-(e)s> şovculuk; **Showmaster(in)** [-ma:stɐ] *m(f)* <-s, -; -nen> (TV) sunucu

siamesisch [zia'me:zɪʃ] *adj* Siyamlı; **~e Zwillinge** Siyamlı ikizler, yapışık ikizler

Sibirer(in) [zi'bi:rɐ] *m(f)* <-s, -; -nen> Sibiryalı

Sibirien [zi'bi:riən] *nt* <-s> Sibirya

sibirisch *adj* Sibirya (ile ilgili), Sibiryalı

sich [zɪç] *pron akk/dat von* **er, sie, es, Sie** *akk/dat von Pl* **sie, Sie** (*betont*) kendi; **sie wäscht ~** yıkanıyor; **sie wäscht ~** *dat* **die Haare** saçlarını yıkıyor; **er denkt nur an ~** o sadece kendini düşünür; **hier sitzt es ~ gut** burada iyi oturuluyor; **sie hat kein Geld bei ~** yanında parası yok; **er lud ihn zu ~ nach Hause ein** onu evine davet etti; **jeder für ~** herkes kendi başına; **das ist eine Sache für ~** bu başlı başına bir mesele

Sichel ['zɪçəl] *f* <-n> orak; (*Mond~*) hilâl

sicher ['zɪçɐ] **I.** *adj* (*ungefährdert, ungefährlich*) emin, emniyetli, tehlikesiz; (*gewiss*) kesin; (*erfahren*) deneyimli; (*zuverlässig*) emin, güvenilir; **sich ~ fühlen** kendini emin hissetmek; **bist du dir ~?** emin misin?; **er ist sich seiner Sache sehr ~** kendinden çok emin, kendisine çok güveni var; **ein ~es Auftreten haben** kendinden emin bir tavrı olmak; **langsam aber ~** (*fam*) yavaş yavaş **II.** *adv* **1.** (*wahrscheinlich*) her hâlde; **er kommt ~ bald** her hâlde yakında gelir **2.** (*gewiss*) elbette, kesinlikle; **aber ~!** hay hay!, elbette!; **seien Sie ~, dass ...** emin olun ki, ...; **etw ~ aufbe-**

S

wahren bir şeyi emin bir yerde saklamak; **das ist so ~ wie das Amen in der Kirche** (*fam*) bu hiç şüphe götürmez **3.** (*ungefährdet, ungefährlich*): **sie fährt sehr ~ Auto** çok emin [*o* emniyetli] otomobil sürer

sicher|gehen *irr vi sein:* **er will ~, dass nichts passiert** bir şey olmayacağına emin olmak istiyor; **um sicherzugehen, ...** emin olmak için ...

sicher|gehen *irr vi sein:* **er will ~, dass nichts passiert** bir şey olmayacağına emin olmak istiyor; **um sicherzugehen, ...** emin olmak için ...

Sicherheit[1] *f ohne Pl* **1.** (*allgemein*) güvenlik, emniyet; **jdn/etw in ~ bringen** bir kimseyi/şeyi emniyet altına almak; **sich in ~ befinden** emniyette olmak; **öffentliche ~** kamu güvenliği **2.** (*im Auftreten*) emin olma **3.** (*Gewissheit*) kesinlik

Sicherheit[2] *f* <-en> (WIRTSCH) güvence, teminat, inanca; **~ leisten** güvence vermek

Sicherheitsabstand *m* güvenli mesafe, emniyetli mesafe; **Sicherheitsgurt** *m* emniyet kemeri; **den ~ anlegen** emniyet kemerini takmak; **sicherheitshalber** [-halbɐ] *adv* emin olmak için; **Sicherheitskopie** *f* (INFORM) yedek kopya; **Sicherheitsnadel** *f* çengelli iğne; **Sicherheitsrat** *m ohne Pl* <-(e)s> güvenlik konseyi; **Sicherheitsschloss**[RR] *nt* emniyet kilidi; **Sicherheitsstandard** *m* güvenlik standardı; **Sicherheitsventil** *nt* (TECH) güvenlik vanası, emniyet supabı; **Sicherheitsvorkehrung** *f* güvenlik önlemi; **~en treffen** güvenlik önlemleri almak

sicherlich *adv* elbette, muhakkak, kesin olarak

sichern [ˈzɪçɐn] *vt* **1.** (*schützen*) korumak (*gegen/vor* -den/-den); (*sicherstellen*) güven [*o* emniyet] altına almak; **Spuren ~** izleri korumak **2.** (*Tür*) sağlamlaştırmak; (*Gewehr*) emniyet düğmesini kapamak (-in) **3.** (*befestigen*) bağlamak **4.** (INFORM: *speichern*) depolamak, belleğe geçirmek; **vor Zugriff ~** erişime karşı korumak [*o* safe etmek]

sicher|stellen *vt* **1.** (*beschlagnahmen*) el koymak **2.** (*gewährleisten*) garanti etmek, sağlama bağlamak, teminat altına almak

Sicherung[1] *f ohne Pl* **1.** güvence, teminat; (*Schutz*) koru(n)ma (*gegen* -e karşı); (*Sicherstellen*) el koyma, güven [*o* emniyet] altına alma **2.** (INFORM: *Speicherung*) depolama, belleğe geçirme

Sicherung[2] *f* <-en> **1.** (ELEK) sigorta; (*bei Waffen*) emniyet pimi **2.** (*Befestigung*) bağlama

Sicherungskasten *m* (ELEK) sigorta kutusu

Sicherungskopie *f* (INFORM) yedek kopya

Sicht [zɪçt] *f ohne Pl* **1.** (*~verhältnisse*) görme, görüş, görünüş; (*Ausblick*) manzara, görünüm; **in ~ kommen** görünmek, gözükmek; **in ~ sein** görünür(ler)de olmak; **gute/schlechte ~** iyi/kötü görüş uzaklığı [*o* mesafesi]; **jdm die ~ versperren** birinin görmesine engel olmak; **auf kurze/lange ~** kısa/uzun vadeli **2.** (*~weise*) görüş açısı, bakış açısı; **aus dieser ~** bu açıdan; **aus heutiger ~** bugünkü görüş açısından, bugün baktığımızda

sichtbar *adj* **1.** (*zu sehen*) görünür, görünen **2.** (*offensichtlich*) görünür, açık, aşikâr, belli; **~ werden** belli olmak

sichten [ˈzɪçtən] *vt* **1.** (*erblicken*) görmek **2.** (*durchsehen*) gözden geçirmek; (*ordnen*) ayırmak; **Sichthülle** *f* saydam kılıf

sichtlich *adj* gözle görülür; (*offenkundig*) belli

Sichtung[1] *f ohne Pl* (*das Erspähen*) keşif

Sichtung[2] *f* <-en> (*das Durchsehen*) gözden geçirme; (*das Ordnen, Sortieren*) ayırma

Sichtverhältnisse *ntpl* görüş koşulları *pl;* **Sichtvermerk** *m* vize; **Sichtwechsel** *m* görüldüğünde ödenecek poliçe; **Sichtweite** *f* görüş uzaklığı, görüş mesafesi, göz erimi; **außer/in ~ sein** görüş uzaklığı dışında/içinde olmak

sickern [ˈzɪkɐn] *vi sein* (*durch~*) sızmak (*durch* -den)

sie [ziː] *pron* **1.** *nom 3. Sg f* o; **wenn ich ~ wäre** ben onun yerinde olsam; **du bist größer als ~** sen ondan büyüksün **2.** *nom 3. Pl m o f* onlar *pl;* **~ sind Lehrerinnen** onlar öğretmen **3.** *akk von Sg* **sie: ich treffe ~ heute Abend** onunla bu akşam buluşacağım; **~ kenne ich noch nicht** onunla henüz tanışmadım; **die Bücher sind für ~** kitaplar onun için **4.** *akk von Pl* **sie: ich habe ~ lange nicht gesehen** onları çoktandır görmedim, onları görmeyeli çok oldu; **wir machen alles nur für ~** sırf onlar için her şeyi yapıyoruz

Sie [ziː] *pron* (*Höflichkeitsform*) **1.** *nom* (*eine Person*) siz; (*mehrere Personen*) siz, sizler; **wenn ich ~ wäre** sizin yerinizde olsam; **jdn mit ~ anreden** biriyle teklifli konuşmak **2.** *akk von* **Sie: darf ich ~ mal stören?** sizi rahatsız edebilir miyim acaba?; **ich meine ~!** sizi dedim!

Sieb [ziːp] *nt* <-(e)s, -e> (*Sand~, Mehl~*) elek; (*Getreide~*) kalbur; (*feines ~*) elek; (*für Flüssigkeiten*) süzgeç; **ein feines/grobes ~** küçük/büyük delikli elek; **etw durch ein ~ gießen** bir şeyi süzgeçten geçirmek; **Siebdruck** *m* <-(e)s, -e> serigrafi

sieben[1] [ˈziːbən] **I.** *vt* **1.** (*Sand, Mehl*) elemek, elekten geçirmek; (*Getreide*) kalburlamak, kalburdan geçirmek **2.** (*auswählen*) elemek **II.** *vi* elemek; **bei der Prüfung haben sie (schwer) gesiebt** sınavda (fena) elediler

sieben[2] ['zi:bən] *adj inv* yedi; *s. a.* **acht**[1]

Sieben *f* **1.** (*Zahl*) yedi **2.** (*Spielkarte*) yedili **3.** (*fam: Bus*) yedi numara; **wo hält die ~?** yedi numara nerede duruyor?

siebenerlei ['zi:bənɐ'laɪ] *adj inv* yedi çeşit, yedi türlü; *s. a.* **achterlei**

siebenfach I. *adj* yedi (kat); **die ~e Menge** yedi misli **II.** *adv* yedi kere; *s. a.* **achtfach**

siebenhundert ['--'--] *adj inv* yedi yüz; *s. a.* **achthundert**

Siebenling *m* yediz

siebenmal *adv* yedi kere, yedi defa; *s. a.* **achtmal**

Siebensachen ['--'--] *fpl* (*fam*) pılı pırtı; **Siebenschläfer** [-ʃlɛ:fɐ] *m* <-s, -> **1.** (*Nagetier*) yediuyuklayan **2.** (*Langschläfer*) yedi uyuyanlar

siebenstündig *adj* yedi saatlik

siebentägig [-tɛ:gɪç] *adj* yedi günlük

siebentausend ['--'--] *adj inv* yedi bin; *s. a.* **achttausend**

siebte(r, s) ['zi:ptə, -tɐ, -təs] *adj* yedinci; *s. a.* **achte(r, s)**

siebtel ['zi:ptəl] *adj inv* yedide (bir); *s. a.* **achtel**

siebtens ['zi:ptəns] *adv* yedinci olarak; (*bei einer Aufzählung*) yedincisi; *s. a.* **achtens**

siebzehn ['zi:ptse:n] *adj inv* on yedi; *s. a.* **acht**[1]

siebzehnte(r, s) *adj* on yedinci; *s. a.* **achte(r, s)**

siebzig ['zi:ptsɪç] *adj inv* yetmiş; *s. a.* **achtzig**; **siebzigjährig** *adj* yetmiş yaşındaki

siebzigste(r, s) *adj* yetmişinci; *s. a.* **achtzigste(r, s)**

siedeln ['zi:dəln] *vi* yerleşmek

sieden ['zi:dən] <siedet, sott *o* siedete, gesotten *o* gesiedet> **I.** *vi* kaynamak **II.** *vt* kaynatmak; (*in siedendem Wasser*) pişirmek, haşlamak

Siedepunkt *m* (PHYS) kaynama noktası

Siedler(in) ['zi:dlɐ] *m(f)* <-s, -; -nen> **1.** yeni yerleşen, göçmen **2.** (*Kolonist*) sömürgeci

Siedlung ['zi:dlʊŋ] *f* <-en> **1.** (*Wohn~*) mahalle, site **2.** (HIST) koloni; (*Kolonie*) koloni, sömürge, müstemleke

Sieg [zi:k] *m* <-(e)s, -e> zafer, utku, yengi; (SPORT) birincilik, galibiyet; **den ~ davontragen** birinciliği almak, galibiyeti kapmak; **um den ~ ringen** birincilik için çekişmek

Siegel ['zi:gəl] *nt* <-s, -> mühür; **Siegellack** *m* mühür mumu

siegeln ['zi:gəln] *vt* mühürlemek

Siegelring *m* mühürlü yüzük, mühür yüzüğü

siegen ['zi:gən] *vi* yenmek (*über* -i); **mit 1:3 ~** 1:3 yenmek

Sieger(in) *m(f)* <-s, -; -nen> galip, muzaffer; (*im Sport*) galip, birinci, şampiyon; **als ~ aus etw hervorgehen** bir şeyde birinci olmak; **Siegerehrung** *f* madalya töreni

siegesbewusst[RR] *adj*, **siegessicher** *adj* yeneceğinden emin, galibiyetten emin; **Siegeszug** *m* <-(e)s, -züge> zafer alayı

siegreich *adj* utkulu, muzaffer; (SPORT) galip; **aus etw ~ hervorgehen** bir şeyde galip gelmek

sieht [zi:t] *3. präs von* **sehen**

siezen ['zi:tsən] *vt* teklifli konuşmak (ile)

Signal [zɪ'gna:l] *nt* <-s, -e> sinyal, işaret; **~e geben** sinyal vermek; **ein ~ setzen** izlenecek yolu işaretlemek

signalisieren* [zɪgnali'zi:rən] *vt* **1.** (*andeuten*) işaret etmek, işaretlemek **2.** (*Schweiz: ausschildern*) işaret koymak (-e)

Signatur [zɪgna'tu:ɐ] *f* <-en> **1.** imza; **digitale ~** (INFORM) sayısal imza **2.** (*eines Buchs, a.* TYPO) tasnif numarası **3.** (*auf Landkarten*) işaretler *pl*

signieren* [zɪ'gni:rən] *vt* imzalamak

Silbe ['zɪlbə] *f* <-n> hece; **betonte ~** vurgulu hece; **Silbentrennung** *f* hecelere bölme

Silber ['zɪlbɐ] *nt ohne Pl* <-s> **1.** (*Metall, a.* CHEM) gümüş; **Reden ist ~, Schweigen ist Gold** (*prov*) söz gümüşse sükût altındır **2.** (*Tafel~*) gümüşler *pl;* **Silberbesteck** *nt* gümüş çatal bıçak takımı; **Silberblick** *m ohne Pl* <-(e)s> (*fam*) şehlâlık; **Silberfaden** *m* <-s, -fäden> sim; **Silberfischen** *nt* (ZOOL: *Zuckergast*) gümüşçün; **Silbergehalt** *m* <-(e)s, -e> gümüş niceliği; **Silbergeld** *nt* gümüş para; **silberglänzend** *adj* gümüş gibi parlayan, sim; **silbergrau** *adj* gümüş grisi; **Silberhochzeit** *f* evliliğin yirmi beşinci yıldönümü; **Silbermedaille** *f* gümüş madalya; **Silbermünze** *f* gümüş sikke

silbern ['zɪlbɐn] *adj* **1.** (*aus Silber*) gümüş **2.** (*Farbton*) gümüş rengi, gümüşî

Silberpappel *f* (BOT) akkavak, akçakavak

Silberreiher *m* (ZOOL) akbalıkçıl

Silberstreifen *m:* **es zeichnet sich ein ~ am Horizont ab** zayıf bir umut ışığı göründü

Silberwährung *f* (FIN, WIRTSCH) gümüş para

silbrig ['zɪlbrɪç] *adj* gümüşî, gümüşsü, gümüş gibi

Silhouette [zilu'ɛtə] *f* <-n> siluet

Silicon Valley *nt* Silikon Vadisi

Silikat *nt* (CHEM) silikat

Silikon [zili'ko:n] *nt* <-s, -e> (CHEM) silikon
Silikose *f* <-n> (MED) silikoz
Silizium [zi'li:tsiʊm] *nt ohne Pl* <-s> (CHEM) silisyum
Silo ['zi:lo] *m o nt* <-s, -s> silo
Silvester [zɪl'vɛstɐ] *m o nt* <-s, -> yılbaşı; **Silvesterabend** *m* yılbaşı akşamı, yılbaşı gecesi; **Silvesterball** *m* yılbaşı balosu; **Silvesterfeier** *f* yılbaşı eğlencesi, yılbaşı gecesi
simpel ['zɪmpəl] *adj* basit
Sims [zɪms] *m o nt* <-es, -e> (*Ge~*) silme; (*Wandbrett*) raf; (*Fenster~*) denizlik
Simulant(in) [zimu'lant] *m(f)* <-en, -en; -nen> yalandan hasta, hastalık taslayan (kimse), kendini hasta gibi gösteren (kimse), hastalık numarası yapan (kimse)
Simulator [zimu'la:to:ɐ] *m* <-s, -en> simülâtör
simulieren* [zimu'li:rən] *vi, vt* temaruz etmek, hastalık taslamak, kendini hasta gibi göstermek
simultan [zimʊl'ta:n] *adj* simültane, eş zamanlı; **Simultandolmetscher(in)** *m(f)* simültane tercüman, simültane çevirmen
sind [zɪnt] *1. o 3. Pl präs von* **sein**
Sinfonie [zɪnfo'ni:] *f* <-n> senfoni; **Sinfonieorchester** *nt* senfoni orkestrası
sinfonisch *adj* senfonik
Singdrossel *f* (ZOOL) öter ardıç, şarkıcı ardıç
singen ['zɪŋən] <singt, sang, gesungen> *vi, vt* (şarkı) söylemek; (*Vogel*) ötmek
Single¹ ['sɪŋ(g)əl] *f* <-(s)> (*Schallplatte*) 45'lik plâk
Single² ['sɪŋ(g)əl] *m* <-(s), -s> (*Person*) yalnız yaşayan
Singsang ['zɪŋzaŋ] *m ohne Pl* <-s> şarkı söyleme
Singspiel *nt* (MUS) şarkılı güldürü
Singular ['zɪŋgula:ɐ] *m* <-s, -e> (LING) tekil; **erste/zweite/dritte Person** ~ birinci/ikinci/üçüncü tekil kişi
Singvogel *m* ötücü kuş
sinken ['zɪŋkən] <sinkt, sank, gesunken> *vi sein* **1.** (*nieder~*) inmek; (*Schiff*) batmak; **auf die Knie** ~ diz üstü çökmek **2.** (*sich senken, abnehmen*) düşmek; (*Vertrauen, Einfluss, Hoffnung*) azalmak; **er sank in meiner Achtung** gözümden düştü; **alle Hoffnungen** ~ bütün umutlar azalmakta
Sinn¹ [zɪn] *m* <-(e)s, -e> (*Wahrnehmungs~*) duyu; **die fünf ~e** beş duyu; **der sechste** ~ altıncı duygu
Sinn² *m ohne Pl* <-(e)s> **1.** (*Verständnis*) anlayış (*für* için); ~ **für Humor haben** espri anlayışı olmak **2.** (*Zweck*) amaç; **das ist nicht der** ~ **der Sache** işin amacı bu değil; **das hat keinen** ~ bunun bir anlamı yok; **ohne** ~ **und Verstand** hiç düşünüp taşınmadan; **der langen Rede kurzer** ~ uzun lâfın [*o* sözün] kısası **3.** (*Bedeutung*) anlam, mana; **im wörtlichen** ~ kelimenin tam anlamıyla; **im übertragenen** ~ mecazî anlamda; **im engeren/weiteren ~e** dar/geniş anlamda; **in wahrsten ~e des Wortes** kelimenin tam anlamıyla **4.** (*geh: das Denken*): **etw kommt ihm in den** ~ bir şey aklına gelmek; **etw im** ~ **haben** bir şey aklında olmak; **in jds** ~ **handeln** birinin düşündüğü gibi davranmak [*o* hareket etmek]; **von ~en sein** aklı başında olmamak; **mir steht der** ~ **nicht nach Fernsehen** canım televizyon seyretmek istemiyor; **schlag dir das aus dem ~!** bunu aklından çıkar!; **aus den Augen, aus dem** ~ (*prov*) gözden ırak olan gönülden de ırak olur
Sinnbild *nt* simge (*für* -in); **sinnbildlich** *adj* simgesel
sinnen ['zɪnən] <sinnt, sann, gesonnen> *vi* (*geh*) **1.** (*nachdenken*) düşünüp taşınmak (*über* -i) **2.** (*mit einem Vorhaben beschäftigen*) düşünmek (*auf* -i), plânlamak (*auf* -i); **auf Flucht** ~ kaçmayı düşünmek
sinnentstellend *adj* anlamı bozan; **Sinnesorgan** *nt* duyu organı; **Sinnestäuschung** *f* yanılsama, duyu yanılması, yanlış algılama; **Sinneswahrnehmung** *f* algı; **Sinneswandel** *m* fikir değiştirme
sinnfällig *adj* apaçık, açık seçik
sinngemäß *adj* anlamınca yapılan, mealen yapılan; **etw** ~ **übersetzen** bir şeyi anlamınca çevirmek, bir şeyi mealen tercüme etmek
sinnieren* [zɪ'ni:rən] *vi* (*geh*) düşünceye dalmak, derin derin düşünmek (*über* -i); (*grübeln*) kara kara düşünmek (*über* -i)
sinnig *adj* anlamlı
sinnlich *adj* **1.** (*auf Sinnesorgane bezogen*) duyusal, duyumsal **2.** (*Mensch, Genuss*) kösnül
Sinnlichkeit *f ohne Pl* kösnüllük
sinnlos *adj* (*unsinnig*) anlamsız; (*zwecklos*) abes; (*widersinnig*) saçma; **das ist völlig** ~ bu tamamen saçma; **sich** ~ **betrinken** körkütük sarhoş olmak
Sinnlosigkeit *f ohne Pl* anlamsızlık, saçmalık
Sinnspruch *m* özdeyiş
sinnreich *adj* iyi düşünülmüş; **sinnverwandt** *adj* (LING) anlamdaş, eş anlamlı; **sinnvoll** *adj* **1.** (*vernünftig*) akıllıca, makul **2.** (*nützlich*) yararlı **3.** (*Satz*) anlamı olan; **sinnwidrig** *adj* (*geh*) anlamsız, saçma
Sintflut ['zɪntflu:t] *f ohne Pl* (*Überschwem-*

mung) tufan; (*große Menge*) tufan; **nach mir die** ~ benden sonrası umurumda değil

Sinti ['zɪnti] *pl* Alman asıllı çingeneler *pl*

Sippe ['zɪpə] *f* <-n> sülâle; (*Verwandtschaft*) akrabalar *pl*

Sippschaft *f* <-en> (*pej*) güruh

Sirene [zi're:nə] *f* <-n> siren, canavar düdüğü; **Sirenengeheul** *nt ohne Pl* <-s> canavar düdüklerinin uğuldaması

sirren ['zɪrən] *vi* vızıldamak

Sirtaki *m* sirtaki

Sirup ['zi:rʊp] *m* <-s, -e> şurup

Sitte ['zɪtə] *f* <-n> **1.** (*Brauch*) töre, örf ve âdet **2.** *Pl* (*Sittlichkeit*) ahlâk; **ein Verstoß gegen die guten ~n** ahlâka aykırılık **3.** *Pl* (*Manieren*) görgü, terbiye; **Sittenlehre** *f* <-n> ahlâk bilimi, töre bilimi; (*Ethik*) etik

sittenlos *adj* ahlâksız

Sittenpolizei *f* ahlâk zabıtası; **Sittenverfall** *m* ahlâkın bozulması; **sittenwidrig** *adj* (JUR) ahlâka aykırı

sittlich *adj* ahlâklı

Sittlichkeit *f ohne Pl* ahlâklılık, genel ahlâk; **Sittlichkeitsverbrechen** *nt* genel ahlâka karşi suç

Situation [zitua'tsjo:n] *f* <-en> durum, vaziyet; **eine ausweglose** ~ çaresiz bir durum; **der ~ gewachsen sein** içinde bulunduğu durumla başa çıkabilmek

situieren* *vt:* **gut situiert sein** (*finanziell*) hâli vakti yerinde olmak

Sitz [zɪts] *m* <-es, -e> **1.** (*~gelegenheit*) oturacak yer; (*im Kino*) koltuk **2.** (POL) koltuk **3.** (*einer Firma*) merkez; **Sitzbad** *nt:* **ein ~ nehmen** oturarak banyo yapmak; **Sitzblockade** *f* oturma direnişi; **Sitzecke** *f* oturma köşesi

sitzen ['zɪtsən] <sitzt, saß, gesessen> *vi haben o südd, Österr, Schweiz: sein* **1.** (*Person*) oturmak (*auf* üzerinde, *an* -de); (*Vogel*) tünemek (*auf* -de); ~ **Sie bequem?** rahat oturuyor musunuz?; **am Tisch** ~ masada oturmak; **vor dem Fernseher** ~ televizyonun karşısında oturmak; **(jdm) Modell** ~ (biri için) model durmak; **sie saßen beim Essen** yemekte oturuyorlardı; **im S~ arbeiten** oturarak çalışmak; **er hat lange an dieser Arbeit gesessen** bu işin başında çok oturdu; ~ **bleiben** (*fam: in der Schule*) sınıfta kalmak; **auf einer Ware ~ bleiben** (*fam*) malı elinde kalmak; **jdn ~ lassen** (*fam: Familie*) birini terk etmek; (*bei einer Verabredung*) birini ekmek; **auf seinem Geld** ~ (*fam*) parasının üstüne oturmak **2.** (*sich befinden*) bulunmak; (*Firma*) merkezi olmak (*in* -de) **3.** (*Kleidung*) oturmak **4.** (*fam: Schuss*) oturmak; (*Bemerkung*) oturmak; **das saß** (*Wirkung erzielen*) bu iyi oturdu **5.** (*fam: im Gefängnis*) yatmak **6.** (*Wend*): **einen ~ haben** (*fam*) kafayı bulmak

sitzen|bleiben *irr vi sein s.* **sitzen 1.**; **sitzen|lassen** *irr vt s.* **sitzen 1.**

Sitzgelegenheit *f* oturacak yer; **Sitzgruppe** *f* <-n> oturma grubu; **Sitzkissen** *nt* **1.** minder **2.** (*als Sitzgelegenheit*) puf; **Sitzmöbel** *nt* oturma mobilyası; **Sitzordnung** *f* <-en> oturma düzeni; **die ~ festlegen** oturma düzenini belirlemek; **Sitzplatz** *m* <-es, -plätze> oturacak yer; **Sitzstreik** *m* oturma grevi

Sitzung *f* <-en> oturum; (*Versammlung*) toplantı; (*im Gericht*) duruşma; (*zum Porträtieren*) seans; **Sitzungssaal** *m* toplantı salonu; (*im Gericht*) duruşma salonu

Sitzverteilung *f* (POL) koltukların dağılımı

Sizilianer(in) *m(f)* Sicilyalı

Sizilien [zi'tsi:liən] *nt* <-s> Sicilya

Skala ['ska:la] *f* <-s *o* Skalen> ıskala, ölçek

Skalp [skalp] *m* <-s, -e> kafa derisi, başın saçlı derisi

Skalpell [skal'pɛl] *nt* <-s, -e> (MED) neşter

skalpieren* [skal'pi:rən] *vt* kafa derisini yüzmek (-in)

Skandal [skan'da:l] *m* <-s, -e> skandal

skandalös [skanda'lø:s] *adj* rezil, kepaze

Skandinavien [skandi'na:viən] *nt* <-s> İskandinavya

Skandinavier(in) [skandi'na:viɐ] *m(f)* <-s, -; -nen> İskandinav, İskandinavyalı

skandinavisch *adj* İskandinav

Skat [ska:t] *m* <-(e)s, -e *o* -s> skat, *üç kişiyle oynanan iskambil oyunu*

Skateboard ['skɛɪtbɔ:t] *nt* <-s, -s> kaykay; ~ **fahren** kaykaya binmek

Skelett [ske'lɛt] *nt* <-(e)s, -e> iskelet

Skepsis ['skɛpsɪs] *f ohne Pl* kuşku

skeptisch ['skɛptɪʃ] *adj* kuşkucu; (PHILOS) septik

Skeptizismus [skɛpti'tsɪsmʊs] *m ohne Pl* <-> kuşkuculuk; (PHILOS) septisizm

Sketch *m* <-(es), -e(s) *o* -s>, **Sketsch**[RR] [skɛtʃ] *m* <-(e)s, -e> skeç

Ski [ʃi:] *m* <-s, -(er)> kayak; ~ **laufen** [*o* **fahren**] kayak yapmak; **Skianzug** *m* <-(e)s, -züge> kayak elbisesi; **Skifahrer(in)** *m(f)* kayakçı; **Skihose** *f* kayak pantolonu; **Skilaufen** *nt ohne Pl* <-s> kayak; **Skiläufer(in)** *m(f)* <-s, -; -nen> kayakçı; **Skilehrer(in)** *m(f)* kayak öğretmeni, kayak hocası; **Skilift** *m* telesiyej

Skinhead ['skɪnhɛt] *m* <-s, -s> dazlak

Skipiste *f* kayak pisti; **Skispringen** *nt ohne Pl* <-s> kayakla atlama; **Skistiefel** *m* kayakçı botu; **Skistock** *m* <-(e)s, -stöcke> kayak sopası

Skizze ['skɪtsə] *f* <-n> **1.** (*Zeichnung*) kro-

ki **2.** (*Entwurf*) taslak, eskiz
skizzenhaft *adj* (*fig*) kaba taslak
skizzieren* [skɪ'tsiːrən] *vt* krokisini yapmak (-in), taslağını çıkarmak (-in)
Sklave, -in ['sklaːvə] *m, f* <-n, -n; -nen> köle, esir; (*Sklavin*) esire, cariye; **Sklavenarbeit** *f* angarya; **Sklavenhalter(in)** *m(f)* köleli; (*fig*) angaryacı; **Sklavenhandel** *m* esircilik, köle ve cariye alış verişi
Sklaverei *f ohne Pl* **1.** (HIST) kölelik, esaret **2.** (*pej: Arbeit*) angarya
sklavisch *adj* (*pej*) köle gibi
Sklerose [skle'roːzə] *f* <-n> (MED) skleroz
Skonto ['skɔnto] *m o nt* <-s, -s *o* Skonti> (WIRTSCH) ıskonto
Skorpion [skɔr'pjoːn] *m* <-s, -e> **1.** (ZOOL) akrep **2.** (ASTR) Akrep; **das Sternbild/der Wendekreis des ~s** Akrep burcu/dönencesi
Skript [skrɪpt] *nt* <-(e)s, -en *o* -s> **1.** (*Manuskript*) müsvedde **2.** (*einer Vorlesung*) notlar *pl* **3.** (FILM) senaryo
Skrofel ['skruːpəl] *f* <-n> (MED) sıraca
Skrupel ['skruːpəl] *m* <-s, -> çekinme, tereddüt (etme), vicdanı elvermeme; **er hatte ~** vicdanı elvermedi; **ohne jeden ~** vicdanen hiç çekinmeden
skrupellos *adj* vicdansız
Skrupellosigkeit *f ohne Pl* vicdansızlık
Skulptur [skʊlp'tuːɐ] *f* <-en> heykel
skurril [skʊ'riːl] *adj* (*geh*) garip, tuhaf
Skythe, -in *m, f* <-n, -n; -nen> (HIST) İskit
Slalom ['slaːlɔm] *m* <-s, -s> (SPORT) slâlom; **Slalomkurs** *m* slâlom pisti; **Slalomläufer(in)** *m(f)* slâlomcu
Slang [slɛŋ] *m ohne Pl* <-s> **1.** (*saloppe Sprache*) argo **2.** (*Jargon*) argo, jargon
Slawe, -in ['slaːvə] *m, f* <-n, -n; -nen> Slav
slawisch *adj* Slav
Slawistik *f ohne Pl* Slavistik
Slip [slɪp] *m* <-s, -s> slip, don, külot; **Slipeinlage** *f* ped, orkid[RR]
Slogan ['slɔʊgən] *m* <-s, -s> slogan
Slowake, -in [slo'vaːkə] *m, f* <-n, -n; -nen> Slovak(yalı)
Slowakei [slova'kaɪ] *f* Slovakya
slowakisch *adj* Slovak; **die S~e Republik** Slovakya Cumhuriyeti
Slowene, -in [slo'veːnə] *m, f* <-n, -n; -nen> Sloven(yalı)
Slowenien [slo'veːniən] *nt* <-s> Slovenya
slowenisch *adj* Sloven
Slum [slam] *m* <-s, -s> kenar mahalle, gecekondu bölgesi
Small Talk[RR] ['smɔːltɔːk] *m* <-s, -s>, **Smalltalk**[RR] *m* <-s, -s> sohbet
Smaragd [sma'rakt] *m* <-(e)s, -e> zümrüt
Smog [smɔk] *m* <-(s), -s> smog; **Smogalarm** *m* smog alârmı
Smoking ['smoːkɪŋ] *m* <-s, -s> smokin
SMS *f* (TELE) SMS, kısa mesaj; **jdm eine ~ schicken** birine SMS [*o* kısa mesaj] göndermek
Snob [snɔp] *m* <-s, -s> (*pej*) snop, züppe
Snobismus *m ohne Pl* snobizm, snopluk, züppelik
snobistisch [sno'bɪstɪʃ] *adj* (*pej*) snop
s.o. *Abk. von* **siehe oben** yukarıya bakınız
SO *Abk. von* **Südosten** güneydoğu
so [zoː] **I.** *adv* **1.** (*auf diese Weise*) böyle; **~ macht man das** bu böyle yapılır; **stell dich nicht ~ an!** numara yapma!; **~ gesehen, hast du Recht** böyle bakarsan, hakkın var; **gut ~!** iyi böyle!; **ach, ~ ist das!** vay, demek ki öyle!; **~ oder ~** (*unterschiedlich*) ya öyle ya böyle; (*auf jeden Fall*) öyle veya böyle; **und ~ weiter** ve devamı **2.** (*Zustand, Maß, Eigenschaft*): **sie tut mir ~ Leid** ona öyle [*o* o kadar] üzüldüm; **~ sehr** o kadar çok; **~ viel steht fest** bu kadarı kesin; **~ früh wie möglich** mümkün olabildiği kadar erken; **lass es ~, wie es ist** onu olduğu gibi bırak **3.** (*fam: solch*) böyle; **bei ~ einem Wetter** böyle bir havada; **~ ein Zufall!** bu ne tesadüf!; **~ (et)was Blödes!** ne aksilik!; **~ (et)was** böyle (bir) şey; **na ~ was!** bak şu işe!; **... und ~** ve bunun gibi ... **4.** (*fam: ungefähr*): **er heißt Traugott oder ~** adı Traugott veya öyle bir şey; **ich komme ~ gegen acht** sekize doğru falan gelirim; **er sagt das nur ~** bunu öylesine söylüyor **II.** *konj* **1. ~ dass ...** öyle ki, ... **2. er spielte ~ gut, dass ...** öyle [*o* o kadar] iyi oynadı ki ... **III.** (*Partikel*): **~, das war's für heute** haydi, bugünlük bu kadar; **~, ~** demek ki öyle; **ach ~!** demek öyle!; **wie geht's denn ~?** işler nasıl gidiyor?
sobald [zo'balt] *konj:* **~ er kommt** gelir gelmez; **ich rufe an, ~ ich zu Hause bin** eve gider gitmez telefon ederim
Socke ['zɔkə] *f* <-n> çorap; **sich auf die ~n machen** (*fam fig*) yola koyulmak; **von den ~n sein** (*fam fig*) aklı durmak
Sockel ['zɔkəl] *m* <-s, -> duraç, taban, ayaklık; (*einer Säule*) kaide; (*Festland~*) sahanlık
Soda *nt ohne Pl* <-> (*~wasser*) soda
sodass[RR] [zo'das] *konj*, **sodaß** *konj* öyle ki
Sodawasser *nt* <-s, -wässer> soda
Sodbrennen ['zoːt-] *nt ohne Pl* <-s> mide yanması, mide ekşimesi; **~ haben** midesi yanmak [*o* kaynamak]
Sodomie [zodo'miː] *f ohne Pl* sodomi
soeben [zo'ʔeːbən] *adv* demin, az önce; **~ etw getan haben** az önce bir şey yapmış olmak

Sofa ['zo:fa] *nt* <-s, -s> kanape, sedir
sofern [zo'fɛrn] *konj* eğer, şayet
soff [zɔf] *3. imp von* **saufen**
Sofia *nt* Sofya
sofort [zo'fɔrt] *adv* **1.** (*unverzüglich*) hemen, derhal **2.** (*unmittelbar*) doğrudan doğruya
Sofortbildkamera *f* polaroit®; **Soforthilfe** *f* acil yardım
sofortige(r, s) *adj* acil, ivedi; **mit ~r Wirkung** derhal geçerli olmak üzere; **~e Beschwerde** (JUR) acele itiraz
Sofortmaßnahme *f* acil önlem
Softie ['sɔfti] *m* <-s, -s> (*fam*) hanım evlâdı
Software ['sɔftwɛ:ɐ] *f* <-s> (INFORM) yazılım; **Softwareentwickler(in)** *m(f)* yazılım geliştiricisi; **Softwarepaket** *nt* yazılım paketi; **Softwarepiraterie** *f* yazılım korsanlığı
sog [zo:k] *3. imp von* **saugen**
sog. *Abk. von* **so genannt** sözüm ona
Sog [zo:k] *m* <-(e)s, -e> **1.** (*saugende Strömung*) anafor, çevri, burgaç, girdap **2.** (*Strömung seewärts*) alt akıntı, dip akıntısı
sogar [zo'ga:ɐ] *adv* hatta
sogenannt ['zo:gənant] *adj s.* **nennen I.4.**
sogleich [zo'glaɪç] *adv s.* **sofort**
Sohle ['zo:lə] *f* <-n> **1.** (*Fuß~*) taban; **vom Scheitel bis zur ~** tepeden tırnağa kadar **2.** (*Schuh~*) pençe; (*Einlege~*) taban; **die ~n nach etw ablaufen** bir şey için pabuç eskitmek [*o* paralamak] **3.** (*Tal~*) taban
Sohn [zo:n, *Pl:* 'zø:nə] *m* <-(e)s, Söhne> oğul; **er hat zwei Söhne** iki oğlu var
Soja ['zo:ja] *f* <Sojen> soya; **Sojabohne** *f* soya fasulyesi; **Sojaöl** *nt* soya yağı; **Sojasoße** *f* soya sosu
solang(e) [zo'laŋ(ə)] **I.** *adv* sürece **II.** *konj:* **~ bis er zurückkommt** o gelinceye kadar; **~ du willst** istediğin kadar, ne kadar istersen
solar [zo'la:ɐ] *adj* (ASTR, METEO, PHYS) güneş (ile ilgili); **~e Phänomene** güneş olayları; **Solarenergie** *f ohne Pl* (PHYS) güneş enerjisi
Solarium [zo'la:riʊm] *nt* <-s, Solarien> solaryum
solch [zɔlç] *adj inv* (*geh*) böylesine, öylesine, bu denli; *s. a.* **solche(r, s)**
solche(r, s) *adj* **1.** (*so beschaffen*) böyle, öyle; **ein ~r Mensch** böyle bir insan **2.** (*Intensität: adjektivisch*) öyle; (*adverbiell*) öyle; **ich habe ~n Durst** öyle bir susadım ki; **das macht ~n Spaß!** bu öyle bir eğlenceli ki! **3. es gibt ~ und ~** (*fam*) öylesi de var böylesi de
solcherlei ['zɔlçɐ'laɪ] *adj inv* (*geh*) böyle, buna benzer, öyle, ona benzer
Sold [zɔlt] *m* <-(e)s, -e> (MIL) tayın bedeli
Soldat(in) [zɔl'da:t] *m(f)* <-en, -en; -nen> asker
Söldner(in) ['zœldnɐ] *m(f)* <-s, -; -nen> ücretli asker, paralı asker
Soli *Pl von* **Solo**
solid(e) [zo'li:t, zo'li:də] *adj* **1.** (*Bauweise*) sağlam, oturaklı; (*Kenntnisse*) sağlam **2.** (*Firma*) güvenilir; (*Leben*) istikrarlı; (*Person*) oturaklı, ağırbaşlı
Solidarbeitrag [zoli'da:ɐ-] *m* dayanışma aidatı
solidarisch [zoli'da:rɪʃ] **I.** *adj* dayanışık, dayanışmalı **II.** *adv* dayanışarak, dayanışmalı olarak
solidarisieren* [zolidari'zi:rən] *vr:* **sich ~** dayanışmak (*mit* ile)
Solidarität [zolidari'tɛ:t] *f ohne Pl* dayanışma; **Solidaritätsfonds** *m* dayanışma fonu; **Solidaritätsstreik** *m* dayanışma grevi
Solidarschuldner(in) *m(f)* (*Schweiz:* JUR) dayanışmalı borçlu
solide *adj s.* **solid(e)**
Solist(in) [zo'lɪst] *m(f)* <-en, -en; -nen> solist
Soll [zɔl] *nt* <-(s), -(s)> **1.** (FIN) borç; **~ und Haben** borç ve alacak **2.** (*Plan~*) hedef; **sein ~ erfüllen** hedefine ulaşmak
sollen[1] ['zɔlən] <soll, sollte, sollen> *Modalverb* **1.** (*müssen*): **was soll ich (jetzt) tun?** (şimdi) ne yapayım?; **das hättest du nicht tun ~** bunu yapmamalıydın **2.** (*Befehl*): **du sollst leise sein!** sessiz olmalısın **3.** (*Notwendigkeit*) gerekmek; **man sollte mehr sparen** daha fazla tasarruf etmek gerekir **4.** (*Wunsch*): **soll ich auf dich warten?** seni bekleyeyim mi?; **sie ~ wissen ...** bilesiniz ...; **was soll ich (dir) sagen?** (sana) ne diyebilirim ki?; **das soll sie haben** bu ondaymış; **hoch soll er leben!** çok yaşasın!; **das sollst du mir büßen** alacağın olsun **5.** (*Vermutung*) -miş; **es soll morgen schneien** yarın kar yağacakmış; **das soll ich sein?** bu ben miymişim?; **so etwas soll es geben** (b)öyle bir şey varmış **6.** (*Ungewissheit*): **was soll (denn) das heißen?** bu (da) ne demek (oluyor)?; **soll das alles sein?** hepsi bu kadar mı?; **wer soll das sein?** bu kimmiş?; **solltest du ihn sehen, sag ihm ...** onu görecek olursan, ... söylersin; **mir soll es gleich sein** benim için fark etmez
sollen[2] *vi:* **was soll's?** ne olmuş ki yani?; **was soll der Mist?** bu pislik de ne oluyor?
Solo ['zo:lo] *nt* <-s, -s *o* Soli> **1.** (MUS) solo **2.** (*fam*) yalnız, tek başına
Solvenz *f* (FIN) ödeme gücü

Somalia [zo'maːlia] *nt* <-s> Somali

Somalier(in) [zo'maːliɐ] *m(f)* <-s, -; -nen> Somalili

somalisch *adj* Somali (ile ilgili), Somalili; **~e Frauen/Männer** Somalili kadınlar/erkekler; **die ~e Regierung** Somali hükümeti

somit ['zoːmɪt, zo'mɪt] *adv* böylece

Sommer ['zɔmɐ] *m* <-s, -> yaz; **den ~ über** yaz boyunca; **im ~** yazın; **Sommerferien** *pl* yaz tatili; **Sommerkleidung** *f* yazlık giysi

sommerlich *adj* (*Kleidung*) yazlık; **ein ~es Wetter** yazdan kalma bir hava; **Sommerregen** *m* yaz yağmuru; **Sommerreifen** *m* (AUTO) yaz lâstiği; **Sommerschlussverkauf**[RR] *m* yaz sonu indirimli satışlar *pl;* **Sommersemester** *nt* yaz sömestri; **Sommersonnenwende** *f* (ASTR) yaz gün durumu; **Sommersprosse** *f* çil; **sommersprossig** *adj* çilli

Sommerzeit[1] *f ohne Pl* (*Jahreszeit*) yaz dönemi, yaz mevsimi

Sommerzeit[2] *f* <-en> (*Uhrzeit*) yaz saati

Sonar *nt* **1.** *ohne Pl* (TECH) sonar **2.** (*Gerät*) sonar

Sonate [zo'naːtə] *f* <-n> (MUS) sonat

Sonde ['zɔndə] *f* <-n> (MED, TECH) sonda; (AERO: *Mond~, Raum~*) modül

Sonderanfertigung ['zɔndɐ-] *f* özel yapım; **Sonderangebot** ['zɔndɐ-] *nt* özel indirim; **im ~ sein** özel indirimli olmak; **Sonderausgabe** *f* <-n> (*eines Werkes*) özel baskı; (*Sondernummer*) özel sayı

sonderbar *adj* tuhaf

Sonderdruck *m* özel baskı

Sonderfall *m* <-(e)s, -fälle> özel durum; (*Ausnahme*) istisnaî durum; **Sondergenehmigung** *f* özel izin

sondergleichen ['--'--] *adv* eşsiz, emsalsiz

sonderlich **I.** *adj* (*sonderbar*) tuhaf **II.** *adv* (*besonders*) pek; **wie geht es dir? – nicht ~** nasılsın? – pek o kadar iyi değilim

Sonderling ['zɔndɐlɪŋ] *m* <-s, -e> acube

Sondermarke *f* özel pul; **Sondermeldung** *f* flâş

sondern[1] ['zɔndɐn] *konj:* **nicht (nur) du, ~ (auch) ich** (yalnız) sen değil, ben (de); **sie ist nicht nur schön, ~ auch klug** sadece güzel değil, aynı zamanda akıllı da

sondern[2] ['zɔndɐn] *vt* (*geh*) ayırmak (*von* -den), ayıklamak

Sondernummer *f* özel sayı; **Sonderpreis** *m* özel fiyat; **Sonderrecht** *nt* <-(e)s, -e> ayrıcalık; **Sonderschule** *f* <-n> özürlü çocuklar okulu, *özel eğitime muhtaç çocuklar için okul;* **Sonderstellung** *f* özel statü, özel pozisyon; **eine ~ einnehmen** özel statüsü olmak; **Sonderziehungsrecht** *nt* (WIRTSCH) özel çekim hakkı; **Sonderzug** *m* <-(e)s, -züge> özel tren

sondieren* [zɔn'diːrən] *vt* **1.** (*Lage, Markt*) araştırmak **2.** (MED, TECH) sondalamak

Sonett [zo'nɛt] *nt* <-(e)s, -e> (LIT) sone

Song [sɔŋ] *m* <-s, -s> (*fam*) şarkı

Sonnabend ['zɔnʔaːbənt] *m* (*nordd, reg*) cumartesi; *s. a.* **Montag**

Sonne ['zɔnə] *f* <-n> güneş; **die ~ geht auf/unter** güneş doğuyor/batıyor; **die ~ scheint** hava güneşli; **in der prallen ~** güneşin alnında

sonnen **I.** *vt* güneşlemek **II.** *vr:* **sich ~** güneşlenmek

Sonnenaufgang *m* güneşin doğuşu; **bei ~** güneş doğarken; **Sonnenbad** *nt* güneş banyosu; **ein ~ nehmen** güneş banyosu yapmak; **Sonnenblende** *f* (FOTO) güneşlik; **Sonnenblume** *f* ayçiçeği, gün çiçeği, günebakan, gündöndü; **Sonnenblumenkern** *m* ayçiçeği, ay çekirdeği; **Sonnenblumenöl** *nt* (GASTR) ayçiçeği yağı; **Sonnenbrand** *m* <-(e)s, -brände> güneşten cildin yanıp su toplaması; **Sonnenbräune** *f ohne Pl* güneş yanığı, güneşlenme sonucu tendeki esmerlik; **Sonnenbrille** *f* güneş gözlüğü; **Sonnencreme** *f* güneş kremi; **Sonnendach** *nt* güneşlik; **Sonnendeck** *nt* güneşlenme güvertesi; **Sonneneinstrahlung** *f ohne Pl* güneş ışınımı; **Sonnenenergie** *f ohne Pl* (PHYS) güneş enerjisi; **Sonnenferne** *f ohne Pl* (ASTR: *Aphelium*) günöte; **Sonnenfinsternis** *f* (ASTR) Güneş tutulması; **Sonnenflecken** *mPl* (ASTR) gözenekler *pl,* güneş lekeleri *pl;* **sonnenhell** *adj* günlük güneşlik; **Sonnenjahr** *nt* (ASTR) güneş yılı; **sonnenklar** *adj* (*fam*) **1.** (*hell und sonnig*) güneşli, açık **2.** (*eindeutig*) apaçık, ay aydın, hesap belli; **Sonnenkollektor** *m* <-s, -en> güneş kolektörü; **Sonnenkraftwerk** *nt* güneş santrali; **Sonnenlicht** *nt ohne Pl* <-(e)s> güneş ışığı; **Sonnenmilch** *f* güneş sütü; **Sonnennähe** *f ohne Pl* (ASTR: *Perihelium*) günberi; **Sonnenöl** *nt* güneş yağı; **Sonnenregen** *m* gün yağmuru; **Sonnenschein** *m ohne Pl* <-(e)s> güneş ışığı; **bei strahlendem ~** günlük güneşlik havada; **Sonnenschirm** *m* güneşlik; **Sonnenschutzcreme** *f* güneş kremi; **Sonnenseite** *f* güneşli taraf, güneş alan taraf; **Sonnenstich** *m* <-(e)s, -e> (MED) güneş çarpması; **Sonnenstrahl** *m* güneş ışını; **Sonnensystem** *nt* (ASTR) güneş sistemi; **Sonnentag** *m* **1.** (ASTR) güneş günü **2.** (*sonniger Tag*) güneşli gün; **Sonnenuhr** *f* güneş saati; **Sonnenuntergang** *m* gün batımı, gurup; **Sonnenwende** *f* gün dönümü; (ASTR: *Sommer~, Winter~*)

gün durumu

sonnig *adj* (*Wetter, Tag*) güneşli; (*Platz*) güneşlik; **hier ist es zu ~** burası çok güneşlik; **er suchte sich ein ~es Plätzchen** kendine güneşlik bir yer aradı

Sonntag ['zɔnta:k] *m* <-(e)s, -e> pazar; **Sonn- und Feiertage** pazar ve bayram günleri; *s. a.* **Montag**

sonntäglich *adj* her pazar

sonntags ['zɔnta:ks] *adv* pazarları; **sonn- und feiertags** pazar ve bayram günleri

Sonntagsarbeit *f ohne Pl* pazar günleri çalışma; **Sonntagsdienst** *m* pazar nöbeti

sonst [zɔnst] *adv* **1.** (*außerdem*) ayrıca, başka; **war ~ noch jemand da?** başka kimse var mıydı orada?; **~ nichts** başka bir şey yok; **~ was** (*fam*) başka şey; **~ noch Fragen?** başka soru(nuz) var mı?; **~ geht's dir gut?** (*fam iron*) başka da bir derdin yok, öyle mi? **2.** (*für gewöhnlich*) normalen; (*immer*) her zaman, hep; **du bist doch ~ nicht so** normalen böyle değilsin ki; **es ist alles wie ~** her şey eskisi gibi; **es war wie ~** her zamanki gibiydi; **mehr als ~** normalden fazla **3.** (*ehemals*) eskiden; (*in anderen Fällen*) diğer durumlarda **4.** (*andernfalls*) yoksa, olmazsa, aksi hâlde, aksi takdirde, sonra; **was/wer/wie denn ~?** (*fam*) yoksa ne/kim/nasıl?; **sei pünktlich, ~ gibt es Schelte!** geç kalma, yoksa [*o* sonra] azar işitirsin! **5.** (*unbestimmt*): **~ wer** (*fam*) başka biri; **er bildet sich ein, ~ wer zu sein** (*etwas Besonderes*) kendini bir şey sanıyor

sonstige(r, s) *adj* diğer, sair; **ihr ~es Verhalten war recht gut** yoksa davranışı oldukça iyiydi; **S~es** diğer noktalar

sonstwas ['zɔnstvas] *pron s.* **sonst 5.**

sonstwer ['zɔnstve:ɐ] *pron s.* **sonst 5.**

sooft [zoˈʔɔft] *konj:* **~ er kommt, bringt er Blumen mit** ne zaman gelse, çiçek getirir; **~ du willst** ne kadar istersen; **~ ich auch darüber nachdenke, ich sehe keine Lösung** ne kadar düşünürsem düşüneyim, onun için bir çözüm görmüyorum

Sopran [zo'pra:n] *m* <-s, -e> (MUS) soprano

Sopranistin [zopra'nɪstɪn] *f* <-nen> (MUS) soprano

Sorbet *m o nt* <-s, -s>, **Sorbett** *m o nt* <-(e)s, -e> (GASTR) şerbet

Sorge[1] ['zɔrgə] *f* <-n> (*Angst*) endişe (*um* için), dert; (*Problem*) sorun, problem; (*innere Unruhe*) sıkıntı, huzursuzluk; (*Kummer*) merak, üzüntü, kaygı; **ich mache mir ~ um ihn** onun için endişeleniyorum; **sich** *dat* **um jdn ~n machen** biri için endişelenmek, birini merak etmek; **keine ~!** merak etme!, kaygılanma!

Sorge[2] *f ohne Pl* (*Für~*) bakım; **elterliche ~** velâyet; **lass das nur meine ~ sein** bırak, ben hallederim [*o* çaresine bakarım]

sorgen ['zɔrgən] **I.** *vi* **1.** (*sich kümmern*) bakmak; **für jdn ~** birine bakmak **2.** (*beschaffen*) sağlamak (*für* -i); **für Ruhe ~** sükûneti sağlamak **II.** *vr:* **sich ~** endişelenmek (*um* için)

sorgenfrei *adj* tasasız, sıkıntısız, rahat; **Sorgenkind** *nt* problem çocuk, sorunlu çocuk; (*fam fig*) dert; **sorgenvoll** *adj* sıkıntılı

Sorgerecht *nt ohne Pl* <-(e)s> (JUR) velâyet hakkı (*für* için)

Sorgfalt ['zɔrkfalt] *f ohne Pl* titizlik, özen

sorgfältig [-fɛltɪç] *adj* titiz, özenli

sorglos *adj* **1.** (*unachtsam*) dikkatsiz; (*nachlässig*) özensiz, savsak, ihmalci **2.** (*sorgenfrei*) tasasız, sıkıntısız

Sorglosigkeit *f ohne Pl* dikkatsizlik, özensizlik

sorgsam *adj* özenli, itinalı

Sorte ['zɔrtə] *f* <-n> **1.** (*Art*) tür, cins, çeşit; (*Marke*) marka; **eine bestimmte ~ von Menschen** belli tür insanlar **2.** *Pl* (*Devisen*) döviz

sortieren* [zɔr'ti:rən] *vt* ayırmak (*nach* -e göre), seçmek (*nach* -e göre); (*ordnen*) sınıflamak (*nach* -e göre), tasnif etmek (*nach* -e göre)

Sortiment [zɔrti'mɛnt] *nt* <-(e)s, -e> **1.** (*Warenangebot*) çeşitler *pl* **2.** (*~sbuchhandel*) kitapçılık

SOS [ɛsʔo:'ʔɛs] *nt ohne Pl* <-> *Abk. von* **save our souls** SOS; **~ funken** telsizle SOS göndermek

sosehr [zo'ze:ɐ] *konj* o kadar

Soße ['zo:sə] *f* <-n> sos

sott [zɔt] *3. imp von* **sieden**

Soufflé [zu'fle:] *nt* <-s, -s>, **Soufflee**[RR] *nt* <-s, -s> (GASTR) sufle

Souffleur, -euse [zu'flø:ɐ] *m, f* <-s, -e; -n> (THEAT) suflör

soufflieren* [zu'fli:rən] *vi, vt* (THEAT) sufle etmek

Soundkarte ['saʊnt-] *f* (INFORM) ses kartı

soundso ['zo:ʔʊntso:] **I.** *adj* (*fam*) falanca; **auf Seite ~** falanca sayfada **II.** *adv* (*fam*): **~ breit/groß** genişliği/büyüklüğü şu kadar; **~ oft** bilmem ne kadar, bilmem kaç kere

soundsovielte(r, s) ['zo:ʔʊntsofi:ltə, -tɐ, -təs] *adj* (*fam*): **das ~ Mal** bilmem kaçıncı defa

Souterrain [zutɛ'rɛ̃:] *nt* <-s, -s> bodrum katı (dairesi)

Souvenir [zuvə'ni:ɐ] *nt* <-s, -s> hatıra, andaç, yadigâr

souverän [zuvə'rɛːn] *adj* 1. (POL) egemen, hâkim 2. (*geh: überlegen*) üstün; **eine ~e Leistung** üstün bir başarı
Souveränität [zuvərɛni'tɛːt] *f ohne Pl* 1. (*von Staaten*) egemenlik 2. (*geh: Überlegenheit*) üstünlük
soviel [zo'fiːl] I. *adv s.* **viel I.2.** II. *konj* 1. (*soweit*) kadarıyla; **~ ich weiß ...** bildiğim kadarıyla ... 2. (*sosehr*) o kadar, bunca
soweit [zo'vaɪt] I. *adv s.* **weit I.5.** II. *konj* kadar(ıyla); **~ das Auge reicht** göz görebildiği kadar; **~ ich mich erinnern kann** hatırlayabildiğim kadarıyla; **~ ich sehen kann, ...** görebildiğim kadar, ...
sowenig [zo've:nɪç] I. *adv s.* **wenig 3.** II. *konj* ne kadar az da olsa
sowie [zo'viː] *konj* 1. (*sobald*): **~ er kommt** gelir gelmez; **er wird es dir geben, ~ er damit fertig ist** onu bitirir bitirmez sana verecek 2. (*und auch*) ve de; (*und* (*außerdem*)) ve (ayrıca)
sowieso [zovi'zoː, 'zoːvizo] *adv* 1. (*ohnehin*) zaten, nasıl olsa; **das weiß er ~ schon** bunu zaten biliyor bile 2. (*fam: selbstverständlich*) elbette; **das ~!** elbette!
Sowjetbürger(in) ['zɔvjɛt-, zɔ'vjɛt-] *m(f)* (HIST) Sovyet vatandaşı
sowjetisch [zɔ'vjɛtɪʃ] *adj* (HIST) Sovyet
Sowjetunion [zɔ'vjɛt-, 'zɔvjɛt-] *f* (HIST) Sovyetler Birliği
sowohl [zo'voːl] *konj:* **~ ... als auch ...** hem ... hem de ...
sozial [zo'tsjaːl] *adj* sosyal, toplumsal; **die ~e Entwicklung** sosyal gelişme; **Sozialabbau** *m* sosyal hizmetlerin azaltılması; **Sozialabgaben** *fpl* sosyal kesintiler *pl;* **Sozialamt** *nt* sosyal yardım dairesi; **Sozialanthropologie** *f ohne Pl* sosyal antropoloji; **Sozialarbeiter(in)** *m(f)* sosyal çalışman, sosyal çalışmacı; **Sozialdemokrat(in)** *m(f)* sosyal demokrat; **sozialdemokratisch** *adj* sosyal demokratik; **Sozialfall** *m* <-(e)s, -fälle> sosyal yardıma muhtaç olan (kimse)
Sozialhilfe *f ohne Pl* sosyal yardım; **Sozialhilfeempfänger(in)** *m(f)* <-s, -; -nen> sosyal yardım alan (kimse)
Sozialisation *f ohne Pl* sosyalizasyon
sozialisieren* [zotsjali'ziːrən] *vt* (WIRTSCH, PSYCH) sosyalleştirmek, toplumsallaştırmak
Sozialisierung *f* sosyalleştirme, toplumsallaştırma; (*Sozialisation*) sosyalizasyon
Sozialismus [zotsja'lɪsmʊs] *m ohne Pl* <-> sosyalizm
Sozialist(in) [zotsja'lɪst] *m(f)* <-en, -en; -nen> sosyalist
sozialistisch *adj* sosyalist(ik)
Sozialleistungen *fPl* sosyal hizmetler *pl;* **Sozialpolitik** *f ohne Pl* sosyal politika; **Sozialprodukt** *nt* (WIRTSCH) millî gelir; **Sozialstaat** *m* sosyal devlet; **Sozialversicherung** *f* sosyal sigorta; **Sozialwissenschaften** *fpl* sosyal bilimler *pl;* **Sozialwohnung** *f* sosyal konut
Soziologe, -in [zotsjo'loːgə] *m, f* <-n, -n; -nen> sosyolog
Soziologie [zotsjolo'giː] *f ohne Pl* sosyoloji
soziologisch *adj* sosyolojik
sozioökonomisch *adj* sosyoekonomik
Sozius ['zoːtsiʊs] *m* <-, -se *o* Sozii> 1. (WIRTSCH) ortak 2. (*Beifahrer*) yolcu, sürücünün arkasında oturan (kimse) 3. (*fam: Genosse*) yoldaş; (*Kumpan*) arkadaş
sozusagen [zoːtsu'zaːgən, '----] *adv* tabir caizse; (*gewissermaßen*) sanki, âdeta, beinahe, hemen hemen
Spaceshuttle *m* Uzay Mekiği
Spachtel ['ʃpaxtəl] *m* <-s, -> 1. (*Werkzeug*) ıspatula, macun küreği 2. (*Masse*) macun
spachteln I. *vt* (*glätten*) macun çekmek (-e); (*Loch, Ritze*) macunlamak II. *vi* (*fam: mit gutem Appetit essen*) afiyetle yemek yemek
Spagetti[RR] *pl,* **Spaghetti** [ʃpa'gɛti] *pl* spaghetti
spähen ['ʃpɛːən] *vi* (*beobachten*) gözlemek (*auf*-i), gözetlemek (*auf*-i); **auf die Straße ~** sokağı gözetlemek; **durch einen Spalt ~** bir yarıktan gözetlemek; **nach jdm/etw ~** bir kimseyi/şeyi gözlemek
Späher(in) *m(f)* <-s, -; -nen> (HIST) keşşaf; (*Kundschafter*) gözcü, keşif kolu; (*pej: Spitzel*) casus, ispiyon(cu)
Spähtrupp *m* (MIL) keşif kolu
Spalier [ʃpa'liːɐ] *nt* <-s, -e> 1. (*für Pflanzen*) herek, ispalya 2. (*Menschengasse*): **~ stehen** iki yanda dizilmek
Spalt [ʃpalt] *m* <-(e)s, -e> aralık; (*Riss*) yarık, çatlak; **die Tür einen ~ öffnen** kapıyı aralamak
spaltbar *adj* (PHYS) (çekirdeği) bölünebilen; **~es Uran** çekirdeği bölünebilen uranyum
Spalte ['ʃpaltə] *f* <-n> 1. (*Öffnung*) aralık, yarık; (*Riss*) yarık, çatlak 2. (TYPO: *Druck~*) sütun, kolon
spalten ['ʃpaltən] <spaltet, spaltete, gespalten *o* gespaltet> I. *vt* 1. (*teilen*) bölmek, ayırmak; (*Partei*) bölmek 2. (*der Länge nach*) ikiye bölmek, uzunlamasına yarmak; (*Holz*) yarmak 3. (CHEM, PHYS) bölmek II. *vr:* **sich ~** bölünmek, ayrılmak
Spaltung *f* <-en> 1. (*eines Landes, einer Gruppe*) bölünme, parçalanma; (*einer Partei*) bölünme 2. (CHEM) bölünme; (PHYS: *Kern~*) bölünme 3. (PSYCH) ikiye ayrılma; (*Persönlichkeits~*) ikileşme
Span [ʃpaːn, *Pl:* 'ʃpɛːnə] *m* <-(e)s, Spä-

ne> yonga; **Späne** talaş

Spanferkel *nt* (GASTR) domuz çevirme

Spange ['ʃpaŋə] *f* <-n> **1.** (*Haar~*) toka **2.** (*Zahn~*) tel

Spanien ['ʃpa:niən] *nt* <-s> İspanya

Spanier(in) ['ʃpa:niɐ] *m(f)* <-s, -; -nen> İspanyol

spanisch *adj* İspanyol; **das kommt mir ~ vor** (*fam fig*) bu, bana biraz garip geliyor

Spanisch(e) *nt ohne Pl* <-en *o* -(s)> İspanyolca; **aus dem S~en/ins S~e übersetzen** İspanyolcadan/İspanyolcaya çevirmek [*o* tercüme etmek]

spanischsprachig *adj* İspanyolca konuşan; **~e Länder** İspanyolca konuşan ülkeler

spann [ʃpan] *3. imp von* **spinnen**

Spann [ʃpan] *m* <-(e)s, -e> ağım

Spanne ['ʃpanə] *f* <-n> **1.** (*Zeit~*) süre **2.** (*Handels~*) marj

spannen ['spanən] **I.** *vt* **1.** (*dehnen*) esnetmek; (*Seil, Muskeln, Bogen*) germek **2.** (*Leine, Netz*) germek **3.** (*in die Schreibmaschine*) koymak; **jdn ins Joch ~** birini boyunduruğa vurmak **4.** (*Gewehr*) horozunu çekmek (-in) **5.** koşmak; **die Pferde/Ochsen vor den Wagen ~** atları/öküzleri arabaya koşmak **6.** (*fam: merken*) anlamak; **endlich hat er es gespannt** en sonunda anladı **II.** *vi* (*Kleidung*) dar gelmek; (*Haut*) gerilmek **III.** *vr:* **sich ~ 1.** (*straff/fest werden*) gerilmek **2.** (*sich erstrecken*) uzanmak (*über* -in üzerinde)

spannend *adj* (*fesselnd*) sürükleyici; (*interessant*) ilginç; (*Buch, Film*) heyecanlı; **mach's nicht so ~!** (*fam*) meraktan çatlatma beni!

Spanner *m* <-s, -> **1.** (*Spannvorrichtung*) gerici **2.** (*Schmetterling*) kelebek **3.** (*fam: Voyeur*) röntgenci

Spannkraft *f ohne Pl* takat, derman

Spannung[1] *f ohne Pl* **1.** (PHYS) gerilim **2.** (*innere ~*) gerilim; (*Erwartung*) heyecan, merak; **etw mit ~ erwarten** bir şeyi heyecanla [*o* merakla] beklemek **3.** (*eines Films*) gerilim, tansiyon

Spannung[2] *f* <-en> **1.** (*Feindseligkeit*) gerginlik **2.** (*Stromstärke*) gerilim

Spannweite *f* **1.** (*Vogel, Flugzeug*) kanat uçları arasındaki mesafe **2.** (ARCH) açıklık, kemer açıklığı

Spanplatte *f* sunta

Sparbuch *nt* tasarruf cüzdanı; **Sparbüchse** *f* kumbara

sparen ['ʃpa:rən] **I.** *vt* biriktirmek **II.** *vi* **1.** (*Geld*) tasarruf etmek **2.** (*zurückhalten*) kaçınmak (*an/mit* -den/-den), tasarruf etmek (*an/mit* -den/-den); **Energie ~** enerjiden tasarruf etmek

Sparer(in) *m(f)* <-s, -; -nen> tasarruf sahibi

Sparflamme *f ohne Pl* kısık ateş; **auf ~** kısık ateşte; (*fig*) idareli, tutumlu

Spargel ['ʃpargəl] *m* <-s, -> kuşkonmaz

Spargroschen *m* (*fam*) kara gün akçesi; **Sparguthaben** *nt* tasarruf mevduatı; **Sparkasse** *f* tasarruf sandığı; **Sparkonto** *nt* tasarruf hesabı

spärlich ['ʃpɛ:ɐlɪç] *adj* az, seyrek; (*Einkommen*) dar; (*Wissen*) yetersiz, kıt

Sparmaßnahme *f* tasarruf önlemi; **Sparneigung** *f* (WIRTSCH) tasarruf eğilimi; **Sparpfennig** *m* (*fam*) kara gün akçesi; **Sparprämie** *f* tasarruf primi; **Sparpreis** *m* ekonomik fiyat; **Sparprogramm** *nt* **1.** (POL) tasarruf programı **2.** (*Waschmaschine*) ekonomik program

sparsam *adj* tutumlu, idareli; **~ mit etw umgehen** bir şeyi idareli kullanmak

Sparsamkeit *f ohne Pl* tutumluluk

Sparschwein *nt* kumbara

Sparte ['ʃpartə] *f* <-n> **1.** (*Gebiet*) alan; (*Abteilung*) bölüm **2.** (*Rubrik*) sütun

Spasmus *m* <-, -men> (MED) spazm

Spaß[1] [ʃpa:s, *Pl:* 'ʃpɛ:sə] *m* <-es, Späße> (*Scherz*) şaka; **~ machen** şaka yapmak; (**keinen**) **~ verstehen** şaka kaldır(ma)mak, şakadan anla(ma)mak; **~ beiseite** şaka bir yana; **aus** [*o* **im**] **~** şakacıktan, şaka olarak; **da hört bei mir der ~ auf** (*fam*) burada benim için işin şakası makası kalmaz

Spaß[2] *m ohne Pl* <-es> (*Vergnügen*) eğlence, keyif; **~ machen** eğlenceli olmak; **sich** *dat* **aus etw einen ~ machen** bir şeyi gırgıra almak; **jdm den ~ verderben** birinin keyfini kaçırmak; **viel ~!** bol eğlenceler!; **das war ein teurer ~** (*fam*) bu iş pahalıya oturdu [*o* mal oldu]

spaßen ['ʃpa:sən] *vi* şaka yapmak, şakalaşmak; **damit ist nicht zu ~** bunun şakası yok, bu şaka götürmez; **er lässt nicht mit sich ~** o şaka götürmez, o şakadan hoşlanmaz

spaßeshalber ['ʃpa:səshalbɐ] *adv* (*fam*) şakacıktan

spaßhaft *adj* eğlendirici

spaßig *adj* eğlenceli

Spaßverderber(in) *m(f)* <-s, -; -nen> oyunbozan; **Spaßvogel** *m* şaklaban

Spastiker(in) ['ʃpastikɐ, 'spastikɐ] *m(f)* <-s, -; -nen> (MED) spastik

spät [ʃpɛ:t] **I.** *adj* geç; **am ~en Vormittag/Nachmittag** öğleye/ikindiye doğru, öğleüstü/ikindiüstü, öğleüzeri/ikindiüzeri; **von früh bis ~** sabahtan akşama kadar **II.** *adv* geç; **~ aufstehen** geç kalmak; **er kam eine Stunde zu ~** bir saat geç kaldı; **warum kommst du so ~?** niçin böyle geç geliyorsun?; **wie ~ ist es?** saat kaç?; **besser ~ als nie** (*prov*) geç olsun da güç olmasın

Spatel *m* dilbasan

Spaten ['ʃpa:tən] *m* <-s, -> kürek

später ['ʃpɛ:tɐ] **I.** *adj* sonraki; (*künftig*) gelecekteki **II.** *adv* daha geç, sonra; **bis ~!** görüşmek üzere!; **einige Stunden ~** birkaç saat sonra; **früher oder ~** er geç

spätestens ['ʃpɛ:təstəns] *adv* en geç; **~ in einer Stunde** en geç bir saat içinde; **Spätschicht** *f* geç vardiya; **Spätsommer** *m* yaz sonu; **Spätvorstellung** *f* suare

Spatz [ʃpats] *m* <-en *o* -es, -en> **1.** (*Vogel*) serçe; **das pfeifen die ~en von den Dächern** (*fam*) bunu Mısır'daki sağır sultan bile biliyor; **besser ein ~ in der Hand als eine Taube auf dem Dach** (*prov*) bugünkü tavuk yarınki kazdan iyidir **2.** (*fam: Herzchen*) canım

Spätzündung *f* (TECH) geç ateşleme

spazieren* [ʃpa'tsi:rən] *vi sein* dolaşmak (*durch* -de), gezmek (*durch* -de); **(im Auto) ~ fahren** (otomobille) dolaşmak [*o* tur atmak]; **jdn (im Auto) ~ fahren** birini (otomobille) gezdirmek; **im Wald ~ gehen** ormanda dolaşmak [*o* tur atmak]; **spazieren|fahren** *irr* **I.** *vi sein s.* **spazieren II.** *vt s.* **spazieren**; **spazieren|gehen** *irr vi sein s.* **spazieren**

Spazierfahrt *f* araba gezintisi; **Spaziergang** *m* <-(e)s, -gänge> gezinti, yürüyerek dolaşma; **einen ~ machen** gezinti yapmak, yürüyerek dolaşmak

Spaziergänger(in) [-gɛŋɐ] *m(f)* <-s, -; -nen> gezinti yapan (kimse)

Spazierstock *m* <-(e)s, -stöcke> baston

SPD [ɛspe:'de:] *f Abk. von* **Sozialdemokratische Partei Deutschlands** SPD, *Almanya Sosyal Demokrat Partisi*

Specht [ʃpɛçt] *m* <-(e)s, -e> (ZOOL) ağaçkakan; **Spechtmeise** *m* (ZOOL: *Kleiber*) sıvacı kuşu

Speck [ʃpɛk] *m* <-(e)s, -e> **1.** (*Nahrungsmittel*) domuz yağı **2.** (*fam: bei Menschen*) yağ; (*~bauch*) yağlı; **~ ansetzen** yağ bağlamak

speckig *adj* **1.** (*schmierig*) yağlı **2.** (*fam pej: dick*) yağlı

Spediteur(in) [ʃpedi'tø:ɐ] *m(f)* <-(e)s, -e; -nen> taşımacı, nakliyeci, taşıma işleri komisyoncusu

Spedition [ʃpedi'tsjo:n] *f* <-en> taşımacılık, nakliyecilik, taşıma işleri komisyonculuğu

Speer [ʃpe:ɐ] *m* <-(e)s, -e> **1.** mızrak **2.** (SPORT) cirit; **Speerspitze** *f* <-n> mızrak ucu; **Speerwerfen** *nt ohne Pl* <-s> (SPORT) cirit atma

Speiche ['ʃpaɪçə] *f* <-n> **1.** parmak **2.** (ANAT) ön kol kemiği; **Elle und ~** dirsek kemiği ve ön kol kemiği

Speichel ['ʃpaɪçəl] *m ohne Pl* <-s> tükürük, salya; **Speicheldrüse** *f* (ANAT) tükürük bezi; **Speichellecker(in)** *m(f)* (*pej*) dalkavuk, çanak yalayıcı; **Speichelleckerei** *f* (*pej*) dalkavukluk, çanak yalayıcılık

Speicher ['ʃpaɪçɐ] *m* <-s, -> **1.** (*Lager*) ambar, depo; (*Getreide~*) ambar **2.** (*Dachboden*) çatı altı **3.** (TECH: *Wasser~*) depo **4.** (INFORM) bellek, hafıza; **Speicherkapazität** *f* (INFORM) bellek kapasitesi

speichern ['ʃpaɪçɐn] *vi, vt* (*a.* INFORM) depolamak, belleğe geçirmek; **Daten auf Diskette ~** verileri diskete depolamak [*o* geçirmek]

Speicherplatz *m ohne Pl* <-es> (INFORM) bellek yeri; **Speicherschutz** *m* (INFORM) belleği koruma

Speicherung *f* <-en> depolama

speien ['ʃpaɪən] <speit, spie, gespie(e)n> **I.** *vi* (*geh*) **1.** (*spucken*) tükürmek **2.** (*sich übergeben*) kusmak **II.** *vt* (*geh*) kusmak; (*Vulkan, Drache*) püskürmek; **der Kranke speit Blut** hasta kan kusuyor; **der Vulkan speit Lava** yanardağ lâv püskürüyor; **der Drache spie Feuer** ejderha ateş püskürdü

Speise ['ʃpaɪzə] *f* <-n> yiyecek; (*Gericht*) yemek; **kalte ~n** (*Gerichte*) soğuk yemekler *pl*, mezeler *pl*; **Speisekammer** *f* kiler; **Speisekarte** *f* yemek listesi; **Speiselokal** *nt* lokanta, restoran

speisen ['ʃpaɪzən] **I.** *vi* (*geh*) yemek yemek **II.** *vt* **1.** (*geh: ernähren*) beslemek **2.** (TECH) yedirmek

Speiseöl *nt* yemeklik yağ, yemek yağı; **Speiseröhre** *f* (ANAT) yemek borusu; **Speisesaal** *m* yemekhane; **Speisewagen** *m* (EISENB) vagon restoran, lokantalı vagon

Spektakel[1] [ʃpɛk'ta:kəl] *m* <-s, -> (*fam: Lärm*) gürültü patırtı, şamata

Spektakel[2] *nt* <-s, -> (*Anblick*) görülecek şey, hayret [*o* heyecan] verici manzara

spektakulär [ʃpɛktaku'lɛ:ɐ] *adj* heyecan verici

Spektra ['ʃpɛktra] *Pl von* **Spektrum**

Spektralfarbe *f* (PHYS) tayf rengi

Spektrometer *nt* tayfölçer

Spektrum ['ʃpɛktrʊm] *nt* <-s, Spektren *o* Spektra> **1.** (PHYS) tayf **2.** (*fig: reiche, vielfältige Auswahl*) yelpaze, çeşitlilik, çeşitler *pl*

Spekulant(in) [ʃpeku'lant] *m(f)* <-en, -en; -nen> (WIRTSCH) spekülâtör, vurguncu

Spekulation [ʃpekula'tsjo:n] *f* <-en> (WIRTSCH) spekülâsyon, vurgun(culuk); (PHI-

LOS) spekülâsyon, kurgu; **über etw ~en anstellen** bir şey hakkında tahminlerde bulunmak

spekulativ *adj* **1.** (WIRTSCH) spekülâtif **2.** (PHILOS) spekülâtif, kurgusal, düşüntülü

spekulieren* [ʃpeku'li:rən] *vi* **1.** (WIRTSCH) vurgunculuk etmek (*mit* -le, *in* -de, *über* üzerine), spekülâsyona girişmek (*mit*-le, *in* -de, *über* üzerine); **an der Börse** ~ borsada oynamak **2.** (*fam*): **auf etw** ~ (*fam*) bir şeyin olacağını ummak, bir şey hakkında tahminlerde bulunmak

Speläologe, -in *m, f* mağara bilimci

Speläologie *f ohne Pl* mağara bilimi

Spelunke [ʃpe'lʊŋkə] *f* <-n> (*pej*) **1.** (*Kneipe*) batakhane **2.** (*Unterkunft*) batakhane

Spelze *f* (BOT) kavuz

spendabel [ʃpɛn'da:bəl] *adj* (*fam*) eli açık

Spende ['ʃpɛndə] *f* <-n> (*Geld~*) bağış; (*Schenkung*) bağışlama; (*Almosen*) sadaka

spenden *vt* **1.** (*Geld, Blut*) bağışlamak **2.** (*geh: Wärme, Schatten*) vermek

Spendenaktion *f* bağış kampanyası

Spender(in)[1] *m(f)* <-s, -; -nen> (*Person*) bağışçı

Spender[2] *m* <-s, -> (*Gerät*) verici

spendieren* [ʃpɛn'di:rən] *vt* (*fam*) ısmarlamak; **jdm ein Eis** ~ birine bir dondurma ısmarlamak

Sperber ['ʃpɛrbɐ] *m* <-s, -> (ZOOL) atmaca

Sperling ['ʃpɛrlɪŋ] *m* <-s, -e> serçe

Sperma ['ʃpɛrma] *nt* <-s, Spermen *o* -ta> (BIOL) sperma

sperrangelweit ['-'--'-] *adv:* ~ **offen** ardına kadar açık

Sperre ['ʃpɛrə] *f* <-n> **1.** (*Schranke*) bariyer; (*Straßen~*) barikat **2.** (*Embargo*) ambargo; (*Ausgangs~, Nachrichten~*) yasak; **eine ~ verhängen** (*Embargo*) ambargo koymak **3.** (PSYCH) tutukluk, blokaj

sperren ['ʃpɛrən] **I.** *vt* **1.** (*für den Verkehr*) kapamak **2.** (*verbieten*) yasaklamak **3.** (*Telefon*) kapamak; (*Strom, Gas*) kesmek; (*Konto, Kredit*) bloke etmek **4.** (TYPO) espaslı dizmek **5.** (*ein~*): **jdn in ein Zimmer** ~ birini bir odaya hapsetmek **6.** (TECH) kilitlemek **II.** *vr:* **sich** ~ diretmek (*gegen* -e karşı)

Sperrfeuer *nt* (MIL) bar ateşi, baraj ateşi; **Sperrgebiet** *nt* yasak bölge; **Sperrholz** *nt ohne Pl* <-(e)s> kontrplâk

sperrig *adj* havaleli, çok yer kaplayan, battal

Sperrklinke *f* (TECH) çakıldak; **Sperrkonto** *nt* (FIN) bloke hesap; **Sperrmüll** *m ohne Pl* havaleli çöp; **Sperrsitz** *m* (*im Kino, Theater*) koltuk; **Sperrstunde** *f* kapanma saati, *meyhane, lokanta gibi yerlerin kapanma saati*

Sperrung *f* <-en> **1.** (*einer Straße*) kapama **2.** (*Verbot*) yasak, yasaklama **3.** (*des Stroms*) kesme; (*des Telefons*) kapama; (*von Geldern, Konten*) blokaj

Spesen ['ʃpe:zən] *pl* masraf, harcamalar *pl*

Spezi[1] ['ʃpe:tsi] *m* <-s, -(s)> (*südd: fam: Kumpel*) arkadaş

Spezi[2] ['ʃpe:tsi] *m o nt* <-s, -(s)> (*fam: Getränk*) *coca-cola ile limonata karışımı içecek*

Spezialgebiet *nt* uzmanlık alanı

spezialisieren* [ʃpetsjali'zi:rən] *vr:* **sich** ~ uzmanlaşmak (*auf*-de)

Spezialisierung *f* <-en> uzmanlaşma

Spezialist(in) [ʃpetsja'lɪst] *m(f)* <-en, -en; -nen> uzman (*für*-); ~ **für innere Krankheiten** iç hastalıkları uzmanı

Spezialität [ʃpetsjali'tɛ:t] *f* <-en> spesiyalite

speziell [ʃpe'tsjɛl] **I.** *adj* özel **II.** *adv* özellikle, bilhassa

Spezies ['ʃpe:tsjɛs *Pl:* 'ʃpe:tsje:s] *f* <-> (BIOL) tür

spezifisch [ʃpe'tsi:fɪʃ] *adj* spesifik, özgül; (*eigentümlich*) özgü

spezifizieren* [ʃpetsifi'tsi:rən] *vt* özgülemek; (*im Einzelnen darlegen*) ayrı ayrı göstermek

Sphäre ['sfɛ:rə] *f* <-n> küre, yuvar; **in höheren ~n schweben** (*fam*) havalarda uçmak

sphärisch *adj* küresel

Sphinx [sfɪŋks] *f* <-e> sfenks

spicken ['ʃpɪkən] **I.** *vt* **1.** (GASTR) *parça etin içine domuz yağı dilimleri sokmak* **2.** (*fam: reichlich versehen*) doldurmak (*mit* ile); **eine gespickte Brieftasche** para dolu bir cüzdan **II.** *vi* (*reg: fam: abschreiben*) kopya çekmek; **bei** [*o* **von**] **jdm** ~ birinden kopya çekmek

Spickzettel *m* (*reg: fam*) kopya çekmek için hazırlanmış pusula

spie [ʃpi:] *3. imp von* **speien**

Spiegel ['ʃpi:gəl] *m* <-s, -> **1.** (*allgemein*) ayna; **in den ~ sehen** aynaya bakmak; **jdm den ~ vorhalten** (*fig*) birinin kusurlarını yüzüne vurmak **2.** (MED) miktar **3.** (*Wasser~, Alkohol~*) yüzey, seviye; **Spiegelbild** *nt* aynadaki görüntü; (*fig*) kopya; **spiegelblank** ['--'-] *adj* ayna gibi; (*glänzend*) pırıl pırıl

Spiegelei *nt* (GASTR) sahanda yumurta

spiegelglatt ['--'-] *adj* **1.** (*rutschig*) kaygan **2.** (*eben*) ayna gibi

spiegeln **I.** *vi* **1.** (*glänzen*) parıldamak, ayna gibi parlamak **2.** (*blenden*) göz almak **II.** *vt* yansıtmak **III.** *vr:* **sich** ~ yansımak (*in* -e)

Spiegelschrift *f* aynadaki gibi ters yazı

Spiegelung *f* <-en> yansıma

spiegelverkehrt *adj* aynadaki gibi ters

Spiel [ʃpi:l] *nt* <-(e)s, -e> **1.** (*Vergnügen*) oyun; (*Glücks~*) kumar; **etw (mit) ins ~ bringen** bir şeyi söz konusu etmek; **jdm das ~ verderben** (*fig*) birinin işini bozmak; **ein doppeltes ~ treiben** (*fig*) ikili oynamak; **ein abgekartetes ~** (*fam*) danışıklı dövüş, şike; **leichtes ~ mit jdm haben** (*fam*) biriyle işi kolay olmak, birini parmağının ucunda oynatmak; **auf dem ~ stehen** (*fig*) tehlikede olmak; **etw aufs ~ setzen** (*fig*) bir şeyi risk etmek; **im ~ sein** (*fig*) söz konusu olmak; **jdn/etw aus dem ~ lassen** (*fig*) bir kimseyi/şeyi işe karıştırmamak; **Unglück im ~, Glück in der Liebe** (*prov*) kumarda kaybeden aşkta kazanır **2.** (SPORT) maç **3.** (TECH) boşluk, tolerans; **Spielalter** *nt ohne Pl* oyun oynama çağı; **Spielart** *f* (*a.* BIOL) varyasyon; **Spielautomat** *m* kumar makinesi; **Spielball** *m* **1.** (*Ball*) top **2.** (*fig: Person*) oyuncak; **Spielbank** *f* <-en> kumarhane; **Spielbrett** *nt* oyun tahtası; **Spielcomputer** *m* oyun bilgisayarı; **Spieleinsatz** *m* miza, oyunda ortaya konulan para

spielen [ˈʃpi:lən] **I.** *vt* **1.** (*Spiel*) oynamak **2.** (*Instrument*) çalmak; **eine Platte ~** (*fam*) bir plâk çalmak **3.** (*aufführen*) oynamak **4.** (*Rolle*) oynamak **5.** (*vortäuschen*) rol yapmak; **er spielt den Unschuldigen** masumları oynuyor, masum rolü yapıyor **II.** *vi* **1.** (*Spiel, a.* SPORT) oynamak; **um hohe Summen ~** büyük rakamlarla oynamak; **1:1 ~** 1:1 oynamak; **mit dem Feuer ~** (*a. fig*) ateşle oynamak **2.** (*herum~*) oynamak (*mit/an* ile) **3.** (*sich zutragen*) oynanmak (*in* -de) **4.** (*Radio*) çalmak

spielend *adv* (*problemlos*) kolayca, kolaylıkla

Spieler(in) *m(f)* <-s, -; -nen> **1.** (*Spielteilnehmer*) oyuncu **2.** (*Glücks~*) kumarbaz **3.** (MUS: *Instrumenten~*) çalgıcı

Spielerei *f ohne Pl* **1.** (*pej:* (*dauerndes*) *Spielen*) oynama **2.** (*pej: etw, was leicht ist*) çocuk oyuncağı **3.** (*Unwichtiges*) çocuk oyuncağı

spielerisch *adj* **1.** (*verspielt*) oyuncu, oyunbaz **2.** (*mit Leichtigkeit*) oyun oynar gibi, sıkıntısız; (*ohne rechten Ernst*) ciddî olmayan **3.** (SPORT): **die ~e Leistung** oyun çıkarma

Spielertransfer *m* (SPORT) oyuncu transferi

Spielfeld *nt* oyun sahası; (*Tennis*) kort; **Spielfilm** *m* (uzun metrajlı) film; **Spielhalle** *f* oyun salonu; **Spielhölle** *f* <-n> (*pej*) batakhane; **Spielkamerad(in)** *m(f)* oyun arkadaşı; **Spielkarte** *f* oyun [*o* iskambil] kâğıdı; **Spielkasino** *nt* kumarhane; **Spielkonsole** *f* oyun konsolu; **Spielmacher** *m* (SPORT) oyun kurucu, eksen oyuncu; **Spielminute** *f* (SPORT): **in den letzten ~n** oyunun son dakikalarında; **Spielplan** *m* (THEAT) repertuar, program; **auf dem ~ stehen** programda olmak; **Spielplatz** *m* <-es, -plätze> oyun bahçesi, çocuk bahçesi; **Spielraum** *m ohne Pl* <-(e)s> tolerans; (*Bewegungs~, fig*) hareket özgürlüğü, hareket serbestisi; **Spielregel** *f* oyun kuralı; **Spielsachen** *fpl* oyuncaklar *pl;* **Spielstand** *m ohne Pl* skor; **Spielsucht** *f ohne Pl* kumara düşkünlük; **Spielsüchtige(r)** *mf* kumara düşkün; **Spieltisch** *m* oyun masası; **Spieluhr** *f* oyuncak saat; **Spielverderber(in)** *m(f)* <-s, -; -nen> oyunbozan, mızıkçı; **Spielwaren** *fpl* oyuncaklar *pl;* **Spielzeit** *f* **1.** (THEAT) sezon; (FILM) *filmin programda kalma süresi* **2.** (SPORT) oyun süresi; **Spielzeug** *nt* <-(e)s, -e> oyuncak; **Spielzeugpistole** *f* <-n> oyuncak tabanca

Spieß [ʃpi:s] *m* <-es, -e> **1.** (*Waffe*) kargı; **den ~ umdrehen** (*fam fig*) kendi silâhıyla vurmak; **wie am ~ schreien** (*fam*) cıyak cıyak bağırmak **2.** (*Brat~*) şiş **3.** (*Speise*) şişkebap

Spießbraten *m* çevirme

Spießbürger(in) *m(f)* (*pej*) dar kafalı (kimse); **spießbürgerlich** *adj* (*pej*) dar kafalı

spießen [ˈʃpi:sən] *vt* şişlemek; (*durchbohren*) delmek; **ein Stück Fleisch auf die Gabel ~** bir parça eti çatala geçirmek, çatalı bir parça ete saplamak

Spießer(in) *m(f)* <-s, -; -nen> (*fam pej*) dar kafalı (kimse)

spießig *adj* (*fam pej*) dar kafalı

Spießrute *f* <-n>: **~n laufen** (MIL) sıra dayağı yemek; (*fig*) düşmanca eleştirmelere maruz kalmak

Spikes [ˈʃpaɪks] *mpl* **1.** (*Metalldornen, -stifte*) çiviler *pl*, kabara(lar) *(pl)* **2.** (*Sportschuhe*) çivili ayakkabı **3.** (*Reifen*) çivili lâstik

Spinat [ʃpiˈna:t] *m* <-(e)s, -e> ıspanak

Spind [ʃpɪnt] *m o nt* <-(e)s, -e> dolap

Spindel [ˈʃpɪndəl] *f* <-n> **1.** (*am Spinnrad*) iğ **2.** (ARCH) eksen, mihver; **spindeldürr** [ˈ--ˈ-] *adj* cılız mı cılız

Spinett [ʃpiˈnɛt] *nt* <-(e)s, -e> (MUS) epinet

Spinne [ˈʃpɪnə] *f* <-n> örümcek

spinnen [ˈʃpɪnən] <spinnt, spann, gesponnen> **I.** *vi* **1.** (*Garn*) iplik eğirmek [*o* çekmek] **2.** (*fam pej*) saçmalamak; (*verrückt sein*) kaçık olmak **II.** *vt* **1.** (*Garn*) eğirmek **2.** (*Spinne*) örmek **3.** (*Intrigen*) çevirmek

Spinnennetz *nt* örümcek ağı

Spinnentiere *Pl* (ZOOL: *Klasse*) örümceğimsiler *pl*

Spinner(in) *m(f)* <-s, -; -nen> **1.** (*Beruf*) iplikçi **2.** (ZOOL: *Seiden~*) kelebek **3.** (*fam pej: Verrückter*) kaçık
Spinnerei[1] *f ohne Pl* (*das Spinnen*) eğirme
Spinnerei[2] *f* <-en> **1.** (*Betrieb*) iplikhane **2.** (*fam pej: Unsinn*) saçmalık, kaçıklık
Spinnrad *nt* çıkrık; **Spinnwebe** *f* <-n> örümcek ağı; **Spinnwirtel** *m* ağırşak
Spion(in)[1] [ʃpi'o:n] *m(f)* <-s, -e; -nen> (*Agent*) casus, ispiyon; **Spion**[2] *m* <-s, -e> (*Guckloch*) gözetleme deliği
Spionage [ʃpio'na:ʒə] *f ohne Pl* casusluk; **militärisch/politische** ~ askerî/siyasî casusluk; **Spionageabwehr** *f* karşı casusluk
spionieren* [ʃpio'ni:rən] *vi* casusluk etmek, ispiyonlamak
Spirale [ʃpi'ra:lə] *f* <-n> **1.** (*Linie*) helezon, helis **2.** (*fam: zur Empfängnisverhütung*) spiral
spiralförmig *adj* helezonî, sarmal, helisel
Spirans *f* <-ten>, **Spirant** *m* <-en, -en> (LING) sızıcı ünsüz
Spiritismus [ʃpiri'tɪsmʊs, spiri-] *m ohne Pl* <-> ispritizma, ruh çağırma
spiritistisch *adj* ispritizma [*o* ruh çağırma] (ile ilgili)
Spiritualismus *m ohne Pl* tinselcilik
spirituell [ʃpiritu'ɛl, spiri-] *adj* tinsel
Spirituose *f* <-n> ispirtolu içki
Spiritus ['ʃpi:ritʊs] *m* <-, -se> ispirto; **Spirituskocher** *m* ispirtoluk, ispirto ocağı, kamineto
Spital [ʃpi'ta:l, *Pl:* ʃpi'tɛ:lɐ] *nt* <-s, Spitäler> (*Schweiz*) hastane
spitz [ʃpɪts] *adj* **1.** (*Gegenstand, a.* MATH) sivri; (*Winkel*) dar; (*Nase, Kinn*) sivri **2.** (*Geräusch*) keskin **3.** (*spöttisch*) iğneli **4.** (*fam: scharf*): ~ **auf jdn sein** birine içi gitmek
Spitz [ʃpɪts] *m* <-es, -e> (ZOOL) spitz; **mein lieber ~!** vay canına!
Spitzbart *m* didon sakal; (*Mann*) didon sakallı (kimse); **Spitzbogen** *m* (ARCH) sivri kemer
Spitzbube, -bübin *m, f* <-n, -n; -nen> **1.** (*pej: Betrüger*) çakal **2.** (*fam: Frechdachs*) afacan, kerata
spitzbübisch [-by:bɪʃ] **I.** *adj* muzip **II.** *adv* muzipçe
Spitze ['ʃpɪtsə] *f* <-n> **1.** (*eines Gegenstandes*) uç; **etw auf die ~ treiben** bir şeyi son kertesine vardırmak **2.** (*Berg~*) doruk, zirve **3.** (*Führung*) yönetim; (*von Unternehmen*) üst düzey yöneticiler; **an der ~ stehen/liegen** başı çekmek; **sich an die ~ setzen** başa geçmek **4.** (*Gewebe*) tentene **5.** (*Stichelei*) dantel; (*gehäkelt*) oya; **~n knüpfen** dantel örmek; **mit ~n besetzt** dantelli; (*gehäkelt*) oyalı **6.** (*Höchstwert, das Höchste*): **der Wagen fährt 200 ~** (*fam*) arabanın son hızı 200; **~!** (*fam*) süper!, harika! **7.** (*Zigaretten~*) ağızlık
Spitzel ['ʃpɪtsəl] *m* <-s, -> (*pej*) jurnalci, ispiyon(cu)
spitzeln *vi* (*pej*) jurnalcilik yapmak, ispiyonculuk yapmak
spitzen ['ʃpɪtsən] *vt* sivriltmek, sivrileştirmek; (*Bleistift*) açmak; **die Ohren ~** kulak kabartmak
Spitzengeschwindigkeit *f* (en) son hız, azamî hız; **Spitzenkandidat(in)** *m(f)* başbakan adayı; **Spitzenklasse** *f* birinci sınıf; **Spitzenleistung** *f* **1.** (*Leistung*) üstün başarı **2.** (SPORT: *Rekord*) rekor; **Spitzenmannschaft** *f* süper takım; **Spitzenqualität** *f* süper kalite, üstün kalite
spitzenmäßig *adj* (*fam*) süper
Spitzenreiter *m* <-s, -> öncü; (*Ware*) en çok satılan; (*Schlager*) en başarılı; (SPORT) as, lider; **Spitzenspieler(in)** *m(f)* (SPORT) as oyuncu; **Spitzentechnologie** *f ohne Pl* üstün teknoloji
Spitzer *m* <-s, -> (*fam*) açacak, kalemtıraş
spitzfindig *adj* (*pej*) kılı kırk yaran
Spitzfindigkeit *f ohne Pl* kılı kırk yarma
spitz|kriegen *vt* (*fam*) farkına varmak (-in); (*herausbekommen*) keşfetmek
Spitzmaus *f* sivri fare
Spitzname *m* <-ns, -n> lâkap, takma ad
spitzwink(e)lig *adj* dar açılı
Spleen [ʃpli:n] *m* <-s, -e *o* -s> antikalık, kaçıklık; (*Marotte*) gariflik, tuhaflık
Splint *m* <-(e)s, -e> pin
Splitter ['ʃplɪtɐ] *m* <-s, -> (*Holz-/Knochen~*) kıymık; (*Glas~*) parça, kırık; (*Granaten~*) parça
splittern ['ʃplɪtɐn] *vi sein* **1.** (*zerbrechen*) kırılmak, parçalanmak **2.** (*Holz*) çatlamak
splitternackt *adj* (*fam*) çırılçıplak, anadan doğma
Splitterpartei *f* büyük partiden kopup ayrılan parti
Splitting ['ʃplɪtɪŋ, 'splɪtɪŋ] *nt* <-s, -s> **1.** (FIN) ayrı vergilendirme **2.** (WIRTSCH: *Aktie*) (hisse senedini) bölme **3.** (POL) *birinci ve ikinci oyların partilere dağılımı*
SPÖ [ɛspe:'ʔø:] *f Abk. von* **Sozialistische Partei Österreichs** Avusturya Sosyalist Partisi
Spoiler ['ʃpɔɪlɐ] *m* <-s, -> (AUTO) spoiler
sponsern ['ʃpɔnzɐn] *vt* sponsorluk etmek (-e)
Sponsor(in) ['ʃpɔnzɐ, 'ʃpɔnzo:ɐ] *m(f)* <-s, -en; -nen> sponsor
Sponsoring *nt* sponsorluk
Sponsorschaft *f* sponsorluk
spontan [ʃpɔn'ta:n] *adj* spontane, kendiliğinden olan

S

Spontaneität [ʃpɔntanei'tɛːt] *f ohne Pl* spontaneizm, kendiliğindencilik

sporadisch [ʃpo'raːdɪʃ] *adj* ender, seyrek

Spore ['ʃpoːrə] *f* <-n> (BOT) spor

Sport [ʃpɔrt] *m ohne Pl* <-(e)s> spor; (*als Schulfach*) beden eğitimi; ~ **treiben** spor yapmak; **Sportanlage** *f* spor tesisi; **Sportanzug** *m* <-(e)s, -züge> eşofman; **Sportart** *f* <-en> spor türü; **Sportartikel** *mPl* spor malzemesi

sportbegeistert *adj* sporsever

Sportbericht *m* spor bülteni; **Sportgeschäft** *nt* <-(e)s, -e> spor mağazası; **Sporthalle** *f* spor salonu; **Sportlehrer(in)** *m(f)* spor öğretmeni

Sportler(in) ['ʃpɔrtlɐ] *m(f)* <-s, -; -nen> sporcu

sportlich ['ʃpɔrtlɪç] *adj* sportif, sportmen; (*fair*) sportmen

Sportnachrichten *Pl* spor haberleri *pl*

Sportplatz *m* <-es, -plätze> spor sahası; **Sportpresse** *f ohne Pl* spor basını; **Sportreporter** *m* spor muhabiri; **Sportveranstaltung** *f* spor karşılaşması; **Sportverband** *m* spor federasyonu; **Sportverein** *m* spor kulübü; **Sportwagen** *m* **1.** (*Auto*) spor araba **2.** (*Kinderwagen*) puset

Spot [spɔt] *m* <-s, -s> spot

Spott [ʃpɔt] *m ohne Pl* <-(e)s> alay; **mit jdm seinen ~ treiben** biriyle alay etmek, biriyle gırgır geçmek

Spottbild *nt* karikatür

spottbillig ['-'--] **I.** *adj* (*fam*) sudan ucuz, besbedava **II.** *adv* (*fam*) yok pahasına

Spöttelei [ʃpœtə'laɪ] *f* <-en> alay etme, alaya alma, eğlenme

spötteln ['ʃpœtəln] *vi* alay etmek (*über* -le)

spotten ['ʃpɔtən] *vi* alay etmek (*über* -le), eğlenmek (*über* -le)

Spötter(in) ['ʃpœtɐ] *m(f)* <-s, -; -nen> alaycı

spöttisch *adj* (*Person*) alaycı; (*Worte*) alaylı

Spottpreis *m* (*fam*) kelepir fiyat; **zu einem ~** yok pahasına, sudan ucuz

sprach [ʃpraːx] *3. imp von* **sprechen**

Sprachatlas *m* dil atlası

Sprache[1] ['ʃpraːxə] *f* <-n> (*Sprachsystem*) dil, lisan; **die deutsche/türkische ~** Alman/Türk dili; **lebende/tote ~** konuşulan/ölü dil

Sprache[2] *f ohne Pl* (*Ausdrucksweise*) dil, konuşma; **etw zur ~ bringen** bir şeyi dile getirmek; **jdm bleibt die ~ weg** birinin dili [*o* nutku] tutulmak; **heraus mit der ~!** (*fam*) çıkar baklayı ağzından!

Sprachfamilie *f* dil öbeği; **Sprachfehler** *m* dil sürçmesi, konuşma bozukluğu; **Sprachführer** *m* <-s, -> dil kılavuzu; **Sprachgebrauch** *m:* **das ist im deutschen/türkischen ~ nicht üblich** bu Almancada/Türkçede normal değildir; **Sprachgefühl** *nt ohne Pl* <-(e)s> dil duygusu; **Sprachgeographie** *f ohne Pl* dil coğrafyası; **Sprachkenntnisse** *fpl* dil bilme *sing;* **jd mit deutschen/türkischen ~n** Almanca/Türkçe bilen biri; **sprachkundig** *adj* dil bilen; **Sprachkurs** *m* dil kursu; **Sprachlabor** *nt* dil lâboratuvarı; **Sprachlehre** *f* <-n> dil bilgisi; **Sprachlehrer(in)** *m(f)* yabancı dil öğretmeni

sprachlich *adj* dilsel

sprachlos *adj:* **~ sein** dili tutulmak

Sprachmittler(in) *m(f)* dilmaç; **Sprachrohr** *nt* <-(e)s, -e> megafon; (*fig*) sözcü; **Sprachschwierigkeit** *f* konuşma güçlüğü; **Sprachstörung** *f* konuşma bozukluğu; **Sprachstudium** *nt ohne Pl* <-s> (*akademische Ausbildung*) dil öğrenimi; **Sprachtherapeut(in)** *m(f)* (MED) konuşma terapisti; **Sprachtherapie** *f* (MED) konuşma terapisi; **Sprachverwandtschaft** *f* (LING) dil akrabalığı; **Sprachwissenschaft** *f ohne Pl* dil bilimi; **Sprachwissenschaftler(in)** *m(f)* dil bilimcisi; **sprachwissenschaftlich** *adj* dil bilimsel; **Sprachzentrum** *nt ohne Pl* <-s> (ANAT) konuşma merkezi

sprang [ʃpraŋ] *3. imp von* **springen**

Spray [ʃpreː, ʃprɛɪ, sprɛɪ] *m o nt* <-s, -s> sprey; **Spraydose** *f* sprey

sprayen ['ʃprɛɪən, 'sprɛɪən] **I.** *vi* fısfıslamak, sprey püskürtmek (*gegen* -e karşı) **II.** *vt* spreylemek, sprey yapmak (-e); **die Haare ~** saçları spreylemek

Sprechanlage *f* düofon; **Sprechblase** *f* (konuşma) balon(u); **Sprechchor** *nt* **1.** (THEAT) konuşma korosu **2.** (*gleichzeitiges Sprechen*) hep bir ağızdan konuşma; **im ~ rufen** hep bir ağızdan seslenmek, koro halinde seslenmek

sprechen ['ʃprɛçən] <spricht, sprach, gesprochen> **I.** *vi* söz etmek (*von/über* -den); (*sich unterhalten*) konuşmak (*von/über* hakkında); **mit jdm ~** biriyle konuşmak; **davon ~ etw zu tun** bir şeyi yapmaktan söz etmek; **frei ~** serbest konuşmak; **Türkisch** [*o* **türkisch**] **~** Türkçe konuşmak; **jdn zum S~ bringen** birini konuşturmak; **ich bin (für ihn) nicht zu ~** (onunla) konuşacak vaktim yok; **das spricht für ihre Intelligenz** bu onun ne kadar zekî olduğunu gösterir; **es sprach alles gegen ihn** her şey onun aleyhineydi; **nicht gut auf jdn zu ~ zu sein** birinin adını duymaktan hoşlanmamak; **wir ~ uns noch!** (*fam*) görüşürüz! **II.** *vt* konuşmak; (*sagen*) söylemek; **jdn ~** biriyle konuşmak

Sprecher(in) *m(f)* <-s, -; -nen> (*Redner*)

konuşmacı; (TV, RADIO) spiker; (*Wortführer, Presse~*) sözcü; (*Klassen~*) mümessil

Sprechfunk *m ohne Pl* telsiz; **Sprechfunkgerät** *nt* telsiz cihazı

Sprechstunde *f* **1.** (*Öffnungszeit*) yeşil saat **2.** (*Arzt*) muayene saati; (SCH, UNIV) görüşme saati; **Sprechweise** *f* konuşma tarzı, söyleme biçimi; **Sprechzimmer** *nt* görüşme odası; (*Arzt*) muayene odası

spreizen ['ʃpraɪtsən] **I.** *vt* (*Beine, Finger*) açmak; (*Flügel*) açmak **II.** *vr:* **sich ~** (*sich sträuben*) direnmek (*gegen* -e karşı)

spreizbeinig *adj* ayrık bacaklı, apışak

Spreizfuß *m* (MED) yayvan ayak

Sprengbombe *f* tahrip bombası

sprengen ['ʃprɛŋən] **I.** *vt* **1.** (*mit Sprengstoff*) havaya uçurmak **2.** (*Schloss, Tür*) kırarak açmak; (*Versammlung*) dağıtmak; (*Spielbank*) iflâs ettirmek **3.** (*Rasen*) sulamak; (*Straße, Wäsche*) ıslatmak **II.** *vi sein* (*geh: galoppieren*): **Reiter sprengten in das Dorf** süvariler köye dörtnala girdiler

Sprengkopf *m* (MIL) savaş başlığı; **nuklearer ~** nükleer savaş başlığı; **Sprengkörper** *m* <-s, -> bomba, patlayıcı cisim; **Sprengkraft** *f ohne Pl* patlama gücü; **Sprengladung** *f* tahrip maddesi

Sprengstoff *m* <-(e)s, -e> patlayıcı madde, bomba; **Sprengstoffanschlag** *m* bombalı suikast

Sprengung *f* <-en> **1.** havaya uçurma; (*Gebäude*) patlayıcı madde kullanarak yıkma **2.** (*Versammlung*) dağıtma

Spreu [ʃprɔɪ] *f ohne Pl* saman çöpleri *pl;* **die ~ vom Weizen trennen** (*geh*) saplа samanı birbirinden ayırmak, iyiyi kötüden ayırt etmek

spricht [ʃprɪçt] *3. präs von* **sprechen**

Sprichwort ['ʃprɪç-] *nt* <-(e)s, -wörter> atasözü

sprießen ['ʃpri:sən] <sprießt, spross, gesprossen> *vi sein* (*geh*) fışkırmak

Springbrunnen *m* fıskiye, fıskiyeli çeşme

springen ['ʃprɪŋən] <springt, sprang, gesprungen> *vi sein* **1.** (*Mensch, Tier*) atlamak; (*hüpfen*) sıçramak; **in die Höhe/zur Seite ~** havaya/yana sıçramak; **über ein Hindernis ~** bir engelin üzerinden atlamak **2.** (*Funken, Ball, a.* SPORT) sıçramak; **die Ampel springt auf Grün** lâmba yeşil oluyor; **der ~de Punkt dabei ist, dass ...** işin püf noktası, ...; **ins Auge ~** (*fig*) göze çarpmak; **eine Runde Bier ~ lassen** (*fam*) herkese birer bira ısmarlamak **3.** (*Glas*) çatlamak **4.** (*Schweiz, südd: laufen*) koşmak

Springer(in)[1] *m(f)* <-s, -; -nen> **1.** (SPORT) atlayıcı **2.** (*im Betrieb*) *ihtiyaca göre işe koşulan eleman*

Springer[2] *m* <-s, -> (*beim Schach*) at

Springflut *f* <-en> deniz baskını

Springlaus *f* ağaç biti

Springmesser *nt* susta

Springpferd *nt* <-e> (SPORT) atlama beygiri

Sprit [ʃprɪt] *m ohne Pl* <-s> **1.** (*fam: Benzin*) benzin **2.** (*fam: Branntwein, Schnaps*) ispirto **3.** (*Äthylalkohol*) ispirto

Spritze ['ʃprɪtsə] *f* <-n> **1.** (MED: *Gerät*) şırınga, iğne; (*Injektion*) enjeksiyon; **eine ~ geben** iğne yapmak **2.** (*Feuer~*) püskürtücü

spritzen ['ʃprɪtsə] **I.** *vt* **1.** (*Flüssigkeit*) püskürtmek, sıkmak; **jdn nass ~** birini ıslatmak **2.** (*Straße, Rasen*) ıslatmak, sulamak **3.** (*mit Pflanzenschutzmitteln*) ilâçlamak **4.** (*lackieren*) boyamak **5.** (*Schmerzmittel*) içitmek **II.** *vi* **1.** (*Fett, Mensch*) püskürmek; (*aus der Pfanne*) sıçramak **2.** *sein* (*heraus~*) fışkırmak (*aus* -den) **3.** (*fam: Drogen*) uyuşturucu içitmek [*o* zerk etmek]

Spritzer *m* <-s, -> **1.** sıkım; (*Tropfen*) damla **2.** (*Fleck*) leke

Spritzguss[RR] *m* (TECH) püskürtme döküm

spritzig *adj* **1.** (*Auto*) hızlı **2.** (*lebhaft*) canlı; (*wendig*) hareketli, atik **3.** (*Wein*) köpüren

Spritzpistole *f* püskürtme tabancası

Spritztour *f* (*fam*) kısa tur

spröde ['ʃprø:də] *adj* **1.** (*Material*) kırılgan, kolay ve çabuk kırılan **2.** (*Haar*) uçları kırılmış; (*Haut*) çatlak **3.** (*Stimme*) çatlak **4.** (*Thema*) zor, haşin **5.** (*Person*) içine kapanık; (*Mädchen*) erkeklerden kaçan

spross[RR] [ʃprɔs], **sproß** *3. imp von* **sprießen**

Spross[RR] [ʃprɔs] *m* <-es, -e>, **Sproß** *m* <-sses, -sse> **1.** (*junger Trieb*) filiz, sürgün **2.** (*geh: Nachkomme*) evlât

Sprosse ['ʃprɔsə] *f* <-n> (*Leiter~*) basamak

Sprössling[RR] ['ʃprœslɪŋ] *m* <-s, -e>, **Sprößling** *m* <-s, -e> (*fam*) evlât

Sprotte *f* (ZOOL) çaça balığı

Spruch [ʃprʊx, *Pl:* 'ʃprʏçə] *m* <-(e)s, Sprüche> **1.** (*Aus~*) söz; (*Sinn~*) özdeyiş, vecize; (*Motto*) parola; **Sprüche klopfen** (*fam pej: angeben*) atıp tutmak **2.** (*Bibel~*) alıntı **3.** (*Schieds~*) karar; (*Urteils~*) hüküm; **Spruchband** *nt* <-(e)s, -bänder> pankart, döviz; **spruchreif** *adj* karar aşamasındaki; (*zu entscheiden*) karara bağlanacak; (*anhängig*) görülmekte olan

Sprudel ['ʃpru:dəl] *m* <-s, -> soda, maden sodası

sprudeln *vi* **1.** *sein* (*hervorquellen*) fışkırmak (*aus* -den) **2.** (*durch Kochen*) fokur fokur kaynamak **3.** (*vor Freude*) yerinde duramamak (*vor* -den)

Sprühdose *f* sprey, fısfıs

sprühen ['ʃpry:ən] **I.** *vi* **1.** (*Funken*) çıkmak; (*Wasser*) püskürmek **2.** (*überquellen*) coşmak (*vor* -den); (*Augen*) parıldamak (*vor* -den) **3.** (*nieseln*) çiselemek **II.** *vt* (*Funken*) saçmak; (*zerstäuben*) püskürtmek; (*Wasser*) fışkırtmak

Sprühregen *m ohne Pl* <-s> ahmakıslatan, çisenti

Sprung [ʃprʊŋ, *Pl:* 'ʃprʏŋə] *m* <-(e)s, Sprünge> **1.** (*Bewegung, a.* SPORT) atlama; (*Hüpfer*) sıçrama, sıçrayış; (*ins Wasser*) atlama; **er überquerte den Graben mit einem ~** bir sıçrayışta çukuru geçti; **auf dem ~ sein** (*fam*) acelesi olmak; **keine großen Sprünge machen können** (*fam fig*) bol para harcayabilecek durumda olmamak; **jdm auf die Sprünge helfen** (*fam*) birine yardımcı [*o* destek] olmak; **auf einen ~ bei jdm vorbeischauen** (*fam*) birine kısaca bir uğramak **2.** (*Riss*) çatlak; **einen ~ in der Schüssel haben** kafadan çatlak olmak

Sprungbrett *nt* **1.** (SPORT: *am Schwimmbecken*) tramplen **2.** (SPORT: *beim Turnen*) sıçrama tahtası **3.** (*fig*) atlama taşı; **etw als ~ benutzen** bir şeyi atlama taşı yapmak; **Sprungfeder** *f* yay; **Sprungfederrahmen** *m* somya

sprunghaft *adj* **1.** (*unstet*) daldan dala konan **2.** (*abrupt*) anî; (*unerwartet*) beklenmedik, umulmadık

Sprunglatte *f* (SPORT) çıta; **Sprungrahmen** *m* somya; **Sprungschanze** *f* (SPORT: *Ski*) atlama pisti; **Sprungtuch** *nt* <-(e)s, -tücher> atlama bezi

Spucke ['ʃpʊkə] *f ohne Pl* (*fam: Speichel*) tükürük; **jdm bleibt die ~ weg** (*fig*) birinin nutku tutulmak

spucken ['ʃpʊkən] **I.** *vi* **1.** (*aus~*) tükürmek; **auf den Boden ~** yere tükürmek; **jdm ins Gesicht ~** birinin yüzüne tükürmek **2.** (*fam: zurückweisen*): **auf etw/jdn ~** içine/ağzına tükürmek **3.** (*reg: sich übergeben*) çıkarmak, kusmak **II.** *vt* tükürmek; **Blut ~** kan tükürmek; **einen Kirschkern auf den Boden ~** kiraz çekirdeğini yere tükürmek

Spucknapf *m* tükürük hokkası

Spuk [ʃpu:k] *m ohne Pl* <-(e)s> **1.** (*Gespenst*) hortlak, hayalet **2.** (*fam fig, pej*) kâbus; **dem ~ ein Ende machen** kâbusa son vermek

spuken ['ʃpu:kən] *vi* tekin olmamak; **hier spukt es** burası tekin değil

Spülbecken *nt* eviye

Spule ['ʃpu:lə] *f* <-n> **1.** (*Film~*) makara; (*Garn~*) makara, masura **2.** (ELEK) bobin

Spüle ['ʃpy:lə] *f* <-n> eviye

spulen ['ʃpu:lən] *vt* makaraya sarmak; (*abspulen*) makaradan boşaltmak

spülen ['ʃpy:lən] **I.** *vi* **1.** (*Geschirr*) bulaşık yıkamak; (*Waschmaschine*) durulamak **2.** (*Toilette*) sifonu çekmek **II.** *vt* **1.** (*Geschirr*) yıkamak **2.** (*Wäsche*) durulamak, sudan geçirmek; (*Mund*) çalkalamak **3.** (*anschwemmen*) karaya vurmak

Spülmaschine *f* bulaşık makinesi; **spülmaschinenfest** *adj* bulaşık makinesinde yıkanır

Spülmittel *nt* bulaşık deterjanı

Spülung *f* <-en> **1.** (MED) yıkama; (*Darm~*) lâvman **2.** (*Toiletten~*) sifon; **die ~ betätigen** sifonu çekmek

Spulwurm *m* bağırsak solucanı

Spur [ʃpu:ɐ] *f* <-en> **1.** (*Abdruck*) iz; (*Anzeichen*) belirti; (*Fährte*) iz; **eine heiße ~** önemli belirti; **von jdm/etw fehlt jede ~** bir kimsenin/şeyin hiçbir belirtisi [*o* izi] olmamak, bir kimseden/şeyden eser kalmamak; **jdm auf der ~ sein** birinin peşinde olmak; **~en hinterlassen** iz bırakmak **2.** (*Fahr~*) şerit; (*Schmal~*) hat; **die ~ wechseln** şerit değiştirmek **3.** (TECH: *~weite*) tekerlek aralığı **4.** (*eines Tonbandes*) kanal **5.** (*Menge*): **eine ~ zu laut** bir parçacık sesli; **ohne die leiseste ~ von Furcht/Reue** en küçük bir korku/pişmanlık eseri olmadan; **nicht die ~** (*fam: überhaupt nicht*) zerre kadar, eseri bile yok

spürbar *adj* hissedilir; (*offensichtlich*) duyulur; **~ werden** duyulur olmak

spüren ['ʃpy:rən] *vt* (*wahrnehmen*) duymak; (*erfahren*) duymak; (*merken*) sezmek, fark etmek, hissetmek

Spurenelement *nt* eser maddesi, belirtisel öge

Spürhund *m* <-(e)s, -e> zağar

spurlos *adv* iz bırakmadan; **~ verschwinden** iz bırakmadan ortadan kaybolmak, eseri bile kalmamak

Spürnase *f ohne Pl* (*fam: Spürsinn*) sezgi, sezme yeteneği; **Spürsinn** *m ohne Pl* <-(e)s> (*a. fig*) sezgi, sezme yeteneği

Spurstange *f* (TECH, AUTO) rot

Spurt [ʃpʊrt] *m* <-s, -s> (SPORT) depar; **zum ~ ansetzen** depara kalkmak

spurten ['ʃpʊrtən] *vi haben o sein* (SPORT) depara kalkmak

Spurwechsel *m* (AUTO) şerit değiştirme; **Spurweite** *f* **1.** (AUTO) tekerlek aralığı **2.** (EISENB) hat genişliği

sputen *vr:* **sich ~** acele etmek

Squash ['skvɔʃ, 'skwɔʃ] *nt ohne Pl* <-> (SPORT) skoş

Sri Lanka ['sri: 'laŋka] *nt* <-s> Sri Lanka

Sri-Lanker(in)[RR] [sri'laŋkɐ] *m(f)* <-s, -; -nen> Sri Lankalı

sri-lankisch[RR] *adj* Sri Lanka (ile ilgili), Sri Lankalı; **~e Frauen/Männer** Sri Lankalı kadınlar/erkekler; **die ~e Regierung/Währungseinheit** Sri Lanka hükümeti/para birimi

SSV *Abk. von* **Sommerschlussverkauf**[RR] yaz mevsimi sonu satışları *pl*

St. **1.** *Abk. von* **Stunde** saat **2.** *Abk. von* **Sankt** Sankt, aziz

Staat [ʃtaːt] *m* <-(e)s, -en> **1.** (POL) devlet; **Vater ~** devlet baba **2.** (ZOOL) topluluk

Staatenbund *m* devletler birliği

staatenlos *adj* uyruksuz, tâbiiyetsiz

Staatenlose(r) *mf* <-n, -n; -n> uyruksuz (kimse), tâbiiyetsiz (kimse)

staatlich **I.** *adj* **1. ~e Förderung/Souveränität** devlet teşviki/egemenliği **2.** (*von der Regierung*) resmî; (*national*) millî; (*öffentlich*) kamusal **II.** *adv* devletçe; **~ anerkannt** devletçe tanınmış

Staatsakt *m* <-(e)s, -e> **1.** devlet tasarrufu **2.** (*Festakt*) resmî tören; **Staatsangehörige(r)** *mf* vatandaş; **Staatsangehörigkeit** *f* <-en> vatandaşlık; **doppelte ~** çifte vatandaşlık; **Staatsanleihe** *f* (WIRTSCH) devlet tahvili; **Staatsanwalt**, **-anwältin** *m, f* savcı; **Staatsanwaltschaft** *f* savcılık; **Staatsbank** *f* devlet bankası; **Staatsbeamte(r)** *mf*, **-beamtin** *f* <-nen> devlet memuru; **Staatsbegräbnis** *nt* resmî cenaze (töreni); **Staatsbesuch** *m* resmî ziyaret; **Staatsbibliothek** *f* devlet kütüphanesi; (*Nationalbibliothek*) millî kütüphane; **Staatsbürger(in)** *m(f)* vatandaş; **staatsbürgerlich** *adj*: **~e Rechte** vatandaşlık hakları; **Staatsbürgerschaft** *f* <-en> vatandaşlık; **Staatschef(in)** *m(f)* devlet başkanı; **Staatsdienst** *m ohne Pl* <-es> devlet hizmeti; **im ~ stehen** devlet hizmetinde olmak

staatseigen *adj* devlete ait

Staatseigentum *nt* devlet mal(lar)ı *(pl)*; **Staatsempfang** *m* resmî kabul; **Staatsetat** *m* devlet bütçesi; **Staatsexamen** *nt* devlet sınavı; **Staatsform** *f* <-en> rejim, devletin yönetim biçimi; **Staatsgebiet** *nt* devlet ülkesi, devlet toprakları; **Staatsgeheimnis** *nt* devlet sırrı; **Staatsgewalt** *f* <-en>: **die ~ geht vom Volk aus** egemenlik milletindir; **richterliche/gesetzgebende/vollziehende ~** devletin yargı/yasama/yürütme yetkisi; **Staatsgrenze** *f* devlet sınırı; **Staatshaushalt** *m* <-(e)s, -e> devlet bütçesi; **Staatshymne** *f* millî marş; **Staatskapitalismus** *m ohne Pl* devlet kapitalizmi; **Staatskasse** *f* devlet hazinesi; **Staatskosten** *pl*: **auf ~** devlet hesabına; **Staatslotterie** *f* millî piyango; **Staatsmann** *m* (*geh*) devlet adamı

staatsmännisch [ˈʃtaːtsmɛnɪʃ] *adj* devlet adamına yakışır [*o* uyar]

Staatsminister(in) *m(f)* (*Minister*) bakan; (*ohne Ministeramt*) devlet bakanı; **Staatsoberhaupt** *nt* devletin başı, devlet başkanı; **Staatspräsident(in)** *m(f)* devlet başkanı; **Staatsrat** *m* Danıştay; **Staatsschuld** *f* <-en> devlet borcu; **Staatssekretär(in)** *m(f)* <-s, -e; -nen> müsteşar; **Staatsstreich** *m* hükümet darbesi; **Staatstheater** *nt* devlet tiyatrosu

Stab [ʃtaːp, *Pl:* ˈʃtɛːbə] *m* <-(e)s, Stäbe> **1.** (*Stock*) değnek; (*Blinden~, Spazier~*) baston; (*Mess~*) çubuk; (*Bischofs~, Marschall~*) asa; (*Reb~*) çubuk; (*Zauber~*) değnek; **den ~ über jdn brechen** (*geh*) birini mahkûm etmek **2.** (SPORT: *für ~hochsprung*) sırık; (*für Staffellauf*) sopa **3.** (*Mitarbeiter~*) kadro; (*Krisen~*) masa; **der technische ~ eines Betriebs** işletmenin teknik kadrosu **4.** (MIL) kurmay

Stäbchen [ˈʃtɛːpçən] *nt* <-s, -> **1.** *Pl* (*Ess~*) çubuk(lar) *(pl)* **2.** (*fam: Zigarette*) sigara

Stabhochsprung *m* (SPORT) sırıkla atlama

stabil [ʃtaˈbiːl] *adj* **1.** (*Material*) sağlam, dayanıklı **2.** (*Währung*) sağlam; (*Preise*) istikrarlı **3.** (*Gesundheit*) sağlam

stabilisieren* [ʃtabiliˈziːrən] **I.** *vt* stabilize etmek, sağlamlaştırmak **II.** *vr*: **sich ~** sağlamlaşmak, istikrar kazanmak

Stabilisierung *f* <-en> stabilizasyon

Stabilität [ʃtabiliˈtɛːt] *f ohne Pl* istikrar

Stabreim *m* aliterasyon

Stabschef *m* <-s, -s> kurmay başkanı

stach [ʃtaːx] *3. imp von* **stechen**

Stachel [ˈʃtaxəl] *m* <-s, -> **1.** (*einer Pflanze*) diken **2.** (*eines Igels*) diken; (*eines Stachelschweins*) ok; (*von Insekten*) iğne; **Stachelbeere** *f* Bektaşi üzümü; **Stacheldraht** *m* dikenli tel

stachelig *adj* dikenli

Stachelschwein *nt* (ZOOL) oklu kirpi

stachlig *adj* dikenli

Stadien *Pl von* **Stadion**, **Stadium**

Stadion [ˈʃtaːdiɔn] *nt* <-s, Stadien> (SPORT) stadyum, stat

Stadium [ˈʃtaːdiʊm] *nt* <-s, Stadien> evre, aşama

Stadt [ʃtat, *Pl:* ˈʃtɛ(ː)tə] *f* <Städte> **1.** (*Ort*) kent, şehir; **die ~ Berlin** Berlin kenti; **in die ~ gehen** şehre inmek; **in ~ und Land** kent [*o* şehir] içi ve dışında **2.** (*~verwaltung*) belediye; **stadtbekannt** [ˈ--ˈ-] *adj* herkesçe tanınan; **Stadtbevölkerung** *f* kentsel nüfus; **Stadtbewohner(in)** *m(f)* kent sakini; **Stadtbezirk** *m* semt; **Stadtbibliothek** *f* şehir kütüphanesi

Städtchen [ˈʃtɛ(ː)tçən] *nt* <-s, -> küçük şe-

S

hir, kasaba

Städtebau *m ohne Pl* <-(e)s> kentçilik, şehircilik; **Städtepartnerschaft** *f* şehir kardeşliği

Städter(in) ['ʃtɛ(ː)tɐ] *m(f)* <-s, -; -nen> kentli, şehirli

Stadtgebiet *nt:* **innerhalb des ~s** belediye sınırları içinde

städtisch ['ʃtɛ(ː)tɪʃ] *adj* (*kommunal*) belediyeye ait; (*urban*) kentsel

Stadtkern *m* kent merkezi, şehir merkezi; **Stadtmauer** *f* sur; **Stadtmitte** *f ohne Pl* kent merkezi, şehir merkezi; **Stadtplan** *m* şehir haritası; **Stadtrand** *m* şehrin [*o* kentin] kenarı, kentin kenar mahalleleri *pl,* dış mahalleler *pl*

Stadtrat, -rätin[1] *m, f* <-(e)s, -räte; -nen> (*Mitglied*) belediye meclisi üyesi

Stadtrat[2] *m* <-(e)s, -räte> (*Gremium*) belediye meclisi

Stadtrundfahrt *f* şehir turu; **Stadtstaat** *m* şehir devleti; **Stadtstreicher(in)** *m(f)* <-s, -; -nen> kentte dolaşan meskensiz (kimse); **Stadtteil** *m* <-(e)s, -e> semt; **Stadttheater** *nt* <-s, -> şehir tiyatrosu; **Stadtväter** *mPl* (*fam*) belediye meclisi üyeleri *pl;* **Stadtverkehr** *m ohne Pl* şehir trafiği, kent trafiği; **Stadtverwaltung** *f* (*Institution*) belediye; **Stadtzentrum** *nt* şehir merkezi

Staffel ['ʃtafəl] *f* <-n> **1.** (MIL, AERO) bölük **2.** (SPORT) ekip; (*beim ~lauf*) bayrak yarışı ekibi

Staffelei *f* <-en> (KUNST) şövale, ressam sehpası

Staffellauf *m* <-(e)s, -läufe> (SPORT) bayrak yarışı; **Staffelmiete** *f* düzenli artan kira

staffeln ['ʃtafəln] *vt* **1.** (*anordnen*) aşama sırasına göre düzenlemek **2.** (*abstufen*) derecele(ndir)mek, kademelendirmek

Stagflation *f* (WIRTSCH) stagflâsyon

Stagnation [ʃtagna'tsjoːn] *f* <-en> (WIRTSCH) durgunluk

stagnieren* [ʃta'gniːrən] *vi* durgunlaşmak

stahl [ʃtaːl] *3. imp von* **stehlen**

Stahl [ʃtaːl, *Pl:* 'ʃtɛːlə] *m* <-(e)s, Stähle> çelik

Stahlbeton *m ohne Pl* <-s> (ARCH) betonarme; **Stahlblech** *nt* <-s, -e> çelik sac

stählern ['ʃtɛːlɐn] *adj* çelik(ten)

Stahlfeder *f* **1.** (*zum Schreiben*) çelik kalemi **2.** (TECH) çelik yay; **Stahlhelm** *m* çelik miğfer; **Stahlindustrie** *f* çelik sanayii; **Stahlschrank** *m* çelik kasa; **Stahlwerk** *nt* <-(e)s, -e> çelikhane; **Stahlwolle** *f* çelik pamuğu

stak [ʃtaːk] *3. imp von* **stecken**

Stalagmit *m* <-s *o* -en, -e(n)> (GEOL) stalagmit, dikit

Stalagtit *m* <-s *o* -en, -e(n)> (GEOL) stalagtit, sarkıt

Stalinismus [ʃtali'nɪsmʊs] *m ohne Pl* <-> Stalinizm

stalinistisch [ʃtali'nɪstɪʃ] *adj* Stalinist

Stall [ʃtal, *Pl:* 'ʃtɛlə] *m* <-(e)s, Ställe> ahır; (*Hühner~*) kümes; (*Kuh~*) ahır; (*Pferde~*) ahır, hara; (*Schweine~*) ağıl; (*Renn~*) hara; **Stallbursche** *m* seyis

Stallung *f* <-en> ahır

Stamen *nt* <-s, -mina> (BOT) başçık, haşefe

Stamm[1] [ʃtam, *Pl:* 'ʃtɛmə] *m* <-(e)s, Stämme> **1.** (*Baum~*) gövde **2.** (*Volks~*) kavim, budun; (*Nomaden~*) aşiret, oymak; (*Geschlecht*) soy **3.** (BIOL) filum **4.** (LING) gövde

Stamm[2] *m ohne Pl* <-(e)s> (*Kunden~*) devamlı müşteriler *pl;* (*der Belegschaft*) ana kadro

Stammaktie *f* (FIN, WIRTSCH) adî hisse senedi; **Stammbaum** *m* soy ağacı; (*eines Tieres*) şecere; **Stammbuch** *nt* şecerename

stammeln ['ʃtaməln] **I.** *vt* kekelemek, kekeleyerek söylemek **II.** *vi* kekelemek, kemküm etmek

stammen ['ʃtamən] *vi* gelmek (*aus/von* -den/-den); (*örtlich*) gelmek (*aus/von* -den/-den); (*zeitlich*) (kalmış) olmak (*aus/von* -den/-den); **die Uhr stammt von seinem Großvater** saat büyük babasından kalmadır

Stammform *f* <-en> (LING) esas biçim; **Stammgast** *m* müdavim, gedikli, abone; **Stammhalter** *m* <-s, -> erkek evlât; **Stammhaus** *nt* merkez binası

stämmig ['ʃtɛmɪç] *adj* bodur, tıknaz

Stammkapital *nt* esas sermaye; **Stammkneipe** *f* (*fam*) devamlı gidilen meyhane; **Stammkunde, -in** *m, f* <-n, -n; -nen> devamlı müşteri; **Stammplatz** *m* <-es, -plätze>: **das ist sein ~** bu onun her zaman oturduğu yerdir; **Stammtisch** *m* **1.** (*Tisch*) müdavimler masası **2.** (*Personen*) müdavimler grubu; **Stammwähler(in)** *m(f)* sadık seçmen

stampfen ['ʃtampfən] **I.** *vi* **1.** (*vor Wut, zum Protest*) ayağını yere vurmak **2.** (*Schiff*) baş kıç vurmak **3.** *sein* (*stapfen*) bata çıka ilerlemek **II.** *vt* **1.** (*zerkleinern*) vura vura ezmek; (*Trauben*) ayakla basarak ezmek **2.** (*festtreten*) ayakla basarak ezmek; **Pfähle in den Boden ~** yere kazık çakmak

stand [ʃtant] *3. imp von* **stehen**

Stand[1] [ʃtant] *m ohne Pl* <-(e)s> **1.** (*Stehen*) durma; **aus dem ~** durduğu yerden; (*ohne Anlauf*) hız almadan; (*fam: aus dem

Stegreif) doğaçtan; **einen (sehr) schweren ~ haben** (*fam*) durumu (çok) zor olmak; **etw zu ~e bringen** bir şeyi gerçekleştirmek; **zu ~e kommen** gerçekleşmek, ortaya çıkmak, olmak; **nicht zu ~e kommen** olmamak **2.** (*Entwicklungs~*) düzey; (*Zu~*) durum; (*Stadium*) evre, aşama; **im ~e sein etw zu tun** bir şeyi yapabilecek durumda olmak; **etw auf den neuesten ~ bringen** bir şeyi en yeni duruma getirmek; **gut in ~ sein** iyi durumda olmak; **der ~ der Ermittlungen** soruşturmaların son durumu

Stand[2] [ʃtant, *Pl:* 'ʃtɛndə] *m* <-(e)s, Stände> **1.** (*Verkaufs~*) tezgâh; (*Erfrischungs~*) büfe; (*Informations~, Messe~*) stant; (*Taxi~*) durak **2.** (*Konto~*) durum; (*Öl~*) durum; (*Wasser~*) düzey, seviye; (*Sonnen~*) konum, pozisyon; (*Spiel~*) skor **3.** (*soziale Stellung*) pozisyon, mevki, konum

Standard ['ʃtandart] *m* <-s, -s> **1.** (*Maßstab*) standart **2.** (*Niveau*) düzey, seviye

standardisieren* [ʃtandardi'zi:rən] *vt* standartlaştırmak, standardize etmek

Standardisierung *f* <-en> standartlaştırma, standartlaşma, standardizasyon

Standardsprache *f* standart dil

Standardwerk *nt* ana kitap

Standbild *nt* <-(e)s, -er> **1.** (*Statue*) heykel **2.** (FILM: *Standfoto*) çalışma fotoğrafı

Stand-by *nt* stand-b(a)y

Ständchen ['ʃtɛntçən] *nt* <-s, -> serenat; **jdm ein ~ bringen** birine serenat çekmek

Ständer ['ʃtɛndɐ] *m* <-s, -> **1.** (*Gestell*) sehpa, ayaklık; (*Schirm~*) şemsiyelik; (*Kleider~*) portmanto; (*Noten~*) sehpa **2.** (PHYS: *Stator*) stator, duruk **3.** (*vulg: erigierter Penis*) siki kalkma

Ständerat, -rätin[1] ['ʃtɛndəra:t] *m, f* <-(e)s, -räte; -nen> (*Schweiz: Ratsmitglied*) Kantonlar Konseyi üyesi

Ständerat[2] *m ohne Pl* <-(e)s> (*Schweiz: Organ*) Kantonlar Konseyi

Standesamt *nt* evlendirme memurluğu, nikâh dairesi; **standesamtlich I.** *adj:* **~e Trauung** medenî nikâh **II.** *adv:* **~ heiraten** medenî nikâhla evlenmek; **Standesbeamte(r), -in** *m, f* nikâh memuru; **standesgemäß** *adj* sosyal statüsüne uygun

standfest *adj* **1.** (*sicher stehend*) sağlam **2.** (*standhaft*) metin, metanetli, sağlam, dayanıklı; **Standfestigkeit** *f* **1.** (*sicherer Stand*) sağlamlık **2.** (*Standhaftigkeit*) metanet, dayanma, dayanıklılık, sağlamlık; **Standgeld** *nt* işgaliye; **Standgericht** *nt* divanıharp

standhaft I. *adj* metin, metanetli, sağlam, dayanıklı **II.** *adv:* **~ bleiben** metanet göstermek, dayanmak

Standhaftigkeit *f ohne Pl* metanet, dayanma, dayanıklılık, sağlamlık

stand|halten *irr vi* dayanmak

ständig ['ʃtɛndɪç] *adj* (*Ärger, Lärm*) devamlı, sürekli; (*Mitarbeiter*) kadrolu; (*Wohnsitz*) daimî

Standlicht *nt ohne Pl* <-(e)s> (AUTO) park lâmbası; **Standmiete** *f* işgaliye (resmi)

Standort *m* **1.** (*Ort des Aufenthaltes*) mekân, bulunulan yer **2.** (AERO, NAUT) pozisyon **3.** (*Industrie*) kuruluş yeri **4.** (MIL: *Garnison*) garnizon; **Standortfaktor** *m* (WIRTSCH) kuruluş yeri faktörü; **Standorttheorie** *f ohne Pl* (WIRTSCH) kuruluş yeri teorisi

Standpauke *f* (*fam*) şiddetli azarlama; **jdm eine ~ halten** birini şiddetli azarlamak; **Standpunkt** *m* **1.** pozisyon **2.** (*Ansicht*) görüş; (*Gesichtspunkt*) görüş açışı, noktainazar; **jdm seinen ~ klarmachen** birine görüşünü açıklamak; **einen eigenen ~ vertreten** kendi görüşü olmak; **auf dem ~, dass ...** ... olduğu görüşünde olmak

Standrecht *nt ohne Pl* <-(e)s> (MIL) sıkı yönetim; **das ~ verhängen** sıkı yönetim ilân etmek; **standrechtlich** *adj* divanıharp kararıyla olan; **jdn ~ erschießen** divanıharp kararıyla kurşuna dizmek

Standspur *f* (AUTO) emniyet şeridi; **Standuhr** *f* boy saati

Stange ['ʃtaŋə] *f* <-n> **1.** (*Stab*) sırık; (*Reck~, Salz~*) çubuk; (*Fahnen~*) gönder, direk; (*Hühner~*) tünek; (*Gardinen~*) korniş; (*Kolben~*) biyel; (*Salz~*) çubuk, batonsale; **etw von der ~ kaufen** (*fam*) bir şeyi hazır (satın) almak; (*Kleider*) konfeksiyon malı (satın) almak; **bei der ~ bleiben** (*fam fig*) sonuna kadar dayanmak; **jdn bei der ~ halten** (*fam fig*) birini sonuna kadar desteklemek; **jdm die ~ halten** (*fam fig*) birinin tarafını tutmak **2.** (*Zigaretten~*) karton **3.** (*Wend*): **eine ~ Geld** (*fam*) çok para

Stängel[RR] ['ʃtɛŋəl] *m* <-s, -> (BOT) sap, sapçık

Stangenbohne *f* sırık fasulyesi; **Stangenspargel** *m* doğranmamış kuşkonmaz

stank [ʃtaŋk] *3. imp von* **stinken**

Stanniolpapier *nt* alüminyum folyo kâğıdı

stanzen ['ʃtantsən] *vt* (*prägen*) üstüne desen basmak (-in); (*Loch*) delmek

Stapel ['ʃta:pəl] *m* <-s, -> **1.** (*Haufen*) istif, yığın **2.** (NAUT) kızak; **auf ~ legen** kızağa çekmek; **vom ~ lassen** (kızaktan) denize indirmek; **eine Rede vom ~ lassen** (*fam pej*) nutuk çekmek; **Stapellauf** *m* <-(e)s, -läufe> (NAUT) denize indirme

stapeln ['ʃta:pəln] **I.** *vt* istiflemek, üst üste yığmak **II.** *vr:* **sich ~** yığılmak

stapfen [ˈʃtapfən] *vi sein* bata çıka yürümek

Star¹ [staːɐ] *m* <-(e)s, -e> (ZOOL: *Singvogel*) sığırcık, çekirge kuşu

Star² [staːɐ] *m* <-(e)s, -e> (MED: *Augenerkrankung*): **grüner** ~ karasu; (*Glaukom*) glokum; **grauer** ~ aksu, ak basma, perde; (*Katarakt*) katarakt; **jdm den** ~ **stechen** (*fam*) birinin gözünü açmak

Star³ [ʃtaːɐ] *m* <-s, -s> (*Person*) star, yıldız

starb [ʃtarp] *3. imp von* **sterben**

stark [ʃtark] <stärker, am stärksten> **I.** *adj* **1.** (*allgemein*) kuvvetli; (*kräftig*) güçlü, kuvvetli; ~**e Medikamente** kuvvetli ilâçlar; ~**e Zigaretten/Tabake** sert sigaralar/tütünler; **sich für jdn** ~ **machen** (*fam*) birini desteklemek; **sich für etw** ~ **machen** (*fam*) bir şeyi savunmak; **das ist ein** ~**es Stück!** (*fam*) bu görülmemiş bir rezalet! **2.** (*dick, stabil*) kalın; **ein hundert Seiten** ~**es Buch** yüz sayfa kalınlığında bir kitap **3.** (*beträchtlich*) şiddetli; ~**e Schmerzen haben** şiddetli ağrısı olmak **4.** (*leistungs~*) güçlü; (*mächtig*) güçlü; (*Brille*) kuvvetli **5.** (*Verkehr, Hitze, Schneefall*) ağır; (*Nachfrage*) yoğun; **er ist ein** ~**er Raucher/Trinker** çok sigara/içki içer **6.** (*fam: hervorragend*) şahane; **das find ich (echt)** ~ bunu (hakikaten) şahane buluyorum **II.** *adv* (+ *Adjektiv*) çok; (+ *Verb*) çok; ~ **erkältet sein** çok üşütmüş olmak; ~ **schneien** çok kar yağmak

Stärke [ˈʃtɛrkə] *f* <-n> **1.** (*allgemein*) kuvvet; (*Leistung*) güç **2.** (*Dicke*) kalınlık; (*Festigkeit*) sertlik **3.** (*Anzahl*) miktar **4.** (*Intensität*) şiddet, yeğinlik; (*von Erdbeben*) kuvvet; ~ **eines Magnetfeldes** manyetik alanın yeğinliği **5.** (*Fähigkeit*) yetenek **6.** (*Substanz*) nişasta; (*Wäsche~*) kola

stärken [ˈʃtɛrkən] **I.** *vt* **1.** (*Körper*) kuvvetlendirmek, güçlendirmek; (*Position*) güçlendirmek **2.** (*Wäsche*) kolalamak **II.** *vr:* **sich** ~ kuvvetlenmek

Starkstrom *m ohne Pl* <-(e)s> (ELEK) yüksek gerilimli akım

Stärkung *f* <-en> **1.** (*Erfrischung*) soğuk içecek; (*Imbiss*) atıştırmalık **2.** *ohne Pl* (*das Kräftigen*) güçlendirme, kuvvetlendirme; **Stärkungsmittel** *nt* (MED) kuvvet ilâcı, tonik

starr [ʃtar] *adj* **1.** (*allgemein, a.* TECH) hareketsiz, sabit; (*steif*) katı; (*Glieder*) tutuk **2.** (*Blick*) donuk; ~ **vor Entsetzen/Schreck/Staunen sein** dehşetten/korkudan/şaşkınlıktan donakalmak **3.** (*unbeugsam*) boyun eğmez; (*starrköpfig*) inatçı, dik kafalı; (*streng*) sert

Starre [ˈʃtarə] *f ohne Pl* **1.** (*Steifheit*) katılık **2.** (*Genick~*) tutukluk, tutulma **3.** (*Strenge*) sertlik

starren [ˈʃtarən] *vi* **1.** (*blicken*) gözlerini dikip bakmak (*auf* -e); **Löcher in die Luft** ~ (*fam*) gözü dalmak **2.** (*strotzen*): **das Zimmer starrte vor Schmutz** odayı pislik götürüyordu, oda pislikten geçilmiyordu; **zur Säule** ~ (*fig*) taş kesilmek, put kesilmek

Starrheit *f ohne Pl* **1.** (*von Material, Achse*) sabit; (*der Glieder*) tutukluk **2.** (*Starrköpfigkeit*) inatçılık

Starrsinn *m ohne Pl* <-(e)s> (*pej*) dik kafalılık, inatçılık; **starrsinnig** *adj* (*abw*) dik kafalı

Start [ʃtart] *m* <-(e)s, -s> **1.** (SPORT: *Beginn*) start, depar, çıkış; (*~ort*) start yeri, depar çizgisi **2.** (*Flugzeug~*) kalkış; (*Auto*) çalışma; (*Raketen~*) atış **3.** (*Beginn*) başlangıç; **Startautomatik** *f* (AUTO) otomatik jigle; **Startbahn** *f* kalkış pisti; **startbereit** *adj* (*um aufzubrechen*) yola çıkmaya hazır olan; (*um anzufangen*) starta geçen; (*Flugzeug*) kalkışa hazır olan

starten [ˈʃtartən] **I.** *vi sein* **1.** (*allgemein*) yola çıkmak (*nach* -e); (*beginnen*) başlamak **2.** (SPORT: *loslaufen*) depara geçmek; (*losfahren*) start almak; (*teilnehmen*) katılmak **3.** (*Auto*) çalışmak **4.** (*Flugzeug*) kalkmak, havalanmak; (MIL) çıkış yapmak **II.** *vt* **1.** (*Auto, Motor*) çalıştırmak **2.** (*Rakete*) atmak **3.** (*Kampagne*) başlatmak **4.** (*Computer*) açmak; (*Programm*) başlatmak

Starter *m* **1.** (SPORT) çıkış hakemi **2.** (AUTO: *Anlasser*) marş

Starterklappe *f* (AUTO: *Choke*) jigle

Starterlaubnis *f* **1.** (SPORT) çıkış izni **2.** (AERO) kalkış izni; **Starthilfe** *f* **1.** (FIN) başlangıç yardımı **2.** (AUTO) ara kabloyla çalıştırma; (*Vorrichtung*) jigle; **Startkapital** *nt* (FIN) başlangıç sermayesi; **startklar** *adj s.* **startbereit**; **Startlinie** *f* (SPORT) çıkış çizgisi; **Startpistole** *f* (SPORT) yarış tabancası; **Startschuss**^RR *m* start verme

Statik [ˈʃtaːtɪk] *f ohne Pl* (PHYS) statik

Station [ʃtaˈtsjoːn] *f* <-en> **1.** (*Bahnhof, Radio~, Wetter~*) istasyon; (*Haltestelle*) durak; ~ **machen** konaklamak, yolculuğa ara vermek **2.** (*Krankenhaus~*) bölüm, koğuş

stationär [ʃtatsjoˈnɛːɐ] *adj* **1.** (*an einen Standort gebunden*) kalıcı, sabit **2.** (MED): ~**e Behandlung** yatakta tedavi

stationieren* [ʃtatsjoˈniːrən] *vt* konuşlandırmak

Stationierung *f* <-en> konuşlanma

Stationsarzt, -ärztin *m, f* bölüm hekimi; **Stationsschwester** *f* bölüm hemşiresi

statisch [ˈʃtaːtɪʃ] *adj* (*a.* PHYS) statik, duruk

Statist(in) [ʃtaˈtɪst] *m(f)* <-en, -en; -nen> figüran

Statistik [ʃta'tɪstɪk] *f* <-en> istatistik, sayımlama

statistisch [ʃta'tɪstɪʃ] *adj* sayımsal

Stativ [ʃta'tiːf] *nt* <-(e)s, -e> (FOTO, FILM) üçayak

Stator *m* <-s, -en> (PHYS) statör

statt [ʃtat] **I.** *präp* yerine; **an Eides ~ erklären** (JUR) yemin yerine beyan etmek; **jdn an Kindes ~ annehmen** birini evlât edinmek **II.** *konj:* **~ zu gehen** gideceği yerde

Statt [ʃtat] *f ohne Pl* (*geh*) yer; **an meiner/deiner ~** benim yerime/senin yerine

stattdessenRR *adv* onun yerine

Stätte ['ʃtɛtə] *f* <-n> (*geh*) yer, mahal

statt|finden *irr vi* olmak, yapılmak; **statt|geben** *irr vi* (*Bitte, Wunsch*) kabul etmek (-i); (*Gesuch*) kabul etmek (-i)

statthaft *adj* caiz

Statthalter(in) *m(f)* **1.** (HIST) vali **2.** (*Schweiz: Bürgermeister*) belediye başkanı

stattlich ['ʃtatlɪç] *adj* **1.** (*beeindruckend*) gösterişli, yakışıklı; (*hoch gewachsen*) boylu boslu **2.** (*Betrag*) hatırı sayılır

Statue ['ʃtaːtuə] *f* <-n> heykel

Statur [ʃta'tuːɐ] *f* <-en> boy bos; (*Körperbau*) vücut yapısı; (*Wuchs*) boy; **mittlere ~** orta boy

Status ['ʃtaːtʊs] *m* <-, -> **1.** (*Lage*) pozisyon; **~ quo** statüko **2.** (*Soziologie*) statü **3.** (MED: *Zustand*) durum; **Statussymbol** *nt* statü sembolü; **Statuszeile** *f* (INFORM) bilgi çubuğu

Statut [ʃta'tuːt] *nt* <-(e)s, -en> statü, tüzük

Stau [ʃtaʊ] *m* <-(e)s, -s *o* -e> **1.** (*Verkehrs~*) tıkanma, tıkanıklık **2.** (*im Wasser*) birikme

Staub [ʃtaʊp] *m* <-(e)s, -e *o* Stäube> toz; **~ wischen** toz silmek; **sich aus dem ~ machen** (*fam fig*) toz olmak; **~ aufwirbeln** (*fam fig*) tozu dumana katmak

Stauballergie *f* toz alerjisi

staubdicht *adj* toz geçirmez

Staubecken *nt* su haznesi

Staubblatt *nt* (BOT) başçık, haşefe

stauben ['ʃtaʊbən] *vi* tozlanmak

Staubfänger ['ʃtaʊpfɛŋɐ] *m* <-s, -> (*pej*) *toz tutan süs eşyası;* **Staubgefäß** *nt* (BOT) başçık, haşefe

staubig *adj* tozlu

Staubkorn *nt* <-(e)s, -körner> toz tanesi; **staub|saugen** ['---] *vi, vt* elektrik süpürgesiyle yerleri temizlemek; **Staubsauger** *m* elektrik süpürgesi; **Staubtuch** *nt* toz bezi; **Staubwolke** *f* toz bulutu; **Staubzucker** *m ohne Pl* (*Puderzucker*) pudra şekeri

Staudamm *m* baraj

Staude ['ʃtaʊdə] *f* <-n> (BOT) çalı

stauen ['ʃtaʊən] **I.** *vt* **1.** biriktirmek, toplamak **2.** (NAUT) istiflemek, istif etmek **3.** (MED: *Blut*) akışını kesmek **II.** *vr:* **sich ~** (*Wasser*) birikmek; (*Verkehr*) tıkanmak; (*Menschen*) birikmek, yığılmak

Stauer *m* (NAUT) istifçi

staunen ['ʃtaʊnən] *vi* (*sich wundern*) hayret etmek (*über* -e); (*verwundert sein*) şaşırmak (*über* -e), şaşmak; **da staunst du, was?** şaştın, değil mi?; **Stausee** *m* <-s, -n> baraj gölü

Stauung *f* <-en> **1.** (*von Gewässern*) toplanma; (*von Blut*) tıkanma **2.** (*Verkehrsstau*) tıkanma **3.** (NAUT) istif işleri

Steak [steːk] *nt* <-s, -s> biftek

stechen ['ʃtɛçən] <sticht, stach, gestochen> **I.** *vt* **1.** (*allgemein*) batırmak; (*Insekt*) sokmak, ısırmak; (*mit einem Messer*) saplamak **2.** (*Torf, Spargel*) çıkarmak **3.** (*beim Kartenspiel*) kozla kırmak **4.** (*in Kupfer*) hakketmek (*in* -e) **II.** *vi* **1.** (*allgemein, Insekt*) sokmak, ısırmak; (*Sonne*) yakmak; **ins Auge ~** göze batmak; **der scharfe Gestank sticht in der Nase** keskin koku burnu yakıyor; **die Farbe sticht ins Rötliche** renk kızıla kaçıyor **2.** (*beim Kartenspiel*) kozla kırmak **3. in See ~** denize açılmak, alarga etmek **4.** (*Stechuhr bestätigen*) kart basmak **III.** *vr:* **sich ~: sich mit der Nadel in den Finger ~** iğneyi parmağına batırmak

stechend *adj* (*Blick*) göze batan; (*Geruch*) yakıcı; (*Schmerz*) batan

Stechkarte *f* puantör kartı; **Stechmücke** *f* sivrisinek; **Stechpalme** *f* (BOT) çoban püskülü; **Stechuhr** *f* puantör

Steckbrief *m* (JUR) yakalama müzekkeresi

Steckdose *f* priz

stecken1 ['ʃtɛkən] *vt* **1.** (*hinein~*) sokmak (*in* -e); (*investieren*) yatırmak (*in* -e); **jdn ins Loch ~** birini deliğe tıkmak **2.** (*auf~*) geçirmek (*auf/an* -e); (*fest~, anstecken*) takmak (*an* -e); (*mit Nadeln*) tutturmak (*an* -e); **etw in Brand ~** bir şeyi kundaklamak, bir şeyi ateşe vermek, bir şeyi tutuşturmak; **jdm etw ~** (*fam*) birine bir şey sokuşturmak, birinin eline bir şey tutuşturmak

stecken2 <steckt, steckte, *geh:* stak, gesteckt> *vi* **1.** (*sich befinden*) bulunmak (*in* -de), olmak (*in* -de); **ich stecke mitten in der Arbeit** şu anda işim var; **tief in Schulden ~** gırtlağına kadar borca batmış olmak; **du musst zeigen, was in dir steckt** sende ne yetenekler olduğunu göstermelisin; **wo steckt er?** (*fam: Person*) nerede kaldı?; **er steckt dahinter** bu işte onun parmağı var; **der Schlüssel steckt im Schloss** anahtar kilitte takılıdır; **mit**

S

jdm unter einer Decke ~ (*fam fig*) biriyle danışık dövüşlü olmak **2.** (*festsitzen*) takılıp kalmak, sıkışıp kalmak

stecken|bleiben *irr vi sein s.* **bleiben 2.**;

stecken|lassen *irr vt s.* **lassen[2] 3.**

Steckenpferd *nt* **1.** (*für Kinder*) at başlı sopa; (*Kindersprache*) dahdah **2.** (*Hobby*) göz dikeyi

Stecker *m* <-s, -> fiş

Steckling ['ʃtɛklɪŋ] *m* <-s, -e> daldırma

Stecknadel *f* toplu iğne; **eine** ~ **im Heuhaufen suchen** (*fig*) saman yığınında iğne aramak; **Steckrübe** *f* (*reg*) şalgam; **Steckschlüssel** *m* (TECH) lokma anahtar

Steg [ʃteːk] *m* <-(e)s, -e> **1.** (*Brücke*) yaya köprüsü **2.** (*Boots~*) iskele **3.** (*bei Saiteninstrumenten*) köprü **4.** (*an einer Hose*) subye

Stegreif ['ʃteːkraɪf] *m:* **aus dem** ~ doğaçtan, doğaçlama

Stegreifspiel *nt* doğaçlama tiyatro

Stehaufmännchen ['ʃteːʔaʊfmɛnçən] *nt* hacıyatmaz; **ein** ~ **sein** (*fam*) hacıyatmaz olmak

stehen ['ʃteːən] <steht, stand, gestanden> *haben o südd, Österr, Schweiz: sein* **I.** *vi* **1.** (*aufrecht: Mensch*) ayakta durmak; (*Gegenstand*) durmak; **ich kann nicht mehr** ~ ayakta duracak hâlim kalmadı; **im S~** ayakta; **unser Projekt steht und fällt mit dir** (*fig*) projemizin başarısı sana bağlı; **der Plan steht jetzt!** (*fam*) şimdi plân tamamlandı! **2.** (*sein*) olmak; (*sich befinden*) bulunmak; **an der Tür** ~ kapıda bulunmak; **sie steht an der Spitze des Unternehmens** o, işletmenin başındadır; **etw steht jdm auf der Stirn geschrieben** (*fig*) bir şey birinin yüzünden hemen belli olmak; **wir** ~ **kurz vor einem Krieg** bir savaşın eşiğinde bulunuyoruz; **auf welcher Seite stehst du?** kimden yanasın sen?; **die Sache steht schlecht** durum kötü; **das Frühstück** ~ **lassen** kahvaltısını olduğu gibi bırakmak; **einen Stuhl** ~ **lassen** bir koltuğu boş bırakmak; **offen** ~ (*Tür, Fenster*) açık olmak; (*Rechnung*) ödenmemiş olmak; (*zugänglich sein*) açık olmak; **unter Alkohol/Drogen** ~ alkol/uyuşturucu altında olmak; **die Sache steht mir bis hier** (*fam*) artık burama geldi; **jdm nahe** ~ birine yakın olmak **3.** (*geschrieben sein*) yazılı olmak (*auf/in* -de); (*in einer Liste*) (adı) olmak (*auf/in* -de); **hier steht geschrieben, dass ...** burada ... olduğu yazılı; **das Wort steht im Imperfekt** kelime, hikâye birleşik zamanında yazılmıştır **4.** (*still~*) durmak; (*Verkehr*) durmak; **die Uhr steht** saat durdu; **zum S~ bringen/kommen** durdurmak/durmak; **etw zum S~ bringen** bir şeyi durdurmak **5.** (*anzeigen*): **das Thermometer steht auf 30 Grad** termometre 30 derecede; **die Ampel steht auf Rot** lâmba kırmızıdır; **es steht 3:1** durum 3:1 **6.** (*kleiden*) yakışmak; **der Bart steht dir gut/schlecht** sakal sana yakışıyor/yakışmıyor **7.** (JUR): **auf etw steht Gefängnis** bir şeyin sonu [*o* cezası] hapis olmak; **auf seine Ergreifung steht eine Belohnung** yakalanması için ödül var **8.** (*Standpunkt, Unterstützung, Bekenntnis*): **wie stehst du zu dem Plan?** bu plâna ne diyorsun?; **ich stehe fest zu dir** ben kesinlikle senden yanayım; **zu seinem Versprechen** ~ sözünde durmak; **zu seinen Fehlern** ~ kusurlarını kabul etmek; **hinter jdm** ~ birine arka olmak **9.** (*Wend*): **auf jdn/etw** ~ (*fam*) bir kimseyi/şeyi tutmak; **wie geht's, wie steht's?** ne var ne yok? **II.** *vt:* **Wache** ~ nöbet tutmak; **Modell** ~ modellik yapmak **III.** *vr:* **sich gut/schlecht mit jdm** ~ (*fam*) biriyle iyi/kötü geçinmek, biriyle arası iyi/kötü olmak; **jd steht sich besser/schlechter, wenn ...** (*fam*) eğer ... ise, birine yakışır/yakışmaz **IV.** *vunpers:* **es steht schlimm um sie** durumu kötü; **es steht zu befürchten, dass er es nicht schafft** korkarım, o bunu başaramayacak

stehen|bleiben *irr vi sein s.* **bleiben 2.**

stehend *adj* **1.** (*aufrecht*) dik, ayakta **2.** (*nicht in Bewegung*) duran; (*Gewässer*) durgun, akmaz **3.** (*Wend*): **ein leer ~es Haus** boş duran bir ev

stehen|lassen *irr vt s.* **stehen I.2.**

Stehkneipe *f* koltuk meyhanesi; **Stehkragen** *m* dik yaka; **Stehlampe** *f* ayaklı lâmba

stehlen ['ʃteːlən] <stiehlt, stahl, gestohlen> **I.** *vt, vi* çalmak; **er kann mir gestohlen bleiben** (*fam*) gözüme görünmesin; **du sollst nicht** ~ (*Bibel*) çalmamalısın **II.** *vr:* **sich** ~ **1.** (*schleichen*): **sich aus dem Hause** ~ gizlice evden çıkıp gitmek **2.** (*sich drücken vor*) kaçınmak (*aus* -den)

Stehplatz *m* duracak yer

Stehvermögen *nt ohne Pl* <-s> **1.** (*Ausdauer*) sebat **2.** (*Durchhaltevermögen*) dayanma gücü, dayanıklılık

steif [ʃtaɪf] *adj* **1.** (*starr*) katı, sert; ~ **und fest behaupten** (*fam*) ısrarla iddia etmek **2.** (*Gliedmaßen*) tutuk; (*Glied*) katı, sert, dik; **einen ~en Hals haben** boynu tutulmak **3.** (*unelastisch*) esnek olmayan, sert; (*ungelenk*) bükülmez, çolpa, hantal **4.** (*förmlich*) resmî, teklifli, merasimli

Steifheit *f ohne Pl* **1.** (*Festigkeit, Starre*) katılık, sertlik **2.** (*eines Körperteils, Gelenks*) tutukluk, tutulma **3.** (*im Benehmen*) resmîlik

Steigbügel *m* **1.** üzengi **2.** (ANAT, MED) üzengi kemiği; **der ~ ist eines der drei Gehörknöchelchen** üzengi kemiği, üç işitme kemikçiğinden biridir

Steige [ˈʃtaɪgə] *f* <-n> (*österr, südd*) **1.** (*steile Straße*) yokuş **2.** (*Treppe*) merdiven

steigen [ˈʃtaɪgən] <steigt, stieg, gestiegen> *vi sein* **1.** (*hinauf~*) çıkmak (*auf/in* -e/-e); (*hinunter~*) inmek (*von/aus* -den/-den); (*klettern*) tırmanmak (*auf* -e); **in den Bus ~** otobüse binmek; **aus dem Bus ~** otobüsten inmek; **aufs Fahrrad ~** bisiklete binmek; **vom Fahrrad ~** bisikletten inmek; **aus dem Bett ~** yataktan kalkmak; **einen Drachen ~ lassen** bir uçurtma uçurmak; **die Tränen stiegen ihr in die Augen** gözleri yaşlandı; **zu Kopf ~** beynine vurmak **2.** (*zunehmen*) artmak (*um* -, *in* -de); (*Aktie, Fieber, Flut*) yükselmek; **im Preis/im Wert ~** fiyatı/değeri artmak **3.** (*fam: stattfinden*) olmak

steigern [ˈʃtaɪgɐn] **I.** *vt* **1.** (*erhöhen*) arttırmak (*um* -), yükseltmek (*um* -); (*verstärken*) pekiştirmek **2.** (LING) derecelendirmek **II.** *vr:* **sich ~ 1.** (*zunehmen*) artmak (*um* -), yükselmek (*um* -) **2.** (*sich verbessern*) düzelmek, iyileşmek **3.** (*sich hinein~*) kapılmak (*in* -e)

Steigerung *f* <-en> **1.** (*Zunahme*) artma (*um* -), artış (*um* -); (*der Leistung*) artırma **2.** (LING) derecelendirme **3.** (*Schweiz: Ver~*) artırma, artırım

Steigung *f* <-en> **1.** (*im Gelände*) bayır; (*einer Straße*) yokuş, rampa **2.** (TECH) eğim

steil [ʃtaɪl] *adj* (*Treppe*) dik; (*Gelände*) sarp; (*Küste*) yüksek; **Steilhang** *m* <-(e)s, -hänge> dik yamaç; **Steilküste** *f* <-n> yüksek kıyı, yalı yar

Stein [ʃtaɪn] *m* <-(e)s, -e> **1.** (*allgemein*) taş; (*Edel~*) taş; **aus ~** taştan; **ein Herz aus ~ haben** (*fig*) taş yürekli olmak; **jdm ~e in den Weg legen** birinin yoluna taş koymak; **jdm alle ~e aus dem Weg räumen** birinin yolunu açmak; **den ~ ins Rollen bringen** (*fam fig*) harekete geçirmek; **schlafen wie ein ~** (*fam fig*) ölü gibi uyumak **2.** (MED) taş **3.** (*einer Frucht*) çekirdek **4.** (*Spiel~*) taş; (*bei Brettspielen*) taş; (*bei Backgammon*) pul; **bei jdm einen ~ im Brett haben** (*fam fig*) birinin gözdesi olmak; **Steinadler** *m* (ZOOL) kaya kartalı; **steinalt** [ˈ-ˈ-] *adj* çok yaşlı; **Steinbock** *m* **1.** (ZOOL) dağ keçisi **2.** (ASTR) Oğlak; **Sternbild des ~s** Oğlak burcu; **Wendekreis des ~s** Oğlak dönencesi; **Steinboden** *m* taş döşeme; **Steinbruch** *m* taş ocağı; **Steinbutt** *m* (ZOOL) kalkan balığı; **Steineiche** *f* (BOT) pırnal (meşesi)

steinern [ˈʃtaɪnɐn] *adj* (*a. fig*) taş; **ein ~es Herz haben** taş yürekli olmak

Steingut *nt ohne Pl* <-(e)s> çanak çömlek; **steinhart** [ˈ-ˈ-] *adj* taş gibi; **Steinhuhn** *nt* (ZOOL) kınalı keklik

steinig *adj* taşlı

steinigen [ˈʃtaɪnɪgən] *vt* taşa tutmak; (*töten*) taşa tutarak öldürmek, recmetmek

Steinigung *f* <-en> taşa tutma, taşa tutarak öldürme, recim

Steinkauz *m* <-es, -käuze> (ZOOL) kukumav

Steinkohle *f* <-n> taş kömürü, maden kömürü

Steinmarder *m* (ZOOL) kaya sansarı; **Steinmetz(in)** [ˈʃtaɪnmɛts] *m(f)* <-en, -en; -nen> taşçı; **Steinobst** *nt* çekirdekli meyve; **Steinpilz** *m* taş mantarı; **steinreich** [ˈ-ˈ-] *adj* **1.** (*sehr reich*) altın babası **2.** (*steinig*) çok taşlı; **Steinsalz** *nt* kaya tuzu; **Steinschlag** *m* (*Herabstürzen*) taş düşmesi; **Steinschleuder** *m* sapan; **Steinwälzer** *m* (ZOOL) taşçeviren; **Steinzeit** *f ohne Pl* Taş Devri; **Alt~/Mittel~/Jung~** Eski Taş Devri/Yontma Taş Devri/Cilâlı Taş Devri

Steiß [ʃtaɪs] *m* <-es, -e> **1.** (*~ bein*) kuyruk sokumu **2.** (*Gesäß*) kuyruk sokumu; **Steißbein** *nt* <-(e)s, -e> kuyruk sokumu kemiği

Stelldichein [ˈʃtɛldɪçʔaɪn] *nt* <-(s), -(s)> randevu; **sich ein ~ geben** buluşmak

Stelle [ˈʃtɛlə] *f* <-n> **1.** (*Platz, Ort*) yer, mahal; **an erster ~** ilk başta; **an ~ von etw** bir şeyin yerine; **(ich) an deiner ~ ...** (ben) senin yerinde olsam ...; **an jds ~ treten** birinin yerine geçmek, birinin yerini almak; **an dieser ~** (*örtlich*) burada; (*zeitlich*) burada; **an späterer ~** sonra; **auf der ~ treten** (*fam*) yerinde saymak; **auf der ~** (*sofort*) anında, hemen; **etw nicht von der ~ bekommen** bir şeyi yerinden kımıldatamamak; **sich nicht von der ~ rühren** yerinden kımıldamamak; **auf der ~ treten** yerinde saymak; **zur ~ sein** (arandığında) hazır bulunmak **2.** (*Bereich*) alan; (*Punkt*) nokta **3.** (*Text~*) pasaj; (*Abschnitt*) bölüm **4.** (*Arbeits~*) iş yeri; **freie ~** boş iş yeri; **eine ~ antreten** bir işe başlamak; **eine ~ finden/suchen** iş bulmak/aramak **5.** (*Dienst~*) makam; **sich an höherer ~ beschweren** daha yüksek makama şikâyette bulunmak **6.** (MATH) hane, basamak

stellen [ˈʃtɛlən] **I.** *vt* **1.** (*hin~*) koymak (*auf* -e); (*auf~*) dik koymak (*auf* -e), dikmek; (*hinein~*) koymak (*in* -e), yerleştirmek (*in* -e); **Bedingungen ~** şartlar koymak [*o* koşmak]; **der Hund stellt die Ohren** köpek kulaklarını dikti; **etw an die Wand ~** bir

S

şeyi duvara dayamak; **dieses Foto wirkt gestellt** bu fotoğraf poz verilip çekilmiş gibi **2.** (*regulieren*) ayarlamak; **stell das Radio leiser/lauter** radyonun sesini kıs/aç; **die Uhr** ~ saati ayarlamak; **etw ruhig** ~ (MED: *Arm, Bein*) bir şeyi hareket ettirmemek; **jdn ruhig** ~ (MED) birini ilâçla yatıştırmak **3.** (*bereit*~) etmek, bulundurmak **4.** (*Verbrecher*) tutmak **5.** (*Frage*) sormak; (*Aufgabe*) vermek; **jdn zur Rede** ~ birini hesaba çekmek, birinden hesap sormak; **einen Antrag auf etw** ~ bir şey için istemde bulunmak; **eine Sache über eine andere** ~ bir şeyi diğer bir şeyin üzerine koymak; **jdn vor Gericht** ~ birini mahkemeye vermek; **etw in Frage** ~ bir şeyin doğruluğundan şüphe etmek; **etw in Rechnung** ~ bir şeyi hesaba yazmak; **etw in Abrede** ~ bir şeyi yadsımak [*o* inkâr etmek]; **etw richtig** ~ bir şeyi düzeltmek; **etw unter Quarantäne** ~ bir şeyi karantinaya almak; **auf sich selbst gestellt sein** kendi başının çaresine bakmak; **jds Geduld auf die Probe** ~ birinin sabrını tüketmek; **hohe Anforderungen an jdn** ~ bir kimseden çok şey istemek; **jdm etw anheim** ~ bir şeyi birinin kararına bırakmak; **eine These in den Raum** ~ bir tezi ortaya atmak **II.** *vr:* **sich** ~ **1.** (*sich hin*~) dikilmek; **sich auf die Hinterpfoten** ~ arka ayakları üzerine kalkmak; **sich auf Zehenspitzen** ~ ayak parmaklarının ucuna basarak dikilmek **2.** (*vortäuschen*): **sich taub** ~ duymazlıktan gelmek; **sich dumm** ~ aptallığa vurmak **3.** (*der Polizei*) teslim olmak **4.** (*nicht ausweichen*): **sich etw** *dat* ~ bir şeye göğüs germek **5.** (*Frage*) sormak; (*Aufgabe*) vermek **6.** (*Standpunkt, Untersützung*): **sich gegen etw** ~ bir şeye karşı pozisyon almak; **sich hinter jdn** ~ birine arka çıkmak

Stellenangebot *nt* iş teklifi; **Stellendienstalter** *nt* kıdem; **Stellengesuch** *nt* iş için dilekçe; **Stellenmarkt** *nt* iş piyasası; **Stellensuche** *f* iş arama; **Stellenvermittlung** *f* **1.** (*Agentur*) iş ve işçi bulma acentesi **2.** (*im Arbeitsamt*) iş ve işçi bulma dairesi; **Stellenwechsel** *m* iş yerini değiştirme

stellenweise *adv* (*an manchen Punkten*) bazı noktalarda; (*an manchen Orten*) bazı yerlerde, yer yer

Stellenwert *m* değer; (*Bedeutung*) önem

Stellmacher(in) *m(f)* <-s, -, -nen> arabacı, araba yapan kimse

Stellplatz *m* <-es, -plätze> (*für Autos*) arabalık

Stellschraube *f* (TECH) ayar vidası

Stellung *f* <-en> **1.** (*Körperhaltung*) durum, vaziyet; **in liegender/kniender** ~ yatar/çömelir vaziyette **2.** (*Anordnung*) düzen **3.** (*beruflich*) mevki; (*Amt*) mevki, görev; **in meiner** ~ **als Minister** bakan olarak mevkiimde [*o* görevimde] **4.** (*sozial*) pozisyon; (*Rechts*~) statü **5.** (*Ein*~) görüş; **zu etw** ~ **nehmen** bir konuda görüşünü bildirmek **6.** (MIL) mevzi; **die** ~ **halten** mevzii korumak

Stellungnahme *f* <-n> görüş, mütalâa; **eine** ~ **zu etw abgeben** bir konuda görüş ileri sürmek, bir konuda mütalâada bulunmak

stellvertretend **I.** *adj* muavin, yardımcı; ~**er Direktor** müdür yardımcısı, müdür muavini; ~**e Vorsitzende** başkan vekili [*o* yardımcısı] **II.** *adv* temsilen; ~ **für jdn sprechen** birini temsilen konuşmak

Stellvertreter(in) *m(f)* temsilci, yardımcı, muavin; (ADMIN) vekil; **Stellvertretung** *f* temsil, muavinlik, vekâlet; **in** ~ **von jdm** birini temsilen, birinin temsilcisi olarak, birine vekâleten

Stellwerk *nt* (EISENB) manevra sistemi

Stelze ['ʃtɛltsə] *f* <-n> **1.** (*Holzgestell*) ayakçak **2.** (ZOOL: *Vogel*) kuyruksallayan **3.** (*fam: Bein*) takma ayak **4.** (*österr: Schweinsfuß*) domuz ayağı

stelzen *vi sein* **1.** (*auf Stelzen*) ayakçakla yürümek **2.** (*fig: mit großen Schritten*) uzun adımlarla yürümek, pergelleri açmak

Stelzvogel *m* uzun ayaklı kuş

Stemmeisen *nt* keski

stemmen ['ʃtɛmən] **I.** *vt* (*Gewichte*) kaldırmak; **die Arme in die Hüften** ~ kollarını kalçasına dayamak **II.** *vr:* **sich** ~ **1.** (*drücken*) abanmak (*gegen* -e) **2.** (*widersetzen*) karşı koymak (*gegen* -e) **III.** *vi* (*Ski*) kayakları döndüre döndüre kaymak

Stempel ['ʃtɛmpəl] *m* <-s, -> **1.** (*Gerät, Abdruck*) damga; (*Post*~) damga; **etw** *dat* **seinen** ~ **aufdrücken** (*fig*) bir şeye damgasını vurmak; **der Plan trägt seinen** ~ plân onun damgasını taşıyor **2.** (BOT) dişi organ **3.** (TECH) payanda, dayak; **Stempelfarbe** *f* ıstampa mürekkebi; **Stempelkissen** *nt* ıstampa; **Stempelmarke** *f* damga pulu

stempeln *vt* damgalamak; (*a. postalisch*) damgalamak; **jdn zu etw** ~ birini bir şey olarak damgalamak

Stempelsteuer *f* damga vergisi

Stengel ['ʃtɛŋəl] *m* <-s, -> *s.* **Stängel**

Steno ['ʃte:no] *f ohne Pl* steno; **Stenograf(in)** [ʃteno'gra:f] *m(f)* <-en, -en; -nen> stenograf; **Stenografie** [ʃtenogra'fi:] *f* <-n> stenografi; **stenografieren*** [ʃtenogra'fi:rən] *vi, vt* steno (ile) yazmak; **Stenogramm** [ʃteno'gram] *nt* <-s, -e> stenogram; **Stenograph(in)** [ʃteno'gra:f] *m(f)* <-en, -en; -nen> *s.* **Ste-**

nograf; **Stenographie** [ʃtenogra'fiː] *f* <-n> *s.* **Stenografie**; **stenographieren*** [ʃtenogra'fiːrən] *vi, vt s.* **stenografieren**; **Stenotypist(in)** [ʃtenoty'pɪst] *m(f)* <-en, -en; -nen> steno

Steppdecke *f* yorgan

Steppe ['ʃtɛpə] *f* <-n> bozkır

steppen ['ʃtɛpən] **I.** *vi* step dansı yapmak **II.** *vt* kapitone çekmek (-e)

Steppenfuchs *m* (ZOOL) karsak

Stepptanz[RR] ['ʃtɛp-] *m* step dansı

Steradiant *m* <-en, -en> (MATH) steradyan; **Sterbebett** *nt* ölüm döşeği

Sterbebegleiter(in) *m(f)* ölüm döşeğinde refakatçi; **Sterbefall** *m* <-(e)s, -fälle> ölüm (olayı), ölüm hâli; **die Sterbefälle steigen** ölüm olayları artıyor; **Sterbehemd** *nt* kefen; **Sterbehilfe** *f ohne Pl* **1.** ölüme yardım; (*Euthanasie*) otonazi, ötanazi **2.** (*Sterbegeld*) ölüm parası

sterben ['ʃtɛrbən] <stirbt, starb, gestorben> *vi* ölmek (*an/vor* -den/-den, *für* için), vefat etmek, can vermek; **im S~ liegen** ölüm döşeğinde yatmak; **er ist für mich gestorben** (*fam fig*) o benim için öldü artık; **das Projekt ist gestorben** (*fam*) proje yattı

sterbenskrank *adj* ölümcül hasta, ölecek derecede hasta

Sterbenswörtchen ['--'vœrtçən] *nt:* **kein ~ sagen** tek kelime söylememek

Sterberate *f* ölüm oranı; **Sterbeurkunde** *f* ölüm ilmühaberi

sterblich *adj* ölümlü, fâni

Sterblichkeit *f ohne Pl* ölümlülük

Sterblichkeitsziffer *f* ölüm oranı

Stereo ['ʃteːreo] *nt ohne Pl* <-s> stereo; **Stereoanlage** *f* stereo sistemi, stereo takımı, stereo seti; **stereophon** *adj* stereofonik; **Stereophonie** *f ohne Pl* stereofoni; **stereophonisch** *adj* stereofonik

Stereoskop [ʃtereo'skoːp] *nt* <-s, -e> stereoskop

stereotyp [ʃtereo'tyːp] *adj* basmakalıp

Stereotyp [ʃtereo'tyːp] *nt* <-s, -e> basmakalıp

Stereotypie *f* <-, -n> (TYPO) stereotipi

steril [ʃte'riːl] *adj* **1.** (*keimfrei*) steril **2.** (BIOL, MED: *unfruchtbar*) kısır **3.** (*Ansichten*) kısır, verimsiz

Sterilisation [ʃteriliza'tsjoːn] *f* <-en> **1.** (*keimfrei*) sterilizasyon **2.** (MED: *zeugungsunfähig*) kısırlaştırma

sterilisieren* [ʃterili'ziːrən] *vt* **1.** (*keimfrei machen*) sterilize etmek **2.** (MED: *zeugungsunfähig machen*) kısırlaştırmak

Sterilität [ʃterili'tɛːt] *f ohne Pl* **1.** (*Keimfreiheit*) sterillik **2.** (BIOL, MED: *Zeugungsunfähigkeit*) kısırlık **3.** (*Unproduktivität*) kısırlık, verimsizlik

Sterlet *m* (ZOOL) çığa

Stern [ʃtɛrn] *m* <-(e)s, -e> **1.** yıldız; **ein Hotel mit fünf ~en** beş yıldızlı otel; **Krieg der ~e** yıldız savaşı **2.** (*geh*) ikbal; **jds ~ sinkt** birinin ikbali sönmek; **Sternbild** *nt* <-(e)s, -er> burç; **das ~ des Krebses** Yengeç burcu; **sternenklar** *adj* yıldızlı; **sternenlos** *adj* yıldızsız

Sternglobus *m ohne Pl* (ASTR) gök küresi

Sterngucker *m* (ZOOL: *Himmelsgucker*) kurbağa balığı

sternhagelvoll ['---'-] *adj* (*fam*) gökkandil, körkütük, zilzurna

Sternhimmel *m ohne Pl* yıldızlı gökyüzü; **Sternkarte** *f* (ASTR) gök atlası

sternklar *adj* yıldızlı; **Sternschnuppe** *f* <-n> akan yıldız; **Sternstunde** *f* (*geh*) yıldızının parladığı saat; **Sternwarte** *f* gözlem evi; **Sternzeit** *f ohne Pl* (ASTR) yıldız saati, yıldız zamanı

stet [ʃteːt] *adj* (*geh*) *s.* **stetig**

Stethoskop [ʃteto'skoːp, steto'skoːp] *nt* <-s, -e> (MED) stetoskop

stetig *adj* sürekli, devamlı

Stetigkeit *f ohne Pl* (*Beständigkeit*) süreklilik; (*Kontinuität*) devamlılık

stets [ʃteːts] *adv* daima, her zaman

Steuer[1] ['ʃtɔɪɐ] *nt* <-s, -> (*Auto*) direksiyon; (*Schiff, Flugzeug*) dümen; **das ~ übernehmen** direksiyona geçmek; **am ~ sitzen** direksiyon başında oturmak; **das ~ fest in der Hand haben** yönetime tam anlamıyla hâkim olmak

Steuer[2] *f* <-n> (*Abgaben*) vergi; **~n hinterziehen/zahlen** vergi kaçırmak/ödemek; **etw von der ~ absetzen** bir şeyi vergiden düşmek [*o* indirmek]

steuerbegünstigt *adj* vergi indirimli; **Steuerbelastung** *f* vergi yük(leme); **Steuerberater(in)** *m(f)* vergi danışmanı; **Steuerbescheid** *m* vergi bildirimi, vergi ihbarnamesi

Steuerbord ['ʃtɔɪɐbɔrt] *nt ohne Pl* <-(e)s> **1.** (NAUT) sancak; **das Ruder nach ~ herumwerfen** alabanda sancak etmek, dümeni sağ yana doğru sonuna kadar çevirmek **2.** (AERO) uçağın sağ yanı; *s. a.* **Backbord**

steuerbord(s) ['ʃtɔɪɐbɔrt(s)] *adv* (NAUT) sancak; (AERO) uçağın sağ yanı

Steuerentlastung *f* vergi yükünü azaltma; **Steuererhöhung** *f* vergileri artırma; **Steuererklärung** *f* vergi beyannamesi; **Steuererlass**[RR] *m* vergi muafiyeti; **Steuererleichterung** *f* vergi kolaylığı; **Steuererstattung** *f* vergi iadesi; **steuerfrei** *adj* vergisiz, vergiden muaf; **Steuerfreibetrag** *m* vergiden muaf meblağ; **Steuergelder**

ntpl vergiler *pl;* **Steuerhinterziehung** *f* <-en> vergi kaçakçılığı; **Steuerklasse** *f* vergi sınıfı

Steuerknüppel *m* kumanda kolu

Steuerlast *f* vergi yükü

steuerlich *adj:* ~**e Belastung** vergi yükü

Steuermann *m* <-(e)s, -leute *o* -männer> (NAUT, SPORT) dümenci, ikinci kaptan

Steuermarke *f* vergi pulu

steuern ['ʃtɔɪɐn] **I.** *vi* **1.** (*am Steuer sitzen: Auto*) direksiyon başında oturmak; (*Schiff*) dümen tutmak **2.** *sein* (*Richtung einschlagen*) yönelmek (*nach* -e) **II.** *vt* **1.** (*Auto*) sürmek, kullanmak; (*Schiff*) abramak, yönetmek; (*Flugzeug*) kullanmak, yönetmek **2.** (TECH) kumanda etmek **3.** (*beeinflussen*) yönlendirmek

Steueroase *f,* **Steuerparadies** *nt* (*fam*) vergi cenneti; **Steuerpflicht** *f* vergi yükümlülüğü; **steuerpflichtig** *adj* **1.** vergi yükümlüsü, vergi ödemekle yükümlü **2.** (*Einkommen*) vergiye tabi; **Steuerprüfer(in)** *m(f)* vergi denetçisi

Steuerrad *nt* (AUTO) direksiyon (simidi); (NAUT) dümen (çarkı)

Steuerreform *f* vergi reformu

Steuerruder *nt* (NAUT) dümen

Steuerschuld *f* <-en> vergi borcu; **Steuersenkung** *f ohne Pl* vergi indirimi; **Steuertarif** *m* vergi tarifesi

Steuerung[1] *f ohne Pl* (*das Steuern*) yönetme, yönlendirme; (TECH) yönetme, kumanda

Steuerung[2] *f* <-en> (TECH, AUTO) direksiyon tertibatı; (NAUT) dümen tertibatı; (AERO) pilotaj; (ELEK) kumanda tertibatı

Steuervergünstigung *f* vergide istisna; **Steuervorteil** *m* vergi avantajı; **Steuerzahler(in)** *m(f)* vergi ödeyen, vergi yükümlüsü

Steward ['stju:ɐt] *m* <-s, -s> (AERO) erkek hostes; (NAUT) kamarot

Stewardess[RR] ['stju:ɐdɛs] *f* <-en>, **Stewardeß** *f* <-ssen> (AERO) hostes; (NAUT) (kadın) kamarot

stibitzen* [ʃti'bɪtsən] *vt* (*fam*) iç etmek, cebine indirmek, aşırmak, yürütmek

Stich[1] [ʃtɪç] *m* <-(e)s, -e> **1.** (*Dorn, Stachel, Nadel*) batma; (*Insekten~*) sokma; (*Messer~*) darbe; (*Sonnen~*) çarpma **2.** (*Näh~*) dikiş; (MED) dikiş **3.** (KUNST) gravür **4.** (*beim Kartenspiel*) el alma; **einen ~ machen/bekommen** bir el almak **5.** (*Schmerz*) sancı

Stich[2] *m ohne Pl* <-(e)s> **1.** (*Farbschimmer*): **einen ~ ins Gelbe haben** bir parça sarıya çalmak [*o* kaçmak] **2.** (*Wend*): **jdn im ~ lassen** birini yüzüstü bırakmak; **einen ~ haben** (*fam: Person*) üşütük olmak; (*Lebensmittel*) bozulmaya yüz tutmuş olmak; (*Milch*) ekşimeye başlamış olmak

Stichelei *f* <-en> (*fam pej: Bemerkung*) taş atma, taşlama, iğneleme, iğneleyici söz, çimdik

sticheln ['ʃtɪçəln] *vi* **1.** (*gehässig reden*) taş atmak (*gegen* -e), taşlamak (*gegen* -), iğneleyici söz söylemek (*gegen* -e), sokuşturmak (*gegen* -e) **2.** (*nähen*) dikiş atmak

stichfest *adj:* **hieb- und ~** (*fig*) su götürmez

Stichflamme *f* birdenbire parlayan alev

stichhaltig *adj* çürütülemez; (*überzeugend*) inandırıcı

Stichling ['ʃtɪçlɪŋ] *m* <-s, -e> (ZOOL) dikence

Stichprobe *f* (rastgele alınan) örnek

Stichsäge *f* <-n> fare kuyruğu

sticht [ʃtɪçt] *3. präs von* **stechen**

Stichtag *m* (belirlenen) gün; (*letzter ~*) son gün

Stichwaffe *f* kesici silâh

Stichwahl *f* balotaj

Stichwort[1] *nt* <-(e)s, -wörter> (*im Wörterbuch*) madde başı söz, sözlük birimi; (*im ~register*) madde başlığı; **unter einem ~ nachschlagen** madde baş(lığ)ı altında başvurmak

Stichwort[2] *nt* <-(e)s, -e> **1.** (THEAT) replik **2.** (*Schlüsselwort*) anahtar kelime **3.** (*Gedächtnisstütze*) not

Stichwunde *f* (*Messer*) bıçak yarası; (*Dolch*) kama yarası

Stickarbeit *f* <-en> nakış

sticken ['ʃtɪkən] **I.** *vi* nakış işlemek **II.** *vt* nakışlamak

Sticker *m* (*Aufkleber*) çıkartma

Stickerei *f* <-en> nakış

Stickerin *f* nakışçı

Stickgarn *nt* nakış ipliği

stickig ['ʃtɪkɪç] *adj* (*Raum*) havasız; (*Luft*) boğucu, bunaltıcı

Stickmaschine *f* nakış makinesi; **Sticknadel** *f* nakış iğnesi; **Stickrahmen** *m* gergef

Stickstoff *m ohne Pl* <-(e)s> (CHEM) nitrojen, azot; **Stickstoffdünger** *m* (AGR) azotlu gübre

stickstoffhaltig *adj* azotlu

stieben ['ʃti:bən] <**stiebt, stob** *o* **stiebte, gestoben** *o* **gestiebt**> *vi* **1.** *haben o sein* (*Funken*) saçılmak; (*Staub*) yayılmak **2.** *sein* (*Menge*) yayılmak, dağılmak

Stiefbruder ['ʃti:f-] *m* (*jüngerer*) üvey erkek kardeş; (*älterer*) üvey ağabey

Stiefel ['ʃti:fəl] *m* <-s, -> çizme

Stiefeltern *pl* üvey anne baba *pl;* **Stiefkind** *nt* üvey evlât, üvey çocuk; **Stiefmutter** *f* <-mütter> üvey ana, üvey anne

Stiefmütterchen *nt* <-s, -> (BOT) hercaî menekşe

stiefmütterlich *adj:* **jdn ~ behandeln** birini üvey evlât gibi saymak; **Stiefschwester** *f* üvey kız kardeş; **Stiefsohn** *m* üvey oğul; **Stieftochter** *f* üvey kız; **Stiefvater** *m* üvey baba

stieg [ʃtiːk] *3. imp von* **steigen**

Stiege [ˈʃtiːgə] *f* <-n> merdiven

Stieglitz [ˈʃtiːglɪts] *m* <-es, -e> (ZOOL) saka kuşu

stiehlt [ʃtiːlt] *3. präs von* **stehlen**

Stiel [ʃtiːl] *m* <-(e)s, -e> **1.** (*Griff*) sap; (*Besen~*) sopa; (*am Weinglas*) ayak **2.** (*Blumen~*) sap, sak; (*Blatt~*) sap; (*an einer Frucht*) sap, sak; **Stielaugen** *ntpl* (*fam*): **~ bekommen/machen** (*mit Überraschung*) gözleri fal taşı gibi açılmak; (*mit Neid*) gözü kalmak

stier [ʃtiːɐ] *adj* dik, hareketsiz

Stier *m* <-(e)s, -e> **1.** (*Tier*) boğa **2.** (ASTR) Boğa; **das Sternbild/der Wendekreis des ~s** Boğa burcu/dönencesi

stieren [ˈʃtiːrən] *vi* gözlerini dikip bakmak (*auf*-e)

Stierkampf *m* boğa güreşi; **Stierkämpfer(in)** *m(f)* boğa güreşçisi

stieß [ʃtiːs] *3. imp von* **stoßen**

Stift[1] [ʃtɪft] *m* <-(e)s, -e> **1.** (*Blei~, Bunt~*) kalem **2.** (*Metall~*) pim; (*Holz~*) kama **3.** (*fam: Lehrling*) çırak

Stift[2] *nt* <-(e)s, -e> vakıf

stiften [ˈʃtɪftən] *vt* **1.** (*spenden*) vakfetmek; (*einrichten*) kurmak, tesis etmek **2.** (*als Spende geben*) bağışlamak; (*spendieren*) ısmarlamak **3.** (*bewirken*) sebebiyet vermek (-e)

Stifter(in) *m(f)* <-s, -; -nen> **1.** (*Spender*) bağışçı **2.** (*Gründer*) vâkıf

Stiftskirche *f* vakıf kilisesi; **Stiftsvorsteher(in)** *m(f)* mütevelli

Stiftung *f* <-en> **1.** (*Institution*) vakıf **2.** (JUR: *Spende*) vakıf

Stiftungsurkunde *f* vakıf senedi

Stiftzahn *m* takma diş

Stil [ʃtiːl] *m* <-(e)s, -e> **1.** stil, tarz, üslûp; **im großen ~** büyük stilde **2.** (*Art*) biçim, tarz; (*Technik*) teknik; **Stilblüte** *f* gülünç ifade; **Stilbruch** *m* üslûp kayması; **stilecht** *adj* üslûplu; **Stilfehler** *m* üslûp hatası

stilisieren* [ʃtiliˈziːrən] *vt* üslûplaştırmak

Stilisierung *f* üslûplaştırma

Stilist(in) *m(f)* üslûpçu

Stilistik *f ohne Pl* stilistik, anlatım bilimi

stilistisch [ʃtiˈlɪstɪʃ] *adj* üslûp bakımından; **~ gut/schlecht** üslûp bakımından iyi/kötü

still [ʃtɪl] *adj* **1.** (*lautlos*) sessiz; (*ruhig*) sakin; (**sei**) **~!** sus!; **es ist ~ um sie geworden** ondan ses seda çıkmıyor; **~ und heimlich** sessiz sedasız; **im S~en** içinden **2.** (*reglos*) durgun; **der S~ Ozean** Pasifik Okyanusu; **~er Teilhaber** (WIRTSCH) komanditer **3.** (*Person*) sakin, sessiz sedasız

Stille [ˈʃtɪlə] *f ohne Pl* **1.** (*Schweigen*) sessizlik; (*Ruhe*) sakinlik, sükûnet **2.** (*Unbewegtheit*) durgunluk, hareketsizlik **3.** (*Wend*): **in aller ~** (*im engsten Kreis*) sessiz sedasız

Stilleben *nt* <-s, -> *s.* **Stillleben**

stillegen <legt still, legte still, stillgelegt> *vt s.* **stilllegen**

Stillegung *f* <-en> *s.* **Stilllegung**

stillen [ˈʃtɪlən] **I.** *vi* emzirmek, meme vermek **II.** *vt* **1.** (*Säugling*) emzirmek, meme vermek (-e) **2.** (*Blutung*) durdurmak, kesmek; (*Schmerz*) kesmek **3.** (*Durst*) gidermek; (*Hunger*) öldürmek, geçiştirmek, yatıştırmak; (*Neugier*) gidermek; (*befriedigen*) tatmin etmek

still|halten *irr vi* **1.** (*sich nicht bewegen*) kımıldamamak **2.** (*sich nicht wehren*) karşı koymamak

stilliegen *irr vi s.* **stillliegen**

Stillleben[RR] *nt* (KUNST) natürmort

still|legen[RR] *irr vt* (*Betrieb*) durdurmak, tatil etmek; (*Strecke*) kapamak; (*Fahrzeug*) trafikten çekmek

Stilllegung[RR] *f* <-en> durdurma

still|liegen[RR] *irr vi* (*außer Betrieb sein*) işlemez olmak

stillos [ˈʃtiːlloːs] *adj* üslûpsuz

Stillschweigen *nt* susma, sükût, konuşmama; **über etw ~ bewahren** bir şey hakkında susmak [*o* konuşmamak]; **stillschweigend** **I.** *adj* zımnî **II.** *adv* zımnen, üstü kapalı olarak; **etw ~ akzeptieren** bir şeyi zımnen kabul etmek

still|sitzen *irr vi* sakin sakin oturmak, uslu uslu oturmak

Stillstand *m ohne Pl* <-(e)s> (*Verhandlung, Entwicklung*) durma; (*Gerät, Produktion*) durma; (*Verkehr*) tıkanıklık; **zum ~ bringen** durdurmak; **zum ~ kommen** durmak; (*Verkehr*) tıkanmak

still|stehen *irr vi* (*Mensch, Maschine*) durmak; (*Entwicklung, Produktion, Verkehr*) durmak; **stillgestanden!** (MIL) hazır ol!

Stilmöbel *nt* stil mobilya; **stilvoll** *adj* üslûplu; (*geschmackvoll*) zevkli

Stimmabgabe *f ohne Pl* (*a.* POL) oy verme

Stimmband *nt* <-(e)s, -bänder> (*Organ*) ses kirişi, ses teli

stimmberechtigt *adj* oy (verme) hakkına sahip; **Stimmberechtigte(r)** *mf* <-n, -n; -n> oy (verme) hakkına sahip (kimse); **Stimmbruch** *m ohne Pl* <-(e)s>: **im ~ sein** sesi kalınlaşmakta olmak

Stimme ['ʃtɪmə] *f* <-n> **1.** (*menschliche ~*) ses; **mit lauter/leiser ~ sprechen** yüksek/alçak sesle konuşmak; **jdn an der ~ erkennen** birini sesinden tanımak **2.** (*bei einer Wahl*) oy; **sich der ~ enthalten** çekimser kalmak; **jdm seine ~ geben** birine oyunu vermek **3.** (MUS: *Stimmlage, Orgelregister*) ses (perdesi); (*Part*) ses

stimmen ['ʃtɪmən] **I.** *vi* **1.** (*richtig sein*) doğru olmak; (*wahr sein*) gerçek olmak; **stimmt!** doğru!; **stimmt es?** doğru mu?; **ich bin mir unsicher, ob das stimmt** bunun doğru olup olmadığından emin değilim **2.** (*wählen*): **für/gegen jdn/etw ~** bir kimse/şey için/aleyhine oy vermek **II.** *vt* (*Instrument*) akort etmek; **jdn versöhnlich ~** birinin gönlünü almak; **jdn fröhlich/traurig ~** birini neşelendirmek/kederlendirmek

Stimmenauszählung *f* oyların sayılması; **Stimmenfang** *m ohne Pl* (*pej*) oy avcılığı; **Stimmengleichheit** *f* oy eşitliği; **Stimmenmehrheit** *f ohne Pl* oy çokluğu, oy çoğunluğu

Stimmenthaltung *f* çekimserlik

Stimmer *m* (MUS) akortçu

Stimmgabel *f* (MUS) diyapazon

stimmhaft *adj* (LING) ötümlü

stimmig *adj* uyumlu

Stimmlage *f* (MUS) ses perdesi

stimmlos *adj* **1.** (*tonlos*) sessiz **2.** (LING) ötümsüz

Stimmrecht *nt ohne Pl* <-(e)s> (*a.* POL) oy hakkı; (**kein**) **~ haben** oy hakkı ol(ma)mak

Stimmung *f* <-en> **1.** (*Gemütsverfassung*) hava; (*Laune*) keyif; **die ~ verderben** havayı bozmak; **in guter/schlechter ~** keyifli/keyifsiz; **nicht in der ~ sein etw zu tun** bir şeyi yapmaya keyfi olmamak; **in ~ kommen** (*fam*) keyiflenmek, havasını bulmak **2.** (*einer Gesellschaft*) neşe; **~ in etw bringen** bir şeye neşe katmak **3.** (*öffentliche Meinung*) kamuoyu; **für jdn/etw ~ machen** bir kimse/şey için kamuoyu oluşturmak [*o* yaratmak]; **gegen jdn/etw ~ machen** bir kimseye/şeye karşı kamuoyu oluşturmak [*o* yaratmak] **4.** (MUS) akort; **stimmungsvoll** *adj* (*Abend*) neşeli; (*Gedicht*) etkileyici

Stimmzettel *m* (*a.* POL) oy pusulası

Stimulation [ʃtimula'tsjo:n] *f* <-en> isteklendirme, uyarma

stimulieren* [ʃtimu'li:rən] *vt* **1.** (*anspornen*) isteklendirmek **2.** uyarmak

stinken ['ʃtɪŋkən] <stinkt, stank, gestunken> *vi* pis kokmak, kokmak (*nach* -); **nach Geld ~** (*fam*) bok gibi parası olmak; **das stinkt nach Verrat** (*fam*) bu ihanet kokuyor; **an dieser Sache stinkt etw** (*fam*) bu işte bir bokluk var; **mir stinkt's!** (*fam*) artık yeter!, bıktım artık!

stinkfaul ['-'-] *adj* (*fam*) miskin, kokmuş; **stinklangweilig** ['-'---] *adj* (*fam*) çok sıkıcı; **Stinktier** *nt* kokarca; **Stinkwut** ['-'-] *f ohne Pl* (*fam*) hiddet

Stipendiat(in) [ʃtipɛn'dja:t] *m(f)* <-en, -en; -nen> bursiyer

Stipendium [ʃti'pɛndiʊm] *nt* <-s, Stipendien> burs

Stippvisite ['ʃtɪp-] *f* (*fam*) ayaküstü uğrama

stirbt [ʃtɪrpt] *3. präs von* **sterben**

Stirn [ʃtɪrn] *f* <-en> alın; **die ~ runzeln** alın kırıştırmak; **jdm die ~ bieten** birinin alnını karışlamak; **etw steht jdm auf der ~ geschrieben** (*fig*) bir şey birinin yüzünden hemen belli olmak; **Stirnband** *nt* <-(e)s, -bänder> alınlık

Stirnhöhle *f* (ANAT) sinüs; **Stirnhöhlenentzündung** *f* (MED) sinüzit

Stirnseite *f* ön cephe

stob [ʃto:p] *3. imp von* **stieben**

stöbern ['ʃtø:bɐn] *vi* **1.** (*fam*) karıştırmak (*in* -); **ein bisschen in Büchern/Zeitschriften ~** biraz kitap/dergi karıştırmak **2.** **~de Schneeflocken** ortalıkta uçuşan kar taneleri

stochern ['ʃtɔxɐn] *vi:* **im Essen ~** yemeği karıştırıp durmak; (**sich mit einem Streichholz**) **in den Zähnen ~** dişlerini (bir kibritle) karıştırmak

Stock[1] [ʃtɔk, *Pl:* 'ʃtœkə] *m* <-(e)s, Stöcke> **1.** (*Stab*) sopa; (*Spazier~*) baston; (*Ski~*) sopa; (*Takt~*) değnek; (*Billard~*) isteka; (*Bienen~*) kovan; (*Schraub~*) mengene; **am ~ gehen** baston kullanmak; (*fig fam: sehr krank sein*) çok hasta olmak; (*kein Geld haben*) meteliğe kurşun atmak **2.** (*Reb~*) kütük, çotuk; (*Baumstumpf*) kütük

Stock[2] *m* <-(e)s, -> (*~werk*) kat; **im ersten/zweiten/dritten ~** birinci/ikinci/üçüncü katta

Stock[3] *m* <-s, -s> (WIRTSCH: *Vorrat*) stok

stockbesoffen ['--'--] *adj* (*fam*) kütük gibi, fitil gibi

Stöckelschuh *m* topuklu ayakkabı

stocken ['ʃtɔkən] *vi* **1.** (*stillstehen*) durmak; (*Atmung*) kesilmek; (*Herz*) durmak **2.** (*nicht vorangehen*) ilerlememek; (*Verkehr*) ikide bir durmak; (*beim Sprechen*) duraklamak; (*zögern*) duraksamak; (*Verhandlungen*) kesilmek **3.** (*reg: gerinnen*) pıhtılaşmak

stockend *adj* (*Sprechweise*) tutuk; **~er Verkehr** ikide bir duran trafik

stockfinster ['-'--] *adj* (*fam*) zifirî karanlık, kapkaranlık; **eine ~e Nacht** kapkaranlık

bir gece
Stockfisch *m* **1.** (*Fisch*) kurutulmuş balık **2.** (*fam: Person*) ağzından lâf çıkmayan biri
stockkonservativ ['-'----] *adj* (*fam*) alabildiğine tutucu
Stockrose *f* (BOT) gülhatmi
stocksauer ['-'--] *adj* (*fam*) alabildiğine kızgın; **stocksteif** ['-'-] *adj* (*fam*) baston (yutmuş) gibi
Stockung *f* <-en> **1.** duraklama, duraksama; (*Verlangsamung*) yavaşlama; (*Unterbrechung*) durma, kesilme **2.** (*Verkehrs~*) durma, tıkanma
Stockwerk *nt* kat
Stoff[1] [ʃtɔf] *m ohne Pl* <-(e)s> **1.** (PHILOS) töz **2.** (*fam: Drogen*) mal
Stoff[2] *m* <-(e)s, -e> **1.** (*Gewebe*) kumaş, bez **2.** (*Substanz*) madde, cevher; **wieder verwertbare ~e** yeniden değerlendirilebilir maddeler **3.** (*Unterrichts~*) konu
Stoffballen *m* <-s, -> kumaş topu
Stoffwechsel *m* metabolizma
stöhnen ['ʃtøːnən] *vi* ahlamak (*vor* -den), iç çekmek; (*klagen*) yakınmak (*über* -den)
stoisch ['ʃtoːɪʃ, 'stoːɪʃ] *adj* stoik
Stola ['ʃtoːla, 'stoːla] *f* <Stolen> etol
Stollen ['ʃtɔlən] *m* <-s, -> **1.** (BERGB) galeri; **einen ~ anlegen** bir galeri açmak **2.** (GASTR) Noel keki **3.** (SPORT: *Schuhe*) krampon, tutmalık
stolpern ['ʃtɔlpɐn] *vi sein* tökezlemek, ayağı takılıp sendelemek (*über* -e); **über seine eigenen Füße ~** ayakları dolaşmak; **über ein Wort ~** (*fig*) bir kelimeyi takılmak; **zufällig über etw ~** (*fam*) tesadüfen bir şeye rastgelmek
stolz [ʃtɔlts] *adj* **1.** (*auf einen Erfolg*) kıvanç duyan (*auf* -den) **2.** (*hochmütig*) gururlu **3.** (*imposant*) azametli **4.** (*fam: Summe*) hatırı sayılır
Stolz *m ohne Pl* <-es> (*Hochmut*) gurur; **seinen ~ haben** gururu olmak
stolzieren* [ʃtɔl'tsiːrən] *vi sein* kasıla kasıla yürümek
stop [ʃtɔp] *interj* dur
stopfen ['ʃtɔpfən] **I.** *vt* **1.** (*Kleidung*) yamamak **2.** (*Loch*) gözemek, örerek kapamak; **jdm das Maul ~** (*fam*) birinin ağzını tıkamak **3.** (*hinein~*) sıkıştırmak (*in* -e), tıkmak (*in* -e); **ich habe alles in den Koffer gestopft** bavula her şeyi tıktım **4.** (*füllen*) doldurmak (*mit* -); **etw voll ~** bir şeyi tıka basa doldurmak **II.** *vi* **1.** (*fam: schlingen*) tıkınmak **2.** (*fam: sättigen*) doyurmak; **er hat zehn Mäuler zu ~** onun evinde on boğaz var **3.** (*die Verdauung hemmen*) tıkamak
Stopfgarn *nt* (delik) örme ipliği
Stopfnadel *f* örme iğnesi
stopp [ʃtɔp] *interj* dur, stop
Stopp [ʃtɔp] *m* <-s, -s> **1.** (*Auto*) durma **2.** (*Lohn~, Preis~*) dondurma
Stoppel[1] ['ʃtɔpəl] *f* <-n> (AGR: *Getreide~*) anız
Stoppel[2] *m* <-s, -(n)> (*österr: Pfropfen*) tıkaç
Stoppelbart *m* (*fam*) iki günlük sakal; **Stoppelfeld** *nt* (AGR) anızlık
stoppelig *adj* (*unrasiert*) sakallı, tıraşsız
Stoppelzieher *m* <-s, -> (*österr: Korkenzieher*) tirbuşon
stoppen ['ʃtɔpən] **I.** *vi* durmak, stop etmek **II.** *vt* **1.** (*anhalten*) durdurmak **2.** (*Zeit, Geschwindigkeit*) ölçmek
stopplig *adj* (*unrasiert*) sakallı, tıraşsız
Stoppschild *nt* <-(e)s, -er> dur levhası; **Stoppuhr** *f* süreölçer, kronometre
Stöpsel ['ʃtœpsəl] *m* <-s, -> **1.** (*Pfropfen*) tıkaç; (*Verschluss*) tapa **2.** (*fam: Junge*) bacaksız
Stör [ʃtøːɐ] *m* <-s, -e> (ZOOL) mersin balığı
Storch [ʃtɔrç, *Pl:* 'ʃtœrçə] *m* <-(e)s, Störche> (ZOOL) leylek
Störchin ['ʃtœrçɪn] *f* <-nen> (ZOOL) dişi leylek
Storchschnabel *m* **1.** leylek gagası **2.** (*Gerät*) leylekgagası, pantograf
Store *m* <-s, -s> stor
stören ['ʃtøːrən] **I.** *vt* **1.** (*belästigen*) rahatsız etmek; **lassen Sie sich durch mich nicht ~!** rahatsız olmayın! **2.** (*Verkehr*) bozmak; (*Frieden, Ordnung*) bozmak, ihlâl etmek **II.** *vi:* **störe ich?** rahatsız ediyor muyum?; **bitte nicht ~!** lütfen rahatsız etmeyin! **III.** *vr:* **sich ~** (*fam*) rahatsız olmak (*an* -den); **lassem Sie sich nicht ~** rahatsız olmayın
Störenfried [-friːt] *m* <-(e)s, -e> fesat kumkuması, ordubozan kimse
Störfall *m* <-(e)s, -fälle> arıza; **Störfeuer** *nt* (MIL) taciz ateşi
Stories *Pl von* **Story**
Störklappe *f* (AERO: *eines Flugzeugs*) bozucu
Storni *Pl von* **Storno**
stornieren* [ʃtɔr'niːrən, stɔr'niːrən] *vt* iptal etmek
Storno ['ʃtɔrno, 'stɔrno, *Pl:* 'ʃtɔrni, 'stɔrni] *m o nt* <-s, Storni> iptal
störrisch ['ʃtœrɪʃ] *adj* aksi, inatçı
Störung *f* <-en> **1.** (*Belästigung*) rahatsız etme; **entschuldigen Sie die ~, aber ...** rahatsız ettiğim için özür dilerim, ama ..., affedersiniz, (Sizi) rahatsız ediyorum, ama ... **2.** (*der Ordnung*) bozma, ihlâl **3.** (RADIO) parazit **4.** (*technische ~*) arıza, bozulma **5.** (*gesundheitliche ~*) bozukluk, rahatsızlık; (*Sprech~*) bozukluk; **Störungs-**

dienst *m* arıza servisi

Story ['stɔri] *f* <-s *o* Stories> **1.** (*fam: Geschichte*) öykü, hikâye; **die ~ kaufe ich dir nicht ab!** külâhıma anlat!, beni kandıramazsın!, söylediklerine hiç inanmıyorum! **2.** (*Bericht, Report*) haber **3.** (*Inhalt eines Films, Romans*) konu, olay

Stoß [ʃtoːs, *Pl:* 'ʃtøːsə] *m* <-es, Stöße> **1.** (*Schubs*) itiş; (*Schlag*) vurma, vuruş, darbe; (*Kopf~*) atma; (*Rück~*) tepme; (*Strom~*) çarpma; (*mit dem Ellbogen*) vuruş; (*mit der Faust*) atış, hamle **2.** (*Erd~*) sarsıntı **3.** (*Stapel*) yığın

Stoßdämpfer *m* (AUTO) amortisör

Stößel ['ʃtøːsəl] *m* <-s, -> tokmak; (*für Mörser*) havaneli

stoßen ['ʃtoːsən] <stößt, stieß, gestoßen> **I.** *vt* **1.** (*schubsen*) itmek; (*leicht*) dürtmek; (*mit dem Fuß*) tepmek, (tekme) atmak (-e); (*mit den Hörnern*) tos vurmak (-e); **jdn/etw mit dem Ellbogen ~** bir kimseyi/şeyi dirseklemek, bir kimseyi/şeyi dirsekle itmek, bir kimseye/şeye dirsekle vurmak; **jdn vor den Kopf ~** (*fam fig*) kabalık [*o* nezaketsizlik] ederek birinin kalbini kırmak **2.** (*hinein~*) iterek sokmak; (*Messer*) saplamak **3.** (*hinaus~*) iterek çıkarmak **4.** (*zerkleinern*) dövmek, dövüp ufalamak **5.** (*Schweiz: schieben*) itmek **II.** *vi* **1.** *sein* (*prallen*) çarpmak (*an/gegen* -e/-e) **2.** (*schlagen*) vurmak (*gegen* -e) **3.** *sein* (*treffen*) rastgelmek (*auf* -e), karşılaşmak (*auf* -le); **auf Erdöl ~** petrol bulmak; **zu jdm ~** birine katılmak **4.** (*angrenzen*) bitişik olmak (*an* -e) **5.** (*Schweiz: schieben, drücken*) itmek **III.** *vr:* **sich ~ 1.** (*anprallen*) çarpmak; **sich am Schrank ~** dolaba çarpmak **2.** (*Anstoß nehmen*): **sich an etw** *dat* **~** bir şeyden gıcık kapmak

Stoßgebet *nt* kısa dua; **Stoßseufzer** *m* iç çekme, içini çekme, iç geçirme; **Stoßstange** *f* (AUTO) tampon

stößt [ʃtøːst] *3. präs von* **stoßen**

Stoßverkehr *m* yoğun trafik

stoßweise *adv* **1.** (*ruckartig*) kesik kesik; **~ atmen** kesik kesik solumak **2.** (*in Stößen*) yığınlarca; **es kamen ~ Bewerbungen** yığınlarca başvuru geldi

Stoßzahn *m* vurucu diş

Stoßzeit *f* işin en yoğun olduğu saatler; (*Hauptverkehrszeit*) trafiğin en yoğun olduğu saatler

Stotterer, -in ['ʃtɔtərɐ] *m, f* <-s, -; -nen> kekeme

stottern ['ʃtɔtɐn] **I.** *vi* **1.** (*Mensch*) kekelemek **2.** (*Wagen, Motor*) teklemek **II.** *vt* kekelemek

Stövchen ['ʃtøːfçən] *nt* <-s, -> mumlu altlık

Str. *Abk. von* **Straße** Sok., Sk., *sokak;* (*groß*) Cad., *cadde*

stracks [ʃtraks] *adv* **1.** (*direkt*) dümdüz **2.** (*sofort*) hemen

Strafanstalt *f* cezaevi; **Strafantrag** *m* kovuşturma talebi; **Strafanzeige** *f* suç duyurusu; **~ gegen jdn erstatten** birine karşı suç duyurusunda bulunmak; **Strafarbeit** *f* (SCHULE) ceza ödevi

strafbar *adj* cezayı gerektirir, cezayı gerektirici, cezayı gerektiren; **sich ~ machen** suç işlemek

Strafbefehl *m* (JUR) ceza kararnamesi, ceza müzekkeresi

Strafe ['ʃtraːfə] *f* <-n> **1.** (*allgemein*) ceza; **seine gerechte ~ bekommen** hak ettiği cezayı almak [*o* görmek], cezasını bulmak, belâsını bulmak; **zur ~** ceza olarak **2.** (*Geld~*) ceza **3.** (*Freiheits~*) ceza; **eine ~ absitzen** bir cezayı çekmek; **eine ~ zur Bewährung aussetzen** bir cezayı tecil etmek

strafen ['ʃtraːfən] *vt* cezalandırmak (*für* için); (*mit einer Geldstrafe*) ceza kesmek (-e); **jdn Lügen ~** birinin yalanını ortaya çıkarmak, birinin yalanını yüzüne vurmak; **etw Lügen ~** bir şeyin yalan olduğunu ortaya çıkarmak

Straferlass^RR^ *m* cezanın affı; (*Amnestie*) af

straff [ʃtraf] *adj* (*gespannt*) gergin; (*Haut*) pürüzsüz; (*Stil*) kısa (ve özlü); (*Disziplin*) sıkı; **etw ~ ziehen** bir şeyi germek

straffällig ['ʃtraːffɛlɪç] *adj* suçlu; **~ werden** suçlu olmak, suç işlemek

straffen ['ʃtrafən] **I.** *vt* **1.** (*Seil*) germek **2.** (*Text*) kısaltmak **II.** *vr:* **sich ~** gerilmek; **Straffheit** *f ohne Pl* gerginlik

straffrei *adj* cezasız; **der Angeklagte ging ~ aus** sanık ceza görmedi [*o* almadı]; **Straffreiheit** *f ohne Pl* cezasızlık; **Strafgefangene(r)** *mf* hükümlü, mahkûm; **Strafgericht** *nt* **1.** (JUR) ceza mahkemesi **2.** (*Bestrafung*) cezalandırma

Strafgesetz *nt* ceza kanunu; **Strafgesetzbuch** *nt* ceza kanunu; **das Türkische ~** Türk Ceza Kanunu

sträflich ['ʃtrɛːflɪç] *adj* (*unverzeihlich*) affedilmez; (*verantwortungslos*) sorumsuz

Sträfling ['ʃtrɛːflɪŋ] *m* <-s, -e> hükümlü

straflos *adj* cezasız; **~ ausgehen** ceza almamak [*o* görmemek]

Strafmaß *nt* <-es, -e> ceza miktarı; **strafmildernd** ['-'--] *adj* cezayı hafifletici; **strafmündig** *adj* (JUR) cezaî ehliyeti olan; **Strafporto** *nt* taksa; **Strafpredigt** *f* (*fam*) şiddetli azarlama; **jdm eine ~ halten** birini şiddetli azarlamak

Strafprozess^RR^ *m* ceza yargılaması; **Strafprozessordnung**^RR^ *f* <-en> (JUR) ceza yargılama yasası, ceza muhakemesi kanunu, ceza muhakemeleri usulü kanunu

Strafpunkt *m* (SPORT) ceza puanı; **Strafraum** *m ohne Pl* <-(e)s> (SPORT) ceza alanı, ceza sahası; **Strafrecht** *nt ohne Pl* <-(e)s> ceza hukuku; **strafrechtlich** *adj* cezaî; **Strafregister** *nt* sabıka sicili; **Strafstoß** *m* (SPORT) ceza vuruşu; **Straftat** *f* suç; **eine ~ begehen** suç işlemek; **Straftäter(in)** *m(f)* suç faili; **Strafversetzung** *f* sürülme, cezaen nakil; **Strafverteidiger(in)** *m(f)* (JUR) savunma avukatı, müdafi

Strafvollzug *m* cezanın infazı; **Strafvollzugsanstalt** *f* (JUR) ceza evi

Strafzettel *m* (*fam*) ceza pusulası

Strahl [ʃtraːl] *m* <-(e)s, -en> **1.** (*Licht~, Sonnen~, a.* PHYS) ışın **2.** (*Wasser~*) fışkırma **3.** (LIT: *Blitz*) şimşek

strahlen [ˈʃtraːlən] *vi* **1.** (*Licht*) ışımak, ışık saçmak; (*Sonne*) pırıl pırıl parlamak; (*glänzen*) parlamak; (*funkeln*) pırıldamak; (*radioaktiv*) radyoaktif olmak, ışın yaymak; **~des Wetter** pırıl pırıl hava; **ein ~des Weiß** pırıl pırıl bir beyaz **2.** (*Mensch*) ağzı kulaklarına varmak (*vor* -den), gözleri pırıl pırıl parlamak (*vor* -den)

Strahlenbehandlung *f* (MED) radyoterapi, ışın tedavisi; **Strahlenbelastung** *f* ışın dozu, radyasyon dozu; **Strahlenbiologie** *f ohne Pl* (BIOL, PHYS) radyobiyoloji; **Strahlenbündel** *m* ışın demeti; **Strahlendosis** *f* ışın dozu, radyasyon dozu; **Strahlenrisiko** *nt* radyasyon riski; **Strahlenschutz** *m* radyasyona karşı korunma; **Strahlentherapie** *f* (MED) radyoterapi, ışın tedavisi; **Strahlentierchen** *nt* (ZOOL) ışınlı; **strahlenverseucht** *adj* radyasyonlu, radyoaktif kirlenmeye uğramış

Strahler *m* <-s, -> **1.** (*Heiz~*) ısıtıcı **2.** (*Licht~*) projektör, spot lâmbası

Strahlung *f* <-en> (PHYS) ışınım, radyasyon

Strähne [ˈʃtrɛːnə] *f* <-n> **1.** (*Haar~*) tel; **ein paar ~n fielen ihr in die Stirn** (saçından) birkaç tel alnına düşmüştü **2.** (*Phase*) aşama **3.** (*Wolle*) çile

strähnig *adj*: **sie hatte ~es Haar** saçları tel teldi

stramm [ʃtram] *adj* **1.** (*straff*) gergin, sıkı; **~ sitzen** dimdik oturmak; **~ ziehen** germek, sıkmak **2.** (*kräftig*) çakı gibi, sağlam **3.** (*gerade aufgerichtet*) dik **4.** (*streng*) sıkı, sert; **stramm|stehen** *irr vi* hazır ol durumda durmak

Strampelanzug *m* <-(e)s, -züge> bodi, bebek tulumu

strampeln [ˈʃtrampəln] *vi* **1.** (*Baby*) tepinmek **2.** *sein* (*fam: Rad fahren*) bisiklete binmek

Strand [ʃtrant, *Pl:* ˈʃtrɛndə] *m* <-(e)s, Strände> kumsal; (*Bade~*) plâj; **an den** [*o* **zum**] **~ gehen** plâja gitmek; **am ~ liegen** kumsalda yatmak; **Strandbad** *nt* plâj

stranden [ˈʃtrandən] *vi sein* **1.** (*Schiff*) karaya oturmak **2.** (*geh: scheitern*) başarısızlığa uğramak

Strandgut *nt ohne Pl* <-(e)s> denizin attığı enkaz; **Strandkorb** *m* sepet biçiminde plâj koltuğu; **Strandkrabbe** *f* (ZOOL) çağanoz

Strang [ʃtraŋ, *Pl:* ˈʃtrɛŋə] *m* <-(e)s, Stränge> **1.** (*Seil*) ip, kement; **jdn zum Tode durch den ~ verurteilen** birini asılarak idama mahkûm etmek; **am gleichen ~ ziehen** (*fig*) aynı yolun yolcusu olmak; **über die Stränge schlagen** (*fam fig*) azmak, ipini koparmak **2.** (*Woll~*) çile **3.** (ANAT: *Nerven~*) demet

strangulieren* [ʃtraŋguˈliːrən] *vt* (*erdrosseln*) boğmak; (*erhängen*) asmak

Strapaze [ʃtraˈpaːtsə] *f* <-n> zorluk, güçlük, sıkıntı, meşakkat

strapazieren* [ʃtrapaˈtsiːrən] *vt* **1.** (*Material*) yıpratmak **2.** (*Person, Nerven*) yıpratmak, yormak; (*Augen*) yormak; (*Geduld*) tüketmek

strapazierfähig *adj* dayanıklı, sağlam

strapaziös [ʃtrapaˈtsjøːs] *adj* yorucu, güç, sıkıntılı, meşakkatli

Straps [ʃtraps] *m* <-es, -e> jartiyer

Straße [ˈʃtraːsə] *f* <-n> **1.** (*in einer Ortschaft*) sokak; (*große*) cadde; (*Land~*) yol; **auf der ~** sokakta, yolda; **auf offener ~** sokağın [*o* yolun] ortasında; **auf die ~ gehen** sokağa çıkmak; (*demonstrieren*) gösteri yürüyüşü yapmak; **über die ~ gehen** sokağı geçmek; **jdn auf die ~ setzen** (*fam*) birini sokağa atmak; **der Mann auf der Straße** sokaktaki adam **2.** (*Meerenge*) boğaz; **die ~ von Gibraltar** Cebelitarık Boğazı

Straßenarbeiter *m* <-s, -> kaldırım işçisi

Straßenbahn *f* tramvay; **Straßenbahnfahrer(in)** *m(f)* **1.** (*Führer*) vatman **2.** (*Gast*) tramvay yolcusu; **Straßenbahnhaltestelle** *f* tramvay durağı; **Straßenbahnlinie** *f* tramvay hattı

Straßenbau *m ohne Pl* <-(e)s> yol yapımı; **Straßenbelag** *m* yol kaplaması; **Straßencafé** *nt* kaldırım kahvesi; **Straßenfeger(in)** *m(f)* <-s, -; -nen> **1.** yol temizlik işçisi **2.** (*fam*) *sokaklarda kimsecik bırakmayan çok heyecanlı televizyon filmi;* **Straßenfest** *nt semt sakinlerinin sokak şenliği;* **Straßengraben** *m* şarampol; **Straßenjunge** *m* <-n, -n> (*a. pej*) sokak çocuğu; **Straßenkarte** *f* yol haritası; **Straßenkehrmaschine** *f* yol süpürme makinesi; **Straßenköter** *m* sokak köpeği; **Straßenkreuzung** *f* kavşak; **Straßenlage** *f*

(AUTO) yol tutma [*o* tutuş]; **Straßenlärm** *m* sokak gürültüsü; **Straßenlaterne** *f* sokak lâmbası; **Straßenmusikant** *m* sokak çalgıcısı; **Straßenname** *m* sokak adı, cadde adı; **Straßenrand** *m* yol kenarı; **Straßenraub** *m* karmanyola

Straßenräuber(in) ['rɔɪbɐ] *m(f)* <-s, -; -nen> karmanyolacı, yolkesen; **Straßenschild** *nt* <-(e)s, -er> sokak levhası; (*Verkehrsschild*) trafik levhası; **Straßenseite** *f* **1. die linke/rechte** ~ yolun sol/şağ tarafı **2.** (*zur Straße gelegene Seite*) sokağa [*o* caddeye] bakan taraf; **Straßensperre** *f* barikat; **Straßenüberführung** *f* üst geçit; **Straßenunterführung** *f* alt geçit; **Straßenverhältnisse** *ntpl* yol durumu

Straßenverkehr *m* trafik; **Straßenverkehrsordnung** ['---'---] *f* trafik yönetmeliği

Stratege, -in [ʃtra'te:gə] *m, f* <-n, -n; -nen> stratej

Strategie [ʃtrate'gi:] *f* <-n> strateji

strategisch *adj* stratejik

sträuben ['ʃtrɔɪbən] **I.** *vr:* **sich** ~ **1.** (*Haare, Fell*) kabarmak; **vor Angst sträubten sich ihm die Haare** korkudan tüyleri ürperdi **2.** (*sich wehren*) karşı koymak (*gegen* -e), direnmek (*gegen* -e karşı) **II.** *vt* ürpertmek; (*Gefieder, Fell*) kabartmak

Strauch [ʃtraʊx, *Pl:* 'ʃtrɔɪçɐ] *m* <-(e)s, Sträucher> çalı

straucheln ['ʃtraʊxəln] *vi sein* **1.** (*geh: stolpern*) ayağı çarpıp sendelemek (*über* -e), tökezlemek **2.** (*fig*) tökezlemek; (*scheitern*) başarısızlığa uğramak; (*sein Ziel nicht erreichen*) hedefine ulaşamamak **3.** (*auf die schiefe Bahn geraten*) kötü yola sapmak

Strauß[1] [ʃtraʊs] *m* <-es, -e> (ZOOL: *Vogel*) deve kuşu

Strauß[2] [ʃtraʊs, *Pl:* 'ʃtrɔɪsə] *m* <-es, Sträuße> (*Blumen~*) demet; (*Bukett*) buket

Straußenei *nt* deve kuşu yumurtası; **Straußenfarm** *f* deve kuşu çiftliği; **Straußenfeder** *f* deve kuşu tüyü

Strebe ['ʃtre:bə] *f* <-n> (ARCH) payanda

streben ['ʃtre:bən] *vi* **1.** *sein* (*sich bewegen*) yönelmek (*zu/nach* -e/-e); **der Fluss strebt zum Meer** ırmak denize akıyor; **zum Himmel strebende Türme** (*fig*) göklere tırmanan kuleler **2.** (*sich bemühen*): **nach etw** ~ bir şeyi ele geçirmeye çalışmak, bir şeyi elde etmeye gayret etmek; **die Partei strebt mit aller Energie zur** [*o* **an die**] **Macht** parti bütün gücüyle iktidarı ele geçirmeye çalışıyor

Strebepfeiler *m* (ARCH) payanda ayak

Streber(in) *m(f)* <-s, -; -nen> (*pej: im Beruf*) mevki düşkünü; (*in der Schule*) inek

strebsam *adj* gayretli, çaba gösteren; (*ehrgeizig*) hırslı

Strebsamkeit *f ohne Pl* gayret, çaba; (*Ehrgeiz*) hırs

Strecke ['ʃtrɛkə] *f* <-n> **1.** (*Wegabschnitt*) yol; (*Eisenbahn~*) hat; **auf halber** ~ yarı yolda; **auf freier** ~ yol üstünde, yolun ortasında; **über weite ~n** (*größtenteils*) büyük bir kısmı, çoğunlukla; **auf der** ~ **bleiben** (*fam fig*) yarı yolda kalmak **2.** (SPORT: *Renn~*) pist **3.** (*Entfernung*) uzaklık, mesafe **4.** (*Weg*) yol; (*Route*) güzergâh **5.** (BERGB) yatay galeri **6.** (MATH) doğru parçası **7.** (*Wend*): **jdn zur** ~ **bringen** (*verhaften*) birini yakalamak; (*töten*) birini öldürmek; **ein Tier zur** ~ **bringen** bir hayvanı avlamak

strecken ['ʃtrɛkən] **I.** *vt* **1.** (*Körperteil*) uzatmak; **lang gestreckt** germek; (**den Finger**) ~ (*fam*) parmağını uzatmak; **jdn zu Boden** ~ birini yere sermek; **den Kopf aus dem Fenster** ~ başını pencereden uzatmak; **alle Viere von sich** *dat* ~ (*fam*) nalları dikmek; **die Waffen** ~ teslim olmak **2.** (*Metall*) uzatmak; **Eisenblech durch Hämmern/Walzen** ~ demir sacı çekiçleyerek/haddeleyerek uzatmak **3.** (*Vorräte, Geld*) azar azar kullanmak, tasarruflu harcamak; (*verdünnen*) sulandırmak, seyreltmek; **mit Mehl gestrecktes Heroin** un katıştırarak çoğaltılmış eroin **4.** (MATH): **ein gestreckter Winkel** doğru açı **II.** *vr:* **sich** ~ **1.** (*sich aus~*) uzanmak **2.** (*sich recken*) gerinmek **3.** (*sich hinziehen*): **der Weg streckt sich** (*fam*) yol uzuyor; **Streckennetz** *nt* yol şebekesi; **Streckenwärter(in)** *m(f)* hat bekçisi; **streckenweise** *adv* (*a. fig*) yer yer; **das Buch war** ~ **langweilig** kitabın bazı pasajları sıkıcıydı

Strecker *m* <-s> (ANAT, MED) açan

Streckmittel *nt* katkı maddesi

Streich [ʃtraɪç] *m* <-(e)s, -e> **1.** (*geh: Schlag*) darbe **2.** (*Schabernack*) muziplik, oyun, şaka; **jdm einen** ~ **spielen** birine bir oyun oynamak

Streicheleinheiten *fpl* (*fam*) gönül okşama *sing*

streicheln ['ʃtraɪçəln] *vt* okşamak

streichen ['ʃtraɪçən] <streicht, strich, gestrichen> **I.** *vt* **1.** (*an~*) boyamak; **frisch gestrichen!** dikkat, boyalı! **2.** (*durch~*) silmek, çizmek; (*Plan, Auftrag*) iptal etmek; **„Nichtzutreffendes ~!"** „uymayanın üstünü çiziniz" **3.** (*Butter*) sürmek; **Salbe auf eine Wunde** ~ yaraya merhem sürmek **4.** (*entfernen*) çıkarmak; **die Segel** ~ yelkenleri indirmek; (*fam fig: nachgeben*) yelkenleri suya indirmek **5.** (*Stoff, Haare*): **glatt** ~ düzlemek, üstünden geçerek düzeltmek; **etw** (**mit der Hand**) **glatt** ~ bir şeyi (eliyle) üstünden geçerek düzeltmek; **sich den Bart** ~ sakalını sıvazlamak **II.** *vi* **1.** *sein* (*umherstreifen*) gezinmek (*durch* -de), dolaşmak (*durch* -de) **2.** (*über etw* ~) okşamak; **jdm übers Gesicht/über die Wange** ~ birinin yüzünü/yanağını okşamak; **die Katze streicht ihr um die Beine** kedi bacaklarına sürtünüyor; **ein gestrichener Esslöffel Mehl** silmece dolu bir yemek kaşığı un; **ich hab die Schnauze gestrichen voll** (*fam*) bıktım, usandım

Streicher *pl* (MUS: *Orchesterteil*) yaylı çalgılar *pl*

Streichholz *nt* <-es, -hölzer> kibrit; **Streichholzschachtel** *f* kibrit kutusu

Streichinstrument *nt* yaylı çalgı; **Streichorchester** *nt* yaylı çalgılar orkestrası; **Streichquartet** *nt* yaylı çalgılar dörtlüsü

Streichung *f* <-en> **1.** (*Abschaffung*) ortadan kaldırma, iptal; (*von Stellen, im Etat*) kısıntı **2.** (*im Text*) silinme, çizilme

Streife ['ʃtraɪfə] *f* <-n> devriye; **auf** ~ **gehen/sein** devriye gezmek

streifen ['ʃtraɪfən] **I.** *vt* **1.** (*berühren*) değmek; (*Frage, Problem*) değinmek **2.** (*abziehen*) sıyırıp çıkarmak (*von* -den); (*überziehen*) geçirmek (*auf* -e) **II.** *vi sein:* **durch ein Gebiet** ~ bir bölgeyi devriye [*o* karakol] gezmek

Streifen ['ʃtraɪfən] *m* <-s, -> **1.** (*Linie*) şerit **2.** (*aus Stoff, Papier*) şerit **3.** (*fam: Film*) film

Streifenwagen *m* polis arabası

Streifschuss[RR] *m* vücudu sıyırıp geçen kurşun; (*Verletzung*) sıyırıp geçen kurşun yarası; **Streifzug** *m* <-(e)s, -züge> **1.** (*Erkundungszug*) keşif gezisi (*durch* -de) **2.** (*kurzer Überblick*) kısa bakış (*durch* -e)

Streik [ʃtraɪk] *m* <-(e)s, -s> grev; **in** (**den**) ~ **treten** greve başlamak; **zum** ~ **aufrufen** greve çağırmak

Streikbrecher(**in**) *m(f)* <-s, -; -nen> grev kırıcı

streiken ['ʃtraɪkən] *vi* **1.** (*Arbeiter*) grev yapmak (*für* için) **2.** (*fam: sich weigern*) hayır demek; (*Motor*) dama demek

Streikende(**r**) *mf* <-n, -n; -n> grevci

Streikposten *m* grev gözcüsü

Streit [ʃtraɪt] *m* <-(e)s, -e> kavga, tartışma; (*Rechts~*) dava; (*Konflikt*) anlaşmazlık, ihtilâf; **wir haben** ~ kavgalıyız; **mit jdm in** ~ **geraten** biriyle kavgaya girişmek; **wegen etw mit jdm** ~ **bekommen** bir şey yüzünden biriyle ihtilâfa düşmek; **sich im** ~ **trennen** kavgalı ayrılmak

streiten ['ʃtraɪtən] <streitet, stritt, gestritten> **I.** *vi* **1.** (*zanken*) kavga etmek (*um* için) **2.** (*mit Worten*) tartışmak (*über* üzerine); **über Geschmack lässt sich nicht** ~ zevkler tartışılmaz **II.** *vr:* **sich** ~ kavga etmek (*um/wegen* için/yüzünden)

Streiterei *f* <-en> (*pej*) kavga; (*mit Worten*) tartışma

Streitfall *m* <-(e)s, -fälle> anlaşmazlık, uyuşmazlık, ihtilâf; **Streitfrage** *f* tartışma konusu; **Streitgespräch** *nt* tartışma

streitig *adj* **1.** (JUR) çekişmeli, nizalı, davalı; **jdm etw** ~ **machen** birinin bir şey üzerinde hakkı olmadığını iddia etmek **2.** (*strittig*) tartışmalı

Streitigkeit *f* <-en> uyuşmazlık

Streitkräfte *fpl* silâhlı kuvvetler *pl;* **streitsüchtig** *adj* kavgacı; **Streitwert** *m* dava konusunun değeri, dava olunan şeyin değeri

streng [ʃtrɛŋ] *adj* **1.** sıkı; (*hart*) sert, katı; (*genau*) tam, belgin; ~ **genommen** aslına bakılırsa; **jdn** ~ **ansehen** birine sert bakmak; **das ist** ~ **verboten/vertraulich!** bu kesinlikle yasaktır/gizlidir! **2.** (*Geruch*) keskin; (*Geschmack*) kekre **3.** (*schmucklos*) sade **4.** (*Kälte*) şiddetli; (*Winter*) sert **5.** (*konsequent*) kararlı, tutarlı **6.** (*Schweiz: anstrengend*) zor, zahmetli

Strenge ['ʃtrɛŋə] *f ohne Pl* **1.** sertlik, katılık; (*Striktheit*) kesinlik; (*Exaktheit*) belginlik **2.** (*Schmucklosigkeit*) sadelik **3.** (*eines Geruchs*) keskinlik; (*eines Geschmacks*) kekrelik **4.** (*des Winters*) sertlik

strenggenommen *adv s.* **streng 1.**

strenggläubig *adj* sofu

Stress[RR] [ʃtrɛs] *m ohne Pl* <-es>, **Streß** *m ohne Pl* <-sses> stres; **unter** ~ **stehen** stres altında bulunmak

stressen ['ʃtrɛsən] *vi, vt* (*fam*) strese sokmak

stressig *adj* (*fam*) stresli

Stresssituation[RR] *f* stres durumu

Streu [ʃtrɔɪ] *f ohne Pl* saman; **auf** ~ **schlafen** saman üstünde uyumak

streuen ['ʃtrɔɪən] **I.** *vt* **1.** (*verteilen*) dağıtmak (*durch/auf* arasında/-e); (*Pulver*) serpmek; (*Salz, Pfeffer*) ekmek; **Gerüchte** ~ yaymak **2.** (*Straße*) kum atmak (-e), tuz serpmek (-e) **II.** *vi* dağılmak, yayılmak

Streufeuer *nt ohne Pl* (MIL) tarama ateşi; **Streugut** *nt ohne Pl* <-s> *kışın buz tutmasın diye yollara atılan kum veya serpilen tuzlar*

streunen ['ʃtrɔɪnən] *vi sein* (başıboş) dolaşmak (*durch* -de), sürtmek; **wir sind ein bisschen durch die Stadt gestreunt** biraz şehirde dolaştık; ~**de Katzen** sokak kedileri

Streusel ['ʃtrɔɪzəl] *m o nt* <-s, -> *pastanın üstüne serpilen şekerli, unlu, tereyağlı kı-*

rıntılar; **Streuselkuchen** *m üstüne şekerli, unlu, tereyağlı kırıntılar serpilen pasta*

strich [ʃtrɪç] *3. imp von* **streichen**

Strich[1] [ʃtrɪç] *m* <-(e)s, -e> (*Linie*) çizgi; (*auf Skalen*) kerte; (*~kode*) bar; (*Pinsel~*) darbe; **jdm einen ~ durch die Rechnung machen** (*fam fig*) birinin plân(lar)ını bozmak; **einen ~ unter etw ziehen** (*fig*) bir şeye çizgi çekmek; **unter dem ~** (*als Ergebnis*) sonuçta, hesap kitap; **unter dem ~ sein** (*fam: sehr schlecht*) berbat olmak

Strich[2] *m ohne Pl* <-(e)s> **1.** (*der Haare, des Fells*) yön; **die Haare gegen den ~ bürsten/kämmen** saçları tersine fırçalamak/taramak; **das geht mir gegen den ~** (*fam*) bu benim işime gelmiyor; **jdn nach ~ und Faden verprügeln** (*fig fam*) birini adamakıllı dövmek **2.** (*fam: Prostitution*) fuhuş; **auf den ~ gehen** sokakta fuhuş yapmak

Strichcode *m s.* **Strichkode**

stricheln [ˈʃtrɪçəln] *vt* **1.** (*zeichnen*) taraklamak; **eine gestrichelte Linie** kesik çizgi **2.** (*schraffieren*) taramak

Stricher *m* <-s, ->, **Strichjunge** *m* <-n, -n> (*fam*) oğlan, sokak oğlanı

Strichkode *m* barkod; **Strichkodeleser** *m* barkod okuyucu

Strichmädchen *nt* (*fam*) sokak kadını, sokak kızı, sokakta fahişelik yapan kız

Strichmännchen *nt birkaç çizgiyle yapılmış insan resmi;* **Strichpunkt** *m* noktalı virgül

strichweise *adv* yer yer; **~ Schneefall** yer yer kar yağması

Strick [ʃtrɪk] *m* <-(e)s, -e> **1.** (*Seil*) ip; (*dicker*) halat; **wenn alle ~e reißen** (*fam*) hiçbir şey işe yaramazsa; **jdm aus etw einen ~ drehen** (*fam fig*) birinin yapmış veya söylemiş olduğu bir şeyi kullanarak ona zarar vermek **2.** (*fam: Schlingel*) afacan, haşarı

stricken [ˈʃtrɪkən] **I.** *vt* örmek; **einen Pullover ~** bir kazak örmek **II.** *vi* örgü örmek

Strickgarn *nt* örme [*o* örgü] ipliği; **Strickjacke** *f* hırka

Strickleiter *f* <-n> ip merdiven, asma merdiven

Strickmaschine *f* örgü makinesi, trikotaj makinesi; **Stricknadel** *f* örgü şişi; **Strickwaren** *fpl* trikotaj; **Strickzeug** *nt* örgü malzemesi; (*Handarbeit*) örgü işi

Striegel *m* <-s, -> kaşağı

striegeln *vt* (*Pferd*) kaşağılamak; (*bürsten*) fırçalamak

Strieme [ˈʃtriːmə] *f* <-n>, **Striemen** [ˈʃtriːmən] *m* <-s, -> mor darbe izi; (*von einer Peitsche*) kamçı izi

strikt [ʃtrɪkt] *adj* kesin; **etw ~ ablehnen** bir şeyi kesin olarak reddetmek

Strip [strɪp] *m* <-s, -s> striptiz

Strippe [ˈʃtrɪpə] *f* <-n> (*fam*): **an der ~ hängen** devamlı telefonla konuşmak; **jdn an der ~ haben** biriyle telefonda konuşmak

strippen [ˈstrɪpən] *vi* (*fam: sich ausziehen*) striptiz yapmak

Stripper(in) *m(f)* striptizci

Striptease *m o nt* striptiz

Stripteasetänzer(in) *m(f)* striptizci

stritt [ʃtrɪt] *3. imp von* **streiten**

strittig [ˈʃtrɪtɪç] *adj* tartışmalı

Stroh [ʃtroː] *nt ohne Pl* <-(e)s> saman; (*Mais~*) püskül; **strohblond** [ˈ-ˈ-] *adj* saman rengi, saman sarısı; **Strohblume** *f* (BOT) ölmez çiçek, yayla gülü; **strohdumm** [ˈ-ˈ-] *adj* (*fam*) çok budala; **Strohfeuer** *nt* <-s, -> saman alevi; **es war nur ein ~** (*fam*) sadece bir saman aleviydi; **Strohhalm** *m* **1.** (*Halm*) saman sapı **2.** (*Trinkhalm*) kamış, çubuk; **Strohhut** *m* <-(e)s, -hüte> hasır şapka; **Strohmann** *m* **1.** (*Strohpuppe*) korkuluk **2.** (*fig*) maşa; **Strohpuppe** *f* korkuluk; **Strohwitwe** *f* (*fam*): **~ sein** kocası seyahatte olmak; **Strohwitwer** *m* (*fam*): **~ sein** karısı seyahatte olmak

Strolch [ʃtrɔlç] *m* <-(e)s, -e> **1.** (*pej: Gauner*) serseri **2.** (*fam: Kind*) yaramaz

Strom [ʃtroːm] *m* <-(e)s, Ströme> **1.** (*Fluss*) ırmak, nehir; (*Strömung*) akıntı; (*a. fig*) akıntı, su; **in Strömen gießen/regnen** bardaktan boşanırcasına yağmak/yağmur yağmak; **der Wein floss in Strömen** su gibi şarap içildi; **gegen den ~ schwimmen** (*fig*) akıntıya kürek çekmek; **mit dem ~ schwimmen** (*fig*) suyuna gitmek **2.** (ELEK) akım, cereyan, elektrik; **unter ~ stehen** (*Kabel, Zaun*) elektrikli olmak; **der ~ ist ausgefallen** elektrik [*o* cereyan] kesildi **3.** (*Menschen~*) akın

stromabwärts [-ˈ--] *adv* akıntı yönünde, akıntı aşağı; **stromaufwärts** [-ˈ--] *adv* akıntının ters yönünde, akıntı yukarı

Stromausfall *m* <-(e)s, -fälle> elekrik kesilmesi

strömen [ˈʃtrøːmən] *vi sein* **1.** (*Fluss*) akmak **2.** (*Blut, Wasser*) akmak **3.** (*Menschen*) akın etmek (*zu/nach* -e/-e), dökülmek (*zu/nach* -e/-e)

Stromerzeugung *f* elektrik üretimi; **Stromkabel** *nt* elektrik kablosu; **Stromkreis** *m* elektrik akımı devresi

stromlinienförmig *adj* aerodinamik

Stromnetz *nt* elektrik şebekesi; **Stromrechnung** *f* elektrik faturası

Stromschnelle *f* <-n> ivinti yeri

Stromstärke *f* akım şiddeti; **Stromstoß** *m*

elektrik çarpması

Strömung *f* <-en> **1.** (*strömende Bewegung*) akıntı **2.** (*fig: geistige Bewegung*) akım

Stromverbrauch *m ohne Pl* elekrik tüketimi, elekrik sarfiyatı; **Stromversorgung** *f ohne Pl* elektrik dağıtımı; **Stromzähler** *m* <-s, -> elektrik sayacı

Strophe ['ʃtroːfə] *f* <-n> (LIT: *zwei versig*) beyit; (*vier versig*) bağlam, kıta; **die ~n haben vier Verse** her bağlam dört dizedir

strotzen ['ʃtrɔtsən] *vi* (*fast bersten*) patlamak üzere olmak (*von/vor* -den/-den); (*voll sein*) dolu olmak (*von/vor* -le/-le); **das Zimmer strotzt von Schmutz** odayı pislik götürüyor

strubb(e)lig ['ʃtrʊbəlɪç] *adj* karmakarışık

Strudel ['ʃtruːdəl] *m* <-s, -> **1.** (*im Wasser*) burgaç, anafor, girdap; (*fig*) girdap; **im ~ der Ereignisse** olayların girdabında **2.** (*Speise*) *elmalı ve üzümlü hamur işi*

Struktur [ʃtrʊk'tuːɐ] *f* <-en> yapı

Strukturelement *nt* yapı elemanı

strukturell [ʃtrʊktu'rɛl] *adj* yapısal

strukturieren* [ʃtrʊktu'riːrən] *vt* yapılamak

Strukturierung *f* <-en> yapılama; **Strukturwandel** *m* yapısal değişim

Strumpf [ʃtrʊmpf, *Pl:* 'ʃtrʏmpfə] *m* <-(e)s, Strümpfe> çorap; (*Glüh~*) gömlek; **Strumpfband** *nt* <-(e)s, -bänder> diz bağı; **Strumpfhalter** *m* <-s, -> jartiyer; **Strumpfhose** *f* külotlu çorap

struppig ['ʃtrʊpɪç] *adj* darmadağınık

Strychnin *nt ohne Pl* striknin

Stube ['ʃtuːbə] *f* <-n> oda; **Stubenarrest** *m* (*fam*) oda hapsi; **Stubenfliege** *f* <-n> ev sineği, karasinek; **stubenrein** *adj* (*Tier*) eve pislemeyen

Stuck [ʃtʊk] *m ohne Pl* <-(e)s> (ARCH) silme, kartonpiyer

Stück [ʃtʏk] *nt* <-(e)s, -e> **1.** (*allgemein*) parça; (*Vieh*) tane; **sechs ~ Eier** altı tane yumurta; **drei Euro das ~** tanesi üç euro; **~ Land** toprak parçası; **ein ~ spazieren gehen** bir parça yürümek; **das ist ein starkes ~!** (*fam*) buna utanmazlık derler! **2.** (*Teil*) parça; **~ für ~** parça parça, tane tane; **etw in ~e schlagen** bir şeyi paramparça etmek; **große ~e auf jdn halten** (*fam*) birinden çok şeyler beklemek; **ein schweres ~ Arbeit** ağır bir iş; **aus freien ~en** kendi isteğiyle, isteyerek, gönüllü olarak **3.** (*Theater~*) oyun; (*Musik~*) parça **4.** (*fam pej: Person*): **du gemeines ~!** alçak!

Stuckateur(in)[RR] [ʃtʊka'tøːɐ] *m(f)* <-s, -e; -nen> silmeci, kartonpiyer ustası

Stuckdecke *f* kartonpiyerli tavan

Stückgut *nt* parça mal; **Stückpreis** *m* parça fiyatı

stückweise *adv* parça parça, tane tane

Stückzahl *f* (WIRTSCH) adet, parça sayısı

Student(in) [ʃtu'dɛnt] *m(f)* <-en, -en; -nen> lisansiyer, üniversiteli; **Studentenausweis** *m* şebeke; **Studentenviertel** *nt* üniversiteliler semti; **Studentenwohnheim** *nt* öğrenci yurdu

Studie ['ʃtuːdiə] *f* <-n> **1.** (*Entwurf*) etüt **2.** (*Untersuchung*) araştırma, inceleme

Studien **1.** *Pl von* **Studie** **2.** *Pl von* **Studium[2]**

Studienabbrecher(in) *m(f)* <-s, -; -nen> lisans öğretimini bitirmeyen (kimse), yüksek okul öğrenimini bitirmeyen (kimse); **Studienfach** *nt* lisans dalı; **Studiengebühr** *f* (yüksek okulda) öğrenim ücreti; **Studienrat, -rätin** *m, f* <-(e)s, -räte; -nen> lise öğretmeni; **Studienreferendar(in)** *m(f)* stajyer öğretmen; **Studienreise** *f* <-n> kültür gezisi

studieren* [ʃtu'diːrən] *vi, vt* lisans yapmak (*an/in* -de/-de), öğrenim görmek (*an/in* -de/-de), okumak (*an/in* -de/-de)

studiert [ʃtu'diːɐt] *adj* (*fam*) okumuş; (*gebildet*) öğrenim yapmış, tahsil görmüş

Studio ['ʃtuːdio] *nt* <-s, -s> stüdyo

Studium[1] ['ʃtuːdiʊm] *nt ohne Pl* <-s> (*akademische Ausbildung*) lisans, (yüksek okulda) öğrenim, tahsil

Studium[2] *nt* <-s, Studien> (*Erforschung*) araştırma, inceleme

Stufe ['ʃtuːfə] *f* <-n> **1.** (*Treppen~*) basamak; **Vorsicht, ~!** dikkat, basamak! **2.** (*Ebene*) düzey; (*Rang*) derece; **sich mit jdm auf eine ~ stellen** kendini biriyle bir tutmak **3.** (*Entwicklungs~*) aşama, kademe; **Stufenbarren** *m* (SPORT) asimetrik bar

stufenlos *adj* (TECH) kademesiz

Stufenpyramide *f* basamaklı piramit; **Stufenschnitt** *m* kat kat kesim

stufenweise *adv* basamak basamak, kademe kademe; (*allmählich*) yavaş yavaş

stufig *adj* **1.** basamaklı **2.** (*Haar*): **das Haar ~ schneiden** saçları kat kat kesmek

Stuhl [ʃtuːl, *Pl:* 'ʃtyːlə] *m* <-(e)s, Stühle> **1.** (*Möbel*) sandalye; **elektrischer ~** elektrikli sandalye; **zwischen zwei Stühlen sitzen** (*fig*) iki şık arasında kalmak **2.** (REL) taht; **der Heilige ~** (*Thron*) papanın tahtı; (*Regierung*) papa hükümeti **3.** (MED: *~gang*) büyük aptes; (*Kot*) dışkı **4.** (*Lehr~*) kürsü

Stuhlbein *nt* sandalye ayağı

Stuhlgang *m ohne Pl* <-(e)s> büyük aptes; **~ haben** büyük aptes bozmak

Stukkateur(in) *m(f)* <-s, -e; -nen> *s.* **Stuckateur**

S

Stulle ['ʃtʊlə] *f* <-n> (*nordd*) tereyağlı dilim ekmek

stülpen ['ʃtʏlpən] *vt:* **etw auf/über etw** ~ bir şeyi bir şeyin üstüne geçirmek; **etw nach außen** ~ bir şeyi ters yüz etmek

stumm [ʃtʊm] *adj* **1.** (*sprechunfähig*) dilsiz; **vor Staunen** ~ **sein** şaşkınlıktan dili tutulmak **2.** (*schweigsam*) sessiz; **jdn** ~ **ansehen** birine konuşmadan bakmak

Stummel ['ʃtʊməl] *m* <-s, -> (*Kerzen~*) artık; (*Zigaretten~*) izmarit

Stummfilm *m* <-(e)s, -e> sessiz film

Stümper(in) ['ʃtʏmpɐ] *m(f)* <-s, -; -nen> (*pej*) acemi çaylak

stümperhaft *adj* (*pej*) üstünkörü, acemice, şişirme

stumpf [ʃtʊmpf] *adj* **1.** (*nicht scharf*) kör; (*nicht spitz*) küt **2.** (*rau*) pürüzlü **3.** (*glanzlos*) mat **4.** (MATH: *Winkel*) geniş **5.** (*teilnahmslos*) kayıtsız, ilgisiz; (*gleichgültig*) umursamaz, aldırmaz, vurdumduymaz

Stumpf [ʃtʊmpf, *Pl:* 'ʃtʏmpfə] *m* <-(e)s, Stümpfe> (*Baum~*) çotuk

Stumpfheit *f ohne Pl* **1.** (*eines Messers*) körlük **2.** (*Rauheit*) kabalık **3.** (*Glanzlosigkeit*) donukluk, matlık **4.** (*Teilnahmslosigkeit*) kayıtsızlık, ilgisizlik; (*Gleichgültigkeit*) vurdumduymazlık, aldırmazlık, umursamazlık

Stumpfsinn *m ohne Pl* <-(e)s> **1.** (*Teilnahmslosigkeit*) vurdumduymazlık **2.** (*Monotonie*) tekdüzelik; **stumpfsinnig** *adj* **1.** (*teilnahmslos*) vurdumduymaz **2.** (*monoton*) tekdüze

Stunde ['ʃtʊndə] *f* <-n> saat; (*Unterrichts~*) ders; **drei viertel ~n** üç çeyrek saat; **in einer** ~ bir saatte; **vor einer halben** ~ yarım saat önce; **alle halbe** ~ her yarım saatte bir; **bis zur** ~ saat başına kadar; **zu später** ~ geç saatte; **25 Euro pro** ~ saat başına 25 euro; **~n nehmen/geben** ders almak/vermek; **in einer schwachen** ~ zayıf bir anında

stunden ['ʃtʊndən] *vt:* **jdm etw** ~ birine bir şey için süre tanımak

Stundengeschwindigkeit *f* bir saatteki hız; **Stundenhotel** *nt* randevu evi; **Stundenkilometer** *m* (*fam*): **mit achtzig ~n fahren** saatte seksen kilometre hızla gitmek [*o* araba sürmek]; **stundenlang** **I.** *adj* saatlerce süren **II.** *adv* saatlerce; **Stundenlohn** *m* <-(e)s, -löhne> saat ücreti; **Stundenplan** *m* (SCHULE) ders programı

stundenweise *adv* saat hesabıyla

Stundenwinkel *m* (ASTR) saat açısı; **Stundenzeiger** *m* akrep

stündlich ['ʃtʏntlɪç] **I.** *adj* saatte bir olan, saat başı olan, her saat olan **II.** *adv:* **dreimal** ~ saatte üç kere; **er ruft** ~ **an** saat başı telefon ediyor; **seine Lage ändert sich** ~ durumu her saat değişiyor

Stunk [ʃtʊŋk] *m ohne Pl* <-s> (*fam pej*) hır, kavga; ~ **machen** hır çıkarmak

stupid(e) [ʃtu'piːt, ʃtu'piːdə] *adj* (*pej*) **1.** (*Person*) ahmak **2.** (*Tätigkeit*) ahmakça

Stups [ʃtʊps] *m* <-es, -e> (*fam*) hafifçe itme

stupsen ['ʃtʊpsən] *vt* (*fam*) hafifçe itmek

Stupsnase *f* <-n> yukarı kalkık burun

stur [ʃtuːɐ] *adj* inatçı; **bei etw auf** ~ **schalten** (*fam*) bir şeyde inat etmek

Sturheit *f ohne Pl* (*fam pej*) inatçılık

Sturm [ʃtʊrm, *Pl:* 'ʃtʏrmə] *m* <-(e)s, Stürme> **1.** (*Unwetter*) fırtına; (*Wind*) kasırga; **ein** ~ **des Beifalls** bir alkış tufanı; **ein** ~ **der Begeisterung** bir coşku fırtınası; **die Ruhe vor dem** ~ fırtınadan önce(ki) sessizlik; **wer Wind sät, wird** ~ **ernten** (*prov*) rüzgâr eken fırtına biçer **2.** (*Angriff*) akın (*auf* -e); **die Herzen im** ~ **erobern** kalpleri fırtına gibi fethetmek **3.** (SPORT) forvet; **er spielt im** ~ forvette oynuyor

stürmen ['ʃtʏrmən] **I.** *vi* **1.** *sein* akın etmek (*zu/nach* -e/-e); **aus dem Haus/ins Zimmer** ~ fırtına gibi evden çıkmak/odaya girmek **2.** (SPORT) akın etmek **II.** *vt* üşüşmek (-e); (*Bank, Geschäfte*) akın etmek (-e) **III.** *vunpers:* **es stürmt** fırtına var, hava fırtınalı

Stürmer(in) *m(f)* <-s, -; -nen> (SPORT) forvet, akıncı

stürmisch *adj* **1.** (*Wetter, Meer*) fırtınalı, kasırgalı **2.** (*ungestüm*) acul; **ein ~er Beifall** alkış tufanı

Sturmvogel *m* (ZOOL) fırtına kuşu

Sturmwarnung *f* fırtına uyarısı, kasırga uyarısı

Sturz [ʃtʊrts, *Pl:* 'ʃtʏrtsə] *m* <-es, Stürze> **1.** (*Fall*) düşme (*von* -den, *aus* -den) **2.** (*Rückgang*) düşüş **3.** (*einer Regierung*) devrilme **4.** (*oberer Abschlussbalken*) lento, boyunduruk

stürzen ['ʃtʏrtsən] **I.** *vi sein* **1.** (*fallen*) düşmek; (*Temperatur, Währung*) düşmek; **sie ist schwer gestürzt** o fena düştü; **zu Boden** ~ yere düşmek **2.** (*in die Tiefe*) aşağıya düşmek **3.** (*rennen*) koşmak (*zu/an* -e/-e, *in* -e); **ins Zimmer gestürzt kommen** odaya paldır küldür girmek; (*mehrere*) hürya odaya girmek **II.** *vt* **1.** (*um~*) devirmek; (*Regierung*) devirmek **2.** (*hinunter~*) aşağıya atmak; **jdn von der Brücke/aus dem Fenster** ~ birini köprüden/pencereden aşağı atmak **3.** (*Kuchen-, Puddingform*) ters çevirip boşaltmak **III.** *vr:* **sich** ~ (*hinunterspringen*) atlamak (*in* -e, *von* -den, *aus* -den); **sich auf jdn** ~ birinin üzerine çullanmak; **sich auf/in**

etw ~ bir şeye atılmak; **sich in die Arbeit** ~ kendini işe vermek; **sich in Unkosten** ~ masrafa girmek; **sich ins Abenteuer** ~ maceraya atılmak

Sturzflug *m* pike; **im** ~ pike yaparak; **Sturzhelm** *m* kask

Stuss[RR] [ʃtʊs] *m ohne Pl* <-es>, **Stuß** *m ohne Pl* <-sses> (*fam pej*) saçmalama; **rede keinen** ~**!** saçmalama!

Stute *f* <-n> (*von Pferd*) kısrak

Stütze [ˈʃtʏtsə] *f* <-n> (*a. fig*) payanda, destek; (ARCH) payanda, dayak; **eine** ~ **für jdn sein** birine destek olmak

stutzen [ˈʃtʊtsən] **I.** *vi* (*innehalten*) kalakalmak; (*erstaunt*) şaşalamak **II.** *vt* kısaltmak; (*Baum*) budamak, dallarını kesmek (-in); (*Flügel, Schwanz*) kırpmak

stützen [ˈʃtʏtsən] **I.** *vt* **1.** desteklemek, destek olmak (-e) **2.** dayamak (*auf*-e); **die Ellbogen auf den Tisch** ~ dirseklerini masaya dayamak **II.** *vr:* **sich** ~ **1.** (*sich auf~*) dayanmak (*auf*-e) **2.** (*beruhen*) dayanmak (*auf*-e)

Stützgewebe *nt* destek doku

stutzig *adj* (*verwundert*) şaşkın; (*argwöhnisch*) işkilli, kuşkulu; ~ **werden** işkillenmek, kuşkulanmak; ~ **machen** (*argwöhnisch machen*) işkillendirmek, kuşkulandırmak; (*verwirren*) şaşırtmak

Stutzmauer *f* istinat duvarı

Stützpunkt *m* **1.** (*einer Last*) dayanak noktası, istinat noktası **2.** (MIL) üs

Stützungskauf *m* (FIN, WIRTSCH) destekleme alımı

stylen [ˈstaɪlən] *vt* **1.** (*gestalten*) biçim vermek (-e); **sich** *dat* **die Haare** ~ saçlarını yapmak **2.** (*entwerfen*) tasarımlamak, dizayn etmek

Stylist(in) [staɪ-] *m(f)* stilist

Styropor® [ʃtyroˈpoːɐ, styro-] *nt ohne Pl* <-s> polistiren

s.u. *Abk. von* **siehe unten** *aşağıda bakınız*

Subjekt [zʊpˈjɛkt] *nt* <-(e)s, -e> **1.** (LING) özne **2.** (PHILOS) özne **3.** (*pej*) aşağılık, sefil

subjektiv [zʊpjɛkˈtiːf] *adj* öznel, sübjektif

Subjektivismus *m ohne Pl* (PHILOS) sübjektivizm, öznelcilik

Subjektivist(in) *m(f)* sübjektivist, öznelci

subjektivistisch *adj* sübjektivist, öznelci

Subjektivität [zʊpjɛktiviˈtɛːt] *f ohne Pl* sübjektivite, öznellik

Subkultur *f* alt kültür

Submission *f* (WIRTSCH) eksiltme; (*öffentliche Ausschreibung*) ihale; **Submissionskartell** *nt* (WIRTSCH) ihale karteli; **Submissionsweg** *m* (WIRTSCH): **auf dem** ~ ihale yoluyla

Submittent(in) *m(f)* (WIRTSCH) ihaleci

subsidiär *adj* tali, ikinci derecede olan; (*behelfsmäßig*) palyatif, geçici

Subskribent(in) *m(f)* abone

Subskription *f* abonman

Substantiv [ˈzʊpstantiːf] *nt* <-s, -e> (LING) isim

Substanz [zʊpˈstants] *f* <-en> madde, cevher; **das geht an die** ~ (*fam*) bu insanı eritiyor; **von der** ~ **leben** (*fam fig*) hazırdan yemek

substituieren* [zʊpstituˈiːrən] *vt* ikame etmek (*durch*-le), ornatmak (*durch*-le)

Substitut(in) [zʊpstiˈtuːt] *m(f)* <-en, -en; -nen> **1.** (*Abteilungsleiter*) reyon şefi **2.** (*Stellvertreter*) temsilci, mümessil **3.** (*Surrogat*) erzatz, kaim olan mal

subtil [zʊpˈtiːl] *adj* ince

Subtrahend *m* (MATH) çıkan

subtrahieren* [zʊptraˈhiːrən] *vt* (MATH) çıkarmak (*von*-den)

Subtraktion [zʊptrakˈtsjoːn] *f* <-en> (MATH) çıkarma

Subtropen [ˈzʊptroːpən] *pl* (GEO) astropika; **subtropisch** *adj* (GEO) astropikal

Subunternehmer(in) [ˈzʊp-] *m(f)* (WIRTSCH) taşeron

Subvention [zʊpvɛnˈtsjoːn] *f* <-n> (WIRTSCH) sübvansiyon

subventionieren* [zʊpvɛntsjoˈniːrən] *vt* (WIRTSCH) sübvanse etmek

subversiv [zʊpvɛrˈziːf] *adj* yıkıcı

Suchaktion *f* arama operasyonu

Suche [ˈzuːxə] *f* <-n> arama; **sich auf die** ~ **nach jdm/etw** *dat* **machen** bir kimseyi/şeyi aramaya çıkmak [*o* koyulmak]

suchen [ˈzuːxən] *vi, vt* aramak; **nach etw** *dat*/**jdm** ~ bir şeyi/kimseyi aramak; **da kannst du lange** ~ (*fam*) istediğin kadar ara; **du hast hier nichts zu** ~**!** (*fam*) burada senin işin yok!

Sucher *m* <-s, -> arayıcı; (FOTO) vizör

Suchfunktion *f* <-en> (INFORM) arama işlevi, arama fonksiyonu; **Suchlauf** *m* <-(e)s, -läufe> (RADIO, TV) otomatik arama; **Suchmaschine** *f* (INFORM) arama motoru

Sucht [zʊxt] *f* <-en *o* Süchte> **1.** düşkünlük, iptilâ; (*Abhängigkeit*) bağımlılık (*nach* -e) **2.** (*Verlangen*) tutkunluk (*nach* -e); **Suchtgefahr** *f ohne Pl* alışkanlık durumuna gelme tehlikesi

süchtig [ˈzʏçtɪç] *adj* **1.** düşkün (*nach* -e), müptelâ (*nach* -e), tutulmuş (*nach* -e); (*alkohol~*) ayyaş, içkici, (içkiye) düşkün; (*tabletten~*) hapçı; (*drogen~*) bağımlı; ~ **machen** alışkanlık yapmak **2.** (*begierig*) düşkün (*nach* -e)

Süchtige(r) *mf* <-n, -n; -n> bağımlı; (*Drogen~*) bağımlı; (*Tabletten~*) hapçı

Suchtkranke(r) *mf* bağımlılık hastası

Suchtrupp *m* arama ekibi

S

Sud [zu:t] *m* <-(e)s, -e> **1.** su; **den ~ abgießen** suyunu dökmek **2.** (*Abkochung*) kaynatma

Süd [zy:t] *m ohne Pl* <-(e)s> (*a.* NAUT, METEO) güney; **Südafrika** ['-'---] *nt* <-s> **1.** (*Republik*) Güney Afrika **2.** (*Teil des Kontinents*) Afrika'nın güneyi; **Südafrikaner(in)** ['---'--] *m(f)* Güney Afrikalı; **südafrikanisch** ['---'--] *adj* Güney Afrika (ile ilgili); **Südamerika** ['--'---] *nt* Güney Amerika; **Südamerikaner(in)** ['----'--] *m(f)* Güney Amerikalı; **südamerikanisch** ['----'--] *adj* Güney Amerika (ile ilgili), Güney Amerikalı; **~e Länder/Völker** Güney Amerika ülkeleri/halkları; **~e Frauen/Männer** Güney Amerikalı kadınlar/erkekler

Sudan [zu'da:n] *m* <-s> Sudan

Sudanese, -in [zuda'ne:zə] *m, f* <-n, -n; -nen> Sudanlı

sudanesisch *adj:* **die ~e Regierung** Sudan hükümeti; **~e Frauen/Männer** Sudanlı kadınlar/erkekler

süddeutsch *adj* Güney Alman; **Süddeutsche(r)** *mf* Güney Alman(yalı); **Süddeutschland** *nt* Güney Almanya

Sudelei [zu:də'laɪ] *f* <-en> (*fam*) **1.** (*Schmiererei*) karalama; (*beim Schreiben*) karalamalar *pl* **2.** (*Schlamperei*) baştan savma iş, üstünkörü iş

sudeln ['zu:dəln] *vi, vt* (*fam pej: beim Schreiben*) karalamak; (*beim Zeichnen*) karalamak; (*mit Matsch schmieren*) pisletmek

Süden ['zy:dən] *m ohne Pl* <-s> güney; **im ~** güneyde; **im ~ von ...** (*südlich von*) ...in güneyinde; (*im südlichen Teil von ...*) ...in güney kısmında; **von ~** güneyden; **nach/in den ~** güneye

Südeuropa ['--'--] *nt* (*Region*) Güney Avrupa; (*südlicher Teil*) Avrupa'nın güneyi; **Südfrucht** *f* tropikal meyve; **Südhalbkugel** *f ohne Pl* güney yarı(m) küresi; **Südküste** *f* güney kıyısı

Südländer(in) [-lɛndɐ] *m(f)* <-s, -; -nen> (*aus dem Süden*) güneyli; (*aus einem Mittelmeerland*) Akdenizli

südlich ['zy:tlɪç] **I.** *adj* güney; **in ~er Richtung** güney yönünde; **52 Grad ~e Breite** 52'nci güney enlemi **II.** *präp* güneyinde; **~ von İzmir** İzmir'in güneyinde

Südosten [-'--] *m* güneydoğu; **südöstlich** [-'--] **I.** *adj* güneydoğu **II.** *präp* güneydoğusunda

Südostwind *m* akça yel, keşişleme; (*aus Südosten kommend*) güneydoğudan esen yel; **Südpol** *m ohne Pl* <-s> Güney Kutbu; **Südsee** *f* Güney Pasifik, Büyük Okyanus'un güneyi; **Südstaaten** *mpl* (ABD'nin) Güney Devletleri *pl*

Südwesten [-'--] *m* güneybatı; **südwestlich** [-'--] **I.** *adj* güneybatı **II.** *präp* güneybatısında; **Südwind** *m* <-(e)s, -e> lodos, güneyden esen rüzgâr

Sueskanal ['zu:ɛs-] *m* <-s> Süveyş Kanalı

Suff [zʊf] *m ohne Pl* <-(e)s> (*fam*) ayyaşlık, bekrilik

süffeln ['zʏfəln] *vt* (*fam*) keyifle içmek

süffig ['zʏfɪç] *adj* (*fam*) lezzetli

Suffix ['zʊfɪks, -'-] *nt* <-es, -e> (LING) son ek

Sufi *m* sofi, mutasavvıf

Sufismus *m ohne Pl* tasavvuf

suggerieren* [zʊge'ri:rən] *vt* **1.** (*einreden*) telkin etmek, aşılamak **2.** (*Eindruck erwecken*) izlenimi uyandırmak

Suggestion [zʊgɛs'tjo:n] *f* <-en> telkin, aşılama

suggestiv [zʊgɛs'ti:f] *adj* telkin edici

Suggestivfrage *f* görüşü benimsetme amaçlı soru

suhlen ['zu:lən] *vr:* **sich ~** yuvarlanmak (*in* -de)

Sühne ['zy:nə] *f ohne Pl* (*geh*) kefaret; **Schuld und ~** suç ve ceza

Sühnegeld *nt* **1.** (HIST, JUR) kan akçesi **2.** (REL: *im Islam*) diyet

sühnen ['zy:nən] *vt* (*geh*) kefaretini ödemek (-in), cezasını çekmek (-in)

Sujet [zy'ʒe:] *nt* <-s, -s> (*geh*) süje; **ein interessantes ~** enteresan bir süje, ilginç bir konu

sukzessiv [zʊktsɛ'si:f] *adj* tedricî; (*allmählich*) yavaş yavaş olan

Sulfat [zʊl'fa:t] *nt* <-(e)s, -e> (CHEM) sülfat

Sultan(in) ['zʊlta:n] *m(f)* <-s, -e; -nen> sultan

Sülze ['zʏltsə] *f* <-n> jöle

sülzen ['zʏltsən] **I.** *vt* jöle olarak hazırlamak, jölesini yapmak (-in) **II.** *vi* (*fam: dummes Zeug reden*) saçmalamak, saçma sapan konuşmak

Sumerer *m* Sümerli

summarisch [zʊ'ma:rɪʃ] *adj* özetlenmiş, kısa ve özlü; (*oberflächlich*) yüzeysel

Summe ['zʊmə] *f* <-n> **1.** (MATH) toplam **2.** (*Geldbetrag*) meblağ, tutar, miktar; **um hohe ~n spielen** büyük rakamlarla oynamak; **eine astronomische/runde ~** astronomik/yuvarlak bir rakam

summen ['zʊmən] **I.** *vi* **1.** (*Insekten, Motor*) vızıldamak **2.** (*Mensch*) mırıldanmak; **er summte (leise) vor sich hin** kendi kendine (sessizce) bir şeyler mırıldanıyordu **II.** *vt* (*Melodie*) mırıldanmak

summieren* [zʊ'mi:rən] **I.** *vt* toplamak **II.** *vr:* **sich ~** toplanmak

Sumpf [zʊmpf, *Pl:* 'zʏmpfə] *m* <-(e)s, Sümpfe> batak, bataklık; **Sumpfdotter-**

blume *f* <-n> (BOT) bataklık nergisi; **Sumpffieber** *nt ohne Pl* <-s> sıtma; **Sumpfgas** *nt* bataklık gazı
sumpfig *adj* bataklı
Sumpfohreule *f* (ZOOL) bataklık baykuşu; **Sumpfrohrsänger** *m* (ZOOL) bataklık ardıcı; **Sumpfschnepfe** *f* (ZOOL) batak çulluğu; **Sumpfvogel** *m* (ZOOL) bataklık kuşu; **Sumpfwurz** *f ohne Pl* (BOT) danakıran otu
Sünde ['zʏndə] *f* <-n> günah; **eine ~ begehen** günaha girmek; **Sündenbock** *m* (*fam*) günah keçisi; **jdn zum ~ machen** birini günah keçisi yapmak; **Sündenfall** *m ohne Pl* <-(e)s> (REL) günahkârlık; **Sündenvergebung** *f ohne Pl* (REL) günahların affı
Sünder(in) *m(f)* <-s, -; -nen> günahkâr (kimse)
sündhaft *adj* günahkâr, günahlı; **~ teuer** ateş pahası
sündig *adj* günahkâr, günahlı
sündigen ['zʏndɪgən] *vi* günah işlemek
Sunnit(in) *m(f)* Sünnî
sunnitisch *adj* Sünnî
super ['zu:pɐ] **I.** *adj inv* (*fam*) süper, üstün **II.** *adv* süper, üstün
Superbenzin *nt ohne Pl* <-s> süper benzin; **Superchip** *m* (INFORM) süper çip
Superlativ ['zu:pɐlati:f] *m* <-s, -e> (LING) üstünlük derecesi
Supermacht *f* <-mächte> (*fam*) süper güç; **Supermann** *m* (*fam*) süpermen; **Supermarkt** *m* süpermarket; **Superstar** *m* <-s, -s> süper star
Suppe ['zʊpə] *f* <-n> çorba; **~ essen** çorba içmek; **eine legierte/warme ~** terbiyeli/sıcak çorba; **jdm die ~ versalzen** (*fam*) birinin keyfini kaçırmak; **jdm/sich eine schöne ~ eingebrocken** (*fam*) birinin/kendi başına belâ açmak; **die ~ auslöffeln (müssen)** (*fam fig*) pirincin taşını ayıklamak (zorunda kalmak); **Suppengrün** *nt ohne Pl* <-s> çorbalık sebze; **Suppenhuhn** *nt* çorbalık tavuk; **Suppenlöffel** *m* çorba kaşığı; **Suppenschüssel** *f* çorba servis kâsesi; **Suppenteller** *m* çorba tabağı; **Suppenwürfel** *m* çorba tableti
Sure *f* (REL: *im Koran*) sure
Surfbrett ['sœ:f-] *nt* sörf
surfen ['sœ:fən] *vi* **1.** (SPORT) sörf yapmak **2.** (INFORM: *im Internet*) sörf yapmak, gezinmek
Surfer(in) *m(f)* <-s, -; -nen> **1.** (SPORT) sörfçü **2.** (INFORM: *im Internet*) gezici, sörfçü
Surrealismus [zʊrea'lɪsmʊs] *m ohne Pl* <-> (KUNST, LIT) sürrealizm, gerçek üstücülük
surren ['zʊrən] *vi* vızıldamak
suspekt [zʊs'pɛkt] *adj* şüpheli; **das ist mir ~** bundan şüpheliyim
suspendieren* [zʊspɛn'di:rən] *vt* el çektirmek (*von* -den); **er wurde vom Dienst suspendiert** görevinden uzaklaştırıldı
süß [zy:s] *adj* **1.** (*Geschmack*) tatlı; (*gesüßt*) şekerli; (*Duft*) tatlı **2.** (*lieblich*) tatlı, şeker gibi **3.** (*niedlich*) şeker gibi, çok sevimli
süßen ['zy:sən] *vt* tatlılaştırmak; (*mit Zucker*) şekerlemek
Süßholz *nt ohne Pl* <-es> meyan kökü; **~ raspeln** (*fam*) yaltaklanmak
Süßigkeit *f* <-en> şeker, şekerleme
süßlich *adj* tatlımsı
süßsauer ['-'--] *adj* mayhoş; **Süßspeise** *f* tatlı; **Süßstoff** *m* <-(e)s, -e> şeker yerine kullanılan madde; (*Saccharin*) sakarin
Süßwaren *fpl* şeker ve şekerlemeler *pl;* **Süßwarengeschäft** *nt* <-(e)s, -e> (*Laden*) şekerci
Süßwasser *nt* tatlı su
SW *Abk. von* **Südwesten** güneybatı
Sweatshirt ['swɛtʃœ:t] *nt* <-s, -s> svetşört
Swimmingpool ['swɪmɪŋpu:l, 'svɪmɪŋ-] *m* yüzme havuzu
Symbiont *m* <-en, -en> (BIOL) ortakyaşar
Symbiose [zʏmbi'o:zə] *f* <-n> (BIOL) ortak yaşama
Symbol [zʏm'bo:l] *nt* <-s, -e> sembol, simge (*für* için)
symbolisch *adj* sembolik, simgesel (*für* için)
symbolisieren* [zʏmboli'zi:rən] *vt* simgelemek
Symbolismus *m ohne Pl* (*a.* KUNST) sembolizm, simgecilik
Symbolleiste *f* <-n> (INFORM) sembol çubuğu
Symmetrie [zʏme'tri:] *f* <-n> simetri, bakışım
symmetrisch [zʏ'me:trɪʃ] *adj* simetrik, bakışımlı
Sympathie [zʏmpa'ti:] *f* <-n> sempati (*für* -e); **~ für jdn empfinden** birine sempati duymak [*o* beslemek]
Sympathisant(in) [zʏmpati'zant] *m(f)* <-en, -en; -nen> sempatizan
sympathisch [zʏm'pa:tɪʃ] *adj* sempatik; **er ist mir ~** onu sempatik buluyorum
sympathisieren* [zʏmpati'zi:rən] *vi* sempati duymak, sempati beslemek
Symphonie [zʏmfo'ni:] *f* <-n> senfoni
Symposium [zʏm'po:ziʊm] *nt* <-s, Symposien> sempozyum
Symptom [zʏmp'to:m] *nt* <-s, -e> (*a.* MED) semptom (*für* için)
symptomatisch [zʏmpto'ma:tɪʃ] *adj* (*a.* MED) semptomatik (*für* için)

S

Synagoge [zyna'go:gə] *f* <-n> sinagog, havra

synchron [zʏn'kro:n] *adj* (*a.* LING) senkron, eş zaman; (*synchronisch*) senkronik, eş zamanlı; (FILM) eşlemeli

Synchronie *f* (LING) eş zamanlılık

Synchronisation [zʏnkroniza'tsjo:n] *f* <-en> **1.** (TECH) senkronizasyon, eş zamanlama **2.** (FILM) senkronizasyon, eşleme, dublâj

synchronisch [zʏn'kro:n] *adj* (*a.* LING) senkronik, eş zamanlı; (*synchron*) senkron, eş zaman; **~e Sprachwissenschaft** eş zamanlı dil bilimi

synchronisieren* [zʏnkroni'zi:rən] *vt* **1.** (TECH) senkronize etmek, eş zamanlamak **2.** (FILM: *in zeitliche Übereinstimmung bringen*) eşlemek; (*in die eigene Sprache*) dublâj yapmak; (*lippensynchron*) dudak eşlemesi yapmak

Synchronsprecher(in) *m(f)* (FILM) dublâjcı

Syndikat [zʏndi'ka:t] *nt* <-(e)s, -e> (WIRTSCH) satış karteli; (*Verbrecher~*) mafya

Syndrom [zʏn'dro:m] *nt* <-s, -e> (MED) sendrom (*für* için)

Synode [zy'no:də] *f* <-n> (REL) sinot, ruhanî meclis

synonym [zyno'ny:m] *adj* (LING) eş anlamlı (*zu* ile), anlamdaş (*zu* ile)

Synonym [zyno'ny:m] *nt* <-s, -e *o* -a> (LING) eş anlamlı kelime (*zu* ile)

syntaktisch [zʏn'taktɪʃ] *adj* (LING) sentaktik

Syntax ['zʏntaks] *f* <-en> (LING) sentaks

Synthese [zʏn'te:zə] *f* <-n> (*a.* PHILOS, CHEM) sentez, bireşim

Synthesizer ['sʏntəsaɪzɐ] *m* <-s, -> sintesayzer

Synthetik [zʏn'te:tɪk] *nt ohne Pl* <-s> (*Gewebe*) sentetik kumaş

synthetisch [zʏn'te:tɪʃ] *adj* (*a.* CHEM) sentetik, bireşimli

synthetisieren* [zʏnteti'zi:rən] *vt* (CHEM) bireşim yolu ile elde etmek

Syphilis ['zy:filɪs] *f ohne Pl* frengi

Syrer(in) ['zy:rɐ] *m(f)* <-s, -; -nen> Suriyeli

Syrien ['zy:riən] *nt* <-s> Suriye

syrisch ['zy:rɪʃ] *adj* Suriyeli, Suriye (ile ilgili); **eine ~e Frau** Suriyeli bir kadın; **die ~ Regierung** Suriye hükümeti

System [zʏs'te:m] *nt* <-s, -e> sistem, dizge; **duales ~** (ÖKOL) ikili sistem

Systematik [zʏste'ma:tɪk] *f* <-en> **1.** (*Ordnung*) sistem, dizge **2.** (BIOL) biyosistematik, sınıflandırma

systematisch [zʏste'ma:tɪʃ] *adj* sistematik, sistemli, dizgeli

systematisieren* [zʏstemati'zi:rən] *vt* sistemleştirmek

Systematisierung *f* sistemleştirme

Systemfehler *m* (INFORM) sistem hatası

systemisch *adj* sistemik

Systemkritiker(in) *m(f)* (*a.* POL, WIRTSCH) rejim eleştiricisi

systemlos *adj* sistemsiz

Systemlosigkeit *f* sistemsizlik

Systemsoftware *f* (INFORM) sistem yazılımı

Szenarium [stse'na:riʊm] *nt* <-s, Szenarien> (*a.* THEAT, FILM) senaryo

Szene ['stse:nə] *f* <-n> **1.** (THEAT) sahne; **ein Stück in ~ setzen** bir oyunu sahneye koymak; **sich in ~ setzen** sahneye çıkmak; **jdm eine ~ machen** birine bağırıp çağırmak **2.** (*fam: Milieu*) ortam; **sich in der ~ auskennen** (*fam: im Nachtleben/kulturellen Leben*) ortam; **Szenenwechsel** *m* <-s, -> (THEAT) dekor değişikliği

Szenerie [stsenə'ri:] *f* <-n> (*a.* THEAT) sahne dekoru, tablo

T

T, t [teː] *nt* <-, -> T, t

t *Abk. von* **Tonne** ton

Tabak ['tabak] *m* <-s, -e> tütün; **Tabakindustrie** *f* tütün sanayii

Tabaksdose *f* tütün kutusu

Tabaksteuer *f* <-n> tütün vergisi; **Tabakwaren** *fpl* tütün ürünleri *pl*

tabellarisch [tabɛ'laːrɪʃ] *adj* çizelge biçiminde

Tabelle [ta'bɛlə] *f* <-n> çizelge, puan cetveli; **Tabellenführer** *m* <-s, -> (SPORT) lig birincisi

Tablett [ta'blɛt] *nt* <-(e)s, -s *o* -e> tepsi, tabla

Tablette [ta'blɛtə] *f* <-n> tablet, hap; **Tablettensucht** *f* hapçılık; **tablettensüchtig** *adj* hapçı

tabu [ta'buː] *adj inv:* ~ **sein** tabu olmak

Tabu [ta'buː] *nt* <-s, -s> tabu

tabuisieren* [tabui'ziːrən] *vt* tabulaştırmak

Tabulator [tabu'laːtoːɐ] *m* <-s, -en> tabulatör

Tacho ['taxo] *m* <-s, -s> (*fam*), **Tachometer** [taxo'meːtɐ] *m o nt* <-s, -> **1.** (*Geschwindigkeitsmesser*) kilometre saati **2.** (*Drehzahlmesser*) devir sayacı

Tadel ['taːdəl] *m* <-s, -> **1.** kınama; (*Rüge*) paylama, azar **2.** (*geh: Mangel*) kusur, eksiklik

tadellos *adj* (*vollkommen*) mükemmel, kusursuz

tadeln ['taːdəln] *vt* kınamak (*wegen* -den dolayı); (*rügen*) paylamak (*wegen* -den dolayı), azarlamak (*wegen* -den dolayı); (*kritisieren*) yermek (*wegen* -den dolayı)

Tadschikistan [ta'dʒiːkista(ː)n] *nt* <-s> Tacikistan

Tafel ['taːfəl] *f* <-n> **1.** (*Brett, Anzeige~*) tahta; (*Gedenk~*) levha **2.** (*in der Schule*) tahta **3.** (*für Vertäfelung*) ağaç **4.** (*Schokoladen~*) kalıp **5.** (*Tabelle*) çizelge; (*Abfahrts~*) cetvel **6.** (*Illustration*) ilüstrasyon **7.** (ARCH: *Ton~*) tablet **8.** (*geh: Esstisch*) sofra, masa

Tafelberg *m* (GEO) masa dağı

tafelfertig *adj* hazır

tafeln *vi* (*geh*) sofrada oturup yemek yemek

täfeln ['tɛːfəln] *vt* ağaçla kaplamak

Tafelobst *nt ohne Pl* sofralık meyve; **Tafeltuch** *nt* sofra bezi, sofra örtüsü

Täfelung *f* <-en> ağaç kaplama

Tafelwasser *nt* <-s, -wässer> içme suyu; **Tafelwein** *m* <-(e)s, -e> sofra şarabı

Taft [taft] *m* <-(e)s, -e> tafta

Tag [taːk] *m* <-(e)s, -e> **1.** (*allgemein*) gün; (*im Verlauf*) gündüz; **es wird** ~ gün ağarıyor [*o* doğuyor]; **jeden** ~ her gün; **jeden zweiten** ~ günaşırı, iki günde bir; **jeden dritten** ~ üç günde bir; **zweimal am** ~ günde iki kez; **am folgenden** ~ ertesi günü; **den ganzen** ~ **lang** bütün gün boyunca; **vor 5** ~**en** 5 gün önce; **in 8** ~**en** 9 gün sonra; ~ **für** ~ günbegün; **von einem** ~ **auf den anderen** bir günden ötekine; **am helllichten** ~ güpegündüz; **guten** ~**!** iyi günler!; **eines** (**schönen**) ~**es** (güzel) günün birinde; ~ **der offenen Tür** kamuya açık gün; **etw kommt an den** ~ bir şey ortaya çıkmak; **ein Unterschied wie** ~ **und Nacht sein** (aralarında) dağlar kadar fark olmak; **einen guten/schlechten** ~ **haben** günü iyi/kötü geçmek; **in den** ~ **hinein leben** günü gününe yaşamak; **etw zu** ~**e fördern** bir şeyi ortaya çıkarmak; **es ist noch nicht aller** ~**e Abend** gün doğmadan neler doğar; **man soll den** ~ **nicht vor dem Abend loben** (*prov*) suyu görmeden paçaları sıvama **2.** (BERGB): **unter/über** ~**e arbeiten** yer altında/üstünde çalışmak **3.** *Pl* (*fam: Menstruation*) ay başı, âdet

tagaus [-'-] *adv:* ~**, tagein** her gün

Tagebau *m ohne Pl* <-(e)s> (BERGB) açık işletme; **Tagebuch** *nt* güncelik; (*persönlich*) günce, günlük; (*Buchführung*) günlük defter, yevmiye defteri; **Tagedieb(in)** *m(f)* (*pej*) aylak, haylaz; **Tagegeld** *nt* <-(e)s, -er> **1.** (*bei einer Dienstreise*) harcırah **2.** (*bei Krankenhausaufenthalt*) gündelik

tagein [-'-] *adv s.* **tagaus**

tagelang **I.** *adj* günlerce süren **II.** *adv* günlerce; **das kann** ~ **dauern** bu, günlerce sürebilir

Tagelöhner(in) *m(f)* <-s, -; -nen> gündelikçi

tagen ['taːgən] **I.** *vi* (*konferieren*) toplantı yapmak **II.** *vunpers* (*geh: Tag werden*) gün ağarmak, gün doğmak; **es tagt** gün ağarıyor [*o* doğuyor]

Tagesablauf *m* günlük program; **Tagesanbruch** *m* şafak, gün ağarması; **bei** ~ gün ağarmasıyla, şafak sökerken; **Tagesausflug** *m* günlük gezinti; **Tagescreme** *f* gündüz kremi; **Tagesereignis** *nt* günün olayı; **Tagesfahrt** *f* günlük tur; **Tagesgericht** *nt* (GASTR) günün yemeği; **Tagesgeschehen** *nt* günün olayları *pl;* **Tagesgespräch** *nt* günün konusu; **Tageskarte** *f* **1.** (*Speisekarte*) günün menüsü **2.** (*Fahrkarte*) günlük bilet

Tageslicht *nt ohne Pl* <-(e)s> gün ışığı; **bei ~** gün ışığında; **ans ~ bringen/kommen** ortaya çıkarmak/çıkmak; **Tageslichtprojektor** *m* tepegöz; **Tagesordnung** *f* <-en> gündem; **auf die ~ setzen** gündeme almak; **auf der ~ stehen** gündemde olmak; **an der ~ sein** gündemde olmak; **zur ~ übergehen** gündeme geçmek; **Tagesordnungspunkt** *m* gündem maddesi; **Tagesschau** *f* (TV) günün haberleri; **Tageszeit** *f* günün saati; **zu jeder Tages- und Nachtzeit** günün ve gecenin her saatinde; **Tageszeitung** *f* günlük gazete

tageweise ['ta:gəvaɪzə] *adv* gün hesabıyla

taghell ['-'-] *adj* gündüz gibi aydınlık

täglich ['tɛ:klɪç] **I.** *adj* günlük, her günkü **II.** *adv* günde, her gün; **dreimal ~** günde üç kere [*o* defa]

Tagschicht *f* gündüz vardiyası

tagsüber ['---] *adv* gündüzleri

tagtäglich ['-'--] **I.** *adj* her günkü **II.** *adv* günbegün, günden güne

Tagundnachtgleiche *f* gün-tün eşitliği

Tagung ['ta:gʊŋ] *f* <-en> (*Versammlung*) toplantı; (*Sitzung*) oturum; (*Kongress*) kongre; (*wissenschaftlich*) sempozyum

Taifun [taɪ'fu:n] *m* <-s, -e> tayfun

Taiga ['taɪga] *f ohne Pl* tayga

Taille ['taljə] *f* <-n> bel

Taiwan ['taɪvan, taɪ'va(:)n] *nt* <-s> Tayvan

Taiwaner(in) [taɪ'va:nɐ] *m(f)* <-s, -; -nen> Tayvanlı

taiwanisch *adj:* **~e Frauen/Männer** Tayvanlı kadınlar/erkekler; **die ~e Regierung** Tayvan hükümeti

Takelage *f* (NAUT) arma

Takelmeister *m* (NAUT) armador

Takt[1] [takt] *m* <-(e)s, -e> (MUS) tempo, vuruş; **im ~ der Musik** müziğin temposunda; **den ~ schlagen** tempo tutmak; **den ~ halten** tempoya uymak; **im ~ bleiben** tempoya uymak; **aus dem ~ kommen** tempoyu şaşırmak

Takt[2] *m ohne Pl* <-(e)s> (*~gefühl*) takt

Taktik ['taktɪk] *f* <-en> taktik

Taktiker(in) ['taktikɐ] *m(f)* <-s, -; -nen> taktikçi

taktisch *adj:* **~e Manöver/Waffen** taktik manevralar/silâhlar; **~ klug/falsch** taktik olarak akıllıca/yanlış

taktlos *adj* patavatsız

Taktlosigkeit *f* <-en> patavatsızlık

Taktstock *m* <-(e)s, -stöcke> (MUS) şef değneği

taktvoll *adj:* **er ist sehr ~** kendisi çok takt sahibidir; **ein ~es Verhalten** yerinde davranış

Tal [ta:l, *Pl:* 'tɛ:lɐ] *nt* <-(e)s, Täler> vadi, koyak

Talar [ta'la:ɐ] *m* <-s, -e> **1.** (*von Geistlichen*) cübbe **2.** (*von Richtern*) cübbe **3.** (*von Hochschullehrern*) cübbe, biniş

Talent [ta'lɛnt] *nt* <-(e)s, -e> istidat (*für/zu* için/-e)

talentiert [talɛn'ti:ɐt] *adj* istidatlı

Taler ['ta:lɐ] *m* <-s, -> (HIST: *Silbermünze*) gümüş sikke

Talg [talk] *m* <-(e)s, -e> içyağı; **Talgdrüse** *f* yağ bezi

Talisman ['ta:lɪsman] *m* <-s, -e> muska, tılsım

Talje *f* (NAUT: *Flaschenzug*) palanga

Talkpuder *m* talk pudrası

Talkshow[RR] ['tɔ:kʃɔʊ] *f* (TV) tolkşov, söz gösterisi

Talkum *nt* talk pudrası

Talon *m* **1.** (*Erneuerungsschein*) yenileme belgesi **2.** (*Kartenstock*) deste

Talsohle *f* vadi tabanı; **Talsperre** *f* bent, baraj; **Talweg** *m* talveg

Tamarinde *f* (BOT) demirhindi

Tamariske *f* (BOT) ılgın

Tamburierstich *m* gergef işlemesi

Tamburin ['tamburi:n] *nt* <-s, -e> tef; (*Tambur*) gergef

Tampon ['tampɔn] *m* <-s, -s> tampon; (*für Wunden*) tampon

Tandem ['tandɛm] *nt* <-s, -s> tandem

Tang [taŋ] *m* <-(e)s, -e> deniz yosunu

Tangente [taŋ'gɛntə] *f* <-n> (MATH) tanjant, teğet

tangieren* [taŋ'gi:rən] *vt* **1.** (*geh: berühren*) dokunmak **2.** (MATH) tanjant geçmek, teğet geçmek

Tango ['taŋgo] *m* <-s, -s> tango

Tank [taŋk] *m* <-s, -s *o* -e> tank, sarnıç; (AUTO: *Benzin~*) depo

tanken *vi, vt* benzin almak; **10 Liter ~** 10 litre benzin almak; **voll ~** ful doldurmak; **frische Luft ~** (*fam*) temiz hava almak; **er hat ordentlich getankt** (*fam*) iyice içki içti

Tanker *m* <-s, -> tanker; **Tanksäule** *f* benzin pompası; **Tankstelle** *f* akaryakıt istasyonu, benzin istasyonu; **Tankwart(in)** ['-vart] *m(f)* <-(e)s, -e; -nen> benzinci

Tanne ['tanə] *f* <-n> çam; (BOT) köknar;

Tannenbaum *m* **1.** (*Tanne*) çam ağacı

2. (*fam: Weihnachtsbaum*) Noel ağacı; **Tannenharz** *nt* çam sakızı; **Tannennadel** *f* çam iğnesi; **Tannenzapfen** *m* çam kozalağı

Tansania *nt* Tanzanya

Tante ['tantə] *f* <-n> (*Schwester des Vaters*) hala; (*Schwester der Mutter*) teyze; (*Ehemann des Onkels*) yenge

Tante-Emma-Laden [tantə'ʔɛmala:dən] *m* <-s, -Läden> (*fam*) küçük bakkal dükkânı

Tantieme [tã'tje:mə] *f* <-n> **1.** (*Gewinnbeteiligung*) kazanç payı **2.** *Pl* (*von Autoren*) telif ücreti

Tanz [tants, *Pl:* 'tɛntsə] *m* <-es, Tänze> (MUS) dans, raks; **jdn zum ~ auffordern** birini dansa kaldırmak; **Tanzbein** *nt:* **das ~ schwingen** (*fam*) dans etmek, raksetmek

tänzeln ['tɛntsəln] *vi haben o sein* dans eder gibi yürümek, salına salına yürümek

tanzen **I.** *vi* **1.** (*Mensch*) dans etmek, raksetmek; **~ gehen** dansa gitmek **2.** (*Boot*) çalkanmak (*auf*-de) **3.** (*Mücken*) uçuşmak **II.** *vt* dans etmek; **Tango ~** tango dans etmek

Tänzer(in) ['tɛntsɐ] *m(f)* <-s, -; -nen> dansçı; (*professionell*) dansör; (*Tänzerin*) dansöz

tänzerisch *adj* dans eder gibi, dans bakımından

Tanzfläche *f* dans pisti; **Tanzkurs** *m* dans kursu; **Tanzlehrer(in)** *m(f)* dans öğretmeni; **Tanzlokal** *nt* dansing, diskotek; **Tanzpartner(in)** *m(f)* partöner; (*männlich*) kavalye; (*weiblich*) dam; **Tanzschule** *f* <-n> dans okulu; **Tanzstunde** *f* dans saati; **Tanzturnier** *nt* dans yarışması

Tapete [ta'pe:tə] *f* <-n> duvar kâğıdı; **Tapetenwechsel** *m* (*fam fig*) değişiklik

tapezieren* [tape'tsi:rən] **I.** *vt* duvar kâğıdı ile kaplamak, kâğıtlamak **II.** *vi* duvar kâğıdı kaplamak

tapfer ['tapfɐ] *adj* cesur, yiğit, yürekli; **sich ~ schlagen** yiğitçe dövüşmek

Tapferkeit *f ohne Pl* cesaret, yiğitlik, yüreklilik

Tapir ['ta:pi:ɐ] *m* <-s, -e> (ZOOL) tapir

tappen ['tapən] *vi sein* patır patır yürümek; (*tastend*) el yordamıyla ağır ağır yürümek; **in eine Falle ~** (*fig*) faka basmak; **im Dunkeln ~** (*fam fig: keinen Anhaltspunkt haben*) ipucu bulamamak

tapsen ['tapsən] *vi sein* (*fam*) langır lungur yürümek

tapsig *adj* (*fam*) savruk, çolpa

Tara *f* (COM) dara

Tarantel [ta'rantəl] *f* <-n> (ZOOL) tarantula; **wie von der ~ gestochen** (*fam*) bir yerini bir şey sokmuş gibi

Tarif [ta'ri:f] *m* <-s, -e> tarife; **nach ~ bezahlt werden** toplu sözleşmeye göre ödeme yapılmak; **über/unter ~ bezahlt werden** toplu sözleşmenin üstünde/altında ödeme yapılmak; **Tarifautonomie** *f* toplu sözleşme hakkı

tariflich *adj* tarifeye göre; (*Bezahlung*) toplu sözleşmeye göre

Tariflohn *m* toplu sözleşme ücreti; **Tarifpartner** *m* <-s, -> toplu sözleşme tarafı; **Tarifverhandlungen** *fpl* toplu görüşmeler *pl;* **Tarifvertrag** *m* toplu sözleşme

tarnen ['tarnən] **I.** *vt* kamufle etmek (*mit* -le) **II.** *vr:* **sich ~** kendisini kamufle etmek (*als* olarak)

Tarnfarbe ['tarn-] *f* kamuflâj boyası

Tarnung *f* <-en> kamuflâj

Tasche ['taʃə] *f* <-n> **1.** (*an Kleidung*) cep; **etw aus der eigenen ~ bezahlen** (*fam*) bir şeyi cepten vermek, bir şeyi kendi kesesinden ödemek; **etw in die eigene ~ stecken** (*fam*) bir şeyi cebe indirmek [*o* atmak] **2.** (*Hand~, Akten~, Schul~*) çanta; **in die eigene ~ wirtschaften** (*fam*) cebini doldurmak; **jdm auf der ~ liegen** (*fam*) birinin sırtından geçinmek; **tief in die ~ greifen** (*fam fig*) kesenin ağzını açmak; **jdn in der ~ haben** (*fam fig*) birini avcunun içinde tutmak

Taschenbuch *nt* cep kitabı; **Taschencomputer** *m* cep bilgisayarı; **Taschendieb(in)** *m(f)* yankesici, cepçi; **Taschendiebstahl** *m* yankesicilik, cepçilik; **Taschenformat** *nt* cebe sığar büyüklük; **Taschengeld** *nt* <-(e)s, -er> cep harçlığı; **Taschenkalender** *m* cep takvimi; **Taschenlampe** *f* cep feneri; **Taschenmesser** *nt* çakı; **Taschentuch** *nt* <-(e)s, -tücher> mendil; **Taschenuhr** *f* cep saati

Tasse ['tasə] *f* <-n> fincan; **eine ~ Kaffee** bir fincan kahve; **er hat nicht alle ~n im Schrank** (*fam fig*) keçileri kaçırmış

Tastatur [tasta'tu:ɐ] *f* <-en> klavye

Taste ['tastə] *f* <-n> tuş; **eine ~ drücken** bir tuşa basmak

tasten ['tastən] **I.** *vi:* **nach etw** *dat* **~** bir şeyi el yordamıyla aramak **II.** *vt* (*er~*) elle yoklamak **III.** *vr:* **sich ~** el yordamıyla ilerlemek (*über/durch* -den/-den)

Tasteninstrument *nt* klâvyeli çalgı, tuşlu çalgı

Tastsinn *m ohne Pl* <-(e)s> dokunma duyusu

tat [ta:t] *3. imp von* **tun**

Tat [ta:t] *f* <-en> (*das Handeln*) hareket, iş, davranış; (*Handlung*) fiil, eylem; (*Straf~*) suç; **etw in die ~ umsetzen** bir şeyi eyleme geçirmek, bir şeyi fiile koymak;

T

zur ~ schreiten eyleme geçmek; **jdn auf frischer ~ ertappen** birini suçüstü yakalamak; **in der ~!** gerçekten!, hakikaten!

Tatbestand *m* <-(e)s, -stände> (*a.* JUR) olay, suç unsurları *pl;* **objektiver/subjektiver ~** suçun maddî/manevî unsurları; **Tatbeteiligung** *f* suça ortaklık, suça iştirak

Tatendrang *m* girişim hevesi

tatenlos *adj:* **~ zusehen** seyirci kalmak

Täter(in) ['tɛːtɐ] *m(f)* <-s, -; -nen> fail; **der mutmaßliche ~** potansiyel suçlu

tätig ['tɛːtɪç] *adj* etkin; **~ sein** (*Person*) çalışmak (*für* için, *bei* -de, *als* olarak), faaliyet göstermek (*auf* -de); (*Vulkan*) aktif olmak; **er ist als Lehrer/Kellner ~** öğretmen/garson olarak çalışıyor, öğretmenlik/garsonluk yapıyor; **in einer Sache ~ werden** bir işte faaliyete [*o* harekete] geçmek

tätigen ['tɛːtɪgən] *vt* yapmak; **ein Geschäft/Einkäufe ~** iş/alış veriş yapmak

Tätigkeit¹ *f* <-en> **1.** (*Beschäftigung*) meşguliyet, uğraşı (*als* olarak) **2.** (*Arbeit*) faaliyet, çalışma, iş **3.** (*Wirksamkeit*) faaliyet, etkinlik

Tätigkeit² *f ohne Pl* (*Funktionieren*) işleme, çalışma; **außer ~ sein** işlememek; **in ~ treten** çalışmaya [*o* işlemeye] başlamak, faaliyete geçmek

Tätigkeitsbereich *m* faaliyet alanı; **Tätigkeitsbericht** *m* faaliyet raporu

Tatkraft *f ohne Pl* azim, enerji; **tatkräftig** *adj* azimli, enerjik; (*wirksam*) etkin

tätlich ['tɛːtlɪç] *adj* fiilî, eylemli; **jdn ~ angreifen** birine fiilen saldırmak; **gegen jdn ~ werden** birine saldırmak

Tatort *m* olay yeri; (*des Verbrechens, Mordes*) cinayet işlenen yer, maktel

tätowieren* [tɛto'viːrən] *vt* dövme yapmak (-e); **sich ~ lassen** dövme yaptırmak

Tätowierung *f* <-en> dövme

Tatsache *f* <-n> olgu, gerçek; **~ ist, dass ...** gerçek şu ki ...; **~!** (*fam*) sahi!; **jdn vor vollendete ~n stellen** birini oldubittiye getirmek; **vor vollendeten ~n stehen** oldubittiye gelmek, emrivaki ile karşılaşmak

tatsächlich ['---, -'--] **I.** *adj* gerçek **II.** *adv* gerçekten, hakikaten; **er ist es ~** gerçekten o

tätscheln ['tɛtʃəln] *vt* pışpışlamak; (*streicheln*) okşamak

Tatverdacht *m ohne Pl* <-(e)s> (JUR) suç işleme şüphesi; **unter ~ stehen** zan altında bulunmak, sanık durumunda olmak; **tatverdächtig** *adj* (JUR) suç zanlısı, suçu işlediği sanılan; **Tatverdächtige(r)** *mf* (JUR) sanık, suçu işlediği sanılan kimse, suç zanlısı; **Tatwaffe** *f* (JUR) suç aleti

Tatze ['tatsə] *f* <-n> **1.** (*von Tieren*) pençe **2.** (*fam: Hand*) el

Tatzeit *f* (JUR) fiilin gerçekleştiği zaman

Tau¹ [taʊ] *m ohne Pl* <-(e)s> (*Niederschlag*) çiy, şebnem

Tau² *nt* <-(e)s, -e> (NAUT) halat

taub [taʊp] *adj* **1.** (*gehörlos*) sağır; **sich ~ stellen** işitmezliğe getirmek, işitmezlikten gelmek; **auf einem Ohr ~ sein** bir kulağı işitmemek [*o* duymamak]; **bist du ~?** (*fam*) sağır mısın? **2.** (*Körperteil*) uyuşmuş **3.** (*Nuss*) kof **4.** (*Gestein*) sağır

Taube ['taʊbə] *f* <-n> (ZOOL) güvercin; **Taubenschlag** *m* güvercinlik

Täuberich *m* <-s, -e> erkek güvercin

Taubheit *f ohne Pl* **1.** (*Gehörlosigkeit*) sağırlık **2.** (*der Glieder*) uyuşukluk

taubstumm ['--] *adj* sağır ve dilsiz; **Taubstumme(r)** *mf* <-n, -n; -n> sağır ve dilsiz

tauchen ['taʊxən] **I.** *vi haben o sein* (*Mensch*) dalmak; (*Ente, U-Boot*) dalmak (*in* -e); **nach jdm/etw** *dat* **~** bir kimsenin/şeyin arkasından dalmak **II.** *vt* daldırmak (*in* -e); (*hineinhalten*) tutmak (*in* -e)

Taucher(in) *m(f)* <-s, -; -nen> dalgıç; (*Berufs~*) balık adam; **Taucheranzug** *m* <-(e)s, -züge> dalgıç elbisesi; **Taucherausrüstung** *f* dalgıç malzemesi; **Taucherbrille** *f* dalgıç gözlüğü

tauen ['taʊən] **I.** *vi sein* (*Schnee, Eis*) erimek; (*Fluss*) buzu çözülmek **II.** *vunpers:* **es taut** (*es ist Tauwetter*) hava ılık; (*Tau schlägt sich nieder*) çiy yağmak, çiylemek

Taufbecken *nt vaftiz suyu konulan çukur kap*

Taufe *f* <-n> vaftiz

taufen ['taʊfən] *vt* vaftiz etmek; **sich ~ lassen** kendini vaftiz ettirmek; **sie tauften ihn auf den Namen Paul** ona vaftizle Paul adını koydular [*o* verdiler]

Täufling ['tɔɪflɪŋ] *m* <-s, -e> vaftiz edilecek çocuk

Taufpate *m* vaftiz babası

Taufpatin *f* vaftiz anası

taufrisch ['taʊ'frɪʃ] *adj* **1.** (*feucht*) üzerinde çiy olan **2.** (*frisch*) taptaze

taugen [taʊgən] *vi* işe yaramak (*für/zu* için/için); **nichts ~** hiçbir işe yaramamak; **der Kerl taugt nichts** o herifin ciğeri beş para etmez

Taugenichts ['taʊgənɪçts] *m* <-(es), -e> (*pej*) ciğeri beş para etmez (kimse)

tauglich *adj* (*geeignet*) elverişli (*für* -e); (*brauchbar*) işe yarar; (MIL) sağlam

Tauglichkeit *f ohne Pl* elverişlilik (*für* -e); (MIL) sağlamlık

Taumel ['taʊməl] *m* <-s, -> **1.** (*Schwindel*) baş dönmesi, göz kararması, sersemlik **2.** (*Rausch*) sarhoşluk, mestlik

Taumellolch *m* (BOT) delice

taumeln ['taʊməln] *vi haben o sein* sendelemek, başı dönmek

Tausch [taʊʃ] *m* <-(e)s, -e> değiş tokuş, değişim, takas, trampa; **etw zum ~ anbieten** bir şeyi değiş tokuşa sunmak; **im ~ gegen etw** bir şeye karşılık takas olarak

tauschen ['taʊʃən] *vi, vt* değiş tokuş etmek, değişmek, trampa etmek, takas etmek; **ich möchte nicht mit ihm ~** onun yerinde olmak istemezdim; **die Plätze/Rollen mit jdm ~** biriyle yer/rolleri değişmek; **Blicke ~** bakışmak

täuschen ['tɔɪʃən] **I.** *vi* aldatmak, aldatıcı olmak; **das täuscht** bu, insanı aldatıyor **II.** *vt* aldatmak, yanıltmak; **wenn mich nicht alles täuscht ...** yanılmıyorsam ...; **sich von jdm ~ lassen** biri tarafından aldatılmak **III.** *vr:* **sich ~** aldanmak, yanılmak; **ich habe mich in dir getäuscht** senin hakkında yanılmışım

täuschend *adj* aldatıcı, yanıltıcı; **sie sehen sich** *dat* **~ ähnlich** birbirine şaşırtıcı derecede benziyorlar

Tauschgeschäft *nt* <-(e)s, -e> trampa işlemi

Tauschlinge *f* (NAUT) halat ilmiği

Täuschung *f* <-en> **1.** (*das Täuschen*) aldatma, yanıltma; (*Betrug*) aldatma; **arglistige ~** hile **2.** (*Irrtum*) yanılma; **optische ~** yanılsama, göz aldanması; **Täuschungsmanöver** *nt* şaşırtmaca

Tauschwert *m ohne Pl* <-(e)s> trampa değeri

tausend ['taʊzənt] *adj inv* bin; **~ Dank** pek çok teşekkürler; **~ Tode sterben** ölüp ölüp dirilmek; *s. a.* **achttausend**

Tausend *nt* <-s, -e> bin; **~e Menschen** binlerce insan; **~e von ...** binlerce ...; **die Ausgaben gehen in die ~e** (*fam*) harcamalar binleri buluyor

Tausender ['taʊzəndɐ] *m* <-s, -> **1.** (MATH) binler hanesi **2.** (*fam: Geldschein*) binlik

tausendfach *adv* bin kat

Tausendfüßler ['--fy:slɐ] *m* <-s, -> (ZOOL) kırkayak

tausendjährig *adj* bin yıllık

tausendmal *adv* bin kere

tausendmalig *adj* bin kerelik

tausendseitig *adj* bin sayfalık

Tausendstel *nt* <-s, -> binde bir

Tauwasser *nt* kar suyu; **Tauwetter** *nt* **1.** ılık hava **2.** (*fig* POL) yumuşama

Tauziehen *nt ohne Pl* **1.** (*Spiel*) halat çekme **2.** (*fam fig: Ringen*) çekişme

Taxameter [taksa'me:tɐ] *m o nt* <-s, -> taksimetre

Taxe ['taksə] *f* <-n> **1.** (*Gebühr*) ücret **2.** (*Taxi*) taksi **3.** (*Schätzung*) takse

Taxi ['taksi] *nt* <-s, -s> taksi

Taxie *f* (BIOL) taksi, göçüm

Taxifahrer(in) *m(f)* taksi şoförü; **Taxistand** *m* <-(e)s, -stände> taksi durağı

Tb(c) [te:'be:, te:be:'tse:] *f* <-s> (MED) *Abk. von* **Tuberkulose** tüberküloz, verem

Team [ti:m] *nt* <-s, -s> ekip, takım; **im ~ arbeiten** takım halinde çalışmak; **Teamarbeit** *f ohne Pl* takım halinde çalışma, ekip çalışması; **Teamgeist** *m ohne Pl* <-(e)s> birlik ruhu; **Teamwork** *nt ohne Pl* takım halinde çalışma, ekip çalışması

Technik[1] ['tɛçnɪk] *f ohne Pl* **1.** (*Technologie*) teknoloji; (*Ausstattung*) teknik *pl;* **der neueste Stand der ~** en yeni teknoloji düzeyi **2.** (*Abteilung*) teknik bölüm

Technik[2] *f* <-en> (*Arbeitsweise*) teknik; (*Methode*) yöntem

Technika *Pl von* **Technikum**

Techniken *Pl von* **Technik[2]**, **Technikum**

Techniker(in) ['tɛçnikɐ] *m(f)* <-s, -; -nen> teknisyen, teknikçi

Technikum ['tɛçnikʊm] *nt* <-s, Technika *o* Techniken> teknik okul

technisch *adj* teknik; **T~e Hochschule** teknik yüksek okul, teknik üniversite; **~er Leiter** teknik müdür

technisieren* [teçni'zi:rən] *vt* teknikleştirmek

Techno ['tɛkno] *m o nt ohne Pl* <-(s)> (MUS) tekno

Technokrat(in) *m(f)* teknokrat

Technokratie *f* teknokrasi

Technologie *f* <-n> teknoloji; **Technologiepark** *m* teknopark; **Technologietransfer** *m* teknoloji transferi

technologisch *adj* teknolojik

Techtelmechtel [tɛçtəl'mɛçtəl] *nt* <-s, -> aşna fişne, kırıştırma; **mit jdm ein ~ haben** biriyle aşna fişne olmak, biriyle kırıştırmak

Teddybär ['tɛdibɛ:ɐ] *m* <-en, -en> tedi

Tee [te:] *m* <-s, -s> çay; **~ trinken/kochen** çay içmek/pişirmek; **abwarten und ~ trinken!** (*fam*) gün doğmadan neler doğar!, bekle bakalım, ne olacak!; **Teebeutel** *m* çay poşeti, çay torbası; **Tee-Ei** *nt,* **Teeei[RR]** *nt içine çay yaprakları konup sıcak suya sarkıtılan yumurta biçimdeki delikli küçük kap;* **Teefilter** *m* çay filtresi; **Teekanne** *f* çaydanlık; **Teelicht** *nt* çaydanlık mumu; **Teelöffel** *m* çay kaşığı

Teenager ['ti:nɛɪdʒɐ] *m* <-s, -> *yaşı 13 - 19 arası genç kız veya erkek*

Teer [te:ɐ] *m* <-(e)s, -e> katran

teeren ['te:rən] *vt* katranlamak

Teerfarbe *f* <-n> anilin boya

Teeservice *nt* <-(s), -> çay takımı

Teesieb *nt* çay süzgeci; **Teestube** *f* çayhane; **Teetasse** *f* çay fincanı

Teflon® [tɛf'loːn] *nt ohne Pl* <-s> teflon; **Teflonpfanne** *f* teflon tava

Teich [taɪç] *m* <-(e)s, -e> havuz, gölcük; **Teichrose** *f* (BOT) nilüfer

Teig [taɪk] *m* <-(e)s, -e> hamur; **den ~ ausrollen** hamuru açmak

teigig ['taɪgɪç] *adj* **1.** (*wie Teig*) hamur gibi, hamurumsu **2.** (*schwammig*) hamursu

Teigrolle *f* oklava

Teigwaren *fpl* hamur işleri *pl*

Teil[1] [taɪl] *m* <-(e)s, -e> **1.** kısım, bölüm; (*Bestand~*) bileşen, öge, unsur; **weite ~e des Landes** ülkenin büyük bir kısmı; **zum ~** kısmen; **ich habe es zum größten ~ gemacht** büyük bir kısmını ben yaptım **2.** (JUR: *Partei*) taraf

Teil[2] *nt* <-(e)s, -e> (*einzelnes Stück*) parça; (*Ersatz~*) parça

Teil[3] *m o nt* <-(e)s, -e> (*Anteil*) pay; (*Beitrag*) katkı; **seinen ~ bekommen** payını almak; **jdm sein(en) ~ geben** birine ağzının payını vermek; **ich für mein(en) ~** bana gelince; **sich** *dat* **sein(en) ~ denken** kendi düşünceleri olmak

Teilansicht *f* kısmî görünüş

teilbar ['-baːɐ] *adj* bölünür (*durch* -e); **~ durch zwei/drei** ikiye/üçe bölünür

Teilbarkeit *f ohne Pl* bölünebilme

Teilbereich *m* kısım, bölüm; **Teilbetrag** *m* toplam tutarın bir kısmı

Teilchen ['taɪlçən] *nt* <-s, -> **1.** (PHYS) parçacık **2.** (*reg: Gebäck*) kurabiye

teilen **I.** *vt* **1.** (*zer~*) ayırmak (*in* -e); (*in mehrere Teile*) bölmek (*in* -e) **2.** (*auf~*) paylaştırmak (*unter* arasında), bölüşmek (*unter* arasında); **sich** *dat* **etw** (**mit jdm**) ~ (biriyle) bir şeyi paylaşmak; **darüber kann man geteilter Meinung sein** bunun üzerine görüş ayrılığı olabilir **3.** (MATH) bölmek (*durch* -e) **II.** *vr:* **sich ~ 1.** (*auseinander gehen*) ayrılmak (*in* -e); (*Partei*) bölünmek **2.** (*Straße, Fluss*) ikiye ayrılmak

Teilgebiet *nt* kol; **~ der Grammatik** dil bilgisi kolu

teil|haben *irr vi* katılmak (*an* -e)

Teilhaber(in) *m(f)* <-s, -; -nen> (WIRTSCH) hissedar; **stiller ~** komanditer

Teilkaskoversicherung *f* (AUTO) kısmî kasko sigortası, *hırsızlık, yangın, tabiî âfetlere karşı sigorta*

Teilnahme ['-naːmə] *f ohne Pl* **1.** (*allgemein*) katılma (*an* -e), katılım (*an* -e); (*Mitarbeit*) birlikte çalışma (*an* -de); (*an einem Kurs*) katılma (*an* -e) **2.** (*Interesse*) ilgi **3.** (*geh: Mitgefühl*) yakınlık; (*Beileid*) baş sağlığı; **seine ~ aussprechen** baş sağlığı dilemek

teilnahmslos ['taɪlnaːmsloːs] *adj* kayıtsız, ilgisiz

Teilnahmslosigkeit ['--loːzɪçkaɪt] *f ohne Pl* kayıtsızlık, ilgisizlik

teil|nehmen *irr vi* katılmak (*an* -e), iştirak etmek (*an* -e)

Teilnehmer(in) *m(f)* <-s, -; -nen> katılımcı; (*Kurs~*) kursiyer; (TEL) abone; (*eines Wettkampfes*) yarışmacı; **Teilnehmernummer** *f* (TEL) abone numarası

teils [taɪls] *adv* kısmen; **~ …, ~ …** kısmen …, kısmen …

Teilstrecke *f* etap

Teilstück *nt* parça

Teilung *f* <-en> **1.** (*allgemein*) bölme; (*einer Partei*) bölünme; (*Ver~*) bölüştürme, taksim **2.** (*eines Wegs*) ikiye ayrılma

teilweise ['-vaɪzə] **I.** *adj* kısmî **II.** *adv* kısmen

Teilzahlung *f* kısmî ödeme; (*in Raten*) taksitle ödeme; **etw auf ~ kaufen** bir şeyi taksitle satın almak; **bei ~** taksitle ödeme halinde

Teilzeitarbeit *f* parttaym; **teilzeitbeschäftigt** *adj* parttaym çalışan

Teint [tɛ̃ː] *m* <-s, -s> ten; **Telebanking** *nt* <-, *ohne pl*:> (INFORM) telebankacılık; **Telefax** ['teːlefaks] *nt* faks; **telefaxen** ['----] *vt* fakslamak

Telefon ['teːlefoːn, tele'foːn] *nt* <-s, -e> telefon; **schnurloses ~** telsiz telefon; **ans ~ gehen** telefona cevap vermek; **Telefonanruf** *m* telefon (etme); **Telefonanschluss**[RR] *m* telefon bağlantısı

Telefonat [telefo'naːt] *nt* <-(e)s, -e> telefon konuşması, telefon görüşmesi

Telefonauskunft *f ohne Pl* telefon danışması; **Telefonbuch** *nt* telefon rehberi; **Telefongebühren** *fpl* telefon ücreti *sing;* **Telefongespräch** [--'---] *nt* telefon görüşmesi; (*Ferngespräch*) uluslar arası görüşme; **ein ~ führen** telefon görüşmesi yapmak, telefonla görüşmek; **Telefonhäuschen** *nt* telefon kulübesi, telefon kabini; **Telefonhörer** *m* <-s, -> telefon ahizesi

telefonieren* [telefo'niːrən] *vi* **1.** (*sprechen*) telefonlaşmak, telefonda konuşmak; **mit jdm stundenlang ~** biriyle saatlerce telefonlaşmak **2.** (*anrufen*) telefon etmek [*o* açmak]; **kann ich bei Ihnen mal ~?** sizden bir telefon edebilir miyim?; **nach München/Amerika ~** Münih'e/Amerika'ya telefon etmek [*o* açmak]

telefonisch [tele'foːnɪʃ] **I.** *adj* telefonlu **II.** *adv* telefonla

Telefonkarte *f* telefon kartı, telekart; **Telefonleitung** *f* telefon hattı; **Telefonmarketing** *nt* telefonla pazarlama; **Telefonnetz** *nt* telefon şebekesi; **Telefonnummer** *f* telefon numarası; **Telefonrechnung** *f* telefon faturası; **Telefonverbin-**

dung *f* telefon bağlantısı; **Telefonzelle** *f* telefon kabini; **Telefonzentrale** *f* santral, telefon santrali
Telegraf [tele'gra:f] *m* <-en, -en> telgraf; **Telegrafenamt** *nt* telgrafhane
telegrafieren* [telegra'fi:rən] *vi, vt* telgraf çekmek
telegrafisch [tele'gra:fɪʃ] **I.** *adj* telgraf **II.** *adv* telgrafla
Telegramm [tele'gram] *nt* <-s, -e> telgraf; **ein ~ aufgeben** bir telgraf çekmek; **Telegrammstil** *m ohne Pl* <-(e)s> telgraf üslûbu
Telekolleg ['te:lekɔle:k] *nt* <-s, -s> televizyonla öğretim
Telekommunikation *f* telekomünikasyon, uz iletişim
Telekonferenz *f* telekonferans
Teleobjektiv *nt* (FOTO) teleobjektif
Teleologie *f ohne Pl* teleoloji
Telepathie [telepa'ti:] *f ohne Pl* telepati, uza duyum
telepathisch *adj* telepatik
Teleskop [tele'sko:p] *nt* <-s, -e> teleskop
Telespiel *nt* tv oyunu
Teletex ['te:letɛks] *nt ohne Pl* <-> teletekst
Telex ['te:lɛks] *nt* <-, -(e)> teleks
telexen ['te:lɛksən] *vt* teleks çekmek
Teller ['tɛlɐ] *m* <-s, -> tabak; **ein flacher/tiefer ~** düz/çukur bir tabak; **ein ~ Suppe** bir tabak çorba; **Tellerwäscher(in)** *m(f)* <-s, -; -nen> tabakçı, bulaşıkçı
Tellur *nt ohne Pl* (CHEM) tellür
Tempel ['tɛmpəl] *m* <-s, -> tapınak, mabet
Temperament [tɛmp(ə)ra'mɛnt] *nt* <-(e)s, -e> mizaç, yaradılış; (*Lebhaftigkeit*) tez canlılık
temperamentvoll *adj* (*lebhaft*) tez canlı, hararetli, ateşli; (*ungestüm*) acul
Temperatur [tɛmpəra'tu:ɐ] *f* <-en> ısı, sıcaklık, hararet; (*Fieber*) ateş; **die ~ steigt/fällt** ısı yükseliyor/düşüyor; (**erhöhte**) **~ haben** (hafif) ateşi olmak; **Temperaturanstieg** *m* <-(e)s, -e> ısının yükselmesi, ısı artışı; **Temperaturrückgang** *m* ısının düşmesi
Tempi *Pl von* **Tempo**[2]
Tempo[1] ['tɛmpo] *nt* <-s, -s> (*Geschwindigkeit*) tempo, hız; **~!** (*fam*) haydi!; **mit hohem ~** yüksek hızla
Tempo[2] *nt* <-s, Tempi> (MUS) tempo
Tempo®[3] *nt* <-s, -s> (*fam*) selpak, kâğıt mendil
Tempolimit *nt* hız sınırlaması
temporär *adj* geçici
Tempus *nt* <-, Tempora> (LING) zaman
Tendenz [tɛn'dɛnts] *f* <-en> **1.** eğilim (*zu* -e); **steigende/fallende ~** yükselme/düşme eğilimi **2.** (*Strömung*) akım; **neue ~en in der Musik** müzikte yeni akımlar
tendenziell [tɛndɛn'tsjɛl] *adj* eğilimli, istekli
tendenziös [tɛndɛn'tsjø:s] *adj* (*pej*) maksat güden, gizli amacı olan; (*politisch*) politik amaçlı
Tender *m* (EISENB) tender
tendieren* [tɛn'di:rən] *vi* eğilim göstermek (*zu/nach* -e/-e)
Teneriffa [tene'rɪfa] *nt* <-s> Teneriffa
Tennis ['tɛnɪs] *nt ohne Pl* <-> tenis; **Tennisball** *m* tenis topu; **Tennisklub** *m* tenis kulübü; **Tennisplatz** *m* <-es, -plätze> tenis kortu; **Tennisschläger** *m* tennis raketi; **Tennisschuh** *m* tennis ayakkabısı; **Tennisspiel** *nt* tenis maçı; **Tennisspieler(in)** *m(f)* tenis oyuncusu; **Tennisturnier** *nt* tenis turnuvası
Tenor[1] ['te:no:ɐ] *m ohne Pl* <-s> **1.** (*Sinn*) anlam; **in diesem ~** bu anlamda **2.** (JUR) fıkra
Tenor[2] [te'no:ɐ, *Pl:* te'nø:rə] *m* <-s, Tenöre> (MUS) tenor
Teppich ['tɛpɪç] *m* <-s, -e> halı; **etw unter den ~ kehren** (*fig*) bir şeyi örtbas etmek; **Teppichboden** *m* duvardan duvara (döşenmiş) halı; **Teppichhändler(in)** *m(f)* halıcı; **Teppichkehrer** *m* <-s, -> gırgır; **Teppichklopfer** *m* <-s, -> halı dövücüsü
Termin [tɛr'mi:n] *m* <-(e)s, -e> **1.** (*Frist*) süre; (FIN) vade; **einen ~ einhalten** süreyi geçirmemek **2.** (*Zeitpunkt*) (belirlenen) gün; (*Gerichts~*) gün; **etw auf einen späteren ~ verschieben** bir şeyi daha sonraki bir güne ertelemek **3.** (*beim Arzt*) randevu; **einen ~ vereinbaren** randevulaşmak; **einen ~ beim Zahnarzt haben** dişçide bir randevusu olmak; **er gab uns einen ~ um neun Uhr** bize saat dokuzda bir randevu verdi
Terminal[1] ['tœ:minəl] *m o nt* <-s, -s> (AERO, EISENB: *Flughafen, Bahnhof*) terminal
Terminal[2] ['tœ:minəl] *nt* <-s, -s> (INFORM) terminal
Termindruck *m ohne Pl* <-(e)s>: **unter ~ stehen** zaman bakımından sıkışık durumda olmak, zaman darlığı çekmek; **termingemäß** *adj*, **termingerecht** *adj*: **eine Arbeit ~ abgeben/fertig stellen** bir işi gününde vermek/bitirmek [*o* tamamlamak]
Termingeschäft *nt* (FIN) vadeli işlem
Termini ['tɛrmini] *Pl von* **Terminus**
terminieren *vt* zamanlamak, gününü belirlemek (-in)
Terminkalender *m* ajanda, randevu defteri; **Terminmarkt** *m* (FIN) vadeli işlemler piyasası
Terminologie [tɛrminolo'gi:] *f* <-n> terminoloji

Terminplaner *m* <-s, -> ajanda

Terminus ['tɛrminʊs, *Pl:* 'tɛrmini] *m* <-, Termini> terim; ~ **technicus** teknik terim

Termite [tɛr'mi:tə] *f* <-n> (ZOOL) akkarınca, termit

Terpentin [tɛrpɛn'ti:n, tɛrpən'ti:n] *nt ohne Pl* <-s> terebentin

Terrain [tɛ'rɛ̃:] *nt* <-s, -s> **1.** (*a.* MIL: *Gelände*) arazi; **das ~ sondieren** sondaj yapmak, durumu araştırmak **2.** (*Grundstück*) arsa **3.** (GEO: *Erdoberfläche*) yeryüzü

Terrarium [tɛ'ra:riʊm] *nt* <-s, Terrarien> teraryum

Terrasse [tɛ'rasə] *f* <-n> **1.** (*an einem Haus*) taraça, teras **2.** (*an einem Hang*) seki, teras

Terrier ['tɛriɐ] *m* <-s, -> teriye

territorial [tɛritori'a:l] *adj* ülkesel; **~e Unversehrheit** toprak bütünlüğü

Territorialgewässer *ntPl* kara suları *pl*

Territorium [tɛri'to:riʊm] *nt* <-s, Territorien> ülke, toprak; **sich auf deutschem/türkischem ~ befinden** Alman/Türk topraklarında bulunmak

Terror ['tɛro:ɐ] *m ohne Pl* <-s> terör; **Terrorakt** *m*, **Terroranschlag** *m* terör eylemi

terrorisieren* [tɛrori'zi:rən] *vt* terörize etmek

Terrorismus [tɛro'rɪsmʊs] *m ohne Pl* <-> terorizm

Terrorist(in) [tɛro'rɪst] *m(f)* <-en, -en; -nen> terorist, terörcü

terroristisch *adj* terör

Terz [tɛrts] *f* <-en> (MUS) tiyers

Terzett [tɛr'tsɛt] *nt* <-(e)s, -e> (MUS) üçlü, trio

Tesafilm® ['te:za-] *m ohne Pl* <-(e)s> seloteyp

Test [tɛst] *m* <-(e)s, -s *o* -e> test

Testament [tɛsta'mɛnt] *nt* <-(e)s, -e> **1.** (JUR) vasiyetname; **das ~ eröffnen** vasiyetnameyi açmak **2.** (REL): **Altes ~** Ahdiatik, Tevrat; **Neues ~** Ahdicedit

testamentarisch [tɛstamɛn'ta:rɪʃ] *adj*: **etw ~ verfügen** bir şeyi vasiyet(name) yoluyla tasarruf etmek

Testamentseröffnung *f* (JUR) vasiyetnamenin açılması; **Testamentsvollstrecker(in)** *m(f)* (JUR) vasiyeti tenfiz memuru

Testbild *nt* (TV) ayar resmi

testen ['tɛstən] *vt* test etmek, denemek; (*überprüfen*) sınamak

Testergebnis *nt* test sonucu

Testosteron *nt* testosteron

Testreihe *f* <-n> test dizisi

Tetanus ['tɛtanʊs, 'te:tanʊs] *m ohne Pl* <-> (MED) tetanos; **Tetanusschutzimpfung** *f* tetanos aşısı

tête-à-tête [tɛta'tɛ:t] *adv*, **tete-a-tete**[RR] *adv* baş başa

Tête-à-tête [tɛta'tɛ:t] *nt* <-, -s>, **Tete-a-tete**[RR] *nt* <-, -s> baş başa konuşma

teuer ['tɔɪɐ] *adj* **1.** (*kostspielig, wertvoll*) pahalı; **etw ~ kaufen/verkaufen** bir şeyi pahalı almak/satmak; **wie ~ ist das?** bu kaç para?; **teurer werden** pahalılaşmak; **etw kommt jdn ~ zu stehen** bir şey birine pahalıya oturmak [*o* mal olmak] **2.** (*geh: geschätzt*) değerli, kıymetli, sevgili; **mein ~er Freund** değerli dostum

Teuerung *f* (*das Teuerwerden*) pahalılaşma; (*Preisanstieg*) pahalılık; **Teuerungsrate** *f* pahalılık oranı

Teufel ['tɔɪfəl] *m* <-s, -> şeytan, iblis; **wie zum ~ hat er das geschafft?** (*fam*) bunu da nasıl becerdi ki?; **was zum ~ macht er hier?** (*fam*) ne işi var ki burada?; **weiß der ~!** (*fam*) ne bileyim!; **scher dich zum ~!** (*fam*) canın cehenneme!, yüzünü şeytan görsün!; **den soll der ~ holen!** (*fam*) yüzünü şeytan görsün!; **mal den ~ nicht an die Wand!** (*fam*) ağzını hayra aç!, ağzından yel alsın!; **in ~s Küche kommen** (*fam*) başı belâya girmek, şapa oturmak; **jdn in ~s Küche bringen** (*fam*) birinin başını belâya sokmak; **auf ~ komm raus** (*fam*) var gücüyle; **da ist der ~ los!** (*fam*) orada curcuna var!, orada (kızılca) kıyamet koptu!; **den ~ werde ich tun!** (*fam*) nah yaparım!; **wenn man vom ~ spricht(, kommt er)** (*fam*) köpeği an, taşı hazırla; **~ noch mal!** hay aksi şeytan!; **pfui ~!** tuh!, tü! şeytan çarpsın!

Teufelskerl *m* (*fam*) yaman herif; **Teufelskralle** *f* (BOT) şeytantırnağı; **Teufelskreis** *m* kısır döngü; **Teufelsnadel** *f* (ZOOL) şeytaniğnesi

teuflisch *adj* **1.** (*bösartig*) şeytanî **2.** (*fam: sehr*) çok; **das schmeckt ~ gut** bunun tadı [*o* lezzeti] çok güzel

Text [tɛkst] *m* <-(e)s, -e> **1.** (*allgemein*) metin; **weiter im ~!** (*fam*) devam edelim! **2.** (*Lied~*) güfte, söz **3.** (*unter einer Abbildung*) tekst; **Textbaustein** *m* metin elemanı; **Textbuch** *nt* (MUS) libretto

texten ['tɛkstən] *vi* (*Lieder*) güfte yazmak, şarkı güftesi yazmak; (*Werbetexte*) tekst yazmak, reklâm metni yazmak

Texter(in) *m(f)* <-s, -; -nen> (*von Liedern*) güfteci; (*von Werbetexten*) tekst yazarı

Textilien [tɛks'ti:liən] *Pl* tekstil; (*Stoffe*) dokumalar *pl*, mensucat; (*Kleidung*) giyim, tekstil

Textilindustrie *f* tekstil sanayii

Textmarker ['-markɐ] *m* markör; **Textstelle** *f*: **eine schwierige ~ erklären** metin-

deki (anlaşılması) güç bir yeri açıklamak [*o* izah etmek]
Textverarbeitung *f* (INFORM) kelime işlemi; **Textverarbeitungsprogramm** *nt* (INFORM) kelime işlemci program
TH [teːˈhaː] *f* <-s> *Abk. von* **Technische Hochschule** teknik yüksek okul
Thailand [ˈtaɪlant] *nt* <-s> Tayland
Thailänder(in) [ˈtaɪlɛndɐ] *m(f)* <-s, -; -nen> Taylandlı
thailändisch *adj* Tayland (ile ilgili), Taylandlı; **~e Frauen/Männer** Taylandlı kadınlar/erkekler; **die ~e Regierung** Tayland hükümeti
Theater [teˈaːtɐ] *nt* <-s, -> tiyatro; **absurdes/episches ~** saçma/epik tiyatro; **ins/zum ~ gehen** tiyatroya gitmek; **ein furchtbares ~ wegen etw** *gen/dat* **machen** (*fam*) bir şey yüzünden korkunç tantana yapmak; **das ist doch nur ~** (*fam*) bu sırf numara; **Theateraufführung** *f* temsil; **Theaterbesuch** *m* tiyatroya gitme; **Theaterbesucher(in)** *m(f)* tiyatrosever; **Theaterkarte** *f* tiyatro bileti; **Theaterkasse** *f* tiyatro gişesi; **Theaterprobe** *f* tiyatro provası; **Theaterstück** *nt* tiyatro oyunu
theatralisch [teaˈtraːlɪʃ] *adj* **1.** tiyatro (ile ilgili) **2.** (*fig: unnatürlich*) yapmacık; (*pathetisch*) patetik
Theke [ˈteːkə] *f* <-n> tezgâh
Thema [ˈteːma, *Pl:* ˈteːmən] *nt* <-s, Themen> konu, mevzu; (MUS) tema; (*Angelegenheit*) mesele; **ein ~ behandeln** bir konuyu işlemek [*o* ele almak]; **vom ~ abschweifen** konudan ayrılmak; **beim ~ bleiben** konudan ayrılmamak; **das ~ ist für mich erledigt** bu mesele benim için kapandı; **das ist (doch) kein ~!** (*fam: spielt keine Rolle*) bunun bir önemi yok (ki)!; (*steht nicht zur Debatte*) söz konusu bu değil (ki)!
thematisch *adj* tematik
thematisieren* [tematiˈziːrən] *vt* söz konusu yapmak
Themen [ˈteːmən] *Pl von* **Thema**
Theologe, -in [teoˈloːgə] *m, f* <-n, -n; -nen> teolog, ilâhiyatçı
Theologie [teoloˈgiː] *f ohne Pl* teoloji, ilâhiyat
theologisch *adj* teolojik
Theoretiker(in) [teoˈreːtikɐ] *m(f)* <-s, -; -nen> kuramcı, teorisyen
theoretisch *adj* kuramsal, teorik
theoretisieren* [teoretiˈziːrən] *vi* teoriler konuşmak
Theorie [teoˈriː] *f* <-n> kuram, teori
Therapeut(in) [teraˈpɔɪt] *m(f)* <-en, -en; -nen> (MED, PSYCH) terapist
Therapie [teraˈpiː] *f* <-n> (MED, PSYCH) terapi, tedavi
therapieren* *vt* tedavi etmek
Thermalbad [tɛrˈmaːl-] *nt* **1.** (*Kurort*) kaplıca **2.** (*Bad*) ılıca; **Thermalquelle** *f* termal kaynak
Thermometer [tɛrmoˈmeːtɐ] *nt* termometre, sıcakölçer
Thermosflasche [ˈtɛrmɔs-] *f* termos
Thermostat [tɛrmoˈstaːt] *m* <-(e)s *o* -en, -e(n)> termostat
These [ˈteːzə] *f* <-n> tez, sav, iddia; **eine ~ aufstellen** bir iddia ileri sürmek; **Thesenpapier** *nt* tez
Thessaloniki *nt* Selânik
Thriller [ˈθrɪlɐ] *m* <-s, -> (*Film*) gerilim filmi; (*Buch*) gerilim romanı
Thrombose [trɔmˈboːzə] *f* <-n> (MED) tromboz
Thrombozyt *m* <-en, -en> (MED) trombosit
Thron [troːn] *m* <-(e)s, -e> taht; **den ~ besteigen** tahta çıkmak
thronen [ˈtroːnən] *vi* kurulup oturmak (*über* -e), hâkim olmak (*über* -e)
Thronfolge *f ohne Pl* veliahtlık; **die ~ antreten** veliaht olmak, veliahtlığa yükselmek
Thronfolger(in) *m(f)* <-s, -; -nen> veliaht
Thunfisch [ˈtuːn-] *m* <-(e)s, -e> (ZOOL) ton balığı, orkinos
Thymian [ˈtyːmiaːn] *m* <-s, -e> (BOT) kekik
Tibet [ˈtiːbɛt] *nt* <-s> Tibet
Tick [tɪk] *m* <-(e)s, -s> **1.** (MED) tik **2.** (*fam: Eigenart*) tik; **einen ~ haben** bir tiki olmak
ticken [ˈtɪkən] *vi* (*Uhr*) tik tak etmek; **bei dir tickt's ja nicht richtig!** (*fam*) aklını kaçırdın galiba!, aklın tam ayar değil galiba!
tief [tiːf] **I.** *adj* **1.** (*a. fig: nicht flach*) derin; **fünf Meter ~ fallen** beş metre derine düşmek; **ein zwei Meter ~es Loch** iki metre derinliğinde bir çukur; **wie ~ ist das?** bunun derinliği ne kadar?; **im ~sten Afrika** Afrika'nın göbeğinde; **aus ~stem Herzen** canı gönülden; **~ in Gedanken versunken sein** derin derin düşünmek; **~es Schweigen** derin sessizlik; **im ~sten Winter** kışın ortasında **2.** (*niedrig*) alçak, düşük **3.** (*Ton*) kalın; (*Stimme*) kalın, pes **4.** (*Farbe*) koyu **5.** (*Teller*) çukur **II.** *adv* **1. ~ nachdenken** derin derin düşünmek; **(sehr) ~ schlafen** (çok) derin uyumak; (*niedrig*) alçak; **das Flugzeug fliegt ~** uçak alçaktan uçuyor; **sich ~ bücken** yerlere kadar eğilmek; **die Sonne steht schon ~** güneş batmak üzere, güneş gurupta; **zehn Meter ~ tauchen** on metre derinliğe dalmak; **sie wohnt ~ in den Bergen** dağların ortasında oturuyor; **sie**

wohnt eine Etage ~er bir kat aşağıda oturuyor **2.** (*sehr*) çok; **jdn ~ beschämen** birini çok utandırmak; **er ist in meiner Achtung ~ gesunken** gözümden çok düştü **3. jdm ~ in die Augen sehen** birinin gözünün içine bakmak; **~ ausgeschnitten** (*Kleidung*) dekolteli; **bis ~ in die Nacht hinein** gece geç vakitlere kadar

Tief [ti:f] *nt* <-s, -s> **1.** (METEO) alçak basınç merkezi **2.** (PSYCH) ruh çöküntüsü

Tiefbau *m ohne Pl* <-(e)s> alt yapı mühendisliği

tiefbetrübt ['--'-] *adj s.* **betrübt**; **tiefbewegt** ['--'-] *adj s.* **bewegt 2.**

Tiefdruck *m ohne Pl* <-(e)s> **1.** (METEO) alçak basınç **2.** (TYPO) tifdruk; **Tiefdruckgebiet** *nt* <-(e)s, -e> (METEO) alçak basınç alanı

Tiefe[1] ['ti:fə] *f* <-n> derinlik; **in einer ~ von 20 Metern** 20 metrelik bir derinlikte

Tiefe[2] *f ohne Pl* **1.** (*einer Farbe*) koyuluk **2.** (*der Stimme*) kalınlık

Tiefebene *f* (GEO) ova

Tiefengestein *nt* (GEO) derinlik kayaçları

Tiefenmessung *f* (NAUT) derinlik ölçümü

Tiefenpsychologie *f* derinlik psikolojisi; **Tiefenrausch** *m ohne Pl* (MED) derinlik sarhoşluğu; **Tiefenschärfe** *f* (FOTO) netlik derinliği; **Tiefenwirkung** *f* oylum, derinlik etkisi

Tiefflieger *m* <-s, -> alçaktan uçan uçak; **Tiefflug** *m* yalama uçuş, alçak(tan) uçuş; **Tiefgang** *m ohne Pl* <-(e)s> **1.** (NAUT) su çekimi **2.** (*fig*) derinlik; **Tiefgarage** *f* bina altı garajı; **tiefgekühlt** *adj* derin soğutulmuş

tiefgreifend *adj s.* **greifen I.2.**

tiefgründig ['ti:fgrʏndɪç] *adj* derin(lemesine)

Tiefkühlfach *nt* derin dondurucu; **Tiefkühlkost** *f* derin soğutulmuş gıdalar *pl;* **Tiefkühltruhe** *f* derin soğutucu; **Tiefkühlung** *f* derin soğutma

Tiefland *nt* <-(e)s, -länder *o* -e> (GEO) ova; **Tiefpunkt** *m* en düşük nokta; (*seelisch*) çöküntü

tiefreligiös *adj* koyu dindar, sofu

Tiefschlaf *m* derin uyku, ağır uyku; **Tiefschlag** *m* (SPORT) belden alta vurma

tiefschürfend *adj s.* **schürfen III.**

tiefschwarz ['-'-] *adj* simsiyah, kapkara

Tiefsee *f ohne Pl* (GEO) derin deniz; **Tiefseegraben** *m* (GEO) abis

Tiefsinn *m ohne Pl* <-(e)s> **1.** (*Gedankentiefe*) derin anlam, fikir derinliği **2.** (*Schwermut*) hüzün; **in ~ verfallen** içine bir hüzün çökmek, kara sevdaya tutulmak; **tiefsinnig** *adj* **1.** derin anlamlı **2.** (*schwermütig*) hüzünlü, kara sevdalı

Tiefstand *m ohne Pl* <-(e)s> en düşük seviye

tief|stapeln *vi* alçak gönüllü olmak

Tiefsttemperatur *f* en düşük sıcaklık

Tiegel ['ti:gəl] *m* <-s, -> **1.** (*zum Kochen*) kap; (*irdener*) güveç **2.** (*Schmelz~*) pota

Tier [ti:ɐ] *nt* <-(e)s, -e> hayvan; **ein hohes ~** (*fam fig*) önemli birisi; **Tierart** *f* <-en> hayvan türü; **Tierarzt, -ärztin** *m, f* veteriner; **Tiergarten** *m* hayvanat bahçesi

tierisch ['ti:rɪʃ] *adj* **1.** (*Tiere betreffend*) hayvansal **2.** (*pej: roh*) hayvanca, hayvanî; (*grausam*) vahşî **3.** (*fam: sehr*) çok; **ich habe ~en Durst** çok susadım; **das schmeckt ~ gut** bu çok lezzetli

Tierklinik *f* hayvan kliniği

Tierkreis *m ohne Pl* (ASTR) burçlar kuşağı

Tierkreiszeichen *nt* (ASTR) burç

tierlieb *adj* hayvansever; **sehr ~ sein** çok hayvansever olmak; **Tierpfleger(in)** *m(f)* hayvan bakıcısı; **Tierquälerei** ['---'-] *f* hayvanlara eziyet etme; **Tierreich** *nt ohne Pl* <-(e)s> hayvanlar âlemi; **Tierschutz** *m* hayvanları koruma; **Tierschützer(in)** *m(f)* <-s, -; -nen> hayvan korumacı

Tierschutzverein *m* hayvanları koruma derneği

Tierversuch *m* hayvanlar üzerinde yapılan deneme; **Tierwelt** *f ohne Pl* hayvanlar âlemi; **Tierzucht** *f ohne Pl* hayvancılık, hayvan yetiştirme

Tiger ['ti:gɐ] *m* <-s, -> (ZOOL) kaplan

tigern ['ti:gɐn] *vi sein* (*fam*) yürümek; **durch die Stadt ~** şehirde yürümek

Tigris *m ohne Pl* Dicle

Tilde ['tɪldə] *f* <-n> **1.** (*über Buchstaben*) kaş işareti **2.** (*in Wörterbüchern*) tire

tilgen ['tɪlgən] *vt* **1.** (FIN, WIRTSCH) itfa etmek, ödemek, sönümlemek; (*Schulden*) itfa etmek, ödemek **2.** (*geh: beseitigen*) yok etmek (*aus* -den), silmek (*aus* -den), iptal etmek

Tilgung *f* <-en> (FIN, WIRTSCH) itfa, sönüm; (*der Schuld*) itfa, sönüm; **Tilgungsfonds** *m* (FIN, WIRTSCH) itfa fonu

timen ['taɪmən] *vt* zamanlamak; (*festsetzen*) zamanını saptamak (-in)

Timesharing[RR] ['taɪmʃɛ:rɪŋ] *nt* <-s, -s> (*a.* INFORM) zaman bölüşme

Timing ['taɪmɪŋ] *nt* <-s, -s> zamanlama; **das war perfektes ~!** bu tam zamanındaydı!

Tinktur [tɪŋk'tu:ɐ] *f* <-en> tentür

Tinte ['tɪntə] *f* <-n> mürekkep; **in der ~ sitzen** (*fam*) güçlük içinde olmak, müşkül vaziyette kalmak; **Tintenfass**[RR] *nt* mürekkep hokkası; **Tintenfisch** *m* (ZOOL) ahtapot; (*kleiner*) mürekkep balığı

Tintenstrahldrucker *m* <-s, -> (INFORM)

mürekkep püskürtmeli yazıcı

Tip *m* <-s, -s>, **Tipp**[RR] [tɪp] *m* <-s, -s> **1.** (*fam: Rat*) öğüt, fikir **2.** (SPORT) bahis

tippen ['tɪpən] **I.** *vi* **1.** (*berühren*) dokunmak (*auf/an* -e/-e) **2.** (*fam: Maschine schreiben*) daktilo ile yazmak **3.** (*fam: wetten*) bahse girmek (*auf* -e); **ich tippe** (**darauf**), **dass er** (**nicht**) **gewinnt** kazan(may)acağına bahse girerim **4.** (*Lotto spielen*) loto oynamak **II.** *vt* **1.** (*fam: Text*) daktilo etmek **2.** (*im Lotto*) oynamak

Tippfehler *m* daktilo hatası

Tippschein *m* <-(e)s, -e> bahis kuponu

Tippse ['tɪpsə] *f* <-n> (*fam pej*) daktilo

tipptopp ['tɪp'tɔp] *adj* (*fam*) mükemmel

Tirol [ti'ro:l] *nt* <-s> Tirol

Tiroler(in) *m(f)* <-s, -; -nen> Tirollu

Tisch [tɪʃ] *m* <-(e)s, -e> masa; (*Tafel*) sofra; **den ~ decken** sofrayı kurmak; **am ~ sitzen** masada [*o* sofrada] oturmak; **am runden ~** yuvarlak masada; **sich an den gedeckten ~ setzen** (*fig*) hazıra konmak; **unter den ~ fallen** (*fam*) dikkate alınmamak; **etw unter den ~ fallen lassen** (*fam*) bir şeyi dikkate almamak; **jdn unter den ~ trinken** (*fam*) içki içmede birinden baskın çıkmak; **etw ist vom ~** (*fam*) bir şey gündemden kalkmış olmak; **reinen ~ machen** (*fam*) hâle yola koymak; **etw vom ~ wischen** (*fam*) bir şeye kulak asmamak; **jdn über den ~ ziehen** (*fam fig*) birine kazık atmak, birini kazıklamak; **Tischbein** *nt* masa ayağı; **Tischdecke** *f* masa örtüsü; (*Esstisch*) sofra örtüsü; **Tischfußball** *m ohne Pl* <-s> langırt; **Tischgesellschaft** *f* <-en> masa; **Tischgebet** *nt* sofra duası, yemek duası; **Tischgespräch** *nt* sofra muhabbeti; (*nach dem Essen*) yemek sonrası muhabbeti; **Tischkante** *f* masa kenarı; **Tischlampe** *f* masa lâmbası

Tischler(in) *m(f)* <-s, -; -nen> marangoz

Tischlerei *f* <-en> **1.** (*Werkstatt*) marangozhane **2.** *ohne Pl* (*Handwerk*) marangozluk; **die ~ erlernen** marangozluk öğrenmek; **Tischnachbar(in)** *m(f)* masa arkadaşı; **Tischrede** *f* sofra başı konuşması

Tischtennis *nt ohne Pl* masa topu, masa tenisi, pingpong; **Tischtennisplatte** *f* pingpong masası; **Tischtennisschläger** *m* pingpong raketi

Titel ['ti:təl] *m* <-s, -> **1.** (*a.* PUBL) başlık; (*Unter~*) başlık **2. akademischer ~** unvan **3.** (SPORT) şampiyonluk, birincilik; **um den ~ spielen** (SPORT) şampiyonluk için oynamak **4.** (JUR) senet **5.** (*Abschnitt eines Gesetzes*) fasıl, kısım; **Titelanwärter(in)** *m(f)* (SPORT) şampiyonluğa aday; **Titelbild** *nt* kapak resmi; **Titelblatt** *nt* baş sayfa

titeln *vt* başlık koymak (-e), ad koymak [*o* takmak] (-e, *mit* diye)

Titelrolle *f* (FILM, THEAT) başrol; **Titelverteidiger(in)** *m(f)* (SPORT) unvanını koruyan yarışmacı

Titte ['tɪtə] *f* <-n> (*vulg*) meme

titulieren* [titu'li:rən] *vt* hitap etmek (-e, *als* diye)

tja [tja] *interj* (*fam*) eh

TNT [te:ʔɛn'te:] *nt ohne Pl* <-> *Abk. von* **Trinitrotoluol** TNT, *trinitrotolüen*

Toast [to:st] *m* <-(e)s, -e *o* -s> **1.** (*~scheibe*) tost; (*~brot*) tost ekmeği **2.** (*Trinkspruch*) içki içilirken kadeh kaldırarak söylenen söz; **einen ~ auf jdn ausbringen** birinin sağlığına [*o* şerefine] içmek, birinin şerefine kadeh kaldırıp söz söylemek; **Toastbrot** *nt* tost ekmeği; (*Scheibe*) tost

toasten ['to:stən] *vt* (*Brot*) tost yapmak

Toaster *m* <-s, -> tost makinesi

toben ['to:bən] *vi* **1.** (*vor Wut*) kudurmak; (*vor Begeisterung*) coşmak **2.** (*Kinder*) azmak **3.** (*Sturm*) ortalığı kasıp kavurmak; (*Meer*) kükremek

Tobsucht *f ohne Pl* kudurma, küplere binme, heyheyleri tutma; **tobsüchtig** *adj* azgın, kudurmuş

Tobsuchtsanfall *m*: **einen ~ bekommen** kudurmak, küplere binmek, heyheyleri tutmak

Tochter ['tɔxtɐ, *Pl:* 'tœçtɐ] *f* <Töchter> **1.** (*Kind*) kız (evlât) **2.** (*Schweiz: Bedienung*) kız (garson); (*Haushaltshilfe*) (hizmetçi) kız; **Tochtergesellschaft** *f* <-en> (WIRTSCH) yavru şirket

Tod [to:t] *m* <-(e)s, -e> ölüm, vefat; **eines natürlichen ~es sterben** eceliyle ölmek; **jdn zum ~e verurteilen** birini ölüme mahkûm etmek; **etw mit dem ~ bezahlen** bir şeyi canıyla ödemek; **sich zu ~e schämen/langweilen** (*fam*) utancından/can sıkıntısından ölmek; **mit dem ~ ringen** ölümle boğuşmak, can çekişmek; **jdn zu ~e erschrecken** (*fam*) birinin ödünü koparmak [*o* patlatmak]; **du holst dir noch den ~** (*fam*) hastalanıp öleceksin; **jdn auf den ~ nicht leiden können** (*fam*) birini ölesiye çekememek; **tausend ~e sterben** ölüp ölüp dirilmek

todernst ['-'-] *adj* (*fam*) çok ciddî

Todesangst *f* ölüm korkusu, can korkusu; **Todesanzeige** *f* ölüm ilânı; **Todesfall** *m* <-(e)s, -fälle> ölüm; **Todesfasten** *nt ohne Pl* ölüm orucu; **Todesfolge** *f ohne Pl* (JUR) ölümle sonuçlanma; **Todesgefahr** *f* ölüm tehlikesi; **Todeskampf** *m ohne Pl* <-(e)s> ölüm kalım savaşı, can çekişme; **Todeskandidat(in)** *m(f)* (*durch Krankheit*) ölüm döşeğine düşmüş (kimse);

(*durch Todesurteil*) idam mahkûmu; **todesmutig** *adj* ölümü göze alan; **Todesopfer** *nt* kurban; **Todesschuss**[RR] *m* öldürücü mermi; **Todesstoß** *m* öldürücü darbe; **jdm/etw** *dat* **den ~ versetzen** bir kimseye/şeye öldürücü darbeyi vurmak; **Todesstrafe** *f* ölüm cezası, idam cezası; **bei ~** ölüm [*o* idam] cezası halinde; **Todestag** *m* ölüm günü; (*Jahrestag*) ölüm yıldönümü; **Todesursache** *f* ölüm sebebi; **Todesurteil** *nt* idam hükmü; **Todeszelle** *f* idam hücresi

Todfeind(in) *m(f)* can düşmanı; **todkrank** ['-'-] *adj* çok [*o* ölümcül] hasta olan; **todlangweilig** ['-'---] *adj* çok can sıkıcı

tödlich ['tø:tlɪç] **I.** *adj* öldürücü, ölümcül; **Unfall mit ~em Ausgang** ölümle sona eren bir kaza; **eine ~ banale Geschichte** son derece banal bir öykü **II.** *adv:* **~ verletzt** ölecek derecede yaralı, ölecek kadar ağır yaralı; **~ verunglücken** kazada ölmek; **sich ~ langweilen** can sıkıntısından ölmek

todmüde ['-'--] *adj* (*fam*) canı çıkmış, çok yorgun, ölü gibi; **todschick** ['-'-] *adj* (*fam*) iki dirhem bir çekirdek, çok şık; **todsicher** ['-'--] **I.** *adj* (*fam*) yüzde yüz kesin, şaşmaz **II.** *adv* (*fam: auf jeden Fall*) kesinlikle; (*zweifellos*) kuşkusuz, şüphesiz; **Todsünde** *f* (REL) ana günah; **todunglücklich** ['-'---] *adj* (*fam*) çok mutsuz

Tohuwabohu [to:huva'bo:hu] *nt* <-(s), -s> çıfıt çarşısı, kıyamet

toi [tɔɪ] *interj* (*fam*): **~, ~, ~!** şeytan kulağına kurşun!

Toilette[1] [to̯a'lɛtə] *f* **1.** *ohne Pl* (*geh: Körperpflege*) tuvalet; **die morgendliche ~ machen** sabah tuvaletini yapmak **2.** (*festliche Damenkleidung*) tuvalet; **die Damen erschienen in großer ~** hanımlar grantuvalet geldiler

Toilette[2] *f* <-n> (*WC*) tuvalet; **öffentliche ~n** belediyenin tuvaletleri; **auf die ~ gehen** tuvalete gitmek

Toilettenartikel *m* <-s, -> tuvalet malzemesi; **Toilettenpapier** *nt* tuvalet kâğıdı

Tokio ['to:kio] *nt* <-s> Tokyo

tolerant [tole'rant] *adj* toleranslı, hoşgörülü

Toleranz [tole'rants] *f* <-en> **1.** tolerans, hoşgörü **2.** (TECH, MED) tolerans

tolerieren* [tole'ri:rən] *vt* **1.** (*dulden*) hoş görmek **2.** (TECH) tolerans tanımak

toll [tɔl] *adj* (*fam*) **1.** (*unglaublich*) inanılmaz **2.** (*großartig*) şahane, ömür, enfes, harika **3.** (*schlimm*) korkunç; **es zu ~ treiben** aşırıya kaçmak

Tolle ['tɔlə] *f* <-n> lüle

tollen ['tɔlən] *vi* **1.** (*toben*) azmak **2.** *sein* (*laufen*) koşuşmak (*durch* -de); **durch die Wiesen ~** çayırda koşuşmak

Tollhaus *nt* tımarhane

Tollheit *f* delilik

Tollkirsche *f* (BOT) güzelavrat otu

tollkühn *adj* cür'etkâr; **Tollkühnheit** *f* <-en> cür'et, cür'etkârlık

Tollpatsch[RR] ['tɔlpatʃ] *m* <-(e)s, -e> sakarlık

tollpatschig[RR] *adj* sakar

Tollwut *f ohne Pl* (MED) kuduz

tollwütig *adj* kuduz, kuduruk

Tolpatsch *m* <-(e)s, -e> *s.* **Tollpatsch**

tolpatschig *adj s.* **tollpatschig**

Tölpel ['tœlpəl] *m* <-s, -> **1.** (ZOOL) sümsük kuşu **2.** (*pej: Dummkopf*) budala, hıyar

Tomahawk *m* <-s, -s> tomahavk

Tomate [to'ma:tə] *f* <-n> domates; **eine treulose ~** (*fam*) vefasızın [*o* hakikatsizin] biri; **hast du ~n auf den Augen?** (*fam*) kör müsün?; **Tomatenketchup** *m o nt,* **Tomatenketschup**[RR] *m o nt* ketçap; **Tomatenmark** *nt ohne Pl* <-(e)s> domates salçası; **Tomatensoße** *f* domates sosu; **Tomatensuppe** *f* domates çorbası

Tombola ['tɔmbola] *f* <-s> tombala

Tomografie[RR] *f* <-n>, **Tomographie** [tomogra'fi:] *f* <-n> (MED) tomografi

Ton[1] [to:n] *m* <-(e)s, -e> (*Erde*) toprak, balçık; (*zum Töpfern*) kil, toprak

Ton[2] [to:n, *Pl:* 'tø:nə] *m* <-(e)s, Töne> **1.** (*Klang, a.* RADIO, TV) ses **2.** (*Farb~, Sprechweise, a.* MUS) ton; **der gute ~** görgü; **den ~ angeben** sözü geçmek; **ich verbitte mir diesen ~** bu tonda benimle konuşmanı(zı) menediyorum; **einen anderen ~ anschlagen** sesinin tonunu değiştirmek; **jdn in den höchsten Tönen loben** birini göklere çıkarmak; **der ~ macht die Musik** (*fam*) insanın söylediği söyleyişine göre değişir **3.** (*Betonung*) vurgu **4.** (*fam: Äußerung*): **große Töne spucken** (*fam pej*) büyük (söz) söylemek, büyük lâf etmek

tonangebend *adj* (*fig*) sözü geçer; (*eine maßgebliche Rolle spielend*) belirleyici [*o* son derece önemli] bir rol oynayan

Tonarm *m* pikap kolu

Tonart *f* <-en> **1.** (MUS) makam **2.** (*Tonfall*) ton

Tonaufnahme *f,* **Tonaufzeichnung** *f* ses kaydı

Tonband *nt* <-(e)s, -bänder> **1.** (*Tonträger*) ses bandı **2.** (*fam: Gerät*) teyp; **Tonbandaufnahme** *f* teyple ses kaydı; **Tonbandgerät** *nt* <-(e)s, -e> teyp

tönen ['tø:nən] **I.** *vi* **1.** (*er~*) duyulmak, işitilmek **2.** (*fam pej: angeben*) övünmek; **er tönte mit seinen Erfolgen** başarılarıyla övündü **II.** *vt* (*Farbton verleihen*) hafifçe boyamak; (*färben*) boyamak; (*dunkler*) koyulaştırmak

Tonerde *f ohne Pl* **1.** (*Ton*) kil **2.** (CHEM) alümin

tönern ['tøːnɐn] *adj* killi

Tonfall *m* <-(e)s, -fälle> **1.** (*Sprachmelodie*) ton, titrem **2.** (*Art des Sprechens*) ses(inin) tonu, şive; **Tonfilm** *m* <-(e)s, -e> sesli film; **Tonfrequenz** *f* (PHYS) ses frekansı

Tongefäß *nt* çömlek

Tonhöhe *f* tizlik

Tonic *nt* <-, -(s)> tonik

Toningenieur(in) *m(f)* (TV, RADIO) tonmayster, ses yönetmeni; **Tonkarte** *m* (INFORM) ses kartı; **Tonkopf** *m* okuma kafası

Tonkrug *m* testi

Tonlage *f* (MUS) ton; **Tonleiter** *f* <-n> (MUS) gam (dizisi)

tonlos *adj* (*unbetont*) vurgusuz; (*Stimme*) sessiz

Tonnage [tɔ'naːʒə] *f* <-n> (NAUT) tonaj

Tonne ['tɔnə] *f* <-n> **1.** (*Behälter*) varil; (*Regen~*) bidon; (*Müll~*) teneke, bidon **2.** (*Maßeinheit*) ton **3.** (NAUT) şamandıra **4.** (*fam: Mensch*) fıçı gibi (kimse)

Tonnengewölbe *nt* (ARCH) beşik tonoz

tonnenweise *adv* tonla, tonlarca

Tonqualität *f* ses kalitesi; **Tonstörung** *f* (RADIO, FILM, TV) parazit; **Tonstudio** *nt* ton stüdyosu; **Tontafel** *f* tablet

Tontaube *f* (SPORT) hedef vazifesi gören plâka, *baltrapla havaya fırlatılan balçık hedef;* **Tontaubenschießen** *nt ohne Pl* <-s> (SPORT) *baltrapla havaya fırlatılan balçık hedefleri vurma*

Tontechniker(in) *m(f)* ses yönetmeni; **Tonträger** *m* <-s, -> ses kayıt bandı

Tönung ['tøːnʊŋ] *f* <-en> **1.** (*das Tönen*) boyama **2.** (*Farbton*) renk tonu

Top [tɔp] *nt* <-s, -s> top

Topas [to'paːs] *m* <-es, -e> topaz

Topf [tɔpf, *Pl:* 'tœpfə] *m* <-(e)s, Töpfe> **1.** çömlek; (*Koch~*) tencere; **alles in einen ~ werfen** (*fam fig*) genelleme yapmak **2.** (*Nacht~*) oturak, lâzımlık; (*fam: Toilette*) tuvalet **3.** (*Blumen~*) saksı **4.** (FIN) kasa

Topfblume *f* saksı çiçeği

Töpfer(in) ['tœpfɐ] *m(f)* <-s, -; -nen> çömlekçi

Töpferei [tœpfə'raɪ] *f* <-en> **1.** (*Handwerk*) çömlekçilik, seramikçilik **2.** (*Werkstatt*) çömlek atölyesi

töpfern ['tœpfɐn] **I.** *vi* çanak çömlek yapmak; (*Keramiken*) seramik yapmak **II.** *vt* (*Kunst*) topraktan yapmak; **getöpferte Teller** topraktan yapılmış tabaklar, seramik tabaklar

Töpferscheibe *f* çömlekçi tornası; **Töpferwaren** *fpl* çanak çömlek, seramik eşya

topfit ['tɔp'fɪt] *adj* (*fam*) bomba gibi

Topflappen *m* tencere tutma bezi

Topform *f ohne Pl* (*fam* SPORT: *Bestform*) kıvam, tam form

Topfpflanze *f* saksı bitkisi

Topografie[RR] *f* <-n> *s.* **Topographie**

topografisch[RR] *adj s.* **topographisch**

Topographie [topogra'fiː] *f* <-n> (GEO) topografi

topographisch [topo'graːfɪʃ] *adj* (GEO) topografik

Toppsegel *nt* (NAUT) gabya yelkeni; **Toppsgast** *m* (NAUT) gabyacı

Tor[1] [toːɐ] *m* <-en, -en> (*geh: Person*) budala, ahmak

Tor[2] [toːɐ] *nt* <-(e)s, -e> **1.** (*große Tür*) kapı, cümle kapısı **2.** (*Eingang*) giriş kapısı; (*Monument*) anıtsal kapı **3.** (SPORT: *Gehäuse*) kale; (*Treffer*) gol; **im ~ stehen** kalede durmak; **ein ~ schießen** gol atmak

Torbogen *m* <-s, -bögen> (ARCH) kapı kemeri; **Torchance** *f* <-n> (SPORT) gol fırsatı

Torero [to'reːro] *m* <-s, -s> torero

Torf [tɔrf] *m* <-(e)s, -e> turba

Torfrau *f s.* **Torwart**

Torheit *f* <-en> (*geh*) budalalık, ahmaklık, enayilik; **Alter schützt vor ~ nicht** (*prov*) akıl yaşta değil, baştadır

Torhüter(in) *m(f)* <-s, -; -nen> (SPORT: *Torwart*) kaleci

töricht ['tøːrɪçt] *adj* (*pej*) **1.** (*unvernünftig*) akılsız **2.** (*einfältig*) bön, enayi **3.** (*unsinnig*) saçma

Torjäger *m* (SPORT) golcü

torkeln ['tɔrkəln] *vi sein* sendelemek

Torlinie *f* (SPORT) kale çizgisi

torlos *adj* (SPORT) golsüz

Törn [tœrn] *m* <-s, -s> **1.** (*Segel~*) (yelken) gezi(si) **2.** (*Turnus*) nöbet sırası

Tornado [tɔr'naːdo] *m* <-s, -s> (METEO) tornado

Tornister [tɔr'nɪstɐ] *m* <-s, -> sırt çantası

torpedieren* [tɔrpe'diːrən] *vt* (MIL) torpillemek

Torpedo [tɔr'peːdo] *m* <-s, -s> (MIL) torpil; **Torpedoboot** *nt* torpido, torpidobot; **Torpedofisch** *m* (ZOOL) torpil balığı; (*Zitterrochen*) uyuşturan balığı

Torpfosten *m* (SPORT) kale direği; **Torraum** *m* (SPORT) kale sahası

Torschlusspanik[RR] *f* fırsatı kaçırma korkusu; **aus ~ heiraten** evde kalacağım korkusuyla evlenmek

Torschütze, -in *m, f* <-n, -n; -nen> (SPORT) golcü

Torso ['tɔrzo] *m* <-s, -s *o* Torsi> (KUNST)

T

torso, gövde heykeli

Torte ['tɔrtə] *f* <-n> (*Sahne~*) turta; (*Obst~*) pasta

Tortur [tɔr'tuːɐ] *f* <-en> işkence

Torwart, -frau ['toːɐvart] *m, f* <-(e)s, -e; -en> (SPORT) kaleci

tosen ['toːzən] *vi* (*Meer*) çalkanmak; (*Sturm*) uğuldamak; **~der Beifall** alkış tufanı

tot [toːt] *adj* ölü; (*verstorben*) ölmüş; (*leblos*) cansız; **~er Raum** (MIL) ölü açı; **ein ~ geborenes Kind** ölü doğmuş bir çocuk; **das T~e Meer** Ölü Deniz; **halb ~** yarı ölü; **er war auf der Stelle ~** anında öldü; **sich ~ stellen** ölmüş numarası yapmak; **den ~en Mann machen** (*fam*) suyun üstünde ölü numarası yapmak; **mehr ~ als lebendig (sein)** ölü gibi (olmak)

total [to'taːl] **I.** *adj* **1.** (*vollständig*) tam, bütün, komple **2.** (*fam: völlig*) tam; **das ist ja ~er Wahnsinn** bu tam bir çılgınlık **II.** *adv* tamamen

Totalausverkauf *m* tasfiye satışı

totalitär [totali'tɛːɐ] *adj* totaliter, bütüncül

Totalität [totali'tɛːt] *f ohne Pl* tamlık, bütünlük

Totalschaden *m* tam zarar, tam hasar

tot|arbeiten *vr:* **sich ~** (*fam*) çalışmaktan ölmek [*o* canı çıkmak]; **tot|ärgern** *vr:* **sich ~** (*fam*) çok kızmak

Tote(r) ['toːtɐ] *mf* <-n, -n; -n> ölü

töten ['tøːtən] *vt* öldürmek; (*ermorden*) öldürmek

Totenbett *nt* ölüm döşeği, rahat döşeği; **totenblass**[RR] ['--'-] *adj* cenaze gibi; **Totenglocke** *f* matem çanı; **die ~n läuten** matem çanı çalmak; **Totengräber** ['--grɛːbɐ] *m* <-s, -> mezarcı; **Totenhemd** *nt* kefen; **Totenklage** *f* (LIT) ağıt, sağu, mersiye; **Totenkopf** *m* **1.** (*Totenschädel*) kuru kafa **2.** (ZOOL: *~schwärmer*) kuru kafa; **Totenmaske** *f* <-n> mask; **Totenmesse** *f* ölüler için yapılan ayin; **Totenschein** *m* <-(e)s, -e> ölüm kâğıdı; **Totensonntag** *m* (REL) ölüleri anma günü; **Totenstarre** *f* ölü katılığı; **totenstill** ['--'-] *adj:* **es war ~** (*fam*) ölümsü bir sessizlik vardı; **Totenstille** ['--'--] *f ohne Pl* ölüm sessizliği, ölüm sükûtu; **Totenuhr** *f* (ZOOL) tahta kurdu

tot|fahren *irr vt* ezerek öldürmek

totgeboren *adj s.* **tot**

Totgeburt *f* (MED) **1.** (*Geburt*) ölü doğum **2.** (*Kind*) ölü doğmuş çocuk

tot|kriegen *vt* (*fam*) öldürmek; (*vernichten*) yok etmek; (*zugrunde richten*) mahvetmek; **diese Mode ist nicht totzukriegen** bu moda ölmez; **tot|lachen** *vr:* **sich ~** (*fam*) gülmekten kırılmak [*o* katılmak]

Toto ['toːto] *m o nt* <-s, -s> spor toto; **Totoschein** *m* <-(e)s, -e> spor toto kuponu

tot|sagen *vt* ölmüş olduğunu söylemek (-in); **tot|schießen** *irr vt* (*fam*) ateş ederek öldürmek, kurşunla öldürmek; **Totschlag** *m ohne Pl* <-(e)s> (JUR) adam öldürme; **tot|schlagen** *irr vt* öldürmek; **die Zeit ~** (*fam*) vakit öldürmek

Totschläger(in)[1] *m(f)* <-s, -; -nen> (*pej: Person*) katil

Totschläger[2] *m* <-s, -> (*Waffe*) usturpa

tot|schweigen *irr vt* örtbas etmek; **tot|stellen** *vr:* **sich ~** *s.* **tot**; **tot|treten** *irr vt* tekmeleyerek öldürmek; (*durch Drauftreten*) üstüne basarak öldürmek

Tötung *f* <-en> öldürme; (*Totschlag*) adam öldürme; **fahrlässige ~** taksirle adam öldürme; **Tötungsversuch** *m* (JUR) adam öldürmeye teşebbüs

Toupet [tu'peː] *nt* <-s, -s> tupe, ilave saç

toupieren* [tu'piːrən] *vt* tarakla kabartmak

Tour [tuːɐ] *f* <-en> **1.** (*Ausflug*) tur (*in* -de), gezinti (*in* -de); (*Rundfahrt*) tur (*durch* -) **2.** (*Strecke*) yol **3.** (*fam: Trick*) oyun; **immer die gleiche ~!** hep aynı oyun! **4.** (*fam: Vorhaben*): **jdm die ~ vermasseln** birinin plânını berbat etmek **5.** (TECH: *Umdrehung*) devir; **auf vollen ~en arbeiten** tam gaz çalışmak; **etw auf ~en bringen** (*fam*) bir şeyi hızlandırmak; **auf ~en kommen** (*fam*) hızlanmak; **in einer ~** (*fam*) sürekli **6.** (*Wend*): **mach keine krummen ~en!** (*fam*) yaramazlık yapma!

Tourenzahl *f* (TECH) devir sayısı

Tourismus [tu'rɪsmʊs] *m ohne Pl* <-> turizm

Tourist(in) [tu'rɪst] *m(f)* <-en, -en; -nen> turist; **Touristenklasse** *f ohne Pl* ekonomik mevki; **Touristenzentrum** *nt* turizm merkezi

Touristik [tu'rɪstɪk] *f ohne Pl* turizm

touristisch *adj* turistik

Tournee [tʊr'neː] *f* <-s *o* -n> turne; **auf ~ sein** turnede olmak; **auf ~ gehen** turneye çıkmak

Tower ['taʊɐ] *m* <-s, -> (AERO) kontrol kulesi

Toxikologe, -in *m, f* toksikolog

Toxikologie *f* toksikoloji

toxikologisch *adj* toksikolojik

Toxin *nt* (MED, BIOL) toksin

toxisch ['tɔksɪʃ] *adj* toksik

Trab [traːp] *m ohne Pl* <-(e)s> tırış; **das Pferd in ~ setzen** atı tırısa kaldırmak; **in leichtem ~ reiten** (atla) hafif tırıs gitmek; **jdn auf ~ bringen** (*fam*) birini koşturmak; **jdn in ~ halten** (*fam*) birini koşturup durmak, birine nefes aldırmamak

Trabant [tra'bant] *m* <-en, -en> (ASTR,

AERO) uydu; **Trabantenstadt** *f* uydu kent

traben ['tra:bən] *vi haben o sein* tırıs gitmek

Tracht [traxt] *f* <-en> **1.** giysi, kıyafet **2.** (*Wend*): **eine anständige ~ Prügel bekommen** (*fam*) adamakıllı bir dayak yemek

trachten ['traxtən] *vi* (*geh*): **nach etw** *dat* ~ bir şeye göz dikmek; **jdm nach dem Leben** ~ birinin canına kastetmek

trächtig ['trɛçtɪç] *adj* gebe

Trackball *m* (INFORM) iz topu

Tradeskantie *f* (BOT) telgraf çiçeği

Tradition [tradi'tsjo:n] *f* <-en> gelenek; **aus** ~ gelenekten

Traditionalismus *m ohne Pl* <-> gelenekçilik

Traditionalist(in) *m(f)* <-en, -en; -nen> gelenekçi

traditionell [traditsjo'nɛl] *adj* geleneksel, gelenekli

traditionsbewusst[RR] *adj* gelenekçi

traf [tra:f] *3. imp von* **treffen**

Trafo *m* <-s, -s> transformatör

Tragant *m* **1.** (BOT) geven **2.** (*Substanz*) kitre

Tragbahre *f* sedye

tragbar *adj* **1.** (*Geräte*) portatif, taşınabilir **2.** (*Kleidung*) giyilir **3.** (*erträglich*) çekilir, katlanılır

träge ['trɛ:gə] *adj* **1.** (*langsam*) yavaş, ağır canlı; (*lustlos*) üşengeç; (*faul*) tembel, hımbıl, uyuşuk **2.** (PHYS) süreduran

tragen ['tra:gən] <trägt, trug, getragen> **I.** *vt* **1.** (*Last*) taşımak; (*Kleidung*) giymek; (*Brille*) takmak; **etw bei sich** *dat* ~ bir şeyi üstünde [*o* yanında] taşımak; **auf dem Arm/auf dem Rücken** ~ kolunda/sırtında taşımak; **das trägt man nicht mehr** bu artık giyilmiyor; **das Haar lang/kurz** ~ saçı uzun/kısa gezmek **2.** (*stützen*) taşımak **3.** (*er~*) çekmek; (*Verlust*) üstlenmek; (*Kosten*) çekmek; **für etw die Verantwortung** ~ bir şeyden sorumlu olmak **II.** *vi* **1.** (*Eis*) taşımak **2.** (*Baum, Acker*) vermek **3.** (*Tier*) gebe olmak **4.** (*Kleidung, Mode*) giyinmiş olmak **5.** (*an Verantwortung*) üstünde olmak **III.** *vr*: **sich** ~ **1.** (*sich finanzieren*): **sich selbst** ~ kendi kendini finanse etmek **2.** (*in Erwägung ziehen*): **sich mit dem Gedanken ~ etw zu tun** bir şeyi yapmayı düşünmek **3. der Koffer trägt sich leicht** bavul kolay taşınıyor; **der Stoff trägt sich angenehm** kumaşın giyimi çok rahat

Tragen *nt*: **zum ~ kommen** (*wirksam werden*) etkili olmak; (*Anwendung finden*) uygulanmak

Träger(in)[1] ['trɛgɐ] *m(f)* <-s, -; -nen> **1.** taşıyıcı; (*Gepäck~*) hamal **2.** (*Preis~*) sahip **3.** (*einer Krankheit*) mikrop

Träger[2] *m* <-s, -> **1.** (ARCH) putrel; (TECH) destek **2.** (*an Kleidung*) askı **3.** (*Institution*) kurum

Trägerrakete *f* taşıyıcı füze; **Trägerrock** *m* askılı eteklik; **Trägersignal** *nt* (INFORM) taşıyıcı sinyal

Tragetasche *f* **1.** (*Einkaufstasche*) pazar çantası, alış verişte kullanılan çanta [*o* torba] **2.** (*Plastiktüte*) poşet, naylon torba

tragfähig *adj* taşır

Tragfläche *f* (AERO) kanat

Trägheit ['trɛ:khaɪt] *f ohne Pl* **1.** (*Faulheit*) tembellik, hımbıllık, atalet; (*Langsamkeit*) yavaşlık, ağır canlılık; (*Lustlosigkeit*) üşengeçlik **2.** (PHYS) süredurum

Tragik ['tra:gɪk] *f ohne Pl* (*a.* LIT, THEAT) trajedi; **die ~ dieses Geschehens** bu olayın acıklı yönü

tragikomisch [tra:gi'ko:mɪʃ, '----] *adj* (*a.* LIT, THEAT) trajikomik

Tragikomödie [tragiko'mø:djə, '-----] *f* (*a.* LIT, THEAT) trajikomedi, acıklı komedi

tragisch ['tra:gɪʃ] *adj* trajik, feci, çok acıklı; (LIT, THEAT) trajik; **nimm's nicht so** ~ (*fam*) üzme tatlı canını

Tragkraft *f ohne Pl* (TECH, ARCHIT) taşıma gücü; **Traglast** *f* yük

Tragödie [tra'gø:djə] *f* <-n> (*a.* LIT, THEAT) trajedi, ağlatı

trägt *3. präs von* **tragen**

Tragtier *nt* yük hayvanı; **Tragweite** *f* **1.** porte, etki alanı **2.** (*einer Waffe*) menzil, erim

Trainer(in)[1] ['trɛ:nɐ] *m(f)* <-s, -; -nen> antrenör

Trainer[2] *m* <-s, -> (*Schweiz: Trainingsanzug*) eşofman

trainieren* [trɛ'ni:rən, tre'ni:rən] **I.** *vi* antreman yapmak, idman yapmak **II.** *vt* (*Mannschaft*) antreman yaptırmak, idman yaptırmak; (*Muskeln*) çalıştırmak

Training ['trɛ:nɪŋ] *nt* <-s, -s> antreman; **autogenes** ~ otojestiyon; **Trainingsanzug** *m* <-(e)s, -züge> eşofman

Trakt [trakt] *m* <-(e)s, -e> (ARCH) kanat, bölüm

traktieren *vt* hırpalamak, eziyet etmek (-e), kötü davranmak (-e)

Traktor ['trakto:ɐ] *m* <-s, -en> traktör

trällern ['trɛlɐn] **I.** *vi* şarkı tutturmak **II.** *vt*: **ein Lied** ~ bir şarkı tutturmak

Tram [tram] *f* <-s> (*reg*) tramvay

Trampel ['trampəl] *m o nt* <-s, -> (*fam pej*) beceriksiz (kimse); **sie ist ein** ~ o beceriksizin biridir

trampeln ['trampəln] **I.** *vi* tepinmek **II.** *vt*: **etw platt** ~ bir şeyi çiğnemek [*o* basıp ezmek]

Trampelpfad *m* patika; **Trampeltier** *nt* **1.** (*Kamel*) iki hörgüçlü deve **2.** (*fam: Trampel*) beceriksiz (kimse); **pass doch auf, du ~!** dikkat etsene, beceriksiz!

trampen ['trɛmpən] *vi sein* otostop yapmak

Tramper(in) *m(f)* <-s, -; -nen> otostopçu

Trampolin ['trampoli:n, --'-] *nt* <-s, -e> tramplen

Tramway ['tramvaɪ] *f* <-s> (*österr*) tramvay

Tran [tra:n] *m* <-(e)s, -e> balık yağı; **wie im ~** (*fam*) sarhoş gibi; **etw im ~ vergessen** bir şeyi dalgınlıkla unutmak

Trance ['trãs(ə)] *f* <-n> trans; **in ~ fallen** trans hâline girmek; **Trancezustand** *m* trans hâli

tranchieren* [trã'ʃi:rən] *vt s.* **transchieren**

Tranchiermesser [trã'ʃi:r-] *nt s.* **Transchiermesser**

Träne ['trɛ:nə] *f* <-n> gözyaşı; **den ~n nahe sein** gözleri yaşarmak; **mir kommen die ~n!** (*iron*) ay, şimdi ağlayacağım!

tränen *vi* yaşarmak; **mir ~ die Augen** gözlerim yaşarıyor

Tränendrüse *f* gözyaşı bezi

tränenfeucht *adj* yaşlı; **Tränenfluss** *m* hüngür hüngür ağlama; **Tränengas** *nt ohne Pl* <-es> göz yaşartıcı gaz; **Tränensack** *m* (ANAT) gözyaşı kesesi

tranig ['tra:nɪç] *adj* **1.** (*nach Tran schmeckend*) balık yağı tadında olan **2.** (*fam: träge*) yavaş, ağır canlı, uyuşuk

trank [traŋk] *3. imp von* **trinken**

Trank *m* içecek

Tränke ['trɛŋkə] *f* <-n> suvat, yalak

tränken ['trɛŋkən] *vt* **1.** (*Tiere*) suvarmak **2.** (*durchnässen*) ıslatmak (*in* -de, *mit* ile)

Transaktion [transʔak'tsjo:n] *f* <-en> işlem

transatlantisch *adj* transatlantik

transchieren* [tran'ʃi:rən] *vt* (GASTR) kesip ayırmak; (*in Scheiben*) dilimlemek

Transchiermesser [tran'ʃi:r-] *nt* (GASTR) kızartma bıçağı

Transfer [trans'fe:ɐ] *m* <-s, -s> **1.** (WIRTSCH, PSYCH) transfer **2.** (*auf Reisen*) transfer, servis **3.** (SPORT) transfer

Transferbus *m* servis otobüsü

transferieren *vt* transfer etmek

Transformation *f* transformasyon

Transformator [transfɔr'ma:to:ɐ] *m* <-s, -en> transformatör

Transfusion [transfu'zjo:n] *f* <-en> (MED) transfüzyon

Transistor [tran'zɪsto:ɐ] *m* <-s, -en> transistör; **Transistorradio** *nt* transistörlü radyo

Transit [tran'zi:t, tran'zɪt] *m* <-s, -e> transit

transitiv ['tranziti:f, --'-] *adj* (LING: *Verb*) geçişli

Transitreisende(r) *mf* transit yolcu; **Transitverkehr** *m* transit trafik

Transkription *f* **1.** (*Umschrift*) transkripsiyon, çevriyazı **2.** *ohne Pl* transkripsiyon, yazı çevirimi

Transliteration *f* (LING) transliterasyon, harf çevirisi

Transmission *f* (PHYS) transmisyon

transparent [transpa'rɛnt] *adj* saydam

Transparent [transpa'rɛnt] *nt* <-(e)s, -e> (*Spruchband*) pankart

Transparenz [transpa'rɛnts] *f ohne Pl* saydamlık

transpirieren* [transpi'ri:rən] *vi* terlemek

Transplantation [transplanta'tsjo:n] *f* <-en> (MED, BOT) transplântasyon, organ nakli

transplantieren* [transplan'ti:rən] *vt* (MED) (organı) nakletmek

Transport [trans'pɔrt] *m* <-(e)s, -e> taşıma, nakil, nakliye

transportabel *adj* portatif

Transporter *m* <-s, -> (AUTO) kamyonet

transportfähig *adj* (*Person*) nakledilebilir

Transportflugzeug *nt* nakliye uçağı

transportieren* [transpɔr'ti:rən] *vt* **1.** (*Waren*) taşımak **2.** (*Personen*) taşımak **3.** (*Ideen, Werte*) nakletmek, aktarmak

Transportmittel *nt* taşıt

transsexuell [transsɛksu'ɛl] *adj* transseksüel

Transsexuelle(r) *mf* <-n, -n; -n> transseksüel

Transvestit [transvɛs'ti:t] *m* <-en, -en> transvesti

transzendental [transtsɛndɛn'ta:l] *adj* (PHILOS) transandantal, deneyüstü

Trapez [tra'pe:ts] *nt* <-es, -e> **1.** (SPORT: *Turngerät*) trapez **2.** (MATH) yamuk; **Trapezkünstler(in)** *m(f)* trapezci

trassieren *vt* (WIRTSCH) keşide etmek

trat [tra:t] *3. imp von* **treten**

Tratsch [tra:tʃ] *m ohne Pl* <-(e)s> (*fam pej*) dedikodu

tratschen ['tra:tʃən] *vi* (*fam pej*) dedikodu etmek [*o* yapmak]; **über etw/jdn ~** bir şeyin/kimsenin dedikodusunu yapmak

Traualtar ['traʊʔalta:ɐ] *m* nikâh sunağı; **jdn zum ~ führen** birini kilisede nikâh etmek

Traube ['traʊbə] *f* <-n> **1.** (*Wein~*) üzüm; **blaue/grüne ~n** siyah/beyaz üzüm **2.** (BOT) salkım **3.** (*Menschen~*) yığın; **Traubenmost** *m* üzüm şırası; **Traubensaft** *m* üzüm suyu; **Traubenzucker** *m ohne Pl* üzüm şekeri; (*Glukose*) glikoz

trauen ['traʊən] **I.** *vi* güvenmek, inanmak; **jdm/etw** *dat* ~ bir kimseye/şeye güvenmek; **ich traute meinen Augen/Ohren nicht** gözlerime/kulaklarıma inanamadım **II.** *vt* nikâhlamak; **sich ~ lassen** nikâhlanmak **III.** *vr:* **sich** ~ kendine güvenmek, cesaret etmek; **sich ~ etw zu tun** bir şeyi yapmaya cesaret etmek

Trauer ['traʊɐ] *f ohne Pl* yas; (*um Tote*) yas, matem; ~ **tragen** yasa bürünmek; **Trauerfall** *m* <-(e)s, -fälle> ölüm; **ein ~ in der Familie** ailede bir ölüm; **Trauerfeier** *f* cenaze töreni; **Trauerkleidung** *f* karalar *pl;* ~ **tragen** karalar giymek; **Trauerkloß** *m* (*fam pej*) mıymıntının biri

trauern ['traʊɐn] *vi* yas tutmak; **um jdn** ~ birinin yasını tutmak

Trauerspiel *nt* **1.** (THEAT) ağlatı, trajedi **2.** (*fam fig: etw Beklagenwertes*) trajedi, facia; **Trauerwagen** *m* cenaze arabası; **Trauerweide** *f* (BOT) salkım söğüt; **Trauerzug** *m* matem alayı

Traufe ['traʊfə] *f* <-n> saçak; **vom Regen in die ~ kommen** (*fam fig*) yağmurdan kaçarken doluya tutulmak

träufeln ['trɔɪfəln] *vt* damla damla akıtmak (*in* -e)

Traum [traʊm, *Pl:* 'trɔɪmə] *m* <-(e)s, Träume> rüya, düş, hayal; **im ~ reden** uykuda konuşmak; **mein ~ ging in Erfüllung** rüyam çıktı; **ich denke nicht im ~ daran!** (*fam*) bunu hayalimden bile geçirmem!, bu, aklımın ucundan bile geçmez!; **das war schon immer mein** ~ bu, oldum olası benim hayalimdi; **aus der ~!** (*fam*) bütün ümitler boşa gitti!

Trauma ['traʊma] *nt* <-s, Traumen *o* Traumata> (MED, PSYCH) travma

traumatisch [traʊ'maːtɪʃ] *adj* (MED, PSYCH) travmatik

traumatisiert *adj* travmalı

Traumen ['traʊmən] *Pl von* **Trauma**

träumen ['trɔɪmən] **I.** *vi* **1.** (*Träume haben*) rüya [*o* düş] görmek; **von jdm/etw** ~ bir kimseyi/şeyi rüyasında görmek **2.** (*sich Phantasievorstellungen hingeben*) hayal kurmak; **davon ~, reich zu werden** zengin olmanın hayalini kurmak; **er träumt mit offenen Augen** (yine) hayallere daldı; **das hätte ich mir nicht ~ lassen** bunu aklımdan bile geçiremezdim **II.** *vt* rüyasında görmek; **etw Schönes** ~ güzel rüyalar görmek

Träumer(in) *m(f)* <-s, -; -nen> hayalperest, düşçü

Träumerei *f* <-en> hayalperestlik, hayalcilik, düşçülük

träumerisch *adj* (*verträumt*) dalgın; ~**e Augen** süzgün gözler

traumhaft *adj* **1.** (*wie im Traum*) rüya gibi **2.** (*fam: wunderbar*) rüya gibi

Traumwelt *f* hayal dünyası

Traumpaar *nt* ideal çift

traurig ['traʊrɪç] *adj* **1.** (*bekümmert*) üzgün; **über etw ~ sein** bir şeye üzülmek; **jdn ~ machen** birini üzmek; ~ **werden** üzülmek **2.** (*beklagenswert*) üzücü, üzüntülü **3.** (*erbärmlich*) zavallı

Traurigkeit *f ohne Pl* üzgünlük

Trauring *m* alyans; **Trauschein** *m* <-(e)s, -e> evlenme kâğıdı

Trauung ['traʊʊŋ] *f* <-en> nikâh, evlenme; **kirchliche** ~ kilise nikâhı; **standesamtliche** ~ resmî nikâh

Trauzeuge, -in *m, f* nikâh şahidi

Travertin *m* <-s, -e> traverten

Trecking[RR] ['trɛkɪŋ] *nt* <-s, -s> *s.* **Trekking**

Treff [trɛf] *m* <-s, -s> (*fam*) **1.** (*das Treffen*) buluşma **2.** (*Treffpunkt*) buluşma noktası

treffen ['trɛfən] <trifft, traf, getroffen> **I.** *vi* (*Ziel*) isabet etmek **II.** *vt* **1.** (*begegnen*) karşılaşmak (ile); (*zufällig*) rastlamak (-e), rastgelmek (-e) **2.** (*erreichen*) isabet ettirmek (-e), tutturmak; **das Ziel** ~ hedefi tutturmak, hedefe isabet ettirmek; **mit deinem Job hast du es ja gut getroffen** işini çok iyi tutturmuşsun **3.** (*kränken*) dokunmak; **das trifft mich sehr** bu bana çok dokundu **4.** (*be~*) ilgilendirmek; **das trifft dich** bu seni ilgilendirir; **mich trifft keine Schuld** benim suçum yok **5.** (*ergreifen*): **Maßnahmen gegen etw** ~ bir şeye karşı önlem(ler) almak; **eine Vereinbarung** ~ bir sözleşme yapmak, bir anlaşmaya varmak **III.** *vr:* **sich** ~ **1.** (*zusammenkommen*) buluşmak; (*sich versammeln*) toplanmak **2.** (*geschehen*) isabet olmak; **das trifft sich gut!** bu isabet oldu!

Treffen ['trɛfən] *nt* <-s, -> buluşma; (SPORT) karşılaşma

treffend *adj* (*richtig*) isabetli; (*angemessen*) yerinde, uygun

Treffer *m* <-s, -> **1.** (*Schießen*) isabet, hedefi vurma; (*Ballspiele*) gol; (*Boxen*) vuruş; (*Einschuss*) isabet; **das Schiff bekam einen** ~ gemi isabet aldı **2.** (*in einer Lotterie*) isabet, çıkma; **einen ~ machen** (bir tane) isabet etmek, (bir tane) çıktı [*o* tuttu]; **einen ~ haben** (*fig*) şansı olmak **3.** (*Erfolg*) isabet

trefflich *adj* enfes; (*sehr gut*) çok iyi

Treffpunkt *m* buluşma yeri

treffsicher *adj* attığını vurur

Treibeis ['traɪp-] *nt* yüzer buz

treiben ['traɪbən] <treibt, trieb, getrieben> **I.** *vt* **1.** (*hinbringen*) götürmek; (*schieben*) itmek; (*mit Zwang*) sürmek; **das Vieh auf die Weide** ~ hayvanları meraya sürmek; **den Ball** ~ topu sürmek; **sich** (**von der Strömung**) ~ **lassen** (akıntıya) kapılmak, (akıntı ile birlikte) sürüklenmek; **die Preise in die Höhe** ~ fiyatların artmasına neden olmak **2.** (*an~*) sürüklemek (*zu* -e); (TECH) devindirmek, hareket ettirmek; **jdn zur Eile** ~ birini acele etmesi için sıkıştırmak; **jdn zum Wahnsinn** ~ birini çıldırtmak; **jdn in den Tod** ~ birini ölüme sürüklemek **3.** (*hineinschlagen*) çakmak (*in* -e); (*Tunnel*) açmak **4.** (*be~, tun*) yapmak; (SPORT) yapmak; **Missbrauch mit etw** *dat* ~ bir şeyi kötüye kullanmak; **dummes Zeug** ~ (*fam*) aptallık etmek; **es zu toll** ~ aşırıya kaçmak; **es mit jdm** ~ (*fam*) biriyle kırıştırmak, biriyle yatıp kalkmak; **er hat es zu weit getrieben** (*fam*) fazla ileri gitti **5. Knospen** ~ tomurcuklanmak; **Gemüse in Gewächshäusern** ~ serada sebze yetiştirmek **II.** *vi* **1.** *sein* (*fortbewegt werden*) sürüklenmek; (*von der Strömung*) sürüklenmek; (*auf Wasser*) yüzmek (*auf/in* -de/-de) **2.** (*Pflanze*) sürmek, bitmek **3.** (*fam: Bier, Kaffee*) sidik söktürmek

Treiben *nt ohne Pl* <-s> **1.** hengâme, hayhuy **2.** (*Handeln*) işler *pl* **3.** (*Treibjagd*) sürek avı, sürgün avı

treibend *adj:* **die ~e Kraft** itici kuvvet

Treibgas *nt* <-es, -e> itici gaz

Treibhaus *nt* sera; **Treibhauseffekt** *m ohne Pl* <-(e)s> sera etkisi; **Treibhausgas** *nt* <-es, -e> sera gazı

Treibjagd *f* sürek avı, sürgün avı; **Treibmine** *f* serseri mayın; **Treibriemen** *m* (TECH) aşırma kayış; **Treibsand** *m ohne Pl* sürüklenen kum; **Treibstoff** *m* <-(e)s, -e> akaryakıt

Trekking ['trɛkɪŋ] *nt ohne Pl* <-s> treking

Trenchcoat ['trɛntʃkɔʊt] *m* <-(s), -s> trençkot

Trend [trɛnt] *m* <-s, -s> trend (*zu* -e), eğilim (*zu* -e); **modischer** ~ moda; **mit etw** *dat* **voll im** ~ **liegen** (*fam*) bir şeyle son modaya uymak; **Trendsetter(in)** ['trɛntsɛtɐ] *m(f)* <-s, -; -nen> moda yaratıcısı

trennbar *adj* ayrılabilir, bölünebilir

trennen ['trɛnən] **I.** *vt* ayırmak (*von* -den); (*absondern*) tecrit etmek, ayırmak, bir kenara koymak; (*Begriffe*) ayırt etmek; (*Silben*) bölmek **II.** *vr:* **sich** ~ **1.** (*auseinander gehen*) ayrılmak (*von* -den); **hier** ~ **sich unsere Wege** burada yollarımız ayrılıyor; **sie haben sich getrennt** onlar ayrıldı **2.** (*entbehren*): **sich von etw nicht** ~ **können** bir şeyden vazgeçememek, bir şeysiz yapamamak

Trennlinie *f* ayırma çizgisi; **Trennschärfe** *f ohne Pl* (RADIO) selektivite; **Trennscheibe** *f* (TECH) disk zımpara

Trennung *f* <-en> ayrılık; (*Teilung*) bölme; (*Absonderung*) ayırma, tecrit; **sie stehen kurz vor der** ~ ayrılmak üzereler; **Trennungsschmerz** *m* ayrılık acısı; **Trennungsstrich** *m* <-(e)s, -e> (LING) kısa çizgi, tire

Trennwand *f* ara duvarı, bölme duvarı

treppab [trɛp'ʔap] *adv* merdivenden aşağı

treppauf [trɛp'ʔaʊf] *adv* merdivenden yukarı

Treppe ['trɛpə] *f* <-n> merdiven; **die** ~ **hinauf-/hinuntergehen** merdivenden çıkmak/inmek; **Treppenabsatz** *m* merdiven sahanlığı; **mittlerer** ~ merdivenin orta sahanlığı; **Treppengeländer** *nt* merdiven korkuluğu, tırabzan; **Treppenhaus** *nt* merdiven evi; **Treppenstufe** *f* merdiven basamağı

Tresen ['tre:zən] *m* <-s, -> (*nordd*) tezgâh

Tresor [tre'zo:ɐ] *m* <-s, -e> **1.** (*Schrank*) kasa **2.** (*~raum*) kasa dairesi, kasaların bulunduğu oda

Tretboot *nt* pedallı bot

treten ['tre:tən] <tritt, trat, getreten> **I.** *vi* **1.** *sein* (*hinaus~*) çıkmak (*auf* -e); (*ein~*) girmek (*in* -e); (*sich stellen*) geçmek (*vor* öne, *hinter* arkaya, *neben* yana); **in Aktion/Verbindung** ~ eyleme/ilişkiye geçmek; **auf die Bremse** ~ frene basmak; **auf der Stelle** ~ yerinde saymak; **ans Fenster** ~ pencereye gitmek; **in jds Leben** ~ birinin hayatına girmek; **in den Ruhestand** ~ emekliliğe ayrılmak; **zur Seite** ~ yana geçmek; **an jds Stelle** ~ birinin yerine geçmek; **in Kraft** ~ yürürlüğe girmek; **über die Ufer** ~ (*Fluss*) taşmak; ~ **Sie näher!** yaklaşın!, buyrun! **2.** *sein* (*mit dem Fuß*) basmak; **gib Acht, wohin du trittst!** basacağın [*o* bastığın] yere dikkat et! **3.** (*Tritt versetzen*) tekme atmak (*gegen* -e, *nach* -e) **4.** (*beim Radfahren*) pedal çevirmek, pedallara basmak **II.** *vt* (*Person, Tier*) basmak (-e); (*Pedal*) basmak (-e); (*Tritt geben*) tekmelemek, tekme vurmak (-e)

Tretmühle *f* <-n> **1.** ayak değirmeni **2.** (*fam fig, pej*) monoton iş; **Tretroller** *m* trotinet

treu [trɔɪ] *adj* sadakatli; (*loyal*) sadık; (*zuverlässig*) güvenilir; (*beständig in Liebe*) vefalı; **sich** *dat* **selbst** ~ **bleiben** tutumunu değiştirmemek, prensiplerine sadık kalmak

Treue ['trɔɪə] *f ohne Pl* **1.** (*Treusein*) sadakatlilik; (*Loyalität*) sadakat; (*beständige Liebe*) vefa; **jdm die** ~ **halten** birine sadık kalmak **2.** (*Genauigkeit*) titizlik

Treueid *m* sadakat yemini

Treuhand *f ohne Pl* **1.** vesayet **2.** (*~schaft*)

yediemİnlik
Treuhänder(in) [-hɛndɐ] *m(f)* <-s, -; -nen> (JUR) yediemin
treuherzig *adj* sadakatli, içten bağlı
Treuherzigkeit *f ohne Pl* sadakatlilik, içten bağlılık
treulos *adj* sadakatsiz, vefasız, hakikatsiz; (*verräterisch*) hain
Treulosigkeit *f ohne Pl* sadakatsizlik, vefasızlık, hakikatsizlik; (*Verrat*) ihanet
Triangel ['triːaŋəl, -'--] *m, österr: nt* <-s, -> üçgen
Triangulation *f* nirengi; **Triangulationspunkt** *m* nirengi noktası
Trias *f ohne Pl* (GEO) trias
Tribunal [tribu'naːl] *nt* <-s, -e> divan, adalet divanı
Tribüne [tri'byːnə] *f* <-n> tribün
Tribut [tri'buːt] *m* <-(e)s, -e> **1.** (HIST) haraç, çizye **2.** (*fig: Respekt*) saygı; **jdm/etw** *dat* (**den nötigen**) ~ **zollen** bir kimseye/şeye (gereken) saygı(yı) göstermek
tributpflichtig *adj* haraçlı, haraca bağlanmış
Trichine [trɪ'çiːnə] *m* <-n> (ZOOL) trişin
Trichter ['trɪçtɐ] *m* <-s, -> **1.** (*zum Einfüllen*) huni **2.** (*Bomben~*) çukur **3.** (GEO) krater
trichterförmig *adj* hunimsi, huni biçimli
Trick [trɪk] *m* <-s, -s> **1.** oyun, dolap, dalavere; **auf einen ~ hereinfallen** oyuna [*o* dolaba] gelmek **2.** (*Methode*) yol; **sie hat den ~ raus** (*fam*) yolunu buldu; **es gibt einen ganz simplen ~, wie man die Arbeit erleichtern kann** işi kolaylaştırmanın çok basit bir yolu var **3.** (*eines Zauberers, Artisten*) hüner, marifet; **Trickaufnahme** *f* (FILM) trük; **Trickbetrug** *m* üçkâğıtçılık; **Trickbetrüger(in)** *m(f)* üçkâğıtçı; **Trickfilm** *m* <-(e)s, -e> çizgi film
trieb [triːp] *3. imp von* **treiben**
Trieb [triːp] *m* <-(e)s, -e> **1.** (BIOL) içtepi; (PSYCH) dürtü; (*Geschlechts~*) güdü; (*Instinkt*) içgüdü; (*Neigung*) eğilim (*zu* -e) **2.** (BOT) sürgün; **Triebfeder** *f* **1.** (TECH) zemberek **2.** (*Beweggrund*) saik, güdü
Triebkraft *f* **1.** (TECH) devindirici güç **2.** (*fig*) itici güç **3.** (*Motiv*) güdü, saik; **Triebtäter** *m* <-s, -> içtepilere karşı koyamayan fail; **Triebwagen** *m* otoray; **Triebwerk** *nt* (*a.* AERO) motor
triefen ['triːfən] <trieft, triefte *o* troff, getrieft *o* getroffen> *vi* **1.** *sein* (*rinnen*) akmak (*aus/von* -den/-den); **das Regenwasser triefte vom Dach** yağmur suyu damdan akıyordu **2.** (*nass sein*) sırılsıklam olmak (*von/vor* -den/-den); **sie war ~d nass** sırılsıklamdı
triefnassRR ['-'-] *adj* sırılsıklam
trifft [trɪft] *3. präs von* **treffen**
triftig ['trɪftɪç] *adj* (*überzeugend*) inandırıcı; (*begründet*) gerekçeli, haklı
Trigonometrie *f ohne Pl* (MATH) trigonometri
trigonometrisch *adj* (MATH) trigonometrik
Trikot [tri'koː] *nt* <-s, -s> triko
trillern ['trɪlɐn] *vi* (*Vogel*) makara çekmek; (*Mensch*) ötüp durmak
Trillerpfeife *f* düdük
Trilogie [trilo'giː] *f* <-n> üçleme
Trimm-dich-Pfad *m* koşu yolu
trimmen ['trɪmən] **I.** *vt* **1.** (*durch Sport*) talim etmek; **seine Kinder auf Höflichkeit/Ordnung ~** (*fam*) çocuklarına terbiyeli/düzenli olmayı öğretmek **2.** (NAUT, AERO) dengesini sağlamak (-in); (*verstauen*) istif etmek **3.** (*scheren*) makasla kesmek; (*Hund: scheren*) kırkmak; (*Rasen: scheren*) kesmek **II.** *vr:* **sich ~** spor yaparak vücut sağlığını korumak ve geliştirmek
Trimmpfad *m* koşu yolu
trinkbar *adj* içilir; (*Wasser*) içecek
trinken ['trɪŋkən] <trinkt, trank, getrunken> *vi, vt* içmek (*aus* -den, *auf* -in şerefine); (*Kaffee, Tee*) içmek; **aus der Flasche/aus dem Glas ~** şişeden/bardaktan içmek; **gibst du mir bitte etwas zu ~?** bana içecek bir şey verebilir misin lütfen?; **sie hat die Flasche leer getrunken** şişeyi içip bitirdi; **einen ~ gehen** (*fam*) içmeye gitmek; **auf jds Wohl ~** birinin şerefine içmek
Trinker(in) *m(f)* <-s, -; -nen> içkici
trinkfest *adj* içkiye dayanıklı
Trinkgelage *nt* <-s, -> içki âlemi, içki sefası, işret meclisi; **Trinkgeld** *nt* <-(e)s, -er> bahşiş; **Trinkglas** *nt* <-es, -gläser> bardak; **Trinkhalm** *m* kamış; **Trinkspruch** *m* içki içilirken kadeh kaldırarak söylenen söz; **einen ~ auf jdn ausbringen** birinin sağlığına [*o* şerefine] içmek, birinin şerefine kadeh kaldırıp söz söylemek
Trinkwasser *nt ohne Pl* <-s> içme suyu; **kein ~!** bu su içilmez!
Trio ['triːo] *nt* <-s, -s> (MUS) trio, üçlü
Trip [trɪp] *m* <-s, -s> (*fam*) **1.** (*Reise*) yolculuk **2.** (*durch Drogen*): **auf einem ~ sein** uyuşturucu madde etkisinde olmak
trippeln ['trɪpəln] *vi sein* tıpış tıpış yürümek
Tripper ['trɪpɐ] *m* <-s, -> bel soğukluğu
tritt [trɪt] *3. präs von* **treten**
Tritt [trɪt] *m* <-(e)s, -e> **1.** (*Schritt, Gang*) adım **2.** (*Fuß~*) tekme; **jdm einen ~ versetzen** birine tekme atmak [*o* vurmak]
Trittbrett *nt* (AUTO) basamak yeri; **Trittbrettfahrer(in)** *m(f)* (*pej*) avantacı, beleşçi

Triumph [tri'ʊmf] *m* <-(e)s, -e> zafer, utku; **einen ~ erringen** zafer kazanmak, muzaffer olmak

Triumphbogen *m* zafer takı

triumphieren* [triʊm'fi:rən] *vi* **1.** (*jubeln*) başarısından dolayı düğün bayram etmek; (*Genugtuung empfinden*) kazandığı zaferden dolayı haz duymak **2.** (*Sieg erringen*) yenmek (*über* -i)

triumphierend *adj* muzaffer, utkulu; **~ lachen** başarısından [*o* kazandığı zaferden] dolayı haz duyarak gülmek

Triumphzug *m* <-(e)s, -züge> zafer alayı

trivial [tri'vja:l] *adj* harcıâlem; (*durchschnittlich*) sıradan; (*abgedroschen*) basmakalıp, beylik; (*platt*) esprisiz

trocken ['trɔkən] *adj* **1.** kuru; (*Erde*) kurak; **auf dem T~en sitzen** (*fam: keine Lösung finden*) işin içinden çıkamamak; (*aus finanziellen Gründen*) cepte metelik kalmamak; (*nichts zu trinken haben*) içecek bir şeyi olmamak **2.** (*langweilig*) kuru, can sıkıcı, tekdüze **3.** (*Wein*) sek; **Trockenhaube** *f* kurutma başlığı; **Trockenhefe** *f* kuru maya

Trockenheit *f* <-en> kuruluk; (*Dürrezeit*) kuraklık

trocken|legen *vt* **1.** (*Kind*) altını değiştirmek (-in) **2.** (*Sumpf*) akaçlamak, kurutmak; **Trockenmilch** *f* toz süt; **Trockenobst** *nt* kuru meyve; **Trockenrasur** *f* kuru tıraş; **Trockenreinigung** *f* kuru temizleme; **Trockenzeit** *f* kuraklık dönemi

trocknen ['trɔknən] **I.** *vi sein* kurumak **II.** *vt* kurutmak

Trockner *m* <-s, -> kurutucu, kurutma makinesi

Trödel ['trø:dəl] *m ohne Pl* <-s> **1.** (*fam: Dinge*) eskiler *pl,* hırdavat **2.** (*Markt*) bitpazarı

Trödelei *f* <-en> (*fam pej*) dalga geçme, sallanma, oyalanma

Trödelmarkt *m* bitpazarı

trödeln ['trø:dəln] *vi* (*fam a. pej*) dalga geçmek, sallanmak, oyalanmak

Trödler(in) ['trø:dlɐ] *m(f)* <-s, -; -nen> **1.** (*pej: Bummler*) dalgacı **2.** (*Altwarenhändler*) eskici, hırdavatçı

Troer *m* <-s, -> (HIST) Truvalı

troff [trɔf] *3. imp von* **triefen**

trog [tro:k] *3. imp von* **trügen**

Trog [tro:k, 'trø:gə] *m* <-(e)s, Tröge> tekne; (*eines Brunnens*) yalak

Troja *nt* <-s> Truva

Trojaner *m* <-s, -> (HIST) Truvalı

Trolleybus ['trɔlibʊs] *m* (*Schweiz*) troleybüs

Trommel ['trɔməl] *f* <-n> **1.** (MUS: *groß*) davul; (*klein*) trampet **2.** (TECH) tambur, kampana **3.** (*Revolver~*) top; (*Kabel~*) makara; **Trommelbremse** *f* (AUTO) kampana fren; **Trommelfell** *nt* (ANAT) kulak zarı, kulak davulu; **Trommelfeuer** *nt* (MIL) yaylım ateş

trommeln **I.** *vi* (MUS) trampet çalmak, davul çalmak; (*mit den Fingern*) parmaklarıyla vurmak (*auf* -e) **II.** *vt* trampetle çalmak

Trommelrevolver *m* toplu tabanca; **Trommelwirbel** *m* trampet gürültüsü

Trommler(in) ['trɔmlɐ] *m(f)* <-s, -; -nen> trampetçi

Trompete [trɔm'pe:tə] *f* <-n> (MUS) trompet

trompeten* [trɔm'pe:tən] *vi* **1.** (MUS) trompet çalmak **2.** (*Elefant*) boru gibi ses çıkarmak **3.** (*fam fig: lautstark äußern*) davul çalmak; (*sich laut schnäuzen*) boru gibi ses çıkararak sümkürmek

Trompeter(in) *m(f)* <-s, -; -nen> trompetçi; **Trompetervogel** *m* (ZOOL) borazan kuşu

Tropen ['tro:pən] *pl* tropika *pl,* tropikal kuşak; **Tropenpflanze** *f* tropikal bitki

Tropf [trɔpf] *m* <-(e)s, -e> (MED) damlalık, serum şişesi

Tröpfchen *nt* damlacık

tröpfchenweise *adv* damla damla

tröpfeln ['trœpfəln] **I.** *vi sein* (*herunter~*) damlamak **II.** *vt* damlatmak (*auf/in* -e/-e) **III.** *vunpers* (*fam: regnen*) çiselemek

tropfen ['trɔpfən] *vi* damlamak

Tropfen *m* <-s, -> damla; **bis auf den letzten ~** son damlasına kadar; **ein guter ~** iyi bir şarap; **das ist (nur) ein ~ auf den heißen Stein** (*fam*) bu, onun yanında devede kulak

tropfenweise *adv* damla damla

tropfnass[RR] ['-'-] *adj* sırılsıklam

Tropfstein *m* damla taş; (*hängend*) sarkıt; (*aufsteigend*) dikit; **Tropfsteinhöhle** *f* damla taş mağarası

Trophäe [tro'fɛ:ə] *f* <-n> **1.** ganimet **2.** (*Preis*) ödül, kupa **3.** (*Jagd~*) hatıra, andaç

Tropikvogel *m* (ZOOL) tropik kuşu

tropisch ['tro:pɪʃ] *adj* tropikal

Tropismus *m* <-, -men> (BIOL) tropizm

Trosse *f* <-n> (NAUT) palamar

Trost [tro:st] *m ohne Pl* <-(e)s> avunç, avuntu, teselli; **in etw ~ suchen/finden** bir şeyde teselli aramak/bulmak; **das ist ein schwacher ~** bu soğuk bir teselli; **nicht bei ~ sein** (*fam*) aklı başında olmamak

trösten ['trø:stən] **I.** *vt* avutmak, teselli etmek **II.** *vr:* **sich ~** avunmak, teselli bulmak

tröstlich ['trø:stlɪç] *adj* avutucu, teselli edici

trostlos *adj* **1.** tesellisiz; **sich ~ fühlen** kasvet basmak [*o* çökmek] **2.** (*Ding, Zustand*) kasvetli

Trostlosigkeit *f ohne Pl* kasvet

Trostpflaster *nt* avuntu, avunç, teselli; **Trostpreis** *m* teselli mükâfatı

Trott [trɔt] *m* <-(e)s, -e> **1.** (*Gangart*) yorga; **die Pferde gehen im ~** atlar yorga gidiyor [*o* yürüyor] **2.** (*pej*) tekdüzelik; (**wieder**) **in den alten ~ verfallen** (yine) eski tekdüzeliğe dönmek, (yine) eskisi gibi tekdüzeleşmek

Trottel ['trɔtəl] *m* <-s, -> (*fam pej*) dangalak, enayi, avanak, budala

trotten ['trɔtən] *vi sein* yorgalamak; **zur Schule/nach Hause ~** sallana sallana okula/eve gitmek

Trottoir *nt* <-s, -s> (*Schweiz*) trotuvar, yaya kaldırımı

trotz *präp* karşın, rağmen; **~ alle(de)m** her şeye rağmen, bütün bunlara karşın

Trotz *m ohne Pl* <-es> inat; **aus ~** inadına, inat olsun diye, nispet olsun diye; **das macht er mir zum ~** bunu bana nispet yapıyor; **allen Warnungen zum ~ etw tun** bütün uyarılara karşın bir şey yapmak

trotzdem ['--, -'-] *konj* buna karşın, buna rağmen

trotzen ['trɔtsən] *vi* **1.** inat etmek; (*Kind*) karşı gelmek (-e), büyüklerin sözünü dinlememek **2.** (*geh: widerstehen*) karşı koymak (-e)

trotzig *adj* inatçı, dik başlı

Trotzkopf *m* dik başlı; **Trotzreaktion** *f* <-en> inattan doğan tepki

trüb(e) [try:p, 'try:bə] *adj* **1.** (*Flüssigkeit*) bulanık; (*Glas*) mat; (*Licht*) sonük; (*Farbe*) donuk **2.** (*Tag*) bulutlu; (*Himmel*) bulutlu; (*Wetter*) bulanık, kapalı **3.** (*Stimmung*) hüzünlü, kasvetli; **im T~en fischen** (*fam*) bulanık suda balık avlamak, karışık durumdan yararlanarak çıkar sağlamak

Trubel ['tru:bəl] *m ohne Pl* <-s> kargaşalık, hengâme

trüben ['try:bən] **I.** *vt* **1.** (*Flüssigkeit*) bulandırmak; (*Glas*) matlaştırmak; **kein Wässerchen ~ können** (*fam fig*) masum olmak **2.** (*Stimmung, Freude*) kaçırmak, bozmak **II.** *vr:* **sich ~** **1.** (*Flüssigkeit*) bulanmak; (*Glas*) matlaşmak **2.** (*Himmel*) kararmak **3.** (*Stimmung*) kaçmak; (*Beziehung*) bozulmak, bozulmaya yüz tutmak; (*Verstand, Bewusstsein*) karışmak

Trübsal[1] ['try:pza:l] *f* <-e> (*geh: Leiden*) üzgü, cefa, büyük sıkıntı, eziyet; **viele ~e erdulden müssen** çok cefaya katlanmak zorunda kalmak

Trübsal[2] *f ohne Pl* (*geh: Schwermut*) hüzün; **~ blasen** (*fam*) kara kara düşünmek

trübselig *adj* hüzünlü; (*düster*) kasvetli

Trübsinn *m ohne Pl* <-(e)s> kuruntu, vehim

trübsinnig *adj* kuruntulu, vehimli; (*bekümmert*) kaygılı

trudeln ['tru:dəln] *vi sein* (*Ball*) yuvarlanmak; (*drehend fallen*) döne döne düşmek

Trüffel ['trʏfəl] *f* <-n> domalan, keme, yer mantarı

trug [tru:k] *3. imp von* **tragen**

Trug [tru:k] *m ohne Pl* <-(e)s> (*geh*) **1.** (*Täuschung*) aldatma, yanıltma; **Lug und ~** yalan dolan **2.** (*Fantasiegebilde*) hayal, kuruntu; **ein ~ der Sinne** yanılsama, duyuların yanılması, yanlış algılama; **Trugbild** *nt* hayal, kuruntu

trügen ['try:gən] <trügt, trog, getrogen> *vt, vi* aldatmak, yanıl(t)mak; **wenn mich nicht alles trügt** eğer yanılmıyorsam; **der Schein trügt** görünüşe aldanmamalı

trügerisch ['try:gərɪʃ] *adj* aldatıcı, yanıltıcı

Trugschluss[RR] *m* yanılmaca

Truhe ['tru:ə] *f* <-n> sandık

Trümmer ['trʏmɐ] *pl* enkaz; (*Schutt*) döküntü; **etw liegt in ~n** bir şey enkaz hâlini bulmuş olmak; **Trümmerhaufen** *m* enkaz yığını

Trumpf [trʊmpf, *Pl:* 'trʏmpfə] *m* <-(e)s, Trümpfe> koz; **seinen letzten ~ ausspielen** (*fig*) son kozunu oynamak; **einen ~ in der Hand haben** (*fig*) elinde bir kozu olmak; **Trumpfass**[RR] *nt* koz birlisi

Trunk [trʊŋk] *m* <-(e)s, Trünke> (*geh*) **1.** (*Getränk*) içki **2.** (*~sucht*) ayyaşlık, içkicilik, içki düşkünlüğü

trunken ['trʊŋkən] *adj* (*geh*) sarhoş (*vor* -den); **~ machen** sarhoş etmek

Trunkenbold [-bɔlt] *m* <-(e)s, -e> (*pej*) ayyaş

Trunkenheit *f ohne Pl* sarhoşluk; (*Schlaf~*) sersemlik; **~ am Steuer/im Verkehr** direksiyon başında/trafikte sarhoşluk

Trunksucht *f ohne Pl* ayyaşlık, içkicilik, içki düşkünlüğü; **trunksüchtig** *adj* ayyaş, içkici, içkiye düşkün

Truppe ['trʊpə] *f* <-n> **1.** (MIL) kıt'a, birlik **2.** (*Schauspiel~*) trup, kumpanya; **Truppenabbau** *m* birliklerin azaltılması; **Truppenabzug** *m ohne Pl* <-(e)s> birliklerin çekilmesi

Truppenübung *f* <-en> manevra; **Truppenübungsplatz** *m* <-es, -plätze> talim alanı

Trust *m* <-(e)s, -e *o* -s> (WIRTSCH) tröst

Truthahn, -henne ['tru:t-] *m, f* <-(e)s, -hähne; -n> (ZOOL) erkek hindi, gurk

Tschad [tʃat] *m* <-s> Çad

Tschador *m* çarşaf

Tscheche, -in ['tʃɛçə] *m, f* <-n, -n; -nen> Çek
Tschechien ['tʃɛçiən] *nt* <-s> Çek Cumhuriyeti
tschechisch *adj* Çek; **die T~e Republik** Çek Cumhuriyeti
Tschechisch *nt ohne Pl* Çekçe; **~ sprechen/lernen** Çekçe konuşmak/öğrenmek; **etw ins ~e/aus dem ~en übersetzen** bir şeyi Çekçeye/Çekçeden çevirmek
Tschechoslowake, -in [tʃɛçoslo'va:kə] *m, f* <-n, -n; -nen> (HIST) Çekoslovakyalı
Tschechoslowakei [-slova'kaɪ] *f* (HIST) Çekoslovakya
tschechoslowakisch *adj* (HIST) Çekoslovak
tschüs *interj*, **tschüss**[RR] [tʃʏs] *interj* eyvallah, hoşça kal
Tsetsefliege *f* çeçe
T-Shirt ['ti:ʃœ:t] *nt* <-s, -s> tişört
TU [te:'ʔu:] *f* <-s> *Abk. von* **Technische Universität** TÜ, *teknik üniversite*
Tuba ['tu:ba] *f* <Tuben> **1.** (MUS) tuba **2.** (MED) östaki borusu
Tube ['tu:bə] *f* <-n> **1.** (*Behälter*) tüp; **auf die ~ drücken** (*fam*) gaz vermek **2.** (MED) tüp
Tuben *Pl von* **Tuba, Tube**
Tuberkulin *nt ohne Pl* <-s> (MED) tüberkülin
Tuberkulose [tubɛrku'lo:zə] *f* <-n> (MED) tüberküloz, verem
Tuch[1] [tu:x] *nt* <-(e)s, -e> (*Stoff*) bez
Tuch[2] [tu:x, *Pl:* 'ty:çɐ] *nt* <-(e)s, Tücher> **1.** (*Hals~*) eşarp; (*Kopf~*) örtü; (*Hand~*) havlu; (*Taschen~*) mendil **2.** (*Wisch~*) bez **3.** (*grünes ~ für Billardtische*) çuha
Tuchfühlung *f ohne Pl* (*fam*) dirsek teması; **~ mit jdm ~ haben** birine kontağı olmak, biriyle temasta olmak
tüchtig ['tʏçtɪç] **I.** *adj* **1.** (*fähig*) becerikli, yetenekli, elinden iş gelir; (*fleißig*) hamarat; (*tauglich*) elverişli; (*gut*) iyi **2.** (*fam: groß*) büyük; (*beachtlich*) hatırı sayılır, oldukça büyük, iyice; **eine ~e Tracht Prügel** adamakıllı bir dayak **II.** *adv* (*sehr*) çok; (*ziemlich viel*) iyice, iyicene; (*ordentlich*) adamakıllı, doğru dürüst
Tüchtigkeit *f ohne Pl* (*Fähigkeit*) beceriklilik; (*Fleiß*) hamaratlık
Tücke[1] ['tʏkə] *f* <-n> (*Mangel*) kusur; **der Motor hat ~n** motorun kusurları var
Tücke[2] *f ohne Pl* (*Bosheit*) sinsilik; **die ~n des Schicksals** kaderin cilveleri
tückisch ['tʏkɪʃ] *adj* **1.** (*boshaft*) sinsi **2.** (*unberechenbar*) sağı solu (belli) olmayan **3.** (*gefährlich*) tehlikeli
tüfteln ['tʏftəln] *vi* usanmadan titizlikle uğraşmak (*an* -le); (*grübeln*) kafa yormak (*an* üstüne)
Tugend ['tu:gənt] *f* <-en> erdem, fazilet; **aus der Not eine ~ machen** sinekten yağ çıkarmak
tugendhaft *adj* erdemli, faziletli
Tüll [tʏl] *m* <-s, -e> tül
Tulpe ['tʊlpə] *f* <-n> lâle
Tulpenzwiebel *f* <-n> lâle soğanı
tummeln ['tʊməln] *vr:* **sich ~ 1.** (*herumtollen*) koşuşmak **2.** (*reg: sich beeilen*) acele etmek, koşuşturmak
Tumor [tu'mo:ɐ] *m* <-s, -en> (MED) tümör, ur
Tümpel ['tʏmpəl] *m* <-s, -> irkinti, su birikintisi
Tumult [tu'mʊlt] *m* <-(e)s, -e> **1.** (*Bewegung in Menschenmenge*) gürültü patırtı, kargaşalık, karışıklık **2.** (*innerer Aufruhr*) kargaşa, ayaklanma
tun [tu:n] <tut, tat, getan> **I.** *vi, vt* yapmak, etmek; **gut ~** iyi etmek; **wohl ~** (*geh*) iyi gelmek; **etw aus Liebe/aus Neid ~** bir şeyi sevgiden/kıskançlıktan yapmak; **wichtigeres zu ~ haben, als ...** ...den önemli yapacak işi olmak; **ich habe mein Bestes getan** elimden geleni yaptım; **ich habe noch zu ~** yapılacak daha işim var; **damit ist es nicht getan** bununla bitmedi; **das ist leichter gesagt als getan** dile kolay; **sie hat nichts zu ~** yapacak hiçbir işi yok, işi gücü yok; **du kannst ~ und lassen, was du willst** istediğini yapabilirsin; **was kann ich für Sie ~?** sizin için ne yapabilirim?; **wir haben getan, was wir konnten** yapabileceğimizi yaptık; **so etwas tut man nicht!** böyle şey yapılmaz!; **tu, was du nicht lassen kannst!** (*fam*) yapacağını yap!; **das tut nichts zur Sache** (*fam*) bu olayı değiştirmez; **meine Uhr tut (es) nicht mehr** (*fam*) benim saatim artık gitmiyor; **hat er dir was getan?** sana bir şey yaptı mı?; **der Hund tut nichts** (*fam*) köpek bir şey yapmaz; **tu mir doch den Gefallen und ...** bana bir iyilik yap da ...; **er bekam es mit der Angst zu ~** korkmaya başladı; **nach getaner Arbeit** iş bittikten sonra; **damit habe ich nichts zu ~** bununla hiç bir ilgim yok; **ich will mit ihm nichts mehr zu ~ haben** onunla alıp vereceğim kalmadı artık; **so ~, als ob ...** ... imiş gibi yapmak; **tu doch nicht so!** (*fam*) numara yapma!; **du tätest gut daran, zu schweigen** susmakla iyi edersin **II.** *vt* (*fam: setzen, stellen, legen*) koymak; **tu es in den Schrank!** onu dolaba koy! **III.** *vr:* **sich ~: es tut sich etwas** (*fam*) bir şeyler oluyor; **sich schwer mit/bei etw** *dat* **~** (*fam*) bir şeyi gücümsemek
Tun *nt ohne Pl* <-s> **1.** (*Beschäftigung*) iş güç **2.** (*Verhalten*) yapma

Tünche ['tʏnçə] *f* <-n> badana
tünchen *vt* badanalamak
Tundra *f* <-, -ren> tundra
Tuner *m* <-s, -> (ELEK) akort devresi
Tunesien [tu'ne:ziən] *nt* <-s> Tunus
Tunesier(in) *m(f)* <-s, -; -nen> Tunuslu
tunesisch *adj* Tunus (ile ilgili), Tunuslu; ~**e Frauen/Herren** Tunuslu kadınlar/erkekler; **die** ~**e Regierung** Tunus hükümeti
TunfischRR *m s.* **Thunfisch**
Tunichtgut *m* <-(e)s, -e> haylaz, yaramaz
Tunke ['tʊŋkə] *f* <-n> (GASTR) sos
tunken *vt* (*reg*) banmak
tunlichst ['tu:nlɪçst] *adv* **1.** (*möglichst*) mümkün mertebe **2.** (*auf jeden Fall*) kesinlikle, her hâlde, mutlaka
Tunnel ['tʊnəl] *m* <-s, -(s)> tünel
Tunte ['tʊntə] *f* <-n> (*fam pej*) **1.** (*Frau*) teyze **2.** (*Homosexueller*) top
Tüpfelchen ['tʏpfəlçən] *nt* <-s, -> küçük nokta; **das** ~ **auf dem i** işin son rötuşu
tupfen ['tʊpfən] *vt* **1.** (*tippen*) dokunmak (*auf/an* -e/-e); (*auftragen*) sürmek (-e) **2.** (*ab~*) tamponlamak, pansuman yapmak (-e)
Tupfen ['tʊpfən] *m* <-s, -> (*Fleck*) leke; (*Punkt*) nokta; (*auf Stoff*) benek
Tupfer *m* <-s, -> **1.** (*fam: Punkt*) nokta; (*auf Stoff*) benek **2.** (*Wattebausch*) tampon
Tür [ty:ɐ] *f* <-en> kapı; **in der** ~ **stehen** kapı ağzında durmak; ~ **an** ~ **mit jdm wohnen** biriyle kapı komşu olmak; **hinter verschlossenen** ~**en** gizli oturumda; **Weihnachten steht kurz vor der** ~ (*fig*) Noel kapıya dayandı; **jdn vor die** ~ **setzen** (*fam*) birini kapı dışarı etmek; **jdm die** ~ **vor der Nase zuschlagen** (*fam*) birini kapıdan çevirmek; **ihr stehen alle** ~**en offen** onun için bütün kapılar açıktır; **bei jdm mit etw** *dat* **offene** ~**en einrennen** (*fam*) bir şey ile birinin kapısını aşındırmak; **mit der** ~ **ins Haus fallen** (*fam*) damdan düşercesine söylemek; **zwischen** ~ **und Angel** (*fam fig: auf der Schwelle*) ayaküstü; (*in aller Eile*) kaşla göz arasında; **jdm die** ~ **einrennen** (*fig*) birinin kapısını aşındırmak
Turban ['tʊrba:n] *m* <-s, -e> türban
Turbine [tʊr'bi:nə] *f* <-n> (TECH) türbin
Turbo *m* <-s, -s> (AUTO) turbo
Turbokompressor *m* (TECH) turbokompresör, hava kompresörü
Turbolader *m* <-s> (AUTO) turboşarjör; **Turbomotor** *m* <-s, -en> (AUTO) turboşarjörlü motor, hava kompresörlü motor
turbulent [tʊrbu'lɛnt] *adj* (PHYS, ASTR, METEO) çalkantılı; (SPORT: *Spiel*) çekişmeli
Turbulenz [tʊrbu'lɛnts] *f* <-en> (PHYS, ASTR, METEO) çalkantı; (POL) türbülâns, çalkantı
Türflügel *m* kapı kanadı; **Türgriff** *m* <-(e)s, -e> kapı kolu
Türke, -in ['tʏrkə] *m, f* <-n, -n; -nen> Türk
Türkei [-'-] *f* Türkiye
türken *vt* (*fam: fingieren*) uydurmak, düzmek; (*fälschen*) taklit etmek, sahtesini yapmak (-in)
Türken *m* (*österr: Mais*) mısır
Türkensitz *m* bağdaş
türkis *adj inv* türkuaz
Türkis[1] *m* türkuaz, firuze
Türkis[2] *nt* türkuaz, türkuaz yeşili
türkisch *adj* Türk; ~**er Honig** helva
Türkisch(e) *nt ohne Pl* <-en *o* -(s)> Türkçe; ~ **sprechen/lernen** Türkçe konuşmak/öğrenmek; **etw ins** ~**e/aus dem** ~**en übersetzen** bir şeyi Türkçeye/Türkçeden çevirmek; **wir haben uns auf** ~ **unterhalten** biz Türkçe konuştuk; **auf gut** ~ **gesagt** kaba Türkçesi, açıkçası
türkisch-deutsch *adj* Türk-Alman; ~**e Beziehungen** Türk-Alman ilişkileri
türkischsprechend *adj* Türkçe konuşan
türkischstämmig *adj* Türk kökenli
turkisieren *vt* **1.** (*türkisch machen*) Türkleştirmek **2.** (*der Sprache angleichen*) Türkçeleştirmek
Turkisierung *f* **1.** Türkleştirme **2.** (*der Sprache*) Türkçeleştirme
Türklinke *f* kapı kolu
Turkmene, -in *m, f* Türkmen
Turkmenien *nt* Türkmenistan
turkmenisch *adj* Türkmen
Turkmenisch(e) *nt ohne Pl* <-en *o* -(s)> Türkmence; **aus dem** ~**en ins Türkische** Türkmenceden Türkçeye
Turkmenistan *nt* Türkmenistan
Turkologe, -in *m, f* Türkolog
Turkologie *f* Türkoloji
Turksprache *f* <-n> (LING) Türk dili
Turkvolk *nt* <-es, -völker> (LING) Türk halkı
Turm [tʊrm, *Pl:* 'tʏrmə] *m* <-(e)s, Türme> **1.** (*Bauwerk*) kule; (*Schachfigur*) kale; (*Glocken~*) kule **2.** (SPORT: *Sprung~*) kule **3.** (*eines U-Boots*) (periskop) kule(si)
türmen ['tʏrmən] **I.** *vt* üst üste yığmak; (*stapeln*) yığmak **II.** *vi sein* (*fam*) tüymek, sıvışmak **III.** *vr:* **sich** ~ yığılmak
Turmfalke *m* (ZOOL) kerkenez; **Turmspringen** *nt ohne Pl* <-s> (SPORT) kuleden atlama; **Turmuhr** *f* saatli kule
turnen *vi, vt* jimnastik yapmak
Turnen ['tʊrnən] *nt ohne Pl* <-s> jimnastik; (*Turnunterricht*) jimnastik dersi
Turner(in) *m(f)* <-s, -; -nen> jimnastikçi
Turngerät *nt* <-(e)s, -e> jimnastik aracı;

T

Turnhalle *f* jimnastik salonu; **Turnhose** *f* şort

Turnier [tʊr'niːɐ] *nt* <-s, -e> turnuva

Turnschuh *m* kes; (*für Gymnastik*) jimnastik ayakkabısı; **Turnübung** *f* <-en> jimnastik alıştırması; **Turnunterricht** *m ohne Pl* <-(e)s> jimnastik dersi

Turnus ['tʊrnʊs] *m* <-, -se> rotasyon; **im ~ von drei Jahren** üç yılda bir

Turnverein *m* jimnastik klubü

Türöffner *m* kapı otomatiği; **Türpfosten** *m* kapı direği; **Türrahmen** *m* <-s, -> kapı çerçevesi; **Türscharnier** *nt* <-s, -e> kapı menteşesi; **Türschild** *nt* <-(e)s, -er> kapı levhası; **Türschloss**[RR] *nt* kapı kilidi; **Türschwelle** *f* kapı eşiği; **Türspalt** *m* <-(e)s, -e> kapı aralığı

Türsteher(in) *m(f)* <-s, -; -nen> kapı görevlisi; **Türsturz** *m* kapı lentosu

turteln ['tʊrtəln] *vi* çifte kumrular gibi koklaşmak

Turteltaube *f* <-n> (ZOOL) kumru; **das sind die reinsten ~n!** (*fig*) ikisi çifte kumrular gibi!

Türzarge *f* kapı kasası

Tusch [tʊʃ] *m* <-(e)s, -e> fanfar

Tusche ['tʊʃə] *f* <-n> çini mürekkebi

tuscheln ['tʊʃəln] *vi* (*fam a. pej*) fısıldaşmak

Tussi ['tʊsi] *f* <-s> (*fam pej*) manita

tut [tuːt] *3. präs von* **tun**

Tüte ['tyːtə] *f* <-n> poşet, torba; **das kommt nicht in die ~!** (*fam*) bu söz konusu olamaz!

tuten ['tuːtən] *vi* ötmek; (*Hupe*) korna çalmak; **von T~ und Blasen keine Ahnung haben** (*fam*) (bir şeyden) hiç haberi olmamak

Tutor(in) ['tuːtoːɐ] *m(f)* <-s, -en; -nen> **1.** (UNI) ek seminer görevlisi **2.** (*im Studentenwohnheim*) sürveyan **3.** (HIST: *Erzieher*) eğitmen; (*Vormund*) vasi

TÜV [tʏf] *m ohne Pl* <-> *Abk. von* **Technischer Überwachungs-Verein** *teknik muayene derneği*

TV-Moderator(in) [teː'faʊ-] *m(f)* tv sunucusu

Tweed [tviːd] *m* tüvit

Twist [tvɪst] *m* <-s, -s> (*Tanz*) tvist

Typ [tyːp] *m* <-s, -en> **1.** (*Art*) tip; **er ist nicht mein ~** (*fam*) o benim tipim değil **2.** (*fam: Mann*) tip **3.** (TECH: *Modell*) model

Type ['tyːpə] *f* <-n> **1.** (TYPO) karakter **2.** (*fam: Mensch*) tip

Typen ['tyːpən] *Pl von* **Typ**, **Type**, **Typus**

Typenbezeichnung *f* (TECH) model adı

Typhus ['tyːfʊs] *m ohne Pl* <-> tifo, kara humma; (*Fleck~*) tifüs, lekeli humma

typisch ['tyːpɪʃ] *adj* tipik (*für* için); **~ Mann** tipik erkek

Typografie[RR] [typogra'fiː] *f* <-n> tipografi

typografisch[RR] [typo'graːfɪʃ] *adj* tipografik

Typographie [typogra'fiː] *f* <-n> *s.* **Typografie**

typographisch [typo'graːfɪʃ] *adj s.* **typografisch**

Typologie [typolo'giː] *f* <-n> tipoloji

typologisch [typo'loːgɪʃ] *adj* tipolojik

Typus ['tyːpʊs] *m* <-, Typen> tip

Tyrann(in) [ty'ran] *m(f)* <-en, -en; -nen> **1.** (HIST) tiran **2.** (*pej: Despot*) despot

Tyrannei [tyra'naɪ] *f ohne Pl* despotluk

tyrannisch *adj* gaddar; (*despotisch*) despotik

tyrannisieren* [tyrani'ziːrən] *vt* despotça davranmak (-e); **das Baby tyrannisiert seine Eltern** bebek anne babasının canına okuyor

U

U, u [uː] *nt* <-, -> U, u

u. *Abk. von* **und** *ve*

u.a. 1. *Abk. von* **und andere(s)** vd., *ve diğerleri* **2.** *Abk. von* **unter anderem/anderen** *ezcümle*

U-Bahn ['uːbaːn] *f* metro; **U-Bahnhof** *m*, **U-Bahn-Station** *f* metro istasyonu, metro durağı

übel ['yːbəl] **I.** *adj* <übler, am übelsten> (*schlimm, schlecht*) fena; (*unangenehm*) kötü; **mir ist** ~ içim [*o* midem] bulanıyor, fena oldum, fenalaştım; **mir wird** ~ içim [*o* midem] bulanıyor, fena oluyorum; **er ist ein übler Bursche** mayası bozuk bir heriftir; **nicht** ~ (*fam*) fena değil [*o* sayılmaz]; **das ist gar nicht (so)** ~ (*fam*) bu hiç de fena değil [*o* sayılmaz] **II.** *adv:* ~ **dran sein** durumu kötü olmak; **jdm** ~ **mitspielen** birine fenalık [*o* kötülük] etmek; **das wäre gar nicht so** ~ bu hiç de fena olmaz

Übel *nt* <-s, -> **1.** kötülük, fenalık, şer; **das kleinere** ~ ehvenişer, kötünün iyisi, birkaç kötüden en az kötü olanı; **alles** ~ **in dieser Welt** bu dünyadaki bütün kötülükler **2.** (*Leiden*) rahatsızlık; (*Krankheit*) hastalık

übelgelaunt *adj s.* **gelaunt**

Übelkeit *f ohne Pl* (*Gefühl*) bulantı, mide bulantısı, iç bulantısı; ~ **erregend** bulantı veren, (mide) bulandırıcı

übellaunig *adj* keyifsiz

übel|nehmen *irr vt s.* **nehmen 7.**

übelriechend *adj s.* **riechen**

Übeltat *f* (*geh*) kötülük, kötü iş; (*gesetzeswidrig*) suç; **Übeltäter(in)** *m(f)* suçlu

üben ['yːbən] **I.** *vi* (*allgemein*) alıştırma yapmak, egzersiz yapmak; (SPORT) alıştırma yapmak, idman yapmak; (*trainieren*) antreman yapmak; **auf dem Klavier** ~ piyanoda (alışmak veya öğrenmek için) çalışmak **II.** *vt* öğrenmeye çalışmak, çalışmak (-e); (THEAT) provasını yapmak (-in); (*Nachsicht*) göstermek; **Klavier/Geige** ~ piyano/keman meşk etmek, piyano/keman öğrenmek için çalışmak; **Geduld** ~ sabırlı olmak, sabretmek; **Rache** ~ öç [*o* intikam] almak; **an jdm/etw** *dat* **Kritik** ~ bir kimseyi/şeyi eleştirmek; **sich in etw** *dat* ~ bir şeye çalışmak

über ['yːbɐ] **I.** *präp* **1.** (*oberhalb*) üstünde, üzerinde; (*auf der anderen Seite*) öbür tarafta; (*weiter als*) -den fazla; ~ **der Straße wohnen** caddenin öbür tarafında oturmak; **sie wohnt** ~ **uns** üstümüzde oturuyor **2.** (*während, bei*) -ken, başında; ~ **der Arbeit einschlafen** çalışırken [*o* iş başında] uyumak **3.** (*Grenze*) üstünde; **zwei Grad** ~ **Null** sıfırın üstünde iki derece **4.** (*Überlegenheit, Überordnung*) üst; ~ **jdm stehen** birinin üstü olmak **5.** (*infolge*) üzerine; ~ **all der Aufregung hatte ich dich ganz vergessen** bu kadar telaş üzerine seni tamamen unutmuştum **II.** *präp* **1.** (*Richtung: durch*) yol boyunca; ~ **jdn/etw hinweg** bir kimseye/şeye aldırmayarak, bir kimseyi/şeyi es geçerek; **nach Münster** ~ **Dortmund** Dortmund üzerinden Münster'e; ~ **die Straße gehen** sokağı geçmek; ~ **die Grenze fahren** sınırı geçmek; ~ **eine Mauer springen** bir duvarın üzerinden atlamak; **bis** ~ **beide Ohren verliebt sein** körkütük âşık olmak; **bis** ~ **beide Ohren in Arbeit stecken** işi başından aşkın olmak **2.** (*zeitlich*): ~ **Nacht** geceleyin; ~ **das Wochenende** hafta sonu(nda); **das ist schon** ~ **3 Jahre her** bunun üzerinden 3 yıl geçti bile; ~ **die Dreißig hinaus** otuzunu geçmiş; ~ **etw hinweg sein** bir şeyi arkada bırakmış olmak **3.** (*von, betreffend*) üzerine, hakkında; **was wissen Sie** ~ **ihn?** onun hakkında ne biliyorsunuz? **4.** (*in Höhe von*) -lik; **ein Scheck** ~ **4000 Euro** 4000 euroluk bir çek; **ein Rennen** ~ **2000 Meter** 2000 metrelik bir yarış **5.** (*von mehr als*): ~ **eine Stunde** bir saatten fazla; **Kinder** ~ **12 Jahre** 12 yaşından büyük çocuklar **6.** (*mehr und mehr*): **Autos** ~ **Autos** otomobil üstüne otomobil **7.** (*mittels*) yoluyla; ~ **ein Inserat** ilân yoluyla **8.** (*Überordnung*): ~ **jdn herrschen/Macht haben** birine hükmetmek/sözü geçmek **9.** (*vor, wichtiger als*): **es geht nichts** ~ **Fußball** futbolun üstüne yok; **jdn/etw** ~ **alles lieben** bir kimseyi/şeye herşeyden çok sevmek **III.** *adv* **1.** (*mehr als*) üzerinde, -den (fazla); ~ **zwei Meter lang/breit** uzunluğu/genişliği iki metrenin üzerinde, iki metreden (fazla) uzun/geniş; **sind Sie** ~ **30?** 30'un üzerinde misiniz? **2.** (*völlig*): **er wurde** ~ **und** ~ **rot** kıpkırmızı kesildi **3.** (*Zeitraum*): **die ganze Nacht** ~ bütün gece boyunca **IV.** *adj* (*fam*) **1.** (*übrig*): **da ist noch Kuchen** ~ daha pasta var

2. (*überlegen*) üstün (*in* -de); **geistig ist sie mir ~** zekâca benden üstündür

überall ['y:bɐ'ʔal] *adv* her yer(de), her yan(da), her taraf(ta); (*fig: auf allen Gebieten*) her alanda; **~ in Deutschland** Almanya'nın her yerinde; **er weiß ~ Bescheid** (*fig*) her alanda bilgisi var; **ich habe ~ nachgesucht** her tarafı aradım; **überallher** ['---'-] *adv* her yerden, her taraftan; **überallhin** ['---'-] *adv* her yere, her tarafa

Überalterung [--'---] *f ohne Pl* yaş ortalamasının yüksek olması

Überangebot *nt* <-(e)s, -e> arz fazlalığı; **überanstrengen*** **I.** *vt* fazla yormak **II.** *vr:* **sich ~** fazla yorulmak; **überanstreng dich nicht!** yorma fazla kendini!; **Überanstrengung** [--'---] *f* <-en> fazla yorulma

überarbeiten* **I.** *vt* revize etmek, yeniden gözden geçirmek **II.** *vr:* **sich ~** sürmenaj olmak, sürekli ve aşırı çalışmaktan yorulmak

überaus ['---, --'-] *adv* gayet; (*äußerst*) son derece, pek

Überbau *m* <-(e)s, -e> (*Marxismus*) üst yapı

überbelasten* ['-----] *vt* haddinden fazla yüklemek; **überbelichten*** ['-----] *vt* (FOTO) fazla ışıklamak; **überbetonen*** ['-----] *vt* gereğinden fazla vurgulamak; **überbevölkert** ['-----] *adj* aşırı nüfuslu; **Überbevölkerung** *f ohne Pl* aşırı nüfus; **überbewerten*** ['-----] *vt* fazla önemsemek

überbieten* *irr* **I.** *vt* **1.** (*übertreffen*) gölgede bırakmak (*an* -de), geçmek; (*Rekord*) geçmek; **er ist an Hilfsbereitschaft kaum zu ~** yardımseverlikte onun üstüne pek kimse yoktur, yardımseverlikte onu geçecek pek kimse yoktur **2.** (*bei einer Auktion*) artırılanı yeniden artırmak (*um* -) **II.** *vr:* **sich ~** yarışmak (*an* -de)

Überbleibsel ['y:bɐblaɪpsəl] *nt* <-s, -> (*fam: Relikt*) kalıntı

Überblick ['---] *m* <-(e)s, -e> **1.** (*Aussicht*) görünüş (*über* -in); **der ~ über die Stadt von hieraus** şehrin buradan görünüşü **2.** (*über Zusammenhänge*) genel bakış; **den ~ verlieren** ipin ucunu kaçırmak; **sich** *dat* **einen ~ über etw verschaffen** bir şey üzerine genel bir fikir edinmek **3.** (*Zusammenfassung*) özet; **überblicken*** *vt* **1.** (*sehen*) görmek, her yönüyle görmek, hâkim olmak (-e) **2.** (*Zusammenhänge, Situation*) bir bakışta kavramak

überboten *pp von* **überbieten**

überbracht *pp von* **überbringen**; **über|braten** *vt* (*fam*): **jdm eins ~** birine bir tane patlatmak; **er hat ihm mit dem Stock eins übergebraten** sopayla ona bir tane patlattı

überbringen* *irr vt* (*geh*) getirmek; (*Nachricht*) iletmek

überbrücken* *vt* **1.** (*Frist, Zeitraum*) geçirmek; (*ausfüllen*) doldurmak **2.** (*Gegensätze, Schwierigkeiten*) yenmek **3.** (ELEK) ara kablosuyla bağlamak

überdachen* *vt* üstünü (damla) kapatmak (-in), çatıyla örtmek

überdacht *pp von* **überdachen**, **überdenken**

überdauern* *vt* uzun sürmek (-den); (*überstehen*) geçirmek, atlatmak

überdecken* *vt* örtmek (*mit* ile)

überdenken* *irr vt* (*intensiv*) iyice bir düşünmek; (*noch einmal*) bir daha düşünmek

überdies [--'-] *adv* bundan başka, bir de

überdimensional *adj* boyutları aşırı, fazlasıyla büyük

Überdosis *f* aşırı doz; **sie starb an einer ~ Schlaftabletten** aşırı dozda uyku hapından öldü

überdreht *adj* (*fam*) sinirleri gergin

Überdruck[1] *m* <-(e)s, -e> (TYP) sürşarj

Überdruck[2] *m* <-(e)s, -drücke> (PHYS) aşırı basınç

Überdruss[RR] ['y:bɐdrʊs] *m ohne Pl* <-es>, **Überdruß** *m ohne Pl* <-sses> usanç, gına, bıkkınlık; **bis zum ~** gına gelinceye kadar

überdrüssig ['y:bɐdrʏsɪç] *adj:* **jds/etw** *gen* **~ werden** bir kimseden/şeyden usanmak [*o* gına gelmek]

überdurchschnittlich *adj* ortalamanın üstünde, olağanüstü

Übereifer *m ohne Pl* <-s> işgüzarlık, gayretkeşlik

übereifrig *adj* işgüzar, gayretkeş

übereignen* *vt* temlik etmek

Übereignung *f* temlik

übereilen* *vt* aceleye getirmek; **~ Sie nichts!** acele etmeyin!

übereilt *adj* (*Entschluss*) acele, düşünüp taşınmadan verilen; (*verfrüht*) erken, vakitsiz

übereinander [---'--] *adv* **1.** (*räumlich*) üst üste; **~ legen** üst üste koymak; **die Beine ~ schlagen** bacak bacak üstüne atmak **2.** (*von sich*) birbiri hakkında; **übereinander|legen** *vt s.* **übereinander 1.**; **übereinander|schlagen** *irr vt s.* **übereinander 1.**

überein|kommen [y:bɐ'ʔaɪn-] *irr vi sein* (*geh*) uzlaşmak, anlaşmak

Übereinkommen *nt* <-s, -> uzlaşma, anlaşma; (*Vertrag*) sözleşme; **ein ~ erzielen** anlaşmaya varmak

überein|stimmen [y:bɐ'ʔaɪn-] *vi* **1.** (*einer Meinung sein*) aynı düşüncede olmak (*in* konusunda), aynı görüşte olmak (*in* konusunda), hemfikir olmak (*in* konusunda)

2. (*gleich sein*) aynı olmak; (*passen*) uyuşmak (*mit* -le), birbirine uymak; (*sich decken*) örtüşmek (*mit* -le)

übereinstimmend *adj* (*einhellig*) her noktada uyuşan, örtüşen; (*gleich*) aynı

Übereinstimmung *f* <-en> uygunluk, örtüşme; (*Einklang*) uyum; (*von Meinungen*) uzlaşma; ~ **erzielen** uzlaşmaya varmak

überempfindlich *adj* **1.** çok alıngan, aşırı hassas **2.** (MED: *allergisch*) alerjik

überfahren* *irr vt* **1.** (*Person, Tier*) çiğnemek, ezmek **2.** (*Ampel*) durmadan geçmek **3.** (*fam: überrumpeln*) gafil avlamak

Überfahrt ['---] *f* karşıdan karşıya geçiş

Überfall ['---] *m* <-(e)s, -fälle> **1.** (*Angriff*) saldırı (*auf* -e); (*Bank~*) soygun (*auf* -e (yapılan)); (*Raub~*) karmanyola; (MIL) baskın **2.** (*fam: unerwartetes Auftauchen*) baskın;

überfallen* *irr vt* **1.** (*angreifen*) saldırmak; (*Bank, Person*) soymak; (*bewaffnet*) silâhla soymak; **jdn mit Fragen** ~ birini soru yağmuruna tutmak **2.** (*Müdigkeit, Gefühle*) basmak; (*überraschend*) bastırmak

überfällig *adj* **1.** (*Verkehrsmittel*) gecikmeli, rötarlı **2.** (*Rate*) günü geçmiş; **seine Entschuldigung ist längst** ~ çoktan özür dilemesi gerekirdi

Überfallkommando *nt* <-s, -s> (*fam*) baskın ekibi, yıldırım ekibi, çevik kuvvet

überfliegen* *irr vt* **1.** (*mit dem Flugzeug*) üzerinden geçmek (-in) **2.** (*Text*) göz gezdirmek (-e)

über|fließen *irr vi sein* **1.** (*Gefäß*) taşmak **2.** (*Flüssigkeit*) taşmak **3.** (*Farben*): **ineinander** ~ birbirinin içine geçmek

überflogen *pp von* **überfliegen**

Überfluss[RR] *m ohne Pl* <-es>, **Überfluß** *m ohne Pl* <-sses> bolluk (*an* -de); **im** ~ **leben** bolluk içinde yaşamak; **zu allem** ~ üstelik, bu yetmiyormuş gibi; **Überflussgesellschaft**[RR] *f* <-en> refah toplumu

überflüssig *adj* yersiz, fuzulî; (*unnötig*) gereksiz, lüzumsuz, fuzulî; **ich komme mir hier überflüssig vor** bana burada işim yokmuş gibi geliyor

überfluten* *vt* sular altında bırakmak; **Touristen überfluteten das Land** (*fig*) ülkeye sel gibi turist aktı, ülkeyi turistler bastı, ülke turistle dolup taştı

überfordern* *vt* fazla şey beklemek (-den); **du darfst das Kind nicht** ~ çocuğa fazla yüklenmemelisin, çocuğun üstüne fazla düşmemelisin; **das überfordert meine Kräfte** buna gücüm yetmez; **ich bin mit dieser Arbeit überfordert** bu işin altından kalkamayacağım

überfragen* *vt* cevap veremeyeceği sorular sormak (-e); **da bin ich (leider) überfragt** (maalesef) buna cevap veremeyeceğim

Überfremdung [--'--] *f* <-en> yabancılaşma

überführen* *vt* **1.** (*Schuld nachweisen*) suçlu olduğunu ispat etmek (-in); **der Angeklagte wurde überführt** sanığın suçu [*o* suçlu olduğu] ispat edildi **2.** (*bringen*) sevk etmek (*in/zu/nach* -de/-e/-e), götürmek (*in/zu/nach* -de/-e/-e), göndermek (*in/zu/nach* -de/-e/-e) **3.** (*Zustand verändern*) dönüştürmek; **eine Flüssigkeit in den gasförmigen Zustand** ~ bir sıvıyı gaz durumuna dönüştürmek **4.** (*über etw hinwegführen*) üstünden geçmek (-den); **zehn Brücken** ~ **den Kanal** kanalın üstünden on köprü geçiyor

Überführung *f* <-en> **1.** (*Transport*) sevk, gönderme, götürme **2.** (*Brücke*) üst geçit **3.** (JUR) suçun ispati

überfüllt [--'-] *adj* tıka basa dolu

Überfunktion *f* <-en> (MED): ~ **der Schilddrüse** tiroitin aşırı ölçüde çalışması

Übergabe ['----] *f* <-n> teslim; (*eines Bauwerks*) teslim; (*Kapitulation*) teslim

Übergang ['---] *m* <-(e)s, -gänge> **1.** (*das Überqueren*) geçme, geçiş **2.** (*über einen Berg, Fluss*) geçit; (*über ein Bahngleis*) geçit **3.** (*von Besitz*) intikal (*zu* -e), geçme (*zu* -e)

übergangen *pp von* **übergehen**[2]

übergangslos *adv* doğrudan doğruya

Übergangslösung *f* geçici çözüm; **Übergangsrecht** *nt* geçici hukuk, geçiş dönemi hukuku; **Übergangsstadium** *nt* geçiş evresi; **Übergangszeit** *f* geçiş dönemi

übergeben* *irr* **I.** *vt* teslim etmek, (eline) vermek; (*Angelegenheit, Amt*) devretmek; (*Bauwerk*) teslim etmek; **der Dieb wurde der Polizei** ~ hırsız polise teslim edildi **II.** *vr:* **sich** ~ kusmak, çıkarmak

über|gehen[1] *irr vi sein* **1.** (*Besitzer wechseln*) geçmek (*auf* -e), intikal etmek (*auf* -e); **in die Hände des Staates** ~ devlet eline geçmek **2.** (*bei einer Tätigkeit*) geçmek (*zu* -e); **zum Angriff** ~ saldırıya geçmek **3.** (*sich verwandeln*) dönüşmek (*in* -e); **die Farben gehen ineinander über** renkler birbirinin içine geçiyor

übergehen*[2] *irr vt* **1.** (*nicht wahrnehmen*) es geçmek, boş vermek, önemsememek; **sie überging ihn** ona yüz vermedi **2.** (*überspringen*) atlamak

übergeordnet *adj* üst, üst aşamada bulunan, mafevk

Übergepäck *nt ohne Pl* <-(e)s> fazla bagaj

übergeschnappt ['yːbɐɡəʃnapt] *adj* (*fam*) üşütük

Übergewicht *nt ohne Pl* <-(e)s> **1.** (*von*

Ü

Menschen) kilo fazlalığı, fazla kilolu olma, şişmanlık; (*von Sachen*) fazla ağırlık, kilo fazlalığı **2.** (*Bedeutung*) ağır basma
übergewichtig *adj* fazla kilolu, kilosu fazla
überglasen* *vt* camla kaplamak; **den Balkon** ~ (**lassen**) balkonun üstünü camla kapla(ttır)mak
überglücklich *adj* çok mutlu
über|greifen *irr vi* (*fig: Feuer*) sıçramak (*auf*-e)
Übergriff *m* <-(e)s, -e> saldırı (*auf*-e), tecavüz (*auf*-e)
übergroß *adj* büyük boy
Übergröße *f* <-n> battal boy
überhandRR [y:bɐ'hant] *adv:* ~ **nehmen** artmak, fazlalaşmak; **überhand|nehmen** *irr vi s.* **überhand**
über|hängen[1] *irr vi* (*a.* ARCHIT) çıkıntı oluşturmak; (*Zweige*) sarkmak
über|hängen[2] *vt:* **sich** *dat* **etw** ~ (*Mantel*) sırtına almak; (*Tasche*) omzuna asmak
überhäufen* *vt* üstünü doldurmak (*mit* ile), boğmak (*mit* -e); **jdn mit Geschenken** ~ birini hediyelere boğmak
überhaupt [y:bɐ'haʊpt, '---] *adv* **1.** (*im Allgemeinen*) genel olarak **2.** (*eigentlich*) aslında; **wer hat dir das ~ gesagt?** bunu sana aslında kim söyledi? **3.** (*bei Verneinung*): ~ **nicht** hiç (mi hiç); **ich denke ~ nicht daran!** onu hiç mi hiç düşünmüyorum; ~ **nichts** hiçbir şey; **es gibt ~ keine Möglichkeit** hiç olanak [*o* imkân] yok **4.** (*schließlich*) sonunda, nihayet; **und ~, ...** (*abgesehen davon*) ... da bir yana; (*überdies*) bundan başka da, bir de; **wenn ~, dann ...** olsa olsa, o zaman ...
überheblich [y:bɐ'he:plɪç] *adj* kibirli, kendini büyük gören
Überheblichkeit *f ohne Pl* kibir
überhöht [--'-] *adj* fazla, aşırı
überholen*[1] *vt* **1.** (*Fahrzeug*) geçmek, sollamak; ~ **verboten!** geçmek yasaktır! **2.** (*durch Leistung*) geçmek **3.** (*überprüfen*) elden geçirmek; (*Motor*) rektifiye etmek
über|holen[2] **I.** *vt* (*befördern*) karşı yakaya geçirmek **II.** *vi* (NAUT: *sich neigen*) yan yatmak
Überholspur *f* geçme şeridi
überholt [--'-] *adj* modası geçmiş
Überholverbot [--'---] *nt* geçme yasağı
überhören* *vt* işitmemek; (*absichtlich*) işitmezliğe getirmek, kulak ardı etmek; **das möchte ich überhört haben** bunu işitmemiş olayım
ÜberichRR ['y:bɐʔɪç] *nt* (PSYCH) üst benlik
überinterpretieren* *vt* abartılı yorumlamak
überirdisch *adj* doğaüstü
über|kochen *vi sein* pişerken [*o* kaynarken] taşmak; **die Milch ist übergekocht** süt taştı
überkommen*[1] *irr vt* (*Schlaf*) basmak, bastırmak; **ein Gefühl überkommt jdn** birinde bir duygu uyanmak, biri bir duyguya kapılmak; **ihn überkam die Furcht** korkuya kapıldı, canına korku düştü; **es überkam ihn plötzlich, und er zog sie an sich** birdenbire duygulanıp onu kendisine çekti
überkommen[2] *adj* atalardan kalma
überkonfessionell *adj* mezheplerüstü
überkreuzen* *vr:* **sich** ~ kesişmek; **sich ~de Linien** kesişen çizgiler
überkronen* *vt* (MED) üzerine kuron geçirmek (-in)
überladen*[1] *irr vt* aşırı derecede yüklemek (*mit*-le); **sich den Magen** ~ (*fig*) tıka basa yemek
überladen[2] *adj* (*Stil, Fassade*) süslü
Überlandbus *m* şehirler arası otobüs
überlang *adj* normalden uzun, aşırı ölçüde uzun, fazla uzun
Überlänge *f* <-n> normali aşan uzunluk, aşırı ölçüde uzunluk
überlappen* [y:bɐ'lapən] *vr:* **sich** ~ üst üste binmek
überlassen* *irr vt* **1.** (*abgeben*): **jdm etw** ~ birine bir şey vermek **2.** (*anheim stellen*): **es ist dir ~, das zu entscheiden** buna karar vermek sana kaldı; **überlass das bitte mir!** lütfen bunu bana bırak! **3.** (*anvertrauen*): **jdm etw** ~ birine bir şey bırakmak; **jdn sich** *dat* **selbst** ~ birini kendi haline bırakmak
überlasten* *vt* aşırı yüklemek; **sie ist überlastet** işi başından aşkın
überlaufen[1] [--'--] *adj* çok kalabalık
über|laufen[2] *irr vi sein* **1.** (*Flüssigkeit*) taşmak; **ineinander** ~ (*Farben*) iç içe girmek **2.** (*die Seiten wechseln*) tarafına geçmek (*zu* -in); **zum Feind** ~ düşman(ın) tarafına geçmek
überlaufen[3] *irr vt* **1. es überlief mich (eis)kalt** donakaldım; **es überlief mich (siedend) heiß** başımdan aşağı âdeta bir kova kaynar su döküldü **2.** (SPORT) geçmek
Überläufer(in) *m(f)* <-s, -; -nen> **1.** (MIL) düşman tarafına geçen asker kaçağı **2.** (POL) taraf değiştiren (kimse)
überleben* **I.** *vi* sağ kalmak, hayatta kalmak; (*weiterleben*) yaşamaya devam etmek **II.** *vt* sağ salim çıkmak (-den); **sie überlebte ihren Mann (um zehn Jahre)** kocasından (on yıl) fazla yaşadı; **das überleb ich nicht!** (*fam fig*) hayatta buna gelemem! **III.** *vr:* **sich** ~ eskimek, geçmek, maziye karışmak; **diese Mode wird sich**

bald ~ bu moda yakında maziye karışacak
Überleben *nt:* **ums ~ kämpfen** yaşayabilmek için savaş vermek
Überlebende(r) [--'---] *mf* <-n, -n; -n> sağ kalan, hayatta kalan
Überlebenschance *f* sağ kalma ihtimali
überlebensgroß ['--'---] *adj* normalden büyük
Überlebenskampf *m* yaşama çabası
überlegen* [1] **I.** *vi* düşünmek; **wohl überlegt** (*geh*) iyi düşünülmüş **II.** *vt* (*nachdenken*) düşünüp taşınmak; (*erwägen*) düşünmek; **ich habe es mir anders überlegt** ben fikrimi değiştirdim; **ich werde es mir ~** düşüneceğim
über|legen[2] **I.** *vt* üstüne koymak **II.** *vr:* **sich ~** üstüne yatmak
überlegen[3] *adj* **1.** (*besser*) üstün; **jdm (in/an etw** *dat*) **~ sein** birinden üstün olmak **2.** (*hochmütig*) kibirli
Überlegenheit *f ohne Pl* üstünlük (*in* -de); **zahlenmäßige ~** sayıca üstünlük, sayı üstünlüğü
überlegt *adj* iyi düşünülmüş
Überlegung [--'--] *f* <-en> düşünme; (*Erwägung*) düşünüp taşınma; (*Gedanken*) düşünce(ler) *(pl)*, fikir(ler) *(pl)*; **~en zu etw** *dat* **anstellen** bir şeyde fikir yormak; **nach reiflicher ~** iyice düşündükten [*o* düşünüp taşındıktan] sonra
über|leiten *vi* geçmek (*von* -den, *zu* -e); **zu einem neuen Thema ~** yeni bir konuya geçmek; **Überleitung** *f* <-en> (*Übergang*) geçiş; (*Verbindung*) bağlantı
überlesen* *vt* **1.** (*Fehler*) okurken görmemek **2.** (*nicht genau*) üstünkörü okumak
überliefern* *vt* gelecek kuşaklara bırakmak; **etw ist nur als Fragment überliefert** bir şeyin sadece parçası kalmış olmak; **Überlieferung** *f* <-en> (*Tradition*) gelenek
überlisten* *vt* aldatmak
überm ['y:bɐm] (*fam*) = **über dem** *s.* **über**
Übermacht *f ohne Pl* (*Überlegenheit*) üstünlük, üstün olma; (*in Anzahl*) sayıca üstün olma; (*Vorherrschaft*) hâkimiyet, egemenlik; **in der ~ sein** sayıca üstün olmak; **übermächtig** *adj* **1.** (*Institution*) süper; (*Gegner*) çok güçlü **2.** (*Gefühl*) çok güçlü; (*Verlangen*) karşı konulamaz
Übermaß *nt ohne Pl* <-es> aşırı ölçü, aşırılık (*an/von* -de/-de), fazlalık (*an/von* -de/-de); **etw im ~ haben** bir şeyden fazla miktarda olmak; **im ~** aşırı ölçüde
übermäßig **I.** *adj* (*maßlos*) ölçüsüz; (*übertrieben*) aşırı **II.** *adv* **1.** (*zu viel*) çok fazla, haddinden fazla, gereğinden çok, aşırı derecede, gayetle **2.** (*überaus*) son derece, pek
Übermensch *m* <-en, -en> üst insan; **übermenschlich** *adj* insanüstü
übermitteln* *vt* nakletmek, aktarmak, ulaştırmak, iletmek
übermorgen ['----] *adv* öbür gün
übermüdet [--'--] *adj* bitkin, bîtap
Übermüdung [--'--] *f* <-en> aşırı yorgunluk, bitkinlik
Übermut *m ohne Pl* <-(e)s> **1.** taşkınlık; (*Fröhlichkeit*) coşkunluk; (*Mutwille*) yaramazlık; **etw aus lauter ~ tun** bir şeyi sırf yaramazlık olsun diye yapmak **2.** (*Überheblichkeit*) kibir
übermütig *adj* taşkın; (*fröhlich*) coşkun; (*mutwillig*) yaramaz; **die Kinder waren sehr ~** çocuklar çok yaramazdı
übern ['y:bɐn] (*fam*) = **über den** *s.* **über**
übernächste(r, s) *adj* bir sonraki; **in der ~n Woche** bir sonraki hafta içinde; **~n Sonntag** bir sonraki pazar günü; **du bist als Ü~r dran** sıra ondan sonra sende
übernachten* *vi* gecelemek (*bei/in* -de/-de), konaklamak (*bei/in* -de/-de), geceyi geçirmek (*in* -de, *bei* -in yanında)
übernächtigt [y:bɐ'nɛçtɪçt, y:bɐ'nɛçtɪkt] *adj* uykusuz, uyumamış, uykusunu alamamış; **~ aussehen** uykusuz [*o* uyumamış] görünmek
Übernachtung [y:bɐ'naxtʊŋ] *f* <-en> geceleme, gece yatısı, konaklama; **~ mit Frühstück** yatak ve kahvaltı
Übernahme ['----] *f ohne Pl* (*Geschäft*) devralma, teslim alma; (*Amt*) üstlenme, deruhte; (*von Verantwortung*) üstlenme, yüklenme; (*Methode, Sitte*) benimseme; **wörtliche ~n aus einem Werk** bir eserden kelimesi kelimesine alıntılar
übernational *adj* uluslar üstü
übernehmen* *irr* **I.** *vt* **1.** (*Geschäft*) devralmak; (*Amt*) üstlenmek, deruhte etmek; (*Aufgabe, Kosten*) üstlenmek; (*Verantwortung*) üstlenmek, üstüne almak; (*Methode, Sitte*) benimsemek **2.** (*entgegennehmen*) teslim almak; (*annehmen*) kabul etmek **II.** *vr:* **sich ~** fazla yorulmak, kendini fazla yormak; (*finanziell*) parası bitmek; **er hat sich beim Umzug übernommen** taşınırken fazla yoruldu
übernommen *pp von* **übernehmen**
über|ordnen *vt:* **die Karriere der Familie ~** kariyerini ailesinden üstün tutmak
überparteilich *adj* partiler üstü
Überproduktion *f* (WIRTSCH) aşırı üretim
überprüfen* *vt* (*kontrollieren*) kontrol etmek, denetlemek, yoklamak, gözden geçirmek; (*amtlich*) muayene etmek, araştırmak, incelemek
überqueren* *vt* geçmek
überragen* [1] *vt* **1.** (*durch Größe*) büyük ol-

mak (-den); (*durch Höhe*) yüksek olmak (-den); (*Person*) boylu olmak (*um* -den) **2.** (*fig: übertreffen*) gölgede bırakmak (*an* -le)

über|ragen[2] *vi* (*überstehen*) çıkık olmak

überragend [--'--] *adj* üstün; **eine ~e Leistung** üstün bir başarı

überraschen* [y:bɐ'raʃən] *vt* hayrette bırakmak, sürpriz yapmak (-e), şaşırtmak; **jdn dabei ~, wie …** birini … iken gafil avlamak; **lassen wir uns ~!** bakalım ne olacak!; **wir wurden von einem Gewitter überrascht** fırtınaya yakalandık

überraschend [--'--] **I.** *adj* şaşılacak, hayret verici; (*unerwartet*) beklenmedik **II.** *adv:* **das kam für mich völlig ~** bu benim için tamamıyla sürpriz oldu

Überraschung [y:bɐ'raʃʊŋ] *f* <-en> sürpriz; **zu meiner großen ~ kam er nicht** gelmemesi benim için büyük sürpriz oldu; **das ist aber eine ~!** bu ne sürpriz!; **Überraschungseffekt** *m* şok etkisi; **Überraschungsmoment** *nt* sürpriz unsuru

Überreaktion *f* <-en> aşırı tepki

überreden* *vt* kandırmak; (*überzeugen*) ikna etmek; **jdn zu etw** *dat* **~** birini bir şey yapmaya kandırmak; **sich ~ lassen** kanmak

überregional *adj* bölgeler üstü

überreichen* *vt* (törenle) vermek

überreif *adj* (*Obst*) geçkin

Überreife *f ohne Pl* geçkinlik

Überreste *mPl* **1.** (*Zurückgebliebenes*) kalıntılar *pl;* **die sterblichen ~** naaş (ve kemikler) *(pl)* **2.** (*Ruinen*) kalıntılar *pl;* **die ~ einer Festung** bir kalenin kalıntıları

überrumpeln* *vt* gafil avlamak

übers ['y:bɐs] (*fam*) = **über das** *s.* **über**

übersät [--'-] *adj* kaplı (*von/mit* -le/-le)

Übersättigung *f* aşırı doyma

Überschallflugzeug *nt* süpersonik uçak

Überschallgeschwindigkeit *f* süpersonik hız

überschatten* *vt* **1.** (*Schatten spenden*) gölge vermek (-e) **2.** (*fig: trüben*) gölge düşürmek (-e)

überschätzen* *vt* gözünde büyütmek

überschaubar *adj* (*Kosten, Risiko*) kestirilebilir; (*Firma*) derli toplu

überschauen* *vt* **1.** (*sehen*) görmek, her yönüyle görmek, hâkim olmak (-e) **2.** (*Zusammenhänge, Situation*) bir bakışta kavramak

über|schäumen *vi sein* **1.** (*Flüssigkeit*) köpürmek; (*Gefäß*) taşmak **2.** (*vor Wut*) köpürmek (*vor* -den); (*vor Freude*) coşmak (*vor* -den)

Überschlag *m* <-(e)s, -schläge> **1.** (*Schätzung*) tahmin **2.** (SPORT) takla; (*Looping*) takla

überschlagen*[1] *irr* **I.** *vt* **1.** (*auslassen*) es geçmek **2.** (*schätzen*) tahmin etmek, kestirmek, yaklaşık olarak hesap etmek **II.** *vr:* **sich ~ 1.** (*Fahrzeug*) devrilmek, takla atmak; **ihre Stimme überschlug sich** sesi birdenbire tizleşti **2.** (*Ereignisse*) birbirini kovalamak

über|schlagen[2] *irr* **I.** *vi sein* **1.** (*Funken*) sıçramak **2.** (*übergehen*) geçmek (*in* -e); **seine Stimme schägt über** sesi çatallanıyor **II.** *vt:* **die Beine ~** ayak ayak üstüne atmak; **mit überschlagenen Beinen im Sessel sitzen** ayak ayak üstüne atmış vaziyette koltukta oturmak

über|schnappen *vi sein* (*fam*) **1.** (*verrückt werden*) fırttırmak, kafayı üşütmek **2.** (*sich überschlagen*): **seine Stimme schnappt über** sesi çatallanıyor

überschneiden* *irr vr:* **sich ~ 1.** (*Linien*) kesişmek **2.** (*Termine*) çakışmak

überschnitten *pp von* **überschneiden**

überschreiben* *irr vt* **1.** (*übertragen*) devretmek (*auf* -e), temlik etmek (*auf* -e) **2.** (*betiteln*) başlık yazmak (-e), başlık koymak (-e)

überschreiten* *irr vt* **1.** (*übertreten*) geçmek; (*Mittel, Kräfte, Fähigkeiten*) aşmak; (*überqueren*) geçmek **2.** (*Befugnisse*) aşmak; (*Geschwindigkeit*) aşmak; **er hat die Sechzig schon (längst) überschritten** altmışını (çoktan) geçti bile

überschrieben *pp von* **überschreiben**

Überschrift *f* <-en> başlık, serlevha

überschritten *pp von* **überschreiten**

Überschuss[RR] *m* <-es, -schüsse>, **Überschuß** *m* <-sses, -schüsse> fazlalık

überschüssig ['y:bɐʃʏsɪç] *adj* arta kalan

überschütten*[1] *vt* **1.** (*bedecken*) örtmek (*mit* -le) **2.** (*überhäufen*) yağdırmak (-e, *mit* -); **jdn mit Fragen ~** birini soru yağmuruna tutmak

über|schütten[2] *vt* dökmek; **er hat mir Rotwein übergeschüttet** üstüme kırmızı şarap döktü

überschwänglich[RR] ['y:bɐʃvɛŋlɪç] *adj* coşkun, taşkın

überschwemmen* *vt* su basmak, sular altında bırakmak, sel basmak, taşmak (-e); (*fig*) boğmak (*mit* -e), yağdırmak (-e, *mit* -); **das Land wurde von Touristen überschwemmt** (*fig*) ülkeye sel gibi turist aktı, ülkeyi turistler bastı, ülke turistle dolup taştı

Überschwemmung [--'--] *f* <-en> su baskını, taşma, taşkın, seylâp; **Überschwemmungsgebiet** *nt* taşkın alanı

überschwenglich *adj s.* **überschwänglich**

Übersee ['---] *f* denizaşırı ülkeler *pl;* **in/**

nach/aus ~ denizaşırı ülkelerde/ülkelere/ülkelerden
überseeisch *adj* denizaşırı
übersehbar [--'--] *adj* **1.** (*Gelände*) görülebilen **2.** (*absehbar*) bilinebilen; **die Folgen sind nicht** ~ sonuçları bilinemez
übersehen* *irr vt* **1.** (*Gegend*) görmek; **von dieser Stelle kann man die ganze Stadt** ~ buradan bütün şehir görülebilir **2.** (*Zusammenhänge sehen*) görmek; (*Folgen*) kestirmek; **soweit ich übersehen kann, ...** görebildiğim kadarıyla ... **3.** (*nicht sehen*) görmemek; (*absichtlich*) görmezlikten gelmek; **etw stillschweigend** ~ bir şeyi görmezlikten gelmek
über|setzen[1] **I.** *vi haben o sein* karşıdan karşıya geçmek; **über den Fluss** ~ ırmağı karşıdan karşıya geçmek **II.** *vt* karşıdan karşıya geçirmek
übersetzen*[2] *vt* çevirmek (*von/aus* -den, *in* -e), tercüme etmek (*von/aus* -den, *in* -e)
Übersetzer(in) [--'--] *m(f)* <-s, -; -nen> çevirici, tercüman
Übersetzung [--'--] *f* <-en> **1.** (*Text*) çeviri, tercüme **2.** (TECH) transmisyon
Übersetzungsbüro *nt* çeviri bürosu, tercüme bürosu
Übersicht ['---] *f* <-en> **1.** (*Überblick*) görünüş (*über* -in); (*über Zusammenhänge*) genel bakış (*über* -e) **2.** (*Resümee*) özet; (*Darstellung*) genel görünüş, genel görünüm
übersichtlich *adj* **1.** (*räumlich*) derli toplu; (*Gelände*) açık, aydınlık **2.** (*deutlich*) açık, belirgin; (*Bilanz*) kolay anlaşılır
über|siedeln *vi sein* **1.** (*umziehen*) taşınmak (*nach/in* -e/-e), göçmek (*nach/in* -e/-e) **2.** (*emigrieren*) göç etmek; (*ins Land kommen*) göçmen olarak gelmek; **Übersiedler(in)** *m(f)* <-s, -; -nen> göçmen
übersinnlich *adj* duyuüstü
überspannt [--'-] *adj* **1.** (*übertrieben*) aşırı, abartmalı **2.** (*verschroben*) eksantrik, ayrıksı
überspielen* *vt* **1.** (RADIO, TV) çekmek (*auf* -e), kayıt etmek (*auf*-e) **2.** (*verstecken*) gizlemek, sezdirmemek
überspitzt [--'-] *adj* abartılı
über|springen[1] *irr vi sein* (*übergehen*) atlamak (*auf*-e); (*Funke*) sıçramak (*auf*-e); (*Infektion*) geçmek (*auf*-e)
überspringen*[2] *irr vt* **1.** (*Hindernis*) atlayarak geçmek; **eine Pfütze** ~ bir irkintiyi atlayarak geçmek **2.** (*auslassen*) atlamak
übersprungen *pp von* **überspringen**[2]
überstanden *pp von* **überstehen**[2]
über|stehen[1] *irr vi* çıkıntı oluşturmak
überstehen*[2] *irr vt* (*hinter sich bringen*) geçirmek; (*überleben*) atlatmak; (*ertragen*) dayanmak; **das Schlimmste ist jetzt überstanden** işin en güç tarafı şimdi atlatıldı
übersteigen* *irr vt* **1.** aşmak; (*Zaun, Mauer*) tırmanmak (-e); **vom Nachbarhaus auf das Dach der Bank** ~ yandaki evden bankanın çatısına tırmanmak **2.** (*übertreffen*) gölgede bırakmak; **das überstieg alle unsere Erwartungen** bu, tüm beklentilerimizi gölgede bıraktı
überstiegen *pp von* **übersteigen**
überstimmen* *vt* **1.** (*besiegen*) oy çokluğu ile yenmek **2.** (*ablehnen*) oy çokluğu ile reddetmek **3.** (*zum Schweigen bringen*) susturmak
überstrapazieren* *vt* fazla yormak, fazla yıpratmak; **ich möchte ihre Geduld nicht** ~ sabrınızı tüketmek istemiyorum
überströmen* *vi:* **sein Gesicht war von Blut überströmt** yüzü kan içindeydi
über|stülpen *vt* üzerine geçirmek (-in)
Überstunde *f* <-n> fazla çalışma saati, ek mesai saati; **~n machen** mesai yapmak, mesaiye kalmak
überstürzen* **I.** *vt* aceleye getirmek; **nur nichts** ~ aceleye gerek yok **II.** *vr:* **sich** ~ birbirini kovalamak
übertariflich *adj* (WIRTSCH) toplu sözleşme üstü
übertölpeln* *vt* aldatmak, kazık atmak (-e)
übertönen* *vt* (sesiyle) bastırmak
Übertrag ['yːbɐtraːk, *Pl:* 'yːbɐtrɛːgə] *m* <-(e)s, -träge> nakil; (*Rechnungs~*) hesap nakli
übertragbar [--'--] *adj* devredilebilir (*auf* -e), temlik edilebilir (*auf* -e); (*Krankheit*) bulaşıcı; **nicht** ~ devredilemez, temlik edilemez
übertragen* *irr* **I.** *vt* **1.** (TECH) aktarmak, nakletmek; (RADIO, TV) yayınlamak; **live** ~ canlı [*o* naklen] yayın yapmak; **die Kraft des Motors auf die Räder** ~ motor gücünü tekerleklere nakletmek **2.** (*anwenden*) uygulamak (*auf* -e); **in ~er Bedeutung** mecazî anlamda **3.** (*Begeisterung, Krankheit*) bulaştırmak (*auf*-e), geçirmek (*auf*-e) **4.** (*Besitz, Rechte*) temlik etmek, devretmek; (*Verantwortung*) devretmek, vermek; (*Vollmacht, Aufgabe*) vermek; (*Befugnis, Kompetenz*) devretmek **5.** (*abschreiben*) kopya etmek; (*Einträge*) nakletmek **6.** (*geh: übersetzen*) çevirmek (*aus* -den, *in* -e), aktarmak (*aus* -den, *in* -e) **7.** (TECH: *weiterleiten*) aktarmak **8.** (INFORM: *Daten*) aktarmak **II.** *vr:* **sich** ~ geçmek (*auf* -e)
Übertragung [--'--] *f* <-en> **1.** (RADIO, TV) yayın; (TECH) aktar(ıl)ma, nakletme, nakledilme **2.** (*Anwendung*) uygulama **3.** (*einer*

U

Krankheit) bulaş(tır)ma, geç(ir)me **4.** (*von Rechten, Besitz*) temlik (*auf* -e), devir (*auf* -e); (*Amt*) devir **5.** (*Übersetzung*) çeviri, tercüme **6.** (INFORM: *Daten~*) aktarım

Übertragungsgeschwindigkeit *f* (INFORM) aktarım hızı

übertreffen* *irr* **I.** *vt* aşmak, gölgede bırakmak; **das übertrifft alle meine Erwartungen** bu, tüm beklentilerimi gölgede bıraktı; **jdn in der Leistung ~** birinden daha başarılı olmak; **im Sport ist er kaum zu ~** sporda üstüne kimse yok gibi **II.** *vr:* **sich ~: sich selbst mit etw** *dat* **~** bir şeyle kendisinden beklenenlerin üstünde başarı göstermek

übertreiben* *irr vi, vt* aşırı gitmek, ölçüyü kaçırmak; (*mit Worten*) abartmak, mübalâğa etmek

Übertreibung [--'--] *f* <-en> aşırılık; (*mit Worten*) abartma, abartı, mübalağa

über|treten[1] *irr vi sein* **1.** *sein* (*Gewässer*) taşmak **2.** *sein* (*zu einer Partei, Religion*) geçmek (*zu* -e); **zum Islam ~** İslâmiyete geçmek, Müslüman olmak; **er ist in den Ruhestand übergetreten** emekliliğe ayrıldı, emekli oldu **3.** *sein* (*übergehen*) geçmek (*in* -e) **4.** *haben o sein* (SPORT) çizgiyi geçmek

übertreten*[2] *irr vt* **1.** (*Grenze*) geçmek **2.** (*Gesetz, Verbot*) aykırı davranmak (-e), aykırı davranışta bulunmak (-e)

Übertretung [--'--] *f* <-en> **1.** geçme **2.** (JUR) kabahat

übertrieben [y:bɐ'tri:bən] **I.** *pp von* **übertreiben II.** *adj* aşırı, abartılı, abartmalı; (*Preise*) fahiş **III.** *adv* aşırı (derecede), gereğinden çok

übertroffen *pp von* **übertreffen**

übertrumpfen* *vt* **1.** (*beim Kartenspiel*) kozlamak **2.** (*übertreffen*) gölgede bırakmak, daha başarılı olmak (-den)

überwachen* *vt* (*beobachten*) gözlemek, gözlemlemek, gözetlemek; (*kontrollieren*) denetlemek, kontrol etmek

Überwachung [--'--] *f* <-en> gözleme, gözlemleme, gözetim; (*Kontrolle*) denetleme, denetim, kontrol

überwältigen* [y:bɐ'vɛltɪgən] *vt* **1.** (*bezwingen*) yenmek **2.** (*beeindrucken*) (çok) etkilemek, etkisi altında bırakmak; (*Angst*) yenmek

überwältigend [--'---] *adj* (çok) etkileyici; (*großartig*) görkemli, muhteşem; (*Mehrheit*) ezici

über|wechseln *vi sein* geçmek (*von* -den, *zu* -e); **ins feindliche Lager/auf die andere Seite ~** düşman tarafına/öbür tarafa geçmek

überweisen* *irr vt* (*Geld*) havale etmek, göndermek; (*Patient*) sevk etmek (*zu* -e)

Überweisung [--'--] *f* <-en> (*von Geld*) havale; (*vom Arzt*) sevk

überwiegen* *irr vi* ağır basmak

überwiegend **I.** *adj* ağır basan **II.** *adv* daha çok, ağırlıklı olarak

überwiesen *pp von* **überweisen**

überwinden* *irr* **I.** *vt* (*Misstrauen, Bedenken*) yenmek; (*Hindernis*) aşmak; (*Gegner*) yenmek; **seinen inneren Schweinehund ~** içindeki korkuyu yenmek **II.** *vr:* **sich ~ etw zu tun** bir şeyi yapmaya kendini zorlamak, bir şeyi yapmaya razı olmak

Überwindung [--'--] *f ohne Pl* **1.** (*einer Schwierigkeit*) yenme **2.** (*Selbst~*) kendini zorlama; **es kostete ihn große ~, dorthin zu gehen** oraya gitmek için kendini çok zorladı

überwintern* *vi* kışlamak (*in* -de), kışı geçirmek (*in* -de)

überwogen *pp von* **überwiegen**

überwunden *pp von* **überwinden**

Überzahl *f ohne Pl* sayıca üstün olma; **in der ~ sein** sayıca üstün olmak, çoğunlukta olmak; **die ~ der Vorschläge war unbrauchbar** tekliflerin çoğu işe yaramadı

überzählig ['y:bɐtsɛ:lɪç] *adj* fazla; **~ sein** fazla olmak

überzeugen* **I.** *vt* ikna etmek (*von* -e), inandırmak (*von* -e); (*überreden*) kandırmak (*von* -e); **ich bin (davon) überzeugt, dass ...** (şuna) inanıyorum ki, ...; **er war sehr von sich** *dat* **überzeugt** kendinden çok emindi **II.** *vr:* **sich ~** kanaat getirmek (*von* -e), görüp ikna olmak; **sich persönlich/mit eigenen Augen ~** bizzat/kendi gözleriyle görüp ikna olmak; **~ Sie sich selbst davon!** inanmıyorsanız gidin, kendiniz görün!

überzeugend *adj* ikna edici; (*Beweis*) inandırıcı

überzeugt *adj* kani

Überzeugung [--'--] *f* <-en> kanaat, kanı; (*fester Glaube*) inanç; **politische ~** siyasî kanaat; **zu der ~ gelangen, dass etw richtig ist** bir şeyin doğru olduğuna kanaat getirmek, bir şeyin doğru olduğu kanısına varmak; **meiner ~ nach** kanımca, inancıma göre; **Überzeugungskraft** *f* ikna etme gücü

über|ziehen[1] *irr vt* (*Kleidungsstück*) üzerine geçirmek, giymek; **jdm eins ~** birine bir tane geçirmek

überziehen*[2] *irr vt* **1.** (*bedecken*) örtmek (*mit* -le); (*mit Stoff*) kaplamak (*mit* -le); **das Bett frisch ~** yatağın çarşaflarını değiştirmek **2.** (*Konto*): **er hat sein Konto um 2.000 Euro überzogen** hesabından 2.000 euro fazla para çekti **3.** (*Zeit*) uzat-

mak (*um* -) **4.** (*zu weit treiben*) fazla ileri gitmek (-le); (*mit Krieg*) kasıp kavurmak
Überziehungskredit *m* (FIN) açık kredi, depasman kredisi
überzogen *pp von* **überziehen²**
Überzug *m* <-(e)s, -züge> **1.** (*Schicht*) tabaka; (*Glasur*) astar **2.** (*Bezug*) kılıf; (*Verkleidung*) kaplama
Ubiquität *f ohne Pl* her yerde olma; (*Allgegenwart*) her yerdelik
übler *adj kompar von* **übel**
üblich ['y:plɪç] *adj* alışılmış, mutat; (*herkömmlich*) âdet olan; **er verspätete sich wie** ~ her zamanki gibi geç geldi; **das ist hier so** ~ âdet burada böyledir
U-Boot ['u:bo:t] *nt* <-(e)s, -e> denizaltı
übrig ['y:brɪç] *adj* artakalan, geriye kalan; **der/die/das Ü~e** artakalan (*von* -den), geriye kalan (*von* -den); **die ~en Bücher** öteki kitaplar; ~ **sein** [*o* **bleiben**] artakalmak, artmak, geriye kalmak; **ihm bleibt nichts anderes** ~ başka çaresi kalmadı; **was bleibt mir anderes ~?** başka ne yapabilirim ki?; ~ **lassen** artık bırakmak, hepsini bitirmemek; **etw lässt nichts zu wünschen** ~ bir şeyin eksik tarafları olmamak; **etw lässt einiges zu wünschen** ~ bir şeyin bazı eksik tarafları olmak; **ein Ü~es tun** yapılabilecek daha ne varsa yapmak; **für jdn/etw nichts ~ haben** bir kimseden/şeyden hoşlanmamak; **im Ü~en** ayrıca; **die Ü~en** ötekiler, diğerleri; **ich habe noch 2 Euro** ~ (geriye) 2 eurom kaldı; **alles Ü~e** artakalanların hepsi, artakalan her şey, geriye kalanların hepsi, geriye kalan her şey; **übrig|bleiben** *irr vi sein s.* **übrig**
übrigens ['y:brɪgəns] *adv* ayrıca, bu arada; (*beiläufig*) söz arasında, sırası gelmişken; (*nebenbei bemerkt*) antrparantez; **er kommt ~ erst morgen** hatırımda iken söyleyeyim, yarın geliyormuş; **~, weiß du schon, dass er geheiratet hat?** aklıma gelmişken, evlendiğini biliyor musun?
übrig|lassen *irr vt s.* **übrig**
Übung¹ ['y:bʊŋ] *f ohne Pl* (*praktische Ausübung*) pratik; (*Erfahrung*) deneyim, tecrübe; **aus der ~ kommen** formdan düşmek; **in ~ bleiben** formunu korumak; **~ macht den Meister** (*prov*) alıştırma insanı ustalaştırır, meşk kemale erdirir
Übung² *f* <-en> **1.** (*allgemein*) alıştırma, egzersiz; (*a.* SPORT) alıştırma, idman; (*a.* MUS) meşk, el alıştırması **2.** (MIL) talim **3.** (*Brauch, Sitte*) teamül
Übungsbuch *nt* alıştırma(lar) kitabı; **Übungsgelände** *nt* (MIL) talim alanı
UdSSR [u:de:ʔɛsʔɛs'ʔɛr] *f* (HIST) *Abk. von* **Union der Sozialistischen Sowjetrepubliken** SSCB, *Sovyet Sosyalist Cumhuriyetleri Birliği*
UEFA-Cup [u'e:fakap] *m* UEFA Kupası
Ufer ['u:fɐ] *nt* <-s, -> kıyı; **am** ~ kıyıda; **über die ~ treten** taşmak
uferlos *adj* (*fig*) uçsuz bucaksız; (*ohne Ende*) sonu olmayan, bitmek bilmeyen, bitmez tükenmez; **ins U~e gehen** sonu olmamak, bitmek bilmemek
Uferschnepfe *f* <-n> (ZOOL) kıyı çulluğu; **Uferstraße** *f* <-n> kordon boyu
Ufo ['u:fo] *nt* <-s, -s> *Abk. von* **Unbekanntes Flugobjekt** uçan daire
Uganda [u'ganda] *nt* <-s> Uganda
Ugander(in) [u'gandɐ] *m(f)* <-s, -; -nen> Ugandalı
ugandisch *adj* Uganda (ile ilgili), Ugandalı; **~e Frauen/Männer** Ugandalı kadınlar/erkekler; **die ~e Regierung** Uganda hükümeti
U-Haft ['u:haft] *f* tutukluluk
Uhr [u:ɐ] *f* <-en> **1.** (*Gerät*) saat; **die ~ aufziehen** saati kurmak; **die ~ stellen** saati ayarlamak; **auf die ~ sehen** saate bakmak; **die ~ geht vor/nach** saat ileri gidiyor/geri kalıyor; **rund um die** ~ (*fam*) yirmi dört saat **2.** (*bei Zeitangabe*) saat; **wie viel ~ ist es?** saat kaç?; **um wie viel ~?** saat kaçta?; **es ist genau acht** ~ saat tam sekiz; **um elf** ~ saat on birde; **neun ~ drei** dokuzu üç geçiyor; **Uhrarmband** *nt* saat kayışı; **Uhrmacher(in)** *m(f)* <-s, -; -nen> saatçi; **Uhrwerk** *nt* saat mekanizması
Uhrzeiger *m* saat ibresi; **Uhrzeigersinn** *m ohne Pl* <-(e)s>: **im** ~ saat ibrelerinin (dönüş) yönünde; **gegen den** ~ saat ibrelerinin (dönüş) yönüne ters
Uhrzeit *f* saat
Uhu ['u:hu] *m* <-s, -s> (ZOOL) puhu
Ukelei *m* (ZOOL) inci balığı
Ukraine [ukra'i:nə, u'kraɪnə] *f* Ukrayna
Ukrainer(in) [ukra'i:nɐ, u'kraɪnɐ] *m(f)* <-s, -; -nen> Ukraynalı
ukrainisch [ukra'i:nɪʃ, u'kraɪnɪʃ] *adj* Ukraynalı, Ukrayna (ile ilgili); **~e Frauen/Männer** Ukraynalı kadınlar/erkekler; **die ~e Regierung** Ukrayna hükümeti
UKW [u:ka:'ve:] (RADIO, PHYS) *Abk. von* **Ultrakurzwelle** çok kısa dalga; **auf** ~ çok kısa dalgada
Ulk [ʊlk] *m* <-(e)s, -e> paskallık; **einen ~ machen** paskallık yapmak
ulkig *adj* (*fam*) **1.** paskal; (*lustig, komisch*) komik; **was für ein ~er Mensch!** ne paskal adam! **2.** (*seltsam*) tuhaf
Ulme ['ʊlmə] *f* <-n> (BOT) karaağaç
Ultimaten *Pl von* **Ultimatum**
ultimativ [ʊltima'ti:f] *adj* ültimatomsu;

U

jdn ~ **auffordern etw zu tun** birinden ültimatomsu bir biçimde bir şeyi yapmasını istemek

Ultimatum [ʊltɪ'ma:tʊm] *nt* <-s, -s *o* Ultimaten> ültimatom; **jdm ein ~ stellen** birine ültimatom vermek

Ultrakurzwelle [ʊltra'kʊrtsvɛlə] *f* <-n> (RADIO, PHYS) çok kısa dalga

Ultraschall *m ohne Pl* <-(e)s> (PHYS) ültrason; **Ultraschallgerät** *nt* <-(e)s, -e> ültrason aygıtı; **Ultraschalluntersuchung** *f* ültrason muayenesi

ultraviolett ['----'-] *adj* (PHYS) ültraviyole, mor ötesi

um [ʊm] **I.** *präp* **1.** (*räumlich*): ~ **...** (**herum**) etrafında; (*in der Nähe*) yakınında; **sie ging ~ den Tisch** (**herum**) masanın etrafında döndü; **er hat gern Freunde ~ sich** dostlar arasında bulunmaktan hoşlanır; ~ **die Ecke gehen** köşeyi dönmek; **die Gegend ~ Freiburg** Freiburg'un çevresi; **sie schlug ~ sich** dövündü **2.** (*bei Uhrzeit*) -de; ~ **drei Uhr** saat üçte **3.** (*ungefähr*) sularında; **sie kommt so ~ den Fünfzehnten** ayın on beşi sularında geliyor [*o* gelecek] **4.** (*vorüber*): **die Zeit ist ~** zaman bitti **5.** (*Wiederholung*): **es verging Woche ~ Woche** üzerinden haftalar geçti, haftalar akıp geçti **6.** (*Differenz*): **sie ist ~ ein Jahr älter** o bir yaş daha büyüktür; **die Ausgaben ~ 10% senken** harcamaları yüzde 10 indirmek **7.** (*über, bezüglich*): **es geht ~s Geld** konu parayla ilgili **8.** (*wegen*): ~ **keinen Preis** hiçbir surette; **sich ~ etw streiten** bir şey yüzünden kavga etmek; **sich ~ jdn kümmern** biriyle ilgilenmek [*o* meşgul olmak] **II.** *präp:* ~ **... willen** aşkına, uğruna, için; ~ **Himmels willen!** aman tanrım!; ~ **Gottes willen!** Tanrı aşkına!, Allah aşkına!, Allah rızası için!, Allah'ını seversen! **III.** *konj* **1.** (*final*): ~ **... zu** üzere, ...mek için; **er stand auf, ~ zu gehen** gitmek üzere kalktı **2.** (*konsekutiv*): **er ist klug genug, ~ seinen Fehler zuzugeben** hatasını kabul edecek kadar akıllıdır **IV.** *adv* (*ungefähr*) aşağı yukarı; **der Tisch kostet ~ die zweihundert Euro** (**herum**) masanın fiyatı aşağı yukarı iki yüz euro, masanın fiyatı iki yüz euro civarında

um|adressieren* *vt* adresini değiştirmek (-in)

um|ändern *vt* değiştirmek

umarmen* **I.** *vt* kucaklamak, sarılmak (-e) **II.** *vr:* **sich ~** kucaklaşmak

Umarmung [-'--] *f* <-en> (*das Umarmen*) kucaklama; (*das Umarmtwerden*) kucaklanma

Umbau *m* <-(e)s, -ten> tadilât *pl,* değişiklik; ~ **auf der Bühne** dekor [*o* sahne] değişikliği; **wegen ~ geschlossen** tadilât yüzünden kapalı

um|bauen[1] *vt* (*Gebäude*) tadilât etmek; (*Bühnenbild*) değiştirmek; **eine Wohnung zu einem Büro ~** evi değiştirip büro hâline getirmek

umbauen*[2] *vt* yapılarla etrafını çevirmek (-in)

um|benennen* *irr vt* adını değiştirmek (-in); **um|besetzen*** *vt* **1.** yerine başkasını almak (-in); (*an jdn anders vergeben*) başkasına vermek; **eine Stelle ~** bir yeri [*o* kadroyu] başkasına vermek **2.** (THEAT) başka birisine vermek; **eine Rolle ~** rolü başka birisine vermek

um|biegen *irr vt* bükmek

um|bilden *vt* yeniden kurmak; ((*ver*)*ändern*) değiştirmek; (*Kabinett*) değişiklik yapmak (-de)

umbinden*[1] *vt* bağlamak; (*mit Binden umwickeln*) sarmak

um|binden[2] *irr vt* (*Tuch*) başına bağlamak; (*Schürze*) beline bağlamak, takmak

um|blättern *vi* (sayfayı) çevirmek; **er blätterte in dem Buch/Heft um** kitabın/defterin sayfasını çevirdi

um|blicken *vr:* **sich ~ 1.** (*rundherum*) etrafına bakınmak **2.** (*nach hinten*) arkasına bakmak

um|brechen[1] *irr* **I.** *vt* (*Papier*) bükmek **II.** *vi* kırılmak

umbrechen*[2] *irr vt* (TYPO) sayfalandırmak; **der Satz ist noch nicht umbrochen** dizgi henüz sayfalandırılmadı

um|bringen *irr* **I.** *vt* öldürmek (*durch/mit* yoluyla/-le) **II.** *vr:* **sich ~ 1.** (*Selbstmord begehen*) intihar etmek **2.** (*übereifrig sein*) kendini öldürmek (*vor* -den)

Umbruch[1] *m* <-(e)s, -brüche> (*Wandel*) değişme; (*grundlegende Änderung*) kökten değişiklik; **etw ist im ~** bir şey değişmekte

Umbruch[2] *m ohne Pl* <-(e)s> (TYPO) mizanpaj, sayfalandırma; **den ~ machen** sayfa bağlamak, sayfalandırmak

um|buchen *vt* **1.** (WIRTSCH) geçirmek **2.** (*Ticket*) değiştirmek; (*Reise*) biletini değiştirmek (-in), rezervasyonunu değiştirmek; **um|denken** *irr vi* düşünce tarzını değiştirmek; **um|disponieren*** *vi* plânlarını değiştirmek, plânlarında değişiklik yapmak

um|drehen **I.** *vt* döndürmek; (*Schlüssel*) çevirmek **II.** *vi haben o sein* geri dönmek; (AUTO) U dönüşü yapmak **III.** *vr:* **sich ~** dönmek (*nach* -e), arkasını dönmek (*nach* -e); (*den Kopf*) başını çevirmek (*nach* -e); **mir dreht sich der Magen um** midem bulanıyor

Umdrehung [-'--] *f* <-en> (*um eine Achse*)

dönme; (*eines Motors*) devir; **Umdrehungszahl** *f* devir sayısı

umeinander [--'--] *adv* **1.** (*räumlich*) birbirinin etrafında **2.** (*gegenseitig*) birbiriyle

um|fahren[1] *irr* **I.** *vt* devirmek; (*Person*) çiğnemek **II.** *vi* çevre yolundan gitmek, dolambaçlı yoldan gitmek

umfahren*[2] *irr vt* **1.** (*umkreisen*) etrafında dolaşmak (-in), dışından geçmek (-in) **2.** (*ausweichen*) yanından geçmek (-in), önünden kaçmak (-in)

Umfahrung [-'--] *f* <-en> (*Schweiz, österr:* ~*sstraße*) çevre yolu

Umfahrungsstraße *f* <-n> çevre yolu

um|fallen *irr vi sein* **1.** (*allgemein*) devrilmek, yere düşmek **2.** (*ohnmächtig werden*) bayılmak; **ich bin zum U~ müde** yorgunluktan bayılacak gibiyim; **tot ~** düşüp ölmek **3.** (*fam pej: Gesinnung wechseln*) fikrini değiştirmek; (*nachgeben*) kararından vazgeçmek

Umfang *m* <-(e)s, -fänge> **1.** (*Ausdehnung*) boyut, uzam, genişlik; (*Dicke*) kalınlık; (*Größe*) ölçü; **in großem ~** büyük ölçüde **2.** (*Kreis~*) çevre **3.** (*Ausmaß*) kapsam, şümul; **~ des Schadens** zararın kapsamı

umfangreich *adj* kapsamlı, geniş

umfassen* *vt* **1.** (*mit den Armen*) kolların arasına almak; (*umarmen*) sarılmak (-e), kucaklamak **2.** (*bestehen aus*) kapsamak

umfassend *adj* kapsamlı; (*vollständig*) tam

Umfassungsmauer *f* çevre duvarı

Umfeld *nt ohne Pl* <-(e)s> ortam; (*Umgebung*) çevre; **das soziale ~** sosyal ortam

um|formen *vt* **1.** (*umändern*) biçimini değiştirmek (-in) **2.** (ELEK) çevirmek; **Gleichstrom in Wechselstrom ~** doğru akımı dalgalı akıma çevirmek

Umformer *m* (ELEK) doğrultmaç, redresör

Umfrage *f* <-n> anket, sormaca, soruşturma; **eine ~ machen** anket yapmak

um|funktionieren* *vt* başka işlev vermek (-e); **etw zu etw ~** bir şeyi başka bir şey hâline getirmek; **das Zimmer in ein Büro ~** odayı büro hâline getirmek

Umgang *m ohne Pl* <-(e)s> **1.** (*Beziehung*) ilişki, münasebet; **mit jdm ~ haben/pflegen** biriyle ilişkisi olmak, biriyle görüşüyor olmak **2.** (*das Umgehen mit Personen*) ilişki; (*mit Dingen*) kullanma; **im ~ mit Kindern** çocuklarla ilişkide

umgangen *pp von* **umgehen**[2]

umgänglich ['ʊmgɛŋlɪç] *adj* geçimli, cana yakın

Umgangsformen *fPl* adabımuaşeret, görgü kuralları *pl;* **keine ~en haben** görgüsü olmamak; **Umgangssprache** *f* <-n> (LING) günlük konuşma dili, teklifsiz konuşma dili; (*Volkssprache*) halk dili

umgarnen* *vt* cilve yapmak (-e); **umgeben*** *irr vt* etrafını almak (-in); (*mit Zaun*) çevrelemek, çeper çekmek (-e)

Umgebung [-'--] *f* <-en> **1.** (*Gebiet*) çevre; (*Nachbarschaft*) civar; **in der näheren ~ Münchens** Münih'in civarında; **ist hier in der ~ ein Campingplatz?** bu civarda bir kamping var mı? **2.** (*Milieu*) ortam, çevre, muhit

um|gehen[1] *irr vi sein* **1.** (*Gerücht*) dolaşmak; (*Gespenst*) ortalıkta dolaşmak **2.** (*mit Personen*) geçinmek (*mit* -le), davranmak (*mit* -e); (*mit Dingen*) kullanmak (*mit* -i); **sparsam mit etw** *dat* **~** bir şeyi tasarruflu kullanmak

umgehen*[2] *irr vt* **1.** (*herumgehen*) etrafından dolaşarak gitmek (-in) **2.** (*vermeiden*) kaçınmak (-den) **3.** (*nicht beachten*) göz ardı etmek, dikkate almamak

umgehend ['---] **I.** *adj* (*unverzüglich*) gecikmesiz; (*sofortig*) acil, ivedi **II.** *adv* derhâl, hemen

Umgehung [-'--] *f* <-en> **1.** (*das Vermeiden*) kaçınma **2.** (~*sstraße*) çevre yolu; **Umgehungsstraße** *f* çevre yolu

umgekehrt **I.** *adj* **1.** (*umgedreht*) ters **2.** (*entgegengesetzt*) ters; **in ~er Richtung** ters yönde, aksi istikamette; **in ~er Reihenfolge** sondan başa doğru **II.** *adv* **1.** (*umgedreht*) ters **2.** (*entgegengesetzt*) tersine

umgestalten* *vt* biçimini değiştirmek (-in), şeklini değiştirmek (-in), yeniden düzenlemek

um|graben *irr vt* kirizmalamak, kirizma etmek, kirizma yapmak

Umgrabung *f* kirizma

umgruppieren* *vt* yeniden gruplandırmak

Umgruppierung *f* <-en> yeniden gruplandırma

Umhang *m* <-(e)s, -hänge> pelerin

um|hängen *vt* **1.** (*an andere Stelle*) başka yere asmak **2.** (*Tasche*): **sich** *dat* **die Tasche ~** çantayı omzuna asmak **3.** (*Decke, Mantel*): **sich** *dat* **einen Mantel ~** üstüne bir manto almak

Umhängetasche *f* omuz çantası

um|hauen[1] <haut um, haute *o* hieb um, umgehauen> *vt* (*fällen*) kesmek

um|hauen[2] <haut um, haute um, umgehauen> *vt* (*fam*) **1.** (*niederschlagen*) devirmek **2.** (*verblüffen*) şaşırtmak

umher [ʊm'heːɐ] *adv* (*hier und da*) oraya buraya, şuraya buraya; (*überall*) her tarafa;

umher|blicken *vi* etrafına bakınmak; **fragend ~** (soru) sorar gibi etrafına bakınmak;

umher|gehen *irr vi sein* dolaşmak; (*ziel-*

los herumgehen) başıboş dolaşmak; (*spazieren gehen*) gezinmek (*in* -de), dolaşmak (*in* -de)

umhin|können *irr vi:* **nicht ~ etw zu tun** bir şeyi yapmaktan kaçınamamak

um|hören *vr:* **sich ~** sorup soruşturmak; **ich werde mich einmal ~, ob es so etw gibt** böyle bir şeyin olup olmadığını bir sorup soruşturayım

umhüllen* *vt* üzerini örtmek (-in); **Blumen mit Papier ~** çiçekleri kâğıda sarmak

umjubeln* *vt* tezahürat yapmak (-e)

umkämpft [ʊmˈkɛmpft] *adj* ele geçirmek için uğraşılan

Umkehr *f ohne Pl* gerisingeri dönme; **sich zur ~ entschließen** gerisingeri dönmeye karar vermek

umkehrbar *adj* evrilir; **nicht ~** evrilmez; **diese Behauptung ist ~** bu önerme evrilir

um|kehren **I.** *vi sein* gerisingeri dönmek, tersine dönmek; **auf halbem Wege ~** yarı yoldan gerisingeri dönmek **II.** *vt* **1.** (*umdrehen*) tersine çevirmek **2.** (*ins Gegenteil verkehren*) evirmek **3.** (*Strümpfe*) ters yüz etmek **III.** *vr:* **sich ~** dönmek; **dabei kehrt sich mir der Magen um** bunu duyunca midem bulanıyor

Umkehrfilm *m* (FOTO, FILM) evrilir film; **Umkehrfunktion** *f* (MATH) ters fonksiyon

um|kippen **I.** *vi sein* **1.** (*umfallen*) yere düşmek, devrilmek; (*Wagen*) devrilmek; (*Boot*) alabora olmak **2.** (*fam: ohnmächtig werden*) bayılmak **3.** (*fam pej: Gesinnung wechseln*) fikrini değiştirmek **4.** (*fam: Gewässer*) doğal dengesi bozulmak; (*Wein*) sirkeleşmek, ekşimek **II.** *vt* devirmek

umklammern* *vt* sıkıca sarılmak (-e); (*umarmen*) sarılmak (-e), kucaklamak

Umkleide *f* (*~kabine*) kabin; (*~raum*) soyunma odası; **Umkleidekabine** *f* kabin; **Umkleideraum** [ˈ----] *m* <-(e)s, -räume> soyunma odası

um|knicken **I.** *vi sein* **1.** (*Mast, Baum*) bükülmek, kıvrılmak **2.** (*Fuß*) ayağı burkulmak; **ich bin (mit dem Fuß) umgeknickt** ayağım burkuldu **II.** *vt* bükmek, kıvırmak; (*brechen*) kırmak

um|kommen *irr vi sein* **1.** (*sterben*) ölmek (*vor* -den) **2.** (*Lebensmittel*) bozulmak

Umkreis *m ohne Pl* <-es> **1.** çevre; **im ~ von fünf Kilometern** yarıçapı beş kilometre olan bir çevrede [*o* alan içinde] **2.** (MATH) çevrel çember, iç çokgenin bütün köşeleri üzerinde olan çember

umkreisen* *vt* etrafından dönmek (-in)

um|krempeln [ˈʊmkrɛmpəln] *vt* **1.** (*Strümpfe*) tersyüz etmek; (*Ärmel*) sıvamak **2.** (*durchwühlen*) altüst etmek; **ich habe die ganze Wohnung umgekrempelt und den Brief trotzdem nicht gefunden** bütün evi altüst ettim ve yinede mektubu bulamadım **3.** (*fam fig: vollständig ändern*) değiştirmek; **ich kann mich nicht ~** ben kendimi değiştiremem

um|laden *irr vt* aktarmak

umlagern* *vt* kuşatmak

Umland *nt ohne Pl* <-(e)s> kente yakın bölgeler *pl*

Umlauf[1] *m ohne Pl* <-(e)s> **1.** (*von Blut*) dolaşım; (*von Geld*) tedavül, dolanım; **im ~ sein** tedavülde olmak; **in ~ bringen** tedavüle çıkarmak, piyasaya sürmek **2.** (*Umkreisen*) dönüş

Umlauf[2] *m* <-(e)s, -läufe> **1.** (*Rundschreiben*) genelge, sirküler **2.** (*einzelne Kreisbewegung*) devir

Umlaufbahn *f* (ASTR) yörünge; **Umlaufgeschwindigkeit** *f* (WIRTSCH: *des Geldes*) dolanım hızı; **Umlaufvermögen** *nt* cari varlıklar *pl*

Umlaut *m* <-(e)s, -e> (LING) ünlü değişimi

um|legen *vt* **1.** (*in die waagerechte Lage bringen: Mast, Bäume*) devirmek; (*Hebel, Schalter*) çevirmek; (*Lehne*) yatırmak; (*Bäume fällen*) kesmek **2.** (*um den Körper: Kleidungsstücke*) giymek; (*Halskette*) takmak; (*Verband*) sarmak **3.** (*fam: erschießen*) vurmak; (*zu Boden werfen*) yere düşürmek **4.** (*Termin*) değiştirmek; (*auf später*) ertelemek (*auf* -e); (*vorverlegen*) almak (*auf* -e) **5.** (*örtlich*) başka yere yerleştirmek; (*Patient*) başka yere nakletmek; **ein Kabel ~** kabloyu başka yerden geçirmek **6.** (*Ausgaben*) dağıtmak (*auf* -e)

um|leiten *vt* yönlendirmek; **Umleitung** *f* <-en> varyant

umliegend *adj* çevredeki, etraftaki, civardaki

um|melden *vt:* **sich polizeilich ~** konut değiştirdiğini bildirmek

umnachtet [-ˈ--] *adj:* **geistig ~** akıl hastası

um|organisieren* *vt* yeniden düzenlemek

um|pflanzen *vt* göçermek, yerinden çıkarıp başka yere dikmek

um|pflügen *vt* (AGR) pullukla sürmek

um|programmieren* *vt* (INFORM) yeniden programlamak

umrändert *adj* halkalı

um|räumen *vt* (*Möbel, Bücher*) başka yere koymak; (*Zimmer*) yeniden düzenlemek

um|rechnen *vt* (*Maßeinheiten*) çevirmek (*in* -e); (*Währungen*) kurunu hesaplamak (-in)

Umrechnungskurs *m* kambiyo kuru

umreißen*[1] *irr vt* değinmek (-e); **das Problem kurz ~** soruna kısaca değinmek

um|reißen[2] *irr vt* **1.** (*umwerfen*) devirmek, yere düşürmek **2.** (*Mauer*) yıkmak

um|rennen *irr vt* koşarken çarparak devirmek [*o* yıkmak]; (*Person*) koşarken çarparak düşürmek

Umriss[RR] ['--] *m* <-es, -e>, **Umriß** *m* <-sses, -sse> kontur; **etw in groben Umrissen zeichnen** bir şeyi kaba taslak çizmek

um|rühren *vt* karıştırmak

ums [ʊms] = **um das** *s.* **um**

um|satteln *vi* (*fam: beruflich*) meslek değiştirmek, branş değiştirmek; (*im Studium*) bölüm değiştirmek, branş değiştirmek; **von Kellner auf Koch** ~ garsonluğu bırakıp aşçı olmak

Umsatz *m* <-es, -sätze> satışlar *pl;* (*fam*) ciro; **Umsatzsteuer** *f* <-n> (*Mehrwertsteuer*) katma değer vergisi

um|schalten **I.** *vi* **1.** (*Einstellung ändern*) (ayarı) değişmek, geçmek (*auf*-e); **die Ampel schaltet automatisch auf Gelb um** lâmba otomatikman sarıya geçer **2.** (RADIO, TV: *Programm*) program değiştirmek; (*verbinden*) bağlamak (*in/nach*-e/-e), takmak (*in/nach* -e/-e); **auf das zweite Programm** ~ ikinci programa geçmek **3.** (*fam: sich umstellen*) yeni duruma ayak uydurmak; **nach den Ferien wieder auf den Alltag** ~ tatilden sonra günlük yaşama tekrar ayak uydurmak **II.** *vt* (*Einstellung ändern*) ayarını değiştirmek (-in); **den Wagen vom ersten in den zweiten Gang** ~ arabayı birinci vitesten ikinciye geçirmek

Umschau *f ohne Pl* **1.** (*Rundblick*) panorama **2.** (*das Sichumsehen*) etrafına bakınma; **nach etw** *dat/***jdm** ~ **halten** etrafına bakınarak bir şeyi/kimseyi aramak

um|schauen *vr:* **sich** ~ (*reg*) *s.* **umsehen**

Umschlag[1] *m* <-(e)s, -schläge> **1.** (*Buch~*) kapak **2.** (*Brief~*) zarf; **gefütterter** ~ astarlı zarf **3.** (MED) kompres

Umschlag[2] *m ohne Pl* <-(e)s> **1.** (*Veränderung*) değişme, değişim **2.** (WIRTSCH: *Umladung*) aktarma

um|schlagen *irr* **I.** *vt* **1.** (*Ärmel*) kıvırmak; (*Buchseite*) çevirmek **2.** (*Ladung, Güter*) aktarmak **II.** *vi sein* **1.** (*Wetter, Stimmung*) birdenbire değişmek; **ins Gegenteil** ~ tersine dönmek **2.** (*Boot*) alabora olmak; (*Fahrzeug*) devrilmek **3.** (*Wein, Bier*) ekşimek

Umschlaghafen *m* aktarma limanı; **Umschlagplatz** *m* <-es, -plätze> aktarma yeri; ~ **für Rauschgift** uyuşturucu maddelerin el değiştirdiği yer

umschließen* *irr vt* **1.** (*umgeben*) çevrelemek, etrafını almak (-in) **2.** (*umzingeln*) kuşatmak, çevirmek, çevresini sarmak (-in) **3.** (*einschließen*) kaplamak; **umschlingen*** *irr vt* (*mit den Armen*) kucaklamak; **jdn eng umschlungen halten** sımsıkı sarılarak birini tutmak

umschlossen *pp von* **umschließen**

umschlungen *pp von* **umschlingen**

um|schnallen *vt* (*Gürtel*) bele dolamak, kuşanmak

um|schreiben[1] *irr vt* **1.** (*Text*) yeniden yazmak; (*ändern*) düzeltmek, değiştirmek **2.** (*Hypothek*) nakletmek (*auf* -e) **3.** (*transkribieren*) transkripsiyonunu yapmak (-in), yazısını çevirmek (-in)

umschreiben*[2] *irr vt* **1.** (*festlegen*) belirlemek **2.** (*mit anderen Worten*) dolaylı anlatmak **3.** (MATH): **ein Dreieck mit einem Kreis** ~ üçgenin etrafına çember çizmek

umschrieben *pp von* **umschreiben**[2]

Umschrift *f* <-en> transkripsiyon, çevriyazı

um|schulen *vt* **1.** (*Kind*) başka okula göndermek **2.** (*beruflich*): **er lässt sich zum Programmierer** ~ programcı olmak için yeniden eğitim görüyor

Umschulung *f* <-en> **1.** (*Kind*) okul değiştirme, başka okula gönderme **2.** (*beruflich*) yeniden meslek edindirme, yeniden eğitim görme; **eine** ~ **machen** yeniden eğitim görmek

umschwärmen* *vt* **1.** (*umfliegen*) etrafında uçuşmak (-in) **2.** (*verehren*) etrafında pervane olmak (-in)

Umschweife *mPl* lâfı uzatma; **ohne** ~ dolambaçsız, lâfı uzatmadan

Umschwung *m* <-(e)s, -schwünge> **1.** (*Veränderung*) değişim, değişiklik, değişme; (*zum Besseren*) düzelme; (*zum Schlechteren*) bozulma; (*ins Gegenteil*) dönme; (*Wendung*) dönüm; (*Wetter~*) değişim **2.** (*Schweiz: umgebendes Gelände*) evin etrafı

umsegeln* *vt* (yelkenliyle) etrafını dolaşmak

um|sehen *irr vr:* **sich** ~ **1.** (*zurückblicken*) arkasına bakmak; **sich nach jdm** ~ birisini gözleriyle aramak **2.** (*herumsehen*) (etrafına) bakınmak; **ich sehe mich nur mal um** sadece bir bakınacağım; **ich sehe mich etwas im Dorf um** biraz köyü dolaşacağım, biraz köyü gezip etrafa bakacağım; **du wirst dich noch ~!** (*fam*) göreceksin gününü! **3.** (*suchen*) bakmak (*nach* -), aramak (*nach* -)

umseitig ['ʊmzaɪtɪç] *adj* sayfanın arkasındaki, sayfanın öbür tarafındaki

um|setzen **I.** *vt* **1.** (*anders setzen*) başka yere koymak; (*Pflanzen*) göçermek, yerinden çıkarıp başka yere dikmek; **jdn** ~ birini başka yere oturtmak **2.** (*verkaufen*) satmak **3.** (*umwandeln*) dönüştürmek (*in* -e); **ein Theaterstück filmisch** ~ bir piyesin filmi-

U

ni yapmak; **sein Geld in Schallplatten ~** parasını plâklara yatırmak **4.** (*anwenden*): **etw in die Tat ~** bir şeyi eyleme geçirmek, bir şeyi fiile koymak; (*verwirklichen*) bir şeyi gerçekleştirmek **II.** *vr:* **sich ~** (*fam*) yerini değiştirmek

Umsicht *f ohne Pl* dikkat, temkin; **mit viel ~ handeln** çok dikkatli [*o* temkinli] davranmak

umsichtig *adj* dikkatli, temkinli

um|siedeln I. *vi sein* göç etmek (*nach/in* -e/-e) **II.** *vt* oturduğu yerden başka bir yere yerleştirmek

umsoRR ['ʊmzo] *konj* daha, ne kadar; **~ besser!** daha iyi ya!

umsonst [ʊm'zɔnst] *adv* **1.** (*unentgeltlich*) bedavadan, cabadan, parasız olarak **2.** (*vergeblich*) boş yere, boşu boşuna, beyhude yere, nafile yere **3.** (*grundlos*) (boşu) boşuna, gereksiz (yere); **das hat er nicht ~ getan** bunu boşuna yapmadı

um|springen *irr vi sein* **1.** (*Ampel*) dönmek (*von* -den, *auf* -e); (*Wind*) birdenbire dönmek **2.** (*pej: behandeln*) davranmak (*mit* -e); **so kannst du nicht mit ihr ~** ona böyle davranamazsın

Umstand *m* <-(e)s, -stände> **1.** (*Tatsache*) olay; (*Einzelheit*) ayrıntı; **die näheren Umstände sind noch nicht bekannt** ayrıntılar henüz bilinmiyor **2.** (JUR) sebep; **mildernde Umstände** hafifletici sebepler **3.** *Pl* (*Verhältnisse*) koşullar *pl*, şartlar *pl*; (*Lage*) durum; **unter Umständen** duruma göre, belki, gerektiğinde; **unter keinen Umständen** hiçbir durumda [*o* şekilde]; **unter diesen Umständen** bu durumda, bu koşullar [*o* şartlar] altında; **unter allen Umständen** hangi şartta olursa olsun, ille; **den Umständen entsprechend** şöyle böyle; **in anderen Umständen sein** bebek beklemek, hamile olmak **4.** *Pl* (*Mühe*) zahmet; **das macht gar keine Umstände** hiç zahmet değil; **machen Sie sich keine Umstände!** (hiç) zahmet etmeyin!

umständehalber *adv* değişen şartlar nedeniyle

umständlich *adj* **1.** (*ausführlich*) ayrıntılı; (*weitschweifig*) fazla ayrıntılı **2.** (*verwickelt*) çapraşık **3.** (*beschwerlich*) eziyetli, zahmetli; (*lästig*) külfetli, musallat, usandırıcı; **das ist mir zu ~** bu benim için fazla zahmetli **4.** (*förmlich*) resmî, merasimli **5.** (*übergenau*) aşırı ölçüde titiz

Umstandskleid *nt* hamile elbisesi

umstehend *adj* **1.** (*ringsum stehend*) etrafında duran **2.** (*umseitig*) sayfanın arkasındaki, sayfanın öbür tarafındaki

um|steigen *irr vi sein* **1.** (*Fahrzeug wechseln*) aktarma yapmak; **in den Intercity ~** Intercity'e aktarma yapmak **2.** (*fam: überwechseln*) geçmek (*auf* -e)

um|stellen1 **I.** *vt* **1.** (*Dinge*) yerini değiştirmek (-in); (*Reihenfolge*) değiştirmek **2.** (*Uhr*) ayarlamak; **die Uhr ~** saati ayarlamak **3.** (*Betrieb*): **etw auf Maschinenbetrieb/auf Computer ~** bir şeyi makineleştirmek/bilgisayarla yapmaya başlamak; **wir haben auf Computer umgestellt** bilgisayarlı sisteme geçtik **4.** (*ändern*) değiştirmek **II.** *vr:* **sich ~** ayak uydurmak (*auf* -e), alışmak (*auf*-e); **nach den Ferien sich wieder auf den Alltag ~** tatilden sonra günlük yaşama tekrar alışmak [*o* ayak uydurmak]

umstellen*2 *vt* kuşatmak, çember içine almak

Umstellung ['---] *f* <-en> **1.** (*von Dingen*) yerini değiştirme; (*der Reihenfolge*) sıra değişikliği **2.** (*Anpassung*) uyma (*auf* -e); (*eines Betriebs*) değişiklik; **~ auf Computer** bilgisayarlı sisteme geçme **3.** (*Veränderung*) değişim, değişiklik

um|stimmen *vt* **1.** (*Instrument*) sesini değiştirmek (-in), akort etmek **2.** (*Person*) fikrini değiştirmek (-in)

um|stoßen *irr vt* **1.** (*Gegenstand*) çarparak devirmek **2.** (*Plan*) temelden değiştirmek

umstritten [-'--] *adj* tartışmalı

um|strukturieren* *vt* yeniden yapılamak

um|stülpen ['ʊmʃtʏlpən] *vt* **1.** (*Behälter*) baş aşağı etmek; (*Tasche*) ters yüz etmek **2.** (*ändern*) tamamen değiştirmek

Umsturz *m* <-es, -stürze> devrilme; (*Umwälzung*) köklü değişiklik, devrim

um|stürzen I. *vi sein* (*umfallen*) devrilmek; (*einstürzen*) çökmek; (*Wagen*) devrilmek **II.** *vt* **1.** (*umstoßen*) devirmek; (*Regierung*) devirmek **2.** (*ändern*) değiştirmek; (*grundlegend*) kökünden değiştirmek

Umtausch *m* <-(e)s, -e> değiştirme

um|tauschen *vt* değiştirmek (*gegen* -le); (*Devisen*) bozdurmak (*gegen* karşılığı)

um|topfen *vt* saksısını değiştirmek (-in)

Umverteilung *f* yeniden dağılım

Umwälzung *f* <-en> **1.** (TECH) devridaim **2.** (*gesellschaftlich*) devrim, köklü değişiklik

um|wandeln *vt* değiştirmek (*in* -e), çevirmek (*in* hâline), dönüştürmek (*in* -e); **sie ist wie umgewandelt** sanki bambaşka bir insan olmuş

Umwandlung *f* <-en> değiştirme (*in* -e), çevirme (*in* -e), dönüşüm, dönüştürme

Umweg *m* <-(e)s, -e> dolaşık yol; **einen ~ machen** dolaşmak, yolu uzatmak; **auf ~en** dolaşarak, dolaşık yollardan

Umwelt *f ohne Pl* (*a.* ÖKOL) çevre; **umwelt-**

belastend *adj* çevreyi kirleten; **Umweltbelastung** *f* çevreyi kirletme; **Umweltbewusstsein** *nt ohne Pl* çevre bilinci; **Umwelteinfluss**[RR] *m* çevre etkisi; **Umweltfaktor** *m* çevresel faktör; **umweltfreundlich** *adj* çevreye zarar vermeyen; **Umweltgefährdung** *f* çevre için tehlike; **umweltgerecht** *adj* çevre sağlığına uygun; **Umweltgift** *nt* çevrede yaygın zehir; **Umweltkatastrophe** *f* çevre felâketi; **Umweltkriminalität** *f* çevreye karşı işlenen suçlar *pl;* **Umweltminister(in)**[RR] *m(f)* çevre bakanı; **Umweltministerium** *nt* çevre bakanlığı; **Umweltpolitik** *f* çevre politikası; **Umweltschäden** *mpl* çevreye verilen zararlar *pl*

umweltschädlich *adj* çevreye zararlı

Umweltschutz *m ohne Pl* çevre sağlığı

Umweltschützer(in) *m(f)* <-s, -; -nen> çevreci

Umweltschutzpapier *nt* (*Recyclingpapier*) ekolojik kâğıt, yeniden işlenerek kullanılan kâğıt; **Umweltschutztechnik** *f ohne Pl* çevre koruma teknolojisi

Umweltsteuer *f* <-n> çevre vergisi; **Umweltvergiftung** *f* çevre zehirlenmesi; **Umweltverschmutzer(in)** *m(f)* <-s, -; -nen> çevreyi kirleten; **Umweltverschmutzung** *f* çevre kirliliği

umwerben* *irr vt* talip olmak (-e), kur yapmak (-e)

um|werfen *irr vt* **1.** (*Gegenstand*) devirmek, yıkmak **2.** (*fam fig: Plan*) altüst etmek, batırmak; (*umstoßen*) temelden değiştirmek **3.** (*fam: aus der Fassung bringen*) altüst etmek, yıkmak

umwerfend *adj* (*fam fig*) çok

umwickeln* *vt* sarmak

umworben *pp von* **umwerben**

umzäunen* [ʊmˈtsɔɪnən] *vt* çitten duvar çevirmek (-e), çeper çekmek (-e)

um|ziehen *irr* **I.** *vi sein* taşınmak (*nach* -e) **II.** *vr:* **sich** ~ üstünü değiştirmek

umzingeln* *vt* kuşatmak, çember içine almak, etrafını almak (-in)

Umzug *m* <-(e)s, -züge> **1.** (*Wohnungswechsel*) taşınma **2.** (*Festzug*) geçit töreni

UN [uːˈʔɛn] *f Abk. von* **United Nations** BM, *Birleşmiş Milletler*

unabhängig *adj* bağımsız (*von* -den); (*Staat*) bağımsız; **sich von jdm/etw** *dat* ~ **machen** bir kimseye/şeye bağımlı olmaktan kendini kurtarmak; **bitte geht dahin,** ~ **davon, ob ich mitkomme oder nicht** ben gelsem de gelmesem de lütfen oraya gidin; **Unabhängigkeit** *f ohne Pl* bağımsızlık (*von* -den); **unabkömmlich** [ˈ--ˈ--] *adj* **1.** (*sehr beschäftigt*) işi başından aşkın **2.** (*unersetzlich*) eksikliği giderilemez

unablässig [ˈ--ˈ--] **I.** *adj* dinmek durmak bilmez **II.** *adv* durmamacasına

unabsehbar [ˈ--ˈ--] *adj* **1.** (*Folgen*) belirsiz; **auf** ~**e Zeit** belirsiz bir süre için **2.** (*räumlich*) bitmez tükenmez; **unabwendbar** [ˈ--ˈ--] *adj* önlenemez, önüne geçilemez; **unachtsam** *adj* (*unaufmerksam*) dikkatsiz; (*nachlässig*) ihmalci; **Unachtsamkeit** *f ohne Pl* (*Unaufmerksamkeit*) dikkatsizlik; **unanfechtbar** [ˈ--ˈ--] *adj* itiraz kabul etmez, aleyhine itiraz edilemez; (*Urteil*) kesin; (*Argument*) tartışılmaz; **unangebracht** *adj* yersiz; **ich halte es für** ~ ben onu yersiz bulunyorum; **unangefochten** **I.** *adj* çekişmesiz **II.** *adv* itiraz edilmeden; (*unbehindert*) hiçbir engelle karşılaşmadan; **jdn** ~ **lassen** birine engel olmamak; **eine Sache** ~ **lassen** bir işe itiraz etmemek; **unangemeldet** **I.** *adj* habersiz **II.** *adv* habersiz; **er kam** ~ habersiz geliverdi, çat kapı geldi; **unangemessen** *adj* uygun olmayan, yerinde olmayan, yersiz; **unangenehm** *adj* nahoş, hoş olmayan, tatsız; (*unsympathisch*) hoşa gitmeyen; ~ **auffallen** göze batmak; **es ist mir sehr** ~ hiç hoşuma gitmiyor; ~ **werden** hoş olmamak, kötü olmak; **unangetastet** *adj* el sürülmemiş

Unannehmlichkeit *f* <-en> (*Mühe*) zahmet; (*Ärger*) tatsızlık; **jdm** ~**en bereiten** birini zahmete sokmak

unansehnlich *adj* yüzüne bakılmaz; **unanständig** *adj* ayıp, yakışıksız, küstah; (*obszön*) müstehcen, edebe aykırı, edepsiz; **das ist** ~**!** bu ayıptır!; **ein** ~**er Witz** açık saçık fıkra; **unantastbar** [ˈ--ˈ--] *adj* el sürülmez; (JUR) dokunulmaz; **unappetitlich** *adj* **1.** (*Essen*) tatsız **2.** (*abstoßend*) iğrenç, mide bulandırıcı

Unart [ˈʊnʔaːɐt] *f* <-en> **1.** (*Angewohnheit*) kötü alışkanlık, kötü huy **2.** (*eines Kindes*) yakışıksız davranış, yaramazlık

unartig *adj* yaramaz; **unästhetisch** *adj* çirkin; (*abstoßend*) iğrenç, tiksindirici; **unaufdringlich** *adj* **1.** (*Parfüm*) hafif **2.** (*Mensch*) alçak gönüllü; **unauffällig** *adj* **1.** göze çarpmayan; (*Kleidung*) sade **2.** (*unbemerkt*): **folgen Sie mir** ~**!** belli etmeden beni takip ediniz!; **unauffindbar** [ˈ--ˈ--] *adj* bulunamayan; **der Schlüssel war** ~ anahtar bulunamadı; **unaufgefordert** **I.** *adj* (*freiwillig*) gönüllü; (*spontan*) kendiliğinden olan **II.** *adv* gönüllü olarak, kendiliğinden, istenmeden, söylemeye gerek kalmadan; **unaufgeklärt** *adj* aydınlatılmamış, faili meçhul

unaufhaltsam [ˈ--ˈ--] *adj* durdurulamayan, önüne geçilemeyen, önlenemeyen

unaufhörlich [ˈ--ˈ--] **I.** *adj* hiç durmayan, sürekli **II.** *adv* hiç durmadan, sürekli

unauflöslich ['--'--] *adj* (*a.* CHEM) erimez, çözülmez

unaufmerksam *adj* **1.** (*nicht aufmerksam*) dikkatsiz; (*zerstreut*) dalgın **2.** (*nicht zuvorkommend*) nezaketsiz; **Unaufmerksamkeit** *f ohne Pl* **1.** (*Verhalten*) dikkatsizlik; (*Zerstreutheit*) dalgınlık **2.** (*Unhöflichkeit*) nezaketsizlik

unaufrichtig *adj* içtenliksiz, samimiyetsiz; **unaufschiebbar** ['--'--] *adj* ertelenemez, gecikmesi caiz olmayan

unausgefüllt *adj* **1.** (*Formular*) boş, doldurulmamış; ~ **lassen** boş bırakmak **2.** (*Leben*) boş; **unausgeglichen** *adj* **1.** dengesiz, istikrarsız; (*ungleichmäßig*) düzensiz **2.** (*wechselhaft*) değişken, değişici, kararsız, istikrarsız; **Unausgeglichenheit** *f ohne Pl* **1.** dengesizlik, istikrarsızlık; (*Ungleichmäßigkeit*) düzensizlik **2.** (*Wechselhaftigkeit*) değişkenlik, kararsızlık, istikrarsızlık; **unausgeschlafen** *adj* uykusuz; **unausgewogen** *adj* dengesiz

unauslöschlich ['--'--] *adj* (*geh*) sönmez

unaussprechlich ['--'--] *adj* sözle ifade edilemez; (*unbeschreiblich*) tarif edilemez, tarifsiz, anlatılamayacak derecede çok olan

unausstehlich ['--'--] *adj* çekilmez

unausweichlich ['--'--] *adj* kaçınılmaz

unbändig ['ʊnbɛndɪç] *adj* **1.** (*wild*) haşarı, ele avuca sığmayan **2.** (*heftig*) şiddetli; **sich ~ auf etw freuen** bir şeye aşırı sevinmek; **er lachte ~** kahkahayı bastı

unbarmherzig *adj* acımasız, merhametsiz; **Unbarmherzigkeit** *f ohne Pl* acımasızlık, merhametsizlik; **unbeabsichtigt** **I.** *adj* maksatsız **II.** *adv* maksatsız, istemeden, kasıtsız; **unbeachtet** *adj* dikkate alınmayan; **das darf man nicht ~ lassen** bu göz ardı edilemez; **unbeantwortet** *adj* yanıtlanmayan, cevap verilmeyen

unbedarft *adj* (*fam pej*) saf, bön; **er lächelte ~** bön bön gülümsedi

unbedenklich **I.** *adj* sakıncası olmayan **II.** *adv* sakıncasız; (*ohne zu überlegen*) düşünmeden; **das würde ich ~ tun** bunu düşünmeden yapardım; **ich halte diesen Plan für ~** bu plânı sakıncasız buluyorum, bu plânda bir sakınca görmüyorum; **unbedeutend** *adj* **1.** (*unwichtig*) önemsiz **2.** (*geringfügig*) önemsiz

unbedingt ['---, '--'-] **I.** *adj* (*absolut*) mutlak, salt; (*bedingungslos*) kayıtsız şartsız; **~er Reflex** (PSYCH) koşulsuz tepke, şartsız refleks **II.** *adv* mutlaka, ille; **ist das ~ nötig?** bunun mutlaka olması gerekir mi?; **das will ich ~ wissen** bunu mutlaka bilmek istiyorum; **nicht ~** şart değil

unbefangen *adj* **1.** (*ungehemmt*) sıkılmayan, çekinmeyen; (*natürlich*) tabiî, yapmacık olmayan; **~ lachen** sıkılmadan gülmek; **etw ~ aussprechen** bir şeyi çekinmeden söylemek **2.** (*unvoreingenommen*) ön yargısız; (*unparteiisch*) tarafsız; **unbefriedigend** *adj* tatmin etmeyen; **unbefriedigt** *adj* tatmin olmamış; **unbefristet** *adj* süresiz; **unbefugt** *adj* yetkisiz

Unbefugte(r) *mf* <-n, -n; -n> yetkisi olmayan (kimse); **~n ist das Betreten verboten** yetkisi olmayanlar giremez

unbegabt *adj* istidatsız, istidadı olmayan (*für* -e); **musikalisch ~ sein** müziğe istidadı olmamak; **unbegreiflich** ['--'--] *adj* (*unverständlich*) anlaşılmaz; (*unerklärlich*) akıl (sır) ermez; **es ist mir ~, wie das passieren konnte** böyle bir şeyin nasıl olduğuna aklım ermiyor; **unbegrenzt** *adj* sınırsız; **unbegründet** *adj* (*a.* JUR) esassız, gerekçesiz; **unbehaart** *adj* tüysüz

Unbehagen ['ʊnbəha:gən] *nt ohne Pl* <-s> huzursuzluk, rahatsızlık

unbehaglich *adj* huzursuz, rahatsız; **sich ~ fühlen** huzursuzluk duymak, rahatsızlık duymak; **unbeherrscht** **I.** *adj* kontrolsüz; (*Person*) kendine hâkim olamayan **II.** *adv* kontrolsüz

unbeholfen ['ʊnbəhɔlfən] *adj* beceriksiz, hantal

Unbeholfenheit *f ohne Pl* beceriksizlik, hantallık

unbeirrbar ['--'--] *adj*, **unbeirrt** *adj* şaşmaz; **unbekannt** *adj* bilinmeyen, meçhul; **das ist mir ~** bunu bilmiyorum; **das ist mir nicht ~** bunu bilmiyor değilim; **Unbekannte(r)** *mf* <-n, -n; -n> (*Person*) bilinmeyen kimse, meçhul şahıs; **unbekümmert** *adj* aldırmaz, umursamaz, kayıtsız, ilgisiz; **seien Sie ganz ~!** aldırmayın!; **unbelastet** *adj* **1.** (*ohne Sorgen*) kaygısız, tasasız, dertsiz; **er fühlte sich ~ von Gewissenbissen** vicdan azabı duymuyordu **2.** (*keine Schuld auf sich geladen habend*) alnı açık yüzü ak **3.** (*ohne Hypotheken*) ipoteksiz; **unbelehrbar** ['--'--] *adj* söz dinlemez; (*halsstarrig*) dik başlı [*o* kafalı]; **unbeleuchtet** ['--'--] *adj* ışıklandırılmamış; (*Straße*) aydınlatılmamış; **unbeliebt** *adj* sevilmeyen (*bei* tarafından); **sich ~ machen** antipati yaratmak, milleti kendinden soğutmak; **er ist bei allen ~** hiç kimse tarafından sevilmez; **Unbeliebtheit** *f ohne Pl* sevilmeme; **unbemannt** *adj* pilotsuz, mürettebatsız, adamsız; **unbemerkt** *adj* fark edilmeyen; **~ bleiben** fark edilmemek

unbenommen ['--'--] *adj*: **etw bleibt jdm ~** bir şey birinin yapıp yapmamasına serbest olmak, bir şeyin yapılıp yapılmaması birinin elinde olmak

unbeobachtet *adj:* **in einem ~en Augenblick** hiç kimsenin bakmadığı bir anda; **unbequem** *adj* **1.** (*Sessel*) rahatsız **2.** (*Frage, Person*) can sıkıcı, nahoş; **unberechenbar** ['--'---] *adj* sağı solu (belli) olmayan; **er ist ~** onun sağı solu belli olmaz; **unberücksichtigt** *adj* dikkate alınmayan; **~ bleiben/lassen** dikkate almamak; **unberührt** *adj* dokunulmamış, el değmemiş; (*Frau*) bakire; **die Vorschriften bleiben ~** hükümler baki kalır

unbeschadet **I.** *präp* **1.** (*trotz*) rağmen (-e) **2.** (*ohne Schaden für*) zarar vermeden (-e), halel getirmeden (-e) **II.** *adv:* **etw ~ überstehen** zarara uğramadan bir şeyi atlatmak

unbescholten ['ʊnbəʃɔltən] *adj* **1.** (*integer*) dürüst, namuslu **2.** (JUR) sabıkasız

unbeschrankt ['ʊnbəʃraŋkt] *adj* bariyersiz; **unbeschränkt** *adj* (*ohne Begrenzung*) sınırsız; (*Macht*) mutlak

unbeschreiblich ['--'--] **I.** *adj* tarifsiz, tarif edilemez, anlatılamayacak derecede çok olan **II.** *adv* tarif edilemez

unbeschrieben *adj* **1.** (*Papier, Seiten*) boş **2.** (*fig: ohne Erfahrung*) deneyimsiz; **unbeschwert** *adj* (*sorglos*) tasasız, sıkıntısız; (*Gewissen*) rahat; **unbesiegbar** *adj* yenilmez; **unbesonnen** *adj* temkinsiz

Unbesonnenheit *f ohne Pl* temkinsizlik

unbesorgt *adj* tasasız, kaygısız; **sei ~** merak etme; **unbeständig** *adj* **1.** (*Person*) hercaî, yeltek **2.** (*wechselhaft*) değişken; (*Wetter*) kararsız; **unbestechlich** *adj* rüşvet almaz, rüşvet yemez; **unbestimmt** *adj* **1.** belirsiz, belli olmayan; **auf ~e Zeit** süresiz, süresi belli olmayarak **2.** (LING) belirsiz; **unbestreitbar** ['--'--] *adj* tartışma götürmez; **unbestritten** ['--(')--] *adj* söz götürmez, inkâr edilemeyen; **unbeteiligt** *adj* **1.** (*desinteressiert*) ilgisiz **2.** (*nicht teilnehmend*): **an etw** *dat* **~ sein** bir şeye seyirci kalmak; **unbetont** *adj* vurgusuz; **unbeträchtlich** *adj* oldukça az; (*unwesentlich*) önemsiz; **unbeugbar** *adj* (LING) çekimsiz; **unbeugsam** *adj* boyun eğmez, bildiğinden şaşmaz; **unbewaffnet** *adj* silâhsız; **unbeweglich** *adj* **1.** (*bewegungslos*) hareketsiz **2.** (*nicht zu bewegen*) sabit, yerinden oynamaz; **unbewohnt** *adj* (*Gegend*) ıssız, tenha; (*Haus*) içinde oturulmayan, metrûk; **unbewusst**[RR] *adj*, **unbewußt** *adj* bilinçsiz, şuursuz

Unbewusste(s)[RR] *nt ohne Pl* <-n>, **Unbewußte(s)** *nt ohne Pl* <-n> (PSYCH) bilinç dışı

unbezahlbar ['--'--] *adj* **1.** (*teuer*) ateş pahası **2.** (*wertvoll*) paha biçilmez; (*unersetzlich*) yerine konulamaz; **unbezwingbar** ['--'--] *adj* **1.** (*Gegner*) yenilmez; (*Festung*) fethedilemez **2.** (*Drang*) zapt edilemez; **unblutig** **I.** *adj* kansız **II.** *adv* kansız; **unbrauchbar** ['---] *adj* kullanılamaz, işe yaramaz, battal; (*ungeeignet*) elverişsiz; **unbürokratisch** *adj* bürokratik olmayan

und [ʊnt] *konj* **1.** ve; (*Steigerung*) hem de; **~ so weiter** ve benzerleri; **na ~?** ne olmuş [*o* yapalım] yani?; **~ wenn schon!** olmuşsa olmuş!; **~ wie/ob!** hem de nasıl!; **der Wagen wurde schneller ~ schneller** araba hızlandıkça hızlandı; **wir redeten ~ redeten** konuştukça konuştuk; **ich konnte und konnte nicht aufhören** bir türlü duramadım **2.** de; **~ vor allem** her şeyden önce de **3.** (MATH) daha; **zwei und zwei sind vier** iki, iki daha dört eder

Undank *m ohne Pl* <-(e)s> (*geh*) nankörlük; **~ ernten** nankörlük görmek; **~ ist der Welt Lohn** (*prov*) besle kargayı, oysun gözünü; **undankbar** *adj* **1.** (*Mensch*) nankör, iyilik bilmez, tuz biber düşmanı **2.** (*Aufgabe*) nankör

undatiert *adj* tarihsiz; **undefinierbar** ['---'--] *adj* tanımlanamaz; **undeklinierbar** ['---'--] *adj* (LING) çekimsiz; **undemokratisch** *adj* demokratik olmayan; **undenkbar** ['--'--] *adj* düşünülemez, akla gelmez

undenklich [(')-'--] *adj:* **vor ~en Zeiten** çok çok eskiden; **seit ~en Zeiten** çok çok eskiden beri

undeutlich *adj* **1.** (*ungenau*) tam [*o* açık ve kesin] olmayan, açık seçik olmayan **2.** (*Umrisse*) belirsiz; (FOTO) net olmayan; (*Schrift*) okunaksız; **~ sprechen** müphem konuşmak; **undicht** *adj* (*gegen Luft*) hava sızdıran, hava kaçıran; (*gegen Wasser*) su sızdıran, su kaçıran; **das Fenster ist ~** pencerede sızma var; **das Dach ist ~** çatıdan su giriyor; **~e Stelle** sızma yeri

Unding *nt:* **das ist ein ~!** bu olur şey değil!

undiszipliniert *adj* disiplinsiz

undurchdringlich ['--'--] *adj* **1.** geçilmez **2.** (*fig*) anlaşılmaz; (*Miene*) ifadesiz; **undurchführbar** *adj* uygulanması imkânsız; **undurchlässig** *adj* geçirmez; **Undurchlässigkeit** *f ohne Pl* geçirmezlik; **undurchschaubar** ['--'--] *adj* anlaşılmayan, anlaşılmaz; **undurchsichtig** *adj* **1.** (*Glas, Stoff*) saydam olmayan **2.** (*Mensch*) kapalı ruhlu; (*Methoden, Geschäfte*) karanlık, bulanık; (*Verhalten*) anlaşılmaz

uneben *adj* (*Oberfläche*) pürüzlü; (*Straße*) arızalı; (*Gelände*) engebeli

Unebenheit *f* **1.** *ohne Pl* (*Beschaffenheit*) engebelik **2.** (*Stelle*) engebe; **die ~en des Geländes** arazinin engebeleri

unecht *adj* yalancı; (*nachgemacht*) sahte; **unehelich** *adj* evlilik dışı; **unehrenhaft** *adj* şerefsiz, haysiyetsiz; **unehrlich** *adj* namussuz; **Unehrlichkeit** *f ohne Pl* namussuzluk; **uneigennützig** *adj* özgeci, kendi çıkarını düşünmeyen; **uneingeschränkt** *adj* kayıtsız şartsız; **uneinig** *adj:* **mit jdm über etw ~ sein** biriyle bir şeyde [*o* konuda] farklı düşünmek, biriyle bir şeyde anlaşamamak [*o* hemfikir olmamak], biriyle bir konuda aynı düşüncede olmamak; **Uneinigkeit** *f* <-en> anlaşmazlık

uneins ['ʊnʔaɪns] *adj s.* **uneinig**

uneinsichtig *adj* anlayışsız; **unempfänglich** *adj* etkilenmez (*für* -den); **unempfindlich** *adj* **1.** (*unsensibel*) duygusuz (*gegen* -de), hissiz (*gegen* -de) **2.** (*widerstandsfähig*) dayanıklı

unendlich [-'--] **I.** *adj* **1.** (*zeitlich*) sonsuz, sonu olmayan, bitmez tükenmez, ebedi; (*räumlich*) sonsuz, sonu olmayan, uçsuz bucaksız **2.** (MATH) sonsuz **3.** (*groß*) sonsuz, ölçülemeyecek kadar büyük olan **II.** *adv* sonsuz; **~ viel** pek çok; **Unendlichkeit** [-'---] *f ohne Pl* sonsuzluk; (*Ewigkeit*) ebediyet

unentbehrlich ['--'--] *adj* vazgeçilmez, elzem; **unentgeltlich** ['--'--] **I.** *adj* karşılıksız, bedava **II.** *adv* karşılıksız, bedava olarak, cabadan; **unentschieden** *adj* **1.** (*Angelegenheit*) karara bağlanmamış **2.** (*Person*) kararsız **3.** (SPORT) berabere; **sie spielten 0:0 ~** 0:0 berabere kaldılar

Unentschieden *nt* <-s, -> (SPORT) berabere

unentschlossen *adj* kararsız; **Unentschlossenheit** *f ohne Pl* kararsızlık

unentschuldigt **I.** *adj* mazeretsiz **II.** *adv* mazeretsiz olarak; **~ fehlen** mazeretsiz olarak gelmemek

unentwegt ['--'-] **I.** *adj* (*stetig*) sürekli, devamlı; (*unaufhörlich*) hiç durmayan; (*beharrlich*) sebatlı **II.** *adv* sürekli, hiç durmadan; (*beharrlich*) sebat ederek

unerbittlich ['--'--] **I.** *adj* amansız **II.** *adv* amansızca

unerfahren *adj* deneyimsiz (*in* -de), tecrübesiz (*in* -de), acemi (*in* -in); **Unerfahrenheit** *f ohne Pl* deneyimsizlik (*in* -de), tecrübesizlik (*in* -de), acemilik (*in* -de)

unerfindlich ['--'--] *adj* (*geh*) bilinmeyen; **aus ~en Gründen** bilinmeyen sebeplerden dolayı; **unerforscht** *adj* araştırılmamış; **unerfreulich** *adj* hoş olmayan, nahoş, tatsız; **unerfüllbar** *adj* yerine getirilemez; **unergiebig** *adj* verimsiz; **unergründlich** ['--'--] *adj* akıl erdirilemeyen, ne olduğu anlaşılamayan; (*geheimnisvoll*) esrarlı, esrarengiz; **unerheblich** *adj* önemsiz, önemli olmayan; **der Schaden ist nicht ~** zarar az buz değil

unerhört ['--'-] *adj* **1.** (*gewaltig*) eşi görülmemiş **2.** (*pej: empörend*) duyulmamış; **das ist ja ~!** bu duyulmamış bir şey! **3.** (*geh: Bitte*) yerine getirilmemiş

unerkannt *adv* tanınmadan, tanınmaksızın;

unerklärlich ['--'--] *adj* akıl (sır) ermez; **es ist mir ~, warum das so ist** niçin böyle olduğuna aklım ermiyor

unerlässlich[RR] ['--'--] *adj*, **unerläßlich** *adj* kendisinden vazgeçilmez; (*erforderlich*) zorunlu

unerlaubt *adj* **1.** (*nicht zulässig*) caiz olmayan, yasak **2.** (*gesetzwidrig*) haksız; **~e Handlung** (JUR) haksız fiil **3.** (*ohne Erlaubnis*) izinsiz; **das ~e Betreten** izinsiz olarak girme; **unerledigt** *adj* bitmemiş, yarım kalmış, halledilmemiş; (*schwebend*) askıdaki

unermesslich[RR] ['--'--] *adj*, **unermeßlich** *adj* **1.** (*unüberschaubar*) uçsuz bucaksız; (*unendlich*) sonsuz, sonu olmayan; **~ wertvoll** paha biçilmez **2.** (*groß*) sonsuz, ölçülemeyecek kadar büyük olan

unermüdlich ['--'--] *adj* yorulmak bilmez, bıkmaz usanmaz

unerreichbar ['--'--] *adj* erişilmez

unersättlich ['--'--] *adj* doymaz, doymak bilmez

unerschöpflich ['--'--] *adj* tükenmez, bitmez tükenmez; **~ sein** bitmek tükenmek bilmemek

unerschrocken *adj* yılmaz

Unerschrockenheit *f ohne Pl* yılmazlık

unerschütterlich ['--'---] *adj* sarsılmaz, şaşmaz; **mein Vertrauen zu ihm ist ~** ona olan güvenim sarsılmaz

unerschwinglich ['--'--] *adj* (*Preis*) fahiş; (*Ware*) yanına salâvatla varılmaz

unersetzlich ['--'--] *adj* (*Person*) eksikliği giderilemez; (*Schaden*) yerine konulamaz, onarılamaz

unerträglich ['--'--] *adj* dayanılmaz, katlanılamaz, tahammül edilemez; **unerwartet** **I.** *adj* (hiç) beklenmedik, (hiç) beklenilmeyen; (*unvorhergesehen*) (hiç) beklenmez; **plötzlich geschah etw U~es** birdenbire hiç beklenilmeyen bir şey oldu **II.** *adv* beklenmedik, beklenilmeden; **etw völlig ~ tun** hiç beklenmedik bir şey yapmak; **unerwünscht** *adj* istenmeyen

unerzogen *adj* terbiyesiz

UNESCO [u'nɛsko] *f Akr. von* **United Nations Educational, Scientific and Cultural Organization** UNESCO, *Birleşmiş Milletler Eğitim, Bilim ve Kültür Örgütü*

unfähig *adj* (*nicht imstande*) âciz (*zu* -den), beceriksiz; (*beruflich*) yeteneksiz; **der Verletzte war ~ aufzustehen** yaralı yerinden kalkabilecek durumda değildi; **Unfähigkeit** *f ohne Pl* âcizlik, beceriksizlik; (*beruflich*) yeteneksizlik; (*Zahlungs~*)

âcizlik, güçsüzlük

unfair *adj* dürüst(çe) olmayan; (SPORT) sportmenliğe yakışmaz

Unfall *m* <-(e)s, -fälle> kaza; **einen ~ haben** kaza geçirmek; **einen tödlichen ~ haben** bir kazaya kurban gitmek; **Unfallarzt, -ärztin** *m, f* <-es, -ärzte; -nen> ilk yardım hekimi; **Unfallbeteiligte(r)** *mf* kazaya karışan (kimse); **Unfallflucht** *f ohne Pl* kaza yerinden kaçma [*o* savuşma]; **~ begehen** kaza yerinden kaçmak [*o* savuşmak]; **unfallflüchtig** *adj* kaza yerinden kaçan [*o* savuşan]; **unfallfrei** *adj* kazasız; **Unfallgefahr** *f* kaza tehlikesi; **Unfallkrankenhaus** *f* ilk yardım hastanesi; **Unfallopfer** *nt* kazazede; **Unfallquote** *f,* **Unfallrate** *f* kaza oranı; **Unfallschaden** *m* kazadan doğan zarar; **ein Auto mit ~** kazalı bir otomobil; **Unfallschutz** *m* kazalardan korunma önlemleri *pl;* **Unfallstation** *f* acil servis; **Unfallstelle** *f* kaza yeri; **Unfallursache** *f* kaza nedeni, kaza sebebi; **Unfallversicherung** *f* kaza sigortası, kazaya karşı sigorta; **Unfallwagen** *m* **1.** (*am Unfall beteiligter Wagen*) kazalı araba **2.** (*Rettungswagen*) ambülâns, cankurtaran

unfassbar[RR] ['-'--] *adj,* **unfaßbar** *adj* akıl almaz; (*unglaublich*) inanılmaz

unfehlbar ['-'--] **I.** *adj* yanılmaz, şaşmaz **II.** *adv* (*sicher*) kesinlikle, muhakkak, mutlaka; **Unfehlbarkeit** [-'---] *f ohne Pl* yanılmazlık

unfein *adj* kaba; **unfertig** *adj* **1.** bitmemiş, olmamış; **eine Arbeit ~ liegenlassen** bir işi yarım bırakmak **2.** (*fig: unreif*) olmamış, olgunlaşmamış; **unförmig** ['ʊnfœrmɪç] *adj* biçimsiz; **unfrankiert** *adj* pulsuz; **unfreiwillig I.** *adj* gönülsüz, isteksiz, istemsiz **II.** *adv* istemeyerek, istemeksizin, gayriihtiyarî; **unfreundlich** *adj* **1.** (*Person*) sevimsiz; (*unhöflich*) nezaketsiz; (*übellaunig*) aksi **2.** (*Wetter*) kapalı; (*kalt und regnerisch*) soğuk ve yağışlı

Unfriede *m ohne Pl* <-ns>, **Unfrieden** *m ohne Pl* <-s> kavga; **sie gingen in ~ auseinander** birbirlerinden kavgalı ayrıldılar

unfruchtbar *adj* **1.** (*Boden*) çorak, verimsiz **2.** (*Tier, Person*) kısır; **Unfruchtbarkeit** *f ohne Pl* **1.** (*Boden*) çoraklık **2.** (*Mensch, Tier*) kısırlık

Unfug ['ʊnfuːk] *m ohne Pl* <-(e)s> **1.** (*Handlung*) yaramazlık, şeytanlık; **~ treiben** yaramazlık yapmak; **er hat immer nur ~ im Kopf** aklı fikri şeytanlıkta; **grober ~** halkı rahatsız edici hareketler **2.** (*Äußerung*) saçma

Ungar(in) ['ʊŋgaːɐ] *m(f)* <-n, -n; -nen> Macar

ungarisch ['ʊŋgarɪʃ] *adj* Macar; **die ~e Sprache** Macar dili

Ungarisch ['ʊŋgarɪʃ] *nt* Macarca

Ungarn ['ʊŋgarn] *nt* <-s> Macaristan

ungeachtet ['--'--] *präp* (*geh*) karşın, rağmen; **~ dessen** buna karşın [*o* rağmen]

ungeahnt ['--'-] *adj* akla gelmedik

ungebeten I. *adj* davetsiz **II.** *adv* davet edilmeden; **ungebildet** *adj* görgüsüz; **ungebräuchlich** *adj* kullanılmayan; **ungebraucht** *adj* kullanılmamış; **ungebunden** *adj* **1.** (*Buch*) ciltlenmemiş, ciltsiz **2.** (*frei*) bağlı olmayan, bağlanmamış; **ungedeckt** *adj* **1.** (*schutzlos*) siperliksiz, açık; (*Spieler*) marke edilmemiş **2.** (FIN) açık, bankada karşılığı olmayan; (*Scheck*) provizyonsuz **3.** (*Tisch*) kurulmamış

Ungeduld *f ohne Pl* sabırsızlık; **ungeduldig** *adj* sabırsız; **~ warten** sabırsızlıkla beklemek; **~ werden** sabırsızlanmak

ungeeignet *adj* elverişsiz (*für* için); (*Person*) yaramaz (*für* -e), uygun olmayan (*für* için); (*Moment*) elverişsiz

ungefähr ['ʊngəfɛːɐ, '--'-] **I.** *adj* yaklaşık **II.** *adv* yaklaşık olarak, aşağı yukarı; (*schätzungsweise*) tahminen; **~ drei Stunden/zehn Kilometer** aşağı yukarı üç saat/on kilometre; **nicht von ~** tesadüf değil

ungefährlich *adj* tehlikesiz; (*harmlos*) zararsız

ungehalten *adj* (*geh*) kızgın (*über/wegen* -e/-den dolayı), kızmış (*über/wegen* -e/-den dolayı); **~ auf etw reagieren** bir şeye kızarak tepki göstermek

ungehemmt *adj* sıkılmayan, çekinmeyen

ungeheuer ['----, '--'--] **I.** *adj* müthiş, dehşetli, korkunç **II.** *adv* canavarca, canavar gibi, müthiş, dehşetli

Ungeheuer *nt* <-s, -> canavar

ungeheuerlich ['--'---] *adj* (*pej*) müthiş, dehşetli; (*schrecklich*) korkunç

ungehindert *adj:* **wir konnten ~ passieren** hiçbir engelle karşılaşmadan geçebildik, elimizi kolumuzu sallayarak serbestçe geçtik

ungehörig *adj* yakışıksız; (*frech*) küstah, yüzsüz

Ungehörigkeit *f* <-en> yakışıksızlık; (*Frechheit*) küstahlık, yüzsüzlük

ungehorsam *adj* itaatsiz, söz [*o* buyruk] dinlemez; **jdm gegenüber ~ sein** birine itaat etmemek, birinin sözünü dinlememek

Ungehorsam *m ohne Pl* <-s> itaatsizlik

ungekämmt *adj* taranmamış; **ungeklärt** *adj* **1.** açıklık kazanmamış; (*Verbrechen*) aydınlatılmamış; (*Frage*) cevaplandırılmamış, cevapsız kalmış, cevabı verilmemiş; **es gibt einige ~e Punkte** müphem kalan bazı noktalar var **2.** (*Abwasser*) arıtılmamış; **ungekürzt** *adj* (*Buch, Film*) kısaltılmamış; **ungeladen** *adj* **1.** (*Person*) davetsiz, davet edilmemiş **2.** (*Waffe*) boş

ungelegen **I.** *adj* uygun olmayan, yerinde olmayan, yersiz; (*Besuch*) vakitsiz **II.** *adv:* ~ **kommen** vakitsiz gelmek; **das kommt mir sehr** ~ bu hiç işime gelmiyor

ungelenkig *adj* hantal; **ungelernt** *adj:* ~**e Arbeitskräfte** niteliksiz [*o* vasıfsız] işçiler; **ungelogen** *adv* yalansız, hilâfsız; **ungelöst** *adj* çözülmemiş

ungemein ['--'-] **I.** *adj* olağanüstü **II.** *adv* son derece

ungemütlich *adj* **1.** (*Stuhl*) rahatsız **2.** (*fig: unbehaglich*) huzursuz; (*unangenehm*) nahoş, hoş olmayan, tatsız; (*grob*) kaba; **er kann manchmal** ~ **werden** (*fam*) bazen kabalığı tutar; **ungenannt** *adj* adı geçmeyen, anılmayan, zikredilmeyen; **ungenau** *adj* tam ve kesin olmayan, eksik; **sich** ~ **an etw erinnern** bir şeyi tam ve kesin olarak hatırlamamak; **er arbeitet zu** ~ çalışırken hiç özen göstermiyor; **ungeniert** ['ʊnʒe(')niːɐt] *adj* sıkılmaz; **ganz** ~ **reden** hiç sıkılmadan konuşmak; **ungenießbar** ['--'--] *adj* **1.** (*Speise*) yenmez; (*Getränk*) içilmez **2.** (*fam: Person*) çekilmez; **ungenügend** *adj* yetersiz; (*Note*) pek zayıf; **ungenutzt** *adj* kullanılmayan; **eine Chance** ~ **verstreichen lassen** bir fırsatı değerlendirmemek; **ungepflegt** *adj* bakımsız; (*Person*) pasaklı; **Ungepflegtheit** *f ohne Pl* bakımsızlık, pasaklılık; **ungerade** *adj* (MATH) tek; ~ **Zahlen** tek sayılar; **ungerecht** *adj* adaletsiz; **ungerechterweise** *adv* haksız yere; **ungerechtfertigt** *adj* haksız; **Ungerechtigkeit** *f* <-en> adaletsizlik; **ungeregelt** *adj* **1.** (*ungeordnet*) düzensiz; (*unregelmäßig*) düzensiz, usulsüz, kural dışı **2.** (*offen*) açık; (*Rechnungen*) ödenmemiş; **ungereimt** *adj* **1.** (*Verse*) uyaksız, kafiyesiz **2.** (*Worte*) akorsuz, birbirini tutmayan, uyumsuz; **ungern** *adv* istemeyerek, isteksizce, gönülsüzce; **ungerührt** ['ʊngəryːɐt] *adj* aldırmaz, umursamaz, kayıtsız; **von etw** ~ **bleiben** bir şeye kayıtsız kalmak

ungesagt *adj* söylenmeyen, söylenmemiş

ungesalzen *adj* tuzsuz, tuzlanmamış

ungesattigt *adj* doymamış; **ungeschehen** *adj:* **ich wollte, ich konnte es** ~ **machen** bunun olmamış olmasını isterdim

Ungeschick *nt ohne Pl* <-(e)s> beceriksizlik

ungeschickt *adj* beceriksiz; **stell dich nicht so** ~ **an!** elinden gelmiyormuş gibi yapma!; **ungeschlechtlich** *adj* (BIOL) eşeysiz; **ungeschliffen** *adj* **1.** (*Diamant, Glas*) yontulmamış; (*Klinge*) bilenmemiş **2.** (*fig: Manieren*) yontulmamış; (*grob*) kaba; **ungeschminkt** *adj* **1.** (*Person*) makyajsız **2.** (*fig: Wahrheit*) çıplak; **ungeschoren** *adj* (*Tier*) kırkılmamış; ~ **davonkommen** ucuz kurtulmak; **du kommst mir nicht** ~ **davon** sen benim elimden kurtulamazsın

ungeschrieben *adj* yazılmamış; **ungesehen** *adj:* **er gelangte** ~ **ins Haus** kimse görmeden eve girdi

ungesetzlich *adj* yasa dışı; **ungestempelt** *adj* damgasız; **ungestört** **I.** *adj* rahatsız edilmemiş, kimsenin rahatsız etmediği; (*ohne Unterbrechung*) kesintisiz **II.** *adv* rahatsız edilmeden, kimse rahatsız etmeden; **ungestraft** **I.** *adj* cezasız, cezalandırılmamış **II.** *adv* cezalandırılmadan, ceza almadan, ceza görmeden

ungestüm ['ʊngəʃtyːm] *adj* (*geh*) acul, tez canlı; (*heftig*) şiddetli; (*unbändig*) ele avuca sığmayan, azgın

ungesund *adj* **1.** (*kränklich*) hastalıklı, mariz **2.** (*Speise, Lebensweise*) sağlıksız, sağlıklı olmayan; (*schädlich*) sağlığa zararlı, sağlıklı olmayan; **ungeteilt** *adj* bölünmemiş; (*ganz*) tam, bütün; **mit** ~**er Aufmerksamkeit** bütün dikkatini toplayarak, dikkat kesilerek; **ungetrübt** *adj* **1.** (*Wasser*) bulanmamış, berrak, duru **2.** (*fig*) pırıl pırıl, tam, eksiği olmayan, kusursuz; **eine** ~**e Harmonie** tam bir uyum

Ungetüm ['ʊngətyːm] *nt* <-(e)s, -e> (*Gegenstand*) kocaman şey; (*Monster*) canavar, dev

ungeübt *adj* acemi (*in* -de); (*unerfahren*) deneyimsiz (*in* -de), yeterince deneyimi olmayan (*in* -de); **in etw** *dat* ~ **sein** bir şeyde yeterince deneyimi olmamak, bir şeyin acemisi olmak; **ungewaschen** **I.** *adj* yıkanmamış; **mit** ~**en Händen** ellerini yıkamadan **II.** *adv* yıkanmadan; **ungewiss**RR *adj*, **ungewiß** *adj* **1.** bilinmez; (*fraglich*) kuşkulu, şüpheli; (*unsicher*) emin olmayan; (*unbestimmt*) belirsiz, belli olmayan; **der Ausgang des Spiels ist noch** ~ oyunun [*o* maçın] sonu henüz belli değil **2.** (*unentschieden*) kararsız; **ich bin mir noch** ~, **was ich tun soll** ne yapacağıma henüz karar vermedim, ne yapmam gerektiği hususunda henüz kararsızım; **jdn über etw im U**~**en lassen** birini bir hususta aydınlatmamak; **Ungewissheit**RR *f ohne Pl*, **Ungewißheit** *f ohne Pl* belirsizlik, şüphe; (*Unsicherheit*) emin olmama; **ungewöhnlich** *adj* **1.** (*außergewöhnlich*) olağan dışı, alışılmamış, olmadık **2.** (*außerordentlich*) olağanüstü; **ungewohnt** *adj* **1.** (*fremd*) yabancı, alışılmamış **2.** (*neu*) yeni, alışılmamış **3.** (*unüblich*) âdet olmayan, alışılmamış, olmadık; **ungewollt** *adj* istemsiz; **jdn ~ kränken** birinin istemeyerek gönlünü kırmak; **ungezählt I.** *adj* sayısız **II.** *adv* saymadan

Ungeziefer ['ʊngətsi:fɐ] *nt ohne Pl* <-s> haşarat, böcekler *pl*

ungezogen *adj* terbiyesiz; (*frech*) arsız; **eine ~e Antwort geben** terbiyesizce bir cevap vermek

ungezügelt *adj* gem vurulmamış; **ungezwungen I.** *adj* (*fig*) rahat, serbest; (*natürlich*) tabiî; (*nicht förmlich*) teklifsiz **II.** *adv* rahatça, serbestçe

Unglaube *m ohne Pl* <-ns> **1.** (*Zweifel*) kuşku **2.** (REL) itikatsızlık

unglaubhaft *adj* inanılmaz, inanılır gibi olmayan; **ungläubig** *adj* **1.** (*zweifelnd*) kuşkulu **2.** (REL) dinsiz

unglaublich [-'--, '-'--] *adj* **1.** inanılmaz, akla hayale gelmez; **~ aber wahr** inanılmaz ama gerçek, hilâfsız **2.** (*fig: unerhört*) işitilmemiş, görülmemiş **3.** (*fam: sehr groß*) çok büyük; **eine ~e Menge** çok büyük bir miktar

unglaubwürdig *adj* **1.** (*Person*) güvenilmez **2.** (*Dokument, Aussage*) inandırıcı olmayan; **ungleich I.** *adj* eşit olmayan; (*verschieden*) değişik **II.** *adv* (*weitaus*) çok daha

Ungleichgewicht *nt* <-(e)s, -e> dengesizlik; **ungleichgewichtig** *adj* dengesiz

ungleichmäßig *adj* **1.** (*nicht gleich*) eşit olmayan **2.** (*nicht regelmäßig*) düzensiz

Unglück *nt* <-(e)s, -e> **1.** (*Unheil*) uğursuzluk, belâ; **Glück im ~ haben** ucuz atlatmak [*o* kurtulmak]; **jd/etw bringt jdm ~** bir kimse/şey birine uğursuzluk getirmek; **jdn ins ~ stürzen** birinin başını belâya sokmak **2.** (*Pech*) şanssızlık, talihsizlik, bahtsızlık; (*Missgeschick*) aksilik; **zu allem ~ ...** bütün şanssızlıkların üstüne ...; **~ im Spiel, Glück in der Liebe** (*prov*) kumarda kaybeden aşkta kazanır **3.** (*Unfall*) kaza; (*Katastrophe*) âfet, felâket **4.** (*Elend*) sefalet, sefillik

unglücklich *adj* **1.** (*traurig*) bedbaht, bahtsız, mutsuz; **~ verliebt sein** umutsuz ve güçlü âşık olmak; **Sie machen sich ~!** kendinizi bedbaht etmeyin! **2.** (*unheilvoll*) uğursuz, kara, netameli; (*widrig*) ters; **~ ausgehen** ters gitmek **3.** (*ungeschickt*): **eine ~e Bewegung machen** ters bir hareket yapmak; **er stürzte so ~, dass ...** o kadar kötü düştü ki ...

unglücklicherweise ['----'--] *adv* ne yazık ki, maalesef

Unglücksfall *m* <-(e)s, -fälle> kaza; **bei einem ~ ums Leben kommen** bir kazada can vermek; **Unglücksrabe** *m* (*fam*) bahtı kara, netameli kimse; **Unglückstag** *m* uğursuz gün; **Unglückszahl** *f* uğursuz sayı

Ungnade *f*: **bei jdm in ~ fallen** birinin gözünden düşmek

ungnädig *adj* nobran; **sei nicht so ~!** öyle nobran olma!; **der Chef ist heute sehr ~** bugün patronun aksiliği [*o* heyheyleri] üstünde; **ungültig** *adj* geçersiz, hükümsüz; (*Stimmzettel*) geçersiz; **etw für ~ erklären** bir şeyin hükümsüz olduğuna karar vermek, bir şeyi iptal etmek

Ungunst *f* <-en> (*geh: Unwillen*) kızgınlık, öfke; **die ~ des Wetters** (*fig*) havanın uygun olmaması; **zu jds ~en** birinin aleyhine

ungünstig *adj* elverişsiz; (*nachteilig*) sakıncalı; (*Aussichten*) iyi görünmeyen; (*Moment*) uygun olmayan; **ungut** *adj* (*schlecht*) kötü; (*negativ*) olumsuz; (*unangenehm*) nahoş, hoş olmayan; **ein ~es Gefühl haben** içinde kötü bir his olmak; **nichts für ~!** darılmaca yok!; **unhaltbar** [-'--, '-'--] *adj* **1.** (*Behauptung, Theorie, a.* MIL) savunulamaz; (*Zustand*) sürdürülemez; (*unerträglich*) dayanılmaz **2.** (SPORT) tutulması imkânsız; **unhandlich** *adj* kullanışsız, pratik olmayan

Unheil *nt ohne Pl* <-s> (*geh*) belâ; (*Katastrophe*) âfet, felâket; **~ anrichten** belâ çıkarmak

unheilbar ['---, '-'--] *adj* iyileşmez, onulmaz, şifa bulmaz; **~ krank sein** onulmaz derecede hasta olmak

unheilvoll *adj* netameli

unheimlich I. *adj* **1.** (*beängstigend*) korkutucu, endişe verici, tekin olmayan **2.** (*fam fig: groß*) çok büyük; **eine ~e Summe/Angst** çok büyük bir miktar/korku **II.** *adv* (*fam fig: sehr*) çok, son derece; **~ viel** pek çok

unhöflich *adj* nezaketsiz, terbiyesiz

Unhöflichkeit *f ohne Pl* nezaketsizlik, terbiyesizlik

unhygienisch *adj* hijyenik olmayan, sağlığa zararlı

uni ['ʊni] *adj inv* düz; **der Stoff ist ~** kumaş düzdür

Uni ['ʊni] *f* <-s> (*fam*) üniversite

UNICEF ['u:nitsɛf] *f Akr. von* **United Nations International Children's Emergency Fund** *Birleşmiş Milletler Çocuk Fonu*

Uniform [uni'fɔrm, 'ʊnifɔrm] *f* <-en> üniforma

uniformiert [unifɔr'mi:ɐt] *adj* üniformalı

Unikat [uni'ka:t] *nt* <-(e)s, -e> ünik (şey), tek örnek

Uniklinik *f*, **Universitätsklinik** *f* üniversite kliniği

uninteressant *adj* ilginç olmayan; **uninte-**

U

ressiert *adj* ilgisiz, meraksız

Union *f* birlik; ~ **der Sozialistischen Sowjetrepubliken** (HIST) Sovyet Sosyalist Cumhuriyetleri Birliği

universal [univɛr'zaːl] *adj* evrensel; (*allgemein*) genel; **eine ~e Bildung** genel kültür; **Universalaussage** *f* (PHILOS: *Universalie*) tümel önerme; **Universalerbe, -in** *m, f* <-n, -n; -nen> tek mirasçı

Universalie *f* <-n> (PHILOS: *Logik*) tümel önerme

Universalismus *m ohne Pl* üniversalizm, evrenselcilik

Universalität *f ohne Pl* evrensellik

universell [univɛr'zɛl] *adj* **1.** (*universal*) evrensel; (*allgemein*) genel **2.** (*vielseitig*) çok yanlı, çok yönlü

Universität [univɛrzi'tɛːt] *f* <-en> üniversite; **Universitätsstadt** *f* <-städte> üniversite kenti

Universum [uni'vɛrzʊm] *nt ohne Pl* <-s> evren

Unke ['ʊŋkə] *f* <-n> **1.** (ZOOL: *Feuerkröte*) kırmızı kurbağa **2.** (*Schwarzseher*) karamsar (kimse), kötümser (kimse), fesat adam

unkenntlich ['ʊnkɛntlɪç] *adj:* **sich/etw ~ machen** kendisini/bir şeyi tanınmaz hâle getirmek

Unkenntlichkeit *f ohne Pl:* **bis zur ~ entstellt sein** tanınmayacak hâle gelmiş olmak

Unkenntnis *f ohne Pl* (*in einem Wissensgebiet*) bilgisizlik; (*von Tatsachen*) bil(me)mezlik, haberdar olmama; **jdn in ~ über etw lassen** birini bir şeyden haberdar etmemek

unklar *adj* **1.** (*undeutlich*) belirsiz, müphem; (*verschwommen*) bulanık; (*Umrisse*) belirsiz **2.** (*unbestimmt*) belirsiz **3.** (*unverständlich*) anlaşılmaz, muğlâk **4.** (*ungewiss*) belli olmayan; (*fraglich*) şüpheli, bilinmez; **sich** *dat* **über etw im U~en sein** bir şeye kararsız olmak; **jdn im U~en über etw lassen/halten** birine bir şey hakkında bilgi vermemek; **unklug** *adj* akılsız; **sich ~ verhalten** akılsızca davranmak [*o* hareket etmek]; **das war ~ von dir** bu senin yaptığın akılsızlıktı; **unkompliziert** *adj* komplike olmayan, karışık olmayan, kolay; **unkontrollierbar** ['---'--] *adj* kontrol edilemeyen, denetlenemez; **unkonventionell** *adj* geleneksel olmayan, klâsik olmayan; (*ungewöhnlich*) alışılmamış

Unkosten *pl* masraf(lar) *(pl);* **sich in ~ stürzen** masrafa girmek; **die ~ belaufen sich auf ...** masraflar ... tutuyor; **Unkostenbeitrag** *m* masraflara katkı payı

Unkraut *nt* <-(e)s, -kräuter> ot; **~ jäten** ot yolmak; **~ vergeht nicht** (*prov*): **acı patlıcanı kırağı çalmaz**, **Unkrautvertilgungsmittel** *nt* ot ilâcı

unkritisch *adj* eleştirici olmayan

Unkultur *f ohne Pl* kültürsüzlük

unkündbar ['---, '-'--] *adj* (*Vertrag*) feshedilemez; **sie ist ~** işten çıkarılamaz, onun işine son verilemez

unlängst *adv* geçenlerde, yakın bir geçmişte; ((*erst*) *kürzlich*) (daha) geçenlerde

unlauter ['ʊnlaʊtɐ] *adj* (*geh*) **1.** (*unehrlich*) dürüst olmayan **2.** (*unfair*) doğru ve yerinde olmayan; **~er Wettbewerb** haksız rekabet; **unleserlich** *adj* okunaksız

unliebsam *adj* sevilmeyen

Unlogik *f ohne Pl* mantıksızlık; **die ~ seiner Ausführungen** mütalâalarının mantıksızlığı, ileri sürdüğü görüş ve düşüncelerinin mantıksızlığı

unlogisch *adj* mantiksız; **unlösbar** ['---, '-'--] *adj* **1.** (*nicht trennbar*) çözüşmez; (*Knoten*) çözülemeyen **2.** (*Aufgabe*) çözülmesi imkânsız **3.** (*Substanz*) çözünmez;

unlöslich ['---, '-'--] *adj* **1.** (*nicht trennbar*) çözüşmez **2.** (*Substanz*) çözünmez

Unlust *f ohne Pl* hevessizlik, isteksizlik; **mit ~** hevessiz, isteksiz

unmännlich *adj* erkekliğe yakışmayan

unmäßig *adj* ölçüsüz, aşırı

Unmenge *f* <-n> çok büyük miktar; **eine ~ lernen** çok şeyler öğrenmek

Unmensch *m* <-en, -en> (*pej*) gaddar (kimse), canavar; **ich bin doch kein ~!** ben canavar değilim ki!; **unmenschlich** *adj* **1.** (*Person, Verhalten*) insaniyetsiz, mürüvvetsiz; (*grausam*) gaddar, zalim **2.** (*menschenunwürdig*) insanlığa yakışmaz **3.** (*unerträglich*) çekilmez; **Unmenschlichkeit** *f ohne Pl* insaniyetsizlik, mürüvvetsizlik

unmerklich ['---, '-'--] *adj* fark edilmez; **eine ~e Veränderung** fark edilmez bir değişiklik; **unmissverständlich**[RR], **unmißverständlich** **I.** *adj* yanlış anlamaya meydan vermeyen **II.** *adv* yanlış anlamaya meydan vermeyen bir biçimde

unmittelbar *adj* **1.** (*direkt*) dolaysız **2.** (*zeitlich*) hemen; **~ danach** ondan hemen sonra, onun hemen arkasından; **~ bevorstehen** pek yakında olmak

unmodern *adj* demode; **unmöglich** ['-'--] **I.** *adj* **1.** imkânsız **2.** (*fam*) olmayacak; (*sehr unpassend*) münasebetsiz, çok yakışıksız, hiç uygun olmayan; (*nicht tragbar*) giyilmez; **ein ~es Benehmen** münasebetsiz [*o* çok yakışıksız] bir davranış; **er hat die ~sten Ideen** olmayacak fikirleri var; **jdn ~ machen** birini rezil etmek **II.** *adv* (*fam: auf keinen Fall*) imkânsız, olamaz;

Unmöglichkeit ['----, '-'---] *f ohne Pl* imkânsızlık; **ein Ding der** ~ olacak şey değil

Unmoral *f ohne Pl* ahlâksızlık; **unmoralisch** *adj* ahlâksız, ahlâka aykırı; **ein ~er Mensch** ahlâksız bir insan; **unmotiviert** *adj* **1.** (*grundlos*) sebepsiz, nedensiz; (*unbegründet*) gerekçesiz **2.** (*nicht motiviert*) isteksiz; **unmündig** *adj* (*minderjährig*) küçük, ergin olmayan; **unmusikalisch** *adj* müzikten anlamaz

Unmut *m ohne Pl* <-(e)s> (*geh*) **1.** (*Missfallen*) hoşnutsuzluk **2.** (*Ärger*) öfke

unnachahmlich ['--'--] *adj* taklit edilemez; (*einzigartig*) eşsiz, emsalsiz, eşi olmayan, ünik, tek

unnachgiebig *adj* (*Person*) boyun eğmez, dik başlı; (*Material*) bükülmez; (*fest*) katı, sert

unnahbar ['-'--] *adj* (*Person*) yanına yaklaşılmaz

unnatürlich *adj* **1.** (*nicht natürlich*) doğa dışı; (*künstlich*) yapma **2.** (*gekünstelt*) yapmacık; **unnormal** *adj* anormal; **unnötig** **I.** *adj* gereksiz, abes, boş **II.** *adv* boşuna, gereksiz yere

unnötigerweise ['----'--] *adv* boşu boşuna, gereksiz yere

unnütz *adj* işe yaramaz

UNO ['u:no] *f Akr. von* **United Nations Organization** UNO, *Birleşmiş Milletler Örgütü*

unordentlich *adj* düzensiz; (*Kleidung*) kılıksız, kıyafetsiz; **Unordnung** *f ohne Pl* düzensizlik; (*Durcheinander*) dağınıklık, karışıklık; **etw in ~ bringen** bir şeyi dağıtmak

Unpaarhufer *m*, **Unpaarzeher** *m* (ZOOL) tek parmaklılar *pl*

unparteiisch *adj* tarafsız

Unparteiische *mf* hakem

unpassend *adj* (*Zeitpunkt*) uygun olmayan, münasebetsiz; (*Bemerkung*) münasebetsiz, yakışık almayan, uygunsuz, abes; **unpassierbar** ['--'--] *adj* geçilmez

unpäßlich *adj*, **unpässlich**[RR] *adj* rahatsız; **~ sein** rahatsız olmak; **sich ~ fühlen** kendisini rahatsız hissetmek

Unpäßlichkeit *f*, **Unpässlichkeit**[RR] *f* rahatsızlık; **unpersönlich** *adj* kişilik dışı, gayrişahsî; **unpolitisch** *adj* siyasî olmayan, siyaset dışı; **ein ~er Mensch** politikayla ilgisi olmayan bir insan; **unpraktisch** *adj* pratik olmayan, kullanışsız; **unproblematisch** *adj* sorunsuz; **unproduktiv** *adj* verimsiz; **unpünktlich** *adj* dakik olmayan, zamanında [*o* vaktinde] gelmeyen; (*verspätet*) geç kalan, gecikmeli; **er ist immer ~** o hep geç kalır; **unqualifiziert** *adj* niteliksiz; **unrasiert** *adj* tıraşsız

Unrast *f ohne Pl* huzursuzluk

Unrat *m ohne Pl* <-(e)s> (*geh*) süprüntü *pl*

unrationell *adj* rasyonel olmayan

unrealistisch *adj* gerçek dışı; (*Person*) gerçekçi olmayan; **unrecht** *adj* **1.** (*geh: falsch*) yanlış, doğru olmayan; **es ist ~, so etw zu tun** böyle bir şey(i) yapmak doğru değildir **2.** (*unpassend*) münasebetsiz, uygun olmayan; **zur ~en Zeit kommen** münasebetsiz [*o* uygun olmayan] bir zamanda gelmek **3.** (*Wend*): **jdm ~ tun** birine haksızlık etmek; **Unrecht** *nt ohne Pl* <-(e)s> haksızlık; **zu ~** haksız yere; **jdm ~ geben** birinin fikrini doğru bulmamak; **im ~ sein** (*sich irren*) haksız olmak, yanılmak; (*im Rechtsstreit*) haksız olmak; **unrechtmäßig** *adj* haksız; (*illegitim*) gayrimeşru, yolsuz; **unregelmäßig** *adj* düzensiz, yolsuz, kural dışı; **Unregelmäßigkeit** *f* <-en> düzensizlik, yolsuzluk, kural dışılık; **geringe ~en** hafif yolsuzluklar; **unreif** *adj* (*Person*) toy; (*Obst*) ham, olmamış; **unrein** *adj* (*a.* REL) cenabet; (*schmutzig*) pis; **unrentabel** *adj* kârsız; **unrichtig** *adj* doğru olmayan; (*falsch*) yanlış

Unruh *f* (TECH) zemberek

Unruhe *f ohne Pl* **1.** (*mangelnde Ruhe*) huzursuzluk; (*Lärm*) gürültü patırtı **2.** (*ständige Bewegung*) devamlı hareket **3.** (*Besorgnis*) tedirginlik; (*innere ~*) iç sıkıntısı **4.** *Pl* (*Krawalle*) kargaşalık, fesat; **~ stiften** fesat çıkarmak, ortalığı karıştırmaya çalışmak

Unruhestifter(in) *m(f)* (*pej*) fesat kumkuması, ordubozan

unruhig *adj* **1.** (*nicht ruhig*) huzursuz; (*Meer*) çalkantılı **2.** (*laut*) gürültülü, sesli **3.** (*nicht gleichmäßig*) düzensiz; (*Zeiten*) çalkantılı, karışık **4.** (*besorgt*) tedirgin; (*innerlich*) huzursuz; **~ auf und ab gehen** huzursuz bir şekilde bir aşağı bir yukarı gezinmek

uns [ʊns] **I.** *pron dat/akk von s.* **wir**: **wie lange haben wir ~ nicht gesehen?** birbirimizi görmeyeli ne kadar oldu?; **~ ist es egal** bizim için hava hoş; **ist das für ~?** bu bizim için mi?; **ein Freund von ~** bizim bir dostumuz; **~ gehört das nicht** bu bizim değil; **unter ~ gesagt ...** lâf aramızda kalsın, ... **II.** *pron dat/akk von s.* **wir**: **wir kümmern ~ schon darum** biz onunla meşgul oluruz

unsachgemäß *adj* usulüne uygun olmayan; **etw ~ behandeln** bir şeyi usulüne uygun olarak kullanmamak; **unsachlich** *adj* nesnel olmayan, objektif olmayan; **werden Sie nicht ~!** şahsiyat yapmayın!, işi şahsiyata dökmeyin!; **unsagbar** ['---, '-'--] *adj* söylenemez, ifade edilemez; (*unbeschreiblich*) tarifsiz, tarif edilemez;

U

(*Schmerzen*) tarifsiz, tarif edilemez; **wir haben U~es erlitten** çektiklerimiz tarifsizdir, neler çektiğimizi tarif edememem; **unsanft** *adj* kaba, sert; **unsauber** *adj* **1.** (*schmutzig*) pis, kirli **2.** (*nachlässig*) pasaklı; ~ **arbeiten** üstünkörü iş yapmak **3.** (*Geschäfte*) kirli; **unschädlich** *adj* zararsız; **unscharf** *adj* **1.** (FOTO) net olmayan **2.** (*ungenau*) belirsiz; (*Erinnerung*) belli belirsiz, hayal meyal; **unschätzbar** ['---, '-'--] *adj* paha biçilmez

unscheinbar *adj* **1.** (*unwichtig*) silik **2.** (*unauffällig*) dikkati çekmeyen, göze çarpmayan **3.** (*bescheiden*) mütevazı, gösterişsiz

unschlagbar ['-'--] *adj* yenilmez, sırtı yere gelmez; (*Argumente*) çürütülemez; **als Pianist/im Spiel ist er** ~ piyanist olarak/oyunda onun üstüne yoktur; **unschlüssig** *adj* kararsız; **sich** *dat* **über etw** ~ **sein** bir şey hakkında kararsız olmak

Unschuld *f ohne Pl* **1.** (*a.* JUR) masumiyet, masumluk, suçsuzluk; **jds** ~ **beweisen** masumiyetini ispat etmek; **die** ~ **vom Lande sein** masume olmak; **in aller** ~ **etw sagen** masum masum bir şey söylemek **2.** (*Jungfräulichkeit*) bekâret, kızlık

unschuldig *adj* **1.** (*a.* JUR) masum (*an* -de), suçsuz (*an* -de); **jdn** ~ **ansehen** birine masum masum bakmak **2.** (*jungfräulich*) kızlık

Unschuldsmiene *f* masum yüz ifadesi

unschwer *adv* kolayca; **das lässt sich** ~ **erraten** bunu tahmin etmek zor değil

unselbständig *adj*, **unselbstständig**[RR] *adj* bağımlı; ~**e Arbeit** ücretli iş [*o* çalışma]

unselig *adj* (*geh*) uğursuz, meymenetsiz

unser ['ʊnzɐ] *pron gen von* **wir** bizim

unser, unsere, unser *pron* (*adjektivisch*) bizim; ~ **Leben** (bizim) hayatımız; **uns(e)re Zeit/Verwandten/Briefe** bizim zamanımız/akrabalarımız/mektuplarımız

unsere(r, s) ['ʊnz(ə)rə, -rɐ, -rəs] *pron* (*substantivisch*): **der rote Koffer ist** ~**r** kırmızı valiz bizimdir; **Gott, erbarme dich** ~**!** Tanrım, bize merhamet et!; **wir tun das U~** biz üzerimize düşeni yaparız [*o* yapıyoruz]; *s. a.* **unser, unsere, unser**

unsereiner ['ʊnzɐʔaɪnɐ] *pron* bizim gibiler *pl*; ~ **hat es nicht leicht** bizim gibilerin işi kolay değildir

unsereins ['ʊnzɐʔaɪns] *pron* (*fam*) *s.* **unsereiner**

unsererseits ['ʊnz(ə)rɐzaɪts] *adv* bizim tarafımızdan, bizden

unseresgleichen ['ʊnz(ə)rəs'glaɪçən] *pron* bizim gibiler

unseretwegen ['ʊnzərət've:gən, 'ʊnzɐt've:gən] *adv* bizim için; (*negativ*) bizim yüzümüzden; **unseretwillen** ['ʊnzərət'vɪlən, 'ʊnzɐt'vɪlən] *adv:* **um** ~ bizim için, hatırımız için

unseriös *adj* ciddî olmayan, ciddiyetsiz, lâubali

unsertwegen *adv s.* **unseretwegen**

unsertwillen *adv s.* **unseretwillen**

unsicher *adj* **1.** (*gefährlich*) emin olmayan, emniyetsiz, güvenilmez **2.** (*ungewiss*) emin olmayan, belirsiz, belli olmayan; (*zweifelhaft*) kuşkulu, şüpheli; **ich bin mir** ~**, ob das stimmt** bunun doğru olup olmadığından emin değilim; **es ist noch** ~**, ob wir kommen** gelip gelmeyeceğimiz henüz belli değil **3.** (*nicht selbstbewusst*) kendinden emin olmayan, kendine güveni olmayan **4.** (*gefährdet*) emin olmayan

Unsicherheit *f* <-en> emniyetsizlik, güvensizlik; (*Ungewissheit*) emin olmama; **Unsicherheitsfaktor** *m* riziko faktörü

unsichtbar *adj* görünmez (*für* için)

Unsinn *m ohne Pl* <-(e)s> **1.** (*fehlender Sinn*) anlamsızlık **2.** (*Unfug*) yaramazlık, saçmalık; **red keinen** ~**!** saçmalama!, saçma sapan konuşma!; **mach keinen** ~**!** yaramazlık etme!

unsinnig *adj* anlamsız, saçma

Unsitte *f* <-n> kötü âdet; (*schlechte Gewohnheit*) kötü alışkanlık

unsittlich *adj* edepsiz, edebe aykırı, müstehcen; (*unmoralisch*) ahlâksız, ahlâka aykırı, ahlâk ve törelere uymayan; **unsozial** *adj* asosyal; **unsportlich** *adj* **1.** (*Person*) spor yapmayan **2.** (*unfair*) sportmenliğe yakışmayan

unsre(r, s) ['ʊnzrə, -rɐ, -rəs] *pron s.* **unser, unsere(r, s)**

unsrerseits *adv s.* **unsererseits**

unsresgleichen *pron s.* **unseresgleichen**

unsrige *pron geh für* **unsere(r, s)**: **der/die/das** ~ bizimki; **die** ~**n** bizimkiler

unsterblich [(')-'--] *adj* ölümsüz, ölmez; **sich** ~ **verlieben** sırıl sıklam âşık olmak; **Unsterblichkeit** [-'---] *f ohne Pl* ölümsüzlük, ölmezlik

Unstimmigkeit *f* <-en> **1.** (*Ungenauigkeit*) uyumsuzluk **2.** (*Meinungsverschiedenheit*) görüş ayrılığı

Unsumme *f* <-n> çok büyük meblağ; **eine** ~ **Geldes** dünyanın parası; **er hat dafür** ~**n ausgegeben** onun için dünyanın parasını harcadı

unsymmetrisch *adj* asimetrik, bakışımsız; **unsympathisch** *adj* antipatik; **er ist mir** ~ onu antipatik buluyorum

untad(e)lig *adj* kusursuz, mükemmel

Untat *f* <-en> kötü eylem; (*Verbrechen*) cürüm

untätig *adj* aktif olmayan, faaliyet göstermeyen, işsiz güçsüz; ~ **zusehen** karışmadan [*o* bir şey yapmadan] seyretmek

untauglich *adj* (*Gerät*) elverişsiz (*für* için); (*Person*) yaramaz (*für* -e); (*für den Militärdienst*) çürük; **unteilbar** ['-'--, '---] *adj* bölünmez; **Unteilbarkeit** *f ohne Pl* bölünmezlik

unten ['ʊntən] *adv* **1. dort/da** ~ orada/şurada aşağıda; **nach** ~ aşağı(ya); **von** ~ aşağıdan; **von oben bis** ~ yukarıdan aşağıya; **rechts/links** ~ sağda/solda aşağıda **2.** (*Ende, Unterseite*) aşağı; **von oben bis** ~ baştan aşağı; **mit dem Gesicht nach** ~ yüzükoyun **3.** (*im Text*): ~ **genannt** aşağıda adı geçen; **siehe** ~ aşağıya bakınız; **weiter** ~ daha aşağıda **4.** (*Hierarchie*): **sie hat ganz** ~ **angefangen** kariyerine en alt basamaktan başladı **5.** (*fam: im Süden*) güneyde; **er lebt** ~ **im Bayern** güneyde Bavyera'da oturuyor **6.** (*Wend*): **wir sind bei ihm** ~ **durch** (*fam*) gözünden düştük; **sie musterte ihn von oben bis** ~ onu baştan aşağı süzdü; **nicht** (**mehr**) **wissen, wo oben und** ~ **ist** (*fam*) Hanya'yı Konya'yı (artık) bilmemek; **untenerwähnt** *adj s.* **erwähnen**; **untengenannt** *adj s.* **nennen I.3.**

unter ['ʊntɐ] **I.** *präp* **1.** (*unterhalb*) altında **2.** (*inmitten*) arasında; ~ **anderem** bunlar arasında; ~ **Freunden** dostlar arasında; **wir sind hier ganz** ~ **uns** burada biz bizeyiz; **das bleibt** ~ **uns** bu aramızda kalsın; ~ **uns gesagt ...** aramızda kalsın, ... **3.** (*weniger als*) altında; **Kinder** ~ **12 Jahren** 12 yaşın altındaki çocuklar; ~ **dem Durchschnitt** ortalamanın altında **4.** (*Art und Weise*): ~ **Tränen** ağlaya ağlaya; ~ **der Bedingung, dass ...** ... şartıyla; ~ **allen Umständen** ille; ~ **Vorbehalt** saklı kalmak üzere, kaydıihtiyatla; ~ **falschem Namen** sahte ad kullanarak **5.** (*Zustand*): ~ **Strom** elektrikli; **das Haus steht** ~ **Denkmalschutz** ev anıt olarak korunuyor **6.** (*Unterordnung*) altında; **sie hat mehrere Mitarbeiter** ~ **sich** *dat* yönetimi altında birçok elemanı var; ~ **seiner Leitung** yönetimi altında **7.** (*Zuordnung*) altında; ~ **dem Motto ...** ... parolası altında; **was verstehen Sie** ~ **...?** ...den ne anlıyorsunuz? **II.** *präp* (*Richtung*): **er nahm das Paket** ~ **den Arm** paketi kolunun altına aldı; **die Temperaturen sinken** ~ **Null** hava sıcaklığı sıfırın altına düşüyor

Unterabteilung *f* <-en> alt bölüm; **Unterangebot** *nt ohne Pl* <-(e)s> (WIRTSCH) eksik arz; **Unterarm** *m* <-(e)s, -e> ön kol; **Unterart** *f* (BIOL) alt tür

unterbelichten* ['-----] *vt* (FOTO) az ışıklamak; **er ist** (**geistig**) **wohl etwas unterbelichtet** (*fig*) kendisi birazcık geri zekâlıdır

unterbesetzt *adj* eksik kadrolu

Unterbeschäftigung *f* (WIRTSCH) eksik istihdam

unterbewerten* ['-----] *vt* yeterince önemsememek

unterbewusst[RR] *adj*, **unterbewußt** *adj* bilinçaltı; **etw** ~ **ahnen** bilinçaltında bir şeyi sezmek; **Unterbewusstsein**[RR] *nt ohne Pl* <-s>, **Unterbewußtsein** *nt ohne Pl* <-s> (PSYCH) bilinçaltı

unterbieten* *irr vt* **1.** (*Konkurrenten*) daha ucuz olmak (-den); (*Preis*) kırmak (*um* -le); **er hat alle Konkurrenten unterboten** bütün rakiplerinden daha ucuzdu **2.** (*Rekord*) kırmak (*um* -le); **etw ist nicht zu** ~ (*fig*) bir şeyden daha kötüsü olamaz olmak

unterbinden* *irr vt* önlemek; (*verhindern*) engellemek

unterbleiben* *irr vi sein* (*nicht geschehen*) olmamak; (*aufhören*) durmak; (*sich nicht wiederholen*) bir daha olmamak, bir daha yapılmamak; **das wäre besser unterblieben** bu olmasaydı [*o* yapılmasaydı] daha iyi olurdu

unterblieben *pp von* **unterbleiben**

unterboten *pp von* **unterbieten**

unterbrechen* *irr vt* ara vermek (-e); (*Stromzufuhr*) kesmek; **jdn** ~ birinin sözünü kesmek

Unterbrechung [--'--] *f* <-en> ara, aralık, fasıla, kesinti; (*das Unterbrechen*) ara verme; (*das Unterbrochensein*) kesinti, fasıla; (*der Stromversorgung*) kesilme; **ohne** ~ arasız, aralıksız, ara vermeden, kesintisiz, fasılasız; **nach einer kurzen** ~ kısa bir fasıladan [*o* aradan] sonra

unterbreiten* *vt* (*geh*) sunmak, ibraz etmek; **jdm einen Vorschlag** ~ birine öneride bulunmak

unter|bringen *irr vt* **1.** (*verstauen*) koymak, yerleştirmek **2.** (*einquartieren*) yerleştirmek **3.** (*fam: Anstellung beschaffen*) iş bulmak (-e)

Unterbringung *f* <-en> **1.** yerleştir(il)me **2.** (*fam: Unterkunft*) barınak

unterbrochen **I.** *pp von* **unterbrechen** **II.** *adj* kesik

unterbunden *pp von* **unterbinden**

Unterdeck *nt* alt güverte

unterderhand ['ʊntɐdeːɐ'hant] *adv s.* **Hand**

unterdessen [--'--] *adv* bu arada

Unterdruck[1] *m* <-(e)s, -drücke> (PHYS, TECH) düşük basınç

Unterdruck[2] *m ohne Pl* <-(e)s> (MED) hipotansiyon

U

unterdrücken* *vt* **1.** (*Gefühle*) göstermemek, gizlemek; (*Aufstand*) bastırmak; (*Seufzer, Tränen*) tutmak **2.** (*Information, Tatsachen*) gizli tutmak, gizleme **3.** (*Menschen*) baskı altında tutmak, ezmek
Unterdrückung [--'--] *f* <-en> **1.** (*von Gefühlen*) göstermeme, gizleme; (*von Aufstand*) bastırma **2.** (*von Informationen, Tatsachen*) gizli tutma, gizleme **3.** (*von Menschen*) ezilmişlik, mazlumluk, baskı altında tut(ul)ma
untere(r, s) ['ʊntərə, -rɐ, -rəs] *adj* alt
untereinander [---'--] *adv* **1.** (*räumlich*) alt alta **2.** (*miteinander*) birlikte; (*gegenseitig*) karşılıklı olarak; **das können wir ~ ausmachen** bunu aramızda kararlaştırabiliriz
unterentwickelt *adj* **1.** (*zurückgeblieben*) geri kalmış; **geistig ~** geri zekâlı; **körperlich ~** vücudu gelişmemiş [*o* normalden az gelişmiş] **2.** (POL) az gelişmiş; **unterernährt** *adj* yetersiz beslenmiş; **Unterernährung** *f ohne Pl* yetersiz beslenme; **Unterfamilie** *f* <-n> (BIOL) alt familya; **Unterfangen** *nt ohne Pl* girişim
Unterführung [--'--] *f* <-en> alt geçit
Unterfunktion *f* <-en> (MED) yetersiz çalışma
Untergang *m* <-(e)s, -gänge> **1.** (*von Schiffen*) batma **2.** (*von Gestirnen*) batma, batım, gurup **3.** (*Verderb*) batma, mahvolma, yıkılma, yıkım; (*von Kulturen*) yok olma; (*von Reichen*) batma, çöküş
Untergebene(r) [--'---] *mf* <-n, -n; -n> ast
unter|gehen *irr vi sein* **1.** (*Schiff*) batmak **2.** (*Gestirn*) gurup etmek; (*Sonne*) gurup etmek, batmak **3.** (*zugrunde gehen*) batmak, mahvolmak, yıkılmak; (*Kultur*) batmak, yok olmak; (*Reich*) batmak, çökmek **4.** (*fig: Worte*) kaybolmak (*in* arasında); **seine Worte gingen in Bravorufen unter** sözleri bravo diye bağırışmaların arasında kayboldu; **ihr Stern ist im U~ begriffen** yıldızı sönüyor
untergeordnet *adj* (*zweitrangig*) tali, ikinci derece olan, bağımlı olan
UntergeschossRR *nt* <-es, -e> alt kat
Untergewicht *nt ohne Pl* <-(e)s> kilo eksikliği
untergliedern* *vt* bölümlemek (*in* -e)
Untergrenze *f* alt sınır; **Untergrund** *m ohne Pl* <-(e)s> **1.** (AGR) toprağın altı **2.** (*Hintergrund*) fon **3.** (POL) yer altı faaliyeti; (*bewaffnet*) komita; **in den ~ gehen** komitacı olmak; **Untergrundbahn** *f* yer altı treni, metro; **Untergrundorganisation** *f* (POL) yer altı örgütü; (*bewaffnet*) komita
unterhalb *präp* altında, aşağısında
Unterhalt *m ohne Pl* <-(e)s> **1.** (*Lebens~*) geçim; **für jds ~ aufkommen** birinin geçimini sağlamak **2.** (*~szahlungen*) nafaka **3.** (*Instandhaltung*) bakım (ve onarım)
unterhalten* *irr* **I.** *vt* **1.** (*versorgen*) geçimini sağlamak (-in) **2.** (*Bauwerk*) bakımını (ve onarımını) yapmak (-in) **3.** (*Pension*) işletmek **4.** (*Kontakte*) sürdürmek, olmak; **diplomatische Beziehungen zu ... ~** ... ile diplomatik ilişkileri olmak **5.** (*vergnügen*) eğlendirmek **II.** *vr*: **sich ~** (*sprechen*) konuşmak (*über* üzerine), konuşup dertleşmek (*über* üzerine), sohbet etmek (*über* -den), yarenlik etmek
unterhaltsam [--'--] *adj* eğlenceli, hoş sohbet
Unterhaltsanspruch *m* (JUR) nafaka hakkı; **unterhaltsberechtigt** *adj* nafaka istemek hakkına sahip olan; **jdm gegenüber ~ sein** birine karşı nafaka istemek hakkına sahip olmak; **Unterhaltsberechtigte(r)** *mf* <-n, -n; -n> nafaka istemek hakkına sahip olan (kimse); **Unterhaltskosten** *pl* **1.** (*für Unterhaltsberechtigte*) nafaka masrafları *pl* **2.** (*für Gebäude, Anlagen*) bakım (ve onarım) masrafları *pl* **3.** (*für Fahrzeuge*) bakım (ve onarım) masrafları *pl*; **Unterhaltspflicht** *f ohne Pl* nafaka yükümlülüğü; **unterhaltspflichtig** *adj*, **unterhaltsverpflichtet** *adj* nafaka yükümlüsü, nafaka ödemekle yükümlü; **Unterhaltszahlung** *f* nafaka ödeme
Unterhaltung[1] [--'--] *f ohne Pl* (*das Instandhalten*) bakım (ve onarım)
Unterhaltung[2] *f* <-en> **1.** (*Gespräch*) sohbet, yarenlik, konuşup dertleşme (*über* üzerinde); **eine ~ mit jdm führen** biriyle sohbet etmek **2.** (*Vergnügen*) eğlence; **wir wünschen angenehme ~** iyi eğlenceler dileriz
Unterhaltungsindustrie *f* eğlence sanayii
Unterhändler(in) ['----] *m(f)* <-s, -; -nen> (POL) görüşmeci, aracı
Unterhaus *nt* <-es, -häuser> (POL) Avam Kamarası
Unterhemd *nt* <-(e)s, -en> fanilâ
Unterholz *nt ohne Pl* <-es> sık çalılık, çopra
Unterhose *f* <-n> don, külot
unterirdisch *adj* yer altı
unter|jubeln *vt* (*fam*): **jdm etw ~** birine bir şeyi kakalamak
Unterkiefer *m* <-s, -> alt çene; **Unterklasse** *f* (*a.* BIOL) alt sınıf; **Unterkleid** *nt* kombinezon; (*Unterrock*) jüpon, iç etek
unter|kommen *irr vi sein* **1.** (*Unterkunft finden*) barınacak yer bulmak (*bei/in* -in yanında/-de), kalacak yer bulmak (*bei/in* -in yanında/-de), başını sokmak (*in* -e)

2. (*fam: Arbeit finden*) iş bulmak (*bei/in* -in yanında/-de) 3. (*reg: begegnen*) rastlamak (-e), rast gelmek (-e); **so etw ist mir noch nicht untergekommen** böyle bir şeye şimdiye kadar rastlamamıştım, böyle bir şey şimdiye kadar başıma gelmemişti

unter|kriegen *vt* (*fam*) alt etmek, sırtını yere getirmek (-in); **lass dich nicht ~** cesaretini kaybetme

unterkühlen* *vt* 1. (*Temperatur senken*): **den Patienten künstlich ~** hastanın vücut sıcaklığını yapay olarak düşürmek 2. (TECH: *unter den Schmelzpunkt*) ergime noktasının altına kadar soğutmak

Unterkunft ['ʊntɐkʊnft, *Pl:* -kʏnftə] *f* <-künfte> barınak, kalacak yer; **~ und Verpflegung** yedirip içirme ve barındırma; **hast du eine ~ für die Nacht gefunden?** bu gece kalacak bir yer buldun mu?

Unterlage *f* <-n> 1. (*Schreib~*) sumen; (*Kissen*) minder 2. *Pl* (*Dokumente*) dokümanlar *pl*, belgeler *pl* 3. (*Grundlage*) temel

Unterlass[RR] ['ʊntɐlas] *m*, **Unterlaß** *m*: **ohne ~** durmadan

unterlassen* *irr vt* 1. (*absichtlich nicht tun*) yapmamak, kaçınmak (-den); **~e Hilfeleistung** yardımdan kaçınma 2. (*versäumen*) ihmal etmek, savsamak

unterlaufen*[1] *irr* I. *vi sein* 1. **jdm unterläuft ein Fehler/ein Irrtum** biri yanılgıya düşmek, biri bilmeden yanlışlık yapmak 2. (*fam: begegnen*) rastlamak (-e), rast gelmek (-e); **so etw/ein Mensch ist mir noch nicht ~** böyle bir şeye/kimseye şimdiye kadar rastlamadım II. *vt* (*Zensur*) kitabına uydurmak; (*Gesetz*) kulpunu bulmak (-in)

unterlaufen[2] *adj*: **mit Blut ~** kan oturmuş

unterlegen[1] [--'--] *adj* (*schwächer*) daha zayıf olan; **jdm ~ sein** birinin dengi olmamak; **dem Gegner an Kraft ~ sein** rakibinden kuvvetçe daha zayıf olmak

unterlegen*[2] I. *pp von* **unterliegen** II. *vt* (*mit Musik*) süslemek (*mit* -le), çeşitlemek (*mit* -le); **einen Film mit Musik ~** bir filmi müziklendirmek [*o* müzik ile çeşitlemek]; **einen Text mit einem anderen Sinn ~** bir metne başka bir anlam vermek

unter|legen[3] *vt* (*unter jdm etw legen*) altına koymak (-in)

Unterlegene(r) *mf* yenik, mağlup

Unterlegring *m*, **Unterlegscheibe** *f* (TECH) pul

Unterleib *m* <-(e)s, -e> karın altı

unterliegen* *irr vi* 1. *sein* (*verlieren*) yenilmek, kaybetmek (-i); (*Versuchung, Krankheit*) yenilmek 2. (*unterworfen sein*) bağlı olmak (-e), tâbi olmak (-e); **es unterliegt keinem Zweifel, dass etw eintritt** bir şeyin olacağından şüphe yok

Unterlippe *f* <-n> alt dudak

unterm ['ʊntɐm] (*fam*) = **unter dem** *s.* **unter**

untermauern* *vt* 1. (*Gebäude*) temel duvarı çekmek (-e), altını duvarla pekiştirmek (-in) 2. (*fig: Behauptung*) pekiştirmek

Untermenü *nt* <-s, -s> (INFORM) alt menü

Untermiete *f ohne Pl:* **bei jdm zur ~ wohnen** kiracının kiracısı olarak oturmak; **Untermieter(in)** *m(f)* <-s, -; -nen> kiracının kiracısı

unterminieren* *vt* (MIL: *verminen*) mayınlamak

unter|mischen *vt* katıştırmak, katarak karıştırmak; **Salat mit Majonäse ~** salataya mayonez katıştırmak

untern ['ʊntɐn] (*fam*) = **unter den** *s.* **unter**

unternehmen* *irr vt* (*Reise*) yapmak; **etw zusammen ~** bir şeyi birlikte yapmak; **gegen jdn/etw Schritte ~** bir kimseye/şeye karşı girişimde bulunmak

Unternehmen [--'--] *nt* <-s, -> 1. (*Vorhaben*) girişim, teşebbüs 2. (*Firma*) firma, şirket; (*Betrieb*) işletme

Unternehmensberater(in) *m(f)* girişim(cilik) danışmanı

Unternehmer(in) [--'--] *m(f)* <-s, -; -nen> girişimci, müteşebbis; (*Bau~*) müteahhit; (*Sub~*) taşeron

Unternehmertum *nt* girişimcilik

Unternehmungsgeist *m ohne Pl* <-(e)s> girişimci ruhu; **unternehmungslustig** *adj* girişken

unternommen *pp von* **unternehmen**

Unteroffizier *m* <-(e)s, -e> (MIL) astsubay

unter|ordnen I. *vt* ikinci plâna atmak; **jdn jdm ~** birini başka birinin emrine vermek; **jdm untergeordnet sein** birinin astı olmak, birinin buyruğu altında olmak II. *vr:* **sich jdm ~** birinin emrine girmek, birinin buyruğu altında bulunmayı kabul etmek

Unterordnung *f* (BIOL) alt takım

Unterredung [--'--] *f* <-en> görüşme; **eine ~ mit jdm haben** biriyle görüşmesi olmak, biriyle bir görüşme yapmak

Unterricht ['ʊntɐrɪçt] *m* <-(e)s, -e> (*das Unterrichten*) ders; (*~sstunde*) der saati; **jdm ~ geben** birine ders vermek; **~ haben** dersi olmak; **den ~ schwänzen** (*fam*) dersi asmak; **audiovisueller ~** görsel işitsel eğitim

unterrichten* *vt* 1. (*Fach*) öğretmek, dersi vermek; (*Schüler*) ders vermek (-e); **Deutsch ~** Almanca dersi vermek, Almanca öğretmek 2. (*informieren*) bilgi vermek (*über* hakkında)

U

Unterrock *m* <-(e)s, -röcke> iç etek, jüpon
unters ['ʊntɐs] (*fam*) = **unter das** *s.* **unter**
untersagen* *vt* yasaklamak
Untersatz *m* <-es, -sätze> altlık; (*für Gläser*) bardakaltı; **ein fahrbarer** ~ (*fam*) araba
unterschätzen* *vt* küçümsemek, azımsamak
unterscheiden* *irr* **I.** *vt* ayırt etmek (*von* -den), ayırmak (*von* -den); **die Zwillinge sind kaum zu** ~ ikizleri birbirinden ayırt etmek imkânsız gibi, ikizlerin arasında fark yok gibi **II.** *vi* ay(ı)rım yapmak (*zwischen* arasında) **III.** *vr:* **sich** ~ farklı olmak (*von* -den), ayrımlı olmak (*von* -den), ayrılmak (*von* -den); **er unterscheidet sich von seinem Freund im Charakter** karakter bakımından arkadaşından farklıdır
Unterscheidung [--'--] *f* <-en> ayırt etme
Unterscheidungsmerkmal *nt* ayırt edici nitelik
Unterschenkel *m* <-s, -> baldır, incik; **Unterschicht** *f* <-en> alt tabaka
Unterschied ['ʊntɐʃiːt] *m* <-(e)s, -e> fark (*zwischen* ara(sın)da); (*Unterscheidung*) ayrım (*zwischen* ara(sın)da); **einen** ~ **machen** ayrım yapmak, fark gözetmek; **das macht einen/keinen** ~ bu fark eder/etmez; **im** ~ **zu etw** *dat/***jdm** bir şeyden/kimseden farklı olarak; **das ist ein feiner/gewaltiger/wesentlicher** ~ bu ince/muazzam/önemli bir fark(tır); **ein** ~ **wie Tag und Nacht sein** (aralarında) dağlar kadar fark olmak
unterschieden *pp von* **unterscheiden**
unterschiedlich *adj* farklı, ayrımlı, değişik; ~ **groß sein** farklı büyüklükte olmak; ~ **reagieren** farklı tepki göstermek
Unterschiedlichkeit *f* farklılık
unter|schlagen[1] *irr vt* (*Arme*) kavuşturmak; **die Beine** ~ bir ayağını diğer ayağının altına almak
unterschlagen*[2] *irr vt* **1.** (*Geld*) zimmet(in)e geçirmek; (*Brief*) sahibine vermemek **2.** (*verschweigen*) gizlemek
Unterschlagung [--'--] *f* <-en> **1.** (*von Geld*) zimmet, zimmete para geçirme **2.** (*von Informationen*) gizleme
Unterschlupf ['ʊntɐʃlʊpf] *m* <-(e)s, -e> sığınak, barınak; (*Versteck*) sığınak, saklanacak yer; **jdm** ~ **gewähren** birine barınak sağlamak
unterschreiben* *irr vt* imzalamak
unterschrieben *pp von* **unterschreiben**
Unterschrift ['---] *f* <-en> imza; ~**en sammeln** imza toplamak
Unterschriftenaktion *f,* **Unterschriftenkampagne** *f* imza kampanyası; **Unterschriftenmappe** *f* imza sirküleri
unterschriftlich *adv* imzayla
unterschriftsberechtigt *adj* imzaya yetkili, imza yetkisi olan
unterschwellig ['ʊntɐʃvɛlɪç] *adj* bilinç dışı
Unterseeboot *nt* (*a.* MIL) denizaltı
Unterseite *f* <-n> alt
Untersetzer *m* altlık
untersetzt [--'-] *adj* bodur; (*gedrungen*) tıknaz
Untersetztheit *f ohne Pl* bodurluk, tıknazlık
unterstanden *pp von* **unterstehen**
unterste(r, s) ['ʊntɐstə, -tɐ, -təs] *adj superl von* **untere(r, s)**
unterstehen* *irr* **I.** *vi* (*unterliegen*) bağlı olmak (-e); **jdm** ~ birinin astı olmak, birinin buyruğu altında olmak; (MIL) birinin buyruğunda [*o* emrinde] olmak **II.** *vr:* **sich** ~ **etw zu tun** bir şey yapmaya cür'et etmek; **untersteh dich!** sakın ha!
unter|stellen[1] **I.** *vt* (*abstellen*) koymak (*in* -e), bırakmak (*in* -e) **II.** *vr:* **sich** ~ sığınmak (*in* -e)
unterstellen*[2] *vt* **1.** (*annehmen*) var saymak, farz etmek; **wir wollen einmal** ~**, dass …** farz edelim ki … **2.** (*unterordnen*) emrine vermek (-in) **3.** (*unterschieben*): **wie kannst du mir** ~**, dass ich so etw getan haben könnte** benim böyle bir şey(i) yapmış olduğumu nasıl iddia edebilirsin
Unterstellung *f* <-en> **1.** (*Unterordnung*) emrine ver(il)me **2.** (*falsche Behauptung*) asılsız iddia; (*verleumderisch*) iftira
unterstreichen* *irr vt* **1.** (*Strich ziehen*) altını çizmek **2.** (*betonen*) vurgulamak
unterstrichen *pp von* **unterstreichen**
Unterstufe *f* <-n> (SCHULE) *beşinci sınıftan yedinci sınıfa kadar olan üç yıllık öğretim dönemi*
unterstützen* *vt* **1.** (*Beistand leisten*) desteklemek (*bei/in* -de/-de), arka çıkmak (-e); (*helfen*) yardım etmek (*bei*-de) **2.** (*fördern*) desteklemek, teşvik etmek; (*finanziell*) yardımda bulunmak (-e), yardım yapmak (-e)
Unterstützung [--'--] *f* <-en> destekleme, arka çıkma; (*Hilfe*) yardım; (*finanziell*) yardım
untersuchen* *vt* **1.** (*analysieren*) analiz etmek, çözümlemek; (*wissenschaftlich*) araştırmak; **das Blut auf Zucker** ~ kanda şeker olup olmadığını araştırmak, kandaki şekeri analiz etmek **2.** (*prüfen*) incelemek; (*Gepäck*) muayene etmek **3.** (JUR) soruşturmak **4.** (*Kranke*) muayene etmek; **sich ärztlich** ~ **lassen** kendini hekime muayene ettirmek

Untersuchung [--'--] *f* <-en> **1.** (*Analyse*) analiz, tahlil; (*a.* JUR) soruşturma, tahkikat **2.** (*Überprüfung*) muayene **3.** (MED) muayene; (*Vorsorge~*) çekap; **sich einer ~ unterziehen** muayene olmak, çekap yaptırmak; **Untersuchungsausschuss** *m* <-es, -schüsse> soruşturma kurulu, soruşturma komisyonu; **Untersuchungshaft** *f* tutukluluk; **in ~ sitzen** tutuklu olmak; **Untersuchungskommission** *f* <-en> soruşturma komisyonu, soruşturma kurulu; **Untersuchungsrichter(in)**[RR] *m(f)* soruşturma yargıcı

Untertan(in) ['ʊntɐta:n] *m(f)* <-s *o* -en, -en; -nen> kul

untertänig ['ʊntɐtɛ:nɪç] *adj* (*pej*) kula kul olan; **Ihr ~ster Diener** kulunuz

Untertasse *f* <-n> fincan tabağı; **fliegende ~** (*tellerförmiges Ufo*) uçan daire; **Untertaste** *f* (MUS: *des Klaviers*) beyaz tuş

unter|tauchen I. *vi sein* **1.** (*Schwimmer, Vogel*) dalmak; (*fig*) batmak **2.** (*verschwinden*) ortadan kaybolmak, yok olmak, kayıplara karışmak; **bei Freunden ~** dostlarının yanına saklanmak **II.** *vt* suya batırmak

Unterteil *nt* <-(e)s, -e> alt

unterteilen* *vt* bölümlemek (*in* -e)

Untertitel *m* <-s, -> **1.** ara başlık, alt başlık **2.** (FILM) alt yazı

Unterton *m* <-(e)s, -töne> **1.** (MUS) ana sese katılan ses tonu **2.** (*fig: Beiklang*): **seine Stimme hatte einen drohenden ~** sesinin tonunda hafiften [*o* hafif yollu] bir tehdit vardı

untertreiben* *irr vt* azımsamak, küçümsemek

untertrieben *pp von* **untertreiben**

Untertreibung *f* azımsama, küçümseme, tefrit

untervermieten* ['-----] *vt* kiracı olarak kiraya vermek; **unterversichern*** *vt* değerinin altında sigorta etmek

Unterversicherung *f* eksik sigorta

Unterverzeichnis *nt* (INFORM) alt dizin

unterwandern* *vt* sızmak (-e)

Unterwäsche *f ohne Pl* iç çamaşırı

Unterwassermassage *f* su içi masajı

unterwegs [ʊntɐ've:ks] *adv* **1.** (*auf dem Weg*) yolda; **~ nach München** Münih yolunda, Münih'e giderken; **ich bin ~ zu dir** sana geliyorum; **bei ihr ist ein Kind ~** (*fam fig*) o bir çocuk bekliyor **2.** (*während der Reise*) yolculukta, yolda; **für ~** yol(culuk) için

unterweisen* *irr vt* (*geh*) öğretmek (-e, *in* -); **jdn in Geschichte ~** birine tarih öğretmek [*o* dersi vermek]

Unterwelt *f ohne Pl* **1.** (*Totenreich*) ölüler diyarı **2.** (*fig: Verbrecherwelt*) yer altı dünyası

unterwerfen* *irr* **I.** *vt* **1.** (*Volk, Gebiet*) tâbi kılmak, egemenliği altına almak, boyun eğdirmek (-e) **2.** (*einer Kontrolle*) tâbi tutmak; **etw** *dat* **unterworfen sein** bir şeye tâbi olmak **II.** *vr:* **sich ~** boyun eğmek, boyunduruk altına girmek; **sich dem Richterspruch ~** kazaya rıza göstermek

unterwiesen *pp von* **unterweisen**

unterworfen *pp von* **unterwerfen**

unterwürfig ['ʊntɐvʏrfɪç, --'--] *adj* (*pej*) kula kul olan

unterzeichnen* *vt* imzalamak

Unterzeichner(in) [--'--] *m(f)* <-s, -; -nen> imzalayan, imza eden

Unterzeichnung *f* imzalama

unter|ziehen[1] *irr vt* **1.** (*Kleidung*) içine [*o* altına] giymek **2.** (GASTR) içine katmak

unterziehen*[2] *irr* **I.** *vt* tâbi tutmak; **etw einer Qualitätskontrolle ~** bir şeyi kalite kontrolüne tâbi tutmak; **jdn einem Verhör ~** birini sorguya çekmek **II.** *vr:* **sich ~** katlanmak (-e); **sich einer Operation ~** ameliyat olmak

unterzogen *pp von* **unterziehen**[2]

Untiefe *f* <-n> **1.** (*seichte Stelle*) sığlık **2.** (*Tiefe*) çok derin yer

Untier *nt* <-(e)s, -e> canavar

untragbar ['-'--] *adj* **1.** (*nicht finanzierbar*) finanse edilemez **2.** (*unerträglich*) katlanılamaz, dayanılamaz; **untrainiert** ['-'--] *adj* antremansız; **untrennbar** ['-'--] *adj* ayrılmaz, bölünmez; **untreu** *adj* vefasız, sadakatsiz, hakikatsız; **seine Frau ist ihm ~ geworden** karısı onu başkasıyla aldatıyor; **seinen Grundsätzen ~ werden** prensiplerini çiğnemek; **Untreue** *f ohne Pl* **1.** (*gegenüber Menschen*) vefasızlık, sadakatsizlik, hakikatsızlik **2.** (JUR) emniyeti kötüye kullanma; **untröstlich** ['---, -'--] *adj* avunamayan (*über* -le), teselli bulamayan (*über* -le); **er ist ~** hiçbir şeyle avunamıyor

Untugend *f* <-en> kötü alışkanlık

untypisch *adj* tipik olmayan, atipik; **unüberlegt** *adj* düşüncesiz; **~ handeln** düşüncesizlik etmek, düşüncesizce [*o* düşünmeden] davranmak; **unübersehbar** ['---'--] *adj* **1.** (*groß*) hadsiz hesapsız, haddi hesabı olmayan; (*nicht zu übersehen*) gözden kaçmayan **2.** (*nicht abschätzbar*) düşünülemez, ne olabileceği önceden kestirilemez; **unübersichtlich** *adj* (*Kurve*) sonu görünmeyen; (*komplex*) karmaşık

unübertrefflich ['---'--] *adj* üstüne olmayan, daha üstü bulunmayan; **das ist ~** üstüne yok, bundan daha üstü olmaz

unübertroffen ['---'--] *adj:* **sein ~er Fleiß** bugüne kadar eşi görülmemiş çalışkanlığı

U

unüberwindlich ['---'--] *adj* (*Gegner*) yenilmez; (*Probleme*) çözülemez; (*Hindernisse*) aşılması imkânsız
unüblich *adj* âdet olmayan
unumgänglich ['--'--] *adj* kaçınılmaz
unumschränkt ['--'-] *adj* sınırsız
unumstößlich ['--'--] *adj* değiştirilemez; ~ **feststehen** kesin olmak
unumstritten ['--'--] *adj* söz götürmez; **ununterbrochen** ['---'--] **I.** *adj* aralıksız, fasılasız, kesintisiz; (*durchgehend*) sürekli **II.** *adv* aralıksız, fasılasız, sürekli, ara vermeden; **unveränderlich** ['-----, '--'---] *adj* değişmez; **unverändert** ['--'--] **I.** *adj* değişmemiş; (*beständig*) sabit **II.** *adv* aynıyla, olduğu gibi; (*ohne jede Änderung*) hiçbir değişiklik olmadan; **unverantwortlich** ['-----, '--'---] *adj* sorumsuz
unverbesserlich ['--'---] *adj* akıllanmaz, düzelmez, ıslah olmaz
unverbindlich *adj* **1.** (*nicht bindend*) bağlayıcı olmayan; **etw** ~ **anfordern** bir şeyi satın alma zorunluluğu olmadan istemek **2.** (*reserviert*) mesafeli; **unverbleit** *adj* kurşunsuz; **unverblümt I.** *adj* çıplak, süssüz **II.** *adv* (bütün) çıplaklığıyla; **unverbraucht** *adj* kullanılmamış, harcanmamış; **unverbrennbar** *adj* yanmaz, ateş almaz; **unverdaulich** *adj* **1.** (*nicht verdaulich*) sindirilemez **2.** (*fig: schwer verständlich*) anlaşılması güç; **unverdorben** ['----] *adj* **1.** (*Ware, Speise*) bozulmamış **2.** (*sittlich*) ahlâkı bozulmamış; (*unschuldig*) masum; (*rein*) temiz, saf; **unverdrossen** *adj* yorulmak bilmez; **unvereinbar** ['--'--] *adj* bağdaşmaz; **unverfälscht** *adj* katıksız; **unverfänglich** *adj* sinsi olmayan; (*keinen Verdacht erregend*) şüphe uyandırmayan; (*nicht gefährlich*) tehlikelisiz, tehlikeli olmayan
unverfroren *adj* yüzsüz, küstah
Unverfrorenheit *f ohne Pl* yüzsüzlük, küstahlık
unvergänglich *adj* kalıcı; (*ewig*) sonsuz, ebedî; (*unsterblich*) ölümsüz, ölmez
Unvergänglichkeit *f ohne Pl* kalıcılık; (*ewige Dauer*) ebedîlik, sonsuzluk
unvergessen *adj* unutulmayan
unvergesslich[RR] ['--'--] *adj*, **unvergeßlich** *adj* unutulmaz
Unvergesslichkeit[RR] *f ohne Pl*, **Unvergeßlichkeit** *f ohne Pl* unutulmazlık
unvergleichlich ['--'--] *adj* kıyas edilemez, karşılaştırılamaz; (*einzigartig*) eşsiz, misli görülmemiş
unverhältnismäßig *adj* oransız; (*maßlos*) ölçüsüz, aşırı, fahiş; **unverheiratet** *adj* bekâr
unverhofft ['--'-] *adj* umulmadık; (*zufällig*) rastlantısal, tesadüfî
unverhohlen *adj* gizlenmeyen, açık; **mit** ~**er Schadenfreude** başkasının zararına açıktan açığa sevinerek; **seinen Ärger** ~ **zeigen** öfkesini açıktan açığa göstermek
unverhüllt *adj* **1.** (*offensichtlich*) açık, aşikâr; (*Wahrheit*) çıplak **2.** (*offen*) açık; **unverkäuflich** *adj* **1.** (*nicht zum Verkauf bestimmt*) satılık olmayan **2.** (*nicht zum Verkauf geeignet*) satışa elverişli olmayan, satılamayan
unverkennbar ['--'--] *adj* (*eindeutig*) açık, aşikâr; **es ist** ~**, dass ...** ... olduğu besbelli [*o* apaçık]
unverlässlich[RR] ['--'--] *adj*, **unverläßlich** *adj* güvenilmez
unverletzlich ['--'--] *adj* dokunulmaz
Unverletzlichkeit *f ohne Pl* dokunulmazlık
unvermeidbar ['--'--] *adj*, **unvermeidlich** ['--'--] *adj* kaçınılmaz; **unvermindert** *adj* hiç azalmayan; ~ **anhalten** hiç azalmadan sürmek [*o* devam etmek]; **mit** ~**er Härte** hiç azalmayan bir sertlikle
unvermittelt I. *adj* doğrudan **II.** *adv* ansızın, anîden
Unvermögen *nt ohne Pl* <-s> yeteneksizlik
unvermögend *adj* fakir, yoksul, parasız
unvermutet *adj* beklenmedik, umulmadık
Unvernunft *f ohne Pl* akılsızlık; **unvernünftig** *adj* akılsız
unveröffentlicht *adj* yayımlanmamış
unverrichteterdinge ['-----'--] *adv* işi olmadan
unverschämt ['ʊnfɛʃɛːmt, '--'-] *adj* **1.** (*Benehmen*) küstah, küstahça; (*Mensch*) küstah; **sein** ~**es Benehmen** küstahça davranışı; ~ **grinsen** küstahça sırıtmak **2.** (*fam: außerordentlich*) olağanüstü, fevkalâde; (*Preis*) fahiş; **Unverschämtheit** ['----, '--'--] *f* <-en> küstahlık; **die** ~ **besitzen etw zu tun** küstahlık etmek, bir şeyi yapma küstahlığında bulunmak
unverschuldet *adj* **1.** (*Unfall*) kusursuz **2.** (FIN) borcu olmayan
unversehens *adv* beklenmedik bir anda; **er trat** ~ **ein** beklenmedik bir anda içeri girdi; (*durch die Tür*) çat kapı içeri girdi
unversehrt *adj* **1.** (*nicht verletzt*) yaralanmamış; (*nicht beschädigt*) zarar görmeyen; **die Ware kam** ~ **an** mallar hasara uğramadan geldi; **der Siegel war** ~ mühür zedelenmemişti **2.** (*Ding*) bütün
Unversehrtheit *f* bütünlük; **territoriale** ~ toprak bütünlüğü; **unversiegelt** ['--'--] *adj* mühürsüz; **unversöhnlich** ['--'--] *adj* barışmaz; (*Gegensätze*) uzlaşmaz; **unverständlich** ['----, '--'--] *adj* **1.** (*nicht zu verstehen*) anlaşılmayan; **einige** ~**e Worte**

murmeln anlaşılmayan birkaç söz mırıldanmak **2.** (*nicht begreifbar*) anlaşılmaz; **das ist mir** ~ buna aklım ermiyor; **Unverständnis** *nt ohne Pl* <-ses> anlayışsızlık

unversucht *adj:* **nichts** ~ **lassen** denemedik yol bırakmamak (*um* için)

unverträglich *adj* **1.** (*streitsüchtig*) geçimsiz, kavgacı **2.** (*schwer verdaulich*) sindirimi güç **3.** (*unvereinbar*) bağdaşmaz; **unverwechselbar** ['--'---] *adj* kendine özgü; **unverwundbar** ['--'--] *adj* yaralanmaz; **unverwüstlich** ['--'--] *adj* **1.** (*Dinge*) ölmez, ölmezoğlu; **dieser Stoff ist** ~ bu kumaş ölmez(oğlu) **2.** (*fig: Mensch*) it canlı, sırtı yere gelmez; (*Gesundheit*) çok sağlam; **unverzagt** *adj* yılmaz; **unverzeihlich** ['--'--] *adj* affedilmez; **unverzichtbar** ['--'--] *adj* vazgeçilmez, elzem; **unverzollt** **I.** *adj* gümrüklenmemiş **II.** *adv* gümrüklenmeden

unverzüglich ['--'--] **I.** *adj* gecikmesiz **II.** *adv* gecikmeden, geciktirmeden, hemen, derhâl

unvollendet *adj* bitmemiş, bitirilmemiş, tamamlanmamış; **unvollkommen** *adj* **1.** (*mangelhaft*) kusurlu; (*mit Schwächen*) zayıf yönleri olan **2.** (*unvollständig*) eksik, noksan; **unvollständig** *adj* eksik, noksan; **unvorbereitet** **I.** *adj* hazırlıksız (*auf* -e); (*Rede*) hazırlanmamış **II.** *adv* (*unversehens*) beklenmedik bir anda; **unvoreingenommen** *adj* ön yargısız; (*objektiv*) objektif; **unvorhergesehen** ['--'----] *adj* umulmadık; **unvorsichtig** *adj* dikkatsiz

unvorsichtigerweise ['-----'--] *adv* dikkatsizce

Unvorsichtigkeit *f ohne Pl* dikkatsizlik

unvorstellbar ['--'--] *adj* akla gelmedik, akla hayale gelmez, düşünülemeyen; (*unbegreiflich*) akıl ermez; **unvorteilhaft** *adj* **1.** (*Kleidung*) yakışmayan; ~ **aussehen** yakışmamak **2.** (*Geschäft*) avantajsız; **unwahr** *adj* gerçek olmayan, gerçek dışı; (*erlogen*) yalan, uydurma

Unwahrheit *f* **1.** (*Lüge*) yalan; **jdn bei** ~**en ertappen** birinin yalanını ortaya çıkarmak **2.** *ohne Pl* gerçek dışılık

unwahrscheinlich ['----, '--'--] *adj* **1.** (*kaum möglich*) ihtimal dahilinde olmayan, ihtimal dışı; **etw für** ~ **halten** bir şeyin olabileceğine ihtimal vermemek, bir şeyi ıraksamak, bir şeyin olacağına pek inanmamak **2.** (*unglaubhaft*) inanılmaz, olacağına pek inanılmayan **3.** (*fam: sehr groß*) çok büyük, müthiş; (*sehr viel*) pek çok

unwegsam *adj* (*Gelände*) geçilmesi zor

unweigerlich *adv* ister istemez

unweit *präp:* ~ **Berlins** Berlin'in yakınında, Berlin'e yakın; ~ **der Stadt/vom Wald wohnen** şehrin/ormanın yakınında oturmak, şehre/ormana yakın oturmak

Unwesen *nt ohne Pl* <-s> (*geh: Ruhe u. Ordnung störendes Treiben*) fesat; **sein** ~ **treiben** fesat karıştırmak [*o* çıkarmak]; **ein Schwindler trieb im Dorf lange sein** ~ dolandırıcının biri uzun zaman köyün huzurunu kaçırdı

unwesentlich *adj* **1.** (*unbedeutend*) önemsiz, ehemmiyetsiz; (*nebensächlich*) feri **2.** (*wenig*) bir parça, azıcık; **er ist nur** ~ **dicker als du** o senden azıcık daha şişman

Unwetter *nt* <-s, -> fırtına; (*Gewitter*) boran

unwichtig *adj* önemsiz; **das ist** ~ bu önemsiz(dir), bu önemli değil(dir); **unwiderruflich** ['---'--] *adj* geri alınamaz, geri dönülemez; (JUR, FIN: *Akkreditiv*) gayrikabili rücu, geri dönülemez

unwiderstehlich ['---'--] *adj* dayanılmaz, karşı konulamaz

unwiederbringlich ['---'--] *adj* (*geh*) yerine konulamaz, telâfisi mümkün olmayan; **es ist** ~ **verloren** kesin olarak kayboldu

Unwille(n) *m ohne Pl* <-(n)s> (*geh: Ärger*) öfke, kızgınlık; **jds** ~**n erregen** birini öfkelendirmek

unwillig **I.** *adj* isteksiz; (*ärgerlich*) öfkeli, kızgın **II.** *adv* (*widerwillig*) istemeyerek, isteksizce, gönülsüzce

unwillkommen *adj:* **wir sind dort** ~ orada istenmiyoruz, orada bulunmamız istenmiyor; **unwillkürlich** *adj* elinde olmayan; (*instinktiv*) içten gelen; (*automatisch*) otomatik; **ich musste** ~ **lachen** elimde olmadan güldüm; **unwirklich** *adj* (*geh*) gerçek dışı, gerçek olmayan, hayalî; **unwirksam** *adj* etkisiz

unwirsch ['ʊnvɪrʃ] *adj* haşin; (*unfreundlich*) ters

unwirtschaftlich *adj* ekonomik olmayan

Unwissen *nt ohne Pl* <-s> bilmeme

unwissend *adj* bîhaber, bilgisiz; (*unerfahren*) deneyimi olmayan, tecrübesi olmayan

unwissenschaftlich *adj* bilim dışı

unwissentlich **I.** *adj* bilmeden yapılan **II.** *adv* bilmeyerek; **unwohl** *adj* **1.** (*gesundheitlich*) rahatsız, keyifsiz **2.** (*unbehaglich*) huzursuz, rahatsız; **sich** ~ **fühlen** huzursuzluk duymak, rahatsızlık duymak

Unwohlsein *nt ohne Pl* <-s> rahatsızlık, rahatsız olma, rahatsızlanma

unwürdig *adj* lâyık olmayan, yakışıksız, yakışık almayan

Unzahl *f ohne Pl:* **eine** ~ **von Menschen/Geschenken** sayısız insan/hediye

unzählig *adj* sayısız, hadsiz hesapsız, sayılmayacak kadar çok, saymakla bitmez; ~**e Mal** defalarca

U

unzähligemal ['ʊntsɛːlɪgə'maːl] *adv s.* **unzählig**

Unze ['ʊntsə] *f* <-n> ons

Unzeit *f ohne Pl* münasebetsiz zaman, uygun olmayan zaman

unzeitgemäß *adj* çağ dışı; **unzerbrechlich** ['--'--] *adj* kırılmaz; **unzertrennlich** ['--'--] *adj* birbirinden ayrılmaz; (*Freunde*) göbeği beraber kesilmis

Unzucht *f ohne Pl* (JUR) fuhuş

unzüchtig *adj* (*obszön*) müstehcen, açık saçık, edebe aykırı; (*pornografisch*) pornografik

unzufrieden *adj* hoşnutsuz (*mit* -den), memnun olmayan; **Unzufriedenheit** *f ohne Pl* hoşnutsuzluk (*mit* -den), memnuniyetsizlik (*mit* -den)

unzugänglich *adj* erişilmez, ulaşılmaz; (*verschlossen*) içine kapanık; (*herb*) soğuk; **einer Sache ~ sein** bir işe yanaşmamak, bir şeye kulak asmamak

unzulänglich *adj* (*geh*) yetersiz, kifayetsiz

Unzulänglichkeit *f ohne Pl* yetersizlik, kifayetsizlik

unzulässig *adj* caiz olmayan; **unzumutbar** *adj* çekilmez, dayanılmaz; (*Forderung*) istenemez, beklenemez; **unzurechnungsfähig** *adj* (*schuldunfähig*) kusur ehliyeti olmayan; (*nicht verantwortlich*) (yaptığı işlerden) sorumlu olmayan; **jdn für ~ erklären** (JUR) birinin (yaptığı işlerden) sorumlu olmadığına karar vermek; **unzureichend** *adj* yetersiz; **unzusammenhängend** *adj* tutarsız, birbirini tutmaz; **unzutreffend** *adj* isabetsiz; **U~es bitte streichen!** uymayan [*o* doğru olmayan] cevapların üstünü çiziniz!; **unzuverlässig** *adj* güvenilmez; **er ist ~** ona güvenilmez, onun ipiyle kuyuya inilmez; **Unzuverlässigkeit** *f ohne Pl* güvenilmezlik; **unzweideutig** *adj* apaçık; **unzweifelhaft** *adj* şüphesiz, şüphe bırakmayan, kuşkusuz

Update ['apdɛɪt] *nt* <-s, -s> (INFORM) **1.** (*Updaten*) güncelleme **2.** (*aktualisierte Version*) güncel versiyon

üppig ['ʏpɪç] *adj* (*Vegetation*) zengin, gür; (*Essen*) çok zengin; (*Busen, Lippen*) dolgun, iri; (*Haarwuchs*) gür; (*Frau*) etine dolgun, eti budu yerinde; **sie haben es nicht ~** zengin değiller, fazla paraları yok

Urabstimmung ['uːɐ-] *f* <-en> grev oylaması

uralt ['uːɐ'alt] *adj* bayrı, çok eski; (*Person*) çok yaşlı

Urämie *f* (MED) üremi

urämisch *adj* (MED) üremik

Uran [u'raːn] *nt ohne Pl* <-s> (CHEM) uranyum

Uranus *m* (ASTR) Uranüs

Urat *nt* (CHEM) ürat

urauf|führen ['uːɐʔaʊffyːrən] *vt* (*Film*) ilk defa göstermek; (*Theaterstück*) ilk defa oynamak; **Uraufführung** *f* <-en> gala; (*Theaterstück*) prömiyer

urban *adj* kentsel; **~e Lebensbedingungen** kentsel yaşam koşulları

urbanisieren *vt* kentleştirmek

urbar *adj* tarıma elverişli; **den Boden/das Land ~ machen** toprağı/araziyi tarıma elverişli hâle getirmek

Urbevölkerung *f* <-en> yerli halk; **Urbild** *nt* <-(e)s, -er> **1.** prototip, ilk örnek **2.** (*Inbegriff*) timsal; (*Ideal*) ideal; (*Original*) orijinal

Urdu *nt* Urduca

ureigen ['uːɐ'ʔaɪgən] *adj:* **etw aus ~em Interesse tun** bir şeyi tamamen kendi çıkarı için yapmak

Ureinwohner(in) *m(f)* <-s, -; -nen> yerli halktan olan (kimse)

Urenkel *m* <-s, -> torunun oğlu; **Urenkelin** *f* <-nen> torunun kızı

Urgeschichte *f ohne Pl* **1.** tarih öncesi **2.** (*Wissenschaft*) tarih öncesi, prehistorya

Urgroßeltern *pl* (*Eltern der Großmutter*) büyük annenin anne ve babası; (*Eltern des Großvaters*) büyük babanın anne ve babası; **Urgroßmutter** *f* <-mütter> (*Mutter der Großmutter*) büyük annenin annesi; (*Mutter des Großvaters*) büyük babanın annesi; **Urgroßvater** *m* <-s, -väter> (*Vater der Großmutter*) büyük annenin babası; (*Vater des Großvaters*) büyük babanın babası

Urheber(in) *m(f)* <-s, -; -nen> **1.** aslî fail **2.** (*Autor*) yazar; **Urheberrecht** *nt* <-(e)s, -e> (JUR) telif hakkı; **urheberrechtlich** *adj* (JUR): **~ geschützt** telif hakkı saklıdır

urig ['uːrɪç] *adj* orijinal; **ein ~er Typ** orijinal bir tip

Urin [u'riːn] *m* <-s, -e> sidik, idrar

urinieren* [uri'niːrən] *vi* işemek

urkomisch ['-'--] *adj* çok komik

Urkunde ['uːɐkʊndə] *f* <-n> belge, vesika; (*Geburts~*) ilmühaber; (*öffentliche ~*) senet; **Urkundenfälschung** *f* sahte belge düzenleme, evrakta sahtecilik

urkundlich *adj* belgeye dayanan; (*dokumentarisch*) belgesel

Urlaub ['uːɐlaʊp] *m* <-(e)s, -e> izin; (MIL) izin; **bezahlter/unbezahlter ~** paralı/parasız izin; **~ haben** izni olmak; **im ~ sein** izinde olmak; **er macht in der Türkei ~** Türkiye'de izin yapıyor

Urlauber(in) *m(f)* <-s, -; -nen> iznini kullanan (kimse); (*Ferienreisender*) tatil yapan (kimse), tatilci

Urlaubsanspruch *m* <-(e)s, -sprüche>

izin hakkı; **Urlaubsgeld** *nt* <-(e)s, -er> izin parası; **urlaubsreif** *adj* (*fam*): ~ **sein** izni her bakımdan hak etmiş olmak

Urne ['ʊrnə] *f* <-n> kap, kavanoz; (*Wahl~*) sandık

Urologe, -in [uro'loːgə] *m, f* (MED) ürolog

Urologie [urolo'giː] *f ohne Pl* (MED) üroloji

Uroma ['uːɐ-] *f* <-s> (*fam*) büyük nine, büyük büyük anne; **Uropa** ['uːɐ-] *m* <-s, -s> (*fam*) büyük dede, büyük büyük baba

urplötzlich ['-'--] **I.** *adj* pek anî **II.** *adv* apansız, pek ansızın

Ursache *f* <-n> neden, sebep; (*Beweggrund*) neden, illet; (*Grund*) neden, sebep; **keine ~!** rica ederim!; **kleine ~, große Wirkung** (*prov*) ummadığın taş baş yarar

ursächlich *adj* nedensel

Urschrift *f* aslî nüsha

Ursprung *m* <-(e)s, -sprünge> (*Herkunft*) köken, menşe; (*Anfang*) başlangıç, kaynak, menşe; **Wörter germanischen ~s** Cermen kökenli kelimeler

ursprünglich ['uːɐʃprʏŋlɪç] **I.** *adj* **1.** (*anfänglich*) asıl, ilk **2.** (*unverfälscht*) asıl, orijinal; (*natürlich*) doğal, tabiî **II.** *adv* aslında

Ursprungszeugnis *nt* (COM) köken belgesi

Urteil ['ʊrtaɪl] *nt* <-s, -e> **1.** (*Meinung*) kanı, kanaat, düşünce; (*Beurteilung*) muhakeme; **nach meinem ~** benim kanımca; **sich** *dat* **ein ~ über etw erlauben** bir şey hakkında düşüncesini bildirmek; **ein ~ über jdn fällen** biri hakkında hüküm vermek **2.** (JUR) hüküm; **ein ~ fällen** hüküm vermek; **das ~ verkünden** hüküm tefhim etmek; **das ~ über jdn sprechen** biri hakkında hüküm vermek **3.** (PHILOS) yargı

urteilen ['ʊrtaɪlən] *vi* hüküm vermek; (*seine Meinung äußern*) kanaatini söylemek, düşüncesini söylemek, mütalâada bulunmak, düşüncesini ileri sürmek; **nach seinem Aussehen zu ~ …** görünüşüne göre bir hüküm vermek gerekirse …

Urteilsbegründung *f* <-en> hükmün gerekçesi; **Urteilskraft** *f ohne Pl* temyiz kudreti; **Urteilsspruch** *m* <-(e)s, -sprüche> hüküm

urtümlich ['uːɐtyːmlɪç] *adj* doğal; (*unverbildet*) bozulmamış; (*unberührt*) dokunulmamış, el değmemiş

Uruguay [uru'gu̯aɪ] *nt* <-s> Uruguay

Uruguayer(in) [uru'gu̯aːjɐ] *m(f)* <-s, -; -nen> Uruguaylı

uruguayisch [uru'gu̯aːjɪʃ] *adj* Uruguay (ile ilgili), Uruguaylı; **~e Frauen/Männer** Uruguaylı kadınlar/erkekler; **die ~e Regierung/Nationalmannschaft** Uruguay hükümeti/millî takımı

Ururenkel(in) ['uːɐʔuːɐ-] *m(f)* <-s, -; -nen> torunun torunu; **Ururgroßmutter** *f* <-mütter> (*Großmutter der Großmutter*) ninenin ninesi; (*Großmutter des Großvaters*) dedenin ninesi; **Ururgroßvater** *m* <-s, -väter> (*Großvater der Großmutter*) ninenin dedesi; (*Großvater des Großvaters*) dedenin dedesi

Urwald ['uːɐvalt, *Pl:* 'uːɐvɛldɐ] *m* <-(e)s, -wälder> vahşî orman, balta girmemiş orman

urwüchsig ['uːɐvyːksɪç] *adj* orijinal; (*unverbildet*) bozulmamış; (*natürlich*) doğal, tabiî

Urzeit *f* <-en>: **vor ~en** çok eski zamanlarda, çok eskiden; **seit ~en** çok eski zamanlardan beri

USA [uːʔɛs'ʔaː] *f Abk. von* **United States of America** ABD, Amerika Birleşik Devletleri *pl*

Usbeke, -in [ʊs'beːkə] *m, f* <-n, -n; -nen> Özbek

usbekisch *adj* Özbek; **~e Sprache** Özbekçe

Usbekistan [ʊs'beːkistaːn] *nt* <-s> Özbekistan

usw. *Abk. von* **und so weiter** vd., *ve devamı*

Utensil *nt* <-s, -ien> gereç, malzeme

Uterus ['uːterʊs, *Pl:* 'uːteri] *m* <-s, Uteri> (MED: *Gebärmutter*) döl yatağı

Utopie [uto'piː] *f* <-n> ütopi

utopisch [u'toːpɪʃ] *adj* ütopik

u. U. *Abk. von* **unter Umständen** duruma göre, belki, gerektiğinde

u.v.a.(m.) *Abk. von* **und viele(s) andere (mehr)** *ve daha başkaları*

UV-Strahlen [uː'faʊ-] *mpl* ültraviyole ışınları *pl*

V

V, v [faʊ] *nt* <-, -> V, v; ~ **wie Viktor** Van'ın 've'si

v. *Abk. von* **von** -den

V **1.** *Abk. von* **Volt** volt **2.** *Abk. von* **Volumen** hacim

Vagabund(in) [vaga'bʊnt] *m(f)* <-en, -en; -nen> serseri

vage [va:gə] *adj* hayal meyal, belli belirsiz

Vagina [va'gi:na] *f* <Vaginen> (ANAT) vagina

vaginal [vagi'na:l] *adj* vaginal

Vaginen *Pl von* **Vagina**

vakant *adj* açık, boş

Vakuum ['va:kuʊm, *Pl:* 'va:kua] *nt* <-s, Vakua *o* Vakuen> vakum, boşluk; **vakuumverpackt** *adj* vakum ambalajlı

Validität *f ohne Pl* geçerlilik

Valuta [va'lu:ta] *f* <Valuten> (WIRTSCH, FIN) **1.** (*fremde Währung*) yabancı para **2.** (*Wertstellung*) değer

Vamp [vɛ(:)mp] *m* <-s, -s> vamp

Vampir [vam'pi:ɐ] *m* <-s, -e> vampir

Vanille [va'nɪl(j)ə] *f ohne Pl* vanilya; **Vanilleeis** *nt* vanilyalı dondurma; **Vanillezucker** *m* vanilyalı şeker

variabel *adj* değişken

Variabilität *f* değişkenlik

Variable *f* (MATH) değişken

Variante [vari'antə] *f* <-n> (*a.* LIT) varyant

Variation [varia'tsjo:n] *f* <-en> (MUS) varyasyon, çeşitleme; (BIOL, MATH) varyasyon, değişim; (MATH) varyasyon, değişim

Varieté *nt* <-s, -s>, **Varietee**[RR] [varie'te:] *nt* <-s, -s> varyete

variieren* [vari'i:rən] **I.** *vt* değiştirmek **II.** *vi* değişmek

Vasall [va'zal] *m* <-en, -en> (*a. fig* HIST) vasal

Vase ['va:zə] *f* <-n> vazo; (*Blumen~*) vazo

Vater ['fa:tɐ, *Pl:* 'fɛ:tɐ] *m* <-s, Väter> baba, peder; ~ **Staat** devlet baba; **der Heilige** ~ Papa; **Vaterland** *nt* <-(e)s, -länder> (*geh*) ana yurt; **Vaterlandsverräter(in)** *m(f)* vatan haini

väterlich ['fɛ:tɐlɪç] *adj* **1.** (*vom Vater*) baba **2.** (*wie ein Vater*) babacan

väterlicherseits [-zaɪts] *adv* baba tarafından; **meine Großeltern** ~ baba tarafından büyükanne ve büyükbabam

Vatermord *m* baba cinayeti

Vaterschaft *f* <-en> babalık; **Vaterschaftsklage** *f* (JUR) babalık davası

Vatertag *m* Babalar Günü

Vaterunser ['--'--, --'--] *nt* <-s, -> (REL) Rabbimiz Duası

Vati ['fa:ti] *m* <-s, -s> (*fam*) baba, babacığım

Vatikan [vati'ka:n] *m* <-s> Vatikan

Vaudeville *nt* <-s, -s> vodvil

V-Ausschnitt ['faʊʔaʊsʃnɪt] *m* <-(e)s, -e> haydarî yaka

v. Chr. *Abk. von* **vor Christus** İ.Ö., *İsa'dan önce*

Veganer(in) *m(f)* <-s, -; -nen> vegan

Vegetarier(in) [vege'ta:riɐ] *m(f)* <-s, -; -nen> vejetaryen, etyemez

vegetarisch *adj* vejetaryen, etyemez

Vegetation [vegeta'tsjo:n] *f* <-en> bitki örtüsü

vegetativ [vegeta'ti:f] *adj* (MED, BIOL) yaşatkan; **das** ~**e Nervensystem** yaşatkan sinir sistemi

vegetieren* [vege'ti:rən] *vi* **1.** (BOT) yaşatkan evrede yaşamak **2.** (*pej: Mensch*) ot gibi yaşamak

Vehemenz *f ohne Pl* şiddet

Vehikel [ve'hi:kəl] *nt* <-s, -> **1.** (*fam: Auto*) düldül; **er schwang sich auf sein** ~ düldülüne bindi **2.** (*fig: Mittel zum Zweck*) araç, yol

Veilchen ['faɪlçən] *nt* <-s, -> **1.** (BOT) menekşe **2.** (*fam: blaues Auge*) morarmış göz

Vektor *m* <-s, -en> (MATH) vektör

Velo ['ve:lo] *nt* <-s, -s> (*Schweiz*) velespit, bisiklet

Velours[1] *m ohne Pl* (*Textilgewebe*) velûr, kadife

Velours[2] *nt ohne Pl* (*Samtleder*) podosüet

Vene ['ve:nə] *f* <-n> (ANAT) toplardamar

Venedig [ve'ne:dɪç] *nt* <-s> Venedik

Venenentzündung *f* (MED) toplardamar iltihabı; (*Phlebitis*) flebit

Venezianer(in) [vene'tsja:nɐ] *m(f)* <-s, -; -nen> Venedikli

venezianisch [vene'tsja:nɪʃ] *adj* Venedik (ile ilgili), Venedikli; **die** ~**e Kunst/Geschichte** Venedik sanatı/tarihi; **eine** ~**e Frau** Venedikli bir kadın

Venezolaner(in) [venetso'la:nɐ] *m(f)* <-s, -; -nen> Venezuelâlı

venezolanisch *adj* Venezuelâ (ile ilgili), Venezuelâlı; ~**e Frauen/Männer** Venezuelâlı kadınlar/erkekler; **die** ~**e Regierung** Venezuelâ hükümeti

Venezuela [venetsu'e:la] *nt* <-s> Venezuelâ

Ventil [vɛn'ti:l] *nt* <-s, -e> (TECH) vana, valf, supap; (AUTO) supap; (*Entlüftungs~*) musluk

Ventilation *f* havalandırma

Ventilator [vɛnti'la:to:ɐ] *m* <-s, -en> vantilâtör

Ventileinstellung *f* (AUTO) supap ayarı

Venus *f* (ASTR) Venüs

verabreden* [fɛɐ'ʔapre:dən] **I.** *vt* kararlaştırmak; **mit jdm verabredet sein** biriyle randevusu olmak **II.** *vr:* **sich** ~ randevulaşmak, sözleşmek; **sich um acht/am Bahnhof** ~ saat sekizde/istasyonda randevulaşmak [*o* sözleşmek]

Verabredung *f* <-en> **1.** (*Treffen*) buluşma, randevu; **mit wem mag sie eine ~ haben?** acaba kiminle randevusu var? **2.** (*Vereinbarung*) anlaşma, sözleşme; **das verstößt gegen unsere** ~ bu sözleşmemize aykırıdır

verabreichen* *vt* (*Medizin*) vermek; **jdm eine Ohrfeige** ~ birine bir tokat atmak

verabscheuen* *vt* tiksinmek (-den), iğrenç bulmak

verabscheuenswert *adj,* **verabscheuungswürdig** *adj* iğrenç, tiksindirici

verabschieden* [fɛɐ'ʔapʃi:dən] **I.** *vt* **1.** uğurlamak, geçirmek, selâmetlemek **2.** (*entlassen*) yol vermek (-e) **3.** (POL: *Gesetz*) çıkarmak; (FIN: *Haushalt*) kabul etmek **II.** *vr:* **sich** ~ vedalaşmak (*von* ile); (*formell*) veda etmek (*von* -e)

verachten* *vt* hor görmek, aşağısamak

verächtlich [fɛɐ'ʔɛçtlɪç] **I.** *adj* **1.** (*mit Verachtung*) aşağılayıcı **2.** (*pej: verachtenswert*) aşağılık, alçak **II.** *adv* alçakça

Verachtung *f ohne Pl* hor görme, istihkar, aşağısama

verallgemeinern* [---'--] *vt* genelleştirmek

Verallgemeinerung *f* <-en> genelleştirme

veralten* [fɛɐ'ʔaltən] *vi sein* (*Geräte, Methode*) eskimek; (*Ansichten*) köhnelemek; (*Wort*) modası geçmek

veraltet [fɛɐ'ʔaltət] *adj* (*Gerät*) eskimiş; (*Ansichten*) köhne; **er kam in einem ~en Auto angefahren** külüstür bir oto(mobil) ile çıkageldi

Veranda [ve'randa] *f* <Veranden> veranda, taraça

veränderlich [fɛɐ'ʔɛndɐlɪç] *adj* değişir; (*unbeständig*) değişken, kararsız

verändern* **I.** *vt* değiştirmek **II.** *vr:* **sich** ~ değişmek; (*beruflich*) meslek değiştirmek

Veränderung *f* <-en> değiştirme; (*das Verändertwerden*) değiştirilme; (*Abänderung*) değişiklik; (*Wechsel*) değişim

verängstigen* *vt* korkutmak

verankern* *vt* **1.** (*Schiff*) demirlemek **2.** (*Säule*) tespit etmek

veranlagt [fɛɐ'ʔanla:kt] *adj* eğilimli, yatkın; **für etw ~ sein** bir şeye (karşı) eğilimli olmak; **künstlerisch ~ sein** sanata (karşı) eğilimli olmak; **praktisch ~ sein** becerikli olmak, eli işe yatkın olmak

Veranlagung *f* <-en> **1.** (*Neigung*) eğilim (*zu* -e (karşı)), yatkınlık (*zu* -e) **2.** (FIN: *Steuer~*) tarh; **getrennte** ~ ayrı vergilendirme **3.** (*angeborene Geartetheit*) yaradılış, fıtrat

veranlassen* *vt* **1. jdn ~, etw zu tun** birine bir şeyi yaptırtmak, birinin bir şeyi yapmasını sağlamak; **Maßnahmen** ~ önlemler aldırtmak **2.** (*bewirken*) neden olmak (-e), sebep olmak (-e), yol açmak (-e); (*bewegen*) harekete geçirmek; **jdn ~, etw zu tun** birine bir şeyi yaptırtmak, birinin bir şeyi yapmasına sebep olmak; **sich zu etw** *dat* **veranlasst sehen** bir şeyi yapmak zorunluluğunu görmek

Veranlassung *f* <-en> **1.** (*Grund*) neden, sebep, vesile; **keine(rlei) ~ haben etw zu tun** bir şeyi yapmak için (hiç)bir nedeni [*o* sebebi] olmamak **2.** (*Anordnung*) talimat; (*Anregung*) teşvik

veranschaulichen* *vt* göstermek; **grafisch/durch Beispiele** ~ grafikle/örneklerle göstermek

veranschlagen* *vt* (*ansetzen*) değer biçmek (*für* için); (*schätzen*) tahmin etmek (*für* için); (*annehmen*) sanmak, zannetmek

veranstalten* *vt* **1.** düzenlemek **2.** (*fam: machen*) yapmak; **Lärm** ~ gürültü yapmak

Veranstalter(in) *m(f)* <-s, -; -nen> düzenleyici, organizatör; (*Reise~*) operatör

Veranstaltung *f* <-en> **1.** (*das Veranstalten*) düzenleme **2.** (*das, was veranstaltet wird*) program; (*Feier*) tören; (*Fest*) şenlik; (*Kundgebung*) gösteri, miting; (*Sport~*) karşılaşma, yarışma, maç; **Veranstaltungskalender** *m* program takvimi

verantworten* **I.** *vt* sorumluluğunu üstlenmek (-in), sorumluluğunu üzerine almak (-in); **das kann ich nicht** ~ bunun sorumluluğunu üzerime alamam **II.** *vr:* **sich** ~ sorumlu tutulmak (*für/wegen* -den/-den dolayı)

verantwortlich *adj* **1.** (*Person*) sorumlu (*für* -den); **jdn für etw ~ machen** birini bir şeyden sorumlu tutmak **2.** (*Tätigkeit*) sorumluluğu olan

Verantwortung *f* <-en> sorum (*für* için), sorumluluk (*für* için), mesuliyet (*für* için); **jdn für etw zur ~ ziehen** birini bir şeyden sorumlu tutmak; **die ~ für etw über-**

nehmen bir şey için sorumluluk üstlenmek; **auf eigene ~** sorumluluğu kendine ait olmak üzere; **die ~ für jdn/etw tragen** bir kimse/şey için sorumluluk taşımak; **sich aus der ~ stehlen** sorumluluktan kaçınmak

Verantwortungsgefühl *nt ohne Pl* <-s> sorumluluk duygusu

verantwortungslos *adj* sorumsuz; **sich ~ verhalten** sorumsuzca davranmak

verantwortungsvoll *adj* **1.** (*Aufgabe, Tat*) sorumluluğu olan **2.** (*Person*) sorumluluk duygusu olan

verarbeiten* *vt* **1.** (*Material*) işlemek **2.** (*bearbeiten*) işlemek; **Fleisch zu Wurst ~** etten sucuk yapmak **3.** (*verbrauchen*) kullanmak, tüketmek **4.** (*verdauen*) sindirmek, hazmetmek

Verarbeitung *f* <-en> **1.** (*Bearbeitung*) işleme; (*von Daten*) işlem **2.** (*Verdauung*) sindirim, hazmetme **3.** (*Art und Weise*) işçilik

verärgern* *vt* kızdırmak; **du siehst verärgert aus** kızmışa benziyorsun

Verärgerung *f ohne Pl* kızdırma; (*das Verärgertsein*) kızmış olma, kızma

verarmen* *vi sein* fakirleşmek, yoksullaşmak

Verarmung *f ohne Pl* fakirleşme, yoksullaşma

verarschen* *vt* (*vulg*) işletmek, alaya almak

verarzten* *vt* (*fam*) tedavi etmek

Verästelung *f* <-en> dal budak salma

verausgaben* [-'---] *vr:* **sich ~** bütün gücünü harcamak

veräußern* *vt* **1.** (*übereignen*) devretmek (*an* -e); (*verkaufen*) satmak (*an* -e) **2.** (JUR: *abtreten*) temlik etmek (*an* -e), devretmek (*an* -e)

Verb [vɛrp] *nt* <-s, -en> (LING) fiil

verbal [vɛr'ba:l] *adj* (*a.* LING) sözlü

Verband *m* <-(e)s, -bände> **1.** (MED) sargı **2.** (*Vereinigung*) federasyon, birlik **3.** (MIL) birlik; **Verband(s)kasten** *m* ilk yardım kutusu; **Verband(s)stoff** *m* sargı bezi; **Verband(s)zeug** *nt* sargı malzemesi

verbannen* [fɛɐ'banən] *vt* sürmek (*aus* -den)

Verbannte(r) *mf* sürgün

Verbannung *f* <-en> sürgün; **Verbannungsort** *m* sürgün yeri

verbarrikadieren* [fɛɐbarika'di:rən] **I.** *vt* barikatlamak, barikat ile çevirmek **II.** *vr:* **sich ~** barikat yaparak korunmak

verbauen* *vt* **1.** (*versperren*) kapamak; (*Aussicht*) kapamak, önünü kapamak (-in); **jdm den Weg ~** birinin yolunu kapamak **2.** (*Material*) yapımda kullanmak; (*Geld*) inşaata harcamak **3.** (*pej: schlecht bauen*) kötü yapmak; **ein ziemlich verbautes Haus** oldukça kötü yapılmış bir ev

Verben *Pl von* **Verb**

verbergen* *irr* **I.** *vt* **1.** (*verstecken*) saklamak (*vor* -den) **2.** (*verheimlichen*) saklamak, gizli tutmak; **ich habe nichts zu ~** gizleyecek bir şeyim yok **II.** *vr:* **sich ~** saklanmak, gizlenmek

verbessern* **I.** *vt* **1.** (*besser machen*) daha iyi yapmak; (*steigern*) arttırmak, yükseltmek **2.** (*berichtigen*) düzeltmek **II.** *vr:* **sich ~ 1.** (*Lage*) düzelmek; **sich finanziell ~** malî durumunu düzeltmek, belini doğrultmak **2.** (*beim Sprechen*) yanlışını düzeltmek

Verbesserung *f* <-en> **1.** (*Änderung*) yapılan değişiklik **2.** (*Korrektur*) düzeltme; **Verbesserungsvorschlag** *m* değişiklik önerisi, düzeltme önerisi

verbeten *pp von* **verbitten**

verbeugen* *vr:* **sich ~** eğilmek (*vor* -in önünde)

Verbeugung *f* <-en> eğilme, reverans; **eine ~ machen** reverans yapmak

verbeulen* *vt* yamultmak

verbiegen* *irr* **I.** *vt* eğriltmek **II.** *vr:* **sich ~** eğrilmek

verbieten* *irr vt* yasaklamak; **jdm etw ~** bir kimseye bir şeyi yasaklamak

verbildlichen* *vt* göstermek

verbilligen* **I.** *vt* ucuzlatmak; (*Preise*) indirmek; **verbilligte Karten/Preise** indirimli biletler/fiyatlar **II.** *vr:* **sich ~** ucuzlamak

verbinden* *irr* **I.** *vt* **1.** (*zusammenfügen*) birleştirmek (*mit* ile); **mit ihm verbindet mich nichts mehr** onunla hiçbir ilişkim kalmadı artık **2.** (*mit sich bringen*): **die damit verbundenen Kosten** buna bağlı masraflar **3.** (*geh: zur Dankbarkeit verpflichten*) minnettar olmak; **ich bin Ihnen sehr verbunden** size çok minnettarım **4.** (*Holz*) tutturmak; (*Kabel*) birleştirmek; (*koppeln*) bağlamak; **zwei durch Lötung miteinander verbundene Drähte** lehimle birbirine tutturulmuş iki tel **5.** (TEL) bağlamak (*mit* -e); **~ Sie mich bitte mit Zimmer 44** lütfen beni 44 numaralı odaya bağlayınız; **Sie sind falsch verbunden** (*am Telefon*) yanlış bağlandınız **6.** (*assoziieren*) bağlantı kurmak (*mit* -le) **7.** (MED) sarmak **II.** *vr:* **sich ~** birleşmek (*mit* ile); (CHEM) bileşmek

verbindlich *adj* **1.** (*höflich*) nazik, kibar; (*liebenswürdig*) cana yakın; **~sten Dank!** candan teşekkürler! **2.** (*bindend*) bağlayıcı; (*verpflichtend*) zorunlu

Verbindung *f* <-en> **1.** (*Zusammenhang, Beziehung*) bağlantı (*zwischen* ara(sın)da, *mit* ile), irtibat (*zwischen* ara(sın)da, *mit* ile); **in ~ mit** ile bağlantılı olarak; **etw/jdn mit etw** *dat* **in ~ bringen** bir şey/kimse ile bir şey arasında bağlantı kurmak **2.** (*Kontakt, Beziehung*) ilişki, temas; **mit jdm in ~ stehen** biriyle ilişkide olmak, biriyle temasta bulunmak; **sich mit jdm in ~ setzen** biriyle ilişkiye geçmek; **seine ~en spielen lassen** (*fam*) ilişkilerini kullanmak **3.** (TECH) bağlantı **4.** (*Verkehrsweg, a.* TEL) bağlantı **5.** (*Vereinigung*) birlik; (UNIV) dernek **6.** (CHEM: *Prozessergebnis*) bileşik, bileşim; **eine ~ eingehen** bileşmek; **polymere ~en** polimer birleşikler; **Verbindungsmann, -frau** *m, f* <-(e)s, -männer *o* -leute; -en> (*der Polizei*) muhbir; (*Mittelsmann, -frau*) aracı; **Verbindungsoffizier** *m* (MIL) irtibat subayı; **Verbindungsstück** *nt* bağlantı parçası; **Verbindungstür** *f* ara kapı

verbissen [fɛɐ'bɪsən] **I.** *pp von* **verbeißen II.** *adj* **1.** (*fig: hartnäckig*) direşken, sebatkâr, sebatlı **2.** (*fam: ehrgeizig*) hırslı

verbitten *irr vt:* **sich** *dat* **etw ~** bir şeyin yapılmamasını istemek; **ich verbitte mir jede Einmischung in meine Angelegenheiten!** işlerime her türlü müdahaleyi menederim!

verbittern* *vt* küstürmek

verblassen* *vi sein* **1.** (*Stoff, Foto*) rengi atmak, solmak; (*Farbe*) solmak, soluklaşmak **2.** (*geh: Eindrücke*) solmak

Verbleib [fɛɐ'blaɪp] *m ohne Pl* <-(e)s> (*geh*) **1.** (*Ort*) bulunulan yer; **wissen Sie etw über seinen ~?** onun bulunduğu yeri biliyor musunuz? **2.** (*Verbleiben*) kalma

verbleiben* *irr vi sein* **1.** (*übereinkommen*): **wie seid ihr verblieben?** nasıl anlaştınız?, neye karar verdiniz? **2.** (*geh: bleiben*) kalmak; (*übrig bleiben*) geri kalmak; **ich verbleibe Ihr sehr ergebener …** derin saygılarımla …

verbleichen <verbleicht, verblich *o* verbleichte, verblichen *o* verbleicht> *vi sein* (*Farbe, Stoff*) solmak, solgunlaşmak

verbleit [fɛɐ'blaɪt] *adj* kurşunlu

verblenden* *vt* **1.** (*Person*) gözünü kamaştırmak (-in) **2.** (*Wand, Fassade*) kaplamak (*mit* -le)

verblichen [fɛɐ'blɪçən] **I.** *pp von* **verbleichen II.** *adj* **1.** (*Farbe, Stoff*) solmuş, rengi atmış, rengi uçmuş **2.** (*Ruhm*) parlaklığını yitirmiş

verblieben *pp von* **verbleiben**

verblöden* [fɛɐ'bløːdən] **I.** *vi sein* (*fam*) ahmaklaşmak **II.** *vt* (*fam*) ahmaklaştırmak

verblüffen* [fɛɐ'blʏfən] *vt* şaşırtmak

verblühen* *vi sein* solmak

verbluten* *vi sein* kan kaybından ölmek

verbogen *pp von* **verbiegen**

verbohrt [fɛɐ'boːɐt] *adj* (*fam pej*) inatçı, dik kafalı

Verbohrtheit *f ohne Pl* inatçılık, dik kafalılık

verborgen [fɛɐ'bɔrgən] **I.** *pp von* **verbergen II.** *adj* gizli; (*versteckt*) saklı; **etw ~ halten** bir şeyi gizli tutmak; **das ist mir nicht ~ geblieben** bu benim gözümden kaçmadı; **im V~en bleiben** gizli kalmak, sır olarak kalmak

Verborgenheit *f ohne Pl* gizlilik

Verbot [fɛɐ'boːt] *nt* <-(e)s, -e> yasak

verboten [fɛɐ'boːtən] **I.** *pp von* **verbieten II.** *adj* **1.** (*untersagt*) yasak, yasa dışı **2.** (*fam: unmöglich*) olamaz, imkânsız

Verbotsschild *nt* <-(e)s, -er> yasak levhası

verbracht *pp von* **verbringen**

verbrannt *pp von* **verbrennen**

Verbrauch *m ohne Pl* <-(e)s> tüketim, sarfiyat (*an* -de)

verbrauchen* *vt* (*verwenden*) kullanmak; (*ausgeben*) harcamak, sarf etmek; (*konsumieren*) tüketmek

Verbraucher(in) *m(f)* <-s, -; -nen> tüketici; **Verbraucherpreise** *mPl* tüketici fiyatları *pl;* **Verbraucherschutz** *m* tüketiciyi koruma; **Verbraucherzentrale** *f* tüketici merkezi

verbraucht *adj* tükenmiş, harcanmış; (*Mensch*) gücünü yitirmiş, dinçliğini kaybetmiş; **die Luft in den Räumen ist ~** odalar havasız

verbrechen* *irr vt* (*fam*): **was habe ich denn jetzt schon wieder verbrochen?** şimdi yine ne suç işledim ki?

Verbrechen *nt* <-s, -> cinayet, (ağır cezalık) suç; (JUR) cürüm; **ein ~ begehen** cürüm işlemek

Verbrecher(in) *m(f)* <-s, -; -nen> cani; **behandele mich nicht wie ein ~** bana canimişim gibi davranma, bana cani muamelesi etme

verbrecherisch [fɛɐ'brɛçərɪʃ] *adj* canice

Verbrechersyndikat *nt* mafya

verbreiten* **I.** *vt* **1.** (*Neuigkeit*) yaymak, duyurmak **2.** (*Licht, Wärme, Ruhe*) yaymak, saçmak; (*Geruch*) ortalığa yaymak **3.** (*Krankheit*) yaymak **II.** *vr:* **sich ~ 1.** (*Nachricht*) yayılmak **2.** (*Krankheit*) yayılmak **3.** (*Duft*) ortalığa yayılmak **4.** (*sich auslassen*) uzun uzadıya konuşmak (*über* üzerine)

verbreitet *adj* yayılan, yayılmış; (*Krankheit, Meinung*) yaygın

Verbreitung *f ohne Pl* **1.** (*von Nachrichten*) yayma; **weite ~ finden** yaygınlaşmak **2.** (*von Krankheiten*) yayılma

verbrennen* *irr* **I.** *vt* (*Holz, Mensch, Papier*) yakmak; (*Leiche, Müll*) yakmak; **sich** *dat* **die Zunge ~** (*fam fig*) dilinin cezasını çekmek **II.** *vi sein* (*Haus, Braten*) yanmak; (*Person*) yanmak; **bei lebendigem Leibe ~** canlı canlı yanmak **III.** *vr:* **sich ~** kendini yakmak (*an* -de); **ich habe mir die Hand verbrannt** elimi yaktım

Verbrennung *f* <-en> **1.** (*das Verbrennen*) yakma; (*Leichen~, Müll~*) yakılma **2.** (CHEM: *Oxidation*) yanma **3.** (MED) yanık; **Verbrennungsmotor** *m* patlamalı motor

verbringen* *irr vt* **1.** (*zubringen*) geçirmek (*mit* ile); **den Tag mit Lesen ~** gününü okumakla [*o* okuma ile] geçirmek **2.** (*transportieren*) nakletmek

verbrochen [fɛɐ'brɔxən] *pp von* **verbrechen**

verbrüdern* [fɛɐ'bry:dɐn] *vr:* **sich ~** kardeşlik etmek

verbrühen* **I.** *vt* haşlamak **II.** *vr:* **sich ~** haşlanmak

verbuchen* *vt* (FIN) deftere geçirmek, kaydetmek; **einen Erfolg für sich ~** (*fam*) başarı kaydetmek

verbummeln* *vt* (*fam*) **1.** (*Zeit*) harcamak **2.** (*vergessen*) unutmak

Verbund [fɛɐ'bʊnt] *m* <-(e)s, -e> **1.** (WIRTSCH) kombina; **im ~ arbeiten** kombina hâlinde çalışmak **2.** (TECH) bileşik

verbunden [fɛɐ'bʊndən] **I.** *pp von* **verbinden II.** *adj* **1.** (*verknüpft*) bağlı (*mit* -e); (*gekoppelt*) bağlanmış (*mit* -e); **damit sind auch Probleme ~** bunun sorunları da var **2.** (*dankbar*): **ich bin Ihnen sehr ~** size çok minnettarım

verbünden* [fɛɐ'bʏndən] *vr:* **sich ~** ittifak etmek (*mit* -le), bağlaşmak (*mit* -le)

Verbundenheit *f ohne Pl* (*zwischen Personen*) bağlılık; (*zu Heimat, Sitten*) bağlılık (*mit* -e)

Verbündete(r) *mf* <-n, -n; -n> müttefik, bağlaşık

Verbundnetz *nt* (ELEK) şebeke

verbürgen* **I.** *vt* garanti etmek **II.** *vr:* **sich ~** kefil olmak (*für* -e)

verbüßen* *vt* (*a.* JUR) çekmek

verchromt *adj* krom

verdacht *pp von* **verdenken**

Verdacht [fɛɐ'daxt] *m* <-(e)s, -e> şüphe (*auf* üzerine), kuşku; **~ erregen** şüphe uyandırmak; **jdn in ~ haben** birinden şüphelenmek; **im ~ stehen etw getan zu haben** bir şey yapmış olduğundan şüphelenmek; **gegen jdn ~ schöpfen** birinden şüphelenmek; **über jeden ~ erhaben sein** alnı açık yüzü ak olmak

verdächtig [fɛɐ'dɛçtɪç] *adj* şüpheli, zanlı; **er ist der Tat ~** eylemi yapmış olmasından şüpheleniliyor; **sich ~ machen** şüphe uyandırmak; **die Sache ist mir ~** bu iş beni şüpheye düşürüyor; **es war ~ still** ortada insanı kuşkuya düşürücü bir sessizlik vardı

Verdächtige(r) [fɛɐ'dɛçtɪgɐ] *mf* <-n, -n; -n> zanlı

verdächtigen* *vt* şüphelenmek (-den), kuşkulanmak (-den); **er wird des Diebstahls verdächtigt** hırsızlık yapmış olduğundan şüpheleniliyor

Verdachtsmoment *nt* <-(e)s, -e> (JUR) şüphe unsuru; (*Indiz*) ipucu

verdammen* [fɛɐ'damən] *vt* (*verurteilen*) mahkûm etmek (*zu* -e); (REL: *verfluchen*) lânetlemek, kargımak

verdammt **I.** *interj:* **~ noch mal!** lânet olsun!, Allah belâsını [*o* müstahakını] versin!, Allah kahretsin!; **~e Scheiße!** (*vulg*) Allah kahretsin! **II.** *adj* (*fam*) son derece; **~ gut** son derece iyi; **dieser ~e Kerl** bu Allah'ın belâsı herif; **es war ~ kalt** hava son derece soğuktu

verdampfen* **I.** *vi sein* buharlaşmak **II.** *vt* buharlaştırmak

Verdampfer *m* (TECH) buharlaştırıcı, buharlayıcı

Verdampfung *f ohne Pl* buharlaş(tır)ma

verdanken* *vt* **1.** (*dankbar sein*): **jdm etw ~** bir şeyi birine borçlu olmak; **das ist ihm zu ~** bunu ona borçluyuz **2.** (*Schweiz: Dank aussprechen*) şükretmek (-e)

verdarb [fɛɐ'darp] *3. imp von* **verderben**

verdauen* [fɛɐ'daʊən] *vt* **1.** (*Nahrung*) sindirmek, hazmetmek **2.** (*fam: Nachricht*) hazmetmek

verdaulich *adj:* **leicht/schwer ~** sindirimi kolay/güç

Verdauung *f ohne Pl* sindirim, hazım; **Verdauungsapparat** *m* (MED) sindirim sistemi; **Verdauungsorgane** *mpl* sindirim organları *pl;* **Verdauungsstörungen** *fpl* hazımsızlık

Verdeck [fɛɐ'dɛk] *nt* <-(e)s, -e> **1.** (AUTO) açılır tavan; **mit aufklappbarem ~** tavanı açık **2.** (NAUT) üst güverte

verdecken* *vt* **1.** (*bedecken*) örtmek; (*Aussicht*) kapamak **2.** (*verheimlichen*) gizli tutmak

verdeckt *adj* **1.** (*nicht sichtbar*) görünmeyen **2.** (*verborgen*) gizli; **~e Ermittlungen** gizli soruşturma

verdenken* *irr vt* (*geh*): **jdm etw ~** birine bir şeyden alınmak; **das kann ihm niemand ~** ona bu yüzden hiç kimse kızamaz

verderben [fɛɐ'dɛrbən] <verdirbt, verdarb, verdorben> **I.** *vi sein* (*Lebensmittel*) bozulmak; (*Person*) ahlâkı bozulmak **II.** *vt* bozmak; (*moralisch*) ahlâkını bozmak (-in); **die Stimmung ~** havayı bozmak; **sich** *dat* **die Augen** ~ gözlerini bozmak; **es sich mit niemandem ~ wollen** hiçbir kimseyle bozuşmak istememek; **viele Köche ~ den Brei** (*prov*) horozu çok olan köyde sabah geç olur

Verderben *nt ohne Pl* <-s> mahvolma, yıkılma, yıkım; (*Verhängnis*) belâ; **in sein ~ rennen** kendisini ateşe atmak; **jdn ins ~ stürzen** birinin başını belâya sokmak

verderblich [fɛɐ'dɛrplɪç] *adj* **1.** (*Lebensmittel*) bozulabilen **2.** (*schädlich*) zararlı, muzır

verdeutlichen* *vt* açıklamak, belirtmek, netleştirmek

verdichten* **I.** *vt* (*a.* PHYS, TECH) yoğunlaştırmak **II.** *vr:* **sich** ~ (*Nebel*) yoğunlaşmak; (*Gerücht*) çoğalmak; (*Verdacht*) artmak

Verdichter *m* <-s, -> (TECH) sıkmaç; (*Kompressor*) kompresör

Verdichtung *f ohne Pl* yoğunlaştırma; (*das Sichverdichten*) yoğunlaşma; **Verdichtungsraum** *m* <-(e)s, -räume> (ÖKOL) nüfusu yoğun bölge

verdienen* *vt* **1.** (*Lohn*) kazanmak; **seine Brötchen** ~ (*fam*) ekmek parasını kazanmak; **leicht verdientes Geld** kolay kazanılan para **2.** (*Lob, Vertrauen, Strafe*) hak etmek; **diese Behandlung/Strafe hat er (nicht) verdient** bu muameleyi/cezayı hak (etmedi) etti; **sie hat nichts Besseres verdient** daha iyisini hak etmedi

Verdienst[1] *nt* <-(e)s, -e> yararlık; **dieser Erfolg ist einzig und allein sein** ~ bu başarı başlı başına onun eseridir

Verdienst[2] *m* <-(e)s, -e> (*Einkommen*) kazanç; (*Gewinn*) kâr

Verdienstausfall *m* <-(e)s, -fälle> kazanç kaybı; **Verdienstspanne** *f* (WIRTSCH) kazanç marjı, kâr marjı

verdienstvoll *adj* **1.** (*Tat*) yararlı **2.** (*Person*) liyakatli

verdient *adj* **1.** (*Person*) liyakatli, değimli **2.** (*Sieg, Lohn, Strafe*) hak ettiği; **sich um etw ~ machen** bir şeyi hak etmek

Verdikt *nt* (*Entscheidung*) karar; (*Urteil*) hüküm

verdingen *vt* (ADMIN) ihale etmek

Verdingung *f ohne Pl* (ADMIN) ihale

verdirbt [fɛɐ'dɪrpt] *3. präs von* **verderben**

verdonnern* *vt* (*fam*) çarpmak (*zu* -e)

verdoppeln* **I.** *vt* iki katına çıkarmak, ikiye katlamak; (*den Einsatz beim Kartenspiel*) vido çekmek **II.** *vr:* **sich** ~ iki katına çıkmak, ikiye katlanmak

verdorben [fɛɐ'dɔrbən] **I.** *pp von* **verderben II.** *adj* **1.** (*Fest*) neşesi kaçan, neşesiz biten; (*Lebensmittel*) bozulmuş; (*Fleisch*) kokmuş; (*Magen*) bozuk **2.** (*moralisch*) ahlâkı bozuk, kanı bozuk, soysuz

verdorren* [fɛɐ'dɔrən] *vi sein* kurumak

verdrahten* *vt* **1.** (*verschließen*) tellemek, tel çekmek (-e) **2.** (ELEK): **elektrische/elektronische Bauelemente** ~ elektrik/elektronik yapı elemanlarını birleştirmek

verdrängen* *vt* **1.** (*wegdrängen*) kovmak (*aus* -den); (*aus Amt*) ayağını kaydırmak (*aus* -den) **2.** (*ersetzen*) yerini almak (-in) **3.** (NAUT) su taşırmak **4.** (PSYCH) bastırmak

verdrehen* *vt* **1.** (*Glieder*) burkmak; **die Augen** ~ gözlerini döndürmek **2.** (*fam fig, pej: falsch darstellen*) çarpıtmak **3.** (*fam fig*): **jdm den Kopf** ~ birinin aklını başından almak, birini baştan çıkarmak

verdreifachen* **I.** *vt* üçlemek, üç katına çıkarmak, üçe katlamak **II.** *vr:* **sich** ~ üçleşmek, üç katına çıkmak, üçe katlanmak

verdreschen* *irr vt* (*fam*) pataklamak

verdrießen* *irr vt* bezdirmek, usandırmak, bıkkınlık vermek (-e); **es verdrießt mich** beni bezdiriyor, bana bıkkınlık veriyor

verdrießlich *adj* bezdirici, usanç veren; (*Miene*) asık; ~ **sein** bezdirici olmak

verdroschen *pp von* **verdreschen**

verdrossen [fɛɐ'drɔsən] *adj* bezgin, bıkkın; (*unzufrieden*) hoşnutsuz

Verdrossenheit *f ohne Pl* (*Verdrießlichkeit*) bezginlik, bıkkınlık; (*Lustlosigkeit*) keyifsizlik

verdrücken* **I.** *vt* (*fam: essen*) mideye indirmek **II.** *vr:* **sich** ~ (*fam: verschwinden*) sıvışmak

Verdruss[RR] [fɛɐ'drʊs] *m ohne Pl* <-es>, **Verdruß** *m ohne Pl* <-sses> can sıkıntısı; (*Missmut*) bezginlik; (*Ärger*) öfke, kızgınlık; **jdm ~ bereiten** birinin canını sıkmak

verduften* *vi sein* (*fam*) sıvışmak, tüymek

verdummen* **I.** *vt* aptallaştırmak **II.** *vi sein* (*fam*) aptallaşmak

verdunkeln* **I.** *vt* **1.** (*Raum*) karartmak **2.** (JUR) gizlemek **II.** *vr:* **sich** ~ (*Himmel*) kararmak

Verdunk(e)lung *f ohne Pl* karartma; (JUR) delillerin gizlenmesi veya yok edilmesi; **Verdunk(e)lungsgefahr** *f ohne Pl* (JUR) delillerin gizlenmesi veya yok edilmesi tehlikesi

verdünnen* *vt* inceltmek, seyreltmek; (*Sauce, Wein*) sulandırmak

Verdünner *m* <-s, -> (*Farb~*) tiner

verdünnisieren *vr:* **sich** ~ (*fam*) toz olmak

Verdünnungsmittel *nt* <-s, -> tiner

verdunsten* *vi sein* buharlaşmak, uçmak

verdursten* *vi sein* susuzluktan ölmek

verdutzt [fɛɐ'dʊtst] *adj* şaşkın

verebben* *vi* yavaş yavaş dinmek

veredeln* *vt* ıslah etmek; (*Metalle, Erdöl*) arıtmak; (AGR: *Rosen, Obstbäume*) aşılamak; (*Boden, Saat*) ıslah etmek; **die ~de**

V

Wirkung der Kunst sanatın ıslah edici etkisi

Vered(e)lung *f* <-en> (AGR: *von Rosen, Obstbäumen*) aşılama; (*des Bodens*) ıslah

verehelichen* *vr:* **sich** ~ evlenmek

verehren* *vt* **1.** (*a.* REL) saygı göstermek (-e), hürmet etmek (-e); (*anbeten*) tapmak (-e), tapınmak (-e), perestiş etmek; (*bewundern*) hayran olmak (-e); **verehrte Gäste!** sayın [*o* saygıdeğer] konuklar! **2.** (*schenken*) sunmak, takdim etmek, hediye etmek

Verehrer(in) *m(f)* <-s, -; -nen> hayran

Verehrung *f ohne Pl* hayranlık; (*a.* REL: *Anbetung*) tapma, tapınma, perestiş

vereidigen* [fɛɐ'ʔaɪdɪgən] *vt* yemin verdirmek (-e), yemin ettirmek (-e), ant içirmek (-e)

vereidigt *adj* yeminli

Vereidigung *f* <-en> yemin verdirme, ant içirme

Verein [fɛɐ'ʔaɪn] *m* <-(e)s, -e> dernek, cemiyet; (*Sport~, Fußball~*) kulüp; **eingetragener/gemeinnütziger** ~ kayıtlı/kamuya yararlı dermek

vereinbar *adj* bağdaşır (*mit* ile)

vereinbaren* *vt* **1.** kararlaştırmak; **ein Treffen mit jdm** ~ biriyle randevulaşmak [*o* buluşmak üzere sözleşmek] **2.** (*in Einklang bringen*) bağdaştırmak (*mit* ile); **das kann ich nicht mit meinem Gewissen** ~ bunu vicdanım kabul etmez

Vereinbarung *f* <-en> anlaşma; (*schriftlich*) sözleşme; **laut** ~ sözleşmeye göre; **Sprechstunde nach** ~ danışma önceden randevu almakla olur

vereinen* **I.** *vt* (*geh*) birleştirmek; (*zusammenführen*) bir araya getirmek; (*in Einklang bringen*) bağdaştırmak; **mit vereinten Kräften** güç birliğiyle **II.** *vr:* **sich** ~ (*geh*) birleşmek

vereinfachen* *vt* basitleştirmek

vereinheitlichen* *vt* bağdaşıklaştırmak; (*normierend*) standartlaştırmak

vereinigen* **I.** *vt* birleştirmek; (*zusammenführen*) bir araya getirmek; (*Firmen*) birleştirmek; **wieder** ~ yeniden birleştirmek; **alle Stimmen auf sich** ~ bütün oyları toplamak **II.** *vr:* **sich** ~ birleşmek; (*zusammenkommen*) bir araya gelmek; **sich wieder** ~ yeniden birleşmek

vereinigt *adj* birleşik; **V~e Arabische Emirate** Birleşik Arap Emirlikleri

Vereinigung *f* <-en> **1.** (*das Vereinigen*) birleştirme; (*von Firmen*) birleşme, füzyon; (POL) birleşme **2.** (JUR) birlik; (*Organisation*) örgüt; **terroristische** ~ terör örgütü; **kriminelle/separatistische/verbotene** ~ suç işlemek amacıyla kurulan/bölücü/yasa dışı örgüt; **Bildung einer kriminellen** ~ suç işlemek amacıyla örgüt kurma

vereinnahmen* [fɛɐ'ʔaɪnna:mən] *vt* **1.** (*Geld, Zinsen*) almak, tahsil etmek **2.** (*fam fig: Beruf, Person*) işgal etmek, uğraştırmak

vereinsamen* *vi sein* yalnız kalmak, kimsesiz kalmak

Vereinsamung *f ohne Pl* yalnız kalma, kimsesiz kalma

Vereinsmitglied *nt* dernek üyesi, dernekçi; **Vereinsregister** *nt* dernekler sicili

vereinzelt [fɛɐ'ʔaɪntsəlt] **I.** *adj* tek tük; (*nur selten*) seyrek **II.** *adv* tek tük, seyrek olarak, ara sıra

vereisen* [fɛɐ'aɪzən] **I.** *vi sein* (*Straße*) buz bağlamak, donmak **II.** *vt* (MED) anestezi yapmak (-e)

vereiteln* [fɛɐ'aɪtəln] *vt* etkisizleştirmek

vereitern* *vi sein* cerahatlenmek, irin toplamak

Vereiterung *f* cerahatlenme, irin toplama

verelenden* *vi sein* düşkünleşmek

verenden* *vi sein* ölmek, telef olmak

verengen* **I.** *vt* daraltmak, darlaştırmak, büzmek **II.** *vr:* **sich** ~ (*Straße*) daralmak; (*Pupille*) küçülmek

vererben* **I.** *vt* **1.** (*hinterlassen*) miras bırakmak **2.** (BIOL, MED) kalıtım yoluyla geçirmek (*auf* -e) **II.** *vr:* **sich** ~ (BIOL, MED) kalıtım yoluyla geçmek

vererblich *adj* **1.** kalıtımla geçen, kalıtsal, irsî **2.** (JUR) mirasçıya geçer, miras yoluyla geçer

Vererbung *f* <-en> (BIOL, MED) soya çekim; (BIOL, MED) kalıtım; **Vererbungslehre** *f* (BIOL) kalıtım bilimi; (*Genetik*) genetik

verewigen* [fɛɐ'ʔe:vɪgən] *vt* ebedîleştirmek, sonsuzlaştırmak, ölümsüzleştirmek

verfahren[1] *adj* çıkmaza girmiş

verfahren*[2] *irr* **I.** *vi sein* **1.** (*vorgehen*) hareket etmek (*nach* -e göre), yol izlemek; **wie sollen wir weiter ~?** nasıl devam edelim? **2.** (*behandeln*) muamele etmek (*mit* -e); **streng mit jdm** ~ birine sert muamele etmek **II.** *vt* (*Geld*) yolda harcamak; (*Benzin*) yakmak **III.** *vr:* **sich** ~ yolunu şaşırmak

Verfahren *nt* <-s, -> **1.** (*Vorgehen*) hareket, izlenen yol; (*Methode*) yöntem, usul **2.** (JUR: *Prozess*) dava, yargılama, muhakeme; **ein** ~ **gegen jdn einleiten** birinin aleyhine dava açmak; **Verfahrenstechnik** *f ohne Pl* proses teknolojisi

Verfall *m ohne Pl* <-(e)s> **1.** (*von Gebäude*) viran olma, haraplaşma **2.** (*geistig, gesundheitlich*) çökme, bozulma **3.** (*Niedergang*) çöküş, çözülüş, yıkılış **4.** (*Eintrittskarte*) geçerliliğini kaybetme; **Verfallda-**

tum *nt s.* **Verfallsdatum**
verfallen* *irr vi sein* **1.** (*Gebäude*) viran olmak, haraplaşmak **2.** (*körperlich, geistig, kulturell*) çökmek, bozulmak **3.** (*ungültig werden*) geçerliliğini kaybetmek; (*ablaufen*) süresi bitmek **4.** (*abhängig werden*) düşkün olmak (-e); **in alte Fehler ~** aynı hatalara düşmek **5.** (*kommen auf*) aklına gelmek (*auf* -); **wie bist du denn darauf verfallen?** bu da nereden aklına geldi ki?
Verfallsdatum *nt* son kullanım tarihi
Verfalltag *m* (FIN) vade günü
verfälschen* *vt* **1.** (*Lebensmittel*) arılığını bozmak (-in), yabancı madde katmak (-e); (*Wein*) sulandırmak **2.** (*Wahrheit*) saptırmak; (*Daten*) tağyir etmek, değiştirmek
verfangen* *irr* **I.** *vi* (*nützen*) işe yaramak; (*wirken*) etkisi olmak; **schöne Worte ~ bei mir nicht** güzel sözler beni etkilemez, güzel sözler bana sökmez **II.** *vr:* **sich ~** tutulmak, yakalanmak; **sich in Widersprüchen ~** tezata düşmek
verfänglich [fɛɐˈfɛŋlɪç] *adj* (*verdächtig*) şüpheli, kuşkulu; (*peinlich*) utandırıcı, yakışık almayan
verfärben* *vr:* **sich ~** rengi değişmek; (*Kleidung*) renk atmak; (*Person*) beti benzi uçmak
verfassen* *vt* kaleme almak, yazmak
Verfasser(in) *m(f)* <-s, -; -nen> yazar
Verfassung *f* <-en> **1.** (POL) anayasa **2.** (*Zustand*) durum, kondisyon; (*seelisch*) durum; **in guter/schlechter ~ sein** kondisyonu iyi/kötü olmak
verfassunggebend *adj* yasa koyucu; **die ~e Versammlung** kurucu meclis
Verfassungsänderung *f* anayasa değişikliği; **Verfassungsbeschwerde** *f* (JUR) anayasaya aykırılık itirazı, kamu yararına temyiz; **Verfassungsgericht** *nt* anayasa mahkemesi; **Verfassungsklage** *f s.* **Verfassungsbeschwerde**; **verfassungsmäßig** *adj* anayasal, anayasaya uygun; **Verfassungsschutz** *m* anayasayı koruma; **verfassungswidrig** *adj* anayasaya aykırı
verfaulen* *vi sein* çürümek
verfechten* *irr vt* savunmak
Verfechter(in) *m(f)* <-s, -; -nen> savunucu
verfehlen* *vt* **1.** (*Zug*) kaçırmak; (*Person*) bulamamak; **sie haben sich verfehlt** (*fam*) buluşamadılar **2.** (*Ziel*) isabet etmemek (-e); (*Zweck*) erişmemek (-e); (*Schütze*) ıskalamak, tutturamamak; **ich halte es für verfehlt, das zu tun** bunu yapmayı yerinde bulmuyorum; **seine Wirkung ~** boşa gitmek, istenilen sonucu vermemek; **das Thema ~** yanlış konu seçmek; **wir haben den Weg verfehlt** yanlış yola saptık; **er hat seinen Beruf verfehlt** yanlış meslek seçmiş
verfehlt *adj* (*nicht angebracht*) yerinde olmayan, yersiz; (*falsch*) yanlış
verfeinden* [fɛɐˈfaɪndən] *vr:* **sich ~** birbirine düşman kesilmek [*o* olmak]
verfeinern* [fɛɐˈfaɪnɐn] *vt* (*Geschmack*) lezzetlendirmek; (*Methode*) geliştirmek
verfilmen* *vt* filme almak, filmleştirmek
Verfilmung *f* <-en> filme al(ın)ma, filmleştirme
verfilzen* *vi sein* (*Wolle, Pullover*) keçeleşmek
verfinstern* *vr:* **sich ~** kararmak
Verflechtung *f* <-en> **1.** (*Verbindung*) bağlantı; (*Zusammenhang*) ilişki **2.** (WIRTSCH) bütünleşme
verfliegen* *irr* **I.** *vi sein* **1.** uçup gitmek; (*Duft, Alkohol*) uçmak **2.** (*Ärger, Begeisterung*) geçmek, kaybolmak; (*Zeit*) uçmak **II.** *vr:* **sich ~** uçarken rotayı şaşırmak
verflixt [fɛɐˈflɪkst] *adj* (*fam*) kör olası; **~ noch mal!** lânet olsun!, Allah kahretsin!; **~ und zugenäht!** hay Allah kahretsin!
verflogen *pp von* **verfliegen**
verfluchen* *vt* lânetlemek, kargımak
verflucht *adj* (*fam*) lânetli; **~ noch mal!** lânet olsun!
verflüchtigen* *vr:* **sich ~** **1.** uçup gitmek; (*Duft, Alkohol*) uçmak, buharlaşmak **2.** (*Ärger, Hoffnung*) geçmek, kaybolmak; (*Bedenken*) ortadan kalkmak **3.** (*fam: Person*) sıvışmak, kaybolmak
verflüssigen* **I.** *vt* (*Luft*) sıvındırmak, sıvılaştırmak **II.** *vr:* **sich ~** sıvınmak
verfochten *pp von* **verfechten**
verfolgen* *vt* **1.** (*allgemein*) takip etmek, izlemek; **gerichtlich ~** kovuşturmak; **er ist vom Unglück verfolgt** talihsizlikler peşini bırakmıyor; **welche Absicht verfolgt er?** hangi amacı izliyor [*o* güdüyor]? **2.** (*Spur*) takip etmek **3.** (*Handlung*) izlemek; (*Unterricht*) izlemek, takip etmek
Verfolge(r) *mf* <-n, -n; -n> izleyici, takipçi, izleyen (kimse)
Verfolgte(r) *mf* <-n, -n; -n> takip edilen (kimse), hakkında kovuşturma yapılan (kimse); **politisch ~** siyasal nedenlerle takip edilen (kimse)
Verfolgung *f* <-en> takip, kovuşturma; **Verfolgungswahn** *m* (PSYCH) takip edilme korkusu
verformen* **I.** *vt* biçimini değiştirmek (-in) **II.** *vr:* **sich ~** biçimi değişmek, deforme olmak
verfrachten* *vt* **1.** (*versenden*) göndermek; (*verladen*) yüklemek; (*mit Schiff*) taşımak **2.** (*fam fig*) götürmek; **er hat seine Mutter in den Zug verfrachtet** annesini trene götürdü

V

Verfrachter *m* taşıyan

verfremden* *vt* yabancılaştırmak

Verfremdung *f* <-en> yabancılaştırma

verfressen *adj* (*fam*) obur

Verfressenheit *f ohne Pl* (*fam*) oburluk

verfrühen* *vr:* **sich** ~ erken gelmek; **die Gäste hatten sich verfrüht** konuklar erken geldi

verfrüht *adj* erken gelen

verfügbar *adj* **1.** elde olan, hazır (bulunan) **2.** (WIRTSCH) disponibil, disponibilitesi olan

verfügen* **I.** *vi* **1.** (*Besitz*) tasarruf etmek (*über* -e), istediği gibi kullanmak **2.** (*haben*) olmak (*über* -i); (*besitzen*) sahip olmak (*über*-e); **über Erfahrung/Zeit** ~ deneyimi/zamanı olmak **II.** *vt* emretmek (-e), (resen) karar vermek (-e)

Verfügung *f* <-en> **1.** (*Anordnung*) emir, (icraî) karar; (*Bestimmung, Vorschrift*) hüküm; **einstweilige** ~ (JUR) ihtiyatî tedbir; **letztwillige** ~ (JUR) vasiyetname; **eine** ~ **erlassen** karar çıkarmak **2.** (*Disposition*) tasarruf, kullanım; (**jdm**) **zur** ~ **stehen** birinin kullanımı için hazır bulunmak; **etw zu seiner/zur** ~ **haben** bir şey birinin emrinde olmak; **jdm etw zur** ~ **stellen** bir şeyi birinin emrine vermek; **sich zur** ~ **halten** kullanım için hazır bulunmak, emre amade olmak

verführen* *vt* **1.** ayartmak, kandırmak; (*fam: einladen*) davet etmek (*zu* -e) **2.** (*a. sexuell*) baştan çıkarmak, iğfal etmek

Verführer(in) *m(f)* <-s, -; -nen> ayartan, baştan çıkaran, iğfal eden

verführerisch *adj* baştan çıkarıcı, insanı baştan çıkaran; (*reizvoll*) cazip

Verführung *f* <-en> ayartma, kandırma, baştan çıkarma, iğfal

Vergabe *f* <-n> verilme

vergammeln* **I.** *vi sein* (*fam: verfaulen*) çürümek; (*verderben*) bozulmak; (*verschimmeln*) küflenmek **II.** *vt* (*fam: Zeit*) harcamak; **den ganzen Sonntag im Bett** ~ bütün pazarı yatakta harcamak

vergangen [fɛɐ'gaŋən] *pp von* **vergehen**

Vergangenheit *f ohne Pl* **1.** (*Zurückliegendes*) geçmiş, mazi, geri; **das gehört der** ~ **an** bu, geçmişte [*o* geride] kaldı, bu, maziye karıştı; **in der jüngsten** ~ yakın geçmişte; **eine dunkle** ~ **haben** karanlık bir mazisi olmak **2.** (LING) geçmiş zaman; **Vergangenheitsbewältigung** *f ohne Pl* geçmişle hesaplaşma

vergänglich [fɛɐ'gɛŋlɪç] *adj* fâni, gelip geçici; (*sterblich*) fâni, ölümlü

Vergänglichkeit *f ohne Pl* fânilik

vergasen* [fɛɐ'ga:zən] *vt* **1.** (*Kohle, Koks*) gaza dönüştürmek **2.** (*Menschen*) zehirli gazla öldürmek

Vergaser *m* <-s, -> (AUTO) karbüratör

vergaß [fɛɐ'ga:s] *3. imp von* **vergessen**

vergeben* *irr vt* **1.** vermek; (*verteilen*) dağıtmak; (*Stipendium, Preis*) vermek **2.** (*Chance, Möglichkeit*) kaçırmak **3.** (*zuteilen*) tahsis etmek **4.** (*geh: verzeihen*) bağışlamak, affetmek

vergebens [fɛɐ'ge:bəns] *adv* boşuna, boş yere

vergeblich **I.** *adj* boş, nafile **II.** *adv* boşu boşuna, boş yere, nafile yere, beyhude yere

Vergebung *f* <-en> (*geh*) bağışlama; (*von Sünden*) af; **jdn für etw um** ~ **bitten** birinden bir şeyin affını istemek

vergegenständlichen* *vt* nesnel duruma getirmek

vergegenwärtigen* [---'---] *vt:* **sich** *dat* **etw** ~ (*vor Augen rufen*) bir şeyi göz önüne getirmek, bir şeyi tasavvur etmek; (*sich vorstellen*) bir şeyi hayal etmek, bir şeyi düşlemek [*o* zihninde canlandırmak], bir şeyi tasavvur etmek; (*sich erinnern*) bir şeyi hatırlamak

vergehen* *irr* **I.** *vi sein* **1.** (*Zeit*) geçmek; **wie die Zeit vergeht!** zaman nasıl geçiyor!; **vergangene Woche** geçen hafta; **die Zeit verging wie im Flug(e)** zaman uçar gibi geçti **2.** (*aufhören*) kesilmek, geçmek; (*verschwinden*) kaçmak; **mir ist der Appetit vergangen** iştahım kaçtı, iştahım kapandı [*o* kesildi]; **vor Scham** ~ utancından yerin dibine geçmek **3.** (*umkommen*) ölmek (*vor* -den); **vor Durst** ~ susuzluktan ölmek **II.** *vr:* **sich** ~: **sich gegen ein Gesetz** ~ bir yasayı çiğnemek; **sich an jdm** ~ birine tecavüz etmek, birinin ırzına geçmek

Vergehen *nt* <-s, -> (JUR) cünha

vergelten* *irr vt:* **jdm etw** ~ birine bir şey için karşılık vermek; (*rächen*) birine bir şey için misillemede bulunmak; **Gleiches mit Gleichem** ~ kısasa kısas etmek

Vergeltung *f* <-en> **1.** karşılık **2.** (*Rache*) misilleme; ~ **für etw üben** bir şey için misilleme yapmak [*o* misillemede bulunmak]; **Vergeltungsmaßnahme** *f* misilleme önlemi; ~**n durchführen** misilleme yapmak, misillemede bulunmak

vergessen [fɛɐ'gɛsən] <vergisst, vergaß, vergessen> **I.** *vt* unutmak; **ehe ich es vergesse** unutmadan; **das kannst du** ~**!** (*fam*) sen bunu unut! **II.** *vr:* **sich** ~ kendini kaybetmek

Vergessenheit *f ohne Pl* unutulma; **in** ~ **geraten** unutulmak, unutulmaya başlamak

vergesslich^RR *adj,* **vergeßlich** *adj* unutkan

Vergesslichkeit^RR *f ohne Pl,* **Vergeßlichkeit** *f ohne Pl* unutkanlık

vergeuden* [fɛɐ'gɔɪdən] *vt* heder etmek; (*Geld*) israf etmek
vergewaltigen* [fɛɐgə'valtɪgən] *vt* ırzına geçmek (-in)
Vergewaltigung *f* <-en> ırza geçme
vergewissern* [fɛɐgə'vɪsɐn] *vr:* **sich** ~ emin olmak (*über* -den)
vergießen* *irr vt* dökmek
vergiften* **I.** *vt* zehirlemek; (*tödlich*) zehirle öldürmek **II.** *vr:* **sich** ~ kendini zehirlemek; (*tödlich*) zehirle intihar etmek
Vergiftung *f* <-en> (*a.* MED) zehirlenme
vergilbt *adj* sararmış
Vergissmeinnicht[RR] [fɛɐ'gɪsmaɪnɪçt] *nt* <-(e)s, -(e)>, **Vergißmeinnicht** *nt* <-(e)s, -(e)> (BOT) unutmabeni
vergisst[RR] [fɛɐ'gɪst], **vergißt** *3. präs von* **vergessen**
Vergleich *m* <-(e)s, -e> **1.** (*das Vergleichen*) karşılaştırma, kıyasla(n)ma, mukayese; **~e ziehen** karşılaştırma yapmak; **in keinem ~ zu etw** *dat* **stehen** bir şeyle kıyas kabul etmemek; **im ~ zu jdm/etw** *dat* bir kimseye/şeye kıyasla **2.** (JUR: *im Zivilrecht*) uzlaşma, sulh; (*im Schuldrecht*) konkordato; **einen ~ schließen** konkordato akdetmek
vergleichbar *adj* karşılaştırılabilir (*mit* -le)
vergleichen* *irr* **I.** *vt* karşılaştırmak (*mit* -le), kıyaslamak (*mit* -le); **das kann man nicht ~** (*fam*) bu, kıyas kabul etmez; **verglichen mit ...** ... ile karşılaştırıldığında **II.** *vr:* **sich** ~ (JUR: *im Zivilrecht*) uzlaşmak
vergleichend *adj* karşılaştırmalı
Vergleichsverfahren *nt* (JUR) konkordato (usulü)
vergleichsweise *adv* nispeten, kıyaslayarak; **das ist ~ wenig/viel** bu nispeten az/çok
verglichen *pp von* **vergleichen**
verglühen* *vi sein* korlaşmak
vergnügen* [fɛɐ'gny:gən] **I.** *vr:* **sich** ~ eğlenmek **II.** *vt* eğlendirmek
Vergnügen[1] [fɛɐ'gny:gən] *nt ohne Pl* <-s> (*Gefallen*) haz, zevk, memnuniyet; (*Freude*) sevinç; **es ist ein ~ ihm zuzusehen** onu seyretmek bir zevk; **es ist mir ein ~** memnun oldum; **an etw** *dat* **~ finden** bir şeyden zevk almak; **das bereitet mir ~** bu bana haz veriyor; **mit wem habe ich das ~?** kiminle müşerref oluyorum?; **viel ~!** iyi eğlenceler!; **mit ~** memnuniyetle
Vergnügen[2] *nt* <-s, -> (*Zeitvertreib*) eğlence, oyalanma; **ein teures ~** pahalı bir zevk
vergnügt *adj* keyifli, neşeli
Vergnügung *f* <-en> zevk; (*Spaß*) eğlence; **Vergnügungspark** *m* eğlence parkı; **Vergnügungsviertel** *nt* eğlence semti
vergolden* *vt* altın(la) kaplamak
vergolten *pp von* **vergelten**
vergossen *pp von* **vergießen**
vergotten* [fɛɐ'gotn] *vt* tanrılaştırmak
vergöttern* [fɛɐ'gœtɐn] *vt* perestij etmek, taparcasına sevmek
Vergötterung *f ohne Pl* perestij, taparcasına sevme
Vergottung *f ohne Pl* tanrılaştırma
vergraben* *irr* **I.** *vt* gömmek **II.** *vr:* **sich** ~ (*sich zurückziehen*) gömülmek (*in* -e), çekilmek (*in* -e)
vergrämt [fɛɐ'grɛ:mt] *adj* kederli, tasalı
vergraulen* [fɛɐ'graʊlən] *vt* (*fam*) kaçırmak
vergreifen* *irr vr:* **sich** ~ **1.** (*falsch greifen*) yanlış tutmak **2.** (MUS: *falsch spielen*) yanlış çalmak **3.** (*angreifen*): **sich an jdm ~** birine el kaldırmak; (*sexuell*) birine tecavüz etmek; **sich an etw** *dat* **~** bir şeye el uzatmak **4. sich im Ausdruck ~** yakışık almayan bir lâf etmek, dil sürçmek
vergriffen [fɛɐ'grɪfən] **I.** *pp von* **vergreifen** **II.** *adj* (*Ware*) tükenmiş
vergrößern* [fɛɐ'grø:sɐn] **I.** *vt* **1.** (*räumlich*) büyü(l)tmek; (*erweitern*) genişletmek **2.** (*Lupe, Linse*) büyütmek; (FOTO) büyültmek **3.** (*vermehren*) artırmak, çoğaltmak; (*Wissen*) genişletmek **4.** (*verschlimmern*) beter etmek **II.** *vr:* **sich** ~ **1.** (*sich erweitern*) büyümek; (*Pupille, Organ*) büyümek **2.** (*zunehmen*) büyümek
Vergrößerung *f* <-en> **1.** (*räumlich*) büyütme; (*Erweiterung*) genişletme **2.** (FOTO: *Optik*) büyültme **3.** (*Zunahme*) artırılma, çoğaltılma **4.** (*Verschlimmerung*) beterleşme; **Vergrößerungsglas** *nt* <-es, -gläser> büyüteç
vergucken* *vr:* **sich** ~ (*fam*) **1.** (*irren*) yanlış görmek **2.** (*verlieben*) gözü kalmak (*in* -de)
vergünstigt *adj* (*Preis*) indirimli
Vergünstigung *f* <-en> imtiyaz, ayrıcalık; (*bei Preis*) indirim
vergüten* [fɛɐ'gy:tən] *vt* **1.** (*Arbeit*) ödemek; **jdm etw ~** birine bir şeyi ödemek **2.** (TECH: *Stahl*) su vermek (-e)
Vergütung *f* <-en> **1.** (*Bezahlung*) ödeme; (*für Arbeit*) ücret; **eine ~ zahlen** ücret ödemek **2.** (TECH: *Stahl*) çeliğe su verme
verh. *Abk. von* **verheiratet** *evli*
verhackstücken* *vt* (*fam*) ince eleyip sık dokumak
verhaften* [fɛɐ'haftən] *vt* tutuklamak; **Sie sind verhaftet!** tutuklandılar!
Verhaftung *f* <-en> (*das Verhaften*) tutuklama; (*das Verhaftetwerden*) tutuklanma
verhallen* *vi sein* **1.** (*Ton*) yavaş yavaş kay-

V

bolmak **2.** (*fig*): **seine Bitten/sein Ruf sind ungehört verhallt** ricaları/çağrısı duyulmadan kayboldu

verhalten[1] *adj* belli olmayan, kendini belli etmeyen; (*Farbtöne*) göze batmayan; (*Fahrweise*) pasif; (*Stimme*) sakin; ~ **lächeln** bıyık altından gülmek

verhalten*[2] *irr vr:* **sich** ~ **1.** (*sich benehmen*) davranmak; **sich jdm gegenüber unverschämt** ~ birine karşı utanmazca davranmak **2.** (MATH): **3 verhält sich zu 5 wie 6 zu 10** 3'ün 5'e oranı, 6 ile 10'unki gibidir **3.** (*Sache*): **mit den anderen Kindern verhält es sich ganz genauso** öteki çocuklarla da durum aynen böyledir; **mit der Sache verhielt es sich ganz anders** işin iç yüzü tamamen başkaydı

Verhalten *nt ohne Pl* <-s> (*Benehmen*) davranış; (*Haltung*) tutum; **Verhaltensforschung** *f ohne Pl* davranış bilimi; **verhaltensgestört** *adj* davranış bozukluğu olan; **Verhaltensmaßregel** *f* <-n> davranış kuralları *pl;* **Verhaltensstörung** *f* (MED, PSYCH) davranış bozukluğu; **Verhaltensweise** *f* <-n> davranış biçimi

Verhältnis [fɛɐ'hɛltnɪs] *nt* <-ses, -se> **1.** (*Relation*) oran; **im** ~ **zu** oranla; **ein** ~ **von fünf zu eins** birin beşe oranı **2.** (*persönliches* ~) ilişki, münasebet; **ein freundschaftliches** ~ dostça bir ilişki; **ein gestörtes** ~ **zu jdm/etw** *dat* **haben** bir kimseyle/şeyle arası bozuk olmak **3.** (*fam: Liebes~*) aşk ilişkisi; (*Geliebte*) sevgili **4.** *Pl* (*Umstände*) şartlar *pl,* durum; **über seine ~se leben** ayağını yorganına göre uzatmamak; **in guten/schlechten ~sen leben** iyi/kötü şartlar altında yaşamak; **seine familiären/finanziellen ~se** aile/mali durumu

verhältnismäßig *adv* **1.** (*relativ*) nispeten; (*fam: ziemlich*) nispeten, oldukça **2.** (*proportional*) oranlı, orantılı

Verhältniswahl *f* <-en> nispî temsil; **Verhältniswort** *nt* (LING: *Präposition*) ilgeç, edat

verhandeln* **I.** *vi* görüşmek (*über* üzerinde), pazarlık etmek (*über* üzerinde) **II.** *vt* (*a.* JUR) görüşmek, duruşmasını yapmak (-in)

Verhandlung *f* <-en> **1.** (*das Verhandeln*) görüşme; **~en führen** görüşme yapmak; **mit jdm in ~en treten** biriyle görüşmelere başlamak **2.** (JUR) yargılama; (*Haupt~*) duruşma; **Verhandlungsbasis** *f pazarlığa esas olacak fiyat;* **verhandlungsfähig** *adj* (JUR) davaya ehil; **Verhandlungspartner(in)** *m(f)* (WIRTSCH) (pazarlıkta) taraf; (*Prozesspartei*) davada taraf; (*Vertrag*) âkit, sözleşme yapan; **Verhandlungstisch** *m* toplantı masası

verhangen [fɛɐ'haŋən] *adj* örtülü (*mit* -le)

verhängen* *vt* **1.** (*zuhängen*) örtmek (*mit* -le) **2.** (JUR): **eine Strafe über jdn** ~ birini cezaya çarptırmak, birine ceza vermek **3.** (*Embargo*) koymak (*über* -e); (*Ausnahmezustand*) ilân etmek (*über* -de)

Verhängnis *nt* <-ses, -se> belâ; (*Katastrophe*) felâket; **das wurde ihr zum** ~ bu onun başına belâ oldu; **verhängnisvoll** *adj* belâlı, vahim

verharmlosen* *vt* tehlikesiz göstermeye çalışmak

verharren* *vi* (*geh*) **1.** (*beharrlich sein*): **auf etw** *dat* ~ bir şeyde direnmek [*o* ısrar etmek] **2.** (*bleiben*) kalmak; **bei seinem Entschluss** ~ kararından şaşmamak; **in einer bestimmten Stellung** ~ belli bir durumda kalmak

verhärten* **I.** *vt* sertleştirmek, katılaştırmak **II.** *vr:* **sich** ~ sertleşmek, katılaşmak

Verhärtung *f* <-en> **1.** (*Verhärten*) sertleşme, katılaşma **2.** (*Schwiele*) nasır

verhaspeln* [fɛɐ'haspəln] *vr:* **sich** ~ (*fam*) **1.** (*beim Sprechen*) dili dolaşmak **2.** (*in Fäden*) birbirine dolaşmak

verhasst[RR] [fɛɐ'hast] *adj,* **verhaßt** *adj* nefret edilen; **sich** ~ **machen** kendini nefret ettirmek; **diese Arbeit ist mir** ~ bu işten nefret ediyorum

verhätscheln* [fɛɐ'hɛtʃəln] *vt* şımartmak, pohpohlamak

Verhau [fɛɐ'haʊ] *m o nt* <-(e)s, -e> **1.** (*Hindernis*) engel **2.** (*fam fig*) karışıklık

verhauen <verhaut, verhaute, verhauen> **I.** *vt* (*fam*) **1.** (*prügeln*) dövmek, dayak atmak (-e) **2.** (*fam fig: sehr schlecht machen*) berbat etmek; (*völlig falsch machen*) tamamen yanlış yapmak **3.** (*leichtfertig ausgeben*) düşünmeden harcamak, har vurup harman savurmak **II.** *vr:* **sich** ~ (*fam fig*) yanılmak

verheddern* [fɛɐ'hɛdɐn] *vr:* **sich** ~ (*fam*) **1.** takılmak (*in* -e); **die Fäden haben sich verheddert** iplikler birbirine dolaştı **2.** (*beim Reden*) takılmak

verheerend *adj* **1.** (*furchtbar*) korkunç, feci, dehşetli, müthiş **2.** (*fam fig: scheußlich*) iğrenç

verhehlen* [fɛɐ'heːlən] *vt* (*geh*) gizlemek, saklamak; **jdm etw** ~ birinden bir şeyi gizlemek [*o* saklamak]

verheilen* *vi sein* (*Wunde*) iyileşmek; (*vernarben*) kapanmak, kabuk bağlamak

verheimlichen* *vt* gizlemek, gizli tutmak; **ich habe nichts zu** ~ benim gizleyecek bir şeyim yok

verheiraten* **I.** *vr:* **sich** ~ evlenmek **II.** *vt* evlendirmek

verheiratet *adj* evli

verheißen* *irr vt* (*geh*) söz vermek, vadetmek
Verheißung *f* <-en> (*geh*) söz verme, vadetme; **das Land der ~** söz verilmiş ülke, arzı mevut; **verheißungsvoll** *adj* umut verici
verhelfen* *irr vi:* **jdm zu etw** *dat* **~** birinin bir şeyi elde etmesine yardımcı olmak; **jdm zur Flucht ~** birinin kaçmasına yardımcı olmak
verherrlichen* *vt* göklere çıkarmak
Verherrlichung *f* <-en> göklere çıkarma
verhexen* *vt* büyülemek, afsunlamak; **das ist wie verhext!** (*fam*) nedense bir türlü olmuyor!
verhindern* *vt* önlemek, engellemek; (*vermeiden*) kaçınmak (-den); **das lässt sich leider nicht ~** maalesef bundan kaçınılmaz; **ich war gestern dienstlich verhindert** dün görevim dolayısıyla gelemedim
verhindert *adj* (*mit verborgener Begabung*) keşfedilmemiş
verhöhnen* [fɛɐ'hø:nən] *vt* alaya almak
verhökern* [fɛɐ'hø:kɐn] *vt* (*fam*) okutmak
verholfen *pp von* **verhelfen**
Verhör [fɛɐ'hø:ɐ] *nt* <-(e)s, -e> sorgu, sorgulama; **jdn ins ~ nehmen** (*fam fig*) birini sorguya çekmek
verhören* **I.** *vt* sorgulamak **II.** *vr:* **sich ~** yanlış duymak
verhüllen* *vt* **1.** (*bedecken*) örtmek **2.** (*verbergen*) gizlemek; (*fig*) maskelemek
verhundertfachen* **I.** *vt* yüze katlamak **II.** *vr:* **sich ~** yüze katlanmak, yüz katına çıkmak
verhungern* *vi sein* açlıktan ölmek
verhunzen* *vt* (*fam pej*) berbat etmek, bok etmek
verhüten* *vt* (*vermeiden*) kaçınmak (-den), sakınmak (-den); (*verhindern*) önlemek, engel olmak (-e); **die Empfängnis ~** gebeliği önlemek; **das verhüte Gott!** Allah korusun!
Verhütung *f ohne Pl* önleme; (*Empfängnis~*) gebelik önleme; **Verhütungsmittel** *nt* gebeliği önleyici araç
verifizieren* *vt* doğrulamak; **Verifizierung** *f* doğrulama
verinnerlichen* *vt* özümsemek, özümlemek
verirren* *vr:* **sich ~** yanlış yola sapmak; (*sich verlaufen*) yolunu kaybetmek; (*vom rechten Weg abkommen*) yolunu sapıtmak, doğru yoldan ayrılmak, kötü yola sapmak; **eine verirrte Gewehrkugel** serseri kurşun
verjagen* *vt* kovmak, kovalamak
verjähren* [fɛɐ'jɛ:rən] *vi sein* zaman aşımına uğramak
Verjährung *f* <-en> zaman aşımı, müruruzaman; **Verjährungsfrist** *f* (JUR) zaman aşımı süresi
verjubeln* *vt* (*fam*) har vurup harman savurmak
verjüngen* [fɛɐ'jʏŋən] **I.** *vt* (*Aussehen*) gençleştirmek **II.** *vr:* **sich ~** **1.** (*schmaler, enger werden*) daralmak, incelmek **2.** (*jüngeres Aussehen bekommen*) gençleşmek
verkabeln* *vt* kablo döşemek (-e)
Verkabelung *f* <-en> kablo tesisatı
verkalken* *vi sein* **1.** (*Maschine*) kireçlenmek **2.** (MED) kireçlenmek **3.** (*fam: Person*) bunamak
verkalkulieren* *vr:* **sich ~** yanlış hesaplamak
Verkalkung *f* <-en> **1.** (*Kalkablagerung*) kireçlenme, kireçleşme **2.** (*der Arterien*) kireçlenme **3.** (*fam: Vergreisung*) bunama
verkannt [fɛɐ'kant] **I.** *pp von* **verkennen** **II.** *adj* takdir edilmeyen
verkappt [fɛɐ'kapt] *adj* maskeli
Verkauf[1] *m* <-(e)s, -käufe> (*das Verkaufen*) satma; **zum ~ stehen** satılık olmak
Verkauf[2] *m ohne Pl* <-(e)s> (*~sabteilung*) satış
verkaufen* **I.** *vt* **1.** (*veräußern*) satmak (*an* -e, *für* -e); **zu ~** satılıktır; **jdn für dumm ~** birini aptal yerine koymak **2.** (*fam: glauben machen*) satmak; **jdm etw als große Leistung ~** bir şeyi büyük bir başarı olarak satmak **II.** *vr:* **sich ~** satılmak, kendini satmak; **sich teuer ~** kendini pahalıya satmak; **sich gut/schlecht ~** iyi/kötü satılmak
Verkäufer(in) *m(f)* <-s, -; -nen> satıcı
verkäuflich *adj* satılık; **nicht ~ sein** satılık olmamak; **schwer ~ sein** zor satılır olmak
Verkaufserlös *m* satış bedeli, satış tutarı
Verkaufsleiter(in) *m(f)* satış müdürü
verkaufsoffen *adj:* **~er Samstag** *satış yerlerinin açık olduğu cumartesi;* **Verkaufspreis** *m* <-es, -e> satış fiyatı; **Verkaufsschlager** *m* peynir ekmek gibi satılan mal
Verkehr [fɛɐ'ke:ɐ] *m ohne Pl* <-(e)s> **1.** (*Fahrzeug~, Luft~, Güter~*) ulaşım; (*Umlauf*) dolanım, tedavül; (*Straßen~*) trafik; **etw aus dem ~ ziehen** bir şeyi piyasadan toplamak; **ein Fahrzeug aus dem ~ ziehen** bir taşıtın trafik kaydını silmek; **Banknoten aus dem ~ ziehen** banknotları tedavülden kaldırmak; **jdn aus dem ~ ziehen** (*fam*) birini görevinden almak **2.** (*Umgang*) ilişki, münasebet, görüşme; **in regem ~ mit jdm stehen** biriyle sıkı ilişkide olmak **3.** (*Geschlechts~*) ilişki, münasebet **4.** (*Geschäfts~*) işlem(ler) *(pl)*
verkehren* **I.** *vi* **1.** *haben o sein* (*auf Stre-*

V

cke) gelip gitmek (*zwischen ... und* ile ... arasında); (*Verkehrsmittel*) işlemek **2.** (*sich aufhalten*): **in dem Lokal verkehre ich nicht** o lokale gitmem; **mit jdm ~** biriyle ilişkisi olmak, biriyle görüşmek; (*brieflich*) biriyle yazışmak; (*Geschlechtsverkehr haben*) biriyle yatıp kalkmak **II.** *vt:* **etw ins Gegenteil ~** bir şeyi tersine çevirmek

Verkehrsader *f* arter, trafiği yoğun olan ana yol

Verkehrsampel *f* trafik lâmbası; **Verkehrsamt** *nt* trafik dairesi; **Verkehrsaufkommen** *nt ohne Pl* <-s> trafik yoğunluğu; **verkehrsberuhigt** *adj:* **~e Zone** genel trafiği kapalı bölge; **Verkehrschaos** *nt* trafik keşmekeşi; **Verkehrsdelikt** *nt* trafik suçu; **Verkehrsdichte** *f ohne Pl* trafik yoğunluğu; **Verkehrsdurchsage** *f* (RADIO) trafik durumunu bildirme; **Verkehrserziehung** *f* trafik eğitimi; **Verkehrsfluss** *m* trafik akışı; **Verkehrsfunk** *m* trafik haberleri radyosu; **Verkehrsgefährdung** *f ohne Pl* trafiği tehlikeye düşürme; **verkehrsgünstig** *adj:* **in ~er Lage** ulaşımı kolay yerde, trafiğe bağlantısı elverişli yerde; **Verkehrshindernis** *nt* trafik engeli; **Verkehrsinfarkt** *m* trafiğin felce uğraması; **Verkehrsinsel** *f* refüj, trafik adası, orta kaldırım; **Verkehrsknotenpunkt** *m* kavşak; **Verkehrskontrolle** *f* trafik kontrolü; **Verkehrslage** *f* trafik durumu; **Verkehrslärm** *m ohne Pl* trafik gürültüsü; **Verkehrsminister(in)** *m(f)* ulaştırma bakanı; **Verkehrsministerium** *nt* ulaştırma bakanlığı; **Verkehrsmittel** *nt* ulaşım aracı, taşıt; **die öffentlichen ~** kamu hizmeti taşıtları, belediye taşıtları; **Verkehrsopfer** *nt* trafik kurbanı; **Verkehrsordnung** *f* (ADMIN) trafik düzeni; **Verkehrsplanung** *f* trafik plânlaması; **Verkehrspolizei** *f ohne Pl* trafik polisi; **Verkehrsregel** *f* trafik kuralı; **Verkehrsregelung** *f* (*durch Polizei*) trafik akışını düzenleme; (*durch Verkehrszeichen*) trafiği düzenleme; **verkehrsreich** *adj* işlek, trafiği yoğun olan; **Verkehrsschild** *nt* <-(e)s, -er> trafik levhası; **verkehrssicher** *adj* trafik güvenliği olan; **Verkehrssicherheit** *f ohne Pl* trafik güvenliği; **Verkehrsstau** *m* trafik tıkanması; **Verkehrsstraße** *f* ulaşım yolu; **Verkehrssünder(in)** *m(f)* trafik suçu işleyen (kimse); **Verkehrstote(r)** *mf* trafik kazasında ölen (kimse); **die Zahl der ~n** trafik kazasında ölenlerin sayısı; **Verkehrsunfall** *m* trafik kazası; **Verkehrsverbindung** *f* trafik bağlantısı; **Verkehrsweg** *m* ulaşım yolu; **Verkehrswesen** *nt ohne Pl* <-s> ulaşım; **das Ministerium für ~** ulaştırma bakanlığı; **verkehrswidrig** *adj* trafik kurallarına aykırı; **sich ~ verhalten** trafik kurallarına aykırı davranmak; **Verkehrszeichen** *nt* trafik işareti

verkehrt [fɛɐ'keːɐt] **I.** *adj* ters; (*falsch*) yanlış; **das ist total ~** bu tamamen terstir; **das ist gar nicht so ~** (*fam fig*) bu hiç de fena değil; (**mit etw** *dat*) **an den V~en geraten** (*fam*) (bir şeyde) tam adamına çatmak; **ich will nichts V~es sagen** yanlış bir şey söylemek istemiyorum **II.** *adv* (*umgekehrt*) ters; (*falsch*) yanlış; **~ herum** ters; **etw ~ herum anhaben** bir şeyi ters giymiş olmak; **etw ~ machen/verstehen** bir şeyi ters yapmak/anlamak; **zwei glatt, zwei ~ stricken** iki düz, iki ters örmek

verkeilen* **I.** *vt* (*Fahrzeug usw.*) takoz koymak (-e) **II.** *vr:* **sich ~** iç içe geçmek

verkennen* *irr vt* (*falsch beurteilen*) yanlış değerlendirmek; (*nicht richtig erkennen*) yanlış görmek, görememek; (*missdeuten*) yanlış yorumlamak; **ihre Absicht war nicht zu ~** niyeti anlaşılmayacak gibi değildi; **du verkennst den Ernst der Lage** sen durumun ne kadar ciddî olduğunu görmüyorsun

verketten* **I.** *vt* zincirlemek, zincirle bağlamak **II.** *vr:* **sich ~** zincirlenmek, zincirle bağlanmak

verkitten* *vt* macunlamak

verklagen* *vt:* **jdn ~** birini dava etmek (*auf/wegen* için/yüzünden)

verklaren* **I.** *vt* açıklamak, izah etmek **II.** *vi* (NAUT) deniz raporu vermek

verklären* **I.** *vt* nurlandırmak **II.** *vr:* **sich ~** nurlanmak

verklärt [fɛɐ'klɛːɐt] *adj* nurlu

Verklarung *f* (NAUT) deniz raporunun verilmesi

verklauseln* *vt,* **verklausulieren*** *vt* **1.** kayda şarta bağlamak **2.** (*fam fig*) çetrefilleştirmek

verkleiden* **I.** *vt* **1.** (*Wand*) kaplamak (*mit* ile) **2.** (*kostümieren*) giydirmek (*als* gibi), kıyafet giydirmek (*als* olarak) **II.** *vr:* **sich ~** giyinmek (*als* gibi), kıyafet giyinmek (*als* olarak), kılığına girmek (*als* -in); **sich als Cowboy ~** kovboy gibi [*o* kıyafeti] giyinmek, kovboy kılığına girmek

Verkleidung *f* <-en> **1.** (*von Person*) kıyafet, kılık **2.** (*von Wand*) kaplama (*mit* ile); (*Überzug*) kılıf

verkleinern* [fɛɐ'klaɪnɐn] **I.** *vt* küçültmek, ufaltmak **II.** *vr:* **sich ~** (*allgemein*) küçülmek, ufalmak

Verkleinerung *f* <-en> küçültme, ufaltma; **Verkleinerungsform** *f* <-en> (LING) küçültme

verklemmen* *vr:* **sich ~** sıkışmak

verklemmt *adj* **1.** (*Tür*) sıkışmış **2.** (*fig: Per-*

son) tutuk

verklingen* *irr vi sein* sesi duyulmaz olmak; (*sich verlieren*) yavaş yavaş kaybolmak

verklungen *pp von* **verklingen**

verknacksen* *vt:* **sich** *dat* **den Fuß** ~ (*fam*) ayağını burkmak

verknallen* **I.** *vt* (*fam: Knallkörper*) patlatmak; (*Geld*) har vurup harman savurmak **II.** *vr:* **sich** ~ (*fam*) abayı yakmak (*in* -e)

verknappen* **I.** *vt* daraltmak, kısıtlamak **II.** *vr:* **sich** ~ daralmak, kıtlaşmak

Verknappung [fɛɐ'knapʊŋ] *f ohne Pl* daralma, kıtlaşma

verkneifen* *irr vr* (*fam*): **sich** *dat* **etw** ~ (*verzichten*) bir şeyden vazgeçmek; (*unterdrücken*) bir şeyi içine atmak; **sich das Lachen nicht ~ können** gülmeden yapamamak, kendini gülmekten alamamak

verkniffen [fɛɐ'knɪfən] **I.** *pp von* **verkneifen** **II.** *adj* (*pej: Gesicht*) asık

verknittern* *vt* buruşturmak

verknöchern* *vi* (*a. fig*) kemikleşmek

verknoten* **I.** *vt* düğümlemek **II.** *vr:* **sich** ~ düğümlenmek

verknüpfen* *vt* **1.** (*verknoten*) düğümlemek **2.** (*fig: verbinden*) birleştirmek, bağlamak **3.** (*in Zusammenhang bringen*) bağlantı kurmak (*mit* -le)

Verknüpfung *f* <-en> bağ, bağlantı

verkochen* *vi sein* **1.** (*verdampfen*) kaynayıp buharlaşmak **2.** (*breiig werden*) lapalaşmak; (*Reis*) altı tutmak

verkohlen* **I.** *vi sein* (*Holz*) kömürleşmek **II.** *vt* (*fam: Person*) alaya almak, enayi yerine koymak

verkommen*[1] *irr vi sein* **1.** (*verderben*) bozulmak **2.** (*Gebäude*) harabeye dönmek; (*Sachen*) bozulmak, perişan olmak, harap olmak; (*Sitten*) bozulmak **3.** (*Person: moralisch*) ahlâkı bozulmak; (*äußerlich*) üstü başı perişan [*o* pejmürde] olmak; (*soziale Stellung*) sefalete düşmek; **zum Säufer** ~ içkici olmak, içkiye düşkün olmak

verkommen[2] *adj* **1.** (*Gebäude*) harabeye dönmüş; (*Sachen*) bozulmuş, perişan; (*Sitten*) bozulmuş **2.** (*Person*) ahlâksız

verkorksen* [fɛɐ'kɔrksən] *vt* (*fam*) berbat etmek, içine etmek (-in), yüzüne gözüne bulaştırmak; **sich den Magen** ~ midesini bozmak

verkörpern* *vt* **1.** cisimlendirmek, canlandırmak; (*symbolisieren*) simgelemek **2.** (THEAT, FILM) oynamak; **den Titelhelden** ~ başkahramanı oynamak

Verkörperung *f* <-en> **1.** (*Personifizierung*) kişileştirme, canlan(dır)ma **2.** (THEAT, FILM) oynama

verköstigen* [fɛɐ'kœstɪgən] *vt* yedirip içirmek

verkrachen* *vr:* **sich** ~ (*fam*) bozuşmak, kavga edip ayrılmak; **wir sind noch immer verkracht** hâlâ kavgalıyız, hâlâ aramız bozuk

verkracht *adj* (*fam: gescheitert*) başarısız; (*ruiniert*) mahvolmuş, hayatı kaymış; **eine ~e Existenz** hayatı kaymış biri

verkraften* *vt* (*Arbeit*) gücü yetmek (-e), altından kalkmak (-in); (*Belastung*) sineye çekmek; **kannst du noch ein Eis ~?** bir dondurma daha yiyebilecek durumda mısın?

verkrampfen* *vr:* **sich** ~ **1.** (*Muskel*) kasılmak **2.** (*Mensch*) sıkılmak

verkrampft *adj* kasılmış; (*Lächeln*) zoraki; (*Haltung*) sıkılgan

verkriechen* *irr vr:* **sich** ~ (*verstecken*) saklanmak; (*isolieren*) kabuğuna çekilmek

verkrochen *pp von* **verkriechen**

verkrümeln* *vr:* **sich** ~ (*fam fig: Gegenstand*) yok olmak; (*Person*) sıvışmak

verkrümmen* **I.** *vt* çarpıtmak; (*verbiegen*) eğriltmek **II.** *vr:* **sich** ~ çarpılmak; (*Holz*) eğrilmek

verkrüppelt *adj* (*Arm, Fuß*) sakat; (*Baum, Strauch*) çarpık

verkrustet *adj* (*Wunde*) kabuk bağlamış

verkühlen* *vr:* **sich** ~ (*reg*) soğuk kapmak

verkümmern* *vi sein* **1.** (*Glied, Organ*) körelmek, dumura uğramak; (*Pflanze*) sararıp solmak **2.** (*Talent*) körelmek

Verkümmerung *f* körelme, dumur

verkünden* *vt* (*geh*), **verkündigen*** *vt* (*geh*) **1.** (*ankündigen*) bildirmek; (*vorhersagen*) tahmin etmek **2.** (*bekannt machen*) duyurmak, ilân etmek; (*Urteil*) tefhim etmek; (*Gesetz*) ilân etmek **3.** (*erklären*) anlatmak

Verkündigung *f* <-en> **1.** (*Ankündigung*) bildirme, ilân **2.** (*Bekanntmachung*) duyuru, ilân; (*Urteil*) tefhim; (*Gesetz*) ilân

verkuppeln* *vt* pezevenklik yapmak; (*verheiraten*) evlendirmek

verkürzen* **I.** *vt* kısaltmak; **den Weg/Text** ~ yolu/metni kısaltmak; (*verringern*) indirmek (*auf* -e) **II.** *vr:* **sich** ~ kısalmak

verladen* *irr vt* **1.** yüklemek (*auf* -e) **2.** (*fam: hintergehen*) aldatmak, kandırmak

Verladung *f* <-en> yükleme

Verlag [fɛɐ'laːk] *m* <-(e)s, -e> yayın evi

verlagern* **I.** *vt* nakletmek; (*Waren*) yerini değiştirmek (-e); (*örtlich*) aktarmak (*auf* -e); **seine Interessen** ~ meraklarını değiştirmek **II.** *vr:* **sich** ~ yeri değişmek; (METEO) kaymak; **das Tiefdruckgebiet verlagert sich langsam nach Osten** alçak basınç alanı yavaş yavaş doğuya kayıyor

Verlagsbuchhandel *m ohne Pl* yayımcılık; **Verlagsbuchhandlung** *f* yayın evine bağlı kitap evi; **Verlagshaus** *nt* yayın evi; **Verlagsredakteur(in)** *m(f)* yayın evi redaktörü; **Verlagswesen** *nt* <-s, -> yayımcılık

verlangen* [fɛɐ'laŋən] **I.** *vt* **1.** (*fordern*) istemek, talep etmek; (*bitten, bei Bezahlung*) rica etmek, istemek; **ist das nicht ein bisschen viel verlangt?** bu istediğin biraz fazla değil mi?; **Sie werden am Telefon verlangt** sizi telefondan istiyorlar **2.** (*erfordern*) gerektirmek **II.** *vi:* **nach etw** *dat* ~ bir şeyi istemek [*o* talep etmek]; (*sich sehnen*) canı bir şey çekmek, bir şeye istek duymak, bir şeyi arzu etmek

Verlangen *nt* <-s, -> (*geh*) **1.** (*Wunsch*) arzu, istek; (*Bedürfnis*) canı çekme, gereksinme **2.** (*Forderung*) talep, istem, istek; **auf** ~ istek [*o* talep] üzerine

verlängern* [fɛɐ'lɛŋɐn] **I.** *vt* **1.** (*räumlich*) uzatmak; (*zeitlich*) uzatmak (*um* -); (*Vertrag, Pass*) yenilemek; (*Frist*) uzatmak (*um* -); **ein verlängertes Wochenende** uzun bir hafta sonu **2.** (*Suppe*) su katarak çoğaltmak (-e) **II.** *vr:* **sich** ~ **1.** (*räumlich*) uzamak (*um* -) **2.** (*zeitlich*) uzamak (*um* -)

Verlängerung *f* <-en> uzatma; (*zeitlich*) uzatım; (SPORT) uzatma; **Verlängerungsschnur** *f* (ELEK) uzatma kablosu

verlangsamen* **I.** *vt* yavaşlatmak **II.** *vr:* **sich** ~ yavaşlamak

Verlass[RR] [fɛɐ'las] *m*, **Verlaß** *m:* **auf jdn/etw ist** ~ bir kimseye/şeye güvenilir; **auf jdn/etw ist (überhaupt) kein** ~ bir kimseye/şeye (hiç) güvenilmez

verlassen[1] *adj* **1.** (*einsam*) kimsesiz, yalnız; (*öde*) ıssız **2.** (*zurückgelassen*) terk edilmiş, bırakılmış, metrûk

verlassen*[2] *irr* **I.** *vt* terk etmek, bırakmak; (*hinausgehen*) terk etmek; **die Hoffnung hatte ihn** ~ umutsuzluğa düşmüştü, umudu kalmamıştı; **sie hat ihren Mann** ~ kocasını terk etti **II.** *vr:* **sich** ~ güvenmek (*auf* -e), bel bağlamak (*auf* -e); **darauf können Sie sich** ~ buna güvenebilirsiniz; **du kannst dich hundertprozentig darauf ...** buna yüzde yüz güvenebilirsin, bundan yüzde yüz emin olabilirsin

Verlassenheit *f ohne Pl* terk edilme, bırakılma, metrukiyet; (*Einsamkeit*) kimsesizlik, yalnızlık, ıssızlık

verlässlich[RR] [fɛɐ'lɛslɪç] *adj*, **verläßlich** *adj* (*Auskunft, Person*) güvenilir

Verlaub [fɛɐ'laʊp] *m* (*geh*): **mit** ~ edeptir söylemesi, tabiri caizse

Verlauf *m* <-(e)s, -läufe> **1.** (*zeitlich*) geçiş, akış; (*Entwicklung*) gelişim, gelişme, gidiş(at); (*von Krankheit*) seyir; **im** ~ **der letzten Monate** son aylarda; **im/nach** ~ **von drei Stunden** üç saat içinde/geçtikten sonra; **im weiteren** ~ devamında; **einen guten/unerwarteten** ~ **nehmen** iyi/beklenmedik bir gelişme göstermek **2.** (*von Straße, Grenze*) geçiş; (*von Fluss*) akış

verlaufen* *irr* **I.** *vi sein* **1.** (*ablaufen*) geçmek, akmak, gitmek; (*Zeitraum, Untersuchung*) geçmek **2.** (*Grenze, Weg*) geçmek (*durch* -den) **3.** (*sich verlieren*) yolunu yitirmek, yolunu kaybetmek; **sich im Wald** ~ ormanda yolunu kaybetmek [*o* yitirmek]; **die Sache ist im Sand** ~ (*fam*) iş çıkmaza girdi **4.** (*Butter, Farbe*) akmak **II.** *vr:* **sich** ~ **1.** (*sich verirren*) yolunu şaşırmak **2.** (*Menschenmenge*) dağılmak; (*Wasser*) akıp gitmek

verlausen* *vi* bitlenmek

verlautbaren* [fɛɐ'laʊtba:rən] *vt* bildirmek, duyurmak, ilân etmek

verlauten* *vi sein* söylenmek; **etwas** ~ **lassen** söylemek; (*mitteilen*) bildirmek; **nichts** ~ **lassen** hiçbir şey söylememek; **wie verlautet** söylendiğine göre

verleben* *vt* **1.** (*verbringen*) geçirmek **2.** (*fam: verbrauchen*) harcamak

verlebt *adj* yıpranmış

verlegen[1] *adj* mahcup; (*verklemmt*) sıkılgan; (*schüchtern*) utangaç; **nie um eine Ausrede** ~ **sein** bahane bulmakta hiç güçlük çekmemek

verlegen*[2] **I.** *vt* **1.** (*örtlich*) yerini değiştirmek; (*Geschäft, Patient*) nakletmek **2.** (*Termin*) ertelemek (*von* -den, *auf* -e), kaydırmak (*von* -den, *auf* -e) **3.** (*an falsche Stelle*) yanlış yere koymak **4.** (*Kabel*) döşemek; (*Teppichboden*) döşemek **5.** (*herausgeben*) yayımlamak **II.** *vr:* **sich** ~ koyulmak (*auf* -e); **sich auf etw** ~ bir şeye girişmek

Verlegenheit[1] *f ohne Pl* sıkılganlık, mahcupluk, mahcubiyet, bozum havası; **jdn in** ~ **bringen** birini bozmak [*o* mahcup etmek]

Verlegenheit[2] *f* <-en> (*unangenehme Lage*) sıkıntı, kötü durum, bozum havası; **in** ~ **geraten** kötü [*o* mahcup] bir duruma düşmek; **jdm aus einer** ~ **helfen** birini sıkıntıdan kurtarmak

Verleger(in) *m(f)* <-s, -; -nen> yayımcı

Verlegung *f* <-en> **1.** (*zeitlich*) ertele(n)me (*von* -den, *auf* -e) **2.** (*örtlich*) yerin değiştirilmesi, nakledilme (*von* -den, *nach* -e) **3.** (*von Leitungen, Rohren*) döşe(n)me; (*von Teppichboden*) döşeme

Verleih [fɛɐ'laɪ] *m* <-(e)s, -e> **1.** (*das Verleihen*) kiralama **2.** (*Firma*) dağıtımcı; (*Film~*) dağıtım

verleihen* *irr vt* **1.** (*ausleihen*) ödünç (olarak) vermek (*an* -e); (*gegen Gebühr*) kiralamak (*an* -e) **2.** (*Preis, Titel*) vermek (*an* -e); **etw** *dat* **Nachdruck** ~ bir şeyi vurgulamak

Verleihung *f* <-en> **1.** (*von Geld, Buch*) ödünç (olarak) ver(il)me **2.** (*von Auszeichnung*) ver(il)me (*an* -e)

verleimen* *vt* tutkallamak

verleiten* *vt* azmettirmek (*zu* -e)

verlernen* *vt* unutmak

verlesen* *irr* **I.** *vt* **1.** (*Text*) okumak **2.** (*Gemüse*) temizlemek; (*Körner*) ayıklamak **II.** *vr:* **sich** ~ yanlış okumak

verletzbar *adj* kırılgan

verletzen* [fɛɐ'lɛtsən] **I.** *vt* **1.** (*verwunden*) yaralamak (*an* -den); **leicht/schwer verletzt** hafif/ağır yaralı **2.** (*fig: kränken*) incitmek, kırmak, üzmek **3.** (*beschädigen*) zarar vermek (-e); (*Gesetz*) ihlâl etmek; (*Sitten, Recht*) çiğnemek; (*Pflicht*) ihmal etmek **II.** *vr:* **sich** ~ incitmek (*an* -); **ich habe mich am Kopf verletzt** başımı incittim

verletzend *adj* incitici

verletzlich *adj* kırılgan

Verletzte(r) *mf* <-n, -n; -n> yaralı

Verletzung *f* <-en> **1.** (*Wunde*) yara; **er ist seinen schweren ~en erlegen** ağır yaralanma sonucu öldü **2.** (*Kränken*) incitme **3.** (*von Gesetz*) ihlâl; (*Pflicht~*) ihmal

verleugnen* *vt* inkâr etmek, yadsımak; **er ließ sich** ~ (*am Telefon*) evde olmadığını söyletti; (*den Gästen*) konuklara evde olmadığını söyletti; **es lässt sich nicht ~, dass ...** ...dığı inkâr edilemez

verleumden* [fɛɐ'lɔɪmdən] *vt* iftira etmek (-e)

Verleumder(in) *m(f)* iftiracı

Verleumdung *f* <-en> (*a.* JUR) iftira; **Verleumdungskampagne** *f* iftira kampanyası

verlieben* *vr:* **sich** ~ âşık olmak (*in* -e), tutulmak (*in* -e)

verliebt *adj* âşık

Verliebtheit *f ohne Pl* âşıklık

verliehen *pp von* **verleihen**

verlieren [fɛɐ'li:rən] <verliert, verlor, verloren> **I.** *vt* kaybetmek, yitirmek; **die Beherrschung** ~ kendini tutamamak, kendine hâkim olamamak; **das Leben** ~ yaşamını yitirmek; **was hast du hier verloren?** (*fam*) burada ne işin var?; **so etwas hat hier nichts verloren** (*fam*) böyle bir şeyin burada işi yok; **kein Wort darüber** ~ hiç sözünü etmemek **II.** *vr:* **sich** ~ kaybolmak (*in* -de) **III.** *vi* yenilmek (*an* -e)

Verlierer(in) *m(f)* <-s, -; -nen> yenilen, kaybeden

Verlies [fɛɐ'li:s] *nt* <-es, -e> mahzen; (*Kerker*) zindan

verloben* *vr:* **sich** ~ nişanlanmak (*mit* -le)

Verlobte(r) *mf* <-n, -n; -n> nişanlı

Verlobung *f* <-en> nişan; **Verlobungsring** *m* nişan yüzüğü, alyans

verlocken* *vt* (*geh*) çekmek (*zu* -e); (*verführen*) ayartmak, kandırmak (*zu* -e); **ein ~des Angebot** cazip bir teklif

verlockend *adj* çekici, cazip; (*verführend*) ayartan, ayartıcı

Verlockung *f* <-en> çekicilik, cazibe; (*Verführung*) ayartma, kandırma

verlogen [fɛɐ'lo:gən] *adj* (*pej: Person*) yalancı, kalp; (*Aussage*) yalan

verlor [fɛɐ'lo:ɐ] *3. imp von* **verlieren**

verloren [fɛɐ'lo:rən] **I.** *pp von* **verlieren** **II.** *adj* kayıp, yitik; **jdn/etw ~ geben** bir kimseye/şeye kaybolmuş gözü ile bakmak

verlosen* [fɛɐ'lo:zən] *vt* çekmek

Verlosung *f* <-en> çekiliş

verlöten *vt* lehimlemek

Verlust [fɛɐ'lʊst] *m* <-(e)s, -e> kayıp, yitim; (*Verlorengehen*) kaybolma; (*Schaden*) zarar; ~ **bringend** zarar edici; **ohne Rücksicht auf ~e** zarar ziyan düşünmeden; **dem Gegner (sehr große) ~e beibringen** karşı tarafa (çok büyük) zayiat verdirmek; **etw mit ~ verkaufen** bir şeyi zararına satmak

verlustieren* *vr:* **sich** ~ eğlenmek

verlustreich *adj* **1.** (*Geschäft*) çok zarar eden **2.** (*Kampf*) çok zayiatlı

vermachen* *vt:* **jdm etw** ~ (*vererben*) birine bir şeyi vasiyet etmek; (*schenken*) birine bir şeyi armağan etmek

Vermächtnis [fɛɐ'mɛçtnɪs] *nt* <-ses, -se> vasiyet

vermählen* [fer'mɛ:lən] *vr:* **sich** ~ (*geh*) evlenmek

Vermählung *f* <-en> (*geh*) evlenme

vermarkten* *vt* pazarlamak; **sich gut/schwer ~ lassen** iyi/zor pazarlanmak

vermasseln* [fɛɐ'masəln] *vt* (*fam*) berbat etmek, yüzüne gözüne bulaştırmak; **er hat mir alles vermasselt** her şeyimi berbat etti, bütün işlerimi bok etti

vermehren* **I.** *vt* çoğaltmak; (*zahlenmäßig*) arttırmak (*um* -) **II.** *vr:* **sich** ~ **1.** (*zunehmen*) artmak (*um* -), çoğalmak **2.** (*sich fortpflanzen*) üremek

Vermehrung *f* <-en> **1.** (*Zunahme*) artma; (*Vervielfachung*) çoğalma **2.** (*Fortpflanzung*) üreme

vermeiden* *irr vt* kaçınmak (-den); **ich möchte es ~, ihm zu begegnen** onunla karşılaşmak istemiyorum

vermeintlich [fɛɐ'maɪntlɪç] *adj* var sayılan, farz edilen

vermenschlichen* *vt* kişileştirmek, insanmış gibi göstermek

Vermerk *m* <-(e)s, -e> şerh; (*Notiz*) not

vermerken* *vt* **1.** (*notieren*) not etmek, kaydetmek; **etw am Rande ~** bir şeyi derkenar etmek **2.** (*zur Kenntnis nehmen*): **etw übel ~** bir şeyi kötü karşılamak

vermessen[1] *adj* (*geh: anmaßend*) kibirli, kendini beğenmiş; (*tollkühn*) cür'etkâr, atak

vermessen*[2] *irr* **I.** *vt* ölçmek **II.** *vr:* **sich ~ 1.** (*falsch messen*) yanlış ölçmek **2.** (*geh: sich anmaßen*) yeltenmek (-e)

Vermessenheit *f* <-en> (*Anmaßung*) kibirlilik; (*Tollkühnheit*) cür'etkârlık

Vermessung *f* <-en> ölçme; (*Land~, Tiefen~*) ölçüm

vermieden *pp von* **vermeiden**

vermiesen* [fɛɐ'mi:zən] *vt* (*fam*): **jdm die Freude ~** birinin sevincini bozmak

vermieten* *vt* kiraya vermek (*an* -e), kira ile vermek (*an* -e); **Zimmer zu ~** kiralık oda

Vermieter(in) *m(f)* <-s, -; -nen> kiralayıcı, kiraya veren (kimse); (*von Haus*) ev sahibi

vermindern* **I.** *vt* azaltmak; (*herabsetzen*) indirmek; (*Schmerzen*) hafifletmek **II.** *vr:* **sich ~ 1.** (*geringer werden*) azalmak (*um* -), inmek (*auf* -e) **2.** (*sich abschwächen*) hafiflemek; (*Schmerzen*) hafiflemek

Verminderung *f* <-en> azaltma; (*Rückgang*) gerileme; (*eines Wachstums*) azalma; (*von Schmerzen*) hafifleme

verminen* *vt* (MIL) mayınlamak

Verminung *f* mayınlama

vermischen* **I.** *vt* karıştırmak **II.** *vr:* **sich ~** karışmak; (*fig: Rassen*) kaynaşmak

vermissen* [fɛɐ'mɪsən] *vt* özlemek, göreceği gelmek; **jdn als vermisst melden** birinin kayıp olduğunu bildirmek; **er vermisst seine Schlüssel** anahtarlarını bulamıyor

Vermisste(r)[RR] *mf* <-n, -n; -n>, **Vermißte(r)** *mf* <-n, -n; -n> kayıp, gaip; **Vermisstenanzeige**[RR] *f* kayıp ihbarı

vermitteln* **I.** *vt* **1.** (*verschaffen*) sağlamak; **jdm etw ~** birine bir şeyde yardımcı olmak **2.** (*Treffen*) aracılık etmek (-e), aranje etmek; (*Ehe*) evlendirmek; **ein Gespräch ~** (TEL) konuşmayı bağlamak, telefon bağlantısını sağlamak **3.** (*Eindruck*) bırakmak **4.** (*Wissen*) edindirmek **II.** *vi* aracı olmak (*zwischen* arasında), aracılık etmek, ara buluculuk etmek; **einige ~de Worte sagen** birkaç uzlaştırıcı söz söylemek; **~d eingreifen** araya girmek

Vermittler(in) *m(f)* <-s, -; -nen> **1.** (POL) ara bulucu **2.** (WIRTSCH) aracı

Vermittlung *f* <-en> **1.** aracılık (*zwischen* arasında); (*bei Streit*) ara buluculuk (*zwischen* arasında) **2.** (TEL) santral; **Vermittlungsgebühr** *f* (WIRTSCH) aracılık komisyonu

vermöbeln* [fɛɐ'mø:bəln] *vt* (*fam*) tartaklamak

vermocht *pp von* **vermögen**

vermodern* [fɛɐ'mo:dɐn] *vi sein* çürümek, kokuşmak

vermögen* *irr vt* (*geh*) **1.** (*imstande sein*): **~ etw zu tun** bir şeyi yapacak durumda olmak; **wir werden alles tun, was wir (zu tun) ~** elimizden geleni [*o* gelen her şeyi] yapacağız **2.** (*ausrichten*): **sie vermag bei ihm alles/viel/wenig** ona her/çok/az şey yaptırabilir, ona sözü her şeyde/çok/az geçer **3.** (*Schweiz: sich leisten können*) yapabilmek, gücü yetmek (-e)

Vermögen[1] [fɛɐ'mø:gən] *nt* <-s, -> (*Besitz*) mal varlığı, mal mülk, mallar *pl;* (*Reichtum*) varlık, servet, zenginlik; **das kostet ein ~** bu, dünyanın parası

Vermögen[2] *nt ohne Pl* <-s> (*geh*) güç; (*Fähigkeit*) yeti

vermögend *adj* varlıklı, zengin

Vermögen(s)steuer *f* <-n> servet vergisi

vermummen* [fɛɐ'mʊmən] **I.** *vt* (*einhüllen*) sarmak (*in* -e); (*umhüllen*) üzerini örtmek (-in) **II.** *vr:* **sich ~** örtünmek; (*Gesicht*) maske takmak

vermummt *adj* **1.** (*Demonstrant*) maskeli **2.** (*warm angezogen*) kalın giyinmiş

Vermummungsverbot *nt* maske takma yasağı

vermurksen* *vt* (*fam*) bozmak, berbat etmek, bok etmek

vermuten* [fɛɐ'mu:tən] *vt* sanmak, zannetmek, tahmin etmek; (*erwarten*) ummak, beklemek; **das hatte ich nicht vermutet** bunu beklemiyordum, bunu tahmin etmiyordum

vermutlich **I.** *adj* tahminî, muhtemel, olası **II.** *adv* tahminen; (*wahrscheinlich*) muhtemelen

Vermutung *f* <-en> tahmin; (*Mutmaßung*) sanı, zan; **~en (über etw) anstellen** (bir şey hakkında) tahminlerde bulunmak

vernachlässigen* [fɛɐ'na:xlɛsɪgən] *vt* ihmal etmek, savsaklamak; (*außer Acht lassen*) dikkat etmemek (-e), önemsememek

Vernachlässigung *f ohne Pl* ihmal, savsaklama

vernageln* *vt* çivilemek

vernagelt *adj* (*fam fig, pej*) dar kafalı, anlayışı kıt; (*borniert*) dar görüşlü, örümcek kafalı

vernähen* *vt* **1.** (*nähen*) dikmek **2.** (*verbrauchen*): **viel Garn ~** dikişe çok iplik gitmek

vernarben* *vi sein* kapanmak, kabuk bağlamak

vernarren* [fɛɐ'narən] *vr:* **sich in jdn** ~ birine sırıl sıklam aşık olmak

vernaschen* *vt* **1.** (*Geld*) abur cubura harcamak **2.** (*fam fig: Person*) yatağına girmek (-in), aşk yapmak (-le)

vernehmen* *irr vt* **1.** (*geh: hören*) duymak, işitmek; (*wahrnehmen*) algılamak **2.** (*geh: erfahren*) duymak, öğrenmek **3.** (JUR: *verhören*) sorgulamak, sorguya çekmek, dinlemek

Vernehmen *nt:* **dem** ~ **nach** söylendiğine göre

vernehmlich *adj* duyulabilir, işitilebilir; (*deutlich*) açık seçik

Vernehmung *f* <-en> (JUR) sorgu, sorgulama, dinlenme; **während der** ~ sorguya çekilme sırasında, dinlenirken

Vernehmungsrichter(in) *m(f)* (JUR) sorgu yargıcı

verneigen* *vr:* **sich** ~ eğilmek (*vor* -in önünde)

Verneigung *f* <-en> (*geh*) eğilme (*vor* -in önünde)

verneinen* [fɛɐ'naɪnən] *vt* **1.** (*Frage*) hayır demek (-e); **eine** ~**de Antwort** olumsuz bir yanıt, menfi bir cevap **2.** (*leugnen*) inkâr etmek, yadsımak; (*ablehnen*) reddetmek, kabul etmemek; (*nicht gut finden*) iyi bulmamak

Verneinung *f* <-en> inkâr etme, yadsıma, reddetme, kabul etmeme, iyi bulmama; (*einer Frage*) hayır deme (-e), olumsuz yanıt verme (-e)

Verneinungswort *nt* <-(e)s, -wörter> (LING) olumsuzluk kelimesi

vernetzen* *vt* **1.** (*verbinden*) birleştirmek (*mit* -le), bağlantı kurmak (*mit* -le), ağ gibi örmek; **Themen** ~ konular arasında bağlantı kurmak; **ein mit Wasserpflanzen** ~**er See** üstü su bitkileriyle ağ gibi örülü bir göl **2.** (INFORM) iletişim ağı kurmak (-e)

Vernetzung *f* <-en> (INFORM) iletişim ağı kurma

vernichten* [fɛɐ'nɪçtən] *vt* yok etmek, imha etmek; (*zerstören*) tahrip etmek, yıkmak, harap etmek; (*ausrotten*) kökünü kurutmak [*o* kazımak] (-in)

vernichtend *adj* **1.** (*zerstörerisch*) yıkıcı, tahripkâr **2.** (*Kritik, Niederlage*) ağır; (*Blick*) öldürücü

Vernichtung *f* <-en> yok etme, imha; (*Zerstörung*) tahrip, yıkma, harap etme; (*Ausrottung*) kırım; (*Dezimierung*) tırpanlama; **Vernichtungslager** *nt* imha kampı

vernickeln* [fɛɐ'nɪkəln] *vt* nikellemek

Vernick(e)lung *f* nikelleme, nikelâj

vernieten* *vt* perçinlemek

Vernissage [vɛrnɪ'sa:ʒə] *f* <-n> (KUNST) ağırlama günü

vernommen *pp von* **vernehmen**

Vernunft [fɛɐ'nʊnft] *f ohne Pl* akıl, us; (*gesunder Menschenverstand*) sağduyu; **zur** ~ **kommen** akıllanmak, uslanmak; **jdn zur** ~ **bringen** birini akıllandırmak, birinin aklını başına getirmek; **praktische/theoretische** ~ (PHILOS) kılgılı/kuramsal us

vernünftig [fɛɐ'nʏnftɪç] **I.** *adj* **1.** akıllıca, makul; (*Vernunft besitzend*) aklı başında, makul; (*einleuchtend*) akla yatkın; **sei doch** ~**!** aklını başına topla!; **mit ihm kann man kein** ~**es Wort reden** onunla akıllıca [*o* doğru dürüst] bir kelime bile konuşmak mümkün değil **2.** (*fam: ordentlich*) doğru dürüst; **zieh dich mal** ~ **an!** doğru dürüst giyinsene!; **er soll etw V**~**es lernen** doğru dürüst bir şey öğrensin **II.** *adv* (*fam*) akıllıca, makul

veröffentlichen* *vt* yayınlamak, yayımlamak

Veröffentlichung *f* <-en> yayın

verordnen* *vt* **1.** (*Arzt*) gerekli görmek; (*auf Rezept*) reçeteye yazmak; **jdm Pillen/Tropfen** ~ birinin hap/damla almasını reçeteye yazmak; **der Arzt hat mir einen täglichen Spaziergang von zwei Stunden verordnet** doktor [*o* hekim] günde iki saat yürümemi gerekli gördü **2.** (*anordnen*) talimat vermek (-e)

Verordnung *f* <-en> **1.** (*von Arzt*) talimat, verilen reçete; **nach ärztlicher** ~ doktorun [*o* hekimin] gerekli gördüğü gibi, doktorun [*o* hekimin] verdiği reçeteye göre **2.** (*Anordung*) kararname; (ADMIN) yönetmelik; (*Grundbuchordnung*) tüzük

verpachten* *vt* kiraya vermek (*an* -e)

verpacken* *vt* ambalâjlamak, ambalâj yapmak; (*in Pakete*) paketlemek; (*in Dosen*) kutulamak

Verpackung *f* <-en> ambalâj; **Verpackungsabfall** *m* ambalâj atıkları *pl;* **Verpackungsmaterial** *nt* ambalâj malzemesi

verpassen* *vt* **1.** (*Zug*) kaçırmak; (*Person*) buluşamamak **2.** (*Gelegenheit*) kaçırmak **3.** (*fam*): **jdm etw** ~ birinin eline bir şey tutuşturmak; (*aufzwingen*) birine bir şeyi empoze etmek, birine bir şeyi zorla kabul ettirmek; **jdm eine Ohrfeige** ~ birine tokat atmak [*o* patlamak]

verpatzen* [fɛɐ'patsən] *vt* (*fam*) berbat etmek, bozmak

verpennen* **I.** *vi* (*fam*) uyuyakalmak **II.** *vt* (*fam: verpassen*) kaçırmak; (*vergessen*) unutmak

verpesten* *vt* (*pej*) pisletmek; (*Abgase*) kirletmek

V

verpetzen* *vt* (SCHULE: *pej*): **jdn (beim Lehrer) ~** birini (öğretmene) gammazlamak

verpfänden* *vt* rehin etmek, rehine vermek, rehin olarak vermek, tutuya koymak; **sein Wort ~, dass etw wahr ist** bir şeyin doğru olduğuna namus sözü vermek

verpfeifen* *irr vt* (*fam pej: anzeigen*) jurnal etmek (*bei* -e), ihbar etmek (*bei* -e)

verpfiffen *pp von* **verpfeifen**

verpflanzen* *vt* (BOT, MED) ekmek

verpflegen* *vt* yedirip içirmek, beslemek, iaşe etmek

Verpflegung[1] *f ohne Pl* (*das Verpflegen*) yedirip içirme, besleme, iaşe

Verpflegung[2] *f* <-en> (*Essen*) yemek(ler) *(pl)*; **die ~ im Hotel war gut/schlecht** oteldeki yemekler iyiydi/kötüydü; **mit voller ~** tam pansiyonlu, üç öğün yemeği olan

verpflichten* **I.** *vt* **1.** yükümlendirmek, mecbur tutmak; **verpflichtet sein, etw zu tun** bir şey yapmakla yükümlü olmak; **ich bin ihm sehr verpflichtet** ona çok minnettarım; **ich bin Ihnen sehr zu Dank verpflichtet** size çok müteşekkirim; **ich bin zum Schweigen/Sprechen verpflichtet** susmak/konuşmak mecburiyetimdeyim [*o* zorundayım] **2.** (*Schauspieler*) angaje etmek, mukavele yapmak (-le); (*Sportler*) mukavele yapmak (*für* için) **II.** *vr:* **sich ~** taahhüt etmek (*zu* -i), üstlenmek (*zu* -i); (*versprechen*) söz vermek (*zu* -e); (*Sportler*) mukavele yapmak; **sich jdm verpflichtet fühlen** birine minnet duymak, birine minnettar kalmak

Verpflichtung *f* <-en> **1.** (*Bindung*) yükümlülük; (*Pflicht*) vazife, görev; **eine moralische ~** ahlakî vazife; **finanzielle ~en** mali yükümlülükler *pl* **2.** (*von Künstler*) mukavele; (*von Sportler*) mukavele, sözleşme

verpfuschen* *vt* (*fam*) içine etmek (-in), berbat etmek, bozmak

verpissen* *vr:* **sich ~** (*vulg*) **1.** (*verunreinigen*) cenabet olmak **2.** (*fig: verschwinden*) siktirip gitmek; **verpiss dich!** siktir git!

verplanen* *vt* **1.** (*falsch planen*) yanlış plânlamak **2.** (*in einem Plan unterbringen*) plânlamak

verplappern* *vr:* **sich ~** (*fam*) kendi ağzıyla tutulmak, dilini tutamamak; (*versehentlich etw verraten*) ağzından bir şey kaçırmak

verplaudern* *vr:* **sich ~** (*fam*) lâfa dalmak

verplempern* [fɛɐ'plɛmpɐn] *vt* (*fam*) **1.** (*Geld*) çarçur etmek; (*Zeit*) öldürmek **2.** (*reg: verschütten*) dökmek

verpönt [fɛɐ'pø:nt] *adj:* **~ sein** ayıp sayılmak (*bei* -de)

verprügeln* *vt* dövmek, dayak atmak (-e), pataklamak

verpuffen* *vi sein* **1.** (*explodieren*) pof diye parlamak **2.** (*fig*) pof diye sönmek; (*Freude*) kaçmak; (*Maßnahme*) güme gitmek; (*Elan*) uçup gitmek

Verputz *m ohne Pl* <-es> sıva

verputzen* *vt* **1.** (*Wand*) sıvamak, sıva vurmak (-e) **2.** (*fam: essen*) yiyip bitirmek, göçürmek **3.** (*fam fig: verschwenden*) israf etmek; (*ausgeben*) harcamak

verqualmt *adj* dumandan göz görü görmez

verquatschen* **I.** *vt* (*fam*) çene çalarak geçirmek, gevezelik ederek geçirmek; **wir haben die ganze Zeit verquatscht** zamanı gevezelik ederek geçirdik **II.** *vr:* **sich ~** (*fam*) lâfa dalmak; (*sich verplappern*) kendini ele vermek, kendi ağzıyla tutulmak, dilini tutamamak; (*versehenlich etw verraten*) ağzından bir şey kaçırmak

verquollen [fɛɐ'kvɔlən] *adj* şişmiş; **vom Weinen ~e Augen** ağlamaktan şişmiş gözler

verramschen* *vt* (*fam*) yok pahasına satmak

verrannt *pp von* **verrennen**

Verrat [fɛɐ'ra:t] *m ohne Pl* <-(e)s> hainlik; (*Vaterlands~*) hıyanet; (*Treuebruch*) hıyanet, ihanet; (*eines Geheimnisses*) ifşa; **~ an jdm begehen** birine ihanet etmek

verraten* *irr* **I.** *vt* **1.** (*preisgeben*) ifşa etmek; **ein Geheimnis ~** bir sırrı ifşa etmek; **soll ich Ihnen was ~?** (*fam*) size bir şey söyleyeyim mi? **2.** (*Treue brechen*) ihanet etmek; **~ und verkauft sein** ihanete uğramak; **seine Ideale ~** ideallerine ihanet etmek **3.** (*zu erkennen geben*) ele vermek, açığa vurmak; **der Ausdruck auf seinem Gesicht verriet seine Freude** yüzündeki ifade sevincini açığa vuruyordu **II.** *vr:* **sich ~ 1.** (*durch Geste, Sprache*) kendini belli etmek, kendini ele vermek **2.** (*sich zeigen*) faş olmak, belli olmak, ortaya çıkmak

Verräter(in) [fɛɐ'rɛ:tɐ] *m(f)* <-s, -; -nen> hain, gammaz

verräterisch *adj* **1.** (*Person*) hain, gammaz **2.** (*Geste*) kendisini ele veren

verrechnen* **I.** *vt* hesaba geçirmek, mahsup etmek; (*gutschreiben*) alacağa saymak, hesabına saymak, hesaba alacak kaydetmek; **die Gewinne mit den Verlusten ~** kârı zararla takas etmek **II.** *vr:* **sich ~ 1.** (*falsch rechnen*) yanlış hesaplamak; **sich um fünf Euro ~** hesapta beş euroluk yanlışlık yapmak **2.** (*sich täuschen*) yanılmak

Verrechnung *f* <-en> hesaba geçirme, mahsup etme; (*Aufrechnung*) takas; **zur ~** (FIN) mahsuben, hesabına sayılmak üzere;

Verrechnungsscheck *m* (FIN) hesaba geçirilmek üzere çekilen çek, takas ve mahsup çeki

verrecken* [fɛɐ'rɛkən] *vi sein* (*fam*) **1.** (*Tier, Mensch*) gebermek; **verreck doch!** (*pej*) geber!, canın çıksın!; **ums V~ nicht** hayatta olmaz **2.** (*kaputtgehen*) bozulmak

verregnet *adj* yağmurlu

verreisen* *vi sein* seyahate çıkmak (*nach* -e)

verreißen* *irr vt* **1.** (*fam fig: hart kritisieren*) yerden yere vurmak, sertçe eleştirmek, aşırı yermek **2.** (*reg: fam: zerreißen*) giye giye yırtık pırtık etmek

verrenken* [fɛɐ'rɛŋkən] **I.** *vt* burkmak; **sich** *dat* **den Knöchel ~** ayağını burkmak **II.** *vr:* **sich ~** burkulmak

Verrenkung *f* <-en> (*Verletzung*) burkulma

verrennen* *irr vr:* **sich ~** saplanmak, takılıp kalmak; **sich in eine Idee ~** bir fikre saplanmak

verrichten* *vt* yapmak; **seine Notdurft ~** hacetini yapmak

verriegeln* *vt* sürgülemek

Verrieg(e)lung *f ohne Pl* sürgüleme

verringern* [fɛɐ'rɪŋɐn] **I.** *vt* azaltmak (*um* -), eksiltmek; (*Preis*) düşürmek **II.** *vr:* **sich ~** azalmak

Verringerung *f ohne Pl* azaltma; (*das Sichverringern*) azalma

VerrissRR *m* <-es, -e>, **Verriß** *m* <-sses, -sse> (*fam*) yerden yere vurma, sertçe eleştiri, aşırı yerme

verrissen *pp von* **verreißen**

verrosten* *vi sein* paslanmak

verrotten* [fɛɐ'rɔtən] *vi sein* **1.** (*faulen*) çürümek **2.** (*verfallen*) bozulmak

verrücken* *vt* yerinden oynatmak, yerini değiştirmek (-in)

verrückt *adj* (*geistesgestört*) deli, aklını yitirmiş olan; **du machst mich noch ~** beni deli edeceksin; **ich werd' ~!** (*fam*) deli oluyorum, aklımı kaçıracağım; **wie ~** (*fam*) deli gibi, delicesine; **~ spielen** (*fam*) delirmek, aklını kaçırmak; **auf etw/jdn ~ sein** (*fam*) bir şeye/kimseye deli olmak

Verrückte(r) *mf* <-n, -n; -n> deli, akıl hastası

Verruf *m ohne Pl:* **in ~ geraten** adı (kötüye) çıkmak; **etw/jdn in ~ bringen** bir şeyin/kimsenin adını lekelemek [*o* kirletmek]

verrufen *adj* adı çıkmış, kötü tanınmış; **~ sein** adı çıkmış olmak

verrutschen* *vi sein* kaymak

Vers [fɛrs] *m* <-es, -e> **1.** (*Gedichtzeile*) dize, mısra **2.** (*Bibel~*) fıkra; (*Koran~*) ayet

versachlichen* *vt* nesnel duruma getirmek

versagen* **I.** *vi* **1.** (*Maschine*) işlememek, çalışmamak; (*Stimme*) çıkmamak **2.** (*Mensch*) başarı gösterememek; **er hat bei der Prüfung versagt** sınavda başarı kazanamadı **II.** *vt:* **jdm etw ~** birine bir şeyi esirgemek, birine bir şeyi yapmaktan [*o* vermekten] kaçınmak, birini bir şeyden yoksun bırakmak [*o* kılmak]; **sich** *dat* **etw ~** bir şeyden feragat etmek, kendini bir şeyden yoksun bırakmak [*o* kılmak]; **das ist uns leider versagt geblieben** bu maalesef bize kısmet değilmiş

Versagen *nt ohne Pl* <-s> (*von Maschine*) işlememe, çalışmama; (*von Mensch*) başarısızlık, başarı gösterememe; (*von Organ*) çalışmama; **menschliches ~** insan hatası

Versager(in) *m(f)* <-s, -; -nen> başarısız kimse

versalzen* *irr vt* (*Essen*) fazla tuzlamak, tuzunu fazla kaçırmak (-in); **jdm etw ~** (*fig fam*) birinin bir şeyini bozmak [*o* kaçırmak]

versammeln* **I.** *vt* toplamak; **vor versammelter Mannschaft** toplanan takım önünde **II.** *vr:* **sich ~** toplanmak

Versammlung *f* <-en> toplantı, meclis; (*Haupt~, Voll~*) kurul; **gesetzgebende ~** yasama meclisi; **eine ~ einberufen** toplantıya çağırmak

Versammlungsfreiheit *f* toplanma özgürlüğü

Versand [fɛɐ'zant] *m ohne Pl* <-(e)s> **1.** (*das Versenden*) gönderme, irsal, sevk, sevkiyat **2.** (*~abteilung*) sevkiyat (bölümü)

versandfertig *adj* gönderilmeye hazır, sevke hazır; **Versandhandel** *m ohne Pl* *katalog yoluyla sipariş edilen malları gönderme esasına dayanan ticaret;* **Versandhaus** *nt katalog yoluyla sipariş edilen malları gönderen mağaza*

versandt *pp von* **versenden**

versauen* [fɛɐ'zaʊən] *vt* (*sl*) **1.** (*beschmutzen*) pisletmek **2.** (*verderben*) bok etmek

versäumen* [fɛɐ'zɔɪmən] *vt* **1.** (*Gelegenheit, Zug*) kaçırmak; **da haben Sie wirklich nichts versäumt** gerçekten [*o* hakikaten] hiçbir şey kaçırmadınız **2.** (*Pflicht*) ihmal etmek, savsaklamak; (*Unterricht*) gitmemek (-e); **es nicht ~ sich zu bedanken** teşekkür etmeyi unutmamak

Versäumnis *nt* <-ses, -se> bulunmama, gıyap; (*Vernachlässigung*) ihmalkârlık, savsaklama; **Versäumnisurteil** *nt* (JUR) gıyabî hüküm

verschachern* [fɛɐ'ʃaxɐn] *vt* (*fam pej*) okutmak

verschaffen* *vt* sağlamak, temin etmek, tedarik etmek; **sich** *dat* **etw** ~ bir şeyi elde etmek; **sich** *dat* **Respekt** ~ kendini saydırmak

verschämt [fɛɐˈʃɛːmt] *adj* sıkılgan, çekingen; (*schüchtern*) utangaç

verschandeln* [fɛɐˈʃandəln] *vt* (*fam*) rezil etmek; (*verunstalten*) bozmak; (*hässlich machen*) güzelliğini bozmak (-in), çirkinleştirmek

verschanzen* [fɛɐˈʃantsən] *vr:* **sich** ~ saklanmak (*hinter* arkasına), sığınmak (*hinter* arkasına)

verschärbeln* *vt* (*fam*) okutmak

verschärfen* **I.** *vt* şiddetlendirmek; (*verschlimmern*) beter etmek; (*Spannung*) artırmak; **Kontrollen** sıkılaştırmak **II.** *vr:* **sich** ~ şiddetlenmek; (*sich verschlimmern*) beterleşmek; (*Lage*) kızışmak; (*Spannung*) artmak

verschätzen* *vr:* **sich** ~ tahmininde yanılmak (*um* -), yanılmak (*in* -de)

verschaukeln* *vt* (*fam*) aldatmak, kandırmak; **ich lass micht nicht ~!** beni aldatamazsın [*o* kandıramazsın]!

verscheiden* *irr vi* (*geh*) vefat etmek, ölmek; **er verschied nach langer Krankheit** uzun bir hastalıktan sonra vefat etti

verschenken* *vt* **1.** (*schenken*) hediye etmek (*an* -e), armağan olarak etmek (*an* -e); **ich habe nichts zu ~!** benim kimseye peşkeş çekecek malım yok! **2.** (*ungenutzt lassen*) değerlendirememek; (*vergeben*) vermek, elden kaçırmak

verscherbeln* [fɛɐˈʃɛrbəln] *vt* (*fam*) elden çıkarmak; (*verramschen*) yok pahasına satmak

verscherzen* *vr:* **sich** *dat* **etw** ~ bir şeyi elinden kaçırmak; **es sich** *dat* **mit jdm** ~ birinin güvenini kaybetmek

verscheuchen* [fɛɐˈʃɔɪçən] *vt* **1.** kaçırmak; (*wegjagen*) kovmak; (*verjagen*) kovalamak **2.** (*fig: Bedenken*) gidermek, ortadan kaldırmak

verschicken* *vt* yollamak; (*mit der Post*) göndermek

Verschiebebahnhof *m* (EISENB: *Rangierbahnhof*) manevra istasyonu

verschieben* *irr* **I.** *vt* **1.** (*verrücken*) yerinden oynatmak, (başka yere) itmek, yerini değiştirmek (-in); (*verrutschen*) kaydırmak; **etw um ein paar Meter** ~ bir şeyi birkaç metre itmek [*o* kaydırmak] **2.** (*verlegen*) ertelemek (*auf* -e) **3.** (*fam: Waren*) el altından satmak **II.** *vr:* **sich** ~ **1.** (*verrutschen*) kaymak **2.** (*zeitlich*) ertelenmek (*um* -); (*sich verspäten*) gecikmek (*um* -)

Verschiebung *f* <-en> **1.** (*örtlich*) yerinden oynatma, kaydırma; (*das Sichverschieben*) yerinden oynama, kayma **2.** (*zeitlich*) ertele(n)me (*auf* -e) **3.** (*fam: von Waren*) el altından sat(ıl)ma

verschieden [fɛɐˈʃiːdən] *adj* **1.** (*unterschiedlich*) farklı, değişik; (~ *artig*) değişik, çeşitli, muhtelif; **das ist von Fall zu Fall** ~ bu, durumdan duruma değişir; **sie sind ~ groß** farklı büyüklükteler, boyları farklı **2.** *Pl* (*mehrere*) birçok

verschiedenartig *adj* **1.** (*verschieden*) farklı, değişik **2.** (*mannigfaltig*) envaitürlü, envaiçeşitli

Verschiedenheit *f* <-en> **1.** (*Unterschied*) fark, değişiklik **2.** (*Mannigfaltigkeit*) envaiçeşit, çeşitlilik

verschiedentlich *adv* defalarca, birçok kere(ler); (*immer wieder*) tekrar tekrar; (*öfters*) sık sık

verschießen* *irr* **I.** *vt* **1.** (*Munition*) harcamak **2.** (SPORT: *Ball*) kaleye sokamamak **II.** *vi* (*Stoff*) rengi atmak, solmak **III.** *vr:* **sich** ~ (*fam fig: sich verlieben*) vurulmak

verschiffen* *vt* gemi ile göndermek [*o* sevk etmek]

verschimmeln* *vi sein* küflenmek

verschlafen[1] *adj* **1.** uykulu, mahmur **2.** (*fig: träge*) uyuşuk

verschlafen*[2] *irr* **I.** *vi* uyuyakalmak **II.** *vt* **1.** (*Tag*) uyumakla geçirmek **2.** (*fam: versäumen*) uyuyup kaçırmak

Verschlag *m* <-(e)s, -schläge> (*Schuppen*) kulübe; (*Raum*) tahta bölme

verschlagen[1] *adj* (*pej: Person*) anasının gözü, hinoğluhin; (*heimtückisch*) sinsi(ce)

verschlagen*[2] *irr* **I.** *vt* **1.** (*Kiste, Fass*) tahtalarla çivileyerek kaplamak **2. jdm den Atem** ~ birinin soluğu [*o* nefesi] kesilmek; **der Schreck verschlug ihm die Sprache** korkudan dili [*o* nutku] tutuldu **3.** (*an einen Ort*) atmak (*nach* -e) **4.** (SPORT) yanlış vurmak (-e), yanlış atmak **5.** (*verblättern*): **eine Seite im Buch** ~ kitapta rastgele bir sayfa açmak **6.** (*reg: verprügeln*) dövmek **II.** *vi* (*fam*) yaramak; **die Arznei verschlägt nicht** ilâç yaramadı; **das verschlägt nichts** bu hiçbir işe yaramaz

verschlampen* **I.** *vt* (*fam*) **1.** (*verlieren*) kaybetmek **2.** (*vergessen*) unutmak **II.** *vi* (*fam*): **den Garten ~ lassen** bahçeye bakmamak, bahçeyi ihmal etmek

verschlechtern* [fɛɐˈʃlɛçtɐn] **I.** *vt* kötüleştirmek; (*verschlimmern*) beter etmek **II.** *vr:* **sich** ~ (*schlechter werden*) kötüleşmek; (*Zustand*) kötüleşmek, kötüye gitmek; (*Leistung*) bozulmak; **sie hat sich finanziell verschlechtert** mali durumu bozuldu

Verschlechterung *f ohne Pl* kötüleş(tir)me; (*Verschlimmerung*) beterleşme; (*beruflich*) bozulma

verschleiern* **I.** *vt* **1.** (*Gesicht*) peçelemek, gizlemek **2.** (*Skandal*) örtbas etmek, örtmek, kamufle etmek **II.** *vr:* **sich ~** (*Frau*) peçelenmek; (*a. fig*) örtünmek, gizlenmek
Verschleiß [fɛɐ'ʃlaɪs] *m ohne Pl* <-es> **1.** (*Abnutzung*) aşınma, yıpranma; **einem ständigen ~ unterliegen** devamlı aşınmakta olmak **2.** (*österr: Kleinverkauf*) perakendecilik
verschleißen [fɛɐ'ʃlaɪsən] <verschleißt, verschliss, verschlissen> **I.** *vt* aşındırmak, yıprandırmak **II.** *vi sein* aşınmak, yıpranmak
Verschleißer(in) *m(f)* (*österr*) perakendeci
Verschleißerscheinung *f* <-en> (MED, TECH) aşınma belirtisi
verschleppen* *vt* **1.** (*Personen*) sürmek, sürüklemek; (*entführen*) kaçırmak **2.** (*Krankheit*) ihmal ederek bir türlü kurtulamamak (-den) **3.** (*hinauszögern*) uzatmak
Verschleppung *f* <-en> **1.** (*von Personen*) sür(ül)me, sürükle(n)me; (*Entführung*) kaçır(ıl)ma **2.** (*von Krankheit*) ihmal ederek bir türlü kurtulamama (-den) **3.** (*Verzögerung*) uzat(ıl)ma
verschleudern* *vt* **1.** (*pej: Geld*) har vurup harman savurmak **2.** (*Waren*) çok ucuza satmak, yok pahasına satmak
verschließen* *irr* **I.** *vt* **1.** (*Tür, Behälter*) kapamak; **hinter verschlossenen Türen** kapalı kapılar ardında, gizli; **vor verschlossener Tür stehen** kapıda kalmak **2.** (*einschließen*) kilit altına almak, kapatmak (*in* -e) **II.** *vr* (*fig: Land*) kapılarını kapamak; **sich (gegen) etw ~** bir şeye kulak asmamak; **sich (vor) jdm ~** birini dinlememek
verschlimmbessern* *vt* düzeltmeye çalışırken eski hayratı da berbat etmek, işi düzelteyim derken büsbütün bozmak
verschlimmern* [fɛɐ'ʃlɪmɐn] **I.** *vt* beter etmek **II.** *vr:* **sich ~** beterleşmek, daha kötüleşmek
verschlingen* *irr* **I.** *vt* gövdeye atmak [*o* indirmek]; (*a. fig*) yemek, yutmak **II.** *vr:* **sich ~** dolaşmak
verschliss[RR] [fɛɐ'ʃlɪs], **verschliß** *3. imp von* **verschleißen**
verschlissen [fɛɐ'ʃlɪsən] **I.** *pp von* **verschleißen** **II.** *adj* aşınmış, yıpranmış
verschlossen [fɛɐ'ʃlɔsən] **I.** *pp von* **verschließen** **II.** *adj* (*Person*) içine kapanık
verschlucken* **I.** *vt* **1.** (*Speisen, Silben*) yutmak **2.** (*Bemerkung*) içine atmak; (*Tränen*) tutmak **II.** *vr:* **sich ~** genzine kaçırmak (*an* -i)
verschlungen [fɛɐ'ʃlʊŋən] **I.** *pp von* **verschlingen** **II.** *adj* (*Weg*) dolambaçlı

Verschluss[RR] [fɛɐ'ʃlʊs] *m* <-es, -schlüsse>, **Verschluß** *m* <-sses, -schlüsse> **1.** (*Vorrichtung*) kapak; (*Schloss*) kilit; (*Stöpsel*) tapa; (*Kronen~*) kapsül; **etw unter ~ halten** bir şeyi kilit altında tutmak; **etw unter ~ nehmen** bir şeyi kilit altına almak **2.** (MED: *Darm~*) tıkanma
verschlüsseln* *vt* şifrelemek, kodlamak; **verschlüsselte Daten** (INFORM) kodlanmış veriler, şifreli bilgiler
Verschlüsselung *f* şifreleme, kodlama
verschmähen* [fɛɐ'ʃmɛːən] *vt* (*geh: ablehnen*) reddetmek; (*zurückweisen*) geri çevirmek; (*verachten*) hor görmek, hor bakmak (-e); **verschmähte Liebe** karşılıksız aşk
verschmälern* **I.** *vt* daraltmak **II.** *vr:* **sich ~** daralmak
verschmelzen* *irr* **I.** *vi sein* (*Metall*) kaynaşmak; (*fig*) kaynaşmak, ayrılmayacak biçimde birleşmek; (WIRTSCH) birleşmek **II.** *vt* (*Metall*) kaynaştırmak; (*fig*) kaynaştırmak, ayrılmayacak biçimde birleştirmek
Verschmelzung *f* kaynaş(tır)ma, kaynaşma; (WIRTSCH) birleşme; **~ von Kapitalgesellschaften** sermaye şirketlerinin birleşmesi
verschmerzen* *vt* acısına katlanmak (-in); (*vergessen*) unutabilmek
verschmieren* *vt* **1.** (*Loch, Riss*) doldurmak; (*verputzen, verreiben*) sıvamak **2.** (*beschmutzen*) pisletmek **3.** (*Farbe, Lippenstift*) bulaştırmak; (*Blatt Papier*) karalamak
verschmolzen *pp von* **verschmelzen**
verschmutzen* **I.** *vi sein* pislenmek, kirlenmek **II.** *vt* pisletmek; (*Umwelt*) kirletmek
Verschmutzung *f* <-en> pislenme; (*das Verschmutztsein*) kirlilik; (*der Umwelt*) kirlenme
verschnappen* *vr:* **sich ~** kendi ağzıyla tutulmak, kendini ele vermek
verschnaufen* **I.** *vi* soluklanmak, dinlenmek **II.** *vr:* **sich ~: warte, ich muss mich kurz ~** bekle de biraz soluk alayım
Verschnaufpause *f* (soluklanma) mola(sı); **eine ~ machen** mola vermek, dinlenmek için ara vermek
verschneit [fɛɐ'ʃnaɪt] *adj* karlı
verschnörkelt *adj* süslü püslü
verschnupft [fɛɐ'ʃnʊpft] *adj* nezleli
verschnüren* [fɛɐ'ʃnyːrən] *vt* (sicimle) bağlamak
verschoben *pp von* **verschieben**
verschollen [fɛɐ'ʃɔlən] *adj* kayıp, yitik; (JUR) gaip
Verschollenheit *f ohne Pl* (JUR) gaiplik
verschonen* *vt* (*Sturm*) zarar vermemek; **verschont werden (von etw** *dat*) bir şey-

V

den zarar görmemek; **jdn mit etw** *dat* ~ birini bir şeyle rahatsız etmemek
verschönen* *vt* güzelleştirmek; **jdm den Tag** ~ birinin gününe güzellik katmak
verschönern* [fɛɐ'ʃøːnɐn] *vt* güzelleştirmek
verschränken* [fɛɐ'ʃrɛŋkən] *vt* çaprazlamak; (*Arme*) kavuşturmak
verschreiben* *irr* **I.** *vt* **1.** reçete yazmak (-e); **jdm ein Medikament** ~ birine ilâç (alması) için reçete yazmak **2.** (*Papier, Stift*) yaza yaza harcamak, yaza yaza tüketmek **II.** *vr:* **sich** ~ yazarken yanlışlık yapmak, yazım yanlışı yapmak; **sich einer Tätigkeit** ~ kendini bir faaliyete adamak
verschreibungspflichtig *adj* reçeteli
verschrieben *pp von* **verschreiben**
verschrie(e)n [fɛɐ'ʃriː(ə)n] *adj* (*Gegend*) adı kötüye çıkmış; ~ **sein als ...** adı ...e çıkmış olmak
verschroben *adj* eksantrik, ayrıksı
verschrotten* *vt* hurdaya çıkarmak
verschrumpeln* *vi* (*fam*) pörsümek, buruşmak
verschrumpelt *adj* (*fam*) pörsük; (*Haut*) buruşuk; **ein ~es Gesicht** pörsük bir yüz
verschüchtern* *vt* ürkütmek, yıldırmak, gözdağı vermek (-e)
verschüchtert [fɛɐ'ʃʏçtɐt] *adj* ürkmüş, yılmış, yılgın, gözü korkmuş; (*schüchtern*) ürkek
verschulden* **I.** *vt* sebep olmak (-e) **II.** *vr:* **sich** ~ borçlanmak **III.** *vi sein:* **hoch verschuldet sein** çok borcu olmak
Verschulden *nt ohne Pl* <-s> kusur; **eigenes/fremdes** ~ kendi/başkasının kusuru; **grobes/leichtes** ~ (JUR) ağır/hafif kusur; **es ist ohne mein** ~ **passiert** benim kusurum olmadan oldu
Verschuldung *f* <-en> borçlanma
verschütten* *vt* **1.** (*Flüssigkeit*) dökmek **2.** (*zuschütten*) kapatmak; (*unter sich begraben*) altına gömmek; (*mit Erde bedecken*) üstünü toprakla örtmek (-in) **3.** (*fam fig*): **es bei jdm verschüttet haben** birinin gözünden düşmüş olmak
verschwägern* *irr vr:* **sich** ~ sıhriyet peyda etmek, akrabalık oluşturmak
verschwägert [fɛɐ'ʃvɛːgɐt] *adj* sıhrî, evlenme yoluyla akraba olan
verschweigen* *irr vt* gizlemek, söylememek; **jdm etw** ~ birinden bir şeyi gizlemek, birine bir şeyi söylememek
verschweißen* *vt* kaynakla birleştirmek
verschwenden* [fɛɐ'ʃvɛndən] *vt* (*Geld*) israf etmek, saçıp savurmak; (*Zeit*) (boşa) harcamak; (*Energie, Wasser*) israf etmek
Verschwender(in) *m(f)* <-s, -; -nen> müsrif (kimse), tutumsuz (kimse)
verschwenderisch *adj* **1.** savurgan, müsrif, tutumsuz; (*großzügig*) eli açık; **mit etw** *dat* ~ **umgehen** bir şeyde tutumsuz olmak, bir şeyde tasarruf etmemek, bir şeyi bol bol harcamak **2.** (*üppig*) bol
Verschwendung *f* <-en> israf, savurganlık
verschwiegen [fɛɐ'ʃviːgən] **I.** *pp von* **verschweigen II.** *adj* **1.** (*Person*) ketum, ağzı sıkı **2.** (*still, einsam*) ıssız, tenha
verschwinden* *irr vi sein* ortadan kaybolmak, yok olmak; **etw** ~ **lassen** (*wegzaubern*) bir şeyi yok etmek; **verschwinde!** (*fam*) kaybol!, karşımdan yok ol!; **ein ~d geringer Teil** yok denecek kadar küçük bir kısmı [*o* parçası]
Verschwinden *nt ohne Pl* <-s> kaybolma, yok olma
verschwitzen* *vt* **1.** (*Kleidung*) terleyerek ıslatmak, ter içinde bırakmak **2.** (*fam fig: vergessen*) unutmak
verschwitzt *adj* terli
verschwollen *adj* şiş(miş)
verschwommen [fɛɐ'ʃvɔmən] *adj* belirsiz; (*Bild, Foto*) bulanık, net olmayan; (*Erinnerung*) belli belirsiz, hayal meyal; **ohne Brille sehe ich alles** ~ gözlüksüz her şeyi bulanık görüyorum; **ich habe nur noch eine ~e Erinnerung daran** onu ancak hayal meyal hatırlayabiliyorum
verschwören* *irr vr:* **sich** ~ komplo kurmak (*gegen* -e karşı), kumpas kurmak; **alles hat sich gegen mich verschworen** (*fig*) her işim ters gidiyor
Verschwörer(in) *m(f)* <-s, -; -nen> komplocu, fesatçı
Verschwörung *f* <-en> komplo, fesat
verschwunden *pp von* **verschwinden**
versehen* *irr* **I.** *vt* **1.** (*ausstatten*) donatmak (*mit* -le), döşemek (*mit* -le); **etw mit seiner Unterschrift/einem Stempel** ~ bir şeye imzasını/damga basmak **2.** (*Dienst, Amt*) yapmak, yerine getirmek **3.** (*falsch machen*) yanlış yapmak **4.** (*sich kümmern*) bakmak (-e), göz kulak olmak (-e) **II.** *vr:* **sich** ~ **1.** (*irren*) yanılmak, yanlış(lık) yapmak **2.** (*sich gefasst machen*): **ehe man sich's versieht(, ist es passiert)** (*fam*) ne oluyor demeye kalmadan (olan olmak) **3.** (*sich versorgen*): **sich mit etw** *dat* ~ kendine bir şey temin etmek
Versehen *nt* <-s, -> (*Fehler*) yanlışlık, hata; **etw aus** ~ **tun** yanlışlıkla yapmak
versehentlich *adv* yanlışlıkla
Versehrte(r) *mf* <-n, -n; -n> malûl
verselbständigen* *vr,* **verselbstständigen*** [RR] *vr:* **sich** ~ kendi işini kurmak
versenden* *irr vt* göndermek
versengen* [fɛɐ'zɛŋən] *vt* yakmak
versenken* **I.** *vt* **1.** (*Schiff*) batırmak **2.** (*in*

Flüssigkeit) daldırmak (*in* -e); **etw in der Erde** ~ bir şeyi toprağa gömmek **II.** *vr:* **sich** ~ dalmak (*in* -e)

Versenkschraube *f* gömme vida

Versenkung *f* <-en> **1.** (*von Schiffen*) batırma **2.** (*Meditation*) tefekküre dalma; **in der** ~ **verschwinden** (*fam*) kayıplara karışmak, unutulup gitmek

versessen [fɛɐ'zɛsən] *adj:* **auf etw** ~ **sein** bir şeye düşkün olmak, bir şeyin delisi [*o* hastası] olmak

versetzen* **I.** *vt* **1.** (*umsetzen*) başka yere koymak; (*Pflanzen*) yerini değiştirmek (-in) **2.** (*beruflich*) atamak, tayin etmek **3.** (SCHULE) geçirmek; **sie ist in die fünfte Klasse versetzt worden** beşinci sınıfa geçirildi; **er wird nicht versetzt** sınıfı geçemedi **4.** (*verpfänden*) rehin etmek **5.** (*vermischen*) karıştırmak; **etw mit Alkohol/Wasser** ~ biraz alkol/su ile karıştırmak **6.** (*Schlag*) geçirmek; **jdm einen Schrecken** ~ birinin ödünü koparmak **7.** (*antworten*) diye cevap vermek **8.** (*fam: warten lassen*) ekmek **9.** (*in Zustand bringen*): **jdn in Zorn/in Angst** ~ birini öfkelendirmek/korkutmak; **in den Alarmzustand** ~ alârma geçirmek; **jdn in die Lage** ~ **etw zu tun** birini bir şey yapabilecek duruma getirmek **10.** (*zurück~*) geri almak **II.** *vr:* **sich in jds Lage** ~ kendini birinin yerine koymak

Versetzung *f* <-en> **1.** (*örtlich*) atama, tayin **2.** (*beruflich*) yükselme, terfi **3.** (SCHULE) (sınıf) geçme; **deine** ~ **ist gefährdet** sınıfı geçip geçmeyeceğin belli değil **4.** (*Verpfändung*) terhin, rehine verme, rehin olarak verme, tutuya koyma

verseuchen* [fɛɐ'zɔɪçən] *vt* bulaştırmak

Versicherer *m* sigortacı

versichern* **I.** *vt* **1.** temin etmek; **jdm etw** ~ birine bir şeyi temin etmek **2.** (*Versicherung abschließen*) sigorta et(tir)mek (*gegen* -e karşı), sigortalamak (*gegen* -e karşı) **II.** *vr:* **sich** ~ **1.** (*sich vergewissern*) emin olmak **2.** (*Versicherung abschließen*) kendini sigorta ettirmek (*gegen* -e karşı), sigortalanmak (*gegen* -e karşı)

Versicherte(r) *mf* <-n, -n; -n> sigortalı

Versicherung *f* <-en> **1.** (*Vertrag*) sigorta (*gegen* -e karşı); **eine** ~ **abschließen** sigorta olmak **2.** (*~sgesellschaft*) sigorta **3.** (*Beteuerung*) temin (verme), beyan; (*Behauptung*) iddia ve temin etme; **eidesstattliche** ~ yemin yerine temin; (*über Vermögensverhältnisse*) mal beyanı; **Versicherungsagent** *m* sigorta acentesi; **Versicherungsanspruch** *m* sigorta hakkı; **Versicherungsanstalt** *f* sigorta kurumu; **Versicherungsbeitrag** *m* sigorta primi; **Versicherungsbetrug** *m* sigortayı dolandırma; **Versicherungsfachmann** *m* <-(e)s, -männer> sigorta eksperi; **Versicherungsfall** *m* <-(e)s, -fälle> sigortalık durum; **Versicherungsgesellschaft** *f* <-en> sigorta şirketi; **Versicherungskarte** *f* <-n> sigorta kartı; **Versicherungsnummer** *f* <-n> sigorta numarası

versicherungspflichtig *adj* sigorta yaptırma zorunluğu olan; **Versicherungspolice** *f* sigorta poliçesi; **Versicherungsprämie** *f* sigorta primi

Versicherungsschutz *m* sigortanın kapsamı

Versicherungssumme *f* sigorta bedeli; **Versicherungsvertreter(in)** *m(f)* sigorta acentesi; **Versicherungswesen** *nt ohne Pl* sigortacılık

versickern* *vi sein* sızmak

versiegeln* *vt* mühürlemek, mühür basmak (-e); (*Fußboden*) cam cilâ yapmak (-e)

versiegen* *vi sein* (*Quelle*) kurumak, suyu çekilmek; (*Kräfte*) tükenmek; (*Gespräch*) bitmek

versiert [vɛr'ziːɐt] *adj* deneyimli; **in etw** *dat* ~ **sein** bir şeyde deneyimli olmak

versilbern* *vt* **1.** (*mit Silber überziehen*) gümüşle kaplamak **2.** (*fam: verkaufen*) paraya çevirmek

versinken* *irr vi sein* **1.** (*in Flüssigkeit*) batmak (*in* -de); (*in Schnee, Schlamm; Schiff*) batmak (*in* -de); **ich hätte vor Scham im Boden** ~ **mögen!** utancımdan yerin dibine geçtim! **2.** (*sich hingeben*) dalmak (*in* -e); **in Gedanken versunken** düşünceye dalmış olmak

versinnbildlichen* [fɛɐ'zɪnbɪltlɪçən] *vt* simgeleştirmek

Version [vɛr'zjoːn] *f* <-en> versiyon, değişik biçim

versklaven* *vt* köleleştirmek

Versklavung *f* <-en> köleleştirme

Versmaß *nt* <-es, -e> (LIT) ölçü, vezin

versöhnen* [fɛɐ'zøːnən] **I.** *vt* **1.** (*Streitende*) uzlaştırmak, barıştırmak **2.** (*versöhnlich stimmen*) gönlünü almak (-in) **II.** *vr:* **sich** ~ uzlaşmak, barışmak

versöhnlich *adj* (*Person*) geçimli, uysal; (*Worte*) gönül alıcı; **jdn** ~ **stimmen** birinin gönlünü almak

Versöhnung *f* <-en> barış; (*das Sichversöhnen*) barışma; (*das Versöhnen*) barıştırma, gönül alma

versorgen* **I.** *vt* **1.** (*verschaffen*) sağlamak (-e, *mit* -), temin etmek (-e, *mit* -), tedarik etmek (-e, *mit* -); (*beliefern*) dağıtmak (-e, *mit* -) **2.** (*unterhalten*) geçimini sağlamak (-in), geçindirmek, ihtiyaçlarını karşılamak (-in) **3.** (*betreuen*) bakmak (-e) **II.** *vr:* **sich**

~ geçinmek (*mit*-le); **sich selbst** ~ kendini geçindirmek, kendi ihtiyaçlarını kendi karşılamak

Versorgung *f ohne Pl* **1.** (*Belieferung*) dağıtım (*mit*-) **2.** (*Unterhalt*) geçinme; (*Rente*) emeklilik **3.** (*Betreuung*) bakım, bakma; **ärztliche** ~ tıbbî bakım; **versorgungsberechtigt** *adj* emeklilik hakkı olan, bakımdan yararlanmaya hakkı olan; **Versorgungsleitung** *f* dağıtım hattı

verspäten* *vr:* **sich** ~ gecikmek; **sich um eine Stunde** ~ bir saat gecikmek

verspätet **I.** *adj* gecikmeli, rötarlı **II.** *adv* gecikerek, rotarlı olarak

Verspätung *f* <-en> gecikme, rötar; **zehn Minuten** ~ **haben** on dakika gecikmeli olmak, on dakikalık rötarı olmak

verspeisen* *vt* (*geh*) yemek

versperren* *vt* **1.** (*blockieren*) kapatmak, engel olmak (-e); **die Durchfahrt** ~ geçişi kapatmak; **jdm die Sicht** ~ birinin önünü kapamak, birinin görmesine engel olmak **2.** (*österr, reg: zuschließen*) kapamak

verspielen* **I.** *vi* kaybetmek; **er hat bei mir verspielt** (*fam*) o, benim gözümden düştü; **du hast verspielt** kaybettin **II.** *vt* **1.** (*Geld*) (oyunda) kaybetmek; **er hat sein ganzes Geld an der Börse/beim Glücksspiel verspielt** bütün parasını borsada/kumarda kaybetti **2.** (*Chance, Recht, Ansprüche*) kaybetmek **III.** *vr:* **sich** ~ (MUS) yanlış nota çalmak

verspielt *adj* **1.** (*Kind, Tier*) oyuncu, oyunu seven **2.** (*Melodie*) oynak

verspotten* *vt* makaraya almak, alay etmek (ile)

versprechen* *irr* **I.** *vt* vadetmek, söz vermek; **viel** ~**d** çok şey vadeden, umut verici; **ich kann dir nichts** ~ sana hiçbir vaatte bulunamam; **sich** *dat* **etwas** ~ bir şey ummak (*von* -den); **das Wetter verspricht heute gut zu werden** bugün hava iyi olacağa benziyor **II.** *vr:* **sich** ~ (*falsch aussprechen*) dili sürçmek

Versprechen *nt* <-s, -> vaat, (verilen) söz; **jdm ein** ~ **geben** birine söz vermek, birine vaatte bulunmak; **ein** ~ **einhalten** sözünü tutmak, verdiği sözü yerine getirmek

Versprecher *m* <-s, -> dil sürçmesi

Versprechung *f* <-en> vaat; **leere** ~**en machen** boş vaatlerde bulunmak

verspritzen* *vt* **1.** (*versprühen*) püskürtmek **2.** (*bespritzen*) (püskürterek) ıslatmak, (sıçratarak) pisletmek **3.** (*voll spritzen*) fışkırtmak

versprochen *pp von* **versprechen**

versprühen* *vt* püskürtmek

verspüren* *vt* duymak, hissetmek

verstaatlichen* *vt* devletleştirmek, kamulaştırmak

verstädtern* **I.** *vt* kentleştirmek **II.** *vi* kentleşmek, şehirleşmek

verstand [fɛɐˈʃtant] *3. imp von* **verstehen**

Verstand [fɛɐˈʃtant] *m ohne Pl* <-(e)s> (*Denkfähigkeit*) akıl, us; (*Vernunft*) akıl, us; **den** ~ **verlieren** aklını kaçırmak, aklını yitirmek, oynatmak, fırttırmak; **bei klarem** ~ **sein** aklı başında olmak; **du bist wohl nicht ganz bei** ~**!** (*fam*) aklın başında değil herhalde!; **das geht über meinen** ~ (*fam*) buna benim aklım ermiyor

verstanden [fɛɐˈʃtandən] *pp von* **verstehen**

verständig [fɛɐˈʃtɛndɪç] *adj* (*vernünftig*) akıllıca; (*klug*) akıllı

verständigen* [fɛɐˈʃtɛndɪgən] **I.** *vt* (*benachrichtigen*) haberdar etmek (*von* -den) **II.** *vr:* **sich** ~ **1.** (*kommunizieren*) anlaşmak **2.** (*sich einigen*) uzlaşmak (*über* üzerinde)

Verständigung *f* <-en> **1.** (*Benachrichtigung*) haberdar etme **2.** (*Kommunikation*) anlaşma **3.** (*Einigung*) uzlaşma; **Verständigungsschwierigkeiten** *fpl* anlaşmada güçlükler *pl*

verständlich [fɛɐˈʃtɛntlɪç] *adj* (*begreiflich*) anlaşılır; (*deutlich*) açık; **leicht/schwer** ~ kolay/zor anlaşılır, anlaşılması kolay/zor; **sich** ~ **machen** derdini anlatmak; **sich** ~ **ausdrücken** anlaşılır bir biçimde derdini anlatmak

verständlicherweise [-ˈ---ˈ--] *adv* tabiî ki, gayet tabiî; **darüber ist er** ~ **böse** ona tabiî ki kızdı

Verständlichkeit *f ohne Pl* anlaşılırlık

Verständnis [fɛɐˈʃtɛntnɪs] *nt ohne Pl* <-ses> **1.** (*Begreifen, Mitgefühl*) anlayış; **für jdn/etw kein** ~ **haben** bir kimseye/şeye anlayış göstermek; **dafür hast du mein vollstes** ~ seni çok iyi anlıyorum; **wir bitten um Ihr** ~ anlayış göstermenizi rica ederiz **2.** (*Sinn, Gefühl*) anlayış (*für* -); **er hat kein** ~ **für Kunst/Musik** onun sanat/müzik anlayışı yoktur

verständnislos *adj* anlayışsız, düşüncesiz

verständnisvoll *adj* anlayışlı, düşünceli

verstärken* **I.** *vt* **1.** (*stabiler machen*) pekiştirmek, sağlamlaştırmak, takviye etmek **2.** (*vergrößern*) büyütmek, sayısını artırmak (-in) **3.** (*Lautstärke*) yükseltmek; (*Instrumente*) gücünü artırmak (-in) **II.** *vr:* **sich** ~ pekişmek, sağlamlaşmak, artmak, yükselmek

Verstärker *m* <-s, -> (TECH, ELEK) amplifikatör, yükselteç

Verstärkung *f* <-en> **1.** (*der Stabilität*) pekiştirme **2.** (*Vergrößerung*) büyütme **3.** (*der Lautstärke*) yükseltme **4.** (*a.* MIL:

Personengruppe) takviye; **den Feind hinhalten bis ~ kommt** takviye gelinceye kadar düşmanı oyalamak

verstauben* [fɛɐ'ʃtaʊbən] *vi sein* tozlanmak; **die Bücher sind ganz verstaubt** kitaplar toz içinde yüzüyor

verstauchen* [fɛɐ'ʃtaʊxən] *vt* burkmak; **ich habe mir das Handgelenk verstaucht** bileğimi burktum

verstauen* *vt* istiflemek (*in* -e), yerleştirmek (*in* -e)

Versteck [fɛɐ'ʃtɛk] *nt* <-(e)s, -e> saklanacak yer; ~ **spielen** saklambaç oynamak

verstecken* **I.** *vt* saklamak (*vor* -den); (*verbergen*) gizli tutmak (*vor* -den) **II.** *vr:* **sich** ~ saklanmak (*vor* -den)

Versteckspiel *nt* <-(e)s, -e> saklambaç; **lass das ~!** (*fig*) bırak bu oyunları!

versteckt *adj* **1.** (*verborgen*) saklı **2.** (*Anspielung*) üstü kapalı; (*heimlich*) gizli; **~e Kamera** gizli kamera

verstehen <versteht, verstand, verstanden> **I.** *vt* **1.** (*hören*) duymak; (*begreifen*) anlamak; **verstanden?** anladın mı?; **das hast du falsch verstanden** bunu yanlış anladın; **versteh mich recht** beni doğru anla; **wie soll ich das ~?** bunu nasıl anlamam gerekir? **2.** (*meinen*) demek istemek (*unter* ile), kastetmek (*unter* ile); **was verstehst du unter diesem Begriff?** bu kavramdan ne anlıyorsun? **3.** (*können*) bilmek; **er versteht es, mit Kindern umzugehen** çocuklara nasıl davranılması gerektiğini bilir **4.** (*Verständnis haben*) anlamak; **ich verstehe deinen Ärger** öfkeni anlıyorum **II.** *vr:* **sich** ~ **1.** (*auskommen*) anlaşmak, geçinmek; **ich verstehe mich gut mit ihr** onunla iyi anlaşıyorum **2.** (*sich einschätzen*): **sich ~ als** kendini görmek **3.** (*beherrschen*): **sich auf etw ~** bir şeyden anlamak **4.** (*zu verstehen sein*): **die Preise ~ sich zuzüglich Mehrwertsteuer** fiyatlara katma değer vergisi dahildir; **das versteht sich doch von selbst** bu kendiliğinden anlaşılır, bu gayet tabiî bir şey; **versteht sich!** tabiî!, elbette!, tamam!

versteifen* **I.** *vt* sertleştirmek; (*Brücke, Mauer*) takviye etmek, sağlamlaştırmak **II.** *vi* sertleşmek **III.** *vr:* **sich** ~ direnmek (*auf* -de), ısrar etmek (*auf* -de)

versteigern* *vt* artırma yolu ile satmak

Versteigerung *f* <-en> artırma, müzayede

Versteinerung *f* <-en> **1.** *ohne Pl* (*das Versteinern*) taşlaşma, petrifikasyon, taş hâline dönüşme **2.** (*Objekt*) fosil

verstellbar *adj* ayarlanır; **in der Höhe ~** yüksekliği ayarlanır

verstellen* **I.** *vt* **1.** (*örtlich*) başka yere koymak, yerini değiştirmek (-in); (*falsch stellen*) yanlış yere koymak **2.** (*einstellen*) ayarlamak; (*regulieren*) ayarlamak **3.** (*versperren*) engel olmak (-e); **jdm den Weg ~** birinin yolunu kesmek, birinin geçmesine engel olmak **4.** (*Stimme, Handschrift*) değiştirmek **II.** *vr:* **sich** ~ **1.** (*Person*) rol yapmak, sahte tavır takınmak **2.** (TECH) ayarı bozulmak; **die Zündung hat sich verstellt** ateşleme ayarı bozulmuş

Verstellung[1] *f* <-en> **1.** (*örtlich*) başka yere koyma, yerini değiştirme **2.** (*Einstellung*) ayar; (*Regulierung*) ayarla(n)ma

Verstellung[2] *f ohne Pl* (*Täuschung*) rol yapma

versterben* *vi* ölmek, vefat etmek

versteuern* *vt* vergisini ödemek (-in)

verstimmen* *vt* **1.** (*Instrument*) akordunu bozmak (-in) **2.** (*verärgern*) keyfini bozmak (-in)

verstimmt *adj* **1.** (*Instrument*) akordu bozuk, akortsuz **2.** (*Person*) keyfi bozuk, keyifsiz; **einen ~en Magen haben** midesi bozulmuş olmak

verstockt [fɛɐ'ʃtɔkt] *adj* (*pej*) inatçı, dik başlı

verstohlen [fɛɐ'ʃtoːlən] *adj* gizli, kaçamak

verstopfen* **I.** *vi sein* tıkanmak **II.** *vt* **1.** (*Loch*) tıkamak **2.** (*Abfluss*) tıkamak

verstopft *adj* (*Abfluss, Nase, Ohren*) tıkanık, tıkalı; (*Mensch*) kabız; **~e Straßen** tıkanık yollar

Verstopfung *f* <-en> **1.** (*eines Lochs*) tıkama; (*von Abfluss*) tıkanma **2.** (MED) kabızlık; **ich habe ~** kabız oldum **3.** (*Stau*) tıkanıklık, tıkanma

verstorben [fɛɐ'ʃtɔrbən] *adj* ölen, ölmüş

Verstorbene(r) *mf* <-n, -n; -n> ölen (kimse), müteveffa, merhum

verstört [fɛɐ'ʃtøːɐt] *adj* şaşkın; **~ sein** şoke olmak

Verstoß *m* <-es, -stöße> ihlâl (*gegen* -i), aykırılık (*gegen* -e), aykırı hareket (*gegen* -e); **~ gegen die guten Sitten** iyi niyet kurallarına aykırı hareket

verstoßen* *irr* **I.** *vi* aykırı hareket etmek (*gegen* -e); (*gegen Gesetz*) ihlâl etmek **II.** *vt* kovmak, defetmek

verstrahlt *adj* radyasyonlu

verstreben* *vt* payandalamak, payanda vurmak (-e)

Verstrebung *f* <-en> payandalama

verstreichen* *irr* **I.** *vi sein* (*geh: Zeit*) geçmek; (*Frist*) dolmak **II.** *vt* **1.** (*Farbe, Butter*) sürmek (*auf* -e) **2.** (*Ritz, Spalt*) sıvayarak kapamak

verstrichen *pp von* **verstreichen**

verstricken* **I.** *vt* **1.** (*Wolle*) örerek tüketmek **2.** (*fig: verwickeln*) bulaştırmak (*in* -e), karıştırmak (*in* -e); **die Finger inei-**

V

nander ~ parmaklarını iç içe geçirmek **II.** *vr:* **sich** ~ (*fig: Personen*) bulaşmak (*in* -e), karışmak (*in* -e); **sich in Widersprüche** ~ tezata düşmek

verstümmeln* [fɛɐ'ʃtʏməln] *vt* sakatlamak

Verstümmelung *f* <-en> sakatlama

verstummen* *vi sein* (*geh: Person*) sesi kesilmek, sesini kesmek; (*Geräusch*) sessizliğe gömülmek

Versuch [fɛɐ'zu:x] *m* <-(e)s, -e> **1.** (*Handlung, a.* SPORT) deneme; (*einer Straftat*) teşebbüs, kalkışma, girişme; **das käme auf einen ~ an** bunu denemek gerekir **2.** (*Experiment*) deney; (*Test*) test

versuchen* **I.** *vt* **1.** (*ausprobieren*) denemek; (*eine Straftat*) teşebbüs etmek (-e), kalkışmak (-e), girişmek (-e), çalışmak (-e); **~, seine Haut zu retten** (*fig fam*) postu [*o* pöstekiyi] kurtarmaya çalışmak; **~ Sie keine Tricks!** hiç oyun denemeyiniz!, oyun oynamaya kalkışmayın! **2.** (*kosten*) denemek **3.** (*geh: versucht sein*): **ich bin versucht es mal auszuprobieren** bunu bir kere denemeyi canım istiyor **II.** *vr:* **sich in etw** *dat* ~ bir şeyi denemek

Versuchsanlage *f* pilot tesis; **Versuchskaninchen** *nt* (*fam pej*) deneme tahtası; **Versuchsperson** *f* (MED, PSYCH) denek; **Versuchsprojekt** *nt* pilot proje; **Versuchsreihe** *f* <-n> deney dizisi; **Versuchstier** *nt* deney hayvanı

versuchsweise [-vaɪzə] *adv* denemek amacıyla

Versuchung *f* <-en> ayartı, baştan çıkarma; **jdn in ~ führen** birini ayartmak [*o* baştan çıkarmak]; **in ~ kommen** baştan çıkmak, şeytana uymak

versunken [fɛɐ'zʊŋkən] **I.** *pp von* **versinken** **II.** *adj* (*fig*): **in Gedanken** ~ düşünceye dalmış

versüßen* *vt* tatlandırmak

Vertäfelung [fɛɐ'tɛ:fəlʊŋ] *f* <-en> (*der Wand*) kaplama; (*der Decke*) kaplama

vertagen* [fɛɐ'ta:gən] **I.** *vt* **1.** (*aufschieben*) ertelemek (*auf* -e), tehir etmek (*auf* -e) **2.** (*Schweiz: anberaumen*) kararlaştırmak, tayin etmek, belirlemek **II.** *vr:* **sich** ~ ertelenmek (*auf* -e)

vertan *pp von* **vertun**

vertauschen* *vt* **1.** (*verwechseln*) karıştırmak (*mit* -le) **2.** (*austauschen*) değiştirmek (*gegen/mit* -le/-le)

verteidigen* [fɛɐ'taɪdɪgən] **I.** *vt* (*a.* SPORT, JUR) savunmak (*gegen* -e karşı), müdafaa etmek (*gegen* -e karşı) **II.** *vr:* **sich** ~ kendini savunmak (*mit* -le, *gegen* -e karşı); (*sich rechtfertigen*) haklı sebep göstermek

Verteidiger(in) *m(f)* <-s, -; -nen> **1.** (SPORT) savunucu, bek **2.** (JUR) müdafi, savunma vekili

Verteidigung *f* <-en> (*a.* JUR, MIL) savunma (*gegen* -e karşı), müdafaa (*gegen* -e karşı); (*a.* SPORT) savunma, defans (*gegen* -e karşı); **Verteidigungsminister(in)** *m(f)* savunma bakanı; **Verteidigungsministerium** *nt* savunma bakanlığı

verteilen* **I.** *vt* **1.** (*austeilen*) dağıtmak (*unter/an* -e/-e), paylaştırmak, pay etmek **2.** (*aufteilen*) bölüştürmek (*auf* -e), taksim etmek (*auf* -e); **übers ganze Land verteilt** bütün ülkeye dağılmış **3.** (*ausbreiten*) yaymak **4.** (*verstreichen*) sürmek **II.** *vr:* **sich** ~ dağılmak (*auf* -e)

Verteiler *m* <-s, -> (AUTO) distribütör; (WIRTSCH) distribütör, dağıtıcı; **Verteilerkappe** *f* (AUTO) distribütör kafası; **Verteilerkasten** *m* (ELEK) buat

Verteilung *f* <-en> **1.** (*Austeilung*) dağıtma (*an/unter* -e/arasında); (*Zuteilung*) tahsis **2.** (*Aufteilung*) bölüştürme, taksim **3.** (WIRTSCH) dağılım

verteuern* **I.** *vt* fiyatını artırmak (*um* -, *auf* -e) **II.** *vr:* **sich** ~ pahalılaşmak, pahalanmak, fiyatı artmak (*um* -, *auf* -e)

verteufeln* *vt* (*pej*) lânetlemek

vertiefen* **I.** *vt* derinleştirmek **II.** *vr:* **sich** ~ (*tiefer werden*) derinleşmek; **sich in etw ~** bir şeye dalmak; **in etw vertieft sein** bir şeye dalmış olmak

Vertiefung *f* <-en> **1.** (*von Graben, Thema*) derinleştirme; (*im Gelände*) çukur **2.** (*von Person*) derinleştirme

vertikal [vɛrti'ka:l, '---] *adj* dik, dikey, düşey

Vertikale [vɛrti'ka:lə] *f* <-n> dikme; (*senkrechte Gerade*) düşey [*o* dikey] doğru

Vertikalebene *f* (MATH) düşey düzlem; **Vertikalkreis** *m* (ASTR) düşey çember

vertilgen* *vt* **1.** (*Ungeziefer, Unkraut*) yok etmek, imha etmek; (*ausrotten*) kökünü kurutmak (-in) **2.** (*fam: essen*) silip süpürmek

Vertilgungsmittel *nt* (*gegen Ungeziefer*) böceksavar; (*gegen Unkraut*) ot ilâcı

vertippen* *vr:* **sich** ~ (*fam*) (daktiloda) yanlış yazmak

vertonen* [fɛɐ'to:nən] *vt* seslendirmek, sözlendirmek

Vertrag [fɛɐ'tra:k, *Pl:* fɛɐ'trɛ:gə] *m* <-(e)s, -träge> sözleşme, mukavele, kontrat, akit, bağıt; (POL) sözleşme, an(t)laşma; **einen ~ (ab)schließen** sözleşme yapmak; **den ~ kündigen/brechen** sözleşmeyi feshetmek/bozmak; **unter ~ stehen** sözleşmeli olmak

vertragen* *irr* **I.** *vt* **1.** kaldırmak, dayanmak (-e), tahammül etmek (-e); **dieses Klima vertrage ich nicht** bu iklim bana dokunuyor **2.** (*Speisen*) yiyebilmek; (*Medika-*

mente) alabilmek; **ich vertrage keine Milch** süt bana dokunuyor; **ich könnte noch ein Bier** ~ (*fam*) bir bira daha içebilirim **3.** (*Schweiz: austragen*) dağıtmak **II.** *vr:* **sich** ~ **1.** (*Personen*) geçinmek; **wir haben uns wieder** ~ biz barıştık **2.** (*vereinbar sein*) bağdaşmak

vertraglich **I.** *adj* sözleşmeli, sözleşmeye dayanan **II.** *adv* sözleşmeli olarak, sözleşmeye dayanarak, sözleşme ile; ~ **gebunden sein** sözleşme ile bağlı olmak

verträglich [fɛɐ'trɛːklɪç] *adj* **1.** (*Speisen*) yenir, sindirimi kolay; **gut/schlecht** ~ dokunmayan/dokunan **2.** (*Personen*) geçimli, uyuşkan

Vertragsabschluss[RR] *m* sözleşmenin yapılması; **Vertragsbruch** *m* sözleşmeyi bozma; **vertragsbrüchig** *adj* sözleşmeyi bozan; ~ **werden** sözleşmeyi bozmak

vertragschließend *adj* sözleşme yapan; ~**e Partei** âkit, sözleşmeyi yapan taraf

Vertragspartner(in) *m(f)* âkit, sözleşmeyi yapan taraf; **vertragswidrig** *adj* sözleşmeye aykırı

vertrauen* *vi:* **jdm/etw** *dat* ~ bir kimseye/şeye güvenmek [*o* itimat etmek]; **auf jdn/etw** *akk* ~ bir kimseye/şeye bel bağlamak

Vertrauen *nt ohne Pl* <-s> güven (*auf/in/zu* -e/-e/-e), itimat (*auf/in/zu* -e/-e/-e); **im** ~ (**gesagt**) (lâf) aramızda kalsın; **jdm** ~ **einflößen** birine güven vermek, birine itimat telkin etmek; **jdn ins** ~ **ziehen** birine açılmak; **jds** ~ **erschüttern/genießen** birinin güvenini sarsmak/kazanmış olmak; ~ **zu jdm haben** birine güveni olmak; **er hat wenig** ~ **zu sich selbst** kendine güveni az; **sie besitzt mein volles** ~ ona sonsuz güvenim var; **zu jdm** ~ **fassen** birine güven duymaya başlamak

vertrauenerweckend *adj s.* **erwecken 2.**

Vertrauensarzt, -ärztin *m, f* **1.** (*Berater*) sigortanın tıbbî danışmanı **2.** *uzun süren hastalık durumunda hastanın çalışıp çalışmayacağına karar verip sigortaya rapor veren hekim;* **Vertrauensbasis** *f ohne Pl:* **Geschäft/Zusammenarbeit auf** ~ karşılıklı güven esasına dayanan iş/iş birliği; **Vertrauensbruch** *m* inancı kötüye kullanma; **Vertrauensfrage** *f* (*a.* POL) güvenoyu; **die** ~ **stellen** güven istemek, güvenoyuna başvurmak; **Vertrauenskrise** *f* (*a.* POL) güvensizlik; **Vertrauenslehrer** *m* (SCHULE) rehber öğretmen

Vertrauenssache[1] *f ohne Pl* (*Frage des Vertrauens*) güven sorunu, itimat meselesi

Vertrauenssache[2] *f* <-n> (*zur vertraulichen Behandlung*) gizli, mahrem

vertrauensselig *adj* körü körüne güvenen

Vertrauensseligkeit *f ohne Pl* körü körüne güvenme

vertrauensvoll **I.** *adj* güvenilir, güven dolu **II.** *adv* güvenle, güvenerek; ~ **in die Zukunft blicken** güvenle geleceğe bakmak; **sich** ~ **an jdn wenden** (*fam*) hiç çekinmeden birine başvurmak; **Vertrauensvotum** *nt* (POL) güvenoyu; **vertrauenswürdig** *adj* güvenilir; **Vertrauenswürdigkeit** *f ohne Pl* güvenilirlik

vertraulich *adj* **1.** (*geheim*) gizli, mahrem **2.** (*persönlich*) samimî; ~ **werden** samimîleşmek

Vertraulichkeit[1] *f ohne Pl* (*Eigenschaft*) gizlilik, mahremiyet

Vertraulichkeit[2] *f* <-en> samimîlik, samimiyet; (*Aufdringlichkeit*) aşırı samimiyet; **plumpe** ~**en** sırnaşıklıklar, cıvıklıklar

verträumt [fɛɐ'trɔɪmt] *adj* **1.** (*Person*) düşçü, hayalperest **2.** (*Ort*) sakin

Verträumtheit *f ohne Pl* (*einer Person*) düşçülük, hayalperestlik

vertraut [fɛɐ'traʊt] *adj* **1.** (*eng verbunden*) içten, samimî; (*Freund*) samimî, candan; ~ **miteinander sein** birbiriyle samimî [*o* senli benli] olmak **2.** (*bekannt*) bilinen, tanınan, aşina; **sich mit etw** *dat* ~ **machen** bir şeye aşinalık göstermek, bir şeyle ilgilenmek; **eine mir** ~**e Schrift** iyi bildiğim bir yazı

Vertraute(r) *mf* <-n, -n; -n> sırdaş

Vertrautheit *f ohne Pl* **1.** (*enge Verbundenheit*) samimîlik **2.** (*Bekanntheit*) aşinalık, tanışıklık

vertreiben* *irr vt* **1.** (*Personen*) kovmak (*aus* -den); (*aus der Heimat*) sürmek (*aus* -den) **2.** (*Tiere*) kovmak; (*Müdigkeit*) gidermek; **sich** *dat* **die Zeit** ~ oyalanmak, vakit geçirmek, boşuna zaman harcamak; **der Wind hat die Wolken vertrieben** rüzgâr bulutları dağıttı **3.** (*verkaufen*) satmak

Vertreibung *f* <-en> kovma (*aus* -den), sürme (*aus* -den)

vertretbar *adj* **1.** haklı bulunabilir, savunulabilir **2.** (JUR) mislî; ~**e Sachen** mislî eşya

vertreten* *irr vt* **1.** (*ersetzen*) yerini almak (-in) **2.** (*als Beauftragter*) temsil etmek; (*als Anwalt*) savunmak, avukatlığını yapmak (-in) **3.** (*Interessen*) savunmak; (*Ansicht, These*) savunmak, yana olmak (-den); (*verantworten*) sorumluluğunu yüklenmek (-in) **4.** (*vorhanden sein*): (**nicht**) ~ **sein** bulun(ma)mak (*unter* -in aralarında), mevcut ol(ma)mak; **stark/schwach** ~ **sein** sayıca çok/az olmak **5.** (*verstauchen*) burkmak; **sich** *dat* **die Beine** ~ (*fam*) şöyle bir yürümek, uyuşan bacaklarını yürüyerek açmak

Vertreter(in) *m(f)* <-s, -; -nen> **1.** (*Stell~*) temsilci, mümessil **2.** (*Beauftragter*) vekil **3.** (*Handels~*) acente **4.** (*Verfechter*) savunucu; **ein ~ des Symbolismus** sembolizm yanlısı olan kimse

Vertretung *f* <-en> **1.** (*Stell~*) temsil; (*Person*) temsilci; **in ~ von jdm handeln** birine temsilen davranmak **2.** (*Delegation*) temsilcilik; **die diplomatische ~** (POL) diplomatik temsilcilik; (*Mission*) diplomatik misyon **3.** (*Handels~*) temsilcilik, acentelik; (*Filiale*) şube, acente

Vertrieb [fɛɐ'tri:p] *m ohne Pl* <-(e)s> **1.** (*von Waren*) satış; **den ~ für etw haben** bir şeyin distribütörü olmak **2.** (*Abteilung*) satış bölümü, dağıtım bürosu

vertrieben *pp von* **vertreiben**

Vertriebene(r) [fɛɐ'tri:bənɐ] *mf* <-n, -n; -n> sürgün; (*Heimat~*) (yurdundan) sürülen (kimse)

Vertriebsgesellschaft *f* <-en> dağıtım şirketi; **Vertriebsleiter(in)** *m(f)* <-s, -; -nen> satış müdürü, satış bölümü şefi

vertrocknen* *vi sein* kurumak

vertrocknet [fɛɐ'trɔknət] *adj* **1.** kurumuş; (*Brot*) kuru **2.** (*fam fig: Mensch*) esprisiz

vertrödeln* *vt* (*fam pej: Zeit*) harcamak; **ich habe den ganzen Tag vertrödelt** bütün gün boyunca dalga geçtim

vertrösten* *vt:* **jdn ~** birini oyalamak

vertun* *irr* **I.** *vt* (*Zeit, Geld*) harcamak; **eine vertane Gelegenheit** kaçırılmış bir fırsat **II.** *vr:* **sich ~** (*fam*) yanılmak

vertuschen* [fɛɐ'tʊʃən] *vt* örtbas etmek

verübeln* [fɛɐ'ʔy:bəln] *vt:* **jdm etw ~** birine bir şeyden alınmak, birine bir şeyden dolayı gücenmek

verüben* *vt* işlemek, etmek; **Selbstmord ~** intihar etmek

verunglücken* *vi sein* **1.** (*Unfall haben*) kaza geçirmek; **tödlich ~** kazaya kurban gitmek, geçirdiği kazada ölmek **2.** (*misslingen*) berbat olmak

Verunglückte(r) *mf* <-n, -n; -n> kazazede

verunreinigen* [fɛɐ'ʔʊnraɪnɪgən] *vt* pisletmek; (*Umwelt*) kirletmek

verunsichern* *vt* güvenini sarsmak (-in)

verunsichert [fɛɐ'ʔʊnzɪçɐt] *adj* (*verwirrt*) şaşkın; (*unsicher*) kuşkulu

Verunsicherung *f* <-en> (*Verwirrung*) şaşkınlık; (*Zweifel*) kuşku

verunstalten* [fɛɐ'ʔʊnʃtaltən] *vt* biçimini bozmak (-in), tahrif etmek; (*hässlich machen*) çirkinleştirmek; **diese Fabrik verunstaltet das Landschaftsbild** bu fabrika çevrenin genel görünümünü bozuyor

veruntreuen* [fɛɐ'ʔʊntrɔɪən] *vt* (JUR) zimmet(in)e geçirmek

Veruntreuung *f* <-en> (*a.* JUR) zimmet(in)e geçirmek

verursachen* [fɛɐ'ʔu:ɐzaxən] *vt* yol açmak (-e), sebep olmak (-e), sebebiyet vermek (-e); **Aufregung ~** ortalığı telaşa vermek; **Kosten ~** masraf kapısı açmak

Verursacher(in) *m(f)* <-s, -; -nen> sebep olan (kimse)

verurteilen* [fɛɐ'ʔʊrtaɪlən] *vt* (*a.* JUR) hüküm giydirmek (*zu* -e), mahkûm etmek (*zu* -e); **er wurde zum Tode verurteilt** ölüme mahkûm edildi; **zum Scheitern verurteilt sein** başarısız olacağı daha başından kesin [*o* belli] olmak

Verurteilte(r) *mf* <-n, -n; -n> (JUR) hükümlü, mahkûm

Verurteilung *f* <-en> (*a.* JUR) mahkûmiyet

vervielfältigen* [fɛɐ'fi:lfɛltɪgən] *vt* (TYPO) çoğaltmak

Vervielfältigung *f* <-en> (TYPO) çoğaltma, teksir

vervierfachen* [fɛɐ'fi:ɐfaxən] *vt* dörtlemek

vervollkommnen* [fɛɐ'fɔlkɔmnən] **I.** *vt* mükemmelleştirmek **II.** *vr:* **sich ~** mükemmelleşmek (*auf/in* -de/-de)

Vervollkommnung *f ohne Pl* mükemmelleştirme, mükemmelleşmek, mükemmellik

vervollständigen* *vt* tamamlamak, bütünlemek

Vervollständigung *f* <-en> tamamla(n)ma, bütünle(n)me

verwählen* *vr:* **sich ~** (*fam*) yanlış numara çevirmek

verwahren* [fɛɐ'va:rən] **I.** *vt* (*aufbewahren*) saklamak, muhafaza etmek **II.** *vr:* **sich ~** itiraz etmek (*gegen* -e); (*protestieren*) protesto etmek (*gegen* -i)

verwahrlosen* [fɛɐ'va:ɐlo:zən] *vi sein* bakımsız kalmak; **etw/jdn ~ lassen** bir şeyi/kimseyi bakımsız bırakmak

verwahrlost [fɛɐ'va:ɐlo:st] *adj* **1.** (*vernachlässigt*) ihmal edilmiş; (*ungepflegt*) bakımsız **2.** (*moralisch*) sefil

Verwahrung *f ohne Pl* **1.** sakla(n)ma, muhafaza; (JUR) vedia **2.** (*zwangsweise Unterbringung*) gözaltı; **jdn in ~ nehmen** birini gözaltına almak; **etw in ~ nehmen** bir şeyi muhafaza altına almak

verwaist [fɛɐ'vaɪst] *adj* (*Mensch*) öksüz; (*Ort*) kimsesiz

verwalten* *vt* yönetmek, idare etmek; (INFORM) yönetmek

Verwalter(in) *m(f)* <-s, -; -nen> yönetici, idareci; (*Guts~*) kâhya

Verwaltung *f* <-en> yönetim, idare; (INFORM) yönetim; **Verwaltungsapparat** *m* idare mekanizması, yönetim sistemi; **Verwaltungsbezirk** *m* yönetim bölgesi; **Verwaltungsgericht** *nt* idare mahkemesi;

Verwaltungsrat *m* yönetim kurulu; **Verwaltungsrecht** *nt ohne Pl* <-(e)s> idare hukuku

verwandeln* **I.** *vt* **1.** (*ändern*) değiştirmek, çevirmek (*in* -e); **er ist wie verwandelt** tamamıyla değişmiş gibi, sanki bambaşka birisi olmuş **2.** (CHEM, PHYS) dönüştürmek **3.** (*verhexen*): **den Prinzen in einen Frosch ~** prensi kurbağaya çevirmek **II.** *vr:* **sich ~** dönüşmek (*in* -e); (*Gestalt annehmen*) kılığına girmek, olmak

Verwandlung *f* <-en> değişme, dönüşme (*in* -e), dönüşüm (*in* -e)

verwandt [fɛɐ'vant] **I.** *pp von* **verwenden** **II.** *adj* akraba olan (*mit* -le); **~e Sprachen** akraba diller; **mit jdm ~ sein** biriyle akraba olmak; **sie sind (miteinander) ~** onlar (birbiriyle) akrabadır

verwandte [fɛɐ'vantə] *3. imp von* **verwenden**

Verwandte(r) *mf* <-n, -n; -n> akraba, hısım; **ein naher/entfernter ~r** yakın/uzak akraba

Verwandtschaft[1] *f* <-en> **1.** (*das Verwandtsein*) akrabalık, hısımlık; **zwischen beiden Sprachen besteht eine ~** iki dil arasında akrabalık bulunur **2.** (*Ähnlichkeit*) benzerlik, yakınlık

Verwandtschaft[2] *f ohne Pl* (*Angehörige*) akrabalar *pl;* **heute kommt unsere ganze ~** bugün bütün akrabalarımız geliyor

verwarnen* *vt* uyarmak, ihtarda bulunmak (-e)

Verwarnung *f* <-en> uyarma, uyarı, ihtar

verwaschen *adj* (*Stoff*) rengi atmış; (*Farbe*) soluk; (*Inschrift*) silik

verwechseln* *vt* karıştırmak; **sie hat ihn mit dir verwechselt** onu seninle karıştırdı; **sie sehen sich** *dat* **zum V~ ähnlich** ayırt edilemeyecek kadar birbirine benziyorlar

Verwechs(e)lung *f* <-en> iltibas, andırışma; (*Irrtum*) karıştırma

verwegen [fɛɐ've:gən] *adj* (*kühn*) gözü pek; (*wagemutig*) cür'etli, atak; (*Gefahren nicht achtend*) pervasız, korkusuz; (*auffällig*) göze çarpıcı

verwehen* **I.** *vt* **1.** (*auseinander treiben*) dağıtmak **2.** (*verwischen*) silmek; **der Schneesturm hat die Spuren verweht** tipi izleri sildi; **vom/mit Schnee verwehte Wege** üstü karla örtülü yollar **II.** *vi sein* (*sich verlieren*) kaybolmak

verwehren* *vt:* **jdm etw ~** birine bir şeyi yasaklamak

Verwehung *f* <-en> (*Schnee~*) yığın; (*Sand~*) kumul

verweiblichen* **I.** *vt* kadınlaştırmak **II.** *vi* kadınlaşmak

verweichlicht *adj* (*körperlich*) ham, gücünü ve çevikliğini yitirmiş; (*charakterlich*) hanım evlâdı olan

Verweigerer, -in *m, f* <-s, -; -nen> (*des Militärdienstes*) silâhlı askerlik yapmaktan kaçınan (kimse)

verweigern* *vt* kaçınmak (-den), çekinmek (-den), imtina etmek (-den); (*ablehnen*) reddetmek, kabul etmemek; (*nicht geben*) vermemek; **jdm etw ~** birine bir şeyi vermemek; **den Kriegsdienst ~** silâhlı askerlik yapmaktan kaçınmak

Verweigerung *f* <-en> kaçınma, çekinme, imtina; (*Ablehnung*) ret, reddetme, kabul etmeme

verweilen* *vi* (*geh*) kalmak; (*stehen bleiben*) durmak

verweint [fɛɐ'vaɪnt] *adj* (*geschwollen*) ağlamaktan şişmiş; (*gerötet*) ağlamaktan kızarmış

Verweis [fɛɐ'vaɪs] *m* <-es, -e> **1.** (*Rüge*) kınama; (*schärfer*) azar, paylama; **jdm einen ~ erteilen** birine kınama cezası vermek **2.** (*Hinweis*) gönderme (*auf* -e)

verweisen* *irr* **I.** *vt* **1.** (*hinweisen*) göndermek (*auf/an* -e/-e), işaret etmek (*auf/an* -e/-e); (*aufmerksam machen*) dikkatını çekmek (-in, *auf/an* -e/-e) **2.** (*des Landes*) sınır dışı etmek (*aus* -den); (*von der Schule*) kovmak, tart etmek **3.** (*geh: rügen*) kınamak; (*schärfer*) azarlamak, paylamak **4.** (JUR: *überweisen*) göndermek (*an* -e), havale etmek (*an* -e) **II.** *vi* işaret etmek (*auf* -e), gönderme yapmak (*auf* -e)

verwelken* *vi sein* solmak

verwendbar *adj* kullanılır (*zu/für* için/için), kullanılabilir (*zu/für* için/için); **mehrfach ~** defalarca kullanılabilir; **wieder ~** tekrar kullanılabilir

verwenden* **I.** *vt* (*Methode*) kullanmak (*zu/für* için/için, *bei* -de); (*Zeit, Mittel*) harcamak (*zu/für* için/için, *bei* -de) **II.** *vr:* **sich ~** (*geh*) aracılık etmek (*für* için, *bei* -de)

Verwendung *f* <-en> kullan(ıl)ma, kullanım; **~ finden** kullanılmak; **ich habe dafür keine ~** bunu ben kullanamam, bu benim işime yaramaz; **Verwendungszweck** *m* kullanım amacı

verwerfen* *irr* **I.** *vt* **1.** (*ablehnen*) reddetmek; (*aufgeben*) vazgeçmek (-den), bırakmak **2.** (JUR: *zurückweisen*) reddetmek **II.** *vr:* **sich ~** **1.** (*Holz, Tür*) yamulmak, eğrilmek **2.** (GEO) kırılmak

verwerflich *adj:* **eine ~e Tat** yüz kızartıcı bir suç; **es ist ~, so etw zu tun** böyle bir şey yapmak insanlık onuruna yakışmaz

Verwerfungslinie *f* (GEO) kırılma çizgisi, fay hattı

V

verwertbar *adj* paraya çevrilebilir; (*benutzbar*) kullanılabilir, yararlanılabilir; (*Abfälle*) değerlendirilebilir, yeniden işlenebilir

verwerten* *vt* paraya çevirmek; (*benutzen*) kullanmak; (*ausnutzen*) yararlanmak (-den); (*Abfälle*) değerlendirmek

Verwertung *f* <-en> paraya çevirme; (*Benutzung*) kullanma; (*Ausnutzung*) yararlanma; (*Abfall~*) değerlendirme

verwesen* [fɛɐ'veːzən] *vi sein* çürümek, kokuşmak

Verwesung *f ohne Pl* çürüme, kokuşma

verwickeln* I. *vt:* **jdn in etw ~** birini bir işe bulaştırmak [*o* karıştırmak] II. *vr:* **sich ~** dolaşmak, karışmak, birbirine girmek; (*fig*) bulaşmak, adı karışmak; **sich in Widersprüche ~** tezata düşmek

verwickelt *adj* dolaşık; (*kompliziert*) karışık; **er hatte eine ~e Hand** eli sarılıydı

Verwicklung *f* <-en> 1. (*in Skandal*) adı karışma (*in* -e) 2. (*Schwierigkeit*) karışıklık

verwiesen *pp von* **verweisen**

verwildern* [fɛɐ'vɪldɐn] *vi sein* 1. (*Park, Garten*) bakımsız kalmak, bakımsızlıktan otlar bürümek 2. (*Haustier*) vahşîleşmek, yabanîleşmek 3. (*Sitten*) yozlaşmak

verwildert *adj* 1. (*Garten*) bakımsız kalmış, bakımsızlıktan otlar bürümüş 2. (*Tier*) vahşîleşmiş, yabanîleşmek 3. (*Aussehen*) bakımsız

verwirken* *vt* kaybetmek, yitirmek

verwirklichen* I. *vt* gerçekleştirmek II. *vr:* **sich ~** 1. (*Wirklichkeit werden*) gerçekleşmek 2. (*seine Fähigkeiten entfalten*) yeteneklerini serbestçe geliştirmek

Verwirklichung *f ohne Pl* (*das Verwirklichen*) gerçekleştirme; (*das Sichverwirklichen*) gerçekleşme

verwirren* [fɛɐ'vɪrən] I. *vt* 1. (*Fäden*) iç içe geçirmek; (*Haare*) karıştırmak, darmadağın etmek 2. (*verunsichern*) şaşırtmak, aklını karıştırmak (-in) II. *vr:* **sich ~** 1. (*Fäden*) dolaşmak, birbirine girmek; (*Haare*) karışmak, birbirine girmek, darmadağın olmak 2. (*Sinne*) karışmak

verwirrend *adj* şaşırtıcı

verwirrt *adj* 1. (*Fäden*) dolaşık; (*Angelegenheit*) karışık 2. (*Person*) şaşkın

Verwirrung *f* <-en> 1. (*Durcheinander*) karışıklık 2. (*Verstörtheit*) şaşkınlık

verwischen* I. *vt* 1. (*Schrift*) silmek; (*beim Malen*) silikleştirmek 2. (*beseitigen*) silmek II. *vr:* **sich ~** (*Erinnerung, Umrisse*) silinmek, silikleşmek; (*Grenzen*) silinmek

verwittern* [fɛɐ'vɪtɐn] *vi sein* havanın etkisiyle aşınmak

verwitwet [fɛɐ'vɪtvət] *adj* dul

verwöhnen* [fɛɐ'vøːnən] *vt* şımartmak

verwöhnt [fɛɐ'vøːnt] *adj* 1. (*Kind*) şımarık 2. (*anspruchsvoll*) zor beğenir

verworfen [fɛɐ'vɔrfən] I. *pp von* **verwerfen** II. *adj* (*geh*) ahlâksız

Verworfenheit *f ohne Pl* (*geh*) ahlâksızlık

verworren [fɛɐ'vɔrən] *adj* bulanık, karmakarışık

verwundbar *adj* hassas

verwunden* [fɛɐ'vʊndən] *vt* yaralamak, zedelemek

verwunderlich [fɛɐ'vʊndɐlɪç] *adj* (*erstaunlich*) şaşılacak; (*sonderbar*) tuhaf; **was ist daran ~?** bunda şaşılacak ne var?

verwundern* I. *vt* şaşırtmak; **verwundert den Kopf schütteln** şaşkın şaşkın başını sallamak II. *vr:* **sich ~** şaşırmak (*über* -e)

Verwunderung *f ohne Pl* şaşırma; **zu meiner großen ~ haben sie sich getrennt** ayrılmalarına çok şaşırdım

verwundet *adj* yaralı

Verwundete(r) *mf* <-n, -n; -n> yaralı

Verwundung *f* <-en> yaralanma; (*Wunde*) yara

verwunschen [fɛɐ'vʊnʃən] *adj* büyülenmiş

verwünschen* *vt* beddua etmek (-e), lânet etmek (-e), lânetlemek

Verwünschung *f* <-en> beddua, lânet; **~en ausstoßen** lânet okumak

verwurzeln* *vi* (*a. fig*) köklenmek, kök salmak

verwurzelt *adj* (*a. fig*) köklenmiş (*in* -de), kök salmış (*in* -de)

verwürzen* [fɛɐ'vʏrtsən] *vt* baharatını fazla kaçırmak (-in)

verwüsten* [fɛɐ'vyːstən] *vt* kırıp dökmek, tahrip etmek

Verwüstung *f* <-en> kırıp dökme, tahrip; **~en anrichten** tahribat yapmak

verzählen* *vr:* **sich ~** yanlış saymak

verzahnt [fɛɐ'tsaːnt] *adj* 1. (TECH) iç içe geçmiş 2. (*zusammenhängend*) bağlantılı, birbirine bağlı

Verzahnung [fɛɐ'tsaːnʊŋ] *f ohne Pl* sıkı bağlantı

verzaubern* *vt* büyülemek; **jdn in einen Frosch ~** birine büyü yaparak onu kurbağaya çevirmek

verzehnfachen* [fɛɐ'tseːnfaxən] I. *vt* ona katlamak, on katına çıkarmak II. *vr:* **sich ~** ona katlanmak, on katına çıkmak

Verzehr [fɛɐ'tseːɐ] *m ohne Pl* <-(e)s> 1. (*das Verzehren*) yiyip içme, yeme, yenilme; **etw ist nicht zum ~ geeignet** bir şey yenilmez 2. (*das Verzehrte*) yemek

verzehren* I. *vt* yiyip içmek, yemek II. *vr* (*geh*): **sich nach etw** *dat* **~** bir şeye içi gitmek; **sich vor Sehnsucht nach etw** *dat* **~** bir şeyin özleminden içi içini yemek

verzeichnen* *vt* 1. (*vermerken*) kaydetmek, not etmek; (*aufzeichnen*) kaydetmek; **große Erfolge** ~ büyük başarı kaydetmek **2.** (*falsch zeichnen*) yanlış çizmek

Verzeichnis *nt* <-ses, -se> **1.** rehber; (*im Buch*) dizin **2.** (INFORM) dizin

verzeihen [fɛɐ'tsaɪən] <verzeiht, verzieh, verziehen> *vt* affetmek, bağışlamak; **jdm etw** ~ birinin bir şeyini affetmek [*o* bağışlamak]; ~ **Sie!** affedersiniz!, kusura bakmayın!

verzeihlich *adj* affedilir, bağışlanabilir

Verzeihung *f ohne Pl* affetme, bağışlama; **jdn um ~ bitten** birinden özür dilemek

verzerren* **I.** *vt* **1.** (*Gesicht*) çarpıtmak **2.** (*Sehne*) (fazla gererek) incitmek, (zorlayarak) incitmek; (*Lautsprecher*) distorsiyon yaptırmak (-e) **3.** (*Spiegel*) çarpıtmak **4.** (*Ereignisse, Bericht*) çarpıtmak; (*entstellen*) değiştirmek, bozmak, deforme etmek; **etw verzerrt wiedergeben** bir şeyi çarpıtarak yansıtmak **II.** *vr:* **sich** ~ çarpılmak, bozulmak

Verzerrung *f* <-en> **1.** (*des Gesichts, der Tatsachen*) çarpıtma; (*das Verzerrtsein*) çarpıklık **2.** (*von Sehne*) (fazla gererek) incitme, (zorlayarak) incitme; (*von Ton*) distorsiyon **3.** (*im Spiegel*) çarpıklık

Verzicht [fɛɐ'tsɪçt] *m* <-(e)s, -e> vazgeçme (*auf*-den), feragat

verzichten* *vi* vazgeçmek (*auf* -den); (*auf ein Recht*) feragat etmek (*auf*-den)

verzieh [fɛɐ'tsiː] *3. imp von* **verzeihen**

verziehen[1] *pp von* **verzeihen**

verziehen*[2] *irr* **I.** *vi sein* (*umziehen*) taşınmak (*nach* -e) **II.** *vt* **1.** (*Kind*) şımartmak **2.** (*Mund*) büzmek; (*Gesicht*) asmak, buruşturmak **III.** *vr:* **sich** ~ **1.** (*Holz*) esnemek; (*Tür*) çarpılmak, biçim değiştirmek; (*Stoff*) buruşmak **2.** (*Gesicht*) asmak **3.** (*Nebel, Wolken*) dağılmak; (*Gewitter*) geçmek **4.** (*fam: weggehen*) çekip gitmek; (*sich zurückziehen*) çekilmek; (*heimlich*) sıvışmak; **los, verzieh dich!** ha(y)di, çek arabanı!; **sie verzogen sich in eine stille Ecke** sessiz bir köşeye çekildiler

verzieren* *vt* süslemek, beze(k)mek

Verzierung *f* <-en> süsleme, bezeme, bezekleme; (*Schmuck*) süs, bezeme; (*Ornament*) bezek

verzinnen* *vt* kalaylamak

verzinsen* [fɛɐ'tsɪnzən] **I.** *vt* faizlendirmek (*mit*-le); **etw mit fünf Prozent** ~ bir şeyi yüzde beşle faizlendirmek; **jdm etw** ~ birine bir şeyin faizini ödemek **II.** *vr:* **sich** ~ faiz getirmek (*mit*-)

Verzinsung *f ohne Pl* faiz; (*das Verzinsen*) faizlendirme; (*das Sichverzinsen*) faiz getirme

verzocken* *vt* (*sl: beim Karten spielen*) oyunda kaybetmek

verzogen [fɛɐ'tsoːgən] **I.** *pp von* **verziehen** **II.** *adj* **1.** (*Holz, Tür*) çarpık **2.** (*Kind*) şımarık **3.** (*umgezogen*): ~ **sein** başka yere taşınmış olmak; **unbekannt** ~ nereye taşındığı bilinmiyor

verzögern* **I.** *vt* (*hinausziehen*) aksatmak; (*verspäten*) geciktirmek (*um* -) **II.** *vr:* **sich** ~ aksamak (*um* -)

Verzögerung *f* <-en> aksama (*von* -)

verzollen* [fɛɐ'tsɔlən] *vt* gümrüklemek; **haben Sie etwas zu ~?** gümrüklenecek bir şeyiniz var mı?

Verzug [fɛɐ'tsuːk] *m ohne Pl* <-(e)s> (*bei Lieferung*) gecikme; (*bei Zahlung*) direnim, temerrüt; **in ~ geraten** gecikmek, temerrüde düşmek; **bei Gefahr im ~e** gecikmesinde tehlike varsa, gecikmesinde zarar umulan durumlarda; **es ist Gefahr im ~** gecikmesinde tehlike var

Verzugszinsen *mPl* temerrüt faizi, geçmiş günler faizi, geçmiş gün faizleri *pl*

verzweifeln* *vi sein* meyus olmak, üzgün ve umutsuz olmak; **an etw** *dat* ~ bir şeyden umudunu kesmek; **es ist zum V~!** olacak gibi değil!

verzweifelt *adj* meyus, umutsuz

Verzweiflung *f* <-en> yeis, umutsuzluktan doğan karamsarlık; **etw aus ~ tun** bir şeyi çaresizlikten yapmak; **in seiner ~** yeis içinde, umutsuzluktan doğan karamsarlık içinde; **jdn zur ~ treiben** birini çileden çıkarmak; **Verzweiflungstat** *f* yeis içinde yapılan eylem, çaresizlikten doğan eylem

verzweigen* [fɛɐ'tsvaɪgən] *vr:* **sich** ~ dallanmak; (*in zwei Richtungen*) çatallanmak, ikiye ayrılmak

Verzweigung *f* <-en> **1.** (*in mehrere Richtungen*) dallanma; (*in zwei Richtungen*) çatallanma, ikiye ayrılma **2.** (*Schweiz: Kreuzung*) kavşak

verzwickt [fɛɐ'tsvɪkt] *adj* (*fam*) çapraşık, dolambaçlı, çattallaşmış, içinden zor çıkılır, arap saçı gibi; **eine ~e Angelegenheit** çapraşık [*o* çattallaşmış] bir iş, arap saçı gibi bir iş

Vesper[1] *f* <-n> (REL) ikindi duası

Vesper[2] ['fɛspɐ] *f* <-n>, *südd: nt* <-s, -> (*Nachmittagsmahlzeit*) ikindi kahvaltısı; **eine Viertelstunde** ~ kahvaltı için on beş dakika ara verme

Vesuv *m* Vezüv

Veteran [vete'raːn] *m* <-en, -en> **1.** (MIL) gazi **2.** (*Oldtimer*) antika araba

Veterinär(in) [veteri'nɛːɐ] *m(f)* <-s, -e; -nen> veteriner

Veto ['veːto] *nt* <-s, -s> (POL) veto; **sein ~ gegen etw einlegen** bir şeyi veto etmek; **Vetorecht** *nt ohne Pl* <-(e)s> veto hakkı

Vetter ['fɛtɐ] *m* <-s, -n> kuzen

Vetternwirtschaft *f ohne Pl* (*pej*) kayırıcılık, nepotizm, akraba ve yakın arkadaşları kayırma

vgl. *Abk. von* **vergleiche** *karşılaştır*

VHS [faʊhaː'ʔɛs] *f ohne Pl Abk. von* **Volkshochschule** *halk okulu*

Viadukt [via'dʊkt] *m o nt* <-(e)s, -e> viyadük

Vibration [vibra'tsjoːn] *f* <-en> titreşim

Vibrator [vi'braːtoːɐ] *m* <-s, -en> vibratör

vibrieren* [vi'briːrən] *vi* titremek

Video ['viːdeo] *nt* <-s, -s> video, videobant; **etw auf ~ haben** bir şeyin videobandı olmak; **Videoaufnahme** ['viːdeo-] *f* video çekimi; **Videoaufzeichnung** ['viːdeo-] *f* video kaydı; **Videoclip** *m* video klipi; **Videokamera** *f* videokamera, video kamerası; **Video-Karte** *f* (INFORM) video kartı; **Videokassette** *f* videokaset; **Videokonferenz** *f* telekonferans; **Videorecorder** *m* videoteyp; **Videospiel** *nt* video oyunu; **Videotext** *m* teletekst

Videothek [video'teːk] *f* <-en> videotek

Vieh [fiː] *nt ohne Pl* <-(e)s> **1.** (*Rind~*) sığır; (*Klein~, Groß~*) hayvan; **zehn Stück ~** on baş hayvan **2.** (*fam pej: Tier, Mensch*) hayvan; **Viehbestand** *m* <-(e)s, -stände> hayvan mevcudu; **Viehfutter** *nt ohne Pl* hayvan yemi; **Viehhandel** *m* hayvan alım satımı; **Viehherde** *f* hayvan sürüsü; **Viehzucht** *f ohne Pl* hayvancılık, hayvan yetiştirme; **Viehzüchter(in)** *m(f)* hayvan yetiştiricisi

viel [fiːl] **I.** *adj, pron* <mehr, am meisten> **1.** (*eine Menge*) çok; **es gibt ~ Arbeit** çok iş var; **~ Spaß!** iyi eğlenceler!; **~ Glück!** bol şanslar!; **mit ~ Mühe** çok emek harcayarak; **~/nicht ~ von etw** *dat* **halten** bir şeyi çok tutmak/pek tutmamak; **er weiß ~** o çok şey bilir; **~e Menschen/Dinge** çok insan/şey; **~e kamen** birçokları geldi; **~e von ihnen kamen** onların birçoğu geldi; **sie gleichen sich in ~em** birçok şeyleri birbirine benzer; **sie ist um ~es jünger** o çok daha gençtir **2. so ~** bu [*o* o] kadar; **so ~ wollte ich gar nicht** o kadar istemiyordum ki; **nimm, so ~ du willst** istediğin kadar al; **das ist so ~ wie ein Geständnis** bu itiraf gibi bir şey; **das ist so ~ wie gar nichts** bu, hiçbir şey demek değildir; **noch mal so ~** bu kadar daha; **halb/doppelt so ~ Arbeit** yarısı kadar/iki misli iş **3. wie ~?** ne kadar?, kaç?; **wie ~ kostet das?** bu kaç para?; **wie ~ Uhr ist es?** saat kaç?; **um wie ~ größer ... ?** ... ne kadar daha büyük(tür)?; **wie ~ das wieder gekostet hat!** yine ne kadar çok para tuttu!; **wie ~e Leute waren da?** orada kaç kişi vardı? **4. zu ~** fazla; **eine zu ~** biri fazla; **das wäre zu ~ verlangt** bu istediğin fazla olur; **mir ist das alles zu ~** bütün bunlar benim için çok fazla; **ich krieg' zu ~** (*fam*) artık fazla oldu; **was zu ~ ist, ist zu ~** her şeyin fazlası fazladır; **sie hat einen zu ~ getrunken** (*fam*) içkiyi biraz fazla kaçırdı **II.** *adv* **1.** (*häufig*) çok, çoğu kez **2.** (*wesentlich*): **~ teurer** çok daha pahalı; **~ zu kurz** çok kısa; **~ zu ~** çok çok fazla; **vielbeschäftigt** *adj s.* **beschäftigt 1.**

vieldeutig ['fiːldɔɪtɪç] *adj* çok anlamlı; **Vieldeutigkeit** *f ohne Pl* çok anlamlılık

Vieleck ['fiːlʔɛk] *nt* <-(e)s, -e> çokgen

vielerlei ['fiːlɐ'laɪ] *adj inv* **1.** (*attributiv*) çok çeşitli, türlü türlü **2.** (*allein stehend*) çeşitli şeyler *pl;* **~ gesehen haben** çeşitli şeyler görmüş olmak; **er hat ~ erfahren** çeşitli şeyler öğrendi

vielerorts ['fiːlɐ'ʔɔrts] *adv* çoğu yerde

vielfach ['fiːlfax] **I.** *adj* **1.** (*viele Male*) birçok defa; (*fam: häufig*) sık; (*gar nicht so selten*) hiç de ender olmayan; **auf ~en Wunsch** genel istek üzerine **2.** (*vielfältig*) çeşitli **II.** *adv* kat kat; (*fam: recht oft*) çokça, sık sık; **größer als ~ angenommen** sanıldığından [*o* tahmin edildiğinden] kat kat büyük

Vielfalt ['fiːlfalt] *f ohne Pl* envaiçeşit (*von/an* -in/-in), çeşitlilik (*von/an* -in/-in)

vielfältig ['fiːlfɛltɪç] *adj* çeşitli

Vielfraß ['fiːlfraːs] *m* <-es, -e> (ZOOL) volverin; (*fam: Person*) obur, pisboğaz

vielgeliebt *adj s.* **lieben 1.**

Vielgötterei *f ohne Pl* çok tanrıcılık

vielhundertmal *adv* yüzlerce defa

vielleicht [fi'laɪçt] *adv* **1.** (*möglicherweise*) belki, belki de, olabilir ki **2.** (*etwa*) acaba; **hast du ~ meinen Schlüssel gesehen?** acaba anahtarımı gördün mü? **3.** (*ungefähr*) belki, olsa olsa; **es waren ~ 500 Leute dort** belki (de) 500 kişi vardı orada **4.** (*verstärkend*): **ich war ~ aufgeregt** öyle bir heyecanlıydım ki

vielmals ['-maːls] *adv:* **ich bitte ~ um Entschuldigung** çok çok özür dilerim; **danke ~!** çok teşekkürler!

vielmehr ['--] *adv* **1.** (*richtiger, besser*) daha doğrusu, daha ziyade **2.** (*im Gegenteil*) aksine, tersine

vielsagend *adj s.* **sagen**

vielseitig *adj* **1.** (*umfassend*) çok yanlı, çok yönlü, kapsamlı; (*abwechslungsreich*) çok değişik; **~ interessiert** çok yönlü meraklan olan **2.** (*Mensch*) çok yanlı, çok yönlü

vielsprachig *adj* çok dilli

vieltausendmal *adv* binlerce defa

vielversprechend *adj s.* **versprechen I.**

Vielzahl *f ohne Pl* çok sayı, çoğu (*an/von*

-in/-in); **eine ~ von Menschen/Büchern** çok sayıda insan/kitap, insanların/kitapların çoğu, birçok insan/kitap

vielzellig *adj* çok hücreli

vier [fiːɐ] *adj inv* dört; **jdn unter ~ Augen sprechen** biriyle yalnız [*o* baş başa] konuşmak; **auf allen ~en** (*fam*) dört ayak; **alle ~e von sich** *dat* **strecken** (*fam*) nalları dikmek; *s. a.* **acht**[1]

Vier *f* <-en> **1.** (*Zahl*) dört **2.** (*Spielkarte*) dörtlü

vierbändig ['fiːɐbɛndɪç] *adj* dört cilt

Vierbeiner *m* <-s, -> dört ayak(lı), dört ayaklı hayvan

vierbeinig *adj* dört ayaklı

vierblätt(e)rig ['fiːɐblɛt(ə)rɪç] *adj* dört yapraklı

Viereck ['fiːɐʔɛk] *nt* <-(e)s, -e> dörtgen, dörtkenar; (*Quadrat*) kare; **viereckig** *adj* dört köşeli; (*quadratisch*) kare

viereinhalb ['--'-] *adj inv* dört buçuk

Vierer *m* <-s, -> dörtlü; **einen hat einen ~ im Lotto** lottoda dört tutturdu

Viererbob *m* (SPORT) dörtlü kızak

viererlei ['fiːrɐ'laɪ] *adj* sekiz çeşit, sekiz türlü; *s. a.* **achterlei**

vierfach ['fiːɐfax] **I.** *adj* dört (kat); **die ~e Menge** dört misli; **~ vorhanden sein** dört misli bulunmak; **~e Ausfertigung** dört nüsha **II.** *adv* dört kere; *s. a.* **achtfach**

vierhändig ['fiːɐhɛndɪç] *adj* (MUS): **~ spielen** dört elle çalmak

vierhundert ['-'--] *adj inv* dört yüz; *s. a.* **achthundert**

vierjährig ['-jɛːrɪç] *adj* (*vier Jahre alt*) dört yaşında; (*vier Jahre dauernd*) dört yıllık

vierkantig *adj* dört köşeli

vierköpfig *adj* dört başlı; (*Familie*) dört kişilik

Vierlinge ['fiːɐlɪŋə] *mpl* dördüz

viermal *adv* dört kere, dört defa, dört kez; *s. a.* **achtmal**

viermalig *adj* dört kez; **die ~e Olympiasiegerin** dört kez olimpiyat şampiyonu [*o* birincisi]

viermotorig *adj* dört motorlu

Vierradantrieb *m* (AUTO) dört çeker

vierspurig ['-ʃpuːrɪç] *adj* dört şeritli

vierstellig *adj* dört haneli, dört rakamlı

Viersternehotel *nt* dört yıldızlı otel

vierstöckig *adj* dört katlı

viert: **das geht nur zu ~** bu yalnız dört kişiyle olur; **wir waren zu ~ dort** orada dört kişiydik

Viertaktmotor *m* (AUTO) dört zamanlı motor

viertausend ['-'--] *adj inv* dört bin; *s. a.* **achttausend**

vierte(r, s) ['fiːɐtə, -tɐ, -təs] *adj* dördüncü; *s. a.* **achte(r, s)**

vierteilig *adj* dörtlü

viertel ['fɪrtəl] *adj inv* dörtte bir; *s. a.* **achtel**

Viertel ['fɪrtəl] *nt* <-s, -> **1.** (*Maß*) dörtte bir, çeyrek; **ein ~ Wein** sıfır yirmi beşlik bir şarap **2.** (*Teil*) çeyrek; **drei ~ der Bevölkerung** nüfusun dörtte üçü; **er kam/ging um ~ nach drei** üçü çeyrek geçe geldi/gitti; **es ist ~ nach drei** üçü çeyrek geçiyor; **er kam/ging um ~ vor drei** üçe çeyrek kala geldi/gitti; **es ist ~ vor drei** üçe çeyrek var **3.** (*Stadt~*) semt, mahalle; **Viertelfinale** *nt* (SPORT) çeyrek final; **Vierteljahr** ['--'-] *nt* yılın dörtte biri; (*drei Monate*) üç ay; **vierteljährlich** **I.** *adj* üç aylık **II.** *adv* üç ayda bir; **Viertelliter** ['--'--] *m o nt* dörtte bir litre

vierteln *vt* dörde bölmek

Viertelnote *f* <-n> (MUS) dörtlük; **Viertelstunde** ['--'--] *f* çeyrek saat, on beş dakika

viertelstündig [-ʃtʏndɪç] *adj* on beş dakikalık

viertelstündlich **I.** *adj* on beş dakikalık **II.** *adv* (her) on beş dakikada bir

viertens ['fiːɐtəns] *adv* dördüncü olarak; (*bei Aufzählung*) dördüncüsü; *s. a.* **achtens**

Viertürer [-tyːrɐ] *m* <-s, -> (AUTO) dört kapılı

Vieruhrblume *f* (BOT) gecesefası

Vierundsechzigstel *nt* (MUS) altmış dörtlük

Vierviertelrtakt [-'---] *m* <-(e)s, -e> (MUS) dört dörtlük ölçü

vierzehn ['fɪrtseːn] *adj inv* on dört; **in ~ Tagen** ön dört günde; *s. a.* **acht**[1]

vierzehntägig [-tɛːgɪç] *adj* on dört günlük

vierzehntäglich *adj* on dört günde bir

vierzehnte(r, s) *adj* on dördüncü; *s. a.* **achte(r, s)**

Vierzeiler *m* (LIT) rubaî, dördül

vierzig ['fɪrtsɪç] *adj inv* kırk; *s. a.* **achtzig**

vierziger ['fɪrtsɪgɐ] *adj*: **die ~ Jahre** kırklı yıllar

vierzigste(r, s) ['fɪrtsɪçstə, -tɐ, -təs] *adj* kırkıncı; *s. a.* **achtzigste(r, s)**

Vierzimmerwohnung ['-'----] *f* dört odalı daire

Vietnam [viɛt'nam] *nt* <-s> Vietnam

Vietnamese, -in [viɛtna'meːzə] *m, f* <-n, -n; -nen> Vietnamlı

vietnamesisch *adj* Vietnam (ile ilgili), Vietnamlı; **~e Frauen/Männer** Vietnamlı kadınlar/erkekler; **die ~e Regierung** Vietnam hükümeti

Vigil [vi'giːl] *f* <-ien> **1.** (*Vorabend*) arife **2.** (*Nachtwache*) gece nöbeti

Vignette *f* <-n> vinyet

Vikar(in) [vi'kaːɐ] *m(f)* <-s, -e; -nen> (REL) papaz vekili

Villa ['vɪla] *f* <Villen> villâ

Villenviertel *nt* villâlar semti

Viola *f* <-len> (MUS) viyola

violett [vio'lɛt] *adj* mor

Violine [vio'li:nə] *f* <-n> (MUS) keman

Violinist(in) [violi'nɪst] *m(f)* <-en, -en; -nen> (MUS) viyolonist

Violinschlüssel *m ohne Pl* (MUS) sol anahtarı

Violoncellist(in) *m(f)* <-en, -en; -nen> (MUS) viyolonselist, viyolonselci

Violoncello [vjolɔn'tʃɛlo] *nt* <-s, -celli *o* -s> (MUS) viyolonsel

VIP [vɪp] *mf* <-s, -s; -s> *Abk. von* **Very Important Person** VIP, *çok önemli kişi*

Viper ['vi:pɐ] *f* <-n> (ZOOL) engerek

Viren ['vi:rən] *Pl von* **Virus**; **Virenprogramm** *nt* (INFORM) virüs programı; **Virenscanprogramm** *nt* (INFORM) virüs tarama programı; **Virensuchprogramm** *nt* (INFORM) virüs arama programı

virtuell [vɪrtu'ɛl] *adj* (INFORM) sanal; **~e Realität** sanal gerçeklik; **~er Raum** sanal uzay

virtuos [vɪrtu'o:s] *adj* virtüöz

Virtuose, -in *m, f* virtüöz

Virtuosität *f* virtüözluk

Virus ['vi:rʊs] *m o nt* <-, Viren> (*a.* INFORM) virüs; **Virusinfektion** *f* <-en> (MED) virüs enfeksiyonu; **Viruskrankheit** *f* <-en> virüs hastalığı

Visa ['vi:za] *Pl von* **Visum**

Visage [vi'za:ʒe] *f ohne Pl* (*pej*) surat

Visagist(in) [viza'ʒɪst] *m(f)* <-en, -en; -nen> makyajcı, düzgüncü

vis-à-vis *adv*, **vis-a-vis**[RR] [viza'vi:] *adv*: ~ **unserem Haus** evimizin karşısında, evimizle karşı karsıya, **Herr Müller saß mir ~**, Bay Müller karşımda oturuyordu

Visen ['vi:zən] *Pl von* **Visum**

Visier [vi'zi:ɐ] *nt* <-s, -e> **1.** (*am Helm*) viziyer **2.** (*am Gewehr*) nişangâh, bakıncak; **jdn/etw ins ~ nehmen** bir kimseye/şeye göz dikmek [*o* koymak]; (*kritisieren*) bir kimseyi/şeyi hedef almak

Vision [vi'zjo:n] *f* <-en> vizyon

Visionär(in) *m(f)* vizyon sahibi

Visite [vi'zi:tə] *f* <-n> (MED) vizite; ~ **machen** viziteye çıkmak

Visitenkarte *f* kartvizit

Viskose [vɪs'ko:zə] *f ohne Pl* (CHEM) viskoz

Viskosität *f ohne Pl* viskozite, ağdalık

visuell [vizu'ɛl] *adj* görsel

Visum ['vi:zʊm] *nt* <-s, Visa *o* Visen> (*Sichtvermerk*) vize

vital [vi'ta:l] *adj* **1.** canlı, diri; **ein ~er Mensch** enerjik bir insan **2.** (*lebenswichtig*) hayatî önemi olan, ölüm dirim

vitalisieren* *vt* canlandırmak, dirileştirmek

Vitalität *f ohne Pl* canlılık, dirilik, enerjiklik

Vitamin [vita'mi:n] *nt* <-s, -e> vitamin; ~ **B haben** (*fam fig*) torpili olmak; **Vitaminmangel** *m ohne Pl* <-s> vitaminsizlik; **Vitaminpräparat** *nt* vitamin preparatı; **Vitamintablette** *f* vitamin hapı

Vitrine [vi'tri:nə] *f* <-n> vitrin

Vizepräsident(in) *m(f)* asbaşkan, ikinci başkan, başkan yardımcısı

Vlies [fli:s] *nt* <-es, -e> **1.** (*Schaffell*) koyun postu; (*Schafwolle*) yün **2.** (*Fasermaterial*) elyaf

V-Mann ['faʊman] *m* <-(e)s, -Männer *o* -Leute> (*Verbindungsmann*) muhbir; (*Agent*) ajan; (*Vermittler*) aracı, ara bulucu

VN [faʊ'ʔɛn] *f Abk. von* **Vereinte Nationen** BM, *Birleşmiş Milletler*

Vogel ['fo:gəl, *Pl:* 'fø:gəl] *m* <-s, Vögel> **1.** (*Tier*) kuş; **einen ~ haben** (*fam fig*) kafadan kontak olmak, aklından zoru olmak; **jdm einen ~ zeigen** (*fam fig*) *işaret parmağıyla kendi alnını göstererek karşısındakinin deli olduğunu ifade etmek;* **den ~ abschießen** (*fam fig*) herkesi geçmek, herkesten başarılı olmak **2.** (*fam: Mensch*): **ein komischer ~** tuhaf biri [*o* herifin teki]

Vogelbauer *nt* kuş kafesi

Vogelbeerbaum *m* (BOT) üvez (ağacı)

Vogelbeere *f* (BOT) üvez

vogelfrei *adj* (HIST): **jdn für ~ erklären** birini yasa dışı ilân etmek; **Vogelfutter** *nt ohne Pl* <-s> kuş yemi; **Vogelhaus** *nt* kuşhane; **Vogelkäfig** *m* kuş kafesi; **Vogelkirsche** *f* (BOT) kuş kirazı, ılgıncar; **Vogelknöterich** *m* (BOT) çoban değneği; **Vogelleim** *m* ökse

vögeln ['fø:gəln] **I.** *vt* (*vulg*) düzmek **II.** *vi* (*vulg*) düzüşmek

Vogelnest *nt* kuş yuvası; **Vogelperspektive** *f ohne Pl* kuş bakışı; **aus der ~** kuş bakışı (ile), genel olarak; **Vogelscheuche** *f* <-n> korkuluk; **Vogelstimme** *f* <-n> kuş sesi

Vogel-Strauß-Politik [--'----] *f ohne Pl* (*fam*) deve kuşu politikası, deve kuşuluk

Vokabel [vo'ka:bəl] *f* <-n> kelime, sözcük

Vokabular [vokabu'la:ɐ] *nt* <-s, -e> vokabüler, söz dağarcığı, söz varlığı, kelime hazinesi

Vokal [vo'ka:l] *m* <-s, -e> (LING) ünlü

Volk[1] [fɔlk, *Pl:* 'fœlkɐ] *nt* <-(e)s, Völker> **1.** (*allgemein*) halk; (*Nation*) ulus, millet; **im Namen des ~es** (JUR) ulus adına **2.** (ZOOL: *Bienen~*) oğul

Volk[2] *nt ohne Pl* <-(e)s> **1.** (*Bevölkerung*) halk, ahali; **ein Mann aus dem ~** halktan bir adam **2.** (*Leute*) halk, ahali, insanlar *pl;* (*Menschenmenge*) ahali, halk, kalabalık; **sich unters ~ mischen** halkın arasına karışmak; **Völkerbund** *m ohne Pl* <-(e)s> (HIST) Milletler Cemiyeti; **Völkerkunde** *f ohne Pl* budun bilimi; **Völkerkundler(in)** *m(f)* <-s, -; -nen> budun bilimci; **völkerkundlich** *adj* budun bilimsel; **Völkermord** *m* soy kırımı; **Völkerrecht** *nt ohne Pl* <-(e)s> devletler hukuku; **Völkerverständigung** *f* ; **Völkerwanderung** *f* **1.** kavimler göçü **2.** (*fam fig*) göç; (*Menschenstrom*) insan akını

Volksabstimmung *f* (POL) halk oylaması; **Volksbank** *f* <-en> (FIN) halk bankası; **Volksbefragung** *f* (POL) halkın oyuna sunma; **Volksbegehren** *nt* <-s, -> (POL) referendum; **volkseigen** *adj* kamuya ait, halkın malı olan; **Volkseinkommen** *nt ohne Pl* <-s, -> (WIRTSCH) millî gelir, ulusal gelir; **Volksentscheid** *m* <-(e)s, -e> (POL) halkoyu, halk oylaması; **Volksfest** *nt* <-(e)s, -e> halk şenliği; **Volksfront** *f* (POL) halk cephesi; **Volksherrschaft** *f* halk iktidarı; **Volkshochschule** *f* halk okulu; **Volksinitiative** *f* (*Schweiz*) *s.* **Volksbegehren**; **Volkskrankheit** *f* yaygın hastalık; **Volkskunde** *f ohne Pl* halk bilimi; **Volkskundler(in)** *m(f)* halk bilimci; **volkskundlich** *adj* halk bilimsel

Volkslied *nt* halk türküsü; **Volksmärchen** *nt* halk masalı; **Volksmasse** *f* halk kitlesi; **Volksmund** *m ohne Pl* <-(e)s> halk ağzı; **Volksmusik** *f* halk müziği; **volksnah** *adj* halka dönük; **Volkspartei** *f* halk partisi; **Volksrepublik** *f* halk cumhuriyeti; ~ **China** Çin Halk Cumhuriyeti; **Volksschule** *f* <-n> ilköğretim okulu; **Volkssport** *m* <-(e)s, -e> halk sporu; **Volkssprache** *f* halk dili; **Volksstamm** *m* <-(e)s, -stämme> kavim, budun; **Volkstanz** *m* halk dansı, halk oyunu; **Volkstracht** *f* yöresel giysi

volkstümlich ['fɔlksty:mlɪç] *adj* halka özgü, popüler

Volksverdummung *f* <-en> (*fam pej*) halkı aptal yerine koyma; **Volksverführer(in)** *m(f)* (*pej*) halk avcısı; **Volksverhetzung** *f* <-en> halk yardakçılığı, halkı kışkırtma; **Volksvertreter(in)** *m(f)* (*Abgeordneter*) milletvekili; **Volkswille(n)** *m* millî irade; **Volkswirt(in)** *m(f)* iktisatçı; **Volkswirtschaft** *f* millî ekonomi; (*~slehre*) ekonomi politik

Volkswirtschaftslehre *f ohne Pl* ekonomi politik

Volkszählung *f* nüfus sayımı

voll [fɔl] **I.** *adj* **1.** (*gefüllt*) dolu (*von/mit* ile); (*besetzt*) dolu; **brechend** ~ tıklım tıklım dolu, tıka basa dolu; **halb** ~ yarısına kadar dolu; **mit ~em Mund** ağzı (yemek) dolu; **aus ~em Hals** avazı çıktığı kadar; **ich bin** ~ (**bis oben hin**) (*fam*) tıka basa doydum; **einen Teller** ~ **essen** bir tabak dolusu (yemek) yemek; **aus dem V~en schöpfen** hazırdan yemek; **im V~en leben** bolluk içinde yaşamak **2.** (*erfüllt*) dolu; ~(**er**) **Freude** sevinç dolu, sevinç içinde **3.** (*fam: betrunken*) dut gibi **4.** (*rundlich*) tombul **5.** (*Stimme*) tok; **~es Haar haben** saçı gür olmak **6.** (*vollständig*) tam, tüm, bütün; **eine ~e Stunde warten** tam bir saat beklemek; **in ~er Größe** tam boy; **das ~e Ausmaß der Katastrophe** afetin tam boyutları; **in ~er Fahrt** tam gaz giderek; **die ~e Verantwortung tragen** bütün sorumluluğu taşımak; **in ~em Ernst** tam bir ciddiyetle; **~e Kanne** (*sl*) Allah ne verdiyse; **in ~er Schönheit** (*a. iron*) bütün güzelliğiyle; **der ~e Kaufpreis** satış fiyatının tamamı; **jdn nicht für ~ nehmen** birini ciddiye almamak **II.** *adv* **1.** (*vollkommen, vollständig*) tam olarak, tamamen; ~ **bezahlen** tamamen ödemek; ~ **und ganz** baştan başa, tamamen; **den Mund ~ nehmen** bol keseden atmak; **die Nase (von jdm/etw) ~ haben** (*fam*) bir kimseden/şeyden bıkmış olmak **2.** (*mit aller Wucht*) bütün ağırlıyla **3.** (*sl: total*) komple

vollauf ['-'-] *adv* tamamen

vollautomatisch ['---'--] *adj* tam otomatik; **Vollbad** *nt* banyo, banyo küvetinde yıkanma; **ein ~ nehmen** banyo almak [*o* yapmak]; **Vollbart** *m* <-(e)s, -bärte> top sakal; **Vollbeschäftigung** *f ohne Pl* (WIRTSCH) tam istihdam; **Vollbesitz** *m ohne Pl*: **er ist im ~ seiner Kräfte** tamamen sağlamdır; **Vollblut** *nt* **1.** (*Vollblüter*) saf kan at, temiz kan at **2.** (MED) temiz kan; **Vollblüter** *m* <-s, -> (ZOOL) saf kan at, temiz kan at

vollbracht *pp von* **vollbringen**

Vollbremsung *f*: **eine ~ machen** freni köklemek

vollbringen* [-'--] *irr vt* (*geh*) başarmak, becermek

Volldampf *m ohne Pl* <-(e)s>: (**mit**) ~ **voraus** tam yol ileri; **mit ~** (*fam*) tam gazla

Völlegefühl ['fœlə-] *nt ohne Pl* <-(e)s>: **ich habe ein ~** yediklerim mideme oturdu

vollelektronisch ['---'--] *adj* tam elektronik

vollenden* *vt* **1.** (*abschließen*) bitirmek, tamamlamak; (*Lebensalter*) doldurmak; **jdn vor vollendete Tatsachen stellen** birini oldubittiye getirmek **2.** (*vervollständigen*) tamamlamak

vollendet [fɔl'ʔɛndət] *adj* bitmiş, tamam(lanmış); **jdn vor ~e Tatsachen stellen** birini oldubittiye getirmek; **vor ~en Tatsachen stehen** oldubittiye gelmek,

V

emrivaki ile karşılaşmak
vollends ['fɔlɛnts] *adv* tamamen, hepten
Vollendung[1] *f* <-en> (*Beendung*) tamamlama; **mit/nach ~ des 18. Lebensjahres** 18 yaşını tamamlamasıyla [*o* doldurmasıyla]/tamamladıktan sonra
Vollendung[2] *f ohne Pl* (*Vollkommenheit*) mükemmellik
voller ['fɔlɐ] *adj inv* **1.** (*gefüllt*) dolu (-le); (*bedeckt*) kaplı (-le) **2.** (*erfüllt*) dolu (-le)
Völlerei [fœlə'raɪ] *f ohne Pl* (*pej*) oburluk, doymazlık
Volleyball[1] ['vɔlibal] *m ohne Pl* <-(e)s> (SPORT) voleybol
Volleyball[2] *m* <-(e)s, -bälle> (*Ball*) voleybol topu
voll|fressen *irr vr:* **sich ~** *s.* **fressen I.1.**
vollführen* *vt* göstermek; (*verwirklichen*) yapmak
Vollgas *nt ohne Pl* <-es>: **mit ~ fahren** tam gaz gitmek; **~ geben** tam gaz vermek; **vollgepfropft** ['-gəpfrɔpft] *adj s.* **pfropfen 2.**; **voll|gießen** *irr vt s.* **gießen I.4.**; **Vollgummireifen** *m* dolma lastik; **Vollidiot(in)** *m(f)* (*fam pej*) tam budala, şapşal, salak
völlig ['fœlɪç] **I.** *adj* tam; **das ist mein ~er Ernst** çok ciddîyim, ciddî söylüyorum **II.** *adv* tamamen, tamamıyla; **er hat ~ Recht** o tamamen haklı
volljährig ['-jɛːrɪç] *adj* (JUR) ergin, reşit
Volljährigkeit *f ohne Pl* erginlik, rüşt; **Vollkaskoversicherung** *f* tam kasko sigorta; **vollklimatisiert** ['----'-] *adj* tam klimalı
vollkommen [-'--] *adj* **1.** (*unübertrefflich*) mükemmel, kusursuz; (*vollständig*) tam **2.** (*völlig*) tamamen, tamamıyla; **ich bin ~ deiner Meinung** seninle tamamen aynı düşüncedeyim
Vollkornbrot *nt* kepekli ekmek
voll|machen *vt s.* **machen I.1.**
Vollmacht *f* <-en> yetki; (*Auftrag*) vekâlet; (*schriftlich*) vekâletname; **jdm eine ~ erteilen** birine yetki vermek; **jdm eine ~ ausstellen** birine vekâletname düzenlemek; **in ~** vekâleten
Vollmilch *f* yağı alınmamış süt; **Vollmilchschokolade** *f* sütlü çikolata; **Vollmitglied** *nt* (JUR) tam üye; **Vollmitgliedschaft** *f* tam üyelik; **Vollmond** *m* <-(e)s, -e> dolunay, ayın on dördü; **bei ~** dolunayda; **Vollnarkose** *f* (MED) tam narkoz; **Vollpension** *f ohne Pl* tam pansiyon
voll|pumpen *vt s.* **pumpen 1.**; **voll|saugen** *irr vr:* **sich ~** *s.* **saugen III.2.**
vollschlank *adj* balık etinde, biçimli tombul
vollständig *adj* **1.** (*komplett*) komple, tam, eksiksiz **2.** (*gänzlich*) tam, bütün
Vollständigkeit *f ohne Pl* tamlık, tam olma, eksiksizlik; **der ~ halber** tam olsun diye, eksik olmasın diye
voll|stopfen *vt s.* **stopfen I.4.**
vollstrecken* *vt* **1.** (JUR) icra etmek, infaz etmek; (*Todesurteil*) infaz etmek **2.** (SPORT): **er vollstreckte blitzschnell** şimşek gibi gol attı
Vollstreckung [-'--] *f* <-en> (JUR) infaz; (*Zwangs~*) icra; **Vollstreckungsbefehl** *m* (JUR) icra emri; **Vollstreckungsbehörde** *f* (JUR) icra dairesi
voll|tanken *vi, vt s.* **tanken**
Volltreffer *m* tam isabet; **Vollversammlung** *f* genel kurul (toplantısı); **Vollwaise** *f* öksüz ve yetim; **Vollwaschmittel** *nt* çamaşır deterjanı
vollwertig *adj:* **~er Ersatz** tam tazminat
Vollwertkost *f ohne Pl* tam gıda
vollzählig ['fɔltsɛːlɪç] *adj:* **wir sind ~** tamamız
Vollzähligkeit *f ohne Pl* tam sayı, adetimürettep
vollziehen* *irr* **I.** *vt* **1.** (*ausführen*) icra etmek, yapmak; **~de Gewalt** yürütme gücü [*o* erki] **2.** (JUR) infaz etmek **II.** *vr:* **sich ~** olmak
vollzogen *pp von* **vollziehen**
Vollzug [-'-] *m ohne Pl* <-(e)s> **1.** (*das Vollziehen*) icra; (JUR) infaz **2.** (*Straf~*) infaz; **Vollzugsanstalt** *f* infaz kurumu, tutukevi; **Vollzugsbeamte(r)** *mf* <-n, -n; -n>, **-beamtin** *f* <-nen> infaz memuru
Volontär(in) [volɔn'tɛːɐ] *m(f)* <-s, -e; -nen> (gönüllü) stajyer
Volontariat [volɔntari'aːt] *nt* <-(e)s, -e> (gönüllü) stajyerlik
Volt [vɔlt] *nt* <- *o* -(e)s, -> (PHYS, ELEK) volt
Volumen [vo'luːmən] *nt* <-s, -> (*Ausdehnung, Umfang*) hacim
voluminös [volumi'nøːs] *adj* hacimli
vom [fɔm] = **von dem** *s.* **von**
von [fɔn] *präp* **1.** (*allgemein, räumlich*) -den; **~ Münster nach Leipzig** Münster'den Leipzig'e; **~ oben nach unten** yukarıdan aşağıya; **~ weit her** uzaktan; **~ jeher** (*schon immer*) oldum olası; **~ hier aus** buradan; **die Königin ~ England** İngiltere kraliçesi; **ein Gedicht ~ Goethe** Goethe'nin bir şiiri; **das Kind ist ~ ihm** çocuk ondan; **das war ein Fehler ~ dir** bu senin hatandı; **~ allein** kendiliğinden; **ein Freund ~ mir** benim bir dostum [*o* arkadaşım]; **einer ~ euch** sizden biri; **Tausende ~ Menschen** binlerce insan; **im Alter ~ 40 Jahren** 40 yaşında; **ein Betrag ~ 200 Euro** 200 euroluk bir meblağ; **er ist Linguist ~ Beruf** meslekten dil bilimcisidir; **~ Seiten** tarafından; **~ Amts wegen** resen; **~ Berufs wegen** meslekten dolayı;

~ **Gesetzes/Rechts wegen** kanunen/hukuken; ~ **wegen!** (*fam*) asla!, kat'iyen! **2.** (*zeitlich*): ~ **nun an** bundan [*o* şimdiden] sonra; ~ **diesem Tag an** bu günden itibaren; ~ **vorn anfangen** baştan başlamak; ~ **morgens bis abends** sabahtan akşama kadar; ~ **Zeit zu Zeit** zaman zaman **3.** (*beim Passiv*) tarafından; **der Kurs wird ~ Johannes geleitet** kurs Johannes tarafından yönetilir

voneinander [--'--] *adv* birbirinden

vonseiten[RR] [fɔn'zaɪtən] tarafından; ~ **der Regierung** hükümet tarafından

vonstatten [fɔn'ʃtatən] *adv:* ~ **gehen** olmak

vor [foːɐ] **I.** *präp* **1.** (*räumlich*) önünde (-in); **sie ging ~ ihm her** önünden yürüdü; **zehn Kilometer ~ Münster** Münster'in on kilometre önünde **2.** (*zeitlich*) önce, evvel; (*bei Uhrzeit*) ileri; (*zukünftig*) ileri; **sie wird ~ fünf Uhr nicht zurück sein** saat beşten önce dönmüş olmayacak; **es ist fünf (Minuten) ~ drei** üçe beş (dakika) var; ~ **kurzem** geçenlerde; ~ **Jahren** yıllar önce; ~ **ein paar Tagen** birkaç gün önce; ~ **Christi Geburt** İsa'nın doğumundan önce; ~ **unserer Zeit** evvel zaman içinde; **ich bin ~ Ihnen dran** ben sizden önceyim **3.** (*über*) önce; **Vorrang ~ anderen Dingen haben** başka şeylerden önce gelmek; ~ **allem** her şeyden önce **4.** (*gegen, gegenüber*) -den; **Angst ~ jdm haben** birinden korkmak; **Schutz ~ etw** *dat* **suchen** bir şeyden sığınmak **5.** (*bedingt durch*) -den; ~ **Kälte/Freude** soğuktan/sevinçten; ~ **lauter Arbeit** işin çokluğundan **II.** *präp* (*Richtung*): **etw ~ das Haus stellen** bir şeyin evin önüne koymak; ~ **eine Mauer prallen** bir duvara çarpmak; ~ **sich hin pfeifen** önüne baka baka ıslık çalmak **III.** *adv* ileri; ~ **und zurück** ileri ve geri; **zwei Schritte ~!** iki adım ileri!; **Freiwillige ~!** gönüllüler ileri!

vorab [foːɐ'ʔap] *adv* (*zuerst*) ilkin, ilk önce; (*im Voraus*) önceden, peşinen

Vorabend *m* <-s, -e> arife; **am ~ der Uraufführung** galanın arifesinde; **Vorahnung** *f* <-en> ön sezi

voran [fo'ran] *adv* **1.** (*vorn*) önde(n), başta; ~ **der Vater, die Kinder hinterher** önde(n) baba, arkasından çocuklar; **mit dem Kopf ~** başı önde **2.** (*vorwärts*) ileri; **immer langsam ~!** yavaş yavaş ilerleyin!; **voran|bringen** *irr vt* ilerletmek; **voran|gehen** *irr vi sein* **1.** (*vorne gehen*) önden gitmek **2.** (*zeitlich*) ileri gitmek **3.** (*Fortschritte machen*) ilerlemek; **voran|kommen** *irr vi sein* **1.** (*räumlich*) ilerlemek **2.** (*Fortschritte machen*) ilerleme kaydetmek (*mit* -le); (*beruflich*) ilerlemek

Voranmeldung ['foːɐʔan-] *f* <-en> (*Termin*) rezervasyon; (*Mitteilung*) bildirme;

Voranschlag ['foːɐʔan-] *m* <-(e)s, -schläge> (WIRTSCH: *Kosten~*) (maliyet) tahmin(i)

voran|treiben *irr vt* çabuklaştırmak, hızlandırmak

Vorarbeit *f* ön çalışma

Vorarbeiter(in) *m(f)* <-s, -; -nen> ırgatbaşı

voraus [fo'raʊs] *adv* (*vorne*) önde; (*an der Spitze*) başta; **(mit) Volldampf ~** tam yol ileri; **er war uns schon weit ~** bizden çok öndeydi [*o* ilerdeydi]; **im V~** önceden, peşinen, peşin olarak; **besten Dank im ~!** şimdiden çok teşekkürler!; **voraus|gehen** *irr vi sein* **1.** (*vorne gehen*) önden gitmek; (*früher gehen*) önceden gitmek; **sie ist schon vorausgegangen** o önceden gitti bile; **sie ist ihrem Mann im Tod vorausgegangen** o, kocasından önce öldü **2.** (*früher geschehen*) önce olmak; **dem Streit war ein Vorfall vorausgegangen** kavgadan önce bir olay olmuştu; **vorausgesetzt** [fo'raʊsgəzɛtst] *adj:* ~**, dass ...** şu şartla ki; (*angenommen*) diyelim ki; **voraus|haben** *irr vt:* **jdm etw ~** birinden bir şeyi üstün olmak, birine kıyasla bir şeyde avantajlı [*o* üstün] olmak; **sie hat mir viel an Erfahrung voraus** benden çok deneyimlidir; **Vorauskasse** *f ohne Pl* (WIRTSCH) peşin para, peşin ödeme; **Voraussage** *f* <-n> tahmin; **eine ~ machen** tahminde bulunmak; **voraus|sagen** *vt* tahmin etmek

vorausschauend [-'---] *adj* öngörülü

voraus|schicken *vt* **1.** (*Paket*) önceden göndermek **2.** (*Bemerkung*) önceden söylemek; **etwas ~** bir şeyi önceden söylemek; **voraus|sehen** *irr vt* önceden kestirmek [*o* tahmin etmek]; **das war ja vorauszusehen** bunun böyle olacağı önceden belliydi; **voraus|setzen** *vt* (*annehmen*) farz etmek, var saymak; (*verlangen*) istemek, şart koşmak; **diese Tat setzt großen Mut voraus** bu eylem büyük cesaret ister; **das setze ich als bekannt voraus** bunun bilindiğini sanıyorum; **vorausgesetzt, dass ...** diyelim ki ...; **Voraussetzung** *f* <-en> **1.** (*Annahme*) var sayma; (*Hypothese*) varsayım **2.** (*Vorbedingung*) (ön) koşul, (ön) şart; **unter der ~, dass etw geschieht** bir şeyin olması şartıyla **3.** (*Anforderung*) şart, koşul; **die ~en erfüllen** şartları yerine getirmek; **Voraussicht** [-'--] *f ohne Pl* (*Vermutung*) sanı; (*Wahrscheinlichkeit*) olasılık, ihtimal; **aller ~ nach** büyük bir olasılıkla, muhtemelen; **voraussichtlich** **I.** *adj* olası, beklenen, beklenir, muhtemel **II.** *adv* muhtemelen; **vo-raus|zahlen** *vt* peşin ödemek

Vorbau *m* <-(e)s, -ten> **1.** (ARCH) çıkıntı, cumba **2.** (*sl: Busen*) göğüsler

Vorbedacht ['-bədaxt] *m ohne Pl* tasarlama; (JUR) taammüt; **etw mit ~ tun** bir şeyi tasarlayarak yapmak

Vorbedingung *f* ön koşul, ön şart

Vorbehalt ['-bəhalt] *m* <-(e)s, -e> çekince, ihtiyat kaydı, kaydıihtiyat, ihtiraz (kaydı); **einen ~ gegen etw haben** bir şeye çekincesi olmak; **unter dem ~, dass ...** ... saklı kalarak, ... kaydıihtiyatıyla; **ohne/unter ~** kaydıihtiyatsız/kaydıihtiyatla, ihtiyat kaydı olmadan/ile, saklı kalmadan/kalmak üzere

vor|behalten* *irr vt:* **sich** *dat* **etw ~** bir şeyi saklı tutmak; **Änderungen ~** değişiklikler saklıdır; **jdm ~ sein** birine nasip olmak

vorbehaltlich **I.** *präp:* **~ der Genehmigung** izin verilmesi şartıyla **II.** *adj:* **eine ~e Genehmigung** şarta bağlı izin

vorbehaltlos *adj* kayıtsız, bir şarta bağlı olmayan; (*ohne jede Einschränkung*) kayıtsız şartsız

vorbei [foːɐ'baɪ, fɔr'baɪ] *adv* **1.** (*räumlich*) önünden (*an* -in); (*entlang*) yanından (*an* -in); **~ können** önünden [*o* yanından] geçebilmek; **sie möchte hier ~** buradan geçmek istiyor **2.** (*zeitlich*) geçti; (*zu Ende*) bitti; **es ist drei Uhr ~** saat üçü geçti; **aus und ~** geçti [*o* oldu], bitti; **vorbei|fahren** *irr vi sein* **1.** (*entlangfahren*) (arabayla) yanından geçmek (*an* -in) **2.** (*nicht anhalten*) önünden geçmek, durmamak; **im V~** önünden [*o* yanından] geçerken **3.** (*fam: aufsuchen*) uğramak (*bei* -e); **vorbei|führen** *vi* yanından geçmek (*an* -in); **der Weg führt durch den Wald/an einem See vorbei** yol ormanın içinden/gölün yanından geçer; **daran führt kein Weg vorbei** bundan kaçış yok; **vorbei|gehen** *irr vi sein* **1.** (*entlanggehen*) geçmek (*an* -den); **im V~** geçerken; **bei jdm ~** (*fam*) birine uğramak **2.** (*Schuss*) ıska geçmek **3.** (*vergehen*) geçmek; **vorbei|kommen** *irr vi sein* **1.** (*entlangkommen*) yanından geçmek (*an* -in) **2.** (*an Hindernis*) geçmek (*an* -den) **3.** (*fam: besuchen*) bir uğramak (*bei* -e), gelmek (*bei* -e); **vorbei|lassen** *irr vt* (*fam*) yol vermek (-e), geçmesine izin vermek (-in); **vorbei|reden** *vi:* **an etw** *dat* **~** konuyla ilgisiz şeyler konuşmak, sözü döndürüp dolaştırmak, sadede gelmemek; **wir haben aneinander vorbeigeredet** birbirinin dediğini anlamadan konuşmak

vorbelastet *adj* (*durch Strafe*) sabıkalı, sicilli; **erblich ~ sein** kalıtım yoluyla geçmiş olumsuz bir özellik taşımak, soydan kalma olumsuz bir özellik taşımak

Vorbemerkung *f* <-en> ön açıklama, açıklayıcı söz

vor|bereiten* **I.** *vt* hazırlamak; **darauf war ich nicht vorbereitet** buna hazırlanmamıştım **II.** *vr:* **sich ~** hazırlanmak (*auf* -e)

Vorbereitung *f* <-en> (*Tätigkeit*) hazırla(n)ma; (*Maßnahme*) hazırlık, tertibat; **~en für etw treffen** bir şey için tertibat almak, bir şey için hazırlık yapmak

Vorbesprechung *f* <-en> ön görüşme

vor|bestellen* *vt* önceden sipariş etmek; (*Zimmer, Theaterkarten*) ayırtmak; **Vorbestellung** *f* <-en> ön sipariş, rezervasyon

Vorbestimmung *f* <-en> (REL) öncel belirleme

vorbestraft *adj* sabıkalı

vor|beugen **I.** *vi* (*a.* MED) önlem almak, önüne geçmek (-in) **II.** *vt* önlemek **III.** *vr:* **sich ~** öne doğru eğilmek

vorbeugend *adj* önleyici, koruyucu; (MED) profilâktik, koruyucu

Vorbeugung *f ohne Pl* önleme (*gegen* -i), önlenme (*gegen* -in), korunma (*gegen* -den); (MED) profilâksi; **zur ~ gegen etw** bir şeyi önlemek için, bir şeyin önlenmesi için, bir şeyden korunmak için

Vorbild *nt* <-(e)s, -er> (*Beispiel*) örnek; (*Muster*) model; **sich** *dat* **jdn zum ~ nehmen** birini kendine örnek almak; **als ~ dienen** örnek olmak

vorbildlich *adj* (*beispielhaft*) örnek; (*musterhaft*) model, örnek; **sich ~ benehmen** mükemmel davranmak; **ein ~er Schüler** örnek bir öğrenci

Vorbildung *f ohne Pl* (*schulisch*) eğitim durumu

Vorbote *m* <-n, -n> öncü; (*fig: Vorzeichen*) ön belirti

vor|bringen *irr vt* **1.** (*sagen*) söylemek; (*zur Sprache bringen*) dile getirmek, dermeyan etmek; (*Gründe*) ileri sürmek; (*Beweise*) irat etmek; **was hast du zu deiner Entschuldigung vorzubringen?** ne mazeretin var? **2.** (*fam: nach vorn bringen*) öne getirmek

Vorbühne *f* (THEAT) ön sahne

vorchristlich *adj* İsa'dan önceki

Vordach *nt* <-(e)s, -dächer> (ARCH) saçak

vor|datieren* *vt* ileri bir tarih atmak (-e)

Vordenker(in) *m(f)* <-s, -; -nen> ileri görüşlü (kimse)

Vorderachse ['fɔrdɐ-] *f* ön dingil; **Vorderansicht** *f* önden görünüş; **Vorderasien** ['--'--] *nt* Ön Asya; **Vorderbein** *nt* ön ayak; **Vorderdeck** *nt* ön güverte

vordere(r, s) ['fɔrdərə, -rɐ, -rəs] *adj* ileri, önde bulunan

Vorderfront *f* ön cephe

Vordergaumen *m* (ANAT, MED, LING) ön damak; **Vordergaumenlaut** *m* (LING) ön damak ünsüzü

Vordergrund *m* <-(e)s, -gründe> ön plân; **im ~ stehen** ön plânda olmak; **in den ~ rücken/treten** ön plâna geçmek/çıkmak

vordergründig ['fɔrdɐgrʏndɪç] *adj* (*oberflächlich*) yüzeysel

Vorderlader *m* ağızdan dolma

Vordermann *m*: **mein ~** benim önümdeki (adam); **jdn/etw auf ~ bringen** (*fam*) bir kimseye/şeye çeki düzen vermek

Vorderrad *nt* ön teker, ön tekerlek; **Vorderradantrieb** *m* önden çekiş; **Vorderseite** *f* ön taraf; **Vordersitz** *m* ön koltuk

vorderste(r, s) ['fɔrdɐstə, -tɐ, -təs] *adj superl von* **vordere(r, s)** en öndeki

Vorderteil *nt* <-(e)s, -e> ön kısım; **Vordertür** *f* ön kapı; **Vorderzahn** *m* ön diş; **Vorderzimmer** *nt* öne bakan oda; **vor|drängeln** *vr*: **sich ~** (*fam*) öne geçmeye çalışmak, ite kaka ilerlemek; **vor|dringen** *irr vi sein* **1.** (*sich ausbreiten*) yayılmak **2.** (*eindringen*) girmek (*in* -e); (**bis**) **zu jdm ~** birine (kadar) çıkmak; **er gelang ihm bis zum Minister vorzudringen** bakanın karşısına çıkmayı becerdi; **Vordruck** *m* <-(e)s, -e> form, basılı kâğıt; **vorehelich** *adj* evlilik öncesi; **voreilig** *adj* aceleci; (*unüberlegt*) düşüncesiz; **nicht so ~!** o kadar acele etme!

voreinander [foːɐʔaɪ'nandɐ] *adv* birbirinden

voreingenommen *adj* ön yargılı

vor|enthalten* *irr vt* alıkoymak; **jdm etw ~** (*Information*) birinden bir şeyi gizli tutmak; (*Rechte*) mahrum etmek (-den)

Vorentscheidung *f* <-en> ön karar

vorerst ['foːɐʔeːɐst, -'-] *adv* şimdilik

Vorfahr(in) ['foːɐfaːɐ] *m(f)* <-en, -en; -nen> ata, cet

vor|fahren *irr sein* **I.** *vi* **1.** (*ankommen*) gelmek (*mit/in* ile); **vor etw** *dat* **~** bir şeyin önüne gelmek; **mit dem Taxi ~** taksi ile gelmek **2.** (*vorne fahren*) önde gitmek; (*vorausfahren*) önden gitmek **3.** (*nach vorne fahren*) öne geçmek **II.** *vt* (*vorrücken*) öne almak, ileri çekmek

Vorfahrt *f ohne Pl* ilk geçiş; (*~srecht*) ilk geçiş hakkı; (*von Feuerwehr, Rettungsdienst*) geçiş üstünlüğü; **die ~ beachten** ilk geçiş hakkına dikkat etmek; **~ haben** ilk geçiş hakkı olmak; **Vorfahrt(s)straße** *f* (*im Ort*) ana cadde; (*auf Landstraße*) ana yol

Vorfall *m* <-(e)s, -fälle> **1.** (*Ereignis*) olay **2.** (MED: *Gebärmutter~*) prolaps

vor|fallen *irr vi sein* **1.** (*geschehen*) olmak **2.** (*nach vorne fallen*) öne doğru düşmek

Vorfeld *nt* <-(e)s, -er> (*fig*): **im ~ von etw** (*fig*) bir şeyin ön aşamasında

Vorfertigung *f* prefabrikasyon

vor|finden *irr vt* bulmak

Vorfreude *f ohne Pl* dört gözle bekleme

vor|fühlen *vi* (*fam*): **bei jdm ~** birinin nabzını yoklamak; **vor|führen** *vt* **1.** (*Person*) (zorla) götürmek [*o* getirmek]; **dem Richter ~** hâkim [*o* yargıç] önüne çıkarmak **2.** (*zeigen*) göstermek; (*Mode*) sergilemek; (*Gerät*) tanıtmak, nasıl kullanıldığını göstermek (-in) **3.** (FILM, KUNSTSTÜCK) göstermek **4.** (*fam: bloßstellen*) rezil etmek

Vorführung *f* <-en> **1.** (*Vorstellung*) tanıtma, sunma, takdim **2.** (*von Mode*) sergi; (*von Gerät*) tanıtım **3.** (*von Film*) gösterim; (*von Kunststück*) gösteri

Vorgabe *f* <-n> **1.** (SPORT) avans **2.** (*Richtlinie*) direktif

Vorgang *m* <-(e)s, -gänge> **1.** (*Ereignis*) olay; (*Ablauf, a.* CHEM, TECH) süreç **2.** (ADMIN: *Akten*) işlem

Vorgänger(in) ['-gɛŋɐ] *m(f)* <-s, -; -nen> selef, öncel

Vorgarten *m* ön bahçe

vor|gaukeln ['-gaʊkəln] *vt*: **jdm etw ~** birine palavra sıkmak, birine martaval okumak; **vor|geben** *irr vt* **1.** (*behaupten*) iddia etmek, ileri sürmek; **sie gab vor, müde zu sein** yorgun olduğunu iddia etti **2.** (*fam: nach vorn geben*) öne vermek, ön tarafa vermek **3.** (*festsetzen*) belirlemek **4.** (SPORT) avans vermek

Vorgebirge *nt* <-s, -> (GEO) burun; (*Ausläufer*) dağlık burun

vorgefasst[RR] ['-gəfast] *adj*, **vorgefaßt** *adj* ön yargılı, peşin; **~e Meinungen** peşin fikirler; **vorgefertigt** ['-gəfɛrtɪçt] *adj* prefabrike

vor|gehen *irr vi sein* **1.** (*nach vorne gehen*) öne gitmek; (*vorrücken*) ilerlemek; (*vorne gehen*) önde gitmek **2.** (*vorausgehen*) önden gitmek **3.** (*Uhr*) ileri olmak **4.** (*handeln*) davranmak, harekete geçmek; (*verfahren*) hareket etmek, yol izlemek; **gegen etw ~** bir şeye karşı harekete geçmek; **gegen jdn gerichtlich ~** birine dava açmak, birini mahkemeye vermek **5.** (*geschehen*) olmak; **was geht (nur) in dir vor?** sana ne oluyor (ki)? **6.** (*Vorrang haben*) önce gelmek

Vorgehensweise *f* davranış biçimi, hareket tarzı

vorgelagert *adj* önündeki (-in); **die der Küste ~en Inseln** kıyının önündeki adalar

Vorgeschichte *f* **1.** evveliyat **2.** *ohne Pl* (*Urgeschichte*) tarih öncesi, prehistorya

Vorgeschmack *m ohne Pl* <-(e)s> (*fig*): **einen ~ von etw bekommen** bir şeyi önceden tatmak; **das war nur ein kleiner ~** bu doyumluk değil tadımlıktı

vorgeschritten *adj* ilerlemiş; **im ~en Alter** ilerlemiş yaşta

Vorgesetzte(r) *mf* <-n, -n; -n> amir, üst

Vorgespräch *nt* <-(e)s, -e> ön görüşme

vorgestern *adv* evvelki gün; **~ Abend/Morgen** evvelki akşam/sabah

vor|greifen *irr vi:* **jdm ~** birinden önce davranmak; **einer Entscheidung ~** karar verilmesini beklememek

vor|haben *irr vt* **1.** (*beabsichtigen*) niyeti olmak (*zu* -e) **2.** (*geplant haben*) plânı olmak; **hast du heute Abend schon etwas vor?** bu akşam bir plânın var mı?

Vorhaben *nt* <-s, -> **1.** (*Absicht*) niyet **2.** (*Plan*) plân; (*Bau~*) proje

Vorhalle *f* <-n> **1.** (*außen*) avlu, revak, sundurma **2.** (*innen*) hol

vor|halten *irr* **I.** *vt* **1.** (*davor halten*) önünde tutmak **2.** (*fig*) ihtar etmek, hatırlatmak, uyarmak, dikkatini çekmek (-in, -e); **jdm etw ~** birinin bir şeye dikkatini çekmek **II.** *vi* (*fam*) sürmek, devam etmek

Vorhaltung *f* <-en> uyarma, uyarı, ihtar; **jdm (wegen etw** *gen/dat*) **~en machen** birini (bir şeyden dolayı) uyarmak [*o* ihtar etmek]

Vorhand *f ohne Pl* **1.** (SPORT) forhent **2.** (*vom Pferd*) ön

vorhanden [foːɐˈhandən] *adj* (*existierend*) mevcut, var olan, bulunan; (*verfügbar*) elde olan, hazır (bulunan); **Vorhandensein** [-ˈ---] *nt ohne Pl* <-s> mevcudiyet, var olma, varlık; (*Verfügbarkeit*) hazır bulunma

Vorhang *m* <-(e)s, -hänge> **1.** (*an Fenster*) perde; **Eiserner ~** (HIST, POL) Demir Perde **2.** (THEAT) perde

Vorhängeschloss[RR] *nt* asma kilit

Vorhaut *f* <-häute> (ANAT) sünnet derisi

vorher [foːɐˈheːɐ, ˈ--] *adv* önceden; (*im Voraus*) peşin; **kurz ~** az önce; **am Tag ~** önceki gün; **vorher|bestimmen*** [foːɐˈheːɐ-] *vt* önceden belirlemek; **vorhergehend** *adj* ondan önceki; **das V~e** (*oben Gesagte*) yukarıda adı geçen, yukarıda sözü edilen

vorherige(r, s) *adj* önceki, evvelki; **nach ~r Vereinbarung** randevu aldıktan sonra

Vorherrschaft *f ohne Pl* egemenlik, hâkimiyet; (*Hegemonie*) hegamonya

vor|herrschen *vi* egemenliğini sürdürmek, hâkim olmak; **die ~de Meinung** hâkim olan düşünce

Vorhersage *f* <-n> tahmin, kestirme; (*Wetter~*) tahmin; **vorher|sagen** [-ˈ---] *vt* kestirmek; (*Wetter*) tahmin etmek; **vorher|sehen** [-ˈ---] *irr vt* önceden görmek

vorhin [foːɐˈhɪn, ˈ--] *adv* demin

Vorhof *m* <-(e)s, -höfe> **1.** (ANAT) kulakçık **2.** (*Vestibulum*) avlu

Vorhut [ˈfoːɐhuːt] *f* <-en> (MIL) öncü, pişdar

vorige(r, s) [ˈfoːrɪgə, -gɐ, -gəs] *adj* (bir) önceki; (*vergangen*) geçen; **~ Woche** önceki hafta; **das ~ Mal** geçen sefer

Vorjahr *nt* <-(e)s, -e> geçen yıl; **im ~** geçen yıl, bir yıl önce

Vorkämpfer(in) *m(f)* <-s, -; -nen> öncü

Vorkaufsrecht *nt* <-(e)s, -e> (JUR) ön alım hakkı

Vorkehrung [ˈfoːɐkeːrʊŋ] *f* <-en> önlem; **~en treffen** önlemler almak

Vorkenntnisse *fPl* ön bilgi *sing*

vor|knöpfen *vr* (*fam*): **sich** *dat* **jdn ~** birine haddini bildirmek; (*zur Rechenschaft ziehen*) birinden hesap sormak

vor|kommen *irr vi sein* **1.** (*nach vorne kommen*) öne gelmek **2.** (*sich ereignen*) olmak, vukua gelmek; **das kommt schon mal vor** bu bazen olur böyle; **das wird nicht wieder ~** bu bir daha olmaz **3.** (*vorhanden sein*) bulunmak, var olmak, mevcut olmak; **oft ~** sık sık bulunmak **4.** (*erscheinen*) çıkmak; (*in Liste*) yazılı olmak (*in* -de); **hinter etw** *dat* **~** bir şeyin altından çıkmak **5.** (*scheinen*): **das kommt mir seltsam vor** bu bana tuhaf geliyor; **sie kommt mir bekannt vor** o bana yabancı gelmiyor, onu gözüm ısırıyor; **du kommst dir wohl sehr schlau vor?** sen kendini çok kurnaz sanıyorsun galiba!

Vorkommen[1] *nt ohne Pl* <-s> (*Vorhandensein*) mevcudiyet, var olma, bulunma

Vorkommen[2] *nt* <-s, -> (*von Rohstoffen*) varlık, kaynaklar *pl*

Vorkommnis *nt* <-ses, -se> olay; **keine besonderen ~se** vukuat yok

Vorkriegszeit *f* savaş öncesi dönemi

vor|laden *irr vt* çağırmak, davet etmek

Vorladung *f* <-en> celp, çağrı

Vorlage[1] *f ohne Pl* (*das Vorlegen*) sunma, arz, gösterme, ibraz; **gegen ~ einer Bescheinigung** bir belgenin gösterilmesi karşılığı

Vorlage[2] *f* <-n> **1.** (*Gesetzes~*) öneri; (*Entwurf*) tasarı **2.** (*Muster*) model, örnek **3.** (CHEM) damıtma kabı **4.** (SPORT) ileri pas **5.** (*Schweiz: Vorleger*) paspas; (*Bett~*) yaygı; (*Teppich*) küçük halı

vor|lassen *irr vt* **1.** (*fam: nach vorne lassen*) önüne geçmesi için izin vermek (-e); **einen**

Wagen ~ bir arabanın geçmesine izin vermek **2.** (*empfangen*) kabul etmek (*zu* -e)

Vorlauf *m* (SPORT) ilk koşu

Vorläufer(in) *m(f)* <-s, -; -nen> öncü

vorläufig **I.** *adj* geçici, eğreti, muvakkat **II.** *adv* geçici olarak, eğreti olarak, muvakkaten; (*fürs Erste*) şimdilik

vorlaut *adj* ukalâ(ca)

Vorleben *nt ohne Pl* <-s> geçmiş; **das ~ des Angeklagten** sanığın geçmişi

vor|legen *vt* **1.** (*zeigen*) göstermek, ibraz etmek; (*Ausweis*) ibraz etmek; (*Speise*) tabağa koymak **2.** (*Kette, Schloss*) asmak; (*Stein*) koymak **3.** (*fam fig* SPORT): **ein schnelles Tempo** ~ depara geçmek

Vorleger *m* yaygı; (*Teppich*) küçük halı

vor|lehnen *vr:* **sich** ~ öne yaslanmak, öne sarkmak

Vorleistung *f* (WIRTSCH) avans; (POL: *Zugeständnis*) taviz

vor|lesen *irr vt* okumak; **jdm etw** ~ birine bir şey okumak

Vorlesung *f* <-en> (*Universität*) ders; (*Vortrag*) konferans; **Vorlesungsverzeichnis** *nt* sömestre programı

vorletzte(r, s) *adj* sondan ikinci; ~ **Woche** iki hafta önce

vorlieb[RR] [foːɐ'liːp] *adv:* **mit etw** *dat* ~ **nehmen** bir şeyle yetinmek; **mit jdm** *dat* ~ **nehmen** birinin ağzının kokusunu çekmek

Vorliebe *f* <-n> merak (*für* -e), hoşlanma (*für* -den); **eine ~ für etw haben** bir şeye merakı olmak; **etw mit ~ tun** bir şeyi merakla yapmak

vorlieb|nehmen *irr vi s.* **vorlieb**

vor|liegen *irr vi* **1.** (*vorhanden sein*) olmak, elde olmak; (*bereit daliegen*) hazır olmak; **es liegt nichts gegen ihn vor** elimizde aleyhine konuşan hiçbir şey yok; **hier muss ein Irrtum** ~ burada bir yanlışlık olmalı **2.** (ADMIN) işlemde olmak; (*zur Begutachtung*) düzenlenmekte olmak; **im ~den Fall** bu durumda **3.** (*fam: Kette*) asılı olmak

vor|lügen *irr vt* (*fam*): **jdm etwas** ~ birine palavra sıkmak

vor|machen *vt* (*fam*) **1.** (*zeigen*) göstermek **2.** (*fig: täuschen*) aldatmak; **wir wollen uns nichts ~!** kendi kendimizi aldatmayalım!, birbirimize numara yapmayalım!; **er macht sich** *dat* **selbst was vor** kendi kendine gelin güvey oluyor

Vormachtstellung *f* üstünlük, hâkimiyet; **gegenüber jdm eine ~ innehaben** birine göre üstün konumda olmak

vormalige(r, s) *adj* önceki, eski

Vormarsch *m* <-(e)s, -märsche> ilerleme, ilerleyiş; **auf dem ~ sein** ilerlemekte olmak; (*fig*) yayılmakta olmak

vor|merken *vt* şerh etmek; (*reservieren*) ayırtmak (*für* için); **sich** *dat* **etw** ~ bir şeyi not etmek; **sich für etw ~ lassen** bir şey için adını yazdırmak

vormittag *adv s.* **Vormittag**

Vormittag *m* <-(e)s, -e> öğleden önce; **am** ~ öğleden önce; **gestern/heute/morgen** ~ dün/bugün/yarın öğleden önce

vormittags *adv* öğleden önceleri

Vormund *m* <-(e)s, -e *o* -münder> vasi

Vormundschaft *f* <-en> vesayet, vasilik; **jdn unter ~ stellen** birini vesayet altına almak

vorn [fɔrn] *adv* **1.** (*an vorderer Stelle*) önde, başta; (*am vorderen Ende*) baş ucunda; (*im Vordergrund*) ön plânda; (*auf der Vorderseite*) ön tarafta; **wir saßen ganz** ~ biz tam önde oturduk; **von/nach** ~ önden/öne; **weiter** ~ daha önde; **von ~ bis hinten** önden arkaya kadar; (*fam*) baştan başa; **das Zimmer liegt nach** ~ (*fam*) oda öne bakıyor **2.** (*an der Spitze*) önde, başta; ~ **liegen** önde olmak **3.** (*am Anfang*) başta; **von** ~ baştan; (**noch**) **weiter** ~ (*im Text*) daha (da) önde

Vorname *m* <-ns, -n> ön ad

vorne *adv s.* **vorn**

vornehm ['foːɐneːm] *adj* **1.** (*fein*) kibar **2.** (*edel, adlig*) kibar, soylu; **sich** *dat* **zu ~ für etw sein** bir şeyi kendine yakıştıramamak **3.** (*elegant*) kibar, şık; **~e Kleidung** kibar giyim

vor|nehmen *irr vt* **1.** (*ausführen*) yapmak **2. sich** *dat* **etw** ~ (*vorhaben*) bir şeye niyet etmek, bir şey yapmaya karar vermek; (*planen*) bir şeyi tasarlamak; (*in Angriff nehmen*) bir işe girişmek [*o* kalkışmak]; **sich zu viel** ~ başından büyük işlere kalkışmak **3.** (*fam: ermahnen*): **sich** *dat* **jdn** ~ birini azarlamak [*o* paylamak], birinden hesap sormak **4.** (*fam: bevorzugt abfertigen*) ayrıcalıklı muamele yapmak (-e)

vornehmlich *adv* (*geh*) özellikle, bilhassa

vor|neigen **I.** *vt* öne doğru eğmek **II.** *vr:* **sich** ~ öne doğru eğilmek

vornherein ['--'-] *adv:* **von** ~ başından beri, ilk baştan

Vorort *m* <-(e)s, -e> banliyö, varoş

Vorortzug *m* banliyö treni

Vorplatz *m* <-es, -plätze> evin önündeki küçük meydan; (*Diele*) hol

vorprogrammiert *adj* programlı; **das war schon** ~ (*fig*) bunun böyle olacağı önceden belliydi

Vorrang ['foːɐraŋ] *m ohne Pl* <-(e)s> **1.** (*Priorität*) öncelik (*vor* -e göre), önce olma (*vor*-den); **den ~ vor etw** *dat* **haben**

V

bir şeye göre önceliği olmak, bir şeyden önce gelmek; **jdm/etw** *dat* **den ~ geben** bir kimseye/şeye öncelik tanımak **2.** (*österr: Vorfahrt*) ilk geçiş hakkı, geçiş üstünlüğü

vorrangig *adj* öncelikli; **~ sein** önceliği olmak; **etw ~ behandeln** bir şeyi öncelikle ele almak

Vorrat ['fo:ɐra:t, *Pl:* 'fo:ɐrɛ:tə] *m* <-(e)s, -räte> (*an Lebensmittel*) erzak; (*an Viehfutter*) zahire; (WIRTSCH) stok(lar) *(pl)* (*an* -); **etw auf ~ kaufen** bir şeyi stok etmek; **solange der ~ reicht** stoklar yetiştiği sürece

vorrätig ['fo:ɐrɛ:tɪç] *adj* (*auf Lager*) stoktaki; (*verfügbar*) hazırda, el altında, elde mevcut; **etw ~ haben** bir şey hazırda olmak, bir şeyin stoku olmak

Vorratskammer *f* kiler

Vorraum *m* <-(e)s, -räume> hol, sofa

vor|rechnen *vt:* **jdm etw ~** birinin önünde bir şeyi hesaplamak; (*fig*) birinin dikkatini bir şeye çekmek

Vorrecht *nt* <-(e)s, -e> **1.** (POL: *Privileg*) ayrıcalık, imtiyaz **2.** (JUR: *Vorzugsrecht*) rüçhan hakkı

Vorreiter(in) *m(f)* <-s, -; -nen> (*fam*) öncü

Vorrichtung *f* <-en> düzen, tertibat, aygıt, tesis

vor|rücken **I.** *vi sein* **1.** (*a. fig*) ilerlemek; **in vorgerücktem Alter** ilerlemiş yaşta; **zu vorgerückter Stunde** (*geh*) geç [*o* ilerlemiş] bir saatte; **die Zeit rückt vor** zaman ilerliyor **2.** (*a.* MIL) ilerlemek (*nach/gegen* -e/-e karşı, *bis zu/nach* -e kadar/-e) **II.** *vt* öne itmek; (*nähern*) önüne itmek (-in); (*den Tisch*) ileri çekmek, öne doğru çekmek; **einen Stein ~** (*im Brettspiel*) bir taşı ileri sürmek

Vorruhestand *m ohne Pl* <-(e)s> erken emeklilik

Vorrunde *f* <-n> (SPORT) ilk tur

vor|sagen *vt* **1.** (*vorsprechen*) söylemek; (*zum Mitschreiben*) dikte etmek **2.** (*heimlich*) sufle etmek; (*in Prüfung*) fısıldamak

Vorsaison *f* <-s> ön sezon, sezon öncesi

Vorsatz *m* <-es, -sätze> **1.** (*Absicht*) niyet, maksat; (*Entschluss*) karar; (JUR) kasıt; **den ~ haben etw zu tun** bir şeyi yapmaya niyeti olmak; **einen ~ fassen** bir şeye niyet etmek **2.** (TYPO: *in Buchbinderei*) kapağın yan kâğıdı

vorsätzlich ['fo:ɐzɛtslɪç] **I.** *adj* maksatlı; (JUR) kastî **II.** *adv* kasten, bilerek; (JUR) kasten

Vorschau *f* <-en> tanıtma programı (*auf* -i); (TV) gelecek program

Vorschein *m ohne Pl:* **zum ~ kommen/bringen** ortaya [*o* meydana] çıkmak/çıkarmak, görünmek/belli etmek

vor|schieben *irr vt* **1.** (*nach vorn schieben*) öne itmek **2.** (*Riegel*) sürmek **3.** (*zur Entschuldigung*) bahane etmek

vor|schießen *irr* **I.** *vi sein* (*fam*) avans vermek **II.** *vt* (*fam*) avans olarak vermek

Vorschlag *m* <-(e)s, -schläge> öneri, teklif; (*Empfehlung*) tavsiye; **einen ~ machen** bir öneride bulunmak; **einen ~ annehmen** bir öneriyi kabul etmek; **auf ~ von ...** ...in teklifi üzerine

vor|schlagen *irr vt* önermek (*für* için, *als* olarak), teklif etmek; (*empfehlen*) tavsiye etmek, salık vermek; **jdn für einen Amt ~** birini bir görev için tavsiye etmek, birini bir göreve aday göstermek

Vorschlaghammer *m* balyoz

vorschnell *adj* acele

vor|schreiben *irr vt* **1.** (*Text*) örnek olarak yazmak **2.** (*fig: befehlen*) emretmek, buyurmak; **jdm ~, was er/sie zu tun hat** birine ne yapması gerektiğini söylemek

Vorschrift *f* <-en> kural; (*Anweisung*) talimat; (*Bestimmung*) hüküm; **sich an die ~en halten** kurallara [*o* talimata] uymak; **das verstößt gegen die ~** bu kurala aykırıdır

vorschriftsmäßig **I.** *adj* kurallara uygun olan, talimata uygun olan **II.** *adv* kurallara uygun, talimata uygun

vorschriftswidrig *adj* kurallara aykırı olan, talimata aykırı olan

Vorschub *m:* **etw** *dat* **~ leisten** bir şeyi teşvik etmek

Vorschulalter *nt ohne Pl* <-s> okul öncesi yaş

Vorschule *f* <-n> anaokulu

vorschulisch *adj* okul öncesi

Vorschuss[RR] *m* <-es, -schüsse>, **Vorschuß** *m* <-sses, -schüsse> avans, peşinat; **auf etw einen ~ leisten** bir şey için avans vermek

vor|schützen *vt* bahane olarak ileri sürmek; **nur keine Müdigkeit ~!** yoruldum ayaklarına yatma!

vor|schweben *vi:* **jdm schwebt etw vor** birinin aklından bir şey geçmek

vor|sehen *irr* **I.** *vt* **1.** (*planen*) öngörmek (*für* için); **wie vorgesehen** öngörüldüğü gibi; **es ist vorgesehen, dass ...** ...si öngörülmüştür **2.** (*bestimmen*) öngörmek (*für* için); **die Gelder sind für die Forschung vorgesehen** paralar bilimsel araştırma için öngörülmüştür **II.** *vr:* **sich ~** sakınmak (*vor* -den); (*aufpassen*) dikkat etmek (*vor* -e) **III.** *vi* bakmak (*hinter* -den); **hinter der Ecke ~** köşeden bakmak

Vorsehung *f ohne Pl* yazgı, kader, kısmet

vor|setzen *vt* **1.** (*nach vorne setzen*) öne

koymak; (*Fuß*) öne atmak; (*Schüler*) öne oturtmak **2.** (*Speisen*): **jdm etw ~** birinin önüne bir şey koymak; (*Programm*) sunmak; (*Lügen*) atmak

Vorsicht *f ohne Pl* dikkat, ihtiyat; **~ Glas!** dikkat, kırılır!; **hier ist ~ geboten** burada dikkat etmekte yarar vardır; **~ ist die Mutter der Weisheit** (*prov*) dikkat bilgeliğin anasıdır

vorsichtig *adj* dikkatli, ihtiyatlı; **sehr ~ sein** çok dikkatli olmak

vorsichtshalber [-halbɐ] *adv* ihtiyaten

Vorsichtsmaßnahme *f* <-n> ihtiyatî tedbir; **~n treffen** ihtiyatî tedbir(ler) almak

Vorsilbe *f* <-n> (LING: *Präfix*) ön ek

vor|singen *irr* **I.** *vi:* **jdm ~** birinin önünde şarkı söylemek **II.** *vt:* **jdm ein Lied ~** birine şarkı söylemek

vorsintflutlich *adj* (*fam fig*) Nuh nebiden kalma

Vorsitz *m* <-es, -e> başkanlık; **unter dem ~ von jdm** birinin başkanlığı altında; **den ~ führen** başkanlık etmek; **den ~ übernehmen/abgeben** başkanlığı devralmak/devretmek

Vorsitzende(r) *mf* <-n, -n; -n> başkan

Vorsorge *f ohne Pl* ihtiyat; (*Maßnahme*) önlem, tedbir; **~ treffen** tedbir [*o* önlem] almak; **zur ~** ihtiyaten; **vor|sorgen** *vi* tedbir almak (*für* için)

Vorsorgeuntersuchung *f* (MED) çekap, ihtiyatî muayene

vorsorglich **I.** *adj* ihtiyatî **II.** *adv* ihtiyaten

Vorspann ['fo:ɐʃpan] *m* <-(e)s, -e> (FILM) jenerik

Vorspeise *f* <-n> (GASTR) ordövr, meze

Vorspiegelung *f* <-en> taslama; **die ~ einer Krankheit** hastalık taslama, kendini hasta gibi gösterme; **unter ~ falscher Tatsachen** bir kişiyi kandırmak için yanlış olgular ileri sürerek, bir kişiyi kandırabilecek nitelikte hile ve desiseler yaparak

Vorspiel *nt* <-(e)s, -e> **1.** (MUS: *Präludium*) prelüt; (THEAT: *Ouvertüre*) uvertür **2.** (*sexuell*) aşk oyunları *pl*

vor|spielen *vt* **1.** (*Lied*) çalmak; **jdm etw ~** birine bir şey çalmak **2.** (*Sketch*) oynamak **3.** (*fig: vortäuschen*): **jdm etw ~** birine rol kesmek, birine numara yapmak; **er spielt uns etw vor** bize rol kesiyor, bize numara yapıyor; **vor|sprechen** *irr* **I.** *vi:* **bei jdm (wegen etw** *gen/dat*) **~** biriyle (bir şeyden dolayı) görüşmek [*o* konuşmak]; **wann kann ich bei Ihnen ~?** sizinle ne zaman görüşebilirim [*o* konuşabilirim]? **II.** *vt* **1.** (*zum Nachsprechen*) tekrarlanması için söylemek **2.** (THEAT): **jdm die Rede des Faust ~** birinin önünde Faust'ın nutkunu okumak

vor|springen *irr vi sein* **1.** (*nach vorn springen*) öne doğru atlamak, ileri doğru sıçramak **2.** (*hervorragen*) ileri [*o* öne] doğru çıkmak

Vorsprung *m* <-(e)s, -sprünge> **1.** (*Mauer~, Fels~*) çıkıntı **2.** (*a.* SPORT) ileride [*o* önde] olma; (*Abstand*) ara; (*Zeit~*) avantaj; **den ~ vergrößern** arayı açmak; **einen (großen) ~ haben** (çok) önde [*o* ileride] olmak; **er hatte einen ~ von 5 Metern** 5 metre öndeydi; **jdm 15 Minuten ~ geben** birine 15 dakikalık bir avantaj sağlamak

Vorstadium *nt* <-s, -stadien> ön aşama; **Vorstadt** *f* <-städte> varoş

Vorstand *m* <-(e)s, -stände> **1.** (*Gremium*) yönetim kurulu **2.** (*~smitglied*) yönetim kurulu üyesi

Vorstandsmitglied *nt* yönetim kurulu üyesi; **Vorstandssitzung** *f* yönetim kurulu toplantısı; **Vorstandsvorsitzende(r)** *mf* <-n, -n; -n> yönetim kurulu başkanı

vor|stehen *irr vi* **1.** (*hervorragen*) öne doğru çıkmak, dışarıya doğru çıkık olmak **2.** (*geh: leiten*): **etw** *dat* **~** bir şeyi yönetmek; (*Vorsitz haben*) bir şeye başkanlık etmek, bir şeyin başkanı olmak

Vorsteher(in) *m(f)* <-s, -; -nen> muhtar; (*Chef*) şef

Vorsteherdrüse *f* (ANAT) kestanecik; (*Prostata*) prostat

vor|stellen **I.** *vt* **1.** (*nach vorn, davor stellen*) önüne geçmek (*vor* -in) **2.** (*Uhr*) öne almak, ileri almak **3.** (*bekannt machen*) tanıştırmak (ile), takdim etmek (-e); **darf ich Ihnen Frau Müller ~?** sizi Bayan Müller ile tanıştırabilir miyim? **4.** (*bedeuten*) anlamak gelmek; **was soll das ~?** bu ne anlama geliyor? **5.** (*darstellen*) göstermek, temsil etmek **6.** (*ausmalen*): **sich** *dat* **etw ~** bir şeyi göz önüne getirmek, bir şeyi tasavvur etmek, bir şeyi hayal etmek, bir şeyi zihninde canlandırmak; **das kann ich mir gut ~** bunu gözümün önüne getirebiliyorum; **darunter kann ich mir nichts ~** bundan bir anlam çıkaramıyorum; **stell dir mal vor!** (*fam*) bir düşünsene! **7.** (*Konditionen, Preis*): **sich** *dat* **etw ~** bir şeyi düşünmek **8.** (*mit etw verbinden*): **sich** *dat* **etwas/nichts unter etw** *dat* **~** bir şeyle bağlantı kurmak/kuramamak **II.** *vr:* **sich ~** (*sich bekannt machen*) kendini tanıtmak

Vorstellung[1] *f* <-en> **1.** (*Bekanntmachung, das Sichvorstellen*) tanıtma, tanıtım **2.** (*Gedanke*) düşünce, fikir; (*Bild im Bewußtsein*) tasarım, tasavvur; **sich** *dat* **nur eine vage ~ von etw** *dat* **machen können** bir şeyi ancak hayal meyal göz önüne getirebilmek; **du machst dir keine**

V

~ tasavvur edemezsin **3.** (THEAT) temsil, seans, gösteri; (FILM) seans, gösterim; (*Abend~*) suare; (*Nachmittags~*) matine

Vorstellung[2] *f ohne Pl* (*Fantasie*) hayal

Vorstellungsgespräch *nt* <-(e)s, -e> mülâkat, görüşme

Vorstellungsvermögen *nt ohne Pl* <-s> hayal gücü, düş gücü

vor|stoßen *irr* **I.** *vi sein* ilerlemek; (*vordringen*) girmek (*in* -e); **die Truppen sind bis zum Fluss vorgestoßen** birlikler ırmağa kadar ilerledi **II.** *vt* ileri (doğru) itmek

Vorstrafe *f* <-n> (JUR) sabıka

vor|strecken *vt* **1.** (*Arme*) öne uzatmak **2.** (*Geld*) avans olarak vermek

Vorstufe *f* <-n> ön basamak

Vortag *m* <-(e)s, -e> ön gün, bir önceki gün, arife; **am ~ des Festes** bayramdan bir önceki günde, bayramın arifesinde

vor|täuschen *vt* taslamak, rol kesmek, numara yapmak; **jdm etw ~** birine rol kesmek, birine numara yapmak; **eine Krankheit ~** kendini hasta gibi göstermek, hastalık taslamak; **Vortäuschung** *f* <-en> taslama, rol kesme, numara yapma; **unter ~ falscher Tatsachen** bir kişiyi kandırmak için yanlış olgular ileri sürerek, bir kişiyi kandırabilecek nitelikte hile ve desiseler yaparak

Vorteil ['fɔrtaɪl] *m* <-(e)s, -e> avantaj, çıkar, menfaat; (*Nutzen*) yarar, fayda; **die Vor- und Nachteile von ...** ...in yarar ve zararları, ...in avantaj ve dezavantajları; **die Sache hat den ~, dass ...** işin avantajı şudur ki, ...; **auf seinen ~ bedacht sein** çıkarına bakmak, kendi çıkarını gözetmek [*o* düşünmek], dümenine bakmak; **einen ~ aus etw** *dat* **ziehen** bir şeyden çıkar sağlamak; **das ist für dich von ~** bu senin için avantajlı; **gegenüber jdm im ~ sein** birine karşı avantajlı durumda olmak

vorteilhaft *adj* avantajlı; (*Geschäft*) kârlı, kazançlı

Vortrag ['foːɐtraːk, *Pl:* 'foːɐtrɛːgə] *m* <-(e)s, -träge> **1.** konferans; (*Rede*) konuşma; **einen ~ halten** konferans vermek (*über* üzerine), konuşma yapmak (*über* üzerine) **2.** (*von Lied*) söyleme; (*von Musikstück*) resital; (*von Gedicht*) inşat **3.** (FIN: *Konto~*) nakil, aktarma

vor|tragen *irr vt* **1.** (*Gedicht*) inşat etmek; (*Lied*) söylemek; (*Kunststück*) göstermek **2.** (*darlegen*) açıklamak **3.** (FIN: *Betrag*) nakletmek, aktarmak **4.** (*fam: nach vorne tragen*) öne taşımak

Vortragsreihe *f* konferans dizisi

vortrefflich [foːɐ'trɛflɪç] *adj* nefis, mükemmel, şahane

vor|treten *irr vi sein* **1.** (*nach vorne treten*) öne gitmek; (*aus Reihe*) öne çıkmak **2.** (*fam: hervorragen*) ileri doğru çıkmak, dışarıya doğru çıkık olmak

Vortritt *m ohne Pl* <-(e)s> **1.** (*Vorrang, Vorzug*) öncelik; **jdm den ~ lassen** önceliği birine bırakmak **2.** (*Schweiz: Vorfahrt*) ilk geçiş hakkı, geçiş üstünlüğü

Vortrupp *m* (MIL) öncü, pişdar

vorüber [vo'ryːbɐ] *adv s.* **vorbei**; **vorüber|gehen** *irr vi sein* **1.** (*aufhören*) geçmek **2.** (*örtlich*) geçmek (*an* -den); **im V~** geçerken

vorübergehend **I.** *adj* geçici, muvakkat **II.** *adv* geçici olarak, muvakkaten

Vor- und Zuname *m* adı ve soyadı

Voruntersuchung *f* <-en> ön muayene

Vorurteil *nt* <-s, -e> ön yargı, peşin yargı, peşin hüküm

vorurteilslos *adj* ön yargısız

Vorverkauf *m ohne Pl* <-(e)s> biletlerin önceden satışı; **sich Karten im ~ besorgen** biletleri önceden temin etmek; **Vorverkaufskasse** *f* biletlerin önceden satıldığı gişe; **Vorverkaufsstelle** *f* biletlerin önceden satıldığı yer

vor|verlegen* *vt* öne almak, önceye almak; (*Termin*) öncelemek (*auf* -e)

Vorverstärker *m* (TECH, ELEK) preamplifikatör, ön yükselteç

Vorvertrag *m* (JUR) ön sözleşme

vorvorgestern ['----] *adv* üç gün önce

vorvorletzte(r, s) ['----] *adj* (*fam*) sondan üçüncü; **~ Woche** üç hafta önce

vor|wagen *vr:* **sich ~** ilerlemeye cesaret etmek

Vorwahl *f* <-en> **1.** (TEL) şehir kodu **2.** (POL) ön seçimler *pl*

Vorwand *m* <-(e)s, -wände> bahane; **etw als ~ benutzen** bir şeyi bahane etmek; **eine Erkältung zum ~ nehmen** soğuk algınlığını bahane etmek

vor|wärmen *vt* önceden ısıtmak

vor|warnen *vt* (önceden) uyarmak; **Vorwarnung** *f* <-en> (önceden) uyarma, uyarı; **ohne ~** uyarmadan

vorwärts ['foːɐvɛrts, 'fɔrvɛrts] *adv* ileri; **~!** ileri!; **~ gehen** ilerlemek; (*fig*) düzelmek; **~ kommen** ilerlemek; (*fig: Erfolg haben*) başarılı olmak; **Vorwärtsgang** *m* <-(e)s, -gänge> (TECH) ileri vites; **vorwärts|gehen** *irr vi sein s.* **vorwärts**; **vorwärts|kommen** *irr vi sein s.* **vorwärts**

Vorwäsche *f* <-n> ön yıkama; **vor|waschen** *irr vt* önce yıkamak

vorweg [foːɐ'vɛk] *adv* **1.** (*vorher*) önce **2.** (*im Voraus*) önceden, peşinen **3.** (*an der Spitze*) önde, başta **4.** (*fam: von vornherein*) baştan beri, başından itibaren **5.** (*vor allem*) her şeyden önce

Vorwegnahme *f* <-n> önceleme

vorweg|nehmen *irr vt* öncelemek

vor|weisen *irr vt* (*Pass*) göstermek; (*Kenntnisse*) ortaya koymak; **etw ~ können** bir şeyi gösterebilmek [*o* ortaya koyabilmek]

vor|werfen *irr vt* **1.** (*tadeln*): **jdm etw ~** birine bir şeyden dolayı sitem etmek **2.** (*hinwerfen*): **jdm/einem Tier etw ~** bir kimsenin/hayvanın önüne bir şey atmak

vorwiegend *adv* (*überwiegend*) daha çok, daha ziyade, ağırlıklı olarak; (*besonders*) özellikle, bilhassa

Vorwissen *nt* ön bilgi

vorwitzig *adj* **1.** (*neugierig*) aşırı meraklı **2.** (*vorlaut*) ukalâ(ca); (*naseweis*) büyümüş de küçülmüş

Vorwort *nt* <-(e)s, -e> önsöz

Vorwurf *m* <-(e)s, -würfe> sitem; **jdm etw zum ~ machen** bir şeyi birinin üzerine atmak; **jdm wegen etw** *gen/dat* **Vorwürfe machen** birine bir şeyden dolayı sitem etmek; **vorwurfsvoll** *adj* sitemli

Vorzeichen *nt* <-s, -> **1.** (*Omen*) alâmet, belirti **2.** (MUS) ton işareti **3.** (MATH) işaret

vor|zeigen *vt* göstermek

Vorzeit *f* <-en> tarih öncesi; **in grauer ~** (*fig*) evvel zaman içinde

vorzeitig **I.** *adj* erken **II.** *adv* vaktinden önce

vorzeitlich *adj* tarih öncesi

vor|ziehen *irr vt* **1.** (*nach vorne ziehen*) öne çekmek; (*Gardine*) çekmek **2.** (*fam: hervorziehen*) çekip çıkarmak **3.** (*vorverlegen*) öne almak; (*eine Arbeit*) ötekilerden önce yapmak; **vorgezogene Wahlen** erken seçimler **4.** (*fig: bevorzugen*) yeğlemek, tercih etmek; (*Person*) kayırmak, yeğlemek, tercih etmek; **ich ziehe Bier dem Wein vor** ben birayı şaraba tercih ederim

Vorzimmer *nt* <-s, -> **1.** (*Sekretariat*) sekreterlik **2.** (*österr: Diele*) hol; **Vorzimmerdame** *f* <-n> (*fam*) sekreter hanım

Vorzug[1] *m ohne Pl* <-(e)s> (*Vorrang*) öncelik; (*Vorliebe*) yeğleme, tercih; **etw** *dat/* **jdm den ~ geben** bir şeye/kimseye öncelik tanımak, bir şeyi/kimseyi yeğlemek [*o* tercih etmek]

Vorzug[2] *m* <-(e)s, -züge> **1.** (*Vorrecht*) ayrıcalık, imtiyaz; (*Überlegenheit*) üstünlük **2.** (*Vorteil*) avantaj; (*gute Eigenschaft*) meziyet; **die Vorzüge und Nachteile einer Sache/Person gegeneinander abwägen** bir şeyin/kişinin iyi ve kötü taraflarını birbiriyle karşılaştırmak

vorzüglich [foːɐ'tsyːklɪç] *adj* enfes; (*Speisen*) nefis

Vorzugspreis *m* avantajlı fiyat

Vorzugsrecht *nt* (JUR) rüçhan hakkı

vorzugsweise *adv* tercihan

Votum ['voːtʊm] *nt* <-s, Voten *o* Vota> oy, rey

Voyeur(in) [voa'jøːɐ] *m(f)* röntgenci

voyeuristisch *adj* röntgenci

vulgär [vʊl'gɛːɐ] *adj* kaba, bayağı, adî

Vulkan [vʊl'kaːn] *m* <-s, -e> yanardağ, volkan; **Vulkanausbruch** *m* indifa, yanardağ püskürmesi

vulkanisch *adj* volkanik; **~es Gestein** volkanik kaya

W

W, w [veː] *nt* <-, -> W, w

W *Abk. von* **Westen** batı

Waage [ˈvaːgə] *f* <-n> **1.** (*Gerät*) terazi, tartı; (*Schnell~*) kantar **2.** (ASTR) Terazi; **das Sternbild/der Wendekreis der ~** Terazi burcu/dönencesi

waagerecht *adj* yatay

Waagschale *f* kefe; **jedes Wort auf die ~ legen** (*fam*) her sözü mihenge vurmak, kelimeleri tartarak konuşmak

wabb(e)lig [ˈvab(ə)lɪç] *adj* (*fam*) peltemsi, bıngıl bıngıl

Wabe [ˈvaːbə] *f* <-n> gümeç

Wabenhonig *m* gümeç balı

wabern *vi* dalgalanmak

wach [vax] *adj* **1.** (*nicht schlafend*) uyanık; **~ werden** uyanmak; **die ganze Nacht über ~ bleiben** bütün gece boyunca uyanık kalmak **2.** (*fig: aufgeweckt*) uyanık

Wachablösung *f* nöbet değişimi; **Wachboot** *nt* karakol gemisi

Wache [ˈvaxə] *f* <-n> **1.** (*Wachdienst*) nöbet; (**auf**) **~ stehen** nöbet beklemek [*o* tutmak] **2.** (*Person*) nöbetçi; (*Gruppe*) karakol **3.** (*Gebäude*) karakol; (*Polizei~*) karakol

wachen [ˈvaxən] *vi* **1.** (*Wache halten*) nöbet tutmak; **bei jdm ~** birinin başında nöbet tutmak **2.** (*aufpassen*) dikkat etmek (*über* -e) **3.** (*geh: wach sein*) uyanık olmak

wachhabend *adj* nöbetçi

Wachhund *m* <-(e)s, -e> bekçi köpeği; **Wachmann** *m* <-(e)s, -männer *o* -leute> **1.** (*Wächter*) bekçi **2.** (*österr: Polizist*) kolluk

Wacholder [vaˈxɔldɐ] *m* <-s, -> **1.** (BOT) ardıç **2.** (*~schnaps*) ardıç rakısı, cin

Wacholderdrossel *f* (ZOOL) bozbakkal, tarla ardıcı

Wachposten *m* nöbetçi (er)

wach|rufen *irr vt* uyandırmak; (*Erinnerungen*) canlandırmak

wach|rütteln *vt* (*fig*) ayıltmak, uyandırmak

Wachs [vaks] *nt* <-es, -e> (*von Bienen*) bal mumu; (*Erd~*) mum; **~ in jds Händen sein** (*fig*) birinin elinde oyuncak gibi olmak

wachsam [ˈ-zaːm] *adj* uyanık; (*aufmerksam*) dikkatli

wachsen¹ [ˈvaksən] <wächst, wuchs, gewachsen> *vi sein* (*allgemein*) büyümek; (*zunehmen*) artmak; **in die Breite/Länge/Höhe ~** enine/uzunluğuna/boyuna büyümek; **sich** *dat* **einen Bart ~ lassen** sakal bırakmak; **mit ~der Begeisterung** gittikçe artan bir coşkuyla; **jdm gewachsen sein** biriyle başa çıkmak; **etw** *dat* **gewachsen sein** bir şeyle başa çıkmak

wachsen² *vt* (*Fußboden, Ski*) mumlamak, (mum cilâsı ile) cilâlamak

wächsern [ˈvɛksɐn] *adj* bal mumundan yapılmış

Wachsfarbe *f* mum boyası; **Wachsfigur** *f* (bal) mum(un)dan yapılmış figür; **Wachsmotte** *f* <-n> (ZOOL) petek güvesi; **Wachspalme** *f* <-n> (BOT) mum palmiyesi; **Wachspapier** *nt* mumlu kâğıt

wächst [vɛkst] *3. präs von* **wachsen¹**

Wachstuch *nt* <-(e)s, -e> (*Gewebe*) muşamba

Wachstum [ˈvakstuːm] *nt ohne Pl* <-s> büyüme; (*Zunahme*) artma; (*Bevölkerungs~*) artış; (*Entwicklung*) büyüme, kalkınma; **wachstumsfördernd** *adj* büyümeyi teşvik edici; **wachstumshemmend** *adj* büyümeyi engelleyici; **Wachstumshormon** *nt* büyümeyi hızlandıran hormon; **Wachstumsrate** *f* (WIRTSCH) büyüme oranı; **wachsweich** *adj* yumuşacık; (*Obst*) vıcık

Wachtel [ˈvaxtəl] *f* <-n> (ZOOL) bıldırcın

Wächter(in) [ˈvɛçtɐ] *m(f)* <-s, -; -nen> muhafız; (*Nacht~*) bekçi

Wachtmeister(in) *m(f)* polis memuru; **Wachtposten** *m* nöbetçi (er); **Wach(t)turm** *m* nöbetçi kulesi

Wach- und Schließgesellschaft *f* <-en>

Wachzustand *m ohne Pl* <-(e)s> uyanıklık, uyanık olma; **im ~** uyanıkken

wackelig [ˈvak(ə)lɪç] *adj* **1.** (*Tisch*) oynak; (*Zahn*) sallanan, gevşek **2.** (*fam: kraftlos*) takatsiz; (*schwach*) zayıf; (*Arbeitsplätze*) tehlikede olan; **er ist noch ~ auf den Beinen** henüz ayakta duracak hali pek olmamak

Wackelkontakt *m* (ELEK) gevşek kontak

wackeln [ˈvakəln] *vi* **1.** (*durch Erschütterung*) sarsılmak; (*Möbel, Zahn*) sallanmak; **der Stuhl wackelt** sandalye sallanıyor; **mit dem Kopf ~** başını sallamak **2.** (*fam: Position, Disziplin*) sallanmak; **an/mit etw** *dat* **~** (*fam*) bir şeyi sarsmak [*o* sallamak]; **mit den Hüften ~** kalça kıvırmak

wacker *adj* **1.** (*tapfer*) cesur, mert, yiğit

2. sich ~ halten iyi dayanmak

wacklig *adj s.* **wackelig**

Wade ['va:də] *f* <-n> baldır

Wadenbein *nt* (ANAT) baldır kemiği; **Wadenmuskel** *m* <-n> baldır kası; **Wadenstecher** *m* (ZOOL) baldırsokan

Waffe ['vafə] *f* <-n> silâh; **eine ~ tragen** silâh taşımak; **die ~n strecken** teslim olmak; **unter (den) ~n sein** [*o* **stehen**] silâhaltında bulunmak; **zu den ~n greifen** silâhlara davranmak; **zu den ~n rufen** silâhaltına almak

Waffel ['vafəl] *f* <-n> (*Eistüte*) gofret; (*Gebäck*) gözleme; **Waffeleisen** *nt* (*für Eistüten*) gofret makinesi; (*für Gebäck*) gözleme makinesi

Waffenbesitz *m* silâh bulundurma; **unerlaubter ~** ruhsatsız silâh bulundurma; **Waffenembargo** *nt* silâh ambargosu; **Waffengewalt** *f ohne Pl* silâh zoru; **Waffenhändler(in)** *m(f)* silâh tüccarı; **Waffenlager** *nt* silâhhane; **Waffenlieferung** *f* silâh sevkiyatı; **Waffenruhe** *f ohne Pl* silâhların durması, silâhlı çatışmaya ara verme; **Waffenschein** *m* <-(e)s, -e> silâh (kullanma) ruhsatı; **Waffenstillstand** *m ohne Pl* ateşkes

Wagemut *f ohne Pl* cü'ret

wagemutig *adj* cü'retli, atak

wagen ['va:gən] **I.** *vt* **1.** (*riskieren*) göze almak, cür'et etmek (-e), cesaret etmek (-e); **einen Versuch ~** bir kerecik denemek; **wie kannst du es ~!** buna nasıl cür'et edersin!; **wer nicht wagt, der nicht gewinnt** (*prov*) korkak bezirgân ne kâr eder ne zarar **2.** (*sich getrauen*) gözüne kestirmek (*zu* -) **II.** *vr:* **sich ~** cesaret etmek (-e), cü'ret etmek (-e); **sich an etw ~** bir şeye cesaret etmek

Wagen ['va:gən] *m* <-s, -> **1.** (*PKW*) araba; (*LKW*) kamyon; (*Liefer~*) kamyonet; **in den ~ steigen** arabaya binmek; **aus dem ~ steigen** arabadan inmek; **wir sind mit dem ~ gekommen** biz arabayla geldik **2.** (*Eisenbahn~, Straßenbahn~*) vagon; (*Pferde~, Plan~*) araba **3.** (*Kinder~, Einkaufs~*) araba **4.** (ASTR): **der Kleine/Große ~** Küçük/Büyük Ayı; **Wagenführer(in)** *m(f)* <-s, -; -nen> arabacı; **Wagenheber** *m* <-s, -> kriko

Waggon [va'gɔŋ, va'gõ:] *m* <-s, -s> (EISENB) vagon

Waggonladung *f* vagonluk; **eine ~ Kohle** bir vagonluk kömür

waghalsig ['va:khalzıç] *adj* **1.** (*Mensch*) gözü pek, delifişek **2.** (*Unternehmen*) rizikolu

Wagnis ['va:knıs] *nt* <-ses, -se> **1.** (*Vorhaben*) tehlikeli iş **2.** (*Risiko*) risk; **sich auf kein ~ einlassen** hiçbir riske girmemek

Wagon[RR] *m* <-s, -s> *s.* **Waggon**

Wahl [va:l] *f* <-en> **1.** (*Aus~*) seçme; (*zwischen zwei Möglichkeiten*) seçenek; **seine ~ treffen** seçeceğini seçmek, seçimini yapmak; **die ~ fiel auf ihn** o seçildi; **ich habe keine andere ~** başka bir seçeneğim yok; **in die engere ~ kommen** son adaylar arasına girmek; **erste/zweite ~** (WIRTSCH) birinci/ikinci kalite **2.** (POL) seçim; (*Abstimmung*) oylama; **zur ~ gehen** seçime gitmek; **sich zur ~ stellen** adaylığını koymak

Wahlausschuss *m* seçim komisyonu

wählbar ['vɛ:lba:ɐ] *adj* seçilebilir, seçilme hakkına sahip

Wahlbarkeit *f ohne Pl* seçilebilirlik

Wahlbenachrichtigung *f* (*formal*) seçmenlere haber verme; **wahlberechtigt** *adj* seçme hakkı olan; **er/sie ist ~** onun seçme hakkı var; **Wahlberechtigte(r)** *mf* <-n, -n; -n> seçme hakkına sahip olan (kimse), seçmen; **Wahlberechtigung** *f ohne Pl* seçme hakkı, oy hakkı; **Wahlbeteiligung** *f* seçime katılma; **Wahlbezirk** *m* seçim bölgesi

wählen ['vɛ:lən] **I.** *vi* **1.** (*Wahlen abhalten*) seçim yapmak; (*Stimme abgeben*) oy vermek **2.** (*aussuchen*) seçmek **3.** (*am Telefon*) numarayı çevirmek **II.** *vt* **1.** (POL) seçmek; **jdn ~** birini seçmek; (*bei einer Abstimmung*) birine oyunu vermek; **sie wurde zur Präsidentin gewählt** başkanlığa [*o* başkan olarak] seçildi **2.** (*aus~*) seçmek **3.** (*Telefonnummer*) çevirmek

Wähler(in) *m(f)* <-s, -; -nen> seçmen

Wahlergebnis *nt* seçim sonucu

wählerisch *adj* seçici

Wählerschaft *f* <-en> seçmenler

Wählerstimme *f* seçmen oyu

Wählerverzeichnis *f* seçmen kütüğü

Wahlfach *nt* seçmeli ders, seçimlik ders; **wahlfrei** *adj* seçimlik; **Wahlgang** *m* <-(e)s, -gänge> oylama; **im ersten ~** ilk oylamada; **Wahlgeheimnis** *nt ohne Pl* <-ses> seçim gizliliği; **Wahlkabine** *f* seçim kabinesi; **Wahlkampf** *m* seçim mücadelesi, seçim kampanyası; **einen ~ führen** seçim kampanyası yapmak; **Wahlkreis** *m* (*formal*) seçim çevresi

wahllos *adv* seçmeksizin, rastgele, gelişigüzel

Wahlniederlage *f* seçimi kaybetme, seçim hezimeti, seçim yenilgisi; **Wahlparole** *f* seçim parolası; **Wahlperiode** *f* seçim dönemi; **Wahlplakat** *nt* seçim afişi; **Wahlprogramm** *nt* seçim programı; **Wahlpropaganda** *f ohne Pl* seçim propagandası; **Wahlrecht** *nt ohne Pl* <-(e)s> **1.** (*des Ein-*

zelnen) seçme ve seçilme hakkı, seçim hakkı; **aktives/passives** ~ seçme/seçilme hakkı; **allgemeines** ~ genel seçimde seçme ve seçilme hakkı **2.** (*Gesetz*) seçim hukuku; **Wahlrede** *f* seçim konuşması

Wahlschein *m* <-(e)s, -e> seçmen kartı; **Wahlsieg** *m* seçimi kazanma, seçim zaferi; **Wahlspruch** *m* slogan; (*Devise*) döviz; **Wahlsystem** *nt* seçim sistemi

Wählton *m* <-(e)s, -töne> (TEL) sinyal, çevir sesi

Wahlurne *f* <-n> oy sandığı

wahlweise *adv* isteğe göre

Wahn [va:n] *m ohne Pl* <-(e)s> (*geh*) kuruntu, vehim; (*Einbildung*) hayal, imge

Wahnsinn ['va:nzɪn] *m ohne Pl* <-(e)s> **1.** (*Geistesgestörtheit*) cinnet, delilik, çılgınlık **2.** (*fam fig: Unvernunft*) akılsızlık, çılgınlık, manyaklık; (*Unsinn*) saçmalık; **das ist doch** ~ bu, çılgınlıktır, bu, manyaklıktır

wahnsinnig **I.** *adj* **1.** (*geistesgestört*) deli, çıldırmış; (*fam fig*) deli, manyak, çılgın; ~ **werden** cinnet geçirmek, delirmek, çıldırmak; **du bist ja** ~ (*fam*) sen manyaksın; **das macht mich** ~ (*fam*) bu beni çıldırtıyor [*o* deli ediyor] **2.** (*fam fig: groß*) çılgın **II.** *adv* (*fam fig: sehr*) çılgınca, çıldırasıya, delicesine, deli gibi; **er hat sich** ~ **gefreut** sevinçten çılgına döndü, deli gibi sevindi; **er ist** ~ **verliebt** delicesine âşık

Wahnsinnige(r) *mf* <-n, -n; -n> manyak, çılgın; (MED) deli

Wahnvorstellung *f* kuruntu, vehim

wahr [va:ɐ] *adj* **1.** (*der Wahrheit entsprechend*) gerçek, hakikî; (*richtig*) doğru; (*wahrheitsgetreu*) gerçeğe uygun; **nicht** ~**?** (öyle) değil mi?, doğru değil mi?; **ist das** ~**?** gerçekten mi?, sahi mi?; **da ist was W~es dran** (*fam*) bunda bir gerçek payı var **2.** (*wirklich*) gerçek, hakikî; **etw** ~ **machen** bir şeyi gerçekleştirmek; **er ist ein** ~**er Freund** o gerçek bir dosttur; **das darf doch nicht** ~ **sein** (*fam*) bu gerçek olamaz; **im** ~**sten Sinne des Wortes** kelimenin tam anlamıyla; **sein** ~**es Gesicht zeigen** gerçek yüzünü göstermek; **seine** ~**en Gefühle nicht zeigen/erkennen lassen** gerçek duygularını göstermemek/belli etmemek **3.** (*geh: echt*) gerçek, hakikî, sahici

wahren ['va:rən] *vt* (*geh*) **1.** (*be~*) korumak; **den Schein** ~ görünüşü [*o* zevahiri] kurtarmak **2.** (*Rechte*) korumak

während ['vɛ:rənt] **I.** *präp* boyunca, sırasında **II.** *konj* **1.** (*zeitlich*) iken, -ken; ~ **sie unterwegs/verreist waren, ...** onlar yoldayken/yolculuktayken ... **2.** (*wohingegen*) ise

währenddessen [vɛ:rənt'dɛsən] *adv* o sırada

wahrhaben ['---] *vt:* **etw nicht** ~ **wollen** bir şeyi(n gerçek olduğunu) kabul etmek istememek

wahrhaft ['va:ɐhaft] **I.** *adj* (*geh: wirklich*) gerçek, hakikî; (*echt*) gerçek, sahici **II.** *adv* (*geh*) gerçekten, hakikaten, sahiden

wahrhaftig [-'--] **I.** *adj* **1.** (*aufrichtig*) dürüst **2.** (*Beteuerung*): **ich habe es** ~**en Gottes nicht getan!** vallahi billahi ben yapmadım! **II.** *adv* (*geh: tatsächlich, allerdings*) gerçekten, hakikaten, sahiden

Wahrheit *f* <-en> (*Tatbestand*) gerçek, hakikat; (*Richtigkeit*) doğruluk; **die halbe/volle** ~ gerçeğin yarısı/hepsi; **die ungeschminkte** ~ çıplak gerçek; **die lautere** ~ **sagen** harbi söylemek; **die** ~ **sagen** gerçeği söylemek; **in** ~ gerçekte, aslında; **bei der** ~ **bleiben** yalan söylememek; **um die** ~ **zu sagen ...** gerçeği [*o* doğrusunu] söylemek gerekirse ..., doğrusu ...

wahrheitsgetreu *adj* gerçeğe uygun

wahrlich *adv* (*geh*) gerçekten, hakikaten

wahrnehmbar *adj* algılanabilir, duyulabilir, fark edilebilir

wahr|nehmen *irr vt* **1.** (*bemerken*) fark etmek, farkına varmak (-in); (*Sinneseindrücke*) algılamak **2.** (*Gelegenheit*) kullanmak; **eine Chance** ~ bir fırsattan istifade etmek **3.** (*Interessen*) gözetmek; (*Pflichten*) yerine getirmek, ifa etmek; **einen Termin** ~ bir randevuya gitmek

Wahrnehmung *f* <-en> **1.** (*Sinnes~*) algı, idrak **2.** (*von Interessen*) gözetilme; (*eines Termins*) gitme (-e)

Wahrnehmungsfähigkeit *f ohne Pl*, **Wahrnehmungsvermögen** *nt ohne Pl* algı yetisi, alırlık, idrak kabiliyeti

wahr|sagen **I.** *vi* fala bakmak; **sich** *dat* ~ **lassen** fala baktırmak **II.** *vt:* **jdm etw** ~ birinin falına bakmak

Wahrsager(in) *m(f)* <-s, -; -nen> falcı

Wahrsagung[1] *f ohne Pl* (*das Wahrsagen*) falcılık

Wahrsagung[2] *f* <-en> (*das Prophezeite*) fal

wahrscheinlich [va:ɐ'ʃaɪnlɪç] **I.** *adj* olasılı, ihtimalî; **es ist** ~**, dass ...** +*subj* **II.** *adv* olabilir, ihtimal

Wahrscheinlichkeit *f* <-en> olasılık, ihtimal; **aller** ~ **nach** büyük bir olasılıkla

Wahrscheinlichkeitsrechnung *f* <-en> (MATH) olasılıklar hesabı

Wahrung ['va:rʊŋ] *f ohne Pl* koru(n)ma

Währung ['vɛ:rʊŋ] *f* <-en> para; **Währungseinheit** *f* para birimi; **Währungsfonds** *m* para fonu; **Internationaler** ~ Uluslararası Para Fonu; **Währungsreform**

f para reformu; **Währungsunion** *f* para birliği; **Europäische** ~ Avrupa Para Birliği

Wahrzeichen *nt* simge, sembol; (*Logo*) logo; (*einer Stadt*) simge

Waise ['vaɪzə] *f* <-n> öksüz; (*ohne Vater*) yetim; ~ **sein/werden** öksüz olmak/kalmak; **Waisenhaus** *nt* yetimhane; **Waisenkind** *nt* öksüz çocuk; **Waisenrente** *f* eytam maaşı

Wal [va:l] *m* <-(e)s, -e> (ZOOL) balina

Wald [valt, *Pl:* 'vɛldɐ] *m* <-(e)s, Wälder> orman; **der Bayerische** ~ Bavyera Ormanı; **wie man in den** ~ **hineinruft, so schallt es heraus** (*prov*) ne yaparsan onu bulursun; **Waldbrand** *m* <-(e)s, -brände> orman yangını; **Waldhorn** *m* (MUS) korno

waldig *adj* ormanlık

Waldlauf *m* <-(e)s, -läufe> kros; **Waldmeister** *m ohne Pl* <-s> (BOT) kokulu yapışkan otu; **Waldrand** *m* orman kenarı; **Waldrapp** *m* (ZOOL) kelaynak; **Waldschaden** *m* orman tahribatı; **Waldschnepfe** *f* <-n> (ZOOL) çulluk; **Waldsterben** *nt ohne Pl* <-s> ormanların ölmesi; **Waldweg** *m* orman yolu

Walfang *m ohne Pl* balina avı

Walkie-Talkie[RR] ['wɔ:kitɔ:ki] *nt* <-(s), -s> portatif telsiz telefon

Walkman® ['wɔ:kmɛ(:)n] *m* <-s, -men> walkman, yürürçalar

Wall [val, *Pl:* 'vɛlə] *m* <-(e)s, Wälle> (*Erd~*) bent; (*Schutz~*) set

Wallach ['valax] *m* <-(e)s, -e> (ZOOL) iğdiş at

wallen ['valən] *vi* **1.** (*Flüssigkeit*) fokurdamak, fokur fokur kaynamak **2.** *sein* (*geh: Haar, Gewänder*) dalgalanmak

Wallfahrer(in) *m(f)* hacı

Wallfahrt *f* hac; **eine** ~ **machen** hacca gitmek; **Wallfahrtsort** *m* hac yeri

Wallung ['valʊŋ] *f* <-en> **1.** dalgalanma; (*Brodeln*) fokurdama, fokur fokur kaynama **2.** (MED) aşırı kan birikme **3.** (*fig*): **jdn in** ~ **bringen** birinin kanını kaynatmak; **sein Blut geriet in** ~ kan(ı) başına çıktı [*o* sıçradı]

Walnuss[RR] ['va:l-] *f* <-nüsse>, **Walnuß** *f* <-nüsse> **1.** (*Frucht*) ceviz **2.** (*Baum*) ceviz; **Walnussbaum**[RR] *m* ceviz (ağacı)

Walpurgisnacht [val'pʊrgɪs-] *f* Cadılar Bayramı

Walross[RR] ['va:l-] *nt* <-es, -e>, **Walroß** *nt* <-sses, -rosse> **1.** (*Tier*) mors **2.** (*fam: Mensch*) aygır gibi

walten ['valtən] *vi* (*geh*): **Gnade** ~ **lassen** merhametli olmak; **Vorsicht** ~ **lassen** dikkatli olmak; **seines Amtes** ~ görevini yapmak

Walze ['valtsə] *f* <-n> **1.** (MATH) silindir **2.** (*an Maschinen*) silindir, merdane **3.** (*Straßen~*) silindir

walzen ['valtsən] *vt* **1.** (*Metall*) haddelemek **2.** (*Straße*) üzerinden silindir geçirmek (-in)

wälzen ['vɛltsən] **I.** *vt* **1.** (*rollen*) yuvarlamak; **die Schuld auf jdn** ~ suçu [*o* kabahati] birinin üstüne atmak **2.** (*fig* GASTR): **etw in etw** *dat* ~ bir şeyi başka bir şeye bulamak; (*in Paniermehl*) bulamak **3.** (*fam fig: Bücher*) karıştırmak; (*Probleme*) tartışmak **II.** *vr:* **sich** ~ **1.** (*Lawine*) düşmek, aşağı yuvarlanmak **2.** (*Tier*) ağnamak, ağınmak (*in* -de); (*Person*) yuvarlanmak (*in* -de); **sie wälzte sich von einer Seite auf die andere** bir yandan öteki yana dönüp durdu; **sich vor Lachen** ~ (*fam fig*) gülmekten katılmak

walzenförmig *adj* silindirimsi

Walzer ['valtsɐ] *m* <-s, -> vals; **langsamer** ~ yavaş vals; **Wiener** ~ Viyana Valsı

Walzwerk *nt* hadde fabrikası

Wampe ['vampə] *f* <-n> (*fam pej*) göbek

wand [vant] *3. imp von* **winden**

Wand [vant, *Pl:* 'vɛndə] *f* <Wände> duvar; (*Nebel~*) perde; ~ **an** ~ **wohnen** kapı (bir) komşu olmak; **spanische** ~ paravana; **in seinen (eigenen) vier Wänden** (*fam*) (kendi) evinde; **jdn an die** ~ **spielen** (*fig a.* THEAT) birini gölgede bırakmak; **jdn an die** ~ **stellen** (*fig*) birini kurşuna dizmek; **mit dem Kopf durch die** ~ **wollen** (*fig*) olmazı başarmak istemek

Wandalismus [vanda'lɪsmʊs] *m ohne Pl* <-> vandalizm

Wandel ['vandəl] *m ohne Pl* <-s> değişme, değişim, değişiklik, dönüşme; **im** ~ **der Zeit** zamanın değişmesiyle, zamanla; **hier muss** ~ **geschaffen werden** burada değişiklik yapılması gerekir

wandeln ['vandəln] **I.** *vi sein* (*geh*) tur atmak, dolaşmak, gezinmek **II.** *vt* değiştirmek **III.** *vr:* **sich** ~ (*geh*) değişmek

Wandelstern *m* gezegen

Wanderausstellung *f* gezici sergi; **Wanderbühne** *f* gezici tiyatro, gezici topluluk

Wanderer, -in *m, f* <-s, -; -nen> gezgin

Wanderkarte *f* yürüyüş(çü) haritası

wandern ['vandɐn] *vi sein* **1.** (*gehen*) gitmek; (*Wanderung machen*) gezmek; (*Völker*) göç etmek **2.** (*herumgehen*) dolanmak (*in/durch* -de/içinden); (*Blick*) gezinmek (*in* -de); **ruhelos im Zimmer auf und ab** ~ odada bir aşağı bir yukarı dolanmak **3.** (*fam: hinkommen*) boylamak (*in* -i), atılmak (*in* -e); **ins Gefängnis/ins Feuer** ~ ateşi/hapsi boylamak, ateşe/hapse atılmak

W

Wanderpokal *m* <-s, -e> çelenç, *elden ele geçen kupa*

Wanderung *f* <-en> **1.** (*Ausflug*) gezme, gezinti; **eine ~ machen** gezmeye çıkmak, gezinti yapmak **2.** (*von Tieren, Völkern*) göç

Wandervogel *m* (*fam*) **1.** (*Wanderer*) gezgin **2.** (*unsteter Mensch*) göçebe; **Wanderweg** *m* koşu yolu

Wandgemälde *nt* duvar resmi; **Wandkalender** *m* duvar takvimi; **Wandkarte** *f* duvar haritası; **Wandleuchte** *f* aplik

Wandlung ['vandlʊŋ] *f* <-en> **1.** (*Veränderung*) değişme, değişiklik; (*Verwandlung*) değişme, dönüşme (*in* -e), dönüşüm (*in* -e) **2.** (REL) *Katoliklerin inancına göre kudasta ekmek ve şarabın İsa Peygamber'in etiyle kanına dönüşmesi*

Wandlungsklage *f* (JUR) satımın reddini dava, satılanın değiştirilmesini dava

Wandnische *f* <-n> niş

Wandschrank *m* gömme dolap

wandte ['vantə] *3. imp von* **wenden**[2]

Wanduhr *f* duvar saati; **Wandverkleidung** *f* <-en> lâmbri, (iç) duvar kaplaması; **~ aus Marmor/Holz** mermer/ahşap lâmbri; **Wandzeitung** *f* <-en> duvar gazetesi

Wange ['vaŋə] *f* <-n> (*geh*) yanak; **~ an ~** yanak yanağa

Wankelmut *m ohne Pl* <-(e)s> hercaîlik

wankelmütig *adj* (*geh pej*) hercaî, yeltek

Wankelmütigkeit *f ohne Pl* hercaîlik

wanken ['vaŋkən] *vi* **1.** (*schwanken*) sallanmak; **ins W~ geraten** sallanmaya başlamak **2.** *sein* (*schwankend gehen*) sallanarak gitmek

wann [van] *adv* **1.** (*interrogativ*) ne zaman; **seit ~?** ne zamandan beri?; **bis ~?** ne zamana kadar?; **von ~ bis ~?** ne zamandan ne zamana?; **ab ~?** ne zamandan itibaren? **2.** (*Wend*): **~ (auch) immer** ne zaman olursa olsun; **dann und ~** zaman zaman, ara sıra, kimi zaman

Wanne ['vanə] *f* <-n> tekne, leğen; (*Bade~*) küvet; **in der ~ liegen** (*fam*) banyoda yatmak

Wanst [vanst, *Pl:* 'vɛnstə] *m* <-(e)s, Wänste> **1.** (*dicker Bauch*) göbek; **sich** *dat* **den ~ voll schlagen** tıkınmak **2.** (*fam pej: kleines Kind*) bacaksız, yumurcak

Wanze ['vantsə] *f* <-n> **1.** (ZOOL) tahtakurusu **2.** (*sl: Abhör~*) gizli mikrofon, gizli dinleme cihazı

Wappen ['vapən] *nt* <-s, -> arma, ongun; **Wappenschild** *m o nt* <-(e)s, -er> armalı levha

wappnen ['vapnən] *vr:* **sich ~** (*geh*): **sich gegen etw ~** bir şeye karşı hazırlıklı olmak; **Gott möge ihn mit Kraft/Geduld (für das Amt) ~** Allah ona (görevi için) kuvvet/sabır versin

war [vaːɐ] *3. imp von* **sein**

warb [varp] *3. imp von* **werben**

Ware ['vaːrə] *f* <-n> mal; **heiße ~** (*sl*) çalınmış mal; **jeder Krämer lobt seine ~** (*prov*) kimse ayranım ekşi demez; **Warenangebot** *nt* mal çeşitleri *pl;* **Warenbaum** *m* (*eines Webstuhls*) kumaş levendi; **Warenbestand** *m* <-(e)s, -stände> emtia mevcudu, stoklar *pl;* **Warenhaus** *nt* mağaza, bonmarşe; **Warenlager** *nt* ardiye, mal deposu; **Warenverkehr** *m* mal ulaşımı; **freier ~** serbest mal ulaşımı; **Warenzeichen** *nt* marka; **eingetragenes ~** tescilli marka

warf [varf] *3. imp von* **werfen**

warm [varm] *adj* <wärmer, am wärmsten> **1.** (*allgemein*) sıcak; (*Farbe, Ton, Klima, Wetter*) sıcak; (*lau~*) ılık; **etw ~ machen** bir şeyi ısıtmak; **es ist (sehr) ~** (çok) sıcak; **sich ~ anziehen** kalın giyinmek; **~ duschen** sıcak duş yapmak; **sich ~ laufen** ısınma koşusu yapmak; **das Zimmer kostet 300 Euro ~** (*fam*) odanın fiyatı ısıtma dahil 300 eurodur; **sich ~ laufen** (SPORT) ısınmak için koşmak **2.** (*~herzig*) sıcak; **mit jdm/etw** *dat* **~ werden** (*fam*) bir kimseye/şeye ısınmak

Warmblüter *m* (ZOOL) sıcakkanlı

Wärme ['vɛrmə] *f ohne Pl* (*a.* PHYS) ısı; **Wärmeaustausch** *m ohne Pl* <-es> ısı alış verişi; **wärmebeständig** *adj* ısıya dayanıklı; **Wärmedämmung** *f* <-en> ısı kaybını önleme; (*Wärmeisolierung*) ısı yalıtımı; **Wärmeeinheit** *f* ısı birimi; **Wärmeenergie** *f* ısı enerjisi; **Wärmehaushalt** *m ohne Pl* <-(e)s> (*der Umwelt*) sıcaklık seviyesi; **Wärmeisolierung** *f* ısı yalıtımı; **Wärmekraftwerk** *nt* termik santral; **Wärmelehre** *f ohne Pl* (PHYS) kalorik; **Wärmemenge** *f* ısı miktarı; **Wärmemesser** *m* (TECH) ısıölçer

wärmen ['vɛrmən] **I.** *vi* (*Ofen*) ısıtmak; (*Kleidung*) ısıtmak **II.** *vr:* **sich ~** ısınmak

Wärmepumpe *f* ısı pompası; **Wärmequelle** *f* ısı kaynağı; **Wärmeregler** *m* ısıdenetir, termostat; **Wärmespeicher** *m* ısı toplayıcı, sıcaklık toplama deposu; **Wärmestrahlung** *f ohne Pl* (PHYS) termik radyasyon; **Wärmetechnik** *f ohne Pl* ısı teknolojisi; **Wärmeverlust** *m* ısı kaybı

Wärmflasche *f* termofor

Warmfront *f* (METEO) sıcak hava cephesi

warm|halten *irr vt* (*fam fig*): **sich** *dat* **jdn ~** biriyle ilişkisini kesmemek

warmherzig *adj* sıcakkanlı, cana yakın

Warmherzigkeit *f ohne Pl* sıcakkanlılık,

cana yakınlık

Warmlaufen *f ohne Pl* (SPORT) ısınma koşusu

Warmluft *f ohne Pl* (TECH, METEO) sıcak hava; **Warmmiete** *f* (*fam*) içinde kalorifer parası olan kira, yakıt dahil kira; **Warmstart** *m* (INFORM) çökertmeli başlatma

wärmstens *adv* bilhassa, özellikle; **jdm etw ~ empfehlen** birine bir şeyi bilhassa tavsiye etmek

Warmwasserbereiter [-ˈ-----] *m* <-s, -> (TECH) termosifon; **Warmwasserspeicher** [-ˈ----] *m* sıcak su deposu; **Warmwasserversorgung** [-ˈ-----] *f* sıcak su dağıtımı

Warnblinkanlage *f* (AUTO) flâşör

Warndreieck *nt* (AUTO) uyarı üçgeni

warnen [ˈvarnən] *vt* uyarmak (*vor*-e karşı), ikaz etmek (*vor*-e karşı); **ich warne dich!** seni uyarıyorum!; **Warnlicht** *nt* sinyal ışığı; **Warnschild** *nt* <-(e)s, -er> uyarı levhası, ikaz levhası; **Warnschuss**[RR] *m* uyarı atışı; **einen ~ abgeben** uyarmak için havaya ateş etmek; **Warnsignal** *nt* uyarı işareti, ikaz işareti; **Warnstreik** *m* uyarı grevi

Warnung *f* <-en> uyarı (*vor*-e karşı), uyarma (*vor*-e karşı), ikaz (*vor*-e karşı); **ohne vorherige ~** uyarmadan; **lass dir das eine ~ sein!** bu sana bir uyarı olsun!

Warnzeichen *nt* uyarı işareti, ikaz işareti

Warschau [ˈvarʃaʊ] *nt* <-s> Varşova

Wartehalle *f* bekleme salonu; **Warteliste** *f* yedekler listesi; **sich auf die ~ setzen lassen** yedekler listesine adını yazdırmak

warten [ˈvartən] **I.** *vi* beklemek; **auf etw/jdn ~** bir şeyi/kimseyi beklemek; **warte mal!** bekle bir!; **etw lässt lange auf sich ~** bir şey çok bekletiyor; **worauf wartest du?** neyi bekliyorsun?; **er lässt (heute) lange auf sich ~** (bugün) bizi çok bekletti; **auf dich habe ich gerade noch gewartet** (*iron*) bir sen eksiktin; **da kannst du lange ~!** (*fam*) bekle yârin köşesini!, daha çok beklersin!; **na, warte!** (*fam*) bekle, görürsün! **II.** *vt* (TECH) bakımını yapmak (-in)

Wärter(in) [ˈvɛrtɐ] *m(f)* <-s, -; -nen> bekçi; (*Gefängnis~*) gardiyan; (*Tier~*) bakıcı

Warteraum *m* <-(e)s, -räume> bekleme yeri; **Wartesaal** *m* bekleme salonu; **Wartezeit** *f* bekleme süresi; **Wartezimmer** *nt* bekleme odası

Wartung *f* <-en> bakım

warum [vaˈrʊm] *adv* neden, niçin, niye; **~ nicht?** neden olmasın?; **~ denn?** neden ki?, niye ki?

Warze [ˈvartsə] *f* <-n> **1.** (*Haut~*) siğil **2.** (*Brust~*) baş

was [vas] **I.** *pron* ne; **~ kostet das?** bu kaç para?, bunun fiyatı ne?; **~ heißt „Haus" auf Türkisch?** „Haus" Türkçede ne demek?; **~ denkst du?** ne düşünüyorsun [*o* diyorsun]?; **~ hast du denn bloß?** neyin var ki?; **~ weiß ich!** (*fam*) ben ne bileyim!; **~ soll das?** bu da ne demek?; **~ ist schon dabei?** bunda ne var ki?; **~ für ein Wagen ist das?** nasıl bir araba bu?, bu araba ne?; **~ für eine Hitze/ein Glück!** ne sıcak/şans!; **nicht schlecht, ~?** (*fam*) fena değil, değil mi?; **um ~ geht es?** söz konusu olay nedir?; **~ ist, hast du Lust?** (*fam*) nasıl, hevesin var mı?; **ach ~!** (*fam*) haydi (canım) sen de!; **und ~ nicht alles** (*fam*) ve daha neler neler **II.** *pron* şey; **das Beste, ~ du tun kannst** yapabileceğin en iyi şey; **(das), ~ sie sagt ...** onun dediği (şey) ...; **(das), ~ mich ärgert, ...** beni kızdıran (şey), ...; **alles, ~ du willst** istediğin her şey; **alles, ~ ich habe** benim neyim varsa **III.** *pron* (*fam: etwas*) bir şey; **hast du ~?** bir şeyin mi var?; **das ist auch ~** bu da bir şeydir; **das ist ~ anderes** bu başka bir şey; **nein, so ~!** (*fam*) böyle şey olmaz!; **na so ~!** (*fam*) bak şu işe!; **so ~ Blödes!** (*fam*) ne aksilik!

Waschanlage *f* **1.** (*Auto~*) oto yıkama (tesisi) **2.** (TECH) yıkama tesisi; **Waschanleitung** *f* yıkama tarifesi

waschbar *adj* yıkanabilir

Waschbär *m* <-en, -en> (ZOOL) rakun; **Waschbecken** *nt* lâvabo

Wäsche[1] [ˈvɛʃə] *f* <-n> (*das Waschen*) yıkama; **etw in die ~ geben** bir şeyi yıkamaya vermek

Wäsche[2] *f ohne Pl* **1.** (*zu waschende Textilien*) çamaşır; **~ waschen** çamaşır yıkamak; **seine schmutzige ~ (vor anderen Leuten) waschen** (*fig*) kirli çamaşırlarını piyasaya çıkarmak **2.** (*Unter~*) (iç) çamaşır(ı); (*Bett~*) çarşaflar *pl;* **die ~ wechseln** çarşafları değiştirmek; **dumm aus der ~ gucken** (*fam*) apışmak, apışıp kalmak

waschecht *adj* **1.** (*Stoff*) renk atmaz, rengini atmaz, boyası çıkmaz; (*Farbe*) solmaz **2.** (*fam fig*) gerçek, hakikî; (*typisch*) tipik

Wäscheklammer *f* çamaşır mandalı; **Wäschekorb** *m* çamaşır sepeti; **Wäscheleine** *f* çamaşır ipi

waschen [ˈvaʃən] <wäscht, wusch, gewaschen> **I.** *vt* **1.** (*reinigen*) yıkamak; **sich** *dat* **die Hände/Haare ~** ellerini/saçını yıkamak; **eine Hand wäscht die andere** (*prov*) bir el bir eli yıkar, iki el bir yüzü yıkar **2.** (*fam: Geld*) yıkamak **II.** *vr:* **sich ~** yıkanmak; **sich warm/kalt ~** sıcak/soğuk suyla yıkanmak; **eine Prüfung, die sich gewaschen hat** (*fam*) çok zor bir sınav

Wäscherei [vɛʃəˈraɪ] *f* <-en> çamaşırhane

Wäscheschleuder *f* santrifüjlü kurutucu; **Wäscheschrank** *m* çamaşır dolabı; **Wäscheständer** *m* çamaşır kurutma sehpası; **Wäschetrockner** *m* **1.** (*elektrisch*) çamaşır kurutucusu, kurutma makinesi **2.** (*Wäscheständer*) çamaşır kurutma sehpası; **Wäschewechsel** *m* çamaşır değiştirme

Waschgang *m* <-(e)s, -gänge> yıkama süreci; **im ersten ~** birinci yıkama sürecinde; **Waschkessel** *m* çamaşır kazanı; **Waschküche** *f* <-n> **1.** (*Raum*) çamaşırlık, çamaşır odası **2.** (*fam fig: Nebel*) yoğun sis; **draußen ist eine richtige ~** dışarıda insan yoğun sisten göz gözü görmüyor; **Waschlappen** *m* **1.** (*zum Waschen*) yıkama bezi **2.** (*fam fig, pej: Mensch*) pısırık; **Waschmaschine** *f* çamaşır makinesi; **Waschmittel** *nt* deterjan; **Waschpulver** *nt* çamaşır tozu; **Waschraum** *m* çamaşır odası; **Waschsalon** *m* çamaşır salonu, çamaşırhane; **Waschschüssel** *f* çamaşır leğeni; **Waschstraße** *f* (AUTO) oto yıkama yolu

wäscht [vɛʃt] *3. präs von* **waschen**

Waschtag *m* çamaşır günü

Waschung *f* <-en> (*geh*) taharet, aptest alma; **Waschwasser** *nt* çamaşır suyu

Waschweib *nt* (*fam fig, pej*) dedikodu kumkuması; **Waschzeug** *nt* tuvalet malzemesi

Wasser ['vasɐ] *nt* <-s, -> su; **kölnisch ~** kolonya; **stehendes/fließendes ~** durgun/akar su; **heißes/warmes/kaltes/kochendes ~** sıcak/ılık/soğuk/kaynar su; **zu Lande und zu ~** karada ve suda; **~ lassen** (*urinieren*) su dökmek, işemek; **~ auf jds Mühle gießen** (*fam*) birinin ekmeğine yağ sürmek; **sich über ~ halten** (*fam*) geçinip gitmek, idare etmek; **ein Boot zu ~ lassen** bir sandalı suya indirmek; **etw unter ~ setzen** bir şeyi su basmak; **ins ~ fallen** (*fam*) suya düşmek; **nahe ans ~ gebaut haben** (*fam fig*) hafiften ağlamak; **jdm nicht das ~ reichen können** (*fig*) birinin eline su dökemez olmak; **ihr steht das ~ bis zum Hals** (*fig fam*) o, boğazına kadar borç içinde; **mit allen ~n gewaschen sein** (*fam*) suya götürüp susuz getirir olmak, çok kurnaz olmak; **jdm das ~ abgraben** birinin kuyusunu kazmak; **da fließt noch viel ~ den Rhein hinunter** (*fam*) köprülerin altından daha çok sular geçer; **das ~ läuft mir im Mund zusammen** (*fam*) ağzımın suyu akıyor, ağzım sulandı; **Wasserader** *f* su damarı; **Wasseranschluss**[RR] *m* su bağlantısı

Wasseraufbereitung *f* su arıtma; **Wasseraufbereitungsanlage** *f* su arıtma tesisi

Wasserbad *nt* benmari; **etw im ~ erhitzen** bir şeyi benmaride ısıtmak

Wasserball[1] *m ohne Pl* <-(e)s> (SPORT) su topu

Wasserball[2] *m* <-(e)s, -bälle> (*Ball*) su topu; (*aufblasbar*) şişer su topu

Wasserbehälter *m* su kabı; **Wasserbett** *nt* su yatağı; **Wasserbombe** *f* (MIL) su bombası; **Wasserdampf** *m* su buharı; **wasserdicht** *adj* **1.** (*Uhr, Kleidung*) su geçirmez **2.** (*fam: Alibi*) su götürmez, kesin; **Wasserdruck** *m* su basıncı; **Wassereimer** *m* su kovası; **Wasserfall** *m* <-(e)s, -fälle> çağlayan; (*größer*) çavlan, şelâle; **wie ein ~ reden** (*fam*) çenesi durmamak; **Wasserfarbe** *f* sulu boya; **wasserfest** *adj* suda çözünmeyen; **Wasserfloh** *m* su piresi; **Wasserflugzeug** *nt* deniz uçağı; **wassergekühlt** *adj* (AUTO) su soğutmalı; **Wasserglas** *nt* <-es, -gläser> **1.** (*Gefäß*) su bardağı **2.** (CHEM) su camı; **Wassergraben** *m* su hendeği; **Wasserhahn** *m* musluk; **Wasserhaushalt** *m* (MED, BIOL) su dengesi; **Wasserhülle** *f* (GEO) su yuvarı, su küre

wässerig ['vɛsərɪç] *adj* (*verdünnt*) sulu, sulandırılmış; (*Wasser enthaltend*) sulu; (*fade*) sudan; **jdm den Mund ~ machen** (*fam*) birinin ağzını sulandırmak

Wasserkanister *m* su bidonu; **Wasserkasten** *m* rezervuar; **Wasserkessel** *m* su kazanı; **Wasserkopf** *m* **1.** (MED) hidrosefali **2.** (*fig: überproportionales Gebilde*) aşırı oranlı yapı; **Wasserkraft** *f* su gücü, hidroelektrik, su gücüyle elde edilen enerji; **Wasserkraftwerk** *nt* hidroelektrik santral; **Wasserkrug** *m* su testisi; **Wasserlauf** *m* <-(e)s, -läufe> akar su; **Wasserleiche** *f* (*fam*) suda yatmış ceset; **Wasserleitung** *f* su boru hattı; **Wasserlilie** *f* (BOT) nilüfer; **Wasserlinie** *f* (NAUT) su kesimi; **wasserlöslich** *adj* suda çözünen, suda eriyen; **Wassermann** *m* **1.** (POET) erkek su perisi **2.** (ASTR) Kova; **das Sternbild/der Wendekreis des ~s** Kova burcu/dönencesi; **Wassermelone** *f* karpuz; **Wassermühle** *f* <-n> su değirmeni

wässern ['vɛsɐn] *vt* **1.** (GASTR) suya yatırmak **2.** (*gießen*) sulamak

Wasserpfeife *f* nargile; **Wasserpflanze** *f* su bitkisi; **Wasserpistole** *f* su tabancası; **Wasserrad** *nt* su dolabı; **Wasserratte** *f* **1.** (ZOOL) su sıçanı **2.** (*fam: Mensch*) *sudan çıkmak bilmeyen yüzmeyi çok seven kimse;* **Wasserrohr** *nt* <-(e)s, -e> su borusu; **Wasserrose** *f* (BOT) nilüfer; **Wasserschaden** *m* su hasarı, suyun meydana getirdiği zarar; **wasserscheu** *adj* sudan korkan; **Wasserschutzgebiet** *nt* su koruma alanı; **Wasserski** *nt ohne Pl* <-s> su kayağı; **~ fahren** su kayağı yapmak; **Wasserspeicher** *m* <-s, -> su deposu; **Wasserspeier**

m <-s, -> çörten; **Wasserspiegel** *m* **1.** (*Wasseroberfläche*) su yüzeyi **2.** (*Wasserstand*) su düzeyi; **Wassersport** *m* <-(e)s, -e> su sporu; **Wasserspülung** *f* sudan geçirme; **Wasserstand** *m* <-(e)s, -stände> su düzeyi

Wasserstoff *m ohne Pl* <-(e)s> (CHEM) hidrojen; **Wasserstoffbombe** *f* hidrojen bombası

Wasserstrahl *m* su fışkırması; **Wasserstraße** *f* su yolu; **Wassertiefe** *f* suyun derinliği; **Wassertier** *nt* su hayvanı; **Wassertropfen** *m* su damlası; **Wasserturbine** *f* su türbini; **Wasserverbrauch** *m* su tüketimi; **Wasserverschmutzung** *f* su kirlenmesi; **Wasserversorgung** *f ohne Pl* su dağıtımı; **Wasservogel** *m* (ZOOL) su kuşu; **Wasserwaage** *f* (TECH) su terazisi; **Wasserweg** *m* su yolu, gemiyle gidilen yol; **auf dem ~** gemiyle; **Wasserwelle** *f* mizanpli; **Wasserwerfer** *m* <-s, -> su püskürtücüsü; **Wasserwerk** *nt* hidroelektrik santral; **Wasserzähler** *m* <-s, -> su sayacı; **Wasserzeichen** *nt* filigran

wässrig[RR] ['vɛsrɪç] *adj*, **wäßrig** *adj s.* **wässerig**

waten ['va:tən] *vi sein* bata çıka yürümek (*in* -de)

Watsche ['vatʃə] *f* <-n> (*südd, österr: fam*) tokat

watscheln ['vatʃəln] *vi sein* paytak adımlarla yürümek, badi badi yürümek; **~ wie eine Ente** ördek gibi badi badi yürümek

Watt[1] [vat] *nt* <-(e)s, -en> (*~ landschaft*) inik deniz

Watt[2] *nt* <-s, -> (ELEK, PHYS, TECH) vat

Watte ['vatə] *f* <-n> pamuk; **jdn in ~ packen** (*fam fig*) birinin üstüne titremek; **Wattebausch** *m* pamuk; (*Tampon*) tampon; **Wattestäbchen** [-ʃtɛ:pçən] *nt* pamuklu çubuk

wattieren* *vt* pamuklu astar geçirmek (-e)

Wau *m* <-(e)s, -e> (BOT) rezede

Wauwau *m* <-s, -s> havhav, hoşhoş

WC *nt* yüz numara

weben ['ve:bən] <webt, wob, gewoben> *vt, vi* (*a. fig*) dokumak

Weber(in) *m(f)* <-s, -; -nen> dokumacı

Weberei *f* <-en> **1.** (*Betrieb*) dokumahane **2.** (*das Weben*) dokuma(cılık)

Webstuhl *m* <-(e)s, -stühle> dokuma tezgâhı

Wechsel ['vɛksəl] *m* <-s, -> **1.** (*das Wechseln, Veränderung*) değiştirme, değişim; **im ~ mit ...** ...le nöbetleşe **2.** (FIN) poliçe; **einen ~ ausstellen** poliçe keşide etmek; **Wechselautomat** *m* para bozma makinesi; **Wechselbeziehung** *f* bağlılaşım (*zwischen* arasında); **die Probleme stehen in ~ zueinander** sorunlar arasında bağlılaşım vardır; **Wechselbürgschaft** *f* (FIN) aval; **Wechselfälle** *mPl* değişkenlikler *pl*; **die ~ des Lebens** yaşamdaki değişkenlikler; **Wechselgeld** *nt* paranın üstü; (*Kleingeld*) bozuk para, bozukluk

wechselhaft *adj* değişken, değişici, kararsız, istikrarsız; (*Wetter*) kararsız; (*Person*) kararsız, istikrarsız

Wechseljahre *ntpl* yaş dönümü; (*der Frau*) menopoz; (*des Mannes*) andropoz; **Wechselkurs** *m* (FIN) kambiyo kuru, döviz kuru

wechseln ['vɛksəln] **I.** *vi* geçmek (*zu* -e); **zu einer anderen Firma ~** başka bir firmaya geçmek; **ich habe von Philosophie zu Mathematik gewechselt** felsefeden matematiğe geçtim **II.** *vt* değiştirmek (*in* -e); (*austauschen*) değiştirmek; **den Besitzer ~** el değiştirmek; **200 Euro in türkische Lira ~** 200 euroyu Türk lirasına değiştirmek; **kannst du mir 10 Euro ~?** bana 10 Euro bozabilir misin?

wechselnd *adj* **1.** değişen; (*ab~*) nöbetleşe **2.** (*unterschiedlich*) değişik

wechselseitig *adj* karşılıklı

Wechselseitigkeit *f ohne Pl* karşılıklılık

Wechselspiel *nt ohne Pl* değişiş, oynaşma

wechselständig *adj* (BOT) almaşık; **Wechselstrom** *m ohne Pl* (ELEK) dalgalı akım, alternatif akım; **Wechselstube** *f* kambiyo bürosu, döviz alım satım bürosu

wechselweise *adv* nöbetleşe, sıra ile, değişerek

Wechselwirkung *f* etkileşim; **in ~ zueinander stehen** birbirini karşılıklı olarak etkilemek

wecken ['vɛkən] *vt* (*a. fig*) uyandırmak; **jds Interesse ~** birinin merakını uyandırmak

Wecken ['vɛkən] *m* <-s, -> (*österr, südd*) francala

Wecker *m* <-s, -> çalar saat; **jdm auf den ~ gehen** (*fam*) birini sinir etmek

wedeln ['ve:dəln] *vi*: **mit etw** *dat* **~** bir şeyi sallamak; **mit dem Schwanz ~** kuyruğunu sallamak

weder ['ve:dɐ] *konj*: **~ ... noch ...** ne ..., ne ...; **er ist ~ schön, noch hat er Verstand** ne güzeldir, ne aklı vardır

weg [vɛk] *adv* **1.** (*abwesend*) yok; (*verloren*) kayıp; (*verschwunden*) ortadan kaybolmuş, kayıplara karışmış; **ich müsste schon längst ~ sein** çoktan gitmiş olmam gerekir; **weit ~ von hier** buradan çok uzakta; **meine Brille ist ~** gözlüğüm kayıp; **drüber ~ sein** (*fam: überwinden*) onu yenmiş olmak; (*verschmerzen*) onu unutabilmek; **hin und ~ sein** (*fam*) hayran kalmak **2.** (*bei Aufforderung*): **~ mit dir!** git!; **~ da!** git [*o* çekil] oradan!; **nichts wie ~**

W

hier (*fam*) gidelim buradan; **Finger ~!** çek parmağını!

Weg [veːk] *m* <-(e)s, -e> **1.** (*allgemein*) yol; (*Pfad*) yol; **am ~e** yolda; **jdm den ~ ebnen** (*fig*) birinin işini kolaylaştırmak; **jdm über den ~ laufen** birinin yoluna çıkmak, birinin yolda karşısına çıkmak; **jdn/etw aus dem ~ räumen** (*fam*) bir kimseyi/şeyi temizlemek; **etw/jdm aus dem ~ gehen** bir şeyden/kimseden kaçınmak; **jdm im ~ stehen** birine engel olmak; **sich jdm in den ~ stellen** birinin yolunu kesmek, birini yoldan çevirmek, birinin gitmesine engel olmak; **steh hier nicht im ~ rum!** ortalıkta durmasana!; **jdm nicht über den ~ trauen** birine hiç güveni olmamak; **die Post liegt auf meinem ~** postane yolumun üzerinde; **wohin des ~es?** nereye böyle [*o* gidiyorsun]? **2.** (*Strecke*) yol, mesafe; (*Reise~*) yol; **auf halbem ~(e) stehen bleiben** yarı yolda kalmak; **auf halbem ~ umkehren** yarı yoldan dönmek; **etw zu ~e bringen** bir işin yolunu yapmak; **etw in die ~e leiten** bir şeyi yoluna koymak; **Schritte in die ~e leiten** önlemler almak; **sich auf den ~ machen** yola koyulmak [*o* çıkmak]; **vom rechten ~ abkommen** doğru yoldan ayrılmak, yolunu sapıtmak; **daran führt kein ~ vorbei** bunun başka yolu yoktur; **er ist auf dem besten ~ ...** bu gidişle ...; **unsere ~e trennen sich hier** yollarımız burada ayrılıyor **3.** (*Mittel*) yol; (*Art und Weise*) yol; (*Methode*) yol; **auf legalem ~** legal [*o* yasal] yoldan; **auf schriftlichem ~e** yazılı olarak

weg|bekommen* [ˈvɛk-] *irr vt* (*fam*) **1.** (*entfernen können*) çıkarabilmek, giderebilmek **2.** (*tragen können*) taşıyabilmek; (*bewegen können*) kımıldatabilmek

Wegbereiter(in) [ˈveːk-] *m(f)* <-s, -; -nen> öncü

weg|bleiben *irr vi sein* (*fam*) **1.** (*nicht kommen*) gelmemek; (*Strom*) kesilmek; (*Motor*) durmak; **lange ~** uzun zaman gelmemek; **jdm bleibt die Luft weg** birinin soluğu kesilmek; **mir blieb die Sprache/Spucke weg** dilim tutuldu **2.** (*ausgelassen werden*): **dieser Satz kann ~** bu cümle yazılmayabilir; **weg|bringen** *irr vt* **1.** (*an einen anderen Ort*) götürmek **2.** (*fam*) *s.* **wegbekommen**; **weg|denken** *irr vt*: **sich** *dat* **etw ~** bir şeyin bulunmadığını düşünmek; **der Computer ist aus unserem Leben nicht mehr wegzudenken** bilgisayarsız yaşayabileceğimiz artık düşünülemez; **weg|drehen I.** *vt*: **den Kopf/das Gesicht ~** başını/yüzünü (başka yere) çevirmek **II.** *vr*: **sich ~** arkasını dönmek

wegen [ˈveːgən] *präp* **1.** (*aufgrund von*) -in yüzünden, -den dolayı, -den ötürü, sebebiyle; **~ des schlechten Wetters** kötü hava yüzünden, kötü havadan dolayı **2.** (*bezüglich*): **von ~!** (*fam*) asla!, kat'iyen! **3.** (*um ... willen*) yüzünden; **~ dir** senin yüzünden

weg|fahren *irr* **I.** *vi sein* gitmek (*nach* -e); **der Bus fuhr ihr vor der Nase weg** otobüsü göz göre göre kaçırdı **II.** *vt* götürmek; **weg|fallen** *irr vi sein* düşmek; (*abgeschafft werden*) ortadan kalkmak; **etw ~ lassen** bir şeyi ortadan kaldırmak; **weg|fliegen** *irr vi sein* (*Vogel*) uçup gitmek; (*Passagier, Flugzeug, Dinge*) uçmak; **weg|fressen** *irr vt* yiyip bitirmek, silip süpürmek; **weg|führen I.** *vi*: **von etw** *dat* **~** bir şeyden uzaklaşmak **II.** *vt* uzaklaştırmak; **weg|geben** *irr vt* başkasına vermek; **etw zur Reparatur ~** bir şeyi tamire vermek

Weggefährte, -in *m, f* yol arkadaşı, yoldaş

weg|gehen *irr vi sein* **1.** (*Person*) gitmek, ayrılmak; **geh weg!** git! **2.** (*fam: verschwinden*) kaybolmak; (*Fleck*) çıkmak **3.** (*fam: sich verkaufen*) gitmek **4.** (*fam: ignorieren*): **über etw ~** bir şeyi es geçmek; **weg|gießen** *irr vt* boşaltmak; **weg|hören** *vi* kulak asmamak, dinlememek; **weg|haben** *vt* (*fam*) **1.** (*bekommen haben*) almış olmak; (*Fleck*) çıkarmış olmak; (*Strafe*) çekmiş olmak; **sie wollte ihn ~** gitmesini istiyordu **2.** (*fig*): **einen ~** (*angetrunken*) hafiften kafayı bulmuş olmak; (*nicht ganz bei Verstand*) hafiften kafayı üşütmüş olmak **3.** (*verstanden haben*) anlamış olmak; **er hatte sofort weg, wie es gemacht werden muss** nasıl yapılacağını hemen anlamıştı **4.** (*verstehen*) anlamak (-den); (*gut können*) iyi bilmek; **weg|jagen** *vt* kovmak; **weg|kommen** *irr vi sein* (*fam*) **1.** (*abhanden kommen*) kaybolmak **2.** (*sich entfernen*) gitmek (*von* -den); **mach, dass du wegkommst!** (*fam*) çek git başımdan!; **ich komme wenig weg** ben fazla dışarı çıkmam **3.** (*hin~*) unutabilmek; **über etw ~** bir şeyi unutabilmek; **nicht über etw ~** bir şeyi unutamamak **4.** (*loskommen*) kurtulmak; **gut/schlecht bei etw** *dat* **~** bir işten kârlı/zararlı çıkmak

Wegkreuzung *f* yol kavşağı

weg|kriegen *vt* (*fam*) *s.* **wegbekommen**; **weg|lassen** *irr vt* **1.** (*gehen lassen*) gitsin diye bırakmak **2.** (*fam: auslassen*) dışarı bırakmak; (*Zutaten*) katmamak; **weg|laufen** *irr vi sein* **1.** (*fortlaufen*) kaçmak; **das läuft mir nicht weg** bunu kaçırmam; **vor einem Hund ~** bir köpekten kaçmak **2.** (*fam: ausreißen*) (evden) kaçmak;

weg|legen *vt* bir yana [*o* kenara] koymak; **weg|machen** **I.** *vt* (*fam*) yok etmek; (*Flecken*) çıkarmak; **sich ein Kind** ~ çocuk aldırtmak **II.** *vr:* **sich** ~ (*fam*) toz olmak, sıvışmak; **weg|müssen** *irr vi* (*fam*) gitmek zorunda olmak, gitmesi gerekmek (-in); **die Kiste muss hier weg** sandığın buradan kalkması gerekiyor; **weg|nehmen** *irr vt* **1.** (*fortnehmen, entwenden*) alıp götürmek; **jdm etw** ~ birinin elinden bir şeyi almak **2.** (*Platz*) kapmak; (*Zeit*) almak

Wegrand *m* yol kenarı

weg|rationalisieren* *vt* rasyonalize ederek ortadan kaldırmak; **Arbeitsplätze** ~ iş yerlerini rasyonalize ederek yok etmek; **weg|räumen** *vt* **1.** (*aufräumen*) toplamak, kaldırmak **2.** (*Hindernisse*) kaldırmak; **weg|rennen** *irr vi sein s.* **weglaufen**; **weg|schaffen** *vt* alıp götürmek; **weg|schauen** *vi s.* **wegsehen**; **weg|schicken** *vt* **1.** (*Person*) göndermek, yollamak **2.** (*Brief*) göndermek; **weg|schließen** *irr vt* kilit altına almak; **weg|schmeißen** *irr vt* (*fam*) atmak, çöpe atmak; **weg|schnappen** *vt* (*fam fig*) kapıvermek; **weg|schütten** *vt* dökmek, içindekini boşaltmak (-in); **weg|sehen** *irr vi* **1.** (*wegblicken*) gözlerini başka yere çevirmek **2.** (*fam*): **über etw** ~ bir şeyi görmezden gelmek; **weg|setzen** **I.** *vt* başka yere koymak **II.** *vr:* **sich** ~ **1.** (*umsetzen*) başka yere oturmak **2.** (*fam: ignorieren*): **sich über etw** ~ bir şeye aldırış etmemek; **weg|stecken** *vt* (*fam*) **1.** (*aufbewahren*) saklamak; (*heimlich*) iç etmek, cebine indirmek [*o* atmak] **2.** (*hinnehmen*) sineye çekmek; **weg|stehlen** *irr vr:* **sich** ~ sıvışmak; **weg|stellen** *vt* kaldırıp başka yere koymak; (*aufräumen*) kaldırmak, toplamak; **weg|stoßen** *irr vt* çarparak kenara itmek; (*mit dem Fuß*) vurarak kenara atmak

weg|tragen *irr vt* alıp götürmek; **weg|treten** *irr* **I.** *vi sein* **1.** (*beiseite treten*) kenara çekilmek **2.** (MIL) dağılmak; **weggetreten sein** (*fam*) şaşkın olmak **II.** *vt* ayakla vurmak (-e); **weg|tun** *irr vt* **1.** (*wegräumen*) kaldırmak; (*wegnehmen*) almak **2.** (*wegschmeißen*) atmak, çöpe atmak

wegweisend ['ve:kvaɪzənt] *adj* yol gösteren

Wegweiser ['ve:k-] *m* <-s, -> yol işareti

weg|werfen *irr vt* kaldırıp atmak, çöpe atmak

Wegwerfgesellschaft *f* <-en> (*pej*) israf toplumu

weg|wischen *vt* (*Staub*) silmek; (*an der Tafel*) silmek

weg|ziehen *irr* **I.** *vi sein* **1.** (*Wohnort wechseln*) (başka yere) taşınmak **2.** (*Zugvögel*) göç etmek **II.** *vt* kenara çekmek

weh [ve:] **I.** *interj:* **o** ~**!** eyvah!, abu! **II.** *adj* (*fam*): ~ **sein** yara olmak; **mir tut der Magen** ~ midem ağrıyor; **mir tut alles** ~ her tarafım ağrıyor

wehe ['ve:ə] *interj* hele, sakın; ~**, wenn du das tust!** bunu hele bir yap da görürsün ne olacağını!; (*bloß nicht!*) sakın bunu yapma!

Wehe ['ve:ə] *f* <-n> **1.** *Pl* (*bei einer Geburt*) sancı; **in den** ~**n liegen** sancısı tutmak **2.** (*Schnee~*) küme

wehen ['ve:ən] **I.** *vi* **1.** (*Wind*) esmek **2.** (*Fahne*) dalgalanmak **II.** *vt* uçurmak

wehklagen ['---] *vi* (*geh*) figan etmek (*über* yüzünden)

wehleidig *adj* (*pej: Person*) mızmız; (*Stimme*) ağlamaklı

Wehmut *f ohne Pl* (*geh*) hüzün

wehmütig *adj* hüzünlü; ~ **lächeln** acı acı gülümsemek

Wehr[1] [ve:ɐ] *f ohne Pl:* **sich zur** ~ **setzen** kendini savumak

Wehr[2] *nt* <-(e)s, -e> (*Stau~*) savak, su bendi

Wehrdienst *m ohne Pl* <-(e)s> askerlik hizmeti; **Wehrdienstverweigerer** *m* <-s, -> silâhlı askerlik hizmeti yapmaktan kaçınan (kimse); **Wehrdienstverweigerung** *f* silâhlı askerlik hizmeti yapmaktan kaçınma

wehren ['ve:rən] **I.** *vr:* **sich** ~ **1.** (*sich verteidigen*) kendini savunmak (*gegen* -e karşı) **2.** (*sich sträuben*) karşı koymak (*gegen* -e) **II.** *vi:* **etw** *dat* ~ bir şeye engel olmak

Wehrersatzdienst *m* askerlik yerine sivil hizmet

wehrlos *adj* savunmasız; **jdm** ~ **ausgeliefert sein** birinin insafına maruz kalmak

Wehrmacht *f ohne Pl* (HIST) *Nazi döneminde Alman ordusu;* **Wehrpflicht** *f ohne Pl* askerlik yükümlülüğü

wehrpflichtig *adj* askerlik yapmakla yükümlü (kimse)

wehrtauglich *adj* sağlam

weh|tun[RR] *vi* acımak; **sich** *dat* ~ canını acıtmak

Weib [vaɪp] *nt* <-(e)s, -er> (*fam*) kadın, karı, avrat

Weibchen ['vaɪpçən] *nt* <-s, -> (ZOOL) dişi

Weiberheld *m* <-en, -en> (*pej*) kadın avcısı, kazanova; **Weibervolk** *nt ohne Pl* (*pej*) kadın milleti

weibisch *adj* kadınsı, efemine

weiblich *adj* **1.** (*das Geschlecht bezeichnend*) dişi **2.** (LING: *feminin*) dişil

Weiblichkeit *f ohne Pl* dişilik

Weibsvolk *nt ohne Pl* (*pej*) kadın milleti

weich [vaɪç] *adj* **1.** (*nicht hart, Drogen, Charakter*) yumuşak; (*Ei*) rafadan, alâkok;

~ **werden** yumuşamak; **in den Knien ~ werden** (*fam*) dizlerinin bağı çözülmek **2.** (*Klang, Landung*) yumuşak; (*zart*) ince, nazik **3.** (*Währung*) yumuşak

Weiche ['vaɪçə] *f* <-n> **1.** (*an Schienen*) makas; **die ~n für etw stellen** (*fig*) bir şeye yön vermek **2.** (*Flanke*) böğür

weichen ['vaɪçən] <weicht, wich, gewichen> *vi sein* **1.** (*sich bewegen*) oynamak, kımıldamak; (*sich entfernen*) uzaklaşmak; **jdm nicht von der Seite ~** birinin yanından ayrılmamak **2.** (*zurück~*) geri çekilmek (*vor* -den); (*Platz machen*) kenara çekilmek, yol vermek **3.** (*nachlassen*) baş eğmek

weichgekocht *adj s.* **kochen II.1.**

Weichheit *f ohne Pl* yumuşaklık; (*Zartheit*) incelik, naziklik

weichherzig *adj* yufka yürekli; (*mitfühlend*) duygudaş

Weichkäse *m* yumuşak peynir

weich|kriegen *vt s.* **kriegen I.1.**

weichlich *adj* **1.** (*Material*) yumuşak; **das Eis wurde ~** buz yumuşamaya başladı **2.** (*fig, pej: schwächlich*) çelimsiz **3.** (*nachgiebig*) yumuşak yüzlü

Weichling *m* <-s, -e> (*pej*) pısırık, muhallebi çocuğu; (*Schwächling*) çelimsiz kimse

Weichsel *f*, **Weichselkirsche** *f* mahlep

Weichspüler *m* <-s, -> çamaşır yumuşatıcı

Weichteile *ntpl* böğürler *pl;* **Weichtiere** *ntpl* (ZOOL) yumuşakçalar *pl*

Weide ['vaɪdə] *f* <-n> **1.** (*Vieh~*) otlak, mera **2.** (*Baum*) söğüt

weiden ['vaɪdən] **I.** *vi* otlamak **II.** *vt* (*Vieh*) otlatmak **III.** *vr:* **sich an etw** *dat* ~ bir şeye sevinmek; (*genießen*) bir şeyin tadını çıkarmak

Weidenkätzchen [-kɛtsçən] *nt* <-s, -> (BOT) söğüt tırtılsısı

weigern ['vaɪgɐn] *vr:* **sich ~** kaçınmak (*zu* -den), çekinmek (*zu* -den), imtina etmek (*zu* -den)

Weigerung *f* <-en> kaçınma, çekinme, imtina

Weih [vaɪ] *m* <-(e)s, -en> *s.* **Weihe¹**

Weihbischof *m* <-s, -schöfe> (REL) piskopos yardımcısı, *yönetim yetkisi olmayan yardımcı piskopos*

Weihe¹ ['vaɪə] *f* <-n> (ZOOL) çaylak

Weihe² ['vaɪə] *f* <-n> (REL: *Priester~*) kutsama

weihen ['vaɪən] *vt* (REL) kutsamak

Weiher ['vaɪɐ] *m* <-s, -> (*reg, südd*) gölet

Weihnachten ['vaɪnaxtən] *nt* <-, -> Noel; **fröhliche ~!** mutlu Noeller!; **zu** [*o* **an**] ~ Noel'de

weihnachtlich *adj* **1.** (*Weihnachten betreffend*) Noel (ile ilgili); **~e Stimmung** Noel havası **2.** (*für Weihnachten*) Noel için; (*wie Weihnachten*) Noel gibi; **ein ~ geschmücktes Zimmer** Noel için süslenmiş bir oda

Weihnachtsabend *m* Noel arifesi; **Weihnachtsbaum** *m* Noel ağacı; **Weihnachtsbescherung** *f* Noel hediyelerinin verilmesi; **Weihnachtsfeier** *f* Noel eğlencesi; **Weihnachtsfest** *nt* Noel bayramı; **Weihnachtsgeld** *nt* <-(e)s, -er> Noel parası; **Weihnachtsgeschenk** *nt* Noel hediyesi; **Weihnachtslied** *nt* Noel şarkısı [*o* ilâhisi]; **Weihnachtsmann** *m* Noel baba; **Weihnachtsschmuck** *m* Noel süsü; **Weihnachtstisch** *m* Noel (hediyeleri) masası

Weihrauch *m* buhur, tütsü; **Weihrauchfass** *nt* <-es, -fässer> buhurdan, tütsülük; **Weihwasser** *nt ohne Pl* <-s> (REL) kutsanmış su

weil [vaɪl] *konj* çünkü; (*aufgrund von*) -den dolayı

Weilchen ['vaɪlçən] *nt ohne Pl* <-s>: **ein ~** bırazcık; **wart noch ein ~!** bırazcık daha bekle!

Weile ['vaɪlə] *f ohne Pl* zaman, süre; **es dauerte eine ~** bir zaman sürdü; **vor einer ~** bir zaman önce; **Eile mit ~** (*prov*) acele işe şeytan karışır

Weiler ['vaɪlɐ] *m* <-s, -> köycük

Wein¹ [vaɪn] *m* <-(e)s, -e> (*Getränk*) şarap; **roter/weißer ~** kırmızı/beyaz şarap; **alter/jünger ~** yıllanmış/yeni şarap; **leichter/schwerer ~** hafif/sert şarap; **ein blumiger ~** bukesi olan bir şarap; **jdm reinen ~ einschenken** (*fig*) birine gerçeği söylemek, birine işin doğrusunu anlatmak

Wein² *m ohne Pl* <-(e)s> **1.** (*~trauben*) üzüm; **~ lesen** bağ bozmak **2.** (*Pflanze*) üzüm (asması); **~ anbauen** üzüm yetiştirmek, bağcılık yapmak; **wilder ~** yabanî üzüm

Weinbau *m ohne Pl* <-(e)s> bağcılık; **Weinbeere** *f* **1.** (*Traube*) üzüm **2.** (*österr, Schweiz, südd: Rosine*) kuş üzümü; **Weinberg** *m* bağ; **Weinbergschnecke** *f* bağ salyangozu

Weinbrand *m* <-(e)s, -brände> kanyak

weinen ['vaɪnən] **I.** *vi* ağlamak (*vor/aus* -den/-den); **es ist zum W~** ağlanacak durum; **jdn zum W~ bringen** birini ağlatmak **II.** *vt:* **bittere Tränen ~** acı yaşlar dökmek

weinerlich *adj* (*Person*) ağlayan; (*Stimme*) ağlamaklı, ağlamsı

Weinernte *f* bağ bozumu; **Weinessig** *m ohne Pl* üzüm sirkesi; **Weinfass**[RR] *nt* fota, şarap fıçısı; **Weinflasche** *f* şarap şişesi; **Weingeist** *m ohne Pl* <-(e)s> (*Spiritus*) ispirto; **Weinglas** *nt* <-es, -gläser> şarap bardağı; **Weingut** *nt* bağ; **Weinjahr** *nt:* **ein gutes/schlechtes** ~ üzüm için iyi/kötü bir hasat yılı; **Weinkarte** *f* şarap listesi; **Weinkeller** *m* şarap mahzeni

Weinkrampf *m* hıçkıra hıçkıra ağlama

Weinlese *f* bağ bozumu; **Weinpresse** *f* şarap presi, şarap cenderesi; **Weinprobe** *f* şarap denemesi, degüstasyon; **Weinrebe** *f* üzüm kütüğü; **weinrot** ['-'-] *adj* bordo; **Weinstock** *m* üzüm kütüğü; **Weinstube** *f* taverna; **Weintraube** *f* üzüm; **blaue/grüne ~n** siyah/yeşil üzüm

weise ['vaɪzə] *adj* bilge

Weise *f* <-n> **1.** (*Art*) tarz, biçim, şekil; (*Methode*) usûl, yöntem; **auf diese ~** bu şekilde, bu yolla; **auf meine ~** benim yolumla, benim usûlümce **2.** (*Melodie*) usul, melodi

Weise(r) *mf* <-n, -n; -n> bilge, hakim

weisen ['vaɪzən] <weist, wies, gewiesen> **I.** *vi:* **auf etw ~** birine işaret etmek, birini göstermek **II.** *vt:* **jdm etw ~** birine bir şeyi göstermek; **etw von sich** *dat* **~** bir şeyi üstüne almamak; **jdn aus dem Saal ~** birini salondan kapı dışarı etmek; **jdn von der Schule ~** birini okuldan atmak

Weisheit[1] *f ohne Pl* bilgelik, hikmet; (*Wissen*) bilgi; **mit seiner ~ am Ende sein** (*fam fig*) artık ne yapacağını bilememek; **er glaubt, er habe die ~ mit Löffeln gefressen** (*fam*) cevher yumurtluyor, kendini bir şey sanıyor; **der ~ letzter Schluss** (*fam*) bütün sorunların çözümü, her derde deva; **Vorsicht ist die Mutter der ~** (*prov*) dikkat bilgeliğin anasıdır

Weisheit[2] *f* <-en> (*Spruch*) özdeyiş; (*Rat*) akıl

Weisheitszahn *m* akıl dişi, yirmi yaş dişi

weis|machen *vt* (*fam*): **jdm etw ~** birine bir şeyi yutturmak

weiß[1] [vaɪs] *3. präs von* **wissen**

weiß[2] [vaɪs] *adj* beyaz, ak; **ihr Gesicht wurde ~** yüzü bembeyaz oldu, beti benzi attı

Weiß *nt* beyaz, ak; **das ~e im Ei** yumurtanın akı

weissagen ['---] *vt* (*voraussagen*) olacağını önceden söylemek (-in); (*prophezeien*) kehanette bulunmak

Weissager(in) *m(f)* <-s, -; -nen> kâhin

Weissagung *f* <-en> kehanet

Weißbier *nt* beyaz bira; **Weißblech** *nt* <-(e)s, -e> teneke, kalaylı sac; **Weißbleierz** *nt* (CHEM) kurşun karbonat; **Weißbrot** *nt* beyaz ekmek; **Weißbuch** *nt* (POL) beyaz kitap; **Weißdorn** *m* <-(e)s, -e> (BOT) alıç

Weiße(r) *mf* <-n, -n; -n> (*Rasse*) beyaz

weißen ['vaɪsən] *vt* badanalamak

weißglühend *adj s.* **glühend**; **Weißglut** *f ohne Pl* (TECH) akkor; **jdn zur ~ bringen** (*fam*) birini çileden [*o* zıvanadan] çıkarmak; **Weißgold** *nt ohne Pl* beyaz altın

weißhaarig *adj* ak saçlı

Weißkohl *m ohne Pl* <-s>, **Weißkraut** *nt ohne Pl* <-(e)s> (beyaz) lâhana

weißlich *adj* beyazımsı, beyazımtırak

Weißrussland[RR] *nt* Beyaz Rusya

Weißwein *m* <-(e)s, -e> beyaz şarap; **Weißwurst** *f dana etinden yapılmış az baharatlı sucuk*

Weisung ['vaɪzʊŋ] *f* <-en> **1.** (*Befehl*) talimat **2.** (*geh: An~*) direktif; **weisungsberechtigt** *adj* talimat yetkisi olan; **weisungsgemäß** *adj* talimata uygun

weit [vaɪt] **I.** *adj* **1.** (*räumlich ausgedehnt*) geniş; (*breit*) geniş; (*groß*) büyük; **~e Kreise der Bevölkerung** toplumun geniş çevreleri; **das ist ein ~es Feld** bu geniş bir alandır; **etw ~ öffnen** bir şeyi ağzına kadar açmak; **~ herumkommen** çok yer gezmek; **das W~e suchen** (*geh*) tabanları yağlamak **2.** (*geräumig*) geniş; (*Kleidung*) bol **3.** (*entfernt*) uzak; (*Reise, Weg*) uzun; **in ~er Ferne** çok uzakta; **ist es noch ~?** daha uzak mı?; **von ~em** uzaktan; **~ entfernt** çok uzak; **das ist ~ weg** (*fam*) bu çok uzakta; **ich habe es nicht ~** benim için uzak değil **4.** (*zeitlich*): **bis Ostern ist es noch ~** paskalyaya kadar daha çok var; **das liegt ~ zurück** bu çok geride kaldı; **bis ~ in den Morgen** sabahlara kadar **5.** (*Wend*): **bei ~em besser** çok daha iyi; **bei ~em nicht alles** hepsi değil; **es ist ~ und breit niemand zu sehen** ortalıkta in cin yok; **~ gefehlt!** ne gezer!; **so ~** (*im allgemeinen*) buraya kadar; (*bis jetzt*) şimdiye kadar; **es ist so ~** oldu; **es ist noch nicht so ~** daha olmadı; **bist du so ~?** (*fam*) hazır mısın?; **das geht (entschieden) zu ~!** bu (kesinlikle) fazla oldu!, bu kadarı da (artık) fazla!; **wie ~ bist du mit der Arbeit?** çalışman ne aşamada?; **~ hergeholt** uydurma, pek inandırıcı olmayan; **das ist ~ hergeholt** nereden nereye **II.** *adv* (*sehr*) çok; (*erheblich*) epeyce, bir hayli; **~ besser** çok daha iyi; **er ist ~ über sechzig** altmışın çok üzerinde; **~ gefehlt!** bilemedin!; **das ist ~ verbreitet** bu çok yaygındır; **er ist zu ~ gegangen** (*fig*) çok ileri gitti, haddini aştı

weitab ['vaɪt'ʔap] *adv* çok uzakta (*von* -den)

weitaus ['-'-] *adv* çok daha

Weitblick *m ohne Pl* <-(e)s> uzak görüş(lülük); (*Scharfsinn*) sağgörü

weitblickend *adj* uzak görüşlü, ufku geniş; (*scharfsinnig*) sağgörülü

Weite ['vaɪtə] *f* <-n> **1.** (*Ausdehnung*) ge-

W

nişlik **2.** (*Entfernung*) uzaklık, mesafe; (*Schuss~*) erim **3.** (*Durchmesser*) çap; (*Größe*) büyüklük **4.** (*bei Kleidung*) bolluk

weiten ['vaɪtən] **I.** *vt* açmak, genişletmek, bollaştırmak **II.** *vr:* **sich** ~ açılmak, genişlemek, bollaşmak; (*Gefäß, Pupille*) büyümek; (*fig: Horizont*) açılmak

weiter ['vaɪtɐ] **I.** *adj:* **~e fünf Jahre** beş yıl daha; **die ~e Entwicklung** gelişmenin devamı; **alles W~e** bundan sonrası; **bis auf ~es** şimdilik; **ohne ~es** kolaylıkla, sıkıntı çekmeden **II.** *adv* **1.** (*danach*) ondan sonra **2.** (*außerdem*) ayrıca; (*sonst*) başka; **es ist nicht ~ schlimm** (*fam*) ziyanı yok; **wenn's ~ nichts ist** (*fam*) başka bir şey değilse, eğer yeni bir şey yoksa; **und so ~** ve devamı; **~!** devam et!

weiter|arbeiten *vi* çalışmaya devam etmek (*an* -de); **weiter|bilden I.** *vt* geliştirmek **II.** *vr:* **sich** ~ kendini geliştirmek; **Weiterbildung** *f ohne Pl* meslek geliştirme eğitimi, okul sonrası eğitim; **weiter|bringen** *irr vt* ilerletmek; **das bringt uns auch nicht weiter** bu da bize bir şey kazandırmıyor; **weiter|empfehlen*** *irr vt* başkasına da tavsiye etmek; **weiter|entwickeln*** **I.** *vt* daha da geliştirmek **II.** *vr:* **sich** ~ daha da gelişmek; **weiter|erzählen*** *vt* başkalarına anlatmak; **bitte erzähl es nicht weiter!** lütfen bunu kimseye anlatma!; **weiter|fahren** *irr vi sein* yolculuğa devam etmek; **Weiterfahrt** *f ohne Pl* yolculuğun devamı

Weitergabe *f ohne Pl* (*von Informationen*) iletme; (*von Dingen*) başkalarına ver(il)me, elden ele verme

weiter|geben *irr vt* vermek (*an* -e), başkalarına vermek, elden ele vermek; (*Informationan*) iletmek (*an* -e); **weiter|gehen** *irr vi sein* **1.** (*seinen Weg*) yoluna devam etmek **2.** (*andauern*) devam etmek; **so kann es nicht ~!** bu böyle devam edemez!; **weiter|helfen** *irr vi:* **jdm** ~ birine yardımcı olmak (*in/bei* -de/-de)

weiterhin *adv* **1.** (*künftig*) gelecekte **2.** (*außerdem*) ayrıca, bundan başka **3.** (*immer noch*) hâlâ

weiter|kommen *irr vi sein* **1.** (*räumlich*) ilerlemek **2.** (*Fortschritte machen*) ilerlemek, ilerleme göstermek; **so kommen wir nicht weiter** bu şekilde bir şey elde edemeyiz; **weiter|laufen** *irr vi sein* devam etmek; **weiter|leben** *vi* yaşamaya devam etmek; **weiter|leiten** *vt* iletmek (*an* -e), göndermek (*an* -e); **weiter|machen** *vi* (*fam*): **mit etw** ~ bir şeyi yapmaya devam etmek; **mach nur so weiter!** yap yap da, görürsün ne olacağını!; **so können wir nicht ~** böyle devam edemeyiz; **weiter|sagen** *vt* söylemek; (*verbreiten*) yaymak; **weiter|verarbeiten*** *vt* (yeniden) işlemek; (WIRTSCH: *Halbfabrikate*) tamamlamak

weitgehend <weiter gehend *o* weitgehender *Schweiz:* weitergehend, am weitestgehenden *o* am weitgehendsten> **I.** *adj* geniş kapsamlı **II.** *adv* geniş ölçüde

weitgereist *adj* çok yerler gezmiş

weitherzig ['vaɪthɛrtsɪç] *adj* (*großzügüg*) cömert; (*tolerant*) hoşgörülü

weitläufig I. *adj* **1.** (*ausgedehnt*) geniş **2.** (*weitschweifend*) uzun; (*ausführlich*) ayrıntılı **3.** (*Verwandter*) uzak(tan) **II.** *adv* uzun uzadıya; **mit jdm ~ verwandt sein** biriyle uzaktan akraba olmak

weiträumig *adj* geniş

weitreichend *adj* **1.** (*für große Entfernung*) uzak erimli **2.** (*umfassend*) kapsamlı, geniş

Weitschuss[RR] *m*, **Weitschuß** *m* (SPORT) degajman

weitschweifig *adj* uzun boylu

Weitsschweifigkeit *f ohne Pl* sözü uzatma

Weitsicht *f ohne Pl s.* **Weitblick**

weitsichtig *adj* **1.** (MED) hipermetrop, presbit **2.** (*umsichtig*) uzak görüşlü

Weitsichtigkeit *f ohne Pl* **1.** (MED) hipermetropluk, presbitlik **2.** (*im Handeln*) uzak görüşlülük; (*Umsicht*) uzak görüş

Weitsprung *m ohne Pl* <-(e)s> (SPORT) uzun atlama

weitverbreitet ['--'--] *adj*; (*Meinung*) çok yaygın

Weitwinkelobjektiv *nt* (FOTO) geniş açılı objektif

Weizen ['vaɪtsən] *m* <-s, -> buğday; **Weizenmehl** *nt* buğday unu

welch *pron:* ~ **schönes Bild/Wetter!** ne güzel resim/hava!; *s. a.* **welche(r, s)**

welche(r, s) ['vɛlçə, -çɐ, -çəs] **I.** *pron* (*adjcktivisch*) hangi; (*substantivisch*) hangisi; (*in Ausrufen*) hangisi, ne; ~ **Tasche?** hangi çanta?; **~r von den beiden?** ikisinden hangisi?; ~ **Freude!** bu ne kıvanç!; **aus ~m Grund?** hangi sebepten dolayı?; **ich weiß nicht, ~n du meinst** hangisini kastettiğini bilmiyorum **II.** *pron:* **das Kind, ~s das schönste Bild gemalt hat** en güzel resmi yapan çocuk; **alle die, ~ noch nicht geimpft worden sind** şimdiye kadar aşı olmayanların hepsi; **das Buch, in ~m sein Name steht** adı yazılı kitap **III.** *pron* birkaç; (*manche*) bazı; **es gibt ~, die glauben, dass ...** bazı kimseler var ki, onlar ...e inanırlar; **ich habe kein Geld dabei, hast du ~s?** yanımda para yok, sende var mı?

welk [vɛlk] *adj* solgun; (*verwelkt*) solmuş; (*Gesicht*) pörsük
welken ['vɛlkən] *vi sein* solmak; (*Gesicht*) pörsümek
Wellblech ['vɛl-] *nt* <-(e)s, -e> oluklu sac
Welle ['vɛlə] *f* <-n> **1.** (*im Wasser, Protest~*) dalga **2.** (*Aktualität*): **die neue ~** yeni akım, yeni trend **3.** (*im Haar*) dalga **4.** (PHYS, RADIO) dalga **5.** (TECH) mil; (*Kardan~*) şaft
wellen ['vɛlən] **I.** *vt* dalga dalga yapmak; (*Haar*) perma yapmak **II.** *vr:* **sich ~** dalga dalga olmak; (*Haare*) yelelenmek
Wellenbad *nt* yapay dalgalı (yüzme) havuz(u); **Wellenbrecher** *m* dalgakıran; **Wellengang** *m ohne Pl* <-(e)s> dalgalar *pl;* **Wellenlänge** *f* (PHYS) dalga boyu; **sie haben die gleiche ~** (*fam*) onların ikisi kafa dengidir; **Wellenlinie** *f* dalgalı çizgi; **Wellenreiten** *nt ohne Pl* <-s> (SPORT) dalga sörfü; **Wellensittich** *m* <-s, -e> (ZOOL) muhabbet kuşu
wellig *adj* dalgalı
Wellpappe *f* oluklu mukavva
Welpe ['vɛlpə] *m* <-n, -n> (ZOOL: *von Hund*) köpek yavrusu; (*von Wolf*) kurt yavrusu; (*von Fuchs*) tilki yavrusu
Wels [vɛls] *m* <-es, -e> (ZOOL) yayın balığı
Welt [vɛlt] *f* <-en> dünya, âlem; (*Erde*) Dünya; **auf der ~** dünyada; **die Welt der Tiere/Pflanzen** hayvanlar/bitkiler âlemi; **die Welt des Films/Theaters** film/tiyatro dünyası; **auf die ~ kommen** dünyaya gelmek; **aus aller ~** dünyanın her tarafından; **die Alte/Neue/Dritte ~** Eski/Yeni/Üçüncü Dünya; **alle ~ spricht davon** (*fam*) dünya âlem onu konuşuyor; **vor aller ~** (*fam*) bütün dünyanın gözü önünde; **uns trennen ~en** (*fam*) aramızda dünya kadar fark var; **eine ~ brach für ihn zusammen** (*fam*) dünya başına yıkıldı; **mit sich** *dat* **und der ~ zufrieden sein** (*fam*) hayatından memnun olmak; **um nichts in der ~** (*fam*) dünyada; **die ~ nicht mehr verstehen** (*fam*) feleğini şaşırmak; **das ist nicht aus der ~** (*fam*) bu iş burada bitmedi [*o* kapanmadı]; **das kostet nicht die ~** (*fam*) bu dünya değil ya, öyle çok para değil; **was in aller ~ hast du dir denn dabei gedacht?** (*fam*) hangi akla hizmet ederek bunu yaptın?; **davon geht die ~ nicht unter** (*fam*) bu, dünyanın sonu demek değilki, bununla kıyamet kopmazki; **sich von der ~ zurückziehen** dünyadan elini eteğini çekmek; **das hat die ~ noch nicht gesehen!** (*fam*) bu, dünyada görülmemiş bir şey!; **Weltall** *nt ohne Pl* <-s> evren, kâinat; **Weltanschauung** *f* dünya görüşü; **Weltausstellung** *f* dünya fuarı; **weltberühmt** ['--'-] *adj* dünyaca tanınmış; **Weltbevölkerung** *f ohne Pl* dünya nüfusu; **weltbewegend** *adj* önemli; **Weltbild** *nt* dünya görüşü; **Weltbürger(in)** *m(f)* dünya vatandaşı; (*Kosmopolit*) kozmopolit
Weltenbummler(in) [-bʊmlɐ] *m(f)* <-s, -; -nen> dünya gezgini
Welterfolg *m* dünya çapında başarı
Weltergewicht *nt ohne Pl* (SPORT) orta sıklet; **weltfremd** *adj* dünyadan habersiz; (*naiv*) bön; **Weltfrieden** *m ohne Pl* dünya barışı; **Weltfriedensbewegung** *f ohne Pl* Dünya Barış Hareketi; **Weltgeschichte** *f ohne Pl* dünya tarihi; **in der ~ herumfahren** (*fam*) dünyayı dolaşmak, dünya âlem gezmek; **Weltgesundheitsorganisation** *f ohne Pl* Dünya Sağlık Örgütü; **Weltkarte** *f* dünya haritası; **Weltkrieg** *m* dünya savaşı; **Erster/Zweiter ~** Birinci/İkinci Dünya Savaşı; **Weltkugel** *f* yerküre, yer yuvarlağı
weltlich *adj* **1.** (*irdisch*) dünyalı **2.** (*nicht kirchlich*) dünyevı; **~e und geistliche Fürsten** (HIST) dünyevî ve uhrevî prensler
Weltliteratur *f ohne Pl* dünya edebiyatı
Weltmacht *f* <-mächte> süper güç
weltmännisch ['vɛltmɛnɪʃ] **I.** *adj* çelebi **II.** *adv* çelebice
Weltmarkt *m ohne Pl* <-(e)s> (WIRTSCH) dünya piyasası; **Weltmeer** *nt* okyanus; **Weltmeister(in)** *m(f)* dünya şampiyonu; **Weltmeisterschaft** *f* <-en> **1.** (*Wettkampf*) dünya şampiyonası **2.** (*Titel*) dünya şampiyonluğu; **weltoffen** *adj* dünyaya açık
Weltraum *m ohne Pl* <-(e)s> uzay; **Weltraumfahrt** *f* uzay yolculuğu; **Weltraumforschung** *f ohne Pl* uzay araştırma; **Weltraumstation** *f* uzay istasyonu
Weltreich *nt* imparatorluk; **Weltreise** *f* dünya gezisi [*o* seyahati], dünya turu; **Weltrekord** *m* dünya rekoru; **Weltschmerz** *m ohne Pl* <-es> dünya meşakkati; **Weltsicherheitsrat** [-'----] *m* Dünya Güvenlik Konseyi; **Weltsprache** *f* <-n> dünya çapında konuşulan dil; **Weltstadt** *f* büyük kent; **Weltstar** *m* <-s, -s> dünyaca tanınan yıldız
Weltuntergang *m* dünyanın sonu, kıyamet günü; **Weltuntergangsstimmung** *f* kıyamet günü havası; **Welturaufführung** *f* <-en> dünya galası; (*Theaterstück*) dünya prömiyeri
Weltverbesserer, -in *m, f* <-s, -; -nen> dünyayı düzeltmeye kalkan (kimse)
weltweit ['-'-, '--] **I.** *adj* dünya çapındaki **II.** *adv* dünya çapında
Weltwirtschaft *f ohne Pl* dünya ekonomisi; **Weltwirtschaftskrise** *f* dünya ekonomik

krizi, büyük bunalım

Weltwunder *nt:* **die Sieben ~** dünyanın yedi harikası

wem [veːm] **I.** *pron dat von* **wer** kime, kimlere *pl;* **mit ~?** kiminle?; **von ~?** kimden?; **bei ~?** kimde?, kimin yanında?; **zu ~?** kime? **II.** *pron dat von* **wer** kime, kimlere *pl;* **ich habe vergessen, ~ ich das Buch gegeben habe** kitabı kime verdiğimi unuttum

Wemfall *m* (LING) yönelme durumu, e hâli

wen [veːn] **I.** *pron akk von* **wer** kimi, kimleri *pl;* **an ~?** kime?; **für ~?** kimin için?; **~ meinst du?** kimi kastediyorsun? **II.** *pron akk von* **wer** kimi, kimleri *pl;* **ich weiß nicht, ~ du meinst** kimi kastettiğini bilmiyorum

Wende [ˈvɛndə] *f* <-n> **1.** (*Veränderung*) dönme; (*~punkt*) dönüm noktası; **eine ~ zum Guten/Schlechten** iyiye/kötüye dönme **2.** (*Schwimmen, Segeln*) dönüş; (*Turnen, Eiskunstlauf*) dönüş; **Wendekreis** *m* **1.** (GEO) dönence; **der ~ des Krebses/Steinbocks** Yengeç/Oğlak dönencesi **2.** (TECH) dönüş çapı

Wendeltreppe [ˈvɛndəl-] *f* döner merdiven, dönerek çıkılan merdiven

wenden[1] **I.** *vi* (AUTO) U dönüşü yapmak; (NAUT) dönmek; **der Wind hat sich gewendet** rüzgâr(ın yönü) döndü **II.** *vt* (*Braten*) döndürmek; (*Blatt*) çevirmek; (*Kleidung*) tersyüz etmek; (*Fahrzeug*) U dönüşü yapmak (-le); **bitte ~!** lütfen (sayfayı) çeviriniz!; **man kann die Sache drehen und ~, wie man will** (*fam*) neresinden bakarsan bak

wenden[2] [ˈvɛndən] <wendet, wendete *o* wandte, gewendet *o* gewandt> **I.** *vt* **1.** (*Kopf, Rücken*) çevirmek **2.** (*Blick, Schritte*) yöneltmek; **den Blick nicht von etw** *dat* **~** bir şeyden gözünü ayırmamak **3.** (*auf~*) harcamak (*an/auf* -e/-e) **II.** *vr:* **sich ~** (*Richtung einschlagen*) yönelmek (*zu* -e), dönmek (*zu* -e); **sich zum Ausgang ~** çıkışa yönelmek; **es wird sich alles zum Guten ~** her şey yoluna girecek; **sich ins Gegenteil ~** tersine dönmek; **sich an jdn ~** birine başvurmak; **das Buch wendet sich an die Fachleute** (*fig*) bu kitap uzmanlara hitap eder; **sich gegen etw ~** bir şeye karşı çıkmak; **sich gegen jdn ~** birine karşı tavır almak

Wendeplatz *m* <-es, -plätze> dönüş yeri; **Wendepunkt** *m* **1.** (*fig: Zeitpunkt*) dönüm noktası **2.** (MATH) büküm noktası

wendig *adj* **1.** (*Auto*) kullanışlı, kolay sürülebilen **2.** (*Person*) kıvrak; (*flink*) becerikli

Wendung *f* <-en> **1.** (*Drehung*) dönme, dönüş **2.** (*Kurve*) dönemeç **3.** (*Veränderung*) değişme, değişiklik; **eine ~ zum Guten nehmen** iyiye dönmek [*o* yönelmek]; **eine ~ zum Schlechten nehmen** kötüye dönmek [*o* yönelmek]; **eine unerwartete ~ nehmen** beklenmedik **4.** (*Rede~*) deyim

Wenfall *m* (LING) belirtme durumu, i hâli

wenig [ˈveːnɪç] *adj, adv, pron* **1.** (*kleine Menge*) az; (**nur**) **~e** (sadece) birkaç(ı); **ein ~** biraz; **ein klein ~** birazcık; **sehr ~** çok [*o* pek] az; **ein ~ Geduld** biraz sabır; **mit ~en Ausnahmen** birkaç istisna dışında; **in ~en Tagen/Wochen** birkaç gün/hafta içinde; **einige ~e** birkaç(ı); **eine ~ bekannte Künstlerin** az tanınmış bir sanatçı; **sie war nicht ~ überrascht, als ...** ...diğinde az şaşırmadı; **es fehlte** (**nur**) **~, und sie hätte gewonnen** kazanmasına az kalmıştı **2. zu ~** çok az; **11 Euro zu ~** 11 euro çok az; **zu ~ essen/trinken** çok az yemek/içmek **3. so ~** o kadar az; **so ~ wie möglich** mümkün mertebe az, olabildiğince az; **du sprichst so ~** o kadar az konuşuyorsun ki

weniger [ˈveːnɪgɐ] **I.** *adj, adv, pron kompar von* **wenig** daha az; **~ als** -den (daha) az; **es kamen ~ als gestern** dünden daha az kişi geldi; **immer ~** gittikçe daha az; **immer ~ werden** gittikçe azalmak; **viel ~** çok daha az; **~ werden** azalmak; **nicht mehr und nicht ~ als ...** ...den ne çok fazla ne de çok az; **mehr oder ~** az çok; **das finde ich ~ schön!** bunu pek güzel bulmuyorum!; **um so ~** o kadar (da) az; **je ~, desto besser** ne kadar az olursa, o kadar iyidir; **je mehr ... desto ~ ...** ne kadar çok ...se, o kadar az ... **II.** *konj:* **zehn ~ drei ist sieben** ondan üç çıkınca yedi eder

wenigste [ˈveːnɪçstə, ˈveːnɪkstə] *pron* **1. die ~n** (*kleinste Anzahl*) sadece birkaçı, çok az kişi; (*die Minderheit*) azınlık **2. das ~** (*kleinste Menge*) en azı; **das ~ wäre, ihn einmal anzurufen** en azından ona bir kere telefon etmen gerekir, hiç olmazsa onu bir kerecik telefonla aramalısın; **er hat das ~ Geld** en az para onda; **das ist das ~, was er machen kann** (*fam*) hiç olmazsa bunu yapabilir

wenigsten [ˈveːnɪçstən, ˈveːnɪkstən] *superl von* **wenig: am ~** en az

wenigstens [ˈveːnɪçstəns, ˈveːnɪkstəns] *adv* **1.** (*zumindest*) hiç olmazsa **2.** (*mindestens*) en azından; **ich habe ~ viermal angerufen** en azından dört kere telefon ettim

wenn [vɛn] *konj* **1.** (*zeitlich*) -ince, -diği zaman; **~ er kommt, soll er sich melden** gelince [*o* geldiği zaman] haber versin; **jedesmal, ~ er kommt ...** her geldiğinde

..., ne zaman gelirse ... **2.** (*konditional*) eğer, şayet; (*falls*) -se, ise; ~ **nicht** yoksa, aksi hâlde, aksi takdirde; ~ **nur** keşke; **außer** ~ -in dışında; ~ **er nicht gewesen wäre, hätte es nie geklappt** o olmasaydı, hiç olmazdı **3.** (*konzessiv*): ~ **auch** her ne kadar ...se de; ~ **er auch mein Freund ist, ...** kendisi her ne kadar dostum olsada, ... **4.** (*Wunsch*): ~ **... nur** keşke ... olsa; ~ **ich nur in Berlin wäre** keşke Berlin'de olsaydım **5. als** ~ (*fam*) sanki

Wenn *nt* <-s, ->: **da gibt es kein ~ und (kein) Aber** bunun aması maması yok; **ohne ~ und Aber** amasız mamasız, lâmi cimi olmadan

wenngleich [-'-] *konj* her ne kadar ...se de

wennschon ['--] *konj:* **na ~!** (*fam*) ne olmuş yani!, varsın olsun, ne çıkar!; **~, dennschon!** (*fam*) yapılacaksa, tam yapılsın!, bir işi yaptın mı, tam yapacaksın!

wer [veːɐ] **I.** *pron* kim, kimler *pl;* ~ **von euch beiden?** ikinizden kim? **II.** *pron* kim, kimler *pl;* ~ **auch immer** kim olursa olsun **III.** *pron* (*fam*) kimse; **ist da ~?** orada kimse var mı?

Werbeabteilung *f* reklâm servisi; **Werbeagentur** *f* reklâm ajansı; **Werbefachmann, -frau** *m, f* <-(e)s, -männer; -en> reklâmcı; **Werbefernsehen** *nt* televizyon reklâmları *pl;* **Werbefilm** *m* <-(e)s, -e> reklâm filmi; **Werbegeschenk** *nt* eşantiyon; **Werbekampagne** *f* reklâm kampanyası, tanıtım kampanyası

werben ['vɛrbən] <wirbt, warb, geworben> **I.** *vi* (*für eine Ware*) reklâm yapmak (*für* için); (*für eine Partei*) propaganda yapmak (*für* için); **um etw** ~ (*geh*) bir şeye talip olmak; **um ein Mädchen** ~ bir kıza talip olmak **II.** *vt* (*zu gewinnen suchen*) kazanmaya çalışmak; (*Arbeitskräfte*) aramak; (*Mitglieder, Kunden*) kazanmaya çalışmak

Werbeplakat *nt* reklâm afişi; **Werbeslogan** *m* reklâm sloganı; **Werbespot** ['vɛrbespɔt] *m* spot, reklâm ışıntısı; **Werbetext** *m* reklâm teksti; **Werbeträger** *m* <-s, -> reklâm aracı; **Werbetrommel** *f* (*fam*): **die ~ für etw rühren** bir şeyin reklâmını yapmak; **werbewirksam** *adj* reklâm etkisi olan

Werbung[1] *f ohne Pl* (*Reklame*) reklâm, tanıtım; ~ **für etw machen** bir şeyin reklâmını yapmak

Werbung[2] *f* <-en> promosyon, propaganda

Werdegang *m* <-(e)s, -gänge> gelişim, oluşum; **der berufliche** ~ kariyer

werden[1] ['veːɐdən] <wird, wurde, geworden> *vi sein* **1.** (*Zustandsveränderung*) olmak; **alt** ~ yaşlanmak; **krank** ~ hastalanmak; **kalt** ~ soğumak; **mir wird schlecht** fenalaşıyorum; **ich werde noch verrückt** bu gidişle delireceğim; **es wird schon dunkel** hava şimdiden kararıyor; **es wird Frühling** bahar oluyor **2.** (*Entwicklung*) olmak; **~de Mutter** çocuk bekleyen anne; **es wird ein Junge** oğlan olacak; **besser/schlechter** ~ iyileşmek/kötüleşmek; **was willst du einmal ~?** ileride ne olmak istiyorsun?; **er will Arzt** ~ o doktor olmak istiyor; **was soll nun (aus uns) ~?** şimdi (bizim hâlimiz) ne olacak? **3.** (*Verwandlung*) olmak (*zu* -); **zu Eis/Stein** ~ buz/taş olmak; **zum Dieb** ~ hırsız olmak **4.** (*Resultat*): **das ist nichts geworden** (*fam*) bundan bir şey çıkmadı; **die Fotos sind gut geworden** fotoğraflar iyi çıktı; **er ist 40 geworden** o, 40 oldu [*o* yaşına girdi]; **daraus wird nichts!** (*fam*) bu olmaz! **5.** (*mit Zeitangabe*): **in einer halben Stunde wird es 12 Uhr** yarım saat sonra saat 12 olacak; **sie wird bald 12** yakında 12 olacak [*o* yaşına basacak]; **es wird Zeit, dass wir gehen** gitme vaktimiz geldi **6.** (*Wend*): **wird's bald?!** (*fam*) daha sürecek mi? – haydi artık!; **ich werd' nicht mehr!** (*fam*) olur şey değil!

werden[2] <wird, wurde, *ohne pp*:> *aux* **1.** (*zur Bildung des Futurs*): **ich werde es tun** onu yapacağım; **es wird schon** ~ olacaktır; **es wird gleich regnen** hemen yağmur yağacak **2.** (*zur Bildung des Konjunktivs II*): **würden Sie bitte mal kommen?** lütfen bir gelir misiniz? **3.** (*Vermutung*): **es wird schon stimmen** doğru olabilir; **er wird wohl ausgegangen sein** sokağa çıkmış olacak

werden[3] <wird, wurde, worden> *aux* (*zur Bildung des Passivs*): **sie ist entführt worden** o kaçırıldı; **das Zimmer wird gerade gestrichen** oda şimdi [*o* şu anda] boyanıyor; **hier wird nicht geraucht!** burada sigara içilmez!; **mir wurde gesagt, dass ...** bana dendi ki, ...

Werden *nt ohne Pl* <-s> **1.** (*Entwicklung*) oluşma; **noch im ~ sein** henüz oluşmakta olmak; **der Kuchen ist schon im** ~ pasta oluyor bile **2.** (*Bildung*) oluşma **3.** (PHILOS) oluş

Werfall *m* (LING) yalın durum

werfen ['vɛrfən] <wirft, warf, geworfen> **I.** *vt* **1.** (*allgemein*) atmak; (*schleudern*) savurmak; **nicht ~!** atmayınız!; **jdn zu Boden** ~ birini yere atmak; **die Tür ins Schloss** ~ kapıyı çarpmak; **etw auf den Markt** ~ bir şeyi pazara sürmek; **eine Münze** ~ yazı tura atmak; **jdn ins Gefängnis** ~ birini hapse atmak; **jdn aus etw** *dat* ~ birini bir şeyden atmak **2.** (*bilden*)

W

yapmak, oluşturmak; **die Flüssigkeit wirft Blasen** sıvı kabarcık yapıyor **3.** (*Tierjunge*) yavrulamak; (*Hund, Katze*) eniklemek **II.** *vr:* **sich** ~ **1.** (*sich stürzen*) atılmak (*auf*-in üzerine) **2.** (*sich fallen lassen*) kendini atmak (*auf* -e); **sie warf sich aufs Bett** kendini yatağa attı **3.** (*sich verziehen*) esnemek, yamulmak, çarpılmak **III.** *vi* **1.** (*a.* SPORT) atmak; **wie weit kannst du ~?** ne kadar uzağa atabilirsin?; **mit Geld um sich** ~ paraları saçıp savurmak **2.** (*Tier*) yavrulamak; (*Hund, Katze*) eniklemek

Werft [vɛrft] *f* <-en> (NAUT) tersane; (AERO) uçak fabrikası; **Werftarbeiter(in)** *m(f)* (NAUT) tersane işçisi

Werk [vɛrk] *nt* <-(e)s, -e> **1.** (*Geschaffenes, Handlung*) eser, yapıt; (*Arbeit*) iş, çalışma; **sämtliche/ausgewählte ~e** bütün/seçilmiş yapıtlar; **das ist sein** ~ bu onun işidir; **ein gutes ~ (an jdm) tun** (birine) bir iyilik etmek [*o* yapmak]; **sich ans ~ machen** işe koyulmak **2.** (*Fabrik*) fabrika; (*Unternehmen*) işletme; (*Kraft*~) santral; (*Berg*~) ocak; **Lieferung ab** ~ fabrika teslimi **3.** (*Mechanismus*) mekanizma

Werkbank *f* <-bänke> çalışma tezgâhı

Werken *nt ohne Pl* <-s> el işi dersi

werkgetreu *adj* özgün yapıta tam uyan, orijinal esere tam uyan

Werkmeister(in) *m(f)* <-s, -; -nen> atölye şefi; **Werkschutz** *m* işletme güvenliği

Werkstatt ['-ʃtat] *f* <-stätten> atölye; (*Reparatur*~) tamirhane

Werkstoff *m* <-(e)s, -e> ham madde; **Werkstück** *nt* işlenen parça

Werktag *m* iş günü, mesai günü; **werktags** *adv* iş günleri; **werktätig** *adj* çalışan; **die ~e Bevölkerung** çalışan nüfus; **Werktätige(r)** [' tɛːtɪgɐ] *mf* <-n, -n; -n> emekçi; **die ~n** emekçiler; **Werkvertrag** *m* yapıt sözleşmesi

Werkzeug *nt* <-(e)s, -e> **1.** alet **2.** (INFORM) araç; **Werkzeugkasten** *m* alet kutusu

Wermut ['veːɐmuːt] *m ohne Pl* <-(e)s> **1.** (*Pflanze*) pelin otu **2.** (*Getränk*) vermut; **Wermut(s)tropfen** *m* (*fig*) işin acı tarafı

wert [veːɐt] *adj:* **etwas ~ sein** bir değeri olmak; **nichts ~ sein** hiç değeri olmamak; **das ist der Mühe** ~ bu zahmete değer; **wie viel ist das ~?** bunun değeri ne kadar?, bu ne kadar eder?; **er ist deines Vertrauens nicht** ~ o, senin güvenine lâyik değil

Wert [veːɐt] *m* <-(e)s, -e> (*a. fig*) değer, kıymet; (*Preis*) paha, değer; **einen ~ von 50 Mark haben** 50 marklık değeri olmak; **an ~ verlieren/zunehmen** değer kaybetmek/kazanmak; **großen/keinen ~ auf etw legen** bir şeye çok değer vermek/hiç değer vermemek; **das hat keinen** ~ bunun değeri yok; **etw** *dat* **einen besonderen ~ beimessen** bir şeye özellikle değer vermek; **etw (weit) unter seinem ~ verkaufen** bir şeyin değerinin (çok) altında satmak; **Wertarbeit** *f* kaliteli iş; **wertbeständig** *adj* sabit değerli; **Wertbrief** *m* değer konulmuş mektup

werten ['veːɐtən] *vt* değerlendirmek, değer biçmek, paha biçmek; (*einschätzen*) saymak, değerlendirmek (*als* olarak); (SPORT) puan vermek (-e)

Wertgegenstand *m* <-(e)s, -stände> değerli eşya

wertlos *adj* değersiz, kıymetsiz

Wertlosigkeit *f ohne Pl* değersizlik; **Wertpapier** *nt* (FIN) değerli kâğıt; **Wertsache** *f* değerli eşya; **Wertschätzung** *f ohne Pl* (*geh*) değer biçme; **Werttheorie** *f* değer kuramı

Wertung *f* <-en> puantaj; (SPORT) derece

Werturteil *nt* değer yargısı

wertvoll *adj* değerli, kıymetli; **Wertzuwachs** *m ohne Pl* değer artışı

Werwolf ['veːɐ-] *m* kurtadam

Wesen[1] ['veːzən] *nt ohne Pl* <-s> **1.** (*Grundeigenschaft*) mahiyet, nitelik, öz; (PHILOS) töz, cevher; (*Hypostase*) hipostaz **2.** (*Charakter*) karakter; (*Natur*) tabiat

Wesen[2] *nt* <-s, -> (*Lebe*~) varlık; (*Mensch*) yaratık; **ein außerirdisches** ~ uzaylı bir yaratık

wesenhaft *adj* **1.** (*im Wesen begründet*) özel **2.** (*real existent*) var olan

Wesensart *f ohne Pl* karakter; **Wesenszug** *m* <-(e)s, -züge> karakter özelliği, belirli nitelik

wesentlich ['veːzəntlɪç] **I.** *adj* başlıca; (*grundlegend*) temel, köklü, esaslı; (*bedeutend*) önemli; **das ist im W~en nichts Neues** esasında bu yeni bir şey değil **II.** *adv* (*sehr, viel*) çok; **das ist ~ schöner** bu çok daha güzel

weshalb [vɛs'halp, '--] *adv* **1.** (*fragend*) niçin **2.** (*relativisch*) ; **ich war plötzlich krank geworden, ~ ich gestern nicht kommen konnte** birdenbire hastalandım, o yüzden dün gelemedim; **der Grund ~ ich gestern nicht kommen konnte, ...** dün gelemeyişimin nedeni ...

Wespe ['vɛspə] *f* <-n> (ZOOL) yaban arısı; **Wespennest** *nt* (ZOOL) yaban arısı yuvası

wessen ['vɛsən] **I.** *pron* **1.** *gen von* **wer** kimin; ~ **Auto ist das?** kimin otomobili bu? **2.** *gen von* **was**: ~ **wird sie beschuldigt?** neden suçlanıyor? **II.** *pron:* ~ **Schuld es ist, (der) soll es gestehen** suç [*o* kabahat] kiminse söylesin

Wessi ['vɛsi] *mf* <-s, -s; -s> (*fam*) batılı, *iki Almanya'nın birleşmesinden sonra batı Almanlara takılan lâkap*

West [vɛst] *m ohne Pl* <-> (NAUT, METEO) batı; **westdeutsch** *adj* Batı Alman; **Westdeutschland** *nt* Batı Almanya

Weste ['vɛstə] *f* <-n> yelek; **eine reine ~ haben** (*fam fig*) yüzü ak olmak, alnı açık yüzü ak olmak

Westen ['vɛstən] *m ohne Pl* <-s> batı, Batı (dünyası); **im ~** batıda; **im ~ Deutschlands/Österreichs/der Türkei/der Schweiz** Almanya'nın/Avusturya'nın/Türkiye'nin/İsviçre'nin batısında; **der Wind kommt von ~** rüzgâr batıdan geliyor; **in den ~** batıya; **der Wilde ~** Vahşî Batı

Westentasche *f* yelek cebi; **etw wie seine ~ kennen** (*fam*) bir şeyi avucunun içi gibi bilmek

Western ['vɛstɐn] *m* <-s, -> kovboy filmi

Westeuropa ['--'--] *nt* batı Avrupa

Westfale, -fälin *m, f* <-n, -n; -nen> Vestfalyalı

Westfalen [vɛst'faːlən] *nt* <-s> Vestfalya

Westfälin [-'fɛːlɪn] *f* <-nen> *s.* **Westfale**

westfälisch *adj* Vestfalya (ile ilgili)

westlich **I.** *adj* batı; **~ von Berlin** Berlin'in batısında; **in ~er Richtung** batı yönünde; **52 Grad ~er Länge** batı böylamında 52 derece **II.** *präp* batısında

Westmächte ['vɛstmɛçtə] *fpl* (POL) Batılı güçler *pl;* **Westwind** *m* batı rüzgârı

weswegen [vɛs'veːgən] *adv s.* **weshalb**

Wettbewerb[1] ['vɛtbəvɛrp] *m* <-(e)s, -e> (*Veranstaltung*) yarışma; (SPORT) yarış

Wettbewerb[2] *m ohne Pl* <-(e)s> (*a.* WIRTSCH) rekabet, yarışma, yarış; **mit jdm in ~ stehen** biriyle rekabette bulunmak, biriyle rekabet durumunda olmak

Wettbewerber(in) *m(f)* <-s, -; -nen> yarışmacı, yarışçı; (*a.* WIRTSCH) rakip

wettbewerbsfähig *adj* rekabet edebilen

Wettbüro *nt* bahis bürosu

Wette ['vɛtə] *f* <-n> bahis; **die ~ gewinnen/verlieren** bahsi kazanmak/kaybetmek; **eine ~ mit jdm abschließen** biriyle bahse girmek, biriyle bahis tutuşmak; **ich gehe jede ~ ein, dass ...** her bahse girerim ki ...; **was gilt die ~?** nesine bahse girersin?; **um die ~ laufen** (*fam*) yarışmak

Wetteifer *m ohne Pl* <-s> rekabet ruhu;

wetteifern ['---] *vi:* **mit jdm um etw ~** biriyle bir şey için çekişmek

wetten ['vɛtən] *vi, vt* bahse girmek (*um* -e); (**mit jdm**) **um etw ~** (biriyle) bir şeyine bahse girmek; **ich wette mit dir um fünf Mark, dass ...** seninle beş markına bahse girerim ki ...; (**wollen wir**) **~?** bahse var mısın?, bahse girelim mi?; **worum ~ wir?** nesine bahse giriyoruz?

Wetter ['vɛtɐ] *nt ohne Pl* <-s> (METEO) hava; **es ist schönes/schlechtes ~** hava güzel/kötü; **Wetteramt** *nt* meteoroloji ofisi; **Wetterbericht** *m* hava raporu; **Wetterdienst** *m* meteoroloji servisi; **Wetterfahne** *f* <-n> yelkovan, pinel; **wetterfest** *adj* havaya ve etkilerine karşı dayanıklı; (*wasserundurchlässig*) su geçirmez

wetterfühlig *adj* havadan etkilenen

Wetterhahn *m* horoz (biçiminde) yelkovan [*o* pinel]; **Wetterkarte** *f* hava haritası; **Wetterlage** *f* (METEO) hava durumu; **Wetterleuchten** *nt ohne Pl* <-s> *ufukta şimşek çakması*

wettern ['vɛtɐn] *vi* (*fam*) fırtına kopmak; **gegen etw ~** birine verip veriştirmek

Wetterprognose *f* hava tahmini; **Wettersatellit** *m* meteoroloji uydusu; **Wetterstation** *f* meteoroloji istasyonu; **Wetterumschwung** *m* hava değişimi; **Wettervorhersage** *f* hava tahmini

Wettkampf *m* (SPORT) yarışma, müsabaka; **Wettkämpfer(in)** *m(f)* (SPORT) yarışmacı; **Wettlauf** *m* <-(e)s, -läufe> yarış, koşu; **ein ~ mit der Zeit** zamana karşı yarış; **Wettläufer(in)** *m(f)* <-s, -; -nen> yarışçı, koşucu

wett|machen ['vɛt-] *vt* (*fam*) telâfi etmek, gidermek; (*Fehler*) düzeltmek

Wettrennen *nt* yarış; **Wettrüsten** *nt ohne Pl* <-s> silâhlanma yarışı

wetzen ['vɛtsən] **I.** *vi sein* (*fam*) koşuşturmak **II.** *vt* bilemek

Wetzstahl *m* masat; **Wetzstein** *m* bileği taşı

WG [veː'geː] *f* <-s> *Abk. von* **Wohngemeinschaft** birlikte oturma, ortak konut

Whirl-pool *m* jakuzi

Whisky ['wɪski] *m* <-s, -s> viski; **den ~ pur trinken** viskiyi sek içmek

wich [vɪç] *3. imp von* **weichen**

Wichse ['vɪksə] *f* <-n> (*fam: Schuhcreme*) ayakkabı boyası

wichsen ['vɪksən] **I.** *vt* **1.** (*fam: polieren*) parlatmak; (*Boden*) cilâlamak; (*Schuhe*) boyamak **2.** (*reg: verprügeln*) dövmek, pataklamak **II.** *vi* (*vulg*) tek atmak, otuz bir çekmek, mastürbasyon yapmak

Wicht [vɪçt] *m* <-(e)s, -e>, **Wichtelmännchen** ['vɪçtəlmɛnçən] *nt* <-s, -> bacaksız, bücür; (*Zwerg*) cüce, yerden yapma; (*Kobold*) cin; (*Schuft*) hain; (*Schurke*) alçak

wichtig ['vɪçtɪç] *adj* önemli; **sich ~ machen/tun** büyüklenmek, böbürlenmek, kurum satmak; **das ist mir nicht** (**so**) **~** bu benim için (o kadar) önemli değil; **etw für ~ halten** bir şeyi önemli bulmak; **etw ~**

W

nehmen bir şeyi önemsemek [*o* ciddiye almak]

Wichtigkeit *f ohne Pl* önem; **eine Sache von großer/höchster** ~ çok/son derece önemli bir iş

Wichtigtuer(in) [-tu:ɐ] *m(f)* <-s, -; -nen> (*fam a. pej*) kasıntı (kimse)

Wicke *f* (BOT) fiğ

Wickel ['vɪkəl] *m* <-s, -> **1.** (MED) sargı **2.** (*Locken~*) bigudi **3.** (*Spule*) makara **4.** (*Wend*): **jdn am ~ haben** (*fam*) birine kancayı takmış olmak

wickeln ['vɪkəln] *vt* **1.** (*auf~*) dolamak; (*auf eine Spule, Rolle*) sarmak; (*zu einem Knäuel*) top yapmak **2.** (*ein~*) sarmak (*in* -e); (*aus~*) açmak; (*ab~*) çözmek; **sich** *dat* **einen Schal um den Hals ~** boynuna bir atkı sarmak **3.** (*Säugling*) altını değiştirmek (-in); **da bist du schief gewickelt** (*fam*) bunda tamamen yanılıyorsun; **jdn um den Finger ~** (*fam*) birini parmağında oynatmak

Widder ['vɪdɐ] *m* <-s, -> **1.** (ZOOL) koç **2.** (ASTR) Koç (burcu); **das Sternbild/der Wendekreis des ~s** Koç burcu/dönencesi

wider ['vi:dɐ] *präp* (*geh*) aykırı (-e), karşı (-e); **~ Erwarten** beklenmediği halde; **~ Willen** istemediği halde

widerborstig ['----] *adj* **1.** (*Person*) aksi, hırçın, söz dinlemez **2.** (*Haar*) kolay taranmayan

widerfahren* [--'--] *irr vi sein* (*geh*) başına gelmek, başından geçmek; **jdm Gerechtigkeit ~ lassen** birine adilâne davranmak

Widerhaken ['----] *m* <-s, -> ters kanca; (*an einer Angel*) kanca

Widerhall *m* <-(e)s, -e> yankı; **~ finden** yankı uyandırmak; **bei jdm keinen ~ finden** biri tarafından kabul görmemek

Widerlager *nt* (ARCH: *einer Brücke, eines Bogens, Gewölbes*) ayak

widerlegen* *vt* çürütmek, aksini ispat etmek (-in)

widerlich ['vi:dɐlɪç] *adj* (*abw*) **1.** (*Ekel erregend*) iğrenç; (*abstoßend*) tiksindirici **2.** (*unangenehm*) hoş olmayan, çirkin

widernatürlich *adj* (*pej*) doğaya aykırı, gayritabiî; **widerrechtlich** *adj* hukuka aykırı, haksız; **sich** *dat* **etw ~ aneignen** bir şeyi haksız olarak ihraz etmek

Widerrede *f* <-n> itiraz; **sie duldet keine ~** o, itiraz dinlemez, o, şunu bunu bilmez

Widerruf *m* <-(e)s, -e> cayma, rücu; (*einer Strafaussetzung*) geri al(ın)ma, rücu; (*einer Aussage, eines Geständnisses*) (geri) dönme (-den); **widerrufen*** *irr vt* (*Gesetz, Urteil*) ortadan kaldırmak, refetmek; (*Erlaubnis*) geri almak; (*Aussage*) geri dönmek (-den), rücu etmek (-den); (*Nachricht*) yalanlamak; (*Auftrag*) iptal etmek, caymak (-den)

Widersacher(in) *m(f)* <-s, -; -nen> hasım

widersetzen* *vr:* **sich ~** karşı koymak (-e), direnmek (-e)

widerspenstig ['vi:dɐʃpɛnstɪç] *adj* hırçın; (*trotzig*) inatçı

wider|spiegeln **I.** *vt* evirterek göstermek; (*fig*) yansıtmak; **das Wasser spiegelt die Bäume wider** su, ağaçları evirterek gösteriyor **II.** *vr:* **sich ~** yansımak, kendini göstermek

widersprechen* *irr vi:* **jdm ~** birine itiraz etmek, birine karşı gelmek, biriyle zıt gitmek; **etw** *dat* **~** bir şeyi reddetmek, bir şeye aykırı düşmek; **sich** *dat* **~** birbiriyle çelişmek, birbirine ters düşmek, birbirine zıt [*o* karşıt] olmak; **sich ~de Angaben** birbiriyle çelişen bilgiler, birbirini tutmayan bilgiler

widersprochen *pp von* **widersprechen**

Widerspruch[1] *m ohne Pl* <-(e)s> (*Widerrede*) itiraz; (*Protest*) protesto; **ohne ~** itirazsız; **~ einlegen** (JUR) itiraz etmek

Widerspruch[2] *m* <-(e)s, -sprüche> (*Gegensätzlichkeit*) çelişki, çelişme (*zu* -e); **in ~ zu jdm/etw** *dat* **geraten** bir kimseyle/şeyle çelişkiye düşmek; **sich in Widersprüche verwickeln** tezata düşmek

widersprüchlich [-ʃprʏçlɪç] *adj* çelişik, çelişkili

widerspruchslos *adj* çelişkisiz

Widerstand *m* <-(e)s, -stände> **1.** (*Widersetzung*) direnme (*gegen* -e karşı), direniş (*gegen* -e karşı); **~ leisten** direnmek; **auf ~ stoßen** direnişle karşılaşmak **2.** (PHYS, ELEK) direnç, rezistans; **aerodynamischer ~** aerodinamik direnç; (*Luftwiderstand*) hava direnci

widerstanden *pp von* **widerstehen**

Widerstandsbewegung *f* direnme hareketi; **widerstandsfähig** *adj* dayanıklı, metanetli (*gegen* -e), dirençli (*gegen* -e karşı); (*stabil*) sağlam; **Widerstandsfähigkeit** *f ohne Pl* direnç (*gegen* -e karşı); (*Stabilität*) sağlamlık; **Widerstandskämpfer(in)** *m(f)* direnişçi; **Widerstandskraft** *f* direnme gücü, dayanma gücü

widerstandslos *adv* **1.** (*ohne Widerstand zu leisten*) direnmeden **2.** (*ohne auf Widerstand zu stoßen*) direnişle karşılaşmadan

widerstehen* *irr vi* dayanmak (-e), karşı koymak (-e)

widerstreben* *vi* **1.** (*zuwider sein*) (hiç) hoşlanmamak; **es widerstrebt mir, das zu tun** bunu yapmayı hiç canım istemiyor **2.** (*geh: sich widersetzen*): **jdm/etw** *dat*

~ bir kimseye/şeye karşı koymak

Widerstreben [--'--] *nt ohne Pl* <-s> **1.** (*Widerstand*) direnme, karşı koyma **2.** (*Abneigung*) hoşlanmama, isteksizlik, istemsizlik, gönülsüzlük, antipati

widerwärtig ['vi:dɐvɛrtɪç] *adj* (*ekelhaft*) iğrenç, tiksindirici; (*unangenehm*) hoş olmayan, nahoş; (*sehr unsympathisch*) çok antipatik

Widerwille *m ohne Pl* <-ns> (*Abneigung*) antipati, istemsizlik (*gegen* -e karşı); (*Ekel*) tiksinti; **etw mit größtem ~n tun** bir şeyi derin tiksinti duyarak yapmak; **widerwillig** **I.** *adj* isteksiz, istemsiz, gönülsüz **II.** *adv* istemeye istemeye, istemeyerek, isteksizce, gönülsüzce

widmen ['vɪtmən] **I.** *vt* **1.** (*symbolisch zum Geschenk machen*) adına sunmak, ithaf etmek; **jdm ein Buch ~** birinin adına bir kitap sunmak **2.** (*ausschließlich zu einem Zweck verwenden*) hasretmek, adamak; **er widmete sein Leben der Wissenschaft** yaşamını bilime hasretti [*o* adadı] **3.** (*amtlich*) tahsis etmek **II.** *vr:* **sich jdm ~** birine zaman ayırmak, birine (bütün) vaktini hasretmek; **sich etw** *dat* **~** kendini bir şeye adamak

Widmung *f* <-en> ithaf yazısı

widrig ['vi:drɪç] *adj* ters, aksi, karşı

wie [vi:] **I.** *adv* **1.** (*interrogativ: auf welche Art*) nasıl, ne türlü; (*mit welchen Merkmalen*) nasıl; (*in welchem Grad*) ne derece; (*in welcher Weise*) nasıl; **~ geht das?** bu nasıl olur [*o* yapılır]?; **~ heißt das?** bunun adı nedir?; **~ bitte?** efendim?; **~ das?** bu da nasıl şey?; **~ kommt es, dass ...?** nasıl oluyor da ...?; **~ geht's?** nasılsın?; **~ oft?** kaç defa?, ne kadar sık?; **~ viel?** ne kadar?; **~ alt bist du?** kaç yaşındasın?; **~ groß ist es?** boyu ne kadar?; **~ teuer ist das?** fiyatı ne?; **~ spät ist es?** saat kaç?; **~ gefällt es dir?** nasıl, hoşuna gitti mi?; **~ war's im Urlaub?** iznin nasıl geçti?; **~ wäre es, wenn er auch kommt?** o da gelirse nasıl olur?; **~ klug du auch immer sein magst** ne kadar akıllı olursan ol; **~ auch immer** her neyse; **~ dem auch sei** her nasılsa, nasıl olmuşsa **2.** (*auf welche Art, in welchem Grad*) ne derece; **die Art, ~ sie spricht** konuşma biçimi **3.** (*Ausruf*): **~ schade!** ne yazık!; **und ~!** (*fam*) hem de nasıl! **4.** (*fam: nicht wahr*) değil mi; **das macht dir Spaß, ~?** hoşuna gidiyor, değil mi? **II.** *konj* **1.** (*Vergleich*) kadar, gibi; **weiß ~ Schnee** kar kadar beyaz; **ich bin genauso groß ~ du** ben seninle aynı boydayım, ben de senin kadar uzunum; **das weißt du genauso gut ~ ich** sen de bunu benim kadar iyi biliyorsun; **er ist so gut ~ blind** o, neredeyse kördür; **~ früher** eskisi gibi; **~ immer** her zamanki gibi; **~ zum Beispiel** örneğin; **etw ~ seine Westentasche kennen** (*fam*) bir şeyi avucunun içi gibi bilmek **2.** (*südd: als*): **das ist besser ~ das andere** bu ötekinden (daha) iyidir **3.** (*sowie*): **einer ~ der andere** biri ötekisi gibi; **Frauen ~ Männer** kadınlar gibi erkekler de **4.** (*gleichzeitig*): **~ er sich umdreht, sieht er den Dieb losrennen** arkasına döndüğünde hırsızın kaçtığını görür **5.** (*mit Objektsatz*): **ich sah, ~ er das Fenster öffnete** pencereyi nasıl açtığını gördüm

Wiedehopf ['vi:dəhɔpf] *m* <-(e)s, -e> (ZOOL) çavuş kuşu, ibibik, hüthüt

wieder ['vi:dɐ] *adv* **1.** (*nochmals*) yine, gene, tekrar, yeniden, bir daha; **immer ~** tekrar tekrar, ikide bir; **nie ~ tun** bir daha (hiç) yapmamak; **schon ~** şimdi gene; **~ mal** bir kere daha, yine, gene; **~ anfangen** tekrar [*o* yeniden] başlamak; **etw immer ~ machen** bir şeyi tekrar tekrar yapmak; **gib ihm das ~ zurück** bunu ona geri ver **2.** (*andererseits*) diğer [*o* öte] yandan

Wiederaufbau [--'--] *m ohne Pl* <-(e)s> yeniden yapılanma

wieder|auf|bereiten* *vt s.* **aufbereiten 2.**

Wiederaufbereitung [--'----] *f* yeniden işleme, geri kazanma; **Wiederaufbereitungsanlage** [--'-------] *f* geri kazanma tesisi

Wiederaufführung *f* (THEAT) yeniden oynanma, yeniden sahneleyiş

wiederaufladbar [--'-------] *adj s.* **aufladen I.1.**

Wiederaufnahme [--'---] *f ohne Pl* (*einer Tätigkeit*) yeniden başlama; (*eines Gerichtsverfahrens*) iade, yenilenme; (*eines Theaterstücks*) programa yeniden alınma; (*in eine Gruppe*) yeniden alınma

wieder|auf|nehmen *irr vt s.* **aufnehmen 1., 7.**

wieder|bekommen* *irr vt* geri almak

wieder|beleben* *vt s.* **beleben I.**; **Wiederbelebung** *f ohne Pl* (*Person*) diriltme; (*Wirtschaft*) (yeniden) canlandırma

Wiederbeschaffung *f ohne Pl* ikame, yerine koyma

wieder|bringen *irr vt* geri getirmek

wieder|ein|führen *vt s.* **einführen 6.**; **wieder|ein|setzen** *vt s.* **einsetzen II.2.**

wieder|entdecken* *vt s.* **entdecken 2.**; **wieder|erkennen*** *irr vt s.* **erkennen I.2.**

Wiedereröffnung *f* <-en> yeniden açılma

wieder|erstatten* *vt* geri vermek

wieder|finden *irr* **I.** *vt s.* **finden I.1.** **II.** *vr:* **sich ~** kendini bulmak; **er fand sich plötzlich im Gefängnis wieder** kendini bir anda hapiste buldu

Wiedergabe *f* <-n> **1.** (*einer Rede, eines Ereignisses*) yansıtma; (*einer Äußerung*) aktarma; (*Schilderung*) anlatım, tasvir **2.** (*Aufführung*) temsil; (*eines Musikstücks*) resital **3.** (*in Bild*) reprodüksiyon, taklit; (*in Ton*) ses verme; **der Lautsprecher hat eine gute/schlechte** ~ hoparlörün sesi iyi/kötü

wieder|geben *irr vt* **1.** (*zurückgeben*) geri vermek **2.** (*schildern*) yansıtmak, tasvir etmek; (*erzählen*) anlatmak; **etw verzerrt** ~ bir şeyi çarpıtarak yansıtmak **3.** (*ausdrücken*) ifade etmek, söylemek **4.** (*wiederholen*) tekrarlamak; (*zitieren*) alıntılamak **5.** (*nachbilden*) taklit etmek, kopya etmek **6.** (*darstellen*) tasvir etmek

Wiedergeburt *f* <-en> (REL) diriliş, basübadelmevt

wieder|gewinnen* *irr vt* yeniden kazanmak; **Wiedergewinnung** *f* <-en> (*a.* ÖKOL) yeniden kazanma

wieder|gut|machen *vt s.* **gutmachen**

Wiedergutmachung [--'---] *f* <-en> **1.** (*eines Schadens*) giderim **2.** (*Entschädigung*) tazminat

wieder|her|stellen [--'---] *vt* **1.** (*in den alten Zustand setzen*) eski haline getirmek **2.** (*reparieren*) onarmak, restore etmek **3.** (INFORM: *Dateien*) kurtarmak

wieder|holen[1] *vt* (*zurückholen*) geri almak

wiederholen*[2] **I.** *vt* tekrarlamak, tekrar etmek, yinelemek; (*Lernstoff*) tekrarlamak; **ich muss die Klasse** ~ sınıfı tekrarlamak zorundayım **II.** *vr:* **sich** ~ tekrarlanmak, yinelenmek

wiederholt [--'-] **I.** *adj* yinelemeli, tekrar tekrar yapılan, mükerrer; **zum ~en Male** defalarca, tekrar tekrar **II.** *adv* tekrar tekrar

Wiederholung [--'--] *f* <-en> tekrar, tekrarla(n)ma; (*von Lernstoff*) tekrar(lama); **Wiederholungsfall** *m* tekrarlama durumu; **Wiederholungstaste** *f* (INFORM) tekrar tuşu

Wiederhören *nt:* **auf ~!** görüşmek üzere!

wieder|käuen ['vi:dɐkɔɪən] *vt* **1.** (*Tier*) geviş getirmek **2.** (*pej: ständig wiederholen*) devamlı tekrarlamak, ağzından düşürmemek

Wiederkäuer *m* <-s, -> (ZOOL) geviş getiren(ler) *(pl)*

wieder|kehren *vi sein* (*geh*) **1.** (*zurückkommen*) dönmek (*von/aus* -den/-den), geri gelmek (*von/aus* -den/-den) **2.** (*sich wiederholen*) tekrarlanmak; **wieder|kommen** *irr vi sein* **1.** (*zurückkommen*) dönmek (*von* -den), geri gelmek (*von/aus* -den/-den) **2.** (*sich wiederholen*) tekrarlanmak

wieder|sehen *irr vt s.* **sehen I.**

Wiedersehen *nt* <-s, -> tekrar görüşme; **auf ~!** görüşmek üzere!, Allaha ısmarladık!, *sagt der Weggehende,* güle güle, *sagt der Bleibende*

Wiedertäufer *m* <-s, -> yeniden vaftizci

wiederum ['vi:dərʊm] *adv* **1.** (*nochmals*) bir daha, tekrar **2.** (*andererseits*) diğer [*o* öte] yandan

wieder|vereinigen* **I.** *vt s.* **vereinigen I. II.** *vr:* **sich** ~ *s.* **vereinigen II.**; **Wiedervereinigung** *f* <-en> yeniden birleşme

wiederverwendbar *adj s.* **verwendbar**; **Wiederverwertung** *f* <-en> yeniden kullanma, yeniden yararlanma; **Wiederwahl** *f ohne Pl* tekrar seçilme, yeniden seçilme

Wiege ['vi:gə] *f* <-n> beşik; **von der ~ bis zum Grabe** (POET) beşikten mezara kadar

Wiegemesser *nt* kıyma bıçağı

wiegen[1] ['vi:gən] **I.** *vt* **1.** (*bewegen*) sallamak; (*Kind*) pışpışlamak **2.** (*zerkleinern*) kıymak **II.** *vr:* **sich** ~ sallanmak

wiegen[2] <wiegt, wog, gewogen> **I.** *vi* (*Gewicht haben*) ağır(lığında) olmak; **das Paket wiegt 5 Kilo** paket 5 kilo ağırlığındadır; **die Tasche wog schwer** çanta ağırdı; **sein Wort wiegt schwer** (*fig*) sözü ciddiye alınmalıdır **II.** *vt* tartmak

Wiegenlied *nt* ninni

wiehern ['vi:ɐn] *vi* **1.** (*Pferd*) kişnemek **2.** (*fam: lachen*) katıla katıla gülmek

Wien [vi:n] *nt* <-s> Viyana

Wiener(in) *m(f)* <-s, -; -nen> Viyanalı

wienern *vt* (*fam*) ova ova pırıl pırıl yapmak

wies [vi:s] *3. imp von* **weisen**

Wiese ['vi:zə] *f* <-n> çayır

Wiesel ['vi:zəl] *nt* <-s, -> (ZOOL) gelincik; **er ist flink wie ein** ~ bir gelincik gibi hızlı ve çeviktir

Wiesenraute *f* (BOT) çayırsedefi; **Wiesenschaumkraut** *nt* (BOT) çayır teresi

wieso [vi'zo:] *adv* niçin

wieviel [vi'fi:l, '--] *adv s.* **viel I.3.**

wievielte(r, s) ['vi:vi:ltə, -tɐ, -təs] *adj:* **zum ~n Mal bist du schon in der Türkei?** Türkiye'ye bu kaçıncı gelişin?; **den W~n haben wir heute?** bugün ayın kaçı?; **die W~ bist du?** sen kaçıncısın?

wieweit [vi'vaɪt] *adv* nereye kadar, ne dereceye kadar

Wikinger, -in *m, f* <-s, -; -nen> Viking

wild [vɪlt] *adj* **1.** (*Volk*) vahşî, yabanıl, ilkel yaşayan; (*Tier*) vahşî, yabanî, yabanıl; (*Pflanze*) yabanî, yabanıl; (*Landschaft*) vahşî, insan ayağı değmemiş; **~e Rose/Ziege** yaban gülü/keçisi; ~ **wachsend** yabanıl **2.** (*heftig*) güçlü, vahşî; (*wütend*) kızgın, öfkeli, gözünü kan bürümüş; **jdn ~ machen** (*fig*) birini kudurtmak, birini kızdırmak [*o* öfkelendirmek]; **ein ~er Zorn ergriff ihn** (*fig*) öfke topuklarına çıktı; **ein ~es Durcheinander** karmakarışık, keşmekeşlik; **~ entschlossen sein** (*fam*) kesin karar vermiş olmak; **~ werden** vahşîleşmek, kudurmak, ele avuca sığmamak; **~ auf etw sein** (*fam fig*) bir şeye bitmek; **das ist halb so ~** (*fam fig*) bu önemli değil **3.** (*illegal*) yasa dışı, kanunsuz; (*unerlaubt*) izinsiz; **~ zelten** kaçak kamp yapmak; **~e Ehe** (*fig*) nikâhsız yaşama; **~er Streik** (*fig*) yasa dışı grev **4.** (*Kinder*) haşarı, azgın, kuduruk, çok yaramaz, ele avuca sığmaz **5.** (*fam fig: übertrieben*) aşırı; (*fantastisch*) fantezî, hayalî

Wild *nt ohne Pl* <-(e)s> **1.** av, av hayvan(lar)ı *(pl)* **2.** (*Fleisch*) av eti; **er isst kein ~** o av eti yemez

Wildbahn *f*: **Tiere in freier ~ beobachten** hayvanlara doğal çevrelerinde bakmak

Wilde(r) *mf* <-n, -n; -n> (*pej*) vahşî

Wilderei *f ohne Pl* kaçak avlanma

Wilderer, -in *m, f* <-s, -; -nen> kaçak avcı

wildern ['vɪldɐn] *vi* kaçak avlanmak

Wildfleisch *nt ohne Pl* av eti

wildfremd ['-'-] *adj* tamamen yabancı

Wildgans *f* (ZOOL) yaban kazı

Wildheit *f ohne Pl* yabanîlik; (*Ungestüm*) azgınlık, ele avuca sığmama; (*von Tieren*) vahşîlik

Wildkatze *f* (ZOOL) yaban kedisi

Wildleder *nt* süet; (*Veloursleder*) podosüet

Wildnis *f ohne Pl* yaban; (*Urwald*) vahşî orman

Wildpflanze *f* yabanıl bitki

Wildsau *f* **1.** (ZOOL) dişi yaban domuzu **2.** (*fam pej: Schimpfwort*) hayvan; **Wildschaf** *nt* yabanî koyun; **Wildschwein** *nt* (ZOOL) yaban domuzu

wildwachsend *adj s.* **wild 1.**

Wildwestfilm *m* kovboy filmi

Wildwuchs *m* yabanıl bitkiler *pl*

will [vɪl] *3. präs von* **wollen**

Wille ['vɪlə] *m* <-ns, -n> irade; (*Wollen*) istek, istenç, arzu, rıza; (*Absicht*) niyet; (*Entschlossenheit*) azim; **~ zur Macht** (PHILOS: *Nietsche*) erk istenci; **seinen eigenen ~n haben** ne istediğini bilmek; **seinen ~n durchsetzen (wollen)** dediğini yaptırmak (istemek); **wenn es nach meinem ~n ginge** benim isteğime kalsaydı; **es geschah gegen meinen ~n** istemeyerek oldu; **es geht beim besten ~n nicht!** bütün iyi niyetime rağmen olamaz!; **jdm seinen ~n lassen** birinin istediğini yapmak; **das hätte ich beim besten ~n nicht machen können** bunu istesem de yapamazdım; **es war dein freier ~, das zu tun** bunu yapmayı kendin istedin; **es war kein böser ~** kötü bir niyetim yoktu; **der böse/gute ~** kötü/iyi niyet; **der letzte ~** son arzu; (*Testament*) vasiyet; **wider ~n** istemeyerek

willen ['vɪlən] *präp:* **um jds/etw** *gen* **~** bir kimse/şey için; **um Gottes ~!** aman Allahım!, Tanrı aşkına!, Allah aşkına!, Allah rızası için!, Allahını seversen!

willenlos *adj* iradesiz; **ein ~es Werkzeug in den Händen eines anderen** (*fig*) bir başkasının elinde iradesiz bir şey olmak; **etw ~ über sich ergehen lassen** bir şeye ister istemez katlanmak

Willenlosigkeit *f ohne Pl* iradesizlik, istençsizlik

willens ['vɪləns] *adj inv* (*geh*): **~ sein etw zu tun** bir şeyi yapmaya istekli olmak

Willensäußerung *f ohne Pl* rıza beyanı

Willenskraft *f ohne Pl* irade gücü; **Willensschwäche** *f ohne Pl* irade zayıflığı

willentlich ['vɪləntlɪç] **I.** *adj* (*geh*) istençli, iradî **II.** *adv* (*geh*) isteyerek

willig **I.** *adj* istekli; (*gehorsam*) söz dinler, itaatli, uslu, uysal **II.** *adv:* **etw ~ tun** bir şeyi isteyerek yapmak

willkommen [-'--] *adj* (*Person*) hoş, sevilen; (*Sache*) hoşa giden, hoş karşılanan, sevindirici; **herzlich ~ zu Hause!** eve hoş geldin!; **jdn ~ heißen** birine hoş geldin(iz) demek; **du bist (mir) immer ~** her zaman başımın üstünde yerin var

Willkommen *nt* <-s, -> hoş geldiniz

Willkür ['vɪlkyːɐ] *f ohne Pl* keyfî davranış; (*Laune*) keyif; **jds ~ ausgeliefert sein** birinin keyfî davranışlarına maruz kalmak

Willkürakt *m* keyfî işlem; **Willkürherrschaft** *f ohne Pl* keyfî idare, despotluk

willkürlich *adj* **1.** (*Maßnahme, Entscheidung*) keyfî, karakuşî **2.** (*zufällig*) rastlantısal, tesadüfî **3.** (*gewollt*) keyfî

wimmeln ['vɪməln] *vi* kaynaşmak (*von* -), kaynamak; **hier wimmelt es von Ameisen** burada karıncalar kaynıyor; **das Buch wimmelt von Fehlern** (*fam*) kitap yanlışlarla dolu

wimmern ['vɪmɐn] *vi* inlemek

Wimpel ['vɪmpəl] *m* <-s, -> flâma; (NAUT) fors

Wimper ['vɪmpɐ] *f* <-n> **1.** (*des Menschen*) kirpik; **sich die ~n tuschen** kirpiklerini rimellemek; **ohne mit der ~ zu zucken** (*fig*) gözünü kırpmadan **2.** (BIOL) kirpik; **Wimperntusche** *f* rimel; (*Mascara*) maskara; **Wimpertierchen** *nt* (ZOOL) kirpikli(ler) *(pl)*

Wind [vɪnt] *m* <-(e)s, -e> rüzgâr, yel; **bei ~ und Wetter** her havada; (*bei schlechtem Wetter*) kötü havada; **~ und Wetter ausgesetzt sein** rüzgâr almak [*o* tutmak], hava şartlarına maruz kalmak; **jdm den ~ aus den Segeln nehmen** (*fam fig*) birini susturmak, birinin ağzını tıkamak; **wissen, woher der ~ weht** (*fam*) ne olacağını [*o* olduğunu] bilmek; ~ **von etw** *dat* **bekommen** (*fam*) bir şeyin kokusunu almak; **in den ~ reden** (*fig*) havaya konuşmak, boşuna çene yormak; **viel ~ (um etw) machen** (*fam fig*) (bir şeyi) şişirmek [*o* dramatize etmek]; **hier weht ein frischer ~** (*fam fig*) buranın havası değişmiş; **wie der ~** (*fig*) rüzgâr [*o* yel] gibi; **in alle (vier) ~e** dört bir tarafa; **einen ~ striechen lassen** (*vulg*) yellenmek, osurmak; **wer ~ sät, wird Sturm ernten** (*prov*) rüzgâr eken fırtına biçer; **Windbö(e)** *f* <-(e)n> anî rüzgâr

Winde ['vɪndə] *f* <-n> **1.** (TECH) bocurgat **2.** (BOT) kahkaha çiçeği, gündüzsefası

Windei *nt* <-(e)s, -er> **1.** (*Fließei*) kabuksuz yumurta **2.** (*unbefruchtetes Ei*) döllenmemiş yumurta **3.** (*fig*) zırva, saçmalık

Windel ['vɪndəl] *f* <-n> çocuk bezi, etek bezi; **noch in den ~n stecken** (*fig*) emekleme çağında olmak; **windelweich** ['--'-] *adj* (*fam*): **jdn ~ schlagen** birinin pestilini [*o* posasını] çıkarmak

winden[1] ['vɪndən] <windet, wand, gewunden> **I.** *vt* **1.** (*geh*) sarmak, dolamak **2.** (*wegnehmen*) zorla almak; **jdm etw aus der Hand ~** birinin elinden bir şeyi zorla almak **II.** *vr:* **sich ~ 1.** (*Pflanze*) sarılmak (*um* -e) **2.** (*Schlange*) kıvrılmak **3.** (*sich krümmen*) kıvranmak **4.** (*sich schlängeln*) yılan gibi kıvrılarak geçmek (*durch* -den) **5.** (*Ausflüchte suchen*) lâfı dolandırmak

winden[2] *vunpers:* **es windet** rüzgâr esiyor, hava rüzgârlı

Windenergie *f ohne Pl* rüzgâr enerjisi; **Windfahne** *f* yelkovan, pinel; **windgeschützt** *adj* rüzgâr tutmaz; **Windhose** *f* (METEO) hortum; **Windhund** *m* <-(e)s, -e> **1.** (ZOOL) tazı **2.** (*fam fig, pej: Luftikus*) havaî, uçarı, hoppa

windig *adj* **1.** (*Wetter, Tag*) rüzgârlı, yelli; (*Ort*) rüzgâr alan [*o* tutan]; **heute ist es sehr ~** bugün hava çok rüzgârlı **2.** (*fam pej: Sache*) dolambaçlı, çapraşık; (*Person*) sağlam pabuç olmayan

Windjacke *f* rüzgârlık, mont; **Windkanal** *m* <-s, -kanäle> (TECH) rüzgâr tüneli; **Windkraft** *f* rüzgâr gücü; **Windkraftwerk** *nt* rüzgâr santrali; **Windmühle** *f* <-n> yel değirmeni

Windpocken *fpl* (MED) suçiçeği

Windrad *nt* **1.** (TECH) rüzgâr türbini **2.** (*Spielzeug*) fırıldak; **Windrichtung** *f* rüzgâr yönü; **Windröschen** *nt* (BOT) dağ lâlesi; (*Anemone*) anemon; **Windrose** *f* rüzgâr gülü; **Windschatten** *m ohne Pl* <-s> rüzgâr almayan yan; (NAUT) poca, rüzgâr altı; **windschief** *adj* eğri, çarpık

Windschutzscheibe *f* (AUTO) ön cam

Windseite *f* rüzgâr alan yan; (NAUT) orsa, rüzgâr üstü; **Windstärke** *f* rüzgâr kuvveti; **windstill** *adj* rüzgârsız, sütliman, durgun, sakin; **es ist ~** hava rüzgârsız; **Windstille** *f* rüzgârsızlık, durgunluk, sakinlik; **Windstoß** *m* rüzgâr darbesi; **windsurfen** *vi* sörf yapmak; **Windsurfer(in)** *m(f)* sörfçü

Windung *f* <-en> **1.** (*allgemein*) kıvrım; (*Kurve*) viraj, dönemeç; (*Fluss~*) kıvrım; **die Straße hat viele ~en** yol çok virajlı **2.** (*einer Schraube*) yiv

Windverhältnisse *Pl* rüzgâr koşulları *pl;* **Windzug** *m* hava akımı, cereyan

Wink [vɪŋk] *m* <-(e)s, -e> **1.** (*Zeichen*) kaş göz işareti, kaş göz etme **2.** (*fig: Andeutung*) ima; (*Rat*) öğüt; (*Warnung*) uyarı; **ein ~ mit dem Zaunpfahl** (*fig*) bir şeyi fazla açık bir şekilde ima

Winkel ['vɪŋkəl] *m* <-s, -> **1.** (MATH) açı; **gestreckter/spitzer/stumpfer/rechter ~** doğru/dar/geniş/dik açı; **toter ~** ölü açı; (AUTO) kör alan **2.** (*~maß*) gönye **3.** (*Ecke*) köşe; **jeden ~ im Haus absuchen** evin köşesini bucağını aramak; **Winkeladvokat(in)** *m(f)* (*pej*) madrabaz avukat; **Winkeleisen** *nt* köşebent

Winkelhalbierende *f* <-n, -n> (MATH) açıortay

winkelig ['vɪŋk(ə)lɪç] *adj* çok açılı; (*Gasse*) dolambaçlı; (*Haus*) çok köşeli

Winkelmaß *nt* gönye

Winkelmesser *m* <-s, -> **1.** açıölçer **2.** (MATH: *halbkreisförmig*) iletki

winken ['vɪŋkən] <winkt, winkte, gewinkt *reg:* gewunken> **I.** *vi* **1.** (*Zeichen geben*) işaret vermek, işmar etmek [*o* geçmek], sinyal vermek; **mit der Hand/einem Taschentuch ~** el/mendil sallamak **2.** (*erwarten*): **jdm winkt etw** birini bir şey beklemek, birine bir şey görünmek **II.** *vt:* **jdn zu sich** *dat* **~** el işaretiyle birini çağırmak; **der Polizist winkte den Wagen zur Seite** polis elini kaldırarak arabayı çevirdi

winklig *adj s.* **winkelig**

winseln ['vɪnzəln] *vi* inlemek

Winter ['vɪntɐ] *m* <-s, -> kış; **Winteranfang** *m ohne Pl* kış başı; **Wintereinbruch** *m* kışın bastırması; **Winterfahrplan** *m* kış tarifesi; **Winterferien** *pl* kış tatili; **winterfest** *adj* kışlık, kışa dayanıklı; **Wintergarten** *m* kış bahçesi; **Winterkleidung** *f* kışlık giysi

winterlich *adj* kışlık; **sich ~ anziehen** kışlık giyinmek

Wintermantel *m* palto; **Winterquartier** *nt* <-s, -e> kışlak; **Winterreifen** *m* kar lâstiği; **Wintersaison** *f* kış mevsimi; **Winterschlaf** *m* (ZOOL) kış uykusu; ~ **halten** kış uykusuna yatmak; **Winterschlussverkauf**[RR] *m* kış mevsimi sonu satışları *pl;* **Wintersemester** *nt* kış sömestri; **Wintersonnenwende** *f* (ASTR) kış gün durumu; **Wintersport** *m* <-(e)s, -e> kış sporu; **Winterszeit** *f ohne Pl s.* **Winterzeit**; **Winterurlaub** *m* kış izni [*o* tatili]; **Winterzeit** *f ohne Pl* kış mevsimi, kış dönemi

Winzer(in) ['vɪntsɐ] *m(f)* <-s, -; -nen> bağcı

winzig ['vɪntsɪç] *adj* ufacık, minnacık, minicik

Wipfel ['vɪpfəl] *m* <-s, -> ağaç tepesi

Wippe ['vɪpə] *f* <-n> tahterevalli

wippen ['vɪpən] *vi* **1.** (*auf und ab*) çöğünmek, bir yanı inerken öbür yanı kalkmak; (*hin und her*) sallanmak **2.** (*auf einer Wippe*) yükselip inmek

wir [viːɐ] *pron* biz, bizler *pl;* ~ **beiden/drei** ikimiz/üçümüz

Wirbel ['vɪrbəl] *m* <-s, -> **1.** (*Wasser~, Luft~*) anafor, burgaç, girdap; (*Haar~*) tepe **2.** (*Trubel*) gürültü patırtı, gürültü; (*Aufregung*) telaş; (*Aufsehen*) sansasyon **3.** (ANAT: *Knochen*) omur **4.** (*an Saiteninstrumenten*) mandal **5.** (*Trommel~*) gürültü

wirbellos *adj* omurgasız

Wirbellose *Pl* (ZOOL) omurgasızlar *pl*

wirbeln ['vɪrbəln] **I.** *vi sein* (*Staub*) uçuşmak; **durch die Luft** ~ havada uçuşmak **II.** *vt* (*in die Luft*) uçurmak

Wirbelsäule *f* <-n> omurga, bel kemiği

Wirbelsturm *m* siklon

Wirbeltier *nt* (ZOOL) omurgalı(lar) *(pl)*

Wirbelwind *m* (*Wind, fig: Mensch*) ele avuca sığmaz kimse

wirbt [vɪrpt] *3. präs von* **werben**

wird [vɪrt] *3. präs von* **werden**

wirft [vɪrft] *3. präs von* **werfen**

Wirgefühl *nt* birlik ve beraberlik duygusu

wirken ['vɪrkən] **I.** *vi* **1.** (*wirksam sein*) etkili [*o* tesirli] olmak (*bei* -de, *auf* -e); (*Wirkung haben*) etkisi [*o* tesiri] olmak (*bei* -de, *auf* -e); **beruhigend** ~ yatıştırıcı etkisi olmak; **die Medizin/Tablette beginnt zu** ~ ilâç/hap etkisini göstermeye başladı; **gegen etw** ~ bir şeye karşı etkili olmak **2.** (*so erscheinen*) görünmek; (*Eindruck machen*) izlenim bırakmak; **lächerlich** ~ gülünç görünmek; **jugendlich** ~ genç göstermek; **überzeugend** ~ inandırıcı bir izlenim bırakmak **3.** (*zur Geltung kommen*) iyi görünmek; **ihre Brille wirkt sehr vorteilhaft** gözlüğü ona çok yakışıyor; **das Bild wirkt an dieser Stelle** resim burada iyi görünüyor **4.** (*arbeiten*) çalışmak (*als* olarak, *für* için); (*tätig sein*) aktif olmak **II.** *vt* **1.** (*hervorbringen*) yaratmak, vermek; (*tun*) yapmak; **Gutes** ~ iyilik yapmak; **Wunder** ~ (*fam*) harikalar yaratmak, mucize yaratmak **2.** (*Textilien*) dokumak; (*Strümpfe*) örmek **3.** (*Teig*) yoğurmak

wirklich ['vɪrklɪç] **I.** *adj* gerçek, hakikî; (*echt*) halis; **im** ~**en Leben** gerçek yaşamda **II.** *adv* gerçekten, hakikaten; ~**?** gerçekten mi?; **ich war es** ~ **nicht** gerçekten ben değildim; **er hat es nicht** ~ **gesagt, aber ...** gerçekten söylemedi, ama ...

Wirklichkeit *f* <-en> gerçek, gerçeklik, hakikat; **in** ~ gerçekte

Wirklichkeitsform *f* (LING: *Indikativ*) bildirme kipi

wirklichkeitsfremd *adj* gerçekten uzak;

wirklichkeitsgetreu *adj* gerçeğe tamamen uygun

wirksam *adj* etkin; ~ **sein** (*formal: gültig*) geçerli olmak; ~ **werden** (*formal: gültig*) geçerlilik kazanmak

Wirksamkeit *f ohne Pl* etkinlik; (*Gültigkeit*) geçerlilik

Wirkstoff *m* <-(e)s, -e> etkin [*o* aktif] madde

Wirkung *f* <-en> etki, tesir; (*Ergebnis*) sonuç, netice; (*Rechts~*) hüküm, geçerlilik; (*Reaktion*) tepki; (*Wirksamkeit*) etkinlik; (*Einfluss*) nüfuz; **eine gute/schlechte/lindernde** ~ **haben** iyi/kötü/dindirici bir etkisi olmak; **mit** ~ **vom ersten April** nisandan itibaren geçerli olmak üzere; **Wirkungsgrad** *m* etkinlik derecesi; (*einer Maschine*) randıman; **Wirkungskreis** *m* etkinlik alanı

wirkungslos *adj* etkisiz; ~ **bleiben** etkisiz kalmak

wirkungsvoll *adj* etkili; ~ **sein** etkili olmak

wirr [vɪr] *adj* **1.** (*ungeordnet*) darmadağın; (*durcheinander*) (karma)karışık; (*Haare*) dağınık **2.** (*verworren*) karışık; ~**es Zeug reden** saçma sapan konuşmak, zırvalamak; **mir war ganz** ~ **im Kopf** kafam çok karışıktı

Wirren ['vɪrən] *pl* karışıklık *sing;* (*Unruhen*) kargaşa *sing*

Wirrkopf *m* (*pej*) şaşkın (kimse)

Wirrwarr ['vɪrvar] *m ohne Pl* <-s> karmakarışık, karışıklık

Wirsing ['vɪrzɪŋ] *m ohne Pl* <-s> Milano lâhanası, küçük kıvırcık lâhana

Wirt(in) [vɪrt] *m(f)* <-(e)s, -e; -nen> **1.** (*Gast~*) lokantacı; **die Rechnung ohne den** ~ **machen** (*fig*) kendi kendine gelin güvey olmak; **er hatte die Rechnung ohne den** ~ **gemacht** (*fig*) evdeki hesabı çarşıya uymadı **2.** (*Haus~*) ev sahibi **3.** (BIOL) konak, konakçı

Wirtschaft ['vɪrtʃaft] *f* <-en> **1.** (*Volks~*) ekonomi, iktisat; **freie** ~ serbest ekonomi **2.** (*Gast~*) lokanta

wirtschaften **I.** *vi* (*haushalten*) idare etmek, evin işlerini yönetmek; **sie versteht zu** ~ idaresini bilir, hesabını bilir, iktisat etmesini bilir; (*sparsam* ~) iktisatlı olmak, parayı idare etmek, yerine göre harcamak; **mit Gewinn** ~ kârla çalışmak [*o* iş yapmak]; **in der Küche** ~ (*fam*) mutfakta çalışmak; **in die eigene Tasche** ~ (*fam*) cebine indirmek [*o* atmak] **II.** *vt:* **etw zugrunde** ~ bir şeyi batırmak

Wirtschafter(in) *m(f)* <-s, -; -nen> **1.** (*österr, Schweiz*) iktisatçı, ekonomist, ekonomi uzmanı **2.** (*Verwalter*) idareci, yönetici; (*in der Landwirtschaft*) kâhya; (*Haushälterin*) kâhya kadın, evin işlerini yöneten kadın

Wirtschaftler(in) *m(f)* <-s, -; -nen> iktisatçı, ekonomist, ekonomi uzmanı

wirtschaftlich *adj* ekonomik, iktisadî; **aus ~en Gründen** ekonomik nedenlerden

Wirtschaftlichkeit *f ohne Pl* ekonomiklik, iktisadîlik

Wirtschaftsabkommen *nt* ekonomik anlaşma; **Wirtschaftsembargo** *nt* ekonomik ambargo; **Wirtschaftsfaktor** *m* ekonomik faktör; **Wirtschaftsflüchtling** *m* ekonomik sığınmacı; **Wirtschaftsgeld** *nt* ev(i) geçindirme parası; **Wirtschaftshilfe** *f* ekonomik yardım; **Wirtschaftskriminalität** *f* ekonomik suçlar *pl;* **Wirtschaftskrise** *f* (WIRTSCH) ekonomik bunalım; **Wirtschaftslage** *f ohne Pl* ekonomik durum; **Wirtschaftsmacht** *f* <-mächte> **1.** (*bedeutendes Land*) ekonomik güç **2.** (*eines Landes*) ekonomik gücü; **Wirtschaftsministerium** *nt* ekonomi bakanlığı; **Wirtschaftspolitik** *f* <-en> ekonomi politikası; **Wirtschaftsprüfer(in)** *m(f)* (*Bilanzprüfer*) bilânço denetçisi; **Wirtschaftssanktionen** *fpl* ekonomik yaptırımlar *pl;* **Wirtschaftswachstum** *nt* ekonomik büyüme; **Wirtschaftswissenschaft** *f* ekonomi (bilimi), iktisat; **Wirtschaftswissenschaftler(in)** *m(f)* iktisatçı, ekonomist, ekonomi uzmanı; **Wirtschaftswunder** *nt* (*fam*) ekonomi mucizesi; **Wirtschaftszweig** *m* ekonomi dalı

Wirtshaus ['vɪrts-] *nt* lokanta; (*Schenke*) meyhane, taverna; **Wirtsleute** *pl* lokantacı karı koca

Wirtspflanze *f* (BOT) konak(çı) bitki; **Wirtstier** *nt* (ZOOL) konak(çı) hayvan

Wisch [vɪʃ] *m* <-(e)s, -e> (*fam pej: Stück Papier*) kâğıt parçası

wischen ['vɪʃən] **I.** *vi* **1.** **über etw** ~ (*putzen*) bir şeyin üzerini silmek; (*darüber streichen*) bir şeyin üzerinden geçmek **2.** (*Schweiz: fegen*) yerleri süpürmek **II.** *vt* **1.** (*reinigen*) silmek; (*Boden*) silmek, paspaslamak **2.** (*weg~*) almak (*von* -ini); (*trocknen*) silmek **3.** (*Ohrfeige*): **jdm eine** ~ (*fam*) birine bir tane patlatmak **4.** (*Schweiz: fegen*) süpürmek

Wischer *m* silecek

Wischiwaschi ['vɪʃi'vaʃi] *nt ohne Pl* <-s> (*fam pej*) boş lâflar

Wischlappen *m* (*reg*) ıslak bez

Wismut ['vɪsmu:t] *nt ohne Pl* <-(e)s> (CHEM) bizmut

wispern ['vɪspɐn] *vi, vt* fısıldamak; **untereinander** ~ aralarında fısıldaşmak

Wissbegier(de)[RR] ['vɪs-] *f ohne Pl,* **Wißbegier(de)** *f ohne Pl* bilme isteği, öğrenme isteği; (*Neugierde*) merak; **wissbegierig**[RR] *adj,* **wißbegierig** *adj* bilmek isteyen, öğrenmek isteyen; (*neugierig*) meraklı

wissen ['vɪsən] <weiß, wusste, gewusst> **I.** *vt* **1.** (*können*) bilmek; **nicht mehr ein noch aus** ~ çıkar yol bilmemek; **mit jdm umzugehen** ~ biriyle nasıl geçineceğini bilmek, birine nasıl davranacağını bilmek **2.** (*die Kenntnis besitzen*): **ich weiß nicht, wo er ist** nerede olduğunu bilmiyorum; **wusstest du, dass ...?** ... olduğunu biliyor muydun?; **woher soll ich das ~?** bunu nereden bileyim?; **woher weißt du das?** bunu nereden biliyorsun?; **soviel ich weiß, ist er noch da** bildiğim kadarıyla (kendisi) hâlâ orada; **er weiß immer alles besser** o her şeyi daha iyi bilir; **das musst du selbst** ~ bunu senin bilmen gerekir, bu, senin bileceğin iş; **wenn ich das gewusst hätte ...** bunu bilseydim ...; **sie weiß, was sie will** ne istediğini biliyor; **ich wüsste nicht, was ich lieber täte** neyi tercih ederdim, bilemiyorum; **ich hätte es ~ müssen** onu bilmem gerekirdi; **das ist wer weiß wie teuer** (*fam*) bu, kim bilir kaç para; **... und was weiß ich noch alles** (*fam*) ... ve daha neler neler biliyorum; **weißt du was?** biliyor musun?; **gewusst, wie!** (*fam*) nasıl yapıldığını bileceksin! **3.** (*sich erinnern*) hatırlamak; **weißt du noch, wie schön es war?** hatırlıyor musun, ne kadar güzeldi? **4.** (*erfahren*): **lassen Sie mich ~, wenn/ob ...** ... olduğunda/olursa bana bildirin [*o* haber verin]; **sie will nichts mehr von mir** ~ benimle ilişkisini kesti **5.** (*die Sicherheit haben*): **ich weiß sie in guten Händen** (*geh*) onun iyi ellerde olduğunu biliyorum **6.** (*kennen*) bilmek, tanımak; **weißt du einen guten Arzt?** iyi bir hekim biliyor [*o* tanıyor] musun? **II.** *vi* (*informiert sein*) bilmek, bilgisi [*o* haberi] olmak; **um** [*o* **von**] **etw** *dat* ~ bir şeyden haberi olmak; **ich weiß von nichts** hiç bir şeyden haberim yok; **man kann nie** ~ (*fam*) hiç bilemezsin; **nicht, dass ich wüsste** (*fam*) onu bilmem; **wer weiß?** kim bilir?; **was weiß ich** (*fam*) ne bileyim?

Wissen *nt ohne Pl* <-s> bilme; (*Kenntnisse*) bilgi; (*Allgemein~*) kültür; **meines ~s** bildiğime göre, bildiğim kadarıyla; **es ist ohne mein ~ geschehen** benim haberim olmadan oldu; **wider besseres ~ (tun)** yanlış olduğunu bile bile (yapmak)

Wissenschaft *f* <-en> bilim

Wissenschaftler *m* <-s, -> bilim adamı

Wissenschaftlerin *f* <-; -nen> bilim kadını

wissenschaftlich *adj* bilimsel

Wissenschaftlichkeit *f ohne Pl* bilimsellik

Wissenschaftstheorie *f ohne Pl* (PHILOS) bilim kuramı; **Wissenschaftszweig** *m* bilim dalı

Wissensdrang *m,* **Wissensdurst** *m* bilgi açlığı; **Wissensgebiet** *nt* bilim alanı; (*Disziplin*) disiplin; **Wissenslücke** *f* bilgi eksikliği; **wissenswert** *adj* bilmeye değer

wissentlich ['vɪsəntlɪç] **I.** *adj* bilinçli; (*absichtlich*) kastı, kasıtlı **II.** *adv* (*bewusst*) bilerek, bile bile; (*absichtlich*) kasten

wittern ['vɪtɐn] *vt* **1.** (*Wild*) kokusunu almak (-in) **2.** (*ahnen*) kokusunu almak (-in), sezmek; **Gefahr** ~ tehlikenin kokusunu almak, tehlikeyi sezmek

Witterung *f* <-en> **1.** (*Wetter*) hava **2.** (*Geruchssinn*) koku alma duyusu; (*Geruch*) koku; **die ~ aufnehmen** koku almak; **Witterungsverhältnisse** *ntpl* hava şartları *pl*

Wittling *m* <-s, -e> (ZOOL: *Merlan*) mezgit

Witwe ['vɪtvə] *f* <-n> dul kadın

Witwer ['vɪtvɐ] *m* <-s, -> dul erkek

Witz[1] [vɪts] *m* <-es, -e> (*mit Pointe*) fıkra, espri; (*Scherz*) şaka; **einen ~ erzählen** bir fıkra anlatmak; **~e machen** şaka yapmak; **~e reißen** (*fam*) espri patlatmak; **das soll doch wohl ein ~ sein!** şaka ediyorsun!; **der ~ bei der Sache ist, dass ...** (*fam*) işin esprisi ...; **das ist der ganze ~** (*fam*) işin bütün esprisi bu

Witz[2] *m ohne Pl* <-es> (*Geist*) espri

Witzbold ['vɪtsbɔlt] *m* <-(e)s, -e> (*fam*) şakacı

witzeln ['vɪtsəln] *vi* espri yapmak, şakalı söz söylemek; **über jdn/etw** ~ bir kimseyle/şeyle dalga geçmek, bir kimseye/şeye takılmak

witzig *adj* esprili, espritüel; **sehr ~!** (*fam iron*) çok komik!

witzlos *adj* **1.** (*ohne Witz*) esprisiz, yavan **2.** (*fam: sinnlos*) saçma, anlamsız

WM [veː'ʔɛm] *f* <-s> *Abk. von* **Weltmeisterschaft** dünya şampiyonası

wo [voː] **I.** *adv* **1.** (*interrogativ*) nerede; **~ gibt's denn so was!** (*fam*) nerede var ki böyle şey! **2.** (*relativisch, zeitlich*): **überall, ~ ich war** benim bulunduğum her yerde; **überall, ~ es Menschen gibt** insanların bulunduğu her yerde; **~ auch immer** nerede olursa olsun; **sie ist wer weiß ~** (*fam*) kim bilir nerede; **jetzt, ~ ich Zeit habe** vaktimin olduğu şu anda; **ach ~!** (*fam*) nerde!, ne gezer! **II.** *konj* **1.** (*da*) -diği için **2.** (*obwohl*) -diği hâlde, her ne kadar

woanders [-'--] *adv* başka yerde

wob *3. imp von* **weben**[2]

wobei [vo'baɪ] *adv* **1.** (*interrogativ*): **~ ist das passiert?** bu, ne yaparken oldu?; **~ bist du gerade?** şimdi ne yapmaktasın? **2.** (*relativisch*): **~ mir gerade einfällt, dass ...** bunun yanında aklıma gelen şey, ...; **sie gab mir das Buch, ~ sie vermied, mich anzusehen** bana kitabı verirken yüzüme bakmaktan kaçındı

Woche ['vɔxə] *f* <-n> hafta; **zweimal in der ~** haftada iki kere; **unter der ~** hafta arasında; **in drei ~n** üç hafta içinde

Wochenbett *nt* (MED) loğusalık; **Wochenbettfieber** *nt ohne Pl* (MED) loğusa humması, albastı; **Wochenblatt** *nt* haftalık gazete; **Wochenende** *nt* <-s, -n> hafta sonu; **am ~** hafta sonunda; **Wochenendhaus** *nt* hafta sonları kalınan ev; **Wochenendticket** *nt* <-s, -s> (EISENB) *indirimli hafta sonu bileti;* **Wochenkarte** *f* haftalık kart

wochenlang **I.** *adj* haftalar süren **II.** *adv* haftalarca

Wochenlohn *m* haftalık; **Wochenschau** *f* (TV) haftaya bakış, haftanın olayları; **Wochentag** *m* haftanın günü; (*Werktag*) iş günü

wochentags *adv* hafta içinde, iş günleri

wöchentlich ['vœçəntlɪç] **I.** *adj* haftalık **II.** *adv* her hafta; **zweimal ~** haftada iki defa [*o* kere]

Wochenzeitung *f* haftalık gazete

Wöchnerin ['vœçnərɪn] *f* <-nen> loğusa

Wodka ['vɔtka] *m* <-s, -s> votka

wodurch [vo'dʊrç] *adv* **1.** (*interrogativ*) neden **2.** (*relativisch*) bu nedenle

wofür [vo'fyːɐ] *adv* **1.** (*interrogativ*) neye, niye; (*für welche Sache*) ne işe; **~ ist das gut?** bu ne işe yarar?; **~ hältst du mich?** beni ne sanıyorsun?; **~ hast du so viel Geld ausgegeben?** bu kadar parayı neye harcadın? **2.** (*relativisch*) -diği için

wog [voːk] *3. imp von* **wiegen**

Woge ['voːgə] *f* <-n> (*geh*) büyük dalga; **die ~n glätten** (*fig*) ortalığı yatıştırmak; **wenn sich die ~n geglättet haben** (*fig*) ortalık yatıştığında

wogegen [vo'geːgən] **I.** *adv* **1.** (*interrogativ*) neye karşı; ~ **hilft das?** bu neye karşı iyi gelir? **2.** (*relativisch*) buna karşı **II.** *konj* (*wohingegen*) ise; (*andererseits*) öte yandan, diğer taraftan

wogen ['voːgən] *vi* (*geh: Wasser, Ähren*) dalgalanmak; (*Kampf, Schlacht*) cereyan etmek; **das ~de Meer** dalgalı deniz

woher [vo'heːɐ] *adv* **1.** (*interrogativ*) nereden; ~ **sind Sie?** neredensiniz?; ~ **weißt du das?** bunu nereden biliyorsun?; **ach,** ~ (**denn**)! (*fam*) asla!, katiyen! **2.** (*relativisch*): **der Laden,** ~ **die Sachen stammen** eşyanın geldiği dükkân; **ich möchte wissen,** ~ **er das weiß** bunu nereden bildiğini öğrenmek istiyorum

wohin [vo'hɪn] *adv* **1.** (*interrogativ*) nereye; ~ **so eilig?** nereye böyle acele?; ~ **damit?** (*fam*) nereye koyalım bunu? **2.** (*relativisch*): **gib Acht,** ~ **du trittst!** bastığın yere dikkat et!; ~ **man auch geht/sieht** insan nereye giderse gitsin/bakarsa baksın, nereye gidersen git/bakarsan bak

wohingegen [vohɪn'geːgən] *konj* ise

wohl [voːl] *adv* **1.** (*gesund, gut*) iyi; (*angenehm*) hoş; **sich ~ fühlen** keyfi yerinde olmak; (*gesundheitlich*) kendini iyi hissetmek; ~ **oder übel** ister istemez; ~ **bekomm's!** yarasın!; **leb ~!/leben Sie ~!** elveda!, esen kal!/esen kalınız! **2.** (*durchaus*) pekâlâ; **das weiß ich sehr ~** bunu pekâlâ biliyorum; **das ist ~ kaum zu glauben** bu pek inanılacak gibi değil **3.** (*etwa*) yaklaşık, aşağı yukarı **4.** (*zwar*) gerçi; **er hat es ~ versprochen, aber ...** gerçi onu söz verdi, ama ... **5.** (*wahrscheinlich*) anlaşılan, galiba; **das wird ~ das Beste sein** anlaşılan en iyisi bu olacak; **du bist ~ verrückt geworden!** sen kaçırdın galiba!; **das mag ~ sein** olabilir; **man wird doch ~ noch fragen dürfen?** (*fam*) sormak da ayıp mı yani? **6.** (*in der Fragestellung*): **was mag das ~ heißen?** acaba bu ne demek oluyor?; **ob er ~ kommen wird?** gelecek mi acaba?

Wohl *nt ohne Pl* <-(e)s> (~ *ergehen*) esenlik, selâmet; **das öffentliche ~** kamu esenliği; **auf jds ~ trinken** birinin sağlığına içmek; **auf dein ~!** sağlığına!, şerefe!; **zum ~!** sağlığınıza!, şerefe!

wohlan *interj* peki, pekâlâ, haydi olsun

wohlauf [voːl'ʔaʊf, vo'laʊf] *adv* (*geh*): ~ **sein** sağlığı yerinde olmak

Wohlbefinden *nt ohne Pl* (*Gesundheit*) sağlık

wohlbegründet ['--'--] *adj s.* **begründen 2.**

wohlbehalten ['--'--] *adj* **1.** (*unverletzt*) sağ salim **2.** (*unbeschädigt*) sağlam; (*in gutem Zustand*) iyi durumdaki

wohlbekannt ['--'-] *adj s.* **bekannt II.1**; **wohldurchdacht** ['--'-] *adj s.* **durchdenken**

wohlerzogen *adj* (*geh*) iyi eğitilmiş, terbiyeli

Wohlfahrt *f ohne Pl* esenlik; (*öffentliche Fürsorge*) kamusal yardım ve bakım (hizmetleri); (*soziale Fürsorge*) sosyal yardım; **Wohlfahrtsstaat** *m* sosyal devlet

Wohlgefallen *nt ohne Pl* <-s> (*Gefallen*) hoşlanma; (*Vergnügen*) zevk, haz; (*Zufriedenheit*) memnuniyet, hoşnutluk; **mit ~** memnuniyetle; ~ **an etw** *dat* **finden** bir şeyden hoşlanmak; **sich in ~ auflösen** (*fam: zufrieden stellend ausgehen*) herkesi memnun edici bir şekilde bitmek; (*von Gegenständen*) parçalanmak, param parça olmak; (*verschwinden*) yok olmak

wohlgeformt *adj* biçimli

wohlgemeint *adj s.* **meinen 5.**

wohlgemerkt *adv* (*damit kein Missverständnis entsteht*) yanlış anlaşılmasın

wohlgenährt *adj* besili, semiz, etli butlu

wohlgeraten *adj* (*geh*) **1.** (*gut gelungen*) iyi olmuş, iyi yapılmış; (*sich gut entwickelt haben*) iyi gelişmiş **2.** (*gut erzogen*) iyi eğitilmiş, terbiyeli

wohlgesinnt *adj:* **er ist mir ~** bana yakınlık gösterir

wohlhabend *adj* varlıklı, zengin

Wohlhabenheit *f ohne Pl* varlıklılık

wohlig *adj* rahat, hoş

wohlklingend *adj* (*geh*) kulağa hoş gelen; **wohlmeinend** *adj* (*geh*) iyi niyetli; **wohlriechend** *adj* (*geh*) ıtırlı, güzel kokulu, hoş kokulu; **wohlschmeckend** *adj* (*geh*) lezzetli

Wohlstand *m ohne Pl* <-(e)s> refah, gönenç; **Wohlstandsgesellschaft** *f* <-en> refah toplumu

Wohltat[1] *f* <-en> (*gute Tat*) hayır; (*Gefallen*) iyilik; **jdm eine ~ erweisen** birine iyilik yapmak [*o* etmek]

Wohltat[2] *f ohne Pl* (*Genuss*) zevk; (*Erleichterung*) ferahlık, ferahlama; (*Segen*) nimet

Wohltäter(in) *m(f)* <-s, -; -nen> hayırsever

wohltätig *adj:* ~**er Verein** hayır derneği; **für ~e Zwecke** hayır için

Wohltätigkeit *f ohne Pl* hayırseverlik, iyilikseverlik; **Wohltätigkeitsball** *m* hayır amacıyla düzenlenen balo; **Wohltätigkeitskonzert** *m* hayır amacıyla düzenlenen konser

Wohltätigkeitsveranstaltung *f* <-en> hayır amacıyla düzenlenen gece

wohltuend *adj* iyi gelen

wohl|tun *irr vi s.* **tun I.**

wohlüberlegt ['---'-] *adj s.* **überlegen[1] I.**;

wohlverdient ['--'-] *adj* hak edilen, hak ettiği, lâyik olduğu

wohlweislich *adv* iyice düşünerek, iyice düşündükten sonra

wohl|wollen *irr vi s.* **wollen[2] I.2.**

Wohlwollen *nt ohne Pl* <-s> hayırhahlık; **sein ~ bekunden für ...** ...e sıcak bakmak; **selbst mit dem größten ~ ...** bütün isteğime [*o* iyi niyetime] rağmen ...

wohlwollend *adj* hayırhah, iyilik dileyen, iyilik isteyen; **jdm/etw** *dat* **~ gegenüberstehen** bir kimsenin/şeyin iyiliğini istemek, bir kimseye/şeye sıcak yüz göstermek

Wohnanlage *f* site; **Wohnbezirk** *m* konut bölgesi; **Wohnblock** *m* <-(e)s, -s *o* -blöcke> blok

wohnen ['voːnən] *vi* oturmak (*in* -de, *bei* -in yanında), ikamet etmek (*in* -de, *bei* -in yanında); (*vorübergehend*) kalmak (*in* -de, *bei* -in yanında)

Wohnfläche *f* oturma alanı; **Wohngegend** *f* konut bölgesi; **Wohngeld** *nt* kira yardımı; **Wohngemeinschaft** *f* birlikte oturma, ortak konut; **in einer ~ leben** aynı konutta birlikte oturmak, ortak konutta yaşamak

wohnhaft *adj* (*formal*) mukim (*in* -de)

Wohnhaus *nt* apartman; **Wohnheim** *nt* <-(e)s, -e> yurt; **Wohnlage** *f*: **eine gute/teure ~** iyi/pahalı bir mevki

wohnlich *adj* rahat, konforlu, içinde oturulabilir; **ein Zimmer ~ einrichten** bir odayı rahat [*o* konforlu] bir biçimde döşemek

Wohnmobil *nt* <-s, -e> motorlu karavan, motokaravan; **Wohnort** *m* oturma yeri, ikametgâh, oturulan yer

Wohnraum[1] *m* <-(e)s, -räume> (*Raum*) oturma yeri, oturma odası

Wohnraum[2] *m ohne Pl* <-(e)s> (*Wohnungen*) konut(lar) (*pl*); **es fehlt an ~** konut eksikliği var; **Wohnsitz** *m* ikametgâh; **ohne festen ~** daimî ikametgâhı olmayan

Wohnung *f* <-en> konut, mesken; (*Etagen~, Miet~*) daire; (*fam*) ev; **Wohnungsbau** *m ohne Pl* <-(e)s> konut yapımı; **sozialer ~** sosyal konut yapımı; **Wohnungsmarkt** *m ohne Pl* konut piyasası; **Wohnungsmiete** *f* konut kirası; (*im Wohnhaus*) daire(nin) kirası; **Wohnungsnot** *f ohne Pl* konut sıkıntısı; **Wohnungssuche** *f* konut arama; (*fam*) ev arama; **auf ~ sein** kendine ev aramakta olmak; **Wohnungstür** *f* (*einer Mietwohnung*) daire kapısı; **Wohnungswechsel** *m* konut değiştirme; (*Umzug*) taşınma, ev taşıma

Wohnviertel *nt* mahalle; **Wohnwagen** *m* karavan; **Wohnzimmer** *nt* oturma odası

wölben ['vœlbən] **I.** *vt* kubbelendirmek **II.** *vr:* **sich ~** kubbelenmek

Wölbung *f* <-en> kubbe, bombe; (*Bogen*) kemer

Wolf [vɔlf, *Pl:* 'vœlfə] *m* <-(e)s, Wölfe> **1.** (ZOOL) kurt; **mit den Wölfen heulen** (*fam*) herkes ne yaparsa onu yapmak; **ein ~ im Schafspelz** (*fig*) kuzu postuna bürünmüş kurt **2.** (*Fleisch~*) kıyma makinesi; **Fleisch durch den ~ drehen** eti kıyma makinesinden geçirmek

Wölfin ['vœlfɪn] *f* <-nen> (ZOOL) dişi kurt

Wolfram ['vɔlfram] *nt ohne Pl* <-s> (CHEM) volfram

Wolfshunger ['-'--] *m* (*fam*): **einen ~ haben** kurt gibi aç olmak

Wolfsmilch *f ohne Pl* (BOT) sütleğen; **Wolfsmilchgewächse** *ntPl* (BOT) sütleğengiller *pl*

Wolke ['vɔlkə] *f* <-n> bulut; **in den ~n schweben** (*fig*) havalarda uçmak; **aus allen ~n fallen** (*fam*) neye uğradığını anlamamak, şaşırıp kalmak; **Wolkenbruch** *m* sağanak; **Wolkendecke** *f ohne Pl* bulut örtüsü; **Wolkenkratzer** *m* gökdelen

wolkenlos *adj* bulutsuz

wolkig *adj* bulutlu

Wolldecke *f* battaniye

Wolle ['vɔlə] *f* <-n> yün; **sich mit jdm in die ~ kriegen** (*fam*) biriyle birbirine girmek

wollen[1] ['vɔlən] <will, wollte, wollen> (*Modalverb*) **1.** (*mögen*) istemek; **etw machen ~** bir şey(i) yapmak istemek; **komme, was wolle** ne olursa olsun; **ob wir ~ oder nicht** istesek de istemesek de **2.** (*beabsichtigen*) istemek, niyet etmek; **ich wollte gerade gehen** şimdi gidecektim **3.** (*behaupten*) iddia etmek; **er will dich gestern gesehen haben** dün seni görmüşmüş [*o* gördüğünü iddia ediyor]; **und so jemand will Lehrer sein** ve böyle birisi öğretmen olduğunu iddia ediyor **4.** (*auffordern*): **wenn Sie bitte Platz nehmen ~** lütfen yerinize oturur musunuz **5.** (*erfordern*) gerekmek; **das will gelernt sein** bunu öğrenmiş olmak gerekir **6.** (*Passiv: müssen*): **der Müll will runtergetragen werden** (*geh*) çöpün aşağı taşınması gerekiyor **7.** (*Wend*): **das will ich nicht gehört haben** bunu duymamış olayım; **ich will ja nichts gesagt haben, aber ...** karışmak gibi olmasın ama ...; **was will man da machen?** ne yapılabilir ki?

wollen[2] ['vɔlən] <will, wollte, gewollt> **I.** *vi* **1.** (*den Willen haben*) istemek; **lieber ~** tercih etmek; **ich will jetzt nach Hause** ben şimdi eve gitmek istiyorum; **zu wem ~ Sie?** kiminle görüşmek istiyorsunuz?; **du musst nur ~** sadece istemen gerekiyor; **meine Beine ~ nicht mehr** (*fam*) bacaklarım artık tutmuyor; **es will mir nicht aus dem Kopf** (*fam*) o bir türlü aklımdan çıkmıyor **2.** (*wünschen*) istemek, arzu etmek; **jdm wohl ~** birinin iyiliğini istemek; **ich wollte, er würde endlich kommen** gelmiş olmasını isterdim; **ganz wie du willst** nasıl istersen; **ob du willst oder nicht** istesen de istemesen de **3.** (*Wend*): **dann ~ wir mal!** (*fam*) haydi o zaman! **II.** *vt* **1.** (*haben ~*): **wir ~ keine Kinder** biz çocuk istemiyoruz **2.** (*durchsetzen ~*): **er will (von mir), dass ich mich entschuldige** benden özür dilememi istiyor **3.** (*beabsichtigen*): **ich weiß gar nicht, was du willst, das sieht doch gut aus** (*fam*) ne istediğini bilmiyorum, bu gayet iyi görünüyor; **das habe ich nicht gewollt** bunun olmasını istemedim; **ohne es zu ~** istemeden **4.** (*Wend*): **da ist nichts (mehr) zu ~** (*fam*) burada yapılacak bir şey yok; **du hast hier nichts zu ~** burada işin yok

wollen[3] *adj* yün(den), yünlü; **Wollknäuel** *nt* yün yumağı

Wollust ['vɔlʊst] *f ohne Pl* (*geh*) şehvet

wollüstig ['vɔlʏstɪç] *adj* şehvetli

womit [vo'mɪt] *adv* **1.** (*interrogativ*) neyle, ne ile; **~ kann ich dienen?** nasıl yardımcı olabilirim?; **~ habe ich das verdient?** ne yaptım da bunu hak ettim **2.** (*relativisch*) ki bununla

womöglich [vo'mø:klɪç] *adv* muhtemelen; (*fam: wenn möglich*) mümkünse

wonach [vo'na:x] *adv* **1.** (*interrogativ*) neye göre; **~ hat er dich gefragt?** sana neyi sordu?; **~ riecht das?** bu ne kokuyor? **2.** (*relativisch*) buna göre; **~ es hier riecht, weiß ich auch nicht** burada neyin koktuğunu ben de bilmiyorum

Wonne ['vɔnə] *f* <-n> haz, zevk; (*Freude*) haz, sevinç duyma; **es ist eine wahre ~ ihm zuzuschauen** onu seyretmek büyük bir zevk, onu seyretmek insana gerçekten haz veriyor

woran [vo'ran] *adv* **1.** (*interrogativ*) neye, neyi; **er wusste nicht, ~ er sich festhalten sollte** neye tutunacağını bilemedi; **~ hat er sich gelehnt** neye yaslandı; **~ denkst du?** ne(yi) düşünüyorsun?; **~ liegt es?** bu, neden ileri geliyor?, bu neye bağlı?; **~ sind sie gestorben?** neden ölmüşler? **2.** (*relativisch*): **er wusste vieles, ~ sich sonst niemand mehr erinnerte** başka hiç kimsenin hatırlamadığı birçok şeyi biliyordu; **wenn ich nur wüsste, ~ das liegt** bunun neden ileri geldiğini bir bilseydim; **ich weiß nicht, ~ ich bin** buna ne diyeceğimi bilemiyorum

worauf [vo'raʊf] *adv* **1.** (*interrogativ*) neye; (*räumlich*) neyin üzerinde; **~ freust du dich am meisten?** en çok neye seviniyorsun?; **~ wartest du noch?** başka ne(yi) bekliyorsun? **2.** (*relativisch*) üzerinde; **die Bank, ~ er sitzt** üzerinde oturduğu bank; **er klingelte, ~ unverzüglich die Türgeöffnet wurde** zili çalması üzerine hemen kapıyı açtılar; **~ du dich verlassen kannst** bundan emin olabilirsin

woraufhin [voraʊf'hɪn] *adv* **1.** (*interrogativ*): **~ hat er das getan?** bunu yapmasının sebebi neydi? **2.** (*relativisch*) bundan dolayı, bundan ötürü, binaenaleyh

woraus [vo'raʊs] *adv* **1.** (*interrogativ*) neden; (*aus welchem Material*) hangi maddeden; **~ schließt du das?** bunu nereden çıkarıyorsun? **2.** (*relativisch*): **das Holz, ~ die Möbel gemacht sin** mobilyaların yapılmış olduğu ağaç

worden ['vɔrdən] *pp von* **werden**[3]

worfeln *vt* (AGR: *Getreide*) çalkamak

worin [vo'rɪn] *adv* **1.** (*interrogativ*) neyin içinde; **~ besteht der Vorteil?** bunun avantajı nerede? **2.** (*relativisch*): **das Haus, ~ sie wohnen** içinde oturdukları ev

Workaholic [wœ:kə'hɔlɪk] *m* <-s, -s> (*sl*) çalışma hastası

Workshop ['wɔ:kʃɔp] *m* <-s, -s> seminer, toplu çalışma; **Workstation** *f* (INFORM) iş istasyonu

Wort [vɔrt, *Pl:* 'vœrtɐ] *nt* <-(e)s, -e *o* Wörter> kelime, sözcük; (*Ausdruck*) söz, lâf; **~ für ~** kelime kelime; **im wahrsten Sinne des ~es** kelimenin tam anlamıyla; **in ~en** sözle; **mir fehlen die ~e** söyleyecek söz bulamıyorum, ne diyeceğimi bilemiyorum; **davon ist kein ~ wahr** bunun bir kelimesi bir doğru değil; **ein paar ~e wechseln** biraz lâflamak; **ein offenes/ernstes ~ mit jdm reden** biriyle açık açık/ciddî olarak konuşmak; **das ~ an jdn richten** birine sözü yöneltmek; **nicht viele ~e machen** fazla lâf etmemek; **jdn mit leeren ~en abspeisen** birini boş lâflarla atlatmak; **etw mit keinem ~ erwähnen** bir şeyin sözünü bile etmemek; **mit anderen ~en** yani, diğer bir deyişle; **jdn (nicht) zu ~ kommen lassen** birinin konuşmasına izin ver(me)mek; **ein ~ gab das andere** söz sözü açtı; **hast du ~e?** (*fam*) buna ne diyebilirsin ki?; **das letzte**

~ **haben** son söz sahibi olmak; **das ~ hat Herr Müller** söz sırası Bay Müller'de; **das ~ ergreifen** söze başlamak; **jdm ins ~ fallen** birinin sözünü kesmek; **etw in ~e fassen** bir şeyi sözle ifade etmek; **jdm sein ~ geben** birine söz vermek; **sein ~ halten** sözünde durmak; **sein ~ brechen** sözünde durmamak, verdiği sözden dönmek, verdiği sözü tutmamak; **jdn beim ~ nehmen** birinin sözünü senet saymak; **Wortart** *f* <-en> (LING) kelime türü; **wortbrüchig** *adj:* ~ **werden** verdiği sözden dönmek, verdiği sözü tutmamak

Wörterbuch *nt* sözlük; **zweisprachiges ~** iki dilli sözlük; **Wörterbuchcomputer** *m* sözlüklü bilgisayar

Wörterverzeichnis *nt* lügatçe

Wortführer(in) *m(f)* <-s, -; -nen> sözcü; **Wortgefecht** *nt* söz dalaşı; **wortgetreu** I. *adj:* **eine ~e Übersetzung** motamot çeviri II. *adv* harfiyen, hiçbir değişiklik yapmadan, kelimesi kelimesine, motamot; **wortgewandt** *adj* söz cambazı olan; **Wortgut** *nt ohne Pl* <-(e)s> (*Wortbestand einer Sprache*) söz varlığı; **wortkarg** *adj* **1.** (*Person*) lâkırdısı az, az konuşan **2.** (*Äußerung*) lâfı kıt; **Wortklauberei** [vɔrtklaʊbəˈraɪ] *f* <-en> (*pej*) mugalâta, yanıltmaca; **Wortlaut** *m ohne Pl* <-(e)s> lâfız; **das ~ des Gesetzes** kanunun lâfzı; **der genaue ~ einer Rede** konuşmasının tam içeriği; **... hat folgenden ~: ...** ...in sözleri şöyledir: ...

wörtlich [ˈvœrtlɪç] I. *adj* kelimesi kelimesine, motamot II. *adv* **1.** (*dem Text entsprechend*) kelimesi kelimesine, motamot; ~ **zitieren** kelimesi kelimesine alıntılamak **2.** (*in der eigentlichen Bedeutung*) kelimesi kelimesine, harfiyen

wortlos I. *adj* sessiz, ağzını açmayan II. *adv* sessizce, sesini çıkarmadan, ağzını açmadan

Wortmeldung *f* söz isteme; **keine ~en mehr?** başka söz isteyen yok mu?; **Wortschatz** *m* **1.** (*einer Person*) söz dağarcığı, kelime hazinesi **2.** (*einer Sprache, Lexik*) söz varlığı, kelime hazinesi; **Wortsinn** *m ohne Pl* kelime anlamı; **Wortspiel** *nt* kelime oyunu; **Wortstamm** *m* <-(e)s, -stämme> (LING) kelime kökü; **Wortstellung** *f ohne Pl* (LING) kelime sırası; **Wortwechsel** *m* atışma, ağız kavgası; **wortwörtlich** [ˈ-ˈ--] *adj, adv s.* **wörtlich**

worüber [voˈryːbɐ] *adv* **1.** (*interrogativ*) ne hakkında; ~ **lachen sie?** neye gülüyorlar? **2.** (*relativisch*): **..., ~ ich recht erstaunt war ...**, ki buna çok şaşırdım doğrusu; **das Thema, ~ ich sprechen werde** bahsedeceğim konu

worum [voˈrʊm] *adv* **1.** (*interrogativ*): ~ **handelt es sich?** söz konusu nedir? **2.** (*relativisch*): **da ist noch etw, ~ ich dich bitten möchte** senden rica etmek istediğim bir şey daha var

worunter [voˈrʊntɐ] *adv* **1.** (*interrogativ*) neyin altında; ~ **hatte er sich versteckt?** neyin altına saklanmıştı? **2.** (*relativisch*): **der Baum, ~ wir sitzen/gepicknickt haben** altında oturduğumuz/piknik yaptığımız ağaç **3.** (*dazwischen*) arasında; **die Briefe, ~ etliche ungeöffnet waren, ...** (aralarında) birçoğu açılmamış mektuplar

wovon [voˈfɔn] *adv* **1.** (*interrogativ*) neden **2.** (*relativisch*): **die Mauer, ~ er heruntergesprungen war** üstünden aşağı atladığı duvar; **es gibt vieles, ~ ich nicht verstehe** anlamadığım çok şey var

wovor [voˈfoːɐ] *adv* **1.** (*interrogativ*) neden; (*räumlich*) neyin önünden **2.** (*relativisch*): **das einzige, ~ ich mich fürchte, ...** tek korktuğum şey ...

wozu [voˈtsuː] *adv* **1.** (*interrogativ*) ne diye, niçin; ~ **soll das gut sein?** bu ne işe yarar? **2.** (*relativisch*) ki bunun için; **ein Thema, ~ ich mich nicht äußern werde** fikrimi söylemeyeceğim bir konu; **das, ~ ich am meisten Lust hätte, ...** en çok canımın çektiği şey ...

Wrack [vrak] *nt* <-(e)s, -s *o* -e> (*Schiff, Auto*) enkaz; **ein menschliches ~** (*fig*) gücü tükenmiş, bitmiş

wrang [vraŋ] *3. imp von* **wringen**

wringen [ˈvrɪŋən] <wringt, wrang, gewrungen> *vt* burup sıkmak, burarak suyunu sıkmak (*-in*)

Wucher [ˈvuːxɐ] *m ohne Pl* <-s> (*pej*) gabin; (*Kredit~*) tefecilik; ~ **treiben** fahiş fiyatla mal satmak, kazık atmak, tefecilik yapmak; **das ist ja ~!** (*fam*) bu ne fahiş bir fiyat!, bu ne kazık!

Wucherer, -in [ˈvuːxərɐ] *m, f* <-s, -; -nen> (*pej*) kazıkçı; (*mit Zinsen*) tefeci

wucherisch *adj* (*pej*) kazık marka; (*Preise*) fahiş, kazık

wuchern [ˈvuːxɐn] *vi* **1.** *haben o sein* (*Pflanzen*) kükremek, gür bir biçimde yetişmek; (MED) azmak, yayılmak **2.** (*Wucher treiben*) fahiş fiyatla mal satmak, kazık atmak

Wucherpreis *m* (*pej*) fahiş fiyat

Wucherung *f* <-en> (*Geschwulst*) ur

wuchs [vuːks] *3. imp von* **wachsen**[1]

Wuchs [vuːks] *m ohne Pl* <-es> **1.** (*Wachstum*) büyüme **2.** (*Gestalt*) boy, cüsse

Wucht [vʊxt] *f ohne Pl* **1.** (*Heftigkeit*) şiddet; (*Schwung*) hamle; **mit voller ~** bütün ağırlıyla [*o* şiddetiyle]; **das ist eine ~!** (*fam fig*) harika! **2.** (*reg: fam: Prügel*) dayak

wuchtig *adj* **1.** şiddetli; (*kräftig*) kuvvetli, güçlü **2.** (*groß*) çok büyük; (*Statur*) heybetli

wühlen ['vy:lən] **I.** *vi* **1.** (*allgemein*) karıştırmak (*in* -i); (*graben*) eşelemek **2.** (*fam: suchen*) eşmek **II.** *vr:* **sich durch etw ~** kendine bir şeyin içinden yol açmak

Wulst [vʊlst, *Pl:* 'vʏlstə] *m* <-(e)s, Wülste>, *f* <Wülste> **1.** (*Verdickung*) kabartı, kabarıklık, şişkinlik **2.** (ARCH) kabartma halka

wulstig *adj* kabarık, dolgun, şişik; (*Lippen*) kalın

wund [vʊnt] *adj* yaralı; **~er Punkt** (*fig*) hassas nokta; **ich habe mir die Füße ~ gelaufen** ayaklarım yürümekten yara oldu; **sich ~ liegen** yata yata yara olmak

Wunde ['vʊndə] *f* <-n> (*a. fig*) yara

wunder ['vʊndɐ] *s.* **Wunder 2.**

Wunder ['vʊndɐ] *nt* <-s, -> **1.** (*außergewöhnliches Ereignis*) harika; (*übernatürlich*) mucize, tansık; **an ~ glauben** mucizeye inanmak; **~ wirken** (*fam*) mucize yaratmak, harikalar yaratmak; **wie durch ein ~** mucize kabilinden [*o* eseri]; **du wirst noch dein blaues ~ erleben** (*fam*) göreceksin gününü **2.** (*Wend*): **sich ~ was einbilden** harika bir şey olduğunu sanmak

wunderbar I. *adj* **1.** (*wie ein Wunder*) harika **2.** (*schön*) harikulâde, şahane **II.** *adv* (*sehr*) harikulâde; **der Sessel ist ~ bequem** koltuk harikulâde rahat

Wunderbaum *m* (BOT) Hint yağı ağacı

Wunderblume *f* (BOT) gecesefası; **Wunderglaube** *m ohne Pl* mucizelere inanma

Wunderheiler(in) *m(f)* <-s, -; -nen> üfürükçü; **Wunderkerze** *f* maytap; **Wunderkind** *nt* harika çocuk, üstün zekâlı çocuk; **Wunderland** *nt* harikalar diyarı

wunderlich *adj* tuhaf, antika

Wundermittel *nt* harika ilâç

wundern ['vʊndɐn] **I.** *vt* şaşırtmak; **es wundert mich, dass ...** ...mesi beni şaşırttı, ...mesine hayret ediyorum; **das würde mich überhaupt nicht ~** buna hiç şaşırmam; **wundert dich das** (**etwa**)? buna (hiç) şaşmadın mı? **II.** *vr:* **sich ~** şaşırmak (*über* -e), şaşmak (*über* -e), hayret etmek (*über* -e); **ich muss mich doch sehr ~!** çok şaşırdım [*o* şaştım] doğrusu!, şaşırıp kaldım doğrusu!

wunderschön ['--(')-] *adj* harika güzel; **wundervoll** *adj* harikulâde, muhteşem

wund|liegen *irr vr:* **sich ~** *s.* **wund**

Wundsalbe *f* yara merhemi

Wundstarrkrampf *m ohne Pl* <-(e)s> (MED) kazıklı humma; (*Tetanus*) tetanos

Wunsch [vʊnʃ, *Pl:* 'vʏnʃə] *m* <-(e)s, Wünsche> istek (*nach* -), arzu (*nach* -); (*Verlangen*) arzu (*nach* -); (*Bitte*) rica; (*Glück~*) dilek, tebrik(ler) (*pl*); **auf ~** istek üzerine; (**ganz**) **nach ~** (tam) istendiği gibi; **jdm jeden ~ von den Augen ablesen** birinin her arzusunu gözlerinden okumak; **dein ~ ist mir Befehl** baş üstüne; **jdm einen ~ erfüllen** birinin isteğini yerine getirmek; **haben Sie sonst noch einen ~?** başka bir arzunuz daha var mı?; **auf eigenen ~** kendi isteğiyle; **es ging alles nach ~** her şey istenildiği gibi yürüdü; **mit den besten Wünschen** en iyi dileklerim(iz)le

Wunschbild *nt* ideal, ülkü

Wünschelrute ['vʏnʃəlru:tə] *f* çatalsopa

wünschen [vʏnʃən] *vt* dilemek, arzu etmek; (*wollen*) istemek; (*bitten*) dilemek, rica etmek; **jdm etw ~** birine bir şey dilemek; (**ganz**) **wie Sie ~** nasıl istiyorsanız [*o* arzu ediyorsanız]; **ich wünsche, dass das sofort gemacht wird** bunun hemen yapılmasını istiyorum; **Sie ~?** arzunuz?, ne arzu edersiniz?; **wen ~ Sie zu sprechen?** kiminle konuşmak istiyorsunuz?; **ich wünsche Ihnen gute Besserung/eine gute Reise** size acil şifalar/iyi yolculuklar dilerim; **sie wünschte, sie hätte das nie gesagt** keşke bunu söylemeseydim diye düşündü; **sich** *dat* **etw von jdm ~** birinden bir şey dilemek [*o* rica etmek]; **ich wünsche mir, dass ...** dilerim ki ...; **ich wünsche mich auf eine einsame Insel** yalnız başıma bir adada olmayı isterdim; **wünschenswert** *adj* istenir, istenen, arzu edilen; **es wäre ~** iyi olurdu; **hier wäre eine bessere Beleuchtung ~** burada daha iyi bir ışık (olması) iyi olurdu

Wunschkind *nt* isteyerek yapılan çocuk; **Wunschkonzert** *nt* (RADIO) dinleyici isteğine göre düzenlenen konser

wunschlos *adj:* **~ glücklich sein** hayatından memnun olmak

Wunschtraum *m* hayal

wurde ['vʊrdə] *3. imp von* **werden**

Würde[1] ['vʏrdə] *f ohne Pl* (*Wert*) (onur ve) haysiyet; (*Haltung*) vakar, ağırbaşlılık; **etw mit ~ tragen** (*fam*) bir şeye vakar ile katlanmak; **unter aller ~** rezalet; **das ist unter meiner ~** bu, bana yakışmaz, bunu kendime lâyik görmüyorum, buna tenezzül etmem

Würde[2] *f* <-n> (*Rang*) rütbe, makam

würdelos *adj* (onur ve) haysiyetsiz

Würdenträger(in) *m(f)* <-s, -; -nen> rütbe sahibi, makam sahibi

würdevoll I. *adj* haysiyetli, vakarlı, vakur, ağırbaşlı **II.** *adv* haysiyetle, vakarla, ağırbaşlılıkla

würdig *adj* **1.** (*ehrbar*) saygıdeğer **2.** (*wert*) lâyik; **sich jds/etw** *gen* **~ erweisen** bir kimseye/şeye lâyik olmak

würdigen ['vʏrdɪgən] *vt* **1.** (*anerkennen*) takdir etmek **2.** (*für wert halten*) takdir etmek, değer vermek (-e); **er würdigte ihn keines Blickes** ona bakmaya bile tenezzül etmedi

Würdigung *f* <-en> takdir

Wurf [vʊrf, *Pl:* 'vʏrfə] *m* <-(e)s, Würfe> **1.** (*das Werfen*) atma; (SPORT) atma; (*Ergebnis*) atış; (*beim Würfeln*) atma **2.** (*Erfolg*) başarı **3.** (ZOOL) yavrular *pl*

Würfel ['vʏrfəl] *m* <-s, -> **1.** (MATH) küp **2.** (*Spiel~*) zar; ~ **spielen** zar atmak; **die ~ sind gefallen** (*fig*) olan oldu; **Würfelbecher** *m* zar kabı

würfeln I. *vi* zar atmak **II.** *vt* **1.** (*in Würfel schneiden*) küp biçiminde kesmek **2.** (*eine Zahl*) atmak

Würfelspiel *nt* zar oyunu; **Würfelzucker** *m* küp şeker

Wurfgeschoss[RR] *nt* mermi; **Wurfspieß** *m* (SPORT) cirit

würgen ['vʏrgən] **I.** *vt* boğazını sıkmak (-in) **II.** *vi* (*Brechreiz haben*) öğürmek; (*fam fig*) canı çıkmak; **an etw** *dat* ~ (*fam fig*) bir şeyi zorla yutmak

Würger *m* (ZOOL) örümcek kuşu

Wurm [vʊrm, 'vʏrmɐ] *m* <-(e)s, Würmer> (*Regen~, Spul~*) solucan; (*fam: Made*) kurt; **Würmer haben** (*Mensch, Tier*) barsaklarında kurt [*o* solucan] olmak; (*Obst*) kurtlu olmak; **da steckt der ~ drin!** (*fam fig*) bu işte bir bit yeniği var!

wurmen ['vʊrmən] *vt* (*fam*) gıcık etmek; (*ständig ärgern*) sürekli kızdırmak; **es wurmt mich, dass ...** ...mesi beni gıcık ediyor

Wurmfarn *m* (BOT) eğrelti otu

Wurmfortsatz *m* <-es, -sätze> (MED) apandis; **Wurmfraß** *m ohne Pl* kurt yemesi, kurt yeniği

wurmig *adj* (*Obst*) kurtlu, kurtlanmış

Wurmmittel *nt* solucan düşürücü

wurmstichig *adj* **1.** (*Obst*) kurtlu, kurtlanmış **2.** (*Holz*) kurt yemiş, kurt yeniği olan

Wurst [vʊrst, 'vʏrstə] *f* <Würste> sucuk; (*Würstchen*) sosis; **das ist mir ~** (*fam fig*) bu bana vız gelir; **es geht um die ~** (*fam fig*) gayret dayıya düştü; **~ wider ~** (*fig*) kısasa kısas

Würstchen ['vʏrstçən] *nt* <-s, -> (GASTR) sosis

Wurstwaren *fpl* salam, sosis, sucuk gibi gıda maddeleri *pl*

Würze ['vʏrtsə] *f* <-n> **1.** (*Substanz*) baharat **2.** (*Aroma*) çeşnilik; **Pfeffer/Majoran als ~ verwenden** çeşnilik olarak biber/mercanköşk kullanmak

Wurzel ['vʊrtsəl] *f* <-n> **1.** (*von Pflanze, Haar, Zahn*) kök; **~n schlagen** (*a. fig*) kök salmak **2.** (MATH) karekök; **die aus einer Zahl ~ ziehen** (MATH) bir sayının karekökünü almak **3.** (*Ursprung*) kök, köken; (*Ursache*) neden; **das Übel an der ~ packen** (*fig*) bir işi kökünden halletmek, bir şeyin köküne kibrit suyu dökmek **4.** (*reg: Karotte*) havuç; **Wurzelbehandlung** *f* (MED) (diş) kök(ü) tedavisi; **Wurzelfäule** *f ohne Pl* kök mantar; **Wurzelfüßer** *mPl* (ZOOL) kök bacaklılar *pl*

wurzellos *adj* köksüz

wurzeln *vi* (*a. fig*) köklenmek, kök salmak (*in* -e)

Wurzelstock *m* (BOT) kök sap; **Wurzelzeichen** *nt* (MATH) karekök işareti

würzen ['vʏrtsən] *vt* baharatlandırmak, tatlandırmak

würzig *adj* baharatlı; (*Duft*) keskin

wusch [vu:ʃ] *3. imp von* **waschen**

wusste[RR] ['vʊstə], **wußte** *3. imp von* **wissen**

Wust [vu:st] *m ohne Pl* <-(e)s> (*pej: Durcheinander*) karışıklık, kargaşa; (*Menge*) yığın

wüst [vy:st] *adj* **1.** (*öde*) ıssız, tenha; (*unbebaut*) boş **2.** (*unordentlich*) karışık, dağınık; (*wirr*) karmakarışık, darmadağın **3.** (*pej: ausschweifend*) sefih **4.** (*pej: rüde*) kaba; (*gemein*) adî **5.** (*schlimm*) kötü **6.** (*abstoßend*) iğrenç

Wüste ['vy:stə] *f* <-n> çöl; **jdn in die ~ schicken** (*fam*) birini işten atmak

Wüstenluchs *m* (ZOOL) karakulak

Wüstling ['vy:stlɪŋ] *m* <-s, -e> (*pej*) sefih

Wut [vu:t] *f ohne Pl* öfke, kızgınlık, gazap; **ich habe eine ~ auf ihn!** ona öylesine kızgınım ki!; **seine ~ an jdm/etw** *dat* **auslassen** bir kimseden/şeyden öfkesini çıkarmak [*o* almak]; **jdn in ~ bringen** birini öfkelendirmek; **in ~ geraten** öfkeye kapılmak, öfkelenmek, gazaba gelmek; **vor ~ kochen** öfkeden kudurmak; **Wutanfall** *m*, **Wutausbruch** *m* <-(e)s, -brüche>: **einen ~ bekommen** öfkeden kudurmak

wüten ['vy:tən] *vi* öfkeden kudurmak; (*fig: Krieg, Sturm, Seuche*) ortalığı kasıp kavurmak

wütend *adj* öfkeli, kızgın (*über* -den dolayı, *auf* -e); **auf jdn ~ sein** birine kızgın olmak; **~ werden** öfkelenmek (*auf* -e), kızmak (*auf* -e)

wutentbrannt ['vu:tʔɛnt'brant] *adj* öfkeden kudurmuş

wutschnaubend *adj* öfkesi burnunda

Wz *Abk. von* **Warenzeichen** marka

W

X

X, x [ɪks] *nt* <-, -> X, x
x-Achse *f* (MATH) x ekseni
Xanthippe [ksan'tɪpə] *f* <-n> (*pej*) eli maşalı, şirret
X-Beine *ntpl* (x biçiminde) çarpık bacaklar *pl*
x-beinig[RR] *adj*, **X-beinig** *adj* (x biçiminde) çarpık bacaklı
x-beliebig *adj* (*fam*) herhangi bir, rastgele
Xenon *nt ohne Pl* (CHEM) ksenon
xenophob [kseno'fo:p] *adj* yabancı düşmanı
Xenophobie [ksenofo'bi:] *f ohne Pl* kesenofobi, yabancı düşmanlığı
x-fach ['ɪksfax] *adj* (*fam*) defalarca; (*tausendfach*) bin kat
X-fache *nt ohne Pl:* **das ~ von etw** bir şeyin bin katı; **das ~ gewinnen** bin katını kazanmak
x-förmig[RR] ['ɪksfœrmɪç] *adj*, **X-förmig** *adj* x biçimindeki
x-mal ['ɪksma:l] *adv* (*fam*) defalarca, bin kere
x-te(r, s) ['ɪkstə, -tɐ, -təs] *adj* (*fam*): **zum ~n Mal(e)** kaçıncı defa
Xylofon[RR] *nt* <-s, -e>, **Xylophon** [ksylo'fo:n] *nt* <-s, -e> (MUS) ksilofon

Y

Y, y ['ʏpsilɔn] *nt* <-, -> Y, y
y-Achse *f* <-n> (MATH) y ekseni
Yacht [jaxt] *f* <-en> yat
Yak [jak] *m* <-s, -s> (ZOOL) yak
Yen [jɛn] *m* <-(s), -(s)> yen
Yeti ['je:ti] *m* <-s, -s> Yeti
Yoga ['jo:ga] *m o nt ohne Pl* <-(s)> yoga; **Yogasitz** *m ohne Pl* <-es> yoga oturuşu
Yoghurt ['jo:gʊrt] *m* <-s, -s> *s.* **Joghurt**
Yogi *m* yogi
Yo-Yo ['jo:jo, jo'jo:] *nt* <-s, -s> yoyo
Ypsilon ['ʏpsilɔn] *nt* <-(s), -s> **1.** (*lateinisches Alphabet*) Y harfi **2.** (*griechisches Alphabet*) epsilon
Yucca ['jʊka] *f* <-s> (BOT) avize ağacı
Yuppie ['jʊpi] *m* <-s, -s> yupi

Z

Z, z [tsɛt] *nt* <-, -> Z, z; ~ **wie Zeppelin** Zonguldak'ın 'ze'si

zack *interj* (*fam*): ~, ~**!** çabuk çabuk!

Zack [tsak] *m* (*fam*): **auf** ~ **sein** uyanık olmak, tetik olmak; **jdn auf** ~ **bringen** birini hizaya getirmek

Zacke ['tsakə] *f* <-n> (sivri) uç; (*Bergkamm*) (keskin) sırt; (*Gabel, Rechen, Sägeblatt*) diş; **ein Stern mit fünf** ~**n** beş ışınlı bir yıldız

Zacken ['tsakən] *m* <-s, -> (*reg*) *s.* **Zacke: sich** *dat* **keinen** ~ **aus der Krone brechen** (*fam*) saygınlığına zarar vermemek

Zackenbarsch *m* <-es, -e> (ZOOL) hani

zackig ['tsakıç] *adj* **1.** (*gezackt*) dişli, zikzaklı **2.** (*fam: Bewegung, Auftreten*) askerce; (*Person*) atik tetik, çevik; (*Musik*) hareketli

zaghaft *adj* kararsız; (*furchtsam*) ürkek; (*schüchtern*) çekingen

zäh [tsɛː] *adj* **1.** (*Leder*) sert; (*Fleisch*) kayış gibi, lâstik gibi **2.** (~*flüssig*) ağır akan **3.** (*schleppend*) bitmek bilmeyen **4.** (*beharrlich*) canı pek, inatçı, zor; (*widerstandsfähig*) canı pek, dayanıklı, sebatkâr, direşken; **zähflüssig** *adj* ağdalı; (*Verkehr*) ağır akan, yavaş

Zähigkeit *f ohne Pl* **1.** (*Widerstandsfähigkeit*) dayanıklılık **2.** (*Ausdauer*) sebat, direşme

Zahl [tsaːl] *f* <-en> (*a.* MATH, LING) sayı; (*Ziffer*) rakam; **eine astronomische** ~ astronomik bir rakam; **eine dreistellige** ~ üç haneli bir sayı; **gerade/ungerade/ganze** ~**en** çift/tek/tam sayılar; **rote** ~**en schreiben** (*fig*) ekside olmak; **in großer** ~ büyük sayıda

zahlbar *adj* ödenir; ~ **bei Lieferung** tesliminde ödenir

zahlen ['tsaːlən] *vi, vt* ödemek; (*Schuld*) ödemek; **Herr Ober, bitte** ~**!** garson bey, hesap lütfen!; **bar/mit einem Scheck** ~ nakit/çekle ödemek

zählen ['tsɛːlən] **I.** *vi* saymak; **bis zehn** ~ ona kadar saymak; **das zählt nicht** bu sayılmaz; **auf jdn/etw** ~ bir kimseye/şeye güvenmek; **zu etw** *dat* ~ bir şeyden sayılmak, bir şeyden olmak; **zu den Besten** ~ en iyilerinden sayılmak **II.** *vt* saymak; (*Bevölkerung*) saymak; (*Stimmen bei Wahlen*) saymak; **seine Tage sind gezählt** günleri sayılı

Zahlenfolge *f* sayı dizisi

Zahlenlotto *nt* sayısal lotto

zahlenmäßig I. *adj* sayı **II.** *adv* sayıca, sayı bakımından; ~ **überlegen** sayıca üstün olmak

Zahlenschloss[RR] *nt* şifreli kilit

Zahler(in) *m(f)* <-s, -; -nen> ödeyen

Zähler(in)[1] *m(f)* <-s, -; -nen> puan

Zähler[2] *m* <-s, -> **1.** (*Zählwerk*) sayaç, ölçer; **den** ~ **ablesen** sayacı okumak **2.** (MATH) pay; (*Dividend*) bölünen

Zählerstand *m* <-(e)s, -stände> sayacın gösterdiği durum

Zahlkarte *f* hesaba para yatırma formu

zahllos *adj* sayısız

zahlreich I. *adj* pek çok; (*Familie*) büyük **II.** *adv* pek çok, çok sayıda

Zahltag *m* ödeme günü

Zahlung *f* <-en> ödeme; **eine** ~ **leisten** ödemede bulunmak, ödeme yapmak

Zählung *f* <-en> sayma; (*Volks*~) sayım

Zahlungsanweisung *f* (FIN) ödeme havalesi; **Zahlungsaufschub** *m* (JUR) moratoryum; **Zahlungsbefehl** *m* (JUR) ödeme emri; **Zahlungsbilanz** *f* (WIRTSCH, FIN) ödemeler dengesi; **zahlungsfähig** *adj* ödeme gücüne sahip, ödeyecek durumda olan; **Zahlungsfähigkeit** *f ohne Pl* ödeme gücü; **zahlungskräftig** *adj* (*fam*) paralı, yağlı; **Zahlungsmittel** *nt* ödeme aracı; **zahlungsunfähig** *adj* ödemeden âciz; **Zahlungsunfähigkeit** *f ohne Pl* aciz; **Zahlungsverkehr** *m* transferler *pl;* **bargeldloser** ~ nakit olmayan transferler

Zahlwort *nt* <-(e)s, -wörter> (LING) sayı sıfatı

zahm [tsaːm] *adj* **1.** (*Tier*) evcil, ehlî; (*gezähmt*) evcilleştirilmiş, ehlîleştirilmiş **2.** (*fam: brav*) uysal

zähmen ['tsɛːmən] *vt* **1.** (*Tier*) evcilleştirmek, ehlîleştirmek; (*zum Haustier*) evcilleştirmek **2.** (*geh fig*) gem vurmak (-e); (*Ungeduld, Neugier, Trieb*) gemlemek, frenlemek

Zähmung *f* <-en> **1.** (*eines Tieres*) evcilleştirme, ehlîleştirme; (*zum Haustier*) evcilleştirme **2.** (*geh fig: der Ungeduld, Triebe*) gemleme, frenleme

Zahn [tsaːn, *Pl:* 'tsɛːnə] *m* <-(e)s, Zähne> diş; **die dritten Zähne** (*fam*) takma diş(ler); **sich** *dat* **die Zähne putzen** dişlerini temizlemek; **mit den Zähnen klap-**

pern/knirschen dişlerini takırdatmak/gıcırdatmak; **sie bekommt Zähne** diş çıkarıyor; **der ~ der Zeit** (*fam*) zamanın etkisi; **jdm die Zähne zeigen** (*fam*) birine diş göstermek; **jdm auf den ~ fühlen** (*fam fig*) birinin nabzını yoklamak; **sich** *dat* **die Zähne an etw** *dat* **ausbeißen** (*fam*) bir şeye dişini tırnağını takmak; **bis an die Zähne bewaffnet** (*fig*) tepeden tırnağa kadar silâhlanmış; **einen ~ zulegen** (*fam: schneller fahren*) hızı artırmak, gaza basmak; (*sich beeilen*) acele etmek, gaz vermek; **Zahnarzt, -ärztin** *m, f* diş hekimi, dişçi; **zahnärztlich** *adj:* **~e Praxis** dişçi muayenehanesi; **sich ~ behandeln lassen** dişlerini tedavi ettirmek; **Zahnbehandlung** *f* diş tedavisi; **Zahnbelag** *m* (MED) pesek, diş pası; **Zahnbrasse** *f* (ZOOL, GASTR) sinarit; **Zahnbürste** *f* diş fırçası; **Zahncreme** *f s.* **Zahnpasta**

zähneknirschend *adv* dişlerini gıcırdatarak; (*unwillig*) istemeye istemeye, gönülsüzce

zahnen ['tsaːnən] *vi* diş çıkarmak

Zahnersatz *m* diş protezi; (*Gebiss*) takma diş; **Zahnfäule** *f* diş çürüğü

Zahnfleisch *nt* diş eti; **Zahnfleischbluten** *nt ohne Pl* <-s> diş eti kanaması; **ich habe ~** diş etlerim kanıyor

Zahnfüllung *f* (MED) diş dolgusu; **Zahnklinik** *f* diş kliniği; **Zahnkrone** *f* kuron; **Zahnlücke** *f* diş boşluğu; **Zahnmedizin** *f ohne Pl* diş hekimliği, dişçilik; **Zahnpasta** ['tsaːnpasta] *f* <-pasten> diş macunu; **Zahnpflege** *f* diş bakımı; **Zahnprothese** *f* diş protezi

Zahnrad *nt* (TECH) dişli; **Zahnradbahn** *f* (TECH) dişli tren

Zahnschmelz *m ohne Pl* (MED) mine; **Zahnschmerz** *m* diş ağrısı; **ich habe ~en** dişim ağrıyor; **Zahnseide** *f ohne Pl* diş aralıklarını temizleme ipliği; **Zahnspange** *f* diş teli; **Zahnstein** *m ohne Pl* <-(e)s> kefeki; **Zahnstocher** [-ʃtɔxɐ] *m* <-s, -> kürdan; **Zahntechniker(in)** *m(f)* diş teknisyeni; **Zahnwurzel** *f* (ANAT) diş kökü

Zaire [za'iːɐ] *nt* <-s> Zaire

Zander ['tsandɐ] *m* <-s, -> (ZOOL) uzun levrek

Zange ['tsaŋə] *f* <-n> **1.** (*Werkzeug*) pense; (*Kneif~*) kerpeten; (*Zucker~*) maşa; (MED: *Geburts~*) forseps; **jdn in die ~ nehmen** (*fam fig*) birini sıkıştırmak **2.** (*fam: von Tieren*) kıskaç; **Zangengeburt** *f* (MED) forsepsli doğum

Zank [tsaŋk] *m ohne Pl* <-(e)s> geçimsizlik, çekişme; (*Streit*) kavga; **Zankapfel** *m* geçimsizlik konusu

zanken ['tsaŋkən] *vi, vr* kavga etmek; **sich mit jdm um etw ~** biriyle bir şey için kavga etmek

zänkisch ['tsɛŋkɪʃ] *adj* geçimsiz, kavgacı; (*Weib*) eli maşalı

Zäpfchen ['tsɛpfçən] *nt* <-s, -> **1.** (ANAT: *Gaumen~*) küçük dil; (*Scheiden~*) bızır **2.** (*Medikament*) fitil

zapfen ['tsapfən] *vt* çekmek; **gezapftes Bier** fıçıdan çekilmiş bira

Zapfen ['tsapfən] *m* <-s, -> **1.** (BOT) kozalak **2.** (*Stöpsel*) tıkaç, tıpa **3.** (TECH: *in der Holzverarbeitung*) yuva dili; (*an einer Welle, Achse*) muylu

Zapfenstreich *m* (MIL) kışlaya dön borusu, yat borusu; **in dem Internat ist um zehn Uhr ~** (*fig*) yatılı okulda saat onda yat borusu öter

Zapfhahn *m* fıçı musluğu; **Zapfsäule** *f* benzin pompası

zappelig ['tsap(ə)lɪç] *adj* (*fam*) kurtlu, yerinde (rahat) duramayan, sürekli kıpırdanan

zappeln ['tsapəln] *vi:* **mit den Armen und Beinen ~** el ayak oynatmak; (*unruhig sein*) huzursuz olmak, yerinde (rahat) duramamak, sürekli kıpırdamak; **jdn ~ lassen** (*fam*) birini bekletmek

Zappelphilipp ['tsapəlfɪlɪp] *m* <-s, -s *o* -e> (*fam pej*) ele avuca sığmaz haşarı çocuk

zappen ['tsapən] *vi* (TV: *fam*) geçgeçlemek, zaping yapmak

zapplig *adj* (*fam*) *s.* **zappelig**

Zar [tsaːɐ] *m* <-en, -en> çar

Zarge *f* (ARCH: *Fenster~*) kasa

Zarin *f* <-nen> çariçe

zart [tsaːɐt] *adj* **1.** (*Gemüse*) körpe; (*Fleisch*) yumuşak; **im ~en Alter von ...** (*geh*) ... gibi körpe bir yaşta **2.** (*fein*) ince; (*zerbrechlich*) nazik, narin, çıtkırıldım; (*empfindlich*) nazik; (*Haut*) pürüzsüz; (*Gesundheit*) zayıf **3.** (*Farbe, Klang*) hoş; (*Berührung*) yumuşak, şefkatli; **zartbesaitet** ['--'--] *adj* duyarlı, hassas, ince duygulu; **zartbitter** ['-'--] *adj:* **~e Schokolade** acımtırak çikolata; **zartfühlend** *adj* ince duygulu; **Zartgefühl** *nt ohne Pl* <-(e)s> ince duygu; (*Taktgefühl*) ölçülü davranış

zartglied(e)rig ['tsaːɐtgliːd(ə)rɪç] *adj* (*fein*) narin yapılı; (*zerbrechlich*) çıtkırıldım

zärtlich ['tsɛːɐtlɪç] **I.** *adj* (*liebevoll*) şefkatli, müşfik, sevecen **II.** *adv* şefkatle

Zärtlichkeit[1] *f ohne Pl* (*Zuneigung*) şefkat, sevecenlik

Zärtlichkeit[2] *f* <-en> (*Liebkosung*) okşama

Zaster ['tsastɐ] *m ohne Pl* <-s> (*fam*) mangır

Zäsur [tsɛ'zuːɐ] *f* <-en> (*geh* LIT, MUS) durak; (*im historischen Ablauf*) dönüm noktası

Zauber ['tsaʊbɐ] *m ohne Pl* <-s> **1.** (~ *handlung,* ~ *bann*) büyü, sihir; **fauler** ~ (*fam fig, pej*) hokkabazlık **2.** (~ *kraft*) tılsım **3.** (*Faszination*) büyü; (*Reiz*) cazibe

Zauberei[1] [tsaʊbə'raɪ] *f ohne Pl* (*Magie*) büyü(cülük), sihir(bazlık)

Zauberei[2] *f* <-en> (*Kunststück*) sihirbazlık, hokkabazlık

Zauberer, -in ['tsaʊbərɐ] *m, f* <-s, -; -nen> büyücü, sihirbaz; (*Zauberkünstler*) hokkabaz

Zauberformel *f* büyülü söz, büyü formülü

zauberhaft *adj* büyüsel

Zauberkünstler(in) *m(f)* sihirbaz, hokkabaz; (*Illusionist*) illüzyonist, göz bağcı; **Zauberkunststück** *nt* sihirbazlık, hokkabazlık

zaubern ['tsaʊbɐn] **I.** *vi* **1.** (*Magie betreiben*) büyü yapmak; **ich kann doch nicht** ~ (*fam*) ben büyücü değilim ki! **2.** (*als Zauberkünstler*) hokkabazlık yapmak **II.** *vt* **1.** (*herbei~*): **eine Taube aus dem Hut** ~ hokkabazlıkla [*o* el çabukluğu ile] şapkadan güvercin çıkarmak **2.** (*herstellen*): **ein wundervolles Gericht** ~ el çabukluğu ile harika bir yemek yapmak

Zauberspiegel *m* sihirli ayna; **Zauberspruch** *m* büyülü söz; **Zauberstab** *m* sihirli değnek; **Zaubertrank** *m* tılsımlı içecek; **Zaubertrick** *m* hokkabazlık; **Zauberwort** *nt* <-(e)s, -e> büyülü söz

zaudern ['tsaʊdɐn] *vi* tereddüt etmek, duraksamak, bir türlü karar verememek

Zaum [tsaʊm, *Pl:* 'tsɔɪmə] *m* <-(e)s, Zäume> gem; **jdn im** ~ **halten** (*fig*) birine gem vurmak; **sich im** ~ **halten** (*fig*) kendini tutmak, kendine hâkim olmak, kendini zapt etmek; **seine Zunge im** ~ **halten** (*fig*) dilini tutmak

zäumen ['tsɔɪmən] *vt* gemlemek, gem vurmak (-e)

Zaun [tsaʊn, *Pl:* 'tsɔɪnə] *m* <-(e)s, Zäune> çit, perde; **einen Streit vom** ~ **brechen** yok yere kavga çıkarmak; **Zaungast** *m* bedava seyirci, beleşçi; **ich war dort nur** ~ ben orada sadece seyirciydim; **Zaunkönig** *m* <-s, -e> (ZOOL) çalı kuşu; **Zaunpfahl** *m* kazık; **ein Wink mit dem** ~ (*fig*) bir şeyi fazla açık bir şekilde ima

zausen ['tsaʊzən] *vt* (*Haare, Fell*) didiklemek; (*zersausen*) darmadağın etmek; (*zupfen*) çekiştirmek; (*Geflügelknochen*) kemirmek; **jdm das Haar** ~ birini saçından tutup sarsmak; **jdn bei den Haaren** ~ birinin saçlarını çekiştirmek

Zaziki *m* (GASTR) cacık

z.B. *Abk. von* **zum Beispiel** örneğin, meselâ

Zebra ['tseːbra] *nt* <-s, -s> (ZOOL) zebra; **Zebrastreifen** *m* yaya geçidi

Zeche ['tsɛçə] *f* <-n> **1.** (BERGB: *Bergwerk*) maden ocağı **2.** (*Rechnung*) hesap; **die** ~ **prellen** (*fam*) hesabı ödemeden sıvışmak

zechen ['tsɛçən] *vi* (*fam*) demlenmek, içki içmek, kafa(yı) çekmek

Zecher(in) *m(f)* <-s, -; -nen> içkici

Zechgelage *nt* <-s, -> içki âlemi, içki sefası, işret meclisi

Zechkumpan(in) *m(f)* (*fam*) kadehdaş, kadeh arkadaşı

Zecke ['tsɛkə] *f* <-n> (ZOOL) sakırga, kene; **Zeckenbiss[RR]** *m* kene ısırığı

Zeder *f* <-n> (BOT) sedir

Zedernholz *nt ohne Pl* <-es> sedir

Zeh [tseː] *m* <-s, -en> ayak parmağı; **der große** ~ ayak başparmağı

Zehe ['tseːə] *f* <-n> **1.** (*Körperteil*) ayak parmağı; **die große** ~ ayak başparmağı **2.** (*Knoblauch~*) diş; **eine** ~ **Knoblauch** bir diş sarımsak; **Zehennagel** *m* ayak tırnağı; **Zehenspitze** *f* ayak (parmağının) ucu; **auf** ~**n gehen** ayaklarının ucuna basarak yürümek; **sich auf die** ~**n stellen** ayak parmaklarının ucunda yükselmek

zehn [tseːn] *adj inv* on; *s. a.* **acht[1]**

Zehn *f* **1.** (*Zahl*) on **2.** (*Spielkarte*) onlu **3.** (*fam*): **die** ~ **nehmen** on numarayla gitmek

Zehner *m* <-s, -> **1.** (*fam: Geldschein*) onluk; (*Münze*) on sent, on kuruş; **hast du einen** ~**?** bir onluğun var mı? **2.** (*einer mehrstelligen Zahl*) onlar hanesi

Zehnerbruch *m* (MATH) ondalık kesir

zehnerlei ['--'-] *adj inv* on çeşit, on türlü; *s. a.* **achterlei**

Zehneuroschein ['-'--] *m* <-(e)s, -e> on euroluk banknot

zehnfach **I.** *adj* on (kat); **die** ~**e Menge** on misli **II.** *adv* on kere; *s. a.* **achtfach**

Zehnkampf *m* (SPORT) dekatlon; **Zehnkämpfer** *m* <-s, -> (SPORT) dekatloncu

zehnmal *adv* on defa [*o* kere]; *s. a.* **achtmal**

Zehnmarkschein ['-'--] *m* <-(e)s, -e> on marklık banknot

Zehnprozenthürde *f* yüzde on barajı

zehnt: **zu je** ~ onardan; **zu** ~ onu (birden); **wir sind zu** ~ onuz, on kişiyiz

Zehnt *m* <-en, -en> (HIST) öşür

zehntausend *adj inv* on bin; **die oberen** ~ en üst tabaka, ülkeye hâkim olan zenginler zümresi

zehnte(r, s) ['tseːntə, -tɐ, -təs] *adj* onuncu; *s. a.* **achte(r, s)**

zehntel ['tseːntəl] *adj inv* onda (bir); *s. a.* **achtel**

zehntens ['tseːntəns] *adv* onuncu olarak;

(*bei einer Aufzählung*) onuncusu; *s. a.* **achtens**

zehren ['tse:rən] *vi* (*mager machen, schwächen*) zayıflatmak (*an* -i); **an ihrer Kraft ~** gücünü tüketmek; **von etw** *dat* **~** bir şeyden geçinmek; **die Krankheit zehrte an seinen Kräften** hastalık onu yıprattı

Zeichen ['tsaɪçən] *nt* <-s, -> **1.** (*a.* ASTR, LING, MUS) işaret; (*Symbol*) simge, timsal; (*Ab~*) nişan; (*Akten~*) işaret, sayı; (*Waren~*) marka; **unser/Ihr ~** işaretimiz/işaretiniz, sayı/ilgi; **sie ist im ~ des Löwen geboren** Aslan burcunda doğmuştur **2.** (*Signal*) sinyal; (*mit der Hand*) işaret; (*Beweis*) emare; **jdm ein ~ geben** birine işaret etmek; **das ist kein gutes ~** bu iyi bir emare değil **3.** (*An~, Vor~*) belirti, alâmet; (MED) semptom

Zeichenblock *m* <-(e)s, -s *o* -blöcke> çizim bloku, resim bloku; **Zeichenbrett** *nt* resim tahtası

Zeichenerklärung *f* (*auf Landkarte*) lejant, işaretler *pl;* (*auf Fahrplänen*) işaretlerin anlamı

Zeichenkunst *f* ressamlık, resim yapma sanatı; **seine Zeichenkünste lassen zu wünschen übrig** ressamlığı pek ahım şahım değil

Zeichenpapier *nt* resim kâğıdı; **Zeichensetzung** *f ohne Pl* noktalama; **Zeichensprache** *f* <-n> işaret dili, sağırlar dili

Zeichentrickfilm *m* çizgi film

zeichnen ['tsaɪçnən] **I.** *vt* **1.** (*malen*) resmini yapmak (-in); (*skizzieren*) çizmek; **technisches Z~** teknik resim **2.** (*kenn~*) işaretlemek **3.** (*unterschreiben*) imzalamak; **Aktien ~** yeni hisse senetlerinde iştirakı taahhüt etmek **II.** *vi* resim yapmak; **für etw ~** bir şey için sorumluluğu taşımak, bir şeyden sorumlu olmak; **gezeichnet Müller** imzalayan Müller, Müller (tarafından) imzalı

Zeichner(in) *m(f)* <-s, -; -nen> **1.** (*Maler*) ressam; **technischer ~/technische ~in** teknik ressam **2.** (WIRTSCH) iştirakı taahhüt eden

zeichnerisch *adj:* **er ist ~ (sehr) begabt** resme (çok) istidadı var; **etw ~ darstellen** bir şeyi çizimle göstermek

Zeichnung *f* <-en> **1.** (*Darstellung*) çizim, resim; (*Skizze*) kroki **2.** (COM) taahhüt

Zeigefinger *m* işaret parmağı; **mit dem ~ auf jdn deuten** birini parmakla göstermek

zeigen ['tsaɪgən] **I.** *vt* **1.** (*allgemein*) göstermek, işaret etmek; (*vorführen*) göstermek; (*Film*) göstermek; **jdm etw ~** birine bir şey göstermek; (*beibringen*) göstermek; **dir werd' ich's ~!** (*fam*) ben sana gösteririm! **2.** (*an~*) göstermek; **das Thermometer zeigt zwei Grad** termometre iki derece gösteriyor **3.** (*an den Tag legen*) göstermek, ortaya koymak **4.** (*beweisen*) göstermek; **nun zeig mal, was du kannst!** (*fam*) hadi göster bakalım, ne yapabildiğini! **II.** *vi* işaret etmek (*nach* -e); **auf etw/jdn ~** bir şeye/kimseye işaret etmek; **sie zeigt nach rechts** sağı gösteriyor; **zeig mal!** göstersene!, göster bakayım! **III.** *vr:* **sich ~ 1.** (*allgemein*) görünmek; (*sich sehen lassen*) kendini göstermek; **sich besorgt ~** endişeli görünmek; **wie kann ich mich Ihnen erkenntlich ~?** bana yapmış olduğunuz iyiliğe karşılık size ne yapabilirim?; **er zeigt sich heute von seiner besten Seite** bugün kendini en iyi tarafıyla gösteriyor; **mit ihm kann man sich überall ~** onunla her yerde görünebilirim **2.** (*sich herausstellen*) ortaya çıkmak, belli olmak; (*zum Vorschein kommen*) ortaya çıkmak, görünmek, gözükmek; **das wird sich ~** bu ortaya çıkacaktır, bu belli olacaktır

Zeiger *m* <-s, -> gösterge; (*Uhr~*) ibre; **der große/kleine ~** yelkovan/akrep

Zeigestock *m* <-(e)s, -stöcke> işaret değneği

Zeile ['tsaɪlə] *f* <-n> **1.** (*Text~*) satır; **jdm ein paar ~n schreiben** birine birkaç satır yazmak; **neue ~** (*beim Diktat*) satır başı; **er hat das mit keiner ~ angedeutet** bunu bir satırla bile anıştırmadı, buna bir satırla bile değinmedi; **zwischen den ~n lesen** satırlar arasındaki imalarla okuyabilmek **2.** (*Reihe*) sıra **3.** (*Gedicht~*) dize; **Zeilenabstand** *m* satır aralığı; **zeilenweise** *adv* satır satır

Zeisig ['tsaɪzɪç] *m* <-s, -e> (ZOOL) karabaşlı iskete; **ein lockerer ~** (*fam fig*) uçarı [*o* hoppa] bir kimse

zeit [tsaɪt] *präp:* **~ meines/seines Lebens** hayatım [*o* ömrüm]/hayatı [*o* ömrü] boyunca

Zeit [tsaɪt] *f* <-en> (*a.* LING, SPORT) zaman, vakit; (*~punkt*) an; (*~raum*) süre [*o* müddet]; (*~alter*) çağ; (*Bronze~, Stein~*) devir; (*Uhr~*) saat; (*Jahres~*) mevsim; **seit einiger/geraumer ~** bir/uzun süredir; **nach türkischer ~** Türk saati ile; **zu jeder ~** her zaman; **zu keiner ~** hiçbir zaman; **zur ~ Napoleons** Napolyon devrinde; **eine ~ lang** bir zaman boyunca; (*eine Weile*) bir süre [*o* müddet]; **seit dieser ~** bu [*o* o] zamandan beri; **nach kurzer ~** az zaman sonra; **mit der ~** zamanla; **mit der ~ gehen** zamana uymak; **(keine) ~ haben** vakti ol(ma)mak (*für* için); **wir wollen keine ~ verlieren** vakit geçirmeyelim;

wir haben noch fünf Minuten ~ daha beş dakika vaktimiz var; **wo warst du denn die ganze ~?** bunca zaman neredeydin?; ~ **gewinnen** vakit kazanmak; **sich** *dat* (**mit etw** *dat*) ~ **lassen** (bir şeyde) acele etmemek, (bir şeyi) aceleye getirmemek; **sich** *dat* ~ **nehmen** (**für etw**) bir şey için zaman ayırmak; **jdm die** ~ **stehlen** (*fam*) birinin vaktini almak; **sich** *dat* **mit etw** *dat* **die** ~ **vertreiben** bir şeyle oyalanmak [*o* vakit geçirmek]; **jdm** *dat* **mit etw** *dat* **die** ~ **vertreiben** bir şeyle birini oyalamak, bir şeyle birinin vaktini almak; **das hat** (**noch**) ~ buna (daha) vakit var; **auf** ~ süreli; **es wird** (**allmählich**) ~ (yavaş yavaş) vakit geliyor; **es ist an der** ~ (**zu gehen**) (gitme) vakti geldi; **morgen um diese** ~ yarın bu vakitler; **um 12 Uhr mitteleuropäischer** ~ Orta Avrupa saatiyle saat 12'de; **der größte Schwindler aller** ~**en** gelmiş geçmiş en büyük düzenbaz; **zur rechten** ~ zamanı gelince; **alles zu seiner** ~**!** her şeyin zamanı var!; **von** ~ **zu** ~ zaman zaman, vakit vakit; **auf bestimmte** ~ belirli bir süre için; **auf unbestimmte** ~ belirsiz bir süre için; **im Laufe der** ~ zaman geçtikçe; **die heutige** ~ şimdiki zaman, zamane, günümüz; **die gute alte** ~**!** hey gidi günler hey!; **das waren noch** ~**en!** ne günlerdi onlar!, o günler ne günlerdi!; **zur** ~**, als ich jung war/in Köln wohnte** ben gençken/Köln'de otururken; **in letzter** ~ son zamanda; **in nächster** ~ yakın zamanda; **für alle** ~**en** ebediyen; **auf unabsehbare** ~ belirsiz bir süre için; **die** ~**en ändern sich** zamanlar değişiyor; **das ist vor meiner** ~ **geschehen** bu benim zamanımdan önce oldu; **zu meiner** ~ benim zamanımda; **kommt** ~**, kommt Rat** (*prov*) zamanı gelince çaresi bulunur; **du liebe** ~**!** bak sen şu işe!; ~ **ist Geld** (*prov*) vakit nakittir; **Zeitabschnitt** *m* zaman dilimi; (*länger*) dönem; **Zeitalter** *nt* <-s, -> çağ; (*Jahrhundert*) asır; **das goldene** ~ altın çağ; **Zeitangabe** *f* <-n> zamanın gösterilmesi; (*Uhrzeit*) saatin gösterilmesi; (*Datum*) tarihin gösterilmesi; **Zeitansage** *f* saat anonsu; **Zeitarbeit** *f ohne Pl* (WIRTSCH) geçici iş; **Zeitaufwand** *m* zaman harcama; **mit möglichst geringem** ~ mümkün mertebe az zaman harcayarak; **zeitaufwändig**[RR] *adj*, **zeitaufwendig** *adj* zaman alıcı; **Zeitbegriff** *m ohne Pl* zaman kavramı; **Zeitbombe** *f* saatli bomba; **Zeitdauer** *f* süre; **Zeitdruck** *m ohne Pl* <-(e)s>: **unter** ~ **stehen** zaman bakımından sıkışık durumda olmak, zaman darlığı çekmek; **jdn unter** ~ **setzen** birine zaman bakımından baskı yapmak; **Zeiteinheit** *f* zaman birimi; **Zeiteinteilung** *f* zaman bölümü, zaman ayırma; **Zeitfaktor** *m ohne Pl* zaman faktörü; **Zeitfrage** *f ohne Pl* zaman meselesi; **Zeitgefühl** *nt ohne Pl* <-(e)s> zaman duygusu; **Zeitgeist** *m ohne Pl* <-(e)s> zamanın ruhu

zeitgemäß *adj* zamana uygun; (*aktuell*) güncel

Zeitgenosse, -in *m, f* çağdaş

zeitgenössisch *adj* çağdaş

Zeitgeschehen *nt* güncel olaylar *pl;* **Zeitgeschmack** *m ohne Pl* <-(e)s> zamanın zevki; **Zeitgewinn** *m ohne Pl* <-(e)s> zaman kazanma; **zeitgleich** *adj* zamandaş; ~ **durchs Ziel gehen** aynı zamanda finişten geçmek

zeitig **I.** *adj* vakitli **II.** *adv* vaktinde; **wir müssen** ~ **los** vaktinde çıkmamız gerekiyor [*o* lâzım]

Zeitkarte *f* abone kartı

Zeitlang *f* s. **Zeit**

zeitlebens [tsaɪt'le:bəns] *adv* ömür boyunca

zeitlich *adj* zamansal; (*vergänglich*) geçici; ~ **zusammenfallen** aynı zamanda olmak; **das passt ihr** ~ **nicht** bu, ona vakitçe uymaz; **etw ist** ~ **begrenzt** bir şey vakitçe sınırlıdır; **das Z~e segnen** (*fig*) ruhunu teslim etmek

zeitlos *adj* modası geçmeyen

Zeitlupe *f ohne Pl* (FILM) yavaşlatılmış devinim [*o* hareket]; **in** ~ yavaşlatılmış devinimle [*o* hareketle]; **Zeitlupentempo** *nt ohne Pl* <-s>: **im** ~ **arbeiten** çok yavaş çalışmak

Zeitmangel *m ohne Pl* <-s> zaman yetersizliği; **aus** ~ zaman yetersizliğinden, zaman yetmediğinden; **Zeitmesser** *f* süreölçer; **Zeitmessung** *f* süre ölçümü; **Zeitnehmer** *m* (SPORT) süre ölçen; **Zeitnot** *f ohne Pl* zaman darlığı; **in** ~ **sein** zamanı dar olmak; **Zeitpunkt** *m* esna; (*Augenblick*) an; (*Datum*) tarih; **zu diesem** ~ bu tarihte

Zeitraffer [-rafɐ] *m ohne Pl* <-s> (FILM) hızlandırılmış devinim [*o* hareket]; **im** ~ hızlandırılmış devinimle [*o* hareketle]

zeitraubend *adj* zaman [*o* vakit] alıcı; **Zeitraum** *m* <-(e)s, -räume> süre; **in einem** ~ **von zwei Monaten** iki aylık bir süre içinde; **Zeitrechnung** *f* takvim; **christliche** ~ milâdî takvim; **vor/nach unserer** ~ milâttan önce/sonra; **Zeitreise** *f* zaman yolculuğu

Zeitschrift *f* dergi, mecmua

Zeitspanne *f* süre; **Zeittafel** *f* kronolojik cetvel; **Zeitumstellung** *f* saatlerin ileri veya geri alınması

Zeitung ['tsaɪtʊŋ] *f* <-en> gazete; (*Tages~*) günlük gazete

Zeitungsabonnent(in) *m(f)* <-en, -en; -nen> gazete abonesi; **Zeitungsannonce** *f*, **Zeitungsanzeige** *f* gazete ilânı; **Zeitungsartikel** *m* gazete makalesi; **Zeitungsausschnitt** *m* gazete kupürü; **Zeitungsausträger(in)** *m(f)* <-s, -; -nen> gazete dağıtıcısı; **Zeitungsbeilage** *f* gazetenin ilâvesi [*o* eki]; **Zeitungsente** *f* asparagas, uydurma haber; **Zeitungskorrespondent(in)** *m(f)* <-en, -en; -nen> gazete muhabiri; **Zeitungsmeldung** *f* gazete haberi; **Zeitungspapier** *nt ohne Pl* <-s> gazete kâğıdı; **Zeitungsverkäufer(in)** *m(f)* gazeteci, gazete satan (kimse)

Zeitunterschied *m* saat farkı; **Zeitverlust** *m* zaman kaybı; **Zeitverschwendung** *f* zaman harcama; **reine ~** boşa zaman harcama; **Zeitvertrag** *m* süresi belirli sözleşme; **Zeitvertreib** *m* <-(e)s, -e> vakit geçirme; **etw zum ~ tun** bir şeyi vakit geçirmek için yapmak; **Zeitverzögerung** *f* gecikme

zeitweilig ['tsaɪtvaɪlɪç] **I.** *adj* geçici, muvakkat **II.** *adv* **1.** (*vorübergehend*) geçici olarak, muvakkaten **2.** (*manchmal*) bazen, ara sıra

zeitweise ['tsaɪtvaɪzə] *adv* **1.** (*manchmal*) bazen, ara sıra **2.** (*vorübergehend*) geçici olarak, muvakkaten

Zeitwort *nt* <-(e)s, -wörter> (LING: *Verb*) fiil; **Zeitzeuge, -in** *m, f* çağın tanığı; (*Zeitgenosse*) çağdaş; **Zeitzone** *f* zaman kuşağı; **Zeitzünder** *m* saatli ateşleme tertibatı, saniyeli tapa

zelebrieren* [tsele'bri:rən] *vt* kutlamak

Zelle ['tsɛlə] *f* <-n> **1.** (*einer Organisation, a.* BIOL, ELEK) göze, hücre **2.** (*Telefon~*) kabin, kulübe **3.** (*Gefängnis~*) hücre; (*Kloster~*) oda

Zellgewebe *nt* (BIOL) göze dokusu, hücre dokusu; **Zellkern** *m* (BIOL) göze çekirdeği, hücre çekirdeği; **Zellteilung** *f* <-en> (BIOL) hücre bölünmesi

Zellulitis [tsɛlu'li:tɪs, *Pl:* tsɛluli'ti:dən] *f* <Zellulitiden> (MED) selülit

Zelluloid [tsɛlu'lɔɪt] *nt ohne Pl* <-s> (*a.* CHEM) selüloit

Zellulose [tsɛlu'lo:zə] *f* <-n> selüloz

Zelt [tsɛlt] *nt* <-(e)s, -e> çadır; **seine ~e aufschlagen/abbrechen** (*fam*) çadır kurmak/yıkmak; **Zeltdach** *nt* çadır çatı

zelten ['tsɛltən] *vi* çadır kurmak, kamping yapmak; (*im Zelt übernachten*) geceyi çadırda geçirmek

Zeltlager *nt* kamp; **Zeltleinwand** *f ohne Pl* çadır bezi; **Zeltmast** *m* çadır direği; **Zeltpflock** *m* çadır kazığı; **Zeltplatz** *m* <-es, -plätze> kamp yeri; (*Campingplatz*) kamping yeri; **Zeltstange** *f* çadır direği; **Zeltstoff** *m* çadır bezi

Zement [tse'mɛnt] *m* <-(e)s, -e> çimento

zementieren* [tsemɛn'ti:rən] *vt* **1.** (*Wege*) çimentolamak **2.** (*unverrückbar machen*) değiştirilemez hale getirmek

Zenit [tse'ni:t] *m ohne Pl* <-(e)s> (*a. fig*) doruk, zirve; **im ~ seines Ruhms stehen** ününün doruğunda olmak [*o* bulunmak], şöhretinin zirvesinde olmak [*o* bulunmak]

zensieren* [tsɛn'zi:rən] *vt* **1.** (*der Zensur unterwerfen*) sansürlemek **2.** (*benoten*) not vermek (-e)

Zensor(in) ['tsɛnzo:ɐ] *m(f)* <-s, -en; -nen> sansürcü

Zensur¹ [tsɛn'zu:ɐ] *f ohne Pl* (*Kontrolle*) sansür; **der ~ unterliegen** sansüre tâbi olmak

Zensur² *f* <-en> (*Note*) not

Zentimeter [tsɛnti-, 'tsɛnti-] *m o nt* santimetre; **Zentimetermaß** *nt* <-es, -e> mezura

Zentner ['tsɛntnɐ] *m* <-s, -> **1.** (*50 kg*) elli kilo **2.** (*österr, Schweiz: 100 kg*) yüz kilo

zentral [tsɛn'tra:l] *adj* merkezî; **~ gelegen** merkezî olmak; **in ~er Lage** merkezî bir mevki; **ich wohne hier ziemlich ~** burada oldukça merkezî oturuyorum; **Zentralamerika** [-'--'---] *nt* Orta Amerika; **Zentralbank** *f* merkez bankası; **die europäische/türkische ~** Avrupa/Türkiye Merkez Bankası

Zentrale [tsɛn'tra:lə] *f* <-n> merkez; (*Telefon~*) santral

Zentralheizung *f* <-en> merkezî ısıtma

zentralisieren* [tsɛntrali'zi:rən] *vt* merkezîleştirmek

Zentralismus *m ohne Pl* merkeziyet, merkeziyetçilik

Zentralkomitee *nt* merkez komitesi; **Zentralnervensystem** *nt* (ZOOL, MED) merkez sinir sistemi; **Zentralrat** *m* <-(e)s, -räte> merkez kurulu; **Zentralrechner** *m* <-s, -> (INFORM) merkez bilgisayarı; **Zentralstelle** *f* merkez

Zentren ['tsɛntrən] *Pl von* **Zentrum**

zentrieren* [tsɛn'tri:rən] *vt* (*a.* TECH) merkezlemek, ortalamak

zentrifugal *adj* merkezkaç

Zentrifugalkraft *f ohne Pl* (PHYS) merkezkaç kuvvet

Zentrifuge [tsɛntri'fu:gə] *f* <-n> santrifüj, santrifüjör

zentrifugieren* *vt* merkezkaçlamak; **Zentripetalkraft** *f* (PHYS) merkezcil kuvvet

zentrisch ['tsɛntrɪʃ] *adj* (*im Mittelpunkt liegend*) merkezî, merkezde bulunan; (*zum Mittelpunkt hin*) merkezcil, merkeze do-

ğru yaklaşan
Zentriwinkel *m* (MATH) merkez açı
Zentrum ['tsɛntrʊm] *nt* <-s, Zentren> merkez; **im ~ des öffentlichen Interesses stehen** herkesin ilgisini üstünde toplamak; **sie wohnt im ~** merkezde oturuyor
Zeppelin ['tsɛpəli:n] *m* <-s, -e> zeplin
Zepter ['tsɛptɐ] *m o nt* <-s, -> hükümdar asası; **das ~ schwingen** (*fam*) hüküm sürmek
zerbeißen* [tsɛɐ-] *irr vt* ısırıp parçalamak
Zerberus *m* zebani
zerbeulen* *vt* ezmek
zerbissen *pp von* **zerbeißen**
zerbomben* *vt* bombalamak
zerbrechen* *irr* **I.** *vt* kırmak; (*zerstören*) kırıp dökmek; **sich** *dat* **den Kopf ~** (*fam*) kafa yormak [*o* patlatmak] **II.** *vi sein* **1.** (*entzweibrechen*) kırılmak **2.** (*scheitern*) yıkılmak
zerbrechlich *adj* **1.** kırılgan, kolay ve çabuk kırılan **2.** (*fam fig: Mensch*) çıtkırıldım
Zerbrechlichkeit *f ohne Pl* **1.** kırılganlık **2.** (*fam fig: Zartheit*) çıtkırıldımlık
zerbrochen *pp von* **zerbrechen**
zerbröckeln* **I.** *vi sein* (*Mauer, Gestein*) parçalanmak; (*Brot*) ufalamak **II.** *vt* parçalamak; (*Brot*) ufalanmak
zerdrücken* *vt* **1.** (*zerquetschen*) ezmek **2.** (*fam: zerknittern*) buruşturmak
Zeremonie [tseremo'ni:, tsere'mo:niə] *f* <-n> tören, merasim; (*Begrüßungs~*) teşrifat, resmikabul, kabul töreni
zeremoniell [tseremo'njɛl] *adj* (*feierlich*) törensel, törenli; (*förmlich*) resmî
Zeremoniell [tseremo'njɛl] *nt* <-s, -e> protokol; **der Empfang erfolg nach einem strengen ~** kabul, protokole sıkı sıkıya uyularak yapılır
Zerfall *m ohne Pl* <-(e)s> çökme, çöküş; (*von Gebäuden*) yıkılma; (PHYS) parçalanma; (CHEM) ayrışma
zerfallen* *irr vi sein* **1.** (*Gebäude*) yıkılmak; **zu Staub ~** toz olmak **2.** (*Reich, Kultur*) çökmek **3.** (PHYS) parçalanmak; (CHEM) ayrışmak **4.** (*sich gliedern*): **in etw ~** bir şeye bölünmek
ZerfallsprozessRR *m* parçalanma süreci
zerfetzen* *vt* parça parça etmek, paramparça etmek, paçavraya döndürmek; (*Körper*) parçalamak
zerfleischen* *vt* parçalamak, paralamak, paramparça etmek
zerfließen* *irr vi sein* **1.** (*schmelzen*) erimek; (*vor Mitleid*) içi erimek **2.** (*Farbe*) akmak; **in Tränen ~** (*fig*) göz yaşlarına boğulmak, hüngür hüngür ağlamak
zerflossen *pp von* **zerfließen**
zerfranst [tsɛɐ'franst] *adj* lime lime
zerfressen* *irr vt* **1.** (*Würmer, Motten*) yemek **2.** (*Rost*) aşındırmak
zergangen *pp von* **zergehen**
zergehen* *irr vi sein* erimek, eriyip gitmek; **auf der Zunge ~** ağzında âdeta erimek
zergliedern* *vt* **1.** parçalara ayırmak **2.** (*analysieren*) analiz etmek, çözümlemek
zerkauen* *vt* çiğneyerek parçalamak
zerkleinern* *vt* (*in Stücke*) ufalamak, çok küçük parçalara ayırmak; (*zermahlen*) ufalamak, öğütmek
zerknirscht *adj* (*reuig*) pişman
zerknittern* *vt* (*Kleid*) buruşturmak
zerknüllen* *vt* kırıştırmak
zerkochen* **I.** *vi sein* fazla pişmek **II.** *vt* fazla pişirmek
zerkratzen* *vt* (*Dinge, Haut*) çizmek; **die Katze hat mir die Hand zerkratzt** kedi elimi tırmaladı
zerkrümeln* **I.** *vi sein* ufalanmak **II.** *vt* un ufak etmek
zerlassen* *irr vt* (GASTR) eritmek
zerlaufen* *irr vi sein* erimek
zerlegen* *vt* **1.** (*Maschine, Möbel*) sökmek; **etw in seine Einzelteile ~** bir şeyi parçalarına ayırmak **2.** (*Fleisch*) dilimlemek **3.** (CHEM) çözümlemek, analiz etmek **4.** (LING) analiz etmek
Zerlegung *f* <-en> **1.** (*von Maschinen, Möbeln*) sökme; (*zur Verschrottung*) parçalama **2.** (*von Fleisch*) dilimleme **3.** (CHEM) çözümleme, analiz **4.** (LING) analiz
zerlumpt *adj* hırpanî, pejmürde
zermalen* [tsɛɐ'malən] *vt* öğütmek
zermalmen* [tsɛɐ'malmən] *vt* ezmek, ezip parçalamak
zermürben* *vt* (*körperlich*) yıpratmak, pestilini çıkarmak (-in); (*seelisch*) direncini kırmak (-in)
zerquetschen* *vt* ezmek, çiğnemek
Zerrbild ['tsɛrbɪlt] *nt* bozuntu
zerreden* *vt* konuşa konuşa mahvetmek
zerreiben* *irr vt* ezmek; (*fig*) ezerek yok etmek
zerreißen* *irr* **I.** *vi sein* yırtılmak; (*Seil, Faden*) kopmak **II.** *vt* yırtmak; (*in Stücke*) parçalamak, paralamak; (*Seil, Faden*) koparmak; **ich könnte ihn in der Luft ~** (*fam fig*) onu bir kaşık suda boğabilirim; **es hat uns fast zerrissen** (*fam*) az kalsın bizim aramızı açacaktı
Zerreißprobe *f* (TECH) yırtma denemesi, koparma denemesi; (*fig*) son derece zorlanma, aşırı yüklenme
zerren ['tsɛrən] **I.** *vi* çekiştirmek (*an* -i); **das zerrt an meinen Nerven** bu sinirime dokunuyor **II.** *vt* **1.** (*schleppen*) sürüklemek;

jdn aus dem Wagen ~ birini arabadan çekip çıkarmak **2.** (*überdehnen*): **sich** *dat* **etw** ~ bir yerini fazla germek

zerrieben *pp von* **zerreiben**

zerrinnen* *irr vi sein* (*geh*) **1.** (*Schnee*) eriyip gitmek **2.** (*Traum, Hoffnung*) yok olmak; (*Zeit*) geçip gitmek; **wie gewonnen, so zerronnen** (*prov*) haydan gelen huya gider

zerrissen [tsɛɐ'rɪsən] **I.** *pp von* **zerreißen** **II.** *adj* yırtık; (*Menschen*) araları açık

zerronnen *pp von* **zerrinnen**

zerrütten* [tsɛɐ'rʏtən] *vt* (*Gesundheit*) sarsmak; (*Finanzen*) sarsmak; (*Nerven, Ordnung*) bozmak

zerschellen* [tsɛɐ'ʃɛlən] *vi sein* çarparak parçalanmak (*an* -e)

zerschlagen[1] **I.** *pp von* **zerschlagen[2]** **II.** *adj* kırılmış, parça parça; (*körperlich*) bitkin

zerschlagen*[2] *irr* **I.** *vt* (*zerbrechen*) kırmak, kırıp dökmek; (*zerstören*) yıkmak, yok etmek, imha etmek **II.** *vr:* **sich** ~ suya düşmek

Zerschlagenheit *f ohne Pl* bitkinlik

zerschlissen [tsɛɐ'ʃlɪsən] *adj* aşınmış, yıpranmış

zerschmettern* *vt* paramparça etmek; (*Körperteil*) kırmak

zerschneiden* *irr vt* kesmek; (*in Stücke*) parça parça kesmek

zerschnitten *pp von* **zerschneiden**

zersetzen* **I.** *vt* **1.** (*auflösen*) ayrıştırmak, çözündürmek **2.** (*untergraben*) el altından yavaş yavaş çökertmek, içinden yıkmak; (*sittlich*) bozmak **II.** *vr:* **sich** ~ ayrışmak, bozulmak

Zersetzung *f* (CHEM) ayrışım; (*das Sichzersetzen*) ayrışma; (*das Zersetzen*) ayrıştırma; (PHYS) çözünme; **chemische ~ von Elektrolyten** elektrolitlerin kimyasal ayrışması

zerspalten* *irr vt* yarmak; (*Partei*) parçalamak

zersplittern* **I.** *vi sein* (*Fensterscheibe*) tuzla buz olmak; (*Knochen, Holz*) yarılmak; (*fig*) parçalanmak, parçalara bölünmek; (*sich verteilen*) dağılmak; (*Partei*) büyük partiden kopup ayrılmak **II.** *vt* (*Holz*) yarmak

zerspringen* *irr vi sein* çatlamak, yarılmak; (*in einzelne Stücke*) paramparça olmak

zersprungen *pp von* **zerspringen**

zerstampfen* *vt* **1.** (*zerkleinern*) vura vura ezmek **2.** (*zertreten*) ayakla basarak ezmek

zerstäuben* [tsɛɐ'ʃtɔɪbən] *vt* sıkmak; (*Flüssigkeit*) püskürtmek

Zerstäuber *m* <-s, -> fısfıs; (*von Flüssigkeit*) püskürteç, pülverizatör

zerstechen* *irr vt* **1.** (*Insekten*) sokmak **2.** (*Reifen*) delmek

zerstochen *pp von* **zerstechen**

zerstören* *vt* yıkmak, kırıp dökmek, tahrip etmek

Zerstörer *m* (MIL) muhrip, destroyer

zerstörerisch *adj* yıkıcı, tahripkâr

Zerstörung *f* <-en> yıkma, kırıp dökme, tahrip etme; **Zerstörungswut** *f ohne Pl* yıkıcılık, vandallık

zerstreuen* **I.** *vt* **1.** (*auseinander treiben*) dağıtmak; (*Bedenken*) bırakmamak **2.** (*verstreuen*) yaymak, saçmak **II.** *vr:* **sich** ~ **1.** (*Menschenmenge*) dağılmak; (*Bedenken*) kalmamak **2.** (*sich unterhalten*) eğlenmek, oyalanmak

zerstreut [tsɛɐ'ʃtrɔɪt] *adj* (*Person*) dalgın

Zerstreutheit *f ohne Pl* dalgınlık

Zerstreuung[1] *f ohne Pl* **1.** (*einer Menschenmenge*) dağıtma; (*eines Verdachts*) bırakmama **2.** (*Zerstreutheit*) dalgınlık

Zerstreuung[2] *f* <-en> (*Unterhaltung*) değişiklik

Zerstreuungslinse *f* <-n> (PHYS) ıraksak mercek

zerstückeln* [tsɛɐ'ʃtʏkəln] *vt* parçalara bölmek, taksim etmek

zerteilen* *vt* bölmek (*in* -e); (*in Stücke*) parçalara bölmek, taksim etmek

Zertifikat [tsɛrtifi'ka:t] *nt* <-(e)s, -e> sertifika, belge

zertrennen* *vt* sökmek

zertreten* *irr vt* çiğnemek, ayak altına alarak ezmek

zertrümmern* *vt* harabe haline getirmek, kırıp dökmek; (*fig: Fensterscheibe, Schädel*) kırmak

zerwühlen* *vt* (*Bett*) altüst etmek; (*Boden*) eşelemek; (*Haar*) didik didik etmek; **zerwühltes Haar** didik didik saçlar

zerzausen* [tsɛɐ'tsaʊzən] *vt* darmadağın etmek

zetern ['tse:tɐn] *vi* (*pej*) yaygara koparmak, yaygarayı basmak

Zettel ['tsɛtəl] *m* <-s, -> kâğıt (parçası); (*Notiz*) not; (*Kassen~*) fiş; (*Stimm~*) pusula; **Zettelkasten** *m* kartotek

Zeug [tsɔɪk] *nt ohne Pl* <-(e)s> (*fam: Sachen*) eşya, şeyler *pl;* (*wertlose Dinge*) ıvır zıvır, pılı pırtı; **red kein dummes ~!** (*fam*) saçma sapan konuşma!; **das ~ zu etw** *dat* **haben** (*fam*) bir şey için gerekli her şeye sahip olmak; **was das ~ hält** (*fam*) var gücüyle, alabildiğine; **sich für jdn ins ~ legen** (*fam*) birini desteklemek

Zeuge, -in ['tsɔɪgə] *m, f* <-n, -n; -nen> tanık, şahit; **vor ~n** tanıkların önünde

zeugen ['tsɔɪgən] **I.** *vi* **1.** (*fig: erkennen lassen*): **von etw** *dat* ~ bir şey olduğunu göstermek, bir şeyi belli etmek; **sein Verhalten zeugt von Ehrlichkeit/Großzügigkeit** davranışı samimî/cömert olduğunu gösteriyor, davranışı samimîliğini/cömertliğini belli ediyor **2.** (*als Zeuge aussagen*) tanıklık etmek (*für* lehte, *gegen* aleyhte) **II.** *vt* (*er~*) üretmek; (*Kind*) (çocuk) yapmak; (*verursachen*) sebep olmak (-e), sebebiyet vermek (-e)

Zeugenaussage *f* tanık ifadesi, tanıklık (etme), şahitlik (etme), şahadet (etme); **(s)eine ~ machen** tanık olarak ifade(sini) vermek, tanıklık etmek; **Zeugenstand** *m ohne Pl* <-(e)s>: **in den ~ treten** tanıklık etmek (için mahkeme huzuruna çıkmak); **Zeugenvernehmung** *f* tanık(ların) dinlenmesi

Zeugnis ['tsɔɪknɪs] *nt* <-ses, -se> **1.** (*Schul~*) karne *pl;* (*Arbeits~*) bonservis; **jdm ein ~ ausstellen/schreiben** birine bonservis düzenlemek/yazmak **2.** (*Gutachten*) rapor; **ein amtliches/ärztliches ~** resmî/tıbbî rapor **3.** (*geh: Zeichen*) işaret, alâmet; (*Beweis*) kanıt, delil **4.** (*Zeugenaussage*) tanıklık, şahitlik, şahadet

Zeugnisverweigerungsrecht *nt* (JUR) tanıklıktan çekinme hakkı

Zeugung *f* <-en> çocuk yapma; **zeugungsfähig** *adj* çocuk yapma yeteneğine sahip; **zeugungsunfähig** *adj* kısır

z.H(d). *Abk. von* **zu Händen von** -in eline, -e verilmek üzere

Zicke ['tsɪkə] *f* <-n> **1.** (*weibliche Ziege*) dişi keçi **2.** (*Frau*): **eine dumme/eingebildete ~** aptal/kendini beğenmiş karı **3.** *Pl* (*fam: Dummheiten*): **~n machen** (*Unsinn*) yaramazlık etmek

zickig *adj* (*fam pej*) huysuz, kaprisli

Zicklein *nt* oğlak

Zickzack ['tsɪktsak] *m* <-(e)s, -e> zikzak; **(im) ~ laufen** zikzak gitmek; **Zickzacknaht** *f* zikzak dikişi

Ziege ['tsi:gə] *f* <-n> **1.** (*Tier*) keçi **2.** (*fam pej: Frau*) karı; **du dumme ~!** aptal karı!

Ziegel ['tsi:gəl] *m* <-s, -> **1.** (*Backstein*) tuğla **2.** (*Dach~*) kiremit; **Ziegeldach** *nt* kiremitli çatı

Ziegelei [tsi:gə'laɪ] *f* <-en> kiremit fabrikası, tuğla harmanı

Ziegelstein *m* tuğla

Ziegenbart *m* **1.** (*Bart des Ziegenbockes*) tekenin sakalı **2.** (*fam: Spitzbart*) keçi sakal; **Ziegenbock** *m* teke, erkeç; **Ziegenkäse** *m* beyaz peynir, keçi sütünden yapılmış peynir; **Ziegenleder** *nt* keçi derisi; **Ziegenmelker** *m* (ZOOL) çobanaldatan; **Ziegenmilch** *f* keçi sütü; **Ziegenpeter** [-pe:tɐ] *m* <-s, -> (*fam: Mumps*) kabakulak

ziehen ['tsi:ən] <zieht, zog, gezogen> **I.** *vt* **1.** (*allgemein*) çekmek (*an* -den); (*zerren*) çekmek, sürüklemek; (*Anhänger*) çekmek; (*dehnen*) uzatmak; **jdn am Ärmel ~** birini kolundan çekmek; **jdn auf seine Seite ~** birini kendinden yana çekmek; **etw nach sich** *dat* ~ (*fig*) bir şeyi peşinden sürüklemek, bir şeye yol açmak; **alle Blicke/die Aufmerksamkeit auf sich ~** herkesin bakışını/dikkatini üstüne çekmek; **etw ins Komische/Lächerliche ~** bir şeyi komikleştirmek/gülünçleştirmek; **Saiten auf ein Instrument ~** bir çalgıya tel takmak; **der Honig zieht Fäden** bal iplik iplik oluyor **2.** (*heraus~*) çekip çıkarmak (*aus* -den); (*Wurzeln*) çıkarmak (*aus* -den); **Zigaretten ~** (otomattan) sigara çekmek; **Fäden ~** iplikleri çekmek [*o* almak]; **aus dem Verkehr ~** (*Auto*) trafik kaydını silmek; (*Geld*) tedavülden kaldırmak; **einen Vorteil aus etw ~** *dat* bir şeyden çıkar sağlamak **3.** (*heran~*) çekmek (*an/auf* -e/-e); **das Boot ans Ufer ~** tekneyi kıyıya çekmek; **mich zieht überhaupt nichts nach Schweden** İsveç beni hiç çekmiyor; **es zieht mich nach Hause/in die Ferne** canım eve/uzaklara gitmek istiyor **4.** (*Linie*) çekmek; **sich** *dat* **einen Scheitel ~** saçını ayırmak **5.** (*Graben, Grenze*) çekmek; (*Mauer, Zaun*) çekmek **6.** (*Pflanzen, Tiere*) yetiştirmek; (*Kerzen*) yapmak **7.** (MATH) almak; **die Wurzel aus einer Zahl ~** bir sayının karekökünü almak **8.** (*im Kartenspiel*) çekmek **9.** (FIN: *Wechsel*) keşide etmek; **ein gezogener Wechsel** keşide edilmiş bir poliçe **10.** (*füllen*) doldurmak; **Wein auf Flaschen ~** şarabı şişelere doldurmak **II.** *vi* **1.** (*a.* AUTO) çekmek; **an etw** *dat* ~ bir şeyi tutup çekmek; **das Auto/der Kamin zieht gut** (*fam*) araba/baca iyi çekiyor; **er zog an seiner Pfeife** piposunu tüttürdü; **lass mich mal ~** (*an der Zigarette*) bırak bir fırt çekeyim **2.** *sein* (*um~*) taşınmak (*nach/in/auf* -e); (*zu jdm*) -e (*zu* -e); **ich ziehe nach Aachen** Aachen'e taşınıyorum; **sie ~ aufs Land** şehrin dışına taşınıyor **3.** *sein* (*gehen, wandern*) gitmek (*zu/nach* -e/-e); (*durchqueren*) geçmek (*durch* -den); (*Vögel*) göç etmek; **in den Krieg ~** savaşa gitmek; **die Jahre zogen ins Land** aradan yıllar geçti; **einen ~ lassen** (*fam: furzen*) osurmak, yellenmek **4.** (*im Spiel*) sürmek, hamle yapmak; **mit dem Turm ~** kaleyi sürmek **5.** (*Tee*) demlenmek; **den Tee zwei bis drei Minuten ~ lassen** çayı iki üç dakika demlemek [*o* demlendirmek]

6. (*fam fig: Wirkung haben*) sökmek, geçmek, etki yapmak; **das zieht bei mir nicht** bu bana sökmez; **dieser Trick zieht immer** bu oyun her zaman söker **7.** (*schmerzen*) sızlamak **III.** *vr:* **sich ~ 1.** (*sich erstrecken*) uzanmak; (*vorhanden sein*) olmak; **dieses Thema zieht sich durch das ganze Buch** bu konu bütün kitap boyunca uzar gider **2.** (*sich ver~*) çekilmek **3.** (*fam: dauern*) uzamak, sürmek **IV.** *vunpers* (*Luftzug*) cereyan [*o* kurander] yapmak; **es zieht!** cereyan [*o* kurander] yapıyor!

Ziehen *nt ohne Pl* <-s> **1.** (*eines Wagens, Anhängers*) çekme **2.** (*eines Zahnes*) çekme **3.** (*von Pflanzen*) yetiştirme **4.** (*Schmerz*) sızı

Ziehharmonika *f* akordeon

Ziehung *f* <-en> çekiliş

Ziel [tsiːl] *nt* <-(e)s, -e> **1.** (*Reise~*) hedef; **am ~ seiner Träume sein** emeline erişmiş olmak **2.** (SPORT) finiş, varış; **ins ~ kommen** finişe varmak **3.** (*beim Schießen*) hedef; **ins ~ treffen** hedefi bulmak; **das ~ verfehlen** ıskalamak, hedefi tutturamamak, hedefe isabet etmemek; **über das ~ hinausschießen** (*fam*) haddini aşmak **4.** (*Zweck*) amaç, gaye; (*Absicht*) maksat

Zieladresse *f* (*a.* INFORM) hedef adres; **zielbewusst**[RR] *adj* azimli

zielen *vi* **1.** (*Mensch*) nişan almak (*auf* -e) **2.** (*Bemerkung*) hedef almak (*auf* -); **er zielte mit seiner Kritik auf die Missstände** eleştirisi yolsuzlukları hedef alıyordu **3.** (*zum Ziel haben*) yönelmek (*auf* -e), hedef almak (*auf* -i)

Zielfernrohr *nt* nişan dürbünü; **Gewehr mit ~** dürbünlü tüfek; **Zielfoto** *nt* (SPORT) fotofiniş; **Zielgerade** *f* (SPORT) finiş; **zielgerichtet** *adj* amaçlı; **Zielgruppe** *f* hedef kitle; **Ziellinie** *f* (SPORT) varış çizgisi

ziellos *adj* amaçsız, gayesiz

Ziellosigkeit *f ohne Pl* amaçsızlık, gayesizlik

Zielscheibe *f* hedef, nişangâh; **zur ~ werden** (*fig*) hedef olmak; **Zielsetzung** *f* <-en> hedef, amaç; **zielsicher** *adj* **1.** (*Person*) nişancı, attığını vuran **2.** (*ohne zu zögern*) tereddütsüz, duraksamasız; **Zielsprache** *f* <-n> (LING) hedef dil

zielstrebig **I.** *adj* azimli; (*ausdauernd*) direşken, sebatlı, sebatkâr **II.** *adv* azimle

Zielstrebigkeit *f ohne Pl* azim, direşkenlik, sebat

ziemlich [ˈtsiːmlɪç] **I.** *adj* oldukça; (*beträchtlich*) epey **II.** *adv* **1.** (*recht viel*) oldukça; **~ gut/lange** oldukça iyi/uzun; **~ viel** epey(ce), bir hayli **2.** (*fam: beinahe*) ner(e)deyse; **so ~ alles** ner(e)deyse hepsi

Zierde [ˈtsiːɐdə] *f* <-n> süs; **als ~** süs olarak

zieren [ˈtsiːrən] **I.** *vt* (*geh*) süslemek **II.** *vr:* **sich ~** (*pej*) nazlanmak; **er zierte sich nicht lange** fazla nazlanmadı

Ziererei *f* <-en> (*pej*) nazlanma

Zierfisch [ˈtsiːɐ-] *m* süs [*o* akvaryum] balığı; **Ziergarten** *m* süs bahçesi; **Zierleiste** *f* **1.** (*an Möbeln*) tiriz, çıta; (AUTO) çıta **2.** (TYPO) süs çizgisi

zierlich *adj* zarif; (*fein*) ince, narin; **ein ~es Mädchen** narin bir kız

Zierlichkeit *f ohne Pl* zariflik, zarafet, incelik, narinlik

Ziernaht *f* süsleyici dikiş; **Zierpflanze** *f* süs bitkisi; **Ziervogel** *m* kafes kuşu

Ziffer [ˈtsɪfɐ] *f* <-n> rakam; (*Zahl*) sayı; **römische/arabische ~n** Roma/Arap rakamları; **Zifferblatt** *nt* kadran, mine

zig [tsɪç] *adj inv* (*fam*) bir sürü, pek çok

Zigarette [tsigaˈrɛtə] *f* <-n> sigara; **eine ~ rauchen** sigara içmek; **selbst gedrehte ~** sarma sigara; **sich** *dat* **eine ~ drehen** kendine bir sigara sarmak; **Zigarettenautomat** *m* sigara otomatı; **Zigarettenetui** *nt* sigaralık; **Zigarettenpapier** *nt* sigara kâğıdı; **Zigarettenpause** *f* (*fam*) sigara molası; **Zigarettenrauch** *m ohne Pl* <-(e)s> sigara dumanı; **Zigarettenschachtel** *f* sigara paketi, sigara kutusu; **Zigarettenspitze** *f* sigara ağızlığı; **Zigarettenstummel** *m* izmarit

Zigarillo [tsigaˈrɪlo] *m o nt* <-s, -s> küçük puro, ince puro

Zigarre [tsiˈgarə] *f* <-n> puro, sigar

Zigeuner(in) [tsiˈgɔɪnɐ] *m(f)* <-s, -; -nen> Çingene, Çigan; **Zigeunerleben** *nt ohne Pl* (*fam fig*) Çingene hayatı; **Zigeunermusik** *f* Çigan müziği; **Zigeunerschnitzel** *nt* <-s, -> (GASTR) *içinde dilimlenmiş dolmalık biber, soğan, domates vb. bulunduğu sosla hazırlanmış şnitzel*

zigmal [ˈtsɪçmaːl] *adv* (*fam*) defalarca

Zikade [tsiˈkaːdə] *f* <-n> (ZOOL) ağustos böceği

Zimmer [ˈtsɪmɐ] *nt* <-s, -> oda; **~ frei** boş odamız var; **~ zu vermieten** kiralık oda; **~ mit Frühstück** kahvaltılı oda; **Zimmerantenne** *f* dahilî anten; **Zimmerdecke** *f* odanın tavanı; **Zimmerkellner(in)** *m(f)* oda servisi yapan garson; **Zimmerlautstärke** *f ohne Pl:* **das Radio auf ~ stellen** radyonun sesini dışarıdan duyulmayacak kadar açmak [*o* kısmak]; **Zimmermädchen** *nt* oda hizmetçisi

Zimmermann *m* <-(e)s, -leute> dülger, doğramacı, marangoz

zimmern [ˈtsɪmɐn] **I.** *vi:* **an etw** *dat* **~** bir şeyin ağaç işlerini yapmak **II.** *vt* ağaçtan yapmak; **einen Tisch/Sarg** ~ ağaçtan bir masa/tabut yapmak; **sich ein neues Leben** ~ (*fig*) kendine yeni bir yaşam kurmak, yaşamına yeni bir düzen vermek

Zimmernummer *f* oda numarası

Zimmerpflanze *f* ew bitkisi; **Zimmertemperatur** *f* oda sıcaklığı; **Zimmertheater** *nt* oda tiyatrosu; **Zimmervermittlung** *f* oda (bulma) servisi

zimperlich ['tsɪmpɐlɪç] *adj* (*pej: überempfindlich*) aşırı hassas; (*geziert*) nazenin, pek nazlı

Zimt [tsɪmt] *m* <-(e)s, -e> tarçın

Zink [tsɪŋk] *nt ohne Pl* <-(e)s> (CHEM) çinko

Zinke ['tsɪŋkə] *f* <-n> (*von Kamm, Gabel*) diş; (*am Ende eines Brettes*) kırlangıç kuyruğu

zinken *vt* (*sl*) işaretlemek

Zinn [tsɪn] *nt ohne Pl* <-(e)s> **1.** (CHEM) kalay **2.** (~*geschirr*) kalay kap çanak

zinne(r)n ['tsɪnən, 'tsɪnɐn] *adj* kalaylı

Zinnkraut *nt* (BOT) atkuyruğu

Zinnober[1] [tsɪ'no:bɐ] *m ohne Pl* <-s> (*fam abw: Unsinn*) saçma, zırva; (*Zeug*) ıvır zıvır

Zinnober[2] *m* <-s, -> (*Mineral*) zincifre

zinnoberrot *adj* zincifre kırmızısı

Zinnsoldat *m* kalaydan oyuncak asker

Zins [tsɪns] *m* <-es, -en> **1.** (*Verzinsung*) faiz; ~**en bringen** faiz getirmek; **jdm etw mit** ~ **und Zinseszins heimzahlen** (*fig*) birine bir şeyi faiziyle [*o* fazlasıyla] ödetmek, birinden bir şeyin acısını kat kat çıkarmak **2.** (*südd, Schweiz, österr: Miete*) kira; **Zinsertrag** *m* faiz geliri

Zinseszins ['tsɪnzəs-] *m* bileşik faiz

zinslos *adj* faizsiz

Zinssatz *m* <-es, -sätze> faiz oranı

Zionismus *m ohne Pl* <-> siyonizm

Zipfel ['tsɪpfəl] *m* <-s, -> püskül; **Zipfelmütze** *f* püsküllü takke

zippen *vt* (INFORM: *Daten*) sıkıştırmak

zirka ['tsɪrka] *adv* aşağı yukarı, yaklaşık olarak; ~ **ein km** aşağı yukarı bir kilometre; **in** ~ **zwei Wochen** aşağı yukarı iki hafta içinde

Zirkel ['tsɪrkəl] *m* <-s, -> **1.** (*Gerät*) pergel **2.** (*Kreis, Gruppe*) çember

zirkulieren* [tsɪrku'li:rən] *vi haben o sein* dolaşmak

Zirkumflex *m* (LING) şapka (işareti), düzeltme işareti

Zirkus[1] ['tsɪrkʊs] *m* <-, -se> sirk

Zirkus[2] *m ohne Pl* <-> (*fam fig, pej: Durcheinander*) hengâme, gürültü patırtı; (*Aufregung*) telaş; (*großes Aufheben*) tantana; **mach doch nicht solchen** ~**!** bu kadar gürültü patırtı yapma!, bu kadar tantana yapma!, bu kadar telaşlanma!

Zirkusnummer *f* sirk numarası

Zirkuszelt *nt* sirk çadırı

zirpen ['tsɪrpən] *vi* (*Grillen*) cırıldamak

Zirrhose *f* (MED) siroz

Zirrus *m* (METEO) sirrus

zisch [tsɪʃ] *interj* tıs

zischen ['tsɪʃən] *vi* (*Schlange, Gans*) tıslamak; (*Mensch*) ıslıklamak; **heute Abend** ~ **wir (uns) einen** (*fam fig*) bu akşam bir ıslatalım

Zischlaut *m* (LING) ıslıklı ünsüz

Zisterne [tsɪs'tɛrnə] *f* <-n> sarnıç

Zitat [tsi'ta:t] *nt* <-(e)s, -e> alıntı

Zither ['tsɪtɐ] *f* <-n> (MUS) zither

zitieren* [tsi'ti:rən] *vt* alıntılamak (*aus* -den); **jdn zu sich** *dat* ~ birini yanına çağırmak

Zitrone [tsi'tro:nə] *f* <-n> limon; **heiße** ~ sıcak limonata; **Zitronenbaum** *m* limon ağacı; **Zitronensaft** *m* limon suyu; **Zitronensäure** *f ohne Pl* sitrik asit; **Zitronenschale** *f* limon kabuğu

Zitrusfrucht ['tsi:trʊs-] *f* turunçgil(ler) *(pl)*

Zitteraal *m* (ZOOL) elektrikli yılan balığı; **Zittergras** *nt ohne Pl* (BOT) zembil otu

zitterig ['tsɪt(ə)rɪç] *adj* titrek

zittern ['tsɪtɐn] *vi* titremek (*vor* -den); (*vibrieren*) titremek; **vor Angst** ~ korkudan (tir tir) titremek; **vor Kälte** ~ soğuktan (zangır zangır) titremek

Zitterpappel *f* (BOT) titrek kavak, acı kavak; **Zitterrochen** *m* (ZOOL) uyuşturan balığı; (*Torpedofisch*) torpil balığı

zittrig *adj* titrek

Zitze ['tsɪtsə] *f* <-n> meme ucu, meme başı

Zivi ['tsi:vi] *m* <-(s), -s> (*fam*) **1.** *Abk. von* **Zivildienstleistende(r)** sivil hizmet gören (kimse), *silâhlı askerlik yapmayı reddedip yerine sağlık ve sosyal yardım hizmetlerinde görev yapan kimse* **2.** *Abk. von* **Zivilpolizist(in)** sivil (polis)

zivil [tsi'vi:l] *adj* **1.** (*nicht militärisch*) sivil; (*bürgerlich*) medenî, sivil; ~**er Bevölkerungsschutz** sivil halkın korunması **2.** (*angemessen*) uygun

Zivil [tsi'vi:l] *nt ohne Pl* <-s>: **in** ~ sivil; **Zivilbevölkerung** *f ohne Pl* sivil halk; **Zivilcourage** *f* medenî cesaret

Zivildienst *m ohne Pl* <-(e)s> sivil hizmet, *silâhlı askerlik yapmayı reddedip yerine sağlık ve sosyal yardım hizmetlerinde görev yapma*

Zivildienstleistende(r) *m* <-n, -n> sivil hizmet gören (kimse), *silâhlı askerlik yapmayı reddedip yerine sağlık ve sosyal yardım hizmetlerinde görev yapan kimse*

Zivilfahnder(in) *m(f)* <-s, -; -nen> sivil

polis, polis hafiyesi; **Zivilgericht** *nt* hukuk mahkemesi
Zivilisation [tsiviliza'tsjo:n] *f* <-en> uygarlık, medeniyet; **Zivilisationskrankheit** *f* uygarlığın yol açtığı hastalık
zivilisieren* [tsivili'zi:rən] *vt* uygarlaştırmak, medenîleştirmek
Zivilist(in) [tsivi'lɪst] *m(f)* <-en, -en; -nen> sivil
Zivilkleidung *f* <-en> sivil (kıyafet); **Zivilperson** *f* sivil (kişi); **Zivilprozess**RR *m* (JUR) hukuk yargılaması; **Zivilrecht** *nt ohne Pl* <-(e)s> (JUR) medenî hukuk; **Zivilschutz** *m ohne Pl* sivil savunma, sivil halkın korunması
Zobel *m* <-s, -> (ZOOL) samur
zocken ['tsɔkən] *vi* (*fam*) kumar oynamak
Zofe ['tso:fə] *f* <-n> özel hizmetçi
Zoff ['tsɔf] *m ohne Pl* <-s> (*fam: Zank*) geçimsizlik, çekişme; (*Streit*) kavga; ~ **haben** kavgalı olmak
zog [tso:k] *3. imp von* **ziehen**
zögerlich ['tsø:gɐlɪç] *adj* tereddütlü, duraksamalı
zögern ['tsø:gɐn] *vi* tereddüt etmek (*zu* -de), duraksamak (*zu* -de); **ohne zu ~** hiç tereddüt etmeden
Zögling ['tsø:klɪŋ] *m* <-s, -e> yetiştirme; (*eines Internats*) yatılı okul öğrencisi
Zölibat [tsøli'ba:t] *m o nt ohne Pl* <-(e)s> (REL: *katholisch*) zorunlu bekârlık
Zoll[1] [tsɔl, *Pl:* 'tsœlə] *m* <-(e)s, Zölle> (*Abgabe*) gümrük; **für etw ~ bezahlen** bir şey için gümrük ödemek
Zoll[2] *m ohne Pl* <-(e)s> (*Behörde*) gümrük; **durch den ~ kommen** gümrükten geçmek
Zoll[3] *m* <-(e)s, -> (*Längenmaß*) inç
Zollabfertigung *f* gümrükleme, gümrük muamelesi, gümrük işlem(ler)i *(pl)*; **Zollamt** *nt* gümrük dairesi; **Zollbeamte(r)**, **-in** *m, f* gümrük memuru
zollen ['tsɔlən] *vt* (*geh*): **jdm Beifall ~** birini alkışlamak; **jdm Respekt ~** birine saygı göstermek; **jdm/etw** *dat* **(den nötigen) Tribut ~** (*fig*) bir kimseye/şeye (gereken) saygı(yı) göstermek
Zollerklärung *f* gümrük beyannamesi; **Zollfahndung** *f* gümrük takibatı; **zollfrei** *adj* gümrüksüz; **Zollgebühren** *fpl* gümrük resimleri *pl;* **Zollgrenze** *f* gümrük sınırı; **Zollgrenzschutz** *m* gümrük muhafaza; **Zollkontrolle** *f* gümrük muayenesi
Zöllner(in) ['tsœlnɐ] *m(f)* <-s, -; -nen> (*fam*) gümrükçü
zollpflichtig *adj* gümrüklü
Zollschranke *f* gümrük geçiş maniası
Zollstock *m* <-(e)s, -stöcke> (katlanır) metre
Zollunion *f* gümrük birliği
Zombie ['tsɔmbi] *m* <-(s), -s> zombi
Zone ['tso:nə] *f* <-n> bölge, kuşak
Zoo [tso:] *m* <-s, -s> hayvanat bahçesi
Zoologe, -in *m, f* <-n, -n; -nen> zoolog
Zoologie [tsoolo'gi:] *f ohne Pl* zooloji
zoologisch *adj* zoolojik
Zoom [zu:m] *nt* <-s, -s> (FILM, FOTO) zum, optik kaydırma
zoomen ['zu:mən] *vt* (FILM, FOTO) zumlamak
Zopf [tsɔpf, *Pl:* 'tsœpfə] *m* <-(e)s, Zöpfe> **1.** (*Haar~*) örgü, belik; **einen ~ flechten** beliklemek **2.** (*Gebäck*) paskalya çöreği; **ein alter ~** (*fam*) geri kafalı
Zorn [tsɔrn] *m ohne Pl* <-(e)s> öfke, hiddet, gazap; **im ~** öfkeli; **in ~ geraten** öfkeye kapılmak; **jdn in ~ bringen** birini öfkelendirmek; **auf jdn einen ~ haben** birine öfkeli olmak
zornig *adj* öfkeli, hiddetli; **~ werden** öfkelenmek (*auf*-e); **auf jdn ~ sein** birine öfkeli olmak
Zote ['tso:tə] *f* <-n> (*pej*) açık saçık fıkra
z.T. *Abk. von* **zum Teil** kısmen
zu [tsu:] **I.** *präp* **1.** (*Richtung, Lage, Verhältnis*) -de; **~ Hause** evde; **das Museum ~ Speyer** Speyer Müzesi; **Herzog ~ X** X arşidükü; **~ beiden Seiten** iki tarafta [*o* yanda]; **~ seiner Rechten** sağ tarafında; **sie kommt ~ mir** o bana geliyor; **er geht ~m Bahnhof/~r Post** istasyona/postaneye gidiyor; **es fiel ~ Boden** yere düştü; **~ jdm hinsehen** birine bakmak; **das Zimmer liegt ~r Straße hin** oda sokağa bakıyor **2.** (*hin~, da~*): **er setzte sich ~ den anderen** ötekilerin yanına oturdu; **nehmen Sie Wein ~m Essen?** yemeğin yanında şarap alır mısınız? **3.** (*zeitlich*): **~ jener Zeit** o zamanlar; **ich kündige ~m 1. Mai** 1 Mayıs'ta istifa ediyorum; **~ Anfang** başta; **~ Ostern/Weihnachten** Paskalya'da/Noel'de; **~m ersten Mal** ilk defa olarak; **~ Mittag/Abend essen** öğle/akşam yemeği yemek **4.** (*Preis, Menge, Häufigkeit*): **~m Teil** kısmen; **in Kisten ~ (je) hundert Stück** yüzerlik kasalarda; **~m halben Preis** yarı fiyatına; **das Kilo ~ drei Euro** kilosu üç eurodan **5.** (*Art und Weise*): **~ Recht** haklı olarak; **~ Fuß** yayan **6.** (*Zweck, Ziel*): **~m Glück** şansa; **~ allem Unglück** bütün şanssızlıkların üstüne; **ein Stift ~m Schreiben** yazmak için bir kalem; **~r Unterhaltung** eğlence için; **es ist ~m Weinen** ağlanacak durum; **etwas ~m Essen/Lesen mitnehmen** yanına yiyecek/okuyacak bir şey almak; **kommst du ~m Frühstück/Abendessen?** kahvaltıya/akşam yemeğine geliyor

musun?; **jdm ~m Geburtstag gratulieren** birinin yaş gününü kutlamak **7.** (*Verhältnis*): **die Chancen stehen eins ~ zehn** bire on şans var; **eins ~ null für Galatasaray** Galatasaray için bir sıfır **8.** (*in Bezug auf*) ile ilgili olarak, hakkında, üzerine; **~ dieser Frage möchte ich Folgendes sagen: ...** bu sorun hakkında [*o* ile ilgili olarak] şunu söylemek isterim: ... **9.** (*Verwandlung*): **das Wasser wurde ~ Eis** sudan buz oldu **II.** *adv* **1.** (*allzu*) pek, fazla(sıyla); **~ sehr** pek çok, çok fazla; **~ viel** gereğinden [*o* yeterinden] fazla; (*übertrieben*) aşırı; **~ schnell** aşırı hızla **2.** (*Richtung*) -e doğru; **nach Süden ~** güneye doğru **3.** (*fam: geschlossen*) kapalı; **~ sein** (*ge-, verschlossen*) kapalı olmak; (*betrunken*) dut gibi olmak, sarhoş olmak **4.** (*zeitlich*): **ab und ~** arada sırada; **von Zeit ~ Zeit** zaman zaman **III.** *konj* **1.** (*mit Infinitiv*): **es ist schön, neue Leute kennen ~ lernen** yeni insanlar tanımak güzel oluyor; **es ist leicht ~ finden** onu bulmak kolaydır **2.** (*mit Partizip Präsens*): **die ~ erledigende Arbeit** bitirilmesi gereken iş

zuallererst [-'--'-] *adv* her şeyden önce

zuallerletzt [-'--'-] *adv* en son olarak

Zubehör ['tsu:bəhø:ɐ] *nt* <-(e)s, -e> ek parçalar *pl,* aksam; (TECH, AUTO) aksesuar

zu|beißen *irr vi* ısırmak

zu|bereiten* *vt* hazırlamak

Zubereitung *f* <-en> hazırlama

zu|billigen *vt:* **jdm etw ~** birine bir şeyi tanımak; **den alten Kunden einen Preisnachlass ~** eski müşterilere fiyatta indirim yapmak

zu|binden *irr vt* (*Schuhe*) bağlamak; (*Augen*) bağlayarak kapamak

zu|blinzeln *vi:* **jdm ~** birine göz kırpmak

zu|bringen *irr vt* **1.** (*verbringen*) geçirmek **2.** (*fam: schließen können*) kapayabilmek

Zubringer *m* <-s, -> (AUTO) **1.** (*Straße*) bağlantı yolu **2.** (*Verkehrsmittel*) taşıt **3.** (*Maschinenteil*) taşıyıcı; **Zubringerdienst** *m:* **~ zum Flughafen mit Bus** hava limanına otobüsle taşıma servisi

Zucchino [tsʊ'ki:no, *Pl:* tsʊ'ki:ni] *m* <-s, Zucchini> sakız kabağı

Zucht [tsʊxt] *f* <-en> (*von Tieren, Pflanzen*) yetiştirme; (*von Bakterien*) üretme; **hier herrscht ~ und Ordnung** burada asayiş berkemaldir; **Zuchtbulle** *m* boğa, *damızlık erkek sığır*

züchten ['tsʏçtən] *vt* (*Tiere, Pflanzen*) yetiştirmek; (*Bakterien*) üretmek

Züchter(in) *m(f)* <-s, -; -nen> yetiştirici

Zuchthaus[1] *nt* <-es, -häuser> (*Gebäude*) ceza evi, hapishane

Zuchthaus[2] *nt ohne Pl* <-es> (*~strafe*) ağır hapis; **er hat 3 Jahre ~ bekommen** 3 yıl ağır hapis yedi

Zuchthengst *m* aygır, damızlık erkek at

züchtigen ['tsʏçtɪgən] *vt* (*geh*) uslandırmak, terbiye etmek, tedip etmek

Züchtigung *f* <-en> (*geh*) uslandırma, terbiye etme, tedip; **körperliche ~** dayak

Zuchtperle *f* kültür incisi; **Zuchttier** *nt* (*männlich*) damızlık erkek hayvan; (*weiblich*) damızlık dişi hayvan, maya

Züchtung *f* <-en> yetiştirme

zucken ['tsʊkən] **I.** *vi* **1.** (*zusammenfahren*) büzülmek, kasılmak; (*vor Schreck*) irkilmek; (*Muskel*) seğirmek, irade dışı hareket etmek; **mit den Achseln ~** omuz silkmek; **ohne mit der Wimper zu ~** (*fig*) gözünü kırpmadan **2.** (*Blitz*) çakmak **II.** *vt:* **die Achsel ~** omuz silkmek

zücken ['tsʏkən] *vt* çekmek; (*Fotoapparat, Geldbörse*) çıkarmak

Zucker[1] ['tsʊkɐ] *m* <-s, -> (*Nahrungsmittel*) şeker; **ein Stück ~** bir tane şeker

Zucker[2] *m ohne Pl* <-s> (*fam: ~krankheit*) şeker; **~ haben** şekeri olmak

Zuckerbrot *nt* (*Marzipan*) badem ezmesi; **mit ~ und Peitsche** (*fig*) kâh severek, kâh döverek; **Zuckerdose** *f* şekerlik; **Zuckergast** *m* (ZOOL: *Silberfischen*) gümüşçün; **Zuckerhut** *m* <-(e)s, -hüte> (GASTR) kelle şeker

zuckerig ['tsʊk(ə)rɪç] *adj* **1.** (*mit Zucker bestreut*) şekerli **2.** (*aus Zucker*) şeker katılarak yapılmış

zuckerkrank *adj* şekerli, şeker hastalığı olan; **Zuckerkrankheit** *f ohne Pl* şeker hastalığı

Zuckerlecken *nt:* **etw ist kein ~** (*fam*) bir şey hiç de kolay olmamak

zuckern ['tsʊkɐn] *vt* şekerlemek

Zuckerrohr *nt ohne Pl* <-(e)s> şeker kamışı; **Zuckerrübe** *f* şeker pancarı; **Zuckerstreuer** *m* <-s, -> şekerlik; **zuckersüß** ['--'-] *adj* çok şekerli, çok tatlı; (*pej*) fazla tatlı; (*a. fig*) şeker gibi; **Zuckerwatte** *f ohne Pl* keten helva

zuckrig *adj s.* **zuckerig**

Zuckung *f* <-en> seğirme, tik; (*krampfhaft*) çırpınma, ihtilâç; **nervöse ~en** tikler

zu|decken *vt* örtmek; (*im Bett*) üstünü örtmek

zudem [tsu'de:m] *adv* (*geh*) ayrıca, bundan başka, hem de, kaldı ki

zu|drehen *vt* **1.** (*Wasserhahn*) kapamak; (*Schraube*) sıkıştırmak **2.** (*zuwenden*): **sie drehte ihm den Rücken zu** ona sırtını döndü

zudringlich ['tsu:drɪŋlɪç] *adj* sırnaşık

Zudringlichkeit *f* <-en> sırnaşıklık

zu|drücken *vt:* **ein Auge ~** (*fig*) göz yummak; **jdm die Kehle** ~ birinin gırtlağını sıkmak

zueinander [tsuʔaɪˈnandɐ] *adv* birbirine; **sie passen gut** ~ birbirine iyi yakışmak; **seid nett** ~ birbirinize iyi davranın

zu|erkennen* *irr vt* (*Preis*) vermek; (*Recht*) tanımak, vermek

zuerst [-ˈ-] *adv* **1.** (*als Erstes*) ilk (iş) olarak; (*vorrangig*) ilk plânda, önce, en önde **2.** (*erst, als Erster*) ilk önce, en başta; **ich war** ~ **da** ben ilk önce geldim; **wer** ~ **kommt, mahlt** ~ (*prov*) ilk gelen, buğdayı ilk öğütür **3.** (*anfangs*) ilkin, ilk plânda, başlangıçta **4.** (*erstmals*) ilk defa olarak

zu|fächeln *vt* yelpazelemek; **jdm Luft** ~ birini yelpazelemek

Zufahrt *f* <-en> (*Weg, Straße*) giriş (*zu* -e), giden yol (*zu* -e); **Zufahrtsstraße** *f* giriş yolu, bağlantı yolu

Zufall *m* <-(e)s, -fälle> tesadüf, rastlantı; **das ist aber ein** ~**!** bu da ne tesadüf!; **ein glücklicher/unglücklicher** ~ iyi/aksi bir tesadüf; **etw dem** ~ **überlassen** bir işi tesadüfe bırakmak; **es war reiner** ~**, dass ...** ...in olması sırf kısmetti; **durch** ~ tesadüfen, rastgele, kazara; **wenn der** ~ **es will, ...** kısmet olursa, ...

zu|fallen *irr vi sein* **1.** (*Fenster, Tür*) kendiliğinden kapanmak; **ihm fallen vor Müdigkeit die Augen zu** yorgunluktan gözleri kapanıyordu **2.** (*Vergünstigung, Aufgabe*) düşmek (-e); **jdm etw** ~ birine bir şey düşmek

zufällig **I.** *adj* tesadüfi, rastlantısal **II.** *adv* tesadüfen, rastgele, kazara; **jdn** ~ **treffen** birine tesadüf etmek; **weißt du** ~**, wie spät es ist?** (*fam*) acaba saat(in) kaç olduğunu biliyor musun?

zufälligerweise [ˈ----ˈ--] *adv* tesadüfen, rastgele, kazara

Zufallstreffer *m* <-s, -> kör nişancılık, rastlantı ile vurma

Zuflucht *f ohne Pl* sığınma (*vor* -den), barınma (*vor* -den); ~ **suchen/finden** sığınacak yer aramak/bulmak; **jdm** ~ **gewähren** birine sığınma olanağı tanımak; **zu etw** *dat* ~ **nehmen** bir şeye başvurmak

Zufluss[RR] *m* <-es, -flüsse>, **Zufluß** *m* <-es, -flüsse> (GEO) geleğen

zu|flüstern *vt* fıslamak; **jdm etw** ~ birine bir şey fıslamak

zufolge [tsuˈfɔlgə] *präp* (*nachgestellt: +dat*) gereğince; **dem Bericht** ~ rapora göre

zufrieden [tsuˈfriːdən] *adj* memnun, hoşnut; **sich (mit wenig)** ~ **geben** (az) bir şeyle yetinmek [*o* tatmin olmak]; **jdn** ~ **lassen** birini rahat bırakmak; **jdn** ~ **stellen** birini memnun [*o* hoşnut] etmek; ~ **stellend sein** memnun [*o* tatmin] edici olmak; **zufrieden|geben** *irr vr:* **sich** ~ *s.* **zufrieden**

Zufriedenheit *f ohne Pl* memnuniyet, hoşnutluk; **zu jds voller** ~ birini tamamen memnun edecek biçimde

zufrieden|lassen *irr vt s.* **zufrieden**; **zufrieden|stellen** *vt s.* **zufrieden**; **zufriedenstellend** *adj s.* **zufrieden**

zu|frieren *irr vi sein* donmak

zu|fügen *vt* **1.** (*hinzutun*) eklemek, ilâve etmek **2.** (*Schaden, Schmerz*) vermek; (*Niederlage*) uğratmak (-e); **jdm Unrecht** ~ birine haksızlık etmek

Zufuhr [ˈtsuːfuːɐ] *f ohne Pl* giriş; (*Versorgung*) dağıtım; (*Zustrom*) akın, akış; (*Zuleitung*) akıtma, besleme

zu|führen **I.** *vt* (*Strom*) beslemek (-le); (*bringen*) getirmek, götürmek; **jdn seiner gerechten Strafe** ~ birine hak ettigi cezayı vermek **II.** *vi* gitmek

Zug[1] [tsuːk, *Pl:* ˈtsyːgə] *m* <-(e)s, Züge> **1.** (*Eisenbahn*) tren, katar; **der** ~ **nach Ankara** Ankara'ya giden tren; **mit dem** ~ **fahren** trenle gitmek; **der** ~ **ist abgefahren** (*fam*) iş işten geçti **2.** (*Tendenz, Neigung*) eğilim; **im** ~**e der neuen Entwicklung** yeni gelişme çerçevesinde **3.** (*Geleit*~) alay, kortej; (*Um*~) geçit resmi; (*von Fahrzeugen*) katar, kafile; (*Fest*~) alay; (*Kreuz*~) sefer **4.** (*Atem*~) nefes; (*beim Rauchen*) nefes, fırt; (*Pfeife*) nefes; (*Schluck*) yudum; **in einem** ~ (*ohne Unterbrechung*) bir yudumda; **das Glas in einem** ~ **austrinken** bardağı bir yudumda bitirmek; **etw in vollen Zügen genießen** bir şeyin doya doya tadını çıkarmak, bir şeyin keyfini çıkarmak; **in den letzten Zügen liegen** (*fam*) son nefesinde olmak **5.** (*bei Brettspielen*) hamle; **einen** ~ **machen** bir hamle yapmak; **du bist am** ~ hamle sırası sende **6.** (*beim Schwimmen*) kulaç **7.** (*Gesichts*~*, Schrift*~) hat; (*Charakter*~) karakteristik; **etw in groben Zügen umreißen** bir şeye kaba hatlarıyla değinmek **8.** (*Krafteinwirkung*) çekiş, çekme; (*Spannung*) gerilim **9.** (*Griff*) (sürgü) kol(u); (*Schnur*) ip **10.** (*Auf*~*, Last*~) asansör **11.** (*im Gewehrlauf*) yiv **12.** (MIL) takım **13.** (*fam*) çeki düzen; **der Trainer hat** ~ **in die Mannschaft gebracht** antrenör takıma çeki düzen verdi

Zug[2] *m ohne Pl* <-(e)s> **1.** (*Luft*~) hava akımı, kurander, cereyan; **im** ~ **sitzen** kuranderde [*o* cereyanda] kalmak **2.** (*im Ofen*) çekiş

Zug[3] *m* <-s> (GEO: *Gebirgs*~) sıra

Zugabe *f* <-n> **1.** (*Zusätzliches*) ek, ilâve, eşantiyon; (*Naht*~) pay **2.** (*bei einer Veran-*

staltung) program bittikten sonra istek üzerine çalınan parça; ~! isteriz!

Zugabteil *nt* <-(e)s, -e> kompartıman

Zugang *m* <-(e)s, -gänge> **1.** (*Zutritt, Zugriff*) giriş (*zu* -e); (*Eingang*) giriş (*zu* -e); ~ **verboten** giriş yasaktır **2.** (*von Waren*) giriş, alınma **3.** (INFORM: *Internet~*) giriş, erişim

zugange [tsu'gaŋə]: **mit jdm/etw** *dat* ~ **sein** (*fam*) bir kimseyle/şeyle uğraşmak [*o* meşgul olmak]

zugänglich ['tsu:gɛŋlɪç] *adj* **1.** (*erreichbar*) erişil(ebil)ir, kolayca ulaşılır, kolay ulaşılabilir; (*aufgeschlossen*) açık (fikirli) **2.** (*verfügbar*) bulunur, elde bulunan; (*Bibliotheken*) açık; **der Allgemeinheit** ~ kamuya açık; **jdm etw** ~ **machen** birinin bir şeyi kullanmasına izin vermek

Zugangs-Code *m* <-s, -s> (INFORM: *im Internet*) giriş kodu, erişim kodu; **Zugangserlaubnis** *f* (INFORM: *im Internet*) giriş izni

Zugbrücke *f* çekme köprü

zu|geben *irr vt* **1.** (*hinzufügen*) katmak **2.** (*einräumen*) kabul etmek; (*gestehen*) itiraf etmek

zugegen [-'--] *adj* (*geh*): ~ **sein** bulunmak (*bei* -de)

zu|gehen *irr* **I.** *vi sein* **1.** (*hingehen*) gitmek (*auf* -e); **auf jdn** ~ birine doğru gitmek; **es geht auf den Winter zu** kış yakınlaşıyor; **er geht schon auf die siebzig zu** yetmişine merdiven dayadı bile **2.** (*formal: zugestellt werden*) tebliğ edilmek, varmak **3.** (*fam: sich schließen lassen*) kapanmak **II.** *vunpers sein:* **gestern abend ging es recht lebhaft/lustig zu** (*fam*) dün gece bayağı canlıydı/neşeliydi [*o* eğlenceliydi]

zu|gehören* *vi* (*geh*) ait olmak (-e)

zugehörig *adj* mensup; **einer Sache** ~ bir şeye ait

Zugehörigkeit *f ohne Pl* aidiyet (*zu* -e); (*zu einem Verein, einer Partei*) mensubiyet (*zu* -e)

zugeknöpft *adj* (*fam*) düğmesi ilikli

Zügel ['tsy:gəl] *m* <-s, -> dizgin; **die** ~ **anziehen** dizgin vurmak [*o* takmak]; (*fig*) dizginleri çekmek; **die** ~ **fest in der Hand haben** (*fig*) dizginleri elinde tutmak; **die** ~ **locker lassen** (*a. fig*) dizginleri gevşetmek

zügellos *adj* **1.** (*Pferd*) dizginsiz **2.** (*fig*) azgın, haddini bilmeyen, ölçüsüz, sefih

zügeln **I.** *vt* **1.** (*Pferd*) dizginlemek **2.** (*Neugierde, Zorn*) dizginlemek **II.** *vr:* **sich** ~ kendini tutmak, kendine hâkim olmak **III.** *vi* (*Schweiz: umziehen*) taşınmak

Zugeständnis *nt* <-ses, -se> ödün (*an* -e), taviz (*an* -e); **jdm ein** ~ **machen** birine ödün vermek

zu|gestehen* *irr vt* **1.** (*zugeben*) kabul etmek **2.** (*bewilligen*) izin vermek (-e), razı olmak (-e); **jdm etw** ~ birinin bir şeyi yapmasına izin vermek

zugetan ['tsu:gəta:n] *adj:* **jdm** ~ **sein** birine bağlılık [*o* yakınlık] duymak; **etw** *dat* ~ **sein** bir şeye eğilim göstermek

Zugführer(in) *m(f)* <-s, -; -nen> **1.** (EISENB) şeftren **2.** (MIL) takım komutanı

zugig *adj* esintili, cereyanlı

zügig ['tsy:gɪç] **I.** *adj* (*rasch*) çabuk, tez; (*ununterbrochen*) aralıksız, sürekli **II.** *adv* çabukcak; (*ununterbrochen*) durmadan, ara vermeden

Zugkraft[1] *f* <-kräfte> (PHYS) çekici kuvvet

Zugkraft[2] *f ohne Pl* (*Anziehungskraft*) çekim kuvveti, çekme gücü; (*fig*) çekicilik, cazibe

zugkräftig *adj* çekici, cazip

zugleich [-'-] *adv* aynı zamanda

Zugluft *f ohne Pl* hava cereyanı, kurander, esinti

Zugmaschine *f* çekici (araç)

Zugpersonal *nt* tren personeli

Zugpferd *nt* **1.** (*Pferd*) koşum atı **2.** (*fam fig: Attraktion*) atraksiyon

zu|greifen *irr vi* tutmak, yakalamak; (*bei Tisch*) yemek almak; **greifen Sie zu!** buyrun yemek alın!; **bei solch einer Gelegenheit muss man** ~ böyle bir fırsatı kaçırmamak [*o* kullanmak] gerekir

Zugriff *m* <-(e)s, -e> **1. sich dem** ~ **der Polizei entziehen** polisin elinden kaçmak **2.** (INFORM) erişim; **Zugriffsberechtigung** *f* <-, -en> (INFORM) erişim hakkı; **Zugriffsgeschwindigkeit** *f* <-, -en> (INFORM) erişim hızı; **Zugriffsrecht** *nt* <-(e)s, -e> (INFORM) erişim hakkı; **Zugriffszeit** *f* <-, -en> (INFORM) erişim zamanı; **durchschnittliche** ~ ortalama erişim zamanı

zugrunde [tsu'grʊndə] *adv:* **etw** ~ **legen** bir şeyi esas almak; ~ **liegen** esas olmak; ~ **gehen** mahvolmak, telef olmak, yok olmak; **jdn/etw** ~ **richten** bir kimseyi/şeyi mahvetmek

Zugschaffner(in) *m(f)* kondüktör

Zugtier *nt* koşum hayvanı

Zugunglück *nt* tren kazası

zugunsten [-'--] *präp* lehine (-in)

zugute [-'--] *adv* (*geh*): **jdm etw** ~ **halten** birinin bir şeyini mazur görmek; **jdm/etw** *dat* ~ **kommen** bir kimseye/şeye yaramak, bir kimsenin/şeyin işine yaramak

Zugverbindung *f* tren bağlantısı; **Zugverkehr** *m ohne Pl* demir yolu ulaşımı

Zugvogel *m* göçebe kuş, göçmen kuş; **Zugzwang** *m ohne Pl:* **jdn in** ~ **bringen** birini belli bir hamle yapmaya zorlamak [*o* mecbur etmek]; (*fig*) birini bir şeyler yapmaya zorlamak [*o* mecbur etmek]; **in ~ geraten** belli bir hamle yapmak zorunda kalmak; (*fig*) bir şeyler yapmak zorunda kalmak

zu|haben *irr* **I.** *vi* (*fam*) kapalı olmak **II.** *vt* (*fam*): **die Augen ~** gözleri kapalı olmak

zu|halten *irr* **I.** *vi:* **auf etw ~** bir şeye doğru gitmek **II.** *vt* **1.** (*geschlossen halten*) kapalı tutmak **2.** (*Augen*) kapamak; (*Ohren*) tıkamak

Zuhälter ['tsu:hɛltɐ] *m* <-s, -> pezevenk

Zuhälterei *f ohne Pl* pezevenklik

zuhause[RR] *adv* (*österr; Schweiz*) evde

Zuhause [tsu'haʊzə] *nt ohne Pl* <-s> ev; **mein ~** benim evim

Zuhilfenahme [-'----] *f ohne Pl:* **unter ~ von ...** ...in yardımıyla, ...den faydalanarak; **ohne ~ von ...** ...in yardımı olmadan, ...den faydalanılmadan

zu|hören *vi* dinlemek; **jdm ~** birini dinlemek

Zuhörer(in) *m(f)* <-s, -; -nen> dinleyici; (*~schaft*) dinleyiciler *pl*

Zuhörerschaft *f ohne Pl* dinleyiciler *pl*

zu|jubeln *vi:* **jdm ~** birine tezahürat yapmak

zu|kehren *vt:* **jdm das Gesicht/den Rücken ~** birine yüz/sırt çevirmek

zu|klappen **I.** *vi sein* kapanmak **II.** *vt* kapamak; **zu|kleben** *vt* (*Loch*) (yapıştırarak) kapamak; (*Umschlag*) yapıştırmak; **zu|knallen** **I.** *vt* (*fam*) güm diye kapamak; **die Tür ~** kapıyı güm diye kapamak **II.** *vi sein* (*fam*) güm diye kapanmak

zu|knöpfen *vt* iliklemek, düğmelemek

zu|kommen *irr vi sein* **1.** (*sich nähern*) yaklaşmak (*auf* -e); **die Arbeit, die auf uns zukommt** bizi bekleyen iş [*o* çalışma]; **er ahnte nicht, was noch auf ihn ~ sollte** (*fig*) başına başka nelerin geleceginden habersizdi **2. jdm eine Erbschaft ~** birine bir miras bağışında bulunmak **3.** (*geh: übermitteln*) iletmek, ulaştırmak; (*geben*) vermek; **jdm etw ~ lassen** birine bir şeyi iletmek [*o* ulaştırmak] **4.** (*zustehen, passend sein*) yakışmak, yaraşmak **5.** (*gebühren*) lâyık olmak; **ein Urteil steht dir nicht zu** sana karar vermek düşmez; **es kommt ihm nicht zu, sich hier einzumischen** burada karışmaya hakkı yoktur **6. dem kommt eine große Bedeutung zu** bunun önemi büyüktür

zu|korken *vt* tapalamak, tıpalamak

Zukunft ['tsu:kʊnft] *f ohne Pl* gelecek, istikbal; (LING) gelecek zaman; **in ~** gelecekte; **in ferner/naher ~** uzak/yakın bir gelecekte; **das hat (keine) ~** bunun geleceği (yok) var

zukünftig **I.** *adj* gelecek **II.** *adv* gelecekte

Zukunftsaussichten *fpl:* **seine ~ sind nicht gerade rosig** geleceği [*o* istikbali] pek parlak görünmüyor; **zukunftsbezogen** *adj* gelecekle ilgili, geleceğe yönelik; **Zukunftsforscher(in)** *m(f)* <-s, -; -nen> fütürolog; **Zukunftsforschung** *f ohne Pl* gelecek bilimi, fütüroloji; **Zukunftsmusik** *f ohne Pl* ütopya, ütopi; **das alles ist noch ~** bunların hepsi henüz ütopidir; **zukunftsorientiert** *adj* geleceğe yönelik; **Zukunftsperspektive** *f* gelecekteki perspektif; **Zukunftsplan** *m* geleceğe yönelik plân; **Zukunftsprognose** *f* geleceğe yönelik tahmin; **Zukunftstechnologie** *f* geleceğin teknolojisi

zukunftsträchtig *adj* geleceği zengin

zukunftsweisend *adj* (*fortschrittlich*) ileri

zu|lächeln *vi:* **jdm ~** birinin yüzüne gülümsemek

Zulage *f* <-n> zam; **eine ~ von monatlich 50 Euro bekommen** ayda 50 euroluk bir zam görmek

zu|langen *vi* **1.** (*fam: beim Essen*) almak **2.** (*fam: bei der Arbeit*) çalışmak **3.** (*reg: ausreichen*) yetmek

zu|lassen *irr vt* **1.** (*gestatten*) izin vermek (-e), müsaade etmek (-e); (*dulden*) göz yummak (-e) **2.** (*Zugang gewähren*) kabul etmek; (*ermöglichen*) imkân vermek; (*amtlich*) ruhsat vermek (-e), izin vermek (-e); **ein Auto auf jdn ~** bir otomobili birinin adına tescil ettirmek; **keinen Zweifel ~** şüphe bırakmamak **3.** (*fam: geschlossen lassen*) kapalı bırakmak

zulässig ['tsu:lɛsɪç] *adj* caiz, izin verilen, yapılmasında sakınca olmayan; **~e Höchstgeschwindigkeit** izin verilen en yüksek hız

Zulassung[1] *f ohne Pl* (*Gewährung von Zugang*) kabul; (*amtlich*) ruhsat; (*Auto*) tescil; **die ~ zur Anwaltschaft** avukatlığa kabul

Zulassung[2] *f* <-en> (*fam: KFZ-Schein*) tescil belgesi

Zulassungsbeschränkung *f* kabulde sınırlama

Zulauf *m ohne Pl* <-(e)s> **1.** (*Zuspruch*) tutulma, rağbet; **großen ~ haben** çok tutulmak [*o* rağbet görmek] **2.** (*von Wasser*) besleme borusu; **zu|laufen** *irr vi sein* **1.** (*hinlaufen*) koşmak (*auf* -e (doğru)), koşarak gitmek (*auf* -e); (*auf den Sprecher*) koşarak gelmek (*auf* -e); (*Weg*) gitmek (*auf* -e) **2.** (*fam: sich beeilen*) koşmak; **lauf zu!** koş! **3.** (*kommen*): **jdm ~** (*Tiere*) birini sahip edinmek; (*Kunden*) koşa koşa gelmek **4.** (*eine bestimmte Form haben*): **spitz ~** ucuna doğru sivrilmek **5. heißes Wasser ~ lassen** içine sıcak su akıtmak

zu|legen I. *vi, vt* 1. (*fam: wachsen*) büyümek; **einen Zahn** ~ (*fam: schneller fahren*) hızı artırmak, gaza basmak; (*sich beeilen*) acele etmek, gaz vermek 2. (*dicker werden*) kilo almak, şişmanlamak II. *vt* (*fam*) 1. (*anschaffen*): **sich** *dat* **etw** ~ bir şey almak; **sie hat sich einen Geliebten zugelegt** kendine bir sevgili bulmuş 2. **er hat sich einen Bart zugelegt** (*fig*) sakal bıraktı; **er hat sich einen Bauch zugelegt** (*fig*) göbek yaptı 3. (*reg: dazutun*) üstüne eklemek [*o* koymak], üstüne katmak (-e)

zuleide [-'--] *adv:* **jdm etwas** ~ **tun** birine kötülük etmek

zuletzt [-'-] *adv* 1. (*als Letztes*) son; **ganz** ~ en son olarak; **wir blieben bis** ~ biz sonuna kadar kalıyoruz; **nicht** ~ **seiner Hilfe ist dies zu verdanken** özellikle de onun yardımına bunu borçluyuz 2. (*als Letzter*) sonuncu olarak; **wer ... lacht, lacht am besten** (*prov*) son gülen, iyi güler 3. (*fam: zum letzten Mal*) son olarak, en son; (*das letzte Mal*) son defa; **das ... geborene Kind** en son doğan çocuk 4. (*schließlich*) en sonunda

zuliebe [-'--] *präp* hatırı için; **jdm/etw** *dat* ~ bir kimsenin/şeyin hatırı için

Zulieferer *m* <-s, -> ara mal ve mamul üreticisi

Zulieferindustrie *f ohne Pl* yan sanayi, ara mal ve mamul üreten sanayi

zum [tsʊm] = **zu dem** *s.* **zu**

zu|machen I. *vi* 1. (*fam: schließen*) kapanmak 2. (*reg: sich beeilen*) acele etmek, çabuk olmak II. *vt* (*fam*) kapa(t)mak; (*Loch*) kapamak, örtmek; (*Kleidung*) iliklemek

zumal [-'-] I. *adv* aynı anda, hep birden II. *konj* özellikle, bilhassa, en başta

zu|mauern *vt* duvarla kapamak, duvar çekmek (-e)

zumeist [-'-] *adv* çoğunlukla, ekseriya; (*fam: zum größten Teil*) çoğu, ekserisi

zumindest [-'--] *adv* hiç olmazsa, en azından, bari

zumutbar *adj* (yapılması) beklenebilir (*für* -den), (yapılması) istenebilir (*für* -den)

zumute [-'--] *adv:* **mir ist danach nicht** ~ bunu içim çekmiyor; **mir ist dabei gar nicht wohl** ~ bunu yaparken kendimi hiç de iyi hissetmiyorum; **mir ist nicht zum Lachen** ~ gülecek halde değilim

zu|muten ['tsu:mu:tən] *vt:* **jdm etw** ~ birinden bir şeyi beklemek; **jdm zu viel** ~ birinden fazla şey beklemek

Zumutung *f* <-en> uygunsuz istek, olmayacak talep; (*Unverschämtheit*) küstahlık; **das ist eine** ~**!** bu bir küstahlıktır!

zunächst [-'-] I. *adv* 1. zuerst, ilkin, ilk önce; (*anfangs*) ilkin, ilk plânda, başlangıçta 2. (*vorerst*) şimdilik II. *präp* hemen yanında

zu|nageln *vt* çivilemek; **zu|nähen** *vt* dikmek

Zunahme ['tsu:na:mə] *f* <-n> artış (*an* -de); (*Zuwachs*) büyüme (*an* -de); (*Anstieg*) yükselme (*an* -de); **eine** ~ **um 10%** yüzde 10'luk bir artış

Zuname ['tsu:na:mə] *m* <-ns, -n> soyadı

zündeln ['tsʏndəln] *vi* ateşle oynamak

zünden ['tsʏndən] I. *vi* ateş almak, tutuşmak; (*Bombe*) patlamak; **bei ihm hat es gezündet** (*fam*) kafasına dank etti II. *vt* ateşe vermek, tutuşturmak; (*Sprengkörper*) ateşlemek, patlatmak; (*Rakete*) ateşlemek; (*Feuerwerk*) yakmak

zündend *adj* (*a. fig*) ateşleyici, ateşlendirici, coşturucu

Zunder ['tsʊndɐ] *m ohne Pl* <-s> 1. (*Zündstoff aus Zunderpilz*) kav; **wie** ~ **brennen** kav gibi yanmak 2. (*fam fig: Prügel*) kötek, sopa, dayak

Zünder ['tsʏndɐ] *m* <-s, -> ateşleyici

Zunderpilz *m*, **Zunderschwamm** *m* (BOT) kav mantarı

Zündholz *nt* <-es, -hölzer> (*südd, österr*) kibrit; **Zündholzschachtel** *f* kibrit kutusu; **Zündkerze** *f* (AUTO) buji; **Zündschloss**[RR] *nt* (AUTO) kontak; **Zündschlüssel** *m* (AUTO) kontak anahtarı; **Zündschnur** *f* ateşleme fitili; **Zündspule** *f* <-n> (AUTO) bobin; **Zündstoff** *m* <-(e)s, -e> (*Sprengstoff*) patlayıcı madde

Zündung *f* <-en> (AUTO) ateşleme, kontak; **die** ~ **einstellen** ateşleme ayarı yapmak

Zündverteiler *m* (AUTO) distribütör

zu|nehmen *irr* I. *vi* 1. (*sich vergrößern*) büyümek; (*sich vermehren*) artmak; (*Mond*) büyümek; (*Tag*) uzamak; **an Größe** ~ büyümek, boyu uzamak 2. (*sich verstärken*) kuvvetlenmek; (*steigen*) yükselmek; (*sich verschlimmern*) kötüleşmek 3. (*schwerer, dicker werden*) toplamak, kilo almak, şişmanlamak II. *vt* (*schwerer werden*) kilo almak

zunehmend I. *adj* artan; **in** ~**em Maße** gitgide artan ölçüde; **mit** ~**em Alter** yaş ilerledikçe II. *adv* gitgide, gittikçe, giderek; **es wird** ~ **kälter** hava gittikçe soğuyor

zu|neigen I. *vi* eğilim göstermek (-e); **jdm sehr zugeneigt sein** birine çok sempati duymak, birinden çok hoşlanmak II. *vr:* **sich etw** *dat* ~ bir şeye yaklaşmak; **sich dem Ende** ~ sonuna yaklaşmak; **Zuneigung** *f* <-en> eğilim (*für* -e), sempati (*für* -e)

Zunft [tsʊnft, *Pl:* 'tsʏnftə] *f* <Zünfte> lonca, esnaf loncası

Z

zünftig *adj* (*fam: ordentlich*) esaslı, adamakıllı

Zunge ['tsʊŋə] *f* <-n> **1.** (*Organ*) dil; (*Land~*) dil, berzah; **jdm die ~ herausstrecken** birine dil çıkarmak; **es liegt mir auf der ~** (*fig*) dilimin ucunda; **sich** *dat* **auf die ~ beißen** dilini ısırmak; **sich** *dat* **die ~ verbrennen** (*fam fig*) dilinin cezasını çekmek; **sie hat eine lose ~** dilini tutamaz; **seine ~ hüten** dilini tutmak; **seine ~ im Zaum halten** dilini tutmak **2.** (*Lasche*) dil **3.** (ZOOL: *See~*) dil balığı

züngeln ['tsʏŋəln] *vi* dilini çıkarmak; (*Schlange*) dilini oynatmak; (*Flammen*) yalamak

Zungenbrecher *m* (*fam*) yanıltmaca; **Zungenspitze** *f* dil ucu

Zünglein ['tsʏŋlaɪn] *nt* <-s, ->: **das ~ an der Waage sein** (*fig*) ağır basmak

zunichte [-'--] *adv:* **etw ~ machen** bir şeyi mahvetmek [*o* boşa çıkarmak]; (*Hoffnungen*) kırmak

zu|nicken *vi:* **jdm ~** birine baş sallamak; (*zum Gruß*) birine baş kesmek, birine (selâm için) baş eğmek

zunutze [-'--] *adv:* **sich** *dat* **etw ~ machen** bir şeyden faydalanmak

zuoberst [tsu'ʔoːbɐst] *adv* **1.** (*auf einem Stapel*) en üstte **2.** (*am oberen Rand*) baş uçta

zu|ordnen *vt* saymak (-den)

zu|packen *vi* **1.** (*zugreifen*) tutmak, yakalamak **2.** (*kräftig arbeiten*) çok çalışmak

zupfen ['tsʊpfən] **I.** *vi* (*ziehen*) çekmek (*an* -den) **II.** *vt* **1.** (*ziehen*) çekmek (*an* -den) **2.** (*Haar, Unkraut*) yolmak; **sich** *dat* **die Augenbrauen (mit der Pinzette) ~** kaşlarını (cımbızla) yolmak **3.** (*Instrument*) mızrapla çalmak

Zupfinstrument *nt* çekme, parmak veya mızrapla çalınan çalgı

zu|pfropfen *vt* tapalamak, tıpalamak

zur [tsuːɐ] = **zu der** *s.* **zu**

zurande[RR] *adv:* **mit etw** *dat* **(nicht) ~ kommen** (*fam*) bir şeyle baş (edememek) etmek, bir şeyin üstesinden gel(eme)mek; **mit jdm** *dat* **(nicht) ~ kommen** (*fam*) bir kimseyle geçin(eme)mek

zurate[RR] *adv:* **etw/jdn ~ ziehen** bir şeye/kimseye başvurmak

Zürcher(in) ['tsʏrçɐ] *m(f)* <-s, -; -nen> Zürihli

zurechnungsfähig *adj* temyiz kudretine sahip, doğruyu yanlıştan ayırt edebilen, aklı başında olan

Zurechnungsfähigkeit *f ohne Pl:* **ich zweifle an deiner ~** senin aklından şüpheliyim

zurecht|biegen [tsu'rɛçt-] *irr vt* **1.** (*Draht*) düzeltmek, doğrultmak **2.** (*fam: Angelegenheit*) yoluna sokmak; **zurecht|finden** *irr vr:* **sich ~** (*in einer Stadt*) yolunu bulmak (*in* -de); (*vertraut werden*) durumu kavramak; **zurecht|kommen** *irr vi sein* başa çıkmak (*mit*-le); **sie kommt mit den Kindern nicht mehr zurecht** artık çocuklarla başa çıkamıyor; **zurecht|legen** *vt* hazır etmek, hazırlamak; **sich** *dat* **eine Ausrede ~** bir bahane düşünüp hazırlamak; **zurecht|machen I.** *vt* (*fam*) **1.** (*fertif machen*) hazırlamak **2.** (*verschönen*) süslemek **II.** *vr:* **sich ~** (*fam*) hazırlanmak; **zurecht|weisen** *irr vt* haddini bildirmek (-e), çıkışmak (-e)

zu|reden *vi* ikna etmeye çalışmak; (*ermutigen*) yüreklendirmek; (*überreden*) kandırmak, ikna etmek

zu|reiten *irr* **I.** *vi sein* atla gitmek (*auf* -e doğru) **II.** *vt* binerek eğitmek

Zürich ['tsyːrɪç] *nt* <-s> Zürih

zu|richten *vt* (*vorbereiten*) hazırlamak, tertiplemek; **jdn übel ~** birini fena halde hırpalamak, birinin ağzını burnunu dağıtmak; **etw übel ~** bir seyi örselemek; (*beschädigen*) bir şeyi zedelemek, bir şeye zarar vermek, bir şeyi hasara uğratmak

zürnen *vi* kızmak, öfkelenmek

Zurschaustellung [-'---] *f* <-en> teşhir, gösterme, sergileme

zurück [tsu'rʏk] *adv* **1.** (*wieder an den Ausgangspunkt*) dönüş; **hin und ~** gidiş dönüş; **es gibt kein Z~ mehr** artık bunun dönüşü yok; **ich bin gleich wieder ~** hemen döneceğim **2.** (*nach hinten*) geri; **zwei Schritte ~!** iki adım geri!; **vor und ~** ileri geri **3.** (*weiter hinten*) geride; (*vorher*) önce **4.** (*fam: ~geblieben*) geri; **zurück|behalten** * *irr vt* alıkoymak; **zurück|bekommen** * *irr vt* geri almak; (*Wechselgeld*) üstünü almak; **ich habe alles ~** hepsini geri aldım; **zurück|bilden** *vr:* **sich ~** küçülmek, ufalmak; **zurück|bleiben** *vi sein* **1.** (*hinten bleiben*) geri kalmak, arkada kalmak; (*Abstand halten*) mesafe bırakmak (*von* -e) **2.** (*übrig bleiben*) arta kalmak; **zurück|blicken** *vi* **1.** (*sich umsehen*) arkasına bakmak **2.** (*auf Vergangenes*) bakmak (*auf* -e); **zurück|bringen** *irr vt* geri getirmek, geri götürmek; **zurück|datieren** *vt* daha eski bir tarih koymak [*o* atmak] (-e); **zurück|denken** *irr vi* geçmişi düşünmek; **an etw ~** bir şeyi anımsamak [*o* hatırlamak]; **zurück|drängen** *vt* **1.** (*Personen*) geri itmek **2.** (*eindämmen*) bastırmak; **zurück|erobern** * *vt* geri almak, yeniden ele geçirmek; **zurück|erstatten** * *vt* geri vermek, iade etmek; **zurück|fahren** *irr* **I.** *vi sein* **1.** (*zu-*

rückkehren) geri dönmek **2.** (*rückwärts fahren*) geri gitmek **3.** (*zurückschrecken*) irkilmek, ürkmek **II.** *vt* **1.** (*zurückbringen: Person*) geri götürmek; (*Dinge*) geri götürmek **2.** (*reduzieren*) azaltmak; **zurück|fallen** *irr vi sein* **1.** (*fallen*) geriye (doğru) düşmek; (*in den Leistungen*) geri kalmak **2.** (*in eine Gewohnheit*) tekrar dönmek (*in* -e) **3.** (SPORT): **auf den dritten Platz** ~ üçüncülüğe düşmek **4.** (*Eigentum*) rücu etmek (*an* -e) **5.** (*sich auswirken*) yansımak (*auf* -e); **zurück|finden** *irr vi* dönüş yolunu bulmak (*zu* -e); (*zurückkehren*) geri dönmek (*zu* -e); **zu sich selbst** ~ (*fig*) kendine gelmek; **zurück|fordern** *vt* geri istemek; **zurück|führen I.** *vi* dönmek (*zu* -e); **es führt kein Weg zurück** bunun dönüşü yok **II.** *vt* **1.** (*geleiten*) götürmek **2.** (*herleiten*) çıkarmak (*auf* -den) **3.** (*die Folge sein*) ileri gelmek (*auf* -den); **zurück|geben** *irr vt* geri vermek, iade etmek

zurückgeblieben I. *pp von* **zurückbleiben II.** *adj* geri kalmış; **geistig** ~ geri zekâlı

zurück|gehen *irr vi sein* **1.** (*zurückkehren*) geri dönmek; **etw** ~ **lassen** bir şeyi geri göndermek **2.** (*nach hinten*) geri gitmek; **zwei Schritte** ~ iki adım geri gitmek **3.** (*nachlassen*) azalmak; (*Preise*) düşmek

zurückgezogen I. *pp von* **zurückziehen II.** *adj:* ~ **leben** inzivaya çekilmek, hiçbir şeyle ilgilenmeyerek tek başına yaşamak

zurück|greifen *irr vi:* **auf etw** ~ bir şeye başvurmak; **zurück|halten** *irr* **I.** *vt* **1.** (*Person, Geld*) alıkoymak; (*Information*) vermekten kaçınmak; **etw für jdn** ~ bir şeyi biri için tutmak; **jdn von etw** *dat* ~ birini bir şeyden alıkoymak, birinden bir şeyi esirgemek **2.** (*Gefühle*) açığa vurmamak, açıklamaktan çekinmek; (*Tränen*) tutmak **II.** *vr:* **sich** ~ **1.** (*sich beherrschen*) kendini tutmak; **er hält sich mit Lob/Kritik zurück** övmekten/eleştirmekten kaçınmak **2.** (*im Hintergrund bleiben*) geri durmak **III.** *vi:* **mit etw** *dat* ~ bir şeyi esirgemek, bir şeyden sakınmak

zurückhaltend *adj* **1.** kaçıngan, çekingen; (*reserviert*) sakıngan **2.** (*unaufdringlich*) alçak gönüllü; (*gemäßigt*) ılımlı

Zurückhaltung *f ohne Pl* **1.** kaçınganlık, çekingenlik; (*Reserviertheit*) sakınganlık **2.** (*Unaufdringlichkeit*) alçak gönüllülük, tevazu; **zurück|holen** *vt* geri almak, geri getirmek; **zurück|kehren** *vi sein* (*geh*) geri gelmek (*aus/von* -den/-den, *nach/zu* -e/-e), dönmek (*aus/von* -den/-den, *nach/zu* -e/-e); **zurück|kommen** *irr vi sein* geri gelmek (*aus/von* -den/-den, *nach/zu* -e/-e); **auf etw** ~ bir şeye geri dönmek; **zurück|lassen** *irr vt* **1.** (*liegen lassen, hinterlassen*) (geride) bırakmak; (*Spur*) bırakmak **2.** (*zurückkehren lassen*) dönmesine izin vermek (-in); **zurück|legen** *vt* **1.** (*an seinen Platz*) geri koymak **2.** (*Waren*) alıkoymak; (*Geld*) bir kenara koymak **3.** (*Strecke*) almak; **zurück|lehnen** *vr:* **sich** ~ geriye yaslanmak; **zurück|liegen** *irr vi* geçmişte kalmak; **der Vorfall liegt schon Jahre zurück** olayın üzerinden yıllar geçti; **in den** ~**den Jahren** geçmiş yıllarda; **zurück|melden** *vr:* **sich** ~ geldiğini bildirmek, döndüğünü haber vermek

Zurücknahme [-naːmə] *f* <-n> **1.** (*von Waren*) geri al(ın)ma **2.** (*einer Bestellung*) vazgeçme; (*einer Klage*) geri al(ın)ma

zurück|nehmen *irr vt* **1.** (*Ware*) geri almak **2.** (*Bestellung*) vazgeçmek (-den); **nimm das sofort zurück!** bunu hemen geri al!; **zurück|prallen** *vi sein* geri sıçramak; **zurück|reichen I.** *vi* (*Erinnerung*) uzanmak (*bis* -e kadar) **II.** *vt* geri vermek; **zurück|rufen** *irr* **I.** *vi, vt* tekrar aramak **II.** *vt* **1.** (*zurückbeordern*) geri çağırmak **2.** (*antworten*) cevap vermek (-e); **sich** *dat* **etw ins Gedächtnis** ~ bir şeyi hatırlamak [*o* anımsamak]; **jdm etw ins Gedächtnis** ~ birine bir şeyi hatırlatmak; **zurück|schalten** *vi* (AUTO) vites küçültmek; **zurück|schauen** *vi s.* **zurückblicken**; **zurück|schicken** *vt* geri göndermek; **zurück|schlagen** *irr* **I.** *vi* **1.** (*Armee*) misilleme yapmak; (*Person*) geri vurmak **2.** (*sich auswirken*) etki yapmak (*auf* -e) **II.** *vt* **1.** (*Angriff*) geri püskürtmek **2.** (*Decke, Schleier*) açmak **3.** (*Ball*) geri atmak; **zurück|schrecken** *irr vi sein* **1.** (*zurückweichen*) ürkerek geri çekilmek, irkilmek **2.** (*zurückscheuen*) yılmak, gözü korkup vazgeçmek; **vor etw** *dat* (**nicht**) ~ bir şeyden yıl(ma)mak; **er schreckt vor nichts zurück** o hiçbir şeyden yılmaz; **zurück|sehnen** *vr:* **sich nach etw** *dat*/**zu jdm** ~ bir şeyin/kimsenin hasretini çekmek; **zurück|setzen I.** *vi* geri gitmek **II.** *vt* **1.** (*an einen Platz*) geri koymak **2.** (*nach hinten*) geriye koymak, arkaya koymak; (*verschieben*) ertelemek, sonraya bırakmak **3.** (*benachteiligen*) haksızlık etmek (-e), hakkını yemek (-in) **4.** (*Auto*) geri çekmek **III.** *vr:* **sich** ~ **1.** (*sich wieder setzen*) tekrar oturmak **2.** (*nach hinten*) arkaya oturmak; **zurück|spulen** *vi, vt* geri sarmak; **zurück|stecken I.** *vi* **1.** (*mit Ansprüchen*) mütevazı olmak **2.** (*nachgeben*) sonunda kabul etmek, sonunda razı olmak **II.** *vt* **1.** (*wieder einstecken*) yerine koymak [*o* sokmak]; **den Brief in den Umschlag** ~ mektubu zarfına geri koymak **2.** (*nach hinten*) geriye koymak **3.** (*fig: mä-*

ßigen) azaltmak; *(Ansprüche)* dizginlemek; **zurück|stehen** *irr vi* **1.** *(weiter hinten stehen)* (daha) geride durmak, (daha) arkada durmak **2.** *(schlechter sein)* geri olmak; **er wollte nicht hinter ihnen ~** onlardan aşağı kalmak istemedi; **zurück|stellen** *vt* **1.** *(an seinen Platz)* (eski) yerine koymak, geri koymak **2.** *(nach hinten)* arkaya geçmek; *(Uhr)* geriye almak; *(Heizung)* kısmak **3.** *(Waren)* bir kenara koymak **4.** *(fig: aufschieben)* (daha) sonraya bırakmak, tecil etmek; **zurück|stoßen** *irr vt* **1.** *(wegstoßen)* geri itmek **2.** *(ablehnen)* reddetmek; **zurück|treten** *irr vi sein* **1.** *(nach hinten)* geri çekilmek; **bitte ~!** geri çekilin, lütfen! **2.** *(weniger wichtig werden)* önemini kaybetmek; *(in den Hintergrund treten)* arkaya kalmak **3.** *(von einem Amt)* istifa etmek *(von* -den) **4.** *(von einem Vertrag, Vorhaben)* caymak *(von* -den); *(von einem Recht)* caymak *(von* -den); **zurück|verfolgen*** *vt (Anruf)* kaynağına kadar izlemek; **zurück|versetzen*** *vr:* **sich ~: wenn ich mich in die alte Zeit zurückversetze ...** eski günleri düşündüğümde ...; **zurück|weichen** *irr vi sein* **1.** *(Person)* geri çekilmek; *(Hochwasser)* gerilemek, çekilmek **2.** *(vor einer Aufgabe)* çekinmek *(vor* -den); **zurück|weisen** *irr vt (Person)* reddetmek, geri çevirmek; *(Einladung, Geschenk)* kabul etmemek; *(Anschuldigung)* itiraz etmek (-e); *(Klage)* reddetmek; **zurück|werfen** *irr vt* **1.** *(nach hinten)* arkaya atmak **2.** *(Ball)* geri atmak **3.** *(Schall, Strahlen)* yansıtmak **4.** *(wirtschaftlich)* geri atmak; **das wirft uns um Jahre zurück** bu bizi on yıl geri atar **5.** *(Feind)* püskürtmek; **zurück|wirken** *vi* geriye etkisi olmak; **zurück|wollen** *irr* **I.** *vi* dönmek istemek *(nach* -e) **II.** *vt (fam)* geri istemek; **ich will mein Geld zurück** paramı geri isterim; **zurück|zahlen** *vt* geri ödemek; **das werd' ich ihm ~!** *(fam)* bunu ona ödeteceğim!, alacağı olsun!; **zurück|ziehen** *irr* **I.** *vt* **1.** *(zum Ausgangspunkt)* gerisingeri(ye) çekmek **2.** *(nach hinten)* geri(ye) çekmek; *(Körperteil)* geri çekmek; *(Vorhang, Riegel)* geri çekmek **3.** *(widerrufen)* geri çekmek; *(Bestellung)* iptal etmek **II.** *vr:* **sich ~** *(a.* MIL*)* geri çekilmek *(von* -den); *(fig)* siper etmek *(auf*-); **sich auf den Standpunkt ~** pozisyonu siper etmek; **sich von der Welt ~** dünyadan elini eteğini çekmek **III.** *vi sein* **1.** çekilmek *(nach* -e) **2.** *(Vögel)* geri uçmak

Zuruf ['--] *m* <-(e)s, -e> sesleniş

zu|rufen *irr vt:* **jdm etw ~** birine bir şey seslenmek

zurzeit[RR] [tsuːɐ'tsaɪt] *adv* halen; *(augenblicklich)* şu anda

Zusage ['---] *f* <-n> *(positive Antwort)* olumlu cevap; *(Versprechen)* söz, vaat; **eine ~ geben** söz vermek, vaatte bulunmak

zu|sagen I. *vi* **1.** *(Einverständnis erklären)* onamak, tasvip etmek; *(Einladung annehmen)* kabul etmek, geleceğini bildirmek; **eine ~de Antwort erhalten** olumlu cevap almak **2.** *(gefallen)*: **jdm ~** birinin hoşuna gitmek; *(passen)* birinin işine gelmek **II.** *vt* söz vermek, vadetmek

zusammen [tsu'zamən] *adv* **1.** *(miteinander)* birlikte, bir arada, beraber; *(gleichzeitig)* aynı zamanda; **~ mit** ile beraber; **~ sein** *(beieinander sein)* birlikte [*o* bir arada] olmak, beraber olmak; **alle ~** hep birlikte [*o* beraber] **2.** *(insgesamt)*: **das macht ~ 14 Euro** hepsi 14 euro ediyor

Zusammenarbeit *f ohne Pl* iş birliği; **in ~ mit** iş birliği yaparak; **zusammen|arbeiten** *vi* birlikte çalışmak, iş birliği yapmak; **zusammen|bauen** *vt* kurmak, monte etmek; **zusammen|beißen** *irr vt:* **die Zähne ~** dişini sıkmak; **zusammen|bekommen** *irr vt* bir araya getirmek; **zusammen|binden** *irr vt* bağlamak; **zusammen|bleiben** *irr vi sein* bir arada kalmak; *(weiterhin)* birbirinden ayrılmamak; **zusammen|brechen** *irr vi sein* **1.** *(einstürzen)* yıkılmak, çökmek; **für ihn ist eine Welt zusammengebrochen** dünya başına yıkıldı **2.** *(Mensch)* yığılıp kalmak, yere yıkılmak; *(ohnmächtig)* baygınlık geçirmek, bayılmak **3.** *(Wirtschaft)* çökmek; *(Verkehr)* felce uğramak; **zusammen|bringen** *irr vt* **1.** *(Personen)* bir araya getirmek, birleştirmek; *(Geld)* toplamak **2.** *(fam: sich erinnern)* toparlamak, bir araya getirmek; **Zusammenbruch** *m* yıkılma, yıkılış, çökme, çöküş; *(Bankrott)* batma; *(gesundheitlich)* çökme; *(Nerven~)* buhran; *(des Verkehrs)* felce uğrama; **zusammen|drängen I.** *vt* **1.** *(Menschen)* sokuşturmak, bir araya sıkıştırmak, itiş kakış bir araya toplamak **2.** *(fig: zusammenfassen)* özetlemek, kısaltmak, özet haline sokmak **II.** *vr:* **sich ~ 1.** *(Menschen)* itiş kakış bir araya toplanmak **2.** *(Ereignisse)* üst üste gelmek; **zusammen|drücken** *vt* sıkıştırmak; *(flach)* ezmek; **zusammen|fahren** *irr* **I.** *vi sein* **1.** *(Fahrzeuge)* çarpışmak **2.** *(erschrecken)* ürkmek **II.** *vt (fam: Person, Tier)* ezmek; *(Fahrzeug)* çarpmak; **zusammen|fallen** *irr vi sein* **1.** *(einstürzen)* çökmek **2.** *(Ballon)* sönmek; *(abmagern)* zayıflamak **3.** *(Termine)* çakışmak; **zusammen|falten** *vt* katlamak;

zusammen|fassen *vt* **1.** (*vereinigen*) birleştirmek (*zu* hâlinde); (*in Gruppen*) toplamak **2.** (*Bericht*) özetlemek, hulâsa etmek; **~d lässt sich sagen, dass ...** sözün kısası ..., hulâsa, ...

Zusammenfassung *f* <-en> **1.** (*Resümee*) özet, hulâsa **2.** (*Vereinigung*) birleştirme; (*in Gruppen*) toplama

zusammen|finden *irr* **I.** *vt* bulmak **II.** *vr:* **sich ~** buluşmak

zusammen|fließen *irr vi sein* (*Flüsse*) birbirine kavuşmak, birleşmek; (*Farben*) kaynaşmak

Zusammenfluss *m* koyar; **zusammen|fügen** *vt* (*geh*) birleştirmek, takmak; **zusammen|führen** *vt* bir araya getirmek; **zusammen|gehören*** *vi* (*fam*) **1.** (*Personen*) birbirine bağlı [*o* ait] olmak **2.** (*Gegenstände*) bir bütün(ün parçalarını) oluşturmak; (*paarweise*) çift oluşturmak

zusammengehörig *adj* birbirine bağlı [*o* ait], bir bütün oluşturan

Zusammengehörigkeit *f ohne Pl* birbirine bağlılık, beraberlik; **Zusammengehörigkeitsgefühl** *nt ohne Pl* <-(e)s> birbirine bağlılık duygusu, beraberlik duygusu

zusammengesetzt *adj* bi(r)leşik; **~ sein aus ...** ...den oluşmuş olmak

zusammengewürfelt *adj* (*gemischt*) karışık; (*verschiedenartig*) envaitürlü, envaiçeşitli

Zusammenhalt *m ohne Pl* <-(e)s> **1.** (*von Teilen*) bağlantı **2.** (*Verbundenheit*) bağlılık, birliktelik; **zusammen|halten** *irr* **I.** *vi* **1.** (*Mannschaft*) birbirini tutmak, birbirini bağlı olmak; (*in der Not*) birbirini desteklemek **2.** (*Teile*) tutmak, yapışık olmak **II.** *vt* **1.** (*Gruppe*) bir arada tutmak; (*Geld*) tutmak **2.** (*verbinden*) birbirine tutturmak

Zusammenhang *m* <-(e)s, -hänge> (*Beziehung*) ilişki (*zwischen/von* arasında/-in), bağlantı (*zwischen/von* arasında/-in); (*innerer*) bağ, bağlam; (*im Text*) bağlam, kontekst; **in ~ mit etw** *dat* **stehen** bir şey ile ilişkide bulunmak; **etw mit etw** *dat* **in ~ bringen** bir şey ile başka bir şey arasında bağlantı kurmak

zusammen|hängen *irr* **I.** *vi* **1.** (*Gegenstände*) yan yana asılı olmak **2.** (*in Beziehung stehen*) birbirine bağlı olmak, aralarında bağlantı olmak, bağlantılı olmak; **das kann nicht damit ~** bu ona bağlı olamaz, bunun onla bağlantısı olamaz **II.** *vt* yan yana asmak

zusammenhängend *adj* bağlantılı, ilişkin, bağlı, ilgili; **alle mit der Angelegenheit ~en Fragen** bu işle bağlantılı [*o* ilgili] bütün sorular

zusammenhang(s)los *adj* bağlantısız, ilgisiz, tutarsız

zusammen|klappen **I.** *vi sein* (*fam fig: Person*) yığılıp kalmak **II.** *vt* (*Stuhl, Tisch*) kapamak, katlamak; (*Messer*) kapamak; **zusammen|kleben** *vt* yapıştırmak; **zusammen|kommen** *irr vi sein* **1.** (*sich treffen*) buluşmak; (*sich versammeln*) toplanmak, bir araya gelmek **2.** (*sich ansammeln*) toplanmak, birikmek; **zusammen|krachen** *vi sein* (*fam*) **1.** (*zusammenbrechen*) çökmek, yıkılmak **2.** (*zusammenstoßen*) çarpışmak (*mit* -le); **zusammen|kratzen** *vt* (*fam*) toplamak

Zusammenkunft [tsu'zamənkʊnft, *Pl:* -kʏnftə] *f* <-künfte> buluşma, bir araya gelme; (*Begegnung*) karşılaşma; (*Versammlung*) toplantı, görüşme

Zusammenlauf *m* koyar

zusammen|laufen *irr vi sein* **1.** (*Menschen*) üşüşmek, koşuşmak **2.** (*Flüsse*) birbirine kavuşmak, birleşmek; **das Wasser läuft mir im Mund zusammen** (*fam*) ağzımın suyu akıyor, ağzım sulandı **3.** (*Linien*) birleşmek, kavuşmak **4.** (*Milch*) kesilmek; **zusammen|leben** *vi* birlikte [*o* bir arada] yaşamak; **wir leben zusammen** biz birlikte yaşıyoruz; **Zusammenleben** *nt ohne Pl* <-s> birlikte yaşama, bir arada yaşama, beraberlik; **eheliches ~** evlilik birliği; **zusammen|legen** **I.** *vt* **1.** (*falten*) katlamak, devşirmek **2.** (*zueinander legen*) toparlamak **3.** (*vereinigen*) birleştirmek; (*Firmen, Termine*) birleştirmek; (*Personen*) aynı yere koymak **II.** *vi* para toplamak; **zusammen|nehmen** *irr* **I.** *vt* toplamak; **alles zusammengenommen** topu topu; **er nahm seinen ganzen Mut zusammen** bütün cesaretini topladı **II.** *vr:* **sich ~** kendini toplamak, toparlanmak; **zusammen|passen** *vi* (*Personen*) uyuşmak; (*Paar, Gegenstände*) birbirine uymak; (*Farben*) uyuşmak; **zusammen|pferchen** *vt* **1.** (*Vieh*) ağıla sokmak [*o* tıkmak] **2.** (*fig: Menschen*) sokuşturmak, itiş kakış bir araya toplamak; **Zusammenprall** *m* <-(e)s, -e> çarpışma; **zusammen|prallen** *vi sein* çarpışmak; **zusammen|pressen** *vt* sıkmak; **zusammen|raufen** *vr:* **sich ~** (*fam*) önce kavga edip sonra anlaşmak; **zusammen|rechnen** *vt* toplamak; **zusammen|reimen** **I.** *vt* (*fam*): **sich** *dat* **etw ~** bir şeye anlam vermek **II.** *vr:* **sich ~** (*fam*) birbirine uymak; **zusammen|reißen** *irr vr:* **sich ~** (*fam*) kendini toparlamak, toparlanmak, kendine hâkim olmak; **zusammen|rollen** **I.** *vt* dürmek; **das Papier/den Teppich ~** kâğıdı/halıyı dürmek **II.** *vr:* **sich ~** dürülmek; **zusammen|rücken** **I.** *vi sein* sıkışmak, birbirine yaklaştırmak **II.** *vt* sıkıştırmak, birbirine yanaşmak; **zusammen|rufen** *irr vt* (bir araya) toplamak; **zusammen|sacken** *vi sein* (*fam*) **1.** (*Haus*) çökmek **2.** (*Person*) yığılıp kalmak; **zusammen|scheißen** *irr vt* (*vulg*) sıçıp sıvamak; **zusammen|schlagen** *irr vt* **1.** (*fam: zerschlagen*) kırmak; (*zerstören*) kırıp dökmek **2.** (*fam: verprügeln*) dövmek **3.** (*gegeneinander schlagen*) birbirine vurmak; **zusammen|schließen** *irr vr:* **sich ~** birlik olmak; (*Firmen*) birleşmek; **Zusammenschluss**^RR *m* <-es, -schlüsse>, **Zusammenschluß** *m* <-sses, -schlüsse> (*a.* WIRTSCH) birleşme; **horizontaler/vertikaler ~** (WIRTSCH) yatay/dikey birleşme; **zusammen|schrauben** *vt* birbirine vidalamak; **zusammen|schreiben** *irr vt* **1.** (*Wörter*) bitişik yazmak **2.** (*fam pej: verfassen*) yazmak; **wer hat denn diesen Unsinn zusammengeschrieben?** bu saçmalığı da kim yazdı?; **zusammen|sein** *irr vi sein s.* **zusammen 1.**; **Zusammensein** *nt ohne Pl* <-s> **1.** (*Treffen*) bir arada olma **2.** (*Zusammenleben*) beraberlik, birlikte olma; **zusammen|setzen I.** *vt* oluşturmak, birleştirmek; (*montieren*) monte etmek **II.** *vr:* **sich ~ 1.** (*zusammenkommen*) birleşmek, bir araya gelmek; (*sich treffen*) bir araya gelmek **2.** (*bestehen*) oluşmak (*aus* -den)

Zusammensetzung *f* <-en> **1.** (*Struktur*) birleşim, terkip; (*Mischung*) birleştirme, terkip; (CHEM) bileşim **2.** (LING) tamlama

Zusammenspiel *nt ohne Pl* <-(e)s> **1.** (MUS) birlikte çalma; (THEAT) birlikte oynama; (SPORT: *Fußball*) paslaşma **2.** (*von Kräften*) etkileşim **3.** (*fig*) iş birliği

zusammen|stecken I. *vi* (*fam fig*) birlikte olmak **II.** *vt* birbirine takmak; (*Stoff*) iğnelerle tutturmak; **die Köpfe ~** (*fam fig*) baş başa vermek, kafa kafaya vermek; **zusammen|stellen** *vt* **1.** (*nebeneinander stellen*) dizmek, yan yana sıralamak, sıraya koymak **2.** (*anordnen*) düzene koymak, tertiplemek; (*in Gruppen*) gruplara ayırmak; (*sortieren*) sınıflamak, tasnif etmek; (*kompilieren*) derlemek; (*Farben, Menü*) hazırlamak, düzenlemek, tertip etmek; (*Unterlagen*) toparlamak; (*Programm, Liste*) hazırlamak, düzenlemek

Zusammenstellung *f* <-en> **1.** (*Anordnung*) tertip **2.** (*Zusammensetzung*) birleşim, terkip; (*systematisch*) düzenleme, düzene koyma; (*in Gruppen*) gruplara ayırma; (*eines Buchs*) tertip, dizgi **3.** (*Übersicht*) genel bakış; (*Liste*) liste

Zusammenstoß *m* <-es, -stöße> **1.** (*von Fahrzeugen*) çarpışma **2.** (*fam: Auseinandersetzung*) çatışma; **zusammen|stoßen** *irr vi sein* **1.** (*kollidieren*) çarpışmak **2.** (*sich streiten*) çatışmak; **zusammen|strömen** *vi sein* **1.** (*Flüsse*) birbirine kavuşmak, birleşmek **2.** (*Menschen*) üşüşmek, koşuşmak; **zusammen|stürzen** *vi sein* çökmek, yıkılmak; **zusammen|tragen** *irr vt* derlemek; (*ansammeln*) toplamak, biriktirmek; (*Fakten*) toplamak; **zusammen|treffen** *irr vi sein* **1.** (*Menschen*) rastlaşmak, birbiriyle karşılaşmak **2.** (*Ereignisse, Umstände*) rastlaşmak, üst üste gelmek, aynı zamanda olmak; **zusammen|trommeln** *vt* (*fam*) bir araya toplamak; **zusammen|tun** *irr* **I.** *vt* (*fam*) bir araya getirmek, birleştirmek **II.** *vr:* **sich ~** (*fam*) bir araya gelmek, kafa kafaya vermek; (*sich verbünden*) bir olmak; **zusammen|wachsen** *irr vi sein* **1.** (*verheilen*) kapanmak **2.** (*sich verbinden*) içiçe kaynaşmak, birleşmek; **zusammen|wirken** *vi* **1.** (*Faktoren*) birlikte etkili olmak **2.** (*geh: zusammenarbeiten*) iş birliği yapmak (*bei* -de); **zusammen|zählen** *vt* toplamak; **zusammen|ziehen** *irr* **I.** *vt* **1.** (*enger machen*) daraltmak; (*Muskeln*) kasmak **2.** (*Polizei, Truppen*) (bir yerde) toplamak, (bir yere) yığmak; **seine Augenbrauen ~** kaşlarını çatmak **3.** (*addieren*) toplamak **II.** *vr:* **sich ~ 1.** (*kleiner werden*) küçülmek, daralmak; (*Muskeln*) kasılmak **2.** (*Gewitter, Unheil*) çıkmak **III.** *vi sein:* **mit jdm ~** biriyle bir eve taşınmak; **zusammen|zucken** *vi sein* irkilmek (*vor* -den)

Zusatz *m* <-es, -sätze> **1.** (*Substanz*) katkı; **ohne ~ von Konservierungsstoffen** içine konserve maddeleri katılmamış **2.** (*zu einem Text*) ek, ilâve, şerh; **Zusatzgerät** *nt* <-(e)s, -e> ek aygıt

zusätzlich ['tsu:zɛtslɪç] **I.** *adj* ek **II.** *adv* ek olarak, ilâveten

Zusatzstoff *m* <-(e)s, -e> katkı (maddesi)

zu|schauen *vi s.* **zusehen**

Zuschauer(in) *m(f)* <-s, -; -nen> seyirci, izleyici; (*Fernseh~*) izleyici; **die ~ waren begeistert** seyirciler hayran olmuştu; **Zuschauertribüne** *f* seyirci tribünü

zu|schicken *vt* göndermek, yollamak

Zuschlag *m* <-(e)s, -schläge> **1.** (*auf einen Preis*) zam; **dieser Zug kostet (sechs DM) ~ 2.** (*bei einer Versteigerung*) sürülen en yüksek peyin kabulü; **den ~ erhalten** sürdüğü peyi kabul edilmek **3.** (*für einen Auftrag*) ihale; **jdm den ~ für etw erteilen** birine bir şeyi ihale etmek

zu|schlagen *irr* **I.** *vi* **1.** (*Person*) vurmak; **schlag zu!** vur! **2.** *sein* (*Tür*) çarparak kapanmak **3.** (*fam: zugreifen*) kaçırmamak; (*wahrnehmen*) kullanmak; **schlag zu!** kaçırma! **4.** (*fam: essen*) yemek yemek **5. auf**

den Preis noch 10 Euro ~ fiyatın üstüne 10 euro daha bindirmek II. *vt* 1. (*Tür*) çarparak kapamak 2. (*Ball*) vurmak (-e) 3. (*Auftrag*): jdm etw ~ birine bir şeyi ihale etmek; jdm etw ~ (*bei einer Versteigerung*) en yüksek pey sürene vermek

zu|schließen *irr vt* kilitlemek; **zu|schnappen** *vi* 1. *sein* (*Schloss, Falle*) kapanıvermek 2. (*Hund*) ısırmak

zu|schneiden *irr vt* biçmek; **diese Stelle war ganz auf ihn zugeschnitten** bu makam onun için biçilmiş kaftandı

zu|schnüren *vt* bağlamak; **die Angst schnürte ihm die Kehle zu** (*fig*) korkudan nefesi kesildi; **zu|schrauben** *vt* 1. (*mit Schrauben*) vidalamak 2. (*durch Drehen*) kapamak

zu|schreiben *irr vt* (*verrechnen*) mahsup etmek; (*zum Konto hinzufügen*) hesaba geçirmek; (*Eigentum*) devretmek, temlik etmek; **jdm etw ~** birine bir şeyi atfetmek [*o* isnat etmek], birine bir şeyi mal etmek; **das hast du dir selbst zuzuschreiben** (*fig*) bu, senin kabahatin

Zuschrift *f* <-en> mektup; (*amtlich*) yazı, tebliğ

zuschulden [-'--] *adv:* **sich** *dat* **etw/nichts ~ kommen lassen** (bir şeyde) kabahati olmak/olmamak

Zuschuss[RR] *m* <-es, -schüsse>, **Zuschuß** *m* <-sses, -schüsse> ek ödenek; (*staatlich*) sübvansiyon

zu|schütten *vt* 1. doldurmak; **mit Erde/Sand ~** toprakla/kumla doldurmak 2. (*fam: dazugeben*) üstüne koymak, katmak

zu|sehen *irr vi* 1. (*betrachten*) seyretmek 2. (*fig: dafür sorgen*) bakmak; **wir müssen ~, dass wir so schnell wie möglich nach Hause kommen** bir an önce eve gitmeye bakalım; **sieh mal zu, was du machen kannst!** bak bakalım, ne yapabileceksin!

zusehends ['tsu:ze:ənts] *adv* gözle görülür derecede; (*schnell*) hızla; **es geht ihm ~ besser** hızla iyileşiyor

zu|sein *irr vi sein s.* **zu II.3.**

zu|senden *irr vt s.* **zuschicken**

zu|setzen I. *vi* 1. (*bedrängen*) sık boğaz etmek, sıkıştırmak; (*belästigen*) rahatsız etmek, canını sıkmak (-in) 2. (*verletzen*) incitmek 3. (*Krankheit*) sarsmak II. *vt* 1. (*hinzufügen*) katmak (*zu* -e), ilâve etmek (*zu* -e) 2. (*Geld*) fazladan ödemek (zorunda kalmak)

zu|sichern *vt* temin etmek; (*Versprechen*) söz vermek

zu|sperren *vt* (*österr, südd*) kilitlemek

zu|spielen *vt* 1. (SPORT) pas vermek 2. (*fig*) sızdırmak; **der Presse Informationen ~** basına bilgi [*o* haber] sızdırmak

zu|spitzen *vr:* **sich ~** (*Situation*) ciddîleşmek; (*stärker*) kritikleşmek

zu|sprechen *irr* I. *vi:* **jdm** (**freundlich**) ~ biriyle dostça konuşmak; **dem Alkohol ~** (*fig*) alkole düşkün olmak II. *vt* 1. (*Preis*) vermek; **das Kind wurde der Mutter zugesprochen** çocuklar(ın velâyeti) anneye verildi 2. (*zuschreiben*) mal etmek, olduğunu söylemek; **jdm Trost/Mut ~** birine teselli/cesaret vermek

Zuspruch *m ohne Pl* <-(e)s> (*geh*) 1. (*Trost*) teselli 2. (*Zulauf*) tutulma, rağbet; **sich großen ~s erfreuen** çok rağbet görmek

Zustand ['--] *m* <-(e)s, -stände> durum, hâl, vaziyet; **Zustände kriegen** (*fam*) sinir kesilmek, siniri tutmak, tepesi atmak; **das ist doch kein ~!** (*fam*) bu böyle kalamaz!

zustande [-'--] *adv:* **etw ~ bringen** bir şeyi gerçekleştirmek; (*leisten*) bir şeyi yapmak [*o* başarmak]; **~ kommen** gerçekleşmek, ortaya çıkmak, meydana gelmek, ol(uş)mak; **Zustandekommen** *nt ohne Pl* <-s> (*eines Kongresses*) olma; (*eines Vertrages*) oluşma, oluşum

zuständig *adj* yetkili (*für* için); (*sachlich ~*) görevli

Zuständigkeit *f* <-en> (*Kompetenz*) yetki; (*sachliche ~*) görev; **das fällt nicht in meine ~** bu benim yetki alanıma girmez

zu|stehen *irr vi* hakkı olmak; **dieses Recht steht jedem zu** bu hak herkesindir

zu|stellen *vt* 1. (*versperren*) kapatmak, önünü kapamak (-in) 2. (*formal: schicken*) tebliğ etmek; (*aushändigen*) elden teslim etmek, (eline) vermek; (*Post*) dağıtmak

Zusteller(in) *m(f)* <-s, -; -nen> (*formal*) tebliğ eden (kimse); (*Postbote, Zeitungs~*) dağıtıcı

Zustellung *f* <-en> (*formal*) tebliğ, tebligat

zu|stimmen *vi* 1. (*gleicher Meinung sein*) aynı fikirde olmak 2. (*einverstanden sein*) razı olmak (-e); **etw** *dat* **~** bir şeye razı olmak 3. (*gutheißen*): **etw** *dat* **~** bir şeyi ona(yla)mak

zustimmend *adj* onaylayıcı; **~ nicken** olur diye başını sallamak

Zustimmung *f* <-en> (*Billigung*) onay, onama; (*Einverständnis*) rıza, razı olma; **seine ~ (zu etw** *dat***) geben/verweigern** (bir şeye) rızası olmak/olmamak; **~ finden** onaylanmak

zu|stoßen *irr* I. *vi* 1. (*zustechen*) sokmak; (*mit dem Messer*) bıçaklamak; (*Stier*) boynuzlamak; (*Schlange*) ısırmak 2. *sein* (*passieren*) başa gelmek; **für den Fall, dass**

mir etwas zustößt başıma bir şey geldiği takdirde **II.** *vt* (*Tür*) iterek kapamak

Zustrom *m ohne Pl* <-(e)s> (*von Menschen*) akın

zutage [-'--] *adv:* **etw ~ fördern** bir şeyi ortaya çıkarmak; **~ kommen** ortaya çıkmak

Zutaten *fPl* malzeme; **zu diesem Gericht brauchen Sie folgende ~** bu yemek için şu malzemeye ihtiyacınız var; **~ zum Nähen** dikiş malzemesi

zuteil [-'-] *adv* (*geh*): **jdm wird etw ~** birine bir şey nasip olmak; **jdm etw ~ werden lassen** birine bir şeyi nasip etmek

zu|teilen *vt* **1.** tahsis etmek **2.** (*Rolle, Aufgabe*) dağıtmak

zutiefst [-'-] *adv* derinden, içten; **etw ~ bereuen** bir şeye son derece pişman olmak

zu|tragen *irr* **I.** *vt* **1.** (*bringen*) götürmek, getirmek **2.** (*Nachricht*) yetiştirmek **II.** *vr:* **sich ~** olmak, cereyan etmek

zu|trauen *vt:* **jdm etw ~** birinden bir şeyi beklemek, birinin bir şeyi yapabileceğine inanmak; **jdm nicht viel ~** birinden fazla bir şey beklememek, birinin bir şeyi yapabileceğine pek inanmamak; **ihm ist alles zuzutrauen** ondan her şey beklenir; **traust du dir das zu?** bunu yapabileceğine inanıyor musun?

Zutrauen *nt ohne Pl* <-s> güven (*zu* -e)

zutraulich *adj* sokulgan; (*Tier*) evcil, uysal

zu|treffen *irr vi* **1.** (*richtig sein*) doğru olmak; (*wahr sein*) doğru olmak **2.** (*passen*) uygun olmak (*auf* -e); (*gelten*) geçerli olmak (*für/auf* için/için)

zutreffend *adj* uygun; (*richtig*) doğru; **Z~es bitte ankreuzen** (*formal*) doğru olanın altına çarpı işareti koyunuz; **Z~es bitte unterstreichen** (*formal*) doğru olanın altını çiziniz

Zutritt *m ohne Pl* <-(e)s> (*Zugang*) girme (*zu* -e); (*Eingang*) giriş (*zu* -e); **kein ~!** girilmez!; (**freien**) **~ haben** (serbestçe) girebilmek; **sich** *dat* **~ verschaffen** girmeyi becermek

zu|tun *irr vt* (*fam*) **1.** (*hin~*) eklemek, ilâve etmek, katmak **2.** (*zumachen*) kapamak; **ich habe die ganze Nacht kein Auge zugetan** (*fig*) bütün gece gözlerimi kapamadım, bütün gece gözlerime uyku girmedi

Zutun *nt ohne Pl* <-s>: **ohne mein ~** benim katkım olmadan

zuungunsten [tsu'ʔʊŋgʊnstən] *präp* aleyhine (-in)

zuunterst [tsu'ʔʊntɐst] *adv* **1.** (*auf einem Stapel*) en altta **2.** (*am unteren Rand*) en uçta

zuverlässig ['tsu:fɛɐlɛsɪç] *adj* **1.** (*Person*) güvenilir; (*Mittel*) güvenilir **2.** (*glaubwürdig*) inanılır

Zuverlässigkeit *f ohne Pl* **1.** (*einer Person*) güvenilirlik; (*eines Mittels*) güvenilirlik **2.** (*Glaubwürdigkeit*) inanılırlık

Zuversicht ['tsu:fɛɐzɪçt] *f ohne Pl* **1.** (*Vertrauen*) güven; **in unerschütterlicher ~ an etw halten** bir şeye sarsılmaz güveni olmak; **voller ~** güven dolu **2.** (*Hoffnung*) umut; **voller ~** umut dolu

zuversichtlich *adj* güven dolu; (*hoffnungsvoll*) umut dolu, umutlu; (*optimistisch*) iyimser

zuviel [-'-] *adv s.* **viel I.4.**

zuvor [-'-] *adv* daha önce, evvelce; **kurz ~** az önce; **am Tag ~** bir gün önce; **ich habe/hatte ihn ~ nie gesehen** onu daha önce hiç görmedim/görmemiştim; **zuvor|kommen** *irr vi sein* önce davranmak; **er ist mir zuvorgekommen** benden önce davrandı; **etw** *dat* **~** bir şeyin önünü almak, bir şeyi önlemek

zuvorkommend *adj* nazik

Zuvorkommenheit *f ohne Pl* (*Höflichkeit*) nezaket; (*Hilfsbereitschaft*) yardımseverlik; (*Aufmerksamkeit*) dikkat

Zuwachs ['tsu:vaks] *m* <-es, -wächse> **1.** (*Wachstum*) büyüme **2.** (*Zunahme*) artış (*um/an* -lik/-de); **~ bekommen** (*fam*) çocuğu olmak

zu|wachsen *irr vi sein* **1.** (*Wunde*) kapanmak **2.** (*mit Pflanzen*) bitkilerin büyümesiyle kapanmak **3.** (*geh: zuteil werden*): **jdm wächst neue Aufgaben zu** birine yeni görevler düşmek **4.** (*fam*): **ihm wächst alles zu** her şeyi kolayca öğreniverir

Zuwachsrate *f* (WIRTSCH) artış oranı

Zuwanderer, -in *m, f* <-s, -; -nen> ülkeye göçmen olarak gelen (kimse), dışarıdan [*o* yurt dışından] gelip yerleşen (kimse)

zu|wandern *vi sein* ülkeye göçmen olarak gelmek, dışarıdan [*o* yurt dışından] gelip yerleşmek

Zuwanderung *f* <-en> ülkeye göç

zuwege [-'--] *adv:* **etw ~ bringen** bir şeyi başarmak; **er ist noch gut ~** (*fam*) (yaşına göre) hâlâ çakı gibidir

zuweilen [-'--] *adv* (*geh*) bazen, zaman zaman, ara sıra

zu|weisen *irr vt* tahsis etmek

Zuweisung *f* <-en> tahsis

zu|wenden *irr* **I.** *vt* **1.** (*Gesicht, Rücken*) çevirmek; **jdm das Gesicht ~** birine yüzünü çevirmek; **jdm seine Aufmerksamkeit ~** birine dikkatini vermek **2.** (*zukommen lassen*) bağışta bulunmak **II.** *vr:* **sich jdm/etw** *dat* **~** bir kimseye/şeye ilgi göstermek

Zuwendung[1] *f ohne Pl* (*Liebe*) sevgi; (*Auf-

merksamkeit) dikkat

Zuwendung[2] *f* <-en> (*Geld*) bağış; (*Schenkung*) bağışlama, teberru

zuwenig [-'--] *adv s.* **wenig 2.**

zuwider [-'--] *adv:* ~ **sein** (*unangenehm*) nahoş olmak, hoş olmamak; (*widerwärtig*) iğrenç olmak; **zuwider|handeln** *vi* aykırı hareket etmek

zu|winken *irr vi:* **jdm** ~ birine el sallamak

zu|ziehen *irr* **I.** *vt* **1.** (*Tür*) kapamak; (*Vorhang*) çekmek, kapamak; (*Knoten*) sıkmak **2.** (*um Rat fragen*) danışmak (-e) **3.** (*bekommen*): **sich** *dat* **etw** ~ (*Krankheit*) bir şey kapmak, bir şeye tutulmak; (*Verletzung*) bir yerini incitmek; **sich eine Erkältung** ~ soğuk almak, üşütmek; **sich** *dat* **jds Zorn** ~ birini öfkelendirmek **4.** (JUR) celp etmek, getirtmek **II.** *vi sein:* **sie sind vor einer Woche** ~ bir hafta önce buraya taşındılar [*o* gelip yerleştiler] **III.** *vr:* **sich** ~ (*Himmel*) kapanmak

zuzüglich ['tsu:tsy:klɪç] *präp* artı; ~ **Verpackung und Versand** ambalaj ve gönderme masrafları fiyata dahil değildir

zu|zwinkern *vi* gözleriyle işaret etmek, kaş göz işareti yapmak

zwang [tsvaŋ] *3. imp von* **zwingen**

Zwang [tsvaŋ, *Pl:* 'tsvɛŋə] *m* <-(e)s, Zwänge> **1.** (*Gewalt*) zor, cebir; (*Druck*) baskı; ~ **auf jdn ausüben** birine zor [*o* cebir] kullanmak; **unter** ~ **stehen** zorunda olmak; **tu dir keinen** ~ **an** kendini zorlama [*o* zora koşma]; **gesellschaftliche Zwänge** toplumsal zorunluklar; **einem inneren** ~ **folgen** zorguya göre hareket etmek **2.** (*Nötigung*) zorlama **3.** (*Notwendigkeit*) zorunluk, zaruret, mecburiyet

zwängen ['tsvɛŋən] **I.** *vt* (*hinein~*) tıkmak (*in* -e), sokuşturmak (*in* -e); (*hindurch~*) ite kaka geçirmek (*durch* -den) **II.** *vr:* **sich** ~ (*hinein~*) tıkışmak (*in* -e); (*hindurch~*) ite kaka ilerlemek (*durch* -den)

zwanghaft *adj* **1.** (*gezwungen*) zoraki, istemeyerek yapılan **2.** (*erzwungen*) zorla olan

zwanglos *adj* teklifsiz, samimî, resmî olmayan, içli dışlı

Zwangsarbeit *f ohne Pl* angarya, zorla çalıştırma; **Zwangseinweisung** *f* <-en> zorla gönderme [*o* sevk], zorla yatırılma; **Zwangsernährung** *f ohne Pl* zorla besleme; **Zwangshandlung** *f* (PSYCH) takınaklı davranış; **Zwangsjacke** *f* deli gömleği; **Zwangslage** *f* zorda kalma durumu; (*Notlage*) sıkıntı, darda kalma; **sich in einer** ~ **befinden** zor durumda bulunmak

zwangsläufig **I.** *adj* zoraki; (*unvermeidbar*) kaçınılmaz; (*notwendig*) gerekli **II.** *adv* ister istemez, zoraki, zorunlu olarak, mecburen, haliyle

Zwangsmaßnahme *f* zorlayıcı önlem, zecrî tedbir; (*Sanktion*) yaptırım; **Zwangsräumung** *f* (JUR) zorla boşaltma, cebren tahliye; **Zwangsversteigerung** *f* (JUR) cebrî müzayede, zorla (yapılan) artırma; **Zwangsvorstellung** *f* (PSYCH) takınak; **unter** ~**en leiden** takınakları olmak

zwangsweise *adv* **1.** (*erzwungen*) zorla; (JUR) cebren, zorla **2.** (*zwangsläufig*) zoraki, ister istemez, zorunlu olarak, ister istemez, mecburen

zwanzig ['tsvantsɪç] *adj inv* yirmi; *s. a.* **achtzig**

Zwanziger ['tsvantsɪgɐ] *m* <-s, -> (*fam*) yirmilik

Zwanzigeuroschein *m* <-(e)s, -e> yirmi euroluk banknot

Zwanzigmarkschein ['--'--] *m* <-(e)s, -e> (HIST) yirmi marklık banknot

zwanzigste(r, s) *adj* yirminci; *s. a.* **achtzigste(r, s)**

zwar [tsva:ɐ] *adv* **1.** (*einräumend*) gerçi, her ne kadar; ~ **..., aber/doch ...** gerçi ..., ama ..., her ne kadar ... de ...; **das ist** ~ **wahr, aber ...** bu gerçi doğru, ama ..., bu doğru olmasına doğru, ama ..., her ne kadar bu doğru ise de, ... **2.** (*erklärend*): **und** ~ yani, daha doğrusu, şöyle ki

Zweck ['tsvɛk] *m* <-(e)s, -e> amaç, gaye, maksat; (*Ziel*) hedef, erek, maksat; (*Sinn*) anlam; (*Absicht*) niyet; **einem guten** ~ **dienen** iyi bir amaca hizmet etmek; **das erfüllt seinen** ~ bu, işimize yarar, bu, amacımız için tamamen yeterlidir; **es hat ja doch keinen** ~ **mehr** bunun bir anlamı kalmadı artık; **zu welchem** ~ **geschieht das?** bu hangi amaçla oluyor?; **das war der** ~ **der Übung** (*fam*) bu işin amacı (zaten) buydu; **zweckdienlich** *adj* **1.** (*passend*) amaca uygun, belli bir amaca hizmet eden **2.** (*nützlich*) yararlı, faydalı, işe yarar

Zwecke ['tsvɛkə] *f* <-n> (*reg*) raptiye

zweckentfremden* ['----] *vt* amaç dışı kullanmak

zwecklos *adj* amaçsız, bir amacı olmayan, maksatsız; **es ist** ~ boşuna; **seine Bemühungen/bitten waren** ~ çabaları/ricaları boşunaydı

zweckmäßig *adj* amaca uygun, maksada uygun; (*nützlich*) kullanışlı, kılgılı, işe yarar

Zweckmäßigkeit *f ohne Pl* amaca uygunluk; (*Nützlichkeit*) kullanışlılık

zwecks [tsvɛks] *präp* (*formal*) amacıyla, -mek için; ~ **besserer Verteilung** daha iyi dağıtım amacıyla, daha iyi dağıtabilmek için

zweckwidrig *adj* amaca aykırı

Z

zwei [tsvaɪ] *adj inv* iki; **wir** ~ (biz) ikimiz; *s. a.* **acht**[1]

Zwei *f* **1.** (*Zahl*) iki; (*Schulnote*) iyi **2.** (*Spielkarte*) ikili **3.** (*fam*) iki numara

zweiarmig *adj* iki kollu, ikili

zweibändig ['-bɛndɪç] *adj* iki ciltli

Zweibettzimmer *nt* iki yataklı oda

zweideutig ['tsvaɪdɔɪtɪç] *adj* **1.** iki anlamlı; (*unklar*) belirsiz, müphem **2.** (*anstößig*) cinaslı

Zweideutigkeit[1] *f ohne Pl* iki anlamlılık; (*Unklarheit*) belirsizlik, müphemiyet

Zweideutigkeit[2] *f* <-en> (*Äußerung*) iki anlamlılık; (*anstößig*) cinas

zweidimensional ['tsvaɪdimɛnzjonaːl] *adj* iki boyutlu

Zweidrittelmehrheit [-'----] *f* (POL) üçte iki çoğunluk

zweieinhalb [--'-] *adj inv* iki buçuk

Zweierbeziehung *f* ikili ilişki

zweierlei ['tsvaɪɐ'laɪ] *adj inv* çifte, iki değişik, iki çeşit, iki türlü; ~ **Strümpfe anhaben** iki değişik (renkte) çorap giyinmiş olmak; **mit** ~ **Maß messen** çifte standart kullanmak; *s. a.* **achterlei**

Zweieurostück ['-'--] *nt* iki euroluk (madenî para)

zweifach **I.** *adj* iki (kat); **die** ~**e Menge** iki misli; **in** ~**er Ausfertigung** iki nüsha olarak **II.** *adv* iki kere; *s. a.* **achtfach**

Zweifamilienhaus *nt* iki ailelik ev

Zweifel ['tsvaɪfəl] *m* <-s, -> kuşku, şüphe; (*Unsicherheit*) emin olmama; (*inneres Schwanken*) tereddüt, kararsızlık; ~ **hegen** kuşku duymak [*o* beslemek]; **ohne** ~ kuşkusuz, şüphesiz; **etw in** ~ **ziehen** bir şeyden kuşkulanmak [*o* şüphelenmek]; **jdn im** ~ **lassen** birini şüphe içinde bırakmak; ~ **an etw** *dat* **haben** bir şeyden kuşkulu olmak, bir şeyden şüphe etmek; **es steht für mich außer** ~**, dass ...** şundan şüphem yok ki ...; **daran besteht kein** ~ şüphe yoktur; **keine** ~ **aufkommen lassen** şüphe [*o* kuşku] uyandırmamak

zweifelhaft *adj* kuşkulu; (*verdächtig*) şüpheli; **es ist** ~**, ob er das durchhalten kann** buna dayanıp dayanamayacağı şüphelidir

zweifellos *adv* kuşkusuz, şüphesiz; (*mit Sicherheit*) kesinlikle, kesin olarak; (*bestimmt*) elbette; **du hast** ~ **Recht** şüphesiz haklısın

zweifeln ['tsvaɪfəln] *vi* kuşkulanmak (*an* -den), şüphelenmek (*an* -den)

Zweifelsfall *m* <-(e)s, -fälle> şüphe durumu, tereddüt durumu, emin olmama durumu; **im** ~ şüphe [*o* tereddüt] durumunda; **im** ~ **rufen Sie mich an** emin olmadığınız takdirde beni telefonla arayınız; **zweifelsohne** ['--'--] *adv* kuşkusuz, şüphesiz

Zweig [tsvaɪk] *m* <-(e)s, -e> **1.** (*Ast*) dal; **auf keinen grünen** ~ **kommen** (*fam*) bir türlü işlerini yoluna koyamamak **2.** (*Sparte*) dal, alan **3.** (SCHULE, UNIV: *Fachrichtung*) dal, branş

zweigeschlechtlich *adj* (BOT) iki eşeyli

Zweigeschlechtlichkeit *f ohne Pl* (BOT) iki eşeylilik

zweigleisig *adj* çift hatlı; ~ **fahren** (*fam fig*) iki yola da baş vurmak, elindeki iki imkânı da kullanmak

Zweigstelle *f* şube

zweihändig ['tsvaɪhɛndɪç] *adj* iki elli; ~ **spielen** iki elle çalmak

zweihöckerig *adj* iki hörgüçlü

zweihundert ['-'--] *adj inv* iki yüz; *s. a.* **achthundert**

zweijährig ['tsvaɪjɛːrɪç] *adj* (*zwei Jahre alt*) iki yaşındaki; (*zwei Jahre dauernd*) iki yıllık, iki yıl süren

Zweikampf *m* düello; **jdn zum** ~ **herausfordern** birini düelloya davet etmek

zweikeimblättrig *adj* (BOT) çift çenekli

zweimal *adv* iki kez [*o* kere]; **sich** *dat* **etwas nicht** ~ **sagen lassen** bir şeyi iki defa söyletmemek; *s. a.* **achtmal**

Zweimarkstück ['-'--] *nt* (HIST) iki marklık (madenî para)

zweimotorig *adj* iki motorlu

Zweiparteiensystem [--'----] *nt* (POL) iki partili sistem

zweiphasig *adj* iki fazlı

zweipolig *adj* iki kutuplu

Zweirad *nt* <-(e)s, -räder> çift teker; (*Fahrrad*) bisiklet

Zweireiher *m* kruvaze elbise

zweireihig *adj* **1.** (*in zwei Reihen*) iki sıralı **2.** (*Anzug*) kruvaze

Zweisamkeit *f* <-en> iki insanın beraberliği

zweischneidig *adj* iki ağızlı, iki yanı da keskin; **ein** ~**es Schwert** (*fig*) yararı da zararı da olabilecek

zweiseitig *adj* **1.** (*vom Umfang*) iki sayfalık **2.** (*zwischen zwei Parteien*) iki taraflı **3.** (*Kleidung, Stoff*) iki yüzlü

Zweisitzer *m* iki kişilik araba

zweispaltig *adj* iki sütunlu, iki kolonlu

zweisprachig *adj* iki dilli; ~ **aufwachsen** iki dilli büyümek

Zweisprachigkeit *f ohne Pl* iki dillilik

zweispurig *adj* (*Bahn*) çift hatlı; (*Straße*) çift şeritli

zweistellig *adj* iki haneli

zweistöckig *adj* iki katlı

zweistündig ['-ʃtʏndɪç] *adj* iki saatlik

zweit [tsvaɪt]: **das geht nur zu** ~ bu yalnız iki kişiyle olur; **wir waren zu** ~ **dort** orada iki kişiydik

zweitägig [-tɛːgɪç] *adj* iki günlük

Zweitaktmotor *m* (AUTO, TECH) iki zamanlı motor

zweitälteste(r, s) *adj* yaşça ikinci, yaş itibarıyla [*o* bakımından] ikinci sırada olan

zweitausend ['-'--] *adj inv* iki bin; *s. a.* **achttausend**

Zweitausfertigung *f* ikinci nüsha; (*Kopie*) kopya, fotokopi

zweitbeste(r, s) *adj* baştan ikinci; **sie wurde Z~** baştan ikinci oldu

zweite(r, s) *adj* ikinci; **er kann arbeiten wie kein Z~r** (*fig*) onun gibi çalışan yoktur; *s. a.* **achte(r, s)**

Zweiteiler *m* <-s, -> (*fam*) **1.** (*Bikini*) bikini **2.** (*Kleid*) döpiyes

zweiteilig *adj* iki parçalı

zweitens ['tsvaɪtəns] *adv* ikinci olarak; (*bei einer Aufzählung*) ikincisi; *s. a.* **achtens**

zweitklassig *adj* (*pej*) ikinci sınıf

zweitletzte(r, s) *adj* sondan ikinci

zweitrangig *adj* **1.** tali, ikinci derecede olan; (*weniger wichtig*) ikinci derecede önemli olan **2.** (*pej: zweitklassig*) ikinci sınıf

Zweitschlüssel *m* yedek anahtar; **Zweitstimme** *f* (POL) ikinci oy

Zweitürer *m* <-s, -> iki kapılı

Zweitwagen *m* ikinci araba; **Zweitwohnung** *f* ikinci ev

Zweizeiler *m* <-s, -> (LIT) beyit

zweizeilig *adj* iki satırlı

Zweizimmerwohnung [-'----] *f* iki odalı daire

Zwerchfell ['tsvɛrçfɛl] *nt* (ANAT) diyafram

Zwerg(in) [tsvɛrk] *m(f)* <-(e)s, -e; -nen> cüce

zwergenhaft *adj* cüce, cücemsi, bodur

Zwerghuhn *nt* ispenç

Zwergpanzerwels *m* (ZOOL) cüce çöpçü

Zwergwuchs *m ohne Pl* <-es> (MED) cücelik

Zwetsch(g)e *f* <-n> mürdüm eriği; **Zwetsch(g)enwasser** *nt* <-s, -wässer> mürdüm eriği rakısı

Zwickel ['tsvɪkəl] *m* <-s, -> **1.** (*an Hosen*) apışlık **2.** (ARCH) köşelik

zwicken ['tsvɪkən] **I.** *vi* (*Kleidung*) batmak **II.** *vt* çimdiklemek

Zwicker *m* <-s, -> (*reg, südd, Österr*) kıskaç [*o* kelebek] gözlük

Zwickmühle *f* <-n> (*fam*) çıkmaz; **in der ~ sitzen** çıkmaza girmek, açmaza düşmek

Zwieback ['tsviːbak] *m* <-(e)s, -bäcke *o* -e> galeta, peksimet

Zwiebel ['tsviːbəl] *f* <-n> **1.** (*als Gemüse, Gewürz*) soğan **2.** (*Knolle*) soğan

zwiebelförmig *adj* soğan biçimli

Zwiebelfisch *m* (TYPO) değişik karakterli harf

Zwiebelgewächs *nt* (BOT) soğanlı bitki; **Zwiebelkuchen** *m* soğanlı pasta; **Zwiebelsuppe** *f* soğan çorbası; **Zwiebelturm** *m* soğan kubbeli kule

Zwiegespräch ['tsviː-] *nt* (*geh*) ikili görüşme, diyalog; **Zwielicht** *nt ohne Pl* <-(e)s> (*Dämmerlicht*) yarı karanlık, loşluk; **ins ~ geraten** şüpheli bir duruma düşmek; **jdn ins ~ bringen** birini şüpheli bir duruma düşürmek

zwielichtig *adj* ne idiği belirsiz

Zwiespalt *m* <-(e)s, -e *o* -spälte> çelişki; **in einem ~ sein** çelişkide olmak

zwiespältig ['tsviːʃpɛltɪç] *adj* çelişkili

Zwietracht *f ohne Pl* (*geh*) ikilik; **~ säen** ikilik tohumları ekmek

Zwilling ['tsvɪlɪŋ] *m* <-s, -e> **1.** (*Mensch*) ikiz; **eineiige/zweieiige ~e** tek/iki yumurta ikizleri; **siamesische ~e** yapışık ikizler **2.** *Pl* (ASTR) İkizler; **das Sternzeichen/der Wendekreis der ~e** İkizler burcu/dönencesi; **Zwillingsbruder** *m* ikiz erkek kardeş; **Zwillingspaar** *nt* ikizler *pl;* **Zwillingsschwester** *f* ikiz kızkardeş

Zwinge ['tsvɪŋə] *f* <-n> (TECH) **1.** (*zum Einspannen*) mengene **2.** (*zum Zusammenhalten*) kasnak; (*am Griff*) halka

zwingen ['tsvɪŋən] <zwingt, zwang, gezwungen> **I.** *vt* zorlamak (*zu* -e), mecbur etmek (*zu* -e); **ich sehe mich gezwungen, Folgendes zu sagen:** şunu söylemek zorundayım:; **jdn ~, etw zu tun** birini bir şey yapmaya zorlamak, birine zorla bir şey yaptırmak; **jdn zu Boden ~** birini zorla yere yatırmak **II.** *vr:* **sich ~** kendini zorlamak (*zu* -e)

zwingend *adj* zorlayıcı, zorlayan, mücbir; (*unerlässlich*) zorunlu; (*dringend*) acil, acele, ivedi; (*überzeugend*) inandırıcı

Zwinger *m* <-s, -> (*Hunde~*) kafes

zwinkern ['tsvɪŋkɐn] *vi* kıpıştırmak; **mit den Augen ~** göz kırpmak

Zwirn [tsvɪrn] *m* <-(e)s, -e> iplik; (*aus Flachs*) sicim; (*aus Baumwolle*) tire; (*aus Seide*) ibrişim

zwischen ['tsvɪʃən] **I.** *präp:* **~ dir und mir** benimle senin aranda; **~ ihnen** onların arasında, aralarında; **~ uns** (bizim) aramızda; **~ 200 und 300 Euro** 200 ile 300 euro arasında **II.** *präp* (*Richtung*) arasına; **Zwischenablage** *f* (INFORM) pano, ara bellek; **Zwischenaufenthalt** *m* mola; (*mit dem Schiff, Flugzeug*) uğrama; **einen ~ einlegen** istasyon yapmak; **Zwischenbemerkung** *f* ara söz; **Zwischenbericht** *m* ara rapor; **Zwischenbilanz** *f* ara bilânço; **Zwischendeck** *nt* ara güverte, güverte arası;

Zwischending *nt* <-(e)s, -e> (*fam*) bir şey (*zwischen* arasında)

zwischendrin ['--'-] *adv* bunların arasında; (*fam*) bu arada

zwischendurch ['--'-] *adv* **1.** arada (bir); (*von Zeit zu Zeit*) ara sıra, zaman zaman **2.** (*in der Zwischenzeit*) bu arada, bu süre içinde **3.** (*räumlich*) bunların arasında; ~ **fallen** arasından düşmek

Zwischenfall *m* <-(e)s, -fälle> **1.** (*Ereignis*) olay, hâdise; **die Reise verlief ohne ~** yolculuk olaysız geçti **2.** *Pl* (*Unruhen*) olaylar *pl*, hâdiseler *pl*, kargaşalıklar *pl*; **es kam zu blutigen Zwischenfällen** kanlı olaylar çıktı; **Zwischenfinanzierung** *f* (FIN) ara finansman; **Zwischenfrage** *f* söz arasında sorulan soru; **jdm eine ~ stellen** birine söz arasında soru sormak

Zwischengeschoss[RR] *nt* <-es, -e>, **Zwischengeschoß** *nt* <-sses, -sse> asma kat

Zwischengröße *f* <-n> ara boy; **Zwischenhändler(in)** *m(f)* (*Großhändler*) toptancı; **Zwischenlager** *nt* geçici depo; **zwischen|lagern** *vt* geçici olarak depolamak; **zwischen|landen** *vi sein* ara iniş yapmak; **Zwischenlandung** *f* ara iniş; **zwischenmenschlich** *adj* insanlar arası, kişiler arası; **Zwischenprüfung** *f* ara sınavı; **Zwischenraum** *m* <-(e)s, -räume> **1.** (*zeitlich*) ara **2.** (*räumlich*) ara(lık), arada boşluk; **einen ~ lassen** ara(lık) [*o* arada boşluk] bırakmak; **Zwischenruf** *m* <-(e)s, -e> lâf atma, bağırış; **Zwischensatz** *m* (LING) ara cümle; **Zwischenspiel** *nt* **1.** (MUS) intermezzo **2.** (THEAT) aralık oyunu; **zwischenstaatlich** *adj* devletler arası; **Zwischenstadium** *nt* ara evre; **Zwischenstation** *f* **1.** (*Zwischenaufenthalt*) mola; (*Schiff, Flugzeug*) uğrama **2.** (*Ort*) uğrak; **Zwischenstecker** *m* (ELEK) adaptör; **Zwischenstück** *nt* aradaki parça, adaptör; **Zwischensumme** *f* ara toplam; **Zwischentür** *f* ara kapı; **Zwischenurteil** *nt* (JUR) ara kararı; **Zwischenwand** *f* ara duvar, perde; **Zwischenwirt** *m* (BIOL, MED) ara konakçı; **Zwischenzeit** *f* **1.** (*Zeitraum*) aradaki zaman [*o* süre]; **in der ~** bu arada, bu süre içinde **2.** (SPORT) haftaym; **zwischenzeitlich** *adj* bu arada; **Zwischenzeugnis** *nt* yarıyıl karnesi

Zwist [tsvɪst] *m* <-(e)s, -e> (*geh*) geçimsizlik, anlaşmazlık, nifak

zwitschern ['tsvɪtʃɐn] **I.** *vi* cıvıl cıvıl ötmek **II.** *vt* (*fam*): **einen ~** içki içmek

Zwitter ['tsvɪtɐ] *m* <-s, -> er dişi

zwitterhaft *adj* er dişi(msi); **ein ~es Wesen** er dişi(msi) yaratık

zwitt(e)rig *adj* er dişi

zwo [tsvoː] *adj inv* (*fam*) iki

zwölf [tsvœlf] *adj inv* on iki; **es ist fünf (Minuten) vor ~** saat on ikiye beş (dakika) var; (*fig: fast schon zu spät*) yumurta kapıya dayandı [*o* geldi]; *s. a.* **acht**[1]

Zwölffingerdarm [-'---] *m* (ANAT) onikiparmak barsağı

zwölfte(r, s) ['tsvœlftə, -tɐ, -təs] *adj* on ikinci; *s. a.* **achte(r, s)**

Zyanid [tsya'niːt] *nt* <-s, -e> (CHEM) siyanür

Zyankali [tsyan'kaːli] *nt ohne Pl* <-s> (CHEM) potasyum siyanür

Zyklen *Pl von* **Zyklus**

zyklisch ['tsyːklɪʃ] *adj* çevrimsel, devrî; **~e Verbindungen** (CHEM) halkalı bileşikler

Zyklon [tsy'kloːn] *m* <-s, -e> (METEO) siklon

Zyklop [tsy'kloːp] *m* <-en, -en> tek gözlü dev

Zyklus ['tsyːklʊs] *m* <-, Zyklen> dönem, devre; (*a.* MED) periyot, dönem; (*Ring*) halka

Zylinder [tsi'lɪndɐ, tsy'lɪndɐ] *m* <-s, -> **1.** (MATH, TECH) silindir **2.** (*Hut*) silindir şapka

zylinderförmig [-fœrmɪç] *adj* silindirimsi, silindirik

Zylinderkopf *m* <-(e)s, -köpfe> (TECH) silindir başı

zylindrisch *adj* silindirimsi, silindirik

Zyniker(in) ['tsyːnikɐ] *m(f)* <-s, -; -nen> sinik, kinik

zynisch ['tsyːnɪʃ] *adj* sinik, kinik

Zynismus [tsy'nɪsmʊs] *m ohne Pl* <-> sinizm, kinizm

Zypern ['tsyːpɐn] *nt* <-s> Kıbrıs

Zyprer(in) *m(f)* <-s, -; -nen> Kıbrıslı

Zypresse [tsy'prɛsə] *f* <-n> (BOT) servi

Zypressenfichte *f* <-n> (BOT) mazı

Zyprier(in) *m(f)* <-s, -; -nen> Kıbrıslı

Zypriot(in) *m(f)* <-en, -en; -nen> Kıbrıslı

zypriotisch *adj*, **zyprisch** ['tsyːprɪʃ] *adj* Kıbrıslı, Kıbrıs (ile ilgili); **~e Frauen/Männer** Kıbrıslı kadınlar/erkekler; **das ~e Klima** Kıbrıs iklimi

Zyste ['tsʏstə] *f* <-n> (MED) kist

z.Z(t). *Abk. von* **zur Zeit** halen

Unregelmäßige deutsche Verben

Infinitiv	2. u. 3. Person Singular Präsens	1. od. 3. Person Singular Imperfekt	Partizip Perfekt
backen	bäckst *o* backst, bäckt *o* backt	backte	gebacken
befehlen	befiehlst, befiehlt	befahl	befohlen
beginnen		begann	begonnen
beißen		biss	gebissen
bergen	birgst, birgt	barg	geborgen
bewegen *(veranlassen)*		bewog	bewogen
biegen		bog	gebogen
bieten		bot	geboten
binden		band	gebunden
bitten		bat	gebeten
blasen	bläst, bläst	blies	geblasen
bleiben		blieb	geblieben
braten	brätst, brät	briet	gebraten
brechen	brichst, bricht	brach	gebrochen
brennen		brannte	gebrannt
bringen		brachte	gebracht
denken		dachte	gedacht
dreschen	drischst, drischt	drosch	gedroschen
dringen		drang	gedrungen
empfangen	empfängst, empfängt	empfing	empfangen
empfehlen	empfiehlst, empfiehlt	empfahl	empfohlen
empfinden		empfand	empfunden
erschrecken *(vi)*	erschrickst, erschrickt	erschrak	erschrocken
essen	isst, isst	aß	gegessen
fahren	fährst, fährt	fuhr	gefahren
fallen	fällst, fällt	fiel	gefallen
fangen	fängst, fängt	fing	gefangen
fechten	fichtst *o* fichst, ficht	focht	gefochten
finden		fand	gefunden
flechten	flichtst *o* flichst, flicht	flocht	geflochten
fliegen		flog	geflogen
fliehen		floh	geflohen
fließen		floss	geflossen
fressen	frisst, frisst	fraß	gefressen
frieren		fror	gefroren
gären		gor *o* gärte	gegoren *o* gegärt
gebären	gebierst, gebiert	gebar	geboren

Infinitiv	2. u. 3. Person Singular Präsens	1. od. 3. Person Singular Imperfekt	Partizip Perfekt
geben	gibst, gibt	gab	gegeben
gedeihen		gedieh	gediehen
gehen		ging	gegangen
gelingen		gelang	gelungen
gelten	giltst, gilt	galt	gegolten
genesen		genas	genesen
genießen		genoss	genossen
geschehen	geschieht	geschah	geschehen
gewinnen		gewann	gewonnen
gießen		goss	gegossen
gleichen		glich	geglichen
gleiten		glitt	geglitten
glimmen		glomm *o* glimmte	geglommen *o* geglimmt
graben	gräbst, gräbt	grub	gegraben
greifen		griff	gegriffen
halten	hältst, hält	hielt	gehalten
hängen (*vi*)		hing	gehangen
hauen		haute *o* hieb	gehauen *o dial* gehaut
heben		hob	gehoben
heißen		hieß	geheißen
helfen	hilfst, hilft	half	geholfen
kennen		kannte	gekannt
klimmen		klomm	geklommen
klingen		klang	geklungen
kneifen		kniff	gekniffen
kommen		kam	gekommen
kriechen		kroch	gekrochen
laden	lädst, lädt	lud	geladen
lassen	lässt, lässt	ließ	gelassen
laufen	läufst, läuft	lief	gelaufen
leiden		litt	gelitten
leihen		lieh	geliehen
lesen	liest, liest	las	gelesen
liegen		lag	gelegen
lügen		log	gelogen
mahlen		mahlte	gemahlen
meiden		mied	gemieden
melken		melkte	gemolken
messen	misst, misst	maß	gemessen
misslingen		misslang	misslungen
nehmen	nimmst, nimmt	nahm	genommen

Infinitiv	2. u. 3. Person Singular Präsens	1. od. 3. Person Singular Imperfekt	Partizip Perfekt
nennen		nannte	genannt
pfeifen		pfiff	gepfiffen
preisen		pries	gepriesen
quellen *(vi)*	quillst, quillt	quoll	gequollen
raten	rätst, rät	riet	geraten
reiben		rieb	gerieben
reißen		riss	gerissen
reiten		ritt	geritten
rennen		rannte	gerannt
riechen		roch	gerochen
ringen		rang	gerungen
rinnen		rann	geronnen
rufen		rief	gerufen
saufen	säufst, säuft	soff	gesoffen
saugen		sog *o* saugte	gesogen *o* gesaugt
schaffen		schuf	geschaffen
scheiden		schied	geschieden
scheinen		schien	geschienen
scheißen		schiss	geschissen
schelten	schiltst, schilt	schalt	gescholten
scheren		schor	geschoren
schieben		schob	geschoben
schießen		schoss	geschossen
schinden		schindete	geschunden
schlafen	schläfst, schläft	schlief	geschlafen
schlagen	schlägst, schlägt	schlug	geschlagen
schleichen		schlich	geschlichen
schleifen		schliff	geschliffen
schließen		schloss	geschlossen
schlingen		schlang	geschlungen
schmeißen		schmiss	geschmissen
schmelzen	schmilzt, schmilzt	schmolz	geschmolzen
schneiden		schnitt	geschnitten
schreiben		schrieb	geschrieben
schreien		schrie	geschrien *o* geschrieen
schreiten		schritt	geschritten
schweigen		schwieg	geschwiegen
schwellen	schwillst, schwillt	schwoll	geschwollen
schwimmen		schwamm	geschwommen
schwinden		schwand	geschwunden
schwingen		schwang	geschwungen

Infinitiv	2. u. 3. Person Singular Präsens	1. od. 3. Person Singular Imperfekt	Partizip Perfekt
schwören		schwur	geschworen
sehen	siehst, sieht	sah	gesehen
senden		sandte *o* sendete	gesandt *o* gesendet
sieden		siedete	gesiedet
singen		sang	gesungen
sinken		sank	gesunken
sinnen		sann	gesonnen
sitzen		saß	gesessen
speien		spie	gespien *o* gespie-en
spinnen		spann	gesponnen
sprechen	sprichst, spricht	sprach	gesprochen
sprießen		spross *o* sprießte	gesprossen *o* ge-sprießt
springen		sprang	gesprungen
stechen	stichst, sticht	stach	gestochen
stehen		stand	gestanden
stehlen	stiehlst, stiehlt	stahl	gestohlen
steigen		stieg	gestiegen
sterben	stirbst, stirbt	starb	gestorben
stieben		stob	gestoben
stinken		stank	gestunken
stoßen	stößt, stößt	stieß	gestoßen
streichen		strich	gestrichen
streiten		stritt	gestritten
tragen	trägst, trägt	trug	getragen
treffen	triffst, trifft	traf	getroffen
treiben		trieb	getrieben
treten	trittst, tritt	trat	getreten
trinken		trank	getrunken
trügen		trog	getrogen
tun	ich tue; du tust; er/sie tut; wir, ihr, sie tun	tat	getan
verderben	verdirbst, verdirbt	verdarb	verdorben
verdrießen		verdross	verdrossen
vergessen	vergisst, vergisst	vergaß	vergessen
verlieren		verlor	verloren
verzeihen		verzieh	verziehen
wachsen	wächst, wächst	wuchs	gewachsen
waschen	wäscht, wäscht	wusch	gewaschen
weichen		wich	gewichen
weisen		wies	gewiesen

Infinitiv	2. u. 3. Person Singular Präsens	1. od. 3. Person Singular Imperfekt	Partizip Perfekt
wenden		wendete *o* wandte	gewendet *o* gewandt
werben	wirbst, wirbt	warb	geworben
werfen	wirfst, wirft	warf	geworfen
wiegen		wog	gewogen
winden		wand	gewunden
winken		winkte	gewinkt *o* gewunken
wissen	ich weiß; weißt, weiß	wusste	gewusst
wringen		wrang	gewrungen
ziehen		zog	gezogen
zwingen		zwang	gezwungen

Notizen

Notizen

Notizen

Notizen

Notizen

Notizen

Notizen

Notizen

Notizen

Notizen

Notizen

Inhalt und Aufbau Deutsch-Tü

Alle **Stichwörter** sind durch blauen Fettdruck hervorgehoben.	**Rechtschreib**
Die durch die **Rechtschreibreform** bedingte neue Schreibung ist durch ein hoch gestelltes **RR** gekennzeichnet.	**Stängel**RR [ˈʃtɛ çık
Wörter in alter Rechtschreibung sind farblich unterlegt und mit einem Verweis auf die neue Schreibweise versehen.	**Stengel** [ˈʃtɛŋ
Anwendungsbeispiele und **Redewendungen** sind **halbfett** hervorgehoben.	**paar** [paːɐ] *pr* (*wenige*) bir
Die **Tilde** ~ ersetzt in den Anwendungsbeispielen und Redewendungen das Stichwort.	**gelb** [gɛlp] *ac* sararmak; …
Römische Ziffern dienen zur Unterscheidung der verschiedenen Wortarten und zur Gliederung der Verben *(vt, vi, vr)*.	**ab|brennen** *i* *ben* yakmak
Grundlegend verschiedene Bedeutungen eines Stichworts sind durch **arabische Ziffern** differenziert.	**Ebene** [ˈeːbər ova **2.** (*Nivea*
Die **Lautschrift**, einschließlich der Wortakzente, steht in eckigen Klammern […] hinter dem Stichwort.	**Nachtrag** [ˈna <-(e)s, -träg
Für die Stichwörter ist die **Wortart**, bei Substantiven dagegen ist das **Geschlecht** angegeben.	**bleich** [blaɪç] **paarweise** *ad* **Liegesitz** *m* y
Bei Verben wird nach **intransitivem** *(vi)*, **transitivem** *(vt)* und **reflexivem** *(vr)* Gebrauch unterschieden.	**aus|ziehen** *ir* (çekerek) açı birini soymak mak; (*in Bar*
Unregelmäßige Verbformen erscheinen als eigene Stichwörter mit Verweis auf die **Grundform.**	**rang** [raŋ] *3. i*
Bei Substantiven sind die **Genitiv- und Pluralformen**, bei Adjektiven **unregelmäßige Steigerungsformen** in Spitzklammern angegeben.	**Dachs** [daks] **kalt** [kalt] *ad* **1.** (*allgemein*
Verb-Partikel-Zusammensetzungen, deren Partikel abtrennbar ist, sind **durch vertikalen Trennstrich** „|" gekennzeichnet.	**über|gehen**[1] *seln*) geçmek
Präpositionale Anschlüsse von Verben, Substantiven und Adjektiven werden in Klammern angegeben.	**fest|klammer** (*an* -e)

Die Verwendung des Stichworts und seiner Übersetzungen im Satzzusammenhang wird durch zahlreiche Hinweise erklärt, z. B. durch

• **zusätzliche Erklärungen,**	**ab|brechen** *ir* **2.** (*unvermitt*
• **Sachgebietsangaben,**	**Abbau** *m ol.* let(il)me **2.** (*c* *sonal~*) azalt
• **Kennzeichnung von übertragenen Bedeutungen** *(fig)*	**Menschensee** ~ (*fig*) kimse
• **Kennzeichnung von Stilschichten**, die von der Standardsprache abweichen *(fam, sl, vulg)*	**rotzig** *adj* **1.** **2.** (*fam: frech*